W0292493

GUIDE DE LA PUBLICITÉ FONCIÈRE

Jacques Lafond
Docteur en droit

Neyla Gonzalez-Gharbi
Docteur en droit

Serge Lamiaux
Diplômé supérieur du Notariat
Juriste au CRIDON Sud-Ouest

Franck Roussel
Docteur en droit
Directeur adjoint du CRIDON Sud-Ouest
Chargé d'enseignement à l'Université de Bordeaux

GUIDE DE LA PUBLICITÉ FONCIÈRE

2024

avec la participation d'**Alain Fournier**
Conservateur des hypothèques honoraire

LexisNexis®

Avertissement de l'Éditeur

Toute utilisation ou traitement automatisé, par des tiers, de données personnelles pouvant figurer dans cet ouvrage sont formellement interdits.

DANGER
LE
PHOTOCOPILLAGE
TUE LE LIVRE

Le logo qui figure sur la couverture de ce livre mérite une explication. Son objet est d'alerter le lecteur sur la menace que représente pour l'avenir de l'écrit, tout particulièrement dans les domaines du droit, de l'économie et de la gestion, le développement massif du photocopillage.

Le Code de la propriété intellectuelle du 1er juillet 1992 interdit en effet expressément la photocopie à usage collectif sans autorisation des ayants droit. Or, cette pratique s'est généralisée dans les établissements d'enseignement supérieur, provoquant une baisse brutale des achats de livres au point que la possibilité même pour les auteurs de créer des œuvres nouvelles et de les faire éditer correctement soit aujourd'hui menacée.

© LexisNexis SA, 2024
Siège social : 141, rue de Javel – 75015 Paris

Cette œuvre est protégée dans *toutes ses composantes* (y compris le *résultat* des savoirs mis en œuvre, des recherches, des analyses et des interprétations effectuées et, de manière générale, des choix de fond et de forme opérés dans le cadre de la *consolidation* des textes reproduits) par les dispositions du Code de la propriété intellectuelle, notamment celles relatives aux droits d'auteur. Ces droits sont la propriété exclusive de LexisNexis SA. Toute reproduction intégrale ou partielle, par quelque moyen que ce soit, non autorisée par LexisNexis SA ou ses ayants droit, est strictement interdite. LexisNexis SA se réserve notamment tous droits au titre de la reproduction par reprographie destinée à réaliser des copies de la présente œuvre sous quelque forme que ce soit aux fins de vente, de location, de publicité, de promotion ou de toute autre utilisation commerciale conformément aux dispositions de l'article L. 122-10 du Code de la propriété intellectuelle relatives à la gestion collective du droit de reproduction par reprographie.

ISBN 978-2-7110-4078-0

Ouvrages cités par le nom de leur(s) auteur(s)

C. Albiges, M.-P. Dumont-Lefrand, *Droit des sûretés*, Dalloz, coll. « Hyper cours », 6e éd. 2017.

P. Ancel, *Droit des sûretés*, LexisNexis, 7e éd. 2014.

Aubry et Rau, *Cours de droit civil français*, Éditions Techniques, t. II, 7e éd. 1961 par Esmein ; t. III, 7e éd. 1968 par Esmein et Ponsard ; t. VIII, 7e éd. 1973 par Ponsard. – Cité : Aubry et Rau, t…, §…, p…

L. Aynès et P. Crocq, *Les sûretés, la publicité foncière*, LGDJ, 12e éd. 2018. – Cité : L. Aynès et P. Crocq.

Baudry-Lacantinerie et de Loynes, *Traité théorique et pratique de droit civil, Du nantissement, des privilèges et hypothèques*, t. I à III, 2e éd. 1899. – Cité : Baudry-Lancantinerie et de Loynes, n°…

M. Bourassin, Y. Brémond et M.-N. Jobard-Bachelier, *Droit des sûretés*, Sirey, coll. « Université », 2018.

M. Cabrillac, C. Mouly, S. Cabrillac et Ph. Pétel, *Droit des sûretés*, LexisNexis, 10e éd. 2015.

G. Chambaz, M. Masounabe-Puyanne et J. Leblond, *Précis du droit et de la pratique hypothécaires*, 2e éd. 1955, suppl. 1956. – Cité : *Précis CML*, n°…

Championnière et Rigaud, *Traité des droits d'enregistrement de timbre et d'hypothèques*, 6 vol., Paris, 1851. – Cité : Championnière et Rigaud, t…, n°…

Colin et Capitant, *Traité de droit civil* par Julliot de la Morandière, t. I, 1957 ; t. II, Dalloz, 1959 ; t. III, Dalloz, 10e éd. 1950. – Cité : Colin et Capitant, t…, n°…

C. Corgas et C. Foix, *Sûretés immobilières*, éd. Ellipses, 2013.

M. Dagot, *La publicité foncière*, PUF, coll. « Thémis », 1981 ; *Les sûretés judiciaires provisoires*, Litec, 1994 ; *Les sûretés*, PUF, coll. « Thémis », 1981.

De France et Olive, *Traité des droits d'hypothèques*. – Cité : De France et Olive, n°…

Demante, *Principes de l'enregistrement*, 4e éd. 1888-1889, suppl. 1897, 2 vol. – Cité : Demante, n°…

Dictionnaire des droits d'enregistrement, de timbre, de greffe et d'hypothèques (dit « Dictionnaire des rédacteurs »), t. 1, 4e éd. 1907 ; t. II, 1908 ; t. III, 1909 ; t. IV, 1910 ; t. V, 1911 et suppl. 1930.

Dublineau, *Traité théorique et pratique de l'enregistrement*, Demoncque, 4e éd. 1932. – Cité : Dublineau, n°…

M.-L. Enaut, *Guide du formaliste,* éd. F. Lefebvre, coll. « Dossiers pratiques », 2014.

A. Fournier, *Publicité foncière, organisation et principales caractéristiques*, LexisNexis, 3e éd. 2014. – Cité : A. Fournier.

A. Fournier, V° *Publicité foncière*, *in Rép. civ. Dalloz*.

Jacquet et Vétillard, *Traité de la mainlevée*. – Cité : Jacquet et Vétillard, n°…

M. Laborde-Lacoste, *Précis élémentaire d'enregistrement*, Sirey, 2e éd. 1949.

Lacroix et Chap, *Mémento fiscal de publicité foncière*, éd. Pottier, 2015. – Cité : Lacroix, n°…

D. Legeais, *Sûretés et garanties du crédit*, LGDJ, 12e éd. 2017. – Cité : D. Legeais.

P. Lévie, *Traité théorique et pratique des constructions érigées sur terrain d'autrui*, Louvain, 1951. – Cité : Lévie, n°…

Maguéro, *Traité alphabétique des droits d'enregistrement, de timbre et d'hypothèques*, 5 vol., 3e éd. par Tassin et Molas, suppl. 1937. – Cité : Maguéro, V°…, n°…

M.-A. Manhès, *Les sûretés dans la vente immobilière*, éd. Masson, coll. « Pratique de l'immobilier », 1989.

D. Marcadié, B. Mion et M.-N. Moussinet, *La formalisation des actes notariés*, LexisNexis, 2013.

G. Marty, P. Raynaud et Ph. Jestaz, *Les sûretés, la publicité foncière*, Sirey, 2e éd. 1987. – Cité : Marty, Raynaud et Jestaz, n°...

H., L., J. Mazeaud et F. Chabas, *Leçons de droit civil*, t. III, vol. 1, *Sûretés, publicité foncière*, Montchrestien, 7e éd. 1999, par Y. Picod.

J. Mestre, E. Putman et M. Billiau, *Traité de droit civil*, ss dir. J. Ghestin, LGDJ, 1996 : *Droit commun des sûretés réelles* (1er vol.), *Droit spécial des sûretés réelles* (2e vol.).

M. Mignot, *Droit des sûretés*, LGDJ, coll. « Cours », 2010.

E. Naquet, *Traité théorique et pratique des droits d'enregistrement*, 3 vol., 2e éd. 1899.

J. et S. Piédelièvre, *La publicité foncière*, Defrénois-Lextenso éditions, 2014. – Cité : J. et S. Piédelièvre.

E. Pilon, *Principes et technique des droits d'enregistrement*, 1929. – Cité : Pilon, n°...

M. Planiol et G. Ripert, *Traité pratique de droit civil français*, t. XII, *Sûretés réelles*, 1re partie, LGDJ, 2e éd. 1953 et t. XIII, *Sûretés réelles*, 2e partie, 2e éd. 1953 par Becqué. – Cité : Planiol et Ripert, t..., n°...

Ripert et Boulanger, *Traité de droit civil*, 4 vol., LGDJ, 1956-1960. – Cité : Ripert et Boulanger, t..., n°...

J.-B. Seube, *Droit des sûretés*, Dalloz, coll. « Cours », 2018.

Ph. Simler et Ph. Delebecque, *Les sûretés, la publicité foncière*, Précis Dalloz, 6e éd. 2012.

B. Stemmer et M.-F. Bost, *Privilèges et sûretés en droit français* (2 t.), 1976. – Cité : B. Stemmer et M.-F. Bost, t..., n°...

M. Suquet-Cozic, *Publicité foncière*, éd. F. Lefebvre, 2015.

Ph. Théry, *Sûretés et publicité foncière*, PUF, 2e éd. 1998.

A. Wahl, *Traité de droit fiscal*, 3 vol., Maresq aîné, 1902-1906.

Présentation

Le *Guide de la publicité foncière* s'adresse à tous ceux qui sont concernés professionnellement par la publicité foncière : les notaires, les avocats, les responsables juridiques des collectivités publiques ou des administrations, les géomètres experts, et bien entendu les services de la publicité foncière.

Chacune des rubriques de l'ouvrage correspond à des opérations ou actes qui sont le plus couramment présentés à la publicité foncière par les praticiens.

Ces derniers trouveront dans cet ouvrage, à caractère essentiellement pratique, la réponse aux questions immédiates qu'ils se posent avant d'envisager une publication : faut-il publier ? Comment publier ? Quel sera le coût de la publication ?[1]

Chacune des rubriques est argumentée et prend appui sur les très nombreuses études théoriques ou pratiques publiées depuis 1956 dans la *Semaine juridique* édition notariale, ainsi que sur les savantes chroniques du *Bulletin de l'association des conservateurs*. À l'appui des solutions proposées, sont cités les textes de référence, les prises de position de l'Administration telles qu'elles figurent dans le « BOFiP-Impôts » ou le *Précis de fiscalité* publié par la Direction générale des finances publiques, et bien entendu, la jurisprudence.

Au terme de cette présentation, qu'il nous soit permis de remercier Monsieur Alain Fournier, ancien administrateur civil à la Direction générale des impôts, conservateur des hypothèques honoraire, bien connu des praticiens et des spécialistes de la publicité foncière qui, consulté sur divers points, nous a aidés de ses avis et conseils. Sa connaissance approfondie de la publicité foncière, nourrie d'une longue expérience, a été précieuse en cette matière particulièrement technique et ardue.

Nous remercions également Madame Neyla Gonzalez-Gharbi, spécialiste en droit fiscal, Docteur en droit, ancienne directrice de recherches au Cridon Sud-Ouest bien connue des notaires, qui a accepté de collaborer à l'ouvrage, qui s'en est trouvé considérablement enrichi, notamment pour les rubriques consacrées à la TVA immobilière.

Nos remerciements vont également à Monsieur Frank Roussel, Docteur en droit, professeur associé à l'Université de Bordeaux, qui nous prête son précieux concours pour les rubriques concernant le droit rural et la fiscalité rurale, et à Monsieur Serge Lamiaux, Diplômé d'études supérieures du Notariat, consultant au Cridon Nord-Est, spécialiste de publicité foncière, qui a bien voulu accepter de se joindre à l'équipe rédactionnelle.

Le présent guide est certainement perfectible : sa refonte annuelle permet non seulement de le maintenir constamment à jour, mais aussi de l'enrichir et de l'améliorer, à partir des réactions de ses lecteurs, qui seront les bienvenues et qui sont d'avance sollicitées.

J. LAFOND

1 Pour les problèmes théoriques concernant la publicité foncière, nos lecteurs pourront se référer aux études publiées au *JCl. Notarial Formulaire* sous la plume du professeur Dagot, de M. Frémont et de Mlle Montoux, au *JCl. Notarial Répertoire* (études de M. le Professeur Dagot et de M. Frémont) et aux ouvrages cités dans la Bibliographie.

Avertissements

RÉFORME DE LA PUBLICITÉ FONCIÈRE L'ordonnance attendue, portant réforme du droit de la publicité foncière, est intervenue le 19 juin 2024, en cours de publication de la présente édition du Guide de la publicité foncière *(Ord. N° 2024-562, JO 20 juin 2024, texte n° 35)*.
L'article 25 de ladite ordonnance précise qu'elle entrera en vigueur au plus tard le 31 décembre 2028, à une date fixée par décret en Conseil d'État.
Il résulte en outre de sa lecture que l'entrée en vigueur de plusieurs de ses articles est subordonnée à des décrets d'application.
Compte tenu de ces divers éléments il est apparu, après concertation entre les coauteurs du Guide, qu'il n'était ni possible ni opportun de rendre compte des divers impacts de cette réforme à l'occasion de la présente édition.
L'édition 2024 du Guide a donc été établie en considération du droit actuellement en vigueur, qui reste toujours applicable, pour une durée actuellement indéterminée.

L'ère du *BOFiP*...

Depuis le 12 septembre 2012, le *Bulletin officiel des finances publiques-Impôts* (*BOFiP-Impôts*) a été substitué au *Bulletin officiel des impôts* (Instr. 7 sept. 2012 ; *BOI* 13 A-2-12 : *JCP* N 2012, n° 37, act. 882).

Avant cette date, les sources de la doctrine opposable à l'administration fiscale étaient multiples : documentation administrative de base, réponses ministérielles publiées au *Journal officiel*, instructions et commentaires publiés au *Bulletin officiel des impôts* (*BOI*), décisions de rescrit publiées par l'administration... Ce pluralisme des sources ne facilitait pas la connaissance de la réglementation applicable.

À compter du 12 septembre 2012, l'administration fiscale a décidé de modifier les modalités de diffusion de ses commentaires et de sa doctrine opposables. Depuis cette date, elle a mis à la disposition des usagers la base documentaire dénommée « BOFiP-Impôts », accessible exclusivement en ligne sur Internet, et qui est destinée à regrouper la totalité des commentaires administratifs fiscaux en vigueur. Cette base est actualisée au fur et à mesure de l'évolution de la doctrine administrative, les nouveaux commentaires, les rescrits de portée générale ou les évolutions doctrinales ne faisant plus l'objet de publications autonomes, mais étant directement intégrés dans la base.

Dans son instruction précitée du 7 septembre 2012, l'administration a rapporté à compter du 12 septembre 2012 l'ensemble de sa doctrine antérieure qui n'est pas reprise dans sa nouvelle base de données. En conséquence et à compter de cette date, toute réponse ministérielle, décision de rescrit, prise de position quelconque résultant de la documentation administrative de base ou d'une instruction n'est plus opposable à l'administration si elle n'a pas été formellement reprise dans la base documentaire *BOFiP-Impôts*, ce qu'a confirmé le Conseil d'État (CE, 8e et 3e ss-sect. réunies, 27 févr. 2013, n° 357537).

On ne peut que s'incliner devant l'immensité du travail accompli, même si la mise en place de ce nouvel « outil » s'est accompagnée de quelques flottements, lacunes ou erreurs, inévitables compte tenu de l'ambition de la tâche entreprise (V., sur ce point, N. Gonzalez-Gharbi, éditorial *in Nota-Bene, Rev. des juristes du Cridon Sud-ouest*, juin 2013. – F. Fruleux, *La prise en charge des frais par le donateur et BOFiP-Impôts : JCP* N 2013, n° 67-1024).

Aujourd'hui, on peut estimer que le *BOFiP* a atteint sa vitesse de croisière. Et l'on peut penser que son utilisation est devenue familière aux praticiens.

Qu'il nous soit permis de leur donner **deux conseils**, à partir des réflexions d'auteurs avertis :

– la doctrine fiscale est mouvante. Ce qui est vrai aujourd'hui peut ne plus l'être demain. On prendra donc soin de vérifier, en consultant le *BOFiP*, que les indications d'ordre fiscal données par le présent guide, qui n'est actualisé qu'une fois par an, sont toujours d'actualité... (F. Roussel, *BODACC, BOFiP : même réflexe ! Defrénois* 2013, n° 23, p. 1213) ;

– en raison de l'intégration directe des commentaires administratifs dans la base « BOFiP-Impôts », il est recommandé de conserver scrupuleusement une copie et les références de ces commentaires, notamment leur date, pour pouvoir s'en prévaloir (F. Douet, *Le notariat et la doctrine administrative* : *JCP* N 2013, n° 47-1276).

J. LAFOND

Principales abréviations

Actes prat. ing. immobilière...	*Actes pratiques et ingénierie immobilière*
Actes prat. strat. patrimoniale	*Actes pratiques et stratégie patrimoniale*
AJDI..	*Actualité juridique de droit immobilier*
AJF	*Actualité juridique Famille*
AJPI	*Actualité juridique de la propriété immobilière*
al.	alinéa
ann..	annexe
art.	article
BA..	*Bulletin de l'Administration*
BF Lefebvre	*Bulletin fiscal Francis Lefebvre*
BIM Lefebvre...........................	*Bulletin de fiscalité immobilière Francis Lefebvre*
BOCD	*Bulletin officiel des contributions directes et du cadastre*
BODGI..	*Bulletin officiel de la Direction générale des impôts* (de 1970 à 1987)
BOE	*Bulletin officiel de l'enregistrement*
BOED	*Bulletin officiel de l'enregistrement et du Domaine*
BOI..	*Bulletin officiel des impôts* (depuis le 1er février 1987)
BPIM..	*Bulletin pratique immobilier*
Bull. AMC	*Bulletin de l'Association mutuelle des conservateurs*
Bull. civ...	*Bulletin des arrêts des chambres civiles de la Cour de cassation*
Bull. inf. C. cass.	*Bulletin d'information de la Cour de cassation*
CA..	Cour d'appel
CAA..	Cour administrative d'appel
C. action soc. et fam.	Code de l'action sociale et des familles
Cass. civ. (1re, 2e, ou 3e)	Arrêt d'une chambre civile de la Cour de cassation (1re, 2e ou 3e chambre)
Cass. com..	Arrêt de la chambre commerciale de la Cour de cassation
Cass. req.	Arrêt de la chambre des requêtes de la Cour de cassation
CCH..	Code de la construction et de l'habitation
C. civ..	Code civil
CDE	*Cahiers de droit de l'entreprise*
CE..	Conseil d'État
C. env..	Code de l'environnement
C. for..	Code forestier
CGCT..	Code général des collectivités territoriales
CGI	Code général des impôts
chron.	chronique
chron. hyp..	chronique hypothécaire
Circ.	Circulaire
C. monét. fin.	Code monétaire et financier
COJ..	Code de l'organisation judiciaire
comm..	commentaire
comp..	comparer

concl.	conclusions
Constr.-Urb.	*Construction-Urbanisme*
Contrats, conc. consom.	*Contrats, concurrence, consommation*
CPC	Code de procédure civile
CPC ex	Code des procédures civiles d'exécution
C. pén.	Code pénal
CPP	Code de procédure pénale
C. rur. pêche marit	Code rural et de la pêche maritime
CSI	Contribution de sécurité immobilière
CSS	Code de la sécurité sociale
C. trav.	Code du travail
C. urb.	Code de l'urbanisme
D.	Décret
D.	*Recueil Dalloz* (depuis 1945)
Déc	Décision
Defrénois	*Répertoire du notariat Defrénois*
Délib.	Délibération
DGI	Direction générale des impôts
DH	*Dalloz hebdomadaire* (de 1924 à 1940)
Dict. des Rédacteurs	*Dictionnaire des Rédacteurs*
Dict. enr.	*Dictionnaire de l'enregistrement*
D.O Actualité	*Documentation opérationnelle*
Doc. adm. DGI	DGI, Documentation administrative de base
doctr.	Doctrine
DP	*Dalloz périodique* (jusqu'en 1940)
Dr. fisc.	*Droit fiscal*
éd.	édition
Énergie-Env.-Infrastr.	*Énergie-Environnement-Infrastructures*
FR Lefebvre	*Feuillet rapide fiscal social Francis Lefebvre*
Gaz. Pal.	*Gazette du Palais* (Journal ou Recueil)
Ind. enr.	*Indicateur de l'enregistrement*
infra	ci-dessous
Inf. rap. copr.	*Informations rapides de la copropriété*
Instr.	Instruction
Instr. gén. cont. imp	Instruction générale sur le contentieux des impôts
IS	Impôt sur les sociétés
JCl.	*JurisClasseur* (Encyclopédies)
JCP	*JurisClasseur périodique* (Semaine Juridique), édition Générale (G), édition Notariale et immobilière (N), édition Entreprise et affaires (E), édition Administration et collectivités territoriales (A)
JO	*Journal officiel*
JOAN CR	*Journal officiel.* Débats parlementaires et réponses ministérielles à questions orales (Assemblée nationale)
JOAN Q	*Journal officiel.* Réponses ministérielles à questions écrites (Assemblée nationale)
JO Sénat CR	*Journal officiel.* Débats parlementaires et réponses ministérielles à questions orales (Sénat)
JO Sénat Q	*Journal officiel.* Réponses ministérielles à questions écrites (Sénat)
Journ. conserv. hyp.	*Journal des conservateurs d'hypothèques*
Journ. enr.	*Journal de l'enregistrement et des domaines* (jusqu'en 1932)

Principales abréviations

Journ. not.	*Journal des notaires et des avocats*
L.	Loi
L. fin. rect.	Loi de finances rectificative
LFSS	Loi de financement de la Sécurité sociale
LPA	*Les Petites affiches*
LPF	Livre des procédures fiscales
NF	*Nouvelles fiscales (Les)*
op. cit.	ouvrage précité
Ord.	Ordonnance
préc.	précité
QE	Question écrite
rappr.	rapprocher
RDC	*Revue des contrats*
RD imm.	*Revue de droit immobilier*
Règl.	Règlement
Règl. EPPE	Règlement « Effets patrimoniaux des partenariats enregistrés »
Règl. RM	Règlement « Régimes matrimoniaux »
Rép. alph. enreg.	*Répertoire alphabétique de l'enregistrement*
Rép. alph. enreg. V° Hyp.	*Répertoire alphabétique de l'enregistrement* (V° *Hypothèques*)
Rép. dr. civ. Dalloz	*Encyclopédie Dalloz droit civil*
Rép. dr. fr.	*Répertoire général alphabétique de droit français*
Rép. min.	Réponse ministérielle
RES	Rescrit
Resp. civ. et assur.	*Responsabilité civile et assurances*
Rev. adm.	*Revue administrative*
Rev. enr. et imp.	*Revue de l'enregistrement et des impôts* (de 1891 à 1983)
Rev. hyp.	*Revue hypothécaire*
Rev. loyers	*Revue des loyers et des fermages*
RFN	*Revue fiscale notariale*
RFP	*Revue fiscale du patrimoine*
RJ	*Recueil de jurisprudence* (interne à l'Administration)
RJDA	*Revue de jurisprudence de droit des affaires*
RJF	*Revue de jurisprudence fiscale*
RP	*Répertoire périodique Garnier*
RTD civ.	*Revue trimestrielle de droit civil*
S.	*Sirey* (Recueil)
SICA	Société d'intérêt collectif agricole
SICOMI	Société immobilière pour le développement du commerce et de l'industrie
Sol.	Solution
Sol. not.	*Solution notaires*
supra	ci-dessus
TA	Tribunal administratif
T. civ.	Tribunal civil
T. confl.	Tribunal des conflits
TDPF	Taxe départementale de publicité foncière
TFUE	Traité sur le fonctionnement de l'Union européenne
TGI	Tribunal de grande instance
TJ	Tribunal judiciaire
TPF	Taxe de publicité foncière
V.	Voir
V°	*Verbo*

Abandon

Serge LAMIAUX

I

Abandon à la commune de certains terrains

CGI, art. 1401. – Les contribuables ne peuvent s'affranchir de l'imposition à laquelle les terres vaines et vagues, les landes et bruyères et les terrains habituellement inondés ou dévastés par les eaux doivent être soumis, que s'il est renoncé à ces propriétés au profit de la commune dans laquelle elles sont situées.

La déclaration détaillée de cet abandon perpétuel est faite par écrit, à la mairie de la commune, par le propriétaire ou par un fondé de pouvoir spécial.

Les cotisations des terrains ainsi abandonnés comprises dans les rôles établis antérieurement à l'abandon restent à la charge du contribuable imposé.

Pour les rôles postérieurs, la taxe foncière est supportée par la commune.

Le paiement de la taxe foncière afférente aux marais et terres vaines et vagues qui n'ont aucun propriétaire particulier ainsi qu'aux terrains connus sous le nom de biens communaux, incombe à la commune tant qu'ils ne sont point partagés.

La taxe due pour des terrains qui ne sont communs qu'à certaines portions des habitants d'une commune est acquittée par ces habitants.

1 **Régime fiscal.** L'abandon fait par référence à l'article 1401 du Code général des impôts est un acte abdicatif, unilatéral, qui n'est en conséquence pas passible des droits de mutation (*Dict. des Rédacteurs*, V° Abandon, n° 2).

2 **Publicité foncière.** La procédure d'abandon de parcelles à la commune visée à l'article 1401 du Code général des impôts concerne les terres vaines et vagues, les landes et bruyères et les terrains habituellement inondés ou dévastés par les eaux. Ainsi, excepté les parcelles inondables, seules des parcelles de terre non cultivables en raison de la pauvreté de leur fonds et susceptibles de rester vides de toute construction peuvent être abandonnées à la commune. En conséquence, des terrains comportant un aménagement particulier de nature à les rendre propres à un usage agricole, industriel, commercial ou à des fins d'habitation ne peuvent faire l'objet d'un abandon. Il en va de même pour une parcelle cultivable mais laissée en nature de friche depuis plusieurs années, le sol de celle-ci pouvant être rendu productif à tout instant. La déclaration détaillée d'abandon est faite par écrit à la mairie de la commune par le propriétaire ou par un fondé de pouvoir spécial. Les formalités à accomplir par la commune pour que l'abandon fait à son profit soit opposable aux tiers et que la propriété lui soit transférée sont les formalités de droit commun résultant du décret n° 55-22 du 4 janvier 1955

portant réforme de la publicité foncière et des textes subséquents. Ainsi, lorsque les parcelles abandonnées sont inscrites au fichier immobilier, le service du cadastre établit en double exemplaire un procès-verbal comportant, d'une part, la copie de la déclaration d'abandon certifiée par le maire de la commune et, d'autre part, les désignations cadastrales des parcelles à muter. Un exemplaire du procès-verbal est renvoyé au cadastre après publication au fichier immobilier. Cette procédure permet d'assurer la concordance rigoureuse entre les documentations hypothécaire et cadastrale. Lorsque les parcelles abandonnées ne sont pas inscrites au fichier immobilier, elles sont mutées dans la documentation cadastrale au vu de la seule déclaration d'abandon. Dès que le propriétaire a fait sa déclaration d'abandon, celui-ci devient définitif sans qu'il soit besoin, pour sa réalisation, de l'acceptation des autorités municipales, pourvu toutefois que celles-ci aient été régulièrement informées. Au cas où la commune refuserait de consentir à l'abandon qui lui est fait, le propriétaire aurait la faculté d'introduire une demande régulière en mutation de cote. Il appartiendrait alors aux tribunaux administratifs d'apprécier, après instruction contradictoire, si, en son état actuel, le terrain en cause entre dans la catégorie de ceux visés à l'article 1401 du Code général des impôts et si les dispositions de ce texte ont été régulièrement observées (Rép. min. Économie et Finances, 22 mai 1997 : *JO* Sénat Q, p. 1525, n° 19926 ; *JCP* N 1997, prat. 4105, p. 1027).

3 **Mutation cadastrale.** La déclaration d'abandon opère transfert immédiat de la propriété à la commune sans que celle-ci puisse s'y opposer. Cette déclaration n'ayant pas une forme authentique, elle ne peut être publiée en l'état (BOI-CAD-MAJ-20-10-20140404, n° 320).
En conséquence, la procédure à mettre en œuvre est la suivante (BOI-CAD-MAJ-20-10-20140404, n° 330) :
– lorsque l'abandon ne porte que sur une fraction de parcelle, et à défaut de production d'un document d'arpentage, un croquis foncier est dressé par le géomètre-cadastreur et publié au service de la publicité foncière afin d'attribuer une référence cadastrale à la portion de territoire objet de la mutation ;
– lorsque l'abandon porte sur une ou plusieurs parcelles entières déjà inscrites au fichier immobilier, le service du cadastre établit en double exemplaire un procès-verbal n° 6496 comportant la désignation des parcelles à muter. Les deux exemplaires du procès-verbal n° 6496 accompagnés d'une copie de la déclaration d'abandon sont transmis au service de la publicité foncière pour publication ;
– lorsque la parcelle n'est pas inscrite au fichier immobilier, il n'est pas établi de procès-verbal.

II
Abandon de quotité disponible

C. civ., art. 917. – Si la disposition par acte entre vifs ou par testament est d'un usufruit ou d'une rente viagère dont la valeur excède la quotité disponible, les héritiers au profit desquels la loi fait une réserve auront l'option, ou d'exécuter cette disposition, ou de faire l'abandon de la propriété de la quotité disponible.

4 **Publicité foncière.** L'acte qui constate l'abandon prévu par l'article 917 du Code civil peut être considéré comme un acte déclaratif au sens large du terme soumis à ce titre obligatoirement à publicité en vertu de l'article 28-4°-e du décret du 4 janvier 1955 (en ce sens, V. Rép. min. Finances, 3 juin 1964 : *Bull. AMC* 1964, art. 580 ; *JCP* N 1964, IV, 3737).

5 **Taxation.** Lorsque les héritiers à réserve font abandon de la quotité disponible en propriété pour tenir lieu d'un usufruit ou d'une rente viagère, il n'est dû indépendamment du droit de mutation par décès que le droit de délivrance de legs (actuellement un simple droit fixe [actes innomés : CGI, art. 680] sur le tarif actuel. V. **Droits fixes**). Ce n'est pas là une dation en paiement (*Dict. des Rédacteurs*, V° Quotité disponible et réserve, n° 274).
Le droit de mutation entre vifs ne serait pas dû, même dans l'hypothèse où la délivrance de la quotité disponible se ferait à l'amiable entre les parties (*Journ. enr.*, 12594).

6 **Abandon consenti en dehors des cas visés par l'article 917 du Code civil.** Le droit proportionnel serait exigible si l'abandon de la quotité disponible était consenti en dehors des cas prévus par l'article 917 : par exemple, si l'abandon intervenait dans une espèce où les revenus de l'usufruit légué ou la rente viagère ne dépasseraient pas le produit de la quotité disponible. Ainsi, si une rente viagère de 30 000 € avait été léguée et que la quotité disponible produirait plus de 30 000 € de revenus, l'abandon de la quotité disponible résulterait de la seule volonté des parties et non de la loi. Le droit de mutation par décès serait dû par le légataire au taux déterminé par le degré de parenté existant entre lui et le défunt pour la rente viagère, et un droit de donation serait exigible sur la convention par laquelle le réservataire aurait abandonné au légataire la quotité disponible : il y aurait là une libéralité avec charge donnant ouverture au droit de donation (*Dict. des Rédacteurs*, *ibid.*, n° 274).

7 **Irrévocabilité de l'option.** L'option faite par les héritiers est irrévocable : si, plus tard, les parties se mettaient d'accord pour la modifier, il y aurait rétrocession passible de droit proportionnel. Ainsi, si après avoir opté pour l'abandon de la propriété de la quotité disponible, les réservataires s'entendaient pour exécuter une libéralité en usufruit ou réciproquement, il y aurait échange passible de droits exigibles sur ce contrat (Maguéro, V° Quotité disponible, n° 315).

III

Abandon de mitoyenneté (C. civ., art. 656 et 667)

➤ V. **Mitoyenneté des murs.**

IV

Abandon du fonds servant (C. civ., art. 699)

C. civ., art. 699. - Dans le cas où le propriétaire du fonds assujetti est chargé par le titre de faire à ses frais les ouvrages nécessaires pour l'usage ou la conservation de la servitude, il peut toujours s'affranchir de la charge, en abandonnant le fonds assujetti au propriétaire du fonds auquel la servitude est due.

8 Si le propriétaire du fonds grevé d'une servitude de passage abandonne une portion de ce fonds pour faire cesser la servitude, le droit proportionnel d'échange est dû (*Journ. enr.*, 9061). Il y a en effet échange d'un immeuble contre un droit réel immobilier, de même qu'il y aurait échange dans l'abandon d'une partie d'immeuble pour obtenir une servitude (*Dict. des Rédacteurs*, V° Servitude, n° 103).

V

Cantonnement (Droit successoral)

9 **Mécanisme et taxation.** L'article 1094-1 du Code civil permet au conjoint survivant de cantonner son émolument sur une partie des biens dont il a été disposé en sa faveur. La même faculté est offerte au légataire par l'article 1002-1 du même code. Dans les deux cas, ces textes indiquent que ce cantonnement ne constitue pas une libéralité faite aux autres successibles (V., sur le sujet, R. Dupuis-Bernard, *Organiser le cantonnement : JCP* N 2016, n° 18, 1141. – B. Vareille, *Renonciation et cantonnement : abandonné sans donner : JCP* N 2016, n° 24, 1201).

Ce cantonnement ne donne pas ouverture au droit de partage de l'article 746 du Code général des impôts, puisqu'il n'existe pas d'indivision préexistante entre le gratifié qui exerce ce droit et les héritiers.

Toutefois, si le cantonnement porte sur la totalité de la succession et non sur des biens déterminés, le droit de 2,50 % pourrait être exigible au jour du partage effectif marquant la fin de l'indivision. Quant à l'acte contenant mise en œuvre du cantonnement et consentement à exécution, il est passible de droits fixe des actes innomés au taux de 125 €.

En outre, si le cantonnement porte sur un bien immobilier, une attestation immobilière doit être dressée conformément à l'article 29 du décret n° 55-22 du 4 janvier 1955 (V., R. Dupuis-Bernard, étude préc.).

Absence

Serge LAMIAUX

10 Publicité foncière du jugement déclaratif. La loi du 28 décembre 1977 (*JCP* G 1978, III, 46640) a supprimé la publication obligatoire du jugement déclaratif d'absence, en abrogeant l'article 28-5° du décret du 4 janvier 1955. En effet, en vertu du nouvel article 127 du Code civil, l'absence judiciairement déclarée entraîne les mêmes effets que le décès effectif de l'absent. Le nouveau texte ne fait ainsi aucune référence à des décisions judiciaires emportant transfert de biens telles que les jugements d'envoi en possession provisoire ou définitive prévus dans l'ancienne législation ; en effet, de telles décisions seraient superflues, dès lors que le transfert s'effectue automatiquement dès la date du jugement déclaratif d'absence (Instr. 14 mai 1980 : *BODGI* 10 D-80 ; *JCP* N 1980, IV, 7576).

11 Publication d'une attestation notariée. L'article 128 du Code civil, assimilant les effets du jugement déclaratif d'absence à ceux du décès, rend obligatoire la publication de l'attestation notariée prévue à l'article 29 du décret du 4 janvier 1955. Il est rappelé, à ce propos, qu'il n'est pas établi d'attestation notariée si un acte de partage portant sur la totalité des biens héréditaires est publié dans les dix mois du décès, c'est-à-dire, dans l'hypothèse actuelle, dans les dix mois du jugement déclaratif d'absence (Instr. 14 mai 1980 : *BODGI* 10 D-80 ; *JCP* N 1980, IV, 7576).

12 Constatation du retour de l'absent. Bien que l'article 130 du Code civil ne prévoie pas l'obligation expresse d'opérer la publication au fichier immobilier des actes ou décisions judiciaires constatant le rétablissement dans ses droits patrimoniaux de l'absent dont l'existence est judiciairement constatée, une telle publicité ne devrait pas, néanmoins, présenter de difficultés insurmontables.

La décision judiciaire constatant l'existence de l'absent opère par elle-même transfert de propriété à son profit ; ainsi, un tel jugement est soumis à publicité en application de l'article 28, 1° du décret du 4 janvier 1955.

Cependant, la décision judiciaire annulant les effets du jugement déclaratif d'absence ne contiendra pas tous les éléments permettant d'en opérer valablement la publicité. Cette publicité du déplacement de propriété opéré par l'effet de l'annulation de la déclaration d'absence imposera le plus souvent la rédaction, puis la présentation à la formalité d'un acte authentique, auquel sera joint en annexe le jugement d'annulation de la déclaration d'absence. Cet acte devra constater, de manière précise, la nature et l'étendue des droits immobiliers dont la décision judiciaire d'annulation a entraîné le déplacement ; il comportera, de même, toutes les indications utiles pour l'admission de l'acte à la publicité et, notamment, celles relatives à la désignation individuelle des biens en cause et à l'effet relatif.

Il est fait observer qu'à défaut d'une telle publicité des effets du jugement d'annulation, l'absent qui a recouvré ses droits sera dans l'impossibilité, en vertu de l'article 3 du décret précité du 4 janvier 1955, de faire publier des actes de disposition opérés sur des droits immobiliers qu'il aurait dû recueillir durant son absence ou qui ont été acquis, durant la même période, en emploi de capitaux lui appartenant ou de revenus échus à son profit. Cette impossibilité n'atteindra pas, toutefois, la publication d'actes de disposition opérés à l'égard de biens qui se trouvaient déjà dans le patrimoine de l'absent avant le jugement déclaratif d'absence. Dans cette hypothèse, la référence au titre originaire du disposant sera suffisante pour que le conservateur, qui n'est pas juge de la validité des actes et ne peut, de ce fait, s'opposer à l'existence de doubles chaînes de propriété, accepte de publier les actes en cause (Instr. 14 mai 1980 : *BODGI* 10 D-80 ; *JCP* N 1980, IV, 7576).

13 **Perceptions.** L'instruction précitée du 14 mai 1980 ne donne aucune indication à ce sujet.
Si le jugement constatant l'existence de l'absent contient tous les éléments nécessaires pour permettre d'en opérer la publicité (ce qui sera exceptionnel), cette publication donnera lieu selon nous à la perception de la taxe de 0,70 % (0,71498 % avec les perceptions additionnelles) prévue pour les actes déclaratifs (V. **Acte déclaratif**), sans préjudice de la contribution de sécurité immobilière : V. **Contribution de sécurité immobilière**, calculé sur la valeur des immeubles concernés.
Il en sera de même si un acte authentique est spécialement dressé pour constater le « déplacement de propriété », comme l'évoque l'instruction précitée.

14 **Restitution des droits de mutation par décès.** Les droits payés par les héritiers sont restituables en cas de retour de l'absent (CGI, art. 1965 ; V. **Restitution**).
L'avocat ou le notaire devront donc penser à faire cette demande de restitution dans le délai légal (V. **Restitution**).

Acquiescement

Jacques LAFOND

15 **Définition.** Il y a lieu de distinguer :
– l'acquiescement à la demande (CPC, art. 408), qui est la reconnaissance du bien-fondé des prétentions avancées par l'adversaire. Par voie de conséquence, il entraîne renonciation à l'action ;
– l'acquiescement à un jugement (CPC, art. 409) : il exprime que celui qui acquiesce se soumet à la décision et renonce à exercer une voie de recours.

L'acquiescement peut être donné par acte civil (notarié ou sous-seing privé) par acte d'avocat à avocat, ou par acte extrajudiciaire.

I

Publicité foncière

16 **Observation préliminaire.** Aucun texte ne vise expressément le cas de l'acquiescement. Si d'un point de vue strictement juridique l'obligation de publier peut donner lieu à discussion, il reste qu'en opportunité la nécessité de cette publication peut se justifier dans certains cas.

Elle ne sera en toute hypothèse possible que si l'acquiescement est constaté dans un acte authentique (qui peut être un acte de commissaire de justice).

17 **Acquiescement à la demande.** L'acquiescement à la demande s'apparente à un désistement, dans la mesure où il met fin à l'instance (CPC, art. 384). Dans cette mesure, il paraît justifié de lui appliquer, par analogie, les règles prévues en matière de désistement (V. **Désistement**).

Le problème de la publication éventuelle de l'acquiescement ne se pose que lorsque la demande en justice est sujette à publication.

Lorsqu'il intervient à un moment où la demande en justice a elle-même été publiée, la publication de l'acquiescement est, sinon nécessaire, du moins opportune. Les tiers seront ainsi informés de la suite réservée à la demande.

L'article 384 du Code de procédure civile énonce que l'extinction de l'instance est constatée par une décision de dessaisissement. Si une telle décision intervient, c'est elle qui sera publiée.

Si, comme le prévoit l'alinéa 3 de l'article 384, un accord intervient entre les parties, auquel le juge donne force exécutoire, c'est la décision du juge qui sera publiée.

18 **Acquiescement au jugement.** L'acquiescement au jugement a, selon l'article 504 du Code de procédure civile, un effet probatoire du caractère exécutoire du jugement, lorsque celui-ci ne bénéficie pas de l'exécution provisoire et est susceptible d'un recours, et que cet acquiescement émane de la partie condamnée.

Pour justifier la publication de cet acquiescement, on peut y voir un « acte confirmatif » soumis à publicité en vertu de l'article 28-4° a) du décret du 4 janvier 1955, ou estimer plus simplement cette publication nécessaire pour ce motif, déjà mis en avant (V. n° 16), qu'il s'agit d'un acte apparenté à un désistement, dont la publication est expressément prévue par l'article 28-4° d) du décret du 4 janvier 1955 précité.

II

Fiscalité

19 **Enregistrement.** Les actes contenant acquiescement ne sont pas assujettis obligatoirement à l'enregistrement dans un délai, sauf s'il s'agit d'un acte notarié (un mois ; V. CGI, art. 635-1-I°) ou d'un exploit d'huissier.

20 **Acte notarié ou sous-seing privé présenté volontairement à la formalité.** L'acte d'acquiescement sera enregistré au droit fixe des actes innommés (sur le tarif actuel, V. **Droits fixes**).

21 **Acte d'avocat à avocat.** Cet acte est exempt d'enregistrement. Mais si l'acte est signé de la partie, il est considéré comme acquiescement sous-seing privé (Sol. 1er juin 1893 : *Journ. enr.*, 24195).

22 **Contribution de sécurité immobilière.** Si la publication de l'acquiescement est opérée, elle donnera lieu, outre la perception de la taxe fixe au tarif prévu pour les actes innommés (V. n° 20), à la perception de la contribution de sécurité immobilière, au taux fixe (V. **Contribution de sécurité immobilière**).

Acte abdicatif

Jacques LAFOND

23 **Généralités.** À côté des actes qui créent, transfèrent ou éclairent des droits, il en est d'autres qui tendent à les éteindre par la volonté de leur titulaire, tels que les renonciations ou, plus largement, les actes abdicatifs.
Il importe du point de vue fiscal de distinguer l'acte abdicatif de l'acte translatif.
En effet, si l'acte abdicatif n'entraîne en principe que la perception d'un simple droit fixe (et donc d'une taxe fixe de publicité foncière), des droits de mutation à titre onéreux ou gratuit seront perçus sur l'acte translatif.

24 **Distinction entre l'acte abdicatif et l'acte translatif.** Dans l'acte translatif, les parties recherchent le transfert du droit et c'est à l'occasion de ce transfert que le vendeur ou le donateur renoncent par exemple à leur droit de propriété. Une telle renonciation est nécessaire afin de pouvoir transférer le droit aux cocontractants.
À l'inverse, dans l'acte abdicatif, le titulaire du droit n'est pas animé par cette volonté de transmettre son droit à autrui, il veut seulement abandonner le droit qu'il détient, le faire sortir de son patrimoine, il veut l'abdiquer (V. Y. Seillan, *L'acte abdicatif : RTD civ.* 1966, n° 10, p. 686 et s. – V. **Abandon**).

25 **Une différence de nature.** On pourrait se demander si la différence entre l'acte abdicatif et l'acte translatif n'est pas que théorique. En effet, le plus souvent un tiers va acquérir le droit abdiqué. Dans cette mesure, l'acte abdicatif aura donc un effet translatif. Le cohéritier voit ainsi sa part s'accroître de celle du renonçant (C. civ., art. 805, al. 2). Le copropriétaire du mur mitoyen est investi du droit de celui qui a déguerpi (C. civ., art. 656).
Il semble alors qu'il y ait une transmission de l'objet du droit auquel on a renoncé comparable à celle que réalise un acte translatif.
Mais ce n'est qu'une apparence (Y. Seillan, *op. cit.*).
En effet, dans un acte translatif, c'est la volonté du vendeur ou du donateur qui a investi l'acquéreur ou le gratifié de l'objet vendu ou donné.
En revanche, la volonté du renonçant dans l'acte abdicatif n'a ni un tel objet, ni une telle efficacité. L'acquisition du droit abdiqué s'effectue par la seule volonté du législateur. Il y a donc acquisition originaire et non pas transmission volontaire (Cl. Brenner : *Rép. dr. civ.* Dalloz, V° Acte, n° 236).

26 **Les cas de taxation de l'acte abdicatif.** Le but extinctif de l'acte permet donc de distinguer l'acte abdicatif de l'acte translatif. La volonté de transmettre à autrui le droit auquel on renonce fait perdre à l'acte sa nature abdicative.
Il n'est pas toujours aisé d'établir que le véritable but, prévu et voulu, de l'acte abdicatif, est de transmettre la propriété. Cette intention et l'existence d'une convention en ce sens devront être prouvées par l'Administration, si elle entend percevoir les droits de mutation.

Acte confirmatif

Jacques LAFOND

BIBLIOGRAPHIE : Ph. Malinvaud, D. Fenouillet et M. Mekki, *Droit des obligations*, LexisNexis, 14e éd. 2017, n° 415. – F. Terré, Ph. Simler, Y. Lequette et F. Chénedé, *Les obligations*, Précis Dalloz, 13e éd. 2022, nos 545 à 558.

I

Notion

27 **Définition.** La confirmation est l'acte juridique par lequel une personne qui peut se prévaloir de la nullité d'un acte renonce à l'invoquer. Elle a pour effet de couvrir le vice dont cet acte était atteint (C. civ., art. 1182).

28 **Nature juridique. Comparaison avec des actes voisins.** Deux conséquences découlent de la notion de confirmation comprise comme une renonciation à l'action en nullité :
– la confirmation est un acte juridique unilatéral ; l'accord de l'autre partie n'est pas nécessaire pour sa validité ;
– la confirmation diffère de la réfection du contrat (V. **Acte refait**).
La réfection du contrat nécessite un nouvel accord de volonté entre les parties contractantes analogue à celui qui avait donné naissance au contrat primitif, mais échappant à la cause de nullité qui l'affectait (ainsi, pour la réfection d'une donation nulle en la forme, V. C. civ., art. 931-1). Il en est différemment pour la confirmation : c'est ainsi qu'une vente annulable pour incapacité du vendeur peut être confirmée par celui-ci sans que cette confirmation ait besoin d'être acceptée par la partie qui en bénéficie.
En cas de réfection du contrat, c'est cette réfection qui crée le lien juridique sans aucune rétroactivité.
Par contre, en cas de confirmation, le lien juridique qui unit les parties du contrat confirmé est créé non par la confirmation, mais par le contrat qui se trouve validé depuis le jour de sa conclusion (Terré, Simler et Lequette, *op. cit.*).

29 **Publicité foncière.** Sont soumis à publication obligatoire en vertu de l'article 28-4° a) du décret du 4 janvier 1955 « les actes confirmatifs de conventions entachées de cause de nullité ou rescision ».
Le non-respect de cette obligation n'est pas sanctionné par l'inopposabilité aux tiers. Mais toute personne intéressée qui, ayant publié son propre droit, prouve qu'elle a subi un préjudice à raison du défaut de publication ou d'une publication incomplète ou irrégulière, peut demander des dommages et intérêts (D. 30 janv. 1955, art. 30-4).
Comme on l'a souligné, la plupart des confirmations d'actes annulables sont tacites, elles échapperont donc à la publicité, même si elles concernent des mutations de droits réels immobiliers, tant qu'elles ne seront pas constatées par un acte authentique (jugement ou acte notarié). D'ailleurs, même les confirmations expresses, dans les termes de l'article 1182 du Code civil, ne sont pas susceptibles de publication tant qu'elles se présentent sous la forme d'un acte sous seing privé. Il faut, au préalable, qu'elles prennent la forme authentique

(S. Sana-Chaillé de Néré : *JCl. Civil*, art. 1178 à 1185, Fasc. 20 et *JCl. Notarial Répertoire*, V° *Contrats et obligations*, Fasc. 126, n° 99).

30 **Exemple.** Constitue un acte confirmatif l'acte déposé à la publication après un premier acte de vente indiquant que le vendeur avait notifié à l'ancien locataire un congé avec offre de vente resté sans suite, et constatant que le locataire n'avait pas manifesté, dans le délai imparti par la loi du 6 juillet 1989, son intention de se substituer aux acquéreurs. Ce second acte donne ouverture à la taxe de publicité foncière et à la contribution de sécurité immobilière (*Bull. AMC* 1997, art. 1749).

II

Taxation

31 **Texte.** La taxation est prévue par l'article 673 du Code général des impôts, ainsi conçu :

> **CGI, art. 673. –** Lorsque la taxe de publicité foncière ne tient pas lieu des droits d'enregistrement, il n'est dû, en toute hypothèse, qu'une seule taxe proportionnelle sur l'acte principal et sur l'acte portant complément, interprétation, rectification d'erreurs matérielles, acceptation ou renonciation pure et simple, confirmation, approbation, homologation, ratification ou réalisation de condition suspensive.
>
> Les actes dispensés de la taxe proportionnelle en vertu des dispositions de l'alinéa précédent supportent la taxe fixe si la publicité n'en est pas requise en même temps que celle de l'acte passible de la taxe proportionnelle, à moins qu'ils ne contiennent augmentation des prix, valeurs, sommes ou créances exprimées, énoncées, évaluées ou garanties, auquel cas la taxe proportionnelle est perçue seulement sur le montant de cette augmentation. »

À la lecture de l'article 673 du Code général des impôts, on est amené à distinguer selon que l'acte confirmatif est publié isolément ou en même temps que l'acte principal.

A Acte confirmatif publié en même temps que l'acte principal

32 **Distinction selon que l'acte confirmatif est ou non soumis à la formalité fusionnée.** Il y a lieu de distinguer selon que l'acte confirmatif relève ou non de la formalité unique.

– Acte soumis à la formalité fusionnée : la taxe de publicité foncière est applicable, au taux prévu pour les actes innommés (CGI, art. 680. – Pour le taux actuel, V. **Droits fixes**).

– Acte non soumis à la formalité fusionnée :

• taxe de publicité foncière : néant ;

• contribution de sécurité immobilière au taux fixe (sur le taux actuel, V. **Contribution de sécurité immobilière**).

B Acte confirmatif publié postérieurement à l'acte principal

33 **Distinction selon que l'acte confirmatif est ou non soumis à la formalité fusionnée.**

• Acte soumis à la formalité fusionnée : la taxe de publicité foncière est applicable, au taux prévu pour les actes innommés (CGI, art. 680. – Pour le taux actuel, V. **Droits fixes**).

• Acte non soumis à la formalité fusionnée :

– taxe de publicité foncière au taux fixe de 125 € (CGI, art. 679) ;

– contribution de sécurité immobilière au tarif proportionnel.

Si l'acte principal est exempté de taxe, l'acte confirmatif bénéficiera de la même exemption (Lacroix, n° 307).

Acte contenant plusieurs dispositions

Jacques LAFOND

Sommaire analytique

Index alphabétique

I Introduction

Texte de base :

CGI, art. 671 – Lorsque, dans un acte quelconque, soit civil, soit judiciaire ou extrajudiciaire, il y a plusieurs dispositions indépendantes ou ne dérivant pas nécessairement les unes des autres, il est dû pour chacune d'elles, et selon son espèce, une taxe ou un droit particulier. La quotité en est déterminée par l'article du présent code dans lequel la disposition se trouve classée, ou auquel elle se rapporte.

34 **Observations préliminaires.** Il résulte de l'article 671 du Code général des impôts, *a contrario*, que lorsque plusieurs dispositions d'un même acte sont dépendantes, il n'est dû qu'un seul droit pour l'ensemble.

Mais le législateur n'a pas indiqué à quels signes distinctifs on doit reconnaître la dépendance ou l'indépendance de plusieurs dispositions.

Nous nous attacherons donc à dégager un critère, avant de faire un inventaire des solutions adoptées par la jurisprudence ou l'administration fiscale. Puis, nous dégagerons les règles de taxation.

II Distinction des dispositions dépendantes et indépendantes

A Critères

1 Définition selon les sources administratives

35 **Incertitudes doctrinales.** Selon la Documentation administrative (BOI-ENR-DG-20-20-60-20120912, n°s 20 et 30, 12 sept. 2012), la doctrine est très partagée.

« D'après la Cour de cassation, les dispositions multiples d'un acte ne dépendent l'une de l'autre, au sens de l'article 671 du Code général des impôts, que si le lien qui les unit résulte non de la seule volonté des parties (critère subjectif), mais de la loi elle-même (critère objectif).

Il faut non seulement que ces dispositions aient été liées entre elles dans l'intention des parties contractantes, mais que, prises abstractivement, elles concourent ensemble à la formation d'un contrat principal et en constituent les éléments corrélatifs et nécessaires.

Toutefois, la Cour suprême ne paraît pas dénier dans ses décisions toute influence à l'intention des parties, de sorte qu'il est impossible d'énoncer un critère précis. »

36 On peut cependant, dit la Documentation administrative, « formuler quelques principes :

– sont dépendantes les deux obligations réciproques qui forment la cause l'une de l'autre, le mot "cause" étant pris dans le sens de "mobile immédiat auquel le débiteur a obéi", toujours le même dans un contrat déterminé (mutation du bien vendu et obligation de payer le prix dans une vente, double mutation réciproque dans un échange) ;

– sont également dépendantes toutes les dispositions du même acte qui règlent les rapports juridiques résultant nécessairement, d'après la loi civile, du contrat unique intervenu entre les parties (clause réglant le mode de paiement du prix dans une vente, donation et partage des biens donnés dans une donation-partage) ;

– au contraire, constituent des dispositions indépendantes, les clauses du même acte qui ont pour résultat la formation, la modification ou la dissolution de deux contrats distincts (acte portant à la fois vente d'un fonds de commerce et location du local commercial correspondant par le propriétaire de l'immeuble où est exploité le fonds). »

2 Observations

37 La définition retenue par la Documentation administrative, qui se réfère à « la jurisprudence

de la Cour de cassation » découle de deux arrêts de cette juridiction, l'un en date du 21 août 1871 (*DP* 1873, 1, 81 ; *S.* 1872, 1, 441), l'autre en date du 5 mars 1907 (*DP* 1908, 1, 209 ; *S.* 1909, 1, 46 ; V. également : Civ. 17 déc. 1924 : *D.* 1926, 1, 151 ; *S.* 1926, 1, 345 ; *S.* 1927, 1, 236).

38 Analysant cette jurisprudence, Pilon indique (*Principes et technique des droits d'enregistrement*, n° 600) :

> « Il y a donc deux éléments de décision pour savoir si lorsqu'un acte renferme plusieurs dispositions l'une peut être éliminée sans que l'opération juridique à l'occasion de laquelle l'acte a été dressé cesse d'être complète, de produire ses effets normaux : l'élément intentionnel et l'élément objectif, l'acte envisagé en lui-même. L'élément intentionnel n'est donc pas exclu. On dit seulement qu'à lui seul il ne suffit pas.
> Et, par exemple, si les charges, dans une donation, si la garantie fournie par le débiteur lui-même dans l'acte de vente, si le partage contenu dans une donation, sont traités comme disposition dépendante, c'est parce qu'il est tenu compte à la fois de l'intention des parties et de l'acte envisagé en lui-même. »

Et cet auteur propose une définition des dispositions dépendantes et indépendantes qui, nous semble-t-il, complète et même éclaire, celle actuellement proposée par l'administration fiscale :

> « Lorsqu'un acte renferme plusieurs dispositions, est indépendante toute disposition qui pourrait être éliminée de l'acte sans qu'il cesse d'être complet en lui-même et de produire ses effets juridiques normaux, compte tenu à la fois de l'intention des parties et des dispositions de l'acte prises abstractivement » (*op. cit.*, n° 601).

B Applications

39 Il ne peut être question de recenser l'ensemble des solutions dégagées par la jurisprudence ou par l'administration fiscale, mais simplement de donner quelques exemples d'application concrète des critères rappelés ci-dessus.

1 Délégation

40 **Délégation contenue dans l'acte formant le titre de la dette et constituant le mode de paiement de cette dette.** Si la délégation est contenue dans l'acte qui forme le titre de la dette et joue le rôle de mode de paiement de cette dette, c'est une disposition dépendante et il n'y a pas de droit particulier exigible. Elle est en effet un élément du contrat (*Dict. enr.* n° 1540, 1, 1270).

Ainsi par exemple :
– la délégation dans un contrat de vente faite par l'acheteur au vendeur du débiteur de l'acheteur ;
– la délégation faite par le vendeur à son propre créancier du prix dû par l'acheteur ;
– la délégation, dans un bail, faite par le fermier au bailleur d'un débiteur du fermier pour paiement des fermages à échoir (V. Pilon, *op. cit.*, n° 606).

41 **Délégation n'apparaissant pas comme un élément nécessaire du contrat.** Si la délégation n'apparaît pas comme un élément nécessaire du contrat, et si elle est telle qu'en l'éliminant le contrat reste complet en lui-même, c'est une disposition indépendante.
Telle par exemple, la délégation, faite dans un acte d'emprunt par un emprunteur. de loyers en paiement des intérêts, si elle comporte le pouvoir absolu définitif pour le prêteur d'en toucher le montant sur ses simples quittances. Elle est alors indépendante du prêt...

2 Donation (donation-partage)

42 **Disposition dépendante.** Il y a disposition dépendante :
– lorsque par le même acte de donation, un ascendant opère le partage de ses biens entre ses enfants... ;
– lorsqu'une donation est faite avec charge : cette stipulation de charge est considérée comme dépendante de la donation, pourvu toutefois que la charge soit inférieure à la libéralité, ce qui est le cas ordinaire ;
– lorsqu'il y a dans un même acte des donations mutuelles.

43 **Dispositions indépendantes.** Il y a, au contraire, des dispositions indépendantes :
– si la donation est accessoire à un contrat à titre onéreux (par ex., une vente faite moyennant une rente viagère au profit du vendeur et d'un tiers) ;
– si dans une donation-partage faite par un ascendant, on comprend d'autres biens que ceux de l'ascendant, pour en opérer le partage... ;
– si dans une donation-partage, les ascendants se reconnaissent débiteurs vis-à-vis de l'un de leurs enfants et lui attribuent un immeuble en paiement. Deux droits seront alors perçus, l'un sur la donation-partage, l'autre sur la dation en paiement (Pilon, *op. cit.*, n° 593).

3 Échanges

44 **Échange d'immeubles ruraux : renonciation à droit de retour et à l'interdiction d'aliéner.**

Dans le cadre d'un échange d'immeubles ruraux exempt de droits (V. **Échange d'immeubles ruraux**), il est procédé à la cession d'une parcelle provenant d'une donation consentie avec réserve du droit de retour et interdiction d'aliéner. Cette parcelle est louée. À l'acte notarié interviennent :
– le donateur qui consent à ce que le droit de retour et l'interdiction d'aliéner soient reportés par voie de subrogation réelle sur la parcelle reçue en échange du bien donné ;
– le fermier qui consent au report de son bail.
Il a été précisé que ces stipulations étaient des dispositions dépendantes qui ne donnent ouverture par elles-mêmes à la perception d'aucun droit, puisqu'elles sont la condition de la donation et nécessaires pour la validité de l'échange (Rép. min. Stasi, 31 mai 1969 : *JOAN*, p. 1497 ; *BOE* 1969, 10615).

45 Échange amiable d'immeubles ruraux donnés en location : intervention du preneur à l'acte pour donner son consentement. Dès lors que ce consentement est expressément prévu par les textes, il paraît possible d'admettre que le consentement donné dans un acte d'échange par les titulaires de baux portant sur des immeubles échangés dans les conditions édictées par l'article 37 du Code rural et de la pêche maritime n'est pas de nature à motiver l'exigibilité du droit fixe (Rép. min. Julien : *JOAN* 18 nov. 1965, n° 15694, p. 4733 ; *BOE* 1965, 9631). Cette solution devrait être applicable aux échanges réalisés dans les conditions prévues aux articles L. 124-1 et suivants du Code rural et de la pêche maritime.

4 Novation

46 Novation d'un contrat dans l'acte même. On ne saurait considérer comme dépendante du contrat principal la disposition qui, loin d'assurer l'exécution de ce contrat, a, au contraire, pour objet d'en transformer immédiatement les effets. C'est ainsi que la donation faite par le vendeur à l'acquéreur. dans l'acte même de vente, de tout ou partie du prix, rend exigible le droit de donation cumulativement avec le droit de vente (Cass. civ., 14 mai 1877 : *Journ. enr.*, 5863. – Cass. civ., 6 déc. 1847 : *Journ. enr.*, 14385, instr. 1814-16. – Cass. civ., 22 janv. 1866 : *Journ. enr.*, 18145, instr. 2348-2). À plus forte raison en est-il de même lorsque le prix est attribué en tout ou en partie à un tiers.

5 Procurations

47 Mandats inclus dans un acte authentique, et expressément établis afin de permettre sa régularisation au regard de la formalité de la publicité foncière. Les pouvoirs expressément donnés par les parties au rédacteur de l'acte afin d'autoriser ce dernier à rectifier ou compléter cet acte pour les seuls besoins de la publicité foncière, du cadastre ou de l'état civil, qui n'ont d'autre but que de faciliter l'établissement des actes rectificatifs relatifs à des erreurs imputables soit au rédacteur de l'acte, soit au service de l'état civil ou du cadastre, sont considérés comme un prolongement normal des actes en cause, dépendant de ceux-ci. Ils ne donneront pas lieu à la perception de l'imposition fixe prévue à l'article 680 du Code général des impôts quel que soit le régime fiscal de la disposition principale (taxe de publicité foncière, imposition à la taxe sur la valeur ajoutée, exonération) et le montant des droits y afférents (Instr. 22 déc. 1989 : *BOI* 7-E-1-1990).

48 Actes concernant des sociétés. Pouvoir annexé. Les pouvoirs annexés à un acte, comme la désignation des premiers gérants dans les statuts d'une société, ne constituent pas des éléments corrélatifs et nécessaires du contrat principal. Il s'agit donc de dispositions indépendantes, taxables dans les conditions fixées par l'article 672 du Code général des impôts.
Le droit fixe n'est exigible que si son montant est supérieur à l'impôt normalement dû au titre du droit d'apport (Rép. min. Bussereau : *JOAN* Q, 19 oct. 1987, n° 26610, p. 5782 ; *JCP* N 1988, prat. 574).

L'auteur de la question évoquait également l'hypothèse d'une augmentation de capital en numéraire accompagnée du pouvoir donné pour l'exécution des formalités. Ces augmentations de capital sont aujourd'hui exonérées du droit d'apport (V. **Augmentation de capital**). En pareil cas donc, le droit fixe prévu à l'article 680 du Code général des impôts sera exigible (et lui seul) en raison de l'existence du pouvoir d'exécuter les formalités.

6 Servitudes

49 Exploitation minière. La pratique a donné l'exemple d'un contrat par lequel une société minière indemnisait les dégâts de surface causés par l'exploitation, en contrepartie de la constitution d'une servitude. Le tribunal de grande instance de Metz (5 juill. 1979 : *Ind. enr.* 1981, n° 13720) a considéré ces dispositions comme dépendantes, et l'indemnisation des dégâts comme étant la disposition principale.

50 Division d'un immeuble en trois lots avec constitution d'une servitude de passage sur l'un des lots à l'avantage d'un autre lot, suivie de la vente du lot grevé. Le propriétaire d'un terrain le divise en trois lots. Puis il vend le lot 2 comme terrain à bâtir à une société en créant sur ce lot une servitude de passage au profit du lot 3, enclavé du fait de la division et dont il se réserve la propriété en même temps que celle du lot 1. Lors de la publication de la vente du lot 2, et de la constitution d'une servitude sur ce lot, la question s'est posée de savoir si cette constitution de servitude (imposée par le fait que le lot 3 était enclavé) était ou non une disposition dépendante. Selon M. Chardonnal (chron. *in JCP* N 1983, prat. 8559) la réponse est négative (avis que nous partageons) mais il admet que l'opinion contraire peut être soutenue.

51 Servitude grevant le fonds vendu consentie par l'acquéreur au vendeur dans l'acte même d'acquisition d'un immeuble. Si le vendeur impose à l'acquéreur de son immeuble de lui consentir une servitude de vue et pour la descente des eaux pluviales, la convention concernant cette constitution de servitude s'analyse en une disposition indépendante, justifiant la perception du salaire proportionnel du conservateur – et actuellement de la contribution de sécurité immobilière au tarif proportionnel (*Bull. AMC* 1993, art. 1610).

52 Servitude consentie à l'acquéreur sur le fonds du vendeur. Si le vendeur accepte de grever un immeuble qui reste sa propriété de diverses servitudes au profit du fonds vendu à l'acquéreur (servitude de passage, servitude concernant le passage des réseaux), ces constitutions de servitude s'analysent en des dispositions indépendantes, donnant lieu à la perception du salaire proportionnel du conservateur – et actuellement de la contribution de sécurité immobilière au tarif proportionnel (*Bull. AMC* 1995, art. 1709).

53 Regroupement dans le même acte de plusieurs conventions constatant l'établissement de servitudes légales. Si des conventions passées avec plusieurs propriétaires comme conséquence de la loi n° 96-659 du 26 juillet 1996 imposant une servitude légale pour l'implantation des relais hertziens nécessaires au réseau de télécommunications sont regroupées dans un même acte, la publication de la servitude consentie par chaque propriétaire doit faire l'objet d'un dépôt distinct, au moyen d'un extrait de l'acte constatant l'ensemble de l'opération. Dans ces conditions, un droit fixe et un salaire proportionnel (actuellement la contribution de sécurité immobilière au tarif proportionnel) seront perçus pour chacune des publications (*Bull. AMC* 2000, art. 1829).

7 Sociétés

54 Apport de biens indivis à une société. L'apport de biens indivis à une société donnant lieu à une attribution divise de droits sociaux opère partage. Mais ce partage étant une disposition dépendante du contrat de société, le droit de partage (ou la taxe de publicité foncière) ne peut être réclamé indépendamment du droit d'apport (Rép. min. Chauvet : *JOAN* Q, 27 janv. 1962, n° 12895, p. 159 ; *BOE* 1962, 1, 8505. – Rép. min. Thorailler : *JOAN* Q, 14 oct. 1972, n° 25867, p. 4175).

55 Dissolution de société. Acte contenant également un partage. V. **Dissolution de société**, la réponse Godfrain du 9 mai 1988.

8 Ventes

a) Dispositions indépendantes

56 Conventions annexes. Doivent être considérés comme des dispositions indépendantes :
– la cession par l'un des acquéreurs indivis d'un immeuble à son coacquéreur de l'usufruit de sa part (Cass. req., 18 juill. 1815 : *Rev. enr. et imp.*, 5324) ;
– le partage du prix entre les vendeurs d'un immeuble indivis, constaté dans l'acte de vente. Le droit de partage est en principe exigible (Rép. secr. d'Ét. au Budget, 22 mai 1957 : *Ind. enr.*, n° 9311), mais, par mesure de tempérament, il n'est pas perçu (Rép. min. Finances, 18 mai 1962 : *Ind. enr.*, n° 10029) ;
– l'inclusion d'un acte de prêt dans l'acte de vente (en ce sens Whal, *Droit fiscal*, t. 1, p. 147) ;
– la stipulation selon laquelle l'acquéreur pourra garder le prix à titre de prêt (Pilon, *op. cit.*, n° 592) ;
– une vente d'immeuble accompagnée d'une cession de parts sociales moyennant constitution de rente viagère. Elle sera passible du droit de vente sur la portion de la rente représentant la part des immeubles dans le prix et du droit de cession de parts sociales sur le surplus de la rente (Cass. civ., 29 déc. 1868 : *S.* 1868, 1, p. 86. – Sol. janv. et juill. 1872). La rente viagère, en effet, représente le prix, au cas particulier (Maguéro, *TA des droits d'enregistrement*, V° Pluralité de droits, n° 3) ;
– la stipulation d'un pacte de préférence au profit du vendeur (*Bull. AMC*, art. 1090 et 1338. – V. **Pacte de préférence**).

57 Intervention de tiers. Doivent être considérés comme des dispositions indépendantes :
– le consentement par les enfants à la vente consentie par le père à l'un d'eux, si la vente n'entre pas dans les prévisions de l'article 918 du Code civil (Rép. min. Finances, 23 mai 1932. – Instr. 4056, § 34).

Par contre, le consentement prévu par l'article 918 du Code civil, de même d'ailleurs que celui prévu par les articles 929, 930-5 et 924-4 (V. **Consentement à exécution**) doit être considéré, semble-t-il, comme une disposition dépendante, en fonction des critères donnés plus haut :

– la déclaration par un précédent propriétaire qu'il n'a jamais exercé de fonctions emportant hypothèque légale (T. civ. Seine, 15 août 1912 : *Rev. enr. et imp.*, 5768) ;

– la garantie fournie dans l'acte par un tiers pour le paiement du prix (Pilon, *op. cit.*, n° 592) ;

– l'obligation de payer le prix entre les mains du notaire ou d'un tiers (Pilon, *ibid.*) ;

– la renonciation par la femme non covenderesse à son hypothèque légale (Délib. 8 févr. 1833 : *Journ. enr.*, n° 10558). Il y a par contre disposition dépendante lorsque la femme est covenderesse de l'immeuble hypothéqué, ou encore lorsqu'elle donne quittance du prix conjointement avec son mari et renonce en même temps à son hypothèque (Sol. 2 mai 1868 : *Jour. enr.*, n° 18499, § 5. – Sol. 8 juin 1896 : *Journ. enr.*, n° 25214) ;

– la renonciation par le locataire de l'immeuble vendu, moyennant indemnité, au bénéfice d'une promesse de vente (T. civ. Seine, 17 juill. 1912 : *Rev. enr. et imp.*, 5903) ou à son bail ;

– la stipulation que l'acquéreur pourra garder le prix à titre de prêt (Pilon, *op. cit.*, n° 592).

b) Dispositions dépendantes

58 **Conventions annexes.** Doivent être considérés comme des dispositions dépendantes ne donnant ouverture à aucun droit particulier :

– la faculté accordée au vendeur d'être nourri et entretenu par l'acquéreur pour tenir lieu de paiement des intérêts du prix (Sol., 13 août 1868 : *RP* 3001).

Le bail à nourriture échappe d'ailleurs en toute hypothèse à tout droit proportionnel depuis l'entrée en vigueur de la loi du 15 mars 1963 ;

– une mainlevée d'hypothèque (*Dict. enr.*, n° 2460) ;

– le mandat donné par les vendeurs indivis à l'un deux de toucher le prix (Sol., 12 sept. 1866 : *RP* 2360) ;

– la nomination d'un arbitre (Sol., 5 janv.1895 : *Rev. enr. et imp.*, 880 ; Dict. enr., n° 579) ou d'un expert (*Dict. enr.*, n° 1961) ;

– la réserve de déclarer command.

59 **Intervention de tiers.** Sont des dispositions dépendantes ne donnant ouverture à aucun droit particulier :

– la renonciation par le précédent vendeur des biens transmis à son privilège et à son action résolutoire ;

– la renonciation par le donateur des biens vendus au droit de retour et à son action résolutoire (*Rev. enr. et imp.*, 4259-II) ;

– la renonciation par la femme covenderesse à son hypothèque légale lorsqu'elle est covenderesse de l'immeuble hypothéqué ou lorsqu'elle donne quittance du prix conjointement avec son mari et renonce en même temps à son hypothèque (Sol., 23 mai 1896 : *Dict. enr.*, n° 2463. – À ce sujet, V. n° 57) ;

– la renonciation d'un donateur à une interdiction d'aliéner (Chardonnal, chron. *in JCP* N 1983, prat. 8694).

III Taxations

60 Nous distinguerons les règles régissant la taxe de publicité foncière (A) et celles applicables aux salaires du conservateur (B).

A Taxe de publicité foncière

61 Nous examinerons d'abord le cas des actes contenant plusieurs dispositions indépendantes (1), puis le cas des actes contenant des dispositions dépendantes (2).

1 Actes contenant plusieurs dispositions indépendantes

a) Le principe

62 **Taxation de chaque disposition.** Aux termes de l'article 671 du Code général des impôts, lorsqu'un acte contient plusieurs dispositions indépendantes, « il est dû pour chacune d'elles, et selon son espèce, un droit particulier ».

b) Exception : dispositions indépendantes sujettes au droit fixe

63 Cette exception résulte de l'article 672 du Code général des impôts, ainsi conçu :

> **CGI, art. 672. –** Sont affranchies de la pluralité édictée par l'article 671, dans les actes civils, judiciaires ou extrajudiciaires, les dispositions indépendantes et non sujettes à une imposition proportionnelle ou progressive.
>
> Lorsqu'un acte contient plusieurs dispositions indépendantes donnant ouverture, les unes à une imposition proportionnelle ou progressive, les autres à une imposition fixe, il n'est rien perçu sur ces dernières.

c) Commentaire

64 **Distinctions à opérer dans le cas de dispositions indépendantes dont certaines sont passibles d'un droit fixe.** Pour les actes comportant des dispositions indépendantes, le principe selon lequel chacune d'entre elles doit être assujettie à l'impôt, ne joue pleinement que lorsque ces dispositions sont toutes soumises à des droits proportionnels ou progressifs.
En effet, par mesure de simplification, lorsque les dispositions indépendantes d'un même acte donnent toutes, considérées isolément, ouverture à des droits fixes, seul est perçu le droit fixe le plus élevé.
En plus, lorsqu'un acte contient plusieurs dispositions indépendantes donnant ouverture, les unes au droit proportionnel ou progressif, les autres au droit fixe, il n'est rien perçu sur ces dernières dispositions, sauf application du droit fixe le plus élevé comme minimum de perception, si le montant des droits proportionnels ou progressifs exigibles est inférieur (CGI, art. 672).
En pareil cas, les droits proportionnels ou progressifs ne sont perçus que si leur total est supérieur au droit fixe le plus élevé susceptible d'être exigé. Pour l'application de cette règle, seuls sont à considérer les droits proportionnels ou progressifs effectivement exigibles, c'est-à-dire compte tenu, s'il y a lieu, des réductions ou abattements susceptibles d'être appliqués (BOI-ENR-DG-20-20-60-20120912, n° 90, 12 sept. 2012).

d) Application : hypothèses diverses

65 **Distinctions à opérer.** Compte tenu des dispositions des articles 671 (V. n° 62) et 672 (V. texte *supra*) du Code général des impôts, il faut distinguer trois hypothèses quant aux taxations qui peuvent être envisagées (étant entendu que ces règles, dégagées pour la perception des droits d'enregistrement, sont également applicables pour la perception de la taxe de publicité foncière depuis la fusion des formalités opérées par la loi du 26 décembre 1969) :
– l'acte contient plusieurs dispositions indépendantes passibles chacune d'un droit proportionnel ou progressif ;
– l'acte contient plusieurs dispositions indépendantes passibles les unes d'un droit fixe, les autres d'un droit proportionnel ou progressif ;
– l'acte contient plusieurs dispositions indépendantes passibles chacune d'un droit fixe.

66 **Pluralité de dispositions indépendantes passibles d'un droit proportionnel ou progressif.** Si l'acte contient plusieurs dispositions indépendantes passibles d'un droit proportionnel ou progressif, tous les droits exigibles doivent être perçus.

67 **Pluralité de dispositions indépendantes passibles les unes d'un droit fixe, les autres d'un droit proportionnel ou progressif.** Si l'acte contient plusieurs dispositions indépendantes passibles les unes d'un droit fixe, les autres d'un droit proportionnel ou progressif, deux cas peuvent se présenter :
– le total des droits proportionnels ou progressifs est supérieur au droit fixe le plus élevé susceptible d'être exigé sur l'acte : les droits proportionnels ou progressifs sont seuls perçus ;
– le total des droits proportionnels ou progressifs est inférieur au droit fixe le plus élevé : ce dernier droit est seul appliqué à titre de minimum de perception.
Les droits proportionnels ou progressifs visés ci-dessus sont ceux demeurant exigibles, le cas échéant, après application des abattements et réductions pour charge de famille.

68 **Pluralité de dispositions indépendantes passibles chacune d'un droit fixe.** Si l'acte contient plusieurs dispositions indépendantes passibles chacune d'un droit fixe, un seul droit fixe – le plus élevé – doit être perçu.
C'est ainsi qu'un seul droit fixe est exigible sur l'acte constatant le dépôt de plusieurs actes sous seing privé en vue de leur publication au fichier immobilier (Rép. min. Finances, 26 févr. 1937 : *Ind. enr.*, 3690).
De même, un acte portant mainlevée de plusieurs inscriptions et se rapportant à différentes personnes est taxable au seul droit fixe des actes innomés (CGI, art. 680. – Rép. min. Économie, Finances et Budget n° 35146 à M. Pierre Lagorce : *JOAN* Q, 14 nov. 1983, p. 4888).

2 Actes contenant des dispositions dépendantes

CGI, art. 670. – Lorsqu'un acte renferme deux dispositions tarifées différemment mais qui, à raison de leur corrélation, ne sont pas de nature à donner ouverture à la pluralité des droits ou taxes, la disposition qui sert de base à la perception est celle qui donne lieu au taux le plus élevé.

69 **Commentaires.** L'interprétation littérale de ce texte, de principe en matière d'enregistrement, ne permet d'établir de comparaison, pour régler la perception, qu'entre les tarifs et non entre le montant effectif des droits afférents aux diverses dispositions corrélatives (BOI-ENR-DG-20-20-60-20120912, n° 40, 12 sept. 2012).
Le tarif d'un droit, c'est le montant de ce droit s'il s'agit d'un droit fixe, son taux (ou ses taux) s'il s'agit d'un droit proportionnel ou progressif.
Lorsqu'il s'agit de choisir le tarif le plus élevé, il est impossible de comparer deux tarifs de natures différentes. Le tarif d'un droit fixe ne peut être comparé au tarif d'un droit proportionnel ou progressif. De même, le tarif d'un droit proportionnel ne peut, en principe, être comparé au tarif d'un droit progressif (sauf dans le cas où le taux du droit proportionnel est inférieur ou au plus égal au taux le plus élevé du droit progressif). Enfin, deux droits progressifs ne peuvent être comparés que si les tranches sont identiques.
En conséquence, la règle de l'article 670 du Code général des impôts n'est susceptible de s'appliquer en principe que dans les cas où les diverses dispositions dépendantes sont assujetties à des tarifs de même nature.
Dans le cas où les diverses dispositions dépendantes sont, considérées isolément, assujetties à des tarifs de natures différentes, la comparaison résultant de l'article 670 du Code général des impôts est impossible, et la disposition à taxer est la disposition principale (BOI-ENR préc., n° 60. – V. sous le régime antérieur au 1er janvier 1949 : Rép. min. Finances, 23 sept. 1949 : *Ind. enr.*, 6877 ; *BOI* 5171).

70 **Définition de la « disposition principale ».** C'est « la disposition dont l'objet est le plus important d'après la nature de l'acte et le but poursuivi par les parties. Ainsi, dans une donation-partage, la donation est considérée comme la disposition principale et le droit progressif de donation est exigible à l'exclusion du droit proportionnel de partage » (BOI-ENR-DG-20-20-60-20120912, n° 60, 12 sept. 2012).
Cette définition, proposée par la Documentation administrative de base, est inspirée de la doctrine et de la jurisprudence qui s'étaient élaborées sous le régime antérieur au 1er janvier 1949. Les règles alors dégagées paraissent conserver toute leur valeur.
Dans la majeure partie des cas, l'administration se rapportait à la qualification donnée au contrat, qui devait être respectée si elle était sincère. Mais s'il y avait lieu à interprétation, la « disposition principale » se déterminait surtout d'après la nature et l'importance des valeurs en mouvement (Dublineau, nos 234 à 236).

71 **Règle proposée.** En règle générale, on considérait comme principale la stipulation ayant pour objet la transmission d'un corps certain, et comme accessoire celle ayant pour objet des sommes et valeurs. Ainsi, dans la vente, dans le louage. ce qui caractérise le contrat, c'est la transmission du corps certain, mobilier ou immobilier, et non l'obligation de sommes contractée par l'acquéreur envers le vendeur, par le locataire envers le bailleur. Il en est de même quand l'acquéreur ou le locataire cèdent une créance pour tenir lieu du prix.
Dans la dation en paiement, qui comporte une libération et une transmission, c'est la transmission qui joue le rôle de disposition principale, la chose due formant le prix.
Dans le bail à nourriture consenti moyennant une cession de meubles ou d'immeuble, c'est la cession qui constitue l'obligation principale.
Cette règle était résumée par Naquet dans les termes suivants (t. 1, n° 1366. – V. aussi Championnière et Rigaud, nos 106 et 108) :

> « On peut dire, en conséquence, que dans toutes les conventions qui comprennent un prix, c'est l'obligation corrélative à celle du prix qui est principale. Le prix suppose rigoureusement une somme d'argent ; on peut cependant en étendre l'acception et décider que si une obligation a pour objet un corps certain, et l'autre des choses fongibles, celle-ci est l'accessoire de celle-là. Et si même, de deux choses échangées, l'une se rapproche plus que l'autre de l'argent et peut être considérée particulièrement comme une valeur, on pourra peut-être encore, bien que ce soit aller très loin dans cet ordre d'idée, soutenir que la dernière tient lieu de prix et joue un rôle accessoire. »

72 **Cas où cette règle est inapplicable.** Dans le cas où cette règle est inapplicable, il faut nécessairement, dit Dublineau, s'attacher à déterminer la disposition principale d'après les circonstances de fait et le but poursuivi par les parties (*op. cit.*, n° 236). Mais il arrive souvent que ni les termes de l'acte, ni les circonstances, ne

permettent de discerner l'intention des contractants et de reconnaître la stipulation principale. Dans ce cas, quelle règle suivre ? La doctrine et le jurisprudence s'accordent à reconnaître que l'administration a le droit de frapper la disposition donnant ouverture au droit le plus élevé, les parties ne pouvant s'en prendre qu'à elles-mêmes si elles n'ont pas mieux précisé leur volonté (Laon, 26 sept. 1850 : *Journ. enr.*, 15170 ; *Journ. not.*, 14277. – St Marcellin, 17 mai 1879 : *Journ. enr.*, 21454. – *Contra* Championnière et Rigaud, *op. cit.*, n° 1346.– Wahl, *op. cit.*, t. 1, p. 165).

73 **Applications.** Lorsqu'un acte de vente contenant quittance du prix donne ouverture à un droit de mutation inférieur au minimum de perception (V. **Minimum de perception**), il y a lieu de percevoir ce minimum, sans égard au fait qu'il puisse être inférieur au droit fixe des actes innommés applicables aux quittances (Rép. min. Finances, 23 sept. 1949 : *BOI* 5171 ; *Ind. enr.*, 6877). L'acte de vente est en effet la disposition principale.
Les règles de perception ont été également appliquées aux conventions (non spécialement tarifées par la loi fiscale) portant abandon de fonds de commerce contre des immeubles dont la transmission est taxable à un tarif inférieur au taux afférent aux cessions de fonds de commerce ou encore à des tarifs divers dont aucun n'est supérieur et dont la plupart sont inférieurs au taux susvisé. En pareil cas, c'est la vente de fonds de commerce et non la vente d'immeuble qui est taxée (V. Perpignan, 29 avr 1965 : *Ind. enr.*, 11299. – Cass. com., 24 mars 1969 : *Ind. enr.*, 11655. – V. également *Ind. enr.*, 8983).

B Contribution de sécurité immobilière

1 Dispositions indépendantes

a) Règles de perception

74 **Principe.** Comme le salaire du conservateur qu'elle remplace, la contribution de sécurité immobilière (CSI) est calculée s'il y a lieu sur chaque disposition, avec application éventuelle à chacune du minimum, à condition qu'il s'agisse d'une disposition soumise obligatoirement ou facultativement à publication (Lacroix, 2013, *Dispositions indépendantes*, n° 452).
Rappelons sur ce dernier point qu'aux termes de l'article 881 M du Code général des impôts, le montant de la contribution de sécurité immobilière ne peut être inférieur à 15 € par acte pour les publications visées à l'article 881 K.

b) Application du minimum de perception dans le cas de pluralité de dispositions passibles du droit proportionnel

75 **Règles applicables.** La question a été posée de savoir si, dans l'hypothèse où un même acte. au sens matériel du terme, renferme plusieurs dispositions relevant du salaire proportionnel (donc aujourd'hui de la CSI au taux proportionnel), le minimum de 15 € devait, le cas échéant, être appliqué à cet acte ou à chacune de ces dispositions.
Il est hors de doute, précise une note du 18 juin 1976 (*BODGI* 10 G-2-76 : *Rev. enr. et imp.* 1976, art. 15365-12), que la seconde solution doit être retenue.
Lorsqu'un acte complexe renferme plusieurs dispositions juridiquement distinctes donnant ouverture au salaire proportionnel prévu pour la publication de chaque acte à l'article 296 de l'annexe précitée, un salaire particulier est dû sur chacune des dispositions conformément à une interprétation constante (*Précis CML*, 2e éd., n° 1940) et compte tenu des solutions adoptées par l'association des conservateurs des hypothèques en 1962 (*Bull. AMC* 1952, art. 106) dont l'administration recommande l'observation (Circ. 30 avr 1953, enr. 1re div., 1er bureau, n° 221 0G). Or, le mot acte ne peut être pris en un sens différent selon qu'il s'agit de mettre en œuvre l'article 296 ou l'article 298, alors surtout que le minimum fixé par le second de ces textes est, selon les termes très précis du § 1, alinéa 1-4°, celui du salaire proportionnel (aujourd'hui de la CSI) établi par le premier.

76 **Vente.** Prenons l'exemple de la vente à un même acquéreur moyennant le prix de 4 500 € d'un immeuble appartenant indivisément et par parts égales à trois personnes sans que la solidarité soit stipulée entre les trois vendeurs.
La CSI au taux proportionnel, liquidée séparément sur le prix (1 500 €) correspondant à chaque vente de part s'élèverait à 1 500 × 0,10 % = 15 €.
Bien que les taxes ainsi calculées (15 € × 3 = 45 €) excèdent, pour l'acte considéré dans son ensemble, le minimum de 15 €, cette dernière somme sera perçue. Il est donc perçu : 15 € × 3 = 45 €.
Si la vente était consentie par deux personnes, indivisaires à concurrence respectivement de deux tiers et d'un tiers, la perception serait la suivante :
– pour la première part (3 000 €) : 3 000 × 0,10 % = 30 € ;
– pour la seconde (1 500 €) : minimum de 15 €.

77 **Échange.** Prenons l'exemple de l'échange d'un immeuble évalué à 9 000 € contre un autre de même valeur.

La convention s'analysant en une double vente, la CSI est exigible distinctement sur la valeur du lot acquis par chacune des parties.
Les taxes proportionnelles n'atteignant que 9 000 × 0,10 % = 9 € pour chaque lot, il est dû : 15 € × 2 = 30 €
Si les immeubles échangés valaient respectivement 15 000 € et 5 000 €, une soulte de 10 000 € étant stipulée, il serait dû :
– pour la cession du lot de 15 000 € : 15 000 × 0,10 % = 150 € ;
– pour la cession du lot de 5 000 € : minimum de 15 €.

2 Dispositions dépendantes

78 La contribution de sécurité immobilière (CSI) sera due sur la disposition taxable, en fonction de sa nature.

Acte déclaratif

Jacques LAFOND

Index alphabétique

I
Publicité foncière

79 Sont soumis à publicité les actes et décisions déclaratifs portant sur un droit réel immobilier ou sur un droit au bail de plus de douze années (D. 4 janv. 1955, art. 28-4°-e).
Après avoir évoqué la notion d'acte déclaratif (A) nous nous pencherons sur l'obligation de publier ces actes et sa sanction (B).

A Notion d'acte déclaratif

80 **Définition extensive.** Selon le *Répertoire alphabétique* (V° Hypothèque, livre III, n° 750), l'expression « acte et décision déclaratifs » employée par le législateur doit *s'entendre dans son sens large,* par opposition aux actes translatifs ou constitutifs. Elle englobe les actes et décisions qui ont pour objet de constater une situation juridique préexistante ou considérée légalement comme telle (Capitant, *Vocabulaire juridique*, V° Acte déclaratif), de la déterminer ou de la préciser (*Précis CML*, n° 770).
Selon cet ouvrage qui exprime la doctrine de l'administration, sont donc soumis à la publicité non seulement les actes et décisions *qui constatent en fait sinon en droit un déplacement de la propriété* ou de tout autre droit réel, mais encore ceux *qui modifient la situation apparente* (rappr. le rapport qui a précédé le décret du 30 octobre 1935. – V. sur ce point le mot *Transcription immobilière*, in *Répertoire Dalloz*, 1re éd. par J. Foyer, nos 210 et s.) ou la consolident, tels que les actes confirmatifs, complémentaires ou constatant l'accomplissement d'une condition suspensive (qui sont d'ailleurs expressément visés par l'article 28-4°-a et b).

81 **Actes à considérer comme « déclaratifs ».** Selon le *Répertoire alphabétique* précité, doivent être considérés comme déclaratifs :
– le partage de biens immeubles dépendant d'une succession, d'une communauté ou d'une société, à l'exclusion toutefois des actes qui n'emportent pas d'effet déclaratif (partage provisionnel, cession gratuite d'une part à un cohéritier) ;
– les actes équivalents au partage, ce qui englobe la licitation et la cession de droits successifs faisant cesser l'indivision ;
– le partage testamentaire ;

– la transaction portant sur un immeuble litigieux ;
– l'acte de ratification ou de confirmation qui, en consolidant un titre antérieur qu'il purge du vice qui l'entachait, fixe le droit. Les actes de ratification qui emportent confirmation par le ratifiant de l'acte conclu par lui alors qu'il était incapable ou pour son compte par un porte-fort, entrent dans la catégorie des actes confirmatifs dont la publication est obligatoire, lorsqu'ils portent sur des droits eux-mêmes soumis à publicité (V. **Acte confirmatif** et **Ratification**) ;
– le procès-verbal de bornage (V. **Bornage**) ;
– le retrait litigieux (C. civ., art. 1699) ;
– l'exercice du réméré par le vendeur dans le délai fixé (V. **Réméré**) ;
– la convention d'indivision (D. 4 janv. 1955, art. 28-6° : V. **Convention d'indivision**) ;
– la décision du tribunal donnant acte du délaissement hypothécaire (D. 4 janv. 1955, art. 28-7°) ;
– l'acte constatant le retour conventionnel ou le rapport à la succession du donateur (V. **Retour** et **Rapport**) ;
– l'acte de notoriété constatant qu'un immeuble a été acquis par prescription ;
– l'acte constatant l'accomplissement d'une condition suspensive – qui fixe le droit jusqu'alors incertain (V. **Condition suspensive**) ou la réalisation d'une vente alternative – qui détermine l'objet de la mutation ;
– l'acte constatant la résolution amiable d'une convention ou d'une disposition à cause de mort (D. 4 janv. 1955, art. 28-4°-c ; V. **Résolution de contrats**).

B L'obligation de publier et sa sanction

82 **Obligation de publier.** L'article 28-4°-e) du décret du 4 janvier 1955 soumet à publication obligatoire « les actes et décisions déclaratifs » lorsqu'ils « portent sur des droits soumis à publicité en vertu de l'article 28-1° » de ce même texte. Rappelons que l'article 28-1° du décret du 4 janvier 1955 vise :

> « Tous actes, même assortis d'une condition suspensive, et toutes décisions judiciaires, portant ou constatant entre vifs :
> – mutation ou constitution de droits réels immobiliers autres que les privilèges et hypothèques qui sont conservés suivant les modalités prévues au Code civil ;
> – bail pour une durée de plus de douze années et, même pour un bail de moindre durée, quittance ou cession d'une somme équivalente à trois années de loyer ou fermage non échus. »

Même si la sanction du défaut de publicité des actes déclaratifs n'est pas l'inopposabilité (V. n° 83), la publicité n'est pas toujours inutile, comme on l'a montré. Supposons un acte translatif qui n'a pas été publié. Le transfert non publié est constaté dans un jugement statuant sur une action en revendication. La publication du jugement déclaratif aura pour effet de rendre opposable aux tiers un droit qui ne l'était pas antérieurement car, en publiant le jugement, on a publié l'acte translatif (Y. Picod, *Sûretés – Publicité foncière*, in *Leçons de droit civil*, t. III, vol. 1, LGDJ, 7e éd. 1999, n° 676).

83 **Absence d'inopposabilité de l'acte non publié.** Les actes et jugements déclaratifs sont opposables aux tiers même s'ils n'ont pas été publiés (Y. Picod, *op. cit.*, n° 676. – Cass. 1re civ., 12 déc. 2006, n° 04-11579 : *Bull. civ.* 2006, I, n° 547).

II Les perceptions

84 **Diversité des régimes fiscaux.** En fait, les divers actes énumérés plus haut ont en commun d'être soumis à publicité en vertu de l'article 28-4°-e) du décret du 4 janvier 1955. Mais ils n'ont pas le même régime fiscal.
On se reportera donc pour la taxation au mot correspondant.
Les textes applicables sont les suivants :

CGI, art. 677. – Sous réserve de dispositions particulières, sont passibles d'une imposition proportionnelle ou progressive :

1° les transmissions, soit entre vifs, soit par décès, de propriété ou d'usufruit de biens meubles ou immeubles, ainsi que les décisions judiciaires et les actes portant ou constatant entre vifs constitution de droits réels immobiliers visés au a du 1° de l'article 28 modifié du décret n° 55-22 du 4 janvier 1955 ;

2° les transmissions de jouissance de fonds de commerce ou de clientèles ou de biens immeubles ainsi que les quittances ou cessions d'une somme équivalente à trois années de loyers ou fermages non échus ;

3° les actes constatant un apport en société, les actes de formation de groupements d'intérêt économique constitués conformément aux articles L. 251-1 à L. 251-23 du Code de commerce, les apports immobiliers qui sont faits aux associations constituées conformément à la loi du 1er juillet 1901 et au titre Ier du Livre IV, du Code du travail (syndicats professionnels) ;

4° les actes constatant un partage de biens meubles ou immeubles ainsi que, d'une manière générale, les décisions judiciaires et les actes déclaratifs lorsqu'ils portent sur des droits soumis à publicité foncière en application du 1° de l'article 28 du décret précité ;

CGI, art. 678. – Lorsqu'ils ne se trouvent ni exonérés, ni tarifés par aucun autre article du présent code les décisions judiciaires et les actes qui contiennent des dispositions sujettes à publicité foncière visées à l'article 677 sont soumis à une imposition proportionnelle au taux de 0,70 %.

CGI, art. 679. – Sont soumis à une imposition fixe :

1° les actes qui ne comportent aucune disposition entrant dans les prévisions des 1° à 4° de l'article 677 ;

85 **Distinction entre les actes déclaratifs.** Il résulte de l'interprétation littérale de ces textes que les actes déclaratifs doivent, en ce qui concerne la taxation, être classés en plusieurs catégories :
- les actes déclaratifs exonérés par des textes particuliers ;
- les actes déclaratifs tarifés spécialement ;
- les actes déclaratifs portant sur des droits soumis à publicité foncière en application de l'article 28-1° du décret du 4 janvier 1955.

86 **Actes déclaratifs exonérés par des textes particuliers.** Il convient bien évidemment d'appliquer dans ce cas évoqué par l'article 678 du Code général des impôts le régime d'exonération prévu par la loi (par ex., l'exemption antérieurement applicable aux actes déclaratifs de propriété immobilière portant sur des immeubles envisagés dans leur état futur d'achèvement : CGI, art. 1005 bis ancien ; *JCP* N 1956, IV, 2135).

87 **Actes déclaratifs tarifés spécialement.** Il en est ainsi pour les actes de complément (V. **Acte de complément**) dont le régime fiscal est prévu par l'article 673 du Code général des impôts, ou encore pour les actes de ratification ou de confirmation consolidant un titre antérieur (CGI, art. 673. – V. **Acte confirmatif** et **Ratification**), pour les actes de partage, de licitation ou de cession de droits successifs (CGI, art. 748 à 750 bis : V. **Partage** et **Licitation**), etc.

88 **Actes déclaratifs portant sur des droits soumis à publicité foncière en application du 1° de l'article 28 du décret du 4 janvier 1955 (CGI, art. 677-4°).** Rappelons que l'article 28-1° du décret du 4 janvier 1955 vise :

« Tous actes, même assortis d'une condition suspensive, et toutes décisions judiciaires, portant ou constatant entre vifs :
- mutation ou constitution de droits réels immobiliers autres que les privilèges et hypothèques qui sont conservés suivant les modalités prévues au Code civil ;
- bail pour une durée de plus de douze années et, même pour un bail de moindre durée, quittance ou cession d'une somme équivalente à trois années de loyer ou fermage non échus ».

Parmi ces actes il faut *distinguer :*
- *les actes déclaratifs qui* « contiennent des dispositions sujettes à publicité foncière visées à l'article 677 » (V. ce texte plus haut), qui sont soumis à imposition proportionnelle au taux de 0,70 % (0,71498 % arrondi à 0,715 % avec les perceptions additionnelles), à condition qu'ils ne se trouvent ni exonérés ni tarifés par aucun autre article du Code général des impôts.
Exemples :
- l'acte de notoriété acquisitive (*JCP* N 1961, IV, 3246, chron. Bulté ; *JCP* N 1972, IV, 5337) ;
- le procès-verbal de bornage (*JCP* N 1974, IV, 5965, chron. Bulté).
Cette catégorie d'acte déclaratif est incontestablement passible d'une « imposition proportionnelle ou progressive » mais le taux n'est pas nécessairement celui prévu par l'article 678 (0,70 % : 0,71498 % arrondi à 0,715 % avec les perceptions additionnelles).
Ainsi, une transaction portant sur des droits immobiliers peut amener la perception des droits de mutation à titre onéreux (V. **Transaction**) ;
- *les autres actes* (ceux qui « ne contiennent pas des dispositions sujettes à publicité foncière visées à l'article 677 du Code général des impôts) : par exemple, les conventions d'indivision...
Ils sont alors soumis à une imposition fixe, en vertu de l'article 679-1° du Code général des impôts.

Acte de complément

Jacques LAFOND

I
Notion d'acte de complément

89 **Définition fiscale.** Selon la Documentation administrative (BOI-ENR-DG-20-20-40-20120912, 6 déc. 2012, n° 70), l'acte de complément est « celui qui, tout en apportant un élément nouveau à un acte antérieur, se rattache à ce premier acte comme l'accessoire au principal (acte interprétant une disposition antérieure ou rectifiant une erreur) ».

90 Pour qu'un acte soit traité comme acte de complément, les conditions suivantes doivent être réunies (Pilon, *Principes et technique des droits d'enregistrement*, n° 645). Il faut :

– qu'il s'agisse d'un acte postérieur à un acte publié... ;

– que l'acte soit intervenu entre les mêmes parties... ;

– qu'il ait le même objet que l'acte primitif... ;

– que cet acte, s'il apporte un élément nouveau, ne crée pas néanmoins entre les parties un droit nouveau produisant des effets juridiques différents de l'acte primitif ; qu'en un mot cet acte complémentaire soit tel que, s'il avait été incorporé au contrat primitif, la perception sur ce contrat n'en eût pas été modifiée.

L'association mutuelle des conservateurs a proposé pour sa part une définition légèrement différente, destinée à distinguer les actes passibles d'un salaire fixe et d'un salaire proportionnel (V. n° 98).

91 **Taxation.** L'acte répondant à cette définition ne sera pas de nouveau taxé, par application de la règle *non bis in idem* (V. **Règle** *non bis in idem*).

Toutefois, lorsque ces actes contiennent des dispositions donnant ouverture par elles-mêmes au droit proportionnel ou progressif, ce droit est exigible. Ainsi, l'acte de partage entre les donataires des biens ayant fait antérieurement l'objet d'une donation-partage donne ouverture au droit de partage (pour plus de détails, V. **Donation-partage**).

II
Applications

A Actes à considérer comme des actes de complément

92 **Exemples.** Sont des actes de complément :
– l'acte constatant la réalisation d'une condition (mais la doctrine administrative n'est pas en ce sens ; V. **Condition suspensive**) ;
– l'acte constatant la conversion d'un usufruit réservé dans une donation partage en rente viagère lorsque cette conversion a été prévue lors de la libéralité (*Journ. enr.*, 6336. – V. Rép. min. Finances, 5 juin 1966 : *Ind. enr.* 11135). La faculté de conversion réservée dans l'acte originaire empêche en effet de considérer comme une novation la conversion postérieure (V. **Conversion d'usufruit**) ;
– l'acte emportant ratification d'un acte précédemment enregistré (V. **Ratification**) ;
– l'acte rectifiant une erreur matérielle (mais dans des cas seulement exceptionnels : V. **Rectification des erreurs**).

B Actes ne constituant pas des actes de complément

93 **Exemples.** Ne sont pas des actes de complément :
– l'acte par lequel deux personnes, après avoir acquis un immeuble en commun, conviennent que l'une d'elles aura la jouissance de l'immeuble entier en payant une rente à l'autre. Un tel acte donne ouverture au droit proportionnel (Cass. civ., 18 juill. 1815 : *Journ. enr.*, 5324) ;
– l'acte refait après annulation d'un précédent acte (V. **Acte refait**) ;
– tout acte postérieur contenant novation aux conventions primitives : ainsi l'acte par lequel les parties substituent une valeur différente à celle qui était stipulée pour titre de paiement dans l'acte primitif (Cass. civ., 1874 : *Journ. enr.*, 19433 ; *Journ. not.* 20971. – Instr. 2487 § 6 : *DP* 1874, 1, 376).
Ainsi encore dans l'espèce suivante : un héritier vend une quantité déterminée des biens d'une succession dans laquelle il avait des droits. La quantité qui lui revient étant inférieure à celle qu'il a vendue, il cède à son acquéreur pour compléter cette quantité des biens d'une autre origine. Cette cession est passible du droit de vente. En effet, l'acquéreur n'avait droit qu'à une réduction du prix ou à une indemnité en argent (*Journ. enr.*, 12656. – Saint-Quentin, 9 mars 1842 : *Journ. enr.*, 12955, 12).
Nous ne citons là que quelques exemples et cette liste n'est évidemment pas limitative (pour plus de détails, V. *Dict. des Rédacteurs*, V. **Acte de complément**, n° 6).

III
Perceptions

A Taxe de publicité foncière

94 **Distinctions à opérer.** Deux cas sont à distinguer selon que la publication de l'acte de complément intervient ou non en même temps que celle de l'acte qu'il complète.
Il faut d'autre part distinguer dans chacun de ces cas selon que l'acte est ou non soumis à la formalité fusionnée. Dans la négative, la perception est régie par l'article 673 du Code général des impôts (V. **Acte confirmatif**).

1 Publication effectuée en même temps que celle de l'acte complété

95 **Actes soumis à la formalité fusionnée.** Depuis l'entrée en vigueur de la formalité fusionnée, les actes sujets à publication complétant des actes qui ont été soumis à la formalité unifiée supportent la taxe de publicité foncière à un tarif fixe équivalant à celui du droit fixe d'enregistrement applicable aux actes innommés (V. **Acte innommé**).

Si l'acte initial était exonéré de taxe, la même exonération s'appliquerait à l'acte complémentaire.
Si le premier acte, bien que soumis à la formalité, n'a pas donné lieu à la perception du droit proportionnel par suite d'une erreur, le droit proportionnel ne pourra être exigé sur le second acte lorsque la prescription spéciale abrégée sera acquise aux parties (*Journ. enr.*, 205 ; *Dict. enr.*, n° 185).

96 **Actes non soumis à la formalité fusionnée**. Il n'y a pas alors bien évidemment de perception de taxe de publicité foncière (texte de référence : CGI, art. 673).

2 Publication effectuée postérieurement à celle de l'acte complété

97 **Perceptions.** Les perceptions à opérer sont alors les suivantes :
– si l'acte de complément est soumis à la formalité fusionnée, la taxe de publicité foncière sera perçue au taux fixe au même montant que le droit fixe d'enregistrement ;
– si l'acte de complément n'est pas soumis à la formalité fusionnée, la taxe de publicité foncière sera perçue au taux fixe prévu par l'article 674 du Code général des impôts.
Si l'acte initial était exonéré de taxe, la même exonération s'appliquerait à l'acte complémentaire.

B Contribution de sécurité immobilière

98 **Définition de l'acte de complément.** L'association mutuelle des conservateurs a donné, pour la perception du salaire, la définition suivante de l'acte de complément :

> « Par acte de complément, on entend un acte dont la publication ajoute à l'information des usagers un élément de caractère accessoire ne modifiant pas les effets de la convention déjà publiée. Par contre, lorsque la seconde publication porte à la connaissance des tiers un nouvel élément d'ordre essentiel, on n'est plus en présence d'un acte de complément et cette seconde publication donne lieu à la perception du salaire dégressif (proportionnel) sur la valeur de l'immeuble en cause » (*Bull. AMC* 1967, art. 684).

En application de cette définition, cette chronique estime qu'est assujetti au salaire proportionnel l'acte dressé pour constater qu'un engagement de ne pas vendre a pris fin, étant donné que cette publication a pour objet non pas de compléter la publication de l'engagement lui-même, mais au contraire d'en annuler les effets.
Ces principes s'appliquent également pour la perception de la CSI.

99 **Règles de perception.** Les règles régissant la perception de la contribution de sécurité immobilière (antérieurement du salaire du conservateur) sont les suivantes :
– si l'acte de complément est présenté à la publication en même temps que l'acte qu'il complète, il ne donne lieu qu'à la seule perception de la CSI au taux fixe (CGI, art. 881 M : *Bull. AMC* 1952, art. 106, § 13) ;
– s'il modifie la substance de l'acte initial ou s'il n'est pas présenté à la publication en même temps que ce dernier, la CSI sera perçue au même taux et sur la même assiette que l'acte initial.

Acte de notoriété

Jacques LAFOND

Sommaire analytique

100 Définition. Les actes de notoriété sont des actes dressés par des officiers publics pour recueillir les déclarations de personnes attestant en matière civile un fait notoire.

I Les « notoriétés acquisitives »

BIBLIOGRAPHIE : I. Omarjee et F. Grivaux, *Pratique notariale de la prescription trentenaire : l'acte de notoriété acquisitive : JCP* N 2010, n° 43, 1337. – N. Prod'homme, *Notoriété et usucapion : JCP* N 2003, prat. 1098. – M. Suquet-Cozic, *Comment publier une acquisition par usucapion ? : Sol. not.* août-sept. 2013, n°s 8-9, art. 216, p. 25. – V. Lafargue, *Pratique notariale de la notoriété acquisitive : Defrénois* 2021, n° 44, p. 13. – V. Lafargue et E. Colas, *Le notaire confronté à la prescription acquisitive : instrumenter en toute sécurité : Sol. not.* 2023, n° 33, p. 9.

101 Les « notoriétés acquisitives » sont des actes de notoriété ayant pour objet de constater le jeu de la prescription acquisitive, ou « usucapion » (pour des formules d'actes, V. *JCl. Notarial Formulaire*, V° Notoriété, Fasc. 15).

Le jeu de la prescription acquisitive peut aussi être constaté dans un jugement.

A Cas où l'acquisition par prescription est constatée dans un acte ou un jugement

1 Actes de notoriété

a) Publicité foncière

102 Publication non obligatoire. On considérait traditionnellement que si un acte de notoriété était établi pour constater la prescription acquisitive, il était soumis à la publicité foncière et par suite assujetti à la formalité unique au bureau des hypothèques (Instr. DGI, 12 févr. 1971, n° 7 A-2-71 ; *JCP* N 1971, III, 37598).

Mais il a été soutenu que cette publicité n'était pas obligatoire et qu'elle était dépourvue de tout effet juridique (N. Prod'homme, *Notoriété et usucapion : JCP* N 2003, n° 5-1098. – V. aussi Ph. Simler et Ph. Delebecque, *Les sûretés, la publicité foncière*, Dalloz, 8e éd. 2023, n° 877 b). Cette analyse a été implicitement confirmée par un arrêt de la troisième chambre civile de la Cour de cassation du 9 juin 2004 (n° 03-10.656. – V. sur le sujet à la note de W. Dross, ss Cass. 3e civ., 22 mai 2013, n° 09-72.601 : *RTD civ.* 2013, p. 641). On a déduit de cette jurisprudence qu'il était inutile d'établir des actes de notoriété acquisitive « dans un pur objectif de publicité foncière » (M. Suquet-Cozic, *Publicité foncière*, EFL, 3e éd. 2021, n° 7300. – V. n° 114).

103 Intérêts de la publication. Il reste que la publication des actes de « notoriété acquisitive », qui est habituellement sollicitée, se justifie en pratique par sa valeur informative. Le caractère contestable du titre du propriétaire actuel apparaît ainsi aux yeux de tous.

Par ailleurs il a été jugé que le délai de trente ans imparti au véritable propriétaire pour exercer l'action en revendication commençait à courir à compter du jour de la publication de l'acte de notoriété acquisitive (Cass. 3e civ., 17 oct. 2007, n° 06-17.220 : *JurisData* n° 2007-040868 ; *Bull. civ.* 2007, III, n° 180 ; *JCP* N 2008, n° 9-10, 1135, note J.-Y. Maréchal). Il est rappelé à ce sujet que si l'action en revendication est en principe imprescriptible, elle peut être tenue en échec par l'existence d'une prescription acquisitive (*JCl. Notarial Répertoire*, V° Modes divers d'acquérir la copropriété, Fasc. 12, par Ch. Atias, act. par Ph. Kaigl). De ce fait, les ventes consenties par le bénéficiaire de l'usucapion à l'expiration d'un délai de trente ans à compter de la publication de l'acte de notoriété acquisitive se trouvent confortées et l'acquéreur peut se voir conférer la sécurité juridique qu'il est en droit d'attendre.

On notera également en faveur de la publication de l'acte de notoriété acquisitive qu'un arrêt de la Cour de cassation a déclaré opposable à l'acquéreur un acte de notoriété dressé par acte authentique, publié antérieurement à la publication de l'acte d'acquisition (Cass. 3e civ., 20 févr. 2002, n° 00-20.861 : *Bull. civ.* 2002, III, n° 108 ; *Defrénois* 2002, art. 37 565, p. 838, note S. Piédelièvre). Ceci ne veut pas dire que si deux personnes, l'une titulaire d'un titre régulièrement publié, l'autre qui invoque la prescription acquisitive prétendent l'une et l'autre à la propriété d'un immeuble, la revendication de la personne « titrée » doit prévaloir, ce qui serait une fausse application de l'article 30-1 du décret du 4 janvier 1955 (Cass. 3e civ., 17 déc. 2020, n° 18-24 434 : V. n° 114).

Enfin il faut ici rappeler le régime particulier de la Corse et des départements d'outre-mer, où le législateur a mis en place des procédures de titrement, reposant sur la publication de l'acte de notoriété acquisitive (V. n° 121).

104 Cas où la publication est requise. Il n'est pas indispensable pour cette publication que le titre de propriété de celui contre lequel il a été prescrit ait été lui-même publié (*Bull. AMC* 1978, art. 1108). Cette publication doit intervenir même si le bien a déjà fait l'objet d'une autre cession par une personne ayant elle-même invoqué la prescription car le conservateur n'est pas juge de la validité : il en est de même lorsqu'une vente mentionne que le bien cédé a été acquis par prescription et que ce bien a déjà fait l'objet d'une autre cession par une personne ayant également invoqué la prescription (V. Chardonnal : *JCP* N 1980, prat. 7787).

N'étant pas juge de la validité, il n'appartient pas non plus au service de la publicité foncière d'apprécier si les conditions de la prescription sont remplies et il ne peut refuser de publier un acte de notoriété acquisitive au motif que celles-ci ne seraient pas suffisamment établies dans l'acte présenté à la formalité.

105 Acte de notoriété constatant l'acquisition par prescription de la propriété d'immeubles par une personne qui en est déjà propriétaire indivis. Non application de l'arrêt de la Cour de cassation du 12 juin 1996. Le service de la publicité foncière n'est pas fondé à rejeter la publication d'un acte de notoriété acquisitive, au motif que les immeubles concernés figurent déjà au fichier immobilier au nom d'un autre propriétaire (application de l'arrêt du 12 juin 1996 : pour cette décision, V. **Effet relatif**). En effet, le principe dit de « l'effet relatif » ne s'applique pas si le droit a été acquis sans titre, notamment par prescription (D. 4 janv. 1955, art. 3, al. 2 : *Bull. AMC* 2000, art. 1821).

106 Demande d'annulation d'un acte de notoriété acquisitive. Rien ne s'oppose à la publication de conclusions en défense demandant reconventionnellement l'annulation d'un acte de notoriété constatant l'acquisition par prescription d'un droit immobilier (*Bull. AMC* 2000, art. 1818).

107 Acquisition d'une partie de parcelle par usucapion. Lorsqu'une vente porte sur une partie de parcelle acquise par usucapion, comment faire opérer sa publication ? Une solution a été proposée (M. Suquet-Cozic, *Comment vendre un immeuble acquis par usucapion sur une partie de parcelle ? : Sol. not.* janv. 2017, p. 28). Il appartient au vendeur de tenter d'obtenir du propriétaire du surplus de la parcelle un bornage amiable et l'établissement d'un document d'arpentage. S'il n'y parvient pas à l'amiable, il faudra solliciter un bornage judiciaire, en demandant au juge de contraindre le récalcitrant à signer le document d'arpentage indispensable pour pouvoir publier la décision de justice (Cass. 3e civ., 26 sept. 2007, n° 06-15.805 : *Bull. civ.* 2007, III, n° 156).

b) Perceptions

108 **Taxe de publicité foncière.** En ce qui concerne la **taxe de publicité foncière**, il avait été d'abord enseigné que l'acte de notoriété devait être considéré comme un acte de complément soumis comme tel, lorsqu'il était publié séparément, au tarif minimum de la taxe (*Précis CML*, n° 1914-III-b ; *JCP* N 1961, IV, 3246, chron. Bulté).
Mais l'Administration (*Rép. alph. enreg.*, L. V, n° 38) a précisé que l'acte de notoriété qui constate qu'un immeuble a été acquis par prescription a un caractère déclaratif, au sens de l'article 28-4, *e* du décret du 4 janvier 1955 et qu'en conséquence il donne ouverture à la taxe de publicité foncière au taux réduit de 0,70 % : actuellement 0,714989 % avec les perceptions additionnelles (CGI, art. 678 ; *JCP* N 1972, IV, 53372, chron. hyp. Bulté).
Cette solution administrative figure désormais au *Bulletin officiel des Finances publiques* (*BOFiP*) (BOI-ENR-DG-20-30-30-10, 5 avr. 2017, § 50) : « Les actes de notoriété dressés par les notaires dans lesquels sont constatées les déclarations de personnes ou témoins qui attestent un fait notoire, afin de suppléer un acte écrit, sont soumis à l'imposition fixe de 25 € à l'exception de ceux dressés en matière immobilière et se rapportant à la prescription acquisitive, qui sont soumis à la taxe de publicité foncière au taux de 0,70 % (il s'agit dans ce cas d'un acte déclaratif) ».
Cette perception a été admise par un jugement du tribunal de grande instance de Nice du 1er mars 1972 (*Ind. enr.*, 12275) : la taxe est due sur la valeur du ou des immeubles concernés au moment de la publication de l'acte.

109 **Contribution de sécurité immobilière.** La contribution de sécurité immobilière, qui se substitue au salaire du conservateur à compter du 1er janvier 2013, et qui est perçue selon les mêmes règles, sera due au taux de 0,10 % sur la valeur de l'immeuble ou des droits immobiliers objets de la publication (V. **Contribution de sécurité immobilière**).

2 Jugement constatant la prescription

a) Demande en justice

110 **Demande d'annulation d'un acte constatant le jeu de la prescription.** La demande tendant à l'annulation d'un acte de notoriété acquisitive ne peut être déclarée irrecevable au motif qu'elle n'a pas fait l'objet d'une publication (V. **Demande en justice**) dès lors que cet acte n'a pas lui-même à être publié (Cass. 3e civ., 9 juin 2004, préc. n° 102).

111 **Conclusions en défense demandant l'annulation d'un acte de notoriété acquisitive.** Il n'y a aucun obstacle à la publication de conclusions par lesquelles une partie demande reconventionnellement l'annulation d'un acte de notoriété constatant l'acquisition par prescription d'un immeuble (*Bull. AMC* 2000, art. 1818).

112 **Décès.** Une demande tendant à voir reconnaître en justice le jeu de la prescription peut être publiée alors même que l'auteur des demandeurs est décédé et qu'aucune attestation de propriété n'a été dressée après son décès. Il suffit d'insérer dans l'acte une déclaration rappelant que le défunt a acquis son droit par prescription (*Bull. AMC* 1978, art. 1108).

b) Jugement

113 La décision judiciaire qui constate le jeu de la prescription acquisitive doit être publiée en application de l'article 28-I° *a* du décret du 4 janvier 1955 qui soumet à la publication les « décisions judiciaires portant ou constatant entre vifs mutation ou constitution de droits réels immobiliers » (V. P. Frémont, *L'usucapion et la publicité foncière : Administrer* mai 1985, p. 50, n° 92).
Les perceptions opérées seront celles indiquées ci-dessus : mais la publication du jugement s'effectuera selon les règles particulières appliquées en pareil cas (double formalité : V. **Décision de justice**).

B Cas où la prescription acquisitive n'est constatée ni dans un acte ni dans un jugement

114 **Opposabilité de la prescription aux tiers malgré l'absence de publication.** Un arrêt de la troisième chambre civile de la Cour de cassation du 13 novembre 1984 a indiqué que « l'acquisition par prescription est opposable à tous sans avoir à être publiée » (Cass. 3e civ., 13 nov. 1984, n° 83-13.865 : *Bull. civ.* 1984, III, 188 ; *D.* 1985, p. 346, obs. J.-L. Aubert). L'acquéreur d'un bien par prescription l'emporte en cas de concurrence avec un tiers, même s'il n'a pas publié son droit (Cass. 3e civ., 17 déc. 2020, n° 18-24.434 : *JurisData* n° 2020-021496 ; *JCP* N 2021, n° 6, 1106 note S. Piédelièvre ; *Gaz. Pal.* 23 mars 2021, p. 71, note J. Laurent ; *Constr.-Urb.* 2021, comm. 38, note C. Sizaire). Il est donc inutile d'établir un acte dans le but de rendre l'acquisition opposable aux tiers. Par ailleurs, il résulte d'un autre arrêt de la Cour de cassation que le titre qui fonde la prescription acquisitive peut être constitué par un acte dont la publicité a été omise (Cass. 3e civ., 31 janv. 1984, n° 82-12.156 : *Bull. civ.* 1984, III, n° 23, p. 17 ; *Defrénois* 1984, art. 33342, n° 60, obs. J.-L. Aubert).

115 **Règles particulières concernant le principe de « l'effet relatif ».** L'article 35, 1, 1° du décret du 14 octobre 1955 énonce que les dispositions de l'article 32 (règles de « l'effet relatif ») ne sont pas applicables si le droit du disposant ou dernier titulaire a été acquis sans titre, notamment par prescription.

Et il ajoute que dans ce cas, le document déposé doit simplement contenir une déclaration précisant le mode ou les conditions d'acquisition du droit.

Dès lors, lorsque la vente d'un bien acquis par prescription intervient, le conservateur (aujourd'hui : le service de la publicité foncière) ne peut exiger la publication préalable ou concomitante d'un acte déclaratif constatant le jeu de cette prescription (*BODGI* 10 E-6-80, 1er août 1980 : *JCP* N 1980, prat. 7713 ; *JCP* N 1983, prat. 8601, chron. Chardonnal ; *Bull. AMC* 1980, art. 1190).

116 **Prescription acquisitive et décès.** Si la prescription est accomplie au décès, une simple mention dans l'attestation suffira pour constater qu'un immeuble dépend de la succession par le jeu de la prescription, sans qu'il soit nécessaire de faire référence à la publication antérieure ou concomitante d'une notoriété acquisitive (l'effet relatif ne jouant pas en l'espèce, V. n° 115).

Si la prescription s'accomplit ou est constatée postérieurement au décès, il est bien admis alors sur le plan civil que la prescription rétroagit au jour où la possession a commencé (*Rép. dr. civ.* Dalloz, V° Prescription civile, n° 382 et les références citées).

Il en a été déduit qu'il était nécessaire d'établir une attestation complémentaire (*JCP* N 1974, prat. 5645, chron. hyp. Bulté).

Mais le service de la publicité foncière est-il en droit d'exiger la publication préalable de cette attestation pour pouvoir publier la notoriété acquisitive ?

Nous ne le pensons pas, le principe de l'effet relatif ne jouant pas dans ce cas particulier (V. en ce sens, *Bull. AMC* 1978, art. 1108).

117 **Jonction des prescriptions.** Par application de l'article 2235 du Code civil (devenu C. civ., art. 2265), le disposant peut joindre à sa propre prescription celle de son auteur. Il n'est pas besoin dans cette hypothèse de faire publier une attestation notariée pour constater la dévolution du droit réel immobilier qui peut, d'ailleurs, ne pas avoir été encore acquis par prescription lors du décès (*JCP* N 1981, prat. 8099).

II

Actes de notoriété établis pour les besoins de la publicité foncière

A Actes dressés sans le concours du titulaire des droits

118 **Procédure prévue par l'article 36 du décret du 14 octobre 1955.** L'article 36 du décret du 14 octobre 1955 prévoit une procédure particulière lorsque l'acte ou la décision judiciaire, dont un extrait, expédition ou copie est déposé en vue de la publicité, n'a pas été dressé ou rendu avec le concours ou à la requête du dernier titulaire du droit et notamment, en cas de saisie, demande en justice, expropriation ou remembrement collectif. Le service de la publicité foncière doit rechercher si le titre ou l'attestation constatant le droit du disposant ou du dernier titulaire a été publié depuis le 1er janvier 1956.

Si la publicité n'a pas été effectuée, le signataire du certificat d'identité peut la provoquer en agissant contre celui qui aurait dû y procéder : mais il peut aussi produire un acte de notoriété ou un certificat délivré par un notaire ou un greffier établissant que le droit du dernier titulaire résulte d'un acte ou d'une décision non encore publié ou d'une transmission par décès n'ayant pas encore fait l'objet d'une attestation (D. 14 oct. 1955, art. 36-3, al. 3. – V. **Effet relatif**).

L'acte de notoriété (ou le certificat) doit contenir des énonciations telles que le service de la publicité foncière puisse vérifier si l'acte à publier et les annotations figurant au fichier sont concordants (Rép. min. Justice, 27 janv. 1968 : *JCP* N 1968, IV, 4347 ; *JCP* N 1983, prat. 8746, Chardonnal).

En cas d'attestation de propriété après décès non publiée, le document déposé doit obligatoirement comporter l'énonciation de l'identité complète du défunt et la certification de cette identité conformément à l'article 5 du décret du 4 janvier 1955 (*Bull. AMC* 2006, art. 1896). Un acte de notoriété indiquant seulement les qualités héréditaires du dernier titulaire ne répondrait pas aux vœux du législateur (*Bull. AMC* 1982, art. 1246). Le notaire qui a établi l'acte de notoriété peut compléter cet acte en déclarant que, pour l'immeuble qu'il désigne, il n'a pas été en mesure d'établir une attestation de propriété. En effet, l'acte de notoriété prévu à l'article 36 du décret du 14 octobre 1955 est une pièce justificative et non un document à publier. Rien ne s'oppose donc à ce que les informations manquantes soient données dans un acte non établi en la forme authentique mais valant comme écriture privée (*Bull. AMC* 1996, art. 1722).

B Remembrement

119 Cas où il est recouru à l'acte de notoriété. En matière de réorganisation foncière ou de remembrement rural, l'article 82, paragraphe 2, alinéa 2 du décret du 14 octobre 1955 précise que, lorsque l'identité d'une partie n'est pas établie et certifiée « seule la fiche parcellaire est annotée, au regard des numéros des nouvelles parcelles attribuées, des références à la formalité donnée au procès-verbal, complétée par la mention réorganisation foncière ou remembrement – attributaire non identifié ».

Dès lors, les parcelles envisagées sont en quelque sorte *bloquées* et l'application du principe de l'effet relatif des formalités s'oppose à la publicité d'un acte quelconque de disposition aussi longtemps que le droit du disposant n'a pas été constaté dans un document publié au fichier immobilier. Tel est le sens de la dernière phrase de l'article 82, paragraphe 2, d'après laquelle : « Aucune formalité de publicité intéressant ces parcelles ne peut être ultérieurement requise avant le dépôt d'un nouveau document établi dans les formes légales, au vu d'un acte de notoriété destiné à rectifier les annotations du fichier immobilier ».

En d'autres termes, doit obligatoirement être publiée une expédition de l'acte de notoriété attestant le droit du propriétaire mentionné comme non identifié dans le procès-verbal de réorganisation foncière ou de remembrement (*Rép. alph. enreg.*, V° Hypothèque, L. III, n° 275).

Le texte ajoute : « Une copie sur papier libre de l'acte de notoriété est remise au service de la publicité foncière pour être transmise au service du cadastre ».

120 Perceptions. La publication de cet acte de notoriété donnera lieu à la perception :

– de la taxe de publicité foncière au tarif prévu par l'article 680 du Code général des impôts (sur le tarif actuel, V. **Droits fixes**) ;

– de la contribution de sécurité immobilière au tarif minimum (CGI, art. 881 M).

III Actes de notoriété concernant la Corse ou l'outre-mer

A Régime juridique et publicité foncière

121 Régime spécial. L'article 117 de la loi n° 2017-256 du 28 février 2017 de programmation relative à l'égalité réelle outre-mer (V. *JCP* N 2017, n° 10, act. 320) a créé un nouvel article 35-2 dans la loi n° 2009-594 du 27 mai 2009 de programmation relative à l'égalité réelle outre-mer et portant autres dispositions en matière sociale et économique. Conformément aux dispositions de ce nouvel article, lorsqu'un acte de notoriété porte sur un immeuble situé en Guadeloupe, en Martinique, à La Réunion, en Guyane, à Saint-Martin et à Mayotte et constate une possession répondant aux conditions de la prescription acquisitive, il fait foi de la possession, sauf preuve contraire. Il ne peut être contesté que dans un délai de cinq ans à compter de la dernière des publications de cet acte par voie d'affichage, sur un site internet et au service de la publicité foncière ou au livre foncier. Des dispositions similaires ont été prises pour la Corse, par la loi n° 2017-285 du 6 mars 2017 (V. **Corse**).

Le dispositif ainsi instauré confère à l'acte de notoriété publié l'effet particulier et dérogatoire d'écarter toute action en revendication.

Le décret n° 2017-1802 du 28 décembre 2017 est venu par la suite préciser le contenu ainsi que les modalités de publicité de cet acte de notoriété (V. *JCP* N 2018, n° 1, act. 106). Ce décret est applicable à compter du 1er janvier 2018.

Ce décret a été complété par une circulaire détaillée du ministère de la Justice du 4 juillet 2018 (NOR : JUSC 1814046C), consultable sur internet (V. V. Zalewski-Sicard : *JCP* N 2018, n° 36, act. 716).

122 **Contenu de l'acte de notoriété.** Le contenu de l'acte de notoriété est fixé par l'article premier du décret du 28 décembre 2017 susvisé, qui est ainsi conçu :

« L'acte de notoriété constatant une possession répondant aux conditions de la prescription acquisitive, mentionné aux articles 35-2 de la loi du 27 mai 2009 et 1er de la loi du 6 mars 2017 susvisées comporte les éléments suivants :

1° l'identité de la personne bénéficiaire précisée conformément, pour une personne physique, aux dispositions du premier alinéa de l'article 5 du décret du 4 janvier 1955 susvisé et, pour une personne morale, aux dispositions du 1° de l'article 6 de ce même décret, ou à Mayotte, conformément aux dispositions des articles 64 et 65 du décret du 23 octobre 2008 susvisé ;

2° les éléments d'identification de l'immeuble concerné, précisés conformément aux dispositions de l'article 7 du décret du 4 janvier 1955, ou à Mayotte, conformément aux dispositions des articles 67, 69 et 72 du décret du 23 octobre 2008 ;

3° les témoignages et éléments apportant la preuve des actes matériels qui caractérisent une possession de l'immeuble concerné répondant aux conditions prévues par les articles 2261 et 2272 du Code civil ;

4° la reproduction des dispositions du premier alinéa de l'article 35-2 de la loi du 27 mai 2009 susvisée, lorsque l'acte de notoriété porte sur un immeuble situé en Guadeloupe, en Guyane, en Martinique, à La Réunion, à Mayotte ou à Saint-Martin, ou de celles du premier alinéa de l'article 1er de la loi du 6 mars 2017 susvisée, lorsque l'acte de notoriété porte sur un immeuble situé en Corse ».

➤ Pour plus de détails sur le contenu de l'acte de notoriété, on se reportera à la circulaire du 4 juillet 2018 précitée (V. n° 121).

123 **Modalités de publication.** L'acte de notoriété doit faire l'objet des mesures de publicité suivantes (D. 28 déc. 2017, art. 2) :

1° publication au fichier immobilier ou, à Mayotte, inscription au livre foncier ;

2° affichage pendant trois mois en mairie, par les soins du maire de chaque commune sur le territoire de laquelle est situé l'immeuble, d'un extrait de l'acte de notoriété comprenant les éléments mentionnés aux 1°, 2° et 4° de l'article 1er. Cet extrait précise que le bénéficiaire revendique la propriété de l'immeuble au titre de la prescription acquisitive en application de l'article 2272 du Code civil ;

3° publication de l'extrait de l'acte de notoriété sur le site internet de la préfecture du lieu de situation de l'immeuble, pendant une durée de cinq ans ;

4° publication de l'extrait de l'acte de notoriété sur le site internet de la collectivité de Corse lorsque l'acte porte sur un immeuble situé en Corse.

L'accomplissement des mesures de publicité prévues aux 2° et 3° est certifié, selon le cas, par le maire ou le préfet.

L'accomplissement de la dernière des mesures de publicité prévues aux 1°, 2° et 3° fait courir le délai de cinq ans pendant lequel l'acte de notoriété mentionné à l'article 1er peut être contesté en application de l'article 35-2 de la loi du 27 mai 2009 susvisée ou de l'article 1er de la loi du 6 mars 2017 susvisée.

➤ Pour plus de détails sur les modalités de publication de l'acte de notoriété, on se reportera à la circulaire du 4 juillet 2018 précitée (V. n° 121).

B Régime fiscal

124 **Corse.** Depuis le 1er janvier 2023, l'établissement et la publication au fichier immobilier de l'acte de notoriété acquisitive portant sur des immeubles situés en Corse sont exonérés de taxe publicité foncière (L. fin. 2023, art. 66 ; L. n° 2017-285, 6 mars 2017, art. 1er, al. 2).

125 **Mayotte.** À Mayotte l'acte de notoriété ayant pour objet et pour effet d'établir le droit de propriété en constatant le jeu de la prescription acquisitive (L. n° 2009-594, 27 mai 2009, art. 35-2) est exonéré de droits d'enregistrement et de taxe de publicité foncière (CGI, art. 1043 B, al. 1er).

Depuis le 6 octobre 2022, l'inscription au livre foncier d'un tel acte portant sur des immeubles situés à Mayotte ne donne lieu à aucune perception au profit du Trésor : ni droits d'enregistrement ni taxe de publicité foncière ni frais d'inscription spécifiques au livre foncier de Mayotte (L. fin. 2023, art. 27 ; CGI, art. 1043 B, al. 4).

Acte d'exécution (d'un acte antérieur)

Jacques LAFOND

126 **Définition.** Les *actes d'exécution* dits encore *actes de consolidation* tendent à l'achèvement d'une opération juridique antérieure, à la mise en œuvre des conséquences qui en découlent normalement (Pilon, *Principes et technique des droits d'enregistrement*, n° 641). Il ne s'agit que de l'application pure et simple du contrat antérieur aux faits qui en découlent, de telle sorte que ce contrat antérieur demeure toujours le titre du créancier (*Dict. des Rédacteurs*, n° 2).
Selon la documentation administrative : « l'acte d'exécution est celui qui constate une conséquence nécessaire d'un acte précédent déjà imposé (acte constatant la livraison d'un objet vendu par un acte antérieur) » (BOI-ENR-DG-20-20-40-20120912, 6 déc. 2012, n° 60).

127 **Application.** Il y a lieu ainsi de considérer comme des *actes d'exécution* ou de *consommation* d'un acte antérieur :
– l'acte qui, après une décision judiciaire prononçant la nullité d'une vente et condamnant l'acquéreur, soit à restituer les biens, soit à payer un prix déterminé, maintient l'acquéreur en possession à charge de payer ce prix, dès lors que le droit de mutation a été perçu sur la décision de justice (Cass. civ., 24 août 1841 : *Journ. enr.*, 12845) ;
– l'acte contenant réitération de la cession ou d'un abandonnement de biens fait par un débiteur à ses créanciers (*Journ. enr.*, 3382) ;
– le partage testamentaire refait par les héritiers dans le but de rétablir entre eux l'égalité, qui était la préoccupation dominante du testateur, lorsqu'il maintient les attributions immobilières du premier partage et se borne à augmenter les soultes (Cass. civ., 29 nov. 1854 : *Journ. enr.*, 15958 ; *DP* 1855, 1, 70 ; *S.* 1855, 1, 132). Mais l'acte par lequel des anciens indivisaires modifient les attributions faites dans un partage antérieur donne ouverture au droit proportionnel (Cosne, 28 août 1850 : *Journ. enr.*, 15078) ;
– l'acte par lequel le vendeur à réméré qui n'a pas exercé la faculté de rachat consent volontairement à l'entrée en possession de l'acquéreur qui l'avait assigné en délaissement de l'immeuble (*Journ. enr.*, 13013 ; pour d'autres exemples, V. *Dict. des Rédacteurs*, V° Acte de complément, n° 13).

128 **Perceptions.** Les règles de perception sont identiques à celles applicables aux actes de complément (V. **Acte de complément**)

Acte d'huissier (commissaire de justice)

Jacques LAFOND

Index alphabétique

129 **Changement de dénomination.** L'ordonnance n° 2016-728 du 2 juin 2016 a créé la profession de **commissaire de justice**, qui doit exercer, à compter du **1er juillet 2022**, toutes les attributions des huissiers de justice et des commissaires-priseurs judiciaires. La réglementation de la nouvelle profession de « commissaire de justice » issue de la fusion des huissiers de justice et des commissaires-priseurs judiciaires figure dans le décret n° 2021-1625 du 10 décembre 2021. Nous avons néanmoins temporairement maintenu la dénomination d'« huissier de justice » dans les développements qui suivent, en attendant que la nouvelle dénomination deviennent plus familière…

I
Actes publiés au service de la publicité foncière

130 **Authenticité.** Les actes d'huissier avaient le caractère d'actes authentiques et étaient à ce titre, admis à la publicité foncière (G. Deharo, *La nature des actes d'huissier de justice* : *Gaz. Pal.* 28-30 janv. 2007, p. 2). Il en est de même pour les actes de commissaire de justice.
Mais cette authenticité est subordonnée au fait que le commissaire de justice (comme antérieurement l'huissier) agisse dans le cadre de ses attributions légales, et elle ne s'attache qu'aux constatations qu'il a faites personnellement.
Il a été jugé qu'il n'en était pas ainsi lorsqu'un huissier prétendait « constater » une promesse de vente : ce faisant, l'huissier sort de ses attributions en empiétant sur le monopole des notaires. Le « constat » qu'il établit à cette occasion ne peut donc prétendre au caractère authentique (Cass. 1re civ., 19 févr. 1991 : *Bull. civ.* 1991, I,

n° 165 ; *JCP* N 1991, p. 177. – V. précédemment en sens contraire : Cass. 3e civ., 8 janv. 1970 : *Bull. civ.* 1970, III, n° 25).

De même, un acte d'huissier constatant la mainlevée d'un commandement de saisie publié ne peut pas permettre la radiation, car cet acte empiète sur le monopole accordé aux notaires (TGI Caen, réf., 11 févr. 1993 : *Bull. AMC* 1997, art. 1748).

A Actes concernés

131 **Exemples.** Entrent notamment dans le champ de la formalité unique (V. antérieurement, Doc. adm. DGI, 7 B-32, 15 mai 1999) :

– les assignations en justice (C. civ., art. 710-1) tendant à obtenir la résolution, la révocation, l'annulation ou la rescision d'une convention portant sur un droit réel immobilier (D. 4 janv. 1955, art. 28, 4° *c*) ;

– les désistements d'instance et d'action en matière immobilière (D. 4 janv. 1955, art. 28, 4° *d*) ;

– les actes qui interrompent la prescription acquisitive (citation en justice, commandement) et les actes de renonciation à la prescription acquisitive (D. 4 janv. 1955, art. 28, 8°) ;

– les commandements valant saisie et les divers actes de la procédure qui s'y rattachent (C. civ., art. 710-1).

Le caractère authentique de l'acte de commissaire de justice (comme antérieurement de l'acte d'huissier) n'est pas suffisant pour lui garantir l'accès au fichier immobilier. Un arrêt de la Cour de cassation a en effet donné raison au service de la publicité foncière qui avait refusé de publier la sommation faite par acte d'huissier de signer un contrat d'échange d'immeubles. L'arrêt énonce que « la sommation litigieuse qui ne se rattache à aucune action en justice, n'entre pas dans la catégorie des actes énumérés par l'article 710-1 du Code civil pouvant donner lieu aux formalités de publicité foncière » (Cass. 3e civ., 15 juin 2017, n° 16-12.817, FS-P+B+R+I : *JurisData* n° 2017-011556 ; *JCP* N 2017, n° 42, 1245, note S. Lamiaux ; *BPIM* 4/2017, n° 254, obs. M. Suquet-Cozic).

Cet arrêt délimite donc clairement le domaine des actes d'huissier (aujourd'hui des actes de commissaires de justice) pouvant être soumis à la publicité foncière. Deux conditions sont requises :

– ils doivent se rattacher à une action en justice ;

– et faire partie des actes énumérés par l'article 710-1 du Code civil.

B Modalités de publication

132 **Application des règles de droit commun.** Pour pouvoir être publié, l'acte de commissaires de justice doit être établi sur les formules spéciales pour publication.

Il doit répondre aux diverses exigences de la publicité foncière et comporter les diverses mentions requises (notamment du point de vue de l'effet relatif).

133 **Certifications.** Les commissaires de justice (comme antérieurement les huissiers) ont qualité pour établir la certification de l'identité des parties (V. **Certification d'identité**).

Le certificat de collationnement doit être signé par le commissaire de justice lui-même et non par un tiers (CA Paris, 6 avr. 1959 : *Bull. AMC* 1960, art. 449).

134 **Omission.** Si des omissions concernant les mentions requises pour la publicité foncière en matière de désignation des parties ou des immeubles ont été commises dans le corps de l'acte, elles ne pourraient en principe être réparées au moyen d'une mention complémentaire apposée sur l'original de l'acte et reproduite sur la formule destinée aux hypothèques que dans le cas exceptionnel où l'acte a été établi d'urgence et que cette circonstance est indiquée dans l'acte (application de l'article 34-5 du décret du 4 janvier 1955).

Mais en pratique, les conservateurs (aujourd'hui le service de la publicité foncière) acceptent, alors même que cette condition n'est pas remplie, que l'identité des parties ou des immeubles soit complétée par une mention apposée au pied de l'original et reproduite dans la formule spéciale destinée aux hypothèques (*Bull. AMC* 1967, art. 672).

C Taxe de publicité foncière

1 Principes

135 Les actes des commissaires de justice qui sont sujets à publication au fichier immobilier en exécution des articles 28 et suivants du décret n° 55-22 du 4 janvier 1955 entrent dans les prévisions de l'article 1er de la loi du 26 décembre 1969 et sont soumis à la formalité fusionnée au service de la publicité foncière.

En vertu de l'article 2 de la même loi, ces actes donnent ouverture à la taxe de publicité foncière à l'exclusion du droit d'enregistrement (V. BOI-ENR-DG-20-30-20-20120912, n° 50).

136 Lorsqu'il s'agit d'actes constatant des conventions spécialement tarifiées, la taxe est due au taux fixe ou proportionnel à raison de la nature de la convention (V. BOI-ENR-DG-20-30-20-20120912, n° 60).

137 Lorsqu'il s'agit d'actes ne constatant pas une convention spécialement tarifée, seule la taxe forfaitaire prévue par l'article 302 bis Y du Code général des impôts est due (BOI-ENR-DG-20-30-20-20120912, n° 80).
La taxe est alors payée sur états et recouvrée comme en matière de taxe sur la valeur ajoutée (V. *supra*).

138 Lorsqu'ils sont accomplis à la requête d'une personne qui bénéficie de l'aide juridictionnelle totale ou partielle, et en application des règles de procédure se rattachant directement à une instance ou à l'exécution d'une décision de justice, les actes des huissiers de justice ne constatant pas une convention spécialement tarifée bénéficient de l'exonération du droit d'enregistrement. Cette exonération est également applicable à la taxe fixe forfaitaire.

2 Cas d'application de la taxe fixe

139 **Actes soumis à la taxe.** Sont notamment soumis à cette taxe :
– les actes portant exercice du droit de préemption par le fermier en vertu des articles L. 412-1 à L. 412-13 du Code rural et de la pêche maritime (CGI, art. 707 bis) ;
– les commandements qui interrompent la prescription acquisitive et les actes de renonciation à la prescription acquisitive ;
– les commandements valant saisie et les divers actes de procédure qui s'y rattachent. Il arrive cependant que ces derniers actes ne soient pas publiés si, à la suite de leur signification, le débiteur se libère ou s'il intervient un arrangement avec le créancier. Il est admis, dans ce cas, que ces actes échappent à la formalité fusionnée mais restent soumis à la taxe fixe.

140 En cas de publication ultérieure des mêmes actes au service de la publicité foncière, la formalité est alors donnée en franchise de taxe (V. antérieurement, Doc. adm. DGI, préc., n° 8).

141 **Actes exempts de la taxe de publicité foncière.** Jusqu'au 14 janvier 1992 inclus, étaient notamment visés :
– les demandes en justice tendant à obtenir la résolution, la révocation, l'annulation ou la rescision d'une convention portant sur un droit réel immobilier ;
– les désistements d'instance et d'action en matière immobilière ;
– les citations en justice interrompant la prescription acquisitive.
Depuis le 15 janvier 1992, date d'entrée en vigueur de l'article 22 de la loi n° 91-1322 du 30 décembre 1992, de tels actes n'échappent à la taxe fixe que s'ils sont accomplis à la requête d'une personne qui bénéficie de l'aide juridictionnelle totale ou partielle.

3 Actes passibles de la taxe proportionnelle de publicité foncière

a) Principe

142 Ces actes sont ceux qui entrent dans les prévisions de l'article 635 du Code général des impôts, et notamment (BOI-ENR-DG-20-30-20-20120912, n° 20) :
– les actes portant transmission de propriété ou d'usufruit d'immeubles, de fonds de commerce, de clientèles d'offices ministériels ou cession de droit à un bail d'immeubles ;
– les procès-verbaux constatant une adjudication aux enchères publiques de biens meubles, corporels ou réels, ou encore toute vente des mêmes biens faite avec publicité et concurrence ;
– les actes portant cession d'actions, de parts de fondateur, de parts bénéficiaires, ou de parts sociales ;
– les actes portant cession de participations dans des personnes morales à prépondérance immobilière au sens du dernier alinéa du 2° du I de l'article 726 du Code général des impôts ;
– les actes portant mutation de jouissance d'immeubles ruraux ou de droit de chasse ou de pêche ;
– les actes constatant la formation, la prorogation, la transformation ou la dissolution d'une société ou encore l'augmentation, l'amortissement ou la réduction de son capital ;
– les actes qui, à raison de leur contenu, donnent ouverture à un droit fixe autre que celui spécialement prévu pour les actes des huissiers (par ex. : prisées de meubles soumises au droit fixe de 125 € prévu à l'article 848 du Code général des impôts).

143 De tels actes sont soumis à la formalité fusionnée ou à la formalité de l'enregistrement à l'exception du deuxième original qui bénéficie d'une exonération.
Ils donnent ouverture aux droits afférents à la nature de la convention qu'ils constatent (droits fixes, droits proportionnels ou droits progressifs).

144 Toutefois, lorsque le droit proportionnel ou progressif ne s'élève pas au montant du

minimum de perception prévu à l'article 674 du Code général des impôts (V. **Minimum de perception**), c'est ce montant qui est perçu (BOI-ENR-DG-20-30-20-20120912, n° 30).

b) Conditions d'exigibilité du droit

145 Pour que l'administration soit fondée à réclamer les droits, il faut qu'elle puisse invoquer un contrat parfait constitué, soit par un seul, soit par plusieurs exploits.
Il en est ainsi quand un commissaire de justice, appelé par les parties à opérer une vérification de faits, constate ensuite les conventions auxquelles les faits reconnus donnent consistance. Mais le rapprochement de deux exploits, échangés entre deux personnes, peut aussi réaliser la perfection du contrat.
Ainsi, le droit proportionnel de mutation à titre onéreux d'immeuble doit être perçu sur l'exploit par lequel une personne fait connaître à une autre personne qu'elle accepte de réaliser une promesse de vente déjà soumise à la formalité et qui spécifiait que la vente serait parfaite par la simple notification de l'acquiescement de l'acquéreur.
De même, est passible du droit proportionnel l'exploit par lequel le bénéficiaire d'une option sur un fonds de commerce signifie son intention de lever cette option (BOI-ENR-DG-20-30-20-20120912, n° 40).

D Contribution de sécurité immobilière

146 Lorsque l'acte de commissaire de justice constate une convention spécialement tarifée, la contribution de sécurité immobilière est perçue selon le droit commun en fonction de la nature de cette convention.
Aux termes de l'article 881 C, 12° I du Code général des impôts, la contribution immobilière est perçue au taux fixe « pour la publication des demandes en justice mentionnées à l'article 28-4°-c du décret du 4 janvier 1955, ainsi que les demandes en justice, procès-verbaux et déclarations visés au 2 de l'article 37 du même décret ».

II Actes signifiés à l'étranger

147 Saisie immobilière pratiquée au préjudice d'un débiteur ayant sa résidence à l'étranger. Un avocat dépose, aux fins de publication, un commandement de payer valant saisie à l'encontre d'un débiteur domicilié en Allemagne. Ce dépôt a fait l'objet d'un refus au motif que le commandement n'était annoté ni de sa date, ni du nom et de la signature de l'huissier français chargé d'instrumenter.
Ce dépôt a de nouveau été effectué sans modification, l'avocat justifiant l'absence des éléments visés par les dispositions du règlement (CE) n° 1348/2000 du 29 mai 2000 et de la circulaire du 1er février 2006 du ministère de la Justice qui, selon lui, dispenseraient l'huissier de faire figurer dans le commandement la date, le cachet ou sa signature. Ainsi cet officier ministériel n'aurait plus à mentionner son nom et à indiquer la date sur l'original de l'acte transmis à l'autorité étrangère compétente pour le signifier et se contenterait de lui adresser un « projet » de commandement à charge pour lui de le compléter.
Le conservateur se demande dans cette situation si le nouveau refus qu'il envisage serait justifié : l'association des conservateurs a répondu par l'affirmative (*Bull. AMC* 2009-2010, art. 1946).
Elle rappelle tout d'abord les modalités de signification des actes extrajudiciaires à l'étranger, qui sont différentes selon que le pays concerné est ou non soumis à un traité ou un acte communautaire La procédure de notification des actes à l'étranger est régie par les articles 683 à 688 du Code de procédure civile.
Le 1er alinéa de l'article 684 dispose :

> « L'acte destiné à être notifié à une personne ayant sa résidence habituelle à l'étranger *est remis au parquet, sauf dans les cas où un règlement communautaire ou un traité international autorise l'huissier de justice ou le greffe à transmettre directement cet acte à son destinataire ou à une autorité compétente de l'État de destination* ».

Un certain nombre de pays dont la liste figure en annexe I ont adhéré à la Convention de La Haye du 15 novembre 1965 relative à la signification et à la notification à l'étranger des actes judiciaires et extrajudiciaires en matière civile et commerciale. Aux termes de l'article 2 de cette convention, chaque État contractant désigne une autorité centrale qui assume la charge de recevoir les demandes de signification ou de notification des actes judiciaires et extrajudiciaires en provenance d'un autre État membre et d'y donner suite.

Dans les États membres de l'Union européenne (à l'exception du Danemark), c'est le règlement CE n° 1348/2000 du 29 mai 2000 relatif à la signification et à la notification dans les États membres des actes judiciaires et extrajudiciaires en matière civile et commerciale remplacé par le règlement (CE) du Parlement européen et du Conseil du 11 novembre 2007 (applicables à partir du 13 novembre 2008) qui s'appliquent.

Ces règlements permettent à l'autorité d'origine (en France, huissier de justice pour les actes extrajudiciaires) de saisir directement l'autorité compétente pour notifier l'acte concerné dans le pays de destination. L'acte à transmettre est accompagné d'une demande de signification ou de notification d'actes établie au moyen d'un formulaire type.

Tant dans la Convention de La Haye du 15 novembre 1965 que dans ces règlements, il est prévu que l'autorité compétente du pays de destination établit un formulaire (le formulaire prévu par le règlement du 29 mai 2000 figure *infra*, en annexe II. Celui prévu par le règlement du 11 novembre 2007 est identique) relatant l'exécution de la demande qui est adressée à l'autorité d'origine.

Toutefois l'association des conservateurs a constaté à plusieurs reprises que les documents présentés au dépôt comportaient :

– d'une part, le commandement de payer valant saisie où ne figuraient généralement ni la date de signification, ni le nom de l'huissier ayant instrumenté, ni sa signature ;

– d'autre part, l'acte de transmission à l'autorité compétente étrangère établi par l'huissier français ;

– et enfin l'attestation de signification ou de non signification du commandement établi par cette autorité étrangère.

S'agissant du commandement, il était présenté sous forme de projet adressé par l'huissier français à son collègue étranger (lorsqu'il s'agissait d'un pays membre de l'Union européenne) ou à l'autorité centrale prévue par la Convention de La Haye (lorsqu'il s'agissait d'un pays ayant signé ce texte). Mais, après signification ou constat de l'absence de signification, il n'était complété ni par l'autorité étrangère ni par l'huissier français.

Or, un commandement de payer valant saisie établi en France par un officier ministériel français en vue de saisir un bien immobilier situé en France appartenant à un débiteur ayant sa résidence à l'étranger se trouve soumis à la législation française en ce qui concerne tant les règles de son établissement que les règles de la procédure de saisie. Il en va de même en matière de publicité foncière, notamment quant au rôle et à la responsabilité du conservateur (cf. *Bull. AMC* 2003, art. 1859).

Aux termes de l'article 648 du Code de procédure civile :

> « Tout acte d'huissier de justice indique, indépendamment des mentions prescrites par ailleurs :
> Sa date ; (...)
> Les nom, prénoms, demeure et signature de l'huissier de justice ».

Dans les cas signalés, le document déposé ne comportait ni la date, ni le nom de l'huissier qui avait instrumenté, ni sa signature.

Il paraît dès lors difficile, encore que le conservateur ne soit pas juge de la validité ni de l'efficacité des actes, de considérer comme un acte extrajudiciaire ce « projet » de commandement de payer valant saisie. En effet, il n'est pas possible d'attribuer à ce document le caractère d'authenticité exigé par l'article 4 du décret du 4 janvier 1955 pour être sujet à publicité.

Le refus de dépôt envisagé par le conservateur est donc parfaitement justifié.

S'agissant de la date à prendre en compte pour la notification, l'avocat déposant a invoqué l'article 647-1 du Code de procédure civile pour soutenir qu'en tout état de cause l'huissier n'aurait pu mentionner que la date d'expédition sur le commandement. En effet, l'article 647-1 dudit code dispose : « La date de notification d'un acte judiciaire ou extrajudiciaire (...) à l'étranger est, *à l'égard de celui qui y procède*, la date d'expédition de l'acte par l'huissier de justice ou le greffe... ».

Sur ce point, et encore qu'il convienne de signaler que le texte invoqué figure dans le chapitre intitulé « La computation des délais » du Code de procédure civile, il est recommandé au conservateur, qui n'est pas juge de la validité ni de l'efficacité des actes qu'il est requis de publier, de ne pas refuser le dépôt d'un acte qui mentionnerait la date de l'expédition de l'acte, étant rappelé que la date peut aussi être celle de la signification par l'État étranger (*Bull. AMC* 2009-2010, art. 1946).

Une difficulté similaire a été soumise à la Commission juridique de l'association des conservateurs. En l'espèce, le dossier aux fins de publication d'un commandement de saisie immobilière comportait :

– la copie d'un acte intitulé « Acte d'accomplissement des formalités », rédigé sur la formule n° 3265 prévue par l'article 67-3 du décret du 14 octobre 1955, et dans lequel l'huissier attestait avoir accompli les formalités prévues par le règlement (CE) n° 1348 /2000 du Conseil de l'Union européenne ;

– un « projet » de commandement de saisie immobilière ne comportant ni date, ni indication du nom de l'huissier, ni signature ;
– la demande de signification ou de notification d'actes prévue par le paragraphe 3 de l'article 4 du règlement précité.

L'association des conservateurs a observé que le fait d'avoir rédigé sur la formule n° 3265 le document intitulé « acte d'accomplissement des formalités » valait réquisition de publication de ce document. Or il s'agit d'un acte de pure procédure totalement étranger au champ de la publicité foncière, ce qui justifiait un refus de dépôt du conservateur.

En l'espèce, le refus de dépôt a été avalisé par une ordonnance du président du tribunal de grande instance de Nice du 19 décembre 2008 mais pour ce motif que le commandement de saisie sur lequel ne figuraient ni la date ni les nom et adresse de l'huissier ayant instrumenté ni même sa signature n'était qu'un simple projet ne présentant pas le caractère d'authenticité exigé par l'article 4 du décret du 4 janvier 1955.

Annexe I

LISTE DES ÉTATS PARTIES À LA CONVENTION DE LA HAYE DU 15 NOVEMBRE 1965 RELATIVE À LA SIGNIFICATION ET À LA NOTIFICATION À L'ÉTRANGER DES ACTES JUDICIAIRES ET EXTRAJUDICIAIRES EN MATIÈRE CIVILE ET COMMERCIALE

ALBANIE	FINLANDE	PORTUGAL
ALLEMAGNE	FRANCE	ROUMANIE
ANTIGUA et BARBUDA	GRÈCE	ROYAUME-UNI
ARGENTINE	HONGRIE	RUSSIE (Fédération de)
BAHAMAS	INDE	SAINT-MARIN
BARBADE	IRLANDE	ST-VINCENT-ET-LES-GRENADINES
BELARUS	ISRAËL	SEYCHELLES
BELGIQUE	ITALIE	SLOVAQUIE
BOTSWANA	LETTONIE	SLOVÉNIE
BULGARIE	JAPON	SRI LANKA
CANADA	KOWEÏT	SUÈDE
CHINE	LITUANIE	SUISSE
CHYPRE	LUXEMBOURG	TCHÈQUE (République)
CORÉE (République de)	MALAWI	TURQUIE
CROATIE	MEXIQUE	UKRAINE
DANEMARK	MONACO	VENEZUELA
ÉGYPTE	NORVÈGE	
ESPAGNE	PAKISTAN	
ESTONIE	PAYS-BAS	
ÉTATS-UNIS	POLOGNE	

Annexe II

ATTESTATION D'ACCOMPLISSEMENT OU DE NON-ACCOMPLISSEMENT DE LA SIGNIFICATION OU DE LA NOTIFICATION DES ACTES

[Article 10 du règlement [CE] n° 1348/2000]

La signification ou la notification est effectuée dans les meilleurs délais. En tout cas, s'il n'a pas été possible de l'effectuer dans le mois qui a suivi la réception de la demande, l'entité requise en informe l'entité d'origine (conformément à l'article 7, paragraphe 2, du règlement).

12. ACCOMPLISSEMENT DE LA SIGNIFICATION OU DE LA NOTIFICATION

a) 12.1. Date et adresse auxquelles la signification ou la notification a été accomplie :

b) 12.2. L'acte a été :

A) 12.2.1. signifié ou notifié selon la législation de l'État membre requis, à savoir :

12.2.1.1. délivré :

12.2.1.1.1. au destinataire lui-même :

12.2.1.1.2. à une autre personne :

12.2.1.1.2.1. Nom :

12.2.1.1.2.2. Adresse :

12.2.1.1.2.2.1. Numéro/boîte postale et rue :

12.2.1.1.2.2.2. Code postal et lieu :

12.2.1.1.2.2.3. Pays :

12.2.1.1.2.3. Lien avec le destinataire :

famille (case à cocher) employé (case à cocher) autre (case à cocher)

12.2.1.1.3. au domicile du destinataire

12.2.1.2. notifié par La Poste :

12.2.1.2.1. sans accusé de réception

12.2.1.2.2. avec l'accusé de réception ci-joint :

12.2.1.2.2.1. du destinataire

12.2.1.2.2.2. d'une autre personne :

12.2.1.2.2.2.1. Nom :

12.2.1.2.2.2.2. Adresse :

12.2.1.2.2.2.2.1. Numéro/boîte postale et rue :

12.2.1.2.2.2.2.2. Code postal et lieu :

12.2.1.2.2.2.2.3. Pays :

12.2.1.2.2.2.3. Lien avec le destinataire :

famille (case à cocher) employé (case à cocher) autres (case à cocher)

12.2.1.3. autre mode (prière de préciser) :

B) 12.2.2. signifié ou notifié selon le mode particulier suivant (prière de préciser) :

c) 12.3. Le destinataire de l'acte a été informé (oralement/par écrit) qu'il peut refuser de l'accepter s'il n'est pas rédigé dans une langue officielle du lieu de signification ou de notification ou dans une langue officielle de l'État d'origine qu'il comprend.

13. INFORMATION DONNÉE CONFORMÉMENT À L'ARTICLE 7, PARAGRAPHE 2.

Il n'a pas été possible de procéder à la signification ou à la notification dans un délai d'un mois à compter de la réception.

14. REFUS DE L'ACTE

Le destinataire a refusé d'accepter l'acte en raison de la langue utilisée. L'acte est joint à la présente attestation.

15. MOTIF DU DÉFAUT DE SIGNIFICATION OU DE NOTIFICATION DE L'ACTE

15.1. Adresse inconnue

15.2. Destinataire introuvable

15.3. L'acte n'a pu être signifié ou notifié avant la date ou dans le délai indiqué au point 6.2

15.4. Autres (prière de préciser) :

L'acte est joint à la présente attestation.

Fait à :

Le :

Signature et/ou cachet :

Acte imparfait

Jacques LAFOND

Bibliographie : M. Bleusez, *La perfection du contrat*, thèse soutenue le 15 janvier 2021 (Université Paris II, Panthéon-Assas, ss dir. Cl. Brenner).

148 **Définition.** Dans son état antérieur, la documentation administrative définissait l'acte imparfait comme étant « celui qui n'est pas encore *formé à* défaut du consentement de toutes les parties ou auquel manquent quelques-unes des formalités exigées par la loi pour sa perfection » (Doc. adm. DGI, 7 A-223, 10 sept. 1996).

L'élément dont l'absence crée l'imperfection peut donc être :

– un *élément de fond*. une vente sans consentement, prix ou objet ; une donation non acceptée par le donataire, sont des actes imparfaits ;

– un *élément de forme* : ici, des distinctions s'imposent, s'expliquant par cette idée que l'absence de forme qui doit faire de l'acte un simple projet, une ébauche, doit lui supprimer sa qualité de titre. Sont pour cela des actes imparfaits :

• un acte authentique ou sous seing privé constatant une obligation unilatérale, lorsqu'il ne porte pas la signature de la partie qui s'oblige,

• un acte authentique ou sous seing privé constatant des obligations synallagmatiques et non revêtu de la signature des deux parties. Mais il suffit, décide la jurisprudence, pour que le droit soit exigible, que l'original qui se trouve entre les mains de chaque contractant porte la signature des autres (*DH* 1930, 145. – Instr. 4090, § 2. – Laborde-Lacoste, *Précis des droits d'enregistrement*, n° 369).

Mais la notion d'acte imparfait doit être entendue en droit fiscal dans un sens restrictif : la simple lecture de l'acte doit révéler l'absence de l'un des éléments essentiels du contrat.

Dans sa nouvelle rédaction, la documentation administrative définit l'acte imparfait comme étant celui « qui ne constitue pas, même en apparence, le titre d'une opération juridique » (BOI-ENR-DG-20-20-10-20120912, 6 déc. 2012, n° 10).

149 **Exemples d'actes imparfaits.** Doivent être considérés comme des actes imparfaits :

– les actes administratifs sujets à approbation et non approuvés (Avesnes, 6 juill. 1932 : *Ind. enr.*, 2428) ;

– l'acte notarié non signé par toutes les parties. S'il est signé par le notaire, il doit cependant être enregistré dans le délai ordinaire au droit fixe des actes innommés. L'acte signé par toutes les parties mais non par le notaire est valable comme acte sous seing privé (C. civ., art. 1370) ;

– l'acte sous seing privé ne portant aucune signature ou ne portant que la signature de témoins (Cass. civ., 30 oct. 1809 : *Journ. enr.*, 3393).

Par contre, un acte sous seing privé ne portant pas l'indication qu'il est fait en autant d'exemplaires que de parties ne serait pas un acte imparfait (*RP*, 16607), non plus qu'une donation par acte sous seing privé.

150 **Perceptions.** Un tel acte ne fournit, même en apparence, aucun titre de l'opération juridique et ne peut en conséquence être assujetti au droit prévu pour celle-ci.

En cas de présentation à la formalité, il y aura simplement perception de la taxe de publicité foncière au tarif fixe prévu pour les actes innommés (BOI-ENR-DG-20-20-10-20120912, 6 déc. 2012, n° 10).

Acte innommé

Jacques LAFOND

CGI, art. 680. – Tous les actes qui ne se trouvent ni exonérés, ni tarifés par aucun autre article du présent code et qui ne peuvent donner lieu à une imposition proportionnelle ou progressive sont soumis à une imposition fixe de 125 €.

Le droit fixe prévu à l'article 680 du Code général des impôts fait l'objet d'augmentations périodiques : pour en connaître le taux actuel, on se reportera à la rubrique **Droits fixes**.

151 **Définition.** On appelle « actes innomés », ceux qui ne se trouvent ni exonérés ni tarifés par aucun article du Code général des impôts et qui ne peuvent donner lieu à une imposition proportionnelle ou progressive (BOI-ENR-20-30-30-20-20140411, n° 1).

152 L'article 3, § III de la loi du 26 décembre 1969 pose par ailleurs la règle ci-après :

Lors de leur publication, les actes antérieurement soumis à un droit fixe d'enregistrement et à la taxe fixe de publicité foncière donnent lieu à la perception d'une taxe d'un montant égal au droit fixe d'enregistrement. Cette taxe s'applique dans les mêmes conditions aux actes antérieurement soumis à un droit fixe d'enregistrement et dispensés de la taxe de publicité foncière, en vertu d'une disposition expresse (*Ind. enr.*, 11766).

Pour l'application de ce texte et les cas particuliers d'exigibilité de la taxe de publicité foncière au taux prévu par l'article 3, § IV de la même loi, V. **Taxe de publicité foncière**.

153 **Applications.** En application des textes susvisés, et s'agissant d'actes que la loi fiscale ne tarifie pas nommément et qui, par ailleurs, ne sont pas spécialement exemptés de la formalité ou exonérés de droit, seront passibles de la taxe de publicité foncière au taux fixe (BOI-ENR-20-30-30-20-20140411, n° 20) :

– les actes de notoriété, à l'exception de ceux dressés en matière immobilière et se rapportant à la prescription acquisitive, qui sont soumis à la taxe de publicité foncière au taux de 0,70 % (0,71498 % avec les perceptions additionnelles) ;
– les attestations autres que les attestations notariées (V. **Attestation notariée**) ;
– les consentements purs et simples ;
– les actes par lesquels une personne se reconnaît débitrice envers une autre d'une somme d'argent (obligations, etc.) ;
– les promesses de vente unilatérales (V. **Promesse de vente**) ;
– les cautionnements, nantissements et autres garanties immobilières ;
– les délivrances de legs (V. **Legs**) ;
– les prorogations de délais ;
– les marchés (marchés-louages et marchés-ventes) ;
– les mutations à titre onéreux de propriété ou d'usufruit de biens meubles ne donnant pas ouverture à des droits proportionnels ;
– les transformations de sociétés sans création d'un être moral nouveau ;
– les transformations d'une société, d'une association ou d'un GEIE (ou GIE) en GIE (ou GEIE) ;
– les transformations d'un GIE ou GEIE en société ;
– les transferts de sièges sociaux à l'intérieur du territoire français et présentés volontairement à l'enregistrement ;
– les réductions de capital sans distribution d'actif ;
– les amortissements de capital sans réduction de capital ;
– les apports à un GIE ou un GEIE ;
– les projets de fusion de sociétés ;

REMARQUE Les projets de fusion de sociétés présentés à la formalité de l'enregistrement sont soumis au droit fixe des actes innommés, qu'ils soient obligatoirement présentés à la formalité lorsqu'ils sont rédigés en la forme notariée ou facultativement lorsqu'ils sont établis sous seing privé.

– les cessions d'obligations soumises obligatoirement à l'enregistrement en raison de la forme de l'acte les constatant ou celles présentées volontairement à l'enregistrement.

154 Par ailleurs, en application des dispositions de l'article 1048 ter du Code général des impôts, sont également soumis à la perception de l'imposition fixe visée à l'article 680 du même code (BOI-ENR-20-30-30-20-20140411, n° 30) :

– les actes portant autorisation d'occupation temporaire du domaine public constitutifs d'un droit réel immobilier délivrés soit par l'État ou l'un de ses établissements publics en application des articles L. 2122-5, L. 2122-6 à L. 2122-14, L. 2122-17 à L. 2122-18 et L. 2122-19 du Code général de la propriété des personnes publiques ou de l'article 13 de l'ordonnance n° 2004-559 du 17 juin 2004 sur les contrats de partenariat, soit par les collectivités territoriales, leurs groupements ou leurs établissements publics, en application des I à III de l'article L. 1311-5 et de l'article L. 1414-16 du Code général des collectivités territoriales, ainsi que les baux emphytéotiques administratifs conclus en application de l'article L. 2341-1 du Code général de la propriété des personnes publiques ;

– les actes portant bail consentis en application de l'article L. 2122-15 du Code général de la propriété des personnes publiques au profit de l'État ;

– les actes portant crédit-bail consentis en application de l'article L. 1311-4-1 du Code général des collectivités territoriales ou du IV de l'article L. 1311-5 du même code au profit des collectivités territoriales, de leurs groupements ou de leurs établissements publics ;

– les baux emphytéotiques conclus soit par les collectivités territoriales, leurs groupements ou leurs établissements publics, en application de l'article L. 1311-2 du Code général des collectivités territoriales et de l'article L. 1311-4 du même code, soit en application de l'article L. 6148-2 du Code de la santé publique ;

– les conventions non détachables des autorisations et des baux mentionnés aux quatre tirets précédents ;

– les actes portants retrait des autorisations mentionnées au premier tiret.

Acte normalisé

Serge LAMIAUX

Sommaire analytique

Index alphabétique

155 **Textes.** La loi n° 98-261 du 6 avril 1998 portant réforme du régime de la publicité foncière (*JCP* N 1998, n° 39) a modifié l'article 34 du décret du 4 janvier 1955 et rendu obligatoire l'insertion, dans les expéditions, extraits littéraux ou copies des actes de vente d'immeubles autre que judiciaires, d'une partie normalisée contenant uniquement les éléments indispensables à la publicité des droits réels et à l'assiette des salaires, impôts, droits et taxes.

Le décret précité est complété d'un article 34-1 qui réglemente le contenu de la partie normalisée.

Enfin, l'article 76-1 du décret n° 55-1350 du 14 octobre 1955 est modifié afin de prendre en compte les incidences du dispositif et normalisation pour l'établissement du certificat de conformité.

Une note du 14 août 1998 précise les modalités d'application de ces nouvelles dispositions (*BOI* 10 D-2-98, n°s 70 et 71).

Cette règlementation a été précédée de plusieurs instructions, tirant les conséquences d'expériences et d'accords intervenus avec le Conseil supérieur du notariat (Instr. 15 déc. 1989 : *BOI* 10 E-89 ; *JCP* N 1989, prat. 1237. – Instr. 6 déc. 1990 : *BOI* 10 E-1-90 ; *JCP* N 1991, prat. 1687. – Instr. 25 nov. 1991 : *BOI* 10 E-3-91 ; *JCP* N 1992, prat. 2079).

I
Champ d'application de la procédure

156 **Application obligatoire aux ventes d'immeubles autres que judiciaires.** Désormais, le nouvel article 34 du décret du 4 janvier 1955 prévoit la production obligatoire d'une partie normalisée pour les expéditions, extraits littéraux ou copies d'actes de vente autre que judiciaire.

Cette obligation s'applique aux actes de vente rédigés par les notaires ou les autorités administratives.

157 La notion de « vente » s'entend de toute transmission, à titre onéreux, d'un droit réel.

Il convient donc de considérer que, d'une façon générale, sont exclues du dispositif de normalisation toutes les ventes qui découlent du prononcé d'une décision judiciaire, que celle-ci résulte :

– d'une disposition légale :

C'est le cas des ventes qui sont soumises à l'autorité de justice, c'est-à-dire les ventes qui sont conclues après une autorisation judiciaire et se déroulent aux enchères publiques ou les ventes aux enchères qui ont lieu à la barre du tribunal après accomplissement de certaines formalités de publicité.

Au nombre des ventes judiciaires figurent notamment la vente judiciaire d'immeuble après saisie immobilière effectuée à l'audience du tribunal, la vente d'immeubles appartenant à des mineurs en tutelle ou à des majeurs en tutelle ou la vente des immeubles dépendant d'une succession vacante ;

– ou de la volonté des parties :

Il s'agit notamment des ventes que les parties ont librement choisi de réaliser sous la forme judiciaire ou encore de celles qui sont consécutives à un litige dans lequel une des parties demande en justice la réitération ou la réalisation en la forme authentique des actes en cause.

De même, sont exclues du dispositif de normalisation les ventes par adjudication, qu'elles soient volontaires ou judiciaires.

AVERTISSEMENT **Cette réglementation étant antérieure à l'entrée en vigueur des dispositions soumettant à la formalité fusionnée les actes mixtes, elle n'est applicable qu'aux ventes portant exclusivement sur des immeubles. En conséquence, la production d'une partie normalisée ne peut être exigée pour les actes constatant la vente d'immeubles et de meubles (BOI-ENR-DG-40-20-20-10-20130123, n° 20).**

158 **Possibilité de présenter à la publication plusieurs ventes d'immeubles contenus dans un même acte.** Le dispositif de normalisation a pour seul objet de réglementer la présentation matérielle des documents hypothécaires et vise à faciliter l'analyse des actes déposés et, corrélativement, à accélérer leur traitement par les services de la publicité foncière. Il n'a pas pour effet de remettre en cause le principe de la liberté contractuelle qui gouverne la rédaction des actes établis conformément à l'accord des parties, ni d'établir des restrictions concernant la nature des actes susceptibles d'être déposés. Ainsi, les usagers conservent la possibilité de présenter à la publication un même acte regroupant plusieurs

ventes d'immeubles par plusieurs vendeurs à un acquéreur unique et, par conséquent, rien ne s'oppose au dépôt des actes de ventes rurales groupées au bureau des hypothèques devenu service de la publicité foncière (Rép. min. à M. Franchis : *JO* Sénat Q, 11 nov. 1999, p. 3715).

159 Opérations juridiques autres que les ventes. Pour les opérations juridiques autres que les ventes, le dispositif de normalisation continue à s'appliquer facultativement selon les modalités fixées par la convention de 1990 (V. *BOI* 10 E-3-91, n°s 48 et 49 ; V. n° 182. – Note 14 août 1998, préc., n° 72).

II Mise en œuvre du dispositif de normalisation des actes de vente autres que judiciaires

A Insertion obligatoire d'une partie normalisée

160 L'article 34, § I, alinéa 2, prévoit que les expéditions, extraits littéraux ou copies des actes de ventes autre que judiciaire doivent comporter une partie normalisée seule publiée au fichier immobilier qui contient les éléments indispensables à la publicité des droits réels et à l'assiette des impôts, droits et taxes.
Cette partie, située obligatoirement au début de l'acte déposé, regroupe dans un ordre préétabli toutes les énonciations de l'acte nécessaires à la publication des droits réels au fichier immobilier et à l'assiette des impôts, droits et taxes, les autres énonciations de l'acte figurant à la suite.
Ces dispositions sont calquées sur le dispositif initié conventionnellement, dans la mesure où la partie normalisée qui doit figurer en tête des expéditions, extraits ou copies d'acte, correspond à la première partie des documents hypothécaires normalisés établis avant le 1er juillet 1998 (Note 14 août 1998, préc., n° 73).

B Conservation de l'intégralité du document hypothécaire

161 Le document hypothécaire, quelle que soit sa présentation, doit reprendre toutes les clauses de la minute de l'acte.
Son intégralité doit être déposée au service de la publicité foncière, même si seule la partie normalisée du document est publiée au fichier immobilier.
La mission documentaire du service de la publicité foncière consistant à délivrer notamment la copie des documents déposés, toute demande de copie d'un acte doit donner lieu à la photocopie de l'ensemble du document hypothécaire (Note 14 août 1998, préc., n° 74).

C Présentation matérielle de l'acte de vente normalisé

1 Support, nombre d'exemplaires

162 Le document présenté au service de la publicité foncière doit être déposé en deux exemplaires dont l'un est obligatoirement établi sur l'imprimé n° 3265.
À cet égard, il est rappelé que l'instruction administrative du 22 août 1995 (*BOI* 10 E-1-95) a autorisé les usagers à reproduire certains imprimés administratifs.
Les articles 67-3 et 76-1 nouveaux du décret du 14 octobre 1955 consacrent ce dispositif et prévoient que l'expédition, l'extrait ou la copie de l'acte destiné à être conservé au service de la publicité foncière est rédigé sur une formule spéciale fournie par l'administration ou reproduite selon les normes fixées par instruction administrative (Note 14 août 1998, préc., n° 75).

163 Comme par le passé, l'extrait « fiscal » (cf. CGI, art. 860) peut être établi par le rédacteur de l'acte par simple reproduction de la partie normalisée du document hypothécaire, sous les réserves suivantes.

La partie normalisée doit :
– comporter un maximum de 4 à 6 pages ;
– satisfaire à toutes les exigences posées quant au contenu de l'extrait d'acte, notamment en ce qui concerne le projet de liquidation détaillée des droits exigibles, conformément à l'article 255 de l'annexe III au Code général des impôts (Note 14 août 1998, préc., n° 76).

2 Mentions devant figurer dans l'acte de vente « normalisé »

164 Le texte ne prévoit pas de mention destinée à matérialiser le commencement de la partie normalisée. En effet, cette mention n'est plus nécessaire dans la mesure où, désormais, l'article 34-1, § 2 nouveau du décret du 4 janvier 1955 prévoit expressément que la partie normalisée doit figurer en tête des expéditions, extraits littéraux ou copies déposés.
Ce même texte impose toutefois de terminer la partie normalisée par une mention de clôture qui pourra se traduire concrètement, comme actuellement par : « Fin de partie normalisée ».
Le non-respect des dispositions du texte entraîne le refus de dépôt ou le rejet de la formalité.
La mise en œuvre du dispositif légal ne justifie plus l'indication, à la dernière page, de la mention prévue dans la convention de 1990 selon laquelle le rédacteur de l'acte attestait que la partie normalisée contenait toutes les énonciations nécessaires à la publication, au fichier immobilier, des droits réels et à l'assiette de tous impôts, droits et taxes (Note 14 août 1998, préc., n° 78).

165 Conformément à l'article 76-1 modifié du décret du 14 octobre 1955 et à l'instar de tous les documents déposés, doit figurer au pied du document « normalisé » un certificat attestant de sa conformité avec la minute.
Le certificat de conformité visé à l'article 76-1 nouveau doit mentionner :
– les nom, prénoms, profession et domicile du ou des signataires ;
– le nombre de pages utilisées, l'approbation et le décompte des renvois et des mots rayés ainsi que le nombre de pages de la partie normalisée (Note 14 août 1998, préc., n° 79).

166 Les autres mentions devant également figurer au pied de l'acte demeurent inchangées :
– l'affirmation de sincérité prévue à l'article 850 du Code général des impôts ;
– la certification de l'identité des parties ;
– la signature et le sceau du rédacteur de l'acte.

Conformément à la pratique la plus courante, il convient également de faire figurer à cet emplacement :
– la déclaration sur la véracité de l'état civil des parties ;
– la clause introductive de la signature de la minute par le notaire : « Lecture de l'acte… » (Note 14 août 1998, préc., n° 80).

D Contenu de la partie normalisée

167 L'analyse du document déposé par le service de la publicité foncière étant limitée à la seule partie normalisée, il importe que tous les éléments nécessaires à la publication des droits réels et à l'assiette des impôts, droits et taxes soient énoncés dans cette partie. L'article 34-1 du décret du 4 janvier 1955 précise le contenu de celle-ci, ainsi que l'ordre de présentation des énonciations qui doivent y figurer.

168 **Mainlevées.** L'association des conservateurs posait deux conditions pour que l'opération figure dans la catégorie « autres opérations juridiques devant faire l'objet d'une publication au fichier immobilier » *(Bull. AMC* 2005, art. 1875) :
– la publication doit être prévue par les articles 28, 35, 36 ou 37 du décret du 4 janvier 1955 (conformément à l'instruction du 14 août 1998 préc.) ;
– l'opération doit être dépendante de la vente : cette condition, critiquée, conduit à exclure la mainlevée des indications figurant en première partie de l'acte normalisé concernant la vente d'immeuble (V., pour une critique de cette position, M. Suquet-Cozic, *Pourquoi ne peut-on pas inclure une mainlevée en première partie d'une vente d'immeuble ? : Sol. not.* juill. 2016, p. 25).
Néanmoins, la position adoptée par l'association des conservateurs, qui continue à être suivie en pratique, se justifie pour d'autres raisons : d'une part, la nécessité de respecter le canevas du modèle de mainlevée hypothécaire normalisée et la nécessité de respecter les modalités de la radiation simplifiée (Instr. 10 D-3-06, n° 8, al. 2 et 3) et, d'autre part et surtout, par la différence de traitement par le service de la publicité foncière de la vente et de la mainlevée, cette dernière étant l'objet d'un contrôle qui implique une véritable analyse de l'acte (M. Suquet-Cozic, étude préc.).
Si une mainlevée est insérée en première partie de l'acte normalisé (ou encore une cession d'antériorité…), il en résulte que l'acte sera l'objet d'un refus (selon l'association des conservateurs) ou plus exactement d'un rejet (ce qui résulte de l'instruction précitée du 10 février 1998 [10 D-2-98] ;

V. n° **192**), position adoptée par les services centraux à propos des mentions en marge des cessions d'antériorité ou des radiations simplifiées.

1 Principe d'établissement

169 Les éléments constitutifs de la partie normalisée doivent être obligatoirement développés selon le canevas séquentiel fixé par l'article 34-1 précité. Les rubriques du canevas ne s'appliquent que pour autant qu'existent dans la minute les clauses concernées. Ces rubriques doivent être exclusives les unes des autres. En conséquence :

– une même indication ne saurait figurer dans plusieurs rubriques ;

– la répartition des clauses de la minute doit se faire non pas en fonction de l'intitulé qu'a pu leur donner le rédacteur de cette minute, mais de l'analyse de leur contenu.

Ainsi, le rappel d'une réglementation d'urbanisme ne pourra figurer dans la partie normalisée du document hypothécaire, même si, dans la minute, il est répertorié dans une clause intitulée « Désignation des biens » (Note 14 août 1998, préc., n° 82).

2 Récapitulation par rubrique des énonciations à faire figurer dans la partie normalisée

170 L'article 34-1 énumère par rubrique les énonciations devant figurer dans la partie normalisée. Ces énonciations recouvrent la quasi-totalité des rubriques qui composaient la première partie du document hypothécaire normalisé dans le cadre du dispositif conventionnel (cf. *BOI* 10 E-3-91, n°s 43 à 45).

171 **Date et rédacteur de l'acte.** Cette rubrique mentionnera, le cas échéant, le notaire en participation.

Au cas de datations multiples, les différentes dates doivent figurer dans le document hypothécaire qui reprend exactement la minute. Pour l'annotation du fichier, la date à retenir est celle à laquelle l'acte est signé par le notaire (Note 14 août 1998, préc., n° 84).

172 **Qualification juridique de l'acte.** L'article 34-1 rendant applicable la partie normalisée aux seuls actes de vente, c'est ce terme qui sera généralement utilisé.

Le terme de « vente » complété éventuellement par l'indication « à titre de licitation,... en l'état futur d'achèvement,... » est suffisant pour qualifier l'opération juridique à publier.

Mais, rien ne s'oppose, par exemple, à ce qu'il soit précisé qu'il s'agit d'une vente d'immeuble ou que la nature de cet immeuble soit succinctement indiquée : vente de lot dans un lotissement, vente de lot de copropriété.

Conformément aux dispositions de l'article 34-1 nouveau du décret du 4 janvier 1955, ces énonciations pourront être complétées, le cas échéant, pour les opérations complexes, d'un exposé sommaire relatant le contexte juridique des dispositions de l'acte soumis à publicité. Cet exposé sommaire correspond à l'exposé préalable prévu dans le cadre du dispositif conventionnel (DHN, rubrique 4).

Bien qu'expressément prévu par les nouvelles dispositions, cet exposé sommaire doit répondre à une nécessité de compréhension de l'opération par les parties et doit en conséquence demeurer exceptionnel (Note 14 août 1998, préc., n° 85).

173 **État civil des parties à l'acte.** Sous cette rubrique sont identifiées toutes les parties à l'acte. À l'identification proprement dite, sont rattachées les clauses suivantes (cf. *BOI* 10 E-3-91, n° 17) :

– stipulation de solidarité entre les vendeurs ou les acquéreurs ;

– déclaration sur la capacité des parties ;

– indication que l'acquéreur acquiert à titre de remploi (cette information peut éventuellement être rattachée à la rubrique « prix et modalités de paiement ») ;

– indication de la quote-part acquise par chacun des acquéreurs ;

– élection de domicile pour l'exécution de l'acte ;

– présence ou représentation (pour les personnes morales, il conviendra d'indiquer les nom, prénoms et domicile de son ou ses représentants) ;

– vocable de dénomination globale des cocontractants à titre principal (« le vendeur », « l'acquéreur ») quel que soit leur nombre ou leur qualité (personne physique ou morale) (Note 14 août 1998, préc., n° 86).

174 **Désignation complète des immeubles.** Comme dans le cadre du dispositif conventionnel, cette rubrique est destinée à recevoir les énonciations relatives à la désignation des biens ainsi que les informations concernant la nature et la quotité des droits concernés :

– désignation des biens :

La relation d'une division de parcelle qui conditionne la désignation du bien vendu doit être faite à cet emplacement lorsque l'acte à publier a pour objet la vente d'un immeuble après changement de limite également publié dans ce même acte.

Les références de publication de l'état descriptif de division, du règlement de copropriété, de leurs modifications ou de l'autorisation de lotissement

peuvent être mentionnées sous cette rubrique ou à la rubrique suivante ;
– nature des droits concernés : il faut entendre pleine propriété, nue-propriété, usufruit ;
– quotité des droits concernés : il s'agit des droits au regard du vendeur (pour l'acquéreur, cf. rubrique relative à l'état civil des parties à l'acte ; Note 14 août 1998, préc., n° 87).

175 **Références de publication du titre constituant l'origine de propriété immédiate ; références de publication de l'état descriptif de division et de ses modificatifs éventuels pour les fractions d'immeubles.** Dans l'hypothèse où l'acte concerne plusieurs immeubles dont l'origine de propriété immédiate résulte de titres distincts, chaque référence de publication doit mentionner l'immeuble concerné par cette énonciation.
Sous cette rubrique, doivent obligatoirement figurer les références (date, volume, numéro) de la formalité donnée au titre du disposant.
Ces références peuvent être complétées par l'indication de la date et la nature du titre, de la résidence du « rédacteur » (vente ou donation du... acte de Me X notaire à... ou jugement du tribunal judiciaire de... en date du...).
Rappel. Il est admis que les « références de publication de l'état descriptif de division... » puissent être indiquées dans la rubrique relative à la désignation des immeubles (Note 14 août 1998, préc., n° 88). C'est la seule indication qui doit figurer dans la première partie de l'acte normalisé (*Bull. AMC* 2005, art. 1875).

176 **Autres opérations juridiques devant faire l'objet d'une publication au fichier immobilier et non relatées dans la rubrique « Qualification juridique de l'acte ».** Il s'agit des opérations juridiques qui sont soumises à publicité, soit obligatoirement, soit facultativement (D. 4 janv. 1955, art. 28, 35 à 37).
En tant qu'exemples, on peut citer :
– la constitution de servitude ;
– le pacte de préférence ;
– la réserve du droit d'usage et d'habitation (Note 14 août 1998, préc., n° 89).
Une cession d'antériorité, ou la mainlevée d'un commandement de saisie, sont indépendantes de la vente et donnent lieu à d'autres modalités de publication que celles prévues à titre obligatoire ou facultatif par les articles 28, 35, 36 et 37 du décret du 4 janvier 1955, la publicité qui en est donnée relevant de la procédure des mentions en marge. Dès lors, elles n'ont pas à figurer dans la première partie de l'acte de vente normalisé, à peine de refus de dépôt (*Bull. AMC* 2005, art. 1875), ou plus exactement de rejet (V. n° 168).

177 **Superficie « loi Carrez ».** Dans le cas de vente d'un lot de copropriété, l'indication de la superficie « loi Carrez » doit figurer dans la deuxième partie de l'acte et non dans la partie normalisée (M. Dagot : *JCP* N 2004, n° 45-227).

178 **Charges et conditions.** Aux termes de l'article 34-1, les charges et conditions doivent figurer dans cette rubrique.
Néanmoins, par mesure de tolérance, et en vue d'alléger la partie normalisée du document hypothécaire (condition indispensable pour pouvoir bénéficier de la faculté de substituer une copie de la partie normalisée à l'extrait d'acte), les énonciations de cette rubrique peuvent être limitées aux seules charges et conditions ayant une incidence fiscale. Dans ce cas, il est admis que les charges et conditions ne donnant pas lieu à taxation ou à publicité foncière ne soient pas portées dans la partie normalisée (Note 14 août 1998, préc., n° 90).

179 **Propriété. Entrée en jouissance.** Il a été précisé que la réserve du droit d'usage et d'habitation devait figurer à la rubrique « Autres opérations juridiques devant faire l'objet d'une publication... ».
En revanche, les informations sur la situation locative ou les modalités d'exercice de la jouissance différée ont leur place dans la présente rubrique (Note 14 août 1998, préc., n° 45).

180 **Prix et modalités de paiement.** Dans l'hypothèse d'un privilège de vendeur ou d'un paiement comptant de tout ou partie du prix au moyen d'un prêt consenti dans l'acte, il convient également d'indiquer son montant, le nom du créancier, la durée de l'opération de crédit (les développements étant intégrés ou non dans la partie normalisée).
Cette rubrique doit notamment reproduire les clauses suivantes :
– la quittance du prix ou d'une partie du prix ;
– la constitution de séquestre ;
– l'autorisation, par l'un des époux vendeur à l'autre, de percevoir seul les fonds provenant de la vente (application de l'article 1424 du Code civil) ;
– la déclaration de remploi ;
– la déclaration de l'origine des deniers ;
– la conversion du prix ou d'une partie de ce prix en rente viagère.
Même solution que pour le prêt consenti dans l'acte, cf. ci-après.

181 **Délai de paiement consenti par le vendeur. Inscription du privilège de vendeur.** La clause de stipulation d'un paiement à terme, de même que celles dont le contenu est indispensable

au service de la publicité foncière pour lui permettre d'inscrire le privilège du vendeur, est reproduite dans cette partie. En revanche, comme pour le privilège de prêteur de deniers, les développements de ces modalités de paiement peuvent figurer ou non dans la partie normalisée (par ex. : toutes garanties pour le paiement du prix atermoyé ; le droit à l'action résolutoire. – Note 14 août 1998, préc., n° 93).

182 **Recours à un prêt consenti dans l'acte par un tiers avec affectation en garantie du bien objet de la vente.** Le recours à cette catégorie de prêt étant fréquent, il est souhaitable qu'à défaut d'acte de prêt distinct de l'acte de vente, les développements des dispositions principales du contrat de prêt ne soient pas inclus dans la partie normalisée (Note 14 août 1998, préc., n° 94).

183 **Remarque.** Dans l'hypothèse où l'acte de vente porte sur plusieurs biens, il convient de préciser l'identification de ceux affectés en garantie du prêt, certains d'entre eux pouvant en être dispensés (par ex. : acquisition de plusieurs lots de copropriété consistant en locaux principaux et secondaires. – Note 14 août 1998, préc., n° 95).

184 **Affectation hypothécaire complémentaire par l'acquéreur.** Dans cette hypothèse, doivent être indiquées dans la présente rubrique, en sus des autres mentions précédemment prescrites : la désignation du bien conformément au décret de 1955, les références de publication du titre du disposant (Note 14 août 1998, préc., n° 96).

185 **Caution hypothécaire de l'acquéreur par un tiers à la vente.** Il convient d'appliquer la même solution que pour l'affectation hypothécaire complémentaire.

186 **Déclarations nécessaires à la liquidation et à l'assiette de tous impôts, droits et taxes.** Ceci inclut notamment :
– toutes les déclarations nécessaires à la taxation des plus-values (notamment l'indication du prix d'acquisition du bien, en application des dispositions de l'article 74 S de l'annexe II du Code général des impôts) ;
– la déclaration par un professionnel de l'immobilier qu'il agit dans le cadre de son activité ;
– la déclaration portant engagement quant à la destination des biens acquis (habitation, terrain à bâtir…) ;
– l'évaluation d'une charge augmentative du prix de vente, de la réserve de jouissance (Note 14 août 1998, préc., n° 98).

3 Projet de liquidation des droits

187 Lorsqu'il a été intégré dans la minute de l'acte, le projet de liquidation figurera immédiatement avant la mention de clôture de la partie normalisée.
En tout état de cause, dans le cas où la partie normalisée sera produite pour valoir extrait d'acte (V. n° 161), elle devra être complétée par le projet de liquidation des droits sous peine de refus du dépôt (Note 14 août 1998, préc., n° 99).

III Exploitation du document hypothécaire par le service de la publicité foncière

A Exploitation de la seule partie normalisée

188 L'article 34 du décret du 4 janvier 1955 prévoit que seule la partie normalisée du document hypothécaire est publiée au fichier immobilier.
En conséquence, après s'être assuré de l'existence de la partie normalisée en tête du document hypothécaire et de l'apposition de la mention de clôture, le service exploite uniquement cette partie. Dès lors, toute disposition sujette à publicité figurant hors de cette partie ne sera ni publiée au fichier immobilier, ni délivrée dans le cadre des demandes de renseignements portant sur des extraits ou copies du fichier (Note 14 août 1998, préc., n° 100).

189 **Traitement des demandes de renseignements déposées à l'appui d'une vente autre que judiciaire dans les bureaux non informatisés.** Les formules de demande de renseignements excluent de la délivrance les formalités simultanément requises ainsi que les actes et jugements énoncés par leurs références de publication dans

les bordereaux ou le document déposés en même temps que la demande.
Pour l'application de cette exclusion, la recherche des formalités énoncées doit donner lieu à l'exploitation de la seule partie normalisée (Note 14 août 1998, préc., n° 101).

B Conséquences des irrégularités dans l'établissement de la partie normalisée

190 Aux termes des nouveaux textes, le non-respect des prescriptions légales et réglementaires régissant l'établissement et le contenu de la partie normalisée est sanctionné selon le cas par le refus du dépôt ou le rejet de la formalité.

1 Refus de dépôt

191 Il est prononcé :
– à défaut de production de la partie normalisée de l'acte (cf. D. 4 janv. 1955 mod., art. 34, § 2) ;
– si la partie normalisée ne figure pas au début des expéditions, extraits littéraux ou copies des actes de vente déposés ou n'est pas terminée par une mention de clôture (cf. D. préc., art. 34-1, § 2) ;
– si le certificat de conformité ne mentionne pas le nombre de pages de la partie normalisée (cf. D. 14 oct. 1955 mod., art. 67-3 et 76-1).

2 Rejet de la formalité

192 Il est prononcé lorsque la partie normalisée produite n'est pas conforme aux prescriptions légales indiquées au deuxième alinéa du 1 de l'article 34 du décret du 4 janvier 1955 (art. 34, § 3, c, du même décret). Il en est ainsi, notamment, lorsque :
– les éléments indispensables à la publicité des droits réels et à l'assiette des salaires, impôts, droits et taxes ne sont pas relatés dans l'ordre prévu par l'article 34-1, § I du décret précité ;
– le service de la publicité foncière constate l'indication dans la partie normalisée d'éléments autres que ceux qui sont prévus au § I de l'article 34-1.
Toutefois, la sanction du rejet n'a pas lieu d'être opposée lorsque la partie normalisée contient des énonciations non visées expressément par l'article 34-1, § I, mais qui se révèlent indispensables à la publicité des droits réels et à l'assiette des salaires, impôts, droits et taxes (Note 14 août 1998, préc., n° 104).

Acte nul

Jacques LAFOND

I
Principe

193 **L'acte nul est néanmoins taxable.** D'après une jurisprudence constante, l'administration, dont le rôle doit être seulement fiscal, n'est pas juge de la validité des actes.
Les droits dont le recouvrement appartient à l'administration sont acquis au Trésor par le seul fait de l'existence d'un acte revêtu de toutes les formes extérieures propres à constituer la convention.
Par suite, il importe peu que l'opération juridique taxable soit entachée de nullité, relative ou même absolue. Dès lors qu'elle n'a pas été annulée judiciairement avant la présentation, le droit édicté pour cette opération juridique est exigible comme si elle était valable (BOI-ENR-DG-20-20-20-20120912, 6 déc. 2012, n° 10).

194 **Impossibilité pour l'administration d'invoquer la nullité de l'acte.** Réciproquement, l'administration ne peut alléguer la nullité d'un acte pour appliquer aux conventions un tarif plus élevé que le tarif spécial à la convention nulle ou annulable (BOI-ENR-DG-20-20-20-20120912, 6 déc. 2012, n° 10).

195 Le principe selon lequel l'administration n'est pas juge de la validité des actes doit en effet s'appliquer même dans l'hypothèse où elle a intérêt à se prévaloir de la nullité (Cass. civ., 15 févr. 1854 : *Journ. enr.*, 15 812 ; Instr. n° 2015, § 7).
Toutefois, elle pourrait opposer la nullité d'un acte qui est invoqué par les parties pour restreindre ou écarter complètement les droits auxquels donnerait ouverture un autre acte, une autre mutation. Il a été jugé, par exemple, que les héritiers n'étaient pas fondés à se prévaloir d'une société purement verbale constituée entre le défunt et un tiers pour n'acquitter l'impôt de mutation par décès que sur une fraction des biens qui auraient été mis en société (Cass. req., 18 juill. 1892 : *Journ. enr.*, 23 887 ; Instr. n° 2834, § 2), ou encore que le partage présenté à la formalité en même temps que la licitation des biens indivis ne pouvait exempter cette licitation de la perception des droits de mutation sur les parts acquises qu'autant qu'il n'était entaché d'aucun vice susceptible d'entraîner sa nullité (Cass. ch. réunies, 12 mai 1870 : Instr. n° 2403).

196 **Réfection de l'acte nul.**
➤ V. **Acte refait**.

197 **Obligation de présenter l'acte nul à la formalité.** Il résulte des principes sus-énoncés que l'acte nul doit être présenté à la formalité tant qu'il n'a pas été annulé judiciairement et sans qu'il y ait lieu de distinguer entre les causes de nullité (relatives ou absolues) (Cass. civ., 15 févr. 1854 : *D.* 1854, I, 51 ; *S.* 1854, 1, 272 ; *DP* 1887, 1, 339 et *S.* 1887, 1, 433).
Mais pourrait-on éviter la formalité (et la perception en découlant) en procédant à l'annulation amiable de l'acte (V. ci-dessous) ?

II Cas particulier : l'acte est annulé amiablement avant enregistrement

A Solution traditionnelle

198 **Principe.** Il était admis traditionnellement que si l'annulation d'un acte résultait d'un accord amiable entre les parties, l'impôt était toujours exigible sur l'acte annulé (Dublineau, nos 297 et 306). Cette solution était cependant critiquée par divers auteurs (Championnière et Rigaud, 1-352 et s. ; Demante, I-151 et s. ; Pilon n° 533).
Le fondement de cette solution était que l'annulation volontaire pouvait favoriser la fraude. Les parties, par une convention amiable d'annulation, pourraient déguiser une rétrocession (Pilon, n° 533). À quoi l'on répondait que la fraude ne pouvait pas être présumée, alors surtout que l'administration pouvait la prouver par de simples présomptions (Pilon, *ibid.*, Laborde-Lacoste, n° 372). Qui plus est, l'annulation volontaire de l'acte donnait en principe elle-même ouverture à un nouveau droit proportionnel.

199 **Exception.** Une exception était cependant faite :
– dans le cas d'**acte inexistant**. Échappaient au droit proportionnel les actes volontaires par lesquels la non-existence d'un acte était constatée. Mais il n'en était ainsi toutefois qu'autant que la cause viciant le contrat se manifestait d'une manière évidente dans l'acte. Ainsi, dans le cas d'une vente faite sans prix d'une donation sous seing privé, d'une cession de droit dans une succession non ouverte (Sol. 24 nov. 1885), de dispositions tendant à modifier des conventions matrimoniales (Sol. 27 juin 1881 ; Maguéro, V° *Résolution*, n° 34) ;
– cette solution était également étendue au **cas de nullité dite radicale**. Ainsi dans le cas de vente de la chose d'autrui... de vente par un administrateur légal des biens dont il a la gestion (Maguéro, V° *Résolution*, nos 33 et s. – V. aussi les exemples cités).

B Solutions actuelles

200 **Principe.** On lit dans la documentation administrative que « le droit de mutation à titre onéreux est perçu comme s'il y avait une véritable rétrocession, pour tout acte qui constate l'annulation ou la résolution amiable d'un contrat translatif » (BOI-ENR-DG-20-20-50-20120912, 6 déc. 2012, n° 170).

201 **Exception.** La documentation administrative ajoute que :

> « Le droit de mutation n'est pas exigible, quand la résolution dérive directement de la loi (réduction d'une donation à la quotité disponible, résolution d'une donation pour cause de survenance d'enfant) ou, exceptionnellement, lorsque la fraude est impossible, [la résolution résultant] des prévisions du contrat (clause de dédit, de retour conventionnel, de retrait de réméré) » (BOI-ENR-DG-20-20-50-20120912, 6 déc. 2012, n° 180).

202 **Incidences de la réforme des contrats et obligations.** La réforme des contrats et obligations opérée par l'ordonnance n° 2016-131 du 10 février 2016 applicable à compter du 1er octobre 2016 a apporté quelques modifications au régime des nullités.
L'article 1178 nouveau du Code civil indique en particulier :

> « Un contrat qui ne remplit pas les conditions requises pour sa validité est nul. La nullité doit être prononcée par le juge, à moins que les parties ne la constatent d'un commun accord.
> Le contrat annulé est censé n'avoir jamais existé.
> Les prestations exécutées donnent lieu à restitution dans les conditions prévues aux articles 1352 à 1352-9 (…) ».

Il est donc admissible de constater conventionnellement la nullité sans qu'il y ait à requérir l'intervention du juge (Y.-M. Sérinet, *La constatation de la nullité par les parties : JCP* G 2016, n° 29, 845. – M. Mekki, *Réforme du droit des obligations : le droit des nullités : JCP* N 2017, n° 1, 101).
Il semble que lorsque la nullité ainsi constatée conventionnellement est manifeste, ou résulte de la loi elle-même, les mesures de tempérament admises par l'administration devraient recevoir application (V. nos 201 et 204).

203 **Incidences de l'annulation amiable sur la restitution des droits.** Par ailleurs, les annulations

amiables par lesquelles les parties reconnaissent elles-mêmes l'existence du vice qui a entraîné dès le début la nullité de leur convention n'ouvrent pas droit à restitution, même dans le cas où il s'agit d'une nullité absolue. En effet, suivant les dispositions de l'alinéa 2 de l'article 1961 du Code général des impôts, l'annulation n'est un motif de restitution qu'à la condition expresse d'être constatée en justice (Instr. gén. sur le contentieux des impôts DIR, § 465. – V. **Restitution**).
Ainsi, par exemple, il n'est pas possible d'obtenir la restitution des droits perçus par l'administration lors d'une cession conclue alors que le cédant faisait l'objet d'une procédure collective, et annulée à l'amiable (TGI Saint-Nazaire, 7 oct. 1996 : *Ind. enr.*, n° 16876).

204 Mais là encore, une exception est admise : les résolutions légales et celles qui sont fondées sur un cas fortuit ou de force majeure intervenu en dehors de toute initiative des parties, autorisent la restitution, sans qu'il soit nécessaire que ces résolutions fassent l'objet d'une décision judiciaire (Instr. gén. sur le contentieux des impôts DIR, § 466).

205 **Commentaires.** Si l'on confronte les solutions ainsi données quant au régime fiscal de l'annulation amiable d'un acte, et quant à son incidence sur la restitution des droits perçus sur l'acte annulé, il semble que l'on puisse tirer la conclusion suivante : dans tous les cas où la publication de l'acte constatant la nullité ne donnerait lieu à la perception d'aucun droit, et lorsque cette annulation amiable permettrait en outre la restitution des droits perçus sur l'acte nul si celui-ci avait été formalisé, on pourra apparemment admettre que l'annulation volontaire d'un acte fait échec à la perception des droits.

206 Reste à définir les cas où cette règle pourrait jouer : il pourrait en être ainsi dans les diverses hypothèses où la doctrine fiscale parlait antérieurement d'acte inexistant (V. n° 199 ; sur cette notion, Ph. Malinvaud, D. Fenouillet et M. Mekki, *Droit des obligations*, LexisNexis, 14ᵉ éd. 2017, n° 406. – F. Terré, Ph. Simler, Y. Lequette et F. Chénedé, *Les obligations*, Précis Dalloz, 12ᵉ éd. 2018, n° 140) et également dans tous les cas où la nullité est manifeste et résulte de la loi.
On ne voit pas, en effet, en pareille hypothèse quel pourrait être l'intérêt de la publication de l'acte inexistant ou atteint d'une nullité radicale dès lors que cette nullité a été établie amiablement puisque la publication concomitante de l'acte d'annulation (lui-même non taxable) supprimerait toute cause de perception (ou rendrait les droits restituables si cette publication intervenait postérieurement).

Acte passé à l'étranger

Serge LAMIAUX

Sommaire analytique

BIBLIOGRAPHIE : H. Péroz, *La circulation transfrontalière des actes notariés après le décret du 20 août 2004* : *JCP* N 2004, n° 51-600. – G. Duranton, *Poncifs autour de la légalisation des actes provenant de l'étranger et destinés à produire effets en France* : *Cah. Cridon Lyon* 2007, n° 50, p. 42. – G. Khairallah, *La circulation des actes notariés dans les États membres de l'Union européenne* : *Bull. Cridon Paris* 2004, n° 21, p. 4. – L. Gallez, *Cessions immobilières par les non-résidents* : *JCP* N 2012, n° 49, 1385. – P. Callé, *L'acceptation et l'exécution des actes authentiques (au sein de l'Union européenne)* : *JCP* N 2013, n° 15, 1085. – G. Khairallah et J.-F. Gojon, *La force probante internationale de l'acte notarié* : *JCP* N 2013, n° 5, 1017. – Étude anonyme, *Opposabilité des actes notariés étrangers à l'administration fiscale française* : *Cah. Cridon Lyon* juin 2013, n° 67, p. 52. – S. Berre, *Effets en France d'un acte passé à l'étranger : formalités et publicité foncière* : *JCP* N 2013, n° 26, 1177). A. Meier-Bourdeau, *La réception des actes authentiques étrangers en France* : *JCP* N 2014, n° 29, 1253. – S. Pierre-Maurice, *La libre circulation des actes notariés en matière civile et commerciale : explication en schémas du règlement européen n° 1215-2012* : *Defrénois* 2014, n° 8, p. 450. – R. Crône, *Les principaux règlements communautaires intéressant la pratique notariale* : *Defrénois* 2015, n° 3, p. 122. – V. Legrand, *Justice, notariat : quel est l'impact du règlement Bruxelles 1 ?* : *JCP* N 2015, n° 8-9, 1082. – C. Nourrissat et M. Révillard, *Le notaire français et le règlement « successions »* : *Defrénois* 2015, n° 19, p. 985. – E. Fongaro, *Successions transfrontalières : ce qu'apporte le décret du 2 novembre 2015* : *JCP* N 2015, n° 47, 1099. – M.-E. Ancel et D. Vincent, *La circulation internationale des actes* : *JCP* N 2016, n° 2, 1009.

207 Nous examinerons successivement la problématique posée, en publicité foncière, par les actes et jugements étrangers (I), le régime juridique des publications, des inscriptions et des mainlevées selon le droit international privé de droit commun (II), le régime juridique des publications, des inscriptions et des mainlevées selon le droit communautaire (III), et les problèmes de taxation (IV).

I

Problématique

A Réception d'un acte étranger ou d'un jugement étranger en droit interne

208 Deux attitudes sont concevables, de la part du législateur, pour intégrer le jugement étranger à l'ordonnancement juridique français. Selon une première approche, la réception se fait de plein droit, sans nécessité d'aucune formalité préalable. À l'inverse, sous un autre angle, la réception exige l'accomplissement d'une formalité préalable, qui seule permettra l'assimilation du jugement étranger à un jugement français (P. de Vareilles-Sommières, *Jugement étranger [Matières civile et commerciale] : Rép. int.* Dalloz, oct. 2016, § 205). Cette distinction (absence de formalité préalable, nécessité d'une formalité préalable) en recouvre une autre effectuée en fonction des effets de la décision judiciaire étrangère : ceux qui relèvent de l'exécution de la décision judiciaire, ceux qui relèvent de sa reconnaissance. Les effets qui relèvent de l'exécution de la décision judiciaire nécessiteront l'accomplissement d'une formalité préalable. Les effets qui relèvent de la reconnaissance du jugement étranger ne seront pas soumis, en principe, à une formalité préalable.

209 **Exécution d'un jugement étranger.** L'exécution représente l'effet exécutoire du jugement étranger, à savoir la possibilité pour son bénéficiaire de l'exécuter par voie de contrainte (A. Huet : *JCl. Droit international*, Fasc. 584-10, *Effets en France des jugements étrangers. – Introduction générale : délimitation de l'étude*, oct. 2015, § 2). En droit international privé de droit commun, l'exécution d'un jugement étranger appelle, en droit français, la mise en œuvre d'une procédure judiciaire préalable, appelée *exequatur* (CPC, art. 509. – Cass. civ., 19 avr. 1819, arrêt de principe dit *Parker : S.* 1819, 1, 129). Ainsi l'exécution en France d'une décision judiciaire étrangère nécessite une réception spéciale, prenant la forme d'un contrôle judiciaire de la régularité internationale du jugement étranger, effectué par le tribunal judiciaire.

210 **Reconnaissance d'un jugement étranger.** Lorsqu'il est question de la reconnaissance en France d'un jugement étranger, sa force exécutoire n'est pas en cause. Le jugement étranger n'est pas invoqué par son bénéficiaire pour procéder à des mesures d'exécution, mais pour se prévaloir de son opposabilité auprès des tiers. La reconnaissance englobe en principe tous les autres effets du jugement étranger : effet de fait, effet de titre, effet de preuve (force probante), autorité de chose jugée, efficacité substantielle.

- Effet de fait : le jugement étranger constitue en lui-même un « fait brut », et ses conséquences de fait doivent être prises en compte par le juge français, sans considération de sa régularité internationale.
- Effet de titre : le jugement étranger établit valablement une qualité juridique en vertu de laquelle on agit.
- Effet de preuve (force probante) : le jugement étranger a force probante en France, indépendamment de sa régularité internationale, en ce sens qu'il constitue un moyen de preuve des actes ou des faits qu'il relate.
- Autorité de chose jugée (dite encore autorité procédurale ou négative de chose jugée) : le jugement étranger est incontestable en ce sens qu'il interdit de remettre en cause ce qui a été jugé à l'étranger en reprenant en France le procès entre les mêmes parties, sur le même objet et pour la même cause.
- Efficacité substantielle (aussi appelée autorité positive de chose jugée) : le jugement étranger apporte une ou des modifications au statut juridique des parties, à leurs droits substantiels, au rapport de droit qui les concerne. C'est l'effet central du jugement étranger, son effet déclaratif ou constitutif d'un droit subjectif (A. Huet : *JCl. Droit international*, Fasc. 584-35, *Effets en France des jugements étrangers subordonnés à leur régularité internationale. – Efficacité substantielle et autorité de chose jugée*, nov. 2015, § 1).

Les trois premiers effets bénéficient d'une reconnaissance de plein droit, sans aucune formalité préalable, ce qui veut dire que tout agent de l'administration ou toute personne privée a l'obligation de tenir compte du jugement qui lui est opposé, de même qu'elle peut elle-même opposer ce jugement aux intéressés, alors même qu'aucune prise de position officielle sur sa régularité internationale n'aurait encore eu lieu de la part des juridictions françaises compétentes (P. de Vareilles-Sommières, *Jugement étranger [Matières civile et commerciale] : Rép. int.* Dalloz, oct. 2016, § 319. – A. Huet : *JCl. Droit international*, Fasc. 584-20, *Effets en France des jugements étrangers. – Effets indépendants de la régularité internationale du jugement étranger*, oct. 2015). En revanche, l'autorité de chose jugée et l'efficacité substantielle du jugement étranger ont un régime variable. Ainsi l'efficacité substantielle d'un jugement étranger est-elle, dans certains cas, reconnue immédiatement, sans contrôle préalable, une procédure de contrôle *a posteriori* étant néanmoins possible, tandis que dans d'autres cas, elle n'est reconnue qu'après une procédure de contrôle (A. Huet : *JCl. Droit international*, Fasc. 584-35, *Effets en France des jugements étrangers subordonnés à leur régularité internationale. – Efficacité substantielle et autorité de chose jugée*, nov. 2015, § 2).

211 **Acte authentique étranger.** Une distinction identique est opérée pour l'acte authentique étranger (C. Pamboukis, *Acte public étranger : Rép. dr. int.* Dalloz, mars 2009, § 51). Selon certains auteurs, lorsque les effets de l'acte ne relèvent pas de sa force exécutoire, il conviendrait de parler de sa validité plutôt que de sa reconnaissance, pour la raison que l'acte authentique n'emporte pas les effets d'une décision de justice (P. Callé, *L'acte authentique établi à l'étranger. Validité et exécution en France : Rev. crit. DIP* 2005, 377. – A. Meier-Bourdeau, *La réception des actes authentiques étrangers en France : JCP* N 2014, 1253. – H. Péroz, *La circulation transfrontalière des actes notariés après le décret du 20 août 2004 : JCP* N 2004, 1600). Le terme de reconnaissance sera toutefois retenu dans les développements subséquents.

B Conséquences en publicité foncière

212 L'inscription d'une hypothèque judiciaire relèverait de l'exécution d'une décision judiciaire ou d'un acte authentique étrangers et nécessiterait que le jugement ou l'acte étranger en vertu de laquelle elle est effectuée soient exequaturés (C. civ., art. 2412). En revanche, la publication d'un acte de disposition (une vente par exemple) ou la radiation d'une inscription relèveraient de leur reconnaissance et pourraient donc échapper à une procédure préalable d'*exequatur*.

213 **Système mixte.** Le système français de la publicité foncière reprend exactement la distinction établie entre reconnaissance et exécution, par les dispositions de l'article 4 du décret n° 55-22 du 4 janvier 1955. Si l'acte public étranger ou la décision judiciaire étrangère sont exécutoires en France, c'est-à-dire s'ils ont fait l'objet de la procédure d'*exequatur*, ils sont directement publiables au fichier immobilier. Si l'acte public étranger ou la décision judiciaire étrangère ne sont pas exécutoires en France, ils bénéficient alors d'une reconnaissance de plein droit puisqu'il suffit d'une légalisation et d'un dépôt au rang des minutes d'un notaire français pour qu'ils soient publiables au fichier immobilier ou permettent l'inscription d'une sûreté réelle.

214 **Les difficultés liées aux sources internes. Les inscriptions.** Le dispositif de l'article 4 du décret du 4 janvier 1955 vise tant les publications que les inscriptions de privilèges ou d'hypothèques. Pourtant, en matière d'inscriptions, certains textes du Code civil adoptent des solutions particulières.

Tout d'abord, la fausse hypothèque judiciaire de l'article 2412 du Code civil (ancien art. 2123) – il s'agit en réalité d'une hypothèque légale – est assimilée par le même texte à un acte d'exécution matérielle sur les biens. Ainsi, lorsqu'elle résulte d'une décision étrangère, l'inscription ne peut-elle être prise que si la décision est déclarée exécutoire par un tribunal français (A. Huet : *JCl. Droit international*, Fasc. 584-30, *Effets en France des jugements étrangers subordonnés à leur régularité internationale. – Procédures de contrôle de la régularité. – Exécution ou force exécutoire du jugement : procédure de l'*exequatur, nov. 2015, § 8).

Ensuite, le texte a pu apparaître incompatible avec les dispositions de l'article 2417 du Code civil (ancien art. 2128), lesquelles semblent écarter tout processus de réception de l'acte étranger, l'hypothèque conventionnelle résultant d'un acte étranger ne pouvant produire effet que si elle est constatée par un acte instrumenté par un notaire français. L'ancienne Association des conservateurs des hypothèques avait choisi de résoudre la contradiction apparente en considérant que les dispositions de l'article 4 du décret du 4 janvier 1955 dérogeaient à celles de l'article 2417 précité de sorte tous les actes passés à l'étranger puissent former le titre d'une hypothèque en France lorsqu'ils satisfont aux conditions de ce dernier texte (*Bull. AMC* 1966, 645).

215 Les difficultés liées aux sources internes. Les publications. L'instauration, à compter du 30 mars 2011, de l'article 710-1 du Code civil par l'article 9 de la loi n° 2011-331 du 28 mars 2011, de modernisation des professions judiciaires et juridiques réglementées, est venue perturber l'édifice normatif, ainsi que les solutions doctrinales et pratiques qui y étaient attachées.

Le premier alinéa du texte dispose que : « Tout acte ou droit doit, pour donner lieu aux formalités de publicité foncière, résulter d'un acte reçu en la forme authentique par un notaire exerçant en France ».

Selon la doctrine majoritaire, la rédaction précise et impérative de l'article 710-1 rendait incompatibles avec ce texte les dispositions du décret du 4 janvier 1955, qui se trouvaient donc implicitement abrogées. L'acte étranger devrait donc faire l'objet d'une réitération par un acte reçu par un notaire exerçant en France pour pouvoir être publié (V. **Authenticité**. – P.-F. Cuif, *Réforme de la publicité foncière [C. civ., art. 710-1] : Nouvelles règles et nouvelles pratiques pour le notaire : Bull. Cridon Paris* 1er-15 août 2011, p. 2 et s., n° 25. – V. également, S. Berre, *Effets en France d'un acte passé à l'étranger : formalités et publicité foncière : JCP* N 2013, n° 26, 1177. – J. et S. Piédelièvre, *La publicité foncière*, Defrénois, 2014, n° 93. – M.-E. Ancel et D. Vincent, *La circulation internationale des actes : JCP* N 2016, n° 2, 2009, nos 29 et 30). Une rare doctrine opine pourtant pour le maintien du dispositif de l'article 4 du décret du 4 janvier 1955 (P. Callé, *Le notaire, les actes notariés et le droit international privé*, in *Le droit entre tradition et modernité : Mél. à la mémoire de P. Courbe*, Dalloz, 2012, p. 83, note 24).

Pour sa part, l'ancienne Association des conservateurs des hypothèques s'était livrée à une interprétation stricte de l'article 710-1 du Code civil. Ainsi, considérait-elle que ses dispositions ne concernaient pas la publication des décisions de justice étrangères, qui pouvait donc s'effectuer par le moyen du dépôt au rang des minutes d'un notaire exerçant en France (*Bull. AMC* 2010-2011, art. 1956).

Au sujet des actes passés à l'étranger, l'ancienne Association des conservateurs, après s'être interrogée sur la compatibilité de l'article 710-1 du Code civil avec les règlements communautaires et les traités, avait adopté une position nuancée et conseillé de s'en tenir aux principes suivants (*Bull. AMC* 2011, art. 1956. – V. **Authenticité**) :

– pour les actes relevant d'un règlement communautaire, lorsqu'ils auront été rendus exécutoires en France au moyen d'une requête présentée devant le président de la chambre des notaires, à l'issue de laquelle le certificat visé à l'article 57 du règlement (CE) n° 44/2001 du 22 décembre 2000, attestant de son caractère exécutoire et de son authenticité aura été établi, il conviendra de ne pas relever de cause de refus ;

– pour les actes (au demeurant peu nombreux) ne relevant pas de ce règlement et émanant de pays étrangers, il y aura lieu de saisir pour avis la commission juridique de l'AMC (actuellement la DGFiP, section publicité foncière : bureaujfb@dgfip.finances.gouv.fr) si des actes établis par des officiers publics ou ministériels étrangers venaient à être déposés sans avoir fait l'objet d'une réitération dans un acte reçu par un notaire exerçant en France.

C'est cette dernière analyse qui sera suivie dans les développements subséquents.

216 Les difficultés liées aux sources européennes. Selon une doctrine majoritaire, l'article 710-1 du Code civil apparaît incompatible avec le droit issu des règlements européens et devrait être en conséquence écarté au profit de leur dispositif (Règl. Bruxelles I et Bruxelles I bis : D. Alexandre et A. Huet, *Compétence européenne, reconnaissance et exécution : matières civile et commerciale : Rép. dr. int.* Dalloz, janv. 2016, § 473. – Règl. TEE : P. Callé, *Le notaire, les actes notariés et le droit international privé*, in *Le droit entre tradition et modernité : Mél. à la mémoire de P. Courbe*, Dalloz, 2012, p. 75, spéc. p. 82. – Règl. Successions : P. Lagarde, *Règlement n° 650/2012 sur les successions : Rép. dr. int.* Dalloz, juin 2015, § 254. – *Contra*, M.-É. Ancel et D. Vincent, *La circulation internationale des actes : JCP* N 2016, 1009, § 29). L'ancienne Association des conservateurs des hypothèques semblait bien rejoindre l'opinion dominante (V. *supra*).

II Publications, inscriptions et mainlevées en cas d'acte ou de décision judiciaire émanant d'un État étranger non soumis à un traité ou un acte communautaire

217 Les développements subséquents ont trait aux actes ou aux décisions judiciaires à publier provenant de pays étrangers qui ne pas soumis à un traité ou à un acte communautaire.

A Publications

218 **Rappel des conditions exigées pour la publication.** L'article 4, alinéa 2 du décret du 4 janvier 1955, établit une distinction entre les actes et jugements étrangers rendus exécutoires en France et ceux qui ne le sont pas. Pour ces derniers, ils ne peuvent être publiés que si les diverses conditions suivantes sont remplies :
1° s'ils sont légalisés par un fonctionnaire habilité ;
2° s'ils sont déposés au rang des minutes d'un notaire.
3° s'ils sont traduits ;
4° s'ils comportent les diverses mentions exigées par les textes sur la publicité foncière.
Toutefois, ce dernier dispositif, depuis le 30 mars 2011, n'est plus applicable qu'aux décisions judiciaires (*Bull. AMC* 2010-2011, art. 1956) – en effet (*V. supra*), le dépôt pour minute ne peut plus être opéré pour les actes passés à l'étranger. Chacune de ces conditions sera successivement examinée.

1 Actes ou décisions non rendus exécutoires en France

219 En ce qui concerne les actes étrangers non exécutoires en France, ils doivent être réitérés par le ministère d'un notaire exerçant en France, conformément aux dispositions de l'article 710-1 du Code civil. Pour les décisions judiciaires étrangères, l'ensemble des conditions énumérées cidessus doit être rempli.

a) Légalisation

BIBLIOGRAPHIE : B. Boetzlé-Crocq, *Circulation internationale des actes : entre légalisation, apostille et dispense* : *JCP* N 14 avr. 2023, n° 15-16, 1067 ; *Nouveau fondement juridique pour la légalisation des actes publics établis par une autorité étrangère* : *JCP* N 22 mars 2024, n° 12, 1064.

220 **Principe.** La première condition pour que les jugements étrangers puissent être publiés en France est qu'ils aient été légalisés par un fonctionnaire qualifié du ministère français des Affaires étrangères. La légalisation de signature est régie en France par le décret n° 2007-1205 du 10 août 2007 (V. *JO* 12 août 2007). L'article 2 du décret la définit comme la formalité propre à attester de l'exactitude de la signature apposée sur un acte authentique ou sous seing privé et, s'il s'agit d'un acte public, de la qualité de ceux qui l'ont reçu ou expédié. Le décret du 10 août 2007 sera abrogé à compter du 1er janvier 2025 (D. n° 2021-1205, 17 sept. 2021, art. 21).
C'est le décret n° 2024-87 du 7 février 2024 (*JO* 8 févr. 2024), pris sur le fondement de l'article 48 de la loi n° 2023-1059 du 20 novembre 2023 d'orientation et de programmation du ministère de la Justice 2023-2027, qui définit à présent la légalisation des actes publics établis par une autorité étrangère. Son article 1er, second alinéa, dispose : « La légalisation est la formalité par laquelle sont attestées la véracité de la signature, la qualité en laquelle le signataire de l'acte a agi et, le cas échéant, l'identité du sceau ou timbre dont cet acte est revêtu. Elle donne lieu à l'apposition d'un cachet dont les caractéristiques sont définies par arrêté conjoint des ministres chargés de la justice et des affaires étrangères ».
Ce même décret détermine les actes concernés par la légalisation et les différentes procédures de légalisation. Un arrêté du 13 février 2024 définit les caractéristiques du cachet apposé lors de la légalisation d'un acte (A. n° JUSC2402650A, 13 févr. 2024 : *JO* 15 févr. 2024).
➤ Pour un historique des textes récents : B. Boetzlé-Crocq, *Nouveau fondement juridique pour la légalisation des actes publics établis par une autorité étrangère* : *JCP* N 22 mars 2024, n° 12, 1064.

Le principe est que la légalisation des actes publics est faite par l'ambassadeur ou le chef de poste consulaire français en résidence dans l'État d'origine de l'acte. La compétence du ministère des Affaires étrangères demeure exceptionnelle. Pour rappel, il n'y a plus lieu à légalisation de la signature des consuls par le ministère des Affaires étrangères (Déc. 12 avr. 1965 : *Defrénois* 1965, législ. p. 218).

➤ Pour l'exposé des différentes procédures de légalisation : B. Boetzlé-Crocq, *op. cit.*

La procédure de la légalisation est applicable sauf cas de dispense. Ces dispenses peuvent provenir soit de conventions internationales multilatérales, de conventions bilatérales plus favorables, ou d'un règlement de l'Union européenne.

➤ Pour l'exposé des différentes dispenses de légalisation : B. Boetzlé-Crocq, *Circulation internationale des actes : entre légalisation, apostille et dispense* : *JCP* N 14 avr. 2023, n° 15-16, 1067.

221 Actes établis dans les territoires d'outre-mer. Les actes établis dans un territoire d'outre-mer destinés à être produits dans un autre territoire d'outre-mer, en France métropolitaine ou dans un département d'outre-mer, doivent être légalisés par le gouverneur ou son délégué, appelé Haut-commissaire en Polynésie et en Nouvelle-Calédonie, et administrateur dans les îles de Saint-Pierre-et-Miquelon.

222 Apostille. L'apostille est présentée comme une forme simplifiée de la légalisation. Elle atteste la véracité de la signature, la qualité en laquelle le signataire de l'acte a agi, le cas échéant l'identité du sceau ou timbre dont cet acte est revêtu (Conv. 5 oct. 1961, art. 3). En France métropolitaine, d'outre-mer et dans la collectivité de Nouméa, l'apostille est délivrée par le procureur général près la cour d'appel dans le ressort de laquelle le document a été établi. En pratique, chaque cour d'appel comprend un service dit « des apostilles ». Pour la collectivité de la Polynésie française, le procureur de la République de Papeete est compétent. La compétence est dévolue au président du tribunal supérieur d'appel de Saint-Pierre pour la collectivité de Saint-Pierre-et-Miquelon) et au juge du tribunal de première instance de Nouméa siégeant à Mata-Utu pour les îles Wallis-et-Futuna.

L'apostille se substitue donc à la légalisation. Une telle substitution est prévue par la Convention de La Haye du 5 octobre 1961. L'article 3, 1er alinéa, du traité prévoit qu'entre les pays contractants, la formalité de la légalisation est remplacée par celle de l'apostille. Si, juridiquement, l'apostille constitue une exception à l'exigence de légalisation, l'apostille est, dans la pratique, devenue le principe, reléguant la légalisation à un rôle secondaire (B. Boetzlé-Crocq, *Circulation internationale des actes : entre légalisation, apostille et dispense* : *JCP* N 14 avr. 2023, n° 15-16, 1067, n° 22).

La liste des États ayant ratifié la convention apostille, ainsi que les coordonnées des autorités compétentes désignées par ces États pour délivrer l'apostille, sont tenues à jour sur l'espace apostille du site de la Conférence de La Haye (HCCH) : www.hcch.net/fr/instruments/conventions/specialised-sections/apostille.

L'apostille peut également être supprimée. L'article 3, second alinéa, du même traité prévoit que si la législation du pays où l'acte est produit prévoit une dispense de toute légalisation ou si les pays contractants ont signé entre eux une convention bilatérale prévoyant une telle dispense, aucune apostille ne peut être non plus exigée.

Ainsi, selon les différents accords internationaux conclus entre la France et le pays destinataire du document, la procédure peut revêtir plusieurs formes. Le document pourra donc, selon le cas, être :

– légalisé ;

– dispensé de légalisation et recevoir l'apostille au titre de la convention de La Haye du 5 octobre 1961 ;

– dispensé de toute légalisation (légalisation *stricto sensu* et apostille).

Le ministère des Affaires étrangères tient, sur son site Internet, un tableau récapitulant en fonction de chaque État la nécessité ou non de la légalisation ou de l'apostille (www.diplomatie.gouv.fr/IMG/pdf/leg_-_tableau_recapitulatif_droit_conventionnel_-_04-03-19_cle8cb1b4.pdf).

Les hypothèses de substitution par l'apostille ou de dispense de toute légalisation, à la suite de nombreuses conventions diplomatiques, avaient été prises en compte par l'ancienne Association des conservateurs des hypothèques (cf. *Bull. AMC* 1970, art. 828 ; *ibid.* 1972, art. 905 ; *ibid.* 1976, art. 1035 ; *ibid.* 1978, art. 1128 ; *ibid.* 1979, art. 1137 ; *ibid.* 1991, art. 1477, notamment). L'Administration devrait vraisemblablement conserver la même approche.

223 Application. Partage rédigé par un notaire allemand. La convention conclue entre la République française et la République fédérale d'Allemagne le 13 septembre 1971 dispense « de la légalisation, de l'apostille, de l'authentification ou certification ou de toute formalité analogue » les actes publics établis dans l'un des deux États et munis d'un sceau ou d'un timbre officiel, lorsqu'ils sont destinés à être produits dans l'autre État.

Les actes originaires d'Allemagne accompagnés d'une traduction certifiée peuvent donc être publiés en France sans que les signatures aient été légalisées ni qu'ils aient été revêtus d'une apostille, mais à la condition alternative toutefois :

– soit d'avoir été déposés au rang des minutes d'un notaire français, sans qu'il soit besoin de reconnaissance d'écriture de signature ;
– soit d'avoir été déclarés exécutoires en France.
Peut donc être publié l'acte reçu par un notaire allemand déposé au rang des minutes d'un notaire français accompagné d'une traduction en français certifiée par un interprète commis par les tribunaux (*Bull. AMC* 2009-2010, art. 1943). En l'espèce, il aurait également été possible d'utiliser la procédure prévue par le règlement (CE) n° 44/2001 du 22 décembre 2000 pour faire déclarer l'acte notarié allemand exécutoire (V. n° 215).

➤ Sur l'incidence de la loi du 28 mars 2011 sur ces solutions, V. n° 215.

b) Dépôt au rang des minutes d'un notaire

224 La deuxième condition posée par l'article 4 du décret du 4 janvier 1955 pour qu'une décision judiciaire à l'étranger puisse être publiée est le dépôt au rang des minutes d'un notaire français. Une reconnaissance d'écriture et de signature n'est pas nécessaire (*Bull. AMC* 1966, art. 645-I-C).

c) Traduction

225 La troisième condition pour qu'une décision judiciaire étrangère puisse être publiée s'applique lorsqu'elle est établie en langue étrangère. Elle doit alors être accompagnée d'une traduction en français certifiée soit par le fonctionnaire qui a procédé à la légalisation, soit par un interprète habituellement commis par les tribunaux.

d) Conformité aux règles de la publicité foncière

226 La quatrième condition pour qu'une décision de justice étrangère puisse être publiée est que « les expéditions, copies, extraits ou bordereaux déposés pour être conservés au bureau des hypothèques comportent toutes les mentions exigées par les articles 5 à 7 du décret du 4 janvier 1955 ».
Les règles particulières concernant l'identification des personnes nées à l'étranger et la certification de leur identité sont exposées au mot **Certification d'identité** auquel on voudra bien se reporter.

2 Actes ou décisions judiciaires rendus exécutoires en France

227 **Double condition.** Pour pouvoir être admis à la publicité foncière, les actes ou décisions judiciaires rendus exécutoires en France doivent alors seulement être traduits (V. n° 225) et être conformes aux règles de la publicité foncière (V. n° 226). Les actes ou décisions judiciaires étrangers sont rendus exécutoires en France lorsqu'ils sont revêtus de l'*exequatur*.

B Inscriptions

BIBLIOGRAPHIE : C. Nourissat, *Les garanties hypothécaires (dans le cadre d'une opération immobilière frappée d'un élément d'extranéité)* : *JCP* N 2013, n° 26, 1176. – P. Nabet, *Sûretés et droit international privé* : *JCP* N 2012, n° 40, 1341. – N. Randoux, *La forme de l'hypothèque à l'heure des rapports juridiques transfrontaliers* : *JCP* N 2013, n°s 44-45-1253.

1 L'inscription d'une hypothèque judiciaire

a) L'inscription provisoire de l'hypothèque judiciaire

228 **Dispense d'*exequatur*.** Selon l'ancienne Association des conservateurs des hypothèques, l'inscription provisoire d'une hypothèque judiciaire peut être prise sur le fondement d'une décision judiciaire dépourvue d'*exequatur* (*Bull. AMC* 1977, art. 1755 ; *Bull. AMC* 2009-2010, art. 1934). L'AMC se fondait alors sur la rédaction de l'article 263, 3° du décret n° 92-755 du 31 juillet 1992 pris pour l'application de la loi n° 91-650 du 9 juillet 1991 portant réforme des procédures civiles d'exécution, qui prévoyait que, lorsque le caractère exécutoire du titre était subordonné à une procédure d'*exequatur*. la publicité définitive de l'hypothèque judiciaire devait être effectuée dans un délai de deux mois courant du jour où la décision qui l'accordait était passée en force de chose jugée. Selon l'AMC, une telle disposition présupposait que l'inscription provisoire avait pu être prise sur la base d'un jugement étranger. La rédaction du texte a été littéralement reprise par les dispositions de l'actuel article R. 533-4 du Code des procédures civiles d'exécution. Dès lors, la solution dégagée paraît demeurer applicable, *mutatis mutandis*, et devrait donc pouvoir être reprise telle quelle par les sections « Publicité foncière » de la DGFiP.

b) L'inscription définitive de l'hypothèque judiciaire

229 **Nécessité de l'*exequatur*.** L'inscription définitive de l'hypothèque judiciaire résultant d'une décision judiciaire étrangère ne peut être effectuée qu'à la condition que cette décision judiciaire ait reçu l'*exequatur*. Le délai de deux mois pour prendre l'inscription définitive court alors à compter de la date à laquelle la décision française accordant l'*exequatur* est elle-même passée en force de chose jugée, c'est-à-dire (CPC, art. 500, al. 1er) à partir du jour où il n'est plus susceptible d'aucun recours suspensif d'exécution (D. n° 92-755, 31 juill. 1992, art. 236, 3° ; CPC ex., art. R. 533-4. – Cass. 2e civ., 9 janv. 1991, n° 89-15.487, *Bassil c/ Fidelity Bank London Branch* : *Bull. civ.* 1991, II, n° 7, p. 4, comm. J.-P. Rémery ; *JCP* G 1991, II, 21681).

2 L'inscription d'une sûreté réelle immobilière

a) L'inscription de l'hypothèque légale spéciale de prêteur de deniers (ancien privilège spécial immobilier)

230 **Dispense d'*exequatur*.** L'analyse relative à l'ancien privilège sera préalablement rappelée. Selon la doctrine dominante, pour que le privilège de prêteur de deniers puisse être mis en œuvre, il conviendrait non seulement que l'immeuble soit situé en France, mais encore que le contrat de prêt soit soumis à la loi française (C. Nourissat, *Les garanties hypothécaires*, 2013, 1176, § 38). Il s'agit là de la conséquence de l'application d'une règle de conflit. En principe, en droit international privé, les privilèges sont soumis à la loi qui régit la créance elle-même. Mais, s'agissant d'un privilège immobilier, il faut avoir aussi égard à la loi de situation de l'immeuble de sorte que, par cumul, le privilège ne sera reconnu que s'il est admis aussi bien par la loi du contrat que par la loi réelle. Autrement dit, le privilège ne sera pas reconnu si l'une des deux lois en présence l'ignore (M. Revillard et C. Géraud : *JCl. Notarial Formulaire*, Fasc. 380, *Vente d'immeuble. – Étrangers*, juin 2015, § 148). Or, à de rares exceptions près, le privilège de prêteur de deniers est une particularité du droit français. En conséquence, le privilège de prêteur de deniers ne peut pas venir garantir une créance soumise à une loi étrangère.

Est-ce à dire que pour pouvoir conférer valablement et efficacement un privilège de prêteur de deniers, l'acte de prêt doit être reçu par un notaire exerçant en France ?

Dans l'hypothèse de l'inscription d'un privilège de prêteur de deniers sur un immeuble situé en France, en garantie d'un prêt constaté par un acte « notarié » anglais, l'ancienne Association des conservateurs des hypothèques avait considéré que l'inscription pouvait valablement être requise sur présentation d'un acte de dépôt en l'étude d'un notaire français du contrat de prêt soumis à la loi anglaise, revêtu ou non, selon les conventions applicables, de la légalisation ou de l'apostille (*Bull. AMC* 1990, art. 1442). La question prenait alors une particulière acuité puisque, à l'époque où elle fut posée, existait encore l'obligation de représentation du titre constitutif de la sûreté, qui figurait alors dans l'ancien article 2148 du Code civil. La solution apportée par l'AMC était alors justifiée par le rôle du conservateur des hypothèques, lequel n'est pas d'être le juge de la validité ou de l'efficacité des inscriptions qu'il lui est demandé d'opérer, de sorte qu'il lui incombe uniquement de se borner à s'assurer de l'existence apparente du droit hypothécaire (*ibid.*).

L'obligation de représentation du titre a depuis été supprimée (V. **Bordereaux d'inscription**). Toutefois, cette suppression apparaît sans incidence sur la solution dégagée par l'ancienne AMC, compte tenu de sa motivation. La solution paraît donc pouvoir être encore mise en œuvre par les actuels services de la publicité foncière.

Cependant, cette solution ne vaut que pour l'inscription et le rôle à tenir par le service de la publicité foncière. Elle n'est pas applicable au notaire et au droit hypothécaire qu'est le privilège en lui-même. Ce dernier devra donc vérifier que le contrat de prêt renvoie expressément aux dispositions françaises régissant le privilège du prêteur de deniers (C. Nourissat, *op. cit.*, § 42).

Telle était donc l'analyse tenue pour l'ancien privilège immobilier. Cependant, à la faveur de la réforme des sûretés de 2021, le privilège a mué en hypothèque légale spéciale. Or, les hypothèque légales spéciales confèrent à leurs titulaires les mêmes prérogatives que les hypothèques et prennent rang comme les hypothèques conventionnelles (Ph. Simler et Ph. Delebecque, *Droit des sûretés*, Dalloz, 8e éd. 2023, n° 432, p. 501). Il convient donc de lui appliquer la solution relative à l'hypothèque conventionnelle (V. *infra*, n° 231).

b) L'inscription d'une hypothèque conventionnelle

231 **Mode de réception *sui generis*.** L'article 2413 du Code civil (anciens art. 2128 puis 2417) semble écarter tout processus de réception de l'acte constitutif étranger. Selon ce texte, l'hypothèque conventionnelle résultant d'un acte étranger ne peut produire effet que si elle est constatée par un acte instrumenté par un notaire français. Ce dispositif s'oppose à celui prévu par l'article 4 du décret du 4 janvier 1955 (V. *supra*). La doctrine considère que l'article 2413 prévaut et que l'acte constitutif d'une hypothèque sur un immeuble en France doit être reçu par un notaire français (M. Revillard : *JCl. Notarial Formulaire*, V° Vente d'immeuble, Fasc. 380, n° 150). Une partie de la doctrine a pu regretter que la réforme des sûretés portée par l'ordonnance du 15 septembre

2021 se soit contentée de renuméroter le texte et n'ait pas choisi de l'abroger, alors qu'il paraît obsolète et contraire à la volonté de rendre attractif le droit français des sûretés (S. Cabrillac, *Les sûretés conventionnelles sur les immeubles : RD bancaire et fin.* mars 2022, n° 2, dossier 17, n° 8).

Pour sa part, l'ancienne Association des conservateurs des hypothèques avait choisi de résoudre la contradiction apparente en considérant que les dispositions de l'article 4 du décret du 4 janvier 1955 dérogeaient à celles de l'article 2417 précité, de sorte que tous les actes passés à l'étranger puissent former le titre d'une hypothèque en France lorsqu'ils satisfont aux conditions de ce dernier texte (*Bull. AMC* 1966, 645).

Les analyses ne sont pas inconciliables, chacune ayant été exprimée en fonction des responsabilités respectives du notaire et du service. En conclusion :

– les notaires français ne peuvent valablement prendre une hypothèque conventionnelle en vertu d'un acte étranger que si cet acte est réitéré sous la forme d'un acte notarié français ;

– les services de la publicité foncière, n'étant pas juges au fond du droit, sont autorisés à accepter l'inscription d'une hypothèque conventionnelle prise en vertu d'un acte étranger ayant fait l'objet d'un dépôt pour minute auprès d'un notaire français.

3 L'inscription d'une hypothèque légale

a) L'inscription d'une hypothèque légale résultant d'un jugement

232 Nécessité de l'*exequatur*. Aux termes de l'article 2412 du Code civil (ancien art. 2123), lorsque l'hypothèque résulte d'une décision étrangère, l'inscription ne peut être prise que si la décision est déclarée exécutoire par un tribunal français.

b) L'inscription d'une hypothèque légale résultant de la loi

233 Dispense d'*exequatur*. En l'absence de dispositions particulières, une hypothèque légale peut être prise dès lors qu'elle satisfait aux conditions de l'article 4 du décret du 4 janvier 1955. L'*exequatur* n'apparaît donc pas nécessaire.

C Mainlevées

234 Principe. En matière de radiation, il n'existe pas de disposition analogue à celle de l'article 2417 du Code civil concernant les inscriptions.

Par application de la règle *locus regit actum*, les actes de mainlevée passés à l'étranger sont valables en France à condition d'être légalisés, déposés au rang des minutes d'un notaire français et accompagnés, s'ils sont rédigés en langue étrangère, d'une traduction en français certifiée par un fonctionnaire qualifié du ministère des Relations extérieures ou par un interprète habituellement commis par les tribunaux, selon les règles de droit commun (V. n° 225).

➤ Sur l'incidence de la loi du 28 mars 2011 sur ces solutions, V. n° 215.

235 Les expéditions déposées par les notaires français des actes passés à l'étranger devant les autorités du pays considéré doivent porter les mentions exigées par les articles 5 à 7 du décret du 4 janvier 1955 lorsque ces mentions ne figurent pas dans les actes eux-mêmes.

236 Vérification de la régularité de l'acte. Le fonctionnaire qui légalise l'acte passé à l'étranger n'a pas à certifier la régularité de cet acte, car cette attestation n'entre pas dans ses attributions (*Journ. conserv. hyp.* 1906, 5982 ; *ibid.* 1938, 12077. – Jacquet et Vétillard, *Introduction*, n° 18. – *Contra*, Boulanger, n° 44). Cette régularité doit être établie par un certificat de coutume qui doit attester, pour les personnes physiques, la nature et les effets des dispositions étrangères concernant leur capacité à donner mainlevée et, pour les personnes morales, la validité de leur constitution et les pouvoirs du comparant (Jacquet et Vétillard, *Introduction*, n° 40. – *Précis CML*, n°s 3866 et 1292. – Bulté : *JCP* N 1973, I, 2520, n° 124 ; *Bull. AMC* 1979, art. 1164).

237 Les certificats de coutume sont délivrés, à Paris, par des jurisconsultes étrangers accrédités auprès des consulats étrangers et, à l'étranger, par les fonctionnaires ou autorités du pays concerné, parmi lesquels il faut ranger les notaires (Jacquet et Vétillard, *op. cit.*, *Introduction*, n° 41 : *Bull. AMC*, art. préc.). La signature des jurisconsultes étrangers est légalisée par les consuls étrangers auprès desquels ils sont accrédités, et celle des autorités et fonctionnaires étrangers par les agents diplomatiques ou consulaires résidant à Paris, lesquels attestent, en outre, que l'auteur du certificat avait qualité pour le délivrer et que foi est due à son contenu (Bulté : *JCP* N 1973, 1, 2520, n° 125).

238 Application. Une société dont le siège est à Vaduz (Liechtenstein) consent à la radiation d'une inscription prise à son profit sur un immeuble situé en France. Elle se fait représenter devant le notaire français par un mandataire muni d'un pouvoir sous seing privé délivré à Vaduz par le gérant de la société. Il n'y a pas à exiger d'apostille par application de la convention de La Haye. Par contre, le conservateur est en droit de s'assurer, en demandant la production d'un certificat de coutume, que la législation locale autorise les représentants des sociétés à renoncer aux sûretés réelles en vertu d'un pouvoir sous seing privé (*Bull. AMC* 1988, art. 1400).

239 **Actes dressés par les chanceliers de consulats français.** D'autre part, les actes de mainlevée dressés par des chanceliers de consulats français étant authentiques, les expéditions de ces actes, délivrées par lesdits chanceliers ou le ministère français des Relations extérieures, peuvent servir de titre à une radiation sans formalité préalable (cf., pour la publication en général de telles expéditions. Circ. Enr., 30 mars 1956 : *JCP* N 1956, IV, 2275).

240 **Exceptions.** Les règles qui précèdent doivent, pour certains pays étrangers, être combinées avec les dispositions des conventions diplomatiques conclues par les gouvernements de ces pays avec la France.
Ainsi, dans le cas où, pour consentir devant un notaire français à la radiation d'une inscription prise à son profit sur un immeuble situé en France, une société de nationalité belge s'est fait représenter par un mandataire muni d'un pouvoir établi par un notaire belge, le service n'est pas en droit d'exiger que ce pouvoir soit revêtu d'une apostille (*Bull. AMC* 1991, art. 1487).

III
Publications, inscriptions et mainlevées en cas d'acte ou de décision judiciaire émanant d'un État étranger soumis à un traité ou à un acte communautaire

Nous envisagerons les incidences en publicité foncière du droit communautaire, d'abord de manière synthétique (A), puis de manière analytique (B).

A Présentation synthétique du droit communautaire

1 Exécution d'un jugement ou d'un acte

241 Le droit communautaire organise aujourd'hui l'exécution des décisions judiciaires et des actes authentiques selon trois schémas (J.-F. Sagaut et M. Cagniart, *Regard notarial sur le titre exécutoire européen* : *JCP* N 2005, 1441).
Tout d'abord, l'acte ou le jugement peut être soumis à une procédure d'*exequatur* classique – qui se déroule donc devant le tribunal judiciaire et a pour objet de vérifier la régularité internationale de l'acte ou du jugement au regard de plusieurs critères dégagés par la jurisprudence interne (compétence du tribunal étranger, régularité de la procédure suivie, compétence de la loi étrangère, conformité à l'ordre public, absence de fraude à la loi). Tel est le cas du règlement « Bruxelles II bis ».
Ensuite, l'acte ou le jugement peut être soumis à une procédure d'*exequatur* simplifiée. S'agissant des actes, la procédure se déroule alors devant le président de la chambre des notaires et le contrôle ne porte que sur un seul critère : conformité à l'ordre public. C'est le dispositif prévu par le règlement « Bruxelles I ».
Et, enfin, l'acte peut être purement et simplement dispensé d'*exequatur*, son exécution étant alors de plein droit. S'agissant des actes, selon une première modalité, le président de la chambre des notaires ne contrôle absolument plus la régularité au fond de l'acte, mais uniquement son caractère exécutoire. C'est ce que consacrent le règlement TEE ou le règlement Succession. Dans une version plus extrême encore, il n'existe plus aucun contrôle. C'est la solution du règlement « Bruxelles I bis ».

242 **Incompatibilité de l'article 710-1 du Code civil.** En ce qui concerne les actes authentiques, les dispositifs communautaires, quels qu'ils soient, apparaissent incompatibles avec celui prévu par l'article 710-1 du Code civil. En vertu de la primauté du droit communautaire dérivé sur la loi (Cass. ch. mixte, 24 mai 1975, n° 73-13.556, *Jacques Vabre* : *Bull. civ.* 1975, ch. mixte, n° 4,

p. 6) et de l'effet direct des règlements européens (TFUE, art. 288), l'incompatibilité doit se résoudre en faveur des règlements européens : l'obligation de la réception d'un acte étranger par l'établissement d'un acte notarié français devrait donc être écartée. Par exemple, l'inscription d'une hypothèque judiciaire conservatoire en vertu d'un acte authentique émanant d'un État membre de l'Union européenne pourra être valablement prise sans qu'il soit besoin de recourir au ministère d'un notaire exerçant en France – l'inscription devra toutefois être effectuée en respectant les prescriptions de droit interne, notamment celles des décrets de 1955, les règlements réservant expressément leur application.

2 Reconnaissance d'un jugement ou d'un acte

243 **Le droit communautaire prévoit une reconnaissance de plein droit des décisions judiciaires.** En revanche, il n'envisage pas celle des actes authentiques, quoique la tendance semble s'inverser (règlement « Bruxelles II bis », règlement « Aliments », règlement « Succession », règlement « Régimes matrimoniaux » et règlement « Partenariats enregistrés »). Pourtant, les dispositions de droit interne, essentiellement l'article 509-3 du Code de procédure civile, censées êtres prises aux fins d'application de ces règlements, évoquent expressément cette reconnaissance. C'est la raison pour laquelle l'ancienne Association des conservateurs des hypothèques estimait que la publication d'un acte émanant d'un État membre, en dispense d'une réitération par-devant un notaire français, était permise dès lors que la procédure prévue par le règlement applicable était respectée (*Bull. AMC* 2010-2011, art. 1956). D'un point de vue pratique, il semble qu'il faille alors opérer la distinction suivante :
– l'acte authentique passé dans un État membre est accompagné du certificat délivré par le président en vertu de l'article 509-3 du Code de procédure civile ; il doit alors être admis à la publication, en dispense d'une réitération par-devant un notaire français ;
– l'acte authentique passé dans un État membre n'est pas accompagné d'un tel certificat ; il doit alors être réitéré en la forme d'un acte notarié français.

3 Légalisation du jugement ou de l'acte

Le droit communautaire dispense les actes et jugements de toute légalisation ou autre formalité analogue (apostille).

244 **Convention de Bruxelles du 25 mai 1987.** En application de la convention de Bruxelles du 25 mai 1987, tous les actes publics émanant d'un État contractant sont dispensés de toute légalisation. La convention s'applique à la Belgique, au Danemark (sauf au Groenland et dans les îles Féroé), à l'Estonie, la France, l'Italie, l'Irlande et la Lettonie – plus précisément, la convention n'est pas entrée en vigueur mais bénéficie d'une application provisoire (www.diplomatie.gouv.fr/IMG/pdf/leg_-_tableau_recapitulatif_droit_conventionnel_-_04-03-19_cle8cb1b4.pdf - V. ann. 6).
La plupart des règlements européens prévoient également une telle dispense (V. *infra*).
Le règlement n° 2016/1191 du 6 juillet 2016 visant à favoriser la libre circulation des citoyens en simplifiant les conditions de présentation de certains documents publics dans l'Union européenne, applicable depuis le 16 février 2019, a supprimé la légalisation de documents publics relatifs à l'état des personnes entre les États membres (H. Péroz, *Suppression de légalisation dans l'Union européenne de documents publics relatifs à l'état des personnes : JCP* N 15 févr. 2019, n° 7, act. 251).

B Présentation analytique du droit communautaire

1 Les règlements communautaires « Bruxelles I » et « Bruxelles I bis »

245 Le règlement (CE) n° 44/2001 du 22 décembre 2000 concernant la compétence judiciaire, la reconnaissance et l'exécution des décisions en matière civile et commerciale, est entré en vigueur le 1er mars 2002. Il succède à la convention de Bruxelles du 27 septembre 1968 concernant la compétence judiciaire et l'exécution des décisions en matière civile et commerciale. Le règlement (UE) n° 1215/2012 du 12 décembre 2012 concernant la compétence judiciaire, la reconnaissance et l'exécution des décisions en matière civile et commerciale, dit « Bruxelles I bis », est entré en vigueur le 10 janvier 2015. Il prend en principe la succession du règlement « Bruxelles I ».

246 **Champ d'application temporel.** Les dispositions du règlement « Bruxelles I » sont applicables aux actions en justice intentées postérieurement à son entrée en vigueur, soit le 1er mars 2002 (art. 66, I). Les dispositions du règlement « Bruxelles I bis » sont applicables aux actions en justice intentées à compter du 10 janvier 2015 et aux actes authentiques dressés ou enregistrés formellement à compter du 10 janvier 2015 (art. 66, 1).

247 Champ d'application territorial. Les règlements Bruxelles I et Bruxelles I bis sont applicables aux États membres de l'Union européenne, excepté le Danemark. S'agissant de la France, les règlements ne s'appliquent pas dans les collectivités d'outre-mer (Mayotte, Polynésie française, îles Wallis et Futuna et Saint-Pierre-et-Miquelon) et en Nouvelle-Calédonie (TUE, art. 299, 3). La convention de Lugano du 30 octobre 2007 liant les États membres de l'Union européenne et l'Islande, la Norvège et la Suisse est totalement alignée sur le règlement Bruxelles I.

248 Champ d'application matériel. Ce champ d'application est délimité en termes identiques par l'article 1er de la convention du 27 septembre 1968 et par l'article 1er du règlement Bruxelles I du 22 décembre 2000, et en termes légèrement différents par l'article 1er du règlement Bruxelles I bis du 12 décembre 2012 (D. Alexandre et A. Huet, *Compétence européenne, reconnaissance et exécution : matières civile et commerciale : Rép. civ.* Dalloz, janv. 2016, § 18). En principe, la convention et les règlements s'appliquent à l'ensemble des matières civiles et commerciales. Sont expressément exclues les matières fiscales, douanières ou administratives, la responsabilité de l'État pour des actes ou des omissions commis dans l'exercice de la puissance publique, l'état et la capacité des personnes physiques, les obligations alimentaires, les régimes matrimoniaux et assimilés, les successions et testaments, les faillites et procédures, la sécurité sociale et l'arbitrage.

Dispositif :

- **Reconnaissance de plein droit des décisions judiciaires** : sur ce point, les conventions de Bruxelles et règlements de Bruxelles I et Bruxelles I bis sont identiques : une décision rendue dans un État membre est reconnue de plein droit dans les autres États membres, sans qu'il soit donc nécessaire de recourir à aucune procédure (Règl. Bruxelles I, art. 33 ; Règl. Bruxelles I bis, art. 36, I).
- **Exécution de plein droit des décisions judiciaires** : sous l'empire des conventions de Bruxelles et règlement de Bruxelles I, les décisions judiciaires étaient soumises à une procédure d'*exequatur* simplifiée, qui se déroulait en deux étapes.

Dans un premier temps, le bénéficiaire de la décision devait déposer une requête auprès de l'autorité compétente (en France, auprès du greffier en chef du tribunal judiciaire, CPC, art. 509-2) aux fins de déclaration constatant le caractère exécutoire. À cet effet, il devait produire une expédition de la décision, certifiée authentique, et un certificat standard attestant que cette décision est exécutoire dans son État d'origine. À l'issue d'une vérification de ces documents, la déclaration de force exécutoire était constatée puis notifiée au défendeur. Fin de la première étape. Ce n'était qu'en cas de contestation qu'une seconde procédure, contradictoire, s'ouvrait et conduisait à contrôler le jugement sous l'angle de conditions limitativement énumérées par le règlement (Règl. Bruxelles I, art. 38 à 46. – V. Legrand, *Justice, notariat : quel est l'impact du règlement Bruxelles I ? : JCP* N 2015, 1082).

Le règlement Bruxelles I bis opère sur ce point une rupture avec le droit antérieur : en application de son article 39, l'exécution d'une décision rendue dans un État membre s'opère de plein droit dans les autres États membres. Le règlement supprime toute procédure d'*exequatur*. Toutefois, le droit du bénéficiaire de la décision étrangère de procéder à son exécution est subordonné à l'accomplissement de formalités administratives (Règl. Bruxelles I bis, art. 42). Ce dernier doit communiquer à l'autorité chargée de l'exécution, d'une part une copie de la décision réunissant les conditions nécessaires pour en établir l'authenticité, et, d'autre part, un certificat standard, délivré par la juridiction de l'État membre d'origine, attestant que la décision est exécutoire, et contenant un extrait de la décision. L'autorité compétente chargée de l'exécution peut exiger du demandeur qu'il fournisse une traduction ou une translittération du contenu du certificat, et ne peut exiger du demandeur qu'il fournisse une traduction de la décision que si elle ne peut agir sans une telle traduction. Pourtant, l'article 509-2 dans sa rédaction issue du décret n° 2015-1395 du 2 novembre 2015, prévoit expressément, en visant ce même règlement, la certification par le greffier en chef du tribunal de grande instance [devenu tribunal judiciaire] de la reconnaissance et de la force exécutoire du jugement étranger.

- **Exécution de plein droit des actes authentiques** : les actes authentiques ont subi la même évolution que les décisions judiciaires. Initialement, les actes authentiques n'étaient exécutoires qu'après le respect d'une procédure d'*exequatur* simplifiée : une requête était présentée par le créancier au président de la chambre des notaires, avec production d'une expédition, certifiée authentique, et un certificat attestant de son caractère exécutoire. Le président de chambre, après vérification formelle des documents requis, s'il acceptait la requête, déclarait la constatation de la force exécutoire de l'acte et notifiait cette déclaration au débiteur. Si le président de chambre rejetait la requête, son refus était soumis au président du tribunal de grande instance dans le cadre d'une procédure contradictoire (Règl. Bruxelles I, art. 57 ; CPC, art. 509-3).

Désormais, les actes authentiques qui sont exécutoires dans l'État d'origine sont exécutoires dans les autres États membres, sans qu'une déclaration constatant la force exécutoire ne soit nécessaire. Le règlement Bruxelles I bis a donc supprimé toute procédure d'*exequatur* (Règl. Bruxelles I bis, art. 58). Comme en matière de jugement, l'exécution est toutefois subordonnée à l'accomplissement de formalités administratives identiques (*ibid.*). Pourtant, l'article 509-3, troisième alinéa, dans sa rédaction issue du décret n° 2015-1395 du 2 novembre 2015, prévoit expressément, en visant ce même règlement, la certification par le président de chambre du caractère authentique et exécutoire de l'acte.

• **Dispense de légalisation** : aucune formalité de légalisation ni formalité analogue (apostille) n'est exigée (Règl. Bruxelles I, art. 56 ; Règl. Bruxelles I bis, art. 61).

249 **Conséquences en publicité foncière.** L'ancienne Association des conservateurs des hypothèques avait commenté le dispositif du règlement Bruxelles I (*Bull. AMC* 2007-2008, art. 1910). Elle avait estimé que le conservateur des hypothèques (l'actuel service de la publicité foncière) pouvait procéder à la publication de la décision judiciaire ou de l'acte authentique sur présentation de ce document accompagné du certificat constatant la force exécutoire, établi en France soit par le greffier en chef du tribunal de grande instance pour les décisions judiciaires, soit par le président de la chambre des notaires pour les actes authentiques. En cas de besoin, une traduction en français de ces documents, certifiée conforme par une personne habilitée à cet effet dans l'un des États membres, serait produite. Dans le cadre de l'actuel règlement Bruxelles I bis, le service de la publicité foncière devrait être en mesure de procéder à une publication ou à une inscription hypothécaire dans les mêmes conditions (arg. C. civ., art. 509-2 et 509-3).

250 **Applications. Inscription d'une hypothèque judiciaire provisoire en vertu d'un jugement.** L'ancienne Association des conservateurs des hypothèques avait reconnu, sous l'empire de la convention de Bruxelles du 27 septembre 1968, les effets de la reconnaissance de la décision judiciaire. Une décision judiciaire émanant d'un État membre mais dépourvue d'*exequatur* permettait néanmoins l'inscription provisoire d'une hypothèque judiciaire, sur le fondement de l'article 26 de cette convention, qui prévoyait une reconnaissance de plein droit des décisions de justice (*Bull. AMC* 1977, art. 1755 ; *Bull. AMC* 2009-2010, art. 1934). Cette solution s'applique *mutatis mutandis* lorsque la décision judiciaire entre dans le champ d'application du règlement Bruxelles I bis.

2 Le règlement communautaire « TEE »

Le règlement (CE) n° 805/2004 du 21 avril 2004 a pour but de faciliter la libre circulation des actes authentiques dans l'Union européenne en créant le titre exécutoire européen.

251 **Champ d'application temporel.** L'article 26 du règlement TEE prévoit que le règlement TEE n'est applicable qu'aux décisions rendues, aux transactions judiciaires approuvées ou conclues et aux actes authentiques dressés ou enregistrés postérieurement à son entrée en vigueur. L'article 33 prévoit que ce règlement est entré en vigueur le 21 janvier 2005 mais qu'il est applicable, en principe, à compter du 21 octobre 2005. Selon la doctrine majoritaire, la combinaison des textes doit se comprendre de la manière suivante : la mise en œuvre du règlement a été reportée au 21 octobre 2005, mais celui-ci s'est alors appliqué même à des décisions rendues, à des transactions judiciaires approuvées ou conclues et à des actes authentiques dressés depuis le 21 janvier 2005 (A. Huet, *Titre exécutoire européen : Rép. civ.* Dalloz, juin 2012, § 7).

252 **Champ d'application territorial.** Le règlement TEE est applicable à tout titre établi dans un État membre de l'Union européenne (sauf au Danemark) dont la reconnaissance ou l'exécution est sollicitée dans un autre État membre de l'Union européenne (sauf au Danemark) (Règl. TEE, art. 2, § 3). S'agissant de la France, le règlement ne s'applique pas dans les collectivités d'outre-mer (Mayotte, Polynésie française, îles Wallis-et-Futuna et Saint-Pierre-et-Miquelon) et en Nouvelle-Calédonie (TUE, art. 299, 3).

253 **Champ d'application matériel.** Le règlement TEE s'applique pour les décisions judiciaires et actes en matière civile et commerciale. Sont exclus les matières fiscales, douanières ou administratives, la responsabilité de l'État pour des actes ou des omissions commis dans l'exercice de la puissance publique, l'état et la capacité des personnes physiques, les régimes matrimoniaux, les testaments et les successions, les faillites, concordats et autres procédures analogues, la sécurité sociale, et l'arbitrage.

Toutefois, le règlement TEE ne s'applique qu'aux décisions judiciaires et actes servant de titre à des **créances incontestées**. Au sens du règlement TEE, une créance est un droit à une somme d'argent déterminée qui est devenue exigible ou dont la date d'échéance a été indiquée dans la décision, la transaction judiciaire ou l'acte authentique (Règl. TEE, art. 4). La créance est réputée incontestée lorsque (Règl. TEE, art. 3) :
– le débiteur l'a expressément reconnue en l'acceptant ou en recourant à une transaction qui a été approuvée par une juridiction ou conclue devant une juridiction au cours d'une procédure judiciaire ;
– le débiteur ne s'y est jamais opposé au cours de la procédure judiciaire ;
– le débiteur n'a pas comparu ou ne s'est pas fait représenter lors d'une audience relative à cette créance, après l'avoir initialement contestée, sous certaines conditions ;
– le débiteur l'a reconnue dans un acte authentique.
La notion de « créances incontestées » échappe à l'appréciation du service de la publicité foncière (*Bull. AMC* 2007-2008, art. 1910).
Pour ces créances, le domaine matériel du règlement TEE s'avère identique à celui du règlement Bruxelles I (A. Huet, *Titre exécutoire européen : Rép. civ.* Dalloz, juin 2012, § 4) – et *a fortiori* du règlement Bruxelles I bis.

254 Articulation avec les règlements Bruxelles I et Bruxelles I bis. Le règlement TEE n'exclut pas l'application du règlement Bruxelles I : ainsi le titulaire d'une créance incontestée conserve-t-il la possibilité de demander la reconnaissance et l'exécution selon les modalités du règlement Bruxelles I (Règl. TEE, art. 27). Ainsi, le demandeur a le choix de demander un certificat de titre exécutoire européen qui produira effet dans tous les pays membres de l'Union européenne ou le choix de demander l'*exequatur* dans le seul État de l'exécution (H. Péroz : *JCl. Droit International*, Fasc. 650, *Titre exécutoire européen*, sept. 2008, § 31).
Compte tenu de l'antériorité du règlement TEE, le règlement Bruxelles I bis n'est pas évoqué. Une articulation similaire au règlement Bruxelles I paraît toutefois envisageable.
Dispositif :
• **Reconnaissance et exécution de plein droit des décisions judiciaires** : une décision qui a été certifiée en tant que titre exécutoire européen dans l'État membre d'origine est reconnue et exécutée dans les autres États membres, sans qu'une déclaration constatant la force exécutoire soit nécessaire et sans qu'il soit possible de contester sa reconnaissance (Règl. TEE, art. 5). Le règlement TEE supprime donc toute procédure d'*exequatur*.
• **Exécution de plein droit des actes authentiques** : les transactions et les actes authentiques certifiés en tant que titre exécutoire européen sont exécutés dans les autres États membres sans qu'une déclaration constatant la force exécutoire soit nécessaire. À leur égard, la procédure d'*exequatur* est supprimée (Règl. TEE, art. 24-2 et 25-2). En revanche, le règlement est muet sur leur reconnaissance de plein droit.
• **Le titre exécutoire européen** : pour être exécutée, la décision judiciaire ou l'acte authentique doivent avoir été certifiés en tant que titre exécutoire européen. La certification est opérée :
– par la juridiction d'origine pour ce qui concerne les jugements (art. 6-1) ;
– par la juridiction par laquelle elles ont été approuvées ou devant lesquelles elles ont été conclues pour ce qui concerne les transactions judiciaires (art. 24-1) ;
– par l'autorité désignée par chaque État membre d'origine pour ce qui concerne les actes authentiques (art. 25-1).
Les modèles de certificat de titre exécutoire européen prévus par le règlement pour les décisions judiciaires, les actes authentiques et les transactions judiciaires figurent en annexes IV, V et VI.
Par ailleurs, le décret n° 2010-433 du 29 avril 2010 (*JO* 2 mai) a rendu immédiatement applicable la disposition de l'article 509-3 du Code de procédure civile donnant compétence aux notaires pour certifier les actes qu'ils reçoivent, afin de permettre leur exécution selon les modalités prévues par le règlement précité du 21 avril 2004 portant création d'un titre exécutoire européen pour les créances incontestées (V., sur la question, H. Péroz, *Le notaire nouvel acteur du titre exécutoire européen : JCP* N 2008, n° 24, act. 505. – J.-F. Sagaut et M. Cagniart, *Un regard notarial sur le titre exécutoire européen : JCP* N 2005, 44-45, 1441. – Pour un modèle de certificat de titre exécutoire européen, V. *JCP* N 2005, n° 47, act. 583).

255 Conséquences en publicité foncière. Inscriptions. L'ancienne Association des conservateurs des hypothèques avait commenté le dispositif du règlement TEE (*Bull. AMC* 2007-2008, art. 1910). Selon elle, le domaine d'application du règlement du 21 avril 2004 ne concernait que les inscriptions. La certification en tant que titre exécutoire européen d'un titre relevant du champ du règlement et émanant d'un État membre permet la reconnaissance de ce titre et son exécution sans qu'une déclaration de force exécutoire soit nécessaire dans l'État membre d'exécution, c'est-à-dire, pour ce qui concerne l'inscription des privilèges, hypothèques et sûretés judiciaires,

sans mise en œuvre d'un mécanisme de contrôle en France.
Mais les procédures d'exécution continuent d'être régies par la loi française. Dès lors, ces hypothèques judiciaires (C. civ., art. 2412, ou L. n° 91-650, 31 juill. 1991, portant réforme des procédures civiles d'exécution) pourront être prises dans les mêmes conditions que lorsque la décision judiciaire a été rendue ou l'acte authentique reçu en France.
Le service de la publicité foncière n'étant pas juge du fond, et en dépit des dispositions de l'article 2417 du Code civil, il en va de même pour les inscriptions de privilège ou d'hypothèque conventionnelle requises en vertu d'actes authentiques étrangers certifiés en tant que titres exécutoires européens.
Bien entendu, les inscriptions dont il s'agit devront être opérées dans les conditions fixées par le premier alinéa de l'article 2428 du Code civil. Le bordereau d'inscription devra notamment comporter, sous peine de rejet, avec l'indication de la nature et de la date du titre donnant naissance à la sûreté ou du titre générateur de la créance, celle du certificat du titre exécutoire européen ainsi que sa date.
Toutefois, pour l'inscription des hypothèques et sûretés judiciaires, le créancier, conformément aux prescriptions de l'article 2428 précité présentera, avec le titre, l'original ou une expédition du certificat du titre exécutoire européen.
Il est précisé que dans tous les cas, n'ayant pas à se faire juge de la validité de l'hypothèque ou du privilège dont l'inscription est requise, le service de la publicité foncière ne saurait porter une appréciation sur le caractère incontesté ou non de la créance.
En cas de besoin, une traduction du titre et du certificat en français sera jointe, la traduction étant certifiée conforme par une personne habilitée à cet effet dans l'un des États membres.

256 **Conséquences en publicité foncière. Publications.** Une certaine doctrine estime par ailleurs que le règlement peut également permettre les publications d'actes (P. Callé : *JCl. Notarial Formulaire*, Fasc. 310, *Acte notarié. – Acte notarié établi à l'étranger [droit international privé]*, oct. 2015, § 108). Il est permis d'en douter : d'une part, le règlement TEE ne prévoit pas la reconnaissance des actes authentiques ; d'autre part, l'article 509-3 du Code de procédure civile ne prévoit pas en la matière la certification du président de la chambre des notaires.

3 Les règlements communautaires « IPE et RPL »

257 Le règlement (CE) n° 1896/2006 du 12 décembre 2006 instituant une procédure européenne d'injonction de payer et le règlement (CE) n° 861/2007 du 11 juillet 2007 instituant une procédure européenne de règlement des petits litiges ont pour objet de simplifier et d'accélérer le règlement des petits litiges ou le recouvrement des « créances pécuniaires incontestées » et d'en réduire les coûts, notamment en supprimant toute procédure intermédiaire dans l'État membre d'exécution. Ils ont aussi pour objectif de supprimer les distorsions de concurrence en garantissant des conditions identiques aux créanciers et débiteurs dans l'ensemble de l'Union européenne. Le règlement « RPL » a été commenté en France par la Chancellerie (Circ. n° C3 07-09, 26 mai 2009 : *BO Justice* 30 août 2009). Les deux règlements « IPE » et « RPL » ont été modifiés par le règlement (UE) n° 2015/2421 du 16 décembre 2015, applicable à partir du 14 juillet 2017.

258 **Champ d'application temporel.** Les deux règlements sont formellement entrés en vigueur le jour suivant leur publication, soit le 31 décembre 2006 pour le règlement IPE et le 1er août 2007 pour le règlement RPL. Toutefois, le règlement IPE n'est effectivement applicable que depuis le 12 décembre 2008, et le règlement RPL depuis le 1er janvier 2009.

259 **Champ d'application territorial.** Les règlements s'appliquent aux États membres de l'Union européenne, exception faite du Danemark. S'agissant de la France, le règlement ne s'applique pas dans les collectivités d'outre-mer (Mayotte, Polynésie française, îles Wallis-et-Futuna et Saint-Pierre-et-Miquelon) et en Nouvelle-Calédonie (TUE, art. 299, 3).

260 **Champ d'application matériel.** Les règlements s'appliquent aux matières civiles et commerciales à l'exclusion des matières fiscale, douanière, administrative, et responsabilité de l'État du fait de l'exercice de la puissance publique, de l'état et la capacité des personnes physiques, des régimes matrimoniaux, obligations alimentaires, testaments et succession, des faillites, concordats et procédures analogues, de la sécurité sociale, de l'arbitrage.
S'agissant de la procédure européenne de règlement des petits litiges, elle ne peut pas être utilisée dans les litiges relatifs au droit du travail, aux baux d'immeubles (à l'exception des demandes pécuniaires), aux atteintes à la vie privée et aux droits de la personnalité, y compris la diffamation. Enfin elle ne peut s'appliquer que si le montant de la demande est inférieur à 2 000 € (5 000 € à compter du 14 juillet 2017).
Quant à l'injonction de payer européenne, elle ne peut pas s'appliquer aux créances découlant

d'obligations non contractuelles, à moins qu'elles aient fait l'objet d'un accord entre les parties ou d'une reconnaissance de dette, ou encore qu'elles concernent des dettes liquides découlant de la propriété conjointe d'un bien.

Dispositif :

• **Reconnaissance de plein droit** : l'injonction de payer européenne, devenue exécutoire, et la décision rendue dans le cadre de la procédure de règlement des petits litiges sont reconnues dans les autres États membres sans qu'une déclaration constatant leur force exécutoire soit nécessaire et sans qu'il soit possible de contester leur reconnaissance (Règl. IPE, art. 19. – Règl. RPL, art. 20). Les règles d'exécution de l'injonction de payer européenne ou de la décision rendue dans le cadre de la procédure de règlement des petits litiges sont similaires à celles prévues pour le titre exécutoire européen. Le dispositif sera étendu aux transactions judiciaires à partir du 14 juillet 2017 (Règl. IPE et RPL, art. 23 bis ; Règl. mod., art. 3).

• **Exécution de plein droit** : l'injonction ou la décision devenue exécutoire peut être exécutée dans l'État d'origine ou dans un autre État membre dans les mêmes conditions qu'une décision nationale exécutoire de cet État. Les procédures d'exécution sont celles en vigueur dans l'État membre d'exécution (Règl. IPE, art. 21, § 1. – Règl. RPL, art. 21, § 1). Il s'agit donc d'une exécution de plein droit, dispensée de l'*exequatur*. Les formalités d'exécution dans un autre État membre sont réduites au strict minimum. Le créancier doit produire, selon le cas, soit une copie de l'injonction de payer déclarée exécutoire, les conditions formelles du caractère exécutoires étant régies par le droit de l'État d'origine (en France, apposition de la formule exécutoire), soit une copie de la décision sur le petit litige assortie du certificat (formulaire D). Ces expéditions doivent remplir les conditions nécessaires pour en établir l'authenticité. Ainsi, pour des actes ou décisions d'origine française, il doit s'agir d'expéditions comportant le sceau et le paraphe du greffier. Au besoin, le créancier doit également produire, selon le cas, la traduction de l'injonction ou du certificat (mais non celle de la décision sur le petit litige, le certificat devant suffire pour l'exécution) dans la langue ou dans l'une des langues officielles de l'État requis acceptée par celui-ci au lieu d'exécution, ou dans toute autre langue qu'il aura déclaré pouvoir accepter. Cette traduction doit être certifiée par une personne habilitée dans l'un des États membres selon le règlement IPE (Règl. IPE, art. 21, § 2, b), simplement effectuée par une telle personne dans le cadre du règlement RPL (Règl. RPL, art. 21, § 2, b).

4 Le règlement communautaire « Procédures d'insolvabilité »

261 Le règlement (CE) n° 1346/2000 du 29 mai 2000, relatif aux procédures d'insolvabilité harmonise au sein de l'Union européenne les règles de compétence et de reconnaissance des décisions relatives à l'insolvabilité. Il a été commenté en France par la Chancellerie (Circ. CIV n° 2006-19, 15 déc. 2006 : *BO Justice* n° 2007-01, 28 févr. 2007 ; *JCP* E 2007, 1498). Ce règlement sera remplacé à compter du 26 juin 2017 par le règlement (UE) n° 2015/848 du 20 mai 2015, relatif aux procédures d'insolvabilité (Règl. 2015, art. 91).

262 **Champ d'application temporel.** Le règlement du 29 mai 2000 est entré en vigueur le 31 mai 2002 (Règl. 2000., art. 47). Il n'est applicable qu'aux procédures d'insolvabilité ouvertes postérieurement à son entrée en vigueur (Règl. 2000, art. 43). Le règlement du 20 mai 2015 est entré en vigueur à compter du 26 juin 2017 et n'est applicable qu'aux procédures d'insolvabilité ouvertes postérieurement à cette date (Règl. 2015, art. 84, § 1). Les procédures ouvertes avant cette date restent soumises au règlement n° 1346/2000 du 29 mai 2000 (Règl. 2015, art. 84, § 2).

263 **Champ d'application territorial.** Les règlements s'appliquent aux États membres de l'Union européenne, exception faite du Danemark. S'agissant de la France, les règlements ne s'appliquent pas dans les collectivités d'outre-mer (Mayotte, Polynésie française, îles Wallis et Futuna et Saint-Pierre-et-Miquelon) et en Nouvelle-Calédonie (TUE, art. 299, 3). Ils ne s'appliquent qu'au débiteur dont le centre des intérêts principaux est situé dans un État membre et qui possède des biens dans plusieurs États membres (Règl. 2000, consid. 11, 12 et 19 ; Circ. 2006 ; Règl. 2015, consid. 23 et 25).

264 **Champ d'application matériel.** Toutes les personnes à l'égard desquelles une procédure de sauvegarde, de redressement ou de liquidation judiciaire est ouverte en France et qui possèdent des biens dans plusieurs États membres sont soumises aux dispositions du règlement. Toutefois, celui-ci ne s'applique pas aux procédures qui concernent les entreprises d'assurance, les établissements de crédit, les entreprises d'investissement et les organismes de placement collectif.

Dispositif :

• **Reconnaissance du jugement d'ouverture de la procédure d'insolvabilité** : la décision d'ouverture rendue par une juridiction d'un État membre est reconnue de plein droit dans les autres États de l'Union européenne. Du fait de sa reconnaissance, la décision d'ouverture produit des effets sur l'ensemble des biens du débiteur, quelle que soit leur localisation dans l'Union européenne, sans aucune formalité quelle qu'elle soit (Règl. 2000, art. 16 et 17 ; Règl. 2015, art. 19 et 20).

• **Reconnaissance et exécution d'autres décisions :** les décisions relatives au déroulement et à la clôture d'une procédure d'insolvabilité rendues par une juridiction dont la décision d'ouverture bénéficie de la reconnaissance, sont également reconnues de plein droit. Il en va de même des concordats, des décisions qui découlent directement de la procédure d'insolvabilité et des mesures conservatoires (Règl. 2000, art. 25 ; Règl. 2015, art. 32). La reconnaissance a lieu de plein droit, sans aucune formalité. L'exécution est pour l'instant effectuée selon le régime prévu par le règlement Bruxelles I (procédure d'*exequatur* simplifiée. À compter du 26 juin 2017, elle aura lieu selon le régime prévu par le règlement Bruxelles I bis (exécution de plein droit – V. *supra*).

265 **Publicité foncière.** Application : publication d'une ordonnance de mise en faillite prise par une juridiction britannique. Un cabinet d'avocats requiert la publication d'une ordonnance de mise en faillite prise par une juridiction britannique. Le conservateur oppose à cette requête un refus de dépôt en invoquant le défaut d'*exequatur* ou du titre exécutoire prévu par le règlement (CE) n° 805/2004 portant création d'un titre exécutoire européen pour les créances incontestées. Le déposant répond à ce refus en faisant valoir que le règlement applicable est en fait le règlement (CE) n° 1346/2000 du 29 mai 2000, relatif aux procédures d'insolvabilité, ce que confirme l'association des conservateurs. Il en résulte que l'ordonnance de mise en faillite prise par un tribunal britannique est bien exécutoire en France.

Cependant, l'article 22-1 du règlement (CE) n° 44/2001 du 22 décembre 2000 dispose par ailleurs que : « Le syndic peut demander que la décision ouvrant une procédure visée à l'article 3 paragraphe 1 soit inscrite au livre foncier, au registre du commerce ou à tout autre registre public tenu dans les autres États membres ». C'est sur cette disposition que s'appuyait l'avocat requérant pour justifier sa demande de publication.

Mais la circulaire n° 89 de la direction des Affaires civiles et du Sceau du ministère de la Justice du 17 mars 2003, prise pour l'application de ce règlement, a précisé que l'article 22-1 vise en France le registre du commerce et des sociétés, le registre national des entreprises, le répertoire des entreprises dans les départements du Bas-Rhin, du Haut-Rhin et de la Moselle ou le registre tenu au tribunal judiciaire.

Le fichier immobilier n'étant pas concerné, c'est le droit commun interne qui est applicable en l'espèce. Dans ces conditions, dès lors que le document à publier n'est pas relatif à la définition de la situation juridique d'un immeuble, le dépôt apparaît comme étranger au champ de la publicité foncière et doit, pour ce motif, être refusé (*Bull. AMC* 2009, art. 1925).

5 Les règlements communautaires « Bruxelles II » et « Bruxelles II bis »

266 Le règlement (CE) n° 2201/2003 du 27 novembre, dit « Bruxelles II bis », sur la compétence, la reconnaissance et l'exécution des décisions en matière matrimoniale et de responsabilité parentale, prend la succession du règlement (CE) n° 1347/2000 du Conseil du 29 mai 2000, relatif à la compétence, la reconnaissance et l'exécution des décisions en matière matrimoniale et en matière de responsabilité parentale des enfants communs, dit « Bruxelles II ».

267 **Champ d'application temporel.** Les dispositions du règlement Bruxelles II étaient applicables depuis le 1er mars 2001 (art. 46). Les dispositions du règlement Bruxelles II bis sont applicables depuis le 1er mars 2005 (art. 64). Elles s'appliquent sous certaines conditions tant aux décisions rendues après le 1er mars 2005, mais sur la base d'actions intentées avant cette date, qu'à celles rendues avant le 1er mars 2005.

268 **Champ d'application territorial.** Les règlements s'appliquent aux États membres de l'Union européenne, exception faite du Danemark. S'agissant de la France, les règlements ne s'appliquent pas dans les collectivités d'outre-mer (Mayotte, Polynésie française, îles Wallis-et-Futuna et Saint-Pierre-et-Miquelon) et en Nouvelle-Calédonie (TUE, art. 299, 3).

269 **Champ d'application matériel.** Les règlements « Bruxelles II » et « Bruxelles II bis » ont un domaine identique : ils concernent les matières civiles relatives au divorce, à la séparation de corps et à l'annulation du mariage des époux. Ils ne traitent ni des causes de divorce ou de la loi applicable à un divorce, ni des aspects accessoires tels que les obligations alimentaires, les effets patrimoniaux du mariage ou les questions de succession.

Dispositif :

• **Reconnaissance de plein droit des décisions judiciaires :** les décisions rendues dans un État membre sont reconnues dans les autres États membres sans qu'il soit nécessaire de recourir à aucune procédure (Règl. Bruxelles II, art. 14 ; Règl. Bruxelles II bis, art. 27).

• **Exécution des décisions judiciaires** : l'exécution ne concerne que les décisions « sur l'exercice de la responsabilité parentale » (Règl. Bruxelles II, art. 21, 1 ; Règl. Bruxelles II bis, art. 28) ; elle nécessite le respect d'une procédure préalable d'*exequatur*.

• **Reconnaissance et exécution des actes authentiques** : c'est ici une innovation du règlement « Bruxelles II bis » : un document reçu en qualité d'acte authentique dans un État membre et qui y est exécutoire, ou un accord entre parties qui est exécutoire dans l'État membre dans lequel il a été conclu, est reconnu et rendu exécutoire dans un autre État membre de la même manière qu'une décision (Règl. Bruxelles II bis, art. 46).

• **Dispense de légalisation** : aucune formalité de légalisation ni autre formalité analogue (apostille) ne sont exigées pour les documents relatifs à la reconnaissance ou à l'exécution de décisions en matière matrimoniale, y compris les certificats (Règl. Bruxelles II, art. 35 ; Règl. Bruxelles II bis, art. 52).

6 Le règlement communautaire « Aliments »

270 Le règlement (CE) n° 4/2009 du 18 décembre 2008 relatif à la compétence, la loi applicable, la reconnaissance et l'exécution des décisions et la coopération en matière d'obligations alimentaires, a pour objectif la mise en place d'une série de mesures permettant d'assurer le recouvrement effectif des créances alimentaires dans les situations transfrontalières.

271 **Champ d'application temporel.** Le règlement est entré en application le 18 juin 2011 et s'applique aux procédures engagées, aux transactions judiciaires approuvées ou conclues, et aux actes authentiques établis, postérieurement à cette date (Règl., art. 75, 1).

272 **Champ d'application territorial.** Le règlement est applicable dans tous les États membres de l'Union européenne, y compris au Royaume-Uni, en Irlande et au Danemark

273 **Champ d'application matériel.** Le règlement s'applique aux obligations alimentaires découlant de relations de famille, de parenté, de mariage ou d'alliance (Règl., art. 1er, 1). Les prestations compensatoires entreraient dans son champ d'application.

Dispositif :

• **Reconnaissance et exécution des décisions judiciaires** : si elles sont rendues dans un État membre lié par le protocole de La Haye, toute procédure d'*exequatur* est supprimée, la reconnaissance et l'exécution sont de plein droit (Règl., art. 17, 1 et 2) ; si elles sont rendues dans un État membre non lié par ce protocole (en pratique, il s'agit des décisions rendues au Royaume-Uni et au Danemark), la procédure est similaire à l'*exequatur* simplifié prévu par le règlement Bruxelles I (V. *supra*). L'actuel article 509-2 du Code de procédure civile prévoit la certification de la reconnaissance et du caractère exécutoire de la décision par le greffier au président du tribunal judiciaire, sans distinction.

• **Reconnaissance et exécution des actes** : les actes authentiques exécutoires dans l'État membre d'origine sont reconnus dans un autre État membre et y jouissent de la même force exécutoire que les décisions (Règl., art. 48) ; l'article 509-3 du Code de procédure civile prévoit la certification de la reconnaissance et du caractère exécutoire de l'acte par le président de chambre.

• **Dispense de légalisation** : aucune légalisation ni formalité analogue (apostille) ne sont exigées (Règl., art. 65).

274 **Conséquences en publicité foncière.** Le service de la publicité foncière est en mesure de procéder aux inscriptions hypothécaires ou aux publications (dation en paiement d'un bien immobilier) sur la production du certificat délivré soit par le greffier au président du tribunal judiciaire, soit par le président de la chambre des notaires.

7 Le règlement communautaire « Succession »

275 Le règlement (UE) n° 650/2012 du 4 juillet 2012, relatif à la compétence, la loi applicable, la reconnaissance et l'exécution des décisions, et l'acceptation et l'exécution des actes authentiques en matière de successions et à la création d'un certificat successoral européen a pour but de simplifier et d'accélérer leur règlement par l'instauration de règles de compétence communes, d'une loi unique pour gouverner la succession, d'un certificat successoral européen et de mesures de reconnaissance et d'exécution immédiates des décisions. Il a été commenté par une circulaire de la Chancellerie (Circ. 25 janv. 2016 : *BO Justice* n° 2016-02, 29 janv. 2016).

276 **Champ d'application temporel.** Le règlement « Succession » est entré en vigueur le 16 août 2012 mais est applicable effectivement à compter du 17 août 2015. Trois périodes doivent donc être distinguées (Règl. Succession, art. 83 ; Circ., p. 4-19) :

– pour les personnes décédées avant le 16 août 2012 : la succession est régie par les règles de conflit de lois d'origine interne ;
– pour les personnes décédées entre le 16 août 2012 et le 17 août 2015 : la succession est régie par les règles de conflit de lois d'origine interne. Néanmoins, le règlement étant en vigueur, même s'il n'est pas encore en application, les actes d'anticipation successorale rédigés pendant cette période, mais pour un décès survenant le 17 août 2015 ou après cette date seront efficaces (à certaines conditions toutefois) ;
– pour les personnes décédées à compter du 17 août 2015 : la succession est régie par le règlement. Les actes d'anticipation établis à partir de cette date devront de même respecter les dispositions du règlement.

277 **Champ d'application territorial.** Le règlement s'applique à tous les États membres de l'Union européenne, à l'exception du Danemark, du Royaume-Uni et de l'Irlande. En France, le règlement ne s'applique pas aux collectivités d'outre-mer, à la Nouvelle-Calédonie ou aux Terres australes et antarctiques.

278 **Champ d'application matériel.** Le règlement s'applique aux successions ayant des incidences transfrontières, c'est-à-dire toutes les successions présentant un élément d'extranéité (Circ., p. 2-19). Le règlement s'applique tant à la dévolution volontaire (testamentaire) qu'à la dévolution légale et comprend tous les aspects de la succession, en particulier la dévolution, l'administration et la liquidation. Sont toutefois exclues les questions fiscales, douanières et administratives, les libéralités et autres transferts hors successions (tels que les donations, les pactes tontiniers, les contrats d'assurance-vie, les trusts), les questions liées à l'état des personnes, le statut familial, la capacité juridique, la disparition, l'absence, le régime matrimonial et le régime patrimonial des partenaires ainsi que les obligations alimentaires, la nature des droits réels, ainsi que l'inscription de ces droits dans des registres.

Dispositif :

• **Reconnaissance de plein droit des décisions judiciaires** : les décisions rendues dans un État membre sont reconnues dans les autres États membres, sans qu'il soit nécessaire de recourir à aucune procédure (Règl. Succession, art. 39).

• **Exécution des décisions judiciaires** : les décisions rendues dans un État membre qui sont exécutoires dans un État membre sont exécutoires dans un autre État membre lorsqu'elles ont été déclarées exécutoires conformément à la procédure d'exécution simplifiée prévue par le règlement (Règl. Succession, art. 43).

• **Reconnaissance de plein droit des actes authentiques** : les actes authentiques établis dans un État membre ont la même force probante dans un autre État membre que dans l'État membre d'origine ou y produisent les effets les plus comparables (Règl. Succession, art. 59).

• **Exécution des actes authentiques** : un acte authentique exécutoire dans l'État membre d'origine est déclaré exécutoire dans un autre État membre, à la demande de toute partie intéressée, conformément à une procédure d'*exequatur* simplifiée (Règl. Succession, art. 60).

• **Dispense de légalisation** : aucune légalisation ni autre formalité analogue ne sont exigées (Règl. Succession, art. 74).

• **Création d'un certificat successoral européen (CSE)** : dans le souci de favoriser un règlement rapide d'une succession transfrontalière, le règlement met en place un nouveau mode d'établissement de la preuve des qualités héréditaires et des pouvoirs des tiers administrateurs. Le certificat successoral européen est destiné à être utilisé non seulement par les héritiers et les légataires, afin de prouver des éléments spécifiques tels que la qualité d'héritier ou l'attribution d'un bien déterminé, mais également par les exécuteurs testamentaires ainsi que les administrateurs de la succession afin de justifier de leurs pouvoirs. Il peut circuler d'un État membre à l'autre, et est délivré par l'autorité désignée comme compétente en vertu de son droit national (soit un notaire, soit une juridiction). L'autorité compétente pour émettre un certificat successoral européen est en France le notaire (CPC, art. 509-3). Le certificat produit les mêmes effets dans tous les États membres, mais il n'est ni un titre exécutoire ni un acte authentique. Il fait foi jusqu'à preuve contraire et est présumé attester fidèlement de l'existence d'éléments qui ont été établis en vertu de la loi applicable à la succession ou en vertu de tout autre élément spécifique, tel que la validité au fond des dispositions à cause de mort. Il ne fait cependant pas foi des éléments qui ne sont pas régis par le règlement comme l'appartenance d'un actif donné au défunt (Circ., p. 15/19). Un formulaire de demande du certificat a été établi (Règl. [UE] n° 1239/2014, 9 déc. 2014, ann. 4). La Cour de justice de l'Union européenne a toutefois jugé que l'utilisation du formulaire de demande de certificat reste facultative (CJUE, 17 janv. 2019, aff. 102/18).

279 **Conséquences en publicité foncière. Publication du CSE.** L'administration, si elle pose clairement les termes de la discussion, ne prend pas pour autant parti : l'article 1, § 2 du règlement exclut du champ d'application les inscriptions dans

Acte passé à l'étranger

les registres de droit immobiliers et mobiliers et pose le principe selon lequel c'est la loi du registre qui déterminera les conditions et la manière dont l'inscription peut être effectuée. Toutefois, l'article 69, § 5 du même règlement prévoit que le certificat successoral européen constitue un document valable pour l'inscription d'un bien successoral sur un tel registre. Dans le même sens, le considérant 18 du règlement rappelle la nécessité d'une transcription directe d'une mutation immobilière dans les registres fonciers, sans procédure intermédiaire, dans toutes les hypothèses où les indications mentionnées dans le certificat successoral européen ou l'acte authentique étranger sont suffisantes (Circ., p. 15/19 et 16/19).
Pour une partie de la doctrine, le règlement doit primer sur l'article 710-1 du Code civil, qui sera donc sans effet dans ce cas (L. Perreau Saussine, *Le nouveau règlement européen « successions internationales » : un équilibre délicat entre juridique et judiciaire : Europe* juin 2013, n° 6, étude 6, § 13. – P. Lagarde, *Les principes de base du nouveau règlement européen sur les successions : Rev. crit. DIP* 2012, 691, § 40). D'autres auteurs, issus essentiellement du notariat, écartent la publicité foncière du certificat successoral européen, au motif essentiel qu'il ne répond pas aux exigences prescrites pour l'attestation de propriété immobilière (B. Reynis, *Le certificat successoral européen, un acte authentique européen : Defrénois* 2012, p. 767. – E. Jacoby, *Le certificat successoral européen et les registres fonciers : JCP* N 2013, act. 343. – J. Gaste et X. Ricard, *Certificat successoral européen et publicité foncière : Defrénois* 2014, p. 44. – F. Chalvignac, *Le certificat successoral européen : Dr. famille* oct. 2013, n° 10, dossier 39).
La Cour de justice de l'Union européenne a considéré que l'article 1er, § 2, sous l), l'article 68, sous l), et l'article 69, § 5, du règlement (UE) n° 650/2012 du Parlement européen et du Conseil du 4 juillet 2012, relatif à la compétence, la loi applicable, la reconnaissance et l'exécution des décisions, et l'acceptation et l'exécution des actes authentiques en matière de successions et à la création d'un certificat successoral européen, doivent être interprétés en ce sens qu'ils ne s'opposent pas à une réglementation d'un État membre prévoyant que la demande d'inscription d'un bien immobilier dans le registre foncier de cet État membre peut être rejetée lorsque le seul document présenté à l'appui de cette demande est un certificat successoral européen qui n'identifie pas ce bien immobilier (CJUE, 5e ch., 9 mars 2023, aff. C-354/21, *RJR c/ Registru centras*).
Selon une opinion doctrinale, il est donc clair que l'établissement d'une attestation immobilière par le notaire (à partir des éléments contenus dans le CSE) demeure nécessaire pour muter un immeuble situé sur le territoire français (C. Nourissat : *Procédures* mai 2023, n° 5, comm. 144, comm. CJUE, 9 mars 2023, préc.) ; en tout état de cause, rien ne semble s'opposer à ce qu'un notaire exerçant en France établisse une attestation immobilière sur la base d'un CSE complété par une autorité compétente d'un autre État membre, en y insérant, conformément à l'article 7 du décret n° 55-22 du 4 janvier 1955, les éléments de désignation du bien immobilier muté (E. Fongaro, *Chronique de droit international privé notarial : JCP* N 13 oct. 2023, n° 41, 1183, n° 32).
L'appréciation par l'Administration de la portée de cette décision n'est pas connue. En pratique, il est vraisemblable que les services de la publicité foncière continuent d'exiger la production d'une attestation notariée.

8 Le règlement communautaire « Régimes matrimoniaux »

280 Le règlement (UE) n° 2016/1103 du 24 juin 2016, mettant en œuvre une coopération renforcée dans le domaine de la compétence, de la loi applicable, de la reconnaissance et de l'exécution des décisions en matière de régimes matrimoniaux (ci-après, Règl. RM) a pour objet et pour effet d'unifier le droit international privé en matière de régimes matrimoniaux. L'unification est opérée sur tant sur le plan de la compétence judiciaire que sur le terrain de la loi applicable. À cet égard, le règlement pose le principe de l'unité de la loi applicable, en vertu duquel la loi applicable au régime matrimonial s'applique à l'ensemble des biens des époux, quel que soit leur lieu de situation (Règl. RM, art. 21). Le règlement s'appuie également sur le principe d'autonomie de la volonté : la loi applicable au régime matrimonial est en principe choisie par les époux – le choix ne pouvant toutefois porter que sur la loi de la résidence habituelle ou de la nationalité d'au moins l'un d'eux (Règl. RM, art. 22).

281 **Champ d'application temporel.** Pour l'essentiel, le règlement « Régimes matrimoniaux » est entré en vigueur le 29 janvier 2019 (Règl. RM, art. 70). Plus exactement :
– concernant les questions de compétence juridictionnelle, les règlements s'appliqueront à toutes les actions intentées à compter du 29 janvier 2019 ;
– concernant les questions relatives à la détermination de la loi applicable, les règlements s'appliqueront aux couples qui se sont mariés à compter du 29 janvier 2019.

282 **Champ d'application territorial.** Le règlement s'applique uniquement aux dix-huit États membres ayant participé au processus de coopération renforcée : la France, l'Allemagne, l'Autriche, la Belgique, la Bulgarie, l'île de Chypre, la Croatie, l'Espagne, la Finlande, la Grèce, l'Italie, le Luxembourg, l'île de Malte, les Pays-Bas, le Portugal, la République tchèque, la Slovénie et la Suède (TFUE, art. 328, § 1 ; Règl. RM, consid. 11 à 13). Toutefois, le règlement présente un caractère universel (Règl. RM, art. 20). En conséquence, la loi désignée par les époux s'appliquera même si ce n'est pas celle d'un État membre ayant participé à la coopération renforcée.

283 **Champ d'application matériel.** Le règlement s'applique aux régimes matrimoniaux (Règl. RM, art. 1er) ; selon la définition large adoptée par le règlement, le régime matrimonial doit s'entendre de « l'ensemble des règles relatives aux rapports patrimoniaux entre époux et dans leurs relations avec des tiers, qui résultent du mariage ou de sa dissolution » (Règl. RM., art. 3) – ce qui permettrait d'englober le « régime primaire ». Sont ainsi exclues du champ d'application de ce règlement la capacité juridique des époux, l'existence, la validité ou la reconnaissance d'un mariage. Sont également exclues du règlement les obligations alimentaires (régies par le règlement n° 4/2009 du 18 décembre 2008, V. *supra*), ainsi que les successions (régies par le règlement n° 650/2012 du 4 juillet 2012, V. *supra*). Sont encore exclues les questions relatives à la sécurité sociale, aux pensions de retraite ou d'invalidité.

Par ailleurs, le règlement exclut expressément de son champ d'application non seulement la nature des droits réels portant sur un bien, mais également la publicité de ces droits. Il s'agit d'éviter que le règlement ne porte atteinte au nombre limité de droits réels que connaît le droit national de certains États membres : « Un État membre ne devrait pas être tenu de reconnaître un droit réel en rapport avec des biens situés dans cet État membre s'il ne connaît pas un tel droit réel dans son droit » (Règl. RM, consid. 24).

Dispositif :

• **Reconnaissance de plein droit des décisions judiciaires** : les décisions rendues dans un État membre sont reconnues dans les autres États membres, sans qu'il soit nécessaire de recourir à aucune procédure particulière (Règl. RM, art. 36, 1).

• **Exécution des décisions judiciaires** : les décisions rendues dans un État membre et qui sont exécutoires dans cet État sont exécutoires dans un autre État membre lorsque, à la demande de toute partie intéressée, elles y ont été déclarées exécutoires conformément à la procédure d'*exequatur* simplifiée prévue par le règlement (Règl. RM, art. 42) : la demande en déclaration de force exécutoire est accompagnée d'une copie de la décision de justice réunissant les conditions nécessaires pour en établir l'authenticité, ainsi que de l'attestation délivrée par la juridiction de l'État membre d'origine au moyen d'un formulaire (Règl. RM art. 45, 3). Le modèle du formulaire a été établi par le règlement d'exécution (UE) n° 2018/1935 du 7 décembre 2018 (ann. I). En France, l'attestation sera délivrée par le directeur de greffe de la juridiction qui a rendu la décision (CPC, art. 509-1, I, 1°).

• **Reconnaissance de plein droit des actes authentiques** : un acte authentique établi dans un État membre a la même force probante dans un autre État membre que dans l'État membre d'origine ou y produit les effets les plus comparables, pour autant que cela ne soit pas manifestement contraire à l'ordre public de l'État membre concerné (Règl. RM, art. 58, 1). Une personne souhaitant utiliser un acte authentique dans un autre État membre peut demander à l'autorité établissant l'acte authentique dans l'État membre d'origine de remplir un formulaire en décrivant la force probante de l'acte authentique dans l'État membre d'origine (Règl. RM, art. 58, 1). Le modèle du formulaire a été établi par le règlement d'exécution (UE) n° 2018/1935 du 7 décembre 2018 (ann. II).

• **Exécution des actes authentiques** : un acte authentique qui est exécutoire dans l'État membre d'origine est déclaré exécutoire dans un autre État membre, à la demande de toute partie intéressée, conformément à une procédure d'*exequatur* simplifiée prévue par le règlement (Règl. RM, art. 59) : la demande en déclaration de force exécutoire est accompagnée d'une copie de l'acte réunissant les conditions nécessaires pour en établir l'authenticité, ainsi que de l'attestation délivrée par l'autorité compétente de l'État membre d'origine au moyen d'un formulaire (Règl. RM, art. 45, 3). Le modèle du formulaire a été établi par le règlement d'exécution (UE) n° 2018/1935 du 7 décembre 2018 (ann. II). Les attestations seront, en France, établies par le notaire ou la personne morale titulaire de l'office notarial conservant la minute de l'acte authentique (CPC, art. 509-3).

• **Dispenses de légalisation** : aucune légalisation ni autre formalité analogue n'est exigée pour les documents délivrés dans un État membre dans le cadre du présent règlement (Règl. RM, art. 61).

• **Conséquences en publicité foncière** : le règlement « Régimes matrimoniaux » ne devrait avoir aucune incidence en publicité foncière puisque la matière est expressément exclue de son champ d'application (V. *supra*). Le régime de l'inscription ou de la publication d'un droit immobilier dans un registre est donc exclu du domaine du règlement et reste régi par la loi de l'État membre dans lequel le registre est tenu (Règl. RM, consid. 27).

9 Le règlement communautaire « Partenariats enregistrés »

284 Le règlement (UE) n° 2016/1104 du 24 juin 2016, mettant en œuvre une coopération renforcée dans le domaine de la compétence, de la loi applicable, de la reconnaissance et de l'exécution des décisions en matière d'effets patrimoniaux des partenariats enregistrés (ci-après Règl. EPPE) a pour objet et pour effet d'unifier le droit international privé sur les effets patrimoniaux des partenariats enregistrés. Tout comme le règlement Régimes matrimoniaux, l'unification est opérée tant sur le plan de la compétence judiciaire que sur le terrain de la loi applicable. À cet égard, le règlement pose le principe de l'unité de la loi applicable, en vertu duquel la loi applicable aux effets patrimoniaux du partenariat s'applique à l'ensemble des biens des époux, quel que soit leur lieu de situation (Règl. EPPE, art. 21). Le règlement s'appuie également sur le principe d'autonomie de la volonté : la loi applicable aux effets patrimoniaux du partenariat est en principe choisie par les partenaires – le choix ne pouvant toutefois porter que sur la loi de la résidence habituelle, la loi de la nationalité d'au moins l'un d'eux ou la loi de l'État selon le droit duquel le partenariat enregistré a été créé (Règl. EPPE, art. 22).

285 **Champ d'application temporel.** Pour l'essentiel, le règlement est entré en vigueur le 29 janvier 2019 (Règl. EPPE, art. 70).

286 **Champ d'application territorial.** Le règlement s'applique uniquement dans les dix-huit États membres ayant participé au processus de coopération renforcée : la France, l'Allemagne, l'Autriche, la Belgique, la Bulgarie, l'île de Chypre, la Croatie, l'Espagne, la Finlande, la Grèce, l'Italie, le Luxembourg, l'île de Malte, les Pays-Bas, le Portugal, la République tchèque, la Slovénie et la Suède (TFUE, art. 328, § 1 ; Règl. EPPE, consid. 11 à 13). Toutefois, le règlement présente un caractère universel (Règl. EPPE, art. 20). En conséquence, la loi désignée par les partenaires s'appliquera même si ce n'est pas celle d'un État membre ayant participé à la coopération renforcée.

287 **Champ d'application matériel.** Le règlement s'applique aux effets patrimoniaux des partenariats enregistrés (Règl. EPPE, art. 1er). Selon le règlement, on entend par « partenariat enregistré » le régime de vie commune entre deux personnes prévues par la loi, dont l'enregistrement est obligatoire en vertu de ladite loi et qui répond aux exigences juridiques prévues par ladite loi pour sa création. On entend par « effets patrimoniaux des partenariats enregistrés », l'ensemble des règles relatives aux rapports patrimoniaux des partenaires entre eux et à l'égard des tiers, qui résulte du lien juridique créé par l'enregistrement du partenariat ou par la dissolution de celui-ci. On entend par « convention partenariale » tout accord entre partenaires ou futurs partenaires par lequel ils organisent les effets patrimoniaux de leur partenariat enregistré. (Règl. EPPE, art. 3, *a*, *b*, et *c*). Sont ainsi exclues du champ d'application de ce règlement la capacité juridique des époux, l'existence, la validité ou la reconnaissance d'un mariage. Sont également exclues du règlement les obligations alimentaires (régies par le règlement n° 4/2009 de décembre 2008, V. *supra*), ainsi que les successions des partenaires décédés (régies par le règlement n° 650/2012 du 4 juillet 2012, V. *supra*). Sont encore exclues les questions relatives à la sécurité sociale, aux pensions de retraite ou d'invalidité.
Par ailleurs, le règlement exclut expressément de son champ d'application non seulement la nature des droits réels portant sur un bien, mais également la publicité de ces droits. Il s'agit d'éviter que le règlement ne porte atteinte au nombre limité de droits réels que connaît le droit national de certains États membres : « Un État membre ne devrait pas être tenu de reconnaître un droit réel en rapport avec des biens situés dans cet État membre s'il ne connaît pas un tel droit réel dans son droit » (Règl. EPPE, consid. 24).

Dispositif :

- **Reconnaissance de plein droit des décisions judiciaires** : les décisions rendues dans un État membre sont reconnues dans les autres États membres, sans qu'il soit nécessaire de recourir à aucune procédure particulière (Règl. EPPE, art. 36, 1).
- **Exécution des décisions judiciaires** : les décisions rendues dans un État membre et qui sont exécutoires dans cet État sont exécutoires dans un autre État membre lorsque, à la demande de toute partie intéressée, elles y ont été déclarées exécutoires conformément à la procédure d'*exequatur* simplifiée prévue par le règlement (Règl. EPPE, art. 42) : la demande en déclaration de force exécutoire est accompagnée d'une copie de la décision de justice réunissant les conditions nécessaires pour en établir l'authenticité, ainsi que de l'attestation délivrée par la juridiction de l'État membre d'origine au moyen d'un formulaire (Règl. RM, art. 45, 3). Le modèle du formulaire a été établi par

le règlement d'exécution (UE) n° 2018/1935 du 7 décembre 2018 (ann. I). En France, l'attestation sera délivrée par le directeur de greffe de la juridiction qui a rendu la décision (CPC, art. 509-1, I, 1°).

• **Reconnaissance de plein droit des actes authentiques** : un acte authentique établi dans un État membre a la même force probante dans un autre État membre que dans l'État membre d'origine ou y produit les effets les plus comparables, pour autant que cela ne soit pas manifestement contraire à l'ordre public de l'État membre concerné (Règl. EPPE, art. 58, 1).
Une personne souhaitant utiliser un acte authentique dans un autre État membre peut demander à l'autorité établissant l'acte authentique dans l'État membre d'origine de remplir un formulaire en décrivant la force probante de l'acte authentique dans l'État membre d'origine (Règl. EPPE, art. 58, 1). Le modèle du formulaire a été établi par le règlement d'exécution (UE) n° 2018/1990 du 7 décembre 2018 (ann. II). En France, les attestations seront établies par le notaire ou la personne morale titulaire de l'office notarial conservant la minute de l'acte authentique (CPC, art. 509-3).

• **Exécution des actes authentiques** : un acte authentique qui est exécutoire dans l'État membre d'origine est déclaré exécutoire dans un autre État membre, à la demande de toute partie intéressée, conformément à une procédure d'*exequatur* simplifiée prévue par le règlement (Règl. EPPE, art. 59) : la demande en déclaration de force exécutoire est accompagnée d'une copie de l'acte réunissant les conditions nécessaires pour en établir l'authenticité, ainsi que de l'attestation délivrée par l'autorité compétente de l'État membre d'origine au moyen d'un formulaire (Règl. EPPE, art. 45, 3). Le modèle du formulaire a été établi par le règlement d'exécution (UE) n° 2018/1990 du 7 décembre 2018 (ann. II). les attestations seront, en France, établies par le notaire ou la personne morale titulaire de l'office notarial conservant la minute de l'acte authentique (CPC, art. 509-3).

• **Dispenses de légalisation** : aucune légalisation ni autre formalité analogue n'est exigée pour les documents délivrés dans un État membre dans le cadre du présent règlement (Règl. EPPE, art. 61).

• **Conséquences en publicité foncière** : le règlement « Régimes matrimoniaux » ne devrait avoir aucune incidence en publicité foncière puisque la matière est expressément exclue de son champ d'application (V. *supra*). Le régime de l'inscription ou de la publication d'un droit immobilier dans un registre est donc exclu du domaine du règlement et reste régi par la loi de l'État membre dans lequel le registre est tenu (Règl. EPPE, consid. 27).

IV Taxation

288 Nous rappellerons tout d'abord les principes (A) avant d'examiner leurs applications (B).
Nous n'examinerons ici que les incidences de ces règles de perception en ce qui concerne les mutations susceptibles de s'opérer dans un service de la publicité foncière.

A Principes

289 **Observation préliminaire.** Une observation préliminaire s'impose : les règles que nous exposerons ne sont applicables qu'à défaut de conventions internationales. Dans chaque cas, il faut donc se préoccuper de savoir s'il existe ou non une telle convention et si elle comporte des dispositions particulières régissant la situation considérée.
On remarquera d'autre part que si la règle de principe est que les lois fiscales sont territoriales, cette règle souffre de nombreuses exceptions. D'autre part, un régime dérogatoire a été institué en matière de mutation à titre gratuit.

1 Principe de territorialité

290 **Énoncé du principe.** Les lois fiscales sont territoriales : les droits d'enregistrement (et la taxe de publicité foncière) ne sont donc exigibles en principe que pour les actes passés en France et les biens qui y sont situés (sur les motifs justifiant ce principe, V. BOI-ENR-DG-20-10-20120912, 1er sept. 2012, n° 60).
L'application de ce principe conduirait à exclure du champ d'application de l'impôt en France :
– d'une part les actes passés en France et relatifs à des biens étrangers… ;

– et d'autre part les actes passés à l'étranger et concernant des biens situés en France.
Mais la règle souffre d'importantes exceptions (BOI-ENR-DG-20-10-20120912, 1er sept. 2012, n° 100).

2 Régime particulier : mutations à titre gratuit

291 Actes susceptibles d'être publiés en France. L'article 750 ter du Code général des impôts a substitué au critère réel lié au lieu de situation des biens ou à celui de la passation de l'acte un nouveau critère fondé essentiellement sur le domicile fiscal du donateur ou du défunt.
Selon le nouveau texte, sont passibles en effet des droits de mutation à titre gratuit en France :
– tous les biens meubles ou immeubles situés en France ou hors de France lorsque le donateur ou le défunt a son domicile fiscal en France ;
– les biens meubles et immeubles situés en France, lorsque le donateur ou le défunt n'a pas son domicile fiscal en France (Doc. adm. DGI, 7 G-214, 20 déc. 1996).
On le voit, la recherche du domicile fiscal pour savoir si l'acte est ou non taxable en France, n'est nécessaire que lorsqu'il s'agit de biens situés hors de France. Mais par hypothèse, il s'agit là de biens dont la mutation ne sera pas publiée au fichier immobilier.

B Applications

1 Mutation à titre onéreux

292 Après un rappel des règles générales, nous examinerons quelques difficultés particulières.

a) Règles générales

293 Actes passés à l'étranger translatifs d'immeubles situés en France. En principe, les actes passés à l'étranger ne sont pas soumis à la formalité de l'enregistrement en France (application du principe de territorialité rappelé plus haut), étant précisé que les actes authentiques étrangers ont toutefois été assimilés au point de vue de l'enregistrement à des actes sous seing privé.

294 Cependant, il en est différemment pour certains actes translatifs de biens français.
Lorsqu'il s'agit de biens français dont la mutation est obligatoirement soumise à l'impôt, et notamment d'immeubles de fonds de commerce, de clientèle, de droit à un bail ou du bénéfice d'une promesse de bail portant sur tout ou partie de l'immeuble, peu importe le lieu où l'acte a été dressé et la nationalité des parties contractantes : le droit de mutation doit être acquitté dans les délais légaux dans les mêmes conditions que s'il s'agissait d'une mutation verbale (BOI-ENR-DG-20-10-20120912, 1er sept. 2012, n° 120).
Lorsqu'elles font l'objet d'un acte passé à l'étranger, ces mutations doivent donc être déclarées dans les délais et conditions prévus par les articles 638 à 640 du Code général des impôts.
Sont donc concernés les actes authentiques dressés à l'étranger qui constatent la transmission d'immeubles situés en France.

295 Ces actes sont susceptibles d'être publiés mais ne sont pas soumis à la formalité de l'enregistrement : ils échappent en conséquence à la formalité unique.
Les mutations en cause doivent faire l'objet, dans les délais et conditions prévus à l'article 638 du Code général des impôts, d'une déclaration au service des impôts où elles sont soumises au droit d'enregistrement selon le tarif prévu pour les mutations de même nature donnant lieu au paiement de la taxe de publicité foncière.
Les actes sont dispensés de toute taxe lors de la formalité de la publication (L. 26 déc. 1969, art. 4 ; Instr. 1er juill. 1970, § 1214 ; *BOI* 7 C-13-70 ; BOI-ENR-DMTOI-10-10-10, 8 mars 2017, § 330).
La contribution de sécurité immobilière sera néanmoins perçue dans les conditions du droit commun.

b) Difficultés particulières

296 Échange d'un immeuble français contre un immeuble étranger ou inversement.
➤ V. **Échange.**

297 Partage comportant des biens situés à l'étranger. Les immeubles situés à l'étranger sont soumis au droit de partage comme les biens situés en France et ils forment donc une masse indivise unique avec les biens situés en France (BOI-ENR-PTG-10-10, 30 juin 2020, n° 160).
Lorsqu'un partage comprend des biens français et étrangers, le droit proportionnel (et éventuellement le droit de soulte) doit être calculé et perçu sur l'actif cumulé des biens français et étrangers (Cass. req., 3 mars 1884 : Instr. 2694, p. 136. – *Rev. enr. et imp.*, 2420. – Rép. min. Finances, 7 déc. 1972 : *Ind. enr.*, n° 12287).
L'administration fiscale fonde cette règle sur l'opposition existant en droits d'enregistrement entre « droit d'acte » et « droit de mutation » : l'impôt de partage est dû sur les biens étrangers car il ne s'agit pas d'un droit frappant une mutation, le partage étant considéré en droit français comme un acte déclaratif (BOI-ENR-PTG-10-10, 30 juin 2020, n° 160).

298 Vente moyennant un prix unique d'immeubles sis en France et à l'étranger. En cas de vente moyennant un prix unique d'immeubles situés partie en France, partie à l'étranger, il y a lieu d'exiger une ventilation et de soumettre au tarif ordinaire (mis à part bien entendu le cas où serait applicable un tarif particulier) les biens français, et au tarif spécial de l'article 714 du Code général des impôts (V. plus haut) les biens étrangers (Délib. 16 mars 1827 : *Journ. enr.*, 8692).
À défaut de ventilation, les droits seront liquidés sur le prix total, au taux des ventes d'immeubles situés en France.

299 Publication en France d'un partage rédigé par un notaire allemand : salaire exigible. La publication en France d'un partage rédigé par un notaire allemand rend le salaire du conservateur (ou à compter du 1er janvier 2013, la contribution de sécurité immobilière : V. ce mot) exigible sur la valeur estimée du bien situé en France (*Bull. AMC* 2009-2010, art. 1943).

2 Mutation à titre gratuit

300 Immeubles situés en France. Perceptions. Imputation des droits perçus à l'étranger. Comme nous l'avons indiqué plus haut, les mutations à titre gratuit portant sur des immeubles situés en France seront toujours passibles de l'impôt en France sans qu'il y ait à rechercher si le donateur ou le défunt est domicilié en France ou hors de France.
La taxe de publicité foncière et la contribution de sécurité immobilière seront perçues dans les conditions du droit commun.

301 On notera que l'article 784 A du Code général des impôts prévoit l'imputation des droits de mutation à titre gratuit acquittés le cas échéant hors de France : il doit s'agir bien évidemment de droits de mutation à titre gratuit perçus en raison même de la transmission entre vifs ou par décès des biens concernés.
Sont donc exclus du bénéfice de l'imputation tous autres droits ou taxes annexes, tels que les droits de publicité auxquels donnerait éventuellement lieu l'acte de donation concerné. Bien entendu, sont seuls susceptibles d'imputation les droits simples proprement dits, à l'exclusion de toute pénalité, amende ou tous intérêts de retard auxquels ils auraient pu donner lieu (BOI-ENR-DMTG-10-50-60, 12 sept. 2012, § 20).

Acte refait

Jacques LAFOND

I
Définition

302 Notion de réfection. Lorsqu'un acte est entaché de nullité, ou imparfait en la forme, les parties peuvent juger opportun de le refaire. Les mêmes solutions sont d'ailleurs valables si l'acte refait n'est entaché d'aucun vice.

Pour être considéré comme un acte refait, l'acte ne doit ajouter aucun changement à l'objet de la convention initiale et n'apporter aucune modification aux valeurs y figurant.

Pour qu'il y ait acte refait, un certain nombre de conditions doivent en outre être réunies :

– il faut qu'il existe un premier acte enregistré ou publié ;

– ce premier acte doit être enregistré ou publié avant l'annulation du second.

303 Existence d'un premier titre publié et mis à néant. Si le premier acte n'a pas été publié au moment où le second est présenté à la formalité, c'est ce second acte qui doit être soumis à l'impôt suivant sa nature.

304 Mais lorsque le premier acte est sujet à la formalité dans un délai préfixé, il forme au regard du Trésor, le seul titre de la convention et c'est sur cet acte que doivent être perçus, même après la rédaction du second, le droit simple et, s'il y a lieu, le droit en sus. Dans ce cas, le droit fixe est seul dû sur l'acte refait, même si le premier n'a pas été formalisé, sauf à l'administration à poursuivre le recouvrement des droits afférents à ce premier acte.

305 Le premier acte doit être mis à néant par le second. Si le premier subsistait, le second serait non pas un acte refait, mais une ratification ou une confirmation, qui serait taxée en tant que telle (V. **Ratification**).

306 Le second titre doit être relatif à la même convention : il ne doit pas emporter novation ou modification dans les biens ou valeurs ayant fait l'objet de la première convention (Cass. req., 5 mai 1903 : Instr. 3129, p. 2).

307 Mais le second acte peut apporter des modifications aux clauses accessoires du premier (affectation hypothécaire émanant d'un tiers, cautionnement, prorogation du terme, etc.) sans donner ouverture à un autre droit que le droit fixe, à moins que la nouvelle clause ne constitue elle-même une disposition indépendante passible du droit proportionnel (V. **Acte contenant plusieurs dispositions**).

308 Deuxième acte publié avant l'annulation du premier. Il faut que le second acte soit rédigé avant l'annulation du premier.

Les actes que l'on a voulu favoriser sont ceux qui opèrent la consolidation d'une convention antérieure entachée de nullité. Mais cette convention ne doit pas avoir cessé d'exister au moment où le second acte est établi. Si le premier acte a en effet été annulé à l'amiable ou judiciairement avant la rédaction du second, on ne peut dire qu'il est refait. La première convention ayant disparu. il se forme entre les parties une nouvelle convention passible d'un nouveau droit (Cass. 1re civ., 15 déc. 1869 : *Instr.* 2398, § 5).

II
Applications

309 **Exemples.** Nous ne citerons ici que quelques exemples pour illustrer les principes ci-dessus énoncés.

310 Dans une espèce où une vente d'immeuble avait été passée devant un notaire qui ne l'avait pas signée ni fait enregistrer. mais qui en avait délivré à l'acquéreur une expédition revêtue d'une fausse mention d'enregistrement, les parties, qui justifiaient avoir versé au notaire, disparu depuis lors, le montant des droits exigibles, ont été dispensés d'acquitter l'impôt une seconde fois, et le nouvel acte notarié dans lequel elles ont fait constater leur convention pour se procurer un titre authentique valable a été assujetti seulement au droit fixe, comme acte refait (Sol. 13 nov. 1877 : *Dict. des Rédacteurs*, V° Acte refait, n° 4).

311 De même un acte de vente soumis à la condition suspensive d'une autorisation administrative et qui a été enregistré prématurément peut être refait sans rendre exigible un second droit de mutation, bien que l'action en restitution du premier droit soit prescrite (Sol. 12 août 1872 : Maguéro, V° *Acte refait*, n° 5).

III
Taxations

312 **Conditions d'exonération du droit proportionnel.** L'administration vise les « actes refaits pour cause de nullité ou autre motif, sans aucun changement qui ajoute aux objets des conventions ou à leur valeur » (BOI-ENR-DG-20-20-40-20120912, 1er sept. 2012, n° 90).

Pour que l'acte refait ne soit pas assujetti à un nouveau droit proportionnel ou progressif, il faut qu'il existe un premier titre enregistré. Si l'acte primitif, soumis obligatoirement à formalité, n'a pas été enregistré, il appartient à l'administration de réclamer les droits et les pénalités encourues, mais l'acte nouveau sera soumis au seul droit fixe. L'exonération du droit proportionnel ou progressif n'est évidemment pas applicable au cas où l'existence de l'acte primitif ne peut pas être prouvée (*BOI* préc., n° 100).

A Taxe de publicité foncière

313 **Distinction à opérer.** Il faut distinguer selon que la publication de l'acte refait intervient en même temps que celle de l'acte initial ou postérieurement.

– La publication est opérée en même temps que celle de l'acte final :

• si ces actes sont soumis à la formalité fusionnée, sera perçue une taxe fixe égale au montant du droit fixe d'enregistrement si l'acte initial est exonéré de taxe, la même exonération s'appliquera à l'acte refait,

• si les actes ne sont pas soumis à la formalité fusionnée, il n'y aura pas de perception de taxe de publicité foncière (CGI, art. 673).

– La publication est effectuée postérieurement à celle de l'acte initial :

• s'il y a formalité fusionnée : perception d'une taxe fixe égale au montant du droit fixe d'enregistrement,

• s'il n'y a pas formalité fusionnée : perception de la taxe fixe de publicité foncière prévue par l'article 674 du Code général des impôts (actuellement 15 €).

B Contribution de sécurité immobilière

314 **Contribution de sécurité immobilière.** L'ordonnance n° 2010-638 du 10 juin 2010 (*JO* 11 juin) supprime le conservateur des hypothèques à compter du 1er janvier 2013.

À compter de cette date, il est dû une contribution fixe au taux fixé par les articles 881 C et 881 M b du Code général des impôts.

Adjudication

Neyla GONZALEZ-GHARBI

Sommaire analytique

Index alphabétique

Index alphabétique *(suite)*

Introduction

315 Ne sont pas traités dans cette rubrique, les problèmes ayant trait :
- à l'adjudication d'immeubles ruraux (V. **Droit de préemption ou de substitution, Fermier** et **Jeunes agriculteurs**) ;
- à la clause (promesse) d'attribution (V. **Clause d'attribution**) ;
- à la déclaration de command (V. **Command**) ;
- à la saisie immobilière (V. **Saisie immobilière**)
- à la surenchère (V. **Surenchère**).
- aux procédures collectives (V. **Procédures collectives**).

Nous examinerons séparément les problèmes de publicité foncière et les perceptions auxquelles donne lieu la publication du jugement d'adjudication (I), puis la TVA (II), enfin, quelques solutions applicables en matière de contribution de sécurité immobilière (III).

I

Adjudication d'immeubles : publicité foncière, formalités et perceptions

A Règles générales

1 Principes généraux

316 Diverses sortes d'adjudications. L'adjudication translative de propriété ou encore vente aux enchères publiques est un procédé de vente avec publicité et concurrence destiné à permettre au vendeur d'obtenir le prix le plus élevé.
On distingue plusieurs sortes d'adjudications :
- les adjudications volontaires qui ont lieu en principe devant notaire et auxquelles les parties majeures et capables procèdent sans le concours de l'autorité judiciaire ;
- les adjudications judiciaires qui ont lieu par autorité de justice soit à la barre du tribunal, soit devant notaire commis. Elles comprennent les ventes judiciaires forcées (telles que les ventes sur saisie immobilière) et les ventes judiciaires volontaires, c'est-à-dire les ventes ordonnées par le tribunal, mais sans l'intervention du créancier (vente de biens de mineur, licitation, etc.).

317 Assujettissement à la publicité foncière. Les décisions judiciaires portant ou constatant mutation ou constitution entre vifs de droits réels immobiliers, parmi lesquels figure le jugement d'adjudication, sont soumises à publicité obligatoire en vertu de l'article 28-1° a) du décret du 4 janvier 1955.
Quant aux jugements d'adjudications rendus sur licitation au profit d'un cohéritier ou d'un copartageant, qui n'ont qu'un effet déclaratif ou confirmatif des droits de l'adjudicataire, ils sont soumis à publicité en vertu de l'article 28-4° e) du décret du 4 janvier 1955 (*Rép. alph. enreg.*, V° Hypothèques, L. III, n° 750).

318 Effet relatif. Du point de vue de l'effet relatif, deux situations paraissent devoir être distinguées :
- si le cahier des charges est publié dans un premier temps et que le procès-verbal d'adjudication est publié par la suite isolément, ce procès-verbal doit viser les dates, volumes et numéro de la publication préalable du cahier des charges

(*JCP* N 1977, IV, 6520, chron. hyp. Bulté. – *Précis CML*, n° 814-9) ;
– si le cahier des charges et le procès-verbal d'adjudication sont publiés simultanément, ils forment alors un tout indivisible. Le procès-verbal complète le cahier des charges en ce qu'il indique le nom de l'acquéreur et le prix, les conditions générales de la vente figurant dans le cahier des charges. En ce cas, il est suffisant que les indications concernant « l'effet relatif » figurent dans le cahier des charges.

319 Certification de l'identité et pièces justificatives.
➤ Sur les règles particulières applicables en cas d'adjudication, V. **Certification d'identité**.

2 Cas particuliers

320 Jugement prononçant la nullité du procès-verbal d'adjudication. Le jugement prononçant la nullité d'un procès-verbal d'adjudication précédemment publié doit être lui-même publié et mentionné d'office par le service de la publicité foncière en marge de la publication du commandement de saisie (*Bull. AMC* 1993, art. 1587).

321 Immeuble dépendant d'une succession dont certains héritiers ne sont pas connus. Un jugement d'adjudication portant sur un immeuble dépendant d'une succession dont certains des héritiers ne sont pas connus peut-il être publié et, dans l'affirmative, sous quelles conditions ? (cf. *Bull. AMC* 1962, art. 522).
Dans le cas d'une succession dévolue à plusieurs héritiers, il n'est pas interdit à l'un ou à quelques uns de ces héritiers de requérir l'établissement d'une attestation notariée de transmission par décès pour leur part héréditaire seulement (*Bull. AMC* 1966, art. 636).
Selon une réponse ministérielle du 30 janvier 1962 (*JCP* N 1962, IV, 3295. – *Bull. AMC* 1962, art. 522), un jugement d'adjudication portant sur un immeuble dépendant d'une succession dont certains des héritiers ne sont pas connus peut être publié à condition que le requérant revête le document déposé au bureau des hypothèques d'une mention dispensant le service de la publicité foncière de publier le jugement du chef des personnes dont l'identité n'a pu être établie.
Dans le cas envisagé, la publication du jugement d'adjudication est donc possible à la condition qu'une mention apposée par le signataire du certificat d'identité sur l'expédition destinée à être conservée à la conservation requière la publication du chef seulement des héritiers présents ou représentés dont l'identité est certifiée (pour l'approbation de cette solution empirique, V. *Bull. AMC* 1983, art. 1276).

322 Adjudication d'immeubles dépendant d'une succession vacante ou de la succession d'une personne décédée sans héritiers connus. Il a été admis que la publication d'une adjudication opérant la vente d'immeubles dépendant d'une succession vacante, ou de la succession d'une personne décédée sans laisser d'héritiers connus pouvait être opérée sans que soit publiée préalablement ou concomitamment une attestation notariée. Cette attestation serait en effet dépourvue d'utilité, faute de désigner les ayants droits (*Bull. AMC* 1959, art. 379 ; *ibid.* 1977, art. 1098).

323 Adjudication d'un immeuble : erreur concernant l'origine de propriété. Dans un jugement d'adjudication dont la publication est requise, l'immeuble adjugé est déclaré appartenir à « Mme veuve X. pour avoir été acquis par elle aux termes d'un acte reçu par M^{e}... etc. ». Or, il apparaît que l'acquéreur n'a pas été Mme X. mais son mari commun en biens, depuis lors décédé. L'avocat ayant signé les certificats d'identité propose de réparer cette discordance en attestant « que l'immeuble appartenait à la communauté » et « qu'aucun héritier n'a pu être retrouvé ».
La production de cette attestation ne permet pas d'opérer la formalité. Alors même qu'il s'agirait d'une simple erreur matérielle et que celle-ci serait sans incidence sur la validité de l'attestation, il appartient à la juridiction qui a rendu le jugement d'adjudication de procéder à sa rectification (CPC, art. 462). Le service de la publicité foncière ne peut pas prendre le risque, en acceptant l'attestation proposée, d'être impliqué dans une action en revendication formée par d'éventuels héritiers du mari (*Bull. AMC* 1992, art. 1526).

324 Rejet partiel. En principe, le rejet, comme le refus, « concerne l'ensemble de la formalité dont la publicité est requise » (D. 14 oct. 1955, art. 74 §, al. 1er).
Le rejet partiel est cependant admis en vertu du texte précité dans le cas d'adjudication par lots. Il faut admettre alors qu'il y a autant de formalités que de lots adjugés (*Rép. alph. enreg.*, V° Hypothèques, L. III, n° 777).

325 Réquisition de renseignements. Bien que faisant l'objet d'une réquisition unique d'état sur publication, l'adjudication comprenant plusieurs lots d'immeubles ou de droits immobiliers distincts, à des acquéreurs distincts, autorise le

service de la publicité foncière à délivrer autant d'états séparés que de lots distincts ou, tout au moins, que de lots adjugés à des personnes distinctes (*Précis CML*, 2e éd., nos 1823 et 2017, § III. – De France et Olive, n° 561). Cette manière de faire généralement admise est justifiée, en premier lieu par les exigences de la procédure de purge et d'ordre et, plus spécialement, par le travail distinct de dépouillement, de recherche et de comparaison que nécessite l'établissement de l'état sur la formalité de publication.
En effet, l'origine de propriété de chacun des immeubles mis en vente peut-être différente, les inscriptions peuvent grever l'un des lots et non un autre, ce qui peut entraîner, le cas échéant, pour le service de la publicité foncière une action en responsabilité distincte de la part de chacun des acquéreurs (*JCP* N 1958, IV, p. 102, chron. hyp.).

326 Adjudication des biens dépendant d'une « faillite » intervenue après le décès du failli. Effet relatif. Si le « failli » est décédé au cours de la procédure, la publication de ce jugement est-elle subordonnée à celle d'une attestation notariée constatant la transmission des biens vendus aux héritiers du failli ?
Une application stricte des principes (D. 4 janv. 1955, art. 29. – D. 14 oct. 1955, art. 32) amènerait à répondre par l'affirmative. Mais considérant que la publication de la transmission au fichier immobilier serait dépourvue d'intérêt, l'association des conservateurs a conseillé de ne pas insister pour la publication de l'attestation notariée dans le cas envisagé (*Bull. AMC* 1962, art. 493).

N.B. : la même solution vaut pour l'application des textes actuels régissant les procédures collectives, en particulier dans le cas de liquidation judiciaire.

327 Adjudication d'immeubles ruraux. Droit de préemption du fermier. Publication.
➤ V. **Droit de préemption**.

328 Publication simultanée du jugement d'adjudication d'un appartement et de la déclaration faite par le locataire de se substituer à l'adjudicataire.
➤ V. **Droit de préemption**.

329 Adjudication avec promesse d'attribution.
➤ V. **Clause d'attribution**.

330 Droit d'usage d'habitation non publié. Le défaut de publication au fichier immobilier d'un droit d'habitation mentionné au procès-verbal de description est sans incidence à l'égard de l'adjudicataire, qui n'est pas un tiers à la convention que constitue le cahier des conditions de vente, dont le procès verbal de description fait partie intégrante. Dès lors que le droit d'usage litigieux est mentionné au procès-verbal de description, ce droit est opposable à l'adjudicataire (Cass. 2e civ., 15 oct. 2015, n° 14-16.677).

B Formalités

Textes : Code général des impôts.

CGI, art. 647. – I. – Les formalités de l'enregistrement et de la publicité foncière sont fusionnées pour les actes publiés au fichier immobilier et les actes portant sur des droits inscrits sur le livre foncier de Mayotte, à l'exclusion des privilèges et hypothèques mentionnés au i du 1° de l'article 2521 du Code civil. La nouvelle formalité prend nom de « formalité fusionnée ».

Sont exclus de ce régime : les décisions judiciaires et les actes pour lesquels il est impossible de procéder à la formalité fusionnée.

(../..)

III. – La formalité fusionnée doit être requise dans le délai d'un mois à compter de la date de l'acte. Toutefois, en cas d'adjudication, ce délai est porté à deux mois. (../..)

CGI, art. 665. – Les dispositions sujettes à publicité foncière ou à inscription sur le livre foncier de Mayotte des décisions judiciaires et des actes exclus du champ d'application de la formalité fusionnée sont soumises aux droits d'enregistrement.

Ces décisions et actes sont dispensés du paiement de la taxe de publicité foncière lors de la formalité de la publication ou de l'inscription.

331 Cas où l'adjudication est soumise à la formalité unique. Les adjudications sont soumises à la formalité unique si elles sont réalisées devant notaire.

332 Cas où l'adjudication est soumise à la double formalité. En revanche, lorsqu'elles ont lieu à la barre du tribunal, les sentences d'adjudication revêtent la forme de jugements assujettis distinctement à l'enregistrement et à la publicité foncière (CGI, art. 647-I).

333 Selon qu'elles entrent dans le champ d'application de la formalité unique ou qu'elles en sont

exclues, les adjudications d'immeubles rendent exigible soit la taxe de publicité foncière, soit le droit d'enregistrement ; dans le second cas, la transmission est dispensée du paiement de toute taxe de publicité foncière lors de l'exécution de la formalité de publication (CGI, art. 665. – BOI-ENR-DMTOI-10-10-30-20, 12 sept. 2012, 1er sept. 2012, n° 30).
Exceptionnellement lorsque l'adjudication est soumise à la formalité unique, le délai d'accomplissement de la formalité est fixé à deux mois, au lieu d'un mois (CGI, art. 647, III).

C Assiette et liquidation des droits

334 Application du régime des ventes ordinaires. Il résulte des dispositions de l'alinéa 1er du 1 de l'article 683 du Code général des impôts que la taxe de publicité foncière, ou éventuellement le droit de mutation, atteint les ventes et tous autres actes civils et judiciaires translatifs de propriété ou d'usufruit de biens immeubles à titre onéreux : les adjudications, visées expressément par ce texte, obéissent donc en principe au *même régime que les ventes ordinaires*.
Mais la taxation pose quelques problèmes particuliers, examinés sous cette rubrique.
Nous examinerons ici deux difficultés particulières : le cas tout d'abord où il existe des charges augmentatives du prix, puis l'hypothèse de vente par lots.

1 Charges augmentatives du prix

335 Principe. En principe, l'impôt se calcule sur le prix augmenté des charges (BOI-ENR-DMTOI-10-10-30-20, 12 sept. 2012, n° 40).
Sont des charges augmentatives du prix toutes celles qui, incombant normalement au vendeur, sont mises à la charge de l'adjudicataire (V. **Charges augmentatives**).
L'application de cette règle pose un certain nombre de problèmes spécifiques, dans l'hypothèse de vente sur adjudication.
Nous distinguerons successivement le cas de paiement par l'adjudicataire des frais antérieurs à l'adjudication, des frais d'adjudication, des frais postérieurs à l'adjudication.

a) Frais antérieurs à l'adjudication

336 Frais payés par l'adjudicataire en sus de son prix. Aux termes de l'article R. 322-58 du Code des procédures civiles d'exécution : « Les frais de poursuite et, le cas échéant, de surenchère taxés et les droits de mutation sont payés par l'adjudicataire par priorité en sus du prix. Il en est fourni justificatif au greffe avant l'expiration du délai de deux mois à compter de la date d'adjudication définitive, à peine de réitération des enchères. Toute stipulation contraire est réputée non écrite ». Sous l'empire de l'article 714 du Code de procédure civile ancien, rédigé dans les mêmes termes, il était admis que ces frais n'entraient pas dans l'assiette des droits de mutation à titre onéreux (Rép. min. n° 280 à M. Jacques Legendre : *JO* 27 nov. 1997, p. 3289 ; Doc. adm. DGI, 7 C-132, n° 7, 1er oct. 2001). Cette solution a été reprise au *BOFiP* (BOI-ENR-DMTOI-10-10-30-20, 12 sept. 2012, n° 50).

337 Clauses particulières. Les cahiers des charges contiennent parfois une clause selon laquelle l'acquéreur paiera en sus du prix principal un certain nombre de centimes par euro, pour tenir lieu de frais de vente. Dans ce cas, il convient de demander aux parties une évaluation de la part de ces centimes pouvant être considérée comme une charge à ajouter au prix.
Parfois, il est prévu que les frais seront payables par l'adjudicataire en déduction du prix. Dans cette situation, il y a lieu de déduire les frais et loyaux coûts de l'adjudication, dont le paiement se trouve être imposé en définitive au vendeur alors qu'il incombait à l'acquéreur (BOI-ENR-DMTOI-10-10-30-20, 12 sept. 2012, n° 40).

b) Frais d'adjudication

338 Frais à la charge de l'acquéreur. Les frais, droits et honoraires de l'adjudication que la loi met à la charge de l'acquéreur (C. civ., art. 1593) ne doivent pas être ajoutés au prix pour la liquidation de l'impôt, puisque l'adjudicataire, en les acquittant, ne fait que se libérer de sa propre dette et ne procure au vendeur aucun avantage indirect (Sol. 8 mai 1866).

339 Frais à la charge du vendeur. Si les frais et loyaux coûts de l'adjudication dont l'adjudicataire est tenu de plein droit sont mis à la charge du vendeur, le prix se trouve diminué d'autant (V. *JCl. Fiscalité immobilière*, Fasc. 142. – V. ci-dessus, n° 337).

c) Frais postérieurs à l'adjudication. Frais de purge

340 Distinction entre ces frais. On ne doit pas ajouter au prix en vue du calcul du droit les frais subséquents qui sont, comme accessoires de la vente, à la charge de l'adjudicataire (C. civ., art. 1593), à savoir le coût de l'enregistrement et de la publication, les frais de visite des lieux, d'arpentage, le coût de la « grosse » du procès-verbal d'adjudication (réf. citées par Maguéro, V° Adjudication d'immeubles, n° 23).

341 **Cas de l'adjudication d'un lot de copropriété.** S'agissant des appels de fonds à titre de provisions du budget prévisionnel voté par l'assemblée générale (L. n° 65-557, 10 juill. 1965, art. 14-1), il a été jugé qu'« à l'occasion d'une vente par adjudication d'un lot de copropriété, le paiement de cette provision incombe au copropriétaire saisi », ce dernier étant comme tout vendeur d'un lot de copropriété, tenu (D. n° 67-223, 17 mars 1967, art. 6-2). En revanche, les honoraires du syndic afférents à l'établissement de l'état daté à l'occasion de la mutation à titre onéreux d'un lot ou d'une fraction de lot constituent des frais de la vente qui incombent à l'adjudicataire (V. Cass. 3e civ., 20 mai 2021, n° 20-15.633, P : *JurisData* n° 2021-007776 ; *JCP* N 2021, act. 581 ; *Procédures* 2021, comm. 192, Ch. Laporte).

342 Quant aux frais de purge, ils incombent de plein droit au vendeur d'après la doctrine et la jurisprudence (Cass. civ., 22 avr. 1856 : *S.* 1856, 1, p. 849). Ils doivent par conséquent être considérés comme un supplément de prix passible de l'impôt, lorsqu'ils sont mis à la charge de l'adjudicataire.

343 Les frais de purge comprennent ceux de la procédure d'ordre consécutive à une vente judiciaire dès lors que le cahier des charges avait prévu l'ouverture de l'ordre et ne permettait pas à l'adjudicataire de payer directement au vendeur non grevé les portions du prix lui revenant (Cass. req., 10 juin 1907 : *Rev. enr. et imp.*, 4433).
Cette solution paraît pouvoir être transposée, pour les procédures de distribution judiciaire qui ont remplacé la procédure d'ordre (CPC ex., art. R. 331-1 et s.).

2 Vente par lots

a) Règles générales

344 **Liquidation des droits.** En cas de vente par lots, il doit être effectué autant de liquidations qu'il y a, pour un même procès-verbal d'adjudication, d'acquéreurs non solidaires, c'est-à-dire, en fait, de contrats distincts. Mais il y a lieu de réunir, pour la perception, les lots acquis distinctement par le même adjudicataire (BOI-ENR-DMTOI-10-10-30-20-20120912, 1er sept. 2012, n° 60).
En conséquence :

345 Si **les lots sont adjugés à plusieurs acquéreurs**, il faut distinguer selon qu'ils sont ou non solidaires :
– s'ils ne sont pas solidaires, on considérera qu'il y a autant de contrats distincts que d'acquéreurs, et chaque acquisition fera l'objet d'une liquidation séparée ;
– s'il y a solidarité, on considérera qu'il y a contrat unique et une seule liquidation sera opérée.

346 Dans le cas où **les lots sont adjugés au même adjudicataire**, il n'y aura qu'une seule liquidation.
L'application de ces principes faisait surtout difficulté à propos de la perception du salaire dont le tarif était progressif avant le décret du 24 juillet 1981.

b) Lot unique. Pluralité d'acquéreurs

347 Si un lot est adjugé à plusieurs acquéreurs qui en seront propriétaires divisément et pour des prix spécifiés à l'adjudication, le droit ne doit pas moins être perçu sur le prix total dans le cas où ces adjudicataires restent solidaires envers les vendeurs.
Si au contraire aucune solidarité n'est stipulée, chacun des co-acquéreurs devant payer sa part du prix, les ventes seront distinctes et les droits seront liquidés en conséquence (*JCl. Fiscalité immobilière*, Fasc. 142. – Maguéro, V° Adjudication d'immeubles, n° 37).

c) Minimum de perception

348 Lorsqu'une adjudication est prononcée moyennant des prix distincts pour chaque lot, et qu'il n'est dû, sur chaque lot, que le minimum de perception au titre de la taxe de publicité foncière, il a été décidé qu'un salaire minimum serait applicable à l'ensemble des dispositions d'un même procès-verbal d'adjudication, même si les adjudications sont prononcées au profit d'adjudicataires différents (Rép. min. Économie et Finances : *JOAN*, 21 janv. 1967, p. 120 ; *Bull. AMC* 1967, art. 693).
À compter du 1er janvier 2013, c'est la contribution de sécurité immobilière au taux prévu par l'article 881 M b du Code général des impôts (V. **Minimum de perception**) qui sera perçue.

D Cahier des conditions de la vente

1 Taxe de publicité foncière

349 **Distinctions.** Les cahiers des charges dressés en vue de l'adjudication ne sont assujettis à l'enregistrement obligatoire dans le mois de leur date que s'ils sont établis par un notaire en forme d'actes séparés. Ils donnent alors ouverture au droit fixe des actes innommés de 125 € (CGI, art. 680. V. **Droits fixes**) et rendent exigible la contribution de sécurité immobilière au taux fixe de 15 € prévu par l'article 881 C du Code général des impôts. (antérieurement au 1er janvier 2013, l'exigibilité du salaire fixe était prévue par l'article 287 de l'annexe III au CGI ; *Bull. AMC* 1952, art. 106).

Lorsqu'ils ne constituent pas un acte matériellement distinct du procès-verbal de l'adjudication, ils ne sont passibles d'aucun droit particulier (Instr. 1667, p. 2. – *JCl. Fiscalité immobilière*, Fasc. 140). Si le cahier des charges est publié dans le même document que l'adjudication ou la vente, aucune contribution de sécurité immobilière n'est perçue.

Si un cahier des charges est dressé par un notaire en vue d'une adjudication non réalisée ou infructueuse, il y a alors application du régime de dispense de formalité avec paiement sur état du droit fixe.

2 Contribution de sécurité immobilière

350 **Distinctions.** Les solutions suivantes avaient été données à propos du salaire du conservateur :

– si le cahier des charges est publié dans le même document que l'adjudication ou la vente, aucun salaire n'est perçu ;

– si le cahier des charges est publié séparément, il y a perception du salaire fixe (V. CGI, ann. III, art. 287 ; *Bull. AMC* 1952, art. 106).

351 **Contribution de sécurité immobilière.** Depuis le 1er janvier 2013, il sera dû une contribution fixe au taux fixé par les articles 881 C et 881 M b du Code général des impôts (V. **Contribution de sécurité immobilière**).

E Déclaration d'adjudicataire

CGI, art. 687. – Les déclarations d'adjudicataires faites au greffe conformément à l'article 707 du Code de procédure civile sont assujetties à une taxe fixe de publicité foncière de 25 € lorsque la publicité n'en est pas requise en même temps que celle des actes passibles de l'imposition proportionnelle.

352 **Ce texte est périmé.** En effet, l'article R. 322-46 du Code des procédures civiles d'exécution, issu du décret n° 2006-936 du 27 juillet 2006 (*JO* 29 juill.) a mis fin au délai de déclaration d'adjudication qui était ouvert par l'article 707 du Code de procédure civile ancien, en imposant désormais à l'avocat du dernier enchérisseur de déclarer au greffe, avant l'issue de l'audience, l'identité de son mandant, qui est l'enchérisseur définitif.

Dans sa rédaction en vigueur depuis le 1er septembre 2019 (D. n° 2019-488, 22 mai 2019, art. 3), l'article R. 322-46 du Code des procédures civiles d'exécution précise : « Avant l'issue de l'audience, l'avocat dernier enchérisseur déclare au greffier l'identité de son mandant et lui remet l'attestation mentionnée à l'article R. 322-41-1 ».

Aux termes de l'article R. 322-61, alinéa 2 du code précité :

> « Si les renseignements d'identité fournis par l'adjudicataire sont incomplets au regard des exigences de la publicité foncière, l'avocat de l'adjudicataire les complète par une déclaration écrite remise au greffe au plus tard le troisième jour ouvrable suivant l'audience d'adjudication. Cette déclaration complémentaire est annexée au titre de vente. En cas de difficulté, le greffe en réfère au juge, qui statue par une ordonnance non susceptible d'appel. »

353 **Immeuble acquis par une personne déclarant agir au nom d'une société civile immobilière immatriculée.** Si un immeuble a été acquis aux enchères par une personne qui a déclaré agir au nom d'une société civile immobilière qui en fait n'a pas été immatriculée, et qu'il est ensuite devenu la propriété d'une deuxième société civile immobilière qui a fait l'objet d'une immatriculation, il y a lieu de considérer fiscalement que cet immeuble a fait l'objet d'une mutation de l'acheteur aux enchères à la deuxième société (Cass. com., 17 oct. 1995, n° 94-11.008 : *JurisData* n° 1995-004254).

F Cas particuliers

1 Adjudication suivie d'un partage

354 Dans le cas d'une adjudication d'immeubles à trois adjudicataires solidaires suivie d'un partage de ces immeubles entre les adjudicataires, deux taxes sont exigibles, l'une à 0,70 % (0,71498 % avec les perceptions additionnelles), l'autre à 2,50 % (droit de partage, CGI, art. 746), sauf toutefois si l'adjudication avait été prononcée avec promesse d'attribution. En ce dernier cas, la taxe de publicité foncière ne serait exigible qu'une seule fois, sur le partage (*JCP* N 1963, IV, 3627, chron. hyp.).

2 Conditions suspensives

355 On insère parfois dans les cahiers des charges une clause d'après laquelle l'adjudication ne doit prendre effet et opérer transmission de propriété que si les droits d'enregistrement sont consignés par l'adjudicataire dans un délai déterminé. Cette clause constitue en principe une condition suspensive, et non résolutoire, faisant obstacle dès lors à l'exigibilité immédiate du droit proportionnel de mutation (Maguéro, V° Adjudication d'immeuble, n° 12 ; *Dict. enr.*, 4546). Mais il importe que l'acte ne laisse aucune incertitude à cet égard : dans le doute sur la véritable intention des parties, on devrait de préférence réputer résolutoire la condition dont il s'agit (Maguéro, *ibid.*).

3 Expropriation

356 L'acquisition réalisée par voie d'adjudication au cours de la procédure d'expropriation est exemptée de droit de mutation et de taxe de publicité foncière (BOI-ENR-DMTOI-10-80-20-20150521, n° 70. – V. **Expropriation**).

G Réitération des enchères (folle enchère)

357 **Rappel.** Aux termes de l'article R. 322-66 du Code des procédures civiles d'exécution (D. n° 2012-783, 30 mai 2012) : « À défaut pour l'adjudicataire de payer dans les délais prescrits le prix, les frais taxés ou les droits de mutation, le bien est remis en vente à la demande du créancier poursuivant, d'un créancier inscrit ou du débiteur saisi, aux conditions de la première vente forcée ».

L'adjudication sur réitération des enchères résout le droit de l'adjudicataire. Elle emporte le retour du bien dans le patrimoine du saisi (V. dans un cas où l'adjudicataire, fol enchérisseur était en liquidation judiciaire : Cass. 2e civ., 11 mars 2010, n° 09-13 360 : *JurisData* n° 2010-001604 ; *Bull. civ.* 2010, II, n° 50).

H Régime fiscal des adjudications sur réitération des enchères (folle enchère)

358 **Textes.** Le régime fiscal des adjudications sur réitération des enchères résulte de la combinaison des articles 685 et 1089 A du CGI.

CGI, art. 685 : « Les adjudications sur réitération des enchères de biens immeubles ne sont assujetties à la taxe proportionnelle de publicité foncière ou au droit proportionnel d'enregistrement que sur ce qui excède le prix de la précédente adjudication, si l'impôt en a été acquitté.

Lorsque le prix n'est pas supérieur à celui de la précédente adjudication et si celle-ci a été enregistrée ou soumise à la formalité fusionnée, l'adjudication sur réitération des enchères est assujettie à une imposition fixe de 125 € ».

CGI, art. 1089 A : « Sauf lorsqu'elles donnent ouverture à un droit proportionnel ou progressif, les décisions des juridictions de l'ordre judiciaire ne sont pas soumises au droit d'enregistrement ».

359 **Deux hypothèses sont à envisager selon le rapport entre le prix de l'adjudication sur réitération des enchères et le prix de la première aliénation.**

1re hypothèse : Prix inférieur ou égal au prix de la première aliénation, lorsque l'impôt de mutation sur la première mutation a été acquitté :

– acte notarié : droit fixe de 125 € (CGI, art. 685) ;

– jugement : exonération (CGI, art. 1809 A.

2e hypothèse : Le prix est supérieur à celui obtenu lors de la première adjudication : il est dû un supplément de droit d'enregistrement ou de taxe de publicité foncière sur l'excédent de prix selon qu'il s'agit d'une adjudication à la barre du tribunal ou autrement que par jugement, à condition que les droits aient été préalablement acquittés lors de la première adjudication (CGI, art. 685. – BOI-ENR-DMTOI-10-10-30-20, 12 sept. 2012, n° 180).

Remarque : Il a été jugé que lorsque les droits liquidés sur l'adjudication sur folle enchère sont inférieurs à ceux perçus sur la première aliénation, l'adjudicataire fol enchérisseur est redevable des droits d'enregistrement dus sur la différence de prix restant à sa charge malgré la résolution de son titre (Cass. com., 26 mars 1985, n° 83-12.912 : *Bull. civ.* 1985, IV, n° 110, p. 95). Cette solution était fondée sur la lecture combinée des dispositions de l'ancien article 741 A du Code de procédure civile et de celles des articles 683 et 685 du CGI.

II

Adjudication d'immeubles soumise à la taxe sur la valeur ajoutée

360 Il est rappelé que la TVA ne peut trouver à s'appliquer à l'adjudication que si le vendeur, saisi, est un assujetti agissant en tant que tel (V. **TVA immobilière**).

De même, s'agissant de la revente des immeubles acquis par l'adjudicataire, la TVA ne s'applique que si le cédant agit en qualité d'assujetti. Saisie d'une question préjudicielle par la cour d'appel d'Alba Iulia en Roumanie, la Cour de justice de l'Union européenne a dit pour droit que la directive TVA du 28 novembre 2006 (Cons. UE, dir. 2006/112/CE, 28 nov. 2006, art. 2, § 1 et 9, § 1 : *JOUE* n° L 347, 11 déc. 2006 ; *JCP* E 2006, act. 567) doit être interprétée en ce sens que l'opération par laquelle une personne se voit adjuger un immeuble saisi dans le cadre d'une procédure d'exécution forcée engagée en vue du recouvrement d'un prêt précédemment octroyé et, par la suite, procède à la vente de cet immeuble ne constitue pas, en soi, une activité économique lorsque cette opération relève du simple exercice du droit de propriété ainsi que de la bonne gestion du patrimoine privé, de sorte que ladite personne ne saurait, au titre de ladite opération, être considérée comme un assujetti (CJUE, 6e ch., 20 janv. 2021, aff. C-655/19, *LN ; JCP* E 2021, act. 105).

361 **Redevable de la TVA. Application des règles de droit commun.** Conformément à l'article 283, 1, le redevable de la taxe est, en principe, le vendeur (V. **TVA immobilière**).

362 Avant la réforme de la TVA opérée par la loi de finances rectificative pour 2010 (L. n° 2010-237, 9 mars 2010 : *JO* 10 mars, art. 16), l'administration avait précisé que cette règle ne pouvait être tenue en échec :

– ni par les dispositions du cahier des charges. Ainsi s'il est stipulé que « l'adjudicataire sera tenu d'acquitter en sus de son prix..., sur la quittance de l'avoué poursuivant, tous les droits d'enregistrement, et de greffe auxquels donnera lieu l'adjudication » et si la déclaration de mutation a été souscrite par l'adjudicataire, il n'acquiert pas pour autant la qualité de redevable de la taxe sur la valeur ajoutée, qu'il doit dans ces conditions, être réputé avoir acquittée aux lieu et place du vendeur (CE, 7e et 9e ss-sect., 22 févr. 1980, req. n° 6315 : *JCP* N 1981, II, p. 83, note D.F. ; *BOI* 8 A-20-80. – CE, 5 déc. 1983, req. n° 36331 : *RJF* 2/1984, p. 73. – CE, 25 nov. 1985, 9e et 7e ss-sect., req. n° 46007 : *RJF* 2/1986, n° 174 ; *Dr. fisc.* 1986, comm. 283, p. 244, concl. comm. gouv. Racine ; Doc. adm. DGI, 8 A-151, n° 5, 15 nov. 2001) ;

– ni par les dispositions du Code de procédure civile, qui sont sans influence sur la détermination du redevable de la taxe, laquelle ne peut relever que de la loi fiscale (CE, 30 mai 1980, req. n° 16464). Ainsi, dans le cas de vente sur adjudication d'un immeuble inachevé construit sur un terrain acquis sous le régime de la taxe sur la valeur ajoutée immobilière, le redevable de la taxe est en toute hypothèse le vendeur.

363 Cependant, pour tenir compte de la nature particulière des adjudications sur saisie immobilière et notamment de l'incapacité dans laquelle se trouvait le plus souvent le vendeur de payer la TVA, l'administration avait pris diverses mesures de tempérament afin de permettre l'exercice par l'adjudicataire des droits à déductions du saisi (Doc. adm. DGI, 8 A-151, n° 5, 15 nov. 2001). Ces précisions n'ont pas été reprise au BOFiP.

364 **Taxe de publicité foncière. Règles de droit commun.** La taxe de publicité foncière est exigible selon les règles de droit commun applicables aux ventes d'immeubles soumises à la TVA (V. **Immeuble neuf** et **Terrains**).

III

Contribution de sécurité immobilière

Les solutions données ci-dessous à propos du salaire du conservateur restent valables jusqu'à nouvel ordre pour la perception de la contribution de sécurité immobilière.

A Adjudication comportant un seul lot

365 L'acquisition faite par un seul acquéreur ou par des époux non séparés de biens d'un immeuble vendu sur adjudication donne ouverture à la perception d'un salaire unique sur le prix augmenté des charges (*Précis CML*, 2e éd., n° 1994-2 ; *JCP* N 1954, IV, 1920-1).
Mais l'application de cette règle a donné lieu à des difficultés dans le cas particulier d'adjudications comportant plusieurs lots.
Pour les régler, des règles ont été définies par l'administration fiscale en accord avec l'association mutuelle des conservateurs (*Bull. AMC* 1952, n° 106. – Circ. 30 avr. 1953, n° 221 ; *JCP* N 1954, IV, 1920).

B Adjudication comportant plusieurs lots

366 Les difficultés sont, nous le disions, relatives au cas d'adjudication comportant plusieurs lots.
Une règle de principe a été dégagée (1) qui comporte des exceptions (2).

1 Principe

367 Lorsque, par le même procès-verbal d'adjudication, plusieurs immeubles sont adjugés par lots séparés moyennant des prix distincts pour chacun des lots, soit à divers adjudicataires, soit même à un adjudicataire unique, il existe autant de conventions particulières portant accord sur la chose et sur le prix que de lots adjugés moyennant un prix distinct et par suite, autant de privilèges pour le vendeur en cas de non-paiement du prix (Cass. civ., 11 mars 1891 : *D.* 1891, 1, p. 253 ; *S.* 1892, 1, p. 273 ; *Journ. conserv. hyp.*, art. 4158 ; *Rev. hyp.* 13 avr. 1893, 781 ; *D.* 1893, 1, p. 531 ; *S.* 1894, 1, p. 97, art. 4367).
L'association des conservateurs en a tiré les conséquences suivantes :

> « Les adjudications de plusieurs lots distincts, tranchées moyennant des prix distincts au profit d'un même acquéreur, ne doivent pas être totalisées pour la perception d'un salaire unique en ce qui concerne un acquéreur puisqu'il est admis qu'il y a autant de privilèges distincts que de prix distincts » (*Bull. AMC* 1952, art. 106, § 2 préc. – V. aussi *JCP* N 1963, IV, 3463 ; *JCP* N 1959, IV, 2834).

2 Exceptions

368 Dans le cas d'acquéreur unique, la règle sus énoncée comporte plusieurs exceptions :

369 **Application du minimum à chaque groupe de lots adjugé à la même personne.** Ainsi avait-il été conseillé de n'appliquer que le salaire minimum à chaque groupe de lots adjugé à des acquéreurs uniques lorsque les prix d'adjudication étaient très faibles et que le salaire exigible sur chacun d'eux serait notablement inférieur au minimum, le mode de liquidation résultant de la règle précitée pouvant alors conduire à des perceptions excessives (Rép. min. : *JOAN* 21 janv. 1967, p. 120 ; *Bull. AMC* 1967, art. 693).

370 **Réunion des lots adjugés à un acquéreur unique.** Lorsque les lots sont réunis et adjugés à un seul adjudicataire pour un prix unique, il n'y avait lieu qu'à perception d'un salaire unique (*JCP* N 1963, IV, 3463 et les références citées) assis sur le prix unique d'adjudication augmenté des charges. Il n'y avait en effet dans ce cas qu'un seul créancier, le vendeur ; qu'un seul acquéreur, l'adjudicataire ; qu'une seule créance, le prix unique et en cas de non-paiement de celui-ci, l'adjudicataire ne donnerait naissance qu'à un seul privilège.

371 **Vendeurs solidaires ou en indivision.** Enfin, si les vendeurs étaient solidaires ou qu'il s'agisse de copropriétaires indivis, un seul salaire était dû sur le prix total (Bulté : *JCP* N 1977, chron. hyp. 6690).
Si douze héritiers mettent en adjudication un terrain adjugé 15 000 € à M. Dupont, le salaire sera perçu non pas sur douze fractions de 150 000 auxquelles on appliquerait le minimum, mais sur 15 000 € (*ibid.*).

372 **Adjudicataires solidaires.** Dans le cas où les immeubles provenant d'un vendeur unique seraient adjugés à plusieurs acquéreurs solidaires, un seul salaire serait dû sur le prix total de la vente (*JCl. Fiscalité immobilière*, Fasc. 150).

Affirmation de sincérité

Serge LAMIAUX

CGI, art. 850. – Dans tout acte ou déclaration ayant pour objet, soit une vente d'immeubles, soit une cession de fonds de commerce ou du droit à un bail ou du bénéfice d'une promesse de bail portant sur tout ou partie d'un immeuble, soit un échange ou un partage comprenant des immeubles ou un fonds de commerce, les vendeurs, acquéreurs, échangistes, copartageants, leurs tuteurs ou administrateurs légaux sont tenus de terminer l'acte ou la déclaration par une mention ainsi conçue : « Les parties affirment, sous les peines édictées par l'article 1837 du Code général des impôts que le présent acte (ou la présente déclaration) exprime l'intégralité du prix ou de la soulte convenue ».

373 **Objet de l'affirmation de sincérité.** L'article 850 du Code général des impôts a pour objet :
– d'obliger les contribuables à affirmer d'une manière expresse et précise la sincérité des énonciations servant de base à la liquidation de l'impôt ;
– de punir des peines correctionnelles de l'article 1837 du Code général des impôts, ceux qui auront formulé frauduleusement les affirmations prescrites, étant observé que l'infraction est consommée du seul fait que le signataire avait connaissance du prix réel.

I

Champ d'application de l'affirmation de sincérité

374 **Énumération légale.** En vertu des dispositions de l'article 850 du Code général des impôts, l'affirmation de sincérité doit être insérée dans tout acte ou déclaration ayant pour objet, soit une vente d'immeubles, soit une cession de fonds de commerce ou du droit à un bail ou du bénéfice d'une promesse de bail portant sur tout ou partie d'un immeuble, soit un échange ou un partage comprenant des immeubles ou un fonds de commerce, par les vendeurs, acquéreurs, échangistes, copartageants, leurs tuteurs ou administrateurs légaux (BOI-ENR-DG-20-20-30-20120912, 1er sept. 2012, n° 20).
L'affirmation de sincérité doit être souscrite, pour les actes de partage ou d'échange, alors même qu'aucune soulte n'aurait été convenue (*BOI* préc.).

375 **Actes assimilés.** Aux actes nommément désignés par l'article 850 du Code général des impôts, il y a lieu d'assimiler ceux qui, du point de vue fiscal, sont soumis au même régime tels que :
– les cessions de droits successifs et les licitations ;
– les apports à titre onéreux faits à une société ou les apports purs et simples, notamment d'immeubles, faits par une personne non passible de l'impôt sur les sociétés à une personne morale passible de cet impôt ;
– les cessions de parts sociales dans les trois ans de l'apport ou les cessions de droits sociaux dans les sociétés transparentes ou les cessions de droits sociaux visés à l'article 727-1-3° du Code général des impôts ;

– les actes de vente sous condition suspensive ou résolutoire, et les promesses synallagmatiques de vente ;

– les actes portant mutation de biens meubles et immeubles (BOI-ENR-DG-20-20-30-20120912, 1er sept. 2012, n° 50).

II Modalités d'exécution de l'obligation légale

A Règles applicables à l'ensemble des actes

376 Libellé. L'affirmation de sincérité doit être ainsi libellée :

« Les parties affirment, sous les peines édictées par l'article 1837 du Code général des impôts que le présent acte (ou la présente déclaration) exprime l'intégralité du prix ou de la soulte convenue » (BOI-ENR-DG-20-20-30-20120912, 1er sept. 2012, n° 20).

377 Insertion en fin d'acte. Signature. L'affirmation de sincérité peut être imprimée ou dactylographiée, mais elle doit toujours figurer à la fin de l'acte, quelle que soit la forme de celui-ci (acte sous seing privé ou notarié).
L'affirmation de sincérité doit être signée par chacune des parties (BOI-ENR-DG-20-20-30-20120912, 1er sept. 2012, n° 60).

378 Mandataire. Les mandataires désignés pour souscrire les déclarations de mutations verbales n'ont pas à formuler l'affirmation de sincérité.
Au contraire, dans les actes de vente, échange ou partage, le mandataire est tenu de souscrire la mention (BOI-ENR-DG-20-20-30-20120912, 1er sept. 2012, n° 60).

B Dispositions propres aux actes notariés

CGI, art. 863. – Le notaire qui reçoit un acte de vente, d'échange ou de partage est tenu d'informer les parties de l'existence des sanctions édictées par les articles 850 et 1837.

Mention expresse de cette information est faite dans l'acte.

379 Information des parties concernant les sanctions pénales. Le notaire qui reçoit un acte de vente, d'échange ou de partage est tenu d'informer les parties de l'existence des sanctions édictées par les articles 850 et 1837 du Code général des impôts (sur ces sanctions, V. nos 381 à 385).
Le notaire n'est pas tenu, pour certaines catégories d'actes (il s'agit des actes ou déclarations ayant pour objet, soit une vente d'immeubles, soit une cession de fonds de commerce ou du droit à un bail ou du bénéfice d'une promesse de bail portant sur tout ou partie d'un immeuble, soit un échange ou un partage comprenant des immeubles ou un fonds de commerce), de lire intégralement aux parties les diverses dispositions légales qui édictent les sanctions applicables aux dissimulations de prix. Il doit seulement informer les parties de l'existence des sanctions qu'elles contiennent. La forme et l'étendue de cette information, qui peut être écrite ou verbale, sont laissées à l'entière discrétion du notaire (BOI-ENR-DG-20-20-30-20120912, 1er sept. 2012, n° 180).

380 Mentions à insérer dans l'acte. Une mention de l'exécution de cette formalité doit être insérée dans le corps de l'acte (CGI, art. 863).
L'exécution des obligations prévues tant par l'article 850 du Code général des impôts que par l'article 864 du Code général des impôts concernant les dissimulations de prix peut être attestée par la formule suivante :

« Les parties attestent que le présent acte exprime l'intégralité du prix ou de la soulte, elles reconnaissent avoir été informées par le notaire soussigné des sanctions encourues en cas d'inexactitude de cette affirmation ».

Pour les actes à plusieurs dates, une seule mention de lecture suffit.
La lecture doit être faite à toutes les parties (BOI-ENR-DG-20-20-30-20120912, 1er sept. 2012, n° 220).

III Sanctions

A Sanctions civiles

381 Refus d'enregistrer ou refus de dépôt. À défaut des affirmations requises, le comptable de la DGFiP doit refuser l'enregistrement de l'acte. De même, pour les actes soumis à la formalité unique, le conservateur (devenu « service de la publicité foncière » à compter du 1er janvier 2013) doit refuser le dépôt (BOI-ENR-DG-20-20-30-20120912, 1er sept. 2012, n° 70).

382 Cas particuliers. La règle de principe connaît quelques aménagements (BOI-ENR-DG-20-20-30-20120912, 1er sept. 2012, nos 80 et 90) :
– dans le cas de mutation verbale, si le déclarant affirme ne savoir ou ne pouvoir signer, le receveur lui donne lecture de la mention de sincérité et de l'article 1837 du Code général des impôts et certifie au pied de la déclaration que cette formalité a été accomplie et que le déclarant affirme l'exactitude complète de sa déclaration ;
– les comptables de la DGFIP et les conservateurs des hypothèques (devenu « service de la publicité foncière » à compter du 1er janvier 2013) sont autorisés à enregistrer les actes sous seing privé non revêtus de la mention d'affirmation de sincérité, lorsque les parties justifient qu'elles se trouvent dans l'impossibilité absolue de satisfaire au vœu de la loi (invalidité physique ou intellectuelle de l'un ou l'autre des contractants, désaccord entre eux). Ils en font mention sur le registre des formalités.

B Sanctions pénales

CGI, art. 1837. – I. – Celui qui a formulé frauduleusement les affirmations prescrites par les dispositions du chapitre Ier du titre IV de la 1re partie du livre Ier et les textes pris pour leur exécution, est puni de trois ans d'emprisonnement et de 45 000 € d'amende. Le tribunal peut également prononcer l'interdiction des droits civiques, civils et de famille prévue par l'article 131-26 du Code pénal pour une durée de cinq ans au plus.

Lorsque l'affirmation jugée frauduleuse émane d'un ou de plusieurs des cohéritiers solidaires, ou que la déclaration a été souscrite par un mandataire, les autres héritiers solidaires, ou le mandant, sont passibles des mêmes peines, s'il est établi qu'ils ont eu connaissance de la fraude, et s'ils n'ont pas complété la déclaration dans un délai de six mois.

II. – Les peines correctionnelles édictées au I se cumulent avec les peines dont les lois fiscales frappent les omissions et les dissimulations.

III. – Les articles 121-6 et 121-7 du Code pénal sont applicables au délit spécifié au présent article (1).

(1) En ce qui concerne les poursuites et la compétence du tribunal, voir les articles L. 230 et L. 231 du Livre des procédures fiscales.

383 Affirmation de sincérité frauduleuse. Lorsque l'affirmation de sincérité est formulée frauduleusement, l'auteur de cette affirmation est puni de trois ans d'emprisonnement et d'une amende de 45 000 €, ainsi que, le cas échéant, de l'interdiction des droits civiques, civils et de famille prévue par l'article 131-26 du Code pénal pour une durée de cinq ans au plus.
Les peines correctionnelles visées ci-dessus se cumulent avec les amendes et majorations fiscales dues à raison des omissions et des dissimulations.
La complicité est punissable dans les conditions de droit commun (C. pén., art. 121-6 et 121-7).
Les poursuites sont engagées sur plainte de l'administration dans les trois ans qui suivent l'affirmation jugée frauduleuse, c'est-à-dire dans le délai de prescription de droit commun (LPF, art. L. 230).

384 Affirmation de sincérité frauduleuse dans une vente ultérieurement résolue. Le fait qu'une vente d'immeuble, dans laquelle figurait une affirmation de sincérité frauduleuse, ait été ultérieurement résolue judiciairement pour défaut de paiement du prix n'efface pas l'infraction et n'empêche donc pas les poursuites (Bourges, 30 nov. 1960 : *Ind. enr.*, 10373).

385 Récidive d'une infraction commise par un officier public ou ministériel. En cas de récidive dans les dix ans d'une décision disciplinaire antérieure devenue définitive, l'officier public ou ministériel convaincu de s'être, d'une façon quelconque, rendu complice de manœuvres destinées à éluder le paiement de l'impôt, est frappé de destitution, outre les peines portées à l'article 1837 du Code général des impôts, en cas de complicité dans le délit de fausses affirmations de sincérité (CGI, art. 1838).

Agences publiques

Neyla GONZALEZ-GHARBI

386 **Notion – Renvoi.** « L'agence est simplement un vocable qui permet de désigner et regrouper plus précisément, au sein des institutions publiques françaises, les organismes autonomes jouant un rôle structurant dans la mise en œuvre d'une politique nationale » (*JCl. Administratif*, Fasc. 135, *Établissements publics*, par B. Plessix). Ainsi, l'agence peut désigner une personne de droit privé comme un établissement public.
Les agences publiques sont des établissements publics. Il arrive que les textes qui les instituent prévoient des exonérations particulières bénéficiant, notamment, aux transferts des biens et droits qui leur profitent. Pour plus de détails, V. **Établissement public**.

387 **Anciennes agences publiques remplacées par des établissements publics.** Parmi les anciennes agences publiques transformées ou remplacées par des établissements publics, on peut citer l'ancienne Agence foncière et techniques de la région parisienne (AFTRP), établissement public de l'État à caractère industriel et commercial, créée par le décret n° 62-479 du 14 avril 1962, qui a été supprimée et remplacée par l'établissement public « Grand Paris Aménagement » (D. n° 2015-980, 31 juill. 2015 : *JO* 5 août 2015).
De même, l'établissement public « Pôle emploi », devenu France Travail depuis le 1er janvier 2024 *(L. n° 2023-1196 du 18 décembre 2023 pour le plein emploi : JO 19 déc. 2023, art. 6)* a succédé à l'ancienne Agence nationale pour l'emploi (ANPE) après fusion de cette dernière avec le réseau ASSEDIC à compter du 1er janvier 2009 (L. n° 2008-126, 13 févr. 2008 ; V., sur le statut juridique de Pôle emploi, Rép. min. à la question orale n° 1243 de Mme B. Gonthier-Maurin : *JO* Sénat 10 mars 2011, p. 568 ; sur le régime applicable à l'ANPE, V. ce guide, éd. 2020). L'opérateur France Travail est un établissement public administratif.

I
Agence nationale de la cohésion des territoires

388 L'Agence nationale de la cohésion des territoires a été créée sous la forme d'un établissement public par la loi n° 2019-753 du 22 juillet 2019 : *JO* 23 juill. 2019 (CGCT, art. L. 1231-1). Elle devra succéder, notamment, à l'Établissement public d'aménagement et de restructuration des espaces commerciaux et artisanaux dont la dissolution a été programmée. L'article 14 de la loi précitée prévoit que le transfert des biens, droits et obligations de cet établissement public au profit de la nouvelle agence est réalisé à titre gratuit et ne donne lieu au paiement d'aucune indemnité, ni d'aucun droit, taxe ou contribution prévue à l'article 879 du Code général des impôts.

II

Agence nationale de l'habitat

389 **Objet et nature juridique.** L'Agence nationale de l'habitat a succédé à l'ancienne Agence nationale pour l'amélioration de l'habitat (L. n° 2006-872, 13 juill. 2006, art. 37, II : *JCl. Construction-Urbanisme*, Fasc. 64-10, *Agence nationale de l'habitat (ANAH)*, par P. Derrez.

L'Agence nationale de l'habitat a pour mission, dans le respect des objectifs définis à l'article L. 301-1, de promouvoir le développement et la qualité du parc existant de logements privés (CCH, art. L. 321-1).

Il s'agit d'un établissement administratif de l'État doté de la personnalité morale et de l'autonomie financière (CCH, art. R. 321-1).

En ce qui concerne les inscriptions d'hypothèques et le régime fiscal de l'Agence, V. **Établissement public**.

III

Agences régionales de santé

390 Dans le domaine de la santé publique, plusieurs agences ont été créées au fil du temps, à partir des années 1990, sous la forme d'établissements publics. On peut citer l'Agence nationale de sécurité du médicament et des produits de santé (ANSM) créée par la loi n° 2011-2012 du 29 décembre 2011 (*JO* 30 déc. 2011, p. 22667), l'Agence nationale de sécurité sanitaire de l'alimentation, de l'environnement et du travail (ANSES) créée par l'ordonnance n° 2010-18 du 7 janvier 2010 (*JO* 8 janv. 2010, p. 453), l'Agence nationale de santé publique (autrement dénommée Santé publique France), créée par l'ordonnance n° 2016-462 du 14 avril 2016 (*JO* 15 avr. 2016). V. *JCl. Administratif*, Fasc. 220, *Protection générale de la santé publique*, par D. Cristol.

391 **Agences régionales de santé.** Établissements publics à caractère administratif placés sous la tutelle du ministre en charge de la santé, les agences régionales de santé (ARS) ont été créées par la loi n° 2009-879 du 21 juillet 2009, dite « HPST » (*JO* 22 juill. 2009, p. 12184) en remplacement des agences régionales de l'hospitalisation (ARH) (sur leur rôle en matière de prévention des risques sanitaires et d'hygiène, V. C. santé publ., art. L. 1431-2).

392 **Transferts de biens au profit de l'ARS.** En application de l'article 129 de la loi du 21 juillet 2009 précitée, le transfert des biens des organismes dont les attributions ont été reprises par les agences régionales de santé ne donne pas lieu au versement de la contribution prévue à l'article 879 du Code général des impôts. Cette exonération concerne la contribution de sécurité immobilière due lors de la publication de l'acte constatant ce transfert, ainsi que la contribution due au titre des demandes de renseignements hors et sur formalité requises pour permettre la conception de cet acte.

Aide juridictionnelle

Jacques LAFOND

Index alphabétique

393 **Textes.** L'aide juridictionnelle est actuellement régie par la loi n° 91-647 du 10 juillet 1991 (*JCP* N 1991, III, 64888). Cette loi a été complétée par le décret n° 91-1266 du 19 décembre 1991 (*JO* 5 déc. ; *JCP* N 1992, III, 65259) et par une circulaire du 12 mars 1992 (*JCP* N 1992, III, 65 482). La loi de finances pour 2020 (L. n° 2019-1479, 28 déc. 2019, art. 243) a réformé les conditions d'octroi de l'aide juridictionnelle. L'application de ces dispositions a été reportée au 1er janvier 2021 (L. n° 2020-935, 30 juill. 2020, art. 56). Le décret d'application de cette réforme a été publié au *Journal officiel* du 29 décembre 2020 (D. n° 2020-1717, 28 déc. 2020). Ce décret, entré en vigueur le 1er janvier 2021, a abrogé l'ancien décret n° 91-1266 du 19 décembre 1991 précité. Il était lui-même modifié par le décret n° 2023-457 du 12 juin 2023 portant diverses dispositions en matière d'aide juridique (*JO* 14 juin 2023, texte n° 5. – V. Laporte, *Décret nouveau sur l'aide juridique : Procédures* août-sept. 2023, focus 8).
Les divers textes à incidence fiscale se trouvent codifiés au Code général des impôts (CGI, art. 1090 A à 1090 D et ann. II, art. 310 F bis).

394 **Mention nécessaire de la date de la décision d'admission à l'aide judiciaire.** Aux termes de l'article 310 F bis de l'annexe III du Code général des impôts, et de l'article 120 du décret du 19 décembre 1991 précité, les actes et décisions bénéficiant d'une exonération fiscale ou pour lesquels les droits et taxes sont liquidés en débet doivent comporter en marge le nom et le prénom du bénéficiaire de l'aide, ainsi que l'indication de la date de la décision d'admission et du bureau ou de la section de bureau dont elle émane.

395 **Retrait de l'aide juridictionnelle.** Le retrait de l'aide juridictionnelle rend immédiatement exigibles, dans les limites fixées par la décision de retrait, les droits, redevances, honoraires, émoluments, consignations et avances de toute nature dont le bénéficiaire avait été dispensé (CGI, art. 1090 D).

396 Nous distinguerons la taxe de publicité foncière (I) et la contribution de sécurité immobilière (II).

I

Taxe de publicité foncière

A Publication d'une décision rendue dans une instance où l'une au moins des parties bénéficie de l'aide juridictionnelle

CGI, art. 1090 A. – I. – Sauf lorsqu'elles portent mutation de propriété, d'usufruit ou de jouissance, les décisions rendues dans les instances où l'une au moins des parties bénéficie de l'aide juridictionnelle sont exonérées des droits d'enregistrement (Voir l'article 310 F bis de l'annexe II).

II. – Sont liquidés en débet les droits et pénalités d'enregistrement exigibles sur :

a) les décisions mentionnées au I et qui portent mutation de propriété, d'usufruit ou de jouissance ;

b) les actes et titres produits par le bénéficiaire de l'aide juridictionnelle pour justifier de ses droits et qualités, lorsqu'ils sont du nombre de ceux soumis par leur nature à l'enregistrement dans un délai déterminé ;

c) (Abrogé).

Les sommes ainsi liquidées deviennent exigibles immédiatement après le jugement.

397 Il faut distinguer selon que la décision porte ou non « mutation de propriété d'usufruit ou de jouissance ».

1 Décisions portant mutation de propriété, d'usufruit ou de jouissance

398 Liquidation de la taxe de publicité foncière en débet. Si la décision porte mutation de propriété ou de jouissance :
– si la taxe tient lieu des droits d'enregistrement, elle sera liquidée en débet dans les conditions indiquées pour les droits d'enregistrement à l'article 1090-A-II (CGI, art. 1090-B, al. 1).
– si la taxe ne tient pas lieu des droits d'enregistrement (CGI, art. 1090 B, al. 2), la taxe de publicité foncière n'est pas exigible.

Rappelons le régime particulier des décisions judiciaires du point de vue de la taxe de publicité foncière. Certaines décisions judiciaires peuvent être, à raison de leur objet, soumises à la publicité foncière c'est le cas lorsqu'elles sont constitutives, translatives, déclaratives ou extinctives de droit immobilier (V. **Décision de justice**).
La loi du 26 décembre 1969 ayant écarté du champ d'application de la formalité fusionnée toutes les décisions judiciaires, la formalité de l'enregistrement est donnée isolément à ces décisions par la recette des impôts. En cette matière, la double formalité est donc la règle (V. **Formalité unique**).
Cependant, malgré le maintien de la double formalité et de la taxe de publicité foncière, la fusion des droits est effective, une perception unique est opérée à l'occasion de l'enregistrement.
Lors de la présentation de l'acte au service de la publicité foncière, seule la contribution de sécurité immobilière (V. **Contribution de sécurité immobilière**) sera perçue dans les conditions indiquées ci-dessous.

399 Recouvrement de la taxe de publicité foncière. Lorsqu'elle est exigible, la taxe de publicité foncière est liquidée en débet (V. n° 398. – Sur les incidences de la liquidation en débet, V. **Débet**).
Les droits liquidés en débet deviennent exigibles immédiatement après le jugement et sont compris dans l'exécutoire délivré en vue du recouvrement.
Le recouvrement des sommes dues au titre de l'aide judiciaire a lieu comme en matière d'amendes ou de condamnations pécuniaires, sous réserve de dispositions particulières définies par décret (CGI, art. 1090 C).

2 Décisions ne portant pas mutation de propriété, d'usufruit ou de jouissance

400 Ces décisions sont exonérées de droits d'enregistrement et corrélativement dispensées de la formalité.

3 Liquidation-partage ordonnée judiciairement

401 Il résulte d'une réponse ministérielle du 26 mai 1980 (*JCP* N 1980, prat. 7581) que

l'administration paraissait accepter de considérer que le partage ordonné par une décision de justice entrait dans la catégorie des « actes d'exécution » et bénéficiait en conséquence de la formalité en débet. Les droits ou taxes ainsi que le salaire du conservateur n'étaient donc pas perçus.
Une réponse ministérielle postérieure confirme cette solution, qui s'applique même dans le cas où l'une des parties seulement bénéficie de l'aide judiciaire. Toutefois, ajoute cette réponse, il en serait autrement « dans le cas où le partage après divorce prévoirait le versement de prestations compensatoires taxables. Dans cette hypothèse, le droit serait non pas liquidé en débet mais exigible immédiatement, quand bien même l'une des parties bénéficierait de l'aide judiciaire » (Rép. min. Lagorce, n° 27604 : *JOAN*, 20 juin 1983, p. 2728, n° 27604).

402 Postérieurement, une instruction du 20 décembre 2005 (*BOI* 7 A-3-05) a précisé (n° 16) que les dispositions de l'article 1090 A s'appliquaient aux actes de partage prévoyant le versement d'une prestation compensatoire lorsque l'une des parties bénéficiait de l'aide juridictionnelle.
Cependant, l'incertitude persistait dans la pratique, générant des perceptions différentes. Elle a été dissipée par une réponse ministérielle du 10 juin 2010 (Rép. min. Guené, n° 11 790 : *JO* Sénat Q, 10 juin 2010, p. 1461. – V. sur cette réponse, C. Delory, *Aide juridictionnelle et exonération de droits d'enregistrement : JCP* N 2010, n° 30-34, 1259).
Se référant aux dispositions de l'article 748 du Code général des impôts, résultant de la loi de finances pour 2008 (V. **Partage**), cette réponse indique :
– que tous les partages de biens indivis entre époux sont exonérés de droit de partage, qu'ils soient régularisés antérieurement au prononcé du divorce et sous condition de son prononcé ou postérieurement à son prononcé par un notaire commis judiciairement à cet effet, lorsque l'un des époux bénéficie de l'aide juridictionnelle.
Il est précisé que même si un seul des ex-époux bénéficie de l'aide juridictionnelle, c'est la totalité du droit de partage qui est exonéré. Si par ailleurs le partage contient des dispositions indépendantes passibles d'un droit de mutation, les droits y afférents sont liquidés en débet et ne sont pas exonérés. Enfin, il est nécessaire que l'acte de partage mentionne la date, le numéro et le bureau ayant admis l'un des époux au bénéfice de l'aide juridictionnelle (C. Delory, *op. cit.*, n° 3) ;
– que la décision judiciaire ordonnant l'attribution à titre de prestation compensatoire de biens indivis entre époux dont l'un bénéficie de l'aide juridictionnelle est exonérée de droit de partage ;
– que l'attribution de biens et de droits réels immobiliers à titre de prestation compensatoire qui entraîne l'exigibilité de la taxe départementale de publicité foncière au taux de 0,70 % (0,71498 % avec les perceptions additionnelles) par application des dispositions combinées des articles 1020 et 1133 ter du Code général des impôts. Mais cette taxe s'analysant en un droit d'enregistrement et cette attribution n'étant constitutive ni d'une mutation à titre gratuit, ni d'une mutation à titre onéreux, l'exonération prévue par l'article 1090 A du Code général des impôts lui est applicable.
La réponse *Guené* n'avait toutefois pas été intégrée dans les développements du *Bulletin officiel des finances publiques* (*BOFIP*) et devait donc être considérée comme rapportée.
Sa solution a toutefois été reprise dans une réponse ministérielle ultérieure (Rép. min. Sarles, n° 5123 : *JOAN*, p. 3841). Il est ainsi précisé que :
– tous les partages consécutifs à un jugement de divorce et les actes prévoyant le versement d'une prestation compensatoire sont exonérés de droits en application de ces dispositions lorsque l'une des parties bénéficie de l'aide juridictionnelle ;
– il suffit que l'une des parties bénéficie de l'aide juridictionnelle pour que l'exonération s'applique, les ressources de l'autre partie étant sans incidence sur son application ;
– il n'est pas envisageable, sans une profonde réforme du dispositif, de limiter l'exonération au seul bénéficiaire de l'aide, dès lors que le droit de partage constitue un droit objectif perçu à raison d'un acte et non un impôt personnel.

4 Liquidation-partage dans le cadre du divorce extra-judiciaire

403 En principe, le divorce par consentement mutuel extra-judiciaire, prévu par les articles 229-1 et suivants du Code civil (introduits par l'article 50 de la loi dite de modernisation de la justice du XXIe siècle – V. **Divorce**), devrait exclure, par sa forme même, l'application de l'exonération du droit de partage.
Cependant, l'administration fiscale a donné les précisions suivantes que :

> « La loi de modernisation de la justice du XXIe siècle prévoit que l'aide juridictionnelle peut être accordée en matière de divorce par consentement mutuel par acte sous signature privée contresigné par avocats, déposé au rang des minutes d'un notaire. Les justiciables continuent donc de pouvoir prétendre au bénéfice de l'aide juridictionnelle, bien que le nouveau divorce par consentement mutuel ne se

déroule pas devant une juridiction. Aux termes de l'article 1090 A du Code général des impôts, les décisions rendues dans les instances où l'une au moins des parties bénéficie de l'aide juridictionnelle sont exonérées des droits d'enregistrement, sauf lorsqu'elles portent mutation de propriété, d'usufruit ou de jouissance. Même si le nouveau divorce par consentement mutuel extrajudiciaire ne suppose pas le recours à une instance juridictionnelle, il est admis, au regard de l'objet de cette exonération de droits d'enregistrement, qu'elle s'applique à ces divorces lorsque l'une des parties au moins bénéficie de l'aide juridictionnelle. Une précision en ce sens sera apportée à la doctrine administrative publiée » (Rép. min. Larrivé, n° 21216 : *JOAN* 31 déc. 2019, p. 11502 ; dans le même sens, mais rendue par le ministère de la Justice, Rép. min. Vérien, n° 09026 : *JO* Sénat 27 juin 2019, p. 911. – V. à ce sujet chron. *JCP* N 2020, 1224).

B Publication d'un acte de commissaire de justice délivré à la requête du titulaire de l'aide juridictionnelle

404 **Absence de perception.** En pareil cas, aucune taxe de publicité foncière n'est due.

Ceci vaut apparemment, non seulement pour les actes de procédure qui pourraient être l'objet d'une publication (par ex., une assignation en résolution de vente d'immeubles), mais également pour les « actes d'exécution » visés par l'article 11 de la loi du 10 juillet 1991.

On sait qu'en vertu de ce texte, l'aide juridictionnelle s'applique de plein droit aux procédures, actes ou mesures d'exécution des décisions de justice obtenues avec son bénéfice, à moins que l'exécution ne soit suspendue plus d'une année pour une cause autre que l'exercice d'une voie de recours ou d'une décision de sursis à exécution.

Ces procédures, actes ou mesures, dit le texte, s'entendent de ceux qui ont été ordonnés ou autorisés par la décision de justice ou qui ont été déterminés par le bureau ayant prononcé l'admission.

Il en serait ainsi par exemple pour un commandement de saisie immobilière délivré en vertu d'une décision de justice obtenue avec le bénéfice de l'aide juridictionnelle.

C Inscription requise par le bénéficiaire de l'aide juridictionnelle

CGI, art. 1090 B, al. 2. – (...) la taxe non perçue sur une inscription d'hypothèque judiciaire ou conventionnelle doit être acquittée lors de la radiation de l'inscription. À cet effet, le service de la publicité foncière est tenu d'énoncer, tant sur le bordereau destiné aux archives que sur le bordereau remis au requérant, le montant de la taxe non perçue.

Par dérogation au deuxième alinéa, la taxe tombe en non-valeur lorsque la radiation est requise par le bénéficiaire de l'aide juridictionnelle condamné.

405 **Inscription.** L'article 1090-B, alinéa 2, du Code général des impôts (V. *supra*) dispense de taxe de publicité foncière les hypothèques judiciaires et conventionnelles inscrites par le bénéficiaire de l'aide.

Il résulte de ce texte que la taxe à 0,70 % (0,71498 % arrondi à 0,715 % avec les perceptions additionnelles) est effectivement calculée par le service de la publicité foncière, qui est tenu d'énoncer tant sur le bordereau destiné aux archives que sur le bordereau remis au requérant le montant de la taxe non perçue (CGI, art. 1090-B, al. 2).

406 **Radiation.** Le recouvrement de la taxe est effectué au moment de la radiation, même partielle, de l'inscription. La dispense de paiement de la taxe n'est donc que provisoire.

Toutefois, si la radiation est requise par l'assisté judiciairement condamné, la taxe afférente à la radiation et à l'inscription tombe en non-valeur (Doc. adm. DGI, 10 G-1121, 1er oct. 1971. – CGI, art. 1090-B, al. 3).

II

Contribution de sécurité immobilière

A Formalités de publicité foncière

1 Absence de paiement d'avance

407 La loi du 10 juillet 1991 dispense le bénéficiaire de l'aide du paiement de l'avance ou de la consignation des frais correspondant aux instances, procédure ou actes pour lesquels elle a été accordée (L. préc., art. 40, al. 2).

À l'exception des honoraires, provisions ou émoluments des avocats, officiers publics ou ministériels, qui sont indemnisés dans les conditions particulières fixées par la loi (L. préc., art. 31 à 39), tous les frais dus à des tiers sont avancés par le Trésor. Compte tenu de la lettre et de l'esprit de ces dispositions qui visent d'une manière aussi générale que possible les frais de toute nature, il en a été déduit à l'époque que les salaires d'inscription ou de radiation n'étaient pas payables d'avance lorsqu'ils devaient être acquittés par un bénéficiaire de l'aide juridictionnelle (V. à ce propos Rép. min. Justice à M. Manet, 31 mars 1980 : *JOAN*, n° 10875, p. 1334 ; *JCP* N 1980, IV, 7605).

La même solution devrait être appliquée à la contribution de sécurité immobilière, l'article 119 du décret du 19 décembre 1991 visant « les droits d'enregistrement et les taxes assimilées ».

Reste à déterminer si les formalités en sont définitivement exemptées ou si ces salaires doivent être liquidés en débet et, dans ce dernier cas, dans quelles conditions ils seront ultérieurement versés.

408 **Aide juridictionnelle partielle.** En cas d'aide juridictionnelle partielle, le Trésor n'effectue l'avance que pour la fraction correspondant au taux pour lequel cette aide a été accordée. Le surplus doit être acquitté dans les conditions ordinaires par le requérant (*Bull. AMC* 2007, art. 1909).

2 Liquidation en débet

409 Les salaires devaient être liquidés en débet, sauf à être avancés par le Trésor au conservateur, au titre des « frais dus à des tiers » dans les conditions fixées par l'article 119 du décret du 19 décembre 1991 précité.

Cette solution devait être tenue pour applicable à toutes les formalités de publicité accomplies dans les bureaux des hypothèques (Instr. 27 déc. 1977 : *BODGI*, 10 G-2-78, § 1 ; *JCP* N 1978, IV, 6787).

La même règle devrait s'appliquer à la contribution de sécurité immobilière.

410 Pour éviter la réclamation des salaires (aujourd'hui de la contribution de sécurité immobilière), les bénéficiaires de l'aide juridictionnelle doivent justifier de la décision intervenue en leur faveur. Ils peuvent par exemple et par analogie, avec d'autres situations prévues par le décret, produire la copie notifiée de la décision d'admission ou de reproduction de cette copie ou mentionner dans leur réquisition leur nom, la date de la décision d'admission et l'indication du bureau dont elle émane (D. 19 déc. 1991, art. 120).

B Renseignements hypothécaires

411 **Avance des frais par le Trésor.** Les dispositions de l'article 1090 E du Code général des impôts, selon lesquelles les dépositaires publics délivrent gratuitement au bénéficiaire de l'aide juridictionnelle les actes et expéditions nécessaires à la procédure ou à la mesure d'exécution ont été supprimées par le décret n° 2013-463 du 3 juin 2013. Mais elles continuent de figurer à l'article 68 du décret n° 91-1266 du 19 décembre 1991. Cependant, elles ne sont pas ici applicables. Par suite, la délivrance de tous les renseignements hypothécaires entraîne la perception de la contribution de sécurité immobilière dans les conditions normales.

Antérieurement à la suppression des conservations des hypothèques, les interventions des conservateurs des hypothèques entraient toutes, qu'il s'agisse de l'accomplissement de formalités ou de la délivrance de renseignements, dans les prévisions des textes selon lesquels « les frais dus à des tiers non avocats ou officiers publics et ministériels sont avancés par le Trésor » (Instr. 27 déc. 1977 : *BODGI* 10 G-2-78, préc. § II). Les salaires devaient donc être payés par le trésorier-payeur général (*Bull. AMC* 1980, art. 1178). À cet effet, le requérant devait indiquer en marge des pièces déposées les nom et prénom du bénéficiaire de l'aide ainsi que l'indication de la date de la décision d'admission et du bureau dont elle émanait (V. n° 395).

Aide sociale

Neyla GONZALEZ-GHARBI

Sommaire analytique

412 Le I de l'article L. 312-1 du Code de l'action sociale et des familles, dans sa rédaction issue de l'article 30 de la loi n° 2019-791 du 26 juillet 2019 énumère les établissements et services sociaux et médico-sociaux, dotés ou non d'une personnalité morale propre, au sens dudit code. Nous traiterons successivement de l'aide sociale en général (I) puis de l'aide sociale à l'enfance (II).

I Aide sociale en général

413 Nous examinerons tout d'abord des acquisitions immobilières (A) puis les hypothèques prises au titre de l'aide sociale (B).

A Acquisitions immobilières

CGI, art. 1066. – I. – Sous réserve des dispositions de l'article 1020 et conformément au deuxième alinéa de l'article L. 132-11 du Code de l'action sociale et des familles, les actes faits et les décisions rendues dans le cadre de l'attribution des prestations d'aide sociale mentionnées à l'article L. 111-1 du même code sont enregistrés gratis lorsqu'il y a lieu à la formalité de l'enregistrement.

II. – Les dispositions du I sont applicables aux acquisitions immobilières réalisées par les établissements ou organismes figurant sur une liste dressée par arrêté du ministre du Budget, lorsque ces acquisitions sont faites pour le compte d'associations qui seraient susceptibles d'être admises au bénéfice des mêmes dispositions si elles procédaient directement aux acquisitions considérées.

L'application du premier alinéa est subordonnée à la condition que l'établissement ou l'organisme acquéreur prenne, dans l'acte d'acquisition, l'engagement de transférer la propriété des immeubles acquis à l'association bénéficiaire dans un délai de cinq ans à compter de la date de cet acte et, à défaut, de verser au Trésor, à première réquisition, les droits dont l'acquisition aura été dispensée. Une prolongation annuelle renouvelable du délai de cinq ans peut être accordée par l'autorité compétente de l'État du lieu de la situation des immeubles.

CGI, ann. IV, art. 121 VA. – Les dispositions du II de l'article 1066 du Code général des impôts sont susceptibles d'être appliquées aux établissements ou organismes dont la liste suit :

Caisse des dépôts et consignations ;

Caisses d'épargne ;

Caisses d'épargne du Bas-Rhin, du Haut-Rhin et de la Moselle ;

Fonds social juif unifié ;

Sociétés mutualistes, unions de sociétés mutualistes et fédérations d'unions de sociétés mutualistes.

1 Régime de faveur

414 **Taxe de publicité foncière à 0,70 %.** L'administration (BOI-ENR-DMTOI-10-90-10-20160302, n° 10) présente ainsi ce régime de faveur. La taxe départementale de publicité foncière au taux de 0,70 % s'applique :
1° aux acquisitions immobilières effectuées par des établissements habilités à l'aide sociale (CGI, art. 1066-I).
Par « établissements habilités à l'aide sociale », on entend les établissements bénéficiaires de l'autorisation mentionnée à l'article L. 313-1 du Code de l'action sociale et des familles (C. action soc. et fam.) et :
– habilités à recevoir des bénéficiaires de l'aide sociale ;
– autorisés à dispenser des prestations prises en charge par l'État, … en application de l'article L. 313-6 du Code de l'action sociale et des familles.
2° aux acquisitions immobilières faites sous certaines conditions par des organismes figurant sur une liste dressée par arrêté du ministre de l'Économie et des Finances (CGI, art. 1066-II).
Ce taux ne peut être modifié par les conseils départementaux.

415 **Taxes additionnelles.** Ces acquisitions sont dispensées de taxes additionnelles communales. En revanche, le prélèvement pour frais d'assiette, de recouvrement, de dégrèvements et de non-valeur est exigible (BOI-ENR-DMTOI-10-90-10-20160302, n° 10) (V. **Département**). La perception s'élève donc au total à **0,71498 %**.

416 **Taxe sur la valeur ajoutée.** L'application éventuelle de la TVA à ces acquisitions (ventes réalisées par un assujetti agissant en tant que tel – V. **TVA immobilière**) ne doit pas priver l'acquéreur du régime de faveur prévu par l'article 1066 du Code général des impôts.
➤ Sur l'application éventuelle du taux réduit de TVA, V. CGI, art. 278 sexies ; V. **Logement social**) (V. BOI-ENR-DMTOI-10-40).

417 **Contribution de sécurité immobilière.** La CSI est en principe due selon le droit commun. Il était admis par l'administration que le paiement des salaires dus par l'État, les départements et les communes pouvait être exceptionnellement « retardé » pour satisfaire aux règles comptables tracées par le décret n° 62-1587 du 29 décembre 1962 portant règlement général sur la comptabilité publique. Le mandatement des salaires dus est alors effectué par ces collectivités, après accomplissement de la formalité hypothécaire, au vu de mémoires établis trimestriellement par les conservateurs des hypothèques (Rép. min. à M. Louvot, 19 févr. 1987 : *JO* Sénat CR, 19 févr. 1987, p. 247, n° 3783 ; *BOI* 10 G-5-87).
La solution énoncée ci-dessus à propos du salaire du conservateur paraît rester valable, jusqu'à nouvel ordre pour la perception de la contribution de sécurité immobilière (V. **Contribution de sécurité immobilière**).

2 Champ d'application du régime de faveur

a) Nature et objet de la mutation

418 **Transmissions d'immeubles à titre onéreux.** Le régime de faveur est susceptible de s'appliquer à toutes les transmissions à titre onéreux entrant dans les prévisions des articles 683 et 685 du Code général des impôts, quel qu'en soit l'objet : immeubles bâtis ou non bâtis, immeubles par destination ou droits immobiliers.

419 **Adjudications.** Les adjudications qui échappent à la formalité unique sont soumises au droit d'enregistrement au taux de 0,70 % (0,71498 % avec les perceptions additionnelles) et la publication au fichier immobilier ne donne pas ouverture à la taxe de publicité foncière (BOI-ENR-DMTOI-10-90-10-20160302, n° 20).

Aide sociale

b) Acquisitions immobilières effectuées par les établissements habilités à l'aide sociale

420 Condition d'agrément. La taxation réduite est notamment applicable aux acquisitions immobilières effectuées en vue de l'installation d'établissements habilités à l'aide sociale : instituts médico-pédagogiques ou professionnels, entreprise adaptée, établissements ou services d'aide par le travail, etc. (BOI-ENR-DMTOI-10-90-20160302, n° 30).
Dès lors qu'un organisme acquéreur a bénéficié de l'habilitation au titre de l'aide sociale pour l'établissement par lui créé, il y a lieu de considérer que le bénéfice du tarif réduit de la taxe de publicité foncière est définitivement acquis quelle que soit la fraction pour laquelle ledit établissement est affecté à ce service (*BOI* préc., n° 30).

421 Agrément obtenu *a posteriori*. Par ailleurs, il a été admis que les acquisitions entrant dans les prévisions de l'article 1066-I du Code général des impôts bénéficient immédiatement du régime de faveur même si les organismes acquéreurs n'ont pas encore reçu l'habilitation de l'autorité administrative compétente, à condition qu'ils s'engagent à justifier dans le délai de cinq ans de leur acquisition de ladite habilitation donnée à titre définitif (*BOI* préc., n° 40).
Lorsque l'établissement acquéreur ne peut justifier de son habilitation au titre de l'aide sociale avant l'expiration de la troisième année suivant celle de l'exécution de la formalité (LPF, art. L. 180), une proposition de rectification doit lui être adressée afin de garantir les droits du Trésor. Toutefois, il convient de préciser au contribuable que cette proposition de rectification est effectuée à titre conservatoire et que l'imposition ne sera mise en recouvrement que si les justifications de l'agrément ne sont pas fournies dans le délai de cinq ans suivant la date de l'acquisition (*BOI* préc., n° 100).

422 Acquisition faite par le centre communal d'action sociale. Lorsqu'une acquisition est faite par le centre communal d'action sociale, ce ne sont pas les dispositions particulières de l'article 1066 du Code général des impôts qui doivent recevoir application.
Le centre communal d'action sociale est un établissement public communal : le régime fiscal de l'acquisition est donc fixé par l'article 1042 du Code général des impôts (V. **Commune**).

423 Acquisitions d'immeubles à usage de foyers de jeunes travailleurs, de centres sociaux ou d'hôtels sociaux. Ce dispositif est susceptible de s'appliquer aux acquisitions d'immeubles à usage de foyers de jeunes travailleurs, de centres sociaux ou d'hôtels sociaux réalisées par des organismes agréés au titre de l'aide sociale ou s'engageant à justifier, dans le délai de cinq ans de l'acquisition, dudit agrément donné à titre définitif ou par certains organismes pour le compte d'associations susceptibles de bénéficier de la taxation réduite si elles procédaient directement aux acquisitions considérées (Instr. 13 sept. 1996 : *BOI* 7-C-5-96 ; *JCP* N 1996, prat. 3834. – V. *BOI* préc., n° 90).

c) Acquisitions faites par certains organismes

424 Les collectivités qui réalisent des acquisitions immobilières entrant dans les prévisions de l'article 1066-I du Code général des impôts ne possèdent pas toujours les fonds nécessaires pour procéder à ces opérations lorsque l'occasion s'en présente. Elles doivent alors demander à certains établissements ou organismes de se substituer temporairement à elles et d'acheter les immeubles qui les intéressent en vue de les rétrocéder quand elles ont rassemblé les moyens financiers indispensables et qu'elles ont obtenu, en particulier, la subvention de l'État.
Mais le recours à une telle procédure est onéreux, car l'acquisition faite par l'organisme intermédiaire motive l'exigibilité de la taxe de publicité foncière au tarif de droit commun.
Pour remédier à cette situation, le régime de faveur est accordé, sous certaines conditions, aux acquisitions immobilières réalisées par les établissements ou organismes figurant sur une liste dressée par arrêté du ministre de l'Économie et des Finances, lorsque ces acquisitions sont faites pour le compte d'associations qui seraient susceptibles d'être admises au bénéfice de la taxation réduite si elles procédaient directement aux acquisitions considérées (*BOI* préc., n° 50).

1) Qualité de l'acquéreur

425 Le taux réduit de la taxe de publicité foncière est susceptible de s'appliquer aux acquisitions effectuées par les établissements ou organismes ci-après (CGI, ann. IV, art. 121 VA) :
– Caisse des dépôts et consignations ;
– caisses d'épargne ;
– caisses d'épargne du Bas-Rhin, du Haut-Rhin et de la Moselle ;
– Fonds social juif unifié ;
– sociétés mutualistes visées par le Code de la mutualité, unions des sociétés mutualistes et fédérations d'unions de sociétés mutualistes (V. **Société mutualiste** ; *BOI* préc., n° 60).

2) Conditions d'application du régime de faveur

426 **Première condition.** L'acquisition doit être faite pour le compte d'une association qui aurait pu invoquer à son profit le régime de faveur de l'article 1066-I du Code général des impôts, si elle avait procédé elle-même à l'opération.
Il en résulte que l'acquisition doit être effectuée pour le compte d'une association susceptible d'être habilitée par l'organisme de tutelle ou de contrôle pour le service de l'aide sociale en ce qui concerne l'établissement à créer (V. n° 425 ; *BOI* préc., n° 80).
L'acte d'acquisition doit préciser le nom et le siège de l'association pour le compte de laquelle le contrat est passé et être appuyé d'un engagement, signé par un représentant habilité de cette association, de justifier, auprès de l'inspecteur compétent du lieu de situation des immeubles, et dans le délai de cinq ans du transfert qui lui sera consenti, qu'elle a obtenu l'habilitation. Cet engagement peut figurer dans l'acte d'acquisition ou au pied de cet acte ; il peut aussi être pris sur une feuille de papier non timbré distincte de l'acte d'acquisition. À défaut dudit engagement, l'acte d'acquisition est assujetti à la taxe de publicité foncière dans les conditions de droit commun (*BOI* préc., n° 80).

427 **Deuxième condition : engagement à prendre.** L'établissement ou l'organisme acquéreur doit prendre l'engagement :
– d'une part, de transférer la propriété des immeubles acquis à l'association bénéficiaire dans un délai de cinq ans à compter de la date de l'acte d'acquisition ;
– d'autre part, à défaut de respect dudit engagement, de verser au Trésor, à première réquisition, le complément de taxe, et des taxes locales additionnelles dont l'acquisition a été dispensée.
L'engagement dont il s'agit doit être contenu dans l'acte même d'acquisition ou inscrit au pied de cet acte. En l'absence de cet engagement, l'acte doit être soumis à la taxe de publicité foncière et aux taxes locales additionnelles dans les conditions de droit commun (*BOI* préc., n° 90).

3) Pénalités

428 **Non-respect de l'engagement.** Le régime de faveur n'est acquis définitivement à l'établissement ou organisme acquéreur que s'il respecte effectivement son engagement de transférer à l'association désignée dans l'acte d'acquisition, dans le délai de cinq ans à compter de la date de cet acte, l'immeuble qu'il a déclaré acheter pour son compte. À défaut de respect de cet engagement, le complément de taxe de publicité foncière et de frais d'assiette, de recouvrement, de dégrèvements et de non-valeurs ainsi que de taxe additionnelle deviennent exigibles de plein droit et doivent être versés au Trésor dans le mois qui suit, selon le cas, la rupture de l'engagement ou l'expiration du délai prévu pour produire la justification requise (CGI, art. 1840 G ter-I).
Ce complément de droits est majoré de l'intérêt de retard prévu à l'article 1727 du Code général des impôts (*BOI* préc., n° 110).

429 **Prolongation de délai.** Toutefois, une prolongation du délai de cinq ans peut être accordée, sur la demande des parties, par le directeur départemental ou le cas échéant, régional des finances publiques de la situation des biens (V. CGI, ann. III, art. 350 quindecies). La prorogation est consentie pour un délai d'un an, mais elle est susceptible de faire l'objet de renouvellements annuels. Il convient d'apprécier d'une manière libérale les motifs invoqués pour justifier la non-réalisation du transfert dans le délai de cinq ans ou dans le délai supplémentaire éventuellement accordé (*BOI* préc., n° 110).

430 **Conditions d'application de l'article 1066-I du Code général des impôts non remplies.** Par ailleurs, si, lors du transfert à l'association pour le compte de laquelle l'acquisition a été réalisée, il apparaissait que cette transmission n'est pas en mesure de bénéficier des dispositions de l'article 1066-I du Code général des impôts, il conviendrait de réclamer rétroactivement les taxes normalement exigibles sur la première acquisition.
Il en serait ainsi, notamment, si l'association ne pouvait justifier de son habilitation à l'aide sociale pour l'établissement en cause. Toutefois, cet agrément ne peut être donné en règle générale qu'après la création effective de l'établissement. Au moment du transfert à l'association, le régime de faveur ne devra donc pas, en principe, être remis en cause pour le motif que cette association n'est pas en mesure de justifier dudit agrément. Mais si l'association dont il s'agit ne pouvait apporter la justification requise avant l'expiration du délai de cinq ans à compter de l'acquisition, le complément de taxe de publicité foncière, et de frais d'assiette, de recouvrement, de dégrèvements et de non-valeur ainsi que les taxes additionnelles non perçues sur l'acquisition primitive devraient être acquittés (*BOI* préc., n° 120).

431 Enfin, il convient, avant l'expiration de la troisième année suivant celle de l'exécution de la formalité, d'adresser une proposition de rectification à titre conservatoire à l'organisme ayant joué le rôle d'intermédiaire afin d'interrompre la prescription qui serait susceptible d'être opposée

à l'administration. Il y a lieu d'effectuer la même diligence au regard de l'association intéressée avant l'expiration de la troisième année suivant celle de la présentation à la formalité de l'acte constatant la mutation de l'immeuble à son profit si l'habilitation à l'aide sociale n'a pas été obtenue (*BOI* préc., n° 130).

d) Transferts d'immeubles

432 **Transfert d'immeubles d'un bureau d'aide sociale à un établissement public.** Il avait été précisé qu'un tel transfert ne donne lieu qu'à la seule perception de la taxe de publicité foncière au taux de 0,70 % (0,71498 avec les perceptions additionnelles). Mais le bénéfice de cette disposition est subordonné à la double condition que les biens restent affectés au même objet et que leur transmission intervienne dans un intérêt général ou de bonne administration. La réalisation de cette condition est constatée par le décret en Conseil d'État ou l'arrêté préfectoral qui autorise le transfert des biens. Pour l'application de ce texte, les établissements publics ont été assimilés aux établissements d'utilité publique (Rép. min. Cavaillet : *JO* Sénat CR, 1er août 1972, n° 11442. La solution devrait s'appliquer au transfert d'un centre communal d'action sociale à un autre établissement public – V. **Établissement public** et **Établissements reconnus d'utilité publique**).

B Hypothèques prises au titre de l'aide sociale

1 Inscriptions

433 **Réquisition.** Selon l'article L. 132-9 du Code de l'action sociale et des familles (V. *supra*) l'inscription est requise par le « représentant de l'État [le préfet] ou le président du conseil départemental dans les conditions prévues à l'article 2148 [devenu art. 2428] du Code civil ». Elle est prise « au profit de la collectivité supportant directement les prestations d'aide sociale » (C. action soc. et fam., art. R. 132-13).

434 **Titre.** L'inscription doit être refusée si le titre présenté est une décision d'admission à l'aide sociale, sauf si la décision d'admission qui justifie la créance dans son principe est accompagnée d'une pièce officielle constatant un montant de prestations allouées, déjà payées ou appelées à l'être, au moins égal au capital conservé par l'inscription.

435 **Mentions du bordereau.** Le bordereau doit mentionner le montant de la créance, même éventuelle (C. action soc. et fam., art. R. 132-13). Si, contrairement aux prescriptions de l'article L. 132-9 précité, le bordereau n'indique pas la cause de l'obligation ou le montant des prestations allouées au bénéficiaire de l'aide sociale, l'inscription doit néanmoins être acceptée, car il résulte de l'article 2148 du Code civil (devenu C. civ., art. 2428) que l'omission de ces prescriptions n'est pas sanctionnée par un refus de dépôt (*Bull. AMC* 1995, art. 1690).

436 **Certification d'identité.** Il a été précisé que le dépôt n'avait pas à être refusé si le certificat d'identité était signé par une personne autre que le président du Conseil général ou son vice-président ou le directeur général des services départementaux, la délégation étant présumée régulière (*Bull. AMC* 1995, art. 1701).

437 **Taxation.** Les inscriptions d'hypothèques légales prises en vertu de l'article L. 132-9 du Code de l'action sociale et des familles sont dispensées de taxe sur la publicité foncière.
La contribution de sécurité immobilière est exigible.

2 Mainlevée. Radiation

C. action soc. et fam., art. L. 132-9.
Pour la garantie des recours prévus à l'article L. 132-8, les immeubles appartenant aux bénéficiaires de l'aide sociale sont grevés d'une hypothèque légale, dont l'inscription est requise par le représentant de l'État ou le président du conseil général dans les conditions prévues à l'article 2428 du Code civil.

Les bordereaux d'inscription doivent mentionner le montant des prestations allouées au bénéficiaire de l'aide sociale.

L'hypothèque prend rang, à l'égard de chaque somme inscrite, à compter de la date de l'inscription correspondante.

Aucune inscription ne pourra être prise lorsque la valeur globale des biens de l'allocataire est inférieure à une somme fixée par voie réglementaire.

Les formalités relatives à l'inscription de l'hypothèque mentionnée ci-dessus, ainsi qu'à sa radiation, ne donnent lieu à aucune perception au profit du Trésor.

Les prestations d'aide sociale à domicile, et la prise en charge du forfait journalier mentionnées à l'article L. 132-8 ne sont pas garanties par l'inscription d'une hypothèque légale.

C. action soc. et fam., art. R. 132-13.
L'inscription de l'hypothèque légale mentionnée

à l'article L. 132-9 est prise au profit de la collectivité supportant directement les prestations d'aide sociale. Le montant de cette créance, même éventuelle, est évalué au bordereau d'inscription.

C. action soc. et fam., art. R. 132-14. L'inscription de l'hypothèque ne peut être prise que si l'allocataire possède des biens immobiliers d'une valeur égale ou supérieure à 1 500 Euros.

Cette valeur est appréciée à la date de l'inscription. Dans le cas où l'allocataire est propriétaire de plusieurs immeubles, l'inscription peut n'être prise que sur l'un ou certains d'entre eux, même si la valeur de chacun est inférieure à 1 500 Euros.

C. action soc. et fam., art. R. 132-15. Dès que les prestations allouées dépassent l'évaluation figurant au bordereau d'inscription primitif, la collectivité intéressée a la faculté de requérir contre le bénéficiaire de l'aide sociale une nouvelle inscription d'hypothèque. En cas de décès du bénéficiaire ou de cessation du versement des prestations en nature ou en espèce, cette nouvelle inscription doit être prise dans un délai maximum de trois mois.

C. action soc. et fam., art. R. 132-16. La mainlevée des inscriptions prises en conformité des articles R. 132-13 à R. 132-15 est donnée soit d'office soit à la requête du débiteur par décision du président du conseil départemental ou du préfet.

Cette décision intervient au vu de pièces justificatives, soit du remboursement de la créance soit d'une remise, en application du quatrième alinéa de l'article R. 132-11.

a) Principe

438 **Pouvoir pour donner mainlevée.** Depuis la loi n° 82-213 du 2 mars 1982, la compétence de principe pour donner mainlevée appartient au président du conseil départemental (V. C. action soc. et fam., art. R. 132-16). Il peut déléguer une partie de ses fonctions aux vice-présidents et, en l'absence ou en cas d'empêchement de ces derniers, à d'autres membres du conseil (L. 2 mars 1982, art. 31).
Il peut également déléguer en toutes matières sa signature aux responsables des services du département (L. préc., art. 25).
D'autre part, le conseil départemental peut déléguer une partie de ses attributions à son bureau par application de l'article 24 de la loi de 1982 (V. sur ces divers points : *Bull. AMC* 1988, art. 1398).

439 **Compétence du préfet.** Le préfet est également compétent pour donner mainlevée des inscriptions (C. action soc. et fam., art. R. 132-16) ne portant pas, en matière sociale, sur des créances départementales (Déc. adm. 8 mai 1983 : *JCP* N 1984, prat. n° 8997 ; *Bull. AMC* 1983, art. 1279).

440 **Compétence du maire de Paris.** Le maire de Paris a, pour la capitale, la même compétence qu'un président de conseil général lorsqu'il agit en qualité de président du conseil de Paris (*Bull. AMC*, même réf.).

b) Distinction selon que la mainlevée intervient avec ou sans paiement

441 **Mainlevée sans paiement. Principe.** Le président du conseil départemental ne peut accorder mainlevée qu'en cas de paiement, remise ou perte d'objet de la créance car il ne possède que des pouvoirs d'administration.
En dehors de ces hypothèses, la mainlevée ne peut résulter que d'une délibération spéciale du conseil général.

442 **Mainlevée partielle.** L'article R. 132-16 du Code de l'action sociale et des familles ne vise expressément que le cas de la radiation totale d'une inscription prise pour la garantie d'une créance en matière sociale, mais il n'exclut pas la possibilité d'une radiation partielle libérant seulement certains des immeubles à la suite du paiement d'une fraction de la dette garantie.
Dans ce dernier cas, toutefois, la radiation est subordonnée à la condition que l'autorité consentant la mainlevée atteste que les immeubles demeurant grevés après la radiation partielle sont d'une valeur suffisante pour garantir le paiement de la créance restant due (*Bull. AMC* 1983, art. 1278).

443 **Radiation sans remboursement.** Les inscriptions peuvent parfois être radiées sans que les prestations soient remboursées ou aient fait l'objet d'une remise.
Il en est également ainsi lorsque, s'agissant d'un droit éventuel de créance, l'inscription a perdu son objet (*Bull. AMC* 1991, art. 1509).

444 **Vente de l'immeuble grevé.** Si l'immeuble grevé est vendu, le département ne peut subordonner la mainlevée de l'inscription hypothécaire à la présentation des pièces justificatives de la remise ou du remboursement de la créance que lorsque celle-ci présente un caractère exigible et qu'elle peut fonder légalement l'exercice de l'un des recours en récupération ouverts au département. En l'absence de recours en récupération ouvert au département en vertu de l'article L. 132-8 du même code, la mainlevée est de droit pour le bénéficiaire de l'aide sociale (CE, 1re et 6e ss-sect., 28 mai 2010, n° 330567 : *JurisData* n° 2010-007234 ; *JCP* N 2010, n° 23, 472, obs. L. Erstein).

c) Énonciation des actes de mainlevée

445 Les décisions accordant mainlevée doivent énoncer les pièces justificatives, soit du remboursement de la créance, soit de sa remise (*Bull. AMC* 1982, art. 1240 ; *ibid.* 1983, art. 1303), soit encore de sa perte d'objet.

Il faut en outre, lorsqu'il y a délégation du préfet ou du président du conseil général, qu'elles comportent des mentions propres à justifier des pouvoirs du comparant.

d) Taxe de publicité foncière. Contribution de sécurité immobilière

446 La radiation de l'inscription est exonérée de taxe de publicité foncière (C. action soc. et fam., art. L. 132-9, al. 5. – *BA* 1956, I, 7322, § IV-B ; *JCP* 1957, III, 21911).
La contribution de sécurité immobilière est exigible au tarif ordinaire (V., antérieurement pour les salaires, chron. Bulté : *JCP* N 1957, IV, 2385, p. 112).

II Aide sociale à l'enfance

CGI, art. 1067. – Sans préjudice du bénéfice de la loi du 10 juillet 1991 relative à l'aide juridique, les certificats, significations, contrats et autres actes, faits en vertu des articles L. 121-2, L. 221-1 à L. 221-4, L. 221-6 à L. 222-6, L. 223-1 à L. 224-9, L. 224-11 et L. 224-12, L. 225-1 à L. 225-9, L. 225-20, L. 226-1 à L. 226-11, L. 228-1 à L. 228-5 et L. 523-1 du Code de l'action sociale et des familles relatifs à l'aide sociale à l'enfance, ainsi qu'en vertu de la loi du 19 avril 1898 sur la répression des violences, voies de fait, actes de cruauté et attentats commis envers les enfants, concernant exclusivement le service de l'aide sociale à l'enfance, sont exonérés, sous réserve des dispositions du 3° de l'article 679 et de l'article 1020, des droits d'enregistrement.

Les comptes de tutelle sont approuvés par le conseil de famille et rendus sans frais.

A Taxe de publicité foncière

1 Acquisitions d'immeubles pour le service d'aide sociale à l'enfance

447 **Régime fiscal de faveur.** Les acquisitions immobilières effectuées par des organismes habilités à participer au service de l'assistance à l'enfance donnent ouverture à la taxe de publicité foncière au taux de 0,70 %.

Ces acquisitions sont dispensées des taxes additionnelles. En revanche, le prélèvement pour frais d'assiette, de recouvrement, de dégrèvements et de non-valeurs, soit 2,14 % est exigible (BOI-ENR-DMTOI-10-90-10-20160302, n° 140).
La taxation totale est donc de **0,71498 %**, compte tenu des perceptions additionnelles.

448 **Conditions d'agrément.** Pour bénéficier de ce régime de faveur, les organismes intéressés doivent en principe avoir obtenu l'agrément l'habilitation de l'autorité compétente dans les conditions exposées *supra* au n° 420.
Toutefois, il a été admis que les acquisitions entrant dans les prévisions de l'article 1067 du Code général des impôts bénéficient immédiatement de la taxation réduite, même si les organismes acquéreurs n'ont pas encore reçu l'habilitation de l'autorité compétente, à condition qu'ils s'engagent à justifier dans le délai de cinq ans de leur acquisition dudit agrément donné à titre définitif (*BOI* préc., n° 140).

449 **Déchéance du régime de faveur.** Lorsque l'établissement acquéreur ne peut justifier de son agrément avant l'expiration de la troisième année suivant celle de l'exécution de la formalité (LPF, art. L. 180), une proposition de rectification doit lui être adressée afin de garantir les droits du Trésor. Toutefois, il convient de préciser au contribuable que cette proposition de rectification est effectuée à titre conservatoire et que l'imposition ne sera mise en recouvrement que si les justifications de l'agrément ne sont pas fournies dans le délai de cinq ans suivant la date de l'acquisition (*BOI* préc., n° 100).

450 Impossibilité de réaliser l'acquisition par l'intermédiaire des organismes visés à l'article 1066-II du Code général des impôts. Il est précisé que les organismes habilités à participer au service de l'assistance à l'enfance ne peuvent, à la différence des établissements susceptibles de recevoir l'agrément de l'aide sociale (V. **Aide sociale**), réaliser leurs acquisitions par l'intermédiaire des établissements visés à l'article 1066-II (BOI-ENR-DMTOI-10-90-10-20160302, n° 160).

451 **TVA – Renvoi – V. n° 416.**

2 Baux consentis au service de l'aide sociale à l'enfance

452 **Assujettissement à la taxe de publicité foncière.** Les textes n'ont pas expressément prévu d'exonération de la taxe de publicité foncière, pour le cas où de tels baux seraient publiés (sur le régime applicable, V. **Bail ordinaire à durée limitée**).

B Contribution de sécurité immobilière

453 La contribution de sécurité immobilière est due dans les conditions de droit commun (V. **Contribution de sécurité immobilière**).

Aménagement foncier rural

Franck ROUSSEL

Sommaire analytique

Index alphabétique

454 **Remembrement rural / Aménagement foncier rural.** Depuis la loi n° 2005-157 du 23 février 2005 de développement des territoires ruraux (L. n° 2005-157, 23 févr. 2005, art. 80 : *JO* 24 févr. 2005, p. 3073 et rect. *JO* 2 mars 2005, p. 3697), le remembrement rural a été remplacé par l'aménagement foncier agricole et forestier (C. rur. pêche marit., art. L. 121-1 et s.). Nous examinerons successivement les problèmes concernant la publication du procès-verbal d'aménagement (I), le transfert des droits réels et des hypothèques (II), la rectification du procès-verbal d'aménagement (III) et les cessions de petites parcelles incluses dans le périmètre de l'aménagement foncier (IV).

I Procès-verbal d'aménagement

455 Nous traiterons tout d'abord de la publicité foncière du procès-verbal (A), puis des perceptions auxquelles donne lieu cette publication (B).

A Publicité foncière

1 Modalités

456 **Obligation de publier.** Selon l'article 35, 4°, du décret du 4 janvier 1955 :

> « Sont publiés au service de la publicité foncière de la situation des immeubles et produisent, vis-à-vis des parties et des tiers, les effets prévus par les dispositions spéciales qui les régissent :
> (…)
> 4° Les procès-verbaux de réorganisation foncière ou de remembrement, les actes d'échange d'immeubles ruraux, les certificats de non-opposition et les ordonnances d'homologation ; ».

457 **Mentions devant figurer dans le procès-verbal.** L'article D. 127-4 du Code rural et de la pêche maritime indique les mentions devant figurer dans le procès-verbal de remembrement pour les besoins de la publicité foncière. Selon ce texte :

> « Le procès-verbal doit indiquer, pour chaque propriétaire, la liste des anciennes parcelles et celle des nouveaux lots. Il indique, également, les servitudes actives ou passives, subsistantes en application de l'article L. 123-14 *(Mots ajoutés, D. n° 2006-394, 30 mars 2006, art. 25, IV, 2°)* "et L. 124-1" ou constituées lors des opérations d'aménagement foncier, grevant les parcelles attribuées ou leur profitant. En vue de renouveler, en ce qui les concerne, la publicité légale antérieure, le procès-verbal doit, en outre, mentionner avec la désignation de leurs titulaires les droits réels autres que les servitudes, privilèges et hypothèques, grevant les immeubles échangés ou *(Mot remplacé, D. n° 2007-70, 18 janv. 2007, art. 1er, I et 5)* "cédés", et qui s'exercent désormais sur les immeubles attribués.
> La désignation des propriétaires et des autres titulaires de droits réels est faite conformément aux articles 5 et 6 du décret n° 55-22 du 4 janvier 1955 portant réforme de la publicité foncière et certifiée dans les conditions prévues aux articles 38, 81 et 82 du décret n° 55-1350 du 14 octobre 1955 pris pour l'application du décret n° 55-22 du 4 janvier 1955, sous peine de refus du dépôt ».

L'article R. 127-10 ajoute que :

> « Seuls sont mentionnés au procès-verbal, conformément à l'article "D. 127-4", les droits réels signalés au président de la commission communale d'aménagement foncier en exécution du premier alinéa de l'article "D. 127-9".
> Les dispositions des alinéas 4 à 7 de l'article 2428 du Code civil sont applicables.
> La radiation des inscriptions antérieures, en tant qu'elles grèvent les immeubles "cédés" ou échangés, est effectuée par le service de la publicité foncière au vu de ces bordereaux ».

458 **Identification des personnes.** Les indications concernant l'identité des propriétaires compris à l'intérieur du périmètre du plan d'aménagement foncier doivent être certifiées par une autorité administrative sur le vu d'un extrait de naissance ayant moins de six mois de date au jour de l'acte ainsi que le prescrit l'article 81 du décret du 14 octobre 1955 (Rép. min. 7 févr. 1970 : *JOAN* Q, p. 303-304 : *JCP* N 1970, IV, 4730. – Sur les personnes habilitées à certifier les identités, V. **Certification d'identité**).
Lorsque l'identité de certains des propriétaires n'a pu être obtenue (ainsi lorsqu'une personne est décédée mais que l'identité des successibles n'est pas connue), il est fait mention au pied du document des propriétaires concernés, en mentionnant que leur identité n'a pu être établie (application de l'article 82-1 du décret du 14 octobre 1955). Le service de la publicité foncière ne peut alors refuser le dépôt ou rejeter la formalité (chron. Bulté et Béchade : *JCP* N 1961, IV, 3136).

– Sur la rectification ultérieure de ces annotations, V. n° 498.

Si, dans un aménagement foncier, il a été créé un compte « habitants du Hameau de x..., dépendant de la commune de... »), cette situation doit être assimilée à celle prévue par l'article 82-1 du décret du 14 octobre 1955 précité. Il n'y a pas lieu en conséquence d'établir une fiche personnelle : seule la fiche parcellaire sera annotée (*Bull. AMC* 1982, art. 1235).

2 Formalités

459 La publicité du procès-verbal d'aménagement relève de la formalité unique.

460 **Moment de la publication.** La publication doit intervenir « à la date de la clôture des opérations » (C. rur. pêche marit., art. D. 127-4). La date de clôture des opérations est celle du dépôt en mairie du plan définitif de l'aménagement foncier agricole et forestier. Ce dépôt est constaté par un certificat délivré par le maire (C. rur. pêche marit., art. L. 123-12, al. 2).

461 **Réquisition de publier.** Selon l'article D. 127-4 du Code rural et de la pêche maritime :

> « (...) nonobstant tout recours juridictionnel, le président de la commission communale requiert le service de la publicité foncière de publier le procès-verbal, en déposant deux expéditions certifiées exactement collationnées, dont l'une est établie sur une formule dont le modèle est arrêté par le directeur général des impôts et le directeur chargé de l'aménagement rural au ministère de l'Agriculture et de la Forêt. »

3 Incidents concernant la publication

a) Rejet

462 **Rejet total.** Compte tenu de l'interdépendance des attributions faites aux propriétaires de parcelles concernés, on considère que si le service de la publicité foncière décèle une cause de rejet, ce rejet ne peut qu'être total, en application de l'article 74-4, alinéa 1 du décret du 14 octobre 1955 (*Bull. AMC* 1989, art. 1439. – Chron. Poirier : *JCP* N 1967, 4235. – Bulté et Béchade : *JCP* N 1960, IV, 2951).

b) Publication tardive

463 **Incidences.** Si la publication doit intervenir à la date de clôture des opérations (V. n° 460) cette prescription n'est assortie au regard de la publicité foncière d'aucune sanction de refus ou de rejet. Dès lors les difficultés qui peuvent surgir en cas de non-concomitance de la date de clôture et de la date de publication du procès-verbal par le fait de formalités requises au fichier dans l'intervalle ne peuvent être résolues que par les intéressés eux-mêmes (V. sur ce problème *Bull. AMC* 1971, art. 869. – Bulté et Béchade : *JCP* N 1966, IV, 4061. – *JCP* N 1959, IV, 2779).

c) Annulation du procès-verbal d'aménagement

464 **Publication de la décision.** La décision de la juridiction administrative annulant l'aménagement foncier est soumise à publication obligatoire en application de l'article 28-4° c) du décret du 4 janvier 1955. Cette publication incombe à l'avocat du demandeur (sur les incidences de l'annulation sur la publicité des actes V. Bulté et Poirier, chron. hyp. : *JCP* N 1963, IV, 3522).

d) Immeubles concernés

465 **Aménagement foncier rural comprenant un immeuble bâti en copropriété.** Les immeubles bâtis et leur dépendance échappent en principe aux opérations d'aménagement foncier rural. Ils n'y sont soumis, exceptionnellement, qu'avec l'accord de leurs propriétaires. En ce cas, ils sont réattribués à ceux-ci et ne peuvent subir que « les modifications de limites indispensables à l'aménagement » (C. rur. pêche marit., art. L. 123-2 et L. 123-3, al. 1).

Si cette règle n'est pas respectée et qu'un immeuble en copropriété est inclus dans des opérations d'aménagement, il n'y a pas, de ce chef, de motif de refuser le dépôt. L'opération, dans la mesure où elle porte sur les parties communes, entraînera réduction de l'assiette de la copropriété. Mais un acte modificatif de l'état descriptif de division ne paraît pas nécessaire. En effet, le procès-verbal rappellera la situation actuelle du sol dans sa partie relative aux « parcelles abandonnées » et il présentera dans sa partie relative aux « attributions » la situation nouvelle de la copropriété. Si l'emprise affectait des parties privatives, chaque lot individuel concerné devrait donner lieu à un nouveau numérotage et un état descriptif de division modificatif devrait être établi (*Bull. AMC* 1977, art. 1100).

466 **Procès-verbaux distincts concernant plusieurs communes et constatant des abandons dans une commune compensés par des attributions dans une autre commune.** L'article L. 123-5 du Code rural et de la pêche maritime énonce

que lorsque la nécessité de l'aménagement foncier agricole et forestier justifie la modification de la circonscription territoriale des communes, cette modification est prononcée par un arrêté préfectoral publié en même temps que l'arrêté ordonnant le dépôt et l'affichage du plan définitif de remembrement. Mais si cette procédure n'a pas été suivie dans un cas où des procès-verbaux distincts concernent plusieurs communes, il n'y a pas pour ce motif de cause de refus du dépôt.
Il ne paraît par ailleurs exister aucun motif de refuser de publier successivement des procès-verbaux de remembrements distincts déposés à des dates différentes sous prétexte qu'un propriétaire y perd des immeubles lui ayant appartenu dans une commune sans recevoir immédiatement en échange de nouveaux immeubles dans une autre commune, ou inversement (*Bull. AMC* 1988, art. 1401).

e) Mention des servitudes

467 Refus de publier un procès-verbal d'aménagement additionnel destiné à indiquer une servitude constituée pour l'implantation d'un pipeline et subsistant sur les parcelles attribuées. Selon les dispositions de l'article 5 du décret n° 56-112 du 24 janvier 1956 (actuellement : C. rur. pêche marit., art. D. 127-4, c), le procès-verbal d'aménagement doit mentionner « les droits réels autres que les servitudes grevant les immeubles échangés ou cédés et qui s'exercent désormais sur les immeubles attribués ». Si donc, en violation de ce texte, il fait mention de servitudes (il s'agissait en l'espèce d'un procès-verbal complémentaire destiné à en assurer la publication), le service de la publicité foncière est en droit d'opposer un refus de dépôt (Cass. 3e civ., 2 déc. 1992 : *Bull. AMC* 1993, art. 1569).

B Fiscalité

CGI, art. 1023. – Les plans, procès-verbaux, certificats, significations, délibérations, décisions, jugements, contrats, quittances, et généralement tous les actes ou formalités exclusivement relatifs à l'application des chapitres Ier, III, IV, VII et VIII du titre II et des chapitres III et IV du titre III du livre Ier du Code rural et de la pêche maritime, ayant pour objet de faciliter l'aménagement foncier de la propriété rurale sont exonérés des droits d'enregistrement ainsi que de la taxe de publicité foncière. Il en est de même des extraits, copies ou expéditions qui en sont délivrés pour l'exécution de ces dispositions. Pour bénéficier de cette exonération, les actes ou réquisitions de formalités doivent porter la mention expresse qu'ils sont faits par application des dispositions susmentionnées.

Au cas où les parties produisent devant les commissions instituées par ces dispositions des actes et qui n'ont pas été soumis à l'enregistrement ou à la formalité fusionnée visée à l'article 647 alors qu'ils seraient du nombre de ceux dont les lois ordonnent l'assujettissement à l'une de ces formalités dans un délai déterminé, les commissions doivent ordonner d'office le dépôt de ces actes pour être immédiatement soumis à l'une des formalités susvisées.

1 Dispense de droits d'enregistrement et de taxe de publicité foncière

468 Conditions d'application de la dispense de droit et de taxe de publicité foncière. La publication du procès-verbal d'aménagement est exonérée de taxe de publicité foncière.
Le bénéfice de l'exemption fiscale est subordonné à l'accomplissement des formalités prévues par le Code rural et de la pêche maritime et notamment à l'intervention de la commission d'aménagement foncier.

2 Contribution de sécurité immobilière

469 Publication des procès-verbaux d'aménagement. La publication des procès-verbaux d'aménagement foncier rural obéit aux règles suivantes.

470 Assiette de la contribution de sécurité immobilière. La contribution de sécurité immobilière à percevoir lors de la publication du procès-verbal d'aménagement doit être assis sur la valeur estimée par le requérant des immeubles formant l'objet de la publication, distinctement sur chaque lot, c'est-à-dire sur chaque immeuble ou lot d'immeuble attribué à chacun des propriétaires (Bulté : *JCP* N 1969, IV, 4552), mais non pas à la fois sur chacun des immeubles compris dans l'aménagement et sur ceux faisant l'objet des attributions à chaque propriétaire (*Bull. AMC* 1967, art. 687). En effet, les aménagements fonciers ruraux ne constituent pas, en règle générale, des échanges, et consistent seulement en une nouvelle distribution des parcelles qui font l'objet d'une seule attribution aux divers propriétaires.

471 Liquidation de la contribution de sécurité immobilière. Le procès-verbal d'aménagement doit comporter une estimation particulière pour chacun des groupes d'immeubles faisant l'objet d'une attribution spéciale. Le service de la publicité foncière ne saurait se satisfaire d'une estimation globale ou d'une valeur moyenne (Bulté : *JCP* N 1960, IV 2918 ; V., dans cette chronique, l'indication des directives administratives données pour satisfaire à cette règle).
À défaut, le service de la publicité foncière pourrait opposer un refus de dépôt (Bulté : *JCP* N 1967, IV, 4202).

472 Mode de paiement des contributions. Si le service de la publicité foncière estime que les inconvénients que comporte le règlement de ses contributions au moyen d'un avis de crédit sur le Trésor ne lui permettent pas d'accepter en fait ce mode de paiement irrégulier, il pourrait demander au Génie rural de le payer par voie de virement postal (*Bull. AMC* 1960, art. 447).

473 Délivrance de copies du procès-verbal d'aménagement. Contributions. Le service de la publicité foncière requis de fournir la copie d'un procès-verbal d'aménagement foncier rural est en droit de percevoir 6 € pour chacun des comptes de propriétaires appelés à être délivrés sans distinguer selon qu'il est demandé une copie intégrale et donc la totalité des comptes ou seulement certains d'entre eux (*Bull. AMC* 1993, art. 1577).

II Transfert des droits réels et des hypothèques

474 La procédure implique un recensement préalable des droits réels et des inscriptions publiés (A). Il y a lieu ensuite de distinguer le transfert des droits réels (B) et le transfert des hypothèques (C).

A Recensement des droits réels et des inscriptions publiés

475 Réquisition de renseignements. Le point de la situation hypothécaire des immeubles objets de l'aménagement (inscriptions et droits réels les grevant) est effectué grâce à la réquisition de renseignements prévue par l'article D. 127-2 du Code rural et de la pêche maritime. Ce texte est ainsi conçu :

> « Dès que la commission communale d'aménagement foncier a procédé aux formalités prévues aux articles R. 123-6 et R. 123-7 ou à l'article R. 124-12, le président de cette commission requiert le service de la publicité foncière de lui délivrer dans les trois mois les extraits, en tableau :
> 1° Des inscriptions d'hypothèques et de privilèges grevant les immeubles intéressés ;
> 2° Des actes et décisions judiciaires portant ou constatant la mutation de ces immeubles ou constatant l'existence de saisies, résolutions, restrictions au droit de disposer et en général, de tous droits réels, du chef tant des propriétaires dénommés aux bulletins individuels que des propriétaires postérieurs à ces derniers lorsqu'ils seront connus du service de la publicité foncière.
> Le président de la commission communale requiert, en outre, le service de la publicité foncière de lui délivrer, jusqu'à la date de la clôture des opérations telle que définie aux articles L. 121-21, L. 123-12 et L. 124-3, des extraits complémentaires, au fur et à mesure qu'interviennent de nouvelles formalités de publicité de la nature de celles mentionnées à l'alinéa ci-dessus et concernant les immeubles intéressés.
> Les derniers extraits devront être délivrés au plus tard dans les quinze jours qui suivent la date de la clôture des opérations ».

476 Contribution de sécurité immobilière. Les contributions des états et des formalités hypothécaires concernant les aménagements fonciers ruraux ne sont assujetties à aucune disposition dérogeant au droit commun.
Par suite, la contribution de sécurité immobilière minimum est applicable, s'il y a lieu, à chaque bulletin ou compte individuel concernant une ou plusieurs personnes ayant des droits particuliers, communs, indivis ou conjoints sur les immeubles y figurant.
En ce qui concerne les extraits complémentaires, la contribution de sécurité immobilière est liquidée au tarif en vigueur, non pas au jour de la réquisition, mais à celui de la formalité délivrée et le minimum est applicable à chaque extrait (*Bull. AMC* 1975, art. 1018).

477 Extraits complémentaires : contribution de sécurité immobilière. Les extraits complémentaires doivent être délivrés au plus tard dans les quinze jours qui suivent la date de la clôture des opérations (V. C. rur. pêche marit., art. D. 127-2. – Sur la sanction de ce délai V. CA Poitiers, 18 févr. 1970 : *Bull. AMC* 1971, art. 859). Ces extraits sont, du point de vue du tarif, assimilés à des renseignements sommaires urgents. Les solutions suivantes sont à retenir :
– en l'absence de formalités nouvelles, aucune contribution de sécurité immobilière ne doit être perçue ;
– si l'état complémentaire révèle de nouvelles formalités, la contribution de sécurité immobilière minimum (actuellement 12 €) sera exigée par formalité, avec supplément de tarif lié au nombre de personnes ou d'immeubles en application des articles 288 et 299 de l'annexe III au Code général des impôts (soit 5 € par personne au-delà de la troisième et 2 € par immeuble au-delà du cinquième). Toute formalité révélée de division de parcelles nécessite la relance de la recherche sur les parcelles filles justifiant, le cas échéant, la perception d'une nouvelle contribution de sécurité immobilière calculée comme dit ci-dessus (*Bull. AMC* 2007-2008, art. 1919).

478 Annulation judiciaire de l'arrêté ayant ordonné l'aménagement. Si un jugement d'un tribunal administratif annule l'arrêté préfectoral qui ordonnait l'aménagement, le service de la publicité foncière n'est plus tenu d'exécuter les termes de la réquisition du président de la commission prise en fonction de l'article R. 127-2 du Code rural et de la pêche maritime et il n'y a plus lieu de délivrer des états complémentaires (*Bull. AMC* 1999, art. 1815).

B Transfert des droits réels

1 Droits réels autres que les servitudes

479 Transfert sur les immeubles attribués par l'aménagement. Les droits réels, autres que les servitudes, grevant les immeubles aménagés, s'exercent sur les immeubles attribués par l'aménagement foncier agricole et forestier (C. rur. pêche marit., art. L. 123-13, al. 1er). Ainsi, les droits nés du chef du précédent propriétaire s'éteignent sur les parcelles objet de l'aménagement. Ils sont transférés sur les parcelles attribuées dans le cadre de l'aménagement. « Si l'aménagement foncier agricole et forestier donne lieu au versement d'une soulte, les droits des titulaires de droits réels et des créanciers sont reportés, à due concurrence, sur le montant de celle-ci » (C. rur. pêche marit., art. L. 123-13, dernier al.).

480 Modalités du transfert. Selon l'article L. 123-13, alinéa 2 du Code rural et de la pêche maritime :

> « Les effets de la publicité foncière légale faite avant le transfert de propriété mentionné à l'article L. 123-12 sont, en ce qui concerne les droits réels autres que les privilèges et les hypothèques, conservés à l'égard des immeubles attribués si cette publicité est renouvelée dans le délai et dans les conditions qui sont fixés par voie réglementaire ».

Les conditions de ce renouvellement sont fixées par l'article D. 127-4 du Code rural et de la pêche maritime ainsi conçu :

> « En vue de renouveler (...) la publicité légale antérieure, le procès-verbal doit, en outre, mentionner avec la désignation de leurs titulaires les droits réels autres que les servitudes, privilèges et hypothèques, grevant les immeubles échangés ou cédés, et qui s'exercent désormais sur les immeubles attribués.
> La désignation des propriétaires et des autres titulaires de droits réels est faite conformément aux articles 5 et 6 du décret n° 55-22 du 4 janvier 1955 portant réforme de la publicité foncière et certifiée dans les conditions prévues aux articles 38, 81 et 82 du décret n° 55-1350 du 14 octobre 1955 pris pour l'application du décret n° 55-22 du 4 janvier 1955, sous peine de refus du dépôt ».

C'est donc par le biais de la publicité du procès-verbal que s'opérera le report des droits réels antérieurs autres que les servitudes. La seule publication du procès-verbal d'aménagement dans les conditions de l'article R. 127-4 vaut renouvellement de la publicité légale antérieure.
Cette mention concerne également les commandements de saisie immobilière publiés sur les immeubles faisant l'objet de l'aménagement (*Bull. AMC* 1975, art. 1032).
L'article D. 127-10 du Code rural et de la pêche maritime précise que :

> « Seuls sont mentionnés au procès-verbal, conformément à l'article D. 127-4, les droits réels signalés au président de la commission communale d'aménagement foncier en exécution du premier alinéa de l'article D. 127-9 ».

481 Opposabilité aux tiers. S'agissant des droits réels qui ont été dénoncés à la commission, leur opposabilité aux tiers demeure inchangée malgré le remplacement de leur objet initial par un nouvel immeuble.
Les effets de la publicité foncière légale avant le transfert de propriété mentionné à l'article L. 123-12

sont, en ce qui concerne les droits réels autres que les privilèges et les hypothèques, conservés à l'égard des immeubles attribués si cette publicité est renouvelée dans le délai et dans les conditions indiquées ci-dessus (V. n° 480).

À défaut de publication antérieure, l'existence des droits réels (autre que les hypothèques et privilèges) ne serait évidemment opposable aux tiers de l'article 30 du décret du 4 janvier 1955 sur la publicité foncière qu'à compter de la publication du procès-verbal. Tout se passerait alors comme s'ils avaient leur origine dans l'acte.

482 Publication d'un acte de vente postérieurement à la publication du procès-verbal d'aménagement. Si un acte de disposition est publié postérieurement à la clôture des opérations qui réalisent le transfert de propriété, il ne peut porter que sur les nouveaux lots attribués. Un tel acte devrait, indépendamment des numéros des lots d'après le plan d'aménagement, « rappeler les numéros des parcelles abandonnées par le propriétaire et qui constituent l'origine du droit à l'attribution des nouveaux lots. Cette indication doit être fournie de préférence sous la forme d'un tableau énonçant d'une part les parcelles abandonnées et d'autre part les lots attribués » (*Rép. alph. enreg.*, V° Hypothèques, L. III, n° 196, note 1).

Si l'acte de disposition est antérieur à la clôture des opérations d'aménagement, l'acquéreur des anciennes parcelles ne peut revendiquer ni la propriété des parcelles issues de l'aménagement et correspondant matériellement aux anciennes parcelles vendues, ni la propriété des nouvelles parcelles attribuées par le procès-verbal d'aménagement en échange des anciennes parcelles vendues. Cet acquéreur semble toutefois titulaire d'une action lui permettant de faire reporter sur les nouvelles parcelles attribuées à son vendeur les droits qu'il avait acquis sur les anciennes parcelles ou, tout au moins, d'obtenir de ce vendeur une condamnation à des dommages-intérêts (Bulté et Béchade, chron. hyp. : *JCP* N 1959, IV, 2732).

2 Servitudes

483 Maintien des servitudes existantes. Aux termes de l'article L. 123-14 du Code rural et de la pêche maritime :

> « Subsistent sans modification les servitudes existant au profit ou à l'encontre des fonds compris dans l'aménagement foncier agricole et forestier et qui ne sont pas éteintes par application de l'article 703 du Code civil ci-après reproduit :
>
> **Art. 703.** – Les servitudes cessent lorsque les choses se trouvent en tel état qu'on ne peut plus en user.
>
> Il en est tenu compte pour la fixation de la valeur d'échange du fonds dominant et du fonds servant ».

Pour assurer l'effectivité de ce texte, l'article D. 127-4 du Code rural et de la pêche maritime indique :

> « Le procès-verbal doit indiquer, pour chaque propriétaire, la liste des anciennes parcelles et celle des nouveaux lots. Il indique, également, les servitudes actives ou passives, subsistantes en application de l'article L. 123-14 et L. 124-1 ou constituées lors des opérations d'aménagement foncier, grevant les parcelles attribuées ou leur profitant ».

C Transfert des hypothèques

484 Nécessité de renouveler les inscriptions. Selon l'article D. 127-6 du Code rural et de la pêche maritime, pris pour l'application de l'article L. 123-13, alinéa 3 du même code :

> « Les inscriptions d'hypothèques et privilèges prises avant la date de clôture des opérations ne conservent leur rang antérieur sur les immeubles attribués par les opérations mentionnées à l'article D. 127-1 que si elles sont renouvelées à la diligence des créanciers dans le délai de six mois à dater de la clôture des opérations ».

1 Inscriptions postérieures au 1er janvier 1956

485 Avertissement aux créanciers inscrits. Dès l'expiration d'un délai de quinze jours, à compter de la clôture des opérations, le président de la commission communale notifie à tous les titulaires de créances hypothécaires ou privilégiées révélés par les extraits délivrés en exécution de l'article D. 127-2 du Code rural et de la pêche maritime, qu'il leur appartient de procéder au renouvellement de leurs inscriptions dans les conditions fixées à l'article D. 127-6 du même code.

Il les informe, notamment, que, par application des articles L. 123-12 et L. 124-1 du Code rural et de la pêche maritime, les inscriptions prises antérieurement se trouvent périmées du jour du transfert de propriété, en tant qu'elles grèvent les immeubles échangés. Ces immeubles doivent être désignés de façon détaillée dans la notification (C. rur. pêche marit., art. D. 127-5). Cet avertissement est adressé au domicile élu par les créanciers dans leurs bordereaux d'inscription (C. rur. pêche marit., art. D. 127-7).

a) Renouvellement des inscriptions

1) Délai imparti

486 Délai de six mois. Le renouvellement (V. n° 480) doit intervenir dans les six mois de la clôture des opérations (C. rur. pêche marit., art. D. 127-4).

487 Inscriptions périmées au cours du délai de renouvellement. La disposition spéciale de l'article L. 123-13, alinéa 3 du Code rural et de la pêche maritime, selon laquelle les inscriptions grevant des immeubles ayant fait l'objet d'un aménagement foncier rural peuvent être renouvelées dans les six mois de la clôture des opérations de remembrement, déroge à la règle inscrite dans l'article 64 du décret du 14 octobre 1955, aux termes de laquelle le dépôt d'un bordereau de renouvellement est refusé s'il est présenté après l'expiration du délai de péremption.

Il en résulte que, si l'inscription n'est pas périmée lors de la clôture des opérations d'aménagement, elle peut être valablement renouvelée jusqu'à l'expiration du délai de six mois suivant cette clôture, même si sa date de péremption normale se place dans le cours de ce délai de six mois (*Bull. AMC* 1979, art. 1146, § I).

488 Inscriptions périmées avant la clôture des opérations ou non renouvelées en temps voulu. Lorsque l'inscription était déjà atteinte par la péremption lors de la clôture des opérations d'aménagement ou qu'elle n'a pas été renouvelée dans les six mois de cette clôture, le créancier peut conserver son privilège ou son hypothèque en requérant une nouvelle inscription ; mais cette inscription ne prend rang qu'à sa propre date (Rép. min. Justice n° 1035 à M. Geoffroy : *JO* Sénat CR, 14 oct. 1960, p. 1259 ; *JCP* N 1960, prat. 3049 ; *JCP* N 1961, prat. 3109 et 3188 ; *JCP* N 1962, prat. 3318. – *Bull. AMC* 1979, art. 1146, § III).

L'inscription à prendre par le créancier, lorsque le délai de six mois est écoulé, est, par suite, une inscription nouvelle qu'il doit requérir, en vertu du titre constitutif de l'hypothèque qui lui a été consentie, jusqu'à une date fixée par lui selon les prescriptions de l'article 2434 du Code civil et dont le bordereau doit contenir les énonciations prévues par l'article 2428 du même code, la référence au titre de propriété du débiteur mentionnant l'attribution à celui-ci par le procès-verbal d'aménagement des nouveaux immeubles grevés (Bulté : *JCP* N 1972, prat. 5327. – Cf. *Bull. AMC* 1979, art. 1146, § III).

Dans la pratique, toutefois, le conservateur peut se dispenser d'exiger cette dernière justification lorsque les éléments en ont déjà été portés à sa connaissance par la publication du procès-verbal d'aménagement (*Bull. AMC*, même réf.).

Selon M. Bulté, cette inscription nouvelle se trouve liée aux opérations de transfert du droit hypothécaire (chron. : *JCP* N 1961, IV, 3109, § 8).

M. Bulté en déduit en conséquence, compte tenu des nouvelles règles de liquidation de la taxe de publicité foncière sur les inscriptions d'hypothèques conventionnelles ou judiciaires énoncées dans une instruction du 31 décembre 1971 (*BODGI* 10 D-1-72 ; *JCP* N 1972, III, 38911), que cette nouvelle inscription, destinée à compléter la procédure de transfert de l'hypothèque sur les nouveaux immeubles attribués au débiteur et concernant la même créance que l'inscription primitive, doit être exonérée de la taxe proportionnelle de publicité foncière (chron. *in JCP* N 1973, IV, 5460. – V. précédemment, *contra*, *JCP* N 1959, IV, 2872).

489 Défaut de renouvellement provenant de l'absence de notification. Le créancier auquel la notification prescrite par l'article D. 127-7 du Code rural et de la pêche maritime n'a pas été faite (V. n° 485) et dont l'inscription s'est trouvée ainsi périmée faute de renouvellement dans les six mois de la clôture des opérations d'aménagement peut, en conséquence, valablement engager une action en dommages-intérêts contre le président de la commission d'aménagement foncier pour défaut de notification, ce dernier pouvant, à son tour, se retourner contre le service de la publicité foncière si celui-ci a commis une faute dans la délivrance des extraits (TGI Meaux, 1re ch., 2 juill. 1980 : *Bull. AMC* 1980, art. 1198 et sur appel, Paris, 2e ch., 13 nov. 1981 : *Bull. AMC* 1982, art. 1257).

2) Modalités du renouvellement

490 Les modalités du renouvellement des inscriptions sont fixées par l'article D. 127-6 du Code rural et de la pêche maritime. Selon ce texte :

« Le renouvellement, qui conserve l'hypothèque ou le privilège jusqu'à la date fixée par le créancier conformément à l'article 2154-1 (devenu art. 2435) du Code civil, s'opère par le dépôt au service de la publicité foncière de deux bordereaux signés et certifiés exactement collationnés contenant exclusivement, sous peine de rejet de la formalité :

1° Les réquisition et indication liminaires prévues au 1 de l'article 61 du décret n° 55-1350 du 14 octobre 1955 ;

2° Une copie certifiée collationnée par le président de la commission communale de la notification faite en exécution de l'article D. 127-5 ;

3° Le nom et le domicile de la personne a qui le rejet doit éventuellement être notifié ;

4° Le cas échéant, le capital de la créance garantie, s'il est inférieur à celui qui fait l'objet de l'inscription antérieure. »

L'exemplaire du bordereau conservé au service de la publicité foncière doit, sous peine de rejet, être établi sur formule réglementaire.

491 **Parcelles abandonnées et nouvelles parcelles situées dans le ressort de conservations différentes.** Lorsqu'à la suite d'un aménagement foncier rural, le renouvellement des inscriptions emporte transfert des privilèges, ou hypothèques des parcelles abandonnées sur des parcelles situées dans le ressort de bureaux différents, le bordereau de renouvellement doit être présenté au service de la publicité foncière dans le ressort de laquelle se trouvent les nouvelles parcelles attribuées. Le service de la publicité foncière auquel le document est adressé requiert alors de son collègue, qui a procédé aux inscriptions sur les parcelles abandonnées, une reproduction des bordereaux originaires et de leur renouvellement éventuel. Il adresse, ensuite, une reproduction du bordereau de renouvellement vérifié et annoté de l'exécution de la formalité à ce même collègue qui opère la radiation de l'inscription originaire.

b) Radiation des inscriptions antérieures

492 **Modalités.** Après publication d'un procès-verbal d'aménagement foncier rural, les renouvellements d'inscriptions doivent être requis dans les six mois de la clôture des opérations par le dépôt de deux bordereaux (C. rur. pêche marit., art. D. 127-6, al. 3).

La radiation des inscriptions antérieures, en tant qu'elles grèvent les immeubles échangés ou cédés, est effectuée par le service de la publicité foncière, au vu des bordereaux de renouvellement déposés (C. rur. pêche marit., art. D. 127-6, dernier al.).

Au vu de ces bordereaux, le service de la publicité foncière procède d'office à la radiation des inscriptions originaires « en tant qu'elles grèvent les immeubles échangés ou cédés ».

Mention de cette radiation est portée en marge du bordereau de l'inscription originaire et sur les fiches concernées. Certains services de la publicité foncière rédigent en outre un certificat de radiation partielle qui est transmis à la Direction départementale du Territoire ou à la Direction départementale du Territoire et de la Mer, accompagné des bordereaux de renouvellement et de l'état des contributions.

Mais certains services ont choisi ne pas délivrer de certificat de radiation partielle, mais de porter sur l'exemplaire du bordereau de renouvellement destiné aux parties, outre la mention de publication, celle indiquée ci-après :

> « Radiation partielle du… n° … de l'inscription Vol…… n° … du… en tant qu'elle grève les immeubles abandonnés au procès-verbal d'aménagement.
>
> Vol… n° … (acte n° …)
>
> Dû (salaire de radiation calculé sur la créance garantie).
>
> Le service de la publicité foncière. »

Cette mention peut être apposée à l'aide d'un cachet et il n'a, à l'expérience, été constaté aucun effet négatif imputable à la mise en œuvre de cette mesure de simplification (*Bull. AMC* 1991, art. 1490. – V. à ce propos Bulté et Béchade, chron. hyp. : *JCP* N 1962, IV, 3294).

493 **Contribution de sécurité immobilière.** La radiation d'office des inscriptions antérieures, en tant qu'elles grèvent les immeubles objet de l'aménagement, effectuée en vertu de l'article 6 du décret du 24 janvier 1956, est assujettie à la contribution de radiation (Bulté *in JCP* N 1960, IV, 3054-5). Dans une chronique postérieure, M. Bulté estimait que la contribution de radiation ne saurait être liquidée, en pareil cas, sur une somme supérieure à la valeur des immeubles dégrevés lorsque cette valeur est inférieure au montant total de la créance garantie par l'inscription. Il est, par la suite, nécessaire que les immeubles dégrevés soient évalués dans le bordereau de renouvellement (*JCP* N 1961, IV, 3095).

494 **Radiation d'office des inscriptions originaires au vu des bordereaux de renouvellement. Inscription grevant plusieurs parcelles dont toutes n'ont pas fait l'objet d'un transfert de propriété. Base de liquidation de la contribution de sécurité immobilière.** Dans le cas de radiation d'office des inscriptions originaires au vu des bordereaux de renouvellement, lorsqu'une inscription grève plusieurs parcelles dont toutes n'ont pas fait l'objet de transferts de propriété, la contribution due à raison de la radiation de l'inscription originaire en tant qu'elle grève les immeubles abandonnés est liquidée sur la créance garantie (*Bull. AMC* 1991, art. 1490). Cette règle de perception doit être suivie, par exemple, lorsque cette inscription a été prise sur cinq parcelles dont une seule a été l'objet d'un transfert de propriété résultant de la clôture des opérations d'aménagement (*Bull. AMC* 1994, art. 1635).

2 Inscriptions antérieures au 1er janvier 1956

495 **Dispositions les concernant.** S'agissant des inscriptions initiales antérieures au 1er janvier 1956, qui n'ont pas été dénoncées à la commission, le président de cette instance ne peut évidemment en connaître l'existence et ne peut donc adresser de notification aux divers créanciers. Ceux-ci doivent prendre eux-mêmes l'initiative de déposer au bureau de la conservation des hypothèques les deux bordereaux dont le contenu est indiqué à l'article D. 127-6 du Code rural et de la pêche maritime. Par contre, les titulaires de droits réels ayant fait l'objet d'actes ou décisions transcrits avant le 1er janvier 1956 et dont l'existence a été signalée au président de la commission communale d'aménagement foncier, soit par les titulaires eux-mêmes, soit par toute autre personne intéressée, reçoivent les notifications prévues pour les inscriptions prises après cette date (C. rur. pêche marit., art. D. 127-9). Seuls sont mentionnés au procès-verbal, conformément à l'article D. 127-4, les droits réels signalés au président de la commission communale d'aménagement foncier en exécution du premier alinéa de l'article D. 127-9 précité.

Si, faute d'avoir eu connaissance des opérations d'aménagement foncier en temps utile, un créancier titulaire de droits transcrits ou publiés avant le 1er janvier 1956 n'a pas renouvelé la publicité, et n'a pu, de ce fait, exercer ses droits, il peut obtenir une indemnité correspondant à « la perte subie », si, toutefois, « il établit avoir fait toute diligence en vue de sauvegarder ses droits ». Et en cas de paiement de l'indemnité, l'État est subrogé dans les droits (et actions) du créancier ou autres titulaires de droits réels (C. rur. pêche marit., art. D. 127-11).

III

Rectification du procès-verbal d'aménagement

496 Trois voies sont ouvertes pour obtenir la rectification d'un procès-verbal d'aménagement. La première consiste à saisir la juridiction administrative, selon le droit commun (A). La seconde est prévue par le décret du 14 octobre 1955 (B) la troisième par le Code rural et de la pêche maritime (C).

A Action devant les juridictions administratives

497 La décision de la commission départementale d'aménagement foncier peut faire l'objet d'un recours devant le tribunal administratif, mais seulement pour incompétence, excès de pouvoir, vice de forme ou violation de la loi, avec recours éventuel devant le Conseil d'État. Ce recours, qui n'est pas suspensif, ne peut être formé que par les personnes qui ont déjà saisi la commission de leurs prétentions (Bulté, chron. hyp. : *JCP* N 1959, IV, 2864). Il pourrait en être ainsi dans le cas où la commission n'aurait pas observé la règle posée par les articles L. 1232 et L. 123-3, alinéa 1 du Code rural et de la pêche maritime, selon laquelle les immeubles bâtis doivent, sauf accord contraire, être réattribués à leurs propriétaires (R. Chardonnal, chron. hyp. : *JCP* N 1982, IV, 8260).

B Procédure prévue par le décret du 14 octobre 1955

498 **Attributaire non identifié.** En matière d'aménagement foncier rural, lorsque le procès-verbal mentionne en regard des nouvelles parcelles attribuées : « attributaire non identifié », aucune formalité de publicité intéressant une de ces parcelles ne peut être ultérieurement requise avant le dépôt d'un nouveau document établi, dans les formes légales, au vu d'un acte de notoriété destiné à rectifier les annotations du fichier immobilier. Une copie sur papier libre de l'acte de notoriété est remise au service de la publicité foncière pour être transmise au service du cadastre (D. 14 oct. 1955, art. 82-2).

C Procédure prévue par le Code rural et de la pêche maritime

499 L'article L. 123-16 du Code rural et de la pêche maritime prévoit une procédure de rectification du procès-verbal d'aménagement. Ce texte est ainsi conçu :

> « Sous réserve des droits des tiers, tout propriétaire ou titulaire de droits réels, évincé du fait qu'il n'a pas été tenu compte de ses droits sur des parcelles peut, pendant une période de cinq années à compter de l'affichage en mairie prévu à l'article L. 121-12, saisir la commission départementale d'aménagement foncier aux fins de rectification des documents de l'aménagement foncier agricole et forestier.
> Si la commission estime impossible de procéder à ladite rectification, elle attribue à l'intéressé une indemnité correspondant à l'intégralité du préjudice subi par lui. La charge de cette indemnité incombe au département sous réserve, le cas échéant, de l'action récursoire de ce dernier contre les personnes ayant

bénéficié de l'erreur commise. Les contestations relatives aux indemnités sont jugées comme en matière d'expropriation pour cause d'utilité publique ».

Ce texte prévoit une période de cinq années courant à compter de l'affichage en mairie prévue à l'article L. 121-12 du Code rural et de la pêche maritime, pendant laquelle la commission départementale peut être saisie aux fins de rectification des documents d'aménagement.

Il convient de distinguer selon que la rectification est demandée dans le délai légal de cinq ans ou après expiration de ce délai.

1 Rectification demandée dans les cinq ans

a) Erreur matérielle dans le procès-verbal

500 Mode de rectification. Si une erreur matérielle a été commise dans la rédaction du procès-verbal seulement et qu'elle ne se trouve pas dans les décisions de la commission dont les intéressés ont pu prendre connaissance à la suite de l'avis affiché en mairie, il semble que le président de la commission, signataire du procès-verbal pourrait en opérer la rectification. Mais si l'erreur se trouve dans les pièces soumises à l'enquête et sur lesquelles la commission a statué, l'établissement d'un procès-verbal rectificatif devrait faire l'objet de la même procédure que le procès-verbal à rectifier. En toute hypothèse, si le procès-verbal rectificatif intervient après le dépôt en mairie et la publication au bureau des hypothèques du procès-verbal rectifié, il devra lui-même faire l'objet d'un nouveau dépôt et d'une nouvelle publication (Bulté, chron. hyp. : *JCP* N 1959, IV, 2864).

Pour M. Chardonnal, l'erreur matérielle figurant dans le procès-verbal et ne correspondant pas à la décision de la commission pourrait être rectifiée par un acte dressé avec la participation des propriétaires concernés, assorti d'un certificat du président de la commission attestant de l'erreur commise (*JCP* N 1982, IV, 8260).

b) Erreur d'attribution

501 Procédure. L'article L. 123-16 du Code rural et de la pêche maritime vise le cas où un propriétaire ou titulaire de droits réels, a été évincé du fait qu'il n'a pas été tenu compte de ses droits sur des parcelles. Il peut, pendant une période de cinq années à compter de l'affichage en mairie prévu à l'article L. 121-12, saisir la commission départementale d'aménagement foncier aux fins de rectification des documents de l'aménagement foncier agricole et forestier.

Les contestations relatives aux indemnités sont jugées comme en matière d'expropriation pour cause d'utilité publique.

S'il est fait droit à la demande, un procès-verbal rectificatif est établi et devra être publié. Cette publication intervient, dit le texte, « sous réserve des droits des tiers » (sur le sens à donner à cette expression V. Esmein : étude *in JCP* N 1960, I, 1585).

Si la commission estime impossible de procéder à ladite rectification, elle attribue à l'intéressé une indemnité correspondant à l'intégralité du préjudice subi par lui (V. le texte ci-dessus).

2 Rectification demandée après expiration du délai de cinq ans

a) Modalités

502 Accord entre l'attributaire des parcelles et le véritable propriétaire. Lorsque des erreurs d'attribution ont été commises dans le procès-verbal d'aménagement, la manière de les rectifier a donné lieu à de nombreuses hésitations et controverses.

Il semble que lorsqu'il y a accord entre l'attributaire des parcelles litigieuses et leur véritable propriétaire, un acte rectificatif puisse être établi entre toutes les parties concernées.

Si le véritable propriétaire est décédé et que les héritiers sont connus, l'acte rectificatif sera dressé avec leur concours et une attestation de propriété rectificative devra être établie (V. en dernier lieu chron. Bulté : *JCP* N 1970, IV, 4757).

503 Impossibilité d'établir un acte rectificatif. S'il est impossible d'établir un acte rectificatif soit par suite du refus des parties intéressées, soit par suite de leur décès et de l'impossibilité de retrouver leurs héritiers, il a été suggéré que la rectification pouvait être faite par le moyen d'un acte de notoriété se référant à l'acte erroné et « attestant les erreurs dont il est entaché » (Bulté, chron. hyp. : *JCP* N 1972, 5361).

Le véritable propriétaire pourrait aussi, éventuellement, invoquer la prescription acquisitive (chron. préc.). Le cas échéant, la rectification pourrait être opérée par la voie judiciaire, en assignant les attributaires des parcelles litigieuses qui se refuseraient à établir un acte rectificatif à l'amiable (*JCP* N 1967, IV, 4248).

b) Perceptions

504 Rectification des erreurs d'attribution procédant de la confusion des patrimoines des deux époux. La déclaration des parties, insérée dans un acte de disposition rectifiant des erreurs relatives à la nature propre ou commune des biens attribués dans des opérations d'aménagement, ne donne lieu à la perception d'aucune taxe ou contribution particulière (V. chron. Chardonnal : *JCP* N 1982, prat. 8500).

505 **Procès-verbal d'aménagement. Erreur d'attribution. Rectification. Contribution de sécurité immobilière.** L'acte rectificatif d'un procès-verbal d'aménagement établi à l'amiable et contenant cession gratuite d'une parcelle par l'association d'aménagement à la victime d'une erreur d'attribution, ainsi que la renonciation d'un propriétaire à faire valoir ses droits sur la parcelle attribuée, ne donne lieu qu'à la perception de la contribution de sécurité immobilière proportionnelle (sur la valeur de la parcelle cédée gratuitement). Aucune contribution de sécurité immobilière fixe n'est due en supplément (chron. Chardonnal : *JCP* N 1985, prat. 9554).

IV Cessions de petites parcelles incluses dans le périmètre de l'aménagement

506 **Sources.** L'article L. 121-24 du Code rural et de la pêche maritime, issu de la loi n° 95-95 du 1er février 1995 (*Dr. fisc.* 1995, n° 8, comm. 318) de modernisation de l'agriculture (modifié par l'article 67 de la loi n° 96-314 du 12 avril 1996 : *Dr. fisc.* 1996, n° 17, comm. 555), a eu pour objet de faciliter les transferts de propriété de petites parcelles en intégrant leur cession dans les opérations d'aménagement foncier.
Le décret n° 96-548 du 18 juin 1996 a introduit dans le code précité les articles R. 121-33 à R. 121-35 qui précisent les modalités de mise en œuvre de cette procédure.

507 **Objet de ces dispositions.** Ces textes offrent aux propriétaires de petites parcelles la possibilité de les céder à titre onéreux dans le cadre d'une opération d'aménagement foncier, le prix de cession étant à cet effet assimilé à une soulte.
Les cessions de ces parcelles :
– répondant à certaines conditions (superficie, nature de culture, valeur) et figurant dans le périmètre de l'aménagement ;
– passées par acte sous seing privé au profit d'un propriétaire situé dans le périmètre de l'aménagement ;
... peuvent être reportées, après autorisation de la commission communale ou intercommunale, sur le procès-verbal d'aménagement.
L'intégration de ces cessions sous seing privé dans le procès-verbal d'aménagement permet de leur conférer le caractère d'authenticité indispensable à leur publication.
Toutefois, au plan juridique, même si les cessions susvisées sont intégrées au procès-verbal d'aménagement, les parcelles qui en font l'objet donneront lieu à deux opérations distinctes : une cession, dans un premier temps, suivie d'un apport de l'acquéreur dans le cadre de l'opération d'aménagement foncier.

A Délivrance de renseignements par le service de la publicité foncière à la commission communale

508 En ce qui concerne la délivrance des états préalables et complémentaires, aucune modification des procédures n'est apportée par le nouveau dispositif.
En effet, les petites parcelles cédées dans le cadre d'un aménagement foncier rural étant comprises dans le périmètre de l'opération d'aménagement, il appartient au service de la publicité foncière de délivrer les formalités intervenues sur ces parcelles conformément aux dispositions de l'article R. 127-2 du Code rural et de la pêche maritime. De même, les modalités pratiques de surveillance (inscription d'une mention d'ordre sur les fiches personnelles des propriétaires) destinées à faciliter la délivrance des extraits complémentaires doivent être mises en œuvre.

B Formalités de publicité

509 **Publication du procès-verbal d'aménagement.** Il a été précisé ci-avant (V. n° 507) que les cessions de petites parcelles réalisées en application de l'article L. 121-24 du Code rural et de la pêche maritime constituent au plan juridique des opérations distinctes de l'aménagement foncier rural proprement dit. Elles doivent en conséquence être publiées en tant que telles au fichier immobilier.

510 Sort des droits, charges et inscriptions grevant les parcelles cédées puis abandonnées dans le cadre de l'opération d'aménagement.

– Dans le cadre de la cession, il convient de reporter les droits, charges et inscriptions subsistants grevant les parcelles cédées, sur la fiche du nouveau propriétaire.

– Dans le cadre de l'aménagement proprement dit, les parcelles cédées faisant partie de l'apport du nouveau propriétaire, bénéficient, au même titre que les autres parcelles abandonnées, des dispositions des articles L. 123-13, R. 127-4 et R. 127-6 du Code rural et de la pêche maritime au regard du renouvellement des inscriptions et de la publicité des autres droits et charges.

C Perceptions

511 **Droits d'enregistrement et taxe de publicité foncière.** Les cessions de petites parcelles réalisées dans le cadre d'une opération d'aménagement foncier sont exonérées des droits d'enregistrement ainsi que de la taxe de publicité foncière (CGI, art. 1023).

512 **Contribution de sécurité immobilière.** S'agissant de la perception des contributions de sécurité immobilière, il a été précisé que, même si l'article L. 121-24 du Code rural et de la pêche maritime assimile le prix de cession à une soulte, les contributions doivent être calculées par cession, et non par compte de propriétaire cédant, selon les règles habituelles applicables en matière de ventes d'immeubles.

Il appartient à la Direction départementale des Territoires (DDT) ou à la Direction départementale des Territoires et de la Mer (DDTM) de régler les contributions afférentes à ces cessions dans les mêmes conditions que pour l'opération d'aménagement foncier proprement dite.

Annexes

Serge LAMIAUX

BIBLIOGRAPHIE : M. Dagot, *L'annexe à un acte notarié : Liber amicorum en l'honneur de Me G. Daublon : Defrénois* 2001, p. 77 et s. – F. Letellier, *Et la publication au fichier immobilier des annexes à un acte notarié ? : LPA* 5 août 2002, p. 19. – S. Lamiaux, *Copie exécutoire du prêt constaté par acte notarié et annexes : une question loin d'être annexe : JCP* N 2009, n° 47-1313. – C. Vernières, *Les annexes de à l'acte notarié : JCP* N 2012, n° 4, 1061.

I

Publicité foncière

513 **Procurations.** Aucune disposition légale ne prévoit la publication des procurations ni des autres pièces annexées à l'acte (Circ. enr., 30 mars 1956, § XXVII, p. 51), que ce soit à titre obligatoire ou même à titre facultatif. Néanmoins, le ministère de la Justice a exprimé l'avis que les procurations données par acte sous signature privée pouvaient être publiées lorsqu'elles étaient annexées à un acte sujet à publicité (Rép. min. justice, 7 sept. 1957 : *Bull. AMC*, art. 481). Il doit en être de même des délibérations des sociétés renfermant un mandat ou une autorisation, sans distinguer selon que la société en cause revêt la forme civile ou commerciale, lorsqu'elles sont annexées à un tel acte (*Bull. AMC* 1962, art. 499) Il en résulte, sur le plan pratique, les conséquences suivantes :

– les expéditions déposées à la conservation des hypothèques (actuellement au service de la publicité foncière), en application de l'article 34 du décret du 4 janvier 1955, pour opérer la publicité d'un acte de vente, par exemple, ne doivent pas, en règle générale, contenir la reproduction des procurations annexées à cet acte ; si certains conservateurs toléraient qu'il en soit autrement, cette mesure de tempérament ne saurait avoir pour conséquence d'entraîner une véritable publication des procurations annexées ;

– au cas où il estimerait que la procuration annexée à un acte doit elle-même être publiée, le déposant devrait en requérir spécialement la publication (*JCP* N 1962, IV, 3460, chron. hyp. H. Bulté. – V. aussi *JCP* N 1956, IV, 2283 ; *JCP* N 1963, IV, 3460, chron. hyp. H. Bulté et J. Béchade).

514 **Contestation concernant le caractère authentique de l'acte notarié.** La deuxième chambre civile de la Cour de cassation a rendu le même jour cinq arrêts concernant la régularité d'actes de prêts établis par des notaires. Des contrats de prêt authentiques avaient été conclus en l'absence des emprunteurs. Mais les procurations établies par ces derniers n'avaient été ni annexées aux actes de prêt ni déposées au rang des minutes de l'office. La Haute juridiction, se prononçant sur le visa de l'article 8-devenu article 21-du décret du 26 novembre 1971 et de l'article 1318 du Code civil, avait décidé que les actes de prêt avaient de ce fait perdu leur caractère authentique et que les banques ne détenant pas de titre exécutoire n'étaient pas, en particulier, fondées à inscrire une hypothèque judiciaire provisoire (Cass. 2e civ., 7 juin 2012, n° 11-16 107 : *JurisData* n° 2012-012253 ; *JCP* N 2012, n° 24, act. 624 et 626). Cette décision apparaissait en contradiction avec un précédent arrêt, rendu cette fois par la première chambre civile (Cass. 1re civ., 22 mars 2012, n° 11-11.925 : *JurisData* n° 2012-004880 ; *Bull. civ.* 2012, I, n° 66. – V., sur les discussions auxquelles avait donné lieu cette jurisprudence, Ph. Théry, *Défaut d'annexion des procurations à la minute d'un acte de prêt : JCP* N 2012, n° 35-1311, et du même auteur, *Faut-il reproduire les annexes dans les copies exécutoires ? : JCP* G 2012, n° 16-471. – Ph. Delebecque, *L'acte authentique imparfait : observations sur le défaut d'annexion de procurations dans un acte notarié : JCP* N 2012, n° 9-263). La formation mixte de la Cour de cassation a mis finalement fin à la divergence des jurisprudences(Cass. ch. mixte, 21 déc. 2012, n° 11-28.688 : *Bull. civ.* 2012, ch. mixte, n° 3, et n° 12-15.063 : *Bull. civ.* 2012, ch. mixte, n° 4. – S. Lamiaux, *La procuration et l'acte notarié : le cadeau prétorien de fin d'année : Flash CRIDON* Nord-Est 1/2013, 18 janv. 2013. – P. Théry, *Le défaut d'annexion des procurations à l'acte authentique (suite et fin) : JCP* N 2013, 1025) : en cas de défaut d'annexion de la procuration, l'acte notarié conserve malgré tout son caractère authentique et il peut en être délivré une copie exécutoire valable et efficace.

515 **Plans.** Lorsqu'un plan a été annexé à un acte de vente, les expéditions de cet acte déposées au service de la publicité foncière en application de l'article 34, § 1 du décret du 4 janvier 1955 pour opérer la publicité de la vente, ne doivent pas, en règle générale, contenir la reproduction dudit plan. Aucun texte, en effet, n'assujettit ce document à la publicité, que ce soit à titre obligatoire ou à titre facultatif (*JCP* N 1964, IV, 3754, chron. hyp. ; *JCP* N 1967, IV, 4301, chron. hyp. – V. **Vente d'immeuble**).

516 **Règles de forme.** S'il est décidé d'inclure les annexes dans la copie hypothécaire, celles-ci doivent en respecter les règles de forme édictées par l'article 76-1 du décret n° 55-1350 du 14 octobre 1955 et notamment (M. Suquet-Cozic, *Faut-il publier les annexes ? : Sol. not.* juill. 2017, n° 7, art. 186, p. 22-23) :

– la couleur de l'encre (impérativement noire) ;

– le format A4 (*Bull. AMC* 1979, art. 1149) et les marges – ce qui représentera des difficultés pour les plans ;

– la mention de conformité à la minute, laquelle doit apparaître après les annexes. Sur ce point, les services de la publicité foncière conseillent parfois d'adapter le certificat de conformité de la manière suivante, lorsque la copie hypothécaire ne comporte pas les annexes : « Certifié conforme à la minute à l'exception des annexes ».

517 **Cas ou un refus de dépôt peut être opposé.** Le conservateur (actuellement le service de la publicité foncière) n'est pas fondé à refuser de publier un acte parce que les documents annexés à la minute ne sont pas reproduits dans les copies, expéditions ou extraits destinés à l'accomplissement de la formalité dès lors que ces documents annexés ne sont pas de nature à apporter à l'acte un élément en l'absence duquel le refus pourrait être opposé (*Bull. AMC* 1979, art. 1149).

De même, un refus ne peut être opposé en raison de ce que la pièce présentée à la publicité reproduit des annexes qui sont sans intérêt pour la publicité foncière, sauf si les documents annexés ne satisfont pas eux-mêmes aux conditions exigées pour pouvoir être publiés (tableau ou plan établi sur une formule non réglementaire et notamment dressé sur un papier de format supérieur à celui de la formule, document ne revêtant pas la forme authentique lorsqu'il est sujet lui-même à publicité, par exemple). D'une façon générale, les notaires doivent s'abstenir de faire publier des annexes sans intérêt pour la publicité foncière (V. *Bull. AMC* 1979, art. 1149).

Cependant, doivent être refusés les documents annexés ne revêtant pas la forme authentique, mais seulement lorsque ces documents sont sujets par eux-mêmes à publicité. Il est admis en effet que les actes qui ne sont pas obligatoirement soumis à la publicité peuvent être publiés comme annexes à un acte authentique, même s'il s'agit d'un acte sous seing privé (*Bull. AMC* 1956, art. 242). Il a été jugé que l'annexion d'un acte sous seing privé à un acte notarié ne le transformait pas en acte authentique (Cass. 3e civ., 19 juin 2001, n° 99-14 714 : *JurisData* n° 2001-010220).

II

Enregistrement. Taxe de publicité foncière

518 Différence avec le dépôt. Taxation. L'annexe n'est pas le dépôt et ne donne ouverture à aucun droit particulier (Délib. 19 avr. 1825 ; *Journ. enr.*, 7997 ; Maguéro, V° Annexes, n° 1).
Pour qu'il y ait annexe et non dépôt, il ne suffit pas qu'une pièce soit matériellement jointe à la minute de l'acte notarié, il faut qu'elle ait avec celle-ci un rapport direct, comme l'expédition de l'acte de décès avec l'acte de notoriété qui le rappelle. Si cette condition n'est pas remplie, il y a dépôt.

519 Annexe à un acte notarié d'un acte non soumis à la formalité. L'annexe à un acte notarié d'un acte non soumis à la formalité dans un délai déterminé n'a pas pour effet de rendre obligatoire l'enregistrement de ce dernier acte, qui ne doit donner lieu à aucune perception lors de la présentation à la formalité de l'acte notarié auquel il est annexé. Il n'en serait autrement que si l'enregistrement de l'acte annexé était expressément requis par le notaire ou par les parties (*BOE* 1949, 1, 5148). Il en est ainsi en cas d'annexe à un acte notarié d'une procuration sous seing privé (Rép. min. Finances, 30 nov. 1949 : *Ind. enr.*, 6940).

520 Bureau compétent. Les actes annexés sont enregistrés s'il y a lieu au bureau compétent pour l'enregistrement de l'acte auquel ils sont annexés (Sol. 23 sept. 1918 ; Instr. 3581, p. 47).

Antichrèse (gage immobilier)

Serge LAMIAUX

AVERTISSEMENT L'ordonnance n° 2010-638 du 10 juin 2010 (*JO* 11 juin) a supprimé le conservateur des hypothèques à compter du 1er janvier 2013.
À partir de cette date est instituée une taxe au profit de l'État, dite « contribution de sécurité immobilière », prévue par l'article 879 du Code général des impôts. Cette taxe, qui remplace le salaire du conservateur des hypothèques, est perçue aux mêmes conditions d'assiette, de tarif, de contrôle et de recouvrement que ce salaire (V. **Contribution de sécurité immobilière).**
Les solutions dégagées à propos du salaire du conservateur restent donc valables, jusqu'à nouvel ordre pour la perception de la contribution de sécurité immobilière

BIBLIOGRAPHIE : M. Mignot, *La nature juridique du gage immobilier : LPA* 4 déc. 2014, p. 7.

521 **Définition.** La constitution d'antichrèse est un contrat par lequel un débiteur confère à un créancier la possession de son immeuble jusqu'à l'entier paiement de sa créance, afin que ce créancier en perçoive les fruits et revenus en les imputant annuellement sur ce qui lui est dû, d'abord sur les intérêts, puis sur le capital de sa créance (V. C. civ., art. 2387 à 2392).

L'antichrèse se dénomme dorénavant « gage immobilier » depuis la loi de simplification du droit (L. n° 2009-526, 12 mai 2009, art. 10-1-34°).

522 **Différences avec d'autres contrats.** L'antichrèse (ou « gage immobilier ») doit être distinguée de contrats voisins :
– cession ou délégation de loyer : l'antichrèse en diffère car cette dernière constate une cession de créance mais ne comporte pas la délivrance de l'immeuble au créancier ;
– ventes à réméré : l'antichrèse en diffère car cette dernière rend immédiatement propriétaire l'acquéreur, sauf la faculté pour le vendeur de résoudre la vente dans un certain délai. Dans l'antichrèse, le débiteur conserve la propriété de l'immeuble dont la jouissance seule passe au créancier ;
– contrat de bail : l'antichrèse n'est pas non plus un bail car ce dernier comporte ordinairement la fixation d'une durée, alors que l'antichrèse n'a pour limite que le jour du remboursement complet de la créance. D'autre part, dans le bail, le preneur est dispensé de rendre compte des revenus à la différence de l'antichrésiste (V. sur ce point, Bulté, chron. hyp. *in JCP* N 1965, IV, 3892).

I

Publication

523 **Publication obligatoire.** Le contrat constitutif de l'antichrèse est soumis à publication obligatoire et il relève de la formalité unique (Instr. 12 févr. 1971, n° 7 A-2-71).

524 Perceptions à opérer. Tarifs. Des hésitations s'étant produites sur le tarif applicable, l'administration a donné les précisions suivantes dans une instruction (Instr. 21 janv. 1998 : *BOI* 10 K-1-98). Une distinction doit être opérée :

– le contrat constitutif d'antichrèse est présenté seul à la formalité. D'une manière générale, l'acte portant constitution d'antichrèse, soumis à la formalité fusionnée au service de la publicité foncière, donne ouverture à la taxe de publicité foncière au taux de 0,70 % en application des dispositions combinées des articles 677 et 678 du Code général des impôts. Ces dispositions s'appliquent à la constitution d'antichrèse considérée isolément ;

– le contrat d'antichrèse est contenu dans l'acte de prêt. Dans l'hypothèse où l'antichrèse est consentie par un emprunteur dans l'acte même de prêt en garantie de la somme prêtée, le prêt et la constitution d'antichrèse constituent des dispositions dépendantes. Il en résulte que seule la disposition principale – le prêt – donne ouverture à taxation (droit fixe des actes innommés prévu par l'article 680 du Code général des impôts. Sur le taux actuel, V. **Acte innommé**).

525 Liquidation de la taxe de publicité foncière et de la contribution de sécurité immobilière. S'il y a un prix stipulé, la taxe de publicité foncière à 0,70 % (0,71498 % avec les perceptions additionnelles) est liquidée sur ce prix augmenté des charges ou sur la valeur réelle du droit d'antichrèse si elle est supérieure (Rép. min. Finances, 3 avr. 1966 : *Bull. AMC* 1966, art. 657 ; *JCP* 1966, IV, 4039).

Examinant le mode de détermination de la valeur du droit d'antichrèse, M. Bulté a émis l'avis que cette valeur était égale au montant des sommes dont l'antichrèse avait pour objet d'assurer le paiement (*JCP* 1966, IV, 4039). Ce mode de calcul généralement adopté dans la pratique a été approuvé par l'association des conservateurs (*Bull. AMC*, art. 657, préc.).

À défaut de prix stipulé, c'est d'ailleurs cette valeur du droit d'antichrèse qui servira d'assiette à la taxe de publicité foncière, après avoir été déterminée par une déclaration estimative des parties.

Admettant implicitement la validité de la méthode à laquelle il est fait allusion plus haut, une autre réponse ministérielle a précisé que la valeur du droit d'antichrèse ne pouvait cependant être supérieure au montant des sommes que le contrat d'antichrèse était destiné à garantir (Rép. min. Économie et Finances, 23 août 966 : *JCP* 1966, IV, 4090 : *Bull. AMC* 1967, art. 676).

II

Opérations diverses

526 Cession d'antichrèse. Le créancier antichrésiste a la faculté de céder sa créance avec toutes les garanties qui y sont attachées, par suite, avec la jouissance de l'immeuble donné en antichrèse.

L'administration a émis l'avis que cette cession d'antichrèse n'avait pas à être publiée (*Rép. alph. enreg.*, V° Hypothèque, L. III, n° 750, § 1. p. 500, note 2).

Le bien-fondé de cette opinion a été mis en doute par M. Bulté, à juste titre selon nous (*JCP* N 1965, IV, 3892).

Si l'on considère que la cession d'antichrèse doit être soumise obligatoirement à publication (D. 4 janv. 1955, art. 28-I°), les droits seront assis sur la valeur du droit cédé déterminée comme ci-dessus.

Il en est de même pour la contribution de sécurité immobilière.

527 Renonciation au droit d'antichrèse. Elle est soumise à publication obligatoire, du moins lorsqu'elle n'est pas la conséquence de la renonciation à sa créance par l'antichrésiste. La renonciation par celui-ci à sa créance, si elle est totale, entraîne en effet, de même que le paiement de la créance, renonciation aux accessoires de cette créance et par suite à l'antichrèse (*Précis CML*, 2e éd., n° 761, § 2. – Bulté, chron. préc. : *JCP* 1965, IV, 3892).

Cette renonciation étant considérée comme translative, donnera lieu à la perception de la taxe de publicité foncière et de la contribution de sécurité immobilière, assis l'un et l'autre sur la valeur du droit auquel il est renoncé, estimé comme dit ci-dessus (Bulté, chron. préc. : *JCP* N 1965, IV, 3892, n° 8).

528 Mainlevée d'antichrèse. Selon Lacroix (2013, n° 89), elle doit être publiée et cette publication donne lieu à la perception de la taxe fixe au tarif prévu pour les actes innomés (CGI, art. 680. – V. **Droits fixes**).

La contribution de sécurité immobilière est due sur les mêmes bases que pour l'acte constitutif.

Apports en société
Apports à titre onéreux

Neyla GONZALEZ-GHARBI

Sommaire analytique

REMARQUE À la date du 3 mai 2024, l'administration fiscale n'a pas actualisé ses commentaires du régime des apports en société pour prendre en compte les modifications issues des articles 26 de la loi de finances pour 2019 et 67 de la loi de finances pour 2021.

I
Introduction

529 Typologie fiscale des apports en société. Pour l'application des droits d'enregistrement et de la publicité foncière, une distinction traditionnelle oppose deux catégories principales d'apports en société : les apports à titre pur et simple (V. **Apport en société – Apports purs et simples**) et les apports à titre onéreux. L'apport en société ne peut, par hypothèse, être intégralement consenti à titre onéreux. D'où la catégorie de l'apport dit mixte qui est pour partie à titre onéreux et pour partie à titre pur et simple V. **Apport en société – Apports mixtes**).

530 Critère de distinction. La qualification fiscale de l'apport dépend de la nature de la rémunération de l'apporteur, ce qu'il reçoit de la société bénéficiaire en contrepartie de son apport. Les apports purs et simples sont ceux qui confèrent à l'apporteur, en échange de son apport, de simples droits sociaux de la société bénéficiaire de l'apport, exposés à tous les risques et aléas sociaux et, notamment, à la perte de cette mise (BOI-ENR-AVS-10-10, 1er sept. 2012, n° 1). Tandis qu'en contrepartie de l'apport dit à titre onéreux l'apporteur est rémunéré par la société bénéficiaire de l'apport au moyen d'un équivalent ferme, actuel et soustrait aux risques sociaux. Le cas le plus fréquent en pratique est celui de l'apport d'un bien en nature dont la contrepartie consistera dans la prise en charge par la société d'une dette personnelle de l'apporteur (apport contre la prise en charge d'un passif).

531 **Domaine de la distinction.** Le domaine de cette distinction se limite aux droits d'enregistrement et à la taxe de publicité foncière. Cette distinction ne s'applique pas en matière de TVA : les apports soumis à la TVA immobilière (CGI, art. 257) sont, quelle que soit la contrepartie reçue par l'apporteur, des livraisons de biens à titre onéreux qui sont spécialement tarifées (CGI, art. 810, IV – V. **Apport en société – Apports soumis à la TVA**). Elle ne s'applique pas non plus en matière d'impôts directs. Ainsi, tous les apports constituent des cessions à titre onéreux au sens et pour l'application, notamment, du régime des plus-values immobilières des particuliers et des taxes sur la constructibilité (CGI, art. 150 U et s. ; 1529, 1605 nonies et 1609 nonies G).

532 **Portée de la distinction.** Dans son principe, la distinction entre apports à titre pur et simple et apport à titre onéreux vise à réserver le régime spécifique des droits d'apports en société – actuellement l'enregistrement gratuit des actes qui les constatent – aux seuls apports faits à titre pur et simple et à faire bénéficier les apports à titre onéreux – qui s'analysent en une véritable vente consentie par l'apporteur à la société – d'un régime fiscal de droits de mutations à titre onéreux plus avantageux, afin de ne pas entraver la constitution des sociétés.

Mais la traduction de ce principe dans le droit positif est bien plus complexe : chaque pétition de principe étant assortie de multiples exceptions. Ainsi, certains apports faits à titre pur et simple sont assimilés à des mutations à titre onéreux, tandis qu'une catégorie particulière d'apports à titre onéreux – celle où la contrepartie consiste dans la prise en charge par la société d'un passif personnel de l'apporteur – peut bénéficier d'un régime comparable à celui des apports purs et simples.
De plus, pour déterminer le régime fiscal applicable à l'apport, il y a lieu de prendre en compte, outre sa qualification, son objet, le régime fiscal de l'apporteur et celui de la société bénéficiaire des apports. Pour un exposé détaillé, V. **Constitution de société**.

Remarques : Depuis le 1er janvier 2019 (L. fin. 2019, n° 2018-1317, 28 déc. 2018, art. 26), le régime applicable en matière de droits d'enregistrement et de taxe de publicité foncière est le même que l'apport soit effectué pour la constitution de la société ou en cours de vie sociale (V. **Augmentation de capital**).

➤ Pour les apports de biens soumis à la contribution immobilière, V. **Constitution de société** et **Contribution immobilière**.

533 **Plan du fascicule.** Après rappel de la définition des apports à titre onéreux (II), nous exposerons le régime de droit commun auquel sont soumis ces apports du fait de leur nature juridique de mutation à titre onéreux (III), puis les régimes de faveur bénéficiant à certains de ces apports (IV).

II Apports à titre onéreux : définition

534 **Définition.** Il y a apport à titre onéreux toutes les fois que l'apporteur est rémunéré par la société bénéficiaire de l'apport au moyen d'un équivalent ferme, actuel et soustrait aux risques sociaux.
La contrepartie d'un apport à titre onéreux peut revêtir des formes diverses et peut consister notamment :
– en une remise d'espèces à verser par la société ;
– en une remise de biens en nature ;
– en des obligations émises par la société ;
– ou en la prise en charge d'un passif personnel à l'apporteur.
Dans ces cas, l'associé ne fait pas une véritable mise sociale au sens de l'article 1832 du Code civil, puisqu'il reçoit, en contrepartie de son apport, non pas des droits sociaux exposés aux aléas de l'entreprise, mais un avantage ferme et actuel qui lui est définitivement acquis et qui se trouve soustrait aux chances de gain, d'économie ou au risque de pertes de la société.
Il s'opère, dès lors, une transmission à titre onéreux, juridiquement indépendante de la convention principale et assujettie aux droits de mutation (BOI-ENR-AVS-10-20, 6 avr. 2016, nos 1 et 40).
L'administration fiscale envisage diverses rémunérations de l'apport à titre onéreux (V. BOI-ENR-AVS-10-20, 6 avr. 2016).
➤ Sur les problèmes de publicité foncière, V. **Constitution de société**.

535 Recherche de la qualification fiscale de l'apport. L'administration n'est pas liée par la qualification que les parties donnent elles-mêmes aux actes. La loi l'autorise, dans le cadre de la procédure de répression des abus de droit prévue par l'article L. 64 du Livre des procédures fiscales, à restituer aux conventions leur véritable caractère en vue de leur imposition.

Mais si les parties n'ont pas mentionné dans l'acte une charge qui a pour effet de rendre un apport à titre onéreux pour partie, il y a non pas dissimulation du prix ou du caractère du contrat, mais simple mutation secrète d'une partie des biens apportés (BOI-ENR-AVS-10-20, 6 avr. 2016, n° 10).

L'administration rappelle qu'il importe peu pour qualifier la convention d'apport à titre onéreux que :

– le prix soit versé sur le champ ou fasse l'objet d'un versement ultérieur (T. civ. Seine, 9 févr. 1867). Dans le cas le plus simple, il y a apport à titre onéreux lorsque l'associé stipule le paiement d'un prix en échange de son apport. Ce prix peut d'ailleurs être celui encore dû à l'apporteur pour un corps certain préalablement acquis par lui et apporté à la société ;

– la somme payée à l'apporteur provienne des fonds versés par les associés et spécialement par l'apporteur lui-même ou qu'elle soit prélevée sur les frais généraux et dans ce dernier cas que le prélèvement soit opéré en une seule fois ou par annuités (T. civ. Seine, 26 août 1879 et 5 févr. 1867. – T. civ. Roanne, 19 mai 1931) ;

– le prix soit prélevé sur le produit des premiers versements des actions ou prenne la forme d'un crédit inscrit au compte ouvert à l'apporteur (Chambéry, 15 mars 1955).

En revanche, lorsque les sommes attribuées à l'apporteur sont stipulées remboursables par prélèvement sur les bénéfices nets de la société, l'apport ne pourrait être considéré comme effectué à titre onéreux, si le paiement restait aléatoire et soumis aux risques de l'entreprise (T. civ. Seine, 1er juill. 1899. – BOI-ENR-AVS-10-20, 6 avr. 2016, n° 50).

Mais, en cas de doute sur la nature d'un apport, celui-ci doit être réputé pur et simple (BOI-ENR-AVS-10-20, 6 avr. 2016, n° 10).

536 Conséquences fiscales. L'apport à titre onéreux s'analyse en une véritable vente consentie par l'apporteur à la société. Il est en principe soumis au régime fiscal des mutations à titre onéreux d'après la nature des biens qui en sont l'objet. Toutefois, un tarif spécifique est prévu pour ce qui concerne les apports à titre onéreux d'immeubles et droits immobiliers.

Le principe d'exigibilité des droits de mutation à titre onéreux connaît cependant quelques exceptions, l'une légale, les autres d'origine doctrinales.

III Principe : Les apports à titre onéreux sont soumis au régime des droits de mutation à titre onéreux

A Application des principes régissant les droits de mutation à titre onéreux

537 En principe, les apports à titre onéreux sont soumis au régime fiscal des mutations à titre onéreux d'après la nature des biens qui en font l'objet. Dès lors, s'y appliquent les règles de territorialité, d'assiette et de liquidation des droits de mutation qui se seraient appliquées à la vente ordinaire qui aurait eu pour objet les biens ou droits apportés. Nous verrons que dans ce régime de droit commun, seuls les apports à titre onéreux d'immeubles et droits immobiliers bénéficient d'un tarif spécifique prévu à l'article 683 bis du Code général des impôts, distinct de celui applicable aux ventes immobilières.

538 Apport à titre onéreux soumis à condition suspensive. En application des dispositions de l'article 676 du Code général des impôts, le droit de mutation ne devient exigible qu'à la date de réalisation de la condition (V. **Condition suspensive**).

Il en a été jugé ainsi dans une espèce où il était stipulé que la société acquitterait les dettes grevant un immeuble pour le cas où l'auteur décéderait avant d'avoir lui-même éteint ce passif (Cass., 8 nov. 1864 : Instr. enr., n° 2324, § 2 ; *DP* 1864, 1,

476. – T. civ. Seine, 27 août 1859 : *Journ. enr.*, 17014).

Le droit de vente ne peut, par contre, être exigé lorsque la société a pris l'engagement de libérer un apport du passif dont il est grevé si l'associé ne l'a pas fait à une date déterminée, et que le bien constituant cet apport est saisi et vendu à la demande des créanciers avant l'époque prévue. Il n'est pas possible en pareil cas de considérer que la société a désintéressé les créanciers au moyen du prix des immeubles expropriés et que la condition envisagée s'est trouvée réalisée (Sol. 16 nov. 1885, citée par Maguéro, V° Société, n° 252).

539 **Apport à titre onéreux soumis à condition résolutoire.** Conformément aux principes (V. **Condition résolutoire**), les droits de mutation à titre onéreux sont immédiatement exigibles, alors même que les parties soutiendraient que la société est restée à l'état de simple projet (T. civ. Nîmes, 6 mars 1844 : *Journ. enr.*, 13459. – Cass., 30 janv. 1850 : Instr. enr., n° 1857, § 15).

540 **Apport à titre onéreux soumis à un terme.** La fixation d'un terme ne met pas obstacle à la perception immédiate du droit de mutation sur les apports à titre onéreux.

B Assiette et liquidation des droits

1 Assiette de l'impôt de mutation à titre onéreux

a) Principe

541 L'impôt de mutation à titre onéreux est perçu, comme en matière de vente, sur le prix augmenté des charges ou, si elle est supérieure, sur la valeur vénale réelle des biens.

542 **Biens de diverses natures.** Si les biens apportés le sont pour partie à titre pur et simple, pour partie à titre onéreux, et s'ils sont de diverses natures, les parties doivent faire connaître par une ventilation quels sont ceux qui font l'objet de l'apport pur et simple et quels sont ceux qui doivent être considérés comme vendus. À défaut d'une telle ventilation, il y a lieu de répartir le passif proportionnellement à chaque nature de biens (Rennes, 26 mai 1884 : *Journ. enr.*, 22445 – BOI-ENR-AVS-10-30, 9 sept. 2012, n° 10 – V. **Apports de société – Apports mixtes**).

Cette règle est très importante en pratique car elle donne aux parties la possibilité d'imputer la contrepartie sur des biens ou droits dont la mutation à titre onéreux est peu ou pas taxée.

b) Cas particuliers

543 **Apport payé au moyen d'une rente viagère.** Lorsque le prix est constitué par une rente viagère, l'impôt est liquidé sur le capital de la rente exprimé dans l'acte ou déterminé par une déclaration estimative des parties (BOI-ENR-AVS-10-20, 6 avr. 2016, n° 200). La solution est ancienne (Cass. req., 23 août 1836 : *Instr. enr.*, 1528, p. 19 et *BOE* 1950, 1, 5467). En matière de vente immobilière, il a été plus précisément indiqué que la perception est établie sur le capital de la rente exprimé dans l'acte (taxation du prix converti en rente viagère) ou fixé par une déclaration estimative des parties (prix consistant directement en rente viagère). Dans ce dernier cas, l'administration peut, pour contrôler l'évaluation fournie par les parties, utiliser les barèmes des compagnies d'assurances sur la vie ou de la Caisse nationale de prévoyance (BOI-ENR-DMTOI-10-10-20-10, n° 60).

544 **Apport à titre onéreux rémunéré par la prise en charge d'un passif incombant à l'apporteur.** Dans cette hypothèse, le droit de mutation est liquidé sur l'intégralité dudit passif, sans déduction de la part de l'apporteur correspondant à ses droits d'associé. Une pareille déduction serait en effet contraire au principe de la personnalité juridique de la société (BOI-ENR-AVS-10-20, 6 avr. 2016, n° 200).

Il importe peu que ce passif ait diminué entre la date de l'inventaire qui établit la consistance active et passive des apports et la date de l'acte constitutif, dès l'instant où ce dernier acte fait remonter à la date de l'inventaire le point de départ de la société (T. civ. Seine, 14 mars 1862 : *Journ. enr.*, 17482).

En revanche, le droit de mutation n'est pas dû s'il est stipulé que le passif sera payé uniquement au moyen d'un prélèvement sur les bénéfices au profit de l'apporteur ; dans ce cas, l'avantage reçu par celui-ci est soumis aux risques de l'entreprise et la société ne peut être considérée comme prenant effectivement à sa charge le passif (BOI-ENR-AVS-10-20, 4 juin 2016, n° 120).

545 Le droit de mutation ne peut être cependant perçu que sur la fraction de l'apport effectivement transmis à titre onéreux (Maguéro, V° Société, n° 282-IV). Le droit de vente ne saurait atteindre la fraction de l'universalité des biens apportés à titre onéreux dont l'associé s'est réservé la propriété (*ibid.* réf. citées).

546 **Contrepartie consistant en obligations.** C'est la valeur de remboursement des obligations, et non leur valeur d'émission, qui doit servir de base au calcul du droit proportionnel (BOI-ENR-AVS-10-20, 6 avr. 2016, n° 200).

2 Tarifs des droits exigibles sur les apports à titre onéreux

547 Parce qu'ils sont soumis au régime des droits de mutation à titre onéreux, les apports à titre onéreux sont, en principe, imposés selon leur nature, Mais, une taxation spécifique s'applique aux apports d'immeubles et droits immobiliers. En outre, les parties ont vocation à revendiquer l'application des divers régimes de faveur existant en matière de mutation à titre onéreux.

a) Taxation selon la nature de l'apport

1) Apport à titre onéreux d'immeubles ou de droits réels immobiliers

548 L'apport à titre onéreux d'immeubles ou de droits réels immobiliers peut donner lieu à ouverture :
– soit aux droits de mutation d'immeubles, droit d'enregistrement ou taxe de publicité foncière ;
– soit au droit d'échange dans le cas où la contrepartie est un autre immeuble (V. **Échange**) ;
– soit à la taxe sur la valeur ajoutée (V. **Apport en société soumis à la TVA**).

2) Apport à titre onéreux simultané d'immeubles et de meubles

549 Lorsqu'un apport comprend des meubles et des immeubles, le droit d'enregistrement est perçu sur la totalité du prix au taux réglé pour les immeubles, à moins qu'il ne soit stipulé un prix particulier pour les objets mobiliers, et qu'ils ne soient désignés et estimés, article par article, dans le contrat (CGI, art. 735. – V. **Vente simultanée de meubles et d'immeubles**. – BOI-ENR-AVS-10-20-20160406, n° 320).
La ventilation doit être effectuée dans l'acte d'apport lui-même ; une ventilation ultérieure dans une délibération de l'assemblée générale des actionnaires, par exemple, ne permettrait pas d'éviter l'application du tarif des ventes d'immeubles (Sol. 29 juill. 1897, citée par Maguéro, V° Société, n° 276, II).

550 **Apport à titre onéreux comprenant un immeuble et un fonds de commerce.** Il avait été admis, dans une espèce où l'apport fait à titre onéreux à une société se composait d'un immeuble et d'un fonds de commerce, qu'il n'y avait pas lieu de percevoir le tarif immobilier sur les éléments dudit fonds, bien que ceux-ci n'aient été ni détaillés ni estimés article par article (Sol. 26 août 1979, citée par Maguéro, V° Société, n° 277). Cette solution n'est pas reprise au BOFiP.

551 **Apport à titre onéreux comprenant à la fois des immeubles et des meubles sis à l'étranger.** En ce cas, l'article 735 du Code général des impôts n'est pas applicable et les parties doivent fournir une évaluation des meubles et des immeubles.

3) Apport de droits de bail

552 L'apport à titre onéreux peut, bien entendu, avoir aussi pour objet des baux, simples droits de jouissance. Les droits exigibles sont alors ceux prévus pour les mutations de droits de jouissance (BOI-ENR-AVS-10-20, 6 avr. 2016, n° 330).

4) Apport d'un crédit-bail immobilier – Renvoi

553 V. **Crédit-bail immobilier**.

b) Tarif spécifique pour les immeubles et droits immobiliers

> **CGI, art. 683 bis. –** La fraction des apports d'immeubles ou de droits immobiliers réalisée à titre onéreux est assujettie à une taxe de publicité foncière ou à un droit d'enregistrement de 2,20 %.

554 **Taxation spécifique.** Les apports d'immeubles ou de droits immobiliers à titre onéreux sont soumis à un droit de 2,20 % prévu par l'article 683 bis du Code général des impôts. Ce droit est perçu au profit de l'État (CGI, art. 1594 B).
Au droit perçu par l'État s'ajoutent les taxes additionnelles perçues au profit du département (CGI, art. 1595), de la commune (CGI, art. 1584) ou du fonds de péréquation départemental (CGI, art. 1595 bis) et, le cas échéant, de la région Île-de-France (CGI, art. 1599 sexies). Actuellement donc, compte tenu des taxes additionnelles communales et départementales et, le cas échéant, régionale, ces apports sont soumis à une taxation de 5 % ou 5,60 %. V. **Taxes additionnelles**.

C Paiement des droits

555 **Délai.** L'apport à titre onéreux étant traité comme une vente, ce sont les délais applicables en matière de vente qui s'y appliquent. La mutation doit donc être déclarée (ou soumise à formalité) dans le délai prévu pour les ventes de biens de même nature.

556 **Sursis de paiement.** Les droits exigibles doivent en principe être payés au moment de l'exécution de la formalité.

Toutefois, les actes constitutifs de sociétés commerciales (y compris les entreprises unipersonnelles à responsabilité limitée et les sociétés en participation à caractère commercial) sont enregistrés gratis à titre provisoire (CGI, art. 1717 bis). Les droits et taxes normalement dus deviennent exigibles au plus tard à l'expiration d'un délai de trois mois à compter de la date de ces actes.

Ces mesures ne sont applicables ni aux sociétés civiles, ni aux coopératives agricoles, ni aux groupements d'intérêt économique ou d'intérêt public, V. **Constitution de société.**

557 **Paiement fractionné.** Il a été précisé que le régime du paiement fractionné des droits de mutation prévu à l'article 1717 du Code général des impôts et aux articles 396 et 404 C de l'annexe III du même code ne s'appliquait pas aux apports à titre onéreux de biens mobiliers ou immobiliers faits à des sociétés de capitaux (Rép. min. délégué auprès du ministre de l'Économie, des Finances et de la Privatisation à M. Médecin : *JOAN* CR 1er déc. 1986, p. 4560, n° 4747).

IV Régimes de faveur : exonération conditionnelle des droits de mutation à titre onéreux

558 Par exception au principe d'exigibilité des droits de mutation à titre onéreux, certains apports à titre onéreux bénéficient de régimes de faveur. C'est le cas de l'apport de l'ensemble des éléments d'actif immobilisé d'une entreprise individuelle (A), d'apport à des organismes agricoles ou de groupements forestiers (B) ou d'apport de biens indivis à une société en nom collectif (C) ou d'apport de biens meubles à une société de fait (D).

A Apport de l'ensemble des éléments d'actif immobilisés d'une entreprise individuelle

CGI, art. 809 *(Mod. L. n° 2018-1317, 28 déc. 2018, art. 26).* – I bis – En cas d'apport réalisé dans les conditions fixées au II de l'article 151 octies, par une personne physique à une société de l'ensemble des éléments d'actif immobilisé affectés à l'exercice d'une activité professionnelle, la prise en charge du passif, dont sont grevés les biens de la nature de ceux énumérés au 3° du I qui sont compris dans l'apport, est assimilée à une mutation à titre onéreux.

CGI, art. 810 *(Mod. L. n° 2018-1317, 28 déc. 2018, art. 26).* – III. – Le tarif normal du droit d'enregistrement ou de la taxe de publicité foncière perçus sur les apports mentionnés au 3° du I, au I bis et au II de l'article 809 est fixé à 2,20 % pour les apports qui ont pour objet un immeuble ou des droits immobiliers et, selon le tarif prévu à l'article 719, pour ceux qui ont pour objet un fonds de commerce, une clientèle, un droit à un bail ou à une promesse de bail.

Toutefois, sauf pour les immeubles ou droits immobiliers n'étant pas compris dans l'apport de l'ensemble des éléments d'actif immobilisés affectés à l'exercice d'une activité professionnelle, ces apports sont enregistrés gratuitement si l'apporteur, ou les associés en cas de changement de régime fiscal, s'engagent à conserver pendant trois ans les titres remis en contrepartie de l'apport ou détenus à la date de changement de régime fiscal.

En cas de non-respect de l'engagement de conservation des titres, ou, pour les apports mentionnés au I bis de l'article 809, si la société cesse de remplir les conditions qui lui ont permis de bénéficier de cet avantage, le droit prévu au premier alinéa du présent III majoré des taxes additionnelles est exigible immédiatement.

Toutefois, la reprise n'est pas effectuée en cas de donation, si le donataire prend, dans l'acte, et respecte l'engagement de conserver les titres jusqu'au terme de la troisième année suivant l'apport ou le changement du régime fiscal.

559 Afin de faciliter la mise en société des entreprises individuelles, la prise en charge par la société bénéficiaire de l'apport du passif incombant à l'apporteur bénéficie d'un régime particulier en cas d'apport en société de l'ensemble des éléments de l'actif immobilisé affecté à une exploitation professionnelle individuelle, dans les conditions prévues à l'article 151 octies du Code général des impôts (BOI-ENR-AVS-10-20, 6 avr. 2016, n° 350).

Il avait été précisé que le régime de faveur s'applique même en l'absence d'option de l'apporteur pour le régime visé par l'article 151 octies (Rép. min. Valleix : *JOAN* Q 28 sept. 1992, p. 4482, n° 60 475).

560 **Apports à titre onéreux par prise en charge du passif.** Seule la prise en charge du passif incombant à l'apporteur et se rapportant aux biens et droits apportés rend l'apport éligible à ce régime de faveur, tant en matière de plus-values professionnelles (CGI, art. 151 octies) que de droits d'enregistrement.

Il a été jugé que cette condition n'est pas remplie :

– lorsque l'actif net apporté par l'entrepreneur individuel n'est pas rémunéré uniquement par des droits sociaux, mais également par une attribution de liquidités (Cass. com., 3 mars 2004 : *Dr. fisc.* 2004, n° 27, comm. 604. – V. égal. Cass. com., 12 févr. 2008 : *RJF* 5/2008, n° 610) ;

– lorsque la société à laquelle il a été fait apport d'une entreprise individuelle prend en charge les dettes afférentes aux apports qu'elle a achetés aux apporteurs, ce dont il résulte qu'elle a supporté des éléments de passif autres que ceux dont étaient grevés les éléments d'actif immobilisé apportés (Cass. com., 17 mars 2004 : *BIM Lefebvre* 7/2004, inf. 128) ;

– si des éléments mobiliers de l'entreprise ont été vendus à la société, une vente ne pouvant être assimilée à un apport (Cass. com., 9 juin 2004 : *Ind. enr.* 2005, n° 18520).

Seul l'actif net apporté doit être intégralement réalisé à titre pur et simple, dès lors que la prise en charge du passif dont sont grevés les biens apportés constitue la contrepartie de l'apport à concurrence de ce passif (Cass. com., 22 nov. 2005 : *BIM Lefebvre* 3/2006, inf. 46).

561 L'apport doit avoir pour objet soit l'ensemble des éléments de l'actif immobilisé affecté à l'exercice d'une activité professionnelle, soit une branche complète d'activité. Il n'est donc pas applicable à l'apport isolé d'un immeuble à une société civile immobilière (Rép. min. Valleix : *JOAN* Q 14 mars 1994, p. 1260, n° 10 605).

562 **Enregistrement gratuit conditionnel.** Ces apports sont depuis le 1er janvier 2019 enregistrés gratuitement (CGI, art. 810 III).

563 **Engagement de conservation des titres.** L'enregistrement gratuit est subordonné à l'engagement des apporteurs, **pris dans l'acte d'apport**, de conserver pendant trois ans les titres qui leur sont remis en contrepartie de l'apport pur et simple des éléments d'actif immobilisé de l'entreprise apportée (BOI-ENR-AVS-10-20-20160406, n° 360).

Les conditions de l'engagement de conservation et les conséquences de son non-respect sont identiques à celles qui sont définies pour les apports à titre pur et simple assimilés à une mutation à titre onéreux (V. BOI-ENR-AVS-10-20 V. **Apports en société – Apports purs et simples**).

En l'absence d'engagement de conservation des titres, le droit de 2,20 %, majoré des taxes additionnelles (soit au total 5 % ou 5,6 %), lorsque le passif est imputé sur des immeubles ou droits immobiliers, ou les droits liquidés selon le tarif prévu à l'article 719 du Code général des impôts, lorsque le passif est imputé sur un fonds de commerce, une clientèle ou un droit au bail, sont exigibles.

564 **Paiement fractionné.** Le 3° de l'article 396 de l'annexe III au Code général des impôts ne visant pas cette catégorie d'apport, les droits dus lorsque l'apporteur ne prend pas l'engagement de conserver les titres reçus en contrepartie de son apport pendant trois ans, ne peuvent pas faire l'objet d'un paiement fractionné (en ce sens, RES 13 sept. 2005, n° 2005/100-ENR).

B Apports à des organismes agricoles ou des groupements forestiers

565 Antérieurement au 1er janvier 2019, l'administration avait envisagé ce cas particulier d'apport à titre onéreux, pour lui accorder, sous certaines conditions, le bénéfice de l'exonération – La solution figure aux nos 390 à 410 du BOI-ENR-AVS-10-20, 6 avr. 2016 en ces termes : « Les apports à titre onéreux résultant de la prise en charge du passif grevant les immeubles apportés à certains organismes agricoles (GAEC, GFA, GAF, EARL) sont imposés au même tarif que les apports purs et simples. Il en résulte que, depuis le 1er janvier 2000, ces apports sont exonérés du droit fixe prévu à l'article 810 du Code général des impôts (CGI, art. 810 bis), sous réserve, bien entendu, qu'ils soient effectués à l'occasion de la constitution du groupement ou de l'exploitation.

En revanche, tout autre apport à titre onéreux demeure assujetti, dans les conditions de droit commun, aux droits et taxes normalement exigibles du fait des mutations opérées.

De même que pour les organismes agricoles cités ci-dessus, la prise en charge du passif grevant des apports immobiliers à des groupements forestiers peut être exonérée du droit fixe. »

Les apports purs et simples étant en principe enregistrés gratuitement depuis le 1er janvier 2019 (L. fin. 2019, n° 2018-1317, 28 déc. 2018, art. 26), l'administration devra confirmer cette solution.

C Apport de biens indivis à une société en nom collectif

566 Il est admis que lorsque les propriétaires indivis de biens meubles et immeubles apportent ces mêmes biens à une société en nom collectif formée exclusivement entre eux, moyennant l'obligation de payer les charges dont ils sont grevés, l'apport, qui ne change pas en fait les droits respectifs des associés, reste pur et simple. L'impôt de mutation à titre onéreux n'est pas exigible sur le montant du passif.

Cette exception à la règle selon laquelle le droit de mutation est exigible à concurrence du passif pris en charge par la société doit recevoir une interprétation stricte. Elle est subordonnée aux conditions suivantes :

1° l'apport doit être fait à une société en nom collectif exclusivement ;

2° la société ne doit pas comprendre d'autres membres que les propriétaires indivis ;

3° l'apport de biens indivis ne doit pas être accompagné de l'apport d'autres biens réalisé dans des proportions inégales par les associés ;

4° il ne peut être stipulé d'avantages particuliers au profit de l'un ou de quelques-uns seulement des associés (BOI-ENR-AVS-10-20-20160406, n° 170).

D Apports de biens indivis à une société de fait

567 L'apport par les propriétaires indivis de biens meubles à une société de fait formée exclusivement entre eux, moyennant l'obligation de payer les charges dont ils sont grevés, est exempt du droit de mutation dès lors qu'il ne change pas, en fait, les droits respectifs des associés. L'inscription d'immeubles à l'actif d'une société de fait n'est soumise à aucun droit d'enregistrement.

Pour que ce régime spécial soit applicable, les trois conditions suivantes doivent être réunies :

– la société ne doit pas comprendre d'autres membres que les propriétaires indivis ;

– l'apport de biens indivis ne doit pas être accompagné de l'apport d'autres biens réalisés dans des proportions inégales ;

– il ne peut être stipulé d'avantages particuliers au profit de l'un ou de quelques-uns seulement des associés (BOI-ENR-AVS-10-20, 6 avr. 2016, n° 180).

La question se pose de la portée de cette solution doctrinale. En effet, dans la section du *BOI* consacrée aux droits dus sur les actes relatifs à la vie des sociétés de fait et sociétés en participation, l'administration indique, s'agissant des apports à titre onéreux et apports mixtes que ces apports « sont soumis à des règles semblables à celles applicables lorsque les sociétés civiles ou des personnes dotées de la personnalité morale reçoivent des apports de ce type » (BOI-ENR-AVS-40-40, 6 déc. 2017, n° 30).

➤ V. **Apports en société soumis à la TVA**.

Apports en société
Apports mixtes

Neyla GONZALEZ-GHARBI

REMARQUE À la date du 3 mai 2024, l'administration fiscale n'a pas actualisé ses commentaires du régime des apports en société pour prendre en compte les modifications issues des articles 26 de la loi de finances pour 2019 et 67 de la loi de finances pour 2021.

568 **Notion d'apport mixte.** L'apport d'un associé peut être pur et simple pour partie et à titre onéreux pour le surplus. Il est alors dit mixte. Ce sera, en général, le cas d'un apport grevé d'un passif : l'apport est pur et simple dans la limite de la valeur nette de l'apport et à titre onéreux au-delà de cette limite (BOI-ENR-AVS-10-30, 12 sept. 2012, n° 1).

569 **Déclaration des parties.** Dans ce cas, les parties sont admises à déclarer – dans l'acte ou au pied de l'acte, ou même après l'enregistrement en vue de la révision de la perception – quels sont, parmi les biens mis en société, ceux qui constituent l'apport pur et simple et ceux qui doivent être considérés comme apportés à titre onéreux (BOI-ENR-AVS-10-30, 12 sept. 2012, n° 10).

570 **Apports partiellement rémunérés par la prise en charge d'une dette de l'apporteur.** Lorsqu'un apport est partiellement rémunéré par la prise en charge d'une dette de l'apporteur, les parties peuvent imputer librement ce passif sur les biens mis en société qu'elles désignent dans l'acte ou au pied de l'acte. Elles ne sont pas tenues d'imputer le montant d'un emprunt sur la valeur du bien qu'il a servi à financer. Les droits sont perçus en tenant compte de la ventilation opérée par les parties (BOI-ENR-AVS-10-30, 12 sept. 2012, n° 20).

571 **Apports mixtes non ventilés par les parties.** Quand les parties n'usent pas de la faculté qui leur est accordée de désigner les biens transmis à titre onéreux, le service perçoit l'impôt en imputant le prix de la mutation (ou le passif) sur les biens de chaque espèce, proportionnellement à leurs valeurs respectives.

Bien entendu, cette imputation proportionnelle ne peut être effectuée, au cas où les apports comprennent des meubles et des immeubles, que si l'estimation détaillée prévue à l'article 735 du Code général des impôts (CGI) figure dans l'acte. À défaut, le tarif immobilier est seul applicable (BOI-ENR-AVS-10-30, 12 sept. 2012, n° 30).

EXEMPLE (BOI-ENR-AVS-10-30, 9 SEPT 2012, ACTUALISÉ)

Soit un apport, effectué par une personne physique à une personne morale non passible de l'impôt sur les sociétés, de 1 000 000 €, dont 750 000 € d'immeubles n'entrant pas dans le champ d'application de la TVA et 250 000 € de créances, à charge pour la société bénéficiaire de payer un passif de 400 000 €.

Dès lors qu'aucune précision n'est donnée par les parties quant à l'imputation du passif, celle-ci sera effectuée sur chacun des biens apportés proportionnellement à leur importance respective.

Depuis le 1er janvier 2019, l'apport est pur et simple à hauteur de 600 000 € (1 000 000 € – 400 000 €). Cet apport est enregistré gratuitement et ne rend exigible aucun droit en application du I de l'article 810 du Code général des impôts.

L'apport à titre onéreux donne ouverture, par application de la règle d'imputation proportionnelle, aux droits suivants :

– droit de vente ou droit prévu à l'article 683 bis du Code général des impôts sur l'apport d'immeubles d'un montant de :
400 000 × 750 000 / 1 000 000 = 300 000 € ;

– droit fixe des actes innommés sur l'apport de créance, non perçu en présence de droits proportionnels plus élevés :
400 000 × 250 000 / 1 000 000 = 100 000 €.

572 **Application combinée des règles concernant les apports purs et simples et à titre onéreux.** En définitive, les droits exigibles sur les apports mixtes sont déterminés par combinaison des règles régissant les apports purs et simples (exonération du droit fixe ou exigibilité du droit spécial de mutation) avec celles s'appliquant aux apports à titre onéreux (exigibilité du droit de mutation d'après la nature des biens concernés ou droit spécifique fixé à l'article 683 bis du Code général des impôts ou régime particulier prévu au I de l'article 809 bis et à l'article 810, III du Code général des impôts (en ce sens, BOI-ENR-AVS-10-30, 12 sept. 2012, n° 50).

➤ Sur le cas d'apports mixtes de fonds de commerce et de biens assimilés, V. BOI-ENR-AVS-10-30, 12 sept. 2012, n° 60.

573 **Renvoi.**

• V. **Constitution de société**. – V. **Contribution de sécurité immobilière**.

Apports en société
Apports purs et simples

Neyla GONZALEZ-GHARBI

Sommaire analytique

REMARQUE À la date du 3 mai 2024, l'administration fiscale n'a pas actualisé ses commentaires du régime des apports en société pour prendre en compte les modifications issues des articles 26 de la loi de finances pour 2019 et 67 de la loi de finances pour 2021.

I
Publicité foncière

➤ V. **Constitution de société**.

II Régime fiscal

574 **Définition.** Les apports purs et simples sont ceux qui confèrent à l'apporteur, en échange de son apport, des droits sociaux de la société bénéficiaire de l'apport, « de simples droits sociaux exposés à tous les risques de l'entreprise, et notamment à la perte de cette mise » (BOI-ENR-AVS-10-10, 12 sept. 2012, 1er sept. 2012, n° 1).
L'article 26 de la loi n° 2018-1317 du 28 décembre 2018 de finances pour 2019 a supprimé les droits fixes qui étaient exigibles sur les apports en société. Les actes qui rendaient exigible ce droit fixe sont, depuis le 1er janvier 2019, enregistrés gratuitement. L'administration fiscale n'a pas encore publié les commentaires de cette réforme qui, s'inscrivant dans le mouvement de suppression des taxes à faible rendement, ne modifie pas l'architecture générale du régime fiscal applicable aux apports en société.
Le régime fiscal des apports purs et simples dépend, en principe, du statut fiscal de la personne morale bénéficiaire de l'apport. Ce régime diffère selon que la société bénéficiaire de l'apport est passible de l'impôt sur les sociétés ou qu'elle relève du régime des sociétés de personnes. S'il est, en principe, enregistré gratuitement (III), l'apport pur et simple est, dans certaines hypothèses, assimilé à une mutation à titre onéreux. Toutefois, les apports assimilés à des mutations à titre onéreux bénéficient, sous certaines conditions, de la règle de l'enregistrement gratuit (IV).

> ATTENTION **Les apports purs et simples constituent des cessions à titre onéreux au sens et pour l'application, notamment, du régime des plus-values immobilières des particuliers et des taxes sur la constructibilité (CGI, art. 150 U et s., 1529, 1605 nonies et 1609 nonies G. –** V. **Constitution de société** et **Plus-values).**

III Régime de droit commun des apports purs et simples : l'enregistrement gratuit

> ATTENTION **Depuis le 1er janvier 2019, l'apport pur et simple est enregistré gratuitement qu'il soit réalisé lors de la constitution de la société ou en cours de vie sociale (augmentation de capital, fusion ou opération assimilée, etc.).**

CGI, art. 809 (*Mod. L. n° 2018-1317, 28 déc. 2018, art. 26, III, 7°*). – I. – Sous réserve des dispositions du I de l'article 257 :

1° Les actes de formation de sociétés ou de groupements d'intérêt économique qui ne contiennent pas transmission de biens meubles ou immeubles, entre les associés ou autres personnes, sont assujettis au droit d'enregistrement ou à la taxe de publicité foncière sur le montant des apports déduction faite du passif.

CGI, art. 810 (*Mod. L. n° 2018-1317, 28 déc. 2018, art. 26, III, 8°*). – I. – Les apports sont enregistrés gratuitement (...)

CGI, art. 810 bis (*Mod. L. n° 2018-1317, 28 déc. 2018, art. 26, III, 9°*). – Lorsque les apports réalisés à l'occasion de la constitution d'une société sont enregistrés gratuitement conformément à l'article 810, les dispositions figurant dans les actes et déclarations, ainsi que leurs annexes, établis à l'occasion de la constitution de sociétés sont également enregistrés gratuitement.

575 **Enregistrement gratuit.** En application du I de l'article 810 du Code général des impôts, les apports sont enregistrés gratuitement.
Remarque : Sur la formalité applicable, V. **Constitution de société**.

576 La règle énoncée au I de l'article 810 du CGI se lit à la lumière des dispositions de l'article 809 du CGI et de celles des III et IV de ce même article 810. Il en résulte que sauf pour les apports d'immeubles entrant dans le champ d'application de la TVA (CGI, art. 810, IV), elle ne trouve à s'appliquer, **de plein droit**, qu'aux apports purs et simples autres que ceux assimilés à des mutations à titre onéreux (CGI, art. 810, III).

577 L'enregistrement gratuit ne trouve pas non plus à s'appliquer lorsque les actes constatant la formation de la société ou du groupement comportent la transmission de biens meubles ou immeubles entre les associés ou autres personnes. Ces transmissions sont alors taxées comme des mutations ordinaires des mêmes biens (CGI, art. 809, I, 1° *a contrario* BOI-ENR-AVS-10-10-10, n° 40, 9 sept. 2012). Cette solution donnée pour l'application de l'exonération du droit fixe, en vigueur antérieurement au 1er janvier 2019, conserve toute sa valeur.

578 **Portée de la règle de l'enregistrement gratuit.** Lorsque les apports sont enregistrés gratuitement, les autres dispositions figurant dans les actes ou déclarations, ainsi que dans leurs annexes, établis à l'occasion de la constitution de sociétés, sont également enregistrées gratuitement. Ces dispositions ne rendent pas exigible le droit fixe prévu à l'article 680 du Code général des impôts (actuellement 125 €). Cette règle bénéficie notamment aux dispositions suivantes : désignation des dirigeants ; pouvoir donner pour accomplir les formalités de constitution ; état des actes accomplis pour le compte de la société en formation (BOI-ENR-AVS-10-10-10-20150902, n° 200). Il avait été précisé que cette règle est également applicable à l'engagement de conservation de parts ou d'actions prévu en matière de droits de mutation à titre gratuit par l'article 787 B du Code général des impôts, lorsqu'il est inséré dans un acte de constitution de société (RES n° 2008-11 ENR : *BOI* préc.).

579 L'enregistrement gratuit des apports purs et simples dépend, en principe, du statut fiscal de la personne de l'apporteur, de celui de la personne morale bénéficiaire de l'apport ainsi que de la nature des biens apportés. Ce régime diffère fondamentalement selon que la société bénéficiaire de l'apport est ou non passible de l'impôt sur les sociétés.

A Apports purs et simples à une personne morale passible de l'impôt sur les sociétés

580 Lorsque la personne morale bénéficiaire de l'apport est passible de l'impôt sur les sociétés, le régime de droit commun des apports purs et simples dépend de la nature des biens apportés et du régime fiscal de l'apporteur.

L'enregistrement est effectué gratuitement, **de plein droit**, lorsque l'apport a pour objet des biens autres que des immeubles, des droits immobiliers, fonds de commerce, clientèles, droit au bail ou à une promesse de bail. Le statut fiscal de l'apporteur est dans ces cas indifférent.

En revanche, l'apport est assimilé par la loi à une mutation à titre onéreux lorsque les deux conditions ci-après sont réunies :

– l'apport pur et simple a pour objet des biens visés à l'article 809, I, 3° du Code général des impôts (CGI) : immeubles, droits immobiliers, fonds de commerce, droit à un bail ou à une promesse de bail ;

– l'apporteur n'est pas soumis à l'impôt sur les sociétés, ou, s'il est passible de cet impôt, il apporte des biens ou droits dont l'apport antérieur n'a pas été assimilé à une mutation à titre onéreux (BOI-ENR-AVS-10-10, 12 sept. 2012, n° 20).

581 **Apports à des associations ou syndicats.** En application du 2° du I de l'article 809 du Code général des impôts, les apports purs et simples de caractère immobilier faits aux associations régies par la loi du 1er juillet 1901 et aux syndicats professionnels régis par le livre 1er de la deuxième partie du Code du travail (C. trav., art. L. 2111-1 et s.) sont soumis aux mêmes droits et taxes que les apports aux sociétés civiles et commerciales (BOI-ENR-AVS-10-10-10, 2 sept. 2015, n° 30).

B Apport à une personne morale non passible de l'impôt sur les sociétés (IS)

582 Lorsque la personne morale bénéficiaire de l'apport n'est pas passible de l'impôt sur les sociétés, les apports purs et simples de biens de toute nature sont enregistrés gratuitement, que l'apporteur soit ou non passible de l'impôt sur les sociétés (sur le régime antérieur au 1er janvier 2019, BOI-ENR-AVS-10-10, 12 sept. 2012, n° 30).

IV

Apports purs et simples assimilés à des mutations à titre onéreux

CGI, art. 809. – I. – Sous réserve des dispositions du I de l'article 257 :

(...)

3°. – Les apports faits à une personne morale passible de l'impôt sur les sociétés par une personne non soumise à cet impôt sont assimilés à des mutations à titre onéreux dans la mesure où ils ont pour objet un immeuble ou des droits immobiliers, un fonds de commerce, une clientèle, un droit à un bail ou à une promesse de bail.

CGI, art. 810, III (*Mod. L. n° 2018-1317, 28 déc. 2018, art. 26*). – III. – Le tarif normal du droit d'enregistrement ou de la taxe de publicité foncière perçus sur les apports mentionnés au 3° du I, au I bis et au II de l'article 809 est fixé à 2,20 % pour les apports qui ont pour objet un immeuble ou des droits immobiliers et, selon le tarif prévu à l'article 719, pour ceux qui ont pour objet un fonds de commerce, une clientèle, un droit à un bail ou à une promesse de bail.

Toutefois, sauf pour les immeubles ou droits immobiliers n'étant pas compris dans l'apport de l'ensemble des éléments d'actif immobilisés affectés à l'exercice d'une activité professionnelle, ces apports sont enregistrés gratuitement si l'apporteur, ou les associés en cas de changement de régime fiscal, s'engagent à conserver pendant trois ans les titres remis en contrepartie de l'apport ou détenus à la date de changement de régime fiscal.

En cas de non-respect de l'engagement de conservation des titres, ou, pour les apports mentionnés au I bis de l'article 809, si la société cesse de remplir les conditions qui lui ont permis de bénéficier de cet avantage, le droit prévu au premier alinéa du présent III majoré des taxes additionnelles est exigible immédiatement.

Toutefois, la reprise n'est pas effectuée en cas de donation, si le donataire prend, dans l'acte, et respecte l'engagement de conserver les titres jusqu'au terme de la troisième année suivant l'apport ou le changement du régime fiscal.

583 Sont assimilés à des mutations à titre onéreux lorsqu'ils ont pour objet un immeuble ou un droit immobilier, un fonds de commerce, une clientèle, un droit à un bail ou à une promesse de bail, les apports purs et simples faits à une personne morale passible de l'impôt sur les sociétés dans les deux hypothèses suivantes :

– l'apporteur est une personne physique ou une personne morale non soumise à l'impôt sur les sociétés ;

– l'apporteur est une personne morale soumise à l'impôt sur les sociétés mais les biens apportés n'ont pas été soumis lors du précédent apport aux droits de mutation à titre onéreux.

584 **Portée de l'assimilation des apports purs et simples à des mutations à titre onéreux.** Ces apports sont, en principe, soumis aux droits de mutation à titre onéreux d'après la nature des biens apportés, sous réserve de l'application aux apports immobiliers d'un droit spécifique de 2,2 % (V. CGI, art. 810 III ci-dessus) auquel s'ajoutent les taxes additionnelles perçues au profit du département, de la commune, et le cas échéant de la région Île-de-France (A).

Toutefois, l'apport à titre pur et simple assimilé à une mutation à titre onéreux est enregistré gratuitement lorsque l'apporteur s'engage à conserver pendant trois ans les titres reçus en contrepartie de son apport (CGI, art. 810, III, 2e al.) (B).

(Sur le régime applicable avant le 1er janvier 2019, BOI-ENR-AVS-10-10-20, 6 avr. 2016, n° 30).

A Régime de droit commun des apports purs et simples assimilés à des mutations à titre onéreux : exigibilité de principe des droits de mutation à titre onéreux

1 Champ d'application du droit de mutation

585 L'exigibilité du droit de mutation implique la réunion de conditions tenant :
– aux biens apportés qui forment l'assiette des droits ;
– à la nature des apports qui donnent ouverture à ces droits ;
– aux personnes effectuant ou recevant les apports ;
– à la date à prendre en considération pour apprécier le régime fiscal des parties (BOI-ENR-AVS-10-10-20, 6 avr. 2016, n° 30).

a) Objet de l'apport pur et simple

586 **Apports concernés.** Le droit de mutation n'atteint que les apports visés au 3° du I de l'article 809 du Code général des impôts.
L'apport doit avoir pour objet :
– un immeuble, par nature ou par destination, ou un bien assimilé à un immeuble sur le plan fiscal : actions ou parts de sociétés immobilières visées à l'article 1655 ter du Code général des impôts (sociétés transparentes) et l'article 728 du même code (actions ou parts conférant à leurs possesseurs le droit à la jouissance d'immeubles ou de fractions d'immeubles, cf. BOI-ENR-DMTOM-40-30 ; (En ce qui concerne les opérations entrant dans le champ d'application de la TVA, – V. **Apports en société – Apports en TVA**) ;
– des droits immobiliers : usufruit, nue-propriété, droit d'usage et d'habitation, servitudes réelles, droits du bailleur ou du preneur dans un bail réel immobilier visé aux articles 1378 bis et 1378 ter du CGI ;
– un fonds de commerce (à l'exclusion des marchandises neuves dont l'apport est passible de la TVA) ;
– une clientèle civile ou commerciale ;
– un droit à un bail ou à une promesse de bail portant sur tout ou partie d'un immeuble (BOI-ENR-AVS-10-10-20, 6 avr. 2016, n° 40).
L'apport des biens autres que ceux visés ci-dessus n'entre pas dans le champ d'application du 3° du I de l'article 809 du Code général des impôts (tels que les droits sociaux dans les sociétés autres que celles visées aux articles 728 et 1655 ter du Code général des impôts. – BOI-ENR-AVS-10-10-20, 16 avr. 2016, n° 50).

587 **Situation des biens apportés à titre pur et simple et assimilés à des mutations à titre onéreux.** Les biens doivent avoir leur assiette matérielle ou juridique en France (métropole et départements d'outre-mer). À ce propos, l'administration a précisé (BOI-ENR-AVS-10-10-20, 16 avr. 2016, n° 60) :
– que, dans un esprit d'unification, il n'est pas fait application des dispositions des articles 714 et 718 du Code général des impôts aux apports de biens étrangers (cf. BOI-ENR-DMTOM-40).
– que les dispositions du 3° du I de l'article 809 du Code général des impôts sont applicables aux meubles incorporels (fonds de commerce, marques de fabrique) dont l'exploitation se poursuit à la fois en France et à l'étranger (cf. BOI-ENR-AVS-10-50).

588 **Apport à une société passible de l'IS de biens qui dépendaient de l'exploitation individuelle d'un agriculteur.** L'apport pur et simple à une société passible de l'impôt sur les sociétés de certains biens qui dépendaient de l'exploitation individuelle d'un agriculteur appelle les remarques suivantes :
– au regard de la perception du droit spécial de mutation prévu au III de l'article 810 du Code général des impôts, les plants d'arbustes en terre ont le caractère d'immeubles par nature. Toutefois, ils peuvent faire l'objet d'une mobilisation par anticipation et sont exonérés du droit fixe (CGI, art. 810 bis) si leur apport en société n'est pas corrélatif à celui de l'exploitation agricole ;
– de même en ce qui concerne les immeubles par destination (cheptel et objets mobiliers dépendant de l'exploitation), lorsque leur apport n'est pas corrélatif à celui du fonds, l'agriculteur se bornant à donner les terres en location à la société en cause, l'apport est exonéré en application de l'article 810 bis du Code général des impôts (BOI-ENR-AVS-10-10-20, 16 avr. 2016, n° 70).

589 **Apport de certains éléments corporels d'un fonds de commerce (matériel et marchandises) à une société passible de l'impôt sur les sociétés qui prend en location les autres éléments du fonds.** V. BOI-ENR-AVS-10-10-20, 16 avr. 2016, n°s 110 et 120.

590 **Apport d'un droit au bail ou du bénéfice d'une promesse de bail portant sur des biens autres que des immeubles.** V. BOI-ENR-AVS-10-10-20, 16 avr. 2016, n° 130.

591 Apport du droit de présentation d'une clientèle d'expert-comptable. V. BOI-ENR-AVS-10-10-20, 16 avr. 2016, n° 140.

b) Qualité de l'apporteur

592 L'apport doit être consenti par une personne physique ou par une personne morale non passible de l'impôt sur les sociétés. À cet égard, il est précisé que les personnes morales non passibles de l'impôt sur les sociétés doivent s'entendre de celles qui ne sont pas visées à l'article 206 du Code général des impôts.
En revanche, les apports purs et simples effectués par une société passible de l'impôt sur les sociétés à une autre société soumise au même régime sont en principe enregistrés gratuitement en application du I de l'article 810 du Code général des impôts, dans sa rédaction issue de l'article 26, III, 8 de la loi n° 2018-1317 du 28 décembre 2018.
Toutefois, il est dérogé à cette règle lorsque le bien a bénéficié lors du précédent apport de l'exonération du droit fixe ou du droit fixe (aux lieu et place du droit spécial de mutation) ou du taux réduit de 1 % en 1991. Plus clairement énoncé, lorsque le précédent apport de ce bien n'a pas été soumis à un droit proportionnel de mutation à titre onéreux.
Il est précisé que compte tenu de la règle de territorialité posée par le I de l'article 209 du Code général des impôts, une société de capitaux étrangère qui n'exerce aucune activité imposable en France ne peut être regardée comme passible de l'impôt sur les sociétés en France. Il s'ensuit que les dispositions du 3° du I de l'article 809 du Code général des impôts s'appliquent aux apports de biens faits par une telle société à une société de capitaux française (BOI-ENR-AVS-10-10-20, 16 avr. 2016, n° 160).

c) Qualité de la personne morale bénéficiaire de l'apport à titre pur et simple

593 **Personnes morales passibles de l'impôt sur les sociétés.** Le bénéficiaire de l'apport doit être une personne morale passible de l'impôt sur les sociétés, sur tout ou partie de ses résultats.
Sont ainsi visées les personnes morales (sociétés et autres collectivités dotées de la personnalité juridique) dont l'énumération est donnée par l'article 206 du Code général des impôts (cf. BOI-IS-CHAMP-10), y compris celles ayant opté pour leur assujettissement à l'impôt sur les sociétés dans les conditions prévues à l'article 239 du Code général des impôts, ainsi que celles qui seraient normalement passibles de l'impôt sur les sociétés parce qu'elles entrent dans le champ d'application de l'article 206 du même code, mais qui en ont été exonérées par une disposition spéciale (CGI, art. 207 à 208 sexies : BOI-ENR-AVS-10-10-20, 16 avr. 2016, n° 170).
Bien entendu, les organismes qui, entrant dans le champ d'application de l'article 206 du Code général des impôts sont néanmoins dépourvus de la personnalité juridique, échappent à l'application des dispositions du 3° du I de l'article 809 du Code général des impôts ; par exemple : les associations non déclarées (BOI-ENR-AVS-10-10-20, 16 avr. 2016, n° 180).

d) Date à prendre en considération pour apprécier le statut fiscal des parties

594 Pour apprécier si chacune des parties à un acte d'apport est ou non passible de l'impôt sur les sociétés, et, en conséquence, décider de l'applicabilité ou non des dispositions du 3° du I de l'article 809 du Code général des impôts, il convient de se placer à la date de la convention de formation de la société qui est le plus souvent celle de l'acte constatant la réalisation définitive de l'apport.
C'est ainsi que l'apport pur et simple de biens visés au 3° du I de l'article 809 du Code général des impôts consenti par une personne physique à une SARL optant pour le régime fiscal des sociétés de personnes échappe au droit de mutation spécial si l'option est exercée dans l'acte de constitution de la société.
En effet, à partir de la prise d'effet du statut fiscal des sociétés de personnes, la SARL ayant opté se trouve placée dans le champ d'application de la théorie dite de la mutation conditionnelle des apports.
En conséquence, les apports purs et simples qui lui sont consentis sont enregistrés gratuitement (sur le régime antérieur au 1er janvier 2019, BOI-ENR-AVS-10-10-20, 16 avr. 2016, n° 190).

2 Conditions d'exigibilité du droit de mutation

595 **Apports concernés.** Comme dans le régime de droit commun, le régime prévu au 3° du I de l'article 809 du Code général des impôts s'applique aux apports effectués :
– à titre pur et simple, constatés ou non par un acte ; en l'absence d'un acte écrit, l'assujettissement à la formalité résulte de l'article 638 du Code général des impôts (au lieu de l'article 638 A du même code), dès lors que les apports de l'espèce sont assimilés à des mutations à titre onéreux ;
– au profit d'une véritable société (BOI-ENR-AVS-10-10-20, 16 avr. 2016, n° 200).
Il convient, à cet égard, de se reporter aux règles développées au BOI-ENR-AVS-10-10-10-III.

596 **Règles de territorialité.** L'administration a apporté les précisions suivantes. Sont assimilés à des mutations à titre onéreux les apports

de biens visés au 3° du I de l'article 809 du Code général des impôts effectués par une personne non passible de l'impôt français sur les sociétés à une personne, Française ou étrangère, passible dudit impôt, même si cette dernière revêt la forme d'une société de capitaux et a fixé son siège de direction effective ou son siège statutaire dans un État membre de la Communauté [Union], dès lors que les biens sont situés en France (BOI-ENR-AVS-10-10-20, 16 avr. 2016, n° 210). Les dispositions du I du A de l'article 808 du Code général des impôts, destinées à éliminer les risques de double imposition à l'intérieur de la Communauté [Union] européenne, ne visent que le droit fixe et non le droit de mutation spécial (cf. BOI-ENR-AVS-10-50. – BOI-ENR-AVS-10-10-20, 16 avr. 2016, n° 220).

3 Assiette du droit de mutation

597 **Valeur vénale.** Dans tous les cas, les droits et taxes de mutation sont liquidés sur la valeur vénale des biens auxquels ils s'appliquent. Notamment, en ce qui concerne les personnes morales qui ne sont assujetties à l'impôt sur les sociétés que sur une fraction de leurs résultats, c'est la valeur intégrale des apports visés au 3° du I de l'article 809 du Code général des impôts qui forme l'assiette du droit (BOI-ENR-AVS-10-10-20, 16 avr. 2016, n° 230).

598 **Promesse d'apport.** Les promesses fermes d'apport affectées d'un simple terme rendent le droit de mutation immédiatement exigible au même titre que les apports déjà réalisés. L'acte constatant la réalisation ultérieure de l'apport donne éventuellement ouverture au droit fixe des actes innommés.
Toutefois, si la promesse d'apport est subordonnée à une véritable condition suspensive, ce droit ne sera exigible qu'à la réalisation de la condition (CGI, art. 676. – BOI-ENR-AVS-10-10-20, 16 avr. 2016, n° 240).

a) Date à retenir pour l'évaluation des biens

599 **Déclaration estimative éventuelle.** Le droit est liquidé sur la valeur vénale des biens à la date de la convention de formation de la société qui, le plus généralement, est celle de l'acte d'apport.
Lorsque les valeurs devant servir à l'assiette des droits ne sont pas déterminées dans l'acte d'apport, les parties sont tenues de souscrire une déclaration détaillée et estimative, certifiée et signée au pied de l'acte (CGI, art. 851. – BOI-ENR-AVS-10-10-20, 16 avr. 2016, n° 250).

b) Affirmation de sincérité

600 Du fait de l'assimilation de ces apports à des mutations à titre onéreux, la souscription de l'affirmation de sincérité prescrite par l'article 850 du Code général des impôts est obligatoire (BOI-ENR-AVS-10-10-20, 16 avr. 2016, n° 260).

c) Insuffisances d'évaluation ou omissions

601 Les insuffisances d'évaluation ou les omissions commises dans les actes ou déclarations donnant ouverture au droit spécial de mutation (CGI, art. 810, III) sont constatées et sanctionnées comme en matière de mutation à titre onéreux portant sur les biens considérés (BOI-ENR-AVS-10-10-20, 16 avr. 2016, n° 270).

4 Tarif applicable aux apports purs et simples assimilés à des mutations à titre onéreux

602 Les apports purs et simples de biens visés au 3° du I de l'article 809 du Code général des impôts donnent ouverture en principe au droit de mutation selon la nature des biens, sauf application d'un droit spécifique de 2,2 % fixé au III de l'article 810 du même code aux apports d'immeubles et droits immobiliers (V. n° 595).
Toutefois, les apports concernés peuvent être enregistrés gratuitement à condition que l'apporteur prenne l'engagement de conserver les titres remis en contrepartie de l'apport pendant un délai de trois ans (V. nos 616 et s.).

603 Les tarifs applicables varient selon qu'il s'agit d'immeubles ou de meubles (BOI-ENR-AVS-10-10-20, 16 avr. 2016, n° 290).
En principe, les droits d'enregistrement sont dus selon le régime applicable à la date de l'acte ou à défaut d'acte, à la date de réalisation de l'opération.
L'enregistrement a lieu dans les conditions et délais prévus à l'article 635 du Code général des impôts et, le cas échéant, à l'article 638 A du même code (BOI-ENR-AVS-10-10-20, 16 avr. 2016, n° 460).

a) Immeubles ou droits immobiliers soumis au droit spécial de mutation

604 Le taux du droit d'enregistrement ou de la taxe de publicité foncière perçus sur les apports purs et simples visés au 3° du I de l'article 809 du Code général des impôts est fixé au III de l'article 810 du même code pour les apports qui ont pour objet un immeuble ou des droits immobiliers à 2,2 %.

Le taux de la taxe de publicité foncière ou du droit d'enregistrement s'applique sans condition particulière.
À ce droit s'ajoutent les taxes additionnelles perçues au profit du département, de la commune et, le cas, échéant, de la région Île-de-France (sur ces taxes, V. BOI-ENR-60-10-20. – BOI-ENR-AVS-10-10-20, 16 avr. 2016, n° 300) et V. **Apports en société – apports à titre onéreux** et V. **Taxes additionnelles**.
Rappel : Cette taxation s'applique lorsque l'apport n'est pas soumis à la TVA.

b) Fonds de commerce et biens assimilés

605 Les apports purs et simples qui ont pour objet un fonds de commerce, une clientèle, un droit à un bail ou une promesse de bail sont taxables selon un barème progressif par tranche prévu à l'article 719 du même code.
À ce droit s'ajoutent les taxes additionnelles au profit du département (CGI, art. 1595) et au profit de la commune (CGI, art. 1584) ou du fonds de péréquation départemental (CGI, art. 1595 bis. – BOI-ENR-AVS-10-10-20, 16 avr. 2016, n° 310).

c) Application éventuelle d'un droit de mutation à titre onéreux inférieur

606 **Double liquidation éventuelle.** L'apport soumis au droit de mutation spécial prévu au III de l'article 810 du Code général des impôts est assimilé à une mutation titre onéreux en contrepartie de l'abandon du principe de la mutation conditionnelle des apports à l'égard des sociétés passibles de l'impôt sur les sociétés.
Le droit de mutation spécial perçu lors de l'apport est un droit de mutation anticipé. En cas de partage ultérieur de l'actif social, l'attribution des biens apportés s'effectue en franchise de droits de mutation, que l'attributaire soit ou non l'apporteur initial dès lors que le droit de mutation spécial a été perçu à l'origine.
C'est pourquoi, si les biens apportés peuvent profiter d'un droit de mutation à titre onéreux inférieur au droit visé au III de l'article 810 du Code général des impôts, c'est le droit de mutation à titre onéreux inférieur qui est perçu. En pratique, pour déterminer quel est le droit le plus faible, il y a lieu de procéder à une double liquidation permettant de comparer l'imposition globale résultant de l'application du taux prévu au III de l'article 810 du Code général des impôts, majoré des taxes additionnelles, avec l'application du droit de mutation à titre onéreux applicable au bien concerné (BOI-ENR-AVS-10-10-20, 16 avr. 2016, n° 320).

5 Recouvrement des droits en cas d'apports purs et simples assimilés à des mutations à titre onéreux

607 Les droits ou taxes exigibles sur les apports visés au 3° du I de l'article 809 du Code général des impôts sont, en principe, payables au moment de l'enregistrement de l'acte constatant les apports ou de la déclaration en tenant lieu (BOI-ENR-AVS-10-10-20, 16 avr. 2016, n° 480).
Toutefois, le paiement du droit de mutation spécial exigible en vertu des dispositions du 3° du I de l'article 809 du Code général des impôts et des taxes additionnelles peut, sur demande expresse de la société, être fractionné en cinq versements égaux selon les modalités et dans les conditions prévues aux articles 396 et suivants de l'annexe III au Code général des impôts (BOI-ENR-AVS-10-10-20, 16 avr. 2016, n° 490).
Les développements concernant le paiement fractionné sont exposés dans le BOI-ENR-DG-50-20-20 ou au mot V. **Paiement des droits**.

6 Formalité

608 La perception du droit de mutation spécial suppose la réunion de certaines conditions de fond.
Ce droit s'applique aux apports :
– purs et simples ;
– définitifs ;
– effectués au profit d'une société, d'un groupement d'intérêt économique, d'un groupement d'intérêt public ou d'une association, mais, à cet égard, il faut également tenir compte de la nature des biens apportés (BOI-ENR-AVS-10-10-20, 6 avr. 2016, n° 500).

a) Première condition : apports purs et simples

609 Le droit de mutation spécial n'est applicable que dans la mesure où les apports sont purs et simples, c'est-à-dire lorsqu'ils confèrent à l'apporteur, en échange de sa mise, de simples droits sociaux exposés à tous les risques de l'entreprise (*cf.* BOI-ENR-AVS-10-10. – BOI-ENR-AVS-10-10-20, 6 avr. 2016, n° 510).
Lorsque les biens apportés sont grevés d'un passif pris en charge par la société, l'apport pur et simple correspond à leur valeur nette.
À concurrence du passif, il y a en effet apport à titre onéreux soumis aux droits de mutation dans les conditions ordinaires (cf. BOI-ENR-AVS-10-30).

b) Deuxième condition : caractère définitif de l'apport

610 Le paiement du droit de mutation spécial ne peut intervenir que si la constitution de la société est définitive (BOI-ENR-AVS-10-10-20, 6 avr. 2016, n° 530).

c) Troisième condition : constitution d'une véritable société

1) Principe

611 En ce qui concerne les biens ou droits de caractère mobilier, sont seuls soumis au droit de mutation spécial les apports purs et simples effectués au profit d'organismes présentant les caractères distinctifs des sociétés (BOI-ENR-AVS-10-10-20, 6 avr. 2016, n° 540).
Le droit de mutation spécial s'applique donc aux opérations de formation de toutes les sociétés commerciales, quelle qu'en soit la forme : sociétés en nom collectif, sociétés en commandite simple, sociétés à responsabilité limitée, sociétés anonymes ou en commandite par actions, sociétés à capital variable ou coopératives, sociétés créées de fait, sociétés en participation et de toutes les sociétés civiles sous réserve des précisions ci-après.
La constitution d'une entreprise unipersonnelle à responsabilité limitée soumise au régime fiscal des sociétés de personnes, qu'il s'agisse d'un début d'activité ou de l'apport d'une entreprise individuelle, est exonérée du droit fixe sur tous les apports purs et simples (BOI-ENR-AVS-10-10-20, 6 avr. 2016,, n° 550).

2) Cas particuliers

α) Sociétés en participation

612 En ce qui concerne le régime déclaratif des apports, V. **Société en participation**.

β) Convention de croupier

613 Sur les aspects civils et fiscaux de la convention de croupier, V. BOI-ENR-AVS-10-10-20, n°s 580 et 590.

γ) Sociétés civiles de moyens

614 En vertu de l'article 239 quater A du Code général des impôts, ces sociétés se trouvent placées hors du champ d'application de l'impôt sur les sociétés, même lorsqu'elles ont adopté le statut de coopérative. De ce fait, les apports purs et simples qui leur sont faits sont exonérés du droit fixe (BOI-ENR-AVS-10-10-20, n° 620).

Remarque : L'article 239 quater A du CGI vise les sociétés civiles de moyens définies à l'article 36 de la loi n° 66-879 du 29 novembre 1966.

δ) Exercice conjoint d'une profession médicale ou paramédicale

615 Il se peut également que des praticiens se groupent pour l'exercice de leur profession sans créer une société civile de moyens.
Dans ce cas, les biens qu'ils mettent personnellement à la disposition du groupement demeurent leur propriété et ceux qu'ils achètent en commun restent indivis.
Aucun droit n'est donc exigible sur ces biens (BOI-ENR-AVS-10-10-20, n° 630).

B Régime de faveur : enregistrement gratuit des apports purs et simples assimilés à des mutations à titre onéreux

616 Depuis le 1er janvier 2019, les apports purs et simples assimilés à des mutations à titre onéreux peuvent être enregistrés gratuitement qu'ils soient effectués lors de la construction de la société ou en cours de vie sociale à l'occasion d'une augmentation de capital (sur le régime antérieur, V. éd. 2019 du présent Guide).
L'enregistrement gratuit de ces apports est subordonné à l'engagement des associés de conserver pendant trois ans les titres reçus en contrepartie de l'apport.
Les règles applicables aux apports purs et simples assimilés à une mutation à titre onéreux mais enregistrés gratuitement n'ont pas été commentées par l'administration. Toutefois, ces règles étant comparables à celles qui prévoyaient l'exonération du droit fixe qui bénéficiait à ces mêmes apports antérieurement au 1er janvier 2019, les développements qui suivent conservent leur utilité (BOI-ENR-AVS-10-10-20, 16 avr. 2016, n° 330).

1 Champ d'application de l'enregistrement gratuit des apports purs et simples assimilés à des mutations à titre onéreux

617 Le régime de l'enregistrement gratuit conditionnel est applicable à l'enregistrement des apports effectués à titre pur et simple qui portent sur des immeubles, des droits immobiliers, des fonds de commerce, des clientèles, des droits au bail ou d'une promesse de bail (BOI-ENR-AVS-10-10-20, 16 avr. 2016, n° 340).

Rappel : Ce régime ne trouve pas à s'appliquer aux apports d'immeubles entrant dans le champ d'application de la TVA – V. **Apports en société - Apports en TVA**.

618 **Apport d'immeubles et de droits immobiliers. Condition supplémentaire.** Toutefois, la gratuité ne bénéficie aux apports d'immeubles ou de droits immobiliers que s'ils sont compris dans l'apport de l'ensemble des éléments d'actif immobilisé et sont affectés à l'exercice d'une activité professionnelle.

Deux conditions sont donc requises, s'agissant des immeubles et droits assimilés apportés :

– l'apport doit porter sur l'ensemble des éléments de l'actif immobilisé affecté à l'exercice de cette activité professionnelle. Pour apprécier si la condition est remplie, il convient de se reporter aux commentaires de l'article 151 octies du Code général des impôts (cf. BOI-BIC-PVMV-40-20-30-10) ;

– l'immeuble doit être compris dans l'ensemble apporté (BOI-ENR-AVS-10-10-20, 16 avr. 2016, n° 350).

619 **Immeuble restant soumis au droit de mutation spécial.** Demeurent soumis au droit de mutation spécial de 2,2 % (majoré des taxes additionnelles) les apports :

– d'immeubles non affectés à l'exercice d'une activité professionnelle, même s'ils sont compris dans l'ensemble apporté ;

– d'immeubles affectés à l'exploitation apportés de manière isolée ;

– d'autres biens entrant dans le champ d'application du droit de mutation spécial pour lesquels l'engagement de conservation pendant trois ans n'a pas été pris ou n'a pas été respecté (BOI-ENR-AVS-10-10-20, 16 avr. 2016, n° 360).

2 Engagement de conservation des titres

620 **Étendue de l'engagement de conservation des titres. Principe.** Afin d'éviter que l'enregistrement avec le bénéfice de l'exonération ne bénéficie à des opérations qui auraient en fait pour objet la cession des biens apportés, son application est subordonnée à la condition que l'apporteur s'engage à conserver pendant trois ans les titres remis en contrepartie de l'apport.

La même règle est applicable aux droits sociaux détenus par tous les associés d'une société relevant de l'impôt sur le revenu lorsque la société devient passible de l'impôt sur les sociétés (BOI-ENR-AVS-10-10-20, 16 avr. 2016, n° 380).

L'engagement doit être pris, en cas d'apport, **dans l'acte** qui est soumis à la formalité ou dans la déclaration prévue à l'article 638 A du Code général des impôts (BOI-ENR-AVS-10-10-20, 16 avr. 2016, n° 390).

621 **Apport au syndicat professionnel et aux associations.** Les apports immobiliers aux associations de la loi du 1er juillet 1901 ou aux syndicats professionnels sont soumis aux mêmes droits et taxes que les apports aux sociétés (CGI, art. 809, I, 2°).

Sous le régime applicable jusqu'au 31 décembre 2018, il avait été précisé que l'enregistrement avec le bénéfice de l'exonération (ou droit fixe du I de l'article 810 du Code général des impôts s'ils sont effectués en cours d'existence) d'apports de biens qui rendraient exigible le droit fixé par l'article 810-III du Code général des impôts, devrait être subordonné à l'engagement de conservation des titres. Toutefois, dès lors que l'apport à ces organismes n'est pas rémunéré par des droits sociaux, l'engagement de conservation est sans objet. Sa souscription n'est donc pas nécessaire (BOI-ENR-AVS-10-10-20, 16 avr. 2016, n° 400).

622 **Suites de l'engagement de conservation des titres.** Le non-respect de l'engagement de conservation des titres rend exigibles les droits de mutation à titre onéreux dont l'apport a été exonéré. L'administration a apporté cette précision : l'associé peut souscrire ou acquérir des parts ou actions de la société postérieurement à l'engagement ; en cas de cession de ces parts ou actions, l'engagement n'est pas rompu tant que l'associé détient un nombre de droits sociaux au moins égal à celui sur lequel a porté l'engagement (BOI-ENR-AVS-10-10-20, 16 avr. 2016, n° 410).

623 **Absence de remise en cause.** L'exonération n'est pas remise en cause :

– en cas de décès du détenteur des titres ou droits sociaux (V. BOI-ENR-AVS-10-10-20, 16 avr. 2016, n° 420) ;

– en cas de donation des titres ou droits sociaux, lorsque le donataire prend dans l'acte l'engagement de les conserver jusqu'au terme de la troisième année suivant l'apport (CGI, art. 810, III). Cet engagement peut être souscrit soit dans un acte authentique, soit dans un acte sous-seing privé ayant date certaine. Au cas où cet engagement n'est pas respecté, la reprise s'effectue dans les mêmes conditions qu'en cas de rupture de l'engagement initial (V. BOI-ENR-AVS-10-10-20, 16 avr. 2016, n° 420).

3 Règles applicables en cas d'apports ultérieurs

624 Dans sa rédaction en vigueur à compter du 1er janvier 2019, le dernier alinéa du III de l'article 810 du Code général des impôts prévoit, en cas de partage social ou de nouvel apport des biens à une société passible de l'impôt sur les sociétés, des règles particulières d'imposition applicables aux biens qui n'ont pas été soumis au droit proportionnel d'apport. Nous examinerons ci-après les règles applicables en cas d'**apport à une autre société passible de l'impôt sur les sociétés**.

625 Les apports effectués par une personne morale passible de l'impôt sur les sociétés à une autre personne soumise au même impôt sont, en principe, depuis le 1er janvier 2019, enregistrés gratuitement. Par dérogation à ce principe, le droit de mutation spécial prévu au premier alinéa de l'article 810-III du Code général des impôts majoré des taxes additionnelles ou le tarif prévu à l'article 719 du même code, est applicable lorsqu'un bien précédemment reçu en apport et enregistré au droit fixe (ou au taux réduit de 1 % en 1991) ou exonéré du droit fixe est apporté à nouveau à une autre société passible de l'impôt sur les sociétés. La société apporteuse se trouve donc placée à cet égard dans la même situation que si elle n'était pas passible de l'impôt sur les sociétés.

Bien entendu, le nouvel apport soumis au droit de mutation spécial ou au tarif prévu à l'article 719 du Code général des impôts pourra également bénéficier de l'enregistrement gratuit, si les conditions de ce régime sont réunies, en particulier, si l'engagement de conservation des titres pendant trois ans est souscrit par l'apporteur (sur le régime antérieur au 1er janvier 2019, V. BOI-ENR-AVS-10-10-20, 16 avr. 2016, n° 450).

Apports en société soumis à la TVA

Neyla GONZALEZ-GHARBI

REMARQUE À la date du 13 mai 2024, l'administration fiscale n'a pas actualisé ses commentaires du régime des apports en société pour prendre en compte les modifications issues des articles 26 de la loi de finances pour 2019 et 67 de la loi de finances pour 2021.

626 Compte tenu de l'objet du présent ouvrage, sera présenté dans ce fascicule le régime des apports en société d'immeubles définis par le IV de l'article 810 du Code général des impôts comme des immeubles entrant dans le champ d'application de la TVA.

627 Pour rappel, depuis le 1er janvier 1992, les apports en société de meubles ou d'immeubles entrant dans le champ d'application de la TVA ont été enregistrés au droit fixe, avant d'être exonérés de ce droit.

Depuis le 1er janvier 2019 (L. n° 2018-1317, 28 déc. 2018, art. 26), ces apports sont enregistrés gratuitement.

La règle énoncée au IV de l'article 810 du Code général des impôts a ainsi été maintenue en vigueur alors que les règles de la TVA applicables aux opérations immobilières ont été profondément modifiées par l'article 16 de la loi n° 2010-237, 9 mars 2010 (*JO* 10 mars).

L'administration n'a pas publié de commentaire spécifiquement consacré au régime de la TVA applicable aux apports en société d'immeubles et droits assimilés. Les commentaires figurant au BOI-ENR-AVS-40-10 mis en ligne le 9 septembre 2012, outre qu'ils renvoient à des dispositions abrogées de l'article 1594 0 G du Code général des impôts, sont très succincts.

Dans ces conditions, et compte tenu, notamment, du principe d'interprétation littérale des textes d'enregistrement, il est primordial, pour déterminer la portée des dispositions du IV de l'article 810 du Code général des impôts, de définir en préalable la notion d'immeubles entrant dans le champ d'application de la TVA.

ATTENTION **Les apports en société constituent des cessions à titre onéreux au sens et pour l'application, notamment, du régime des plus-values immobilières des particuliers et des taxes sur la constructibilité (CGI, art. 150 U et s., 1529, 1605 nonies et 1609 nonies G. – V. Constitution de société et Plus-values).**

I

TVA

628 **L'apport en société est une livraison de biens.** Depuis l'entrée en vigueur de l'article 16 de la loi n° 2010-237 du 9 mars 2010 (*JO* 10 mars 2010) qui a modifié les règles de la TVA applicables aux opérations immobilières, l'apport en société est une opération entrant dans le champ d'application de la TVA, en tant qu'il constitue une livraison de bien effectuée à titre onéreux par un assujetti à la TVA, agissant en tant que tel et qu'il a pour objet un immeuble ou un droit assimilé visé au I de l'article 257 du Code général des impôts. Il importe peu, pour l'application de la TVA, que l'apport soit effectué à titre pur et simple ou qu'il soit consenti à titre onéreux, ou qu'il soit mixte.

629 **Objet de l'apport – Biens visés au I de l'article 257 du CGI.** Il est important de signaler ici que, s'agissant des apports en société, l'administration n'envisage que les biens dont la livraison est soumise **de plein droit** à la TVA, tels que définis au I de l'article 257 du Code général des impôts. Il s'agit des terrains à bâtir, des immeubles achevés depuis moins de cinq ans, qu'il s'agisse d'une construction nouvelle, d'une surélévation ou d'un immeuble ayant fait l'objet des travaux définis au 2° du 2 du I de l'article 257 du même code et, enfin, des droits sociaux dont la possession assure en droit ou en fait l'attribution en propriété ou en jouissance d'un immeuble ou d'une fraction d'immeuble (BOI-ENR-AVS-10-20, 16 avr. 2016, n° 20 ; BOI-ENR-AVS-40-10, 12 sept. 2012, n° 1).

Selon la qualification fiscale de l'immeuble apporté, on se reportera, pour connaître les conditions d'application de la TVA, à la rubrique correspondante du présent ouvrage (par ex., (V. **Terrains, Immeuble inachevé, Immeuble à construire, Immeuble neuf, Immeuble ancien – TVA**). Étant précisé qu'à défaut de règle particulière, tout se passe, du point de vue de la TVA, comme si l'apporteur, lorsqu'il agit en qualité d'assujetti à la TVA, vendait à la société l'immeuble apporté.

L'administration ne se prononce pas sur le sort des immeubles (terrains non à bâtir et immeubles achevés depuis plus de cinq ans) dont la livraison, exonérée de TVA, peut être soumise à la taxe sur option expresse du cédant (V. **Terrains, Immeuble ancien – TVA**).

En revanche, même si, hors le cas des droits sociaux visés à l'article 257 du Code général des impôts, l'administration n'évoque pas le cas des droits réels immobiliers relatifs aux terrains à bâtir et aux immeubles neufs, il nous semble que le texte de l'article 810 du même code peut trouver à s'y appliquer.

630 **Assiette de la TVA. Principe.** L'article 266-2-b du Code général des impôts prévoit que, les apports en sociétés d'immeubles ou fractions d'immeubles entrant dans le champ d'application du I de l'article 257 du même code, la taxe sur la valeur ajoutée est assise sur :

– la valeur des droits sociaux rémunérant l'apport, augmenté des charges qui s'y ajoutent ;

– la valeur vénale réelle des biens, établie dans les conditions prévues à l'article L. 17 du Livre des procédures fiscales, si cette valeur vénale est supérieure au prix, au montant de l'indemnité ou à la valeur des droits sociaux, augmenté des charges.

Exception : TVA sur marge. À notre avis, comme pour toute livraison de terrain à bâtir, l'assiette de la TVA peut, conformément aux dispositions de l'article 268 du Code général des impôts, être limitée à la marge brute de l'apporteur (V. **Terrains** et V. **TVA**).

631 **Le redevable légal** de la taxe sur la valeur ajoutée (TVA) est, sauf cas exceptionnel (V. **TVA immobilière**) l'apporteur (assimilé à un vendeur). La TVA sera déclarée et acquittée par l'apporteur qui, le cas échéant, déduira de la TVA due celle afférente à l'acquisition de l'immeuble et aux travaux de construction. Il facturera ensuite à la société la taxe exigible sur la valeur d'apport, et cette société pourra déduire cette taxe de celle dont elle deviendra redevable à raison des opérations ultérieures soumises de son chef à la TVA.

Lorsque l'apport est rémunéré exclusivement par des droits sociaux de la société bénéficiaire de l'apport, la valeur de ces droits sociaux remis en contrepartie de l'apport correspondra bien entendu à la valeur de ce dernier estimée hors TVA.

632 **Dispense de TVA (CGI, art. 257 bis).** L'apport en société d'une universalité totale ou partielle de biens par un assujetti redevable de la TVA à une société également redevable est dispensé de TVA (V. **Transmission d'universalité (TVA)**.

633 **Exemple.** Une personne agissant dans le cadre de la gestion de son patrimoine privé, envisage d'apporter, à titre pur et simple, un terrain à bâtir à une SCI.

En ce qui concerne la TVA, dès lors que l'apporteur est un simple particulier ou un assujetti agissant à titre purement patrimonial de sorte que cet apport ne peut pas se rattacher à une activité économique susceptible de lui conférer la qualité d'assujetti agissant en tant que tel, l'apport ne peut pas être soumis à la TVA, quels que soient le régime fiscal et le projet de la société bénéficiaire de l'apport.

En ce qui concerne les droits d'enregistrement dus, deux cas doivent être distingués :

– la société est soumise à l'impôt sur les sociétés : l'apport du terrain à bâtir n'étant pas compris dans l'apport d'une entreprise individuelle, il rendra exigible le droit spécial (2,2 %) prévu au III de l'article 810 du Code général des impôts, majoré des taxes additionnelles. Si la société a la qualité d'assujetti à la TVA, l'apport sera exonéré de droits de mutation moyennant la souscription par la société

de l'engagement de construire (CGI, art. 1594 0G, A ; V. **Engagement de construire**) ;
– la société n'est pas soumise à l'impôt sur les sociétés : l'apport du terrain à bâtir est enregistré gratuitement (CGI, art. 810, I). Il est donc sans intérêt pour la société – dans l'hypothèse où elle serait assujettie à la TVA – de prendre l'engagement de construire.

II

Taxe de publicité foncière

CGI, art. 810. (*Modifié par L. n° 2018-1317, 28 déc. 2018, art. 26*). – I. – Les apports sont enregistrés gratuitement.

(...)

III. – Le tarif normal du droit d'enregistrement ou de la taxe de publicité foncière perçus sur les apports mentionnés au 3° du I, au I bis et au II de l'article 809 est fixé à 2,20 % pour les apports qui ont pour objet un immeuble ou des droits immobiliers et, selon le tarif prévu à l'article 719, pour ceux qui ont pour objet un fonds de commerce, une clientèle, un droit à un bail ou à une promesse de bail.

(...)

IV. – L'enregistrement gratuit mentionné au I se substitue aux droits proportionnels visés au III pour les apports d'immeubles entrant dans le champ d'application de la taxe sur la valeur ajoutée.

634 **Enregistrement gratuit depuis le 1er janvier 2019 (CGI, art. 810, IV).** Les apports de meubles, d'immeubles et de droits réels immobiliers entrant dans le champ d'application de la taxe sur la valeur ajoutée sont enregistrés gratuitement.

Depuis le 1er janvier 2019, la gratuité s'applique que l'apport soit réalisé lors de la constitution de société ou en cours de vie sociale (sur le régime antérieur, V. nos éditions précédentes et BOI-ENR-AVS-40-10, 12 sept. 2012, § 10).

635 **Les apports d'immeubles soumis à la TVA ne rendent pas exigible le droit de mutation à titre onéreux spécifique de 2,2 %.** Conformément au IV du même article 810 du Code général des impôts, sont enregistrés gratuitement les apports qui, en application du III de l'article 810, sont soumis à un droit proportionnel de mutation (droits d'enregistrement ou taxe de publicité foncière). Il s'agit, d'une part, des apports à titre onéreux d'immeubles et droits immobiliers et, d'autre part, des apports purs et simples portant sur ces mêmes biens lorsqu'ils sont consentis par une personne non soumise à l'impôt sur les sociétés à une personne morale soumise à cet impôt (V. **Constitution de société** et V. **Apports en société-Apports à titre onéreux** et **Apports purs et simples**). En conséquence, le droit de mutation spécifique de 2,2 % (CGI, art. 683 bis et 810, III) n'est pas exigible.

Remarque : L'acte est enregistré gratuitement lorsque l'apport concerné est, en application de l'article 257 bis du Code général des impôts, dispensé de TVA (V. **Transmission d'universalité (TVA)**.

III

Contribution de sécurité immobilière

636 La gratuité qui s'applique en matière de droit d'enregistrement et de taxe de publicité foncière ne s'étend pas à la contribution de sécurité immobilière.

➤ V. **Apports en société, Constitution de société, Contribution de sécurité immobilière**.

IV

Apports effectués dans le cadre d'opérations de fusion, de scission ou d'apport partiel d'actif

➤ Sur le régime spécial des opérations de fusions et assimilées au regard de la taxe sur la valeur ajoutée, V. **Apports partiels d'actif, Fusion de sociétés, Scission de sociétés** et **Transmission d'universalité**.

Apports partiels d'actif

Neyla GONZALEZ-GHARBI

Sommaire analytique

REMARQUE À la date du 13 mai 2024, l'administration fiscale n'a pas actualisé ses commentaires du régime des apports en société pour prendre en compte les modifications issues des articles 26 de la loi de finances pour 2019 et 67 de la loi de finances pour 2021.

637 **Le régime juridique** des fusions, scissions, apports partiels d'actifs et opérations transfrontalières des sociétés commerciales a été modifié par une ordonnance du 24 mai 2023 (Ord. n° 2023-393, 24 mai 2023, portant réforme du régime des fusions, scissions, apports partiels d'actifs et opérations transfrontalières des sociétés commerciales : *JO* 25 mai 2023, texte n° 20) en application de l'article 13 de la loi n° 2023-171 du 9 mars 2023 dite « DDADUE 3 » (L. n° 2023-171, 9 mars 2023 : *JO* 10 mars 2023, texte n° 1 ; *JCP* E 2023, 428) à l'effet de transposer la directive (UE) 2019/2121 du 27 novembre 2019 (modifiant la directive (UE) 2017/1132 du 14 juin 2017) en ce qui concerne les transformations, fusions et scissions transfrontalières.

L'ordonnance du 24 mai 2023 a été ratifiée par l'article 4 de la loi n° 2024-364 du 22 avril 2024 portant diverses dispositions d'adaptation au droit de l'Union européenne en matière d'économie, de finances, de transition écologique, de droit pénal, de droit social et en matière agricole, dite « DDAUE » (*JO* 23 avr. 2024, texte n° 1).

Conformément à l'article 13 de l'ordonnance n° 2023-393 du 24 mai 2023, ces dispositions s'appliquent aux opérations dont le projet est déposé au greffe du tribunal de commerce à compter du 1er juillet 2023.

L'ordonnance, complétée par le décret n° 2023-430 du 2 juin 2023 (D. n° 2023-430, 2 juin 2023 : *JO* 3 juin 2023, texte n° 17), a modifié le plan du chapitre VI du titre III du livre II du Code de commerce de façon que chaque section regroupe les dispositions relatives non plus à une forme sociale, mais à une nature d'opération.

L'apport partiel d'actif domestique est traité dans une section 3 comprenant les articles L. 236-27 à L. 236-30 et R. 236-19.

(V., M. Dubois et S. Bol, *La réforme des opérations de restructuration domestiques [Ord. n° 2023-393, 24 mai 2023] : Actes prat. ing. sociétaire* mars-avr. 2024, n° 2, 2).

Remarque : Cette réforme n'a pas été assortie de modification du régime fiscal applicable aux opérations concernées, au regard des droits d'enregistrement et de la taxe de publicité foncière.

L'administration fiscale n'a pas, à ce jour, actualisé ses commentaires publiés au BOFiP-impôts.

638 **Doctrine administrative.** En préambule à l'exposé du régime des droits d'enregistrement qui lui est applicable, l'Administration a précisé : l'apport partiel d'actif est une opération qui met en présence deux sociétés, et dans laquelle l'une apporte à l'autre, dont elle devient membre, une partie des éléments de son actif, tout en conservant le surplus. Contrairement à la fusion ou à la scission, l'apport partiel d'actif ne se traduit pas par la disparition de la société apporteuse.
Il peut être effectué soit au profit d'une société préexistante qui augmente son capital, soit au profit d'une société nouvelle constituée pour recevoir cet apport. Une société peut effectuer simultanément plusieurs apports partiels d'actif au profit de sociétés distinctes, préexistantes ou nouvelles.
En outre, l'apport partiel d'actif peut avoir pour objet soit un certain nombre d'éléments d'actifs, soit un élément isolé de celui-ci (par ex. : immeuble, fonds de commerce, BOI-ENR-AVS-20-80, 12 sept. 2012, n°s 10 et 20).
En droit fiscal, l'apport doit englober un ensemble d'éléments formant soit une, soit plusieurs branches complètes et autonomes d'activité.

639 **Apports partiels à une association.** Toutefois, cette règle n'est pas applicable aux organismes sans but lucratif et, spécialement, aux associations régies par la loi du 1er juillet 1901 (V. **Association**). Ainsi, il est admis qu'un apport entre associations, même limité à un seul immeuble, puisse être considéré comme portant sur une branche complète et autonome d'activité dès lors que les conditions suivantes se trouvent réunies :
– l'immeuble est affecté à l'exercice d'une activité, même non lucrative, ayant une finalité propre et dont la gestion est susceptible d'être assurée de manière autonome.
Il en est ainsi, par exemple, lorsque les immeubles qui font l'objet de l'apport sont affectés à une école ou à une maison de retraite ;
– l'affectation des locaux à cette activité est maintenue par l'association bénéficiaire de l'apport (BOI-ENR-AVS-20-80, 12 sept. 2012, n° 30).

640 Les apports répondant à ces conditions bénéficient du régime de faveur défini aux articles 816, 816 A et 817 du Code général des impôts (BOI-ENR-AVS-20-80, 12 sept. 2012, n° 30).

I
Publicité foncière

A Règles applicables

641 **Règles de droit commun.** L'apport partiel d'actif est soumis aux règles de droit commun en matière de publicité foncière : identification des sociétés concernées ; identification des immeubles ou droits immobiliers apportés ; effet relatif, etc.

642 **Dispositions soumises à publicité foncière.** La convention d'apport partiel, analogue au « projet de contrat de fusion » signée par les mandataires des conseils d'administration des sociétés X... et Y..., en dehors de tout mandat. des assemblées générales extraordinaires de ces sociétés, ne peut être considérée comme le contrat de fusion soumis obligatoirement à la publicité foncière (cf. Cass. req., 8 mai 1882 : *S.* 1882, 1, p. 317).
Ce contrat ne s'est trouvé formé que par la délibération de l'assemblée générale extraordinaire de la société Y... acceptant l'apport partiel proposé par l'assemblée générale extraordinaire de la société X., et ce sont les procès-verbaux de ces deux délibérations qui constatent cet apport et doivent être annexés à un acte de dépôt au rang des minutes d'un notaire en vue de leur publication au bureau des hypothèques de la situation des immeubles apportés sans reconnaissance d'écriture et de signatures.
C'est dans les procès-verbaux d'assemblées, seuls soumis à publicité foncière, que doivent figurer les éléments essentiels requis pour pouvoir procéder à la publicité (identification des parties et des immeubles, etc. – V. *JCP* N 1968, IV, 4370, chron. Bulté).

> **N.B.** : Cette solution reste d'actualité après la loi du 28 mars 2011, compte tenu des termes de l'article 710-1 du Code civil : V. **Authenticité** et **Constitution de société**.

643 **Apport d'une branche d'activité comprenant des créances hypothécaires.** Si la branche d'activité apportée comprend des créances

hypothécaires, il y a lieu en principe de publier cet apport sous forme de mentions en marge des inscriptions existantes. Toutefois, la Cour de cassation a admis que l'opposabilité aux tiers du transfert des créances hypothécaires, qui s'opère de plein droit, n'est pas subordonnée à la publication de la transmission par voie de mention en marge de l'inscription, dans la mesure toutefois où la modification dans la personne du titulaire de l'inscription n'est pas de nature à aggraver la situation du débiteur (Cass. 3e civ., 17 nov. 2010, n° 09-70.452 : *JurisData* n° 2010-021355 ; *JCP* G 2011, doctr. 63, n° 16, obs. J. Ghestin).
En l'absence de mention en marge, la mainlevée consentie par la société bénéficiaire de l'apport apparaîtra comme émanant d'une personne ayant capacité à cet effet s'il est justifié, par exemple par des énonciations certifiées exactes par le notaire rédacteur que la créance dont la sûreté à radier forme l'accessoire est au nombre des biens transférés, tels qu'ils sont énumérés dans l'acte d'apport (*Bull. AMC* 1988, art. 1409).

B Accomplissement de la formalité

644 Délais de présentation à la formalité. Les règles applicables en matière de fusions de sociétés valent également pour les apports partiels d'actif (V. **Fusion de sociétés**. – BOI-ENR-AVS-20-80, 12 sept. 2012, n° 300).

645 Formalité fusionnée. Les actes constatant des apports exclusivement immobiliers sont soumis à la formalité fusionnée. Il en est de même depuis le 1er juillet 1999 en ce qui concerne les actes qui contiennent des apports mixtes, mobiliers et immobiliers (BOI-ENR-AVS-20-60-40, 2 sept. 2015, n° 160).

646 Bureau compétent. La formalité est accomplie au service de la publicité foncière du lieu de situation des biens (BOI-ENR-AVS-20-60-40, 2 sept. 2015, n° 170).

II Régime fiscal

BIBLIOGRAPHIE : Pour le régime antérieur au 1er janvier 2019, V. INFOREG, *La fiscalité de l'apport partiel d'actif : CDE* nov.-déc. 2014, n° 6, p. 65.

A Régime spécial des apports partiels d'actif

1 Caractéristiques de l'opération

647 Définition fiscale. Aux termes de l'article 301 E de l'annexe II au Code général des impôts, constitue un apport partiel d'actif l'opération par laquelle une société apporte à une société relevant du statut fiscal des sociétés de capitaux, en voie de formation ou préexistante, l'ensemble des éléments qui forment soit une, soit plusieurs branches complètes et autonomes d'activité, lorsque l'opération :
– n'entraîne pas la dissolution de la société apporteuse ;
– et qu'elle est rémunérée dans les conditions prévues à l'article 301 F, c'est-à-dire par l'attribution de droits représentatifs du capital de la société bénéficiaire.
Toutefois, ajoute ce texte, l'apport partiel peut faire l'objet de règlements sous une autre forme dans la limite de 10 % de la valeur nominale des droits attribués (BOI-ENR-AVS-20-80, 12 sept. 2012, n° 110).

648 Auteur de l'apport. Comme pour les opérations de fusion ou de scission de société, l'apporteur est nécessairement une personne morale. Mais, à la différence de ces opérations, cette personne morale ne disparaît pas à l'issue de l'opération d'apport partiel (V. n° 650. – BOI-ENR-AVS-20-80, 12 sept. 2012, n° 130).

649 Rémunération de l'apport partiel. L'apport partiel est rémunéré comme en matière de fusion ou de scission de sociétés, c'est-à-dire par l'attribution de droits représentatifs du capital de la société bénéficiaire.
Toutefois, il peut faire l'objet de règlement sous une autre forme dans la limite de 10 % de la valeur nominale des droits attribués. Cette tolérance s'applique seulement aux apports visés aux articles 301 B à 301 E du Code général des impôts, c'est-à-dire à ceux énumérés (V. nos 651 à 659. – BOI-ENR-AVS-20-80, 12 sept. 2012, n° 210).

650 Effets de l'apport partiel. À la différence de la fusion ou de la scission, l'apport partiel

implique la survie de la société apporteuse qui poursuit son activité avec les éléments qu'elle a conservés.
Les droits sociaux remis en contrepartie de l'apport peuvent être soit conservés par la société apporteuse, soit cédés par elle, soit encore répartis, pour leur totalité ou pour partie, entre ses membres (BOI-ENR-AVS-20-80, 12 sept. 2012, n° 220).

2 Conditions d'application du régime spécial tenant à l'objet de l'apport

a) Principe : l'apport doit concerner une branche complète et autonome d'activité

1) Définition

651 L'apport partiel doit porter sur l'ensemble des éléments qui forment soit une, soit plusieurs branches complètes et autonomes d'activité.
Cette notion s'oppose donc à celle d'apport d'éléments isolés d'actif (BOI-ENR-AVS-20-80, 12 sept. 2012, n° 140).
Il y a branche complète et autonome d'activité lorsque les éléments apportés constituent, au point de vue technique, une exploitation autonome, c'est-à-dire un ensemble capable de fonctionner par ses propres moyens dans des conditions normales (BOI-ENR-AVS-20-80, 12 sept. 2012, n° 160).

652 **Cas particuliers des associations.** Cette définition, qui doit être interprétée strictement dans le cas d'apports partiels d'actif intéressant les sociétés, a fait l'objet d'une nécessaire adaptation lorsque les opérations d'apport sont réalisées entre associations (V. **Association**. – BOI-ENR-AVS-20-80, 12 sept. 2012, n° 150).

2) Difficultés d'application

653 **Absence de transfert de la pleine propriété des immeubles.** S'il n'est pas exigé que la pleine propriété des immeubles nécessaires à l'exploitation soit transférée à la société bénéficiaire de l'apport, celle-ci doit toutefois se voir consentir un droit d'usage sur les immeubles en cause qui lui permette d'exploiter de manière autonome et durable la branche d'activité apportée (BOI-ENR-AVS-20-80, 12 sept. 2012, n° 160). L'appréciation des incidences de l'absence de transfert de la propriété des immeubles ne peut se faire que cas par cas, au vu des circonstances de fait propres à chaque affaire (*BOI* 7 H-5-91).

654 **Absence de transfert de la propriété des marques.** De même, il n'y a pas d'apport partiel d'actif au sens de l'article 301 E de l'annexe II au Code général des impôts dans le cas d'un apport fait par une société à une autre d'un fonds industriel de fabrication et de vente comprenant les éléments incorporels consistant en clientèle et achalandage, le matériel, les agencements et stocks, lorsque cet apport exclut un élément essentiel : les marques de fabrique (Cass. com., 13 mai 1980, arrêt n° 448, *SARL Sté romanaise de la chaussure*).
Cette notion exclut pour la perception des droits d'enregistrement les éléments assimilés à la branche complète et qui s'entendent des participations qui permettent d'exercer le contrôle d'une société. Cette notion, qui demeure propre à l'impôt sur les sociétés, n'exclut pas cependant l'apport de certaines participations (BOI-ENR-AVS-20-80, 12 sept. 2012, n° 160 ; BOI-IS-FUS-20-20, 3 oct. 2018, n° 200).

655 **Apport du stock.** Le fait qu'une partie du stock n'a pas été comprise dans l'apport ne fait pas obstacle à l'application du régime de faveur dont peuvent bénéficier les apports partiels d'actif portant sur une branche complète et autonome d'activité (Cass. com., 6 févr. 1990, aff. *Naegelen : RJF* avr. 1990, n° 490). Le stock, actif circulant et destiné à être renouvelé, ne peut constituer un élément indispensable à l'activité autonome de l'entreprise.

656 **Apport d'immeuble affecté à l'activité industrielle ou commerciale d'une société et d'un patrimoine immobilier non affecté à l'exploitation et destiné à la location.** Les actifs immobiliers ne constituent pas une exploitation autonome au sens de l'article 210 B du CGI. La location des immeubles ne suffit pas à emporter, du point de vue de l'organisation, qualification des actifs apportés en branche complète d'activité.
L'apport des actifs immobiliers hors exploitation ne peut pas être placé de plein droit sous le régime fiscal de faveur des fusions.
Il en aurait été de même si l'apport avait porté sur les seuls actifs immobiliers d'exploitation (BOI-IS-FUS-20-20, 3 oct. 2018, n° 90, exemple 3).

657 **Apport d'une branche ne possédant pas de clientèle en propre.** Une division qui ne comprend pas d'éléments incorporels lui garantissant des débouchés commerciaux (clientèle) ne constitue pas une branche complète et autonome d'activité.
Il en est de même d'une division qui ne disposerait pas des éléments nécessaires lui garantissant un approvisionnement pérenne.

Cela étant, une telle division sera considérée comme constituant une branche complète et autonome d'activité si, toutes les autres conditions étant remplies par ailleurs, des contrats conclus avec la société ou les sociétés qui assurent la commercialisation des produits qu'elle fabrique ou des prestations qu'elle réalise, ou la fabrication de produits qu'elle commercialise lui garantissent des débouchés ou un approvisionnement pour une durée au moins égale à cinq ans (BOI-IS-FUS-20-20, 3 oct. 2018, n°s 250 et 260.

b) Exception : obtention d'un agrément au titre de l'impôt sur les sociétés

658 **Incidences en matière de droits d'enregistrement.** L'article 817 B du Code général des impôts prévoit que les dispositions de l'article 816 du même code s'appliquent également aux opérations agréées dans les conditions prévues au 3 de l'article 210 B.

En l'absence d'agrément, le régime fiscal de droit commun continuera à s'appliquer lorsque l'apport ne porte pas sur une branche complète d'activité.

659 **Attribution gratuite des titres représentatifs d'un apport partiel d'actif placé sous le régime de l'article 210 B.** Les conséquences de l'agrément délivré en matière d'impôt sur les sociétés en application des dispositions du 2° de l'article 115 du Code général des impôts à une attribution de titres représentatifs d'un apport partiel d'actif placé sous le régime de l'article 210 B aux associés de la société apporteuse sont désormais étendues aux droits d'enregistrement.

Ainsi, en cas de délivrance de l'agrément, il est admis que cette attribution de titres ne soit pas considérée comme une rupture de l'engagement souscrit en application des dispositions de l'article 810-III, sous réserve que les associés attributaires des titres reprennent à leur compte l'engagement de conservation des titres d'une durée de trois ans à compter de l'apport (BOI-SJ-AGR-20-20, n°s 240 et 260).

3 Contenu du régime spécial des apports partiels d'actif

CGI, art. 816. – (*Mod. L. n° 2018-1317, 28 déc. 2018, art. 26*). – Les actes qui constatent des opérations de fusion auxquelles participent exclusivement des personnes morales ou organismes passibles de l'impôt sur les sociétés, ainsi que la prise en charge du passif dont sont grevés les apports mentionnés dans ces actes, sont enregistrés gratuitement.

CGI, art. 816 A. – (*Mod. L. n° 2018-1317, 28 déc. 2018, art. 26*). – I (*Abrogé*).

II. – Le régime prévu à l'article 816 est applicable, même lorsque la société apporteuse n'est pas passible de l'impôt sur les sociétés, mais à concurrence seulement des apports autres que ceux assimilés à des mutations à titre onéreux en vertu du 3° du I de l'article 809.

CGI, art. 817. – I. – Les dispositions de l'article 816 et du II de l'article 816 A s'appliquent aux scissions et aux apports partiels d'actif.

II *(Abrogé pour les opérations réalisées à compter du 15 octobre 1993).*

CGI, art. 817 A. – Un décret en Conseil d'État (1) fixe les conditions d'application de l'article 816, du II de l'article 816 A et de l'article 817, notamment la définition des apports partiels d'actif, fusions ou opérations assimilables, au sens de la directive du 9 avril 1973 du conseil des communautés européennes, à des fusions ouvrant droit au régime spécial et, pour ces dernières opérations, les cas de déchéance de ce régime.

CGI, art. 817 B. – Les dispositions de l'article 816 s'appliquent également aux opérations agréées dans les conditions prévues au 3 de l'article 210 B.

CGI, ann. II, art. 301 E. – Constitue un apport partiel d'actif l'opération par laquelle une société apporte à une société relevant du statut fiscal des sociétés de capitaux, en voie de formation ou préexistante, l'ensemble des éléments qui forment soit une, soit plusieurs branches complètes et autonomes d'activité, lorsque l'opération n'entraîne pas la dissolution de la société apporteuse et qu'elle est rémunérée dans les conditions prévues à l'article 301 F.

CGI, ann. II, art. 301 F. – Les apports visés aux articles 301 B à 301 E doivent être rémunérés par l'attribution de droits représentatifs du capital de la société bénéficiaire. Toutefois, ils peuvent faire l'objet de règlements sous une autre forme dans la limite de 10 % de la valeur nominale des droits attribués.

La condition tenant à l'attribution de droits représentatifs du capital de la société bénéficiaire prévue à l'alinéa précédent n'est pas requise dans les situations prévues au II de l'article L. 236-3 du code de commerce.

660 **Réforme opérée par la loi de finances pour 2019.** L'article 26 de la loi de finances pour 2019 (L. n° 2018-1317, 28 déc. 2018) a modifié le régime des droits d'enregistrement applicables aux actes de sociétés en supprimant les droits fixes qui étaient exigibles sur certains de ces actes. L'administration fiscale n'a pas encore publié ses commentaires de ces règles. La réforme n'a pas bouleversé l'architecture générale du régime applicable à ces actes, la gratuité remplaçant le droit fixe en généralisant sa non-exigibilité. Pour le régime antérieur, nous renvoyons aux éditions précédentes de ce guide.

661 **Enregistrement gratuit.** Le régime spécial se traduit par l'enregistrement gratuit de l'acte d'apport partiel d'actif. Cette gratuité s'applique, comme antérieurement, à la prise en charge du passif dont sont grevés les biens apportés. Il y a ainsi dispense des droits et taxes qui frappent normalement les apports à titre onéreux.

662 **Exonération de droits de mutation sur la prise en charge du passif.** La prise en charge du passif dont sont grevés les apports mentionnés dans ces actes est exonérée de tous droits et taxes de mutation ou de publicité foncière (CGI, art. 816). De même, les règles prévues pour les opérations de fusion ou de scission de sociétés sont applicables, *mutatis mutandis*, aux apports partiels d'actif (BOI-ENR-AVS-20-80, 12 sept. 2012, n° 280).

B Régime de droit commun

1 Champ d'application

663 **Conditions à remplir.** Comme pour les fusions ou les scissions, le régime de droit commun s'applique dans tous les cas où les conditions posées pour l'application du régime spécial ne sont pas réunies.
Il en est ainsi :
– lorsque la société bénéficiaire de l'apport n'est pas une société passible de l'impôt sur les sociétés ;
– lorsque la société apporteuse n'est pas rémunérée dans les conditions prévues à l'article 301 F de l'annexe II au Code général des impôts ;
– lorsque les éléments apportés ne forment pas une branche complète et autonome d'activité (BOI-ENR-AVS-20-80, 12 sept. 2012, n° 60), sauf si la société a obtenu un agrément (V. n° 658).

2 Nature et assiette des droits à percevoir

664 L'apport partiel d'actif entraîne généralement une augmentation du capital de la société qui le reçoit. De ce fait, il convient de transposer les règles exposées à propos des fusions (V. **Fusion de sociétés**. – BOI-ENR-AVS-20-80-20120912, n° 70).
En revanche, la société apporteuse subsiste et dispose de la faculté soit de conserver les droits sociaux rémunérant son apport, soit de les vendre, soit encore de les répartir entre les associés (BOI-ENR-AVS-20-80-20120912, n° 90).
En cas de répartition, il convient de percevoir sur la valeur des titres partagés un droit de 2,50 % si le partage est pur et simple (CGI, art. 746). Dans la mesure où le partage comporte une soulte et en cas de vente des droits sociaux, il convient, selon le cas, de faire application, soit du droit prévu à l'article 726 du Code général des impôts, soit des dispositions de l'article 727-I de ce même code (BOI-ENR-AVS-20-80, 12 sept. 2012, n° 100).

3 Apports partiels multiples

665 Lorsque, dans un même acte, des apports partiels d'actif sont consentis par plusieurs sociétés au profit d'une société unique, chacun d'entre eux doit être considéré isolément.
Dès lors, la circonstance qu'un des apports ne réunit pas les conditions requises pour l'octroi du régime spécial n'est pas à elle seule de nature à faire échec à l'application de ce régime à l'égard des autres apports (BOI-ENR-AVS-20-80-20120912, n° 240).

III Taxe sur la valeur ajoutée

666 **Dispense.** En principe, les opérations concourant à la production ou à la livraison d'immeubles sont passibles de la taxe sur la valeur ajoutée en application du I de l'article 257 du Code général des impôts. Il en est ainsi notamment des apports en société, corrélativement enregistrés gratuitement (V. **Apports en société soumis à la TVA**).
Cependant, dans la mesure où l'apport partiel d'actif est susceptible de s'analyser en une « transmission

à titre onéreux ou à titre gratuit ou sous forme d'apport à une société d'une université universalité totale ou partielle de biens », cette opération peut bénéficier de la dispense de TVA prévue par l'article 257 *bis* du Code général des impôts (V. **Transmission d'universalité**).

IV

Contribution de sécurité immobilière

667 Contribution de sécurité immobilière. La contribution de sécurité immobilière au tarif proportionnel de 0,10 % (CGI, art. 881 K) est due sur la valeur vénale de l'immeuble ou des droits immobiliers qui font objet de l'apport.

668 Apports réalisés par des organismes HLM – Loi n° 2018-1021 du 23 novembre 2018, dite « loi ELAN » (*JO* 24 nov. 2018). Régime temporaire. Afin d'inciter au regroupement des organismes HLM, le II de l'article 881 L du Code général des impôts, dans sa rédaction issue de l'article 87 de la loi ELAN, a instauré un régime de faveur temporaire qui fixe le taux de la CSI exigible sur les actes d'apports réalisés par ces organismes à 0,01 %. Ce régime s'est appliqué jusqu'au 31 décembre 2021.

CGI, art. 881 L. – (*L. n° 2018-1021, 23 nov. 2018, dite loi ELAN : JO 24 nov. 2018*) (...) II. – Par exception aux dispositions du I, lorsqu'elles se rapportent aux opérations de fusions et d'apports réalisées par les organismes d'habitations à loyer modéré mentionnés à l'article L. 411-2 du Code de la construction et de l'habitation ainsi que par les sociétés d'économie mixte de construction et de gestion de logements sociaux mentionnées à l'article L. 481-1 du même code, les formalités hypothécaires pour lesquelles il est perçu une contribution de sécurité immobilière proportionnelle donnent lieu à la perception d'une contribution au taux de 0,01 % jusqu'au 31 décembre 2021, sous réserve de l'article 881 M du présent code.

Artisans

Neyla GONZALEZ-GHARBI

REMARQUE En matière de taxe de publicité foncière, des anciens régimes de faveur applicables aux artisans, n'a subsisté que celui applicable aux sociétés coopératives artisanales.

I

Constitution et dissolution des sociétés coopératives artisanales

669 Les anciennes dispositions de l'article 1052, II, 2° du Code général des impôts soumettaient gratuitement à la publicité foncière ou à l'enregistrement les actes nécessaires à la constitution et à la dissolution des sociétés coopératives artisanales, ou des groupements de ces mêmes coopératives, lorsque ces actes ne portaient pas transmission de biens meubles ou immeubles entre les associés ou autres personnes.
Ces dispositions ont été abrogées par l'article 29, III, 17° de la loi de finances pour 2020 (L. n° 2019-1479, 28 déc. 2019). Depuis le 1er janvier 2020, les actes nécessaires à la constitution et à la dissolution des sociétés coopératives artisanales, ou groupement de ces mêmes coopératives, relèvent du régime de droit commun (V. **Constitution de sociétés** ; V. **Dissolution de société**).
La contribution de sécurité immobilière (CSI) est due selon les conditions de droit commun, à défaut d'exonération particulière.

II

Attribution d'actifs des sociétés coopératives artisanales

CGI, art. 827, I. – I. – *(L. n° 2018-1317, 28 déc. 2018, art. 26, III, 17°)* Sont enregistrés gratuitement :

1° Les actes constatant l'attribution d'actif net faite à un ou plusieurs organismes attributaires par une société d'habitations à loyer modéré, en vertu du premier alinéa de l'article L. 422-11 du Code de la construction et de l'habitation, quelle que soit la nature des biens compris dans l'actif net attribué.

Cette disposition est applicable aux sociétés anonymes de crédit immobilier définies à l'article L. 422-4 du code précité, ainsi qu'aux sociétés coopératives artisanales et aux groupements de ces mêmes coopératives constitués en conformité de l'article 3 de la loi du 27 décembre 1923 et réalisant les opérations désignées à l'article 1er de la loi du 2 août 1932 facilitant la construction des locaux à usage artisanal ;

2° Les attributions de logements faites par les sociétés coopératives en application du deuxième alinéa de l'article 80 de la loi n° 53-80 du 7 février 1953.

670 Dans la mesure où en formalité fusionnée (dite aussi formalité unique) la taxe de publicité foncière tient lieu de droits d'enregistrement (CGI, art. 664), la formalité fusionnée des actes constatant l'attribution d'actif après dissolution de sociétés coopératives artisanales ou groupements de ces mêmes coopératives est donc opérée *gratis*. Aucune taxe de publicité foncière n'est donc due. En revanche, la contribution de sécurité immobilière (CSI) reste due dans les conditions de droit commun.

Association cultuelle

Neyla GONZALEZ-GHARBI

BIBLIOGRAPHIE : *JCl. Sociétés Traité*, Fasc. 175-50, *Associations – Associations soumises à un régime spécial – Associations cultuelles. Associations diocésaines*, par A. Bougnoux et C. Laronde-Clérac (18 janv. 2022).

I

Régime juridique

671 Le régime des associations cultuelles, issu de la loi du 9 décembre 1905 concernant la séparation des Églises et de l'État, a été modifié par la loi n° 2021-1109 du 24 août 2021 confortant le respect des principes de la République (*JO* 25 août 2021. – Cons. const., 13 août 2021, n° 2021-823 DC) dont le titre II intitulé « Garantir le libre exercice du culte » (art. 68 à 88), vise à renforcer les moyens de contrôle exercé par l'État.

Dans sa rédaction issue de l'article 68 de la loi du 24 août 2021 précitée, l'article 19 de la loi du 9 décembre 1905 concernant la séparation des Églises et de l'État dispose :

> « Les associations cultuelles ont exclusivement pour objet l'exercice d'un culte. Elles ne doivent, ni par leur objet statutaire, ni par leurs activités effectives, porter atteinte à l'ordre public. Elles sont composées de personnes majeures, au nombre de sept au moins, domiciliées ou résidant dans la circonscription religieuse définie par les statuts de l'association.
>
> Chacun des membres peut s'en retirer à tout moment, après paiement des cotisations échues et de celles de l'année courante, nonobstant toute clause contraire.
>
> Nonobstant toute clause contraire des statuts, les actes de gestion financière et d'administration légale des biens accomplis par les directeurs ou administrateurs sont, chaque année au moins, présentés au contrôle de l'assemblée générale des membres de l'association et soumis à son approbation.
>
> Les statuts de l'association prévoient l'existence d'un ou de plusieurs organes délibérants ayant notamment pour compétence de décider de l'adhésion de tout nouveau membre, de la modification des statuts, de la cession de tout bien immobilier appartenant à l'association et, lorsqu'elle y procède, du recrutement d'un ministre du culte.
>
> Les modalités d'application du présent article sont définies par décret en Conseil d'État ».

L'article 18 de la loi prescrit que les associations formées pour subvenir à l'entretien et à l'exercice public d'un culte doivent être constituées conformément aux articles 5 et suivants du titre 1er de la loi du 1er juillet 1901. À cette première obligation déclarative, la loi du 24 août 2021 ajoute une seconde à laquelle est, notamment, subordonné l'octroi d'avantages fiscaux. Aux termes du nouvel article 19-1, alinéa premier, de la loi de 1905 :

> « Pour bénéficier des avantages propres à la catégorie des associations cultuelles prévus par les dispositions législatives et réglementaires, toute association constituée conformément aux articles 18 et 19 de la présente loi doit déclarer sa qualité cultuelle au représentant de l'État dans le département, sans préjudice de la déclaration prévue à l'article 5 de la loi du 1er juillet 1901 relative au contrat d'association. Le représentant de l'État dans le département peut, dans les deux mois suivant la déclaration, s'opposer à ce que l'association bénéficie des avantages mentionnés

au premier alinéa du présent article s'il constate que l'association ne remplit pas ou ne remplit plus les conditions prévues aux articles 18 et 19 de la présente loi ou pour un motif d'ordre public. Lorsqu'il envisage de faire usage de son droit d'opposition, il en informe l'association et l'invite à présenter ses observations dans un délai d'un mois.

En l'absence d'opposition, l'association qui a déclaré sa qualité cultuelle bénéficie des avantages propres à la catégorie des associations cultuelles pendant une durée de cinq années, renouvelable par déclaration au représentant de l'État dans le département dans les conditions mentionnées aux deux premiers alinéas du présent article.

Le représentant de l'État dans le département peut, pour les mêmes motifs que ceux mentionnés au deuxième alinéa, retirer le bénéfice des avantages propres à la catégorie des associations cultuelles, après mise en œuvre d'une procédure contradictoire ».

Le dernier alinéa de l'article 19-1 de la loi renvoie à un décret en Conseil d'État pour préciser :

« Les modalités d'application du présent article, notamment les documents permettant à l'association de justifier de sa qualité cultuelle, les conditions dans lesquelles est renouvelée la déclaration et les conditions dans lesquelles s'exerce le droit d'opposition de l'administration ».

Le décret n° 2021-1844 du 27 décembre 2021 relatif aux associations cultuelles régies par la loi du 9 décembre 1905 a été publié au *JO* du 29 décembre 2021, sa notice de présentation indique :

« Le décret actualise les dispositions du décret du 16 mars 1906 d'application de la loi du 9 décembre 1905, en précisant les informations que les associations cultuelles doivent fournir à l'occasion de leur déclaration préalable et en cas de modifications ultérieures d'éléments de cette déclaration. Il fixe les modalités d'application de la nouvelle procédure de déclaration de la qualité cultuelle créée par la loi n° 2021-1109 du 24 août 2021 confortant le respect des principes de la République, en précisant les éléments à fournir à l'autorité administrative pour en bénéficier, et les règles procédurales qui régissent le pouvoir donné au préfet de s'opposer à la déclaration initiale d'une association ou de retirer le bénéfice des avantages propres aux associations cultuelles. Il tire les conséquences de ce nouveau dispositif permettant aux associations de justifier de leur qualité cultuelle, en abrogeant dans le décret n° 2007-807 du 11 mai 2007 relatif aux associations, fondations, congrégations et établissements publics du culte et portant application de l'article 910 du code civil, les dispositions réglementaires applicables aux rescrits administratifs concernant les associations cultuelles et en simplifiant la procédure de déclaration des libéralités consenties aux associations cultuelles. Il fixe le seuil à compter duquel les associations cultuelles ayant reçu des financements provenant de l'étranger sont soumises à une obligation de certification des comptes. Il tire les conséquences des dispositions transitoires prévues par la loi, qui prévoit le maintien du bénéfice des rescrits cultuels obtenus avant le changement du cadre législatif, en précisant que, jusqu'à l'expiration de leur durée de validité, leur éventuelle abrogation reste régie par les règles précédemment en vigueur. Enfin, il étend l'application du décret d'application de la loi du 9 décembre 1905 en Guadeloupe, en Martinique, à La Réunion, à Saint-Barthélemy et à Saint-Martin ».

Dans le même arsenal de contrôle du financement des associations, dont les associations cultuelles, a été publié au *JO* du 24 avril 2022 le décret n° 2022-619 du 22 avril 2022 relatif au contrôle du financement étranger des cultes et portant diverses dispositions relatives aux libéralités et à la transparence des associations et fonds de dotation.

672 Les associations cultuelles ne sont pas soumises à un régime d'autorisation préalable. Elles ont une capacité plus étendue que les simples associations de la loi de 1901. Elles peuvent être autorisées à recevoir des dons et legs. Sous réserve, le cas échéant, du respect des obligations nouvelles issues de la loi du 24 août 2021 précitée, les associations peuvent également recevoir, sans autorisation préalable, des dons manuels en espèces ou en chèques. Toutefois, l'article 78 de la loi n° 2021-1109 du 24 août 2021 a créé un nouvel article 910-1 du Code civil (en vigueur depuis le 26 août 2021) qui, tout en réaffirmant ce principe, crée un droit d'opposition de l'État à la libéralité.

C. civ., art. 910-1 : « Les libéralités consenties directement ou indirectement à des associations cultuelles au sens des articles 18 et 19 de la loi du 9 décembre 1905 concernant la séparation des Églises et de l'État, à des congrégations et, dans les départements du Bas-Rhin, du Haut-Rhin et de la Moselle, à des établissements publics du culte et à des associations inscrites de droit local à objet cultuel par des États étrangers, des personnes morales étrangères ou des personnes physiques non résidentes sont acceptées librement par ces associations et ces établissements, sauf opposition formée par l'autorité administrative compétente, après mise en œuvre d'une procédure contradictoire, pour le motif mentionné au III de l'article 19-3 de la loi du 9 décembre 1905 précitée.

L'opposition à la libéralité, formée dans des conditions fixées par décret en Conseil d'État, prive celle-ci d'effet ».

673 **Mesures transitoires : mise en conformité des associations existantes.** Prévues par l'article 88 de la loi, elles imposent aux associations cultuelles constituées avant le 26 août 2021 conformément aux articles 18 et 19 de la loi de 1905 de se conformer à l'alinéa 4 de l'article 19, dans sa rédaction issue de la loi du 24 août 2021, dans un délai de dix-huit mois à compter de l'entrée en vigueur du décret en Conseil d'État prévu par l'article 19. Toutefois, les associations qui ont bénéficié d'une réponse favorable à une demande faite sur le fondement de l'article 111 de la loi n° 2009-526 du 12 mai 2009 ou qui ont bénéficié d'une décision de non-opposition à l'acceptation d'une libéralité avant le 26 août 2021 ne sont soumises à l'alinéa 4 de l'article 19 dans sa rédaction issue de la loi du 24 août 2021 qu'à compter de l'expiration de la validité de ces décisions ou à l'issue d'un délai de dix-huit mois à compter de l'entrée en vigueur du décret d'application prévu par ce texte (V. D. n° 2021-1844, 27 déc. 2021, relatif aux associations cultuelles régies par la loi du 9 décembre 1905), si cette dernière date est plus tardive.

Remarque : Les associations diocésaines dont la constitution a été provoquée par une loi du 29 avril 1926 sont soumises au régime fiscal des associations cultuelles.

II Régime fiscal des associations cultuelles au regard de la taxe de publicité foncière et de la CSI

L'évolution du régime juridique des associations cultuelles n'a pas eu d'incidence sur le régime fiscal applicable à leurs actes relevant de la publicité foncière.

674 Acquisitions immobilières à titre onéreux. Ces acquisitions sont soumises au tarif de droit commun prévu à l'article 1594 D du CGI (V. **Vente d'immeuble**).

La contribution de sécurité immobilière est perçue au tarif de droit commun (V. **Contribution de sécurité immobilière**).

675 Acquisitions immobilières à titre gratuit. Exonération des droits de mutation à titre gratuit. Le 10° de l'article 795 du CGI exonère de droits de mutation à titre gratuit « les dons et legs faits aux associations cultuelles, aux unions d'associations cultuelles et aux congrégations autorisées ».

Le BOFiP-Impôts fait état de cette exonération légale sans autre commentaire (BOI-ENR-DMTG-10-20-20, 14 juin 2022, n° 480).

Il avait été précisé que cette exonération s'applique en Alsace-Moselle, aux associations cultuelles inscrites du droit local (Rép. min. *Goetschy*, n° 00194 : *JO* Sénat, 8 sept. 1988, p. 990).

L'administration a étendu l'application de l'exonération prévue par le 4° de l'article 795 du Code général des impôts aux dons et legs consentis aux associations suivantes : « les églises et établissements religieux reconnus dans les départements du Haut-Rhin, du Bas-Rhin et de la Moselle, ainsi que, par mesure de tempérament, les associations inscrites de droit local créées pour l'exercice des cultes non reconnus » (BOI-ENR-DMTG-10-20-20, 14 juin 2022, n° 100).

La taxe de publicité foncière ainsi que la contribution de sécurité immobilière sont dues selon le droit commun lors de la publication de ces dons ou legs.

Association

Neyla GONZALEZ-GHARBI

Sommaire analytique

BIBLIOGRAPHIE : R. Vabres, *Organisme sans but lucratif : quelques interrogations fiscales* : *JCP* N 2016, n° 19, 1161. – *JCl. Commercial*, Fasc. 1699, *Association*, par K. Rodriguez.

I Publicité foncière

A Règles générales

676 **Principe.** Les principes généraux posés par les décrets du 4 janvier et du 14 octobre 1955 (identification des personnes morales, identification des immeubles, effet relatif, etc.) s'appliquent sans particularité notable aux associations.

En ce qui concerne les apports immobiliers, l'article 710-1 du Code civil, issu de la loi n° 2011-331 du 28 mars 2011, ne prévoit de dérogation expresse à la règle de l'authenticité que lorsque ces apports sont effectués « à une société ou par une société » (V. **Authenticité**). Si l'on estime que ce texte est d'interprétation stricte (V. **Constitution de société**), on en déduira que les règles de droit commun reprennent leur empire et qu'en conséquence ces apports ne peuvent être publiés que s'ils sont constatés dans un acte authentique. S'ils sont en la forme sous seing privé, il y a lieu de procéder à leur réitération en la forme authentique (M. Cuif, *Réforme de la publicité foncière, art. 710-1 du Code civil : nouvelles règles et nouvelles pratiques pour le notaire : Bull. Cridon Paris* 1er-15 août 2011, p. 2 et s.).

Cette opinion a été confirmée par une réponse ministérielle du 7 juin 2016 qui énonce que la règle

énoncée par l'article 710-1 du Code civil qui constitue une exception au principe de l'authenticité de l'acte à publier ne saurait faire l'objet d'une interprétation extensive. En conséquence il n'y a pas lieu d'en étendre le bénéfice aux associations (Rép. min. n° 63502 : *JOAN* Q 7 juin 2016, p. 5126).
➤ Sur les conséquences à en tirer du point pratique, V. n° 703.

677 Certification de l'identité de l'association. Aux termes du 1er alinéa de l'article 6 du décret du 4 janvier 1955 portant réforme de la publicité foncière :

> « Tout acte ou décision judiciaire sujet à publicité dans un bureau des hypothèques doit contenir l'identification des associations par leur dénomination et indiquer en outre leur siège, la date et le lieu de leur déclaration ».

Il résulte d'autre part des alinéas 2 et 3-1° du même article que le certificat relatif à l'identification des associations, dont le siège est en France métropolitaine ou dans les départements de la Guadeloupe, de la Guyane, de la Martinique ou de la Réunion, est établi au vu de l'original, d'une expédition ou d'une copie collationnée de tout acte constatant la dénomination, la forme juridique ou le siège actuel de ces personnes morales.
Il semble donc, en ce qui concerne ces associations et sous la réserve expresse de l'interprétation souveraine des tribunaux, que :
– le certificat relatif à l'identification d'une association ne doit porter que sur la dénomination, la forme juridique et le siège actuel du groupement ;
– ce certificat ne peut être établi qu'au vu de l'original d'une expédition ou d'une copie collationné du ou des actes constatant ces éléments d'identification ;
– le ou les actes ci-dessus visés peuvent être soit les actes constitutifs ou modificatifs, soit un récépissé délivré par l'autorité préfectorale de la déclaration de constitution ou de modification des statuts, soit un exemplaire du *Journal officiel* ou du Recueil des actes administratifs de la préfecture comportant la publication de ladite déclaration, soit une délibération de l'organe compétent de l'association intéressée – étant précisé que cette énumération n'est pas limitative (Rép. min. Justice, 11 août 1962 : *JCP* N 1962, prat. 3394).

678 Changement de dénomination, de forme ou de siège d'une association.
➤ Sur les problèmes de publicité foncière qui se posent en cas de changement de dénomination, de forme ou de siège d'une association, V. **Changement de dénomination, de forme ou de siège d'une personne morale**, auquel on voudra bien se reporter.

B Inscriptions

1 Constitution d'hypothèque

679 Formalités. L'assemblée générale est l'organe souverain de l'association (CA Rouen, 15 sept. 1980 : *Gaz. Pal.* 1981, II, somm. 289). Elle a un pouvoir de décision sur les actes touchant au patrimoine de l'association, en particulier la constitution d'hypothèque (Brichet, *Associations et syndicats*, Librairies techniques, 5e éd. 1986, n° 22 J). C'est donc elle qui a en principe compétence pour décider de l'affectation hypothécaire d'un bien appartenant à l'association (dont on sait qu'il s'agit là d'un acte de disposition) : ceci dans le silence des statuts (dont il faudra appliquer les clauses particulières, s'il en existe).
Il est ici rappelé que l'hypothèque conventionnelle ne peut être consentie que par un acte passé en la forme authentique (C. civ., art. 2416) et que le mandat pour hypothéquer doit être exprès (C. civ., art. 1988). Les dispositions de l'article 1844-2 du Code civil ne sont pas applicables aux associations (V. n° 680). En conséquence, en ce qui concerne l'authenticité tant des délibérations que des pouvoirs requis, il convient de distinguer deux cas :
– si les statuts habilitent une personne physique à constituer une hypothèque sur les immeubles de l'association, cette hypothèque ne peut être constituée que si ces statuts sont établis par acte authentique. S'ils ont été établis par acte sous seing privé, leur substance doit être reprise dans un acte authentique, puisque l'authentification ne peut plus résulter d'un dépôt au rang des minutes d'un notaire avec reconnaissance d'écriture et des signatures (V. **Authenticité**) ;
– si les statuts sont muets, il est alors nécessaire de provoquer une délibération de l'assemblée générale (ou du conseil d'administration s'il a, statutairement, le pouvoir de constituer l'hypothèque). En ce cas, il suffira que cette délibération soit authentique ou que sa substance soit reprise dans un acte authentique.
Lorsque les statuts stipulent que les délibérations du conseil d'administration relatives aux emprunts ou constitutions d'hypothèque doivent être approuvées par l'assemblée générale :
– le procès-verbal de la délibération du conseil doit être établi en la forme authentique, car l'article 1844-2 du Code civil n'est pas applicable aux associations ;
– mais le procès-verbal de la délibération de l'assemblée peut être établi sous signatures privées car cet organe ne prend pas la décision d'emprunter et d'hypothéquer, mais se contente d'approuver la décision (*Bull. Cridon Paris* 1er oct. 2004, p. 11).

680 **Authenticité de la procuration.** L'article 1844-2 du Code civil permet aux sociétés civiles et commerciales de consentir hypothèque ou toute autre sûreté réelle sur les biens de la société « en vertu de pouvoirs résultant de délibérations ou délégations établies sous signatures privées ».
Cette exception, prévue seulement pour les sociétés, n'est pas applicable aux associations (Rép. min. Justice, n° 56969 à M. René André : *JOAN* Q 10 déc. 1984, p. 5447 ; *JCP* N 1985, prat. 9302-2° ; *Defrénois* 1985, art. 33482, p. 398).

2 Cession d'antériorité

681 **Capacité requise.** La capacité juridique des associations de la loi du 1er juillet 1901, même lorsqu'elles sont déclarées, est restreinte, en ce sens qu'elles ne peuvent acquérir, et seulement à titre onéreux, que les immeubles strictement nécessaires à l'accomplissement du but qu'elles se proposent.
D'autre part, il est admis en général que la cession d'antériorité constitue un acte de disposition (V. **Cession d'antériorité**).
Pour que la cession d'antériorité soit possible, il faut donc que les statuts l'autorisent expressément ou qu'ils permettent au moins la mainlevée sans paiement. S'il y est indiqué que l'assemblée peut « autoriser tous échanges et ventes » des immeubles de l'association, une délibération en ce sens peut permettre de consentir une cession d'antériorité (*JCP* N 1968, prat. 4469, chron. Bulté).

3 Mainlevées

682 **Problème de la mainlevée sans paiement.** On enseigne que le représentant d'une association déclarée ou reconnue d'utilité publique ne peut, en principe, donner mainlevée que contre paiement (Chambaz, Masounabe-Puyanne et Leblond, *op. cit.*, n° 1255, 2°).
Mais selon le *Bulletin de l'association des* conservateurs (*Bull. AMC* 1995, art. 1680) aucune disposition de la loi du 1er juillet 1901 n'interdirait que les statuts confèrent à un organe de l'association le pouvoir de donner mainlevée sans paiement.

II Fiscalité

683 Seront présentés successivement quelques observations générales (A), le régime fiscal des apports (B), le régime fiscal des acquisitions par les associations (C). Puis seront étudiées les incidences fiscales de la dissolution de l'association (D), de la dévolution des biens d'une association (E), de la fusion (F) et de la transformation des associations (G).

A Généralités

684 **Définitions.** Le contrat d'association tel qu'il est défini à l'article 1er de la loi du 1er juillet 1901 est une « convention par laquelle deux ou plusieurs personnes mettent en commun d'une façon permanente leurs connaissances ou leur activité dans un but autre que de partager des bénéfices ».

685 Les associations déclarées sont des personnes morales, mais leur capacité juridique est plus ou moins étendue selon qu'elles sont ou non reconnues d'utilité publique.
On peut distinguer deux sortes de groupements de l'espèce :
– les associations générales qui sont régies uniquement par la loi du 1er juillet 1901 et les textes subséquents qui l'ont modifiée ;
– et les associations particulières qui obéissent en outre à des prescriptions supplémentaires.
La loi du 1er juillet 1901 relative au contrat d'association a été en dernier lieu modifiée par la loi n° 2021-1109 du 24 août 2021 confortant le respect des principes de la République (*JO* 25 août 2021. – Cons. const., 13 août 2021, n° 2021-823 DC), complétée par deux décrets : un décret n° 2021-1844 du 27 décembre 2021 relatif aux associations cultuelles régies par la loi du 9 décembre 1905 (*JO* 29 déc. 2021) et un décret n° 2022-619 du 22 avril 2022 relatif au contrôle du financement étranger des cultes et portant diverses dispositions relatives aux libéralités et à la transparence des associations et fonds de dotation (*JO* 24 avr. 2022).

686 **Régime fiscal au regard de l'impôt sur les sociétés.** Le régime fiscal des opérations concernant les associations est, dans la plupart des cas, fonction de l'assujettissement ou non de l'association à l'impôt sur les sociétés.
Si les associations de la loi de 1901 sont en principe passibles de l'impôt sur les sociétés (ou de droit commun ou à un taux réduit, V. CGI, art. 206-1 et 206-5), certaines associations sont exonérées.

B Apports

1 Régime fiscal

687 **Principe.** Les apports immobiliers faits aux associations constituées conformément à la loi du 1er juillet 1901 et au livre Ier de la deuxième partie du Code du travail (syndicats professionnels) sont soumis aux mêmes droits ou taxes que les apports aux sociétés civiles ou commerciales (CGI, art. 809, I, 2°).

➤ Sur le régime des apports, V. **Constitution de société**.

➤ Sur le régime des apports de biens soumis à la TVA immobilière, V. **Apports en société soumis à la TVA**.

688 **Dévolution de biens à titre gratuit.** L'apport à une association suppose l'existence d'une contrepartie. Celle-ci consiste en la participation effective de l'apporteur à la vie de l'association et en la possibilité d'exercer le droit de reprise lors de la dissolution. Lorsque cette contrepartie fait défaut, le transfert de propriété de biens immobiliers à l'association s'analyse en une dévolution à titre gratuit (V. Ph. Botentier, *L'apport à association : JCP* N 1997, p. 831 et s.).
Cette dévolution entraîne l'exigibilité des droits de mutation à titre gratuit dès que l'intention libérale n'est pas douteuse. L'administration indique pour sa part que « le droit de donation est exigible si l'intention de libéralité est nettement exprimée dans l'acte d'apport » (BOI-ENR-AVS-40-80-10-20120912, 1er sept. 2012, n° 100).

689 **Apports immobiliers faits à une association passible de l'impôt sur les sociétés par une personne non soumise à cet impôt (CGI, art. 809-I-3°).** En principe, les apports immobiliers, non soumis à la TVA, faits à titre pur et simple à une association par une personne non soumise à l'impôt sur les sociétés rendent exigibles les droits de mutation à titre onéreux au taux spécifique de 2,2 % majoré des taxes additionnelles (CGI, art. 810, III). (V. **Apports en société-Apports purs et simples**).

690 **Par exception à ce principe**, ces apports sont enregistrés gratuitement sous réserve que l'apporteur s'engage à conserver les droits sociaux pendant trois ans (V. **Apports en société-Apports purs et simples**). En cas d'apport à une association, l'administration fiscale a admis que l'engagement de conservation des titres est sans objet de telle sorte que sa souscription n'était pas nécessaire pour l'application de l'exonération (BOI-ENR-AVS-10-10-20-20120912, 1er sept. 2012, n° 400). Ces solutions devront être confirmées suite à la réforme des droits fixes applicables aux apports opérée par l'article 26 de la loi de finances pour 2018 (V. **Constitution de société**).

2 Formalités

691 Les actes constatant la formation des associations ne sont pas de ceux dont l'article 635 du Code général des impôts prévoit la présentation obligatoire à la formalité de l'enregistrement dans le délai d'un mois à compter de leur date. Mais l'exécution de cette formalité s'avère en revanche indispensable si les actes constitutifs sont établis en la forme notariée (CGI, art. 635-1-1°). Lorsque l'acte constitutif contient exclusivement des apports immobiliers ou des apports mixtes mobiliers et immobiliers, il doit obligatoirement être soumis à la formalité fusionnée dans le délai d'un mois à compter de sa date (CGI, art. 647).

C Acquisitions par les associations

692 Nous distinguerons les acquisitions à titre onéreux (1°) et les acquisitions à titre gratuit (2°).

1 Acquisitions à titre onéreux

693 **Principe.** Les acquisitions immobilières à titre onéreux réalisées par les associations sont en principe soumises au tarif de droit commun prévu à l'article 1594 D du Code général des impôts (V. **Vente d'immeuble**).
Il s'applique quelle que soit l'affectation des immeubles et quelle que soit la superficie des terrains (pour plus de détails, V. **Vente d'immeuble**).
Bien entendu, lorsque l'acquisition d'un terrain à bâtir ou d'un immeuble neuf est soumise à la taxe sur la valeur ajoutée immobilière du chef du vendeur (CGI, art. 257, I), l'acquéreur bénéficie de plein droit de la taxe de publicité foncière au taux réduit de 0,70 % dans les conditions prévues à l'article 1594 F quinquies du CGI (V. **TVA immobilière**).

694 **Régime de faveur.** Seules les acquisitions effectuées par les établissements agréés au titre de l'aide sociale et par les établissements susceptibles de recevoir l'agrément de l'aide sociale bénéficient des tarifs réduits de la taxe de publicité foncière au taux de 0,70 % (0,71498 % avec les perceptions additionnelles), en application des articles 1020, 1066 et 1067 du Code général des impôts (V. **Aide sociale**).

2 Acquisitions à titre gratuit

695 **Exonérations et taxe de publicité foncière.** Les dons et legs consentis à certaines catégories d'association sont exonérés de droits de mutation à titre gratuit (CGI, art. 795, 4° et 10° ; V. BOI-ENR-DMTG-10-20-20, nos 100 et 480).

La donation entre vifs de biens immobiliers consentie aux associations bénéficiaires de ces exonérations doit être publiée au service de la publicité foncière. L'exécution de cette formalité entraîne l'exigibilité de la taxe départementale de publicité foncière au taux de 0,60 % (CGI, art. 791) soit 0,61422 % avec les perceptions additionnelles (V. **Donation**).

Les legs de biens immobiliers consentis aux mêmes associations sont publiés au fichier immobilier par voie d'attestation notariée dressée après décès du testateur, conformément aux dispositions de l'article 29 du décret n° 55-22 du 4 janvier 1955 et dans le délai prévu à l'article 33 du même décret.

D Dissolution des associations

696 **Droit fixe.** Les actes constatant la dissolution des associations, qui ne constituent pas des sociétés au sens juridique du terme, sont passibles du droit fixe des actes innommés (CGI, art. 680. – V. **Droits fixes**. – BOI-ENR-AVS-40-80-10, 1er sept. 2012, n° 120).

697 **Clause de reprise des apports.** Les statuts prévoient parfois une clause de reprise des apports au profit de l'apporteur. La reprise en nature de biens propres n'entraîne l'exigibilité d'aucun droit, pas même le droit de partage, faute d'indivision.

Toutefois, si la reprise porte sur un bien immobilier, l'acte la constatant entraîne la perception de la taxe de publicité foncière au taux de 0,70 % (soit 0,71498 % avec les perceptions additionnelles) conformément aux dispositions de l'article 678 du Code général des impôts, lors de sa publication, sans préjudice du salaire du conservateur – actuellement de la contribution de sécurité immobilière.

E Dévolution des biens d'une association

1 Modalités diverses de dévolution du patrimoine d'une association déclarée à une autre

698 L'article 15 du décret du 16 août 1901 prévoit la reprise de leurs apports par les sociétaires au moment de la dissolution.

S'il subsiste un boni, celui-ci ne peut pas, conformément aux dispositions de l'article 15 dudit décret, être attribué aux sociétaires. Le plus souvent, les statuts ou l'assemblée générale décident de sa dévolution à d'autres associations ou œuvres d'intérêt général.

La transmission des actifs ayant dès lors sa source dans des actes de droit privé, il appartient à l'administration de rechercher, pour l'application de la loi fiscale, quels sont, d'après les règles de droit commun, la nature réelle et le caractère légal desdits actes (Rép. min. à M. Lagorce : *JOAN* 2 avr. 1978, p. 1050, n° 33167).

La loi n° 2014-856 du 31 juillet 2014 relative à l'économie sociale et solidaire (*JO* 1er août 2014) a donné un cadre légal aux opérations de fusion, de scission d'associations et d'apport partiel d'actif entre associations. Elle a, à cet effet, inséré un article 9 bis et rétabli l'article 12 au sein de la loi de 1901. Le décret n° 2015-832 du 7 juillet 2015 pris pour l'application de la loi du 31 juillet 2014 sur l'économie sociale et solidaire et relatif aux associations précise ce cadre juridique. S'il y a vente, il y a lieu d'appliquer les dispositions prévues de façon générale pour les mutations à titre onéreux des meubles et immeubles.

699 Mais la dévolution peut également s'opérer :
- par voie de fusion (V. n° 702) ;
- par voie de libéralités (V. n° 695) ;
- par voie d'apports partiels d'actifs (V. n° 700) ;
- par voie de transmission au profit d'établissements reconnus d'utilité publique (V. n° 701).

2 Apports partiels d'actifs

700 Les organismes sans but lucratif, et spécialement les associations régies par la loi du 1er juillet 1901, sont passibles de l'impôt sur les sociétés en vertu de l'article 206-5 du Code général des impôts, alors même qu'ils ne perçoivent pas de revenus susceptibles d'être soumis à cette imposition. C'est pourquoi il est admis que le régime de faveur des fusions, scissions et apports partiels d'actifs en matière d'enregistrement est applicable à ces organismes bien qu'ils ne poursuivent pas un but lucratif (BOI-ENR-AVS-40-80-10-20120912, 1er sept. 2012, n° 140).

Mais, par dérogation à l'article 301-E de l'annexe II du Code général des impôts, il est admis qu'un apport entre associations peut être considéré comme portant sur une branche complète et autonome d'activités, même s'il est limité à un seul immeuble, dès lors que les conditions suivantes se trouvent réunies :
- l'immeuble est affecté à l'exercice d'une activité, même non lucrative, ayant une finalité propre et dont la gestion est susceptible d'être assurée de manière autonome.

Il en est ainsi, par exemple, lorsque les immeubles qui font l'objet de l'apport, sont affectés à une école ou à une maison de retraite ;
- l'affectation des locaux à cette activité est maintenue par l'association bénéficiaire de l'apport.

Les apports répondant à cette condition bénéficient donc du régime spécial défini aux articles 816 et 817 du Code général des impôts

(BOI-ENR-AVS-40-80-10-20120912, 1er sept. 2012, nos 140 et 150. – V. **Apports partiels d'actif**).

3 Transmission au profit d'établissements reconnus d'utilité publique ou d'associations déclarées

701 Il a été admis que les associations déclarées affiliées à un organisme reconnu d'utilité publique peuvent bénéficier des dispositions de l'article 1039 du Code général des impôts (sur ce texte, V. **Établissements reconnus d'utilité publique**), dès lors que les autres conditions prévues par ce texte sont remplies. Il faudra donc notamment que les biens transférés en franchise de droits, sous réserve du paiement de la taxe départementale de publicité foncière de 0,70 % (soit 0,715 % avec les perceptions additionnelles), demeurent affectés à un objet d'intérêt public et que le décret en Conseil d'État ou l'arrêté préfectoral autorisant le transfert constate la réalisation de la double condition prévue au deuxième alinéa de l'article 1039 du code déjà cité.
Les associations concernées devront justifier de leur affiliation en annexant à l'acte une attestation émanant de l'organisme reconnu d'utilité publique et datant de moins d'un mois.
Il est rappelé que seules les associations déclarées ayant pour but exclusif l'assistance ou la bienfaisance peuvent bénéficier de cette mesure (BOI-ENR-DMTOI-10-80-20, 21 mai 2015, n° 370).

F Fusion d'associations

702 **Modalités.** La fusion d'associations peut se réaliser de deux façons :
– la fusion-création : deux associations, A et B, donnent naissance à une troisième C, et elles disparaissent ;
– la fusion-absorption : une association A est absorbée par une association B et elle disparaît.
Quel que soit le procédé utilisé, la fusion exige simplement une certaine similitude des objets statutaires de l'association absorbante et de l'association absorbée.
Aux termes du 1er alinéa du I de l'article 9 bis de la loi modifiée de 1901 précité :

> « La fusion de plusieurs associations est décidée par des délibérations concordantes adoptées dans les conditions requises par leurs statuts pour leur dissolution. Lorsque la fusion est réalisée par voie de création d'une nouvelle association, le projet de statuts de la nouvelle association est approuvé par délibérations concordantes de chacune des associations qui disparaissent et il n'y a pas lieu à approbation de l'opération par la nouvelle association ».

Aux termes du II de l'article 9 bis précité :

> « La fusion ou la scission entraîne la dissolution sans liquidation des associations qui disparaissent et la transmission universelle de leur patrimoine aux associations bénéficiaires, dans l'état où il se trouve à la date de réalisation définitive de l'opération ».

Le principe selon lequel la fusion entraîne la transmission universelle du patrimoine de la personne morale absorbée à la personne morale absorbante substitue l'association absorbante dans tous les droits et obligations de l'association absorbée.

703 **Exigence d'authenticité.** Dans l'étude exhaustive qu'il a consacrée à cette matière à la suite de la loi n° 2011-331 du 28 mars 2011 (*Réforme de la publicité foncière, art. 710-1 du Code civil : nouvelles règles et nouvelles pratiques pour le notaire : Bull. Cridon Paris* 1er-15 août 2011, p. 2 et s.), M. Cuif écrit à ce propos :

> « Les procès-verbaux nécessaires à la perfection de la fusion entre associations doivent revêtir la forme authentique. Pratiquement le notaire doit assister à l'assemblée décidant de l'opération. Si le procès-verbal de l'assemblée délibérante est sous seing privé, il pourra être réitéré en la forme authentique à la requête des parties. Cependant, en ce cas, le notaire devra vérifier que les convocations ont bien été adressées à tous les membres des personnes morales parties à l'opération, que les délais de convocation ont été respectés et que la tenue de l'assemblée a été régulière. La réitération pourrait également être effectuée par l'organe de direction de la personne morale à condition qu'il ait préalablement reçu mandat de l'assemblée de réaliser tout acte permettant l'exécution des formalités de publicité foncière, sans qu'il soit utile que ce mandat soit établi en la forme authentique. »

704 **Régime fiscal.** Les organismes sans but lucratif et, spécialement les associations régies par la loi du 1er juillet 1901 sont passibles de l'impôt sur les sociétés en vertu de l'article 206-5 du Code général des impôts alors même qu'ils ne perçoivent pas de revenus susceptibles d'être soumis à cet impôt. C'est pourquoi il est admis que le champ d'application du régime de faveur des fusions, scissions et apports partiels d'actif en matière d'enregistrement soit applicable à ces organismes bien qu'ils ne poursuivent pas un but lucratif (BOI-ENR-AVS-20-60-30-10-20140613, 13 juin 2014, n° 220. – V. **Fusion de sociétés**).

G Transformations

705 **Transformation d'une société civile ou commerciale en association.** Même s'il n'y a pas de changement de l'objet social, la transformation d'une société civile ou commerciale en association de la loi de 1901 entraîne la création d'un être moral nouveau (Rép. min. Hamel : *JO* Sénat Q, 4 mai 1989, p. 707, n° 2862).

➤ Sur les conséquences de cette transformation, V. **Transformation de société**.

706 Transformation d'une association en groupement d'intérêt économique (GIE) ou en groupement européen d'intérêt économique (GEIE). Toute association peut se transformer en GIE (Ord. 23 sept. 1967, art. 12) ou en GEIE (L. n° 89-377, 13 juin 1989, art. 8), sans donner lieu à dissolution ni à création d'une personne morale nouvelle.

Au regard des droits d'enregistrement, cette transformation donne en principe ouverture au droit fixe prévu à l'article 680 du Code général des impôts (BOI-ENR-AVS-40-80-10-20120912, 1er sept. 2012, n° 130).

➤ Sur le tarif actuel, V. **Acte innomé**.

Associations foncières urbaines

Neyla GONZALEZ-GHARBI

707 Les associations foncières urbaines (AFU) sont des associations syndicales constituées entre propriétaires intéressés pour l'exécution des travaux et opérations énumérés à l'article L. 322-2 du Code de l'urbanisme. Elles sont régies par les dispositions de l'ordonnance n° 2004-632 du 1er juillet 2004 relative aux associations syndicales de propriétaires ainsi que par les articles L. 322-1 à L. 322-16 du Code de l'urbanisme, complétés par les articles R. 322-1 à R. 322-40 du même code.
Les AFU revêtent plusieurs formes qui déterminent leur nature juridique respective. On distingue ainsi, d'une part, les associations foncières urbaines libres qui sont des personnes de droit de privé, créées de l'accord unanime des propriétaires concernés (Ord. n° 2004-632, 1er juill. 2004, art. 2, al. 2) et, d'autre part, les AFU autorisées ou forcées qui sont des établissements publics administratifs, dotés de prérogatives de puissance publique. L'AFU de projet (AFUP) est une forme d'AFU autorisée. Créée par l'article 136 de la loi n° 2014-366 du 24 mars 2014 pour l'accès au logement et un urbanisme rénové, dite « loi ALUR », elle est régie par les articles L. 322-12 à L. 322-16 du Code de l'urbanisme.

708 Le présent fascicule expose le régime applicable aux actes et opérations des AFU au regard des droits d'enregistrement, de la taxe de publicité foncière et de la contribution de sécurité immobilière, et évoque le traitement de ces opérations au regard de la TVA.

BIBLIOGRAPHIE : *JCl. Construction-Urbanisme*, Fasc. 19-10, *Remembrement amiable de terrains destinés à la construction d'immeubles à usage d'habitation*, avr. 2017, par J. Hugot, réactualisé par Cl. Lemarchand ; Fasc. 20-20, *Associations foncières urbaines*, par J. Hugot, réactualisé par G. Daudré ; *JCl. Géomètre expert – Foncier*, Fasc. 5, par J.-M. Talau. – L. Santoni, *L'urbanisme opérationnel « post-ALUR » : Constr.-Urb.* mai 2014, dossier 4.

I

Constitution

709 **Publicité foncière.** L'acte constitutif des associations foncières urbaines libres, ainsi que les actes constatant les adhésions ultérieures, sont publiés au fichier immobilier dans les conditions et délais prévus par les décrets n° 55-22 du 4 janvier 1955 et n° 55-1350 du 14 octobre 1955 (C. urb., art. R. 322-2-I).
L'obligation de publier l'acte constitutif de l'association foncière urbaine vaut également pour les AFU autorisées. Le V de l'article R. 332-3 du Code de l'urbanisme dans sa rédaction issue du décret n° 2016-1514 du 8 novembre 2016 énonce la règle en ces termes : « L'acte constitutif de l'association est publié au fichier immobilier dans les conditions et délais prévus par les décrets n° 55-22 du 4 janvier 1955 et n° 55-1350 du 14 octobre 1955 ».

710 **Perceptions à opérer. Inapplication de l'article 1055 du CGI.** L'article 1055 du Code général des impôts ne vise pas les actes constitutifs de l'AFU. En conséquence, et faute d'exonération ou de tarification spéciale, seule la taxe de publicité foncière au taux fixe est perçue sur la publication de l'acte constitutif. En revanche,

la taxe sera exigible dans les conditions ordinaires s'il y a apports immobiliers, ou acquisitions d'immeubles par l'association foncière urbaine.

La contribution de sécurité immobilière au taux fixe est seule perçue, sous la même réserve en cas de mutations ou apports immobiliers.

II Opérations réalisées

A Opérations de remembrement

1 Aspects juridique et de publicité foncière

711 Les aspects juridiques et de publicité foncière des opérations de remembrement réalisées avec le concours d'associations foncières urbaines sont traités au mot **Remembrement urbain**.

2 Aspects fiscaux

CGI, art. 1055. – Les actes, pièces et écrits relatifs à la réalisation de remembrements fonciers opérés à l'amiable et portant sur des terrains destinés à la construction d'immeubles à usage d'habitation sont exonérés, sous réserve des dispositions de l'article 1020, des droits d'enregistrement à condition que ces remembrements aient fait l'objet d'une autorisation donnée dans les formes prévues par la réglementation applicable en matière de lotissement.

La même exonération est applicable aux actes, pièces et écrits relatifs à la réalisation de remembrements opérés par les associations foncières urbaines en vertu de l'article L. 322-2-1° du Code de l'urbanisme ou par les associations syndicales constituées en application de l'ordonnance n° 58-1145 du 31 décembre 1958, à condition de se référer expressément à ces textes.

Les procès-verbaux de réorganisation foncière ou de remembrement et les arrêtés en vue du remembrement préalable à la reconstruction ne donnent pas lieu à la perception de la taxe de publicité foncière.

712 Droits d'enregistrements et taxe de publicité foncière. Compte tenu, notamment, de l'évolution des règles d'urbanisme, la portée de l'article 1055 du Code général des impôts a été sujette à interrogation. En effet, depuis le 1er octobre 2008 (D. n° 2007-18, 1er janv. 2007 mod. par D. n° 2007-817), les lotissements ne sont plus régis par les articles L. 315-1-1 et R. 315-1 à R. 315-31, 4 du Code de l'urbanisme, abrogés, mais par les articles L. 442-1 et suivants et R. 421-19 et suivants du même code. Ainsi, par exemple le *b)* de l'article R. 421-19 du Code de l'urbanisme soumet à permis d'aménager les remembrements réalisés par une AFUL, lorsqu'ils prévoient la réalisation de voies et espaces communs. Ce qui, *a contrario*, dispense de cette autorisation les mêmes opérations réalisées par une AFU autorisée.

Après avoir repris au BOFiP, lors de sa mise en ligne le 12 septembre 2012, ses commentaires très sommaires (figurant jusqu'alors à la Doc. adm. DGI, 1er oct. 2011 et 1er oct. 1996, 7 C-232, nos 2 et 3), l'administration, à l'occasion d'une nouvelle version du BOI-ENR-DMTOI-20-30, publiée le 4 juillet 2018, a précisé la portée des dispositions de l'article 1055 du Code général des impôts, et spécialement la portée de la réserve faite par le texte de l'application de l'article 1020 dudit code.

Les nos 190 et 200 du BOI-ENR-DMTOI-20-30, publié le 4 juillet 2018, précisent :

> « 190 Les actes relatifs à la réalisation de remembrements fonciers opérés à l'amiable et portant sur des terrains destinés à la construction d'immeubles à usage d'habitation sont exonérés des droits d'enregistrement à condition que ces remembrements aient fait l'objet d'une autorisation donnée dans les formes prévues par la réglementation applicable en matière de lotissement (CGI, art. 1055, al. 1).
>
> « De même, les actes relatifs à des remembrements opérés par les associations foncières urbaines de tout type en vertu du 1° de l'article L. 322-2 du code de l'urbanisme ou par les associations syndicales constituées en application de l'ordonnance n° 58-1445 du 31 décembre 1958, bénéficient de la même exonération à condition de se référer expressément à ces textes (CGI, art. 1055, al. 2).
>
> Cependant, lorsqu'ils entrent dans les prévisions des 1° à 4° de l'article 677 du CGI, les remembrements fonciers urbains effectués à l'amiable ou par l'entremise des associations susvisées sont soumis à une

taxe de publicité foncière ou à un droit d'enregistrement au taux fixé par l'article 1020 du CGI.

200 Quant aux procès-verbaux de réorganisation foncière ou de remembrement et aux arrêtés en vue du remembrement préalable à la reconstruction, ils ne donnent pas lieu à la perception de la taxe de publicité foncière (CGI, art. 1055, al. 3) ».

Il avait déjà été précisé par le passé que l'exonération prévue au deuxième alinéa de l'article 1055 du Code général des impôts est applicable aux actes, pièces et écrits relatifs à la réalisation de remembrements opérés par les associations foncières urbaines libres en vertu du 1° de l'article L. 322-2 du Code de l'urbanisme, à condition qu'ils se réfèrent expressément à ce texte (Rép. min. délégué auprès du ministre de l'Économie, des Finances et de la Privatisation à M. Valleix : *JOAN* CR 19 oct. 1987, p. 5780, n° 25712).

En excluant du bénéfice de l'exonération les actes qui entrent dans les prévisions des 1° à 4° de l'article 677 du Code général des impôts et qui, en conséquence, rendent exigible la taxe de publicité foncière prévue à l'article 1020 du même code, la doctrine administrative est conforme à la jurisprudence de la Cour de cassation. En effet, dans sa première décision rendue pour l'application de l'article 1055 du Code général des impôts, au visa, notamment de l'article 677 du même code, la Cour de cassation a jugé que l'acte notarié intitulé « Dépôt de pièces du lotissement et procès-verbal de remembrement » qui constatait des transferts d'immeubles au profit de l'AFUL n'entre pas dans les prévisions du 3e alinéa de l'article 1055 du Code général des impôts et ne peut dès lors être exonéré de tout droit d'enregistrement. Conformément aux dispositions de l'alinéa 2 de l'article 1055, il rend exigible la taxe de publicité foncière de l'article 1020 du Code général des impôts (Cass. com., 29 janv. 2013, n° 12-12.276, F-D, *DDFiP Vendée* c/ *AFUL La Terre Franche : JurisData* n° 2013-001591 ; *Constr.-Urb.* 2013, comm. 48, N. Gonzalez Gharbi).

713 Contribution de sécurité immobilière. La contribution de sécurité immobilière est perçue sur ces opérations au tarif proportionnel dans les conditions ordinaires (Lacroix, 2013, n° 146).

B Hypothèque légale

714 Selon l'article L. 322-9, alinéa 1er, du Code de l'urbanisme :

> « Les créances de toutes natures exigibles d'une association foncière urbaine à l'encontre d'un associé, qu'il s'agisse de provisions ou de paiements définitifs, sont garanties par une hypothèque légale sur les immeubles de l'associé compris dans le périmètre de l'association. Les conditions d'inscription et de mainlevée de cette hypothèque sont celles qui sont prévues à l'article 19 de la loi n° 65-557 du 10 juillet 1965 fixant le statut de la copropriété des immeubles bâtis ».

Il résulte de ce texte que les associations foncières urbaines libres ont la possibilité d'inscrire sur les immeubles propriété de leurs membres, une hypothèque légale, aux mêmes conditions et selon les mêmes modalités que celles prévues au profit du syndicat des copropriétaires par l'article 19 de la loi du 10 juillet 1965 (sur ces modalités, V. Copropriété). C'est l'organe exécutif de l'association foncière urbaine libre (AFUL) qui aura qualité pour, après une mise en demeure restée infructueuse, faire inscrire cette hypothèque. Comme en matière d'hypothèque légale du syndicat, l'intervention de l'assemblée ne sera pas nécessaire.

Il a été récemment jugé que l'existence de cette hypothèque légale, prévue par l'article L. 322-9 du Code de l'urbanisme, s'oppose au rattachement au domaine public communal de biens appartenant à une commune inclus dans le périmètre d'une AFUL. De cette seule circonstance, il découle que ces biens appartiennent au domaine privé de la commune (CE, 8e et 3e ch. réunies, 23 janv. 2020, n° 430192 : *Rec. CE* 2020, tables).

715 Mise en œuvre de l'hypothèque légale. Du texte même du premier alinéa de l'article L. 322-9 du Code de l'urbanisme et du renvoi fait à l'article 19 de la loi n° 65-557 du 10 juillet 1965, il résulte :

– que l'hypothèque légale dont il s'agit s'applique à toutes les créances que possède l'association foncière urbaine à l'encontre d'un associé : dépenses et charges communes, dépenses afférentes aux travaux, frais de procédure dans les instances où a figuré l'association, etc., ainsi que les dépenses exposées pour la mise en œuvre de la sûreté instituée au profit de la collectivité, telles que les frais d'inscription de l'hypothèque ;

– qu'en dehors des sommes déjà réglées par l'association, la loi accorde la même garantie aux provisions demandées aux associés, à valoir sur les sommes à répartir ultérieurement ;

– que l'hypothèque porte sur les seuls immeubles de celui pour lequel l'avance aura été consentie et qui sont situés à l'intérieur du périmètre de l'association ;

– que, *mutatis mutandis*, la procédure d'inscription et celle de radiation sont identiques à celles prévues pour l'hypothèque légale du syndicat des copropriétaires, étant rappelé, en particulier, que, conformément aux règles de droit commun, l'hypothèque ne prendra rang que du jour où l'inscription sera prise à la conservation des hypothèques intéressée ;

– que l'hypothèque peut être mise en œuvre par tous les types d'associations syndicales : libres, autorisées ou forcées (V. *JCl. Notarial Formulaire*, V° *Construction et urbanisme*, Fasc. 150 et *JCl. Construction-urbanisme*, Fasc. 20-30).

III

Taxe sur la valeur ajoutée immobilière

716 Les opérations de remembrement foncier réalisées par les associations foncières urbaines constituées en application de l'article L. 322-2-1° du Code de l'urbanisme étaient exonérées de la taxe sur la valeur ajoutée par l'article 261-5-1° bis du Code général des impôts. Ce texte ayant été abrogé par l'article 16 de la loi du 9 mars 2010 (L. fin. rect. 2010, n° 2010-237, 9 mars 2010 : *JO* 10 mars 2010), portant réforme des règles de la TVA applicable aux opérations immobilière, la TVA s'applique aux opérations réalisés par les AFU dans les conditions de droit commun dès lors que les terrains concernés sont, par hypothèse, des terrains à bâtir au sens de l'article 257, I du Code général des impôts, et que les échanges sont réalisés par des assujettis à la TVA agissant en tant que tels (V. **TVA ; Terrains**).

La situation des AFU au regard de l'impôt sur les sociétés et de la TVA a été décrite par l'administration fiscale dans un rescrit n° 2005/101 (OSBL) du 19 septembre 2005 (Associations foncières urbaines libres [AFUL]), publié au BOI-IS-CHAMP-10-50-30-4050, le 4 avril 2018 dont il résulte, notamment, que les AFUL ne sont pas des organismes sans but lucratif (OSBL). Il est notamment indiqué que :

« Les associations syndicales sont assujetties à l'impôt sur les sociétés dans les conditions de droit commun lorsqu'elles développent des activités lucratives. Pour déterminer si une activité est lucrative, il convient de se reporter aux critères exposés au BOI-IS-CHAMP-10-50-10-20.

S'agissant de la TVA, le régime applicable aux associations syndicales autorisées et aux associations syndicales libres est décrit au IV § 150 à 370 du BOI-TVA-CHAMP-10-20-10-20.

Il résulte de ces commentaires, non rapportés à ce jour, que les opérations de ces deux catégories d'associations qui donnent lieu au paiement d'une cotisation de la part des membres doivent être soumises à la TVA.

À cet égard, le fait que les associations syndicales libres soient des personnes morales de droit privé et que les associations syndicales autorisées aient le statut d'établissement public est sans incidence sur cette imposition ».

Associations syndicales

Jacques LAFOND

I

Associations syndicales forestières

➤ V. **Groupements forestiers**.

II

Associations syndicales de propriétaires (Ord. 1er juill. 2004)

A Acquisition de la personnalité morale

717 **Capacité. Pouvoirs.** Dans le délai d'un mois de la signature de l'acte constitutif, un extrait doit être publié dans un journal d'annonces légales (Ord. 1er juill. 2004, art 8, al. 2). En l'absence de cette formalité, l'association syndicale était privée de la personnalité juridique sous l'empire de la loi de 1865 (L. 21 juin 1965, art. 7). L'ordonnance du 1er juillet 2004 (art. 5) indique que l'association ne peut agir en justice, acquérir, vendre, échanger, transiger, emprunter ou hypothéquer.
Mais le non-respect de ce délai d'un mois n'entraîne aucune forclusion. La publication peut intervenir à tout moment, et l'association acquerra la personnalité morale dès qu'elle aura été effectuée (Cass. 3e civ., 3 oct. 2001 : *Bull. civ.* 2001, III, n° 110 ; *Rev. loyers* 2002, p. 492, note P. Dechelette-Tolot ; *Administrer* févr. 2002, p. 38, obs. J.-R. Bouyeure).
Tant que l'association syndicale libre n'a pas acquis la pleine capacité, elle ne peut recevoir des apports et effectuer des opérations pour son compte et en son nom propre. Les actes doivent être passés du chef des propriétaires membres de l'association qui doivent donc être identifiés conformément aux règles de la publicité foncière (V. **Identification des personnes**).

718 **Associations constituées avant l'ordonnance du 1er juillet 2004**. En ce qui concerne les associations constituées avant l'entrée en vigueur de l'ordonnance du 1er juillet 2004, il y a lieu de vérifier si la procédure prévue par l'article 60 de l'ordonnance du 1er juillet 2004 qui prévoyait que les statuts devaient être mis en conformité avant le 3 mai 2008 a été respectée (D. n° 2006-504, 3 mai 2006 : *JO* 5 mai 2006. V., sur le sujet, A. Longuépée, *Les associations syndicales de copropriétaires et la mise à jour de leurs statuts : Cah. Cridon Lyon* juin 2013, n° 67. – C. Atias,

Le sort des associations syndicales libres antérieures à l'ordonnance de 2004 : AJDI 2013, p. 11).
Si une association syndicale libre n'a pas effectué la mise en conformité de ses statuts à la date limite, l'existence légale de cette association n'est pas remise en cause (Cass. 3e civ., 20 févr. 2015, n° 13-25773 : *JurisData* n° 2015-003664. – Cass. 3e civ., 11 sept. 2013, n° 12-22.351 : *JurisData* n° 2013-019024), mais elle a perdu la capacité juridique d'accomplir les actes énoncés à l'article 5 de l'ordonnance précitée : agir en justice, acquérir, vendre, échanger, transiger, emprunter et hypothéquer (Rép. min. n° 80764 : *JOAN* Q 28 févr. 2017, p. 1769). Elle peut cependant recouvrer ses droits et en particulier la capacité d'agir en justice (Cass. 3e civ., 19 mai 2015, n° 14-11.197 : *JurisData* n° 2015-012192) sans toutefois que puissent être remises en cause les décisions passées en force de chose jugée.
Il lui faut pour cela accomplir, même après l'expiration du délai légal, les mesures de publicité prévues par l'article 8 de l'ordonnance précitée (Cass. 3e civ., 13 févr. 2014, n° 13-22.383 : *JurisData* n° 2014-002308). Cette solution a été consacrée par l'article 60, alinéa 3 de l'ordonnance du 1er juillet 2004.
➤ Sur les modalités de cette régularisation, V. LexisNexis, Fiche pratique n° 1648, Constituer une association syndicale libre.

B Publicité des statuts au fichier immobilier

719 Statuts d'une association syndicale libre ayant pour objet de gérer les éléments d'intérêt collectif communs à plusieurs bâtiments. Absence de fiche de propriétaire au nom de cette association. Publication des statuts possible. La situation juridique d'un immeuble est déterminée notamment par les charges qui le grèvent. Ces charges ne sont pas constituées exclusivement par des droits réels régis par le Code civil, tels que les hypothèques et les servitudes, mais également par des droits personnels qui, comme ceux découlant de contrats de location immobilière, sont opposables à l'acquéreur de celui qui a contracté.
Or, aux termes de l'article 2 du décret du 18 décembre 1927 sur les associations syndicales, « les obligations qui dérivent de la constitution de l'association syndicale sont attachées aux immeubles compris dans le périmètre et les suivent, en quelques mains qu'ils passent, jusqu'à la dissolution de l'association » (V. aujourd'hui l'article 3 de l'ordonnance du 1er juillet 2004, préc.). Aussi, doit-on admettre que les statuts d'une association syndicale libre fondée par un promoteur-lotisseur dans la perspective de la commercialisation de son stock et dont les acquéreurs feront partie de droit, apportent à l'exercice du droit de propriété sur les terrains qui y sont désignés, des limitations modifiant la situation juridique de ces immeubles.
Dès lors, même en l'absence, dans les documents déjà publiés, de tout titre de propriété immobilière établi au nom de cette association, il reste que ses statuts, dont les dispositions affectant les droits immobiliers des membres de l'association, entrent dans le champ d'application de la publicité foncière.
Un refus de dépôt opposé à la demande de publication de ces statuts n'est donc pas justifié
L'annotation du fichier immobilier conduira à faire mention des statuts au cadre B du tableau III, soit de la fiche personnelle du propriétaire des parcelles concernées, soit de la fiche générale de copropriété pour celles ayant fait l'objet d'un état descriptif de division.
Mais les fiches particulières de lot n'auront pas à être annotées puisque chacune ne doit recevoir que les charges affectant uniquement la fraction qu'elle représente (*Bull. AMC* 1994, art. 1654).
Les statuts sont, à plus forte raison, assujettis à la publicité foncière – cette fois de manière obligatoire – s'ils emportent transfert de propriété au profit de l'association syndicale.

720 Formes et contenu des statuts. La seule règle de forme imposée par la loi est que le consentement des propriétaires intéressés doit être « constaté par écrit » (Ord. n° 2004-632, 1er juill. 2004, art. 7, al. 1er).
En pratique, les statuts doivent avoir la forme authentique, pour les besoins de la publicité foncière. Ils seront donc reçus par acte notarié.
L'ordonnance du 1er juillet 2004 se contente de donner quelques directives générales relatives au contenu des statuts de l'association (Ord. n° 2004-632, 1er juill. 2004, art. 7, al. 2). Ils doivent définir « son nom, son objet, son siège et ses règles de fonctionnement. Ils comportent la liste des immeubles compris dans son périmètre et précisent ses modalités de financement et le mode de recouvrement des cotisations ».
En outre, ils doivent fixer « les modalités de sa représentation à l'égard des tiers, de distraction d'un de ses immeubles, de modification de son statut ainsi que de sa dissolution » (D. n° 2006-504, 3 mai 2006, art. 3).

721 Association syndicale libre et domaine public. L'article 220, IV, de la loi n° 2021-1104 du 22 août 2021 (dite « loi Climat ») rend possible la présence au sein des associations syndicales libres de biens qui sont la propriété d'une personne publique et qui relèvent de son domaine public (X. Couton, *ASL/AFUL et domaine public : Constr.-Urb.* 2021, étude 12). Ce texte a pour objet de faire échec à la jurisprudence du Conseil d'État, qui considérait que des locaux acquis par une personne publique dans un immeuble inclus dans le périmètre d'une association syndicale, fût-ce pour les besoins d'un service public, ne pouvaient constituer des dépendances de son domaine public (V. P. Cornille, *Propriété et domanialité : JCP* N 2021, n° 37, 1284).

C Hypothèque légale

722 Mise en œuvre (renvoi). Les associations syndicales bénéficient d'une hypothèque légale (Ord. 1er juill. 2004, art. 6). Cette hypothèque garantit « les créances de toute nature » à l'encontre de ses membres et porte sur « les immeubles de ses membres compris dans le périmètre de l'association ». Les conditions d'inscription et de mainlevée de cette hypothèque sont celles prévues aux trois premiers alinéas de l'article 19 de la loi du 10 juillet 1965 (sur cette hypothèque, V. **Copropriété**).

D Transfert des voies et des installations communes

723 Transfert moyennant un prix symbolique des équipements collectifs (en particulier la voirie) à une association syndicale de propriétaires. En cas de construction d'ensembles immobiliers, la propriété des équipements collectifs est le plus souvent transférée par les promoteurs, soit à des associations syndicales de propriétaires régies par l'ordonnance du 1er juillet 2004, soit à des unions de syndicats de copropriétaires constituées conformément aux dispositions de l'article 29 de la loi du 10 juillet 1965.

Les équipements dont ces organismes deviennent ainsi propriétaires en vue d'assurer leur gestion comprennent d'une manière générale des immeubles ou parties d'immeubles destinés à la satisfaction de tous les copropriétaires, et plus spécialement les canalisations et branchements généraux, les installations de chaufferie communes, la voirie ainsi que, le cas échéant, les voies de circulation, les loges de gardiens, les locaux sociaux, culturels, les cabines téléphoniques. Le transfert peut également porter sur le terrain servant d'emprise aux immeubles et aux parties communes.

La cession de ces équipements est généralement réalisée moyennant un prix symbolique, étant donné que le coût de ces biens est inclus par les promoteurs dans le prix de vente des locaux à usage privatif.

Aussi, afin d'éviter une double imposition, il a été décidé de faire abstraction de la valeur réelle des biens communs transférés, pour la liquidation de la taxe sur la valeur ajoutée et de la taxe de publicité foncière. Mais les deux conditions suivantes doivent être remplies :

– le transfert doit être effectué sans contrepartie ou moyennant un prix symbolique ;

– il doit être établi que le coût des biens considérés est intégré au prix de cession des immeubles ou parties d'immeubles – V. not. l'article L. 332-15 du Code de l'urbanisme (BOI-TVA-IMM-10-20-10-20160302, n° 210).

En résumé donc, le transfert donne lieu aux taxations suivantes :

– TVA et taxe de publicité foncière : néant (à condition que la cession soit consentie moyennant un prix symbolique et qu'il soit établi que le coût de ces biens a été compris dans les prix de vente des fractions d'immeubles) ;

– contribution de sécurité immobilière sur la valeur vénale à déclarer des biens concernés.

724 Transfert à retardement des espaces communs. Dans le cas de lotissement, le dossier de permis d'aménager doit comporter l'engagement du lotisseur de constituer une association syndicale libre des acquéreurs de lots à laquelle seront dévolus la propriété et l'entretien des équipements communs. Cet engagement n'est cependant obligatoire que si le lotisseur n'a pas conclu avec la commune une convention prévoyant le transfert dans son domaine public de la totalité des voies et espaces communs, ou si ces derniers ne sont pas attribués en propriété de façon divise ou indivise aux acquéreurs (C. urb., art. R. 442-7 et R. 442-8. – V. également, dans le cas des permis de construire valant autorisation de diviser, C. urb., art. R. 431-24).

Il se peut que le transfert de la voirie ou des espaces communs n'ait pas été effectué, par oubli ou par négligence et que les colotis souhaitent opérer ce transfert soit à l'association syndicale libre (si elle est toujours existante et active…) soit à la commune. Ce transfert à retardement peut poser des problèmes juridiques divers (V. *JCl. Notarial Formulaire*, V° Lotissement, Fasc. 50, par X. Couton). Il y a lieu tout d'abord d'identifier le propriétaire actuel de la voirie et des espaces communs, et d'autre part le bénéficiaire du transfert, ce qui ne pose pas de problème s'il s'agit de la commune, mais qui est moins évident s'il existe (sur le papier) une association syndicale qui a cessé toute activité ou n'en a jamais eu. Ensuite l'opération de transfert peut prendre plusieurs aspects, selon les situations rencontrées, les actes à établir pouvant prendre des formes diverses (sur les difficultés pratiques qui peuvent se poser en pareil cas, V. M. Cazajus et M. Juan, *Le transfert des espaces communs oubliés par les promoteurs et lotisseurs à une ASL : JCP* N 2021, n° 21, 1195).

III

Associations syndicales de reconstruction (L. 16 juin 1948)

725 **Acquisitions de biens sinistrés et des droits à indemnité y afférents.** Sont exonérées de la taxe de publicité foncière les acquisitions de biens sinistrés et des droits à indemnité y afférents faites par les communes, les départements, les offices publics d'aménagement et de construction, les offices publics et les sociétés d'habitations à loyer modéré en vue de la construction d'habitations à loyer modéré ou de l'aménagement de services publics, dans les conditions prévues par la loi n° 46-2389 du 28 octobre 1946 sur les dommages de guerre.

Il en est de même des acquisitions des biens et droits susvisés effectués par des **associations syndicales** et des coopératives de reconstruction agissant dans le cadre de l'article 16 de la loi n° 50-531 du 2 juin 1950 et par les **associations syndicales de remembrement**, auprès de certains de leurs associés, en vue de la rétrocession à d'autres membres de l'association dans l'intérêt des opérations de remembrement (Doc. adm. DGI, 7 C-1483, n° 8, 1er oct. 2001).

L'exonération porte également les droits d'enregistrement et la taxe de publicité foncière (sur le régime d'attribution et le régime fiscal des immeubles d'habitation construits par les associations syndicales de reconstruction et les sociétés coopératives de reconstruction, V. Circ. MRL, 3 juin 1955 et 16 oct. 1957. – *BOI* 7619).

Ces exonérations sont prévues par les articles 1056 et 1057 du Code général des impôts.

IV

Associations syndicales ayant pour objet la rénovation d'immeubles urbains

726 **Remembrements portant sur des terrains destinés à la construction de maisons d'habitation.** Les actes relatifs à la réalisation de remembrements fonciers opérés à l'amiable et portant sur des terrains destinés à la construction de maisons d'habitation sont, en principe, exonérés des droits d'enregistrement à condition que ces remembrements aient fait l'objet d'une autorisation donnée dans les formes prévues par la réglementation applicable en matière de lotissement (CGI, art. 1055, al. 1er).

De même, les actes relatifs à des remembrements opérés par les associations foncières urbaines de tout type en vertu du 1° de l'article L. 322-2 du Code de l'urbanisme ou par les associations syndicales constituées en application de l'ordonnance n° 58-1145 du 31 décembre 1958, bénéficient de la même exonération à condition de se référer expressément à ces textes (CGI, art. 1055, al. 2).

Cependant, lorsqu'ils entrent dans les prévisions de l'article 1020 du Code général des impôts, les remembrements fonciers urbains effectués à l'amiable ou par l'entremise des associations susvisées sont soumis à la taxe de publicité foncière au taux de 0,70 % (0,715 % avec les perceptions additionnelles).

Toutefois, les procès-verbaux de réorganisation foncière ou de remembrement et les arrêtés en vue du remembrement préalable à la reconstruction sont exonérés de la taxe de publicité foncière (Doc. adm. DGI, 7 C-232, n° 3, 1er oct. 2001. – V. **Remembrement urbain**).

727 **TVA immobilière.** L'article 261-5-1° bis du Code général des impôts exonérait les opérations de remembrement effectuées par les associations syndicales constituées en application de l'ordonnance n° 58-1145 du 31 décembre 1958.

Cette exonération était de portée très limitée. En effet, seules subsistaient en vertu d'une disposition expresse de l'article 4 de la loi du 5 juillet 1972, les associations syndicales constituées antérieurement mais qui n'ont pas terminé leurs opérations de remembrement.

En outre, l'article 261-5-1° bis précité exonérait de la taxe sur la valeur ajoutée les opérations de remembrement réalisées par les associations foncières urbaines en vertu de l'article L. 322-2-1° du Code de l'urbanisme, lorsqu'elles entrent dans le champ d'application de l'article 257-7° du Code général des impôts.

En conséquence, les opérations qui avaient pour objet le remembrement de parcelles et la modification corrélative des droits de propriété, des charges et des servitudes y attachés, étaient exonérées de la taxe sur la valeur ajoutée immobilière lorsqu'elles étaient réalisées par l'intermédiaire :

– soit des associations foncières urbaines définies ci-dessus ;

– soit des associations syndicales précitées, qui ont, notamment, pour objet la rénovation d'îlots urbains (Doc. adm. DGI, 8 A-1151, n° 11, 15 nov. 2001).

L'article 261-5-1° bis du Code général des impôts, qui édictait cette exonération, a été supprimé par la loi de finances rectificative pour 2010 qui a réformé la TVA (L. n° 2010-237, 9 mars 2010 : *JO* 10 mars).

728 **En résumé.** Les perceptions applicables sont les suivantes :

– taxe de publicité foncière : 0,70 % (0, 715 % avec les perceptions additionnelles) ;

– taxe sur la valeur ajoutée : perçue selon le droit commun ;

– contribution de sécurité immobilière (V., antérieurement, Doc. adm. DGI, 8 A-1141).

➤ Pour des indications plus détaillées, V. **Remembrement urbain**.

Assurance maladie et maternité des travailleurs non salariés des professions non agricoles

Jacques LAFOND

I Opérations immobilières

CGI, art. 1069. – I. – Les pièces relatives à l'application de la loi n° 66-509 du 12 juillet 1966 relative à l'assurance maladie et à l'assurance maternité des travailleurs non salariés des professions non agricoles, sont exonérées des droits de timbre et d'enregistrement à la condition de s'y référer expressément. Cette exonération s'étend à la taxe spéciale sur les conventions d'assurance.

II. – Lorsque des caisses mutuelles régionales créées en application de la loi précitée sont appelées à fusionner, partiellement ou totalement, par le fait d'un regroupement de leurs circonscriptions, un décret fixe les modalités selon lesquelles sont attribués les biens, droits et obligations des caisses intéressées par cette fusion. Les opérations entraînées par ce transfert bénéficient, sous réserve des dispositions de l'article 1020, de l'exonération prévue au I.

729 Portée de l'exonération. La portée de l'exonération est analogue à celle édictée par l'article 1083 du Code général des impôts en faveur des pièces relatives à la législation de la sécurité sociale (V. **Sécurité sociale**).
Elle bénéficie à tous les actes ou documents qui, à raison de leur contenu ou de l'objet du litige, concernent l'application de la loi susvisée et de l'ordonnance n° 67-828 du 23 septembre 1967 qui l'a modifiée, ainsi que des textes réglementaires intervenus pour sa mise en œuvre, sans considération des identités des parties. Référence doit être faite à la loi du 12 juillet 1966 (*BOI* 10505).

730 Acquisition immobilière effectuée par les caisses nationales ou régionales d'assurance maladie ou maternité. L'acquisition est soumise au régime de droit commun (V. **Vente d'immeuble**) : l'exonération prévue par l'article 1069 du Code général des impôts n'est pas applicable.
De même, les opérations concourant à la construction ou à la livraison d'immeubles réalisés par les organismes en cause sont assujetties à la taxe sur la valeur ajoutée dans les conditions de droit commun (*BOI* 10705).

731 Dons et legs profitant aux caisses susvisées. L'exonération prévue par l'article 795-4° du Code général des impôts est applicable (*BOI* 10705), mais cette exonération ne concerne que les droits d'enregistrement et non pas la taxe de publicité foncière ou la contribution de sécurité immobilière.

732 Fusion de caisses régionales en application de la loi du 12 juillet 1966. En application de l'article 1069, alinéa 2 du Code général des impôts (V. ce texte *supra*), cette opération est exonérée des droits d'enregistrement à condition de se référer expressément à l'article 1069, alinéa 1er, du Code général des impôts.
Mais, en raison de renvoi effectué par le texte aux dispositions de l'article 1020, il n'y a pas d'exonération de taxe de publicité foncière.
Et la contribution de sécurité immobilière s'applique selon le droit commun.

II

Inscriptions

A Prise d'inscription

733 **Mécanisme.** Le fonctionnement du régime d'assurance maladie et maternité des travailleurs non salariés des professions non agricoles est assuré par une caisse nationale qui « confie le soin d'assurer pour le compte des caisses de base l'encaissement et le contentieux des cotisations (...) à des organismes régis, soit par le Code de la mutualité, soit par le Code des assurances, ou à des groupements de sociétés d'assurance » (CSS, art. L. 611-20). Ces organismes concluent des conventions avec la caisse nationale régionale (CSS, art. R. 611-79). À défaut de paiement des cotisations dans le délai imparti par une mise en demeure, l'organisme chargé du contentieux est autorisé à délivrer une contrainte (CSS, art. R. 612-11) qui, ainsi qu'il résulte de l'article L. 244-9 du code déjà cité « comporte, à défaut d'opposition du débiteur devant le tribunal des affaires de sécurité sociale, dans les délais et selon les conditions fixés par décret, tous les effets d'un jugement et confère notamment le bénéfice de l'hypothèque judiciaire ». Il doit être admis, par application de l'article 38, § 3 du décret n° 55-1350 du 14 octobre 1955, que ces organismes conventionnés peuvent, au même titre que le représentant de la caisse, certifier l'identité du ou des propriétaires grevés. Cependant, lorsque, comme il est prévu à l'avant-dernier alinéa de l'article 38, § 3 précité, il a été procédé à la notification des noms des représentants habilités et au dépôt des spécimens de signature, l'accord de la caisse régionale devra être exigé (*Bull. AMC* 1992, art. 1537).

734 **Hypothèque légale.** En application de l'article R. 612-4 du Code de la sécurité sociale, le paiement des cotisations est garanti par une hypothèque légale sur les immeubles du débiteur.

B Mainlevées

➤ Les règles applicables aux caisses de sécurité sociale peuvent être ici transposées : V. **Sécurité sociale**.

735 **Mainlevée notariée sans constatation de paiement.** Si une association (loi de 1901) dénommée « Réunion des assureurs maladie Côte d'Azur » figurant au nombre des organismes conventionnés habilités à recouvrer les cotisations, consent à la mainlevée entière et définitive d'une inscription judiciaire prise sur un immeuble du débiteur sans constatation de paiement, le conservateur n'est pas en droit de refuser le dépôt, pourvu que le comparant soit expressément habilité en vertu des statuts de l'association à consentir une mainlevée sans constatation de paiement, ce qu'aucune disposition de la loi du 1er juillet 1901 n'interdit (*Bull. AMC* 1995, art. 1680).

Assurances

Serge LAMIAUX

CGI, art. 1065. – Sous réserve des dispositions de l'article 1020, les transferts de portefeuilles de contrats et des réserves mobilières ou immobilières afférentes à ces contrats sont exonérés de tous droits d'enregistrement lorsqu'ils sont faits en vertu des dispositions des articles L. 324-1 et L. 326-13 du Code des assurances.

Lorsqu'ils sont faits en vertu des dispositions de l'article L. 612-33 du Code monétaire et financier, les transferts de portefeuilles de contrats et des réserves mobilières ou immobilières afférentes à ces contrats sont exonérés de tous droits d'enregistrement et de la taxe de publicité foncière.

736 **Entreprises d'assurance et de capitalisation.** En application de l'article 1065 du Code général des impôts, les « transferts » visés par ce texte donneront lieu aux taxations suivantes :

– transfert visé par l'alinéa 1er : taxe de publicité foncière à 0,70 % (0,715 % avec les perceptions additionnelles) et contribution de sécurité immobilière au tarif proportionnel ;

– transfert visé par l'alinéa 2 : pas de taxe de publicité foncière ; contribution de sécurité immobilière au tarif proportionnel.

737 **CNP Assurances.** CNP Assurances (dénommée Caisse nationale de prévoyance jusqu'en 1992), née au sein de la Caisse des dépôts et consignations, est soumise au régime fiscal de droit commun.

Attestation notariée

Jacques LAFOND

Sommaire analytique

Index alphabétique

Index alphabétique *(suite)*

Bibliographie : S. Lamiaux, *Succession et publicité foncière : situations pratiques autour de l'attestation immobilière : JCP* N 2022, n° 9, 1100.

738 Nous traiterons tout d'abord des problèmes de publicité foncière (I) avant d'examiner les perceptions opérées à l'occasion de la publication de l'attestation (II).

I Publicité foncière

739 **Textes de référence.** Sont à consulter : D. 4 janv. 1955, art. 28-3°, 29, 32 et 33. – D. 14 oct. 1955, art. 36 et 69.

740 **Plan.** Les thèmes ci-dessous seront abordés, après un rappel de quelques généralités(A) : Quand faut-il établir une attestation notariée ? (B) ; l'influence des événements postérieurs au décès (C) ; les exceptions à l'obligation d'établir une attestation notariée (DC) ; les modalités d'établissement de l'attestation (E) ; la publication de l'attestation (F) ; l'application de l'effet relatif (G) ; les sanctions de l'absence d'établissement de l'attestation (H).

A Généralités

1 Principe

741 **Texte.** Le texte de l'article 29 du décret du 4 janvier 1955 prescrit la publication par voie d'attestation notariée de toute « transmission ou constitution par décès de droits réels immobiliers ».

742 **Cas particulier de l'Alsace-Moselle.** L'article 29 précité du décret du 4 janvier 1955 ne s'applique que dans les départements de la

France métropolitaine autres que le Haut-Rhin, le Bas-Rhin et la Moselle, et dans les départements de la Guadeloupe, de la Guyane, de la Martinique et de La Réunion.
La transmission par décès d'immeubles situés dans les départements du Haut-Rhin, du Bas-Rhin et de la Moselle reste soumise au régime spécial institué par la loi du 1er juin 1924, titre II, chapitre 3, articles 36 et suivants, prorogée sans limite de temps par la loi n° 51-677 du 24 mai 1951 (*JCP* N 1957, prat. 2328, chron. Bulté).

2 Intérêt fiscal de l'établissement de l'attestation notariée

743 **Mesures fiscales de faveur applicables sur le territoire français.** L'administration fiscale a institué divers allégements et assouplissements applicables sur l'ensemble du territoire français, afin de favoriser la reconstitution des titres de propriété de biens ou droits immobiliers dont la propriété est incertaine, afin de faciliter ainsi le dénouement de certaines successions ou le partage de certains biens détenus en indivision. Ces mesures de faveur s'appliquent à la condition qu'une attestation de propriété soit établie dans les vingt-quatre mois du décès (V. BOI-ENR-DMTG-10-20-30-130, 30 oct. 2014. – BOI-ENR-DMTG-10-40-20-10, 30 oct. 2014, § 142 à 147. – BOI-ENR-DMTG-10-60-50, 30 oct. 2014, § 210 à 228. – BOI-ENR-PTG-10-10, 30 oct. 2014, § 220. – BOI-CF-INF-10-20-10, 30 mai 2014, § 60) :
- le délai de dépôt de la déclaration de succession est alors porté à vingt-quatre mois (CGI, art. 641 bis) ;
- les frais de reconstitution des titres de propriété des biens ou droits immobiliers dont la propriété est incertaine sont admis en déduction de l'actif successoral dans la limite de la valeur déclarée de ses biens (CGI, art. 775 sexies) ;
- une exonération totale de droits de succession sous condition de reconstitution des titres de propriété est instituée en faveur des immeubles non bâtis indivis de faible valeur (CGI, art. 797).

744 **Mesures fiscales de faveur applicable aux immeubles et droits immobiliers situés en Corse.** L'article 1135 bis du Code général des impôts exonère, sous certaines conditions, de droits de mutation par décès, en totalité, puis à concurrence de la moitié de leur valeur, les immeubles et droits immobiliers situés en Corse (V. BOI-ENR-DMTG-10-20-30-120, 30 mai 2014).
En pareil cas, l'établissement de l'attestation notariée présente un intérêt spécifique. En effet, le bénéfice de l'exonération ne s'applique qu'aux immeubles et droits immobiliers pour lesquels le droit de propriété du défunt n'a pas été constaté avant son décès par un acte régulièrement transcrit ou publié, qu'à la condition qu'une attestation notariée relative à ces biens soit publiée dans les vingt-quatre mois du décès (CGI, art. 1135 bis). À défaut, les héritiers ou légataires sont tenus d'acquitter dans le mois suivant l'expiration du délai de deux ans les droits de succession dont la mutation par décès a été dispensée, outre un intérêt de retard et un droit supplémentaire de 1 % de la valeur vénale des immeubles ou droits immobiliers en cause (CGI, art. 1840 G ter).

B Quand faut-il établir une attestation notariée ?

745 **Plan.** L'attestation notariée s'applique aux droits de nature immobilière dépendant de l'actif successoral (1). Le texte de l'article 29 du décret du 4 janvier 1955 (V. n° 741) amène à distinguer le cas de transmission (2) et le cas de constitution par décès (3) de biens ou de droits réels immobiliers.

1 Nature des droits transmis

746 Il y a lieu d'établir une attestation notariée lorsque les droits transmis par l'effet du décès (ou constitués par le défunt) sont de nature immobilière (*a*). Mais ne sont concernés que les droits immobiliers qui dépendent de la succession au jour du décès (*b*).

a) L'attestation ne concerne que les droits de nature immobilière

747 **Droits concernés.** Il y a lieu de constater la transmission ou la constitution par l'effet du décès de tous les droits immobiliers, quelle qu'en soit la nature :
- par exemple les droits d'usufruit (sous les réserves indiquées n° 574. – V. nos 762 et 763), les droits d'usage et d'habitation, ou les droits de nue-propriété ;
- un bail à construction, un bail emphytéotique dont le défunt était titulaire, etc.

748 **Droits immobiliers indivis.** Sont à inclure dans l'attestation les droits immobiliers indivis qui avaient été recueillis par le défunt avant son décès dans une autre succession (Rép. min., 4 nov. 1967 : *JCP* N 1967, IV, 4315 ; *JCP* N 1968, IV, 4333, chron. Bulté).
Les co-indivisaires du *de cujus* n'ont cependant pas à comparaître à l'attestation s'ils ne sont ni successibles ni légataires, puisque leurs parts

indivises ne font pas l'objet de la transmission par le décès (*JCP* N 1957, IV, 2399, chron. Bulté et Béchade). Si la quotité des droits indivis du défunt dans la succession précédemment recueillie n'est pas fixée, l'attestation mentionnera qu'ils sont indéterminés et une attestation complémentaire sera ultérieurement établie (*JCP* N 1971, prat. 4907, chron. Bulté).

b) L'attestation ne concerne que les droits immobiliers dépendant de la succession au jour du décès

749 Ne sont concernés que les droits immobiliers dépendant toujours de la succession au jour du décès. Ce principe donne lieu à quelques difficultés de mise en œuvre, que nous étudierons dans les développements qui suivent (V. n°s 750 à 755).

750 **Droits incertains ou indéterminés.** L'attestation doit également englober des droits dont l'existence sera ultérieurement confirmée, ou qui sont susceptibles d'être anéantis par un événement postérieur (Rép. min., 16 janv. 1957 : *JOAN* CR, p. 46 ; *JCP* N 1957, prat. 2325-2 ; *Bull. AMC* 1957, art. 286).
➤ Sur les usufruits éventuels, V. n° 763.

751 **Décès entraînant dissolution d'une société.** Dans le cas où le décès entraînerait dissolution de la société et où il pourrait être considéré que les associés sont immédiatement devenus copropriétaires de l'actif social (V. **Dissolution de société**), il pourrait être soutenu que l'attestation notariée doit comprendre les immeubles sociaux pour la quote-part correspondant aux parts sociales dépendant de la succession (*Bull. AMC* 1958, art. 330).

752 **Vente sous seing privé consentie avant le décès.** Lorsque le vendeur est décédé quelques jours après la signature de l'acte sous seing privé de vente, il a été admis qu'il n'était pas nécessaire de dresser une attestation notariée préalablement à la publication de l'acte authentique de réitération de la vente (Rép. min., 4 oct. 1961 : *JOAN* CR, p. 2363 ; *JCP* N 1961, IV, p. 3225).
Commentant cette réponse ministérielle, l'association mutuelle des conservateurs rappelait que si l'acte sous signatures privées de vente était un acte de vente parfait, constatant l'accord des contractants sur la chose et le prix, l'immeuble faisant l'objet de la convention était sorti du patrimoine du vendeur du seul fait de la signature de l'acte. Dès lors cet immeuble n'avait pas été transmis aux héritiers du vendeur, et la ratification par ces derniers de l'acte sous signatures privées n'avait d'autre effet que de confirmer la dépossession de leur auteur. Il n'y avait donc pas effectivement lieu à l'établissement d'une attestation de propriété. De ce que la ratification de l'acte de vente par les héritiers (c'est-à-dire la régularisation de la vente par acte authentique) ne faisait que confirmer la vente déjà intervenue, il résultait par ailleurs que la publication de l'acte de vente devait être annotée exclusivement à la fiche personnelle du défunt et non à celle de ses héritiers (*Bull. AMC* 1961, art. 489).
Le problème est en définitive de savoir, si au jour du décès, le transfert de propriété au profit de l'acquéreur était ou non intervenu : dans l'affirmative l'attestation de propriété n'a pas lieu d'être, dans la négative il faut établir cette attestation. Cette question doit être résolue au cas par cas, au vu de stipulations de l'avant-contrat (transfert différé de propriété ; transfert de propriété au jour de la signature de l'acte authentique ; existence de conditions suspensives, etc.). La difficulté peut concerner aussi bien les promesses synallagmatiques de vente que les promesses unilatérales, lorsque, dans ce dernier cas, l'option a été levée par l'acquéreur avant le décès (J. Piédelièvre, *Avant-contrat, décès et publicité foncière : JCP* N 2018, n° 38, 1281).

753 **Droit d'usufruit. Droit d'usage ou d'habitation.** Lorsqu'il y a extinction d'un usufruit par consolidation, c'est-à-dire par « réunion sur la même tête des deux qualités d'usufruitier et de propriétaire » (C. civ., art. 617) opérée matériellement par le décès de l'usufruitier, il n'y a pas à établir d'attestation notariée pour le constater. La vente de l'immeuble par le nu-propriétaire devenu plein propriétaire peut intervenir sans publication préalable d'une attestation, l'acte rappelant simplement les conditions dans lesquelles le droit s'est consolidé sur la tête du vendeur (Rép. min., 7 déc. 1956 : *JOAN* CR, p. 5656 ; *JCP* N 1956, IV, 2292 ; *JCP* N 1957, IV, 2349, chron. Bulté. – Rép. min., 8 avr. 1959 : *JOAN* CR, p. 269 ; *JCP* N 1959, IV, 2733 et *Bull. AMC* 1960, art. 417).
Il en est de même s'il s'agit d'un droit d'usage et d'habitation (Rép. min., 8 avr. 1969, préc.).

754 **Droit de retour conventionnel. Action résolutoire ou révocation.** Il n'y a pas lieu d'établir et de faire publier une attestation notariée dans le cas d'extinction par le décès de son titulaire soit d'un droit de retour conventionnel (ou légal), soit d'une action résolutoire ou révocatoire (Rép. min., 8 avr. 1959 : *JOAN* CR, p. 269 ; *JCP* N 1959, IV, 2733).
➤ Sur les modalités de constatation du jeu du droit de retour, V. **Retour**.

755 Immeuble repris en nature par l'époux survivant. Les immeubles repris en nature par l'époux survivant n'ont pas à être compris dans l'attestation dressée après le décès du conjoint prédécédé : ainsi par exemple, lorsqu'une maison a été édifiée au cours de la communauté sur un terrain propre de l'épouse survivante, cet immeuble appartient alors à cette dernière (C. civ., art. 1406), la succession n'ayant droit qu'à une créance (mobilière) de récompense (*JCP* N 1971, prat. 4986, chron. Bulté).

2 Biens ou droits immobiliers transmis par décès

756 Usufruit légal du conjoint. L'article 69-6 du décret du 14 octobre 1955 précise que les dispositions de l'article 29 du décret du 4 janvier 1955 s'appliquent à l'usufruit légal accordé au conjoint survivant par l'article 767 (aujourd'hui C. civ., art. 756 et s.).
Toutefois, il est inutile de mentionner cet usufruit dans l'attestation lorsqu'elle est dressée après le décès des deux époux (*JCP* N 1974, prat. 5805, Bulté).

757 Donations entre époux. De même, en vertu de l'article 69-6, alinéa 3, du décret du 14 octobre 1955, les transmissions de droits réels immobiliers résultant de donations faites entre époux soit par contrat de mariage, soit pendant le mariage doivent être constatées dans une attestation.

758 Acquisition par prescription.
➤ Sur les problèmes que pose l'établissement de l'attention notariée en pareil cas, V. **Acte de notoriété**.

3 Droits immobiliers constitués par le défunt et transmis par l'effet du décès

759 Transmission entre époux. Attribution de communauté. L'article 69, alinéa 6, du décret du 14 octobre 1955 impose l'établissement d'une attestation notariée pour constater les « attributions de droits réels immobiliers résultant, au profit du survivant des époux, des clauses d'un contrat de mariage assignant à chacun d'eux des parts inégales dans la communauté conformément aux articles 1520 et suivants du Code civil ». La formule légale vise en particulier la clause d'attribution intégrale de communauté. En pareil cas, il est donc nécessaire d'établir une attestation pour constater la transmission qui s'opère au profit du survivant (*Bull. AMC* 1971, art. 877 ; *ibid.* 1996, art. 1718 ; *ibid.* 2000, art. 1822 ; *JCP* N 1976, IV, 6423, Bulté), tant en ce qui concerne les biens anciennement communs que les biens propres du défunt (*JCP* N 1989, prat. 983, chron. P. Frémont). Peu importe que la clause dérogatoire ait été insérée dans le contrat de mariage initial ou dans un acte portant modification ou changement de régime. Toutefois, si elle a été instituée à l'occasion d'un changement de régime, l'attestation notariée ne pourra être publiée en ce qui concerne les immeubles affectés par ce changement de régime que si la convention modificative a été elle-même publiée (au moins en ce qui concerne les immeubles propres aux époux et qui ont été « mis en communauté ». Pour plus de détails, V. **Changement de régime matrimonial**).
➤ Sur les conséquences en ce qui concerne le principe de l'effet relatif, V. n° 817.

760 Immeuble dépendant d'une communauté universelle. Quotité transmise. Le service de la publicité foncière n'est pas fondé à opposer un refus si l'attestation constate que le survivant devient par l'effet du décès et de la clause d'attribution de communauté, propriétaire de la moitié des immeubles de communauté. C'est en effet cette moitié seulement et non pas la totalité de ces immeubles qui fait l'objet de la transmission (*JCP* N 1995, 3546, chron. hyp. P.J.C.).
➤ Sur la perception de la contribution de sécurité immobilière en pareil cas, V. n° 842.

761 Legs consenti par le défunt. La délivrance de legs n'a pas à être publiée au fichier immobilier. C'est l'attestation notariée prévue par l'article 29 du décret du 4 janvier 1955 et dans laquelle la délivrance est le cas échéant visée, qui est assujettie à la publicité (V. n° 770).

762 Réversion d'usufruit.
➤ En ce qui concerne l'attestation notariée à établir dans le cas de réversion d'usufruit, V. **Réversion d'usufruit**.

763 Usufruits successifs. Usufruits éventuels. Des usufruits successifs peuvent avoir été constitués par l'effet d'un testament, ou d'un autre acte : vente ou donation (mais en ce cas il y a le plus souvent simple réversion d'usufruit, un second usufruitier « succédant » à l'usufruitier dont le droit est ouvert au moment même de l'acte) (V. **Réversion d'usufruit**).
Il peut également y avoir usufruit successif lorsque s'ouvrent deux successions distinctes dont l'une comprend des biens en nue-propriété provenant de l'autre.
– Premier exemple (classique) : A décède laissant son conjoint B donataire en usufruit. La succession

comprend des biens grevés de l'usufruit de la mère du défunt. L'usufruit du conjoint n'est donc qu'éventuel.

– Deuxième exemple : A décède laissant son conjoint B donataire en usufruit, et son fils C. C décède à son tour (avant B) laissant son conjoint usufruitier légal ou donataire en usufruit.

Dans ces diverses hypothèses, plusieurs questions se posent alors dont nous aurons une idée en reprenant à titre d'illustration le deuxième exemple ci-dessus. Au décès de A, s'ouvre un usufruit au profit de B, dont il y a lieu de constater la dévolution par voie d'attestation notariée (V. n° 747). Mais faut-il constater également l'existence de l'usufruit éventuel ?

Selon l'article 4-1 du décret du 14 octobre 1955 :

> « Une fiche personnelle n'est établie au nom du titulaire d'un droit sur un immeuble que si ce droit est actuel ou soumis à la réalisation d'une condition suspensive expressément stipulée dans un titre publié. En cas d'usufruits successifs, seule est établie la fiche personnelle du premier usufruitier ».

Et comme l'a précisé une réponse ministérielle du 7 mai 1965 (*JOAN* CR, p. 1192 ; *JCP* N 1965, N, IV, p. 96), c'est par voie d'attestation notariée « rectificative » que s'opère la publication du droit de l'usufruitier éventuel lorsqu'il vient à s'ouvrir.

> « Au cas d'usufruits successifs, les transmissions aux usufruitiers autres que le premier doivent, en application de l'article 29, alinéa 2 du décret du 4 janvier 1955, faire l'objet d'une attestation notariée rectificative obligatoirement publiée, afin que le conservateur des hypothèques soit en mesure de créer les fiches des bénéficiaires de ces transmissions ».

(V. aussi sur le sujet *JCP* N 1959, IV, 2765, chron. Bulté et Poirier).

Cette attestation peut être rédigée de différentes manières, l'essentiel étant de relater les faits qui établissent le droit du nouvel usufruitier : soit en l'espèce, le décès de l'usufruitier précédent (*JCP* N 1990, prat. 1563, chron. P.J.C.).

➤ Sur les usufruits successifs, V. **Usufruit**.

C Influence des événements postérieurs au décès

764 Ces événements peuvent concerner les options (1) ou les donations et legs consentis par le défunt (2).

1 Les options

765 **Mentions relatives à l'option.** Selon l'article 29, alinéa 1, du décret du 4 janvier 1955, l'attestation doit indiquer si les successibles ou légataires ont accepté, et préciser éventuellement les modalités de cette acceptation.

Ce texte appelle plusieurs remarques :

– il n'exige pas que l'attestation fasse mention de l'option des héritiers ou légataires (ce qui empêcherait de l'établir tant qu'ils n'ont pas opté...), mais simplement qu'elle indique cette option dans la mesure où elle est intervenue. Il en résulte que l'attestation peut être dressée et publiée :

a) malgré l'absence de certains ou même de tous les héritiers (V. P. L., *Les attestations notariées pour la publicité foncière des transmissions ou constitutions par décès de droits réels immobiliers : JCP* N 1957, IV, 1387, n° 55, formule VIII ; *JCP* N 1957, IV, 2485, *in fine*) ;

b) malgré le fait que certains d'entre eux n'ont pas encore pris parti (P. L., *op. cit.*, n° 54, formule 111 ; *JCP* N 1958, IV, 2647) ;

c) malgré la minorité d'un héritier (P. L., *op. cit.*, n° 44 ; *JCP* N 1957, IV, 2370, *in fine* ; 2404 et 2407, *in fine*).

L'association mutuelle des conservateurs estimait que le conservateur n'était pas fondé à refuser la publication d'une attestation ne renfermant aucune indication sur le point de savoir si des successibles ont ou non accepté la succession (*Bull. AMC* 1962, art. 494 ; *JCP* N 1957, IV, 2404, chron. Bulté).

766 **Option intervenue ou modifiée postérieurement à l'établissement d'une première attestation.**

➤ Sur la nécessité en pareil cas d'établir une attestation rectificative, V. n° 807.

767 **Option pour le compte du mineur.** Selon une réponse du ministre de la Justice du 6 septembre 1961 (*JOAN* CR, p. 229 ; *JCP* N 1961, IV, 3198), à partir du moment où le tuteur (ou l'administrateur légal) a opté, le notaire doit le mentionner dans l'attestation, même si cette option a été faite irrégulièrement.

Ce sont, par ailleurs, dans ce cas, les règles générales indiquées ci-dessus (V. n° 765), qui joueront (V. *JCP* N 1957, IV, 2370 chron. et *JCP* N 1960, IV, 2912, Bulté et Poirier).

768 **Option du conjoint survivant.** Lorsque le conjoint donataire a fait connaître les termes de son option, celle-ci doit naturellement être indiquée dans l'attestation notariée. Ces options peuvent être très diverses (V. M. Grimaldi, *Les options du conjoint survivant : Defrénois* 2017, n° 7, p. 439) :

– droit de prélèvement institué par la loi n° 2021-1109 du 24 août 2021 (V. C. civ., art. 913, al. 3), applicable aux successions ouvertes depuis le 1er novembre 2021 (V. à ce sujet, H. Fulchiron : *JCP* G 2021, n° 42, 1109. – V. Legrand, *La renaissance du droit de prélèvement : LPA* nov. 2021, p. 20) ;

– option concernant le droit viager au logement (C. civ., art. 764 et 765-1. – V. D. Épailly : *JCP* N 2019, n° 10, act. 280) ;
– faculté de cantonnement (C. civ., art. 1094-1. – V. F. Letellier, *Le cantonnement : approche pratique : JCP* N 2023, n° 1, 1003).

L'option du conjoint survivant peut s'être manifestée dans la déclaration de succession. Si les personnes qu'elle intéresse en ont pris acte et en ont tiré conséquence pour l'établissement de la déclaration, elle doit être indiquée dans l'attestation (Rép. min., 3 oct. 1974 : *JOAN* CR, p. 4709 ; *JCP* N 1974, IV, prat. 5856. – V. Ph. Delmas-Saint-Hilaire, *La déclaration des options par le conjoint survivant : JCP* N 2013, n° 17, 1106 ; *JCP* N 2013, n° 17, 1106. – F. Petit, *Le cantonnement au profit du conjoint survivant : JCP* N 2013, n° 17, 1107).

Mais bien entendu, le fait que le conjoint n'ait pas opté n'est pas un obstacle à l'établissement de l'attestation (V. n° 765, la règle énoncée, et *Bull. AMC* 1975, art. 1009).

Si une faculté de prélèvement a été réservée dans un acte de donation au profit du conjoint survivant sur un immeuble, en cas de réduction de ses droits successoraux à la quotité disponible, elle s'analyse en un droit éventuel qu'il suffit, mais qu'il est nécessaire, de relater dans l'attestation notariée en réservant l'option telle qu'elle est exprimée dans l'acte de donation (*JCP* N 1960, prat. 2912, chron. Bulté et Poirier).

769 Renonciation à succession. Lorsque la renonciation est antérieure à l'attestation notariée, celle-ci doit en faire état. Si elle est postérieure, une attestation rectificative doit être établie (*JCP* N 1971, prat. 4986, chron. Bulté).

➤ Sur les mentions à faire figurer en ce qui concerne l'identification du renonçant, V. n° 805.

2 Événements concernant les donations et legs

770 Délivrance de legs. L'attestation notariée doit mentionner, le cas échéant, « le testament, la décision judiciaire ordonnant l'envoi en possession, l'acte de délivrance de legs ou la décision judiciaire statuant sur la demande en délivrance » (D. 14 oct. 1955, art. 69-1, al. 1).

Si les actes ou décisions judiciaires visés par ce texte ne sont pas intervenus au moment où l'attestation est établie, il sera simplement fait état du testament en précisant le cas échéant, qu'une demande de délivrance a été formée.

Une attestation rectificative sera établie, lorsqu'interviendra l'envoi en possession ou la délivrance du legs (V. n° 808).

771 Réduction des donations. La réduction d'une donation ne peut avoir d'incidence du point de vue de la publicité foncière que si elle s'opère en nature :
– si elle intervient à l'amiable, dans la mesure où elle entraîne résolution partielle ou totale de la donation, elle doit être publiée. Elle doit, à cette fin, être constatée par un acte authentique (sur la renonciation à agir en réduction, V. **Renonciation**) ;
– si elle est prononcée judiciairement, c'est la demande en réduction, puis la décision judiciaire y faisant droit qui devront être publiées.

Mais dans aucun de ces cas il n'y aura lieu à publication préalable d'une attestation notariée, puisque la donation est définitivement sortie du patrimoine du défunt et que la nouvelle transmission s'opère par l'effet de l'action en réduction et non par l'effet du décès…

772 Réduction d'un legs. Il n'y a lieu d'envisager une publication que si la réduction s'opère en nature et concerne un bien immobilier :
– si elle intervient à l'amiable, l'acte la constatant doit être publié ;
– si elle s'opère judiciairement, la demande de réduction doit être publiée (application de l'article 28-4°-c du décret du 4 janvier 1955), ainsi que le jugement qui fait droit à cette demande (même texte).

Mais, à la différence de la réduction d'une donation, il doit y avoir publication préalable (ou concomitante) d'une attestation de propriété constatant le transfert au légataire de la propriété de l'immeuble litigieux (application du principe de « l'effet relatif », V. n° 814).

D Exceptions à l'obligation d'établir une attestation notariée

1 Exceptions prévues par la loi

> **D. 4 janv. 1955, art. 29, al. 4. –** Il n'est pas établi d'attestation notariée si un acte de partage portant sur la totalité des immeubles héréditaires est dressé et publié dans les dix mois du décès.

a) Publication d'un partage dans les dix mois du décès

773 Cas où un partage est publié dans les dix mois du décès. Deux conditions doivent être remplies pour l'application de la dispense d'attestation notariée prévue par l'article 29, alinéa 4, du décret du 4 janvier 1955 précité.

1) Première condition : le partage doit être dressé et publié dans les dix mois du décès

774 **Cas particulier : publication dans plusieurs bureaux.** Lorsque la publication du partage doit être opérée dans plusieurs bureaux, il paraît possible d'admettre que ce délai de dix mois soit prorogé (D. 4 janv. 1955, art. 33) d'un mois pour chaque bureau en sus du premier (*JCP* N 1957, prat. 2485, chron. Bulté. – V. **Formalités requises dans plusieurs services**).

2) Deuxième condition : le partage doit porter sur la totalité de l'hérédité

775 **Cas où la condition est considérée comme remplie.** Cette condition peut être considérée comme remplie dans le cas où un partage attribue certains immeubles à un seul des héritiers et attribue indivisément le surplus des immeubles aux autres cohéritiers (*JCP* N 1963, prat. 3463, Bulté).

Si une partie des immeubles a été vendue après le décès, cette condition sera remplie dès lors que le partage englobe le prix de vente desdits immeubles (*JCP* N 1957, prat. 2301, Bulté et Béchade).

776 **Partage partiel.** Si un partage simplement partiel est publié, il y a dispense d'attestation pour les immeubles qu'il concerne. Mais l'attestation reste obligatoire à défaut de partage complémentaire présenté à la formalité dans le délai de dix mois du décès (Rép. min., 29 mars 1958 : *JCP* N 1958, prat. 2546 ; *Bull. AMC* 1958, art. 343).

Le partage est simplement partiel lorsqu'il ne porte que sur la nue-propriété et n'englobe pas l'usufruit (cas d'un partage intervenant entre les enfants nus propriétaires d'immeubles de la succession dont leur mère est usufruitière : *JCP* N 1974, prat. 5786).

b) Actes assimilés (ou non) à un partage

777 **Licitation. Cession de droits successifs.** L'acte par lequel l'un ou plusieurs des héritiers cède aux autres sa part dans les immeubles héréditaires est assimilable à un partage si cette « licitation » ou cession de droits successifs fait cesser l'indivision. Il y a dès lors dispense d'attestation notariée si l'acte est établi et publié dans les six mois du décès (Rép. min., 15 nov. 1956 : *JCP* N 1956, IV, 2276 ; *Bull. AMC* 1958, art. 342 ; *JCP* N 1963, IV, 3487, chron. Bulté).

Si la licitation ne concerne qu'une partie seulement des immeubles héréditaires, sur lesquelles l'indivision cesse, la dispense d'attestation ne vaudra que pour les immeubles y énoncés et il n'y aura lieu de faire publier une attestation complémentaire que pour le surplus des immeubles (*JCP* N 1974, prat. 5817, Bulté ; V. n° 765 à propos des partages partiels).

778 **Donation de droits indivis faisant cesser l'indivision.** En application de la jurisprudence et de la doctrine dominante selon laquelle la donation de droits indivis n'a pas d'effet déclaratif (*JCP* N 1956, IV, 2224, chron. Bulté), il est enseigné qu'une semblable donation ne peut tenir lieu de partage et dispenser d'établir une attestation notariée si elle est publiée dans les dix mois du décès.

Cependant, une solution de bienveillance a été admise dans le cas de donation par le survivant de deux époux communs en biens et un enfant unique de sa part dans un immeuble commun. En pareille hypothèse, l'attestation peut ne pas faire l'objet d'un acte séparé et figurer en tête de l'acte dans une partie préliminaire. Il peut même ne pas y avoir lieu d'établir une attestation si l'acte précise :

– qu'il porte sur la totalité des droits du donateur dans la communauté, mais exclusivement sur ces droits ;

– que la succession ne comprend pas d'autres droits réels immobiliers que ceux appartenant au défunt en qualité de commun en biens (Rép. min., 12 déc. 1969 : *JOAN* CR, p. 4874 ; *JCP* N 1969, IV, 4677 ; *JCP* N 1970, prat. 4825, chron. Bulté).

Si la donation est faite à l'enfant par l'époux survivant de sa moitié indivise de communauté à charge par celui-ci de lui laisser l'usufruit d'un immeuble commun, la dispense d'attestation sera en outre subordonnée à la condition que l'acte indique qu'au résultat de la convention la nue-propriété entière des immeubles reposera sur la tête de l'héritier unique et leur entier usufruit sur celle du donateur (*JO* 12 déc. 1969, préc.).

779 **Donation partage « cumulative ».** Lorsqu'après le décès de l'un des époux, le survivant consent une donation à titre de partage anticipé de ses biens, sous la condition que les donataires procèdent en même temps au partage des biens qu'ils ont recueillis dans la succession de l'époux prédécédé, l'acte a, en ce qui concerne ces derniers biens, le caractère d'un partage de biens héréditaires.

Par suite, lorsqu'il est publié dans le délai de dix mois du décès et qu'il porte sur la totalité des immeubles dépendant de la succession, les copartageants sont dispensés, en vertu de l'article 29, alinéa 4, du décret du 4 janvier 1955, de faire publier une attestation notariée (Rép. min., 3 mai 1961 : *JCP* N 1961, IV, 3147 ; *Bull. AMC* 1961, art. 485 ; *JCP* N 1961, IV, 3132, chron. Bulté).

Attestation notariée

2 Solutions particulières

780 Succession vacante ou succession d'une personne décédée sans héritier connu. En matière de succession vacante, il a été admis qu'il était inutile d'établir une attestation. En effet, la fiche personnelle qui serait créée à l'occasion de sa publication ne pourrait être établie au nom de l'héritier, qui est inconnu ; elle le serait au nom de l'hérédité, identifiée elle-même par le nom du défunt, et ferait ainsi double emploi avec la fiche existant déjà au nom de ce dernier.

Une nouvelle fiche établie au nom de l'hérédité n'est, au surplus, pas indispensable en cas de publication de la vente des immeubles dépendant de la succession. Cette vente, réalisée par le directeur des Domaines en qualité d'administrateur des biens de l'hérédité, peut aussi bien être portée sur la fiche du défunt (*Bull. AMC* 1959, art. 379).

La même solution s'impose par identité de motif lorsqu'une personne décède sans héritier connu et qu'un administrateur judiciaire est par exemple désigné pour procéder à la vente des immeubles successoraux (*Bull. AMC* 1977, art. 1098).

781 Acte portant déclaration d'option par le conjoint survivant. L'acte aux termes duquel le conjoint survivant déclare conserver l'immeuble ayant servi d'habitation commune aux époux au moment du décès, s'analysant en un prélèvement et donc en un partage partiel, peut, s'il est publié dans les dix mois du décès, tenir lieu d'attestation notariée (éventuellement partielle).

Mais il devra mentionner éventuellement qu'il dépend en outre de l'hérédité d'autres immeubles et droits immobiliers et qu'une attestation notariée et un partage complémentaire seront publiés dans les délais prévus par l'article 33 du décret du 4 janvier 1955 (*JCP* N 1964, IV, 3685, chron. Bulté).

782 Exécuteur testamentaire habilité à vendre les biens héréditaires. L'association des conservateurs avait admis que lorsqu'un exécuteur testamentaire est habilité à vendre les biens héréditaires, et en particulier les immeubles, sans le concours des héritiers et que ceux-ci ne doivent recevoir aucune part du produit de la vente dont la totalité est absorbée par le paiement des legs, il n'est pas nécessaire d'établir au préalable une attestation notariée.

Il en serait autrement en cas d'héritiers réservataires dont le concours serait nécessaire pour l'aliénation de leur part dans la réserve ou lorsque le paiement des legs n'absorbe qu'une partie du prix de la vente, et que le surplus revient aux héritiers (*Bull. AMC* 1982, art. 1265).

Il a été précisé que cette solution n'avait pas été remise en cause par la loi n° 2006-728 du 29 juin 2006. Le conservateur (aujourd'hui, le service de la publicité foncière) peut ne pas exiger en pareil cas le dépôt d'une attestation préalablement à une mutation. Cependant l'acte publié devra *a minima* comporter la certification :

– qu'il n'existe pas d'héritiers réservataires acceptants ;

– que l'exécuteur testamentaire, agissant dans le cadre tracé par l'article 1030-1 du Code civil, est habilité à disposer de tout ou partie des immeubles ;

– que les héritiers éventuels ont été dûment informés de l'acte, comme l'exige l'article 1030-1, alinéa 2 du Code civil (*Bull. AMC* 2009-2010, art. 1939).

783 Procédure collective. En cas de procédure collective, il est habituel de distinguer selon que la procédure est ouverte ou non avant le décès (S. Lamiaux, *Succession et publicité foncière : situations pratiques autour de l'attestation immobilière* : *JCP* N 2022, n° 9, 1100).

1) Procédure ouverte avant le décès

En ce cas il n'y a pas de transfert au créancier des biens du débiteur qui est seulement dessaisi de ses pouvoirs d'administration de disposition au profit du mandataire de justice. Malgré le décès, ce mandataire doit poursuivre sa mission (Cass. com., 23 nov. 2004, n° 02-15.685 : *JurisData* n° 2004-025879).

• Ou bien il la poursuit au nom du défunt, les héritiers étant dessaisis : l'acte de vente peut alors être publié sans que l'attestation constatant la transmission du bien aux héritiers ait été préalablement établie.

Sous l'empire de la loi n° 67-563 du 13 juillet 1967, l'association des conservateurs des hypothèques avait admis en pareil cas que la vente de l'immeuble en liquidation judiciaire ne soit pas précédée de la publication d'une attestation notariée (*Bull. AMC* 1962, art. 493 et *Bull. AMC* 1981, art. 1216). Selon l'AMC, le passage de l'immeuble dans le patrimoine des héritiers du failli, pendant la période qui s'écoule entre le décès et la vente, était de pure forme. Pendant cette période, les héritiers ne pouvaient faire à l'égard de l'immeuble en cause aucun acte de disposition et cet immeuble ne peut être ni saisi, ni grevé d'une inscription valable d'hypothèque légale ou judiciaire de leur chef. Tout se passait finalement comme si l'immeuble était demeuré dans le patrimoine du failli qui aurait fictivement survécu à ce dernier pour les besoins de la procédure. La publication de la transmission au fichier immobilier était dès lors dépourvue d'intérêt. Une telle solution devrait demeurer applicable (M. Suquet-Cozic, *Vente d'immeuble en liquidation judiciaire et décès du débiteur : Sol. not.* janv. 2014, n° 1, art. 23, p. 25). Afin de parvenir à la publication de la vente, il suffira de certifier l'identité du défunt comme s'il était le vendeur et de viser, pour les besoins de l'effet relatif, les références de la formalité donnée au titre de propriété du débiteur décédé (M. Suquet-Cozic, *op. cit.*, § 6).

• Ou bien le mandataire de justice poursuit la procédure au nom des héritiers. La solution à apporter est discutée. Pour certains, les héritiers doivent alors prendre parti sur l'option héréditaire et une attestation de propriété doit alors être établie (S. Lamiaux, étude préc., n° 7). Pour d'autres, l'attestation ne serait pas nécessaire (M. Cazajus, *La pratique notariale du droit des entreprises en difficulté*, éd. Cridon Sud-ouest, janv. 2021, n°s 330 à 333, p. 159 et s.).

2) Procédure ouverte après le décès

Si la procédure est ouverte après le décès, les créanciers du défunt ont un droit exclusif sur le patrimoine héréditaire. L'héritier ou ses créanciers personnels ne pourront faire valoir leurs droits que sur le reliquat. Ils n'ont donc pas à intervenir pour la réalisation de l'actif. La vente doit donc être opérée directement du chef du défunt sans qu'une attestation immobilière soit établie (S. Lamiaux, *op. cit.*, n° 9).

784 Avant-contrat et décès du vendeur. Sur la situation résultant du décès du vendeur ayant consenti une promesse de vente avant son décès, V. **Promesse de vente**.

E Modalités d'établissement de l'attestation

785 Plan. Les questions suivantes seront examinées : à la requête de qui peut être établie l'attestation ? (1) ; de quel délai disposent les successibles ? (2) ; quelles sont les mentions que doit contenir l'attestation ? (3) ; comment doivent être identifiés les immeubles ? (4) et les personnes concernées (5) ?

1 À la requête de qui peut être établie l'attestation ?

786 Validité de la réquisition par un seul ou une partie des successibles. Il résulte des dispositions combinées des articles 29 et 33 du décret du 4 janvier 1955 et de l'article 69 du décret du 14 octobre 1955 que lorsque le défunt laisse plusieurs héritiers, l'attestation notariée est, en cas de besoin, valablement requise par un seul des ayants droit (Rép. min., 23 juill. 1966 : *JOAN* CR, p. 2654 ; *JCP* N 1966, prat. 4090 ; sur la possibilité d'établir une attestation à la requête de quelques-uns seulement des successibles ; V. aussi *JCP* N 1958, prat. 2647 ; chron. Bulté. – Et les indications données plus bas à propos des attestations partielles, n° 816).

Si la réquisition n'émane que d'un ou de quelques-uns des cohéritiers, le notaire n'a à établir et faire publier que l'attestation portant sur la part héréditaire des requérants. Il en est de même encore lorsque le notaire est requis par un ou quelques-uns seulement des cohéritiers d'établir un acte constatant la dévolution de tout ou partie d'une succession ; rien ne s'oppose à ce que l'attestation soit limitée dans cette hypothèse à la part des biens héréditaires dévolue aux requérants.

Ainsi les cohéritiers sont fondés à faire établir et publier une attestation excluant la part héréditaire de l'héritier dont ils ignorent l'état civil, sans même d'ailleurs, qu'il soit indispensable qu'ils fassent mention de cette ignorance dans l'attestation. Bien entendu l'héritier exclu devrait, de son côté, faire publier une autre attestation pour pouvoir obtenir la publication d'un acte de disposition portant sur sa propre part héréditaire (Rép. min. Justice, 24 août 1965 : *Bull. AMC* 1966, art. 636).

De même, l'attestation peut être établie à la requête des seuls héritiers qui ont accepté la succession en se bornant alors à constater qu'un ou plusieurs héritiers se sont abstenus de prendre parti (Rép. min., 23 juill. 1966, préc.).

2 Délai dont disposent les successibles

a) Règle générale

787 Délai imparti aux héritiers pour requérir la publicité de l'attestation. En vertu de l'article 33-A du décret du 4 janvier 1955, les successibles disposent d'un délai de six mois pour requérir l'établissement d'une attestation notariée.

Ce délai court, en principe, à partir du jour du décès (V. n° 790. – Sur le mode de calcul du délai, V. **Délais**).

➤ Sur le report de ce délai, V. n° 790.

788 Délai fixé au notaire pour dresser et publier l'attestation. Pour établir et faire publier l'attestation notariée ou l'attestation rectificative, le notaire dispose d'un délai de quatre mois, qui court à compter du jour où il en a été requis par les successibles (D. 4 janv. 1955, art. 33-A).

Du cumul des délais légaux (V. n° 787), il résulte que l'attestation notariée doit être publiée au plus tard dans les dix mois du décès du *de cujus*.

b) Cas particulier

789 Prorogation de délai. Au cas où la publicité doit être opérée dans deux ou plusieurs bureaux, les délais ci-dessus prévus sont prorogés d'un mois pour chaque bureau en sus du premier (D. 4 janv. 1955, art. 29, dernier al.).

790 Report du délai. L'article 69-3 du décret du 14 octobre 1955 prescrit que dans un certain nombre de cas, le point de départ du délai imparti aux héritiers pour requérir l'établissement de l'attestation est reporté :
- pour les successibles non appelés au moment du décès ou appelés sous condition suspensive, au jour de l'événement qui ouvre leurs droits ;
- en cas de déclaration d'absence, au jour du jugement d'envoi en possession provisoire ;
- pour une succession en déshérence, au jour du jugement d'envoi en possession définitif ;
- dans les cas prévus aux articles 87 et 88 du Code civil, à la date du jugement déclaratif de décès.

791 Attestation rectificative. Sur les délais alors applicables, V. n° 811.

3 Mentions devant figurer dans l'attestation

792 Énonciations. En dehors des mentions exigées pour l'identification des immeubles (V. n°s 794 à 801) ou des personnes (V. n°s 802 à 806), les textes concernant l'attestation notariée imposent diverses indications spécifiques :
- elle doit indiquer obligatoirement si les successibles ou légataires ont accepté et préciser, éventuellement, les modalités de cette acceptation (D. 4 janv. 1955, art. 29, al. 1. – V. n°s 765 à 769) ;
- elle doit faire état des clauses de restitution contenues dans les testaments et des restrictions au droit de disposer dont peuvent être affectées les transmissions par décès. Toutes les clauses susceptibles d'entraîner la révocation de ces dernières, doivent être reproduites littéralement dans l'attestation notariée relative aux immeubles grevés (D. 4 janv. 1955, art. 29, al. 3) ;
- l'attestation doit mentionner, le cas échéant, le testament, la décision judiciaire ordonnant l'envoi en possession, l'acte de délivrance de legs ou la décision judiciaire statuant sur la demande en délivrance (D. 14 oct. 1955, art. 69-1).

4 Identification des immeubles

a) Principe

793 Les règles générales applicables à l'identification des immeubles pour les besoins de la publicité foncière s'appliquent en l'espèce (V. **Identification des immeubles**). Il existe cependant quelques difficultés particulières que nous signalons ci-dessous.

b) Difficultés particulières

1) Confusion sous un même numéro cadastral d'immeubles propres à deux époux et d'immeubles de communauté

794 Conséquences du décès de l'un des époux. Lorsque des immeubles appartenant en propre au mari et à sa femme et ceux dépendant de la communauté ont été, lors de la rénovation du cadastre, réunis sous une même parcelle et sous un même numéro, les conséquences suivantes en découlent :
- la publication de l'attestation peut intervenir sans établissement préalable ou concomitant d'un document d'arpentage (Rép. min. d'État au Budget : *JOAN* CR, 29 mars 1958, p. 2111 ; *JCP* N 1958, IV, 2546 ; *Bull. AMC* 1958, art. 345 ; Rép. min. Finances, 31 oct. 1958 : *JOAN* CR, p. 2777 : *JCP* N 1958, prat. 2546 ; *Bull. AMC* 1959, art. 390 ; *JCP* N 1974, prat. 5731, chron. Bulté) ;
- du point de vue de la publicité foncière, l'extrait cadastral modèle 1 doit être établi pour l'ensemble de la masse confondue, considérée comme étant en indivision de fait (Rép. min. d'État au Budget, 30 mai 1957 : *JOAN* CR, p. 2655 ; *JCP* N 1957, IV, 2460 et chron. Bulté, préc.) ;
- le conservateur (aujourd'hui, le service de la publicité foncière) ne peut refuser le dépôt ou rejeter la formalité en cas de discordance entre, d'une part, la contenance mentionnée dans l'extrait cadastral pour la totalité de la parcelle susvisée et, d'autre part, la superficie des fractions de cette parcelle qui font l'objet de l'attestation notariée (D. 14 oct. 1955, art. 24, al. 2 ; Rép. min. Finances, 31 oct. 1958, préc. ; *Bull. AMC*, préc., art. 390).

2) Immeubles indivis ou non délimités

795 Document d'arpentage non exigé. Un document d'arpentage ne peut être exigé à l'appui d'une attestation notariée de transmission par décès lorsque, parmi les immeubles transmis, figurent des parcelles cadastrales composées de fractions appartenant à des propriétaires différents…

> « Le décès d'une personne a, en effet, pour seul résultat de substituer au défunt les personnes qui lui succèdent, sans changer pour autant l'assiette des droits immobiliers dépendant de la succession. Il ne saurait donc entraîner par lui-même "un changement de limite" d'une parcelle ou d'un îlot de propriété, ni donner lieu, par suite, au dépôt d'un document d'arpentage. C'est seulement au moment de l'établissement

du partage, – ou d'un acte équipollent à partage –, que peut être réalisé ou constaté un changement de limite conforme aux attributions et donnant lieu à la production d'un tel document » (*Rép. alph. enr.*, V° Hypothèques, n° 437. – Comp. Rép. min. d'État au Budget, 29 mars 1958 : *JCP* N 1958, IV, 2546 et Rép. min. Finances, 31 oct. 1958 ; *JCP* N 1958, IV, 2648 ; V. *JCP* N 1960, prat. 3017 ; chron. Bulté et Béchade ; *JCP* N 1990, prat. 1498, chron. P.J.C).

Bien entendu, comme dans le cas évoqué plus haut, pour la confusion sous un même numéro cadastral d'immeubles propres à deux époux et d'immeubles de communauté, l'attribution de numéros cadastraux distincts ne peut intervenir qu'à la suite de la production par les parties d'un document d'arpentage définissant les limites des diverses fractions de la masse confondue (Rép. min., 31 oct. 1958 : *JOAN* CR, p. 2777 ; *Bull. AMC* préc., art. 390).

3) État descriptif de division

796 **Inutilité de principe.** Pour que l'établissement d'un état descriptif de division soit obligatoire, il faut que l'acte ou la décision « concerne une fraction d'un immeuble » (V. **État descriptif de division**).

L'établissement d'un état descriptif de division n'est pas requis lorsqu'un immeuble fait l'objet d'une indivision au sens classique de ce terme – à la suite d'une dévolution successorale par exemple. Dans ce cas, les différents propriétaires indivis ont droit à une quote-part idéale de l'ensemble et leurs droits s'exercent indistinctement sur les différentes parties de l'immeuble. L'identification de la parcelle qui désigne l'immeuble auquel s'appliquent les droits indivis est suffisante pour les déterminer (V. Instr. DGI, 11 mars 1959, § 5-I°, *JCP* N 1959, IV, 24423 ; *JCP* N 1960, IV, 2897, chron.).

4) Remembrement en cours

797 **Nature des problèmes.** L'étude des problèmes posés par la publication des attestations notariées concernant des immeubles ayant fait l'objet d'un remembrement rural intervenu depuis le décès amène à distinguer selon que le procès-verbal est établi au nom du défunt, ou au nom des héritiers (*Bull. AMC* 1969, art. 790).

798 **Procès-verbal ne faisant état que du défunt.** Selon le *Bulletin* précité, si le procès-verbal ne fait état que du défunt, cette situation comporte un double aspect.

1) La première hypothèse est celle où le décès étant survenu peu de temps avant la clôture des opérations est demeuré inconnu de la commission communale de remembrement.

L'attestation se présente alors, en fait, comme un acte rectificatif du procès-verbal : elle doit normalement, en conséquence, se référer à celui-ci pour la désignation des immeubles apportés et des immeubles attribués, puisque les apports et les attributions concernaient en réalité les héritiers. Ceci étant, la mise à jour des documents cadastraux avec le fichier, à raison de la publication de l'attestation, ne concerne plus, à la date de celle-ci, que les parcelles attribuées. C'est donc ces dernières qui doivent figurer seules sur l'extrait cadastral modèle 1 conformément à la règle applicable aux actes postérieurs à la clôture des opérations (Rép. min. d'État au Budget, 25 juill. 1956 ; *DCR*, p. 1754 ; *Rép. alph. enreg.*, V° Hypothèques, n° 311, avant-dernier al.).

2) Une seconde hypothèse est celle où le décès était connu, mais où les ayants droit à la succession n'ont pu être identifiés avant la clôture des opérations.

La situation est alors celle prévue par l'article 82 du décret n° 55-1350 du 14 octobre 1955 qui vise le cas où l'autorité administrative n'a pu identifier régulièrement les héritiers. En vertu de ce texte (dernier al.), le procès-verbal n'a dû être annoté qu'au fichier parcellaire en regard des numéros des parcelles attribuées. On peut dès lors considérer que l'attestation postérieure tient lieu de « l'acte de notoriété destiné à rectifier les annotations du fichier immobilier » et visé par cette disposition. On en revient ainsi à la première hypothèse : l'extrait cadastral modèle 1 à produire à l'appui de l'attestation ne doit nécessairement comprendre que les parcelles attribuées.

Selon M. Bulté, il ne serait pas indispensable de faire intervenir les héritiers à l'attestation complémentaire, si du moins le notaire a la certitude qu'ils ont accepté la succession (*JCP* N 1969, IV, 4649, chron.).

799 **Procès-verbal établi au nom des héritiers.** Si le procès-verbal est établi au nom des héritiers, la situation est conforme à la réalité juridique. Mais le titre de ces héritiers n'étant pas encore publié au fichier, les modalités spéciales de l'effet relatif prévues à l'article 36 du décret n° 55-1350 du 14 octobre 1955 sont applicables (*Bull. AMC* 1969, art. 790).

L'attestation postérieure se présente ainsi comme le document destiné à satisfaire à cette règle et à éviter le rejet définitif de la formalité de publication du procès-verbal dans son ensemble (*JCP* N 1967, IV, 4235, n°s 2 et 4 ; *Rép. alph. enreg.*, V° Hypothèques, n° 777). Cette attestation ne concourt nullement à la mise en concordance du fichier immobilier et des documents cadastraux puisque ceux-ci, annotés au vu du procès-verbal de remembrement, traduisent déjà l'exacte situation actuelle des immeubles. Par suite, la production d'un extrait cadastral modèle 1 à l'appui de l'attestation ne paraît présenter aucun intérêt véritable. Mais, de toute façon, dès lors que la date de l'attestation est postérieure à celle de la clôture des opérations de remembrement, l'extrait cadastral ne peut plus concerner que les parcelles attribuées (*Rép. alph. enreg.*, V° Hypothèques, n° 311, dernier al., déjà cité).

Au cas où l'attestation est de date antérieure au procès-verbal mais présentée à la formalité de publication après celui-ci, le notaire rédacteur ne peut avoir, pour l'établir, aucune peine à se procurer un extrait cadastral modèle 1 concernant les parcelles avant remembrement puisque, s'il a requis cet extrait, comme il en a le devoir, avant la rédaction de son acte (D. n° 55-1350, 14 oct. 1955, art. 21. – Rappr. *Bull. AMC* 1968, art. 724) l'opération de remembrement n'est pas encore, à ce moment, traduite dans les documents cadastraux.

5) Document d'arpentage

800 **Champ d'application.** Comme on l'a rappelé, le décès d'une personne ne saurait entraîner par lui-même le changement de limite d'une parcelle ou d'un îlot de propriété : l'attestation notariée consécutive ne donne donc pas lieu en principe au dépôt d'un document d'arpentage, qui ne devient nécessaire qu'au moment de l'établissement du partage (M. Suquet-Cozic, *Peut-on désigner une parcelle par un document d'arpentage dans une attestation de propriété immobilière ? : Sol. not.* 10 juin 2021, n° 19, p. 10). L'établissement d'un document d'arpentage peut cependant devenir nécessaire dans certains cas particuliers : ainsi lorsque le défunt a légué à l'un des successibles ou à un tiers une portion de terrain déterminée. L'attestation constatera alors la transmission des deux portions de terrain au légataire, d'une part, et aux successibles, d'autre part.

Dans le cas où les héritiers divisent la parcelle pour la vendre par lots, le document d'arpentage devra figurer dans l'acte de vente et non dans l'attestation notariée, la division procédant alors d'une décision prise par les héritiers eux-mêmes et non pas du décès (M. Suquet-Cozic, étude préc.).

c) Possibilité d'établir une attestation partielle

801 **Application.** Rien ne s'oppose à l'établissement d'une attestation partielle, c'est-à-dire qui ne porte que sur une partie des biens immobiliers de la succession (*JCP* N 1957, IV 2317, chron. Bulté).

Ainsi, des attestations partielles peuvent ou doivent être dressées :

– lorsque les immeubles successoraux sont situés dans des communes dépendant de services de la publicité foncière différents (*JCP* N 1958, prat. 2647, chron. Bulté) ;

– lorsque l'on veut vendre un des immeubles dépendant de la succession : une attestation partielle concernant cet immeuble peut être publiée (application du principe de l'effet relatif, V. *JCP* N 1957, prat. 2317 et 2349, chron. Bulté) ;

– de même, en cas d'une succession dévolue à plusieurs héritiers, rien n'interdit à un ou quelques-uns d'entre eux de requérir l'établissement de l'attestation notariée pour leur part héréditaire seulement (Rép. min., 24 août 1965 : *Bull. AMC* 1966, art. 636 – en l'espèce, on avait perdu la trace de l'un des héritiers…).

Dans cette attestation, devra figurer une désignation complète des immeubles, une désignation complète du *de cujus* et de ceux des héritiers dont l'identité est connue (Rép. min., 24 août 1965, préc.).

➤ Sur la possibilité de faire publier un partage ne portant que sur partie des immeubles, V. n° 776 et n°s 816 et 820.

5 Identification des personnes

a) Règle générale

802 **Énoncé.** Aux termes de l'alinéa 4 de l'article 5 du décret du 4 janvier 1955, « en ce qui concerne les attestations par décès, l'état civil doit être indiqué et certifié pour le défunt et pour chacun des héritiers, successeurs irréguliers ou légataires ».

➤ Les règles régissant l'identification et la certification d'identité sont celles de droit commun (V. **Identification des personnes**).

b) Cas particuliers

803 **Acte de naissance postérieur au décès de plus de trois mois.** Il appartient à l'auteur de la certification d'apprécier, sous sa responsabilité personnelle, s'il peut certifier l'identité du défunt au vu d'un extrait de l'acte de naissance délivré postérieurement au décès, mais ayant plus de trois mois de date lors de l'établissement de l'attestation (Rép. min., 21 mars 1958 : *JOAN* CR, p. 1820 ; *JCP* N 1958, prat. 2542). La réponse ministérielle qui énonce cette solution remarque que l'état d'une personne et, par suite, son nom peuvent, dans certaines éventualités, être modifiés malgré le décès de l'intéressé (reconnaissance après sa mort d'un enfant naturel par l'un de ses auteurs, désaveu posthume, etc.).

804 **Impossibilité d'identifier certains successibles.** Il a été admis que l'impossibilité dans laquelle peut se trouver un successible de connaître les renseignements d'état civil nécessaires à l'identification de l'un de ses cohéritiers (si ce dernier est inconnu, refuse de s'intéresser à la succession, a disparu…) ne doit pas être considérée comme un obstacle à la publication de l'attestation (Rép. min., 25 août 1965 : *JO* Sénat CR, p. 961 ; *JCP* N 1965, prat. 3928. – V. également *JCP* N 1971, prat. 4990, chron. Bulté).

L'attestation sera alors établie à la requête des héritiers dont l'identité est connue, pour la part héréditaire leur revenant dans les immeubles de la succession (sur les mentions à y faire figurer, V. n° 786).

805 **Renonciation à succession.** L'identification complète des renonçants doit figurer dans l'attestation sous peine de refus de dépôt (D. 4 janv. 1955, art. 34-2), du moins lorsque cette renonciation intervient dans le cadre d'une attestation rectificative, après établissement d'une précédente attestation, à l'occasion de laquelle la fiche personnelle de l'héritier renonçant a été annotée. La nouvelle annotation exige l'identité complète et la certification d'identité de la personne concernée (*JCP* N 1987, prat. 320, chron. P.J.C.).

La question de savoir si l'identification complète du renonçant est également requise lorsque la renonciation est antérieure à toute attestation de propriété a donné lieu à discussion (*JCP* N 1987, pratique 320. V. en faveur de l'affirmative, M. Suquet-Cozic, *Faut-il indiquer l'état civil complet du renonçant dans l'attestation de propriété immobilière : Sol. not.* 2020, n° 36, p. 10).

806 **Cas où le défunt a recueilli un bien en totalité ou en partie dans une succession.** Supposons que le défunt ait recueilli un bien dans la succession de son père dont il était seul héritier. Il suffira alors d'indiquer les références de publication de l'attestation de propriété établie après le décès du père. Mais il n'y a pas à indiquer l'état civil, ni le lieu ni la date de décès, ni le domicile de ce dernier, qui est un précédent propriétaire, pour lequel le fichier ne sera pas annoté (V. *JCP* N 1988, prat. 542, chron. P.J.C.).

6 Attestation après décès rectificative

a) Champ d'application

807 **Modification de la dévolution de la succession, de la masse héréditaire ou de l'option des successibles.** Une attestation après décès rectificative est prévue par les articles 29 du décret du 4 janvier 1955 et 56 du décret du 14 octobre 1955, en cas de modification de la dévolution de la succession, de la masse héréditaire ou d'exercice ou de modification de l'option des successibles, postérieurement à la publication d'une précédente attestation (sur l'ouverture d'un nouveau délai de six mois pour requérir l'établissement de cette attestation, V. n° **811**).

Il résulte de l'article 29, alinéa 2, du décret du 4 janvier 1955 que la publication, au même bureau, d'un acte de disposition par les successibles dispense ces derniers de faire établir et publier une attestation rectificative.

808 **Envoi en possession ou délivrance de legs postérieurs à une première attestation.** Si l'envoi en possession ou la délivrance du legs intervient postérieurement à la publication de l'attestation notariée, les successibles sont tenus de requérir l'établissement d'une attestation rectificative dans les six mois de la décision judiciaire ou de l'acte intervenu, mais seulement dans le cas où la dévolution héréditaire telle qu'elle est révélée par la première attestation se trouve modifiée (D. 14 oct. 1955, art. 69-1, al. 2. – V. Rép. min., 7 déc. 1956 : *JOAN* CR ; *JCP* N 1956, IV, 2292).

Par ailleurs l'article 69, alinéa 2, du décret du 14 octobre 1955 précise qu'il n'y a pas lieu à attestation rectificative, lorsque, après la publication d'une attestation mentionnant l'absence d'option ou l'acceptation sous bénéfice d'inventaire (devenu « acceptation de la succession à concurrence de l'actif net »), il est publié, au même service de la publicité foncière, un acte impliquant acceptation pure et simple en vertu de l'article 778 du Code civil (devenu C. civ., art. 782) ou une décision judiciaire constatant l'existence d'un tel acte.

809 **Rectification d'erreurs commises.** D'une façon générale, une attestation rectificative peut être établie lorsqu'une erreur quelconque affecte les indications relatives aux immeubles ou aux personnes qui se trouvent visés dans une précédente attestation (sur les actes rectificatifs à établir dans le cas où une parcelle appartenant au défunt a été comprise à tort dans une mutation postérieure, V. *JCP* N 1985, prat. 9525, chron. P.J.C. – Et dans le cas inverse où une parcelle a été comprise à tort dans une attestation de propriété alors qu'elle n'appartient pas au défunt, V. *JCP* N 1988, prat. 705, chron. P.J.C.).

Il en est de même lorsque la dévolution primitive est entachée d'une erreur de principe (par ex. : attribution à l'époux survivant d'une quote-part de l'hérédité supérieure à celle à laquelle il a normalement droit en vertu, soit de la loi, soit d'une donation entre époux, soit d'un testament).

810 **Dispense.** Il résulte de l'article 29, alinéa 2, du décret du 4 janvier 1955 que la publication, au même service de la publicité foncière, d'un acte de disposition par les successibles dispense ces derniers de faire établir et publier une attestation rectificative.

b) Délais

811 En ce qui concerne les attestations rectificatives, le délai imparti aux successibles pour en requérir l'établissement est également de six mois. Il commence à courir :
– soit du jour de l'événement modifiant la dévolution successorale ou la masse héréditaire (D. 14 oct. 1955, art. 69-3) ;
– soit du jour de l'exercice ou de la modification de l'option par les successibles (D. 14 oct. 1955, art. 69, § 3) ;
– soit au cas de legs et lorsque l'envoi en possession ou la délivrance est intervenue postérieurement à la publication primitive, du jour de la décision judiciaire ou de l'acte le constatant (D. 14 oct. 1955, art. 69, § 1, al. 2).

F Publication

812 **Assujettissement à la formalité unique.** Les attestations notariées sont soumises à la formalité unique qui doit être en principe requise dans le mois de la date de l'acte au service de la publicité foncière compétent (CGI, art. 647, III. – V. **Formalité unique** et **Délais**).
Depuis le 1er juillet 1999, il n'y a plus de distinction à établir selon que l'attestation comprend ou non des dispositions non sujettes à publication. Dans tous les cas, la formalité unique est applicable (V. **Formalité unique**). Ainsi par exemple, lorsqu'elle contient délivrance de legs (Rép. min. Savary, député : *JOAN* CR, 29 sept. 1980, p. 4120, n° 31413 ; *JCP* N 1980, IV, 7697).

G Application de l'effet relatif : règles particulières

813 **Plan.** Champ d'application du principe de l'effet relatif (1), mesures de tempérament (2).

1 Champ d'application de la règle

814 **Principe général.** La règle de « l'effet relatif » posée par l'article 3 du décret du 4 janvier 1955 joue en la matière (sur l'exposé de cette règle et les conséquences en découlant, V. **Effet relatif**). Nous indiquerons simplement ci-dessous quelques-unes de ses applications particulières.

815 **Construction édifiée sur un immeuble appartenant pour partie au défunt, pour partie à la communauté.** Il n'est pas possible, compte tenu du principe de l'effet relatif, de publier une attestation de propriété indiquant qu'est propre au défunt un immeuble construit sur des parcelles appartenant partie en propre au défunt, partie à la communauté (*JCP* N 1995, 3297, chron. hyp. P.J.C.).

816 **Vente d'un bien dépendant de la succession. Attestation non publiée.** Par application de la règle de « l'effet relatif », la publication de la vente d'un immeuble dépendant de la succession ne peut être opérée que si l'attestation notariée a été concomitamment ou préalablement publiée.
Mais rien ne s'oppose au dépôt et à la publication d'une attestation limitée à la transmission par décès de la propriété d'un des immeubles de la succession, afin de permettre l'établissement et la publication d'un acte constatant la vente de ce seul immeuble (*JCP* N 1957, IV, 2301 et *JCP* N 1957, IV, 2317, chron. Bulté).

817 **Immeuble recueilli par un époux marié sous le régime de la communauté universelle.** Des époux mariés sous le régime de la communauté universelle ne peuvent vendre un immeuble recueilli dans une succession par la femme que si le changement de régime et « l'entrée en communauté » de cet immeuble ont été préalablement publiés. La simple relation dans l'attestation de propriété établie à la suite de l'ouverture de la succession que la femme a recueilli cet immeuble par décès n'est pas suffisante pour satisfaire au principe de l'effet relatif (*Bull. AMC* 1995, art. 1699. – V. dans le même sens *Bull. AMC* 2000, art. 1822).
De même, la mutation après décès d'un bien dépendant de l'ancienne communauté et dont le conjoint survivant est devenu seul propriétaire ne peut être opérée que si une attestation de propriété, constatant la transmission à son profit, a été établie (*JCP* N 1993, prat. 2833, chron. P.J.C. – V. aussi *Bull. AMC* 1996, art. 1718).

818 **Vente sous conditions suspensives. Réalisation au profit des héritiers de l'acquéreur.** Une vente d'immeuble est conclue sous conditions suspensives. L'acquéreur décède avant la réalisation de la condition. Postérieurement au décès, est établi un acte constatant la survenance de l'événement et la réalisation de la vente au profit des héritiers de l'acquéreur conditionnel.
L'acte de vente peut être publié même dans le cas où aucune attestation de propriété n'a été dressée après le décès de l'acquéreur. En effet,

cette attestation n'a pas pour objet de constater le droit du disposant et il est dès lors indifférent qu'elle ait ou non été publiée (*Bull. AMC* 1980, art. 1180).

819 **Publication simultanée de l'attestation notariée et d'une vente. Refus de dépôt de la vente. Conséquences.** Dans l'acte de vente d'un immeuble successoral publié en même temps que l'attestation notariée, il est indiqué que l'attestation sera publiée « avant ou en même temps que les présentes ».

Un refus de dépôt de la vente est opposé. Le notaire régularise. Un nouveau refus qui lui est notifié pour défaut de mention dans l'acte de vente, fait référence à la publication de l'attestation notariée.

Le caractère rigoureux de ce refus est souligné par une chronique signée P.J.C. (*JCP* N 1985, prat. 9470) : en effet, le notaire ne connaît pas encore les références de publication de l'attestation au moment où il dépose à nouveau la vente à la publication et, les connaîtrait-il, qu'il ne pourrait rien ajouter à son acte. Solution : ajouter sur la copie hypothécaire la mention suivante :

« Pour les besoins de la publicité foncière, il est précisé que l'attestation relatée au paragraphe "Origine de propriété a été publiée le… volume… n…" ».

820 **Publication d'un acte de partage. Attestation de propriété non établie.** La publication d'un partage dans les dix mois du décès dispense de l'établissement d'une attestation notariée (V. n° 773), soit totalement (s'il concerne l'ensemble des immeubles dépendant de l'hérédité…), soit pour partie (s'il ne concerne que certains des immeubles. En ce cas, il vaut attestation à l'égard des immeubles qu'il identifie et peut être publié pour valoir attestation partielle [Rép. min., 29 mars 1958 : *Bull. AMC* 1958, art. 343]).

Mais qu'en est-il lorsque la publication du partage, totale ou partielle est requise plus de dix mois après le décès ?

L'association mutuelle des conservateurs avait adopté une position souple : elle estimait que le partage, même publié après l'expiration du délai de dix mois, peut tenir lieu d'attestation et que l'on peut s'abstenir d'exiger cette dernière, étant donné qu'elle révélerait la même transmission par décès que le partage et ferait donc double emploi avec ce dernier (*Bull. AMC* 1958, art. 341 ; *ibid.* 1973, art. 992). La solution a été reprise à son compte par l'Administration depuis 2016 (V. M. Chaguet, Établissement et publicité foncière de l'attestation notariée de propriété immobilière après décès : *Defrénois* 2019, n° 43, p.15).

2 Mesures de tempérament

a) Acte de notoriété ou certificat substituant l'attestation

821 **Possibilité de suppléer à l'absence de publication d'une attestation en publiant un acte de notoriété ou un certificat délivré par un notaire ou un greffier.** Lorsque l'attestation notariée n'a pas été publiée à la requête ou avec le concours des héritiers du défunt, des dispositions particulières ont été prévues pour que les publications postérieures ne soient pas paralysées par le jeu de la règle de l'effet relatif. Elles figurent notamment à l'article 36, § 3 du décret du 14 octobre 1955 (pour plus de détails, V. **Effet relatif**), ainsi conçu :

> « 3. S'il ne retrouve pas la formalité donnée au titre du dernier titulaire tel qu'il est indiqué dans le document déposé, il invite le signataire du certificat d'identité, dans le délai d'un mois – ou de huit jours s'il s'agit d'une saisie – à compter du dépôt, dans les formes prévues à l'article 34-3, et selon le cas :
>
> *a)* Soit à déclarer qu'à sa connaissance le titre ou le décès n'est pas postérieur au 1er janvier 1956, à moins qu'il puisse indiquer les références (date, volume, numéro) de la formalité de publicité donnée au titre ou à l'attestation ;
>
> *b)* Soit, si le titre ou le décès est postérieur au 1er janvier 1956, à fournir les mentions de référence prévues au 20 de l'article 32 ou la déclaration prévue au 1-1 1 de l'article 35. Lorsque la publicité n'a pas été faite, le signataire du certificat d'identité peut :
>
> – ou provoquer la publicité du titre du titulaire, ou de l'attestation de transmission par décès à son profit, en agissant contre le titulaire du droit ou ses ayants cause, ou contre l'officier public ou ministériel ou l'autorité administrative tenu de procéder à la publicité en vertu de l'article 32 du décret du 4 janvier 1955 ;
>
> – ou produire un acte de notoriété ou un certificat délivré par un notaire ou un greffier, établissant que le droit du dernier titulaire résulte d'un acte ou d'une décision judiciaire non encore publié ou d'une transmission par décès, n'ayant pas encore fait l'objet d'une attestation ; si, pour obtenir ce document, le signataire du certificat d'identité a besoin d'un acte ou certificat à délivrer au titulaire du droit – sur demande de celui-ci – par une autorité publique ou un officier public ou ministériel, il peut en demander lui-même la délivrance ».

Ce texte confère donc la possibilité :

– ou de provoquer une instance en déclaration judiciaire de transmission héréditaire, en justifiant d'un intérêt légitime, à l'encontre des héritiers ;

– ou de produire un acte de notoriété ou un certificat délivré par un notaire ou un greffier établissant que le droit du dernier titulaire n'a pas encore été constaté par une attestation notariée précédemment publiée. Dans ce dernier cas, l'acte ou le certificat doivent contenir les énonciations propres à permettre au service de la publicité foncière d'exercer un contrôle sur la concordance des actes à publier et des indications portées au fichier immobilier. S'il est nécessaire d'obtenir à cet effet un acte ou un certificat à délivrer au titulaire du droit, sur sa demande, par une autorité publique ou un officier public ou ministériel, cette délivrance peut être demandée en ses lieu et place. Il ne semble pas dès lors qu'un notaire puisse certifier l'identification du titulaire du droit s'il ne lui a pas été représenté ou s'il ne détient pas les documents propres à établir cette identification. En conséquence, il ne semble pas qu'il y ait lieu pour le requérant, qui a été invité par le service de la publicité foncière dans les conditions visées à l'article 36 (3, al. 1er) du décret du 14 octobre 1955, d'obtenir du président du tribunal une ordonnance l'habilitant à se faire délivrer l'attestation notariée ou le certificat dont s'agit (Rép. min. Justice, 27 janv. 1968 : *JOAN* CR, p. 264 ; *JCP* N 1967, IV, 4232).

Cette possibilité peut être par exemple utilisée dans le cas où des crédirentiers veulent assigner en résolution d'une vente pour défaut de paiement de la rente viagère, alors que le débirentier est décédé et qu'aucune attestation de propriété n'a été publiée (*JCP* N 1983, prat. 8446, chron. Chardonnal).

822 Établissement de l'acte de notoriété suppléant à l'absence d'attestation. Aucune disposition particulière ne détermine la forme des actes de notoriété et certificats visés au troisième alinéa du paragraphe *b)* de l'article 36, § 3 du décret du 14 octobre 1955. L'acte de notoriété dont il est ici question n'a rien de commun avec une véritable attestation notariée. Pour ce qui concerne leur contenu, étant donné que les actes dont il s'agit sont destinés à tenir lieu du titre du dernier titulaire du droit, ils doivent nécessairement indiquer, qu'il s'agisse d'un acte de notoriété ou d'un certificat, que le droit du dernier titulaire résulte d'un acte ou d'une décision judiciaire non encore publié ou d'une transmission par décès n'ayant pas encore fait l'objet d'une attestation (*Bull. AMC* 1982, art. 1246). L'acte mentionnera par exemple que l'attestation de propriété qui aurait dû être établie après le décès de M. (identification complète) pour constater la transmission des immeubles dépendant de sa succession (identification complète desdits immeubles) n'a pas été actuellement dressée et publiée, à la connaissance du notaire (ou du greffier requis d'établir le « certificat » prévu par le texte susvisé).

Cet acte doit en outre indiquer les qualités et identités de chacun des ayants cause et les portions recueillies par eux, outre l'identification du ou des immeubles objet de la transmission. Si une de ces mentions était omise, cette notoriété pourrait être éventuellement complétée par une lettre du notaire ayant établi l'acte (*Bull. AMC* 1996, art. 1722).

b) Saisie d'un immeuble successoral à l'encontre des successibles

823 Saisie d'un immeuble dépendant d'une succession poursuivie à l'encontre des successibles. Lorsqu'une saisie, est dirigée contre un débiteur connu du poursuivant – ne serait-ce que par le titre d'obligation servant de fondement aux poursuites – on peut légitimement penser que tous les renseignements nécessaires concernant l'identification du saisi sont susceptibles d'être obtenus ou retrouvés par le requérant. Mais il en serait autrement dans le cas où le saisi serait poursuivi en tant qu'héritier ou ayant droit d'une personne prédécédée, que la dette soit née sur sa tête (la saisie portant sur un immeuble recueilli par le débiteur) ou sur celle du défunt (l'héritier en étant alors tenu). Un créancier poursuivant peut, en effet, rencontrer des difficultés parfois insurmontables pour obtenir avec la précision indispensable les éléments d'identification de l'héritier.

Aussi, des dispositions particulières ont-elles été prises. Elles figurent dans l'article 36, paragraphe 5 du décret du 14 octobre 1955 qui est ainsi conçu :

> « 5. En cas de publication d'un commandement pour valoir saisie d'un immeuble dépendant d'une succession à l'encontre des successibles d'une personne décédée, ou du jugement d'adjudication ultérieur, la production de l'acte de notoriété ou le certificat prévu au 3-b du présent article n'est pas obligatoire, lorsque le document destiné à être conservé dans les registres du service de la publicité foncière comporte seulement la mention de certification de l'identité du défunt.
>
> Dans l'hypothèse visée à l'alinéa précédent, la formalité est considérée, pour les annotations au fichier et la délivrance des copies, extraits ou certificats, comme requise contre le défunt seul. Il en est de même pour les inscriptions de privilèges ou d'hypothèques légales ou judiciaires requises, sur un immeuble dépendant d'une succession, à l'encontre des successibles d'une personne décédée, lorsque l'attestation notariée de transmission par décès, – ou le partage en tenant lieu, par application de l'article 29 (al. 4) du décret du 4 janvier 1955, – n'a pas encore été publiée ».

➤ Cette disposition est commentée, V. **Effet relatif**. – Pour plus de détails, V. **Saisie immobilière**.

c) Inscription sur un immeuble successoral à l'encontre des successibles

824 **Inscription d'hypothèque légale ou judiciaire requise sur un immeuble dépendant d'une succession à l'encontre des successibles d'une personne décédée.** Si l'on peut exiger du créancier ayant obtenu une hypothèque conventionnelle qu'il connaisse avec précision son débiteur, il est difficile de formuler la même exigence à l'égard d'un créancier bénéficiant d'une hypothèque légale ou judiciaire, lorsqu'il veut faire inscrire cette hypothèque sur des immeubles dépendant d'une succession échue au débiteur (Doc. adm. DGI, 10-E-743, 2 mai 1983).

L'article 36, § 5 du décret du 14 octobre 1955 institue une modalité spéciale d'application du principe de l'effet relatif des formalités, qui permet au service de la publicité foncière, bien que l'inscription soit requise contre un successible, de procéder à cette inscription au nom du défunt, à la seule condition que l'identité de ce dernier soit dûment énoncée et certifiée conformément à l'article 5 du décret du 4 janvier 1955.

Il a été jugé que l'article 36, § 5 du décret du 14 octobre 1955 permettant de requérir une inscription d'hypothèque légale ou judiciaire sur la seule certification de l'identité du défunt était d'interprétation stricte et ne bénéficiait qu'aux créanciers de l'ensemble de l'indivision successorale, à l'exclusion des créanciers personnels de certains des indivisaires (Cass. 3e civ., 23 oct. 2002, n° 01-02137 : *Bull. civ.* 2002, III, n° 210 ; *Defrénois* 2003, art. 37752, p. 794, obs. S. Piédelièvre).

825 **Mise en œuvre de la disposition.** En vertu de cette disposition, tout se passe comme si l'inscription était requise contre le défunt lui-même, aussi bien pour l'application du principe de l'effet relatif (publicité préalable du titre du défunt, sauf application de l'article 35 du décret du 14 octobre 1955) que pour l'annotation de l'inscription ou pour la délivrance ultérieure des copies, extraits ou certificats. Il va de soi, en particulier, que la responsabilité du service de la publicité foncière ne saurait être engagée si l'inscription n'était pas délivrée à la suite d'une réquisition du chef de l'héritier.

Pour les tiers appelés à requérir des copies, extraits ou certificats, il n'y a aucun inconvénient spécial à redouter. En effet les inscriptions prises au nom du défunt auront grevé l'immeuble, qu'il s'agisse des anciennes modalités d'annotation du fichier manuel ou des modalités actuelles d'annotations du fichier informatisé sous FIDJI.

H Sanctions du non-établissement de l'attestation

1 Obligations concernant les notaires

826 **Suppression de l'amende civile.** L'amende civile prévue par l'article 33 du décret du 4 janvier 1955 pour sanctionner le notaire n'ayant pas fait publier d'attestation dans les quatre mois à dater du jour où il a été requis a été supprimée par la loi n° 98-261 du 6 avril 1998 portant réforme de la publicité foncière (V. note 14 août 1998 : *BOI* 10 D-2-98).

827 **Interdiction d'établir certains actes constatant la dévolution de la succession.** Lorsqu'ils sont requis par l'un des successibles d'établir un acte de notoriété, un inventaire, un certificat de propriété ou tout autre acte concernant la dévolution d'une succession en totalité ou en partie, les notaires sont tenus d'informer le requérant de l'obligation, qui lui est imposée par l'article 29 du décret du 4 janvier 1955, de faire constater dans une attestation notariée toute transmission ou constitution par décès de droits réels immobiliers.

Il est interdit aux notaires d'établir de tels actes s'il ne leur est pas justifié que l'attestation notariée a été précédemment publiée ou si le requérant ne les charge pas, en même temps, d'établir ladite attestation (D. 14 oct. 1955, art. 69-4).

2 Sanction résultant du principe de l'effet relatif

828 **Impossibilité de publier les constitutions de droits réels ou mutations postérieures au décès.** L'application de la règle de « l'effet relatif » constitue une sanction indirecte à l'absence d'établissement de l'attestation notariée. Tant que celle-ci n'a pas été établie ou publiée, il ne sera pas possible de procéder à la publication des constitutions de droits réels ou de mutations concernant les biens dépendant de l'actif successoral (sur cette règle et ses modalités d'application en l'espèce, V. nos 813 à 825).

3 Problème de l'opposabilité aux tiers

829 **Non-application de la sanction de la non-opposabilité aux tiers.** L'attestation notariée n'est pas un contrat translatif de propriété : elle ne fait

que constater une transmission qui s'est opérée du seul fait du décès du défunt et qui est opposable aux tiers dès ce moment, c'est-à-dire avant même d'avoir été publiée. Se bornant à constater une dévolution qui résulte du décès, elle ne crée aucune situation juridique nouvelle et ne constitue pas un partage de quotité, même si elle indique la part de chaque ayant droit dans la succession (Rép. min., 26 avr. 1968 : *JOAN* CR, p. 1365 ; *JCP* N 1968, IV, 4396). La sanction de non-opposabilité prévue pour le cas de non-publication ne peut donc lui être appliquée (*contra*, CA Versailles, 1re ch., 1re sect., 20 mai 2010 : *JurisData* n° 2010-007975).

830 **Cas particulier du légataire.** Il y a toutefois une exception à cette règle concernant le légataire particulier de droits immobiliers.
Aux termes de l'article 30, paragraphe 3, alinéa 2, du décret du 4 janvier 1955, il peut se prévaloir de la publication de son legs par l'attestation notariée à l'égard des ayants cause du défunt qui n'ont pas publié antérieurement les actes ou décisions judiciaires établissant à leur profit des droits concurrents. Le légataire particulier qui a publié une attestation constatant son droit peut donc l'opposer aux ayants cause à titre particulier du défunt (créancier ou acquéreur) dont les titres n'ont pas été publiés avant le sien.

831 **Allocation de dommages et intérêts.** La publication de l'attestation étant prescrite dans un but d'information pour renseigner les tiers qui ont intérêt à connaître la transmission de propriété, toute personne intéressée qui, ayant publié son propre droit, prouve qu'elle a subi un préjudice à raison soit du défaut de publication avant l'expiration du délai légal, soit de la publicité incomplète ou irrégulière de l'attestation notariée peut demander réparation de ce préjudice par l'allocation de dommages et intérêts (D. 4 janv. 1955, art. 30, § 4, al. 1er).
Selon ce texte, le droit de demander réparation du préjudice causé n'appartient qu'aux personnes qui ont elles-mêmes un droit soumis à publicité et qui l'ont effectivement publié.
Un cas particulier est prévu par l'article 30, § 4 du décret du 4 janvier 1955 (al. 2) : celui du légataire particulier qui est écarté de la succession en vertu des articles 1035 et suivants du Code civil (par ex., si son legs est rendu caduc par un testament postérieur). Si ce testament n'a pas été publié, il peut obtenir des dommages et intérêts s'il a fait lui-même publier son legs (ce préjudice consistant dans les frais d'attestation qu'il a exposés en pure perte...).

II
Taxation

832 **Corse.**
➤ Sur les règles particulières applicables en Corse, V. **Corse**.

A Taxe de publicité foncière

833 **Attestation pure et simple.** L'article 95 de la loi de finances rectificative pour 2004 n° 2004-1485 du 30 décembre 2004 a supprimé la tarification spéciale prévue par l'article 846 bis du Code général des impôts à raison des attestations notariées mentionnées au 3° de l'article 28 du décret n° 55-22 du 4 janvier 1955, ce qui a eu pour conséquence d'appliquer en la matière le tarif des actes innommés prévu par l'article 680 du Code général des impôts, soit actuellement 125 €.

834 **Attestation rectificative ou complémentaire.** Que l'acte n'apporte que des rectifications ou des compléments de caractère matériel à l'attestation primitive, ou qu'il modifie substantiellement cette attestation, en ce qui concerne par exemple la dévolution successorale, il ne donnera lieu en toute hypothèse qu'à la perception de la taxe fixe des actes innommés (V. n° 833 et complément à Instr. 12 juill. 1984 : *BODGI* 10 E-5-84).

835 **Dispositions indépendantes.** Si une attestation notariée contient des dispositions indépendantes passibles du droit proportionnel, ce droit proportionnel sera alors perçu, dans les conditions indiquées (V. **Acte contenant plusieurs dispositions**). Ainsi, le droit de partage serait exigible si l'attestation comportait ou relatait un allotissement mettant fin à une indivision et valant partage (Rép. min. Finances, 21 juin 1962 : *BOI* 8636).
On trouvera ci-dessous d'autres exemples d'attestations notariées contenant des dispositions indépendantes.

836 **Attestations notariées contenant mention d'une notoriété acquisitive.** Le régime fiscal des attestations notariées ayant donné lieu à controverse, l'administration fiscale a publié une instruction (Instr. 23 nov. 1993 : *BOI* 7 D-3-93) dont les termes doivent être adaptés pour tenir compte de la réforme opérée par la loi de finances pour 2004 (V. n° 833).

Les distinctions suivantes paraissent pouvoir être faites :

– si une attestation immobilière ne fait que « contenir » (c'est-à-dire reproduire) une notoriété préexistante, « établie par un acte antérieur » dit l'instruction, cette attestation n'est soumise qu'à une taxe fixe de publicité foncière, soit actuellement 125 € ;

– si l'attestation renferme simultanément une notoriété justifiant du jeu de la prescription acquisitive au profit du défunt, il y aura alors lieu à la perception de la taxe de publicité foncière à 0,70 % (0,715 % avec les perceptions additionnelles), car on est en présence d'un acte déclaratif, distinct de l'attestation notariée et passible de cette taxe (TGI Nice, 1er mars 1972 : *Ind. enr.*, 12275) sauf à appliquer la théorie des dispositions dépendantes et indépendantes (V. **Acte contenant plusieurs dispositions**).

837 Attestation constatant le jeu des clauses d'attribution de communauté. L'attribution à l'époux bénéficiaire de biens communs, pour le remplir de son préciput, est une opération de partage, passible si elle est constatée par un acte, du droit proportionnel prévu par l'article 748 du Code général des impôts ou de la taxe proportionnelle de publicité foncière (Cass. civ., 30 juill. 1823 : *S.* 1823, 1, 427. – Délib. 26 juin 1827 : *Journ. enr.* 8780 ; *JCl. Enregistrement* et *JCl. Notarial Formulaire*, Fasc. 111, n° 43, V° Partage-Enregistrement).

➤ Sur le taux actuel du droit de partage, V. **Partage**.

On peut se demander, en conséquence, si la constatation du jeu de la clause d'attribution dans l'attestation notariée ne rend pas exigible la taxe de publicité foncière ou le droit de partage.

Pour s'opposer à une telle perception, on peut faire valoir que l'attestation notariée n'a pas le caractère d'un acte au sens juridique du mot et qu'elle ne crée aucun rapport nouveau entre les parties qui la requièrent (V. Bulté, chron. hyp. *in JCP* N 1964, IV, 3740. – Rép. min. : *JOAN* CR, p. 4874. – Rép. min. Finances : *JO* 26 avr. 1968, p. 1365 : *JCP* N 1968, IV, 4396).

838 Attestation faisant état d'un partage testamentaire. Une attestation notariée publiée rappelant l'existence d'un partage testamentaire est en même temps l'acte de consentement à exécution de ce partage non publié. Les deux héritiers comparants déclarent que les immeubles héréditaires appartiennent par suite de ces derniers actes, les uns individuellement désignés à l'un des héritiers, et les autres également désignés individuellement à l'autre héritier.

Le droit ou la taxe de partage est-il dû ?

Répondant à cette question, M. Bulté estime que si l'attestation, comme de droit, vise simplement le testament-partage et l'acte de consentement à exécution, et certifie et atteste que les immeubles héréditaires dépendent de la succession et appartiennent à ces héritiers précédemment désignés, la publication de cet acte ne peut donner lieu qu'à la taxe de publicité foncière au taux fixe (actuellement 125 €). La simple mention par le notaire, dans l'attestation notariée, du partage testamentaire et du consentement à exécution ne peut, en effet, être considérée comme produisant les effets d'un partage.

Par contre, si les successibles comparaissaient à l'acte, rappelant les termes du testament-partage ainsi que leurs consentements à son exécution, et constataient eux-mêmes qu'en conséquence de ces actes les immeubles de la succession se trouvent appartenir divisément, les uns désignés d'une manière précise à l'un des héritiers, les autres, désignés de la même manière, à l'autre héritier, cette déclaration dont « les comparants requièrent le notaire de leur donner acte » constituerait bien, selon M. Bulté, une convention émanée des héritiers. L'acte rédigé par le notaire pour constater cette convention ne pourrait être considéré comme une simple attestation notariée et devrait être assimilé à un acte déclaratif ou confirmatif passible de la taxe proportionnelle de publicité foncière au tarif prévu pour les partages (*JCP* N 1964, IV, 3740 ; *JCP* N 1962, IV, 3309. V. **Testament-partage**).

➤ Sur le taux actuel du droit de partage, V. **Partage**.

B Contribution de sécurité immobilière

Les solutions énoncées ci-dessous à propos du salaire du conservateur restent valables jusqu'à nouvel ordre pour la perception de la contribution de sécurité immobilière.

839 Nous rappellerons tout d'abord quelques principes généraux avant d'examiner divers points qui ont donné lieu dans le passé à difficultés.

1 Principes généraux

a) Assiette du salaire du conservateur (régime antérieur)

840 Principe. La règle antérieure était que le salaire devait être liquidé sur « la valeur des droits immobiliers transmis » (Rép. min. Économie et Finances à M. Médecin, député, 12 juill. 1975 : *RE* 1976, art. 15365-6).

841 **Cas particulier : attestation de propriété ayant pour objet des immeubles dépendant d'une communauté conjugale.** Le point de savoir quelle devait être l'assiette du salaire du conservateur dans le cas d'attestation de propriété ayant pour objet des immeubles dépendant d'une communauté conjugale a donné lieu à d'abondantes discussions (sur les arguments échangés ; V. *Bull. AMC* 1974, art. 976 ; *JCP* N 1958, IV, 2667, Bulté).

L'Association mutuelle des conservateurs estimait qu'en pareil cas le salaire devait être assis sur la valeur de la moitié de l'immeuble (*Bull. AMC*, préc., art. 976).

Cette règle de perception était également celle préconisée par le ministre de l'Économie et des Finances (Rép. min., 12 juill. 1975 : *Bull. AMC* 1975, art. 1025). Elle devait également être suivie lorsqu'il y a sociétés d'acquêts (liquidation sur la valeur de la moitié des acquêts ; V. également en la matière : *JCP* N 1969, IV, 4564, § 3 ; *JCP* N 1973, IV, 5529-3, Bulté ; *JCP* N 1974, IV, 5743, Bulté. – Rép. min., 12 juill. 1975, préc. : *JCP* N 1975, IV, 6071).

Ces solutions peuvent être transposées pour l'application de la contribution de sécurité immobilière.

842 **Attribution de communauté au survivant.** Selon l'association mutuelle des conservateurs (*Bull. AMC* 1996, art. 1718), la clause d'attribution de la communauté fixe la destination donnée à la totalité des biens communs lorsque la communauté est dissoute par le décès de l'un des époux.

Quand cet événement se produit, le bénéficiaire de cette stipulation « est censé avoir acquis *ab initio*, au moment même où la communauté en est devenue propriétaire, tous les biens qui en font l'objet » (Maguéro, 3e éd., t. II, V° Contrat de mariage, n° 1294).

Il en résultait que le conservateur était fondé à percevoir son salaire sur la valeur de la totalité des biens communs, et non pas seulement sur la moitié de cette valeur.

Ces solutions peuvent être transposées pour l'application de la contribution de sécurité immobilière.

b) Liquidation

843 **Déclaration estimative.** Le principe antérieur était que le salaire devait être liquidé à partir d'une déclaration estimative des requérants, déclaration exigée « sous peine de refus du dépôt » (CGI, ann. III, art. 296).

Actuellement l'article 881 K du Code général des impôts énonce que « la contribution perçue pour la publication de chaque acte est liquidée au taux unique de 0,10 % sur les sommes énoncées ou la valeur estimée par les requérants, sous peine de refus du dépôt, des immeubles ou des droits faisant l'objet de la publication ».

844 **Date à laquelle les immeubles doivent être évalués.** Mais à quelle date faut-il se placer pour évaluer les immeubles ?

Cette question a fait l'objet de nombreuses controverses entre la profession notariale et l'Association mutuelle des conservateurs.

Puisqu'il s'agit de publier la transmission par décès de biens immobiliers, il a été soutenu que la valeur de ces biens devait être estimée au jour de cette transmission, c'est-à-dire au jour du décès (*JCP* N 1969, IV, 1564, Bulté).

Mais on a fait remarquer qu'il s'agissait de la perception d'un salaire dont le fait générateur n'est pas la mutation par décès, mais la publicité donnée à l'attestation notariée constatant cette mutation et que, dès lors, c'est à la date de cette publicité que la valeur des biens qui en est l'objet doit être estimée pour servir de base à la liquidation du salaire (*Bull. AMC* 1965, art. 620 ; *ibid.* 1967, art. 690).

Cette dernière analyse paraît la mieux fondée : c'est au jour de la publication de l'attestation que les immeubles doivent être évalués (en ce sens, V. *JCP* N 1969, IV, 4564, chron. Bulté ; *JCP* N 1974, IV, 5779).

En pratique, des aménagements ont été proposés à la suite d'une correspondance échangée entre le président du Conseil supérieur du notariat et le président de l'Association mutuelle des conservateurs.

Ce dernier a rappelé que par extension des règles relatives à la taxe de publicité foncière, il était admis que l'évaluation devait être faite à la date de l'attestation, mais que le court délai séparant le décès de la publication de l'attestation conduisait en fait à porter dans cette dernière la même évaluation que celle figurant dans la déclaration de succession.

Cette pratique a pu être admise mais aurait cependant été contraire au principe régissant la responsabilité des conservateurs qu'il soit précisé dans l'attestation que l'évaluation des immeubles est faite « au jour du décès » et le président de l'Association mutuelle des conservateurs estimait que le conservateur était fondé éventuellement à exiger la suppression de ce membre de phrase, sa responsabilité étant susceptible d'être engagée le cas échéant (*Bull. AMC* 1965, art. 620). Dans une autre réponse, il a été indiqué qu'il ne s'élèverait, en pratique, aucune difficulté si le notaire s'abstenait de préciser la date à laquelle il s'est placé pour établir l'évaluation des immeubles transmis (*Bull. AMC* 1967, art. 690).

Mais ceci ne vaut évidemment que dans la mesure où l'attestation est publiée dans les délais fixés par la loi et non pas dans le cas où un long intervalle de temps s'écoule entre le décès et la publication de l'attestation (Bulté : *JCP* N 1974, IV, 5779, préc.). Ces solutions peuvent être transposées pour l'application de la contribution de sécurité immobilière.

845 **Ventilation.** Dans le cas d'évaluation globale des biens, affectés seulement pour partie par la transmission, une ventilation était éventuellement nécessaire et le conservateur était fondé à l'exiger pour fixer la valeur des immeubles ou droits immobiliers faisant l'objet de la mutation par décès (*JCP* N 1958, IV, 2603, p. 148).
Cette solution peut être transposée pour l'application de la contribution de sécurité immobilière.

846 **Évaluation des usufruits.** Pour l'évaluation d'un usufruit dans une attestation notariée, il n'était pas obligatoire d'adopter le barème fiscal figurant actuellement dans l'article 669 du Code général des impôts, qui ne s'appliquait que pour la liquidation des droits d'enregistrement et de la taxe de publicité foncière. L'évaluation pour la perception du salaire pouvait donc être faite en tenant compte des divers éléments de fait tels que l'âge et l'état de santé de l'usufruitier (V. antérieurement, Bulté : *JCP* N 1962, IV, 3334, p. 88).
Ces solutions peuvent être transposées pour l'application de la contribution de sécurité immobilière.

2 Difficultés diverses

NOTA Les solutions énoncées ci-dessous à propos du salaire du conservateur restent valables jusqu'à nouvel ordre pour la perception de la contribution de sécurité immobilière.

a) Attestation rectificative ou complémentaire

847 **Distinctions à opérer.** Dans le régime antérieur, il fallait distinguer :
– si l'acte n'apportait que des rectifications ou des compléments de caractère matériel à l'attestation primitive, il était dû le salaire fixe ;
– si l'acte modifiait substantiellement l'attestation primitive en ce qui concerne par exemple la dévolution successorale, il était dû un salaire proportionnel.

b) Pluralité de dispositions, de successions, d'héritiers ou de légataires

848 **Observation préliminaire.** Dans le cas de pluralité de dispositions, de successions, d'héritiers ou de légataires, figurant dans une même attestation, des controverses se sont fait jour dans le passé sur le point de savoir si pour la perception du salaire, il y avait lieu d'établir des masses distinctes ou de percevoir globalement le salaire sur une masse unique. L'enjeu de la discussion tenait au fait qu'au décret n° 81-721 du 24 juillet 1981, le conservateur bénéficiait d'un salaire progressif et qu'il avait donc intérêt à « repartir à la base ». Postérieurement, cet enjeu est devenu tout à fait minime, et ne pouvait concerner que le cas où, par la constitution de masses distinctes, le conservateur aurait pu prétendre, outre son salaire proportionnel, à un ou plusieurs salaires minimums.

849 **Donation entre époux. Attestation constatant la transmission au profit du survivant.** Est ici visée la transmission par décès de biens immobiliers recueillis par le mari survivant commun en biens et donataire en usufruit de l'universalité des biens successoraux et par d'autres héritiers.
Il avait été précisé que le conservateur ne pourrait en pareil cas, pour la perception de son salaire, établir deux masses distinctes, à savoir :
– une première masse faisant ressortir l'usufruit revenant au conjoint survivant ;
– une deuxième masse faisant ressortir la nue-propriété revenant à chacun des héritiers... pour calculer son salaire sur chaque masse en repartant à la base, en faisant valoir qu'il n'y a pas d'indivision entre l'usufruit et la nue-propriété.
L'attestation notariée ne pouvant être assimilée à un partage ou à une licitation, le salaire devait être liquidé globalement sur l'ensemble des immeubles héréditaires sans division entre ceux qui reviennent en usufruit au conjoint survivant et ceux qui reviennent en nue-propriété à d'autres héritiers (*Bull. AMC* 1955, art. 239 ; *ibid.* 1957, art. 314 ; comp. *ibid.* art. 106, § 12 : *JCP* N 1953, IV, 1632, n° 8 ; *JCP* N 1958, IV, 2667, § 4-2 ; *JCP* N 1962, IV, 3334, Bulté ; *JCP* N 1964, IV, 3669 ; *JCP* N 1966, IV, 4103 ; *JCP* N 1970, IV, 4751).
Il avait cependant été soutenu que cette règle de perception pouvait être écartée en faisant valoir que le legs en usufruit pouvait être considéré comme un legs particulier, ce qui justifierait une liquidation séparée du salaire sur la valeur de cet usufruit. Cette opinion paraît très contestable (V. Bulté : *JCP* N 1962, IV, 3381 ; *JCP* N 1970, IV, 4803).
La règle que nous venons d'indiquer était en tout cas celle préconisée par une réponse du ministre de l'Économie et des Finances (*JOAN* CR 26 avr. 1968, p. 1365 ; *JCP* N 1968, IV, 4396).
Cette règle s'appliquait également lorsqu'une attestation notariée constatait à la fois la dévolution de droits réels immobiliers aux héritiers

et la constitution de l'usufruit légal du conjoint survivant (*Bull. AMC* 1990, art. 1454). Il n'y avait pas lieu, pour liquider le salaire proportionnel, de distinguer la valeur de l'usufruit.
Ces solutions peuvent être transposées pour l'application de la contribution de sécurité immobilière.

850 **Legs particulier.** Le legs particulier qui porte sur un immeuble déterminé du testateur transfère immédiatement la propriété de cet immeuble au légataire (C. civ., art. 1014, § 1). Il n'a donc pas besoin d'être suivi d'un partage et c'est dans la publication de ce legs par l'attestation que se trouvera la preuve de l'appropriation divise du bien légué.
Il en résultait que les salaires devaient être liquidés séparément d'une part sur la valeur totale des droits immobiliers recueillis par les héritiers, d'autre part sur la valeur de l'immeuble légué à titre particulier (V. *Bull. AMC* 1955, art. 239).
Ce mode de liquidation devait être suivi même lorsque le légataire particulier est en outre un héritier du testateur.
En effet, les deux qualités de légataire et d'héritier ne se confondent pas au point que l'une annihile l'autre : « le bénéficiaire qui cumule ces deux qualités peut donc les invoquer l'une et l'autre pour en retirer tous les avantages qu'elles lui confèrent » (*Instr. enr.*, n° 3670, § 25 ; Bulté et Béchade : *JCP* N 1957, IV, 2444, p. 185).
Ces solutions peuvent être transposées pour l'application de la contribution de sécurité immobilière.

851 **Légataires universels conjoints.** En ce cas, et contrairement à l'hypothèse de legs particulier, l'attestation notariée ne peut être considérée comme constatant l'appropriation divise par les légataires universels des biens successoraux.
Le salaire ne devait donc pas être perçu sur la part virile revenant à chaque légataire universel, mais sur la valeur totale des immeubles ou droits immobiliers compris dans l'attestation (Bulté : *JCP* N 1963, IV, 3577).
Ces solutions peuvent être transposées pour l'application de la contribution de sécurité immobilière.

852 **Pluralité d'héritiers ou de légataires.** Dans l'article 239 du *Bulletin de l'association mutuelle des conservateurs*, l'opinion (dont nous avons déjà fait état plus haut à plusieurs reprises) a été exprimée que le salaire ne pouvait pas être perçu séparément sur la part virile revenant à chaque héritier ou légataire et qu'il devait être liquidé sur la valeur totale des immeubles et droits immobiliers compris dans la succession, à l'exception de ceux qui font l'objet de legs à titre particulier.
Cette règle se justifie, comme il a été dit, parce que l'attestation notariée ne saurait en aucune mesure être assimilée à un partage de quotité. Elle constate seulement la situation existante telle qu'elle résulte du décès et de la dévolution qui en est la conséquence (V. *Bull. AMC* 1952, art. 106, p. 10, note 1 ; et pour une condamnation catégorique de la perception d'un salaire sur la part de chaque héritier ou légataire lorsque l'attestation indique la part de chacun d'eux dans la succession : *Bull. AMC* 1957, art. 314).
Ces solutions peuvent être transposées pour l'application de la contribution de sécurité immobilière.

853 **Pluralité de successions dévolues à un même héritier.** Il a été admis que, si une même attestation constate la transmission successive à un même héritier d'un même immeuble ou des mêmes immeubles, à la suite de plusieurs décès, les salaires devaient être calculés sans division sur la valeur totale du ou des immeubles requis par cet héritier.
Il en était ainsi notamment lorsque l'attestation constate la transmission à un fils unique, à la suite d'un décès successif de ses père et mère, d'un immeuble provenant de la communauté de ces derniers (*Bull. AMC* préc., art. 106, § 12-II et art. 170 ; *JCP* N 1953, IV, 1632, n° 8 ; *JCP* N 1960, IV, 2918 et 3070, Bulté ; *JCP* N 1962, IV, 3309).
Ces solutions peuvent être transposées pour l'application de la contribution de sécurité immobilière.

854 **Pluralité de successions dévolues à des héritiers différents.** La règle de perception précédente ne pouvait plus alors être appliquée (*contra*, *JCP* N 1956, IV, 2283).
En effet, il n'appartenait pas aux parties « de modifier par leur convention ou leur réquisition les salaires qui peuvent être dus » (*Précis CML*, 2ᵉ éd., n° 1940) ; « un seul salaire ne peut donc rémunérer plusieurs formalités juridiquement distinctes et à plus forte raison plusieurs actes compris par exemple dans un même contexte ».
Or, la transmission de plusieurs successions à des héritiers différents devrait normalement donner lieu à l'établissement et à la publication de plusieurs attestations notariées. C'est la raison pour laquelle on considérait généralement que le salaire proportionnel devait alors être perçu séparément sur la valeur des droits immobiliers transmis successivement à des héritiers différents (V. *JCP* N 1959, IV, 2813 ; *JCP* N 1960, IV, 3041 ; *JCP* N 1961, IV, 3158, chron. MM. Bulté et Béchade).

855 **Retour légal.** Lorsque l'attestation constate que partie des immeubles successoraux fait l'objet d'un droit de retour au profit d'un ascendant donateur (V. C. civ., actuel art. 738-2), le salaire devait-il être calculé séparément sur la succession

anormale et sur la succession ordinaire comme en matière de legs particulier ?
La réponse affirmative avait été admise par M. Bulté (*JCP* N 1963, IV, 3627) en s'appuyant sur le fait que les biens soumis au droit de retour légal forment dans la succession du *de cujus* une masse bien distincte et qu'il y a en pareil cas une double dévolution de l'hérédité (V. réf. citées).

Augmentation de capital

Neyla GONZALEZ-GHARBI

REMARQUE À la date du 3 mai 2024, l'administration fiscale n'a pas actualisé ses commentaires du régime des apports en société pour prendre en compte les modifications issues des articles 26 de la loi de finances pour 2019 et 67 de la loi de finances pour 2021.

CGI, art. 635 *(Mod. par L. n° 2020-1721, 29 déc. 2020, art. 67)*

Doivent être enregistrés dans le délai d'un mois à compter de leur date :

1. Sous réserve des dispositions des articles 637 et 647 :

1° Les actes des notaires à l'exception de ceux visés à l'article 636 ;

(...)

5° Les actes constatant la transformation d'une société et ceux constatant l'augmentation, de son capital, à l'exception des augmentations de capital en numéraire et par incorporation de bénéfices, de réserves ou de provisions et des augmentations nettes de capital de société à capital variable constatées à la clôture d'un exercice.

CGI, art. 812 (*Mod. par L. n° 2018-1317, 28 déc. 2018, art. 26*).

I. – L'augmentation, au moyen de l'incorporation de bénéfices, de réserves ou de provisions de toute nature, du capital des sociétés est enregistrée gratuitement.

II. (*Abrogé*).

CGI, art. 825 (*Mod. par L. n° 2018-1317, 28 déc. 2018, art. 26*)

L'augmentation nette du capital d'une société à capital variable, constatée à la clôture d'un exercice, est enregistrée gratuitement ; la mention « gratuit » est portée sur le procès-verbal de l'assemblée générale des associés qui statue sur les résultats de cet exercice.

I

Formalités

856 Les actes contenant augmentation du capital d'une société doivent être enregistrés dans le délai d'un mois à compter de leur date (CGI, art. 635, I, 5°).

L'article 67 de la loi de finances pour 2021 (L. n° 2020-1721, 29 déc. 2020) a modifié la portée de cette obligation en réécrivant le 5° du I de l'article 635 du Code général des impôts. À compter du 1er janvier 2021, sous réserve bien entendu que l'acte ne soit pas soumis à la formalité compte tenu de sa forme (acte notarié – CGI, art. 635, I, 1°), l'acte constatant l'augmentation de capital en numéraire, par incorporation de bénéfices, de réserves ou de provisions n'est plus soumis obligatoirement à la formalité de l'enregistrement. Il en va de même de l'acte constatant les augmentations nettes de capital de société à capital variable constatées à la clôture d'un exercice.

Si la formalité de l'enregistrement doit être remplacée par la formalité unique au service de la publicité foncière, il doit y être également procédé dans le mois de la date de l'acte (CGI, art. 647, III).

➤ V. **Contribution de sécurité immobilière**. – Renvoi. – V. **Constitution de société**. – V. **Apports en société**.

857 **Formes de l'augmentation de capital. Réforme introduite par la loi de finances pour 2019.** L'article 26 de la loi n° 2018-1317 de finances pour 2019 a réformé le régime applicable aux actes des sociétés, en supprimant les droits fixes qui étaient exigibles sur certains d'entre eux. Elle a également, en modifiant les dispositions de l'article 810 bis du Code général des impôts qui réservaient le bénéfice de l'exonération de ces droits fixes aux seuls apports réalisés lors de la constitution de la société, unifié le régime des apports. Dans cette rédaction, les dispositions du I de l'article 812 étendent aux augmentations de capital, au moyen de l'incorporation de bénéfices, de réserves ou de provisions de toute nature, le bénéfice de l'enregistrement gratuit.

En conséquence, l'acte constatant l'augmentation de capital est, depuis le 1er janvier 2019, enregistré gratuitement lorsque l'augmentation de capital est réalisée :

– par voie d'apports nouveaux en numéraire ou par conversion d'obligations en actions ;

– par voie d'incorporation de réserves, de bénéfices ou de provisions ;

– par voie d'apport en nature bénéficiant de l'enregistrement gratuit en vertu du I de l'article 810 du Code général des impôts.

Compte tenu de l'objet de cet ouvrage, nous ne traiterons ici que des augmentations de capital réalisées par voie d'apports nouveaux en nature soumis à publicité foncière.

858 **Publicité foncière.** Les augmentations de capital par apport d'immeubles ou droits immobiliers et de baux de plus de douze ans sont soumises aux mêmes règles que celles applicables aux apports de même nature et consistance effectués lors de la constitution d'une société : identification des immeubles, identification des parties, effet relatif, authenticité, etc. (V. **Constitution de société**).

II

Droits et taxes exigibles

859 **Principe.** L'augmentation de capital au moyen d'apports nouveaux autres que des apports en numéraire et assimilés est soumise au régime des apports en société. L'acte qui la constate est, selon le cas, enregistré gratuitement ou soumis aux droits de mutation à titre onéreux et/ou à la TVA, dans les mêmes conditions que si l'apport avait été réalisé lors de la constitution de la société.

On se reportera pour plus de détails aux diverses rubriques : V. **Apports en société-Apports purs et simples** ; **Apports en société-Apports à titre onéreux** ; **Apports en société soumis à la TVA**, et pour l'exposé des règles générales, V. **Constitution de société**.

860 **Augmentation de capital par apport en nature à des groupements forestiers.** Les apports à des groupements forestiers réalisés postérieurement à la constitution du groupement et constitués de terrains en nature de bois et forêts ou de terrains nus à boiser lorsqu'ils sont d'une surface inférieure à 5 hectares et d'un montant inférieur à 7 623 € bénéficiaient d'un enregistrement gratuit en vertu d'un article 810 ter du Code général des impôts. Cet article a été abrogé par la loi de finances pour 2019. Ces apports sont, depuis le 1er janvier 2019, soumis au droit commun applicables aux apports en société (V. **Constitution de société**).

III

Exigibilité des droits

861 **Époque de l'exigibilité.** En ce qui concerne les augmentations de capital, la question se pose de savoir à quel moment l'augmentation est réalisée, sur le plan fiscal et, par conséquent, à quel moment les droits deviennent exigibles sur les apports imposables.

Dans la généralité des cas, le droit d'enregistrement ou la taxe de publicité foncière est exigible sur l'acte constatant l'augmentation de capital au moyen d'apports.
Mais de même qu'en matière de constitution de sociétés (cas exceptionnel), à défaut d'acte la constatant, l'augmentation de capital doit être déclarée dans le délai d'un mois à compter de la réalisation de l'opération au service des impôts compétent (CGI, art. 638 A. – V. BOI-ENR-AVS-20-10-20120912, 1er sept. 2012, n° 100).

862 **Sociétés par actions (sociétés anonymes et sociétés en commandite par actions).** Pour les augmentations de capital des sociétés par actions, comportant des apports en nature ou des avantages particuliers, les droits sont exigibles sur le procès-verbal de l'assemblée générale extraordinaire des actionnaires qui constate la réalisation de l'augmentation du capital, après avoir approuvé l'évaluation des apports ou l'octroi d'avantages particuliers (C. com., art. L. 225-147, al. 3. – V. BOI-ENR-AVS-20-10-20120912, 1er sept. 2012, n° 110).

863 **Sociétés à capital variable. Régime antérieur au 1er janvier 2021.** Antérieurement aux réformes introduites successivement par les lois de finances pour 2019 et 2021 (V. textes du Code général des impôts, en tête du présent fascicule), la doctrine administrative avait envisagé le cas particulier des augmentations de capital dans les sociétés à capital variable. Ainsi, avait-il été admis, afin de tenir compte des conditions particulières de fonctionnement des sociétés à capital variable (SICAV, coopératives, etc.) et d'éviter l'imposition systématique de chaque augmentation de capital, que les droits éventuellement exigibles ne soient liquidés que sur la fraction du capital social qui, à la clôture d'un exercice social, excède le capital précédemment taxé.
Ces droits sont alors perçus sur le procès-verbal de l'assemblée générale des associés statuant sur les résultats dudit exercice.
De même, l'administration avait dispensé les sociétés de ce type de soumettre à l'enregistrement les augmentations de capital en numéraire par voie d'apports purs et simples constatées en cours d'exercice. L'augmentation nette du capital par voie d'apports nouveaux constatée à la clôture de l'exercice est enregistrée au droit fixe (V. BOI-ENR-AVS-20-10-20120912, 1er sept. 2012, nos 120 à 140).

IV
Assiette des droits ou taxes

864 Lorsqu'une société augmente son capital au moyen d'apports nouveaux faits soit en numéraire, soit en nature, le droit d'apport ou de mutation est liquidé exclusivement sur le montant de ces apports dans les mêmes conditions que pour les actes de constitution de société, selon qu'ils sont purs et simples ou à titre onéreux, et non sur le montant cumulé des apports nouveaux et des apports originaires (Sol., 20 nov. 1875 ; Maguéro, V° Société, n° 188).
La solution doit être tenue pour valable, sauf à préciser que, depuis le 1er janvier 2019, l'augmentation de capital au moyen d'apports en numéraire, par l'incorporation de bénéfices, de réserves ou de provisions de toute nature, du capital des sociétés est enregistrée gratuitement (V. *supra*, n° 857).

865 Ce n'est que dans l'hypothèse exceptionnelle où l'augmentation de capital s'accompagnant d'autres transformations importantes donnerait naissance à un être moral nouveau que les droits seraient dus sur l'intégralité du nouveau fonds social (Sol., 22 nov. 1929 : *Instr. enr.*, n° 4056, § 32. – T. civ. Lille, 15 déc. 1876 : *Journ. enr.*, 2062).

Authenticité

Serge LAMIAUX

Sommaire analytique

BIBLIOGRAPHIE : V. sur la loi du 28 mars 2011 : S. Piédelièvre, *Remarques sur les dispositions relatives à l'authenticité, à la publicité foncière et aux mentions manuscrites : Defrénois* 2011, n° 12. – M. Suquet-Cozic, *La condition d'authenticité entre au Code civil : BPIM* juin 2011. – P.-F. Cuif, *Réforme de la publicité foncière (C. civ., art. 710-1). Nouvelles règles et nouvelles pratiques pour le notaire : Bull. Cridon Paris* 2011, n° spécial, n° 15. – *Nouvelles dispositions de l'article 710-1 du Code civil ; conséquences et modalités d'application au sein des conservations des hypothèques : Bull. AMC*, art. 1956. Pour une réflexion plus générale sur l'authenticité, V. L. Aynès (ss dir.), *L'authenticité*, Doc. fr., 2013. – M. Mekki, *Retour vers le futur de l'acte authentique ! : JCP* G 2013, n° 42, 1064. – H. Lécuyer, *Une synthèse de la journée d'où l'authenticité : JCP* N 2013, n° 540, 2011 ; *L'acte authentique, fondements, fonctions, avenir : Defrénois* 2013, n° spécial, n° 20.

I

Réforme de la règle de l'authenticité en matière de publicité foncière

C. civ., art. 710-1. – Tout acte ou droit doit, pour donner lieu aux formalités de publicité foncière, résulter d'un acte reçu en la forme authentique par un notaire exerçant en France, d'une décision juridictionnelle ou d'un acte authentique émanant d'une autorité administrative.

Le dépôt au rang des minutes d'un notaire d'un acte sous seing privé, contresigné ou non, même avec reconnaissance d'écriture et de signature, ne peut donner lieu aux formalités de publicité foncière. Toutefois, même lorsqu'ils ne sont pas dressés en la forme authentique, les procès-verbaux des délibérations des assemblées générales préalables ou consécutives à l'apport de biens ou droits immobiliers à une société ou par une société ainsi que les procès-verbaux d'abornement peuvent être publiés au bureau des hypothèques à la condition d'être annexés à un acte qui en constate le dépôt au rang des minutes d'un notaire.

Le premier alinéa n'est pas applicable aux formalités de publicité foncière des assignations en justice, des commandements valant saisie, des différents actes de procédure qui s'y rattachent et des jugements d'adjudication, des documents portant limitation administrative au droit de propriété ou portant servitude administrative, des procès-verbaux établis par le service du cadastre, des documents d'arpentage établis par un géomètre et des modifications provenant de décisions administratives ou d'événements naturels.

866 **Loi du 28 mars 2011.** La loi n° 2011-331 du 28 mars 2011 (*JO* 29 mars) de modernisation des professions judiciaires ou juridiques et certaines professions réglementées, dans son article 9, introduit au titre des dispositions relatives à la publicité foncière, une réforme substantielle dans les modalités de mise en œuvre de la règle de l'authenticité. Cette règle édictée par l'article 4 du décret du 4 janvier 1955 se trouve désormais posée par l'article 710-1 nouveau du Code civil, qui emporte d'importantes modifications au regard de l'énoncé du principe, de son contenu et de ses exceptions.
Toutefois, les dispositions anciennes gouvernant l'authenticité, tant dans le décret précité que dans celui du 14 octobre 1955, ne sont tacitement abrogées que dans la limite de leur incompatibilité avec la loi nouvelle.

867 **Observation préliminaire.** Le législateur a souhaité que la règle de l'authenticité relevant du niveau du décret soit désormais inscrite dans le Code civil afin de l'élever au niveau législatif, pour asseoir davantage la sécurité juridique de ce principe et confirmer les compétences des notaires en matière immobilière. Est ainsi inséré au sein du livre deuxième du Code civil un nouveau titre cinquième intitulé « De la publicité foncière » comprenant un chapitre unique intitulé « De la forme authentique des actes » qui comprend lui-même un seul article 710-1 (V. ce texte ci-dessus). Il s'agit d'une première étape de la codification à venir du droit de la publicité foncière.
Ce nouvel article est applicable à tous les actes déposés à compter du 30 mars 2011.
Au plan pratique, il sera renvoyé à la présente rubrique **Authenticité** dans chacune des autres rubriques du Guide concernées par la mise en œuvre de ce principe.

II

L'exigence d'authenticité

A Le nouveau dispositif : forme des actes pouvant être publiés

1 Principe général : authenticité de l'acte

868 L'article 710-1, alinéa 1er du Code civil pose le principe que tout acte ou droit doit, pour donner lieu aux formalités de publicité foncière, résulter d'un acte reçu en la forme authentique par un notaire exerçant en France, d'une décision juridictionnelle ou d'un acte authentique émanant d'une autorité administrative.
On a pu remarquer à juste titre qu'en précisant qu'un droit, pour être publié, doit résulter d'un acte, le texte consacre le principe doctrinal traditionnel selon lequel le système français de publicité foncière est une publicité d'actes et non une publicité de droits, ce qui exclut toute publication de droits ne figurant pas dans un acte (M. Suquet-Cozic, citée en bibliographie).

869 L'article 710-1, alinéa 2 interdit expressément la publicité foncière d'un acte sous seing privé, contresigné ou non, déposé au rang des minutes d'un notaire même avec reconnaissance d'écriture et de signature. Cette catégorie d'actes ne pourra plus désormais bénéficier des dispositions de l'article 68 du décret du 14 octobre 1955 qui les considéraient comme établis conformément à ses propres prescriptions, au regard de l'exigence de l'authenticité.
S'agissant d'un texte de publicité foncière, il demeure sans influence sur les caractéristiques reconnues à l'acte déposé au regard de sa force probante et de sa force exécutoire.

2 Exceptions

870 L'article 710-1, alinéa 2 prévoit toutefois deux cas dans lesquels des actes sous seing privé peuvent faire l'objet d'une publication au fichier immobilier à la condition d'être annexés à un acte qui en constate le dépôt au rang des minutes d'un notaire :
– les procès-verbaux des délibérations des assemblées générales préalables ou consécutives à l'apport des biens ou droits immobiliers à une société ou par une société. Cette exception existait déjà à l'article 4 du décret du 4 janvier 1955 ;
– les procès-verbaux d'abornement (bornage).
Dans ces deux cas, aucune reconnaissance d'écriture et de signature n'est requise.
Une réponse ministérielle formule une règle d'interprétation de ce texte. Rappelant que la volonté du législateur a été de limiter les exceptions au principe de l'authenticité de l'acte à publier, elle énonce qu'il n'y a pas lieu d'adopter une lecture extensive de l'article 710-1, alinéa 2 afin d'en étendre l'application à des cas qui ne sont pas expressément visés : en l'espèce aux associations (Rép. min. n° 63 502 : *JOAN* Q 7 juin 2016, p. 5126).

871 **Prérogatives des avocats.** La loi n° 2016-1547 du 18 novembre 2016 (art. 102) a complété l'article 32 du décret du 4 janvier 1955 par un alinéa ainsi rédigé :

> « Les avocats sont habilités à procéder aux formalités de publicité foncière, pour les actes prévus au dernier alinéa de l'article 710-1 du Code civil pour les actes dressés par eux ou avec leur concours ».

Sur les incidences de ce texte, V. : C. Laporte, *Le grand retour des avocats dans le décret du 4 janvier 1955 : JCP* G 2016, n° 49, 1306.

➤ Sur les formalités de publicité foncière concernées, V. l'énumération faite par l'article 710-1 dernier alinéa, V. n° 872.

➤ Sur les discussions nées à propos des documents établis lors du divorce sans intervention du juge, V. **Divorce**.

3 Dérogations

872 L'article 710-1, alinéa 3 énumère limitativement les formalités de publicité foncière pour lesquelles son alinéa 1 posant le principe de l'authenticité n'est pas applicable :
– les assignations en justice ;
– les commandements valant saisie, les différents actes de procédure qui s'y rattachent ;
– les jugements d'adjudication ;
– les documents portant limitation administrative au droit de propriété ou portant servitude administrative ;
– les procès-verbaux établis par le service du cadastre ;
– les documents d'arpentage établis par un géomètre ;
– les modifications provenant de décisions administratives ou d'événements naturels.

4 Sanction du défaut d'authenticité

873 La loi du 28 mars 2011 n'a pas prévu de sanction en cas de non-respect par les actes présentés à la formalité des règles de l'article 710-1, ni modifié sur ce point les dispositions des décrets de 1955.
Mais il ne fait aucun doute que ce nouveau texte dont la valeur symbolique d'entrée dans le Code civil a été soulignée renvoie implicitement à la sanction du **refus de dépôt** prévu notamment par l'article 68 du décret du 14 octobre 1955, sauf à le priver de toute portée pratique au mépris de l'objectif poursuivi par le législateur.
Un arrêt de la Cour de cassation a énoncé que le conservateur des hypothèques – et donc aujourd'hui le service de la publicité foncière – doit contrôler la valeur authentique, au sens de l'article 4 du décret du 4 janvier 1955, des actes dont la publicité est sollicitée (Cass. 3e civ., 10 juill. 2013, n° 12-16 193 : *JurisData* n° 2013-015447).

B Application aux décisions des juridictions et aux actes présentés à la formalité

1 Décisions prises par les juridictions

a) Décisions juridictionnelles françaises

874 Le décret du 4 janvier 1955 prévoyait la publication des décisions judiciaires. Le premier alinéa de l'article 710-1 contient une innovation qui n'est pas anodine en limitant aux seules décisions **juridictionnelles** la publicité foncière des décisions prises par les juridictions. À cet égard, on considère que seules les décisions judiciaires qui tranchent un point de droit relatif à un contentieux portant sur un immeuble ou un droit immobilier présentent cette qualité.
Tel n'est pas le cas des décisions judiciaires ayant pour objet de donner acte aux parties de l'accord qu'elles ont passé entre elles dont le dépôt devra être refusé pour défaut d'authenticité, contrairement à la jurisprudence de la Cour de cassation (Cass. 1re civ., 16 mai 2006).

875 Toutefois, les conservateurs – comme aujourd'hui les services de la publicité foncière – n'étant pas juges au fond des actes qui leur sont présentés, n'ont pas en principe à apprécier le caractère juridictionnel ou non d'une décision de justice. C'est la raison pour laquelle la plus grande prudence leur a été recommandée par leur association (AMC), en ne refusant le dépôt que lorsque le caractère non juridictionnel est incontestable, par exemple les jugements homologuant des transactions constatées par acte sous seing privé en application de l'article 1441-4 du Code de procédure civile.
Il serait néanmoins souhaitable qu'une liste des décisions non juridictionnelles et donc non publiables au fichier immobilier soit établie par les pouvoirs publics.

876 **Cas particulier de jugements d'homologation : les jugements d'homologation en cas de divorce ou de changement de régime matrimonial.** Dès lors que ces jugements homologuent une convention notariée de règlement des conséquences patrimoniales d'un divorce ou d'un changement de régime matrimonial, ils sont publiables au fichier immobilier à l'appui de la convention qu'ils homologuent.

b) Décisions des juridictions étrangères

877 L'article 710-1, alinéa 1er ne prévoit aucune disposition particulière en ce qui concerne les décisions émanant de juridictions étrangères. Leur publication est donc subordonnée, comme pour les décisions des juridictions françaises, à leur qualification de décision juridictionnelle.
Toutefois, quant aux modalités de publication de ces décisions, elles demeurent soumises aux dispositions non abrogées par la loi du 28 mars 2011 du décret du 4 janvier 1955 dans la limite de leur compatibilité avec la loi.
Sont donc applicables les dispositions de l'article 4, alinéa 3 réglementant les conditions de publication des « décisions rendues par les juridictions étrangères ».
C'est ainsi que ces décisions, qui ne revêtent pas la forme d'acte sous seing privé dont la publication est prohibée par l'article 710-1, continueront pour l'exécution de la formalité à être déposées au rang des minutes du « notaire français » visé par l'article 4 ci-dessus (c'est-à-dire le notaire exerçant en France).

2 Actes divers affectés par la réforme

878 **Traités de fusion. Problématique.** L'application stricte des dispositions de l'article 710-1 du Code civil interdisant la publicité foncière des actes sous seing privé déposés au rang des minutes d'un notaire, même assorti de la reconnaissance d'écriture et de signature devrait conduire à ne plus permettre la publication des traités de fusion. L'analyse des modalités de réalisation des opérations de fusion conduit cependant à adopter une position contraire.
On observe en effet qu'un traité de fusion non approuvé par une assemblée générale consécutive à l'apport des biens qu'il constate est, faute de consentement des parties, dépourvu de valeur juridique.
Inversement, une délibération d'assemblée générale consécutive à une opération d'apport ou de fusion ne peut être publiée que si les stipulations du traité d'apport ou de fusion portant transmission des immeubles le sont également.

879 **Traités de fusion. Modalités de publication retenues.** Il résulte de l'analyse ci-dessus que les dispositions de l'article 710-1, alinéa 2 relatives aux procès-verbaux des assemblées générales ne s'opposent pas à la publication au fichier immobilier des actes de dépôt au rang des minutes d'un notaire **de l'ensemble** formé par ces procès-verbaux consécutifs aux opérations d'apport et les **traités de fusion** ou un extrait de ceux-ci que l'assemblée générale a approuvés. En effet, les informations indispensables à l'exécution de la formalité (description des immeubles, identification des parties, effet relatif) figurent dans le traité ou son extrait. Toutefois, si l'acte de dépôt pour minute comprend à la fois les procès-verbaux et le traité de fusion, l'Administration exige alors que l'acte contienne la reconnaissance d'écritures et de signatures à l'égard du traité fusion (note interne n° 2013-2, JF-1B, avr. 2013 ; *contra* : M. Suquet-Cozic, *Faut-il une reconnaissance d'écriture et de signature pour publier une fusion de sociétés ? : Sol. not.* nov. 2015, n° 11, art. 216, p. 24.).

880 **Procès-verbaux de délibération des associations.** Si, en vertu de l'article 710-1, alinéa 2 du Code civil, les procès-verbaux des délibérations de l'assemblée préalables ou consécutifs à l'apport de biens ou droits immobiliers à une société ou par une société peuvent être publiés même lorsqu'ils ne sont pas dressés en la forme authentique, il n'y a pas lieu d'étendre le bénéfice de cette mesure aux associations (Rép. min. n° 63 502 : *JOAN* Q 7 juin 2016, p. 5126. V. n° 870).

881 **Règlements de copropriété.** Avant la réforme, l'article 85 du décret du 14 octobre 1955 disposait que « lorsque le procès-verbal des délibérations de l'assemblée des copropriétaires prises conformément à l'article 9 de la loi modifiée du 28 juin 1938 **pour compléter ou modifier le règlement de copropriété** n'a pas été dressé en la forme authentique, une copie ou un extrait de ce procès-verbal, certifié par le représentant

de la collectivité des copropriétaires, est déposé au rang des minutes du notaire détenteur de la minute du règlement de copropriété qui en assure la publication ».
La règle posée par l'article 710-1, alinéa 2 interdit ces modalités de publication en sorte que les procès-verbaux de l'espèce devront désormais être réitérés en la forme authentique pour pouvoir être publiés au fichier immobilier.
Bien entendu, le règlement de copropriété d'origine, publié en vertu de l'article 35-6° du décret du 4 janvier 1955 doit lui-même être reçu en la forme authentique par un notaire exerçant en France pour être publié.

882 **États descriptifs de division (EDD).** Que ces EDD soient contenus dans le règlement de copropriété ou dans un acte spécial ou un cahier des charges, s'ils n'ont pas été établis en la forme authentique leur publication nécessite leur réitération dans cette forme, en y annexant éventuellement l'acte sous seing privé d'origine, l'article 710-1 excluant le dépôt de ce dernier au rang des minutes d'un notaire avec reconnaissance d'écriture et de signature pour accomplir la formalité.
On observera cependant qu'aucune disposition de l'article 71 du décret du 14 octobre 1955 n'impose la signature des parties et qu'un notaire serait susceptible d'établir un EDD sous forme d'attestation signée par lui, sous sa responsabilité. L'AMC estime que le refus du dépôt d'un tel acte ne pourrait être opposé.

883 **Promesses de vente.** Les promesses de vente unilatérales ou synallagmatiques très souvent établies sous seing privé (SSP) pouvaient être publiées après dépôt au rang des minutes d'un notaire avec reconnaissance d'écriture et de signature. Les nouvelles dispositions imposent maintenant qu'elles soient établies dès l'origine par acte authentique ou réitérées dans cette forme par acte notarié.
En revanche, la faculté ouverte au bénéficiaire d'une promesse de vente de procéder à la publication de ses droits par anticipation à titre conservatoire prévue par l'article 37-2° du décret du 4 janvier 1955, la « prénotation », n'est pas remise en cause par la réforme.
En effet, si cette faculté revêt la voie judiciaire, la demande en justice tendant à obtenir la réitération ou la réalisation en la forme authentique de la promesse sous seing privé entre dans le cadre des dérogations de l'article 710-1, alinéa 3 visant « les assignations en justice » et publiée comme telle.
Si cette faculté revêt la forme notariale, le procès-verbal notarié constatant le défaut ou le refus du cocontractant ou promettant de procéder auxdites réitération ou réalisation, ou la déclaration, par acte notarié de la volonté du bénéficiaire de l'acte d'exiger la réitération ou la réalisation sont nécessairement reçus en la forme authentique exigée par le Code civil.

884 **Baux de plus de douze ans.** Obligatoirement publiés en vertu de l'article 28 1° b) du décret du 4 janvier 1955, l'article 710-1 impose qu'ils aient été reçus en la forme authentique ou réitérés en cette forme.

885 **Documents relatifs aux lotissements.** Il convient de distinguer deux catégories de documents :
– *l'arrêté du maire portant autorisation d'aménager* qui est un acte émanant d'une autorité administrative visé par l'article 710-1, alinéa 1er. Les pièces et documents administratifs qui y sont annexés (plan et règlement de lotissement) acquièrent une nature réglementaire (CE, avis, 5 juill. 1991, n° 124072) et sont publiables ;
– *le cahier des charges de lotissement* dont la nature contractuelle a pour conséquence qu'il ne peut plus être publié que s'il a été établi en la forme authentique, ce qui conduira le plus souvent à la réitération de son contenu dans un acte notarié.

886 **Actes reçus par des officiers publics ou ministériels étrangers.** Leur publication était régie par l'article 4, alinéa 3 du décret du 4 janvier 1955 qui en prévoyait les modalités pratiques : dépôt au rang des minutes d'un notaire français (ou publication s'ils ont été rendus exécutoires en France).
La rédaction précise et impérative de l'article 710-1 visant exclusivement l'acte « reçu en la forme authentique par un **notaire exerçant en France** » rend incompatibles les dispositions du décret de 1955, qui se trouvent donc implicitement abrogées. L'acte étranger devra donc faire l'objet d'une réitération par un acte reçu par un notaire exerçant en France pour pouvoir être publié.
L'AMC s'est néanmoins interrogée sur la compatibilité de l'article 710-1 du Code civil avec les règlements communautaires et les traités, pour adopter une position plus nuancée et conseiller aux conservateurs des hypothèques de s'en tenir aux principes suivants (art. 1956 cité en bibliographie) :
– pour les actes relevant d'un règlement communautaire, lorsqu'ils auront été rendus exécutoires en France au moyen d'une requête présentée devant le Président de la chambre des notaires, à l'issue de laquelle le certificat visé à l'article 57 du règlement n° 44/2001/CE du 22 décembre 2000, attestant de son caractère exécutoire et de son authenticité aura été établi, il conviendra de ne pas relever de cause de refus ;
– pour les actes (au demeurant peu nombreux) ne relevant pas de ce règlement et émanant de pays étrangers, de saisir pour avis la commission juridique

de l'AMC si des actes établis par des officiers publics ou ministériels étrangers venaient à être déposés sans avoir fait l'objet d'une réitération dans un acte reçu par un notaire exerçant en France.

3 Documents constatant divers changements (D. 4 janv. 1955, art. 28, 9°)

887 Il s'agit des changements de nom ou prénoms des personnes physiques et de la dénomination ou du siège des sociétés, associations, syndicats et autres personnes morales, qui doivent obligatoirement être publiés en vertu de l'article 28, 9° du décret du 4 janvier 1955.

Les modalités de leur publication sont définies par l'article 70 du décret du 14 octobre 1955 qui, notamment pour les personnes morales autres que les sociétés commerciales, admet comme pièce justificative « tout acte authentique ou sous seing privé constatant le changement de dénomination ou de siège ».

S'agissant de la publication de simples **documents justificatifs**, non constitutifs ou translatifs d'un droit, on peut considérer que même sous forme d'un acte seing privé, les changements de dénomination ou de siège de sociétés non commerciales pourront continuer à être acceptés à la formalité sans contrevenir aux dispositions de l'article 710-1.

III Notion d'acte authentique

888 **Définition.** Aux termes de l'article 1369 (anc. art. 1317) du Code civil :

> « L'acte authentique est celui qui a été reçu, avec les solennités requises, par un officier public ayant compétence et qualité pour instrumenter ».

Il résulte de ce texte qu'un acte n'est authentique que dans la mesure où les conditions suivantes sont remplies :
- l'acte doit être dressé par un officier public ;
- cet officier public doit être compétent ;
- et les formalités exigées par la loi doivent être observées (pour plus de détails, V. *JCl. Notarial Formulaire*, V° Acte notarié, Fasc. 20 par D. Montoux et J.-F. Pillebout).

Il est rappelé qu'un acte authentique peut désormais être dressé sur support électronique, « s'il est établi et conservé dans des conditions fixées par décret en Conseil d'État » (C. civ., art. 1369, al. 2. – V. J. Huet, *L'acte authentique électronique : petit mode d'emploi : D.* 2005, chron. p. 2903. – M. Grimaldi et B. Reynis, *L'acte authentique électronique : Defrénois* 2003, art. 37 798).

Il a été jugé que l'annexion d'un acte sous seing privé à un acte notarié ne le transformait pas en acte authentique (Cass. 3e civ., 19 juin 2001, n° 99-14.714 : *JurisData* n° 2001-010220).

A Actes notariés

889 D'une manière générale, seuls les notaires ont compétence pour constater, à titre authentique, les conventions intervenues entre les particuliers et recevoir les actes et contrats auxquels les parties doivent ou veulent faire donner le caractère d'authenticité attaché aux actes de l'autorité publique (Ord. n° 45-2590, 2 nov. 1945, art. 1. – Pour plus de détails, V. *JCl. Notarial Formulaire*, V° Acte notarié, Fasc. 20 par D. Montoux et J.-F. Pillebout).

890 **Authentification notariale et Traité sur le fonctionnement de l'Union européenne.** Le propriétaire d'un immeuble situé en Autriche présente en République tchèque une demande d'inscription au livre foncier autrichien d'un projet de vente de ce bien. Sa signature est authentifiée par un avocat tchèque conformément au droit tchèque. Le tribunal autrichien saisi de la demande d'inscription la refuse au motif que, contrairement à ce qu'exige le droit autrichien, la signature n'a pas été authentifiée par un tribunal ou un notaire. À l'occasion de cette affaire s'est posé la question de savoir si l'article 56 du Traité sur le fonctionnement de l'Union européenne permettait à une disposition du droit national de l'État du registre de réserver aux notaires l'authentification des signatures sur les documents nécessaires à la création ou au transfert de droits réels immobiliers, avec cette conséquence que la déclaration attestant de la véracité de la signature, dressée dans son État d'établissement par un avocat, n'était pas reconnue dans l'État du registre, alors que, dans son État d'établissement, cette déclaration avait la même valeur juridique que l'authentification par les autorités. Saisie de la difficulté, la Cour de justice de l'Union européenne a répondu par l'affirmative (CJUE, 9 mars 2017, aff. C-342/15. – CJUE, communiqué, 9 mars 2017 : *JCP* N 2017, n° 11, act. 350).

891 Contestation concernant le caractère authentique de l'acte notarié. La Cour de cassation a rendu le même jour cinq arrêts concernant la régularité d'actes de prêts établis par des notaires. Des contrats de prêt authentiques avaient été conclus en l'absence des emprunteurs. Mais les procurations établies par ces derniers n'avaient été ni annexées aux actes de prêt ni déposées au rang des minutes de l'office. La Cour de cassation, se prononçant sur le visa de l'article 8 – devenu article 21 – du décret du 26 novembre 1971 et de l'article 1318 (devenu art. 1370) du Code civil, a décidé que les actes de prêt avaient de ce fait perdu leur caractère authentique et que les banques ne détenant pas de titre exécutoire n'étaient pas, en particulier, fondées à inscrire une hypothèque judiciaire provisoire (Cass. 2e civ., 7 juin 2012, n° 11-16.107 : *JurisData* n° 2012-012253 ; *JCP* N 2012, n° 24, act. 624 et 626. V., dans le même sens CA Versailles, 16e ch., 5 juill. 2012 : *JurisData* n° 2012-017812. – CA Paris, pôle 4, 8e ch., 21 juin 2012 : *JurisData* n° 2012-017347). Ces arrêts sont en contradiction avec un précédent arrêt, rendu cette fois par la première chambre civile (Cass. 1re civ., 22 mars 2012, n° 11-11.925 : *JurisData* n° 2012-004880 ; *Bull. civ.* 2012, I, n° 66. – V., sur les discussions auxquelles a donné lieu cette jurisprudence, Ph. Théry, *Défaut d'annexion des procurations à la minute d'un acte de prêt* : *JCP* N 2012, n° 35-1311, et du même auteur, *Faut-il reproduire les annexes dans les copies exécutoires ?* : *JCP* G 2012, n° 16-471. – Ph. Delebecque, *L'acte authentique imparfait : observations sur le défaut d'annexion de procurations dans un acte notarié* : *JCP* N 2012, n° 9-263).
La chambre mixte de la Cour de cassation a finalement décidé que l'inobservation de l'obligation, pour le notaire, de faire figurer les procurations en annexe de l'acte authentique ou de les déposer au rang de ses minutes ne fait pas perdre à l'acte son caractère authentique et, par là même, son caractère exécutoire (Cass. ch. mixte, 21 déc. 2012, n° 11-28.688 : *JurisData* n° 2012-030210. – Cass. ch. mixte, 21 déc. 2012, n° 12-15.063 : *JurisData* n° 2012-030211 ; *JCP* N 2013, act. 124 et 125).

B Décision de justice

892 Caractère authentique. Les décisions de justice ont un caractère authentique (sur les conditions dans lesquelles ces décisions peuvent être publiées, V. **Décision de justice**).

893 Homologation d'une transaction. V. **Transaction**.

C Actes des auxiliaires de justice

894 Actes d'huissier. L'acte dressé par un huissier de justice, en vertu d'une disposition légale, a également le caractère d'authenticité exigé par l'article 4 du décret du 4 janvier 1955 et peut, par suite, être publié. En revanche, l'acte par lequel un huissier constate la mainlevée d'un commandement pour valoir saisie n'a pas le caractère authentique car il n'entre pas dans les attributions légales des huissiers (TGI Caen, 11 févr. 1993 : *Bull. AMC* 1997, art. 1748).

895 Actes établis par les greffiers. Les actes dressés par les greffiers ont le caractère authentique lorsque ceux-ci agissent dans le cadre de leurs fonctions. Ainsi, peut être publiée l'annexe à un jugement d'adjudication du tribunal judiciaire établie par le greffier de ce tribunal et constatant la substitution d'un locataire à l'adjudicataire en vertu de l'article 10 de la loi du 31 décembre 1975 (*Bull. AMC* 1993, art. 1589). Il en est de même pour l'acte dressé par le greffier pour constater la déclaration faite devant lui par le fermier de se substituer à l'adjudicataire (Bulté, chron. hyp. *in JCP* N 1957, IV, 2316).

896 Actes établis par les avocats. En principe, les avocats, qui ne sont pas des officiers publics ou ministériels, ne peuvent pas donner le caractère authentique à leurs écrits.
C'est ainsi, par exemple, que n'a pas un caractère authentique le procès-verbal dressé par le gérant d'une société à l'occasion du changement de siège de celle-ci et certifié conforme par un avocat (*Bull. AMC* 1995, art. 1694).
Il existe cependant une certaine tolérance pour quelques actes dressés par les avocats à l'occasion d'un litige, par exemple pour les conclusions qu'ils déposent ou pour les précisions qu'ils portent au bas d'un jugement en ce qui concerne les immeubles ou les parties. Il a été conseillé à l'époque aux conservateurs de ne pas refuser la publication de conclusions établies par un avoué ou un avocat, bien que ces conclusions n'aient pas le caractère authentique (*Bull. AMC* 1982, art. 1251. – V. **Demande en justice**).

897 Convention de divorce homologuée. L'association des conservateurs a estimé que devait être admise à la publication une convention sous signatures privées réglant les conséquences d'un divorce en ce qui concerne les attributions immobilières de chacun des deux anciens époux, dès lors que le jugement homologuant cette convention avait déjà été ou était simultanément publié (*Bull. AMC* 1993, art. 1588).

898 Divorce par consentement mutuel sans intervention du juge. Sur les difficultés auxquelles donnent lieu les divers documents établis dans le cadre d'un divorce par consentement mutuel sans intervention du juge, lorsqu'ils sont sujets à publicité foncière, V. **Divorce**.

D Actes émanant des collectivités publiques

899 Principe général. Conformément au principe posé par l'article 1369 du Code civil (V. n° 888) le caractère d'authenticité doit être reconnu aux actes régulièrement dressés qui émanent des diverses autorités administratives (notamment des représentants de l'État, des départements et des communes) ayant le droit d'instrumenter dans le lieu où ces actes sont rédigés, c'est-à-dire dans l'exercice de leurs fonctions et dans l'étendue de leurs attributions (V. Bulté, chron. hyp. *in JCP* N 1958, IV, 2510).

900 Applications. L'article L. 1212-1 du Code général de la propriété des personnes publiques pose en principe que les personnes publiques mentionnées à l'article L. 1 du même code ont qualité pour passer en la forme administrative leurs actes d'acquisition d'immeubles et de droits réels immobiliers. L'article L. 1 auquel il est ainsi renvoyé vise l'État, les collectivités territoriales et leurs groupements, ainsi que les établissements publics (V. **État, Collectivités et personnes publiques, Commune, Département, Établissement public**).

L'article L. 1212-6 du même code précise que : « la réception et l'authentification des actes d'acquisition immobilière passés en la forme administrative par les collectivités territoriales, leurs groupements et leurs établissements publics » ont lieu « dans les conditions fixées à l'article L. 1311-13 du Code général des collectivités territoriales ». L'article L. 1212-7, rédigé dans les mêmes termes, vise les actes passés en la forme administrative par les collectivités territoriales des départements de la Moselle, du Bas-Rhin et du Haut-Rhin, leurs groupements et leurs établissements publics.

L'article L. 1311-13 du Code général des collectivités territoriales auquel il est fait référence, indique que :

> « Les maires, les présidents des conseils généraux et les présidents des conseils régionaux, les présidents des établissements publics rattachés à une collectivité territoriale ou regroupant ces collectivités et les présidents des syndicats mixtes sont habilités à recevoir et à authentifier, en vue de leur publication au fichier immobilier, les actes concernant les droits réels immobiliers ainsi que les baux, passés en la forme administrative par ces collectivités et établissements publics ».

V. également pour les départements de la Moselle, du Bas-Rhin et du Haut-Rhin, CGCT, art. L. 1311-14.

901 Constitution d'une hypothèque. Le texte ne permet pas au président d'un conseil général d'établir valablement l'acte constitutif d'une hypothèque garantissant un prêt contracté par le département. En effet, l'acte constitutif d'une hypothèque ne doit pas seulement être dressé en la forme authentique : il faut encore qu'il soit reçu par un notaire (C. civ., art. 2416 ; *Bull. AMC* 1982, art. 1260).

902 Acte administratif dressé par un élu autre que le président d'un établissement public de coopération intercommunale. L'article L. 1311-13 du Code général des collectivités territoriales précité (V. n° 900) prévoit dans son alinéa 2 que la collectivité ou l'établissement public est représenté lors de la signature de l'acte par un adjoint ou un vice-président dans l'ordre de leurs nominations. La rédaction de ce texte confirme que l'autorité habilitée à recevoir et authentifier un acte ne peut déléguer cette faculté et prévoit son remplacement pour représenter la collectivité ou l'établissement public à la signature de l'acte.

S'il apparaît que c'est la personne habilitée à signer l'acte qui l'a reçu et celle habilitée à le recevoir et à l'authentifier qui l'a signé, conservateur (comme aujourd'hui le service de la publicité foncière) doit relever cette inversion et refuser le dépôt au motif que, reçu et dressé par une autorité non habilitée, il ne revêt pas la qualité d'acte authentique. Cependant, si cet acte est publié par erreur au fichier immobilier, le conservateur ne peut relever par la suite aucune anomalie au regard de l'effet relatif si un acte de disposition ultérieur le cite comme origine de propriété avec ses références de publication (*Bull. AMC* 2009-2010, art. 1938).

Bail à construction

Neyla GONZALEZ-GHARBI

Sommaire analytique

Index alphabétique

BIBLIOGRAPHIE : N. Gonzalez-Gharbi, *Bail de locaux professionnels, crédit-bail immobilier, bail à construction : bref aperçu des nouvelles règles en matière de TVA : Nota Bene* 15 déc. 2010, n° 159. – *JCl. Fiscalité immobilière*, Fasc. 220-1, 225 et 230. – N. Gonzalez-Gharbi, *Le régime fiscal du bail à construction : l'immunité n'est pas la règle : Constr.-Urb.* 2012, études 1 et 2.

903 Nous examinerons tout d'abord le régime fiscal de l'achat du terrain (I) avant d'évoquer la conclusion et la publication du contrat de bail (II). Puis nous préciserons l'incidence de divers événements pouvant survenir en cours de bail (III) ou en fin de bail (IV).

I
Achat du terrain

904 L'achat du terrain destiné à être donné à bail à construction ne bénéficie pas d'un régime fiscal spécifique (V. **Terrains**).

905 Sous le régime antérieur de la TVA immobilière, l'administration avait admis que l'acquisition du terrain soit soumise à la taxe sur la valeur ajoutée si l'acquéreur prenait l'engagement de faire construire un immeuble dans un délai de quatre ans. Il avait été précisé que, si à l'expiration de ce délai la construction n'est pas terminée, l'acquéreur bénéficiera uniquement d'une prorogation automatique d'un an, à l'exclusion de toute autre provision (Rép. min. M. Rocca-Serra, 17 juill. 1971 : *JOAN*, n° 18166, p. 3703 ; *BODGI* 8 A-11-71). Cette solution est caduque après la réforme de la TVA opérée par l'article 16 de la loi de finances rectificative pour 2010 (n° 2010-237) entrée en vigueur le 11 mars 2010.
À ce jour, l'administration fiscale ne s'est pas **publiquement** prononcée sur la question de savoir si, et le cas échéant à quelles conditions, le futur bailleur à construction, lorsqu'il est assujetti à la TVA, peut placer l'acquisition du terrain destiné à être loué par bail à construction, sous le régime de l'exonération de droits de mutation à titre onéreux subordonnée à l'engagement de construire prévue par l'article 1594 OG A du Code général des impôts. Dès lors que, d'une part, le bail à construction ne constitue pas une mutation d'immeuble et qu'en conséquence l'acquéreur du terrain ne peut pas transférer au preneur son engagement de construire (comme le prévoient les dispositions du II de l'article 1594 OG A du Code général des impôts en cas de mutations successives entre assujettis à la TVA) et que, d'autre part, ce bail est exonéré de droits d'enregistrement et de taxe de publicité foncière sans autre condition que celle tenant à sa qualification juridique, il n'est pas avéré, en l'état du droit positif, que le futur bailleur puisse valablement éviter d'avoir à acquitter les droits de mutation à titre onéreux dans les conditions de droit commun. Cette difficulté a été signalée au ministre de l'Économie et des Finances par une question sans recevoir de réponse à ce jour (V. Question n° 100632 : *JOAN* 15 nov. 2016, renouvelée sous le n° 2826 : *JOAN* 14 nov. 2017 ; Question approchante, n° 24746 de M. Pierre Morel-À-L'Huissier : *JOAN* 26 nov. 2019 et en dernier lieu, Question n° 61 de Mme Louwagie : *JOAN* 12 juill. 2022, renouvelée le 18 juillet 2023).

II
Conclusion du contrat de bail

906 Nous examinerons successivement la publicité du contrat (A), les formalités (B), les perceptions opérées (C), en examinant pour terminer le cas particulier où les clauses du bail prévoient le transfert du terrain au preneur (D).
Remarque : On rappellera que l'ancien droit de bail, droit d'enregistrement qui frappait la quasi-totalité des baux, a été supprimé à compter de 1998 (L. n° 98-1267, 30 déc. 1998, art. 12).

A Publicité foncière

907 **Obligation de publier.** La constitution d'un bail à construction est soumise à publication obligatoire : le bail à construction est un droit réel (CCH, art. L. 251-3) qui s'analyse en un droit de superficie (D. 4 janv. 1955, art. 28-1°, a et b).

908 **Identification des immeubles concernés.** Différentes situations doivent être distinguées :
– si le bail porte sur une fraction de parcelle, il est considéré comme entraînant changement de limite de propriété : sa publication suppose donc l'établissement d'un document d'arpentage (D. 4 janv. 1955, art. 7, al. 2), si du moins l'immeuble est situé dans une commune à cadastre rénové. Dans une commune à ancien cadastre, il y avait lieu à établissement d'un état descriptif de division (V. Bulté : *JCP* N 1971, prat. 4957 ; *JCP* N 1979, prat. 7249, chron.) ;
– si le bail porte sur une fraction d'immeuble bâti sans entraîner changement de limites (par ex. sur un étage d'un immeuble en vue de sa surélévation), il y a lieu, à notre avis, de désigner la fraction concernée par référence à un état descriptif de division ;
– s'il porte sur la totalité d'une parcelle cadastrale, bâtie ou non bâtie, il peut être désigné par référence à l'identification cadastrale du terrain ou de l'immeuble concerné sans qu'il soit nécessaire d'établir un état descriptif de division (Rép. min., 11 sept. 1962 : *JO* Sénat CR, p. 1259 ; *JCP* N 1962, IV, 3464 ; *Bull. AMC* 1963, art. 533 ; *JCP* N 1975, prat. 6144, chron. Bulté ; *JCP* N 1992, prat. 2199, note P.J.C).

909 **Absence de publication. Inopposabilité aux tiers.** Un bail d'une durée supérieure à douze ans qui n'a pas été publié, est inopposable pour la période excédant les douze ans aux tiers définis par l'article 30-1 du décret du 4 janvier 1955 et donc à l'acquéreur d'un droit concurrent qui a fait publier son acte (Cass. 3e civ., 19 juill. 1995 [cassation] : *Bull. civ.* 1995, III, n° 205, p. 137 ; *Defrénois* 1995, art. 36214, n° 159, chron. L. Aynès ; *D.* 1996, somm. p. 209, obs. S. Piédelièvre).

B Formalités

910 **Exclusion légale de la formalité unique. Régime antérieur au 1er janvier 2023.** En tant que bail de plus de douze ans à durée limitée, le bail à construction était exclu de la formalité unique (CGI, art. 647-I, al. 2). En conséquence, il était admis que, comme pour les baux à durée limitée d'immeubles urbains, le bail à construction soit dispensé de la formalité de l'enregistrement (BOI-ENR-JOMI-10, 6 oct. 2014, n° 180). Sa présentation volontaire donnait ouverture au droit fixe de 25 € prévu à l'article 739 du Code général des impôts (BOI-ENR-JOMI-10, 2 août 2017, n° 20).

Remarque : On rappellera que l'ancien droit de bail, droit d'enregistrement qui frappait la quasi-totalité des baux, a été supprimé à compter de 1998 (L. n° 98-1267, 30 déc. 1998, art. 12).
➤ Sur le cas où le bail est assujetti à la taxe sur la valeur ajoutée sur option V. nos **915** à **932**.

911 **Régime applicable à compter du 1er janvier 2023. Formalité unique obligatoire.** L'article 22 de la loi n° 2022-1726 du 30 décembre 2022 de finances pour 2023 a modifié le deuxième alinéa de l'article 647 du CGI afin de supprimer l'exclusion des baux de plus de douze ans à durée limitée du régime de la formalité fusionnée. Désormais cette exclusion vise uniquement « les *décisions judiciaires et les actes pour lesquels il est impossible de procéder à la formalité fusionnée* ».
Il en résulte que, sauf pour les baux de plus de douze ans résultant de décisions judiciaires, le bail à construction, conclu par hypothèse pour une durée supérieure à 12 ans, constaté par un acte authentique est soumis à la formalité unique. La nouvelle règle part du postulat que les actes notariés sont soumis obligatoirement à la formalité de l'enregistrement en application du 1° du 1 de l'article 635 du CGI et que cette règle s'applique sans réserve aux actes notariés constatant un bail (V. N. Gonzalez Gharbi, *Baux immobiliers de plus de douze ans : instauration de la formalité unique : Constr.-Urb.* 2023, comm. 26).
La modification de l'article 647 du CGI issue de l'article 22 de la loi de finances pour 2023 donne une base légale à la doctrine administrative qui, à l'occasion d'une mise à jour de la base BOFiP en date **du 24 mars 2021**, avait estimé, modifiant sur ce point ses précédents commentaires relatifs aux formalités d'enregistrement et de publicité foncière applicables à l'acte constatant un bail à construction, lorsqu'il est dressé par un notaire, que l'acte notarié constatant un bail à construction devait être soumis à la formalité unique. « Comme les baux d'immeubles à durée limitée, le bail à construction est dispensé de la formalité de l'enregistrement. Toutefois, si ces derniers sont rédigés par un notaire en la forme authentique, ils devront alors obligatoirement être soumis à la formalité de l'enregistrement (CGI, art. 635) dans le cadre de la formalité fusionnée (CGI, art. 647) » (BOI-ENR-JOMI-30, 24 mars 2021, n° 180. – V. N. Gonzalez Gharbi, *Baux conférant des droits réels immobiliers de plus de douze ans : formalité unique et perceptions incertaines : Constr.-Urb.* 2021, comm. 102).
Contrairement à la doctrine administrative qui ne se prononçait pas sur les perceptions exigibles sur les actes concernés par cette formalité unique, l'article 22 de la loi de finances pour 2023

a modifié les dispositions des articles 665 et 681 du CGI afin que la règle selon laquelle, en matière de formalité fusionnée, la taxe de publicité foncière tient lieu de droits d'enregistrement, s'applique désormais aux baux de plus de douze ans à durée limitée.

C Perceptions

912 Le principe est que le bail à construction est exonéré de taxe de publicité foncière (1) et de TVA (2). Mais la TVA peut devenir applicable sur option du bailleur (3). La contribution de sécurité immobilière est normalement exigible (4).

1 Exonération de taxe de publicité foncière

> **CGI, art. 743. –** Sont exonérés de la taxe de publicité foncière :
>
> 1° Les baux à construction ;

913 En raison de l'exonération de la taxe édictée par l'article 743-1°, la publication s'opère en franchise. Cette exonération ne s'étend pas à la contribution de sécurité immobilière (V. n°s 933 et s.)
L'administration n'a pas encore commenté la réforme issue de l'article 22 de la loi de finances pour 2023.
À notre avis, le droit fixe de 25 € prévu par l'article 739 du Code général des impôts en cas de présentation volontaire de l'acte de bail à la formalité de l'enregistrement ne devrait pas être exigé, dès lors que l'acte notarié est soumis obligatoirement à la formalité unique. Au demeurant, sa perception n'est pas évoquée dans la dernière version du BOI-ENR-JOMI-30, publié le 24 mars 2021.

2 Exonération de taxe sur la valeur ajoutée

> **CGI, art. 261 D. –** Sont exonérés de la taxe sur la valeur ajoutée :
>
> 1° bis Les locations d'immeubles résultant d'un bail conférant un droit réel.

914 Translatif d'un droit réel immobilier, le bail à construction devrait normalement être assujetti à la taxe sur la valeur ajoutée, dans les conditions définies au I de l'article 257 du Code général des impôts. Toutefois, par exception à la règle qui assimile aux immeubles les droits réels immobiliers y relatifs posée par le 1° du 1 du I de l'article 257 du Code général des impôts, la constitution de ce droit réel au profit du preneur (ainsi que les loyers susceptibles d'être stipulés au long du contrat) est exonérée de la taxe sur la valeur ajoutée par le 1° bis de l'article 261 D de ce même code (BOI-TVA-IMM-10-10-20, 2 août 2017, n° 90 qui indique que cette règle est conforme à la jurisprudence communautaire [CJCE, 4 oct. 2001, aff. C-326/99, *Stiching « Goed Wonen »*]).

> **NOTA** L'exonération de TVA s'applique de plein droit au bail à construction, quelles que soient les situations respectives des parties au regard de la TVA.

3 Option pour la taxe sur la valeur ajoutée

> **CGI, art. 260. –** Peuvent, sur leur demande, acquitter la taxe sur la valeur ajoutée :
>
> 5° Les personnes qui consentent un bail visé à l'article 1° bis de l'article 261 D.

915 Nous examinerons successivement les intérêts (*a*) les modalités (*b*) et les effets de l'option (*c*), le redevable de la taxe sur la valeur ajoutée (*d*), l'exigibilité (*e*), le taux (*f*) et l'assiette de la taxe (*g*), les déductions qui peuvent être opérées (*h*) et les modalités de paiement de la taxe sur la valeur ajoutée (*i*).

> **REMARQUE** Pour les baux à construction conclus dans le cadre du « Pass Foncier », l'administration avait exclu que cette option puisse être formulée, considérant que ces baux se situent hors champ d'application de la TVA (BOI-TVA-IMM-20-20-30-20140715, § 450 à 470).

a) Intérêts de l'option

916 Pour le bailleur, qui désormais est le seul à pouvoir opter en faveur de l'application de la TVA (V. n° 918), l'option ne présente d'intérêt que s'il détient des droits à déduction à raison de l'acquisition du terrain ou à raison des travaux qu'il aurait réalisés sur le terrain en vue de la conclusion du bail.

b) Quand et comment opter ?

917 **Moment de l'option.** L'option pour le paiement de la TVA doit être formulée dans l'acte portant bail à construction (CGI, ann. II, art. 201 quater A).

918 **Titulaire de l'option.** Alors que, sous le régime antérieur, l'option pouvait être formulée soit par le bailleur soit par le preneur, pour les baux conclus depuis le 11 mars 2010, c'est le bailleur, redevable légal de la TVA, et lui seul qui peut exercer l'option en faveur de l'assujettissement à la TVA.

919 **Indivisibilité de l'option.** Il était admis, antérieurement à la loi du 9 mars 2010 précitée, que lorsque l'option était exercée, elle portait sur la totalité du bail. Cette disposition avait pour objet d'éviter qu'un même bail à construction ne soit soumis à deux régimes fiscaux différents. Ainsi, lorsque le terrain faisant l'objet du bail était destiné à la construction d'un groupe d'immeubles, il n'était pas possible d'opter pour le paiement de la TVA à raison seulement de la fraction de ce terrain sur laquelle seront édifiés des immeubles devant être utilisés pour l'exercice d'une activité passible de la TVA (Doc. adm. DGI, 8 A-1741, n° 6, 15 nov. 2001). Cette solution paraît rester d'actualité.

c) Effets de l'option

920 **Exonération de taxe de publicité foncière.** Cette exonération résulte de l'article 743-1° du Code général des impôts (V. ce texte *supra*. – BOI-ENR-JOMI-30, n° 190). Elle est indépendante du régime appliqué au bail en matière de TVA.

921 **Contribution de sécurité immobilière.** V. n°s 934 à 936.

d) Redevable de la taxe sur la valeur ajoutée

922 Les règles applicables sont celles de droit commun (V. **TVA immobilière**).
Le redevable de la TVA est, en principe, le bailleur (CGI, art. 283, 1).

e) Fait générateur. Exigibilité

CGI, art. 269. – 2. La taxe est exigible :

c bis*)* Pour le bail à construction, lors de sa conclusion s'agissant de la valeur du droit de reprise visée au 5 de l'article 266 et, s'il y a lieu, lors de l'encaissement pour les loyers ;

923 **Principes.** Le fait générateur intervient dans les conditions de droit commun, c'est-à-dire à la prise d'effet du bail (BOI-TVA-IMM-10-20-20, 12 sept. 2012, n° 130).
La taxe est exigible lors de la réalisation du fait générateur, c'est-à-dire, pour ce qui concerne la valeur du droit de reprise, lors de la conclusion du contrat, puis lors de l'encaissement en ce qui concerne les loyers (BOI-TVA-IMM-10-20-20-20120912, § 140).
En pratique, en tant que redevable légal de la taxe, le bailleur est appelé à l'acquitter lors de la conclusion du bail ; il la répercutera en conséquence sur le preneur.

f) Taux de la taxe sur la valeur ajoutée

924 La TVA est due aux taux de droit commun (V. **TVA immobilière**).

g) Assiette de la taxe sur la valeur ajoutée

CGI, art. 266. – 5. Lorsque le bail à construction est soumis à la taxe sur la valeur ajoutée, la base d'imposition est constituée par la valeur du droit de reprise des immeubles qui doivent revenir au bailleur abstraction faite, le cas échéant, de l'indemnité de reprise stipulée au profit du preneur et du montant des loyers, lesquels sont imposés par ailleurs dans les conditions du *a* du 1.

925 **Principe.** Le 5 de l'article 266 du Code général des impôts prévoit que lorsque l'option prévue au 5 bis de l'article 260 du CGI a été exercée et que le bail à construction est soumis à la taxe sur la valeur ajoutée, la base d'imposition est constituée par la valeur du droit de reprise des immeubles qui doivent revenir au bailleur en fin de bail, abstraction faite, le cas échéant, de l'indemnité de reprise stipulée au profit du preneur et du montant des loyers, lesquels sont imposés par ailleurs dans les conditions qui leur sont propres (BOI-TVA-IMM-10-20-10-20160302, § 380).

926 L'article L. 251-2 du Code de la construction et de l'habitation prévoit que les parties conviennent de leurs droits respectifs sur les constructions réalisées par le preneur et que, faute de stipulations contraires, les améliorations, c'est-à-dire les constructions édifiées par le preneur, reviennent au bailleur à la fin du bail.
Dès lors, au même titre, s'il en est prévu, que les loyers versés par le preneur, la valeur des constructions revenant au bailleur à la fin du bail constitue la contrepartie de la mise à disposition du terrain au profit du preneur. Les parties sont libres de déterminer dans l'acte la valeur du droit de reprise, sous réserve du droit de contrôle de l'administration.
En outre, dans le cas où la valeur de reprise des constructions dépasse la valeur de la mise à disposition du terrain sur la durée du bail, il peut être prévu qu'une indemnité est versée par le bailleur

en fin de bail pour rétablir l'équilibre contractuel du bail. Cette indemnité de reprise vient par conséquent corriger, en diminution, la valeur du droit de reprise. Lorsqu'elle est versée au preneur, cette indemnité constitue le prix de la rétrocession des constructions au bailleur et doit suivre, en tant que telle, le régime applicable à la livraison de l'immeuble revenant au bailleur (BOI-TVA-IMM-10-20-10-20160302, § 390).

927 **Cas pouvant se rencontrer.** En fonction de l'équilibre économique du contrat et du choix des parties, la base d'imposition peut donc être composée des deux ou d'un seul des éléments suivants :
– le montant des loyers versés au cours du bail ;
– la valeur du droit de reprise prévue au contrat (encore dénommé « droit d'accession ») diminuée, s'il en est prévu une, de l'indemnité de reprise stipulée au profit du preneur (BOI-TVA-IMM-10-20-10-20160302, § 400).

928 **Méthode d'évaluation du « droit de reprise » proposée par l'administration.** L'administration a fait connaître que, sans préjudice de toute autre méthode justifiée par les circonstances de fait, et à titre d'exemple, les parties pourront retenir la méthode suivante aux fins d'évaluer la valeur du droit de reprise. Considérant qu'il constitue l'équivalent économique du loyer qu'il serait possible d'obtenir (en complément, s'il y a lieu, du loyer courant déjà stipulé au contrat) d'un bail portant pour une durée identique et sur un terrain comparable, il est permis d'estimer sa valeur à la date de conclusion du contrat à la somme de tels loyers indexés sur l'érosion monétaire et ramenés à la même date par un taux d'actualisation dérivé de celui auquel pourraient se financer les parties (BOI-TVA-IMM-10-20-10-20160302, § 400).

929 **Exemple.** Si L est le loyer indexé qu'il serait possible d'obtenir au terme de la première année, d la durée du bail en années et i le taux d'actualisation retenu (net de l'érosion monétaire), la somme des loyers actualisés en T0 est :
L × (1 + i) d – 1.
i × (1 + i) d
Soit, par exemple, pour trente années et i = 4 %, une valeur actualisée égale à 17,29 × L.
Le loyer lui-même pourra être estimé comme le produit de la valeur du terrain et d'un taux de rendement foncier approprié (BOI-TVA-IMM-10-20-10-20160302, § 400, Remarque).

930 **Clause de transfert de propriété au terme du bail.** Sur ce point, V. n°s 937 et 938. Il y a lieu de rappeler que lorsque le bail comporte une clause de transfert de la propriété au profit du preneur au terme du contrat, la vente est parfaite et doit dès lors être considérée comme une livraison d'immeuble soumise à la TVA dans les conditions qui lui sont propres. Inversement, si cette clause de transfert de propriété au preneur du bail s'analyse comme une simple promesse de vente ou une vente sous conditions suspensives, la constitution du bail conserve le caractère d'une location ayant le caractère d'un droit réel et assortie d'une mutation éventuelle au terme du bail dont le régime dépendra des conditions propres à sa réalisation (BOI-TVA-IMM-10-10-20-20170802, § 100).
Lorsque le bail comporte une clause de transfert de la propriété au terme du contrat, la TVA sera en tout état de cause assise sur l'ensemble des contreparties constituant le prix de la vente, à savoir la totalité des loyers et le cas échéant le prix complémentaire prévu à la fin du bail (BOI-TVA-IMM-10-20-10-20160302, § 410).

h) Déductions

931 **Droits à déduction du bailleur.** L'instruction du 29 décembre 2010 (*BOI* 3 A-9-10) est muette sur la détermination des droits à déduction du bailleur. Il en est de même du BOFiP (comp., pour la cession de l'usufruit ou de la nue-propriété, BOI-TVA-IMM-10-30-20160302, § 190 à 230).
Sous le régime antérieur de la TVA immobilière, l'administration fiscale avait, tirant les conséquences de l'assimilation du bail à construction soumis à la TVA à la vente du terrain à bâtir, précisé : « bien que le bail à construction n'entraîne pas transmission de l'entière propriété du terrain mais emporte seulement constitution d'un droit réel immobilier, le bailleur qui a opté [pour soumettre le bail à la TVA] peut déduire l'intégralité de la taxe qu'il a, le cas échéant, acquittée à raison de l'acquisition du terrain ou qui lui a été facturée par l'entreprise chargée de la réalisation des travaux d'aménagement. Cette déduction peut être opérée quel que soit le laps de temps qui sépare l'acquisition du terrain de la conclusion du bail à construction, dès lors que le bailleur ne réalise pas habituellement d'autres opérations passibles de la taxe sur la valeur ajoutée » (Doc. adm. DGI, 8 A-1741, n° 9, 15 nov. 2001).

i) Paiement de la taxe

932 **Formalité.** Selon le *Bulletin de l'association des conservateurs* (*Bull. AMC* 1973, art. 952), dès lors qu'il y a option pour le régime de la TVA, les parties sont conduites du fait de ce choix,

à présenter volontairement le bail à construction à la formalité de l'enregistrement à la recette des impôts, qui reste compétente pour vérifier si les conditions d'application de ce régime sont remplies et exiger notamment le dépôt de la déclaration de TVA. La formalité de l'enregistrement facultative et celle de la publicité foncière restent donc distinctes, la publication à la Conservation des hypothèques étant effectuée en franchise de taxe.
Cette solution nous semble caduque. La formalité unique instaurée par la loi de finances pour 2023 s'applique quel que soit le régime du bail au regard de la TVA, laquelle en cas d'option est déclarée et acquittée par le bailleur selon les règles de droit commun qui régissent la TVA.

NOTA L'administration fiscale n'a pas précisé les modalités de déclaration et de paiement de la TVA par les bailleurs qui ne sont pas assujettis à la TVA à raison de leur activité courante.

4 Contribution de sécurité immobilière (ancien salaire du conservateur)

933 **Rappel.** Depuis le 1er janvier 2013, on ne parle plus de « conservateur » ou de « conservation » des hypothèques, mais du « service chargé de la publicité foncière ».
Les solutions énoncées ci-dessous à propos du salaire du conservateur restent valables, jusqu'à nouvel ordre, pour la perception de la contribution de sécurité immobilière (V. **Contribution de sécurité immobilière**).

934 **Assiette.** Pour la perception du salaire, il n'y a pas lieu de faire abstraction de la valeur résiduelle des immeubles en fin de bail (*Bull. AMC* 1964, art. 586, § 3 ; ibid. 1971, art. 849). Le salaire exigible doit donc être assis sur le montant cumulé des loyers augmenté de la charge que constitue l'obligation de construire (*Bull. AMC* 1961, art. 459). Cette charge imposée au preneur de remettre les immeubles au bailleur doit être évaluée par les parties (déclaration estimative) et se mesure à la valeur (vétusté déduite) en fin de bail. Elle est essentiellement variable (selon la durée du bail, la nature des immeubles, etc.) et ne peut faire l'objet d'une appréciation mathématique (*Bull. AMC* 1966, art. 661).
Le *Bulletin de l'association mutuelle des conservateurs*, qui rappelle cette règle de perception (*Bull. AMC* 1968, art. 849), précise que la valeur de cette charge est égale à celle des constructions dans l'état où elles se trouveront à l'expiration du bail (*Bull. AMC* 1966, art. 661) et correspond à la différence entre la valeur locative du terrain loué pour la durée du bail et le montant du loyer stipulé pour la même durée (*Bull. AMC* 1962, art. 492. – V. également : Bulté : *JCP* N 1969, IV, 4581 et *JCP* N 1975, IV, 6079).
Le conservateur (aujourd'hui, le service de la publicité foncière) n'est pas fondé à refuser la publication au motif que la valeur indiquée pour le calcul du salaire (aujourd'hui de la CSI) ne serait pas suffisante (*JCP* N 1994, prat. 2885, chron. P.J.C.).

935 **Bail soumis à la taxe sur la valeur ajoutée.** Conformément aux principes applicables en matière de TVA, le salaire porte sur le prix augmenté de la TVA incombant au bailleur (sur le redevable de la TVA, V. n° 922).

936 **Avenant à un bail à construction emportant scission dudit bail en six nouveaux contrats. Salaire proportionnel exigible.** Dans un acte notarié du 21 février 1994 portant avenant à un bail à construction, lui-même consenti le 3 décembre 1990 pour une période de cinquante années à compter de sa conclusion, le bailleur et le preneur, après avoir, pour l'avenir, réduit le loyer mensuel de base en le ramenant de 1 000 000 F à 750 000 F, sont convenus de scinder le bail en six contrats distincts correspondant chacun à l'un des lots d'un lotissement autorisé.
En pareil cas, le salaire proportionnel du conservateur est exigible. Mais les conventions ayant, dans l'esprit des parties, pris effet rétroactivement le 3 décembre 1990, il paraît équitable pour le calcul du salaire de faire abstraction du passé.
En conséquence, le montant cumulé des loyers, appelés à servir de base de calcul, sera limité au total de ceux, taxe sur la valeur ajoutée comprise, restant à courir à compter de la date de la publication et tels qu'en application de la clause d'indexation, ils auront été actualisés à cette date (*Bull. AMC* 1995, art. 1684).

D Cas particuliers. Clauses prévoyant le transfert du terrain au preneur

937 Certains baux à construction sont assortis d'une clause prévoyant le transfert de la propriété du terrain au preneur moyennant le versement d'un supplément de loyer (CGI, art. 151 quater).
Le régime fiscal applicable à cette transmission dépend essentiellement des stipulations du contrat intervenu entre les parties.
La convention peut, en effet, revêtir la forme soit d'une cession pure et simple assortie d'un

terme en ce qui concerne le transfert de propriété, soit d'une vente sous condition suspensive du paiement du prix, soit d'une simple promesse de vente.

938 **Situations pouvant se rencontrer. Liquidation de la TVA.** Il y a lieu de rappeler que lorsque le bail comporte une clause de transfert de la propriété au profit du preneur au terme du contrat, la vente est parfaite et doit dès lors être considérée comme une livraison d'immeuble soumise à la TVA dans les conditions qui lui sont propres. Inversement, si cette clause de transfert de propriété au preneur du bail s'analyse comme une simple promesse de vente ou une vente sous conditions suspensives, la constitution du bail conserve le caractère d'une location ayant le caractère d'un droit réel et assortie d'une mutation éventuelle au terme du bail dont le régime dépendra des conditions propres à sa réalisation (BOI-TVA-IMM-10-10-20-20170802, § 100).
Lorsque le bail comporte une clause de transfert de la propriété au terme du contrat, la TVA sera en tout état de cause assise sur l'ensemble des contreparties constituant le prix de la vente, à savoir la totalité des loyers et le cas échéant le prix complémentaire prévu à la fin du bail (BOI-TVA-IMM-10-20-10-20160302, § 410).

III Événements survenant en cours de bail

939 Nous examinerons successivement le cas de cession des droits du bailleur ou du preneur (A), le cas de prorogation du bail (B) et l'hypothèse de résiliation du bail à construction (C).

A Cession des droits du preneur ou du bailleur

CGI, art. 1378 ter. – Les mutations de toute nature qui ont pour objet, en matière de bail à construction, (...), les droits du bailleur ou du preneur, sont assujetties aux dispositions fiscales applicables aux mutations d'immeubles.

940 **Observation préliminaire.** Tirant les conséquences, sur ce point particulier, de la réforme de la TVA opérée par la loi de finances rectificative pour 2010 (n° 2010-237) entrée en vigueur le 11 mars 2010, l'administration indique (BOI-TVA-IMM-10-10-20-20170802, § 90) :

« S'agissant des droits réels attachés à un bail à construction, à un bail emphytéotique, à un bail réel immobilier ou à un bail réel solidaire, aux termes de l'article 1378 bis du CGI et de l'article 1378 ter du CGI, les mutations ayant pour objet les droits du bailleur ou du preneur en matière de bail emphytéotique, de bail à construction, de bail réel immobilier et de bail réel solidaire sont assujetties aux dispositions fiscales applicables aux mutations d'immeubles.
Dans ce contexte, en visant par symétrie avec la rédaction retenue au 1° bis de l'article 261 D du CGI la seule “location résultant” de tels baux, le législateur n'a entendu exclure de la règle d'assimilation au régime applicable au sous-jacent prévue au 1° du 1 du I de l'article 257 du CGI que la composante locative associée au droit réel dont dispose le preneur d'un tel bail. Dès lors, il s'ensuit que l'exonération spécifique visée au 1° bis de l'article 261 D du CGI, assortie de la possibilité d'option visée au 5° de l'article 260 du CGI, ne trouve à s'appliquer qu'à la constitution du droit au profit du preneur ainsi qu'aux loyers susceptibles d'être stipulés au long du contrat.
Cette solution est conforme à la jurisprudence communautaire selon laquelle est considérée comme une location d'immeuble l'opération qui consiste à conférer à titre exclusif à une personne le droit d'occuper comme s'il en était propriétaire un immeuble pour une durée convenue et contre rémunération, quelle que soit par ailleurs la nature du droit par lequel est conféré ce pouvoir (CJCE, arrêt du 4 octobre 2001, aff. C-326/99, *Stichting “Goed Wonen”*, ECLI : EU : C : 2001 :506).
En revanche, s'agissant de la cession éventuelle tant des droits du bailleur que de ceux du preneur, ils ne sont pas visés par l'exception évoquée ci-dessus et suivent donc à raison de leur caractère de droits réels immobiliers le régime du bien immeuble auquel ils se rapportent ».

1 Cession des droits du bailleur

a) Cession à un tiers

941 L'administration considérait antérieurement à la réforme de la TVA de 2010 que la cession du droit du bailleur n'entrait pas dans le champ d'application de la taxe sur la valeur ajoutée prévue à l'ancien article 257-7° du Code général des impôts. Elle était donc soumise à l'impôt de mutation (taxe de publicité foncière ou droit d'enregistrement) au taux de droit commun, outre les taxes additionnelles, quelle que soit la date à laquelle elle intervenait (Doc. adm. DGI, 8 A-1742, n° 1, 15 nov. 2001 ; Doc. adm. DGI, 7 C-135, 1er oct. 2001). Cette analyse, reprise au *BOFiP* mis en ligne le 12 septembre 2012, est toujours en vigueur (BOI-ENR-JOMI-30, 24 mars 2021, n° 210).

(Sur le maintien en l'état de cette solution administrative dont il résulte que, comme antérieurement, la cession des droits du bailleur est exonérée de TVA, et soumise aux droits de mutation dans les conditions de droit commun, quelle que soit la date à laquelle elle intervient, nonobstant les dispositions de l'article 257, I-1-1° du Code général des impôts aux termes desquelles : « Sont assimilés à des biens corporels et suivent le régime du bien immeuble auquel ils se rapportent : les droits réels immobiliers, à l'exception des locations résultant de baux qui confèrent un droit de jouissance », V. *Dossiers pratiques F. Lefebvre, La TVA immobilière après la réforme*, n° 5300).

Toutefois, le bailleur, s'il agit en qualité d'assujetti à la TVA, devrait avoir la possibilité d'opter pour la taxation à la TVA, dans les conditions prévues à l'article 260, 5° du Code général des impôts. En ce cas, la TVA sera due sur le prix total de vente de ses droits (CGI, art. 266).

b) Cession du terrain au preneur pendant le cours du bail

942 **Régime fiscal.** Le régime fiscal ne présente pas de particularités :

– si le terrain cédé est un terrain à bâtir et que le cédant est un assujetti à la TVA agissant en tant que tel, la TVA est due de plein droit. Les droits de mutation sont perçus soit au taux réduit et sur le prix de vente total, soit sur la marge et au taux de droit commun (V. **TVA immobilière** et **Terrain**).

Cette situation devrait, selon nous, être exceptionnelle ; elle ne se rencontre que si à la date de la cession le terrain objet du bail n'est pas entièrement construit.

– si la mutation est exonérée de TVA, le bailleur, s'il est assujetti à la TVA, peut opter en faveur de l'application de cette taxe (CGI, art. 260, 5° bis).

Les droits de mutation sont alors en principe perçus au taux de droit commun (V. **TVA immobilière**).

943 **Assiette des droits de mutation.** La Cour de cassation a désavoué l'administration qui entendait liquider les droits de vente d'immeuble sur la valeur de l'ensemble immobilier au motif – erroné – que la fin du bail consécutive à la cession des droits du bailleur a abouti au retour dans son patrimoine des constructions édifiées par le preneur (Cass. com., 12 juin 2012, n° 11-18.978, F-D, *Sté Arc et a. : JurisData* n° 2012-012792 ; *Dr. fisc.* 2012, comm. 377 ; *JCP* N 2012, 1303, note J.-P. Garçon ; *Constr.-Urb.* 2012, comm. 144, N. Gonzalez-Gharbi).

944 **Contribution de sécurité immobilière.** Lorsque le bailleur vend au preneur les terrains loués, la contribution de sécurité immobilière doit être liquidée sur la valeur des droits immobiliers transférés (CGI, art. 881 K).

En ce qui concerne la liquidation des salaires du conservateur, le *Bulletin de l'association mutuelle des conservateurs* (*Bull. AMC* 1992, art. 1554) avait précisé que la valeur à retenir correspondait au prix de vente du terrain augmenté, s'il ne la comprenait déjà, de la valeur qui y était attachée (et qu'il appartenait au requérant d'estimer), du droit d'accession immobilière prévu par le contrat de bail à construction. En pratique, et dans un souci de simplification, cette dernière valeur pouvait être estimée à une somme correspondant au montant cumulé, taxe sur la valeur ajoutée comprise, des loyers restant à courir.

Le *Bulletin* ajoutait cependant :

> « En réalité, la valeur du droit d'accession est fonction de la durée du bail, de l'importance des constructions, etc. La mesure pratique suggérée est donc susceptible d'être aménagée lorsqu'elle a des effets excessifs, notamment en début ou en fin de bail. »

945 **Plus-values immobilières des particuliers (CGI, art. 150 U et s.).** Du fait de l'allongement du délai de détention prévu par l'article 150 VC du Code général des impôts (en matière d'impôt sur le revenu) et par l'article L. 136-7 du Code de la sécurité sociale (en matière de contributions sociales), la plus-value réalisée par le bailleur (personne physique ou société de personnes non soumise à l'impôt sur les sociétés) agissant dans le cadre de la gestion de son patrimoine privé sera, en principe, imposable, dès lors que le terrain cédé n'aura pas été détenu pendant au moins trente ans à la date de la cession. Toutefois, le terrain grevé de bail à construction ne devrait pas, selon nous, être qualifié de terrain à bâtir au sens de l'article 257, I, 2, 1° du Code général des impôts.

L'acte doit donc contenir les mentions exigées en la matière par la législation (V. **Plus-values immobilières**).

2 Cession des droits du preneur

a) Exigibilité de la TVA immobilière

946 **Rappel.** La TVA n'a lieu de s'appliquer que si le preneur agit en qualité d'assujetti à la TVA.

947 **Principe.** La cession du droit du preneur constitue une opération concourant à la production ou à la livraison de l'immeuble. En conséquence, elle est susceptible d'être soumise à la TVA (BOI-ENR-JOMI-30, § 220). Ce ne sera le cas que si elle est réalisée par un assujetti à la TVA, agissant en tant que tel. La cession est susceptible d'être soumise à la taxe sur la valeur ajoutée, de plein droit ou sur option. Dans ce cas, elle est imposée en tenant compte de la nature du bien sur lequel porte le droit dont il s'agit (terrain ou immeuble bâti).

Si la cession des droits du preneur intervient dans les cinq ans suivant l'achèvement des immeubles, la TVA est due de plein droit en vertu de l'article 257, I du Code général des impôts (V. **TVA immobilière**). Si la cession intervient plus de cinq ans après l'achèvement, elle est en principe exonérée de TVA, et soumise aux droits de mutation. Mais le preneur a la faculté d'opter pour l'application de la TVA en vertu de l'article 260, 5° bis du Code général des impôts (V. **Immeuble ancien-TVA**).

Le preneur sera dispensé de TVA si la cession intervient dans le cadre d'une transmission d'universalité totale ou partielle au sens de l'article 257 bis du Code général des impôts (V. **Transmission d'universalité**).

948 **Assiette de la TVA.** La taxe sur la valeur ajoutée est due sur le prix de cession, d'une part des constructions, d'autre part des droits du preneur.

Il avait été précisé par l'administration que, pour la liquidation de la taxe, le montant des loyers non échus dont la charge est transférée à l'acquéreur constitue un élément de ce prix et devait donc être taxé au taux. Dans l'hypothèse où l'option en vue de l'assujettissement du bail à construction à la taxe sur la valeur ajoutée n'avait pas été exercée, il avait paru cependant possible d'admettre qu'il soit fait abstraction des loyers susvisés pour le calcul de la taxe (Doc. adm. DGI, 8 A-1742, n°s 2 et 3, 15 nov. 2001).

Cette solution est en principe caduque dès lors qu'elle n'a pas été reprise par l'instruction du 29 décembre 2010 (3 A-9-10) ni au BOFiP.

En faveur de l'exclusion des loyers restant à courir de l'assiette de la TVA, un auteur argumente : « la TVA étant assise sur le prix convenu entre les parties, la TVA ne saurait être assise sur ce qui est la conséquence de l'acte, qui découle directement de l'acte mais qui n'est pas inhérent audit acte » (J.-C. Bouchard, *La TVA appliquée aux immeubles*, EFE, 2012, n° 929).

b) Cession par le preneur de son droit au bail à construction, mais non des constructions

949 La situation en résultant diffère selon que le bail prévoit le retour des immeubles au bailleur en fin de contrat, ou qu'il prévoit que le preneur conservera la propriété des immeubles en fin de bail.

950 **Premier cas : bail prévoyant le retour des immeubles au bailleur en fin de contrat.** En ce cas, le cessionnaire aura le droit de construire qu'avait le preneur (et qui, par hypothèse, n'est pas épuisé…) et le bailleur recevra tout l'immeuble, sol et constructions en fin de bail. La vente du droit du preneur est une vente d'immeubles ordinaires (cession de droits réels immobiliers) soumise à la taxe sur la valeur ajoutée comme concourant à la production d'immeubles. Elle sera exonérée de la taxe de publicité foncière, si l'acquéreur, assujetti à la TVA, est en mesure de prendre l'engagement de construire (V. **Engagement de construire**).

951 **Deuxième cas : bail prévoyant que le preneur conservera la propriété des immeubles en fin de bail.** En ce cas, le cessionnaire pourra édifier des constructions (droit de construire non épuisé par hypothèse) qui resteront sa propriété en fin de bail. Mais il ne deviendra pas pour autant propriétaire des immeubles édifiés par le premier preneur. Il ne peut en être propriétaire ni par acquisition (puisqu'il ne les achète pas), ni par accession (elles sont advenues par accession au premier preneur).

Fiscalement, la vente du droit du preneur est, comme dit ci-dessus, une vente de droits immobiliers sans particularité autre que celle d'être éventuellement soumise à la taxe sur la valeur ajoutée (V. premier cas).

c) Cession par le preneur de ses constructions mais non de son droit au bail à construction

952 La vente des constructions ne présente aucune particularité : il s'agit d'une vente ordinaire d'immeubles bâtis (pour plus de détails sur tous ces points, sous réserve de la réforme des règles de TVA : V. B. Stemmer, *Le bail à construction, aspects juridiques et fiscaux, op. cit.*, n°s 23 et s.).

3 Cession concomitante à un même acquéreur des droits du bailleur et du preneur

953 Une réponse ministérielle (Rép. min. Estève : *JO* Sénat, 18 oct. 1974, p. 1381) avait donné à cette situation une solution, non reprise au BOFiP et dont la pérennité nous paraît sujette à caution : la vente des droits du bailleur supportera la taxe sur la valeur ajoutée si elle intervient moins de cinq ans après l'achèvement des immeubles (que le preneur vend au même acheteur). À défaut, elle supportera la taxe de publicité foncière dans les conditions ordinaires.

B Prorogation du bail

954 **Publication.** La prorogation du bail doit, à notre avis, être publiée, faute de quoi la durée supplémentaire convenue ne serait pas opposable aux tiers (au sens de la publicité foncière).
Il semble que l'exonération de taxe de publicité foncière prévue par l'article 743 du Code général des impôts (V. ce texte *supra*) puisse être revendiquée. En revanche, comme en matière de bail ordinaire à durée limitée, la contribution de sécurité immobilière est perçue sur le montant des loyers et des charges afférentes à la prorogation.
S'il y a eu option pour la taxe sur la valeur ajoutée, cette option étant indivisible couvre nécessairement la nouvelle période contractuelle. La solution est à notre avis certaine lorsque l'option a été formulée par le bailleur.

1 Publicité foncière

955 **Publication obligatoire.** La résiliation du bail est soumise à publicité foncière obligatoire en vertu de l'article 28-1° a) du décret du 4 janvier 1955.

956 **Droits d'enregistrement et taxe de publicité foncière.** L'acte de résiliation des baux à durée limitée s'enregistre au droit fixe prévu par l'article 738-1° du Code général des impôts.
D'autre part, à notre avis, elle doit donner ouverture à la taxe fixe de publicité foncière. On trouve cependant des opinions contraires, mais il n'est pas évident que l'exonération de taxe de publicité foncière prévue par l'article 743-1° du Code général des impôts pour le bail à construction lui-même, puisse ainsi être étendue à sa résiliation. Le principe d'interprétation stricte des textes fiscaux paraît s'y opposer *a priori*.

957 **Contribution de sécurité immobilière.** Comme antérieurement le salaire du conservateur, la contribution de sécurité immobilière sera perçue sur le montant du loyer correspondant à la période restant à courir, c'est-à-dire sur le loyer afférent à la partie du bail faisant l'objet de la résiliation (sur ce point, V. *Bull. AMC* 1970, n° 810).

2 Résiliation anticipée

958 **Problématique.** Le bail à construction a, en vertu de la loi, une durée minimale de dix-huit ans. Si le bail vient à être résilié volontairement avant cette durée minimale, peut-il encore être qualifié de « bail à construction ? ».
Une décision de la Cour de cassation a tranché le débat (Cass. com., 24 juin 1997, arrêt n° 1695 P, *SCI Agnel-Teissonnière c/ Directeur des services fiscaux du Gard : Bull. civ.* 1997, IV, n° 202, p. 176 ; *JCP* G 1998, II, p. 666, note N. Gonzalez et P. Cornille ; *Defrénois* 1998, p. 57, note A. Chappert ; *Constr.-Urb.* 1998, comm. 37 ; *JurisData* n° 1997-003004).
L'administration fiscale avait commenté cet arrêt par une note du 31 août 1998 (*BOI* 7 E-1-98).
Selon la Cour suprême, le bail à construction oblige le preneur à construire un immeuble dont il devient propriétaire pendant la durée initialement prévue par le bail. La résiliation anticipée du bail à construction entraîne le transfert au bailleur de la propriété des constructions édifiées par le preneur. Cette accession conventionnellement anticipée opère mutation taxable. Elle rend exigibles les droits de vente d'immeubles assis sur le montant de l'indemnité convenue entre les parties.
En rendant compte de cette décision, le *Bulletin de fiscalité immobilière Francis Lefebvre* (*BIM Lefebvre* 11/1997, n° 178) souligne qu'en l'espèce, la résiliation était conventionnelle et que le preneur avait perçu une indemnité. La solution devrait être différente si la résiliation était accidentelle et intervenait sans indemnité.
En tout état de cause, compte tenu du fondement retenu par la Cour de cassation dans l'arrêt de principe du 24 juin 1997 précité pour justifier l'exigibilité des droits de mutation à raison de l'accession anticipée résultant de la résiliation du bail à construction, les droits doivent être assis sur la valeur des droits temporaires que le preneur transfère au bailleur et non pas sur la valeur des constructions édifiées par lui en vertu du bail résilié (*Contra Mémento Lacroix*, n° 1078).

959 Cette première décision a été confirmée (Cass. com., 19 juin 2001, n° 1233 FS-P, *Directeur général des impôts c/ Épx Lemasson : JurisData* n° 2001-010231 ; *Constr.-Urb.* sept. 2001, comm. 195). Dans cette affaire, le bail conclu pour une durée initiale de trente ans prévoyait le retour gratuit des constructions au bailleur en fin de bail. La résiliation est intervenue le vingt et unième anniversaire du contrat.
Selon l'administration fiscale, « dès lors que le transfert de propriété des constructions au bailleur, après la résiliation, était prévu par le contrat, il y a mutation de propriété des immeubles construits, taxables aux droits d'enregistrement correspondants » (BOI-ENR-JOMI-30, § 240).

960 **Taxation.** Il résulte de cette jurisprudence que dans le cas où le preneur est un assujetti à la TVA, lorsque la résiliation intervient alors que l'immeuble est achevé depuis moins de cinq ans, l'indemnité de résiliation est imposable à la TVA de plein droit. Dans le cas contraire, la TVA n'est pas due sauf option du preneur pour l'application de cette taxe.
Si la « mutation » est soumise à la TVA de plein droit, la taxe de publicité foncière est due par le bailleur au taux réduit de 0,70 % (0,71498 % avec les perceptions additionnelles). Elle est due au taux de droit commun lorsque la cession est exonérée de TVA, ou encore soumise à la TVA sur option.

IV Fin du bail

961 Lors de la fin du bail, il peut avoir été prévu que le terrain sera transféré au preneur (A) ou que les constructions adviendront au bailleur (B).

A Transfert du terrain au preneur

➤ Les perceptions découlant de cette clause particulière sont évoquées plus haut (V. n°s 937 et 938).

B Transfert des constructions au bailleur

962 **Inutilité d'un acte.** La loi prévoit qu'à défaut de convention contraire, les constructions reviennent au bailleur en fin de bail. Dès lors, il n'est pas indispensable d'établir un acte pour « constater » ce qui, de toute façon, et par l'effet de la loi, se produira automatiquement et nécessairement.
Si un tel acte est néanmoins établi, il aura le caractère d'un « acte déclaratif » et, par application combinée des articles 677, 4° et 678 du Code général des impôts, rendra exigible la taxe de publicité foncière au taux de 0,70 % (sur les perceptions en découlant, V. **Acte déclaratif**).

963 Sur les conséquences de ce transfert sur les droits à déduction en matière de TVA, V. BOI-TVA-IMM-10-30-20160302, § 390 qui indique :

> « Au terme d'un contrat de bail à construction ou de bail emphytéotique, le preneur est amené à procéder à la régularisation du droit à déduction dont il a bénéficié sur la taxe qui a grevé les immobilisations réalisées depuis moins de vingt ans. Conformément au 3 du III de l'article 207 de l'annexe II au CGI, la taxe ainsi régularisée pourra être transférée au bailleur bénéficiaire du droit de reprise de l'immeuble, sous réserve que celui-ci l'immobilise à son tour, ou qu'au cas où il le comptabilise en stock (notamment parce qu'il envisage de le revendre) il l'ait utilisé néanmoins plus d'un an pour une activité économique ».

964 **Crédit-bail immobilier.** Lorsque l'immeuble loué ayant été édifié sur un terrain préalablement donné à bail par l'entreprise utilisatrice à la société de crédit-bail, la propriété dudit immeuble est transférée à l'entreprise propriétaire du terrain en vertu des droits qu'elle tient du bail qu'elle a consenti (...). S'il est réalisé en application d'un bail à construction, le transfert de propriété est exonéré de taxe de publicité foncière conformément aux dispositions de l'article 743, 1° du Code général des impôts (BOI-ENR-DMTOI-10-60-20130408, § 140 et 150).

V

Domaine public

➤ Sur les baux consentis sur le domaine public, V. **Domaine public**.

VI

Régimes spéciaux

➤ Sur l'application de la taxe sur la valeur ajoutée au taux réduit aux ventes de terrains à bâtir et de droit au bail à construction en vue de l'acquisition de logements neufs destinés à être affectés à l'habitation principale de personnes physiques qui acquièrent le terrain de manière différée (dispositif du « Pass foncier »), V. **Logement social**.

Bail à durée illimitée et bail à vie

Neyla GONZALEZ-GHARBI

CGI, art. 744. – I. – Les baux à vie ou à durée illimitée sont soumis aux mêmes impositions que les mutations de propriété des biens auxquels ils se rapportent.

II. – Pour les baux dont la durée est illimitée, la valeur servant d'assiette à l'impôt est déterminée par un capital formé de vingt fois la rente ou le prix annuel, et les charges aussi annuelles, en y ajoutant également les autres charges en capital, et les deniers d'entrée, s'il en est stipulé.

Pour les baux à vie, sans distinction de ceux faits sur une ou plusieurs têtes, cette valeur est déterminée par un capital formé de dix fois le prix et les charges annuels, en y ajoutant de même le montant des deniers d'entrée et des autres charges, s'il s'en trouve d'exprimés.

Si le prix en est stipulé payable en nature ou sur la base du cours de certains produits, le droit est liquidé d'après la valeur des produits au jour du contrat.

I
Généralités

965 Au plan civil. Distinction des baux à durée illimitée et des baux viagers. L'article 1709 du Code civil dispose : « Le louage des choses est un contrat par lequel l'une des parties s'oblige à faire jouir l'autre d'une chose **pendant un certain temps**, et moyennant un certain prix que celle-ci s'oblige de lui payer ».

La prohibition des baux perpétuels, consacrée par la loi civile, est sanctionnée par la nullité absolue du bail entaché du vice de perpétuité. La jurisprudence judiciaire est fixée dans ce sens. Est ainsi entachée d'une nullité d'ordre public la convention de bail dont une clause permet le renouvellement du bail, sans limitation dans le temps (V. en dernier lieu, et en matière de location mobilière, Cass. com., 11 mai 2022, n° 19-22.015, F-B).

Mais le vice de perpétuité n'atteint pas le bail conclu pour la durée de vie des locataires ou de leurs enfants. « Le bail ayant pour terme le décès des locataires ou de leurs enfants, ne peut être considéré comme perpétuel » (Cass. 3e civ., 30 nov. 1983, n° 82-13.223 : *Bull. civ.* 1983, III, n° 249). Le bail conclu pour la durée de vie du locataire n'est pas un bail à durée illimitée. Il est conclu pour une durée dont le terme est fixé par un événement certain : le décès du locataire. Il en résulte, en particulier, que le bailleur n'est pas autorisé à délivrer congé avant cette date (pour une illustration de cette règle en cas de bail d'habitation régi par la loi du 6 juillet 1989, Cass. 3e civ., 10 mars 2010, n° 09-12.135 : *Bull. civ.* 2010, III, n° 56).

Dès lors que le décès d'une partie au bail constitue un terme certain, le bail conclu pour la durée de vie du bailleur est également un bail à durée déterminée.

966 En matière de droits d'enregistrement et de publicité foncière. L'article 744 du CGI soumet à un même régime les baux à durée illimitée et les baux à vie, sans égard pour la nullité qui pourrait frapper, le cas échéant, la convention de bail perpétuelle. Ces baux sont soumis aux même impositions que les mutations de propriété d'immeubles.

967 **Baux à durée illimitée.** Les baux à durée illimitée sont ceux dont la durée n'a pas de limite, soit fixée par contrat, soit susceptible d'être déterminée par les circonstances ou par l'usage des lieux. De même, est considéré comme un bail à durée illimitée, le bail consenti à une société admettant des membres indéfiniment renouvelables pour toute sa durée, ainsi que le bail que le preneur est en droit de continuer indéfiniment pour lui et ses héritiers (BOI-ENR-JOMI-10, 2 août 2017, n°s 170 et 180).

968 **Baux à vie.** Les baux à vie sont ceux conclus pour la durée de la vie, soit du preneur, soit du bailleur, soit d'un tiers ou même de plusieurs personnes successivement pourvu que leur nombre ne dépasse pas trois.
Exemples : Le bail consenti pour la durée de la vie du bailleur avec faculté pour le preneur de le résilier tous les trois ans est un bail à vie. Est également à vie le bail qui doit durer jusqu'à désaccord (BOI-ENR-JOMI-10, 2 août 2017, n°s 190 et 200).

969 **Bail héréditaire.** Le bail héréditaire est le bail consenti au preneur et à sa descendance en ligne directe.
Selon les stipulations qu'il contient, ce bail est, fiscalement :
- soit l'équivalent d'un bail à durée illimitée ;
- soit l'équivalent d'un bail à locatairie perpétuelle (V. **Bail rural**).

La taxe de publicité foncière et la contribution de sécurité immobilière sont perçues en conséquence selon les règles applicables en fonction de la nature de la convention.
Remarque : Portée de la règle inscrite à l'article 744 du CGI. Selon la doctrine administrative, la règle déploie ses effets tant au regard des formalités que des perceptions exigibles sur ce type de bail.
Toutefois, l'article 744 du CGI vise **exclusivement** les impositions applicables aux mutations de propriété en matière de droit d'enregistrement et de publicité foncière. Il n'a pas vocation à s'appliquer en matière d'impôts directs (plus-values immobilières, par exemple), ni de TVA. En matière de plus-values immobilières ou de TVA, les baux d'immeubles à durée illimitée et les baux à vie sont soumis aux règles applicables aux baux immobiliers à durée limitée.

II
Formalités

970 **Publicité foncière.** Selon la doctrine administrative, dès lors qu'ils sont assimilés à des ventes sur le plan fiscal, les baux à vie ou à durée illimitée d'immeubles sont soumis à la formalité unique au service de la publicité foncière du lieu de la situation de l'immeuble, dans les conditions habituelles (BOI-ENR-JOMI-10, 2 août 2017, n° 250).

III
Taxation

A Taxe de publicité foncière

1 Tarifs

971 **Application des droits de mutation à titre onéreux.** Conformément aux dispositions de l'article 744 du Code général des impôts, les baux à vie et les baux à durée illimitée portant sur des immeubles sont assujettis aux mêmes droits, taxes, et, le cas échéant, régimes de faveur que les mutations de propriété à titre onéreux des biens auxquels ils se rapportent (cf. BOI-ENR-JOMI-10, 2 août 2017, n° 210).

2 Assiette, liquidation et paiement des droits

972 Assiette et liquidation des droits. Les droits sont perçus sur le capital formé de dix fois ou de vingt fois la rente ou le prix et les charges annuels suivant qu'il s'agit d'un bail à vie ou d'un bail à durée illimitée, en y ajoutant, le cas échéant, les charges en capital et les deniers d'entrée s'il en est stipulé (BOI-ENR-JOMI-10, n° 220).

Lorsque le prix est payable en nature ou sur la base du cours de certains produits, les droits et taxes sont liquidés d'après la valeur des produits au jour du contrat, déterminée par une déclaration estimative des parties.

La perception effectuée sur cette base est définitive (BOI-ENR-JOMI-10, n° 230).

973 Paiement des droits. Le paiement des droits et taxes ne peut être fractionné que pour les baux conclus par les rapatriés et les migrants ruraux (BOI-ENR-JOMI-10, n° 240).

B Contribution de sécurité immobilière

974 La contribution de sécurité immobilière au taux proportionnel est assise sur les mêmes bases que la taxe de publicité foncière (V. **Vente d'immeuble**).

IV Cessions, résiliations et rétrocessions

975 Régime fiscal. Selon la doctrine administrative, ces actes donnent ouverture à la taxe de publicité foncière ou au droit d'enregistrement dans les mêmes conditions que les baux eux-mêmes (BOI-ENR-JOMI-10, n° 260).

Bail à réhabilitation

Neyla GONZALEZ-GHARBI

BIBLIOGRAPHIE : J. Hugot, Établissement d'un régime fiscal incitatif pour les baux à réhabilitation : JCP N 1991, prat. 1681, et, du même auteur, Un nouveau-né : le bail à réhabilitation : JCP N 1990, doctr. 217 et s. (avec formules d'application). – JCl. Pratique notariale – Les actes, Fiche pratique n° 1652 : Rédiger un bail à réhabilitation, 01-2019, par J. Lafond.

976 **Définition.** Le bail à réhabilitation, institué par l'article 11 de la loi n° 90-449 du 31 mai 1990 (*JCP* N 1990, 111, 63909) est réglementé par les articles L. 252-1 à L. 252-4 du Code de la construction et de l'habitation. Dans sa rédaction modifiée en dernier lieu par la loi n° 2014-366 du 24 mars 2014, dite « loi Alur »), l'article L. 252-1 du Code de la construction et de l'habitation définit le bail à réhabilitation en ces termes :

> « Est qualifié de bail à réhabilitation et soumis aux dispositions du présent chapitre le contrat par lequel soit un organisme d'habitations à loyer modéré, soit une société d'économie mixte dont l'objet est de construire ou de donner à bail des logements, soit une collectivité territoriale, soit un organisme bénéficiant de l'agrément relatif à la maîtrise d'ouvrage prévu à l'article L. 365-2 s'engage à réaliser dans un délai déterminé des travaux d'amélioration sur l'immeuble du bailleur et à le conserver en bon état d'entretien et de réparations de toute nature en vue de louer cet immeuble à usage d'habitation pendant la durée du bail ».

Au terme du bail, le bailleur bénéficie des améliorations réalisées sans avoir à indemniser le preneur. Il reste libre de poursuivre les locations ou, au contraire, peut demander la restitution de l'immeuble libre d'occupation.

Le preneur est donc tenu de réaliser des travaux d'amélioration de l'immeuble, de le conserver en bon état et de le louer à usage d'habitation à des personnes dont le niveau de ressources n'excède pas les plafonds prévus pour les logements conventionnés.

977 En contrepartie, le bail lui confère un droit réel sur l'immeuble. Ce droit réel, démembrement du droit de propriété, donne au preneur les droits et obligations du bailleur dans les conditions prévues au contrat et pendant toute la durée de celui-ci, soit un minimum de douze ans.

Remarque : L'article 12 de la loi n° 2024-322 du 9 avril 2024 visant à l'accélération et à la simplification de la rénovation de l'habitat dégradé et des grandes opérations d'aménagement (*JO* 10 avr. 2024) prévoit le recours au bail à réhabilitation dans les conditions suivantes : « À titre expérimental, pour une durée de cinq ans à compter de la promulgation de la présente loi, le représentant de l'État dans le département peut prévoir, par arrêté, que les propriétaires soumis à une obligation de travaux en application des articles L. 511-1 à L. 511-3 du code de la construction et de l'habitation peuvent conclure avec un organisme intéressé un bail à réhabilitation en vue de la rénovation du ou des logements concernés. Ce bail à réhabilitation vient remplacer l'obligation de travaux qui est faite au propriétaire.
Un décret fixe les modalités d'application du présent article ».
Pour rappel, les travaux visés relèvent « de la police de la sécurité et de la salubrité des immeubles, locaux et installation ».

I

Publicité foncière

978 Publicité obligatoire du bail à réhabilitation. Suivant le premier alinéa de l'article L. 252-2 du Code de la construction et de l'habitation, le preneur est titulaire d'un droit réel immobilier. Ce droit peut être hypothéqué, et il peut être saisi dans les formes prescrites pour la saisie immobilière.

De ce caractère, il découle que le bail à réhabilitation doit nécessairement être publié au fichier immobilier, même si sa durée est effectivement limitée à douze années.

> « Dès lors que le bail à réhabilitation confère au preneur un droit réel immobilier, il doit être publié au service chargé de la publicité foncière du lieu de situation de l'immeuble (décret n° 55-22 du 4 janvier 1955 portant réforme de la publicité foncière, art. 28) et donne ouverture à la taxe de publicité foncière (BOI-ENR-JOMI-30, 24 mars 2021, n° 305). »

En conséquence, il doit faire l'objet d'un acte authentique qui peut prendre la forme, soit d'un acte notarié, soit d'un acte administratif lorsque le preneur est une collectivité territoriale ou un office d'HLM (Circ., 28 janv. 1991, préc.).

979 Formalité. Formalité unique. À l'occasion d'une mise à jour de la base BOFiP en date **du 24 mars 2021,** l'administration fiscale, modifiant ses précédents commentaires relatifs aux formalités d'enregistrement et de publicité foncière applicables à l'acte constatant un bail à réhabilitation, lorsqu'il est dressé par un notaire a indiqué :

> « Les baux à réhabilitation ne font pas partie de la liste des actes obligatoirement soumis à la formalité de l'enregistrement. Toutefois, si ces derniers sont rédigés par un notaire en la forme authentique, ils devront alors obligatoirement être soumis à la formalité de l'enregistrement (CGI, art. 635), dans le cadre de la formalité fusionnée (CGI, art. 647) » (BOI-ENR-JOMI-30, 24 mars 2021, n° 302).

Cette doctrine administrative a été légalisée **à compter du 1er janvier 2023.** L'article 22 de la loi n° 2022-1726 du 30 décembre 2022 de finances pour 2023 a modifié le deuxième alinéa de l'article 647 du CGI afin de supprimer l'exclusion des baux de plus de douze ans à durée limitée du régime de la formalité fusionnée. Dès lors que cette exclusion vise désormais uniquement « les *décisions judiciaires et les actes pour lesquels il est impossible de procéder à la formalité fusionnée* », le bail à réhabilitation, même d'une durée n'excédant pas douze ans, sera soumis à la formalité unique, lorsqu'il sera dressé par acte notarié.

Contrairement à doctrine administrative qui ne se prononçait pas sur les perceptions exigibles sur les actes concernés par cette formalité unique (V. N. Gonzalez Gharbi, *Baux conférant des droits réels immobiliers de plus de douze ans : la formalité unique et perceptions incertaines : Constr.-Urb.* 2021, comm. 102), l'article 22 de la loi de finances pour 2023 a modifié les dispositions des articles 665 et 681 du CGI afin que la règle selon laquelle, en matière de formalité fusionnée, la taxe de publicité foncière tient lieu de droits d'enregistrement, s'applique désormais aux baux de plus de douze ans à durée limitée (V. N. Gonzalez Gharbi, *Baux immobiliers de plus de douze ans : instauration de la formalité unique : Constr.-Urb.* 2023, comm. 26).

980 Locations consenties par le preneur à bail. Conformément à l'article L. 252-3 du Code de la construction et de l'habitation, la prise d'effet du bail à réhabilitation est subordonnée à la conclusion par le preneur d'une convention conclue dans le cadre de l'article L. 831-1 (APL, ancien art. L. 351-2) du même code.

En conséquence, les règles générales du conventionnement, concernant tant le régime de la convention que les rapports entre le preneur du bail à réhabilitation et les locataires, s'appliquent sous réserve des dispositions législatives créant le bail à réhabilitation qui pourraient y déroger.

La durée de la convention et celle du bail à réhabilitation sont identiques. Elles sont au minimum de douze ans.

La prise d'effet de la convention est subordonnée à celle du bail à réhabilitation qui constitue le contrat principal transférant un droit réel sur le bien au bénéfice du preneur. La convention doit donc être annexée au bail et publiée dans tous les cas au fichier immobilier comme le contrat de bail à réhabilitation (Circ. 28 janv. 1991, préc. n° 3).

II Régime fiscal

A Principe

981 **Perception de la taxe de publicité foncière.** Les baux à durée limitée d'immeubles conclus pour une durée minimale de douze années sont soumis à la taxe départementale de publicité foncière au taux de 0,70 %, soit 0,71498 % avec les perceptions additionnelles (CGI, art. 742).
Cette taxe est due sur le montant cumulé des loyers de toutes les années à courir (BOI-ENR-JOMI-30, n° 315).
Par ailleurs, en ce qui concerne les droits d'enregistrement, ils sont soumis aux règles applicables aux baux ordinaires à durée limitée (V. **Bail ordinaire à durée limitée**).
À notre avis, le droit fixe de 25 € prévu par l'article 739 du Code général des impôts en cas de présentation volontaire de l'acte de bail à la formalité de l'enregistrement ne devrait pas être exigé, dès lors que l'acte notarié est, selon l'administration fiscale, soumis obligatoirement à la formalité unique. Au demeurant, sa perception n'est pas évoquée dans la dernière version du BOI-ENR-JOMI-30, publié le 24 mars 2021.

B Exception

CGI, art. 1594 J. – Sur délibération du conseil départemental, les baux à réhabilitation sont exonérés de taxe de publicité foncière. La délibération prend effet dans les délais prévus à l'article 1594 E.

C Exonération de taxe de publicité foncière par les conseils départementaux

982 L'article 1594 J du Code général des impôts permet aux conseils départementaux d'exonérer de la taxe départementale de publicité foncière les baux à réhabilitation
Pour bénéficier de l'exonération, le contrat doit répondre aux caractéristiques résultant de l'article L. 252-1 du Code de la construction et de l'habitation, comme le rappelle l'instruction du 28 janvier 1991 précitée.
Ce contrat indique la nature des travaux, leurs caractéristiques techniques et le délai de leur exécution.
Le bail à réhabilitation est conclu pour une durée minimale de douze années et ne peut se prolonger par tacite reconduction.
En fin de bail, les améliorations effectuées sur l'immeuble en cause bénéficient au bailleur sans indemnisation.
Il résulte de l'article L. 252-1 du Code de la construction et de l'habitation que le preneur ne peut être que :
– soit un organisme d'habitations à loyer modéré (HLM) ;
– soit une société d'économie mixte dont l'objet est de construire ou de donner à bail des logements ;
– soit une collectivité territoriale ;
– soit, enfin, un organisme dont l'un des objets est de contribuer au logement des personnes défavorisées et qui est agréé à cette fin par le représentant de l'État dans le département.

D Portée de l'exonération

983 La décision par les conseils départementaux d'exonérer les baux à réhabilitation de la taxe de publicité foncière normalement exigible ne dispense pas de l'obligation de publication de l'acte au fichier immobilier mais a pour effet d'exonérer cette publication du paiement de la taxe (BOI-ENR-JOMI-30, n° 330).

E Conditions d'application

984 **Adoption de la mesure par les conseils départementaux.** L'exonération est subordonnée à une décision du conseil départemental. Il s'agit, en effet, d'une simple faculté qui est ouverte aux conseils départementaux par l'article 1594 J du Code général des impôts.
Cet article faisant expressément référence à l'article 1594 E du Code général des impôts, les décisions des conseils départementaux prises en la matière devront être notifiées aux directions des services fiscaux des départements concernés avant le 30 avril de chaque année pour prendre effet le 1er juin suivant.
➤ Sur les départements dans lesquels s'applique l'exonération, V. La note « Droits d'enregistrement et taxe de publicité foncière sur les mutations à

titre onéreux d'immeubles et de droits immobiliers. Taux, abattements et exonérations applicables du 1er juin 2024 au 31 mai 2025 », publiée par la DGFiP sur le site impots.gouv.fr

985 Mention devant figurer dans l'acte. L'acte doit préciser que le bail à réhabilitation bénéficie de l'exonération de la taxe départementale de publicité foncière (BOI-ENR-JOMI-30, n° 350).

III
Contribution de sécurité immobilière

986 L'exonération éventuelle (V. n° 982) ne concerne que la taxe de publicité foncière. La contribution de sécurité immobilière est due selon le droit commun. Elle est perçue comme en matière de bail (V. **Bail ordinaire à durée limitée**).

Bail emphytéotique

Neyla GONZALEZ-GHARBI

Sommaire analytique

987 **Généralités.** Le bail emphytéotique, institué par une loi du 25 juin 1912, est actuellement régi par les articles L. 451-1 et suivants du Code rural et de la pêche maritime.

Ses caractéristiques essentielles sont :

– la durée : il doit être consenti pour plus de dix-huit ans ; il ne peut dépasser quatre-vingt-dix-neuf ans et n'est pas susceptible de se prolonger par tacite reconduction (C. rur. pêche marit., art. L. 451-1, al. 2) ;

– le fait qu'il confère au preneur un droit réel immobilier, susceptible d'hypothèque. Ce droit peut être cédé et saisi dans les formes prescrites par la saisie immobilière (C. rur. pêche marit., art. L. 451-1, al. 1er).

D'autres éléments, habituellement pris en considération (la charge imposée au « preneur » de faire des améliorations, la modicité de la redevance, ce qui ne veut pas dire forcément vileté…) ne sont en réalité que secondaires et nullement déterminants.

L'emphytéote supporte toutes les charges de la propriété, et notamment les dépenses d'entretien, de réparation ou d'amélioration ainsi que l'impôt foncier sans aucun recours contre le propriétaire (BOI-ENR-JOMI-30, § 20).

L'administration fiscale a bien entendu le pouvoir d'établir, dans la mesure où elle y a intérêt, que le bail dit « emphytéotique » n'est autre qu'un bail ordinaire.

Si le bail qualifié d'emphytéotique présente des caractères incompatibles avec ce qui est de l'essence de ce contrat, les tribunaux peuvent ainsi rétablir sa véritable nature, si par exemple ce bail comporte une interdiction de céder (Cass. 3e civ., 15 mars 1983 : *Bull. civ.* 1983, III, n° 74 ; *JCP* G 1983, IV, p. 170) ou de sous-louer (Cass. soc., 6 mai 1964 : *JCP* G 1964, II, 13831, note Ourliac et de Juglart), si le bail est conclu pour une durée inférieure à la durée minimale, etc.

Contrairement aux prétentions du preneur qui faisait valoir que le bail de quatre-vingt-dix-neuf ans qui lui a été consenti est un bail à construction, il a été jugé qu'en l'absence d'obligation de construire, le bail doit être qualifié de bail emphytéotique (Cass. 3e civ., 8 sept. 2016, nos 15-21381 et 15-22374, FS-P+B, *Bacahlard c/ Sté Cannes Balnéaire : JurisData* n° 2016-018136 ; *Loyers et copr.* nov. 2016, comm. 228, B. Vial-Pedroletti).

I

Conclusion du bail

A Publicité foncière

988 **Obligation de publier.** La constitution d'un bail emphytéotique est soumise à publication obligatoire : le bail emphytéotique est un droit réel (C. rur. pêche marit., art. L. 451-1) qui s'analyse en un droit de superficie (D. 4 janv. 1955, art. 28-1°, *a* et *b*. – BOI-ENR-JOMI-30, § 50).

989 **Identification des immeubles concernés.** Différentes situations doivent être distinguées :

– si le bail porte sur une fraction de parcelle, il est considéré comme entraînant changement de limite de propriété : sa publication suppose donc l'établissement d'un document d'arpentage (D. 4 janv. 1955, art. 7, al. 2), si du moins l'immeuble est situé dans une commune à cadastre rénové. Dans une commune à ancien cadastre, il y avait lieu à établissement d'un état descriptif de division (V. par analogie pour le cas du bail à construction : Bulté : *JCP* N 1971, prat. 4957. – Chron. *JCP* N 1979, prat. 7249) ;

– si le bail porte sur une fraction d'immeuble bâti sans entraîner changement de limites (par ex. sur un étage d'un immeuble), il y a lieu, à notre avis, de désigner la fraction concernée par référence à un état descriptif de division ;

– s'il porte sur la totalité d'une parcelle cadastrale, bâtie ou non bâtie, il est admis qu'il peut être désigné par référence à l'identification cadastrale du terrain ou de l'immeuble concerné sans qu'il soit nécessaire d'établir un état descriptif de division (Rép. min., 11 sept. 1962 : *JO* Sénat CR, p. 1259 ; *JCP* N 1962, IV, 3464 ; *Bull. AMC* 1963, art. 533 ; *JCP* N 1975, prat. 6144, chron. Bulté).

990 **Absence de publication. Inopposabilité aux tiers.** Un bail d'une durée supérieure à douze ans qui n'a pas été publié, est inopposable pour la période excédant les douze ans aux tiers définis par l'article 30-1 du décret du 4 janvier 1955 et donc à l'acquéreur d'un droit concurrent qui a fait publier son acte (Cass. 3e civ., 19 juill. 1995 [cassation] : *Bull. civ.* 1995, III, n° 205, p. 137 ; *Defrénois* 1995, art. 36214, n° 159, chron. L. Aynès ; *D.* 1996, somm. p. 209, obs. S. Piédelièvre).

B Formalités

991 **Exclusion de la formalité unique.** Conformément aux anciennes dispositions du 2e alinéa de l'article 647 du CGI dans leur rédaction antérieure à celle résultant de l'article 22 de la loi de finances pour 2023, le bail emphytéotique était exclu de la formalité unique :

Au regard des droits d'enregistrement, le bail emphytéotique relevait du régime applicable aux baux d'immeubles à durée limitée. L'administration fiscale avait précisé : « Bien que le contrat constitutif de l'emphytéose confère un droit réel immobilier, il est assujetti au régime fiscal des mutations de jouissance d'immeuble à durée limitée » (BOI-ENR-JOMI-30, 6 oct. 2014, n° 30). La présentation volontaire à la formalité donne ouverture au droit fixe de 25 € prévu à l'article 739 du Code général des impôts.

La taxe de publicité foncière est acquittée au service de la publicité foncière lors de la publication du bail (Instr. 12 juill. 1974, préc.).

Remarque : On rappellera que l'ancien droit de bail, droit d'enregistrement qui frappait la quasi-totalité des baux, a été supprimé à compter de 1998 (L. n° 98-1267, 30 déc. 1998, art. 12).

992 **Formalité unique obligatoire. Régime applicable à compter du 1er janvier 2023.** L'article 22 de la loi n° 2022-1726 du 30 décembre 2022 de finances pour 2023 a modifié le deuxième alinéa de l'article 647 du CGI afin de supprimer l'exclusion des baux de plus de douze ans à durée limitée du régime de la formalité fusionnée. Désormais cette exclusion vise uniquement « les *décisions judiciaires et les actes pour lesquels il est impossible de procéder à la formalité fusionnée* ».

Il en résulte que, sauf pour les baux de plus de douze ans résultant de décisions judiciaires, le bail emphytéotique, conclu par hypothèse pour une durée supérieure à douze ans, constaté par un acte authentique est soumis à la formalité unique. La nouvelle règle part du postulat que les actes notariés sont soumis obligatoirement à la formalité de l'enregistrement en application du 1° du 1 de l'article 635 du CGI et que cette règle s'applique sans réserve aux actes notariés constatant un bail immobilier à durée limitée (V. N. Gonzalez-Gharbi, *Baux immobiliers de plus de douze ans : instauration de la formalité unique : Constr.-Urb.* 2023, comm. 26).

La modification de l'article 647 du CGI issue de l'article 22 de la loi de finances pour 2023 donne une base légale à la doctrine administrative qui, à l'occasion d'une mise à jour de la base BOFiP en date **du 24 mars 2021**, avait estimé, modifiant sur ce point ses précédents commentaires relatifs aux formalités d'enregistrement et de publicité foncière applicables à l'acte constatant un bail emphytéotique, lorsqu'il est dressé par un notaire, que l'acte notarié constatant un bail emphytéotique devait être soumis à la formalité unique. « Comme les autres baux d'immeubles à durée limitée portant mutation de jouissance, les baux emphytéotiques sont dispensés de la formalité obligatoire de l'enregistrement. Toutefois, si ces derniers sont rédigés par un notaire en la forme authentique, ils devront alors obligatoirement être soumis à la formalité de l'enregistrement (CGI, art. 635) dans le cadre de la formalité fusionnée (CGI, art. 647) » (BOI-ENR-JOMI-30, 24 mars 2021, n° 40) (pour une critique de cette doctrine dépourvue de base légale, N. Gonzalez Gharbi, *Baux conférant des droits réels immobiliers de plus de douze ans : la formalité unique et perceptions incertaines : Constr.-Urb.* 2021, comm. 102). Contrairement à la doctrine administrative qui ne se prononçait pas sur les perceptions exigibles sur les actes concernés par cette formalité unique, l'article 22 de la loi de finances pour 2023 a modifié les dispositions des articles 665 et 681 du CGI afin que la règle selon laquelle, en matière de formalité fusionnée, la taxe de publicité foncière tient lieu de droits d'enregistrement, s'applique désormais aux baux de plus de douze ans à durée limitée.

C Perceptions opérées

1 Taxe sur la valeur ajoutée

> **CGI, art. 261 D.** – Sont exonérés de la taxe sur la valeur ajoutée :
>
> 1° bis Les locations d'immeubles résultant d'un bail conférant un droit réel.
>
> **CGI, art. 260.** – Peuvent, sur leur demande, acquitter la taxe sur la valeur ajoutée :
>
> 5° Les personnes qui consentent un bail visé à l'article 1° bis de l'article 261 D.

993 Solution antérieure à la réforme de la TVA de 2010. Antérieurement à la réforme de la TVA opérée par la loi de finances rectificative pour 2010 (L. n° 2010-236, 9 mars 2010 : *JO* 10 mars 2010), les baux emphytéotiques qui concouraient à la production d'immeubles neufs pouvaient être assujettis, sur option, à la taxe sur la valeur ajoutée, selon les règles applicables aux baux à construction (Doc. adm. DGI, 7 E-412, n° 1, 1er sept. 1999). Pour que la TVA immobilière soit applicable, l'emphytéote devait prendre un engagement de construire.

994 Régime actuel de la TVA. La réforme des règles de la TVA applicables aux opérations immobilières issue de la loi de finances rectificative pour 2010 précitée a bouleversé le régime fiscal du bail emphytéotique au regard de cette taxe. Englobé dans la catégorie « des locations d'immeuble résultant d'un bail conférant un droit réel », le bail emphytéotique est traité, en matière de TVA, comme, notamment, le bail à construction. Mais, à la différence de ce dernier, le bail emphytéotique ne bénéficie pas d'une exonération légale de la taxe de publicité foncière, qui est réservée par l'article 743, 1° du Code général des impôts aux seuls baux à construction. (V. **Bail à construction**). Si l'administration fiscale a bien confirmé qu'un bail emphytéotique est exonéré de taxe de publicité foncière lorsqu'il est soumis sur option à la TVA, le maintien des solutions originellement énoncées dans sa documentation antérieure à la réforme de 2010 accrédite l'analyse selon laquelle cette exonération de taxe de publicité foncière, d'origine purement administrative, est réservée aux seuls baux emphytéotiques qui concourent à une opération de construction nouvelle. Il en résulte une relative incertitude que l'administration fiscale n'a pas dissipée, à ce jour. Depuis à la mise en ligne du BOFiP, le 12 septembre 2012, l'administration indique « Les baux emphytéotiques qui concourent à la production d'immeubles sont assujettis, sur option à la TVA, selon les règles prévues pour les baux à construction. Ils bénéficient en outre de l'exonération de taxe de publicité foncière prévue pour ces baux à l'article 743-1° du Code général des impôts ainsi que des droits d'enregistrement » (BOI-ENR-JOMI-30, 24 mars 2021, n° 60).

a) Option possible pour la TVA

995 Principe. Exonération. Conformément aux dispositions du I du 1° du I de l'article 257 du Code général des impôts, en vigueur depuis le 11 mars 2010, sont assimilés à des biens corporels et suivent le régime du bien immeuble auquel il se rapporte « les droits réels immobiliers, à l'exception des locations résultant de baux qui confèrent un droit de jouissance ».
Toutefois, une disposition spécifique (CGI, art. 261 D 1° bis) exonère de la TVA les locations d'immeubles résultant d'un bail conférant un droit réel.

L'administration traite uniformément des baux conférant des droits réels, et assimile le bail emphytéotique au bail à construction (BOI-TVA-IMM-10-10-20-20170802, § 90) :

« S'agissant des droits réels attachés à un bail à construction, à un bail emphytéotique, à un bail réel immobilier ou à un bail réel solidaire, aux termes de l'article 1378 bis du CGI et de l'article 1378 ter du CGI, les mutations ayant pour objet les droits du bailleur ou du preneur en matière de bail emphytéotique, de bail à construction, de bail réel immobilier et de bail réel solidaire sont assujetties aux dispositions fiscales applicables aux mutations d'immeubles. Dans ce contexte, en visant par symétrie avec la rédaction retenue au 1° bis de l'article 261 D du CGI la seule "location résultant" de tels baux, le législateur n'a entendu exclure de la règle d'assimilation au régime applicable au sous-jacent prévue au 1° du 1 du I de l'article 257 du CGI que la composante locative associée au droit réel dont dispose le preneur d'un tel bail. Dès lors, il s'ensuit que l'exonération spécifique visée au 1° bis de l'article 261 D du CGI, assortie de la possibilité d'option visée au 5° de l'article 260 du CGI, ne trouve à s'appliquer qu'à la constitution du droit au profit du preneur ainsi qu'aux loyers susceptibles d'être stipulés au long du contrat. Cette solution est conforme à la jurisprudence communautaire selon laquelle est considérée comme une location d'immeuble l'opération qui consiste à conférer à titre exclusif à une personne le droit d'occuper comme s'il en était propriétaire un immeuble pour une durée convenue et contre rémunération, quelle que soit par ailleurs la nature du droit par lequel est conféré ce pouvoir (CJCE, arrêt du 4 octobre 2001, aff. C-326/99, *Stichting "Goed Wonen"*, ECLI : EU : C : 2001 :506).
En revanche, s'agissant de la cession éventuelle tant des droits du bailleur que de ceux du preneur, ils ne sont pas visés par l'exception évoquée ci-dessus et suivent donc à raison de leur caractère de droits réels immobiliers le régime du bien immeuble auquel ils se rapportent ».

996 **Option du bailleur pour la TVA.** Les dispositions de l'article 260, 5°du Code général des impôts n'opèrent aucune distinction entre les diverses « locations d'immeubles résultant de baux conférant un droit réel », visées à l'article 261, D, 1° bis du même code. En conséquence, il n'existe plus, en droit positif, de différence, au regard de l'exonération ou de l'assujettissement des baux conférant des droits réels à la TVA, entre, notamment, le bail à construction et le bail emphytéotique. C'est donc en toute logique que le régime de l'option prévue par l'article 260, 5° du Code général des impôts a été unifié puisqu'aucune référence n'est faite par cette disposition légale au bail à construction.

Il en résulte qu'à l'instar des bailleurs à construction, les propriétaires qui consentent un bail emphytéotique sont autorisés à opter pour soumettre leur bail à la TVA, pour autant que cette option présente pour eux un intérêt et leur permette, notamment, de déduire la TVA qui aurait grevé l'acquisition ou l'aménagement de l'immeuble donné à bail emphytéotique (pour plus de détails, V. **Bail à construction**).
On rappellera que l'option n'est pas réservée aux personnes assujetties à la TVA par ailleurs. C'est bien le contraire, puisque c'est cette option qui confère au bailleur la qualité d'assujetti redevable.

997 **Des incertitudes doctrinales.** Bien que les textes légaux relatifs à la TVA traitent uniformément de tous les baux conférant des droits réels, sans distinguer ni selon l'objet sur lequel ils portent (terrains à bâtir, immeubles bâtis), ni sur les obligations de construire des preneurs, le champ d'application de l'option semble poser problème. L'assimilation faite par l'administration fiscale du bail emphytéotique au bail à construction, limite-t-elle l'option aux seuls baux emphytéotiques portant sur un terrain à bâtir ? Plus généralement, faut-il que le bail emphytéotique concoure à la production ou la livraison d'immeuble ?
Deux analyses peuvent être développées :
– soit l'on considère que la loi nouvelle n'a fait qu'entériner la doctrine administrative antérieure qui appliquait au bail emphytéotique concourant à une opération de construction, le régime fiscal du bail à construction (au regard de la TVA et de la TPF) et, dans ce cas, l'option prévue par l'article 260, 5°du Code général des impôts devra être refusée aux bailleurs lorsque le bail a pour objet un immeuble déjà bâti (neuf ou ancien) non destiné, par l'emphytéote, à être remis à l'état neuf ou, après démolition, à être reconstruit. On mettra alors en exergue que les textes relatifs à l'assiette de la TVA renvoient expressément au seul bail à construction (en ce sens, J.-C. Bouchard, *La TVA appliquée aux immeubles*, EFE, n° 902) ;
– soit l'on s'en tient à la lettre du texte légal : l'option est ouverte à tous les bailleurs, dès lors que le bail confère au preneur un droit réel immobilier. Le texte d'assiette ne s'appliquant de manière dérogatoire au droit commun que pour les baux à construction *stricto sensu* (en ce sens, J.-P. Garçon, *La TVA appliquée à l'immobilier*, éd. Defrénois, n° 735 ; Dossier pratique F. Lefebvre, *La TVA immobilière après la réforme*, n°s 5000 et s.).
Nous pencherons pour cette dernière analyse qui nous paraît plus conforme à la loi. On rappellera, toutefois, que depuis l'entrée en vigueur de la réforme de la TVA opérée par la loi de finances

rectificative pour 2010 précitée, le régime du bail emphytéotique n'a pas été précisément décrit par l'administration fiscale. Et ce, tant en ce qui concerne l'assiette de la TVA (CGI, art. 266) que sa date d'exigibilité (CGI, art. 269), la loi ne visant expressément que le bail à construction.

b) Incidence de l'option pour la TVA sur l'exigibilité de la taxe de publicité foncière

1) Le bail concourt à une opération de construction

998 Solution antérieure à la réforme de la TVA. Exonération de taxe de publicité foncière. Lorsque le bail emphytéotique concourait à la production d'immeubles, il était admis qu'il bénéficiait, comme le bail à construction, de l'exemption de taxe de publicité foncière prévue pour ces baux par l'article 743-I° du Code général des impôts (Doc. adm. DGI, 7 E-412, n° 5, 1er sept. 1997).

999 Il avait été précisé que cette exonération de taxe de publicité foncière ne s'appliquait pas en toute hypothèse, comme pour les baux à construction, mais uniquement dans le cas où le bail remplissait les conditions de l'article 1594 OG A du Code général des impôts (ce qui supposait la souscription par le preneur de l'engagement de construire) et que, concourant à la production d'immeubles neufs, le bail était, à ce titre assujetti, à la taxe sur la valeur ajoutée (Rép. min. délégué chargé du budget à M. Lagorce : *JOAN* CR, 28 juin 1982, p. 2662, n° 7598 : *JCP* N 1982, prat. 8415).

1000 Régime actuel. Exonération de TPF. Distinction selon que le bail emphytéotique concourt ou non à une opération de construction. Contrairement au bail à construction, aucun texte légal n'exonère le bail emphytéotique de la taxe de publicité foncière (TPF). L'exonération éventuelle de TPF qui profite au bail emphytéotique a pour seul fondement la doctrine administrative. Dans l'instruction du 18 avril 2011 (*BOI* 7 C-2-11, n° 5) qui a commenté les nouvelles règles applicables en matière de droits de mutation à titre onéreux issues de l'article 16 de la loi du 9 mars 2010 (L. fin. rect. 2010, n° 2010-237 : *JO* 10 mars 2010), l'administration fiscale a envisagé le cas des baux emphytéotiques qui sont soumis au régime des baux à construction en matière de TVA, dans les termes suivants : « Les baux emphytéotiques qui sont soumis à la TVA en application de l'option prévue au 1° bis de l'article 261 D (*sic*) bénéficient de la même exonération [de taxe de publicité foncière] ».

Les conditions exigées pour revendiquer cette exonération de la taxe de publicité foncière ne sont pas à ce jour nettement précisées. Ainsi, l'option pour soumettre le bail emphytéotique à la TVA constitue une condition nécessaire, sans être pour autant suffisante. Si l'on se réfère au renvoi fait par l'instruction du 18 avril 2011 en note de bas de page à la DB 7 E-412, § 1 et 5, on notera que dans cette documentation, l'administration fiscale écrivait ceci :

> « Bien que le contrat constitutif de l'emphytéose confère un droit réel immobilier, il est assujetti au régime fiscal des mutations de jouissance d'immeuble à durée limitée et supporte en principe le droit de bail. Il est, en outre, soumis à la taxe départementale de publicité foncière (CGI, art. 689). Toutefois, les baux emphytéotiques qui concourent à la production d'immeubles peuvent être assujettis, sur option, à la TVA ; ils sont alors exonérés de droits d'enregistrement ainsi que de la taxe départementale de publicité foncière (DB 7 E-412, § 1).
>
> « Les baux emphytéotiques qui concourent à la production d'immeubles sont assujettis, sur option à la TVA, selon les règles prévues pour les baux à construction (cf. *infra*, 7 E 422). Ils bénéficient en outre de l'exonération de taxe départementale de publicité foncière prévue pour ces baux à l'article 743-1° du CGI » (DB 7 E-412, § 5).

Force est toutefois de rappeler que cette documentation date du 1er septembre 1997, et ne peut, par suite, que refléter l'état du droit positif qui lui était contemporain. Or, à cette même date, l'option pour soumettre le bail à construction à la TVA conduisait à appliquer audit bail, tant au regard de la TVA que des droits de mutation à titre onéreux, les règles applicables à la mutation à titre onéreux d'un terrain à bâtir, de sorte que l'application de la TVA emportait exonération de la TPF. Il est pour le moins remarquable que, malgré les modifications apportées aux textes régissant la matière, le BOI continue de reprendre, quasiment à l'identique, les termes de l'ancienne documentation de base en indiquant que : « Les baux emphytéotiques qui concourent à la production d'immeubles sont assujettis, sur option à la TVA, selon les règles prévues pour les baux à construction. Ils bénéficient en outre de l'exonération de taxe de publicité foncière prévue pour ces baux à l'article 743-1° du Code général des impôts ainsi que des droits d'enregistrement » (BOI-ENR-JOMI-10-20141006, § 150 et BOI-ENR-JOMI-30, § 60 préc.).

Mais, en l'absence de texte légal prévoyant d'exonérer le bail emphytéotique de la TPF, rien ne s'oppose à ce que l'administration fiscale réserve l'exonération de TPF aux seuls baux « comparables » au bail à construction.

2) Le bail ne concourt pas à une opération de construction

1001 À défaut de pouvoir revendiquer le bénéfice de l'exonération de TPF, le bail sera soumis à la TPF dans les conditions de droit commun (V. n°s 1002 et s.).

2 Taxe de publicité foncière

CGI, art. 689. – L'acte constitutif de l'emphytéose est assujetti à la taxe de publicité foncière aux taux prévus à l'article 742.

CGI, art. 742. – Les baux à durée limitée d'immeubles faits pour une durée supérieure à douze années, à l'exception de ceux mentionnés à l'article 1048 ter, sont soumis à la taxe de publicité foncière au taux de 0,70 %.

Cette taxe est liquidée sur le prix exprimé, augmenté des charges imposées au preneur, ou sur la valeur locative réelle des biens loués si cette valeur est supérieure au prix augmenté des charges. Elle est due sur le montant cumulé de toutes les années à courir.

1002 **Taux de la taxe.** Le bail emphytéotique est soumis à la taxe de publicité foncière à 0,70 % (0,71498 % avec les perceptions additionnelles).

1003 **Assiette et liquidation.** Cette taxe est liquidée sur le prix du bail (le montant cumulé des loyers) augmenté des charges qui s'y ajoutent, ou sur la valeur locative réelle du terrain loué si cette valeur est supérieure au prix augmenté des charges (CGI, art. 742, al. 2).
Illustration. Dans un bail emphytéotique consenti pour une durée de cinquante ans moyennant un loyer annuel de 1 F, il avait été indiqué en vue de la publicité foncière que « pour le calcul du montant de la taxe de 0,60 % et du salaire du conservateur, le montant cumulé des loyers s'élevait à 50 F ». Le tribunal de Tarascon a estimé que cette déclaration estimative était suffisante et il en a déduit que la conservation des hypothèques avait refusé à tort le dépôt du bail pour « défaut d'indication de la valeur locative des lieux loués » (TGI Tarascon, 20 déc. 1991 : *Ind. enr.* 1992, n° 15711).

1004 **Quelle assiette pour les baux de plus de vingt ans ?** Il avait été précisé par l'administration que la valeur du droit de reprise des constructions en fin de bail n'entre pas dans l'assiette de la taxe si le bail a une durée égale ou supérieure à vingt ans (Rép. min., 17 juin 1964 : *JOAN* CR, p. 1956 ; *JCP* N 1964, IV, 3770 ; *BOED* 1964, 9229 ; *Bull. AMC* 1964, art. 586).
Si le bail a une durée de moins de vingt ans, il faut, par déclaration estimative, évaluer la valeur résiduelle qu'auront les immeubles en fin de bail. Sur l'historique de ces solutions et leur élaboration, V. *Bull. AMC* 1961, art. 459 ; *ibid.* 1962, art. 492 ; *ibid.* 1963, art. 544 ; *ibid.*1964, art. 574 ; *ibid.* 1964, art. 586 ; *ibid.* 1965, art. 600. – V. également sur la question la chronique de M. Chardonnal *in* *JCP* N 1980, IV, 7677).

1005 **Une incertitude à dissiper.** Dans la division consacrée au bail emphytéotique, l'administration indique que ce bail supporte la taxe de publicité foncière sur le montant cumulé des redevances prévues pour toute la durée de l'emphytéose (CGI, art. 689. – BOI-ENR-JOMI-30, 24 mars 2021, n° 50). Pour autant, les solutions rappelées *supra* n° 1004 doivent, à notre avis, continuer à s'appliquer, dès lors que le bail emphytéotique est, selon l'administration elle-même « assujetti au régime fiscal des mutations de jouissance d'immeuble à durée limitée » (BOI-ENR-JOMI-30, § 30, préc.). Or, dans la division du BOI consacrée aux baux d'immeubles à durée limitée, l'administration fiscale précise, concernant les baux soumis à publication au fichier immobilier : « Pour les baux ordinaires dont la durée est supérieure à vingt ans et par analogie avec le régime des baux à durée illimitée l'assiette de la taxe est limitée à vingt fois la moyenne annuelle du loyer et des charges afférents à toute la durée de ces baux » (BOI-ENR-JOMI-10-20141006, § 80).

1006 **Paiement de la taxe de publicité foncière – Renvoi.** Sur les modalités de paiement qui diffèrent selon la forme de l'acte, V. **Paiement**.

1007 **Débiteur de la taxe de publicité foncière.** Conformément aux dispositions de l'article 1712 du CGI, les droits incombent, en principe, au preneur à bail. Mais, cette règle n'est pas d'ordre public et les parties peuvent y déroger conventionnellement (V. **Paiement**).

3 Contribution de sécurité immobilière

1008 Selon la règle générale, le salaire doit être assis sur le montant cumulé des loyers stipulés augmenté de la valeur résiduelle des constructions à édifier ou, si elle est supérieure, sur la valeur locative réelle du terrain loué pour toute la durée de la location (V. *JCP* N 1964, IV, 3746, chron. hyp. H. Bulté. – Rép. min. Économie et Finances : *JOAN* CR, 25 nov. 1970, p. 5893 ; *JCP* N 1970, IV, 4890-4 ; *Bull. AMC* 1971, art. 849). Dans la pratique, on considère que la valeur

résiduelle des constructions correspond à la différence entre ladite valeur locative et le montant cumulé des redevances (V. *BOED* 1966, 9882 ; *JCP* N 1967, III, 32650 ; *Bull. AMC* 1962, art. 492) ; si ces dernières sont purement symboliques, la valeur des constructions se confond avec la valeur locative du terrain pour toute la durée du bail.
Sur l'historique des perceptions du salaire, en cette matière, V. *Bull. AMC* 1961, art. 459 ; *ibid.* 1962, art. 492 ; *ibid.* 1964, art. 574 ; *ibid.* 1964, art. 586 ; *ibid.* 1971, art. 849.
Ces solutions s'appliquent à la contribution de sécurité immobilière.

1009 Liquidation du salaire dans le cas de bail emphytéotique accompagné d'une promesse synallagmatique de bail ordinaire consenti par le preneur constructeur au propriétaire du sol. Un centre hospitalier a consenti à une entreprise de travaux publics un bail emphytéotique d'une durée de dix-huit ans moyennant une redevance annuelle de 20 F. Ce bail portait sur plusieurs parcelles et la société locataire s'était obligée dans l'acte à procéder sur ces parcelles à la création d'importants aménagements. Il était précisé que l'entreprise locataire consentait au centre hospitalier qui l'acceptait une promesse de bail de l'ensemble de ces aménagements moyennant un loyer fixé à 199 910 F TVA incluse pour les quinze premières années et 1 F pour les trois dernières années.
L'association mutuelle des conservateurs a estimé qu'en pareil cas la conjugaison des deux baux croisés aboutissait en définitive à ce que le centre hospitalier pour, dans un premier temps, avoir la jouissance des parkings aménagés par un cocontractant, et pour, après dix-huit ans, en acquérir la propriété, s'était d'ores et déjà engagé à débourser une somme totale de 2 998 653 F (199 910 × 15 + 3). Dès lors, la somme ainsi énoncée paraît « donner la juste mesure de la valeur des droits faisant l'objet de la publication et... elle doit, ainsi qu'il est prévu à l'article 296 annexe III au Code général des impôts, être retenue pour liquider le salaire proportionnel » (*Bull. AMC* 1991, art. 1481).

4 Plus-values immobilières

1010 Absence d'imposition au titre des plus-values. La conclusion d'un bail emphytéotique étant considérée fiscalement comme une mutation de jouissance, elle ne constitue pas une cession à titre onéreux imposable dans le cadre du régime des plus-values immobilières des particuliers (CGI, art. 150 U et s).

II

Cession des droits du preneur ou du bailleur

CGI, art. 1378 bis. – Les mutations de toute nature ayant pour objet, en matière de bail emphytéotique, soit le droit du bailleur, soit le droit du preneur, sont soumises aux dispositions du présent code concernant les transmissions de propriétés d'immeubles.

1011 Application de la TVA. Tirant les conséquences de la réforme de la TVA opérée par la loi de finances rectificative pour 2010 (L. n° 2010-237, 9 mars 2010 : *JO* 10 mars), l'administration distingue le régime applicable à la conclusion du bail de celui applicable à « la cession éventuelle tant des droits du bailleur que de ceux du preneur ». Ces cessions qui ne sont pas visées par l'exonération de TVA réservée aux baux conférant des droits réels prévue par l'article 261 D 1 bis du CGI, « suivent donc à raison de leur caractère de droits réels immobiliers le régime du bien immeuble auquel ils se rapportent » (BOI-TVA-IMM-10-10-20-20170802, § 90, préc. au n° 995).
On rappellera que la TVA ne trouvera, le cas échéant, à s'appliquer que si le cédant est un assujetti à la TVA agissant en tant que tel.

1012 Taxation selon le régime des ventes d'immeubles. Ces cessions sont soumises au même régime fiscal que les mutations d'immeubles (CGI, art. 1378 bis) et entrent dans le champ d'application de la formalité fusionnée (BOI-ENR-JOMI-30-24 mars 2021, n° 70).

1013 Cession du droit du bailleur. Cession du terrain loué au preneur dans un bail emphytéotique qui prévoyait le retour gratuit des constructions à la commune bailleresse. Sur la nécessité pour la collectivité de prendre en compte la valeur du droit d'accession auquel elle renonce en cédant le terrain loué en cours de bail au preneur, V. CE, 13 sept. 2021, n° 439653, *Cne Dourdan : Rec. CE* 2021, tables ; concl. R. Victor, *Ariane web* ; *JCP* A 2021, act. 577. – Ch. Roux, *Cession et bail emphytéotique : choisir (de vendre) n'est pas renoncer (à valoriser) : JCP* A 2021, 2315). Le rappel de cette règle d'évaluation a une incidence directe sur l'assiette des droits de mutation à titre onéreux exigibles à raison de la vente de ces droits.

En effet, conformément à l'article 683 du Code général des impôts, la cession du droit du bailleur supporte la taxe de publicité foncière au taux prévu à l'article 1594 D du Code général des impôts outre la taxe communale (BOI-ENR-JOMI-30, 24 mars 2021, n° 80).

1014 **Cession des droits de l'emphytéote.** En revanche, la cession du droit de l'emphytéote est imposée en tenant compte de la nature du bien sur lequel porte ce droit. Cette cession peut donc donner lieu à la perception de la taxe de publicité foncière à l'un des taux prévus pour les ventes d'immeubles ou à la TVA (BOI-ENR-JOMI-30, 24 mars 2021, n° 90).

> **NOTA** Les régimes de faveur concernant les ventes d'immeubles sont éventuellement applicables.

Si l'emphytéote ne cède que la jouissance et se réserve le domaine utile qui confère le droit de jouir des fruits, le droit fixe [125 €] prévu à l'article 738-1 du Code général des impôts est seul exigible (BOI-ENR-JOMI-30, 24 mars 2021, n° 90).

1015 **Contribution de sécurité immobilière.** En cas de cession du droit du preneur, la contribution de sécurité immobilière est perçue sur l'ensemble du prix de cession, des loyers cumulés et des charges pour toutes les années restant à courir (Lacroix, *Mémento*, n° 254).

En cas de cession du droit du bailleur, la contribution est due au tarif proportionnel sur le prix de cession (Lacroix, n° 252).

1016 **Imposition au titre des plus-values immobilières.** La cession étant constitutive d'une vente d'immeubles génère une imposition éventuelle au titre des plus-values immobilières (CE, 11 mars 1985, n° 39533 : *RJF* 5/85, n° 726).

L'acte doit donc contenir les mentions exigées en la matière par la législation (V. **Plus-values immobilières**).

III

Résiliation du bail

A Publicité foncière

1017 **Publicité obligatoire.** La résiliation du bail emphytéotique entraîne le retour des droits du preneur à bail dans le patrimoine du propriétaire du terrain. Elle s'analyse en une mutation de droits réels immobiliers et doit, dans cette mesure, être soumise à publication obligatoire (D. 4 janv. 1955, art. 28-1° a), à peine d'inopposabilité aux tiers.

B Taxation

1018 **Principe.** Les résiliations volontaires devraient donner ouverture au droit de vente d'immeuble. Mais l'administration a décidé de leur appliquer le régime des résiliations de baux ordinaires. Le BOI-ENR-JOMI-30, § 100 cite la réponse ministérielle Bergasse : *JOAN* 6 nov. 1954, p. 4801 dont il résulte que « Le droit fixe prévu à l'article 738-1 du CGI est seul dû, sauf application, le cas échéant, des dispositions de l'article 725 du CGI, qui fixent le régime fiscal des cessions de droit au bail ».

1019 **Taxe de publicité foncière.** L'administration renvoie au § 260 du BOI-ENR-JOMI-10-20141006 qui expose le régime applicable aux actes de résiliation et rétrocessions de baux à vie ou à durée illimitée. Il y est indiqué que : « Ces actes donnent ouverture à la taxe de publicité foncière dans les mêmes conditions que les baux eux-mêmes ».

Selon le *Mémento* Lacroix, la résiliation donne lieu aux perceptions suivantes (Lacroix, *Mémento* n° 1078) :

– résiliation sans indemnité ou avec indemnité versée par le bailleur au preneur : elle donne lieu à la perception de la taxe fixe de publicité foncière ;

– résiliation avec indemnité versée par le preneur au bailleur : la taxe de publicité foncière au taux de 0,70 % (0,71498 % avec les perceptions additionnelles) est due sur le montant de l'indemnité qui est un loyer supplémentaire, avec perception éventuelle du minimum de perception (V. **Minimum de perception**).

1020 Contribution de sécurité immobilière. La contribution de sécurité immobilière est perçue sur les bases suivantes (Lacroix, *Mémento*, n° 1078) :

– si la résiliation intervient sans indemnité ou avec indemnité versée par le bailleur au preneur, la CSI est perçue au tarif proportionnel sur le montant cumulé des loyers afférents à la période restant à courir ;

– si une indemnité est versée par le preneur au bailleur, la CSI au tarif proportionnel est liquidée sur le montant cumulé des loyers afférents à la période restant à courir et de l'indemnité de résiliation.

1021 Indemnités de résiliation d'un bail emphytéotique concernant un terrain supportant des immeubles en cours de construction. Une société avait pris à bail pour trente ans un terrain sur lequel elle avait fait édifier des immeubles qu'elle avait ensuite vendus par appartements en état futur d'achèvement, conjointement avec le propriétaire du terrain. Le prix de vente comportait trois éléments correspondant respectivement à la valeur du terrain, à l'indemnité de résiliation du bail emphytéotique dont cette société bénéficiait et à la valeur de la construction.

Sous l'empire des règles applicables en matière de TVA antérieurement à la réforme issue de la loi du 9 mars 2010 de finances rectificative pour 2010, le Conseil d'État a statué comme suit :

> « L'indemnité perçue par une société en contrepartie de la résiliation du bail emphytéotique dont elle est titulaire, et qui porte sur des terrains supportant des immeubles en cours d'édification, est passible de la TVA. La société est, en tant que vendeur, redevable légal de cette taxe dès lors que le bail portait, à la date de sa résiliation, sur des terrains déjà entrés dans le champ d'application de la TVA du fait des constructions entreprises » (CE, 2 juill. 1986, n° 51232, 7e et 8e ss-sect. : *RJF* 10/1986, n° 880).

IV Opérations particulières

A Bail emphytéotique au profit des collectivités locales

1022 Non-application de l'article 1042 du Code général des impôts. Bien qu'il transmette au preneur un droit réel immobilier, le bail emphytéotique ne s'analyse pas en une acquisition, mais en un bail. Les dispositions de l'article 1042 du Code général des impôts concernent uniquement les acquisitions et les textes fiscaux étant d'interprétation stricte, il n'est pas possible de faire bénéficier les baux emphytéotiques de l'exonération prévue à cet article. En application des dispositions de l'article 742 du même code, le bail emphytéotique, bail de plus de douze ans, donnera ouverture, lors de sa publication au fichier immobilier, à la taxe de publicité foncière au taux de 0,60 % (0,70 % actuellement, soit 0,71498 % avec les perceptions additionnelles), calculée sur le montant cumulé des redevances prévues pour toute la durée du bail (Rép. min. Mathieu : *JOAN* CR, 24 juin 1985, p. 2940, n° 66382 : *JCP* N 1985, prat. 9572. – V. précédemment dans le même sens, Rép. min. Besson : *JOAN* CR, 26 nov. 1984, p. 5128 ; *JCP* N 1985, prat. 9351).

Il résulte de cette réponse que lorsqu'une collectivité locale (commune… ; département… ; région) se voit consentir un bail emphytéotique, ce contrat est soumis au régime de droit commun, et sera taxé selon les règles indiquées ci-dessus.

B Bail emphytéotique consenti à un organisme HLM

1023 Une question au ministre de l'Économie, des Finances et du Budget évoque le cas où des immeubles anciens sont la propriété d'une collectivité locale ou d'un établissement public et que des organismes HLM envisagent d'y faire effectuer des travaux de restauration, en vue de l'aménagement de logements sociaux. « Il est évident, a indiqué l'auteur de la question, que ces opérations revêtent le caractère d'utilité publique et qu'elles se situent dans le cadre de la mission des offices publics d'HLM ». Il était demandé en conséquence au ministre s'il n'estimait pas opportun d'exempter ces opérations de toute taxe au profit du Trésor.

La réponse suivante a été faite :

Le régime fiscal des baux emphytéotiques diffère selon qu'il s'agit ou non de baux à construction (*sic*).

Dans la première hypothèse, ils entrent dans le champ d'application de l'article 257-7° (aujourd'hui, art. 257-I) du Code général des impôts et sont exonérés de droits d'enregistrement ainsi que de la taxe de publicité foncière.
Dans la situation contraire, le bail est assujetti à la taxe de publicité foncière au taux de 0,70 % (0,71498 % compte tenu des perceptions additionnelles) sur le montant cumulé des loyers.
Ce dernier régime s'applique au bail emphytéotique portant sur des immeubles anciens appartenant à une collectivité locale et qui sont destinés à être restaurés par des organismes d'HLM si, comme c'est vraisemblable, ce bail n'est pas un bail à construction (Rép. min., 11 févr. 1985 : *JOAN* CR, p. 507, n° 56830 ; *JCP* N 1985, prat. 9509).
Si les baux emphytéotiques consentis au profit d'organismes HLM sont donc soumis au régime de droit commun, il faut toutefois tenir compte de l'application possible du régime spécifique aux HLM :
– c'est ainsi que la taxe de publicité foncière peut n'être pas perçue en raison de l'exonération édictée par l'article 1049 du Code général des impôts dans tous les cas où l'opération constituera un « acte fait pour l'application de la législation des HLM » (V. **HLM**. – Et pour le cas d'un bail emphytéotique consenti à un organisme HLM par une ville pour la construction d'un immeuble à usage de foyer pour personnes âgées, *Rev. HLM* 30 oct. 1983, p. 25) ;
– par ailleurs, dans la mesure où l'opération intéresse un office public d'HLM, elle ne donne lieu qu'à « la perception d'un salaire minimum (aujourd'hui, à la perception de la contribution de sécurité immobilière au tarif minimum) qui représente la moitié du salaire proportionnel et gradué normal » (CGI, art. 882. – V. **HLM**. – V. également la chronique de M. Chardonnal *in JCP* N 1980, prat. 7677 pour le cas de bail consenti par une commune à un office public départemental d'HLM).

N.B. : L'administration fiscale devra indiquer si cette solution conserve sa valeur au lendemain de la réforme de la TVA et de la taxe de publicité foncière opérée par l'article 16 de la loi de finances rectificative pour 2010 (L. n° 2010-237, 9 mars 2010 : *JO* 10 mars).

C Bail emphytéotique consenti à une SAFER

1024 Les baux emphytéotiques d'immeubles ruraux consentis aux SAFER (Sociétés d'aménagement foncier et d'établissement rural) bénéficient de l'exonération des droits d'enregistrement prévue à l'article 1028 à 1028 ter du Code général des impôts, sous réserve des dispositions de l'article 1020 du même code (V. **SAFER**. – BOI-ENR-JOMI-30-20141006, § 110).

D Bail emphytéotique administratif

1 Champ d'application du « bail emphytéotique administratif »

1025 **Bail emphytéotique consenti par une collectivité territoriale.** Aux termes de l'article L. 1311-2 du Code général des collectivités territoriales (dans sa rédaction issue Ord. n° 2015-899, 23 juill. 2015, relative aux marchés publics, art. 101, II et modifié par Ord. n° 2016-65, 29 janv. 2016, art. 57, ratifiées par L. n° 2016-1691, 9 déc. 2016, relative à la transparence, à la lutte contre la corruption et à la modernisation de la vie économique, et en vigueur depuis le 1er avril 2016 et tel que modifié par l'article 6 de l'ordonnance n° 2018-1074 du 26 novembre 2018 portant partie législative du Code de la commande publique) :

> « Un bien immobilier appartenant à une collectivité territoriale peut faire l'objet d'un bail emphytéotique prévu à l'article L. 451-1 du Code rural et de la pêche maritime en vue de la réalisation d'une opération d'intérêt général relevant de sa compétence ou en vue de l'affectation à une association cultuelle d'un édifice du culte ouvert au public. Ce bail emphytéotique est dénommé bail emphytéotique administratif.
> Un tel bail peut être conclu même si le bien sur lequel il porte, en raison notamment de l'affectation du bien résultant soit du bail ou d'une convention non détachable de ce bail, soit des conditions de la gestion du bien ou du contrôle par la personne publique de cette gestion, constitue une dépendance du domaine public, sous réserve que cette dépendance demeure hors du champ d'application de la contravention de voirie.
> Un tel bail ne peut avoir pour objet l'exécution de travaux, la livraison de fournitures, la prestation de services, ou la gestion d'une mission de service public, avec une contrepartie économique constituée par un prix ou un droit d'exploitation, pour le compte ou pour les besoins d'un acheteur ou d'une autorité concédante soumis au Code de la commande publique.
> Dans le cas où un tel bail serait nécessaire à l'exécution d'un contrat de la commande publique, ce contrat prévoit, dans le respect des dispositions du présent code, les conditions de l'occupation du domaine ».

Ces dispositions sont applicables aux établissements publics des collectivités territoriales et aux groupements de ces collectivités (CGCT, art. L. 1311- 4).
Sur l'impact de la réforme des marchés publics et des contrats de concession sur le régime de passation des baux emphytéotiques administratifs, V. Rép. min. n° 22329 : *JO* Sénat Q 26 janv. 2017, p. 300).
La Cour de cassation a jugé que, dans le cas d'une activité d'intérêt général relevant de la compétence de la collectivité territoriale, cette dernière ne peut conclure sur son domaine privé qu'un bail emphytéotique administratif, dont le contentieux relève de la juridiction administrative, à l'exclusion du bail emphytéotique de droit privé (Cass. 3e civ., 15 juin 2023, n° 21-22.816, *Sté hydro-électrique X*, FS-B : *JurisData* n° 2023-009704. – G. Eckert, *L'étrange destin du bail emphytéotique administratif : Contrats-Marchés publ.* 2024, n° 3, repère 3. – R. Micalef, *La nature administrative d'un bail emphytéotique portant sur l'exploitation d'une centrale hydroélectrique : Énergie-Env.-Infrastr.* 2023, n° 10, comm. 74. – M. Schmieder, *Le bail emphytéotique local, quel est (désormais) son domaine » : AJDI* 2024, p. 886).

1026 Selon l'article L. 1311-3 du même code (tel que modifié par Ord. n° 2017-562, 19 avr. 2017, relative à la propriété des personnes publiques, art. 8) :
– 1° les droits résultant du bail ne peuvent être cédés, avec l'agrément de la collectivité territoriale, qu'à une personne subrogée au preneur dans les droits et obligations découlant de ce bail et, le cas échéant, des conventions non détachables conclues pour l'exécution du service public ou la réalisation de l'opération d'intérêt général.
Par dérogation à l'alinéa précédent, les droits résultant du bail ne peuvent faire l'objet d'une cession lorsque le respect des obligations de publicité et de sélection préalables à la délivrance d'un titre, prévues à l'article L. 2122-1-1 du Code général de la propriété des personnes publiques, s'y oppose ;
– 2° le droit réel conféré au titulaire du bail de même que les ouvrages dont il est propriétaire sont susceptibles d'hypothèque uniquement pour la garantie des emprunts contractés par le preneur en vue de financer la réalisation ou l'amélioration des ouvrages situés sur le bien loué.
Le contrat constituant l'hypothèque doit, à peine de nullité, être approuvé par la collectivité territoriale (pour une récente application de cette règle, V. Cass. 3e civ., 24 juin 2021, n° 19-25.821 : *JurisData* n° 2021-010097 ; *JCP* G 2021, doctr. 1218, Ph. Delebecque).
Seuls les créanciers hypothécaires peuvent exercer des mesures conservatoires ou des mesures d'exécution sur les droits immobiliers résultant du bail.

1027 Bail emphytéotique consenti par un établissement public de santé. Selon l'article L. 6148-2 du Code de la santé publique, un bien immobilier appartenant à un établissement public de santé ou à une structure de coopération sanitaire dotée de la personnalité morale publique peut faire l'objet d'un bail emphytéotique prévu à l'article L. 451-1 du Code rural et de la pêche maritime, en vue de l'accomplissement, pour le compte de l'établissement ou de la structure, d'une mission concourant à l'exercice du service public dont ils sont chargés ou en vue de la réalisation d'une opération d'intérêt général relevant de leur compétence. Ce bail emphytéotique est dénommé « bail emphytéotique administratif ».
Un tel bail peut être conclu même si le bien sur lequel il porte, en raison notamment de l'affectation du bien résultant soit du bail ou d'une convention non détachable de ce bail, soit des conditions de la gestion du bien ou du contrôle par la personne publique de cette gestion, constitue une dépendance du domaine public, sous réserve que cette dépendance demeure hors du champ d'application de la contravention de voirie.
Un bien immobilier appartenant à un établissement public de santé ou à une structure de coopération sanitaire dotée de la personnalité morale publique peut également faire l'objet d'un bail emphytéotique en vue de la réalisation d'une opération répondant aux besoins d'un autre établissement public de santé avec lequel ils conduisent une action de coopération.
Ces baux obéissent aux règles énumérées à l'article L. 1311-3 du Code général des collectivités territoriales (C. santé publ., art. L. 6148, al. 5 et 6. – Sur ces règles, V. n° **1026**). Ils peuvent comporter une clause permettant à l'établissement public de santé ou, le cas échéant, la structure de coopération sanitaire dotée de la personnalité morale publique d'acquérir, avant le terme fixé par le bail, les installations rénovées ou édifiées par le titulaire (al. 5).
Remarque : Cet article du Code de la santé publique a été abrogé par l'article 102 de l'ordonnance n° 2015-899 du 23 juillet 2015 relative aux marchés publics avec effet au 1er avril 2016.

1028 Bail emphytéotique administratif conclu en application de l'article L. 2341-1 du Code général de la propriété des personnes publiques. L'exonération de taxe de publicité foncière et l'application corrélative du droit fixe de 125 € prévues en faveur de certains actes portant occupation temporaire du domaine public sont étendues aux baux emphytéotiques administratifs (BEA) portant sur un bien immobilier appartenant à l'État ou à certains établissements publics, visés à l'article L. 2341-1 du Code général de la propriété des personnes publiques (CGI, art. 1048 ter, 1° modifié par L. fin. 2014, n° 2013-1278, 29 déc. 2013). Le régime applicable à ces BEA est ainsi harmonisé avec celui des BEA conclus par les collectivités territoriales, leurs groupements ou leurs établissements publics visés aux articles L. 1311-2 et L. 1311-4 du Code général des collectivités territoriales, qui bénéficient d'ores et déjà de l'exonération prévue par l'article 1048 ter du Code général des impôts.

Ces mesures s'appliquent aux **baux conclus à compter du 1er janvier 2014** (L. préc., art. 14, II).

Remarque : L'article L. 2341-1 du Code général de la propriété des personnes publiques a été modifié par l'ordonnance n° 2017-562 du 19 avril 2017 relative à la propriété des personnes publiques (art. 6).

2 Taxation

a) TVA

1029 L'exonération de TVA prévue par l'article 261 D, 1° bis du Code général des impôts, s'applique aux baux emphytéotiques administratifs. Mais ils peuvent être soumis à la TVA sur option (CGI, art. 260, 5°). L'exonération de TVA applicable de plein droit aux baux conférant des droits réels immobiliers n'est pas discutable, dès lors qu'aucun texte ne confère à ce type de bail un régime particulier au regard de la TVA. Que la collectivité publique soit considérée comme agissant à titre d'assujettie à la TVA lorsqu'elle confère à un tiers un BEA sur le domaine public ne saurait justifier l'assujettissement systématique des loyers à la TVA. Comme n'importe quel assujetti, la personne publique aura le choix d'opter ou non pour soumettre la conclusion du BEA à la TVA (V., pour une analyse qui aurait mérité, à notre avis, d'être plus nuancée, Rép. min. Éco., Fin. et Relance, n° 25366 : *JO* Sénat 30 déc. 2021, p. 7147, Masson).

b) Droits d'enregistrement taxe de publicité foncière et contribution de sécurité immobilière

1030 Les baux emphytéotiques administratifs conclus par les collectivités territoriales, leurs groupements ou leurs établissements publics sont exonérés de taxe de publicité foncière et soumis au seul droit fixe de 125 € prévu à l'article 680 du Code général des impôts (CGI, art. 1048 ter). Le même régime est applicable aux baux emphytéotiques hospitaliers et aux conventions non détachables de ces baux.

La contribution de sécurité immobilière est perçue au taux fixe (15 €) prévu par l'article 881 M du Code général des impôts.

E Hypothèque d'un bail emphytéotique

1031 **Portée.** Une hypothèque peut être consentie sur un bail emphytéotique mais cette hypothèque disparaît à l'expiration du bail. Le renouvellement de ce bail ne permet pas de maintenir la sûreté, le bail renouvelé étant un bail distinct du bail initial (Cass. 3e civ., 7 oct. 2009, n° 08-14.962 : *JurisData* n° 2009-049590 ; *JCP* N 2009, act. 684).

➤ Sur la constitution d'une hypothèque sur un bail emphytéotique administratif, V. n° 1026.

Bail ordinaire à durée limitée

Neyla GONZALEZ-GHARBI

Sommaire analytique

1032 Nous distinguerons le bail initial (I), les actes ou jugements antérieurs ou postérieurs au bail initial (II), la quittance, la cession ou la délégation de loyer (III), le cas des constructions édifiées par le locataire (IV) et les contrats voisins du contrat de bail (V).

I

Le bail initial

1033 Nous traiterons successivement des baux soumis à publication (A), des modalités de publication (B), des sanctions de l'absence de publication (C) et des perceptions opérées à l'occasion de la publication (D).

A Baux soumis à publication

D. 4 janv. 1955, art. 28. – Sont obligatoirement publiés au service de la publicité foncière de la situation des immeubles :

1° Tous actes, même assortis d'une condition suspensive, et toutes décisions judiciaires, portant ou constatant entre vifs :

(...)

b) Bail pour une durée de plus de douze années, et même pour un bail de moindre durée, quittance ou cession d'une somme équivalente à trois années de loyers ou fermages non échus ;

1034 Baux de plus de douze ans. Tous actes, ou toutes décisions judiciaires, dit le texte qui « portent ou constatent bail de plus de douze ans » sont soumis à publication obligatoire.

La seule condition pour que la publication devienne obligatoire est la durée du bail, qui doit être de plus de douze ans. Si le bail est conclu pour douze ans ou moins de douze ans, il n'est donc pas soumis obligatoirement à publication.

À propos de cette durée de douze ans, deux problèmes particuliers peuvent être soulevés : celui du bail renouvelable (1) ou celui du bail conclu pour la durée de la vie d'une des parties (2).

1 Bail renouvelable

1035 Bail de douze ans renouvelable pour une nouvelle période. Si un bail a été conclu pour une durée de douze années (il n'est donc pas soumis à publication...) avec stipulation que le bailleur s'engage à le renouveler à son expiration à la demande du preneur pour une nouvelle période de douze ans, ce bail n'est pas soumis à publication. En effet, c'est « le contrat lui-même et lui seul qui doit être envisagé pour savoir quelle est la durée du bail, et non la durée de jouissance que ce bail donne au preneur en l'ajoutant à sa jouissance antérieure » (Page : *Journ. not.* 1958, art. 45468, p. 207. – V. également les chroniques de M. Bulté : *JCP* N 1961, IV, 3095 ; M. Poirier : *JCP* N 1966, IV, 4001 et M. Bulté : *JCP* N 1959, IV, 2679).

1036 Incidence du renouvellement du bail. Mais, si le bail est effectivement renouvelé, le bail initial ne se trouvera-t-il pas rétroactivement assujetti à la publicité, du fait que la jouissance du preneur excédera alors douze années ?

C'est la question qu'examine M. Poirier dans sa chronique précitée (*JCP* N 1966, IV, 4001) et à laquelle il apporte une réponse négative.

On peut rappeler à cet égard que la doctrine antérieure à la réforme de la publicité foncière (c'était alors les baux d'une durée de plus de dix-huit ans qui devaient être publiés) estimait que la transcription des baux successifs n'était pas nécessaire et qu'ils pouvaient être opposés aux tiers, même non transcrits, mis à part toutefois le cas où la division de la durée du bail en plusieurs actes successifs était fictive et faite par fraude, dans le but de soustraire ce bail d'une durée supérieure à dix-huit ans à l'obligation de transcription (V. à ce sujet la chronique hypothécaire de M. Bulté : *JCP* N 1959, IV, 2679 ; Chambaz, Massounabe-Puyane et Leblond, *Précis du droit et de la pratique hypothécaire*, 2e éd., n° 757-II).

L'opinion dominante était qu'il y avait alors (sous la réserve indiquée plus haut, c'est-à-dire le cas de fraude) deux baux distincts quoique successifs.

Les commentateurs précités concluent que la même solution doit être admise depuis la mise en application du nouveau régime pour ce qui concerne le renouvellement des baux de douze ans ou moins de douze ans.

Toutefois, M. Bulté (chron. préc. : *JCP* N 1961, IV, 3095) estime que si l'acte portant nouveau bail rappelle la durée du premier bail de douze ans qu'il proroge, cet acte pourrait, et même, dit-il (sous réserve de l'appréciation souveraine des tribunaux), devrait être publié comme constatant à la date de sa signature une jouissance future du preneur supérieure à douze ans. Les tiers, dit M. Bulté, ont en effet intérêt à connaître par la publicité une telle charge grevant les immeubles loués pour plus de douze ans.

1037 Durée du bail variable au gré du preneur. MM. Bulté, Bechade et Poirier ont examiné le cas d'un bail consenti pour quinze ans, qu'une seule des parties contractantes peut limiter à douze ans (*JCP* N 1958, IV, 25552). Cette disposition a, disent-ils, les effets d'une condition résolutoire potestative (V. Garnier : *Rép. gén. enr.*, V° Bail, n° 184. – Maguéro, V° Bail, n° 90), mais, la condition résolutoire est sans intérêt, de même qu'une condition suspensive, pour apprécier le caractère obligatoire de la publicité foncière : un tel bail sera donc soumis obligatoirement à publicité.

2 Bail conclu pour la durée de la vie du bailleur ou du preneur

1038 Publication obligatoire. La durée du bail peut être fixée à la vie de l'une des parties (V. *Rép. civ. Dalloz*, 2e éd., V° Bail, n° 118, par Groslière).

Les baux à vie étant présumés devoir être d'une durée supérieure à celle qui détermine l'obligation de publication, ils doivent à ce titre être publiés pour pouvoir être opposés aux tiers (*Précis du droit et de la pratique hypothécaire, op. cit.*, n° 759).

B Modalités de la publication

1039 Exigence d'authenticité. Bien entendu, la publication ne pourra intervenir que si l'acte est authentique (V. **Authenticité**).
En ce qui concerne les jugements constatant un bail de plus de douze ans, la publication ne pose pas de problème puisque le jugement est par lui-même un titre authentique. Le cas peut se rencontrer par exemple dans le cadre d'un divorce, où le tribunal a la possibilité de concéder a un des époux un « bail forcé » sur un immeuble appartenant à l'autre époux (C. civ., art. 285-1).

1040 Désignation de l'immeuble loué. Bail portant sur partie d'un immeuble. Si un bail de plus de douze ans porte sur une partie d'un terrain constituant un seul numéro cadastral, il n'y a pas, pour désigner la partie du terrain donné à bail, à produire un document d'arpentage (V. *Rép. alph. enreg.*, V° Hypothèque, livre III, n° 437-I). En effet, le contrat de bail n'ayant aucun caractère translatif, n'entraîne pas changement de limite de propriété.
L'acte publié pourrait théoriquement dans ce cas ne contenir que la désignation générale du terrain que le bail doit grever partiellement.
Mais il en résulterait que si un état était requis sur une fraction quelconque du terrain du chef du précédent propriétaire, le conservateur (aujourd'hui le service de la publicité foncière) serait amené à révéler tous les baux publiés portant sur quelque partie que ce soit de ce terrain, faute d'une identification précise de la fraction intéressée.
Pour éviter cet inconvénient, il y a lieu d'établir et de publier préalablement ou concomitamment à la publication du bail un état descriptif de division où chaque fraction appelée à faire l'objet d'un bail distinct sera désignée par un numéro de lot, auquel se réfèrera le contrat de bail (*Bull. AMC* 1981, art. 1202).
De même, en vertu de l'article 7, alinéa 3, du décret du 4 janvier 1955, les dispositions concernant la désignation d'une ou plusieurs fractions d'un immeuble en l'absence de changement de limites ne sont pas applicables lorsque l'acte ou la décision concerne un bail de plus de douze années. La désignation des biens loués (par ex. « le deuxième étage de l'immeuble ») constituera une indication suffisante.

1 Application de la double formalité – Régime antérieur au 1er janvier 2023

1041 Principe. Conformément aux dispositions du 2e alinéa de l'article 647 du CGI, dans leur rédaction antérieure à celle issue de l'article 22 de la loi de finances pour 2023, les baux d'immeubles urbains de plus de douze ans à durée limitée, soumis à publication obligatoire, comme d'ailleurs les baux n'excédant pas douze ans et concernant des immeubles urbains (qui peuvent être facultativement publiés) étaient exclus du champ d'application de la formalité fusionnée (BOI-ENR-DG-10-30, 30 sept. 2014, n° 70). Ils étaient donc soumis, d'une part, à l'enregistrement et, d'autre part, à la publicité foncière, dans les conditions indiquées ci-dessous.

1042 Enregistrement. Il est rappelé que les baux d'immeubles ruraux sont traités par ailleurs (V. **Bail rural**).
Les actes constatant une mutation de jouissance à durée limitée d'immeubles, quelle qu'en soit la durée, sont dispensés de la formalité de l'enregistrement. Cette dispense s'applique quel que soit le montant annuel du loyer, et quelle que soit la forme de l'acte (BOI-ENR-JOMI-10, 2 août 2017, n° 10).
Si les parties décident volontairement de soumettre le bail à l'enregistrement (par ex. pour lui donner date certaine), il y aura lieu à la seule perception du droit fixe prévu par l'article 739 du Code général des impôts (BOI-ENR-JOMI-10, 2 août 2017, n° 20. – Sur le taux actuel du droit fixe, V. **Droits fixes**).
Les avenants aux baux de cette nature sont soumis aux mêmes règles.
Remarque : On rappellera que l'ancien droit de bail, droit d'enregistrement qui frappait la quasi-totalité des baux, a été supprimé à compter de 1998 (L. n° 98-1267, 30 déc. 1998, art. 12).

1043 Publicité foncière. La taxe de publicité foncière est perçue dans les conditions indiquées ci-dessous (V. nos 1047 à 1062) lors de la publication de l'acte au fichier immobilier (Doc. adm. DGI, 7 E-217, n° 2, 2 nov. 1988) au service de la publicité foncière du lieu de la situation de l'immeuble. La taxe est majorée de la taxe additionnelle perçue au profit de l'État (BOI-ENR-JOMI-10, 2 août 2017, n° 50. – V. *infra*, n° 1047).

2 Formalité unique obligatoire. Régime applicable à compter du 1er janvier 2023

1044 L'article 22 de la loi n° 2022-1726 du 30 décembre 2022 de finances pour 2023 a modifié le deuxième alinéa de l'article 647 du CGI afin de supprimer l'exclusion des baux de plus de douze ans à durée limitée du régime de la formalité fusionnée. Désormais cette exclusion vise uniquement « les *décisions judiciaires et les actes pour lesquels il est impossible de procéder à la formalité fusionnée* ».

Il en résulte que, sauf pour les baux de plus de douze ans résultant de décisions judiciaires, le bail de plus de douze ans constaté par un acte authentique est soumis à la formalité unique. La nouvelle règle part du postulat que les actes notariés sont soumis obligatoirement à la formalité de l'enregistrement en application du 1° du 1 de l'article 635 du CGI et que cette règle s'applique sans réserve aux actes notariés constatant un bail d'immeuble à durée limitée (V. N. Gonzalez Gharbi, *Baux immobiliers de plus de douze ans : instauration de la formalité unique : Constr.-Urb.* 2023, comm. 26).

(Sur la doctrine administrative qui a préconisé l'application de la formalité unique aux actes notariés constatant un bail à construction, un bail à réhabilitation ou un bail emphytéotique, V. BOI-ENR-JOMI-30, 24 mars 2021, n°s 40, 180 et 302. – N. Gonzalez Gharbi, *Baux conférant des droits réels immobiliers de plus de douze ans : la formalité unique et perceptions incertaines : Constr.-Urb.* 2021, comm. 102).

Contrairement à doctrine administrative qui ne se prononçait pas sur les perceptions exigibles sur les actes concernés par cette formalité unique, l'article 22 de la loi de finances pour 2023 a modifié les dispositions des articles 665 et 681 du CGI afin que la règle selon laquelle, en matière de formalité fusionnée, la taxe de publicité foncière tient lieu de droits d'enregistrement, s'applique désormais aux baux de plus de douze ans à durée limitée.

3 Application du principe de l'effet relatif

1045 **Immeuble acquis avant le 1er janvier 1956.** En application de l'article 3, alinéa 2, du décret du 4 janvier 1955 et de l'article 35, paragraphe 1, 2°, du décret du 14 octobre 1955, le conservateur (aujourd'hui, le service de la publicité foncière) peut faire jouer le principe de l'effet relatif seulement lorsque le droit transféré, modifié, consolidé, grevé, éteint, résolu ou annulé appartient à celui qui en dispose ou qui en est le titulaire.

En supposant qu'un bail de plus de douze années portant sur un immeuble recueilli par le bailleur, en 1950, dans une succession, soit publié le 4 janvier 1977, le conservateur n'aura pas à appliquer l'article 3, alinéa 1er, du décret du 4 janvier 1955. Si l'immeuble loué est vendu suivant un acte du 12 avril 1983, il n'y aura pas davantage lieu de faire jouer le principe de l'effet relatif en ce qui concerne le droit de propriété du vendeur, puisque le décès qui a fixé ce droit sur la tête du disposant est antérieur au 1er janvier 1956. On peut être surpris de ne pas voir appliquer, au cas particulier, le principe, puisque le bailleur, partie au bail, n'a pu agir comme tel que parce qu'il était propriétaire de l'immeuble. En réalité, si le bail fait présumer l'existence du droit de propriété, il n'en constitue pas le titre et le conservateur sortirait de son rôle s'il appliquait le principe de l'effet relatif : la vente est en relation directe avec le décès en l'espèce, antérieur au 1er janvier 1956, mais non avec le bail.

Par contre, si par un acte dressé en 1978 et publié, le locataire sous-louait l'immeuble, le conservateur (aujourd'hui, le service de la publicité foncière) appliquerait le principe de l'effet relatif, puisque le droit du disposant – en l'espèce, un simple droit de jouissance – résulterait d'un titre postérieur au 1er janvier 1956. La sous-location est, en effet, en relation directe avec le bail et celui-ci est postérieur au 1er janvier 1956 (Doc. adm. DGI, 10 E-7241, n° 4, 2 mai 1983).

En application du même principe, l'acte emportant résiliation d'un bail de plus de douze ans paraît ne pouvoir être publié que si le bail a fait l'objet d'une publication, préalable ou concomitante (sur l'application du principe de l'effet relatif dans le cas où l'acte de résiliation n'a pas lui-même été publié, V. n° 1071).

C Sanction

1046 **Inopposabilité.** Un bail d'une durée supérieure à douze ans qui n'a pas été publié, est inopposable pour la période excédant les douze ans aux tiers définis par l'article 30-1 du décret du 4 janvier 1955 et donc à l'acquéreur d'un droit concurrent qui a fait publier son acte (Cass. 3e civ., 7 mars 2007 : *Bull. civ.* 2007, III, n° 33 ; *RDC* 2007, p. 816, note J.-B. Seube. – Cass. 3e civ., 19 juill. 1995 [cassation] : *Bull. civ.* 1995, III, n° 205, p. 137 ; *Defrénois* 1995, art. 36214, n° 159, chron. L. Aynès ; *D.* 1996, somm. p. 209, obs. S. Piédelièvre).

L'absence de publication d'un bail dont la durée initiale de neuf ans a été portée à vingt-cinq ans le rend inopposable au créancier qui a publié un commandement de saisie immobilière concernant l'immeuble loué (Cass. 3e civ., 3 févr. 2010, n° 09-11 389 : *JurisData* n° 2010-051495 ; *Loyers et copr.* 2010, comm. 94, obs. B. Vial-Pédroletti).

Si le tiers acquéreur poursuit l'expulsion d'un locataire, celui-ci n'est pas fondé, pour s'opposer à cette demande, à invoquer le fait que la vente n'a pas été publiée. En effet, il n'est pas un tiers au sens de l'article 30-1, alinéa I du décret du 4 janvier 1955 (Cass. 3e civ., 4 mai 2000 : *JurisData* n° 2000-001855 ; *JCP* N 2001, p. 737, note J.-A. Gravillon ; *Defrénois* 2000, art. 37269, note S. Piédelièvre).

D Taxation

1 Taxe de publicité foncière

CGI, art. 742. – Les baux à durée limitée d'immeubles faits pour une durée supérieure à douze années sont soumis à la taxe de publicité foncière au taux de 0,70 %.

Cette taxe est liquidée sur le prix exprimé, augmenté des charges imposées au preneur, ou sur la valeur locative réelle des biens loués si cette valeur est supérieure au prix augmenté des charges. Elle est due sur le montant cumulé de toutes les années à courir.

a) Liquidation de la taxe

1047 **Taux applicable.** La taxe est liquidée au taux de 0,70 % : elle a pris à compter du 1er janvier 1984 le caractère d'un impôt départemental (V. **Département**).
Il faut y ajouter le prélèvement pour frais d'assiette et de recouvrement supplémentaire au profit de l'État, soit au total 0,71498 %.

1048 **Règles applicables.** La taxe est, en principe, liquidée sur le prix exprimé, augmenté des charges imposées au preneur, ou sur la valeur locative réelle des biens loués si cette valeur est supérieure au prix augmenté des charges (BOI-ENR-JOMI-10, 2 août 2017, n° 70). En cas de loyer symbolique, la taxe est assise sur la valeur locative déclarée par les parties.
Pour la liquidation de la taxe, les sommes et valeurs sont arrondies à l'euro le plus proche (BOI-ENR-JOMI-10, 2 août 2017, n° 130).

1049 **Alsace-Moselle.** Dans les départements du Haut-Rhin, du Bas-Rhin et de la Moselle, il n'est pas perçu de taxe départementale de publicité foncière sur les actes constatant des baux de plus de douze ans. Toutefois, pour les actes passés et les conventions conclues relatifs aux baux de plus de douze ans portant sur des immeubles situés dans ces départements, un droit d'enregistrement est perçu à la recette des impôts de la résidence du rédacteur de l'acte (BOI-ENR-JOMI-10, 2 août 2017, n° 160, Remarques).

1050 **Bail assujetti à la taxe sur la valeur ajoutée.** Pour les baux soumis à la taxe sur la valeur ajoutée, la taxe départementale de publicité foncière est liquidée sur le prix exprimé augmenté des charges ou sur la valeur locative réelle si elle est supérieure, selon les principes de droit commun.
Il est fait abstraction de la taxe sur la valeur ajoutée payée par le bailleur et facturée au locataire (BOI-ENR-JOMI-10, 2 août 2017, n° 120. – *Bull. AMC* 1972, art. 890).

1051 **Loyer payable en nature.** La taxe est assise sur la valeur des produits intéressés au jour du contrat, déterminée par déclaration estimative des parties. Cette perception est définitive (*Rép. alph. enreg.*, V° Hypothèques, L. V, n° 74).

1052 **Loyer indexé.** La taxe de publicité foncière est perçue sur le prix indiqué dans l'acte, sans tenir compte de l'indexation.
Il avait été indiqué que l'ancien salaire du conservateur pourrait être révisé en fin de bail pour tenir compte du jeu de l'indexation. Mais les difficultés pratiques de contrôle rendent ce principe assez illusoire.

1053 **Droit d'entrée ou pas-de-porte.** Lorsque le contrat de bail prévoit, outre le paiement du loyer, le versement par le locataire au bailleur d'un droit d'entrée ou « pas-de-porte » et que cette somme s'analyse en un supplément de loyers, son versement constitue un paiement anticipé de loyers qui doit être publié. La taxe de publicité foncière est due au taux de 0,70 % (0,715 % avec les perceptions additionnelles) sur la somme quittancée ainsi que le salaire proportionnel du conservateur, et donc aujourd'hui la contribution de sécurité immobilière (V. J. Lafond, *Le versement d'un pas-de-porte : JCP* N 1981, p. 113 et s., n° 40).
Ces solutions ne figurent plus actuellement au BOFiP, mais paraissent rester d'actualité.

1054 **Charges augmentatives du prix.**
➤ Sur les charges augmentatives du prix et droit de bail à prendre en considération pour l'assiette de la taxe de publicité foncière, V. **Charges augmentatives**.
Le dépôt de garantie n'est une charge augmentative du prix que s'il doit être restitué en fin de bail, et non pas imputé sur les derniers loyers.

b) Assiette de la taxe

1055 **Principe.** La taxe départementale de publicité foncière est assise en principe sur le montant cumulé de toutes les années à courir (CGI, art. 742, al. 2).

1056 **Baux d'une durée supérieure à vingt ans.** Pour les baux ordinaires dont la durée est supérieure à vingt ans, et par analogie avec le régime des baux à durée illimitée (V. **Bail à durée illimité et bail à vie**), l'assiette de la taxe est limitée à vingt fois la moyenne annuelle du loyer et des charges afférents à toute la durée de ces baux (BOI-ENR-JOMI-10, 2 août 2017, n° 80).

c) Paiement de la taxe

1057 Le paiement fractionné qui était prévu pour le paiement de l'ancien droit de bail ne joue pas en matière de taxe de publicité foncière (V. réf. citées par H. Bulté : *JCP* N 1960, IV, 2945).

d) Règles particulières de perception

1) Bail consenti à une commune

1058 Le bail consenti à une commune relève du droit commun en ce qui concerne la taxe de publicité foncière (*Bull. AMC* 1973, art. 928) et le salaire du conservateur (Rép. min., 3 nov. 1972 : *JCP* N 1972, IV, 5343), remplacé aujourd'hui par la contribution de sécurité immobilière.

2) Bail consenti à l'État

➤ V. **État.**

3) Sociétés agréées pour le financement des Télécom

1059 La taxe était perçue selon le régime de droit commun. Sur les conditions de perception de l'ancien salaire du conservateur (*Bull. AMC* 1972, art. 914).

4) Baux consentis à l'Agence nationale pour l'emploi

1060 Les baux consentis à l'Agence nationale pour l'emploi (devenue « Pôle emploi » après sa fusion avec les ASSEDIC, et, depuis le 1er janvier 2024, France Travail (*L. n° 2023-1196 du 18 décembre 2023 pour le plein emploi : JO 19 déc. 2023, art. 6*)) étaient exonérés de taxe de publicité foncière (*BODGI*, 10-G-l-72 ; *Bull. AMC* 1972, art. 888).
Ces baux supportaient le salaire du conservateur dans les conditions ordinaires.

5) Bail autorisant le preneur à construire

1061 **Publication. Taxe de publicité foncière.** Lorsqu'un bail donne au preneur l'autorisation de construire, cette autorisation doit faire l'objet d'une publication puisqu'elle constitue le titre de propriété du preneur sur les constructions à édifier. Elle aboutit en fait à créer un droit de superficie temporaire sur le terrain donné à bail. La publication peut s'opérer par extrait sans qu'il soit nécessaire de publier le bail lui-même, lorsque ce bail a une durée inférieure ou égale à douze ans. Cette publication donnera lieu à notre avis à la perception de la taxe de publicité foncière à 0,70 % (0,71498 % avec les perceptions additionnelles) sur la valeur du droit de construire ainsi concédé, qui fera l'objet d'une déclaration estimative.
En pratique, la publication de l'autorisation de construire ne s'opère que lorsque le preneur invoque son droit de propriété sur les constructions pour les vendre, ou les hypothéquer. Cette publication est alors nécessaire pour satisfaire au principe de l'effet relatif.
Si le bail est soumis à publication obligatoire et qu'il contient cette autorisation de construire, la taxe de publicité foncière sera liquidée selon le droit commun sur le seul montant des redevances et éventuellement des charges stipulées. Il sera fait abstraction de la valeur des constructions appelées à revenir gratuitement au bailleur en fin de bail (*Bull. AMC* 1965, art. 600).

1062 **Contribution de sécurité immobilière.** Quant à la contribution de sécurité immobilière, les perceptions seront les suivantes :
– si le bail a plus de douze ans, perception de la contribution de sécurité immobilière la plus élevée des deux perceptions suivantes :
• contribution au tarif proportionnel sur le montant cumulé des loyers,
• contribution de sécurité immobilière au tarif proportionnel sur la valeur du terrain ;
– si le bail a moins de douze ans, mais est publié intégralement, mêmes règles de calcul ;
– si le bail a moins de douze ans et qu'on ne publie que l'extrait de l'acte limité à l'autorisation de construire, la contribution est assise sur la valeur du terrain (V. antérieurement, pour la perception du salaire du conservateur : *Bull. AMC* 1972, art. 892, et rectificatif 896).
En cas de bail avec autorisation de construire, avec absence de loyer mais retour des immeubles au bailleur en fin de bail, la contribution au tarif proportionnel est assise sur la valeur locative du terrain (V. antérieurement, pour la perception du salaire du conservateur : *Bull. AMC* 1972, art. 893).

6) Bail relatif à une résidence de tourisme classée

1063 **Exonération facultative de la taxe de publicité foncière.** La loi n° 2009-888 du 22 juillet 2009 (*JO* 24 juill., p. 12 352) a créé un article 1594 J bis du Code général des impôts, qui autorise les conseils généraux à exonérer de taxe de publicité foncière les baux à durée limitée d'immeuble d'une durée supérieure à douze ans, relatifs à des résidences de tourisme soumises au

classement prévu à l'article L. 321-1 du Code de tourisme (BOI-ENR-JOMI-10-20170802, n° 160).
En pratique, et sous réserve que le conseil départemental concerné ait pris une décision en ce sens, l'exonération ne pourra s'appliquer aux baux conclus à compter du 1er juin 2010.

7) Baux consentis à des institutions spécialisées de l'ONU

1064 Les institutions spécialisées des Nations unies peuvent, sous certaines conditions, être exonérées des droits d'enregistrement et de la taxe de publicité foncière normalement exigibles à l'occasion d'une prise à bail (bail de plus de douze ans ou emphytéotique). La Direction de la législation fiscale est compétente pour constater qu'une opération ouvre droit à cette mesure (BOI-ENR-JOMI-10, 2 août 2017, n° 160, Remarques).

2 Contribution de sécurité immobilière

Les solutions énoncées ci-dessous à propos du salaire du conservateur restent valables, jusqu'à nouvel ordre, pour la perception de la contribution de sécurité immobilière.

1065 **Contribution de sécurité immobilière.** Le tarif applicable est celui de l'article 881 K du Code général des impôts (0,10 %).

1066 **Assiette de la contribution de sécurité immobilière.** La contribution est due sur le montant cumulé des loyers, sans pouvoir être assise sur une somme inférieure à l'assiette de la taxe de publicité foncière, celle-ci étant celle qui résulte de la loi, sans tenir compte des mesures de faveur qui peuvent l'affecter : ainsi, lorsque le bail est soumis à la taxe sur la valeur ajoutée, la contribution porte sur la charge augmentative que représente la facturation de cette taxe au preneur par son redevable légal (le bailleur). La solution est contraire à celle retenue en matière de taxe de publicité foncière (V., pour le salaire du conservateur : *Bull. AMC* 1972, art. 890 ; *ibid.* 1974, art. 998).

1067 **Publication d'un bail de quatre-vingt-dix-neuf ans. Liquidation de la contribution de sécurité immobilière.** Il est souvent difficile de distinguer un bail emphytéotique d'un bail à durée limitée, surtout lorsque cette durée est très longue, par exemple : quatre-vingt-dix-neuf ans (sur les critères de distinction, V. H. Bulté : *JCP* N 1960, IV, 2945). Lorsqu'un bail de quatre-vingt-dix-neuf ans a le caractère d'un bail ordinaire à durée limitée, on a fait valoir, à propos du salaire du conservateur, qu'en toute hypothèse, le salaire ne pouvait pas s'appliquer à une somme supérieure à « la valeur réelle des immeubles ou des droits faisant l'objet de la publication ». La formalité a pour but essentiel de publier la mutation de jouissance affectant l'immeuble loué, plutôt que de révéler au tiers les montants des loyers qui font l'objet de l'obligation personnelle du locataire (H. Bulté, chron. préc.).
Si donc le montant cumulé des redevances stipulées pour la durée du bail excédait la valeur réelle des immeubles, le salaire devrait n'être assis que sur cette dernière valeur, déterminée au besoin par une déclaration estimative.

II Actes ou jugements antérieurs ou postérieurs au bail d'origine

1068 Nous traiterons successivement de la promesse du pacte de préférence de bail (A), de la résiliation du bail (B), de la cession du bail (C), de sa prorogation (D) et de la sous-location (E).

A Promesse ou pacte de préférence de bail

1069 **Publication et taxation.** La promesse synallagmatique est taxée comme le bail lui-même.
La promesse unilatérale supporte la taxe si elle est présentée à la formalité dans le mois. Si elle est d'abord enregistrée (droit fixe), sa publication éventuelle sera ensuite dispensée de taxe (*BODGI*, 7 C-13-70, p. 29).
Jugé qu'une promesse conditionnelle de bail sans détermination de durée, dont la violation se traduit par des dommages-intérêts, ne constitue pas une restriction au droit de disposer et ne peut faire l'objet ni d'une publication obligatoire, ni d'une publication facultative pour l'information des tiers.

L'acte constatant le refus de réaliser une promesse de bail authentique ne peut pas non plus être publié (CA Reims, 14 juin 1977 : *JCP* G 1979, IV, p. 14).
Le salaire (contribution de sécurité immobilière depuis le 1er janvier 2013), sur les promesses de bail, est calculé comme pour le bail lui-même.

1070 **Pacte de préférence.** Il a été jugé que le pacte de préférence de bail, simple promesse unilatérale conditionnelle, ne rend pas le bail fait à un tiers inopposable au bénéficiaire pour la seule raison qu'il a été publié (Cass. 3e civ., 13 mars 1979 : *Gaz. Pal.* 3-7 août 1979, sur pourvoi contre l'arrêt de la cour de Reims, V. n° 1069).
On ne peut évidemment s'empêcher de comparer cette jurisprudence à celle qui a estimé qu'une fois publié, le pacte de préférence de vente est opposable aux tiers (Cass. 3e civ., 4 mars 1971 : *JCP* G 1972, II, 16983, obs. M. Dagot. – V. **Pacte de préférence**).

B Résiliation du bail

1071 **Publicité foncière.** La publication de la résiliation du bail n'est pas obligatoire, si ce bail n'a pas une durée de plus de douze années. Il a été soutenu que dans le cas contraire, l'acte constatant la résiliation du bail était soumis obligatoirement à publicité en vertu de l'article 28-4° c du décret du 4 janvier 1955 (V. chron. Bulté et Béchade : *JCP* N 1960, IV, 2996). Néanmoins, la publication de l'acte de résiliation d'un bail n'est pas indispensable pour que puisse être publié un nouveau bail portant sur le même immeuble. Le principe de l'effet relatif ne peut pas jouer en l'espèce (*Bull. AMC* 1971, art. 866).
La résiliation du bail peut être constatée en vue de sa publication dans un acte contenant une autre convention, par exemple une vente. Il n'est pas nécessaire d'établir un acte séparé (Bulté et Béchade : *JCP* N 1961, IV, 3138).

1072 **Taxation.** La résiliation d'un bail ordinaire à durée limitée, qu'elle résulte d'un acte amiable ou d'une décision judiciaire, donne lieu aux perceptions suivantes (chron. hyp. *in* *JCP* N 1981, prat. 8025).
• Résiliation sans versement d'indemnité ou avec indemnité versée par le bailleur au preneur :
– taxe fixe de publicité foncière prévue par l'article 738-1° du Code général des impôts (*JCP* N 1961, IV, 3174 ; *Bull. AMC* 1962, art. 496 ; sur le taux actuel de la taxe fixe, V. **Droits fixes**) ;
– contribution de sécurité immobilière au tarif proportionnel calculée sur le montant des loyers correspondant à la période restant à courir (*Bull. AMC* 1970, art. 810 ; *JCP* N 1960, IV, 2996, chron. Bulté et Béchade).
• Résiliation avec indemnité versée par le preneur au bailleur :
– taxe de publicité foncière à 0,70 % (0,715 % avec les perceptions additionnelles) sur le montant de l'indemnité, qui constitue un loyer supplémentaire avec application éventuelle du minimum de perception (V. **Minimum de perception**) ;
– salaire proportionnel (aujourd'hui contribution de sécurité immobilière au tarif proportionnel) calculé sur le montant cumulé des loyers afférents à la période restant à courir et sur le montant de l'indemnité de résiliation (Lacroix, *Mémento*, n° 540).

1073 **Congés et demandes de résiliation de baux de plus de douze ans. Absence de publication obligatoire.** Aux termes de l'article 28-4° c du décret du 4 janvier 1955, les demandes en justice tendant à obtenir et les actes et décisions constatant la résolution, la révocation, l'annulation ou la rescision d'une convention, doivent être obligatoirement publiés à la conservation des hypothèques. Les actes ou décisions concernés tendent à l'anéantissement rétroactif de conventions pour des causes énumérées limitativement. Dès lors, dans la mesure où les congés et résiliations de baux de plus de douze ans n'ont d'effet que pour l'avenir seulement et, partant, ne sont pas visés par l'article précité, ils ne sauraient, sous réserve bien entendu de l'appréciation souveraine des tribunaux, être soumis obligatoirement à la formalité de publicité foncière (Rép. min. Économie et finances, n° 1413 à M. Monsset : *JOAN* Q, 5 janv. 1998. p. 43 ; *JCP* N 1998, p. 81. – V. quant à l'inutilité de la publication d'une demande de résiliation d'un contrat de crédit-bail immobilier, Cass. 3e civ., 21 févr. 1996 : *Bull. civ.* 1996, III, n° 55).

1074 **Résiliation du bail avant son terme et reprise par le bailleur des constructions édifiées par le locataire. Perception des droits de mutation à titre onéreux.** Le bailleur, propriétaire du sol devient, sauf convention contraire, propriétaire des constructions en fin de bail et, par l'effet de la résiliation, le preneur perd son droit de propriété temporaire sur les constructions qu'il avait édifiées et permet au bailleur d'accéder à la propriété de ces constructions avant l'expiration du bail, de sorte qu'entraînant transfert de propriété des immeubles, la résiliation constitue une mutation soumise aux droits d'enregistrement des mutations d'immeubles (Cass. com., 23 févr. 1999 : *Dr. fisc.* 1999, n° 26, comm. 525).

C Cession du bail

1075 **Publicité foncière.** La question de savoir si la cession d'un bail d'une durée supérieure à douze ans doit être publiée n'a jamais trouvé de réponse très nette en doctrine ; par ailleurs, la jurisprudence ne l'a pas, à notre connaissance, tranchée.

Interrogé sur ce point, le ministre des Finances a répondu le 28 décembre 1963 (*JCP* N 1964, IV, 3658) que, s'il restait moins de douze ans à courir sur le bail, la publication n'était certainement pas nécessaire, mais que la question était controversée lorsque la cession mettait le nouveau bénéficiaire du bail en jouissance pour plus de douze ans. Cette réponse ministérielle ajoute cependant qu'il ne doit pas y avoir refus d'enregistrer si la cession est faite par acte sous seing privé, l'article 857 bis du Code général des impôts (alors en vigueur) ne devant pas s'appliquer en ce cas. Comme ce texte prévoyait que la formalité de l'enregistrement devait être refusée à l'égard des actes sujets à publicité qui ne seraient pas dressés en la forme authentique, on ne pouvait qu'en déduire que le ministère des Finances estimait que la cession du bail n'avait pas alors à être publiée.

Telle est d'ailleurs l'opinion que l'on retrouve chez la plupart des auteurs (Chambaz, Massounabe-Puyane et Leblond, *Précis du droit hypothécaire*, n° 738 : ces auteurs rappelant l'avis conforme de Verdier et de France ; V. également *Rép. civ. Dalloz*, 1re éd., V° Transcription immobilière, n° 186).

Mais tous les auteurs cités, de même que la réponse ministérielle du 28 décembre 1963, rappellent qu'il en serait autrement et que la cession devrait être publiée s'il y avait novation, le bailleur intervenant à l'acte de cession pour accepter le nouveau preneur et dégager l'ancien. Mais encore faudrait-il, pour que la publication de la cession devienne nécessaire, qu'il reste plus de douze ans à courir au moment où elle intervient (Massounabe-Puyane et Leblond, *op. cit.*, n° 758).

1076 **Taxation.** La taxe de publicité foncière est perçue sur le loyer cumulé des années restant à courir, avec la limitation éventuelle à vingt ans indiquée (V. n° 1055).

La contribution de sécurité immobilière au tarif proportionnel est assise sur le montant cumulé des loyers restant à courir.

D Prorogation de bail

1077 **Publicité foncière.** Supposons qu'un bail d'origine ait été conclu pour une durée de douze années ou inférieure à douze années. Il n'était donc pas assujetti à publication. En cours de bail, les parties décident de le porter à vingt ans. L'acte constatant la prorogation doit-il être publié ?

Cette publication peut effectivement devenir nécessaire : mais ceci uniquement dans le cas où, à la date de la signature de l'acte de prorogation, la jouissance future du preneur est supérieure à douze ans (V. Bulté, chron. *in JCP* N 1961, prat. 3095). Il en sera ainsi, dans l'exemple cité si, par exemple, la prorogation de bail est convenue avant l'expiration de la huitième année de jouissance.

Ainsi un bail d'une durée de neuf années, portée par un avenant à vingt-cinq ans, est assujetti à publication : à défaut il est inopposable aux tiers pour la période excédant douze ans (Cass. 3e civ., 3 févr. 2010, n° 09-11 389 : *Loyers et copr.* 2010, comm. 94, obs. B. Vial-Pédroletti ; *Defrénois* 2010, art. 39 123, p. 1172, note S. Piédelièvre).

1078 **Taxation.** La taxe et la contribution de sécurité immobilière sont perçues dans les mêmes conditions que pour le bail lui-même : donc sur le montant des loyers et des charges afférents à la prorogation (sur la publicité d'une prorogation pour moins de douze ans d'un bail de moins de douze ans, V. H. Bulté : *JCP* N 1959, IV, 2679).

E Sous-location

1079 **Publicité foncière.** La sous-location est un véritable bail conclu entre le preneur et le sous-locataire. Il est logique d'en déduire que si ce bail a une durée de plus de douze années, il doit être soumis à publication.

Telle est d'ailleurs la solution qui résulte implicitement d'un arrêt rendu par la troisième chambre civile de la Cour de cassation le 12 octobre 1971 (*Bull. civ.* 1971, III, n° 486). En l'espèce, le propriétaire d'une grotte aménagée pour des visites publiques invoquait l'inopposabilité de la sous-location qui en avait été consentie pour une durée de plus de douze ans. Mais, la Cour de cassation avait relevé l'existence d'une collusion frauduleuse entre le propriétaire et le concessionnaire en vue de déposséder le sous-locataire de l'exploitation. Et l'arrêt en déduisait que « la fraude faisant exception à toutes les règles, le demandeur [ici donc le bailleur] n'avait plus qualité pour opposer à la victime de ses agissements [le sous-locataire] le défaut de publication de la sous-location ». Il se déduit de cet arrêt qu'en l'absence de fraude, le propriétaire aurait pu invoquer l'inopposabilité de la sous-location non publiée… (V. *JCl. Notarial Répertoire*, V° Publicité foncière, Fasc. A, n° 24, par Magnin).

F Extinction du bail par confusion

1080 **Vente de l'immeuble loué au locataire.** Si le bailleur vend en cours de bail l'immeuble loué au locataire, qui a édifié des constructions sur le terrain loué, l'administration n'est pas fondée à réclamer de ce chef les droits de vente sur la valeur des constructions qu'elle réputerait, comme en matière de taxation des revenus locatifs, être nécessairement « retournées » au bailleur préalablement à la vente (Cass. com., 12 juin 2012, n° 11-18 978 : *JurisData* n° 2012-012792 ; *JCP* N 2012, 1303, note J.-P. Garçon ; *Constr.-Urb.* sept. 2012, comm. 144, note N. Gonzalez-Gharbi). La confusion des droits locatifs et de propriété éteint le droit de bail sur les parcelles dont le preneur devient propriétaire. La confusion en la personne du locataire des qualités de preneur et de bailleur qui en résulte n'a pas entraîné la résiliation anticipée du bail mais son extinction par confusion des droits au sens de l'article 1349 du Code civil (anc. art. 1300), de sorte qu'aucun transfert de la propriété des constructions ne s'est produit entre le patrimoine du preneur et celui du bailleur. Il s'en déduit que la valeur des constructions ne peut entrer dans l'assiette des droits d'enregistrement.

III Quittance, cession ou délégation de loyer

➤ V. **Délégation de loyer** et **Quittances**.

IV Constructions édifiées par le locataire

1081 Pour l'examen des problèmes fiscaux et de publicité foncière concernant les constructions édifiées par le locataire, nous distinguerons le sort de ces constructions pendant la durée du bail (A) et à la fin du bail (B).

A Sort des constructions pendant la durée du bail

1082 La question préalable à se poser lorsque des opérations concernent les constructions édifiées pendant la durée du bail est de savoir qui est propriétaire de ces constructions (1). Il faut ensuite en tirer les conséquences, du point de vue fiscal et de la publicité foncière (2).

1 Détermination du droit de propriété sur les constructions

BIBLIOGRAPHIE : P. Hilt, *La date d'effet de l'accession dans les baux immobiliers : JCP* G 2003, n° 50, I, 183. – S. Quilicci, *Les conséquences juridiques et fiscales pour le bailleur de l'accession sans indemnité en fin de bail : BIM Lefebvre* 11/2004, p. 369 et s. ; *BIM Lefebvre* 12/2004, p. 397 et s.

1083 **Distinctions à opérer.** Il faut distinguer selon qu'il existe ou non dans le bail des stipulations particulières réglant le sort de ces constructions.

a) Absence de stipulation particulière dans le bail

1084 **Droit de propriété du locataire.** Lorsque le bail ne comporte aucune clause relative aux constructions, la jurisprudence admet que le preneur reste propriétaire pendant la durée de la location des constructions qu'il a édifiées sur le terrain du bailleur (Cass. civ., 1er déc. 1964 : *JCP* N 1965, II, 14213, note Esmein ; *D.* 1965, 473. – Dans le même sens, T. civ. Seine, 14 févr. 1955 : *D.* 1956, somm. p. 18. – Colmar, 4 mars 1966 : *Gaz. Pal.* 1966, 1,

314. – Cass. 3e civ., 25 févr. 2016, n° 14-26.845, n° 285 D).

1085 Quels sont les droits du preneur pendant la durée du bail ? Le preneur va, du fait de cette jurisprudence, bénéficier d'un droit de superficie temporaire (Marty et Raynaud, t. II, vol. 2, nos 135 et 177. – Cass. civ., 1er déc. 1964, préc., sol. impl. – Saint-Alary, *Rép. civ. Dalloz*, V° Accession, n° 158).
On en déduit :
– qu'il pourra vendre les constructions : ces constructions ont un caractère immobilier et les droits de mutation seront perçus en conséquence (sol. traditionnelle : V. Cass. civ., 4 mai 1937 : *DH* 1937, p. 471) ;
– qu'il peut aussi les hypothéquer.

b) Existence de clauses particulières concernant les constructions

1086 Interprétation nécessaire. Dans chaque cas, ces stipulations devront être interprétées. Nous donnerons ci-dessus des éléments permettant cette interprétation en fonction des précédents jurisprudentiels.

1) Clauses consacrant un droit de propriété au profit du preneur

1087 Exemples. Certaines clauses permettent de déduire que le preneur est propriétaire des constructions pendant la durée du bail. Il en est ainsi :
– de la clause attribuant au preneur la propriété de la construction qu'il va édifier. Elle vaut renonciation à l'accession : cette renonciation peut être soit temporaire, soit définitive. Elle équivaut à constituer au profit du preneur un droit de superficie soit temporaire (pendant la durée du bail), soit définitif lui permettant de vendre ou d'hypothéquer les constructions pendant la durée de son droit ;
– de la clause obligeant le locataire à démolir en fin de bail.
Elle consacre implicitement un droit de propriété du preneur sur les constructions pendant la durée du bail (P. Lévie, *Traité théorique et pratique des constructions sur le terrain d'autrui*, Louvain, 1951, p. 295) ;
– de la clause faisant obligation pour le bailleur de reprendre les constructions moyennant indemnité fixée ou à fixer (Lévie, *op. cit.*, p. 297). Il en résulte que le preneur est propriétaire des constructions pendant la durée du bail.

2) Clauses consacrant un droit de propriété du bailleur sur les constructions édifiées

1088 Exemples. Certaines clauses amènent à conclure que le bailleur est propriétaire des constructions édifiées par le locataire. Il en est ainsi :
– de la clause selon laquelle les constructions deviendront la propriété du bailleur au fur et à mesure de leur édification.
L'effet de cette clause est d'avancer le moment de l'accession, par rapport au droit commun (V. n° 1083). Cette accession anticipée peut être prévue avec ou sans indemnité ;
– de la clause selon laquelle les constructions resteront la propriété du bailleur en fin de bail avec ou sans indemnité.
La situation est alors identique à celle résultant d'une absence de stipulation. On se reportera donc aux indications données plus haut (V. n° 1084).

3) Clauses ne reconnaissant pas explicitement un droit de propriété au bailleur ou au preneur

1089 Interprétation nécessaire. Lorsque les clauses traitant des constructions ne sont pas suffisamment explicites, il s'agit alors de les interpréter. On tiendra compte à cette occasion des précédents jurisprudentiels dont nous présentons ci-dessous un résumé sommaire.

1090 Simple autorisation de construire ou autorisation de construire « aux risques et périls du locataire ». Il faut dans chaque cas définir la portée de cette autorisation par interprétation de la volonté des parties (V. Cass. com., 1er mars 1960 : *Gaz. Pal.* 1960, 2, 30. – Cass. 3e civ., 7 juin 1978 : *Rev. loyers* 1978, p. 478. – Cass. 3e civ., 9 janv. 1979 : *Gaz. Pal.* 11-12 juill. 1979, note Plancqueel). Mais d'une façon générale, cette clause paraît consacrer le droit de propriété du preneur sur les constructions ; même si ce droit n'est que précaire, il y a faculté de démolir.

1091 Obligation de construire imposée au locataire. Lorsqu'il y a obligation pour le preneur de construire, la doctrine enseigne généralement que le bailleur est propriétaire de la construction. Celle-ci constitue pour le preneur une charge du bail. Le preneur ne peut ni modifier ni démolir (Lévie, *op. cit.*, p. 288).
La jurisprudence est plus fluctuante. Les décisions sont diverses selon le libellé de la clause. Le bailleur a ainsi été reconnu propriétaire des constructions dans le cas où le preneur était obligé de construire pour un montant déterminé, ou encore dans le cas où la clause stipulait qu'un état des lieux serait dressé immédiatement après la construction.

1092 Clauses diverses. La pratique fournit divers exemples de clauses relatives aux constructions, qui demandent dans chaque cas à être interprétées :

– faculté pour le preneur de modifier à son gré la construction édifiée : on déduit de cette clause que la construction est la propriété du preneur ;

– interdiction de modifier la construction : cette clause paraît manifester la volonté du bailleur d'être propriétaire des constructions dès leur édification ;

– faculté pour le preneur d'hypothéquer la construction : cette clause implique reconnaissance du droit de propriété du preneur ;

– promesse de vente du terrain : elle implique que le bailleur reconnaît au locataire un droit de propriété sur les constructions ;

– clause selon laquelle le bailleur « aura en fin de bail l'option prévue par l'article 555 du Code civil » : la situation est alors identique à celle analysée plus haut pour le cas où le bail ne comporterait aucune stipulation (Lévie, *op. cit.*, p. 296 ; *Dict. des Rédacteurs*, n° 46).

2 Mutations ou constitutions de droits réels concernant les constructions

a) Aspect fiscal

1093 Régime fiscal de la cession des constructions par le preneur en cours de bail. Chaque fois que le locataire peut être considéré comme propriétaire temporaire des constructions édifiées en cours de bail, soit en vertu de la jurisprudence (V. n° 1084), soit en vertu des clauses du bail, la cession qu'il consent est taxée comme une vente d'immeuble.

Il en est ainsi :

– pour les cessions consenties à un tiers (Cass. civ., 11 août 1884 ; Instr. 2705, § 5. – Cass. civ., 26 juill. 1921 : *D.* 1925, 1, 78. – Seine, 19 déc. 1945 : *Ind. enr.*, 5789) ;

– pour les cessions consenties au propriétaire du sol (Rouen, 24 mai 1912 : *Rev. enr. et imp.*, 5576), même si l'acte est présenté sous la forme d'un règlement d'indemnité.

L'obligation faite au locataire de détruire l'immeuble en fin de bail est sans importance à cet égard (Instr. 1932, § 14).

1094 Cession du terrain à un tiers par le propriétaire. Pour les incidences de cette cession en matière de TVA (V. **Bail à construction** et **TVA immobilière**). Pour les solutions antérieures à la réforme de la TVA issue de l'article 16 de la loi n° 2010-237 de finances rectificative pour 2010 du 9 mars 2010 (*JO* 10 mars 2010), qui distinguaient selon que la date d'achèvement des constructions remontait à plus ou moins cinq ans à la date de la cession du terrain (V. Rép. min. Jaeger, 3 oct. 1964 : *JO* Sénat CR, p. 1026, n° 4426).

1095 Cession au bailleur, avant la fin du bail et sans résiliation de celui-ci, des constructions édifiées par le locataire. Une question au ministre du Budget évoquait le cas où le bailleur rachète en cours de bail les constructions effectuées par le locataire, alors que le bail prévoit que ces constructions deviendront gratuitement la propriété du bailleur en fin de bail. La réponse suivante a été faite :

> « Lorsque le contrat ne constitue pas un bail à construction, le régime fiscal applicable est fonction des règles du droit civil et des conventions des parties. S'agissant, plus particulièrement, du retour anticipé des constructions dans le patrimoine du bailleur propriétaire du sol, deux hypothèses distinctes doivent être envisagées :
>
> *a)* Soit le contrat prévoit l'obligation ou la faculté pour le preneur d'élever des bâtiments sur le terrain loué mais sans avoir ensuite le droit de les démolir, et la remise gratuite, en fin de bail, de ces immeubles au bailleur : la propriété des constructions est alors, en application des dispositions des articles 551 et 555 du Code civil, acquise au propriétaire du sol au fur et à mesure de leur édification. Le preneur ne dispose donc, sur les bâtiments, que d'un droit de jouissance purement mobilier. Par suite, la cession de ce droit par le locataire en cours de bail et sans résiliation de celui-ci ne constitue qu'une cession de bail soumise au droit fixe d'enregistrement prévu à l'article 738 du Code général des impôts.
>
> *b)* Soit – et il s'agit là de la seconde hypothèse – le contrat de bail prévoit, au contraire, la faculté pour le preneur de procéder à la démolition de tout ou partie des constructions édifiées en cours de bail et stipule que seules les constructions subsistant en fin de bail deviendront gratuitement la propriété du bailleur : celui-ci n'est alors propriétaire qu'à compter de l'expiration du contrat, le locataire le demeurant corrélativement jusqu'à cette même date. Il en résulte que, dans cette seconde hypothèse, la cession anticipée au bailleur des constructions édifiées par le preneur, sans résiliation du bail, constitue une vente immobilière donnant ouverture, soit aux droits de mutation à titre onéreux au tarif applicable selon la nature des biens cédés, soit à la TVA (taux actuel : 19,60 %), lorsque la cession intervient dans les cinq ans de l'achèvement de la construction.
>
> À cet égard, il est indiqué que l'assiette du droit de mutation ou de la TVA est constituée par le prix exprimé dans l'acte ou la valeur réelle des droits transmis si cette dernière est supérieure : celle-ci, compte tenu des circonstances propres à chaque

affaire, peut effectivement, dans certains cas, correspondre à la valeur résiduelle du bien au bilan de l'entreprise qui l'a édifié, majorée du montant capitalisé des loyers dus par le locataire au bailleur entre la date du transfert de propriété et la date d'expiration du bail » (Rép. min. Kasperit : *JOAN* CR, 9 août 1982, p. 3302, n° 754).

Remarque : Les solutions énoncées dans cette réponse, non reprise au BOFiP, sont caduques depuis l'entrée en vigueur de la réforme de la TVA issue de la loi de finances rectificative de 2010 précitée.

1096 **Résiliation du bail.** Sur le cas où les constructions reviennent au propriétaire du terrain à la suite d'une résiliation de bail, V. n°s 1071 à 1074.

b) Publicité foncière

1097 **Publication obligatoire du titre conférant au locataire un droit de propriété sur les constructions.** Le locataire qui veut faire un acte soumis à publicité foncière (constitution d'hypothèque, de servitude, mutation…) portant sur des constructions qui sont sa propriété pendant le bail doit tout d'abord, en application du principe dit de « l'effet relatif », faire publier, préalablement ou simultanément, le titre qui le rend propriétaire de ces constructions (*Bull. AMC* 1972, art. 892 et 893. – V. aussi *Bull. AMC* 1991, art. 1482).

Sur la possibilité pour le locataire d'hypothéquer soit les constructions elles-mêmes soit le droit de construire, V. O. Barret, *Une garantie illusoire, l'hypothèque portant sur les constructions élevées par le preneur à bail rural : Defrénois* 1995, art. 36097.

1098 **Modalités de la publication.** Il faut alors distinguer deux cas :

– si le bail (où figure l'autorisation de construire) a plus de douze ans, il doit être préalablement ou concomitamment publié. Cette publication est obligatoire en vertu de l'article 28, I° b du décret du 4 janvier 1955 (V. **Bail ordinaire à durée limitée**) ;

– si le bail a moins de douze ans, il n'est pas obligatoire de le publier. Et pour des raisons d'économie, on peut se contenter de publier par extrait l'autorisation de construire donnée au locataire (*Bull. AMC* 1974, art. 980).

La situation du locataire pendant le bail est assimilable à celle du titulaire d'un droit de superficie portant sur toutes les parcelles louées ou sur partie d'entre elles. Par suite, en ce qui concerne la désignation de l'immeuble, ce sont les règles applicables en matière de droit de superficie qui vont jouer (*Bull. AMC*1986, art. 1339 et Bulté, chron. *in JCP* N 1971, IV, 4957).

1099 Ces règles sont les suivantes (*Bull. AMC*, art. 1339, préc.) :

1. – Droit de superficie portant sur une fraction de parcelle.

a) Cadastre rénové : exigence d'un document d'arpentage et attribution de nouveaux numéros de plan (D. 4 janv. 1955, art. 7, al. 2e).

b) Cadastre non rénové : établissement d'un état descriptif de division (D. préc., art. 7, 3e al.).

2. – Droit de superficie portant sur une ou des parcelles entières.

Que le cadastre soit ou non rénové : dispense de document d'arpentage et d'état descriptif de division, les indicatifs cadastraux suivis de la mention « superficie » étant suffisamment clairs.

1100 **Acte établi après l'achèvement de la construction et portant renonciation par le propriétaire au droit d'accession.** Si un acte est établi aux termes duquel le propriétaire du sol déclare renoncer à se prévaloir « de tout droit d'accession pouvant résulter à son profit des dispositions des articles 551 et suivants du Code civil, voulant et entendant que ces constructions restent la propriété de la société X… qui les a fait édifier », et si le propriétaire du sol a limité l'effet de sa renonciation à l'accession « à la durée du bail et de tout renouvellement ultérieur », la publication de cet acte ne peut être opérée que si, préalablement ou concomitamment, il a été procédé à la publication du bail dans le cadre duquel est intervenue l'opération de construction (*Bull. AMC* 1991, art. 1482).

1101 **Démolition des constructions.** Le cas suivant a été évoqué. Une société a acquis un terrain sur lequel existent des constructions appartenant à des tiers qui les ont fait édifier en leur qualité de locataire du terrain, avec l'autorisation du propriétaire. Dans l'acte d'acquisition, un état descriptif de division a été établi, attribuant un numéro de lot au terrain acquis par la société, et d'autres numéros de lots à chacune des constructions demeurant la propriété des locataires. La démolition des constructions est envisagée.

Cette démolition entraînera la suppression des lots correspondants, qui doit être constatée dans un acte modificatif de l'état descriptif de division, établi en principe par les seuls propriétaires des lots intéressés par la modification (D. 14 oct. 1955, art. 71 D-3), c'est-à-dire par le propriétaire des constructions démolies. Si ces derniers refusent de concourir à l'établissement de cet acte modificatif, le conservateur des hypothèques ne serait pas fondé à refuser le dépôt d'un acte établi à la seule requête du propriétaire du sol (*Bull. AMC* 1963, art. 563).

B Sort des constructions à la fin du bail

1102 **Notion de fin de bail.** Si le propriétaire décide de conserver les constructions, la fin du bail marque le moment où il en devient propriétaire :

– le jeu de l'accession ne sera pas retardé jusqu'au paiement de l'indemnité prévue par l'article 555 (Cass. 3e civ., 20 déc. 1971 : *JCP* G 1972, II, 17197) ;

– à quelle époque se situe cette « fin du bail », moment auquel se produira l'accession au profit du bailleur ? La question a une grande importance du point de vue fiscal et de la publicité foncière, car lorsqu'une mutation ou une constitution de droit réel intervient à une époque déterminée, en ce qui concerne les constructions, il s'agit de savoir qui en est propriétaire à cette époque. Elle trouvera sa réponse en fonction des règles de droit civil, et plus particulièrement, en fonction de l'interprétation des clauses du bail, qui est donnée souverainement par les juges du fond.

Ces clauses peuvent être formulées de manière très diverse. Ainsi, certaines prévoient telles que l'accession jouera « à l'expiration » ou « en fin de jouissance » ou encore « à la sortie du preneur ». D'autres stipulent que l'accession s'opérera « à l'expiration du présent bail », d'autres enfin prévoient une accession « en fin de bail ». D'une manière générale, en l'état actuel de la jurisprudence, il y a lieu de considérer que le bail n'expire pas du fait de son renouvellement, ni même de sa tacite reconduction. Tant qu'il est renouvelé, le preneur conserve la propriété des constructions qu'il a édifiées sur le fonds loué. Ce n'est que lorsque le bail prendra définitivement fin, c'est-à-dire à la « sortie » du preneur, que le bailleur deviendra propriétaire des constructions (V. obs. M. Keita ss Cass. 3e civ., 4 avr. 2002 : *JCP* E 2002, n° 51-52, p. 2067).

1103 **Incidences fiscales du retour des constructions au bailleur.** Le retour des constructions au bailleur est susceptible d'emporter des conséquences au plan fiscal, tant au regard des impôts directs que de la TVA. Tout dépend des stipulations du bail et des conditions financières de ce retour (sur les incidences en matière d'imposition des revenus locatifs, V. Th. Schmitt, *JCl. Fiscalité immobilière*, Fasc. 1114).

V Contrats voisins

1104 Nous évoquerons ici les contrats de concession (A) et les apports en jouissance (B).

A Concessions sur le domaine public

➤ V. **Domaine public**.

B Apports en jouissance

1105 La question de savoir si un apport d'immeuble en jouissance doit ou non être publié est discutée en doctrine (V. Bulté, chron. hyp. *in JCP* N 1969, IV, 4666).

Mais de la manière la plus généralement admise, et qui apparaît bien la plus conforme aux règles gouvernant la matière, on estime que la réponse à cette question doit être donnée cas par cas, en fonction de la nature juridique que l'on doit reconnaître à « l'apport en jouissance » de l'immeuble considéré :

– si la jouissance apportée se présente sous forme d'un bail avec un loyer qui doit être payé par la société à l'apporteur, le contrat n'est soumis à publicité, comme un bail ordinaire, que si la durée de la convention excède douze années ou si la convention contient, même si elle est d'une durée inférieure, quittance ou cession d'une somme équivalente à trois années de loyer ou fermage non échus... ;

– si au contraire la « jouissance » est l'objet d'un apport sans contrepartie, mais seulement dans le but d'en partager les bénéfices qui pourront en résulter, la solution varie selon la nature du droit de jouissance apporté ;

– s'il s'agit d'un droit réel immobilier analogue à un usufruit mais avec en plus l'obligation prise par l'apporteur de garantir à la société la jouissance de l'immeuble, l'apport en jouissance doit être publié même lorsqu'il est fait pour une durée de moins de douze ans... ;

– si l'apport en jouissance ne donne à la société qu'un droit personnel sur l'immeuble, l'associé étant tenu de faire jouir la société pendant toute sa durée, et les rapports entre l'apporteur et la société étant ceux d'un bailleur et d'un preneur, l'apport devrait alors être publié mais seulement si sa durée était de plus de douze années (D. 4 janv. 1955, art. 28, 1°-b).

Ce n'est en définitive que d'après l'intention des parties et les termes de la convention qu'il est possible de déterminer si l'apport du droit de jouissance doit être assimilé à un bail, à un usufruit, ou à un autre contrat (par ex., un contrat de commodat…), ce qui commande la solution du problème de publicité foncière (V. sur ce problème de qualification à propos d'un « droit de jouissance perpétuel à titre gratuit », CA Paris, 1er mars 1982 : *D.* 1983, inf. rap. p. 16).

➤ Sur les incidences de l'apport en jouissance en matière de droit d'apport, V. BOI-ENR-AVS-10-10-10-20150902, nos 80 et s.

Bail réel immobilier (BRILO)

Neyla GONZALEZ-GHARBI

BIBLIOGRAPHIE : B. Cheuvreux, C. Leveneur et R. Leonetti, *Le bail réel dédié au logement : JCP* N 2014, 330. – R. Leonetti, *Le BRILO, nouvelles solutions pour le logement entre propriété et location : Gaz. Pal.* 12 sept. 2017, p. 65 ; *JCl. Construction-Urbanisme*, Fasc. 108, *Bail réel immobilier*, par B. Cheuvreux et R. Leonetti. – M. Poumarède, *Le bail réel immobilier : aspects civils et fiscaux : Actes prat. ing. immobilière* juill. 2017, n° 3, dossier 30.

I

Un bail superficiaire au service du logement « intermédiaire »

CCH, art. L. 254-1 *(Mod., L. n° 2015-990, 6 août 2015, art. 73).* – Constitue un contrat dénommé « bail réel immobilier » le bail par lequel un propriétaire personne physique ou personne morale de droit privé consent, pour une longue durée, à un preneur, avec obligation de construire ou de réhabiliter des constructions existantes, des droits réels en vue de la location ou de l'accession temporaire à la propriété de logements :

1° Destinés, pendant toute la durée du contrat, à être occupés, à titre de résidence principale, par des personnes physiques dont les ressources n'excèdent pas des plafonds, fixés par décret en fonction de la typologie du ménage, de la localisation et du mode d'occupation du logement, lesquels ne sauraient être inférieurs, pour les logements donnés en location, aux plafonds prévus au chapitre unique du titre III du livre III ;

2° Dont, pendant toute la durée du contrat, le prix d'acquisition ou, pour les logements donnés en location, le loyer n'excède pas des plafonds fixés par décret en fonction de la localisation du logement, de son type et, le cas échéant, de son mode de financement, lesquels ne sauraient être inférieurs, pour les logements donnés en location, aux plafonds prévus au chapitre unique du titre III du livre III.

Ce contrat peut également être conclu par les collectivités territoriales, leurs groupements, leurs établissements publics ainsi que par les établissements publics fonciers de l'État.

Il est régi par les dispositions du présent chapitre.

Le bail réel immobilier est consenti pour une durée de dix-huit à quatre-vingt-dix-neuf ans par les personnes qui ont le droit d'aliéner. Il ne peut prévoir aucune faculté de résiliation unilatérale ni faire l'objet d'une tacite reconduction.

Le bail réel immobilier oblige le preneur à effectuer les travaux mentionnés aux trois premiers alinéas sur l'immeuble objet du bail, dans le respect des règles applicables à de telles opérations. Le preneur ne peut, sauf stipulations contraires, exécuter d'autres ouvrages ou travaux que ceux prévus initialement.

Les constructions et améliorations réalisées par le preneur demeurent sa propriété en cours de bail et deviennent la propriété du bailleur à son expiration. À l'issue du bail, le preneur ne peut réclamer, sauf stipulations contraires, d'indemnité au regard des améliorations qu'il a effectuées.

Le contrat de bail détermine, le cas échéant, les activités accessoires qui pourront être exercées dans l'immeuble objet du bail et subordonne à l'accord du bailleur tout changement d'activité.

CCH, art. L. 254-8 *(Mod., L. n° 2015-990, 6 août 2015, art. 77)*. – Les contrats de bail réel immobilier conclus en méconnaissance de l'article L. 254-1 sont frappés de nullité. Les titulaires et conditions d'exercice de l'action en nullité sont précisés par décret en Conseil d'État.

CCH, art L. 302-16 *(Mod., L. n° 2015-990, 6 août 2015, art. 77)*. – Les logements intermédiaires s'entendent, à l'exclusion des logements locatifs sociaux définis à l'article L. 302-5, des logements :

1° Faisant l'objet d'une aide directe ou indirecte, sous quelque forme que ce soit, accordée par l'État, une collectivité locale ou l'un de ses groupements, ou par toute autre personne morale et conditionnée au respect, pendant une certaine durée, des conditions prévues aux 2° et 3° ;

2° Destinés à être occupés, à titre de résidence principale, pendant la durée fixée lors de l'attribution de l'aide mentionnée au 1°, par des personnes physiques dont les ressources n'excèdent pas des plafonds, fixés par décret en fonction de la typologie du ménage, de la localisation et du mode d'occupation du logement, lesquels ne sauraient être inférieurs, pour les logements donnés en location, aux plafonds prévus au chapitre unique du titre III du livre III ;

3° Dont le prix d'acquisition ou, pour les logements donnés en location, dont le loyer, n'excède pas, pendant la durée mentionnée au 2°, des plafonds fixés par décret en fonction de la localisation du logement, de son type et, le cas échéant, de son mode de financement, lesquels ne sauraient être inférieurs, pour les logements donnés en location, aux plafonds prévus au chapitre unique du titre III du livre III.

CGPP, art. L. 2222-5-1 *(Création Ord. n° 2014-159, 20 févr. 2014, art. 4)*. – Un bien immobilier appartenant au domaine privé des collectivités territoriales, à leurs groupements ou à leurs établissements publics ainsi qu'aux établissements publics fonciers de l'État peut faire l'objet d'un bail réel immobilier prévu à l'article L. 254-1 du code de la construction et de l'habitation en vue de la location ou de l'accession temporaire à la propriété de logements relevant du régime du logement intermédiaire défini à l'article L. 302-16 du même code.

1106 Le bail réel immobilier a été créé par l'ordonnance n° 2000-1459 du 20 février 2014 relative au logement intermédiaire (*JO* 21 févr.) afin de favoriser l'offre de vente et de location de logements dits intermédiaires, dans les zones « tendues », soit, aux termes du premier alinéa de l'article L. 302-16 du Code de la construction et de l'habitation, dans sa version initiale : « Dans les communes appartenant à une zone d'urbanisation continue de plus de 50 000 habitants telle que définie à l'article 232 du code général des impôts ainsi que dans les communes de plus de 15 000 habitants en forte croissance démographique définies par décret pris en application du septième alinéa de l'article L. 302-5 du présent code ». Selon la communication officielle du ministère chargé du logement : « Les logements intermédiaires sont des logements à loyers réglementés inférieurs aux prix du marché. Ils ont été créés en 2014 avec l'ambition de permettre l'accès à un logement abordable dans les zones tendues aux classes moyennes n'ayant pas accès au parc social » (V. **Logement intermédiaire**).

Le bail réel immobilier (BRILO selon l'acronyme employé par les professionnels) est régi par les articles L. 254-1 à L. 254-9 du Code de la construction et de l'habitation issus de l'ordonnance du 20 février 2014 précitée. L'article 73 de la loi n° 2015-990 du 6 août 2015, dite « loi Macron », a modifié les textes régissant le bail réel immobilier, afin de supprimer la limitation originelle de son champ d'application aux seules zones « tendues », mentionnées à l'article L. 302-16 du Code de la construction et de l'habitation, précité. Un décret n° 2016-855 du 27 juin 2016 (*JO* 29 juin 2016), codifié aux articles R. 253-1, R. 254-1 à R. 254-7 du même code, a précisé les modalités de contrôle et les sanctions de l'affectation des logements et défini la méthode de calcul de la valeur des droits réels afférents aux logements, objets du bail, appliquée à chaque cession de ces droits.

1107 **Caractéristiques du bail.** Le bail réel immobilier, défini par l'article L. 254-1 du Code de la construction et de l'habitation, confère au preneur un droit réel, analogue à celui résultant d'un bail à construction ou d'un bail emphytéotique. Sa durée est au minimum de dix-huit ans et au maximum de quatre-vingt-dix-neuf ans : il ne peut prévoir aucune faculté de résiliation unilatérale ni faire l'objet d'une tacite reconduction.
Le bailleur peut être indifféremment une personne privée physique ou morale ou, à condition que le bien dépende de son domaine privé, une collectivité territoriale, un groupement de collectivités territoriales, un établissement public territorial ou un établissement public foncier de l'État.
Le preneur sera, selon le cas, soit un constructeur ou assimilé qui destine les logements à être cédés – pour la durée du bail réel – à des personnes physiques qui les destinent à usage de résidence principale ; soit un investisseur qui destine les logements construits ou réhabilités à la location consentie aux mêmes conditions. En effet, le régime s'applique sous conditions de ressources des accédants ou des locataires et sous condition de prix de vente ou du montant des loyers. Ces conditions sont celles prévues à l'article 199 novovicies III du CGI (régime de la réduction d'impôt sur le revenu « logement intermédiaire » dite « Pinel » ou « Denormandie-ancien » – V. **Logement intermédiaire**).

1108 **Cessibilité du bail ou des constructions.** L'article L. 254-3, alinéa 4 du Code de la construction et de l'habitation énonce que le droit réel issu du bail réel immobilier, ainsi que les constructions édifiées ou réhabilitées sur le terrain donné à bail peuvent être cédés dans les conditions prévues par l'article L. 254-2. Les constructions peuvent être également hypothéquées et le droit au bail peut être saisi dans les formes prescrites pour la saisie immobilière.
L'article L. 254-2, alinéa 2 auquel il est renvoyé par ce texte énonce que le preneur peut céder son droit au bail, céder son droit de propriété temporaire sur les constructions édifiées et librement consentir des baux sur l'immeuble, dans les conditions prévues aux articles L. 254-4 à L. 254-6 du Code de la construction et de l'habitation.

II
Conclusion du bail réel immobilier BRILO

1109 L'ordonnance de 2014 qui a créé le bail réel immobilier (BRILO) ne contient pas de dispositions fiscales visant à doter ce bail d'un régime dérogatoire au droit commun des baux conférant des droits réels au preneur au regard, notamment, de la taxe de publicité foncière et de la TVA. En particulier, la loi n'a pas prévu que le bail soit exonéré de taxe de publicité foncière. C'est l'administration fiscale qui a étendu au BRILO le régime applicable, selon les caractéristiques du bail en cause, au bail à construction ou au bail emphytéotique.

1110 Nous examinerons successivement la publicité du contrat (A), les formalités (B), les perceptions opérées (C).

A Publicité foncière

1111 **Obligation de publier.** Dès lors que ce bail confère des droits réels au preneur, sa publication au service de la publicité foncière est obligatoire (D. 4 janv. 1955, art. 28, 1° *a* et *b*).
Aussi, nonobstant l'absence de précision dans les textes qui le régissent, le bail réel immobilier doit être établi par acte authentique aux fins de procéder à sa publication sous peine d'inopposabilité aux tiers.

1112 **Identification des immeubles concernés.** (V. **Bail à construction** et V. **Bail emphytéotique**).

B Formalités

1113 **Exclusion de la formalité unique. Régime antérieur au 1er janvier 2023.** Conformément aux dispositions du 2e alinéa de l'article 647 du CGI, dans sa rédaction antérieure à celle issue de l'article 22 de la loi de finances pour 2023, les baux d'immeubles urbains de plus de douze ans à durée limitée, soumis à publication obligatoire, étaient exclus du champ d'application de la formalité fusionnée (BOI-ENR-DG-10-30, 30 sept. 2014, n° 70).

En tant que bail de plus de douze ans à durée limitée, le bail réel immobilier est exclu de la formalité unique (CGI, art. 647-I, al. 2). Il semble que, comme en matière de bail à construction ou de bail emphytéotique, le régime applicable sera celui des baux d'immeuble à durée limitée, de sorte que le bail réel solidaire sera dispensé de la formalité d'enregistrement et sa présentation volontaire ne donnerait ouverture qu'au droit fixe de 25 € prévu à l'article 739 du Code général des impôts (V. **Bail à construction**, n° 910 et V. **Bail emphytéotique**, n° 991).

Observations : L'administration n'a pas expressément visé le BRILO lorsqu'elle a préconisé l'application de la formalité unique obligatoire aux trois baux réels (bail à construction, bail à réhabilitation et bail emphytéotique) dès lors qu'ils sont constatés par actes notariés (comp. BOI-ENR-JOMI-30, 24 mars 2021, n°s 40, 180 et 302. – N. Gonzalez Gharbi, *Baux conférant des droits réels immobiliers de plus de douze ans : la formalité unique et perceptions incertaines* : *Constr.-Urb.* 2021, comm. 10 ; V. **Bail à construction**, **Bail à réhabilitation** et **Bail emphytéotique**).

1114 **Régime applicable à compter du 1er janvier 2023. Formalité unique.** L'article 22 de la loi n° 2022-1726 du 30 décembre 2022 de finances pour 2023 a modifié le deuxième alinéa de l'article 647 du CGI afin de supprimer l'exclusion des baux de plus de douze ans à durée limitée du régime de la formalité fusionnée. Désormais cette exclusion vise uniquement « les *décisions judiciaires et les actes pour lesquels il est impossible de procéder à la formalité fusionnée* ».

Il en résulte que, sauf pour les baux de plus de douze ans résultant de décisions judiciaires, le bail réel immobilier, conclu par hypothèse pour une durée minimale de dix-huit ans, constaté par un acte authentique, est soumis à la formalité unique. La nouvelle règle part du postulat que les actes notariés sont soumis obligatoirement à la formalité de l'enregistrement en application du 1° du 1 de l'article 635 du CGI et que cette règle s'applique sans réserve aux actes notariés constatant un bail (V. N. Gonzalez Gharbi, *Baux immobiliers de plus de douze ans : instauration de la formalité unique* : *Constr.-Urb.* 2023, comm. 26).

Contrairement à la doctrine administrative qui ne se prononçait pas sur les perceptions exigibles sur les actes concernés par cette formalité unique, l'article 22 de la loi de finances pour 2023 a modifié les dispositions des articles 665 et 681 du CGI afin que la règle selon laquelle, en matière de formalité fusionnée, la taxe de publicité foncière tient lieu de droits d'enregistrement, s'applique désormais aux baux de plus de douze ans à durée limitée.

C Perceptions

1115 Le principe est que le bail réel immobilier est soumis à la taxe de publicité foncière (1°). Mais, l'administration fiscale a précisé deux cas dans lesquels le bail est exonéré de taxe de publicité foncière (2°).

Au regard de la TVA, le bail devrait être soumis au régime des baux conférant des droits réels (3°).

La CSI devrait être perçue dans les conditions de droit commun (4°).

1 Principe : exigibilité de la taxe de publicité foncière

1116 Conformément aux dispositions de l'article 742 du CGI, le bail d'une durée de plus de douze ans est soumis à la taxe de publicité foncière au taux de 0,70 % (0,71498 % avec les perceptions additionnelles), liquidée sur le prix du bail et les charges qui s'y ajoutent.

2 Exonération de la taxe de publicité foncière

1117 L'administration fiscale a envisagé les deux hypothèses dans lesquelles le bail réel immobilier est exonéré de taxe de publicité foncière :

1118 **Application du régime du bail à construction.** Lorsque le bail est consenti à un preneur avec obligation de construire, il est exonéré de la taxe de publicité foncière en application de l'article 743, 1° du Code général des impôts qui vise le bail à construction (BOI-ENR-JOMI-10, 2 août 2017, n° 150 – V. **Bail à construction**).

1119 **Application du régime du bail à réhabilitation.** Lorsque le bail est consenti à un preneur avec obligation de réhabiliter des constructions existantes, il peut être exonéré de la taxe de publicité foncière en vertu de l'article 1594 J du CGI, sur délibération du conseil général du département du lieu de situation du bien. L'acte présenté à la formalité doit faire mention de cette exonération (BOI-ENR-JOMI-10, 2 août 2017, n° 160 – **Bail à réhabilitation**).

3 Exonération de TVA

1120 Parce qu'il confère des droits réels au preneur, le bail réel immobilier est exonéré de TVA en application de l'article 261 D, 1°bis du CGI. Les commentaires de l'administration fiscale sont dans le même sens (BOI-TVA-IMM-10-10-20, 2 août 2017, n° 90).

On relèvera toutefois que, s'agissant de l'assiette de la TVA, l'article 266 du CGI vise expressément le bail à construction.

L'administration fiscale devrait donc préciser, si l'option à la TVA s'avérait opportune pour les bailleurs, quels seraient l'assiette et le taux de TVA applicables au bail réel immobilier (sur l'intérêt de l'option et ses effets, V. **Bail à construction**, n°s 916 à 922).

4 Contribution de sécurité immobilière

1121 À défaut de texte, le bail réel immobilier donnera lieu à l'exigibilité de la contribution de sécurité immobilière prévue par l'article 879 du CGI.

A priori, c'est le montant de la redevance qui servira d'assiette à la CSI.

La question est de savoir si l'administration fiscale acceptera, lorsque le bail a une durée supérieure à vingt ans, de limiter le montant de cette assiette à vingt fois la moyenne annuelle de la redevance (comp. BOI-ENR-JOMI-10, § 80 pour les baux d'immeubles à durée limitée).

III Cession des droits du preneur ou du bailleur

> **CGI, art. 1378 ter.** – Les mutations de toute nature qui ont pour objet, en matière de bail à construction, de bail réel immobilier ou de bail réel solidaire, les droits du bailleur ou du preneur sont assujetties aux dispositions fiscales applicables aux mutations d'immeubles.

1122 L'article 1378 ter du CGI pose le principe de l'application des règles fiscales relatives aux mutations immobilières aux mutations ayant pour objet les droits du bailleur et du preneur dans le bail réel immobilier. Ce principe déploie ses conséquences, notamment, en matière de taxe de publicité foncière, de CSI et de TVA. Il s'applique également en matière d'impôts sur les profits et plus-values immobilières.

1123 **TVA. Principe.** L'administration fiscale a rappelé que l'exonération prévue à l'article 261 du CGI en faveur de la conclusion du bail ne s'étend pas à la cession des droits des parties. En conséquence, cette cession est soumise au régime applicable à la cession des droits réels immobiliers, laquelle varie selon la nature de l'immeuble auquel ces droits réels se rapportent (terrain à bâtir, immeuble neuf, ancien, etc. V. BOI-TVA-IMM-10-10-20, n° 90).

Taux réduit de 10 % (CGI, art. 279-0 bis A). Créé par l'article 73 de la loi de finances pour 2014, l'article 279-0 bis A du CGI a prévu l'application d'un taux réduit de 10 % en faveur du logement intermédiaire. Il a donc vocation, toutes conditions étant remplies par ailleurs, à s'appliquer à la livraison à titre onéreux de logements ou de droits réels y relatifs, effectuée par un assujetti à la TVA agissant en tant que tel, dans le cadre d'un bail réel immobilier.

Remarque : Ce régime de faveur est commenté au BOI-TVA-IMM-30, publié le 20 octobre 2020. Mais, ces commentaires n'intègrent pas les modifications apportées à ce dispositif par l'article 50 de la loi de finances pour 2021 (L. n° 2021-1900, 30 déc. 2021. – V. A. Zubalski et A.-S. Marcelli, *Aménagement du régime fiscal applicable aux opérations immobilières réalisées dans le secteur du logement intermédiaire : D.O Actualité* 21 janv. 2021, n° 4, 23) ni, plus récemment, par l'article 71 de la loi de finances pour 2024 (L. n° 2023-1322, 29 déc. 2023 : *JO* 30 déc. 2023, texte n° 1. – N. Gonzalez-Gharbi, *L'extension du champ d'application du taux réduit de TVA de 10 % au secours du logement locatif intermédiaire : Constr.-Urb.* 2024, n° 3, comm. 39).

➤ Pour plus de détails sur le régime de la TVA applicable aux logements intermédiaires, V. **Logement intermédiaire**.

Bail réel solidaire

Neyla GONZALEZ-GHARBI

Sommaire analytique

BIBLIOGRAPHIE : N. Gonzalez-Gharbi, *Une ébauche de régime fiscal pour le bail réel solidaire : Constr.-Urb.* 2017, comm. 17. – P. Loiseaux, *Réflexions sur le régime fiscal des organismes fonciers solidaires et des baux réels solidaires : AJDI* nov. 2016, p. 746. – M. Poumarède, *Le bail réel solidaire : RD imm.* 2016, p. 544. – F. Roussel, *Nouveau bail notarié : voici le bail réel solidaire : JCP* N 2016, 925 ; *Bail réel solidaire : première formule de « BRS-Utilisateur » : JCP* N 2017, 1219, p. 17. – V. Zalewski-Sicard, *Le bail réel solidaire ou de la multiplication des machins : Constr.-Urb.* 2016, étude 12 ; *Le bail réel solidaire : un bail encouragé : Constr.-Urb.* 2018, étude 10. – B. Wertenschlag, *Le bail réel solidaire et les organismes de foncier solidaire : AJDI* 2016, p. 740. – C. Coutant-Lapalus, *Le bail réel solidaire : JCP* N 2018, 1217. – H. Périnet-Marquet, *Synthèse Contrats spécifiques : JCl. Construction – Urbanisme* 1er oct. 2019. – C. Coulon, *De la cession des droits issus du bail réel solidaire : JCP* N 2019, 1306. – N. Gonzalez-Gharbi, *Le taux réduit de la TVA est étendu à l'ensemble des opérations relatives au bail réel solidaire : Constr.-Urb.* 2021, comm. 59. – P. Loiseaux et X. Lièvre, *Déclarations fiscales dans l'acte : comment rédiger les clauses du bail réel solidaire ? : JCP* N 2021, 1154. – S. Piédelièvre, *La loi 3DS et le bail réel solidaire : JCP* N 2022, 1142. – V. Zalewski-Sicard, *VEFA avec cession des droits réels d'un bail réel solidaire (BRS) après la loi 3DS : Constr.-Urb.* 2022, form. 5.

1124 Le bail réel solidaire : la dissociation du sol et du bâti au service du logement social et solidaire. Créé par l'ordonnance n° 2016-985 du 20 juillet 2016, le bail réel solidaire est défini par l'article L. 255-1 du Code de la construction et de l'habitation et régi par les dispositions des articles L. 255-1 à L. 255-19 du même code. Aux termes de l'article L. 255-17 : « Les baux réels solidaires conclus en méconnaissance de l'article L. 255-2, L. 255-3 ou L. 255-4 sont frappés de nullité ».

Son régime juridique a été successivement précisé, d'abord par la loi n° 2018-1021 du 28 novembre 2018, dite « loi ELAN » (V. V. Zalewski, *Le bail réel solidaire : un bail encouragé : Constr.-Urb.* 2018, étude 10), puis par la loi n° 2022-217 du 21 février 2022 relative à la différenciation, la décentralisation, la déconcentration et portant diverses mesures de simplification de l'action publique locale (*JO* 22 févr. 2022), dite « loi 3DS » qui a, notamment, précisé le régime juridique des cessions des droits des parties dans le bail réel solidaire.

CCH, art. L. 255-1. – Constitue un contrat dénommé « bail réel solidaire » le bail par lequel un organisme foncier solidaire consent à un preneur, dans les conditions prévues à l'article L. 329-1 du Code de l'urbanisme, et pour une durée comprise entre 18 et 99 ans, des droits réels en vue de la location ou de l'accession à la propriété de logements, avec s'il y a lieu obligation pour ce dernier de construire et réhabiliter des constructions existantes.

Ces logements sont destinés, pendant toute la durée du contrat, à être occupés à titre de résidence principale.

Les organismes fonciers solidaires (OFS) qualifiés d'organismes sans but lucratif, ont été créés par l'article 164 de la loi dite « ALUR » du 24 mars 2014 (L. n° 2014-366, 24 mars 2014) qui a inséré dans le Code de l'urbanisme un article L. 329-1. Ce texte a été modifié à deux reprises. L'article 139 de la loi n° 2017-86 du 27 janvier 2017 relative à l'égalité et à la citoyenneté y a inséré le deuxième alinéa suivant : « Le représentant de l'État dans la région peut agréer un organisme existant et exerçant par ailleurs d'autres missions que celles définies au présent article ».

L'article 88 de la loi ELAN a de nouveau modifié l'article L. 329-1 du Code de l'urbanisme afin de prévoir que : « Peuvent être agréés à exercer l'activité d'organisme de foncier solidaire, à titre principal ou accessoire, les organismes sans but lucratif et les organismes mentionnés aux articles L. 411-2 et L. 481-1 du même code ». Sont concernés, outre les organismes à but non lucratif, les organismes HLM et assimilés.

Enfin, l'article 106 de la loi n° 2022-217 du 21 février 2022, dite « loi 3DS », a de nouveau modifié les dispositions de l'article L. 329-1 du Code de l'urbanisme afin d'étendre l'objet des OFS à des activités subsidiaires.

Les règles de fonctionnement de ces organismes ont été précisées par un décret n° 2016-1215 du 12 septembre 2016. La modification de l'article L. 329-1 du Code de l'urbanisme opérée par l'article 139 de la loi n° 2017-86 du 27 janvier 2017 relative à l'égalité et à la citoyenneté ayant permis l'agrément d'organismes existants en tant qu'organismes de foncier solidaire, la partie réglementaire du Code de l'urbanisme relative aux organismes de foncier solidaire a été modifiée en conséquence par le décret n° 2017-1037 du 10 mai 2017 relatif aux organismes de foncier solidaire (*JO* 11 mai). Certaines de ces dispositions réglementaires ont été modifiées par le décret n° 2019-661 du 27 juin 2019.

Création du bail réel de solidarité active. Le III de l'article 106 de la loi n° 2022-217 du 21 février 2022, dite « loi 3DS », a autorisé le gouvernement à prendre, par voie d'ordonnance dans un délai d'un an à compter de la publication de la loi, les mesures législatives nécessaires pour mettre en place un nouveau bail permettant de développer les activités commerciales ou professionnelles. L'ordonnance n° 2023-80 du 8 février 2023 relative au bail réel solidaire d'activité, publiée au *JO* du 9 février 2023, a été ratifiée par l'article 56 de la loi n° 2024-322 du 9 avril 2024 visant à l'accélération et à la simplification de la rénovation de l'habitat dégradé et des grandes opérations d'aménagement (*JO* 10 avr. 2024). Le bail réel solidaire d'activité, qui est une déclinaison du bail réel solidaire, est doté d'un régime juridique propre prévu aux articles L. 256-1 à L. 256-21 du Code de la construction et de l'habitation. Aux termes du premier alinéa de l'article L. 256-1 dudit code : « Constitue un contrat dénommé "bail réel solidaire d'activité" le bail par lequel un organisme de foncier solidaire consent à un preneur, dans les conditions prévues à l'article L. 329-1 du code de l'urbanisme et pour une durée comprise entre douze et quatre-vingt-dix-neuf ans, des droits réels en vue de la location ou de l'accession à la propriété de locaux à usage professionnel ou commercial, sous conditions de plafond de prix de cession et avec, s'il y a lieu, obligation pour le preneur de construire ou de réhabiliter des constructions existantes ».

L'application du bail réel de solidarité active est suspendue à la publication du décret en Conseil d'État qui doit en définir les modalités.

Remarque : Le bail réel solidaire d'activité n'est pas, à ce jour, doté d'un régime fiscal spécifique, au regard notamment, de la taxe de publicité foncière et de la TVA. Logiquement, il ne devrait pas se voir appliquer les règles dérogatoires prévues par la loi en faveur – expressément – du bail réel solidaire dédié au logement.

1125 **Le régime fiscal** du bail réel solidaire créé par l'ordonnance n° 2016-985 du 20 juillet 2016 résulte des articles 62 et 63 de la loi de finances rectificative pour 2016 (L. fin. rect. 2016, n° 2016-1918, 29 déc. 2016 : *JO* 30 déc. 2016). Il a été substantiellement étoffé depuis et prévoit des mesures dérogatoires de faveur tant en matière de taxe foncière que de taux réduit de TVA ou de plus-values immobilières.

1126 **TVA.** L'article 30 de la loi n° 2019-2019-1479 du 28 décembre 2019 de finances pour 2020 (*JO* 29 déc. 2019) a réécrit les articles 278 sexies et 278 sexies-0 A du Code général des impôts qui définissent le régime des taux réduits de la TVA applicables au logement social. Ces modifications, sans bouleverser le régime de la TVA applicable au bail réel solidaire, procèdent à la réécriture des dispositions de ces articles qui le concernent. Le décret n° 2017-1038 du 10 mai 2017 (*JO* 11 mai 2017) définit les modalités d'application des articles L. 255-1 et suivants du Code de la construction et de l'habitation. Ce décret, codifié en partie réglementaire du Code de la construction et de l'habitation (art. R. 255-1 à R. 255-9), a été modifié en dernier lieu par l'article 6 du décret n° 2019-873 du 21 août 2019 relatif à la partie réglementaire du Code de la construction et de l'habitation.

L'article 48 de la loi de finances pour 2021 (L. n° 2020-172, 29 déc. 2020) a étendu le bénéfice du taux réduit de 5,5 % à l'ensemble des livraisons immobilières faites au profit d'un OFS en vue de la conclusion d'un bail réel solidaire et aux livraisons à soi-même effectuées par cet organisme, d'immeubles destinés après travaux à être loués par bail réel solidaire. Le 4° du III de l'article 278 sexies du Code général des impôts a été modifié en ce sens. Ainsi, outre les livraisons de terrains à bâtir, le taux réduit de la TVA de 5,5 % s'appliquera aux livraisons (ventes et apports) effectuées au profit d'un OFS portant sur des immeubles anciens (en cas d'option des vendeurs pour la TVA) comme d'immeubles bâtis neufs. Ces dispositions n'ont pas été modifiées par la loi de finances pour 2024.

Le taux réduit de 5,5 % s'appliquera également, par le biais d'une livraison à soi-même soumise à ce taux, aux travaux de construction, de réhabilitation ou d'aménagement réalisés par l'OFS sur un immeuble destiné à faire l'objet d'un bail réel solidaire, ou par le preneur avant cession ou location des logements objets du bail réel solidaire.

1127 **Plus-values immobilières des particuliers.** L'article 14 de la loi de finances pour 2021 avait étendu la catégorie des logements sociaux éligibles aux exonérations prévues par les 7° et 8° du II de l'article 150 U du CGI aux logements faisant l'objet d'un bail réel solidaire (L. fin. 2021, n° 2020-1721, 29 déc. 2020 : *JO* 30 déc. 2020, art. 14. – N. Gonzalez Gharbi, *Plus-values immobilières : Quelles exonérations en faveur du logement social après la loi de finances pour 2021 ? : Constr.-Urb.* 2021, comm. 45).

L'article 107 de la loi n° 2022-217 du 21 février 2022 relative à la différenciation, la décentralisation, la déconcentration et portant diverses mesures de simplification de l'action publique locale (*JO* 22 févr. 2022) dite « loi 3DS », a étendu l'exonération temporaire prévue par les 7° et 8° du II de l'article 150 U du CGI aux cessions consenties directement ou indirectement au profit des OFS du 1er au 31 décembre 2022.

On signalera, par ailleurs, que la loi de finances pour 2022 a amélioré le régime de faveur applicable aux titres des foncières solidaires. Ainsi, d'une part, la réduction d'impôt accordée en cas d'acquisition de ces titres prévue à l'article 199 terdecies-0 AB du CGI, créé par l'article 157 de la loi n° 2019-1479 du 28 décembre 2019 de finances pour 2020, ne sera plus remise en cause lors de la cession desdits titres (L. fin. 2022, n° 2021-1900, 30 déc. 2021 : *JO* 31 déc. 2021, art. 38 ; *Constr.-Urb.* 2022, comm. 21). D'autre part, les cessions des participations dans les foncières solidaires agréées « entreprises d'utilité sociale » cessent d'être soumises au taux de 5 % prévu à l'article 726 du CGI (L. fin. 2022, n° 2021-1900, 30 déc. 2021 : *JO* 31 déc. 2021, art. 22 ; *Constr.-Urb.* 2022, comm. 23, N. Gonzalez-Gharbi).

On signalera que les exonérations des plus-values immobilières prévues, respectivement, aux 7° et 8° du II de l'article 150 U du CGI ont été aménagées et prorogées jusqu'au 31 décembre 2025 (L. fin. 2024, n° 2023-1322, 29 déc. 2023 : *JO* 30 déc. 2023, texte n° 1, art. 9. – N. Gonzalez Gharbi, *Prorogation et aménagements des exonérations de plus-values en faveur du logement social jusqu'en 2025 : Constr.-Urb.* 2024, n° 1, comm. 12).

Observation : L'administration fiscale a publié le 2 août 2017 ses commentaires du régime fiscal du bail réel solidaire au regard de la TVA (BOI-TVA-IMM-20-20 et BOI-TVA-IMM-20-20-50), des droits d'enregistrement et de la taxe de publicité foncière (BOI-ENR-JOMI-10 et BOI-ENR-DMTOI-10-90-30). Les commentaires relatifs à la TVA, actualisés le 24 avril 2019, devraient être mis à jour des modifications apportées aux articles 278 sexies et 278 sexies-0A du Code général des impôts par les lois de finances pour 2020 et 2021 précitées.

1128 Nous examinerons successivement le régime fiscal du bail réel solidaire régi par les articles L. 255-1 à L. 255-19 du Code de la construction et de l'habitation applicable à l'acquisition par l'OFS de l'immeuble destiné à être loué par bail (I), celui applicable à la conclusion et à la publication de ce contrat de bail (II), puis nous exposerons l'incidence des divers événements pouvant survenir en cours de bail (III) ou en fin de bail (IV).

I

Acquisition de l'immeuble objet du bail réel solidaire par l'organisme foncier solidaire

1129 Droits de mutation à titre onéreux. CSI. Les acquisitions immobilières effectuées par les organismes fonciers solidaires (OFS) ne bénéficient pas d'un régime dérogatoire au droit commun. L'administration fiscale ne se prononce pas sur l'éventuelle application d'un régime de faveur tel celui, par exemple, prévu par l'article 1049 du Code général des impôts en matière d'acquisitions faites par les organismes HLM (BOI-ENR-DMTOI-10-90-30-2017080, n° 70). De même, elle ne se prononce pas **publiquement** sur la possibilité pour l'OFS de bénéficier de l'exonération de droits de mutation à titre onéreux moyennant la souscription, dans l'acte de l'acquisition de l'immeuble, de l'engagement de construire prévu au A de l'article 1594-0 G du même code, lorsque la construction doit être réalisée par le preneur à bail (sur cette problématique, V. **Bail à construction**, n° 905).

On rappellera, toutefois, qu'à défaut d'application d'un régime de faveur, l'acquisition immobilière soumise à la TVA sur le prix total de vente ne rend exigible que la taxe de publicité foncière au taux réduit de 0,70 % (CGI, art. 1594 F quinquies), liquidée sur le prix HT mentionné dans l'acte (BOI-ENR-DMTO-10-10-20, n° 210).

1130 Plus-values immobilières des particuliers. Renvoi (V. n° 1127). L'exonération temporaire d'impôt sur le revenu et de prélèvements sociaux prévue aux 7° et 8°du II de l'article 150 U du CGI emporte comme conséquence l'exonération de la taxe communale sur la première cession de terrains devenus constructibles depuis moins de dix-huit ans (CGI, art. 1529, II, *a*).

1131 TVA. Taux réduit de 5,50 %.

CGI, art. 278 sexies 0 A

Les taux réduits prévus à l'article 278 *sexies* sont égaux à :

Accession sociale à la propriété – art. 278 *sexies*, III – 5,5 %.

(Extrait du tableau de l'alinéa 2 de l'article 278 sexies *0 A)*

CGI, art. 278 sexies

(...) III. – Dans le secteur de l'accession sociale à la propriété, relèvent des taux réduits de la taxe sur la valeur ajoutée mentionnés à l'article 278 sexies-0A :

(...)

4° Les opérations suivantes réalisées dans le cadre d'un bail réel solidaire dans les conditions prévues au chapitre V du titre V du livre II du même code :

a) Les livraisons à un organisme de foncier solidaire et les livraisons à soi-même effectuées par ce dernier, d'immeubles destinés, le cas échéant après travaux, à faire l'objet d'un bail réel solidaire ;

b) Les cessions de droits réels immobiliers objets du bail.

Remarque : Pour rappel, la TVA ne trouve à s'appliquer que si la vente ou l'apport de l'immeuble ou du droit immobilier est réalisé par un assujetti à la TVA au sens de l'article 256 A du CGI agissant en tant que tel (V. **TVA immobilière**).

L'article 30 de la loi de finances pour 2020 qui a modifié le régime des taux réduits de la TVA applicables dans le secteur du logement social a maintenu l'application du taux réduit de 5,5 % aux livraisons (vente ou apport) à l'OFS de terrains à bâtir ou de logements neufs tels que définis à l'article 257 du Code général des impôts, lorsque, précise le 4° du III de l'article 278 sexies du même code, « le bail est pris par la personne qui occupe le logement ».

Cette nouvelle rédaction ne modifie pas le régime de la TVA applicable au bail réel solidaire. En effet, si la condition relative à la personne du preneur n'est pas nouvelle s'agissant des livraisons de logements neufs, l'article 30 de la loi de finances pour 2020, en réécrivant les dispositions du 4° du III de l'article 278 sexies du Code général des impôts, confirme que cette condition n'est pas requise s'agissant de la livraison des terrains à bâtir à l'OFS (la doctrine administrative est dans le même sens – BOI-TVA-IMM-20-20-50, 14 avr. 2019, n° 100). Bien entendu, et comme l'a précisé l'administration à propos du bail consenti à un opérateur qui s'engage à louer les logements qu'il construit ou réhabilite, le taux réduit de la TVA (5,5 % ou 10 %) peut trouver à s'appliquer sur le fondement des dispositions des articles 278 sexies et 278 sexies-0A du Code général des impôts relatives aux opérations locatives sociales (BOI-TVA-IMM-20-20-50, 14 avr. 2019, n° 40).

1132 **Livraison de terrains à bâtir.** Lorsque l'acquisition du terrain par l'OFS en vue de conclure un bail réel solidaire est effectuée auprès d'un assujetti agissant en tant que tel, la TVA due à raison de la livraison du terrain à bâtir est liquidée au taux réduit de 5,5 %.

L'application du taux réduit de 5,5 % aux livraisons de terrains à bâtir à un organisme foncier solidaire constitue, depuis l'entrée en vigueur de l'article 30 de la loi de finances pour 2020, une mesure de faveur spécifiquement accordée au bail réel solidaire. Elle n'est pas réservée aux seuls « baux-accession ». Cette solution est remarquable, car les nouvelles dispositions des articles 278 sexies et 278 sexies-0A du Code général des impôts issues de l'article 30 de la loi de finances pour 2020 soumettent au taux réduit de 10 % « les livraisons de terrains à bâtir destinés à la construction de locaux faisant l'objet d'une opération taxable au taux réduit conformément au présent article (art. 278 sexies), autres que celles mentionnées au a du 4° du III, lorsque l'acquéreur atteste de cette destination dans l'acte de vente » (CGI, art. 278 sexies, V, et 278 sexies0-A, Tableau, 8e ligne). L'administration a précisé que le taux réduit s'applique que la TVA soit liquidée sur le prix total de vente ou sur la marge (BOI-TVA-IMM-20-20-50, n° 100).

Remarque : Sauf à se prévaloir d'une exonération (V. n° 1299), on rappelle que lorsque la TVA est liquidée sur la marge (CGI, art. 268), les droits de mutation à titre onéreux sont dus au tarif ordinaire (V. **Terrains**).

1133 **Acquisition d'un logement neuf par un OFS en vue de la conclusion d'un bail réel solidaire. Taux réduit de 5,5 %.** Avant le 1er janvier 2021, la solution résultait de la combinaison des termes du 4° du III de l'article 278 sexies et de ceux de la 6e ligne du tableau figurant à l'article 278 sexies 0 A du Code général des impôts. La livraison de logements neufs à un organisme foncier solidaire en vue de la conclusion d'un bail réel solidaire, lorsque le bail est consenti à la personne qui occupe le logement (bail conclu dans les conditions prévues au premier alinéa de l'article L. 255-2 du Code de la construction et de l'habitation) est soumise à la TVA au taux réduit de 5,5 % (BOI-TVA-IMM-20-20-50, n° 110).

S'agissant du bail consenti à un opérateur qui s'engage à louer les logements qu'il construit ou réhabilite, le taux réduit de la TVA (5,5 % ou 10 %) peut trouver à s'appliquer sur le fondement des dispositions des articles 278 sexies et 278 sexies-0A du Code général des impôts relatives aux opérations locatives sociales (BOI-TVA-IMM-20-20-50, 14 avr. 2019, n° 40).

Au regard des droits de mutation à titre onéreux, à défaut de bénéficier d'un régime d'exonération générale, l'OFS s'acquittera, conformément aux dispositions du A de l'article 1594 F quinquies du Code général des impôts, de la TPF au taux réduit de 0,715 % liquidée sur le prix hors taxe mentionné dans l'acte (V. **Immeuble neuf**).

À défaut de texte les exonérant de droits de mutation et de CSI, la CSI sera, dans tous les cas, liquidée dans les conditions de droit commun.

1134 La loi de finances pour 2021 a étendu expressément l'application du taux de 5,5 % à l'ensemble des immeubles bâtis neufs et anciens, et des immeubles non bâtis, acquis en vue de la conclusion du bail réel solidaire (V. *supra*, extrait de l'article 278 sexies modifié).

Entrée en vigueur : À défaut de précision dans le texte, ces dispositions sont entrées en vigueur le 1er janvier 2021 (L. fin. 2021, art. 1er, II, 3°) et se sont appliquées, en conséquence, aux opérations de BRS dont le fait générateur est intervenu à compter de cette date.

1135 **Remise en cause du taux réduit de TVA.**

CGI, art. 284 (*Mod., L. n° 2020-1721, 29 déc. 2020 de finances pour 2021, art. 48*)

(...)

IV. – Les organismes de foncier solidaire sont tenus au paiement du complément d'impôt lorsque les conditions auxquelles est subordonné l'octroi des taux réduits appliqués conformément au 4° du III de l'article 278 sexies ou au 5° du I de l'article 278 sexies A ne sont pas remplies dans les cinq ans qui suivent le fait générateur de l'opération ou cessent d'être remplies dans les quinze ans qui suivent l'acquisition des droits réels par la personne qui occupe le logement. Dans ce dernier cas, le complément d'impôt est diminué d'un dixième par année de détention au-delà de la cinquième année. Lorsque le non-respect des conditions

Bail réel solidaire

auxquelles est subordonné le taux réduit ne concerne que certains logements au sein d'un ensemble de logements, le complément d'impôt est calculé au prorata de la surface des logements concernés rapporté à la surface de l'ensemble des logements.

Il résulte de ce texte que le montant du complément d'impôt qu'il incombe à l'OFS de payer dépend du délai séparant la date à laquelle intervient l'événement justifiant cette régularisation de celle du fait générateur de la TVA.

Lorsque les conditions d'octroi du taux réduit ne sont pas remplies dans le délai de cinq ans (notamment, cas où l'OFS n'a pas consenti de bail réel solidaire dans les cinq ans qui suivent l'acquisition du terrain à bâtir ou du logement ; cas où le logement n'est jamais affecté à l'usage de résidence principale du ménage occupant : BOI-TVA-IMM-20-20-50, 14 avr. 2019, n° 140), le montant du complément d'impôt est égal à la différence entre le montant de la TVA au taux réduit et celui de la TVA au taux normal en vigueur à la date du fait générateur (livraison à l'OFS).

Lorsque les conditions d'octroi du taux réduit cessent d'être remplies dans les quinze ans qui suivent le fait générateur de l'opération (cas notamment, lorsque le logement cesse de faire l'objet d'un bail réel solidaire ou n'est plus affecté à l'usage de résidence principale : *BOI* préc., n° 150), le complément d'impôt est diminué d'un dixième par année de détention au-delà de la cinquième année.

On rappellera que l'article 76 de la loi de finances pour 2019 avait complété le dernier alinéa du II de l'article 284 du Code général des impôts par les deux phrases suivantes : « Dans ce dernier cas, le complément d'impôt est diminué d'un dixième par année de détention au-delà de la cinquième année. Lorsque le non-respect des conditions auxquelles est subordonné le taux réduit ne concerne que certains logements au sein d'un ensemble de logements, le complément d'impôt est calculé au prorata de la surface des logements concernés rapporté à la surface de l'ensemble des logements ».

Ces dispositions sont entrées en vigueur le 1er janvier 2019. Elles s'appliquent ainsi aux opérations dont le fait générateur intervient à compter du 1er janvier 2019 (*Constr.-Urb.* 2019, comm. 36).

L'administration précise au n° 130 du BOI-TVA-IMM-20-20-50 du 14 avril 2019, en remarque, que : « Lorsque leur prix est distingué dans l'acte, le complément de taxe est dû sur le prix de chaque lot dont au moins une partie est concernée par la remise en cause du taux réduit. À défaut, le complément de taxe est dû sur le prix total ».

Loi de finances pour 2021. La spécificité du régime du bail réel solidaire au regard de l'application du taux réduit de la TVA a amené le législateur à consacrer aux conditions et modalités de sa remise en cause des dispositions particulières désormais codifiées au IV l'article 284 du Code général des impôts (V. texte encadré). La loi de finances pour 2021 tire les conséquences de l'extension du champ d'application du taux réduit en matière de bail réel solidaire, en prévoyant l'exigibilité de principe d'un complément de TVA lorsque les conditions d'éligibilité au taux réduit ne sont pas ou plus remplies.

Entrée en vigueur : À défaut de précision dans le texte, ces dispositions entrent en vigueur le 1er janvier 2021 (L. fin. 2021, art. 1er, II, 3°) et s'appliquent donc aux opérations de BRS dont le fait générateur intervient à compter de cette date.

1136 **Plus-values immobilières du cédant.** Les plus-values de cessions d'immeubles au profit des OFS sont susceptibles de bénéficier des dispositifs d'exonération ou d'atténuation d'impôt selon qu'elles relèvent du régime des plus-values immobilières des particuliers (CGI, art. 150 U) ou de l'impôt sur les sociétés (CGI, art. 210 F).

1137 **Plus-values immobilières des particuliers. Renvoi (V. n° 1127).** L'exonération temporaire d'impôt sur le revenu et de prélèvements sociaux prévue aux 7° et 8°du II de l'article 150 U du CGI emporte comme conséquence l'exonération de la taxe communale sur la première cession de terrains devenus constructibles depuis moins de dix-huit ans (CGI, art. 1529, II, *a*).

Lorsque le cédant est une société soumise à l'impôt sur les sociétés, la plus-value de cession de terrains à bâtir et de locaux au profit d'un OFS est, depuis le 31 décembre 2019 et conformément au *e)* du I de l'article 210 F du CGI, dans sa rédaction issue de l'article 54 de la loi de finances pour 2020 précitée, soumise au taux de 19 % (*Constr.-Urb.* 2020, comm. 32, N. Gonzalez-Gharbi). On signalera que, suite à la décision n° 2020-854 QPC du 31 juillet 2020 par laquelle le Conseil constitutionnel a jugé contraire à la Constitution la condition selon laquelle la personne morale cessionnaire doit, pour l'application du dispositif prévu à l'article 210 F du CGI, être soumise à l'impôt sur les sociétés dans les conditions de droit commun, l'article 25 de la loi n° 2020-1721 du 29 décembre 2020 de finances pour 2021 a de nouveau modifié en ce sens les dispositions de l'article 210 F du CGI, lesquelles s'appliquent désormais aux plus-values de cessions de locaux réalisées au profit de toutes les personnes morales cessionnaires (sur ce régime de faveur, V. BOI-IS-BASE-20-30-10-10, 31 mars 2021).

II
Conclusion du contrat de bail

1138 Nous examinerons successivement la publicité du contrat (A), les formalités (B), les perceptions opérées (C).

A Publicité foncière

1139 **Obligation de publier.** Dès lors que ce bail confère des droits réels au preneur, sa publication au service de la publicité foncière est obligatoire (D. 4 janv. 1955, art. 28, 1° a et b).
Aussi, nonobstant l'absence de précision dans les textes qui le régissent, le bail réel solidaire doit être établi par acte authentique aux fins de procéder à sa publication sous peine d'inopposabilité aux tiers.

1140 **Identification des immeubles concernés.** (V. **Bail à construction**).

B Formalités

1141 **Exclusion de la formalité unique. Régime antérieure au 1er janvier 2023.** Conformément aux dispositions du 2e alinéa de l'article 647 du CGI, dans leur rédaction antérieure à celle issue de l'article 22 de la loi de finances pour 2023, les baux d'immeubles urbains de plus de douze ans à durée limitée, soumis à publication obligatoire, étaient exclus du champ d'application de la formalité fusionnée (BOI-ENR-DG-10-30, 30 sept. 2014, n° 70).
Cette règle devait s'appliquer au bail réel solidaire. (V. **Bail à construction**, n° 910 et V. **Bail emphytéotique**, n° 991).
Observations : Contrairement à trois autres baux conférant des droits réels (bail à construction, bail à réhabilitation et bail emphytéotique), l'administration fiscale n'a pas préconisé l'application de la formalité unique obligatoire pour le bail réel solidaire constaté par acte notarié (comp. BOI-ENR-JOMI-30, 24 mars 2021, nos 40, 180 et 302, et V. **Bail à construction**, **Bail à réhabilitation** et **Bail emphytéotique**).

1142 **Formalité unique. Régime en vigueur à compter du 1er janvier 2023.** L'article 22 de la loi n° 2022-1726 du 30 décembre 2022 de finances pour 2023 a modifié le deuxième alinéa de l'article 647 du CGI afin de supprimer l'exclusion des baux de plus de douze ans à durée limitée du régime de la formalité fusionnée. Désormais cette exclusion vise uniquement « les *décisions judiciaires et les actes pour lesquels il est impossible de procéder à la formalité fusionnée* ».
Il en résulte que le bail réel solidaire, conclu par hypothèse pour une durée supérieure à douze ans, constaté par un acte authentique, est soumis à la formalité unique. La nouvelle règle part du postulat que les actes notariés sont soumis obligatoirement à la formalité de l'enregistrement en application du 1° du 1 de l'article 635 du CGI et que cette règle s'applique sans réserve aux actes notariés constatant un bail (V. N. Gonzalez Gharbi, *Baux immobiliers de plus de douze ans : instauration de la formalité unique* : *Constr.-Urb.* 2023, comm. 26).
L'article 22 de la loi de finances pour 2023 a modifié les dispositions des articles 665 et 681 du CGI afin que la règle selon laquelle, en matière de formalité fusionnée, la taxe de publicité foncière tient lieu de droits d'enregistrement, s'applique désormais aux baux de plus de douze ans à durée limitée.

C Perceptions

1143 Le principe est que le bail réel solidaire est soumis à la taxe de publicité foncière (1), seul est exonéré de taxe de publicité foncière le bail réel solidaire conclu en application de l'article L. 225-3 du Code de la construction et de l'habitation (2).
En l'état du droit positif, la situation du bail au regard de la TVA peut paraître incertaine (3). La CSI devrait être perçue dans les conditions de droit commun (4°).

1 Principe : Exigibilité de la taxe de publicité foncière

1144 Conformément aux dispositions de l'article 742 du Code général des impôts, le bail d'une durée de plus de douze ans est soumis à la taxe de publicité foncière au taux de 0,70 %, liquidée sur le prix du bail et les charges qui s'y ajoutent.
Assiette : la détermination du prix dans le bail réel solidaire n'est pas libre. L'article L. 255-8 du Code de la construction et de l'habitation prévoit que le

preneur s'acquitte du paiement d'une redevance dont le montant tient compte des conditions d'acquisition du patrimoine par l'organisme foncier solidaire et, le cas échéant, des conditions financières et techniques de l'opération de construction ou de réhabilitation des logements et des conditions d'occupation des logements, objet du bail réel solidaire. C'est *a priori* le montant de cette redevance qui servira d'assiette à la TPF et la CSI.

2 Exonération de taxe de publicité foncière réservée au bail réel solidaire prévu à l'article L. 355-3 du CCH

> **CGI, art. 743. –** Sont exonérés de la taxe de publicité foncière :
>
> (...)
>
> 5° Les baux réels solidaires conclus en application de l'article L. 255-3 du Code de la construction et de l'habitation.
>
> **CCH, art. L. 255-3** (*Mod., L. n° 2022-217, 21 févr. 2022, art. 106*). – Le bail réel solidaire peut être consenti à un opérateur qui, le cas échéant, construit ou réhabilite des logements et qui s'engage à vendre les droits réels immobiliers attachés à ces logements à des bénéficiaires répondant aux conditions de ressources fixées en application de l'article L. 255-2 et à un prix fixé en application du même article, ou à proposer la souscription de parts ou actions permettant la jouissance du bien par ces bénéficiaires, dans le respect des conditions prévues à l'article L. 255-2.
>
> Dans le cas d'une vente, celle-ci se déroule dans les conditions et délais fixés aux articles L. 255-10-1, L. 255-11-1, L. 255-13 et L. 255-15.
>
> La cession des droits réels immobiliers par l'opérateur à chaque preneur crée un lien direct et individuel entre l'organisme de foncier solidaire et chacun des preneurs et désolidarise les preneurs entre eux et chaque preneur de l'opérateur.
>
> À l'issue de cette cession, le preneur est réputé être titulaire d'un bail réel solidaire portant sur son logement avec une date de prise d'effet au jour de la cession qui lui est propre.

1145 Le 5° de l'article 743 du Code général des impôts est issu d'un amendement n° 419 sur le projet de loi de finances rectificative pour 2016. L'exonération de TPF profite aux seuls baux réels solidaires/accession. Elle est, selon les auteurs de l'amendement précité, destinée à éviter les « doubles impositions » et vise à limiter l'application des droits de mutation à titre onéreux à la seule vente par l'opérateur (preneur à bail) aux accédants des droits réels attachés au logement construit ou réhabilité en vertu du bail.

L'exonération bénéficie ainsi au bail initial conclu par l'OFS avec l'opérateur et aux baux conclus par l'OFS avec les accédants qui auront acquis les droits réels auprès de l'opérateur (sur les modifications apportées au régime juridique de ces cessions apportées par la loi du 23 novembre 2018, V. V. Zalewski-Sicard : *Constr.-Urb.* 2018, étude 10, préc.).

Mais, depuis l'entrée en vigueur de la loi 3DS précitée, la cession de droits réels par l'opérateur rend le preneur titulaire du bail réel solidaire sans qu'il ait à signer concomitamment un bail avec l'OFS, de sorte que l'exonération ne trouve plus à s'appliquer qu'au BRS conclu entre l'OFS et l'opérateur (sur les modifications apportées au régime juridique de ces cessions par la loi 21 février 2022, V. S. Piédelièvre, *La loi 3DS et le bail réel solidaire : JCP* N 2022, 1142. – V. Zalewski-Sicard : *Constr.-Urb.* 2022, form. 5).

En raison de l'exonération édictée par l'article 743, 5 du CGI, la publication du bail réel solidaire accession s'opère en franchise de TPF.

En revanche, le bail réel solidaire conclu en application de l'article L. 255-2 du Code de la construction et de l'habitation, consenti par l'OFS à un preneur qui occupe le logement, ainsi que la cession des droits réels par l'opérateur sont taxés dans les conditions de droit commun (BOI-ENR-JOMI-10, n° 160).

3 Exonération de TVA

1146 Les conditions d'application de la TVA au bail réel solidaire n'ont pas été évoquées au cours de la discussion budgétaire ayant précédé la loi de finances rectificative pour 2016 précitée.

Parce qu'il confère des droits réels au preneur, le bail réel solidaire est exonéré de TVA en application de l'article 261 D, 1°bis du Code général des impôts. Les commentaires de l'administration fiscale sont dans le même sens (BOI-TVA-IMM-10-10-20-20170802, n° 90).

La question se pose de savoir si les OFS seront considérés comme assujettis à la TVA et si, par suite, ils pourront opter pour soumettre le bail à la TVA en application des dispositions de l'article 260, 5° du Code général des impôts.

On relèvera, toutefois que s'agissant de l'assiette de la TVA, l'article 266 du Code général des impôts vise expressément le bail à construction.

L'administration fiscale devrait donc préciser, si l'option à la TVA s'avérait opportune pour les OFS, quels seraient l'assiette et le taux de TVA applicables au bail réel solidaire. (Sur l'intérêt de l'option et ses effets, V. Bail à construction, n°s 916 à 922).

4 Contribution de sécurité immobilière

1147 À défaut de texte, le bail réel solidaire donnera lieu à l'exigibilité de la contribution de sécurité immobilière prévue par l'article 879 du Code général des impôts.

A priori, c'est le montant de la redevance qui servira d'assiette à la CSI.

La question est de savoir si l'administration fiscale acceptera, lorsque le bail a une durée supérieure à vingt ans, de limiter le montant de cette assiette à vingt fois la moyenne annuelle de la redevance (comp. BOI-ENR-JOMI-10, § 80 pour les baux d'immeubles à durée limitée).

III Événements survenant en cours de bail

1148 Nous examinerons successivement le cas de cession des droits du bailleur ou du preneur (A), le cas de la prorogation du bail (B), enfin celui de la résiliation du bail (C).

> **CGI, art. 1378 ter. –** Les mutations de toute nature qui ont pour objet, en matière de bail à construction, de bail réel immobilier ou de bail réel solidaire, les droits du bailleur ou du preneur sont assujetties aux dispositions fiscales applicables aux mutations d'immeubles.

Observation préliminaire : l'article 1378 ter du Code général des impôts pose le principe de l'application des règles fiscales relatives aux mutations immobilières aux mutations ayant pour objet les droits du bailleur et du preneur dans le bail réel solidaire. Ce principe déploie ses conséquences en matière de taxe de publicité foncière, de CSI et de TVA. Il s'applique également en matière d'impôt sur les profits et de plus-values immobilières.

A Cession des droits du preneur ou du bailleur

1 Cession des droits du bailleur

1149 Compte tenu du régime applicable au bail réel solidaire, la cession de l'immeuble loué par l'OFS ne devrait être consentie qu'à un autre OFS. Le bail étant déjà conclu, il n'existe pas, à notre connaissance et à ce jour, de régime particulier applicable à ces acquisitions faites par ces organismes. Ce point devra être précisé par l'administration fiscale dans l'attente d'un texte complémentaire.

L'article 48 de la loi de finances pour 2021 a, comme indiqué *supra*, modifié le texte du 4° du III de l'article 278 sexies du Code général des impôts afin d'étendre, notamment, l'application du taux réduit de 5,5 % à toutes « les cessions de droits réels immobiliers objets du bail ».

En conséquence, les cessions des droits du bailleur sont éligibles, à compter du 1er janvier 2021, au taux réduit de la TVA, lorsque bien entendu, elles sont soumises à la TVA de plein droit ou sur option du bailleur cédant ses droits.

2 Cession des droits du preneur

a) Cas où le preneur est un opérateur. Application de la TVA. Taux réduit de 5,5 %

1150 Lorsque, conformément aux dispositions de l'article L. 255-3 du Code de la construction et de l'habitation, le bail réel solidaire est consenti à un opérateur qui s'engage à vendre les droits réels immobiliers attachés au logement à des accédants, l'opérateur agit en qualité d'assujetti à la TVA et la mutation est soumise à la TVA dans les conditions de droit commun lorsqu'elle a pour objet un immeuble neuf.

Avant le 1er décembre 2019, la TVA était liquidée au taux réduit de 5,5 % en application des dispositions de l'article 278 sexies 0 A et 13° du I de l'article 278 sexies du Code général des impôts.

Depuis cette date, l'application du taux réduit de 5,5 % résulte de la combinaison des dispositions du *c)* du 4° du III de l'article 278 sexies du Code général des impôts et de la 6e ligne du tableau figurant à l'article 278 sexies-0A du même code dans leur rédaction issue de l'article 30 de la loi de finances pour 2020 (V. n° 1131).

La loi de finances pour 2021 a, comme indiqué *supra*, étendu l'application du taux réduit de 5,5 % à toutes les cessions de droits réels immobiliers objets du bail.

La taxe de publicité foncière est due au tarif réduit ; la CSI est exigible dans les conditions de droit commun (V. **Immeuble neuf – TVA**).

Lorsque l'opérateur est un organisme HLM, l'exonération de taxe de publicité foncière prévue par l'article 1049 du Code général des impôts doit s'appliquer (V. **HLM**).

b) Cas où le preneur est la personne qui occupe le logement. Application des droits de mutation à titre onéreux

1151 Lorsque le preneur est l'occupant, il s'agit, par hypothèse, d'une personne physique qui occupe un logement à titre de résidence principale. Il n'agit donc pas en qualité d'assujetti à la TVA. En conséquence, la cession de ses droits sur le logement rendra exigibles les droits de mutation à titre onéreux dans les conditions de droit commun.

Le prix de vente ou la valeur maximale des droits réels immobiliers, parts et actions permettant la jouissance du bien sont limités à leur valeur initiale, actualisée selon les modalités définies à l'article R. 255-3 du CCH (D. n° 2017-1038, 10 mai 2017, relatif au bail réel solidaire : *JO* 11 mai 2017). Lorsqu'il est convenu conformément à cette règle, le prix de vente doit, à notre avis, servir d'assiette aux droits de mutation à titre onéreux.

Bien entendu, lorsque la mutation des droits du preneur intervient à titre gratuit, par décès ou par donation entre vifs, la cession est soumise pour le tout aux règles fiscales et de publicité foncière applicables en cas de transmission à titre gratuit d'immeubles ou droits immobiliers.

Plus-values immobilières : Compte tenu du caractère réel des droits dont il dispose, l'exonération de la cession de la résidence principale sera acquise à l'accédant, toutes conditions étant remplies par ailleurs (CGI, art. 150 U II, 1°).

B Prorogation du bail

1152 La loi prévoit trois cas de prorogation de plein droit du bail réel solidaire. Ainsi, en cas de vente ou de donation des droits réels afférents au bien objet du bail, lorsque l'agrément de l'OFS requis par le 1er alinéa de l'article L. 255-11 du Code de la construction et de l'habitation est délivré, l'article L. 255-2 du même code prévoit que : « La durée du bail est de plein droit prorogée afin de permettre à tout nouveau preneur de bénéficier d'un droit réel d'une durée égale à celle prévue dans le contrat initial ».

De même en cas de décès du preneur, l'article L. 255-14 du CCH dispose que : « Le bail fait l'objet de plein droit d'une prorogation de telle manière que l'ayant droit bénéficie d'un bail d'une durée identique à celle du bail initial ».

Le bail réel solidaire est en quelque sorte « rechargé » ou « renouvelé » à chaque mutation, donation ou succession.

La loi est en revanche muette sur le traitement fiscal des actes constatant cette prorogation de plein droit du BRS. **À notre avis**, cette prorogation doit être publiée au service de la publicité foncière. Or, compte tenu du champ d'application de l'exonération de taxe de publicité foncière prévue par le 5° de l'article 743 du CGI (à supposer que cette exonération bénéficie à la prorogation du bail), il n'est pas exclu que l'acte constatant la prorogation du bail consenti à l'occupant rende exigible la taxe de publicité foncière liquidée sur les redevances afférentes à la période prorogée et la CSI liquidée sur la même assiette.

C Résiliation du bail

1153 **Publicité foncière. Publication obligatoire.** La résiliation du bail est soumise à publicité foncière obligatoire en vertu de l'article 28-1-a du décret du 4 janvier 1955.

CCH, art. L. 255-6. – Le bail réel solidaire ne peut prévoir aucune faculté de résiliation unilatérale de la part du bailleur en dehors des cas prévus au présent chapitre, ni faire l'objet d'une tacite reconduction.

CCH, art. L. 255-8, 2e al. – À défaut pour le preneur d'exécuter ses obligations contractuelles, notamment en cas de défaut de paiement de la redevance, le bail est résilié, après indemnisation de la valeur des droits réels immobiliers tenant compte du manquement ayant entraîné la résiliation du bail, selon les modalités prévues au contrat.

CCH, art. L. 255-13 *(Mod., L. n° 2018-1021, 23 nov. 2018, art. 12)*. – En cas de refus d'agrément lors d'une cession, le cédant peut demander à l'organisme de foncier solidaire de lui proposer un acquéreur répondant aux conditions d'éligibilité prévues à l'article L. 255-2, L. 255-3 ou L. 255-4. Les conditions d'acquisition respectent les modalités de calcul du prix de vente stipulées dans le bail. Dans le cas où l'organisme de foncier solidaire n'est pas en mesure de proposer un acquéreur dans les six mois suivant la demande du cédant ou en cas de refus d'agrément lors d'une donation des droits réels immobiliers, le bail réel solidaire peut être résilié conventionnellement et le preneur est indemnisé de la valeur de ses droits réels immobiliers, dans les conditions prévues par le bail.

Dès lors qu'elle entraîne le retour des logements dans le patrimoine de l'OFS bailleur, la résiliation du bail réel solidaire, qu'elle soit volontaire ou qu'elle intervienne de plein droit, devrait, comme en matière de résiliation de bail emphytéotique, faire l'objet d'une publication obligatoire (D. 4 janv. 1955, art. 28-1°, *a*) à peine d'inopposabilité aux tiers.

Mais, dans le silence de la loi, les conséquences de la résiliation au regard de la publicité foncière et surtout de la contribution de sécurité immobilière de l'article 879 du CGI devront être précisées par la doctrine administrative.

En principe, l'acte de résiliation des baux à durée limitée s'enregistre au droit fixe de prévu par l'article 738-1 du Code général des impôts.

La question se pose de savoir si l'exonération de TPF prévue par l'article 743, 5° du Code général des impôts peut être étendue à sa résiliation. À défaut d'exonération, dès lors que la résiliation intervient sans indemnité ou avec indemnité versée par le bailleur au preneur, la publication de l'acte qui la constate devrait donner lieu à la perception de la seule taxe fixe de publicité foncière (V. **Bail emphytéotique**, n° 1019).

IV
Fin de bail

1154 Lorsque le transfert des constructions intervient en fin de bail au profit du bailleur, hypothèse théorique, il n'est pas indispensable d'établir un acte pour constater ce qui, de toute façon, et par l'effet de la loi, se produira automatiquement et nécessairement.

Attention : Cette règle est susceptible d'évoluer dans le cadre de la réforme en cours des règles de la publicité foncière.

Bail rural

Franck ROUSSEL

1155 **Plan.** Nous examinerons dans la présente rubrique divers types de baux ruraux : Bail à cheptel (I). – Bail à complant (II). – Bail à convenant ou à domaine congéable (III). – Bail à long terme (IV). – Bail cessible hors du cadre familial (V). – Bail à métayage (VI). – Bail de pâturage (VII). – Conventions de mise à disposition (VIII).

I

Bail à cheptel

1156 **Définition.** La définition de ce type particulier de bail rural est donnée par les articles 1800 et suivants du Code civil. C'est le bail d'un fonds de bétail (c'est-à-dire d'un ensemble d'animaux, et non d'un seul animal), pour le garder, soigner, nourrir.

– Cheptel simple (ou ordinaire) : c'est un bail portant sur des bestiaux, donc un bail de meubles, pour lequel le preneur profite de la moitié du croît et supporte aussi la moitié de la perte (C. civ., art. 1804 et s.).

– Cheptel à moitié : c'est une société dans laquelle chacun des contractants fournit la moitié des bestiaux, qui demeurent communs pour le profit comme pour la perte (C. civ., art. 1818 et s.).

– Cheptel donné au fermier (ou cheptel de fer) : il s'agit d'un bail mixte portant sur les immeubles (la ferme) et le bétail, à charge de laisser à la sortie un fonds de bétail équivalent (C. civ., art. 1821 et s.).

– Cheptel donné au métayer : ce contrat est l'accessoire d'un bail à métayage et finit avec lui (C. civ., art. 1829). Il est soumis à toutes les règles du cheptel simple (ou ordinaire) (C. civ., art. 1830).

1157 **Régime fiscal.** Le régime fiscal est celui des baux d'immeubles s'il est stipulé un prix global. À défaut, on considérera séparément immeuble et bétail, sauf les cas où celui-ci est immeuble par destination ; en pratique, il est toujours immeuble par destination, puisque le bétail s'entend en principe du bétail attaché au fonds.

Si, contrairement au principe posé par l'article 1823 du Code civil, le propriétaire se réserve une partie du cheptel pendant le bail, il y a là une charge augmentative du prix. Mais cela n'a de sens que lorsque le bétail est immeuble par destination. Dans les cas (rares) où il ne le serait pas (troupeau extérieur au fonds et loué avec lui : l'hypothèse est presque d'école), le bail du bétail ne serait pas taxable et il serait donc sans incidence qu'il existât une charge augmentative du prix.

1158 **Fin du bail.** L'indemnité versée au fermier pour excédent est passible du droit fixe. Il en est de même de celle versée éventuellement pour prix des bestiaux que le fermier aurait eu le droit d'emmener.

Le régime du bail à cheptel, dans la mesure où il est immobilier, est celui des baux d'immeubles ruraux. Le caractère d'immeuble par destination relevé plus haut (V. n° 1157) autorise en pratique l'application du régime des baux ruraux à long terme (toutes les autres conditions étant supposées remplies par ailleurs) (V. n°s 1164 et 1165).

Il en est ainsi pour les droits d'enregistrement, la taxe de publicité foncière et la contribution de sécurité immobilière.

II Bail à complant

1159 **Définition.** Le bail à complant est un bail dans lequel le preneur (autrement appelé complanteur ou colon) doit planter en vigne ou cultiver, s'il est déjà planté, un terrain que lui cède le bailleur moyennant le versement à ce dernier d'une part de la récolte (C. rur. pêche marit., art. L. 441-1 à L. 441-13). Ce contrat ne subsiste plus guère que dans le Languedoc, dans le vignoble nantais et pour le cru de Banuyls dans les Pyrénées-Orientales.

C'est un bail ordinaire d'immeuble s'il est à durée limitée.
S'il est fait sans indication de durée, c'est un bail à durée illimitée (dans les Pays-de-Loire : Loire-Atlantique, Vendée, Maine-et-Loire) ou une vente (provinces du Poitou, Saintonge, Aunis).

III Bail à convenant ou à domaine congéable

1160 **Définition.** Le bail à convenant ou à domaine congéable (C. rur. pêche marit., art. L. 431-1 à L. 431-23) est un contrat par lequel le propriétaire d'un fonds en cède la jouissance à un preneur (appelé domanier) pour un temps déterminé moyennant une redevance annuelle, et aliène au preneur « les édifices et superfices » (appelés « droits réparatoires »), c'est-à-dire tout ce qui est élevé sur le sol par le travail de l'homme, en se réservant la faculté de congédier le preneur en lui payant la valeur de ces édifices et superfices.
Lorsque la durée du bail n'est pas fixée, on s'en rapporte à l'usage des lieux (BOI-ENR-JOMI-30-24/03/2021, n° 560).

A Conclusion du bail

1161 **Régime fiscal.** Le bail à convenant contient deux dispositions indépendantes, un bail des terres et une vente des « édifices et superfices ». Chacune d'elle est taxée selon sa nature. La vente donne ouverture au droit de vente d'immeuble sur la valeur « des édifices et des superfices » (BOI-ENR-JOMI-30-24/03/2021, n° 570).
La contribution de sécurité immobilière est due comme en matière de vente d'immeubles.

1162 **Application du régime des baux à long terme.** Les biens loués par bail à domaine congéable peuvent, sauf en ce qui concerne les édifices et superfices, dès lors qu'ils appartiennent au preneur, bénéficier du régime fiscal prévu en faveur des biens donnés à bail à long terme et, notamment, des dispositions de l'article 793-2-3° du Code général des impôts, à condition que le bail soit conclu conformément aux dispositions des articles L. 416-1 et suivants du Code rural et de la pêche maritime.

B Cession

1163 **Taxations.** La cession de la redevance est une cession de créance.
La cession des terres comme celle des édifices et superfices est une vente d'immeubles.
La cession des droits du domanier est une cession de bail (outre la cession des édifices et superfices), si un prix est stipulé pour le droit au bail.
Les édifices et superfices sont immeubles vis-à-vis des tiers, mais meubles vis-à-vis du bailleur (C. rur. pêche marit., art. L. 431-6) : leur remboursement ne donne lieu à aucun droit.

IV
Bail à long terme

1164 **Publicité foncière.** La durée minimum de dix-huit ans des baux ruraux à long terme (exception faite toutefois du bail consenti à un preneur proche de l'âge de la retraite ; V. C. rur. pêche marit, art. L. 416-4) oblige à publicité foncière (bail de plus de douze ans).
Mais le bail est dispensé de taxe de publicité foncière (CGI, art. 743-2°) même si l'état des lieux n'a pas encore été établi lors de la publication (BOI-ENR-JOMI-10-02/08/2017, n° 140).
La contribution de sécurité immobilière se calcule comme pour un bail ordinaire (V. **Bail ordinaire à durée limitée**).

1165 Acte constatant le départ d'un co-preneur accepté par le bailleur et l'autre preneur. Contribution de sécurité immobilière. L'acte constatant le départ d'un des co-preneurs solidaires, avec acceptation de l'autre d'assumer seul toutes les charges et conditions du bail, le « retrait » étant au surplus accepté par le bailleur, ne paraît pas devoir être obligatoirement publié (*JCP* N 1992, prat. 2324, note P.J.C.).
Toutefois, dans la mesure où cette publication est requise, le service chargé de la publicité foncière est fondé à percevoir la contribution de sécurité immobilière sur le montant des loyers restant à courir jusqu'à la fin du bail, mais seulement sur la part qui aurait dû être payée (au titre des loyers) par celui qui se retire de l'exploitation (même chronique).

1166 **Bail de carrière. Régime fiscal.** Le bail de carrière défini à l'article L. 416-5 du Code rural et de la pêche maritime ouvre droit aux régimes fiscaux de faveur prévus notamment aux articles 793-1-4° relatifs aux parts des groupements fonciers agricoles et 793-2-3° du Code général des impôts relatif aux biens ruraux loués par bail à long terme sous réserve que les conditions prévues par ces textes soient remplies.
Le bail de carrière est également exonéré de la taxe de publicité foncière de 0,70 % lors de sa publication au service chargé de la publicité foncière (CGI, art. 743-2° et C. rur. pêche marit., art. L. 416-7).

V
Bail cessible hors du cadre familial

1167 **Publicité foncière.** La durée minimale de dix-huit ans du bail cessible hors du cadre familial (C. rur. pêche marit., art. L. 418-2, al. 1er) oblige à publicité foncière (bail de plus de douze ans).
Mais le bail est dispensé de la taxe de publicité foncière (CGI, art. 743-4. – BOI-ENR-JOMI-10-02/08/2017, n° 150, 2e §).
La contribution de sécurité immobilière se calcule comme pour un bail ordinaire (V. **Bail ordinaire à durée limitée**).

VI
Bail à métayage

1168 **Publication du bail.** Le bail à métayage est un bail rural dans lequel la rémunération du bailleur consiste en une part des produits du domaine, avec contribution à une part des frais d'exploitation (règle dite du « tiercement » ; V. C. rur. pêche marit., art. L. 417-1 et L. 417-3).

Une estimation par les parties est nécessaire pour la perception de la taxe de publicité foncière. Elle peut tenir compte, en diminution, de la quote-part de frais supportée par le bailleur. Pratiquement, on peut s'en tenir à une estimation basée sur le prix des baux à ferme dans la même région.
La taxe de publicité foncière et la contribution de sécurité immobilière sont perçues comme en matière de bail ordinaire (V. **Bail ordinaire à durée limitée**).

1169 **Cession et résiliation.** Il y a lieu d'appliquer les mêmes règles qu'en matière de bail ordinaire d'immeubles à durée limitée (V. **Bail ordinaire à durée limitée**).

VII

Bail de pâturage (bail pastoral)

1170 Ce bail présente la particularité d'être exonéré du droit d'enregistrement. L'acte n'est pas soumis à la formalité, sauf s'il n'est pas sous seings privés (L. 15 mars 1963, art. 1er).

N.B. : Ces règles paraissent désormais applicables en matière de convention pluriannuelle d'exploitation ou de pâturage visée à l'article L. 481-1 du Code rural et de la pêche maritime (ou bail pastoral).

VIII

Conventions de mise à disposition

1171 L'article 739 du Code général des impôts dispose que les actes constatant des baux à durée limitée d'immeubles, de fonds de commerce ou de clientèles sont assujettis à un droit fixe de 25 € lorsque l'enregistrement en est requis par les parties.
L'instruction 7 E-1-00 du 25 janvier 2000 qui commente l'article 12 de la loi de finances rectificative pour 1998 (n° 98-1267 du 30 décembre 1998) précise que les baux écrits à durée limitée d'immeubles ruraux conclus par acte signé à compter du 1er janvier 1999 ne donnent pas lieu à la perception du droit de bail et sont dispensés de la formalité de l'enregistrement sauf présentation volontaire requise par les parties, laquelle donne droit à la perception du droit fixe de 25 € prévu à l'article précité.
En l'espèce, les conventions de mise à disposition de terrains à usage agricole par leurs propriétaires ou de biens à usage agricole loués par les fermiers, visées aux articles L. 411-1 (il faut lire L. 411-2, 5e tiret) et L. 411-37 du Code rural et de la pêche maritime et qui entrent dans la catégorie des baux ruraux dudit code, bénéficient donc de ce régime. Dès lors, les actes qui les constatent sont dispensés de la formalité de l'enregistrement.
Toutefois, en cas de présentation volontaire des parties, la formalité de l'enregistrement donne lieu au paiement du droit fixe de 25 € prévu à l'article 739 du Code général des impôts.
Il est en outre précisé qu'indépendamment de la formalité de l'enregistrement, les baux à durée limitée d'immeubles sont en tout état de cause soumis à la taxe de publicité foncière au taux de 0,70 % (0,71498 % avec les perceptions additionnelles) lorsqu'ils excèdent une durée de douze ans, conformément aux dispositions de l'article 742 du Code général des impôts (RES n° 2008/9-ENR, 13 mai 2008 ; BOI-ENR-JOMI-10-02/08/2017, n° 20).

Biens insaisissables

Jacques LAFOND

Sommaire analytique

BIBLIOGRAPHIE : E. Sander, *La déclaration d'insaisissabilité de la résidence principale de l'entrepreneur individuel et sa publicité au livre foncier : JCP* N 2004, n° 1-2, 1002. – M. Dagot, *L'insaisissabilité de la résidence principale de l'entrepreneur individuel (formules) : JCP* N 2003, n° 45, 1562 ; *La déclaration d'insaisissabilité du logement principal de l'entrepreneur : JCP* N 2004, n° 4, 1028 ; *L'aliénation de la résidence principale et le report de l'insaisissabilité initiale : JCP* N 2004, n° 7, 1084. – F. Sauvage, *L'insaisissabilité de la résidence principale de l'entrepreneur individuel à l'épreuve du son régime matrimonial : JCP* N 2004, n° 10, 1120. – O. Pecqueur, *L'insaisissabilité de la résidence principale de l'entrepreneur : Dr. et patrimoine* déc. 2003, p. 34. – F. Vauvillé, *La déclaration notariée d'insaisissabilité : Defrénois* 2003, art. 37813, p. 1197. – G. Daublon et B. Gelot, *La déclaration d'insaisissabilité, commentaires et formules : Defrénois* 2004, art. 37966, p. 865. – J. Rochfeld, *Commentaire de la loi : RTD civ.* 2003, p. 743. – Y. Guilhaudis et J.-G. Raffray, *Pratique de la déclaration notariée d'insaisissabilité : JCP* N 2005, 1192. – B. Lagarde, *Déclaration d'insaisissabilité et renonciation in favorem : Cah. Cridon Lyon* 2004, n° 41, p. 33 et s. – F. Delattre-Beynet, *La déclaration d'insaisissabilité de la résidence principale de l'entrepreneur individuel : Cah. Cridon Lyon* 2005, n° 43, p. 9 et s. – S. Piédelièvre, Le *nouveau droit de l'insaisissabilité : Defrénois* 2008, art. 38856, p. 2245. – D. Dupuis, *L'insaisissabilité des biens que l'entrepreneur individuel n'a pas affectés à son usage professionnel : un miroir aux alouettes ? : CDE* nov.-déc. 2008, n° 6, dossier 60. – Ph. Delmotte, *Des vertiges de l'insaisissabilité : de quelques problématiques nées des effets de la déclaration d'insaisissabilité en matière de procédures collectives : JCP* E 2009, n° 20-21, 1506. – S. Prigent, *Protection du patrimoine du commerçant individuel et déclaration d'insaisissabilité : analyse et formule : Defrénois* 2009, art. 39 003. – P.-M. Reverdy, *Bilan et perspective de la déclaration d'insaisissabilité : JCP* E 2011, n° 10-1208. – V. Legrand et J. Vallensan, *Déclaration notariée d'insaisissabilité et/ou statut d'EIRL : quelle technique choisir après l'arrêt du 28 juin 2011 ? : Rev. proc. coll.* 2011, étude 30. – P.-M. Le Corre, *Déclaration notariée insaisissabilité et liquidation judiciaire : Questions-réponses : Gaz. Pal.* 1er-4 mai 2013, p. 48. – R. Laffly et P. Martin, *Le degré d'efficacité de la déclaration d'insaisissabilité : Procédures* 2013, étude 12. – V. Legrand, *EIRL et déclaration d'insaisissabilité : quel bilan ? : JCP* N 2014, n° 8,1101. – A. Cerrati-Gauthier, *Le sort de la déclaration d'insaisissabilité depuis l'ordonnance du 12 mars 2014 : Ann. loyers* juill. 2014. – Conseil supérieur du notariat (Note de l'Institut d'études juridiques), *Déclaration d'insaisissabilité : un point sur l'obligation d'information du notaire : JCP* N 2015, n° 7, act. 254.

Études postérieures à la loi du 6 août 2015 : V. Legrand, *L'insaisissabilité de la résidence principale : le cadeau*

empoisonné de la loi Macron ? : LPA 8-9 sept. 2015, p. 6. – L. Firley, *La résidence principale de l'entrepreneur individuel et la loi Macron : insaisissabilité ou saisissabilité légale ? : LPA* 9 juin 2016, p. 7. – V. Legrand, *Les dispositifs de protection du logement de l'entrepreneur personne physique : LPA* 14 oct. 2020, p. 5. – M. Richevaux, *L'insaisissabilité de la résidence principale de l'entrepreneur : Defrénois* 2021, n° 36, p. 21.
Pratique : M. Suquet-Cozic, *Insaisissabilité de droit de la résidence principale de l'entrepreneur : le nouveau rôle du notaire : Sol. not.* janv. 2016, p. 19. – M. Cazajus, *Point pratique sur la double publicité de la déclaration d'insaisissabilité : Defrénois* 2019, n° 13, p. 21.

1172 **Bien de famille (abrogation).** Le bien de famille insaisissable a été créé par la loi du 12 juillet 1909 afin de permettre « aux travailleurs de se constituer un foyer échappant aux poursuites de leurs créanciers ».

Cette institution est tombée en désuétude car la valeur plafond du bien de famille est restée fixée à 5 millions d'anciens francs (50 000 F) depuis la loi du 12 mars 1953, si bien que la formule a perdu tout intérêt pratique.
La loi du 12 juillet 2009 a été finalement abrogée à compter du 1er janvier 2013 par la loi n° 2011-1862 du 13 décembre 2011 (art. 12, I et 70, I).
Si le « bien de famille » n'est plus actuellement pratiqué, l'idée a été reprise et on l'a vu resurgir sous une forme différente, avec la loi du 1er août 2003 et les textes subséquents, qui permettent à l'entrepreneur individuel de mettre certains de ses biens à l'abri des poursuites de ses créanciers en les rendant insaisissables.

I Aspects successifs de la déclaration d'insaisissabilité

1173 L'article 8 de la loi du 1er août 2003 pour l'initiative économique (*JO* 5 août) a dans un premier temps permis sous certaines conditions de rendre insaisissable la résidence principale de l'entrepreneur individuel (A). Ces dispositions ont été codifiées aux articles L. 526-1 à L. 526-3 du Code de commerce et ont été modifiées à plusieurs reprises et en dernier lieu par la loi n° 2015-990 du 6 août 2015, dite « loi Macron ».Ce texte a remanié en profondeur l'article L. 526-1, puis, à compter du 1er janvier 2023, par l'ordonnance n° 2021-1189 du 15 septembre 2021. Il en résulte que la résidence principale de l'entrepreneur est désormais insaisissable de plein droit et que la possibilité de mettre certains biens à l'abri des poursuites de ses créanciers moyennant une déclaration publiée au fichier immobilier ne concerne plus que les biens non affectés à un usage professionnel (B).

A Régime applicable avant la loi du 6 août 2015

1174 L'article L. 526-1 du Code du commerce a ouvert la possibilité pour l'entrepreneur individuel immatriculé à un registre de publicité légale à caractère professionnel ou exerçant une activité professionnelle agricole ou indépendante de déclarer insaisissables les droits sur l'immeuble où est fixée sa résidence principale, ou encore (depuis la loi du 4 août 2008) « tout bien foncier bâti ou non bâti qu'il n'a pas affecté à son usage professionnel ».

1 Immeubles concernés

1175 La déclaration d'insaisissabilité concernait :
– l'immeuble où est fixée la résidence principale de l'entrepreneur ;
– et également, et de façon plus large « tout bien foncier, bâti ou non bâti, qu'il n'a pas affecté à son usage professionnel ».
Les droits réels susceptibles de faire l'objet de la déclaration s'entendaient des droits en pleine propriété, en usufruit, ou des droits indivis appartenant au déclarant auquel est exclusivement réservé le dispositif de protection, ainsi qu'aux droits en nue-propriété (*Bull. AMC* 2009, art. 1926. – V. à ce sujet, pour plus de détails l'étude de F. Delattre-Beynet, citée en bibliographie). Lorsque l'immeuble est à usage mixte professionnel et d'habitation, la partie affectée à la résidence principale ne pouvait faire l'objet de la déclaration que si elle était désignée dans un état descriptif de division.

2 Personnes concernées

1176 **Énumération.** Aux termes de l'article L. 526-1, alinéa 2 du Code de commerce, étaient concernées :
– les personnes physiques immatriculées à un registre de publicité légale à caractère professionnel ;

– ou les personnes physiques exerçant une activité professionnelle agricole ou indépendante.

Une réponse ministérielle exposait que l'objectif poursuivi était de pallier la situation vulnérable de l'entrepreneur individuel face à la prise de risque inhérente à son activité professionnelle qu'une dérogation limitée au principe de l'unité du patrimoine de la personne physique a été prévue par les articles L. 526-1 et suivants du Code de commerce, en réservant la possibilité de déclarer l'insaisissabilité au seul chef d'entreprise individuelle (Rép. min. Labaune n° 104779 : *JOAN* Q 7 nov. 2006, p. 11648).

En pratique, étaient concernés les commerçants, artisans, agents commerciaux, agriculteurs, professionnels libéraux exerçant à titre individuel. La déclaration d'insaisissabilité était impossible dans le cas d'activité exercée dans le cadre d'une personne morale (peu importe sa forme) à laquelle participait le professionnel. Ainsi l'associé d'un GAEC n'était pas en droit de bénéficier de l'insaisissabilité de son logement dès lors qu'il n'exerçait pas une activité à titre individuel (Rép. min. Zimermann n° 66042 : *JOAN* Q 7 août 2005, p. 7580).

3 Modalités de la publication

1177 Publicité au fichier immobilier. L'article L. 526-2 du Code de commerce prévoyait les modalités de la déclaration. Celle-ci devait être, sous peine de nullité, établie par un notaire et devait faire l'objet d'une publication au service de la publicité foncière du lieu de situation de l'immeuble. Dans sa rédaction antérieure à la loi du 6 août 2015, ce texte était ainsi rédigé :

> **C. com., art. L. 526-2** *(Créé, L. n° 2003-721, 1er août 2003, art. 8).* – La déclaration, reçue par notaire sous peine de nullité, contient la description détaillée des biens et l'indication de leur caractère » propre, commun ou indivis. L'acte est publié au fichier immobilier ou, dans les départements du Bas-Rhin, du Haut-Rhin et de la Moselle, au livre foncier, de sa situation.
>
> Lorsque la personne est immatriculée dans un registre de publicité légale à caractère professionnel, la déclaration doit y être mentionnée.
>
> Lorsque la personne n'est pas tenue de s'immatriculer dans un registre de publicité légale, un extrait de la déclaration doit être publié dans un journal d'annonces légales du département dans lequel est exercée l'activité professionnelle (...).

Il a été jugé que si la déclaration notariée d'insaisissabilité n'a pas fait l'objet d'une publicité complète et régulière au regard de ce texte, le liquidateur pouvait contester la régularité de cette publicité pour faire juger que la déclaration d'insaisissabilité était inopposable à la liquidation judiciaire (Cass. com., 15 nov. 2016, n° 14-26.287, publié au bulletin : *JurisData* n° 2016-023984 ; *JCP* E 2017, n° 1-2, 21 ; *Gaz. Pal.* 10 janv. 2017, p. 52, note P.-M. Le Corre).

4 Effets de la déclaration

1178 Créanciers concernés. Cette déclaration n'avait d'effet qu'à l'égard des créanciers dont les droits naissaient postérieurement à la publication et à l'occasion de l'activité professionnelle du déclarant (C. com., art. L. 526-1, al. 1er).

Il a été jugé qu'en application des articles L. 526-1 du Code de commerce dans sa rédaction antérieure à la loi du 6 août 2015 et L. 111-2 du Code des procédures civiles d'exécution, le créancier auquel la déclaration d'insaisissabilité est inopposable bénéficie, indépendamment de ses droits dans la procédure collective de son débiteur, d'un droit de poursuite sur cet immeuble, qu'il doit être en mesure d'exercer en obtenant, s'il n'en détient pas déjà un, un titre exécutoire par une action contre le débiteur tendant à voir constater l'existence de sa créance et son exigibilité (Cass. com., 13 sept. 2017, n° 16-10 206, publié au bulletin : *LPA* 1er-2 janv. 2018, p. 11, note V. Legrand).

1179 Saisie immobilière pratiquée ou inscription prise au mépris de la déclaration d'insaisissabilité. Selon l'association des conservateurs, la publication d'un commandement de saisie ou d'une hypothèque, requis alors que l'immeuble concerné avait fait l'objet d'une déclaration d'insaisissabilité publiée, ne pouvait être refusée ou rejetée, en l'absence de texte le prévoyant expressément (*Bull. AMC* 2009, art. 1926).

1180 Inscription d'une hypothèque judiciaire provisoire. La Cour de cassation a précisé que l'article L. 526-1 du Code de commerce, d'interprétation stricte, interdisait la saisie du bien objet de la déclaration d'insaisissabilité, mais non pas l'inscription d'une hypothèque judiciaire à titre conservatoire sur ce bien (Cass. com., 13 sept. 2006, n° 15-14.088, publié au bulletin : *JCP* N 2016, n° 47, p. 51, n° 11, obs. Ph. Simler et Ph. Delebecque. – Cass. com., 11 juin 2014, n° 13-13.643 : *JurisData* n° 2014-012570 ; *Bull. civ.* 2014, IV, n° 106 ; *JCP* G 2014, n° 37-925, note J.-J. Barbièri ; *JCP* E 2014, nos 28-29, 1380, note Ch. Lebel ; *RTD civ.* 2014, p. 693, note

P. Crocq ; *Defrénois* 2015, n° 9, p. 492, note S. Piédelièvre).

5 Événements postérieurs à la déclaration d'insaisissabilité

1181 **Cessions des immeubles ou droits immobiliers déclarés insaisissables.** L'article L. 562-3 du Code de commerce prévoyait qu'en cas de cession de droits immobiliers désignés dans la déclaration initiale, le prix obtenu demeurait insaisissable à l'égard des créanciers dont les droits sont nés postérieurement à la publication de cette déclaration et à l'occasion de l'activité professionnelle du déclarant, sous la condition de remploi dans le délai d'un an des sommes à l'acquisition, par le déclarant, d'un immeuble où est fixée sa résidence principale.

Les droits sur la résidence principale nouvellement acquise restaient insaisissables à hauteur des sommes réemployées dans le délai d'un an, sous réserve que l'acte d'acquisition contienne une déclaration de remploi des fonds soumise notamment aux mesures de publicité foncière (C. com., art. L. 526-3, al. 2 et 3).

1182 **Renonciation au bénéfice de l'insaisissabilité.** L'entrepreneur individuel pouvait, à tout moment, renoncer au bénéfice de la déclaration d'insaisissabilité. La renonciation était soumise aux mêmes conditions de validité et d'opposabilité que la déclaration elle-même.

1183 **Incidences de la dissolution du régime matrimonial ou du décès.** Enfin, l'article L. 562-3 du Code de commerce précisait que :

– les effets de la déclaration subsistent après la dissolution du régime matrimonial lorsque le déclarant est attributaire du bien ;

– le décès du déclarant emporte révocation de la déclaration. Cependant, la révocation n'est pas rétroactive. Le conjoint survivant ou l'héritier continue à bénéficier de l'insaisissabilité du bien dont il est attributaire pour les dettes professionnelles du défunt nées avant le décès, y compris celles dont l'exigibilité est postérieure.

B Régime applicable après la loi du 6 août 2015

1184 **Texte.** L'article L. 526-1 du Code de commerce qui régit la matière est ainsi rédigé :

C. com., art. L. 526-1 (*Créé, L. n° 2003-721, 1er août 2003, art. 8 ; Mod., L. n° 2008-776, 4 août 2008, art. 14, I, 1° et 2° ; Mod. à compter du 1er janv. 2013, Ord. n° 2010-638, 10 juin 2010, art. 13, III et 1, I ; Mod., L. n° 2013-1117, 6 déc. 2013, art. 42 ; Rempl., L. n° 2015-990, 6 août 2015, art. 206, I ; Mod. à compter du 1er janv. 2023, Ord. n° 2021-1189, 15 sept. 2021, art. 11*). – Par dérogation aux articles 2284 et 2285 du Code civil, les droits d'une personne physique immatriculée au registre national des entreprises sur l'immeuble où est fixée sa résidence principale sont de droit insaisissables par les créanciers dont les droits naissent à l'occasion de l'activité professionnelle de la personne. Lorsque la résidence principale est utilisée en partie pour un usage professionnel, la partie non utilisée pour un usage professionnel est de droit insaisissable, sans qu'un état descriptif de division soit nécessaire. La domiciliation de la personne dans son local d'habitation en application de l'article L. 123-10 du présent code ne fait pas obstacle à ce que ce local soit de droit insaisissable, sans qu'un état descriptif de division soit nécessaire.

Par dérogation aux articles 2284 et 2285 du Code civil, une personne physique immatriculée au registre national des entreprises peut déclarer insaisissables ses droits sur tout bien foncier, bâti ou non bâti, qu'elle n'a pas affecté à son usage professionnel. Cette déclaration, publiée au fichier immobilier ou, dans les départements du Bas-Rhin, du Haut-Rhin et de la Moselle, au livre foncier, n'a d'effet qu'à l'égard des créanciers dont les droits naissent, après sa publication, à l'occasion de l'activité professionnelle du déclarant. Lorsque le bien foncier n'est pas utilisé en totalité pour un usage professionnel, la partie non affectée à un usage professionnel ne peut faire l'objet de la déclaration qu'à la condition d'être désignée dans un état descriptif de division.

(...)

1 Immeubles concernés

1185 **Résidence principale.** La nouveauté introduite par la loi du 6 août 2015 est que la résidence principale de l'entrepreneur individuel est désormais insaisissable de plein droit, sans qu'il soit besoin de publier une déclaration d'insaisissabilité.

1186 **Autres droits ou biens immobiliers.** Par ailleurs, l'entrepreneur individuel peut choisir de publier une déclaration d'insaisissabilité concernant « tout bien foncier, bâti ou non bâti », qui

n'est pas « affecté à son usage professionnel » (C. com., art. L. 526-1, al. 2).
L'article L. 526-1, alinéa 2 du Code de commerce, qui ouvre cette faculté, précise que : « Lorsque le bien foncier n'est pas utilisé en totalité pour un usage professionnel, la partie non affectée à un usage professionnel ne peut faire l'objet de la déclaration qu'à la condition d'être désignée dans un état descriptif de division ».

2 Personnes concernées

1187 **Personnes physiques immatriculées au registre national des entreprises.** La loi du 6 août 2015 réservait l'application de l'article L. 526-1 du Code de commerce à la « personne physique immatriculée à un registre de publicité légale à caractère professionnel ou exerçant une activité professionnelle agricole ou indépendante ». L'ordonnance n° 2021-1189 du 15 septembre 2021, applicable depuis le 1er janvier 2023, définit les personnes pouvant déposer une déclaration d'insaisissabilité (V. n° 1176) comme étant les « personnes physiques immatriculées au registre national des entreprises ».

3 Modalités de la publication

1188 **Renvoi.** Les modalités de publication au fichier immobilier, déterminées par l'article L. 526-2 du Code de commerce sont inchangées (V. n° 1177).

4 Effets de la déclaration

1189 **Créanciers concernés.** Cette déclaration n'a d'effet qu'à l'égard des créanciers dont les droits naissent postérieurement à la publication et à l'occasion de l'activité professionnelle du déclarant (C. com., art. L. 526-1, al. 2). La situation est inchangée par rapport à l'état du droit antérieur (V. n° 1178). Un arrêt de la Cour de cassation rappelle que la déclaration d'insaisissabilité n'a pas d'effet à l'écart des créanciers dont les droits sont nés avant sa publication (Cass. com., 8 janv. 2020, n° 18-20.885, F-B : *JurisData* n° 2020-000198 ; *JCP* E 2020, n° 51, 1536, note C. Lebel ; *LPA* 23 mars 2020, p. 13, note V. Legrand).
En ce qui concerne la résidence principale, l'insaisissabilité, qui est désormais de droit, est inopposable aux créanciers non professionnels et aux créanciers professionnels dont les droits sont nés avant que l'immeuble soit insaisissable c'est-à-dire avant l'entrée en vigueur de la loi du 6 août 2015 (L. Firley, étude préc. – V. Legrand : *LPA* 10 août 2016, p. 21).

5 Événements postérieurs à la déclaration d'insaisissabilité

1190 **Cessions des droits immobiliers sur la résidence principale.** L'article L. 526-3 du Code de commerce indique qu'en cas de cession des droits immobiliers sur la résidence principale, le prix obtenu demeure insaisissable, sous la condition du remploi dans le délai d'un an des sommes à l'acquisition par l'entrepreneur individuel (V. n° 1176) d'un immeuble où est fixée sa résidence principale.

1191 **Renonciation au bénéfice de l'insaisissabilité.** L'insaisissabilité des droits sur la résidence principale et la déclaration d'insaisissabilité portant sur tout bien foncier, bâti ou non bâti, non affecté à l'usage professionnel peuvent, à tout moment, faire l'objet d'une renonciation (C. com., art. L. 526-3, al. 2). Cette renonciation est soumise aux conditions de validité et d'opposabilité prévues à l'article L. 526-2. (même texte) : elle doit donc être établie par acte notarié sous peine de nullité, contenir la description détaillée des biens et l'indication de leur caractère propre, commun ou indivis, et être publiée au fichier immobilier dans les conditions sus-énoncées (V. n° 1177).
La renonciation peut porter sur tout ou partie des biens ; elle peut être faite au bénéfice d'un ou de plusieurs créanciers mentionnés à l'article L. 526-1 (créanciers dont les droits naissent à l'occasion de l'activité professionnelle de la personne) désignés par l'acte authentique de renonciation.
Lorsque le bénéficiaire de cette renonciation cède sa créance, le cessionnaire peut se prévaloir de celle-ci. La renonciation peut, à tout moment, être révoquée dans les conditions de validité et d'opposabilité prévues à l'article L. 526-2, que nous venons de rappeler (V. ci-dessus). Cette révocation n'a d'effet qu'à l'égard des créanciers mentionnés à l'article L. 526-1 dont les droits naissent postérieurement à sa publication (C. com., art. L. 526-3, al. 2).

1192 **Incidences de la dissolution du régime matrimonial ou du décès.** Les effets de l'insaisissabilité de la résidence principale et ceux de la déclaration d'insaisissabilité subsistent après la dissolution du régime matrimonial lorsque la personne mentionnée au premier alinéa de l'article L. 526-1 ou le déclarant mentionné au deuxième alinéa du même article L. 526-1 est attributaire du bien (V. sur l'incidence de l'attribution de la résidence commune des époux au conjoint n'exerçant pas d'activité, dans le cadre d'une procédure de divorce, Cass. com., 18 mai 2022, n° 20-22.768 : *Defrénois* 2022, n° 48, p. 26, note G. Champenois).

Ils subsistent également en cas de décès de la personne mentionnée au premier alinéa dudit article L. 526-1 ou du déclarant mentionné au deuxième alinéa du même article L. 526-1 jusqu'à la liquidation de la succession.

II Incidences en matière de publicité foncière

BIBLIOGRAPHIE : M. Cazajus, *Point pratique sur la double publicité de la déclaration d'insaisissabilité* : Defrénois 2019, n° 13, p. 21. – M. Cazajus, *Insaisissabilité et procédures collectives : Nota Bene* (*Bull. Cridon Sud-ouest*) mars 2019, n° 237, 983.

1193 Une instruction de la Direction générale des impôts du 11 mars 2004 (*BOI* 10 D-1-04 ; *JCP* N 2004, n° 16-17, 1205) a présenté l'incidence de ces dispositions en matière de publicité foncière.

A Fondement de la publication de la déclaration d'insaisissabilité

1194 **Textes de référence.** La déclaration d'insaisissabilité de sa résidence principale par l'entrepreneur individuel est publiée au fichier immobilier en vertu des dispositions des articles L. 526-2 du Code de commerce et 35,8° du décret n° 55-22 du 4 janvier 1955, qui prévoit que sont publiés au service de la publicité foncière de la situation des immeubles et produisent, vis-à-vis des parties et des tiers, les effets prévus par les dispositions spéciales qui les régissent, les actes ou décisions judiciaires dont la publication est prescrite par les dispositions législatives particulières.

Les actes de renonciation à la déclaration d'insaisissabilité sont publiés en application du même article du décret du 4 janvier 1955 déjà cité.

B Modalités de publication

1 Publication de la déclaration d'insaisissabilité

1195 **Contenu de l'acte.** La publicité des actes notariés constatant la déclaration d'insaisissabilité s'effectue dans les conditions et sous les règles propres à la publicité foncière. Ces actes doivent comporter, sous peine, selon le cas, de refus du dépôt ou de rejet de la formalité :

– la désignation certaine des titulaires des droits faisant l'objet de la déclaration d'insaisissabilité (éléments relatifs à l'identité des parties et à sa certification), conformément à l'article 5 du décret du 4 janvier 1955 déjà cité) ;

– la désignation de l'immeuble concerné, conformément à l'article 7 du même décret ;

– les références à la formalité de publicité données au titre de propriété du ou des titulaires du droit, conformément aux articles 32, 33, 35 et 36 du décret n° 55-1350 du 14 octobre 1955.

L'acte doit indiquer si le bien concerné est un bien propre, commun ou indivis, et si les droits protégés sont constitués par la pleine propriété, la nue-propriété ou l'usufruit.

S'il apparaît que l'immeuble objet de la déclaration d'insaisissabilité et la propriété d'une société civile immobilière, la formalité doit être rejetée (*Bull. AMC* 2005, art. 1880).

a) État descriptif de division

1196 **Immeubles à usage mixte professionnel et d'habitation : établissement d'un état descriptif de division.** L'article L. 526-1, alinéa 2 du Code de commerce indiquait, dans sa rédaction issue de la loi du 4 août 2008 :

> « Lorsque le bien foncier n'est pas utilisé en totalité pour un usage professionnel, la partie non affectée à un usage professionnel ne peut faire l'objet de la déclaration que si elle est désignée dans un état descriptif de division. La domiciliation du déclarant dans son local d'habitation en application de l'article L. 123-10 ne fait pas obstacle à ce que ce local fasse l'objet de la déclaration, sans qu'un état descriptif de division soit nécessaire ».

Ce texte visait le cas où l'immeuble objet de la déclaration d'insaisissabilité n'était affecté que pour partie à un usage non professionnel. Ainsi, par exemple, lorsqu'il se composait d'un local commercial et d'un local à usage d'habitation matériellement divisibles. Dans cette situation, pour l'information des créanciers ultérieurs sur la consistance exacte de leur gage, la loi disposait qu'un état descriptif de division devait être établi, permettant de désigner dans l'immeuble concerné la composition de la partie d'immeuble objet de la déclaration d'insaisissabilité.

L'état descriptif de division prévu par l'article L. 526-1 déjà cité devait être publié préalablement ou concomitamment à la déclaration d'insaisissabilité. En l'absence d'état descriptif de division, l'acte devait faire l'objet d'un refus de dépôt (*Bull. AMC* 2005, art. 1880). Toutefois, lorsque l'établissement d'un état descriptif de division était impossible, l'immeuble n'étant pas matériellement divisible (par ex., en cas d'impossibilité d'une individualisation distincte du logement et du local commercial), un tel refus ne devait pas être opposé (*Bull. AMC* 2007-2008, art. 1913).

L'état descriptif de division et la déclaration contenus dans un même acte constituent deux dispositions indépendantes taxables chacune selon leur nature (V. n° **1203**).

1197 **Situation résultant de la loi du 6 août 2015.** Depuis la loi du 6 août 2015, le champ d'application de l'état descriptif de division s'est trouvé restreint, en ce qui concerne la résidence principale (V. n° **1184**). Il reste cependant applicable lorsque le bien objet d'une déclaration d'insaisissabilité n'est pas utilisé en totalité pour un usage professionnel. La partie non affectée à cet usage ne peut faire l'objet de la déclaration qu'à la condition d'être désignée dans un état descriptif de division (C. com., art. L. 526-1, al. 2).

En outre, et comme cela a été signalé, l'établissement d'un état descriptif de division demeure nécessaire :

– si l'entrepreneur individuel renonce à l'insaisissabilité de sa résidence principale lorsqu'elle n'occupe qu'une partie de l'immeuble, ou lorsque cette renonciation est révoquée ;

– si l'entrepreneur entend autoriser un créancier non professionnel à inscrire une sûreté immobilière sur sa résidence principale, lorsqu'il n'occupe qu'une partie de l'immeuble ;

– lors de la réalisation de la partie saisissable de l'immeuble c'est-à-dire de la partie affectée à un autre usage qu'à la résidence principale (M. Suquet-Cozic, *Insaisissabilité de droit de la résidence principale de l'entrepreneur : le nouveau rôle du notaire : Sol. not.* janv. 2016, p. 19).

b) Activité exercée dans un local d'habitation

1198 **Incidences.** Lorsque l'activité, notamment commerciale ou artisanale, est déclarée s'exercer à l'adresse du local d'habitation du commerçant ou de l'artisan, personne physique, en application de l'article L. 123-10 du Code de commerce, ceci n'a pas pour effet de modifier la destination du local. Il peut ainsi conserver pour sa totalité la nature d'un immeuble à usage de résidence principale au sens du premier alinéa de l'article L. 526-1 du Code de commerce et est susceptible d'être déclaré insaisissable dans toutes ses parties sans qu'il y ait lieu de distinguer pour chacune des pièces selon l'usage professionnel ou privé qui en est fait (Rép. min. à QE M. Vincent Roland, n° 35332 : *JOAN* Q, 20 juin 2006 ; *BOI* 10 D-1-06, 29 nov. 2006).

Il est alors inutile d'établir un état descriptif de division (V. C. com., art. L. 526-1, al. 2, et *Bull. AMC* 2007-2008, art. 1913).

Dans la mesure où la déclaration d'insaisissabilité mentionne l'affectation à usage mixte professionnel et d'habitation du bien, elle doit également mentionner que l'activité professionnelle est exercée dans le local d'habitation conformément à l'article L. 123-10 du Code de commerce pour pouvoir être publiée sans publication préalable ou concomitante d'un état descriptif de division (*BOI* 10 D-1-06).

2 Règles applicables en cas de transfert de l'insaisissabilité de l'immeuble, suite à sa cession

1199 **Déclaration de remploi.** Le prix obtenu à l'occasion de la vente de l'immeuble faisant l'objet de la déclaration d'insaisissabilité régulièrement publiée demeure insaisissable à l'égard des créanciers dont les droits sont nés postérieurement à la publication de cette déclaration, à la condition que ce prix fasse l'objet, dans le délai d'un an, d'une déclaration de remploi des fonds lors de l'acquisition de la nouvelle résidence principale par le déclarant.

L'acte d'acquisition doit contenir la déclaration de remploi des fonds et d'insaisissabilité à hauteur du remploi de la nouvelle résidence principale. Cette déclaration doit être publiée corrélativement à l'acte d'acquisition pour être opposable aux tiers. La déclaration de remploi des fonds répond aux mêmes conditions de validité et d'opposabilité que la déclaration d'insaisissabilité (acte notarié, nouvel état descriptif de division de la nouvelle résidence principale, le cas échéant). Elle doit, en outre, comporter tous les éléments exigés par les textes régissant la publicité foncière afin d'être régulièrement publiée.

L'acte d'acquisition de la nouvelle résidence principale et la déclaration d'insaisissabilité à hauteur du remploi du prix de vente du précédent immeuble constituent deux dispositions indépendantes taxables chacune selon leur nature (Instr. 11 mars 2004, préc.).

3 Renonciation à la déclaration d'insaisissabilité

1200 **Modalités de la publication.** Cette déclaration est soumise aux mêmes conditions de validité et d'opposabilité que la déclaration d'insaisissabilité elle-même.
Elle doit donc être constatée par acte notarié et comporter l'ensemble des indications mentionnées au n° 1193, pour pouvoir être publiée (Instr. 11 mars 2004, préc.).
➤ Sur la portée de cette renonciation, selon qu'elle est pure et simple ou en faveur d'un créancier déterminé, V. l'étude de B. Lagarde citée en bibliographie.

III Les perceptions

A Taxe de publicité foncière

CGI, art. 846 bis. – Les procurations, mainlevées d'hypothèques et actes de notoriété autres que ceux constatant l'usucapion sont soumis à une taxe fixe de publicité foncière ou, le cas échéant, à un droit fixe d'enregistrement de 25 €.

Le tarif mentionné au premier alinéa s'applique également aux déclarations et états descriptifs de division établis en vue de l'application des articles L. 526-1 à L. 526-3 du Code de commerce.

1201 **Déclarations visées aux articles L. 526-1 à L. 526-3 du Code de commerce.** Il résulte de l'article 846 bis du Code général des impôts, introduit par l'article 95-1 de la loi de finances rectificative pour 2004 (n° 2004-1485, 30 déc. 2004 : *JO* 31 déc. 2004), applicable aux déclarations et états publiés au fichier immobilier à compter du 1er janvier 2005, que sont passibles d'une taxe fixe de 25 € les déclarations visées par les articles L. 526-1 à L. 526-3 du Code de commerce, c'est-à-dire :
- la déclaration d'insaisissabilité elle-même ;
- la déclaration de remploi dans l'acquisition d'une nouvelle résidence principale du prix de cession de la précédente résidence principale déclarée insaisissable, dans le délai d'un an ;
- la déclaration de renonciation au bénéfice de la déclaration d'insaisissabilité de la résidence principale.

1202 **États descriptifs de division.** L'article 846 bis vise également les états descriptifs de division établis en vue de l'application des dispositions relatives à ces déclarations. L'état descriptif de division ou son modificatif, dont la publication est requise concomitamment à la déclaration d'insaisissabilité par le déclarant, doit avoir pour unique objet de constater la division d'un immeuble ou d'un ou plusieurs lots d'un immeuble, en deux lots à usage professionnel d'une part et à usage d'habitation d'autre part.
La démonstration de l'unicité de l'objet de l'état descriptif de division résulte du contenu même de ce document lorsqu'il n'y en avait pas auparavant, et des éléments figurant dans le tableau prévu au 2 du B de l'article 71 du décret n° 55-1350 du 14 octobre 1955 en cas de modification d'un état descriptif de division préexistant (Instr. 11 mars 2005 : *BOI* 10-D-1-05).

1203 **Pluralité de dispositions.** Lorsque la déclaration d'insaisissabilité est précédée d'un état descriptif de division pour les besoins de la publication de la déclaration elle-même, il en résulte la publication de deux dispositions indépendantes. Lorsque ces deux dispositions sont constatées par actes séparés, il y a lieu de percevoir une taxe de 25 € pour chaque acte. Lorsqu'elles sont constatées par un même acte, un seul droit est perçu, conformément à l'article 672 du Code général des impôts (Instr. 11 mars 2004, préc.).

B Contribution de sécurité immobilière

Les solutions énoncées ci-dessous à propos du salaire du conservateur restent valables, jusqu'à nouvel ordre, pour la perception de la contribution de sécurité immobilière.

1204 **Contribution de sécurité immobilière au taux fixe.** Le décret n° 2004-1545 du 30 décembre

2004 (*JO* 1er janv. 2005) avait créé à l'annexe III au Code général des impôts un article 287-16°, qui prévoyait la perception d'un salaire fixe de 15 € « pour la publication de chaque déclaration établie pour l'application des articles L. 526-1 à L. 526-3 du Code de commerce ».

Ce salaire fixe s'appliquait à la déclaration d'insaisissabilité de la résidence principale des personnes physiques immatriculées à un registre de publicité légale à caractère professionnel, ou exerçant une activité professionnelle agricole ou indépendante.

L'instruction précitée du 11 mars 2005 (*BOI* 10-D-1-05) avait apporté les précisions suivantes concernant les conséquences de la réforme en matière de salaire du conservateur :

« En corollaire à la réduction de la taxe fixe de publicité foncière, le décret n° 2004-1545 du 30 décembre 2004 substitue au salaire proportionnel du conservateur des hypothèques un salaire fixe de 15 €, en application du 16° (nouveau) de l'article 287 de l'annexe III au Code général des impôts.

Ce salaire fixe s'applique à toutes les déclarations visées au A ci-dessus (V. n° 1201).

La publication, dans un même acte ou par acte séparé, d'une déclaration d'insaisissabilité et d'un état descriptif de division donne lieu à la perception de deux salaires fixes de 15 € chacun ».

Les dispositions de l'ancien article 287-16° de l'annexe III du Code général des impôts ont été transférées et reprises à l'identique à l'**article 881-C, 16°** du même code.

Les principes énoncés dans l'instruction précitée du 11 mars 2005, concernant la perception du salaire du conservateur, peuvent être transposés, jusqu'à nouvel ordre, pour la perception de la contribution de sécurité immobilière.

Bois et forêts

Franck ROUSSEL

Sommaire analytique

1205 **Plan.** Seront étudiés successivement, le régime juridique et fiscal des mutations de bois et forêts (I), l'inscription de l'hypothèque légale garantissant le complément de droits en cas de violation de l'engagement pris en vertu de l'article 793-1, 3° du Code général des impôts (II), les problèmes concernant le fonds forestier national (III), l'acquisition par une commune de bois en vue du reboisement (IV), l'Office national des forêts (V), les groupements forestiers (VI), les groupements syndicaux forestiers (VII) et le Centre national de la propriété forestière (VIII).

I Mutations

A Publicité foncière

1206 **Publication de l'acte d'acquisition du sol d'une forêt par une personne et de la superficie de cette forêt par une autre personne.** Lorsqu'une personne acquiert le sol d'une forêt et une autre la superficie, il s'opère une double mutation concernant le droit réel de superficie d'une part et le droit de propriété sur le tréfonds d'autre part. En conséquence, il est nécessaire d'annoter de l'acquisition aussi bien la fiche personnelle de l'acquéreur de la superficie que celle de l'acquéreur du sol (*JCP* N 1958, IV, 2671, chron. H. Bulté et J. Béchade).

B Fiscalité des mutations à titre onéreux

CGI, art. 1137. – Les acquisitions de propriétés en nature de bois et forêts et de terrains nus non frappés d'interdiction de boisement, constatées par un acte authentique signé avant le 1er janvier 2005, sont exonérées de toute perception au profit du Trésor si l'acquéreur prend l'engagement dans l'acte d'acquisition de reboiser les terrains nus dans un délai de cinq ans et de présenter dans le même délai une des garanties de gestion durable prévues à l'article L. 8 du Code forestier.

À compter du 1er janvier 2005, les conseils généraux et les conseils municipaux peuvent exonérer chacun pour leur part les acquisitions mentionnées au premier alinéa et constatées par un acte authentique signé avant le 1er janvier 2011. La délibération prend effet dans les délais et conditions prévus à l'article 1594 E.

Lorsque, postérieurement à la signature de l'acte, une disposition législative ou réglementaire ou une décision administrative édicte une interdiction de boisement, l'acquéreur est délié de son engagement.

1207 Suite à l'article 118 de la loi n° 2005-157 du 23 février 2005 relative au développement des territoires ruraux, les conseils généraux et les conseils municipaux avaient la possibilité d'exonérer, chacun pour leur part, de droits de mutation à titre onéreux les acquisitions de propriétés en nature de bois et forêts et de terrains nus non frappés d'interdiction de boisement, réalisées sous certaines conditions et constatées par un acte authentique signé avant le 1er janvier 2011 (CGI, art. 1137 préc.). Cette possibilité d'exonération, partielle ou totale selon les cas, n'a pas été reconduite (sur ce régime, V. BOI-ENR-DMTOI-10-70-50-12/09/2012).

C Donations

1208 **Donations de bois et forêts.** Elles ne bénéficient d'aucune exonération de taxe de publicité foncière, qui est donc exigible au taux de 0,60 % (0,61422 % avec les perceptions additionnelles : V. **Donation**) lors de la publication au service chargé de la publicité foncière.
La contribution de sécurité immobilière est perçue selon le droit commun (V. **Donation**).

II

Hypothèque légale garantissant le complément de droits dus en cas de violation de l'engagement pris en vertu de l'article 793-1, 3° du Code général des impôts

1209 **Exonération conditionnelle des droits de mutation à titre gratuit concernant les parts de groupements forestiers.** La transmission des parts de groupements forestiers est exonérée de droits de mutation à titre gratuit sous certaines conditions, et notamment la prise de divers engagements énumérés à l'article 793-1, 3°, b) du Code général des impôts.
Si ces engagements ne sont pas tenus, le complément de droits d'enregistrement et un droit supplémentaire sont exigibles en vertu de l'article 1840 G du Code général des impôts.

A Inscription de l'hypothèque

1210 Pour garantir le paiement de ces droits complémentaires ou supplémentaires éventuellement exigibles, le Trésor dispose d'une hypothèque légale en vertu de l'article 1929-3 du Code général des impôts sur les immeubles du groupement forestier ou sur l'immeuble objet de la mutation.
Les termes de l'article 1929-3 du Code général des impôts étant de droit strict, l'hypothèque légale ne garantit pas les intérêts de retard, et le salaire du conservateur ne peut donc être perçu sur le montant de ces intérêts (*Bull. AMC* 2001, art. 1846).
Cette hypothèque légale, qui doit être inscrite, prend rang du jour de son inscription au service chargé de la publicité foncière sur tout ou partie de ces biens dans la forme et de la manière prescrite par la loi.
Elle ne produit d'effet, à l'égard des créanciers, qu'à compter de la date de l'inscription, laquelle doit, le cas échéant, être renouvelée (pour la durée des inscriptions, V. n° 1194).

1211 **Qui prend l'inscription ?** Le comptable des finances publiques compétent pour recouvrer les compléments de droits dus sera celui qui a enregistré la déclaration de succession ou l'acte de donation, quelle que soit la situation des bois et forêts.
C'est donc à cet agent qu'il appartiendra désormais de requérir l'inscription de l'hypothèque légale prévue à l'article 1929-3 du Code général des impôts (BOI-REC-GAR-10-20-40-03/02/2016, n° 310).

1212 **Rédaction des bordereaux.** Sur le contenu des bordereaux, V. BOI-REC-GAR-10-20-40-03/02/2016, n°s 310 et s.

1213 La créance éventuelle que possède le Trésor contre l'acquéreur pour le cas où celui-ci ne se conformerait pas à cet engagement peut être considérée comme venant à échéance au plus tard trente ans après la passation de l'acte, c'est-à-dire à une date déterminée.
Rien ne s'oppose, par conséquent, à ce que le receveur requière l'inscription pour toute la durée de l'engagement, c'est-à-dire jusqu'à l'expiration du délai de trente ans à compter de la date de l'acte renfermant cet engagement (*Bull. AMC* 1972, art. 899).

B Perceptions

1214 **Taxe de publicité foncière.** Comme toutes les inscriptions d'hypothèque légale, l'inscription est dispensée de taxe de publicité foncière.

1215 **Contribution de sécurité immobilière.** Sur les règles applicables lorsque la contribution de sécurité immobilière est due par l'État, V. **État**.

C Mainlevée. Radiation

1216 **Application des règles de droit commun.** La mainlevée de l'inscription obéit aux règles de droit commun applicables en cas de mainlevée des inscriptions prises au profit de l'État.

1217 **Extinction de plein droit en cas de vente des immeubles à l'État ou à des collectivités locales.** L'article 1929, 3, alinéa 2 du Code général des impôts dispose :

> En cas de cession à l'État ou aux collectivités et organismes mentionnés au 1 de l'article 1042 d'un bois ou d'une forêt grevé de l'hypothèque légale, celle-ci s'éteint de plein droit. (…) Lorsque la sûreté a été cantonnée sur le bien cédé, les droits complémentaires et supplémentaires correspondant à d'autres biens deviennent exigibles et sont colloqués sur le prix de vente au rang de l'inscription si l'hypothèque légale n'a pu être inscrite en rang utile sur ces autres biens préalablement à la cession.

Lorsque les biens hypothéqués sont vendus à l'État ou à l'une des collectivités ou organismes mentionnés à l'article 1042-1 du Code général des impôts, l'hypothèque s'éteint donc de plein droit.
Les collectivités concernées sont les communes, les syndicats de communes, les départements, les régions et les établissements publics communaux, départementaux ou régionaux.

1218 **Vente de l'immeuble à un acquéreur autre que l'État ou une collectivité mentionnée à l'article 1042-1 du Code général des impôts.** L'hypothèque légale est destinée à garantir, pendant trente ans, une créance fiscale déterminée mais conditionnelle. Elle a un caractère particulier en ce sens que son assiette porte sur l'immeuble, objet de la mutation.
Dès lors, le vendeur d'un immeuble constitué de bois et de forêts ne peut obtenir la radiation pure et simple d'une telle hypothèque au prétexte qu'elle serait excessive même s'il dispose d'autres immeubles d'une valeur telle que les droits du Trésor concernant le massif forestier seraient intégralement garantis (TGI Évreux, 28 nov. 1980 : *JCP* N 1983, prat. 8641, p. 235).

1219 **Ventes successives.** Il a été jugé qu'en cas de ventes successives de bois et forêts à taux réduit avec maintien des engagements antérieurs, l'administration, créancière éventuelle, est fondée à obtenir non une collocation lors de la répartition du prix de l'adjudication de ces biens en vue de la consignation des fonds susceptibles de devenir exigibles, mais le maintien de l'inscription de l'hypothèque légale du Trésor (Amiens, 15 janv. 1980 : *JCP* N 1980, prat. 7761).

III Fonds forestier national

A Prêts consentis sur les disponibilités du Fonds

1220 **Inscriptions.** Selon l'article L. 156-3 du Code forestier :

> L'hypothèque destinée à garantir un prêt accordé sur les disponibilités du fond forestier national peut être consentie sous la forme des actes administratifs mentionnés à l'article 1212-4 du Code général de la propriété des personnes publiques. La mainlevée de l'inscription hypothécaire peut être donnée dans la même forme. En cas de retard dans le paiement des sommes exigibles sur ces prêts, l'autorité administrative compétente de l'État peut, indépendamment de tous autres moyens d'action, se mettre en possession à titre de séquestre des biens hypothéqués.

Mais rien n'oblige, semble-t-il, à recourir à l'acte administratif. L'actif constitutif de l'hypothèque paraît pouvoir être valablement établi devant notaire (V., sous l'empire de l'ancien dispositif de l'article L. 532-3 du Code forestier dont le texte a été repris à l'identique sous l'actuel article L. 156-3, issu de l'ordonnance du 26 janvier 2012 relative à la partie législative du Code forestier : *Bull. AMC* 1965, art. 622).

1221 **Mainlevée.** La mainlevée peut être établie par acte administratif (C. for., art. L. 156-3). Mais là encore, rien n'empêche, semble-t-il, de l'établir par acte notarié (V., sous l'empire de l'ancien dispositif de l'article L. 532-3 du Code forestier dont le texte a été repris à l'identique sous l'actuel article L. 156-3, issu de l'ordonnance du 26 janvier 2012 relative à la partie législative du Code forestier : *Bull. AMC* 1965, art. 622).
Le ministre de l'Agriculture, qui est habilité à accorder les prêts, a qualité pour consentir la mainlevée de l'inscription prise en garantie du prêt.
Le ministre est, toutefois, valablement représenté par le préfet du département où sont situés les biens grevés, lequel peut lui-même donner mandat au directeur départemental des territoires ou au directeur départemental des territoires et de la mer.
En principe, le comptable qualifié pour constater le remboursement devait comparaître à l'acte de mainlevée ; mais sa comparution peut être évitée. En effet, il importe de justifier au conservateur des hypothèques de l'extinction de la créance garantie. La justification peut résulter soit des quittances délivrées au débiteur, soit d'une attestation du comptable. Ces quittances ou attestations doivent être annexées à l'expédition de l'acte de mainlevée qui en comporte une analyse. L'attestation peut être également reproduite dans l'acte (*JCP* N 1978, IV, 6996, chron. Ch. R. ; Rappr. *Bull. AMC* 1965, art. 622).

1222 **Mainlevée avec ou sans paiement.** Le représentant du ministère de l'Agriculture, comme tout préposé d'une administration publique, n'a que des pouvoirs d'administration. Il ne peut dès lors consentir que dans la limite de ces pouvoirs la mainlevée des inscriptions garantissant les prêts accordés sur les ressources du Fonds forestier national. Il est sans qualité par conséquent pour donner une mainlevée pure et simple. En revanche, il est fondé à consentir la mainlevée lorsqu'elle est la conséquence du remboursement du prêt (*Bull. AMC*, art. 622, préc.).
La radiation peut également être effectuée, malgré l'absence de règlement, si la mainlevée peut être considérée comme une simple mesure d'administration. Il en est notamment ainsi en cas de translation d'hypothèque ou de réduction de gage à condition que l'acte de mainlevée mentionne que le nouveau gage ou la partie réduite du gage initial est d'une valeur suffisante pour garantir les sommes restant dues (V. sur ces divers points : chron. hyp. *in JCP* N 1978, prat. 6996 ; *Bull. AMC* 1965, art. 622 ; *ibid.* 1975, art. 1016 ; *ibid.* 1982, art. 1267 ; *ibid.* 1984, art. 1317).

B Contrat de travaux

1223 Publicité foncière. Le contrat conclu entre l'administration des Eaux et Forêts et les propriétaires de terrains en vue de l'exécution par cette administration de travaux de boisement, de reboisement, de repeuplement ou d'équipement forestiers, doit être publié, cette publication ayant pour « but de porter à la connaissance des tiers les droits acquis par l'État, notamment sur le prix de vente des coupes de bois » (*JCP* N 1958, III, 23519). Cette publication s'opère en franchise de taxe de publicité foncière (*Bull. AMC* 1959, art. 374, § 14) et ceci en vertu de l'article 1040-11 du Code général des impôts (V. **État**).

1224 Contribution de sécurité immobilière. Il était admis que le salaire proportionnel du conservateur est cependant exigible. Il devait être liquidé sur l'évaluation « des sommes qui seront prélevées sur le produit des coupes au profit du Fonds forestier national » (*Bull. AMC* 1950, art. 33, § 1). La liquidation définitive du salaire devrait être effectuée lorsque le montant exact de la dépense totale aura pu être indiqué par le service des Eaux et Forêts (*Bull. AMC*, préc. ; JCP N 1961, prat. 3149, Bulté).
Cette solution paraît rester valable pour la perception de la contribution de sécurité immobilière (V. **Contribution de sécurité immobilière**).

IV

Acquisition par une commune de bois en vue du reboisement

1225 L'acquisition faite par une commune de forêts ou de terrains destinés à être reboisés ou regazonnés est susceptible de bénéficier du régime fiscal de faveur de l'article 1042 du Code général des impôts (Déc. min., 23 févr. 1929).

➤ Sur ce régime fiscal de faveur, V. **Commune**.

V

Office national des forêts

1226 L'Office national des forêts est un établissement public national à caractère industriel et commercial, doté de la personnalité civile et de l'autonomie financière et placé sous la tutelle de l'État (C. for., art. L. 221-1).

➤ Pour son régime fiscal, V. **Établissement public**.

VI

Groupements forestiers

➤ V. **Groupements forestiers**.

VII

Groupements syndicaux forestiers

➤ V. **Groupements forestiers**.

VIII

Centre national de la propriété forestière

Bois et forêts

1227 **Transfert de biens.** Les biens, droits et obligations du Centre national professionnel de la propriété forestière et des centres régionaux sont transférés au Centre national de la propriété forestière. Ce transfert est réalisé à titre gratuit et ne donne lieu au paiement d'aucun impôt, rémunération, salaires, ou honoraires au profit de l'État, de ses agents ou toute autre personne publique (Ord. n° 2009-1369, 6 nov. 2009, art. 2 : *JO* 10 nov.).

Bordereau d'inscription

Jacques LAFOND

Sommaire analytique

Index alphabétique

Index alphabétique *(suite)*

1228 On trouvera ci-dessous les indications essentielles permettant de rédiger les bordereaux d'inscription et de les formaliser, avec l'évocation de quelques difficultés survenues en la matière.
N.B. : Ces indications, d'application générale, doivent être complétées par les solutions spécifiques à l'établissement des bordereaux concernant soit l'hypothèque conventionnelle, (V. **Hypothèque conventionnelle**), soit les hypothèques judiciaires (V. **Hypothèque judiciaire** et **Hypothèque judiciaire provisoire**), soit les hypothèques légales (V. **Hypothèque légale**).
Pour ce qui concerne les hypothèques rechargeables, V. **Hypothèque rechargeable**.

I
Établissement des bordereaux

1229 **Textes de référence.** Aux termes de l'article 2423 (ancien art. 2428), alinéa premier du Code civil :

> L'inscription des hypothèques est opérée par le service chargé de la publicité foncière sur le dépôt de deux bordereaux datés, signés et certifiés conformes entre eux par le signataire du certificat d'identité prévu aux articles 5 et 6 du décret [n° 55-22] du 4 janvier 1955 ; un décret en Conseil d'État détermine les conditions de forme auxquelles le bordereau destiné à être conservé par ce service doit satisfaire. Au cas où l'inscrivant ne se serait pas servi d'une formule réglementaire, le service chargé de la publicité foncière accepterait cependant le dépôt, sous réserve des dispositions de l'avant-dernier alinéa du présent article.

L'avant-dernier alinéa de ce même article 2423, auquel il est renvoyé, prévoit que la formalité est rejetée :
– lorsque les bordereaux comportent un montant de créances garanties supérieur à celui figurant dans le titre pour les hypothèques et sûretés judiciaires ;
– si l'inscrivant n'a pas utilisé une formule réglementaire et n'a pas substitué un nouveau bordereau sur formule réglementaire au bordereau irrégulier en la forme.
Les conditions de forme dont il est question à l'alinéa premier de ce texte, sont fixées par l'article 55, paragraphe premier, du décret n° 55-1350 du 14 octobre 1955, modifié en dernier lieu par le du décret n° 2012-1462 du 26 décembre 2012. Selon ce texte :

> « Le bordereau destiné à être conservé dans les registres du service de la publicité foncière, pour opérer l'inscription d'un privilège ou d'une hypothèque, est seul obligatoirement rédigé sur une formule spéciale fournie par l'Administration ou sur un formulaire reproduit selon des normes fixées par instruction publiée au *Bulletin officiel des impôts* ».

A Dépôt de deux bordereaux

1230 **Principe.** Aux termes de l'article 2423 (ancien art. 2428), alinéa 1er, du Code civil, l'inscription des hypothèques est opérée par le service de la publicité foncière sur le dépôt de deux bordereaux datés, signés et certifiés conformes entre eux (V. n° 1334) par le signataire du certificat d'identité prévu. Les conditions de forme auxquelles le bordereau destiné à être conservé au service de la publicité foncière doit satisfaire sont fixées par les articles 55 et 56 du décret du 14 octobre 1955.

1 Formules à utiliser

1231 **Bordereau destiné à rester au service de la publicité foncière.** Selon l'article 55, paragraphe 1er, du décret n° 55-1350 du 14 octobre 1955, « le bordereau destiné à être conservé dans les registres [du service de la publicité foncière], pour opérer l'inscription d'une hypothèque, est seul obligatoirement rédigé sur une formule spéciale fournie par l'administration ou sur un formulaire reproduit selon des normes fixées par instruction publiée au *Bulletin officiel des impôts* ». De son côté, l'article 76-1, paragraphe 1er, du même décret du 14 octobre 1955 précise que « des instructions publiées au *Bulletin officiel des impôts* fixent les modèles des formules visées aux 1 des articles 55 et 61 et à l'article 67-3, ainsi que la qualité et la couleur des papiers employés pour leur confection ou leur reproduction. Ces formules sont mises à la disposition des usagers dans les [services de la publicité foncière] ».

a) Imprimés à disposition

1232 **Tableau récapitulatif des modèles.** Actuellement, les formulaires administratifs en vigueur depuis le 1er janvier 2013, dans le domaine de l'inscription des sûretés portant sur les immeubles, sont rappelés dans le tableau ci-après :

Bordereaux d'inscription d'hypothèques

Nature	N° d'imprimé
Bordereau d'inscription à cadre	*3267-C SD*
Bordereau d'inscription à plan	*3267-P SD*
Bordereau de renouvellement	*3267-R SD*

1233 **Choix entre les imprimés.** Lorsque les énonciations du bordereau sont assez courtes pour tenir dans les cadres correspondants d'un imprimé, il y a lieu d'employer le bordereau n° 3267-C.
Lorsque la formule à cadres est insuffisante, le créancier doit se servir d'un bordereau à plan n° 3267-P.

1234 **Possibilité de ne pas utiliser les formules administratives.** Dans les cas où ils usent, pour la reproduction d'un bordereau visé à l'alinéa 3 du § 3 de l'article 76-1 du décret n° 55-1350 du 14 octobre 1955, de l'un des procédés agréés, les officiers publics ou ministériels, les autorités administratives ou judiciaires sont dispensés d'utiliser les formules administratives, à condition de respecter les conditions prévues, en dernier lieu, par une instruction en date du 15 juillet 1999 (*BOI* 10 E-2-99, 27 juill. 1999 ; *JCP* N 1999, p. 1352) complétée par une instruction du 22 mars 2000 (*BOI* 10 E-1-00, 27 mars 2000 : *JCP* N 2000, n° 15, p. 641).
L'instruction du 22 mars 2000 précise, enfin, que la reproduction informatique peut s'effectuer de deux manières :
– à partir d'un logiciel d'édition agréé. La liste des concepteurs dont les logiciels ont été agréés par l'Administration à la date du 13 mars 2000 figurait en annexe de l'instruction du 22 mars 2000 (*BOI* 10 E-1-00, 27 mars 2000 ; *JCP* N 2000, p. 960) ;
– ou d'un cédérom fourni par la Direction générale des impôts (*BOI* 10 E-1-00, 27 mars 2000).
Les imprimés reproduits par les usagers doivent être conformes aux modèles des imprimés administratifs mis à leur disposition sous une forme papier auprès des bureaux des hypothèques (V. Instr. 15 juill. 1999, préc., ann. I à III).

1235 **Situation actuelle.** En fait les directives données par les instructions précitées sont devenues largement obsolètes en raison de deux événements nouveaux :
– la mise en ligne par l'administration sur Internet des imprimés correspondant aux modèles de bordereaux utilisables, qui peuvent être téléchargés et sont remplissables (V. le site : impots.gouv.fr) ;
– l'entrée en vigueur du système de transmission par Internet dénommé « Télé@actes ».

1236 **Utilisation de formules irrégulières.** Si le signataire ne s'est servi, pour la rédaction, d'aucun des deux bordereaux du modèle fourni par l'Administration ou d'un formulaire reproduit selon les normes fixées par instruction publiée au *Bulletin officiel des impôts*, le service de la publicité foncière doit néanmoins classer provisoirement l'un de ceux-ci à la place assignée par l'inscription au registre de dépôts. Mais, dans le mois au plus tard à compter de la date du dépôt, il invite le signataire, dans la forme prévue à l'article 34, 3, du présent décret, à substituer au document irrégulier un bordereau réglementaire, dans le délai d'un mois à compter de la notification et sous peine du rejet prévu au premier alinéa de l'article 2423 (ancien art. 2428) du Code civil.
Après régularisation, le bordereau réglementaire prend la place du document irrégulier qui est retenu par le service de la publicité foncière. La substitution est constatée par un enregistrement pour ordre au registre des dépôts (D. 14 oct. 1955, art. 55, 3).

b) Règles de rédaction

1237 Écriture ou reproduction. Comme pour tous les documents déposés en vue de leur publicité, les bordereaux déposés doivent, dans tous les cas, être lisibles sans difficulté ; ils sont établis à la machine à écrire, au moyen d'une encre noire indélébile ; ils peuvent aussi être imprimés en tout ou en partie ; exceptionnellement, ils peuvent être écrits à la main, à l'encre noire indélébile.
Si ces documents sont dactylographiés, les exemplaires destinés à être conservés dans les registres du service de la publicité foncière doivent être obtenus par impression directe, sans interposition d'un papier encre ou papier carbone (D. n° 55-1350, 14 oct. 1955, art. 76-1, 2, al. 1er et 3), prescriptions devenues obsolètes compte tenu des moyens de reproduction actuellement utilisés...

1238 Nom et prénoms des parties. Selon l'article 76-1, § 2, alinéa 6 du décret du 14 octobre 1955 :
– le nom patronymique ou la dénomination des parties, doit figurer en lettres majuscules d'imprimerie ;
– les prénoms sont portés en lettres minuscules.

1239 Nombre de lignes. Numérotation des pages. Hors le cas où sont ménagés sur les formules des cadres à remplir conformément aux indications qui y figurent, les bordereaux destinés à être conservés au service de la publicité foncière, doivent comporter, au minimum :
– au recto de la page en-tête, 43 lignes de 10,5 cm de longueur, s'ils sont établis à la machine à écrire ou imprimés et 32 lignes de même longueur s'ils sont écrits à la main ;
– aux autres pages, 48 lignes de 15 cm de longueur, s'ils sont établis à la machine à écrire ou imprimés et 37 lignes de même longueur s'ils sont écrits à la main.
Les titres et les fins d'alinéas sont comptés pour une ligne, quelle que soit leur longueur, ainsi que les interlignes, ménagés pour faciliter la lecture (D. n° 55-1350, 14 oct. 1955, art. 76-1, § 3, al. 1er et 2e).
L'obligation de bâtonner les lignes ou parties de lignes laissées en blanc a été supprimée par le décret n° 79-643 du 24 juillet 1979 (art. 6).
Dans tous les bordereaux, chaque page de texte est numérotée en haut et à droite (D. n° 55-1350, 14 oct. 1955, art. 76-1, § 4, al. 1er).

1240 Surcharges et grattages. Renvois. Les surcharges et grattages sont interdits ; les erreurs sont rectifiées par des renvois (D. n° 55-1350, 14 oct. 1955, art. 76-1, § 4, al. 2).
Les renvois sont numérotés et inscrits à la suite du texte du bordereau. En aucun cas, ils ne peuvent être portés dans les marges qui sont exclusivement réservées aux annotations du service de la publicité foncière (D. n° 55-1350, 14 oct. 1955, art. 76-1, § 4, al. 3).

1241 Certificat de conformité. Signature et sceau du notaire. Enfin, le certificat de conformité soit des bordereaux entre eux, soit des expéditions, extraits littéraux ou copies avec la minute ou l'original (V. *JCl. Notarial Formulaire*, V° Bordereaux d'inscription hypothécaire, Fasc. 42) doit indiquer :
– les nom, prénoms, profession et domicile du ou des signataires ;
– le nombre de pages utilisées, ainsi que l'approbation et le décompte des renvois et des mots rayés.
La signature est toujours manuscrite ; celle d'un officier public est accompagnée de l'empreinte de son sceau (D. n° 55-1350, 14 oct. 1955, art. 76-1, § 4, al. 4). Cette signature peut émaner d'un clerc de l'étude (V. **Certifications**).

1242 Sanction. L'article 56, § 1, du décret n° 55-1350 du 14 octobre 1955 modifié, prévoit que « le bordereau destiné à être conservé dans les registres du service de la publicité foncière est établi comme il est dit aux paragraphes 2 et 4 de l'article 76-1 ».
De son côté, le paragraphe 2 du même article énonce : « En cas d'inobservation de la règle édictée au 1, le service de la publicité foncière invite le signataire du certificat d'identité, dans la forme prévue au 3 de l'article 34, à déposer un nouveau bordereau correctement établi ou à régulariser le bordereau déposé, dans le délai d'un mois à compter de la notification, sous peine de rejet ».

2 Utilisation d'un bordereau général et de bordereaux particuliers

1243 Situations visées. Il peut arriver que l'obligation de déposer un bordereau par droit privilégié ou hypothécaire amène le requérant à reproduire plusieurs fois des énonciations communes à une série d'inscriptions, notamment dans les cas où des inscriptions, bien qu'étroitement liées, doivent être prises séparément, au profit de multiples créanciers (V. H. Bulté, chron. hyp. *in JCP* N 1968, IV, 4341 et 4361).
Il est alors permis d'utiliser un bordereau général, qui renferme toutes les énonciations communes aux inscriptions et un bordereau particulier, pour chacune de celles-ci, contenant les énonciations qui lui sont propres.

1244 **Conditions d'utilisation.** L'utilisation de ce procédé est subordonnée aux quatre conditions impératives suivantes :
– il doit exister plusieurs sûretés, plusieurs créanciers ou plusieurs propriétaires grevés ;
– aucune des exceptions à l'interdiction des bordereaux collectifs prévues par l'article 54-1 du décret du 14 octobre 1955 ne doit être applicable ;
– les droits ou les obligations en cause doivent dériver d'un titre unique ;
– une même date d'effet doit être donnée à toutes les inscriptions.
Ainsi, il ne peut être fait application de ce procédé, dès lors qu'une date extrême unique est fixée si, par un même acte, deux immeubles sont hypothéqués l'un par le débiteur principal et l'autre par sa caution non solidaire et si une garantie hypothécaire est constituée au profit de plusieurs créanciers non solidaires.

1245 **Rédaction des bordereaux.** Dans ces hypothèses, le bordereau général est servi de manière ordinaire, en tant qu'il reçoit les énonciations communes aux diverses inscriptions ; pour les énonciations propres à chacune de ces dernières, il est renvoyé, dans le cadre (ou sous la rubrique) du bordereau général correspondant à leur nature, au bordereau particulier qui les contient ; la mention de renvoi précise le nombre des bordereaux particuliers.
Quant aux bordereaux particuliers, ils sont dressés sur des imprimés n° 3268-C, en tenant compte des directives données ou rappelées sur l'imprimé employé pour rédiger le bordereau général et relatives tant à l'ordre des énonciations qu'à leur contenu.
Si l'on prend l'exemple d'inscriptions requises contre un seul débiteur au profit de plusieurs créanciers non solidaires, le bordereau général est établi sur des formules habituelles à cadre ou à plan. Le cadre « Créancier » de cette formule peut être ainsi annoté :
« (au profit des) créanciers désignés dans les huit bordereaux particuliers ci-joints ».
Une mention analogue est portée au cadre « Créance garantie ».
Le premier bordereau particulier pourrait se présenter comme suit :
Au profit de..... Créancier
M..... (nom, prénoms dans l'ordre de l'état civil), né à....., le..... demeurant à...,..... (indication de la profession) :
Pour sûreté de..... Créance garantie

La somme en principal de..................	15 000 €
et en accessoires (frais de poursuite éventuels) de	1 000 €
soit au total...	16 000 €

1246 **Feuilles complémentaires.** Matériellement, les conditions d'utilisation des feuilles complémentaires varient en fonction de la longueur de chaque bordereau particulier.
Enfin, les feuilles complémentaires doivent être numérotées, à partir du chiffre 1, sans discontinuité.

B Interdiction des bordereaux collectifs

1 Principe

1247 **Texte.** L'article 54-1, alinéa 1er du décret n° 55-1350 du 14 octobre 1955, modifié, exige que l'inscription de chaque droit hypothécaire donne lieu au dépôt d'un bordereau particulier établi en deux exemplaires et l'alinéa 2 précise que le dépôt de bordereaux collectifs – portant « réquisition d'inscrire plusieurs sûretés ou même une seule sûreté au profit de plusieurs créanciers ou à l'encontre de plusieurs propriétaires » – doit être refusé.
Ainsi, lorsque plusieurs débiteurs solidaires affectent respectivement leur immeuble propre à hauteur de la fraction du prêt les concernant, il ne peut être établi un bordereau collectif, malgré la solidarité des débiteurs (P.J.C., notes pratiques : *JCP* N 1992, prat. 2067, p. 13).

> **ATTENTION** **En règle générale, le dépôt d'un bordereau d'inscription ne peut être accepté par le service de la publicité foncière que si la sûreté, le créancier et le débiteur sont uniques. Si l'unicité d'un seul de ces trois éléments fait défaut, le dépôt est refusé.**

1248 **Date d'appréciation.** Pour apprécier cette triple condition, il y a lieu de se placer uniquement à la date de la formalité requise sans s'attacher au fait que des événements ultérieurs sont susceptibles d'apporter des changements dans l'un ou plusieurs des éléments visés au numéro précédent.

1249 **Prêts prédivisés par fractions d'immeubles.** Peuvent notamment être opérées par le dépôt d'un bordereau unique rédigé en double exemplaire les inscriptions requises :
... avec affectation de chacune des fractions de l'immeuble à la sûreté d'une somme déterminée (prêts dits « prédivisés », consentis à des sociétés construisant en vue de la vente ou du partage) dès lors qu'au jour de la réquisition d'inscrire, il n'existe qu'un seul créancier et un seul propriétaire grevé (*Bull. AMC* 1969, art. 754).

1250 **Création d'effets négociables.** Peuvent, de même, être requises par un même bordereau les inscriptions prévoyant ou constatant la création d'effets hypothécaires, négociables représentatifs, chacun, d'une partie de la somme garantie s'il n'existe qu'un seul créancier et un seul constituant lors de la réquisition (V. *Bull. AMC* 1967, art. 701, n° 5 et *Bull. AMC* 1970, art. 811, 3°).

2 Exceptions

1251 **Texte.** L'article 54-1 du décret n° 55-1350 du 14 octobre 1955 modifié par le décret du 22 décembre 1967, n° 2006-346 du 23 mars 2006, énonce, dans ses alinéas 3, 4 et 5, trois dérogations au principe posé dans ses deux premiers alinéas (V. n° **1247**).

Un bordereau collectif est admis à la publicité si l'inscription :

1) est requise au profit de plusieurs créanciers solidaires ou à l'encontre de plusieurs propriétaires débiteurs solidaires (V. n^os^ **1252** à **1264**) ;

2° ou garantit successivement le remboursement d'un crédit-relais puis celui d'un prêt ou d'une ouverture de crédit destiné à permettre le désintéressement du premier créancier (V. n° **1265**) ;

3) ou concerne plusieurs sûretés garantissant l'acquittement d'une obligation unique au profit d'un seul créancier à l'encontre d'un seul propriétaire (V. n^os^ **1266** à **1272**).

> **ATTENTION** **Dans ces trois cas, une seule date extrême d'effet doit être donnée à l'inscription étant précisé que, dans le second, cette date est fixée en tenant compte de l'échéance ou de la dernière échéance prévue pour le désintéressement du second créancier.**

a) Premier cas : solidarité

1252 **Créanciers ou propriétaires. Débiteurs ou cautions solidaires.** On s'accorde pour reconnaître que, par l'expression « propriétaires débiteurs solidaires », l'article 54-1, précité, du décret n° 55-1350 du 14 octobre 1955, vise non seulement les personnes qui réunissent la double qualité de propriétaires de l'immeuble grevé et de débiteurs solidaires de l'obligation garantie, mais aussi les cautions solidaires dès l'instant que le créancier a sensiblement les mêmes droits à l'encontre de son débiteur et d'une telle caution qu'à l'égard de deux débiteurs solidaires.

Une inscription peut donc être prise par le même bordereau contre le débiteur et sa caution solidaire (*Bull. AMC* 1967, art. 701, n° 2. – Rapp. Bulté, chron. hyp. : *JCP* N 1968, IV, 4410, n° 1, *in fine* et 1971, prat. 4962).

En revanche, des bordereaux distincts concernant l'un le débiteur principal, et l'autre sa caution, seraient exigés si cette caution n'avait pas renoncé au bénéfice de discussion et, s'il existait plusieurs cautions, au bénéfice de division.

1253 **Inscriptions d'hypothèque conventionnelle et de privilège de prêteur de deniers requises par un bordereau unique à l'encontre d'un débiteur et de sa caution solidaire.** Par acte notarié, M. A. et Mlle B. ont acquis un immeuble chacun pour moitié indivise à l'aide de fonds empruntés à la banque C. Celle-ci est intervenue à l'acte pour fixer les conditions du prêt ainsi que pour accepter l'affectation hypothécaire du bien vendu.

Le dépôt au service de la publicité foncière de l'acte en cause a été accompagné de la remise de deux bordereaux établis en double exemplaire emportant au profit de la banque C. :

– l'un, inscription de privilège de prêteur de deniers contre M. A. et d'une hypothèque conventionnelle contre Mlle B., caution solidaire ;

– l'autre, inscription de privilège contre Mlle B. et de l'hypothèque contre M. A.

En l'espèce, dans chaque bordereau, les inscriptions sont requises par un créancier unique contre deux débiteurs solidaires et prévoient une seule date extrême d'effet. Par suite, les conditions énoncées respectivement au troisième et au cinquième alinéa de l'article 54-1 du décret n° 55-1350 du 14 octobre 1955 sont réunies et il n'y a pas lieu de refuser le dépôt (*Bull. AMC* 1993, art. 1557).

N.B. : Bien que les inscriptions de « privilèges » ne soient plus aujourd'hui d'actualité, nous citons néanmoins cette chronique, dont les enseignements sont toujours valables.

> **ATTENTION** **La solidarité, ou les « circonstances équivalentes » (V. n°s 1258 et 1259) doivent figurer dans le bordereau lui-même, faute de quoi le service de la publicité foncière serait fondé à opposer un refus de dépôt (*Bull. AMC* 2003, art. 1852).**

1254 **Inscription de privilège de vendeur. Acquisition indivise de deux immeubles, moyennant une rente viagère payable solidairement, suivie d'un partage. Question.** Une personne a vendu deux parcelles à deux acquéreurs solidairement tenus du prix (constitué d'une rente viagère). Les parcelles sont acquises en indivision. Dans le même acte, le partage est opéré et les acquéreurs s'attribuent chacun une parcelle et se répartissent la charge de la rente viagère. Comment le bordereau doit-il être rédigé, l'intention du vendeur étant que le privilège porte intégralement sur les deux parcelles ?

L'article 54-1 du décret du 14 octobre 1955 accorde au créancier la faculté de requérir contre les propriétaires débiteurs solidaires une inscription au moyen d'un bordereau collectif, dès lors qu'une seule date extrême d'effet est donnée à l'inscription.

Il est donc possible d'opérer l'inscription du privilège de vendeur au moyen d'un bordereau unique, sur les deux parcelles vendues, à l'encontre des deux acquéreurs solidaires, pour la totalité de la rente augmentée des accessoires, étant précisé que le service de la publicité foncière n'est pas juge de la validité du privilège (*Bull. AMC* 1983, art. 1299).

N.B. : Bien que les inscriptions de « privilèges » ne soient plus aujourd'hui d'actualité, nous citons néanmoins cette chronique, dont les enseignements sont toujours valables.

1255 **Cautions réelles.** Un seul bordereau peut également être déposé contre le débiteur principal et sa caution hypothécaire ayant renoncé au bénéfice de discussion et, éventuellement, au bénéfice de division car la situation d'une telle caution n'est pas différente de celle de la caution solidaire (*Bull. AMC* 1969, art. 766. – Chardonnal, chron. hyp. : *JCP* N 1982, prat. 8420).

Il est à noter que la jurisprudence n'accorde pas à la caution hypothécaire le bénéfice de discussion et, éventuellement, le bénéfice de division en l'absence de stipulation contraire (Cass. 1re civ., 21 juin 1978 : *Bull. civ.* 1978, I, n° 236. – Cass. 1re civ., 6 mars 1979 : *JCP* N 1980, II, p. 75).

CONSEIL PRATIQUE **Une inscription paraît donc susceptible d'être requise par le dépôt d'un seul bordereau contre le débiteur et sa caution hypothécaire non seulement lorsque la solidarité entre eux est exprimée dans le titre constitutif et dans le bordereau, mais aussi dans tous les cas où la caution n'a pas été investie de la possibilité de se prévaloir du bénéfice de discussion et, éventuellement, de division accordés par les articles 2298 et 2303 du Code civil (R. Chardonnal, chron. hyp. : *JCP* N 1985, prat. 9288).**

1256 **Usufruitier et nu-propriétaire de la créance solidaires.** Une créance appartenant pour l'usufruit à une personne et pour la nue-propriété à une autre peut être inscrite à l'aide d'un bordereau unique si ces personnes ont été déclarées solidaires, mais une telle stipulation est exceptionnelle en pratique.

1257 **Créanciers solidaires sans répartition de la créance entre eux.** Lorsqu'un prêt a été consenti par plusieurs prêteurs solidaires sans que la répartition de la créance entre eux soit précisée dans l'acte, il est possible de requérir l'inscription au moyen d'un bordereau unique. Cependant, on ne peut valablement requérir cette inscription au nom d'un ou de quelques-uns de ces prêteurs en garantie de la totalité de la créance car, en cas de non-paiement, le créancier ne pourrait disposer de celle-ci sans le concours des autres (Bulté, chron. hyp. : *JCP* N 1972, prat. 5169).

1258 **Rôle du service de la publicité foncière.** Dans le passé, on s'est demandé si le conservateur était tenu de vérifier si la solidarité mentionnée dans le bordereau était effectivement stipulée dans le titre représenté en expédition à l'appui de la réquisition d'inscrire (C. civ., art. 2148, al. 1er ancien).

Il avait été admis que cet agent devait, sans se préoccuper de la validité de la stipulation, s'assurer que la solidarité avait été convenue en des termes non sacramentels mais exprès (C. civ., art. 1197 et 1202, al. 1er ancien, devenus art. 1310) et qu'elle trouvait donc « dans le titre un fondement au moins apparent » (*Bull. AMC* 1967, art. 701, n° 1 et *Bull. AMC* 1968, art. 727. – Bulté, chron. hyp. : *JCP* N 1968, IV, 4410). Néanmoins, il faut observer que la solidarité a parfois « lieu de plein droit, en vertu d'une disposition de la loi » (C. civ., art. 1202, al. 2 ancien, devenu art. 1310). Ces règles sont appelées à s'appliquer au service de la publicité foncière et restent valables dans tous les cas où la représentation du titre reste obligatoire.

En ce qui concerne les hypothèques conventionnelles il a toujours été admis que le conservateur n'était pas juge de la validité du privilège (à l'époque) ou d'une hypothèque dont la publicité était requise (rappr. *Bull. AMC* 1995, art. 1665). Aujourd'hui comme hier, il n'a pas, lorsqu'il reçoit une inscription, à se faire juge de la validité du titre qui lui est présenté. De ce point de vue, la suppression de l'obligation de présentation du titre générateur de la sûreté à l'appui des bordereaux d'inscription d'hypothèques conventionnelles introduite par la loi n° 98-261 du 6 avril 1998 n'a fait que confirmer ce principe. Alors qu'auparavant, le service devait simplement rapprocher du titre présenté les indications figurant dans le bordereau, il se borne désormais à accepter ces indications telles qu'elles sont présentées dans ce dernier sous la responsabilité de l'inscrivant (*Bull. AMC* 2005, art. 1870).

1259 **Obligations indivisibles.** La question s'est aussi posée de savoir s'il convenait de traiter comme des créanciers (ou propriétaires débiteurs) solidaires des personnes entre lesquelles il existait un lien très étroit d'indivisibilité de droit ou de fait.

L'Association mutuelle des conservateurs avait résolu, en général, cette question par l'affirmative. Elle en avait décidé ainsi, notamment, pour :

– un débiteur principal et sa caution non solidaire lorsqu'ils affectent à la sûreté le même immeuble indivis entre eux (*Bull. AMC* 1968, art. 726) ;

– deux créanciers ayant consenti par un même acte des prêts distincts mais unis par un lien de fait, résultant, notamment, des modalités de remboursement, tel qu'ils apparaissent comme les deux éléments d'une opération d'ensemble (*Bull. AMC* 1968, art. 727) ;

– plusieurs bailleurs de fonds non solidaires participant à un prêt d'anticipation dans l'attente de la somme promise à terme par une société de crédit différé (*Bull. AMC* 1968, art. 745) ;

– un prêt consenti par des époux mariés sous un régime de communauté (*Bull. AMC* 1972, art. 906) et pour un emprunt contracté par des époux mariés sous un régime communautaire (même réf.).

1260 **Hypothèque conventionnelle consentie par des propriétaires indivis pour garantir le prêt octroyé à l'un d'entre eux. Nécessité de bordereaux d'inscription distincts lorsque la solidarité entre tous les copropriétaires indivis n'est pas indiquée au bordereau (non).** Deux personnes ont acquis dans l'indivision pour moitié chacune un immeuble. L'une d'elles a bénéficié d'un prêt en garantie duquel une inscription d'hypothèque conventionnelle a été requise. Le bordereau d'inscription déposé précise que, en vertu de l'acte la stipulant, l'hypothèque a été constituée par le seul débiteur sur l'entier immeuble avec le consentement exprès de l'autre acquéreur indivis conformément aux dispositions du deuxième alinéa de l'article 2414 (devenu art. 2412) du Code civil. Il a été demandé si l'inscription pouvait faire l'objet d'un seul bordereau. Saisie de la difficulté, l'Association mutuelle des conservateurs a rappelé que si la solidarité entre les coïndivisaires n'apparaît pas au bordereau, l'inscription contre le débiteur principal et son ou ses coïndivisaires non solidaires devrait, en principe, faire l'objet de bordereaux distincts en présence des termes impératifs du second alinéa de l'article 54-1 du décret du 14 octobre 1955 (cf. *Bull. AMC* 1967, art. 701). Mais il a été admis par l'association des conservateurs que lorsque des copropriétaires indivis affectent l'immeuble par le même acte à la garantie d'une même créance, l'obligation qu'ils contractent ainsi collectivement revêt également un caractère d'indivisibilité qui a pour conséquence que le droit hypothécaire à inscrire est un droit hypothécaire unique et que son inscription peut être l'objet d'un seul bordereau (*Bull. AMC* 2005, art. 1870. – Cf. *Bull. AMC* 1968, art. 726 et 727).

1261 **Rôle du service de la publicité foncière.** Il n'appartient pas au service de la publicité foncière de s'assurer qu'il est effectivement en présence d'une obligation indivisible. La question relève de l'appréciation des parties (arg. C. civ., art. 1221-5° ancien), il ne peut que s'en rapporter à la déclaration faite dans l'inscription (V. antérieurement, pour les conservateurs, *Bull. AMC* 1968, art. 727).

1262 **Créanciers non solidaires constituant un organisme unique.** Dans le cas de pluralité de créanciers non solidaires, il y a lieu de déposer autant de bordereaux qu'il y a de créanciers. Mais un seul bordereau peut être produit dès lors que ces créanciers peuvent être considérés comme constituant un organisme unique bénéficiant de la personnalité civile.

Ainsi, peut faire l'objet d'un seul bordereau en double exemplaire l'inscription requise en garantie d'un emprunt représenté par des obligations négociables (C. monét. fin., art. L. 213-5) car le bénéficiaire de cet emprunt est la masse régie par les articles L. 228-39 à L. 228-90 du Code de commerce, qui jouit de la personnalité civile en vertu de l'article L. 228-46 du même code et représente l'ensemble des porteurs au titre de l'emprunt (*Bull. AMC* 1971, art. 856).

1263 **Sociétés en voie de formation.** Le service de la publicité foncière ne peut refuser les inscriptions prises par un seul bordereau contre une société non encore immatriculée et contre ceux qui ont agi pour son compte (mandataires, associés). Il doit, en effet, accepter les bordereaux établis à la fois contre un propriétaire actuel (les personnes ayant agi pour le compte de la société) et un propriétaire éventuel (la société en voie de formation) car une inscription ne peut être refusée à l'égard d'un créancier n'ayant qu'une expectative de droit fondée sur l'anéantissement rétroactif du propriétaire actuel (*Bull. AMC* 1985, art. 1328. – P. Frémont : *JCP* N 1980, I, p. 393, n° 83. – V. aussi *JCl. Notarial Formulaire*, V° Bordereaux d'inscription hypothécaire, Fasc. 20).

1264 Obligation de mentionner une seule date extrême d'effet. Dans tous les cas précédemment visés, on ne peut utiliser un bordereau unique que si une seule date extrême d'effet est donnée à l'inscription en application de l'article 2429 (ancien art. 2434) du Code civil (D. n° 55-1350, 14 oct. 1955, art. 54-1, al. 3.).

b) Deuxième cas : remboursement d'un crédit-relais

1265 Crédit-relais suivi d'un prêt ou d'une ouverture de crédit. Depuis le 1er janvier 1968, l'inscription à prendre pour sûreté de crédits-relais suivis d'un prêt ou d'une ouverture de crédit pour permettre le remboursement du premier créancier entre dans les prévisions de l'alinéa 4 de l'article 54-1 du décret du 14 octobre 1955 (V. n° 1269). Une telle inscription peut donc, actuellement, faire l'objet d'un seul bordereau commun aux deux créanciers (*Bull. AMC* 1967, art. 686). Néanmoins, pour qu'il en soit ainsi, il faut que l'inscription soit assortie d'une seule date extrême d'effet fixée comme il est dit ci-dessus (V. n° 1251, *in fine*).

c) Troisième cas : obligation unique garantie par plusieurs sûretés

1266 Hypothèses concernées. Les cas justifiant, par application de l'article 54-1, alinéa 5 du décret du 14 octobre 1955 modifié, l'emploi d'un bordereau collectif (V. n° 1251) peuvent être classés en trois catégories :
– sûretés garantissant, chacune en totalité, l'acquittement d'une obligation unique ;
– sûretés concourant, en s'ajoutant l'une à l'autre, à garantir en totalité ou en partie l'acquittement d'une obligation unique ;
– sûretés garantissant l'une, une fraction, l'autre la totalité ou bien une fraction complémentaire de l'obligation unique.

1267 Définition de l'obligation unique. La notion d'obligation est assez vague en ce qui concerne la détermination du nombre de bordereaux à déposer. Il est généralement admis que l'inscription requise au profit d'un créancier unique contre un seul débiteur peut faire l'objet d'un seul bordereau lorsqu'il comporte une seule date extrême d'effet, même s'il s'agit de garantir plusieurs créances résultant d'un ou plusieurs contrats antérieurs authentiques ou sous signatures privées dès lors qu'il existe, pour sûreté de ces créances, un seul acte d'affectation.

Autrement dit, c'est l'acte d'affectation qui constitue l'obligation, et les diverses créances, pour la garantie desquelles il a été dressé ne sont que les objets divers d'une même obligation (Bulté et Poirier, chron. hyp. : *JCP* N 1970, prat. 4868. – P. Frémont : *JCP* N 1979, prat. 7320). En revanche, lorsqu'un même acte d'affectation réunit artificiellement deux contrats ayant des causes distinctes indépendantes l'une de l'autre, deux bordereaux doivent être utilisés même si l'on se trouve en présence d'un seul créancier et d'un seul débiteur.

Il en est ainsi, par exemple, quand l'acte d'affectation concerne une ouverture de crédit destinée à financer l'acquisition d'un terrain et la construction d'un immeuble et une convention de compte courant destinée à enregistrer des relations d'affaires avec une banque (R. Chardonnal, chron. hyp. : *JCP* N 1983, prat. 8719).

> **CONSEIL PRATIQUE Il est à noter que le principe de la spécialité s'applique non seulement à l'inscription, mais également à l'hypothèque proprement dite. Les créances garanties doivent, sous peine de nullité de l'hypothèque, être exactement individualisées dans l'acte constitutif de la sûreté. L'individualisation s'opère de façon expresse ou par référence aux stipulations de l'acte d'obligation. Elle résulte de l'indication tant du montant de la créance, s'il est déterminé (D. 14 oct. 1955, art. 55, § 2, 4° et, antérieurement, C. civ., art. 2132) que de sa cause, tout au moins par voie de référence (Cass. civ., 6 févr. 1939 : *D.* 1939, 1, p. 53, note J. Plassard). Le créancier qui négligerait ces règles s'exposerait à de sérieuses déconvenues (V. R. Chardonnal, chron. préc.).**

1268 Subrogation dans l'ancien « privilège de vendeur ». Selon M. Bulté, on pouvait classer dans la première catégorie des sûretés garantissant, chacune en totalité, l'acquittement de l'obligation unique (V. n° 1267) le cas où, pour garantir le prêt consenti pour l'acquisition d'un immeuble, le prêteur de deniers inscrit son privilège (devenu hypothèque légale spéciale à compter du 1er janvier 2022), dont le caractère autonome n'est plus discutable, avec subrogation dans le privilège du vendeur d'immeuble (devenu hypothèque légale spéciale à compter du 1er janvier 2022) pour pouvoir bénéficier de l'action en résolution pour défaut de paiement du prix prévue à l'article 1654 du même code (Bulté, chron. hyp. : *JCP* N 1971, prat. 5125 ; *JCP* N 1974, prat. 5768).

1269 Condamnation relative à une créance assortie d'une hypothèque légale. Entre aussi dans cette première catégorie le cas où le bénéficiaire d'une hypothèque légale ayant obtenu en justice la condamnation de son débiteur à verser la somme garantie par cette sûreté requiert l'inscription de l'hypothèque résultant du jugement, en même temps que celle de son hypothèque légale (Rappr. Note-circ. Sce enquêtes et études, 28 mai 1955, n° 7, 2°, al. 3 ; *Rép. alph. enreg.*, V° Hypothèques, Livre V, n° 8, al. 4).

1270 **Paiement fractionné des droits de mutation par décès assorti d'une sûreté.** Fait partie, en revanche, de la seconde catégorie de sûretés concourant, en s'ajoutant l'une à l'autre, à garantir en totalité ou en partie l'acquittement d'une obligation unique (V. n° 1266) : le paiement fractionné de droits de mutation par décès demandé par un héritier qui, d'une part, accepte que soit inscrite sur un immeuble de la succession l'hypothèque légale accordée au Trésor par l'article 1929, § 2, du Code général des impôts et qui, d'autre part, pour compléter cette première sûreté, affecte hypothécairement un autre immeuble qu'il a acquis de ses deniers personnels (CGI, ann. III, art. 399, al. 2).

1271 **Inscriptions sur chaque lot pour garantir un prêt portant sur la totalité d'un immeuble en copropriété.** Compte tenu du principe de l'indivisibilité de l'hypothèque inscrit actuellement dans l'article 2391 (ancien art. 2393) du Code civil, lorsque le remboursement d'un prêt est garanti par une hypothèque portant sur un immeuble en copropriété, chacun des lots de cet immeuble se trouve grevé par cette hypothèque pour sûreté de la totalité du prêt (Chambaz, Masounabe-Puyanne et Leblond, *op. cit.*, n° 184).

Le prêteur peut donc inscrire séparément son hypothèque sur chaque lot pour sûreté d'une somme égale au montant du prêt ou, *a fortiori*, d'une somme inférieure à ce montant qu'il détermine arbitrairement.

Mais, dans cette hypothèse, l'article 54-1 du décret du 14 octobre 1955 ne permet pas d'exiger autant de bordereaux que de lots grevés puisqu'il n'existe qu'un seul créancier, qu'un seul débiteur et qu'un seul prêt (*Bull. AMC* 1969, art. 754).

Il serait, toutefois, préférable, pour la commodité du service, que le requérant dépose autant de bordereaux distincts qu'il y a de lots grevés (même réf.).

1272 **Crédit consenti à un promoteur et prêts ultérieurs aux acquéreurs de lots.** Afin de garantir par une même hypothèque, tout en respectant la réglementation des prêts, le crédit consenti à un promoteur et celui ultérieurement accordé à chaque acquéreur de lots et devant servir à rembourser à due concurrence le prêt du promoteur, les praticiens ont échafaudé un montage juridique reposant sur une stipulation pour autrui dans laquelle l'organisme de crédit promet au promoteur d'ouvrir un crédit à tout acquéreur remplissant les conditions prévues au contrat (pour l'analyse détaillée de ce mécanisme au regard des règles de publicité foncière, V. P. Frémont : *JCP* N 1979, prat. 7320, p. 603).

CONSEIL PRATIQUE **Sous réserve du problème de la durée des prêts, tout laisse à penser que le prêteur peut requérir, dans ce montage, une inscription unique en garantie à la fois du crédit ouvert au promoteur et de ceux qui seront consentis aux acquéreurs de lots, même si ces crédits sont d'un montant différent et que leurs conditions d'emploi (taux d'intérêt, modalités de remboursement) ne sont pas identiques (V. P. Frémont, *op.* et *loc. cit.*).**

1273 **Application cumulative des diverses exceptions.** Les exceptions des alinéas 3, 4 et 5 de l'article 54-1 du décret n° 55-1350 du 14 octobre 1955(V. n° 1251) peuvent s'appliquer cumulativement s'il y a lieu.

Ainsi, au cas où plusieurs établissements bancaires se grouperaient pour consentir solidairement un crédit-relais, un bordereau unique pourrait être établi en application des dispositions combinées des alinéas 3 et 4 dudit article 54-1.

II
Contenu des bordereaux

1274 **Texte.**

D. n° 55-1350, 14 oct.1955, art. 55 (*Mod. D. n° 2021-1888, 29 déc. 2021, art. 5*). – 1. Le bordereau destiné à être conservé dans les registres du service de la publicité foncière, pour opérer l'inscription d'une hypothèque, est seul obligatoirement rédigé sur une formule spéciale fournie par l'Administration ou sur un formulaire reproduit selon des normes fixées par instruction publiée au Bulletin officiel des impôts.

2. Les bordereaux commencent obligatoirement par la réquisition suivante, portée en lettres majuscules d'imprimerie et précisant la nature de la sûreté : « INSCRIPTION D'HYPOTHEQUE… AYANT EFFET JUSQU'AU… EST REQUISE… ».

Ils indiquent, en outre, dans un cadre spécialement ménagé, si le principal de l'obligation garantie doit ou non être acquitté à une ou plusieurs dates déterminés postérieures à celle de la formalité. Indépendamment de ces réquisitions et indication, de la mention de certification de l'identité des parties, exigée par les articles 5 et 6 du décret du 4 janvier 1955, du certificat de conformité et des précisions qui seraient imposées par des dispositions législatives ou réglementaires particulières, les bordereaux ne peuvent contenir, sous peine de rejet de la formalité, que :

1° La désignation du créancier, du débiteur ou du propriétaire, si le débiteur n'est pas le propriétaire de l'immeuble grevé, conformément au premier alinéa de l'article 5 et aux premier à cinquième alinéas de l'article 6 du décret du 4 janvier 1955 ;

2° L'élection de domicile, par le créancier, dans un lieu quelconque situé en France métropolitaine, dans les départements d'outre-mer ou dans la collectivité territoriale de Saint-Pierre-et-Miquelon ;

3° L'indication de la date et de la nature du titre générateur de la sûreté ou de la créance ainsi que la cause de l'obligation garantie par l'hypothèque et, le cas échéant, la mention expresse du caractère rechargeable de l'hypothèque et de la somme en capital pour laquelle l'hypothèque pourra être affectée à la garantie d'autres créances ainsi que celle de la clause prévoyant que le créancier hypothécaire impayé deviendra propriétaire de l'immeuble hypothéqué. S'il s'agit d'un titre notarié, les nom et résidence du rédacteur sont précisés. Pour les inscriptions requises en application des dispositions des 1° à 3° de l'article 2393 du code civil et du 5° de l'article 2402 du même code, les bordereaux énoncent la cause et la nature de la créance ;

4° L'indication du capital de la créance, de ses accessoires et de la date prévue pour son exigibilité. En toute hypothèse, le requérant doit évaluer les rentes, prestations et droits indéterminés, éventuels ou conditionnels, sans préjudice de l'application des articles 2444 (sic) du code civil au profit du débiteur ; si les droits sont éventuels ou conditionnels, il doit indiquer sommairement l'événement ou la condition dont dépend l'existence de la créance. Dans le cas où la créance est assortie d'une clause de réévaluation, l'inscription doit mentionner le montant originaire de la créance ainsi que la clause de réévaluation. Lorsque le montant de la créance n'est pas libellé en euros, l'indication immédiate de sa contrevaleur en euros est déterminée selon le dernier cours de change connu à la date du titre générateur de la sûreté ou de la créance ;

5° La désignation, conformément aux premier et troisième alinéas de l'article 7 du décret du 4 janvier 1955, de chacun des immeubles sur lesquels l'inscription est requise ;

6° L'indication de la date, du volume et du numéro sous lequel a été publié le titre de propriété du débiteur ou du propriétaire si le débiteur n'est pas le propriétaire des immeubles grevés, lorsque ce titre est postérieur au 1er janvier 1956 ;

7° La certification que les montants figurant sur le bordereau, celui du capital de la créance garantie et, le cas échéant, celui du capital pour lequel l'hypothèque peut être affectée en garantie d'autres créances ne sont pas supérieurs à ceux figurant dans le titre générateur de la sûreté ou de la créance.

3. Si le signataire ne s'est servi, pour la rédaction d'aucun des deux bordereaux, du modèle fourni par l'administration ou d'un formulaire reproduit selon des normes fixées par instruction publiée au Bulletin officiel des impôts, le service de la publicité foncière doit néanmoins classer provisoirement l'un de ceux-ci à la place assignée par l'inscription au registre de dépôts. Mais, dans le mois au plus tard à compter de la date du dépôt, il invite le signataire, dans la forme prévue à l'article 34, 3, du présent décret, à substituer au document irrégulier un bordereau réglementaire, dans le délai d'un mois à compter de la notification et sous peine du rejet prévu au premier alinéa de l'article 2148 du Code civil.

Après régularisation, le bordereau réglementaire prend la place du document irrégulier qui est retenu par le service de la publicité foncière. La substitution est constatée par un enregistrement pour ordre au registre de dépôts.

4. *Paragraphe abrogé*.

NOTA Conformément au premier alinéa du I de l'article 7 du décret n° 2021-1888 du 29 décembre 2021, ces dispositions entrent en vigueur le 1er janvier 2022.

1275 Après avoir évoqué la réquisition d'inscription (A), nous traiterons des diverses indications qui doivent figurer dans le bordereau : nature de l'inscription (B), date d'effet (C), élection de domicile (D), titre du créancier et cause de l'obligation (E), désignation des parties intéressées (F), désignation de l'immeuble grevé (G), effet relatif (H), créances garanties (I), outre des indications particulières éventuelles (J). Nous préciserons ensuite les règles à respecter en matière de renvoi (K), de certification (L), de signature et de sceau (M).

A Réquisition d'inscription

1276 **Formule spéciale de réquisition.** Selon l'article 55, § 2 du décret du 14 octobre 1955 :

> « Les bordereaux commencent obligatoirement par la réquisition suivante, portée en lettres majuscules d'imprimerie et précisant la nature de la sûreté : "INSCRIPTION DE PRIVILÈGE (OU D'HYPOTHÈQUE)… AYANT EFFET JUSQU'AU… EST REQUISE" ».

Les bordereaux d'inscription ne peuvent être acceptés par le service de la publicité foncière que s'ils renferment ces indications liminaires (H. Bulté, chron. : *JCP* N 1972, prat. 5181).

B Nature de l'inscription

1277 Il appartient au requérant d'indiquer en lettres majuscules d'imprimerie, la nature exacte de l'inscription demandée (hypothèque légale, hypothèque judiciaire, hypothèque conventionnelle…).
En cas d'hypothèque judiciaire, il est indispensable, pour éviter toute confusion, de préciser si la sûreté, dont l'inscription est requise, est une hypothèque définitive faisant suite à une hypothèque provisoire inscrite le… volume… n° … ou une hypothèque légale résultant d'un jugement de condamnation.
S'il s'agit d'une hypothèque légale spéciale, le requérant doit mentionner quelle en est la nature (hypothèque légale générale ou hypothèque légale spéciale : du vendeur, du prêteur de deniers, etc.).

C Date d'effet de l'inscription

1278 **Liberté du créancier.** Les inscriptions sont requises avec effet jusqu'à une date déterminée, choisie par le créancier lui-même, à l'intérieur de certaines limites fixées de telle manière que le temps de conservation de la sûreté puisse être égal ou de peu supérieur à celui pendant lequel l'obligation à garantir subsistera.
Ce régime s'applique aussi bien aux inscriptions originaires qu'aux inscriptions en renouvellement, aux inscriptions définitives faisant suite à des inscriptions provisoires et aux inscriptions dites « rectificatives » (C. civ., art. 2434, 2435 et 2437).
Seule demeure obligatoirement opérée pour une durée fixe et irréductible l'inscription provisoire de l'hypothèque judiciaire ou de l'hypothèque légale des époux (C. civ., art. 2437).

1279 **Importance de la date d'effet.** La date d'effet de l'inscription marque le moment où elle doit être renouvelée, faute de quoi elle est périmée (V. D. 14 oct. 1955, art. 67, § 2, al. 1er).
Par ailleurs, il est important qu'elle soit fixée conformément aux règles exposées ci-dessous (V. n° **1281**), faute de quoi le déposant s'expose à un rejet, ou peut se voir contraint de recourir à une procédure de rectification.

1 Mention

1280 **Date extrême d'effet.** La date extrême d'effet de l'inscription doit être indiquée en lettres majuscules d'imprimerie pour le mois et fixée en respectant les délais maximaux prévus à l'article 2434 du Code civil (V. n° **1281**).
Lorsqu'il s'agit d'une inscription provisoire d'hypothèque judiciaire conservatoire, les caractères de l'échéance ou de la dernière échéance n'ont pas à être précisés. En effet, dans ce cas la durée de l'inscription est fixe (trois ans : CPC ex., art. R. 552-7).
Enfin, en cas d'utilisation de bordereaux particuliers (V. nos **1243** à **1245**), la date extrême d'effet commune à toutes les inscriptions distinctes n'est portée que sur le bordereau général.

2 Règles à respecter

1281 **Renvoi.** Les dispositions de l'article 2434 du Code civil, introduites par l'article 26 de l'ordonnance n° 2006-346 du 23 mars 2006, avaient modifié la durée des inscriptions initialement fixée par l'ancien article 2154 du même code (V. Instr. 1er déc. 2006 : *BOI* 10 D-2-06).
Les **règles actuellement en vigueur** sont exposées, avec des exemples pratiques, au mot **Inscription (durée)**, auquel on voudra bien se reporter.

D Élection de domicile

1 Principe

1282 **Obligation.** Le bordereau d'inscription doit contenir une élection de domicile. Le domicile élu par le créancier peut être situé librement, en France métropolitaine, dans les départements d'outre-mer ou dans la collectivité territoriale de Saint-Pierre-et-Miquelon (D. 14 oct. 1955, art. 55-2°).

Dans la pratique, le créancier élit domicile, de préférence en l'étude d'un notaire ou d'un avocat afin de mieux assurer la transmission des pièces de procédure, mais on peut le faire en tout autre endroit, par exemple dans une mairie ou au greffe d'un tribunal.

Ainsi il avait été admis que l'inscription requise par un commissaire de la République (ancêtre du préfet) pouvait comporter une élection de domicile dans les bureaux d'une préfecture ou d'une sous-préfecture ou même, s'il s'agissait de Paris, dans un ministère (V. en ce sens, avant la réforme opérée en 1998 : *Bull. AMC* 1962, art. 521).

Certaines solutions judiciaires retenues sous l'empire des règles antérieures à la réforme opérée par la loi n° 98-261 du 6 avril 1998, restent également valables ; c'est ainsi que l'élection de domicile peut être faite au domicile réel du créancier (Cass. ch. réunies, 14 janv. 1863 : *DP* 1863, 1, p. 101). De même un organisme permanent, tel qu'une caisse de sécurité sociale, dont l'adresse est toujours connue du public, peut faire valablement élection de domicile, au lieu de son siège, car ce siège n'est pas susceptible de changer à l'insu des intéressés (TGI Lure, 25 mai 1962, inédit).

Il avait été précisé par la jurisprudence, que l'élection de domicile faite dans les bureaux de la conservation des hypothèques ne saurait constituer le conservateur mandataire du créancier et l'obliger à transmettre aux intéressés les actes, les significations ou à leur en faire connaître la réception (CA Rennes, 25 févr. 1892 : *DP* 1893, 2, p. 517 ; *Bull. AMC* 1962, art. 521). Une semblable élection de domicile (aujourd'hui dans les bureaux du service de la publicité foncière) apparaît donc comme tout à fait inopportune.

1283 **Sanction de l'absence d'élection de domicile.** La sanction de l'absence d'élection de domicile est le rejet de la formalité (V. D. 14 oct.1955, art. 55, § 2, al. 4 et C. civ., art. 2423, al. 9).

1284 **Durée de validité de l'élection de domicile.** Le domicile élu dans une inscription n'est pas modifié par des actes ultérieurs, comme des cessions de créances, subrogations, transferts où seraient indiqués d'autres domiciles élus, car ces derniers ne valent que pour l'exécution de l'acte nouveau, à moins qu'une clause formelle ne précise que l'on entend modifier le domicile élu dans l'inscription (Chambaz, Masounabe-Puyanne et Leblond, *op. cit.*, n° 904). C'est donc à ce dernier domicile élu dans l'inscription que, dans le principe, devront être faites les notifications à fin de purge prévues à l'article 2478 du Code civil.

D'autre part, l'élection de domicile faite dans une inscription reste valable, en principe, jusqu'à la radiation ou la péremption de cette inscription même si, dans l'intervalle, les biens grevés sont passés dans le ressort d'un autre tribunal. Cependant, dans ce dernier cas, l'élection primitive de domicile risque de ne plus jouer le rôle auquel elle est destinée et il semble que le créancier ait intérêt à requérir le changement de ce domicile dans le ressort du nouveau tribunal, par une mention en marge de son inscription, comme le permet l'article 2430 du Code civil (H. Bulté : *JCP* N 1970, IV, 4737).

Le décès du créancier ou celui de la personne chez qui a été faite l'élection de domicile est sans incidence sur cette élection (C. civ., art. 2434).

2 Changement de domicile élu

1285 **Publication par voie de mention.** Le changement de domicile élu, fait par acte authentique, peut être rendu public par une mention en marge de l'inscription (C. civ., art. 2475, al. 1er. – V. *JCl. Notarial Formulaire*, V° Bordereaux d'inscription hypothécaire, fasc. 220).

La mention du changement de domicile est opérée sur le dépôt d'une expédition de l'acte authentique indiquant la nouvelle élection de domicile.

Il n'y a pas de justification de capacité à produire lorsque le changement est fait par le titulaire de l'inscription, car son droit de créance n'est en rien modifié. Mais, si le changement émane de toute autre personne (héritier, légataire, cessionnaire), cette personne doit apporter la justification de sa qualité. S'il s'agit d'un mandataire, il doit justifier d'un pouvoir authentique.

1286 **Licéité.** Il est possible pour celui qui a requis une inscription, ainsi que pour ses représentants ou cessionnaires, de modifier le domicile par lui élu dans cette inscription à charge d'en choisir et indiquer un autre, dans le ressort du tribunal judiciaire de la situation des biens (C. civ., art. 2428, ancien art. 2433).

La mention du changement de domicile est opérée sur le dépôt d'une expédition de l'acte authentique indiquant la nouvelle élection de domicile. Il est publié par une mention en marge de l'inscription (C. civ., art. 2425, al. 1er. – V. **Mentions en marge**).

Il n'y a pas de justification de capacité à produire lorsque le changement est fait par le titulaire de l'inscription, car son droit de créance n'est en rien modifié. Mais, si le changement émane de toute autre personne (héritier, légataire, cessionnaire), cette personne doit apporter la justification de sa qualité. S'il s'agit d'un mandataire, il doit justifier d'un pouvoir authentique.

Le décès du créancier ou celui de la personne chez qui a été faite l'élection de domicile est sans incidence sur cette élection (C. civ., art. 2434 [ancien art. 2439]).

1287 **Perceptions.** Si un acte est spécialement dressé, qui sera mentionné en marge de l'inscription d'origine :

– il n'y aura pas de perception de la taxe de publicité foncière ;

– la contribution de sécurité immobilière sera perçue au taux fixe (*BODGI* 10 G-6-75. – CGI, ann. III, art. 287-10).

Si le changement de domicile n'est que l'accessoire de disposition mentionnée simultanément (par ex., subrogation dans les droits des créanciers), il n'y aura pas de perception particulière au titre de la contribution de sécurité immobilière.

E Titre du créancier et cause de l'obligation garantie

1288 **Mention du titre et de sa date.** L'inscription est prise « EN VERTU DE... ». La formule est suivie de l'indication de **la date** et de **la nature du titre** générateur de la sûreté ou de la créance (par ex. : acte notarié, transaction, jugement). S'il s'agit d'un titre notarié, les nom et résidence du rédacteur sont précisés (D. 14 oct. 1955, art. 55-3°).

L'obligation de mentionner la date et la nature du titre est destinée à permettre aux tiers de connaître, en vertu du principe de la publicité, si les conditions de forme et de fond sont réunies pour assurer la validité de l'inscription.

Lorsque l'inscription requise concerne les hypothèques légales visées à l'article 2393 (ancien art. 2400), 1°, 2° et 3° du même code (hypothèque légale des époux, des mineurs et des majeurs en tutelle, hypothèque de l'État, des départements, des communes et des établissements publics sur leurs administrateurs comptables, etc. V. **Hypothèque légale**), ces sûretés se caractérisent par l'absence d'un écrit constatant l'existence de la créance et de son montant. Mais il y a lieu d'énoncer, de manière expresse, dans les bordereaux déposés, la cause et la nature de la créance garantie.

1289 **Présentation du titre.** Il n'est plus aujourd'hui imposé de présenter le titre au service de la publicité foncière, sauf toutefois dans le cas de prise d'inscription d'hypothèque judiciaire ou d'hypothèque judiciaire conservatoire (C. civ., art. 2423 [ancien art. 2428], al. 2 et 3).

➤ Sur le cas où le titre est constitué par un acte ou un jugement étranger, V. **Acte passé à l'étranger**.

1290 **Mention de la cause de l'obligation et mentions diverses.** Le bordereau doit également mentionner « la cause de l'obligation garantie par l'hypothèque » (D. 14 oct. 1955, art. 55-3°). Le requérant indiquera s'il s'agit d'un prêt, d'une ouverture de crédit, d'un cautionnement, d'une vente, d'un partage, etc.

Pour les inscriptions requises en application des dispositions de l'article 2393 et 2402 du Code civil (hypothèques légales générales et spéciales : anciens « privilèges »), les bordereaux énoncent la cause et la nature de la créance.

1291 **Hypothèque rechargeable.** Dans le cas d'hypothèque rechargeable, l'article 55, § 2, alinéa 3, 3°, du décret du 14 octobre 1955 exige que figurent dans le bordereau :

– la mention expresse du caractère rechargeable de l'hypothèque ;

– et la mention de la somme en capital pour laquelle l'hypothèque pour être affecté à la garantie d'autres créances (V. **Hypothèque rechargeable**).

1292 **Pacte commissoire.** L'article 2452 (ancien art. 2459) du Code civil permet d'insérer un pacte commissoire dans les actes d'affectation hypothécaire.

Pour permettre la publicité de cette stipulation en même temps que l'hypothèque à laquelle elle se rattache, il est prévu que la clause « prévoyant que le créancier hypothécaire impayé deviendra propriétaire de l'immeuble hypothéqué », constituant le pacte commissoire doit faire l'objet d'une mention dans le bordereau d'inscription d'hypothèque (D. 14 oct. 1955, art. 55, § 2, al. 3, 3°) de même que dans le bordereau d'inscription de l'avenant convertissant une hypothèque conventionnelle en hypothèque conventionnelle rechargeable (D. 14 oct. 1955, art. 57-3, 2°, al. 2, *g*).

Les modalités de publication des pactes commissoires ont été fixées par une instruction du 3 octobre 2008 (*BOI* 10 D-1-08 : *JCP* N 2008, n° 41, act. 675. – V. A. Fournier, *Adaptation du droit de la publicité foncière : modalités de publication du pacte commissoire : JCP* N 2008, act. 474). Selon

cette instruction, la clause portant pacte commissoire doit être mentionnée :
– dans la rubrique « dispositions particulières » du bordereau d'inscription d'hypothèque n° 3267 C ;
– dans la rubrique « F » des modèles de bordereau d'inscription d'hypothèque conventionnelle rechargeable par avenant ou par renonciation à privilège de prêteur de deniers, dont l'intitulé est enrichi à cette fin.
Des modèles de bordereau figurent en annexe à cette instruction.
Sera également mentionnée expressément la clause prévoyant que le créancier hypothécaire impayé deviendra propriétaire de l'immeuble hypothéqué.

1293 **Sanctions.** Le dépôt est refusé à défaut de présentation du titre générateur de la sûreté pour les hypothèques et sûretés judiciaires (C. civ., art. 2428, al. 7).
Un rejet de la formalité est prononcé à défaut de mention de la cause l'obligation (C. civ., art. 2428, al. 7).

F Désignation des parties intéressées

1294 **Désignation du créancier.** L'inscription est prise « AU PROFIT DE... », la formule étant suivie de l'identification du ou des créanciers (D. 14 oct. 1955, art. 55, § 2, 1°) effectuée selon les règles imposées par la réglementation (V. **Identification des personnes**). C'est le nom du bénéficiaire de la créance qui doit être indiqué, et il est prudent, sans que ce soit indispensable, d'indiquer sa qualité (créancier, cessionnaire, délégataire, subrogé, notamment).
Aucune fiche n'étant établie au nom du créancier, il est inutile de certifier son identité dans le bordereau, et corrélativement, le déposant n'a pas à se faire remettre les pièces réglementaires justificatives de cette identité (*Bull. AMC* 1956, art. 241).
Si une erreur est commise dans la désignation du créancier, elle ne peut être rectifiée qu'au moyen d'un bordereau rectificatif qui ne prendra effet qu'à la date de son dépôt au service de la publicité foncière, c'est-à-dire seulement pour l'avenir (H. Bulté, chron. hyp. : *JCP* N 1978, prat. 6873. – Sur les conséquences sur la garantie déjà prise, V. chron. E.C. : *JCP* N 1979, prat. 7193).

ATTENTION **Tout changement dans la dénomination des personnes portée sur un bordereau d'inscription déjà publié doit être lui-même obligatoirement publié en vertu de l'article 28, 9° du décret n° 55-22 du 4 janvier 1955 et de l'article 70 du décret n° 55-1350 du 14 octobre 1955.**
Le défaut de publication ou la publication incomplète de l'un des actes visés au 9° dudit article 28 permet à toute personne ayant publié son propre droit et prouvant qu'elle a subi un préjudice, de demander des dommages-intérêts (D. n° 55-22, 4 janv. 1955, art. 30, 4, al. 1er. – V. Cass. 3e civ., 2 juill. 1974 : *Bull. civ.* 1974, III, n° 280 ; *JCP* N 1975, prat. 6109).

1295 **Désignation du débiteur.** L'inscription est prise « CONTRE... », la formule étant suivie de l'identification du ou des débiteurs (D. 14 oct. 1955, art. 55, § 2, 1°) effectuée selon les règles imposées par la réglementation (V. **Identification des personnes**).
Si, comme l'indique le texte précité, le débiteur n'est pas le propriétaire de l'immeuble grevé, il y aura lieu d'identifier ce propriétaire, selon les mêmes règles.

G Désignation de l'immeuble grevé

1296 **Règles à respecter.** L'article 2421 (ancien art. 2426) du Code civil énonce, dans ses alinéas 2 et 3, que : « l'inscription (...) ne peut avoir lieu que (...) sur des immeubles déterminés, dans les conditions fixées par l'article 2423 » et précise que : « les immeubles sur lesquels l'inscription est requise doivent être individuellement désignés, avec indication de la commune où ils sont situés, à l'exclusion de toute désignation générale, même limitée à une circonscription territoriale donnée ».
L'inscription est prise « SUR... » (suit la désignation du ou des immeubles grevés). Les immeubles sur lesquels l'inscription est requise sont désignés conformément aux règles posées par l'article 7 du décret du 4 janvier 1955 (D. 14 oct. 1955, art. 55, § 2, 5°. – V. **Identification des immeubles**) à peine de rejet de la formalité.
Parmi les éléments essentiels d'identification d'un immeuble exigés par l'article 7 du décret n° 55-22 du 4 janvier 1955 figurent la situation, la contenance et la désignation cadastrale (section, numéro du plan et lieu-dit). Le lieu-dit est remplacé par l'indication de la rue et du numéro pour les immeubles situés dans les parties agglomérées des communes urbaines.

1297 Désignation cadastrale. Il résulte des textes cités aux numéros précédents que, sous peine de rejet de la formalité, les bordereaux doivent comporter, pour chacun des immeubles sur lesquels l'inscription est requise, l'indication de la commune où il est situé, de la section et du numéro du plan cadastral, du lieu-dit (le lieu-dit est remplacé par l'indication de la rue et du numéro pour les immeubles situés dans les parties agglomérées des communes urbaines), de sa nature et de sa contenance et en outre, pour les fractions d'immeuble, du numéro du lot.
S'il s'agit de la première formalité requise, sur un immeuble situé dans une commune où le cadastre a été rénové, il faut déposer avec le bordereau un extrait cadastral datant, lors de la formalité, de moins de six mois de date (D. n° 55-22, 4 janv. 1955, art. 7, al. 6. – D. n° 55-22, 4 janv. 1955, art. 40. – D. n° 55-1350, 14 oct. 1955, art. 30).

> **ATTENTION La désignation cadastrale figurant sur les bordereaux déposés doit être en concordance avec celle qui est mentionnée, lors du dépôt de ces bordereaux, au fichier immobilier, sous peine de rejet de la formalité.**
> **Spécialement, des bordereaux désignant, comme immeuble grevé une parcelle qui, d'après le fichier, a déjà fait l'objet d'une division, ne peuvent être acceptés que s'ils tiennent compte de cette division, en faisant porter l'inscription sur l'une ou l'autre des parcelles ou sur les deux (V. *Bull. AMC* 1983, art. 1275).**

1298 Contenance. Il est admis que l'on peut faire état, indifféremment, soit de la contenance d'après les titres de propriété, soit de la contenance d'après mesurage, soit encore de la contenance retenue comme base des conventions constatées, soit enfin de la contenance cadastrale. En principe, les bordereaux qui mentionnent une contenance pour l'immeuble grevé ou pour chacune des parcelles grevées, doivent être considérés comme réguliers. Mais une désignation imprécise ou approximative (par ex., adjonction du mot « environ ») ne peut être considérée comme la contenance prescrite par l'article 7 du décret du 4 janvier 1955 et devrait être assimilée à une omission de la contenance, sanctionnée par le rejet de la formalité, surtout lorsqu'il s'agit de la contenance cadastrale (V. H. Bulté, chron. hyp. : *JCP* N 1973, prat. 5488).

1299 Pluralité d'immeubles. L'article 2391 (ancien art. 2393) du Code civil pose le principe de l'indivisibilité de l'hypothèque. Cependant, cette indivisibilité n'étant pas d'ordre public, le créancier peut aussi n'inscrire cette hypothèque que pour partie de sa créance ou répartir la garantie de son prêt entre les divers immeubles affectés, en déterminant la somme dont chacun d'eux sera grevé.
La mise en œuvre de ces principes permet d'obtenir, dès l'origine, une division de l'hypothèque (V. H. Bulté, chron. hyp. : *JCP* N 1973, prat. 5428).

1300 Copropriété. Les hypothèques inscrites sur des lots dépendant d'un immeuble en copropriété sont réputées ne pas grever la quote-part des parties communes comprises dans ces lots.
Les créanciers inscrits exercent, toutefois, leurs droits sur cette quote-part, dans sa consistance au moment de la mutation dont le prix fait l'objet de la distribution. Cette quote-part est considérée comme grevée des mêmes sûretés que les parties privatives, et de ces seules sûretés (C. civ., art. 2424 [ancien art. 2429]).
L'article 71-9, alinéa 5, du décret du 14 octobre 1955 précise que « l'indication de la quote-part des parties communes n'a pas à figurer dans (...) les bordereaux... » et que « si cette indication est cependant fournie, la publicité est censée ne pas être requise sur la quote-part ».
Si la quote-part des parties communes figure néanmoins sur les bordereaux, le service de la publicité foncière doit la négliger, notamment pour l'annotation de son fichier (Instr. adm., 1er août 1979 : *BODGI* 10 E-1-79 ; *JCP* N 1979, prat. 7262, n° 75. – En cas de copropriété horizontale, V. chron. hyp. : *JCP* N 1988, prat. 523).

1301 Fraction de parcelle. Dès lors qu'un état descriptif divisant une seule parcelle en plusieurs lots a été publié, une inscription peut être requise sur l'un ou plusieurs de ces lots sans qu'il soit nécessaire de produire un document d'arpentage (V. sous l'empire des textes antérieurs à 1998, R. Chardonnal, chron. hyp. : *JCP* N 1985, prat. 9372).

H Effet relatif

1302 Mentions exigées. Sur le bordereau, doit également figurer « l'indication de la date, du volume et du numéro sous lequel a été publié le titre de propriété du débiteur ou du propriétaire si le débiteur n'est pas le propriétaire des immeubles grevés, lorsque ce titre est postérieur au 1er janvier 1956 » (D. 14 oct. 1955, art. 55, § 2, 6°).
Il y a lieu d'appliquer en la matière les principes généraux concernant « l'effet relatif » (V. **Effet relatif**).

Rappelons que des tempéraments sont prévus par l'article 35 du décret du 14 octobre 1955 :
– si le droit du disposant ou dernier titulaire a été acquis sans titre ou lorsque le droit de propriété s'est trouvé consolidé par le décès de l'usufruitier ;
– si le titre du disposant ou dernier titulaire ou la transmission par décès à son profit est antérieur au 1er janvier 1956 (V. **Effet relatif**).

1303 **Mesures de contrôle.** Pour vérifier l'application de la règle de l'effet relatif de la publicité foncière, les bordereaux déposés au service de la publicité foncière doivent contenir soit les références (date, volume, numéro) de la formalité donnée au titre du disposant ou dernier titulaire du droit ou à l'attestation notariée de transmission par décès à son profit, soit l'indication de la publication de ce titre où attestation est requise simultanément (D. n° 55-1350, 14 oct. 1955, art. 32, § 2).
De son côté, l'article 33 du décret n° 55-1350 du 14 octobre 1955 indique que le dépôt « est refusé en l'absence des mentions ou précisions prévues au 2 de l'article 32, ou si la publicité du titre ou de l'attestation n'est pas effectuée au plus tard en même temps que la formalité nouvelle. L'omission, dans un bordereau d'inscription, de la date, du volume et du numéro sous lequel a été publié le titre de propriété du débiteur grevé, entraîne le rejet de la formalité ».
Enfin, l'article 71-12, alinéa 2 de ce même décret pose les mêmes obligations et les mêmes sanctions au sujet des bordereaux déposés pour l'exécution d'une formalité concernant une fraction d'immeuble. Les bordereaux doivent, dans ce cas, être complétés par :
– les références (date, volume, numéro) à la formalité donnée à l'acte contenant l'état descriptif de division ou au document analogue en tenant lieu et, éventuellement, aux actes modificatifs se rapportant aux fractions intéressées ;
– ou la déclaration que la publicité de ces documents en sera requise simultanément.

1304 **Inscription portant sur plusieurs parcelles.** Si une garantie porte sur plusieurs parcelles, les bordereaux déposés aux fins d'inscription de la sûreté doivent comporter les références à la publication du titre de propriété de chacune de ces parcelles (*Bull. AMC* 1984, art. 1312. – P. Frémont : *JCP* N 1981, prat. 8107. – R. Chardonnal, chron. hyp. : *JCP* N 1985, prat. 9483).

I Créance garantie

1305 **Principes et textes de référence.** L'article 2421 (ancien art. 2426), alinéa 2, du Code civil dispose que l'inscription ne peut avoir lieu que pour une somme déterminée, « dans les conditions fixées par l'article 2423 ». Dès lors, le bordereau doit comporter « l'indication du capital de la créance, de ses accessoires et de la date prévue pour son exigibilité » (D. 14 oct. 1955, art. 55-2-4°). Cette mention figure dans la rubrique intitulée « POUR SÛRETÉ » (de la somme de... etc.).
L'article 2423 auquel il est renvoyé, énonce :

> « Chacun des bordereaux contient (...) sous peine de rejet de la formalité :
> (...)
> 4° L'indication du capital de la créance, de ses accessoires et de la date prévue pour son exigibilité. En toute hypothèse, le requérant doit évaluer les rentes, prestations et droits indéterminés, éventuels ou conditionnels, (...) ; si les droits sont éventuels ou conditionnels, il doit indiquer sommairement l'événement ou la condition dont dépend l'existence de la créance. Dans le cas où la créance est assortie d'une clause de réévaluation, l'inscription doit mentionner le montant originaire de la créance ainsi que la clause de réévaluation. Lorsque le montant de la créance n'est pas libellé en euros, l'indication immédiate de sa contre-valeur en euros est déterminée selon le dernier cours de change connu à la date du titre générateur de la sûreté ou de la créance ».

De son côté, l'article 2417 (ancien art. 2423), alinéa 1er du Code civil précise que :

> « L'hypothèque est toujours consentie, pour le capital, à hauteur d'une somme déterminée que l'acte notarié mentionne à peine de nullité. Le cas échéant, les parties évaluent à cette fin les rentes, prestations et droits indéterminés, éventuels ou conditionnels. Si la créance est assortie d'une clause de réévaluation, la garantie s'étend à la créance réévaluée, pourvu que l'acte le mentionne ».

Par ailleurs :
– l'article 57, alinéa 3, du décret n° 55-1350 du 14 octobre 1955 règle le cas où la créance garantie est assortie d'une clause de réévaluation ;
– l'article 2427 (ancien art. 2432) du Code civil et les alinéas 1, 2 et 4 de l'article 57 du décret précité du 14 octobre 1955 traitent des intérêts et des accessoires de la créance.
Nous traiterons successivement des indications concernant le capital de la créance (1), les intérêts (2) et les autres accessoires (3). Il y a lieu également indiquer l'époque normale d'exigibilité (4).

1 Capital de la créance

1306 **Principe et difficultés d'application.** L'évaluation de la créance ne pose pas de problème lorsqu'elle est déterminée. Nous évoquons ci-dessous quelques difficultés d'application qui naissent lorsque précisément la créance est difficilement déterminable.

a) Inscription requise pour une somme inférieure ou supérieure au montant de la créance

1307 **Inscription requise pour une somme inférieure au montant de la créance.** Rien n'empêche de prendre inscription pour une somme inférieure au montant de la créance. Ainsi par exemple, lorsque plusieurs immeubles situés dans le ressort de services de la publicité foncière différents sont affectés à la garantie d'une même créance, le créancier peut, en raison de l'indivisibilité de l'hypothèque, requérir dans chaque service une inscription garantissant la totalité de la créance (sur les inscriptions prises dans plusieurs bureaux, V. **Formalités requises dans plusieurs services**). Le créancier peut limiter la garantie conférée par chaque inscription à une somme inférieure au montant de la créance, qu'il détermine à son gré et qui est généralement fixée en fonction de la valeur de l'immeuble grevé. La solution serait d'ailleurs la même si les immeubles grevés avaient tous été situés dans le ressort d'une même conservation (*Bull. AMC* 1970, art. 815).

1308 **Inscription requise pour une somme supérieure au montant de la créance.** L'article 2423 (ancien art. 2428), alinéa 10, du Code civil, prévoit une sanction propre aux hypothèques et sûretés judiciaires : lorsque les bordereaux comportent un montant de créance garantie supérieur à celui figurant dans le titre, la formalité est rejetée.

b) Créance indéterminée

1309 **Évaluation nécessaire.** « En toute hypothèse, le requérant doit évaluer les rentes, prestations et droits indéterminés (...), sans préjudice de l'application des articles 2444 et 2445 du Code civil au profit du débiteur » (D. 14 oct. 1955, art. 55, § 2, 4°). Les articles 2444 et 2445 du Code civil ont été remplacés par l'article 2439 à la suite de la réforme des sûretés opérée par l'ordonnance du 15 septembre 2021.

Cette obligation concerne les rentes, mais également tous les cas où il est prévu une obligation de faire ou de ne pas faire ou des prestations en nature.

Cette évaluation doit être faite avec soin :

– si elle est insuffisante, le créancier peut obtenir une inscription complémentaire. Mais celle-ci ne prendra rang qu'à sa date (*Bull. AMC* 1979, art. 1148) ;

– si elle est exagérée, le débiteur peut demander la réduction de la garantie (C. civ., art. 2439 [ancien art. 2444 et 2445]) et les juges du fond se prononceront souverainement sur le caractère excessif ou non de la sûreté inscrite (Cass. 3e civ., 21 févr. 1984 : *JCP* N 1984, prat. 9208).

1310 **Inscription complémentaire.** Si le créancier estime que son inscription primitive est insuffisante pour garantir sa créance telle qu'elle a été évaluée au moment de la constitution, il peut demander une inscription complémentaire. Toutefois, celle-ci ne prendra rang qu'à sa propre date (*Bull. AMC* 1979, art. 1148. – V. aussi Cass. req., 20 mars 1872 : *DP* 1872, 1, p. 401. – Cass. req., 8 juill. 1879 : *DP* 1880, 1, p. 293).

La question se pose, néanmoins de savoir si, en l'absence d'un élément nouveau susceptible d'influer sur l'évaluation primitive, une telle inscription complémentaire pourrait être prise, quand la première évaluation figure dans le titre générateur de la garantie.

c) Droits conditionnels ou éventuels

1311 **Évaluation.** L'article 55, § 2, 4° du décret du 14 octobre 1955 prescrit d'évaluer les droits éventuels ou conditionnels. Le même texte commande d'indiquer sommairement l'événement ou la condition dont dépend l'existence de la créance.

d) Clause de réévaluation

1312 **Mentions devant figurer dans le bordereau.** Les tiers ayant intérêt à connaître la clause de réévaluation, l'inscription doit alors mentionner le montant originaire de la créance, ainsi que la clause de réévaluation (D. 14 oct. 1955, art. 55, § 2, 4°).

L'article 57, alinéa 3, du décret du 14 octobre 1955, précise qu'il est satisfait au vœu de la loi « par la simple mention du capital originaire de la créance et l'indication de la clause de réévaluation ».

Il n'est pas indispensable de reproduire les termes de la clause, mais sa teneur doit être relatée avec assez de précisions pour permettre aux tiers, à tout moment, de calculer en cas de variation, le montant réel de la créance garantie.

Le texte ajoute que « la créance supplémentaire susceptible de résulter de la réévaluation doit figurer pour mémoire parmi les sommes pour sûreté desquelles l'inscription est requise » (D. 14 oct. 1955, art. 57, al. 3).

Il n'est donc pas nécessaire de chiffrer la somme que l'application de la clause doit garantir ; il suffit de mentionner cette créance supplémentaire éventuelle « pour mémoire ». Mais cette mention est obligatoire au même titre que l'indication du capital nominal originaire de la créance.

1313 **Sanction.** Si ces prescriptions n'étaient pas suivies, l'inscription ne garantirait que la créance originaire indiquée dans les bordereaux (*Bull. AMC* 1959, art. 361 ; *ibid.* 1975, art. 1003).

Rien n'autoriserait, cependant, un conservateur (aujourd'hui le service de la publicité foncière) à rejeter les bordereaux du seul fait qu'ils ne feraient pas mention de la clause de réévaluation ou que la créance supplémentaire susceptible d'en résulter n'y figurerait pas pour mémoire, car l'inscrivant ne ferait alors qu'user de la faculté qui lui appartient de n'inscrire la sûreté que pour une partie seulement des sommes garanties (*Bull. AMC* 1975, art. 1003).

On notera que si la clause de variabilité figurant au contrat n'a pas été mentionnée sur les bordereaux, il est possible de déposer des bordereaux rectificatifs (sur les critères que doit remplir un bordereau pour être considéré comme rectificatif, V. P. Frémont, chron. hyp. : *JCP* N 1981, prat. 7938).

e) Créances en monnaie étrangère

1314 **Expression en euros.** La créance garantie doit être exprimée en euros. Lorsque le montant de la créance n'est pas libellé en euros, l'indication immédiate de sa contre-valeur en euros est déterminée selon le dernier cours de change connu à la date du titre générateur de la sûreté ou de la créance (D. 14 oct. 1955, art. 55, § 2, 4°).

f) Sanction des irrégularités

1315 **Rejet de la formalité.** L'absence de l'indication du capital entraîne le rejet de la formalité (C. civ., art. 2423 [ancien art. 2428], al. 9).

Une erreur dans l'indication du chiffre de la créance n'entraînerait pas la nullité de l'inscription, mais celle-ci ne pourrait valoir que pour la somme exprimée si elle était inférieure à la somme réelle (Chambaz, Masounabe-Puyanne et Leblond, *Précis du droit et de la pratique hypothécaires*, n° 603).

La prudence s'impose, car il est bien évident que, si le bordereau n'était pas rejeté, l'absence de l'indication du capital ou, si la créance était indéterminée, l'absence d'évaluation de celle-ci, priverait l'inscription de toute efficacité (V. R. Chardonnal, chron. hyp. : *JCP* N 1983, prat. 8719).

2 Intérêts

1316 **Principe.** L'article 57, alinéa 1er, du décret n° 55-1350 du 14 octobre 1955, dispose que les accessoires de la créance (et donc les intérêts), même éventuels, doivent être évalués. Ils sont totalisés à part et ajoutés au principal de la créance.

a) Indication du quantum des intérêts

1) Intérêts échus

1317 **Mention nécessaire.** Pour être garantis, les intérêts déjà échus lors de l'inscription doivent figurer dans les bordereaux pour leur montant global et ce montant doit être ajouté au capital de la créance (*JCP* N 1979, prat. 7312, chron. hyp.).

1318 **Clause d'anatocisme.** L'inscription ne conserve pas les intérêts composés résultant d'une clause d'anatocisme, alors même que cette clause est relatée dans l'inscription. Pour ces intérêts, de même que pour les intérêts simples échus depuis l'inscription, il est nécessaire de requérir une inscription spéciale, laquelle ne prend rang qu'à sa date (Cass. civ., 22 avr. 1948 : *DP* 1948, 1, p. 311. – Cass. civ., 7 févr. 1949 : *Gaz. Pal.* 1949, 1, p. 220).

Cette règle connaît une exception, en matière de crédit ou de compte courant pour une durée déterminée. Les intérêts sont capitalisés de plein droit, sans qu'il soit nécessaire de convention spéciale, et ces intérêts confondus avec le capital sont colloqués en même temps que lui. Les trois ans prévus par l'article 2432 du Code civil, ne commenceront à courir qu'à partir du règlement définitif de l'ouverture de crédit ou de la créance. Il semble donc que l'inscription requise en vertu d'une ouverture de crédit puisse garantir non seulement le montant du crédit convenu entre les parties et les intérêts dont la loi conserve le rang, mais aussi les intérêts qui, ajoutés au capital lors de chaque échéance, produisent eux-mêmes des intérêts (Bulté, chron. hyp. : *JCP* N 1970, IV, 4703).

2) Intérêts à échoir

1319 **Intérêts conservés par l'inscription primitive.** L'article 2427 (ancien art. 2432) du Code civil dispose que le créancier hypothécaire inscrit pour un capital produisant intérêt et arrérages, a le droit d'être colloqué, pour trois années seulement, au même rang que le principal.

L'évaluation des intérêts dont la loi conserve le rang n'est pas obligatoire (D. 14 oct. 1955, art. 57, al. 2). Les intérêts n'ont même pas à figurer pour mémoire dans les bordereaux d'inscription.

1320 **Garantie limitée à trois années.** Les intérêts à échoir ne sont conservés que pour trois années (C. civ., art. 2427 [ancien art. 2432]).

Ces trois années sont décomptées rétroactivement à partir du moment où l'inscription a produit son effet légal. Ainsi, en cas de procédure de saisie de l'immeuble grevé, l'article 2427 (ancien art. 2432) du Code civil ne concerne que les intérêts échus avant la publication du jugement d'adjudication (Cass. 2e civ., 5 déc. 1984 : *Bull. civ.* II, n° 186 ; *JCP* N 1985, prat. 9568).

Le créancier est colloqué sans limitation de durée pour les intérêts échus depuis cette date jusqu'à celle du règlement définitif (Cass. 2e civ., 5 déc. 1984, préc. – Cass. 3e civ., 8 juin 1995 : *JurisData* n° 1995-001486 ; *JCP* N 1995, n° 48, II, p. 1703).

La limitation prévue à l'article 2427 (ancien art. 2432) du Code civil ne concerne pas les intérêts déjà échus au jour de l'inscription, lesquels sont garantis par l'inscription sans aucune limitation de durée dès lors que leur montant global figure dans les bordereaux et est ajouté au capital de la créance.

1321 **Intérêts non conservés.** Les intérêts courus après l'inscription et non compris dans les trois années prévues à l'article 2427 (ancien art. 2432) du Code civil, ne peuvent être garantis que par des inscriptions à prendre, au fur et à mesure de leur échéance et qui n'ont rang qu'à compter de leur date (C. civ., art. 2427. – V. chron. hyp. : *JCP* N 1979, prat. 7312).

En l'absence d'inscriptions complémentaires pour ces intérêts, le créancier est simplement chirographaire.

b) Indication du taux des intérêts

1) Mention du taux convenu

1322 **Principe.** À défaut de mention de leur taux, les intérêts conventionnels ne sont conservés que dans la limite du taux légal ; si leur taux est variable, seul doit être précisé, sous peine de rejet de la formalité, le quantum originaire, accompagné de l'indication « variabilité prévue à l'acte » (D. 14 oct. 1955, art. 57, al. 4, *in fine*).

Il est donc primordial, pour garantir les intérêts, d'y indiquer que la créance produit des intérêts à partir de telle date et à tel taux (Cass. civ., 24 févr. 1852 : *DP* 1852, 1, p. 40. – V. H. Bulté, chron. hyp. : *JCP* N 1980, prat. 7458).

Faute d'indication du taux d'intérêt conventionnel, les intérêts ne seront garantis qu'à concurrence du taux légal.

Mais, pour les intérêts non encore échus, la différence entre le montant des intérêts conventionnels et celui des intérêts légaux n'a pas à être évaluée dans les bordereaux (H. Bulté, chron. hyp. : *JCP* N 1967, IV, 4156).

1323 **Taux variable.** Lorsque le taux d'intérêt est variable (cas des prêts comportant des taux d'intérêts progressifs et successifs), il y a lieu :
- d'indiquer dans le bordereau le taux des intérêts convenus à l'acte constitutif (le « quantum originaire ») ;
- de mentionner ensuite « variabilité prévue à l'acte » (D. 14 oct. 1955, art. 57, al. 4, *in fine*. – V. H. Bulté, chron. hyp. : *JCP* N 1973, prat. 5529. – V. aussi *JCP* N 1979, prat. 7312) ; faute de quoi les intérêts ne seraient garantis que dans la limite du taux originaire prévu dans l'acte (Cass. 1re civ., 8 juin 1983 : *Defrénois* 1984, art. 33342, p. 865, note J.-L. Aubert).

Aucune autre mention ne doit figurer dans le bordereau à peine de rejet (*Bull. AMC* 1986, art. 1340).

Ces règles ne s'appliquent que lorsque le taux des intérêts est variable, mais non pas lorsque des taux différents sont appliqués à des parties différentes d'une même opération de crédit (H. Bulté, chron. hyp. : *JCP* N 1974, prat. 5862. – V. aussi H. Bulté, chron. hyp. : *JCP* N 1967, IV, 4156. – Note CSN, 12 avr. 1988 : *JCP* N 1988, prat. 543).

En pareil cas, les solutions à appliquer sont les suivantes (*Bull. AMC* 1986, art. 1340) :
- si chacun des taux est fixe, leur mention dans le bordereau doit être acceptée ;
- des taux différents – dont le quantum est fixé dans l'acte et connu dès ce jour – sont stipulés, mais chacun d'eux est assorti d'une clause de variabilité : leur mention sur le bordereau doit être acceptée, mais il y aura lieu à notification de rejet si, en regard de chacun de ces taux, des indications autres que « variabilité prévue à l'acte » étaient ajoutées ;
- des taux différents – dont le quantum originaire au-delà du premier, est assorti d'une clause de variabilité – sont stipulés : seule doit être acceptée la mention du premier taux, accompagné de l'indication « variabilité prévue à l'acte ». Il en va *a fortiori* de même dans l'hypothèse ultime où le deuxième quantum originaire, déjà incertain, est lui-même assorti d'une clause de variabilité.

2) Augmentation ultérieure du taux des intérêts

1324 **Nécessité d'une inscription complémentaire.** Si une augmentation du taux des intérêts est convenue par la suite, une inscription complémentaire doit être prise pour conserver ce supplément d'intérêts (*Bull. AMC* 1980, art. 1172). Les intérêts à échoir à ce titre, même non évalués, sont, en effet, conservés de plein droit (dans la limite évidemment de trois ans) au même rang que le principal de la créance (chron. hyp. : *JCP* N 1979, prat. 7312).

Néanmoins, il a été recommandé de porter pour mémoire dans les bordereaux complémentaires, le montant du capital de la créance, afin que les tiers puissent, au seul vu de ces bordereaux, être exactement informés de l'importance de la charge supplémentaire qui pèse sur le bien grevé (pour un bordereau rectificatif mentionnant une clause de variabilité omise lors de l'inscription originaire, V. P. Frémont : *JCP* N 1981, prat. 7938).
Si cette augmentation du taux des intérêts s'accompagne d'une prorogation de délai, il convient de faire mentionner cette prorogation de délai en marge de l'inscription primitive.

3) Réduction ultérieure de taux

1325 **Prêts substitutifs.**
➤ V. **Prêts**.

3 Autres accessoires de la créance

a) Notion d'accessoire

1326 **Énumération.** Les accessoires autres que les intérêts comprennent les frais et les indemnités prévues dans l'obligation.
Les frais comportent le coût de l'inscription hypothécaire et éventuellement, de son renouvellement, les sommes avancées ou à avancer par le créancier pour l'obtention de son titre, les dépens qui peuvent lui être dus s'il y a contestation de la validité du titre, et d'une façon générale, tous les frais qui ne peuvent pas bénéficier de la qualification de frais de justice d'après les règles de l'article 2331 du Code civil.
Quant aux indemnités, elles sont principalement prévues dans les cas de production à une procédure de distribution, de remboursement dans un lieu autre que celui prévu dans l'acte ou de cession de créance après exigibilité ou encore pour le remboursement des frais de déplacement du créancier, le montant des dommages-intérêts mis éventuellement à la charge du débiteur, le paiement des droits de commission ou les primes de l'assurance contractée par le débiteur en cas de décès (Chambaz, Masounabe-Puyanne et Leblond, *op. cit.*, 2e éd. suppl., n° 606).

b) Évaluation

1327 **Règles à appliquer.** « Les accessoires de la créance, même éventuels, dont la nature doit être sommairement indiquée, sont évalués par catégorie ou globalement » (D. 14 oct. 1955, art. 57, al. 1er).
– Si ces accessoires sont déterminés, on indiquera dans les bordereaux, leur montant exact (ainsi par ex., pour les frais de constitution du privilège ou de l'hypothèque s'ils ont été avancés par le créancier).
– Les accessoires indéterminés au moment de l'inscription doivent faire l'objet d'une évaluation, sans qu'il soit nécessaire que l'évaluation en soit faite séparément pour chaque nature (V. H. Bulté, chron. hyp. : *JCP* N 1972, prat. 5191).
Une indication « Pour mémoire » serait inopérante (Cass. civ., 14 août 1883 : *DP* 1884, 1, p. 64. – Planiol et Ripert, *op. cit.*, t. XII par Becqué, n° 742).
Et il faut éviter la mention « sauf à parfaire ou à diminuer », qui ne permet pas au créancier d'être colloqué pour une somme supérieure au montant de l'évaluation des accessoires indiqué dans les bordereaux (CA Paris, 2e ch., 3 mai 1976 : *JCP* N 1978, II, p. 176 ; *Journ. not.* 1977, art. 53975).
En général, on évalue les frais de 15 % à 30 % du principal (Chambaz, Masounabe-Puyanne et Leblond, *op. cit.*, suppl., n° 606).

4 Date d'exigibilité

1328 **Principe.** La date prévue pour l'exigibilité de la créance doit, sous peine de rejet de la formalité, être indiquée dans les bordereaux d'inscription (D. 14 oct. 1955, art. 57-2-4°) :
– si cette date est passée lors de la prise d'inscription, il suffit d'indiquer que la créance est exigible, sans avoir à en préciser la date ;
– si la date est incertaine, il y a lieu d'indiquer l'acte ou l'événement qui rendra la créance exigible (par ex., le terme ou la condition…).

1329 **Notion de date d'exigibilité.** Seule la date d'exigibilité normale doit être mentionnée sur les bordereaux (*Bull. AMC* 1959, art. 360). Il n'y a pas lieu, notamment, d'y porter les cas d'exigibilité avant terme pouvant être prévus dans l'obligation, les clauses prévoyant une période de moyen terme puis une période de long terme ou de consolidation, les clauses de perte du bénéfice du terme, les clauses de remboursement anticipé, ni les dates de paiement des annuités de remboursement (autres que la dernière). La mention des échéances intermédiaires est inutile (H. Bulté, chron. hyp. : *JCP* N 1972, prat. 5191).

1330 **Paiements échelonnés.** Si une créance est remboursable selon des paiements échelonnés, il semble suffisant d'indiquer dans les bordereaux qu'elle est remboursable en plusieurs échéances, la dernière étant exigible le… (*Bull. AMC* 1968, art. 746. – H. Bulté, chron. hyp. : *JCP* N 1976, prat. 6310).

Bordereau d'inscription

J Précisions particulières

1331 **Texte.** L'article 55, § 2, alinéa 2, du décret du 14 octobre 1955 énonce que les bordereaux des inscriptions originaires sont susceptibles de contenir des précisions « imposées par des dispositions législatives ou réglementaires particulières » (par ex., les énonciations nécessaires à l'application d'une dispense de taxe de publicité foncière...). Aucune autre mention que celles prévues par ce texte ne peut figurer dans les bordereaux d'inscription, à peine de rejet de la formalité.

➤ Sur les mentions particulières à insérer dans le cas d'une hypothèque rechargeable, V. **Hypothèque rechargeable**.

K Renvois

1332 **Texte.** L'alinéa 3 du paragraphe 4 de l'article 76-1 du décret n° 55-1350 du 14 octobre 1955 énonce que « les renvois sont numérotés et inscrits à la suite du texte du bordereau (...). En aucun cas, ils ne peuvent être portés dans les marges qui sont exclusivement réservées aux annotations du service de la publicité foncière et aux besoins de la reliure ».

1333 **Application.** Dans les imprimés à cadre, les renvois ainsi numérotés sont à porter dans le même cadre que celui concernant les précisions imposées par des dispositions particulières, car ce cadre est commun aux deux sortes de mentions. Les renvois figurant sur les bordereaux doivent aussi être approuvés.

L Certifications

1 Certificat de conformité

1334 **Renvoi.** Le bordereau inscription doit comporter un certificat attestant de la conformité des bordereaux entre eux.

Les deux bordereaux déposés au service de la publicité foncière doivent être absolument conformes et la formalité est rejetée notamment si l'exemplaire à remettre au déposant n'est pas terminé par le certificat de conformité (V. pour le certificat de collationnement, H. Bulté, chron. hyp. : *JCP* N 1972, prat. 5372).

2 Certification de l'identité des parties

➤ L'identité des parties doit être certifiée selon le droit commun (V. **Certification d'identité**).

1335 À défaut de cette mention, le dépôt est refusé (C. civ., art. 2423 [ancien art. 2428], al. 8). Cependant, la formalité peut être rejetée, après acceptation du dépôt, lorsque le conservateur constate que les références de la mention sont inexactes, incomplètes ou imprécises (D. 14 oct. 1955, art. 38-1, al. 4).

3 Certification du montant de la créance

1336 **Principe.** Les bordereaux doivent contenir la certification que :

> « les montants figurant sur le bordereau, celui du capital de la créance garantie et le cas échéant, celui du capital pour lequel l'hypothèque peut être affectée en garantie d'autres créances, ne sont pas supérieurs à ceux figurant dans le titre générateur de la sûreté ou de la créance » (D. 14 oct. 1955, art. 55-2-7°).

On observera que cette certification ne porte que sur le seul montant du capital de la créance garantie et n'a pas à être effectuée lorsque l'inscription concerne une hypothèque légale spéciale visée à l'article 2402 du Code civil ou une hypothèque générale mentionnée à l'article 2393 du même code, pour lesquelles il n'y aurait pas de titre (Instr. 14 août 1998, n° 127 : *BOI* 10 D-2-68 ; *JCP* N 1998, n° 39, p. 1373 et s).

Pour les hypothèques et sûretés judiciaires, pour lesquelles le titre est représenté, il appartient au service de la publicité foncière de vérifier que le montant de la créance figurant dans les bordereaux déposés n'est pas supérieur à celui énoncé dans les titres présentés.

1337 **Forme du certificat.** La mention de certification doit être effectuée par le signataire du certificat d'identité dans la partie du bordereau réservé aux diverses certifications – identité, conformité... Dans la mesure où la certification est regroupée, au pied du bordereau, avec les certificats d'identité et de conformité, il est admis que le bordereau comporte une seule signature si son auteur est habilité à signer les trois certifications (Instr. 14 août 1998 : *BOI* 10 D-2-68 ; *JCP* N 1998, n° 39, p. 1373 et s., n° 126).

Dans le cas le plus courant (hors le cas d'hypothèque rechargeable), le certificat prendra la forme suivante (Instr. 14 août 1998 : *BOI* 10 D-2-68 ; *JCP* N 1998, n° 39, p. 1373 et s.) :

> « Le soussigné *(nom, qualité, domicile)* certifie que le montant du capital de la créance garantie énoncé dans le présent bordereau n'est pas supérieur à celui figurant dans le titre.
> À... le...
> (Signature) »

M Signature et sceau

1338 **Règles à respecter.** Les deux bordereaux doivent être signés par la même personne et comporter l'empreinte du même sceau (V. **Certifications**).

III Bordereaux rectificatifs

1339 **Distinction à opérer et renvoi.** Il y a lieu de distinguer :
- les « bordereaux rectificatifs » établis pour répondre à une notification de rejet (V. **Rejet**) ;
- les inscriptions rectificatives, qui constituent en fait de nouvelles inscriptions, V. **Inscriptions (formalités)**.

1340 **Rejet et refus de dépôt (causes propres).**
➤ Sur les causes de rejet et de refus de dépôt, V. **Refus de dépôt** et **Rejet**.

Bornage

Jacques LAFOND

BIBLIOGRAPHIE : *Le procès-verbal de bornage. Aspect civil et fiscal, publicité foncière (avec formules d'application) : JCP* N 1981, doctr. p. 350 et s. – Rapport au 112e Congrès des notaires de France, 2016, *La propriété immobilière entre liberté et contraintes*, Première commission, « Établir et protéger la propriété immobilière », V. Streiff, président et C. Pommier, rapporteur, nos 1094 et s. – V. Legrand, *Le droit au bornage : un droit aux frontières plus qu'incertaines : LPA* 27 mai 2016, p. 21. – G. Gil : *JCl. Civil Code*, Art. 646. – C. Atias : *Rép. civ.* Dalloz, V° Bornage. – C. Broche, *La délicate distinction entre délimitation des fonds et détermination des droits sur le fonds : Defrénois* 2021, n° 10, p. 13. – J. Lafond, *Procès-verbal de bornage et publicité foncière : JCP* N 2022, n° 26, 1185. – V. Legrand, *Précisions et imprécisions sur les vertus du bornage : LPA* juill.-août 2023, p. 19.

I Bornage amiable

A Nature juridique du procès-verbal de bornage

1 Position de la Cour de cassation

1341 Pas de caractère translatif de propriété. Le procès-verbal de bornage, qu'il ait été établi à l'amiable ou qu'il ait été dressé par le juge saisi d'une action en bornage (C. civ., art. 646), constitue un titre important et définitif pour la propriété des immeubles sur lesquels il porte. Il est « déclaratif des droits préexistants des propriétaires voisins » (*Rép. dr. fr.*, V° Bornage, n° 356).

C'est ce qui a été reconnu en matière de procès-verbal judiciaire de bornage par une réponse ministérielle du 3 août 1956 (V. *infra*, n° 1354).

La jurisprudence ne contredit pas ces analyses. Dans ses décisions les plus récentes, conformes à ses précédentes prises de position, la Cour de cassation déclare ainsi que « l'action en bornage a pour seul effet de fixer les limites des fonds contigus sans attribuer la propriété des terrains » (Cass. 3e civ., 10 juill. 2013, nos 12-19.416 et 12-19.610, publié au bulletin : *JurisData* n° 2013-014573 ; *JCP* N 2013, n° 30-34, act. 834) et que le fait que les parties se sont mises d'accord sur la délimitation des fonds « n'implique pas à lui seul leur accord sur la propriété des parcelles litigieuses » et n'exclut donc pas une action en revendication ultérieure (Cass. 3e civ., 23 mai 2013, n° 12-13.898 : *JurisData* n° 2013-009954 ; *Bull. civ.* 2013, III, n° 62), Un autre arrêt (non publié au bulletin) est plus précis lorsqu'il énonce que « un procès-verbal de bornage n'est pas un acte constitutif ou translatif de propriété » (Cass. 3e civ., 9 avr. 2013, n° 12-13.516 : *JurisData* n° 2012-006876 ; *AJDI* 2013, p. 778, note N. Le Rudulier. – V. également Cass. 3e civ., 10 juin 2015, n° 14-14.311 : *Bull. civ.* 2015, III, n° 56 ; *JCP* N 2015, n° 45, 1196, note B. Grimonprez ; *AJDI* 2015, p. 858, note N. Le Rudulier ; *RTD civ.* 2015, p. 899, note W. Dross). Dans des décisions plus récentes, la Cour de cassation affirme que « le bornage n'a pas pour objet de trancher une question de propriété » (Cass. 3e civ., 6 juin 2019, n° 18-14.454) et qu'il « ne constitue pas un acte translatif de propriété » (Cass. 3e civ., 4 juill. 2019, n° 18-13.553). Enfin dans un arrêt du 19 novembre

2020, la Cour de cassation énonce très clairement qu'un bornage « n'est pas attributif de propriété, mais a seulement pour effet de fixer les limites de fonds contigus » (Cass. 3e civ., 19 nov. 2020, n° 19-22.294. – V. sur cette décision le commentaire de C. Broche : *Defrénois* 2021, n° 10, p. 13). En conséquence un bornage ne permet pas à lui seul de constater un empiétement (Cass. 3e civ., 7 sept. 2023, n° 21-25.779 : *Defrénois* 2023, n° 40, act. p. 16 ; *LPA* déc. 2023, p. 44, note P.-L. Niel. – Cass. 3e civ., 23 mars 2022, n° 21-12.103). Il est donc possible d'acquérir par usucapion l'empiétement sur une parcelle amiablement bornée (Cass. 3e civ., 7 sept. 2023, préc.)
Autrement dit, et comme on l'a souligné, il ne faut pas confondre la « délimitation des fonds », objet du bornage, et la « détermination des droits sur le fonds » (C. Broche : *Defrénois* 2021, n° 10, p. 13).

2 Procès verbal de bornage et constitution de servitude

1342 Le procès-verbal de bornage, convention relative à l'exercice d'une servitude légale ? Il a été soutenu que les procès-verbaux de bornage sont seulement soumis à publication facultative en vertu de l'article 37, 1°, du décret n° 55-22 du 4 janvier 1955 pour « les conventions relatives à l'exercice des servitudes légales », puisque l'option prise par les rédacteurs du Code civil a été de faire du bornage une servitude (G. Mémeteau : *JCl. Civil Code*, Art. 646, n° 22, thèse reprise par G. Gil : *JCl. Civil Code*, Art. 646, n° 71).
Cette analyse a été consacrée par un arrêt de la cour de Reims qui estime en conséquence que le procès-verbal de bornage est opposable aux parties et à leurs ayants droit sans qu'il ait à être obligatoirement publié (CA Reims, ch. civ., sect. com., 22 mars 2006 : *JurisData* n° 2006-306259).
Faire du procès-verbal de bornage une « convention relative à l'exercice d'une servitude légale » paraît artificiel (V. l'appréciation critique de M. Suquet-Cozic, *Le procès-verbal de bornage n'est pas soumis à publicité obligatoire sous peine d'inopposabilité* : *BPIM* 4/2013, n° 231). Il faudrait d'abord démontrer que le bornage constitue bien une servitude légale, ce qui est fortement discuté (V. C. Larroumet, *Droit civil*, t. 2, *Les biens*, Economica, 3e éd., n° 846. – J. Ghestin, *Traité de droit civil, Les biens*, t. 2, par J.-L. Bergel, M. Bruschiet et S. Cimamonti, LGDJ, 2e éd. 2010, n° 365. – F. Terré et Ph. Simler, *Les biens*, Précis Dalloz, 9e éd. 2014, nos 271 et s. – C. Atias : *Rép. civ.* Dalloz, V° Bornage, n° 11).

1343 Servitude conventionnelle. Il n'y a pas d'obstacle de principe à ce que les parties, à l'occasion du bornage, établissent une servitude au profit de l'une ou l'autre d'entre elles ou une servitude réciproque (Cass. 3e civ., 8 juin 2017, n° 16-16.788. – Cass. 3e civ., 12 mai 2016, n° 15-14.984. V. F. Mazuyer, *Un procès-verbal de bornage peut-il être un acte constitutif ou recognitif d'une servitude de passage ? : Ann. loyers* déc. 2018, p. 125). Postérieurement la Cour de cassation a jugé qu'un procès-verbal de bornage fixant l'assiette d'une servitude de passage dont l'existence avait été précédemment reconnue par constat d'accord entre les riverains, pouvait valoir titre constitutif lorsqu'il avait été approuvé et signé par le propriétaire du fonds grevé (Cass. 3e civ., 17 févr. 2022, n° 20-19.954).
Pour qu'une servitude conventionnelle puisse ainsi être contenue dans un procès-verbal de bornage amiable, il est nécessaire que la volonté de la créer soit « claire et non équivoque de la part de tous les copropriétaires concernés et que les fonds servants et dominants soit identifiés (V. *infra*, V. **Servitudes**).
Le procès-verbal sera alors publié sous le régime des actes contenant plusieurs dispositions (V. **Acte contenant plusieurs dispositions**).

B Publicité foncière

1 Obligatoire ou non ?

1344 Intérêts de la publication. Les travaux du 112e Congrès des notaires de France (V. Bibliographie) ont mis en évidence l'intérêt de la publication obligatoire des procès-verbaux de bornage au regard de la sécurité juridique. On a évoqué la position de l'acquéreur de l'immeuble qui aurait été tenu dans l'ignorance d'un acte affectant les limites de sa propriété sans en avoir été préalablement informé, en ajoutant que la connaissance du bornage par le propriétaire actuel n'ayant pas concouru à l'opération lui permettra d'agir en revendication s'il estime que les limites assignées à son fonds ne correspondent pas à l'assiette réelle de celui-ci (Rapp. préc., n° 1105).
Cependant, le fait que la publication soit opportune ne suffit pas à la justifier. On observera que cette publication est prévue par l'article 710-1, alinéa 2 du Code civil (V. n° 1348). Reste à déterminer sur quel texte elle peut prendre appui. On a successivement invoqué les dispositions de l'article 28, 1° a) du décret du 4 janvier 1955, de l'article 28, 4° e) et l'article 37, 1, 2° de ce même décret.

1345 Le procès-verbal de bornage n'entraîne pas mutation. Il résulte clairement de la jurisprudence précitée (n° 1341) que le procès-verbal de bornage n'est pas un acte translatif de propriété. En conséquence et comme l'a indiqué l'arrêt de la Cour de cassation précité du 9 avril 2013, seule décision de la Haute juridiction, à notre connaissance à s'être prononcée sur la question de la publicité foncière, il n'est pas soumis à publicité. Mais on observera que l'arrêt a été rendu sur le fondement et par référence au seul article 28-1° du décret du 4 janvier 1955. On ne peut donc lui conférer une portée générale. On en retiendra seulement que, si publicité il y a, elle ne peut pas avoir de caractère obligatoire, et n'entraînera pas l'opposabilité aux tiers.

1346 **Le procès verbal de bornage, acte déclaratif.** La majorité de la doctrine estime que le bornage constituait un acte déclaratif, soumis en tant que tel à publicité obligatoire pour l'information des tiers, en vertu de l'article 28, 4° du décret du 4 janvier 1955 (V. en ce sens, Ph. Simler et Ph. Delebecque, *La publicité foncière*, Précis Dalloz, 6e éd. 2012, n° 887. – J. et S. Piédelièvre, *La publicité foncière*, Lextenso, 2014, n° 226. – C. Atias : *Rép. civ.* Dalloz, V° Bornage, n° 127. – Bulté et Béchade : *JCP* N 1959, IV, 2813. – M. Suquet-Cozic, étude préc. – S. Laporte-Lecomte : *JCl. Construction Urbanisme*, Fasc. 261-45, n° 239. V. également en ce sens, BOI-ENR-DG-10-30, n° 20. – V., pour le rejet de cette qualification, G. Mémeteau, puis G. Gil : *JCl. Civil Code*, Art. 646, n° 22. Sur la notion d'acte déclaratif, V. **Acte déclaratif**).

1347 **Conséquence du point de vue de la publicité foncière.** Si l'on veut bien admettre que le procès-verbal de bornage est un acte déclaratif, il faut en tirer les conséquences suivantes, du point de vue de la publicité foncière :
– il est soumis à **publicité obligatoire** en vertu de l'article 28, 4°, *e)* du décret du 4 janvier 1955. Pour permettre cette publication, une dérogation à la règle de l'authenticité exigée a été prévue par l'article 710-1 du Code civil. Ce texte énonce dans son alinéa 2 que « les procès-verbaux d'abornement peuvent être publiés au bureau des hypothèques (lire : "au fichier immobilier") à la condition d'être annexés à un acte qui en constate le dépôt au rang des minutes d'un notaire » ;
– **l'absence de publication du procès-verbal de bornage n'est pas sanctionnée par l'inopposabilité** de cet acte aux « tiers » qui, sur le même immeuble ont acquis du même auteur des droits concurrents en vertu d'actes ou de décisions soumis à la même obligation de publicité et publiés » (D. 4 janv. 1955, art. 30, 1, al. 1er).
La seule sanction encourue est celle prévue par l'article 30, 4 du décret du 4 janvier 1955. Selon ce texte, toute personne intéressée qui, ayant publié son propre droit, prouve qu'elle a subi un préjudice à raison soit d'un défaut de publication avant l'expiration du délai légal (en l'espèce trois mois), soit de la publicité incomplète ou irrégulière du procès-verbal de bornage peut demander des dommages-intérêts. On a mis en évidence que les conditions de mise en œuvre de cette action en responsabilité, spécialement celles tenant au préjudice et au lien de causalité, sont rarement réunies… (V. M. Dagot, *La publicité foncière*, PUF, 1981, p. 187. – Ph. Simler et Ph. Delebecque, *Les sûretés la publicité foncière*, préc., n° 898).
Autrement dit, qu'il soit publié ou non, le procès-verbal de bornage est de plein droit opposable aux « tiers », ce qui est le propre des « actes déclaratifs »… (V. V. Legrand, *Le droit au bornage : un droit aux frontières plus qu'incertaines : LPA* 27 mai 2016, p. 24. – Ph. Malaurie et L. Aynès, *Les sûretés, la publicité foncière*, Lextenso éd., 4e éd., n° 656. – Ph. Simler et Ph. Delebecque, *Les sûretés la publicité foncière*, préc., n° 893).

2 Modalités de la publication

1348 **Authenticité.** Une dérogation à la règle de l'authenticité exigée pour permettre l'accès à la publicité foncière a été prévue par l'article 710-1 du Code civil, issu de la loi n° 2011-331 du 28 mars 2011 (V. **Authenticité**).
Ce texte indique en effet dans son alinéa 2 que « les procès-verbaux d'abornement peuvent être publiés au bureau des hypothèques à la condition d'être annexés à un acte qui en constate le dépôt au rang des minutes d'un notaire » (sur les modalités pratiques de la publication, V. *Le procès-verbal du bornage : aspect civil et fiscal et publicité foncière : JCP* N 1981, p. 350 et s., et les formules proposées).

C Taxation

1349 Diverses réponses ministérielles (Lettre min. Finances, 16 mai 1983 : *JCP* N 1983, prat. p. 567. – Rép. min. Dousset, 12 déc. 1983 : *JOAN* CR, p. 5305, n° 37880) ont invité à distinguer selon que le bornage confirme ou modifie la situation existante. Les perceptions à opérer varient alors selon les cas (1°). Cette analyse est critiquable : il y a lieu de traiter dans tous les cas le bornage comme un acte déclaratif (2°).

1 Une taxation variable selon les cas ?

1350 **Le bornage acte confirmatif ?** Dans l'analyse actuellement retenue par l'administration

fiscale, s'il s'avère que les limites apparentes des propriétés sont reconnues exactes, et qu'il n'y a pas lieu de modifier la configuration des propriétés foncières en cause, le procès-verbal « qui a pour objet de fixer la ligne séparative des fonds en tenant compte des droits des parties, tels qu'ils résultent des titres de propriétés existant, est un document purement confirmatif » (Rép. min. Dousset, 12 déc. 1983, préc. BOI-ENR-PTG-10-10-20150903, n° 210).
Sa publication donnera lieu :
– à la perception de la taxe de publicité foncière au taux fixe prévu par l'article 674 du Code général des impôts (BOI-ENR-PTG-10-10-20150903, n° 210) ;
– et à la perception de la contribution de sécurité immobilière au taux fixe (V. **Contribution de sécurité immobilière**).
Cette analyse est critiquable. Qualifier le procès-verbal de bornage « d'acte confirmatif » au motif qu'il « ne modifie pas la consistance du fonds » est inapproprié tant du point de vue fiscal que du point de vue civil. Cette qualification ne répond pas à la définition de l'acte confirmatif énoncée par l'article 1182 du Code civil, à laquelle renvoie implicitement l'article 673 du CGI. En outre sur le terrain de la publicité foncière, elle prête à confusion. Les textes sur la publicité foncière ne donnent qu'un seul exemple d'actes confirmatifs soumis à publication : ceux qui confirment des « conventions entachées de causes de nullité ou de rescision » (D. 4 janv. 1955, art. 28, 4° a). Le procès-verbal de bornage n'entre manifestement pas dans cette catégorie. Lorsqu'il vient « confirmer » la situation existante, il s'agit en réalité d'un « acte déclaratif »(dans la définition large de cette notion préconisée par la doctrine... ; V. n° 1346).

1351 Le bornage acte translatif ? Lorsqu'il constate l'imperfection des limites séparatives des fonds concernés et qu'il en définit la configuration exacte, le bornage a alors « pour effet de modifier la consistance des fonds ».
Un document d'arpentage doit donc être établi (étude au *JCP* N 1981, 1, p. 350).
En ce cas, a-t-on dit, il revêt l'aspect d'un « acte rectificatif » (V. chron. Bulté : *JCP* N 1975, IV, 5965). Dans un premier temps, mais l'administration n'avait pas entendu pour autant appliquer la théorie de la propriété apparente, il avait été admis que seule la taxe de publicité foncière au taux de 0,70 % (0,71498 %, arrondi à 0,715 % avec les perceptions additionnelles) prévue pour la publication des « actes déclaratifs » devait être perçue (Rép. min. Dousset, 12 déc. 1983, préc.).
Cependant le *BOI* indique actuellement que « suivant les énonciations contenues dans le procès verbal, la taxe est exigible au taux prévu en matière de vente, d'échange ou de partage » (V. BOI-ENR-PTG-10-10-20130301, n° 210). Cette taxe est assise « sur la valeur de la superficie prélevée d'une unité foncière pour être adjointe à l'autre » (même réponse, V. BOI-ENR-PTG-10-10-20150903, n° 210).
Qualifier le procès-verbal de bornage « d'acte translatif » lorsqu'il « modifie la consistance » des fonds concernés est contestable : la jurisprudence constante de la Cour de cassation va à l'encontre de cette qualification : le procès-verbal de bornage n'opère aucun transfert de propriété (V. n° **1341**). En réalité, comme nous l'avons vu (V. n° **1346**), le procès-verbal constitue dans tous les cas un acte déclaratif, qu'il modifie ou non la consistance des fonds, ce qu'avait à une époque admis l'administration fiscale elle-même, à juste titre (V. Instr. DGI n° 7952, préc., n° 1). On relève curieusement que les procès-verbaux de bornage sont classés expressément dans la catégorie des « actes déclaratifs » par le BOFIP (BOI-ENR-DG-10-30, n° 20, 30 sept. 2014), classification dont l'administration n'a pas tiré les conséquences quant à la taxation dont ils doivent être l'objet. Le procès-verbal de bornage doit en fait être taxé comme un acte déclaratif (sur la taxation encourue, V. **Acte déclaratif**).

1352 Bornage amiable de parcelles relevant du domaine privé communal. Les parcelles relevant du domaine privé communal peuvent faire l'objet d'un bornage. Dans ce cas il sera fait appel à un géomètre expert. Ce professionnel établira un document d'arpentage destiné à la conservation cadastrale. Conformément aux dispositions du *Bulletin officiel des impôts* (*BOI* 11 C-1-90) relatif à la maintenance du plan cadastral, le document d'arpentage résultant de l'opération de bornage doit être certifié par les parties (propriétaire ou titulaire du droit réel objet de la délimitation) ou par leur mandataire. Ainsi pour les parcelles appartenant au domaine privé communal, la signature du maire (ou de son représentant) ou du titulaire de droits réels sera nécessaire sur le document d'arpentage, composé alors d'un fonds de plan, d'une chemise n° 6463 N et d'une copie du procès-verbal de bornage (Rép. min. n° 18 893 : *JO* Sénat Q 7 juill. 2011, p. 1790 ; *JCP* N 2011, n° 28, act. 597).

II
Bornage judiciaire

1353 **Assignation en bornage.** Selon un arrêt de la Cour de cassation, l'assignation en bornage n'est pas soumise à publication (Cass. 3e civ., 27 avr. 2011, n° 10-16.420. – V., dans le même sens, CA Chambéry, ch. civ., 24 janv. 2001 : *JurisData* n° 2001-134761. – CA Lyon, 8 févr. 1968 : *D.* 1968, p. 483).

1354 Les procès-verbaux de conciliation et les jugements des tribunaux judiciaires en matière de bornage, doivent être considérés comme des actes ou décisions judiciaires déclaratifs de droits réels immobiliers et doivent en conséquence être publiés au fichier immobilier (Rép. min. 3 août 1956 : *JCP* N 1956, IV, 2231 ; *Bull. AMC*, art. 281 ; *Rép. alph. enreg.*, V° Hypothèques, L. III, n° 750, § 6. – Bulté et Béchade : *JCP* N 1959, IV, 2813). Reprenant à son compte cette solution, la réponse ministérielle précitée du 16 mai 1983 (V. n° 1349) indique que la décision juridictionnelle intervenue (procès-verbal de conciliation ou jugement) est publiée par le dépôt d'une expédition sur formule de publication qui peut également recevoir la reproduction de ce procès-verbal.

III
Cas où le bornage intervient à l'occasion d'une autre opération

1355 Si le bornage intervient à l'occasion d'une opération telle qu'une vente, un échange, un partage ou une constitution de servitude, c'est l'acte authentique constatant cette opération juridique ou l'acte notarié de dépôt-reconnaissance du procès-verbal de bornage la constatant qui sera soumis à la formalité fusionnée.

En donnant cette précision, la réponse ministérielle précitée du 16 mai 1983 (V. n° 1349) ajoute que cette formalité donnera ouverture à la taxe de publicité foncière « au taux prévu selon la nature de la mutation, ainsi qu'aux taxes locales additionnelles, ces taxes étant liquidées sur le prix ou la valeur des parcelles dont la propriété est transférée » (V. également : *BODGI* 7 C-2-84, préc.).

Caisse d'allocations familiales

Jacques LAFOND

1356 **Acquisitions d'immeubles.** Le régime des acquisitions d'immeubles par les caisses de sécurité sociale (V. **Sécurité sociale**) est applicable aux caisses d'allocations familiales (Sol., 23 juin 1948 : *Dict. enr.*, 528-b).

Caisses d'assurances sociales agricoles

Jacques LAFOND

I Caisse de mutualité sociale agricole

A Statut juridique et fiscal

1357 L'article 52 du décret n° 60-452 du 12 mai 1960 relatif à l'organisation et au fonctionnement de la Sécurité sociale a fusionné les caisses mutuelles d'assurance sociale agricole, les caisses mutuelles d'allocation familiale agricole et les caisses mutuelles d'assurance vieillesse agricole dans des organismes uniques dénommés caisses de mutualité sociale agricole et régis par les articles L. 723-1 et suivants du Code rural et de la pêche maritime et l'article 1027 du Code général des impôts (sur le régime fiscal de la publication de procès-verbaux constatant la dévolution des biens meubles et immeubles des organismes fusionnés et des groupements ou unions constitués, V. *Bull. AMC* 1964, art. 570. – Sol., 12 sept. 1963 et 21 janv. 1964 : *JCP* N 1964, IV, 3697 et 3781).
L'article L. 723-1, alinéa 2, du Code rural et de la pêche maritime dispose que les caisses de mutualité sociale agricole sont dotées de la personnalité morale. Elles sont départementales et pluridépartementales. Elles sont chargées de la gestion des régimes obligatoires de protection sociale des salariés et non-salariés agricoles. Elles peuvent être autorisées à gérer des régimes complémentaires d'assurance maladie, maternité, invalidité et de vieillesse pour les personnes non salariées des professions agricoles (C. rur. pêche marit., art. L. 723-2, al. 1er).

CGI, art. 1027. – I. – Les avantages fiscaux prévus par les articles 1083 et 1084 sont applicables aux caisses mutuelles d'assurance sociale agricole et aux caisses mutuelles d'allocations familiales agricoles.

1358 Ces caisses bénéficient donc des mêmes avantages que la caisse de sécurité sociale (V. **Sécurité sociale**).

B Opérations diverses

1359 **Fusion de plusieurs caisses de mutualité sociale agricole.** L'article L. 723-4 du Code rural et de la pêche maritime prévoit qu'en cas de fusion de plusieurs caisses de mutualité sociale agricole, la circonscription de la nouvelle caisse ainsi créée est constituée par l'ensemble des circonscriptions des caisses fusionnées.
Les modalités selon lesquelles sont attribués les biens, droits et obligations des caisses intéressées par la fusion sont fixées par décret.
Les opérations entraînées par ce transfert, qui n'apporte aucune modification à l'affectation des ressources attribuées à chacun des régimes précédemment gérés par lesdites caisses, bénéficient de l'exonération prévue à l'article 1085 du Code général des impôts et donc d'une « exonération de toute perception de droits fiscaux » (CGI, art. 1027-II).
La contribution de sécurité immobilière est due selon le droit commun.

N.B. : La contribution de sécurité immobilière a remplacé le salaire du conservateur à compter du 1er janvier 2013. Cette taxe est perçue aux mêmes conditions d'assiette, de tarif, de contrôle et de recouvrement que ce salaire (V. **Contribution de sécurité immobilière**).

1360 Convention notariée d'exploitation entre époux exigée par la MSA. Après la cessation d'activité d'un exploitant agricole, les caisses de mutualité sociale agricole (MSA) ont coutume d'exiger l'établissement d'une convention notariée d'exploitation entre époux en vue de la reprise de l'exploitation par le conjoint.

Selon l'administration, ces conventions ne bénéficient pas de l'exonération d'enregistrement prévue par l'article 1083 du Code général des impôts en faveur des actes auxquels donne lieu l'application de la législation de Sécurité sociale (Rép. min. Valleix : *JOAN* CR, 20 oct. 1986, p. 3779, n° 4784. – V. aussi Rép. min. Chupin : *JOAN* CR, 8 juin 1987, p. 3308, n° 21680).

C Inscriptions

1361 Hypothèque judiciaire. Les caisses de mutualité sociale agricole sont chargées du recouvrement des cotisations et des majorations et pénalités de retard dues au titre des régimes de protection sociale agricole dont elles assurent l'application. Ce recouvrement peut avoir lieu par voie de contrainte qui comporte, à défaut d'opposition du débiteur devant le tribunal judiciaire spécialement désigné en application de l'article L. 211-16 du Code de l'organisation judiciaire, tous les effets d'un jugement et qui confère notamment le bénéfice de l'hypothèque judiciaire (C. rur. pêche marit., art. L. 725-3).

Cette hypothèque est l'hypothèque légale attachée de plein droit à tout jugement de condamnation. Elle n'est pas soumise aux dispositions de la loi du 9 juillet 1991 et de son décret d'application du 31 juillet 1992 relatif aux inscriptions d'hypothèque judiciaire provisoire (V. **Hypothèque judiciaire conservatoire**), dont elle se distingue totalement (Cass. 3e civ., 17 juin 2009 : *JurisData* n° 2009-048646 ; *RD bancaire et fin.* 2009, comm. 132, note S. Piédelièvre).

D Mainlevées

1362 Pouvoirs. En matière de mainlevée, les pouvoirs des directeurs de caisses sont les mêmes que ceux des directeurs des organismes de Sécurité sociale (*Bull. AMC* 1980, art. 1173).

1363 Exonération de droits d'enregistrement. L'exonération édictée par l'article 1083 du Code général des impôts s'applique-t-elle lorsqu'il y a mainlevée d'une inscription bénéficiant à la caisse de mutualité sociale agricole ? Le problème est de savoir si l'on est ou non en présence d'une « pièce relative à l'application de la législation de Sécurité sociale... ».

On pourrait *a priori* en douter. Si l'affirmative ne fait pas de doute en ce qui concerne l'inscription elle-même, on peut objecter par contre que la mainlevée ne concerne que le débiteur et non pas la caisse. Il est indifférent pour cette dernière que la mainlevée soit ou non opérée... Il peut donc être soutenu que l'exonération de droits d'enregistrement ne s'applique pas en pareil cas, d'autant que les frais de mainlevée incombent en principe au débiteur.

Toutefois, on remarquera que la même argumentation aurait pu être soutenue en ce qui concerne les mainlevées d'inscription bénéficiant à des caisses d'épargne et que, pourtant, l'administration a admis qu'elles bénéficiaient de l'exonération édictée par l'article 1062 du Code général des impôts (cf. Rép. min. Lagorce, 18 juill. 1983. – V. **Caisses d'épargne**).

II Caisse d'assurance mutuelle agricole

1364 Application du régime fiscal de droit commun. Les sociétés ou caisses d'assurances mutuelles agricoles sont assujetties pour les actes, pièces et écrits de toute nature les concernant, aux droits d'enregistrement ainsi qu'à la taxe de publicité foncière, dans les conditions de droit commun (Instr. 21 mars 1994 : *BOI* 7 C-4-94).

La contribution de sécurité immobilière est également perçue selon le droit commun (V. **Contribution de sécurité immobilière**).

Caisses de crédit

Jacques LAFOND

I

Caisses auxiliaires départementales

1365 Rôle. Les caisses auxiliaires départementales de prêts immobiliers (CADPI) peuvent accorder des prêts complémentaires à taux réduit aux ménages en vue de leur accession à la propriété.

1366 Taxe de publicité foncière. L'article 845-2°-*b* du Code général des impôts exonère de la taxe de publicité foncière les inscriptions des hypothèques prises par les organismes d'habitation à loyer modéré et de crédit immobilier pour la sûreté et le recouvrement des prêts individuels qu'ils sont appelés à consentir à des particuliers (V. **HLM**).

Cette exonération s'applique aux prêts complémentaires accordés par les caisses départementales auxiliaires de prêts immobiliers (*BOED* 1953, 6379 et 6450 ; *ibid.* 1958, 7729, IV-B-5°. – Instr. 31 janv. 1972 : *BODGI* 10 G-272).

S'il ne s'agit pas d'un prêt complémentaire, la taxe est due normalement.

1367 Contribution de sécurité immobilière. En toute hypothèse, la contribution de sécurité immobilière au taux proportionnel est exigible (V. **Contribution de sécurité immobilière**).

II

Caisses de crédit municipal

1368 Application du droit commun. Ces caisses sont des établissements publics à caractère administratif (*JCl. Administratif*, Fasc. 150).

Les actes des caisses de crédit municipal (« monts de piété ») relèvent du droit commun au point de vue de l'enregistrement, de la taxe de publicité foncière et et de la contribution de sécurité immobilière.

Caisses d'épargne

Jacques LAFOND

1369 **Régime de faveur.** Certaines opérations effectuées par les caisses d'épargne bénéficient d'un régime de faveur (V. ci-dessous).

I

Acquisitions immobilières

1370 **Principe.** Les acquisitions faites par les caisses d'épargne et de prévoyance sont soumises au régime de droit commun.

Elles donnent ouverture à la perception de la taxe de publicité foncière au tarif de droit commun prévu à l'article 1594 D du Code général des impôts et à la perception de la contribution de sécurité immobilière.

1371 **Exceptions.** Le régime fiscal de faveur prévu à l'article 1066-1 du Code général des impôts (V. **Aide sociale**) a été étendu aux acquisitions immobilières réalisées par les établissements ou organismes figurant sur une liste dressée par arrêté du ministre de l'Économie et des Finances lorsque ces acquisitions sont faites pour le compte d'associations qui seraient susceptibles d'être admises au bénéfice des mêmes dispositions si elles procédaient directement aux acquisitions considérées.

Figurent sur cette liste, depuis un arrêté du 22 avril 1964 (*JO* 23 mai 1964, p. 4332 : *BOI* 1964, 9261. – CGI, ann. IV, art. 121 VA) :

– les caisses d'épargne ;

– les caisses d'épargne du Bas-Rhin, du Haut-Rhin et de la Moselle.

Si toutes les conditions d'application du régime de faveur sont remplies (V. **Aide sociale**), les perceptions sont les suivantes :

– taxe de publicité foncière au taux de 0,70 % (0,71498 % avec les perceptions additionnelles) ;

– contribution de sécurité immobilière au taux proportionnel.

II

Prêts consentis par les caisses d'épargne

A Exonération des droits d'enregistrement (CGI, art. 1062)

1372 **Exonération édictée à l'article 1062 du Code général des impôts. Application.** L'exemption du droit d'enregistrement prévu au dernier alinéa de l'article 1062 du Code général des impôts ne s'applique qu'à celles des opérations des caisses d'épargne auxquelles participent les déposants eux-mêmes et non aux imprimés et écrits qui concernent la gestion particulière de ces établissements ou de l'administration de leur patrimoine (Déc. min. Finances, 1er juin 1909, 1, 3291, § 26).

En application de ce texte, sont dispensés de droit d'enregistrement :

– les actes notariés contenant prêts consentis par les caisses d'épargne (prêts d'épargne logement, prêts complémentaires, prêts personnels au logement, prêts immobiliers conventionnés) ;

– les actes notariés d'affectation hypothécaire par l'emprunteur au profit de la caisse d'épargne (Rép. min. Économie et Finances : *JOAN* 9 mars 1974 ; *JCP* N 1974, IV, 5700, 7) ;

– les actes de mainlevée d'inscriptions hypothécaires prises pour sûreté de prêts consentis par les caisses d'épargne (Rép. min. Lagorce : *JOAN* 18 juin 1983, p. 3171, n° 30371).

1373 **Cautionnement hypothécaire d'une société de construction.** Les dispositions de l'article 1062 du Code général des impôts sont également applicables aux actes notariés ou affectations hypothécaires comportant le cautionnement hypothécaire d'une société d'attribution : (Rép. min. Budget : *JOAN* 28 juin 1979, p. 5776, n° 14806 ; *JCP* N 1980, IV, 7573).

B Exemption de taxe de publicité foncière

1374 **Prêts d'épargne logement.** Les prêts accordés dans le cadre des plans et comptes d'épargne-logement sont, pour l'essentiel soumis au régime des prêts à la construction aidés par l'État (Instr. 26 déc. 1979 : *BOI* 10 G-4-79). Dès lors, les inscriptions prises en garantie de ces prêts, lorsqu'ils sont accordés en vue d'acquérir, de réparer ou d'améliorer un immeuble ancien, bénéficient de l'exonération de taxe de publicité foncière prévue à l'article 845-3° du Code général des impôts (Rép. min. Forens : *JOAN* Q 22 juin 1979, p. 5472, n° 6405).

1375 **Prêts complémentaires aux prêts d'épargne logement.** L'exemption de taxe de publicité foncière s'applique également aux inscriptions hypothécaires garantissant le remboursement des prêts complémentaires aux prêts d'épargne logement mais uniquement s'ils sont accordés dans le cadre d'une opération à caractère social (Instr. 26 déc. 1979 : *BOI* 10 G-4-79, n° 1).

Ne sont donc exonérés de taxe de publicité foncière que les prêts complémentaires aux prêts d'épargne logement consentis pour le financement d'une opération ayant donné lieu à un prêt aidé par l'État ou à un prêt conventionné consenti par n'importe quel établissement financier.

Le bordereau d'inscription doit indiquer expressément, avec la nature du prêt principal, le caractère du prêt complémentaire (*BODGI* 10 G-1-76).

C Prêts consentis par la caisse d'épargne dans le cadre de la législation sur les HLM pour la construction de logements sociaux

1376 **Exemption de taxe de publicité foncière.** L'exemption de taxe de publicité foncière prévue par l'article 845-2°-a du Code général des impôts a été reconnue applicable aux prêts consentis par les caisses d'épargne dans le cadre de la législation sur les HLM (Instr. 31 janv. 1972 : *JCP* N 1974, chron. fisc. 5740).

En pareil cas, la contribution de sécurité immobilière au tarif proportionnel est réduite de moitié (Lacroix, n° 573).

D Opérations concernant les inscriptions bénéficiant aux caisses d'épargne

1377 Mainlevée sans paiement. Cession d'antériorité. Les règles applicables en la matière doivent être déterminées uniquement au vu de la réglementation particulière fixant l'organisation des caisses d'épargne. Il n'y a pas lieu de se référer aux règles régissant les opérations des sociétés commerciales (V. Chron. P.J.C. : *JCP* N 1990, prat. 1374).

C'est le président du Directoire qui va comparaître à l'acte constatant la mainlevée ou la cession d'antériorité ; mais il n'aura le pouvoir de consentir cette mainlevée ou cette cession d'antériorité que s'il y a été spécialement autorisé par une décision du conseil d'orientation et de surveillance (V. aussi *Bull. AMC* 1986, art. 1342).

Si les statuts renferment une clause aux termes de laquelle « le conseil d'administration a les pouvoirs les plus étendus pour décider au nom de la caisse d'épargne d'autoriser tous actes et opérations relatifs à son objet » il y a lieu de considérer que cette formule très générale englobe les actes de disposition que le conseil d'administration a pouvoir de consentir la mainlevée sans paiement des inscriptions prises au profit de la caisse d'épargne (*Bull. AMC* 1979, art. 1151)

1378 Mainlevée par une caisse d'épargne issue de la fusion de trois caisses, d'une inscription prise en profit de l'une d'entre elles. Le conservateur (aujourd'hui, le service de la publicité foncière) requis de radier une inscription prise au profit d'une caisse d'épargne fusionnée avec deux autres caisses est en droit de vérifier si les conventions ayant opéré le transfert de la créance sont désignées dans l'acte de mainlevée, s'ils y sont présentés par le comparant comme ayant eu cet objet et si elles y sont considérées par celui-ci comme ayant abouti à ce résultat (*Bull. AMC* 1992, art. 1553).

Caisses de retraite et de prévoyance

Jacques LAFOND

I Anciens combattants et victimes de guerre

CGI, art. 1594 I. – Le conseil général peut, sur délibération, exonérer de taxe de publicité foncière ou de droits d'enregistrement les acquisitions par les mutuelles de retraite des anciens combattants et victimes de guerre qui bénéficient de la majoration de l'État prévue à l'article L. 2222 du Code de la mutualité.

La délibération prend effet dans les délais prévus à l'article 1594 E.

A Nature des biens concernés

1379 Il s'agit de toutes les acquisitions immobilières, de quelque nature que ce soit, effectuées par les mutuelles de retraite d'anciens combattants et victimes de guerre, qu'elles soient ou non nécessaires au fonctionnement de leurs services. Dès lors, le champ d'application du nouveau dispositif concerne tous les immeubles acquis par ces organismes, y compris ceux qui entrent dans le champ d'application de la TVA et sont soumis à la taxe de publicité foncière de 0,70 % – 0,715 % avec les perceptions additionnelles (BOI-ENR-DMTOI-10-90-10-02/03/2016, n° 310).

B Qualité de l'acquéreur

1380 Seules les mutuelles de retraite des anciens combattants et victimes de guerre, qui bénéficient de la majoration de l'État prévue à l'article L. 222-2 du Code de la mutualité, peuvent être exonérées de droits de mutation à titre onéreux sur leurs acquisitions immobilières (BOI-ENR-DMTOI-10-90-10-02/03/2016, n° 320).

C Portée de l'exonération

1381 La décision par les conseils généraux d'exonérer les acquisitions immobilières effectuées par ces organismes de taxe départementale de publicité foncière ou de droits départementaux d'enregistrement aura pour effet d'exonérer également les mutations en cause des taxes additionnelles à ces droits.

D Condition d'application de ces exonérations : adoption de la mesure par les conseils généraux

1382 L'exonération des acquisitions effectuées par les mutuelles visées au n° 1380 résulte d'une décision du conseil général. Il s'agit en effet d'une simple faculté qui est ouverte aux conseils généraux par l'article 1594 I du Code général des impôts. Ce texte faisant expressément référence à l'article 1594 E du même code, les décisions des conseils généraux prises en la matière doivent être notifiées par les préfets aux directions des services fiscaux des départements concernés avant le 30 avril de chaque année. Les décisions prennent effet le 1er juin suivant. À défaut de notification dans les délais, le régime applicable l'année précédente est reconduit (BOI-ENR-DMTOI-10-90-10-02/03/2016, n° 330).

La liste des départements bénéficiant d'une décision d'exonération prise par les conseils départementaux est disponible sur le site www.impots.gouv.fr, rubrique « professionnels – accès spécialisé – Notaires et géomètres experts ».

II

Clercs de notaire (Caisse de retraite des clercs de notaire)

CGI, art. 1070. – Sous réserve des dispositions de l'article 1020, les pièces exclusivement relatives à l'exécution de la loi du 12 juillet 1937 instituant une caisse de retraite et de prévoyance des clercs de notaire sont exonérées des droits d'enregistrement.

1383 **Acquisitions et prêts.** Les acquisitions et prêts effectués par la caisse de retraite des clercs de notaire bénéficient du même régime que les caisses de sécurité sociale (Sol., 28 mars 1953 : *BOI* 6476. – V. **Sécurité sociale**). Les exemptions prévues par l'article 1084 du Code général des impôts sont donc applicables en la matière.

1384 **Autres opérations.** Pour les opérations autres que les acquisitions d'immeubles et les prêts que les caisses seraient autorisées à effectuer, et qui sont normalement passibles de la taxe de publicité foncière à 0,70 % (0,71498 % arrondi à 0,715 % avec les perceptions additionnelles), par exemple, une donation d'immeubles faite à la caisse, cette taxe est due faute d'exonération particulière (V. CGI, art. 1020, qui renvoie expressément aux opérations visées à l'article 1070).

III

Marins (Caisse de prévoyance des marins français)

CGI, art. 1074. – 1. Les actes de l'état civil, les actes de notoriété et toutes autres pièces relatives à l'exécution de la loi du 12 avril 1941 concernant le service des pensions de retraite dans la marine sont exonérés des droits d'enregistrement.

CGI, art. 1075. – Les dispositions de l'article 1083 sont applicables à la Caisse générale de prévoyance des marins et de leurs familles en cas d'accident, de maladie, d'invalidité et de maternité.

CGI, art. 794. – I. – Les régions, les départements, les communes, leurs établissements publics et les établissements publics hospitaliers sont exonérés des droits de mutation à titre gratuit sur les biens qui leur adviennent par donation ou succession affectés à des activités non lucratives.

II. – Les dispositions du I sont applicables aux libéralités faites aux organismes d'administration et de gestion de la Sécurité sociale ainsi qu'à la Caisse générale de prévoyance des marins et de leurs familles en cas d'accident, de maladie, d'invalidité et de maternité.

1385 On retiendra de ces divers textes :
– que l'article 1075 du Code général des impôts n'étend pas à la Caisse de prévoyance des marins

français le bénéfice de l'article 1084 du Code général des impôts (exonération des droits d'enregistrement ainsi que de la taxe de publicité foncière pour les acquisitions d'immeubles et les prêts que les caisses de sécurité sociale sont autorisées à effectuer) ;

– que dans tous les cas, y compris celui où est publié un don ou un legs fait à la Caisse de prévoyance des marins français, la contribution de sécurité immobilière, comme antérieurement le salaire proportionnel du conservateur sera exigible.

Par ailleurs, la taxe de publicité foncière à 0,70 % (0,71498 % arrondi à 0,715 %, avec les perceptions additionnelles) sera normalement perçue lorsqu'elle sera due.

IV

Mineurs (Caisse de secours et de retraite des ouvriers mineurs)

CGI, art. 1077. – Tous actes, documents et pièces quelconques, à fournir pour l'exécution de la loi du 25 février 1914, modifiant la loi du 29 juin 1894 et créant une caisse autonome de retraite des ouvriers mineurs, sont exonérés des droits d'enregistrement.

CGI, art. 1078. – Sous réserve des dispositions de l'article 679-3°, les certificats, actes de notoriété et autres pièces exclusivement relatifs à l'exécution des dispositions des articles 84 à 96 de la loi du 31 mars 1903 sur la retraite des ouvriers et employés des mines sont exonérés des droits d'enregistrement et dispensés, le cas échéant, de la formalité.

CGI, art. 1080. – (*Abrogé par L. n° 2019-1479, 28 déc. 2019, art. 29, V*). Les dispositions de l'article 1087 relatives aux sociétés mutualistes s'appliquent aux sociétés de secours des ouvriers et employés des mines.

➤ Pour l'étude des dispositions de l'article 1087 auquel renvoie l'article 1080, V. **Société mutualiste**.

Carrières

Franck ROUSSEL

I Concession de carrière

1386 La concession du droit d'exploiter une carrière peut revêtir diverses formes juridiques : vente du tréfonds (A), constitution d'une servitude (B), ou cession du droit d'extraction (C).

A Vente du tréfonds

1387 Assimilation à une vente d'immeubles. Le propriétaire du sol qui, aux termes de l'article 552 du Code civil, est présumé être également propriétaire du sous-sol, peut vendre tout ou partie de celui-ci. En effet, cette vente peut porter sur la totalité du tréfonds ou seulement sur un gisement déterminé (B. Boussageon, *L'exploitation des carrières*, Éd. du Moniteur, 3e éd., n° 40).
Cette hypothèse est dans la pratique beaucoup plus rare que la cession du droit d'extraction de matériaux (V. *infra* nos 1389 et s.) dont elle se distingue complètement et qui ne constitue pas un démembrement de la propriété. Au surplus, elle n'est concevable que dans le cas d'une exploitation de carrière par galerie souterraine.
En tout état de cause, l'aliénation de tout ou partie du tréfonds constitue une vente immobilière et elle donnera lieu à la perception de la taxe de publicité foncière applicable en matière de vente d'immeuble (Boussageon, *op. cit.*, n° 42).

B Constitution d'une servitude

1388 Conséquences. Le droit d'exploiter une carrière peut également présenter les caractères d'une servitude grevant le fonds contenant la carrière au profit d'un autre fonds (V. Maguéro, V° *Carrière*, n° 3). La concession du droit d'extraction sera alors traitée, du point de vue de la publicité foncière et des perceptions à opérer, comme une constitution de servitude (V. **Servitudes**).

C Cession du droit d'extraction

1 Objet de la cession

1389 Modalités de la cession. Le droit d'extraction appelé aussi *droit de fortage* est accordé à l'exploitant par celui qui a la propriété de la carrière, à l'effet d'extraire un matériau déterminé, moyennant un prix convenu.
Contrairement à la vente du tréfonds, l'acte portant cession du droit d'extraction, dénommé également « contrat d'amodiation », ne constitue pas un démembrement de la propriété immobilière, car en permettant à autrui d'exploiter le gisement, le cédant n'en demeure pas moins propriétaire du tréfonds, avec toutes les conséquences qui s'attachent à cette qualité. C'est ainsi notamment qu'après l'exploitation du gisement par le titulaire du droit d'extraction, les vides souterrains ou excavations de surface resteront la propriété du cédant, le cessionnaire n'ayant en principe aucun droit sur eux.
Dans la pratique, le droit d'extraire des matériaux peut être cédé pour une durée laissée au choix des parties, à condition qu'elle ne soit pas

illimitée suivant la quantité de matériaux extraits. Il arrive que ces deux modes de rémunération soient cumulés (V. Boussageon, *op. cit.*, n° 46).

1390 Nature du droit d'extraction. Les auteurs se sont pendant longtemps demandé si l'acte portant cession du droit d'extraction devait être considéré comme un bail ou comme une vente de matériaux à extraire. Actuellement, la solution ne fait plus de doute. Même si cette solution a été vivement critiquée (V. *Rép. dr. civ. Dalloz*, V° Carrières, n° 34, par P. Fontaine et les réf. citées), la jurisprudence estime que la cession a une double nature, selon qu'on la considère dans les rapports entre les parties ou dans les rapports avec les tiers.
– Dans les rapports entre les parties, quelle que soit leur qualification, les contrats qui ont pour objet l'exploitation d'une carrière constituent *une vente mobilière* parce qu'à l'égard des parties, les matériaux à extraire doivent « être envisagés dans leur état futur de meubles, comme meubles par anticipation » (V. pour les décisions les plus récentes, Cass. civ., 27 janv. 1947 : *JCP* 1947, II, 3627. – Cass. com., 4 févr. 1963 : *JCP* N 1963, II, 13276. – Cass. 1re civ., 13 juill. 1982 : *Gaz. Pal.* 29-30 déc. 1982, p. 8, note Piédelièvre. – V. aussi les autres décisions citées par H. Bulté, *in JCP* N 1966, IV, 4150).
– En ce qui concerne les tiers, la jurisprudence considère par contre que la mobilisation anticipée et future des matériaux ne saurait prévaloir contre la nature immobilière de la cession puisque celle-ci comporte une aliénation partielle du sol, qui le diminue dans sa masse et lui enlève une partie de sa valeur.
Cette cession, concernant un droit immobilier, ne peut leur être opposable qu'à la condition d'avoir été publiée (V. Bulté, chron. hyp. préc. – Chron. P.J.C., *in JCP* N 1986, IV, 9911).

2 Conséquences

a) Conséquences du point de vue de la publicité foncière

1391 Publication obligatoire. La cession du droit d'extraction étant assimilée à une vente d'immeubles dans les rapports avec les tiers est soumise à publication obligatoire.
Un acquéreur éventuel du fonds, ou même des créanciers hypothécaires inscrits, ne pourraient se voir opposer une telle cession si elle n'avait pas été publiée avant l'acquisition, voire avant la publication d'une saisie (Cass. req., 15 déc. 1857 : *D.* 1859, 1, 366 ; *S.* 1860, 1, 536. – Cass. req., 28 nov. 1949 : *D.* 1950, 38 ; *S.* 1950, 1, 100. – V., en dernier lieu, CA Aix, 29 sept. 1981 : *Bull. Aix* 2/1981, n° 102).
Mais l'inopposabilité pour défaut de publication d'une cession de droit d'exploitation d'une carrière ne peut être invoquée que par celui qui justifie tenir des droits concurrents du même auteur. Ce n'est pas le cas si l'une des parties prétend tenir ses droits du propriétaire du terrain alors que l'autre invoque la cession de bail consentie à son profit par le preneur de ce propriétaire (Cass. 3e civ., 19 mai 1999 : *Bull. civ.* 1999, III, n° 119).

1392 Identification de l'objet de la cession. En principe, lorsque la surface du sol sous laquelle un ou plusieurs locaux ont été creusés, d'une part, et ces locaux d'autre part, appartiennent à des propriétaires différents, ces divers éléments de la propriété doivent être identifiés par référence à un état descriptif de division (V. Rép. min. Finances et Affaires économiques, 24 juin 1959 ; *Bull. AMC* 1960, art. 430. – V. égal. obs. sous *Bull. AMC* 1963, art. 533).
Toutefois, le conservateur pouvait se dispenser d'exiger un état descriptif de division lorsque les parties en sous-sol pouvaient être identifiées par un autre moyen (V. *Bull. AMC*, art. préc.).
Il en était ainsi, en particulier, lorsque le service du cadastre consentait à affecter une désignation spéciale aux locaux en sous-sol.
C'était également le cas lorsque le sous-sol pouvait être suffisamment identifié par référence à la surface.
Toutes ces mesures de tempérament ne sont plus, en principe, acceptées actuellement par les conservateurs, qui exigent désormais le respect strict de la réglementation relative aux fractions d'immeuble, prévue par l'article 7 du décret du 4 janvier 1955 et l'article 71 c) du décret du 14 octobre 1955.
Enfin, lorsque la division est antérieure à l'entrée en vigueur du décret n° 59-89 du 7 janvier 1959 et qu'un numéro de lot apparaît comme nécessaire pour la désignation du local souterrain, les intéressés peuvent se dispenser d'établir un état descriptif de division en demandant au conservateur de désigner le numéro de lot qui est ensuite reproduit dans l'acte à publier (D. n° 60-963, 5 sept. 1963 : *Bull. AMC* 1960, art. 442 ; *BOED* 1960-8155, dont les dispositions sont, en fait, encore en vigueur – Circ. adm. 13 déc. 1966 : *Bull. AMC* 1968, art. 747).
Elles sont cependant obsolètes et d'une application exceptionnelle et il paraît préférable, même dans ce dernier cas, d'établir un état descriptif de division, pour les mêmes raisons de sécurité juridique du fichier qui ont conduit à l'abandon des mesures de tempérament ci-dessus évoquées.

b) Conséquences fiscales

1) Cession du droit d'extraction proprement dite

1393 Application de la taxe de publicité foncière à 0,70 %. Lors de la publication, la cession du droit d'extraction doit être soumise à la taxe de publicité au taux de 0,70 % (0,71498 % avec les perceptions additionnelles) applicable aux mutations de propriétés immobilières, indépendamment de la taxe qui peut être due sur la publication du bail du terrain (V. n° 1396). Cette taxe de publicité foncière est appliquée en vertu des dispositions de l'article 678 du Code général des impôts qui précise :

> « Lorsqu'ils ne se trouvent ni exonérés, ni tarifés par aucun autre article du présent code, les décisions judiciaires et les actes qui contiennent des dispositions sujettes à publicité foncière visées à l'article 677 sont soumis à une imposition proportionnelle au taux de 0,70 % » (P.J.C., chron. hyp. : *JCP* N 1986, IV, 9911).

L'administration n'est pas en droit de percevoir les droits de mutation à titre onéreux. Viole l'article L. 80 A, alinéa 2, du Livre des procédures fiscales, le tribunal qui a rejeté une demande en restitution du droit d'enregistrement proportionnel perçu sur un contrat de fortage, au motif que ce contrat constituait la mutation d'un droit réel immobilier, alors que, dans une instruction insérée dans la Documentation administrative de base mise à jour au 2 novembre 1988, l'administration a rangé le droit de fortage dans les droits de nature mobilière (Cass. com., 8 juill. 1997, n° 95-17.681, *SA Samin. : Dr. fisc.* 1997, comm. 1126, p. 1277. – Pour le cas d'une cession de droit d'extraction suivie d'une vente du terrain, V. TGI Poitiers, 3 déc.1956, *in Ind. enr.* 1957, 9367, qui refuse d'y voir une opération ayant en bloc le caractère d'une vente d'immeuble).

La taxe de publicité foncière doit être liquidée en principe sur le montant des redevances pendant la durée de la concession, suivant la déclaration des parties si l'acte ne permet pas de les déterminer (*JCP* N 1963, IV, 3515, n° 8. – V. H. Bulté, chron. hyp. préc., *in JCP* N 1966, IV, 4150).

La contribution de sécurité immobilière au tarif proportionnel est perçue sur les mêmes bases.

1394 Charges augmentatives du prix. L'obligation de remise en état des carrières que l'article 83 du Code des mines fait peser sur l'exploitant est une obligation personnelle à celui-ci, et non pas une charge réelle. Dès lors, si l'acquéreur n'est pas lui-même exploitant, l'obligation qu'il avait de remettre en état les carrières ne résultait pas de la loi, mais d'un engagement contractuel.

Ainsi, en acceptant de supporter cette remise en état, l'acquéreur déchargeait le vendeur de son obligation. Cette charge doit donc être incluse dans le prix de cession en tant que charge augmentative du prix (Cass. com., 1er juin 1993 : *JCP* G 1994, II, 2964 ; *BOI* 7 C-3-94).

1395 Application de la TVA immobilière ? Un parlementaire a demandé au ministre délégué au budget si le régime de la TVA immobilière pourrait être étendu aux opérations réalisées par les entreprises de production et de vente de sables et de graviers.

En effet, le prix d'achat de terrains par les entreprises qui produisent et vendent des sables et des graviers est soumis aux droits de mutation au taux de droit commun et non à la TVA. Or, ces entreprises achètent un bien meuble (les matériaux) et non un bien immeuble (le terrain). Les terrains achetés ne font pas, en outre, l'objet de spéculation puisqu'après exploitation de ces terrains, souvent situés en zone non constructible, ils sont cédés pour un franc symbolique aux communes.

La situation de ces entreprises est fiscalement proche de celle des entreprises qui obtiennent une concession d'exploitation de carrières. Dans ce cas, l'administration admet, pour la perception des droits d'enregistrement, que la concession du droit d'exploiter une carrière ou d'extraire du minerai constitue une vente de meubles.

Le ministre a précisé que ne sont soumises à la TVA que les seules opérations concourant à la production ou à la livraison d'immeubles.

Il convient donc de rechercher si les opérations effectuées aboutissent, au point de vue juridique, à la production ou à la livraison d'immeubles.

Or, les entreprises qui achètent des terrains en vue d'extraire et de vendre des sables et des graviers produisent et livrent des biens meubles. L'acquisition du terrain ne peut donc être soumise à la TVA en application de l'article 257-7° (actuellement art. 257, I) du Code général des impôts et il n'est pas envisagé de modifier cette règle dont l'application ne pose pas de difficultés (Rép. min. délégué au budget n° 45136 à M. Bernard Carayon : *JOAN* 17 févr. 1997, p. 806).

2) Bail du terrain

1396 Taxation selon le droit commun. La cession du droit d'extraction s'accompagne le plus souvent d'un bail de terrain. Si ce bail est consenti pour une durée de plus de douze ans, il doit être obligatoirement publié (V. **Bail ordinaire à durée limitée**). La taxe de publicité foncière sera alors liquidée, selon les règles habituelles, sur le montant cumulé des loyers des années à courir, ce montant ne pouvant dépasser toutefois une somme supérieure à vingt fois la valeur locative annuelle (Rép. secr. d'Ét. au Budget, 15 févr. 1957 : *JCP* N 1957, IV, 2341).

II

Échange de carrières

CGI, art. 700. – Pendant la période où des exploitations restent provisoirement sous le régime légal des carrières, en application de l'article L. 312-4 ou du second alinéa de l'article L. 312-11 du code minier concernant le passage dans la classe des mines de substances antérieurement soumises au régime légal des carrières, les échanges de droits de propriété ou de droits d'exploitation portant sur des carrières de substances nouvellement rendues concessibles par décret, bénéficient, sauf en ce qui concerne les soultes ou plus-values, d'une exonération de tous droits au profit de l'État, à condition, d'une part, que l'échange soit préalablement autorisé par un décret rendu sur avis conforme du Conseil d'État et contresigné par le ministre de l'économie et des finances et par le ministre chargé des mines et, d'autre part, que l'acte d'échange se réfère expressément au décret d'autorisation. Ce dernier devra constater que l'échange est effectué en vue de rationaliser l'exploitation des gisements et d'accroître leur productivité.

1397 **Échanges de droits de propriété ou de droits d'exploitation portant sur des carrières ou des minières rendues concessibles par décret.** Les actes de l'espèce, lorsque les conditions prévues à l'article 700 du Code général des impôts sont remplies, bénéficient du même régime que les échanges effectués en vue du remembrement des mines concédées ou amodiées (BOI-ENR-DMTOI-20-30-04/07/2018, n° 270).

Ces échanges sont dispensés de la taxe de publicité foncière s'ils sont purs et simples. Dans le cas où ils comportent une soulte ou une plus-value, l'exonération s'applique à concurrence du lot le moins important, mais la taxe de publicité foncière au profit du département, au taux prévu pour les ventes, la taxe additionnelle communale ainsi que le prélèvement pour frais d'assiette, de recouvrement, de dégrèvements et de non-valeurs, sont dus à raison de la soulte ou de la plus-value.

L'octroi de ce régime de faveur est subordonné aux conditions suivantes :

– l'échange doit être, conformément aux dispositions des articles L. 143-1, L. 143-3, L. 143-9, L. 143-13 du Code minier, préalablement autorisé par le ministre chargé des mines. Cette autorisation doit préciser que l'opération bénéficie du régime fixé par l'article 699 du Code général des impôts ;

– l'acte d'échange doit porter la mention expresse qu'il est fait sous le bénéfice des dispositions du décret n° 54-944 du 14 septembre 1954 (BOI-ENR-DMTOI-20-30-04/07/2018, n° 260).

La contribution de sécurité immobilière est normalement due, et sera perçue comme en matière d'échange (V. **Échange**).

Certification d'identité

Serge LAMIAUX

Sommaire analytique

Index alphabétique

Index alphabétique *(suite)*

D. 4 janv. 1955, art. 5. – Tout acte ou décision judiciaire sujet à publicité dans un *(Mots remplacés à compter du 1er janvier 2013, Ord. n° 2010-638, 10 juin 2010, art. 14, V, 6° et 18, I)* « service chargé de la publicité foncière » doit contenir les nom, prénoms dans l'ordre de l'état civil, domicile, date et lieu de naissance et profession des parties, ainsi que le nom de leur conjoint.

(Alinéa modifié, D. n° 2012-634, 3 mai 2012, art. 21, 2°, a ; remplacé, L. n° 2016-1547, 18 nov. 2016, art. 102, 1°) Les nom, prénoms dans l'ordre de l'état civil, domicile, date et lieu de naissance des parties, le nom de leur conjoint, doivent être certifiés par un notaire, avocat, huissier de justice, mandataire judiciaire, administrateur judiciaire ou une autorité administrative, au pied de tout bordereau, extrait, expédition ou copie, déposé pour l'exécution de la formalité.

La faculté de certifier les indications de l'état civil peut être accordée par décret en Conseil d'État, pour les opérations les concernant, aux organismes de sécurité sociale ou d'allocations familiales et à certains organismes de crédit dont l'objet principal est de consentir des prêts hypothécaires.

En ce qui concerne les attestations après décès, l'état civil doit être indiqué et certifié pour le défunt et pour chacun des héritiers, successeurs irréguliers ou légataires.

Le certificat est établi, sous réserve des exceptions fixées par décret, au vu d'un extrait de l'acte de naissance ayant moins de six mois de date au jour de l'acte ou de la décision judiciaire.

D. 4 janv. 1955, art. 6. – 1. Tout acte ou décision judiciaire soumis à publicité dans un *(Mots remplacés à compter du 1er janvier 2013, Ord. n° 2010-638, 10 juin 2010, art. 14, V, 6° et 18, I)* « service chargé de la publicité foncière » doit contenir les éléments suivants d'identification des personnes morales :

a) Dénomination ;

b) Forme juridique et siège. En ce qui concerne les associations et les syndicats, l'acte ou la décision doit, en outre, comporter la date et le lieu de leur déclaration ou du dépôt de leurs statuts ;

c) Lorsque la personne morale est inscrite *(Mots remplacés à compter du 1er janvier 2013, D. n° 2012-1462, art. 2, 1°, a et 39)* « au répertoire prévu à l'article R. 123-220 du Code de commerce », le numéro d'identité qui lui a été attribué, complété, si celle-ci est assujettie à immatriculation au registre du commerce et des sociétés, par la mention RCS suivie du nom de la ville où se trouve le greffe où elle est immatriculée.

En outre, doivent être indiqués les nom, prénoms et domicile du ou des représentants de la personne morale.

2. L'identification des personnes morales est certifiée dans les conditions prévues aux alinéas 2 et 3 de l'article 5.

Lorsque la personne morale n'est pas inscrite au répertoire des entreprises et de leurs établissements, ou lorsqu'elle est en cours d'inscription, le certificat d'identité doit être complété d'une mention attestant de cette situation.

Le certificat est établi au vu de l'original, d'une expédition ou d'une copie collationnée de tout document constatant la dénomination, la forme juridique et le siège actuels de la personne morale ainsi que, si elle est inscrite au répertoire susmentionné, son numéro d'identité.

Toutefois, si le siège de la personne morale n'est pas en France métropolitaine ou dans les départements d'outre-mer, le document au vu duquel le certificat est établi doit être délivré ou certifié par l'autorité administrative ou par l'agent diplomatique ou consulaire qui représente la République française au lieu du siège et accompagné, s'il est rédigé en langue étrangère, d'une traduction en français certifiée soit par cet agent, soit par un interprète habituellement commis par les tribunaux.

(Alinéa abrogé à compter du 1er janvier 2013, D. n° 2012-1462, art. 2, 1°, b et 39).

D. 14 oct. 1955, art. 38. – 1. Tout bordereau, extrait, expédition ou copie déposé, *(Mots remplacés à compter du 1er janvier 2013, D. n° 2012-1462, 26 déc. 2012, art. 36, 16°, a et 39)* « à partir du 1er janvier 1956, en vue de l'exécution au fichier immobilier d'une formalité » autre que l'une de celles prévues aux articles 70 et 85, doit porter une mention, signée par l'un des officiers publics ou ministériels ou auxiliaires de justice énumérés au deuxième alinéa de l'article 5 du décret [n° 55-22] du 4 janvier 1955 ou par l'une des autorités administratives énumérées au 2 du présent article, certifiant l'identité des parties.

Cette mention, qui énonce, notamment, les nom, qualité et domicile du signataire, doit figurer *(Mots remplacés à compter du 1er janvier 2013, D. n° 2012-1462, 26 déc. 2012, art. 36, 16°, b et 39)* « au pied du document conservé dans les registres du service de la publicité foncière », à la suite du certificat de conformité ; elle peut, toutefois, être placée à la fin de l'acte ou de la décision judiciaire reproduit. Une seule mention doit être portée lorsque plusieurs actes contenant chacun la désignation des mêmes parties sont publiés simultanément les uns à la suite des autres et font l'objet d'un certificat de conformité unique.

Lorsque la mention ne reproduit pas les éléments de l'identification complète des parties, elle doit préciser les passages du document (page, alinéa, éventuellement, lignes), auxquels elle se réfère pour la désignation qui est à retenir par le *(Mot remplacé à compter du 1er janvier 2013, D. n° 2012-1462, 26 déc. 2012, art. 36, 3° et 39)* « service de la publicité foncière » pour l'annotation du fichier immobilier et l'application des articles 32 à 37. Cette précision est, toutefois, inutile lorsque la désignation complète de toutes les parties figure en tête du document à publier.

À défaut de cette mention, le dépôt est refusé dans les conditions fixées à l'article 74-1 du présent décret. La formalité peut être rejetée, après acceptation du dépôt, lorsque le *(Mot remplacé à compter du 1er janvier 2013, D. n° 2012-1462, 26 déc. 2012, art. 36, 3° et 39)* « service de la publicité foncière » constate que les références de la mention sont inexactes, incomplètes ou imprécises.

2. Sont habilités à certifier l'identité des parties, en dehors des notaires, huissiers de justice, avocats, syndics chargés d'un règlement judiciaire ou d'une liquidation de biens :

Les ministres, les préfets, les maires et, d'une manière générale, tous les autres représentants de la puissance publique aptes à dresser des actes d'autorité ou en la forme administrative, pour les actes dressés par eux ou avec leur concours, pour les inscriptions qu'ils requièrent et tous actes s'y rapportant ;

Les magistrats du ministère public, l'agent judiciaire de l'État, les agents des régies financières et des douanes ayant au moins le grade d'inspecteur adjoint, les comptables du Trésor et tous comptables publics, les agents de la caisse nationale de crédit agricole ayant au moins le grade de chef de bureau, les directeurs des services départementaux de la reconstruction et du logement, les greffiers des tribunaux d'instance, pour les inscriptions qu'ils requièrent et tous actes s'y rapportant.

3. Ont également la faculté de signer eux-mêmes les mentions de certification de l'identité des parties sur les bordereaux, extraits, expéditions ou copies déposés en vue de l'exécution d'une formalité intéressant leurs opérations propres, les représentants des organismes suivants :

– Organismes assurant, en tout ou partie, la gestion d'un régime légalement obligatoire d'assurance contre la maladie, la maternité, la vieillesse, l'invalidité, le décès, les accidents du travail et les maladies professionnelles, ou de prestations familiales, ainsi que les unions desdits organismes ;

– *(Alinéa remplacé à compter du 1er janvier 2013, D. n° 2012-1462, 26 déc. 2012, art. 6 et 39)* [L]a société anonyme Natexis ou toute société qu'elle contrôle au sens de l'article L. 233-3 du Code de commerce ;

– Crédit foncier de France ;

– Sous-Comptoir des entrepreneurs ;

– Caisses de crédit agricole mutuel.

(Alinéa modifié à compter du 1er janvier 2013, D. n° 2012-1462, 26 déc. 2012, art. 36, 16°, c, d et 39) Pour bénéficier de cette faculté, les organismes intéressés notifient aux services de la publicité foncière les noms de leurs représentants habilités à signer les mentions de certification dans le ressort de chaque service et déposent un spécimen de leur signature.

À défaut de cette notification, les *(Mot remplacé à compter du 1er janvier 2013, D. n° 2012-1462, 26 déc. 2012, art. 36, 16°, c et 39)* « services de la publicité foncière » sont fondés à exiger la certification dans les conditions prévues au deuxième alinéa de l'article 5 du décret [n° 55-22] du 4 janvier 1955.

4. La mention de certification d'identité indique obligatoirement le domicile du signataire, auquel le rejet doit être éventuellement notifié.

1398 Après avoir présenté les dispositions d'application générale (I), nous traiterons des pièces justificatives à produire (II), puis des sanctions applicables (III), et nous terminerons par l'étude de quelques règles particulières (IV).

➤ Sur les règles concernant l'identification des personnes, physiques ou morales, V. **Identification des personnes**.

I Règles générales

1399 Ces développements comporteront deux rubriques : objet et forme de la certification (A), auteur de la certification (B).

A Objet et forme de la certification

1 Objet

1400 **Éléments d'identification devant être certifiés.** La certification, prescrite par le deuxième alinéa des articles 5 et 6 du décret du 4 janvier 1955, concerne tous les extraits, copies ou expéditions d'actes et décisions à publier (D. 4 janv. 1955, art. 34, 1°) et tous les bordereaux d'inscription (C. civ., art. 2428, et D. 14 oct. 1955, art. 57 et 63, 3°).

Elle a pour objet de garantir l'exactitude des éléments d'identification des parties – personnes physiques ou personnes morales – tels qu'ils figurent sur l'extrait, expédition, copie ou bordereau déposé au service de la publicité foncière à compter du 1er janvier 1956 (D. 14 oct. 1955, art. 38, § 1) en vue de l'exécution d'une formalité de publicité, tant pour la tenue du fichier immobilier (création, annotation et classement des fiches) que pour la délivrance ultérieure des renseignements.

La certification ne porte, d'ailleurs, pas sur tous les éléments d'identification des parties, mais seulement sur ceux qui sont fournis par les pièces justificatives visées par les textes sur la publicité foncière, à savoir :

– pour les personnes physiques, les noms, prénoms dans l'ordre de l'état civil, date et lieu de naissance, nom du conjoint (D. 4 janv. 1955, art. 5, al. 2) ;

– pour les personnes morales, les dénominations, forme juridique et siège (D. préc., art. 6, al. 2).

Si cette certification impose une formalité nouvelle dans la mesure où elle oblige à l'addition d'un certificat au document destiné à être conservé au service de la publicité foncière, elle n'est, d'une manière générale, que la simple constatation matérielle d'un contrôle qui a toujours incombé aux rédacteurs d'actes (V. en ce qui concerne le contrôle de l'identité des parties par les notaires : *Rép. civ. Dalloz*, V° Responsabilité civile, n° 422. – Req., 16 nov. 1936 : *S.* 1937, I, 47. – Req., 12 févr. 1935 : *S.* 1935, 1, 228. – Doc. adm. DGI, 10 E-3321, n° 1, 2 mai 1985).

1401 **Personnes dont l'identité doit être certifiée.** Il y a, en principe, corrélation absolue entre les personnes dont l'identité doit être certifiée et celles dont l'identité doit être énoncée de façon complète ; il s'agit, dans tous les cas, des « parties » aux actes ou décisions judiciaires (V. n° **1404**) ou, en matière de bordereau d'inscription, du débiteur ou du propriétaire grevé.

Cette règle connaît cependant quelques exceptions :

1° si les actes ou décisions de nature à être publiés par voie de mention en marge des bordereaux d'inscription doivent, conformément aux articles 5 et 6 du décret du 4 janvier 1955, comporter l'identification complète des « parties », par contre, les documents déposés en vue de l'exécution des mentions n'ont pas à être revêtus de la mention de certification. Les mentions en marge peuvent, en effet, être exécutées facilement, même en l'absence de certification, grâce à l'indication des références au bordereau d'inscription publié ;

2° bien que l'article 38, § 1 du décret du 14 octobre 1955, pris à la lettre, exige, sous peine de refus du dépôt, la certification de l'identité des « parties » (c'est-à-dire, en principe, du créancier, titulaire du droit d'hypothèque, comme du propriétaire grevé), il a été décidé de ne pas appliquer cette exigence à l'égard du créancier : seule est, en effet, indispensable la certification de l'identité du propriétaire grevé. Par application de l'article 2452 du Code civil, le service de la publicité foncière n'est donc pas tenu d'opposer le refus du dépôt en cas de défaut de certification de l'identité du créancier, et il est « fondé » à ne pas l'exiger (Doc. adm. DGI, 10 E-3321, n° 2, 2 mai 1985).

1402 Personnes morales de droit public. Il a été admis que le conservateur pouvait, en pratique, accepter sous sa responsabilité, de ne pas exiger la certification d'identité dans le cas de personnes morales de droit public pour lesquels il n'existe aucune difficulté d'identification. Ainsi pour les grandes entreprises : SNCF, EDF... ou encore pour les départements ou les communes. Toutefois, le service de la publicité foncière est fondé à exiger la certification de l'identité si elle lui apparaît utile (Rép. min. Justice : *JOAN,* 10 avr. 1970, p. 924 ; *Bull. AMC* 1970, art. 822. – Doc. adm. DGI, 10 E-3343, n° 83, 2 mai 1985).

1403 Parties non comparantes. Dans le cas de révocation d'une donation entre époux de biens présents effectuée unilatéralement par le donateur, il y a lieu de certifier également l'identité du donataire, même s'il ne comparaît pas à l'acte (*Bull. AMC* 1989, art. 1435).

2 Forme

1404 Possibilité de renvoyer aux énonciations figurant dans le corps de l'acte ou de la décision à publier. La certification d'identité peut ne pas reproduire spécialement les éléments d'identification à certifier et renvoyer aux énonciations figurant dans les expéditions, extraits ou copies des actes ou décisions à publier, à condition de préciser, d'une manière rigoureuse, à quels page, alinéa et même ligne du document figurent les énonciations certifiées (D. 14 oct. 1955, art. 38, § 1).

Cette précision est indispensable, étant donné que le même acte – donc, la même expédition – peut comporter, dans ses différentes parties, des énonciations non concordantes pour désigner la même personne (toute équivoque doit être levée quant aux énonciations à tenir pour certaines). Elle est cependant inutile lorsque la désignation complète de toutes les parties figure en tête des documents à publier. Dans cette hypothèse, en effet, aucun doute ne peut exister sur cette désignation (Doc. adm. DGI, 10 E-3322, n° I, 2 mai 1985).

1405 Pluralité d'actes, certificat unique. Il est signalé qu'une seule mention doit être portée lorsque plusieurs actes contenant, chacun, la désignation des mêmes parties sont publiés simultanément les uns à la suite des autres et font l'objet d'un certificat de collationnement unique (Doc. adm. DGI, 10 E-3322, n° 1, 2 mai 1985).

1406 Modèle de certificat. Le modèle de certificat annexé au décret du 14 octobre 1955 est reproduit ci-après.

Modèle de certificat d'identité des parties :

Le soussigné (nom, qualité, domicile) (1)….. certifie que l'identité complète des parties dénommées dans le présent document (2)

telle qu'elle est indiquée en tête, à la suite de leur nom ou dénomination (formule n° 1)

telle qu'elle est indiquée à la page….. alinéa….. ligne (formule n° 2)

et désignées ci-après….. (formule n° 3)

lui a été régulièrement justifiée…..

A….. le…..

(Signature)

(1) Les nom et prénoms du certifiant peuvent ne pas être indiqués, lorsque celui-ci est un fonctionnaire et agit en tant que tel.

(2) N'employer que l'une des trois formules. Lorsque la formule n° 3 est employée, la désignation des parties doit être strictement conforme à celle figurant dans le corps du document lui-même. Il est rappelé, en effet, qu'en aucun cas la mention de certification ne peut être utilisée pour compléter ou rectifier la désignation incomplète ou inexacte des parties figurant dans un acte, ou même dans un bordereau.

1407 Texte unique pour le certificat d'identité et le certificat de conformité (ancien « certificat de collationnement »). Il n'y a pas lieu d'exiger que le certificat de conformité (ancien « certificat de collationnement) et le certificat d'identité soient rédigés en deux textes signés séparément au lieu d'un seul contexte, dans le cas où le même notaire (ou la même personne qualifiée) est le signataire des deux certificats.

L'article 38, § 1, alinéa 2, du décret du 14 octobre 1955, modifié par le décret n° 73-313 du 14 mars 1973, prévoit seulement que la mention de certification de l'identité des parties « qui énonce notamment les noms, qualité et domicile du signataire », doit figurer au pied du document à conserver au bureau à la suite du certificat de conformité (ancien « certificat de collationnement »). La signature unique apposée sous ladite mention est donc suffisante aussi bien lorsque les deux certificats sont rédigés en deux textes distincts, mais consécutifs, que dans le cas où ils sont réunis en un même texte.

Mais, lorsqu'un bordereau d'inscription est rédigé par un clerc et certifié par lui, il va de soi que la mention de certification qui ne peut être signée que par un notaire, huissier, etc., doit être distincte (Rép. min. : *JO* Sénat CR, 18 avr. 1956, p. 568).

1408 **Place du certificat.** La mention de certification, qui doit être portée, à la suite du certificat de conformité au pied des documents déposés, dans des termes conformes au modèle annexé au décret du 14 octobre 1955, peut être placée « à la fin de l'acte ou de la décision judiciaire reproduit » (D. 14 oct. 1955, art. 38, § 1, al. 2. – Doc. adm. DGI, 10 E-3322, n° 1, 2 mai 1985).

1409 **Utilisation d'un cachet et signature.** Il est admis que les notaires (et autres personnes qualifiées) peuvent utiliser un cachet pour porter, au pied des documents destinés à être conservés dans les bureaux des hypothèques, la mention de certification de l'identité des parties, à condition que la mention apposée soit conforme au modèle annexé au décret du 14 octobre 1955 – une des trois formules prévues pouvant être seule reproduite, selon le cas – et qu'il soit fait usage d'une encre indélébile.
Bien entendu, la signature doit, en toute hypothèse, être manuscrite (Doc. adm. DGI, 10 E-3322, n° 3, 2 mai 1985).
Le défaut de signature de la mention de certification d'identité entraîne le refus de dépôt (*Bull. AMC* 1994, art. 1624).

B Auteur de la certification

1 Dispositions d'ordre général

1410 **Personnes habilitées.** La certification doit être faite, en principe, par un notaire, avocat, huissier de justice, mandataire judiciaire, administrateur judiciaire ou une autorité administrative (D. 4 janv. 1955, art. 5, al. 2).
L'**avocat** avait été malencontreusement supprimé de la liste lors de la réforme du texte par le décret n° 2012-634 du 3 mai 2012 : il semblait s'agir d'une erreur matérielle (V., sur cette anomalie, C. Laporte, *Publicité foncière : incidences inattendues de la fusion des professions d'avoué à la cour et d'avocat : Gaz. Pal.* 8-10 déc. 2013, p. 7). Le fait que l'avocat continue de figurer dans la liste des personnes habilitées à certifier les identités, dans l'article 38,2 du décret du 14 octobre 1955, accréditait cette interprétation, qui a été confirmée par la réforme opérée par la loi n° 2016-1547 du 18 novembre 2016 (art. 102). Ce texte a ajouté l'avocat au nombre des personnes figurant dans l'article 5, alinéa 2 du décret du 4 janvier 1955 habilitées à opérer la certification d'identité (V. C. Laporte, *Le grand retour des avocats dans le décret du 4 janvier 1955 : JCP* G 2016, n° 49, 1306).
En fait, chaque officier public ou ministériel certifiera l'identité des parties dans les extraits, expéditions ou copies des actes reçus ou établis par lui. Mais, en droit, rien ne s'oppose à ce que la certification soit faite par n'importe quelle personne habilitée par la loi Ainsi, il avait été admis qu'un avocat pourrait certifier l'identité des parties d'un bordereau d'inscription d'hypothèque conventionnelle ou d'un privilège immobilier alors qu'il n'était pas le rédacteur du titre (*Bull. AMC* 1999, art. 1808).

1411 **Clercs habilités.** L'article 17, alinéa 3, du décret du 26 novembre 1971, permet au notaire d'habiliter un ou plusieurs clercs ou employés de l'étude à délivrer des expéditions de leurs actes et par conséquent à signer les certificats de conformité. Mais cette habilitation ne confère en aucun cas qualité pour certifier l'identité des parties aux lieu et place du notaire (Bulté : *JCP* N 1972, IV, 5267).

1412 **Greffiers.** On remarquera que l'alinéa 2 de l'article 5 du décret du 4 janvier 1955 ne mentionne pas les greffiers (V. Rép. min. : *JOAN,* 3 août 1956, p. 3856). Il a semblé que les avocats seraient mieux placés pour obtenir les justifications nécessaires en vue de certifier les éléments d'identification des parties. Mais le refus d'une certification d'identité émanant d'un greffier en chef ne paraît pas justifié (*Bull. AMC* 1987, art. 1355).
Le décret du 14 octobre 1955 (art. 38, § 2) apporte, toutefois, un tempérament en accordant aux greffiers de tribunal judiciaire le pouvoir de certifier l'identité des parties pour les inscriptions qu'ils requièrent (hypothèque légale du mineur ; V. C. civ., art. 2143) et tous les actes s'y rapportant (Doc. adm. DGI, 10 E-3331, 2 mai 1985). Mais toute délégation à un secrétaire est exclue (*Bull. AMC* 1987, art. 1355).
Il a été conseillé aux conservateurs d'admettre la validité de la certification faite par le greffier du tribunal de commerce d'un jugement rendu en matière de procédure collective (*Bull. AMC* 1986, art. 1347, p. 16).

2 Règles particulières

1413 **Organismes de Sécurité sociale et organismes de crédit.** D'après le troisième alinéa de l'article 5 du décret du 4 janvier 1955, auquel renvoie le deuxième alinéa de l'article 6, la faculté de certifier des indications d'état civil pour les personnes physiques, et les éléments d'identification, pour les personnes morales, peut être accordée, par décret en Conseil d'État, pour les opérations les concernant, aux organismes de Sécurité sociale ou d'allocations familiales et à certains organismes de crédit dont l'objet principal est de consentir des prêts hypothécaires.

L'article 38, § 3, du décret du 14 octobre 1955 donne la liste des organismes intéressés, savoir :

– les organismes assurant, en tout ou en partie, la gestion d'un régime légalement obligatoire d'assurances contre la maladie, la maternité, la vieillesse, l'invalidité, le décès, les accidents du travail et les maladies professionnelles, ou de prestations familiales, ainsi que les unions desdits organismes ; sont donc visées, notamment, les caisses primaires de Sécurité sociale, les caisses d'allocations familiales et, le cas échéant, les unions de recouvrement (*Bull. AMC* 1986, art. 1341) ou encore les organismes conventionnés par les caisses d'assurance des travailleurs non salariés des professions non agricoles (*Bull. AMC* 1992, art. 1537) ;
– le Crédit national ;
– le Crédit foncier de France ;
– le Comptoir des entrepreneurs ;
– les caisses de Crédit agricole mutuel : la faculté de certifier est reconnue aux agents de la Caisse nationale de Crédit agricole ayant au moins le grade de chef de bureau.

Le même texte prévoit (al. 2) que, pour bénéficier de la faculté de certifier, ces organismes doivent notifier à chaque service de la publicité foncière la liste de leurs représentants dans le ressort de la conservation, habilités à cet effet et déposer un spécimen de leur signature (V. pour une URSSAF : *Bull. AMC* 1986, art. 1341) ou pour les organismes conventionnés par les caisses d'assurance des travailleurs non salariés des professions non agricoles (*Bull. AMC* 1992, art. 1537).

Le dernier alinéa de l'article 38, § 3, précise qu'à défaut de cette notification, accompagnée des spécimens de signature, le service de la publicité foncière est fondé à exiger la certification dans les conditions ordinaires, c'est-à-dire par un notaire, huissier, etc., ou par une autorité administrative (V. pour un refus de dépôt opposé au directeur d'une caisse primaire d'assurance maladie, faute d'habilitation notifiée au conservateur et de dépôt d'un spécimen de la signature : *Bull. AMC* 1994, art. 1640).

Il va sans dire qu'en cas de changement dans la personne de ces représentants, il appartiendrait à l'organisme intéressé de notifier, dans les mêmes formes, la liste des remplaçants et qu'en attendant cette notification, le service de la publicité foncière pourrait opposer une fin de non-recevoir à tout dépôt de document ne portant pas la mention de certification signée, soit par le représentant antérieurement qualifié, soit par un notaire, huissier, etc. (Doc. adm. DGI, 10 E-3332, 2 mai 1985).

3 Autorités administratives

1414 Autorités administratives concernées sur un plan général. Par autorités administratives, il faut entendre les personnes ayant qualité pour conférer aux actes qu'ils reçoivent en la forme administrative l'authenticité exigée par l'article 4 du décret du 4 janvier 1955, notamment les ministres, les commissaires de la République, les maires, les présidents des conseils généraux et régionaux, les présidents des établissements publics rattachés à ces collectivités et les présidents des syndicats mixtes (V. **Authenticité**).

L'article 38, § 2 du décret du 14 octobre 1955, précise que ces fonctionnaires sont habilités a certifier l'identité des parties sur les expéditions destinées à la publicité des actes dressés par eux ou avec leur concours, sur les bordereaux des inscriptions qu'ils requièrent et sur tous documents à publier s'y rapportant (Doc. adm. DGI, 10 E-3333, n° 1, 2 mai 1985).

Le représentant légal d'un office public d'HLM peut certifier l'identité des personnes comparaissant à un acte de vente passé en la forme administrative par cet office (*Bull. AMC* 1976, art. 1042).

1415 Autres fonctionnaires qualifiés. Indépendamment de ces autorités administratives, sont également habilités, par le même texte, à certifier l'identité des parties, mais seulement pour les inscriptions qu'ils requièrent et les actes s'y rapportant :

– les magistrats du ministère public ;
– l'agent judiciaire du Trésor ;
– les agents des impôts (les agents des impôts appartenant au cadre B et assurant l'intérim d'un bureau doivent être considérés comme des comptables publics, du moment où ils sont régulièrement chargés de la gestion d'un bureau de recette. Ils peuvent donc certifier l'identité des parties pour les inscriptions qu'ils requièrent et tous actes s'y rapportant) et des douanes ayant au moins le grade d'inspecteur (adjoint de recette ou fondé de pouvoirs) ;
– ses comptables du Trésor et tous comptables publics ;
– les directeurs départementaux de l'Équipement (pour leurs attributions concernant le logement) (Doc. adm. DGI, 10 E-3333, n° 2, 2 mai 1985).

1416 **Expropriation. Remembrement.** L'article 81, § 2 du décret du 14 octobre 1955 dispose, en matière d'ordonnances d'expropriation pour cause d'utilité publique, de procès-verbaux de réorganisation foncière ou de remembrement, ou d'arrêtés en vue du remembrement préalable à la reconstruction, que la certification de l'identité des parties peut être faite, non seulement par les notaires, avocats, huissiers, syndics de faillite ou administrateurs aux règlements judiciaires, mais encore par :
– les commissaires de la République ou les représentants de l'autorité expropriante (pour les ordonnances d'expropriation) ;
– les directeurs départementaux de l'Agriculture et les présidents des commissions communales de réorganisation foncière ou de remembrement (pour les procès-verbaux de réorganisation foncière ou de remembrement) ;
– les commissaires au remembrement (pour les arrêtés en vue du remembrement préalable à la reconstruction) ;
– les présidents des associations foncières urbaines de remembrement (Doc. adm. DGI, 10 E-3333, n° 3, 2 mai 1985).

1417 **Délégation de signature.** Si la certification doit demeurer sous la responsabilité de l'autorité même qui est désignée, il n'y a pas lieu, pour autant, de refuser les documents certifiés par délégation, au nom de cette autorité. Des délégations de signature sont fréquemment consenties, notamment par les ministres ou les hauts fonctionnaires ; leur refuser toute validité en matière de certification d'identité amènerait des incidents qu'il convient d'éviter.
Aussi est-il recommandé de tenir ces délégations pour valables, à la double condition :
– que soit expressément mentionnée la délégation de signature ;
– que soit énoncé le titre du signataire (à titre d'exemple, si un premier adjoint signe à la place d'un maire, la simple mention « Le premier adjoint » précédant la signature ne suffirait pas. Ne serait pas admise non plus la mention « par délégation ». Par contre serait acceptée, notamment, la formule suivante : « Pour le maire, et par délégation, le premier adjoint »).
S'il n'en était pas ainsi, il appartiendrait aux conservateurs (aujourd'hui : au service de la publicité foncière) de demander confirmation de la délégation et dépôt d'un spécimen de la signature du délégué, dans des conditions analogues à celles prévues au paragraphe 3 de l'article 38 du décret du 14 octobre 1955 (Doc. adm. DGI, 10 E-3333, n° 4, 2 mai 1985).
Il a été précisé que le dépôt n'avait pas à être refusé si le certificat d'identité était signé par une personne autre que le président du conseil général ou son vice-président ou le directeur général des services départementaux. L'apparence joue en faveur de la régularité dès lors que la certification est l'œuvre d'un fonctionnaire des services départementaux déclarant agir par délégation du président du conseil général et qu'elle comporte, ainsi qu'il est prescrit au I de l'article 38 du décret du 14 octobre 1955, les nom, qualité, résidence administrative du signataire (*Bull. AMC* 1995, art. 1701).

II
Pièces justificatives

1418 Les articles 5 (al. 5) et 6 (al. 3) du décret du 4 janvier 1955, et l'article 75 du décret du 14 octobre 1955 précisent les pièces au vu desquelles doit être établi et signé le certificat d'identification.
➤ V. le texte des articles 5 et 6 du décret du 4 janvier 1955, ci-dessus.

D. 14 oct. 1955, art. 75. – 1. – *(Mod. par D. n° 91-25, 7 janv. 1991)* Les pièces justificatives susceptibles d'être utilisées pour établir l'identité des parties, outre celle visée au cinquième alinéa de l'article 5 du décret du 4 janvier 1955, sont indiquées aux *a* et *b* ci-après.

a) Pour les personnes nées hors de France, le certificat d'identité est établi indifféremment :
– au vu d'un extrait de l'acte tenant lieu d'acte de naissance prévu aux articles 98 et 98-2 du Code civil, ayant moins de six mois de date au jour de l'acte ou de la décision judiciaire ;
– au vu, en cas de mariage en France, d'un extrait de l'acte de mariage ayant moins de six mois de date au jour de l'acte ou de ta décision judiciaire ;
Pour les formalités requises sans le concours du titulaire du droit, en cas d'impossibilité d'obtenir l'une des pièces ci-dessus prévues,

le certificat d'identité peut être établi sur la foi des renseignements d'état civil recueillis en application de l'article 50-3 du décret du 4 janvier 1955 ou, à défaut, au vu des informations figurant dans les documents déjà transcrits ou publiés ou dans des actes ou décisions précédemment enregistrés.

– au vu d'un des documents administratifs constatant la naturalisation ;

– au vu d'un extrait de l'acte de naissance, quelle que soit sa date.

Dans tous les cas d'impossibilité d'obtenir soit l'extrait d'acte de naissance ayant moins de six mois de date, visé au cinquième alinéa de l'article 5 du décret du 4 janvier 1955, soit une des pièces justificatives énoncées ci-dessus, le certificat d'identité peut être établi au vu d'un passeport, d'une carte d'identité ou d'un acte de notoriété.

Lorsqu'elle est rédigée en langue étrangère, la pièce justificative de l'identité est accompagnée, s'il y a lieu, d'une traduction certifiée conforme par un traducteur figurant sur une liste d'experts judiciaires.

b) (D. n° 79-643, 24 juill. 1979) Dans les cas où les extraits d'actes de l'état civil sont soumis à une condition de date, le délai de validité s'apprécie, pour les inscriptions d'hypothèques ou de privilèges, au jour où la publication est requise. Il en est de même pour les actes et conventions visés à l'article 37 du décret du 4 janvier 1955 et pour les actes à établir d'urgence visés à l'article 34 dudit décret, à la condition, en ce qui concerne ces derniers, que les motifs de l'urgence y soient mentionnés.

Pour les décisions judiciaires et les adjudications, le certificat peut être valablement établi au vu d'un extrait ayant moins de six mois de date au jour de la demande en justice, du cahier des charges, et, s'il est judiciaire, de son dépôt, ou du commandement valant saisie, ou, en ce qui concerne les adjudicataires, au jour où la publication est requise.

2. Les dispositions du 2 de l'article 6 du décret n° 55-22 du 4 janvier 1955 modifié relatives à la certification de l'identité des personnes morales sont applicables aux personnes morales dont le siège se trouve dans *(Mots remplacés à compter du 1er janvier 2013, D. n° 2012-1462, 26 déc. 2012, art. 29 et 39)* « la collectivité territoriale de Saint-Pierre-et-Miquelon ».

A Personnes physiques nées en France métropolitaine ou dans les départements d'outre-mer

1 Exigence d'un extrait de l'acte de naissance

a) Principe

1419 **Énoncé.** Pour les personnes nées en France métropolitaine (c'est-à-dire dans les départements de la France continentale et de la Corse), dans les départements français d'outre-mer (Guadeloupe, Guyane, Martinique, La Réunion ou dans la collectivité territoriale de Saint-Pierre-et-Miquelon), la certification est faite au vu d'un extrait de l'acte de naissance ayant moins de six mois de date au jour de l'acte ou de la décision judiciaire (sous réserve des dispositions analysées, V. nos 1424 à 1427). Il y a lieu, bien entendu, de considérer comme nées en France les personnes nées dans les territoires des actuels départements du Haut-Rhin, du Bas-Rhin et de la Moselle, pendant la période de rattachement de ces territoires à l'Allemagne).

L'ancienneté maximale de six mois a été fixée de manière à concilier les exigences de la pratique avec la nécessité de justifications suffisamment récentes pour que le risque de modification survenue depuis la délivrance de l'extrait soit aussi réduit que possible.

Le certificat n'a pas à énoncer qu'il a été établi au vu d'un extrait d'acte de naissance (rappr. Rép. min. Justice : *JOAN*, 20 mars 1958, p. 1820. – Doc. adm. DGI, 10 E-3341, n° 1, 2 mai 1985).

L'extrait de naissance ne pourrait être remplacé par une fiche d'état civil (Rép. min., 7 févr. 1970 : *Bull. AMC* 1970, art. 807) ou par la carte nationale d'identité (*Bull. AMC* 1962, art. 506).

b) Exception

1420 **Destruction des archives de l'état civil.** L'acte de naissance peut être remplacé, lorsque les travaux de reconstruction ne sont pas achevés, par un acte de notoriété.

Cette hypothèse est prévue par la loi du 20 juin 1920, aux termes de laquelle :

> « jusqu'à ce que la reconstruction ou la restitution des registres ait été effectuée, il peut être suppléé par des actes de notoriété à tous les actes de l'état civil dont les originaux ont été détruits ou sont disparus par suite d'un sinistre ou de faits de guerre ».

Ces actes de notoriété sont dressés par le juge d'instance du domicile ou de la résidence du requérant, dans les formes prévues aux articles 71 et 72 du Code civil. Ils sont, toutefois, établis sans aucun frais, en présence de deux témoins seulement, et ne sont pas soumis à l'homologation du tribunal.

Il n'apparaît cependant possible de recourir à ce procédé que s'il s'agit de justifier l'identité de l'une des parties à un acte, qui peut présenter elle-même requête au juge d'instance de son domicile ou de sa résidence (Doc. adm. DGI, 10 E-3341, n° 4, 2 mai 1995).

1421 **Aide sociale à l'enfance.** L'article L. 221-8 du Code de l'action sociale et des familles dispose :

> Dans tous les cas où la loi ou des règlements exigent la production de l'acte de naissance, il peut y être suppléé, s'il n'a pas été établi un acte de naissance provisoire dans les conditions prévues à l'article 58 du Code civil et s'il y a lieu d'observer le secret, par un certificat d'origine dressé par le représentant de l'État dans le département ou son représentant.

Ce certificat d'origine, qui comporte, le cas échéant, la mention des mariages contractés, ne contient pas le lieu de naissance (celui-ci, qui doit demeurer inconnu [sur les fiches personnelles, il convient de mentionner à la place du lieu de naissance : « Pupille de l'Assistance Publique »], ne figure donc pas dans les actes). Mais, comme l'extrait d'acte de naissance qu'il remplace, il ne doit pas avoir été délivré depuis plus de six mois (rappr. Instr. chancellerie, préc., 21 sept. 1955, n° 286. – Doc. adm. DGI, 10 E-3341, n° 5, 2 mai 1985).

2 Délivrance de l'extrait

1422 **Personnes nées en France métropolitaine ou dans les départements d'outre-mer.** L'extrait d'acte de naissance prévu à l'article 8, alinéa 2, du décret n° 62-921 du 3 août 1962 peut être délivré par le dépositaire des registres d'état civil (maire ou greffier du tribunal) à toute personne, sans que celle-ci ait à justifier du motif de sa demande (D. préc., art. 9).

Cette délivrance est gratuite.

Il y a lieu de noter que les extraits des actes de l'état civil délivrés par l'officier de l'état civil ou le greffier, portant la date de leur délivrance et revêtus de la signature et du sceau de l'autorité qui les a délivrés, font foi jusqu'à inscription de faux (D. 3 août 1962, art. 13, préc.), sans qu'il soit nécessaire, par conséquent, de présenter les registres (Doc. adm. DGI, 10 E-3341, n° 2, 3 mai 1985).

1423 **Étrangers nés en France.** Pour les étrangers nés en France, l'extrait d'acte de naissance peut être délivré, non seulement par l'officier de l'état civil du lieu de naissance, mais également par les autorités diplomatiques et consulaires de leur pays, accréditées comme telles auprès du gouvernement français.

En effet, si aucune disposition générale du droit français n'attribue expressément la qualité d'officier de l'état civil à ces autorités, cette qualité leur est reconnue par la coutume, même en l'absence de conventions internationales ; en accordant l'*exequatur* aux agents des pays étrangers, le gouvernement français entend leur assurer l'exercice de fonctions traditionnellement reconnues aux consuls et, notamment, celles d'officier de l'état civil.

Pour être reconnus compétents en France, les consuls doivent toutefois être investis des fonctions d'officier d'état civil par la loi de leur pays.

3 Ancienneté de l'extrait

1424 **Cas particuliers.** L'exigence, à l'appui du certificat, d'un extrait d'acte de naissance ayant moins de six mois au jour de l'acte ou de la décision judiciaire ne se conçoit que pour les actes ou décisions judiciaires soumis obligatoirement à publicité.

Même dans cette limite, des atténuations devaient être admises pour tenir compte de la nature et des conditions d'établissement de certains actes. À cet égard, les articles 72, 75 et 81-1, du décret du 14 octobre 1955 fixent, par application de l'article 5 (al. 5) du décret du 4 janvier 1955, les règles suivantes.

1425 **Ancienneté de moins de six mois.** L'ancienneté de moins de six mois de l'extrait d'acte de naissance est appréciée, non point au jour de l'acte ou de la décision judiciaire, mais au jour où la publicité est requise, pour :

a) les inscriptions d'hypothèques ou de privilèges ;

b) les actes et conventions dont la publicité est seulement facultative, c'est-à-dire (D. 4 janv. 1955, art. 37) :

– les promesses unilatérales de vente ou de bail de plus de douze ans,

– les conventions relatives à l'exercice des servitudes légales.

Dans tous les cas, en effet, dès lors qu'il ne s'agit pas d'actes ou décisions obligatoirement soumis à publicité, force est bien d'apprécier l'ancienneté de l'extrait au jour où la formalité est volontairement requise ;

c) les actes dressés et les décisions judiciaires rendues avant le 1er janvier 1956, mais dont la publicité

n'est requise qu'après cette date (D. 14 oct. 1955, art. 72. al. 2) ;
d) les actes établis d'urgence (D. 4 janv. 1955, art. 34), à la condition que les motifs de l'urgence y soient mentionnés (Doc. adm. DGI, 10 E-3341, n°s 7 et 8, 2 mai 1985).

1426 **Décisions judiciaires et adjudications.** En ce qui concerne les décisions judiciaires et les adjudications, les extraits d'actes de naissance sont considérés comme valables, d'après l'article 75, § 1, dernier alinéa, modifié, du décret du 14 octobre 1955, s'ils ont moins de six mois de date :
– au jour de la demande en justice, pour les décisions judiciaires soumises à publicité en exécution de l'article 28, 1°, 2°, 4°, 5° ou 7° du décret du 4 janvier 1955 ;
– au jour de l'établissement du cahier des charges (si celui-ci est amiable) ou de son dépôt (si celui-ci est judiciaire), pour la justification de l'identité des propriétaires, en cas d'adjudication ;
– au jour du commandement valant saisie, pour les commandements et les divers actes de la procédure visés à l'article 80 du décret du 14 octobre 1955 ;
– au jour de la réquisition de publicité de l'adjudication, pour la justification de l'identité des adjudicataires.
D'autre part, en matière de décisions judiciaires soumises à publicité et notamment, en matière d'adjudications, une disposition très générale figurant au 5 de l'article 34 du décret du 4 janvier 1955 permet, par la voie d'une ordonnance rendue sur requête par le président de la juridiction qui a statué, d'obtenir la régularisation des erreurs ou des omissions dans l'identification des personnes. Lorsque celte procédure est employée, l'extrait d'acte de naissance doit avoir moins de six mois de date au jour où la publicité est requise.
S'agissant des adjudications qui ont lieu devant un notaire, cette règle ne permet pas de résoudre la difficulté d'obtenir, au moment même de la rédaction du procès-verbal, les pièces justificatives de l'identité des adjudicataires. Certaines facilités ont donc été prévues, dans ce cas, par l'article 34, § 4 du décret du 4 janvier 1955. Lorsqu'il est mentionné, dans un acte soumis à publicité, que celui-ci a dû être établi d'urgence, avant réception des documents sur la hase desquels il doit être procédé à la désignation des personnes, les erreurs ou les omissions relatives à cette désignation peuvent être réparées avant la réquisition de la formalité :
– si l'acte n'a pas déjà été enregistré, au moyen d'une mention complémentaire apposée par le rédacteur de l'acte, à la suite de la minute ou de l'original ;
– si l'acte a déjà été enregistré, au moyen d'une attestation établie, par acte distinct, par le rédacteur de l'acte (Doc. adm. DGI, 10 E-3341. n° 9, 2 mai 1985).

1427 **Expropriation. Remembrement.** Pour la certification de l'identité des personnes physiques au pied des documents déposés en vue de l'exécution de certaines formalités, qui sont l'aboutissement d'une procédure souvent longue (expropriations et remembrements) et au début de laquelle l'identité exacte des parties peut ne pas être connue (D. 14 oct. 1955, art. 81, 1°), l'extrait d'acte de naissance ne doit pas répondre à d'autres conditions que celle d'avoir été délivré postérieurement à une certaine date.
Cette date est celle :
– de l'arrêté préfectoral désignant le commissaire enquêteur ou la commission chargée de procéder à l'enquête parcellaire en matière d'expropriation ;
– de l'arrêté préfectoral qui fixe les périmètres des opérations, en matière de réorganisation foncière ou de remembrement rural ;
– de l'arrêté constituant l'association syndicale, en matière de remembrement préalable à la reconstruction, et de l'acte qui constitue, autorise ou institue l'association foncière, en matière de remembrement urbain.
Le dernier alinéa de l'article 81-1° du décret du 14 octobre 1955 précise, par contre, que, pour les opérations amiables de cession, échange ou remembrement, le droit commun est applicable, c'est-à-dire que, conformément à l'article 5 du décret du 4 janvier 1955, les extraits d'acte de naissance, au vu desquels est certifiée l'identité des parties, doivent avoir été délivrés moins de six mois avant la date des actes dont l'expédition est déposée en vue de la publicité (Doc. adm. DGI, 10 E-3341, n° 10, 2 mai 1985).

4 Difficultés particulières

1428 **Erreurs commises dans les extraits délivrés.** Les extraits d'acte de naissance délivrés par les mairies et même par les greffes sont parfois entachés d'erreurs.
Celles-ci sont découvertes à l'occasion de la publication d'une nouvelle formalité intéressant la même personne ; elles entraînent le dépôt d'un document rectificatif, lorsque l'officier public ou ministériel, ou l'autorité administrative, qui a reçu ou dressé l'acte ou établi le bordereau entend régulariser le document antérieurement publié (V. **Rectification des erreurs**).
Les conservateurs ne doivent pas manquer de signaler au parquet, par l'intermédiaire de leur direction, les irrégularités qu'ils seront amenés à constater.

Lorsque deux documents successivement publiés intéressent la même personne et qu'il est établi qu'une erreur entache l'identification telle qu'elle est certifiée au pied du premier de ces documents, le conservateur ne peut, bien entendu, se refuser à publier le second (rappr. D. 14 oct. 1955, art. 34, § 3, al. 4 et art. 51 et 52-2).

Il est créé, par conséquent, une deuxième fiche personnelle au nom de la même personne, sauf à porter, de façon apparente, sur chacune des fiches une mention de référence. Cette mesure, qui est édictée pour des raisons de bonne administration, n'est imposée par aucun texte, la responsabilité du conservateur se trouvant dégagée, en cas de réquisition d'état, par le dernier alinéa de l'article 9 du décret du 4 janvier 1955.

Mais il y a tout intérêt, bien entendu, à ce que la rectification de l'acte erroné soit demandée conformément aux dispositions des articles 99 et suivants du Code civil (Doc. adm. DGI, 10 E-3341, n° 6, 2 mai 1955).

B Personnes physiques nées hors de France métropolitaine et des départements d'outre-mer

1429 Présentation des règles applicables. Le décret n° 91-25 du 7 janvier 1991 a modifié l'article 75 du décret du 14 octobre 1955, qui régissait la matière.

Ce décret a fait l'objet d'un commentaire dans une instruction du 21 janvier 1991 (*BOI*, 10 E-1-91 ; *JCP* N 1991, prat. 1757).

Les conséquences de la modification apportée au texte sont les suivantes :

– au regard des rédacteurs d'actes, la certification de l'identité des personnes physiques nées hors de France continue à être établie au vu d'une des pièces visées au § 1 a) de l'article 75. La nouvelle rédaction de cet article fait toutefois apparaître que l'énumération de ces pièces ne comporte plus un ordre décroissant de priorité.

Corrélativement, le texte ne fait plus obligation aux personnes habilitées à certifier l'identité des parties (D. 14 oct. 1955, art. 38) d'énoncer la pièce au vu de laquelle le certificat a été établi ;

– au plan de la publicité foncière, il suffit en conséquence que l'acte comporte une simple mention de certification attestant que l'identité des parties a été régulièrement justifiée au rédacteur de l'acte.

Dans ces conditions, il n'y a plus lieu d'appliquer les sanctions de refus ou de rejet pour omission ou inexactitude de renonciation des pièces justificatives. Pratiquement, le refus de dépôt reste applicable au seul défaut de mention de certification conformément à l'article 38 du décret du 14 octobre 1955.

Le principe est la référence aux pièces officielles d'état civil (1). Il connaît des exceptions (2) et l'application de ces règles soulève des difficultés particulières (3).

1 Principe. Référence aux pièces officielles d'état civil

1430 Personnes nées hors de France ou des départements d'outre-mer. Le certificat d'identité doit être établi en principe au vu d'un extrait d'acte de naissance ayant moins de six mois de date.

1431 Personnes ayant acquis ou recouvré la nationalité française. Le certificat d'identité est établi au vu d'un extrait de l'acte tenant lieu d'acte de naissance prévu aux articles 98 et 98-2 du Code civil et ayant moins de six mois de date au jour de l'acte ou de la décision judiciaire (Doc. adm. DGI, 10 E-3342, n° 3, 2 mai 1985).

1432 Personnes mariées en France ou dans un département d'outre-mer. Le certificat est établi au vu d'un extrait de l'acte de mariage.

L'extrait d'acte de mariage peut être délivré à toute personne sans que celle-ci ait à justifier du motif de sa demande.

Sous réserve de l'interprétation souveraine des tribunaux, il semble que l'on puisse assimiler au mariage célébré en France, le mariage célébré à l'étranger, dans un consulat français. Dans ces consulats, les actes de mariage sont, en effet, dressés sous les formes de la législation française.

Sous la même réserve expresse, il a été admis que l'identité des étrangers mariés en France au consulat de leur pays pouvait être justifiée au vu d'un extrait de leur acte de mariage (Rép. min. Justice : *JOAN* CR, 25 mars 1961, p. 355. – Doc. adm. DGI, 10 E-3342, n° 4, 2 mai 1985).

L'extrait de l'acte de mariage doit avoir été délivré depuis moins de six mois. En conséquence, l'indication que le certificat est établi au vu d'un extrait de l'acte de mariage sans autre précision équivaut à l'absence de certification et entraîne un refus de dépôt (*Bull. AMC* 1982, art. 1263).

1433 Cas particuliers. Les dispositions spéciales relatives aux conditions de date que doit remplir l'extrait d'acte de naissance, pour les personnes nées en France, sont applicables pour la certification de l'identité des personnes nées hors de France ou des départements français d'outre-mer, lorsque le certificat est basé sur un extrait de leur acte de mariage (Doc. adm. DGI, 10 E-3342, n° 13, 2 mai 1985).

1434 **Personnes naturalisées françaises.** Le certificat est établi au vu d'un document administratif constatant la naturalisation. Les documents administratifs constatant la naturalisation au vu desquels doit être certifiée l'identité d'une personne née hors de France, en cas de naturalisation et à défaut de mariage en France ou dans l'un des départements français d'outre-mer, peuvent être :
– soit la pièce elle-même délivrée à l'intéressé pour lui permettre d'établir sa qualité de naturalisé, c'est-à-dire l'ampliation ou la copie officielle, délivrée par la préfecture, du décret de naturalisation ;
– soit l'exemplaire du *Journal officiel* publiant le décret de naturalisation ;
– soit la « Liste alphabétique des personnes ayant acquis ou perdu la nationalité française par décret », constituée par une série de volumes reproduisant périodiquement les listes publiées au *Journal officiel*. Cette liste alphabétique peut être consultée dans toutes les préfectures et dans tous les greffes des tribunaux judiciaires (Doc. adm. DGI, 10 E-3342, n° 5, 2 mai 1985).

1435 **Personnes nées hors de France qui ne sont ni mariées en France ni naturalisées.** Pour les personnes nées hors de France ou de l'un des cinq départements français d'outre-mer et qui ne sont ni mariées en France ou dans l'un desdits départements, ni naturalisées, le certificat d'identité est établi, en principe, au vu d'un extrait de l'acte de naissance pour lequel aucune condition de date n'est exigée (V. pour un acte de vente dans lequel l'une des parties est née et mariée en Allemagne, chron. in *JCP* N 1984, prat. 8998).
En réalité, l'expression « acte de naissance » doit être prise dans son sens le plus large et s'applique à tout acte ayant pour effet, d'après la loi locale, d'établir officiellement la naissance. L'objet des actes de naissance étant de constater un fait et non un acte juridique, la question de leur validité intrinsèque ne se pose pas : il suffit donc que les règles de compétence et de forme imposées par la loi locale aient été observées pour que ces actes aient pleine valeur en France. La dénomination que la loi étrangère leur donne (acte de baptême, d'ondoiement, etc.) importe peu (Doc. adm. DGI, 10 E-3342, n° 6, 2 mai 1985) :
➤ En ce qui concerne la traduction des extraits d'acte de naissance rédigés à l'étranger, V. n° 1441.
➤ Sur l'impossibilité d'obtenir un acte de naissance, V. n°s 1436 à 1440.

2 Exceptions

a) Impossibilité d'obtenir un extrait d'acte de naissance

1436 **Règles applicables.** En cas d'impossibilité, pour la personne appelée à certifier l'identité, d'obtenir un extrait d'acte de naissance, les nouvelles dispositions prévoient que la certification peut être faite, indistinctement, au vu :
– d'un passeport ;
– d'une carte d'identité ;
– d'un acte de notoriété.
En outre, pour les formalités requises sans le concours du titulaire du droit (saisie, inscription d'hypothèque judiciaire, notamment), le certificat d'identité peut être établi, à défaut de l'une des trois pièces ci-dessus mentionnées, au vu des renseignements d'état civil figurant dans des documents officiels ou dans des actes antérieurs.
En toute hypothèse, l'impossibilité de certifier au vu d'un extrait d'acte de naissance et dans les cas exceptionnels (V. n° 1440), au vu d'un passeport, d'une carte d'identité ou d'un acte de notoriété, doit être mentionnée dans le certificat. Le conservateur n'a pas à exiger l'indication des raisons de cette impossibilité, qui est appréciée par le signataire du certificat seul et, à plus forte raison, à les discuter dans le cas où elles sont précisées (les demandes de rectification présentées après la publication du décret au *Journal officiel* ne sont en principe acceptées que si elles sont présentées dans l'année de cette publication).
Mais, il est opportun d'appeler l'attention des notaires, avocats, huissiers et autres auxiliaires de justice, ainsi que des autorités administratives, sur la responsabilité éventuelle qu'ils peuvent encourir en invoquant la disposition exceptionnelle précitée dans des cas où la production d'un extrait d'acte de naissance ne soulève aucune difficulté (Doc. adm. DGI, 10 E-3342, n°s 10 et 11, 2 mai 1985).
Le fait qu'une identité certifiée sur la base d'un document autre qu'une pièce d'état civil est inexacte ne serait pas en soi particulièrement grave, en ce qui concerne la publicité foncière, si cette erreur était répétée à l'occasion de toutes les formalités publiées. C'est ainsi que, même erronés ou incomplets, les éléments d'état civil figurant dans un décret de naturalisation peuvent être retenus pour un naturalisé, parce qu'ils présentent un caractère de fixité absolue (V. *supra*). En effet, les demandes de rectification ne sont en principe acceptées que si elles sont présentées dans l'année de la publication de ce décret au *Journal officiel*. Par ailleurs, dans les divers documents publiés, le signataire du certificat d'identité se réfèrera à une pièce unique et, le plus souvent,

sinon toujours, dans les réquisitions, l'état civil du naturalisé sera indiqué d'après le décret de naturalisation.
Il en est différemment lorsque l'identité est certifiée au vu d'un passeport (Doc. adm. DGI, 10 E-3342, n° 11, 2 mai 1985).

1437 Possibilité de se référer à un passeport, une carte d'identité ou un acte de notoriété. Lorsque est invoquée l'impossibilité d'obtenir un extrait d'acte de naissance, le certificat d'identité doit être établi – sauf cas exceptionnels visés (V. n° **1440**) – au vu, soit d'un passeport, soit d'une carte d'identité, soit d'un acte de notoriété (V. pour un sujet yéménite : *JCP* N 1974, prat. 5792-2).
Il importe peu que le passeport ou la carte d'identité aient été délivrés par une autorité française ou étrangère et soient encore valables ou soient périmés. De même, l'acte de notoriété peut être rédigé indifféremment par un fonctionnaire ou un officier public français ou étranger. Il peut être dressé le même jour que l'acte et, dans cette hypothèse, être inclus dans ledit acte.
Doit être assimilé à une carte d'identité tout document – même ne portant pas l'indication « carte d'identité » – dès l'instant qu'il contient les éléments d'identification indispensables.
À cet égard, les titres de séjour prévus par les articles L. 311-1 et suivants du Code de l'entrée et du séjour des étrangers et du droit d'asile constituent des documents de police plutôt que de véritables pièces d'état civil.
Constituent, de même, des cartes d'identité :
– la carte d'identité diplomatique, délivrée par le ministère des Affaires étrangères aux membres des missions diplomatiques et consulaires accrédités en France et à leurs familles ;
– la carte frontalière, dont sont munis les frontaliers des pays voisins de la France ;
– la carte d'identité spéciale, délivrée aux Tunisiens, Marocains, Cambodgiens, Vietnamiens, Laotiens.
Mais n'ont pas ce caractère la carte professionnelle (de travailleur, d'exploitant agricole, d'artisan, de commerçant ou d'industriel), ni la carte d'immatriculation et d'affiliation à la Sécurité sociale (Doc. adm. DGI, 10 E-3342, n° 12, 2 mai 1985).

b) Cas particuliers

1438 Personnes nées en Algérie. Pour les personnes nées en Algérie, l'article premier de l'ordonnance du 16 juillet 1962 a prévu que, jusqu'à une date qui sera fixée par décret, le certificat d'identité pourra être établi au vu :
– du livret de famille ;
– d'une fiche d'état civil ;
– ou d'un acte de notoriété dressé par le juge d'instance du domicile ou de la résidence du requérant, sur la déclaration de trois témoins dans les conditions prévues par l'article 2 de la loi du 20 juin 1920.
Cette facilité s'applique au cas où la pièce justificative à retenir en application de l'article 75 du décret du 14 octobre 1975 est un extrait de l'acte de naissance et que celui-ci ne peut être produit. Il n'y a pas lieu toutefois de mentionner cette impossibilité dans le certificat d'identité.
Bien entendu, à défaut d'extrait d'acte de naissance, le certificat peut aussi être établi, conformément aux dispositions de l'article 75 précité du décret du 14 octobre 1955, au vu du passeport, de la carte d'identité ou d'un acte de notoriété quelconque. Mais, dans cette hypothèse, l'auteur du certificat doit préciser qu'il a été dans l'impossibilité de se procurer un extrait de l'acte de naissance (Doc. adm. DGI, 10 E-3342, n° 9, 2 mai 1985).

1439 Réfugiés et apatrides. L'identité des réfugiés et apatrides résidant en France est établie au vu des certificats délivrés par le directeur de l'Office français de protection des réfugiés et apatrides (C. étrangers, art. L. 721-3. – Doc. adm. DGI, 10 E-3342, n° 8, 2 mai 1985).

1440 Documents établis sans le concours du titulaire du droit. L'obligation de certifier l'identité des personnes nées hors d'un département de la métropole ou d'outre-mer et qui n'y sont pas mariées ou ne sont pas naturalisées françaises, au vu d'un extrait d'acte de naissance ou d'une des trois pièces visées (V. n° **1436**), et énonçant les éléments d'état civil, pourrait empêcher la publication des documents établis sans le concours de ces personnes, tels qu'un commandement de saisie, une demande en justice, un bordereau d'inscription d'hypothèque judiciaires ou légale, etc.
Aussi, l'article 75 du décret du 14 octobre 1955 a-t-il prévu que, dans ces circonstances et en cas d'impossibilité, mentionnée dans ledit certificat, de se faire représenter soit un extrait de l'acte de naissance, soit l'une des pièces pouvant le suppléer, le certificat d'identité peut être établi sur la foi des renseignements d'état civil recueillis auprès de toute personne susceptible de les fournir ou des administrations, services ou établissements publics de l'État, des départements et des communes et des établissements nationalisés ou figurant dans les documents déjà transcrits ou publiés (actes, décisions judiciaires ou bordereaux), ou dans des actes ou décisions précédemment enregistrés (actes notariés ou sous seing privé, actes administratifs, déclarations de succession, etc.).

Mais, l'identité certifiée dans de semblables conditions risque de contenir des erreurs que la publication d'une nouvelle formalité concernant la même personne peut faire ultérieurement ressortir. Informé officieusement par le conservateur, l'officier public ou ministériel, ou l'autorité administrative, qui a reçu ou dressé l'acte ou établi le bordereau, a le plus grand intérêt à régulariser rapidement, par le dépôt d'un document rectificatif, le document antérieurement publié, même s'il estime sa responsabilité dégagée en raison des diligences faites par lui pour retrouver l'identité véritable (Doc. adm. DGI, 10 E-3342, n° 13, 2 mai 1985).

3 Problèmes particuliers : pièces justificatives rédigées en langue étrangère

1441 **Traduction obligatoire.** Dans le cas où la pièce justificative de l'identité (extrait d'acte de naissance, passeport, carte d'identité, acte de notoriété) est rédigée en langue étrangère, une traduction est obligatoire en principe. Elle devrait être certifiée par un interprète habituellement commis par les tribunaux, mais le signataire du certificat d'identité a la possibilité de ne pas recourir à un interprète, sous sa responsabilité, bien entendu.
Mais la traduction peut aussi être faite par le consul de France dans le pays étranger où l'acte a été dressé (D. n° 46-2390, 23 oct. 1946) ou, en vertu de conventions internationales ou, en application du principe de la réciprocité, par les consuls étrangers en France.
Le certificat d'identité n'a jamais à préciser si une traduction a été effectuée et, *a fortiori*, dans quelles conditions (Doc. adm. DGI, 10 E-3342, n° 2, 2 mai 1985).

1442 **Francisation des prénoms.** Les prénoms étrangers ne doivent, en aucun cas, être francisés dans les documents soumis à la publicité foncière, si la francisation n'a pas été régulièrement obtenue. Mais des discordances sont constatées en ce qui concerne les personnes nées à l'étranger selon que l'extrait de l'acte de naissance servant de base à la certification a été délivré par l'autorité étrangère qui a dressé l'acte ou par le ministère des Affaires étrangères au vu du registre tenu dans les consulats sur lequel cet acte a été transcrit, ou encore selon que le traducteur de l'extrait de l'acte de naissance établi par l'autorité étrangère aura ou non francisé le ou les prénoms lors de la traduction. Il paraît préférable de ne pas relever ces discordances lorsqu'il apparaît que deux prénoms, apparemment discordants, ne sont, en réalité, que la traduction l'un de l'autre.
Lorsque des discordances sont relevées dans des actes successifs, il est fait application, le cas échéant, des directives données ; V. n° 1428 (Doc. adm. DGI, 10 E-3342, n° 2, 2 mai 1985).

C Personnes morales

1443 Les explications qui suivent concernent essentiellement les personnes morales de droit privé (et éventuellement, quelques personnes morales de droit public telles que les offices publics d'HLM) étant donné qu'en général, pour les personnes morales de droit public, aucun problème ne paraît devoir se poser. À titre d'exemple, le cas de changement de nom de certains départements ou de certaines communes ne soulèvent aucune difficulté d'identification des personnes morales intéressées, pas plus que la création d'une commune nouvelle.
Il en est de même pour les grandes entreprises nationalisées faisant des opérations sur l'ensemble du territoire et parfaitement identifiées, même seulement par leurs abréviations (SNCF, EDF, etc.).
Il n'en demeure pas moins que le conservateur serait fondé à exiger la certification de l'identité des personnes morales de droit public, s'il lui apparaissait utile de pouvoir attester l'exactitude de l'identité de la personne concernée (Rép. min. Justice : *JOAN* CR, 10 avr. 1970, p. 924).

1 Personnes morales dont le siège est en France ou dans les départements français d'outre-mer

1444 **Principes généraux.** Pour les personnes morales (sociétés, associations, syndicats et autres personnes morales) dont le siège est en France métropolitaine ou dans un département français d'outre-mer (ainsi qu'à Saint-Pierre-et-Miquelon : V. D. 14 oct. 1955, art. 75-2), la certification est faite au vu de l'original, d'une expédition (c'est-à-dire d'une copie littérale délivrée, avec certification de la conformité à la minute, par l'officier public dépositaire de celle-ci) ou d'une copie collationnée (c'est-à-dire d'une copie, certifiée conforme par un officier public, non dépositaire de la minute ou par un fonctionnaire) de tout acte authentique ou sous seing privé constatant la dénomination, la forme juridique et le siège actuel de la personne morale ainsi que son numéro d'identité, si elle est inscrite au répertoire des entreprises (Doc. adm. DGI, 10 E-3343, n° 1, 2 mai 1985).

Ces documents peuvent être constitués notamment par l'avis d'identification délivré par l'INSEE, l'extrait délivré par le greffe du tribunal de commerce pour les sociétés commerciales ou par tout autre acte tels les statuts (note 14 août 1998 : *BOI* 10 D-2-98).

1445 **Contenu du certificat d'identité.** Les dispositions relatives aux modalités d'établissement du certificat d'identité des personnes morales doivent être complétées pour tenir compte de l'introduction par le décret du 23 juin 1998 du numéro « SIREN » comme élément d'identification des personnes morales.

Il faut en conséquence opérer les distinctions suivantes (note 14 août 1998, préc., n°s 30 et 31) :

• Personnes morales inscrites au répertoire.

La certification doit porter sur le numéro d'identité, la dénomination, la forme juridique et le siège actuels de la personne morale.

• Personnes morales non inscrites au répertoire.

La certification doit porter sur la dénomination, la forme juridique et le siège actuels de cette dernière. Elle doit comporter en outre une mention attestant que la personne morale n'est pas inscrite au répertoire ou est en cours d'inscription.

1446 **Impossibilité de se procurer les documents justificatifs.** Les « actes » dont il s'agit seront, le plus souvent, les statuts et les actes modificatifs.

Mais il peut arriver que, pour des sociétés à responsabilité limitée ou des sociétés civiles, notamment, dont les membres ont été renouvelés à la suite de cessions de parts, les statuts, établis par acte sous seing privé, ne puissent être retrouvés. D'autre part, certaines sociétés, constituées dans leur forme actuelle à la suite d'opérations plus ou moins complexes de fusion, absorption, scission, etc., peuvent être très difficilement identifiables, même par le rapprochement de plusieurs actes.

Aussi, le décret du 4 janvier 1955 a-t-il prévu des facilités, lorsqu'il s'agit d'une société immatriculée ou ré-immatriculée au registre du commerce postérieurement au 1er mars 1954 : dans ce cas, le certificat peut être établi au vu d'une copie ou d'un extrait dudit registre, délivré dans les conditions prévues par les articles 66 et suivants du décret n° 67-237 du 23 mars 1967, et reproduisant, notamment, les mentions relatives à la dénomination, à la forme juridique et au siège social contenues dans l'acte constitutif et les actes modificatifs (Doc. adm. DGI, 10 E-3343, n° 2, 2 mai 1985).

Dans les autres cas difficiles envisagés ci-dessus, il appartient, en principe, à l'officier public ou ministériel ou à l'autorité administrative appelée à certifier, d'apprécier la valeur des documents produits.

L'administration ne peut, toutefois, se désintéresser de la question étant donné que le certificat doit énoncer les documents au vu desquels il est établi.

Il y aura lieu, en conséquence, d'appliquer les solutions suivantes :

1° en cas de perte des statuts sous seing privé, la certification peut être faite au vu d'une copie collationnée ou certifiée, délivrée soit par le greffier du tribunal de commerce (lorsqu'il s'agit d'une société immatriculée au registre du commerce sous le régime antérieur au 1er mars 1954), soit par l'inspecteur des impôts dépositaire d'un des doubles des statuts ;

2° lorsque les actes établissant les éléments d'identification des personnes morales (sociétés, associations, notamment) sont trop nombreux et complexes ou ne peuvent être retrouvés, le certificat est valablement établi au vu d'une délibération de l'assemblée générale constatant ces divers éléments. En principe, seule pourrait être prise en considération une délibération d'assemblée générale extraordinaire (celle-ci ayant seule qualité pour décider certaines modifications susceptibles de résulter de la délibération par rapport aux documents antérieurs). Afin de faciliter la mise en œuvre de la réforme, il a été décidé, cependant, d'accepter, comme justification de la certification, une délibération d'assemblée générale ordinaire (Doc. adm. DGI, 10 E-3343, n° 3, 2 mai 1985).

1447 **Associations.** Pour les associations, le certificat peut être établi soit au vu des actes constitutifs ou modificatifs, soit d'un récépissé délivré par l'autorité préfectorale de la déclaration de constitution ou de modification des statuts, soit d'un exemplaire du *Journal officiel* ou du Recueil des actes administratifs de la préfecture comportant la publication de ladite déclaration, soit d'une délibération de l'organe compétent de l'association intéressée, cette énumération n'étant pas limitative (Rép. min. Justice : *JOAN* CR, 11 août 1962, p. 2975. – *Bull. AMC* 1963, art. 532. – Doc. adm. DGI, 10 E-3343, n° 2, 2 mai 1985).

1448 **Congrégations.** Pour une congrégation, il peut s'agir d'une copie certifiée conforme du décret ou de l'ordonnance l'ayant autorisée ou reconnue légalement, pour un établissement public, de l'acte réglementaire ou administratif portant création et statut dudit établissement (Rép. min. Justice : *JOAN* CR, 24 juin 1969, p. 1715. – *Bull. AMC* 1969, art. 774. – Doc. adm. DGI, 10 E-3343, n° 2, 2 mai 1985).

1449 **Établissement public communal, bureau d'aide sociale ou association foncière de remembrement.** En ce qui concerne ces organismes, la certification d'identité peut être établie au vu de l'acte réglementaire ou administratif portant création et statut de l'établissement (Rép. min. Justice : *JOAN* CR, 24 juin 1969, p. 1715. – *Bull. AMC* 1969, art. 774).

2 Personnes morales dont le siège est hors de France métropolitaine ou des départements d'outre-mer

1450 Pour les personnes morales dont le siège n'est pas en France métropolitaine ou dans les départements d'outre-mer, le certificat est établi au vu des mêmes documents que ceux exigés pour les personnes morales dont le siège est en France ou dans les départements d'outre-mer (V. n°s 1444 à 1449) délivrés ou certifiés par l'autorité administrative ou par l'agent diplomatique ou consulaire qui représente la République française au lieu du siège, accompagnés, s'ils sont rédigés en langue étrangère, d'une traduction en français certifiée, soit par l'agent diplomatique ou consulaire susvisé, soit par un interprète habituellement commis par les tribunaux (note 14 août 1998, préc., n° 33).

Bien entendu, les facilités admises à propos des personnes morales ayant leur siège dans un département de France ou d'outre-mer, doivent être appliquées également à l'égard des personnes morales ayant leur siège en dehors de ces départements.

Bien plus, en raison de l'impossibilité pour le conservateur de connaître les législations ou pratiques en vigueur dans les pays intéressés, il conviendra, en règle générale, de s'en tenir à l'appréciation du certificateur, et de vérifier seulement que le certificat a été établi au vu d'un document délivré ou certifié dans les conditions prévues à l'article 6, alinéa 3, 2° du décret du 4 janvier 1955 (Doc. adm. DGI, 10 E-3343, n°s 4 et 5, 2 mai 1985).

D Règles communes

1451 **Obligations du certificateur.** Sauf dans l'hypothèse où le certificat est établi au vu d'un extrait d'acte de naissance d'une personne née dans un département de la France métropolitaine ou d'outre-mer, le certificat doit toujours énoncer au vu de quels documents il a été établi (V. n° 1406, la formule de certificat).

Par contre, le certificateur n'a jamais à produire les documents à titre de justification et encore moins à les annexer : le certificat ou l'acte fait foi par lui-même et engage la seule responsabilité de celui qui l'a établi. La seule obligation mise par la loi à la charge du conservateur (aujourd'hui : du service de la publicité foncière) consiste à s'assurer, d'après les termes du certificat, que ce dernier a bien été signé au vu de l'une des pièces énumérées à l'article 75 du décret du 14 octobre 1955, pour les personnes physiques, et à l'article 6 du décret du 4 janvier 1955, pour les personnes morales (Doc. adm. DGI, 10 E-3344, n° 1, 2 mai 1985).

1452 **Actes à publier d'urgence.** L'obligation imposée par le premier alinéa des articles 5 et 6 du décret du 4 janvier 1955 de désigner les parties, dans les actes ou décisions judiciaires sujets à publicité, par leurs éléments complets d'identification, implique l'obligation corrélative de se procurer les pièces justificatives avant l'établissement desdits actes ou décisions.

Il pourra arriver, cependant, qu'un acte, en projet depuis plusieurs mois, doive être régularisé d'urgence, par exemple si l'une des parties est en danger de mort, sans qu'il soit possible au notaire rédacteur de se procurer et aux parties de lui fournir les pièces justificatives de leur identité telle qu'elle devra figurer dans l'acte et être certifiée dans la pièce à déposer au bureau des hypothèques (V. *Journ. not.* 5 nov. 1956, art. 45-III, p. 675).

Dans ce cas exceptionnel, l'acte est, bien entendu, établi avec les renseignements dont dispose le notaire (déclarations des intéressés eux mêmes, livrets de famille, actes antérieurs, livrets militaires, cartes d'identité, etc.).

Si la désignation des parties est incomplète ou si elle apparaît inexacte au vu des pièces justificatives fournies ultérieurement, cette désignation peut être complétée ou rectifiée dans les conditions prévues à l'article 34-4 du décret du 4 janvier 1955. Dans ce cas, il suffit que l'extrait d'acte de naissance (dans l'hypothèse visée, V. n° 1419) ou l'extrait d'acte de mariage (dans l'hypothèse visée, V. n° 1432) ait moins de six mois de date au jour où la publicité est requise (Doc. adm. DGI, 10 E-3344, n° 2, 2 mai 1985).

1453 **Actes établis sans le concours du titulaire du droit.** Lorsque les formalités de publicité requises concernant un acte établi sans le concours de titulaire du droit (par ex., une inscription d'hypothèque judiciaire provisoire, une saisie immobilière) l'article 50-3 du décret du 4 janvier 1955 prévoit que le signataire du certificat d'identité (V. **Certification d'identité**) peut se faire communiquer soit par le titulaire du droit, soit par toute personne susceptible de les lui fournir, les documents nécessaires à l'établissement de ce certificat et, à défaut, les renseignements permettant d'obtenir ces documents.

Le même texte prévoit dans son alinéa 2 que le signataire du certificat d'identité peut également obtenir les renseignements d'identité nécessaires à la rédaction de ce certificat des administrations, services ou établissements publics de l'État, des départements et des communes et des établissements nationalisés, sans que le secret administratif ou professionnel puisse lui être opposé.

En cas de saisie immobilière, l'huissier de justice doit énoncer au commandement les documents communiqués ou les renseignements recueillis (D. préc., art. 50-3, al. 3).

1454 **Rôle du service de la publicité foncière.** Les énonciations que doivent comporter les certificats permettent aux services de la publicité foncière de vérifier que le document utilisé entre bien dans les prévisions des textes.

Répondraient, dès lors, au vœu de la loi les certificats énonçant qu'ils ont été établis au vu :

– d'une carte d'identité, ou d'un passeport, n° ..... délivré le..... par..... ;

– d'un acte de notoriété, dressé le..... par Me....., notaire à..... ;

– d'un extrait d'acte de mariage délivré le..... par..... (Rép. min. : *JOAN,* 14 févr. 1958, p. 761).

En définitive, le service de la publicité foncière doit se borner à constater que la pièce justificative produite au signataire, d'après les énonciations succinctes, mais précises, du certificat, entre dans l'une des catégories prévues par les textes. Ce contrôle, limité à des éléments purement matériels, ne porte, en aucun cas, sur la validité du document et n'implique aucun transfert de responsabilité du certificateur au service de la publicité foncière (Doc. adm. DGI, 10 E-3344, n° 1, 2 mai 1985).

E Tableau des pièces justificatives de l'identité des parties

1455 Le tableau ci-après récapitule les documents au vu desquels doit être établi et signé le certificat d'identification.

Pièces justificatives de l'identité des parties

Parties concernées		Pièces justificatives	Libellé du certificat
Personnes physiques nées en France (1)		Extrait de l'acte de naissance ayant moins de six mois de date	
Personnes physiques nées hors de France (1)	*Ayant acquis ou recouvré la nationalité française.*	*Extrait de l'acte tenant lieu d'acte de naissance ayant moins de six mois de date (C. civ., art. 98 et 98-2).*	*Indiquer que l'identité a été régulièrement justifiée, sans autre précision.*
	Mariées en France (1).	*Extrait de l'acte de mariage ayant moins de six mois de date.*	
	Non mariées en France (1) mais naturalisées françaises.	*Un des documents administratifs constatant la naturalisation.*	
	Autres cas.	*Extrait de l'acte de naissance, quelle que soit sa date (2).*	
	S'il est impossible d'obtenir un extrait de l'acte de naissance ou une des pièces indiquées ci-dessus.	*Passeport, carte d'identité ou acte de notoriété (2).*	
	Si la formalité est requise sans le concours du titulaire du droit et s'il est impossible d'obtenir l'une des pièces déjà citées.	*Renseignements d'état civil obtenus des administrations, services ou établissements publics de l'État, des départements, des communes ou des établissements nationalisés. À défaut : renseignements figurant dans les documents déjà transcrits ou publiés ou dans des actes ou décisions précédemment enregistrés.*	
Personnes morales	*Ayant leur siège social en France (1).*	*Original, expédition ou copie collationnée de tout acte constatant la dénomination, la forme juridique et le siège actuels ainsi que son numéro d'identité (numéro « SIREN ») si elle est inscrite au répertoire des entreprises (3).*	*Énoncer la pièce justificative.*
	N'ayant pas leur siège social en France (1).	*Mêmes documents, délivrés ou certifiés par l'autorité administrative ou l'agent diplomatique ou consulaire qui représente la France au lieu du siège social (2).*	

(1) France métropolitaine, Guadeloupe, Guyane, Martinique, La Réunion et Saint-Pierre-et-Miquelon.
(2) Accompagnées, le cas échéant, d'une traduction en français certifiée soit par un agent diplomatique ou consulaire, soit par un interprète habituellement commis par les tribunaux.
(3) S'il s'agit d'une société immatriculée ou réimmatriculée au registre du commerce et des sociétés postérieurement au 1er mars 1954, il est possible d'utiliser un extrait ou une copie dudit registre reproduisant les mentions relatives aux quatre éléments d'identification précités.

III Sanctions applicables

1456 Refus de dépôt. Le défaut de certification de l'identité des parties soit dans les expéditions, copies ou extraits (D. 4 janv. 1955, art. 34-2 et 39), soit dans les bordereaux d'inscription (C. civ., art. 2428, art. 2434 ; D. 14 oct. 1955, art. 64-1, 4°, art. 72) est sanctionné par le refus du dépôt.

Il convient d'assimiler au défaut de mention de certification :

– la mention certifiée par une personne n'ayant pas qualité ;

– la mention n'indiquant pas les pièces justificatives au vu desquelles elle a été établie dans les cas où ces pièces doivent être énoncées ou dans ces mêmes cas, la mention établie au vu de pièces justificatives non prévues ;

– la mention certifiant une identité incomplète énoncée dans le document déposé (absence d'un élément essentiel) ;

– la mention non conforme au modèle annexé au décret du 14 octobre 1955 ;

– le défaut de signature de la mention de certification (*Bull. AMC* 1994, art. 1624. – Doc. adm. DGI, 10 E-335, 2 mai 1985).

IV Dispositions particulières

A Application dans le temps des dispositions relatives à l'identification des personnes

1457 Actes antérieurs au 1er janvier 1956. Tout extrait, expédition, copie ou bordereau déposé à compter du 1er janvier 1956 pour obtenir l'exécution d'une formalité de publicité doit contenir :

– les éléments d'identification des personnes (même si ceux-ci ne figurent pas dans les actes et décisions dressés ou rendus avant le 1er janvier 1956) ;

– la certification de ces éléments d'identité.

L'article 72 du décret du 14 octobre 1955, précise les conditions d'application de cette règle.

D'après les deux premiers alinéas de cet article :

> « Lorsque, dans un acte authentique intervenu, une décision judiciaire devenue définitive, une attestation de décès survenu, un acte sous seing privé ayant acquis date certaine, avant le 1er janvier 1956 ou dans l'acte dressé spécialement pour constater son dépôt en l'étude d'un notaire, la désignation des parties n'est pas faite conformément aux prescriptions du premier alinéa des articles 5 et 6 du décret du 4 janvier 1955, l'expédition, l'extrait littéral ou la copie conservé dans les registres du service de la publicité foncière doit, si la publication est requise à partir du 1er janvier 1956, être complété par cette désignation. Celle-ci doit figurer à la suite du certificat de collationnement et être établie par le signataire dudit certificat ou du certificat d'identité.
>
> L'identité des parties est certifiée dans les conditions prévues aux articles 5 et 6 du décret précité sous peine de refus du dépôt (…) ».

Ainsi, lorsque les éléments d'identification prévus aux articles 5 et 6 du décret du 4 janvier 1955 ne figurent pas dans les actes ou décisions dressés ou rendus avant le 1er janvier 1956, ils sont ajoutés, sur la formule destinée à être conservée au service de la publicité foncière, après le certificat de conformité par le signataire de ce certificat ou du certificat d'identité. L'identité des parties est ensuite certifiée dans les conditions ordinaires.

Le procédé est, bien entendu, applicable lorsqu'il s'agit d'actes, décisions judiciaires ou transmissions par décès, visés à l'article 39 du décret du 4 janvier 1955 (Doc. adm. DGI, 10 E-34, 2 mai 1985).

B Cas particulier des expropriations et des actes constatant des remembrements

1458 Dérogations admises par l'article 82 du décret du 14 octobre 1955. Le décret du 14 octobre 1955 prévoit diverses hypothèses dans lesquelles les dispositions des articles 5 et 6 peuvent ne pas être observées sans qu'il en résulte pour autant le refus de la réquisition ou du dépôt ou le rejet de la formalité.

D'après l'article 82 du décret du 14 octobre 1955, lorsque l'autorité administrative (autorité expropriante, direction départementale de l'Agriculture ou de l'Équipement) n'a pu identifier certains propriétaires conformément aux articles 5 et 6 du décret du 4 janvier 1955, il est fait mention, au pied du document à publier (expédition des ordonnances d'expropriation [mais non pas pour les actes de cession amiable, dans lesquels les parties doivent être identifiées] : des procès-verbaux de réorganisation foncière ou de remembrement ; des arrêtés en vue du remembrement préalable à la reconstruction), de celles des parties dont l'identification, au sens de ces articles, n'a pu être établie. Mais en ce qui concerne les cessions amiables intervenant dans le cadre d'une procédure d'expropriation, les parties doivent être identifiées.

Bien entendu, il ne saurait être question, dans les cas de ce genre, de certification de l'identité des parties puisque cette identité est inconnue.

L'article 82-1, alinéa 2, dispose expressément que le défaut de certification et l'absence des éléments d'identification n'entraînent ni le refus du dépôt ni le rejet de la formalité, par dérogation aux 2 et 3 de l'article 34 du décret du 4 janvier 1955 (Doc. adm. DGI, 10 E-35, n°s 1 et 2, 2 mai 1985).

1459 **Directives d'application.** Une circulaire ministérielle du 10 décembre 1958 recommande toutefois aux administrations intéressées de ne faire usage de la faculté reconnue par l'article 82 que dans les cas exceptionnels où le propriétaire est réellement inconnu.

On rappelle quelles sont les conséquences de la dérogation admise par l'article 82-1 précité :

1° d'après le 2 du même article, il n'est pas établi de fiches personnelles au nom des parties dont l'identité n'est pas certifiée conformément aux articles 5 et 6 du décret du 4 janvier 1955. C'est seulement dans cette hypothèse qu'il n'y a pas à établir de fiche. Par contre, il conviendrait d'établir la fiche d'une partie insuffisamment désignée dans une ordonnance d'expropriation ou un procès-verbal de remembrement, c'est-à-dire, non désignée par tous les éléments d'identification prévus au 1er alinéa des articles 5 et 6 précités, mais dont les éléments d'identification visés au 2e alinéa de l'article 5 ou au 3e alinéa de l'article 6 seraient portés dans la mention de certification (ce qui découle d'une interprétation littérale du texte) ;

2° en matière de réorganisation foncière ou de remembrement rural, l'article 82, 2 (al. 2) du décret du 14 octobre 1955 précise que, lorsque l'identité d'une partie n'est pas établie et certifiée, « seule la fiche parcellaire est annotée, en regard des numéros des nouvelles parcelles attribuées, des références à la formalité donnée au procès-verbal, complétées par la mention "Réorganisation foncière ou remembrement attributaire non identifié" ».

À ce moment-là, les parcelles envisagées sont en quelque sorte bloquées, et l'application du principe de l'effet relatif des formalités s'oppose à la publicité d'un acte quelconque de disposition aussi longtemps que le droit du disposant n'a pas été constaté dans un document publié au fichier immobilier. Tel est le sens de la dernière phrase de l'article 82-2, d'après laquelle « aucune formalité de publicité intéressant ces parcelles ne peut être ultérieurement requise avant le dépôt d'un nouveau document, établi dans les formes légales, au vu d'un acte de notoriété destiné à rectifier les annotations du fichier immobilier ». En d'autres termes, doit obligatoirement être publiée une expédition de l'acte de notoriété attestant le droit du propriétaire mentionné comme non identifié dans le procès-verbal de réorganisation foncière ou de remembrement (Doc. adm. DGI, 10 E-35, n° 3, 2 mai 1985).

Certifications

Serge LAMIAUX

I

Certificat de conformité (ancien « certificat de collationnement »)

D. 14 oct. 1955, art. 67-3. – Pour opérer la publicité des actes ou décisions visés aux articles 28, 35 à 37 et 39 du décret du 4 janvier 1955, les parties ou l'une d'elles déposent, conformément au 1 de l'article 34 du même décret, au service de la publicité foncière de la situation des immeubles, soit par elles-mêmes, soit par un tiers, deux expéditions, extraits littéraux ou copies de l'acte ou de la décision à publier. Sous peine de refus du dépôt, l'expédition, extrait ou copie destiné à être conservé dans les registres du service de publicité foncière est rédigé sur une formule spéciale fournie par l'Administration ou reproduite selon des normes fixées par instruction publiée au *Bulletin officiel des impôts*.

Sous la même sanction, les documents déposés sont établis comme il est dit à l'article 76-1 et portent, indépendamment de la mention de certification de l'identité des parties exigée par les articles 5 et 6 du décret du 4 janvier 1955, un certificat attestant qu'ils sont conformes à la minute ; lorsque les expéditions, extraits ou copies de plusieurs actes ou décisions formant le complément les uns des autres sont déposés en même temps, ils doivent faire l'objet d'un seul certificat de conformité.

D. 14 oct. 1955, art. 76-1, § 4, al. 4. – *(Mod., D. n° 98-553, 3 juill. 1998).* Le certificat de conformité soit des bordereaux entre eux, soit des expéditions, extraits littéraux ou copies avec la minute ou l'original, indique :

a) Les nom, prénoms, profession et domicile du ou des signataires ;

b) Le nombre de pages utilisées, ainsi que l'approbation et le décompte des renvois et des mots rayés. La signature est toujours manuscrite ; celle d'un officier public est accompagnée de l'empreinte de son sceau.

Lorsque le document déposé comporte une partie normalisée, dans les conditions fixées par le deuxième alinéa du 1 de l'article 34 du décret n° 55-22 du 4 janvier 1955 modifié, le certificat mentionne également le nombre de pages de cette partie telle qu'elle est définie au 1 de l'article 34-1 du décret précité.

1460 Aux termes de l'article 2428 du Code civil, et des articles 55, 61 et 67-3 du décret du 14 octobre 1955, tout bordereau, extrait expédition ou copie déposés dans un service de la publicité foncière en vue de l'exécution d'une formalité doit comporter un certificat de conformité.
La notion de certification de conformité a remplacé celle de collationnement.

A Objet de la certification de conformité

1461 Cette mention est destinée à certifier soit la conformité des bordereaux entre eux, soit des expéditions, extraits ou copies avec la minute ou l'original de l'acte ou de la décision judiciaire.
Cette certification fixe définitivement le contenu du document déposé et rend le signataire responsable de son contenu.

B Modalités d'établissement du certificat de conformité

1462 **Récapitulation.** Le certificat de conformité doit indiquer :
– les nom, prénoms, profession et domicile du ou des signataires. À cet égard, il est rappelé que la certification de conformité à porter sur les bordereaux d'inscription est effectuée par le signataire du certificat d'identité ;
– le nombre de pages utilisées, ainsi que l'approbation et le décompte des renvois et des mots rayés.
La signature est toujours manuscrite ; celle d'un officier public est accompagnée de l'empreinte de son sceau.

1463 **Certificats pré-imprimés.** Les certificats de conformité (et d'identité) sont partiellement pré-imprimés sur les formules à cadres en un texte unique et de telle manière qu'il est possible de les compléter à la machine à écrire en passant d'une ligne à une autre à l'aide du seul levier d'interlignage et, en outre, de les aménager pour en faire, si nécessaire, deux certificats distincts.
Dans certains cas, des mots ainsi pré-imprimés doivent être rayés. Bien entendu, il n'y a pas lieu de les comprendre dans le décompte des mots rayés qui concerne exclusivement les réquisitions et indications liminaires et les énonciations proprement dites du bordereau.
Les formules à plan ne sont pas revêtues du même texte, mais les termes des deux certificats, à rédiger entièrement par l'utilisateur de ces bordereaux, y sont indiqués dans la dernière note imprimée à la page 4.

1464 **Pluralité de documents.** Lorsque les expéditions, extraits ou copies de plusieurs actes ou décisions formant le complément les uns des autres sont déposés en même temps, ils doivent faire l'objet d'un seul certificat de conformité (D. 14 oct. 955, art. 67-3, al. 2).
Un seul certificat doit, notamment, être établi en cas de changement de régime matrimonial homologué par le tribunal lorsque le contrat de mariage modifié et l'acte de dépôt, au rang des minutes du notaire rédacteur de ce contrat, des documents relatifs à l'homologation du changement (grosse du jugement, certificat de non-opposition ni appel, exemplaire du journal d'annonces contenant l'insertion d'usager, acte de mariage mentionnant le changement et son homologation, etc.) font l'objet d'une seule expédition (chron. *in JCP* N 1978, prat. 6988).

1465 **Responsabilité du signataire.** Il a été jugé, par ailleurs, que le certificat de collationnement (actuellement : « certificat de conformité ») fixe la teneur du bordereau et que la signature apposée rend son auteur responsable de son contenu (Alger, 18 mars 1937 : *JCP* G 1937, II, 425).

1 Mentions concernant le signataire

1466 Le certificat de conformité doit comporter les « noms, profession et domicile du ou des signataires du document déposé ».
L'auteur de la minute est seul qualifié pour en délivrer expédition et par suite pour signer le certificat. Notamment lorsqu'il s'agit d'un exploit, ce certificat doit être signé par l'huissier lui-même, auteur de l'acte, à peine de refus du dépôt (TGI Paris, 6 avr. 1959 : *JCP* N 1959, II, 11236).

1467 **Clerc de l'étude.** En matière de bordereau d'hypothèque, il arrive que l'un et l'autre des bordereaux comporte la signature d'un clerc de l'étude précédée de la formule suivante : « Le soussigné, M. X, clerc de notaire, demeurant à... (l'adresse indiquée est celle du notaire), certifie que les deux exemplaires du présent bordereau établi sur n... feuilles ont été exactement collationnés ». S'il y a lieu, cette formule est complétée par le décompte ainsi que l'approbation des renvois et des mots nuls. L'intervention du notaire dans l'établissement des documents se borne alors à la certification de l'identité des parties faite au pied du bordereau appelé à être conservé au bureau des hypothèques. Selon l'association mutuelle des conservateurs, cette manière de faire ne donne lieu à aucune critique. En exigeant que les deux bordereaux soient signés par un notaire, on ajouterait à l'article 2148 du Code civil (devenu C. civ., art. 2428) une prescription qui n'y figure pas (*Bull. AMC* 1992, art. 1538).

2 Mentions concernant le nombre de feuilles utilisées

1468 Le certificat de conformité doit indiquer le nombre de feuilles utilisées.

Spécialement, ce certificat doit mentionner le nombre de feuilles complémentaires utilisées lorsqu'il est fait application des dispositions de l'article 4 de l'arrêté du directeur général des Impôts du 12 mars 1971 (Instr. adm., 31 déc. 1971, préc., n° 101).

3 Mentions concernant les renvois et mots nuls

1469 Le certificat doit également comporter le décompte et l'approbation des renvois éventuels et le décompte et le nombre des mots rayés.
Les mots pré-imprimés rayés ne sont pas, toutefois, compris dans le décompte.

4 Signature

1470 La signature du certificat est « toujours manuscrite, celle d'un officier public est accompagnée de l'empreinte de son sceau » (D. 14 oct. 1955, art. 76-I, § 4, al. 4).
Il est néanmoins admis que la première partie du certificat, partiellement remplie avant la signature, peut ne comporter que la mention « Le soussigné, notaire associé, à... rue..., n° ... » dès lors que l'empreinte du sceau complète la désignation du signataire et met le service de la publicité foncière à même de l'identifier totalement en vue, éventuellement, de lui adresser une notification par la voie postale. Mais cette tolérance est expressément subordonnée à la condition que l'empreinte du sceau soit lisible sans difficulté.

C Modèles de certificats

1471 Des modèles de certificats de conformité ont été proposés par l'administration dans une note du 4 août 1998 (*BOI* 10 2-D-98).
– En ce qui concerne les documents publiés :

> « Le soussigné... (nom, qualité, domicile) certifie la présente expédition établie sur..... pages conforme à la minute et à l'expédition destinée à recevoir la mention de publicité et approuve... (renvois et mots rayés) ».
> (Signature manuscrite et sceau de l'officier public)

Lorsque le document comporte une partie normalisée, le certificat doit en outre mentionner le nombre de pages de cette partie.
– En ce qui concerne les bordereaux d'inscription :

> « Le soussigné... (nom, qualité, domicile) certifie conformes entre eux les deux exemplaires du présent bordereau établi sur..... pages et approuve (renvois et mots rayés) ».
> (Signature manuscrite et sceau de l'officier public)

II Mainlevée : certification des énonciations concernant l'état, la capacité et la qualité des parties

1472 **Principe.** L'article 2441, alinéa 2 du Code civil indique qu'aucune pièce justificative ne doit être requise à l'appui de l'expédition de l'acte authentique en ce qui concerne les énonciations établissant l'état, la capacité et la qualité des parties, lorsque ces énonciations sont certifiées exactes dans l'acte par le notaire. Et l'article 5 de l'ordonnance du 28 septembre 1967 a étendu cette mesure aux autorités administratives.
Ainsi donc, le notaire ou l'autorité administrative qui dépose un acte de mainlevée au service de la publicité foncière en vue d'obtenir une radiation, n'a plus à produire des documents justifiant l'état, la capacité et la qualité des parties comparant à l'acte, s'il certifie dans celui-ci que les énonciations relatives à ces trois éléments sont exactes.
Par contre, les clercs n'ont pas qualité pour certifier l'identité des parties aux lieu et place du notaire (Instr. adm., 15 juin 1972, n° 5 : *BODGI*, 10-D-2,72 ; *JCP* N 1972, III, 39570).

> **NOTA** Les données du problème se sont modifiées depuis l'instauration d'une procédure de mainlevée simplifiée (V. **Radiation simplifiée**).

1473 **Place de la certification.** La mention de certification du notaire peut être placée à la suite de l'acte, en constatant qu'elle s'applique à toutes les énonciations contenues dans la mainlevée et en complétant ces énonciations, au cas où elles seraient insuffisantes. Lorsque la mention est inscrite aussitôt après la comparution des parties, elle doit être considérée comme ne s'appliquant qu'aux énonciations de cette comparution.

III

Certificat de radiation

1474 Antérieurement, l'accomplissement de la radiation donnait lieu à la délivrance d'un certificat de radiation, consistant dans l'analyse succincte des dispositions de l'acte de mainlevée.
Ce certificat a été supprimé et remplacé par l'apposition sur l'expédition de l'acte de mainlevée, d'un cachet encreur attestant de l'exécution de la formalité (V. Instr. 25 févr. 1991 : *BOI*, 10 B-I-91 : *JCP* N 1991, prat. 1800).

1475 Les usagers doivent déposer en double exemplaire l'expédition de l'acte de mainlevée.
Ces deux expéditions doivent être certifiées exactement collationnées entre elles et conformes à la minute de l'acte authentique de mainlevée (Instr. préc., n° 9).

1476 Après traitement de la formalité, les deux expéditions sont revêtues du cachet constatant l'accomplissement de la radiation demandée. Comme dans le régime de droit commun, l'une de ces expéditions est renvoyée au requérant.
Il y a lieu de laisser libre, sur la première page des expéditions, un emplacement suffisant pour permettre l'apposition du cachet (Instr. préc., n°s 10 et 11).

1477 La suppression du certificat de radiation entraîne *de facto* la suppression de sa délivrance en duplicata. Dès lors, il appartiendra aux parties de s'adresser au notaire (ou à l'avocat) pour obtenir éventuellement copie de la mainlevée portant la griffe de l'exécution de la radiation ou toute autre attestation qui leur conviendra (Instr. préc., n° 12).

IV

Certification d'identité

➤ V. **Certification d'identité**.

V

Certification du montant de la créance

➤ V. **Bordereau d'inscription**.

Cession d'antériorité

Jacques LAFOND

Sommaire analytique

BIBLIOGRAPHIE : N. Mathey : *JCl. Notarial Répertoire*, V° Hypothèques, Fasc. 55, *Hypothèques : Transmission et cession*. – C. Witz et Th. de Ravel d'Esclapon : *JCl. Notarial Répertoire*, V° Hypothèques, Fasc. 120, *Rang des hypothèques*. – W. Nonnenmacher, *Cession de rang ou d'antériorité et livre foncier* : *JCP* N 2016, n° 37, 1275. – M. Suquet-Cozic, *La cession d'antériorité est-elle encore nécessaire depuis la réforme des sûretés ?* : *Sol. not.* 2023, n° 3, p. 11).

I Définitions

1478 Notion de cession d'antériorité. La cession d'antériorité est une convention synallagmatique par laquelle deux créanciers inscrits sur un immeuble modifient le rang de leurs sûretés (sur les conventions d'antériorité, V. l'étude approfondie de Me Thiberge, *Les prêts à l'acquisition immobilière : Defrénois* 1967, art. 28947).

Le rang est essentiel pour déterminer l'exercice du droit de préférence.

Il faut immédiatement préciser que malgré la cession de rang, chaque créance continue à commander sa sûreté. Ainsi, si la créance de premier rang vient à être remboursée, la sûreté accessoire tombe et le cessionnaire ne peut donc plus bénéficier du rang cédé. Ainsi également, la cession ne joue que dans la limite de la créance existant en premier rang. Si la créance du cessionnaire est d'un montant supérieur, le droit de préférence ne peut s'exercer au rang cédé que dans les limites du droit du cédant (Cass. 3e civ., 23 janv. 1973 : *D.* 1973, jurispr. p. 427, note E. Franck). La convention d'antériorité ne peut nuire aux créanciers intermédiaires.

1479 **Effets de la cession d'antériorité.** L'effet de la cession d'antériorité est simple, comme nous l'avons vu. À la suite de la vente de l'immeuble grevé, le rang des inscriptions sera celui révélé par l'état hypothécaire. S'il existe en marge d'une inscription une mention de cession d'antériorité, la collocation obtenue en vertu de cette inscription bénéficiera dans son montant au bénéficiaire de la cession, le cédant venant pour ce même montant au rang du cessionnaire, si celui-ci a une inscription d'un montant égal ou supérieur.

1480 **La cession d'antériorité est-elle encore nécessaire ?** La cession d'antériorité était traditionnellement utilisée pour modifier le rang respectif du privilège de vendeur et de prêteur de deniers (C.-A. Thibierge, *Les prêts à l'acquisition immobilière, garanties réelles, convention d'antériorité : Defrénois* 1967, art. 28 947).
La situation s'est modifiée depuis l'ordonnance n° 2021-1192 du 15 septembre 2021 portant réforme des sûretés, entrée en vigueur le 1er janvier 2022, qui a mis fin à la rétroactivité des privilèges immobiliers spéciaux, transformés en hypothèques légales spéciales. Dorénavant les hypothèques légales spéciales du vendeur et du prêteur prennent rang à la date de leur inscription. L'article 2418 du Code civil fixe par ailleurs leur rang respectif lorsque ces sûretés sont inscrites le même jour (l'hypothèque légale spéciale du vendeur primant alors l'hypothèque légale spéciale du prêteur).
Dès lors, on s'est interrogé pour savoir s'il était encore pertinent de procéder à une cession d'antériorité : on a observé en effet que pour attribuer un ordre déterminé aux différentes sûretés à constituer, il suffisait dorénavant de prendre inscription à des dates distinctes, dans l'ordre voulu. Ainsi, dans le cas d'une double garantie – hypothèque légale spéciale du prêteur et hypothèque légale spéciale du vendeur –, si le prêteur entend obtenir une sûreté de premier rang, on procédera comme suit :
– signature de l'acte contenant vente et prêt ;
– dépôt dans un premier temps au SPF de l'acte de vente pour publication et du bordereau d'inscription de l'hypothèque légale spéciale du prêteur ;
– le lendemain, dépôt au SPF du bordereau d'inscription de l'hypothèque légale spéciale du vendeur (M. Suquet-Cozic, *La cession d'antériorité est-elle encore nécessaire depuis la réforme des sûretés ? : Sol. not.* 2023, n° 3, p. 11 et s.).

II

Distinction avec des notions voisines

A Cession d'antériorité et subrogation

1481 Il faut distinguer la convention d'antériorité qui n'affecte que le rang de l'hypothèque, de la subrogation à l'hypothèque qui en transmet toutes les prérogatives : droit de préférence, droit de suite. Elle est consentie au profit d'un créancier chirographaire. Mais, là encore, la créance initiale gouverne la sûreté, ce qui n'est pas sans inconvénient.
Il ne s'opère qu'une transmission de garantie. Il ne s'agit pas ici de la subrogation à la créance qui est conditionnée par un paiement, la transmission de la créance entraînant alors, par voie de conséquence, celle de la garantie (*JCl. Rép. Notarial*, V° Privilèges, Fasc. 60, nos 36 et s. – Ph. Théry, *Sûretés et publicité foncière*, PUF, 1988, n° 217).

B Convention de rang

1482 La convention de rang s'analyse en une ou plusieurs cessions d'antériorité, intervenant généralement dans l'acte ou les actes constitutifs des sûretés grevant un même bien. Cette convention n'aura pour objet que le droit de préférence attaché à la sûreté : les deux créanciers inscrits vont en quelque sorte « échanger » leurs rangs respectifs (Ph. Théry, *Sûretés et publicité foncière*, *op. cit.*, n° 216).

C Stipulation de concurrence

1483 La convention de rang prend le nom de stipulation de concurrence lorsque plusieurs créanciers d'un même débiteur, inscrits sur le même immeuble, stipulent que leurs inscriptions, bien qu'étant de dates différentes, viendront au même rang en concurrence (*JCl. Notarial Formulaire*, V° Bordereaux d'inscription hypothécaire, Fasc. 220).
Cette convention peut intervenir entre créanciers du même rang. Si l'un d'eux a un titre antérieur, il prime les autres, mais il peut renoncer à cette priorité conférée par l'article 2425 du Code civil. Plusieurs banques qui financent la même opération peuvent ainsi bénéficier pour leurs inscriptions

d'une stipulation de concurrence dénommée souvent à tort clause *pari passu*.
Sur le plan de la publicité et de leurs effets, ces diverses conventions et stipulations obéissent aux mêmes règles que celles indiquées pour les cessions d'antériorité.

D Promesse d'abstention

1484 **Définition.** Dans la promesse d'abstention, le titulaire du privilège ou de l'hypothèque renonce à se prévaloir de son droit de préférence au profit d'un créancier inscrit après lui (éventuellement au profit d'un créancier chirographaire). Cet accord ne fait pas disparaître la sûreté, que le promettant conserve et qu'il peut invoquer si l'exercice de son droit de préférence ne nuit pas au bénéficiaire de la promesse. La promesse d'abstention produit un résultat proche de la cession d'antériorité : toutefois, le rang du promettant n'est pas transmis au bénéficiaire qui n'en profite que par ricochet. Mais le bénéficiaire peut faire valoir son droit de préférence pour le montant de sa créance, alors que dans la cession d'antériorité il ne peut l'invoquer que dans la limite de la créance du cédant (V. sur tous ces points M. Cabrillac, C. Mouly, S. Cabrillac et Ph. Pétel, *Droit des sûretés*, Litec, 2007, n°s 628 et s. et Chambaz, Masounabe-Puyane et Leblond, *Précis de droit hypothécaire*, n° 924).

E Clause *pari passu*

1485 **Problématique.** La clause *pari passu* (en français : du même pas) peut se définir comme la stipulation par laquelle le débiteur s'engage envers le créancier à ne pas octroyer à des créanciers ultérieurs une position plus avantageuse que la sienne si le débiteur venait à contracter de nouvelles dettes (M. Suquet-Cozic, *Doit-on publier la clause pari passu ? : Sol. not.* déc. 2013, n° 12, art. 298, p. 30-31, § 1). À la différence de la cession d'antériorité, la clause *pari passu* n'implique pas que les créanciers soient déjà titulaires de sûretés. À la différence de la stipulation de concurrence, la clause *pari passu* n'est pas une convention passée entre créanciers mais un engagement pris par un débiteur envers un créancier ponctuel (M. Suquet-Cozic, *op. cit.*, § 2). Selon une certaine doctrine, la clause *pari passu* ne peut faire l'objet ni d'une publication à titre principal, ni d'une publication à titre accessoire d'une autre telle que celle d'une vente d'immeuble, ni même d'une mention en marge d'une sûreté déjà inscrite (M. Suquet-Cozic, *op. cit.*, § 6, 8, 10 et 11). Les raisons tiendraient à la nature des droits créés par ce type de clause – laquelle ne confère au créancier qu'un droit personnel et non un droit réel immobilier – et au principe d'interprétation restrictive du champ d'application de la publicité foncière obligatoire.

III Établissement de l'acte constatant la cession d'antériorité

1486 **Nature de l'acte. Pouvoir requis du cédant.** Il est admis en général que la cession d'antériorité qui fait perdre au cédant son rang, constituant l'élément essentiel de la sûreté, il faut avoir les mêmes pouvoirs que pour accorder mainlevée d'une inscription sans paiement (Cass. civ., 12 déc. 1921 : *DP* 1922, 1, 153 ; *JCP* N 1953, IV, 1629). Il s'agit d'un acte de disposition. Le cédant doit donc avoir la capacité requise pour pouvoir disposer de la créance, soit encore, comme pour la mainlevée sans paiement, celle requise pour l'aliénation des immeubles ou droits immobiliers (Jacquet et Vétillard, *Traité de la mainlevée*, Introduction, n° 38 et V° Cession d'hypothèque, n° 2. – Chambaz, Masounabe-Puyane et Leblond, *Précis du droit et de la pratique hypothécaires*, 2e éd., n°s 890 et 923).

Toutefois, il en est différemment si l'auteur de la cession d'antériorité avait accepté dans l'acte constitutif de la sûreté de céder ultérieurement son rang à un autre créancier devant s'inscrire par la suite, pour garantir une somme préalablement déterminée : cette cession d'antériorité aurait alors le caractère d'un simple acte d'administration (*Bull. AMC* 1971, art. 864).

1487 **Authenticité de l'acte.** L'acte de cession d'antériorité doit être rédigé en la forme authentique (*Bull. AMC* 1970, art. 838) ce qui est d'ailleurs l'une des conditions requises pour qu'il puisse être publié.

1488 **Procuration.** La procuration donnée par le créancier à l'effet de consentir une cession

d'antériorité doit être authentique (V. sur ce point l'étude de M. Bulté : *JCP* N 1970, prat. 4717 et 4780. – V. également : *JCP* N 1971, chron. hyp. 5089 ; *Bull. AMC* 1970, art. 827 et 1979, art. 1163).
Toutefois, la procuration pourrait être sous signatures privées si l'acte de cession d'antériorité ne faisait que confirmer une renonciation de rang déjà contenue dans l'acte constitutif de l'hypothèque, car cette cession ne porterait pas alors atteinte à la garantie conférée au créancier par l'inscription (*Bull. AMC, op. cit.*).
La procuration donnée par le bénéficiaire de la cession d'antériorité peut, pour sa part, être établie en la forme sous seing privé (*Bull. AMC* 1979, art. 1163).

1489 **Place de la convention.** La cession d'antériorité étant publiée par voie de mention en marge (V. n° 1491), la convention doit prendre place en seconde partie de l'acte, si elle est incluse dans une vente d'immeuble (*Bull. AMC* 2005, art. 1875. – M. Suquet-Cozic, *Pourquoi ne peut-on pas inclure une mainlevée en première partie d'une vente d'immeuble : Sol. not.* 2016, inf. 160). La publication s'effectue alors en présentant l'acte une seconde fois au service de la publicité foncière après accomplissement de la publication de la vente et des inscriptions qu'elle génère (M. Suquet-Cozic, *La cession antériorité est-elle encore nécessaire ?*, étude préc., p. 12).

IV Publication de l'acte de cession d'antériorité

1490 La publication s'opère par voie de mention en marge (A). Cela étant, il convient de s'interroger quant aux effets de cette mention (B) et quant à la taxation qu'elle appelle (C).

A Mention en marge

1491 **Principe.** La convention de cession d'antériorité se publie par voie de mention en marge (V. **Mentions en marge**), et uniquement par ce moyen.
On ne peut prétendre publier une cession d'antériorité en l'insérant dans un bordereau d'inscription : cette publication serait dépourvue d'effet et la formalité devrait d'ailleurs être rejetée, les énonciations que doivent contenir les bordereaux étant énumérées limitativement par l'article 2428 du Code civil et l'article 55 du décret du 14 octobre 1955 (Bulté, chron. : *JCP* N 1970, prat. 4709. – V. **Bordereau d'inscription**).
La convention d'antériorité doit être mentionnée en marge de l'inscription primée. Il y a lieu de la mentionner également en marge de l'inscription primante (H. Bulté, chron. hyp. : *JCP* N 1971, IV, 4994. – *JCl. Notarial Formulaire*, V° Bordereau d'inscription hypothécaire, Fasc. 220).

1492 **Rôle du service de la publicité foncière.** Le service de la publicité foncière doit s'assurer de la capacité du cédant, de l'authenticité de l'acte de cession et de l'authenticité des procurations éventuellement établies.

1493 **Cession d'antériorité portant sur une partie seulement des immeubles hypothéqués : mention possible.** Rien ne s'oppose à ce qu'une cession d'antériorité limitée à une partie seulement des immeubles grevés par une inscription soit mentionnée en marge de cette inscription. Cette mention devra contenir la désignation individuelle des immeubles sur lesquels porte la cession, telle qu'elle est définie dans l'article 76, § 2 du décret du 14 octobre 1955 (*Bull. AMC* 1975, art. 1015).

1494 **Cession d'antériorité consentie par un maire en exécution d'une délibération du conseil municipal.** Aux fins de publication d'une cession d'antériorité, le notaire dépose au bureau compétent un extrait d'un acte de vente dans lequel le privilège du vendeur (en l'espèce une commune) a cédé son rang.
Sur un plan général, une cession d'antériorité doit être exprimée en termes suffisamment clairs. D'autre part, les inscriptions à émarger doivent être spécifiées avec précision, la réquisition devant comporter les dates, volumes et numéros des inscriptions concernées. Par ailleurs, dans le cas considéré, le service de la publicité foncière est fondé à demander la justification de ce que la délibération du conseil municipal autorisant le maire à consentir cette cession d'antériorité est exécutoire. À défaut de production de pièces justificatives, ces énonciations doivent être certifiées exactes (*Bull. AMC* 1990, art. 1444).

1495 Inscription primée prise sur le terrain d'assiette d'une copropriété et inscription primante concernant les lots de cette copropriété. Le service de la publicité foncière) n'est pas fondé à refuser de mentionner en marge pour défaut d'identité des immeubles grevés une cession de rang où l'inscription primée porte sur le terrain d'assiette d'une copropriété, tandis que les inscriptions primantes concernent les divers lots de cette copropriété. En effet, les constructions édifiées sur le terrain en cause, devenues des lots de copropriété, ont été incluses par accession dans la garantie offerte initialement par le terrain d'assiette de la copropriété et ont de ce fait été grevées au profit des créanciers. Dans le cas considéré, chaque cession de rang devra, conformément à l'article 2430, alinéa 2 du Code civil, préciser l'immeuble (en l'occurrence les lots de copropriété) concerné afin de pouvoir définir l'étendue du rang abandonné par l'inscription primée (*Bull. AMC* 2006-2007, art. 1899).

B Effets de la mention

1496 Opposabilité aux tiers. Il a été jugé que « les cessions d'antériorité de rang d'une hypothèque ne sont opposables aux tiers que si elles ont été publiées au fichier immobilier, sous forme de mentions en marge des inscriptions existantes » (Cass. 3e civ., 20 nov. 1973 : *Bull. civ.* 1973, III, n° 589 ; *JCP* G 1974, IV, 6391, note J. A. ; *Defrénois* 1974, art. 30616, p. 552, note E. Frank). Toutefois, la jurisprudence a évolué et dans des domaines voisins le défaut de la mention en marge n'est plus sanctionné par l'inopposabilité (V. **Mentions en marge**). La doctrine en a déduit que cette solution devait être étendue à la cession d'antériorité (J. Ghestin, *Traité de droit civil, Droit spécial des sûretés réelles* par J. Mestre, E. Putman et M. Billiau, LGDJ, 1996, n° 1092. – Ph. Simler et Ph. Delebecque, *Les sûretés, La publicité foncière*, Précis Dalloz, 6e éd., n° 546. – Sur l'ensemble de la question, Ph. Théry, *Sûretés et publicité foncière*, PUF, 2e éd., *op. cit.*, n° 220. – M. Cabrillac, Ch. Mouly, S. Cabrillac et Ph. Pétel, *Droit des sûretés*, LexisNexis-Litec, 8e éd. 2007, n° 983). Cette opinion a été mise en doute (M. Suquet-Cozic, *La cession d'antériorité est-elle encore nécessaire depuis la réforme des sûretés ? : Sol. not.* 2023, n° 3, p. 12).

C Taxation

1 Taxe de publicité foncière

1497 Il n'y a pas de perception de taxe de publicité foncière.

2 Contribution de sécurité immobilière

1498 Avertissement. Les solutions qui suivent ont été données pour la perception du salaire des conservateurs et elles sont extraites de chroniques du *Bulletin de l'association mutuelle des conservateurs*, antérieures au 1er janvier 2013. Elles peuvent être transposées pour la perception de la contribution immobilière qui selon le cas sera donc liquidée au taux proportionnel ou au taux fixe.

a) Principe

1499 Dualité de perceptions. La publication de cette convention par voie de mention en marge des inscriptions concernées autorise en principe, lorsqu'elle est requise et exécutée, une double perception de la contribution de sécurité immobilière (Lacroix 2022, n° 247) :

– l'une au taux de 0,05 % sur la plus faible des deux inscriptions concernées (CGI, art. 881, I), avec un minimum de perception de 8 € (CGI, art. 881 M) ;

– l'autre au tarif fixe de 15 € pour la mention portée en marge de la seconde inscription (CGI, art. 881 M).

➤ Sur les solutions antérieures, V. *Bull. AMC* 1977, art. 1089 ; rappr. *Bull. AMC* 1954, art. 190 ; *ibid.* 1975, art. 1001. – Instr. 20 mars 1975 : *BODGI* 10 G-5-75).

b) Application

1500 Cession de rang par un créancier au profit d'un autre créancier. Cette hypothèse ne donne lieu à aucune difficulté particulière lorsque chacun des bordereaux à émarger de la cession de rang comporte la garantie d'une seule sûreté. La contribution de sécurité immobilière est liquidée comme ci-dessus (CSI proportionnelle sur le montant de la plus faible inscription + CSI au taux fixe pour la seconde inscription).

1501 Cession de rang par un créancier au profit de deux ou plusieurs autres créanciers. La contribution de sécurité immobilière au tarif proportionnel sera perçue :

– sur le montant de l'inscription primée si celui-ci est inférieur au total des inscriptions primantes ;

– sur le montant de chacune des inscriptions primantes si leur total est inférieur au montant de l'inscription primée (*Bull. AMC* 1954, art. 190).

En outre, la CSI au taux fixe sera perçue pour chacune des autres inscriptions.

1502 Cession de rang par deux créanciers au profit d'un troisième. La contribution de sécurité immobilière au tarif proportionnel sera perçue :

– sur le montant de chacune des inscriptions primées si leur total est inférieur au montant de l'inscription primante… ;

– sur le montant de l'inscription primante si celui-ci est inférieur au total des inscriptions primées.
En outre, la CSI au tarif fixe sera perçue pour chacune des autres inscriptions (*Bull. AMC* 1954, art. 190).

1503 **Inscriptions multiples.** Il arrive que l'un des bordereaux (sinon les deux) à émarger de la cession d'antériorité concerne en réalité des inscriptions multiples prises au profit d'un même créancier contre le même débiteur pour la garantie :
– soit de plusieurs sûretés (hypothèque légale spéciale du vendeur et hypothèque conventionnelle complémentaire par exemple) évaluées distinctement et grevant le même immeuble ;
– soit d'une créance hypothécaire globale relative à un seul ensemble immobilier dont les différents éléments (lots ou groupe de lots) ne sont frappés, séparément, qu'à concurrence d'une fraction de la créance, fraction déterminée par le créancier en fonction de la valeur de la partie grevée ou du prêt individuel dont ce lot (ou groupe de lots) a fait ou fera l'objet.
En cas de cantonnement ou de division (concomitante ou postérieure) de la créance sur certains immeubles ou fractions d'un ensemble immobilier, chaque immeuble ou lot n'est engagé hypothécairement qu'à concurrence de la somme (en principal et accessoire) dont le créancier l'a grevé.
Cette situation, évoquée en ces termes par le *Bulletin de l'association des conservateurs* (1977, art. 1089), a donné lieu aux observations suivantes :

> « S'il y a ordre ou distribution du prix de cet immeuble ou lot, ce créancier exercera son droit de préférence et sera colloque à concurrence seulement de la somme inscrite au paragraphe "Sûreté" du bordereau, sans pouvoir rien exiger au-delà.
> Il s'ensuit, dans l'hypothèse où le titulaire d'une autre créance (garantie de manière indivisible par une seule inscription portant sur le même immeuble ou tout l'ensemble immobilier) cède son rang au bénéfice du créancier dont le bordereau unique constate l'existence d'hypothèque ou de droits hypothécaires divers au moins quant à leur montant, que la convention d'antériorité concerne en réalité des inscriptions multiples, quelque apparence qu'on lui ait donnée en se référant seulement au numéro attribué à chacune des inscriptions lors de son dépôt à la conservation.
> Cette particularité que le conservateur doit retenir pour la rédaction plus délicate des mentions de cession de rang à inscrire tant au fichier qu'en marge des inscriptions concernées ne peut être négligée lors de la liquidation des salaires dont l'assiette dépend étroitement de la valeur de l'inscription primante ou primée la moins importante. »

1504 **Exemple.** Le 3 janvier 1974, est prise une inscription de privilège de vendeur (devenu : hypothèque légale spéciale du vendeur) au profit de la banque X contre la société Y pour sûreté d'une somme de 250 000 F.
Le 9 juin 1976, le Crédit foncier de France requiert une inscription d'hypothèque conventionnelle contre la même société Y sur le même immeuble que l'inscription du 3 janvier 1974 pour sûreté d'une somme de 2 400 000 F.
Il est précisé dans le bordereau de cette dernière inscription que l'immeuble grevé est divisé en vingt-quatre lots et que de son côté la créance conservée se compose de vingt-quatre créances partielles de 100 000 F chacune et que chacune de ces créances partielles est garantie par une hypothèque portant exclusivement sur un lot déterminé.
Par acte en date du 18 septembre 1976, la banque X consent à ce que l'inscription du 3 janvier 1974 prise à son profit soit primée par celle du 9 juin 1976 profitant au Crédit foncier de France qui requiert la mention de cette cession d'antériorité en marge des deux inscriptions.
Cette mention justifierait alors la perception :
– d'un salaire distinct sur le montant de chacune des vingt-quatre créances partielles de 100 000 F garanties par l'inscription primante (actuellement salaire proportionnel de 0,05 prévu par l'article 295, annexe III du Code général des impôts) ;
– et d'un salaire fixe (*Bull. AMC* 1977, art. 1089).
Ces solutions paraissent pouvoir être transposées pour la perception de la contribution de sécurité immobilière.

V Mainlevée en cas de cession d'antériorité ou de conventions voisines

A Cession d'antériorité ou de priorité

1505 Pouvoirs respectifs du cédant et du cessionnaire. Deux situations sont à distinguer :
– tant que la cession d'antériorité n'a pas été publiée par voie de mention en marge de l'inscription, le titulaire de l'hypothèque a qualité pour en donner mainlevée et le service de la publicité foncière qui opère la radiation ne peut en aucun cas engager sa responsabilité ;
– à partir du moment où la cession d'antériorité a fait l'objet d'une mention en marge, le bénéfice de l'inscription appartient concurremment au cédant et au cessionnaire, avec droit de préférence au profit de ce dernier.
Dès lors, la radiation totale et définitive de l'inscription ne peut être opérée qu'au vu d'un acte de mainlevée consentie par le cédant et le cessionnaire (Rép. min., 1er juin 1960 : *JOAN* CR, p. 1106 ; *JCP* N 1960, IV, 2970. – Rép. min., 28 juin 1982 : *JOAN* CR, p. 2665 ; *JCP* N 1982, prat. 8502-3 ; *Bull. AMC* 1975, art. 1006 et 1982, art. 1266).

1506 Distinction à opérer selon qu'il existe ou non des inscriptions intermédiaires. Lorsqu'une inscription a fait l'objet d'une cession d'antériorité, elle a deux bénéficiaires :
– d'une part, le créancier dont elle garantit la créance ;
– et, d'autre part, le bénéficiaire de la cession au profit duquel elle conserve le rang qui lui a été cédé.
C'est la raison pour laquelle le consentement de ces deux bénéficiaires est nécessaire pour que l'inscription puisse être radiée (V. n° 1505).
Il reste que lorsqu'il n'existe pas d'inscription intermédiaire entre les deux inscriptions en cause, la radiation totale de l'inscription primante ne peut pas porter préjudice au bénéficiaire de l'inscription primée. En effet, si ce dernier perd le rang que lui conférait la cession d'antériorité, il retrouve ce même rang du chef de sa propre inscription en raison de la disparition de celle qui la primait. Il a donc été admis que la mainlevée puisse être consentie par le seul créancier originaire, le bénéficiaire de la cession donnant son consentement au besoin par simple lettre (*Bull. AMC* 1975, art. 1006).
La situation est différente lorsqu'une ou plusieurs autres inscriptions séparent les deux inscriptions concernées. La radiation totale de l'inscription primante prive alors le bénéficiaire de la cession d'antériorité de la possibilité de se prévaloir du rang de cette inscription. Il ne peut plus faire état que du rang de sa propre inscription, qui sera primée par la ou les inscriptions intermédiaires. De ce fait, dans l'hypothèse, le consentement du bénéficiaire de la cession d'antériorité à la radiation de l'inscription primante est indispensable (*Bull. AMC* 1982, art. 1266).

1507 Mainlevée de l'inscription du bénéficiaire de la cession ou renonciation au bénéfice de la cession d'antériorité. Si le bénéficiaire de la cession d'antériorité entend donner mainlevée de sa propre inscription, et renoncer ainsi au bénéfice de la cession d'antériorité, cette mainlevée ne requiert pas le consentement du cédant. Elle peut être consentie par le cessionnaire seul.

1508 Cession d'antériorité partielle. Si la cession d'antériorité n'a été que partielle, le cédant a qualité pour donner mainlevée, pour tout ce qui excède la priorité consentie (Rép. min., 1er juin 1960 et 28 juin 1962, préc.).

B Conventions voisines des cessions d'antériorité

1 Cession de rang

1509 Les règles indiquées à propos des cessions d'antériorité sont applicables aux conventions de rang (cessions d'antériorité en général plus complexes, qui font fréquemment intervenir plus de deux inscriptions).

2 Promesse d'abstention

1510 Une semblable promesse, qui a un caractère purement abdicatif, n'opère aucune transmission de créance. Il en découle que le promettant conserve le droit de donner mainlevée de son inscription, même si la promesse a été mentionnée en marge de celle-ci, puisque cette mainlevée qui fait disparaître le droit du promettant ne préjudicie nullement au bénéficiaire de la promesse (P. Frémont : *JCl. Notarial Formulaire*, V° Mainlevées, Fasc. 32, n° 155).

Cession de droits sociaux

Neyla GONZALEZ-GHARBI

1511 Les droits sociaux sont, conformément aux dispositions de l'article 529 du Code civil, des meubles dont la cession à titre onéreux ne relève pas du régime fiscal des mutations immobilières. Leurs cessions à titre onéreux sont soumises aux droits d'enregistrement selon les modalités et tarifs fixées aux articles 718, 718 bis et 726 du CGI.
Par exception à ce principe qui régit le droit commun de cessions à titre onéreux de titres de sociétés (actions et parts sociales), la loi soumet certaines cessions de droits sociaux au régime des droits de mutation d'immeubles. Cette règle ne vaut toutefois que sur le plan fiscal. Elle n'a, en l'état du droit positif, aucune incidence en matière de publicité foncière.
Il en résulte que, quel que soit le régime fiscal qui s'y applique, les cessions de droits sociaux échappent, en tant que telles, à la taxe de publicité foncière et ne ressortent pas de la formalité unique. De ce fait, elles sortent du champ d'étude du présent ouvrage.
Toutefois, il nous a paru opportun d'y consacrer ce fascicule afin, précisément, de rappeler les conditions et limites de l'assimilation fiscale de certains droits sociaux aux immeubles et droits immobiliers.
Nous verrons ainsi les cessions consenties pendant la vie de la société et ne mettant pas fin à cette dernière (I), les cessions consenties après le terme de la société (II), et les cessions entraînant la réunion de toutes les parts entre les mains d'un associé unique (III).
Remarque : Sur les nouvelles obligations déclaratives exigées en matière d'enregistrement dans les actes et les déclarations des cessions de participations dans les personnes à prépondérance immobilière et sur la procédure de déclaration dématérialisée *via* le service « e-Enregistrement » résultant notamment des articles 118 et 119 de la loi de finances pour 2024 (L. n° 2023-1322, 29 déc. 2023), V. BOI-ENR-DMTOM-40-10, BOI-ENR-DMTOM-40-10-10 et BOI-ENR-DMTOM-40-10-20 publiés le 24 avril 2024.

I Cessions de droits sociaux consenties pendant la vie de la société et ne mettant pas fin à cette dernière

1512 En principe, de telles cessions sont soumises au régime de droit commun des cessions de droits sociaux (A), mais ce principe reçoit de nombreuses exceptions (B) qui n'ont cependant d'incidence que sur le plan fiscal et non pas du point de vue de la publicité foncière (C).

A Principe : un régime fiscal commandé par le caractère mobilier des droits cédés (CGI, art. 726)

1 Caractère mobilier des droits sociaux

1513 Les cessions de droits sociaux échappent à la publicité foncière. Le contrat de société crée un être moral possédant un patrimoine social propre, distinct de celui de ses membres.

La société est, pendant toute sa durée, propriétaire des biens composant le fond social.

Durant cette période, les associés n'ont, conformément à l'article 529 du Code civil, aucun droit individuel à la copropriété des valeurs en nature de la masse. Ils possèdent seulement un droit social incorporel, désigné, selon les cas, sous le nom d'actions, de parts de fondateur ou parts bénéficiaires ou de parts sociales.

2 Conditions

1514 Existence d'une société dotée de la personnalité morale. La cession doit avoir pour objet un droit social, c'est-à-dire un droit incorporel mobilier distinct des biens sociaux.

Pour qu'il en soit ainsi, les droits cédés doivent s'exercer à l'encontre d'une véritable société dotée de la personnalité morale et, en tant que telle, propriétaire des biens sociaux.

Par contre, les cessions de parts sont assujetties aux droits d'enregistrement ou à la taxe de publicité foncière d'après la nature des biens composant l'indivision, dans tous les cas où les sociétés n'ont pas d'existence légale à l'égard des tiers : sociétés de fait, sociétés en formation, sociétés n'ayant pas acquis date certaine, sociétés en participation, qui ne sont pas dotées de la personnalité morale, groupements d'intérêts économiques (V. BOI-ENR-DMTOM-40-10-10, 24 avr. 2024, n°s 10 et 20).

➤ On se reportera, pour une étude plus complète, aux rubriques correspondantes (V. **Société créée de fait** ; **Groupement d'intérêt économique**, etc.).

1515 Cas des cessions massives de droits sociaux. Tirant les conséquences de la jurisprudence (V. sur l'ensemble de la question et l'évolution de la jurisprudence, *Cession massive de droits sociaux et transformation de société : BIM Lefebvre* déc. 1985, p. 262 et s. – B. Jadaud, *Cession massive de droits sociaux et droits de mutation : Defrénois* 1987, art. 33742), l'administration a modifié sa doctrine par une instruction du 7 avril 1987 (*BOI* 7 H-1-87 ; *JCP* N 1987, IV, p. 137) :

> « La cession massive de droits sociaux accompagnée ou suivie de modifications statutaires ne pourra donner lieu désormais à requalification au regard des droits d'enregistrement que si, juridiquement, la transformation envisagée entraîne la disparition des sociétés initiales et la création d'être moral nouveau. En outre, l'administration n'invoquera pas à l'avenir les dispositions de l'article L. 64 du LPF pour requalifier en cession d'actif suivie de la création d'un être moral nouveau toute opération de cession de parts des sociétés de personnes civiles ou commerciales même si elle porte simultanément sur l'intégralité des titres. En effet, une telle requalification serait contraire aux dispositions des articles 1842 du Code civil et 5 de la loi du 24 juillet 1966 sur les sociétés commerciales. Le changement total des membres d'une société de personnes ne sera donc plus considéré à lui seul par l'administration fiscale comme de nature à remettre en cause l'existence de la société. »

Cette instruction a été reprise au BOI-ENR-AVS-30-10, 1er sept. 2012, n°s 30 à 50.

1516 Cession ayant pour objet un bien déterminé. La question de savoir quel est le droit applicable lorsque la cession de parts frappe un bien déterminé au contrat est controversée (*JCl. Enregistrement* et *JCl. Notarial Formulaire*, Fasc. 2 *bis*, V° Société enregistrement).

Puisque la société est pendant sa durée propriétaire du fonds social, il semble que la cession ne peut avoir pour objet que le droit incorporel de l'associé cédant. La désignation des biens cédés ne peut être qu'indicative, si elle a lieu du consentement des autres associés.

Elle emporte seulement promesse d'attribution des biens désignés en cas de dissolution et de partage de la société (*RP*, 4629).

Il n'en irait autrement que s'il était établi que les associés ont, pendant le cours de la société, retiré et partagé certains biens parmi lesquels celui qui fait l'objet de la cession (T. civ. Cherbourg, 24 janv. 1877 : *Journ. enr.*, 20436).

B Régimes dérogatoires au droit commun de cession de droits sociaux (CGI, art. 727 et 728)

1517 Observations préliminaires. Dans un certain nombre de cas, les cessions de droits sociaux sont considérées comme ayant pour objet les biens eux-mêmes représentés par les actions ou parts cédées. Il en est ainsi dans l'hypothèse particulière prévue par l'article 727 du Code général des impôts (1) dans le cas de cessions de parts ou actions de sociétés transparentes (2), dans le cas de cessions d'actions ou de parts conférant à leur possesseur le droit de jouissance d'immeubles, ou de fractions d'immeuble, hypothèse prévue par l'article 728 du Code général des impôts (3).

1 Cessions de droits sociaux représentatifs d'apports en nature

CGI, art. 727. – 1.1° Lorsqu'elles interviennent dans les trois ans de la réalisation définitive de l'apport fait à la société, les cessions de parts sociales, dans les sociétés dont le capital n'est pas divisé en actions, sont considérées, au point de vue fiscal, comme ayant pour objet les biens en nature représentés par les titres cédés.

2° Pour la perception de l'impôt, chaque élément d'apport est évalué distinctement, avec indication des numéros des parts attribuées en rémunération à chacun d'eux. À défaut de ces évaluations et indications, les droits sont perçus au tarif immobilier.

3° Les dispositions qui précèdent sont applicables aux cessions d'actions d'apport et de parts de fondateurs effectuées pendant la période de non-négociabilité.

4° Dans tous les cas où une cession de parts ou d'actions a donné lieu à la perception du droit de mutation en vertu du présent article, l'attribution pure et simple, à la dissolution de la société, des biens représentés par les titres cédés ne donne ouverture au droit de mutation que si elle est faite à un autre que le cessionnaire.

II. – Les dispositions du 1 ne sont pas applicables aux cessions d'actions ou de parts émises par des personnes morales passibles de l'impôt sur les sociétés.

a) Mécanisme de la présomption

1518 **Application des droits d'enregistrement.** Aux termes de l'article 727 du Code général des impôts, les cessions d'actions d'apport et de parts de fondateur effectuées pendant la période de non-négociabilité et les cessions de parts sociales, dans les sociétés dont le capital n'est pas divisé en actions, intervenues dans les trois ans de la réalisation définitive de l'apport fait à la société, sont considérées au point de vue fiscal comme ayant pour objet les biens en nature représentés par les titres cédés, lorsqu'il s'agit d'actions ou de parts émises par des personnes morales non passibles de l'impôt sur les sociétés (pour des détails sur les modalités d'application de ce texte, V. BOI-ENR-DMTOM-40-20, 12 sept. 2012, n° 1).
Lorsqu'en application de ce texte elles sont censées avoir des immeubles pour objet, ces cessions sont soumises en tous points au régime des droits d'enregistrement applicable aux mutations à titre onéreux d'immeubles (V. *BOI* préc., n° 10).
Les règles d'exigibilité des droits de mutation prévues à l'article 809-I-3° du Code général des impôts sur certains apports en nature s'opposent à ce que les droits soient perçus en vertu de l'article 727 du Code général des impôts en cas de cession de parts sociales représentatives d'apports en nature dans les sociétés passibles de l'impôt sur les sociétés. À l'égard de ces sociétés, les dispositions de l'article 727 du Code général des impôts sont donc inapplicables et les cessions relèvent du régime de droit commun prévu à l'article 726 du Code général des impôts (*BOI* préc., n° 20).

b) Incidences fiscales

1519 **Application des droits de mutation à titre onéreux.** Les conventions qui portent sur des parts ou actions et qui sont considérées au regard des droits d'enregistrement comme translatives à titre onéreux de propriété immobilière en vertu de l'article 727 du Code général des impôts, sont soumises à ces droits selon le tarif prévu en ce qui concerne les mutations à titre onéreux d'immeubles ou de droits immobiliers qui donnent lieu au paiement de la taxe de publicité foncière (CGI, art. 729).

1520 **Incidences à la dissolution de la société.** Dans tous les cas où une cession de parts ou d'actions a donné lieu à la perception du droit de mutation en vertu de l'article 727, l'attribution pure et simple, à la dissolution de la société, des biens représentés par les titres cédés ne donne ouverture au droit de mutation que si elle est faite à un autre que le cessionnaire (V. BOI-ENR-DMTOM-40-20, 12 sept. 2012, n° 140).

c) Incidences du point de vue de la publicité foncière

1521 **Absence de publication.** Bien entendu, les dispositions de l'article 727 du Code général des impôts ne modifient pas la nature des cessions dont il s'agit au regard du droit privé : par suite, ces conventions ne sont en aucun cas assujetties à publication au service de la publicité foncière et elles échappent à la taxe de publicité foncière. Les cessions de l'espèce sont soumises au droit d'enregistrement recouvré pour le compte du département de la situation de l'immeuble (V. BOI-ENR-DMTOM-40-20, 12 sept. 2012, n° 120).

2 Cessions de parts ou actions de société transparente

➤ V. **Société immobilière de copropriété transparente**.

3 Cessions d'actions ou de parts conférant à leurs possesseurs le droit à la jouissance d'immeubles ou de fractions d'immeubles

CGI, art. 728. – Sans préjudice des dispositions de l'article 1655 ter, les cessions d'actions ou de parts conférant à leurs possesseurs le droit à la jouissance d'immeubles ou de fractions d'immeubles sont réputées avoir pour objet lesdits immeubles ou fractions d'immeubles pour la perception des droits d'enregistrement.

CGI, ann. II, art. 292. – Les actions ou parts sociales dont la cession est soumise au régime fiscal défini à l'article 728 du Code général des impôts s'entendent de celles qui, à la date de ladite cession, confèrent en fait ou sont destinées à conférer à leurs titulaires le droit à la jouissance d'immeubles ou de fraction d'immeubles, quels que soient l'objet statutaire et l'activité réelle de la société émettrice.

1522 **Principe.** Les cessions d'actions ou de parts de sociétés autres que les sociétés transparentes visées à l'article 1655 ter du Code général des impôts conférant à leurs possesseurs le droit à la jouissance d'immeubles ou de fractions d'immeubles sont, aux termes de l'article 728 du même code, réputées avoir pour objet lesdits immeubles ou fractions d'immeubles pour la perception des droits d'enregistrement (V. BOI-ENR-AVS-40-20, 12 sept. 2012, n° 140).

1523 **Champ d'application de l'article 728 du Code général des impôts.** L'article 728 du Code général des impôts vise les actions ou parts conférant à leurs possesseurs le droit à la jouissance d'immeubles ou de fractions d'immeubles ou destinées à leur conférer ce droit lorsque la société n'a pas, en fait, pour unique objet celui défini à l'article 1655 ter du Code général des impôts, à savoir :
– construction d'immeubles ou de groupes d'immeubles en vue de leur division par fractions destinées à être attribuées aux associés en propriété ou en jouissance ;
– acquisition des mêmes biens et gestion des biens correspondants après division, location pour le compte d'un ou plusieurs de leurs membres de tout ou partie des biens susvisés appartenant à chacun de ces membres (BOI-ENR-AVS-40-20-20150902, n° 1). Le régime prévu à l'article 728 du Code général des impôts n'est applicable qu'après établissement d'un état de division et d'affectation d'actions ou de parts ou de groupes d'actions ou de parts à chacune des fractions de l'immeuble. Dès lors, avant l'établissement de l'état de division et d'affectation, les cessions visées à l'article 728 du Code général des impôts précité sont soumises au régime fiscal des cessions de droit commun prévu à l'article 726 du Code général des impôts (cf. BOI-ENR-DMTOM-40-30, 12 sept. 2012, n° 30).
Toutefois, le service se réserve le droit de faire application de ce régime s'il apparaissait que l'établissement de l'état de division et d'affectation des droits sociaux a été différé à des fins purement fiscales (BOI-ENR-DMTOM-40-30, 12 sept. 2012, n° 30).

1524 **Absence de publication.** Lorsque les conditions ainsi prévues sont réunies, les cessions d'actions ou de parts sont réputées avoir pour objet les immeubles ou fractions d'immeubles à la jouissance desquels elles donnent droit en fait ou sont destinées à donner droit. Ces cessions sont donc à tous égards assimilées à des ventes d'immeubles pour la perception des droits d'enregistrement.
Mais la présomption établie par la loi doit être interprétée strictement.
En conséquence, seule la fraction du prix de cession afférente à l'immeuble ou à la fraction d'immeuble réputé transmis, telle que cette fraction est déterminée par une ventilation du prix global, est assujettie au droit de mutation au tarif des ventes d'immeubles, sous réserve du droit pour le service d'établir que ce prix est inférieur à la valeur vénale réelle de l'immeuble.
Le surplus du prix est considéré comme s'appliquant à la cession des droits sociaux proprement dits qui reste soumise au régime fiscal de droit commun (BOI-ENR-DMTOM-40-30, 12 sept. 2012, n° 40). Mais si ces cessions sont à tous égards assimilées à des ventes d'immeubles pour la perception des droits d'enregistrement, il n'en est pas de même du point de vue de la publicité foncière : elles n'ont donc pas à être publiées.

C Publicité foncière

1525 Principe. Même si, dans certains cas, les cessions de droits sociaux sont considérées, d'un point de vue fiscal, comme portant sur les biens sociaux (et peuvent être de ce fait taxées comme des ventes d'immeubles, lorsque l'actif de la société est constitué d'immeubles ou de droits réels y relatifs) cette particularité n'a pas d'incidence du point de vue de la publicité foncière. Les cessions de droits sociaux, dans la mesure où elles portent sur des droits de nature mobilière, n'ont pas à être publiées (V. n°s 1513, 1521, 1524).

1526 Cession de parts de société immobilière. Publication éventuelle. Le statut des sociétés immobilières renferme parfois une clause réunissant les parts ou actions en groupe et disposant que chaque groupe de parts ou d'actions donne droit à l'attribution immédiate de la jouissance de l'appartement déterminé. Ce droit étant de nature personnelle, la cession des parts n'a pas lieu d'être publiée. Mais cette clause des statuts s'accompagne en général de la promesse d'attribuer la propriété de l'appartement considéré à l'associé propriétaire du groupe de parts ou d'actions au plus tard lors de la dissolution de la société. Faut-il voir dans cette clause une promesse d'attribution entrant dans la catégorie des actes dont la publication est facultative en application de l'article 37, § 1 du décret du 4 janvier 1955 ? La cession de parts s'analyse-t-elle en la cession d'une promesse unilatérale d'attribution ? Après avoir examiné la question sous ces divers angles, le *Bulletin de l'association des conservateurs* conclut qu'il y a les plus sérieuses raisons de considérer que les actes de cession de parts ou d'actions des sociétés immobilières n'ont pas à être obligatoirement publiés. Par contre, la publication ne devrait pas être refusée si elle était volontairement et expressément requise (*Bull. AMC* 1964, art. 591).
Elle donnerait lieu alors à la perception de la taxe fixe de publicité foncière au tarif prévu pour les actes innomés (V. **Acte innomé**). La contribution de sécurité immobilière au tarif proportionnel serait alors perçue sur la valeur des biens concernés (Lacroix, *Mémento*, n° 255).

II Cessions de droits sociaux consenties après le terme de la société

A Survivance de la société pour les besoins de la liquidation

1527 Absence de publication. Il résulte du principe de la survivance de l'être moral pendant la période de liquidation que les droits des associés conservent pendant la liquidation les caractères de parts sociales et que leur cession est passible du droit de cession d'actions ou de parts d'intérêts et non du droit de mutation ordinaire d'après la nature des biens transmis (Cass. civ., 6 mars 1872 : *S.* 1872, 1 246 ; *D.* 1872, 1, 201 ; *Journ. enr.*, 19116 ; *RP*, 3416. – Instr. 2447, § 5. – Cass. civ., 13 janv. 1892 : *S.* 1892, 1, 100 ; *D.* 1892, 1, 587 ; *Journ. enr.*, 23728 ; *RP*, 7749. – Cass. civ., 25 janv. 1956, cité au n° 1523. – T. civ. Avesnes, 2 août 1878 : *Journ. enr.*, 20998).
Il n'y a donc pas lieu de publier ces cessions.

B Cessions de droits sociaux après prorogation de la société

1528 Toute société est dissoute à l'expiration du temps pour lequel elle a été constituée et les parties ne sauraient être admises, pour les cessions réalisées après la dissolution de la société, à déclarer la société prorogée par un acte ultérieur (T. civ. Seine, 4 mai 1922 : *Journ. enr.*, 32104 ; *RP*, 14212. – V. *JCl. Enregistrement* ou *JCl. Notarial Formulaire*, Fasc. II *bis*, 2e partie, V° Sociétés (enreg.), *ou JCl. Sociétés Traité, Fasc. 196-2)*. Toutefois, ce principe ne saurait être appliqué dans toute sa rigueur. Il est admis que la prorogation d'une société dissoute n'emporte pas création d'un être moral nouveau lorsque la survivance de l'être moral a été reconnue par l'administration sous une forme quelconque (V. Sol., 30 juill. 1928 : Instr. 4030, § 29. – V. *JCl.*, préc. ; *JCl. Notarial Formulaire*, Fasc. 197, n° 31).

III

Cession entraînant la réunion de toutes les parts en une seule main

➤ V. **Société unipersonnelle.**

Cession gratuite de terrain

Neyla GONZALEZ-GHARBI

Sommaire analytique

1529 **Observations.** Les cessions gratuites de terrain sont le plus souvent pratiquées dans un intérêt public et interviennent au profit des collectivités publiques ; mais il arrive que l'on se place dans ce cadre juridique pour organiser des transferts de biens entre personnes de droit privé. Le régime fiscal est différent selon les cas.

1530 Nous distinguerons donc les cessions gratuites de terrain intervenant dans un intérêt public (I) et celles intervenant dans un intérêt privé (II). Puis nous donnerons quelques indications relatives aux immeubles des cessions gratuites de terrains au regard de la TVA (III).

I Cessions gratuites dans un intérêt public

BIBLIOGRAPHIE : C. Bosgiraud, *Les ventes à l'euro symbolique consenties par les personnes publiques* : *JCP* N 2011, n° 47-1304.

1531 Nous distinguerons selon que la cession est prévue (A) ou non (B) par un texte particulier.

A Cessions intervenant en dehors de tout texte les prévoyant ou les autorisant

1 Principe général

1532 **Hypothèses diverses.** Il arrive, tout d'abord, que ces cessions gratuites interviennent en dehors de tout texte particulier les prévoyant ou les autorisant : ainsi, par le passé, dans le cas de cession à une commune par divers riverains de bandes de terrains nécessaires à l'exécution de travaux d'intérêt général (*JCP* N 1960, IV, 3013) ou encore, d'acquisition par une collectivité publique de terrains en vue de l'aménagement de jardins publics ou de piscines (*JCP* N 1963, IV, 3623).

1533 **Régime fiscal.** Le régime fiscal de ces cessions gratuites (ou consenties moyennant un prix symbolique) avait été précisé par deux réponses ministérielles (*JOAN* CR, 25 oct. 1963, p. 5562 et 5563 ; *JCP* N 1963, IV, 3623. – Rép. min. Finances à M. Palméro, député : *JOAN* CR, 6 juill. 1961, p. 1474-2 ; *Ind. enr.*, 10324).
En principe, de telles cessions sont susceptibles d'être considérées comme des mutations à titre onéreux (Rép. min. Finances, 6 juill. 1961. – Rép. min. Économie et Finances, 26 mars 1977 : *Ind. enr.*, 13051).
À ce titre, elles sont passibles de la taxe de publicité foncière perçue dans les conditions ordinaires (Rép. min. Finances, 25 oct. 1963). Mais le bénéfice du régime de faveur édicté par l'article 1042 du Code général des impôts peut leur être appliqué, dès lors qu'il n'est plus aujourd'hui réservé à certaines acquisitions en fonction de la destination des immeubles ou de la finalité de l'opération (V. le texte de l'article 1042 du Code général des impôts et les conditions d'application de ce régime de faveur, V. **Commune**). Ces réponses n'ont pas été reprises au BOFiP.

1534 **Contribution de sécurité immobilière.** Il avait été précisé que la publication de l'acte constatant la cession donnerait lieu à la perception du salaire du conservateur des hypothèques – et donc aujourd'hui à la perception de la contribution de sécurité immobilière (Rép. min. Finances, 25 oct. 1963, préc.) : même en cas de prix symbolique le conservateur est fondé, pour asseoir son salaire, à exiger une estimation de la valeur réelle des immeubles cédés, faute de quoi il est en droit de notifier un rejet de la formalité (Rép. min. Économie et Finances à M. Peretti, député, 26 mars 1966 : *Rev. enr. et imp.* 1976, art. 15365-5).

N.B. : Les règles de perception indiquées ci-dessus à propos du salaire du conservateur restent, en principe, valables pour la perception de la CSI.

2 Cession gratuite constituant une libéralité

1535 **Intention libérale.** Au cas où l'intention de libéralité serait nettement exprimée, les cessions dont il s'agit s'analyseraient en des donations (Rép. min. Finances, 6 juill. 1961, préc.) : elles échapperaient alors à l'impôt en vertu de l'article 794-1 du Code général des impôts qui édicte une exonération des droits de mutation à titre gratuit pour les biens advenant par donation aux départements, communes, établissements publics hospitaliers et bureaux d'aide sociale.

1536 **Cession gratuite d'immeubles entre collectivités locales.** En fait et en droit, ce type d'opération ne correspond pas, *a priori*, à une donation : mais il peut en être autrement. Et il appartient au rédacteur de l'acte d'adopter un libellé qui fasse ressortir sa véritable nature (V. chron. P.J.C. : *JCP* N 1994, prat. 2939).

3 Cas divers

1537 **Cession gratuite à la commune, qui s'engage à faire des travaux.** Une réponse du ministre de l'Économie et des Finances à M. Rimbault du 28 septembre 1987 (*JOAN* Q, p. 5395, n° 27161), non reprise au *BOFiP* et dont la portée est à réviser à l'aune de l'évolution de la réglementation applicable aux opérations des collectivités publiques, s'était prononcée sur le cas où la cession était consentie à titre gratuit à la commune et qu'en contrepartie celle-ci s'engageait à faire des travaux sur le ou les immeubles du cédant (travaux de rétablissement des murs de confortation, de rétablissement des réseaux, etc.).
En ce qui concerne les perceptions alors applicables, elle a apporté les précisions suivantes :
– les travaux de remise en état des murs constituent la contrepartie d'une mutation qui, dès lors, ne peut être considérée comme effectuée à titre gratuit. Elle devrait donc, à ce titre, être assujettie à la **taxe départementale de publicité foncière** dans les conditions de droit commun, étant précisé qu'au point de vue fiscal, le prix s'entend également non seulement de la somme d'argent que l'acquéreur verse au vendeur mais encore de tous les avantages indirects, variables selon les contrats, que l'acquéreur procure au vendeur en prenant à son compte des obligations qui incombent à ce dernier. Cependant, par application des dispositions de **l'article 1042** du Code général des impôts, les acquisitions immobilières faites à l'amiable à titre onéreux par les communes ou syndicats de communes, les départements, les régions et par les établissements publics communaux, départementaux ou régionaux, ne donnent lieu à aucune perception au profit du Trésor ;
– en ce qui concerne les **salaires perçus par les conservateurs des hypothèques (actuelle contribution de sécurité immobilière)**, l'article 296 de

l'annexe III au Code général des impôts précisait qu'ils sont liquidés sur les sommes énoncées ou sur la valeur estimée des immeubles ou des droits faisant l'objet de la publication, sous peine de refus du dépôt. La notion de somme énoncée retenue pour la liquidation des salaires est la même qu'en matière de taxe départementale de publicité foncière ou de droits d'enregistrement. En l'occurrence, il convient donc de calculer les salaires dus soit sur le prix de cession stipulé majoré du montant des travaux pris en charge par la collectivité publique acquéreur, soit, à défaut de prix de cession, sur le seul montant desdits travaux.

1538 **Offre de concours.** Sur l'offre de concours, V. *JCl. Administratif*, Fasc. 684, *Offre de concours*, 12 févr. 2013, par J.-B. Auby et R. Noguellou. Sur le critère de distinction entre l'offre de concours et la libéralité de droit commun, V. concl. J.-J. Louis sur CAA Marseille, 28 juin 2004, *Ville Nice et Trémois : RFDA* 2005, p. 393 et *JCl. Administratif*, Fasc. 684, préc., n° 32).
Les solutions énoncées plus haut (V. *supra*, n°s 1532 à 1536) seraient applicables en cas d'offres de concours, cas également visé par la réponse du 6 juillet 1961 précitée.

B Cessions fondées sur des textes

1 Textes divers prévoyant des cessions gratuites de terrain

1539 Les cessions gratuites peuvent dans certains cas s'autoriser de textes légaux.

1540 La réglementation d'urbanisme avait ainsi institué diverses bases légales sur lesquelles les cessions gratuites de terrain étaient susceptibles d'être exigées.
Signalons toutefois que le Conseil constitutionnel a, par décision du 22 septembre 2010, déclaré inconstitutionnelles les dispositions de l'article L. 332-6-1, 2° *e)* du Code de l'urbanisme qui permettaient aux collectivités d'exiger, dans le cadre d'une autorisation de construire, une cession gratuite de terrain dans la limite de 10 % de la superficie du terrain auquel s'appliquait la demande. En conséquence, ces dispositions ont été abrogées à compter du 23 septembre 2010 (Cons. const., 22 sept. 2010, n° 2010-33 QPC : *JO* 23 sept. 2010, p. 17292 ; *Constr.-Urb*. 2010, comm. 148, note N. Gonzalez-Gharbi. – V. L. Legrain, *L'inconstitutionnalité des cessions gratuites dans le cadre d'une autorisation d'urbanisme : conséquences pratiques : Cah. Cridon Lyon* 2010, n° 59, p. 20). En conséquence la commune ne dispose plus de disposition législative et *a fortiori* de procédure lui permettant d'exiger la cession gratuite d'une bande de terrain au bénéficiaire du permis de construire. Cette impossibilité ne peut être palliée par une convention signée par le maire et le demandeur (Rép. min. n° 19954 : *JO* Sénat Q 7 juill. 2016, p. 3100).

1541 Il avait été précisé que compte tenu des conditions dans lesquelles elles interviennent, ces cessions gratuites ne peuvent jamais être considérées comme des libéralités (V. Rép. min., 14 oct. 1960, 6 juill. 1961, citée au n° 1533. – Rép. min. à M. Hugo : *JOAN* Q 3 oct. 1979, p. 2936, n° 29813). Ainsi par exemple dans le cas de cession pour un euro symbolique de parcelles situées à l'intérieur du périmètre d'une ZAC, par laquelle l'aménageur s'acquitte de sa participation au « coût des équipements publics à réaliser pour répondre aux besoins des futurs habitants ou usagers des constructions à édifier dans la zone » (C. urb., art. L. 311-4. – V. CE, 3 juin 2013, n° 351.612).

2 Cas des cessions gratuites de terrain classé (CGI, art. 1594 F quinquies C)

1542 Un texte particulier régit le cas des cessions gratuites de terrains classés : l'article 1594 F quinquies C du Code général des impôts, ainsi conçu :

> « Sont soumises à la taxe de publicité foncière ou du droit d'enregistrement au taux de 0,70 %
> (...)
> C. – Les cessions gratuites aux collectivités publiques de terrains classés, visées à l'article L. 113-3 du Code de l'urbanisme ; »

1543 Ce dispositif est commenté (BOI-ENR-DMTOI-10-80-20-20150521, n° 310).

1544 **Remarque.** Dans sa version du 21 mai 2015, le *BOI* précité renvoie à « C. urb, art. L. 130-2 ». Par suite de son abrogation (Ord. n° 2015-1174, 23 sept. 2015, art. 12 et Ord. n° 2015-1174, 23 sept. 2015, art. 13) à compter du 1er janvier 2016, ces dispositions figurent à l'article L. 113-3 du Code de l'urbanisme.

1545 **Taxe de publicité foncière.** Les cessions gratuites consenties au profit des collectivités publiques donnent ouverture à la taxe de publicité foncière au taux de 0,70 %, soit 0,71498 % (0,715 %) La taxe additionnelle communale n'est pas exigible. En revanche, le prélèvement pour frais d'assiette, recouvrement de dégrèvements et de non-valeur

Cession gratuite de terrain

sera perçu (BOI-ENR-DMTOI-10-80-20-20150521, n° 320).
La transmission d'un terrain à bâtir en contrepartie de cette cession est susceptible de bénéficier de l'exonération de taxe édictée par l'article 1594 O G A du Code général des impôts, prévue en matière de mutation de terrain à bâtir (BOI-ENR-DMTOI-10-80-20-20150521, n° 330).

3 Taxation

1546 On peut se demander si cette perception doit être opérée dans tous les cas de cessions forcées ou de cessions gratuites prévues par les textes susvisés : il semble qu'à défaut de texte exprès prévoyant une exonération, les acquisitions dont s'agit doivent être taxées dans les conditions ordinaires, sous le bénéfice éventuel des régimes de faveur que peut invoquer la collectivité au profit de laquelle s'opère la cession.
C'est ce qui résulte implicitement d'une réponse ministérielle à M. Hugo (*JOAN* Q, 3 oct. 1979, p. 2936, n° 29813), non reprise au BOFiP qui, après avoir rappelé que de semblables opérations sont en principe exclusives de toute intention libérale, indique qu'elles peuvent en conséquence faire l'objet d'une déclaration d'utilité publique et bénéficier dès lors de l'exonération de taxe de publicité foncière prévue par l'article 1042 du Code général des impôts.

II Cessions gratuites consenties dans un cadre de pur droit privé

1547 **Analyse en droit civil.** On voit en pratique des personnes de droit privé pratiquer des cessions moyennant un prix symbolique de un euro et le problème est alors de savoir comment elles doivent être taxées. Pour cela, il faut déterminer comment peut s'analyser l'opération.
En droit civil, l'absence de prix ne suffit pas à faire de ce contrat une donation. La donation se caractérise par l'intention libérale. Le donateur entend se dépouiller de la chose donnée sans contrepartie, dans le seul but de gratifier le donataire. Ce ne sera pas forcément le cas pour les cessions moyennant un prix symbolique car l'une ou l'autre partie peut tirer des avantages directs ou indirects de la cession, si bien que l'acte pourra néanmoins conserver un caractère onéreux.
Mais si l'on admet qu'il entre dans cette catégorie, il faudra néanmoins le qualifier et, si on le qualifie de vente, cette vente est susceptible d'être déclarée nulle s'il apparaît qu'elle ne comporte pas de « prix réel et sérieux » (*JCl. Notarial Répertoire*, V° Vente, Fasc. 110).

1548 **Perceptions à opérer.** Sur le plan fiscal, l'administration considère généralement que la stipulation d'un prix non sérieux amène à conclure à l'existence d'une donation (V. *Dict. enr.*, nos 4446 et 1741). L'application de cette solution au cas de cession moyennant un prix symbolique paraît cependant non fondée, puisque, comme nous le disions plus haut, il n'y a pas, en pareil cas, d'intention libérale.
Il semble que de telles cessions doivent être traitées comme des mutations à titre onéreux et taxées en conséquence, la taxe de publicité foncière et la contribution de sécurité immobilière étant perçues à partir d'une déclaration estimative des parties.

III

Régime des cessions gratuites au regard de la TVA

1549 Non application de principe de la TVA. Pour être passible de la TVA, une cession de terrain doit être réalisée à titre onéreux (sans préjudice des autres conditions requises : V. **TVA immobilière**).

Une opération est considérée comme réalisée à titre onéreux, en matière de TVA, lorsqu'il existe un lien direct entre le service rendu ou le bien livré et la contre-valeur reçue. Pour cela, le bénéficiaire de la prestation ou de la livraison doit en retirer un avantage individuel et le niveau de cet avantage doit être en relation avec le prix payé. Tel n'est pas le cas lorsque le prix payé est très inférieur au niveau de l'avantage procuré au bénéficiaire de la livraison, cet avantage reçu en contrepartie pouvant aussi prendre la forme d'engagements, de reprise d'engagements ou de prestations de services.

Dès lors, la cession d'un bien immobilier pour un prix symbolique constitue une opération située hors du champ d'application de la TVA. Elle est néanmoins soumise aux droits d'enregistrement dans les conditions de droit commun. La TVA supportée en amont par le cédant, notamment au titre de l'acquisition du terrain ou de travaux immobiliers, n'est pas déductible (cf. CGI, art. 271).

Cela étant, une telle opération doit être regardée comme une mutation réalisée à titre onéreux s'il est établi que la contre-valeur reçue par le cédant est constituée en outre par une ou plusieurs sommes versées par un tiers et présentant les caractéristiques d'une subvention complément de prix (BOI-TVA-IMM-10-10-10-20120912, n° 1).

1550 Incidence sur les droits à déduction du cédant. Sous l'empire du droit antérieur à la réforme de la TVA opérée par la loi de finances rectificative pour 2010, cette remise gratuite de terrain était en général effectuée en franchise de TVA. Dans cette hypothèse, la question s'est posée de savoir si cette exonération devait avoir pour corollaire une remise en cause des droits à déduction du promoteur. En d'autres termes, celui-ci doit-il reverser une partie de la TVA qu'il avait déduite lors de l'achat du terrain ?

Le tribunal administratif de Paris a répondu à cette question par la négative, considérant que dans la mesure où la vente des immeubles était soumise à la TVA, le promoteur était fondé à déduire la TVA afférente à l'acquisition de l'ensemble du terrain, bien qu'une partie de ce terrain ait été cédée en franchise de taxe (TA Paris, 30 avr. 1987, n° 65.812/2, *SCI Censier-Monge : Dr. fisc.* 1987, comm. 1903).

➤ Sur l'incidence du transfert gratuit des équipements collectifs à des associations syndicales ou à des unions de syndicats, V. **TVA immobilière**.

Chambre de commerce

Neyla GONZALEZ-GHARBI

1551 **Nature juridique.** Les chambres de commerce sont des établissements publics (*JCl. Administratif*, Fasc. 135).

I
Acquisitions immobilières

CGI, art. 1040 *(Mod. par L. n° 2019-1479, 28 déc. 2019, art. 17)*

I. – Les acquisitions et échanges faits par l'État, les partages de biens entre lui et les particuliers, et tous autres actes faits à ce sujet sont exonérés des droits d'enregistrement, de la taxe de publicité foncière et de la contribution prévue à l'article 879.

Cette disposition n'est pas applicable aux établissements publics de l'État.

CGI, ann. IV, art. 170. – Entrent notamment dans les prévisions du deuxième alinéa du I de l'article 1040 du code général des impôts : (.../...) les chambres de commerce et d'industrie territoriales et ports autonomes ;

1552 **Non-application du régime de faveur de l'article 1040 du CGI.** Les chambres de commerce figurent dans l'énumération de l'article 170 de l'annexe IV du Code général des impôts et entrent à ce titre dans les prévisions du deuxième alinéa du I de l'article 1040 du même code (V. **Établissement public**).

En conséquence, elles ne bénéficient pas de l'exonération de taxe de publicité foncière et de contribution de sécurité immobilière prévue par l'article 1040.

1553 Toutefois, l'administration fiscale admet « dans le champ de l'exonération les chambres de commerce maritimes, les ports autonomes et les chambres de commerce de l'intérieur gérant des installations portuaires » (BOI-ENR-DMTOI-10-80-10, 20 août 2020, n° 35).

Il convient toutefois de préciser que cette tolérance ne s'étend pas aux grands ports maritimes (C. transports, art. 5312-1, BOI-ENR-DMTOI-10-80-10, 20 août 2020, n° 35, Remarque).

1554 **Application du régime de faveur de l'article 1042.** Les chambres de commerce peuvent cependant bénéficier de l'exonération prévue par l'article 1042 du Code général des impôts (*BOE* 1953, 6352. – BOI-ENR-DMTOI-10-80-10, 20 août 2020, n° 140).

➤ Sur les conditions d'application de l'article 1042 du Code général des impôts, V. **Commune**.

1555 **Contribution de sécurité immobilière.** La contribution de sécurité immobilière qui a remplacé le salaire du conservateur à compter du 1er janvier 2013 est perçue selon le droit commun. Elle n'est pas exigible lorsque l'acquisition bénéficie de l'exonération prévue par l'article 1040 du Code général des impôts ou par l'article 1042 du même code (V. **Contribution de sécurité immobilière**).

II

Chambres de commerce étrangères

1556 Si les États étrangers jouissent des immunités fiscales usuelles pour leurs immeubles diplomatiques, ils demeurent par contre soumis à l'impôt dans les conditions du droit commun pour les locaux qu'ils affectent à des services ou établissements n'entrant pas dans le cadre de leur activité diplomatique normale ainsi, pour les chambres de commerce (note 15 déc. 1962 : *BOI* 1964, 9243).

III

Transfert d'immeubles entre chambres de commerce et d'industrie en conséquence d'un regroupement de chambres

1557 Il s'agit d'un acte soumis au régime des fusions (CGI, art. 816 et 816-A) (V. **Fusion de sociétés**).

IV

Inscriptions : mainlevée

1558 **Autorisations requises.** Pour consentir à la mainlevée d'une hypothèque au profit d'une chambre de commerce, avec ou sans constatation de paiement, il est nécessaire, mais suffisant que le président ou son délégataire ait été habilité à cette fin par l'assemblée consulaire (*Bull. AMC* 1990, art. 1453).

Chambre des métiers

Neyla GONZALEZ-GHARBI

1559 Les chambres des métiers, instituées par les lois des 15 juin 1930, 20 mars et 23 avril 1932 et par la loi du 24 août 1943, ont le caractère d'établissement public ne constituant pas des organes directs de l'État (*JCl. Administratif*, Fasc. 135).

> **CGI, art. 1040** *(Mod. par L. n° 2019-1479, 28 déc. 2019, art. 17)*
>
> I. – Les acquisitions et échanges faits par l'État, les partages de biens entre lui et les particuliers, et tous autres actes faits à ce sujet sont exonérés des droits d'enregistrement, de la taxe de publicité foncière et de la contribution prévue à l'article 879.
>
> Cette disposition n'est pas applicable aux établissements publics de l'État.
>
> **CGI, ann. IV, art. 170**. – Entrent notamment dans les prévisions du deuxième alinéa du I de l'article 1040 du code général des impôts : (.../...) les chambres de métiers et de l'artisanat de région.

1560 **Non application, du régime de faveur de l'article 1040 du CGI.** Les chambres des métiers figurent dans l'énumération de l'article 170 de l'annexe IV du Code général des impôts et entrent à ce titre dans les prévisions du 2e alinéa de l'article 1040 du Code général des impôts (V. **Établissement public**).

C'est dire qu'elles ne bénéficient pas du régime de l'exonération de taxe de publicité foncière et de contribution de sécurité immobilière prévu par l'article 1040.

1561 **Application éventuelle du régime de faveur de l'article 1042 du Code général des impôts.** Les chambres des métiers peuvent bénéficier du régime de faveur de l'article 1042 du Code général des impôts (BOI-ENR-DMTOI-10-80-10, 20 août 2020, n° 140. – Rép. min. Lagorce, 30 déc. 1985 : *JOAN* CR, p. 5960, n° 74624 ; *BODGI* 7 C-2-86). Il en résulte que ne donneront lieu « à aucune perception au profit du Trésor » les acquisitions « immobilières faites à l'amiable et à titre onéreux » par les chambres des métiers (pour un commentaire de l'article 1042, V. **Commune**).

Changement de dénomination, de forme ou de siège d'une personne morale

Neyla GONZALEZ-GHARBI

I Publicité foncière

1562 Publication obligatoire. Régime de la publication. L'article 28, § 9°, du décret du 4 janvier 1955 prescrit que sont publiés obligatoirement :

« Les documents, dont la forme et le contenu seront fixés par décret, destinés à constater (…) les changements de dénomination, de forme juridique ou de siège des sociétés (…) lorsque ces changements intéressent des personnes (…) morales au nom desquelles une formalité de publicité a été faite depuis le 1er janvier 1956 ».

1563 L'article 70 du décret du 14 octobre 1955 précise à ce sujet que :

« Sont publiés au bureau des hypothèques [lire : au service de la publicité foncière] de la situation des immeubles, en exécution de l'article 28-9° du décret [n° 55-22] du 4 janvier 1955, les changements :

(…)

– Soit dans les dénominations ou sièges de sociétés, associations, syndicats et autres personnes morales, survenus postérieurement à la première formalité exécutée à partir du 1er janvier 1956 et intéressant celles de ces personnes titulaires d'un droit réel susceptible d'hypothèque, d'un droit d'usage et d'habitation, ou d'un bail de plus de douze ans.

La publicité est assurée par le dépôt, dans les conditions prévues à l'article 34 du décret précité de deux expéditions, extraits littéraux ou copies, certifiés conformes par un officier public ou ministériel ou une autorité administrative, des pièces justificatives des changements, celui des deux documents à conserver *(Mots remplacés à compter du 1er janvier 2013, D. n° 2012-1462, 26 déc. 2012, art. 36, 33° et 39)* "dans les registres du service de la publicité foncière" étant seul obligatoirement établi sur la formule spéciale. Ces pièces justificatives peuvent être :

(…)

– Pour les sociétés commerciales, l'extrait ou la copie de l'inscription au registre du commerce ;

– Pour les associations, l'extrait du *Journal officiel* publiant la déclaration de changement déposée à la sous-préfecture ou à la préfecture du siège ;

– Pour les syndicats, le récépissé de dépôt de la modification aux statuts ;

– Pour les autres personnes morales, tout acte authentique ou sous seing privé constatant le changement de dénomination ou de siège.

Le document déposé indique, sous peine de refus du dépôt, le nom et le domicile de la personne à laquelle le rejet de la formalité doit éventuellement être notifié. »

➤ Sur les conditions dans lesquelles peut intervenir cette publication, voir la chronique de H. Bulté (*in JCP* N 1971, 5016) et solution du 20 septembre 1974 (V. n° 1564).

1564 Précisions apportées par la solution du 20 septembre 1974. Une solution de l'administration du 20 septembre 1974 a apporté les précisions suivantes (*BODGI* 10 E-3-74 ; *JCP* N 1974, IV, 5866).

Pour préciser les différentes règles applicables aux changements dont il s'agit, une distinction s'impose :

a) Premier cas : si le changement en cause n'emporte pas par lui-même création d'un être moral nouveau ou ne résulte pas d'un acte (ou d'une décision judiciaire) soumis ou admis à la formalité de publicité foncière en raison de ses dispositions propres et s'il intéresse une société au nom de laquelle une formalité a été accomplie depuis le 1er janvier 1956, la publication est requise en application de l'article 28-9° du décret n° 55-22 du 4 janvier 1955 et dans les conditions fixées par les articles 38 et 70 du décret n° 55-1350 du 14 octobre 1955 (bien que l'article 70 ne vise pas les changements de forme, il doit leur être appliqué depuis la modification de l'article 28, 9°, du décret du 4 janvier 1955 par l'article 7 du décret n° 59-89 du 7 janvier 1959 : *BOED* 1959, 1, 7810, ann. II ; *JCP* N 1959, III, 24331).

Elle s'opère « par le dépôt (...) de deux expéditions, extraits littéraux et copies (...) des pièces justificatives » (D. préc., art. 70, al. 2). Le cas échéant, ces pièces peuvent être et demeurer sous signatures privées (*BOED* 1956, 1, 7310, n° 15, *in fine* : *JCP* N 1957, III, 21771. – *Rép. alph. enreg.*, V° Hypothèques, livre III, nos 289 et 290. – Rép. min. 23 juin 1960 : *JOAN* CR, p. 1469. – Circ. sol. diverses, § LXXXVIII, 3 ; *JCP* N 1960, IV, 3008).

Dès lors que les documents ainsi déposés ne « concernent », au sens de l'article 7 (al. 1er) du décret du 4 janvier 1955, aucun immeuble, et qu'ils n'ont pas trait, comme ceux que vise l'article 32 (§ 1, al. 2) du décret du 14 octobre 1955, à un « droit (...) transféré, modifié, confirmé, grevé ou éteint – ou (...) susceptible de l'être – », les dispositions qui régissent la désignation des immeubles et l'effet relatif des formalités ne leur sont pas applicables (Rappr. Rép. min. Finances 1958 : *JOAN* CR, p. 2764 ; Circ. sol. diverses, § LXXXI, 3 ; *JCP* N 1958, IV, 2635).

En revanche, ces documents doivent être « certifiés conformes par un officier public ou ministériel ou une autorité administrative » (D. 14 oct. 1955, art. 70, al. 2). Lorsqu'il s'agit de pièces sous signatures privées, l'auteur de cette certification peut donc être, notamment, un notaire, un avocat ou un huissier de justice (Rappr. Rép. min. préc., *eod.*, V°, n° 227. – V. toutefois, en sens contraire, *Bull. AMC* 1995, art. 1694 : selon cette chronique, une certification émanant d'un avocat entraînerait un refus de dépôt).

Mais l'identité de la société n'a pas à être certifiée (D. préc., art. 38, § 1, al. 1er). C'est, du reste, pour ce motif (Rappr. D. préc., art. 34, § 3) que les documents déposés indiquent obligatoirement, « sous peine de refus du dépôt, le nom et le domicile de la personne à laquelle le rejet de la formalité doit éventuellement être notifié » (D. préc., art. 70, al. 3).

b) Second cas : si le changement, au contraire, emporte par lui-même création d'un être moral nouveau ou résulte d'un acte (ou d'une décision judiciaire) soumis ou admis à la formalité en raison de ses dispositions propres, les règles ordinaires gouvernant les titres qui doivent ou peuvent être publiés sont intégralement applicables, qu'une formalité ait ou non été déjà accomplie au nom de la société.

L'écrit à publier doit revêtir la forme authentique (D. 4 janv. 1955, art. 4, al. 1er). À défaut, il est nécessaire que toutes les parties en effectuent le dépôt au rang des minutes d'un notaire avec reconnaissance d'écritures et de signatures (D. 14 oct. 1955, art. 68, § I). Pour ce qui est, toutefois, des « procès-verbaux des délibérations des assemblées générales préalables ou consécutives à l'apport de biens ou droits immobiliers à une société ou par une société », le dépôt simple est reconnu suffisant (D. 4 janv. 1955, art. 4, al. 2).

Le même écrit doit, en outre, contenir toutes les énonciations exigées par les textes qui régissent la publicité foncière et, en particulier, la désignation régulière des immeubles qu'il concerne, ainsi que les références de la publicité donnée au dernier titre relatif à ces biens (D. 4 janv. 1955, art. 3, 7 et a.).

Quant à l'identité de la société, il convient qu'elle soit normalement certifiée par une personne qualifiée (D. préc., art. 7. – D. 14 oct. 1955, art. 38). Sauf cas d'espèce, cette certification est faite par le notaire rédacteur ou dépositaire de l'acte.

S'il y a lieu, lorsqu'il s'agit de la première formalité requise au nom de la société depuis le 1er janvier 1956 et portant sur un droit réel susceptible d'hypothèque, l'acte (ou la décision judiciaire) renferme, en outre, obligatoirement « l'indication, dûment certifiée », des dénominations et sièges de cette personne morale « pendant les cinquante années précédentes » (D. 4 janv. 1955, art. 42).

1565 **Pièces à déposer**. Selon l'article 70 du décret du 14 octobre 1955, la publicité s'opère par le dépôt de deux expéditions, extraits littéraux ou copies des pièces justificatives de la transformation. Seul le document à conserver au bureau doit être établi sur la formule réglementaire (art. 70 préc., al. 2).

1566 **Pièces justificatives.** Selon l'article 70, alinéa 2 du décret du 14 octobre 1955, en ce qui concerne les sociétés commerciales les pièces justificatives peuvent être « l'extrait ou la copie de l'inscription modificative au RCS », et « pour les autres personnes morales, tout acte authentique ou sous seing privé constatant le changement de dénomination ou de siège. Cette énumération ne doit pas être considérée comme limitative. Ainsi, il a été précisé que la pièce justificative pouvait également être « le procès-verbal de délibération de l'assemblée générale extraordinaire décidant le changement de dénomination de forme juridique ou de siège social » (Rép. min. à M. Degraeve : *JOAN*, 23 juin 1960, p. 1469, n° 5680 ; *JCP* N 1960, IV, 3008. – V. aussi chron. Bulté : *JCP* N 1966, IV, 4089).

1567 **Authenticité.** L'article 70, alinéa 2, du décret du 14 octobre 1955 emporte dérogation au principe de l'authenticité posé par l'article 4 du décret du 4 janvier 1955. Bien qu'il ne vise que les cas de changement dans la dénomination ou la forme d'une société, il a été décidé de l'étendre aux changements de forme, par application de l'article 28-9° du décret du 4 janvier 1955 précité (en ce sens, *Bull. AMC* 1991, art. 1504).

En conséquence, lorsque la pièce justificative est établie en la forme sous seing privé, il n'est pas exigé qu'elle soit déposée préalablement au rang des minutes d'un notaire (Rép. min. 23 juin 1960, préc.).

S'agissant de la publication de simples **documents justificatifs,** non constitutifs ou translatifs d'un droit, l'Association des conservateurs a estimé que même sous forme d'un acte sous seing privé, les changements de dénomination ou de siège de sociétés non commerciales pourront continuer à être acceptés à la formalité sans contrevenir aux dispositions de l'article 710-1, issu de la loi du 28 mars 2011 (V. **Authenticité**). Elle indique à ce propos (*Bull. AMC* juill. 2010-sept. 2011, art. 1956-III) :

> « L'article 710-l nouveau du Code civil ne remet pas en cause le régime spécifique édicté pour publier les simples modifications d'état civil. Ni l'exposé des motifs de la loi, ni les débats parlementaires ne le laissent d'ailleurs supposer. Il faut donc considérer que les règles fixées à l'article 70 du décret du 14 octobre 1955 continuent de s'appliquer et qu'un acte sous seing privé pourra toujours être présenté par un requérant (notaire ou non) pour justifier d'un changement de dénomination ou de siège de société non commerciale.
>
> Pour autant, cette interprétation n'est recevable que si les modifications de dénomination, forme ou siège ne contiennent pas des dispositions admises à publicité foncière à un autre titre notamment parce qu'un changement de forme entraîne *création d'un être moral nouveau*. Dans ce cas, la présentation d'un acte authentique reçu par un notaire français sera exigée. La ligne de partage définie à cet égard dans l'instruction du 20/09/1974 (*BODGI* 10 E-3-74) demeure donc d'actualité. »

L'association des conservateurs remarque qu'en raison de l'obligation actuelle de s'immatriculer imposée à toutes les sociétés (commerciales ou non) ce texte devrait rarement s'appliquer, puisque toutes les sociétés peuvent faire publier les modifications dont s'agit sur simple production d'un K-*bis* délivré par le greffe du tribunal de commerce.

1568 **Mentions. Certifications.** Le document déposé doit indiquer, sous peine de refus de dépôt, le nom et le domicile de la personne à laquelle le rejet de la formalité doit être notifié (D. 14 oct. 1955, art. 70 *in fine* : *Rép. alph. enreg.,* V° Hypothèques, L. III, n° 291).

Il n'y a pas à prévoir de certificat d'identité (D. 14 oct. 1955, art. 38, § 1, al. 1er. – Chron. Bulté : *JCP* N 1966, IV, 4089 ; *Rép. alph. enreg*, V° Hypothèques, L. III, n° 291).

Par contre, il y a lieu de certifier la conformité des documents déposés aux pièces justificatives de la transformation intervenue. Selon l'article 70, alinéa 2, du décret du 14 octobre 1955, cette certification doit être opérée par un officier public ou ministériel, ou une autorité administrative. En conséquence, la certification faite par un maire est valable (*Bull. AMC* 1991, art. 1504) mais non par un avocat (un refus de dépôt doit alors être opposé : *Bull. AMC* 1995, art. 1694).

1569 **Formalité fusionnée.** Jusqu'au 30 juin 1999, lorsque la publication était nécessaire, l'acte constatant la transformation n'était pas susceptible de relever de la formalité fusionnée en présence d'actifs non exclusivement immobiliers (actes mixtes). Aussi, le droit fixe était-il perçu à la recette des impôts et la formalité de publicité foncière accomplie à la conservation des hypothèques en franchise de taxe.

Depuis le 1er juillet 1999, de tels actes sont susceptibles de relever de la formalité fusionnée (L. fin. 1999, art. 110. – V. **Formalité unique**. – Doc. adm. DGI, 7 H-3433, n° 4, 1er sept. 1999 ; BOI-ENR-AVS-20-30-30, 12 sept. 2012, n°80).

1570 **Acquisition d'un immeuble par une société nouvelle, suivie d'un changement de siège et d'une revente.** Une société nouvellement créée acquiert un immeuble en 2004, change de siège social, et revend cet immeuble.

Lors de la publication de l'acquisition au fichier immobilier, la désignation de la société sera vérifiée en ce qui concerne sa dénomination, sa forme juridique, et son siège social.

Mais lors de la publication de la revente, la vérification du service de la publicité foncière sera limitée à la dénomination et au numéro d'identité (SIREN). Autrement dit, le service de la publicité foncière ne contrôlera plus, et donc ne sanctionnera plus une discordance sur le siège social avec la précédente publication. Il en découle que dans le cas considéré, il n'est pas nécessaire de faire publier le changement de siège social. Il reste que cette publication peut présenter un intérêt, en particulier lors des futures demandes de renseignements. Mais elle n'est pas obligatoire.

Ces principes résultent de la réforme apportée par la loi du 6 avril 1998 et les décrets des 23 juin et 3 juillet 1998, dont les conséquences ont été tirées dans une instruction du 26 août 1998. Ils sont rappelés au mot « Identification des personnes ».

1571 **Exception à la règle de l'authenticité.** Application aux changements de forme juridique. Certification par un maire de la conformité des expéditions déposées : régularité. Antérieurement à la loi du 28 mars 2011, qui a édicté l'article 710-1 du Code civil, on considérait que conformément à ce qu'admettait la solution du 20 septembre 1974 (V. n° **1564**), les dispositions de l'article 70 du décret du 14 octobre 1955 devaient être appliquées en cas de changement de forme d'une personne morale. Il en découlait par exemple qu'en cas de transformation d'un GAEC en EARL, il n'y avait pas lieu, pour procéder à la publication des actes sous seing privé, de les déposer au rang des minutes d'un notaire.

La conformité à l'original des deux expéditions, extraits littéraux ou copies des pièces justificatives des changements peut, par ailleurs, être certifiée par le maire de la commune du siège social. En effet, l'article R. 122-8 du Code des communes (devenu CGCT, art. R. 2122-8) investit implicitement les maires du pouvoir d'effectuer la certification matérielle et conforme des pièces et documents présentés à cet effet » puisque cet article a expressément pour objet de les autoriser à donner par arrêté délégation de signature à certains agents communaux afin d'exercer cette attribution en leurs lieu et place mais sous leur surveillance et leur responsabilité (*Bull. AMC* 1991, art. 1504).

La solution parait rester d'actualité (V. n° **1567**).

II Taxations

A Taxation en l'absence de création d'un être moral nouveau

Les solutions énoncées ci-dessous à propos du salaire du conservateur restent valables, jusqu'à nouvel ordre, pour la perception de la contribution de sécurité immobilière.

1572 En ce qui concerne la taxation, deux cas doivent être distingués.

1573 **Publication d'un acte.** Un acte authentique peut être établi pour constater la modification ou le dépôt du procès-verbal de la délibération en ayant décidé.

Cet acte ne paraît pas entrer au nombre de ceux susceptibles d'être enregistrés sur état (V. CGI, ann. III, art. 245 et ann. IV, art. 60).

Il est soumis à enregistrement à la recette des impôts (Instr. 12 févr. 1971 : *BODGI*, 7 A-2-71 ; *JCP* 1971, III, 37598).

Il n'y aura pas de perception de taxe de publicité foncière lors de sa publication aux hypothèques après enregistrement.

La contribution de sécurité immobilière au taux fixe sera perçue (CGI, ann. III, art. 287-1 I).

1574 **Publication de la copie certifiée conforme de l'une des pièces prévues par l'article 70 du décret du 14 octobre 1955.** On se reportera au texte de l'article 70 précité qui énumère les pièces justificatives susceptibles d'être ainsi déposées.

Cette publication amènera la perception :

– de la taxe fixe de publicité foncière (L. 26 déc. 1969, art. 3, § IV ; *JCP* N 1970, III, 36197). Sur le taux actuel, V. **Droits fixes** ;

– de la contribution de sécurité immobilière au taux fixe.

B Création d'un être moral nouveau

1575 **Perceptions.** Lorsqu'il y a création d'une personne morale nouvelle, la taxe de publicité foncière et le salaire du conservateur sont exigibles sur la valeur des immeubles sociaux au jour de la transformation (V. H. Bulté, chron. hyp. : *JCP* N 1973, IV, N, 5476. – V. **Transformation de société**).

Changement de nom ou de prénom

Serge LAMIAUX

I Publicité foncière

D. 4 janv. 1955, art. 28-9. – Sont obligatoirement publiés au bureau des hypothèques de la situation des immeubles :

(...)

9° (*D. n° 59-89, 7 janv. 1959, art. 7*) Les documents, dont la forme et le contenu seront fixés par décret, destinés à constater tout changement ou modification du nom ou des prénoms des personnes physiques (...), lorsque ces changements intéressent des personnes physiques (...) au nom desquelles une formalité de publicité a été faite depuis le 1er janvier 1956.

D. 14 oct. 1955, art. 70. – Sont publiés au bureau des hypothèques [lire : « au service de la publicité foncière »] de la situation des immeubles, en exécution de l'article 28-9° du décret du 4 janvier 1955, les changements :

– Soit dans les noms ou prénoms des personnes physiques à la suite d'une procédure administrative ou en vertu de toute autre cause reconnue par la loi ;

(...)

La publicité est assurée par le dépôt, dans les conditions prévues à l'article 34 du décret précité de deux expéditions, extraits littéraux ou copies, certifiés conformes par un officier public ou ministériel ou une autorité administrative, des pièces justificatives des changements, celui des deux documents à conserver au bureau étant seul obligatoirement établi sur la formule spéciale. Ces pièces justificatives peuvent être :

– Pour les personnes physiques, une expédition de l'acte de naissance faisant apparaître le changement de nom ou de prénom ;

(...)

Le document déposé indique, sous peine de refus du dépôt, le nom et le domicile de la personne à laquelle le rejet de la formalité doit éventuellement être notifié.

A Cas où la publicité est obligatoire

1576 **Existence d'une précédente publication au fichier.** Aux termes des articles 28 du décret du 4 janvier 1955 et 70 du décret du 14 octobre 1955, les changements dans les noms ou prénoms de personnes physiques, à la suite d'une procédure administrative ou en vertu de toute autre cause reconnue par la loi doivent être publiés au fichier immobilier quand une formalité, accomplie depuis le 1er janvier 1956, fait apparaître que ces personnes sont titulaires d'un droit réel susceptible d'hypothèque, d'un droit d'usage et d'habitation ou d'un bail de plus de douze ans.

1577 **Personne devant faire publier.** La réquisition de publication de l'acte qui constate un changement de nom incombe normalement au bénéficiaire de la modification, et donc, par exemple, au vendeur s'il a changé de nom (chron. P.J.C. : *JCP* N 1985, prat. 1386).

B Modalités de la publication

1578 Dépôt de la pièce justificative du changement de nom ou de prénom. La publicité est effectuée, au service de la publicité foncière de la situation des immeubles, au moyen du dépôt, dans les conditions prévues à l'article 34 du décret du 4 janvier 1955, de deux expéditions, extraits littéraux ou copies, certifiés conformes par un officier public ou ministériel ou une autorité administrative, de la pièce justificative du changement. Cette pièce peut être une expédition de l'acte de naissance constatant la modification. Celui des deux documents destiné à être conservé dans les registres du service de la publicité foncière est établi sur une formule spéciale (D. 14 oct. 1955, art. 70).

1579 Exemple. Le nom d'une personne qui vend un immeuble a fait l'objet d'une rectification judiciaire. L'acte de vente est établi en mentionnant l'orthographe actuelle du nom du vendeur, le notaire joignant au dépôt à titre de justification une expédition récente de l'acte de naissance portant mention de cette rectification.
Cette façon de procéder ne peut être admise. Elle ne peut être utilisée que dans l'hypothèse, prévue à l'article 34-3, alinéa 3, du décret du 4 janvier 1955, où les énonciations de l'acte déposé sont en discordance avec les énonciations entachées d'inexactitude des documents précédemment publiés. Dès lors qu'en l'espèce une fiche personnelle a déjà été créée au nom du vendeur, la pièce justificative de la modification de son nom doit faire l'objet d'une publication (chron. Chardonnal : *JCP* N 1985, prat. 9385).

1580 Certification d'identité. Les changements de noms ou de prénom des personnes physiques doivent être acceptés sans que l'identité des personnes en cause ait à être certifiée (D. 14 oct. 1955, art. 38, § 1, 1er al. : *Bull. AMC* 1958, art. 323).

1581 Indication de la personne à laquelle le rejet doit être notifié. Le document déposé doit, sous peine du refus du dépôt, indiquer le nom et le domicile de la personne à laquelle le rejet de la formalité pourra éventuellement être notifié (D. 14 oct. 1955, art. 70 préc., dernier al.).

1582 Annotation du fichier. Pour la période antérieure au traitement informatique sous FIDJI, s'il convenait toujours de créer une fiche au nom de la nouvelle identité, il n'y avait pas lieu d'y reporter les formalités intervenues avant cet événement et seules les formalités ultérieures y figuraient même si le titre constituant l'effet relatif se trouvait répertorié sur la fiche avant changement (*Rép. alph. enreg.*, Livre III, V° Hypothèques, n° 162).
En effet, dans ce cas, les formalités exécutées du chef de l'ancien nom l'ont été correctement. Elles n'ont pas lieu de figurer sur la fiche créée après changement, puisqu'il ne s'agit pas d'une erreur mais d'une transformation ultérieure à ces opérations, ayant entraîné une identité différente..
Cette liaison pouvait être opérée facilement dans la mesure où chacune des fiches ouvertes, avant et après changement, faisait référence à l'autre identité pour laquelle avait également été créée une fiche (V. chron. P.J.C. : *JCP* N 1994, prat. 3132).
C'est ainsi que le nom ancien porté sur la fiche personnelle était souligné en rouge et il était porté, à la suite du nom, et entre parenthèses :
– un renvoi à la fiche du nouveau nom ;
– une mention de référence à la formalité publiant le changement de nom.
La fiche demeurait classée à sa place. En outre, il était créé une autre fiche comme indiqué ci-dessus.
On observera qu'à partir du basculement de la gestion sous FIDJI, à une date variable selon les bureaux, le fichier manuel, qui constitue toujours une documentation indispensable pour la période antérieure, n'est plus mis à jour. Toute modification nouvelle, telles que celles décrites ci-dessus est désormais prise en charge par le système informatique, sans que soient pour autant remis en cause les principes régissant l'annotation du fichier et la délivrance des renseignements.

II Taxations

AVERTISSEMENT L'ordonnance n° 2010-638 du 10 juin 2010 (*JO* 11 juin) supprime le conservateur des hypothèques à compter du 1er janvier 2013.

À partir de cette date est instituée une taxe au profit de l'État, dite « contribution de sécurité immobilière », prévue par l'article 879 du Code général des

impôts. Cette taxe, qui remplace le salaire du conservateur des hypothèques, est perçue aux mêmes conditions d'assiette, de tarif, de contrôle et de recouvrement que ce salaire (V. **Contribution de sécurité immobilière**).

Les solutions énoncées ci-dessous à propos du salaire du conservateur restent valables, jusqu'à nouvel ordre, pour la perception de la contribution de sécurité immobilière.

1583 **Publication d'un acte portant dépôt du document autorisant ou constatant le changement.** L'acte est passible d'un simple droit fixe (CGI, ann. IV, art. 60) et dans cette mesure il est soumis à l'enregistrement sur état (*ibid.* et CGI, ann. III, art. 245).

Une fois cet enregistrement opéré, la publication aura lieu en franchise de taxe.

Il sera dû la contribution de sécurité immobilière au taux fixe (sur le taux actuel, V. **Contribution de sécurité immobilière**).

1584 **Publication de la copie certifiée conforme de l'une des pièces prévues par l'article 70 du décret du 14 octobre 1955.** Cette publication donne lieu à la perception de la taxe de publicité foncière au taux fixe (CGI, art. 674). Le service de la publicité foncière perçoit la contribution de sécurité immobilière au taux fixe (CGI, art. 881 M. – Lacroix, 2013, n° 275. – Sur le taux actuel, V. **Contribution de sécurité immobilière**).

Changement de régime matrimonial

Serge LAMIAUX

Sommaire analytique

Changement de régime matrimonial : publication et taxation

Hypothèses		Publication	TPF	CSI	Justification
De régime séparatiste à régime communautaire (ex. : communauté réduite aux acquêts, communauté universelle)	l'immeuble indivis (par quotités égales) devient un immeuble commun	Non	Si publication, aucune TPF	**Taux** : 0,10 % (CGI, art. 881 K) **Assiette** : valeur de l'immeuble	Instr. 3 juill. 2000, BOI-10 G-5-00 ; Instr. 6 sept. 2007, BOI-10 D-3-07
	l'immeuble indivis (par quotités inégales – ex. : 70 %-30 %) devient un immeuble commun	Oui	**Taux** : 0,71498 % (CGI, art. 678) **Assiette** : valeur des droits mutés (dans l'ex. : 20 % de la valeur de l'immeuble)	**Taux** : 0,10 % (CGI, art. 881 K) **Assiette** : valeur de l'immeuble*	Instr. 3 juill. 2000, BOI-10 G-5-00 ; Instr. 6 sept. 2007, BOI-10 D-3-07
	l'immeuble personnel à l'un des époux reste son immeuble propre	Non	Si publication, aucune TPF	**Taux** : 0,10 % (CGI, art. 881 K) **Assiette** : valeur de l'immeuble	Instr. 3 juill. 2000, BOI-10 G-5-00 ; Instr. 6 sept. 2007, BOI-10 D-3-07
	l'immeuble personnel devient un immeuble commun (apport à communauté)	Oui	**Taux** : 0,71498 % (CGI, art. 678) **Assiette** : valeur des droits mutés (moitié de la valeur de l'immeuble)	**Taux** : 0,10 % (CGI, art. 881 K) **Assiette** : valeur de l'immeuble*	Cass. com., 10 févr. 1998, nos 95-16.924 et 925 ; Instr. 3 juill. 2000, BOI-10 G-5-00 ; Instr. 6 sept. 2007, BOI-10 D-3-07

Changement de régime matrimonial : publication et taxation					
Hypothèses		Publication	TPF	CSI	Justification
De régime communautaire à régime séparatiste	L'immeuble commun devient un immeuble indivis**	Non	Si publication, aucune TPF	**Taux** : 0,10 % (CGI, art. 881 K) **Assiette** : valeur de l'immeuble	Cass. 1re civ., 6 juill. 2005, n° 01-17.542 ; Instr. 3 juill. 2000, BOI-10 G-5-00 ; Instr. 6 sept. 2007, BOI-10 D-3-07
	L'immeuble commun devient l'immeuble personnel à l'un des époux (partage)	Oui	**Taux** : 2,50 % (CGI, art. 746) **Assiette** : valeur de l'immeuble partagé (CGI, art. 747)	**Taux** : 0,10 % (CGI, art. 881 K) **Assiette** : valeur de l'immeuble	Instr. 3 juill. 2000, BOI-10 G-5-00 ; Instr. 6 sept. 2007, BOI-10 D-3-07
	L'immeuble propre à l'un des époux reste son immeuble personnel	Non	Si publication, aucune TPF	**Taux** : 0,10 % (CGI, art. 881 K) **Assiette** : valeur de l'immeuble	Instr. 3 juill. 2000, BOI-10 G-5-00 ; Instr. 6 sept. 2007, BOI-10 D-3-07

* solution de l'ancienne AMC ; selon le Lacroix, la CSI est perçue sur la même base que la TPF.
** les quotités indivises sont supposées être égales.

BIBLIOGRAPHIE : R. Juan, *La communauté universelle* : *JCP* N 1980, doctr. p. 93. – J. Maury, *Communauté conjugale et publicité foncière* : *Defrénois* 1978, art. 31704. – J. Lafond, *Changement de régime matrimonial et publicité foncière* : *JCP* N 1998, doctr. p. 1532.

1585 **Plan.** Après un rappel de la procédure civile (I), seront examinées la publicité foncière proprement dite (II) puis les perceptions opérées à cette occasion (III). Enfin, sera évoqué le cas où les époux changent de régime en vertu de la Convention de La Haye (IV).

I Rappel de la procédure

A Droit antérieur au 1er janvier 2007 : le règne de l'homologation judiciaire

1586 La convention portant changement du régime matrimonial devait être constatée par acte notarié (C. civ., art. 1397, al. 1er). Cependant, les époux devaient obligatoirement demander l'homologation de leur changement de régime matrimonial auprès du tribunal de grande instance de la résidence de la famille, par le dépôt d'une requête conjointe accompagnée d'une expédition de l'acte notarié (C. civ., anc. art. 1396 et 1397 ; CPC, anc. art. 1300 et 1302).

Le changement homologué prenait effet entre les parties à compter du jour où la décision judiciaire devenait irrévocable (C. civ., anc. art. 1397, al. 3). À l'égard des tiers, l'effet de la décision était différé jusqu'à l'accomplissement des formalités de publicité (*ibid.*).

La décision d'homologation devait être publiée dans un journal d'annonces légales du ressort du tribunal saisi (CPC, anc. art. 1303 et 1294, al. 1er). En outre, elle devait être mentionnée en marge de l'acte de mariage (C. civ., anc. art. 1397, al. 3 et CPC, art. 1294, al. 2) – et ce n'était qu'à la fin d'un délai de trois mois à compter de cette dernière mention que le changement était opposable aux tiers.

B Depuis le 1er janvier 2007 : la disparition progressive de l'homologation judiciaire

1587 La loi n° 2006-728 du 23 juin 2006 portant réforme des successions et des libéralités, et son décret d'application n° 2006-1805 du 23 décembre 2006, sont venus modifier la procédure de changement de régime matrimonial. Ces nouvelles dispositions sont entrées en vigueur au 1er janvier 2007.

L'article 1397 du Code civil modifié pose le principe d'une faculté ouverte aux époux de changer de régime matrimonial par acte notarié. Toutefois, le dernier alinéa de l'article 1396 modifié du même code n'exige plus une homologation judiciaire systématique du changement de régime matrimonial.

Initialement, cette homologation judiciaire n'était plus requise que dans les deux cas suivants :

– l'un ou l'autre des époux a des enfants mineurs (C. civ., anc. art. 1397, al. 5) ;

– une opposition a été formulée par un enfant majeur, un créancier ou une personne ayant été partie dans le contrat de mariage (C. civ., anc. art. 1397, al. 2 à 4).

Depuis le 24 mars 2019, le premier cas a disparu (modification de l'article 1397 par l'article 8 de la loi n° 2019-222 du 23 mars 2019 de programmation 2018-2022 et de réforme pour la justice). Désormais, il ne subsiste plus qu'un devoir d'alerte à la charge du notaire : le notaire peut saisir le juge des tutelles si la modification envisagée méconnaît l'intérêt de l'enfant mineur (C. civ., art. 1397, al. 5).

Par ailleurs, en cas d'enfant mineur sous tutelle ou d'enfant majeur faisant l'objet d'une mesure de protection juridique, le notaire informe son représentant, qui agit sans autorisation préalable du conseil de famille ou du juge des tutelles (sur cette réforme, V. S. Torricelli-Chrifi, *Réforme de la procédure de changement de régime matrimonial : Dr. famille* avr. 2019, n° 4, dossier 13. – A. Tani, *La nouvelle procédure de mutation du régime matrimonial : JCP* N 5 avr. 2019, n° 14, 1159).

1588 **Information de tiers intéressés.** Les enfants majeurs, les personnes ayant été parties au contrat de mariage aux enfants majeurs de chaque époux ou à leur représentant en cas de mesure de protection juridique et au tuteur chargé de représenter les enfants mineurs sont personnellement informés de ladite modification (C. civ., art. 1397, al. 2).

Cette information prend la forme d'une notification (CPC, art. 1300, al. 1er), faite par lettre recommandée avec demande d'avis de réception, ou remise en main propre contre émargement ou récépissé, et contenant les mentions prévues par l'arrêté du 23 décembre 2006, ou par acte d'huissier de justice (CPC, art. 651, al. 2).

Les créanciers sont également informés de la modification par la publication d'un avis dans un journal d'annonces légales dans l'arrondissement ou le département de domicile des époux.

1589 **Ouverture d'un délai d'opposition.** L'information des personnes ainsi désignées leur ouvre un délai de trois mois pour former opposition.

L'opposition est notifiée au notaire qui établit l'acte portant changement de régime matrimonial. Le notaire informe les époux de l'opposition exercée.

En cas d'opposition, l'acte portant changement de régime matrimonial doit être homologué (C. civ., art. 1397, al. 4). À cet effet, les époux présentent une requête en homologation devant le juge aux affaires familiales de la résidence de la famille (CPC, art. 1300-4).

À défaut d'opposition, le notaire établit un certificat précisant les dates de réalisation des formalités d'information et de publication de l'avis et attestant de l'absence d'opposition.

II
Publicité foncière

1590 Lorsqu'en 1965, le législateur a permis aux époux de changer de régime matrimonial, il s'est contenté de modifier en conséquence le Code civil. Et, bien que des mesures de publicité aient été instituées (C. civ., art. 1397, al. 3, 4 et 5), aucune disposition particulière n'a été prise pour régler l'incidence du changement de régime du point de vue de la publicité foncière.

Il en est résulté une incertitude que les textes propres à la publicité foncière ne permettaient pas de faire disparaître. La situation s'est clarifiée avec l'arrêt rendu par la Cour de cassation le 10 février 1998 (V. n° 1595) et grâce à une instruction de la Direction générale des impôts du 3 juillet 2000 (*BOI* 10 G-5-00 ; *Dr. fisc*. 2000, n° 29, p. 1202) qui en a tiré les conséquences.

Une instruction du 6 septembre 2007 (*BOI* 10 D-3-07) a présenté l'incidence de la réforme opérée par la loi du 23 juin 2006 (V. n° 1587) en matière de publicité foncière.

Comme l'indique cette instruction, après la loi du 23 juin 2006, le champ d'application de la publication obligatoire au fichier immobilier est inchangé.

1591 Nous examinerons dans un premier temps les cas où la publication du changement de la modification du régime matrimonial est nécessaire (A), avant de traiter des modalités de cette publication (B).

A Cas où la publication est nécessaire

1592 Distinctions selon le régime matrimonial des époux. Nous distinguerons selon que les époux qui veulent changer de régime sont communs en biens (1), séparés de biens (2), ou qu'ils sont mariés sous le régime de la participation aux acquêts (3).

1 Les époux qui changent de régime sont communs en biens

1593 Il faut, là encore, distinguer selon qu'ils entendent adopter un régime de communauté universelle (*a*), un régime de séparation de biens (*b*), la participation aux acquêts (*c*) ou mettre simplement en communauté un bien déterminé (*d*).

a) Adoption de la communauté universelle

1) Immeubles communs

1594 Inutilité de la publicité. En ce qui concerne les immeubles communs, il n'y a aucun déplacement de propriété immobilière (Rép. min., 4 oct. 1966, : *Bull. AMC* 1967, art. 672) et la publicité n'est donc pas obligatoire (Rép. min. à M. Longuet : *JOAN*, 8 sept. 1980, p. 3841 ; *JCP* N 1980, IV, 7690 ; *Bull. AMC* 1989, art. 1432 et 1996, art. 1718. – Instr. 3 juill. 2000, préc., n° 9).

2) Immeubles propres

1595 La publication doit être opérée. Le point de savoir si lors de l'adoption du régime de la communauté universelle par des époux communs en biens, l'entrée en communauté des immeubles propres devait faire l'objet d'une publication a été tranché par un arrêt de la Cour de cassation (chambre commerciale) du 10 février 1998 (*BOI* 10 E-I-99 ; *Defrénois* 1998, art. 36828, n° 85, obs. G. Champenois ; *Bull. AMC* 1999, art. 1789. – Sur cette décision, J. Lafond, *Changement de régime matrimonial et publicité foncière* : *JCP* N 1998, n° 43, p. 1532), qui a confirmé une décision du tribunal de grande instance de Nice du 18 avril 1995 (*Ind. enr.* 1995, n° 16518).

La Cour de cassation a écarté la thèse selon laquelle l'entrée en communauté des immeubles propres entraînerait « mutation » de ces immeubles au profit de la communauté. Cette analyse est indéfendable dans la mesure où la communauté n'a pas la personnalité morale…

S'il y a « mutation », estime la Cour de cassation, c'est parce que le changement de régime a pour effet d'attribuer à l'époux qui n'était pas propriétaire, sur les immeubles entrant en communauté, des droits dont il se trouvait initialement dépourvu. La mutation s'opère donc d'un époux à l'autre. L'immeuble entièrement propre à l'époux A devient commun, ce qui a pour effet que l'époux B en devienne copropriétaire pour moitié…

Alors que plusieurs réponses ministérielles parlaient d'un « déplacement de propriété immobilière » (Rép. min., 4 oct. 1966 : *Bull. AMC* 1967, art. 672 ; *JCP* N 1966, I, 4107. – Rép. min., 4 mars 1967 : *Bull. AMC* 1967, art. 707 ; *JCP* N 1967, IV, 4190), la Cour de cassation qualifie expressément de « mutation » l'entrée en communauté des immeubles propres lors de l'adoption du régime de communauté universelle.

Cette analyse, qui avait déjà été suggérée (J. Maury, *Communauté conjugale et publicité foncière* : *Defrénois* 1978, art. 31704), a pour elle le mérite du réalisme.

1596 La publication est obligatoire. Dans tous les cas où, selon cette doctrine, le déplacement de propriété immobilière doit être obligatoirement publié, cette publication doit être considérée comme obligatoire, par référence à l'article 28, 1°, a du décret du 4 janvier 1955, a précisé une réponse du ministre du Budget en date du 23 septembre 1978 (*Bull. AMC* 1978, art. 1125 ; *Ind. enr.* 1978, 13250).

1597 La publication est opérée une fois pour toutes. La publication ne paraît pas devoir être réitérée chaque fois qu'un nouvel immeuble recueilli par un époux à l'occasion d'une succession ou d'une donation tombera dans la communauté universelle. En effet, cette entrée en communauté s'opère alors par l'effet de la loi (C. civ., art. 1526. – Rieg et Lotz, *Technique des régimes matrimoniaux*, t. 1, Litec, 1993, n° 226).

1598 Sanctions de l'absence de publication. La formalité doit être opérée sous la sanction civile prévue à l'article 33 du décret. À défaut de publicité des conventions de cette nature, l'application de l'effet relatif posé par l'article 3 dudit décret, dont les modalités sont précisées aux articles 32 et suivants du décret du 14 octobre 1955, s'opposerait à la publication ultérieure de tous actes ou décisions judiciaires portant sur les immeubles concernés.

Une réponse ministérielle en date du 19 mai 1979 à M. Labbé (*JOAN*, p. 4044, n° 12675), tout en rappelant que faute de publication de la convention de changement de régime, la publication ultérieure de tous actes ou décisions judiciaires portant sur les immeubles concernés ne pouvait pas être opérée (principe de l'effet relatif), a apporté une précision importante : la publication n'est pas une condition d'opposabilité du changement de régime à l'administration fiscale. En effet, ce changement de régime lui est opposable du fait de l'enregistrement du jugement d'homologation (*JCP* N 1980, IV, 7195).

b) Adoption de la séparation de biens

1599 **Biens propres.** Aucune publication n'est nécessaire. En effet, comme le rappelle l'instruction du 3 juillet 2000 précitée (V. n° 1590) : « L'adoption d'un régime séparatiste n'a aucune incidence, l'époux propriétaire d'un bien propre le demeure ».

1600 **Biens communs.** L'instruction du 3 juillet 2000 précitée indique à ce propos :

> « En l'absence de partage, la dissolution de la communauté n'entraîne aucun transfert de droits réels entre les époux qui sont copropriétaires des biens. Seules changent les règles d'administration des biens qui ne sont plus celles de la communauté mais celles de l'indivision » (Rép. min. à M. Balarello, sénateur : *JO* Sénat CR, 30 mars 1995, p. 771).

Dès lors, aucune publicité n'est nécessaire. Ainsi, se trouvent condamnées les solutions antérieures, fondées sur une réponse ministérielle du 6 août 1977 (*JCP* N 1977, IV, 6710 ; *Bull. AMC* 1977, art. 1095) qui avaient fait l'objet de vives critiques de la doctrine et de réticences de l'Association mutuelle des conservateurs.

1601 En revanche, si un partage attribue aux époux des droits privatifs sur ces biens, la publicité du partage doit être effectuée et le droit de partage prévu aux articles 746 et 748 du Code général des impôts est dû (sur son taux actuel, V. **Partage**).

1602 **Époux adoptant au cours du mariage le régime de la séparation de biens. Convention fixant leurs droits respectifs sur les immeubles indivis antérieurement acquis.** Deux époux, communs en biens, changent de régime pour adopter celui de la séparation de biens. Ils prennent ensuite une convention notariée aux termes de laquelle tous les immeubles précédemment communs resteront en indivision et leur appartiendront dans des proportions déterminées à la suite d'une inégale répartition du passif et qui sont les suivantes : 5 173/9 104 au mari et 3 131/9 104 à la femme.

Cette convention intitulée « convention d'indivision » doit-elle être considérée comme une licitation donnant lieu à la perception du droit de partage (sur son taux actuel, V. **Partage**).

Après avoir rappelé que la convention dont s'agit doit être obligatoirement publiée (D. 4 janv. 1955, art. 28-6°), le *Bulletin de l'association des conservateurs* émet l'avis que, puisque tous les immeubles énumérés dans l'acte restent en indivision, il ne paraît pas y avoir lieu de percevoir les droits prévus en matière de licitation « dont l'un des traits est d'aboutir à l'attribution de droits exclusifs » (*Bull. AMC* 1988, art. 1385).

Ce sont donc les perceptions prévues pour le cas de conventions d'indivision qui paraissent devoir s'appliquer (V. **Convention d'indivision**). La contribution de sécurité immobilière au tarif proportionnel (V. **Contribution de sécurité immobilière**) doit être liquidée sur la valeur de l'ensemble des biens immobiliers concernés.

c) Adoption de la participation aux acquêts

1603 **Substitution d'un régime de participation aux acquêts à celui de la communauté légale.** La substitution d'un régime de participation aux acquêts à celui de la communauté légale ne donne pas lieu à publicité foncière dans la mesure où l'immeuble commun qui devient indivis ne fait l'objet d'aucune mutation de droits réels, le nouveau régime n'affectant pas la quotité des droits des époux sur cet immeuble (Cass. 1re civ., 6 juill. 2005 : *Bull. civ.* 2005, I, n° 315 ; *JCP* N 2006, n° 15-16-1162, note D. Arteil).

En l'espèce, les juges du fond, dont la décision a été réformée, avaient estimé qu'il y avait une « convention d'indivision » entre les époux et que faute d'avoir été publiée à la conservation des hypothèques, cette convention était inopposable aux tiers. Ils en avaient déduit que les biens immobiliers acquis par les époux étaient demeurés communs à l'égard des créanciers, qui étaient en droit de poursuivre sur ces biens le recouvrement de leurs créances (CA Paris, 2e ch. B, 13 sept. 2001 : *JCP* N 2001, n° 46, en bref p. 1648 ; *Defrénois* 2002, art. 37 560-41, p. 829, obs. Piédelièvre).

La différence avec le cas exposé plus haut (V. n° 1602) est qu'il n'y avait en l'espèce aucune convention expresse susceptible d'être qualifiée de « convention d'indivision », le simple fait que les époux, après un changement de régime, décident de ne pas procéder à un partage ne pouvant s'analyser en une telle convention.

d) Mise en communauté d'un bien déterminé

1604 **Publication à opérer.** Dans le cas où, à l'occasion d'une simple modification du régime matrimonial, les époux décident de la « mise en communauté » d'un immeuble propre, la publication est nécessaire et s'opère dans les conditions indiquées (V. nos 1595 et 1596).

1605 **Taxation.** Questionné sur le point de savoir si l'opération de « mise en communauté » d'un bien propre, à l'occasion d'une modification de régime matrimonial, permettait de bénéficier du régime fiscal de l'article 1133 bis du Code général des impôts, le ministre de l'Économie et des Finances n'y a pas vraiment répondu, qui s'est contenté de rappeler que : « *la clause d'ameublissement prévue lors de la conclusion du contrat de mariage ne permet pas de bénéficier des avantages prévus par l'article 1133 bis du code général des impôts.* » (Rép. min. Mourrut, 12 avr. 2005 : *JOAN* Q, p. 3785 ; *Ind. enr.*, 18 575).

2 Les époux qui changent de régime sont séparés de biens

a) Adoption de la communauté légale

1606 **Cas où les époux conservent la propriété de leurs biens existants.** Lorsque les époux abandonnent le régime de la séparation de biens pour adopter le régime de la communauté légale, il ne se produit en principe aucun transfert de propriété, leurs biens personnels restant des propres. Si une indivision existait entre eux, elle se poursuit. Le changement de régime matrimonial ne produit alors des effets que sur les biens futurs. Aucune publication n'est donc nécessaire (Instr. 3 juill. 2000, préc., n° 1).

1607 **Apport à la communauté d'immeubles propres.** En revanche, si les dispositions de l'acte de changement de régime prévoient de faire entrer en communauté des biens immeubles personnels à l'un ou l'autre des époux, cet apport constitue une mutation de droits réels immobiliers entrant dans les prévisions de l'article 28, 1° a) du décret n° 55-22 du 4 janvier 1955 et doit, à ce titre, être soumis à publication au service de la publicité foncière (Instr. 3 juill. 2000, n° 2).
La solution découle de l'arrêt de la Cour de cassation du 10 février 1998 précité (V. n° 1595).

1608 **Apport en communauté d'immeubles indivis.** Dans l'hypothèse où l'immeuble apporté était indivis entre les époux séparés de biens, aucune publicité n'est nécessaire, dès lors que le changement de régime matrimonial ne confère aucun droit immobilier nouveau aux deux époux sur le bien devenu commun.
Il en est ainsi lorsque le bien indivis apporté en communauté était détenu par les époux séparés de biens par parts égales.
Au contraire, lorsque le bien indivis était détenu dans des proportions inégales, il y a lieu de publier le changement de régime matrimonial dans la mesure où l'époux qui disposait de la quotité de droits indivis la plus faible a désormais vocation à la moitié des biens communs et bénéficie ainsi de droits réels nouveaux.
Ainsi, si les droits indivis n'étaient pas détenus dans des proportions égales avant le changement de régime matrimonial, il y a taxation à hauteur des droits réels auxquels l'époux bénéficiaire a désormais vocation (Instr. 3 juill. 2000, n° 2). L'instruction du 3 juillet 2000 reprend sur ce point les termes d'une réponse ministérielle antérieure (Rép. min. Économie, Finances et Industrie, n° 22195 à M. Laffineur : *JOAN* Q, 8 mars 1999, p. 1399 ; *Dr. fisc.* 1999, n° 18, comm. 366, p. 687), qui a infirmé la doctrine administrative jusque-là en vigueur.

b) Adoption de la communauté universelle

1609 **Entrée en communauté des immeubles propres.** Le régime de communauté universelle permet, en principe, de faire entrer en communauté tous les biens des époux, qu'ils soient meubles ou immeubles, présents ou à venir.
Dès lors, l'apport de biens immobiliers détenus personnellement par l'un ou l'autre des époux constitue une mutation de droits réels immobiliers entrant dans les prévisions de l'article 28, 1° a) du décret n° 55-22 du 4 janvier 1955 et doit, à ce titre, être soumis à publication au service de la publicité foncière (cf. Cass. com., 10 févr. 1998, préc. – Instr. 3 juill. 2000, préc., n°s 3 et 4).

1610 **Entrée en communauté d'immeubles indivis.** L'instruction précitée du 3 juillet 2000 indique à ce propos que :
« dans l'hypothèse où l'immeuble apporté était indivis entre les époux séparés de biens, cette publicité n'a pas à être effectuée dès lors que le changement de régime matrimonial ne confère aucun droit immobilier nouveau aux deux époux sur le bien devenu commun » (Rép. min. à M. Laffineur, député : *JOAN*, 30 nov. 1998, p. 1399, qui rapporte la réponse du ministre de l'Économie et des Finances à M. Lagorce, député : *JOAN*, 13 sept. 1975, p. 6271. – Instr. 3 juill. 2000, n° 4).
Il en est ainsi lorsque le bien indivis apporté en communauté était détenu par les époux séparés de biens par parts égales. Au contraire, lorsque le bien indivis était détenu dans des proportions inégales, il y a lieu de publier le changement de régime matrimonial dans la mesure où l'époux qui disposait de la quotité de droits indivis la plus faible a désormais vocation à la moitié des biens communs et bénéficie ainsi de droits réels nouveaux.
Ainsi, si les droits indivis n'étaient pas détenus dans des proportions égales avant le changement

de régime matrimonial, il y a taxation à hauteur des droits réels auxquels l'époux bénéficiaire a désormais vocation.

1611 **Attestation de propriété.** Une réponse ministérielle à M. Labbé (*JOAN*, 22 déc. 1980, p. 5380, n° 35880) évoque le cas suivant : des époux mariés sous le régime de la séparation de biens avaient ultérieurement adopté celui de la communauté universelle avec clause d'attribution au survivant. La publication de la convention de changement de régime n'avait pas été opérée. Il était demandé si cette publication pouvait alors intervenir au moment du décès, *une seule attestation* relatant l'origine de la propriété et des transferts successifs de celle-ci pouvant être établie. Une réponse affirmative a été donnée.

La publication de cette attestation qui contient une disposition indépendante devrait alors amener la perception de la taxe de publicité foncière à 0,70 % (0,71498 % avec les perceptions additionnelles), dans la mesure des *déplacements de propriété* qu'elle constate.

c) Adjonction d'une société d'acquêts

1612 **Publication et taxation.** La société d'acquêts adjointe à un régime de séparation de biens est assimilée à la communauté entre époux.

Dès lors, il y a lieu d'appliquer les mêmes règles que si les époux séparés de biens décidaient d'adopter un régime communautaire.

3 Époux mariés sous le régime de la participation aux acquêts

1613 **Adoption de la communauté universelle.** La question a été posée de savoir si, au cas de substitution du régime de la communauté universelle au régime de participation aux acquêts (C. civ., art. 1569 et s.), le contrat de changement de régime doit également être publié à la conservation des hypothèques du lieu de situation des immeubles ayant le caractère d'acquêts.

Il a été répondu que, dès lors qu'elles entraînent un déplacement de la propriété immobilière, les conventions homologuées emportant changement de régime matrimonial sont obligatoirement publiées au fichier immobilier tenu par le service de la publicité foncière du lieu de situation des immeubles concernés. Il en est ainsi chaque fois que l'adoption du régime de la communauté universelle aura pour effet de faire entrer des immeubles, préalablement propres, dans la nouvelle communauté (extraits d'une réponse du ministre du Budget à M. Christian Laurissergues, n° 36497 : *JOAN*, 22 déc. 1980, p. 5350).

B Formalités

1614 Nous distinguerons, comme le fait l'instruction précitée du 6 septembre 2007, selon que l'acte portant changement ou modification du régime matrimonial est ou non soumis à homologation. Puis nous évoquons le cas où cet acte ne contient pas toutes les mentions requises pour procéder à la publicité foncière, ce qui nécessite l'établissement d'un acte complémentaire.

1 Actes non soumis à homologation

1615 **Délai.** Il résulte de l'article 1300-3 du Code de procédure civile, que le délai pour publier un acte constatant le changement de régime matrimonial court à compter de l'expiration des trois mois dont disposent les parties au contrat modifié, les enfants majeurs et les créanciers des époux pour former opposition.

Cet article prévoit en outre que l'acte doit être accompagné du certificat de non-opposition établi par le notaire.

1616 **Formalités.** Formellement, la publication est alors requise sur le dépôt, conformément à l'article 34 du décret n° 55-22 du 4 janvier 1955, d'une seule expédition :

– de l'acte constatant le changement de régime matrimonial ;
– du certificat de non-opposition ;
– s'il y a lieu, d'un acte complémentaire comprenant les précisions exigées par la publicité foncière en ce qui concerne les personnes et les immeubles (Instr. 6 sept. 2007, préc., n° 17).

2 Actes constatant le changement de régime matrimonial soumis à homologation

1617 **Délai.** Pour les actes soumis à homologation (V. n° 1586 et 1587), l'article 1303 nouveau du Code de procédure civile dispose que le délai pour publier l'acte court à compter de la date à laquelle le jugement est devenu définitif.

Il formalise ainsi dans un texte *ad hoc* la règle résultant de l'application de l'article 33 (B) du décret n° 55-22 du 4 janvier 1955.

1618 **Formalités.** L'acte doit revêtir les mêmes formes que par le passé (acte constatant le changement et acte de dépôt de la grosse du jugement qui l'homologue).

La publication du changement de régime matrimonial impose la production d'une expédition de l'acte et d'un extrait du jugement, accompagnés le cas échéant d'un acte complémentaire contenant la désignation des personnes et des immeubles conformément aux règles de la publicité foncière et d'un acte de dépôt au rang des minutes d'un notaire des divers documents relatifs à l'homologation : grosse du jugement, certificat de non-opposition délivré par le greffe… (Instr. 6 sept. 2007, préc., n° 13).

1619 Il apparaît cependant possible d'admettre que le notaire dépose, conformément à l'article 34 du décret n° 55-22 du 4 janvier 1955, une expédition :
– de l'acte constatant le changement de régime matrimonial ;
– d'un acte complémentaire relatant l'accomplissement des formalités d'homologation et, s'il y a lieu, les précisions exigées par la publicité foncière (Instr. 6 sept. 2007, préc., n° 19).

En toute hypothèse, un acte portant changement de régime matrimonial qui n'est pas accompagné soit du certificat de non-opposition établi par le notaire, soit d'un jugement d'homologation, ne peut pas être publié, puisqu'il ne forme pas l'instrument complet de la convention qu'il porte (Instr. 6 sept. 2007, préc., n° 20).

3 Établissement d'un acte complémentaire

1620 **Cas où l'acte portant changement modification du régime ne comporte pas toutes les mentions exigées par la publicité foncière.** C'est en principe la convention de changement de régime, ou modificative de ce régime elle-même, qui doit être publiée. Elle doit donc contenir toutes les indications requises par les textes sur la publicité foncière, pour permettre ces publications, en ce qui concerne les immeubles faisant l'objet d'un « déplacement de propriété » ou qui entrent en communauté (*Bull. AMC* 1967, art. 672).

Si, comme cela est parfois le cas, cette convention ne contient pas l'identification complète des immeubles, le notaire ne pourra alors, selon l'Association mutuelle des conservateurs, publier une « attestation » aux lieu et place du contrat emportant changement ou modification du régime (même source). Il doit établir un acte complémentaire, comme l'évoque d'ailleurs l'instruction précitée du 6 septembre 2007 (V. n°s 1615 à 1619).

Le service de la publicité foncière serait fondé à refuser le dépôt d'une telle « attestation » contenant les désignations cadastrales des immeubles concernés, les indications concernant l'effet relatif, et l'évaluation de ces immeubles pour la perception de la taxe de publicité foncière et de la contribution de sécurité immobilière et qui se contenterait de faire référence à la convention de changement de régime et au jugement d'homologation, ainsi qu'à l'acte de dépôt de ces documents au rang des minutes du notaire.

Une semblable « attestation » ne peut être admise à publication que si la convention de changement de régime et le jugement lui-même ont été préalablement, ou concomitamment, publiés (*Bull. AMC* 1992, art. 1546 : *JCP* N 1992, prat. 2078).

L'attestation établie après changement de régime matrimonial en vue de la publicité foncière (mise en communauté universelle d'immeubles propres à des époux séparés de biens) en incluant les diverses pièces justificatives de ce changement de régime (grosse du jugement d'homologation, copie de la publicité, dans un journal d'annonces légales, etc.) doit être enregistrée préalablement à sa publication. Cet enregistrement s'effectue sur état (*JCP* N 1994, prat. 2761, chron. P.J.C.).

III Les perceptions

1621 Seront examinées successivement la taxe de publicité foncière (A), puis la contribution de sécurité immobilière (B).

A La taxe de publicité foncière

1 Quotité de de publicité foncière

1622 **Taux.** La règle a été posée par la jurisprudence, relayée par la doctrine administrative (Cass. com., 10 févr. 1998, préc. ; Instr. 3 juill. 2000, préc. § 10 ; Instr. 6 sept. 2007, préc., ann. 3) : lorsque le changement de régime matrimonial emporte mutation immobilière, cette mutation donne ouverture à une taxe proportionnelle, conformément aux dispositions de l'article 677, 1° du Code général des impôts. Cependant, cette mutation n'étant ni à titre onéreux, ni à titre gratuit, le taux applicable est celui par défaut posé par l'article 678 du même code. Compte tenu des frais de recouvrement et d'assiette, le taux global d'imposition est de 0,71498 %. Il se décompose comme suit :

Taux de la taxe de publicité foncière (CGI, art. 678) .... 0,70 %

Taux des frais de recouvrement et d'assiette (CGI, art. 1647, V, b) .... 2,14 %

appliqué à la taxe de publicité foncière (2,14 × 0,70 %)....................... 0,01498 %

Taux global d'imposition....................... 0,71498 %

Pour rappel, jusqu'au 31 décembre 2011, le taux de la taxe de publicité foncière était de 0,60 % – soit un taux global d'imposition de 0,615 % en tenant compte des frais de recouvrement et d'assiette (2,50 % : CGI, anc. art. 1647, V, a).

1623 **Assiette.** La taxe est assise et liquidée sur la valeur des droits réels immobiliers transférés, c'est-à-dire sur la valeur du droit immobilier conféré à l'autre époux (Instr. 3 juill. 2000, préc., § 11 ; Instr. 6 sept. 2007, préc., ann. 3).

Exemple n° 1 : les époux sont mariés sous le régime de la séparation de biens et décident d'adopter la communauté universelle. L'un d'entre eux détient un immeuble personnel. Ce changement de régime matrimonial a pour effet de faire entrer cet immeuble dans la communauté. Pour cette raison, les époux ont chacun vocation à 50 % de la valeur de cet immeuble. La taxe de publicité foncière est assise sur les droits réels nouveaux conférés au conjoint, c'est-à-dire sur 50 % de la valeur vénale de l'immeuble. (F. Douet, *Les droits entraînés par un changement de régime matrimonial : Dr. famille* juill. 2001, n° 7-8, chron. 16).

Exemple n° 2 : les époux sont mariés sous le régime de la séparation de biens et sont respectivement propriétaires de 80 % et de 20 % d'un immeuble. Ils optent pour la communauté universelle. En raison de l'entrée dans la communauté de l'immeuble, les époux ont désormais chacun vocation à 50 % de la valeur de celui-ci. La taxe de publicité foncière est assise sur les droits réels nouveaux conférés au conjoint qui ne détenait que 20 %, c'est-à-dire sur 30 % de la valeur vénale de l'immeuble (*ibid.*).

2 Nature de la taxe de publicité foncière

1624 Depuis le 1er octobre 1970, date d'entrée en vigueur de la formalité fusionnée dite encore « formalité unique », la taxe de publicité foncière est susceptible d'être confondue ou non avec les droits d'enregistrement :

– la taxe de publicité foncière est confondue avec les droits d'enregistrement :

• c'est la règle de principe en formalité fusionnée (CGI, art. 664) ; la taxe de publicité foncière a alors la nature d'un impôt, c'est-à-dire d'un prélèvement obligatoire sans contrepartie déterminée ; autrement dit, la perception tient lieu de droits d'enregistrement,

• le fait générateur de la taxe est, comme en droits d'enregistrement, la mutation, c'est-à-dire, le déplacement de la propriété apparente ;

– la taxe de publicité foncière n'est pas confondue avec les droits d'enregistrement :

• la taxe de publicité foncière conserve alors sa nature de taxe, c'est-à-dire un prélèvement exigé en contrepartie des prestations offertes par le service public de la publicité foncière,

• le fait générateur de la taxe est alors la publication, c'est-à-dire la présentation de l'acte à la formalité de publicité foncière, quelle que soit la date de l'acte.

Une telle distinction est connue de l'administration (Doc. adm. DGI, 7 A-31, 10 sept. 1996, § 2 à 4 – non reprise au *BOFiP*). La détermination du fait générateur de la taxe conditionne le taux applicable dans le temps et le point de départ du délai de prescription du droit de reprise de l'administration.

Lorsque le changement de régime matrimonial était essentiellement judiciaire, la question de la nature de la taxe de publicité foncière pouvait se poser puisque les décisions judiciaires ne sont pas soumises à la formalité fusionnée mais relèvent de la dualité de formalités avec unicité de la perception (CGI, art. 647, I et 665).

Depuis le 1er janvier 2007, le changement de régime matrimonial est en principe extrajudiciaire, prenant une forme exclusivement notariée (acte et certificat de non-opposition). Par combinaison des articles 28, 1°, a) du décret du 4 janvier 1955 et 635, 1, 1° et 647 du Code général des impôts, il relève de la formalité fusionnée. Par conséquent, la taxe de publicité foncière est confondue avec les droits d'enregistrement. Dès lors, son fait générateur est la mutation en elle-même et non la publication de l'acte la constatant.

1625 **Ancien régime d'exonération.** L'article 19-5 de la loi de finances pour 2004 (L. n° 2003-1311, 30 déc. 2003 : *JCP* N 2003, 1042-1043) avait inséré dans le Code général des impôts un article 1133 bis selon lequel les actes portants changement de régime matrimonial passés entre le 1er janvier 2004 et le 31 décembre 2005 en vue de l'adoption d'un régime communautaire ne donnaient lieu à aucune perception au profit du Trésor.

Une instruction du 27 juillet 2004 (*BOI* 7 A-1-04) a commenté cette mesure.

Puis ce régime a été pérennisé par l'article 28 de la loi n° 2005-1719 du 30 décembre 2005 (L. fin. 2006).

Finalement, l'exonération a été supprimée par l'abrogation de l'article 1133 bis opérée par la loi

de finances pour 2019 (L. fin. 20219, n° 2018-1317, 28 déc. 2018, art. 122 : *JO* 30 déc.).
L'abrogation est entrée en vigueur le 1er janvier 2020. L'administration a apporté des mesures transitoires (S. Lamiaux, *Changement de régime matrimonial, abrogation de l'article 1133 bis du CGI, dispositif transitoire : JCP* N 13 déc. 2019, n° 50, act. 936) : c'est la date de l'acte portant changement de régime matrimonial qui permettra de déterminer la fin de l'application de l'exonération prévue à l'article 1133 bis du Code général des impôts :
– tous les actes signés avant le 1er janvier 2020 donneront lieu à l'exonération de taxe de publicité foncière et de contribution de sécurité immobilière, et ce même si l'expiration du délai de trois mois prévu au deuxième alinéa de l'article 1397 du Code civil en l'absence d'opposition ou, dans le cas contraire, l'homologation de l'acte par le juge prévue au quatrième alinéa du même article intervient après cette date ;
– tous les actes signés à compter du 1er janvier 2020 ne pourront plus bénéficier du dispositif actuel d'exonération et donneront donc lieu à la perception de la taxe de publicité foncière et de la contribution de sécurité immobilière.
Afin de faciliter le traitement des actes passés signés avant le 1er janvier 2020, le régime de l'article 1133 bis du Code général des impôts sera examiné.
L'Administration a par la suite précisé ses mesures transitoires (S. Lamiaux, *Implications pratiques de la loi de finances pour 2020 en matière de droits d'enregistrement : RFP* avr. 2020, n° 4, étude 10) :
– les actes passés jusqu'au 31 décembre 2019 demeurent exonérés du droit fixe et de la taxe de publicité foncière. La suppression de l'exonération s'applique aux actes passés à compter de 2020 et ce, même si l'expiration du délai de trois mois prévu au deuxième alinéa de l'article 1397 du Code civil, en l'absence d'opposition ou si l'homologation de l'acte par le juge prévue au quatrième alinéa du même article, intervient après cette date. **Il convient de retenir la date de l'acte portant changement de régime matrimonial pour déterminer la fin de l'application de l'exonération prévue à l'article 1133 bis du CGI ;**
– Il est cependant précisé que, s'agissant des **pénalités et intérêts de retard** (articles 1727 et 1728 du CGI), les deux délais ci-dessus mentionnés (expiration du délai d'opposition de trois mois et date d'homologation par le juge) constituent le point de départ du délai d'un mois pour que la formalité fusionnée soit requise ;
– En ce qui concerne **la contribution de sécurité immobilière** (CSI), l'Administration admet que, bien que le fait générateur de cette taxe soit constitué par le dépôt au SPF du document, conformément aux dispositions combinées des articles 879 et 880 du CGI, les actes signés avant le 1er janvier 2020 mais présentés à la formalité à compter de cette même date en soient dispensés comme pour les droits d'enregistrement et la taxe de publicité foncière.

3 Champ d'application de l'exonération édictée par l'article 1133 bis du Code général des impôts

a) Opérations exonérées

1626 Adoption d'un régime communautaire. L'article 1133 bis nouveau du Code général des impôts s'applique aux actes portant changement de régime matrimonial en vue de l'adoption d'un régime communautaire.
Cette disposition s'applique donc aux actes qui emportent substitution à un régime séparatiste d'un régime communautaire.

1627 Compte tenu de l'intention poursuivie par le législateur, elle s'applique également aux actes portant modification ou changement de régime matrimonial devant être homologués par le juge dans les conditions prévues par l'article 1397 du Code civil qui confèrent aux biens propres ou personnels de l'un des époux le statut de biens communs, accroissant ainsi l'actif de la communauté pendant la durée du mariage.
Tel est notamment le cas :
– de la substitution, au régime de la communauté légale, de l'un des autres régimes communautaires ;
– de la substitution, au régime de la communauté de meubles et acquêts, de la communauté universelle ;
– de l'adjonction d'une société d'acquêts à un régime de séparations de biens (Instr. 27 juill. 2004, préc., n° 10).

b) Opérations exclues de l'exonération

1628 Ainsi, sont notamment exclus du bénéfice de la mesure les actes entrant dans le champ de l'article 1397 du Code civil (Instr. 27 juill. 2004, préc., n° 11) :
– qui substituent au régime de la séparation de biens un régime de participation aux acquêts ;
– qui se limitent à modifier les règles d'administration des biens ou les avantages matrimoniaux des époux ou de l'un d'entre eux au moment de la dissolution de la communauté (par ex., clause de préciput, clause de partage inégal de la communauté).

4 Portée de l'exonération

1629 Les actes éligibles au bénéfice de l'article 1133 bis du Code général des impôts ne donnent lieu à aucune perception au profit du Trésor. Il en résulte une exonération :
– du droit fixe sur l'acte du notaire portant le changement ou la modification du régime matrimonial en vue de l'adoption d'un régime communautaire, ainsi que sur les actes dressés en vue de l'accomplissement des formalités que cette modification ou ce changement rend nécessaires ;
– de l'imposition prévue à l'article 678, due à raison de l'attribution à l'un des époux de droits réels dont il se trouvait dépourvu sur un immeuble auquel l'acte portant changement ou modification du régime matrimonial confère le statut de bien commun (Instr. 27 juill. 2004, préc., n°s 12 et 13. – V., pour une application, M. Suquet-Cozic, *La publication tardive d'un apport en communauté par changement de régime matrimonial bénéficie-t-elle de l'exonération de droits ? : Sol. not.* nov. 2016, n° 11, art. 222, p. 24-25).
En revanche, l'exonération ne concernait pas le **salaire du conservateur** qui demeurait exigible (Instr. 27 juill. 2004, préc., n° 14).
Ultérieurement, l'administration a précisé, par voie de notes internes, que l'exonération s'appliquait également à la contribution de sécurité immobilière (V. S. Lamiaux, *L'exonération de CSI est admise en cas de dispositifs prévoyant une dispense de toute perception au profit du Trésor : JCP* N 16 mars 2018, n° 11, act. 300).

1630 **Dispositions indépendantes.** S'agissant du cas particulier des actes portant changement de régime matrimonial en vue de l'adoption d'un régime communautaire et qui comportent d'autres dispositions indépendantes (par ex., donation entre époux, constitution de société…), ils sont soumis aux dispositions de l'article 671. Ainsi, l'exonération prévue par l'article 1133 bis du Code général des impôts n'écarte pas l'exigibilité des droits d'enregistrement dus sur les dispositions autres que celle qui est exonérée (Instr. 27 juill. 2004, préc., n° 15).

1631 **Dispositions dépendantes.** Pour l'application de l'exonération, il est précisé que les actes portant changement de régime matrimonial en vue de l'adoption d'un régime communautaire (V. n°s 1593 et s.), qui comportent des clauses relatives à l'administration des biens ou des avantages matrimoniaux bénéficient de l'exonération dans la mesure où les diverses dispositions précitées constituent des stipulations complémentaires au régime matrimonial choisi et donc des dispositions dépendantes (Instr. 27 juill. 2004, préc., n° 16).

B La contribution de sécurité immobilière

1632 Selon l'instruction précitée du 3 juillet 2000, le salaire du conservateur des hypothèques devait être assis « sur la valeur du droit immobilier conféré à l'autre époux ».
Cette instruction condamnait les analyses antérieures, invitant à liquider la taxe de publicité foncière et le salaire du conservateur sur la valeur totale des immeubles propres entrant en communauté (en ce sens : Rép. min., 10 févr. 1968 : *Bull. AMC* 1968, art. 739. – Rép. min. Taugourdeau : *JOAN* 20 oct. 1980, p. 4420, n° 32610 ; *Ind. enr.*, 13621).
Selon cette instruction, le « déplacement de propriété » ne porte que sur la moitié de l'immeuble propre ameubli. La « valeur du droit immobilier conféré à l'autre époux » se limite donc à la moitié de la valeur de l'immeuble propre « ameubli ».
Cependant, l'ancienne association des conservateurs des hypothèques (AMC) ne s'était pas ralliée à l'administration. Selon l'AMC, la publication obtenue en intégrant la convention matrimoniale au registre public, puis, ce qui est la suite obligée, en la délivrant sous forme de copie ou d'extrait, ne fait pas seulement connaître à tous ceux qui le requièrent la mutation de la moitié du propre de l'un des époux ; elle leur révèle également le changement apporté au statut juridique de l'immeuble qui, considéré en son entier, a cessé d'appartenir à une seule personne, non pas pour devenir la propriété indivise ordinaire de deux, mais pour dépendre désormais d'une communauté conjugale. Ainsi, les droits exposés au public et donc « faisant l'objet de la publication » sont ceux exercés par le mari et la femme sur l'immeuble devenu commun. Aussi, l'AMC estimait-elle que c'était sur la valeur estimée de la totalité de l'immeuble que le salaire devait être liquidé (*Bull. AMC* 2003, art. 1850 et 1854).
À notre connaissance, l'administration ne semble pas avoir ultérieurement remis en cause la solution de l'AMC.
La solution devrait donc valoir également, jusqu'à nouvel ordre, pour la liquidation de la contribution de sécurité immobilière, qui remplace le salaire du conservateur à compter du 1er janvier 2013.
La contribution de sécurité immobilière devrait donc être assise et liquidée sur la valeur totale des immeubles propres entrant en communauté – à noter cependant que selon Lacroix, la contribution de sécurité immobilière doit être perçue sur la même valeur que la taxe de publicité foncière (Lacroix, n° 276).

IV

Changement de régime matrimonial en vertu de la Convention de La Haye

1633 Rappel des dispositions de la Convention de La Haye. La détermination du régime matrimonial d'époux mariés depuis le 1er septembre 1992 doit se faire, dès lors qu'existe un élément d'extranéité, en application des dispositions de la Convention de La Haye du 14 mars 1978 sur les conflits de lois en matière de régimes matrimoniaux. Son article 2 prévoit qu'elle s'applique « même si la nationalité ou la résidence habituelle des époux ou la loi applicable en vertu (de ses dispositions) ne sont pas celles d'un État contractant ».

Et l'article 6 indique que les époux peuvent, quelle que soit la teneur de la loi initiale, changer la loi applicable à leur régime matrimonial. Mais ils ne peuvent adopter que la loi de l'État de leur nationalité ou celle de l'État de leur résidence habituelle.

Au surplus, le nouvel article 1397-3, alinéa 3, du Code civil, issu de la loi n° 97-987 du 28 octobre 1997 – qui adapte le Code civil à la Convention de La Haye – dispose simplement « à l'occasion de la désignation de la loi applicable avant le mariage ou au cours de celui-ci, les époux peuvent désigner la nature du régime matrimonial choisi par eux ». Ni l'homologation, ni le respect d'un délai de deux ans ne sont exigés dans ce cas (cf. *Bull. AMC* 1996, art. 1716, renvoi 1, dernier alinéa. – V., à ce propos, C. Géraud, *Régime matrimonial d'époux pouvant être soumis à une loi étrangère au regard des règles de la publicité foncière* : *JCP* N 2000, p. 1221).

1634 Publicité à opérer. L'acte par lequel des époux déclarent adopter un régime matrimonial déterminé en application de la Convention de La Haye peut, le cas échéant, être soumis à publicité foncière. Tout dépend de la consistance du patrimoine des époux et du régime matrimonial choisi. Il y a lieu d'appliquer ici les règles rappelées plus haut (V. nos 1590 à 1613).

Ainsi, la publication de l'acte doit être opérée lorsque des époux de nationalité algérienne, mariés en 1969 en Algérie, sous le régime de la séparation de biens et ayant leur résidence habituelle en France, déclarent par acte notarié établi en 1994 adopter le régime de la communauté réduite aux acquêts avec effet au jour de leur mariage, et qu'ils ont acquis en 1990 un immeuble situé en France. En effet, à la suite de cette déclaration cet immeuble, antérieurement indivis, va entrer en communauté (*Bull. AMC* 1996, art. 1716).

Le service de la publicité foncière n'est pas fondé à refuser la publication de l'acte au motif qu'il n'aurait pas été homologué par le tribunal. Sa publication est possible sous réserve qu'il comporte un extrait cadastral modèle 1, prévu par l'article 20 du décret du 14 octobre 1955 pour les actes translatifs ou simplement déclaratifs (*Bull. AMC* 1998, art. 1787).

Changement de tarif

Serge LAMIAUX

1635 **Plan.** Après avoir exposé les règles applicables en général (I), nous examinerons le cas particulier des actes soumis à condition (II).

I Cas général

1636 Nous étudierons successivement les règles applicables à la taxe de publicité foncière (A), aux taxes locales additionnelles, et à la taxe régionale (B), à la contribution de sécurité immobilière (C), au timbre de dimension (D), et à la TVA (E).

A Taxe de publicité foncière

1637 **Entrée en vigueur du nouveau tarif.** Sauf disposition spéciale, les lois et règlements relatifs au droit d'enregistrement et à la taxe de publicité foncière sont exécutoires dans les délais de droit commun, soit, depuis le 1er juin 2004 et sur tout le territoire, le lendemain de leur publication au *Journal officiel*.

Toutefois, l'entrée en vigueur des dispositions dont l'exécution nécessite des mesures d'application est reportée à la date d'entrée en vigueur de ces mesures (BOI-ENR-DG-20-10-20120912, n° 20).

En cas d'urgence, entrent en vigueur dès leur publication les lois dont le décret de promulgation le prescrit et les actes administratifs pour lesquels le Gouvernement l'ordonne par une disposition spéciale (BOI-ENR-DG-20-10-20120912, n° 30).

1 Principe de non rétroactivité

1638 **Énoncé.** Sauf disposition législative spéciale, les lois et règlements relatifs aux droits d'enregistrement et à la taxe de publicité foncière ne peuvent, conformément à la règle générale définie par l'article 2 du Code civil, avoir d'effet rétroactif.

Une loi nouvelle qui modifie le tarif des droits est donc sans influence sur les droits dont le fait générateur se situe antérieurement à son entrée en vigueur (BOI-ENR-DG-20-10-20120912, n° 40. – Sur la notion de « fait générateur », V. nos 1640 à 1642).

1639 **Application.** Jugé qu'en vertu de l'article 635-1-1° du Code général des impôts, les actes des notaires doivent être enregistrés dans le délai d'un mois à compter de leur date, et, aux termes de l'article 1705-1° du même code, les droits des actes à enregistrer sont acquittés par les notaires pour les actes passés devant eux.

Les droits qui doivent être ainsi payés sont ceux résultant des dispositions fiscales applicables aux actes considérés en vigueur au jour de la présentation à la formalité, la circonstance que le régime fiscal en cause ait été rétroactivement modifié entre la date de l'acte et celle de la présentation étant inopérante en ce qui concerne l'obligation de paiement pesant sur les notaires (Cass. com., 15 mars 1988 : *Bull. civ.* 1988, IV, n° 107).

NOTA En l'espèce, un acte de donation d'immeubles, passé le 10 décembre 1981, avait

été présenté par le notaire à l'enregistrement le 5 janvier 1982.
Or, aux termes de l'article 41-III de la loi de finances pour 1982 du 30 décembre 1981, la réduction d'assiette résultant de certaines exonérations était diminuée de moitié ; cette mesure s'appliquait rétroactivement aux mutations à titre gratuit entre vifs consenties à compter du 23 novembre 1981.
C'est en fonction de ces nouvelles dispositions que l'administration, après avoir refusé l'enregistrement faute de provision suffisante (celle-ci avait été calculée selon le régime fiscal plus favorable en vigueur à la date de l'acte), avait établi au nom du notaire l'imposition contestée.

2 Fait générateur de l'impôt

a) Actes soumis à la formalité unique

1640 **Actes et mutation dont l'enregistrement ou la publication est obligatoire.** La créance du Trésor résulte alors de la rédaction de l'acte ou de la mutation ; elle prend naissance à cette époque et emporte à son profit un droit acquis dont l'existence est désormais certaine.
Par suite, l'impôt, en ce cas, constitue un droit immédiatement acquis, échappant aux modifications de tarif survenues entre l'époque de son ouverture et celle de son paiement (BOI-DG-30-20120912, 12 sept. 2012, n° 1).
La date des actes fait foi à l'égard de l'administration, même s'ils sont sous seing privé. Pour les mutations verbales, la date déclarée par les parties est également admise, sauf preuve de son inexactitude à établir par l'administration (Cass., 12 sept. 1810 : Instr. n° 895 et 2433, § 5. – *BOI* préc.).
Par exception, en ce qui concerne les actes et déclarations de dons manuels (CGI, art. 757), les droits sont calculés sur la valeur du don manuel au jour de sa déclaration ou de son enregistrement, ou sur la valeur au jour de la donation si celle-ci est supérieure (*BOI* préc.).

1641 **Actes présentés volontairement à l'enregistrement ou à la publication.** Pour les actes non soumis obligatoirement à la formalité, le fait générateur se place à la date de leur présentation volontaire.
C'est le taux en vigueur à cette époque qu'il y a lieu d'appliquer (V. BOI-DG-30-20120912, 12 sept. 2012, n° 10).
Sur un plan plus général, c'est le régime fiscal en vigueur à la date de présentation à la formalité qui est applicable.

b) Actes soumis à la double formalité

1642 **Tarif applicable.** En ce qui concerne les actes soumis à la double formalité, la taxe de publicité foncière a le caractère d'une taxe de formalité. Le fait générateur est constitué par la réquisition de la formalité, c'est-à-dire par le dépôt des documents au service de la publicité foncière. La taxe est donc exigible au tarif en vigueur au jour où les documents à publier sont présentés à la formalité (V. en matière de donations, BOI-ENR-DMTG-20-40-20120912, n° 40).

B Taxes locales additionnelles

1643 **Règles applicables.** Les taxes additionnelles sont assises et recouvrées selon les mêmes règles que les droits et taxes auxquels elles s'ajoutent (sur les principes généraux en la matière, V. **Taxes additionnelles**).
Or, en ce qui concerne les actes de mutation obligatoirement soumis à la formalité dans un délai déterminé, comme les ventes d'immeubles ou de droits immobiliers, le fait générateur consiste, on le sait, dans la rédaction de l'acte, qui doit être, en principe, authentique (V. n° 1641).
C'est donc à la date de cette rédaction qu'il convient de se placer pour déterminer la loi applicable.
Exemple : si un nouveau taux de taxe communale entre en vigueur à compter du 1er mars 2009, les actes reçus à compter de cette date subiront ce nouveau taux.

C Contribution de sécurité immobilière

1644 **Tarif applicable.** Le tarif applicable en matière de contribution de sécurité immobilière est celui en vigueur à la date où la formalité est effectuée, ou le renseignement demandé (Lacroix, n° 186).

D TVA

1645 **Détermination du régime fiscal applicable.** Le régime fiscal applicable à une opération soumise à la TVA immobilière doit être apprécié à la date du fait générateur de l'impôt (Rép. min. Fosse : *JOAN* CR, 18 oct. 1969, p. 2767, n° 6726).
Il convient de distinguer le fait générateur de la TVA de son exigibilité. Le fait générateur de la taxe se définit comme « le fait par lequel sont réalisées les conditions légales nécessaires pour l'exigibilité de la taxe ».

Quant à l'exigibilité, elle est définie comme « le droit que le Trésor public peut faire valoir, à partir d'un moment donné, auprès du redevable pour obtenir le paiement de la taxe ».
La notion d'exigibilité de la taxe présente un intérêt essentiel pour l'application de l'impôt, alors que le fait générateur n'est utilisé en pratique que pour déterminer, en cas de changement de législation, le régime fiscal applicable.

1646 **Fait générateur.** Le fait générateur de la TVA se produit au moment de la livraison du bien, c'est-à-dire au transfert du pouvoir de disposer d'un bien comme un propriétaire (CGI, art. 269, 1, a), indépendamment du fait qu'un acte ait été ou non établi et présenté à la formalité.
La détermination du fait générateur peut ainsi être une question de fait, notamment dans le cas de vente d'immeuble à rénover où le fait de savoir si la livraison porte sur l'immeuble achevé après travaux ou s'il y a lieu de distinguer une livraison d'immeuble suivie d'une prestation de travaux immobiliers dépendra des contingences du contrat (BOI-TVA-IMM-10-20-20-20120912, 1er sept. 2012, n° 1).
Le paiement du prix est sans incidence sur le fait générateur de la taxe. Il importe donc peu que le redevable ait été autorisé à acquitter la taxe au fur et à mesure des encaissements (Instr. 29 déc. 2010, nos 109 et 110. – *BOI* préc., n° 10).
En règle générale, la taxe est exigible lors de la réalisation du fait générateur.
Toutefois, conformément au a bis du 2 de l'article 269, pour les livraisons d'immeubles à construire, la taxe est exigible lors de chaque versement des sommes correspondant aux différentes échéances prévues par le contrat en fonction de l'avancement des travaux. Et, en cas de dation en paiement, dès lors que la livraison des locaux remis en dation relève d'un contrat portant sur un immeuble à construire, l'exigibilité de la taxe due à ce titre intervient à la livraison du terrain qui en constitue la contrepartie (Instr. 26 déc. 2010, préc., nos 111 et 112. – *BOI* préc., n° 30).

1647 **Applications particulières.** On trouvera diverses applications particulières de ces principes en matière de ventes d'opérations de location-vente (V. **Location-vente**), ou de location-accession (V. **Location-accession**).

E Conseil pratique

1648 Dans le cas où une augmentation des droits de mutation ou de la TVA est prévue par une prochaine loi de finances, à effet non rétroactif, et lorsque les parties n'ont pas le temps matériel d'établir l'acte notarié destiné à constater la mutation et à permettre la publication, le processus suivant peut être utilisé, pour conserver le bénéfice du taux en vigueur présumé plus avantageux : un acte sous seing privé constatant l'accord des parties sur la chose et sur le prix est dressé et présenté à l'enregistrement à la recette des impôts de la situation de l'immeuble. S'agissant d'un acte sujet à publicité foncière, non établi en la forme authentique, le receveur procédera à un refus de la formalité. Mais la mention de refus, datée et signée par le comptable, sera apposée sur chacun des originaux et donnera date certaine à l'acte. Un des originaux sera conservé à la recette des impôts (CGI, art. 660).
Suggérant ce processus, à propos de l'augmentation du taux de TVA prévue par le projet de loi de finances pour 1980, Lefebvre (*FR Lefebvre* 53/1979, p. 17) précise que la formalité ne donne pas lieu au versement de la TVA et qu'un délai, qui ne saurait excéder deux mois, est accordé aux parties pour régulariser la situation et acquitter la taxe (*BOE* 1956, 7135).
Les parties pourraient également souscrire éventuellement une déclaration de mutation verbale et acquitter immédiatement les droits au taux en vigueur.

II Cas particulier : actes soumis à condition

1649 **Acte passé sous condition de changement du régime fiscal.**
➤ V. **Condition suspensive**.

A Actes relevant de la taxe de publicité foncière

1650 Acte passé sous condition suspensive. Il faut distinguer selon que la taxe de publicité foncière tient lieu ou non des droits d'enregistrement :
– si la taxe de publicité foncière tient lieu des droits d'enregistrement (formalité unique), le régime fiscal applicable est déterminé en se plaçant à la date de la réalisation de la condition (CGI, art. 676 ; pour plus de détails, V. **Condition suspensive**) ;
– si la taxe de publicité foncière ne tient pas lieu des droits d'enregistrement (double formalité), c'est à la date de l'acte conditionnel qu'il faudra se placer pour déterminer le régime fiscal applicable (CGI, art. 676, al. 2).

1651 Acte soumis à condition résolutoire. L'acte affecté d'une condition résolutoire donne immédiatement ouverture au droit qui lui est applicable (V. **Condition résolutoire**) : en conséquence, les règles énoncées plus haut, en ce qui concerne les mutations pures et simples, valent également dans ce cas.

B Actes relevant de la TVA

1652 Actes soumis à condition suspensive. Selon l'article 247 de l'annexe 2 au Code général des impôts, en cas de vente affectée d'une condition suspensive, le régime fiscal applicable (et les bases d'imposition) sont déterminés en se plaçant à la date de réalisation de la condition : la TVA est donc perçue seulement à cette date et au tarif alors en vigueur.
Une application particulière de ce texte a été faite lorsqu'une décision ministérielle du 22 février 1980 a reporté l'entrée en vigueur du nouveau taux de TVA (soit 12,32 %) applicable aux acquisitions de terrain à bâtir à la date du 21 janvier 1980.
Le ministre du Budget a précisé que les ventes sous condition suspensive conclues avant le 21 janvier 1981 relevaient du nouveau taux de 12,32 % si la condition ne se réalisait qu'après cette date (Rép. min. Deprez : *JOAN* CR, 17 nov. 1980, p. 4837, n° 35771).

1653 Acte soumis à condition résolutoire. La condition résolutoire ne s'oppose pas à la perception immédiate de la TVA (V. **Condition résolutoire**) : dès lors, les règles définies pour le cas de mutation pure et simple (V. n°s 1646 à 1648) sont également valables en ce cas.

Charges augmentatives

Neyla GONZALEZ-GHARBI

Sommaire analytique

1654 **Plan.** Après avoir donné une définition des charges augmentatives (I), nous examinerons successivement les applications de cette notion en matière de vente (II), de contrat de bail (III) et de cession de droits successifs (IV).

I

Définitions

1655 **Principe.** La taxe de publicité foncière ou le droit d'enregistrement (et les taxes additionnelles) sont liquidés sur le prix exprimé dans l'acte constatant la mutation, en y ajoutant toutes les charges en capital ainsi que toutes les indemnités stipulées au profit du cédant, à quelque titre et pour quelque cause que ce soit, ou sur la valeur vénale réelle de l'immeuble si elle est supérieure (CGI, art. 683-I et

LPF, art. L. 17. – BOI-ENR-DMTOI-10-10-20-20120912, n° 1).

1656 Par « charges », il convient d'entendre toutes les prestations supplémentaires que le contrat impose à l'acquéreur et tous les avantages indirects que l'acheteur procure au vendeur soit en acquittant ses dettes, soit en prenant à son compte des obligations qui incombent normalement à ce dernier (CA Riom, 1re ch., 9 janv. 2003 : *JurisData* n° 2003-212333. – CA Riom, 1re ch., 9 janv. 2003 : *JurisData* n° 2003-212336). Les charges ne profitent au vendeur que d'une manière détournée. C'est la seule particularité qui les distingue du prix de vente. Sauf cette différence, les charges participent de la nature du prix (BOI-ENR-DMTOI-10-10-20-20-20120912, n° 10).

1657 Il n'y a pas charge à ajouter au prix lorsque l'avantage direct est procuré non au vendeur mais au fonds transmis, ou lorsque les charges imposées à l'acquéreur par l'acte de vente auraient dû en toute hypothèse, être supportées par lui en vertu des usages ou de la loi.

1658 **Évaluation des charges.** Lorsque les charges à ajouter au prix ne sont pas évaluées dans l'acte, les parties sont tenues de souscrire une déclaration estimative (CGI, art. 851. – BOI-ENR-DMTOI-10-10-20-20-20120912, n° 20). Cette règle vaut tant pour la perception de la taxe de publicité foncière que pour celle de la contribution de sécurité immobilière.

II Vente

1659 Les différentes charges que l'on rencontre le plus couramment seront présentées par ordre alphabétique en distinguant selon qu'elles doivent ou non s'ajouter au prix pour la liquidation des droits (V. également en la matière BOI-ENR-DMTOI-10-10-20-20120912).
Nous examinerons successivement les obligations constituant des charges, les obligations ne constituant pas des charges, et le cas d'indemnités stipulées au profit du vendeur.

A Obligations constituant des charges

1 Adjudications

➤ V. **Adjudication.**

2 Assurances

1660 Les primes d'assurances échues au jour de la vente et payées par l'acquéreur aux lieu et place du vendeur constituent une charge augmentative du prix (BOI-ENR-DMTOI-10-10-20-20-20120912, n° 140).

3 Carrières

1661 **Obligation de remise en état des lieux en fin d'exploitation d'une carrière, imposée par le Code minier.** Une telle obligation ne constitue pas une charge réelle du fonds mais une obligation personnelle de l'exploitant.
L'acquéreur de la carrière, qui n'a pas acquis pour exploiter, mais a accepté de supporter cette charge, a contracté une obligation à la décharge du vendeur ; cette charge constitue une augmentation du prix de vente (Cass. com., 1er juin 1993 : *Bull. civ.* 1993, IV, n° 216).
Au cas d'espèce, l'obligation de remise en état des carrières que l'article 83 du Code minier faisait peser sur l'exploitant est une obligation personnelle à celui-ci ; par conséquent, il ne s'agit pas d'une charge réelle, contrairement à ce que soutenait la redevable.
Comme par ailleurs, la cour a relevé que l'acquéreur n'était pas lui-même exploitant, l'obligation qu'il avait de remettre en état les carrières ne résultait pas de la loi mais d'un engagement contractuel.
Ainsi, en acceptant de supporter cette remise en état, l'acquéreur déchargeait le vendeur de son obligation ; cette charge devait alors être incluse dans le prix de cession (BOI-ENR-DMTOI-10-10-20-20-20120912, n° 180).

4 Charges éventuelles

1662 Les parties doivent déclarer la valeur estimative des charges éventuelles imposées à l'acquéreur et le montant de cette évaluation doit être

Charges augmentatives

ajouté au prix (Cass., 24 juin 1811 : Instr. 1537, n° 255. – BOI-ENR-DMTOI-10-10-20-20-20120912, n° 160).

Il en est ainsi par exemple lorsque le vendeur se réserve une partie du produit des extractions dans le cas où des gisements de phosphate ou autres matières exploitables seraient découverts sur les terrains vendus (Sol. 1er juill. 1908 : *Rev. enr. et imp.*, 5144. – V. égal. Maguéro, V° *Vente d'immeubles*, n° 237).

5 Commissions d'agence immobilière

1663 Principe général. Il ne suffit pas que la commission payée à l'intermédiaire soit mise à la charge de l'acquéreur dans l'acte de vente pour qu'elle ait le caractère d'un supplément de prix.

Encore faut-il que l'acquéreur ait payé cette commission à *la décharge* du *vendeur* à qui elle incombait contractuellement. Si l'intermédiaire a reçu mandat du vendeur de lui rechercher un acquéreur et que la charge de lui payer une commission soit mise à la charge de ce dernier, il y aura ainsi charge augmentative du prix...

1664 Vérification à effectuer. La question de savoir si la commission payée par l'acquéreur à un intermédiaire est normalement à la charge du vendeur et constitue de ce fait un supplément de prix soumis à l'impôt doit être résolue dans chaque cas particulier au vu des termes des différents actes et documents établis à l'occasion d'une vente. La doctrine de l'administration fiscale s'est finalement fixée en ce sens à la suite d'un arrêt rendu par la chambre commerciale de la Cour de cassation le 12 décembre 1995 (*JCP* N 1996, II, p. 671, note J. Hugot ; *RJF* 3/1996, n° 383 ; *BOI* 7 D-2-97, 16 juin 1997 ; *JCP* N 1997, n° 30, p. 1031. Le texte de cette instruction est à consulter V. Charges augmentatives dans l'édition 2017 du présent Guide).

1665 Commentaires administratifs. Ils figurent au BOI-ENR-DMTOI-10-10-20-20-20120912, nos 30 et 40 :

> « Aux termes des articles 72 et 73 du décret du 20 juillet 1972 pris pour l'application des articles 1 et 6 de la loi n° 70-9 du 2 janvier 1970, le mandat détermine les conditions de la rémunération de l'intermédiaire ainsi que la partie qui en a la charge.
>
> Dans ces conditions, la commission versée à l'intermédiaire n'entre pas dans l'assiette des droits de mutation à titre onéreux lorsque le mandat précise qu'elle sera mise à la charge de l'acquéreur, que le mandant soit le vendeur ou l'acquéreur.
>
> Cf. Cass. com., 12 décembre 1995, n° 2170 D, La commission payée par l'acquéreur, dès lors que la rémunération de l'intermédiaire, dans le mandat confié par les vendeurs, est contractuellement mise à la charge de l'acquéreur et qu'aucune disposition de la loi du 2 janvier 1970 ne met la charge du paiement de la commission au vendeur n'est pas à comprendre dans le prix soumis au droit de mutation.
>
> En revanche, la commission de l'intermédiaire mise contractuellement à la charge du vendeur, mais versée au lieu et place par l'acquéreur, constitue une charge augmentative du prix à soumettre aux droits de mutation ».

6 Coupes de bois

1666 La réserve par le vendeur d'une forêt d'une coupe de bois arrivée à maturité et destinée à être rapidement exploitée ne constitue pas une charge à ajouter au prix. Il en serait différemment s'il s'agissait de coupes nombreuses dont l'exploitation doit s'étendre sur une longue période et si le prix du bien est immédiatement payé ou productif d'intérêts (V. BOI-ENR-DMTOI-10-10-20-20-20120912, n° 330. – V. **Coupes de bois**).

7 Dettes du vendeur

1667 Le montant des dettes du vendeur acquittées par l'acquéreur doit s'ajouter au prix. Il en est ainsi du coût des travaux antérieurement exécutés et non réglés au jour de la vente lorsque l'acquéreur s'engage à en effectuer le paiement.

En revanche, l'impôt de mutation n'est pas exigible sur la somme que l'acquéreur paie directement aux créanciers inscrits pour échapper à une action en délaissement ou à l'expropriation de l'immeuble, car l'acquéreur agit alors dans son intérêt exclusif et non pas pour le compte du vendeur (V. BOI-ENR-DMTOI-10-10-20-20-20120912, n° 130).

8 Frais antérieurs à la vente

1668 En principe, tous les frais exposés en vue de parvenir à la vente (publicité, annonces dans les journaux, etc., incombent au vendeur). Si une stipulation du contrat de vente impose à l'acheteur d'en effectuer le remboursement au vendeur, leur montant constitue une charge à ajouter au prix pour la liquidation de l'impôt de mutation (BOI-ENR-DMTOI-10-10-20-20-20120912, n° 50.

9 Frais d'acte

➤ V. nos 1713 à 1715.

10 Frais postérieurs à la vente

1669 Seuls certains frais postérieurs à la vente, tels que les frais de recouvrement du prix et de purge des hypothèques (Cass. req., 10 juin 1907 : *RP*, 4559), sont exposés dans l'intérêt du vendeur et constituent une charge lorsque le paiement en est imposé à l'acheteur (BOI-ENR-DMTOI-10-10-20-20-20120912, n° 110).
Les autres frais postérieurs à la vente incombent normalement à l'acquéreur et n'ont pas à être ajoutés au prix pour la liquidation de l'impôt.

11 Frais de réparation et de restauration à exécuter avant la vente

1670 Si l'acquéreur prend en charge le montant de frais de réparation de restauration à exécuter avant la vente, ces frais doivent être ajoutés au prix pour être taxés ; les parties ne sont pas fondées à alléguer que la mutation a été réalisée avant sa constatation par acte authentique, celui-ci faisant seul foi au regard de l'administration de la date du transfert de propriété (TGI Bernay, 16 févr. 1977 : *Ind. enr.*, 13158).

1671 **Travaux de remise en état d'un immeuble avant la vente et facturation (à l'acquéreur) des travaux ainsi effectués par le vendeur. Exigibilité des droits de mutation sur le prix exprimé dans l'acte de vente, augmenté du coût des travaux.** Dès lors que, par une appréciation souveraine des éléments de preuve, le tribunal a fait ressortir que l'objet de la vente était un immeuble dont la remise en état avait été effectuée par le vendeur et non un immeuble dont les travaux de remise en état auraient été à la charge de l'acquéreur, et qu'à bon droit il a considéré que le paiement de la taxe sur la valeur ajoutée sur les factures ne faisait pas obstacle à l'exigibilité des droits de mutation sur l'ensemble du prix de l'immeuble rénové, l'assiette de ces droits est constituée par le prix exprimé dans l'acte de vente augmenté du coût des travaux effectués par le vendeur et facturés à l'acquéreur (Cass. com., 3 janv. 1980, arrêt n° 2, *M. Henri Pierre Allart : RJ*, n° III, p. 3. – BOI-ENR-DMTOI-10-10-20-20-20120912, n° 170).
Si des travaux de rénovation exécutés avant la vente de l'immeuble mais prévus et imposés antérieurement à l'acquéreur sont effectués par une entreprise ayant une communauté d'intérêts avec le vendeur, il a été jugé que ces travaux facturés concomitamment à l'acte de vente constituent une charge augmentative du prix (Cass. com., 10 juill. 2012, n° 11-21.280).

1672 **Prise en charge de travaux par le locataire qui achète l'immeuble.** En cas de prise en charge par une société locataire du paiement des travaux effectués par le propriétaire, qui a ensuite vendu l'immeuble à une SCI constituée des mêmes associés, ce paiement ne saurait constituer une charge augmentative du prix, si la preuve qu'il serait constitutif d'un avantage indirect au profit de l'acquéreur n'est pas apportée (CA Paris, 1re ch. B, 3 avr. 2009 : *JCP* N 2010, n° 13-1151, note J.-P. Garçon. – Sur les problèmes engendrés par la prise en charge de travaux par l'acquéreur, V. Cass. com., 23 mai 2006 : *JurisData* n° 2006-033818 ; *JCP* N 2007, n° 10, 1114, obs. J.-P. Garçon).

12 Honoraires de négociation du notaire

1673 En principe, les honoraires de négociation perçus par les notaires doivent être compris parmi les frais d'acte ; ils ne constituent donc pas une charge à ajouter au prix.
Toutefois, à défaut, dans l'acte, de précisions relatives tant à la nature exacte qu'au bénéficiaire de tels honoraires, mis expressément à la charge du débiteur des sommes principales, l'administration est fondée, le cas échéant, à établir la perception de l'impôt sur le montant cumulé de ces sommes et de ces honoraires (Sol. 14 oct. 1947 : *BOI* 30 nov. 1947, p. 285 ; *Ind. enr.*, 1221. – BOI-ENR-DMTOI-10-10-20-20-20120912, n° 230).
Lorsque des honoraires de négociations sont dus, il importe que l'acte ventile le prix, d'une part, et ces honoraires d'autre part, et qu'il fasse apparaître qui en était normalement débiteur, afin d'établir s'il y a ou non charge augmentative du prix et de permettre la liquidation de la contribution de sécurité immobilière en conséquence. Cette contribution, comme antérieurement le salaire du conservateur, est en effet liquidée sur « les sommes énoncées » (CGI, art. 296, ann. III), ce qui inclut les charges augmentatives du prix.

13 Impôt foncier

1674 L'engagement pris par l'acquéreur d'acquitter la contribution foncière afférente à l'immeuble vendu pour une période antérieure à l'entrée en jouissance constitue une charge augmentative du prix. Son montant est proportionnel au temps écoulé depuis le 1er janvier de l'année de la vente jusqu'au jour du contrat ; en effet, la contribution foncière qui est une *charge des fruits* (C. civ., art. 608) incombe au vendeur pour une période proportionnelle

Charges augmentatives

à la durée de sa jouissance (V. BOI-ENR-DMTOI-10-10-20-20-20120912, n° 70).
Par contre, l'engagement pris par l'acheteur d'acquitter la taxe foncière pour une période postérieure à l'entrée en jouissance ne constitue pas une charge augmentative du prix (RES n° 2009/01 [E et FI], 20 janv. 2009 : *JCP* N 2009, act. 160 repris au BOI-ENR-DMTOI-10-10-20-20-20120912, n° 220).
Mais la solution est différente lorsque la mutation est soumise à la TVA. En effet, l'article 267 du Code général des impôts énonce que les impôts, taxes droits et prélèvements de toute nature sont à comprendre dans la base d'imposition à la TVA. En application de ce principe, seuls peuvent être exclus de la base d'imposition à la TVA des impôts qui seraient acquittés par le vendeur au nom et pour le compte de l'acquéreur et présenteraient alors le caractère de remboursement de frais au sens de l'article 267-II-2° du Code général des impôts. Or, si la taxe foncière est une « charge des fruits » en tant qu'elle pèse sur le propriétaire, il n'en demeure pas moins que le redevable légal de l'impôt est déterminé d'après les faits existants au 1er janvier de l'année d'imposition (CGI, art. 1415). Par suite, la taxe foncière mise à la charge de l'acquéreur pour la période postérieure à l'acquisition ne peut pas être considérée comme constitutive d'un remboursement de frais. Elle constitue une charge augmentative du prix au sens de l'article 266-2 b) du Code général des impôts, elle doit être comprise dans la base d'imposition à la TVA (RES n° 2009/01 [E et FI], 20 janv. 2009 repris au BOI-TVA-IMM-10-20-10-20160302, n° 150. – V., pour un commentaire de ce rescrit, N. Gonzalez-Gharbi : *Constr.-Urb.* 2009, comm. 67).

1675 Est considérée comme inopérante la clause par laquelle le vendeur et l'acquéreur déclarent dans l'acte de vente qu'ils « se sont réglés en ce qui concerne les impôts directs antérieurs à l'entrée en jouissance » ou qu'ils ont « tenu compte de ces impôts pour la fixation du prix » ; malgré ces déclarations, l'impôt de mutation doit être perçu sur le montant desdits impôts car ces formules n'établissent nullement que l'acquéreur n'a pas assumé de ce chef une obligation supplémentaire venant accroître celle résultant pour lui du paiement du prix (V. BOI-ENR-DMTOI-10-10-20-20-20120912, n° 60).

14 Intérêts du prix

1676 L'acquéreur ne saurait être tenu de payer les intérêts du prix de son acquisition avant que d'avoir été mis en possession du bien vendu. Si donc une clause du contrat l'obligeait à payer ces intérêts pendant une période, si courte fût-elle, antérieure à son entrée en jouissance, il y aurait là une charge à ajouter au prix (Sol. 16 août 1854 ; Maguéro, V° *Vente d'immeuble,* n° 235-111).

15 Lotissement. Travaux de voirie

1677 Lorsque l'acquéreur décharge le vendeur de l'obligation prise contractuellement envers la collectivité locale par lui ou un précédent propriétaire, d'acquitter les frais de premier établissement, de nivellement, d'écoulement des eaux, de pavage et d'établissement de trottoir qui ne sont imposés au propriétaire riverain par aucun règlement ou usage ancien, la TVA ou les droits de mutation exigibles à l'occasion de la cession sont liquidés sur toutes les sommes remboursées au vendeur par l'acquéreur ainsi que sur celles qui seront versées par ce dernier postérieurement à l'acquisition. En revanche, si les frais dont il s'agit sont récupérés par la collectivité locale sur les propriétaires riverains en vertu de dispositions légales ou réglementaires, seules les sommes dues personnellement par le vendeur et remboursées par l'acquéreur doivent être considérées comme des charges augmentatives du prix de cession (Rép. min. Finances, 30 avr. 1965 : *Ind. enr.*, 11034. – BOI-ENR-DMTOI-10-10-20-20-20120912, n° 70).

16 Loyers payés d'avance

1678 Lorsque le vendeur retient les loyers payés d'avance, il y a charges à ajouter au prix (Cass., 19 févr. 1845 : *Journ. enr.*, 13703. – BOI-ENR-DMTOI-10-10-20-20-20120912, n° 120).

17 Mutations soumises à TVA

1679 **Principe.** Le prix de cession, le montant de l'indemnité ou la valeur des droits sociaux rémunérant l'apport doit être, pour l'assiette de la TVA, augmenté des charges qui s'y ajoutent (BOI-TVA-IMM-10-20-10-20160302, n° 150).
Toutes les prestations supplémentaires que le contrat de vente impose à l'acquéreur constituent des charges au sens du b du 2 de l'article 266. Il en est de même de tous les avantages indirects que l'acquéreur procure au vendeur en prenant à son compte des obligations qui incombent personnellement à ce dernier. Ainsi, constitue une charge l'obligation prise par l'acquéreur de payer les dettes du vendeur (BOI-TVA-IMM-10-20-10-20160302, n° 150).

1680 **Taxation sur la marge.** Les charges augmentatives du prix qui sont prises en compte pour la détermination du premier terme de calcul de la marge, sont toutes les charges qui reviendraient de droit au cédant et qui sont contractuellement reportées sur le cessionnaire (BOI-TVA-IMM-10-20-10-20160302, n° 260).

➤ Sur le calcul de la TVA sur la marge, V. **TVA immobilière**.

1681 Commission de l'intermédiaire.

➤ V. **TVA immobilière**.

1682 Vendeur déchargé par l'acquéreur d'une obligation contractée envers la collectivité locale. Travaux de voirie.

➤ V. **TVA immobilière**.

1683 Taxe pour la création de locaux à usage de bureaux et de locaux de recherche en région d'Île-de-France.

➤ V. **TVA immobilière**.

1684 Taxe foncière. Selon l'administration, le montant de la taxe foncière incombant au vendeur au 1er janvier de l'année et refacturée à l'acquéreur, en tout ou en partie, constitue une charge augmentative à inclure dans l'assiette de la TVA immobilière (RES n° 2009/01 [E et FI], 20 janv. 2009 : *Constr.-Urb.* avr. 2009, comm. 67, obs. N. Gonzalez-Gharbi. – BOI-TVA-IMM-10-20-10-20160302, n° 150).

➤ V. **TVA immobilière**.

1685 TVA payée au Trésor par le vendeur. Prix TTC. L'assiette de la taxe de publicité foncière ne comprend pas la TVA facturée à l'acquéreur (prix stipulé TTC). L'administration fiscale a précisé que « la notion de prix exprimé s'entend du prix hors TVA lorsque le montant de la TVA due par le cédant est mentionné distinctement dans l'acte translatif de propriété, que la mutation soit soumise à la TVA sur le prix total ou sur la marge. Si la TVA n'a pas été mentionnée distinctement, la liquidation des droits doit être effectuée sur le prix payé par l'acquéreur incluant la TVA. (RES 2010/20 ENR, 6 avr. 2011 : *BOI* 7 C-2-11, n° 4. – Repris au BOI-ENR-DMTOI-10-10-20-20-20120912, n° 210.

➤ V. **Taxe de publicité foncière**).

Mais cette règle de perception ne s'applique pas à la contribution de sécurité immobilière qui, comme l'ancien salaire, doit être liquidée sur le prix de vente augmenté de la TVA mise à la charge de l'acquéreur (Rép. min. Économie et Finances, 11 oct. 1972 : *Bull. AMC* 1973, art. 927. – *JCP* N 1972, IV, 5342). Il en est de même si celui-ci s'est engagé à la verser au trésor pour le compte du vendeur (*Bull. AMC* 1991, art. 1494. – V. également *Bull. AMC* 1972, art. 894, et 998).

1686 Frais de contrat. En vertu de l'article 1593 du Code civil, les frais de contrat dont notamment les frais de notaire sont à la charge de l'acquéreur. Ils ne constituent donc pas un élément de la base imposable à la TVA (BOI-TVA-IMM-10-20-10-20160302, n° 160).

1687 Engagement de l'acquéreur de rembourser les droits susceptibles d'être réclamés au vendeur pour non-respect de l'engagement de construire. Lorsqu'un acquéreur de terrains à bâtir s'est engagé dans l'acte d'acquisition à rembourser au vendeur, les droits d'enregistrement susceptibles d'être réclamés à celui-ci en cas de remise en cause de l'exonération prévue à l'article 1594-0 G-A du Code général des impôts (CGI, anc. art. 691), le service est fondé à inclure dans l'assiette des droits complémentaires dus par l'acquéreur le montant de l'impôt exigé par ailleurs du cédant à raison du non-respect de son engagement personnel.

En effet, le remboursement stipulé qui ne trouve pas sa cause dans les dispositions fiscales relatives à la déchéance du régime de faveur puisque seul le vendeur est légalement redevable de l'impôt résulte de la convention des parties et constitue une charge augmentative du prix au sens de l'article 683-I, alinéa 2, du Code général des impôts (Cass. com., 13 févr. 1985, arrêt *SCI « Résidence du Parc Saint-Jean-de-Dieu » : RJ*, p. 34. – V. BOI-ENR-DMTOI-10-10-20-20-20120912, n° 80).

➤ Sur le régime applicable depuis la réforme de la TVA, V. **Engagement de construire**.

1688 Cas où le vendeur met à la charge de l'acquéreur le reversement de la TVA initialement déduite. Lorsque le vendeur met à la charge de l'acquéreur le reversement, effectué en application des dispositions de l'article 207 de l'annexe II au Code général des impôts, d'une fraction de la TVA initialement déduite, la TVA payée par l'acquéreur au vendeur n'a nullement le caractère d'un versement de nature fiscale exigible en même temps que la taxe de publicité foncière ou le droit d'enregistrement, sur une même opération. Ce versement résulte de la convention des parties et constitue donc une charge augmentative du prix de cession.

18 Paiement du prix sous escompte

1689 La mention d'un contrat de vente selon laquelle le paiement du prix est fait sous escompte n'est pas suffisamment explicite pour déterminer si, en fait, la privation de jouissance constitue ou non une charge augmentative du prix ; à défaut, dans l'acte (ou au pied de l'acte), de précisions

Charges augmentatives

relatives aux conditions dans lesquelles la clause d'escompte a été convenue entre les contractants et exécutée, ou à défaut d'évaluation de la charge, la formalité de l'enregistrement doit être différée (ce qui est aujourd'hui applicable pour la formalité unifiée ; V. Rép. min. Finances, 9 oct. 1947 : *Ind. enr.*, 6128).

19 Remboursements effectués par l'acquéreur au vendeur

1690 **Remboursement de dépenses faites par le vendeur sur l'immeuble vendu.** Le montant des dépenses faites sur l'immeuble vendu et remboursées au vendeur par l'acquéreur constitue une charge augmentative du prix (Seine, 4 août 1866 : *RP*, 2387. – V. n°s 1670 et 1671).

1691 **Remboursement par l'acquéreur au vendeur de loyers impayés.** Le fait par l'acquéreur de l'immeuble de rembourser au vendeur une somme représentant des loyers impayés par le locataire de l'immeuble constitue une charge augmentative du prix (Cass. com., 26 mars 1996 : *RJF* 7/1996, n° 949).

20 Rente

1692 Le service imposé à l'acquéreur aux lieu et place du vendeur d'une rente soit perpétuelle, soit viagère, ou même d'une rente foncière grevant l'immeuble, constitue une charge à ajouter au prix (Cass. civ., 21 déc. 1929 : *D.* 1930, 1, 28. – Instr. n° 1307, § 13. – BOI-ENR-DMTOI-10-10-20-20-20120912, n° 150).

21 Réparations

1693 Les réparations d'entretien mises par le vendeur, qui s'est réservé l'usufruit, à la charge de l'acquéreur de la nue-propriété constituent une charge à ajouter au prix (Cherbourg, 5 oct. 1927 : *RP*, 16179).

22 Réserve de jouissance

1694 Lorsque la vente s'accompagne de certaines réserves au profit du vendeur, une distinction doit être faite selon que la restriction porte sur un droit personnel ou un droit réel.

Si la mutation a pour objet la pleine propriété de l'immeuble et si le vendeur se réserve la totalité ou une partie des revenus, il y a charge augmentative du prix, puisque l'acquéreur doit payer le prix et en outre renoncer au revenu auquel il a droit par voie d'accession.

Au contraire, quand le vendeur se réserve un droit réel sur le bien, le prix correspond à la partie du bien cédé et la réserve ne constitue pas une charge à ajouter au prix (BOI-ENR-DMTOI-10-10-20-20-20120912, n°s 270 à 290).

1695 **Évaluation.** Lorsque la réserve stipulée au profit du vendeur porte non pas sur la chose elle-même mais sur ses revenus, et qu'elle doit être ajoutée au prix pour le calcul de l'impôt, cette charge doit faire l'objet d'une estimation en capital par les parties. Si la réserve concerne les loyers d'un immeuble loué, la charge est égale au montant des loyers dont l'acquéreur se trouve privé.

Lorsque la réserve de jouissance s'analyse en une charge augmentative, il convient d'indiquer séparément le prix de l'immeuble et d'autre part l'évaluation de la privation de jouissance, en précisant éventuellement sous quelle forme vont s'opérer d'éventuelles compensations (*JCP* N 1993, prat. 2498).

23 Réserve de jouissance temporaire

1696 En vertu des principes ci-dessus énoncés, lorsque dans une vente consentie moyennant un prix payé comptant ou payable à terme, mais immédiatement productif d'intérêt, le vendeur se réserve pour un temps plus ou moins long, soit les fruits naturels, soit les fermages ou les loyers moyennant lesquels l'immeuble est loué, le prix exprimé ne représente pas à lui seul la véritable valeur du bien vendu au moment de son aliénation. En effet, il n'est pas douteux que, sans la réserve stipulée par le vendeur, le prix eut été augmenté d'une somme correspondant aux fruits ou loyers réservés. Le prix payé par l'acquéreur en retour de l'immeuble se compose donc en réalité :

– du prix exprimé ;

– et des fruits ou loyers qui lui appartiennent à partir de la vente et dont il consent la délégation au profit de son vendeur.

1697 Peu importe que l'immeuble soit d'ailleurs loué ou non et il n'y a pas lieu de distinguer, lorsqu'il s'agit d'un immeuble loué, entre le cas où la réserve porte sur plusieurs termes et le cas où elle est limitée aux termes courants (Déc. min. Finances, 18 avr. 1888. – Instr. 2755, p. 5).

1698 Il n'en est évidemment ainsi que si le paiement du prix précède l'entrée en jouissance de l'acquéreur, ou si celui-ci s'engage à payer les intérêts du prix à partir d'une date antérieure à son entrée en jouissance. Dans ces deux cas, l'acquéreur procure au vendeur un avantage supplémentaire égal à la valeur de la jouissance que ce dernier conserve :

montant des loyers ou fermages si le bien est loué, sinon valeur fixée par déclaration estimative (BOI-ENR-DMTOI-10-10-20-20-20120912, n° 300).

1699 Au contraire, il n'y a pas de charges à ajouter au prix si l'entrée en jouissance, et le paiement du prix, ou le point de départ des intérêts sont fixés à une même date : la privation des revenus du bien se compense en effet avec celle des intérêts (*BOI* préc.).

1700 Il n'y a pas non plus charge augmentative du prix si l'acquéreur, dont l'entrée en jouissance est retardée, reçoit effectivement du vendeur une prestation équivalente à la privation qu'il subit.

À cet égard, on rencontre parfois en pratique différentes clauses dont il convient d'examiner l'effet (V. n°s 1701 à 1703).

1701 **Stipulation selon laquelle « le prix a été fixé à la somme de… réserve de jouissance comprise ».** Cette clause n'est susceptible d'exclure l'idée de charge à ajouter au prix que si ce dernier est payé déduction faite de l'intérêt correspondant à la privation de jouissance et les parties doivent évaluer la charge qui en résulte pour l'acquéreur (BOI-ENR-DMTOI-10-10-20-20-20120912, n° 300).

1702 **Clause disposant que « les parties se sont réglées entre elles au sujet de la privation de jouissance ».** Le service de la publicité foncière est fondé en principe à exiger des contractants une déclaration au pied de l'acte indiquant les conditions dans lesquelles la charge résultant de la privation de jouissance a été compensée entre les intéressés. En effet, comme cela est indiqué plus haut pour que « la réserve de jouissance cesse de constituer une charge passible de l'impôt de mutation, il faut que l'acquéreur reçoive effectivement du vendeur une prestation équivalente à la privation qu'elle subit » (BOI-ENR-DMTOI-10-10-20-20-20120912, n° 300).

1703 **Cas particuliers.**

– Dans le cas d'une vente moyennant 200 000 F où il est stipulé que le vendeur paiera à l'acquéreur une somme de 15 000 F pour *indemnité de retard de jouissance,* les droits doivent être calculés sur 200 000 F et non sur 185 000 F (Rép. min. Finances, 14 janv. 1931 : *Ind. enr.*, 1516).

– Dans le cas de vente d'un immeuble loué par bail emphytéotique, l'acquéreur devant entrer en jouissance seulement à l'expiration de ce bail, le droit de mutation n'est dû que sur le prix sans tenir compte de la privation de jouissance (Cass., 14 avr. 1834 : *Journ. enr.*, 10940).

24 Réserve d'usufruit

1704 Lorsque le vendeur se réserve l'usufruit ou l'habitation d'un immeuble, il y a démembrement de propriété et la mutation ne porte en réalité que sur la nue-propriété du bien vendu. Le prix stipulé représente la valeur de cette nue-propriété, seule transmise à l'acquéreur et il n'y a aucune charge à ajouter au prix (BOI-ENR-DMTOI-10-10-20-20-20120912, n° 310).

Seul le prix afférent à la nue-propriété, ou à sa valeur vénale si elle est supérieure, donne ouverture au droit de mutation (Rép. min. Jarrot : *JOAN* CR, 4 mai 1979, p. 3432, n° 10271).

1705 La réserve d'usufruit est parfois difficile à distinguer de la *réserve de jouissance* (V. n°s 1694 à 1703). La clause stipulant une réserve de jouissance pour une durée assez longue et spécifiant que le droit réservé s'éteindra au décès du vendeur si ce décès se produit avant le terme fixé est considérée comme une réserve d'usufruit (Instr. 3067, § 2. – *BOI* préc., *ibid*.).

1706 **Réserve faussement qualifiée comme portant sur l'usufruit du bien vendu.** La stipulation dans une vente que les vendeurs se réservent l'usufruit des biens vendus jusqu'à ce que ceux-ci aient produit un montant déterminé de loyers est, en réalité, une clause reportant pour les acheteurs la jouissance du bien vendu et constitue une charge augmentative du prix (TGI Sarreguemines, 3 janv. 1979 : *Dr. fisc.* 1980, n° 2205, p. 1209).

25 Réserve du droit d'habitation

1707 Si le droit conservé par le vendeur constitue un véritable droit d'habitation (c'est-à-dire un droit réel et non pas un simple droit personnel), la vente est assimilée à une vente de nue-propriété (Rép. min. Perrin, député : *JOAN* CR, 12 sept. 1964, p. 2794).

26 Taxe locale d'équipement (CGI, art. 1585 A ancien)

1708 Aux termes de l'article 1723 quater 1 du Code général des impôts, la taxe locale d'équipement est due par le bénéficiaire de l'autorisation de construire. Selon l'administration fiscale, lorsqu'il est prévu que cette taxe sera remboursée par l'acquéreur ou que ce dernier prendra à sa charge les échéances non encore réglées, les sommes ainsi acquittées par l'acquéreur constituent une charge augmentative du prix et doivent supporter la taxe de publicité foncière (Doc. adm.

DGI, 7 C-1223, n° 31, 1er oct. 2001 ; *Bull. AMC* 1973, art. 949).

En cas de cession d'un terrain à bâtir avec transfert du permis de construire au profit de l'acquéreur, il a été jugé que la taxe locale d'équipement et le versement pour dépassement du plafond légal de densité (PLD), ne constituent pas des charges augmentatives et n'entrent pas dans l'assiette de la TVA (CAA Paris, 12 mai 1998, n° 95-2902, *Winterthur-Vie* : *RJF* 8-9/1998, n° 928 ; *Ind. enr.* 1999, n° 17291. – CE, 15 juill. 2004, n° 215998, *SNC Norminter* : *Dr. fisc.* 2005, comm. 432).

N.B. : La taxe locale d'équipement a été supprimée à compter du 1er mars 2012 et remplacée par la « taxe d'aménagement » régie par les articles L. 331-1 à L. 331-34 du Code de l'urbanisme. Mais les principes appliqués dans les solutions données ci-dessus restent valables.

27 Travaux

1709 Les constructions et travaux exécutés au profit du vendeur (par ex., la construction d'un mur qui sera mitoyen) ou à sa décharge sont des charges augmentatives du prix (*Dict. enr.*, n° 4467). Ainsi lorsque l'acquéreur prend à sa charge des travaux résultant d'engagements pris antérieurement par le vendeur (Cass. com., 1er juin 1993 : *JurisData* n° 1993-002598 ; *Bull. civ.* 1993, IV, n° 216 ; *JCP* N 1993, II, p. 390) ou lorsque le vendeur effectue des travaux qu'il facture ensuite à l'acquéreur quelques jours après la vente (Cass. 1re civ., 3 janv. 1980 : *JurisData* n° 1980-097001 ; *Bull. civ.* 1980, I, n° 1). De même encore lorsqu'une personne achète à une SCI trois lots d'un immeuble en nue-propriété et qu'en vertu d'un protocole d'accord conclu postérieurement à la vente, la société venderesse s'engage à faire réaliser des travaux de rénovation. L'administration peut réintégrer le prix des travaux dans l'assiette des droits en application de l'article L. 55 du Livre des procédures fiscales (Cass. com., 23 mai 2006 : *JurisData* n° 2006-033818 ; *JCP* N 2007, n° 10-1114, obs. J.-P. Garçon).

Cette jurisprudence s'applique également lorsque les travaux sont effectués par l'intermédiaire d'une société liée au vendeur. Lorsque l'économie du contrat démontre que la vente et le marché de travaux relèvent d'une opération unique parce que les travaux profitent au vendeur au travers d'une communauté d'intérêts par société interposée, l'administration fiscale est fondée à étendre l'assiette du droit de vente au montant des travaux (Cass. com., 10 juill. 2012, n° 11-21 280 : *JurisData* n° 2012-015611 ; *JCP* N 2012, n° 51-52, 1411, obs. J.-P. Garçon).

Par contre, le coût des travaux effectués par l'acquéreur d'un immeuble à restaurer avant l'acte notarié d'acquisition ne constitue pas des charges en capital ou des indemnités stipulées au profit du cédant au sens de l'article 683, alinéa 2, du Code général des impôts, et n'a donc pas à être compris dans l'assiette des droits de mutation (Cass. com., 19 déc. 2000 : *RJF* 4/2001, n° 557 ; *Defrénois* 2002 ; art. 37485, p. 247, note Chappert ; *Ind. enr.*, n° 17867). Ces travaux sont en effet exécutés pour le compte de l'acquéreur.

B Obligations ne constituant pas des charges

1710 **Principes généraux.** D'une manière générale, les charges augmentatives du prix au sens de l'article 683-I du Code général des impôts s'entendent de toute obligation que le contrat de vente impose à l'acquéreur à la décharge du vendeur. De sorte que ne constituent pas des charges soumises au droit de mutation à titre onéreux :

– les obligations personnelles à l'acquéreur que la loi fait peser sur celui-ci ;

– les charges réelles, qui grèvent l'immeuble dont la propriété est transférée (BOI-ENR-DMTOI-10-10-20-20-20120912, n° 10).

Les servitudes ou services fonciers, les travaux qui profitent exclusivement au fonds, les impôts et primes d'assurances dus à compter de l'entrée en jouissance ne sont pas des charges à ajouter au prix (*BOI* préc., nos 250 et 260).

1711 Ne constituent pas des charges les obligations imposées à l'acquéreur par l'acte de vente et qui lui auraient incombé en toute hypothèse en vertu des usages ou de la loi (*BOI* préc., n° 190).

1 Commission d'agence

1712 La commission due à l'intermédiaire ne constitue un supplément de prix taxable que si elle est payée par l'acquéreur aux lieu et place du vendeur (V. nos 1663 à 1665).

2 Frais d'acte

1713 En vertu de l'article 1593 du Code civil, les frais du contrat sont à la charge de l'acquéreur. Par suite, la clause qui stipule que les frais d'acte devront être acquittés par l'acquéreur n'ajoute rien à cette obligation légale et il n'y a pas à en tenir compte pour la liquidation de l'impôt de mutation.

1714 Figurent, parmi les frais d'acte : l'impôt de mutation (taxe de publicité foncière ou droit d'enregistrement), le droit de timbre, les honoraires du notaire, le coût de la grosse à délivrer à l'acquéreur. En revanche, l'obligation pour l'acquéreur de payer le coût d'une expédition supplémentaire, demandée par le vendeur, constitue une charge augmentative du prix (BOI-ENR-DMTOI-10-10-20-20-20120912, n° 200).

1715 Le paiement des frais afférents à la publication de la vente au bureau des hypothèques incombe à l'acheteur. Il en est de même des impôts directs et des primes d'assurances dus pour la période postérieure à la date d'entrée en jouissance de l'acquéreur (V. BOI-ENR-DMTOI-10-10-20-20-20120912, n° 220).

3 Obligations incombant normalement à l'acquéreur

1716 Ne constituant pas des charges les obligations imposées à l'acquéreur par l'acte de vente et qui lui auraient incombé en toute hypothèse en vertu des usages ou de la loi (V. n° 1711).
Il en est ainsi par exemple :
– de l'obligation de supporter les servitudes grevant le fonds vendu... ;
– de l'obligation d'effectuer des travaux de voiries imposées par les règlements... ;
– de l'obligation imposée à l'acquéreur de continuer le bail des biens vendus... ;
– de l'obligation de payer les impôts et l'assurance de l'immeuble à compter du jour de l'entrée en jouissance (V. BOI-ENR-DMTOI-10-10-20-20-20120912, n°s 250 et 260).

4 Vente d'une propriété boisée avec l'aide du Fonds forestier national

1717 L'article 200-1 du Code forestier prévoit que les clauses du contrat de travaux intervenues entre le Fonds forestier national et le propriétaire du terrain à reboiser s'appliquent jusqu'au recouvrement complet de la créance du fonds, quelles que soient les mutations de propriétés qui pourraient intervenir. En conséquence, l'engagement pris par l'acquéreur lors d'une vente de « faire son affaire personnelle du transfert du contrat et de s'obliger au respect de ces clauses » qui n'est autre qu'une obligation qui lui incomberait en toute hypothèse en application de la loi, ne peut constituer en principe une charge augmentative du prix pour la perception des droits de mutation (Rép. min. Donnadieu : *JOAN* CR, 4 août 1973, p. 3223, n° 1724).

C Indemnités stipulées au profit du vendeur

1718 **Principe.** Pour éviter la fraude consistant à dissimuler une partie du prix sous la forme d'indemnités diverses stipulées au profit du vendeur, l'article 683-1, alinéa 2, du Code général des impôts prévoit que les droits sont liquidés sur le prix exprimé en y ajoutant « toutes les indemnités stipulées au profit du cédant, à quelque titre et pour quelque cause que ce soit... ».

1719 **Application.** Lorsque le vendeur stipule dans une vente portant sur une partie d'un terrain une indemnité à son profit pour la dépréciation que cette division fait subir au surplus du terrain, cette indemnité est soumise à l'impôt en sus du prix.
Il en est de même pour les indemnités de départ ou de déménagement payées par l'acquéreur au vendeur pour mettre fin à son occupation personnelle des biens vendus ou encore pour l'indemnité versée au vendeur pour la fermeture du fonds. de commerce qu'il exploitait dans l'immeuble vendu. De même pour les sommes qui, lors de l'acquisition d'un terrain, seraient payées au propriétaire en remboursement des frais d'équipement (Rép. min. Burlot : *JOAN*, 5 oct. 1961, p. 1393, n° 11069).

III Contrat de bail

1720 **Rappel.** Le droit de bail (droit d'enregistrement) a été supprimé à compter de 1998.

1721 **Charges augmentatives et perception de la taxe de publicité foncière.** Lorsque le bail est soumis à publication, il est des cas où la taxe de publicité foncière (au taux de 0,70 % : 0,71498 % avec les perceptions additionnelles) est assise également sur les charges (V. BOI-ENR-JOMI-10-20170802, n° 70).
Ainsi, pour les baux ordinaires dont la durée est supérieure à vingt ans, l'assiette de la taxe est

limitée à vingt fois la moyenne annuelle du loyer *et des charges* afférentes à toute la durée de ces baux (V. **Bail ordinaire à durée limitée**). De même pour les baux à durée illimitée ou à vie (V. BOI-ENR-JOMI-10-20170802, n° 80).

A Obligations constituant des charges

1722 L'article L. 415-3, 3e alinéa, du Code rural et de la pêche maritime pose le principe que les dépenses afférentes aux voies communales et aux chemins ruraux sont supportées par le preneur. Il précise qu'à cet effet, il doit payer au bailleur une fraction du montant global de la taxe foncière sur les propriétés bâties et de la taxe foncière sur les propriétés non bâties portant sur les biens pris à bail, y compris la taxe régionale. À défaut d'accord amiable entre les parties, cette fraction est fixée à un cinquième. Seule la fraction égale à ce montant ne constitue pas une charge augmentative du prix pour l'assiette du droit de bail dès lors qu'elle est mise légalement à la charge du preneur.

1723 **Paiements mis à la charge du locataire.** Par charges, il convient d'entendre tous les avantages indirects que le preneur procure au bailleur en prenant à son compte des obligations qui incombent à ce dernier. Constitue donc une charge à ajouter au loyer le paiement par le locataire :

- de la taxe foncière afférente à l'immeuble loué (V. toutefois le cas des baux d'immeubles ruraux, n° 1728) ;
- des grosses réparations ; seules les réparations locatives sont, en effet, à la charge du preneur (C. civ., art. 1720 et 1754) ;
- des primes relatives à l'assurance des immeubles loués ; du curement des puits et celui des fosses d'aisance (C. civ., art. 1756) ;
- de la contribution du bailleur aux frais d'entretien des canaux et travaux de dessèchement des biens loués ;
- d'une part des bénéfices qu'il a réalisés ;
- de travaux pour le compte du bailleur.

1724 **Obligations imposées au locataire.** Constituent également des charges augmentatives du loyer, l'obligation faite au locataire :

- de verser immédiatement entre les mains du bailleur à titre de garantie, une somme restituable sans intérêts à la fin du bail ; la charge consiste alors dans la perte d'intérêts ;
- d'édifier des constructions sur le terrain loué et de les laisser sans indemnité en fin de location lorsque cette obligation peut être regardée comme accessoire à la location. Dans le cas où cette obligation constitue l'objet principal de la convention, on peut se trouver en présence d'un marché. Mais, le plus souvent, le contrat s'analyse en un bail à construction (V. Doc. adm. DGI, 7 E 42).

1725 **Baux soumis à la TVA.** Une note insérée au *BODGI* (7-E-6-71) dispose que pour les baux établis à partir du 1er janvier 1972 qui sont soumis à la TVA, il sera fait abstraction pour la perception de la taxe de publicité foncière, de la charge que constitue cette taxe lorsque son paiement est mis contractuellement à la charge du preneur.

Mais cette dérogation, qui découle d'une mesure de tempérament, n'était pas applicable au salaire du conservateur. Pour la liquidation de celui-ci, il y avait lieu d'ajouter au loyer la charge résultant du paiement par le preneur de la TVA incombant légalement au bailleur (*Bull. AMC* 1972, art. 890 ; *JCP* N 1972, IV, 5143).

N.B. : La même solution paraît devoir s'appliquer pour la perception de la contribution de sécurité immobilière qui remplace le salaire du conservateur depuis le 1er janvier 2013. (V. **Contribution de sécurité immobilière**).

B Obligations ne constituant pas des charges

AVERTISSEMENT **Les développements qui suivent (nos 1726 à 1728) figuraient à la documentation administrative de base, en date du 1er septembre 1997. Les solutions indiquées n'ont pas été reprises au BOFiP, en ce qu'elles étaient données pour la liquidation de l'ancien droit de bail (CGI, anc. art. 736) qui a été supprimé à compter de 1998 (L. n° 98-1267, 30 déc. 1998, art. 12).**

1726 Les obligations imposées par le contrat au preneur ne constituent pas des charges augmentatives du prix lorsqu'elles lui incombent normalement en vertu de la loi ou des coutumes locales (Doc. adm. DGI, 7 E-213, n° 25, 1er sept. 1997).

En particulier, ne sont pas des charges (Doc. adm. DGI, 7 E-213, n° 26, 1er sept. 1997) :

- les réparations locatives ;
- le paiement de la taxe d'habitation ou de la taxe d'enlèvement des ordures ménagères et de la taxe de balayage (rappr. L. 1er sept. 1948, art. 38) ;
- le paiement des frais de vidange de la fosse d'aisance ;
- les intérêts des loyers payés d'avance, même pour la durée totale du bail ;

– la valeur des travaux que le preneur est simplement autorisé à faire.

1727 De même, ne constitue pas une charge l'obligation pour le locataire de rembourser au bailleur sa quote-part dans les prestations collectives ou fournitures individuelles énumérées à l'article 38 de la loi du 1er septembre 1948 (Doc. adm. DGI, 7 E-213, n° 28, 1er sept. 1997).
Il s'agit :
– des frais de pose, de dépose et d'entretien des tapis, des fournitures nécessaires à l'entretien des parties communes de l'immeuble ;
– de la consommation de l'électricité et du gaz nécessitée par l'éclairage des parties communes de l'immeuble ainsi que de la location des compteurs ;
– des dépenses afférentes au chauffage des parties communes de l'immeuble, à l'exception de celles nécessitées par les grosses réparations ;
– des dépenses de force motrice des ascenseurs et monte-charges et leurs frais d'entretien, à l'exception de celles nécessitées par les grosses réparations ;
– des frais d'abonnement du poste téléphonique de l'immeuble ;
– de la consommation d'eau chaude et froide des locataires ou occupants de l'immeuble ;
– des frais de ramonage des cheminées ;
– des frais de chauffage ;
– des frais de conditionnement d'air (Doc. adm. DGI, 7 E-213, n° 28, 1er sept. 1997).

1728 **Baux ruraux.** L'article L. 415-3, 3e alinéa, du Code rural et de la pêche maritime pose le principe que les dépenses afférentes aux voies communales et aux chemins ruraux sont supportées par le preneur. Il précise qu'à cet effet, il doit payer au bailleur une fraction du montant global de la taxe foncière sur les propriétés bâties et de la taxe foncière sur les propriétés non bâties portant sur les biens pris à bail, y compris la taxe régionale. À défaut d'accord amiable entre les parties, cette fraction est fixée à un cinquième. Seule la fraction égale à ce montant ne constitue pas une charge augmentative du prix pour l'assiette du droit de bail dès lors qu'elle est mise légalement à la charge du preneur (Doc. adm. DGI, 7 E-213, n° 27, 1er sept. 1997).

Charges augmentatives

IV

Cessions de droits successifs

1729 **Principe.** Lorsque les cessions de droits successifs ne sont pas susceptibles de bénéficier du régime de faveur prévu par l'article 750-II du Code général des impôts, elles sont soumises à la taxe de publicité foncière ou au droit d'enregistrement, sur le prix augmenté des charges ou sur la valeur vénale réelle des biens, au taux réglé pour les ventes et déterminé d'après la nature des biens transmis (V. **Droits successifs-cession**).

1730 **Application.** L'impôt étant calculé, comme en matière de vente, sur le prix augmenté des charges, les charges qu'il y a lieu d'ajouter au prix pour la liquidation de l'impôt de mutation sont d'une façon générale, celles indiquées en matière de vente d'immeubles (V. nos **1659** à **1719**).
En particulier, comme les cessions de droits successifs contiennent, le plus souvent, substitution du cessionnaire au cédant, non seulement dans les droits actifs, mais aussi dans les obligations passives de l'hérédité, le montant des dettes indivises incombant au cédant et que le cessionnaire est tenu de payer vient nécessairement en augmentation du prix pour la liquidation de l'impôt proportionnel (V. BOI-ENR-PTG-30-20-20120912, n° 40).

Cheptel

Franck ROUSSEL

I

Publicité foncière

➤ V. **Immeuble par destination.**

II

Fiscalité

CGI, art. 732. – Les actes constatant la cession à titre onéreux d'un fonds agricole, composé de tout ou partie des éléments énumérés au dernier alinéa de l'article L. 311-3 du Code rural et de la pêche maritime, sont enregistrés au droit fixe de 125 €.

C. rur. pêche marit., art. L. 311-3. – Le fonds exploité dans l'exercice de l'activité agricole définie à l'article L. 311-1, dénommé « fonds agricole », peut être créé par l'exploitant. Cette décision fait l'objet d'une déclaration à la chambre d'agriculture compétente.

Ce fonds, qui présente un caractère civil, peut faire l'objet d'un nantissement dans les conditions et selon les formalités prévues par les chapitres II et III du titre IV du livre Ier du Code de commerce.

Sont seuls susceptibles d'être compris dans le nantissement du fonds agricole le cheptel mort et vif, les stocks et, s'ils sont cessibles, les contrats et les droits incorporels servant à l'exploitation du fonds, ainsi que l'enseigne, le nom d'exploitation, les dénominations, la clientèle, les brevets et autres droits de propriété industrielle qui y sont attachés.

A Cession de cheptel

1 Cession accompagnant la vente totale ou partielle des terres

1731 **Cheptel immeuble par destination.** Lorsque la cession de cheptel accompagne la vente totale ou partielle des terres, ce cheptel est considéré comme un bien immeuble par destination, s'il est un accessoire nécessaire à l'exploitation du fonds de terre (C. civ., art. 524 ; V. Cass. req., 19 oct. 1938 : *DH* 1938, 613. – Cass. com., 12 nov. 1996 : *Bull. civ.* 1996, IV, n° 268 ; *RD rur.* 1998, p. 205, obs. Fr. Roussel). La cession est alors soumise en tous points au régime fiscal des ventes d'immeubles, au tarif de droit commun prévu à l'article 1594 D du Code général des impôts (V. **Immeuble par destination**).

Toutefois, lorsque l'acquéreur peut placer son acquisition sous un régime de faveur tel que le régime des acquisitions d'immeubles ruraux par les preneurs en place édicté à l'article 1594 F quinquies D du Code général des impôts, ce régime s'applique au prix de cession du fonds et du cheptel immobilisé.

1732 **Cession à des personnes distinctes.** La vente des biens dépendant d'une exploitation agricole à des époux et la vente des immeubles à un groupement foncier agricole (GFA) constitué par ces mêmes époux bénéficie du droit fixe prévu à l'article 732 du Code général des impôts dès lors que les patrimoines des personnes physiques et de la société civile ne se confondent pas en droit et que ce montage juridique n'a pas seulement pour but d'éluder les droits mais répond à une finalité économique particulière (TGI Bar-le-Duc, 10 sept. 1992 : *Dr. fisc.* 1993, comm. 1677).
Eu revanche, la cession du matériel d'exploitation d'un fonds de terres agricoles est assujettie aux droits d'enregistrement applicables aux immeubles prévus à l'article 1594 D du Code général des impôts, et non au droit fixe prévu à l'article 732, lorsqu'en dépit d'une cession du fonds à une société d'aménagement foncier et d'établissement rural (SAFER) le même jour, le cessionnaire acquiert le domaine et qu'il pas existé une volonté réelle de faire cesser l'affectation des éléments d'exploitation au service du domaine (Cass. com., 18 mai 1993 : *Dr. fisc.* 1993, comm. 1936).

2 Cession distincte de la vente totale ou partielle des terres

1733 **Application d'un droit fixe.** Les cessions de gré à gré de cheptels et autres objets mobiliers d'une exploitation agricole sont soumises à un droit fixe (actuellement 125 €).

B Cession de fonds agricole

1734 **Enregistrement gratuit.** Depuis la loi de finances pour 2021, les formalités d'enregistrement de la cession à titre onéreux de fonds agricole sont gratuites (L. n° 2020-1721, 29 déc. 2020, art. 64, I, 7° : *JO* 30 déc. 2020). Les éléments dont la cession est enregistrée gratuitement sont uniquement ceux qui peuvent être compris dans le nantissement du fonds agricole au sens et pour l'application de l'article L. 311-3 du Code rural et de la pêche maritime, c'est-à-dire :
- le cheptel mort et vif ;
- les stocks ;
- s'ils sont cessibles, les contrats et les droits incorporels servant à l'exploitation du fonds, ainsi que l'enseigne, le nom d'exploitation, les dénominations, la clientèle, les brevets et autres droits de propriété industrielle qui y sont attachés.

L'enregistrement gratuit prévu par l'article 732 du Code général des impôts est applicable aux actes constatant les cessions à titre onéreux de fonds agricoles composés de tout ou partie des éléments énumérés au dernier alinéa de l'article L. 311-3 du Code rural et de la pêche maritime, y compris dans le cas où elles sont concomitantes à la cession à titre onéreux des terres agricoles dépendant de l'exploitation (CGI, art. 732. – BOI-ENR-DMTOM-50-20-03/02/2021, n° 80).

Clause d'accroissement

Jacques LAFOND

Sommaire analytique

Index alphabétique

BIBLIOGRAPHIE : A. Chappert, *Le traitement fiscal d'une clause de tontine et de la renonciation à une telle clause : Defrénois* 2002, art. 37 494, p. 285. – J. Lafond, *Acquisition avec clause d'accroissement : formalités au décès de l'un des acquéreurs : JCP* N 1992, n° 9, p. 53. – G. Rivière, *Quand le PACS titille un tantinet la tontine : JCP* N 2000, n° 48, p. 1723. – B. Monassier et Ph. Van Steenlandt, *Communauté universelle et tontine entre époux : couple infernal ou insensé ? : JCP* N 2010, n° 28, 1243. – M. Suquet-Cozic, *Comment publier une tontine ? : Sol. not.* juill. 2013, n° 7, art. 186, p. 28-29, § 3. – Q. Guiguet-Schielé, *Quel avenir pour la tontine ? : Gaz. Pal.* 27 juill. 2021, p. 45. – A. Maurin, E. Courchelle et V. Morati, *Le logement à l'épreuve du décès ; tontine ou de démembrement croisé de parts sociales : quelle protection pour le logement du couple non marié ? : JCP* N 2023, n° 28, 1139.

I Généralités

1735 La Cour de cassation, dans un arrêt en date du 27 novembre 1970, a consacré la validité du pacte tontinier (V. *JCP* N 1971, II, 16823, note Blin. – V. également sur la question Dagot, *L'acquisition faite au profit du survivant des acquéreurs : JCP* N 1972, 1, 2442. – Morin, *La clause d'accroissement : D.* 1971, doctr. p. 55 et s. ; *JCl. Notarial Formulaire,* V° Vente d'immeuble, Fasc. 260, par D. Montoux).

La Haute juridiction a, à cette occasion, repris la formule de M. Nast (*De l'acquisition conjointe d'un immeuble avec clause d'accroissement au profit du survivant : Defrénois* 1928, art. 21759 ; note sous Colmar, 10 déc. 1929 : *D.* 1930, 11, p. 82). Analysant cette clause, cet auteur estimait que l'intention des parties était en pareil cas d'utiliser la théorie de la rétroactivité des conditions. Elles veulent, disait-il, que chaque acquéreur soit propriétaire de sa part sous la condition résolutoire de son prédécès et propriétaire de tout l'immeuble sous la condition suspensive de sa survie, de même qu'en cas d'indivision héréditaire, chaque héritier est propriétaire de sa part dans les biens indivis sous la condition résolutoire de l'attribution des biens à ses cohéritiers et propriétaire de la totalité des biens indivis sous la condition suspensive que ceux-ci lui seront attribués.

1736 **Intérêt juridique et fiscal.** Le Congrès des notaires 2023 a mis en lumière les intérêts de la clause d'accroissement, sur le plan juridique et fiscal, notamment celui de la clause de tontine entre époux, partenaires, frères et sœurs vivant sous le même toit, acquérant ensemble leur logement (V. A. Maurin, E. Courchelle et V. Morati, *Le logement à l'épreuve du décès ; tontine ou démembrement croisé de parts sociales : quelle protection pour le logement du couple non marié ? : JCP* N 2023, n° 28, 1139. – Rapports au Congrès des notaires 2023, n°s 30296 à 30326 – consultable sur Internet).

1737 **Incidences d'une confiscation pénale.** Selon un avis de la première chambre civile de la Cour de cassation, la dévolution à l'État, à la suite d'une « confiscation pénale » (C. pén., art. 131-21) des droits dont une personne est titulaire sur un bien acquis avec une clause d'accroissement n'emporte pas disparition du pacte tontinier, la condition de survie étant alors appréciée en la personne de l'acquéreur initial dont les droits sont confisqués (Cass. 1re civ., 15 juin 2022, n° 9000, FS-B). En effet la confiscation pénale ne peut pas porter atteinte aux droits dont le tiers de bonne foi est titulaire sur le bien confisqué (Cass. crim., 7 nov. 2018, n° 17-87 424, P : *BPIM* 6/22, n° 431).

II Régime de l'acte d'achat du point de vue fiscal et de la publicité foncière

1738 **Incidences de la clause.** Le régime fiscal de l'acte d'achat assorti d'une clause d'accroissement découle du mécanisme de la clause, rappelé ci-dessus. Chacun des coacquéreurs devenant propriétaire de sa propre part sous condition résolutoire, les droits de mutation à titre onéreux, où la TVA le cas échéant, sont dus normalement sur le prix exprimé dans l'acte ou sur la valeur vénale du bien si celle-ci est supérieure.

Quant à l'acquisition des autres parts, réalisée sous condition suspensive, elle ne donne lieu qu'au droit fixe des actes innommés, lequel n'est pas perçu en présence de droits de mutation à titre onéreux plus élevés (A. Chappert, *op. cit.*, n° 2).

Depuis la réforme du droit des obligations opérée par l'ordonnance n° 2016-131 du 10 février 2016, la réalisation d'une condition suspensive n'est plus assortie de plein droit d'un effet rétroactif. Seule une stipulation expresse, par laquelle les parties déclarent conférer un effet rétroactif à leur convention, permet d'atteindre le résultat recherché par le recours à la tontine. L'attention des praticiens a en conséquence été appelée sur la nécessité d'assortir toute clause de tontine d'une stipulation expresse de rétroactivité de la condition suspensive (Rapport au Congrès des notaires 2023, n° 30302. – V. également l'étude de A. Maurin, E. Courchelle et V. Morati, citée en Bibliographie, n° 7).

1739 **Annotations du fichier immobilier.** Par analogie avec les annotations prévues pour les clauses restrictives de droits de propriété contenues dans les actes publiés, la clause d'accroissement paraît devoir être annotée également au cadre B du tableau III de la fiche personnelle ou de la fiche d'immeuble, selon que l'immeuble concerné est rural ou urbain (Bulté, chron. hyp. : *JCP* N 1975, IV, 6095). Autrement dit, la mention de la clause d'accroissement au fichier immobilier est portée comme une charge sur l'immeuble (M. Suquet-Cozic, *Comment publier une tontine ? : Sol. not.* juill. 2013, n° 7, art. 186, p. 28-29, § 3).

III Incidences de la clause lorsqu'elle produit effet

1740 Il faut distinguer entre le régime actuellement applicable (A) et le régime antérieur, qui reste provisoirement en vigueur dans certains cas (B).

CGI, art. 754 A. – Les biens recueillis en vertu d'une clause insérée dans un contrat d'acquisition en commun selon laquelle la part du ou des premiers décédés reviendra aux survivants de telle sorte que le dernier vivant sera considéré comme seul propriétaire de la totalité des biens sont, au point de vue fiscal, réputés transmis à titre gratuit à chacun des bénéficiaires de l'accroissement.

Cette disposition ne s'applique pas à l'habitation principale commune à deux acquéreurs lorsque celle-ci a une valeur globale inférieure à 76 000 € sauf si le bénéficiaire opte pour l'application des droits de mutation par décès.

A Régime en vigueur

1741 **Raison d'être du texte**. Ce texte, introduit par la loi de finances pour 1980 (L. n° 80-30, 18 janv. 1980) tend à mettre fin à une situation fiscale considérée comme trop favorable (l'acquisition en tontine permettait, lorsqu'elle était faite par des personnes sans lien de parenté ou entre collatéraux, d'assurer une transmission au profit du survivant des parts acquises par le prédécédé sans paiement des droits de mutation à titre gratuit, les droits de mutation à titre onéreux étant seuls dus).

Pour limiter l'évasion fiscale résultant du recours accru à ce genre de stipulation, qui constituait un moyen d'éluder le paiement des droits de succession, l'article 754 A du Code général des impôts (issu de l'article 69 de la loi n° 80-30 du 18 janvier 1980) assujettit aux droits de succession les biens recueillis en vertu d'une clause de tontine insérée dans un contrat d'acquisition en commun.

1742 **Application dans le temps.** L'article 69 de la loi de finances pour 1980 ne trouve à s'appliquer aux biens recueillis en vertu d'une clause de tontine contenue dans un acte d'acquisition en commun que si les deux conditions suivantes sont simultanément remplies : l'acte contenant la clause d'accroissement a été conclu après le 5 septembre 1979 et le décès du ou de l'un des coacquéreurs entraînant le transfert de propriété est survenu postérieurement à l'entrée en vigueur de la loi de finances pour 1980 (Rép. min. Budget à M. Lagorce, député : *JOAN* CR, 21 juill. 1980, p. 3104, n° 31560).

1743 **Modification apportée par la loi de finances pour 2010.** L'article 33 de la loi de finances pour 2010 (n° 2009-1673, 30 déc. 2009) a modifié l'article 754 A afin de permettre aux acquéreurs d'une habitation principale commune, dont la valeur est inférieure à 76 000 €, d'opter pour l'application des droits de mutation par décès.

Cet aménagement a pour objectif de mettre en cohérence le régime des pactes tontiniers avec les allègements de droits de mutation à titre gratuit résultant de la loi n° 2007-1223 du 21 août 2007, dite « loi TEPA », notamment lorsque le bénéficiaire du pacte tontinier est une personne désormais exonérée de droits de mutation à titre gratuit (conjoint survivant, partenaire lié au défunt par un pacte civil de solidarité, frères et sœurs vivant sous le même toit).

1744 **Clause d'accroissement concernant une acquisition en usufruit.** Une réponse ministérielle du 6 juillet 1998 (V. n° 1746) indique que l'article 754 A du Code général des impôts s'applique aux acquisitions *en pleine propriété*. C'est d'ailleurs ce qui résulte de la lettre même de ce texte. Il semble donc que ses dispositions ne s'appliquent pas aux acquisitions portant uniquement sur l'usufruit (A. Chappert, *op. cit.*, n° 13).

1 Principe : exigibilité des droits de mutation par décès

a) Conséquences fiscales

1745 **Économie du texte.** Les biens recueillis en vertu de la clause d'accroissement sont réputés transmis à titre gratuit à chacun des bénéficiaires. La part du copropriétaire décédé revenant au survivant ou à chacun des survivants sera donc imposée dans les mêmes conditions que si le coacquéreur prédécédé avait légué sa part aux coacquéreurs survivants ou à chacun d'entre eux. Il s'agit d'une véritable présomption irréfragable qui, lorsque les conditions de son application sont réunies, s'applique sans qu'il soit possible d'apporter la preuve contraire, sous réserve de l'exception examinée plus bas.

1746 **Conditions à remplir.** Plusieurs conditions doivent être réunies pour que les droits de mutation à titre gratuit soient applicables :

– il doit tout d'abord y avoir un contrat d'acquisition en commun : deux ou plusieurs personnes doivent s'être réunies pour procéder ensemble à l'acquisition de biens quelconques... Peu importe la quotité acquise par chacune d'elles. Peu importe qu'il existe ou non un lien de parenté entre les coacquéreurs (Rép. min. Économie et Finances à M. Hellier : *JOAN*, 6 juill. 1998, p. 3753 ; *Ind. enr.*, n° 17 171) ;

– le contrat d'acquisition doit contenir une clause dont l'effet, quelle que soit sa qualification (clause d'accroissement, de condition de survie ou de tontine) est de rendre les survivants lors du décès des prémourants propriétaires de la part de chacun des prédécédés et le dernier vivant propriétaire de la totalité des biens acquis en commun.

Peu importe que la formule adoptée par les parties constitue un pacte sur succession future prohibé par l'article 1130 du Code civil, l'administration n'étant pas juge de la validité des conventions ;

– la succession du ou des coacquéreurs s'est ouverte postérieurement à l'entrée en vigueur de la loi de finances pour 1980 ;

– le contrat contenant la clause de tontine a été conclu après le 5 septembre 1979.

1747 **Liquidation des droits.** En application des principes généraux, les droits de succession seront liquidés sur la valeur de la part recueillie par le coacquéreur survivant ou par chacun de ses coacquéreurs et déterminés à la date du premier décès et, s'il y a lieu, de chacun des suivants.

Le régime fiscal applicable sera celui en vigueur à chacun de ces décès compte tenu du lien de parenté existant entre le prédécédé ou chacun d'eux et le ou les bénéficiaires de l'accroissement.

Si le bénéficiaire de la clause de tontine est appelé à la succession à un autre titre, la valeur des biens qu'il recueille en vertu de la clause de tontine est ajoutée à sa part pour la liquidation des droits.

Dans le cas contraire, il doit souscrire une déclaration de succession dans les conditions de droit commun (BOI-ENR-DMTG-10-10-10-10-20120912, n° 280).

b) Conséquences du point de vue de la publicité foncière

1) Attestation notariée

1748 **Inutilité d'une attestation notariée au décès de l'un des coacquéreurs.** La fiction édictée par l'article 754 A du Code général des impôts qui considère que la mutation s'opérant au profit du survivant des acquéreurs est à titre gratuit a un caractère purement fiscal.

En ce qui concerne la publicité foncière, ce sont les règles du droit civil et elles seules qui s'appliquent : et l'on sait que selon l'analyse adoptée par la jurisprudence de la Cour de cassation, la mutation dont bénéficie le survivant des acquéreurs a un caractère onéreux.

Rappelant cette jurisprudence, la Documentation administrative de base (Doc. adm. DGI, 10 E-7312, n° 1, 2 mai 1983) en déduit logiquement que l'article 29 du décret du 4 janvier 1955 qui prescrit d'établir une attestation notariée n'est pas applicable dès lors que la transmission ne s'opère pas « par décès ». L'association des conservateurs considère également l'établissement de cette attestation comme inutile, les droits du survivant paraissant suffisamment révélés aux tiers par la publication du contrat initial. Il en résulte que le service de la publicité foncière ne saurait, sur le fondement du principe de l'effet relatif, rejeter une formalité ultérieure requise du chef du survivant si l'origine de propriété vise la formalité donnée à l'acquisition commune et fait état du décès de l'autre coacquéreur (*Bull. AMC* 2006, art. 1894).

2) Établissement d'un acte pour constater la mutation

1749 **Caractère facultatif.** La Documentation administrative de base (Doc. adm. DGI, 10 E-7312, 2 mai 1983, n° 1) laisse entendre que l'établissement d'un acte pour constater la transmission est purement facultatif, et cette indication vaut à notre avis même si la mutation concerne un immeuble dont la mutation relèverait de la TVA. Cette mutation sort en effet du champ d'application de cette taxe dès lors qu'elle est censée s'opérer à titre gratuit en vertu de l'article 754 A du Code général des impôts (V. antérieurement en ce sens Doc. adm. DGI, 8 A-1121, n° 38, 1er juill. 1990).

1750 **Cas ou un acte est établi.** Bien entendu, si un acte est établi pour constater la mutation qui s'opère à la suite du décès du prémourant, il devra être présenté à la formalité dans le délai d'un mois au service de la publicité foncière (s'il y a lieu à formalité unique) ou au service des impôts (dans le cas de double formalité : *Bull. AMC* 2006, art. 1894).
Il donnera lieu à la perception de la taxe de publicité foncière à 0,70 % (0,715 % avec les perceptions additionnelles) et de la contribution de sécurité immobilière à 0,10 %, taxe et salaire étant liquidés sur la valeur des droits transmis.

1751 **Absence d'acte. Effet relatif.** En l'absence d'acte établi pour constater la mutation, n'y aura-t-il pas de difficulté si l'immeuble devenu la propriété du survivant des acquéreurs doit faire ultérieurement l'objet d'une publication ou d'une inscription au fichier immobilier ? Le conservateur (aujourd'hui, le service de la publicité foncière) ne sera-t-il pas en droit de refuser la formalité en opposant le principe de l'effet relatif ? La Documentation administrative de base répond très clairement à cette question par la négative (Doc. adm. DGI, 10 E-7312, n° 1, 2 mai 1983) :

> « Bien entendu, si un acte était dressé spécialement pour constater cette mutation, il devrait être publié en vertu de l'article 28, 4°, b, du décret précité.
> Mais, en l'absence d'un tel acte, les droits du survivant paraissent suffisamment révélés aux tiers par la publication du contrat initial et le conservateur ne saurait, en se fondant sur le principe de l'effet relatif, rejeter une formalité ultérieure requise du chef du survivant si l'origine de propriété visait la formalité donnée à l'acquisition commune et faisait état du décès des autres coacquéreurs » (V. n° 1748).

En l'absence d'acte, les droits exigibles seront payés sur déclaration souscrite dans le mois du décès au service enregistrement de la situation des biens…

2 Exception : immeuble constituant l'habitation principale commune aux coacquéreurs

1752 Lorsque l'immeuble acquis constitue l'habitation principale commune aux co-acquéreurs et qu'il a une valeur inférieure à 76 000 €, la transmission qui s'opère au profit sur survivant est passible des droits de mutation à titre onéreux (*a*). Toutefois, depuis la loi de finances pour 2010, il peut opter pour l'application des droits de mutation par décès (*b*).

a) Principe : application des droits de mutation à titre onéreux

1) Règles de perception

1753 **Conditions d'application de l'exception.** Par exception, le second alinéa de l'article 754 A du Code général des impôts prévoit que les biens recueillis en vertu d'une clause de tontine insérée dans un acte d'acquisition en commun peuvent continuer à être assujettis aux droits de mutation à titre onéreux si les quatre conditions suivantes sont simultanément remplies :
- le bien doit avoir été acquis en commun par deux personnes ;
- le bien acquis est un immeuble ;
- il constitue l'habitation principale commune des deux acquéreurs au jour du décès du prémourant ;
- la valeur globale de l'immeuble à cette même date est inférieure à 76 000 € (500 000 F. – BOI-ENR-DMTG-10-10-10-10-20120912, n° 290).

1754 **Application des droits de mutation à titre onéreux.** Si ces quatre conditions sont remplies, le droit de mutation à titre onéreux est exigible sur la part recueillie par le survivant (*BOI* préc.).
Par contre, si l'une des conditions ci-dessus n'est pas remplie, l'exception prévue par l'alinéa 2 ne peut jouer. Le principe posé par l'alinéa 1 reprendra toute sa vigueur et la part recueillie par le survivant des acquéreurs sera considérée comme léguée par le prédécédé.

1755 **Restitution ou imputation des droits.** Les droits acquittés lors de l'enregistrement de l'acte d'acquisition en commun ne sont pas susceptibles d'être restitués et ils ne peuvent être imputés sur ceux exigibles lors du décès du prémourant. D'une part, en effet, l'article 1961 du Code général des impôts prohibe la restitution des droits régulièrement perçus sur les actes ultérieurement résolus par application, notamment, de l'article 1183 du Code civil. D'autre part, l'imputation consiste à précompter sur les droits auxquels un acte ou une mutation donne ouverture les droits déjà acquittés à l'occasion de la même opération juridique. Elle suppose une seule cause de perception. Or, sur le plan fiscal, les dispositions de l'article 676 du Code général des impôts conduisent à faire complètement abstraction de l'effet rétroactif de la condition. L'accroissement dont le survivant bénéficie lors du décès du prémourant constitue une mutation distincte de l'acquisition originaire. Il n'est donc pas possible d'imputer les droits perçus lors de cette dernière sur ceux qui deviennent exigibles lors du décès du prémourant (V. antérieurement, Doc. adm. DGI, 7 C-131, n° 23, 1er oct. 2001).

2) Attestation notariée

1756 **Inutilité.** Il n'y a pas d'attestation notariée à établir pour les raisons déjà données (V. n° 1748). En effet, la mutation s'opère non pas par l'effet du décès, mais par le jeu des stipulations de l'acte d'acquisition.

3) Établissement d'un acte pour constater la transmission

1757 **Formalités.** Conformément aux dispositions de l'article 676 du Code général des impôts, le droit de mutation à titre onéreux exigible sur la part recueillie par le survivant est liquidé :

– au tarif en vigueur à la date du décès du prémourant ;

– et sur la valeur à cette même date de la part transmise.

La documentation administrative de base qui donnait cette solution (Doc. adm. DGI, 7 C-131, n° 22, 1er oct. 2001) distinguait deux cas en ce qui concerne les modalités de paiement des droits exigibles, qui, après actualisation de ces solutions, se présenteraient comme suit :

– si un acte est établi pour constater la réalisation de la condition, il doit être présenté à la formalité dans un délai d'un mois au service de la publicité foncière (la mutation relevant en principe de la formalité unique) et c'est à cette occasion que seront perçus les droits de mutation ;

– si aucun acte n'est établi, les droits exigibles seront payés sur déclaration souscrite dans le mois du décès au service des impôts de la situation des biens, sur un imprimé spécial fourni par l'administration (application de l'article 638 du Code général des impôts).

1758 **Distinction selon que la TVA immobilière est ou non applicable.** La manière dont est présentée cette alternative (V. n° 1757) laisserait penser que l'établissement d'un acte pour constater la réalisation de la condition est dans tous les cas facultatif. Mais, en réalité, il paraît nécessaire de distinguer selon que la nouvelle mutation qui s'opère d'un point de vue fiscal est passible de la taxe de publicité foncière (droits d'enregistrement) ou de la TVA immobilière :

– lorsque la mutation est passible de la taxe de publicité foncière (droits d'enregistrement), rien n'oblige effectivement à établir un acte pour constater la réalisation de la condition ;

– la mutation qui s'opère par l'effet de la réalisation de la double condition stipulée dans l'acte d'acquisition peut être passible de la TVA. Ainsi par exemple, lorsque l'acquisition portait sur un immeuble « neuf » et que le décès du prémourant intervient moins de cinq ans après son achèvement.

En pareil cas, par application de l'article 290-2 du Code général des impôts, un acte devait être nécessairement établi en vue de constater la réalisation de la condition (sur ce point et sur les perceptions à opérer lorsque l'immeuble est situé dans le champ d'application de la TVA, V. nos 1760 à 1762). Mais ce texte a été abrogé par la loi de finances rectificative pour 2010 (L. n° 2010-237, 9 mars 2010 : *JO* 10 mars) applicable à compter du 11 mars 2010. Le fait générateur de la TVA est désormais la « livraison du bien », c'est-à-dire le transfert du pouvoir de disposer de ce bien comme un propriétaire, indépendamment du fait qu'un acte soumis à TVA est ou non établi et présenté à la formalité (V. **TVA immobilière**). Or ce transfert s'opère lors du décès de l'un des coacquéreurs. Il appartiendra à l'administration d'indiquer les conséquences qu'elle entend en tirer quant à l'exigibilité de la TVA due.

Mais en toute hypothèse, que l'on se trouve en présence d'une mutation soumise à la taxe de publicité foncière ou à la TVA, le principe de l'effet relatif n'a pas à jouer, ceci pour les raisons déjà données (V. n° 1751).

Il faut observer qu'en principe, l'opération ayant pour objet la résidence principale, la TVA n'aura pas à s'appliquer, dès lors que la livraison est réalisée en dehors de toute activité économique des parties.

b) Possibilité d'opter pour la perception des droits de mutation à titre gratuit

1759 Nous l'avons vu (V. n° 1743) la loi de finances pour 2010 permet au survivant d'opter en faveur de la perception des droits de mutation par décès dans le cas où les droits de mutation à titre onéreux seraient normalement applicables.

EXEMPLE Deux partenaires liés par un pacte civil de solidarité (PACS) ont acquis, le 1er février 2001, leur résidence principale commune pour une valeur de 75 000 €.
Le contrat d'acquisition contient une clause selon laquelle la part du premier décédé reviendra au survivant de telle sorte que le dernier vivant sera considéré comme seul propriétaire de la totalité de la résidence principale. Le 2 février 2010, l'un des partenaires décède. Le partenaire survivant a désormais deux possibilités : – acquitter les droits de mutation à titre onéreux ; – ou opter pour l'application des droits de mutation à titre gratuit. Dans la mesure où les transmissions par décès entre partenaires liés par un PACS sont exonérées de droits de mutation à titre gratuit en application des dispositions de l'article 796-0 bis, le partenaire survivant a intérêt à opter pour les droits de mutation à titre gratuit (Instr. 30 juill. 2010 : *BOI* 7 G-4-10, n° 17. – BOI-ENR-DMTG-10-10-10-10-20120912, n° 300).

3 Cas particulier : immeuble entrant dans le champ d'application de la TVA immobilière

1760 **Principes de solution.** Évoquant le mécanisme de la clause d'accroissement, la Documentation administrative de base (Doc. adm. DGI, 8 A-113, n° 38, 15 nov. 2001) rappelait qu'en pareil cas, les héritiers et représentants des prédécédés ne pouvaient prétendre à aucun droit sur les biens ainsi acquis, les prémourants étant considérés comme n'ayant jamais eu aucun droit sur lesdits biens.
Ainsi, des conventions de la nature de cette nature sont considérées comme conférant, en principe, au survivant des coacquéreurs, la propriété du bien tout entier sous condition suspensive de survie et, à chacun d'entre eux, la propriété de sa part sous la condition résolutoire de son prédécès.
Sur le plan fiscal, de telles conditions aboutissent aux conséquences suivantes, selon l'hypothèse envisagée.
La documentation administrative de base de la série 8 A étant devenu caduque à compter du 15 mars 2010 (*BOI* 3 A-3-10) le cas des immeubles dont l'acquisition a été soumise à la TVA devra être réglé conformément aux nouvelles règles (V. **TVA immobilière**).

1761 **Acquisition d'un immeuble achevé depuis moins de cinq ans.** Si l'acquisition, réalisée par le prémourant et résiliée en application de la condition résolutoire, portait sur un bien achevé depuis moins de cinq ans et a donné lieu au paiement de la TVA, il convient de ne pas exiger à nouveau le paiement de la TVA lors de la transmission du bien aux survivants, sous réserve que ces derniers ne réclament pas la révision de la perception initiale en vertu des dispositions de l'article 272-1 du Code général des impôts.
Si l'opération entre dans les prévisions du premier alinéa de l'article 754 A du Code général des impôts (V. ce texte *supra*. – BOI-ENR-DMTG-10-10-10-10-20120912, nos 270 et 280), les droits de mutation à titre gratuit sont exigibles sur la valeur de l'immeuble selon le tarif en vigueur au jour du décès et en fonction du lien de parenté entre le défunt et le ou les bénéficiaires de la clause de tontine et aucune TVA n'est exigible.
En revanche, lorsque les conditions posées par le deuxième alinéa de l'article 754 A sont réunies (V. n° 1753. – *BOI* préc., n° 290), l'opération, située dans le champ d'application de la TVA, est soumise aux perceptions prévues tant en matière de TVA que de taxe de publicité foncière, sur la valeur de la part transmise à la date de l'acte initial (CGI, art. 676, al. 2).

1762 **Acquisition de terrain à bâtir.** Deux personnes achètent un terrain à bâtir en insérant dans l'acte un pacte tontinier. Une maison constituant l'habitation commune aux deux acquéreurs est édifiée sur ce terrain. L'immeuble est d'une valeur inférieure à 500 000 F. La construction s'incorporant au sol par accession, et subissant le même sort que le terrain, le survivant peut-il bénéficier de l'exception prévue par l'article 754, alinéa 2, du Code général des impôts au décès du prémourant ?
Réponse. – La question posée comporte une réponse affirmative sous réserve qu'à la date du décès du prémourant, l'immeuble constitue l'habitation principale commune des deux acquéreurs et que la valeur vénale de l'immeuble soit à cette date inférieure à 500 000 F (Rép. min. État, min. Économie, Finances et Budget à M. Mathieu : *JOAN* CR, 24 oct. 1988, p. 3006, n° 2021).

B Survivance du régime antérieur

1763 **Cas de survivance.** Nous avons vu que le nouveau régime institué par l'article 69 de la loi de finances pour 1980 ne trouvait à s'appliquer aux biens recueillis en vertu d'une clause de tontine contenue dans un acte d'acquisition en commun que si les deux conditions suivantes étaient simultanément remplies :
– l'acte contenant la clause d'accroissement a été conclu après le 5 septembre 1979 ;

– et le décès du ou de l'un des coacquéreurs entraînant le transfert de propriété est survenu postérieurement à l'entrée en vigueur de la loi de finances pour 1980.

A contrario, le régime antérieur reste applicable aux actes contenant une clause d'accroissement conclu jusqu'au 5 septembre 1979, lorsque le décès du ou de l'un des coacquéreurs entraînant le transfert de propriété est survenu avant l'entrée en vigueur de la loi de finances pour 1980. Dans ce régime, la mutation s'opérant au bénéfice du ou des survivants des acquéreurs était toujours passible des droits de mutation à titre onéreux.

1764 **Régime fiscal de l'attribution de propriété au survivant des coacquéreurs dans le système antérieur.** Le régime fiscal applicable avant celui mis en place par la loi de finances pour 1980 avait été défini par une réponse ministérielle à M. Noal (*JOAN* CR, 23 oct. 1976, p. 6964) :

– premier cas : l'immeuble avait été acquis sous le régime de la TVA immobilière.

Lorsque l'acquisition réalisée par le prémourant et résiliée en application de la condition résolutoire a donné lieu au paiement de la taxe sur la valeur ajoutée, il a été décidé de ne pas exiger à nouveau le paiement de cette taxe lors de la transmission du bien aux survivants, sous réserve bien entendu que les intéressés ne demandent pas par ailleurs la révision de la perception initiale en application des dispositions de l'article 272-1 du Code général des impôts.

S'il s'agit d'immeubles bâtis, la taxe de publicité foncière est perçue au taux de 0,70 % (0,71498 % avec les perceptions additionnelles) sur la valeur de la part transmise, lors de la présentation à la publication de l'acte qui doit être nécessairement établi en vue de constater la réalisation de la condition, compte tenu du fait que l'opération en cause est située dans le champ d'application de la TVA (CGI, art. 290-2) ;

– deuxième cas : l'immeuble avait été acquis sous le régime des droits d'enregistrement.

Lorsque l'acquisition primitive était placée dans le champ d'application des droits d'enregistrement, le droit de mutation à titre onéreux est exigible sur la part recueillie par les survivants à l'occasion de chaque prédécès. Conformément aux dispositions de l'article 676 du Code général des impôts, le droit est liquidé au tarif en vigueur à la date du décès de chacun des prémourants et sur la valeur à cette même date de la part transmise. Les droits exigibles sont payés sur déclaration souscrite dans le mois du décès à la recette des impôts de la situation des biens – ou s'il s'agit de biens immobiliers et si un acte constatant la réalisation de la condition a été établi, lors de la présentation de ce dernier à la publication.

1765 **Restitution ou imputation des droits perçus sur l'acte d'acquisition en commun.** Se référant à la réponse Noal du 23 octobre 1976 précitée, dans laquelle il est confirmé qu'en cas d'acquisition en commun avec clause d'accroissement au profit du survivant, les droits de mutation sont exigibles sur la part transmise, mais dans laquelle il n'est pas précisé que les droits perçus à l'occasion de la mutation conditionnelle pouvaient être soit restitués (si la prescription n'avait pas joué), soit imputés sur ceux rendus exigibles par le décès, un parlementaire a demandé si cette restitution ou cette imputation ne sont pas applicables au cas d'espèce, conformément aux principes du droit fiscal et notamment à la règle « non bis in idem », au fondement (présomption de fraude) de l'article 1961 du Code général des impôts permettant d'admettre la restitution ou l'imputation, dès lors que la fraude est impossible, et aux solutions retenues en cas de demande d'imputation de droit, notamment dans deux arrêts de la Cour de cassation du 13 avril 1825 et du 2 janvier 1940.

Il a été répondu que les droits acquittés lors de l'enregistrement de l'acte d'acquisition en commun ne sont pas susceptibles d'être restitués et qu'ils ne peuvent être imputés sur ceux exigibles lors du ou des décès des coacquéreurs.

D'une part, en effet, l'article 1961 du Code général des impôts prohibe la restitution des droits régulièrement perçus sur les actes ultérieurement résolus, par application, notamment, de l'article 1183 du Code civil.

D'autre part, l'imputation consiste à précompter sur les droits auxquels un acte ou une mutation donne ouverture, les droits déjà acquis à l'occasion de la même opération juridique. Elle suppose une seule cause de perception. Or, sur le plan fiscal, les dispositions de l'article 676 du Code général des impôts conduisent à faire complètement abstraction de l'effet rétroactif de la condition. L'accroissement dont chaque acquéreur bénéficie lors du décès de chacun de ses coacquéreurs constitue une mutation distincte de l'acquisition originaire. Il n'est donc pas possible d'imputer les droits perçus lors de cette dernière sur ceux qui deviennent exigibles à chacun des décès successifs (Rép. min. Pujol : *JOAN* CR, 28 janv. 1978, p. 315 et 316, n° 38191 ; *BOI* 7 C-78).

IV Solutions diverses

1766 Renonciation à la clause d'accroissement. Dans l'analyse habituellement retenue (V. n° 1735), on considère que l'acquisition est assortie d'une double condition : chaque acquéreur est copropriétaire de sa part sous condition résolutoire de son prédécès et propriétaire de tout l'immeuble sous la condition suspensive de survie. La « renonciation au bénéfice de là clause d'accroissement » s'analysera en réalité en une renonciation au bénéfice de cette double condition qui ne paraît donner lieu à aucune taxation particulière (sinon la perception d'un simple droit fixe ou d'une taxe fixe de publicité foncière). Par l'effet de cette renonciation, les parties se trouveront dans une situation d'indivision pure et simple sous réserve que cette renonciation ne s'accompagne pas d'une modification de leurs droits indivis dans le bien acquis avec le bénéfice de la clause d'accroissement, elle ne paraît donner lieu à aucune taxation particulière, sinon la perception d'un simple droit fixe ou d'une taxe fixe de publicité foncière (V. Rép. min. à M. Lagorce : *JOAN* CR, 26 oct. 1981, p. 3011, n° 814 ; *JCP* N 1982, prat. 8295. – A. Chappert, *Le traitement fiscal d'une clause de tontine et de la renonciation à une telle clause : Defrénois* 2002, art. 37 494, p. 285).

Il en serait toutefois autrement, et la renonciation serait translative, si les parties déclaraient en outre que tout l'immeuble se trouvera appartenir à l'un des tontiniers. Selon qu'une telle convention interviendrait avec ou sans contrepartie, elle entraînerait la perception des droits de mutation à titre onéreux, ou serait au contraire taxée comme une libéralité.

➤ Sur les aspects civils de la renonciation, V. M. Suquet-Cozic, *Comment publier la renonciation à une tontine : Sol. not.* 21 janv. 2021, p. 11.

1767 Acquisition en commun d'un immeuble par deux concubins, qui stipulent ensuite une clause d'accroissement. Un parlementaire a demandé au ministre de l'Économie, des Finances et du Budget si deux concubins, après avoir acquis un immeuble dans l'indivision, pouvaient, quelques années plus tard, conclure un « pacte tontinier » et bénéficier des avantages fiscaux qui y sont attachés.

Il a été répondu que, sous réserve de l'appréciation souveraine des tribunaux, cette question comportait une réponse affirmative (Rép. min. Dreyfus-Schmidt : *JOAN* Q, 22 nov. 1984, p. 1869, n° 17357).

Cette réponse appelle de très sérieuses réserves :

– sur le plan fiscal tout d'abord : en effet, l'article 69 de la loi de finances pour 1980 (devenu CGI, art. 754-A) vise la clause « insérée dans un contrat d'acquisition en commun » ;

– sur le plan juridique : en effet, la conclusion d'un « pacte tontinier », après que l'acquisition ait été opérée, constitue un pacte sur succession future non autorisé. La convention constatant ce pacte serait donc à notre avis radicalement nulle (d'une nullité absolue. – V. *Rép. dr. civ.* Dalloz, V° *Pacte sur succession future*, 2e éd., n° 3).

1768 Cession des droits immobiliers d'un tontinier à un tiers. Un avis de la première chambre civile de la Cour de cassation (15 juin 2022, n° 21-80 743 : *JurisData* n° 2022-014776 ; *JCP* N 2023, n° 1, 1002, note F. Verne) précise que chacun des tontiniers est « libre d'aliéner seul les droits qu'il tient du pacte ». Comme l'indique l'annotatrice, les tontiniers peuvent effectivement céder leurs droits, sous réserve de la même condition de survie, sauf à obtenir le consentement des autres s'ils veulent mettre fin au pacte et vendre le bien lui-même. Cependant à la différence d'une situation d'indivision, « le tontinier n'aliène pas une quote-part abstraite préfigurant le résultat du partage : il dispose déjà d'un droit conditionnel à la propriété du tout ». En ce qui concerne l'acquéreur, l'aléa et à la réalisation de la condition s'apprécient en la personne des acquéreurs d'origine, auteurs du pacte.

Clause d'attribution

Jacques LAFOND

BIBLIOGRAPHIE : Sur la clause d'attribution, V. *JCl. Notarial Formulaire*, V° Licitation, Fasc. 20.

I Publicité foncière

1769 Le sort à réserver, du point de vue de la publicité foncière, aux adjudications contenant une clause d'attribution, est fonction de l'analyse des incidences juridiques de cette clause.

A Analyse des effets de la clause

1 Principe

1770 **Pas de transfert de propriété immédiat au profit de l'adjudicataire.** Il convient de rappeler le mécanisme de la clause d'attribution. Il s'agit d'un engagement réciproque que les cohéritiers souscrivent mutuellement : l'un d'eux s'oblige à prendre le bien, les autres à le lui attribuer pour le prix fixé aux enchères dans le partage auquel il sera ultérieurement procédé.

La physionomie normale de la licitation s'en trouve changée : elle n'est plus un acte de partage, mais une **opération préparatoire au partage.** C'est ce qu'a précisé un arrêt de la première chambre civile de la Cour de cassation en date du 4 janvier 1979 (n° 78-10.481 : *Bull. civ.* 1979, I, n° 7 ; *Defrénois* 1979, art. 31973, note A. Ponsard). Les deux conséquences habituelles de la licitation, à savoir le transfert de propriété sur la tête de l'adjudicataire et l'exigibilité du prix par les colicitants, se trouvent reportées à l'échéance du partage.

1771 Il s'ensuit que le bien licité, mais non attribué, va demeurer indivis jusqu'au partage (P. Catala, *Les maléfices de la promesse d'attribution : JCP* N 1971, 1, 2436, n° 2. – R. Savatier, *Rédaction des promesses d'attribution et sauvegarde de la sécurité et de l'égalité des copartageants : Defrénois* 1962, art. 28221).

2 Exception

1772 **Cas où il y a partage partiel.** La règle énoncée plus haut connaît toutefois une exception : lorsqu'on peut considérer qu'un partage partiel est intervenu.

Reste à déterminer quel est le critère qui pourra permettre d'en juger : la Cour de cassation, dans une décision en date du 19 juin 1958 (*Bull. civ.* 1958, I, 326, cité par P. Catala, art. préc., n° 7) le définit assez clairement :

> « La jouissance divise, dit-elle, implique que chacun des copartageants ait effectivement réalisé la promesse, l'enchérisseur prenant possession du lot à lui attribué et ses cohéritiers recevant en contrepartie leurs parts viriles sur le prix offert (...) ».

Si donc il y a eu entrée en possession de chacun des adjudicataires et paiement immédiat de leur prix, on pourra en conclure qu'un partage partiel est intervenu.

1773 Mise à part cette hypothèse particulière, l'adjudication n'opère aucun effet translatif ou déclaratif : il s'agit d'une simple promesse.
Il nous paraît en conséquence juste d'indiquer, comme le fait M. Lacroix (n° 497), que la licitation avec promesse d'attribution « constitue un élément du partage ultérieur avec lequel elle se confond ».

B Conséquences du point de vue de la publicité foncière

1774 **Publication du procès-verbal d'adjudication.** Dans une chronique antérieure à l'arrêt de la Cour de cassation du 4 janvier 1979 précité, qui a fixé la jurisprudence (V. n° 1770), M. Bulté faisait état de la jurisprudence selon laquelle la clause d'attribution liait les parties mais non les tiers, pour lesquels les dernières enchères entraînaient adjudication véritable (Cass. civ., 26 avr. 1932 : *DH* 1932, p. 315. – Aix-en-Provence, 27 avr. 1936 : *DH* 1936, p. 384-385. – CA Bordeaux, 20 janv. 1943 : *Rev. enr. et imp.*, n° 11831). Et, rejoignant en cela l'opinion de l'administration, il en déduisait que le procès-verbal d'adjudication constituait le titre définitif du colicitant acquéreur à l'égard des tiers.
Les conséquences suivantes en découlaient :
– ce procès-verbal devait être publié dans les trois mois de sa date, conformément aux articles 28-1° a) et 33 du décret du 4 janvier 1955 ;
– en l'absence de cette publication, la publication du partage devait être refusée par le conservateur en application du principe de l'effet relatif (V. H. Bulté, chron. hyp. in *JCP* N 1962, IV, 3354).

1775 Mais selon une autre chronique, le partage constatant l'attribution de l'immeuble adjugé au colicitant constituerait pour ce même colicitant un titre confirmatif consolidant sa propriété, soumis comme tel à publication en vertu de l'article 28-4° du décret du 4 janvier 1955 (V. H. Bulté, chron. hyp. in *JCP* N 1963, IV, 3468). Dès lors, le service de la publicité foncière serait fondé à rejeter une formalité concernant l'immeuble licité (vente, constitution d'hypothèque..) si ce partage n'était pas également publié, ceci en application du principe de l'effet relatif.
La publication du partage donnerait alors lieu à la perception de la taxe fixe de publicité foncière (sur le taux actuel, V. **Droits fixes** et **Taxe de publicité foncière**) et à celle de la contribution de sécurité immobilière au tarif proportionnel sur la valeur des biens licités (V. H. Bulté, chron. hyp. in *JCP* N 1963, IV, 3538. – *Contra* Lacroix, *op. cit.*, qui indique qu'il n'y aurait pas lieu à la perception de la taxe).

II Incidences fiscales

1776 **Analyse de l'administration.** Quoique cette clause soit sans effet à l'égard des tiers, l'administration considère qu'elle confère à la licitation le caractère d'un partage partiel (V. Doc. adm. DGI, 7 F-22, n° 13, 15 juin 2000).
En une matière où l'on ne voit pas de raison pour que le droit fiscal ne suive pas le droit civil, cette analyse paraît critiquable, en l'état actuel de la jurisprudence.

A Perception à effectuer sur la licitation avec promesse d'attribution

1 Cas général

1777 **Perception du droit de partage.** Après avoir rappelé que, comme indiqué ci-dessus,

> « on appelle “promesse d'attribution”, une clause insérée dans le cahier des charges d'une licitation et stipulant que le fait pour le colicitant d'être déclaré adjudicataire vaudrait, de la part des autres, promesse de lui consentir et de sa part, promesse d'accepter l'attribution, dans le partage définitif, des biens adjugés pour le montant de son prix »,

la documentation administrative de base ajoute que :

> « il résulte de la définition même qu'une licitation avec promesse d'attribution, en raison de son caractère de partage partiel, donne ouverture seulement au droit ou à la taxe de 1 % (sur le taux actuel, V. **Partage**) liquidés sur le montant de la dernière enchère » (Doc. adm. DGI, 7 F-234, n° 2, 15 juin 2000).

La documentation administrative de base qui donne ces indications reprend les solutions en vigueur avant la loi du 6 décembre 1969 (V. ainsi *BOI*, 9414, n° 39, note 5).

AVERTISSEMENT **Le *BOFiP* n'a pas repris intégralement les développements figurant dans la documentation administrative de base, probablement pour des raisons de concision. Nous continuons néanmoins à les citer, considérant qu'ils restent toujours d'actualité.**

2 Hypothèses particulières

1778 **Immeuble licité excédant la part virile de l'adjudicataire dans la masse indivise.** Si la preuve était faite que les immeubles licités excédaient la part virile du colicitant enchérisseur dans l'ensemble de la masse partageable, l'impôt de mutation devrait être réclamé sur la plus-value constatée.

À cet égard, conformément à la règle suivie en matière de partage partiel, lorsqu'elles sont prononcées au profit d'un colicitant sous le bénéfice d'une promesse d'attribution, les licitations donnent lieu à la perception immédiate de l'impôt de mutation sur les parts acquises par l'attributaire, toutes les fois qu'il ne résulte pas clairement des énonciations du cahier des charges ou du procès-verbal d'adjudication que l'égalité pourra être rétablie au moyen, soit de biens de même origine laissés provisoirement dans l'indivision, soit du prix à provenir de la vente de ces biens.

L'impôt de partage ne demeure, dès lors, exigible que sur le surplus du bien licité (Doc. adm. DGI, 7 F-234, n° 3, 15 juin 2000).

1779 **Frais de mise en vente.** Par ailleurs, si le dernier enchérisseur est tenu d'acquitter tous les frais antérieurs à la licitation, l'impôt de mutation est exigible sur la part des autres colicitants dans ces frais.

Cependant, la perception de cet impôt sur les frais antérieurs ne peut être maintenue et doit être restituée si la fraction du passif total mise à la charge du colicitant acquéreur dans le partage définitif n'excède pas sa part virile dans le passif (Doc. adm. DGI, 7 F-234, n° 3, 15 juin 2000).

B Perception à effectuer sur le partage ultérieur

1 Cas général

1780 **Prise en compte de la première perception opérée.** Lors de la présentation du partage à la formalité, l'impôt de partage ne peut être perçu une seconde fois sur le bien ayant fait l'objet de la promesse d'attribution.

La perception s'effectue donc sur le montant de l'actif net partagé, déduction faite du prix d'adjudication (Doc. adm. DGI, 7 F-234, n° 4, 15 juin 2000. – BOI-ENR-PTG-20-10-20130129, n° 120).

2 Hypothèses particulières

1781 **Attribution à l'adjudicataire d'autres biens en plus du bien adjugé.** Si, dans le partage définitif, le colicitant adjudicataire au bénéfice de la promesse d'attribution reçoit un lot composé du bien adjugé et d'autres biens, le tout à charge de soulte, la soulte soumise à l'impôt de mutation est imputée au prorata de leur valeur respective, sur le bien licité avec promesse d'attribution et sur les autres biens attribués à l'adjudicataire.

Pour l'assiette de l'impôt de partage, dans cette hypothèse, il y a lieu de déduire, en dehors de la soulte, la fraction de la valeur de l'immeuble licité qui n'a pas supporté l'impôt de mutation.

Quant à l'impôt de partage acquitté lors de la formalité donnée au procès-verbal d'adjudication sur le surplus de la valeur dudit immeuble et dont l'exigibilité disparaît rétroactivement, il doit être imputé sur les droits exigibles sur le partage définitif.

On aboutit au même résultat, dans la mesure où le tarif de l'impôt de partage n'a pas varié dans l'intervalle entre les deux actes, en déduisant de l'actif net partagé le montant cumulé de la soulte et de la valeur totale de l'immeuble licité (Doc. adm. DGI, 7 F-234, n° 5, 15 juin 2000).

1782 **Exemple** (l'administration qui donne cet exemple l'exprime en francs. Nous n'avons pas jugé utile de le convertir en euros, ce qui ne changerait rien à son intérêt pédagogique. Signalons que le taux actuel du droit de partage est de 2,50 %).

> Aux termes d'un procès-verbal d'adjudication dressé en vue du règlement d'une indivision née d'une acquisition en commun, M. A..., colicitant, est déclaré adjudicataire d'un lot composé d'un immeuble bâti à usage d'habitation d'un prix de 150 000 F.
>
> M. A... indique dans l'acte qu'il entend bénéficier de la clause d'attribution qui a été insérée dans le cahier des charges.
>
> Lors de l'enregistrement du procès-verbal d'adjudication, le droit de partage de 1 % a été perçu sur 150 000 F.
>
> Par la suite, il est procédé au partage de tous les biens (masse globale : 300 000 F) dépendant de l'indivision et il a été attribué à M. A... le bien adjugé à charge de soulte (d'un montant de 20 000 F) à verser aux copartageants.
>
> – Droits de mutation à titre onéreux.
>
> Les droits de mutation à titre onéreux perçus selon le tarif en vigueur pour les ventes d'immeubles sont exigibles sur le montant de la soulte.

– Droit de partage.

Le montant du droit de partage peut être déterminé de deux façons différentes, aboutissant à des résultats équivalents :

1) Première méthode

Selon une première méthode, il convient de déduire :

– la soulte, imputée sur l'immeuble et soumise aux droits de mutation à titre onéreux,

soit..20 000 F

– la fraction d'immeuble licitée qui n'a pas supporté l'impôt de mutation, mais qui a été soumise au droit de 1 % lors de l'enregistrement du procès-verbal d'adjudication, soit..130 000 F

Total à déduire..150 000 F

Le droit de partage exigible doit donc être calculé sur :

300 000 F – 150 000 F = 150 000 F, soit à 1 % = 1 500 F

Or, lors de l'enregistrement du procès-verbal d'adjudication, le surplus de la valeur de l'immeuble, correspondant au montant de la soulte, a déjà supporté le droit de partage de 1 %. L'attribution de cette fraction de bien ne pouvant procéder à la fois d'un partage et d'une acquisition à titre onéreux, il convient d'imputer ce droit de partage (1 % sur 20 000 F, soit 200 F) sur les droits exigibles sur le partage définitif, soit :

1 500 F – 200 F = 1 300 F.

2) Deuxième méthode

Selon une seconde méthode, et dans la mesure où le tarif de l'impôt de partage n'a pas varié dans l'intervalle entre les deux actes, il est possible de calculer le droit de partage en déduisant de l'actif net partagé,

soit..300 000 F

le montant cumulé :

– de la soulte..20 000 F

– et de la valeur totale de l'immeuble licité..150 000 F

Total à déduire..1 700 000 F

Reste taxable : ....130 000 F

soit un droit exigible de : 130 000 F × 1 % = 1 300 F.

1783 **Non-attribution intégrale du prix d'adjudication au colicitant acquéreur.** Dans le cas de non-attribution intégrale du prix d'adjudication au colicitant acquéreur, toute perception de l'impôt de mutation à titre onéreux est exclue, dès lors que les conditions prévues par l'article 748 du Code général des impôts sont remplies (BOI-ENR-PTG-20-10-20120912, n° 120).

C Contribution de sécurité immobilière

1784 Si l'on retient l'analyse de l'administration fiscale, la publication du procès-verbal d'adjudication donne lieu à la perception de la contribution de sécurité immobilière sur la valeur des biens licités sous le bénéfice de la promesse d'attribution. Lors de la publication ultérieure du partage considéré comme un acte de complément (V. **Acte de complément**), une nouvelle perception de la contribution de sécurité immobilière au tarif proportionnel sera exigible.

Collectivités et personnes publiques

Neyla GONZALEZ-GHARBI

Sommaire analytique

1785 **Observation préliminaire.** Cette rubrique regroupe uniquement, pour éviter d'avoir à les reproduire dans chacune des rubriques particulières, des indications d'ordre général, applicables à certaines opérations concernant les collectivités et personnes publiques : principalement en ce qui concerne le paiement de la taxe de publicité foncière et du salaire des conservateurs.

➤ Pour les opérations particulières, on se reportera à la rubrique consacrée à la collectivité publique considérée (V. **Commune, Département, Établissement public, Établissements reconnus d'utilité publique, État**, etc.).

➤ ... sans préjudice des études consacrées plus partiellement à certaines opérations concernant les collectivités publiques : par exemple, les cessions gratuites de terrains, la rénovation urbaine, l'exercice du droit de préemption urbain (V. **Cession gratuite de terrain, Rénovation urbaine**, etc.).

I Droits de mutation et contribution de sécurité immobilière

A Taxe de publicité foncière

1786 **Paiement au comptant de la taxe de publicité foncière.** Le principe du paiement préalable de la taxe de publicité foncière est posé par l'article 1701, alinéa 3, du Code général des impôts et s'applique aux collectivités publiques.

Il incombe par suite aux collectivités publiques qui ont à faire publier des actes translatifs d'immeubles, et notamment aux autorités administratives, lorsque cette publication ne rentre pas dans un cas d'exonération de la taxe, de s'assurer au préalable de la solvabilité des redevables, ou mieux de faire verser à l'avance entre leurs mains le montant de la taxe de publicité exigible (*JCP* N 1960, IV, 2939).

B Contribution de sécurité immobilière

1787 Modalités de paiement des salaires des conservateurs d'hypothèques – Principe du paiement préalable. Les salaires devaient être en principe versés d'avance par les requérants (CGI, art. 880), même lorsqu'il s'agissait d'administrations publiques.
Les seules formalités hypothécaires qui devaient être accomplies sans paiement préalable des salaires étaient, aux termes de l'article 881 du Code général des impôts, les inscriptions requises par l'État et les collectivités publiques.
La même solution est reprise par l'article 879, II du Code général des impôts en ce qui concerne la contribution de sécurité immobilière.

1788 En pratique cependant, les conservateurs s'abstenaient d'appliquer strictement cette règle et acceptaient d'accomplir les formalités requises par l'État, les départements et les communes sans exiger le paiement préalable des salaires. L'Association des conservateurs avait conseillé de maintenir cet usage (*Bull. AMC* 1959, art. 377, 1963, art. 547 et 1973, art. 937).
Le conservateur pouvait donc, lorsqu'un mandat de paiement de ces salaires n'était pas joint à l'appui de la réquisition d'une formalité dont les frais incombent à une collectivité publique, ne pas réclamer le paiement d'avance des salaires exigibles mais comprendre ceux-ci dans un état adressé à la fin du trimestre à la direction en vue d'être transmis par mandatement à la collectivité publique intéressée (V. *JCP* N 1960, IV, 2939. – Rép. min., 16 janv. 1973 : *JOAN* Q, p. 14 ; *Bull. AMC* 1973, art. 937, préc. ; *JCP* N 1973, IV, 5391. – V. aussi Rép. min., 19 févr. 1987 : *JOAN* Q, p. 247 ; *JCP* N 1987, prat. 93).

1789 Il convenait cependant d'établir une distinction entre :
– d'une part, les salaires concernant certaines inscriptions qui devaient être recouvrées contre le débiteur soit par les administrations requérantes, soit directement par le conservateur : la qualification de salaire en débet ne s'appliquait qu'à cette catégorie de salaires qui seuls sont de recouvrement incertain et qui, pour ce motif, doivent, suivant les instructions administratives, être rattachés à l'année de ce recouvrement (V. *Bull. AMC*, préc., art. 377) ;
– et d'autre part, les salaires dus pour diverses formalités requises par l'État, les départements et les communes dont le paiement était seulement retardé pour des motifs d'opportunité et à titre de tolérance, qui étaient quant à eux recouvrés selon les modalités indiquées ci-dessus (V. n° 1788).

1790 Rétablissement du principe du paiement préalable de la contribution de sécurité immobilière (CSI). Il résulte d'une question écrite n° 09015 (*JO* Sénat, 11 avr. 2024, p. 1534), qu'une circulaire n° 2013/DO/6302 du 19 juillet 2013 prévoyait que la CSI due sur les formalités, les demandes de renseignements et de copies de documents requises par les collectivités locales, leurs groupements et leurs établissements publics était perçue en différé. Le paiement intervenait alors au vu d'une facture émise par le service en charge de la publicité foncière. Or, le 14 avril 2021, cette tolérance du paiement différé a été supprimée, contraignant ainsi les collectivités locales, leurs groupements et leurs établissements publics, à payer d'avance la CSI.
À la demande de rétablissement de cette souplesse, formulée par M. le Sénateur auteur de la question, M. le Ministre de l'Économie, des Finances et de la Souveraineté industrielle et numérique a opposé une fin de non-recevoir :

> « Selon les dispositions de l'article 880 du code général des impôts (CGI), la contribution de sécurité immobilière (CSI) est payée d'avance par les requérants au service chargé de la publicité foncière. À défaut de paiement préalable, le dépôt est refusé. Les collectivités territoriales, leurs groupements et leurs établissements publics bénéficiaient depuis 2013 d'une tolérance doctrinale leur octroyant le paiement différé de la CSI due sur les formalités et demandes de renseignements et copies de documents que ces entités requièrent auprès des services en charge de la publicité foncière (SPF/SPFE). Cela étant, dans la pratique, les SPF/SPFE éprouvaient des difficultés à recouvrer les sommes dues, les relances amiables et le suivi des dossiers de paiements différés représentant une charge de travail importante pour la direction générale des finances publiques (DGFiP). En conséquence, la tolérance doctrinale de 2013 a été rapportée. À cet égard et afin de faciliter le circuit entre les opérateurs concernés, le mode opératoire suivant a été préconisé. Lorsque la collectivité souhaite faire une demande de renseignements ou de copies de documents, ou faire publier un document au fichier immobilier, elle adresse d'abord sa demande à son comptable complétée du montant de la CSI due. Au vu de cette demande, celui-ci procède, via son compte d'imputation provisoire, au virement sur le compte bancaire du SPF/SPFE. La collectivité

adresse ensuite sa demande ou le document à publier au SPF/SPFE. Après vérification de son compte bancaire et traitement de la demande, le SPF/SPFE retourne la réponse ou le document publié à la collectivité. Celle-ci émet alors un mandat pour émarger la dépense. En conséquence, le principe du paiement d'avance posé à l'article 880 du CGI est redevenu la règle à compter du 14 avril 2021 et le rétablissement du paiement différé de la CSI n'est pas envisagé ».

Rappelons que la question des modalités de son paiement ne se pose bien évidemment que dans les cas où la contribution de sécurité immobilière est due (sur les cas d'exonération, V. les différentes rubriques spéciales consacrées aux collectivités publiques : **État**, **Établissement public**, **Commune**, etc.).

C Acquisitions immobilières

1791 **Régime fiscal. Réquisition d'états hypothécaires.** Les acquisitions effectuées par les collectivités publiques territoriales (communes, départements, régions…) et leurs établissements publics bénéficient d'un régime fiscal de faveur prévu à l'article 1042 du Code général des impôts (V. **Commune**).
Dans le cadre d'une procédure d'acquisition foncière, pour que l'administration ne soit pas exposée à des doubles paiements, la demande de renseignements sommaires urgents sur formalités permet de s'assurer, avant de mettre en paiement l'indemnité d'expropriation ou le prix d'acquisition, de l'existence ou non d'inscriptions.
À cet égard, le guide pratique des procédures d'acquisitions immobilières prévoit bien de produire dans tous les cas une réquisition de renseignements sommaires urgents sur formalités afin de connaître la situation hypothécaire de tels biens.
Il a été précisé que la production de cet état était obligatoire même lorsque le vendeur était une collectivité locale (Instr. 5 oct. 1998 : *BOI* 9 J-I-98 ; *Dr. fisc.* 1998, n° 49, p. 491, n° 12107).

II TVA immobilière

BIBLIOGRAPHIE : DGFiP, *Guide de la TVA à l'usage des collectivités locales* (www.collectivites-locales.gouv.fr/principales-activites-soumises-a-tva).

1792 **Incidences de la réforme.** Depuis la loi n° 2010-1237 du 9 mars 2010 (L. fin. rect. pour 2010) qui a procédé à une refonte des textes applicables aux opérations immobilières en matière de TVA et de droits de mutation à titre onéreux, les collectivités et les personnes publiques sont soumises, à compter du 11 mars 2010, aux règles de droit commun.
Il y a lieu dans chaque cas de déterminer si la personne morale de droit public agit ou non en qualité « d'assujetti » (sur cette notion, V. **TVA immobilière**).

A Acquisitions immobilières

1793 **Suppression des mesures de tolérance.** À titre de mesure de tolérance, il avait été admis par l'administration que les exonérations de droits de mutation prévues aux articles 1040, 1042, 1045, 1594 F quinquies B et 1594-OG, B du Code général des impôts s'appliqueraient à la TVA immobilière due lors des acquisitions faites par l'État, les collectivités locales, établissements ou organismes visés auxdits articles (Instr. gén., 14 août 1963, § 69. – Instr. 11 févr. 1969 : *BOE* 1969, 10515. – Instr. 22 févr. 1983 : *BODGI* 8 A-2-82 ; *JCP* N 1983, prat. 8598. – V. Doc. adm. DGI, 8 A-1151, n° 4, 15 nov. 2001).
Mais ces mesures ont été rapportées avec effet au 15 mars 2010 (Instr. 15 mars 2010 : *BOI* 3 A-3-10). De ce fait, les collectivités et personnes de droit public sont soumises au régime de droit commun en matière de TVA immobilière (V. **TVA immobilière**). Il en est ainsi par exemple pour les opérations immobilières réalisées par les établissements publics fonciers locaux (Rép. min. n° 777 : *JO* Sénat Q 17 janv. 2013, p. 164 : *JCP* N 2013, n° 4, act. 201)
– Si le vendeur est un assujetti la vente relève de la TVA, et la taxe est toujours à la charge du vendeur.
– Si le vendeur est un non-assujetti, la TVA n'est pas applicable, sauf si l'immeuble vendu a été acquis en état futur d'achèvement et est achevé depuis moins de cinq ans (V. **TVA immobilière**).

Collectivités et personnes publiques

B Ventes

1 Distinction selon que la collectivité ou la personne publique agit ou non en qualité d'assujetti

1794 **Principe.** Aux termes de l'article 256 B du Code général des impôts, les personnes morales de droit public ne sont pas assujetties à la TVA pour les opérations immobilières relatives à l'activité de leurs services administratifs, sociaux, éducatifs, culturels et sportifs lorsque leur non-assujettissement n'entraîne pas de distorsions dans les conditions de la concurrence (BOI-TVA-IMM-10-10-10-10-20120912).

1795 **Opérations effectuées en qualité d'assujetti.** Les livraisons d'immeubles réalisées à titre onéreux par les opérateurs publics, et notamment les collectivités territoriales, entrent en concurrence avec celles des opérateurs privés lorsqu'elles s'inscrivent dans une démarche économique d'aménagement de l'espace ou de maîtrise d'ouvrage.
Sont donc imposables à la TVA, quand bien même le cédant les aurait réalisées en tant qu'autorité publique à raison des procédures mises en œuvre, les cessions de terrains à bâtir ou de constructions résultant de l'aménagement d'emprises acquises à cette fin, voire d'origine domaniale non établie, dès lors que le cadre administratif (notamment la motivation des actes en cause) fait apparaître de la part de la personne ou collectivité publique une volonté de valoriser son activité et de répondre aux besoins des acquéreurs comme pourrait le faire un intervenant privé (BOI-TVA-IMM-10-10-10-10-20120912, n° 120).
Un récent jugement d'un tribunal administratif (TA Amiens, 2 févr. 2017, n° 1403846, consultable sur le site Taximmo) a estimé, au contraire, que « compte tenu des engagements imposés à la Société HLM dans la convention de partenariat, la commune de S, qui a agi en tant qu'autorité publique, dans le cadre de ses politiques démographique et urbanistique, n'a pas exercé son activité dans les mêmes conditions juridiques qu'un opérateur économique privé » et qu'en conséquence, la vente du terrain à bâtir consentie à la société HLM ne devait pas être soumise à la TVA.

1796 **Opérations effectuées en qualité de non assujetti.** En revanche, pas plus que pour tout autre assujetti, les cessions d'immeubles réalisées par l'État, une collectivité ou un organisme public n'ont à être soumises à la TVA lorsqu'elles s'inscrivent purement dans le cadre de la gestion de leur patrimoine.
Il en va notamment ainsi des cessions réalisées entre autorités publiques sans déclassement préalable de l'immeuble cédé, en application des procédures prévues par le Code général de la propriété des personnes publiques.
De même, peuvent constituer des opérations réalisées hors du cadre économique les cessions de terrains à bâtir ou de bâtiments qu'une collectivité détient dans son patrimoine sans les avoir acquis ou aménagés en vue de les revendre. Ainsi, la collectivité sera fondée à ne pas soumettre à la TVA les livraisons d'immeubles de cette nature lorsque la délibération par laquelle il est décidé de procéder à l'aliénation fait apparaître que celle-ci relève du seul exercice de la propriété, sans autre motivation que celle de réemployer autrement au service de ses missions la valeur de son actif (Instr. 29 déc. 2010 : *BOI* 3 A-9-10, n° 16. – BOI-TVA-IMM-10-10-10-10-20120912, n° 120).

1797 **Assiette de la TVA.**
➤ V. **TVA immobilière**.

1798 **Déductions.**
➤ V. **TVA immobilière**.

2 Applications

1799 **Observation préliminaire.** Nous ne traiterons pas ici du cas particulier où la vente d'un immeuble est consentie moyennant un prix symbolique ou à titre gratuit (V. **Cession gratuite de terrain**).
Nous distinguerons selon que la collectivité publique a ou non la qualité « d'assujetti ». Nous ne ferons qu'un rappel sommaire du régime fiscal des ventes concernées, car il ne présente pas de particularité par rapport au droit commun. Pour plus de détails, on pourra donc se reporter aux rubriques particulières consacrées aux opérations effectuées sous le régime de la TVA (V. **Terrain à bâtir**, **Terrain non constructible**, **Immeuble à construire**, **Immeuble inachevé**, **Immeuble neuf**, **Immeuble ancien-TVA**, **TVA immobilière**).

a) Vente réalisée par une collectivité ou une personne publique non assujettie

1800 **Application des droits de mutation.** Les ventes réalisées par une collectivité ou une personne publique non assujetties n'entrent pas dans le champ d'application de la TVA et sont soumises aux droits de mutation selon le droit commun (V. **Vente d'immeuble**).

1801 **Exception. Cas des immeubles neufs. Solution périmée.**
➤ V. **Immeuble à construire**.

b) Vente réalisée par une collectivité ou une personne publique assujettie

1802 Nous supposons ici, que la collectivité ou la personne publique concernée a la qualité d'assujettie et au surplus qu'elle « agit en tant que telle », ce qui conditionne l'application de la TVA immobilière (V. **TVA immobilière**).

1803 **Terrains.**

➤ Les collectivités publiques étant soumises au droit commun, V. **Terrains à bâtir**.

1804 **Immeuble achevé depuis moins de cinq ans.** Cette vente, réalisée par une collectivité ou une personne publique assujettie en tant que telle, est passible de la TVA sur le prix total de la vente. La TVA est due par la venderesse et payée sur imprimé CA 3.

L'acquéreur est débiteur de la taxe de publicité foncière à 0,71498 %, liquidée sur le prix de vente hors taxes (V. **Immeuble neuf**).

1805 **Immeuble achevé depuis plus de cinq ans.** La vente, consentie par une collectivité ou personne publique assujettie, d'un immeuble achevé depuis plus de cinq ans est exonérée de la TVA.

Toutefois, la collectivité ou personne publique peut, selon le droit commun, opter en faveur de l'application de cette taxe. L'option doit être exercée dans l'acte de vente (V. **Immeuble ancien-TVA**).

III Collectivités publiques territoriales : vente de terrains à des personnes physiques

1806 **Suppression de ce régime fiscal particulier.** L'article 40 de la loi de finances pour 1999 (L. fin. 1999, n° 98-1266, 30 déc. 1998 : *JO* 31 déc. 1998, cf. ann. I) avait exclu du champ d'application de la TVA immobilière (CGI, art. 257-7, 7° ancien) les acquisitions de terrains effectuées par des personnes physiques en vue de la construction d'immeubles affectés à un usage d'habitation.

Toutefois, les collectivités territoriales ou leurs groupements avaient la possibilité de formuler une option pour soumettre volontairement à la TVA le prix de cession des terrains en cause.

L'article 260 de l'annexe II au Code général des impôts précisait les modalités d'exercice de cette option.

Ces dispositions ont été commentées dans une instruction du 17 mai 1999 (*BOI* 8 A-4-99).

Ce régime fiscal particulier a été supprimé à compter du 11 mars 2010 à la suite de la réforme de la TVA par la loi de finances rectificative pour 2010 (L. n° 2010-237, 9 mars 2010).

IV Cession aux collectivités publiques de terrains classés

1807 Le régime fiscal de ces opérations est traité au mot **Cession gratuite**.

Comité social et économique

Jacques LAFOND

1808 **Disparition et remplacement du « comité d'entreprise ».** Le comité d'entreprise et les comités d'établissement ont été institués par l'ordonnance du 22 février 1945 et la loi du 16 mai 1946 dans toutes les entreprises de cinquante salariés et plus. Ils ont été progressivement remplacés par le comité social et économique (CSE) depuis le 1er janvier 2018 et ont cessé d'exister légalement le 1er janvier 2020.

Un comité social et économique est mis en place au niveau de l'entreprise.

Des comités sociaux et économiques d'établissement et un comité social et économique central d'entreprise sont constitués dans les entreprises d'au moins cinquante salariés comportant au moins deux établissements distincts, énonce l'article L. 2313-1 du Code du travail.

Le comité social et économique d'établissement est doté de la personnalité civile (C. trav., art. L. 2316-25). Il en est de même pour le comité économique central (C. trav., art. L. 2316-13).

Ces organismes sont donc susceptibles d'avoir un patrimoine et de conclure des opérations immobilières.

Quel sera le régime de ces opérations du point de vue de la publicité foncière ? En l'absence de toute source officielle, on ne peut que s'interroger. Il nous a semblé utile de rappeler les diverses solutions admises à propos des comités d'entreprise, et qui pour certaines d'entre elles paraissent pouvoir être transposées.

I

Publicité foncière

1809 **Identification.** Les comités d'entreprise jouissaient de la personnalité morale et avaient donc un patrimoine qui leur est propre (C. trav., art. L. 2325-1 anc.). Le comité d'entreprise, qui comprenait le chef d'entreprise ou son représentant et un nombre de membres du personnel fixé par décret en Conseil d'État (C. trav., art. L. 2324-1 anc.) était valablement représenté par un de ses membres désigné à cet effet.

Les comités d'entreprise n'avaient pas de dénomination particulière. Ils ne s'identifiaient que par référence à la collectivité à laquelle ils se rattachaient. C'est donc l'identification de cette collectivité qui formait l'élément essentiel de leur identification (*Bull. AMC* 1980, art. 1196).

On y ajoutait leur dénomination, leur siège et la mention des textes par référence auxquels il avait été créé (Bulté, chron. hyp. : *JCP* N 1968, prat. 4345).

➤ Sur les règles concernant l'identification des personnes morales, V. **Identification des personnes**.

1810 **Inscriptions.** Les inscriptions prises au profit d'un comité d'entreprise obéissaient aux règles de droit commun (sur l'identification du comité, V. n° **1809**).

1811 **Mainlevées.** Les comités d'entreprises avaient qualité pour consentir mainlevée contre paiement des inscriptions qui leur profitaient (cf. *Précis CML*, 2e éd., n° 1255).

La radiation de l'inscription hypothécaire prise par le comité d'entreprise paraissait devoir être effectuée par le conservateur intéressé sur le dépôt d'une expédition de l'acte authentique de quittance et mainlevée consentie par le représentant du comité délégué à cet effet et qui devait justifier de sa qualité et de ses pouvoirs.
Cet acte devait viser les textes du Code du travail précités (V. n° 1809) et contenir la désignation des parties conformément aux prescriptions des articles 5 et 6 du décret du 4 janvier 1955. Mais cette désignation n'avait pas à être certifiée (C. civ., art. 2430).
À l'appui de la mainlevée, il devait être produit une copie certifiée conforme de la délibération du comité prise à la majorité des membres présents, conformément aux dispositions de l'article L. 2325-18 ancien du Code du travail habilitant son représentant à consentir mainlevée après paiement de l'inscription hypothécaire garantissant le prêt. Il y était joint une copie délivrée par l'inspecteur du travail du procès-verbal de la dernière élection des membres de la délégation du personnel, élection qui ne devait pas être antérieure de plus de deux ans à la date de la délibération déléguant le représentant du comité, ainsi qu'une copie du règlement intérieur établi par le comité.

1812 **Comités inter-entreprises et institutions voisines.** Les règles qui précèdent paraissaient devoir s'appliquer également aux comités inter-entreprises (Bulté, chron. hyp. : *JCP* N 1968, prat. 4345) ou aux comités centraux d'entreprise ou comités d'établissements, qui ont également la personnalité civile (C. trav., art. L. 2327-12 anc.).

II
Régime fiscal

1813 **Régime fiscal de droit commun.** Depuis la suppression du régime de faveur prévu par l'article 713 du Code général des impôts, qui avait été déclaré applicable aux comités d'entreprises, ces organismes sont soumis au régime fiscal de droit commun.

1814 **Dons et legs.** Les dons et legs faits aux établissements publics charitables, aux sociétés mutualistes et à toutes sociétés reconnues d'utilité publique dont les ressources sont affectées à des œuvres d'assistance sont exemptés des droits de mutation à titre gratuit (CGI, art. 795-4°). Les dons et legs consentis à des comités « entreprise avaient été admis par mesure libérale au bénéfice de ce régime de faveur » (Sol. 7 mars 1955 : *BOI*, 6836).
À défaut d'exonération particulière, la publication s'opérant au service de la publicité foncière donnait lieu à la perception de la taxe de publicité foncière au taux de 0,70 % (0, 71498 % avec les perceptions additionnelles) et à la perception de la contribution de sécurité immobilière au tarif proportionnel.

Command

Jacques LAFOND

Sommaire analytique

Index alphabétique

1815 **Plan.** Après quelques généralités (I), nous nous pencherons sur la taxation des mutations affectées d'une déclaration de command (II) en faisant une place à part aux mutations soumises à la TVA (III). Puis nous examinerons des solutions diverses (IV).

I

Généralités

1816 **Définition et mécanisme.** L'acquéreur d'un immeuble peut se réserver dans le contrat de vente la faculté d'élire command, c'est-à-dire le droit de désigner dans un certain délai une tierce personne, son « command » ou son « ami », qu'il ne fait pas connaître pour le moment et qui prendra le contrat à son compte. L'indication que l'acquéreur fait de cette tierce personne qui devra prendre sa place constitue la déclaration de command ou d'ami. Lorsqu'elle est faite dans le délai fixé par la loi, cette déclaration s'incorpore à l'acte de vente et ne forme avec lui qu'un seul et même tout (BOI-ENR-DMTOI-10-10-30-30, n° 1).

Il n'est nullement nécessaire que l'acquéreur soit dans l'incertitude relativement au choix qu'il fera, ni même qu'il laisse ignorer au vendeur la personne qu'il élira : la réserve de déclarer command peut être faite en faveur d'une personne désignée (*Dict. enr.*, n° 1142).

1817 **Champ d'application.** Les adjudications sur saisie immobilière (à la différence des ventes amiables sur autorisation judiciaire, assimilées à des ventes volontaires) ne peuvent aujourd'hui donner lieu à déclaration de command (CPC ex., art. L. 322-8).

1818 **Effets.** Lorsque la déclaration de command a été acceptée et ratifiée par celui au profit duquel elle a été faite, l'acquéreur est censé n'avoir jamais acquis, n'avoir jamais traité avec le vendeur et n'avoir contracté aucune obligation : le command est réputé propriétaire dès la date de la vente (Maguéro, *Traité alphabétique des droits d'enregistrement*, V° Command, n° 1).

1819 La déclaration de command qui intervient dans les conditions prévues par le contrat de vente ou le cahier des charges ne constitue donc pas en droit civil une revente mais l'acquisition faite par une personne pour le compte d'un tiers dont elle est le prête-nom (Maguéro, *op. cit.*). Mais cette analyse n'est admise par l'administration fiscale que sous certaines conditions. Si ces conditions sont remplies, la déclaration de command n'entraînera que la perception d'une taxe fixe de publicité foncière ; dans le cas contraire, il y aura mutation à titre onéreux.

1820 **Publicité foncière : établissement d'un document d'arpentage.** Lorsque l'acquéreur d'un immeuble situé dans une commune à cadastre rénové s'est réservé la faculté d'élire command, et qu'effectivement une déclaration de command pour partie seulement intervient dans les formes, délais et conditions prévus par la loi, il a été admis, en raison de l'impossibilité pratique dans laquelle se trouvent les intéressés de fournir un document d'arpentage et d'obtenir, avant l'établissement des actes à publier, les numéros des nouvelles parcelles résultant de la division, que ces numéros fussent demandés au Service du cadastre après la date de la déclaration de command, sans que cette manière de procéder puisse constituer un obstacle à l'accomplissement ultérieur de la publicité foncière au service compétent (Rép. min. : *JOAN* 24 juill. 1956, p. 3540 ; *JCP* N 1956, IV, 2276).

Il demeure bien entendu, dans cette hypothèse, que la substitution de nouveaux numéros, issus de la division, à l'ancien numéro figurant dans l'acte de vente et dans la déclaration de command pour partie, devra être relatée, préalablement à la réquisition de la formalité au service de la publicité foncière intéressé. Cette précision indispensable pourra résulter, soit d'une attestation notariée rédigée par acte distinct, soit d'une mention complémentaire ajoutée par le rédacteur de l'acte.

II Taxations

CGI, art. 686. – *(Texte en vigueur à compter du 1er janvier 2006)* Les déclarations ou élections de command ou d'ami, par suite d'adjudication ou contrat de vente de biens immeubles sont assujetties à une imposition fixe de 125 € lorsque la faculté d'élire command a été réservée dans l'acte d'adjudication ou le contrat de vente et que la déclaration est faite par acte public et notifiée dans les vingt-quatre heures de l'adjudication ou du contrat.

Si la déclaration est faite après les vingt-quatre heures de l'adjudication ou du contrat, ou lorsque la faculté d'élire un command n'y a pas été réservée, les déclarations ou élections de command ou d'ami prévues au premier alinéa, sont assujetties à l'impôt aux taux prévus par le présent code.

1821 La perception de la taxe fixe de publicité foncière prévue par l'article 686 du Code général des impôts est subordonnée à certaines conditions (A). Si elles ne sont pas remplies, la déclaration de command sera traitée comme une deuxième mutation (B).

A Cas où la taxe fixe est seule due

1822 Il résulte du mécanisme décrit par l'article 686 du Code général des impôts que la vente qui s'opère du vendeur sur la tète de l'acquéreur est passible du droit de vente dans les conditions ordinaires, mais que la déclaration de command produit un simple effet déclaratif et non translatif et n'est assujettie qu'au droit fixe (Pilon, *Principes des droits d'enregistrement,* n° 335).

L'application de la taxe fixe est cependant subordonnée à certaines conditions (1). Après les avoir rappelées, nous examinerons les perceptions opérées (2).

1 Conditions d'application de la taxe fixe

1823 Énumération. *Le Bulletin officiel* (*BOFiP*) indique à ce sujet :

> « La déclaration de command faite par acte séparé n'est soumise qu'à la taxe de publicité foncière au taux fixe. Toutefois, cette perception est subordonnée à l'accomplissement des conditions suivantes :
> – la faculté de déclarer command a été réservée dans l'acte de vente ou dans l'adjudication ;
> – la déclaration est faite par acte public. Toutefois, elle pourrait être faite par acte sous seing privé, si cet acte était déposé avant l'expiration du délai (imparti par la loi), dans une étude de notaire avec reconnaissance de signatures ;
> – la déclaration doit être notifiée à l'administration dans les vingt-quatre heures de la vente ou de l'adjudication (BOI-ENR-DMTOI-10-10-30-30-20, n°s 10 et 20) ».

Nous reprendrons ci-dessous en détail les conditions requises, qui doivent toutes être remplies, et qui tiennent à la nature du contrat (*a*), à l'existence dans l'acte d'une réserve expresse de déclarer command (*b*). En outre, cette déclaration doit être acceptée (*c*), être faite dans des formes particulières (*d*) et être l'objet d'une notification dont les modalités sont réglementées (*e*).

a) Nature du contrat

1824 Champ d'application du texte. Bien que l'article 686 du Code général des impôts ne prévoie expressément que les adjudications et les contrats de vente, il est admis que ce texte s'applique également :

– aux baux... ;

– aux ventes judiciaires comme aux ventes volontaires... ;

– aux licitations... ;

– aux dations en paiement (V. références citées par Maguéro, V° Command, n° 5).

b) Réserve expresse de déclarer command

1825 Formes. Le contrat de vente doit contenir la réserve expresse d'élire command. Mais en l'absence de toute forme spéciale et de toute expression sacramentelle, cette réserve peut se déduire des termes du contrat, par exemple, si le vendeur impose des conditions spéciales dans le cas où l'acquéreur déclarerait command (Délib. 29 mars 1839 : *Journ. enr.*, 13349-4) ou encore si le cahier des charges d'une adjudication porte que l'adjudicataire « aura le droit de déclarer command s'il s'en réserve la faculté dans le procès-verbal de l'adjudication », cette clause équivalant à la réserve du droit d'élire command (Avignon, 28 juin 1898. – *Contra* Cônes, 14 mars 1892 : V. Maguéro, V° Command, n° 9).

La réserve peut être formulée dans n'importe quelle partie du contrat, mais non après sa clôture (Délib. 12 mai 1926. – Déc. min. Finances, 11 avr. 1921 ; 6 févr. 1822 : *Journ. not.* 3990 ; Maguéro, *op. cit.*, n° 9. – V. pour le cas où la réserve avait été insérée à la suite de l'acte immédiatement après la signature des parties, T. com. Angers, 5 août 1836 : *Journ. enr.*, 11895. – T. com. Abbeville, 25 janv. 1842 : *Journ. enr.*, 12942).

La réserve doit être formulée soit dans l'acte de vente, soit dans le cahier des charges préalable à une adjudication, soit dans le procès-verbal d'adjudication (T. com. Nancy, 30 mars 1819. – Déc. min. Finances, 25 juin 1819).

1826 Réserve dans un acte antérieur ou postérieur. La réserve faite dans un acte antérieur à la vente est inopérante (T. com. Strasbourg, 17 janv. 1849 : *Journ. enr.*, 14860). De même si elle est faite dans un acte postérieur à l'acte translatif.

Ainsi, lorsqu'une vente sous seing privé parfaite ne renfermant aucune réserve de déclarer command est convertie plusieurs mois après en une vente par acte authentique qui contient une semblable réserve et qu'effectivement de nouveaux acquéreurs sont désignés par l'acheteur originaire, la réserve tardive est sans effet et deux droits de mutation sont exigibles (Montmorillon, 6 avr. 1921 : *Rev. enr. et imp.*, 7783. – V. également Seine, 16 juin 1842 : *Journ. enr.*, 13017. – Pontoise, 30 juin 1862 : *Journ. enr.* 17571. – Narbonne, 29 juill. 1908 : *Rev. enr. et imp.*, 4846 ; Maguéro, V° Command, n° 14).

1827 Élection dans l'acte de vente. La nécessité de la réserve n'existe qu'autant que la déclaration est distincte de la vente proprement dite. Elle n'est donc pas nécessaire lorsque cette déclaration est faite dans l'acte principal (T. com. Seine, 29 mars 1843 : *Journ. enr.*, 13367. – Sol. 12 août 1953).

1828 **Disposition dépendante.** La réserve de déclarer command, insérée dans un acte de vente, constitue une disposition dépendante qui ne donne ouverture à aucun droit particulier (Maguéro, *op. cit.*, n° 16, réf. citée).

c) Acceptation de la déclaration

1829 **Situation en l'absence d'acceptation.** Tant que la déclaration de command n'est pas acceptée, le commandé reste propriétaire du fonds. Il est débiteur du prix et des droits de mutation et demeure engagé comme s'il eût acheté pour un tiers connu et désigné mais qu'il n'a pas encore ratifié.

Mais quand il y a eu acceptation, l'adjudicataire n'est pas responsable des droits, même si le command est insolvable.

1830 **Acceptation de la déclaration.** Selon une réponse ministérielle, donnée sous réserve de l'appréciation des tribunaux, il apparaît que l'accord du command doit intervenir au plus tard dans le délai de la déclaration de command. En pratique d'ailleurs, l'accord du command ne figure généralement que dans l'acte notarié de déclaration de command (Rép. Min. Économie et Finances à Mme Beaudeau : *JO* Sénat CR, 2 avr. 1998, p. 1055, n° 4010).

d) Forme de la déclaration

1831 **Nécessité d'un « acte public ».** La déclaration doit être faite par acte public, c'est-à-dire par acte notarié ou par acte administratif (Instr. n° 1219, § 1). Toutefois, elle pourrait être faite par acte sous seing privé, si cet acte était déposé avant l'expiration du délai indiqué ci-dessous, dans une étude de notaire avec reconnaissance de signatures (BOI-ENR-DMTOI-10-10-30-30, n° 20).

Par contre, le pouvoir donné à l'acquéreur à un tiers de déclarer command peut être donné par acte sous seing privé, et même par une simple lettre (Sol. 20 avr. 1821).

e) Notification de la déclaration

1832 **Forme de la notification.** Le seul mode régulier de la notification est sa signification par acte d'huissier. Il était admis cependant que cet acte pouvait être remplacé par la présentation de la déclaration de command à la formalité dans les vingt-quatre heures de la vente (Doc. adm. DGI, 7 C-133, n° 2, 1er oct. 2001). Cette solution a été reprise au *BOFiP* (BOI-ENR-DMTOI-10-10-30-30, n° 20).

1833 **Harmonisation avec les règles de la formalité fusionnée.** La déclaration de command est soumise à la formalité fusionnée. Pour qu'elle bénéficie de l'application de la taxe fixe, il faudrait, à défaut de notification par acte d'huissier au service de la publicité foncière compétent, que la formalité fusionnée soit requise dans le délai de vingt-quatre heures précité. Or, dans beaucoup de cas, ce délai ne peut pas être respecté par suite de la distance qui sépare le service compétent du lieu de résidence du rédacteur de l'acte.

C'est pourquoi il est admis que la taxe fixe est applicable, toutes autres conditions étant supposées remplies, dans l'une des situations ci-après :

– la déclaration de command est présentée à la formalité fusionnée, avec l'adjudication ou le contrat de vente, dans le délai de vingt-quatre heures ;

– elle est notifiée par acte d'huissier, dans ce même délai, au bureau compétent (si plusieurs bureaux sont compétents, il suffit que la notification soit faite à celui qui est chargé de percevoir les droits) ;

– elle est notifiée par acte d'huissier, dans le délai susvisé, au service des impôts de la résidence du rédacteur de l'acte (la justification de cette notification doit alors être fournie lors de l'exécution de la formalité fusionnée) ;

– la déclaration de command est enregistrée, à ce service des impôts, dans le délai de vingt-quatre heures : la formalité est effectuée moyennant paiement du droit fixe (actuellement 125 €) et la publication ultérieure de cet acte, lors de la présentation à la formalité fusionnée de l'adjudication ou du contrat de vente, ne donne lieu à aucune perception particulière au profit du Trésor (BOI-ENR-DMTOI-10-10-30-30, n° 30).

1834 **Élection dans l'acte de vente.** La déclaration de command contenue dans l'acte même de vente ne donne ouverture à aucun droit et sa notification à l'administration n'est pas nécessaire (BOI-ENR-DMTOI-10-10-30-30, n° 20).

Mais la déclaration faite immédiatement après la vente et rédigée à la suite de cet acte forme un acte distinct qui doit être notifié dans le délai (T. com. Abbeville, 25 janv. 1842 : *Journ. enr.*, 12942).

1835 **Délai de la notification.** La déclaration de command doit être faite et notifiée dans les vingt-quatre heures de l'adjudication ou de la vente (CGI, art. 686).

Ce délai court à compter de la date du contrat et non de son enregistrement.

Si l'heure du contrat n'est pas indiquée, la notification peut être faite dans toute la journée du lendemain.

Le délai de vingt-quatre heures doit être calculé d'heure à heure ; si l'heure du contrat n'est pas indiquée, la notification peut être faite dans toute la journée du lendemain (BOI-ENR-DMTOI-10-10-30-30, n° 20).

En cas d'adjudication répartie sur plusieurs séances, le délai court de la clôture de chaque séance pour les biens qui y ont été adjugés (Sol. 10 juin 1886 et Sol. 23 juin 1900 : Maguéro, n° 25-1).

1836 **Acte passé sous condition suspensive.** Un arrêt de la Cour de cassation rappelle qu'il résulte des dispositions combinées des articles 676 et 686 du Code général des impôts que l'exigibilité des droits de mutation afférents à un acte passé sous condition suspensive est subordonnée à la réalisation de cette dernière. Dès lors que la déclaration de command prévue dans l'acte a été faite dans le délai fixé par la loi, elle forme un tout indivisible avec celui-ci, de sorte que l'obligation de la notifier à l'administration fiscale se trouve suspendue jusqu'à la réalisation de la condition suspensive (Cass. com., 11 mars 2014, n° 13-12.469 : *Bull. civ.* 2014, IV, n° 44 ; *JurisData* n° 2014-004417).

1837 **Expiration du délai.** Si le lendemain de la vente est un jour de fermeture des bureaux, il n'est pas compté dans ce délai (BOI-ENR-DMTOI-10-10-30-30, n° 20). Ainsi, lorsque la vente ou l'adjudication a lieu la veille d'un jour de fête légale, le délai de vingt-quatre heures n'expire que le lendemain du jour férié (Cass., 13 mars 1838 : *Journ. enr.*, 12011. – Sol. 12 juin 1895 : *Journ. enr.*, 25334).

Cette règle s'applique quand le délai vient à expiration un jour de fermeture du service de la publicité foncière, même si cette fermeture n'a lieu que l'après-midi, à moins que l'acte de vente ne soit daté avant midi.

Il est à signaler que la notification par acte d'huissier peut être faite après la fermeture du bureau, pourvu qu'elle le soit pendant la durée légale du jour (Instr. n° 1219, § 1. – Délib. 12 août 1833 et 31 déc. 1834. – *Journ. not.*, art. 8209 et 8337).

1838 **Acte de vente affecté d'une condition suspensive.**

➤ V. solutions diverses, nos 1844 et s.

2 Perceptions

1839 **Taxe de publicité foncière. Contribution de sécurité immobilière.** Lorsque les conditions ci-dessus sont réunies, il sera perçu :

– la taxe fixe de publicité foncière (au taux actuel de 125 €. – CGI, art. 686, al. 1er) ;

– et la contribution de sécurité immobilière au taux fixe si la déclaration de command faite par acte séparé est publiée en même temps que l'acte principal (*JCP* N 1962, chron. hyp. 3371).

Si la publication n'est pas concomitante, la contribution de sécurité immobilière au taux proportionnel sera perçue.

Si la déclaration de command est incluse dans l'acte publié, il n'y aura ni perception de taxe, ni perception de contribution de sécurité immobilière.

Si la déclaration de command n'est pas faite et publiée dans les vingt-quatre heures de l'acte de vente ou d'adjudication, ou si elle n'est pas notifiée dans ce même délai par exploit d'huissier au service compétent, elle est considérée comme constituant une nouvelle mutation (V. n° 1840).

La contribution de sécurité immobilière au taux proportionnel est donc perçue sur la nouvelle vente.

Les attributions du conservateur des hypothèques sont transférées à compter de la même date au « service de la publicité foncière » (V. **Service de la publicité foncière**).

B Cas d'exigibilité de l'impôt de mutation

> **CGI, art. 686, al. 2. –** Si la déclaration est faite après les vingt-quatre heures de l'adjudication ou du contrat, ou lorsque la faculté d'élire un command n'y a pas été réservée, les déclarations ou élections de command ou d'ami prévues au premier alinéa, sont assujetties à l'impôt aux taux prévus par le présent code.

1840 **Double taxation.** Lorsqu'une des conditions indiquées ci-dessus n'est pas remplie, la déclaration de command donne ouverture, en vertu de l'article 686, alinéa 2, du Code général des impôts, à la taxation proportionnelle propre aux ventes d'immeubles (Quimperlé, 19 mai 1934 : *Ind. enr.*, 2933).

L'administration va alors taxer non seulement la mutation qui s'est produite du vendeur originaire au commandé, mais également celle qui s'est opérée du prétendu commandé au prétendu command.

Le droit ne peut être cependant exigé que si la déclaration de command a été acceptée par le command (V. n° 1829). À défaut, il n'y a qu'une seule mutation : celle qui s'est opérée du vendeur originaire au commandé.

L'administration a dans tous les cas le droit de rechercher si l'acte considéré constitue une vente unique avec déclaration de command ou déguise une double mutation (Cass. civ., 23 nov. 1948 : *Ind. enr*, 6739 ; *BOI*, 5125).

C Paiement des droits

1841 **Obligations de l'acquéreur.** L'acquéreur est redevable des taxes ou droits exigibles sur la vente tant que le command n'a pas accepté l'élection.

À compter de cette acceptation, l'acquéreur se trouve déchargé de toutes obligations à cet égard, que le command soit solvable ou insolvable (*Journ. enr.*, 1128. – Instr. n° 290, n° 17).

III Mutations soumises à la TVA

1842 **Absence de texte.** L'article 257-I du Code général des impôts soumet à la TVA toutes les acquisitions de terrains concourant à la production ou à la livraison d'immeubles, quelle que soit l'affectation de ces derniers. Aucune disposition de ce texte ne prévoyant une exonération de taxe pour l'élection de command, l'administration entend considérer qu'il y a en toute hypothèse deux opérations imposables lorsqu'un command est désigné par l'acquéreur initial. Il s'ensuit qu'en aucun cas la déclaration de command n'est prise en considération, même si elle intervient dans les vingt-quatre heures de la réalisation de la condition suspensive affectant un contrat de vente (Rép. min. Charret, député : *JOAN* CR, 18 sept. 1965, p. 3232, n° 13705 ; *BOE* 1965, 9582. – Doc. adm. DGI, 8 A-1131, n° 5, 15 nov. 2001). Mais si les deux actes sont présentés simultanément à la formalité, il n'y a lieu de percevoir la TVA qu'à raison de la seconde transmission (*BODGI* 8 A-10-78, *in fine*). Cette solution, rappelée par la documentation administrative dans la série 8 A (Doc. adm. DGI, 8 A-1131, n° 5, 15 nov. 2001), non reprise au *BOFiP* paraît toujours d'actualité.

1843 **Restitution ou imputation de la TVA.** En dehors de ce cas, il faut remarquer que, nonobstant la dualité d'opérations imposables, l'élection de command a pour effet d'annuler la cession consentie par le vendeur au commandé et que la taxe perçue à raison de cette cession doit être, en vertu de l'article 272 du Code général des impôts, soit imputée sur l'impôt dû pour les affaires réalisées ultérieurement, soit restituée si la personne qui l'a acquittée a cessé d'y être assujettie (Rép. min. Finances, 2 avr. 1978 : *Ind. enr.*, 13159). Cette solution, rappelée par la documentation administrative dans la série 8 A (Doc. adm. DGI, 8 A-1131, n° 5, 15 nov. 2001), non reprise au *BOFiP* paraît toujours d'actualité.

IV Solutions diverses

1844 **Licitation.** Il faut distinguer :
– si la déclaration de command est faite au profit d'un colicitant : depuis l'application du régime fiscal de faveur institué par la loi du 26 décembre 1969 (V. **Licitation**), il conviendra d'appliquer la taxation prévue à l'article 750 du Code général des impôts en distinguant selon que l'opération s'analyse en licitation de biens dépendant d'une succession ou d'une communauté conjugale ou en licitation d'autres biens ;
– si la déclaration de command est faite par un colicitant : si le commandé est un colicitant qui élit command au profit d'un étranger, il n'y a pas licitation mais vente.

1845 **Promesse de vente acceptée par acte de commissaire de justice.** Lorsqu'une promesse de vente a été acceptée par acte d'huissier (aujourd'hui : commissaire de justice), la vente étant ultérieurement réalisée par acte authentique, le tribunal d'Évreux avait jugé que la déclaration de command faite dans les vingt-quatre heures de ce dernier acte donnait ouverture au droit proportionnel (8 janv. 1935 ; *Ind. enr.*, 2987 ; *Rev. enr. et imp.*, 10587). Mais ce jugement a été cassé, la Cour de cassation estimant que le transfert de propriété s'était opéré seulement à la date de l'acte de réalisation (Cass. civ., 1er juill. 1947 : *Ind. enr.*, 6109). Dans un arrêt postérieur, la Cour de cassation énonce qu'en cas d'acquisition d'un immeuble sous condition suspensive, le délai dont dispose l'acquéreur pour notifier à l'administration la déclaration de command ne commence à courir qu'à compter de la réalisation de la condition suspensive, étant rappelé que l'exigibilité des droits de mutation est subordonnée à la réalisation de la condition (Cass. com., 11 mars 2014, n° 13-12.469 : *Bull. civ.* 2014, III, n° 44 ; *JCP* N 2014, n° 27-1243 et la note. – Solution reprise au BOI-ENR-DMTOI-10-10-30-30, n° 40).

1846 **Vente sous condition suspensive.** Dans le cas d'une vente sous condition suspensive, la déclaration de command doit être faite dans les vingt-quatre heures de l'acte conditionnel et non dans les vingt-quatre heures de l'acte de réalisation. Telle est la position de l'administration fiscale (Rép. min. Finances, 18 sept. 1965, préc. : *Ind. enr.*, 11043) dont la doctrine a été consacrée par la jurisprudence (Cass. com., 8 avr. 2008, n° 07-12.229 : *RJF* 7/2008, n° 898. – V. précédemment Rodez, 17 juin 1931 : *Rev. enr.*, 9622 ; *Ind. enr.*, 2067).

Commodat (prêt à usage)

Jacques LAFOND

BIBLIOGRAPHIE : E. Cruvelier, *Le prêt à usage (commodat) en droit fiscal : JCP* N 2012, n° 28-1298. – F. Delorme, *Prêt à usage : immeuble non bâti à usage agricole, proposition de formule : Defrénois* 2016, n° 21, p. 1146. – H. Leyrat, *Le recours au commodat en gestion de patrimoine : Sol. not.* 2022, n° 41, p. 16. – B. Pays, *Prêt à usage : quelle évolution ? : Ann. loyers* mai 2023, p. 27. – E. Cruvelier, *Incidences fiscales du commodat immobilier : Loyers et copr.* juill.-août 2023, étude 7.

1847 **Publicité foncière.** Le contrat de « commodat » ou « prêt à usage », qui n'a d'autre objet que de faire naître une obligation personnelle et mobilière, ne peut être considéré comme l'un des actes entrant dans le champ d'application des articles 28, 35 et 37 du décret du 4 janvier 1955 et n'est donc pas soumis à publication. Si un acte de cette nature était présenté en vue de la publication, en raison de l'intérêt que cette publication peut présenter pour les tiers et pour la sécurité des conventions immobilières, une réponse du ministre de la Justice à M. Bouchaucourt (*JOAN* CR, 26 févr. 1972, p. 441, n° 20777 ; *JCP* N 1972, IV, 5187) estime que le conservateur des hypothèques (aujourd'hui, le service de la publicité foncière) serait fondé à en refuser le dépôt. Cette réponse ne peut être approuvée car elle ne tient pas compte de l'arrêt de la Cour de cassation du 14 mars 1968 (*Bull. AMC* 1968, art. 734) qui précise qu'on ne peut pas faire grief au conservateur de publier un acte dont aucun texte ne prévoit la publication à titre obligatoire ou facultatif, lorsqu'il n'existe pas de dispositions qui prévoient le refus du dépôt ou le rejet de la formalité. C'est donc la solution inverse qui doit prévaloir : il ne serait pas permis au conservateur (aujourd'hui, au service de la publicité foncière) de refuser le dépôt, puisque ce refus ou ce rejet n'est prévu par aucun texte législatif... Telle était d'ailleurs la doctrine de l'association mutuelle des conservateurs, telle qu'elle résultait du commentaire de la réponse du 26 février 1972 (*Bull. AMC* 1972, art. 900).

1848 **Taxation.** Pour compléter la précédente réponse, il a été précisé que, si l'acte notarié de prêt à usage conclu pour la durée de la vie de l'emprunteur sans que le prêteur puisse demander la restitution de l'immeuble constitue un véritable prêt à usage et s'il n'est donc pas établi que la convention s'analyse en une opération d'une autre nature, la publication de cet acte par un conservateur des hypothèques (actuellement : par un service de la publicité foncière) qui estimerait pouvoir en accepter le dépôt donnerait lieu à la perception de la taxe fixe de publicité foncière (actuellement taxe fixe de 25 € prévue à l'article 844 du Code général des impôts), ainsi qu'à celle du salaire proportionnel du conservateur (Rép. min. Bouchaucourt : *JOAN* CR, 15 juill. 1972, p. 205, n° 20777 ; *Bull. AMC* 1972, art. 918 ; *JCP* N 1972, IV, 5293), et donc actuellement à la contribution de sécurité immobilière au tarif proportionnel.

1849 En ce qui concerne la contribution de sécurité immobilière au tarif proportionnel, c'est la valeur du droit conféré – et non celle du bien sur lequel porte ce droit – qui doit servir d'assiette pour sa perception (V. antérieurement, pour la perception du salaire proportionnel du conservateur, chron. Chardonnal : *JCP* N 1983, prat. 8824).

Communauté entre époux

Serge LAMIAUX

Sommaire analytique

BIBLIOGRAPHIE : S. Lamiaux, *La règle de l'effet relatif des formalités au contact de la communauté conjugale* : *JCP* N 2013, n° 30-34-1197. Cette étude particulièrement approfondie explicite les raisons pour lesquelles les conservateurs des hypothèques ont jusqu'ici refusé d'appliquer rigoureusement la règle de l'effet relatif des formalités pour des opérations portant sur des biens communs ou mettant en cause les pouvoirs d'époux mariés sous un régime communautaire. V. aussi, du même auteur, *La règle de l'effet relatif des formalités au contact de la communauté conjugale : aspects pratiques* : *JCP* N 2013, n° 36-1208.

1850 **Plan.** Nous examinerons successivement les problèmes posés par les mutations immobilières (I), par les inscriptions hyothécaires (II), par les mainlevées d'inscriptions (III) et le cas de réunion de parcelles propres et communes sous un même numéro cadastral (IV) et par les constructions édifiées sur des terrains propres ou communs (V).

I Mutations immobilières

1851 Nous distinguerons les mutations à titre onéreux (A), les mutations à titre gratuit (B) et le cas d'attribution de communauté par convention de mariage (C).

A Mutations à titre onéreux

1 Acquisitions

1852 **Principe.** Pour la création d'une fiche personnelle, le service de la publicité foncière doit s'en tenir aux énonciations du document déposé relatif à l'indication des acquéreurs sans rechercher la situation juridique réelle des immeubles acquis (*Rép. alph. enreg.*, V° Hypothèques, L. III, n° 35). En conséquence il ne créera des fiches personnelles qu'au nom des époux énoncés comme propriétaires dans les actes d'acquisition (D. 14 oct. 1955, art. 5-2). Cette règle a pour but d'éviter que le service de la publicité foncière s'érige en juge du fond du droit (*Rép. alph. enreg.*, V° Hypothèques, L. III, n° 653).

1853 **Acquisition par les deux époux.** Lorsque dans un acte de vente, deux époux sont portés comme acquéreurs, l'acquisition est répertoriée exclusivement sur la fiche personnelle du mari : un simple renvoi à cette fiche est effectué sur la fiche personnelle de la femme (*Rép. alph. enreg.*, V° Hypothèques, L. III, n° 36. – Chron. hyp. : *JCP* N 1981, IV, 8013, E.C. – Sur le cas particulier d'application de l'article 1408 du Code civil, V. n° 1619).

1854 **Acquisition par un époux.** Lorsque l'acquisition est faite par un seul des époux, quel que soit le régime matrimonial et *a fortiori* en l'absence de toute indication, une fiche personnelle est créée au nom de l'époux acquéreur seulement *Rép. alph. enreg.*, V° Hypothèques, L. III, n° 39 ; *JCP* N 1981, IV, 8013, chron. E. C). Si cet époux a déclaré explicitement qu'il agit pour le compte de la communauté, l'annotation de la fiche sera complétée de l'indication « pour le compte de la communauté » (chron. hyp. : *JCP* N 1981, IV, 8013, E. C).

1855 **Acquisition à titre de licitation par un époux.** L'acquisition faite à titre de licitation pendant le mariage d'une portion d'un immeuble dont l'un des époux était propriétaire par indivis, ne forme point un acquêt sauf la récompense due à la communauté pour la somme qu'elle a pu fournir (C. civ., art. 1408). Cette disposition présente au plan juridique un caractère impératif. Le fait que le conjoint originairement copropriétaire figure à l'acte d'acquisition des parts indivises en qualité de coacquéreur demeure sans incidence sur la nature du bien acquis qui revêt un caractère propre (Cass. 1re civ., 13 oct. 1993).

Nonobstant cette jurisprudence, lorsque les époux déclarent acquérir les droits indivis pour le compte de la communauté, le service de la publicité foncière n'a pas à se faire juge de la validité d'une telle acquisition et doit s'en tenir aux énonciations du document déposé relatives à l'indication des acquéreurs sans rechercher la situation juridique réelle des immeubles acquis (D. 14 oct. 1955, art. 5, § 2. – *Rép. alph. enreg.*, V° Hypothèques, L. III, n° 35).

Dès lors, il est tenu de créer une fiche personnelle au nom de chacun des époux à moins qu'un seul d'entre eux ne comparaisse à l'acte et que l'identité de l'autre ne soit pas certifiée (V. Bulté : *JCP* N 1963, n° 3617).

En cas d'aliénation par l'époux propriétaire du bien acquis à titre de licitation à titre de propre, le service de la publicité foncière devra mettre à jour le fichier en fonction de la situation réelle résultant des énonciations du nouveau document à publier en vue de satisfaire à l'effet relatif des formalités.

2 Ventes

1856 **Immeuble acquis par un époux et aliéné par les deux.** Lorsqu'un immeuble a été acquis par un époux commun en biens et qu'il est aliéné par les deux époux, le principe de l'effet relatif des formalités devrait empêcher la publication de l'acte de vente en raison de la discordance entre le document soumis à publication et le titre antérieurement publié. En effet, seul l'époux acquéreur a été identifié au fichier immobilier. Mais l'acte de disposition contient une origine de propriété précisant les droits des époux et permettant d'annoter le fichier immobilier selon la situation juridique réelle des immeubles, et un rejet n'est donc pas justifié (*Rép. alph. enreg.*, V° Hypothèques, L. III, n° 654). Au surplus, cet acte devra contenir une certification d'identité de l'époux dont la fiche personnelle n'a pu être annotée lors de l'acquisition (chron. hyp. Bulté : *JCP* N 1973, prat. 5390, p. 31 et 32).

Peu importe que l'acte de revente indique ou non que l'immeuble vendu avait été acquis pour le compte de la communauté : dans tous les cas, un rejet ne serait pas fondé (*Bull. AMC* 1969, art. 768).

1857 **Immeuble acquis par les deux époux et aliéné par le mari seul.** En cas de vente par le mari d'un immeuble acquis conjointement par deux époux communs en biens, il n'y a pas lieu de refuser la publication au motif que la femme, qui apparaît au fichier comme copropriétaire, ne comparaît pas à l'acte. En pareil cas, la vente consentie par le mari seul ne devrait en principe être annotée que sur sa fiche personnelle. Toutefois, il est préférable de la mentionner également sur la fiche personnelle de la femme (*Bull. AMC* 1981, art. 1206). Cette annotation pourra intervenir dès lors que les identités des deux époux ont été certifiées (*Bull. AMC* 1999, art. 1798).

1858 Immeuble appartenant en propre au mari. Revente par les deux époux. Dès lors que le principe de l'effet relatif ne peut être appliqué strictement dans le cas de formalités intéressant deux époux, la comparution de la femme à l'acte de vente d'un propre du mari (recueilli dans une succession, au vu d'une attestation de propriété) ne peut entraîner de rejet. L'acte doit être publié sauf à ne pas annoter la fiche de la femme (*Bull. AMC* 1970, art. 805).

3 Saisies

1859 Saisie d'un immeuble acquis par deux époux communs en biens pratiquée contre le mari seul. Dans le cas où la saisie d'un immeuble acquis par deux époux communs en biens est pratiquée contre le mari seul, et si le procès-verbal d'adjudication ne fait pas état des droits de l'épouse, le service de la publicité foncière doit néanmoins publier, car il n'est pas juge du fond du droit. Seule la fiche du mari doit être annotée, sauf à ce que le signataire du certificat d'identité énonce et certifie l'identité de la femme dans une attestation qui sera annexée à l'expédition appelée à être conservée au service de la publicité foncière (*Bull. AMC* 1989, art. 1437. – V. aussi *Bull. AMC* 1969, art. 791).

B Mutations à titre gratuit

1 Acquisitions

1860 Époux mariés sous le régime de la communauté universelle. Un immeuble acquis à titre gratuit soit par voie de donation entre vifs, soit par voie successorale par un époux marié sous le régime de la communauté universelle, tombe dans cette communauté (C. civ., art. 1526) et le fichier immobilier doit être annoté à un moment ou à un autre pour constater cette situation.
Si l'acte de donation entre vifs ou l'attestation notariée contient toutes les énonciations nécessaires (état civil complet du conjoint de l'héritier), une fiche personnelle sera créée au nom du conjoint de l'héritier. Si ces renseignements font défaut, cette fiche personnelle ne sera pas créée (*Bull. AMC* 1996, art. 1733).

2 Donations

1861 Donation d'un immeuble commun par un époux. Intervention de l'autre époux pour donner son consentement sans être codonateur. Si la donation d'un immeuble commun est consentie par un époux seul, l'autre époux n'intervenant à l'acte que pour autoriser la donation, sans se porter co-donateur, le service de la publicité foncière n'est pas fondé à notifier un rejet. La possibilité existe en effet pour chacun des époux, de consentir la donation d'un bien commun avec le simple consentement de l'autre époux qui ne se porte pas co-donateur. Pour l'annotation du fichier, il convient en l'espèce de considérer comme disposants les deux titulaires des droits sur l'immeuble et corrélativement de transférer ces droits dans le patrimoine du donataire comme si la libéralité avait été faite par les deux époux (*Bull. AMC* 2005, art. 1882. – V. aussi *Bull. AMC* 1993, art. 1595 et *Bull. AMC* 1970, art. 830).

1862 Donation par un époux à son conjoint de la totalité de la nue-propriété d'un bien commun. Un époux fait donation de la totalité de la nue-propriété d'un bien commun à son conjoint, qui l'accepte expressément. Le service de la publicité foncière n'est pas fondé à rejeter la publication de l'acte de donation sur le fondement de l'article 34, § 3 du décret du 14 octobre 1955, au motif qu'une personne mariée sous le régime de la communauté ne peut disposer d'une quote-part supérieure à ses droits dans la communauté (*Bull. AMC* 2009, art. 1928).

C Attribution de communauté par convention de mariage

1863 Attestation notariée.
➤ Sur la nécessité de constater la transmission dans une attestation notariée, V. **Attestation notariée.**

1864 Biens immobiliers passibles de la TVA. Deux époux sont mariés sous un régime communautaire et ont passé une convention de mariage attribuant la totalité des biens communs au survivant. Ils sont propriétaires d'un immeuble achevé depuis moins de cinq ans. L'un des époux décède ; le conjoint survivant vend l'immeuble dont il est devenu plein propriétaire :
– la vente par le conjoint survivant doit être considérée comme la première vente après achèvement. Elle sera donc soumise à TVA (CGI, art. 257-7-2°), le redevable de la TVA étant le vendeur (CGI, art. 285-2). La taxe de publicité foncière sera en outre perçue sur la valeur hors taxe de l'immeuble ;
– l'époux survivant pourra exercer la totalité des droits à déduction de la TVA payée en amont lors de l'acquisition de l'immeuble ou de sa construction (Rép. min. Budget à M. Luc Dejoie : *JO* Sénat CR, 5 oct. 1995, p. 1898).

II Inscriptions hypothécaires

A Inscription contre les époux

1865 **Principes généraux.** Une hypothèque ne peut être prise sur des biens dépendant d'une communauté conjugale qu'avec le consentement des deux conjoints (C. civ., art. 1424).
Par contre, l'article 1428 du même code permet à un seul des époux communs de constituer une hypothèque sur un immeuble qui lui est propre, sauf lorsque cet immeuble constitue le logement de la famille (C. civ., art. 215).
Rien n'empêche, toutefois, un créancier pouvant prendre valablement inscription contre un seul des époux de faire intervenir l'autre époux s'il veut se prévaloir d'un droit éventuel contre le conjoint de son débiteur (V. *Bull. AMC* 1956, art. 272).

1866 **Rôle du service de la publicité foncière.** Le service de la publicité foncière qui n'est pas juge du fond du droit, n'a pas à rechercher quels sont les pouvoirs de chacun des époux sur les biens grevés (*Bull. AMC* 1969, art. 768 et 791 ; *ibid.* 1970, art. 805 ; *ibid.* 1972, art. 907. – V. Bulté, chron. hyp. : *JCP* N 1967, IV, 4189 et 4292 ; *JCP* N 1974, prat. 5641).
Il en a été déduit qu'il devait accepter, notamment, de formaliser une inscription prise contre un seul des deux époux sur un immeuble dépendant de la communauté (V. Bulté, *op. et loc. cit.*) ou contre les deux époux alors que, d'après le fichier, la présence d'un seul aurait été suffisante (*Bull. AMC* 1969, art. 768-III). Il doit en être ainsi *a fortiori* quand le régime matrimonial des époux n'est indiqué ni dans le bordereau ni dans l'acte d'affectation hypothécaire (*Bull. AMC* 1972, art. 907). Mais postérieurement, ces positions ont été nuancées (V. *infra*).
Une distinction doit être faite entre les inscriptions conventionnelles (1) et judiciaires ou légales (2).

1 Hypothèque conventionnelle

1867 **Inscription requise contre un seul des époux sur un bien commun.** L'article 1424 du Code civil dispose qu'une hypothèque ne peut être prise sur un bien commun qu'avec le concours de son conjoint.
Sur le plan hypothécaire, le conservateur (le « service de la publicité foncière » à compter du 1er janvier 2013. – V. **Service de la publicité foncière**) n'est pas juge de la validité de la sûreté prise sur un bien commun du chef d'un seul des époux. Il avait été déduit de ce principe qu'il devait donc accepter de formaliser une inscription prise contre un seul des époux sur un immeuble de communauté (*Bull. AMC* 1969, art. 768-III ; *ibid.* 1972, art. 907. – Bulté : *JCP* N 1974, prat. 5641).
L'association des conservateurs a ainsi admis qu'une inscription de privilège de vendeur ou une hypothèque conventionnelle puisse être prise contre l'un seulement des époux mariés sous un régime de communauté, dès lors que l'époux désigné en tant que débiteur avait comparu seul à l'acte d'acquisition, sans qu'il ait été spécifié qu'il s'agissait d'un emploi de biens propres (*Bull. AMC* 2001, art. 1832). La solution était justifiée par le fait que le conservateur devait s'en tenir aux dispositions de l'acte d'acquisition. Or, l'analyse fidèle de cet acte conduisait dans l'annotation du fichier à qualifier le seul époux comparant de propriétaire exclusif. Le conservateur, pour contrôler l'application du principe de l'effet relatif, doit en rester là, déclarait le Bulletin, alors même que cette qualification serait contraire à la loi civile.
Mais postérieurement, il a été décidé qu'un conservateur requis d'inscrire une hypothèque contre un seul époux alors qu'au fichier immobilier il apparaît que l'immeuble grevé a été acquis par les deux époux en tant qu'acquêt de communauté, devait opposer un rejet. Il y a en effet discordance dans la mesure où l'immeuble figure au fichier immobilier au nom de chacun des époux (*Bull. AMC* 2005, art. 1878).

1868 **Inscription requise contre les deux époux. Immeuble propre.** Deux époux communs en biens empruntent conjointement pour financer la construction d'un immeuble sur un terrain propre à l'un d'eux.
L'établissement prêteur exige une inscription hypothécaire sur l'ensemble immobilier bâti contre les deux époux co-emprunteurs.
Cet ensemble immobilier constitue un bien propre à l'époux propriétaire du terrain en application de l'article 1406 du Code civil.
Nonobstant ce caractère, le conservateur (le « service de la publicité foncière » à compter du 1er janvier 2013. – V. **Service de la publicité foncière**) est tenu de prendre l'inscription d'hypothèque ou de privilège sur cet immeuble contre les deux époux,

car il n'entre pas dans ses compétences de vérifier si les constructions revêtent un caractère propre ou commun. Dans le cas où une inscription est requise contre deux époux mariés sous un régime de communauté, la circonstance que l'immeuble grevé apparaîtrait comme n'étant la propriété que d'un seul des époux n'est pas une cause de rejet (*Bull. AMC* 1980, art. 1179).
Sur un plan général, il a été admis qu'une inscription peut être requise contre les deux époux sur un immeuble propre à l'un d'entre eux, dans la mesure où le créancier a un droit éventuel contre le conjoint de son débiteur (*Bull. AMC* 1968, art. 711 ; *ibid.* 1969, art. 768-III ; *ibid.* 1972, art. 907).
Dans une précédente chronique, le *Bulletin de l'association des conservateurs* avait conseillé d'accepter les inscriptions prises contre deux époux même lorsqu'un seul d'entre eux est propriétaire actuel de l'immeuble grevé, si l'inscrivant est en mesure de se prévaloir d'une disposition de nature à conférer à l'autre époux un droit éventuel de propriété sur l'immeuble en cause, ou encore lorsque la détermination de l'époux propriétaire de l'immeuble grevé est incertaine : ainsi lorsqu'il s'agit de deux époux de nationalité différente mariés sans contrat et qu'il y a difficultés à déterminer le régime légal applicable (*Bull. AMC* 1956, art. 272).

1869 Hypothèque conventionnelle consentie par un époux commun en biens seul avec intervention à l'acte de l'autre époux, sur la totalité de l'immeuble. Absence de solidarité exprimée. Si un époux commun en biens contracte un emprunt et affecte à sa garantie un immeuble commun, et que l'épouse intervient à l'acte pour donner son consentement à l'hypothèque sans se porter caution solidaire ni renoncer au bénéfice de discussion et de division, l'inscription peut être requise sur un bordereau unique désignant les deux époux comme « propriétaires grevés ». Elle est prise contre le mari en tant que « débiteur », et contre l'épouse en tant que « conjoint du débiteur ». La mention « débiteurs solidaires » n'a pas à être exigée par le service de la publicité foncière lorsque les propriétaires grevés sont des époux communs en biens et que cet état apparaît dans le bordereau (*Bull. AMC* 2009, art. 1920).

1870 Inscription garantissant un prêt consenti aux époux communs en biens. Bordereau unique. L'hypothèque conventionnelle garantissant un prêt consenti aux époux communs en biens peut être inscrite sur un bordereau unique. En effet, à la différence de l'indivision ordinaire, le régime de la communauté place les époux dans la même situation que le ferait une stipulation de solidarité (*Bull. AMC* 1973, art. 906. – V. **Bordereau d'inscription**).

1871 Changement de régime matrimonial. Deux époux communs en biens ont acquis un immeuble pendant le mariage. Ils ont adopté par voie de changement de régime matrimonial homologué judiciairement le régime de la séparation de biens pur et simple. Ce changement de régime n'a pas été publié dans les délais légaux à la conservation des hypothèques. Pour l'effet relatif des formalités, le bordereau d'inscription mentionne que l'immeuble était à l'origine commun et que les époux propriétaires ont changé de régime en vue de l'adoption de la séparation de biens pure et simple. Le conservateur (le « service de la publicité foncière » à compter du 1er janvier 2013. – V. **Service de la publicité foncière**) est tenu de régulariser l'inscription hypothécaire, les énonciations du bordereau satisfaisant aux obligations édictées par l'article 32 du décret du 14 octobre 1955 relatif à l'effet relatif des formalités (*Bull. AMC* 1973, art. 941).

2 Hypothèque judiciaire ou légale

1872 Inscription prise contre un époux : annotation du fichier. En application de l'article 44 du décret du 14 octobre 1955, les inscriptions de privilège ou d'hypothèque sont réputées intervenues du chef des personnes qui, d'après les énonciations du fichier immobilier, étaient propriétaires de l'immeuble grevé à la date à laquelle ces inscriptions ont été opérées.
En application de cette disposition, une inscription d'hypothèque judiciaire requise contre un époux devrait être mentionnée sur la fiche de chacun des époux lorsqu'elle grève un bien commun.
Lorsque l'inscription d'hypothèque judiciaire est requise contre l'un des époux après partage de l'immeuble commun et que cet immeuble est attribué à l'époux débiteur, l'inscription devrait, en application de l'article précité, être annotée sur la fiche personnelle de ce dernier mais également sur celle de son conjoint. Il a été décidé d'annoter uniquement la fiche de l'époux contre lequel elle a été requise car seules les fiches des personnes dont l'identité est certifiée, doivent être annotées (*Bull. AMC* 1983, art. 1292).

1873 Inscription requise contre un seul époux sur un immeuble commun. Effet relatif. Le conservateur (le « service de la publicité foncière » à compter du 1er janvier 2013. – V. **Service de la publicité foncière**) requis d'inscrire une hypothèque judiciaire ou légale contre un seul époux alors qu'au fichier immobilier il apparaît que l'immeuble grevé a été acquis par les deux époux en tant qu'acquêt de communauté, n'a pas à notifier un rejet. La désignation de l'immeuble seule est alors suffisante pour inscrire sur la totalité du bien commun dès lors que l'inscription requise par un tiers est conforme à la combinaison de l'article 1413 et de la législation particulière relative à la publicité foncière (*Bull. AMC* 2005, art. 1878).

B Inscription au profit des époux

1874 **Contenu des bordereaux.** Les bordereaux d'inscription déposés à la conservation des hypothèques au nom d'un seul époux devraient, en principe, comporter toutes énonciations permettant de déterminer si cet époux a le pouvoir d'agir sans que son conjoint intervienne.

Ces bordereaux devraient indiquer, notamment, si la créance garantie par l'inscription est propre au constituant ou, au contraire, est une créance de communauté et dans ce dernier cas, si la créance provient de la vente d'un immeuble.

Toutefois, le conservateur (le « service de la publicité foncière » à compter du 1er janvier 2013. – V. **Service de la publicité foncière**), qui n'a pas de recherches extrinsèques à effectuer et qui n'est pas juge de la validité au fond des actes qui lui sont présentés, ne saurait refuser d'effectuer l'inscription requise au motif que les indications justifiant la prise d'hypothèque par un seul des époux ne figurent pas dans les bordereaux ou qu'il n'apparaît pas, d'après les indications fournies par celui-ci, que l'époux signataire de l'acte avait la possibilité d'agir sans le concours de son conjoint (V. Bulté, chron. hyp. : *JCP* N 1974, prat. 5641).

III

Mainlevées d'inscriptions hypothécaires

1875 **Remarque.** Dans le système de radiation simplifiée actuellement en vigueur, le conservateur (le « service de la publicité foncière » à compter du 1er janvier 2013. – V. **Service de la publicité foncière**) ne vérifie ni l'état, ni la capacité, ni la qualité du débiteur, ni celle du créancier ayant donné au notaire son accord à la radiation (V. **Radiation simplifiée**).

➤ Sur les problèmes que posent la capacité et le pouvoir des époux dans le système traditionnel, V. **Mainlevée et radiation judiciaire** et le *JCl. Notarial Formulaire*, V° Mainlevée.

IV

Réunion de parcelles propres et communes sous un même numéro cadastral

1876 V. **Document d'arpentage**.

V

Constructions

1877 **Propriété des constructions.** Par application de la règle de *l'accessoire,* l'immeuble construit sur un terrain propre à l'un des époux est lui-même propre, celui construit sur un terrain commun est lui-même commun (*Dict. des Rédacteurs*, V° Constructions, n° 98).

1878 **Indemnisation du constructeur.** L'indemnisation du constructeur s'opère non pas par référence aux règles posées par l'article 555 du Code civil, mais sur le fondement de la théorie des récompenses.

Dans la mesure où « la valeur de la construction est supérieure à la dépense faite, le calcul de la récompense s'opérera par référence à l'alinéa 3 de l'article 1469 du Code civil (principe du profit subsistant) ».

VI

Subrogation

1879 V. **Subrogation**.

VII

Partage

1880 **Régime de faveur.** Les partages de communauté obéissent à un régime fiscal de faveur, exposé au mot **Partage**.

Commune

Neyla GONZALEZ-GHARBI

Sommaire analytique

Index alphabétique

Index alphabétique *(suite)*

I

Publicité foncière

A Publication des actes

1881 Authenticité des actes. Les maires, les présidents des établissements publics rattachés à une collectivité territoriale ou regroupant ces collectivités et les présidents des syndicats mixtes sont habilités à recevoir et à authentifier, en vue de leur publication au service de la publicité foncière, les actes concernant les droits réels immobiliers ainsi que les baux, passés en la forme administrative par ces collectivités et établissements publics. Lorsqu'il est fait application de la procédure de réception et d'authentification des actes mentionnée au premier alinéa, la collectivité territoriale ou l'établissement public partie à l'acte est représenté, lors de la signature de l'acte, par un adjoint ou un vice-président dans l'ordre de leur nomination (CGCT, art. L. 1311-13. – V. également pour le département de la Moselle et la Collectivité européenne d'Alsace, CGCT, art. L. 1311-14).

1882 Certification d'identité.
➤ V. **Certification d'identité**.

1883 Acquisition par une commune d'immeuble ayant fait partie du patrimoine de l'hôpital local. Si une commune acquiert un immeuble ayant fait partie du patrimoine de l'hôpital local, fusionné par un arrêté préfectoral avec un autre établissement de soins, alors que le transfert d'immeubles à ce nouvel établissement n'a pas été publié, l'acquisition ne peut être consentie que par le représentant régulièrement habilité de ce nouvel établissement. Si la dévolution du patrimoine de l'ancien hôpital au nouveau centre hospitalier n'a pas été publiée, il y aura lieu de procéder à la publication antérieurement ou concomitamment à celle de l'arrêté préfectoral, complété par la désignation des immeubles transférés (*Bull. AMC* 2004, art. 1965).

1884 Transfert de voies privées à la commune.
➤ V. **Voies de circulation**.

1885 Conditions dans lesquelles les communes, propriétaires de parcelles depuis des temps immémoriaux, peuvent procéder aux publications au fichier immobilier et au livre foncier. Il est fait exception au principe de « l'effet relatif » (V. **Effet relatif**) si le droit du disposant du dernier titulaire a été acquis sans titre, notamment par prescription ou par accession, ou si le titre est antérieur au 1er janvier 1956. Le document déposé doit contenir alors, à peine de refus, une déclaration en ce sens faite conformément aux dispositions de l'article 35 du décret n° 55-1350 du 14 octobre 1955. Sont concernées toutes les formalités intéressant les immeubles, sans distinguer suivant l'identité de leurs propriétaires. Sont aussi visés les actes concernant les parcelles communales. Toutes les communes propriétaires de parcelles depuis des temps immémoriaux peuvent ainsi effectuer les formalités de publication nécessaires. S'agissant des communes situées dans le département de la Moselle, du Bas-Rhin et du Haut-Rhin, l'article 44-1 de la loi n° 2002-306 du 4 mai 2002 autorise le juge du livre foncier, à la demande de tout intéressé, à inscrire le droit portant sur un immeuble acquis par prescription ou par accession (Rép. min. n° 91 901 : *JOAN* Q, 12 avr. 2011, p. 3630).

B Inscriptions

1886 Cession d'antériorité consentie par un maire en exécution d'une délibération du conseil municipal. Si le maire intervient dans un acte de vente pour consentir une cession d'antériorité au nom de la commune, la mention en marge ne peut être effectuée que si la réquisition indique les dates, volume et numéros des inscriptions concernées. Par ailleurs, le service de la publicité foncière est en droit d'exiger que la délibération d'habilitation soit relatée dans l'acte avec l'indication de son objet et de sa date, et qu'il soit fait état de sa publication ou de sa notification, ainsi que de sa transmission au représentant de l'État dans le département ou à son délégué dans l'arrondissement, qui atteste du caractère exécutoire de la délibération (CGCT, art. L. 2131-1 et L. 2131-2. – *Bull. AMC* 1990, art. 1444). Le maire peut, sous sa responsabilité, certifier le caractère exécutoire d'un acte (CGCT, art. L. 2131-1, I, al. 2).

1887 **Mainlevée.** Le conseil municipal a seul qualité pour passer les actes, même de simple administration, qui engagent la commune. Le maire ne possède aucun pouvoir propre. Il n'est que l'agent d'exécution des décisions du conseil municipal et ne peut agir que par délégation de ce dernier (Jacquet et Vétillard, *Radiation administrative*, n° 23). Les décisions des conseils municipaux ne sont exécutoires qu'après leur publication, leur affichage ou leur notification aux intéressés, et qu'après leur transmission au représentant de l'État dans le département ou à son délégué dans l'arrondissement (CGCT, art. L. 2131-1 et L. 2131-2).
Cependant, les mainlevées qui forment la suite normale de délibérations antérieures du conseil municipal ou d'actes accomplis en vertu de ces délibérations peuvent être considérées comme autorisées et être consenties par le maire sans qu'il soit besoin d'une nouvelle délibération (il n'est pas indispensable que chaque mainlevée consentie par le maire soit expressément autorisée par le conseil municipal ; Jacquet et Vétillard, *op. cit.*, n° 21 ; *Bull. AMC* 1967, art. 673). Le maire certifie sous sa responsabilité le caractère exécutoire de la délibération (CGCT, art. L. 2131-1, al. 3).

C Location-vente

1888 **Aliénation d'un bien communal.** Une réponse ministérielle précise que les collectivités publiques peuvent recourir à la location-vente pour des biens de leur domaine privé. Dans la mesure où cette opération conduit à la cession du bien, elle est soumise aux dispositions de l'article L. 2241-1 du Code général des collectivités territoriales qui prévoit, pour les communes de plus de 2 000 habitants, la consultation préalable de l'autorité compétente de l'État, soit, actuellement, la Direction de l'immobilier de l'État (ex-France Domaine). Le contrat est ensuite conclu par acte authentique. Enfin, si l'opération est réalisée au profit d'une entreprise et conduit à octroyer une aide à cette entreprise sous forme de rabais, la commune est tenue de respecter les dispositions de l'article L. 1511-3 du Code général des collectivités territoriales, dont les mesures réglementaires sont en cours d'actualisation (Rép. min. n° 74 417 : *JOAN* Q 15 mars 2016, p. 2188).

II Opérations immobilières à titre onéreux : fiscalité

CGI, art. 1042 (*Mod., L. n° 2018-1021, 23 nov. 2018, art. 24*). I – Sous réserve des dispositions du I de l'article 257, les acquisitions immobilières faites à l'amiable et à titre onéreux par les communes ou syndicats de communes, les établissements publics fonciers créés en application des articles L. 324-1 et suivants du Code de l'urbanisme, les départements, les régions et 0 par les établissements publics communaux, départementaux ou régionaux ne donnent lieu à aucune perception au profit du Trésor.

1889 L'application de ce texte donne lieu à des règles différentes selon que la mutation est soumise au droit d'enregistrement ou à la taxe de publicité foncière (A) ou à la TVA (B).

A Opérations soumises aux droits d'enregistrement ou à la taxe de publicité foncière

1890 Nous étudierons successivement le champ d'application (1) et l'étendue de l'exonération (2).

REMARQUE Ce régime de faveur est commenté par l'administration au BOI-ENR-DMTOI-10-80-10, dans sa version publiée le 26 août 2020 (V. n° 1903).

1 Champ d'application de l'exonération

1891 Nous nous demanderons successivement quelles sont les opérations (*a*) et quelles sont les collectivités publiques (*b*) qui peuvent en bénéficier.

a) Opérations bénéficiant de l'exonération

1892 Il faut, si l'on applique littéralement le texte, qu'il y ait « acquisition » (*1*) portant sur des immeubles (*2*) faite à l'amiable (*3*) et à titre onéreux (*4*).

1) Il faut une acquisition

1893 L'exonération est limitée aux « acquisitions » : elle ne bénéficie donc pas aux actes de vente ou de revente par la commune, qui seront taxés selon le droit commun. Il est précisé au n° 120 du *BOI* précité : « Cette exemption s'applique à tous les actes et pièces qui se rattachent aux acquisitions immobilières ainsi qu'aux promesses unilatérales de vente mentionnées à l'article 1589-2 du Code civil consenties au profit des collectivités locales, neutralisant la perception du droit fixe normalement dû lors de l'enregistrement de ces actes (Rép. min. Bouvard n° 19012 : *JOAN* 9 mars 2004, p. 1812) ».

2) L'acquisition doit être « immobilière »

1894 **Immeubles et droits réels immobiliers.** Le texte vise l'acquisition « immobilière » (observons toutefois que les acquisitions de fonds de commerce et d'actions peuvent également bénéficier du régime fiscal de faveur : V. CGI, art. 1042, al. 2 et 3).
Ce terme devrait recouvrir, selon nous, tant les acquisitions d'immeubles, quelle que soit par ailleurs leur qualification au regard de la TVA (terrain à bâtir, immeuble neuf, etc.) proprement dits que les acquisitions de droits immobiliers : ainsi lorsqu'une commune se voit consentir un bail emphytéotique ou encore un bail à construction.
Toutefois, telle n'est pas la position adoptée par une réponse ministérielle qui refuse le bénéfice de l'exonération, en application du principe de l'interprétation stricte des textes fiscaux, à une commune à qui est consenti un bail emphytéotique au motif que l'opération ne s'analyse pas en une acquisition mais en un bail (Rép. min. à M. Besson : *JOAN* CR, 26 nov. 1984, p. 5128, n° 58769. – Cf. également les réponses ministérielles ; V. **Bail emphytéotique**).
L'exonération bénéficie à toutes les acquisitions immobilières, quelle que soit la destination des biens acquis.

1895 **Servitudes.** L'article 1042 du Code général des impôts est susceptible de jouer dans le cas où une servitude est constituée à titre onéreux au profit d'une commune (V. antérieurement Rép. min. Budget à M. Janetti, 2 déc. 1978 : *JOAN* Q, p. 4055, n° 27462).

1896 **Locations.** Par contre, l'exonération ne s'applique pas aux locations consenties aux communes (Rép. min. Bricart, 3 avr. 1971 : *JOAN* CR, p. 869, n° 15841). En pareil cas, en effet, la commune n'acquiert qu'un droit personnel et non pas un droit réel immobilier.

3) L'acquisition doit être faite à l'amiable

1897 **Vente amiable ou adjudication.** Il ne faudrait pas déduire du texte que seules les ventes ou adjudications amiables peuvent bénéficier de l'exonération. Si une commune acquiert un bien vendu par adjudication sur saisie, elle peut invoquer l'article 1042 du Code général des impôts (Rép. min. Budget à M. Chery, 20 juill. 1995 : *JOAN* Q, p. 1444). La solution est reprise au n° 100 du *BOI* précité qui indique : « Cette exonération s'applique également aux adjudications ».
Lorsqu'il vise les acquisitions « à l'amiable », le texte a simplement pour but de réserver le régime fiscal particulier des expropriations, qui sont régies par un texte spécial : l'article 1045 du Code général des impôts (V. **Expropriation**).

4) L'acquisition doit être faite à titre onéreux

1898 Toutes les acquisitions à titre onéreux d'immeubles ou de droits réels immobiliers peuvent bénéficier de l'exonération.
Quant aux mutations à titre gratuit consenties au profit des communes, elles relèvent d'un texte particulier : l'article 794 du Code général des impôts (V. n° 1930).

1899 **Échanges.** Il en est ainsi en particulier pour les échanges (Rép. min. secr. d'Ét. aux finances, 22 janv. 1955 : *Ind. enr.*, 8688 ; *JCP* N 1955, IV, 1962). Mais lorsque les échanges sont faits avec soulte, une distinction est à opérer :
– si la soulte est due à la commune, elle correspond alors pour cette dernière à un prix de vente et non à un prix d'acquisition, et elle ne

bénéficie pas de l'immunité (Rép. min. Finances, 22 août 1970 : *Ind. enr.*, 11963. – Bulté et Béchade, chron. hyp. : *JCP* N 1961, IV, 3173). L'échange doit alors être taxé selon le droit commun (sur la taxation, V. **Échange**) ;

– si la soulte est due par la commune, l'exonération est alors applicable et l'échange sera intégralement exonéré de droits (Rép. min. Beltrame, 5 sept. 1983 : *JOAN* CR, p. 3871, n° 32852 ; *JCP* N 1984, IV, 8924).

Ces solutions ont été reprises au BOI-ENR-DMTOI-20-30-20180704, n° 330.

1900 **Cession gratuite de terrain.** En ce qui concerne les « cessions gratuites de terrain », l'exonération leur est en principe applicable, dès lors que cette cession est exclusive de toute intention libérale. Elle s'analyse alors comme une mutation à titre onéreux et rien ne s'oppose à ce qu'elle puisse bénéficier de l'exonération prévue à l'article 1042 (V. sous l'ancien texte Rép. min. à M. Hugo, 3 oct. 1979 : *JOAN* Q, p. 2936, n° 29813 et pour plus de détails, V. **Cession gratuite de terrain**).

➤ Sur le cas où une commune reçoit un terrain à titre gratuit en contrepartie de l'engagement pris par elle de faire des travaux sur les immeubles du cédant : V. Rép. min. Rimbault, 28 sept. 1987 (V. **Cession gratuite de terrain**).

1901 **Remise gratuite d'un terrain à une collectivité locale. Obligations imposées par le permis.**

➤ V. **Cession gratuite de terrain.**

1902 **Transmission du patrimoine d'une société à un associé unique. Non-application des articles 1042 et 1042 A du Code général des impôts.** L'exonération de droits prévue par les articles 1042 et 1042 A du Code général des impôts ne s'applique pas dans le cas de transmission universelle d'un patrimoine d'une société, opéré en raison de sa dissolution dans les conditions prévues à l'article 1844-5 au profit de son associé unique, alors même que ce dernier serait une des personnes mentionnées par les textes précités (Rép. min. Économie et Finances à M. du Luart : *JO* Sénat CR, 13 déc. 2001, p. 3930 ; Ind. enr. 2002, n° 17929). La raison en est que ces dispositions sont dérogatoires du droit commun et doivent être interprétées strictement (BOI-ENR-DMTOI-10-80-10-20180704).

b) Collectivités publiques bénéficiant de l'exonération

1903 Bénéficient du régime fiscal de faveur de l'article 1042 du Code général des impôts, les communes, les syndicats de communes et les établissements publics communaux, qui sont expressément visés par le texte.

Concernant **les syndicats de communes**, le *BOI* précité, dans sa version en date du 26 août 2020 précise qu'il s'agit soit des syndicats mixtes dits « fermés » (CGCT, art. L. 5711-1), soit, lorsqu'ils ne comprennent effectivement que des entités mentionnées des communes, syndicats de communes et EPC, les syndicats mixtes dits « ouverts » (CGCT, art. L. 5721-2).

Les commentaires du *BOI* précité ont été actualisés pour prendre en compte la modification de des dispositions du I de l'article 1042 du Code général des impôts opérée par l'article 24 de la loi n° 2018-1021 du 28 novembre 2018 (*JO* 24 nov. 2018), dite « loi Elan ». Cet article ayant supprimé les régimes fiscaux de faveur rendus applicables à la société foncière solidaire par l'article 50 de la loi n° 2017-257 du 28 février 2017, relative au statut de Paris et à l'aménagement métropolitain, cette société a cessé de figurer parmi les collectivités énumérées au I de l'article 1042 du Code général des impôts (V. N. Gonzalez Gharbi, *Les dispositions de la loi ELAN en matière de fiscalité immobilière et de participations d'urbanisme* : *Constr.-Urb.* 2019, étude 16).

➤ V. également la liste des établissements mentionnés au n° 140 du BOI-ENR-DMTOI-10-80-10.

1904 **Communautés de communes.** Les communautés de communes peuvent bénéficier des dispositions de l'article 1042 du Code général des impôts (Rép. min. Turk, 19 mai 1994 : *JOAN* Q, p. 1223, n° 4828 ; *BOI* 7 C-1-95 reprise au BOI-ENR-DMTOI-10-80-10, n° 130 qui indique que les établissements publics de coopération intercommunale régis par le titre Ier du livre II de la cinquième partie du Code général des collectivités territoriales sont éligibles aux dispositions de l'article 1042 du Code général des impôts.

1905 **Régies municipales.** Par contre, les régies municipales intercommunales (et départementales) exploitant des services à caractère industriel ou commercial sont assimilées au point de vue de la perception des droits d'enregistrement (et donc de la taxe de publicité foncière) à des entreprises privées (CGI, ann. IV, art. 169). C'est donc le régime de droit commun qui s'applique aux actes les concernant (application des articles 169 et 170 de l'annexe IV du Code général des impôts).

2 Étendue de l'exonération

1906 **Droits d'enregistrement. Taxe de publicité foncière.** Le texte précisant qu'il n'y a lieu

à « aucune perception au profit du Trésor », il en résulte que l'exonération s'applique :
– aux droits d'enregistrement... ;
– à la taxe de publicité foncière, qu'elle tienne ou non lieu des droits d'enregistrement...

1907 D'après des solutions anciennes, l'exonération couvre tous les actes qui se rattachent à l'acquisition et notamment la quittance du prix donné par les vendeurs ou les créanciers inscrits (Rép. min. Finances, 13 août 1938 : *Ind. enr.*, 4131) ainsi que la procédure de purge des hypothèques (Rép. min. Lejeune : *JO* Sénat CR, 26 avr. 1984, p. 671, n° 14721). Ces solutions ont été confirmées par l'administration. Le *BOFiP* indique en effet que cette exemption s'applique à tous les actes et pièces qui se rattachent aux acquisitions immobilières ainsi qu'aux promesses unilatérales de vente mentionnées à l'article 1589-2 du Code civil consenties au profit des collectivités locales, neutralisant la perception du droit fixe normalement dû lors de l'enregistrement de ces actes (Rép. min. Bouvard, n° 19012 : *JOAN* 9 mars 2004, p. 1812. – BOI-ENR-DMTOI-10-80-10-20180704, n° 120).

1908 **Contribution de sécurité immobilière.** La contribution de sécurité immobilière est due en application du I de l'article 879 du Code général des impôts. Il s'agit d'une disposition spécifique et indépendante de celles prévues par le même code et relatives aux autres droits, impôts et taxes, la contribution formant la contrepartie du service rendu aux usagers du fait de l'accomplissement de la formalité de publicité foncière et de la responsabilité de l'État assumée envers les tiers résultant de l'article 2450 du Code civil. Dès lors, la perception de la contribution de sécurité immobilière n'est pas liée à celle de la taxe de publicité foncière.
Aussi, lorsqu'un texte législatif prévoit une exonération de taxe de publicité foncière ou d'impôts, de droits et taxes, cette exonération n'est pas applicable à la contribution de sécurité immobilière sauf si ce texte fait expressément référence à la contribution de sécurité immobilière. De même, les dispositions prévoyant que certaines opérations ne donnent lieu à aucune perception au profit du Trésor ne peuvent être étendues à la contribution de sécurité immobilière en l'absence de disposition législative expresse visant cette contribution.

1909 **Évolution de la règle. Extension de l'exonération à la CSI.** On signalera la diffusion auprès du service de la publicité foncière de notes internes de la DGFiP émanant du bureau JF-1B, en date du 28 mars 2017, informant les services que « toutes les dispositions légales qui prévoient une dispense de "toute taxe" ou de "toute perception au profit du Trésor" englobent désormais la CSI ». La note cite les dispositions concernées parmi lesquelles figurent celles de l'article 1042 du Code général des impôts. Ces directives internes tireraient ainsi les conséquences de la nature juridique de la contribution de sécurité immobilière qui est bien une taxe perçue au profit du Trésor. On peut déplorer qu'elles n'aient pas été rendues publiques. Mais, d'un point de vue pratique, on peut supposer que par leur diffusion par les services de la publicité foncière auprès des usagers, l'administration fiscale s'interdira de réclamer la contribution de sécurité immobilière lorsque, visant, par exemple, l'article 1042 du Code général des impôts, le contribuable l'aura interprété comme faisant obstacle à toute perception au profit du Trésor, en ce compris la contribution de sécurité immobilière.
L'administration confirme cette solution en indiquant que : « Sous réserve des dispositions du I de l'article 257 du CGI (BOI-ENR-DMTOI-10-40), les acquisitions faites à l'amiable et à titre onéreux par les régions, départements, communes ou syndicats de communes, par les établissements publics fonciers créés en application de l'articles L. 324-1 et suivants du Code de l'urbanisme et par les établissements publics régionaux, départementaux ou communaux ne donnent lieu à aucune perception au profit du Trésor » (BOI-ENR-DMTOI-10-80-10, n° 90.
➤ Sur les modalités particulières de sa perception, V. **Collectivités et personnes publiques**.

B Opérations soumises à la TVA immobilière

BIBLIOGRAPHIE : DGFiP, *Guide de la TVA à l'usage des collectivités locales* (www.collectivites-locales.gouv.fr/files/files/finances_locales/tva/Guide_TVA/guide_tva_complet.pdf)

1910 Nous distinguerons les opérations concernant des terrains à bâtir (1), celles portant sur des immeubles inachevés (2), puis le cas particulier des acquisitions de terrains effectuées par des personnes physiques en vue de la construction d'immeubles d'habitation (3), les opérations portant sur des immeubles bâtis (4) et enfin diverses opérations de nature particulière (5).

1 Opérations concernant des terrains à bâtir

1911 Nous distinguerons selon que l'acquisition (ou la vente) s'opère en dehors de toute opération de lotissement (*a*) ou qu'elle concerne au contraire un lotissement communal (*b*).

a) En dehors de toute opération de lotissement

1912 Nous examinerons successivement le régime fiscal de l'achat du terrain (*1*) et celui de sa revente (*2*).

1) Achat du terrain

1913 **Suppression des mesures de tolérance.** À titre de mesure de tolérance, il avait été admis par l'administration que les exonérations de droits de mutation prévues aux articles 1040, 1042, 1045, 1594 F quinquies B et 1594-0 G, B du Code général des impôts s'appliqueraient à la TVA immobilière due lors des acquisitions faites par l'État, les collectivités locales, établissements ou organismes visés auxdits articles (Instr. gén., 14 août 1963, § 69. – Instr. 11 févr. 1969 : *BOE* 1969, 10515. – Instr. 22 févr. 1983 : *BODGI* 8 A-2-82 ; *JCP* N 1983, prat. 8598. – V. Doc. adm. DGI, 8 A-1151, n° 4, 15 nov. 2001).
Mais ces mesures ont été rapportées avec effet au 15 mars 2010 (Instr. 15 mars 2010 : *BOI* 3 A-3-10). De ce fait, les collectivités et personnes de droit public sont soumises au régime de droit commun en matière de TVA immobilière (V. **TVA immobilière**).
– Si le vendeur est un assujetti, la vente relève de la TVA, et la taxe est toujours à la charge du vendeur.
– Si le vendeur est un non-assujetti, la TVA n'est pas applicable (V. **Terrains**).

2) Revente du terrain

1914 **Application du droit commun.** Les opérations consécutives aux acquisitions faites par les communes, et notamment la revente des terrains, sont assujetties à la TVA immobilière dans les conditions ordinaires. La vente ne peut être soumise à la TVA du chef de la commune cédante que si cette dernière agit, à cette occasion, en qualité d'assujetti à la TVA (V. **Terrains**).

b) Lotissements communaux

1915 **Renvoi.** Le régime fiscal applicable aux lotissements communaux est traité au mot **Lotissement**.

2 Opérations portant sur des immeubles inachevés

1916 **Application des règles de droit commun.** Nous avons vu (V. n° 1913) que l'exonération édictée par l'article 1042 du Code général des impôts avait été étendue à la TVA immobilière par décision administrative et qu'elle concernait tant les acquisitions de terrains à bâtir que des « biens assimilés » visés à l'article 1594-0 G, A-1 du Code général des impôts (Doc. adm. DGI, 8 A-1151, n° 7, 1er oct. 2001), ce qui était susceptible d'englober les acquisitions d'immeubles inachevés. Mais cette exonération a été supprimée par la réforme de la TVA opérée par la loi de finances pour 2010 (V. n° **1913**). Il en résulte que les mutations à titre onéreux d'immeubles inachevés sont soumises à la TVA dans les conditions ordinaires (V. **Immeuble inachevé**).

3 Cas particulier des acquisitions de terrains effectuées par des personnes physiques en vue de la construction d'immeubles d'habitation

1917 **Renvoi.** Ce régime, mis en place par l'article 40 de la loi de finances pour 1999 (V. **Immeuble à usage d'habitation**), a été supprimé à l'occasion de la réforme de la TVA opérée par la loi de finances rectificative pour 2010 (V. **Collectivités et personnes publiques**).

4 Opérations portant sur des immeubles bâtis

1918 **Application du droit commun.** Les opérations d'achat ou de ventes d'immeubles effectuées par les communes concernant des immeubles bâtis sont actuellement soumises au droit commun.
Le régime fiscal diffère :
– selon que la commune peut être ou non considérée comme « assujettie » et agissant en tant que telle (V. **Collectivités et personnes publiques**) ;
– selon la nature de l'immeuble (V. **Immeuble neuf** et **Immeuble ancien-TVA**).

1919 **Acquisition d'un immeuble soumis à TVA par une collectivité locale. Transmission des droits à déduction du vendeur (non).** Cette solution résultant d'une réponse ministérielle (Rép. min. Économie, Finances et Budget n° 19590, M. Rémi Herment : *JOAN* Q, 28 févr. 1985, p. 373) a perdu toute portée depuis la réforme des règles de la TVA opérée par la loi n° 2010-237 du 9 mars 2010.

1920 **Cession à des entreprises d'immeubles à usage professionnel édifiés par les collectivités locales. Base d'imposition pour la perception de la TVA.** L'attention du ministre ayant été appelée par un parlementaire sur la situation des collectivités locales qui, pour créer ou maintenir des emplois, sont contraintes de construire des immeubles à usage professionnel et ensuite de les vendre à tempérament, les précisions suivantes ont été apportées.

Tout d'abord, les subventions d'équipement affectées au préalable au financement d'un bien d'investissement déterminé ne constituent pas une recette imposable à la TVA pour l'entreprise qui investit. En cas de ventes d'immeubles bâtis, la base d'imposition ne peut être diminuée du montant des subventions d'équipement car le redevable de la taxe et le bénéficiaire de l'aide ne sont pas la même personne et l'atténuation de la base d'imposition aurait pour effet de détaxer partiellement le coût de l'investissement ainsi acquis. Il en résulterait une distorsion de traitement parmi les entreprises bénéficiaires d'une aide selon que l'investissement serait utilisé pour les besoins d'une activité totalement imposable ou pour la réalisation d'opérations partiellement exonérées de la TVA.

En ce qui concerne les « équivalents-loyers » que l'entreprise est amenée à verser du fait de la mise à disposition des locaux entre la date d'achèvement de l'immeuble et la date d'acquisition, le régime applicable dépend des conventions conclues entre les parties : ou bien ils correspondent à la contrepartie d'une opération de location distincte de la vente et doivent être imposés selon le régime des locations ; ou bien ils constituent, aux termes des conventions, une modalité de versement du prix et doivent être imposés selon le régime des ventes d'immeubles dès que le fait générateur et l'exigibilité de la taxe sont intervenus (Rép. min. Économie, Finances et Budget, n° 68325 à M. Jean-Pierre Destrade : *JOAN* CR, 22 juill. 1985, p. 3407). Nous relatons cette réponse, ancienne, non reprise à notre connaissance au BOFiP.

1921 **Obligation imposée à l'acquéreur de rembourser le prêt souscrit par la commune.** Une réponse ministérielle ancienne (Rép. min. Poudonson, 24 déc. 1987 : *JOAN* Q, p. 2004, n° 7433) avait admis, dans le cas particulier d'une vente d'immeuble qui comporte une substitution de débiteur au titre du prêt accordé initialement, que les intérêts afférents au prêt repris par l'acquéreur et non courus à la date de transfert ne soient pas retenus pour déterminer la base d'imposition de cette vente.

1922 Location avec promesse de vente.

➤ Sur l'application du régime du crédit-bail immobilier, V. **Crédit-bail immobilier**, n° 2495.

5 Opérations de nature particulière

a) Abandon de biens à une commune

➤ Sur le régime de ces abandons, en particulier lors d'opérations d'alignement de voirie, V. **Abandon**.

b) Apport de terrain par une commune au profit des offices publics d'HLM

➤ Sur le régime fiscal particulier de ces apports, V. **HLM**.

c) Bois et forêts

1923 Acquisitions par les communes de bois et forêts grevés d'inscriptions d'hypothèques légales. V. **Bois et forêts** (Rép. min. 8 juin 1989 : *JCP* N 1990, prat. 1206-2).

➤ Sur la possibilité pour les communes d'acquérir ou de recevoir par donation ou succession des bois et forêts avant l'expiration du délai de trente ans prévu par l'article 793-2-2° du Code général des impôts sans être tenues de respecter l'engagement pris par le vendeur de soumettre ces bois et forêts à un régime d'exploitation normale pendant trente ans, V. **Bois et forêts**.

d) Cession gratuite de terrain

➤ V. **Cession gratuite de terrain**.

e) Terrains communaux

CGI, art. 1046. – Tous les actes établis en vertu du chapitre unique du titre II du livre IV de la deuxième partie du Code général des collectivités territoriales relatives au régime de certains biens immobiliers soumis à un droit de jouissance exclusive, qu'ils soient notariés passés en la forme administrative, sont exonérés des droits d'enregistrement ainsi que de taxe de publicité foncière.

1924 Jusqu'à l'intervention de la loi du 3 janvier 1967, certains terrains du nord de la France, dénommés « parts de marais » ou « parts ménagères » étaient encore soumis au régime institué par lettres patentes de 1777 ou des décisions du Conseil du roi antérieures à la Révolution : certains habitants étaient titulaires, sur ces terrains, d'un droit de jouissance exclusif dérogatoire au droit commun, viager ou transmissible par voie héréditaire ou par voie de cession.

Les communes ont obtenu le droit de mettre fin à ces droits en versant, le cas échéant, des indemnités fixées comme en matière d'expropriation pour cause d'utilité publique (V. CGCT, art. 2421-1 et s.). Ce régime est relaté sans autre commentaire, au BOI-ENR-DMTOI-10-80-20, 21 mai 2015, n° 140.

➤ Sur ce régime spécial, voir chron. *in JCP* N 1967, IV, 4178.

f) Transfert d'immeuble

1925 Pour l'étude fiscale de ce type d'opération, V. **Transferts d'immeubles**. Toutefois, nous donnons ci-dessous quelques solutions particulières.

1926 Transfert de biens entre une commune et un établissement hospitalier (V. **Établissement public**).

1927 Transfert d'immeuble d'une commune à une communauté urbaine.
➤ V. n° 1941.

1928 Transmission d'immeubles entre collectivités locales et établissements publics de coopération intercommunale (EPCI) à l'occasion de transfert de compétences. La dispense de régularisation de la TVA était prévue par administration fiscale (Instr. 17 mai 2002 : *BOI* 3 D-2-02). Ces opérations entrent dans le champ d'application de l'article 257 bis du Code général des impôts (Transmission d'universalité totale ou partielle de biens entre redevables de la TVA ; V. Guide TVA cité en bibliographie).
➤ V. **Collectivités et personnes publiques**.

g) Transfert de voies à la commune

1929 Transfert dans le domaine communal d'une voie privée ouverte à la circulation publique.
➤ V. **Voies de circulation.**

III Opérations immobilières à titre gratuit

A Acquisition à titre gratuit

CGI, art. 794 *(Mod., L. n° 2021-1900, 30 déc. 2021, art. 89)*. – I. – Les régions, départements, les communes, leurs établissements publics et les établissements publics hospitaliers sont exonérés des droits de mutation à titre gratuit sur les biens affectés à des activités non lucratives qui leur adviennent par donation ou succession.

1930 Exonération de droits de mutation à titre gratuit. Ce texte édicte une exonération de droits de mutation à titre gratuit, susceptible de bénéficier aux donations et legs faits aux communes.
Ce régime est commenté au BOI-ENR-DMTG-10-20-20, n°s 380 à 420.
L'administration y indique, n° 390 : *il n'y a pas à rechercher si la libéralité a ou non un caractère d'assistance. Il est admis que cette exonération s'étend également aux syndicats intercommunaux à vocations multiples*.
Ces commentaires, actualisés au 1er juillet 2021, avaient pris en compte les modifications apportées à ce régime de faveur par l'article 136 de la loi de finances pour 2020 qui avait procédé au « bornage » du dispositif, appelé en principe à prendre fin au lendemain du 31 décembre 2023 afin que l'exonération cesse de s'appliquer aux libéralités consenties à compter du 1er janvier 2024. Mais l'article 89 de la loi de finances pour 2022 (L. n° 2021-1900, 30 déc. 2021) a supprimé ce « bornage », rétablissant ainsi le texte dans sa version antérieure à celle résultant de la loi de finances pour 2020.
Lors de la publication des actes de donation, la taxe de publicité foncière est cependant normalement due, à défaut d'exonération (Rappr. Sol. 23 mai 1932, Instr. 4131, § 3), de même que la contribution de sécurité immobilière.

B Cession gratuite de terrain

➤ V. **Cession gratuite de terrain.**

IV Coopération intercommunale

BIBLIOGRAPHIE : M. Suquet-Cozic, *Comment publier une aliénation d'immeuble par une commune nouvelle ? : Sol. not.* oct. 2016, n° 10, art. 199, p. 16-17.

A Publicité foncière

1931 La loi d'orientation n° 92-125 du 6 février 1992, complétée par le décret n° 93-223 du 17 février 1993, a créé deux nouveaux types de groupements de communes : les communautés de villes et les communautés de communes. Il ressort de ces textes que la création des nouvelles structures intercommunales, lorsqu'elle concerne des communes antérieurement associées dans un syndicat de communes ou un district, aboutit soit à la substitution de la communauté de communes ou de la communauté de villes au groupement préexistant, soit à la superposition des différentes structures intercommunales.

Une **instruction du 18 août 1997** (*BOI* 10 D-2-97) est venue préciser les incidences de ces textes du point de vue de la publicité foncière et du point de vue des perceptions à opérer.

Nous en reproduisons les termes ci-dessous, car les solutions énoncées peuvent être transposées aux autres cas de coopération comme intercommunale.

1 Substitution des communautés de communes ou des communautés de villes aux groupements de communes préexistants

1932 Au plan de la publicité foncière, l'opération de substitution d'une communauté de communes ou d'une communauté de villes aux groupements de communes préexistants ne paraît pas susceptible de s'analyser comme un simple changement de dénomination ou de forme juridique.

Le patrimoine immobilier de la personne morale qui disparaît, fait, en droit civil, l'objet d'une véritable transmission au profit de l'organisme créé, savoir, la communauté de communes ou la communauté de villes.

En conséquence, le transfert d'immeubles ou de droits réels immobiliers consécutifs à ces opérations est obligatoirement soumis à la formalité de publicité foncière, en vertu de l'article 28, 1° a) du décret n° 5522 du 4 janvier 1955.

La formalité de publicité, fusionnée avec celle de l'enregistrement, donne lieu au dépôt de deux copies certifiées conformes de l'acte authentique constatant le transfert des biens ou des droits immobiliers au profit de la nouvelle structure de coopération intercommunale, dans les deux mois à compter de la date de l'acte.

1933 **Cas particulier.** Pour l'application de l'article L. 5215-28 du Code général des collectivités territoriales, relatif au transfert des biens faisant partie du domaine public des communes, l'accomplissement de la formalité de publicité foncière sera opéré au vu de l'acte de cession amiable ou, à défaut, du décret en Conseil d'État déposé dans les conditions de droit commun.

Pour pouvoir être publiés, ces documents doivent répondre aux exigences des textes relatifs à la publicité foncière en ce qui concerne notamment l'identification des personnes morales intéressées et la certification de leur identité (D. 4 janv. 1955, art. 6), la désignation des immeubles transférés (D. préc., art. 7) ainsi que les références de la formalité de publicité donnée au titre de propriété desdits immeubles (D. n° 55-1350, 14 oct. 1955, art. 32, 33 et 35).

2 Superposition de différentes structures de coopération intercommunale

1934 En dehors des cas prévus ci-avant (CGCT, art. L. 5214-21, L. 5216-19, R. 5214-1-1 et R. 5214-2), la constitution d'une communauté de communes ou de villes n'a pas pour effet de substituer cette dernière aux structures de coopération intercommunales préexistantes. Celles-ci ne sont pas dissoutes.

En effet, aux termes des articles R. 5214-1-1 et R. 5214-2 du code précité, lorsque l'établissement public créé exerce dès sa constitution une partie des compétences de l'organisme préexistant inclus en totalité dans son périmètre, cette constitution est subordonnée à une réduction des compétences dudit organisme pour en exclure celles qui sont confiées à l'établissement créé.

L'arrêté préfectoral instituant la communauté de communes ou la communauté de villes est pris en concomitance avec l'arrêté constatant la réduction de compétences de cet établissement public.

Au plan de la publicité foncière, dès lors qu'elle emporte transmission de droits réels immobiliers au profit de la nouvelle personne morale créée, savoir la communauté de communes ou la communauté de villes, l'opération en cause doit être obligatoirement soumise à publicité foncière en application de l'article 28, 1° a) du décret n° 55-22 du 4 janvier 1955.

Dès lors, l'accomplissement de la formalité de publicité obéit aux règles décrites aux nos 1698 à 1700, tant au plan civil que fiscal.

1935 **Transfert de la compétence « zones d'activité » aux structures de coopération intercommunale.** Les articles L. 5211-5 et L. 5211-17

du Code général des collectivités territoriales prévoient que les biens utilisés pour l'exercice de la compétence « zones d'activité » sont de plein droit mis à la disposition de l'EPCI (CGCT, art. L. 1321-1 et s.). Toutefois une exception est prévue : lorsque l'EPCI est compétent en matière de zones d'activité économique, les biens immeubles des communes membres peuvent être transférés en pleine propriété, dans la mesure où ils sont nécessaires à l'exercice de cette compétence. Les conditions financières et patrimoniales du transfert des biens immobiliers sont décidées par délibérations concordantes de l'organe délibérant et des conseils municipaux des communes membres.
Le législateur a donc laissé un choix à l'EPCI entre un transfert en pleine propriété et une simple mise à disposition des biens. Cependant, comme il a été souligné, la logique milite en faveur d'un transfert en pleine propriété (V. S. Trincal, *Les zones d'ombre entourant le transfert de la compétence « zones d'activité » et ses conséquences patrimoniales : Cah. Cridon Lyon* févr. 2018, n° 80, p. 11 et s.).
Un avis de la Direction de l'immobilier de l'État devra être préalablement sollicité par la commune si elle compte plus de 2 000 habitants et par l'EPCI si le prix d'acquisition est supérieur à 180 000 €. En effet, cette opération constitue une véritable cession.
S'agissant d'une mutation immobilière, un acte notarié ou un acte en la forme administrative devra être établi. Une instruction conjointe de la Direction générale des collectivités locales et de la Direction générale de la comptabilité publique indiquait à ce propos que « la cession de ces biens immobiliers est soumise aux formalités de publicité foncière prévues par le décret n° 55-22 du 4 janvier 1955. Cette formalité est satisfaite par le dépôt de 2 copies certifiées conformes de l'acte constatant le transfert des biens, lequel peut être établi soit en la forme administrative soit par notaire » (V. S. Trincal, étude préc.)

B Perceptions

CGI, art. 1042 A *(Mod. L. n° 2013-1279, 29 déc. 2013, art. 46)*. – Les transferts de biens, droits et obligations résultant de fusions ou de création de communes nouvelles sont exonérés du droit d'enregistrement, de la taxe de publicité foncière ainsi que de la contribution prévue à l'article 879. Il en est de même des transferts de biens, droits et obligations effectués entre établissements publics de coopération intercommunale.

CGI, art. 1043 *(Mod. L. n° 2015-991, 7 août 2015, art. 44)*. – Conformément aux dispositions des articles L. 2113-5, L. 5212-27, L. 5215-28, L. 5217-2 et L. 5217-6 du Code général des collectivités territoriales, les transferts de biens, droits ou obligations qui y sont prévus ne donnent lieu à aucune indemnité, droit, taxe, contribution prévue à l'article 879 ou honoraires.

Les transferts de biens, droits et obligations prévus à l'article L. 5211-41 du Code général des collectivités territoriales ne donnent lieu à aucune indemnité, droit, taxe, contribution prévue à l'article 879 ou honoraires.

1 Fusions et création de communes

1936 **Régime issu de la loi de finances rectificative pour 2013.** Afin de lever toute ambiguïté concernant le champ d'application de la gratuité des transferts de biens, droits et obligations résultant de fusions ou de créations de communes nouvelles, l'article 46 de la loi de finances rectificative pour 2013 (L. n° 2013-1279, 29 déc. 2013, art. 46 : *JO* 30 déc. 2013) prévoit explicitement que **la dispense de paiement de toute indemnité, droit, taxe, salaire ou honoraire s'applique à ces transferts, y compris lorsque la commune nouvelle est issue de communes contiguës qui ne sont pas membres du même EPCI à fiscalité propre** (CGCT, art. L. 2113-5 mod.).
À cet effet, la disposition qui prévoit cette dispense de paiement est déplacée sous un nouveau paragraphe VI de l'article L. 2113-5 du Code général des collectivités territoriales, commun à l'ensemble des fusions ou créations de communes nouvelles, que les communes d'origine appartiennent à un même EPCI à fiscalité propre ou à des EPCI à fiscalité propre distincts.
Par ailleurs, l'article 1042 A du Code général des impôts est actualisé afin de prévoir que **les transferts de biens, droits et obligations résultants de fusions ou de créations de communes sont exonérés**, outre des droits d'enregistrement et de la taxe publicité foncière, **de la contribution de sécurité immobilière (CSI)** qui s'est substituée au salaire du conservateur depuis le 1er janvier 2013 (CGI, art. 1042 A mod.).
Cette mesure de clarification s'applique aux **communes nouvelles instituées à compter du 1er janvier 2014** (L. fin. rect. 2013, art. 46, III).

1937 **Transformation d'un SIVOM en district.** Compte tenu de la rédaction très générale de l'article 1042 A du Code général des

impôts, le transfert des biens, droits et obligations consécutif à la transformation d'un syndicat intercommunal à vocation multiple en district est exonéré de taxe de publicité foncière et de droits d'enregistrement. En revanche, les salaires du conservateur des hypothèques sont exigibles dans les conditions de droit commun (Rép. min. Le Fur : *JOAN* CR, 27 sept. 1993, p. 3186, n° 1217).
Depuis la modification de l'article 1042 A du Code général des impôts (V. ce texte ci-dessus) par la loi n° 2013-1279 du 29 décembre 2013 (L. fin. rect. 2013, art. 46) l'exonération s'étend également à la contribution de sécurité immobilière prévue à l'article 879 du Code général des impôts.

2 Transferts entre établissements publics de coopération intercommunale (EPCI)

1938 Les transferts de biens, droits et obligations effectués entre établissements publics de coopération intercommunale sont exonérés du droit d'enregistrement et de la taxe de publicité foncière ainsi que de la contribution de sécurité immobilière prévue à l'article 879 du CGI (CGI, art. 1042 A).

a) Établissements concernés

1939 Les transferts de biens, droits et obligations concernés doivent être effectués entre des établissements publics de coopération intercommunale.
Les établissements publics de coopération intercommunale bénéficiant de l'exonération prévue à l'article 1042 A du Code général des impôts sont (BOI-ENR-DMTOI-10-80-10, 26/08/2020, n° 180) :
– les syndicats de communes (à vocation simple ou à vocation multiple) ;
– les communautés de communes ;
– les communautés urbaines ;
– les communautés d'agglomération ;
– les syndicats mixtes, lorsqu'ils comprennent exclusivement des structures communales ou intercommunales, mentionnés à l'article L. 5711-1 du Code général des collectivités territoriales.

b) Opérations concernées

1940 Il s'agit, notamment, des transferts résultant des substitutions :
– de communautés urbaines aux communes ou syndicats préexistants constitués en tout ou partie des communes qui les composent (CGCT, art. L. 5215-22) ;
– de communautés de communes à des syndicats de communes recouvrant les mêmes communes (CGCT, art. L. 5214-21) ;
– des communautés d'agglomération aux communes ou syndicats de communes préexistant constitués en tout ou partie des communes qui les composent (CGCT, art. L. 5216-7).

3 Transferts d'immeubles au profit des communautés urbaines

1941 La communauté urbaine est un établissement public de coopération intercommunale regroupant plusieurs communes d'un seul tenant et sans enclave qui forment, à la date de sa création, un ensemble de plus de 500 000 habitants et qui s'associent au sein d'un espace de solidarité, pour élaborer et conduire ensemble un projet commun de développement urbain et d'aménagement de leur territoire (CGCT, art. L. 5215-1).
L'article L. 5215-28 du Code général des collectivités territoriales prévoit que les immeubles et meubles faisant partie du domaine public des communes appartenant à l'agglomération sont affectés de plein droit à la communauté urbaine dès son institution, dans la mesure où ils sont nécessaires à l'exercice des compétences de la communauté. Le transfert définitif de propriété ainsi que les droits et obligations attachés aux biens transférés est opéré par accord amiable. À défaut d'accord amiable, un décret en Conseil d'État procède au transfert définitif de propriété au plus tard un an après les transferts de compétence à la communauté urbaine.
Ces transferts ne donnent pas lieu à indemnité, droits ou taxes. Une exonération de la contribution de sécurité immobilière est expressément prévue (CGI, art. 1043. – BOI-ENR-DMTOI-10-80-10, 26/08/2020, n° 200).

4 Transferts d'immeubles entre établissements publics de coopération intercommunale à fiscalité propre

1942 L'article L. 5211-41 du Code général des collectivités territoriales prévoit que lorsqu'un établissement public de coopération intercommunale à fiscalité propre exerce déjà, au lieu et place des communes qui le composent, les compétences fixées par le Code général des collectivités territoriales pour une autre catégorie d'établissements publics de coopération intercommunale à fiscalité propre, cet établissement peut se transformer, sous réserve qu'il remplisse les conditions de création, en établissement public de cette catégorie par délibérations concordantes de l'organe

délibérant et des conseils municipaux des communes membres se prononçant dans les conditions requises pour la création de l'établissement public de coopération intercommunale.
L'ensemble des biens, droits et obligations de l'établissement public de coopération intercommunale transformé sont transférés au nouvel établissement public qui est substitué de plein droit à l'ancien établissement dans toutes les délibérations et tous les actes de ce dernier à la date de l'arrêté de transformation (CGCT, art. L. 5211-41).
Ces transferts ne donnent pas lieu à indemnité, droits ou taxes. Une exonération de la contribution de sécurité immobilière est expressément prévue (CGI, art. 1043. – BOI-ENR-DMTOI-10-80-10, 26/08/2020, n° 210).

5 Transferts de biens au profit des métropoles

1943 La métropole est un établissement public de coopération intercommunale à fiscalité propre regroupant plusieurs communes d'un seul tenant et sans enclave au sein d'un espace de solidarité pour élaborer et conduire ensemble un projet d'aménagement et de développement économique, écologique, éducatif, culturel et social de leur territoire afin d'en améliorer la cohésion et la compétitivité et de concourir à un développement durable et solidaire du territoire régional (CGCT, art. L. 5217-1).
L'article L. 5217-2 du CGCT prévoit que l'État peut transférer à la métropole qui en fait la demande la propriété, l'aménagement, l'entretien et la gestion de grands équipements et infrastructures. Les transferts sont autorisés par décret. Une convention conclue entre l'État et la métropole en précise les modalités. Ils sont effectués à titre gratuit et ne donnent lieu à aucune indemnité, droit, taxe, contribution prévue à l'article 879 du CGI ou honoraires (CGI, art. 1043).
L'article L. 5217-5 du CGCT prévoit que les biens et droits à caractère mobilier ou immobilier situés sur le territoire de la métropole et utilisés pour l'exercice des compétences transférées sont mis de plein droit à disposition de la métropole par les communes membres. Un procès-verbal établi contradictoirement précise la consistance et la situation juridique de ces biens et droits. Les biens et droits en cause sont transférés dans le patrimoine de la métropole au plus tard un an après la date de la première réunion du conseil de la métropole.
Les biens et droits appartenant au patrimoine de l'établissement public de coopération intercommunale à fiscalité propre transformé sont transférés à la métropole en pleine propriété. Lorsque les biens étaient mis, par les communes, à disposition de cet établissement public, le transfert de propriété est opéré entre la ou les communes concernées et la métropole. À défaut d'accord amiable, un décret en Conseil d'État procède au transfert définitif de propriété. Il est pris après avis d'une commission dont la composition est fixée par arrêté du ministre chargé des collectivités territoriales et qui comprend des maires des communes concernées par un tel transfert, le président du conseil de la métropole et des présidents d'organe délibérant d'établissements publics de coopération intercommunale à fiscalité propre.
Ces transferts sont réalisés à titre gratuit et ne donnent lieu à aucune indemnité, droit, taxe, contribution prévue à l'article 879 du CGI ou honoraires (CGI, art. 1043) (*cf.* BOI-ENR-DMTOI-10-80-10, 26/08/2020, n°s 220 à 226).
Sur l'ancien régime des transferts d'immeubles au profit des communautés d'agglomération ou des syndicats d'agglomération, abrogé à compter du 1er janvier 2017 (L. n° 2015-991, 7 août 2015, art. 44, 1), V. BOI-ENR-DMTOI-10-80-10, 9 avr. 2014, n° 220.

Commune

V Cession d'immeubles domaniaux du ministère de la Défense

L. n° 2014-1654, 29 déc. 2014 de finances pour 2015, art. 39 *(Mod., L. n° 2019-1479, 28 déc. 2019, art. 228)*. – I. – Les immeubles domaniaux reconnus inutiles par le ministre de la défense dans le cadre des opérations de restructuration de la défense dont l'exécution débute entre le 1er janvier 2015 et le 31 décembre 2019 peuvent faire l'objet de cessions à l'euro symbolique et avec complément de prix différé aux établissements publics de coopération intercommunale à fiscalité propre ou, en l'absence d'un tel établissement, aux communes dont le territoire est le plus fortement affecté par les restructurations et qui en font la demande.

La région, le département, les établissements publics fonciers et les établissements publics d'aménagement ainsi que les sociétés d'aménagement foncier et d'établissement rural mentionnées à l'article L. 141-1 du Code rural et de la pêche maritime peuvent se substituer à l'établissement public de coopération intercommunale à fiscalité propre ou à la commune concernés, sur demande de ces derniers.

Sont éligibles à ce dispositif les établissements publics de coopération intercommunale à fiscalité propre ou les communes sur le territoire desquels la restructuration a un effet majeur, en particulier au regard du nombre d'emplois supprimés rapporté aux emplois existants, qui connaissent une situation de grande fragilité économique, sociale et démographique et qui disposent de capacités propres de redynamisation limitées, notamment en considération des caractéristiques du tissu économique et de ses évolutions récentes ainsi que des perspectives de développement d'activités nouvelles sur le territoire concerné. Sont également prises en compte les circonstances locales tenant à la situation du marché foncier et immobilier.

La liste de ces établissements publics de coopération intercommunale à fiscalité propre et de ces communes est fixée par décret en Conseil d'État.

Les demandes d'acquisition mentionnées au premier alinéa du présent I sont formulées dans un délai de six mois à compter de la date de l'offre notifiée par l'État à l'établissement public ou, le cas échéant, à la commune éligible. L'État reconduit ce même délai lorsqu'une demande de substitution est formulée par l'établissement public ou par la commune selon les modalités prévues au deuxième alinéa. Toutefois, en l'absence de la notification précitée, ces demandes d'acquisition peuvent être formulées jusqu'au 31 décembre 2024.

Les cessions mentionnées au premier alinéa du présent I sont autorisées par décret pris sur le rapport du ministre de la défense et du ministre chargé du domaine, en vue de permettre la réalisation d'opérations ou d'actions d'aménagement, au sens de l'article L. 300-1 du Code de l'urbanisme. Ces mêmes cessions peuvent également avoir pour objet de favoriser la réalisation des opérations d'aménagement foncier agricole et forestier prévues aux articles L. 123-1 et suivants du code rural et de la pêche maritime. Si ces cessions intéressent des immeubles de logement, elles ne peuvent être consenties qu'aux fins de remise des immeubles précités aux organismes d'habitations à loyer modéré mentionnés à l'article L. 411-2 du code de la construction et de l'habitation, sauf si le développement local de l'offre de logements ou si les orientations du projet d'aménagement ne justifient pas le maintien de l'usage de ces immeubles ou qu'aucun de ces organismes ne souhaite s'en porter acquéreur. Ce décret indique la valeur des immeubles domaniaux cédés, estimée par l'administration chargée des domaines.

Le transfert de propriété intervient au jour de la signature de l'acte authentique constatant la cession. Le cessionnaire est substitué à l'État pour les droits et obligations liés aux biens qu'il reçoit en l'état.

Les cessions réalisées dans ces conditions ne donnent lieu à paiement d'aucune indemnité ou perception de droits ou taxes, ni à aucun versement de la contribution prévue à l'article 879 du code général des impôts ou d'honoraires au profit d'agents de l'État.

En cas de revente, y compris fractionnée, ou de cession de droits réels portant sur le bien considéré, pendant un délai de quinze ans à compter de la cession initiale, l'acquéreur initial verse à l'État, à titre de complément de prix, la somme correspondant à la moitié de la différence entre le produit des ventes et la somme des coûts afférents aux biens cédés et supportés par la commune ou l'établissement de coopération intercommunale à fiscalité propre, y compris les coûts de dépollution.

Cette obligation pèse, pendant le même délai de quinze ans, sur les acquéreurs successifs de tout ou partie des biens ainsi cédés dès lors que la cession envisagée porte sur lesdits biens avant construction ou réhabilitation des bâtiments existants.

En l'absence de revente ou de cession de droits réels portant sur tout ou partie des biens cédés par l'État, pendant le délai de quinze ans à compter de la cession initiale, et en cas de non-réalisation d'une action ou d'une opération d'aménagement prévue à l'article L. 300-1 du Code de l'urbanisme ou d'une opération d'aménagement foncier agricole et forestier prévue aux articles L. 123-1 et suivants du Code rural et de la pêche maritime, l'État peut convenir avec le bénéficiaire du rachat de l'immeuble à l'euro symbolique. En l'absence d'opération de rachat, le complément de prix s'élève à la valeur des biens indiquée dans le décret mentionné au sixième alinéa du présent I, indexée sur la variation de l'indice du coût de la construction.

Les actes de vente et de cession de droits réels successifs reprennent les obligations résultant du présent article pour en assurer la publication au fichier immobilier.

II. – L'article L. 240-1 et les cinq premiers alinéas de l'article L. 213-1 du Code de l'urbanisme ne sont pas applicables aux cessions mentionnées au I du présent article.

1944 **Acquisition par les communes. Régime temporaire.** La cession à l'euro symbolique aux communes qui en font la demande, des immeubles domaniaux reconnus inutiles par le ministre de la Défense dans le cadre des opérations de restructuration de la défense réalisées entre le 1er janvier 2009 et le 31 décembre 2014, et dans les conditions prévues à l'article 67 de la loi de finances pour 2009, ne donne lieu à aucune perception de droits ou taxes, ni à versement de la contribution de sécurité immobilière (L. n° 2008-1425, 27 déc. 2008 : *JO* 28 déc., art. 67). Ce dispositif a été prorogé jusqu'au 31 décembre 2019 par l'article 39 de la loi de finances pour 2015. Il a été de nouveau prorogé et aménagé par l'article 228 de la loi de finances pour 2020 (V. ce texte ci-dessus).

1945 **Opérations réalisées par les sociétés publiques locales (SPL) et les sociétés publiques locales d'aménagement (SPLA) et des sociétés publiques locales d'intérêt national (SPLA-IN).**

CGI, art. 1042. – (.../...) III. – Sous réserve du I de l'article 257, les acquisitions faites, à l'amiable et à titre onéreux, des immeubles domaniaux reconnus inutiles par le ministre de la Défense et ayant bénéficié du dispositif prévu à l'article 67 de la loi n° 2008-1425 du 27 décembre 2008 de finances pour 2009, d'une part, par des sociétés publiques locales créées en application de l'article L. 1531-1 du Code général des collectivités territoriales et, d'autre part, par des sociétés publiques locales d'aménagement créées en application de l'article L. 327-2 du Code de l'urbanisme ou par des sociétés publiques locales d'aménagement d'intérêt national créées en application de l'article L. 327-3 du même Code, dès lors que ces sociétés agissent en tant que concessionnaire de l'opération d'aménagement, ne donnent lieu à aucune perception au profit du Trésor public.

L'article 14 de la loi de finances pour 2014 (L. n° 2013-1278, 29 déc. 2013, art. 14 : *JO* 30 déc. 2013) a étendu le champ d'application de l'exonération de droits de mutation à titre onéreux prévue par l'article 67 de la loi du 27 décembre 2008 susvisé aux acquisitions à l'euro symbolique d'immeubles domaniaux reconnus inutiles par le ministre de la Défense réalisées par les sociétés publiques locales (SPL) et les sociétés publiques locales d'aménagement (SPLA) qui agissent en tant que concessionnaires de l'opération d'aménagement (CGI, art. 1042, III nouveau).

Sont visées les acquisitions à l'euro symbolique et avec complément de prix différé réalisées dans le cadre des opérations de restructuration de la défense entrant dans le champ d'application du dispositif temporaire institué par l'article 67 de la loi de finances pour 2009. Ce dispositif, qui arrivera à expiration le 31 décembre 2014, prévoit d'ores et déjà l'absence de perception de tout droit ou taxe sur les acquisitions réalisées par une commune ou un groupement de communes (L. n° 2008-1425, 27 déc. 2008, art. 67, I, al. 5 : *JO* 28 déc.2008).

L'extension de cette exonération aux acquisitions réalisées par les SPL et SPLA a pour but de renforcer les capacités des collectivités à financer les opérations de reconversion des sites militaires sis sur leur territoire et devenus inutiles.

Ces mesures s'appliquent aux **actes d'acquisition signés à compter du 1er janvier 2014** (L. 29 déc. 2013 préc., art. 14, II).

Les sociétés publiques locales d'aménagement d'intérêt national ont été instaurées par l'article 47 de la loi relative au statut de Paris et à l'aménagement métropolitain (L. n° 2017-257, 28 févr. 2017 : *JO* 1er mars 2017). Elles sont créées par l'État, l'un de ses établissements publics d'aménagement ou l'un de ses établissements publics fonciers et d'aménagement, avec au moins une collectivité territoriale ou un groupement de collectivités territoriales ; la totalité du capital de ces sociétés est détenue par leurs membres (C. urb., art. L. 327-3).

Les dispositions du III de l'article 1042 du CGI, modifiées en conséquence par la loi du 28 février 2017 précitée, sont **entrées en vigueur le 2 mars 2017** (V. BOI-ENR-DMTOI-10-80-10, 26/08/2020, nos 155 à 158).

VI

Sections de communes

1946 Modernisation du régime des sections de communes. La loi n° 2013-428 du 27 mai 2013 (*JO* 28 mai) a modernisé le régime des sections de communes.

Aux termes du I de l'article L. 2411-1 du Code général des collectivités territoriales : « Constitue une section de commune toute partie d'une commune possédant à titre permanent et exclusif des biens ou des droits distincts de ceux de la commune. La section de commune est une personne morale de droit public.

Sont membres de la section de commune les habitants ayant leur domicile réel et fixe sur son territoire.

Le II dispose : « Aucune section de commune ne peut être constituée à compter de la promulgation de la loi n° 2013-428 du 27 mai 2013 modernisant le régime des sections de commune ».

➤ Pour une étude exhaustive et récente du régime des sections de communes : *JCl. Collectivités territoriales*, Fasc. 130, *Sections de communes*, par F. Mallol.

Commune

Concession immobilière

Jacques LAFOND

1947 **Publicité foncière**. À l'encontre des textes qui régissent les baux emphytéotiques et les baux à construction, la loi d'orientation foncière (L. n° 67-1253, 30 déc. 1967 : *JCP* G 1968, III, 33749) n'indique pas que la concession immobilière constitue un droit réel.

Et la majorité de la doctrine considère que ce contrat n'est en fait qu'une variété de bail.

Cependant, l'article 48, alinéa 2, de la loi dispose que la concession immobilière fait l'objet d'un acte authentique publié au fichier immobilier. En dehors même de cette précision légale, la publication aurait été nécessaire par référence à l'article 28-1°-b du décret du 4 janvier 1955.

1948 **Taxation.** L'administration fiscale considère pour sa part que cette convention s'analyse en une mutation de jouissance. Dès lors, du point de vue des droits d'enregistrement, la concession immobilière est soumise au même régime que les baux d'immeubles.

Lors de la publication au service de la publicité foncière, la taxe de publicité foncière sera perçue au taux de 0,70 % (0,71498 % avec les perceptions additionnelles) conformément aux dispositions de l'article 742 du Code général des impôts.

La taxe sera liquidée sur le prix exprimé, augmenté des charges ou sur la valeur locative réelle, si elle est supérieure. Elle est due en principe sur le montant cumulé de toutes les années à courir.

Toutefois, par analogie avec le régime des baux à durée illimitée (V. **Bail à durée illimitée et bail à vie**), il est admis que l'assiette de la taxe est limitée à vingt fois la moyenne du loyer et des charges.

La contribution de sécurité immobilière, qui a remplacé le salaire du conservateur à compter du 1er janvier 2013 sera perçue sur les mêmes bases (V. **Contribution de sécurité immobilière**).

Concessions funéraires

Neyla GONZALEZ-GHARBI

I
Concessions perpétuelles

CGI, art. 637 bis *(Création L. n° 2019-1479, 28 déc. 2019, art. 21)* :

Les actes de concessions perpétuelles dans les cimetières sont dispensés de la formalité d'enregistrement.

1949 **Régime fiscal.** Les concessions perpétuelles dans les cimetières sont assimilées à des baux d'immeubles à durée illimitée. Elles donnent donc ouverture aux droits et taxes prévus pour les mutations à titre onéreux de ces biens (V. **Bail à durée illimitée et bail à vie**).

Ces droits sont liquidés sur le prix de la concession (BOI-ENR-JOMI-30, n° 380).

1950 **Formalités. Dispense d'enregistrement.** Contrairement à ce qui se passe en matière de baux d'immeubles à durée illimitée, les concessions perpétuelles ne sont pas publiées au fichier immobilier. Pour les actes établis à compter du 1er janvier 2020, les concessions perpétuelles dans les cimetières sont dispensées de la formalité de l'enregistrement, (CGI, art. 637 bis – BOI-ENR-JOMI-30, 24 mars 2021, n° 380).

Pour les actes établis avant le 1er janvier 2020, il avait été précisé par l'administration que ces concessions devaient être soumises, non pas à la formalité unique, mais à la formalité de l'enregistrement dans le mois de leur date (BOI-ENR-JOMI-30-20120912, n° 390).

1951 **Renonciation par le concessionnaire au bénéfice de la concession et nouvelle concession par la commune.** Lorsqu'une personne, ayant acheté une concession perpétuelle dans un cimetière, ne peut l'utiliser, elle offre à la commune de lui substituer une autre personne et un acte de substitution est passé entre le maire, le cédant et le nouveau concessionnaire. En cas de renonciation par le concessionnaire au bénéfice de la concession et de nouvelle concession par la commune, il paraît possible de considérer qu'il ne s'opère qu'une seule mutation au profit du nouveau bénéficiaire de la concession. L'acte administratif conférant cette nouvelle concession est soumis au droit de mutation à titre onéreux (V. n° 1949).

Mais s'il résulte des circonstances que l'opération s'analyse en une libéralité (donation ou legs) consentie par le concessionnaire à une personne déterminée qui l'accepte, l'administration est fondée à percevoir le droit de mutation à titre gratuit sur la valeur de la concession, selon le régime fiscal applicable compte tenu du lien de parenté existant entre les parties (Rép. min. Granet : *JOAN* CR, 10 mai 1979, p. 3619, n° 968. – V. BOI-ENR-JOMI-30, n° 390).

1952 **Échange d'un immeuble contre une concession perpétuelle.** Un tel acte peut s'analyser en :

– une vente d'un immeuble assujetti à la taxe de publicité foncière et au salaire sur la valeur vénale de l'immeuble ;

– une cession d'un droit non assujetti à la publicité foncière et dont le conservateur (le service de la publicité foncière) n'a pas à se soucier (*JCP* N 1957, IV, 2470).

1953 **Résiliation d'une concession perpétuelle.** Par application du principe régissant les résolutions volontaires, il semble qu'une telle résiliation donne ouverture à la taxation proportionnelle visée au n° 1 (V. **Résolution de contrats**).

II Concessions temporaires

1954 **Régime fiscal.** Les concessions consenties à temps, y compris les concessions centenaires, sont fiscalement considérées comme des baux d'immeubles à durée limitée. Elles sont, comme les baux de cette nature, dispensées de la formalité de l'enregistrement (BOI-ENR-JOMI-30, 24 mars 2021, n° 400). En cas de présentation volontaire à l'enregistrement, les concessions temporaires sont assujetties, comme les baux d'immeubles à durée déterminée, au droit fixe prévu à l'article 739 du Code général des impôts (BOI-ENR-JOMI-30, 24 mars 2021, n° 410).

1955 **Résiliation.** La résiliation paraît donner ouverture au droit fixe prévu par l'article 738-1° du Code général des impôts (actuellement 125 €) pour le cas de résiliation de baux à durée limitée.

1956 **Cessions de concessions.** Il y a lieu à application du droit fixe prévu pour les cessions de baux à durée limitée (CGI, art. 738-1°) soit actuellement 125 €.

Condition résolutoire

Neyla GONZALEZ-GHARBI

1957 **Définition conforme au droit civil.** La condition résolutoire est celle qui, lorsqu'elle s'accomplit, opère la révocation de l'obligation, et qui remet les choses au même état que si l'obligation n'avait pas existé.

Elle ne suspend point l'exécution de l'obligation. Elle oblige seulement le créancier à restituer ce qu'il a reçu, dans le cas où l'événement prévu par la condition arrive (C. civ., art. 1304-7. – BOI-ENR-DG-20-20-70-20120912, n° 180).

I

Publicité foncière

A Actes soumis à publication

1958 **Publication de l'acte contenant la clause ou la condition résolutoire.** Selon l'article 28-2° du décret du 4 janvier 1955 : « Sont obligatoirement publiés au bureau des hypothèques de la situation des immeubles (...) les actes entre vifs dressés distinctement pour constater (...) des clauses susceptibles d'entraîner la résolution (...) d'actes soumis à publicité » en vertu de l'article 28-1° de ce même décret.

Ce texte soumet à publication obligatoire les clauses ou conditions résolutoires contenues dans un acte spécial (ce qui est assez rare en pratique). Le plus souvent, la publication interviendra à l'occasion de celle de l'acte principal, qui contient la clause ou la condition résolutoire. De tels actes doivent être publiés dès lors qu'ils sont immédiatement translatifs ou constitutifs de droits (Ph. Simler et Ph. Delebecque, *Les sûretés, la publicité foncière,* Précis Dalloz, 6e éd. 2012, n° 855. – H. et L. Mazeaud, *Leçons de droit civil,* t. III, vol. 1, Montchrestien, 1999, 7e éd., par Y. Picod, n° 665).

Si cette publication n'est pas intervenue, le jeu de la clause ou de la condition résolutoire est inopposable aux tiers (V. Cass 3e civ., 15 oct. 2015, n° 14-20 400 : *JurisData* n° 2015-022822 ; *Constr.-Urb.* 2015, comm. 170, note C. Sizaire ; *Defrénois* 2015, n° 23, 1231, note S. Piédelièvre. – M. Mekki : *JCP* N 2016, n° 11, p. 37, n° 56. – M. Suquet-Cozic, *La publication de la vente ne suffit pas à publier la clause résolutoire qu'elle contient : BPIM* juin 2015, n° 360. – *A contrario* Cass. 3e civ., 8 juill. 1992 : *Bull. civ.* 1992, III, n° 247 ; *Defrénois* 1994, p. 1529 ; *JCP* N 1994, II, 275. – S. Piédelièvre, *La publicité foncière*, LGDJ, 2000, n° 189. – J. Piédelièvre et S. Piédelièvre, *La publicité foncière*, Lextenso, 2014, n° 250. – H. et L. Mazeaud, *op. cit.*, n° 666).

1959 **Publication de l'acte constatant le jeu de la clause ou de la condition résolutoire.** La réalisation de la condition résolutoire, ou le jeu de la clause résolutoire doivent être publiés en application de l'article 28-4° du décret du 4 janvier 1955, mais uniquement lorsque l'accomplissement de la condition où le jeu de la clause est constaté dans un acte ou un jugement.

Cette publication est obligatoire. Mais le défaut de publicité n'empêche pas la réalisation de la condition d'être opposable aux tiers, dès lors que l'acte créant le droit conditionnel a été publié. Seuls joueront les sanctions du défaut de publication autres que l'inopposabilité (H. et L. Mazeaud, *op. cit.*, n° 666. – Ph. Simler et Ph. Delebecque, *op. cit.*, n° 855).

B Mainlevées

1960 Condition résolutoire. S'il est stipulé dans une mainlevée que le privilège ou l'hypothèque ne produira plus d'effet, mais qu'il pourra revivre par la réalisation d'une condition, deux hypothèses doivent être envisagées (*JCl. Notarial Formulaire*, V° Mainlevée, n° 85, par P. Frémont).

– Première hypothèse. Le consentement à la mainlevée est donné sans réserve nonobstant la condition résolutoire.

La radiation doit être opérée. Si la condition se réalise, le créancier devra prendre une nouvelle inscription qui n'aura d'effet qu'à sa date, malgré le principe de rétroactivité de la condition, car une inscription radiée ne peut revivre au détriment des créanciers inscrits dans l'intervalle.

– Deuxième hypothèse. La mainlevée ne contient pas alors consentement à la radiation immédiate. Le service de la publicité foncière devra donc ne pas radier l'inscription, mais seulement porter en marge les termes de la mainlevée. L'inscription conserve ainsi son rang et produira ses effets si la condition insérée dans la mainlevée se réalise et entraîne la résolution de celle-ci (CA Aix, 9 févr. 1836 : *Rép. civ. Dalloz*, V° Privilèges et hypothèques, n° 2752-3. – Boulanger et de Récy, *Traité des radiations*, t. 1, n° 22).

II Taxe de publicité foncière. Contribution de sécurité immobilière

A Mutation affectée de la condition résolutoire

1961 Taxation immédiate. La condition résolutoire ne suspendant pas la convention est considérée comme inopérante au point de vue de l'impôt ; l'acte qui en est affecté donne immédiatement ouverture au droit qui lui est applicable (V. BOI-ENR-DG-20-20-70-20120912, n° 190).

La taxe de publicité foncière est donc immédiatement exigible sur l'acte passé sous condition résolutoire, de même que la contribution de sécurité immobilière.

Si la condition ne se réalise pas, la perception première est naturellement confirmée.

1962 Acte constatant la disparition de la condition. Si la condition s'est réalisée, la convention prend de ce fait un caractère définitif. Les taxations sont les suivantes (Lacroix, n° 195) :

– si l'acte est soumis à la formalité fusionnée, c'est la taxe fixe prévue pour les actes innommés (CGI, art. 680) qui sera perçue (sur le tarif actuel, V. **Droits fixes**) ;

– si l'acte n'est pas soumis à la formalité fusionnée, la taxe fixe de publicité foncière sera perçue au taux prévu par l'article 674 du Code général des impôts (sur le taux actuel, V. **Taxe de publicité foncière**).

La contribution de sécurité immobilière est due sur la valeur des immeubles concernés.

1963 Publication simultanée d'un acte affecté d'une condition résolutoire et d'un acte constatant la disparition de cette condition. Salaire du conservateur. La constatation de la non-réalisation d'une condition résolutoire consolide les droits de l'acquéreur et ajoute dès lors à l'information des usagers un renseignement qui ne saurait être qualifié d'accessoire. Toutefois, cette adjonction ne permet de réclamer un second salaire proportionnel que si la condition résolutoire a déjà été mentionnée au fichier.

Il n'en est pas ainsi lorsque l'acte emportant suppression de cette condition est déposé en même temps que celui dans lequel elle a été stipulée. En pareil cas, il n'est dû qu'un seul salaire proportionnel avec, en outre, un salaire fixe de formalité (*Bull. AMC* 1989, art. 1421).

N.B. : La contribution de sécurité immobilière a remplacé le salaire du conservateur à compter du 1er janvier 2013 : V. **Contribution de sécurité immobilière**. Les solutions données ci-dessus à propos du salaire du conservateur peuvent être transposées pour la perception de la nouvelle taxe.

B Mutation consécutive à la réalisation de la condition

1964 Taxation de l'acte constatant l'accomplissement de la condition. Si la condition se réalise, la convention est en droit civil rétroactivement anéantie.

L'acte constatant l'accomplissement de la condition et par suite la résolution de la vente sera taxé comme suit :

– acte soumis à la formalité fusionnée : perception de la taxe de publicité foncière au taux fixe des actes innommés, édicté par l'article 680 du Code général des impôts (Rép. min. n° 7691 : *JOAN* Q 2 juin 2015, p. 4103. – Sol. 28 sept. 1894, 13 juin 1896 : *Rev. enr. et imp.*, 1252. – Sur le débat auquel a donné lieu cette question, V. Maguéro, V° Résolution, n°s 54 et s. – Sur le tarif actuel, V. **Droits fixes**) ;

– acte non soumis à la formalité fusionnée : taxe fixe prévue par l'article 674 du Code général des impôts (sur son taux actuel, V. **Taxe de publicité foncière**).

La contribution de sécurité immobilière au tarif proportionnel est due en toute hypothèse sur le prix de la vente ou la valeur des immeubles.

N.B. : À compter du 1er janvier 2013 : V. **Contribution de sécurité immobilière**.

1965 Restitution des droits. Afin d'éviter des fraudes, l'article 1961 du Code général des impôts n'autorise la *restitution du droit perçu sur l'acte résolu* que dans le cas où la résolution dérive de la loi exclusivement (résolution d'une donation pour cause de survenance d'enfant) (V. BOI-ENR-DG-20-20-70-20120912, n° 190. – V. **Restitution**).

La réalisation d'une condition résolutoire comporte donc des conséquences différentes en matière de droits d'enregistrement et de taxe de publicité foncière, d'une part, et de TVA, d'autre part.

En effet, il a été décidé qu'en cas de résolution, par l'événement d'une condition résolutoire, d'une vente d'immeuble qui a donné lieu au paiement de la TVA, la taxe acquittée sur l'acte initial serait imputable ou restituable (V. n° 1968).

III Mutations soumises à TVA

1966 Acte passé sous condition résolutoire. Exigibilité la TVA à la date du fait générateur (CGI, art. 269). Dans le cas d'une vente sous condition résolutoire, le fait générateur intervient dès l'échange des consentements (BOI-TVA-BASE-20-10-20130701, n° 57).

1967 Publication de l'acte constatant la réalisation de la condition. La solution selon laquelle « l'acte constatant la résolution [de la vente d'un immeuble neuf soumise à la TVA], est assujetti, lors de sa publication, à l'imposition fixe prévue à l'article 680 du CGI » qui résultait de la doctrine administrative était, en dernier lieu, énoncée à la documentation de base DA 8-A-1131, n° 35, du 15 novembre 2001.

Mais, l'administration fiscale, en commentant la réforme issue de l'article 16 la loi du 9 mars 2010 (L. fin. rect. 2010, n° 2010-237 : *JO* 10 mars 2010) a rapporté à compter du 15 mars 2010 (*BOI* 3-A-2-10) sa doctrine antérieure relative aux règles de la TVA « immobilière » en vigueur avant le 11 mars 2010.

La doctrine précitée étant devenue caduque, la résolution de la vente d'immeuble soumise à la TVA s'est trouvée, par voie de conséquence, régie par les règles de droit commun applicables en matière de résolution de vente immobilière. Il n'est plus distingué, pour ce qui concerne les droits d'enregistrement et la taxe de publicité foncière, selon que la vente résolue a été non soumise à la TVA.

Au regard de la TVA, la situation est régie par les dispositions – inchangées – de l'article 272 du Code général des impôts relatives aux opérations résiliées ou annulées.

Au regard des droits de mutation à titre onéreux, la résolution amiable d'une vente immobilière donne ouverture à l'impôt de mutation. L'application du seul droit fixe est réservée au cas où la vente est résolue en vertu d'une clause de dédit.

Ces règles sont rappelées par l'administration fiscale (BOI-ENR-DMTOI-10-10-30-40-20120912, n°s 30 et 40) en ces termes :

> « L'annulation ou la résolution volontaire d'une vente d'immeuble donne, en principe, ouverture à l'impôt de mutation liquidé sur le prix exprimé dans l'acte de résolution ou d'annulation ou, à défaut d'indication, sur le prix stipulé au contrat primitif.

Bien entendu, si la valeur vénale réelle de l'immeuble au jour de l'annulation ou de la résolution est supérieure à ce prix, c'est cette valeur vénale qu'il y a lieu de retenir pour le calcul de la taxe (cf. BOI-ENR-DMTOI-10-10-20-40).
Si le contrat est résolu en vertu d'une clause de dédit, la taxe de publicité foncière (ou, éventuellement, le droit d'enregistrement) n'est perçue qu'au taux fixe prévu à l'article 680 du CGI ».

L'exigibilité de principe de l'impôt de mutation autorise, **à notre avis**, le vendeur résolu à revendiquer le bénéfice de régimes de faveur prévus par la loi fiscale, en cas d'acquisitions immobilières à titre onéreux, dès lors que le vendeur, dont la vente est anéantie civilement, est traité, au plan fiscal, comme un acquéreur de l'immeuble, débiteur des droits de mutation à titre onéreux (le vendeur, assujetti à la TVA au sens de l'article 256 A du Code général des impôts, pourrait ainsi revendiquer, selon le cas, le bénéfice du régime des achats/revente, CGI, art. 1115 – V. **Engagement de revendre**) ou celui des acquisitions en vue de la construction d'un immeuble neuf (CGI, art. 1594 0 G A – V. **Engagement de construire**).

1968 **Imputation ou restitution de la TVA perçue sur l'acte conditionnel.** En cas de réalisation de la condition, la taxe perçue est, conformément aux dispositions de l'article 272-1 du Code général des impôts, soit imputée sur la taxe due pour les affaires effectuées ultérieurement, soit restituée si la personne qui l'a acquittée a cessé d'être assujettie à la TVA (BOI-TVA-DECLA-20-30-10-10-20120912).

Condition suspensive

Neyla GONZALEZ-GHARBI

Sommaire analytique

Index alphabétique

Index alphabétique *(suite)*

BIBLIOGRAPHIE : M. Mekki, *Réforme des contrats et des obligations : la condition suspensive* : *JCP* N 2016, n° 42, 1124.

1969 **Plan.** Nous traiterons tout d'abord des problèmes de publicité foncière (I), puis de la taxation des actes sous condition suspensive (II), et enfin de la prescription des droits lorsqu'un acte est affecté d'une semblable condition (III).

I Publicité foncière

1970 **Plan.** Nous distinguerons la publication des actes ou décisions de justice (A) et la publication des inscriptions ou mainlevées établies sous condition suspensive (B).

A Publication d'actes ou décisions de justice

1 Publicité de l'acte établi sous condition

1971 **Publication obligatoire.** Comme le précise l'article 28, 1°, du décret du 4 janvier 1955, sont soumis à publicité obligatoire tous actes, même assortis d'une condition suspensive, et toute décision judiciaire, portant ou constatant entre vifs :

– mutation ou constitution de droit réel immobilier ;
– bail pour une durée de plus de douze années, et même pour un bail de moindre durée, quittances ou cessions d'une somme équivalente à trois années de loyer ou fermage non échus.

À défaut de publication, les actes ou décisions judiciaires ainsi énumérés sont inopposables aux tiers (D. 4 janv. 1955, art. 30, § 1).

1972 **Extrait d'acte modèle 1.** En cas de vente sous condition suspensive, un extrait d'acte modèle 1 doit être obligatoirement déposé à l'appui de l'expédition de l'acte conditionnel. Cet extrait doit être revêtu d'une mention apparente indiquant le caractère conditionnel à la vente (chron. R. Chardonnal : *JCP* N 1981, IV, 7907).

1973 **Publication d'un « compromis de vente sous seing privé.** Un compromis de vente sous seing privé assorti d'une condition suspensive peut être publié et par suite rendu opposable aux tiers selon les modalités prévues à l'article 37, paragraphe 2, du décret du 4 janvier 1955 (V. **Promesse de vente**). Il suffit pour cela que cet acte sous seing privé soit annexé ou littéralement reproduit aux documents à publier envisagés par ce texte ; étant observé toutefois que si l'acte sous seing privé n'est pas annexé ou littéralement reproduit, cette irrégularité ne constitue pas un motif de refus du dépôt ou de rejet de la formalité. Mais elle rend la publication inopposable aux tiers (R. Chardonnal, chron. hyp. : *JCP* N 1981, prat. 8154).

➤ Sur la possibilité de présenter à l'enregistrement de tels actes pour leur faire acquérir date certaine, V. n° 2010.

1974 **Condition non exprimée.** L'article L. 312-16 du Code de la consommation énonçait que lorsque l'acquéreur d'un immeuble visé à l'article L. 312-2 du même code payait le prix directement ou

indirectement, même partiellement, à l'aide d'un ou plusieurs prêts, l'acte était conclu sous la condition suspensive de l'obtention du ou des prêts qui en assuraient le financement.
Or, il arrivait dans la pratique qu'il ne soit pas fait mention dans l'acte de la condition suspensive dont cet acte se trouvait affecté. En pareil cas, le service de la publicité foncière n'avait pas à se faire juge : il devait considérer, pour sa publication, l'acte comme n'étant pas affecté d'une condition (*Bull. AMC* 1981, art. 1205).

2 Publication postérieure de l'acte constatant la réalisation de la condition

1975 **Publication obligatoire.** Les actes constatant l'accomplissement d'une condition suspensive doivent eux-mêmes être publiés au service de la publicité foncière compétent (D. 4 janv. 1955, art. 28-4° b).
Mais le défaut d'accomplissement de cette formalité n'est alors sanctionné que par un droit à des dommages et intérêts au profit de toute personne intéressée qui, ayant publié son propre droit, prouve qu'elle a subi un préjudice (D. 4 janv. 1955, art. 30, § 4). La Cour de cassation a rappelé que le défaut de publication d'un acte constatant l'accomplissement d'une condition suspensive n'avait pas pour sanction son inopposabilité aux tiers (Cass. 3e civ., 13 juill. 2011, n° 10-19 461 ; *JurisData* n° 2011-014319 ; *Constr.-Urb.* oct. 2011, comm. 151, note C. Sizaire ; *AJDI* 2012, p. 217, note N. Le Rudulier ; *JCP* N 2012, n° 27, note H. Westendorff). Il s'agit d'une simple mesure d'information (S. Piédelièvre, obs. *Défrénois* 2011, art. 40181, p. 1528).
Cette publication peut-elle être opérée si l'acte passé sous condition suspensive n'a pas lui-même été publié ? Une circulaire de la Direction générale des impôts a estimé que le principe de l'effet relatif (V. **Effet relatif**) n'a pas à jouer en l'espèce. En effet, les deux actes constatent la même mutation entre les mêmes parties, et le « disposant » ou « dernier titulaire » au sens de l'article 3 du décret du 4 janvier 1955 est le même pour chacun d'eux (H. Bulté, chron. hyp. : *JCP* N 1961, IV, 3245).
Il n'en reste pas moins que cette publication préalable est juridiquement et pratiquement indispensable, car la perfection de la transmission ne peut résulter que du rapprochement des deux actes. La publication du seul acte constatant la réalisation de la condition n'est pas susceptible de constituer à elle seule à l'égard des tiers la preuve de la mutation, puisque ce document ne forme qu'un titre incomplet de celle-ci (Bulté, chron. préc.). On peut ajouter que si l'acte conclu sous condition n'a pas été publié, l'existence de cette condition et sa rétroactivité ne sont pas opposables aux tiers (V. n° 1971).

1976 **Extrait d'acte modèle 1.** Nous avons vu (V. n° 1972) que lors de la publication de l'acte de vente sous condition suspensive, il était nécessaire de déposer un extrait d'acte modèle 1.
En revanche, lors du dépôt de l'acte constatant la réalisation de la condition, la production d'un nouvel extrait n'est pas nécessaire (Rép. min. Justice, 7 sept. 1957 : *JOAN* CR, p. 4074). Le conservateur (le service de la publicité foncière) doit seulement aviser le service du cadastre, par simple note, de la publication de l'acte définitif (*Rép. alph. enreg.*, V° Hypothèques, L. III, n° 403-2. – Chron. R. Chardonnal : *JCP* N 1981, prat. 7907).

1977 **Ventes multiples soumises à la même condition suspensive.** Lorsque diverses ventes sont soumises à la réalisation d'une même condition suspensive, la publicité de l'acte constatant la réalisation de cette condition est valablement assurée par le dépôt de deux expéditions de cet acte dans les conditions habituelles, le service de la publicité foncière n'ayant pas à exiger le dépôt d'autant de fois deux expéditions de l'acte qu'il existe de ventes conditionnelles relatées dans celui-ci (V. R. Chardonnal, chron. hyp. : *JCP* N 1984, prat. 9230).

1978 **Publication après décès de l'acquéreur.** Au cas où l'acquéreur d'un immeuble sous condition suspensive décède avant la réalisation de cette condition, l'acte constatant cette réalisation peut être publié même si l'attestation notariée de propriété après décès n'a pas fait elle-même l'objet d'une publication préalable ou simultanée car cette attestation ne concerne pas le droit du vendeur ayant disposé de l'immeuble (*Bull. AMC* 1980, art. 1180). Il en est de même quand celui qui a acquis un immeuble au moyen d'une vente à terme décède avant l'arrivée du terme (P.J.C., chron. hyp. : *JCP* N 1993, prat. 2790).

1979 **Publication après décès du vendeur.** Lorsque le vendeur, qui a signé un acte sous seing privé de vente sous condition suspensive décède avant la signature de l'acte authentique et que les conditions suspensives sont réalisées après ce décès, la vente rétroagit à la date de l'acte sous seing privé et l'immeuble vendu doit être considéré comme n'étant pas entré dans le patrimoine successoral. Dès lors, il n'y a pas lieu d'exiger la publication d'une attestation notariée de transmission par décès, préalablement ou concomitamment à la publication de l'acte constatant la réalisation de la condition (Rép. min. Finances, 4 oct. 1961 : *JOAN* CR, p. 2363 ; *JCP* N 1961, IV, 3225 ; *Bull. AMC* 1961, art. 489. – Chron. Bulté : *JCP* N 1966, IV, 3991).

La réforme du droit des contrats et obligations opérée par l'ordonnance n° 2016-131 du 10 février 2016 applicable à compter du 1er octobre 2016 amène à modifier cette solution. En effet l'article 1304-6 nouveau du Code civil énonce dans son alinéa premier que l'obligation devient pure et simple « à compter de l'accomplissement de la condition suspensive » mais que toutefois les parties peuvent prévoir que l'accomplissement de la condition rétroagira au jour du contrat. Autrement dit alors que dans le droit antérieur la condition suspensive avait en vertu de la loi un effet rétroactif, elle ne rétroagira désormais que si les parties l'ont expressément stipulé. La solution donnée ci-dessus reste toujours exacte mais à la condition que le compromis de vente signé du vivant le défunt ait prévu la rétroactivité de la condition.

3 Publication simultanée de l'acte établi sous condition suspensive et de l'acte constatant la réalisation de la condition

1980 **Identification des parties.** Dans le cas d'une vente d'immeubles sous condition suspensive, l'acte conditionnel et celui constatant la réalisation de la condition doivent comporter les éléments complets d'identification des parties, s'ils sont présentés séparément à la formalité. Mais s'ils sont déposés simultanément, il n'est procédé qu'à une seule publication, alors même qu'ils auraient fait l'objet d'expéditions distinctes sur formules spéciales (*Bull. AMC* 1959, art. 399). De ce fait, pour l'annotation au fichier immobilier, il n'est pas indispensable que tous les éléments de l'identité des parties soient reproduits dans l'acte constatant la réalisation de la condition mais cet acte doit contenir des références précises à l'acte conditionnel (chron. hyp. : *JCP* N 1979, prat. 7335).

1981 **Identification des immeubles.** Lorsque l'acte conditionnel et celui constatant la réalisation de la condition suspensive sont déposés simultanément, il n'est pas indispensable que tous les éléments de la désignation de l'immeuble soient reproduits dans l'acte concernant la réalisation de la condition, si cet acte renferme des références précises à l'acte conditionnel (chron. hyp. : *JCP* N 1979, prat. 7335).

B Publication concernant des inscriptions

1982 **Affectation hypothécaire d'un immeuble grevé d'un droit conditionnel. Inscription requise contre le propriétaire actuel et contre le titulaire du droit conditionnel.** Il est possible de requérir une inscription d'hypothèque contre le titulaire d'un droit soumis à une condition suspensive (ou même d'un droit éventuel) à la condition que ce droit résulte d'un titre publié (chron. H. Bulté : *JCP* N 1965, IV, 3938).

Ainsi, il a été reconnu que lorsque le donateur d'un immeuble a, par son concours à l'acte d'affectation hypothécaire, renoncé en faveur d'un créancier du donataire au droit de retour qu'il s'est réservé sur cet immeuble, le créancier peut prendre inscription à la fois contre le donataire débiteur, propriétaire actuel, et contre le donateur, propriétaire conditionnel de l'immeuble grevé (Rép. min. Justice, 28 juin 1961 : *JCP* N 1961, IV, 3178).

1983 **Mainlevée sous condition suspensive.** En principe, la mainlevée donnée sous condition suspensive ne peut autoriser la radiation après l'avènement de la condition sans réitération du consentement du créancier, sauf si cette condition consiste en un événement précis dont la survenance ne peut donner lieu à aucune contestation. Il en est ainsi :

– lorsque la condition mise à la radiation de l'inscription primitive consiste dans la justification qu'une inscription nouvelle ait été prise sur l'immeuble affecté à la place de celui qui doit être dégrevé. Cette justification n'exige en effet qu'une simple vérification matérielle ;

– lorsque le créancier, après s'être assuré que l'immeuble à affecter n'est grevé d'aucune inscription du chef des précédents propriétaires, met comme condition à la mainlevée de l'inscription primitive que le nouvel immeuble affecté ne soit grevé d'aucune inscription du chef du propriétaire actuel.

Par contre, il en est différemment lorsque la mainlevée n'est consentie que sous la condition que le nouvel immeuble ne soit grevé d'aucune inscription aussi bien du chef des précédents propriétaires que du propriétaire actuel. Il est alors indispensable, pour vérifier si la condition est ou non remplie, de déterminer d'abord la filière des propriétaires successifs de l'immeuble et de requérir ensuite un état du chef de chacun d'eux, ce qui ne peut être l'œuvre que des parties intéressées ou de leurs conseils. Dans ce cas, pour parvenir à la radiation, le créancier doit dans un nouvel acte, constater que la condition stipulée dans le premier acte se trouve accomplie, et réitérer en conséquence son consentement à la mainlevée (Jacquet

Condition suspensive

et Vétillard, *Introduction*, n° 28-2, p. 23. – *Précis CML*, n° 985. – *Bull. AMC* 1965, art. 603. – Chron. hyp. : *JCP* N 1973, IV, p. 192).
En pratique, avant de requérir une radiation en vertu d'une mainlevée conditionnelle, il est prudent de demander l'avis du service de la publicité foncière comme le recommande le *Précis de droit hypothécaire* de Chambaz et Masounabe-Puyanne (*op. cit.*, n° 929).

II Fiscalité

1984 Après l'étude de quelques problèmes de qualification (A), nous traiterons successivement des droits d'enregistrement et de la taxe de publicité foncière (B), de la contribution de sécurité immobilière (C) et de la TVA immobilière (D).

A Problèmes de qualification

1985 Raison d'être des problèmes de qualification. Déterminer si un acte est ou non affecté d'une condition suspensive présente sur le plan fiscal des enjeux particuliers :
– enjeu tout d'abord pour le redevable des droits (et par contre coup pour l'administration) puisque les droits ne sont pas exigibles lorsqu'un acte est passé sous condition ;
– enjeu également pour l'administration, qui peut avoir intérêt à faire juger qu'un acte qui lui est opposé comme point de départ de la prescription ne peut en réalité la faire courir car il est affecté d'une condition suspensive (V. n°s 2008, 2035 et 2036).
On s'explique dès lors qu'un contentieux purement fiscal se soit développé à propos de ces problèmes de qualification.

1 Principes généraux

a) Définition de la condition suspensive

1986 Définition. L'obligation contractée sous une condition suspensive est celle qui dépend ou d'un événement futur et incertain, ou d'un événement actuellement arrivé mais encore inconnu des parties (C. civ., art. 1304).
La définition de l'acte conditionnel est la même sur le plan civil et fiscal. C'est donc le Code civil qu'il convient d'appliquer lorsqu'un contentieux survient.

1987 Caractères de la condition. La condition suspensive présuppose une obligation déjà formée dans ses éléments constitutifs essentiels. Elle n'est jamais nécessaire à la validité du contrat (C. civ., art. 1128) dont elle ne représente qu'un élément accidentel et extérieur, qui pourrait en être détaché sans dommage juridique (Circ. 2 févr. 1942. – *Ind. enr.*, 5089).

1988 Vraies et fausses conditions. Selon la doctrine fiscale, on ne saurait considérer comme une véritable condition :
– la simple indication dans un acte de vente que le prix sera payé comptant ;
– la clause insérée dans un acte sous seing privé prévoyant le recours ultérieur à la forme authentique ;
– le dédit, lorsqu'il est prévu à titre d'indemnité dans une convention ayant un caractère parfait et actuel (BOI-ENR-DG-20-20-70-20120912, n° 30).
Sur la notion de condition et ses applications jurisprudentielles, on se reportera également aux traités de droit civil (*JCl Notarial Formulaire*, V° Vente d'immeubles, Fasc. 550. – *Rép. prat. Dalloz*, V° Condition).

1989 Fait imposé par la loi. La stipulation d'une condition devant procéder toujours directement de l'intention ou de la volonté des parties, on ne saurait donc considérer comme une véritable condition, un fait imposé par la loi, alors même que les parties lui auraient donné cette qualification. En pareille hypothèse, le contrat ne leur confère pas des droits conditionnels, mais simplement éventuels (Circ. 2 févr. 1942. – *Ind. enr.*, 5089).

1990 La condition doit être exprimée. Par ailleurs, la condition suspensive ne se présume pas. Un contrat ne peut être considéré comme affecté d'une condition de cette nature que si les parties ont formellement exprimé leur volonté en ce sens (BOI-ENR-DG-20-20-70-20120912, n° 30).

b) Distinction d'avec le terme et la condition résolutoire

1991 Différence avec le terme. Le terme diffère de la condition en ce qu'il ne suspend pas l'engagement, dont il retarde seulement l'exécution (C. civ., art. 1305 ; V. **Conventions affectées**

d'une modalité). Il y a terme et non pas condition, lorsque l'événement auquel est subordonnée l'obligation doit nécessairement se produire : c'est un événement futur et certain.

1992 **Différence avec la condition résolutoire.** La condition résolutoire subordonne à un événement futur et incertain non pas l'exécution de l'obligation mais sa révocation.

1993 **Critère.** La distinction entre la condition suspensive, le terme et la condition résolutoire, très nette en théorie, est souvent délicate en pratique. C'est d'après l'intention des parties, telle qu'elle résulte des autres clauses de l'acte, qu'il y a lieu de se prononcer en cas de difficulté (V. BOI-ENR-DG-20-20-70-20120912, n° 60).

2 Applications

1994 Après avoir donné divers exemples de conditions parmi les plus courantes (*a*), nous étudierons plus particulièrement la condition de passer acte (*b*) et la condition de paiement du prix (*c*).

a) Exemples divers

1995 **Cas divers ou la qualification de condition suspensive a été admise.** Il est apparu que la vente était affectée d'une condition suspensive dans les cas suivants :

– lorsque l'acte contient une clause en vertu de laquelle la vente ne produira son effet qu'autant que l'acquéreur aura fourni caution dans un délai déterminé (Cass., 8 juill. 1822 : *Journ. not.*, 9829) ;

– lorsque la mutation est conclue sous la condition de mesurage des biens vendus (Cass. civ., 27 nov. 1895. – Instr. 2900, § 8) ;

– lorsque la mutation est subordonnée à la condition que l'immeuble sera délivré quitte et libre de toutes charges ;

– lorsqu'une vente est consentie sous réserve qu'un tiers désigné dans l'acte ne prendra pas l'acquisition pour son compte dans un délai déterminé (T. civ. Béthune, 2 nov. 1899 : *Rev. enr. et imp.*, 2306) ;

– lorsqu'un acte de prêt porte que si la somme empruntée n'est pas remboursée à l'échéance, le créancier deviendra propriétaire de l'immeuble garantissant sa créance (Sol. 11 févr. 1835 : *S.* 1835, II, 195) ;

– lorsque l'acquéreur se réserve de visiter l'immeuble vendu dans un délai déterminé pour maintenir la convention ou l'annuler (T. civ. Marseille, 11 août 1851) ;

– lorsque l'acte porte que l'acquéreur se réserve la faculté d'accepter la vente ou d'y renoncer pendant un délai déterminé (Cass., 4 janv. 1858 : *S.* 1858, I, 222).

1996 **Condition d'obtention d'un agrément.** Les actes des particuliers soumis à obtention d'un agrément doivent être considérés comme passés sous condition suspensive : ainsi pour les concessions de mines, soumises à approbation du gouvernement (Cass., 19 juin 1826 : Instr. 1200, p. 22). Mais ceci ne vaut pas pour les actes administratifs soumis à approbation, lesquels ne constituent que de simples projets (*Dict. enr.*, 1903).

1997 **Condition de changement du régime fiscal.** La vente conclue sous la condition de changement du régime fiscal s'analyse fiscalement en une vente affectée d'un terme incertain. Conformément aux principes généraux, elle sera, en conséquence, soumise dans le délai de droit commun au régime applicable à la date de l'acte aux mutations pures et simples de l'espèce (Rép. min., 1er sept. 1970 : *JOAN* CR, p. 1392, n° 9128).

1998 **Vente d'un bien rural sous condition que le preneur n'exerce pas son droit de préemption.** Il semble que dans le cas où un bien rural est vendu à un tiers sous la condition suspensive que le preneur n'exerce pas son droit de préemption, cette vente se trouvera réalisée dès l'expiration du délai de deux mois imposé au preneur pour faire connaître au bailleur son acceptation ou son refus (C. rur. pêche marit., art. L. 412-8). Il n'en serait autrement que si l'acte conditionnel contenait une clause prévoyant la rédaction ultérieure d'un acte destiné à constater la réalisation de la condition et le paiement du prix et si cette clause s'analysait elle-même en une condition suspensive à l'accomplissement de laquelle les parties auraient manifestement entendu subordonner le transfert de propriété (Rép. min. Finances, 21 déc. 1965 : *Ind. enr.*, 11119).

1999 **Condition suspensive de délivrance d'un certificat d'urbanisme et faculté de substitution.** Une personne physique avait signé le 12 décembre 1974 un compromis sous seing privé de vente d'un immeuble, sous la condition suspensive de la délivrance d'un certificat d'urbanisme et s'était également réservé la faculté de se substituer toute autre personne physique ou morale dans l'acte authentique prévu pour réitérer la vente.

Un acte authentique fut effectivement dressé le 16 mai 1975 (et régulièrement enregistré) en faveur d'une personne morale constituée dans l'intervalle à cette fin.

Le tribunal de grande instance de Créteil énonça que la vente était devenue parfaite le jour de la réalisation de la condition suspensive (soit le 10 avril 1975).

La Cour de cassation a jugé qu'en statuant ainsi, sans rechercher si les parties n'avaient pas eu en l'espèce l'intention de différer le transfert de propriété de l'immeuble jusqu'à la signature d'un acte notarié, le tribunal n'avait pas donné de base légale à sa décision (Cass. com., 1er févr. 1982, *Choffée c/ DGI*).

L'administration a considéré que les deux actes successifs (l'acte sous seing privé du 12 décembre 1974 et l'acte notarié du 16 mai 1975) constituaient une double mutation. Elle a donc exigé le paiement des droits sur la vente conditionnelle de 1974 devenue parfaite selon elle à la date de délivrance du certificat d'urbanisme (soit le 10 avril 1975).

Selon le *Bulletin Lefebvre* (8 sept. 1982, inf. 1212), cette décision semble infirmer un arrêt du 7 décembre 1942 qui avait décidé que la vente était parfaite et le droit de vente immédiatement exigible dans le cas d'un acte de vente réservant à l'acquéreur la faculté de se substituer un tiers avant le contrat définitif.

b) Condition de passer acte

2000 Rôle pouvant être conventionnellement dévolu à la passation de l'acte authentique. Si les parties peuvent cantonner l'acte authentique dans son rôle de simple mesure d'exécution d'une vente que le compromis a déjà pleinement réalisée, elles peuvent aussi reporter certains effets de la vente, ou même la formation de la vente elle-même, à la date de l'établissement de l'acte authentique.

Il convient dans chaque cas d'analyser la volonté des parties afin de déterminer si l'on est en présence d'une véritable condition, d'un terme, d'une vente avec transfert de propriété différé, etc. Le contentieux en ce domaine est considérable. On le trouvera exposé en détail au *JurisClasseur Notarial Formulaire* (V° Avant-contrat – Compromis de vente, Fasc. 100).

Nous ne donnerons ici que quelques exemples, tirés de contentieux survenus avec l'administration fiscale. Mais il convient, rappelons-le, d'appliquer en la matière les règles dégagées par la jurisprudence en matière civile.

2001 Validité de la condition. Les contractants peuvent subordonner la perfection de la vente à la condition de passer acte authentique. En ce cas, la taxe ne pourra être perçue qu'après la rédaction dudit acte (Cass., 20 juill. 1896 : *S.* 1897, 1, 149 ; *D.* 1897, 1, 242).

L'administration elle-même peut avoir intérêt à faire juger que cette clause renferme une condition suspensive, même non invoquée par les parties dans leurs rapports, lorsque, pour faire échec à une réclamation des droits de mutation, la prescription abrégée lui est opposée avant toute réalisation par acte authentique par les parties se prévalant de la prétendue perfection du contrat (Lisieux, 24 mai 1960 : *Ind. enr.*, 10224).

2002 Interprétation de la volonté des parties. Il n'y aura véritablement condition suspensive que si les parties ont voulu faire dépendre de la signature de l'acte notarié la perfection de leur contrat et si leur intention, à cet égard, est formelle et expresse. Il y a là une question de fait (Cass., 10 mai 1868 ; Instr. 2367, p. 23. – Sur le rappel du principe, V. Rép. min. Justice à M. Milon : *JOAN* CR, 31 mars 1980, p. 1335, n° 24917).

Par exemple, constituera une véritable condition suspensive la clause insérée dans une promesse unilatérale de vente selon laquelle « le présent acte n'est qu'un projet de vente qui n'aura effet et n'existera qu'après la signature de l'acte authentique définitif réglant tous les détails de la vente » (Lisieux, 24 mai 1960 : *Ind. enr.*, n° 10224).

2003 Absence de volonté formellement exprimée. À défaut de manifestation formelle de l'intention des parties, la clause d'un acte de vente sous seing privé portant que la convention sera réalisée ultérieurement par acte authentique est sans influence sur la perfection immédiate de la transmission (Cass. civ., 5 juill. 1933 : *Ind. enr.*, 2665. – Instr. 4161, § 24. – Cass., 4 mai 1936 : *Ind. enr.*, 3484 ; *Rev. enr. et imp.*, 10771. – Cass., 3 janv. 1939, 4590. – Saumur, 28 mai 1959 : *JCP* G 1959, II, 11251. – T. civ. St-Malo, 15 mars 1961 : *Ind. enr.*, 10224, 2e esp. ; BOI-ENR-DG-20-20-70-20120912, n° 60).

c) Condition de paiement du prix

2004 Condition suspensive valable. La condition de payer tout ou partie du prix de vente, des droits d'enregistrement ou des frais du contrat, peut constituer une condition suspensive si elle est expressément stipulée.

Il en est ainsi notamment :

– de la condition de paiement des frais et loyaux coûts du contrat (Cass., 9 juill. 1855 : *S.* 1856, I, 73 ; *D.* 1855, I, 308) ;

– de la condition de versement de partie ou de totalité du prix de vente (Cass., 4 janv. 1858 : *Journ. enr.*, 16675), encore que l'acquéreur ait pris possession des biens vendus (Cass., 6 mai 1863 : *S.* 1863, 1, 396 ; *D.* 1863, 1, 215).

Toutefois, le libellé de la clause ne doit pas être tel que la condition devienne purement potestative.

Dans une espèce où le contrat stipulait que le consentement du vendeur à la vente et la mutation de propriété étaient subordonnés à la condition de la signature de l'acte authentique et du paiement du prix par l'acquéreur, dans un délai déterminé, et prévoyait que si l'acquéreur ne pouvait pas passer l'acte et payer le prix, l'accord serait nul et non avenu de plein droit, la Cour de cassation a décidé que la vente était nulle, l'obligation de l'acquéreur étant conclue sous une condition potestative (Cass. 3e civ., 11 juin 1980 : *JCP* N 1981, I, p. 337, chron. H. Thuillier).

2005 **Conséquences fiscales.** Le sursis au transfert de propriété entraîne alors le sursis au paiement de l'impôt.
Lorsque le paiement de partie du prix d'une mutation est affecté d'une condition suspensive, les droits à percevoir immédiatement ne portent que sur la partie du prix qui est, dès lors, exigible et le supplément des droits se rapportant à l'autre partie ne peut être réclamé qu'en cas de réalisation de la condition (Cass. com., 22 mai 1978 : *JCP* CI 1978, II, 12875, note David. – BOI-ENR-DG-20-20-70-20120912, n° 140).

2006 **Recherche de l'intention des parties.** S'il n'est pas illicite de faire du paiement du prix une condition suspensive de la vente (V. note David, Cass. com., 22 mai 1978, préc.), l'intention des parties doit être recherchée avec soin et la qualification expresse de condition suspensive n'est pas toujours probante.
Notamment, si la condition suspensive est contredite par d'autres clauses de l'acte, le caractère de condition résolutoire doit prévaloir. C'est ce qui a été décidé dans une espèce où le prix de la vente consistait en l'obligation d'entretenir la venderesse qui s'était réservée notamment un droit sur une partie de l'immeuble vendu. Or, la réserve de ce droit était sans utilité si le transfert de la propriété était réellement en suspens (Millau, 9 nov. 1956 : *Ind. enr.*, 9205).
Il y aura de même condition résolutoire si le contrat prévoit qu'à défaut de paiement, la vente sera résiliée (Cass., 14 déc. 1809 : *Journ. enr.*, 3687. – Cass., 8 févr. 1913 : *Journ. enr.*, 4456. – T. civ. Cambrai, 14 mars 1855 : *Journ. enr.*, 16015).
La qualification, suspensive ou résolutoire, de la condition stipulée dans une convention, dépend des circonstances de fait et de la commune intention des parties. Ainsi, est suspensive la clause qui prévoit que le prix n'est pas payable immédiatement, mais consigné jusqu'au second acte authentique constatant la réalisation de la condition et le caractère définitif de la vente (CE, 6 févr. 1981, 11, 22189, concl. Lobry : *Defrénois* 1982, art. 32957, note Jadaud).

B Droits d'enregistrement. Taxe de publicité foncière

2007 Nous distinguerons les perceptions intervenant avant la réalisation de la condition (1) et après cette réalisation (2).

1 Avant la réalisation de la condition

2008 **Suspension de l'exigibilité des droits.** La condition suspensive ayant pour effet de suspendre la formation du lien de droit entre les parties et de laisser dans l'incertitude l'existence juridique du contrat a, par voie de conséquence, pour effet de suspendre également l'exigibilité des droits auxquels la convention est tarifée suivant sa nature (Instr. 2925, p. 81).
Par exception, certains contrats (par ex., les contrats de mariage) soumis par leur nature même et non en vertu d'une convention des parties à une condition suspensive donnent immédiatement ouverture au droit que la loi fiscale prévoit en ce qui les concerne.

2009 **Conséquence.** Nous avons vu que l'acte conditionnel, comme l'acte constatant la réalisation de la condition, est soumis à publicité foncière (V. n° 1971), et assujetti à la formalité unique. Mais tant que la condition n'est pas réalisée, seule sera perçue la taxe de publicité foncière au taux fixe équivalant au droit fixe d'enregistrement (V. Instr. 1er juill. 1970 : *BOI* 7 A-6-70, § 21. – BOI-ENR-DG-20-20-70-20120912, n° 160. – Pour les ventes immobilières, V. BOI-ENR-DMTOI-10-10-30-10-20120912).
Le droit d'enregistrement est dû au même tarif lorsque l'acte constatant la transmission conditionnelle est assujetti à la double formalité de l'enregistrement et de la publicité foncière.
Si la condition vient à ne pas se réaliser, l'acte ne donne lieu à aucune autre perception.

2010 **Vente d'immeuble sous seing privé.** Les ventes d'immeubles sous seing privé assorties d'une condition suspensive sont obligatoirement sujettes à publicité foncière pour être opposables aux tiers. Elles sont donc régies par les dispositions de l'article 660 du Code général des impôts. Ce texte fait défense aux comptables des impôts d'accomplir la formalité de l'enregistrement à leur égard et prescrit de matérialiser le refus d'enregistrement qui en est la conséquence par une mention spéciale, datée et signée par le comptable, apposée sur chacun des originaux, l'un de ceux-ci étant conservé à la recette des impôts.

Si le dépôt de l'exemplaire destiné à la recette n'était pas effectué, il y aurait lieu de restituer au requérant le ou les exemplaires présentés à la formalité, sans constater ni mentionner le refus, afin de ne pas donner date certaine à l'écrit.

Les actes de l'espèce peuvent être présentés, pour l'apposition d'une mention de refus d'enregistrer, à une recette des impôts quelconque, sans qu'il y ait lieu de s'attacher à la situation de l'immeuble concerné, ni au domicile des parties contractantes (BOI-ENR-DMTOI-10-10-30-10-20120912, n° 80).

2011 Formalités. L'acte ou la mutation verbale sous condition suspensive n'est d'ailleurs pas soumis obligatoirement, de par son objet, à l'enregistrement ; par contre, la formalité est obligatoire pour les actes constitutifs ou translatifs de droits réels immobiliers, même s'ils sont assortis d'une condition suspensive (BOI-ENR-DG-20-20-70-20120912, n° 70).

Si l'acte entre dans le champ d'application de la formalité fusionnée, sa présentation par les parties à la conservation des hypothèques (au service de la publicité foncière) de la situation du bien doit être effectuée dans un délai d'un mois (V. **Formalité unique**).

2012 Exécution du contrat avant réalisation de la condition. Si le contrat est exécuté avant la réalisation de la condition, le droit de mutation devient exigible de la même manière qu'en cas de réalisation. Si la convention nouvelle ne se borne pas à constater une réalisation anticipée et modifie l'acte originaire, le droit est dû sur ce nouveau contrat, sans égard à la convention primitive devenue sans objet (V. BOI-ENR-DG-20-20-70-20120912, n°s 160 et 170).

Cette solution s'appliquera, par exemple, dans le cas de renonciation au bénéfice de la condition suspensive.

2013 Résiliation d'une promesse de vente synallagmatique soumise à condition suspensive. L'acte que les parties viendraient à passer pour résilier une promesse de vente avant la réalisation de la condition suspensive à laquelle celle-ci est subordonnée ne donne ouverture, en principe, qu'au droit fixe. En outre, il est admis qu'en pareil cas, l'avènement ultérieur de la condition ne motive la perception du droit proportionnel de mutation et les taxes qui s'y ajoutent ni sur la promesse de vente, ni sur sa résiliation (Rép. min. Naveau : *JOAN* Q, 30 janv. 1962, p. 20, n° 2152 ; *BOE* 1962, 1, 8503).

2 Après la réalisation de la condition

a) Effet de la réalisation de la condition

1) Exigibilité des droits

2014 Principes. Si la condition suspensive ne se réalise pas, la convention ne se forme pas et l'exigibilité du droit est définitivement écartée.

Lorsque, au contraire, la condition se réalise, elle emporte en droit civil un effet rétroactif : la convention doit être considérée comme pure et simple dès l'origine (C. civ., art. 1304-6).

Au point de vue fiscal, il y a lieu de considérer que l'instrument complet de la convention résulte seulement de la réunion de l'acte conditionnel et de l'acte constatant la réalisation de la condition. Par suite, le droit ne peut être perçu que si la réalisation de la condition est elle-même constatée par un acte.

Toutefois, lorsque la convention conditionnelle est une mutation qui serait soumise obligatoirement à déclaration à défaut d'acte, si elle était pure et simple, cette mutation doit être déclarée, en cas de réalisation de la condition, comme si elle était verbale. Les parties peuvent se dispenser de cette déclaration en présentant à la formalité, dans le délai prévu pour cette dernière, soit l'acte conditionnel complété d'une mention indiquant la date de la réalisation de la condition, soit l'acte établi, le cas échéant, pour constater cette réalisation (BOI-ENR-DG-20-20-70-20120912, n°s 110 et 120).

2015 Preuve de la réalisation de la condition. Pour pouvoir exiger le droit proportionnel ou progressif, il suffit à l'administration d'établir la réalisation de la condition. Elle peut, à cet effet user de tous les modes de preuve compatibles avec la procédure écrite et utiliser au besoin son droit de communication (BOI-ENR-DG-20-20-70-20120912, n° 150).

En particulier, tous les actes de propriétaire faits par l'acquéreur peuvent être invoqués comme preuves de la réalisation de la condition (rappr. CGI, art. 1881).

Les parties sont éventuellement admises à apporter la preuve qu'un acte constatant le caractère soi-disant définitif de la convention a été en fait passé par erreur avant la réalisation de la condition suspensive, ce qui rend prématurée la perception des droits de mutation (Paris, 20 nov. 1970 ; *Ind. enr.*, 11936).

2016 Renonciation à la vente postérieure à la réalisation d'une condition suspensive. Si les parties renoncent à la vente à une époque où les conditions suspensives stipulées sont d'ores et déjà réalisées, l'administration est en droit de demander le paiement des droits de vente (celle-ci étant devenue parfaite, ce qui entraîne l'exigibilité des droits...) sans qu'il y ait à rechercher si l'acquéreur est entré en possession de l'immeuble et en a payé le prix.

Il est à noter que l'administration est également en droit de considérer que l'accord de « renonciation à la vente » pris par les parties après la réalisation de cette condition s'analyse en une rétrocession, ce qui est un autre motif d'exiger le paiement des droits. – V. **Rétrocession** (Cass. com., 10 janv. 1989 : *Bull. civ.* IV, n° 15. – V. également Cass. com., 12 déc. 1989 : *BOI* 7-C-4-90).

2) Formalités

2017 **Acte authentique.** L'acte authentique dressé pour constater l'avènement de la condition est soumis au même régime que l'acte conditionnel. Le délai imparti aux cocontractants est le délai de droit commun et donc un mois si l'acte relève de la formalité fusionnée.

2018 **Acte sous seing privé.** Si la réalisation de la condition suspensive fait l'objet d'un acte sous seing privé, celui-ci doit être présenté à la recette des impôts dans le délai d'un mois à compter de sa date, mais le receveur des impôts doit refuser l'exécution de la formalité. En effet, lorsqu'ils portent sur des droits immobiliers, les actes constatant la réalisation d'une condition suspensive doivent être obligatoirement publiés au fichier immobilier (D. 4 janv. 1955, art. 28, 4° b) et donc dressés en la forme authentique. La documentation administrative indiquait ensuite : « Après avoir conseillé aux parties de déposer le plus tôt possible l'acte sous seing privé en l'étude d'un notaire (avec reconnaissance de signatures), l'administration pourra leur accorder un délai – n'excédant pas deux mois – pour acquitter l'impôt qui, en principe, est immédiatement exigible ». Mais depuis la réforme opérée par la loi n° 2011-331 du 28 mars 2011, ce « conseil », repris au BOI-ENR-DMTOI-10-10-30-10-20120912, n° 80, n'est plus d'actualité (V. **Authenticité**). Les parties doivent être invitées à faire reprendre la substance de leurs conventions dans un acte authentique.

Lors de la présentation de l'acte authentique, les sommes déjà versées sont imputées sur le montant de l'impôt exigible ; cet acte est soumis à la taxe de publicité foncière ou au droit d'enregistrement au tarif fixe des actes innommés (sur le taux actuel, V. **Droits fixes**) si l'intégralité de l'impôt de mutation a été acquittée (V. Doc. adm. DGI, 7 C-131, n° 9, 20 déc. 1996 repris au BOI-ENR-DMTOI-10-10-30-10-20120912, n° 80).

2019 **Absence d'acte.** À défaut d'acte, les parties doivent faire la déclaration de la réalisation de la condition à la recette des impôts de la situation du bien dans un délai d'un mois. Les droits d'enregistrement sont perçus au même tarif que celui de la taxe de publicité foncière qui aurait été exigée par le service de la publicité foncière en cas de formalité unique donnée à un acte authentique constatant l'accomplissement de la condition (V. Doc. adm. DGI, 7 C-131, n° 10, 20 déc. 1996 repris au BOI-ENR-DMTOI-10-10-30-10-20120912, n° 80).

b) Perceptions

2020 Il faut distinguer selon que la taxe de publicité foncière tient ou non lieu des droits d'enregistrement.

1) La taxe de publicité foncière tient lieu des droits d'enregistrement (formalité unique)

CGI, art. 676. – En ce qui concerne les mutations et conventions affectées d'une condition suspensive, le régime fiscal applicable et les valeurs imposables sont déterminés en se plaçant à la date de la réalisation de la condition.

Toutefois, lorsqu'elle ne tient pas lieu des droits d'enregistrement, la taxe de publicité foncière est perçue sur l'acte conditionnel d'après le régime applicable à la date à laquelle la formalité de publicité foncière est requise. Les valeurs imposables sont déterminées en se plaçant à la date de l'acte.

2021 **Fixation du régime fiscal applicable et des valeurs imposables à la date de réalisation de la condition.** L'article 676, alinéa 1, du Code général des impôts pose en principe que le régime fiscal et les valeurs imposables sont déterminés en se plaçant à la date de réalisation de la condition. Il n'y a pas de dérogation possible à cette règle (Rép. min. Finances, 6 déc. 1961 : *Ind. enr.*, 10300), même si la réalisation de la condition dépend d'une formalité administrative et si celle-ci intervient avec un retard non imputable aux parties (Rép. min. Budget, 21 févr. 1953 : *Ind. enr.*, 8014. – Rép. min. Finances, 29 avr. 1959 : *Ind. enr.*, 10000, repris au BOI-ENR-DMTOI-10-10-30-10-20120912, n° 60).

2022 **Conséquences.** Ce texte, de portée générale, conduit à faire complètement abstraction pour la liquidation de l'impôt de l'effet rétroactif de la condition.

Il en résulte notamment que la nature et la quotité des droits exigibles doivent être déterminés compte tenu de la législation en vigueur au jour de la réalisation de la condition et, accessoirement, que le droit fixe éventuellement perçu sur l'acte originaire n'est pas susceptible d'être imputé sur le droit définitivement exigible (V. BOI-ENR-DG-20-20-70-20120912, n° 130).

2023 Il n'y a pas lieu de tenir compte des changements survenus entre l'acte conditionnel et la réalisation de la condition dans la consistance des biens objets des conventions car, si la valeur imposable de ceux-ci doit être appréciée au jour de l'avènement de la condition, c'est d'après leur état à la date de l'acte initial, aucune exception n'étant apportée à cet égard aux règles du droit civil concernant l'effet rétroactif de la condition (*Dict. enr.*, 1903).

2024 **Absence de valeur indiquée dans l'acte constatant la réalisation de la condition.** Si le régime fiscal applicable et les valeurs imposables sont déterminés en se plaçant à la date de la réalisation de la condition suspensive (CGI, art. 676), l'acte conditionnel et l'acte constatant cette réalisation forment ensemble l'instrument complet de la convention. En conséquence, en l'absence de toute valeur figurant dans le second acte, l'administration est fondée à percevoir les droits proportionnels sur le prix déclaré dans l'acte conditionnel, sans préjudice de son droit de remettre en cause, ultérieurement, l'estimation si elle la juge insuffisante, par voie de notification de redressement (Cass. com., 20 juill. 1981 : *RJF* 6/1982, n° 623 ; *BOI* 7 A-1-82 ; *Defrénois* 1982, art. 32957, note Jadaud. – V. sur cette décision la note du professeur David au *JCP* CI 1982, 13808 et *Dr. fisc.* 1981, n° 48-49, 2211).

2) La taxe de publicité foncière ne tient pas lieu des droits d'enregistrement

CGI, art. 676, al. 2. – V. le texte, *supra*.

2025 **Prise en compte de la date de l'acte conditionnel.** En ce cas, et par exception à la règle de perception énoncée plus haut, c'est à la date de l'acte conditionnel qu'il faudra se placer pour déterminer le régime fiscal applicable et les valeurs imposables.
Cette solution sera par exemple applicable en cas de donation sous condition suspensive... (pour les actes échappant à la formalité unique, V. **Formalité unique**).

c) Cas de l'absence d'acte dressé pour constater la réalisation de la condition

2026 **Distinctions à opérer.** Au point de vue fiscal, il y a lieu de considérer que l'instrument complet de la convention résulte seulement de la réunion de l'acte conditionnel et d'un acte constatant la réalisation de la condition. Par suite, le droit ne peut être perçu que si la réalisation de la condition est elle-même constatée par un acte (V. BOI-ENR-DG-20-20-70-20120912, n° 110).
Mais lorsque la convention conditionnelle est une mutation qui serait soumise obligatoirement à déclaration à défaut d'acte si elle était pure et simple, cette mutation doit être déclarée en cas de réalisation de la condition, comme si elle était verbale.

2027 **Actes soumis à la formalité unique.** Dans le cas des actes soumis à formalité unique, les parties peuvent alors se dispenser de la déclaration de mutation verbale en présentant à la formalité dans le délai prévu pour cette dernière l'acte conditionnel complété d'une mention indiquant la date de la réalisation de la condition, ceci à défaut d'acte constatant cette réalisation.
La déclaration de la mutation à la recette des impôts devient alors inutile. Mais l'acte annoté par l'officier ministériel rédacteur de l'acte conditionnel de la mention indiquant l'avènement de la condition doit être représenté à la formalité avant l'expiration du délai imparti par la loi pour les déclarations de mutations verbales (*Dict. enr.*, 1903).

C Contribution de sécurité immobilière

Les solutions énoncées ci-dessous à propos du salaire du conservateur restent valables, jusqu'à nouvel ordre, pour la perception de la contribution de sécurité immobilière.

1 Acte passé sous condition

2028 **Contribution de sécurité immobilière.** La publication de l'acte conclu sous condition suspensive donne lieu à la perception de la contribution de sécurité immobilière au tarif proportionnel.

2 Acte constatant la réalisation de la condition

a) Acte constatant la réalisation de la condition publié isolément

2029 **L'acte constatant la réalisation de la condition publié isolément donne lieu à la perception du salaire proportionnel.** En 1957, le *Bulletin de l'association mutuelle des conservateurs*, revenant sur sa position antérieure, a estimé que la publication de l'acte qui constate la réalisation de la condition doit donner lieu au salaire proportionnel dès lors qu'il a pour objet d'informer les tiers, et qu'il ajoute à leur information un élément essentiel (*Bull. AMC* 1957, art. 315 et 1959, art. 399).

Cette position a été vivement critiquée (Bulté, chron. hyp. : *JCP* N 1962, IV, 3387 ; *ibid.* 1965, IV, 3968 ; *ibid.* 1966, IV, 4131). En effet, l'acte de vente sous condition est déjà parfait par lui-même, et la publication de l'acte constatant la réalisation ne fait que le compléter. Cet acte de complément ne devrait donc donner lieu qu'à la perception d'un salaire fixe (V. **Acte de complément**).

La question a été soumise au tribunal d'instance de Bordeaux qui, par jugement du 28 octobre 1970 (*Bull. AMC* 1971, art. 871), a ordonné la restitution du salaire proportionnel perçu par le conservateur sur l'acte constatant la réalisation de la condition. Mais compte tenu des circonstances de l'espèce, il ne peut être tiré argument de cette décision.

Une réponse ministérielle postérieure (donnée sous réserve de l'appréciation souveraine des tribunaux) a réaffirmé le droit du conservateur à la perception d'un double salaire (Rép. secr. d'Ét. au Budget, n° 48932 à M. Pierre Mauger : *JOAN* CR, 24 sept. 1984, p. 4236).

Et l'association des conservateurs a donc maintenu sa position (*Bull. AMC* 1990, art. 1455).

La question n'aura une solution définitive que lorsqu'il aura été statué sur ce problème d'une façon plus nette, ce qui serait fort opportun (V. en dernier lieu chronique, *in JCP* N 1981, IV, 8014).

b) Publication simultanée de l'acte affecté de la condition et de l'acte constatant la réalisation de la condition

2030 Perception d'un seul salaire. Si l'acte affecté de la condition et l'acte constatant la réalisation de la condition sont publiés en même temps, il n'est alors perçu qu'un seul salaire (Bulté : *JCP* N 1974, IV, 5798 ; *JCP* N 1979, IV, 7335, note C.H.R.).

Mais si l'acte constatant la réalisation de la condition fait l'objet d'un refus de dépôt, le salaire proportionnel sera perçu lors de sa publication ultérieure (*Bull. AMC* 1990, art. 1455).

2031 Ventes multiples d'immeubles soumises à la même condition suspensive : réalisation de la condition constatée par un seul et même acte. Lorsque plusieurs ventes sont soumises à une même condition suspensive, il arrive en pratique que la réalisation de la condition suspensive de chacune des ventes soit alors constatée au moyen d'un seul et même acte.

En pareil cas, le conservateur (le service de la publicité foncière) ne serait pas fondé à exiger le dépôt d'autant de fois deux expéditions de l'acte qu'il existe de ventes conditionnelles relatées dans celui-ci.

M. Chardonnal, qui avance cette opinion (*JCP* N 1985, prat. 9230), ajoute qu'on ne voit pas d'ailleurs quel intérêt pourrait présenter le dépôt d'expédition d'extraits ou de copies pour chacune des ventes conditionnelles, étant donné que le nombre de ces documents est, semble-t-il, sans influence notamment sur l'annotation du fichier et sur l'exigibilité des salaires du conservateur (sur ce dernier point, V. *Précis CML*, n° 1940 ; *BODGI* 10-2-76 ; *JCP* N 1976, prat. 6370).

2032 Publication simultanée de plusieurs actes sous condition suspensive et d'un acte unique constatant la réalisation de six conditions. Ont été déposés le même jour neuf actes de vente d'appartements en état futur d'achèvement dont l'effet était subordonné à la justification du financement et, d'autre part, un acte unique constatant l'accomplissement de cette condition. Après avoir rappelé que le dépôt des neuf actes entraînait en principe le paiement du salaire proportionnel sur le montant du prix stipulé dans chacun d'eux, l'association des conservateurs a admis toutefois que, du fait de la présentation simultanée de l'acte conditionnel et de celui constatant la réalisation de la condition, seul le salaire fixe devra être appliqué pour chacune des neuf ventes distinctes relatées dans ce dernier acte (*Bull. AMC* 1988, art. 1403).

D Taxe sur la valeur ajoutée

2033 Principe. Le fait générateur et la date d'exigibilité sont fixés pour les immeubles et les autres biens à la date de leur « livraison ». Il faut entendre par là le moment du transfert du pouvoir de disposer d'un bien comme un propriétaire (CGI, art. 269, 1 a), indépendamment du fait qu'un acte ait été ou non établi et présenté à la formalité (V. **TVA immobilière**). Il en résulte que « dans le cas d'une vente sous condition suspensive, le fait générateur n'intervient qu'au moment de la réalisation de la condition » (BOI-TVA-BASE-20-10-20130701, n° 57). La TVA est exigible à la date de la réalisation de cette condition.

Et c'est à cette date qu'il y a lieu de se placer pour déterminer les modalités et les bases de l'imposition à cette taxe.

2034 Changement de tarif. Vente sous condition suspensive. En matière de livraison de biens, la notion de fait générateur fait obstacle, en principe, à ce que la TVA soit liquidée au tarif en vigueur à la date de l'acte conditionnel dès lors qu'à la date de cet acte, la livraison n'est pas intervenue. La loi et, parfois l'administration fiscale, adoptent des mesures transitoires.

III
Prescription des droits

2035 Prescription abrégée (LPF, art. L. 180). La condition suspensive qui affecte une convention suspend la perception des droits proportionnels et progressifs. Ce n'est que l'accomplissement de la condition qui fait naître l'exigibilité des droits afférents à la convention.

Par suite, l'enregistrement ou la publication au droit fixe de l'acte sous condition suspensive ne peut faire courir la prescription abrégée.

Il en est de même de la formalité donnée à un acte ou à une déclaration lorsque c'est l'exigibilité de l'impôt elle-même qui se trouve frappée d'une condition suspensive.

Tel est le cas, par exemple, des acquisitions assorties d'un engagement de construire. En effet, l'impôt de mutation, dans ce cas, ne devient exigible que s'il n'est pas régulièrement justifié de la construction dans le délai légal. L'administration ne pouvant avoir connaissance de cet événement futur et incertain que par des recherches ultérieures, les conditions prévues pour l'application de la prescription abrégée ne se trouvent donc pas réunies du seul fait de l'enregistrement ou de la publication de l'acte d'acquisition.

Dans tous ces cas, seule la prescription sexennale est opposable à l'action en reprise du Trésor dans les conditions précisées au n° 2036.

Bien entendu, si un acte présenté à la formalité révèle la réalisation de la condition, l'action en reprise des droits dont l'exigibilité parvient ainsi à la connaissance de l'administration, tombe sous l'application de la prescription abrégée (V. Doc. adm. DGI, 13 L-1214, n° 20, 30 avr. 1994. – BOI-CF-PGR-10-40-20150812, n° 280).

2036 Prescription sexennale (LPF, art. L. 186) Les effets juridiques de la convention et, par suite, le fait générateur de l'impôt proportionnel ou progressif étant subordonnés à la réalisation de la condition, la prescription de six ans court seulement du jour de cet événement.

Il en est ainsi, notamment, en matière de legs conditionnels (notamment de legs *de eo quod supererit*), de cessions conditionnelles de droits sociaux, de donations ou de ventes conditionnelles.

Par ailleurs, lorsque la créance d'impôt est elle-même affectée d'une condition suspensive, l'action du Trésor n'est susceptible de prendre cours qu'à la date de réalisation de cette condition.

Ainsi, le délai de reprise dont dispose l'administration en cas de non-respect d'un engagement de construire commence à courir à compter du premier jour suivant l'expiration du délai imparti à l'acquéreur pour justifier de l'achèvement des constructions (Cass. com., ch. fin. et éco., 23 oct. 1990, arrêt n° 1200 P, aff. *SCI Domaine du Bois Dieu*).

Le BOI-CF-PGR-10-40-20150812, n° 280 précité apporte les précisions suivantes :

> « Par un arrêt du 31 octobre 2006, la Cour de cassation rappelle que la prescription du droit de reprise de l'administration en cas de déchéance du régime de faveur des marchands de biens ne court que de l'expiration du délai imparti pour tenir l'engagement de revente (Cass. com., arrêt du 31 octobre 2006, pourvoi n° 05-10396).
>
> Tel est le cas, également, des acquisitions de terrains au sens de l'article 1594-0 G du CGI. En effet, l'impôt de mutation, dans ce cas, ne devient exigible que s'il n'est pas régulièrement justifié de la construction dans le délai légal. L'administration ne pouvant avoir connaissance de cet événement futur et incertain que par des recherches ultérieures, les conditions prévues pour l'application de la prescription abrégée ne se trouvent donc pas réunies du seul fait de l'enregistrement ou de la publication de l'acte d'acquisition du terrain.
>
> La situation est identique, notamment pour les acquisitions de biens ruraux effectuées par les fermiers (CGI, art. 1594 F quinquies, D), les mutations de bois et forêts (CGI, art. 793, 1-3° et 4° et 2-2°), les biens donnés à bail dans les conditions prévues de l'article L. 416-1 du Code rural et de la pêche maritime à l'article L. 416-6 du Code rural et de la pêche maritime, à l'article L. 416-8 du Code rural et de la pêche maritime et à l'article L. 416-9 du Code rural et de la pêche maritime (CGI, art. 793, 2-3°).
>
> Dans tous ces cas, seule la prescription sexennale est opposable à l'action en reprise du Trésor dans les conditions précisées au I-B § 300 et suivants.
>
> Bien entendu, si un acte présenté à la formalité révèle la réalisation de la condition, l'action en reprise des droits dont l'exigibilité parvient ainsi à la connaissance de l'administration tombe sous l'application de la prescription abrégée ».

Congrégation

Jacques LAFOND

2037 **Nature juridique.** Il n'existe aucune définition légale de la congrégation, mais le législateur de 1901 lui a fait une place à part dans le régime des associations.

« En réalité, une congrégation n'est qu'une association d'une espèce particulière, intervenue entre personnes qui mettent en commun d'une manière permanente leurs connaissances, leur activité en vue d'une œuvre déterminée » (Ozanam, *Associations syndicales, fondations*, Litec, 4e éd., p. 172, n° 158).

➤ Sur le régime juridique des congrégations du point de vue du droit public, V. *JCl. Administratif*, Fasc. 215.

I Publicité foncière

A Modalités

2038 **Pièces justificatives.** La certification de l'identité d'une congrégation peut-être établie au vu d'une copie certifiée conforme du décret ou de l'ordonnance l'ayant autorisée ou reconnue légalement (Rép. min. Justice, 24 juin 1969 : *JCP* N 1969, IV, 4600 ; *Bull. AMC* 1969, art. 774. – V. aussi Bulté et Béchade, chron. hyp. : *JCP* N 1958, IV, 2575, p. 111).

2039 **Extrait cadastral.** Dans le cas où les parties ont soumis à l'autorité de tutelle un acte de vente contenant la condition suspensive de l'autorisation administrative et ont requis un extrait cadastral lors de la publication au fichier immobilier de cette vente, l'obtention d'un second extrait cadastral n'est pas nécessaire même si plus de trois mois se sont écoulés lors de la signature de l'acte définitif constatant l'accomplissement de la condition (Rép. min. Justice : *JOAN* CR 7 sept. 1957, p. 407 : *JCP* N 1957, IV, 2423).

B Mainlevées

2040 **Capacité. Pouvoir.** Le représentant d'une congrégation peut, en principe, consentir à la mainlevée, avec constatation de paiement, des inscriptions bénéficiant à celle-ci. Mais la mainlevée sans paiement doit être autorisée dans les mêmes conditions que l'aliénation des immeubles de la congrégation.

2041 **Pièces justificatives.** À l'appui de la mainlevée, il doit être justifié de la reconnaissance de la congrégation, des statuts de celle-ci, de la qualité du signataire de la mainlevée comme représentant de la congrégation et, le cas échéant, de l'autorisation de la mainlevée.

II

Régime fiscal des opérations effectuées par les congrégations

A Apports

2042 Régime fiscal. La congrégation est, au même titre que les associations, soumise à l'impôt sur les sociétés.

2043 Adhésion à une congrégation. Il faut distinguer selon que l'établissement religieux est ou non autorisé (*Dict. enr.*, 1317).

– **Congrégation autorisée.** L'acte d'adhésion à une congrégation autorisée est alors un contrat commutatif par lequel la congrégation s'engage à fournir à la personne admise dans la communauté tout ce qui est nécessaire à son existence pendant sa vie moyennant l'abandon ou l'apport de valeurs mobilières ou immobilières. En conséquence, si l'abandon ou l'apport a pour objet des immeubles, l'acte a le caractère d'une *vente d'immeuble* et il est fiscalement traité comme tel (Sol. 4 juin 1841 ; Instr. 1661, § 4). En cas d'abandon consistant en un capital ou une pension annuelle, il n'est dû actuellement aucun droit proportionnel.

– **Congrégation non autorisée.** L'acte qui constate l'adhésion à une congrégation religieuse non autorisée moyennant un apport en meubles ou en immeubles donne ouverture en général au *droit d'apport en société* (Instr. 1661, § 4). Les principes applicables en matière d'apport aux associations (V. **Association**) vont jouer en la matière. Cependant, si l'adhérent ne devient pas membre de la société civile à laquelle il adhère, l'acte peut constituer un *bail à nourriture*.

B Acquisitions à titre onéreux

2044 Application du régime de droit commun. Il a été rappelé que « l'acquisition à titre onéreux d'un immeuble ne peut en aucun cas, quel que soit l'acquéreur, bénéficier du régime de faveur de l'article 1039 du Code général des impôts » (Rép. min. Le Pensec, 17 nov. 1980 : *JOAN*, p. 4830, n° 29646). Ce principe s'applique directement aux acquisitions à titre onéreux effectuées par les congrégations (Instr. 31 oct. 1986 : *BODGI* 7 C-8-86 ; *JCP* N 1986, prat. 9949).

C Dons et legs

2045 Droits de mutation à titre gratuit. Les dons et legs sont exemptés des droits de mutation à titre gratuit (CGI, art. 795-10°). Le régime applicable aux dons et legs faits aux congrégations autorisées doit être appliqué également aux libéralités faites aux congrégations légalement reconnues, assimilées par la loi du 8 avril 1942 aux congrégations autorisées (Instr. 4655, p. 21).

2046 Taxe de publicité foncière. La taxe de publicité foncière est due dans les conditions du droit commun. Aucune évaluation des immeubles n'est exigée pour la perception des droits de mutation à titre gratuit à raison de l'exemption dont bénéficient les congrégations (V. n° 2045). Par contre, une déclaration estimative des parties doit être effectuée aux termes des articles 842 et 740 du Code général des impôts pour la perception de la taxe de publicité foncière. Dans le cas où les parties ont retenu une estimation différente de celle effectuée par le service des Domaines, c'est en fonction de l'estimation des parties figurant dans l'acte que la taxe sera liquidée. Mais l'administration peut par la suite opérer un redressement dans le cadre de son pouvoir de contrôle (H. Bulté, chron. hyp. : *JCP* N 1962, IV, 3438).

D Opérations diverses

2047 Incorporation d'un immeuble dans le patrimoine d'une congrégation. L'incorporation dans le patrimoine d'une congrégation d'un immeuble antérieurement acquis à titre personnel par un membre de la congrégation, lorsqu'elle est autorisée par un décret ou un arrêté préfectoral constatant que les conditions de l'article 1039 du Code général des impôts sont remplies donne lieu à la perception :

– de la taxe fixe prévue par l'article 1020, alinéa 2, du Code général des impôts ;

– de la contribution de sécurité immobilière au tarif proportionnel.

E Congrégations, transfert d'immeubles par l'établissement principal à ses établissements particuliers

2048 Transfert d'immeuble par l'établissement principal à ses établissements particuliers. Avant toute opération (emprunt hypothécaire, aliénation, etc.) concernant les propriétés immobilières destinées à l'usage de l'un de leurs établissements particuliers, les congrégations reconnues légalement doivent, pour se conformer aux directives du ministère de l'Intérieur, demander l'incorporation au patrimoine de cet établissement particulier de ceux des immeubles acquis, autrefois, au nom de l'établissement principal.

Ce transfert de propriété, effectué à titre gratuit, est autorisé par un texte réglementaire (décret en Conseil d'État, arrêté du ministre de l'Intérieur ou du préfet) qui, en application de l'article 1039 du Code général des impôts, constate que les biens dont il s'agit conserveront leur affectation antérieure et que leur transmission intervient dans un intérêt général ou de bonne administration.

L'article 1039 précité dispense de tous droits au profit du Trésor, autre que la taxe de publicité foncière au taux de 0,70 % (actuellement 0,715 % avec les perceptions additionnelles), les transmissions effectuées dans ces conditions.

Cette exonération de droits, toujours en vigueur en ce qui concerne les droits de mutation, n'a pas été reprise par le décret du 30 avril 1955, de sorte que la publication des incorporations de biens considérées devrait, en principe, être taxée au taux normal de 0,70 % (actuellement 0,71498 % avec les perceptions additionnelles).

Étant donné, toutefois, le caractère forcé des transferts de propriété dont il s'agit, il a été admis, par mesure de tempérament, que la perception serait limitée au minimum de perception fixé à 25 € (BOI-ENR-DMTG-20-40-20120912, n° 240).

La contribution de sécurité immobilière est due selon le droit commun.

Consentement à exécution

Jacques LAFOND

BIBLIOGRAPHIE : Ch. Goldie-Genicon, *Les renonciations à la réserve : Defrénois* 2019, n° 46, p. 33.

I Renonciation à agir en réduction après décès

A Publicité foncière

2049 Terminologie. Le consentement à exécution, d'un legs ou d'une donation excédant la quotité disponible, et portant atteinte à la réserve, n'est autre qu'une renonciation à agir en réduction. Le point de savoir si cette renonciation doit ou non être publiée est sujet à discussion.

2050 Controverses concernant la nécessité de publier. Une controverse persistante est née à ce propos, dont on trouve les échos dans plusieurs chroniques de MM. Bulté et Béchade (*JCP* N 1962, IV, 3427 ; *JCP* N 1962, IV, 3318 ; *JCP* N 1975, 5972). Les termes de la discussion ont été renouvelés par la loi de n° 2006-728 du 23 juin 2006 portant réforme des successions (*JO* 24 juin), après laquelle les cas dans lesquels la réduction s'opère en nature sont devenus marginaux.

1 Renonciation à une action réelle ?

2051 Problème concernant la nature de l'action. Pour certains, la renonciation à agir en réduction devrait être publiée, dans la mesure où il s'agirait de renoncer à exercer une action réelle immobilière. Mais l'action en réduction n'est pas obligatoirement une action tendant à revendiquer un immeuble (C. civ., art. 526).
En effet, même lorsque la donation ou le legs porte sur un immeuble ou des droits immobiliers, il est exceptionnel que la réduction s'exerce en nature. En principe, elle s'exerce en valeur et l'héritier dont la réserve a été entamée ne peut normalement obtenir par le canal de l'action en réduction que le versement d'une indemnité de réduction (C. civ., art. 924).
C'est seulement lorsque le gratifié ne sera pas en mesure de verser cette indemnité que la réduction s'exercera en nature (C. civ., art. 924-4).
En principe donc, l'action en réduction tend au recouvrement d'une créance purement mobilière. C'est exceptionnellement, lorsque la réduction sera encourue en nature, qu'on pourra la considérer comme une action réelle immobilière dans la mesure où elle tend alors à la revendication de tout ou partie d'un immeuble (V. en faveur de cette qualification, P. Catala, *La réforme des liquidations successorales*, éd. du Répertoire du Notariat Defrénois, 3e éd. 1982, n° 102. – Planiol et Ripert, t. V, n° 123).
Pour conclure à la nécessité de la publication dans tous les cas, certains auteurs avaient soutenu que

la renonciation à agir en réduction était translative (Massounabe-Puyanne, *Précis de droit hypothécaire*, n° 761-II. – J. Foyer, *Rép. dr. civ.* Dalloz, V° Transcription immobilière, 1re éd., n° 133).

Mais si le réservataire renonce au bénéfice d'une condition résolutoire légale dont la donation ou le legs se trouvait affecté, consolidant ainsi cette donation et ce legs, cette renonciation n'a pas de caractère translatif (V. **Renonciation**) : en effet le donataire ou le légataire tiennent leurs droits du défunt.

2052 Distinctions proposées. Il semble que l'on puisse distinguer plusieurs cas.

• La réduction a été demandée et elle est manifestement appelée à jouer en nature.

Ainsi par exemple si une action en justice a été engagée aux fins d'obtenir cette réduction, la publication de l'acte de renonciation à l'exercice de cette action (ou éventuellement du désistement) peut se justifier (Bulté et Béchade, chron. préc. : *JCP* N 1962, IV, 3427), compte tenu de ce que la demande, qui prend l'allure d'une action en revendication est elle-même sujette à la publication (V. **Demande en justice**).

• La renonciation intervient de manière générale et abstraite, sans que l'on sache à cet instant si la réduction est appelée à jouer en valeur ou en nature.

On ne voit pas qu'il y ait à opérer une quelconque publication. En effet, la renonciation intervient à un moment où il est impossible de savoir si la réduction est ou non encourue et, s'il y a réduction, si elle est appelée à s'exercer en valeur ou en nature.

• La renonciation intervient à la suite d'une transaction, et moyennant contrepartie, afin d'éviter le jeu de la réduction en nature.

On est alors en présence d'une action en revendication qui est en passe d'aboutir et qui va déboucher soit sur la création d'une indivision entre le demandeur et le gratifié (si la réduction en nature n'est que partielle), soit sur la restitution de l'intégralité du bien donné ou légué au réservataire. Dans tous les cas, cette transaction paraît devoir être publiée car elle a, cette fois, un effet translatif (V. **Transaction**).

2 Acte confirmatif ?

2053 Caractère d'acte confirmatif ? Pour MM. Bulté et Béchade (*JCP* N 1962, IV, 3318, préc.), « la renonciation à l'action en réduction (...) ne peut être considérée comme une renonciation à un droit de propriété ; elle n'est que la reconnaissance du droit du donataire à profiter de la donation » (ou du légataire à profiter de son legs). Ce serait donc plutôt un acte confirmatif, la confirmation d'un droit préexistant.

Mais, comme on l'a remarqué, aux termes du décret du 4 janvier 1955 (art. 28-4° a), seuls les actes confirmatifs de conventions entachées de cause de nullité ou de rescision doivent être publiés (F. Sauvage, *Publication et enregistrement de la renonciation anticipée à l'action en réduction : Bull. Cridon Paris*, 15 nov. 2007, II, 165. – V. **Acte confirmatif**).

Qualifier la renonciation à l'action en réduction d'acte confirmatif n'a donc pas pour effet de rendre nécessaire la publication de cette renonciation.

B Taxation

1 Solution de principe

2054 Taxe de publicité foncière et contribution de sécurité immobilière. Si l'on veut bien admettre que cette renonciation à agir en réduction est effectivement un acte de complément, sa publication ne donnera lieu à rien d'autre qu'à la perception de la taxe de publicité foncière au taux fixe des actes innommés (CGI, art. 680. – Sur le taux actuel de ce droit, V. **Droits fixes**), et ceci en conformité de l'article 3 de la loi du 26 décembre 1969 (§ 3. – V. *Ind. enr.*, 11 766).

Pour parvenir à cette conclusion, il faut bien entendu accepter d'analyser l'acte de renonciation à l'action en réduction comme un acte confirmatif, ce qui nous paraît être sa véritable nature.

Quant à la contribution de sécurité immobilière, elle est en principe exigible sur la valeur à estimer par les requérants du droit faisant l'objet de la publication. On avait souligné, à propos du salaire du conservateur, qu'une telle évaluation est fort délicate et qu'elle paraît bien difficile à contrôler. Aussi avait-il été conseillé de ne percevoir que le salaire minimum (Bulté et Béchade, chron. hyp. : *JCP* N 1962, IV, 3318). Mais ce n'était pas la position de l'association des conservateurs. Se prononçant à propos du consentement aliénation ou à constitution de droits réels prévus par les anciens articles 929 et 930 du Code civil, elle a estimé que les droits faisant l'objet de la publication requise « avaient pour but et pour résultat de garantir les donataires contre toute perte qu'ils auraient subie si les réservataires ou leurs ayants cause avaient exercé leur droit à réduction au lieu de souscrire à la renonciation ». Il faut dès lors « procéder à l'estimation de la perte ainsi évitée », à peine de refus de dépôt (*Bull. AMC* 1987, art. 1366).

2 Cas exceptionnels où le « consentement à exécution » peut être taxable

2055 Lorsque le gratifié a payé une somme pour obtenir la renonciation à l'action en réduction, on peut considérer qu'il y a transmission à titre onéreux de ce qui excède le disponible. En effet, le gratifié ne peut alors être censé tenir directement du défunt cet excédent qu'il n'a conservé qu'au moyen d'une prestation de deniers. Si l'accord est inclus dans un acte de partage, il y a soulte passible du droit proportionnel. S'il résulte d'un contrat, il y a acquisition à titre onéreux (Maguéro, *op. cit.*, V° Quotité disponible, n° 246 *ter*. – Sur le cas où la renonciation intervient dans le cadre d'une transaction, V. **Transaction**).

II Renonciation anticipée à l'action en réduction

BIBLIOGRAPHIE : Sur les aspects civils de la renonciation anticipée, V. S. de la Taille et S. Pezard, *La menace virtuelle de l'article 924-4 du Code civil : JCP* N 2009, n° 48, 1321. – D. Vigneau, *Précisions ministérielles sur la portée liquidative de la renonciation anticipée à l'action en réduction : fin du danger ? : JCP* N 2009, n° 10, 1106. – O. Hoareau et Ph. Van Steenlandt, *La renonciation anticipée à l'action en retranchement : JCP* N 2008, n° 50-1357. – F. Sauvage, *Le prolongement liquidatif de la renonciation anticipée à l'action en réduction : JCP* N 2008, 13, 328. – A. Storme, *La renonciation anticipée à l'action en réduction et la renonciation à l'action en retranchement, 10 ans après : JCP* N 2016, n° 24, 1198. – B. Beignier et S. Torricelli-Chrifi, *La renonciation anticipée à l'action en réduction : l'audace récompensée : JCP* N 2016, n° 24, 1199. – Cl. Brenner : *JCl. Civil Code*, Art. 912 à 930-5, Fasc. 50 et *JCl. Notarial Répertoire*, V° Quotité disponible et réduction, fasc. 30.

A Cas prévus par la loi

2056 Renonciation prévue par les articles 929 à 930-5 du Code civil. L'article 929 du Code civil permet à tout héritier réservataire présomptif de renoncer à exercer une action en réduction dans une succession non ouverte. Cette renonciation est faite au profit d'une ou de plusieurs personnes déterminées. Elle peut viser une atteinte portant sur la totalité de la réserve ou sur une fraction seulement de celle-ci. Elle peut également ne concerner que la réduction d'une libéralité portant sur un bien déterminé.

On observera que l'article 756 bis dans le Code général des impôts précise que : « La renonciation à l'action en réduction prévue à l'*article 929 du Code civil* n'est pas soumise aux droits de mutation à titre gratuit ». Comme par ailleurs, l'article 929, alinéa 3 du Code civil interdit toute contrepartie à la renonciation, en en faisant ainsi un acte « purement abdicatif » (Cl. Brenner, étude préc.) toute éventuelle perception des droits de mutation à titre onéreux est par là même exclue.

2057 Consentement du donateur au maintien des sûretés prises par le donataire. L'article 929 ancien du Code civil disposait que les droits réels créés par le donataire conservaient leurs effets, même si la réduction venait à s'opérer en nature, lorsque le donateur y avait consenti dans l'acte même de constitution ou dans un acte postérieur et que le consentement du donateur était énoncé dans les bordereaux déposés en vue de l'inscription lorsqu'il était antérieur à celle-ci ; peu importe qu'il résulte du titre générateur du privilège ou de l'hypothèque ou d'un acte postérieur, publié ou non.

Évoquant les incidences en résultant du point de vue de la publicité foncière, une réponse ministérielle avait précisé :

– que le consentement du donateur était énoncé dans les bordereaux déposés en vue de l'inscription lorsqu'il était antérieur à celle-ci ; peu importe qu'il résulte du titre générateur du privilège ou de l'hypothèque ou d'un acte postérieur, publié ou non ;

– mais que si le consentement du donateur était contenu dans un acte postérieur à l'inscription, la situation semblait ne pas pouvoir être révélée par une simple mention portée en marge du bordereau archivé et nécessitait le dépôt d'un bordereau complémentaire. La modification intervenue, qui aboutissait à transformer un droit éventuellement résoluble en un droit inattaquable et qui, de surcroît, menaçait le donataire de répondre, un jour, s'il y a lieu, de la dépréciation causée par le maintien de la sûreté (C. civ., art. 929, 3e phrase), paraissait, en effet, relever de celles qui aggravent la situation du débiteur au sens de l'article 2149 (2430 actuel), alinéa 1er, du Code civil (Rép. Premier min. [Éco. et Fin.] : *JOAN* CR, 6 oct. 1976, p. 6345 ; *JCP* N 1976, prat. 6438).

Les indications fournies par cette réponse restent à notre avis valables pour l'application de l'article 924-4, alinéa 2 du Code civil, qui reprend sous une forme légèrement aménagée la même idée que l'ancien article 929 de ce même code en indiquant :

> « Lorsque, au jour de la donation ou postérieurement, le donateur et tous les héritiers réservataires présomptifs ont consenti à l'aliénation du bien donné, aucun héritier réservataire, même né après que le consentement de tous les héritiers intéressés a été recueilli, ne peut exercer l'action contre les tiers détenteurs. S'agissant des biens légués, cette action ne peut plus être exercée lorsque les héritiers réservataires ont consenti à l'aliénation. »

B Publicité foncière

2058 **Inutilité de la publication.** La publication de la renonciation ne se justifierait dans aucun des cas évoqués ci-dessus (n° 2056). En effet, à l'époque où intervient cette renonciation, le droit du renonçant est purement virtuel, et il est impossible de déterminer la nature de l'action (personnelle ou réelle) dont il dispose, puisqu'on ne peut savoir à ce stade si la réduction s'exercera en valeur ou en nature.

Conservatoire de l'espace littoral et des rivages lacustres

Neyla GONZALEZ-GHARBI

CGI, art. 1041. – Conformément à l'article L. 322-7 du Code de l'environnement, les acquisitions et échanges d'immeubles situés dans les zones définies à l'article L. 322-1 du code précité et faits par le Conservatoire de l'espace littoral et des rivages lacustres sont exonérés des droits d'enregistrement et de la taxe de publicité foncière.

2059 L'article 1er de la loi n° 75-602 du 10 juillet 1975 (*JCP* N 1975, 6104 ; *BODGI* 7 C-2-75) a créé sous le nom de « Conservatoire de l'espace littoral et des rivages lacustres » un établissement public de l'État à caractère administratif qui a pour mission de mener une politique foncière de sauvegarde de l'espace littoral, du respect des sites naturels et de l'équilibre écologique (V. C. env., art. L. 322-1).

2060 **Régime fiscal des opérations effectuées par le Conservatoire de l'espace littoral.** L'article 3 de la loi précitée a prévu que les acquisitions et les échanges d'immeubles situés dans ces zones, faits par cet établissement public, seraient exonérés des droits d'enregistrement et de la taxe de publicité foncière.

2061 L'exonération s'applique :
- aux acquisitions ;
- aux échanges purs et simples ;
- aux échanges avec soulte lorsque cette dernière est payée par le conservatoire.

Elle ne peut bénéficier aux échanges avec soulte lorsque la soulte est payée au conservatoire. Dans ce cas, l'acte est soumis à la taxe de publicité foncière au taux prévu pour les ventes (BOI-ENR-DMTOI-20-30-20180704, n° 340).
C'est un décret n° 75-1136 du 11 décembre 1975 (*JO* 12 déc., p. 7266) qui a fixé les conditions d'application de la loi du 10 juillet 1975.

2062 **Contribution de sécurité immobilière.** La contribution de sécurité immobilière est due selon le droit commun.

2063 **Acquisition d'espaces naturels par les associations de protection de la nature reconnues d'utilité publique.** Il a été précisé que les textes fiscaux étant d'interprétation stricte, il n'était pas possible de faire bénéficier les acquisitions par les associations de protection de la nature d'espaces naturels nécessaires à la création de réserves biologiques du régime fiscal propre au conservatoire de l'espace littoral et des rivages lacustres (Rép. min. Économie, Finances, et Privatisation chargé du budget à M. Cozan : *JOAN* 13 juill. 1987, p. 4018, n° 21432. – BOI-ENR-DMTOI-10-80-10-20170704, n° 80).

2064 **Admission de la procédure de dation en paiement pour les immeubles situés dans les zones d'intervention du Conservatoire de l'espace littoral.** Les immeubles situés dans les zones d'intervention du Conservatoire de l'espace littoral peuvent être admis en paiement du droit de partage (CGI, art. 1716 bis), ainsi que des droits de mutation à titre gratuit entre vifs ou par décès et de l'IFI (ceci ne concernant pas la taxe de publicité foncière).
Au cours des débats parlementaires (cf. *JO* Sénat CR 25 nov. 1995, préc.), le ministre délégué au budget a précisé que :
- pour qu'un bien puisse faire l'objet d'une dation, il faut qu'il présente un intérêt réel au regard de l'objet du conservatoire, qui est d'assurer la préservation et la valorisation des sites naturels plus que la gestion d'un patrimoine immobilier bâti ;
- sauf circonstances particulières, il paraît difficile qu'un bien consistant exclusivement en un immeuble bâti puisse ouvrir droit à la dation en paiement. Mais, il n'est pas exclu d'admettre la dation au conservatoire de terrains comportant

certaines constructions, telles qu'un phare ou une cabane de pêcheur ou une construction nécessaire à la bonne gestion du site, même si les constructions sont destinées à être détruites. Tout cela est question de fait.
La procédure de dation en paiement est subordonnée à un agrément donné par le ministre de l'Économie et des Finances après avis d'une commission interministérielle.

2065 **Exonération de droits de mutation à titre gratuit.** Sur l'exonération de droits de mutation à titre gratuit des dons et legs réalisés au profit du Conservatoire du littoral, instituée par la loi n° 2016-1087 du 8 août 2016 (art. 107 et 108), modifiant l'article 795-12° du Code général des impôts et l'article L. 322-1 du Code de l'environnement, voir l'étude de J.-J. Lubin (*JCP* N 2016, n° 36, 990).

Constitution de société

Neyla GONZALEZ-GHARBI

Sommaire analytique

Index alphabétique

2066 **Présentation de la matière.** Les constitutions de sociétés seront présentées à travers plusieurs études particulières qui sont les suivantes :
– apports mixtes ;
– apports purs et simples ;
– apports à titre onéreux ;
– apports d'immeubles assujettis à la TVA.

La présente rubrique récapitule les règles générales applicables lors de la constitution d'une société.

Pour plus de détails, on se reportera aux études précitées.

2067 Réforme opérée par la loi de finances pour 2019. L'article 26 de la loi de finances pour 2019 (L. n° 2018-1317, 28 déc. 2018) a modifié le régime des droits d'enregistrement applicables aux actes de sociétés en supprimant les droits fixes qui étaient exigibles sur certains de ces actes. L'administration fiscale n'a pas encore publié ses commentaires de ces règles. La réforme n'a pas bouleversé l'architecture générale du régime applicable à ces actes, la gratuité a remplacé le droit fixe et généralisé sa non-exigibilité.
Pour le régime antérieur, nous renvoyons à l'édition 2019 de ce guide.

I Formalités de publicité foncière

A Authenticité des actes à publier

2068 Principe. Sauf exceptions limitativement énumérées, les actes à publier doivent revêtir la forme authentique et, notamment, la forme notariée (*Bull. AMC* 1993, art. 1590. – V. **Authenticité**). La réquisition de formalité résulte du dépôt au service de la publicité foncière compétent d'une expédition ou d'un extrait en double exemplaire de l'acte à publier.

2069 Exception. Parmi les actes propres aux sociétés, peuvent être publiés, bien que ne revêtant pas la forme authentique, les procès-verbaux de délibération des assemblées générales préalables ou consécutives à l'apport de biens ou droits immobiliers à une société ou par une société s'ils sont annexés à un acte qui en constate le dépôt au rang des minutes d'un notaire (D. 4 janv. 1955, art. 4, al. 2). Cette exception a été conservée dans l'article 710-1 du Code civil, issu de la loi n° 2011-331 du 28 mars 2011 (V. **Authenticité**).
Cette exception, comme toute règle dérogatoire au droit commun, s'applique d'une manière stricte et ne concerne que la délibération, à l'exclusion de l'acte d'apport autorisé ou approuvé par l'assemblée. On estimait donc, antérieurement à la réforme opérée par la loi du 28 mars 2011 précitée que l'acte d'apport ne pouvait donc être publié, s'il était établi sous seing privé, qu'après avoir été déposé au rang des minutes d'un notaire avec reconnaissance de l'écriture et de la signature de toutes les parties (Rép. min. Budget : *JOAN* Q, 12 févr. 1958, p. 691 ; *Bull. AMC* 1958, art. 348 ; *Bull. AMC* 1981, art. 1204. – R. C hardonnal, chron. hyp. : *JCP* N 1986, prat. 9940). Il en était de même quand les apports immobiliers faits à une société étaient constatés dans les statuts sous seing privé de celle-ci (*Bull. AMC* 1993, art. 1590).
Ces indications ne sont plus d'actualité depuis que le dépôt au rang des minutes d'un notaire même avec reconnaissance d'écriture et de signature ne confère pas l'authenticité exigée pour permettre la publication d'un acte. Mais conformément au principe d'interprétation stricte qui reste applicable, il y a lieu de retenir :
– que l'acte d'apport ne peut être publié que s'il est établi en la forme authentique ;
– que les statuts constatant des apports immobiliers ne peuvent être également publiés que s'ils revêtent la forme authentique.
Par contre, le procès-verbal de la délibération de l'assemblée préalable ou consécutive à l'apport de biens ou droits immobiliers à une société ou par une société peut être publié au bureau des hypothèques bien qu'il soit établi en la forme sous seing privé, à la condition d'être annexé à un acte qui en constate le dépôt au rang des minutes d'un notaire (C. civ., art. 710-1).

B Délais et modes d'exécution de la formalité

BIBLIOGRAPHIE : M. Suquet-Cozic, *Constitution de société avec apport d'immeuble : le casse-tête formaliste : Sol. not.* mai 2014, n° 5, art. 115, p. 27.

➤ Sur les délais et mode d'exécution de la formalité, V. **Apports en société – Apports purs et simples**.
➤ Pour les apports à titre onéreux, considérés comme des ventes, ce sont les règles de droit commun concernant les ventes qui s'appliquent.

C Actes passés à l'étranger

➤ Sur les règles générales concernant la publication des actes constitutifs de société constatés par des actes passés à l'étranger, V. **Acte passé à l'étranger**.
➤ Il existe par ailleurs des règles particulières concernant les apports purs et simples (V. **Apports en société – Apports purs et simples**).

D Mentions concernant la taxation au titre des plus-values des particuliers

1 Plus-values imposables

2070 La constitution d'une société est susceptible d'entrer dans le champ d'application du régime d'imposition des plus-values. Nous n'envisagerons ici que le régime des plus-values immobilières des particuliers (CGI, art. 150 U à 150 VH) dont la déclaration et le paiement constituent, en principe, et en application de l'article 150 VG du Code général des impôts, un préalable à la formalité. Pour les mêmes motifs, nous rappellerons que la constitution de la société peut constituer un fait générateur du prélèvement sur les plus-values des non-résidents (CGI, art. 244 bis A), de la taxe sur les plus-values élevées (CGI, art. 1609 nonies G) ou encore de la taxe communale sur la première cession d'un terrain devenu constructible depuis moins de dix-huit ans (CGI, art. 1529 – V. **Commune**) ou de la taxe nationale sur les terrains devenus constructible (CGI, art. 1605 nonies).

Pour l'application du régime des plus-values immobilières des particuliers et des taxes usufruit visées, l'apport d'un immeuble ou d'un droit immobilier à une société passible de l'impôt sur les sociétés constitue une cession à titre onéreux. S'agissant des sociétés non soumises à l'impôt sur les sociétés, il convient de distinguer les opérations affectant les sociétés non transparentes qui relèvent des articles 8 à 8 ter du Code général des impôts, de celles intéressant les sociétés de copropriété régies par l'article 1655 ter du Code général des impôts qui, sur le plan fiscal, sont réputées ne pas avoir de personnalité distincte de celle de leurs membres.

Pour plus de détail, V. **Plus-values immobilières**.

a) Sociétés qui relèvent des articles 8 à 8 ter du Code général des impôts

2071 **Principe.** L'apport en société constitue une cession à titre onéreux. Peu importe qu'il soit effectué à titre pur et simple ou à titre onéreux. La plus-value qui en résulte est déterminée en tenant compte de la valeur réelle du bien apporté, qui est équivalente à la valeur des droits sociaux remis par la société en rémunération du bien qui lui est apporté (en cas d'apport à titre pur et simple).

2072 **Règles particulières.** Il existe toutefois des règles particulières applicables aux :

– apports à une association syndicale de remembrement ou à une association foncière urbaine ;

– aux échanges de droits sociaux intervenant à l'occasion d'apports en société et portant sur des titres de sociétés à prépondérance immobilière (BOI-RFPI-PVI-10-30-20130211, n° 100).

b) Sociétés qui relèvent de l'article 1655 ter du Code général des impôts

2073 **Règles spécifiques.** D'une manière générale, l'apport en société est assimilé à une vente et constitue donc une opération susceptible de dégager une plus-value imposable (V. BOI-RFPI-PVI-10-30-20130211, n° 200).

Toutefois, lorsqu'un immeuble, bâti ou non bâti (y compris les terrains à bâtir), est apporté à une société dotée de la transparence fiscale telle que définie à l'article 1655 ter du Code général des impôts (société de copropriété), cet apport ne constitue une cession à titre onéreux que pour la seule fraction de l'immeuble correspondant aux droits acquis par les coassociés de l'apporteur. La fraction du bien correspondant aux droits de l'apporteur ne peut être considérée comme une mutation au profit de la société puisque celle-ci est réputée inexistante. Par exemple, si l'immeuble représente 30 % des apports effectués à la société (les autres associés ayant effectué des apports en numéraire), l'apporteur doit être regardé comme restant propriétaire de la part de l'immeuble correspondant à ses droits. Tout se passe donc comme s'il avait cédé 70 % de l'immeuble et c'est à partir de ce pourcentage que la plus-value doit être déterminée.

Si les droits de l'apporteur sont modifiés à la suite d'apports nouveaux (notamment en numéraire) effectués par les autres associés ou si d'autres associés entrent dans la société, il convient, en principe, de considérer qu'il y a corrélativement cession d'une autre fraction de l'immeuble, susceptible de dégager une plus-value imposable.

Rappel : Les dispositions de l'article 238 decies II du Code général des impôts ne sont pas applicables aux plus-values imposées conformément à l'article 150 U du Code général des impôts (CGI, art. 238 terdecies).

2 Détermination de la plus-value

2074 **Prix de cession à retenir.** Le prix de cession est égal à la valeur réelle des titres représentatifs de l'apport (c'est-à-dire la valeur du bien apporté).

Cette valeur est fixée, conformément à la jurisprudence du Conseil d'État, par référence à la valeur réelle de l'actif social correspondant à la date de cet apport ; elle doit tenir compte, le cas échéant, des insuffisances relevées pour la liquidation des droits de mutation.

Cette règle, qui permet d'écarter la valeur conférée par les parties dans l'acte d'apport, est conforme au principe selon lequel la plus-value doit être calculée en fonction de la valeur vénale réelle du bien reçu en rémunération dans tous les cas où la cession à titre onéreux ne trouve pas sa contrepartie dans un prix en espèces stipulé à l'acte (BOI-RFPI-PVI-20-10-10-20160302, n° 170).

3 Mentions à insérer dans l'acte

➤ Sur les mentions à faire figurer dans l'acte, V. **Plus-values immobilières**.

II Suppression de l'obligation d'enregistrement des actes constatant la formation des sociétés

2075 L'article 24 de la loi relative à la simplification de la vie des entreprises a supprimé, à compter du 1er juillet 2015, l'obligation d'enregistrement auprès de l'administration fiscale des actes constatant la formation des sociétés (CGI, art. 635, 1, 5°. – L. n° 2014-1545, 20 déc. 2014, art. 24).

Dans une mise à jour de la base BOFiP-Impôts (BOI-ENR-AVS-10-10-10) du **2 septembre 2015**, l'administration a précisé que certains actes restent soumis à la formalité de l'enregistrement, et peuvent à ce titre donner lieu au paiement de droits d'enregistrement (V. *JCP* N 2015, n° 39, act. 921 et *JCP* N 2015, n° 37, act. 884) Tel est le cas des actes constatant la formation d'une société, qui sont (CGI, art. 635) :

– obligatoirement soumis à l'enregistrement en raison de la qualité du rédacteur (notaire, huissier, etc.) ou de leur objet (mutations immobilières, de fonds de commerce, etc.) ;

– ou présentés volontairement à la formalité de l'enregistrement ; dans ce cas, l'enregistrement de l'acte est passible des droits d'enregistrement dans les conditions de droit commun (CGI, art. 662, 2°), sous la réserve que le fait générateur, qui détermine le droit applicable, soit constitué par la présentation de l'acte à l'enregistrement, et non par la date de la rédaction de l'acte.

Bien entendu, depuis le 1er janvier 2019, ces actes seront, dans ce cas, enregistrés gratuitement lorsqu'ils entrent dans les prévisions du I de l'article 810 du Code général des impôts.

III Recherche de la taxation applicable

2076 Nous donnerons tout d'abord les éléments à utiliser pour procéder à l'analyse du régime fiscal d'un apport déterminé (A), avant de procéder à la mise en œuvre des règles ainsi rappelées (B).

Remarque : Portée de la règle de gratuité de l'enregistrement des apports. Lorsque les apports sont enregistrés gratuitement, les autres dispositions figurant dans les actes ou déclarations, ainsi que dans leurs annexes, établis à l'occasion de la constitution de sociétés, sont également enregistrées gratuitement. Ces dispositions ne rendent pas exigible le droit fixe prévu à l'article 680 du Code général des impôts (actuellement 125 €). Cette règle bénéficie notamment aux dispositions suivantes : désignation des dirigeants ; pouvoir donné pour accomplir les formalités de constitution ; état des actes accomplis pour le compte de la société en formation (BOI-ENR-AVS-10-10-10-20150902, n° 200). Il avait été précisé que cette règle est également applicable à l'engagement de conservation de parts ou d'actions prévu en matière de droits de mutation à titre gratuit par l'article 787 B du Code général des impôts, lorsqu'il est inséré dans un acte de constitution de société (RES n° 2008-11 ENR : *BOI* préc.).

A Éléments de l'analyse

2077 **Points à considérer.** Le régime fiscal d'un apport déterminé dépend de la nature du bien apporté (1°), de la nature de l'apport (2°) et du régime fiscal de l'apporteur et de celui de la société bénéficiaire de l'apport (3°).

1 Nature du bien apporté

2078 Il convient de distinguer entre les apports immobiliers et les autres apports.

a) Apports immobiliers

2079 **Apports entrant dans le champ d'application de la TVA.** Il faut tout d'abord mettre à part les apports d'immeubles dont la mutation est soumise à la TVA.

En effet, la distinction entre apports purs et simples et apports à titre onéreux est sans intérêt lorsque les biens apportés entrent dans le champ d'application de la TVA.

En effet, en matière de TVA, un apport en société, quel que soit le mode de rémunération, est toujours assimilé à une livraison à titre onéreux, et cette taxe est exigible dans les conditions ordinaires (CGI, art. 257-7°, 810-IV. – V. **Apports en société soumis à la TVA**).

2080 **Autres apports immobiliers.** En outre, les apports immobiliers font l'objet d'une tarification particulière (V. n°s 2091 et s.) et de régimes fiscaux spécifiques (V. par ex., les conditions spécialement exigées pour l'application des dispositions concernant l'apport des éléments d'actif immobilisés).

Enfin, les apports immobiliers font partie de ceux qui, lorsqu'ils sont effectués à une personne morale soumise à l'impôt sur les sociétés par une personne non soumise à cet impôt, sont, en principe, assimilés à des mutations à titre onéreux, même s'ils sont purs et simples (CGI, art. 809-1-3°).

b) Autres apports

2081 Parmi les autres apports, il faut mettre à part ceux qui ont pour objet un fonds de commerce, une clientèle, un droit à un bail ou à une promesse de bail. Ces apports présentent les particularités suivantes :

– outre le fait qu'ils peuvent bénéficier du régime spécial des apports d'éléments d'actif immobilisés (V. **Apports en société – Apports purs et simples** et **Apports en société – Apports à titre onéreux**), ils font partie, comme d'ailleurs les immeubles ou droits immobiliers, des apports qui, lorsqu'ils sont effectués à une personne morale soumise à l'impôt sur les sociétés par une personne non soumise à cet impôt, sont traités comme des mutations à titre onéreux, même s'ils sont purs et simples (V. **Apports en société – Apports purs et simples**) ;

– en outre, ces apports obéissent à un tarif commun lorsqu'ils sont passibles des droits de mutation : celui prévu par l'article 719 du Code général des impôts.

2 Qualification de l'apport

2082 La perception des droits repose sur une distinction entre les apports purs et simples (*a*), les apports à titre onéreux (*b*), les apports assimilés à des apports à titre onéreux (*c*), et les apports mixtes (*d*).

Cette distinction est sans portée dans le cas d'apports immobiliers dont la mutation est soumise à TVA. Ces apports sont dans tous les cas soumis à la TVA dans les mêmes conditions qu'une vente et enregistrés gratuitement (CGI, art. 810 IV).

En revanche, en matière de droits d'enregistrement et de taxe de publicité foncière en tenant lieu, cette distinction est importante dès lors que les apports en société, lorsqu'ils n'entrent pas dans le champ d'application de la TVA ou ne font pas l'objet de régimes spéciaux ou d'exemptions, sont, suivant la qualité du bénéficiaire de l'apport, la qualité de l'apporteur, la nature de l'apport, ou les modalités de l'apport :

– soit enregistrés gratuitement ;

– soit soumis au droit de mutation à titre onéreux.

a) Apport pur et simple

2083 Les apports sont purs et simples lorsqu'ils confèrent à l'apporteur, en échange de sa mise, de simples droits sociaux, exposés à tous les risques de l'entreprise et notamment à la perte de cette mise. Ces droits à revenu variable peuvent être :

– des parts sociales ou parts d'intérêt dans les sociétés civiles ;

– des parts sociales dans les sociétés commerciales de personnes (sociétés en nom collectif, sociétés en commandite simple) et dans les sociétés à responsabilité limitée ;

– des actions dans les sociétés de capitaux (sociétés anonymes et sociétés en commandite simple par actions), qu'il s'agisse d'actions ordinaires ou d'actions de priorité, également dénommées actions privilégiées ou actions de préférence (BOI-ENR-AVS-10-10-20120912, n° 1).

Lors de la constitution de la société ou au cours de son existence, il peut être créé des actions de priorité jouissant d'avantages par rapport à toutes autres actions, sous réserve des dispositions des articles L. 225-122 à L. 225-125 du Code de commerce relatives au droit de vote. Ces avantages peuvent porter notamment sur les droits de vote ou sur les droits pécuniaires. Dans ce dernier cas, les privilèges consistent généralement :
• soit en une augmentation du droit aux bénéfices annuels telle que plus grande quote-part des bénéfices, dividende préciputaire (versé par préférence aux actions privilégiées), dividende cumulatif (pouvant être prélevé sur des bénéfices ultérieurs si les bénéfices de l'exercice sont insuffisants), etc. ;
• soit en une augmentation des droits à la liquidation de la société (remboursements prioritaires) ;
– des parts de fondateurs (ou parts bénéficiaires). Ces dernières parts sont des titres négociables qui confèrent à leurs porteurs un certain droit dans une société commerciale sans constituer pour autant des parts d'intérêt ou des actions. Ce droit, de nature variable, porte normalement sur une quote-part de bénéfices fixée par les statuts. Le plus souvent, les parts bénéficiaires sont attribuées aux fondateurs ou à des personnes ayant rendu à la société des services difficilement rémunérables soit en argent, soit sous forme de remise d'actions. Ce service consiste, par exemple, en l'apport d'un brevet non encore exploité et dont on ne connaît pas la valeur.
Depuis le 1er avril 1967, l'émission de parts de fondateurs est interdite dans les sociétés par actions, sinon dans les sociétés à responsabilité limitée (L. n° 66-537, 24 juill. 1966, art. 264).
Cependant, les parts émises antérieurement à l'entrée en vigueur de cette loi subsistent et demeurent régies par les textes les concernant (L. préc., art. 504. – BOI-ENR-AVS-10-10-20120912, n° 1. – Pour plus de détails, V. **Apports en société – Apports purs et simples**).

b) Apport à titre onéreux

2084 Ces apports sont ceux qui sont rémunérés par un équivalent ferme, actuel et soustrait aux risques sociaux. Tel est le cas de la remise de titres à revenu fixe (obligations, bons de caisse), d'espèces ou encore la prise en charge d'un passif incombant à l'apporteur.
Dans ces cas, l'associé ne fait pas une véritable mise sociale, au sens de l'article 1832 du Code civil, puisqu'il reçoit, en contrepartie de son apport, non pas des droits sociaux exposés aux aléas de l'entreprise, mais un avantage ferme et actuel qui lui est définitivement acquis et qui se trouve soustrait aux chances de gain, d'économie ou aux risques de perte de la société. Il s'opère, dès lors, une transmission à titre onéreux, juridiquement indépendante de la convention principale et assujettie au droit de mutation (BOI-ENR-AVS-10-20-20120912, n° 1. – Pour plus de détails, V. **Apports en société – Apports à titre onéreux**).

c) Apport pur et simple assimilé à une mutation à titre onéreux

2085 Certaines catégories d'apports sont dans tous les cas traitées comme des mutations à titre onéreux même s'ils sont purs et simples. Il en est ainsi :
– lorsque l'apport a pour objet un immeuble ou des droits immobiliers, un fonds de commerce, une clientèle, un droit au bail ou une promesse de bail ;
– ... et qu'il est effectué à une société soumise à l'impôt sur les sociétés par une personne non soumise à cet impôt (CGI, art. 809-I-3°).

d) Apport mixte

2086 Les apports sont mixtes lorsqu'ils sont purs et simples pour partie et à titre onéreux pour le surplus. Ce sera, en général, le cas d'un apport grevé d'un passif : l'apport est pur et simple dans la limite de la valeur nette de l'apport et à titre onéreux au-delà de cette limite (BOI-ENR-AVS-10-30-20120912, n° 1).

3 Régime fiscal de l'apporteur et de la personne morale bénéficiaire de l'apport

2087 L'enregistrement des apports purs et simples est en principe effectué gratuitement.

a) La personne morale bénéficiaire est soumise à l'IS

2088 Si la personne morale bénéficiaire est soumise à l'impôt sur les sociétés, les apports purs et simples sont soit enregistrés gratuitement, soit soumis à un droit de mutation spécial.
La gratuité est applicable lorsque l'une des conditions ci-après est remplie :
– l'apport a pour objet des biens autres que des immeubles, droits immobiliers, fonds de commerce, clientèles, droit au bail ou à une promesse de bail ;
– l'apport, quel que soit son objet, est fait par une personne morale passible de l'impôt sur les sociétés, sur engagement de conserver pendant trois ans les titres remis en contrepartie de l'apport lorsque les biens ont bénéficié lors d'un précédent

apport du droit fixe (ou du droit spécial de mutation réduit à 1 % pour les apports faits en 1991). Le droit spécial de mutation est exigible lorsque les deux conditions ci-après sont réunies :
– l'apport pur et simple a pour objet des biens visés à l'article 809-I-3° du Code général des impôts (immeubles, fonds de commerce, droit à un bail ou à une promesse de bail) ;
– l'apporteur n'est pas soumis à l'impôt sur les sociétés ; ou, s'il est passible de cet impôt, il apporte des biens qui ont bénéficié antérieurement de l'exonération du droit fixe (ou du taux réduit à 1 % pour les apports effectués en 1991. – BOI-ENR-AVS-10-10-20120912, n° 20).

b) La personne morale bénéficiaire n'est pas soumise à l'IS

2089 Si la personne morale bénéficiaire n'est pas soumise à l'impôt sur les sociétés, les apports purs et simples de biens de toute nature sont enregistrés gratuitement (BOI-ENR-AVS-10-10-20120912, n° 30).

c) Date à prendre en considération

2090 Pour apprécier si chacune des parties à un acte d'apport est ou non passible de l'impôt sur les sociétés, et, en conséquence, l'applicabilité ou non des dispositions de l'article 809-1-3° du Code général des impôts, il convient de se placer à la date de la convention de formation de la société qui est le plus souvent celle de l'acte constatant la réalisation définitive de l'apport.
C'est ainsi que l'apport pur et simple de biens visés à l'article 809-1-3° précité consenti par une personne physique à une SARL optant pour le régime fiscal des sociétés de personnes échappe au droit de mutation si l'option est exercée dans l'acte de constitution de la société. En effet, à partir de la prise d'effet du statut fiscal des sociétés de personnes, la SARL ayant opté se trouve placée dans le champ d'application de la théorie dite de la mutation conditionnelle des apports. En conséquence, les apports purs et simples qui lui sont consentis sont actuellement exonérés de tout droit d'apport (V. antérieurement, Doc. adm. DGI, 7 H-222, n° 16, 1er sept. 1999).

B Applications

2091 Nous distinguerons selon que la société bénéficiaire de l'apport est soumise ou non à l'impôt sur les sociétés.
Rappel : Sur l'exigibilité de la contribution de sécurité immobilière, V. nos 2105 et 2106.

1 Apport à une société non soumise à l'impôt sur les sociétés

a) Apport pur et simple

2092 **Taxation.** Quels que soient la nature de l'apport et son auteur, il est enregistré gratuitement. (V. **Apports en société – Apports purs et simples**).

b) Apport à titre onéreux

1) Principe

2093 **Taxation.** L'apport à titre onéreux est considéré comme une vente, et il est soumis au régime fiscal des mutations à titre onéreux d'après la nature des biens qui en sont l'objet. Les droits exigibles sont actuellement les suivants (V. **Apports en société – Apports à titre onéreux**) :
– apports immobiliers : droit spécifique de 2,2 % prévu par l'article 683 bis du Code général des impôts, majoré des taxes additionnelles (V. **Apports en société – Apports à titre onéreux**) ;
– apports de fonds de commerce, de clientèle, de droit au bail ou de promesse de bail : tarif prévu à l'article 719 du Code général des impôts, sous réserve d'application de régimes spéciaux (CGI, art. 721, 722 et 722 bis).
Par ailleurs, il était admis que les apports à titre onéreux résultant de la prise en charge du passif grevant les immeubles apportés à certains groupements (GAEC, GFA, groupements forestiers, groupements fonciers ruraux, EARL) soient imposés au même tarif que les apports, à titre pur et simple. Par suite, ces apports sont exonérés du droit fixe, sous réserve, bien entendu, qu'ils soient effectués à l'occasion de la constitution du groupement ou de l'exploitation (sur les autres cas d'exonération V. **Apports en société – Apports à titre onéreux**).

2) Apport d'une entreprise individuelle

2094 Si l'apport est effectué par une personne physique et qu'il porte sur l'ensemble des éléments d'actif immobilisé, effectué dans les conditions de l'article 151 octies du Code général des impôts, il est enregistré gratuitement à condition que l'apporteur prenne, dans l'acte, l'engagement de conserver les titres pendant trois ans (CGI, art. 809 I bis. – V. **Apports en société – Apports à titre onéreux**).

c) Apport mixte

2095 **Taxation.** Dans le cas d'apport mixte, il y a application :
– pour partie des règles concernant les apports purs et simples (V. n° 2092) ;

– pour partie du régime des apports à titre onéreux (V. nos 2093 et 2094 et s.).

d) Apports d'immeubles dont la mutation est soumise à TVA

2096 **Taxation.** Dans le cas d'apport d'immeubles dont la mutation relève de la TVA, il y a exonération de tout droit d'apport. L'enregistrement est effectué gratuitement (CGI, art. 810, IV).

2 Apport à une société soumise à l'impôt sur les sociétés

a) Apport pur et simple

1) Apport par une personne physique, ou une personne morale non soumise à l'impôt sur les sociétés

2097 **Taxation.** Les apports purs et simples faits par une personne physique ou une personne morale non soumise à l'impôt sur les sociétés sont assimilés à des apports à titre onéreux et soumis aux droits de mutation au tarif indiqué (V. n° 2093), dans la mesure où ils ont pour objet :
– des immeubles ou biens assimilés (actions ou parts d'une société immobilière transparente) ;
– des droits immobiliers (usufruit, nue-propriété, droit d'usage et d'habitation, servitudes réelles) ;
– un fonds de commerce, ou une clientèle civile ou commerciale ;
– un droit à un bail ou promesse de bail portant sur tout ou partie d'un immeuble.
Les apports d'autres biens (espèces, créances, droits sociaux…) sont exonérés de tout droit d'enregistrement.

2098 Les apports passibles des droits de mutation ci-dessus énoncés (V. n° 2097) peuvent être eux-mêmes exonérés de droit d'enregistrement s'ils sont compris dans l'apport de l'ensemble des éléments d'actif immobilisés affectés à une activité professionnelle, moyennant engagement de conservation des titres pendant trois ans (CGI, art. 810-III).
➤ Pour plus de détails, V. **Apports en société – Apports purs et simples.**

2) Apport par une personne morale soumise à l'impôt sur les sociétés

2099 Cet apport est exonéré de tout droit d'enregistrement, quel que soit son objet. La gratuité de l'enregistrement de l'acte d'apport est, toutefois, subordonnée à l'engagement pris dans l'acte par l'apporteur de conserver pendant trois ans les titres remis en contrepartie de l'apport lorsque les biens ont bénéficié du droit fixe [ou du droit spécial de mutation réduit à 1 % pour les apports faits en 1991 ; CGI, art. 809-1-3° et 810-III, dernier al.]) lors d'un précédent apport ou, plus généralement, qu'ils n'ont pas été soumis à un droit proportionnel.

b) Apport à titre onéreux

2100 La taxation est la même que lorsque l'apport est effectué à une personne morale non passible de l'impôt sur les sociétés (V. n° 2093).

c) Apport mixte

2101 Sont applicables :
– pour partie les règles concernant les apports purs et simples (V. n° 2097) ;
– pour partie les règles concernant les apports à titre onéreux (V. n° 2100).

d) Apports d'immeubles dont la mutation relève de la TVA

2102 Les règles applicables sont celles indiquées plus haut (V. n° 2096).

3 Dispositions dépendantes et indépendantes

2103 **Apports exonérés du droit fixe. Exonération concernant les dispositions indépendantes.** La loi de finances rectificative pour 2000 (L. n° 2000-656, 3 juill. 2000, art. 10) a ajouté à l'article 810 bis du Code général des impôts un alinéa ainsi rédigé :

> « Les autres dispositions figurant dans les actes et déclarations ainsi que leurs annexes établies à l'occasion de la constitution de sociétés dont les apports sont exonérés en application du premier alinéa sont dispensées du droit fixe prévu à l'article 680. »

Jusqu'alors, dans le cas où soit les statuts, soit leurs annexes contenaient des dispositions qui n'étaient pas liées aux apports faits par les associés (notamment : désignation des premiers gérants, pouvoirs donnés à telle personne pour accomplir les formalités de constitution ou encore actes accomplis pour le compte de la société en formation), le droit fixe prévu pour les actes innommés (V. **Acte innommé**) était exigible, et ce en application de l'article 671 du Code général des impôts, qui dispose que lorsque dans un acte authentique soit civil, soit judiciaire ou extrajudiciaire, il y a plusieurs dispositions indépendantes ou ne dérivant pas nécessairement les unes des autres, il est dû pour chacune d'elles et selon

l'espèce une taxe ou un droit particulier (V. **Acte contenant plusieurs dispositions**).
L'article 10 de la loi de finances rectificative pour 2000 a dispensé du droit fixe prévu à l'article 680 du Code général des impôts les autres dispositions figurant dans les actes et déclarations ainsi que leurs annexes établies à l'occasion de la constitution de sociétés dont les apports sont exonérés du droit fixe en application du premier alinéa de l'article 810 bis du Code général des impôts.
L'article 26 de la loi de finances pour 2019 a modifié l'article 810 bis du Code général des impôts dont le texte s'établi désormais ainsi :

« Lorsque les apports réalisés à l'occasion de la constitution d'une société sont enregistrés gratuitement conformément à l'article 810, les dispositions figurant dans les actes et déclarations, ainsi que leurs annexes, établis à l'occasion de la constitution de sociétés sont également enregistrés gratuitement ».

Cette nouvelle rédaction substitue la gratuité à l'ancienne exonération du droit fixe d'apport et confirme qu'elle bénéficie aux dispositions figurant dans les actes et déclarations, ainsi que leurs annexes.

➤ Sur la gratuité de l'enregistrement de l'engagement de conservation des titres, V. **Apports en société – Apports purs et simples**.

2104 **Cas particulier : apport de biens indivis.** L'attribution divise de droits sociaux faite à des copropriétaires en représentation de l'apport d'un bien indivis entre eux constitue une disposition dépendante du contrat de société. Par suite, le droit de partage ne peut être réclamé indépendamment du droit d'apport sur la constitution de la société (Rép. min. Chauvet : *JOAN*, 27 janv. 1962, p. 159, n° 12895 ; *BOE* 1962, I, 8505. – Rép. min. Thorailler : *JOAN*, 14 oct. 1972, p. 4175, n° 25867), du moins lorsque ce droit est perçu à un tarif proportionnel.
Cette réponse n'a pas été reprise au BOFiP.

IV Contribution de sécurité immobilière

2105 **Principe.** L'apport en société donne lieu en principe à la perception du salaire proportionnel du conservateur (donc aujourd'hui de la CSI au tarif proportionnel) sur la valeur vénale actuelle de l'immeuble ou des droits immobiliers objet de l'apport, et non pas sur leur valeur comptable (*Bull. AMC* 1995, art. 1686).

2106 **Publication simultanée d'un acte constatant l'apport d'un immeuble à une société et du procès-verbal de la délibération des actionnaires constatant le caractère définitif de l'apport.** Si un acte constatant l'apport d'un immeuble à une société par actions et le procès-verbal de la délibération des actionnaires reconnaissant le caractère définitif de l'opération sont présentés simultanément à la formalité, il n'est dû qu'un seul salaire proportionnel (aujourd'hui, la CSI au tarif proportionnel). Toutefois, un salaire fixe (aujourd'hui la CSI au taux fixe) peut être perçu lorsque les deux expéditions à revêtir de la mention de publication sont matériellement séparées (*Bull. AMC* 1964, art. 572).

V Paiement des droits

A Principe

2107 Le droit – lorsqu'il est exigible – est dû, en principe, sur l'acte qui constate la constitution définitive de la société. À défaut d'acte, le paiement des droits est effectué lors du dépôt de la déclaration spéciale prévue par l'article 638 A du Code général des impôts dans le délai d'un mois qui suit leur réalisation.
Ce droit est immédiatement exigible. Toutefois, les droits dus en cas d'apports purs et simples assimilés à des apports à titre onéreux peuvent être sous certaines conditions fractionnés (V. **Apports en société – Apports purs et simples**).

Il est précisé ici que les actes préliminaires à la constitution définitive des sociétés par actions (statuts dans le cas d'une société anonyme avec offre au public, déclaration notariée de souscription et de versement, par exemple) ne sont en général passibles que du droit fixe des actes innommés prévu à l'article 680 du Code général des impôts. Ils ne sont d'ailleurs soumis à l'enregistrement que s'ils sont notariés ou s'ils sont présentés volontairement à la formalité (BOI-ENR-AVS-10-60-20120912, n° 10).

B Règles particulières concernant les sociétés commerciales

2108 **Principe.** Les sociétés commerciales (sociétés par actions, sociétés à responsabilité limitée, sociétés en commandite simple, sociétés en nom collectif, sociétés en participation à caractère commercial) sont effectivement constituées vis-à-vis des associés :
- à compter de la signature des statuts pour la généralité des sociétés commerciales, y compris les sociétés par actions ne faisant pas publiquement appel à l'épargne ;
- à l'issue de l'assemblée générale constitutive (chargée notamment de constater que le capital est entièrement souscrit, de statuer sur l'évaluation des apports en nature et l'octroi d'avantages particuliers, d'adopter les statuts, etc.) en ce qui concerne les sociétés anonymes avec offre au public (C. monét. fin., art. L. 411-1. – BOI-ENR-AVS-10-60-20120912, n° 20).

Conformément au principe général mentionné ci-dessus, le droit dû à l'occasion des apports devrait être perçu sur l'acte constatant la formation définitive de la société, lequel sert de titre à la perception du droit et dont la date sert, le cas échéant, à déterminer le tarif applicable et les valeurs imposables (cf. BOI-ENR-AVS-10-60-20120912, n° 30).

2109 **Exception.** Toutefois, ce principe comporte une exception importante en faveur des sociétés commerciales qui ne peuvent acquérir leur personnalité morale et disposer des fonds versés par les apporteurs qu'après leur inscription au registre du commerce et des sociétés.

L'article 1717 bis du Code général des impôts prévoit l'enregistrement provisoirement gratis des actes constatant la formation de sociétés commerciales. Les droits et taxes normalement dus sont exigibles au plus tard à l'expiration d'un délai de trois mois à compter de la date de ces actes. En conséquence, les notaires rédacteurs de tels actes sont affranchis de l'obligation d'acquitter les droits, prévue à l'article 1705-1 du Code général des impôts (Cass. com., 16 juill. 1991, n° 89-20.169 : *Bull. civ.* 1991, IV, n° 262, p. 182).

À l'expiration du délai de trois mois prévu à l'article 1717 bis du Code général des impôts, le service devra donc réclamer les droits aux véritables débiteurs de l'impôt, à savoir les parties qui ont comparu à l'acte (en l'espèce, les apporteurs) et non au notaire. Toutes les parties qui ont figuré dans un acte sont tenues solidairement au paiement des droits d'enregistrement auxquels cet acte est soumis (cf. CGI, art. 1705-5°. – Cass. com., 15 mars 1988, n° 86-13.362. – BOI-ENR-AVS-10-60-20120912, n° 50).

2110 Cette mesure s'applique à toutes les sociétés commerciales par leur forme visées au deuxième alinéa de l'article L. 210-1 du Code de commerce : sociétés par actions, sociétés à responsabilité limitée, sociétés en commandite simple, sociétés en nom collectif.

Lorsque leur création fait l'objet d'un acte enregistré, les sociétés en participation visées à l'article 1871 du Code civil qui ont un caractère commercial bénéficient également du régime de faveur.

Par contre, sont exclus du champ d'application de l'article 1717 bis du Code général des impôts les actes constatant la formation de sociétés civiles, de groupements d'intérêt économique ou de groupements d'intérêt public (BOI-ENR-AVS-10-60-20120912, n°s 60 et 70).

2111 L'enregistrement provisoirement gratis s'applique aux actes constatant la formation de sociétés commerciales.

Les actes innommés éventuellement présentés à la formalité pendant la période de formation des sociétés (portant par exemple nomination des dirigeants de la nouvelle société) pour lesquels l'enregistrement n'est pas obligatoire pour obtenir l'immatriculation au registre du commerce et des sociétés ouvrent droit à la perception immédiate du droit fixe prévu à l'article 680 du Code général des impôts (BOI-ENR-AVS-10-60-20120912, n° 80).

2112 Il est précisé que les dispositions de l'article 1717 bis du Code général des impôts sont spécifiques aux droits d'enregistrement et à la taxe de publicité foncière et ne sauraient donc être étendues, par voie d'interprétation, à la TVA (apports d'immeubles soumis à la TVA immobilière). La TVA doit donc être normalement acquittée lors de l'exécution de la formalité de l'enregistrement (BOI-ENR-AVS-10-60-20120912, n° 90).

Construction sur sol d'autrui

Franck ROUSSEL

Sommaire analytique

Index alphabétique

BIBLIOGRAPHIE : A. Chappert, *Les incidences fiscales de la construction sur sol d'autrui : Defrénois* 1991, art. 3506, 35071 et 35080. – J. Lafond, *Construction sur terrain d'autrui et publicité foncière : JCP* N 2005, n° 46, 1449.

2113 Plan. Nous présenterons tout d'abord le cas de mutations portant à la fois sur un terrain et sur les constructions qui y sont édifiées (I). Puis nous traiterons du cas où la mutation est limitée au terrain ou aux constructions (II). Pour terminer, nous évoquerons divers problèmes particuliers (III).

2114 Construction sur terrain indivis. Le cas de construction sur un terrain indivis est traité à part (V. **Construction sur terrain indivis**).

2115 Observations préliminaires. Les règles que nous allons énoncer sous cette rubrique, et qui résultent du Code civil, sont appelées à jouer dans le cas où une construction est édifiée sur le terrain d'une tierce personne, à l'exception du cas où cette tierce personne est le conjoint du constructeur (il existe alors des règles particulières : V. n° 2137). La notion de « construction » s'entend ici d'un ouvrage entièrement nouveau, à l'exclusion de réparations d'ouvrages anciens, de travaux d'amélioration et/ou de transformation de constructions existantes (V. Cass. civ., 28 mars 1939 : *DC* 1942, 119, note F.G. ; *S.* 1939, 1, 265, note Audiat. – Cass. 1re civ., 18 juin 1970, n° 68-14.399 : *Bull. civ.* 1970, I, n° 213 ; *D.* 1970, 561, note A. B. ; *JCP* G et N 1972, II, 17165, note H. Thuillier ; *RTD civ.* 1972, p. 797, obs. J.-D. Bredin. – Cass. 3e civ., 5 juin 1973, n° 72-12.323 : *Bull. civ.* 1973, III, n° 405. – Cass. 3e civ., 8 janv. 1997, n° 95-10.339 : *Bull. civ.* 1997, III, n° 8. – Cass. 3e civ., 9 sept. 2021, n° 20-15.713 : *D.* 2022, p. 452, note F. Roussel). Parmi les exemples les plus fréquents, on peut citer le cas de construction par des enfants sur un terrain appartenant à leurs parents (ou inversement), de construction par un concubin sur un terrain appartenant à l'autre, de construction par une société sur le terrain d'un associé (ou inversement), etc.

I

Mutation portant à la fois sur le terrain et sur les constructions

2116 Mutation accompagnée de l'indemnisation du constructeur. Supposons qu'un immeuble ait été édifié par un tiers sur le terrain d'autrui, sans qu'il y ait eu concession expresse ou tacite du droit de construire par le propriétaire du terrain. Ce dernier cède le terrain et les constructions, dont il est devenu propriétaire par accession et, à cette occasion, indemnise le constructeur, sur le fondement de l'article 555 du Code civil.

Quelles sont les incidences de cet acte du point de vue fiscal et de la publicité foncière ?

Lorsque, conformément aux dispositions de l'article 555 du Code civil, le propriétaire du sol exerce le droit d'accession en indemnisant la personne qui a construit sur son terrain, il ne se produit pas de mutation d'immeuble à moins que, en vertu de conventions particulières, le constructeur soit considéré comme propriétaire de la construction (ce qui n'est pas le cas dans l'exemple choisi). En dehors de cette dernière hypothèse, l'acte qui constate l'exercice par le propriétaire du terrain de son droit d'accession est soumis à la taxe départementale de publicité foncière, au taux de 0,70 % – 0,71498 % avec les perceptions additionnelles (Rép. min. Budget à M. Rimbault : *JOAN* CR, 7 mars 1988, p. 1009, n° 31437. – *Ind. enr.*, I4941. – V. précédemment dans le même sens, Rép. min. Finances, 26 mars 1977 : *Ind. enr.*, 13023).

Le versement au constructeur de l'indemnité qui lui est due ne donne lieu qu'à la perception du droit fixe des actes innommés. En effet, l'acquisition des constructions en vertu de l'accession est immédiate ; elle a lieu par l'effet de la loi. Ce n'est donc pas le versement de l'indemnité qui emporte mutation de l'immeuble (Lévie, *Traité théorique et pratique des constructions érigées sur terrain d'autrui*, nos 175 à 177. – Cass. com., 22 mars 1988 : *RJF* 6/1988, n° 828. – Cass. com., 27 juin 1995 : *RJF* 10/1995, n° 1201).

II

Mutation limitée au terrain ou aux constructions

2117 Présentation des difficultés. En matière de construction sur terrain d'autrui, les difficultés surgissent, du point de vue fiscal et de la publicité foncière, lorsque le propriétaire d'un terrain sur lequel ont été édifiées des constructions par un tiers entend consentir une mutation ne portant que sur le seul terrain, car il considère que les constructions ne lui appartiennent pas. Il lui sera alors demandé, sur le plan fiscal et du point de vue de la publicité foncière, pour prouver qu'il n'est pas propriétaire des constructions, d'établir qu'il a renoncé à l'accession.

Le même problème se rencontre, à l'inverse, lorsque le constructeur entend procéder à une mutation ne portant que sur les seules constructions. Il lui faut alors, du point de vue fiscal et de la publicité foncière, justifier de son droit de propriété sur les constructions.

Après avoir précisé de quelle manière cette justification peut être apportée (A), nous traiterons du régime fiscal de la mutation du terrain ou des constructions (B).

A Justification du droit de propriété sur le terrain ou les constructions

2118 Dans tous les cas, il y a lieu de distinguer selon que la construction a été édifiée par le tiers constructeur avec ou sans titre l'autorisant à construire.

1 Construction édifiée avec un titre

2119 **Publication du titre.** Nous ne traiterons pas ici du cas où le propriétaire du terrain et le constructeur sont liés par un bail à construction (V. **Bail à construction**) ou un bail emphytéotique (V. **Bail emphytéotique**).

Nous nous placerons dans l'hypothèse où la construction a été édifiée en dehors de tous rapports locatifs, en vertu d'un droit de construire concédé expressément par le propriétaire du terrain.

La disposition par laquelle le propriétaire d'un terrain autorise un tiers à édifier pour son compte des constructions sur ce terrain et renonce par suite, au bénéfice de ce tiers, à son droit d'accession, est constitutive d'un droit de superficie, de caractère immobilier (V. *Précis* Chambaz et Masounabe-Puyanne, 2e éd., n° 192) et doit à ce titre être publiée en exécution de l'article 28-1° a du décret du 4 janvier 1955 (*Bull. AMC* 1972, art. 892. – V. aussi, Cass. 3e civ., 29 mars 2006 ; V. *infra*, n° 2143).

Par application du principe de l'effet relatif (D. 14 oct. 1955, art. 32-1), le constructeur qui entend céder les constructions à titre onéreux ou à titre gratuit, devra avoir précédemment publié le titre qui lui confère un droit sur ces constructions : droit de superficie, autorisation de construire résultant d'un bail, etc. (V. sur ce point, chron. P.J.C. : *JCP* N 1995, prat. 3506. – H. Bulté : *JCP* N 1960, IV, 2998 ; *JCP* N 1965, IV, 3882).

Le principe est le même lorsqu'il s'agit de céder le terrain au constructeur.

Dans tous les cas, la publication du titre peut bien entendu être concomitante à la publication de la vente portant soit sur le terrain, soit sur les constructions.

2 Construction édifiée sans titre

2120 Le problème de la justification du droit du propriétaire sur le seul terrain, à l'exclusion des constructions, ou des droits de propriété du constructeur sur les seules constructions à l'exclusion du terrain, ne se pose pas dans les mêmes termes du point de vue purement fiscal, et du point de vue de la publicité foncière.

a) Justification du droit de propriété sur le terrain ou sur les constructions du point de vue fiscal

2121 **Application des règles du droit civil.** Les questions concernant les perceptions auxquelles sont assujetties les transmissions de constructions effectuées sur terrain d'autrui doivent en principe recevoir leur solution d'après les règles du droit civil (*Dict. des Rédacteurs*, V° Construction, n° 52). L'article 553 du Code civil édicte en la matière une présomption de propriété (1) qui est susceptible de preuve contraire (2), ce qui amène à distinguer les cas où il n'est pas possible de rapporter cette preuve (3) de ceux où cette preuve est rapportée (4).

1) Présomption de propriété

2122 **Présomption de propriété en faveur du propriétaire du sol.** « Toutes constructions, plantations et ouvrages sur un terrain sont présumés faits par le propriétaire à ses frais et lui appartenir, si le contraire n'est pas prouvé » (C. civ., art. 553).

2123 **Conséquences fiscales.** La jurisprudence a fait application de ce principe en matière d'enregistrement, en décidant, par exemple, que les constructions existant sur un terrain sont présumées légalement faire partie de la vente ou de l'échange de ce terrain et qu'en cas d'expertise, l'estimation doit comprendre les constructions, de même que le sol (*Journ. enr.*, 14793-5. – Seine, 1er juin 1837, 22 nov. et 17 déc. 1838 : *Journ. enr.*, 12100, 12201 et 12227. – V. également Cass., 26 juin 1837, 15 avr. 1840, 22 avr. 1840 ; Instr. 1630, § 8 ; Maguéro, V° Constructions, n° 18-1).

2) Preuve contraire

2124 **Les simples déclarations sont insuffisantes.** La présomption légale établie par l'article 553 du Code civil n'est pas détruite par l'énonciation portée au contrat que les constructions ont été faites par un tiers ou par l'acquéreur lui-même. Pour écarter cette déclaration, l'administration n'a besoin ni de prouver, ni d'articuler qu'elle est frauduleuse (Instr. 1630, § 8 ; V. également Maguéro, V° Constructions, n° 8-3°, réf. citées).

2125 **Modalités de la preuve.** En matière fiscale, l'instruction se faisant par écrit, la preuve contraire prévue par l'article 553 du Code civil doit résulter de pièces et documents écrits et son appréciation est laissée aux tribunaux. La règle a été fixée par l'instruction 1630, § 8 (Maguéro, V° Constructions, n°s 19 et 20. – V. également, Rép. min. Finances, 3 oct. 1964 : *Ind. enr.*, 10928).
En pratique, celui qui a construit sur terrain d'autrui devra, pour renverser la présomption susvisée, établir que cette construction a été édifiée pour son compte et à ses frais, par la production des divers documents établis à l'occasion de l'édification de l'immeuble : permis de construire… éventuellement contrat de prêt… devis et marchés… factures acquittées à son nom… etc.).

3) Cas où il est impossible de rapporter la preuve contraire

2126 **Application de l'article 555 du Code civil.** S'il n'est pas possible au constructeur d'établir son droit de propriété sur les constructions, en renversant la présomption de l'article 553 du Code civil, l'article 555 deviendra alors applicable.
Le principe résultant de ce texte est que le propriétaire du sol devient propriétaire des constructions y édifiées. Cette acquisition est immédiate (sauf toutefois le cas particulier du contrat de bail, V. **Bail ordinaire à durée limitée**). Elle a lieu de plein droit, en dehors de toute manifestation de volonté du propriétaire du sol (Cass. 3e civ., 12 mars 1970 : *D.* 1970, p. 562) et elle est indépendante du paiement de l'indemnité qui peut être mise à la charge du propriétaire (V. A. Lepage, *JCl. Civil Code*, Art. 552 à 555).

2127 Si le constructeur a été de mauvaise foi, le propriétaire a la faculté de faire démolir les constructions édifiées sur son sol.
Lorsqu'il décide de les conserver, que le constructeur soit ou non de bonne ou de mauvaise foi, le propriétaire du sol est débiteur d'une indemnité dont l'article 555 du Code civil fixe le mode de calcul :

> « *(L. n° 60-464, 17 mai 1960)*. – Lorsque les plantations, constructions et ouvrages ont été faits par un tiers et avec des matériaux appartenant à ce dernier, le propriétaire du fonds a le droit, sous réserve des dispositions de l'alinéa 4, soit d'en conserver la propriété, soit d'obliger le tiers à les enlever.
> Si le propriétaire du fonds exige la suppression des constructions, plantations et ouvrages, elle est exécutée aux frais du tiers, sans aucune indemnité pour lui ; le tiers peut, en outre, être condamné à des dommages-intérêts pour le préjudice éventuellement subi par le propriétaire du fonds.
> Si le propriétaire du fonds préfère conserver la propriété des constructions, plantations et ouvrages, il doit, à son choix rembourser au tiers, soit une somme égale à celle dont le fonds a augmenté de valeur, soit le coût des matériaux et le prix de la main-d'œuvre estimés à la date du remboursement, compte tenu de l'état dans lequel se trouvent lesdites constructions, plantations et ouvrages.
> Si les plantations, constructions et ouvrages ont été faits par un tiers évincé qui n'aurait pas été condamné, en raison de sa bonne foi, à la restitution des fruits, le propriétaire ne pourra exiger la suppression desdits ouvrages, constructions et plantations, mais il aura le choix de rembourser au tiers l'une ou l'autre des sommes visées à l'alinéa précédent. »

4) Cas où la preuve contraire est rapportée

2128 **Mutation portant sur le seul terrain ou sur les seules constructions.** Si le constructeur est en mesure d'établir dans les conditions susindiquées son droit de propriété sur les constructions, il est possible ultérieurement de formaliser à son profit une mutation ne portant que sur le seul terrain.
De même, le propriétaire du terrain pourra obtenir que la mutation ne porte que sur le seul terrain et que les droits ne soient assis que sur la valeur de ce seul terrain.

b) Justification du droit de propriété du point de vue de la publicité foncière

2129 **Inopposabilité au service de la publicité foncière des déclarations des parties concernant le droit de propriété sur les constructions.** La question se présente d'une manière différente du point de vue fiscal et du point de vue de la publicité foncière. Au plan fiscal, il suffit, pour que le droit de propriété du constructeur sur les constructions soit établi, qu'il parvienne à prouver selon les règles de la procédure écrite, qu'il a édifié l'immeuble à ses frais et pour son compte (V. n° 2128).
Lorsque la mutation est soumise à la double formalité (donation, donation-partage) ou relève simplement des droits d'enregistrement (déclaration de succession), l'administration admettra,

une fois cette preuve rapportée, que la mutation ne concerne que le seul terrain, ou à l'inverse que les seules constructions.

Mais du point de vue de la publicité foncière, le service chargé de la publicité foncière ne peut se satisfaire de la simple réunion de ces éléments de preuve. En application du principe de l'effet relatif, la mutation ne pourra être publiée que si, préalablement ou concomitamment, un acte constatant ou établissant que les constructions ne sont pas la propriété du propriétaire du terrain est publié.

C'est ce que rappelle une chronique du *Bulletin de l'association mutuelle des conservateurs* (art. 1351. – V. aussi *Bull. AMC* 1991, art. 1482). En l'espèce, le vendeur d'une construction s'était borné à relater dans l'acte de vente dont la publicité était requise que ces constructions lui appartenaient pour les avoir édifiées avec l'accord du propriétaire du terrain dans le courant de l'année 1978.

Le conservateur (actuellement, le service de la publicité foncière) a refusé la publicité de cet acte en vertu du principe de l'effet relatif et le juge des référés du tribunal de grande instance de Versailles (24 févr. 1986) lui a donné raison au motif qu'aucun titre en vertu duquel le propriétaire du terrain aurait renoncé au bénéfice de l'accession n'était préalablement ou concomitamment publié.

Commentant cette décision, le *Bulletin de l'association mutuelle des conservateurs* indique que « la déclaration faite par les parties dans l'acte ne s'impose pas au conservateur (actuellement, au service de la publicité foncière) lorsqu'elle tend non pas à se prévaloir de l'accession mais à en combattre les effets ». Il faut alors qu'un acte de renonciation au bénéfice de l'accession soit publié.

Cette dualité de régime peut être la source de difficultés. Supposons par exemple qu'un père sur le terrain duquel un de ses enfants a construit, entende lui faire ultérieurement donation du terrain. L'acte sera enregistré en tant que vente de terrain si les parties à l'acte établissent que l'enfant a bien construit pour son compte et à ses frais. Mais lorsqu'il s'agira de faire publier la donation, le service chargé de la publicité foncière refusera cette publication s'il n'y a pas eu concomitamment ou préalablement publication d'un titre constatant la renonciation par le père à l'accession (V. n° 2119). S'il n'a pas été établi à l'origine, le titre peut être établi à *a posteriori* (V. n° 2130).

2130 **Régularisation *a posteriori*.** Ce problème de la constitution *a posteriori* d'un titre de propriété sur les constructions a été abordé par le *Bulletin de l'association mutuelle des conservateurs* dans les circonstances suivantes (*Bull. AMC* 1989, art. 1430). Les propriétaires d'un pavillon avaient autorisé leur fils à adjoindre à ses frais à cet immeuble un bâtiment latéral. Dans l'acte dressé à cette occasion, il avait été procédé tout d'abord à l'établissement d'un état descriptif de division, sans attribution de tantièmes, ayant pour effet de fractionner le pavillon ainsi agrandi en deux lots comprenant, le premier, l'ensemble du terrain et des constructions d'origine, et le second, l'addition de constructions effectuée par le fils. Puis, dans le même acte, les parties intéressées avaient reconnu que le lot 1 était la propriété exclusive et entière des parents et le lot 2, celle, également entière et définitive, du fils.

Présenté à la conservation, cet acte avait fait l'objet de la notification de la cause de rejet rapportée ci-après :

> « Une preuve de financement des constructions ne peut constituer un titre de propriété pour le fils. Seules une constitution d'un droit de superficie avec autorisation de construire ou une donation du terrain par les parents à leur fils peuvent établir juridiquement un droit de propriété ».

Commentant ce rejet, le Bulletin précité indique :

> « La solution de la difficulté dépend de l'exacte signification et de la véritable portée des conventions relatées dans l'acte.
>
> Si les parents y ont, dans un premier temps, procédé seuls à la division de l'immeuble, puis immédiatement après, reconnu la propriété du lot 2 à leur fils, il ne saurait effectivement y avoir un manquement au principe de l'effet relatif. L'origine de propriété est, en effet, identique pour chacun des lots et pour autant du moins que cette origine réside dans un titre soit déjà publié, soit antérieur au 1er janvier 1956, les exigences légales en la matière paraissent satisfaites (D. 4 janv. 1955, art. 3 ; D. 14 oct. 1955, art. 32 et 35).
>
> Mais, bien entendu, il faut alors considérer qu'il s'est produit au jour de l'acte un déplacement de la propriété apparente de la construction nouvelle avec les conséquences fiscales coûteuses qui s'attachent à un tel déplacement et l'obligation de requérir la double formalité en cas de mutation à titre gratuit.
>
> Au contraire, si, comme il semble, le fils est devenu propriétaire des constructions au fur et à mesure qu'elles s'élevaient sur le terrain d'autrui, cette appropriation progressive n'a pu s'opérer que grâce à la renonciation préalable des parents à leur droit d'accession, c'est-à-dire en conséquence de la cession d'un droit de superficie. C'est cette cession qui constitue le principe et la source du droit de propriété du fils.
>
> Dans ce cas, les parents et le fils n'ont pu que coopérer à l'établissement de l'état descriptif dont la publication, par suite, doit être subordonnée à celle, notamment, du titre du fils. Ce titre doit consister en

la réitération, dans un acte authentique, des dispositions verbales prises antérieurement et ayant opéré la constitution d'un droit de superficie, laquelle, pour l'application des dispositions du deuxième alinéa de l'article 7 du décret du 4 janvier 1955, est considérée comme un changement de limite de propriété ; cet acte doit comporter également les déclarations nécessaires à la liquidation des droits et salaires ».

B Régime fiscal de la vente du terrain ou des constructions

2131 Vente du terrain. Avant la réforme de la TVA opérée par la loi de finances rectificative pour 2010 (L. n° 2010-237, 9 mars 2010 : *JO* 10 mars), lorsque le terrain cédé était recouvert de bâtiments édifiés par un tiers, on distinguait, selon que la vente intervenait plus ou moins de cinq ans après l'achèvement de l'immeuble construit sur sol d'autrui :

– si la vente du terrain intervenait plus de cinq ans après l'achèvement de la construction, la TVA n'était pas applicable ; il ne s'agissait pas en effet d'un terrain à bâtir. La mutation était donc passible des droits de mutation – taxe de publicité foncière) ;

– si la vente du terrain avait lieu moins de cinq ans après l'achèvement, le terrain était alors assimilé à un terrain à bâtir et la vente était assujettie à la TVA immobilière (Doc. adm. DGI, 8 A-1131, n° 58, 15 nov. 2001). En conséquence, la taxe de publicité foncière n'était pas due (CGI, art. 1594 OG A-1).

Ces solutions n'ont pas été reprises dans l'instruction du 29 décembre 2010 (*BOI* 3 A-9-10) qui a commenté les règles de la TVA applicables aux opérations immobilières issues de la loi du 9 mars 2010 précitée.

Il convient donc d'appliquer les règles prévues en matière de livraison de droits réels, la TVA n'étant susceptible de s'appliquer que si la vente (ou l'apport) est effectuée par un assujetti agissant en tant que tel (V. **TVA immobilière**).

2132 Mutation portant sur les constructions. Cette mutation constitue incontestablement une vente immobilière (V. Maguéro, V° Constructions, n° 16, réf. citées). En principe, les droits de mutation à titre onéreux seront dus au tarif prévu pour les ventes immobilières. Lorsque le constructeur agit en qualité d'assujetti, la vente des constructions sera soumise à la TVA, de plein droit, si les constructions sont achevées depuis moins de cinq ans (V. **Immeuble neuf**), ou sur option du cédant (V. **Immeuble ancien TVA**). Le tarif des droits de mutation à titre onéreux dépend des conditions d'application de la TVA et de la qualité de l'acquéreur (V. **TVA immobilière – Vente d'immeuble**).

2133 Aliénation au profit d'un acquéreur unique par deux vendeurs, l'une des constructions achevées depuis moins de cinq ans, l'autre du terrain sur lequel sont édifiées ces constructions. S'il y a cession simultanée à une même personne du terrain et des constructions achevées depuis moins de cinq ans, la mutation, bien que consentie par des personnes différentes, est considérée comme portant sur un immeuble bâti.

Il n'y a pas lieu de dissocier la vente des constructions de celle des terrains : la conséquence est que la taxe de publicité foncière à 0,70 % (0,71498 % avec les perceptions additionnelles) et les salaires du conservateur sont exigibles sur le prix global de cession des deux éléments terrains + constructions (*JCP* N 1993, prat. 2760, note P.J.C.). La solution est transposable à la contribution de sécurité immobilière.

Dans le régime actuel de la TVA applicable aux opérations immobilières, cette solution ne peut trouver à s'appliquer que si les deux vendeurs effectuent la vente en qualité d'assujettis à la TVA agissant en tant que tels (V. **Immeuble neuf** et V. **TVA immobilière**).

III Problèmes particuliers

2134 Construction sur le domaine public.
➤ V. **Domaine public**.

2135 Construction par usufruitiers ou nus-propriétaires.
➤ V. **Usufruit**.

2136 Constructions édifiées par le locataire sur le terrain loué.
➤ V. **Bail ordinaire à durée limitée**.

2137 Construction entre époux.
➤ V. **Communauté entre époux** et **Séparation de biens**.

2138 **Construction par une société.** On appliquera les principes de droit commun, en considérant que les associés et la société sont des tiers les uns par rapport aux autres. On recherchera dans chaque cas si l'on ne peut pas considérer, en fonction des circonstances de fait, que la « preuve contraire » prévue par l'article 553 du Code civil se trouve rapportée, d'où on déduira un droit de propriété sur les constructions soit au profit de l'associé, soit au profit de la société (sur les principes, V. n^{os} **2126** et s. ; pour des applications particulières, V. Maguéro, V. Constructions, n°s 38 et 46).

2139 **Reprise par le propriétaire du sol mis à la disposition d'un GAEC, de constructions édifiées par ce dernier.** Lorsque, conformément aux dispositions de l'article 555 du Code civil, le propriétaire du sol exerce le droit d'accession en indemnisant la personne qui a construit sur son terrain, il ne se produit pas de mutation d'immeuble à moins que, en vertu de conventions particulières, le constructeur soit considéré comme propriétaire de, la construction. En dehors de cette dernière hypothèse, l'acte qui constate l'exercice par le propriétaire de son droit d'accession est soumis à la taxe départementale de publicité foncière, au taux de 0,70 % (0,71498 % avec les perceptions additionnelles).
Si la construction est la propriété du constructeur, l'acte qui constate le transfert de la construction entre les mains du propriétaire du terrain est soumis au droit de mutation dans les conditions de droit commun.
Ces solutions sont identiques, que l'agriculteur qui reprend le bien mis à la disposition soit exploitant individuel ou dans le cadre d'un GAEC (Rép. min. Budget à M. Rimbault : *JOAN* CR, 7 mars 1988, p. 1009, n° 31437. – *Ind. enr.*, I4941).

2140 **Vente de fonds de commerce comprenant des constructions.** Des serres édifiées sur le sol d'autrui (servant à l'exploitation d'un fonds de commerce d'horticulteur avec lequel elles sont cédées) constituent des immeubles par nature lorsqu'elles doivent continuer à être utilisées dans leur état de construction jusqu'à la fin du bail. La vente donne donc lieu aux droits de vente immobiliers (Seine, 9 mars 1961 : *Journ. enr.*, 17288. – Versailles, 3 juin 1847 : *Journ. enr.*, 14307. – Maguéro, V° Constructions, n° 34).
Il en est de même dans le cas de vente des constructions édifiées sur un terrain concédé à une compagnie de chemin de fer et affectées à l'usage de buffet et de buvette (Rouen, 2 janv. 1896 : *Rev. enr. et imp.*, 1179). De même encore dans le cas de la cession de construction édifiée sur le terrain d'un tiers, cédée en même temps que l'entreprise de spectacle avec du matériel, immeuble par destination (Seine, 15 oct. 1912, 29 nov. 1918, 23 juin 1923 : Maguéro, *ibid.*).

2141 **Résolution du titre du constructeur.** Lorsque le titre de propriété du constructeur est résolu, il doit être rétroactivement considéré comme ayant construit sur le terrain d'autrui (INAFON, *Quelques problèmes de pratique notariale*, nov. 1979, p. 31).
Lorsqu'un contrat translatif d'immeuble est résolu ou annulé et que la résolution donne lieu comme revente à la perception du droit proportionnel (V. **Acte nul** et **Résolution de contrats**), il est admis que ce droit doit être liquidé, tant sur la valeur du fonds que sur celle des constructions élevées par le propriétaire évincé, dans le cas où elles ne doivent pas être enlevées (jurisprudence citée *in Dict. des Rédacteurs*, V° Construction, n° 99).
Si la résolution ne rend pas exigible le droit proportionnel de mutation, la somme allouée pour les constructions au propriétaire évincé a le caractère d'une indemnité et non d'un prix de vente (*ibid.*).

2142 **Hypothèques.** La constitution d'une hypothèque sur des constructions édifiées sur le terrain d'autrui suppose que le titre du constructeur ait été préalablement publié.
Il en est de même pour l'inscription du privilège de vendeur, pour garantir le paiement du prix de cession.
Ceci ne posera pas de problème particulier si la construction a été édifiée avec un titre soumis à publicité foncière. Il en sera autrement en l'absence de titre, ou en l'absence de publication du titre. Les constructions sont alors présumées appartenir au propriétaire du terrain et le problème de la « preuve contraire » se posera dans les mêmes termes que ceux précédemment évoqués (V. n°s 2124 à 2130).
➤ Sur la possibilité d'hypothéquer un immeuble dont la construction sur le terrain d'autrui est commencée ou simplement projetée, V. **Hypothèque conventionnelle**.

2143 **Renonciation à l'accession.** La renonciation à l'accession immobilière, qui est constitutive d'un droit de superficie, est soumise à publication obligatoire, faute de quoi cette renonciation n'est pas opposable aux tiers au sens de l'article 30 du décret du 4 janvier 1955 (Cass. 3e civ., 29 mars 2006, n° 04-18.088 : *Bull. civ.* 2006, III, n° 90 ; *RJDA* nov. 2006, n° 1185 et la note).
➤ Sur les effets de la renonciation à l'accession du point de vue fiscal et de la publicité foncière, V. **Renonciation** et **Bail ordinaire à durée limitée**. V. également, n° 2116.

Construction sur terrain indivis

Franck ROUSSEL

Sommaire analytique

2144 **Plan.** Nous examinerons tout d'abord le cas de construction sur terrain indivis sans accord préalable des indivisaires (I), puis le cas où les indivisaires se sont mis d'accord sur le sort des constructions avant de les édifier (II). Nous traiterons pour terminer de la technique particulière consistant à céder des « millièmes individualisés » pour édifier un immeuble en copropriété (III).

I Construction par des co-indivisaires sans accord préalable

2145 Les constructions édifiées par les indivisaires sans accord préalable sont en principe indivises (A). Mais la preuve contraire est possible (B).

A Les constructions édifiées sont en principe indivises

2146 **Principe.** Une construction ne peut normalement être élevée sur un terrain indivis que de l'accord de tous les indivisaires (Lévie, *Traité des constructions sur terrain d'autrui*, n° 157, p. 487). Si un indivisaire édifie sans le consentement des autres des constructions sur le terrain indivis, ce ne sont pas les règles de l'article 555 du Code civil qui vont jouer, car il n'y a pas à proprement parler construction sur le terrain d'autrui, mais les règles de l'indivision (V. l'abondante jurisprudence citée par F.-X. Testu : *Rép. dr. civ. Dalloz*, V° Indivision, n° 947. – A. Lepage : *JCl. Notarial Répertoire*, V° Propriété, Fasc. 95).

2147 Les co-indivisaires qui n'y ont pas consenti peuvent donc exiger la démolition des constructions et le rétablissement des lieux en leur état primitif (Cass. civ., 28 févr. 1894 : *DP* 1894, 1, 235. – Cass. civ., 10 mai 1937 : *S.* 1937, 1, 191).
Que se passera-t-il s'ils décident de maintenir la construction ?
Cette construction devient, par l'effet de l'accession, propriété commune des indivisaires (Cass. civ., 30 avr. 1975 : *D.* 1975, inf. rap. p. 182).

2148 **Indemnisation du constructeur.** Si les co-indivisaires décident de conserver la construction édifiée par l'un d'entre eux, se posera alors le problème de l'indemnisation du constructeur.
Le montant de cette indemnité paraît devoir figurer au passif de la masse partageable s'agissant d'un passif « qui grève les valeurs indivises » (*Dict. des Rédacteurs*, V° Partage-licitation, n° 97).
Si le constructeur, en contrepartie de l'indemnité qui lui est due, prélève un bien dépendant de la masse indivise, il s'agit, à notre avis, d'une opération de partage, et non d'une dation en paiement.

B Possibilité de la preuve contraire

2149 **Solution de principe.** En principe, et compte tenu de ce qui a été indiqué plus haut (V. n° **2146**), celui qui, même sans y être autorisé par ses co-indivisaires, édifie des constructions sur un terrain leur appartenant indivisément, est présumé avoir construit tant pour son compte personnel que pour celui de ses copropriétaires.
Par suite, les constructions sont réputées également appartenir à chaque co-indivisaire pour la portion qu'il possède dans l'immeuble (terrain) indivis (Sol. 21 févr. 1834 : *Journ. enr.*, 10858).

2150 **Conséquences.** Il en résulte que lorsque l'un des copropriétaires indivis acquiert la part des autres, les droits de mutation à titre onéreux (dans les partages où les soultes sont taxables) sont dus sur la part de ces derniers dans la totalité de l'immeuble, y compris les constructions. De même, le droit de partage est assis sur la valeur du terrain et des constructions indivises (Maguéro, V° Construction, n° 47. – V. également : *JCP* N 1965, IV, 3978).

2151 **Modalités de la preuve contraire.** Cependant, la jurisprudence réserve aux parties le droit, en pareil cas, de détruire par la preuve contraire la présomption légale d'après laquelle les constructions sont une propriété commune (Murat, 12 août 1880 : *RP*, 5729. – Cass., 26 juin 1837 et 22 avr. 1840 : Instr. 1630, § 8. – Maguéro, *op. cit. ibid.*).
Cette preuve devra être faite conformément aux règles de la procédure écrite.
La règle à suivre, en pareille matière, a été tracée dans une instruction déjà ancienne (Instr. 1630, § 8 ; Maguéro, V° Construction, n° 20). La déclaration des parties doit être appuyée de pièces et documents écrits établissant que les constructions ont été faites pour le compte et aux frais de l'un ou de plusieurs des co-indivisaires (production d'un permis de construire au nom du constructeur, de devis et marchés, éventuellement d'un contrat de prêt, ou de factures acquittées à son nom...).

2152 **Distinction selon que la preuve contraire est ou non rapportée.** Si cette preuve est rapportée, le partage pourra ne porter que sur la valeur des seuls terrains qui sera, par exemple, attribuée au constructeur. La taxe de publicité foncière doit, à notre avis, être assise en pareil cas sur la valeur du terrain encombré.
Si cette preuve ne pouvait pas être rapportée (impossibilité de produire des documents écrits) mais que les co-indivisaires décident d'attribuer l'immeuble sans soulte à celui qui l'a édifié sur le terrain à ses frais et en vertu d'accords verbaux, l'administration devrait considérer que le partage comporte une plus-value de lot, ce qui amènerait la perception des droits de mutation à titre onéreux sur le montant de cette plus-value, dans les partages où plus-values et soultes restent taxables (V. **Partage**).

C Conséquences fiscales

2153 En principe, terrain et constructions sont considérés fiscalement comme un tout indivisible (1°). Mais cette règle connaît des exceptions (2°).

1 Terrain et constructions sont considérés comme un tout indivisible

a) Énoncé du principe

2154 Du principe selon lequel les constructions édifiées sur un terrain indivis deviennent en principe propriété des indivisaires, l'administration tire plusieurs conséquences :
– s'il y a partage, il porte nécessairement sur le terrain et les constructions, sauf si la preuve est apportée, dans les formes indiquées plus haut (V. n° 2151), que la construction appartient à l'un des indivisaires ;
– si l'un des indivisaires cède ses droits, ils sont censés porter à la fois sur le terrain et les constructions, sauf, là encore, preuve contraire.

b) Applications

2155 **Partage des constructions devenues indivises par établissement d'un règlement de copropriété.** Il est aujourd'hui bien admis qu'un immeuble indivis peut être partagé en nature sous le régime de la copropriété (Cass. 1re civ., 19 janv. 1960 : *JCP* N 1960, II, 11458).
Lorsque des co-indivisaires, après avoir construit un immeuble en indivision, décident donc de sortir de cette indivision en établissant un règlement de copropriété et un état descriptif de division, l'opération doit être taxée comme un partage (Rép. min. Finances, 22 oct. 1965 : *JCP* N 1965, IV, 3978 ; *Ind. enr.*, 11065. – V. n° 2156).
Cette situation doit être distinguée de celle où les parties, avant de construire un immeuble sur un terrain indivis, décident, en se référant à un état descriptif de division et un règlement de copropriété établi par anticipation, de le placer sous le régime de la copropriété (V. nos 2167 à 2171).

2156 **Établissement ultérieur du règlement de copropriété et de l'état descriptif de division. Exigibilité du droit de partage. Exemple.** Deux propriétaires d'un ensemble immobilier avaient vendu à une société immobilière, chacun un certain nombre de millièmes indivis de cet ensemble moyennant un prix que la société s'était engagée à régler, partie au moyen de l'édification, pour le compte de chacun des vendeurs, de différents locaux correspondant aux millièmes restant leur appartenir respectivement dans le sol, et le surplus, par paiement aux vendeurs, jusqu'à la livraison desdits locaux, d'une indemnité annuelle. Ultérieurement, les parties ont établi le règlement de copropriété et l'état descriptif de division de l'immeuble et se sont répartis les lots créés par cet état descriptif.
Lors de la publication de cet acte, il a été perçu la taxe de publicité foncière au taux de 1 % frappant, en vertu de l'article 746 du Code général des impôts, les partages de biens immeubles et calculée sur la valeur des lots déclarés.
Cette perception a été jugée régulière. En effet, l'acte de vente se bornait à déterminer et à décrire les différents locaux à édifier en règlement partiel du prix d'acquisition. En d'autres termes, ces stipulations étaient destinées, non pas à opérer un partage entre les parties, mais à définir l'obligation de construire contractée par l'acquéreur vis-à-vis des vendeurs et à assurer l'exécution de cette obligation. De plus, les contractants s'imposaient, dans l'acte, de demeurer dans l'indivision quant à la propriété de l'immeuble et du sol après démolition des constructions existantes, jusqu'à la substitution à cette indivision de droit commun d'une indivision obligatoire et organisée dans un régime de copropriété, lequel naîtrait lors de l'achèvement de l'immeuble. Dès lors, l'acte ultérieur qui établissait le règlement de copropriété, l'état descriptif de division de l'immeuble et la répartition des lots apparaissaient comme la suite nécessaire de la manifestation de volonté des parties. Ayant pour effet de substituer des droits divis à des droits indivis, cet acte valait partage et devait donc être soumis au droit de partage (Cass. 3e civ., 3 nov. 1981 : *Dr. fisc.* 1982, n° 658. – Pourvoi contre Paris, 8 juin 1979 : *Ind. enr.*, 13416 ; *Rev. enr. et imp.*, art. 15615). Ce droit de partage est perçu sur la valeur du terrain et des constructions y édifiées (sur son taux actuel, V. **Partage**).

2 Exception concernant l'application des régimes fiscaux de faveur

2157 **Construction sur un terrain indivis dont le partage bénéficierait du régime fiscal de faveur (CGI, art. 748).** Si les constructions édifiées sur un terrain indivis deviennent en principe elles mêmes indivises (V. n° 2159), l'administration entend, pour l'application, du régime fiscal de faveur dont bénéficient certains partages, licitations ou cessions de droits successifs (CGI, art. 748 et 750. – V. **Droits successifs** ; **Partage** et **Licitation**), distinguer entre :
– le partage du terrain lui-même qui bénéficiera de ce régime dans la mesure où ses conditions d'application sont remplies ;
– et le partage des constructions.

2158 C'est ainsi que si des personnes recueillent par voie de succession un terrain à bâtir, et construisent ensemble vingt garages sur ce terrain, la licitation de l'ensemble intervenant au profit d'un des indivisaires amène la perception des droits de mutation à titre onéreux sur le montant de la soulte, dans la mesure où elle s'applique à la valeur des constructions. L'administration considère en effet que les bâtiments n'ont jamais appartenu au défunt et qu'en ce qui les concerne, l'indivision est née entre les ayants droit de celui-ci, non en leur qualité d'héritiers, mais en leur qualité de co-constructeurs (Rép. min., 10 mai 1979 : *JOAN* CR, p. 3621-2 et 3622-1 ; *Ind. enr.* 1979, 13399).

D Conséquences du point de vue de la publicité foncière

2159 **Principe de l'effet relatif.** Supposons qu'une construction ait été édifiée par un indivisaire sur un terrain indivis et que cet indivisaire souhaite céder ses droits à ses co-indivisaires, ou encore se voir attribuer l'ensemble, terrain plus constructions. Pour obtenir que les droits de mutation, ou le droit de partage ne soient assis que sur la valeur du seul terrain, il est nécessaire, du point de vue de la publicité foncière et pour satisfaire au principe de « l'effet relatif » de publier, préalablement ou concomitamment à la publication du partage ou de la cession de droits indivis, un acte dont il ressortira que les co-indivisaires ont conféré au constructeur le droit de construire à ses frais et pour son compte exclusif sur le terrain indivis. Cet acte, constitutif d'un droit de superficie, paraît s'analyser en un « acte déclaratif », passible de la taxe de publicité foncière à 0,70 % – soit 0,71498 % avec les perceptions additionnelles – (V. n°s 2161 et 2162), encore que la perception applicable puisse être discutée (V. **Construction sur sol d'autrui**).

II Construction sur un terrain indivis après accord préalable

2160 L'accord des indivisaires peut se présenter sous des formes diverses. Ils peuvent diviser les droits sur le terrain avant de construire (A) ou se contenter d'établir un règlement de copropriété – état descriptif de division leur attribuant par avance des lots dans la construction à édifier (B).

A Construction après division des droits sur le terrain

2161 **Exemple.** MM. X et Y acquièrent un terrain par moitié indivise avec indication que X aura la jouissance divise de la moitié sud et Y la jouissance divise de la moitié nord (*JCP* N 1970, IV, 4762, chron. Bulté).

Cette situation paraît impliquer une renonciation mutuelle des co-indivisaires au bénéfice de l'accession (*contra* : Bulté, qui pense que le droit de partage serait dû en pareil. cas sur la valeur de chacun des lots attribués à M. X et à M. Y : V. *JCP* N 1970, IV, 4803).

En pareil cas, la rédaction parfois maladroite de certaines « conventions » entraîne des perceptions qui, semble-t-il, pourraient être évitées (par ex., pour le partage d'un terrain entre deux copropriétaires « afin que chacun puisse faire construire sa maison », ce qui, selon la doctrine administrative, rendrait exigible un salaire [aujourd'hui la contribution de sécurité immobilière] sur la valeur des constructions futures : *JCP* N 1966, IV, 4058, obs. Bulté).

Il est indispensable que les constructeurs s'autorisent mutuellement et de façon claire à édifier une construction sur une partie du terrain identifié, ce qui vaut en fait reconnaissance mutuelle d'un droit de superficie.

2162 **Taxation.** L'accord pris sur le sort des constructions futures, dans le cas par exemple où des co-indivisaires autorisent l'un d'entre eux à construire pour son propre compte, ou encore lorsque deux co-indivisaires s'autorisent mutuellement à édifier pour leur compte deux immeubles sur le terrain indivis, constitue à notre avis un acte déclaratif, soumis à publication et passible de la taxe de publicité foncière à 0,70 % (0,71498 % avec les perceptions additionnelles). Un tel acte consacre en effet une mutation de propriété (constitution d'un droit de superficie, qui peut être éventuellement réciproque).

C'est la solution qu'adopte une chronique de MM. Bulté et Poirier (*JCP* N 1964, IV, 3717. – V. également sur la renonciation au droit d'accession constitutive d'un droit de superficie, *Bull. AMC* 1972, art. 892).
La contribution de sécurité immobilière paraît devoir être perçue sur la valeur des droits de superficie ainsi constitués.

B Cas particulier : construction d'un immeuble en copropriété sur un terrain indivis

2163 Nous distinguerons le cas de construction après partage « en jouissance » du terrain (1°) et le cas de construction et de partage « en état futur d'achèvement » (2°).

1 Construction après partage « en jouissance » du terrain

2164 **Convention expresse.** Dans la mesure où la construction est édifiée après que les copropriétaires indivis du terrain aient reconnu à l'un d'entre eux ou se soient reconnus mutuellement un droit réel sur le sol (autorisation de construire valant droit de superficie…) et si ce droit a fait l'objet d'une convention ayant date certaine, sa publication donnera lieu uniquement, à notre avis, à la perception de la taxe de publicité foncière au taux de 0,60 % (0,7498 % avec les perceptions additionnelles) prévu pour les actes déclaratifs emportant mutation de propriété (V. **Acte déclaratif**).

2165 **Convention équivoque.** En pratique, la convention des parties est fréquemment équivoque, de même que la nature des droits qu'elles se concèdent : ainsi parlera-t-on parfois de partage en jouissance (*JCP* N 1970, IV, 4762 et 4803, chron. Bulté).
En pareil cas, les conservateurs prétendaient parfois percevoir la taxe de publicité foncière et leur salaire sur la valeur du terrain, mais également sur la valeur des constructions considérées « dans leur état futur d'achèvement » (V. pour le salaire [aujourd'hui contribution de sécurité immobilière]) : *JCP* N 1966, IV, 4058, obs. Bulté).

2166 **Publication d'un état descriptif de division et d'un règlement de copropriété.** Si les parties se contentent d'établir un règlement de copropriété et un état descriptif de division sans établir et publier à part de convention particulière constitutive d'un véritable droit de superficie, la taxation envisagée peut prendre appui sur les termes de l'instruction du 13 décembre 1977 (*JCP* N 1978, IV, 6787) dont nous parlons ci-dessous. Elle tombe d'ailleurs sous le coup des critiques adressées à la position prise par l'administration dans cette même instruction.

2 Construction et partage en « état futur d'achèvement »

2167 **Perceptions à opérer. Résumé.** Lorsqu'un règlement de copropriété est publié par anticipation à l'effet de déterminer par lots les droits de copropriété tant sur le terrain indivis que sur les constructions envisagées, cette opération vaut partage tant du terrain que des constructions considérées dans leur état futur d'achèvement.
En conséquence, l'administration estime que la taxe proportionnelle de publicité foncière au taux correspondant au droit de partage (V. **Partage**) doit être perçue sur la valeur du terrain et des constructions considérées dans leur état de futur achèvement.

2168 Quant à la contribution de sécurité immobilière, outre la contribution au taux fixe due pour l'accomplissement de la formalité à l'égard du règlement proprement dit, la contribution au tarif proportionnel sera exigible pour la publication du partage sur la valeur des droits attribués ou reconnus à chaque copropriétaire.

2169 **Exposé de la position de l'administration.** La doctrine de l'administration résulte en la matière d'une instruction en date du 13 décembre 1977 (*BODGI* X T-I-78, X E-I-78 et X G-I-78 ; *JCP* N 1978, IV, 6787).

> La situation envisagée dans cette instruction (« Premier cas ») est la suivante : un terrain, non bâti, est en indivision simple. Un règlement est établi pour déterminer par lots les droits de copropriété des intéressés tant sur ce terrain que sur des constructions envisagées dans leur état futur d'achèvement.
> Selon l'instruction précitée, « Les constructions que le règlement appréhende dans leur état futur d'achèvement, doivent être réputées se trouver à l'époque où l'on se place par anticipation, dans la même situation d'indivision simple, dès lors que, par application des dispositions des articles 552 et 553 du Code civil, elles devraient, au fur et à mesure de leur édification comme au terme des travaux, appartenir à chacun des propriétaires du terrain à concurrence de la fraction représentative de son droit dans la propriété de ce terrain (Cass. req., 26 juin 1837 : *Code civil Dalloz* annoté, sous art. 553, n° 18).

Dans la mesure où le règlement attribue à chaque indivisaire une partie privative, il est évident qu'il vaut partage, puisqu'il a pour effet, en conférant à chacun des intéressés la propriété exclusive d'un élément des constructions, de substituer des droits divis à des droits indivis (Planiol, Ripert et Boulanger, *Traité de droit civil*, t. IV, éd. 1959, n°s 3124 et 3130. - Rappr. Rép. min. Finances à M. Collette, député : *JOAN*, 22 oct. 1960, p. 3975).

Mais le règlement participe également de la nature du partage en tant qu'il fixe la quote-part du droit de chaque indivisaire dans la propriété du sol et des autres parties communes. Il a, en effet, pour conséquences de « modifier le régime de la propriété » des biens en cause en remplaçant l'indivision simple originaire, de caractère essentiellement temporaire, par l'indivision « nécessaire résultant de la copropriété » (mêmes traités et tome, n°s 3142 à 3145 et p. 999, note 1. - Cass. civ., 14 févr. 1832 : Instr. n° 1401, § 3. - Cass. req., 26 mars 1833 : Instr. n° 1425, § 6. - Cass. civ., 21 mai 1895 : *DP* 1895, 1, p. 9. - Cass. civ., 12 mars 1900 : *DP* 1901, 1, p. 521. - Cass. civ., 11 janv. 1909 : *DP* 1909, 1, p. 81. - Cass. 1re civ., 19 juin 1960 : *DP* 1960, p. 477. - Comp. *BOED* 1953, I, 6388).

Ainsi le règlement vaut partage de la totalité des biens qu'il concerne : terrain et constructions futures (*Bull. AMC* 1966, art. 639).

Dans cette situation, le droit de partage de 1 % est donc exigible, en principe, sur l'acte établissant le règlement de copropriété (Rép. min. Finances, n° 19167 à M. Cattin-Bazin : *JOAN*, 27 juin 1975, p. 4836. - Rép. min. n° 26830 à M. Houteer : *JOAN*, 4 juin 1976, p. 3757. - Rép. min. n° 31774 à M. Mayoud : *JOAN*, 12 févr. 1977, p. 545. - Rép. min. n° 8074 à M. Médecin : *JOAN* 27 déc. 1982).

La position prise par l'administration dans cette instruction a été critiquée (V. J. Lafond, *La construction d'un immeuble en copropriété sur un terrain indivis : JCP* N 1978, IV, 6854).

2170 **Jurisprudence.** La Cour de cassation a eu à prendre position dans les circonstances suivantes :

Une société civile immobilière avait fait l'acquisition d'un terrain en vue de la construction d'un immeuble. Quelques mois plus tard, elle se dissout et les associés décident que l'actif social comprenant le terrain et l'immeuble en cours d'édification restera dans l'indivision, chacun d'eux s'engageant à participer à l'achèvement de la construction en proportion de ses droits. Ultérieurement, les associés établissent un état descriptif de division et un règlement de copropriété qui divise l'immeuble en un certain nombre de lots et procède à la répartition de ces lots entre les associés une fois la construction terminée.

Le tribunal de grande instance de Lille, statuant en première instance, a estimé qu'il n'y avait partage que dans la mesure des attributions de lots privatifs, puisque les parties communes restaient dans l'indivision et que le droit de partage devait donc être assis sur la valeur en état futur d'achèvement des seules parties privatives. La Cour de cassation a censuré cette décision, considérant, selon la doctrine soutenue dans l'instruction du 13 décembre 1977 (V. n° 2169) qu'il y avait partage pour la totalité, donc non seulement en ce qui concerne les parties privatives mais également pour les parties communes. Les parties n'ont pas contesté que le droit de partage doive, en toute hypothèse, être assis sur les parties *futures* de l'immeuble ; elles se sont contentées de contester l'assiette du droit de partage. On ne peut donc dire, à notre avis, que cet arrêt de la Cour de cassation consacrait expressément le bien-fondé de la perception envisagée par l'administration : perception des droits de partage sur la totalité, de la valeur de l'immeuble considéré dans son état futur d'achèvement (Cass. 3e civ., 14 mai 1980 : *JCP* N 1981, II, p. 70, note D.F. ; *Dr. fisc.* 1981, p. 33, n° 71. - V. également en faveur de l'administration : Paris, 8 oct. 1981 : *Rev. enr. et imp.*, art. 15752-6).

En revanche, le problème a été expressément posé devant le tribunal de grande instance de Saint-Nazaire qui a rendu une décision contraire à la thèse de l'administration (15 oct. 1979 : *Rev. enr. et imp.* 1980, art. 15615).

En l'espèce, des co-indivisaires avaient par le même acte réuni en une seule indivision deux terrains contigus leur appartenant (la fraction des droits de chacun étant inchangée) et établi des états descriptifs de division et règlement de copropriété relatifs à l'immeuble à édifier sur ce terrain. Le même jour chacun, par acte séparé, désignait le constructeur qui serait rémunéré par la propriété d'une partie de l'immeuble ainsi édifié, les indivisaires devant recevoir dans cet immeuble des droits proportionnels à ceux qu'ils possédaient dans la propriété indivise du sol. Le tribunal de grande instance de Saint-Nazaire a estimé que le droit de partage était dû en pareille hypothèse *sur la valeur du seul terrain* et non pas sur la valeur des constructions envisagées dans leur état futur d'achèvement.

Postérieurement, un autre arrêt a confirmé la jurisprudence de la Cour de cassation (Cass. 3e civ., 3 nov. 1981, *Sté civile immobilière des 125-135 bis, rue d'Alésia : Dr. fisc.* 1982, n° 12, comm. 658).

2171 **Annotation du fichier.** Dans son instruction précitée (n°s 13 à 16), l'administration a précisé la manière dont doit être annoté le fichier immobilier en pareil cas.

III Cession de millièmes individualisés

2172 Position du problème. Dans son instruction précitée du 13 décembre 1977 (*BODGI* 10 D-1-78 ; *Dr. fisc.* 1978, n° 19, comm. 5739 ; *JCP* N 1978, prat. 6787), l'administration évoque une technique particulière, utilisée pour la construction d'immeubles en copropriété et dite de la « cession de millièmes individualisés ».

Un règlement fixe par lots la nature et l'assiette des droits de copropriété, sur un terrain, non bâti, et sur les constructions à y édifier ; des millièmes dans la propriété du sol sont cédés à une ou plusieurs personnes qui deviendront propriétaires, le moment venu, de la totalité de chaque lot correspondant.

A Analyse de l'opération

2173 Présentation. L'administration, dans son instruction précitée, analyse comme suit la nature juridique de l'opération.

Deux remarques relatives, l'une au terrain, l'autre, aux constructions permettent de déterminer la nature juridique de l'opération.

– Première remarque : au résultat de la première vente de millièmes, le terrain appartient en commun au vendeur et à l'acheteur qui se trouvent placés non pas en situation d'indivision simple, mais sous le régime de l'indivision « nécessaire résultant de la copropriété » (Cass. 1re civ., arrêt de 1960, V. n° 2169) ; autrement dit, l'acheteur n'acquiert pas des millièmes quelconques, mais des millièmes en quelque sorte « individualisés », c'est-à-dire inclus dans tel lot, et qui lui donnent d'ailleurs vocation à devenir propriétaire des autres éléments (futurs) du même lot ; il en va de même lors des ventes postérieures, y compris la dernière, de sorte qu'à aucun moment – que l'on se situe au début, au cours ou à la fin du programme de construction – les parties ne sont ou n'auront été, pour ce qui est du terrain, en situation d'indivision simple.

Les ventes de millièmes « individualisés », qui ne mettent pas fin à une telle indivision en lui en substituant une autre mais, au contraire, créent la seule indivision apparaissant en l'espèce (l'indivision « nécessaire » inhérente à la copropriété), ne sauraient donc être tenues pour équipollentes à partage (Rappr. *Traité* préc., même tome, n° 3025. – Maguéro, V° Partage, nos 106 et s.).

– Seconde remarque : en ce qui concerne les constructions, la situation est analogue. Le règlement empêche que ces constructions soient, à quelque époque que l'on se place, en situation d'indivision simple, car il fait échec au jeu normal des dispositions des articles 552 et 553 du Code civil.

Sans doute, prises dans leur totalité, les constructions seront-elles bien, comme le prévoient ces dispositions, la propriété de toutes les personnes qui ont un droit indivis sur le terrain, mais, dans le cadre de cette accession « globale », c'est en vertu des règles de l'accession et des stipulations contractuelles contenues dans le règlement que chacune de ces personnes verra accroître à sa quote-part dans la propriété du sol, non pas une quote-part dans la propriété de l'ensemble des bâtiments, mais le surplus du lot, savoir : un droit indivis sur les autres parties communes et un droit privatif sur un local déterminé.

Cet accroissement se produira au fur et à mesure de l'avancement des travaux au profit direct et personnel de chacun des propriétaires des millièmes « individualisés », sans que naissent entre eux (et par conséquent, que puisse disparaître) une indivision autre que celle découlant, pour les parties communes, du régime même de la copropriété.

Dans cette situation, le droit de partage ne saurait donc être exigé.

2174 Annotation du fichier. Dans son instruction précitée (nos 17 à 20), l'administration a précisé la manière dont doit être annoté le fichier immobilier en pareil cas.

B Taxation

1 Évolution de la position de l'administration

2175 Doctrine administrative initiale. Selon l'administration, les actes à établir pour constater ces opérations étaient des contrats originaux emportant :

– mutation immédiate des « millièmes individualisés » dans la propriété du sol ;

– constatation, par anticipation, du fait qu'au fur et à mesure de l'avancement des travaux, et par

le jeu combiné de l'accession, du programme de construction et des prévisions du règlement seraient adjoints à ces millièmes les autres éléments des lots correspondants.
Dans cette mesure, l'administration estimait que l'acte était déclaratif au sens large retenu pour l'application de l'article 28-4°-e du décret du 4 janvier 1955. De même, l'adjectif « déclaratif » figurant au 4° de l'article 677 du Code général des impôts doit être pris dans la même acception.
Il en résultait, selon l'administration, qu'à défaut d'exonération ou de tarification spéciale, l'acte dont il s'agit devait donner ouverture à la taxe de publicité foncière au taux de 0,60 % (CGI, art. 678).
À cet effet, et conformément à l'article 851 du Code général des impôts, le conservateur devait exiger, avant l'accomplissement de la formalité, une déclaration estimative de la partie du sol restant au vendeur et des éléments de lots qui s'adjoindront aux millièmes devenus la propriété de l'acquéreur. À défaut, la formalité devait être refusée (en ce sens, Rép. min. Budget n° 8074 à M. Médecin : *JOAN*, 27 déc. 1982, p. 5320 ; *Dr. fisc.* 1983, n° 12, comm. 583).

2176 **Jurisprudence.** Cette analyse juridique et le régime fiscal ont été condamnés par la Cour de cassation qui a exclu en pareil cas la perception de la taxe de publicité foncière à 0,60 % (Cass. com., 22 mars 1988, *SCI de Chingoudy* : *Dr. fisc.* 1988, n° 26, comm. 1368).

2177 **Modification de la doctrine fiscale.** L'administration a décidé de faire application de cette jurisprudence, y compris pour le règlement des litiges en cours.
Elle s'est prononcée en ce sens lors du commentaire de cet arrêt au *Bulletin officiel des impôts* (8 A-1-91) du 2 janvier 1991 (*JCP* N 1991, prat. 1706, p. 67).
Après avoir rappelé que les états descriptifs de division sont soumis depuis le 1er octobre 1970, à titre obligatoire, à la formalité unique, elle a précisé que, dans l'hypothèse où l'état est intégré dans l'acte de vente du terrain, les parties deviennent propriétaires :
– de lots individualisés correspondant à leur quote-part dans les millièmes de terrain ;
– par voie d'accession, des locaux devant leur revenir au fur et à mesure de leur édification.
Dès lors que cette attribution de propriété indivise de biens individualisés résulte de la seule vente des droits indivis du terrain, aucun effet déclaratif ne saurait être attaché à l'acte.
Par suite, la taxe de publicité foncière n'est exigible ni sur la valeur des millièmes de terrain conservés par le vendeur, ni sur celle des constructions futures afférentes aux millièmes transférés à l'acquéreur.
L'administration a rapporté les indications contenues sur ce point dans l'instruction du 13 décembre 1977 (*BODGI* 10 D-1-78).

2 Taxation actuelle

2178 **État descriptif déposé avant l'acte de vente.** Lorsque l'état descriptif de division est déposé seul avant l'acte de vente et n'est donc pas attributif de propriété, il doit être assujetti au droit fixe des actes innomés prévu à l'article 680 du Code général des impôts (*BOI* 8 A-1-91, préc.).

2179 **État descriptif dressé après la vente.** Lorsque l'état descriptif de division n'est dressé qu'après la vente assortie d'une obligation de livrer des locaux, la taxation varie selon le contenu de l'état et la situation juridique dans laquelle l'acte de vente avait placé les parties :
– si ces dernières étaient en indivision ordinaire, l'état descriptif précisant pour chacune d'elles les lots dont elle est propriétaire vaut partage et est soumis au droit prévu à l'article 746 du Code général des impôts (Cass. com., 14 mai 1980. – V. Rép. min. Budget n° 8074 à M. Médecin : *JOAN*, 27 déc. 1982, p. 5320 ; *Dr. fisc.* 1983, n° 12, comm. 583. – Sur le taux actuel, V. **Partage**) ;
– si ces dernières n'étaient pas en indivision, hypothèse dans laquelle le vendeur a cédé la totalité du terrain en contrepartie d'une promesse de remise de locaux à construire, l'état descriptif devrait s'accompagner ou être suivi du dépôt d'un acte de transmission des lots divis au vendeur du terrain. Cet acte sera soumis à la taxe de publicité foncière (CGI, art. 692) dès lors que, dans ce cas la propriété des locaux ne peut être considérée comme ayant été attribuée par accession (*BOI* 8 A-1-91, préc.).

Contrat de mariage

Serge LAMIAUX

I

Formalités et perceptions : principe

2180 Cas de la formalité d'enregistrement « isolée ». Lorsqu'il ne contient aucune disposition publiable au fichier immobilier, le contrat de mariage est seulement assujetti à la formalité d'enregistrement (CGI, art. 635-1, I°) ; plus exactement, le contrat de mariage est dispensé de la présentation matérielle de l'acte à la formalité de l'enregistrement et relève de la modalité du paiement sur états (CGI, art. 637, ann. III, art. 245 et ann. IV, art. 60). Jusqu'au 31 décembre 2019, en l'absence de perception d'un droit proportionnel ou progressif, un droit fixe de 125 € était exigible (CGI, art. 847, 1°). Depuis le 1er janvier 2020, en suite de la loi de finances pour 2020, le droit fixe n'est plus dû ; ainsi, en l'absence de tout droit proportionnel ou progressif, l'enregistrement est désormais gratis (CGI, art. 847, 1° mod. ; L. n° 2019-1479, 28 déc. 2019, art. 21, I, 12° et XI, D).

2181 Cas des formalités « associées » de publicité foncière et d'enregistrement (formalité fusionnée). Les conventions matrimoniales donnent lieu en règle générale à publicité foncière dans deux cas :

– lorsqu'elles emportent mutation ou constitution de droit réel immobilier (D. n° 55-22, 4 janv. 1955, art. 28, 1°, a). Ce cas recouvre celui de la constitution de dots immobilières, de donations d'immeubles présents entre époux ou au profit d'époux et la mise en communauté d'immeubles propres à l'un des époux (M. Storck : *JCl. Civil Code*, Art. 1394 et 1395, Fasc. unique, *Contrat de mariage. – Forme. Publicité. Antériorité*, n° 18) (V. n° 2193) ;

– ou encore lorsqu'elles constatent, distinctement, une restriction au droit de disposer (D. n° 55-22, 4 janv. 1955, art. 28, 2°).

Dans ces cas, le contrat de mariage est obligatoirement assujetti à la publicité foncière. Mais il est également soumis à enregistrement obligatoire (V. n° 2180). Par conséquent, et en application des dispositions de l'article 647, I du Code général des impôts, le contrat est soumis à la formalité fusionnée – ou formalité unique – auprès du service de la publicité foncière (l'enregistrement résulte alors de la publicité foncière : CGI, art. 647, II).

Le service de publicité foncière compétent est celui du lieu de situation de l'immeuble (CGI, art. 657).

La perception due sera par principe la taxe de publicité foncière dont les modalités seront précisées dans les développements subséquents.

II

Mise en communauté d'immeubles propres

2182 **Nécessité de publier.** La mise en communauté d'immeubles propres peut être faite soit à titre particulier, soit à titre universel. Dans les deux cas, l'administration fiscale estime qu'elle opère « déplacement de propriété immobilière » au profit de la communauté, ce qui justifierait sa publication (pour un rappel de la discussion, V. M. Storck : *JCl. Civil Code*, Art. 1394 et 1395, Fasc. unique, *Contrat de mariage. – Forme. Publicité. Antériorité*, juill. 2023, n° 18 ; égal. Bulté, chron. hyp. : *JCP* N 1970, IV, n° 4830).
L'administration fiscale a précisé sa doctrine (Instr. 17 mai 2002 : *BOI* 10 G-1-02) : lorsque l'un des futurs époux apporte un immeuble à la communauté, il s'opère un transfert de propriété. En effet, en présence d'immeuble il y a mutation de droits réels immobiliers, c'est-à-dire transfert d'un droit réel d'un patrimoine propre à un patrimoine commun. Ce changement a pour effet de conférer à l'immeuble propre de l'un des époux le statut d'immeuble commun et d'attribuer ainsi sur ce bien à l'autre époux des droits réels immobiliers. Cet apport constitue une mutation de droits réels immobiliers entrant dans les prévisions de l'article 28, 1° a) du décret n° 55-22 modifié du 4 janvier 1955 portant réforme de la publicité foncière et doit, à ce titre, être soumis à publication au bureau des hypothèques.
Le juge judiciaire adopte la même approche : suivant contrat de mariage notarié, des époux adoptent le régime de la communauté légale et l'époux apporte à la communauté un appartement lui appartenant en propre. Le contrat de mariage n'a pas été publié par le notaire au fichier immobilier. L'époux s'est ensuite porté caution pour un prêt consenti à une SARL dont il était associé. La SARL n'ayant pas honoré ses engagements, l'établissement de crédit poursuit l'époux et fait inscrire une hypothèque judiciaire provisoire sur l'appartement. En principe, l'appartement commun aurait dû être exclu du gage du créancier, qui n'aurait donc pas pu le saisir (C. civ., art. 1415). Les époux ont ainsi demandé successivement la mainlevée judiciaire de l'inscription et l'annulation de la saisie, ce qui leur fut refusé par le juge, lequel a considéré que le contrat de mariage, parce qu'il emportait mutation d'un bien immobilier, aurait dû être publié au fichier immobilier et que ne l'ayant pas été, la mutation était ainsi inopposable au créancier ; la responsabilité du notaire a par ailleurs été retenue (CA Paris, 1re ch., sect. A, 20 sept. 2005, n° 04/13277 : *JurisData* n° 2005-280901 ; égal. CA Paris, 13 sept. 2001 : *Defrénois* 2002, art. 37565-41, p. 829, note S. Piedelièvre. – CA Paris, 2e ch. sect. B, 20 oct. 2005, n° 05/09277 : *AJF* 2006, 165, obs. P. Hilt).

2183 **Nature de la taxe de publicité foncière.** La formalité applicable étant la formalité fusionnée, la taxe de publicité foncière tient lieu de droits d'enregistrement (CGI, art. 664).

2184 **Exigibilité de la taxe de publicité foncière.** Le contrat de mariage voit ses effets différés dans le temps car suspendus à la célébration du mariage (C. civ., art. 1395) ; en conséquence, l'exigibilité de la taxe de publicité foncière devrait être également suspendue (CGI, art. 676). Toutefois, la doctrine administrative prévoit que, par exception, « il est dérogé à ces principes à l'égard des droits exigibles sur les contrats de mariage, qui sont perçus immédiatement dès l'enregistrement de l'acte quoique les stipulations du contrat soient subordonnées à la célébration du mariage » (BOI-ENR-DG-20-20-70, 12 sept. 2012, n° 80).

2185 **Taux de la taxe de publicité foncière.** La publication donnera lieu à la perception de la taxe de publicité foncière au taux de 0,70 % – actuellement 0,71498 % avec les perceptions additionnelles (Rép. min. à M. Julien : *JOAN* CR, 21 janv. 1967 ; *Bull. AMC* 1967, art. 679).

2186 **Assiette de la taxe de publicité foncière.** Selon l'administration fiscale (Instr. 17 mai 2002, préc.) :
– dans l'hypothèse d'un apport d'un immeuble propre par l'un des époux par contrat de mariage lors de la formation de la communauté, il y a taxation à hauteur de la moitié de la valeur du bien apporté ;
– lorsque les futurs époux ont déjà acquis un immeuble préalablement à leur union, il y a lieu de tenir compte de la fraction de droits détenus par chacun des futurs conjoints ;

– si le bien indivis apporté en communauté était détenu par les futurs époux par parts égales, aucune taxation ne devra être effectuée puisque l'adoption du régime de la communauté ne conférera aucun droit immobilier nouveau aux deux époux ;
– en revanche, lorsque le bien indivis apporté était détenu dans des proportions inégales avant le mariage, le futur époux qui disposait de la quotité de droit indivis la plus faible a désormais vocation à la moitié du bien et bénéficie ainsi de droits réels nouveaux. Par conséquent, si les droits indivis n'étaient pas détenus dans des proportions égales avant le mariage, il y a taxation à hauteur des droits réels auxquels l'époux bénéficiaire a désormais vocation.

2187 Exemples. Les exemples suivants illustrent ces règles (V. F. Douet, *Régime fiscal de l'apport d'un immeuble à la communauté par contrat de mariage : Dr. famille* nov. 2002, n° 11, comm. 134, p. 28 ; *Defrénois* 2002, art. 37621, p. 1435) :
A est propriétaire d'un immeuble qu'il décide de « mettre en communauté ». La taxe de publicité foncière sera perçue sur la valeur de la moitié de cet immeuble, proportion à concurrence de laquelle s'opère la « mutation » au profit de B.
A et B sont propriétaires indivis, à concurrence de moitié chacun, d'un immeuble qu'ils « apportent » en communauté. L'entrée de l'immeuble en communauté n'ayant pas pour effet de conférer à l'un ou l'autre des époux des droits supérieurs à leurs droits antérieurs, il n'y aura pas lieu à la perception de la taxe de publicité foncière.
A et B sont propriétaires indivis à concurrence de 70 % pour A et de 30 % pour B, de droits indivis dans un immeuble qu'ils apportent en communauté. La taxe de publicité foncière sera perçue sur la valeur des droits réels nouveaux conférés à B, soit 20 % de la valeur de l'immeuble.

2188 Liquidation de la taxe de publicité foncière. À défaut de base de liquidation déterminée dans l'acte à publier, la valeur réelle des immeubles concernés devra être fixée au moyen d'une déclaration estimative souscrite, certifiée et signée par les requérants avant le dépôt au pied de l'extrait, copie ou expédition à publier (CGI, art. 851, al. 2 ; Rép. min., 4 mars 1967 : *JOAN* CR, p. 387 ; *Bull. AMC* 1967, art. 707).

2189 Restitution de la taxe de publicité foncière. L'administration fiscale admet la restitution des droits en cas de non-célébration du mariage (BOI-ENR-DG-20-20-70, 12 sept. 2012, n° 80). Cette solution, édictée pour les droits d'enregistrement, vaut pour la taxe de publicité foncière dans la mesure où ces perceptions sont confondues en formalité fusionnée (CGI, art. 1961 ; V. *supra*, n° 2183).

2190 Contribution de sécurité immobilière. Les précisions apportées aux paragraphes précédents sur l'assiette de la taxe de publicité foncière sont également applicables à l'assiette de la contribution de sécurité immobilière, qui remplace le salaire du conservateur des hypothèques, et qui doit donc être perçue sur les mêmes bases (Instr. 17 mai 2002, préc.).

III

Opérations diverses : publicité foncière et taxation

NOTA Les questions sont présentées ci-dessous par ordre alphabétique.

2191 Contrat de mariage comportant adoption du régime de séparation de biens avec société d'acquêts et apport d'un bien propre de l'un des époux à cette société d'acquêts. Un notaire requiert la publication d'un contrat de mariage comportant adoption du régime de la séparation de biens, avec adjonction d'une société d'acquêts. Dans le même acte, figure l'apport à cette société d'acquêts d'un bien propre à l'un des futurs époux.
En pareil cas, la taxe de publicité foncière doit être liquidée conformément aux règles admises en matière d'acte portant changement de régime matrimonial (V. **Changement de régime matrimonial**).
Le salaire (aujourd'hui la contribution de sécurité immobilière), compte tenu du changement apporté au statut de l'immeuble, doit être liquidé au taux de 0,10 % sur la valeur estimée de la totalité de cet immeuble (*Bull. AMC* 2003, art. 1854).

2192 **Dispositions dépendantes et indépendantes.** Si, en dehors des dispositions constitutives du contrat de mariage, ce dernier renferme des conventions accessoires, telles que donations, baux, partages, etc., celles-ci doivent être soumises aux droits particuliers auxquels elles donnent ouverture. Il en est de même si des conventions verbales antérieures se trouvent rappelées dans l'acte de telle sorte que leur énonciation a pour effet de former un titre (J.-F. Pillebout : *JCl. Enregistrement* et *JCl. Notarial Formulaire*, V° Contrat de mariage, Fasc. 10, n° 816. – V. **Acte contenant plusieurs dispositions**).

2193 **Donation.** Lorsque le contrat de mariage contient une donation portant sur des droits immobiliers, il doit être à ce titre publié et à cette occasion la taxe de publicité foncière et la contribution de sécurité immobilière seront perçues dans les conditions ordinaires (V. **Donation**). Mais la taxe de publicité foncière perçue à cette occasion n'est pas susceptible de restitution, si le contrat de mariage devient caduc (CGI, art. 1961 bis). Il en est ainsi toutes les fois que la taxe de publicité foncière ne tient pas lieu des droits d'enregistrement (même art.).

2194 **Estimation valant vente.** Parfois, l'énumération des apports est suivie d'une clause selon laquelle « l'estimation vaut vente à la communauté », de sorte que le droit de reprise de l'époux apporteur se limite à la valeur des biens qui seront affectés à la communauté. Une telle clause, qui n'a d'autre utilité que de fixer le montant de la reprise à opérer, ne donne pas lieu à la perception du droit de mutation à titre onéreux (J.-F. Pillebout, *JCl. Enregistrement* et *JCl. Notarial Formulaire*, V° Contrat de mariage, Fasc. 10, n° 98).

2195 **Restrictions au droit de disposer.** Le contrat de mariage peut contenir une institution contractuelle : si elle n'opère pas transfert immédiat au profit du donataire des biens sur lesquels elle porte (ce transfert étant retardé jusqu'au décès du donateur), elle restreint néanmoins le droit de disposer de celui-ci. En effet, le donateur ne peut plus disposer à titre gratuit des « objets compris dans la donation, si ce n'est pour sommes modiques, à titre de récompense ou autrement » (C. civ., art. 1083). En revanche, il conserve intact le droit de disposer à titre onéreux.

L'institution contractuelle est donc soumise à publicité foncière au même titre que toutes autres restrictions au droit de disposer, en vertu de l'article 28, 2°du décret du 4 janvier 1955 (S. Piedelièvre : *JCl. Notarial Formulaire*, Fasc. 20, *Publicité foncière. – Champ d'application*, juin 2020, n° 37).

En ce cas, la publication donnera lieu à la perception de la taxe de publicité foncière au taux prévu pour le droit fixe des actes innommés (sur le taux actuel, V. **Droits fixes**).

La contribution de sécurité immobilière paraît due sur la valeur à déclarer des biens concernés.

2196 **Vente d'immeubles.** Le droit proportionnel de mutation peut être réclamé lorsque l'acquéreur d'un immeuble fait connaître cette mutation par une déclaration unilatérale faite dans un contrat de mariage.

De même, constitue une vente passible du droit de mutation, la clause d'après laquelle une somme apportée par la future épouse sera immobilisée et représentée par un bien appartenant au futur époux qui tiendra lieu de propre à la future épouse (*Journ. enr.*, 4030. – J.-F. Pillebout, *JCl. Enregistrement* et *JCl. Notarial Formulaire*, V° Contrat de mariage, n° 99).

Contrat de promotion immobilière

Jacques LAFOND

2197 **Publicité foncière.** La publicité foncière du contrat de promotion immobilière est indirectement imposée par l'article 1831-3 du Code civil. Selon ce texte, ce contrat est censé emporter « restriction au droit de disposer » pour l'application de l'article 28-2 du décret du 4 janvier 1955 (V. aussi, CCH, art. L. 221-6).
En outre, l'article L. 221-3 du Code de la construction et de l'habitation énonce que « Le contrat de promotion immobilière n'est opposable aux tiers qu'à partir de la date de sa mention au fichier immobilier ».

2198 Comme on l'a souligné, la solution est onéreuse (le contrat doit être obligatoirement établi en la forme authentique) et son utilité n'apparaît guère car on ne voit pas quels sont les tiers à qui le promoteur aurait à opposer son contrat (Ph. Bihr, *La publicité du contrat de promotion immobilière : D.* 1973, chron. p. 214).
En fait, elle ne présente d'intérêt que lorsque le maître d'ouvrage cède « ses droits sur le programme » avant l'achèvement de celui-ci, car l'article 1831-3 du Code civil dispose alors que le cessionnaire lui est substitué de plein droit activement et passivement dans l'ensemble du contrat. Comme on l'a observé, « la publicité offre alors au cessionnaire le moyen de se renseigner sur les obligations qui risquent de lui incomber » (Ph. Malinvaud, Ph. Jestaz, P. Jourdain et O. Tournafond, *Droit de la promotion immobilière*, Dalloz, coll. « Précis », 7e éd. 2004, n° 666).
La jurisprudence donne à ce propos l'exemple du conflit entre un créancier hypothécaire et le maître d'ouvrage. Le créancier s'était trouvé cessionnaire à son corps défendant, il a été jugé que le contrat de promotion immobilière ne lui était pas opposable lorsqu'il avait été publié à la conservation des hypothèques le même jour que l'hypothèque elle-même (CA Versailles, 10 oct. 1996 : *RD imm.* 1997, p. 453, obs. C. Alary-Houin).

2199 **Perceptions opérées.** La taxe de publicité foncière est exigible, au tarif des actes innommés (CGI, art. 680. – V. **Acte innommé**).
La contribution de sécurité immobilière est perçue sur la valeur des constructions à édifier. Une évaluation dans l'acte est donc nécessaire.

Contribution de sécurité immobilière

Serge LAMIAUX

Sommaire analytique

Index alphabétique

Index alphabétique *(suite)*

2200 **Institution de la contribution de sécurité immobilière.** L'ordonnance n° 2010-638 du 10 juin 2010 (*JO* 11 juin) a supprimé le conservateur des hypothèques (V. **Service de la publicité foncière**). Cette réforme prend effet à compter du 1er janvier 2013.

À partir de cette date est instituée une taxe au profit de l'État dite « contribution de sécurité immobilière », due par les usagers du service de la publicité foncière. Cette taxe est prévue par l'article 879 du Code général des impôts, qui énonce :

« Une contribution de sécurité immobilière est due à l'État par toute personne qui requiert l'accomplissement des formalités prévues aux 1° et 2° de l'article 878 [du CGI]. »

L'article 878 auquel il est ainsi renvoyé vise :
– l'exécution des formalités civiles prescrites pour la publicité des privilèges des hypothèques et des autres droits sur les immeubles ;
– l'exécution de la formalité fusionnée de publicité foncière et d'enregistrement visée à l'article 647.

2201 **Application territoriale.** La contribution de sécurité territoriale est applicable à raison des formalités intéressant les immeubles situés dans le ressort territorial des services de la publicité foncière : France métropolitaine (à l'exclusion des départements d'Alsace et Moselle, relevant de la loi du 1er juin 1924 concernant le livre foncier), Corse, départements d'outre-mer mais aussi Saint-Barthélemy, Saint-Martin et Saint-Pierre-et-Miquelon (CGI, art. 881 N).

2202 **Objet de l'étude.** La présente rubrique se borne à décrire l'étude de la contribution de sécurité immobilière en elle-même : principe, fonctionnement, traits essentiels, sans entrer dans le détail des diverses perceptions ponctuelles.

La contribution afférente à une opération déterminée est indiquée dans cet ouvrage à la rubrique correspondante. Ainsi par exemple on trouvera à la rubrique **Bail ordinaire à durée limitée** ou à la rubrique **HLM**, tous détails sur le régime de la contribution en matière de bail ou de HLM.

I Observations préalables

2203 **Caractéristiques générales de la nouvelle taxe.** Aux termes de l'article 34 de la loi de finances pour 2009 (n° 2009-1674, 30 déc. 2009), la contribution de sécurité immobilière obéit « aux mêmes conditions d'assiette, de tarif, de contrôle et de recouvrement que le salaire du conservateur prévu par l'article 879 du Code général des impôts qu'elle remplace ».

Si l'on se réfère à ce texte, la nouvelle taxe se substitue donc purement et simplement à l'ancien salaire du conservateur. Mais le fait qu'elle ait une coloration fiscale ne permet pas de transposer purement et simplement toutes les règles antérieurement applicables au salaire, comme le montrent les développements qui suivent.

A Fin du principe de non-immixtion de l'administration fiscale

2204 **Lien entre ce principe et la nature du salaire du conservateur.** On enseignait traditionnellement que le salaire du conservateur était une contribution forfaitaire, à la charge des utilisateurs du service de la publicité foncière, destinée à couvrir, d'une part, les frais de fonctionnement du service et à rémunérer, d'autre part, la responsabilité personnelle qu'encourent les conservateurs du fait de l'accomplissement des formalités de publicité (*Bull. AMC* 1964, art. 574, 1971, art. 845

et 849. – V. pour le rappel de ce principe Rép. min. Éco., Fin. et Budget à M. Allouche : *JO* Sénat Q, 4 août 1988, p. 887 ; *JCP* N 1988, IV, 744).

Les salaires étaient en définitive « des créances personnelles des conservateurs qui les perçoivent » (*Bull. AMC* 1995, art. 1708).

En conséquence, lorsque se posait un problème d'interprétation des règles concernant la perception des salaires, la Direction générale des impôts laissait aux conservateurs le soin de trancher la question sous leur responsabilité.

Il pouvait arriver à l'occasion de questions au ministre qu'elle suggère une solution, mais sous forme de recommandations et pour éviter les litiges et uniformiser les perceptions (*Doc. prat. F. Lefebvre*, ENR., div. XI, n° 5255). Mais l'uniformisation se faisait plutôt par le canal de l'association mutuelle des conservateurs, qui émettait des avis dans son bulletin.

C'est seulement dans le cas de perceptions abusives tombant sous le coup de la répression disciplinaire que l'Administration pourrait intervenir à ce titre (Note circ. 26 janv. 1884, Sol. 1er mai 1886 ; *Journ. conserv. hyp.* 9157 ; 2 août 1928 ; *Journ. conserv. hyp.* 10139. – T. civ. Seine, 27 janv. 1938 : *Journ. conserv. hyp.* 12266. – Rép. min. Fin. 3 déc. 1952 : *Bull. AMC* 1954, art. 162. – Rép. min. Fin. 19 févr. 1954 : *Bull. AMC* 1954, art. 181).

L'Administration était par ailleurs étrangère aux litiges concernant le recouvrement du salaire (V., en matière d'insuffisance, nos 2248 et 2249 ; en matière de demande de restitution, nos 2260 et 2261).

2205 **Un principe qui n'a plus de raison d'être.** La contribution de sécurité immobilière n'est à aucun titre une créance de l'agent du service de la publicité foncière qui effectue la formalité mais une créance de l'État. Contrairement à l'état de choses antérieur, il n'y a plus aucune raison de laisser le service lui-même déterminer les règles de perceptions. Dans l'avenir, les directives qui pourraient s'avérer nécessaires seront données par l'administration centrale.

B Indépendance de la contribution de sécurité immobilière et de la taxe de publicité foncière

1 Rappel de la situation antérieure

2206 **L'ancien principe de l'indépendance du salaire et de la taxe de publicité foncière.** Il était admis que les règles gouvernant le salaire du conservateur étaient distinctes de celles applicables en matière de taxe de publicité foncière, même si, sur certains points et exceptionnellement, elles étaient identiques. Ce principe était bien établi (*Précis CML*, n° 1938 ; Bulté et Béchade, *JCP* N 1954, IV, 1758).

Exemple de cette indépendance :

– en matière de mentions en marge (V. ce mot), la taxe de publicité foncière n'est pas exigible alors qu'un salaire est dû ;

– lors de l'inscription sur des immeubles situés dans le ressort de deux bureaux, une seule taxe est due sur le montant de la créance ; par contre, un salaire est perçu dans chaque bureau sur le même montant.

2207 **Conséquence.** Lorsqu'un texte spécifique édictait une exonération de taxe de publicité foncière, on ne pouvait en déduire qu'il entraînait par le fait même exonération de la perception du salaire. La perception du salaire étant prévue par la loi, seule une disposition législative expresse pouvait prévoir une exonération (Rép. min. 4 août 1988, préc. – V. aussi Rép. min. 25 nov. 1970 : *JOAN* Q, p. 5893 ; *JCP* N 1970, prat. 4890-4 ; *Bull. AMC* 1980, art. 1178).

2 Application à la contribution de sécurité immobilière

2208 **Maintien du principe antérieur.** Dans la mesure où la contribution de sécurité immobilière se substitue purement et simplement au salaire du conservateur, il paraît justifié d'en déduire que l'ancien principe de l'indépendance du salaire du conservateur et de la taxe de publicité foncière doit être appliqué à cette contribution.

La contribution de sécurité immobilière est due en application de l'article 879 du Code général des impôts. Il s'agit d'une disposition spécifique et indépendante de celles prévues par le même code et relatives aux autres droits, impôts et taxes, la contribution formant la contrepartie du service rendu aux usagers du fait de l'accomplissement de la formalité de publicité foncière et de la responsabilité de l'État assumée envers les tiers résultant de l'article 2450 du Code civil. Dès lors, et comme sous l'état du droit antérieur au 1er janvier 2013 (*Bull. AMC*, art. 1897) la perception de la contribution de sécurité immobilière n'est pas liée à celle de la taxe de publicité foncière.

Ce principe a en particulier des conséquences en matière d'exonération (V. *infra*, nos 2213 et 2214).

C Exigibilité par analogie

2209 **Un principe caduc.** Alors qu'en matière fiscale, les textes prévoyant une perception déterminée sont d'interprétation stricte, il était admis que, dans le silence des textes, l'exigibilité des salaires pouvait être déduite par analogie (*Précis CML*, n° 1941 ; *Mémento DGI*, n° 8439). Ainsi, pouvait-on admettre que le salaire s'appliquait à des formalités assimilables à celles qui sont expressément tarifées.

Il ne semble pas que ce principe doive continuer à s'appliquer puisque la contribution de sécurité immobilière devient une perception de nature fiscale.

D La perception, contrepartie de la responsabilité

1 Ancien principe du lien entre salaire et responsabilité du conservateur

2210 **Un salaire par formalité.** Chaque formalité effectuée par le conservateur engageait sa responsabilité civile personnelle et ouvrait droit en conséquence à un salaire particulier, contrepartie de cette responsabilité. C'est pourquoi un même transfert de propriété qui donnait lieu à plusieurs formalités rendait exigible plusieurs salaires (Chambaz, Masounabe et Leblond, *Précis du droit et de la pratique hypothécaires*, 2e éd., nos 1940 et 2013).

2211 **Conséquences.** Plusieurs conséquences se déduisaient de ce principe :

– il était dû autant de salaires qu'il existait, même pour un seul dépôt dans le cadre d'une acquisition unique de formalités juridiquement distinctes à exécuter ou à délivrer (*Mémento DGI* 2009, n° 8439) ;

– si un même acte renfermait plusieurs dispositions indépendantes passibles du salaire proportionnel, le minimum devait, le cas échéant, être appliqué à chacune d'elles (Note 18 juin 1976 : *BODGI* 10 G, 2-76 ; *JCP* N 1976, prat. 6370). De même, dans le cas de servitudes consenties par le vendeur à l'acquéreur dans l'acte d'achat d'un immeuble, cette disposition indépendante justifiait la perception d'un salaire particulier (*Bull. AMC* 1995, art. 1709) ; – le salaire exigible sur la publication d'un acte couvrait toutes les dispositions dépendantes de cet acte (sur cette notion, V. **Acte contenant plusieurs dispositions**) : conventions principales et accessoires ainsi que « toutes les situations juridiques nécessaires à la définition et a l'exécution du contrat ou toutes les opérations nécessaires à la délivrance d'un seul état » (recherches, confection de l'état, certification – *Mémento DGI*, n° 8439. – Sur le principe, V. *Précis CML*, n° 1939). Ainsi, par exemple dans le cas d'une vente avec renonciation à l'interdiction d'aliéner, un seul salaire était dû, cette renonciation étant indispensable à la réalisation de la vente (*JCP* N 1983, prat. 8694).

C'est en vertu de ce principe qu'un second salaire n'était pas dû lors de la régularisation de la publication après rejet, car il n'y avait pas alors deux formalités mais une seule (V. **Rejet**).

2 Subsistance des règles antérieures

2212 **Lien entre contribution de sécurité immobilière et formalité.** Il paraît logique de maintenir les solutions antérieures puisque la responsabilité du service de la publicité foncière peut toujours être recherchée à propos de chacune des formalités qu'il lui est demandé d'opérer (V. **Service de la publicité foncière**).

La contribution de sécurité immobilière est destinée à couvrir cette responsabilité, d'une part, et les frais de fonctionnement des services de la publicité foncière, d'autre part. Cette contribution a donc le caractère d'une créance de nature fiscale.

Au final, la contribution est due en contrepartie de l'exécution, par les services de la publicité foncière, des formalités civiles requises par les usagers, comme le salaire du conservateur.

La contribution de sécurité immobilière constitue un droit dû lié à la formalité. Cette situation résulte des articles 878 et 879 du Code général des impôts, ces derniers ayant prévu que cette taxe est due par toute personne qui requiert l'exécution des formalités civiles de publicité des privilèges, des hypothèques et des autres droits sur les immeubles.

2213 **Énoncé des principes.** Dès lors, lorsque l'acte contient plusieurs dispositions sujettes à la formalité, il est dû autant de contributions que de dispositions à publier au fichier immobilier.

Cependant, afin de ne pas distinguer les droits faisant l'objet de la publication lorsqu'ils forment un tout indivisible, une perception unique peut être opérée dès lors que :

– d'une part, l'acte contient plusieurs dispositions qui se rattachent les unes aux autres dans la volonté des parties ;

– d'autre part, ces dispositions constituent par leur réunion un ensemble ayant une qualification propre (*Bull. AMC*, art. 1709).

Ces conditions sont cumulatives.

En revanche, une même formalité ne peut motiver la perception de plusieurs contributions de sécurité immobilière.

2214 **Conséquences.** De ces principes découlent plusieurs conséquences :
– lorsqu'un acte contient plusieurs dispositions indépendantes, il est dû autant de contributions de sécurité immobilière que de dispositions à publier : le cas échéant, il est fait application du minimum de perception prévu à l'article 881 M du Code général des impôts pour celles d'entre elles non passibles d'une perception proportionnelle (*JCP* N 1976, IV, 6370) ;
– lorsqu'un acte contient plusieurs dispositions dépendantes, la contribution de sécurité immobilière couvre l'ensemble des dispositions de cet acte.

II
Exonérations

A Principe général

2215 **L'exonération de taxe de publicité foncière n'entraîne pas exonération de la contribution de sécurité immobilière.** Il résulte du principe ci-dessus énoncé (V. *supra*, n° 2208) que lorsqu'un texte législatif prévoit une exonération de taxe de publicité foncière ou d'impôts, de droits et taxes, cette exonération n'est pas applicable à la contribution de sécurité immobilière sauf si ce texte fait expressément référence à la contribution de sécurité immobilière.
De même, les dispositions prévoyant que certaines opérations ne donnent lieu à aucune perception au profit du Trésor ne peuvent être étendues à la contribution de sécurité immobilière en l'absence de disposition législative expresse visant cette contribution.

2216 **Tempérament.** Toutefois, par exception à la règle ci-dessus posée (V. *supra*, n° 2208), il résulte de l'article 881 K du Code général des impôts que la valeur des biens retenue pour la perception de la contribution de sécurité immobilière ne peut être inférieure à celle servant de base définitive à la perception de la taxe de publicité foncière ou des droits d'enregistrement ou, en ce qui concerne les actes non assujettis à une imposition proportionnelle, à la valeur réelle des immeubles ou des droits faisant l'objet de la publication.

2217 **Évolution de la règle.** On signalera la diffusion auprès du service de la publicité foncière de notes internes de la DGFiP émanant du Bureau JF-1B et GF-3B, informant les services que « toutes les dispositions légales qui prévoient une dispense de "toute taxe" ou de "toute perception au profit du Trésor" englobent désormais la CSI ». Ces notes citent parmi les dispositions concernées celles figurant aux articles 1028 *bis*, 1028 *ter*, et 1042 du Code général des impôts (V., sur ces notes, S. Lamiaux, *L'exonération de CSI est admise en cas de dispositifs prévoyant une dispense de toute perception au profit du Trésor* : *JCP* N 16 mars 2018, n° 11, act. 300). Ces directives internes tireraient ainsi les conséquences de la nature juridique de la contribution de sécurité immobilière qui est bien une taxe perçue au profit du Trésor. On peut déplorer qu'elles n'aient pas été rendues publiques – et ne soient donc pas opposables sur le fondement de l'article L. 80 A du LPF. Mais, d'un point de vue pratique, on peut supposer que par leur diffusion par les services de publicité foncière auprès des usagers, l'administration fiscale s'interdira de réclamer la contribution de sécurité immobilière lorsque, visant, par exemple, l'article 1042 du Code général des impôts, le contribuable l'aura interprété comme faisant obstacle à toute perception au profit du Trésor, en ce compris la contribution de sécurité immobilière (égal. en ce sens M. Suquet-Cozic, *Une cession d'immeuble peut-elle être exonérée de contribution de sécurité immobilière ? : Sol. not.* 17 oct. 2019, n° 33, p. 11-13).

B Exonérations au profit de l'État et des services de l'État

CGI, art. 879 – *(Remplacé à compter du 1er janv. 2013, Ord. n° 2010-638, 10 juin 2010, art. 6, 3° et 18, I, al. 1).* I. – Une contribution de sécurité immobilière est due à l'État par toute personne qui requiert l'accomplissement des formalités prévues aux 1° et 2° de l'article 878.

II. – Seules en sont exonérées les formalités requises au profit de l'État, ainsi que celles pour lesquelles la loi prévoit expressément et formellement qu'elles sont exonérées de la contribution de sécurité immobilière.

CGI, art. 881. – *(I remplacé à compter du 1er janv. 2013, Ord. n° 2010-638, 10 juin 2010, art. 6, 5°, a et 18, I, al. 1)* I. – La contribution dont ont été exonérées les inscriptions de privilège ou d'hypothèque requises par l'État est due lors de leur radiation.

2218 En application du II de l'article 879 du Code général des impôts, les formalités requises au profit de l'État sont exonérées de contribution de sécurité immobilière.
Toutefois, la contribution dont ont été exonérées les inscriptions de privilège et d'hypothèque requises par l'État est due lors de leur radiation (CGI, art. 879, II).
Cette exonération concerne, d'une part, l'État et les services de l'État (1) et, d'autre part, les établissements publics nationaux (2).

1 L'État et les services de l'État

2219 **Principe.** L'État et les services de l'État – administrations centrales et services extérieurs – qui émargent au budget général bénéficient de l'exonération de contribution de sécurité immobilière.
Pour l'application de ces dispositions, l'émargement au budget général de l'État se définit comme étant le fait pour un service de tirer ses ressources financières du budget de l'État. Ainsi, les services qui disposent de ressources d'exploitation propres ne peuvent bénéficier de l'exonération dès lors qu'ils ne font pas partie des missions inscrites à ce budget.

2220 **Bénéficiaires de l'exonération.** Bénéficient notamment de l'exonération prévue au II de l'article 879 du Code général des impôts :
– le médiateur de la République ;
– les administrations en charge de l'impôt, des douanes et des droits indirects (notamment : la Direction de l'immobilier de l'État [ex-France Domaine]) ;
– les services de police et de gendarmerie ;
– le représentant de l'État dans le département ;
– les administrations en charge du recouvrement des prélèvements sociaux et de la distribution des prestations sociales ;
– les administrations en charge de l'aménagement du territoire et de l'équipement ;
– les administrations relevant du ministère de la Justice.

2221 **Monuments historiques.** Par ailleurs, la publication au fichier immobilier des décisions de classement ou d'inscription, de déclassement ou de radiation d'inscription au titre des monuments historiques, prévues à l'article R. 621-80 du Code du patrimoine, est exonérée de contribution de sécurité immobilière dès lors que ces décisions émanent, selon les cas, d'un arrêté ministériel ou d'un décret du Premier ministre pris après avis du Conseil d'État.
Il en est de même des décisions intéressant l'inventaire supplémentaire des monuments historiques prises par le représentant de l'État dans la région.

2 Établissements publics nationaux

2222 Les formalités requises au profit des établissements publics nationaux à caractère administratif bénéficient de l'exonération de contribution de sécurité immobilière prévue en faveur de l'État dès lors qu'ils remplissent les deux conditions suivantes (conditions cumulatives) :
– ils relèvent majoritairement du droit public ;
– ils disposent pour l'essentiel de ressources inscrites dans les missions du budget général de l'État.
Tel est le cas, par exemple, des établissements publics nationaux à caractère scientifique, d'enseignement, d'assistance et de bienfaisance.
Par contre, les établissements publics nationaux à caractère industriel et commercial (EPIC) ne bénéficient pas de l'exonération (pour plus de détails, V. **Établissement public**).

3 Applications

2223 **Renvoi.**
➤ On trouvera des applications de ce principe d'exonération au mot **État**.

III

Tarifs de la contribution de sécurité immobilière

2224 Exonérations. Il faut un texte légal spécial pour qu'une opération soit exonérée de la contribution de sécurité immobilière. Ce principe est posé par l'article 879, II du Code général des impôts, qui indique que seules sont exonérées de la contribution « les formalités requises au profit de l'État, ainsi que celles pour lesquelles la loi prévoit expressément et formellement qu'elles sont exonérées de la contribution de sécurité immobilière ».
Ainsi, l'article 1125 du Code général des impôts prévoit que le dépôt d'actes ou de pièces nécessité par la reconstitution de la documentation hypothécaire détruite par un cas de force majeure est dispensé de tous droits et taxes, ainsi que de la contribution prévue à l'article 879 du Code général des impôts.

A Publications

2225 Principe. Les tarifs sont fixes ou proportionnels. Les tarifs et leur mode de liquidation sont déterminés par les articles 881 C, 881 K, et 881 M du Code général des impôts.

1 Contribution proportionnelle

2226 La contribution proportionnelle est perçue soit au taux plein (V. n° 2227), soit à un taux réduit (V. n°s 2228 à 2230), la loi prévoyant un minimum de perception (V. n° 2231).

2227 Taux plein. La contribution de sécurité immobilière due pour la publication de chaque acte est en principe liquidé au taux unique de 0,10 % (CGI, art. 881 K).
➤ Sur la liquidation de la contribution, V. nos 2243 à 2251.
Par « publication » au sens de ce texte, on entend la mention dans les registres du service de la publicité foncière, des actes de transfert de propriété.

2228 Taux réduit. Le taux est réduit de moitié pour les formalités visées à l'article 881 L.
Les textes qui édictaient une réduction des salaires alloués aux conservateurs des hypothèques devaient être interprétés strictement. Ainsi par exemple, si une société de crédit immobilier intervenait à un acte en qualité de liquidateur, sans avoir d'intérêt personnel à la convention, cette intervention n'était pas de nature à motiver l'application du tarif réduit (*Bull. AMC* 1977, art. 1075). Le même principe doit s'appliquer en ce qui concerne la contribution de sécurité immobilière.

2229 Réduction concernant le secteur HLM et du logement social. On trouvera la liste des organismes bénéficiaires de cette réduction au mot **HLM**.
Il a été précisé, à propos du salaire du conservateur (et ces indications restent valables jusqu'à nouvel ordre en ce qui concerne la contribution de sécurité immobilière) :
– que la réduction de salaire prévue antérieurement par l'article 882 du Code général des impôts devait être appliquée sans qu'il y ait à distinguer selon que l'organisme HLM était ou non débiteur du salaire (*Bull. AMC* 1976, art. 1051) ;
– que cette réduction s'appliquait sans qu'il y ait lieu de s'interroger sur les finalités économiques et sociales de l'opération (*Bull. AMC* 1991, art. 1518).

2230 Autres cas de réduction. En application de l'article 881 L, 3° du Code général des impôts, le salaire est également réduit de moitié pour l'accomplissement des formalités se rapportant aux opérations suivantes :
1) paiement fractionné ou différé, autorisé par l'article 1717 du Code général des impôts du droit d'apport en société, des droits de mutation par décès et des droits de mutation à titre onéreux dus sur les acquisitions effectuées par les Français rapatriés d'outre-mer à l'aide des prêts de reclassement et sur celles effectuées par des migrants agricoles à l'aide de prêts consentis dans le cadre des dispositions de l'article D. 341-5 du Code rural et de la pêche maritime ;
2) vente des biens mis sous séquestre ou en liquidation en conséquence d'une mesure de sûreté générale ;
3) opérations prévues à l'ordonnance n° 45-610 du 10 avril 1945 fixant les modalités d'application de la législation sur la reconstruction, et

par l'ordonnance n° 45-2064 du 8 septembre 1945 autorisant la construction directe par l'État ou par des associations syndicales de reconstruction, d'immeubles d'habitation à caractère définitif ;
4) actes, pièces et écrits visés à l'article 1058 du Code général des impôts relatif aux actes, pièces et écrits afférents à l'exécution du remembrement prévu par la loi du 14 avril 1947 ;
5) actes, pièces et écrits visés à l'article L. 211-11 du Code de l'action sociale et des familles concernant les associations familiales et leurs unions agissant comme bénéficiaires de l'opération ou débiteurs grevés (cf. Instr. 17 août 1988 : *BOI* 10 G-3-88 ; *Dr. fisc.* 1988, n° 39, Instr. 9549 ; *JCP* N 1988, prat. 691).
Enfin, l'article 881 L, 2° du Code général des impôts dispose que le salaire subit aussi une réduction de moitié pour les formalités s'appliquant à la construction, à la première mutation ou à l'attribution des logements économiques ou des logements à réaliser par des personnes groupées en sociétés ou en associations qui s'engagent, dans les actes de prêts consentis dans les conditions prévues au décret n° 50-899 du 2 août 1950 modifié à faire effectuer, par leurs membres, des apports en travail.

2231 Minimum de perception. Un minimum de perception (actuellement 15 € par acte) est fixé par l'article 881 M du Code général des impôts.
Une contribution au taux égal à ce minimum de perception est également exigible « lorsque la publication ne donne pas ouverture à la contribution proportionnelle » (CGI, art. 880 M, al. 4).

2 Contribution au taux fixe

2232 Cas où le taux fixe est exigible. Le taux de la contribution fixe est déterminé par l'article 881 C du Code général des impôts. Ce taux est actuellement de 15 €.
Il était indiqué que le salaire du conservateur était également dû dans tous les cas où il ressortait du document soumis à publication qu'il n'emportait aucune création, mutation ou modification des droits réels immobiliers susceptibles d'être évalués (*Bull. AMC* 1990, art. 1443). La même solution vaut pour la contribution de sécurité immobilière. Selon l'article 880 M, alinéa 4, une contribution au taux fixe de 15 € est plus généralement due « lorsque la publication ne donne pas ouverture à la contribution proportionnelle ».

2233 Énumération légale. L'article 881 C du Code général des impôts procède par énumération mais cette énumération n'est pas limitative (« notamment » indique l'alinéa 1er). La contribution au taux fixe est exigible :
1° pour chaque déclaration de changement de domicile par acte séparé, pour l'indication d'une créance hypothécaire ou privilégiée déjà inscrite et grevée de substitution et pour chaque mention de prorogation de délai ;
2° pour la publication de chaque commandement valant saisie immobilière ;
3° pour la mention de l'assignation et des dénonciations prévues à l'article 43 du décret n° 2006-936 du 27 juillet 2006 relatif aux procédures de saisie immobilière et de distribution du prix d'un immeuble ;
4° pour l'acte constatant le refus de publier un commandement valant saisie en cas de commandement publié ;
5° pour la mention prévue à l'article 22 du décret n° 2006-936 du 27 juillet 2006 relatif aux procédures de saisie immobilière et de distribution du prix d'un immeuble ;
6° pour la radiation de la saisie ;
7° pour la mention de tout jugement ou ordonnance en marge de la publication d'une saisie ;
8° pour chaque duplicata de certificat de radiation, subrogation ou résolution ;
9° pour la publication de chaque état descriptif de division et de chaque acte modificatif d'état descriptif de division ;
10° pour la publication de chaque convention passée en application de l'article L. 351-2 du Code de la construction et de l'habitation ;
11° pour la publication des actes constatant la modification de la forme juridique de personnes morales, lorsque cette modification n'emporte pas création d'un être moral nouveau ;
12° pour la publication des demandes en justice mentionnées au *c* du 4° de l'article 28 du décret n° 55-22 du 4 janvier 1955 modifié ainsi que des demandes en justice, procès-verbaux et déclarations visées au 2 de l'article 37 du même décret ;
13° pour la publication des décisions et des actes constatant les désistements mentionnés au *d* du 4° de l'article 28 modifié du décret n° 55-22 du 4 janvier 1955 ;
14° pour les actes et attestations rectificatives publiés en application du 3 de l'article 34 du décret n° 55-1350 modifié du 14 octobre 1955 ;
15° pour la publication des actes constatant les opérations mentionnées à l'article 1048 ter du Code général des impôts ;
16° pour la publication de chaque déclaration établie pour l'application des articles L. 526-1 à L. 526-3 du Code de commerce ;
17° pour l'inscription des avenants prévus par l'article 59 de l'ordonnance n° 2006-346 du 23 mars 2006.

B Inscriptions

N.B. : Pour plus de détails, V. **Inscriptions (taxation)**.

2234 **Tarif normal.** Ce tarif s'applique essentiellement aux inscriptions de sûretés immobilières, hypothèques au premier chef.
Le tarif est celui indiqué par l'article 881 H du Code général des impôts, soit 0,05 %.
Au tarif dégressif institué par le décret du 20 décembre 1974, le décret n° 81-721 du 24 juillet 1981 avait substitué un taux unique de 0,05 %. Ce taux est donc toujours en vigueur.

2235 **Tarif réduit.** Un tarif réduit de moitié (soit 0,025 %) est prévu par l'article 881 L du Code général des impôts, qui vise d'une manière générale « les formalités hypothécaires pour lesquels il est perçu une contribution de sécurité immobilière proportionnelle ». Ce tarif réduit est susceptible de s'appliquer aux diverses opérations visées par ce texte, énumérées plus haut (V. n°s 2228 à 2230).

2236 **Minimum de perception.** Un minimum de perception est prévu par l'article 881 M *a)* du Code général des impôts. Il est actuellement de 8 € par inscription (V. **Minimum de perception**).

C Mentions

1 Mentions donnant lieu à la perception d'une contribution proportionnelle

2237 **Radiations partielles ou réductions d'inscription.** Ces formalités donnent lieu à la perception d'une contribution proportionnelle qui est aujourd'hui perçue au taux unique de 0,10 (CGI, art. 881 J).
Sur les règles particulières de liquidation de la contribution en cas de réduction de gage ou de mainlevée partielle ayant pour objet la division de l'hypothèque (CGI, ann. III, art. 295, al. 2 ; V. *infra*, tableau en Annexe).
Par dérogation, la contribution perçue pour la radiation requise en vertu de l'article 2441, alinéa 3 du Code civil (V. **Radiation simplifiée**) est liquidée au taux unique de 0,05 % sur les sommes faisant l'objet de la radiation.
Il est par ailleurs rappelé qu'un tarif réduit de moitié (soit 0,025 %) est prévu par l'article 881 L du Code général des impôts, qui vise d'une manière générale « les formalités hypothécaires pour lesquelles il est perçu une contribution de sécurité immobilière proportionnelle ». Ce tarif réduit est susceptible de s'appliquer aux diverses opérations visées par ce texte, énumérées plus haut (V. n°s 2228 à 2230).
Un minimum de perception est prévu (CGI, art. 881 M b). Son taux actuel est de 15 € (V. **Minimum de perception**).
➤ Sur les règles particulières de liquidation de la contribution en cas de réduction de gage ou de mainlevée partielle ayant pour objet la division de l'hypothèque (CGI, ann. III, art. 295, al. 2. – V. *infra*, tableau en Annexe).

2238 **Déclaration de cession d'antériorité, de subrogation ou de subrogation et de changement de domicile par le même acte.** L'article 881, I du Code général des impôts prévoit en pareil cas une contribution proportionnelle au taux unique de 0,05. Le même tarif est applicable à la publication de la convention de rechargement prévu à l'article 2422 du Code civil (CGI, art. 881, I, al. 2).
Il est par ailleurs rappelé qu'un tarif réduit de moitié (soit 0,025 %) est prévu par l'article 881 L du Code général des impôts, qui vise d'une manière générale « les formalités hypothécaires pour lesquelles il est perçu une contribution de sécurité immobilière proportionnelle ». Ce tarif réduit est susceptible de s'appliquer aux diverses opérations visées par ce texte, énumérées plus haut (V. n°s 2228 à 2230).

2239 **Minimum de perception.** Un minimum de perception est prévu pour ces opérations (CGI, art. 881 M). Sur son taux actuel, V. **Minimum de perception**.

2 Mentions donnant lieu à la perception d'une contribution au taux fixe

2240 Un certain nombre d'actes publiés par voie de mention en marge donnent lieu à la perception d'une contribution à un taux fixe (CGI, art. 881 C). Sur son taux actuel, V. Tableau en annexe à la présente rubrique.
Ces actes sont énumérés au mot **Mentions en marge**.

D Délivrance de renseignements et de certificats

2241 **Renseignements hypothécaires.** V. ce mot.

2242 **Certificats.** V. ce mot.

IV Liquidation de la contribution de sécurité immobilière

2243 Après avoir évoqué les principes applicables dans la généralité des cas (A), nous traiterons du cas particulier de l'insuffisance ou de la dissimulation de prix (B).

A Cas général

2244 **Règles applicables.** La contribution proportionnelle est exigible sur les sommes énoncées ou sur l'estimation de la valeur estimée par les requérants des immeubles ou des droits faisant l'objet de la publication (CGI, art. 881 K, al. 1er).
Deux situations peuvent donc se rencontrer :
– ou bien l'acte à publier contient une évaluation et la contribution proportionnelle sera assise sur la valeur indiquée ;
– ou bien la valeur des immeubles ou des droits immobiliers objets de la publication ne figure pas dans l'acte et une déclaration estimative doit y être insérée pour permettre le calcul de la contribution (V., à propos du salaire du conservateur, Rép. min. Éco. et Fin. 4 mars 1967 : *Bull. AMC* 1967, art. 707).

2245 **Déclaration estimative.** Lorsque la valeur des immeubles ou des droits donne lieu à une déclaration estimative, cette déclaration doit être faite sous peine de refus du dépôt (*ibid*., même art. ; Instr 20 mars 1975 : *BODGI* 10 G-5-75 ; *JCP* N 1975, III, 42820. – V. **Déclaration estimative**).

2246 **Valeurs à retenir.** La valeur des biens retenue pour la perception de la contribution ne peut être inférieure à celle servant de base définitive à la perception de la taxe de publicité foncière ou des droits d'enregistrement ou, en ce qui concerne les actes non assujettis, à une imposition proportionnelle à la valeur réelle des immeubles ou des droits faisant l'objet de la publication (CGI, art. 881 K, al. 2).
La publication constituant le fait générateur de la contribution (V. n° 2252), c'est à la date où elle est effectuée qu'il faut se placer pour déterminer la valeur qui doit servir de base au calcul de la contribution et le tarif à appliquer (V., à propos du salaire du conservateur, *Bull. AMC* 1965, art. 620 et 1967, art. 690 ; chron. hyp. : *JCP* N 1975, prat. 6100).
La valeur à retenir est la valeur vénale réelle et non pas la valeur comptable (V. pour un partage de société, Rép. min. Éco. et Fin. 31 déc. 1977 : *Bull. AMC* 1978, art. 1124).

2247 **Règles de calcul et d'arrondissement des sommes à percevoir.** Les bases de calcul et le montant de la contribution due sont arrondis à l'euro le plus proche. La fraction d'euro égale ou supérieure à 0,50 est comptée pour un (CGI, art. 881 A, al. 1. – Instr. 9 déc. 1998 : *JCP* N 1999, n° 5, p. 260. – Lettre de rappel de la DGI, 25 nov. 1999 *JCP* N 1999, n° 50-51, p. 1794).

B Insuffisance ou dissimulation de prix

1 Insuffisance

2248 **Impossibilité d'opposer un refus.** Si la valeur indiquée dans l'acte est manifestement insuffisante, quels sont les recours dont dispose le service de la publicité foncière ?
Selon l'Administration, et sous réserve de l'appréciation souveraine des tribunaux, il était admis que le conservateur des hypothèques ne pouvait refuser un acte (en l'espèce, un acte de partage) pour le seul motif que l'évaluation des biens lui paraît insuffisante (Rép. min. Collette : *JOAN* Q, 18 nov. 1965, p. 1734, n° 15926 ; *BOE* 1966, 9730 ; *JCP* N 1965, IV, 3969).
On avait fait remarquer à l'époque que cette opinion ne pouvait être acceptée sans réserve puisque les salaires des conservateurs formaient une créance personnelle de ceux-ci, dont le redressement ne paraissait pas pouvoir être poursuivi par la procédure du redressement, du moins lorsque cette procédure n'était pas applicable en même temps au rehaussement de la taxe de publicité foncière (*Bull. AMC* 1966, art. 651).

2249 **Application de la procédure de rectification contradictoire.** Il semble que l'avis émis par la réponse Collette précitée soit toujours d'actualité et que le service de la publicité foncière n'est pas en droit de refuser le dépôt d'un acte pour insuffisance d'évaluation.

La procédure de rectification contradictoire (LPF, art. L. 55) est seule applicable en cas d'insuffisance de prix ou d'évaluation. Selon la réponse Collette précitée, même lorsque la formalité n'entraînait que la perception des salaires, le conservateur ne pouvait poursuivre lui-même le rehaussement pour insuffisance soit à l'amiable, soit devant les tribunaux judiciaires. Il n'était pas davantage habilité à notifier lui-même le redressement au lieu et place des inspecteurs des impôts chargés du contrôle fiscal (*BOE* 1966, n° 9730 préc.).

Si une procédure de rectification contradictoire était engagée par l'Administration et qu'elle aboutissait, le complément de salaire proportionnel exigible après rehaussement des prix et évaluations était recouvré pour le compte du conservateur par le receveur des impôts chargé de percevoir les compléments de droits simples et pénalités dus à raison du redressement (*BOE* 1966, n° 9730). Le salaire était alors calculé sur la valeur après rehaussement et le salaire perçu sur la formalité était déduit pour déterminer le complément dû.

Si l'Administration ne poursuivait pas le rehaussement (ainsi, par exemple, lorsque la publication n'entraînait la perception que d'une simple taxe fixe), le conservateur n'avait, selon l'Association mutuelle des conservateurs, d'autre recours que de faire constater l'insuffisance en saisissant les tribunaux judiciaires d'une demande en paiement selon le droit commun (*Bull. AMC* 1972, art. 921).

2250 **Prix symbolique.** Selon l'Association des conservateurs, un refus de dépôt pouvait être opposé lorsque le prix ou l'évaluation indiqués dans l'acte étaient purement symboliques et sans commune mesure avec la valeur réelle des biens concernés. Si un refus n'était pas opposé en temps utile, le conservateur pouvait par la suite engager une procédure de rejet (*Bull. AMC* 1966, art. 656 et 1972, art. 921).

Il semble que cette solution reste d'actualité pour l'application de la contribution de sécurité immobilière, ce qu'il appartiendra éventuellement à l'administration de préciser.

2 Dissimulation de prix

2251 **Pas de complément dû.** En cas de dissimulation de prix, il était admis qu'il ne pouvait y avoir réclamation d'un complément de salaire proportionnel. En effet, les contre-lettres sont nulles à l'égard des tiers et le conservateur ne pouvait donc s'en prévaloir.

Il semblerait que la même solution doive être appliquée à la contribution de sécurité immobilière. V. **Exigibilité**.

2252 **Fait générateur.** La contribution de sécurité immobilière est rendue exigible par le seul fait du dépôt régulier au service de la publicité foncière d'un acte ou d'une décision susceptibles d'être publiés (V., à propos du salaire du conservateur, Sol. 25 oct. 1920 : *Journ. conserv. hyp.* 8201, 10141 ; *Rép. alph. enr.*, V° et *loc. cit.*).

Le fait générateur de la contribution est la réquisition de publier l'acte constatant la mutation et non cette mutation (V., à propos du salaire du conservateur, Rép. min. Éco. et Fin. n° 22897 à M. Richomme : *JOAN* Q, 31 déc. 1977, p. 9249 ; *JCP* N 1978, prat. 6980).

2253 **Présentation tardive à la publication.** En cas de présentation hors délai, la contribution de sécurité immobilière est la même qu'en cas de présentation dans les délais. Il n'y a pas d'intérêts de retard, ni d'indemnité quelconque en pareil cas. Cette solution, admise pour la perception du salaire du conservateur, paraît rester d'actualité en ce qui concerne la nouvelle taxe qui lui est substituée.

2254 **Formalités requises dans plusieurs services.**

➤ V. **Formalités requises dans plusieurs services**.

V Paiement de la contribution de sécurité immobilière

A Paiement d'avance

2255 **Principe et conséquences.** À l'exception des cas limitativement visés à l'article 881 du Code général des impôts, la contribution de sécurité immobilière doit être payée d'avance par les requérants (CGI, art. 880, al. 1er).

À défaut de paiement de tout ou partie de la contribution, au plus tard lors de la réquisition de la formalité, le service de la publicité foncière est

fondé à opposer un refus du dépôt dans les conditions fixées à l'article 74 du décret n° 55-1350 modifié du 14 octobre 1955 (CGI, art. 881 A, al. 2).
Lorsque le service de la publicité foncière a omis de prononcer le refus, il lui est loisible d'engager la procédure de régularisation préalable à un éventuel rejet (D. 14 oct. 1955, art. 74-3 ; Instr. 28 avr. 1975 : *BODGI* 10 G-5-75).
Il avait été jugé que le président du tribunal de grande instance, saisi en référé d'un recours contre un refus de dépôt pour défaut de paiement préalable, en vertu de l'article 26 du décret du 4 janvier 1955, n'avait pas compétence pour se prononcer sur le bien-fondé des droits réclamés par le conservateur (Cass. com., 12 mai 2004 : *Bull. AMC* 2005, art. 1874). Sa mission est limitée au seul constat formel du paiement ou de l'absence de paiement des droits liquidés par le conservateur (CA Versailles, 26 janv.2006 : *Bull. AMC* 2006-2007, art. 1900).
Ces solutions restent apparemment valables pour le paiement de la contribution de sécurité immobilière.

2256 **Quittance.** Le service de la publicité foncière donne quittance de la contribution de sécurité immobilière au pied des actes, chaque somme étant mentionnée séparément et en toutes lettres (CGI, art. 880, al. 2).

2257 **Solidarité.** On enseignait généralement que les parties étaient tenues solidairement au paiement du salaire du conservateur sans qu'il soit nécessaire de rechercher dans quelle mesure chacune d'elles profitait de la formalité (*Précis CML*, 2e éd., n° 1945). C'est ainsi que, dans le cas de publication d'un acte de vente, le conservateur pouvait réclamer le paiement du salaire à l'acquéreur comme au vendeur (*JCP* N 1961, IV, 3120) ou le réclamer au débiteur pour les inscriptions (*Précis CML*, n° 1945).
Les parties pouvaient prendre, au sujet du salaire, les conventions qui leur convenaient : mais elles n'étaient pas opposables au conservateur.
Ces solutions paraissent rester d'actualité pour le paiement de la contribution de sécurité immobilière.

B Exceptions

2258 **Mesures de bienveillance.** Il était admis antérieurement que les conservateurs pouvaient accepter, sous leur responsabilité, certains assouplissements en faveur des usagers habituels qui étaient en liaison constante avec le service si l'absence de différend antérieur conduisait à penser qu'ils répareraient sur le champ, à première demande, leur oubli ou leur erreur (Instr. préc., § 11).
Lorsque les salaires n'avaient pu être liquidés exactement lors du dépôt des actes, il était versé une somme approximative et la perception était régularisée lorsque la formalité avait été effectuée.
Il ne paraît pas y avoir d'obstacle à ce que ces mesures de bienveillance soient reconduites pour le paiement de la contribution de sécurité immobilière : il appartiendra, le cas échéant, à l'administration fiscale de prendre position à ce sujet.

2259 **Solutions particulières.** Certaines formalités sont exécutées en débet, notamment (en vertu de l'article 881 du Code général des impôts) les inscriptions de privilèges et hypothèques garantissant le paiement des créances appartenant à l'État et à ses établissements publics (V. **Débet** et **État**) ainsi que les formalités accomplies avec le bénéfice de l'aide juridictionnelle (V. **Aide juridictionnelle**).
D'autre part, les salaires dus par les collectivités publiques faisaient l'objet d'un règlement différé (V. **Collectivités et personnes publiques**).

C Restitution

2260 **Principe de non-restitution.** Il était admis que le salaire du conservateur n'était en principe pas restituable : il y a là une exception remarquable au principe général de la répétition de l'indu (cette exception existe dans l'article 1961 bis du Code général des impôts pour la taxe de publicité foncière). Le salaire étant un salaire de formalité, il est dû et acquis au conservateur du seul fait du dépôt accepté d'un document soumis ou admis à publicité foncière.
Il n'est donc pas restituable pour erreur commise par les parties ou par le rédacteur de l'acte, non plus qu'en cas de formalité inutile, ou devenue inutile par la suite (V. **Restitution**).
La même solution paraît devoir être étendue, pour le même motif, à la contribution de sécurité immobilière.

2261 Ce n'était qu'en cas d'erreur du conservateur que, de même que pour la taxe de publicité foncière, le salaire indûment perçu pouvait être restitué (V. **Restitution**).
En ce cas, la demande de restitution devait être formée contre le conservateur lui-même. Un jugement du tribunal de grande instance du Mans du 22 juin 1977 a déclaré irrecevable la demande en restitution du salaire du conservateur, parce qu'elle était dirigée (par un notaire) contre l'Administration. Il s'agit en effet d'un « litige de droit privé », concernant le conservateur « pris en son nom personnel » (*Bull. AMC* 1978, art. 1123).

Cette solution ne peut plus être maintenue en ce qui concerne la contribution de sécurité immobilière. S'agissant d'une perception de nature fiscale, la demande de restitution doit être à notre avis effectuée selon les règles de droit commun applicable à tout impôt (V. **Restitution**).

2262 **Prise de position de l'administration.** À l'occasion d'une mise à jour du *BOFiP*, l'administration fiscale énonce que sont soumises aux mêmes règles la restitution des droits d'enregistrement ou de la taxe de publicité foncière lorsqu'elle tient lieu des droits d'enregistrement **et la contribution de sécurité immobilière**. Ces impôts ne sont pas sujets à restitution, en vertu de l'article 1961, premier alinéa du Code général des impôts lorsqu'ils ont été régulièrement perçus sur les actes aux contrats révoqués ou résolus par application des articles 954 à 958, 1183, 1184, 1654 et 1659 du Code civil (V. **Restitution**).
Le deuxième alinéa de l'article 1961 dispose qu'en cas de rescision d'un contrat pour cause de lésion, ou d'annulation d'une vente pour cause de vice caché, et au surplus dans tous les cas où il y a lieu à annulation, les impositions visées ci-dessus, perçues sur l'acte annulé, résolu ou rescindé ne sont restituables que si l'annulation, la résolution ou la rescision a été prononcée par un jugement ou un arrêt passé en force de chose jugée.
Il résulte de ces textes que la règle tracée par l'article 1235 (devenu art. 1302, al. 1er) du Code civil, suivant laquelle ce qui a été payé sans être dû est sujet à répétition comporte des restrictions en ce qui concerne les droits d'enregistrement, la taxe de publicité foncière qui en tient lieu et **la contribution de sécurité immobilière** régulièrement perçue lorsque la restitution de ces droits est motivée par des événements postérieurs à leur perception. En effet, les résolutions visées au premier alinéa de l'article 1961 du Code général des impôts et les annulations amiables n'ouvrent pas droit à restitution.
Seules sont autorisées les restitutions motivées soit par des résolutions légales ou pour cas fortuit ou de force majeure, soit, en vertu du deuxième alinéa de l'article 1961 du Code général des impôts, les annulations, résolutions ou rescisions judiciaires sauf les résolutions judiciaires visées au premier alinéa du même article (BOI-ENR-DG-70-20-20160614).

VI Recouvrement

2263 **Modalités.** De même que les salaires du conservateur, les contributions de sécurité immobilière liquidées en débet seront recouvrées sur le contribuable par le comptable public chargé du recouvrement de la créance faisant l'objet de la sûreté.
Les contributions dont le paiement est différé feront l'objet d'états ou de mémoires transmis aux diverses administrations ou collectivités redevables à des époques fixes.
Les contributions complémentaires dues à la suite de l'établissement d'une insuffisance de prix ou d'évaluation seront recouvrées selon les procédures de recouvrement de droit commun applicables en matière fiscale.

2264 **Contentieux.** En ce qui concerne le salaire du conservateur, les procédures de recouvrement relevaient du droit commun et le contentieux était de la compétence des seuls tribunaux judiciaires : tribunal d'instance ou de grande instance selon l'intérêt du litige (Rép. min. Fin. : *JOAN* Q 25 oct. 1963 et 10 oct. 1970, préc. ; *JOAN* Q 25 nov. 1970, p. 5893 ; *JCP* N 1970, prat. 4890, 4° ; *Bull. AMC* 1971, art. 849).
Mais le juge était incompétent pour procéder à la taxe des salaires du conservateur, notamment, d'une façon indirecte en réduisant les salaires portés sur les états de frais qui lui étaient présentés par les notaires ou les avocats (*Journ. conserv. hyp.* 4008 ; *Journ. enr.* 22414. – Chambaz, Masounabe et Leblond, *op. cit.*, n° 1952).
Le redevable qui contestait le salaire, n'avait pas ici, comme en matière de procédure fiscale contentieuse, à former préalablement une réclamation auprès de l'administration.
Dès lors que, aux termes de l'article 34 de la loi n° 2009-1674 du 30 décembre 2009 précité, la contribution de sécurité immobilière obéit « aux mêmes conditions… (…) de recouvrement que le salaire du conservateur » qu'elle remplace, il semble que ces règles doivent continuer à s'appliquer.

Annexe

TARIF DE LA CONTRIBUTION DE SÉCURITÉ IMMOBILIÈRE

I. – CONTRIBUTION DUE EN MATIÈRE DE PUBLICATIONS

Nature de l'opération	Tarif	Texte	Observations
A. – Publications en général			Liquidation sur les sommes énoncées ou la valeur estimée par le requérant des immeubles ou des droits faisant l'objet de la publication. Valeur retenue ne pouvant être inférieure : – à celle qui sert de base pour la perception de la taxe proportionnelle de publicité foncière ou des droits proportionnels ou progressifs d'enregistrement s'ils sont exigibles ; – dans le cas contraire, à la valeur réelle des immeubles ou droits immobiliers objet de la publication.
1° Contribution proportionnelle	0,10 %	CGI, art. 881 K	
	Minimum de perception (15 €)	CGI, art. 881 M	
2° Contribution fixe	15 €	CGI, art. 881 C	Sur les cas d'application de la contribution fixe, V. nos 2205 et s.
B. – Publications en matière de saisie	15 €	CGI, art. 881 C	Applicable pour la publication des actes suivants : – commandement de saisie ; – refus d'un second commandement. – mentions : • du refus, • de sommation, • de tout autre acte ou décision judiciaire (sauf radiation), • de radiation.

II. – CONTRIBUTION DUE EN MATIÈRE D'INSCRIPTIONS

Nature de l'opération	Tarif	Texte	Observations
A. – Inscriptions			• Liquidation sur les sommes ou valeurs indiquées dans le bordereau. • Minimum applicable également dans le cas de bordereaux rectificatifs ou de complètement du bordereau dans le cadre de la procédure de régularisation des actes en instance de rejet (CGI, art. 881 B).
• Contribution proportionnelle	0,05 %	CGI, art. 881 H	
• Minimum de perception	8 €	CGI, art. 881 M a)	
B. – Radiations			• Liquidation sur les sommes faisant l'objet de la radiation. • Limitation de l'assiette du salaire : – en cas de réduction de gage (assis sur la valeur de l'immeuble affranchi si elle est indiquée et qu'elle est inférieure à la somme faisant l'objet de la radiation) ; – en cas de division d'hypothèque (assis sur la fraction de la créance originaire dont chaque immeuble ou fraction d'immeuble reste grevé).
• Contribution proportionnelle	0,10 %	CGI, art. 881 J	
• Minimum de perception	15 €	CGI, art. 881 M	
C. – Mentions en marge autres que les radiations			
1° Subrogation ou subrogation et changement de domicile par le même acte			
a) Contribution proportionnelle	0,05 %	CGI, art. 881 I	Liquidation sur les sommes faisant l'objet de la subrogation.
b) Minimum de perception	8 €	CGI, art. 881 M a)	
2° Cession d'antériorité			
a) Contribution proportionnelle	0,05 %	CGI, art. 881	Liquidation sur la valeur de la plus faible des inscriptions.
b) Minimum de perception	8 €	CGI, art. 881 M a)	
3° Déclaration de changement de domicile par acte séparé	Contribution fixe (15 €)	CGI, art. 881 C, 1°	
4° Indication d'une créance déjà inscrite et grevée de substitution	Contribution fixe (15 €)	CGI, art. 881 C, 1°	
5° Prorogation de délai	Contribution fixe (15 €)	CGI, art. 881 C 1°	

Convention d'indivision

Jacques LAFOND

I

Publicité foncière

2265 **Publication obligatoire.** Les conventions d'indivision doivent être obligatoirement publiées en vertu de l'article 28-6° du décret du 4 janvier 1955 lorsqu'elles portent sur des immeubles ou des droits immobiliers. L'article 1873-2, alinéa 2, du Code civil rappelle d'ailleurs que si la convention d'indivision, qui doit être obligatoirement établie par écrit, porte sur des immeubles, elle est soumise « aux formalités de la publicité foncière ». Ce même texte précise que la convention doit comporter « la désignation des biens indivis et l'indication des quotes-parts appartenant à chaque indivisaire ».
La Cour de cassation a eu l'occasion de préciser la sanction du défaut de publication. L'absence de publication n'affecte pas la validité de la convention (Cass. 1re civ., 10 juill. 2013, n° 12-12 115 : *Bull. civ.* 2013, I, n° 1574 ; *Defrénois* 2014, n° 1, p. 13, note S. Piédelièvre) et elle est opposable aux tiers. Ceux-ci peuvent seulement obtenir des dommages et intérêts si le défaut de publicité leur a causé un préjudice (Cass. 1re civ., 6 juill. 2005, n° 01-17.542 : *Bull. civ.* 2005, I, n° 315).

2266 **Clause prévoyant une faculté d'acquisition ou d'attribution.** Selon l'article 1873-13 du Code civil, les indivisaires peuvent convenir qu'au décès de l'un d'eux, chacun des survivants pourra acquérir la quote-part du défunt, ou que le conjoint survivant ou tout autre des héritiers désignés, pourra se le faire attribuer à charge d'en tenir compte à la succession d'après sa valeur à l'époque de l'acquisition ou de l'attribution.

Dans une chronique, M. Fournier examine les conséquences de ces clauses du point de vue de la publicité foncière (A. Fournier, *Les modalités de publication de la clause prévoyant une faculté d'acquisition ou d'attribution : C. civ., art. 1873-13 : JCP* N 2005, n° 39, 1395) :

– il relève tout d'abord que cette publicité, obligatoire en vertu de l'article 28-6° du décret du 4 janvier 1955, n'est pas sanctionnée par l'inopposabilité aux tiers. Ainsi donc, même non publiées, les clauses stipulant une faculté d'acquisition ou d'attribution sont opposables aux tiers (*op. cit.*, n° 7) ;

– en ce qui concerne la taxe de publicité foncière et le salaire du conservateur, M. Fournier, se plaçant dans l'hypothèse où la clause figure dans un acte d'acquisition en indivision d'un bien immobilier, indique que les perceptions seront commandées par les principes régissant les actes contenant plusieurs dispositions (V. **Acte contenant plusieurs dispositions**) ;

– quant à la taxe de publicité foncière, la publication de la clause ne devrait entraîner aucune perception dès lors que l'acte de vente qui la contient donne lieu en pratique à une imposition proportionnelle supérieure au droit fixe, en application combinée des articles 671 et 672 du Code général des impôts (*op. cit.*, n° 10) ;

– en ce qui concerne le salaire du conservateur, la clause prévoyant une faculté d'acquisition ou d'attribution figurant dans l'acte même d'acquisition est une disposition indépendante de celle emportant mutation à titre onéreux au profit des indivisaires. La publication obligatoire de cette convention donne ouverture à un salaire proportionnel particulier qui doit être liquidé sur la valeur actuelle de l'immeuble acquis en indivision, que les parties ont elles-mêmes à chiffrer en fixant le prix de vente (*op. cit.*, n° 9).

N.B. : Les solutions données à propos du salaire du conservateur sont transposables pour la perception de la contribution de sécurité immobilière.

II Taxation

2267 Discussions antérieures à la loi du 31 décembre 1976. Antérieurement à la loi du 31 décembre 1976, qui a réformé l'indivision, des discussions s'étaient élevées quant au régime fiscal des conventions d'indivision. Le point de la question avait été fait dans une chronique de MM. Bulté, Béchade et Poirier (*JCP* N 1959, IV, 2883).

Ces auteurs distinguaient selon que la convention avait été stipulée alors que les droits des indivisaires dans la masse indivise étaient déjà déterminés ou que la convention d'indivision fixait pour la première fois les droits des co-indivisaires. Dans le premier cas, sa publication donnait lieu à la perception d'une simple taxe fixe. Dans le deuxième cas, la convention avait le caractère d'un acte déclaratif, passible de la taxe proportionnelle de publicité foncière à 0,70 % (0,71498 %, arrondi à 0,715 %, avec les perceptions additionnelles) car les indivisaires « sont déjà en possession de leur droit de propriété sur les immeubles compris dans la convention » (V. Bulté et Béchade : *JCP* N 1959, IV, 2850. – V. pour un exposé complet de cette analyse, Bulté et Béchade : *JCP* N 1960, IV, 2916. – V. aussi *JCP* N 1959, IV, 2883 ; *JCP* N 1959, IV, 2784 ; *JCP* N 1962, IV, 3416 ; *JCP* N 1977, IV, 6743).

A Taxe de publicité foncière

2268 Perception de la taxe fixe. Il ne nous paraît pas, en l'état actuel des textes, que la distinction faite plus haut ait un intérêt fiscal, car, même si la convention d'indivision peut être considérée comme un « acte déclaratif », il ne s'agirait pas d'un de ceux qui donnent lieu à la perception de la taxe proportionnelle de publicité foncière... (V. **Acte déclaratif**).

L'article 679 du Code général des impôts soumet à une imposition fixe : « 1°(...) les actes qui ne comportent aucune disposition entrant dans les prévisions des 1° à 4° de l'article 677 ».

L'article 677 auquel il est fait référence précise que « sont passibles d'une imposition proportionnelle ou progressive (...) 4° (...) les actes constatant un partage de biens meubles ou immeubles, ainsi que d'une manière générale, (...) les actes déclaratifs lorsqu'ils portent sur des droits soumis à publicité foncière en application du 1° de l'article 28 du décret [4 janv. 1955] ».

Or, ce ne peut être le cas des conventions d'indivision qui, normalement, ne constateront pas une mutation (hypothèse visée par l'article 28-1° du décret du 4 janvier 1955) ou encore une constitution de droit réel.

2269 Même si l'on analyse la convention d'indivision en un « acte déclaratif », sa publication ne doit donc donner lieu, à notre avis, qu'à la perception de la seule taxe fixe de publicité foncière (en ce sens, Lacroix, n° 213. – Picard, *L'organisation de l'indivision et la pratique notariale* : *JCP* N 1978, I, 181-182. – V. *JCl. Notarial Formulaire*, V° Indivision, Fasc. 100, n° 29).

2270 Cas où la convention d'indivision est stipulée accessoirement à un acte de partage. Lorsque la convention est stipulée dans un acte de partage et qu'elle s'applique à des biens indivis compris dans la masse à partager, il est traditionnellement soutenu :

– que la taxe de publicité foncière au taux prévu pour les actes de partage (CGI, art.746) V. **Partage**) pourrait être perçue sur la valeur de l'ensemble des biens, y compris ceux au sujet desquels les parties conviennent de rester dans l'indivision. Il est fait état, à l'appui de cette solution, d'une jurisprudence ancienne de la Cour de cassation, selon laquelle l'acte de partage conserve le caractère déclaratif alors même qu'il ne fait pas cesser complètement l'indivision et que les copartageants n'envisagent de procéder qu'ultérieurement, dans la limite de leurs droits. à la division matérielle des immeubles (V. Sol. DGI, 7 oct. 1950 : *JCP* N 1951, IV, 1086 ; *Bull. AMC* 1950, art. 34 ; Bulté et Béchade : *JCP* N 1959, IV, 2850. – V. également les références jurisprudentielles citées par Bulté et Béchade, chron. *in JCP* N 1959, IV, 2784).

Le salaire du conservateur (aujourd'hui la contribution de sécurité immobilière) serait alors exigible séparément sur chacune des quotes-parts attribuées, même donc en ce qui concerne les quotes-parts indivises (V. *Bull.* AMC 1951, art. 54 ; *ibid.* 1954, art. 163).
La taxe de publicité foncière et les salaires (la CSI) seraient perçus de nouveau à l'occasion du partage des biens laissés dans l'indivision, qui interviendrait ultérieurement.
Cette solution paraît contestable. Un acte n'est taxable comme partage que s'il attribue à un copropriétaire ou à plusieurs ou à tous un droit exclusif sur certains biens en échange du droit indivis qu'ils avaient sur tous les biens partagés (Demante, n° 701). L'acte qui se contente d'établir les droits des parties et de préparer les lots sans contenir attribution de ceux-ci ne constitue pas un partage et est enregistré au droit fixe des actes innomés.
Il semble donc qu'il y ait, en pareil cas, deux actes distincts : d'une part, un acte de partage, taxable en tant que tel, et, d'autre part, une convention d'indivision (disposition indépendante) qui, même si elle entre dans la catégorie des actes déclaratifs, ne peut donner lieu qu'à la perception de la taxe de publicité foncière au taux fixe (V. n° **2268**), sauf à appliquer les dispositions des articles 671 et 672 du Code général des impôts. – *Dict. enr.*, V° Partage, n° 2795.

2271 **Conséquences fiscales d'une convention d'indivision après divorce.** Une réponse ministérielle (Rép. min. Vasseur : *JOAN*, 6 mars 1989, p. 1113) avait décidé que des époux propriétaires de biens communs ayant conclu une convention d'indivision, soit dans le cadre d'une convention de divorce sur requête conjointe, soit après divorce sur lesdits biens, ne pouvaient bénéficier du régime de faveur du droit de partage édicté aux articles 748 et 750-II du Code général des impôts en cas de partage ou de licitation au motif que cette convention entraînait substitution à l'indivision ordinaire issue de la communauté conjugale d'une indivision conventionnelle. Cette doctrine a été infirmée par la Cour de cassation aux termes d'un arrêt du 2 mai 1990 (Cass. com., 2 mai 1990 : *JCP* N 1990, En bref n° 24 ; *Dr. fisc.* 1990, n° 48, comm. 2234), au motif que la convention d'indivision n'avait fait que prolonger l'état d'indivision post communautaire sans lui conférer pour autant un caractère contractuel. L'administration a pris acte de cette jurisprudence (*BOI* 7-2-91).
En revanche, il avait été jugé qu'une convention d'indivision conclue par des époux séparés contractuellement de biens et portant sur des biens indivis, acquis pendant comme avant le mariage, n'autorisait pas l'application du régime de faveur du droit de partage en cas de partage ou de licitation ultérieure entre les ex-époux (Cass. com., 21 avr. 1992 : *JCP* N 1993, II, p. 1, note J. Lafond ; *BOI* 7-F-2-92. – V. *JCl. Notarial Formulaire*, V° Indivision, Fasc. 100, n°s 20 et s.). Mais cette solution ne paraît plus d'actualité depuis la modification du régime fiscal du partage entre époux séparés de biens (V. **Séparation de biens**).

2272 **Droit de préemption.**
➤ V. **Indivision**.

2273 **Droit de substitution.**
➤ V. **Indivision**.

B Contribution de sécurité immobilière

Les solutions énoncées ci-dessous à propos du salaire du conservateur restent valables, jusqu'à nouvel ordre, pour la perception de la contribution de sécurité immobilière.

2274 **Distinctions.** La publication de la convention donnait lieu en principe à la perception du salaire proportionnel sur la valeur à déclarer des biens concernés.

2275 Dans le cas particulier de simples clauses selon lesquelles (dans un acte de donation-partage par exemple) les parties convenaient de rester provisoirement dans l'indivision sans renonciation formelle à leur droit de demander le partage, il a été indiqué qu'il n'y avait lieu de percevoir aucun salaire (*Bull. AMC* 1950, art. 52).

2276 En revanche, lorsque, dans le cadre d'un acte d'acquisition, les copreneurs passaient une convention d'indivision régie par les articles 1873-1 et suivants du Code civil destinée à régler les conditions d'exercice de leurs droits indivis, cette convention constitue une disposition indépendante. Elle pourrait être dissociée de l'acte d'acquisition sans en altérer l'économie. En outre, elle doit faire l'objet d'une publicité au fichier immobilier en vertu de l'article 28-6 du décret n° 55-22 du 4 janvier 1955.
L'exécution de cette formalité justifiait donc la perception d'un salaire proportionnel liquidé sur la valeur actuelle de l'immeuble que les parties ont elles-mêmes reconnue en fixant le prix de vente (*Bull. AMC* 1992, art. 1555).

Conventions affectées d'une modalité

Jacques LAFOND

I

Conditions

2277 Condition simplement potestative. La condition simplement potestative est celle qui fait dépendre l'exécution de la convention d'un événement qu'il va être au pouvoir de l'une ou l'autre des parties contractantes de faire arriver ou d'empêcher (C. civ., art. 1170 anc., art. 1304-2).
La condition simplement potestative produit, suivant les cas, les mêmes effets que la condition suspensive ou que la condition résolutoire (BOI-ENR-DG-20-20-70-20120912, n° 210).

2278 Condition purement potestative. La condition purement potestative est celle qui fait dépendre le contrat de la seule volonté des parties. Le Code civil déclare nulle l'obligation contractée sous une condition dont la réalisation dépend de la seule volonté du débiteur de l'obligation (C. civ., art. 1304-2).
Le droit proportionnel n'est donc pas exigible sur le contrat affecté de cette condition, puisqu'il n'existe pas alors d'obligation (*BOI* préc., n° 240).

2279 Quant à la condition purement potestative de la part du créancier, elle ne modifie en rien le contrat si celui-ci est unilatéral, mais peut l'empêcher s'il est synallagmatique ; il en est ainsi pour une promesse de vente subordonnée à l'acceptation du preneur (*BOI* préc., n° 240).

2280 Condition suspensive.
➤ V. **Condition suspensive**.

2281 Condition résolutoire.
➤ V. **Condition résolutoire**.

II

Clause alternative

2282 Définition et taxation. L'obligation alternative donne à l'une des parties le droit d'opter entre deux prestations l'une et l'autre *in obligatione* (C. civ., art. 1307 à 1307-5).
Seule doit être soumise à l'impôt l'obligation qui sera exécutée. Lors de la formalité, sera taxée l'obligation donnant lieu à la perception la moins élevée. Un supplément de droit est réclamé si c'est l'autre obligation qui est exécutée (BOI-ENR-DG-20-20-70-20120912, n°s 260 et 270).

III

Clause facultative

2283 **Définition et taxation.** L'obligation facultative donne simplement au débiteur la faculté de se libérer d'une prestation, seule *in obligatione*, en accomplissant une autre prestation.
C'est donc la première prestation qui doit être immédiatement taxée. Mais si c'est l'autre prestation qui est exécutée et qu'elle donne lieu à des droits supérieurs à ceux perçus, l'excédent doit être réclamé par l'administration (BOI-ENR-DG-20-20-70-20120912, n°s 280 et 290).

IV

Terme

2284 **Définition et taxation.** Le terme est un événement futur mais certain, qui n'emporte pas d'effet sur la formation immédiate du rapport de droit, mais en retarde l'exécution (terme suspensif) ou en détermine l'extinction sans rétroactivité (terme extinctif) (C. civ., art. 1085 et s.).
Il n'empêche donc pas la perception de l'impôt dans les conditions ordinaires (BOI-ENR-DG-20-20-70-20120912, n° 250).

2285 **TVA. Ventes à terme.** Le fait générateur de la TVA se produit à la date de l'acte qui constate l'opération, même si cet acte n'emporte pas transfert immédiat de propriété (CGI, art. 269- 1-c). Ainsi, dans l'hypothèse de ventes à terme réalisées conformément aux dispositions des articles 1601-1 et suivants du Code civil, la TVA doit, en principe, être exigée à l'occasion du premier acte qui constate l'accord des parties (V. antérieurement, Doc. adm. DGI, 8 A-122, n° 2, 15 nov. 2001).

Conversion d'usufruit

Jacques LAFOND

Sommaire analytique

BIBLIOGRAPHIE : N. Levillain, *Conversion de l'usufruit du conjoint survivant : un outil pour sortir d'un démembrement non souhaité* : *JCP* N 2011, n° 11-1104. – B. Lauter, *La conversion de l'usufruit du conjoint survivant* : *JCP* N 2012, n° 18-19, 1211.

2286 Nous examinerons successivement le cas de conversions d'usufruit en rente viagère et de conversions d'usufruit en pleine propriété (ou inversement).

I Conversions d'usufruit en rente viagère

2287 **Publicité foncière.** La conversion de l'usufruit légal du conjoint survivant prévue à l'article 759 du Code civil (autrefois C. civ., art. 767, dernier al.), revêt un caractère déclaratif (V. n° 2292). En conséquence, lorsque l'usufruit s'applique à des immeubles, l'acte de conversion est obligatoirement soumis à la publicité foncière, en vertu de l'article 28-4°, d, du décret n° 55-22 du 4 janvier 1955 (V. *JCl. Notarial Formulaire*, V° Publicité foncière).

Le notaire chargé de rédiger l'acte contenant une telle conversion est tenu de le soumettre à la publicité foncière dans le délai imparti (D. n° 55-22, 4 janv. 1955, art. 32, al. 1er. – V. R. Chardonnal, chron. hyp. : *JCP* N 1980, prat. 7786). Lorsque la conversion porte sur un usufruit immobilier, il y a lieu à formalité fusionnée et celle-ci donne ouverture à la taxe de publicité foncière devenue une perception unique.

Cette formalité est, au surplus, à accomplir distinctement. Il ne suffirait pas de viser cette conversion lors de l'établissement de l'attestation de propriété.

2288 **Régime fiscal.** L'abandon de l'usufruit portant sur des immeubles moyennant la constitution d'une rente viagère présente le caractère d'une transaction immobilière à titre onéreux et donne, par suite, ouverture au droit proportionnel d'enregistrement ou à la taxe de publicité foncière.

2289 **Règles de perception.** Un nouveau droit proportionnel doit être perçu quand il y a novation, c'est-à-dire quand le second acte modifie les obligations qui dérivent du premier et donne naissance à une dette nouvelle. Ainsi, la conversion d'un usufruit en une rente viagère (ou la conversion d'une rente en un usufruit) constitue en principe une mutation à titre onéreux de l'usufruit passible de droit de mutation.
Cette règle de perception connaît cependant des exceptions.

2290 Nous distinguerons selon que la conversion d'usufruit est prévue par la loi, ou que la faculté de conversion a été réservée conventionnellement.

A Conversion d'usufruit prévue par la loi

2291 **Situation créée par la loi du 3 décembre 2001.** La loi du 3 décembre 2001, portant réforme des successions, a modifié les règles concernant les conversions d'usufruit en rente viagère. Cette loi ne s'applique qu'aux successions ouvertes à compter du 1er juillet 2002 (L. 3 déc. 2001, art. 25-II, al. 1).

1 Opérations concernées

2292 **Conversion d'usufruit.** Jusqu'à loi du 3 décembre 2001, les règles applicables à la conversion de l'usufruit en rente viagère étaient différentes selon qu'il s'agissait de l'usufruit légal (C. civ., art. 767, al. 5) ou d'un usufruit résultant d'une libéralité (C. civ., art. 1094-2, abrogé à compter du 1er juillet 2002).
Dorénavant, la conversion en rente viagère vise « tout usufruit appartenant au conjoint sur les biens du prédécédé, qu'il résulte de la loi, d'un testament ou d'une donation de biens à venir » (C. civ., art. 759).
La demande de conversion peut être présentée par l'un des héritiers nu-propriétaire ou par le conjoint successible lui-même.
À défaut d'accord entre les parties, la demande de conversion est soumise au juge. Elle peut être introduite jusqu'au partage définitif (C. civ., art. 760, al. 1).
Selon l'article 762 du Code civil, « la conversion de l'usufruit est comprise dans les opérations de partage. Elle ne produit pas d'effet rétroactif, sauf stipulation contraire des parties »

2293 **Conversion de droit d'usage et d'habitation**. L'article 764 du Code civil confère au conjoint successible qui occupait effectivement à l'époque du décès à titre d'habitation principale un logement appartenant aux époux ou dépendant totalement de la succession, un droit d'usage et d'habitation sur ce logement et le mobilier le garnissant. L'article 766 du Code civil prévoit par ailleurs que « le conjoint successible et les héritiers peuvent, par convention », convertir ces droits d'habitation et d'usage en rente viagère ou en capital.

2 Taxation

2294 **Conséquences fiscales.** L'administration n'a pas fait connaître à ce jour les conséquences qu'elle entendait tirer de la réforme.
Logiquement, les solutions antérieures devraient être reconduites étant précisé qu'elles s'appliqueront dans tous les cas de conversion prévus par la loi (V. nos 2292 et 2293). Ces solutions sont rappelées ci-dessous.

2295 **Conversion prévue par l'article 767 ancien du Code civil.** Aux termes de l'article 767 du Code civil, jusqu'au partage définitif, les héritiers pouvaient exiger, moyennant sûretés suffisantes, que l'usufruit légal de l'époux survivant soit converti en une rente viagère équivalente. S'ils étaient en désaccord, la conversion était facultative pour les tribunaux.
L'acte constatant la conversion de l'usufruit légal en rente viagère ne donnait ouverture qu'à la *taxe fixe* de publicité foncière (Instr. 2886, p. 183), même si la conversion n'était que partielle (Sol. 2 oct. 1906 ; Instr. 3210, § 5 ; *JCP* N 1980, IV, 7786, obs. Chardonnal).
Le salaire proportionnel était dû sur la valeur de l'usufruit (*JCP* N 1980, IV, 7786, préc.).

2296 **Conversion prévue par l'article 1094, alinéa 2, ancien du Code civil.** L'article 1094, alinéa 2, du Code civil, tel qu'il résultait de la loi du 13 juillet 1963, permettait par ailleurs aux descendants du *de cujus* d'exiger que soit converti en une rente viagère l'usufruit donné ou légué au conjoint survivant et portant sur plus de la moitié des biens successoraux ; dans ce cas encore, l'administration admettait qu'on se trouvait en présence d'un *simple acte d'exécution* passible seulement du droit fixe des actes innomés (taxe fixe de publicité foncière lorsqu'il y a lieu à formalité unique ; V. Rép. min. Finances, 3 avr. 1966 : *JOAN* CR, n° 16430, p. 553 et 554 ; *BOE* 1966, 9807. – Rép. min., 24 juin 1966 : *JOAN* CR, n° 18754, p. 2321 ; *BOE* 1966, 9807 ; *JCP* N 1980, IV, 7786, obs. Chardonnal).

En dehors de cette hypothèse, la conversion en rente de l'usufruit légué au conjoint survivant était passible de la *taxation proportionnelle* afférente à la transmission à titre onéreux des biens dont l'usufruit était abandonné. L'opération s'analysait, en effet, en une cession de l'usufruit pour un prix consistant en une rente viagère. Tel était le cas, par exemple, si la conversion en rente viagère de l'usufruit donné ou légué au conjoint survivant n'était pas réalisée conformément aux dispositions de l'article 1094-2 du Code civil (Rép. min. Finances, 3 avr. 1966, préc.).

B Conversion d'un usufruit réservé conventionnellement

2297 Il faut alors distinguer selon que la faculté de conversion était ou non prévue dans la convention.

1 Faculté de conversion prévue dans l'acte constitutif d'usufruit

2298 Après avoir longtemps admis que l'on devait considérer la conversion prévue dans l'acte constitutif de l'usufruit comme un acte de complément (ou acte d'exécution), passible d'un simple droit fixe, l'administration est revenue sur cette solution dans une instruction du 7 janvier 1982 (*BODGI* 7 C-182 ; *JCP* N 1982, IV, 8185).

Elle avait alors analysé cette opération comme un *complément de donation* avec charge « dès lors qu'elle est effectuée en application d'une clause d'un acte de donation antérieur, entre les mêmes personnes ».

L'assiette des droits, dit cette instruction, est constituée par une fraction de la valeur de la propriété entière au jour de la conversion, déterminée par référence au « barème fiscal » (V. **Usufruit**).

L'acte devait être soumis au régime fiscal des donations : dès lors, la valeur en capital de la rente qui constitue une charge ne sera pas admise en déduction pour l'assiette des droits (Instr. préc.).

2 Faculté de conversion non prévue

2299 Si la faculté de conversion n'avait pas été prévue dans l'acte, l'administration analysait alors la conversion de l'usufruit en une cession de cet usufruit dont la rente constituait le prix. L'acte était alors taxé comme une vente, au tarif approprié à la nature des biens objet de l'usufruit (Rép. min. Finances, 5 févr. 1966, préc.). Une décision du tribunal de grande instance de Coutances a cependant refusé de suivre la doctrine de l'administration (5 juin 1980 : *Ind. enr.*, 13692), Tout en confirmant que la perception des droits de mutation à titre onéreux pouvait être opérée, 1'administration considérait dans l'instruction du 7 janvier 1982 que l'acte pouvait aussi bien constituer une libéralité avec charges. Parmi les critères qui permettaient de conclure à l'existence d'une libéralité, l'instruction retenait : « l'existence ou non de l'*animus donandi*, les liens de parenté existant entre les parties, la valeur comparée de la rente et de l'usufruit ».

Selon cette instruction, les perceptions devaient alors être les suivantes :

– si l'acte était à titre onéreux, perception des droits de mutation dont le tarif variait suivant la nature des biens sur lesquels portait l'usufruit cédé. L'assiette de l'impôt était constituée par la valeur en capital de la rente ;

– si l'acte était à titre gratuit (libéralité avec charges), les règles de perception étaient celles indiquées ci-dessus au n° 2298.

2300 Avant la modification apportée à l'article 1094 du Code civil par la loi du 30 juillet 1963, il avait été jugé que si l'usufruit converti en rente viagère avait été accordé au conjoint survivant par donation ou testament et excédait la valeur de l'usufruit légal, le droit de mutation à titre onéreux n'était exigible que dans la mesure de l'excédent (Saumur, 17 mai 1956 : *Ind. enr.*, 9707). Selon le *Dictionnaire de l'enregistrement* (n° 3283), cette limitation de l'assiette de l'impôt ne serait pas fondée, car la conversion en rente de l'usufruit légal n'est affranchie du droit proportionnel qu'en raison des dispositions de l'article 767 du Code civil, qui la prévoit expressément. Au contraire, la conversion en rente d'un usufruit conventionnel a un caractère purement contractuel et, à l'inverse de la précédente, elle opère sans effet rétroactif au jour du décès de celui qui a constitué l'usufruit.

II

Conversions d'usufruit en propriété ou inversement

2301 Nous distinguerons selon que la conversion est décidée par les parties ou qu'elle est prévue par la loi.

A Conversion décidée par les parties

1 Principe

2302 **Qualification d'échange.** Lorsque des copartageants conviennent de convertir en un droit en toute propriété le droit d'usufruit de l'un d'eux, l'opération constitue un échange d'usufruit contre une nue-propriété (Cass. civ., 9 janv. 1899 : *Rev. enr. et imp.*, 1944. – Cass. civ., 4 août 1869 : *Jour. enr.*, 18808. – Bar-le-Duc, 26 juin 1969 : *Ind. enr.*, 11783). Cette règle de perception est fondée sur l'analyse traditionnellement admise selon laquelle il n'y a pas d'indivision entre l'usufruitier et le nu-propriétaire d'un même bien, chacun d'eux possédant sur ce bien un droit privatif. Dès lors, l'acte par lequel l'usufruitier abandonne au nu-propriétaire tout ou partie de son usufruit et reçoit en contrepartie une part de pleine propriété, ne peut pas constituer un partage (V. Dalimier, *L'enregistrement des pactes de famille convertissant en portions de pleine propriété les droits d'usufruit ou de nue-propriété dévolus à certains successibles* : *JCP* N 1950, 1, 880 ; *JCl. Notarial Formulaire*, V° *Conversion d'usufruit*, n°s 77 et s.).

2 Exceptions

2303 **Cas où la conversion constitue un partage.** Par contre, la conversion pourra s'analyser en un partage et être taxée en conséquence :

– *si l'acte la constatant a pour objet de mettre fin à une indivision.* Ainsi, le droit de partage sera-t-il seul exigible dans un partage de succession où le conjoint du défunt, commun en biens et légataire d'un quart en pleine propriété et d'un quart en usufruit, reçoit soit uniquement des biens en usufruit ou en nue-propriété, soit uniquement des biens de communauté ou des biens de succession, pourvu que les attributions soient conformes à ses droits (Cass. civ., 4 juin 1965 ; Instr. 2306, § 2). Dans cette hypothèse en effet, le conjoint survivant possède à la fois des droits en nue-propriété et en usufruit sur chacun des biens partagés ;

– *si l'allotissement est conforme aux droits de chaque copartageant.* En conformité des principes énoncés ci-dessus, l'attribution d'un bien propre de succession en toute propriété à un époux commun en biens et usufruitier légal du quart constituerait non pas un partage mais un échange (Rép. min. Balo : *JOAN* CR, 6 oct. 1976, p. 6358, n° 30712, à propos de l'attribution à une veuve d'un droit d'usage et d'habitation portant sur un immeuble déterminé dépendant de la succession en représentation de son usufruit légal).

2304 On peut se demander cependant si ces solutions restent d'actualité après la loi du 31 décembre 1976 portant organisation de l'indivision qui, sur plusieurs points, bat en brèche le principe traditionnel selon lequel il n'y a pas d'indivision entre usufruitier et nu-propriétaire.

3 Dérogation

2305 **Application du régime fiscal de faveur de l'article 750-II du Code général des impôts.** Les licitations (et les cessions de droits successifs) sont soumises à la taxe de publicité foncière au taux de 2,50 % prévu par l'article 750-II du Code général des impôts, à condition notamment que les droits cédés dépendent d'une indivision née d'une succession (V. **Licitation**).

Bien qu'il n'existe pas d'indivision entre l'usufruitier et le nu-propriétaire d'un même bien, le bénéfice de ce régime a été cependant accordé aux cessions et aux licitations de droits successifs en usufruit ou en nue-propriété au profit d'héritiers, de légataires ou de donataires nus-propriétaires ou usufruitiers des mêmes biens (*BODGI* 7 F-7-71 ; *Ind. enr.*, 12088. – BOI-ENR-PTG-10-10-20120612, n° 130).

B Conversions prévues par la loi

2306 **Cas exceptionnels où la conversion est considérée comme un partage.** Si, en principe, la conversion en toute propriété de l'usufruit légal du conjoint survivant s'analyse en un échange, l'administration admet que, dans certains cas, cette conversion peut, suivant les circonstances, s'analyser en une simple opération de partage taxable comme telle (Rép. secr. d'État au Budget, 7 avr. 1954 : *Ind. enr.*, 8504 ; également l'étude et les exemples cités in *Ind. enr.*, 9194 ; V. n°s 2294 et 2299).

2307 **Conversion prévue par l'article 917 du Code civil.** Aux termes de l'article 917 du Code civil, si une disposition par acte entre vifs ou par testament est d'un usufruit ou d'une rente viagère dont la valeur excède la quotité disponible, les héritiers à réserve ont l'option ou d'exécuter cette disposition, ou de faire abandon de la propriété de la quotité disponible. Dans ce cas, s'agissant de l'exercice d'un droit résultant de la loi, aucun droit autre que celui de partage n'est exigible (BOI-ENR-PTG-10-10-20120612, n° 130).
Mais l'article 917 du Code civil n'est pas applicable au cas de legs au conjoint survivant. Par suite, lorsque l'époux survivant est donataire ou légataire d'un usufruit ou d'une rente viagère dont la valeur excède la quotité disponible fixée par l'article 1094 du Code civil et que les parties, au lieu de réduire cette disposition sans la transformer, conviennent de la convertir en une fraction en propriété de la succession, cette conversion constitue un acte conventionnel de dation en paiement passible d'une taxation proportionnelle suivant la nature des choses abandonnées en représentation de l'usufruit ou de la rente viagère (Cass. civ., 10 mars 1873 ; Instr. 2468, p. 8).
Si le conjoint survivant reçoit à titre d'équivalent des biens pour lesquels il était déjà dans l'indivision (biens de communauté), seul le droit de partage paraît exigible (V. *Dict. enr.*, 2807 ; *Ind. enr.*, 9194 ; obs. sous *Ind. enr.*, 11783).

2308 **Conversion prévue par l'article 1098 du Code civil.** La même solution paraît applicable (perception du droit de partage) dans le cas prévu par l'article 1098 du Code civil. Selon ce texte, si un époux remarié a fait à son second conjoint, dans les limites de l'article 1094-1, une libéralité en propriété, chacun des enfants qui ne sont pas issus des deux époux aura en ce qui le concerne, sauf volonté contraire et non équivoque du disposant, la faculté de substituer à l'exécution de cette libéralité l'abandon de l'usufruit de la part de succession qu'il eut recueillie en l'absence de conjoint survivant.

2309 **Conversion prévue par les articles 761 et 766 du Code civil.** La loi du 3 décembre 2001, applicable aux successions ouvertes à compter du 1er juillet 2002, comporte de nouvelles dispositions relatives à la conversion en capital des usufruits ou droit d'usage et d'habitation bénéficiant au conjoint survivant :
– l'article 761 du Code civil prévoit qu'il peut être procédé, par accord entre les héritiers et le conjoint, à la conversion en capital de tout usufruit appartenant au conjoint sur les biens du prédécédé, qu'il résulte de la loi d'un testament ou d'une donation de biens à venir (usufruit résultant de l'article 759) ;
– l'article 766 du Code civil énonce par ailleurs que le conjoint successible et les héritiers peuvent, par convention, convertir en capital les droits d'habitation et d'usage bénéficiant au conjoint en vertu de l'article 764 nouveau du même code (V. n° 2293).
L'administration n'a pas fait connaître les incidences qu'elle entendait tirer de cette réforme. Il paraîtrait justifié de considérer ces opérations comme des opérations de partage (en ce sens : J. Hugot et J.-F. Pillebout, *Les nouveaux droits du conjoint*, Litec, 2002, n° 100. – S. Piedelièvre, *Réflexions sur la réforme des successions* : *Gaz. Pal.* 5-6 avr. 2002, n° 20, p. 8. – M.- C. Forgeard, R. Crône et B. Gelot, *La réforme des successions*, n° 37. – Ph. Malaurie et Cl. Brenner, *Droit des successions et des libéralités*, Lextenso, 7e éd. 2016, n° 104), ce qu'admet implicitement l'article 762 du Code civil, et de les soumettre en conséquence au droit de 2,50 % sur la valeur de l'usufruit ou du droit d'usage ou d'habitation ainsi converti en capital. La contribution de sécurité immobilière est perçue sur les mêmes bases.

III
Sûretés

2310 **Distinction.** Comme nous l'avons plus haut, la nature de l'acte de conversion varie selon les cas. Il peut donner lieu tantôt à l'inscription du privilège du copartageant (si la conversion s'analyse en une opération de partage), tantôt à l'inscription d'un privilège de vendeur. Cette distinction est toutefois en passe de disparaître car l'ordonnance en préparation concernant la réforme des sûretés supprime ces privilèges qui deviendront des hypothèques légales.

Coopératives

Franck ROUSSEL

2311 Plan. Après avoir énoncé les dispositions générales applicables à l'ensemble des sociétés coopératives (I), nous étudierons quelques régimes spéciaux (II).

I Régime général

2312 Régime fiscal au regard de l'impôt sur les sociétés. Les sociétés coopératives sont des sociétés (L. 10 sept. 1947, art. 1).
Le régime fiscal des diverses opérations les concernant est déterminé par leur situation au regard de l'impôt sur les sociétés. Elles y sont en principe assujetties (CGI, art. 206-1). Mais certaines coopératives sont exonérées de cet impôt (CGI, art. 207-1).
➤ V. pour plus de détails, au *JCl. Sociétés*, Fasc. 200-3, n°s 73 et s.

2313 Vérification à opérer. Il y a donc lieu de vérifier dans chaque cas, quel est le régime fiscal de la coopérative concernée au regard de l'impôt sur les sociétés.

2314 Apports. Le régime des apports à une société coopérative dépend à la fois du régime fiscal de cette société au regard de l'impôt sur les sociétés et de la nature de l'apport V. **Constitution de société** et **Apports partiels d'actif**).

2315 Fusion. Scission.
➤ V. **Fusion de sociétés** et **Scission de sociétés**.

2316 Transformation.
➤ V. **Transformation de société**.

II Régimes spéciaux

2317 Plan. Nous traiterons successivement des sociétés coopératives artisanales (A), des sociétés coopératives de construction (B), des sociétés civiles professionnelles et des sociétés civiles de moyens à forme coopérative (C), des sociétés coopératives à capital variable (D), des sociétés coopératives maritimes (E), et des sociétés coopératives agricoles (F).

A Société coopérative artisanale

CGI, art. 827 (*Mod. L. n° 2018-1317, 28 déc. 2018, art. 26*). – I. – Sont enregistrés gratuitement :

1° Les actes constatant l'attribution d'actif net faite à un ou plusieurs organismes attributaires par une société d'habitations à loyer modéré, en vertu du premier alinéa de l'article L. 422-11 du Code de la construction et de l'habitation, quelle que soit la nature des biens compris dans l'actif net attribué.

Cette disposition est applicable aux sociétés anonymes de crédit immobilier définies à l'article L. 422-4 du code précité, ainsi qu'aux sociétés coopératives artisanales et aux groupements de ces mêmes coopératives constitués en conformité de l'article 3 de la loi du 27 décembre 1923 et réalisant les opérations désignées à l'article 1er de la loi du 2 août 1932 facilitant la construction des locaux à usage artisanal ;

2° Les attributions de logements faites par les sociétés coopératives en application du deuxième alinéa de l'article 80 de la loi n° 53-80 du 7 février 1953.

1 Constitution

2318 Suppression de l'exonération de droits d'enregistrement et de taxe de publicité foncière. Sous réserve des dispositions de l'article 827-I du Code général des impôts (V. n° 2322), les actes nécessaires à la constitution des sociétés coopératives artisanales ainsi qu'aux groupements de ces mêmes coopératives visés au titre premier de la loi n° 83-657 du 20 juillet 1983 relative au développement de certaines activités d'économie sociale, étaient soumis gratuitement à la publicité foncière ou à l'enregistrement s'ils remplissaient les conditions visées à l'article 809, I, 1° du Code général des impôts, c'est-à-dire s'ils ne portaient pas transmission de biens meubles ou immeubles entre les associés ou autres personnes (CGI, art. 1052, II, 2°).
Cette exonération a été supprimée à compter du 1er janvier 2020 (V. L. n° 2019-1479, 28 déc. 2019, art. 29 : *JO* 29 déc. 2019).

2319 Toutefois, ce régime ne bénéficiait qu'aux apports à titre pur et simple. En effet, les apports à titre onéreux sont soumis au régime de droit commun des mutations à titre onéreux (BOI-ENR-AVS-40-20-02/09/2015, n° 260).

2320 Portée de l'exonération. L'exonération d'impôt s'applique à chacun des actes concourant à la constitution de la société. Il s'ensuit que chacun d'eux doit être envisagé isolément, lorsqu'il s'agit d'apprécier s'il y a lieu de l'admettre au bénéfice de l'exonération.
Les procès-verbaux de délibération des assemblées générales des sociétés d'habitations à loyer modéré ayant pour objet la formation, la dissolution, la prorogation ou la fusion de la société, ou une augmentation de capital bénéficient de l'exonération.
En revanche, le partage des valeurs sociales ne profite pas de l'exonération, même s'il a lieu dans l'acte de dissolution, dont il constitue une disposition indépendante (BOI-ENR-AVS-40-20-02/09/2015, n° 270 à 290).

2321 Contribution de sécurité immobilière. La contribution de sécurité immobilière est normalement due.

2 Dissolution. Partage

2322 Attribution d'actif après dissolution. Les actes constatant l'attribution d'actif net faite à un ou plusieurs organismes attributaires par une société d'habitations à loyer modéré, en vertu du premier alinéa de l'article L. 422-11 du Code de la construction et de l'habitation, quelle que soit la nature des biens compris dans l'actif net attribué, sont soumis au droit fixe d'enregistrement ou à une taxe fixe de publicité foncière prévu au 1° du I de l'article 827 du Code général des impôts.
Cette disposition est applicable aux sociétés coopératives artisanales et aux groupements de ces mêmes coopératives constitués conformément à l'article 3 de la loi du 27 décembre 1923 et réalisant les opérations désignées à l'article premier de la loi du 2 août 1932 facilitant la construction des locaux à usage artisanal (CGI, art. 827, I, 1°, al. 2 – BOI-ENR-AVS-40-20-02/09/2015, n° 300).

B Société coopérative de construction

2323 Attribution d'immeubles. Le deuxième alinéa de l'article 80 de la loi n° 53-80 du 7 février 1953 autorisait les sociétés coopératives qui ont pour objet la construction, l'acquisition ou la gestion d'ensembles immobiliers à usage principal d'habitation composés d'immeubles collectifs, de maisons individuelles et, éventuellement, des services communs y afférents et destinés à être attribués aux associés en propriété ou en jouissance et qui fonctionnent sous le régime institué par la loi n° 47-1775 du 10 septembre 1947, à attribuer

à leurs associés les immeubles ou fractions d'immeubles sociaux, soit à titre de reprise ou de remboursement en nature d'apports, soit par voie de cession pour la partie qui excède la valeur de ces apports (cf. Doc. adm. DGI, 7 H-5211, n° 2).
Cet alinéa a été abrogé par la loi du 16 juillet 1971 précitée, mais reste applicable aux programmes ayant reçu un commencement d'exécution avant le 17 juillet 1971.
Depuis le 1er janvier 2019, et en vertu de l'article 827-I-2° du Code général des impôts, les attributions de logements qui sont faites par ces sociétés dans les conditions visées ci-dessus sont enregistrées gratuitement.
Dans la mesure où il reste applicable, ce texte a une portée très générale. Il concerne toutes les attributions entrant dans les prévisions de l'article 80, alinéa 2 précité, même si ces attributions sont réalisées pour partie à titre de cession. L'administration devrait préciser que l'enregistrement gratuit « couvre tous les droits et taxes qui seraient normalement exigibles à raison de cette attribution » (pour l'ancien droit fixe, V. Doc. adm. DGI, 7 H-5212, n° 15, 1er sept. 1999).

C Sociétés civiles professionnelles et sociétés civiles de moyens à forme coopérative

2324 Régime des sociétés de personnes. Les sociétés civiles professionnelles (CGI, art. 8 ter) et les sociétés civiles de moyens relèvent du régime fiscal des sociétés de personnes, même lorsqu'elles adoptent le statut de coopératives (CGI, art. 239 quater A). Elles ne sont pas soumises à l'impôt sur les sociétés. Pour rappel, les sociétés civiles professionnelles peuvent opter pour l'impôt sur les sociétés (CGI, art. 206, 3). En revanche, les sociétés civiles de moyens ne sont pas autorisées à formuler cette option (CGI, art. 239, 1, *c*).

D Sociétés coopératives à capital variable

2325 Régime de faveur. Enregistrement gratuit.

CGI, art. 825 (*Mod. L. n° 2018-1317, 28 déc. 2018, art. 26*). – L'augmentation nette du capital d'une société à capital variable, constatée à la clôture d'un exercice, est enregistrée gratuitement ; la mention « gratuit » est portée sur le procès-verbal de l'assemblée générale des associés qui statue sur les résultats de cet exercice.

Le régime spécial applicable aux sociétés coopératives est similaire à celui prévu par l'article 812 du Code général des impôts dans sa rédaction issue de l'article 26 de la loi de finances pour 2019 (V. **Augmentation de capital**).
S'il est procédé à l'augmentation de capital au moyen d'apports nouveaux autres que ceux énumérés à l'article 812 (« incorporation de bénéfices, de réserves ou de provisions de toute nature »), l'acte constatant l'augmentation du capital sera soumis à la formalité dans les délais requis et suivra le régime des apports réalisés lors de la constitution de société (sur ce point, V. **Constitution de société**).

E Société coopérative maritime

2326 Application du droit commun. Les sociétés coopératives maritimes sont aujourd'hui régies par les règles applicables à l'ensemble des sociétés coopératives (sur ces règles, V. n°s 2311 à 2316).

F Société coopérative agricole

➤ Les sociétés coopératives agricoles font l'objet d'une étude spéciale (V. **Coopératives agricoles**).

Coopératives agricoles

Franck ROUSSEL

Sommaire analytique

2327 **Généralités.** Les textes législatifs et réglementaires relatifs aux coopératives agricoles sont codifiés aux articles L. 521-1 à L. 526-10 du Code rural et de la pêche maritime et R. 521-1 à R. 526-11 du même code.
Les sociétés coopératives agricoles forment une catégorie spéciale de sociétés, distinctes tant des sociétés civiles que des sociétés commerciales (C. rur. pêche marit., art. L. 521-1, al. 2).
Elles ont la personnalité morale et la pleine capacité. Elles sont obligatoirement à capital variable (BOI-ENR-AVS-40-30-11/02/2013, n° 1).

2328 **Publicité foncière.** Les opérations concernant les coopératives agricoles obéissent, en fonction de leur nature, aux règles de droit commun de la publicité foncière.
Nous nous bornerons donc ici à examiner les règles fiscales particulières applicables à cette catégorie de personnes morales.

I

Sociétés coopératives agricoles en général

A Apports. Augmentation de capital

2329 **Régime de droit commun.** En dehors du régime spécial applicable à certains types de coopératives (V. n°s 2336 à 2374), les apports et les augmentations de capital concernant les sociétés coopératives agricoles en général sont soumis au régime de droit commun (V. **Constitution de société** ; BOI-ENR-AVS-40-30-11/02/2013, n° 10).

B Acquisition des immeubles nécessaires au fonctionnement des coopératives

2330 **Application de droit commun.** Il n'y a plus aujourd'hui de régime spécifique concernant les acquisitions immobilières effectuées par des coopératives agricoles qui sont donc soumises au régime de droit commun (V. **Vente d'immeuble**).

C Fusion

➤ Cette opération est soumise au régime de droit commun (V. **Fusion de sociétés**).

D Prorogation

➤ C'est le régime de droit commun qui s'applique (V. **Prorogation de société**).

E Transformation

2331 L'article 25, I, de la loi du 10 septembre 1947 relative aux statuts de la coopération dispose qu'« Aucune modification entraînant la perte de la qualité de coopérative ne peut être apportée aux statuts, sauf lorsque la survie de l'entreprise ou les nécessités de son développement l'exigent ».
La transformation ne peut intervenir qu'après autorisation de l'autorité administrative donnée après avis du Conseil supérieur de la coopération (V. *JCl. Sociétés*, Fasc. 170-20).

Une société coopérative peut passer d'une forme juridique à l'autre sans que cela entraîne la création d'une personne morale nouvelle (L. n° 53-65, 20 juill. 1983, art. 3 et 42). Une coopérative SARL peut se transformer par exemple en coopérative SA. Depuis la loi n° 92-643 du 13 juillet 1992, la société coopérative peut se transformer en société de droit commun.

2332 La sortie du statut coopératif n'est possible que si elle est le seul moyen pour permettre la survie ou le développement de la société. Elle ne peut intervenir qu'après autorisation du ministre compétent, selon le type de coopérative, et du ministre chargé de l'économie sociale, qui prennent leur décision après avis du Conseil supérieur de la coopération qui examine de façon précise les conditions de sortie.
L'article 25, alinéa 4, de la loi du 10 septembre 1947, précise que ces dispositions s'appliquent aux opérations de fusion et de scission entraînant la dissolution de la coopérative, sauf lorsqu'elles interviennent entre des sociétés régies par cette loi.

2333 **Transformation de société civile agricole en coopérative agricole.** Lorsqu'elle est réalisée par une simple adaptation des statuts de la société au statut de la coopération agricole, une telle transformation n'est pas regardée comme la constitution d'une société nouvelle.

F Prêts aux coopératives agricoles

2334 **Radiation des inscriptions.** Lorsque des prêts sont accordés aux coopératives agricoles avec la garantie du fonds commun de garantie des Caisses régionales de crédit agricole mutuel, il est d'usage de prendre pour sûreté de ces prêts une inscription, hypothécaire au profit de l'État, représenté par ce Fonds.
La radiation de l'inscription bénéficie alors de l'exonération de taxe de publicité foncière édictée par l'article 845 du Code général des impôts (V. **État**).
Le problème a été soulevé de savoir, en cas de mainlevée partielle d'une telle inscription, sur quelle somme devait être liquidée la taxe de publicité foncière.

Une réponse ministérielle en date du 31 mars 1977 (*JOAN*, p. 1362-1363 ; *Bull. AMC* 1977, art. 1081) a précisé qu'en cas de réduction de gage dégrevant complètement un immeuble, la taxe de publicité foncière devait être liquidée sur la valeur de l'immeuble affranchi, sous réserve que cette valeur soit déclarée dans l'acte et qu'il résulte de celui-ci que l'opération constituait bien une réduction de gage et non une radiation définitive des inscriptions garantissant le remboursement de la créance.

G Dissolution de coopérative. Dévolution de biens

CGI, art. 1029. – Sous réserve des dispositions de l'article 1020, la dévolution, faite obligatoirement à des œuvres d'intérêt général agricole, de l'excédent de l'actif net sur le capital social des sociétés coopératives agricoles dissoutes, ne donne lieu, au profit du Trésor, à aucune perception.

2335 **Régime fiscal de faveur.** Sous réserve des dispositions de l'article 1020 du Code général des impôts, la dévolution faite obligatoirement à des œuvres d'intérêt général agricole, de l'excédent de l'actif net sur le capital social des sociétés coopératives agricoles dissoutes, ne donne lieu, au profit du Trésor, à aucune perception (CGI, art. 1029).

L'article 1020 du Code général des impôts assujettit à une taxe de publicité foncière de 0,70 % (0,71498 % avec les perceptions additionnelles) les dispositions sujettes à publicité foncière lorsqu'elles entrent dans les prévisions de l'article 677-1° à 4° du code précité.

Le régime fiscal de l'article 1029 du Code général des impôts est subordonné à la condition que la transmission ait uniquement pour objet l'excédent de l'actif net sur le capital social de la société dissoute. La transmission d'un actif brut, moyennant la prise en charge du passif qui le grève, constituerait une mutation à titre onéreux passible du régime qui lui est propre (BOI-ENR-AVS-40-30-11/02/2013, n° 30).

II Sociétés coopératives agricoles particulières

A Sociétés coopératives d'insémination artificielle et d'utilisation de matériel agricole (CUMA) et leurs unions

CGI, art. 1031. – Sous réserve des dispositions de l'article 1020, les actes, pièces et écrits de toute nature concernant les sociétés coopératives d'insémination artificielle et d'utilisation de matériel agricole et leurs unions sont exonérés de tous droits d'enregistrement.

2336 **Régime de faveur.** En vertu du texte précité, les actes, pièces et écrits de toute nature concernant les sociétés coopératives d'insémination artificielle et les CUMA et leurs unions sont exonérés de tous droits d'enregistrement (BOI-ENR-AVS-40-30-11/02/2013, n° 40).

Conformément aux dispositions de l'article 1020 du Code général des impôts, les dispositions sujettes à publicité foncière sont assujetties à une taxe de publicité foncière de 0,70 % (0,71498 % avec les perceptions additionnelles).

1 Apports immobiliers

2337 L'administration avait admis que les apports immobiliers à titre pur et simple à des sociétés coopératives agricoles d'insémination artificielle, ainsi qu'aux coopératives d'utilisation de matériel agricole et à leurs unions, sont exonérés du droit fixe prévu à l'article 810, I, du Code général des impôts (CGI, art. 810 bis ; BOI-ENR-AVS-40-30-11/02/2013, n° 40). Compte tenu de la réécriture de l'article 810 du Code général des impôts par l'article 26 de la loi de finances pour 2019 (V. **Constitution de société**), l'administration devra confirmer que ces apports sont enregistrés gratuitement, quel que soit le régime fiscal de l'apporteur.

2 Acquisitions immobilières

2338 **Taxe de publicité foncière à 0,70 %.** Ces sociétés ainsi que leurs unions bénéficient du tarif de 0,70 % pour les acquisitions ou ventes immobilières qu'elles effectuent (0,71498 % avec les perceptions additionnelles). La taxe additionnelle communale n'est pas exigible. En revanche, le prélèvement pour frais d'assiette, de recouvrement, de dégrèvements et de non-valeurs est dû (BOI-ENR-DMTOI-10-70-60-12/09/2012, n° 60).

2339 **Application pour le tout ou en partie.** L'acquisition ou la vente d'un immeuble par une société coopérative d'utilisation de matériel agricole profite de cette taxation réduite pour le tout ou partiellement suivant que l'immeuble est ou non affecté en totalité aux opérations relatives à l'utilisation du matériel agricole (BOI-ENR-DMTOI-10-70-60-12/09/2012, n° 70).

2340 **Union de CUMA.** Lorsque plusieurs CUMA se regroupent au sein d'une union, le taux réduit de 0,70 % (0,71498 % avec les perceptions additionnelles) s'applique à l'ensemble des biens immobiliers acquis, y compris ceux destinés à abriter les services administratifs, sous réserve que les immeubles ainsi transférés soient nécessaires à l'exercice de l'activité de l'union ainsi créée et affectés en totalité aux opérations relatives à l'utilisation du matériel agricole (Rép. min. n° 10279 : *JOAN* Q, 25 avr. 1994, p. 238 ; BOI-ENR-DMTOI-10-70-60-12/09/2012, n° 70).

B Sociétés coopératives agricoles de céréales. Moulins coopératifs. Coopératives de meunerie et de meunerie-boulangerie

CGI, art. 1030. – Les actes, pièces et écrits de toute nature concernant les sociétés coopératives agricoles de céréales et leurs unions sont exonérés, sous réserve des dispositions de l'article 1020, de tous droits d'enregistrement.

Les moulins coopératifs, les coopératives agricoles de meunerie et de meunerie-boulangerie créés et fonctionnant sous le régime prévu par le Titre II du Livre V (nouveau) du Code rural [et de la pêche maritime], relatif aux sociétés coopératives agricoles, sont considérés comme coopératives de blé.

2341 **Régime fiscal de faveur.** En vertu du texte précité, les actes, pièces et écrits de toute nature concernant ces sociétés sont exonérés de tous droits d'enregistrement.

Toutefois, les dispositions sujettes à publicité foncière sont assujetties à une taxe de publicité foncière de 0,70 % (CGI, art. 1020), soit 0,71498 % avec les perceptions additionnelles (BOI-ENR-AVS-40-30-11/02/2013, n° 40).

2342 **Société d'intérêt collectif agricole.** Une société d'intérêt collectif agricole (SICA) ne peut bénéficier de l'exonération prévue à l'article 1030 du Code général des impôts en faveur des sociétés coopératives agricoles de céréales et de leurs unions, même si la manutention et le stockage de céréales constituent son activité unique (Rép. min. à M. Philibert, n° 629 : *JOAN*, 3 oct. 1988, p. 2740. – BOI-ENR-DMTOI-10-70-60-12/09/2012, n° 50).

1 Apports immobiliers

2343 L'administration avait admis que les apports immobiliers à titre pur et simple à des sociétés coopératives agricoles de céréales et à leurs unions sont exonérés du droit fixe prévu à l'article 810, I, du Code général des impôts (CGI, art. 810 bis ; BOI-ENR-AVS-40-30-11/02/2013, n° 40). Sur les conséquences de la réforme issue de la loi de finances pour 2019, V. *supra*, n° 2337.

2 Acquisitions et ventes d'immeubles

a) Cas général

2344 **Application de la taxe de publicité foncière à 0,70 %.** Les sociétés coopératives agricoles de céréales, ainsi que leurs unions, sont assujetties à la taxe de publicité foncière au taux de 0,70 % (0,71498 % avec les perceptions additionnelles) pour les acquisitions et les ventes immobilières qu'elles réalisent.
La taxe additionnelle communale n'est pas exigible. En revanche, le prélèvement pour frais d'assiette, de recouvrement, de dégrèvements et de non-valeurs est dû (BOI-ENR-DMTOI-10-70-60-12/09/2012, n° 10).
Les moulins coopératifs, les coopératives agricoles de meunerie et de meunerie-boulangerie créés et fonctionnant sous le régime prévu par le Titre II du Livre V du Code rural et de la pêche maritime, relatifs aux sociétés coopératives agricoles, sont considérés comme coopératives de blé (CGI, art. 1030, al. 2. – BOI-ENR-DMTOI-10-70-60-12/09/2012, n° 20).
La contribution de sécurité immobilière est due selon le droit commun.

b) Cas particulier des coopératives à objet mixte

2345 **Acquisitions.** L'administration admet, par mesure de tempérament, que les sociétés coopératives à objet mixte profitent de ce régime de faveur si elles effectuent normalement des opérations sur les céréales. Mais la portée du taux réduit dépend de la destination et de l'utilisation des biens acquis :

– si le bien est uniquement destiné aux opérations sur les céréales, le tarif de 0,70 % (0,71498 % avec les perceptions additionnelles) s'applique sur la valeur totale de l'immeuble ;

– si, au contraire, le bien doit être utilisé pour des opérations autres que celles sur les céréales, l'acquisition est soumise à la taxe de publicité foncière ou au droit d'enregistrement au tarif déterminé par la nature du bien acquis ;

– enfin, si les biens servent indistinctement à toutes les opérations de la coopérative, le tarif réduit s'applique dans la mesure ou l'organisme acquéreur effectue des opérations sur les céréales. Pour la ventilation du prix d'acquisition, il peut être tenu compte du chiffre d'affaires afférent à ces opérations (BOI-ENR-DMTOI-10-70-60-12/09/2012, n° 30).

Une décision du tribunal de grande instance de Montargis en date du 7 mars 1991 infirme la doctrine de l'administration selon laquelle les sociétés coopératives à objet mixte ne pourraient en principe bénéficier du régime de faveur de l'article 1030 du Code général des impôts. Selon le tribunal, le texte « de portée très générale, ne conditionne pas l'exemption dont s'agit à la circonstance que les coopératives intéressées se livrent à titre exclusif à des opérations sur les céréales ».

Le tarif réduit doit recevoir application dès lors que les statuts de la coopérative lui confèrent une vocation spécifiquement céréalière. S'agissant en l'espèce de son activité dominante, dès lors qu'elle s'exerce indistinctement dans tous les immeubles qu'elle a acquis, la mutation (acquisition) doit, selon le tribunal, bénéficier du régime de faveur prévue par l'article 1030 du Code général des impôts (TGI Montargis, 7 mars 1991 : *Ind. enr.*, 15552).

2346 **Ventes.** Mais le régime de faveur indiqué au numéro précédent s'applique uniquement aux acquisitions que les sociétés coopératives agricoles à objet mixte réalisent.

Par suite, les ventes effectuées par ces sociétés doivent être imposées selon les règles de droit commun. Le tarif des droits d'enregistrement et de la taxe de publicité foncière est applicable à ces mutations selon la nature des biens transmis (BOI-ENR-DMTOI-10-70-60-12/09/2012, n° 40).

Une société d'intérêt collectif agricole (SICA) ne peut bénéficier de l'exonération de droits d'enregistrement prévue à l'article 1030 du Code général des impôts en faveur des sociétés coopératives agricoles de céréales et de leurs unions, même si la manutention et le stockage de céréales constituent son activité unique.

En effet, les sociétés d'intérêt collectif agricole sont régies, principalement, par le décret n° 61-868 du 5 août 1961. Elles sont constituées soit sous forme civile, soit sous forme commerciale. Or si l'article 6 de la loi n° 85-703 du 12 juillet 1985 a conféré aux SICA la qualité de sociétés coopératives, en les rattachant à la loi-cadre n° 47-1775 du 10 septembre 1947 portant statut de la coopération, afin de permettre aux SICA constituées sous forme de société anonyme de continuer à avoir un capital variable après l'entrée en vigueur en droit interne de la deuxième directive européenne, adoptée en 1976 par le conseil des Communautés, ce texte n'a pas eu pour conséquence de rattacher les SICA au statut de la coopération agricole. Celui-ci résulte de textes particuliers, notamment du décret n° 59-286 du 4 février 1959, de l'ordonnance n° 67-813 du 26 septembre 1967, modifiée par la loi n° 72-516 du 27 juin 1972, qui précisent que les sociétés coopératives agricoles constituent une catégorie de sociétés distinctes des sociétés civiles et commerciales (Rép. min. n° 629 : *JOAN* Q, 3 oct. 1988, p. 2740 ; BOI-ENR-DMTOI-10-70-60-12/09/2012, n° 50).

Par ailleurs, selon un arrêt de la chambre commerciale de la Cour de cassation du 20 mai 2003, qui confirme la doctrine administrative, l'exonération prévue par l'article 1030, alinéa 2, du Code général des impôts n'est pas applicable aux ventes consenties par des sociétés coopératives agricoles de céréales dont l'activité n'est pas exclusivement céréalière (Cass. com., 20 mai 2003 : *Dr. fisc.* 2003, n° 40, comm. 697 ; *BIM Lefebvre* 10/2003, n° 174).

Tel est le cas de la vente d'une maison d'habitation par une coopérative agricole dont l'activité porte non seulement sur des « céréales consommation et semences » mais aussi sur des « graines oléagineuses et d'autres produits agricoles », de sorte que cette coopérative est une coopérative mixte (CA Paris, 25 mars 2005, 1re ch. B : *BIM Lefebvre* 10/2005, inf. 188).

Copropriété

Jacques LAFOND

Sommaire analytique

Index alphabétique

Index alphabétique *(suite)*

BIBLIOGRAPHIE : G. Rouzet, *Turbulences sur la publicité foncière : Inf. rap. copr.* sept. 2013, p. 11.

I État descriptif de division

➤ V. État descriptif de division.

II Règlement de copropriété

2347 Nous traiterons successivement de l'établissement du règlement (A), de la modification du règlement (B), et de l'adaptation des règlements à la législation existante (C).

A Établissement

1 Principe

2348 Obligation de publier. L'article 35-6° du décret du 4 janvier 1955 prescrit que « sont publiés au service chargé de la publicité foncière (...) les règlements de copropriété des immeubles ou ensembles immobiliers ».

L'article 35-6° qui prescrit la publication du règlement de copropriété ne distingue pas selon qu'il a été établi avant ou après la mise en vigueur de la copropriété. Les modalités de publication seront simplement différentes lorsque le règlement sera adopté par l'assemblée pendant le cours de la vie de la copropriété. Il a été jugé que le devis descriptif des utilisateurs de boutiques d'une galerie marchande, annexé au règlement de copropriété, devait être publié et qu'à défaut il n'était pas opposable aux ayants cause à titre particulier des copropriétaires (Cass. 3e civ., 20 oct. 1993 : *RD imm.* 1994, p. 103, obs. P. Capoulade).

2 Intérêts de la publication

BIBLIOGRAPHIE : G. Gil, *L'opposabilité aux tiers du règlement de copropriété et de ses modifications : Inf. rap. copr.* oct. 2011, p. 25.

a) Principe : lien entre publication et opposabilité du règlement

2349 Textes. Selon l'article 35, 6° du décret du 4 janvier 1955, précité, la publication du règlement produit « les effets prévus par les dispositions spéciales qui les régissent ». Ces « dispositions spéciales » figurent en l'occurrence à l'article 13 de la loi n° 65-557 du 10 juillet 1965. Selon ce texte : « le règlement de copropriété et les modifications qui peuvent y être apportées ne sont opposables aux ayants cause qu'à titre particulier des copropriétaires qu'à compter de leur publication au fichier immobilier » (sur ce problème d'opposabilité, V. n° 2350).

2350 Opposabilité du règlement subordonnée à sa publication. L'article 13 de la loi du 10 juillet 1965 énonce :

> « Le règlement de copropriété et les modifications qui peuvent lui être apportées ne sont opposables aux ayants cause à titre particulier des copropriétaires qu'à dater de leur publication au fichier immobilier. »

Le règlement n'est donc pas opposable de plein droit aux ayants cause à titre particulier des copropriétaires, ce qui est une application de l'effet relatif des conventions. Ceci concerne notamment :
- les donataires ;
- les légataires à titre particulier ;
- les acquéreurs, que ce soit par vente amiable (Cass. 3e civ., 8 avr. 1970 : *JCP* N et G 1970, II, 16 390, note Guillot) ou par adjudication (Cass. 3e civ., 30 juin 1971 : *Bull. civ.* 1971, III, p. 302, n° 425 ; *JCP* N 1972, prat. 5222).

La formalité de publicité est nécessaire pour que ces ayants cause soient tenus par les stipulations du règlement et ses éventuelles modifications (Cass. 3e civ., 23 juin 1976 : *Bull. civ.* 1976, III, n° 285 ; *JCP* G 1976, IV, 274 ; *Defrénois* 1977, art. 31350, p. 442, note H. Souleau. – Cass. 3e civ., 8 avr. 1970 : *JCP* G 1970, II, 16390, note E.-J. Guillot).

S'il n'a pas été publié, le règlement – ou sa modification – est, comme l'indique clairement l'article 13 de la loi, inopposable aux ayants cause à titre particulier des copropriétaires (Cass. 3e civ., 17 févr. 1999 : *Loyers et copr.* 1999, comm. 139 ; *Rev. Administrer* mai 1999, p. 44, note A. Dunes. – Cass. 3e civ., 7 oct. 1998 : *Loyers et copr.* 1999, comm. 22, note G. Vigneron. – Cass. 3e civ., 31 janv. 1996 : *JCP* G 1996, IV, p. 86).

2351 Applications. Il a été jugé qu'une modification au règlement de copropriété qui n'avait pas été publiée n'était pas opposable à un copropriétaire qui avait acquis son lot après cette modification et qui avait effectué des travaux en contravention avec les nouvelles dispositions du règlement (V. Cass. 3e civ., 7 juin 1983 : *JCP* G 1983, IV, 257 ; *RD imm.* 1984, p. 93, obs. Givord et Giverdon ; *Gaz. Pal.* 1983, II, pan. 288. – V. aussi Cass. 3e civ., 31 janv. 1996 : *Bull. civ.* 1996, III, n° 29 ; *RD imm.* 1996, p. 274, obs. P. Capoulade).

De même, un rectificatif au règlement de copropriété modifiant la répartition des charges n'est pas opposable à l'acquéreur d'un lot s'il n'a pas été publié (CA Paris, 23e ch. B, 28 nov. 2002 : *AJDI* 2003, p. 277. – CA Paris, 25 mars 1988 : *D.* 1988, inf. rap. p. 139), à moins qu'il n'y ait adhéré dans l'acte de vente (Cass. 3e civ., 11 juill. 2001 : *AJDI* 2001, p. 990, note P. Capoulade. – CA Paris, 14e ch. B, 22 oct. 1997 : *JurisData* n° 1997-023034 ; *Loyers et copr.* 1998, comm. 24). L'acquéreur qui, dans l'ignorance de cette solution, aurait payé les charges sur la base du règlement modifié, pourrait demander la restitution (CA Paris, 14e ch. B, 11 févr. 2000 : *AJDI* 2000, p. 437).

b) Exceptions

2352 Opposabilité du règlement à un tiers acquéreur ou à un titulaire de droit réel sur le lot en l'absence de publication. Une exception au principe sus-énoncé est apportée par l'article 4 du décret du 17 mars 1967, ainsi conçu :

> « Tout acte conventionnel réalisant ou constatant le transfert de propriété d'un lot ou d'une fraction de lot, ou la constitution sur ces derniers d'un droit réel, doit mentionner expressément que l'acquéreur ou le titulaire du droit a eu préalablement connaissance, s'ils ont été publiés dans les conditions prévues par l'article 13 de la loi [n° 65-557] du 10 juillet 1965, du règlement de copropriété ainsi que des actes qui l'ont modifié.
>
> Il en est de même en ce qui concerne l'état descriptif de division et des actes qui l'ont modifié, lorsqu'ils existent et ont été publiés.
>
> Le règlement de copropriété, l'état descriptif de division et les actes qui les ont modifiés, même s'ils n'ont pas été publiés au fichier immobilier, s'imposent à l'acquéreur ou au titulaire du droit s'il est expressément constaté aux actes visés au présent article qu'il en a eu préalablement connaissance et qu'il a adhéré aux obligations qui en résultent ».

Ce texte vise, dans son alinéa 3, le cas où le règlement de copropriété, l'état descriptif de division ou les modificatifs dont ils ont été l'objet n'ont pas été publiés. Ceci peut se rencontrer pour les règlements de copropriété antérieurs au 1er janvier 1956, ou encore pour des modifications postérieures à cette date qui, par inadvertance, n'auraient pas été soumises à publication.

Les dispositions du règlement de copropriété, de l'état descriptif de division et les modificatifs non publiés peuvent alors devenir opposables à l'acquéreur, ou à un titulaire de droit réel sur le lot malgré cette absence de publication, si l'acte comporte la double mention que l'acquéreur (ou le titulaire de droit réel) en a eu préalablement connaissance et qu'il a adhéré aux obligations qui en résultent (V. pour plus de détails, *JCl. Notarial Formulaire*, V° Copropriété, Fasc. 218).

2353 Opposabilité du règlement aux copropriétaires. L'opposabilité du règlement aux copropriétaires n'est pas subordonnée à sa publication au fichier immobilier, nécessaire uniquement vis-à-vis des tiers (Cass. 3e civ., 23 juin 1976 : *JCP* G 1976, IV, 274 ; *Defrénois* 1977, art. 31350, p. 442, note Souleau. – Cass. 3e civ., 25 avr. 1972 : *JCP* N 1972, II, 17152, note E.-J Guillot. – CA Lyon, 6e ch. 13 mai 2004 : *Bull. inf. C. cass.* 15 déc. 2004, n° 1905).

3 Modalités de la publication

2354 **Nécessité d'un acte authentique.** De l'article 35, dernier alinéa, du décret du 4 janvier 1955, il résulte que le règlement de copropriété est soumis, pour ce qui concerne sa publication aux règles générales édictées par ce même décret « notamment par les articles 4 à 7 et 32 à 34, concernant la forme des actes, l'identification des personnes et des biens, les délais et les modalités de la publication ».

En application de ces textes, le règlement de copropriété doit être établi en la forme authentique (D. 4 janv. 1955, art. 4, al. 1er). C'est le cas lorsqu'il est rédigé par un notaire.

Mais dans la pratique, il est assez fréquemment rédigé par des professionnels extérieurs au notariat et établi par acte sous seing privé. Sa substance devra alors être reprise dans un acte authentique, pour qu'il puisse être publié, étant ici rappelé que le simple dépôt an rang des minutes d'un notaire ne permettrait pas sa publication (V. **Authenticité**. – Sur les problèmes que pose cette exigence dans la pratique, V. G. Rouzet, *Copropriété : turbulences sur la publicité foncière : Inf. rap. copr.* sept. 2013, p. 11).

2355 **Lieu de la publication.** La publication doit être opérée au service de la publicité foncière de la situation de l'immeuble (D. 4 janv. 1955, art. 35, 6°. – D. 14 oct. 1955, art. 67, 3°).

➤ Sur le cas où l'immeuble dépend du ressort territorial de plusieurs services, V. **Formalités requises dans plusieurs services**.

2356 **Initiative de la publication.** Lorsque le règlement de copropriété préexiste à la naissance de la copropriété, il sera généralement publié par l'initiateur de la mise en copropriété (vendeur, créateur de la société, etc.).

Lorsque le règlement est établi pendant le cours de la vie de la copropriété, suite à son approbation par l'assemblée, le syndic est parfois « mandaté » pour le faire publier. Ce mandat n'a qu'une justification pratique. Il ne fait que rappeler au syndic les obligations qui lui sont imparties par la loi, et dans cette mesure il est donc, en théorie, inutile. En effet, aux termes de l'article 18 de la loi du 10 juillet 1965, le syndic est chargé « d'assurer l'exécution des dispositions du règlement de copropriété et des délibérations de l'assemblée ». Ce texte lui impose de faire publier le règlement après son approbation par l'assemblée (V. E.-J. Guillot, *Pratique de la copropriété*, éd. Publications Administrer, 3e éd. 1992, art. 24 à 26-2, n° 17-15. – Bulté, chron. *in JCP* N 1968, prat. 4437).

4 Moment de la publication

2357 **Règlement préétabli.** Le règlement doit être publié dans le délai de trois mois de la date de l'acte (D. 4 janv. 1955, art. 33-C).

Ce délai ne courra en fait que lorsque l'acte aura date certaine (ce qui sera le cas lorsque le règlement sera établi par acte notarié, ou si sa teneur est reprise dans un acte authentique).

2358 **Cas particulier du règlement résultant d'une décision de l'assemblée.** La publication du règlement de copropriété doit intervenir, nous l'avons vu, dans les trois mois de la date de l'acte (V. n° 2357). Il faut entendre ici dans les trois mois de la date à laquelle il aura été approuvé par l'assemblée. Mais faut-il attendre que la décision de l'assemblée soit définitive pour procéder à la publication du règlement ?

Il est à l'heure actuelle bien admis qu'une décision de l'assemblée est immédiatement exécutoire alors même qu'elle a fait l'objet d'un recours en annulation, ce recours n'ayant pas de caractère suspensif (Cass. 3e civ., 29 avr. 1987 : *JCP* G 1987, IV, 204 ; *Rev. Administrer* oct. 1987, p. 41, obs. E.-J. Guillot. – Cass. 3e civ., 17 janv. 1990 : *Loyers et copr.* avr. 1990, comm. 192. – Cass. 3e civ., 10 oct. 1990 : *Bull. civ.* 1990, III, n° 183 ; *Defrénois* 1991, art. 34987, obs. H. Souleau). La solution résulte implicitement de l'article 42, alinéa 2, de la loi du 10 juillet 1965 qui prévoit sous certaines conditions une suspension de l'exécution pour les décisions rendues en matière de travaux.

Avant la loi du 31 décembre 1985 qui a modifié ce texte, la solution était discutée. Un arrêt de la troisième chambre civile du 16 février 1977 (*Bull. civ.* 1977, III, n° 80 ; *JCP* N 1977, II, 184 ; *Rev. loyers* 1977, p. 361) avait approuvé les juges du fond selon lesquels une décision de l'assemblée ne pouvait être transcrite sur le règlement de copropriété que si aucun recours en annulation n'était formé contre elle par les copropriétaires absents ou opposants dans le délai de deux mois à compter de la notification qui leur en a été ou qui leur en sera faite.

Attendre l'expiration du délai de recours pour procéder à la publication du règlement peut être considéré comme une position de prudence (en ce sens, E. Kischinewsky-Broquisse, *La copropriété des immeubles bâtis*, Litec, 4e éd. 1989, n° 400,

p. 433). Mais rien ne l'impose sur le plan juridique dans l'état actuel des textes, et le syndic ne paraît pas pouvoir différer de son propre mouvement la publication de la décision dans le cas où une demande d'annulation est introduite. Ce faisant, le syndic risque d'engager sa responsabilité. En effet, s'il attend l'issue de la procédure en cours pour procéder à la publication, le nouveau règlement ne sera pas opposable aux ayants cause des copropriétaires qui auront acquis leur lot dans l'intervalle. La décision de justice validant la délibération de l'assemblée, et par là même le nouveau règlement, n'a en effet aucun effet rétroactif.

5 Incidences fiscales

2359 **Paiement des droits.** L'acte notarié qui constate le règlement de copropriété ou ses modificatifs, opérations assujetties obligatoirement à la formalité de publicité foncière, est soumis non pas à l'enregistrement (obligatoire en principe, sauf dispense, pour tous les actes notariés), mais à la formalité fusionnée auprès du service de la publicité foncière du lieu de situation de l'immeuble (CGI, art. 647, I et 657). L'enregistrement résultant alors de la publicité foncière (CGI, art. 647, II), la formalité fusionnée prime tant sur la formalité de l'enregistrement (CGI, ann. II, art. 260) que sur les modalités particulières du paiement sur état (CGI, ann. III, art. 245).

Un arrêté du 9 novembre 2018 (*JO* 16 nov.) applicable à compter du 17 novembre 2018 a corrigé une anomalie en supprimant de la liste des actes soumis au paiement sur état figurant à l'article 60 de l'annexe IV au Code général des impôts les états descriptifs de division et leurs modificatifs. Ces actes devant être obligatoirement soumis à la formalité fusionnée ne peuvent, par le fait même, relever du paiement sur état (V. étude de S. Lamiaux : *JCP* N 2018, n° 47, act. 885).

a) Principe

2360 **Perception d'une taxe fixe.** La publication du règlement entraîne la perception d'une taxe fixe de publicité foncière au taux prévu pour les actes innommés (CGI, art. 680), soit actuellement 125 € (V. **Droits fixes**).

La contribution de sécurité immobilière est perçue au taux fixe (sur le taux en vigueur, V. **Contribution de sécurité immobilière**).

Ces tarifs sont applicables dans le cas de mise en copropriété d'un immeuble ancien, dans le cas de publication du règlement d'un immeuble en copropriété édifié par une société de construction, ou encore dans le cas de publication du règlement intervenant à l'occasion de vente d'immeuble à construire (sous réserve dans ces diverses hypothèses d'application de la théorie des dispositions dépendantes et indépendantes ; V. **Acte contenant plusieurs dispositions**).

b) Exception : perception du droit de partage

2361 Le droit de partage pourrait dans certains cas être réclamé lorsque la mise en copropriété a pour résultat de mettre fin à une indivision (V. n°s 2362 et 2363).

2362 **Division en lots de copropriété d'un immeuble indivis.** Lorsqu'un immeuble est en indivision (par exemple à la suite d'un décès) et que les indivisaires décident de le diviser en lots de copropriété qu'ils s'attribuent mutuellement, l'opération s'analyse sur le plan juridique et fiscal en un partage (V. sur le plan juridique : Cass. 3e civ., 19 nov. 1960 : *JCP* N et G 1960, II, 11458 ; *D.* 1960, jurispr. p. 477, note J. Savatier. – Cass. 3e civ., 11 mars 1987 : *Rev. loyers* 1987, p. 282. – Sur le plan fiscal : Cass. 3e civ., 3 nov. 1981 : *Dr. fisc.* 1982, comm. 658, confirmant CA Paris, 8 juin 1979 : *Ind. enr.*, n° 13416. – Rép. min., 22 oct. 1965 : *Ind. enr.*, n° 11065. – V. également *JCP* N 1967, IV, p. 92 ; *JCP* N 1977, prat. 6575).

En même temps qu'ils acceptent les attributions qui leur sont faites sous forme de lots de copropriété, les indivisaires et futurs copropriétaires acceptent également le règlement de copropriété qui dorénavant va régir leurs rapports et qui aura été préétabli.

Certes, rien n'impose l'établissement préalable du règlement. Le partage pourrait intervenir par référence à un simple état descriptif de division. Mais cette solution n'est pas souhaitable, compte tenu des difficultés que risquent de rencontrer les indivisaires, s'ils ne s'entendent plus, pour adopter un règlement pendant le cours de la vie de la copropriété (V. *infra*).

2363 **Construction d'un immeuble en copropriété sur un terrain indivis.** Les copropriétaires qui désirent construire un immeuble en copropriété sur un terrain indivis (en utilisant par exemple la « méthode de Grenoble ») adoptent généralement par anticipation le règlement de copropriété destiné à régir les immeubles à édifier. Ce règlement fait l'objet d'une convention qui s'intègre dans les conventions de construction.

Il est rappelé que, selon la doctrine de l'administration fiscale, ce type de convention s'analyse en un « partage en état futur d'achèvement » et qu'en conséquence le droit de partage est dû sur la valeur des constructions à édifier (Instr. 13 déc. 1977 : *JCP* N 1978, IV, 6787. – V., pour la présentation et la critique de cette analyse, J. Lafond, *La*

construction d'un immeuble en copropriété sur un terrain indivis : *JCP* N 1978, IV, 6854). La Cour de cassation a adopté la position de l'administration (Cass. 3e civ., 14 mai 1980 : *JCP* N 1981, II, p. 70, note D.F. – *JCl. Notarial Formulaire*, V° Partage [Enregistrement], Fasc. 2, nos 56 à 71).
➤ Pour plus de détails, V. **Construction sur terrain indivis**. – Sur le taux actuel du droit de partage, V. **Partage**.

c) Cas particuliers

2364 **Mise en copropriété d'un immeuble entre la date de l'inscription provisoire d'hypothèque judiciaire et l'inscription définitive.** Si une inscription provisoire d'hypothèque judiciaire est prise sur un immeuble qui a été placé postérieurement sous le régime de copropriété, l'inscription définitive, qui ne contient pas les références de la publicité donnée à l'état descriptif de division ni l'énumération des numéros de lots, doit être néanmoins acceptée. En effet, cette inscription prendra rang rétroactivement à une date où l'immeuble n'était pas placé sous le régime de la copropriété. Lors de l'annotation du fichier, l'inscription sera répertoriée à la fois sur la fiche générale et sur les fiches particulières des lots déjà créés (*Bull. AMC* 1995, art. 1664).

2365 **Règlement de copropriété contenant d'autres dispositions. Échanges.** Il est parfois fait référence à la notion d'échange pour certaines opérations concernant la copropriété : scission (V. **Scission de copropriété**), ou encore surélévation. Une chronique de H. Bulté (*JCP* N 1971, 5081) en donne un exemple.
A avait cédé à B le droit de surélever de quatre étages un immeuble comprenant un simple rez-de-chaussée et un étage en cours de construction et de faire en sous-sol des caves et parkings. Aux termes de l'acte, A s'obligeait à céder à B :
– les millièmes indivis du sol de la propriété et de toutes les parties du rez-de-chaussée et du premier étage qui, selon les stipulations du règlement, devaient être considérées comme communes ;
– la propriété exclusive et particulière du sous-sol.
En contre échange, B s'obligeait à céder à A :
– les millièmes de toutes les choses qui, dans les quatre étages à surélever, seraient aussi selon les stipulations du règlement considérées comme communes.
En réalité, cette opération, destinée à constater la mise en copropriété de l'immeuble dans sa nouvelle physionomie, après exercice du droit de surélévation, aurait pu être présentée sans qu'il soit fait référence à la notion d'échange : A cédait à B le droit de surélévation, et un règlement de copropriété aurait ensuite été publié, soit qu'il désigne l'immeuble dans son état futur d'achèvement, soit après achèvement. Cette publication n'aurait donné lieu qu'à la perception de droit commun (taxe et salaire – aujourd'hui contribution de sécurité immobilière – fixes, V. n° 2360). La formule choisie amenait la perception du droit d'échange (V. Bulté, chron. préc.).

B Modification du règlement

2366 **Authentification de la délibération.** L'article 85 du décret du 14 octobre 1955 prévoit les modalités de publication des procès-verbaux des assemblées ayant pour objet de compléter ou de modifier le règlement de copropriété. Ce texte est ainsi conçu :

> « Lorsque le procès-verbal des délibérations de l'assemblée des copropriétaires prises conformément à l'article 9 de la loi modifiée du 28 juin 1938 [actuellement L. n° 65-557, 10 juill. 1965] pour compléter ou modifier le règlement de copropriété n'a pas été dressé en la forme authentique, une copie ou un extrait de ce procès-verbal, certifié conforme par le représentant de la collectivité des copropriétaires, est déposé au rang des minutes du notaire détenteur de la minute du règlement de copropriété ; la publication en est assurée par les soins dudit notaire ».

L'opinion dominante est que ce texte a été implicitement abrogé, la règle posée par l'article 710-1 du Code civil, issu de la loi n° 2011-331 du 28 mars 2011 interdisant ces modalités de publication. Il en résulte que les procès-verbaux de délibération de l'assemblée ayant pour objet de compléter ou de modifier le règlement de copropriété devront désormais être réitérés en la forme authentique au pouvoir être publié au fichier immobilier (*Bull. AMC* 2010-2011, art. 1956, n° 22. – P.-F. Cuif, *Réforme de la publicité foncière [art. 710-1 C. civ.] : Nouvelles règles et nouvelles pratiques pour le notaire : Bull. Cridon Paris* 1er-15 août 2011, p. 2 et s., n° 15). Il a été proposé à cette fin que l'assemblée générale mandate spécialement le syndic aux fins de réitérer littéralement par acte notarié la décision prise. Le procès-verbal ne devient pas pour autant authentique, mais son contenu transcrit par les soins du syndic dans l'acte notarié revêt cette forme et répond aux exigences de l'article 710-1 du Code civil (G. Rouzet, *Copropriété : turbulences sur la publicité foncière : Inf. rap. copr.* sept. 2013, p. 11). C'est apparemment la solution que le notariat a adoptée, en attendant une éventuelle modification législative (V. Rapport du 111e Congrès des notaires de France, 2015, 4e commission, « Sécurité juridique et vente d'immeuble », Me E. Cevaer, président et Me C. Daveze, rapporteur, n° 4260, p. 881).

2367 **Modalités du dépôt**. C'est au syndic qu'il appartient d'effectuer les formalités permettant d'opérer la publication des délibérations de l'assemblée, même d'ailleurs s'il n'en a pas reçu mandat exprès. Ce devoir lui incombe en tant qu'agent d'exécution des décisions de l'assemblée (L. 10 juill. 1965, art. 18). Si le syndic omettait de faire ces formalités, il pourrait être déclaré responsable des incidences de l'absence de publication. Sur un plan pratique, le syndic se fait généralement donner mandat par l'assemblée avec indication du notaire chez qui s'effectuera le dépôt du modificatif au règlement. Ce notaire est, selon l'article 85, alinéa 1, du décret du 14 octobre 1955 précité, celui qui détient la minute du règlement de copropriété.

2368 **Publicité foncière.** C'est au notaire en l'étude duquel a été effectué le dépôt du modificatif au règlement qu'il appartiendra de faire les formalités de publicité foncière (D. 14 oct. 1955, art. 85, al. 1er. – TGI Paris, 27 mars 1971 : *Gaz. Pal.* 1971, 2, p. 428 ; *JCP* G 1971, II, 16895). Il n'y a pas lieu, à cette occasion, d'indiquer et de certifier l'identité de tous les copropriétaires (Bulté, chron. hyp. : *JCP* N 1968, prat. 4437), mais seulement de préciser les références (date, volume et numéro) de la formalité donnée au règlement de copropriété, ainsi que la désignation de l'immeuble (sur le délai dans lequel doit être effectuée la publicité, V. n° 2357).

2369 **Incidences de l'absence de publicité foncière.** Tout ce qui a été dit à propos de la publication du règlement de copropriété lui-même vaut également à propos de ses modifications (V. nos 2349 à 2353). Il a été récemment jugé que l'absence de publication ou de communication dans l'acte de vente de la modification du règlement de copropriété rend cette modification inopposable à l'acquéreur (Cass. 3e civ., 15 déc. 2021, n° 20-23.221 : *JurisData* n° 2021-021463 ; *Loyers et copr.* 2022, comm. 30, note C. Coutant-Lapalus ; *Administrer* févr. 2022, p. 53, obs. P. Dechelette-Tolot. V. sur le sujet, J. Hocquard, *Opposabilité du modificatif du règlement de copropriété non publiée : Inf. rap. copr.* nov. 2021, p. 43).

C Adaptation des règlements

2370 **Publicité foncière.** L'article 24, II, *f)* de la loi du 10 juillet 1965 prévoit que l'assemblée vote à la majorité prévue par ce texte :

> « *f)* Les adaptations du règlement de copropriété rendues nécessaires par les modifications législatives et réglementaires intervenues depuis son établissement. La publication de ces modifications du règlement de copropriété est effectuée au droit fixe ».

L'approbation de l'acte modificatif du règlement après « adaptation » donnera lieu aux formalités de publicité habituelles, applicables à toute modification du règlement (V. nos 2348 à 2358).

2371 **Perceptions.** L'article 24, II, f de la loi du 10 juillet 1965 prévoit que la publication intervient « au droit fixe » (plus exactement moyennant une taxe fixe ; V. **Droits fixes**). Elle donnera également lieu à la perception de la contribution de sécurité immobilière au taux fixe : V. **Contribution de sécurité immobilière**).

III Opérations effectuées par le syndicat

2372 Il y a lieu de distinguer les opérations effectuées par le syndicat pour son compte, en sa qualité de personne morale (A), et les opérations effectuées par le syndicat pour le compte des copropriétaires, en sa qualité de mandataire légal (B).

A Opérations effectuées par le syndicat pour son compte

2373 **Personnalité morale.** Ayant la personnalité morale (L. 10 juill. 1965, art. 14, al. 1), le syndicat peut avoir un patrimoine et effectuer des opérations pour son propre compte : acquisitions ou aliénations etc., dans la limite de son objet, défini par l'article 14, alinéa 3, de la loi du 10 juillet 1965.

2374 **Identification du syndicat.** En ce qui concerne l'identification des personnes morales, l'article 6 du décret du 4 janvier 1955 prescrit d'indiquer leur dénomination (art. 6, § 1, a), leur forme juridique et leur siège (art. 6, § 1, b). Ce texte ajoute qu'en ce qui concerne les associations et « les syndicats » l'acte ou la décision doit en outre comporter la date et le lieu de leurs déclarations

ou du dépôt de leur statut. Mais les « syndicats » dont il est ici question sont ceux constitués en vue de la défense d'intérêts professionnels qui, aux termes du Code du travail, doivent déposer leurs statuts en mairie.
En ce qui concerne l'identification des syndicats de copropriété, le texte applicable est l'article 6, § 2, alinéa 2, du décret du 4 janvier 1955 qui énonce que : « lorsque la personne morale n'est pas inscrite au répertoire des entreprises (...) le certificat d'identité doit être complété d'une mention attestant de cette situation ».

B Opérations effectuées par le syndicat au nom des copropriétaires : cessions ou acquisitions de parties communes

2375 Comparutions. Tout acte de cession ou d'acquisition des parties communes est « valablement passé par le syndicat lui-même et de son chef » (L 10 juill. 1965, art. 6, al. 1).
Le syndic, ès qualités, représentera le syndicat (L. 10 juill. 1965, art. 18), sans qu'il soit nécessaire de faire intervenir les copropriétaires à l'acte, ni du point de vue civil, ni du point de vue de la publicité foncière (V. pour des ventes de parties communes, *Bull. AMC* 1966, art. 640 *ibid.* 1968, art. 748 ; *JCP* N 1964, prat. 3674 ; *JCP* N 1969, prat. 4578).
Le *Bulletin de l'association mutuelle des conservateurs* rappelle que lorsque le syndicat donne son consentement à un acte de disposition portant sur les parties communes, il agit, non pas en son nom personnel puisque les parties communes dont il dispose ne lui appartiennent pas, mais comme mandataire de l'ensemble des copropriétaires.
Il en résulte, en premier lieu, que la certification de l'identité du syndicat n'est pas nécessaire (*Bull. AMC*, préc., art. 748).
Par ailleurs, la situation du syndicat se distingue de celle d'un mandataire ordinaire. Le mandat légal en vertu duquel il agit et qu'il détient du seul fait qu'il a été autorisé à la majorité prévue par les articles 25 ou 26 de la loi est un mandat global qui lui permet d'engager l'ensemble des copropriétaires intéressés sans distinguer entre ceux qui ont donné leur adhésion à l'opération projetée, ceux qui s'y sont opposés et ceux qui n'ont pas participé à la délibération.

2376 Effet relatif. Du fait que le syndicat agit globalement au nom de l'ensemble des copropriétaires intéressés, quels qu'ils soient, il n'y a pas à se préoccuper de l'identité du droit de propriété de chacun d'eux et en conséquence, il n'y a pas à énoncer dans l'acte l'état civil de chacun des copropriétaires au nom desquels le syndicat agit, ni à indiquer la référence à la publication du titre de propriété de chacun d'eux (*Bull. AMC*, préc., art. 748. – V. également M. Chardonnal, chron. hyp. : *JCP* N 1984, prat. 9071 ; *JCP* N 1987, prat. 164).

2377 Vente de parties communes spéciales. Les principes indiqués ci-dessus valent également dans le cas de cession de parties communes spéciales. Il est inutile de faire comparaître les copropriétaires titulaires de droits dans ces parties communes. La vente s'opérera sur la seule comparution du syndic (V. chron. A. Fournier, *in JCP* N 1999, n° 47, p. 1676).

2378 Acquisition de parties communes entraînant un changement d'emprise de la copropriété. L'article 6-1, alinéas 2 et 3 de la loi du 10 juillet 1965 indique à ce propos :

> « En cas de changement de l'emprise d'une copropriété résultant de l'aliénation volontaire ou forcée ou de l'acquisition de parties communes, les droits soumis ou admis à publicité, autres que les servitudes, dont les lots sont l'objet, s'éteignent sur le bien cédé et s'étendent au bien acquis.
> Toutefois, l'extension prévue à l'alinéa précédent, qui s'opère avec le rang attaché à la publicité primitive, n'a lieu que par la publication au fichier immobilier de la déclaration faite par le syndic ou un créancier que le bien acquis est libre de tout droit de même nature au jour de la mutation ou qu'il est devenu libre de ces mêmes droits. L'inexactitude de cette déclaration entraîne le rejet de la formalité de publicité ».

Supposons que les copropriétaires décident d'acquérir un terrain voisin de la copropriété et de l'incorporer aux parties communes.
L'acte modificatif de l'état descriptif de division se borne à constater l'intégration de la parcelle acquise dans l'assiette de la copropriété. Aucun lot n'est modifié, ni dans ses parties privatives, ni, numériquement, dans sa quote-part de parties communes.
La constatation du changement de l'emprise de la copropriété s'effectue par annotation à la fiche générale de la formalité donnée à l'acte modificatif de l'état descriptif de division au cadre A du tableau III. Le tableau I de cette même fiche générale est annoté de la désignation de la parcelle acquise. La fiche d'immeuble de cette parcelle est elle-même annotée au tableau I de la mention de renvoi à la fiche générale (Instr. 1er août 1979, nos 96 et 97 : *BODGI* 10 E-1-79).

Toutefois, l'extension des droits grevant les lots et les parties communes de la parcelle acquise n'est pas automatique dans ce cas. L'extension n'aura lieu qu'à la diligence du syndic ou d'un créancier déclarant que le terrain acquis est libre ou est devenu libre de tous droits nés du chef de ses précédents propriétaires. Si la déclaration prévue à l'article 6-2, alinéa 3, se révèle inexacte, à la suite de la vérification effectuée par le conservateur au vu du fichier immobilier, la formalité devra être rejetée.
Après acceptation du dépôt de l'acte contenant la déclaration faite par le syndic ou un créancier inscrit selon laquelle le bien acquis est libre ou a été libéré de tous droits, et vérification de son exactitude, la mise à jour du fichier s'effectue de façon différente selon que la déclaration figure dans l'acte d'acquisition, dans l'acte modificatif de l'état descriptif de division, ou fait l'objet d'un acte distinct (sur les modalités de l'annotation, V. Instr. 1er août 1979, nos 99 à 109).
En application de ce texte, si une parcelle acquise est grevée seulement d'une servitude de passage, à l'exclusion de tous autres droits soumis ou admis à publicité, la déclaration exigée du syndic ou d'un créancier, attestant l'inexistence de tels droits, n'a pas besoin de viser les servitudes grevant le bien acquis, celle-ci étant maintenue sans formalité particulière (*Bull. AMC* 1987, art. 1350).

2379 **Suppression de la copropriété et division en volumes.** Dans un complexe immobilier comprenant un centre commercial, un hôtel et des bureaux, il est envisagé de procéder à une opération consistant à liquider la copropriété existante avant de procéder à une division en volumes, jugée plus adaptée à ce type de structure. Dès lors que ce partage préalable ne résulte pas de la simple application des tantièmes de copropriété, ce dernier donnera lieu à des soultes. Dans ce cadre, le partage des parties communes peut-il bénéficier de l'exonération visée à l'article 749 A du Code général des impôts, étant précisé que les soultes résultant du partage seront soumises aux droits de mutation à titre onéreux ?

L'administration a fait la réponse suivante :

« L'opération présentée nécessite de mettre fin préalablement à la copropriété.
Or la dissolution de celle-ci entre dans le cadre des dispositions de l'article 749 A du CGI relatives à l'exonération des droits dus lors du partage d'un ensemble immobilier soumis à la loi n° 65-557 du 10 juillet 1965 modifiée, fixant le statut de la copropriété des immeubles bâtis, et la redistribution des parties communes qui leur est consécutive. À cet égard, la circonstance que le partage ainsi opéré donne lieu à des soultes, taxables par ailleurs aux droits de mutation à titre onéreux, ne fait pas obstacle à l'application de l'article susvisé » (RES n° 2013/04 [ENR], 1er mars 2013 : BOI-ENR-PTG-10-10-20150903, n° 35).

2380 **Aliénation de parties communes entraînant un changement d'emprise de la copropriété.** En ce cas, et conformément à l'article 6-1 de la loi du 10 juillet 1965 (V. n° 2378) les droits soumis ou admis à publicité, autres que les servitudes, dont les lots sont l'objet, s'éteignent sur les immeubles cédés.
Toutefois, la cession d'une parcelle ou fraction de parcelle ne produit pas, à l'égard des servitudes, les effets d'extinction ou d'extension prévus à l'alinéa 1er de l'article 6-1. La disparition ou la modification d'une servitude ne pourra dès lors résulter, conformément au droit commun, que de la configuration des lieux ou d'un acte constatant cette disparition ou modification.
En présence d'une cession de tout ou partie d'une parcelle d'assiette de la copropriété, il conviendra donc de faire apparaître sur la fiche d'immeuble, si elles n'y sont pas déjà mentionnées (fiche renvoyant à la fiche générale) ou sur la fiche d'immeuble créée (en cas de division de parcelle) la ou les servitudes en cause ; il ne peut s'agir ici que des servitudes qui portent effectivement sur le terrain cédé et en aucun cas des servitudes constituées exclusivement sur un ou plusieurs lots (Instr. 1er août 1979, n° 23-24).

2381 **Transfert des voies à la commune.**
➤ Sur ce point, V. **Voies de circulation**.

IV
Opérations concernant les lots

➤ V. **Lot de copropriété**.

V

Hypothèques légales du syndicat

BIBLIOGRAPHIE : J. Lafond, *Inscription de l'hypothèque légale du syndicat de copropriétaires, formule : Loyers et copr.* févr. 2023, form. 2. – J. Lafond, *L'hypothèque légale spéciale du syndicat de copropriétaires : JCP* N 2023, n° 12, 1056.

2382 Incidences de la réforme des sûretés. La réforme des sûretés opérée par l'ordonnance n° 2021-1192 du 15 septembre 2021, applicable à compter du 1er janvier 2022, a modifié la physionomie des garanties offertes au syndicat de copropriétaires pour le recouvrement de ses créances.

• Avant cette réforme, le syndicat bénéficiait d'une double garantie :

– une hypothèque légale, résultant de l'article 19 de la loi du 10 juillet 1965 portant statut de la copropriété ;

– un privilège immobilier résultant de l'article 2374, 1° bis ancien du Code civil. Ce privilège ne jouait qu'en cas de vente de lots. Il était dispensé d'inscription et avait donc un caractère occulte.

• Après la réforme des sûretés, la situation s'est modifiée :

– le syndicat de copropriétaires bénéficie toujours de l'hypothèque légale résultant de l'article 19 de la loi du 10 juillet 1965 qui peut être inscrite à tout moment mais qui ne porte que « sur le lot du copropriétaire débiteur » ;

– le privilège immobilier dont bénéficiait le syndicat a été supprimé (V. F. Bérenger, *Brefs propos sur la disparition du privilège du syndicat des copropriétaires : Administrer* janv. 2022, p. 17). Il a été remplacé par une hypothèque légale spéciale résultant de l'article 2402, 3° du Code civil. Cette hypothèque légale ne s'exerce, comme l'ancien privilège immobilier, qu'en cas de vente d'un lot de copropriété et ne porte que « sur le lot vendu ». Elle est dispensée d'inscription (C. civ., art. 2418, al. 2) et reste donc occulte. De ce fait, elle ne concerne pas la publicité foncière et se trouve par le fait même en dehors du champ d'étude du présent Guide (sur cette hypothèque, V. J. Lafond, *L'hypothèque légale spéciale du syndicat de copropriétaires : JCP* N 2023, n° 12, 1056).

2383 Texte. L'article 19 de la loi n° 65-557 du 10 juillet 1965 concernant le statut de la copropriété des immeubles bâtis est ainsi conçu :

> « Les créances de toute nature du syndicat à l'encontre de chaque copropriétaire sont, qu'il s'agisse de provision ou de paiement définitif, garanties par une hypothèque légale sur son lot. L'hypothèque peut être inscrite soit après mise en demeure restée infructueuse d'avoir à payer une dette devenue exigible, soit dès que le copropriétaire invoque les dispositions de l'article 33 de la présente loi.
>
> *(Mod. Ord. n° 2019-1101, 30 oct. 2019, art. 18)* Le syndic a qualité, sans autorisation préalable de l'assemblée générale, pour faire inscrire cette hypothèque au profit du syndicat, en consentir la main levée et, en cas d'extinction de la dette, en requérir la radiation.
>
> Le copropriétaire défaillant peut, même en cas d'instance au principal, sous condition d'une offre de paiement suffisante ou d'une garantie équivalente, demander mainlevée totale ou partielle au président du tribunal judiciaire statuant selon la procédure accélérée au fond.
>
> Aucune inscription ou inscription complémentaire ne peut être requise pour des créances exigibles depuis plus de cinq ans.
>
> (...) ».

2384 Créances garanties. Aux termes de l'article 19 de la loi du 10 juillet 1965 précité, l'hypothèque légale prévue par ce texte au profit du syndicat peut être inscrite :

– en garantie des créances de toute nature du syndicat à l'encontre de chaque copropriétaire, qu'il s'agisse de provision ou de paiements définitifs ;

– ou lorsqu'un copropriétaire invoque les dispositions de l'article 33 de la loi du 10 juillet 1965 qui lui permettent de payer par annuités sa part des travaux d'amélioration décidés par l'assemblée dans le cadre de l'article 30 de cette même loi.

2385 Procédure préalable. Avant de procéder à l'inscription, le syndic doit en principe adresser au débiteur une « mise en demeure ». Cette mise en demeure, qui doit concerner une dette « devenue exigible », doit être « restée infructueuse ». Cependant, dans le cas évoqué ci-dessus (V. n° 2384) où un copropriétaire demande à payer par annuités sa part contributive à des travaux d'amélioration, conformément à l'article 33 de la loi du 10 juillet 1965, l'inscription peut être prise « dès que le propriétaire invoque » ce texte.

> **ATTENTION** **Aucune inscription ou inscription complémentaire ne peut être requise pour des créances exigibles depuis plus de cinq ans (L. 10 juill. 1965, art. 19, al. 4).**

Copropriété

A Prise d'inscription

2386 **Justificatifs.** Aux termes de l'article 19, alinéa 2 de la loi du 10 juillet 1965, le syndic a qualité pour faire inscrire l'hypothèque légale du syndicat sans avoir à requérir une autorisation préalable de l'assemblée générale.

Cette hypothèque légale entre dans la catégorie de celles qui, en vertu des articles 2428 ancien et 2423 actuel du Code civil, peuvent être requises sans justifications.

Néanmoins, le syndic agira prudemment en conservant dans son dossier les justifications qui devaient être antérieurement fournies au conservateur :

– dans le cas d'une créance exigible, l'acte (sommation ou acte équivalent) contenant la mise en demeure du débiteur et indiquant le montant de la créance ;

– dans le cas prévu à l'article 33 de la loi précitée du 10 juillet 1965, c'est-à-dire lorsque le copropriétaire n'a pas donné son accord aux dépenses entraînées par l'exécution de travaux non imposés par la loi et règle sa part du coût des travaux par annuités égales chacune au dixième de cette part, la décision de l'assemblée des copropriétaires répartissant le coût des travaux et précisant ceux qui ont voté contre, se sont abstenus ou n'étaient ni présents ni représentés à cette assemblée et l'écrit dans lequel le copropriétaire débiteur a déclaré opter pour le mode de paiement par annuités (*Bull. AMC* 1966, art. 630 et 1969, art. 786).

La copie de la décision de l'assemblée et la déclaration d'option pouvaient, toutefois, être remplacées par une attestation du syndic (*Bull. AMC*, art. 786, préc.).

Si le copropriétaire n'a pas voté les travaux, mais n'a pas encore opté pour le mode de paiement en dix annuités, l'inscription ne peut être effectuée que sur justification de la mise en demeure de celui-ci (même réf.).

Dans tous les cas, la mise en demeure peut être remplacée par une reconnaissance de dette du copropriétaire, laquelle peut être simplement sous seing privé dès lors qu'il n'est pas douteux qu'elle émane bien de celui contre lequel l'inscription est requise (*Bull. AMC* 1969, art. 775 et 786).

2387 **Formalisation de l'inscription.** Le syndic a qualité pour établir le bordereau, établir le certificat de conformité et requérir l'inscription. Mais il ne peut procéder à la certification d'identité. Elle peut être effectuée par l'avocat de la copropriété (*Bull. AMC* 1999, art. 1808).

2388 **Hypothèque requise par un tiers subrogé dans les droits du syndicat.** Celui qui a payé au syndicat la dette d'un copropriétaire et auquel la subrogation dans les droits du syndicat est accordée peut faire inscrire directement à son profit l'hypothèque légale (Rép. min. Économie et Finances n° 1161 à Me Poudevigne : *JOAN* CR, 25 oct. 1968, p. 3583).

Les pièces justificatives à produire en sus de celles qui sont exigées normalement (V. n° **2386**) sont alors les suivantes :

– en cas de subrogation légale, la justification du paiement énonçant en quelle qualité (caution par exemple) celui qui l'a effectué a agi ;

– en cas de subrogation conventionnelle, l'acte par lequel cette subrogation a été consentie (*Bull. AMC* 1968, art. 743).

B Mainlevée. Radiation

2389 **Mainlevée amiable.** Selon l'article 19, alinéa 2 de la loi du 10 juillet 1965, dans sa rédaction issue de l'ordonnance du 30 octobre 2019, le syndic a qualité, sans autorisation préalable de l'assemblée générale, pour « consentir la mainlevée » de l'hypothèque légale et « en cas d'extinction de la dette, en requérir la radiation ».

Dans son ancienne rédaction, l'article 19, alinéa 2, de la loi indiquait, à propos de l'hypothèque légale du syndicat, que le syndic pouvait « valablement en consentir la mainlevée et requérir la radiation, en cas d'extinction de la dette, sans intervention de l'assemblée générale ».

Le consentement à la mainlevée impliquait, estimait-on, le paiement de la dette. Mais la mainlevée sans paiement, qui est un acte de disposition, ne pouvait intervenir qu'après autorisation de l'assemblée prise à la majorité de l'article 26 de la loi du 10 juillet 1965 (*Bull. AMC* 1966, art. 630. – Bulté, chron. hyp. : *JCP* N 1965, IV, 3929).

La solution reste valable au regard du texte de l'article 19, alinéa 2 dans sa dernière rédaction.

2390 **Radiation judiciaire.** Par dérogation aux règles du droit civil (C. civ., art. 2435), le président du tribunal judiciaire statuant selon la procédure accélérée au fond » peut ici consentir mainlevée totale ou partielle de l'inscription – même en cas d'instance au fond engagée – si le propriétaire débiteur offre paiement ou garantie jugés suffisants (L. 10 juill. 1965, art. 19, al. 3).

L'exécution de l'ordonnance est subordonnée à la justification de l'absence d'appel résultant d'un certificat de l'avoué (avocat) constatant la signification à partie et d'un certificat du greffier de la cour d'appel établissant qu'il n'y a pas d'appel (CPC, art. 548. – *Bull. AMC* 1966, art. 630).

VI

Demandes en justice

2391 Action en révision ou en « nullité » de la répartition des charges. Il n'y a pas à publier l'action en révision des charges, qui ne figure pas au rang de celles qui sont soumises à publicité en application des articles 30-5° du décret du 4 janvier 1955 et 28-1 et 4 de ce même décret (Cass. 3e civ., 21 nov. 2000 : *JurisData* n° 2000-007067 ; *Loyers et copr.* 2001, comm. 48. – Cass. 3e civ., 18 déc. 1996 : *JCP* N 1998, p. 516, note P. Frémont ; *Loyers et copr.* mars 1997, n° 85, note G. Vigneron ; *Rev. Administrer* juin 1997, p. 46, note P. Capoulade. – CA Paris, 23e ch. B, 27 mai 1999 : *JurisData* n° 1999-023204 ; *Loyers et copr.* 2000, comm. 53). Mais, en toute hypothèse, la publication des modifications apportées au règlement de copropriété à la suite de la révision des charges non conformes à la loi doit être opérée (CA Paris, 15 déc. 1989 : *D.* 1990, inf. rap. p. 15 ; *Loyers et copr.* 1990, n° 146). Il a été jugé qu'une demande de modification du règlement, pour mettre en conformité avec la loi ses dispositions relatives à la répartition des charges, n'était pas soumise à publication (Cass. 3e civ., 21 janv. 2004 : *Bull. civ.* 2004, III, n° 11 ; *Loyers et copr.* 2004, comm. 98, obs. G. Vigneron ; *JCP* G 2004, IV, 1528. – *Contra* CA Versailles, 4e ch., 29 mars 1999 : *Rev. Administrer* août-sept. 1999, p. 71, note crit. J.-R. Bouyeure). La Cour de cassation étend ainsi à l'action en « nullité » la solution donnée à propos des actions en révision de la répartition des charges.

2392 Demande d'annulation du règlement ou d'une clause du règlement. L'article 30, 5 du décret du 4 janvier 1955 soumet à publication obligatoire, à peine d'irrecevabilité, les demandes tendant à faire prononcer la résolution, la révocation, l'annulation ou la rescision de droits ou d'actes soumis à publication (V. J. Lot, *De la publication des demandes en justice, tendant à la modification du règlement de copropriété : Rev. Administrer* mars 1983, p. 10. – V. **Demande en justice**).

En application de ce texte, sont soumises à publication les demandes tendant à l'annulation d'une clause du règlement de copropriété. Il en est de même pour une demande tendant à obtenir qu'une clause du règlement de copropriété soit réputée non écrite, en application de l'article 43 de la loi du 10 juillet 1965.

La Cour de cassation a jugé qu'une demande tendant à voir annuler la composition d'un lot, ainsi qu'une demande en annulation de l'état descriptif de division devaient être publiées à peine d'irrecevabilité, s'agissant de voir prononcer l'annulation d'actes ou de droits réels immobiliers résultant d'actes publiés au fichier immobilier (Cass. 3e civ., 17 déc. 2014, n° 13-23.350 : *Bull. civ.* 2014, III, n° 167).

2393 Demande de nullité d'assemblée ou d'une décision de l'assemblée. La demande d'un copropriétaire tendant à faire prononcer la nullité d'une assemblée générale portant sur la vente de quotes-parts de parties communes, faute de convocation régulière, ne peut s'analyser en une demande tendant à la résolution, la révocation, l'annulation ou la rescision de droits résultant d'actes soumis à publicité (Cass. 3e civ., 11 mai 2005 : *JurisData* n° 2005-028340).

La recevabilité d'une demande de nullité d'assemblée ayant décidé la vente d'une partie commune n'est pas subordonnée à sa publication préalable à la conservation des hypothèques (Cass. 3e civ., 11 mai 2005 : *JCP* G 2005, IV, 2412 ; *Rev. Administrer* juill. 2005, p. 52, obs. J.-R. Bouyeure).

VII

Renseignements hypothécaires

2394 Si une réquisition d'état a été formée sur un immeuble en copropriété désigné par les seules indications de la commune de la section et du numéro cadastral, on ne peut reprocher au service de la publicité foncière de n'avoir pas délivré l'inscription d'hypothèque grevant l'un des lots, sauf toutefois si cette inscription avait été prise avant que l'état descriptif de division ait été publié et donc sur l'entier immeuble désigné par ses seules références cadastrales (*Bull. AMC* 1993, art. 1556).

VIII

Scissions de copropriété

➤ V. **Scission de copropriété**.

IX

Partages de copropriétés

A Exonération du droit proportionnel applicable aux partages d'immeubles en copropriété

2395 **Texte.** L'article 36 de la loi n° 96-987 du 14 novembre 1996 relative à la mise en œuvre du pacte de relance pour la ville (*JO* 15 nov., p. 16656 et s.) avait prévu l'exonération du droit de partage, dans les zones franches urbaines, pour les opérations de partage de copropriété et de redistribution des parties communes en résultant.
L'article 85 de la loi n° 2000-1208 du 13 décembre 2000 (*JO* 14 déc. 2000) a créé un nouvel article 749 A du Code général des impôts, qui est ainsi rédigé :

> « Sont exonérés du droit d'enregistrement ou de la taxe de publicité foncière prévue à l'article 746 les partages d'immeubles bâtis, de groupe d'immeubles bâtis ou d'ensembles immobiliers soumis à la loi du 10 juillet 1965 fixant le statut de la copropriété des immeubles bâtis, et la redistribution des parties communes qui leur est consécutive ».

L'exonération du droit de partage antérieurement limitée aux zones franches urbaines devient donc d'application générale (sur les modalités d'application de ce texte, V. **Scission de copropriété**).
En l'absence d'exonération, la contribution de sécurité immobilière au tarif proportionnel est due.

2396 **Partages visés.** La loi vise :
– les partages d'immeubles bâtis, de groupes d'immeubles bâtis ou d'ensembles immobiliers soumis à la loi n° 65-557 du 10 juillet 1965 fixant le statut de la copropriété des immeubles bâtis ;
– la redistribution des parties communes consécutive à ces partages. Ce partage peut résulter par exemple de la scission de la copropriété.

2397 **Portée de l'exonération.** L'exonération est limitée au droit de partage prévu à l'article 746 du Code général des impôts, c'est-à-dire au droit d'enregistrement ou à la taxe de publicité foncière (sur le taux actuel du droit de partage, V. **Partage**).
Le droit de vente d'immeubles demeure donc applicable si certains copartageants reçoivent des attributions supérieures à leurs droits, à charge de verser aux autres une somme d'argent ou de supporter une part de passif supérieure à celle qui leur incombe normalement, ou en cas où les attributions ne sont pas conformes aux droits des copartageants, sans qu'il y ait de contrepartie.
De même, faute d'exonération, la contribution de sécurité immobilière est due, au tarif proportionnel (V. **Contribution de sécurité immobilière**).

B Solutions diverses

2398 **Partage d'un terrain indivis grevé de droit de jouissance exclusive.** Dans un ensemble immobilier, deux lots ont été créés, le premier comprenant la jouissance exclusive d'une parcelle de terrain de 1 735 m² et les 100196/1000 de la propriété du sol et le deuxième la jouissance exclusive d'une parcelle de 1 500 m² et le surplus des tantièmes de copropriété.
S'il est procédé au partage, et puisque le terrain seul est en indivision, le droit de partage sera assis sur la valeur du terrain. Cette valeur sera déterminée compte tenu de la charge qui le grève, charge constituée par le droit de jouissance exclusive de chaque copropriétaire sur son lot. Cette charge peut effectivement amputer le prix du terrain d'une large part de sa valeur. La valeur résiduelle correspond à l'avantage que les copartageants attachent au fait de se voir attribuer la toute propriété de chacun de leur lot (Rép. min. Budget à M. Guillard. : *JO* Sénat, 27 janv. 1983, p. 138, n° 5170).
Actuellement le droit de partage ne serait plus exigible (V. n°s 2377 à 2380).

2399 Liquidation d'une copropriété existante afin de lui substituer une division en volumes. Il a été exposé que dans un complexe immobilier comprenant un centre commercial, un hôtel et des bureaux, il était envisagé de procéder à une opération consistant à liquider la copropriété existante avant de procéder à une division en volumes, jugée plus adaptée à ce type de structure. Dès lors que ce partage préalable ne résulte pas de la simple application des tantièmes de copropriété, ce dernier donnera lieu à des soultes. Il était demandé si, dans ce cadre, le partage des parties communes pouvait bénéficier de l'exonération visée à l'article 749 A du Code général des impôts, étant précisé que les soultes résultant du partage seraient soumises aux droits de mutation à titre onéreux. La réponse suivante a été faite (RES n° 2013/04 [ENR], 1er mars 2013) :

« Cette opération nécessite de mettre fin préalablement à la copropriété. Or la dissolution de celle-ci entre dans le cadre des dispositions de l'article 749 A du CGI relatives à l'exonération des droits dus lors du partage d'un ensemble immobilier soumis à la loi n° 65-557 du 10 juillet 1965 modifiée, fixant le statut de la copropriété des immeubles bâtis, et la redistribution des parties communes qui leur est consécutive. À cet égard, la circonstance que le partage ainsi opéré donne lieu à des soultes, taxables par ailleurs aux droits de mutation à titre onéreux, ne fait pas obstacle à l'application de l'article 749 A susvisé » (BOI-ENR-PTG-10-10-20150903, n° 35).

X Copropriétés horizontales

A Opérations diverses

2400 Division d'un terrain en plusieurs lots. Stipulation donnant à chaque futur acquéreur le droit exclusif de construire sur son lot telle maison qu'il lui plaira. En pareille hypothèse, le service de la publicité foncière ne serait pas fondé à exiger l'évaluation de chaque lot dans son état de futur achèvement. Il n'y a aucun acte attributif de propriété en ce qui concerne les constructions, les propriétaires des constructions futures n'étant pas identifiés et ces constructions ne sont pas elles-mêmes déterminées.
En conséquence, seuls la taxe de publicité foncière au taux fixe et le salaire fixe du conservateur (aujourd'hui : la contribution de sécurité immobilière au taux fixe) sont exigibles (Bulté : *JCP* N 1969, IV, 4523).

2401 Lots de terrain avec droit de jouissance exclusive. Cession. Le propriétaire d'une parcelle de terrain la divise en deux lots. Chacun des deux lots comprend le droit de construire une maison dans une partie déterminée de ce terrain (autrement dit le droit à la jouissance exclusive de cette partie de terrain) et les 50/100 indivis au même terrain et des parties communes. Aux termes de deux actes authentiques du même jour, il est procédé à la vente des deux lots. Chacun des acquéreurs prend l'engagement de construire une maison d'habitation sur la partie de terrain dont le droit à la jouissance exclusive est attaché au lot vendu et demande l'assujettissement à la TVA. Le dépôt de chacun de ces actes avait été refusé par le conservateur des hypothèques au motif que, s'agissant de la vente d'une quote-part indivise du sol donnant droit d'édifier des constructions comprises dans des lots déterminés dans l'état descriptif de division, avec engagement de construire, il y avait lieu de faire une déclaration estimative pour la construction et de déposer une provision complémentaire pour la perception de la taxe de publicité foncière au taux de 0,60 % (alors en vigueur) sur la valeur de la construction.
Cette exigence n'est pas fondée. Les actes en cause, dès lors qu'ils ne comportent pas de clause d'accession des constructions futures, s'analysent en la vente de terrains à bâtir et, en tant que tels, ne sont pas de nature à donner ouverture à la taxe de publicité foncière (*JOAN*, 27 déc. 1982, p. 5321, n° 8234).

B Suppression de la copropriété

2402 Copropriété horizontale. Terrain indivis entre les acquéreurs. Partage partiel. La situation suivante a été exposée au ministre du Budget : douze copropriétaires sont d'accord pour procéder au partage d'une partie d'un terrain resté dans l'indivision et pour conserver le surplus en indivision à fin d'affectation à usage de parking commun et de voies d'accès. Un document d'arpentage doit être établi à cet effet. Il était demandé quelle était la taxation à opérer.

Dans la réponse faite par le ministre, il est rappelé qu'un acte ne s'analyse en un partage et n'est taxé en tant que tel que s'il met fin à une indivision par la répartition des biens indivis entre les coïndivisaires. Au cas particulier, si comme il semble, les constructions sont des parties privatives, leur valeur ne peut être comprise dans l'assiette du droit de partage. L'acte paraît s'analyser en un partage entre tous les coïndivisaires d'une fraction de l'indivision. Dans cette hypothèse, le droit de partage ne serait dû que sur la valeur de la partie de terrain partagé, appréciée comme en matière de terrain à bâtir si l'attribution divise porte sur la fraction du sol qui supporte chaque construction, éventuellement sur celle constituant le jardin y attenant ou encore sur une parcelle destinée à agrandir celui-ci avec ou sans réfaction selon que la construction existante absorbe ou non la totalité de la capacité de construction du terrain, en fonction des règlements d'urbanisme et notamment du plan d'occupation des sols (Rép. min. à M. Ciccolini : *JOAN* Q, 18 oct. 1980, n° 33153, p. 3948 ; *JCP* N 1981, IV, 8053).

NOTA Actuellement le droit de partage ne serait plus exigible (V. n°s 2377 à 2380).

2403 **Transformation en lotissement.** Certaines copropriétés horizontales ont une structure très proche du lotissement (copropriété pavillonnaire, avec droit exclusif du propriétaire de chaque pavillon de jouir du terrain attenant).

Si les copropriétaires décident d'abandonner la copropriété pour la transformer en lotissement, l'annulation de l'état descriptif de division donnera lieu à la perception de la taxe de publicité foncière au taux prévu pour les partages (sur le taux actuel, V. **Partage**), assis sur la valeur des parties communes dont l'indivision va cesser et qui devra faire l'objet d'une déclaration estimative (*Bull. AMC* 1976, art. 1040).

Si, dans un ensemble immobilier pavillonnaire, les parties privatives sont constituées par les constructions et le droit à la jouissance exclusive et perpétuelle du sol et du terrain attenant et que la copropriété prenne fin après qu'ait été cédé en bloc à la commune l'ensemble des canalisations, voies de desserte et réseau commun, la cession à chacun des copropriétaires du tréfonds de son lot privatif donne lieu à la perception des droits de partage assis sur la seule valeur des parties communes partagées (donc en l'espèce le tréfonds. – V. Rép. min. à M. Longuet, 6 avr. 1981 : *JOAN* CR, p. 1499, n° 38970 ; *JCP* N 1981, prat. 8142-2).

NOTA Actuellement, le droit de partage ne serait plus exigible (V. n°s 2377 à 2380).

2404 **Suppression d'une copropriété horizontale. Sort des inscriptions.** Lorsqu'une copropriété horizontale est supprimée et que les lots étaient grevés d'inscriptions, quel est le sort de ces dernières ? Une chronique de M. Fournier qui examine ce problème distingue deux cas (*JCP* N 1999, p. 1676).

L'opération ne laisse subsister que des immeubles sur lesquels s'exercent des droits privatifs.

Chacun des anciens lots reçoit une désignation cadastrale correspondant à une unité foncière indépendante sur laquelle s'exerce exclusivement un droit de propriété privatif. Un tableau de concordance entre les anciens lots de copropriété et les nouvelles parcelles cadastrées doit être établi pour permettre d'annoter en toute sécurité le fichier immobilier du changement intervenu dans la désignation des biens immobiliers concernés.

S'agissant d'un changement n'affectant que la désignation des biens et non l'étendue des droits réels, le service de la publicité foncière – si la concordance est parfaitement établie – est en mesure de tirer toutes les conséquences du changement publié, et notamment de reporter sur les parcelles cadastrées les charges grevant les anciens lots correspondants, en particulier les inscriptions.

L'opération laisse subsister des parties à usage commun.

Ce cas sera vraisemblablement le plus fréquent du fait de l'existence de voirie de desserte.

En sus du schéma précédent, pour les immeubles comportant des droits privatifs exclusifs, il paraît nécessaire d'identifier spécifiquement ces parties à usage commun par une désignation cadastrale propre sur lesquelles s'exerceront des droits indivis (et non plus une quote-part de parties communes).

Dans ce second schéma, les charges grevant éventuellement les anciens lots devraient être reportées à la fois sur la nouvelle parcelle cadastrale correspondante et sur la ou les parcelles cadastrales créées pour identifier les parties à usage commun, objet des droits indivis.

Bien entendu, la ou les parcelles à usage commun doivent être intégrées dans le tableau de correspondance pour identifier pleinement les biens sur lesquels portent désormais les droits de propriété privatifs et indivis affectant chacun des lots annulés.

Exemple : Lot n° 1 devient AB 10 et droits indivis dans AB 100 ; Lot n° 2 devient AB 20 et droits indivis dans AB 100.

XI

Requalification de copropriétés dégradées

2405 **Exonération.** La loi de finances rectificative pour 2004 (L. n° 2014-1655, 29 déc. 2014, art. 40, I, 1° et 3°) institue une exonération de droits de mutation concernant les opérations de requalification des copropriétés dégradées (ORCOD) d'intérêt national, prévues par la loi n° 2014-366 du 24 mars 2014 dite « loi ALUR », à condition que la collectivité territoriale concernée ne s'y oppose pas (CGI, art. 795 B nouveau et CGI, art. 1594-0 G nouveau).

XII

Exonération en faveur des acquisitions, en vue de leur revente, de lots de copropriété faisant l'objet d'un plan de sauvegarde

2406 **Texte.** Le L de l'article 1594 F quinquies du Code général des impôts prévoit que les acquisitions en vue de leur revente de lots de copropriétés faisant l'objet d'un plan de sauvegarde, en application de l'article L. 615-1 du Code de la construction et de l'habitation, par des sociétés anonymes et des sociétés anonymes coopératives de production d'habitations à loyer modéré ainsi que par des sociétés d'économie mixte sont soumises à la taxe de publicité foncière ou au droit d'enregistrement au taux réduit (BOI-ENR-DMTOI-10-90-20-20140917, n° 440).

2407 **Opérations visées.** Il s'agit des acquisitions de lots de copropriétés faisant l'objet d'un plan de sauvegarde en application de l'article L. 615-1 du Code de la construction et de l'habitation.

Les reventes desdits lots ne bénéficient pas de ce dispositif (BOI-ENR-DMTOI-10-90-20-20140917, n° 450).

2408 **Entités concernées.** Sont concernées :
– les sociétés anonymes d'habitation à loyer modéré définies à l'article L. 422-2 du Code de la construction et de l'habitation ;
– les sociétés anonymes coopératives de production d'habitations à loyer modéré visées à l'article L. 422-3 du Code de la construction et de l'habitation ;
– et les sociétés d'économie mixte.

Bien entendu, les acquisitions réalisées par les offices publics de l'habitat, sur le fondement de l'article 1042 du Code général des impôts, sont exonérées de toute perception au profit du Trésor (BOI-ENR-DMTOI-10-90-20-20140917, n° 460).

Corse

Neyla GONZALEZ-GHARBI

2409 **Particularisme du statut fiscal de la Corse.** Une loi n° 94-1131 du 27 décembre 1994 (*JCP* N 1995, III, 67191) est venue doter la Corse d'un statut fiscal d'ensemble. L'article 1er de cette loi dispose :

« La Corse est dotée d'un statut fiscal destiné à compenser les contraintes de l'insularité et à promouvoir son développement économique et social.
Dans le cadre de ce statut, l'ensemble des dispositions législatives et réglementaires actuellement en vigueur sont maintenues.
Elles feront l'objet d'une publication par le Gouvernement dans un délai de six mois après la promulgation de la présente loi ».

Ces dispositions ont été commentées dans une instruction du 28 juillet 1995 (*BOI* 13 A-1-95). Nous ne retiendrons ici que les particularités de ce régime fiscal intéressant les actes publiés au service de publicité foncière.

I Ventes d'immeubles

A Droits d'enregistrement et taxe de publicité foncière

2410 **Application du droit commun.** Les mutations qui relèvent des droits d'enregistrement ou de la taxe de publicité foncière sont actuellement soumises au droit commun (V. **Vente d'immeuble**).

B TVA immobilière

2411 La TVA immobilière est normalement applicable en Corse, mais des taux particuliers d'imposition ont été institués.

2412 **Principe.** Les opérations concourant à la production ou à la livraison d'immeubles mentionnés au I de l'article 257 du Code général des impôts sont soumis dans la région Corse au taux de 10 % en application des dispositions du a du 5° du 1 du I de l'article 297 du même code, à l'exception des opérations réalisées dans le cadre de la politique sociale prévues par l'article 278 sexies dudit code (BOI-TVA-GEO-10-10, 16 oct. 2020, n° 130).

2413 **Exception : logement social.** Le taux réduit de 5,5 % et, depuis le 1er janvier 2018, celui de 10 % s'appliquent en Corse dans les mêmes conditions que sur le continent (V. **Logement social**). Le coefficient de conversion, qui permet aux redevables réalisant des recettes taxes comprises de déterminer les bases d'imposition hors taxes à porter sur leurs déclarations de chiffre d'affaires, est égal à 0,947 pour les opérations imposables au taux de 5,50 % et à 0,909 pour les opérations imposables au taux de 10 %.

2414 **Logements locatifs intermédiaires.** Les livraisons de logements locatifs intermédiaires dans les conditions prévues à l'article 279-0 bis A du Code général des impôts, qu'ils soient neufs ou issus de la transformation de locaux à usage de bureaux, relèvent également du taux de 10 % (BOI-TVA-GEO-10-10, 16 oct. 2020, n° 135).

C Contribution de sécurité immobilière

2415 La contribution de sécurité immobilière est perçue au taux normal (V. **Contribution de sécurité immobilière**).

D Plus-values immobilières « surspéculatives »

2416 Les ventes d'immeubles et droits immobiliers situés en Corse entrent dans le champ d'application du régime des plus-values immobilières des particuliers (CGI, art. 150 U et s.) et du prélèvement sur les plus-values des non-résidents (CGI, art. 244 bis A). Elles sont également, le cas échéant, soumises à la taxe sur les plus-values élevées régie par l'article 1609 nonies G du CGI (BOI-RFPI-TPVIE). V. **Plus-values immobilières**.

L'article 28 de la loi de finances pour 2023 (L. n° 2022-1726, 30 déc. 2022) permet au gouvernement de multiplier par cinq le tarif de la taxe prévue à l'article 1609 nonies du CGI dans les zones de Corse soumises à « la surspéculation foncière » sous réserve de la délimitation des zones de « surspéculation » par l'Assemblée de Corse sur proposition du président de l'Office foncier de Corse et après consultation des communes concernées et du préfet.

Le tarif de la taxe s'appliquerait aux plus-values, sur leur montant total, selon le barème suivant :

Montant de la plus-value imposable (en euros)	Montant de la taxe
De 50 001 à 60 000	10 % PV-(60 000-PV) × 1/20
De 60 001 à 100 000	10 % PV
De 100 001 à 110 000	15 % PV-(110 000-PV) × 1/10
De 110 001 à 150 000	15 % PV
De 150 001 à 160 000	20 % PV-(160 000-PV) × 15/100
De 160 001 à 200 000	20 % PV
De 200 001 à 210 000	25 % PV-(210 000-PV) × 20/100
De 210 001 à 250 000	25 % PV
De 250 001 à 260 000	30 % PV-(260 000-PV) × 25/100
Supérieur à 260 000	30 % PV

(PV = montant de la plus-value imposable)

Entrée en vigueur : Sous réserve de sa mise en place par le gouvernement, la majoration de la taxe sur les plus-values élevées spécifique à la Corse, s'applique à compter du 1er janvier 2023.

Remarque : Ce dispositif n'est pas codifié.

II Mesures en faveur des indivisions successorales

2417 Afin de faciliter le règlement des indivisions successorales comprenant des biens immobiliers situés en Corse, l'article 11-IV de la loi n° 85-1403 du 30 décembre 1985 codifié aux articles 750 bis A et 1135 du Code général des impôts a prévu certaines mesures temporaires d'exonération fiscale. Ces mesures, destinées à favoriser le règlement des successions comprenant des biens immobiliers en Corse, ont été prorogées successivement et en dernier lieu par la loi de finances rectificative pour 2008 (L. n° 2008-1443, 30 déc. 2008, art. 33 : *JO* 31 déc. 2008, p. 20518).

Une exonération temporaire de droits de mutations par décès avait été également instaurée en faveur des successions comprenant des immeubles et droits immobiliers situés en Corse. Codifiée à l'article 1135 bis du CGI, cette exonération était totale pour les successions ouvertes entre la date de publication de la loi n° 2002-92 du 22 janvier 2002 relative à la Corse et le 31 décembre 2012. Pour les successions ouvertes entre le 1er janvier 2013 et le 31 décembre 2017, l'exonération n'est applicable qu'à concurrence de la moitié de la valeur des immeubles et droits immobiliers situés en Corse.

Ces exonérations ne sont applicables aux immeubles et droits immobiliers pour lesquels le droit de propriété du défunt n'a pas été constaté antérieurement à son décès par un acte régulièrement transcrit ou publié qu'à la condition que les attestations notariées, mentionnées au 3° de l'article 28 du décret n° 55-22 du 4 janvier 1955 portant réforme de la publicité foncière, relatives à ces biens soient publiées dans les vingt-quatre mois du décès.
Ce régime, qui s'est appliqué aux mutations par décès intervenues entre le 23 janvier 2002 et le 31 décembre 2017, est commenté au BOI-ENR-DMTG-10-20-30-120 du 30 mai 2014.
La loi du 6 mars 2017 a prorogé les régimes de faveur prévus en matière de droits de mutation à titre gratuit et de droits de succession afférents aux immeubles situés en Corse par les dispositions du 8° du 2 de l'article 793 et de l'article 1135 bis du Code général des impôts. Le 8° du 2 de l'article 793 du CGI, qui exonère de droit de mutation à titre gratuit « les immeubles et droits immobiliers, à concurrence de 50 % de leur valeur, lors de la première mutation postérieure à la reconstitution des titres de propriété y afférents, sous réserve que ces titres de propriété aient été constatés par un acte régulièrement transcrit ou publié entre le 1er octobre 2014 et le 31 décembre 2027 », formellement de portée nationale, trouve de fait à s'appliquer spécialement en Corse (V. N. Gonzalez-Gharbi, *Immeubles situés en Corse. La fin des régimes fiscaux dérogatoires est prévue pour… 2028 ! : Constr.-Urb.* 2017, comm. 61).
Des exonérations de droits et taxes sont également prévues en faveur des attestations notariées et des procurations permettant de les établir (A), des partages ou licitations de biens héréditaires (B). La loi de finances pour 2023 a instauré une nouvelle exonération de taxe de publicité foncière au profit des actes de notoriété (C).

N.B. : Nous ne faisons ici mention que des seules perceptions intéressant le service de la publicité foncière.

A Procurations et attestations notariées

CGI, art. 1135. – Sous réserve qu'elles soient dressées entre le 1er janvier 1986 et le 31 décembre 2014, les procurations et les attestations notariées après décès sont exonérées de toute perception au profit du Trésor lorsqu'elles sont établies en vue du règlement d'une indivision successorale comportant des biens immobiliers situés en Corse.

La même exonération s'applique aux actes de notoriété établie entre le 1er janvier 2002 et le 31 décembre 2014, en vue du règlement d'une indivision successorale comportant des biens et droits immobiliers situés en Corse.

Ces exonérations s'appliquent à condition que l'acte soit authentique et précise qu'il est établi dans le cadre du IV de l'article 11 de la loi n° 85-1403 du 30 décembre 1985.

2418 Le texte précité exonère ces actes de toute perception au profit du Trésor lorsqu'ils sont établis « en vue du règlement d'une indivision successorale comportant des biens immobiliers situés en Corse ».
L'exonération joue à la condition que l'acte soit authentique (condition remplie par définition en ce qui concerne l'attestation notariée…) et qu'il précise qu'il est établi dans le cadre de l'article 11-IV de la loi n° 85-1403 du 30 décembre 1985.
Le texte précise que ces actes sont « exonérés de toute perception du profit du Trésor ». L'exonération ne s'appliquait pas au salaire du conservateur. Elle devrait s'étendre à la contribution de sécurité immobilière qui a la nature d'une taxe perçue au profit du Trésor.

B Partages, licitations et cessions de droits successifs

1 Régime applicable jusqu'au 31 décembre 2014

CGI, art. 750 bis A. – Les actes de partage de succession, et les licitations de biens héréditaires répondant aux conditions prévues au II de l'article 750, établis entre le 1er janvier 1986 et le 31 décembre 2014, sont exonérés du droit de 2,50 % à hauteur de la valeur des immeubles situés en Corse. Ces exonérations s'appliquent à condition que l'acte soit authentique et précise qu'il est établi dans le cadre du IV de l'article 11 de la loi n° 85-1403 du 30 décembre 1985.

2419 Les dispositions du texte précité relatives à l'exonération du droit de partage ont été commentées dans une instruction du 29 janvier 1986 (*BODGI* 7 F-1-86).
Cette instruction précise :
– que l'exonération du droit de 2,50 % s'applique aux actes de partage de succession et aux licitations de biens héréditaires entrant dans le champ d'application du II de l'article 750 du Code

général des impôts (V. **Droits successifs**, **Licitation** et **Partage**). Elle ajoute que la mesure trouverait également à s'appliquer dans les mêmes conditions et limites, à une cession de droits successifs faisant cesser une indivision successorale.
L'exonération est applicable quel que soit le lieu du décès et du domicile tant du défunt que des parties à l'acte. Elle est limitée à la valeur des biens immobiliers situés en Corse.
Le droit de partage ou de licitation demeure exigible sur les autres biens objets du partage ou de la licitation.
En ce qui concerne les conditions d'application de l'exonération, l'instruction indique que l'acte constatant le partage ou la licitation doit être notarié et préciser qu'il a été établi dans le cadre de l'article II-IV de la loi n° 85-1403 du 30 décembre 1985.
À la suite de la prorogation de ce régime spécial par la loi de finances rectificative pour 2008, ces dispositions s'appliquent aux actes établis entre le 1er janvier 1986 et le 31 décembre 2014.

2420 Précisons, ce qui n'est pas dit dans l'instruction, que les actes de partage de succession et les licitations concernées, comme les cessions de droits successifs étant soumis à l'enregistrement et éventuellement à la formalité unique, donneront lieu à la perception d'un simple droit (ou taxe) fixe si l'acte ne constate qu'un partage d'immeuble. Mais si l'indivision comprend d'autres biens (mobiliers en Corse, mobiliers et immobiliers situés sur le continent), le droit de 2,50 % reste applicable au partage de ces biens.
Les commentaires de l'instruction du 29 janvier 1986 précitée ont été repris au BOI-ENR-PTG-30-10, 12 sept. 2012, n° 70.

2 Régime applicable entre le 1er janvier 2017 et le 31 décembre 2027

CGI, art. 750 bis B. – « Entre le 1er janvier 2017 et le 31 décembre 2027, les actes de partage de succession et les licitations de biens héréditaires répondant aux conditions prévues au II de l'article 750 sont exonérées de droits de 2,50 % à hauteur de la valeur des immeubles situés en Corse ».

2421 Reconduite à plusieurs reprises, l'exonération du droit de partage en faveur des actes de partages et de licitations portant sur des immeubles situés en Corse prévue par l'article 750 bis A du Code général des impôts a cessé de s'appliquer au 31 décembre 2014. L'article 14 de la loi de finances pour 2013 prévoyait sa prorogation pour une nouvelle période de trois ans. Mais, cet article n'a jamais accédé à la vie juridique, le Conseil constitutionnel l'ayant censuré (Cons. const., 29 déc. 2012, n° 2012-662 DC).
Passant outre au risque d'inconstitutionnalité, l'article 5 de la loi n° 2017-285 du 6 mars 2017 visant à favoriser à l'assainissement cadastral et la résorption du désordre de propriété (*JO* n° 0056, 7 mars 2017) a rétabli cette exonération temporaire en créant un nouvel article 750 bis B du Code général des impôts cité *supra*.
Cette même loi du 6 mars 2017 a prorogé les régimes de faveur prévus en matière de droits de mutation à titre gratuit et de droits de succession afférents aux immeubles situés en Corse par le 8° du 2 de l'articles 793 du Code général des impôts et par l'article 1135 bis du même code (V. N. Gonzalez-Gharbi, *Immeubles situés en Corse. La fin des régimes fiscaux dérogatoires est prévue pour… 2028 ! : Constr.-Urb* 2017, comm. 61).

C Actes de notoriété – Exonération de taxe de publicité foncière

2422 Aux termes de l'article 1er de la loi n° 2017-285 du 6 mars 2017 visant à favoriser l'assainissement cadastral et la résorption du désordre de propriété (*JO* n° 0056, 7 mars 2017) :

> « Lorsqu'un acte notarié de notoriété porte sur un immeuble situé en Corse et constate une possession répondant aux conditions de la prescription acquisitive, il fait foi de la possession, sauf preuve contraire. Il ne peut être contesté que dans un délai de cinq ans à compter de la dernière des publications de cet acte par voie d'affichage, sur un site internet et au service de la publicité foncière ».

Cet article s'applique aux actes de notoriété dressés et publiés avant le 31 décembre 2027 (V. Zalewski-Sicard, *Un acte de notoriété acquisitive propre à la Corse : Constr-Urb.* 2017, focus 19).
L'article 66 de la loi de finances pour 2023 (L. n° 2022-1726, 30 déc. 2022) a complété ce dernier alinéa de l'article 1er de la loi du 6 mars 2017 en y ajoutant : « Lesdits actes sont exonérés de la taxe de publicité foncière » (V. **Acte de notoriété**).
Conformément au II de l'article 66 de la loi n° 2022-1726 du 30 décembre 2022, ces dispositions s'appliquent aux actes de notoriété dressés et publiés à compter du 1er janvier 2023. Elles devraient s'appliquer jusqu'au 30 décembre 2027.
Cette nouvelle exonération de taxe de publicité est destinée à encourager la reconstitution de titres de propriété afin de faciliter les opérations de transmission foncière.

Coupes de bois (et récoltes)

Franck ROUSSEL

2423 **Principe.** Les récoltes pendantes par les racines et les fruits des arbres non encore recueillis sont immeubles par nature (C. civ., art. 520, al. 1er). Il en est de même des coupes de bois taillis et de futaies, tant que les arbres ne sont pas abattus (C. civ., art. 521). La mutation à titre onéreux de ces biens entre donc dans le champ d'application de la taxe de publicité foncière. Mais ils peuvent perdre ce caractère, notamment lorsque les coupes de bois ou les récoltes sont vendues sur pied (ventes de meubles par anticipation). Ces mutations échappent alors à la taxe de publicité foncière. Le caractère mobilier ou immobilier de ces biens se détermine essentiellement par l'intention des parties et par la destination qu'elles entendent leur donner. En effet, sous le couvert de ventes mobilières, peuvent se dissimuler des ventes d'immeubles. Il en est ainsi par exemple, lorsque la vente du sol et de la récolte ou de la coupe de bois intervient par actes séparés concomitants, ou passés à des dates rapprochées entre les mêmes parties – ou même lorsqu'il y a des acquéreurs différents – s'il est établi que l'un a agi en qualité de personne interposée. Par contre, il a été jugé que l'acquisition par une même personne du sol de la superficie (taillis et futaie) appartenant à deux vendeurs distincts ne faisait pas perdre à la vente de la superficie son caractère de vente mobilière (BOI-ENR-DMTOI-10-10-10-08/03/2017, n° 230).

2424 **Vente du sol et des arbres consentie à un même acquéreur.** En principe, la réunion sur la tête du même acquéreur de la superficie et du sol d'une forêt n'est pas à elle seule une circonstance de nature à démontrer la fraude (Maguéro, V° Vente d'immeubles, n° 142).
La vente de la superficie d'un bois fait perdre aux arbres de haute futaie qui le composent leur caractère immobilier lorsqu'il est établi que l'acquéreur avait eu en vue l'exploitation de cette superficie. Les arbres ont, dès lors, été mobilisés par anticipation (Cass. com., 24 nov. 1981 : *Bull. civ.* 1981, IV, n° 408). Il en a été déduit en l'espèce que le vendeur perdait les avantages fiscaux accordés aux marchands de biens qui ont acheté des immeubles en vue de la revente dans un délai de cinq ans (CGI, art. 1115).

2425 C'est aux tribunaux d'apprécier en fait si la dualité des contrats constitue une simulation frauduleuse alors qu'en réalité il n'existe qu'une vente unique. Dans l'affirmative, les parties seront condamnées à acquitter le droit sur la superficie au taux réglé pour les immeubles, sans préjudice des pénalités pour le cas de dissimulation de la véritable nature du contrat.

2426 Si l'acquisition du fonds précède ou suit de peu l'acquisition de la superficie (même acte ou actes consentis à des dates rapprochées), les deux actes peuvent être considérés comme corespectifs, c'est-à-dire comme ne formant qu'une seule et même opération (Maguéro, *ibid.*).

2427 En particulier, l'administration serait fondée à exiger le tarif immobilier sur la totalité du prix tant du sol que de la superficie d'une forêt, nonobstant la pluralité d'actes, lorsque la superficie est vendue soit par acte séparé, soit par le même acte et dans ce cas, moyennant un prix distinct, à l'acquéreur du sol à qui l'obligation d'abattre les arbres n'est pas imposée (V. jurisprudence citée par Maguéro, V° Vente d'immeuble, n° 144-A).
Il en est de même lorsqu'aucun délai n'a été imposé à l'acquéreur de la superficie qui a en même temps acheté le sol pour l'abattage des arbres, ou lorsque le délai fixé pour cette opération est hors de proportion avec celui qui serait

normalement nécessaire, ou lorsqu'un délai a bien été fixé pour l'abattage des arbres mais qu'il est ultérieurement établi que cette stipulation était frauduleuse… (Maguéro, *ibid.*, n° 144-A-I et II).

2428 Vente du sol et des arbres à des acquéreurs distincts. Lorsque la superficie est vendue isolément et que le sol et la superficie sont aliénés au profit de deux acquéreurs distincts, la vente de bois a en principe un caractère mobilier.

Toutefois, au regard des règles de la publicité foncière, il a pu être jugé qu'une vente d'arbres à abattre ne saurait s'analyser qu'en une vente immobilière à l'égard de l'acquéreur du fonds et qu'elle doit être publiée au service chargé de la publicité foncière de la situation des immeubles en vertu de l'article 28-2 du décret du 4 janvier 1955. Faute d'avoir fait l'objet d'une telle mesure de publicité foncière, elle est, en vertu de l'article 30 de ce même décret, inopposable aux acquéreurs du fonds qui ont acquis sur celui-ci, du même auteur, des droits concurrents en vertu d'un acte soumis à la même obligation de publicité et qui ont effectivement publié cet acte (CA Reims, 10 mai 1982 : *JCP* G 1984, II, 20225, obs. crit. M. Dagot).

2429 Si l'administration était en mesure d'établir l'interposition de personnes, la vente serait immobilière. Ce serait notamment le cas si les acquéreurs étaient liés par des liens de parenté (T. civ., 11 mai 1864 : *Journ. enr.*, 17884) ou par des rapports de patron à employés (T. civ. Foix, 29 déc. 1875 : Maguéro, *ibid.* n° 144-D. – V. cependant Brioude, 9 mars 1906 : *RP*, 11347 cité par Maguéro, *ibid.*, n° 146-E).

2430 Acquisition de la futaie et du taillis par le propriétaire du sol. Lorsque le propriétaire du sol acquiert la futaie et le taillis qui appartenaient à une autre personne, cette acquisition est en principe une vente mobilière (Rép. min. Durieux : *JOAN*, 17 juill. 1971, p. 3705, n° 18660).

2431 Sol et superficie appartenant à deux propriétaires différents et vendus à un même acquéreur. Lorsque la superficie a été détachée du sol d'une manière quelconque et que, appartenant ainsi à un propriétaire autre que le maître du sol, elle est vendue à un tiers, cette vente est en principe mobilière, alors même qu'elle serait concomitante à l'aliénation du sol consentie au même acquéreur (Charleville, 19 août 1881 : Maguéro, V° Vente d'immeubles, n° 148).

2432 Adjudication du fonds et de la superficie pour un prix unique. Acquéreurs distincts. La superficie d'un bois ne peut être mobilisée sans le consentement des vendeurs : à défaut de ce consentement, il y a mutation d'immeuble à titre onéreux en ce qui concerne la superficie.

Il en est ainsi alors même que l'adjudicataire d'une forêt a déclaré command au profit d'une autre personne pour le terrain. Il en est de même dans une adjudication judiciaire lorsque les décisions qui ont ordonné la vente ne prévoient, non plus que le cahier des charges, la possibilité de séparer la superficie du terrain, surtout lorsque les parties ont elles-mêmes requis la publication de l'adjudication à l'effet de faire inscrire le privilège de vendeur (Maguéro, V° Vente d'immeubles, n° 145).

2433 Par contre, lorsqu'une forêt a été mise en vente sur deux mises à prix distinctes s'appliquant la première au fonds, la seconde aux arbres, et que l'adjudicataire unique conserve et confirme la séparation du sol et de la superficie au moyen d'une déclaration de command en faveur de deux acquéreurs différents, la vente de la superficie est une vente mobilière (Maguéro, *ibid.*, n° 146-D).

2434 Réserves de coupes de bois. La réserve par le vendeur d'une forêt d'une coupe de bois arrivée à maturité et destinée à être rapidement exploitée ne constitue pas une charge à ajouter au prix. Il en serait différemment s'il s'agissait de coupes nombreuses dont l'exploitation doit s'étendre sur une longue période et si le prix du bien est immédiatement payé ou productif d'intérêts (BOI-ENR-DMTOI-10-10-20-20-12/09/2012, n° 330).

Crédit-bail immobilier

Neyla GONZALEZ-GHARBI

Sommaire analytique

Index alphabétique

BIBLIOGRAPHIE : J.-F. Adelle, *La publicité des opérations de crédit-bail immobilier : Dr. et patrimoine* juin 1995, p. 54 et s. – A. Agasse et H.-N. Fleurance, *Faut-il soumettre le contrat de crédit-bail immobilier aux droits d'enregistrement et à la taxe de publicité foncière ? : Gaz. Pal.* 1995, II, doctr. p. 1098. – C. Félix, *Nouvelles dispositions fiscales régissant le crédit-bail immobilier : JCP* N 1995, prat. p. 1101. – J.-P. Garçon, *Crédit-bail et publicité foncière : JCP* N 1996, prat. p. 977 et s. – J. Lafond, *L'absence de publication des contrats de crédit-bail immobilier – Incidences fiscales : JCP* N 1991, prat. p. 1881. – B. Mortier, *Crédit-bail immobilier : le point sur la fiscalité des SCI locataires : Dr. fisc.* 1996, p. 559 et s. – L. de Maintenant, *Les financements immobiliers et la taxe de publicité foncière : BF Lefebvre* 5/2001, p. 288. – E. Pornin, *Crédit-bail immobilier de plus de 12 ans : quelles sanctions attachées au défaut de publicité foncière ? : JCP* N 2002, n° 23, p. 825. – N. Gonzalez, *Bail de locaux professionnels, crédit-bail immobilier, bail à construction : bref aperçu des nouvelles règles en matière de TVA : Nota Bene (Cridon Bordeaux-Toulouse)* déc. 2010, 643. – C. Deleu, *Dispense de TVA et cession d'un immeuble locatif : quelle grille de lecture de l'article 257 bis suite à la jurisprudence du Conseil d'État appliquée au crédit-bail ? : Dr. fisc.* 2016, comm. 292. – N. Baum et S. Marquis, *La publicité des contrats de crédit-bail immobilier : bilan et perspectives : Constr.-Urb.* 2022, n° 9, étude 8.

I Généralités

2435 **Définition.** Selon l'article L. 313-7-2 du Code monétaire et financier, les opérations de crédit-bail immobilier sont celles par lesquelles une entreprise donne en location des biens immobiliers à usage professionnel, achetés par elle ou construits pour son compte, lorsque ces opérations, quelle que soit leur qualification, permettent aux locataires de devenir propriétaires de tout ou partie des biens loués, au plus tard à l'expiration du bail :

– soit par cession en exécution d'une promesse unilatérale de vente ;

– soit par acquisition directe ou indirecte des droits de propriété du terrain sur lequel ont été édifiés le ou les immeubles loués (principe de l'accession) ;

– soit par transfert de plein droit de la propriété des constructions édifiées sur le terrain appartenant audit locataire (bail à construction).

II Conclusion du contrat de crédit-bail

A Publicité foncière

1 Énoncé du principe

2436 Les contrats de crédit-bail immobilier entrent dans le champ d'application de la publicité foncière. Selon l'article R. 313-12 du Code monétaire et financier :

> « Les contrats mentionnés au 2 de l'article L. 313-7 donnent lieu, selon les stipulations qu'ils comportent, à publicité obligatoire ou facultative, auprès du bureau des hypothèques suivant les modalités fixées pour les contrats de même nature régis par les articles 28 et 37 du décret n° 55-22 du 4 janvier 1955 modifié portant réforme de la publicité foncière ».

Il ne fait pas de doute à la lecture de ce texte que les contrats de crédit-bail immobilier sont assujettis à la publicité foncière (V. M. Dagot, *La publicité au bureau des hypothèques des contrats de crédit-bail immobilier : JCP* N 1985, prat. 9418), lorsqu'ils ont une durée supérieure à douze ans (V. *infra*, n° 2440).

Une réponse du ministre de l'Économie et des Finances et de la Privatisation à M. Besson (*JOAN* CR, 16 mars 1987, p. 1515, n° 14841) précise que cette publicité à la conservation des hypothèques constitue un moyen de faire connaître aux tiers définis à l'article 30 du décret n° 55-22 du 4 janvier 1955, mais surtout aux créanciers de l'utilisateur, la nature et la portée réelle des droits de ce dernier au regard des bâtiments dans lesquels l'entreprise exerce son activité.

2437 Cette même réponse ajoute que l'obligation de publier s'impose aux communes en ce qui concerne les contrats de crédit-bail qu'elles peuvent être amenées à conclure avec les entreprises. Cette solution est reprise au BOI-ENR-DMTOI-10-60-20130408, § 30 qui rappelle : « L'obligation de soumettre à la publicité foncière les contrats de crédit-bail immobilier dont la durée est supérieure à douze ans s'applique à l'ensemble des usagers concernés. Le fait que le crédit-bailleur soit une commune ne saurait l'en dispenser ».

2 Fondement du principe

2438 Double nature du contrat de crédit-bail immobilier. L'obligation de publier ne joue que dans la mesure où le contrat de crédit-bail contient des dispositions assujetties à publicité foncière. Pour définir la portée du principe ci-dessus énoncé (V. n° **2437**), il faut donc analyser le contenu du contrat et en définir la nature.

On s'est demandé quelle était la nature juridique du crédit-bail immobilier et, sans vouloir entrer dans les détails et débats doctrinaux auxquels a donné lieu ce point de droit, nous retiendrons que le contrat est généralement analysé en un bail avec promesse de vente. C'est cette analyse qui a d'ailleurs été retenue par la jurisprudence lorsqu'elle a eu à résoudre ce problème (T. com. La Rochelle, 26 juin 1964 : *Gaz. Pal.* 1964, 2, 346. – Rouen, 3 juill. 1970 : *D.* 1971, p. 465. – Solal, *Le crédit-bail immobilier : AJPI* 1974, p. 89 et s.).

Et l'on sait par ailleurs :

– que la publicité des promesses de vente portant sur un droit immobilier peut être opérée en application de l'article 37-1° du décret du 4 janvier 1955, mais qu'elle est simplement facultative ;

– qu'en ce qui concerne le bail, le § h de l'article 28-I du décret du 4 janvier 1955 assujettit obligatoirement à la formalité de publicité le « bail pour une durée de plus de douze années et, même pour un bail à moindre durée, la quittance ou cession d'une somme équivalente à trois années de loyer ou fermage non échu » (sur le problème de la publication du contrat du crédit-bail, V. Bulté, chron. hyp. : *JCP* N 1974, IV, 5636. – Rép. min. Économie et Finances, 9 févr. 1974 : *JCP* N 1974, IV, 5679 ; *JCP* N 1978, IV, 6978, chron. E.C.).

2439 Calcul du délai de douze ans. Pour les contrats de crédit-bail immobilier conclus à compter du 1er janvier 1996 dans les conditions prévues à l'article 1er de la loi n° 66-455 du 2 juillet 1966 modifiée, une modalité particulière de calcul du délai de douze ans s'applique.

En effet, lorsque de tels contrats de crédit-bail prévoient le paiement de pré-loyers correspondant au seul remboursement des frais financiers supportés par le crédit-bailleur, entre la date de signature du contrat et la date d'entrée en jouissance, il est admis que la période pendant laquelle courent ces pré-loyers ne soit pas prise en compte pour le calcul du délai de douze ans. Cette solution n'est applicable qu'à la condition que le contrat fasse apparaître distinctement la période correspondant aux pré-loyers et qu'aucune quote-part de ceux-ci ne soit prise en compte pour la détermination du prix de cession de l'immeuble prévu au contrat (BOI-ENR-JOMI-10-20141006, § 40).

2440 Cas où la publication du contrat de crédit-bail immobilier est obligatoire. Le contrat de crédit-bail entre dans le champ d'application de la publicité foncière en raison de sa double nature : juxtaposition d'une promesse de vente et d'un bail.

Mais la publication n'est obligatoire que si la durée du bail est supérieure à douze ans (Instr. 20 avr. 1973 : *BODGI* 10 D-7-73 ; *JCP* N 1973, IV, 5508. – Cass. com., 23 avr. 2003 : *Dr. fisc.* 2003, n° 38, comm. 648 ; *Ind. enr.*, 2003, n° 18186 ; *Defrénois* 2004, art. 37876, n° 3, obs. A. Chappert. – V. C. monét. fin., art. L. 313-10 ; BOI-ENR-DMTOI-10-60-20130408, § 20).

D'autre part, la publication peut être obligatoire en raison de dispositions indépendantes contenues dans le contrat : par exemple, des clauses restreignant le droit de disposer du crédit-bailleur (Rép. min., 16 mars 1993, préc. ; Instr. 20 avr. 1973, préc.) ou d'une délégation de loyers pour plus de trois années (V. n° 2438).

2441 Formalité – Régime antérieur au 1er janvier 2023. Conformément aux dispositions du 2e alinéa de l'article 647 du CGI, dans leur rédaction antérieure à celle issue de l'article 22 de la loi de finances pour 2023 (L. n° 2022-1726, 30 déc. 2022), les baux d'immeubles urbains de plus de douze ans à durée limitée, soumis à publication obligatoire, comme d'ailleurs les baux n'excédant pas douze ans, étaient exclus du champ d'application de la formalité fusionnée (BOI-ENR-DG-10-30, 30 sept. 2014, n° 70).

Dispense d'enregistrement. Ces actes constatant une mutation de jouissance à durée limitée d'immeubles, quelle qu'en soit la durée, étaient dispensés de la formalité de l'enregistrement. Cette dispense s'appliquant quel que soit le montant annuel du loyer, et quelle que soit la forme de l'acte (BOI-ENR-JOMI-10, 2 août 2017, n° 10).

Si les parties décidaient volontairement de soumettre le bail à l'enregistrement (par ex. pour lui donner date certaine), il y avait lieu à la seule perception du droit fixe de 25 € prévu par l'article 739 du Code général des impôts (BOI-ENR-JOMI-10, 2 août 2017, n° 20).

Les avenants aux baux de cette nature étaient soumis aux mêmes règles.

Publicité foncière. La taxe de publicité foncière est perçue lors de la publication de l'acte au fichier immobilier (Doc. adm. DGI, 7 E-217, n° 2, 2 nov. 1988) au service de la publicité foncière du lieu de la situation de l'immeuble. La taxe est majorée de la taxe additionnelle perçue au profit de l'État (BOI-ENR-JOMI-10, 2 août 2017, n° 50).

Délai pour publier. La publication doit être effectuée dans les trois mois de la date de l'acte (D. 4 janv. 1955, art. 33. – Doc. adm. DGI, 7 C-1442, n° 25, 1er oct. 2001 ; BOI-ENR-DMTOI-10-60, 8 avr. 2013, n° 40).

2442 Régime applicable à compter du 1er janvier 2023. Formalité fusionnée obligatoire. L'article 22 de la loi n° 2022-1726 du 30 décembre 2022 de finances pour 2023 (L. n° 2°22-1726, 30 déc. 2022), a modifié le deuxième alinéa de l'article 647 du CGI afin de supprimer l'exclusion des baux de plus de douze ans à durée limitée du régime de la formalité fusionnée. Désormais cette exclusion vise uniquement « les *décisions judiciaires et les actes pour lesquels il est impossible de procéder à la formalité fusionnée* ».

Il en résulte que, sauf pour les baux de plus de douze ans résultant de décisions judiciaires, le bail d'immeuble à durée limitée de plus de douze ans constaté par un acte authentique est soumis à la formalité unique. La nouvelle règle part du postulat que les actes notariés sont soumis obligatoirement à la formalité de l'enregistrement en application du 1° du 1 de l'article 635 du CGI et que cette règle s'applique sans réserve aux actes notariés constatant un bail d'immeuble à durée limitée (V. N. Gonzalez Gharbi, *Baux immobiliers de plus de douze ans : instauration de la formalité unique : Constr.-Urb.* 2023, comm. 26).

(Sur la doctrine administrative qui a préconisé l'application de la formalité unique aux actes notariés constatant un bail à construction, un bail à réhabilitation ou un bail emphytéotique, V. BOI-ENR-JOMI-30, 24 mars 2021, nos 40, 180 et 302. – N. Gonzalez Gharbi, *Baux conférant des droits réels immobiliers de plus de douze ans : la formalité unique et perceptions incertaines : Constr.-Urb.* 2021, comm. 102).

Contrairement à la doctrine administrative qui ne se prononçait pas sur les perceptions exigibles sur les actes concernés par cette formalité unique, l'article 22 de la loi de finances pour 2023 a modifié les dispositions des articles 665 et 681 du CGI afin que la règle selon laquelle, en matière de formalité fusionnée, la taxe de publicité foncière tient lieu de droits d'enregistrement, s'applique désormais aux baux de plus de douze ans à durée limitée.

Délai d'exécution de la formalité. Conformément aux dispositions du III de l'article 647 du CGI, la formalité fusionnée doit être requise dans le délai **d'un mois** à compter de la date de l'acte.

3 Sanctions de l'absence de publication

2443 La sanction de l'absence de publication du contrat peut être d'ordre juridique ou fiscal.

a) Sanction d'ordre juridique

2444 Inopposabilité du contrat aux tiers. Selon l'article R. 313-13 du Code monétaire et financier :

> « Le défaut de publicité entraîne l'inopposabilité aux tiers dans les conditions prévues à l'article 30 du décret [n° 55-22] du 4 janvier 1955 précité ».

Si le contrat de crédit-bail n'a pas été publié bien que cette publication soit obligatoire, les tiers (au sens de l'article 30 du décret du 4 janvier 1955), qui sur le même immeuble, ont acquis du même auteur, des droits concurrents en vertu d'actes ou de décisions soumis à la même obligation de publicité et publiés, où ont fait inscrire des privilèges ou hypothèques, peuvent considérer que ce contrat leur est inopposable.

Cette inopposabilité pourrait être soulevée par ceux qui tiennent leurs droits du crédit-bailleur : par exemple, un créancier qui aurait inscrit sur l'immeuble une hypothèque judiciaire du chef du crédit-bailleur, ou un second crédit-preneur concernant le même immeuble qui aurait publié son titre (hypothèse peu vraisemblable en pratique). Mais dans le cas de liquidation de biens, les créanciers représentés par le liquidateur ne sont pas des tiers au sens de l'article 30, alinéa 1, du décret du 4 janvier 1955. Le contrat de crédit-bail leur est donc opposable alors même qu'il n'a pas été publié (Cass. com., 15 mai 2001 : *Bull. civ.* 2001, IV, n° 89 ; *D.* 2001, p. 1873, obs. A. Lienhard ; *Rev. loyers* 2001, p. 340, note Ch.-H. Gallet ; *Defrénois* 2002, art. 37565-43, p. 836, obs. Piédelièvre).

En outre, la responsabilité civile du crédit-bailleur ou du crédit-preneur pourrait être recherchée si les tiers avaient subi un dommage par suite de l'absence de publication. Ainsi, dans le cas où un créancier aurait pris à tort un nantissement sur le fonds du crédit-preneur en croyant qu'il incluait le droit au bail (J.-F. Adelle, *op. cit.*, p. 57).

2445 Défaut de publication d'un contrat conclu antérieurement au 1er janvier 1996. Rejet non opposable. L'Association mutuelle des conservateurs a été consultée sur le cas suivant : dans un acte de vente, il était précisé que l'immeuble vendu avait fait l'objet en 1982 d'un contrat de crédit-bail, non publié, en faveur de l'acquéreur. Elle a estimé que le conservateur n'était pas fondé à opposer un rejet. Il ne peut, en effet, être soutenu, dès lors que l'acquisition par le vendeur a été régulièrement publiée, que l'absence de publication est une cause de rejet au sens de l'article 34-3 du décret du 14 octobre 1955 comme constituant une discordance entre, d'une part, les énonciations relatives à l'identification des parties ou à la désignation des immeubles contenues dans le document à publier et, d'autre part, les énonciations correspondantes contenues dans les titres déjà publiés (*Bull. AMC* 1999, art. 1796). La solution vaut aujourd'hui pour le service de la publicité foncière.

b) Sanctions fiscales

2446 Non-application du régime fiscal de faveur. Sur le plan fiscal, l'absence de publication du contrat (lorsqu'elle est obligatoire), ou sa publication tardive a pour conséquence, au moins en ce qui concerne les contrats conclus à compter du 1er janvier 1996, de priver le crédit-preneur qui exerce l'option d'achat en fin de contrat du bénéfice du régime fiscal de faveur (V. n° **2494**).
D'autre part, la réduction d'assiette pour la perception de la taxe de publicité foncière est également subordonnée à la publication du contrat de crédit-bail (V. nos **2451** et s.).
Il a été précisé que le régime de faveur s'applique cependant aux contrats conclus pour une durée inférieure ou égale à douze ans, même s'ils n'ont pas été publiés. En effet, ces contrats ne sont pas soumis à une obligation de publication. Les droits dus en application des articles 683, 1594 F quinquies ou 1115 du Code général des impôts à l'occasion de la levée d'option d'achat sont en ce cas toujours assis sur le prix de vente, quelle que soit la valeur vénale réelle des biens transmis (BOI-ENR-DMTOI-10-60-20130408, § 75. – V. N. Gonzalez-Gharbi, *Constr.-Urb.* juill.-août 2013, comm. 109).

2447 Contrôle de l'administration. Il a été jugé que l'exigibilité de la taxe de publicité foncière et du salaire du conservateur était indépendante de la conclusion de la convention ou de l'établissement de l'acte la constatant, et résultait seulement de l'accomplissement de la formalité de publicité. À défaut de présentation de l'acte à la conservation des hypothèques, l'administration n'aurait donc pas dû être fondée à réclamer, notamment à l'occasion d'une vérification de comptabilité, le paiement de la taxe de publicité foncière, et encore moins le paiement du salaire du conservateur dont le recouvrement ne relève pas de la procédure de redressement. Un arrêt de la cour d'Amiens a cependant jugé le contraire (CA Amiens, 21 févr. 2002 : *Ind. enr.*, 2002, n° 18 081 ; *JCP* N 2003, n° 13, 1241, note crit. J. Lafond). Et la Cour de cassation s'est prononcée dans le même sens (Cass. com., 23 avr. 2003 : *Bull. civ.* 2003, IV, n° 60). Cette jurisprudence est extrêmement critiquable au regard des principes qui régissent la matière (V. C. Valentin, *L'absence de publication d'un contrat de crédit-bail immobilier peut-elle être sanctionnée fiscalement ? : Dr. fisc.* 2004, n° 26, p. 1050).

4 Obligations du notaire

2448 Pour pouvoir être publié, le contrat de crédit-bail devra être établi par acte authentique (V. **Authenticité**). Le notaire doit présenter l'acte à la publication dans les trois mois de sa date, selon le droit commun (D. 4 janv. 1955, art. 33-C).
Dans la pratique, les parties, pour des raisons d'économie, demandent au notaire de différer la publication, ou même de ne pas publier du tout (ce dernier type de demande sera probablement plus rare en raison de l'incidence fiscale de l'absence de publication : V. n° **2494**).
Bien qu'il n'existe pas de pénalités de retard en cas de publication tardive d'un contrat soumis à publication obligatoire (elles ne sont exigibles que si l'acte est soumis à la formalité fusionnée), et bien qu'il n'y ait pas matière à taxation d'office (Instr. 10 oct. 1986 : *BOI* 13 L-5-86 ; *JCP* N 1986, prat. 9941), le notaire ne saurait accéder à ce type de demande, en s'abritant derrière une reconnaissance de conseils donnés (V. J.-P. Garçon, *op. cit.*, n° 8. – C. Félix, *op. cit.*, n° 25).
La réponse ministérielle précitée (V. n° **2436**) du 16 mars 1987 indique à ce propos :

> « Les notaires sont tenus de faire publier dans les délais fixés à l'article 33 [du décret n° 55-22 du 4 janvier 1955], indépendamment de la volonté des parties, les contrats dont la durée est supérieure à douze ans dressés par eux ou avec leur concours. Ces officiers publics ne peuvent donc être affranchis par leurs clients d'une obligation qui leur est imposée par un texte ayant force législative ».

Et une réponse ministérielle postérieure, tout en rappelant les devoirs du notaire en la matière, ajoute qu'il peut être rendu responsable du défaut de publication (Rép. min., 21 nov. 1994 : *JOAN* CR, p. 5757, n° 9696 ; *JCP* N 1995, prat. 3227, n° 5. – V. aussi Rép. min., 9 févr. 1974 : *Bull. AMC* 1974, art. 978).

B Coût de la publication

2449 Nous distinguerons la taxe de publicité foncière (1) et la contribution de sécurité immobilière (2).

1 Taxe de publicité foncière

Il y a lieu de distinguer le régime de droit commun (*a*) et le régime bénéficiant à certaines collectivités ou établissements publics (*b*).

a) Régime de droit commun

1) Promesse de vente

2450 Disposition dépendante. La promesse de vente n'est pas distincte juridiquement du bail, puisque c'est leur réunion qui constitue le contrat aux termes mêmes de l'article L. 313-7-2 du Code monétaire et financier, et qu'il serait impossible de les séparer en retranchant l'une d'elles sans détruire ce contrat. Il s'agit donc de dispositions dépendantes (V. **Actes contenant plusieurs dispositions**) et l'on doit en déduire que la promesse de vente unilatérale contenue dans le contrat de crédit-bail n'est assujettie à aucune taxe de publicité foncière, indépendamment de celles applicables au bail (V. chron. Bulté : *JCP* N 1970, IV, 4794). Si la promesse de vente que contient le contrat est seule publiée, elle donne ouverture à la taxe prévue pour les actes innommés (CGI, art. 680).

2) Publication du contrat de bail

2451 Perception de la taxe de publicité foncière. Dans la mesure où la location a une durée de plus de douze années, elle est soumise à publication obligatoire et assujettie à cette occasion à la taxe de publicité foncière au taux de 0,70 % (0,71498 %, avec les perceptions additionnelles) en vertu de l'article 742 du Code général des impôts (Cass. com., 23 avr. 2003 : *Dr. fisc.* 2003, n° 38, comm. 648 ; *Ind. enr.*, 2003, n° 18186 ; *Defrénois* 2004, art. 37876, n° 3, obs. A. Chappert).

2452 Réduction d'assiette pour la perception de la taxe de publicité foncière. Aux termes de l'article 743 bis du Code général des impôts :

> « Pour les immeubles loués pour une durée supérieure à douze ans dans les conditions prévues au 2 de l'article L. 313-7 du Code monétaire et financier, l'assiette de la taxe de publicité foncière est réduite du montant de la quote-part de loyers correspondant aux frais financiers versés par le preneur. La quote-part de loyers correspondant aux frais financiers est indiquée distinctement dans le contrat de crédit-bail ».

2453 Assiette de la taxe. Conformément aux dispositions de l'article 743 bis du Code général des impôts, l'assiette de la taxe de publicité foncière (TPF) relative aux contrats de crédit-bail immobilier de plus de douze ans conclus à compter du 1er janvier 1996 dans les conditions prévues par l'article L. 313-7 du Code monétaire et financier, est réduite du montant de la quote-part des loyers correspondant aux frais financiers versés par le preneur. La détermination de l'assiette taxable à la TPF est donc constituée par le montant cumulé des loyers diminué de la rémunération versée au crédit-bailleur. Il s'agit, par conséquent, de la quote-part prise en compte pour la fixation du prix de vente telle qu'elle est mentionnée à l'article 38 quindecies H de l'annexe III au Code général des impôts (BOI-BIC-PVMV-40-50-40 au II-A, § 90 à 130. – BOI-ENR-JOMI-10-20170802, § 90 ; J.-P. Garçon, *op. cit.*, n° 10).

2454 Obligations des parties. Pour bénéficier de la réduction d'assiette de la taxe de publicité foncière, la quote-part du loyer correspondant aux frais financiers (c'est-à-dire la quote-part de loyer pris en compte pour la fixation du prix de vente) doit être mentionnée distinctement dans le contrat de crédit-bail (BOI-ENR-JOMI-10-20170802, § 100).

2455 Pré-loyers. Lorsque le contrat de crédit-bail mentionne une période de pré-loyers, le montant des pré-loyers n'entre pas dans l'assiette de la taxe de publicité foncière, à la double condition que le contrat de crédit-bail mentionne expressément la période au titre de laquelle ils sont perçus et qu'ils correspondent effectivement au seul remboursement de frais financiers, c'est-à-dire qu'ils ne soient pas pris en compte pour la fixation du prix de cession de l'immeuble (BOI-ENR-JOMI-10-20141006, § 110).

2456 Loyers soumis à la TVA. Lorsque le crédit-bail immobilier est soumis à la TVA, la taxe de publicité foncière est liquidée sur le prix exprimé augmenté des charges ou sur la valeur locative réelle si elle est supérieure. Il est fait abstraction de la TVA payée par le bailleur et facturée au locataire (BOI-ENR-JOMI-10-20170802, § 120).
Dans l'hypothèse où le contrat prévoit que jusqu'à l'obtention par le crédit-bailleur du remboursement de la TVA qu'il a supportée au titre de la construction, le crédit-preneur paiera un complément de loyer fixé proportionnellement au montant de cette taxe, il y a charge augmentative soumise à taxe de publicité foncière (*Bull. AMC* 1974, n° 984).

b) Régimes spéciaux

CGI, art. 1048 ter. – Sont soumis à la perception de l'imposition mentionnée à l'article 680 :

(...)

3° Les actes portant crédit-bail consentis en application du IV de l'article L. 1311-5 du Code général des collectivités territoriales au profit des collectivités territoriales, de leurs groupements ou de leurs établissements publics ;

2457 **Contrats de crédit-bail consentis au profit d'établissements ou de collectivités publics.** L'article 1048 ter du Code général des impôts soumet au seul droit fixe de 125 € édicté par l'article 680 du même code (V. **Acte innommé**) les contrats de crédit-bail consentis aux collectivités territoriales, à leurs groupements ou à leurs établissements publics en application du IV de l'article L. 1311-5 du Code général des collectivités territoriales.

2 Contribution de sécurité immobilière

REMARQUE Sur l'instauration de cette taxe qui a remplacé l'ancien salaire du conservateur (V. **Contribution de sécurité immobilière**).
Les solutions énoncées ci-dessous à propos du salaire du conservateur restent valables, jusqu'à nouvel ordre, pour la perception de la contribution de sécurité immobilière.

2458 **Un seul salaire est dû.** Le bail et la promesse de vente constituant des dispositions dépendantes, la publication d'un contrat de crédit-bail ne rend exigible qu'un seul salaire (*Bull. AMC* 1972, art. 891).

2459 **Liquidation du salaire.** Ce salaire est en principe celui qui est dû sur le bail et qui est liquidé sur le montant cumulé des loyers.
Ce peut être néanmoins celui qui correspond à la promesse de vente et qui est assis sur la valeur de l'immeuble s'il est plus élevé. Il n'y a pas de motif en effet, estime l'Association mutuelle des conservateurs, pour que le salaire qui aurait été exigible sur la promesse de vente, si elle avait fait l'objet unique de la convention, ne soit pas perçu du seul fait que cette disposition en accompagne une autre.
Cette même chronique souligne :
– que le salaire le plus élevé sera en fait le salaire de bail lorsque le loyer aura été calculé de façon à amortir pendant la durée du bail la totalité du prix convenu, de telle sorte que la somme à verser par l'entreprise locataire lors de la réalisation de la promesse de vente en fin de bail soit nulle ou purement symbolique... ;
– ce pourra être au contraire le salaire correspondant à la promesse de vente lorsque le loyer n'amortira pendant la durée du bail qu'une partie du prix et qu'il restera une certaine somme à payer à la société de crédit-bail lors de la réalisation de la promesse de vente en fin de bail.

2460 **Contrats conclus à compter du 1er janvier 1996. Liquidation du salaire.** L'article 743 bis du Code général des impôts a institué une réduction de l'assiette de la taxe de publicité foncière lorsque les immeubles loués sont neufs.
Cette réduction n'est pas applicable pour la liquidation du salaire du conservateur. Ce salaire doit être liquidé conformément aux dispositions de l'article 296 de l'annexe III du Code général des impôts sur les sommes constituant le prix stipulé en contrepartie de l'avantage reçu.
Pour un bail, ce prix est le produit obtenu en multipliant les loyers et les charges par la durée de la jouissance transmise.
Par suite, les versements, TVA comprise, imposés contractuellement au locataire doivent être intégralement pris en compte, quels que soient leur destinataire, leur qualification et leur emploi.
C'est ce qui ne pourra que continuer à être fait pour formaliser les opérations de crédit-bail immobilier sans distinguer selon que les contrats ont été conclus avant ou depuis le 1er janvier 1996 et sans s'attacher non plus au point de savoir si les biens loués sont neufs ou non (*Bull. AMC* 1996, art. 1730).

2461 **Déclaration estimative.** Lorsque le loyer stipulé n'est destiné à amortir qu'une partie du capital investi par la société bailleresse, le salaire peut être liquidé soit sur la valeur de l'immeuble, si elle est supérieure au montant cumulé des loyers, soit sur ce dernier montant dans le cas contraire (*Bull. AMC* 1972, art. 891 ; *ibid.* 1974, art. 964).
En principe, lorsque la valeur de l'immeuble n'est pas indiquée dans l'acte, elle doit faire l'objet d'une déclaration estimative.

2462 **Absence de déclaration estimative.** Il a toutefois été indiqué (*Bull. AMC*, préc., art. 891) qu'en pratique, si la valeur de l'immeuble n'est pas indiquée dans l'acte, le salaire pourrait être assis sur le montant cumulé des loyers augmenté de la partie du prix non amortie que l'entreprise locataire devra verser pour la réalisation de la promesse de vente à la fin du bail, somme qui est normalement énoncée dans l'acte.
Toutefois, l'Association mutuelle des conservateurs a observé postérieurement qu'il ne pouvait s'agir là que d'un procédé pratique destiné à pallier l'absence de déclaration estimative (*Bull. AMC*, préc., art. 964). Il conduit en fait à asseoir le salaire sur une somme supérieure à la fois au montant cumulé des loyers et à la valeur de l'immeuble et ne peut être défendu sur le plan des principes. Il doit en conséquence être écarté toutes les fois que les énonciations de l'acte font connaître la valeur de l'immeuble ou permettent de la déterminer ou, même dans le cas contraire, lorsque les intéressés le contestent.

Pour ce qui concerne la possibilité de déterminer la valeur de l'immeuble d'après les énonciations de l'acte, il faut remarquer, dit cette dernière chronique (*Bull. AMC*, préc., art. 964) que cette valeur équivaut au montant total du capital investi dans l'opération de crédit-bail, lequel est généralement indiqué dans l'acte, et que c'est ce montant qui doit, le cas échéant, être comparé au montant cumulé des loyers pour établir la base de calcul du salaire.

2463 **Location consentie pour une durée n'excédant pas douze ans.** En ce cas, le contrat n'est pas soumis obligatoirement à publication. Il peut néanmoins être publié en raison de la promesse de vente ou de l'interdiction d'aliéner ou d'hypothéquer qui y sont stipulées. Le salaire est alors liquidé en toute hypothèse sur la valeur de l'immeuble en cause (*Bull. AMC* 1972, art. 891).
Cependant, pour qu'il en soit ainsi, il faut que les intéressés limitent la publication à la promesse de vente ou à l'interdiction d'aliéner et d'hypothéquer (sur les modalités pratiques, V. *Bull. AMC*, préc., art. 891). À défaut, le conservateur ne peut plus publier la totalité des dispositions contenues dans l'expédition présentée en les annotant toutes au fichier immobilier et il est fondé à percevoir le salaire en conséquence.

2464 **TVA.** La mesure de faveur énoncée plus haut (V. n° 2453) ne s'applique pas pour la perception du salaire des conservateurs. Pour la liquidation de celui-ci, il y a lieu d'ajouter au loyer la charge résultant du paiement par le preneur de la TVA incombant légalement au bailleur (*Bull. AMC* 1972, art. 890).
Cette règle est applicable lorsqu'un contrat de crédit-bail portant sur un immeuble renferme une clause stipulant que jusqu'à ce que la société bailleresse ait obtenu le remboursement de la TVA qu'elle a payée sur les dépenses faites pour l'édification de l'immeuble objet du contrat, la société preneuse lui paiera un complément de loyer égal à 11 % par an du montant de cette taxe. Cette prestation stipulée comme condition du bail a le caractère d'un loyer qui doit être ajouté au montant du loyer principal pour la perception du salaire (*Bull. AMC* 1974, art. 984).

2465 **Interdiction d'aliéner et d'hypothéquer.** Si le contrat de crédit-bail renferme une disposition interdisant à la société de crédit-bail d'aliéner et d'hypothéquer l'immeuble pendant la durée du bail, il n'y a pas lieu de ce chef à la perception d'un salaire particulier (*Bull. AMC* 1972, art. 891).

2466 **Publication d'un acte contenant crédit-bail et délégation de loyer.** Si un contrat de crédit-bail contient des dispositions annexes, savoir une promesse de vente et une délégation de loyer, le conservateur est fondé à percevoir deux fois son salaire sur la même base de calcul, quel que soit le montant des loyers TTC, plus les charges au titre :
– du crédit-bail avec promesse de vente ;
– de la délégation de loyer (chron. P.J.C. : *JCP* N 1992, prat. 2364).

III Avenants au contrat

2467 **Remarques préliminaires.** Les incidences de l'établissement d'un avenant du point de vue de la publicité foncière sont fonction de l'objet de cet avenant, et la question de savoir s'il doit être ou non publié et quelles sont les perceptions applicables doit être résolue cas par cas (V. J.-P. Garçon, *op. cit.*, n°s 37 et s.).

2468 **Réduction d'assiette du contrat.** La réduction d'assiette du contrat (par ex., le retrait d'une partie du terrain) s'analyse en une résiliation partielle du contrat de crédit-bail. La taxe de publicité foncière est due au taux fixe ainsi que la contribution de sécurité immobilière au tarif proportionnel sur le montant cumulé des échéances à courir (V. n° 2485).

2469 **Extension de l'objet du contrat.** L'extension de l'objet du contrat (par ex., en vue d'une construction supplémentaire) s'analyse en la signature d'un nouveau contrat de crédit-bail. Plusieurs techniques peuvent être utilisées pour y parvenir :
– adjoindre un nouveau contrat au premier et lier les deux par une stipulation d'indivisibilité en prorogeant éventuellement le premier contrat pour que les deux contrats prennent fin à la même date (sur la prorogation de bail et son éventuelle publication, V. **Bail ordinaire à durée limitée**) ;
– résilier le premier contrat et souscrire un nouveau contrat de crédit-bail (sur les perceptions opérées en cas de résiliation du contrat de crédit-bail, V. n° 2485).

2470 **Effet relatif.** La publication d'un avenant à un contrat de crédit-bail immobilier ne peut être opérée que si les références à la formalité de publicité du contrat de crédit-bail y sont indiquées (application du principe de « l'effet relatif ») et donc si ce contrat a lui-même été publié (*Bull. AMC* 1996, art. 1739).

IV Cession du contrat

1 Publicité foncière

2471 **Cession du bail.** Le point de savoir si une cession de bail doit être ou non publiée, a donné lieu à controverse (V. **Bail ordinaire à durée limitée**). L'Association mutuelle des conservateurs a pris position en 1995 (*Bull. AMC* 1995, art. 1672) en déclarant qu'« aucune disposition législative ou réglementaire n'oblige à publier les cessions de bail, même si elle concerne des baux d'une durée supérieure à douze ans ». Elle en déduit qu'en présence de transferts successifs d'un contrat de crédit-bail par voie de traité d'apports, il n'y a pas à exiger, pour la publication d'un apport déterminé, que les contrats précédents aient été publiés. Le principe de l'effet relatif exige simplement que le contrat de crédit-bail lui-même qui constitue le titre du disposant (en l'espèce une SICOMI) ait été publié.

2472 **Cession de la promesse de vente.** La cession du contrat de crédit-bail entraîne également cession de la promesse de vente qui y est incluse. Cette cession n'est pas soumise à publication obligatoire.

2 Taxation

2473 **Double formalité.** Si la cession du contrat de crédit-bail est publiée, elle relève de la double formalité, ce qui amène à s'interroger sur les perceptions d'ensemble qui seront opérées.

a) Perceptions opérées à la recette des impôts

1) Cession isolée du contrat de crédit-bail

2474 **Cession du droit au bail : application de l'article 725, alinéa 1, du Code général des impôts.** La Cour de cassation a jugé que le contrat de crédit-bail s'analyse comme une location suivie, le cas échéant, d'une cession soumise au droit de mutation sur le prix de cession du droit au bail (Cass. com., 23 avr. 2003 : *Dr. fisc.* 2003, n° 38, comm. 649 ; *Ind. enr.* 2003, n° 18187. – Cass. com., 7 avr. 1998, n° 95-13 783, *SA Virage France : Dr. fisc.* 1998, p. 853 ; *JCP* N 1998, p. 1614, note J.-P. Garçon. – E. Pornin, *Cession d'un contrat de crédit-bail immobilier : la fin de quinze années de polémique : JCP* N 1998, p. 1817 et s.).
L'administration a tiré les conséquences de cette jurisprudence dans une instruction du 7 janvier 2005 (*BOI* 7 D-2-05). Il en résulte que la cession du bail contenu dans un tel contrat doit être soumise aux droits de mutation à titre onéreux prévus à l'article 725, alinéa 1, du Code général des impôts. Cette doctrine a été reprise au BOI-ENR-DMTOM-30-20120912, § 80 à 100.
Pour l'application de l'article 725, alinéa 1, du Code général des impôts, il n'y a pas lieu, enfin, de distinguer suivant l'objet du bail, commercial, rural ou d'habitation (A. 7 avr. 1998, préc.).

2475 **TVA.** La cession des droits conférés par une promesse de vente d'un immeuble suit le régime applicable à l'immeuble et se trouve par conséquent soumise à la TVA, de plein droit, si elle porte sur un terrain à bâtir ou un immeuble bâti achevé depuis cinq ans au plus, ou sur option, si elle porte sur un terrain non à bâtir ou un immeuble achevé depuis plus de cinq ans, et dès lors qu'elle est réalisée par un assujetti agissant en tant que tel.
Cette solution résultant du 2° du 1 du I de l'article 257 du Code général des impôts concerne particulièrement la cession des droits du preneur d'un crédit-bail immobilier à raison du transfert au cessionnaire du bénéfice de la promesse de vente au terme du contrat. La cession emporte également transfert du droit de jouissance de l'immeuble objet du contrat pour la durée restant à courir, lequel est normalement imposable à la TVA sur le fondement du 1° du IV de l'article 256 du Code général des impôts : il demeure néanmoins admis que la taxe due à ce titre ne soit pas effectivement exigée à raison de ce qu'elle viendrait en concurrence avec l'application des droits

proportionnels d'enregistrement prévue par l'article 725 (BOI-TVA-IMM-10-10-20-20170802, n° 120 qui reprend l'instruction du 29 décembre 2010, n°s 47 et 48 : *BOI* 3 A-9-10).

2476 **Conséquences : nécessité d'une ventilation du prix.** Les conséquences de la position prise par l'administration sont les suivantes :
– le prix doit faire l'objet d'une ventilation afin de distinguer :
• la partie applicable au transfert de la promesse de vente ;
• la partie applicable à la cession de droit au bail, taxable comme une mutation de fonds de commerce (CGI, art. 725) avec le bénéfice éventuel des abattements prévu par l'article 719 du Code général des impôts.

2477 **Ventilation du prix : méthode.** Sur quelle base doit être opérée la ventilation du prix ? Il a été soutenu que la valeur de la promesse de vente correspondait au cumul des amortissements financiers pratiqués par la société de crédit-bail depuis l'entrée de l'immeuble dans son patrimoine (A. Cohen, *Le crédit-bail immobilier : op. cit.*, n° 120. – V. les deux méthodes d'évaluation proposées par cet auteur, p. 113, question 7. – Comp. J.-G. Tamboise, *Sort du contrat de crédit-bail immobilier en cas de difficultés de l'entreprise : Defrénois* 1983, art. 32992, p. 148 et s., n° 11, pour qui le droit au bail n'a en toute hypothèse qu'une valeur accessoire).
Pour MM. A. Jonville et P. Mortier, (*Fiscalité des mutations immobilières dans les réorganisations de groupe : JCP* N 1995, doctr. p. 1807 et s., n° 15) : « la valeur du droit au bail peut être calculée par différence entre le loyer qui serait dû au titre d'un bail commercial et la redevance due au titre du contrat de crédit-bail, après cumul et actualisation des échéances. Si la redevance de crédit-bail est inférieure à la valeur locative, la différence constitue la valeur du droit au bail. Si, en revanche, la redevance de crédit-bail est supérieure à la valeur locative, la valeur du droit au bail peut être considérée comme nulle et l'intégralité du prix de cession affectée à la promesse de vente ».

2) Cession du contrat de crédit-bail en même temps que le fonds de commerce du crédit-preneur

2478 **Perceptions à opérer.** Si le contrat de crédit-bail est inclus dans la cession du fonds de commerce, la transmission sera passible des droits applicables au cas de mutation du fonds (CGI, art. 719). Dans le cas contraire, la même perception pourrait être appliquée, mais en vertu cette fois de l'article 720 du Code général des impôts (qui taxe les « conventions de successeurs » : en ce sens, J.-P. Garçon, note ss TGI Paris, 3 févr. 1995, préc.).

3) Transfert du contrat de crédit-bail par apports, fusions, ou apports partiels (l'actif)

2479 Ce transfert ne pose pas vraiment de problème spécifique. Ce sont les règles des apports, des fusions ou apports partiels d'actif qui seront appliquées (V. **Apports en société-Apports à titre onéreux** ; **Apports en société-Apports purs et simples** ; **Apports en société soumis à la TVA** ; **Fusion de sociétés** ; **Apports partiels d'actif**).
Il semble que les taxes proportionnelles, s'il en est dû, doivent alors être perçues sur la valeur vénale du droit cédé (V. à ce propos, *Détermination de la valeur de cession d'un contrat de crédit-bail : Gaz. Pal.* 1979, 1, doctr. p. 174).

2480 **Apport d'un contrat de crédit-bail à la société absorbée, lors d'une fusion de société.** Parmi les biens apportés dans le cadre de la fusion de deux sociétés figure un contrat de crédit-bail passé par l'une des sociétés avec une collectivité locale, pour la période du 30 juillet 1993 au 30 juillet 2008, moyennant un loyer annuel de 15 806 779 F.
Pour le calcul du salaire du conservateur, les biens et droits immobiliers objet du contrat d'apport ont été évalués à la somme de 1 F.
Se fondant sur les dispositions de l'article 296, annexe III, du Code général des impôts, le *Bulletin de l'association mutuelle des conservateurs* (1999, art. 1807) estime qu'en l'espèce le droit faisant l'objet de la publication est constitué par la jouissance de l'immeuble qui, en vertu du contrat de crédit-bail apporté à la société absorbante, avait été pris en location par la société absorbée. Dès lors, la valeur actuelle dudit droit trouve sa juste mesure dans le montant cumulé des loyers et charges, taxe sur la valeur ajoutée comprise, restant à payer.

b) Perceptions opérées par le service de la publicité foncière

2481 **Taxe de publicité foncière.** Si les parties estimaient utile de faire publier la cession, la taxe de publicité foncière à 0,70 % (0,71498 %, avec les perceptions additionnelles) serait exigible sur le montant hors taxe cumulé des échéances restant à courir (sur le rappel de ce principe de liquidation du salaire à l'occasion d'un transfert du contrat par voie de fusion : *Bull. AMC* 1990, art. 1472).
L'assiette de perception serait le cas échéant constituée par la valeur de la promesse de vente en fonction de la valeur de l'immeuble si elle était

supérieure (*Bull. AMC* 1972, art. 891 ; *ibid.* 1990, art. 1472).

2482 **Contribution de sécurité immobilière.** En cas de cession du contrat, le salaire est dû sur le montant TTC des loyers restant à courir.
Si la promesse de bail est publiée en même temps que la cession de bail, un seul salaire est dû, à savoir le plus élevé de celui dû sur la cession de bail et de celui dû sur la promesse de vente, calculé sur la valeur de l'immeuble (Bulté : *JCP* N 1974, IV, 5636 ; *Bull. AMC*, préc., art. 891 et 1472).
Mais le salaire peut être également assis sur la valeur de la promesse de vente si elle est plus élevée (*Bull. AMC*, préc., art. 891).

V
Résiliation du contrat

2483 **Publicité foncière.** Le problème de la publication obligatoire d'une résiliation de crédit-bail ne peut se poser que si la durée du contrat excède douze ans, la formalité ayant alors été considérée comme requise même si la durée restant à courir à la date de la résiliation est inférieure à douze ans (Bulté et Béchade : *JCP* N 1960, prat. 2996, p. 143).
Le défaut de publication de la résiliation du contrat ne trouve pas de véritable sanction en dehors du fait que l'existence d'un crédit-bail demeure révélée par le fichier immobilier.
Il a notamment été précisé que l'acte de résiliation d'un précédent bail de plus de douze ans n'est pas le titre du bailleur et que la publication de ce document ne conditionne pas celle d'un nouveau bail (*Bull. AMC* 1974, art. 966). La solution vaut bien sûr *a fortiori* pour le crédit-bail.
L'accomplissement de la formalité de publicité a par ailleurs été jugé facultatif lorsque la résiliation résulte de la non-continuation des contrats en cours par le mandataire de justice nommé à la procédure collective du crédit-preneur (V. CA Rennes, 2e ch., 10 juill. 1986, *SARL Serbati Highland c/ Batiroc : JCP* N 1988, II, p. 89, note E.-M. Bey).

2484 **Droits d'enregistrement.** La publication d'une convention constatant la résiliation d'un contrat de crédit-bail entraîne les perceptions suivantes (*JCP* N 1981, IV, 8025 par E.C.) :
– si l'indemnité de résiliation est versée par le propriétaire au locataire, (...) ; seul est dû le droit fixe des actes innommés (V. **Droits fixes**) ;
– si l'indemnité de résiliation est versée par le preneur au bailleur, elle est assimilée à un complément de loyer, et donne lieu au paiement de la TVA s'il y a eu à l'origine option pour le paiement de cette taxe (chron. préc.).

2485 **Taxe de publicité foncière et contribution de sécurité immobilière.** Du point de vue de la taxe de publicité foncière et de la contribution de sécurité immobilière, deux cas sont à distinguer.
Premier cas. – Acte de résiliation pure et simple, sans indemnité :
– taxe de publicité foncière : perception de la taxe fixe ;
– contribution de sécurité immobilière : liquidation de la CSI au tarif proportionnel prévu à l'article 881 K du Code général des impôts, sur le montant cumulé des loyers afférents à l'ensemble de la période de location restant à courir.
Deuxième cas. – Acte de résiliation avec fixation d'une indemnité à verser, soit par le bailleur au preneur, soit par le preneur au bailleur.
1) Indemnité versée par le bailleur au preneur :
Mêmes perceptions que dans le cas précédent, l'indemnité de résiliation versée dans ce cas au preneur ayant principalement le caractère de dommages-intérêts, non imposables.
2) Indemnité versée par le preneur au bailleur :
La somme versée au bailleur apparaissant, rappelons-le, comme un complément de loyer, la publication de l'acte de résiliation entraîne les perceptions suivantes :
a) taxe de publicité foncière : taxe de 0,71498 % sur le montant de l'indemnité de résiliation, avec application du minimum de perception ;
b) contribution de sécurité immobilière : CSI au tarif proportionnel, calculée sur le montant cumulé des loyers restant à courir, majorés de l'indemnité de résiliation.

2486 **L'assignation en résiliation d'un contrat de crédit-bail n'est pas soumise à publicité foncière.** L'article 28-4°c du décret du 4 janvier 1955, auquel renvoie l'article 30-5 du même texte, ne prévoit que la publicité des demandes judiciaires tendant à l'anéantissement rétroactif des actes pour les causes qu'il énumère sans mentionner la résiliation mettant fin à un contrat de crédit-bail uniquement pour l'avenir.

Viole, dès lors, ces dispositions l'arrêt qui déclare irrecevable la demande en justice pour faire constater l'acquisition de la clause résolutoire contenue dans un contrat de crédit-bail de plus de douze ans au motif que cette demande tendant à la résolution des conventions contenues dans ce contrat soumis à publication devait elle-même être publiée (Cass. 3e civ., 21 févr. 1996. – V. le commentaire de cette décision *in JCP* N 1997, I, p. 861 et s., P. Frémont).

VI Levée de l'option

2487 La vente de l'immeuble objet du crédit-bail immobilier est, par hypothèse réalisée par un assujetti à la TVA agissant en tant que tel (le crédit-bailleur). Elle se situe dans le champ d'application de la TVA (CGI, art. 257). Mais il est rare, en pratique, que l'immeuble bâti vendu en exécution de la promesse de vente soit achevé depuis moins de cinq ans. De sorte que la vente est, en principe, exonérée de TVA, sauf option contraire du cédant (V. n° 2498). Seront examinées successivement les perceptions opérées au titre des droits d'enregistrement de la taxe de publicité foncière (A), de la TVA immobilière (B) et au titre de la contribution de sécurité immobilière (C).

2488 L'administration fiscale, après avoir refusé de considérer la vente de l'immeuble objet du crédit-bail au crédit-preneur comme constituant une transmission d'universalité bénéficiant de la dispense de TVA prévue par l'article 257 bis du Code général des impôts, a, par la publication de deux rescrits en date du 3 janvier 2018, révisé sa position lorsque l'immeuble objet du crédit-bail immobilier a été affecté par le crédit-preneur à une activité locative soumise à la TVA (V. n° 2500). On rappellera que selon l'administration fiscale, dès lors que la dispense de TVA trouve à s'appliquer, le cédant ne peut pas opter pour soumettre la vente à la TVA (V. **Immeuble ancien [TVA]** et **Transmission d'universalité [TVA]**).

L'attention des praticiens doit être attirée sur les risques que cette situation complexe leur fait encourir (V., pour une illustration, Cass. 1re civ., 12 mai 2016, n° 15-19.779, inédit au bulletin).

A Droits d'enregistrement, taxe de publicité foncière

2489 **Application de la taxe de publicité foncière tenant lieu des droits d'enregistrement.** Nous traiterons tout d'abord du taux de la taxe de publicité foncière (1) avant d'examiner l'assiette de cette même taxe (2).

1 Taux des droits d'enregistrement ou de la taxe de publicité foncière

2490 **Application du taux prévu pour les ventes d'immeubles.** Les acquisitions immobilières réalisées lors de la levée de l'option par le crédit-preneur sont soumises au régime fiscal de droit commun. La taxe départementale de publicité foncière est due au taux de droit commun prévu pour les ventes d'immeubles (V. **Vente d'immeuble**).

2 Assiette des droits d'enregistrement ou de la taxe de publicité foncière

2491 Dans le régime de droit commun, les taxes sont perçues sur la valeur vénale réelle du bien transmis (CGI, art. 683). La faveur accordée en matière de crédit-bail immobilier consiste à liquider les droits exigibles sur le prix de vente abstraction faite de cette valeur vénale de l'immeuble, à condition, toutefois, si le contrat de crédit-bail a une durée supérieure à douze ans, que ce contrat ait été publié dans les délais requis. Elle est exposée en ces termes au BOI-ENR-DMTOI-10-60-20130408 :

> « Pour les contrats de crédit-bail immobilier, il est admis que les droits dus en application des articles 683 du CGI, 1594 F quinquies du CGI ou 1115 du CGI à raison de la levée d'option d'achat soient liquidés sur le prix de la cession, abstraction faite de la valeur vénale du bien transmis, à condition que, s'agissant des contrats d'une durée supérieure à douze ans, ils aient été soumis à la taxe de publicité foncière dans les conditions de l'article 742 du CGI.
> Cette règle est donc applicable lorsque le contrat de crédit-bail immobilier a été soumis à la formalité de publicité foncière dans le délai de trois mois prévu à l'article 33 du décret n° 55-22 du 4 janvier 1955 modifié portant réforme de la publicité foncière.
> Il est précisé que ce régime de faveur s'applique également aux contrats conclus pour une durée inférieure

à douze ans, même s'ils n'ont pas été publiés. En effet, ces contrats ne sont pas visés à l'article 28 du décret n° 55-22 du 4 janvier 1955, et ne sont donc pas soumis à une obligation de publication. Les droits dus en application des articles 683 du CGI, 1594 F quinquies du CGI ou 1115 du CGI à l'occasion de la levée d'option d'achat de contrats de crédit-bail immobilier conclus pour une durée inférieure à douze ans sont donc toujours assis sur le prix de vente, quelle que soit la valeur vénale réelle des biens transmis.
En revanche, si le contrat de crédit-bail dont la publication était obligatoire n'a pas été publié ou a été publié tardivement, c'est-à-dire postérieurement au délai de trois mois prévu par l'article 33 du décret n° 55-22 du 4 janvier 1955 modifié portant réforme de la publicité foncière, l'assiette des droits de mutation à titre onéreux sera constituée par la valeur vénale du bien au jour de l'acquisition par le preneur si elle est supérieure au prix de cession ».

a) Conditions d'application de régime de faveur

1) Première condition : l'existence d'un véritable contrat de crédit-bail

2492 Influence de la date de la levée d'option. La réduction de l'assiette de la taxe de publicité foncière est subordonnée à la condition que la vente de l'immeuble soit conclue dans le cadre d'un contrat de crédit-bail immobilier. La levée d'option par le locataire doit donc intervenir dans les conditions prévues au contrat. L'option peut être formulée au terme du contrat de crédit-bail ou, selon les conventions des parties, à la fin d'une période irrévocable de location.
Lorsque l'option est levée avant l'expiration de cette période, la cession n'est pas considérée comme le dénouement normal de l'opération de crédit-bail : la cession au locataire est alors soumise au régime de droit commun des ventes d'immeubles (V. antérieurement, Doc. adm. DGI, 7 C-1432, n° 14, 15 déc. 1995).

2493 Rétablissement de la véritable nature du contrat. L'Administration se réserve cependant la possibilité de démontrer que, sous couvert d'un contrat de crédit-bail, l'opération déguise en réalité une simple vente (LPF, art. L. 64).
Ainsi, lorsqu'un immeuble est loué non pas en vertu d'un véritable contrat de crédit-bail, mais d'un bail commercial assorti d'une promesse de vente, l'Administration peut exiger, sur la vente de l'immeuble au locataire, la perception des droits de mutation selon les règles de droit commun (Cass. com., 15 janv. 1985 : *Dr. fisc.* 1985, comm. 1043, p. 743, confirmant TGI Paris, 19 mai 1981 : *Rev. enr. et imp.*, art. 15735).
En l'occurrence, le crédit-preneur avait obtenu d'une SICOMI le bénéfice d'un contrat de bail portant sur un immeuble : cette même convention comportait en outre une promesse donnant au preneur la faculté d'acquérir le bien loué moyennant un prix déterminé à compter d'une date fixée après deux années de location. Avant l'expiration de ce délai, la vente avait été conclue au prix convenu, qui, en l'espèce, ne tenait aucun compte des loyers ultérieurement versés.

2) Publication du contrat de crédit-bail

2494 Contrats de crédit-bail conclus à compter du 1er janvier 1996. En ce qui concerne les contrats de crédit-bail conclus à compter du 1er janvier 1996, le droit de mutation dû à raison de la levée d'option d'achat n'est liquidé sur le prix de vente, abstraction faite de la valeur vénale réelle du bien transmis, qu'à la condition que le contrat de crédit-bail ait été régulièrement publié. Le défaut de publication du contrat de crédit-bail n'empêche l'application du régime de faveur que lorsque cette publication est obligatoire (sur les cas où il y a obligation de publier, V. n° 2440).

2495 Contrats de crédit-bail conclus avant le 1er janvier 1996. En ce qui concerne les contrats de crédit-bail conclus avant le 1er janvier 1996, peu importe la durée du bail, et qu'ils aient ou non été publiés au fichier immobilier. L'assiette des droits de mutation est constituée dans tous les cas par le prix de cession, sans considération de la valeur vénale réelle des immeubles (Rép. min. n° 78 171 : *JOAN* Q, 16 mai 2006, p. 5182).

b) Champ d'application du régime de faveur

2496 Contrats conclus par des communes et concernant des ateliers ou usines-relais. Ce régime fiscal est notamment applicable aux contrats administratifs de location consentis par les communes aux entreprises locataires et portant sur des usines ou ateliers-relais.
En effet, d'une manière générale, ces contrats comportent une phase de location au terme de laquelle le preneur peut devenir propriétaire par cession des biens loués en exécution d'une simple promesse unilatérale de vente.
Dès lors, ils ne peuvent s'analyser comme des contrats de location-vente. Les cessions d'immeubles réalisées dans le cadre de ces conventions, qui sont conclues dans les mêmes conditions que celles résultant des contrats de crédit-bail, peuvent donc bénéficier du régime fiscal qui est applicable aux acquisitions réalisées par les locataires titulaires d'un contrat de crédit-bail (BOI-ENR-DMTOI-10-60-20130408, § 90).

Il en est de même pour la location d'usines ou atelier relais par les chambres de commerce et d'industrie (*BOI* préc.).

2497 Subrogation dans le bénéfice de la levée de l'option. Le régime de faveur s'applique à une tierce personne substituée à l'entreprise utilisatrice d'usines ou des ateliers relais. En effet, la cession d'un contrat de crédit-bail n'est pas de nature à elle seule à priver le nouveau titulaire de la promesse d'achat de ce régime fiscal de faveur (Rép. min. n° 50 908 : *JOAN* Q, 20 avr. 1992, p. 1902. – BOI-ENR-DMTOI-10-60-20130408, n° 100).

B TVA immobilière

2498 Levée d'option. L'application de plein droit de la TVA à la vente sera en principe tout à fait exceptionnelle compte tenu de la durée habituelle des contrats de crédit-bail. Elle sera applicable si les immeubles cédés sont achevés depuis moins de cinq ans à la date de la levée d'option. La mutation entraînerait alors perception de la TVA, outre la taxe de publicité foncière à 0,71498 % (V., avant la réforme de la TVA immobilière, Doc. adm. DGI, 7 C-1442, n° 11, 1er oct. 2001). Lorsque l'immeuble est achevé depuis plus de cinq ans, la TVA peut trouver à s'appliquer sur option exercée par le crédit-bailleur/vendeur (sur les conditions de cette option, V. **Immeuble ancien-TVA**). Il faut souligner que cette option est indépendante du régime fiscal, au regard de la TVA, qui s'est appliqué au contrat lui-même.
L'administration a précisé à ce propos qu'« en cas de levée de l'option d'achat au cours ou au terme d'un contrat de crédit-bail, le prix contractuel d'exercice de l'option doit être considéré comme la réelle contrepartie de la cession quand bien même il est négligeable, l'essentiel du coût ayant de fait été supporté dans les loyers » (BOI-TVA-IMM-10-20-10-20160203, n° 190. – Instr. 29 déc. 2010, n° 78 : *BOI* 3 A-9-10). En d'autres termes, l'opération conserve son caractère onéreux, quel que soit le montant du prix contractuel de la levée d'option.
En cas de taxation sur la marge, l'administration envisage le cas de la levée d'option pour illustrer les cas de marge nulle et/ou négative « La même situation de marge négative peut également se présenter dans le cadre d'une opération de crédit-bail portant sur un immeuble achevé depuis plus de cinq ans et acquis sans TVA par le crédit-bailleur (cession-bail notamment) lorsque les parties trouvent avantage à l'exercice de l'option pour la taxation lors de la levée d'option d'achat par le crédit-preneur pour préserver un droit à déduction sur des travaux de rénovation » (BOI-TVA-IMM-10-20-10-20160302, § °300).

Ces précisions accréditent l'analyse selon laquelle, pour l'administration, la levée d'option n'entre pas dans le champ d'application de la dispense prévue par l'article 257 bis du Code général des impôts (V. n° 2500).

2499 Revente de l'immeuble acquis au terme d'un crédit-bail immobilier. L'administration a envisagé le seul cas où la levée d'option n'a pas été soumise à la TVA (de plein droit ou sur option du crédit-bailleur) et où la revente a pour objet un immeuble « ancien ». Dans ce cas, la TVA sur la revente ne trouve à s'appliquer que sur option expresse du vendeur (ancien crédit-preneur). L'acquisition par le crédit-preneur ne lui ayant pas ouvert de droit à déduction (la vente n'a pas été soumise à la TVA), l'administration fiscale indique (Instr. préc., n° 92 reprise au BOI-TVA-IMM-10-20-10-20160302, § 290) :

> « En cas d'acquisition d'un immeuble au terme d'un contrat de crédit-bail, les dispositions de l'article 268 trouvent à s'appliquer en cas de livraison subséquente dès lors que le prix de levée de l'option d'achat n'a pas ouvert droit à déduction pour l'acquéreur.
> S'agissant de la base, lorsque les loyers n'ont eux-mêmes pas ouvert droit à déduction, il sera admis pour la détermination du deuxième terme de détermination de la marge que soient pris en compte, au lieu du prix de levée de l'option, le prix d'achat du terrain et le prix de revient des constructions pour le bailleur sous réserve qu'ils aient été mentionnés dans le contrat. De même lorsque le locataire qui exerce l'option d'achat a acquis les droits attachés auprès d'un précédent locataire, il sera admis que soit pris en compte le prix d'achat du terrain et le prix de revient des constructions pour le bailleur tels que mentionnés dans le contrat, au lieu des sommes versées pour l'acquisition des droits ».

2500 Vente constituant une transmission d'universalité entre redevables (CGI, art. 257 bis). Il a été jugé, dans un cas où l'immeuble objet du crédit-bail avait été sous-loué en TVA par le crédit-preneur pendant la durée du contrat, acquis par lui puis rapidement revendu, toujours loué, à un autre assujetti redevable qui a poursuivi le bail, que la revente rapide de l'immeuble bénéficie de la dispense de TVA prévue par l'article 257 bis du Code général des impôts (CE, 8e et 3e ss-sect., 23 nov. 2015, n° 375055, *SCI JM5 SAR* : *Dr. fisc.* 2016, comm. 292, concl. B. Bohnert, note C. Deleu).
Dans une actualité du *BOFiP* en date du 3 janvier 2018, l'administration se prononce publiquement sur les conditions d'application de la dispense de TVA au dénouement du crédit-bail immobilier. Mais si elle indique tirer les conséquences des

décisions du Conseil d'État du 25 novembre 2015 précitées, l'administration prend soin de souligner que « les précisions relatives à l'application des dispositions de l'article 257 bis du CGI aux opérations effectuées dans le cadre de transmissions de contrat de crédit-bail sont apportées, sont sans incidence sur les règles applicables aux cessions d'immeubles réalisées par des assujettis ayant une activité d'achat-revente d'immeubles, dont le régime visé au IV-D § 285 du BOI-TVA-DED-60-20-10 demeure toujours applicable ». Dit plus clairement, l'administration rappelle que la cession isolée d'un immeuble loué en TVA mais inscrit par son acquéreur en stock ne bénéficie pas de la dispense (V. BOI-TVA-DED-60-20-10-20180103, n° 280 et, pour un commentaire de ces rescrits, V. N. Gonzalez-Gharbi, *Transmission d'universalité, Bercy précise les cas d'application de la dispense de TVA dans les opérations de crédit-bail immobilier : Constr.-Urb.* 2018, comm. 48).

Ces précisions, dont les deux rescrits (RES n° 2018/01 [TCA] et RES n° 2018/02 [TCA]), figurent au BOI-TVA-DED-60-20-10-20180103, n° 286 que nous reproduisons ci-après :

> « Concernant les opérations de transmissions effectuées dans le cadre d'un contrat de crédit-bail :
> En application de la jurisprudence du Conseil d'État, les dispositions de l'article 257 bis du CGI bénéficient à la revente, dès son acquisition, d'un immeuble par un crédit preneur ayant préalablement levé l'option d'achat auprès du crédit bailleur, lorsque le nouvel acquéreur poursuit l'activité de location des locaux (CE, arrêts du 23 novembre 2015, n° 3750544, ECLI : FR : CESSR : 2015 :375054.20151123 et n° 375055, ECLI : FR : CESSR : 2015 :375055.20151123).
> Dans la continuité de cette jurisprudence :
> **– RES n° 2018/01 (TCA) du 03 janvier 2018 :** modalités d'application des dispositions de l'article 257 bis du CGI à une levée d'option d'achat dans le cadre d'un contrat de crédit-bail immobilier.
> Question : L'acquisition d'un immeuble par un crédit preneur ayant levé l'option d'achat auprès du crédit bailleur peut-elle bénéficier de la dispense visée à l'article 257 bis du CGI ?
> Réponse : Le dispositif de l'article 257 bis du CGI couvre la situation dans laquelle un immeuble, loué dans le cadre d'un contrat de crédit-bail immobilier soumis à la TVA, est cédé au crédit-preneur lors de sa levée d'option d'achat et que celui-ci, qui affectait l'immeuble à une activité de sous-location taxée, entend continuer à affecter l'immeuble à une telle activité locative soumise à la TVA.
> **– RES n° 2018/02 (TCA) du 03 janvier 2018 :** modalités d'application des dispositions de l'article 257 bis du CGI à une cession d'immeuble, opérée par l'intermédiaire de la levée d'option exercée par le crédit preneur, entre crédit-bailleurs.
> Question : La dispense visée à l'article 257 bis du CGI peut-elle bénéficier au transfert d'un immeuble loué en TVA opéré pour un changement de crédit-bailleurs, par l'intermédiaire de la levée d'option exercée par le crédit preneur ?
> Réponse : Compte tenu de la nature du crédit-bail, les transferts de l'immeuble opérés pour le changement de crédit-bailleurs, au profit du crédit-preneur, puis d'un groupement de crédit-bailleurs doivent être regardés comme la transmission d'une universalité de biens, bénéficiant d'une dispense de taxation et de régularisation au sens de l'article 257 bis du CGI.
> Le fait que la revente n'intervienne pas le même jour que la levée d'option est sans incidence ».

La portée de ces deux rescrits a été précisée par une réponse ministérielle (Rép. min. Grau, n° 7359 : *JOAN* 10 juill. 2018, p. 6063 ; *Constr.-Urb.* 2018, comm. 134, N. Gonzalez-Gharbi). Il a été ainsi confirmé que la dispense de TVA s'applique à la levée d'option (première vente) et à la revente de l'immeuble objet du crédit-bail immobilier dès lors que l'immeuble demeure affecté à une activité locative en TVA et que le sous-acquéreur ne l'inscrit pas en stock. Le ministre confirme également qu'il importe peu, pour l'application de cette solution en matière de TVA, que l'acquéreur place son achat sous le régime de faveur prévu à l'article 1115 du Code général des impôts (achat-revente, V. **Engagement de revendre**) ou celui prévu à l'article 1594 0G A du Code général des impôts (V. **Engagement de construire**).

En revanche, la vente par le crédit-bailleur au crédit preneur de l'immeuble affecté à son activité hôtelière, objet du crédit-bail immobilier, permet à l'exploitant d'acquérir une immobilisation affectée à son activité. Elle ne constitue pas une transmission d'universalité au sens de l'article 257 bis du CGI entre le crédit-bailleur et l'exploitant hôtelier et, par conséquent, elle ne bénéficie pas de la dispense de TVA (Rép. min. n° 35808 : *JOAN* 5 avr. 2022, p. 2249, Grau ; *Dr. fisc.* 28 avr. 2022, n° 17-18, act. 160 ; *JCP* N 2022, act. 486, *Constr.-Urb.* juin 2022, comm. N. Gonzalez Gharbi). La solution fondée sur le défaut d'assimilation de l'activité hôtelière à une activité locative est dans la droite ligne d'un arrêt rendu par la cour administrative d'appel de Nantes qui avait exclu l'application de la dispense de TVA dans le cas de la vente par l'exploitant hôtelier des immeubles précédemment affectés à son activité hôtelière au profit d'une société de location immobilière (CAA Nantes, 1re ch., 21 avr. 2016, n° 14NT02617, inédit au recueil). À l'occasion d'une nouvelle réponse à une question écrite de Mme Louwagie (Rép. Min. n° 5782 : *JOAN*, 4 juillet 2023, p. 6155), l'administration admet l'application de la dispense de TVA au cas où un exploitant hôtelier cède à un crédit-bailleur les murs de l'hôtel dont il est propriétaire soit dans le cadre d'un « lease-back », soit de la mise en place d'un crédit-bail avec un autre crédit-preneur. Le ministre confirme également que la solution du rescrit n° 2018/02 précité s'applique lorsque le crédit-preneur est un exploitant hôtelier.

C Contribution de sécurité immobilière

2501 **Acquisition par le locataire des immeubles loués.** Si le locataire acquiert les immeubles loués pour un prix symbolique, les principes admis pour la liquidation de la taxe de publicité foncière, qui prendront en compte le prix stipulé (V. n° 2480), ne jouent pas pour la perception du salaire du conservateur. Celui-ci devra être liquidé sur la valeur vénale réelle des immeubles acquis, qui devra être l'objet d'une déclaration estimative, sous peine de refus de dépôt (*Bull. AMC* 1991, art. 1517).

Sur les incidences de cette valeur sur la situation fiscale du crédit-preneur en matière d'impôts directs : V. CE, 8e et 3e ss-sect., 4 mars 2015, n° 360508 : *JurisData* n° 2015-004448. – N. Gonzalez-Gharbi, *Lorsque la levée d'option rend le crédit-preneur acquéreur imposable au titre d'une plus-value professionnelle : Constr.-Urb.* 2015, comm. 80. – CE, 9 juin 2020, n° 423598. – J.-L. Pierre *Levée de l'option d'achat d'un immeuble précédemment pris en crédit-bail et donné en sous-location : Rev. sociétés* 2020, comm. 126. Sur la responsabilité du notaire pour défaut d'information sur ces incidences, V. Cass. 1re civ., 2 juill. 2014, n° 13-20.441 : *JurisData* n° 2014-015303. – J.-P. Garçon, *Quelle est l'incidence de la valorisation d'un immeuble pris en crédit-bail lors de la levée de l'option par une SCI semi-transparente ? : JCP* N 2014, note 1369.

VII Cession-bail

2502 **Définition.** La convention dénommée cession-bail ou *lease-back* est l'opération par laquelle une société de crédit-bail achète à une entreprise un investissement déjà réalisé et le lui donne aussitôt à bail en vertu d'un contrat de crédit-bail.

Sur le régime temporaire d'étalement de la plus-value réalisée par le cédant instauré par la loi de finances pour 2021. V. CGI, art. 39 novodecies et les commentaires de l'article 33 de la loi n° 2020-1721 de finances pour 2020 du 29 décembre 2020 : N. Vergnet, *Étalement de la plus-value réalisée lors d'une opération de lease-back : Dr. fisc.* 2021, n° 1-2, comm. 15 ; *FR Lefebvre* 2/2021, p. 65 ; BOI-BIC-PVMV-40-20-60, publié le 23 juin 2021.

A Acquisition par la société de crédit-bail

2503 **Taxe de publicité foncière. Régime de faveur.** L'article 1594 F quinquies du Code général des impôts prévoit en la matière un régime de faveur. Ce texte est ainsi rédigé :

> « Sont soumises à la taxe de publicité foncière ou au droit d'enregistrement au taux de 0,70 % :
> (...)
> H. Les acquisitions, par une société de crédit-bail, d'immeubles dont elle concède immédiatement la jouissance au vendeur par un contrat de crédit-bail, à la condition que ce dernier fasse l'objet d'une publication si cette formalité est obligatoire en application des dispositions de l'article 28 du décret n° 55-22 du 4 janvier 1955 modifié. »

Le BOI-ENR-DMTOI-10-60-20130408, § 130 commente ces dispositions en ces termes :

> « Conformément aux dispositions du H de l'article 1594 F quinquies du CGI, les acquisitions par une société de crédit-bail d'immeubles dont elle concède immédiatement la jouissance au vendeur par un contrat de crédit-bail sont soumises à la taxe de publicité foncière ou au droit d'enregistrement au taux réduit à la condition que ces derniers fassent l'objet d'une publication si cette formalité est obligatoire en application des dispositions de l'article 28 du décret n° 55-22 du 4 janvier 1955 modifié portant réforme de la publicité foncière, c'est-à-dire lorsque le contrat de crédit-bail immobilier emporte constitution d'un bail d'une durée supérieure à douze ans. Ainsi, lorsqu'il est justifié de la conclusion simultanée du contrat de crédit-bail au profit du vendeur, l'acquisition de l'immeuble par la société de crédit-bail est soumise à la taxe de publicité foncière au taux réduit sous réserve que l'acte d'acquisition précise que la publication du contrat de crédit-bail est requise simultanément si la durée du bail est supérieure à douze ans ».

Compte tenu du prélèvement pour frais d'assiette, la perception totale est de 0,71498 %.

2504 **TVA.** Sur les cas d'application de la dispense de TVA, V. RES n° 2018/02 (TCA), 3 janv. 2018, cité n° 2500.

B Opérations réalisées dans le cadre du contrat de cession-bail

2505 Les acquisitions réalisées en vertu d'une convention de cession-bail (ou *lease-back*) sont soumises aux mêmes règles que celles régissant les opérations de crédit-bail détaillées ci-dessus (V. n°s 2438 à 2441). Il en est de même pour les autres opérations : cession du contrat, résiliation du contrat, etc.

VIII Autres opérations

2506 **Construction sur un terrain donné à bail à la société de crédit-bail.** Lorsque l'immeuble loué ayant été édifié sur un terrain préalablement donné à bail par l'entreprise utilisatrice à la société de crédit-bail, la propriété dudit immeuble est transférée à l'entreprise propriétaire du terrain en vertu des droits qu'elle tient du bail qu'elle a consenti, la taxe départementale de publicité foncière n'est exigible qu'au taux réduit de 0,70 % (0,71498 % avec les perceptions additionnelles). En effet, le transfert est opéré en application du droit d'accession s'il s'agit d'un bail emphytéotique ou d'un bail ordinaire prévoyant l'obligation pour le preneur d'édifier des constructions devant revenir au propriétaire du terrain avec ou sans indemnité (BOI-ENR-DMTOI-10-60-20130408, n° 140).
S'il est réalisé en application d'un bail à construction, le transfert de propriété est exonéré de taxe départementale de publicité foncière (V. **Bail à construction**).

2507 **Cession d'un immeuble donné en crédit-bail.** La cession d'un contrat de crédit-bail immobilier par le crédit-bailleur s'analyse comme une cession de l'immeuble donné à bail. Cette cession est soumise à la TVA en application de l'article 257, I° du Code général des impôts lorsqu'elle porte sur un immeuble « neuf » et qu'elle intervient dans les cinq ans de son achèvement (V. **Immeuble neuf**). Les autres mutations sont exonérées, sous réserve de la possibilité d'opter pour l'assujettissement à la TVA en ce qui concerne les immeubles « anciens » (V. **Immeuble ancien**).

2508 **Domaine public.**
➤ Sur les actes portant crédit-bail conclu au profit de l'État ou d'un de ses établissements publics, V. **Domaine public**.

Croix-Rouge française

Neyla GONZALEZ-GHARBI

CGI, art. 1071. – Jusqu'à une date qui sera fixée ultérieurement par décret, les dons et legs de toute nature consentis au bénéfice de l'association La Croix-Rouge française, reconnue d'utilité publique par la loi du 7 août 1940, sont exonérés de tous droits d'enregistrement, sous réserve de leur acceptation régulière par le comité de direction.

Jusqu'à la même date, l'acquisition et la location par la Croix-Rouge française des immeubles nécessaires à son fonctionnement sont également exonérées, sous réserve des dispositions de l'article 1020, de tous droits d'enregistrement.

I Acquisitions immobilières

2509 **Taxe de publicité foncière et CSI.** Les acquisitions par la Croix-Rouge française des immeubles nécessaires à son fonctionnement sont assujetties à la taxe de publicité foncière au taux de 0,70 % – 0,71498 % avec les perceptions additionnelles (CGI, art. 1071, al. 2). Ces acquisitions sont dispensées de taxes additionnelles communales. En revanche, le prélèvement pour frais d'assiette, recouvrement, de dégrèvements et de non-valeur est exigible (BOI-ENR-DMTOI-10-90-20 120912, n° 170).
La contribution de sécurité immobilière est perçue selon le droit commun, et donc en l'espèce au tarif proportionnel (V. **Contribution de sécurité immobilière**).

2510 **TVA.** Lorsque l'opération entre dans le champ d'application de la TVA (CGI, art. 257-7), cette taxe est normalement applicable. Mais ces acquisitions sont soit exonérées de la taxe de publicité foncière en vertu de l'article 1594-0G-A du Code général des impôts (notamment en cas d'acquisition de terrains à bâtir ou d'immeubles inachevés), soit assujetties à cette taxe au taux de 0,71498 % (Doc. adm. DGI, 7 C-1472, n° 2, 1er oct. 2001).

II Dons et legs

2511 **Régime fiscal.** L'exonération prévue par l'alinéa I de l'article 1071 susvisé ne vise que les droits de mutation à titre gratuit. La taxe de publicité foncière est donc due dans les conditions ordinaires. Il en est de même pour la contribution de sécurité immobilière.

III

Locations

2512 **Régime fiscal.** Si la location par la Croix-Rouge française des immeubles nécessaires à son fonctionnement est également exonérée de tout droit d'enregistrement, la publication du bail, lorsqu'elle est nécessaire, donne lieu à la perception de la taxe de publicité foncière dans les conditions de droit commun (V. **Bail ordinaire à durée limitée**). Dans tous les cas, la contribution de sécurité immobilière au tarif proportionnel est due dans les conditions ordinaires.

Dation en paiement

Neyla GONZALEZ-GHARBI

I Généralités

2513 **Définition.** La dation en paiement est un mode d'extinction des obligations consistant dans la remise au créancier d'une chose autre que celle qui est l'objet de l'obligation. Il faut naturellement que le créancier accepte cette dation et donne ainsi son consentement à la libération du débiteur (C. civ., art. 1243).

II Régime fiscal

A Droits d'enregistrement (taxe de publicité foncière)

2514 **Assimilation à une vente.** La convention par laquelle un créancier accepte de recevoir un immeuble en paiement d'une dette présente le caractère translatif et, par suite, elle doit être soumise à l'impôt de mutation exigible en matière de vente d'immeubles (BOI-ENR-DMTOI-10-10-30-50-20120912, n° 50).

2515 **Liquidation des droits.** Les droits étant dus sur le prix, il sera liquidé, en principe, sur le montant en capital et intérêts de la créance éteinte (Cass. civ., 18 févr. 1879 : *D.* 1979, 1, 153 ; Instr. 2621, § 2. – Cass., 5 juill. 1937 : *DH* 1937, 469 ; Instr. 4342, § 17), et sans que les parties soient admises à donner une déclaration estimative de l'immeuble.

Cependant, l'administration est en droit d'asseoir la perception sur la valeur vénale de l'immeuble remis, en établissant que cette valeur est supérieure au prix.

2516 **Dation en paiement de meubles et d'immeubles.** Si les biens donnés en paiement comprennent des meubles et des immeubles, il y a lieu de faire application des dispositions de l'article 735 du Code général des impôts (BOI-ENR-DMTOI-10-10-30-50-20120912, n° 70. – V. **Vente simultanée d'immeubles et de meubles**).

Si cette dation en paiement intervient sans que soient remplies les conditions de prix particulier et d'estimation article par article, prévues par l'article 735 du Code général des impôts, le droit de vente sera exigible au tarif immobilier.

B TVA immobilière

2517 **Liquidation de la TVA.** En cas de dation en paiement, la TVA est exigible sur la valeur

vénale, appréciée au jour de la livraison du terrain, des locaux faisant l'objet de la dation en paiement. Sous réserve de l'application de coefficients de correction destinés à tenir compte des conditions particulières de l'opération (tenant notamment à ses aléas propres et aux fluctuations du marché immobilier), cette valeur peut être déterminée par référence :
– soit au prix de vente actuel de locaux similaires situés dans un immeuble achevé ou en cours d'achèvement ;
– soit au prix de vente futur des locaux compris dans l'immeuble dont la construction est projetée.

Il est admis que soient soustraits de ces prix les coûts dont le constructeur établit qu'ils n'ont pas été exposés pour la livraison des locaux remis en dation (notamment frais financiers et de commercialisation. – BOI-TVA-IMM-10-20-10-20120912, n° 450. – Instr. 29 déc. 2010, n° 108 : *BOI* 3 A-9-10).

N.B. : ces indications visent apparemment le cas de « dation en paiement » intervenant dans le cadre d'une cession de terrain contre remise de locaux à construire. Mais elles sont transposables dans le cas de dations en paiement « ordinaires ».

III
Opérations diverses

2518 Vente avec dation d'un immeuble en paiement du prix. Lorsque dans un même acte une personne vend un immeuble à une autre personne qui, en paiement du prix, lui cède un immeuble, le tout constitue un échange à taxer en conséquence (V. **Échange**).
Mais si les deux opérations font l'objet d'actes distincts, fût-ce du même jour, elles doivent être taxées séparément (BOI-ENR-DMTOI-10-10-30-50-20120912, n° 60).

2519 Dation en paiement d'une soulte par remise d'un bien.
➤ V. **Partage**.

2520 Dation d'un immeuble en paiement d'un legs en numéraire.
➤ V. **Transaction**.

2521 Remise d'un immeuble en paiement d'un dividende. Parce qu'elle constitue un acte juridique unilatéral et non un contrat, la décision de distribution de dividendes, qui n'opère pas transmission de propriété de biens immobiliers à titre onéreux taxable, échappe aux articles 682 et 683 du Code général des impôts, qui visent exclusivement les mutations à titre onéreux. La remise d'un immeuble en paiement d'un dividende n'entraîne donc pas l'exigibilité des droits de mutation à titre onéreux (Cass. com., 12 févr. 2008 : *JurisData* n° 2008-042745 ; *Dr. fisc.* 2008, n° 29, comm. 416, note F. Deboissy et G. Wicker ; *JCP* N 2009, n° 20, 1168, obs. J.-P. Garçon).
Dans ses observations précitées, M. J.-P. Garçon précise que le paiement du dividende par remise d'un acquet social donnera ouverture à la taxe de publicité foncière à 0,71498 %. Il faut par ailleurs réserver l'application de la théorie de la mutation conditionnelle des apports. L'attribution de biens en nature à un associé d'une société non soumise à l'IS à un autre que l'apporteur laisse subsister l'exigibilité des droits de vente. Et si l'assemblée prévoit une soulte à la charge de l'associé, le droit de vente sera alors exigible sur la soulte.

IV
Paiement des droits

2522 Dation d'un immeuble en paiement d'une dette fiscale.
➤ Sur cette possibilité, V. **Paiement des droits**.

Débet

Serge LAMIAUX

2523 **Définition.** Dans certains cas, la formalité de l'enregistrement doit être effectuée dans les délais ordinaires, mais les droits ne sont pas perçus préalablement à sa réalisation ; ils sont simplement liquidés en débet, c'est-à-dire qu'ils restent dus. Leur recouvrement est poursuivi ultérieurement, par les comptables de la DGFiP (aide judiciaire, décisions des juridictions répressives passibles d'un droit fixe de procédure). Parfois même, les droits sont abandonnés ; ils tombent alors en non-valeur. Ainsi en cas de condamnation du Trésor dans les jugements et arrêts auxquels est partie l'agence judiciaire du Trésor (BOI-ENR-DG-20-60-20120912, n°s 1 et 10).

2524 **Champ d'application.** L'enregistrement en débet s'applique essentiellement à certaines décisions judiciaires. Il est justifié, soit par la nature de collectivité publique (État) d'une des parties en cause, soit par des préoccupations d'ordre social (aide juridictionnelle notamment), soit enfin par la qualité d'agent de l'autorité publique des personnes qui requièrent la formalité (décisions des juridictions répressives).

C'est ainsi que sont liquidés en débet (nous ne retenons ici que ce qui intéresse l'objet du présent ouvrage) :

– en vertu de l'article 1090 du Code général des impôts, les droits exigibles sur les décisions judiciaires auxquelles est partie l'agence judiciaire du Trésor ; si le Trésor est condamné, il est dispensé du paiement des droits ;

– certaines décisions judiciaires en matière d'aide juridictionnelle (V. **Aide juridictionnelle**. – BOI-ENR-DG-20-60-20120912, n°s 20 et 30).

I

Taxe de publicité foncière et droits d'enregistrement

2525 **Conditions matérielles d'exécution de la formalité.** Les jugements et arrêts soumis à la formalité en débet sont analysés succinctement sur le bordereau de dépôt lorsque le greffier en établit un ou, à défaut, sur le bordereau de journée n° 2644 et donnent lieu, éventuellement, à la rédaction d'un extrait analytique de la série 2651, notamment en vue du recouvrement ultérieur des droits lorsque celui-ci est de la compétence de la recette des impôts.

La mention d'enregistrement est apposée dans les conditions habituelles sur les minutes ou les originaux des actes ainsi formalisés. En marge de cette mention, le détail des droits d'enregistrement et, éventuellement, de timbre exigibles, est inscrit en chiffres, mais la quittance est remplacée par l'indication que ces droits ont été liquidés en débet (BOI-ENR-DG-20-60-20120912, n°s 40 et 50).

II

Salaire du conservateur (régime antérieur)

AVERTISSEMENT L'ordonnance n° 2010-638 du 10 juin 2010 (*JO* 11 juin) supprime le conservateur des hypothèques à compter du 1er janvier 2013.
À partir de cette date est instituée une taxe au profit de l'État, dite « contribution de sécurité immobilière », prévue par l'article 879 du Code général des impôts. Cette taxe, qui remplace le salaire du conservateur des hypothèques, est perçue aux mêmes conditions d'assiette, de tarif, de contrôle et de recouvrement que ce salaire (V. Contribution de sécurité immobilière).

Les solutions énoncées ci-dessous à propos du salaire du conservateur sont mentionnées pour mémoire. Elles se justifiaient par le fait que, jusqu'au 1er janvier 2013, il existait deux créanciers distincts : le Trésor d'une part, pour les droits et taxes dus, et le conservateur des hypothèques, créancier de son salaire, d'autre part. Après cette date, du fait de la suppression du conservateur des hypothèques, ces solutions paraissent devenir caduques.

2526 Seules peuvent bénéficier du salaire en débet les inscriptions requises par l'État ou les collectivités publiques pour privilèges ou hypothèques. Les autres formalités n'en bénéficient pas, mais les conservateurs n'appliquent pas la règle strictement, et un crédit bénévole est ici courant (*Bull. AMC* 1973, art. 937).

2527 L'inscription du salaire en débet est réservée à l'État et aux collectivités publiques, et n'est pas ouverte aux services publics de l'État ou de ces collectivités, même si une tolérance inverse est traditionnellement de mise (*Bull. AMC* 1963, art. 547).

2528 Le Trésor public n'a pas à faire l'avance du salaire dû au conservateur pour l'inscription des hypothèques garantissant le recouvrement des condamnations pécuniaires. Ces salaires ne sont acquis au conservateur qu'autant qu'ils ont été recouvrés sur les débiteurs par le percepteur (Circ. DGI, 3 janv. 1956 : *Bull. AMC* 1957, art. 278).

2529 L'État, dispensé de faire l'avance du salaire, n'est pas tenu d'en poursuivre le recouvrement contre le débiteur. Mais le conservateur, a, quant à lui, le droit de réclamer son salaire au débiteur dès que l'inscription qui y donne ouverture a été prise (*Bull. AMC* 1960, art. 446. – Cependant, V. n° 2530).

2530 Le salaire, liquidé en débet, des inscriptions garantissant le paiement des amendes et condamnation pécuniaires, est recouvré par le comptable chargé de l'encaissement de ces créances. Cela semble interdire le recouvrement direct par le conservateur (*Bull. AMC* 1966, art. 632. – V. n° **2529**).

2531 Lorsque le salaire a été liquidé en débet, et qu'avant son paiement le bureau change de titulaire, le salaire appartient au conservateur qui a accompli la formalité, et donc a pris la responsabilité correspondante. Une convention contraire est possible entre les intéressés (*Bull. AMC* 1971, art. 870).

2532 Une réponse ministérielle précise le mécanisme du salaire en débet, à propos des inscriptions garantissant l'État qui accorde des réductions de droits à mutation à titre gratuit ou d'IGF, en matière de bois et forêts, sous certaines conditions (Rép. min. Bédoussac : *JOAN* CR, 16 avr. 1984, p. 1789 ; *JCP* N 1984, prat. 9043, p. 272. – Pour le texte de cette réponse, V. **Bois et forêts**).

2533 Ne constituent véritablement des cas de débet que les salaires dont le recouvrement est incertain, et pas seulement retardé en raison de formalités diverses (*Bull. AMC* 1959, art. 377).

Décision de justice

Jacques LAFOND

Sommaire analytique

Index alphabétique

Index alphabétique *(suite)*

I

Publicité foncière

2534 **Plan.** Quand doit-on publier une décision de justice ? (A) ; difficultés rencontrées (B) ; quelles sont les conditions (C) et les modalités de la publication (D) ?

A Quand doit-on publier ?

2535 Après avoir rappelé les textes régissant la matière (1), nous présenterons diverses applications des règles qu'ils énoncent (2).

1 Les textes

2536 Il y a lieu de distinguer les décisions soumises à publication obligatoire (*a*) et les décisions non soumises à publication (*b*).

a) Décisions judiciaires soumises à publication obligatoire

1) Publication prescrite à peine d'inopposabilité aux tiers

2537 **Publications prescrites par l'article 28-1° du décret du 4 janvier 1955.** L'article 28-1° du décret du 4 janvier 1955 est ainsi rédigé :

« Sont obligatoirement publiés au service chargé de la publicité foncière de la situation des immeubles :
1° Tous actes, même assortis d'une condition suspensive, et **toutes décisions judiciaires**, portant ou constatant entre vifs :
a) Mutation ou constitution de droits réels immobiliers, y compris les obligations réelles définies à l'article L. 132-3 du code de l'environnement, autres que les privilèges et hypothèques, qui sont conservés suivant les modalités prévues au code civil ;
b) bail pour une durée de plus de douze années et même pour un bail de moindre durée, quittance ou cession d'une somme équivalant à trois années de loyers ou fermages non échus ;
c) titre d'occupation du domaine public de l'État ou de l'un de ses établissements publics constitutif d'un droit réel immobilier délivré en application des articles L. 34-1 à L. 34-9 du Code du domaine de l'État et de l'article 3 de la loi n° 94-631 du 25 juillet 1994 ainsi que cession transmission ou retrait de ce titre ».

En l'absence de publication, ces décisions sont inopposables aux tiers (D. 4 janv. 1955, art. 30, 1).

2538 **Publications prescrites par l'article 28-2° du décret du 4 janvier 1955.** L'article 28-2° soumet à publication obligatoire les décisions judiciaires constatant l'existence de « clauses d'inaliénabilité temporaire et toutes autres restrictions au droit de disposer », ou encore de « clauses susceptibles d'entraîner la résolution ou la révocation d'actes soumis à publicité » en vertu de l'article 28-1° du même décret.

L'article 30, alinéa 3 du décret du 4 janvier 1955 précise que les ayants cause à titre particulier du titulaire d'un droit visé à l'article 28, 1° de ce même décret (V. n° 2537) qui ont publié l'acte ou la décision judiciaire constatant leur propre droit ne peuvent se voir opposer les actes entre vifs dressés distinctement pour constater des clauses d'inaliénabilité temporaire et toutes autres restrictions au droit de disposer, ou les décisions judiciaires constatant de telles clauses, lorsque ces actes ou décisions ont été publiés postérieurement à la publicité donnée à leur propre droit. Il résulte *a contrario* de ce texte que si cette publication est antérieure, elle sera opposable à ces mêmes « ayants cause ».

2) Publication obligatoire non sanctionnée par l'inopposabilité aux tiers

2539 **Publications prescrites par l'article 28-4° du décret du 4 janvier 1955.** L'article 28-4 du décret du 4 janvier 1955 soumet à publication obligatoire, lorsqu'elles portent sur des droits soumis à publicité en vertu de l'article 28 de ce même décret (V. n° 2537) :

– les décisions constatant la résolution, la révocation, l'annulation ou la rescision d'une convention ou d'une disposition à cause de mort (art. 28-4° c) ;
– les décisions rejetant les demandes en justice tendant à obtenir la résolution la révocation l'annulation où la rescision d'une convention ou d'une disposition à cause de mort (art. 28-4° d) ;
– les décisions judiciaires déclaratives (art. 28-4° e), c'est-à-dire qui se bornent à constater un droit préexistant (V. n° 2542).

Ces diverses catégories de décisions de justice sont opposables aux tiers même en l'absence de publication (V. n° 2542). Cette publication est néanmoins obligatoire. Le législateur l'impose, la sanction étant que les personnes ayant publié leurs propres droits et qui établissent qu'elles ont subi un préjudice à raison de l'absence de publication du jugement peuvent obtenir des dommages et intérêts (D. 4 janv. 1955, art. 30-4).

2540 **Publications concernant des décisions judiciaires spécifiques.** L'article 28 du décret du 4 janvier 1955 prescrit par ailleurs la publication :

– des décisions judiciaires arrêtant ou modifiant le plan de redressement de l'entreprise qui prononcent l'inaliénabilité temporaire d'un bien immobilier compris dans le plan (art. 28-2°. – V. **Procédures collectives**) ;
– la décision du tribunal donnant acte du délaissement hypothécaire (art. 28-7°. – V. **Délaissement**).

b) Décisions non soumises à publication

2541 **Exclusion prononcée par l'article 68 du décret du 14 octobre 1955.** Selon l'article 68-3 du décret du 14 octobre 1955, « ne sont pas soumis à publicité » :

– les décisions judiciaires sur incidents ;
– les jugements préparatoires ou interlocutoires ;
– l'acte d'opposition ou d'appel ou le pourvoi en cassation dirigé contre une décision judiciaire rendue à la suite d'une demande en justice tendant à obtenir la résolution, la révocation, l'annulation, où la rescision d'une convention ou d'une disposition à cause de mort antérieurement publiée.

2 Applications diverses

2542 **Décisions judiciaires déclaratives.** Les décisions judiciaires déclaratives (art. 28-4° e), c'est-à-dire qui se bornent à constater un droit préexistant sont soumises à publication obligatoire. De tels jugements interviennent à propos d'un droit contesté, et il est donc utile que les tiers sachent que la contestation est tranchée et connaissent le titulaire véritable du droit.

Les jugements déclaratifs sont opposables aux tiers même en l'absence de publication. Cette publication est néanmoins obligatoire. Le législateur l'impose, la sanction étant que les personnes ayant publié leurs propres droits qui établissent qu'elles ont subi un préjudice à raison de l'absence de publication du jugement peuvent obtenir des dommages et intérêts (D. 4 janv. 1955, art. 30-4. – V. Y. Picod, *Les sûretés, la publicité foncière*, Montchrestien, 1999, n° 676, p. 561). Comme le montre M. Picod (*op. cit.*) la publication n'est pas toujours inutile :

> « Voici un acte translatif qui n'a pas été publié », indique cet auteur. « Le transfert non publié est constaté dans un jugement statuant sur une action en revendication. La publication du jugement déclaratif aura pour effet de rendre opposable aux tiers un droit qui ne l'était pas antérieurement, car, en publiant le jugement, on a publié l'acte translatif ».

➤ Sur la publication des décisions faisant suite à une action en revendication, V. **Revendication d'immeuble**.

2543 **Jugement constatant une mutation.** Sont soumis à publication obligatoire les jugements qui constatent la mutation d'un immeuble ou d'un droit réel immobilier : notamment les jugements d'adjudication (V. **Adjudication**), les jugements constatant la perfection d'une promesse de vente (V. **Promesse de vente**), ou encore ceux qui déclarent ou reconnaissent le caractère parfait d'une mutation, par exemple d'une vente verbale. L'ordonnance du juge des tutelles rejetant une requête tendant à obtenir l'autorisation d'acquérir des biens immobiliers n'a pas à être publiée au fichier immobilier dès lors qu'elle n'entraîne aucune mutation ni constitution de droits réels immobiliers et qu'elle n'a pas vocation à entraîner la réalisation en la forme authentique d'un acte soumis à publicité foncière (CA Paris, 14e ch. B, 6 avr. 2007 : *JurisData* n° 2007-340296).

2544 Jugement ordonnant la démolition de constructions non autorisées. Selon l'article 73 du décret du 14 octobre 1955 :

> « Sont publiés au fichier immobilier pour l'information des usagers, en application de l'article 36-2° du décret du 4 janvier 1955, les décisions administratives concernant des immeubles déterminés et tendant à limiter l'exercice du droit de propriété ou portant dérogation à des servitudes d'utilité publique ».

Les décisions administratives constatant qu'un immeuble a été édifié sans autorisation peuvent être publiées sur le fondement de ce texte. Il en est de même des décisions judiciaires qui ordonnent la démolition de ces constructions (*Bull. AMC* 1998, art. 1780. – V., pour les constructions édifiées en violation des règles d'urbanisme, Rép. min. n° 67581 : *JOAN* Q 11 juill. 2006, p. 7386 : *JCP* N 2006, n° 29, act. 503).

2545 Arrêt ayant ordonné la radiation d'un privilège. L'association mutuelle des conservateurs estimait qu'il n'était pas possible de publier un acte notarié relatant qu'un arrêt de cour d'appel avait ordonné la mainlevée d'une inscription de privilège prise sur un immeuble mais que le créancier s'était pourvu en cassation contre cet arrêt. En effet, des informations relatives exclusivement à une sûreté réelle ne peuvent pas être introduites dans le registre propre à la publication des droits sur les immeubles autres que les privilèges et hypothèques. Par ailleurs, le service de la publicité foncière n'a pas le pouvoir d'intégrer un document dans le registre des inscriptions, qui est composé uniquement de bordereaux d'inscription, les actes et décisions judiciaires les modifiant n'étant pas susceptibles d'y être incorporés. Seule est admise la publication de mentions en marge des inscriptions existantes : mais l'acte notarié litigieux n'entrait pas dans la catégorie de ceux susceptibles d'être publiés par voie de mention (*Bull. AMC* 1999, art. 1804. – V. **Mentions en marge**). La même solution serait aujourd'hui applicable dans le cas d'un arrêt ordonnant la mainlevée d'une inscription d'hypothèque légale spéciale.

2546 Annulation d'une décision de préemption en première instance puis en appel. Remise d'une attestation de l'avocat vendeur tirant les conséquences de ces décisions. L'annulation d'une décision de préemption de la SAFER est prononcée d'abord en première instance puis en appel. Mais aucune des décisions rendues ne tire les conséquences de cette annulation : le retour des parcelles irrégulièrement préemptées dans le patrimoine des adjudicataires. L'avocat des adjudicataires établit alors une attestation par laquelle il récapitule et identifie les parcelles préemptées et indique qu'elles sont rétribuées aux adjudicataires, ceci afin que les fiches de ces derniers soient annotées en conséquence. La publication des décisions rendues et de l'attestation jointe est refusée.
En l'espèce, il aurait fallu publier de nouveau le jugement d'adjudication en reproduisant sur le même document la décision de préemption ainsi que le jugement et l'arrêt en ayant déclaré la nullité. Les fiches des adjudicataires auraient alors été annotées pour tenir compte de ce qu'ils étaient redevenus propriétaires des parcelles qui leur avaient été adjugées (*Bull. AMC* 1991, art. 1503).

2547 Action en déclaration de simulation. Une acquisition immobilière est faite au nom d'enfants mineurs représentés par leurs parents. À la demande de créanciers des parents, un arrêt de cour d'appel annule l'opération et dit que les parents sont les véritables propriétaires au lieu et place de leurs enfants mineurs. La publication de l'arrêt ayant été sollicitée, le problème se pose de savoir si un rejet doit être opposé pour défaut d'effet relatif, la personne indiquée comme disposant ou « dernier titulaire » au fichier immobilier (les parents) n'étant pas celle figurant dans les documents publiés et répertoriés à ce même fichier (les enfants d'une part et un tiers acquéreur, une partie des immeubles ayant été aliénée par ces derniers). La réponse est négative car l'arrêt de la cour a un effet rétroactif, si bien que le contrôle de l'effet relatif doit s'exercer en se plaçant à la date de la publication du titre attaqué annulé ou confirmé (*Bull. AMC* 2009, art. 1927). L'association des conservateurs qui a donné cet avis ajoute qu'au surplus la cour a ordonné la publication de son arrêt et qu'il n'appartient pas au conservateur (aujourd'hui, au service de la publicité foncière) de s'opposer à cette injonction.

2548 Publication d'un jugement prononçant l'inopposabilité d'un acte à la suite d'une action paulienne. L'inopposabilité d'un acte de vente ou de donation à la suite d'une action paulienne ne saurait être assimilée à son annulation. Elle n'a pas en particulier pour résultat d'entraîner la rétrocession pure et simple du bien vendu. L'aliénation subsiste au profit du tiers acquéreur, pour tout ce qui excède l'intérêt du créancier demandeur (Cass. 1re civ., 3 déc. 1985 : *Bull. civ.* 1985, I, n° 334. – Cass. 1re civ., 1er juill. 1975 : *Bull. civ.* 1975, I, n° 213).
Le fichier immobilier doit être annoté en conséquence. Dans FIDJI, il convient donc lors de la saisie du jugement rendant inopposable aux créanciers la donation ou la vente, d'annoter le

complément de la mention suivante : « Jugement (ou arrêt) du... rendant inopposable à X... créancier de M. Y (vendeur ou donateur) la vente ou la donation consentie par lui à M. Z (donataire) publiée le......... (référence à la formalité) », sans omettre d'activer dans le descriptif, l'option « Charges ». Le transfert de propriété ne doit pas être activé.

Les effets de l'aliénation subsistant au profit du tiers acquéreur ou donataire qui demeure propriétaire, rien ne s'oppose par la suite à ce qu'un créancier de ceux-ci prenne une inscription sur le bien, suivie éventuellement d'une saisie immobilière.

S'agissant du créancier du donateur ou du vendeur ayant engagé l'action paulienne, dès lors que les biens donnés ou aliénés ont fait retour à son seul profit dans le patrimoine du débiteur, il peut requérir une inscription sur ce bien sans se voir opposer le principe de l'effet relatif. Par contre la jurisprudence *Hedreul* (V. **Effet relatif**) serait invoquée pour toute inscription requise par un autre créancier.

Le créancier du donateur ou du vendeur peut également publier un commandement de saisie à son profit, étant observé que les biens à saisir se trouvant de fait entre les mains d'un tiers détenteur (donataire ou acquéreur) nonobstant l'action paulienne les commandements devront être délivrés en respectant les prescriptions de l'article 2464 du Code civil et 16 et 17 du décret n° 2006-936 du 27 juillet 2006 (*Bull. AMC* 2009-2010, art. 1937).

B Difficultés rencontrées

2549 Publication limitée aux seules décisions « juridictionnelles ». L'article 710-1 du Code civil, issu de la loi n° 2011-331 du 28 mars 2011 réserve aux seules décisions de justice ayant un caractère « juridictionnel » la possibilité d'avoir accès à la publication (V. **Authenticité**).

Comme l'a rappelé l'association des conservateurs, doivent être considérées comme telles les décisions judiciaires qui tranchent un point de droit relatif à un contentieux portant sur un immeuble ou un droit immobilier. (*Bull. AMC* 2010-2011, art. 1956). Mais cette notion de « décision juridictionnelle » donne prise aux controverses. Aussi l'association des conservateurs avait-elle estimé souhaitable qu'une liste des décisions non publiables au fichier immobilier soit établie par les pouvoirs publics (ce vœu n'est toujours pas exaucé à ce jour...).

La plus grande prudence avait été recommandée aux conservateurs par leur association (V. **Authenticité**). Il leur avait été conseillé de ne refuser le dépôt que lorsque le caractère non juridictionnel de la décision produite était incontestable : ainsi pour les jugements homologuant des transactions constatées par acte sous seing privé (V. **Transaction**).

2550 Jugements d'homologation. L'association des conservateurs avait admis l'accès à la publicité foncière aux jugements homologuant une convention **notariée** (V. **Authenticité**). Cette prise de position part de l'idée, exprimée par plusieurs auteurs, selon laquelle l'homologation n'a pas pour résultat de conférer l'authenticité à la convention homologuée (V. R. Perrot : *RTD civ.* 2006, p. 823. – J.-F. Humbert, *Libres propos autour d'une « modernisation » des professions juridiques : JCP* N 2011, n° 14-15, 119, n° 33. – V. *contra*, S. Piédelièvre, *Loi du 28 mars 2011 : remarques sur les dispositions relatives à l'authenticité, à la publicité foncière et aux mentions manuscrites : Defrénois* 2011, art. 40 043, p. 1091). Mais certains estiment qu'une distinction devrait être faite selon que l'homologation est facultative ou prescrite par la loi, ou encore selon que le juge se contente de donner acte aux parties de leur accord, sans interférer sur le contenu de la convention, ou qu'il procède à une vérification de sa validité, rendant ainsi une véritable décision juridictionnelle (sur ce débat, V. J.-F. Humbert, art. préc. – P.-F. Cuif, *Réforme de la publicité foncière [art. 710-1 C. civ.] : Nouvelles règles et nouvelles pratiques pour le notaire : Bull. Cridon* Paris 1er-15 août 2011, p. 2 et s., nos 20 à 23).

2551 Jugement non définitif. Aucune disposition ne subordonne la publication des décisions de justice à la justification de leur caractère définitif. Le service de la publicité foncière est donc tenu de déférer à une réquisition de publier un jugement alors même que la partie du dispositif qui prescrit cette publication n'est pas assortie de l'exécution provisoire (*Bull. AMC* 1973, art. 960). Il en est de même dans le cas d'un jugement assorti de l'exécution provisoire mais frappé d'appel (*Bull. AMC* 2006, art. 1892).

Il importe peu que le jugement ait ordonné sa publication « sur présentation d'un certificat de non-appel ». Le tribunal ne peut en effet subordonner l'accomplissement des formalités hypothécaires à une condition qui n'est pas prévue par la loi (*Bull. AMC* 1969, art. 788).

Ainsi, la publication du jugement qui prononce l'annulation d'une vente peut être effectuée sans justification (*Bull. AMC*, préc.).

2552 Publication après que la décision est devenue définitive. C'est aux parties qu'il appartient d'apprécier si elles doivent informer les tiers que la décision est définitive en publiant, en même temps que cette décision, les documents établissant qu'elle n'est plus susceptible d'opposition ou d'appel (exploit ou certificat de signification et certificat de non-appel ou acquiescement, *Bull. AMC* 1966, art. 643).

Lorsque le titre du disposant ou dernier titulaire consiste en une décision de justice rendue en premier ressort, il est affecté d'une condition résolutoire, en raison de l'appel dont la décision est susceptible. Il ne perd son caractère conditionnel que lorsque le délai d'appel est expiré sans qu'un recours de cette nature ait été formé, ou dans le cas contraire, lorsque la décision de la cour d'appel est intervenue.

Pour informer les tiers du caractère définitif de la décision, les documents à publier sont, selon le cas, soit la décision de justice et le certificat de non appel, soit cette décision et l'arrêt de la cour d'appel, soit seulement ce dernier arrêt s'il constitue à lui seul le titre à publier (*Bull. AMC* 1982, art. 1250).

2553 Publication des certificats de non appel. La publication du certificat de non appel pourrait se heurter à difficulté si l'on appliquait rigoureusement les textes. Il avait été conseillé aux conservateurs de ne pas soulever la question de savoir si les certificats dont s'agit, qu'ils soient délivrés par un greffier ou un avocat, revêtent un caractère authentique. D'autre part, pour l'annotation de ces certificats au fichier, on peut, pour ce qui concerne l'identité des parties et la désignation des immeubles en cause, se reporter aux énonciations du jugement à publier avant ou en même temps que les certificats (*Bull. AMC* 1982, art. 1250).

C Conditions de la publication

1 Mentions que doit comporter le jugement

a) Identification des parties

2554 Règles à respecter. Pour qu'une décision de justice puisse être publiée, les parties concernées doivent être identifiées conformément aux dispositions des articles 5 et 6 du décret du 4 janvier 1955 (V. **Identification des personnes**).

Cette identification ne doit pas en principe poser de problème, dès lors que les parties sont tenues d'insérer, tant dans l'assignation que dans les conclusions, leurs identités complètes (V. **Demande en justice**).

2555 Certification de l'identité. L'identité des parties doit être certifiée selon les règles de droit commun (V. **Certification d'identité**).

La certification ne peut être opérée que par l'une des personnes énumérées par l'article 5, alinéa 2 du décret du 4 janvier 1955 : notaire, avocat, huissier de justice, mandataire judiciaire, administrateur judiciaire ou une autorité administrative.

Les greffiers ne figurent pas dans cette énumération. Toutefois, l'association mutuelle des conservateurs avait estimé que la possibilité d'établir des certifications d'identité pouvait alors leur être reconnue en vertu de l'article 38-2 du décret du 14 octobre 1955 qui confère d'une manière très générale une habilitation aux « représentants de la puissance publique (...) pour les actes dressés par eux ou avec leur concours, pour les inscriptions qu'ils requièrent et tous actes s'y rapportant ». Il paraît en effet logique de considérer la certification d'identité comme le prolongement obligé des compétences attribuées au greffier, notamment l'obligation qui leur est imposée de faire publier certaines décisions (V. n° 2560) en vertu de l'article 32, alinéa 1er du décret du 4 janvier 1955 (*Bull. AMC* 1986, art. 1355). Faute d'adopter cette interprétation compréhensive, les greffiers se trouveraient dans l'impossibilité de respecter cette obligation.

La certification est établie au vu d'un extrait de l'acte de naissance ayant moins de six mois de date au jour de la décision judiciaire (D. 4 janv. 1955, art. 5 dernier al. – Sur le sujet V. **Certification d'identité**).

b) Identification des immeubles

2556 Application des règles de droit commun. En ce qui concerne les immeubles ou droits réels immobiliers objet de la publication, la décision sujette à publicité doit comporter toutes les mentions d'identification prescrites par l'article 7, alinéa 1, du décret du 4 janvier 1955.

S'il s'agit d'immeubles ou de droits immobiliers situés dans les communes où le cadastre a été rénové et qui font l'objet d'une décision de justice translative, déclarative ou constitutive d'un droit réel susceptible d'hypothèque, la désignation doit être faite conformément à un extrait cadastral ayant moins de trois mois de date et en cas de changement de limites, d'après les documents d'arpentage établis spécialement en vue de la conservation au cadastre. Cet extrait ou ces documents doivent être remis au service de la publicité foncière à l'appui de la réquisition de formalités (D. 4 janv. 1955, art. 7, dernier al.).

2 Possibilité de compléter ou de rectifier le jugement ou la décision rendue

2557 Cas prévu par l'article 34, § 6 du décret du 4 janvier 1955. L'article 34, § 6 (anc. art. 34-5)

du décret du 4 janvier 1955 prévoit le cas où une « décision judiciaire soumise à publicité a été rendue sans que les documents visés au 5 aient été communiqués à la juridiction ».
L'article 34, § 5 (anc. art. 34-4) auquel il est ainsi renvoyé concerne l'hypothèse où un acte soumis à publicité « a dû être établi d'urgence avant réception des documents sur la base desquels il doit être procédé à la désignation des personnes et des immeubles ».
D'autre part, l'article 34 figure dans le chapitre III propre à la publicité des droits immobiliers autres que les sûretés réelles. Dès lors, il ne s'applique pas lorsqu'il s'agit de rectifier ou de compléter un jugement qui ordonne la radiation d'une inscription (*Bull. AMC* 1999, art. 1803). Il y a lieu de recourir en pareil cas à la procédure de rectification des erreurs matérielles ou omissions édictée par l'article 462 du Code de procédure civile (*Bull. AMC* 1994, art. 1627).

2558 **Procédure.** Lorsque les conditions d'application de l'article 34, § 5 du décret du 4 janvier 1955 précité sont remplies, les erreurs ou omissions relatives à la désignation des personnes ou des immeubles peuvent être « rectifiées ou réparées en vertu d'une ordonnance rendue sur requête par le président de la juridiction qui aura statué ou par son délégué ».
La requête doit être présentée (éventuellement par ministère d'avocat) « à la demande de la partie intéressée qui doit, à cet effet, communiquer les documents justificatifs ».
Le texte ajoute que « Le président peut, s'il l'estime nécessaire, renvoyer les parties à se pourvoir devant la juridiction ».

2559 **Cas où les conditions d'application de l'article 34, § 6 ne sont pas remplies.** Lorsqu'on ne se trouve pas dans le champ d'application de l'article 34, § 6, la rectification des erreurs ou omission » matérielles » peut être opérée par référence aux dispositions de l'article 462 du Code de procédure civile (V. n° 2567). Selon ce texte, le juge est saisi par simple requête de l'une des parties ou par requête commune. Il statue après avoir entendu les parties ou celles-ci appelées. La décision rectificative est mentionnée sur la minute et sur les expéditions du jugement. Elle est notifiée comme le jugement. Si cette procédure est utilisée, la publication du jugement et de la décision rectificative devront être opérées simultanément pour que les règles de la publicité foncière soient satisfaites (sur l'utilisation de la procédure de rectification d'erreur matérielle pour compléter un arrêt de cour d'appel par les mentions destinées à permettre sa publication, V. Cass. 1re civ., 17 déc. 2008, nos 00-22.792 et 01-00.557).

D Modalités de la publication

1 Qui a qualité pour faire publier ?

2560 **Énumération légale.** Selon l'article 32, alinéa 1, du décret du 4 janvier 1955 :

> « Les notaires, huissiers, greffiers, commissaires à l'exécution du plan et autorités administratives sont tenus de faire publier (...) indépendamment de la volonté des parties, les actes ou décisions judiciaires visés à l'article 28, 1°, 2° et 4) à 9°, dressés par eux ou avec leur concours ».

➤ Sur les actes concernés, V. nos **2537** à **2548**.
On observera que la publication doit être opérée « **indépendamment de la volonté des parties** ». S'agissant d'une obligation imposée par les textes, les personnes visées par l'article 32, alinéa 1er, ne peuvent pas, comme on le voit parfois, se « faire dispenser » par les parties de procéder à la publication.

2561 **Les greffiers.** En l'état actuel du texte de l'article 32, alinéa premier du décret du 4 janvier 1955, les seuls membres des professions judiciaires visés par ce texte sont les greffiers, à l'exclusion des avocats (V. n° **2562**). Il n'y a rien d'anormal à leur confier la mission de publier les décisions visées par ce texte et plus généralement les décisions judiciaires soumises à publication, d'autant qu'ils sont chargés de leur enregistrement (V. n° **2580**) et qu'ils sont les seuls à pouvoir établir un certificat de conformité (V. n° **2566**. – Sur la certification de l'identité des parties, V. n° **2555**). Mais, est-ce bien là ce qui a été voulu par le législateur ? (V. n° **2562**).

2562 **Le cas des avocats.** Le décret n° 2012-634 du 3 mai 2012 ayant supprimé les avoués, il en est résulté, de façon mécanique et malencontreuse, que les avocats n'étant pas mentionnés dans l'article 32, alinéa premier du décret du 4 janvier 1955, n'avaient plus qualité pour procéder aux formalités de publicité foncière.
La loi n° 2016-1547 du 18 novembre 2016 de modernisation de la justice du XXIe siècle a réparé cette anomalie en complétant l'article 32 du décret du 4 janvier 1955 par un alinéa ainsi rédigé :

> « Les avocats sont habilités à procéder aux formalités de publicité foncière, pour les actes prévus au dernier alinéa de l'article 710-1 du Code civil pour les actes dressés par eux ou avec leur concours ».

➤ Sur les incidences de ce texte, V. : C. Laporte, *Le grand retour des avocats dans le décret du 4 janvier 1955 : JCP* G 2016, n° 49, 1306.

L'article 710-1, alinéa 3 auquel il est renvoyé énumère limitativement les formalités de publicité foncière pour lesquelles l'alinéa 1er de ce texte, posant le principe de l'authenticité, n'est pas applicable :

– les assignations en justice ;

– les commandements valant saisie, les différents actes de procédure qui s'y rattachent ;

– les jugements d'adjudication ;

– les documents portant limitation administrative au droit de propriété ou portant servitude administrative ;

– les procès-verbaux établis par le service du cadastre ;

– les documents d'arpentage établis par un géomètre ;

– les modifications provenant de décisions administratives ou d'événements naturels.

Comme on l'a remarqué, les avocats ne retrouvent qu'à moitié leurs pouvoirs (M. Suquet-Cozic : *BPIM* févr. 2017, n° 80). En effet, le nouveau texte ne leur permet toujours pas de publier des mutations telles qu'un jugement constatant le caractère parfait d'une vente d'immeuble.

D'autre part, il est curieux de constater que les avocats n'ont aucune obligation de faire publier les décisions judicaires soumises à publicité foncière obligatoire à l'obtention desquelles ils ont concouru. Et, sur un plan général, « l'habilitation des avocats à procéder aux formalités de publicité foncière » figurant à l'article 32, alinéa 3 du décret du 4 janvier 1955 ne vise que les « **actes** dressés par eux ou avec leur concours ». Si on l'applique littéralement, on en déduira que les avocats ne sont pas habilités à faire publier les **décisions judiciaires** obtenues par eux ou avec leur concours. Cet état de choses, qui rompt avec des solutions bien établies, surprend d'autant plus que le but de la réforme opérée par la loi du 18 novembre 2016 précitée était de faire bénéficier les avocats de l'ensemble des prérogatives antérieures des avoués. Or ces derniers figuraient à l'époque dans l'énumération des diverses professions tenues de publier aux termes de l'ancien article 32, alinéa 1er du décret du 4 janvier 1955 (V. H. Bulté, chron. : *JCP* N 1971, prat. 5053)...

2563 **Publication par les notaires.** Le notaire peut se trouver confronté à des situations où la publication du jugement, pourtant obligatoire, n'a pas été opérée, ce qui l'empêche de mettre sur pied une opération projetée (par ex. une vente d'immeuble). Exemples :

– une décision de justice n'a pas été publiée par négligence (ce qui est parfois le cas des décisions de débouté...). La consultation du fichier immobilier révèle la publication d'une demande en justice qui apparemment n'a pas été suivie d'un jugement. Cependant, il est certain que ce jugement est intervenu, le notaire en détenant une copie ;

– un jugement est intervenu mais il n'a pas été publié faute de remplir les diverses exigences posées par la réglementation concernant la publicité foncière.

En pareil cas, pour des raisons de célérité le plus souvent, une procédure empirique est alors utilisée (V. M. Suquet-Cozic, *Comment publier la revente d'un bien immobilier après une procédure judiciaire infructueuse ? : Sol. not.* 2023, n° 34, p. 11). La décision (une expédition) est déposée au rang des minutes d'un notaire. Ce dépôt n'a pas pour objet d'authentifier cette décision (qui a déjà le caractère authentique) : l'acte de dépôt est destiné à en assurer la publication, en complétant, le cas échéant, les données manquantes. On explique généralement que cet acte de dépôt ne contrevient donc pas aux dispositions de l'article 710-1 du Code civil (V. ce texte au mot V. **Authenticité**). Cette procédure empirique est critiquable à plusieurs titres :

– on peut remarquer tout d'abord que le notaire n'a pas *a priori* qualité pour faire publier une décision de justice. L'obligation de publier incombe en vertu de l'article 32, alinéa 1, du décret du 4 janvier 1955, au greffier de la juridiction (et non plus aux avocats : V. n° **2561**) ;

– le notaire n'a pas qualité non plus pour rédiger le certificat de conformité, le greffier de la juridiction ayant seul compétence pour ce faire (V. n° **2566**). Seuls les détenteurs des minutes sont habilités à certifier que les documents hypothécaires déposés sont conformes à ces minutes (V. *Bull. AMC* 1988, art. 1395 et 1994, art. 1622). Cette infraction est de nature, à elle seule, à justifier un refus de dépôt ((*Bull. AMC* 2006 et 2007-1, art. 1902) ;

– enfin, lorsque le processus utilisé a pour but de compléter ou de rectifier le jugement ou la décision rendu en fournissant dans l'acte de dépôt les renseignements manquants pour les besoins de la publicité foncière, une autre critique peut être formulée : il y a alors contournement des procédures prévues par la réglementation (V. nos **2557** à **2559**). En pareil cas, la rectification de la décision intervenue ne peut résulter que d'une décision judiciaire rectificative et il doit y avoir ensuite publication simultanée de la décision initiale et de la décision rectificative. Le notaire n'a, à aucun titre, qualité pour opérer la rectification d'une décision judiciaire.

On peut même se demander, dans le cas où la publication serait malgré tout opérée, s'il n'est pas possible d'arguer de sa nullité, pour violation des règles de fond, d'ordre public, de la publicité foncière.

2 Délai

2564 Principe et exception. Le délai d'accomplissement de la formalité de publicité, pour les décisions judiciaires qui y sont soumises, est de *trois mois* du jour où elles sont devenues définitives (D. 4 janv. 1955, art. 33-B).
Ce délai est réduit à *un mois* pour les décisions prononçant la résolution, la révocation, la nullité ou la rescision d'un acte de nature à être publié (même texte).
Comme nous le verrons (V. n° 2595), les formalités d'enregistrement et de publication sont, en la matière, distinctes et les délais d'accomplissement ne sont donc pas identiques.

3 Pièces à déposer

2565 Rappel des textes. Selon l'article 34, § 1 du décret du 4 janvier 1955, la publicité « donne lieu obligatoirement au dépôt simultané, au service de la publicité foncière, de deux expéditions, extraits littéraux ou copies (...) de la décision judiciaire à publier ».
En la matière, la copie du jugement destinée à rester déposée au service de la publicité foncière soit aux fins de publicité foncière, soit à l'appui d'une mention, ne peut être qu'une expédition. Il faut donc déposer deux expéditions de la décision dont une sur forme spéciale (Massounabe-Puyanne, chron. hyp. : *JCP* N 1958, IV, 2584).
En pratique, la reproduction du jugement translatif de propriété sur le formulaire Cerfa n° 3265 est réalisée le plus souvent par le greffe de la juridiction. Lorsque tel n'est pas le cas, l'avocat de la partie concernée y procède (V. Rép. min. n° 25 225 : *JO* Sénat 30 mars 2017, p. 1307).

2566 Certificat de conformité. Le certificat de conformité et la certification d'identité constituent deux formalités distinctes. L'interdiction de signer le certificat d'identité (V. n° 2555) n'emporte pas pour le greffier interdiction de signer le certificat de conformité nécessaire pour conférer à la copie son caractère d'expédition. Il a d'ailleurs seul qualité pour ce faire (Massounabe-Puyanne, chron. hyp. : *JCP* N 1958, IV, 2584).
L'avocat n'a, par contre, pas qualité pour établir ce certificat de conformité. En effet, il n'est pas le dépositaire de la minute du document à publier. Il ne pourrait dès lors, pour collationner, que comparer la copie hypothécaire avec l'expédition délivrée par le greffier. Ce faisant, il méconnaîtrait les dispositions de l'article 67-3, alinéa 2, du décret du 14 octobre 1955 qui, sous peine de refus de dépôt exige la certification, et donc la constatation de la conformité *à la minute de la décision* (*Bull. AMC* 1994, art. 1622). Un notaire n'a pas non plus qualité pour établir ce certificat de conformité (*Bull. AMC* 2006-2007, art. 1902).

4 Effet relatif

2567 Application. Le principe de « l'effet relatif » (V. **Effet relatif**) s'applique en la matière. Il en résulte par exemple qu'un jugement statuant sur la difficulté d'exécution d'une convention ne peut être publié que si cette convention a été elle-même publiée (*Bull. AMC* 1982, art. 1250).
De même, si d'après les documents figurant au fichier immobilier un immeuble a été acquis par l'époux seul, marié sous un régime de communauté, et décédé depuis lors, et qu'un jugement d'adjudication de l'immeuble a été rendu à l'encontre de la veuve, désignée comme ayant été l'unique acquéreur, cette discordance est de nature à justifier un rejet par le conservateur. La situation ne peut être régularisée que par le dépôt d'un jugement d'adjudication rectificatif, rendu sur le fondement de l'article 462 du Code de procédure civile (*Bull. AMC* 1992, art. 1526. – V. également H. Bulté, chron. hyp. : *JCP* N 1957, IV, 2404).
Signalons qu'à la suite de l'arrêt de la Cour de cassation du 12 juin 1996, dit arrêt *Hedreul*, l'association des conservateurs des hypothèques a fait une application particulière de la règle de « l'effet relatif » en ce qui concerne les décisions rejetant les demandes en justice tendant à obtenir l'annulation d'une convention. Considérant que l'annulation avait un effet rétroactif, elle en a déduit que le contrôle de l'effet relatif devait être exercé en se plaçant à la date de la publication du titre attaqué, annulé ou confirmé ((*Bull. AMC* 2005, art. 1877).
Autrement dit, si un jugement rejette la demande de nullité d'une vente de A à B, il est possible de viser, au titre de l'effet relatif, l'acte par lequel A est devenu propriétaire, et donc un effet relatif identique à celui contenu dans la vente de A à B (V. M. Suquet-Cozic : *Sol. not.* 2023, n° 34, p. 12, n° 4).

5 Objet de la publication

2568 Dispositif de la décision. Seul le dispositif fait l'objet de la publication, en cas de mutation de droits réels immobiliers, et non pas les attendus motivant la décision (*Bull. AMC* 2006-2007, art. 1905).

Décision de justice

II

Perceptions à opérer

2569 **Réformes successives.** Le régime fiscal des décisions de justice a été, à plusieurs reprises, profondément modifié par des réformes successives (L. 15 mars 1963 : *JCP* N 1963, 111, 28950 et 29112. – L. 26 déc. 1969, art. 10 : *JCP* N 1970, 111, 35197).

Le régime fiscal actuel des jugements résulte de la loi du 30 décembre 1977 qui a instauré la gratuité des actes de justice.

Une distinction est tout d'abord à opérer selon la nature de la décision : décisions des tribunaux civils, des juridictions répressives, ou des juridictions de l'ordre administratif (A). Puis nous examinerons le régime des décisions soumises à publicité foncière (B), pour terminer par l'examen de difficultés diverses (C).

A Distinction selon la nature de la décision

1 Décisions des tribunaux civils

2570 **Principe.** L'article 1089 A du Code général des impôts, issu de la loi du 30 décembre 1977 précitée, dispose :

> **Art. 1089 A. –** « Sauf lorsqu'elles donnent ouverture à un droit proportionnel ou progressif, les décisions des juridictions de l'ordre judiciaire ne sont pas soumises au droit d'enregistrement. »

Il résulte de ce texte qu'à compter du 1er janvier 1978, seules sont assujetties obligatoirement à l'enregistrement les décisions judiciaires passibles d'un droit proportionnel ou progressif (droit d'acte).

Celles qui, antérieurement, étaient dispensées de la présentation à la formalité, comme ne donnant ouverture qu'à des droits fixes recouvrés sur état, sont dorénavant affranchies de toute perception fiscale (V. n° 2591).

a) Décisions judiciaires donnant ouverture à un droit proportionnel ou progressif

1) Définition

2571 **Décisions passibles d'un « droit d'acte ».** Les juges constatent parfois, dans leurs décisions, un arrangement conclu pour la première fois devant eux ; ils rendent aussi des sentences destinées à suppléer au consentement des parties et constitutives, par cela même, d'un véritable contrat ; c'est ce qui se produit, notamment, pour les décisions qui opèrent, par leurs seules dispositions, un transfert de propriété (adjudication, constatation de la réalisation d'une condition suspensive ou de la perfection d'une vente, etc.) Les droits exigibles, appelés droits d'acte, sont perçus au tarif afférent à la nature de la convention consacrée.

Ces décisions peuvent se classer en deux groupes :

– d'une part, les jugements qui constatent une convention conclue pour la première fois devant le juge : jugements donnant acte d'une acceptation d'offre, ventes volontaires à la barre du tribunal, homologations de partage et d'une façon générale tous les actes de juridiction gracieuse, également les jugements d'expédient, c'est-à-dire ceux par lesquels un tribunal donne la forme d'un jugement à un contrat intervenu entre les parties ;

– d'autre part, les sentences destinées à suppléer au consentement des parties : jugements d'adjudication forcée, jugements constatant la réalisation d'une condition suspensive à laquelle était subordonnée une mutation.

Le droit d'acte est liquidé selon le tarif applicable au jour de la décision.

2572 **Décisions concernées.** Les décisions judiciaires passibles d'un droit proportionnel ou progressif sont celles qui **forment le titre d'une convention** assujettie à un tel droit en raison de son objet, notamment :

– mutation à titre onéreux d'immeuble ou de droit réel immobilier, de fonds de commerce ou de clientèle ou convention assimilée visée à l'article 720 du Code général des impôts, du droit à un bail ou au bénéfice d'une promesse de bail portant sur tout ou partie d'immeuble ;

– cessions d'actions ou de parts sociales ;

– cession de participations dans des personnes morales à prépondérance immobilière au sens de l'article 726-I-2°, dernier alinéa du Code général des impôts ;

– cession d'office public ou ministériel ;

– adjudication publique de biens meubles incorporels ou corporels visés à l'article 733 du Code général des impôts ;

– partage ou homologation d'un partage ;
– formation, prorogation, transformation ou dissolution d'une société, augmentation, amortissement ou réduction de son capital lorsque ces opérations demeurent soumises à un droit proportionnel ;
– mutation de jouissance à vie ou à durée illimitée d'immeuble, de fonds de commerce ou de clientèle ;
– mutation à titre gratuit (donation, reconnaissance de don manuel. – BOI-ENR-DG-20-30-10-20120912, n° 40).

2) Exemples

2573 **Dation en paiement.** Le jugement constatant une dation en paiement donne ouverture aux droits de mutation.

2574 **Détermination du véritable caractère d'un contrat.** Un jugement qui rétablit le véritable caractère juridique d'un contrat rend exigibles les droits dus sur la convention dont la nature est ainsi déterminée (Cass. civ., 23 avr. 1951 : *BOI* 5784 ; *Ind. enr.*, 7488).

2575 **Résolution judiciaire.**
➤ V. **Résolution de contrats**.

2576 **Simulation.** Le jugement qui constate qu'une personne ayant figuré à un acte d'acquisition n'était que le prête-nom d'un tiers opère une mutation dans la propriété apparente. Le droit proportionnel est alors exigible (Cass., 10 févr. 1936 : Instr. 4264, § 35).

2577 **Transaction.** Le jugement qui constate une transaction est habituellement passible du droit proportionnel (V. **Transaction**).

2578 **Vente.** Le jugement qui constate une transmission ne résultant pas d'une convention antérieure donne ouverture au droit de mutation. Il s'agit d'un droit d'acte dû sur le jugement lui-même (Instr. 2562, p. 108).

3) Régime fiscal

2579 **Délais.** Conformément aux dispositions de l'article 635-2-1° du Code général des impôts, les décisions judiciaires qui donnent ouverture à un droit proportionnel ou progressif sont soumises, **dans le mois de leur date**, à la formalité de l'enregistrement et assujetties au droit proportionnel ou progressif selon la nature juridique des conventions qu'elles constatent.

4) Obligations du greffier

2580 **Énumération et sources légales.** L'article 650 du Code général des impôts prévoit tout d'abord que :

> « (...) 3. Les secrétaires greffiers, greffiers et greffiers en chef (...) font enregistrer les actes qu'ils sont tenus de soumettre à cette formalité aux services des impôts dans le ressort desquels ils exercent leurs fonctions. »

L'article 1705 du Code général des impôts relatif à l'obligation au paiement énonce que :

> « Les droits des actes à enregistrer (...) sont acquittés, savoir : (...) 3°. – Par les greffiers pour les actes et jugements, sauf le cas prévu par l'article 1840 D, et ceux passés et reçus aux greffes (...) ».

Ces textes sont complétés par les articles 1840 C et D du Code général des impôts, qui sont ainsi conçus :

Art. 1840 C. – Les (...) greffiers (...) qui ont négligé de soumettre à l'enregistrement ou à la formalité fusionnée, dans les délais fixés, les actes qu'ils sont tenus de présenter à l'une ou l'autre de ces formalités sont personnellement passibles de la majoration prévue au 1 de l'article 1728. Ils sont, en outre, tenus du paiement des droits ou taxes, sauf leur recours contre les parties pour ces droits ou taxes seulement.

Art. 1840 D. – Par dérogation aux dispositions de l'article 1840 C, lorsque les droits d'enregistrement ou la taxe de publicité foncière et les taxes assimilées, afférents aux jugements rendus à l'audience qui doivent être enregistrés sur les minutes (...) n'ont pas été consignés aux mains des greffiers (...), dans les délais prescrits pour l'enregistrement ou la formalité fusionnée, le recouvrement en est poursuivi contre les parties qui supportent, en outre, la majoration prévue au 1 de l'article 1728.

À cet effet, les greffiers et les autorités administratives fournissent aux agents des impôts, dans la décade qui suit l'expiration des délais, des extraits par eux certifiés des actes, procès-verbaux et jugements, dont les droits ou taxes ne leur ont pas été remis par les parties, à peine, pour chaque acte, procès-verbal et jugement, de l'amende prévue au 1 de l'article 1729 B, et d'être, en outre, personnellement contraints au paiement des droits ou taxes et pénalités exigibles. Il leur est délivré récépissé, sur papier libre, de ces extraits. Ce récépissé est inscrit sur leur répertoire.

5) Liquidation et réclamation des droits

2581 **Transmission de la décision au receveur.** Pour les décisions judiciaires qui donnent ouverture à un droit proportionnel ou progressif (V. n°s 2571 et 2572), les comptables des impôts ont la charge de recouvrer directement et dans tous les cas, les sommes dues au Trésor.

À cette fin, le secrétaire-greffier est tenu de remettre la minute de la décision au comptable public de sa résidence avant l'expiration du délai imparti pour la formalité, c'est-à-dire avant l'expiration du délai d'un mois qui suit la date de la décision. Toutefois, pour permettre au receveur de procéder au recouvrement dans le délai le plus bref, il est instamment recommandé au secrétaire-greffier d'effectuer ce dépôt dans les quinze jours de la décision au plus tard (BOI-ENR-DG-20-30-10-20120912, n° 80 et BOI-ENR-DG-40-10-20-10-20120912, n° 140).

2582 **Pièces à déposer par le greffier.** Pour ce faire, le secrétaire-greffier a l'obligation de déposer, dans le délai imparti (V. n° 2581), outre la minute de la décision (V. n° 2579), un bordereau, en double exemplaire, dont l'un est renvoyé au secrétariat de la juridiction pour valoir accusé de réception. Chacun des deux exemplaires est annoté de la date de dépôt de la décision (BOI-ENR-DG-40-10-20-10-20120912, n° 140).

2583 **Liquidation et réclamation des droits au redevable.** Dès réception de la décision, le comptable de la DGFIP doit immédiatement liquider les droits exigibles.

Au moyen d'une lettre recommandée dont il conserve un double, il avise aussitôt le redevable. Il sera insisté auprès de ce dernier sur l'intérêt d'un règlement rapide afin que la formalité puisse être exécutée avant l'expiration du délai légal (CGI, art. 635-2-1°). Il sera notamment indiqué à l'intéressé qu'aucune copie ou expédition de la décision ne peut être délivrée avant l'exécution de la formalité (CGI, art. 862. – BOI-ENR-DG-40-10-20-10-20120912, n° 150).

Selon un arrêt de la cour de Paris (1re ch. B) du 30 janvier 2003 (*Dr. fisc.* 2003, n° 10, p. 382), lorsque les droits ont été liquidés par le receveur et payés par le redevable, le receveur ne peut liquider à nouveau les droits sur une base différente, en procédant à une nouvelle analyse juridique de la décision ou de l'acte soumis à enregistrement.

2584 **Redevable des droits. Solidarité des parties.** En application des dispositions prévues par l'article 1712 du Code général des impôts, l'avis doit d'abord être adressé – suivant l'objet ou le contenu de la décision – soit au nouveau possesseur, soit à celui à qui elle profite, sauf stipulation contraire.

En vertu de l'article 1707 du Code général des impôts, les parties sont solidaires vis-à-vis du Trésor pour le paiement des droits simples et en sus exigibles sur les sentences arbitrales et sur les décisions judiciaires.

Les droits peuvent donc être réclamés indifféremment à l'une quelconque des parties, mais en fait, l'administration prend pour règle de ne les demander en premier lieu qu'à la partie qui doit finalement les supporter, c'est-à-dire celle condamnée aux dépens (BOI-ENR-DG-40-10-20-10-20120912, n° 160).

2585 **Aide juridictionnelle.** La partie qui a obtenu le bénéfice de l'aide juridictionnelle est dispensée de faire l'avance des salaires du conservateur des hypothèques (aujourd'hui de la contribution de sécurité immobilière) et des droits proportionnels ou progressifs d'enregistrement qui sont liquidés en débet (V. **Aide juridictionnelle**).

2586 **Jugements frappés d'appel.** Il est de principe, en application des dispositions combinées des articles 1701 et 1961, alinéa 2, du Code général des impôts, que l'appel ne met pas obstacle à l'exigibilité immédiate des droits dus sur les jugements rendus en matière civile (V. en dernier lieu, Périgueux, 28 avr. 1960 : *Ind. enr.*, 10171. – Avignon, 16 janv. 1961 : *Ind. enr.*, 10435).

Mais la perception effectuée sur ces décisions est susceptible d'être révisée ultérieurement si le jugement est annulé ou réformé par une décision passée en force de chose jugée (BOI-ENR-DG-20-30-10-20120912, n° 100).

6) Classement des documents et établissement de l'extrait d'acte

2587 **Dossier à établir.** Un dossier doit être spécialement ouvert, pour la conservation de la minute de la décision, jusqu'à l'expiration du délai légal. Dans ce dossier, doivent être conservés le deuxième exemplaire du bordereau, le double de l'avis adressé au redevable ainsi que l'extrait d'acte (n° 2651) dont la rédaction incombe désormais au receveur.

L'ordre de classement de ces documents doit être établi en fonction de la date limite d'enregistrement (BOI-ENR-DG-40-10-20-10-20120912, n° 170).

7) Paiement des droits

2588 **Paiement des droits dans les délais.** Lorsque les droits sont payés dans les délais, deux cas sont à distinguer.

• Premier cas. – Le bordereau de dépôt du greffier ne comprend qu'une seule décision.

Dès qu'intervient le paiement des sommes dues, le comptable de la DGFIP procède immédiatement à l'exécution de la formalité dès lors qu'il est encore en possession de la minute de la décision. Il enregistre le bordereau de dépôt au registre de la formalité n° 2644 et, conformément aux prescriptions de l'article 1704 du Code général des impôts, il porte la quittance de l'enregistrement sur la minute de la décision avec le détail des sommes dues.

Il renvoie ensuite au greffier, sous pli recommandé, la minute de l'acte.

Enfin, après avoir numéroté et annoté du paiement des droits l'extrait qu'il a établi, il adresse ce dernier au centre de duplication dans les conditions habituelles (BOI-ENR-DG-40-10-20-10-20120912, n° 180).

• Deuxième cas. – Le bordereau de dépôt du greffier comprend plusieurs décisions.

Les directives tracées ci-dessus sont applicables sous la réserve suivante. Dès lors qu'il comprend plusieurs décisions, le bordereau du greffier ne peut, à moins que les droits relatifs à l'ensemble des décisions soient payés simultanément, ce qui est peu probable, être enregistré au registre de la formalité n° 2644. Aussi bien convient-il, lors du paiement des droits afférents à une décision figurant sur le bordereau du greffier et après accomplissement de la formalité, d'inscrire la décision et le règlement sur le bordereau de journée du service des impôts. À la fermeture du bureau et après enregistrement du bordereau journalier au registre de la formalité n° 2644, le comptable de la DGFIP annote le bordereau de dépôt du greffier de la référence à la formalité et le reclasse dans le dossier ouvert pour la conservation des minutes des autres décisions dont les droits n'ont pas encore été réglés.

La procédure décrite ci-dessus pourra de nouveau être utilisée lors du paiement des droits relatifs à la dernière décision portée sur le bordereau de dépôt du greffier (BOI-ENR-DG-40-10-20-10-20120912, n° 190).

2589 **Paiement des droits hors délai.** L'article L. 66-4° du Livre des procédures fiscales, applique la procédure de taxation d'office aux droits d'enregistrement et aux taxes assimilées.

Cette règle de portée très générale vise indistinctement tous les actes quelle que soit leur forme, y compris les actes judiciaires.

Dès lors, en application des dispositions combinées de ce texte et de l'article 1701 du Code général des impôts, la présentation à l'enregistrement d'un tel acte, non accompagné du versement de l'impôt auquel il donne ouverture entraîne, sauf régularisation dans les conditions fixées par l'article L. 67 du Livre des procédures fiscales, la mise en œuvre de la taxation d'office, puisque ce document ne permet pas l'accomplissement de la formalité.

Aussi, à l'expiration du délai légal d'enregistrement, le receveur doit transmettre à l'inspection de la fiscalité immobilière compétente, (FI du domicile d'une des parties) les actes concernant les défaillants qu'il a déterminés.

En pratique, il est conseillé au receveur de transmettre au service une copie de la minute de l'acte judiciaire ainsi que les éléments de la liquidation qu'il a effectuée. La minute n'est pas retenue à la recette, mais renvoyée au secrétariat-greffe à qui il convient de rappeler les dispositions de l'article 862 du Code général des impôts aux termes desquelles aucune copie ou expédition ne peut être délivrée avant l'exécution de la formalité.

Lorsque les droits seront réglés, le greffier en sera immédiatement avisé. Cet auxiliaire de justice devra alors présenter à nouveau la minute de la décision sur laquelle sera portée la mention d'enregistrement (BOI-ENR-DG-40-10-20-10-20120912, n° 200).

Cette analyse a été contestée par un arrêt de la cour de Paris (1re ch. B) du 5 décembre 2002 (*Dr. fisc.* 2003, n° 20, comm. 382 ; *Gaz. Pal.* 25-26 avr. 2003, p. 22, avec le rapport de Mme I. Terrier-Mareuil, substitut général). Selon cette décision, dès lors que le jugement doit être obligatoirement présenté à la formalité par le greffier en application de l'article 1840 D du Code général des impôts, le recouvrement des droits doit être poursuivi selon la procédure habituelle de redressement et non par voie de taxation d'office.

8) Recouvrement des droits

2590 **Notification d'un avis de mise en recouvrement.** Bien que les droits proportionnels ou progressifs soient devenus exigibles à la suite d'une décision de justice, ils ne peuvent pas être recouvrés en vertu de celle-ci, qui n'a aucun caractère exécutoire en ce qui les concerne. Il convient, en conséquence, de notifier au moment de la prise en charge un avis de mise en recouvrement collectif aux parties solidaires, la décision de justice y étant visée comme acte justificatif de la créance fiscale.

Le recouvrement des droits bénéficie du privilège de l'article 1929-1 du Code général des impôts et de l'hypothèque légale de l'article 1929 ter du même code, la décision de justice qui est à l'origine de l'exigibilité de la créance ne permettant pas, bien entendu, d'inscrire l'hypothèque judiciaire (BOI-ENR-DG-40-10-20-10-20120912, n° 210).

b) Décisions judiciaires autres que celles donnant ouverture à un droit proportionnel ou progressif

2591 **Dispense d'enregistrement.** Les décisions des juridictions judiciaires autres que celles donnant ouverture à un droit proportionnel ou progressif ne sont pas soumises au droit d'enregistrement (CGI, art. 1089 A) et elles sont dispensées de la formalité de l'enregistrement.

2 Décisions des juridictions répressives

2592 **Droit fixe, sauf cas particulier.** L'article 1018 A du Code général des impôts soumet les décisions des juridictions répressives à un droit fixe de procédure, à l'exception de celles qui ne statuent que sur les intérêts civils.
Toutefois, l'article 1018 A du Code général des impôts prévoit que le droit n'est pas dû lorsque le condamné est mineur (BOI-ENR-DG-20-30-10-20120912, n°s 130 à 170).

2593 **Recouvrement du droit.** Le droit fixe de procédure est recouvré sur chaque condamné comme en matière d'amendes et de condamnations pécuniaires par les comptables du Trésor. Les personnes condamnées pour un même crime ou pour un même délit sont tenues solidairement au paiement des droits fixes de procédure.
Ce droit est aussi recouvré, comme en matière criminelle ou correctionnelle, en cas de décision de non-lieu ou de relaxe sur la partie civile qui a mis en mouvement l'action publique.
Le recouvrement du droit fixe de procédure et des amendes pénales est garanti, d'une part, par le privilège général sur les meubles prévu à l'article 1920 du Code général des impôts, d'autre part, par l'hypothèque légale prévue à l'article 1929 ter du Code général des impôts (BOI-ENR-DG-20-30-10-20120912, n°s 180 et 190).

3 Décisions des juridictions de l'ordre administratif

2594 **Absence d'imposition.** Les jugements des tribunaux administratifs, les arrêts des cours administratives d'appel et les arrêts du Conseil d'État ne sont soumis à aucune imposition (BOI-ENR-DG-20-30-10-20120912, n° 200).

B Décisions soumises à publicité foncière

CGI, art. 665 (*Mod. L. n° 2022-1726, 30 déc. 2022, art. 22*). – Les dispositions sujettes à publicité foncière ou à inscription sur le livre foncier de Mayotte des décisions judiciaires et des actes exclus du champ d'application de la formalité fusionnée sont soumises aux droits d'enregistrement.

Ces décisions et actes sont dispensés du paiement de la taxe de publicité foncière lors de la formalité de la publication ou de l'inscription.

CGI, art. 681 (*Mod. L. n° 2022-1726, 30 déc. 2022, art. 681*). – Les taux de la TPF sont applicables pour la liquidation des droits d'enregistrement dus à raison des dispositions sujettes à publicité foncière des décisions judiciaires et des actes exclus du champ d'application de la formalité fusionnée.

Ce régime ne s'applique pas aux mutations à titre gratuit.

CGI, art. 678 (*Mod. L. n° 2009-1673,30 déc. 2009, art. 77*). – Lorsqu'ils ne se trouvent ni exonérés, ni tarifés par aucun autre article du présent code les décisions judiciaires et les actes qui contiennent des dispositions sujettes à publicité foncière visées à l'article 677 sont soumis à une imposition proportionnelle au taux de 0,70 %.

2595 **Perception de la taxe de publicité foncière.** Certaines décisions judiciaires peuvent être, à raison de leur objet, soumises à la publicité foncière ; c'est le cas lorsqu'elles sont constitutives, translatives, déclaratives ou extinctives de droits immobiliers.
La loi du 26 décembre 1969 ayant écarté du champ d'application de la formalité fusionnée toutes les décisions judiciaires, la formalité de l'enregistrement est donnée isolément à ces décisions par la recette des impôts. En cette matière, la double formalité est donc la règle (BOI-ENR-DG-20-30-10-20120912, n° 70). Cependant, malgré le maintien de la double formalité, la fusion des droits d'enregistrement et de la taxe de publicité foncière est effective ; une perception unique est opérée à l'occasion de l'enregistrement (sauf toutefois dans le cas ou la décision constaterait l'existence d'une mutation à titre gratuit : V. Doc. adm. DGI, 7 A-123, n°s 11 à 13).
Lors de la présentation de l'acte au service de la publicité foncière, seule la contribution de sécurité immobilière est perçue (BOI-ENR-DG-20-30-10-20120912, n°s 50 à 70).

Décision de justice

2596 **Impossibilité de procéder à la publicité foncière tant que les droits d'enregistrement dus n'ont pas été réglés.** L'article 862 du Code général des impôts fait défense aux notaires, huissiers, greffiers, autres officiers publics, aux avocats et autorités administratives, de délivrer copie, extrait, ou expédition d'un acte soumis obligatoirement à la formalité de l'enregistrement avant que la formalité ait été exécutée. Dans l'hypothèse où un jugement est passible d'un droit proportionnel ou progressif, aucune copie exécutoire ou expédition ne peut être délivrée par le greffe (Rép. min. délégué chargé du budget à Mme Osselin : *JOAN* CR, 20 sept. 1982, p. 3720, n° 15 212 confirmée par une réponse postérieure du 7 mars 1983, à Mme Osselin : *JOAN* CR, p. 1157, n° 11 024. – V. également Rép. min. Marchand : *JOAN* CR, 12 déc. 1988, p. 3627, n° 3266). Une exception est prévue cependant pour les copies exécutoires des jugements de divorce rendus en application de l'article 232 du Code civil (V. CGI, art. 862, al. 2). Les conséquences sont identiques en ce qui concerne les formalités de publicité foncière.

La réponse ministérielle du 20 septembre 1982 précitée souligne que rien ne s'oppose à ce que la partie qui a intérêt à ce que le jugement soit transcrit ou publié paie la totalité des droits pour pouvoir faire procéder à la formalité, sauf à se retourner ensuite contre le ou les codébiteurs solidaires. L'article 1707 du Code général des impôts institue une solidarité entre les parties pour le paiement des droits simples et des pénalités exigibles sur les décisions judiciaires.

C Difficultés diverses

2597 **Plan.** Nous examinerons sous cette rubrique le cas des jugements révélant l'existence d'une convention antérieure (1), le cas des jugements d'homologation de partages (2), et enfin le cas ou le jugement rendu permet la restitution de droits antérieurement perçus (3).

1 Décision révélant l'existence d'une convention antérieure

CGI, art. 857. – Toutes les fois qu'une condamnation est rendue sur un acte enregistré, le jugement ou la sentence arbitrale en fait mention et énonce le montant du droit payé, la date du paiement et le nom du service public où il a été acquitté ; en cas d'omission et s'il s'agit d'un acte soumis à la formalité dans un délai déterminé, le comptable public compétent exige le droit si l'acte n'a pas été enregistré dans son service, sauf restitution, dans le délai prescrit, s'il est ensuite justifié de l'enregistrement de l'acte sur lequel le jugement a été prononcé.

a) Principes

2598 La consécration judiciaire donnée à un acte non obligatoirement assujetti à l'enregistrement ou à une convention verbale non soumise à déclaration ne motive pas l'exigibilité d'un droit particulier.

Mais il va de soi que si la sentence révèle l'existence d'un acte ou d'une mutation verbale antérieure soumis obligatoirement à la formalité et non enregistré ou déclaré, les droits afférents à cet acte ou à cette mutation doivent être réclamés, sans préjudice des pénalités encourues. Toutefois, la prescription des droits est susceptible d'être intervenue.

2599 La perception de ces droits et pénalités a pour titre l'acte ou la convention originaire, de sorte que l'enregistrement de la décision judiciaire ne peut en principe être subordonné à leur paiement préalable.

Il convient toutefois de rappeler que, d'après l'article 857 du Code général des impôts, lorsqu'une condamnation est rendue sur un écrit soumis obligatoirement à la formalité, le jugement doit rapporter la mention d'enregistrement de l'acte, à défaut de quoi le comptable public compétent doit exiger le droit dû sur cet acte (V. ce texte ci-dessus).

b) Concours des droits fixes et du droit d'acte

2600 Les droits d'enregistrement perçus éventuellement sur une convention antérieure n'étaient pas pris en considération pour la détermination du minimum de perception, c'est-à-dire du droit fixe autrefois exigible sur les jugements.

Ils ne le sont pas, non plus, pour l'application de l'article 672 du Code général des impôts ; autrement dit ils se cumulent, en toute hypothèse, avec le droit fixe ou les droits d'acte dus sur le jugement.

2 Jugements d'homologation

2601 **Perception des droits sur un partage homologué.** La perception des droits exigibles sur les partages soumis à homologation obéit à des modalités particulières, fixées par une instruction du 24 novembre 1971 (*BODGI* 7 F-6-71).

Pour mettre fin aux difficultés qui se sont présentées à ce sujet, il a été décidé d'appliquer désormais les règles suivantes :

– selon son contenu, l'acte conditionnel de partage est soumis à la formalité de l'enregistrement ou à la formalité fusionnée et donne lieu à la perception d'un droit fixe (ou d'une taxe fixe) applicable aux actes innommés (CGI, art. 680. – sur le taux actuel, V. **Droits fixes**). À cette occasion, un extrait d'acte est remis par le rédacteur dudit acte, ou établi par la recette des impôts, selon que le partage renferme ou non des dispositions soumises à publicité foncière ; en aucun cas il n'est adressé de duplicata de cet extrait à la recette des impôts chargée d'enregistrer le jugement d'homologation ;

– par sa forme, ce jugement est toujours exclu de la formalité fusionnée ; dès lors qu'il donne ouverture à un droit proportionnel, il demeure soumis à la formalité de l'enregistrement. Le droit proportionnel d'enregistrement est perçu à cette occasion, à la recette des impôts, sur présentation de tous les éléments constitutifs du partage et donc, notamment, de l'acte notarié homologué par le tribunal (ou d'une expédition intégrale de cet acte) ; un nouvel extrait est établi ou remis dans les conditions indiquées au *Bulletin officiel de la Direction générale des impôts* (*BODGI* 7 A-3-71) et la publication du jugement est effectuée en franchise de taxe (BOI-ENR-PTG-10-30-20120912, n° 100) ;

– dans le cas d'un partage uniquement immobilier qui serait soumis à publication avant homologation, la formalité fusionnée s'opérerait moyennant la perception de la taxe de publicité foncière au taux fixe des actes innommés.

2602 Publication d'un jugement d'homologation d'une donation-partage déjà publiée. Contribution de sécurité immobilière. Le jugement d'homologation constitue une décision distincte de la donation-partage et il présente un effet juridique qui lui est propre. Dès lors, lorsque l'acte soumis à homologation et le jugement d'homologation ont été présentés à la formalité à des dates différentes, il en a été déduit que le salaire proportionnel était exigible sur chacune des deux publications, quel que soit le motif pour lequel les deux documents n'ont pu être déposés en même temps au service de la publicité foncière (*JCP* N 1979, IV, 7360, chron. hyp.). Il s'agit là d'une application de la doctrine concernant les actes constatant la réalisation d'une condition suspensive (V. **Condition suspensive**).

Cette solution peut être transposée pour la perception de la contribution de sécurité immobilière.

3 Restitution des droits

2603 À la suite de certains jugements, des demandes de restitution de droit peuvent être formées... Parfois, c'est la restitution des droits perçus sur le jugement lui-même qui peut être obtenue (jugement réputé inexistant).

➤ Sur ces problèmes, V. **Restitution**.

III Contribution de sécurité immobilière

2604 Exigibilité. En ce qui concerne les salaires du conservateur, une réponse du ministre de la Justice à M. Manet en date du 31 mars 1980 (*JOAN* CR, 31 mars 1980, p. 1334, n° 10875) avait précisé qu'ils restaient exigibles :

> « Les exonérations prévues par les articles 6 à 12 de la loi n° 77-1468 du 30 décembre 1977 instaurant la gratuité des actes de justice ne visent pas les salaires alloués au conservateur des hypothèques à l'occasion des opérations de publicité foncière. Ce salaire ne constitue, en effet, bien qu'il soit soumis à un prélèvement important au profit du Trésor (CGI, art. 884), ni un impôt, ni une taxe assimilé e. Il représente pour une part le remboursement des dépenses assumées pour l'exécution du service et, pour le surplus, la compensation financière de la responsabilité personnelle encourue par le conservateur des hypothèques envers le public (C. civ., art. 2197 et s.). En conséquence, le salaire du conservateur demeure exigible lors de la publication des demandes et décisions de justice visées à l'article 28 du décret du 4 janvier 1955, ainsi d'ailleurs que pour la publication des actes extrajudiciaires se rattachant directement à une instance ou à l'exécution d'une décision de justice ».

Les solutions énoncées ci-dessus à propos du salaire du conservateur restent valables, jusqu'à nouvel ordre, pour la perception de la contribution de sécurité immobilière.

IV

Décisions ordonnant la radiation d'une publication

➤ V. Mainlevée et radiation judiciaire.

Déclaration estimative

Jacques LAFOND

I

Taxe de publicité foncière et taxes additionnelles

CGI, art. 851. – Dans tous les cas où les droits sont perçus d'après une déclaration estimative des parties, la déclaration et l'estimation doivent être détaillées.

Une déclaration de cette nature est, avant l'exécution de l'enregistrement, de la formalité fusionnée ou de la formalité de publicité foncière, souscrite, certifiée et signée au pied du document à formaliser, lorsque les sommes ou valeurs devant servir à l'assiette du droit proportionnel ou progressif n'y sont pas déterminées.

À défaut, la formalité est refusée.

2605 **Utilité de la déclaration estimative.** Les droits proportionnels ou progressifs d'enregistrement et la taxe proportionnelle de publicité foncière sont assis sur les valeurs (CGI, art. 666).
En général, la valeur taxable figure dans l'acte ou la déclaration présenté à la formalité.
Parfois, les actes ne relatent pas cette valeur en numéraire, en cas par exemple d'un prix de vente payable en nature ou de charges additionnelles à un prix.
Afin de permettre au receveur d'asseoir sa perception, la loi prévoit qu'une déclaration estimative doit être souscrite avant enregistrement (BOI-ENR-DG-30-20120912, n°s 20 à 40).

2606 **Cas où la déclaration estimative est nécessaire.** L'assiette des droits départementaux d'enregistrement et de la taxe départementale de publicité foncière est régie par les mêmes règles que les droits d'enregistrement ou la taxe de publicité foncière qui étaient perçus pour le compte de l'État et auxquels ils se substituent. La déclaration estimative est donc également nécessaire pour leur liquidation.

2607 La déclaration dont il est ici question est celle exigée pour pallier les lacunes d'un document et le plus souvent d'un acte. Elle ne saurait suppléer à la présentation des actes existants.
Si les sommes ou valeurs soumises à l'impôt sont exprimées dans l'acte à formaliser ou dans un acte auquel celui-ci se réfère, les parties ne sont pas autorisées à souscrire une déclaration estimative (BOI-ENR-DG-30-20120912, n° 50).

2608 Dans le cas particulier d'un acte de vente de terrain signé en 1939 pour 3 500 anciens francs, et publié seulement en 1975, la taxe doit être perçue sur 3 500 anciens francs, car il n'y a pas lieu à déclaration estimative lorsque le prix figure dans l'acte mais une déclaration estimative est nécessaire pour le salaire, qui rémunère, non pas une mutation, mais une responsabilité dont la valeur est actuelle (H. Bulté : *JCP* N 1975, IV, 6100 ; *Bull. AMC* 1978, art. 1124).

2609 Une déclaration estimative est nécessaire lorsque les valeurs sont exprimées en monnaie étrangère.

2610 **Modalités de souscription de la déclaration.** La déclaration estimative doit être souscrite par les parties, c'est-à-dire par les personnes qui ont participé à l'acte ou par l'une d'entre elles au moins, puisqu'elles sont solidaires.

Les notaires ne peuvent la souscrire que munis d'un pouvoir spécial ou s'ils agissent en qualité de porte-forts.

La déclaration doit être souscrite dans l'acte ou au pied de l'acte ou sur le registre de formalité en cas de déclaration de mutation verbale (BOI-ENR-DG-30-20120912, n° 60).

2611 La déclaration estimative doit être détaillée, c'est-à-dire comporter l'indication et l'évaluation, par articles séparés, de chacun des biens.

L'administration admet toutefois que les objets de même nature peuvent être désignés ou estimés par groupe pourvu que le nombre ou la quantité d'objets compris dans chaque groupe soit exactement indiqué avec son évaluation et que le détail soit suffisant pour permettre l'exercice du contrôle (BOI-ENR-DG-30-20120912, n° 60).

2612 **Révision et contrôle.** Les parties peuvent toujours demander la révision de la perception et la restitution des droits payés en trop, lorsque l'évaluation originaire est reconnue excessive.

Lorsque l'évaluation primitive est dépassée, il appartient à l'administration de réclamer les droits complémentaires.

En toute hypothèse, la déclaration estimative est soumise au contrôle de l'administration (BOI-ENR-DG-30-20120912, n° 60).

2613 **Sanction de l'absence de déclaration estimative.** Si elle n'est pas souscrite, la formalité doit être refusée (CGI, art. 851) et l'administration est fondée à procéder à une taxation d'office (Doc. adm. DGI, 7 A-32, n° 2, 10 sept. 1996).

Une insuffisance ne saurait motiver le refus de dépôt. Elle relève de la procédure de rectification contradictoire. Mais une déclaration irrégulière est un motif de refus, par exemple si l'estimation se réfère au Prix de revient de l'immeuble et non à son prix de vente (*Bull. AMC* 1966, art. 651).

II
Contribution de sécurité immobilière

> **AVERTISSEMENT L'ordonnance n° 2010-638 du 10 juin 2010 (*JO* 11 juin) a supprimé le conservateur des hypothèques à compter du 1er janvier 2013.**
>
> **À partir de cette date a été instituée une taxe au profit de l'État, dite « contribution de sécurité immobilière », prévue par l'article 879 du Code général des impôts. Cette taxe, qui remplace le salaire du conservateur des hypothèques, est perçue aux mêmes conditions d'assiette, de tarif, de contrôle et de recouvrement que ce salaire** (V. **Contribution de sécurité immobilière**).

Les solutions énoncées ci-dessous à propos du salaire du conservateur restent valables, jusqu'à nouvel ordre, pour la perception de la contribution de sécurité immobilière.

2614 **Obligation de souscrire une déclaration estimative.** La déclaration estimative est nécessaire pour la perception du salaire, et par exemple sur les procès verbaux notariés de défaut ou de refus (D. 4 janv. 1955, art. 37-2°) et sur les demandes en justice en résolution, rescision, révocation, annulation d'une convention ou d'une disposition à cause de mort, et décisions et actes à la suite (D. préc., art. 28-4°-c).

L'apport de biens propres en communauté universelle nécessite une déclaration estimative, tant pour la taxe que pour le salaire (*Bull. AMC* 1967, art. 707).

2615 **Sanctions.** En l'absence de déclaration estimative pour la perception du salaire du conservateur, l'acte devait faire l'objet d'un refus de dépôt (CGI, ann. III, art. 296). L'article 296 de l'annexe III au Code général des impôts qui prévoyait cette sanction a été abrogé. Cependant l'obligation de souscrire une déclaration estimative à peine de refus de dépôt a été reprise en ce qui concerne la contribution de sécurité immobilière par l'article 881 K du CGI (V. **Contribution de sécurité immobilière**).

Délais

Jacques LAFOND

Sommaire analytique

BIBLIOGRAPHIE : S. Bérard, *Les délais pour enregistrer et/ou publier : les sanctions* : *JCP* N 2013, n° 24-25, 1167.

2616 **Observation préliminaire.** La présente fiche contient des indications d'ordre général concernant les délais dans lesquels doivent être effectuées les formalités de publicité (nature des délais, mode de calcul, conséquences du non-respect des délais en particulier sur le plan fiscal...). Des indications plus spécifiques concernant tel ou tel délai particulier (par ex., la péremption en matière de saisie immobilière, le délai imparti pour la prise d'inscriptions d'hypothèques provisoires ou le renouvellement des inscriptions) seront données aux fiches correspondantes.

2617 **Plan.** Nous distinguerons les délais prévus pour l'accomplissement des formalités de publicité foncière (I) et les délais de nature fiscale, qui varient selon que les formalités relèvent (II) ou non (III) de la formalité unique.

I
Délais en matière de publicité foncière

2618 **Spécificité.** Les délais impartis pour procéder aux formalités de publicité foncière ne sont pas les mêmes que ceux prescrits pour la présentation des actes à la formalité, à l'occasion de laquelle seront perçus les droits exigibles. Ces délais sont fixés par l'article 33 du décret du 4 janvier 1955. Ils font l'objet d'une étude dans les développements qui suivent (V. n°s 2643 à 2654).

Il en résulte notamment que :
– les délais impartis par cet article, y compris celui de deux mois fixé pour la publication des actes en vertu desquels peut être requise l'inscription des privilèges prévus aux articles 2379 et 2381 du Code civil, ont et conservent, sur le plan civil qui est le leur, le caractère de délais préfix. Ils ne sont donc pas susceptibles de prorogation ;
– ces délais sont seuls valables pour les documents qui, soumis à titre obligatoire à la publicité foncière, ne sont pas assujettis à l'enregistrement et, à ce titre, se trouvent placés en dehors du champ de la formalité fusionnée. Il est rappelé toutefois à cet égard que les actes soumis à publicité foncière ne peuvent bénéficier de la dispense d'enregistrement prévue aux articles 637 et 658-II du Code général des impôts ;
– ces mêmes délais continuent à s'appliquer pour l'exécution de la publicité foncière afférente aux actes et décisions spécialement exclus de la formalité unique ;
– les attestations notariées doivent être publiées dans les quatre mois du jour où le notaire a été requis, mais, en toute hypothèse, dans les deux mois de la date de l'acte, ce dernier délai étant seul sanctionné par une pénalité fiscale (BOI-ENR-DG-40-20-40-20120912, n° 20, 12 sept. 2012).

II

Délais en matière fiscale : actes ou documents soumis à la formalité unique

2619 **Plan.** Lors de l'accomplissement de la « formalité unique », il sera procédé par le service de la publicité foncière à la perception des droits auxquels donne lieu l'opération formalisée. La formalité prend de ce fait un aspect principalement fiscal, et relève de règles particulières qui amènent à la distinguer du cas où son objet est uniquement de procéder à la publication. Nous examinerons successivement la nature et le mode de calcul des délais applicables en pareil cas (A) et les sanctions encourues en cas de publication hors délai (B).

A Nature et mode de calcul des délais

2620 **Distinctions à opérer.** Il faut distinguer selon que la formalité unique est obligatoire (1) ou facultative (2).

1 Formalité unique obligatoire

CGI, art. 647-III. – La formalité fusionnée doit être requise dans le délai d'un mois à compter de la date de l'acte. Toutefois, en cas d'adjudication, ce délai est porté à deux mois. En ce qui concerne les actes dont la publication est facultative, les formalités de l'enregistrement et de la publicité foncière demeurent distinctes si la formalité fusionnée n'a pas été requise dans le délai prévu à l'article 635 pour la formalité de l'enregistrement.

2621 Il est ici rappelé que la formalité unique (ou « fusionnée ») s'applique à tous les actes qui sont soumis à la double obligation de l'enregistrement et de la publicité foncière (V. **Formalité unique**). D'autre part, le délai indiqué s'applique aussi bien en France métropolitaine que dans les départements d'outre-mer (Instr. DGI, 16 janv. 2002 : *BOI* 7-1-1-02).

a) Cas général

1) Nature du délai

2622 **Délai de un mois.** La loi de finances rectificative pour 2011 a réduit à un mois le délai de dépôt des actes immobiliers au service de la publicité foncière. La formalité fusionnée doit désormais être requise dans le délai d'un mois (au lieu de deux) à compter de la date de l'acte (L. fin. rect. 2011, n° 2011-1117, 19 sept. 2011 : *JO* 20 sept. 2011, p. 15 688 : V. *Dr. fisc.* 2011, n° 38, comm. 521).
Ce délai est toutefois maintenu à deux mois en cas d'adjudication. Les adjudications immobilières obéissent en effet à des règles particulières qui

rendent impossible le respect du délai d'un mois (droit de préemption bénéficiant à la personne publique ; délai de deux mois accordé à l'adjudicataire pour acquitter le prix en cas de saisie immobilière, etc.). Cette nouvelle disposition s'applique aux actes passés à compter du 1er novembre 2011.

2623 **Délai de rigueur.** Les délais fixés par la loi sont de rigueur et ne peuvent être prorogés par aucune autorité (CGI, art. 1702). Aussi, leur inobservation donne lieu aux sanctions légales, quel que soit le motif du retard (sauf exercice du droit de remise gracieuse des pénalités par l'administration). Inversement, ils sont suspensifs du paiement des droits, et aucune poursuite ne peut être exercée tant qu'ils ne sont pas expirés (Doc. adm. DGI, 7 A-414, n° 1, 10 sept. 1996).

2) Computation du délai

2624 **Règles générales.** Le jour de la date de l'acte ou de la mutation (*dies a quo*) n'est pas compté dans le délai (CGI, art. 648, al. 1). Au contraire, le jour de l'expiration du délai (*dies ad quem*) fait partie de ce dernier. Quand le délai est d'un ou de plusieurs mois, il se calcule de quantième à quantième, sans égard à la durée exacte des mois. Si le délai part du dernier jour du mois, il arrive à échéance le dernier jour du mois qui sert de terme au délai. Ainsi, un délai d'un mois qui commence le 30 juin expire le 31 juillet suivant (et non le 30).
Lorsque le jour de l'expiration du délai est un jour de fermeture totale ou partielle du bureau, le délai est prorogé jusqu'au premier jour ouvrable qui suit (CGI, art. 648, al. 2. – BOI-ENR-DG-40-10-40-20120912, nos 30 et 40).

2625 **Mesure de tempérament. Documents adressés par la voie postale.** Une exception doit, toutefois, être faite pour les documents parvenus au service par voie postale : dans cette hypothèse, il a été décidé qu'il n'y a pas lieu de relever de pénalités de retard chaque fois que l'envoi aura été effectué, par pli recommandé, dans le délai légal. Cette mesure de tempérament ne vaut bien entendu qu'en ce qui concerne les pénalités fiscales et n'a aucune incidence au regard de la publicité foncière (BOI-ENR-DG-40-20-40-20120912, n° 10).

2626 **Actes notariés à plusieurs dates.** Le délai court alors du jour où la convention est devenue parfaite à l'égard des contractants (BOI-ENR-DG-40-10-40-20120912, n° 70).

2627 **Actes à plusieurs vacations (inventaires...).** En ce cas, le point de départ du délai se place à la date de chaque vacation (BOI-ENR-DG-40-10-40-20120912, n° 80).

2628 **Actes administratifs.** Lorsque la validité d'un acte administratif est subordonnée à l'approbation d'une autorité supérieure, le délai ne court que du jour où l'approbation est parvenue au fonctionnaire chargé de le faire enregistrer. Cette date doit être mentionnée en marge de l'acte par une attestation datée et signée (BOI-ENR-DG-40-10-40-20120912, n° 90).

2629 **Actes judiciaires.** Lorsqu'une décision judiciaire donne ouverture à un droit proportionnel ou progressif, le secrétaire-greffier est tenu de déposer, auprès du service des impôts de sa résidence, la minute de la décision, avant l'expiration du délai imparti pour la formalité, c'est-à-dire avant l'expiration du délai d'un mois qui suit sa date.
Toutefois, pour permettre au comptable des impôts de procéder au recouvrement dans le délai le plus bref, il est instamment recommandé au secrétaire-greffier d'effectuer ce dépôt, dans les quinze jours de la décision au plus tard (BOI-ENR-DG-40-10-40-20120912, n° 100).

b) Cas particuliers

2630 **Adjudications.** Par dérogation à la règle générale, l'article 647-III du Code général des impôts (V. ce texte ci-dessus) prévoit qu'en cas d'adjudication le délai pour procéder à la formalité fusionnée est porté à deux mois à compter de la date de l'acte.

2631 **Actes soumis à publication dans plusieurs services.** Dans cette situation, la formalité fusionnée est exécutée au premier service de la publicité foncière où la formalité de publicité est requise. Les pénalités de retard y sont exigibles lorsque le délai d'un mois est dépassé.
Pour l'exécution de la publicité foncière dans le ou les autres services compétents, les parties disposent du délai supplémentaire global d'un mois prévu à l'article 33 du décret du 4 janvier 1955 modifié (BOI-ENR-DG-40-20-40-20120912, n° 40. – Pour plus de détails, V. **Formalités requises dans plusieurs services**).

2632 **Actes ayant fait l'objet d'un refus de publier.** L'article 1728-3 du Code général des impôts prévoit que,
« pour l'application des pénalités sanctionnant le retard dans l'exécution de la formalité fusionnée, il n'est pas tenu compte de la période comprise entre le dépôt de l'acte refusé et la nouvelle

présentation à la formalité lorsque celle-ci intervient dans le mois de la notification du refus ».
La date de cette notification est celle indiquée au pied de la mention de refus. Sur les incidences de cette disposition, V. **Refus de dépôt**.
S'il s'agit d'actes dont la régularisation ne peut être opérée, la formalité fusionnée cesse d'être applicable, l'article 249-2° de l'annexe III au Code général des impôts maintenant expressément, dans cette hypothèse, le principe de la dualité des formalités. Il incombe alors au comptable des impôts de liquider et de recouvrer les pénalités éventuellement exigibles, et cela même si la présentation à la formalité fusionnée était déjà tardive.

2 Formalité unique facultative

2633 **Règles applicables.** Pour les actes soumis facultativement à la formalité unique (V. **Formalité unique**), l'article 647-III du Code général des impôts n'autorise à requérir cette formalité que dans le délai prévu à l'article 635 du même code pour l'exécution de la formalité de l'enregistrement, c'est-à-dire, en pratique, dans le mois de la date de l'acte.
Ainsi, dans le délai d'un mois, les parties peuvent, à leur choix, ou bien demander la formalité de l'enregistrement, ou bien requérir la formalité unique. Dans le premier cas, elles demeurent libres de faire publier ultérieurement leur acte dans les conditions habituelles.
Si les parties laissent passer ce délai d'un mois, les deux formalités demeurent obligatoirement distinctes et les pénalités de retard sont alors dues à l'occasion de l'enregistrement (BOI-ENR-DG-40-20-40-20120912, n° 30).

B Incidences fiscales du dépassement des délais

2634 **Prorogation des délais.** L'article 648, alinéa 2 du Code général des impôts édicte les dispositions suivantes :

> « Lorsque l'expiration du délai prévu pour ces formalités ou pour le paiement de l'impôt coïncide avec un jour de fermeture du bureau, ce délai est prorogé jusqu'au premier jour ouvrable qui suit ».

Il résulte de ce texte spécifiquement fiscal que lorsque le dernier jour du délai tombe un jour de fermeture de service de la publicité foncière, la date limite de paiement est prorogée jusqu'au premier jour ouvrable suivant.
Nous ne donnerons ici que quelques indications d'ordre général concernant les incidences fiscales du dépassement des délais.

1 Actes soumis à la TVA

2635 L'inexécution dans les délais prescrits de la formalité fusionnée pour un acte constatant une mutation à titre onéreux ou un apport en société soumis à la TVA immobilière (CGI, art. 257, I) a pour conséquence, comme l'enregistrement hors délai d'un tel acte, d'entraîner l'application des sanctions prévues à l'article 1786 du Code général des impôts pour les ventes sans facture :
– intérêt de retard prévu à l'article 1727 du Code général des impôts ;
– et majoration de 80 % prévue en cas de manœuvres frauduleuses (CGI, art. 1729).
En outre, ces pénalités sont solidairement à la charge de l'ancien et du nouveau propriétaire, mais non du rédacteur de l'acte qui ne peut servir que d'intermédiaire dans le versement (BOI-ENR-DG-40-20-40-20120912, n° 110).

2636 Toutefois, par mesure de tempérament, il est admis que les actes notariés enregistrés avec un retard exceptionnel n'excédant pas trois mois ne sont assortis que de l'intérêt de retard et de la majoration de 10 % prévus à l'article 1728, § 1 du Code général des impôts.
Les pénalités de retard sont acquittées au bureau compétent pour encaisser la taxe, savoir :
– au service de la publicité foncière lorsque celui-ci est chargé de percevoir la taxe ;
– au service des impôts des entreprises dans les autres cas (BOI-ENR-DG-40-20-40-20120912, n° 110).
D'autre part, la tolérance édictée par l'article 1728-3 pour les actes ayant fait l'objet d'un refus de publier (V. n° 2632) est ici applicable.

2 Intérêts de retard

2637 **Principe.** Aux termes du I de l'article 1727 du Code général des impôts, « toute créance de nature fiscale, dont l'établissement ou le recouvrement incombe aux administrations fiscales, qui n'a pas été acquittée dans le délai légal donne lieu au versement d'un intérêt de retard. À cet intérêt s'ajoutent, le cas échéant, les sanctions prévues au présent code ».
L'intérêt de retard a donc, sous réserve des exceptions prévues par la loi, un champ d'application très étendu et trouve à s'appliquer dans tous les cas où une imposition n'a pas été acquittée en totalité dans le délai légal.
Il est dû dans tous les cas où les conditions de son application sont remplies sans qu'il soit nécessaire qu'une disposition spécifique le prévoie (BOI-CF-INF-10-10-10-20120912, n° 10, 12 sept. 2012).
Le taux de l'intérêt de retard est actuellement de 0,20 % par mois (CGI, art. 1727, III).

On trouvera au *BOI* les règles concernant la nature et le champ d'application de l'intérêt de retard (BOI-CF-INF-10-10) et les règles concernant les bases de calcul de l'intérêt de retard (BOI-CF-INF-10-10-20).

3 Autres sanctions fiscales du dépassement des délais

2638 Dans tous les cas où un droit autre que la TVA est exigible, l'inobservation des délais impartis pour son versement donne lieu à l'application d'une majoration :
– de 10 % en l'absence de mise en demeure ou en cas de dépôt de la déclaration ou de l'acte dans les trente jours suivant la réception d'une mise en demeure, notifiée par pli recommandé, d'avoir à le produire dans ce délai ;
– 40 % lorsque l'acte n'a pas été présenté dans les trente jours suivant la réception d'une mise en demeure par pli recommandé d'avoir à le produire dans ce délai ;
– 80 % en cas de découverte d'une activité occulte, sans qu'il soit besoin d'adresser une mise en demeure (CGI, art. 1728. – Instr. 19 févr. 2007 : *BOI* 13 N-1-07, n° 69).
Ces pénalités s'appliquent à la totalité des droits autres que la TVA, c'est-à-dire aussi bien à la taxe de publicité foncière qu'aux taxes additionnelles ou, le cas échéant, aux droits d'enregistrement exigibles sur les immeubles situés dans les départements de la Moselle, du Bas-Rhin et du Haut-Rhin.
Quand aucun droit n'est exigible, le retard dans la réquisition de la formalité unique est passible de l'amende prévue par l'article 1729 B-1 du Code général des impôts (BOI-ENR-DG-40-20-40-20120912, n° 100. – Instr. préc., n° 68).

2639 Le défaut de versement des pénalités fiscales (y compris celles visées, V. n^os^ **2649** et **2651**) ne permet en aucun cas de refuser, de rejeter ou de différer la formalité qui doit être exécutée si les droits simples ont été versés. Les pénalités sont, éventuellement, recouvrées ultérieurement au besoin par la voie d'un avis de mise en recouvrement et d'une mise en demeure (BOI-ENR-DG-40-20-40-20120912, n° 120).

III Délais en matière fiscale : actes ou documents n'entrant pas dans le champ d'application de la formalité unique

A Actes concernés (rappel)

2640 **Actes placés en dehors du champ d'application de la formalité unique.** Sont concernés (pour plus de détails, V. **Formalité unique**) les actes ou documents soumis à publicité mais non à enregistrement.

2641 **Actes expressément exclus de la formalité unique.** Sont concernés (pour plus de détails, V. **Formalité unique**) :
– les décisions judiciaires comportant des dispositions sujettes à publication ;
– les actes pour lesquels il est impossible de procéder à la formalité fusionnée (actes concernant des immeubles situés dans les départements de la Moselle, du Bas-Rhin ou du Haut-Rhin ou actes pour lesquels un refus a été opposé et insusceptibles de régularisation dans un délai normal) ;
– les baux immobiliers de plus de douze ans à durée limitée ;
– et les donations et donations-partages intervenues jusqu'au 30 juin 2014.

2642 **Donations et donations-partages : régime nouveau.** Dans un but de simplification, l'article 17, I, G à I de la loi de finances rectificative pour 2013 (L. n° 2013-1279, 29 déc. 2013 : *JO* 30 déc. 2013) étend le champ d'application de la formalité fusionnée aux donations comportant des biens immeubles, en retirant les mutations à titre gratuit de la liste des actes exclus de la formalité fusionnée (CGI, art. 647, I mod.).

Il résulte de l'extension du champ de la formalité fusionnée que :
– les donations portant sur des biens immeubles ont, désormais, uniquement à être publiées au fichier immobilier du service de la publicité foncière dans le ressort duquel se trouvent ces biens ; en cas de donation d'immeubles situés dans des ressorts différents, la formalité fusionnée est réalisée par un seul service de publicité foncière, au choix du requérant. Toutefois, l'acte doit dans ce cas être publié dans les autres services dont relèvent les biens, où doit être acquittée la contribution de sécurité immobilière ;
– la perception des impositions (TPF au sens générique incluant les droits de mutation, CSI et prélèvement pour frais d'assiette et de recouvrement) dues à l'occasion de la publication au fichier immobilier des donations portant sur des biens immeubles est désormais réalisée en une seule fois (CGI, art. 664 mod. et art. 665, al. 2 mod.).
Entrée en vigueur. La formalité fusionnée s'applique aux **donations d'immeubles intervenues depuis le 1er juillet 2014** (art. 17, III, 2).

B Délais

D. 4 janv. 1955, art. 33. – Les délais d'accomplissement de la formalité sont fixés comme suit :

A. – Pour les attestations notariées, quatre mois à dater du jour où le notaire a été requis.

La responsabilité des successibles peut être engagée, conformément au premier alinéa de l'article 30-4 si le notaire est requis plus de six mois après le décès, ou, dans les cas où un événement ultérieur modifie la dévolution de la succession, la masse héréditaire ou l'option des successibles, plus de six mois après cet événement.

B. – Pour les décisions judiciaires, trois mois du jour où elles sont devenues définitives, ce délai étant réduit à un mois pour les décisions prononçant la résolution, la révocation, la nullité ou la rescision d'un acte de nature à être publié.

C. – Pour les autres actes, trois mois de leurdate.

Toutefois, le délai est réduit à deux mois pour les actes et décisions en vertu desquels peut être requise l'inscription des privilèges prévus aux articles 2379 et 2381 du Code civil.

Au cas où la publicité doit être opérée dans deux ou plusieurs services chargés de la publicité foncière, les délais ci-dessus prévus sont prorogés d'un mois pour chaque service en sus du premier.

2643 La situation que nous évoquons est régie par l'article 33 du décret du 4 janvier 1955. Pour l'étude de ce texte, on est amené à distinguer le problème de la nature des délais (1), celui de la computation des délais (2), et les sanctions applicables en cas de publication hors délai (3).

1 Nature des délais

a) Délai de principe

2644 **Délai de trois mois.** Dans tous les cas autres que ceux énoncés *infra*, sous le *b)*, le délai de principe pour procéder à la publication est de trois mois (D. 4 janv. 1995, art. 33).

b) Cas particuliers

1) Attestations notariées

2645 **Délai de quatre mois.** Le délai de publication est de quatre mois à dater du jour où le notaire a été requis. La responsabilité des successibles peut être engagée, conformément au premier alinéa de l'article 30, § 4 du décret précité, si le notaire est requis plus de six mois après le décès, ou, dans le cas où un événement ultérieur modifie la dévolution de la succession, la masse héréditaire ou l'option des successibles, plus de six mois après cet événement.

2) Actes et décisions judiciaires

2646 **Délai de un à trois mois.** Pour les décisions judiciaires, le délai est de trois mois du jour où elles sont devenues définitives ; mais ce délai est réduit à un mois pour les décisions prononçant la résolution, la révocation, la nullité ou la rescision d'un acte de nature à être publié et à deux mois pour les décisions en vertu desquelles peut être requise l'inscription des privilèges du vendeur et du copartageant prévus aux articles 2379 et 2381 du Code civil.

3) Actes et décisions en vertu desquels peut être prise une inscription de privilège de vendeur ou de copartageant

2647 **Délai de deux mois.** Selon l'article 33 du décret du 4 janvier 1955, le délai est réduit à deux mois « pour les actes et décisions en vertu desquels peut être requise l'inscription des privilèges prévus aux articles 2379 et 2381 du Code civil »

Délais

(c'est-à-dire des privilèges de vendeur ou de prêteur de deniers et de copartageant).

4) Formalités devant être accomplies dans plusieurs services

2648 **Prorogation des délais.** Lorsque la publicité doit être opérée dans deux ou plusieurs services de la publicité foncière, les délais prévus ci-dessus sont prorogés d'un mois pour chaque service en sus du premier (D. 4 janv. 1955, art. 33 C, al. 2. V. **Formalités requises dans plusieurs services** pour plus de détails).

2649 **Exemple.** Supposons qu'un acte en date du 31 décembre 2012 concerne des immeubles situés dans le ressort de trois services de la publicité foncière A, B et C.
Le délai pour requérir la publication dans chacun de ces services sera :
– de quatre mois si une inscription de privilège de vendeur ou de copartageant doit être prise en vertu de cet acte ;
– de cinq mois dans le cas contraire.
Dans chacun des bureaux, la formalité pourra donc être requise jusqu'au 30 avril 2013 dans le premier cas, et jusqu'au 31 mai 2013 dans le second cas (chron. H. Bulté et J. Béchade : *JCP* N 1960, IV, 2965).

2 Computation des délais

2650 **Application du Code de procédure civile.** Selon l'article 642-1 du Code de procédure civile, « les dispositions des articles 640 à 642 sont (...) applicables aux délais dans lesquels les inscriptions et autres formalités de publicité doivent être opérées ».
Rappelons que :
– selon l'article 640, lorsqu'une formalité doit être accomplie avant un certain délai, celui-ci a pour origine la date de l'acte de l'événement ou de la décision qui le fait courir (sur la notion de « date de l'acte », V. n°s 2625 à 2629) ;
– selon l'article 641, lorsqu'un délai est exprimé en mois, ce délai expire le jour du dernier mois qui porte le même quantième que le jour de l'acte, de l'événement, de la décision ou de la notification qui fait courir le délai. À défaut d'un quantième identique, le délai expire le dernier jour du mois ;
– selon l'article 642 « tout délai expire le dernier jour à vingt-quatre heures » et « le délai qui expirerait normalement un samedi, un dimanche ou un jour férié ou chômé est prorogé jusqu'au premier jour ouvrable suivant ».

2651 **Interprétation de l'article 642-1 du Code de procédure civile.** L'article 642-1 du Code de procédure civile est issu de l'article 10 du décret n° 76-1236 du 28 décembre 1976, lequel se présente comme propre à la procédure civile et n'ayant pas été contresigné par le ministre chargé des finances. Il a, par suite, été avancé que ce texte réglementaire n'était pas susceptible d'être invoqué utilement par les conservateurs pour justifier la prorogation de délais autres que ceux – fixés par l'ancien Code de procédure civile – relatifs à la péremption des inscriptions provisoires d'hypothèque judiciaire et des commandements de saisie. Mais ce n'est pas l'interprétation qui a été retenue par l'association des conservateurs, qui considère pour sa part que l'article 642-1 s'applique non seulement pour le calcul des délais de péremption des inscriptions, mais également (*Bull. AMC* 1977, art. 1094 ; *ibid.* 1987, art. 1352) :
– pour le calcul du délai de péremption en matière de saisie immobilière (V. **Saisie immobilière**) ;
– pour le calcul du délai de deux mois dans lequel doivent être pris les privilèges du vendeur du prêteur de deniers et du copartageant (V. **Hypothèque légale spéciale du vendeur d'immeuble (ancien privilège)** et **Hypothèque légale spéciale du copartageant (ancien privilège)**) ;
– pour le calcul du délai dans lequel doivent être réparées les inexactitudes, discordances et omissions susceptibles d'entraîner le rejet d'une formalité (D. 14 oct. 1955, art. 34 et 36).
Cette interprétation a été adoptée par un jugement du tribunal de grande instance de Chambéry du 29 juin 1989 (*Bull. AMC* 1990, art. 1451 et *JCP* N 1992, II, p. 273, note P. Frémont).

2652 **Dépôt le dernier jour avant minuit.** En application de l'article 642 du Code de procédure civile (V. n° 2650), le dépôt des pièces peut intervenir le dernier jour du délai avant 24 heures, et ceci nonobstant le fait que le service est fermé beaucoup plus tôt (V. pour le dépôt d'un bordereau de renouvellement : TGI Chambéry, 29 juin 1989, préc., n° 59).
Si le cas se produit, il importe cependant que le déposant puisse rapporter la preuve de ce dépôt et de l'heure exacte à laquelle il est intervenu, soit par acte d'huissier soit par des attestations de témoins étrangers à l'opération (P. Frémont, note préc.).

3 Sanction des publications hors délais

2653 **Application du droit commun.** En dehors des sanctions fiscales applicables en cas de retard dans la formalité (V. n°s 2634 à 2639), le non-respect des délais de publication n'est sanctionné que s'il y a faute et dans la mesure du préjudice causé, selon les règles de droit commun de la responsabilité civile (V. aussi D. 4 janv. 1955, art. 30-4). Un arrêt de la troisième chambre civile de la Cour de cassation du 29 novembre 2000 (*Bull. civ.* 2000, III, n° 181 ; *RJDA* 2/2001, n° 247 ; *JCP* G 2001, IV, 1160) rendu à propos d'une procédure de rejet, confirme l'application des articles 640 à 642 du Code de procédure civile en matière de calcul des délais. La responsabilité du conservateur des hypothèques a été retenue en l'espèce pour avoir accepté la régularisation d'une inscription hors délai (V. Rejet).

2654 **Attestations notariées.** V. n° 2645.

IV

Covid-19

2655 **Rappel.** L'ordonnance n° 2020-306 du 25 mars 2020, modifiée par l'ordonnance n° 2020-560 du 13 mai 2020 a instauré des dispositions d'exception s'appliquant aux délais qui expiraient entre le 12 mars et le 23 juin 2020 inclus. Cette « période juridiquement protégée » s'est donc achevée le 23 juin à minuit (V., sur l'impact de cette réglementation en matière fiscale et de publicité foncière, S. Lamiaux, *État d'urgence sanitaire et report des délais fiscaux : Nota Bene (Bull. Cridon Sud-ouest)* mai 2020, n° 247. – M. Suquet-Cozic, *L'impact de l'état d'urgence sanitaire sur les formalités de publicité foncière : Sol. Not.* 28 mai 2020, n° 18, p. 9. *BOFiP* : BOI-DJC-COVID 19-10 et s.).

Ces mesures n'ont pas été réactivées depuis lors.

Délaissement

Neyla GONZALEZ-GHARBI

I Délaissement hypothécaire

2656 Selon l'article 2469 du Code civil dans sa rédaction en vigueur jusqu'au 31 décembre 2021, le délaissement est une déclaration faite au greffe et dont il est donné acte. En conséquence, la taxe de publicité foncière n'était pas exigible. La publication du jugement de donné acte était soumise aux règles prévues pour les jugements (V. **Décision de justice**). La contribution de sécurité immobilière est exigible sur la valeur de l'immeuble délaissé.
Par la suite, la vente est poursuivie contre le curateur à l'immeuble. Elle se taxe comme en matière de saisie immobilière.

2657 **Réforme du droit des sûretés. Suppression du droit de délaissement.** L'ordonnance n° 2021-1192 du 15 septembre 2021 portant réforme du droit des sûretés a supprimé cette faculté de de délaissement qui était offerte au tiers acquéreur. Le Rapport au Président de la République relatif à l'ordonnance n° 2021-1192 du 15 septembre 2021 portant réforme du droit des sûretés (*JO* 16 sept. 2021) justifiait cette suppression en faisant observer que cette procédure « avait pour seul effet d'éviter [au tiers acquéreur] d'apparaître dans la procédure de saisie immobilière, l'objectif de cette institution, qui était d'éviter au tiers acquéreur l'atteinte à la réputation qui pourrait résulter de la mention de son nom sur les affiches, n'est plus pertinent aujourd'hui ».
En conséquence, l'article 2456 du Code civil, dans sa rédaction en vigueur depuis le 1er janvier 2022, expose les différentes options qui sont ouvertes au tiers acquéreur subissant le droit de suite du créancier hypothécaire : payer, purger l'immeuble ou se laisser saisir.

II Délaissement (urbanisme)

2658 **Texte.** L'article L. 152-2 (ancien art. L. 123-17) du Code de l'urbanisme (créé par Ord. n° 2015-1174, 23 sept. 2015, art. 3), indique :

> « Le propriétaire d'un terrain bâti ou non bâti réservé par un plan local d'urbanisme en application de l'article L. 151-41 peut, dès que ce plan est opposable aux tiers, et même si une décision de sursis à statuer qui lui a été opposée est en cours de validité, exiger de la collectivité ou du service public au bénéfice duquel le terrain a été réservé qu'il soit procédé à son acquisition dans les conditions et délais mentionnés aux articles L. 230-1 et suivants.
> Lorsqu'une servitude mentionnée à l'article L. 151-41 est instituée, les propriétaires des terrains concernés

peuvent mettre en demeure la commune de procéder à l'acquisition de leur terrain, dans les conditions et délais prévus aux articles L. 230-1 et suivants ».

2659 Inscriptions et saisies grevant l'immeuble objet du délaissement. L'article L. 230-5 du Code de l'urbanisme dispose par ailleurs que :

> « L'acte ou la décision portant transfert de propriété éteint par lui-même et à sa date tous droits réels ou personnels existants sur les immeubles cédés même en l'absence de déclaration d'utilité publique antérieure. Les droits des créanciers inscrits sont reportés sur le prix dans les conditions prévues à l'article L. 222-3 du Code de l'expropriation pour cause d'utilité publique ».

Aux termes de l'article L. 222-3 du Code de l'expropriation pour cause d'utilité publique (*Mod. par Ord. n° 2021-1192, 15 sept. 2021 portant réforme du droit des sûretés, art. 34*) :

> « Les droits des créanciers régulièrement inscrits sur les immeubles expropriés avant la publication au fichier immobilier de l'ordonnance d'expropriation, de l'ordonnance de donné acte ou de l'acte de cession consentie après la déclaration d'utilité publique sont reportés sur l'indemnité compte tenu du rang de préférence qui leur est reconnu par les textes qui les régissent.
>
> Le renouvellement de droit commun des inscriptions de privilèges ou d'hypothèques est obligatoire jusqu'à la date de péremption prévue au troisième alinéa de l'article L. 222-2 ».

Toutefois, s'il renvoie à l'article L. 222-3 précité pour les conditions dans lesquelles les droits des créanciers sont reportés sur le prix, ce texte est muet sur le sort des inscriptions éteintes et sur la constatation de cette extinction au fichier immobilier.

Il y a lieu toutefois de relever que l'article L. 222-2 du Code de l'expropriation pour cause d'utilité publique (mod. par Ord. n° 2015-1174, 23 sept. 2015, art. 9) indique dans son dernier alinéa que ses dispositions « sont applicables aux acquisitions réalisées dans les conditions prévues aux articles L. 152-2 et L. 213-5 du Code de l'urbanisme ». En conséquence, il y a lieu de considérer que la constatation de la péremption des inscriptions s'opère en pareil cas comme dans le cas de cession amiable effectuée dans le cadre d'une expropriation (V. **Expropriation**).

Par ailleurs, la péremption est expressément cantonnée aux privilèges ou hypothèques : elle ne s'étend pas aux commandements de saisie immobilière (*Bull. AMC* 2009-2010, art. 1941).

2660 Plus-values immobilières des particuliers. Exonération conditionnelle. Base légale.

> **CGI, art. 150 U, II.** – Les dispositions du I ne s'appliquent pas aux immeubles, aux parties d'immeubles ou aux droits relatifs à ces biens :
>
> (...)
>
> 4° Pour lesquels une déclaration d'utilité publique a été prononcée en vue d'une expropriation ou pour lesquels le cédant a exercé le droit de délaissement prévu aux articles L. 152-2 et L. 311-2 ainsi qu'au dernier alinéa de l'article L. 424-1 du Code de l'urbanisme ou au I de l'article L. 515-16-3 du Code de l'environnement, à condition qu'il soit procédé au remploi de l'intégralité de l'indemnité d'expropriation ou du prix de cession par l'acquisition, la construction, la reconstruction ou l'agrandissement d'un ou de plusieurs immeubles dans un délai de douze mois à compter de la date de perception de l'indemnité d'expropriation ou du prix de cession ; »

L'administration fiscale avait étendu aux cessions effectuées en cas de délaissement l'exonération prévue en matière d'expropriation pour cause d'utilité publique (Rép. min. Bourguignon : *JOAN* 27 juin 2006, n° 90579 reprise au *BOFiP*, BOI-RFPI-PVI-10-40-60-20120912, n° 210).

Cette exonération a été légalisée par l'article 27 de la loi de finances rectificative pour 2017, n° 2017-1775 du 28 décembre 2017 (*JO* 29 déc. 2017) qui a modifié en ce sens les dispositions du 4° du II de l'article 150 U du Code général des impôts.

Aux termes du II de l'article 27 de la loi de finances rectificative pour 2017 précité, l'exonération s'applique aux plus-values réalisées au titre des cessions intervenant à compter du 1er janvier 2018.

L'administration fiscale a publié le 9 mai 2018 ses commentaires des dispositions de l'article 27 de la loi n° 2017-1775 du 28 décembre 2017 de finances rectificative pour 2017 (BOI-RFPI-PVI-10-40-60-20180509. – BOI-RFPI-TPVIE-10-20180509, n° 230). L'administration maintient, sans restriction, les solutions précédemment admises en confirmant leur application indifférenciée en cas d'expropriation, comme en cas d'exercice de l'un des droits de délaissement visés désormais par le texte légal. De même, le *BOI* conserve inchangé le n° 200 qui, reprenant deux réponses ministérielles de 2006, admettait l'application de l'exonération prévue au 4° du II de l'article 150 U du Code général des impôts, dans sa rédaction alors en vigueur, sous les mêmes conditions et limites, aux cessions de biens immobiliers exposés à un risque naturel effectuées dans le cadre de la procédure d'acquisition amiable mentionnée

Délaissement

à l'article L. 561-3 du Code de l'environnement (Rép. min. n° 21007 : *JO* Sénat 20 avr. 2006, p. 1129. – Rép. min. n° 84152 : *JOAN* 2 mai 2006, p. 4666).

Les commentaires administratifs gagnent, toutefois, en précision. Ainsi, est-il systématiquement ajouté aux mots « indemnité d'expropriation » ceux de « prix de cession » afin de couvrir expressément l'ensemble des hypothèses d'application de l'exonération (pour un commentaire de cette doctrine, N. Gonzalez-Gharbi, *Cessions consécutives à l'exercice d'un droit de délaissement* : *Constr.-Urb.* 2018, comm. 95).

Délégation de loyers

Serge LAMIAUX

I
Publicité foncière

2661 **Publication obligatoire.** L'article 28-1° b, du décret du 4 janvier 1955 soumet à la publicité foncière obligatoire les actes, même assortis d'une condition suspensive, portant « bail pour une durée de plus de douze années », et même pour un bail de moindre durée, « quittance ou cession d'une somme équivalente à trois années de loyers ou fermages non échus ». Ce texte ne vise pas la délégation de loyers. Il en était de même sous le régime antérieur résultant de la loi du 23 mars 1855. Cependant, la jurisprudence avait alors assimilé, à la cession proprement dite des loyers, « la délégation de loyers non échus consentie par un propriétaire d'immeuble à l'un de ses créanciers jusqu'à complet paiement de sa dette et acceptée par ses locataires » (Cass. civ., 29 déc. 1947 : *JCP* N 1948, II, 131, note Cavarroc). Dès lors, une délégation de loyers non échus est inopposable aux tiers si elle n'a pas été publiée au fichier immobilier (*JCP* N 1969, IV, 4666, spéc. p. 233, chron. Bulté ; *JCP* N 1979, prat. 7167, chron. C. R ; *JCP* N 1992, prat. 2364, chron. P.J.C.).

2662 Délégation à un prêteur de deniers de « tous les loyers qui pourraient être produits par les immeubles faisant l'objet de la vente ». S'il a été stipulé une délégation concernant « les loyers qui pourraient être produits par les immeubles vendus » et qui dans l'immédiat ne sont pas loués, le délégataire (ou cessionnaire) ne peut au moyen de cette clause avoir acquis un droit de propriété sur une créance de loyer à échoir qui n'existe pas et dont le débiteur n'est pas connu.
Il n'y a donc pas lieu à publicité : il n'en serait autrement que dans le cas, assimilable à une cession de loyer, de délégation parfaite consentie par un propriétaire d'immeuble à l'un de ses créanciers jusqu'à complet paiement de sa dette et acceptée par ses locataires. Une telle délégation devrait être assimilée à une cession de loyer éventuellement publiable si elle porte sur trois années (Bulté, chron. hyp. : *JCP* N 1969, IV, 4666).

2663 **Effet relatif.** La publication de la délégation de loyers se trouve subordonnée en application des articles 32 et suivants du décret du 14 octobre 1955, sur l'effet relatif des formalités, à la publication préalable ou simultanée du titre du délégant, c'est-à-dire du bail.
Si celui-ci est établi en la forme sous seing privé, il ne pourra être publié que s'il est repris en la forme authentique (V. **Authenticité**).
À défaut de la publication du bail, la publication de la délégation de loyers devrait être refusée (D. 14 oct. 1955, art. 33) et ce refus devrait être étendu à l'ensemble de la publication de l'acte (D. préc., art. 74-4, 1er al.), lorsque cette délégation est incluse dans une autre convention soumise à publication (*Bull. AMC* 1987, art. 1249). S'il n'est pas possible de faire publier le bail, il faut requérir la publication d'un extrait seulement de l'acte en cause ne reproduisant pas les dispositions concernant la délégation de loyers.

2664 **Promesse de délégation de loyers.** La publication de la promesse de délégation de loyers n'est prévue par aucun texte. Néanmoins, elle peut être publiée sur réquisition expresse des parties (*JCP* N 1979, prat. 7167, chron. C. R. – Sur la taxation applicable, V. n° **2666**).

II

Perceptions

2665 **Taxe de publicité foncière et contribution de sécurité immobilière.** La publication de la délégation de loyers entraîne la perception de la taxe de publicité foncière à 0,70 % (0,71498 % avec les perceptions additionnelles) sur le montant des loyers délégués.
La contribution de sécurité immobilière au tarif proportionnel (0,10 %) est perçue sur la même base.

> **N.B. :** La contribution de sécurité immobilière a remplacé le salaire du conservateur à compter du 1er janvier 2013. Cette taxe est perçue aux mêmes conditions d'assiette, de tarif, de contrôle et de recouvrement que ce salaire (V. **Contribution de sécurité immobilière**).

2666 **Promesse de délégation de loyers.** Si la promesse de délégation de loyer est soumise à publication (V. n° **2664**) deux cas sont à distinguer :
– l'acte ne contient que cette promesse : il est alors soumis à la taxe fixe de publicité foncière ;
– l'acte contient d'autres dispositions (s'il s'agit par exemple d'un acte qui constate un crédit-bail avec délégation de loyer) : la taxe fixe de publicité foncière n'est perçue que si les autres dispositions donnent ouverture à une taxe fixe ou proportionnelle d'un montant inférieur (V. **Actes contenant plusieurs dispositions**).
La contribution de sécurité immobilière au tarif proportionnel est due sur le montant cumulé des loyers faisant l'objet de la promesse de délégation (chron. C. R. : *JCP* N 1979, prat. 7167. – Lacroix, *Mémento Lefebvre fiscal*, n° 265).

> **N.B. :** La contribution de sécurité immobilière a remplacé le salaire du conservateur à compter du 1er janvier 2013. Cette taxe est perçue aux mêmes conditions d'assiette, de tarif, de contrôle et de recouvrement que ce salaire (V. **Contribution de sécurité immobilière**).

Demande en justice

Jacques LAFOND

Sommaire analytique

Index alphabétique

BIBLIOGRAPHIE : *JCl. Notarial Formulaire*, V° Publicité foncière, Fasc. 20 et 30. – *JCl. Procédures Formulaire*, V° Publicité foncière des actes de procédure, Fasc. 10 et 15 par C. Laporte. – J. Piédelièvre et S. Piédelièvre, *La publicité foncière*, Lextenso éd., 2014, n°s 251 et s. – A. Fournier, *Rép. civ.* Dalloz, V° Publicité foncière. – Marty Raynaud et Jestaz, *Droit civil, Les sûretés, la publicité foncière*, éd. Sirey, 2e éd. 1987, n°s 797 et s. – Ph. Simler et Ph. Delebecque, *Les sûretés, la publicité foncière*, Dalloz, coll. « Précis », 6e éd. 2012, n°s 890 et s. – M. Suquet-Cozic, *Mémo sur la publication au fichier immobilier des demandes en justice : BPIM* 4/21, 233.

2667 Nous nous demanderons tout d'abord quelles sont les demandes sujettes à publication (I), puis quelles sont les modalités de la publication (II), et enfin quelles sont les sanctions de l'absence de publication (III). Puis nous dirons quelques mots des publications abusives ou injustifiées (IV).

I
Demandes sujettes à publication

A Principe

2668 **Texte de référence.** Selon l'article 28-4° c du décret du 4 janvier 1955 :

> « Sont obligatoirement publiés au bureau des hypothèques de la situation des immeubles :
> 4° Les actes et décisions judiciaires, énumérés ci-après, lorsqu'ils portent sur des droits soumis à publicité en vertu du 1° :
> (...)
> *c)* Les demandes en justice tendant à obtenir (...) la résolution, la révocation, l'annulation ou la rescision d'une convention ou d'une disposition à cause de mort ; ».

2669 **Conditions à remplir.** Deux conditions doivent être réunies pour qu'une demande en justice soit soumise à la publicité obligatoire :
– il faut tout d'abord que cette demande tende à obtenir la résolution, la révocation, l'annulation ou la rescision d'une convention ou d'une disposition à cause de mort ;
– il faut ensuite que cette demande concerne un « droit soumis à publicité » en vertu de l'article 28-1° du décret du 4 janvier 1955.
Ce dernier texte oblige à publier tous actes, même assortis d'une condition suspensive, et toutes décisions judiciaires, portant ou constatant entre vifs :
a) mutation ou constitution de droits réels immobiliers, autres que les privilèges et hypothèques, qui sont conservés suivant les modalités prévues au Code civil ;
b) bail pour une durée de plus de douze années, et même pour un bail de moindre durée, quittance ou cession d'une somme équivalente à trois années de loyers ou fermages non échus ;
c) titre d'occupation du domaine public de l'État ou d'un de ses établissements publics constitutif d'un droit réel immobilier délivré en application des articles L. 34-1 à L. 34-9 du Code du domaine de l'État et de l'article 3 de la loi n° 94-631 du 25 juillet 1994 ainsi que cession, transmission ou retrait de ce titre.
Si l'une ou l'autre de ces conditions fait défaut, la publication n'est pas nécessaire et la sanction d'irrecevabilité (V. n^os **2699** à **2703**) n'est pas applicable.

2670 **Défaut de publication d'une assignation en résolution de vente.** Si, malgré les termes de l'article 30-1, alinéa 4 du décret du 4 janvier 1955 et de l'article 2379, alinéa 2 du Code civil, une action en résolution de vente immobilière ne fait pas l'objet d'une publication, son inopposabilité ne peut être invoquée que par les tiers ayant publié des droits immobiliers acquis du titulaire du droit anéanti (Cass. 3e civ., 1er oct. 2020, n° 19-17. 549, FS-PBI : *JurisData* n° 2020-015342 ; *JCP* G 2020, n° 50, 1379 note C. Laporte).

2671 **Rôle du service de la publicité foncière.** En ce domaine, le conservateur (actuellement le service de la publicité foncière) n'a pas à opérer un contrôle qui mettrait en jeu les règles de fond du droit. Il doit observer une parfaite neutralité. Même si la demande n'entre pas dans le cadre de celles soumises à publicité en vertu de l'article 28-4° c du décret du 4 janvier 1955, il doit la publier, dès lors que toutes les règles de forme exigées par les textes régissant la publicité foncière sont respectées. Il ne peut refuser la formalité, dès lors qu'aucun texte ne l'autorise à opposer un tel refus (sur le principe, V. Cass. 3e civ., 14 mars 1968 : *Bull. AMC* 1968, art. 734 ; *Bull. AMC* 1969, art. 769 ; *ibid.* 1964, art. 593).

2672 **Nouvelle-Calédonie.** L'article 28-4° c) du décret du 4 janvier 1955 et l'article 30-5° du même décret, qui prévoient que les demandes en justice tendant à obtenir la résolution, la révocation, l'annulation ou la rescision de droits résultant d'actes soumis à la publicité foncière ne sont recevables devant les tribunaux que si elles elles-mêmes été publiées et s'il est justifié de cette publication par un certificat du service de la publicité foncière, ne s'appliquent pas en Nouvelle-Calédonie (Cass. com., 21 sept. 2010, n° 08-21.030 : *JurisData* n° 2010-016551).

B Applications

2673 Pour que la demande soit sujette à publication à peine d'irrecevabilité, elle doit tendre à l'anéantissement d'une convention ou d'une disposition à cause de mort (1) et avoir un effet rétroactif (2). En outre, l'acte incriminé doit être visé par l'article 28-1 du décret du 4 janvier 1955 (3) et avoir lui-même été publié (4).

1 La demande doit tendre à l'anéantissement d'une convention ou d'une disposition à cause de mort

a) Demandes sujettes à publication

2674 **Solutions diverses.** Sont sujettes à publication, parce qu'elles tendent à l'anéantissement d'un acte (et qu'au surplus elles ont un effet rétroactif, V. nos **2680** et **2681**) :
– la demande en résolution d'une convention portant sur des droits réels immobiliers (Cass. 3e civ., 18 ars 1998 : *D.* 1998, somm. p. 382, note S. Piédelièvre) : par exemple la demande de résolution d'une vente, pour défaut de paiement du prix (CA Paris, pôle 4, 1re ch., 6 mai 2010 : *JurisData* n° 2010-012046) ;
– la demande de rescision pour lésion d'une cession de droits successifs, lorsque cette cession s'analyse en une vente (Cass. 1re civ., 20 oct. 1981 : *Bull. civ.* 1981, I, n° 301 ; *D.* 1983, p. 73, note C. Larroumet ; *RTD civ.* 1983, p. 171, note Patarin. – Cass. 1re civ., 11 avr. 1995 : *Bull. civ.* 1995, II, n° 176 ; D. 1996, somm. p. 209, obs. S. Piédelièvre) ou la demande de rescision d'une vente pour lésion des sept douzièmes ;
– la demande de nullité d'une vente (V. par ex. Cass. 3e civ., 6 oct. 2010 : *JurisData* n° 2010-018058. – Cass. 3e civ., 13 févr. 1985 : *Bull. civ.* 1985, III, n° 32 ; *Gaz. Pal.* 1985, 2, pan. p. 171, obs. S. Guinchard et P. Moussa. – Cass. 1re civ., 20 oct. 1981 : *Bull. civ.* 1981, I, n° 301 ; *Gaz. Pal.* 1982, 1, pan. p. 126, obs. S. Piédelièvre) ou la demande de nullité d'un jugement d'adjudication sur saisie immobilière (Cass. 3e civ., 4 avr. 2002 : *RJDA* 7/2002, n° 832. – Cass. 3e civ., 22 juill. 1992 : *Bull. civ.* 1992, III, n° 262) ;
– la demande d'annulation d'une décision de préemption de la SAFER (CA Chambéry, 1re ch. civ., 17 oct. 2006 : *JurisData* n° 2006-322391) ;
– la demande de révocation (Cass. 1re civ. 5 oct. 1994 : *JurisData* n° 1944-002008) ou de nullité d'une donation (Cass. 3e civ., 11 juin 1997 : *JurisData* n° 1997-003095) ;
– la demande en annulation d'un échange d'immeubles ruraux (CA Paris, 8e ch. A, 21 mars 1990 : *JurisData* n° 1990-021568) ;
– la demande d'annulation d'un testament olographe et de la promesse de vente consentie par la testatrice au légataire universel (Cass. 3e civ., 30 janv. 2008 : *JurisData* n° 2008-042559). La Cour de cassation a jugé qu'à défaut de publication de la demande en nullité d'un testament, la publication du jugement contenant mention de l'acte introductif d'instance et des conclusions tendant à l'annulation du testament rendait la demande recevable (Cass. 3e civ., 14 déc. 2017, n° 16-20.032).

b) Demande non sujette à publication

2675 **Demande ne concernant pas des conventions.** Tout d'abord, il faut rappeler que pour être assujettie à publication, la demande doit avoir pour but l'**anéantissement d'une convention** : cette condition n'est pas remplie lorsqu'elle tend à faire prononcer la nullité de l'acte unilatéral par lequel le preneur manifeste son intention de se substituer à l'adjudicataire (Cass. 3e civ., 6 févr. 1979 : *Bull. civ.* 1979, III, n° 35).
De même n'est pas assujettie à publication, pour la même raison, la demande tendant à faire prononcer la nullité d'une assemblée de copropriété portant sur la vente de quote-part de parties communes faute de convocation régulière (Cass. 3e civ., 11 mai 2005 : *JurisData* n° 2005-028340 ; *Bull. civ.* 2005, III, n° 106) ou encore une action en bornage (Cass. 3e civ., 27 avr. 2011, n° 10-16.420. – CA Chambéry, 24 janv. 2001 : *JurisData* n° 2001-134761).

2676 **Demande en exécution d'une convention.** La publication n'est pas requise (et l'irrecevabilité ne peut pas être invoquée, V. n^{os} **2699** à **2705**) lorsque la demande a un tout autre but que d'obtenir l'anéantissement d'une convention ou d'une disposition à cause de mort. Il est ainsi :
– dans le cas de demande d'exécution d'un contrat d'entreprise concernant la construction d'un immeuble (Cass. 3e civ., 12 févr. 1970 : *Bull. civ.* 1970, III, n° 103) ;
– dans le cas d'une demande d'exécution d'un acte de vente sous signatures privées, même si cette demande a pour effet de réduire la contenance du bien vendu (Cass. 3e civ., 4 mai 1194, n° 91-19 716. – V. également CA Paris, 2e ch. A, 27 nov. 2001 : *JurisData* n° 2001-160182).
De même la sommation délivrée à un notaire d'avoir à convoquer le maire d'une commune afin qu'il signe un contrat d'échange de parcelles, qui ne se rattache à aucune action en justice n'entre pas dans le champ de la publicité foncière (Cass. 3e civ., 15 juin 2017, n° 16-12.817, publié au bulletin).

2677 **Action en revendication.** V. **Revendication d'immeuble**.

2678 **Actions en démolition.** La jurisprudence a dans un premier temps considéré que l'action en démolition n'était pas sujette à publication à peine d'irrecevabilité : ainsi pour l'action en démolition d'une construction qui viole les prescriptions du cahier des charges d'un lotissement (Cass. 3e civ., 26 nov. 1970 : *Bull. civ.* 1970, III, n° 642) ou d'un immeuble qui a été édifié en violation d'une servitude de vue (Cass. 3e civ., 11 déc. 1985 : *Gaz. Pal.* 1986, 1, pan. p. 61) ou en violation des règles d'urbanisme (CA Poitiers, 18 mai 2005 : *JurisData* n° 2005-306363).
La Cour de cassation a postérieurement affiné son analyse. Dans un arrêt du 6 avril 2022, elle a qualifié d'action réelle immobilière soumise à la prescription trentenaire de l'article 2227 du Code civil l'action tendant à obtenir la démolition d'une construction édifiée en violation d'une charge réelle grevant un lot au profit des autres lots en vertu d'une stipulation du cahier des charges d'un lotissement (Cass. 3e civ., 6 avr. 2022, n° 21-13 891, FS-B), et elle a réaffirmé sa position quelques mois plus tard (Cass. 3e civ., 21 sept. 2022, n° 21-14.799. – V. précédemment Cass. 3e civ., 22 oct. 2020, n° 19-12.588 : *BPIM* 6/20, n° 420 et la note). La qualification « d'action réelle immobilière » conférée à l'action en démolition n'apparaît pas cependant avoir pour conséquence de la soumettre à publication à peine d'irrecevabilité. En effet comme l'action en revendication d'immeubles (V. **Revendication d'immeuble**), elle ne fait pas partie des « demandes » visées par l'article 28-4°, *c)* du décret du 4 janvier 1955. Selon une réponse ministérielle, la publication de la décision ordonnant la démolition d'une construction irrégulière peut être opérée au fichier immobilier à l'initiative de l'autorité administrative compétente (Rép. min. n° 67581 : *JOAN* Q 11 juill. 2006, p. 7386 ; *Constr.-Urb.* 2006, comm. 207).

2679 **Action paulienne et action en déclaration d'inopposabilité.** Il a été jugé que l'action paulienne n'était pas soumise à publicité foncière. Son objet est en effet de faire déclarer inopposable à un créancier l'acte incriminé (en l'espèce un acte de cession d'immeubles consenti par le débiteur) et non pas de faire prononcer la résolution, la révocation, l'annulation, ou la rescision de droits résultant d'un acte soumis à publicité (Cass. 3e civ., 1er mars 2006 : *Bull. civ.* 2006, III, n° 56 ; *JCP* G 2006, IV, 1685 ; *Defrénois* 2007, art. 38530, p. 229, obs. S. Piédelièvre ; *RJDA* 11/2006, n° 1184 Dans le même sens, CA Bordeaux, 1re ch. civ. B, 15 sept. 2009 : *JurisData* n° 2009-016648).
Mais il n'existe aucun obstacle de principe à la publication du jugement déclarant une vente de biens immobiliers inopposable à un créancier. Et celui-ci peut, à la suite, inscrire une hypothèque à l'encontre du débiteur ayant agi en fraude de ses droits et portant sur les immeubles en cause (sur le principe et sur les modalités de l'annotation du fichier, V. *Bull. AMC* 1989, art. 1415). L'inopposabilité des droits portant sur un immeuble ayant été prononcée confère au créancier qui a exercé l'action paulienne la liberté de poursuivre la vente forcée de cet immeuble libre de tous droits. Il en résulte que l'adjudicataire recevra à son tour l'immeuble libre de tous droits, nonobstant le fait que ceux-ci ont été publiés avant le jugement d'adjudication (Cass. 3e civ., 29 janv. 2002 : *Bull. civ.* 2002, III, n° 27 ; *Defrénois* 2002, art. 37 591, n° 59, p. 1096, obs. S. Piédelièvre).
De même, n'est pas soumise à publicité foncière l'action tendant, sous le régime de la loi du 13 juillet 1967, à faire déclarer inopposable à la masse des créanciers la donation d'un immeuble consentie par le « failli » pendant la période de cessation des paiements (Cass. com., 12 févr. 1985 : *Bull. civ.* 1985, IV, n° 58).
Il été jugé que le délai de prescription de l'article 2224 du Code civil s'appliquait à l'action paulienne et que celle-ci ne pouvait plus être exercée à l'encontre d'un acte litigieux régulièrement porté à la connaissance des tiers plus de cinq ans après sa publication au fichier immobilier (Cass. 3e civ., 8 déc. 2021, n° 20-18.432 : *AJDI* 2022, p. 382, note F. Cohet).

2 La demande doit tendre à l'anéantissement rétroactif de l'acte incriminé

2680 Principe. Le propre des demandes visées à l'article 28-4° c) du décret du 4 janvier 1955 (V. n° **2668**), qui ont pour objet selon ce texte « la résolution, la révocation, l'annulation ou la rescision d'une convention ou d'une disposition à cause de mort » est d'avoir un effet rétroactif. La Cour de cassation affirme donc, dans ses arrêts les plus récents, que n'entrent dans le champ d'application de ce texte que les seules « demandes en justice tendant à **l'anéantissement rétroactif** d'un droit antérieurement publié » (Cass. 3e civ., 26 mai 2004 : *Bull. civ.* 2004, III, n° 110 ; *Gaz. Pal.* 2 et 3 mars 2005, p. 18, note S. Vissé-Causse. – Cass. 3e civ., 15 févr. 2006 : *Bull. civ.* 2006, III, n° 42).

2681 Cas où cette condition n'est pas remplie. Ne sont pas soumises à publication, parce qu'elles n'ont d'effet que pour l'avenir :
– les demandes en résiliation d'un bail (Cass. 1re civ., 1er juin 1964 : *JCP* G 1964, II, 13 1802, note J. Mazeaud. – V. pour un bail à long terme. – Cass. 3e civ., 27 sept. 2006, n° 05-18.080 : *Bull. civ.* 2006, III, n° 193. – Cass. 3e civ., 10 mai 1989 : *Bull. civ.* 1989, III, n° 108 ; *JCP* N 1989, n° 45, jurispr. p. 535. – CA Bordeaux, ch. soc. B, 22 mars 2007 : *JurisData* n° 2007-331359) ;
– les demandes en résiliation d'un contrat de crédit-bail immobilier (Cass. 3e civ., 27 mai 1998 : *JurisData* n° 1998-002323 ; *Bull. civ.* 1998, III, n° 114. – Cass. 3e civ., 21 févr. 1996 : *D.* 1996, somm. p. 391, note S. Piédelièvre. – Sur la critique de cette solution, V. P. Frémont, *Conséquences de la curieuse dispense de publier les assignations en résolution d'un crédit-bail immobilier : JCP* N 1997, n° 25, p. 861) ;
– la demande d'annulation d'une déclaration de renonciation à succession ainsi que de l'ouverture des opérations de partage de la succession avec licitation préalable d'un immeuble indivis (Cass. 3e civ., 15 févr. 2006. : *Bull. civ.* 2006, III, n° 42) ;
– une demande de rétrocession formée dans le cadre d'une procédure d'expropriation (Cass. 3e civ., 8 juin 1988 : *Bull. civ.* 1988, III, n° 106), car cette rétrocession opère sans rétroactivité.

3 L'acte incriminé doit être visé par l'article 28-1° du décret du 4 janvier 1955

2682 Lien entre les articles 30-5, 28-4° c) et 28-1° du décret du 4 janvier 1955. Comme nous l'avons vu (V. n° **2668**), l'article 30-5 du décret du 4 janvier 1955, qui déclare irrecevables les demandes non publiées (V. nos **2699** à **2705**) renvoie à l'article 28-4° du même décret, qui renvoie lui-même à l'article 28-1°. Pour être assujettie à publication, la demande doit donc porter sur des droits soumis à publicité en vertu de l'article 28-1°. Elle doit tendre à l'anéantissement rétroactif d'un acte, même assorti d'une condition suspensive, ou d'une décision judiciaire, portant ou constatant entre vifs :
– mutation ou constitution de droits réels immobiliers, **autres que les privilèges et hypothèques** ;
– bail pour une durée de plus de douze années, et même pour un bail de moindre durée, quittance ou cession d'une somme équivalente à trois années de loyers ou fermages non échus ;
– d'un titre d'occupation du domaine public de l'État ou d'un de ses établissements publics constitutif d'un droit réel immobilier délivré en application des articles L. 34-1 à L. 34-9 du Code du domaine de l'État et de l'article 3 de la loi n° 94-631 du 25 juillet 1994 ainsi que cession, transmission ou retrait de ce titre.

2683 Positions de la jurisprudence. Cependant, on voit parfois la jurisprudence exiger la publication des demandes portant sur des actes ou conventions qui ne figurent pas dans l'énumération prévue par l'article 28-1° du décret du 4 janvier 1955 précité, alors pourtant que ce texte doit faire l'objet d'une interprétation stricte, selon la doctrine (V. la note de Massounabe-Puyanne ss T. civ. Seine, 26 nov. 1958 : *JCP* G 1959, II, 11 060) et selon la jurisprudence (Cass. com., 12 févr. 1985 : *Bull. civ.* 1985, IV, n° 58).
Ainsi, la Cour de cassation a-t-elle décidé que la demande en annulation d'une hypothèque devait être publiée (Cass. com., 12 avr. 2005 : *Bull. civ.* 2005, III, n° 89 ; *JCP* G 2005, II, 10147, note crit. Th. Le Bars ; *Defrénois* 2006, art. 38 356, n° 20, p. 523, obs. S. Piédelièvre). De même, la Cour de cassation énonce qu'une demande de nullité d'un partage est soumise à publication comme toutes celles « tendant à obtenir la résolution la révocation, l'annulation ou la rescision d'une convention ou d'une disposition à cause de mort » (Cass. 3e civ., 13 mai 2015, n° 14-14 733 : *JurisData* n° 2015-011173).
Certaines décisions se contentent ainsi, allant contre la lettre des textes, de faire référence au seul article 30-5 du décret du 4 janvier 1955, pour déterminer si telle ou telle demande doit être l'objet d'une publication (Cass. 3e civ., 28 janv. 2004 : *Bull. civ.* 2004, III, n° 16. – Cass. 3e civ., 21 janv. 2004 : *JurisData* n° 2004-021855 ; *Bull. civ.* 2004, III, n° 11).

Mais comme l'observe le professeur Le Bars dans sa note précitée, on relève d'autres arrêts plus orthodoxes qui font le lien entre les articles 30-5, 28-4° c) et 28-1° a) du décret du 4 janvier 1955. Ainsi, c'est sur le visa des articles 30, § 5 et 28, § 1 et 4 du décret du 4 janvier 1955 qu'un arrêt de la Cour de cassation a déclaré que l'action en révision de la répartition des charges prévue par le règlement de copropriété ne figurait pas au rang de celles qui sont soumises à publication (Cass. 3e civ., 18 déc. 1996 : *Bull. civ.* 1996, III, n° 243 ; *JurisData* n° 1996-005008 ; *JCP* N 1997, p. 664 ; *JCP* N 1998, p. 516, note P. Frémont. – V. aussi Cass. 3e civ., 21 nov. 2002 : *Loyers et copr.* 2002, comm. 48, note G. Vigneron). De même c'est sur l'article 30, 5 du décret du 4 janvier 1955 que la Cour de cassation s'est fondée pour rendre un avis selon lequel l'action en constatation de perte de base légale d'une ordonnance d'expropriation n'est pas soumise à publication, dès lors que, ne tendant qu'à tirer les conséquences de l'annulation par la juridiction administrative des actes administratifs qui ont constitué le soutien nécessaire en la privant d'effet, elle n'entre pas dans les prévisions de ce texte (Cass., avis, 23 mai 2017, n° 17-70.007, publié au bulletin).

4 L'acte incriminé doit avoir été publié

2684 Absence d'irrecevabilité si l'acte incriminé n'a pas été publié. L'irrecevabilité édictée par l'article 30, 5 du décret du 4 janvier 1955 ne peut être soulevée lorsque la convention mise en cause n'a pas été publiée. En pareil cas, et en vertu du principe de l'effet relatif de la publicité, la demande ne peut faire l'objet d'aucune publication (Cass. 3e civ., 28 mai 1979, n° 77-15.857 : *Bull. civ.* 1979, III, 115. – Cass. 3e civ., 10 juin 1970 : *JCP* G 1971, II, 16 673 : *Bull. AMC* 1971, art. 872. – Cass. 1re civ., 14 nov. 1967, n° 65-13.374 : *Bull. civ.* 1967, III, 330 ; *JCP* G 1968, II, 15 614 ; *Bull. AMC* 1969, art. 782. – CA Paris, 2e ch., 26 mai 1964 : *JCP* G 1964, II, 13 888 ; *Bull. AMC* 1965, art. 624 ; V. aussi *Bull. AMC* 1963, art. 543).

Il a été également jugé que les publications facultatives prévues par l'article 37 du décret du 4 janvier 1955 en matière de promesse de vente sous seing privé n'emportant pas mutation de propriété ne peuvent pas être assimilées à la publication d'un acte authentique de vente rendant obligatoire, selon l'article 28 du même décret, la publication d'une demande judiciaire en résolution de la vente (Cass. 3e civ., 16 janv. 2013, n° 11-25.262 : *RJDA* juill. 2013, n° 675, et la note ; *Defrénois* 2014, n° 1, p. 10, note S. Piédelièvre. – Cass. 3e civ., 28 mai 1979, préc.).

C Cas particulier

2685 Citations en justice interrompant la prescription acquisitive immobilière. Selon l'article 28, § 8°, du décret du 4 janvier 1955, sont soumis à l'obligation de publicité les actes qui interrompent la prescription acquisitive conformément à l'article 2244 du Code civil, ce qui implique la publication des « citations en justice », même en référé, dès lors qu'elles peuvent avoir un effet interruptif d'usucapion.

Mais l'absence de publication de la demande n'est pas ici sanctionnée par l'irrecevabilité, cette sanction ne s'appliquant, aux termes de l'article 30-5 du décret du 4 janvier 1955, qu'aux demandes en justice soumises à publication en vertu de l'article 28-4° c) de ce même décret.

2686 Partage. Action en complément de part. L'action en complément de part prévue par l'article 889 du Code civil n'a pas pour objet l'annulation du partage, mais le paiement d'un complément de part. Dès lors, la recevabilité de la demande n'est pas soumise à la publication de l'assignation au fichier immobilier (Cass. 3e civ., 6 nov. 2013, n° 12-15 393 : *Bull. civ.* 2013, III, n° 216. – V. S. Piédelièvre, *Les demandes en justice et le domaine de la publicité obligatoire* : *Defrénois* 2014, n° 5, p. 238).

II Modalités de la publication

A Objet de la publication

2687 **La « demande en justice ».** Aux termes de l'article 28-4° c) du décret du 4 janvier 1955, la publication porte sur la « demande en justice ». C'est donc en principe la **citation** ou **l'assignation** qui doit faire l'objet d'une publication, ce qui ne pose pas de problème particulier, l'acte d'huissier étant un acte authentique.

2688 **Demandes additionnelles ou reconventionnelles.** La demande peut se présenter également sous forme de demandes additionnelle ou reconventionnelle, et être formée par voie de **conclusions.** Ce sont alors ces conclusions qui doivent être publiées (Cass. 3e civ., 18 mars 1998 : *Bull. civ.* 1998, III, n° 70 ; *JCP* G 1988, IV, 2100 ; *D.* 1998, somm. p. 382, obs. S. Piédelièvre). Il en est ainsi lorsqu'à la suite d'une demande en liquidation et partage d'une succession (non soumise à publication), les conclusions aux fins de nullité de vente sont déposées en cours de procédure (Cass. 1re civ., 7 janv. 1992 : *Bull. civ.* 1992, I, n° 9 ; *JCP* G 1992, IV, 706 ; *Defrénois* 1992, p. 828, obs. L. Aynès ; *RD imm.* 1993, p. 534, obs. Ph. Simler). Le texte s'applique tant à la demande principale qu'aux demandes subsidiaires (Cass. 3e civ., 19 mars 1997 : *Bull. civ.* 1997, III, n° 67 ; *JCP* G 1997, IV, 1032 ; *D.* 1997, somm. p. 239, obs. S. Piédelièvre. – CA Toulouse, 1re ch., 25 oct. 1999 : *Bull. inf. C. cass.* 15 juin 2000, p. 43). Ainsi, si le demandeur forme dans un premier temps une demande en nullité de vente, régulièrement publiée, et dans un deuxième temps une demande subsidiaire en résolution de vente, cette demande subsidiaire doit être également publiée. Mais si la demande est formée dans l'assignation introductive, la publication des conclusions qui reprennent cette demande ne satisfait pas à la loi (TGI Bayonne, 17 nov. 1997 : *JurisData* n° 1997-056114).

Cependant, selon une décision du tribunal de grande instance de Paris (1re ch., 1re sect.) du 9 mars 1988 (*JurisData* n° 1988-042440), il n'y a pas lieu à publication complémentaire en cas de pluralité de demandes prétendant chacune à une qualification juridique comprise dans l'énumération de l'article 28-4° c) effectuée à des stades différents de la procédure. Ainsi lorsqu'une première demande tend à la résolution d'une vente et qu'elle est suivie d'une seconde demande en cours d'instance tendant à l'annulation de cette même vente pour dol. De même, il a été admis qu'il n'y a pas lieu de procéder à une publication complémentaire lorsqu'à l'origine il a été formé une action en « nullité » de la vente et qu'en cause d'appel, cette demande est requalifiée en action en résolution de la vente, dès lors que la qualification erronée adoptée au départ est sans conséquence puisque l'action en nullité et l'action en résolution tendant l'une et l'autre à l'anéantissement rétroactif du contrat (Cass. 3e civ., 17 sept. 2014, n° 13-16 651 : *JurisData* n° 2014-021229 ; *Bull. civ.* 2014, III, n° 106 ; *JCP* G 2014, n° 46-47, 1174, note J.-J. Barbièri). L'association des conservateurs avait admis que des conclusions pouvaient être publiées sans qu'il y ait à exiger qu'elles soient préalablement déposées au rang des minutes d'un notaire avec reconnaissance d'écriture de signature pour leur conférer l'authenticité (*Bull. AMC* 2000, art. 1818 ; *ibid.* 1996, art. 1715 ; *ibid.* 1982, art. 1251).

2689 **Incidences de l'article 710-1 du Code civil.** La loi n° 2011-331 du 28 mars 2011 a introduit dans le Code civil un nouvel article 710-1 qui est, sur certains points, en contradiction avec le texte du décret du 4 janvier 1955.

En ce qui concerne les demandes en justice, l'alinéa 3 de ce texte énonce que son alinéa premier, selon lequel tout acte doit, pour pouvoir être publié, avoir le caractère authentique, n'est pas applicable aux formalités de publicité foncière « des **assignations en justice** ». Sont également visés les commandements valant saisie et « les **différents actes de procédure qui s'y rattachent** et les jugements d'adjudication ». On ne sait trop, à la lecture de l'article 710-1, si la référence aux « différents actes de procédure qui s'y rattachent » vise uniquement les commandements valant saisie, ou si elle concerne également les « assignations en justice ».

Si seules les « assignations en justice » peuvent être admises à la publicité foncière, la jurisprudence antérieure concernant la possibilité de publier les demandes formées par voie de conclusions deviendrait caduque. Mais si l'on suit cette logique, on serait donc en présence de « demandes en justice » qui serait soumises à publication obligatoire en vertu de l'article 28,4°, *c)* du décret du 4 janvier 1955 à peine d'irrecevabilité, et qui

cependant ne serait pas publiables en application de l'article 710-1, alinéa 3 du Code civil.
Cette lecture du texte, qui aboutirait à une inconséquence, paraît, pour ce seul motif, devoir être exclue. Si on l'admet, seront susceptibles d'être publiés non seulement les « assignations en justice », mais également les « différents actes de procédure qui s'y rattachent » et donc en particulier les demandes formées par voie de conclusions.
C'est bien apparemment cette interprétation de l'article 710-1 du Code civil que retient un arrêt de la Cour de cassation, qui a donné raison au service de la publicité foncière qui avait refusé de publier une sommation faite par acte d'huissier de signer un contrat d'échange d'immeubles. L'arrêt énonce que « la sommation litigieuse **qui ne se rattache à aucune action en justice**, n'entre pas dans la catégorie des actes énumérés par l'article 710-1 du Code civil pouvant donner lieu aux formalités de publicité foncière » (Cass. 3e civ., 15 juin 2017, n° 16-12.817, FS-P+B+R+I : *JurisData* n° 2017-011556 ; *JCP* N 2017, n° 42, 1245, note S. Lamiaux ; *BPIM* 4/2017, n° 254, obs. M. Suquet-Cozic).

B Époque et lieu de la publication

2690 **À quel moment publier ?** Si en principe, conformément à l'article 33 C du décret du 4 janvier 1955, la publication doit intervenir **dans les trois mois de la date de la demande,** cette exigence s'avère quelque peu théorique dès lors que la jurisprudence admet que la publication peut être opérée même en cause d'appel, jusqu'à la clôture des débats (V. n° **2705**).
Il reste qu'une publication tardive est susceptible d'engager la responsabilité du demandeur et de son conseil (V. n° **2706**).

2691 **Où s'opère la publication ?** La publication doit être opérée au service de la publicité foncière du lieu de situation de l'immeuble.
Si la demande concerne plusieurs immeubles, situés dans des ressorts différents, elle doit être publiée dans chacun des services concernés, à peine d'irrecevabilité (Cass. 1re civ., 11 avr. 1995 : *Bull. civ.* 1995, I, n° 176 ; *JCP* G 1995, IV, 1483).

C Mentions que doit contenir la demande

2692 **Exigences de principe.** Pour pouvoir être publiée, la demande doit répondre aux diverses exigences des textes sur la publicité foncière, ce qui n'est pas toujours le cas :
– identification des parties (V. **Identification des personnes** et **Certification d'identité**). Il a été précisé que, dans le cas d'une demande en justice formée par les héritiers du testateur en révocation d'un testament instituant un légataire universel d'immeubles, la certification de l'identité de ce légataire était seule nécessaire (chron. Bulté et Béchade : *JCP* N 1957, IV, 2422) ;
– identification des immeubles (V. **Identification des immeubles**) ;
– mentions concernant l'effet relatif (V. **Effet relatif**). Un régime spécial a été édicté par l'article 36 du décret du 14 octobre 1955. En vertu de ce texte, la mention de la date du volume et du numéro de publication de l'acte contesté n'est pas exigée pour la publicité des demandes en justice (V., pour une application, Cass. 3e civ., 10 nov. 1982, n° 80-13.408 : *Bull. civ.* 1982, III, n° 221).

2693 **Régimes spécifiques.** L'article 34, 5° du décret du 4 janvier 1955 prévoit tout d'abord un régime particulier **pour les actes établis d'urgence** :

> « Lorsqu'il est mentionné dans un acte soumis à publicité, que celui-ci a dû être établi d'urgence avant réception des documents sur la base desquels il doit être procédé à la désignation des personnes et des immeubles, les erreurs ou omissions relatives à cette désignation peuvent être réparées, préalablement à la réquisition de formalité, au moyen soit d'une mention complémentaire apposée par le rédacteur de l'acte à la suite de la minute ou de l'original, soit d'une attestation établie par acte distinct lorsque l'acte a déjà été enregistré ; en ce qui concerne les actes d'huissier de justice, la mention peut être portée, par l'huissier intéressé, sur les documents déposés au service de la publicité foncière ».

En pratique, les omissions qui affectent la demande, qu'elle soit formulée par acte de commissaire de justice ou par voie de conclusions, sont réparées par des mentions complémentaires apposées sur la formule destinée au service de la publicité foncière par celui qui requiert la publicité.
D'autre part des règles particulières sont édictées lorsqu'un acte soumis à publicité foncière a été **établi sans le concours du titulaire du droit** ce qui est généralement le cas des demandes en justice : elles concernent l'identification des immeubles (D. 4 janv. 1955, art. 50-1 et 50-2), l'identification des parties (D. 4 janv. 1955, art. 50-3 et 51) ou encore les mentions concernant « l'effet relatif » (D. 4 janv. 1955, art. 36). Ces règles sont rappelées aux rubriques correspondantes (« Identification des personnes », « Identification des immeubles », « Effet relatif »).

D Processus de la publication

2694 Modalités pratiques. La demande sera reproduite sur la **formule spéciale** destinée au service de la publicité foncière.
S'il s'agit d'un acte de commissaire de justice, la **certification de conformité** exigée par les articles 67-3 et 76-1 du décret du 14 octobre 1955 (V. **Certifications**) doit être signée par le commissaire de justice lui-même, auteur de l'acte (et non par l'avocat), à peine de refus de dépôt (*Bull. AMC* 1988, art. 1395. – Chron. Bulté et Béchade : *JCP* N 1957, IV, 2422. – V. en ce sens CA Paris, 6 avr. 1959 : *JCP* N 1959, II, 11236).
Si la demande a été formée par voie de conclusions, la certification de conformité sera établie par l'avocat qui a établi et signé ces conclusions.

2695 Perceptions. La publication de la demande donne lieu à la perception de la taxe de publicité foncière au taux fixe prévu par l'article 680 du Code général des impôts, soit actuellement 125 €. Le salaire du conservateur était antérieurement perçu au taux fixe (actuellement 15 €), conformément à l'article 287-12° de l'annexe III au Code général des impôts. Les conservateurs avaient opté pour leur part en faveur de la perception d'un salaire proportionnel à 0,10 %, sur la valeur des immeubles ou des droits immobiliers concernés par la demande (*Bull. AMC* 1972, art. 897. – Chron. Bulté : *JCP* N 1971, IV, 5076). La contribution de sécurité immobilière, qui a remplacé le salaire du conservateur à compter du 1er janvier 2013, perçue aux mêmes conditions d'assiette, de tarif, de contrôle et de recouvrement que ce salaire (V. **Contribution de sécurité immobilière**) devrait être perçue sur les mêmes bases.

2696 Preuve de la publication. La justification de la publication de la demande en justice résulte d'un certificat du service chargé de la publicité foncière ou de la production d'une copie de la demande revêtue de la mention de publicité (D. 4 janv. 1955, art. 30, § 5 *in fine*). Le certificat de dépôt de la demande de publication de l'assignation ne peut être assimilé au certificat du service de la publicité foncière ou à la production d'une copie de la demande revêtue de la mention de publicité. En effet, ce dépôt même accepté peut donner lieu à une décision ultérieure de rejet par le service (CA Montpellier, 1re ch. A 2, 8 déc. 2009 : *JurisData* n° 2009-023159).
Le juge ne peut rejeter une exception d'irrecevabilité pour défaut de publication de la demande sans constater la production d'un certificat du service de la publicité foncière ou d'une copie de la demande revêtue de la mention de publicité (Cass. 3e civ., 10 févr. 2000 : *Bull. civ.* 2000, III, n° 40 ; *AJDI* 2010, p. 490, note F. de la Vaissière ; *Defrénois* 2010, p. 1174, obs. S. Piédelièvre. – Cass. 3e civ., 5 nov. 2008, n° 07-15 179).

III Sanction de l'absence de publication

2697 L'absence de publication de la demande ne se situe pas sur le terrain de l'opposabilité aux tiers (A). Elle entraîne, sur le terrain procédural, une irrecevabilité de la demande (B). Et elle est susceptible d'engager la responsabilité du demandeur (C).

A L'absence de publication n'est pas sanctionnée par l'inopposabilité aux tiers

2698 Conséquences. Le défaut de publication obligatoire d'une assignation tendant à obtenir la résolution, la révocation, l'annulation, ou la rescision d'une convention soumise à publicité n'est pas sanctionné par l'inopposabilité aux tiers prévue par l'article 30-1 du décret du 4 janvier 1955 (Cass. 3e civ., 25 janv. 1983 : *Bull. civ.* 1983, III, n° 25 ; *Gaz. Pal.* 15-16 juill. 1983, p. 13, note A. Piédelièvre ; *Defrénois* 1983, art. 33 144, p. 1217, obs. J.-L. Aubert). À l'inverse, la publication de cette assignation n'a pas pour effet nécessaire de la rendre opposable aux tiers. Par suite, elle n'interdit pas aux créanciers de l'acquéreur de prendre ultérieurement une inscription d'hypothèque judiciaire (même décision).
La sanction d'inopposabilité ne concerne en effet que les seuls actes et décisions judiciaires soumis à publicité en application du 1° de l'article 28 du décret du 4 janvier 1955 (D. 4 janv. 1955, art. 30-1).

B L'absence de publication de la demande entraîne son irrecevabilité

2699 **Principe.** Selon l'article 30-5 du décret du 4 janvier 1955 :

> « Les demandes tendant à faire prononcer la résolution, la révocation, l'annulation ou la rescision de droits résultant d'actes soumis à publicité ne sont recevables devant les tribunaux que si elles ont été elles-mêmes publiées conformément aux dispositions de l'article 28-4°, c ».

Si, après avoir sollicité en première instance la nullité d'une vente de terrain pour défaut de conformité, le demandeur sollicite à titre subsidiaire en cause d'appel et par voie de conclusions l'annulation de la vente, le défaut de publication de ces conclusions n'entraîne pas l'irrecevabilité de l'appel, mais seulement l'irrecevabilité de la demande en annulation de la vente (Cass. 3e civ., 15 oct. 2015, n° 14-23 810).

La Cour de cassation a rejeté un pourvoi fondé sur l'article 6, § 1 de la Convention européenne des droits de l'homme soutenant, sur ce fondement, que la fin de non-recevoir tirée de l'absence de publicité foncière de la demande constituait une atteinte injustifiée au droit d'accès au juge (Cass. 3e civ., 22 juin 2017, n° 16-13.651, FS-P+B+I : *JurisData* n° 2017-012231 ; *JCP* N 2017, n° 26, act. 672, obs. S. Lamiaux).

2700 **Exception : cas où l'acte incriminé n'a pas été publié.** Si la demande en justice concerne un acte non publié, elle ne peut pas être elle-même publiée en raison du principe de l'effet relatif des formalités (*Bull. AMC* 1963, art. 543).

Il serait donc injustifié de sanctionner en ce cas par l'irrecevabilité l'absence de publication de la demande, dès lors que cette publication n'est pas possible.

Aussi, la jurisprudence a-t-elle très tôt admis que la sanction d'irrecevabilité des demandes non publiées n'était pas applicable lorsque le titre concernant le droit attaqué n'avait pas été lui-même publié (Cass. 1re civ., 14 nov. 1967 : *JCP* G 1968, II, 15 624, note M. Dagot ; *D.* 1968, jurispr. p. 77, note Mazeaud. – Cass. 3e civ., 10 juin 1970 : *Bull. civ.* 1970, III, n° 397. – Cass. 3e civ., 3 juill. 1973 : *Bull. civ.* 1973, III, n° 460. – Cass. 3e civ., 6 févr. 1974 : *Bull. civ.* 1974, III, n° 67. – Cass. 3e civ., 6 févr. 1999 : *Bull. civ.* 1999, III, n° 36. – Cass. 3e civ., 14 mars 2007, n° 06-16 618 : *JurisData* n° 2007-037929 ; *JCP* G 2007, IV, 1818).

1 À quel stade et par qui l'irrecevabilité peut-elle être invoquée ?

2701 **L'irrecevabilité de la demande peut être invoquée en tout état de cause.** Le défaut de publication d'une demande tendant à l'annulation de droits résultant d'actes soumis à publicité constitue une fin de non-recevoir qui, suivant l'article 123 du Code de procédure civile, peut être proposée en tout état de cause (Cass. 3e civ., 3 févr. 1993 : *JurisData* n° 1993-000260. – Cass. 1re civ., 7 juin 1988 : *Bull. civ.* 1988, I, n° 181. – Cass. 3e civ., 12 févr. 1985 : *Defrénois* 1986, art. 33694-27, p. 408, obs. J.-L. Aubert ; *JCP* N 1986, prat. 9652. – Cass. 3e civ., 20 oct. 1981 : *D.* 1983, jurispr. p. 73, note C. Larroumet). L'irrecevabilité de la demande peut donc être soulevée pour la première fois en cause d'appel.

Le défaut de publication d'une demande tendant à faire prononcer la révocation d'une donation peut être invoqué non seulement par les tiers qui ont acquis sur le même immeuble, du même auteur, des droits concurrents régulièrement publiés, mais également par les donataires ou leurs ayants cause universels (Cass. 1re civ., 5 oct. 1994 : *JurisData* n° 1994-002008).

Le défaut de publication d'une demande en nullité d'une vente immobilière peut être opposé tant par l'un des contractants que par son ayant cause à titre universel (Cass. 1re civ., 5 oct. 1981, préc.).

Mais seules les parties au procès ont qualité pour invoquer la fin de non-recevoir tirée du défaut de publication, qui a été édictée en vue de la protection de leurs intérêts particuliers (Cass. 3e civ., 7 nov. 2001, n° 97-22.231 : *Bull. civ.* 2001, III, n° 127).

2 Rôle du juge

2702 **Le juge ne peut pas surseoir à statuer.** Dans un premier temps, il avait pu être jugé que l'article 30-5 du décret du 4 janvier 1955 prévoyait une simple exception suspendant provisoirement l'examen du litige jusqu'à ce que l'obstacle qui paralysait le déroulement de l'instance, c'est-à-dire le défaut de publicité, ait été levé. Dans cette analyse, le juge s'octroyait le pouvoir de surseoir à statuer pour permettre au demandeur de faire publier sa demande (Cass. 1re civ., 15 mars 1967 : *Bull. civ.* 1967, I, n° 103).

Mais la Cour de cassation a fermement condamné cette façon de voir. L'irrecevabilité édictée par l'article 30-5 étant une fin de non-recevoir, le juge ne peut impartir un délai pour permettre au demandeur de se conformer à la loi (Cass. 3e civ., 22 juill. 1992 : *Bull. civ.* 1992, III, n° 262 ; *JCP* G 1992, IV, 2762. – Cass. 3e civ., 23 oct. 1991, n° 90-16.230).

2703 **Le juge ne peut pas soulever d'office l'irrecevabilité.** Il est aujourd'hui bien admis que les parties ont seules qualité pour invoquer la fin de non-recevoir résultant du défaut de publicité de la demande et que le juge ne peut pas la soulever d'office (Cass. 1re civ., 7 déc. 1965 : *D.* 1966, jurispr. p. 98, note E. Frank. – Cass. 1re civ., 19 janv. 1966 : *Bull. civ.* 1996, II, n° 45. – Cass. 1re civ., 3 nov. 1981 : *Bull. civ.* 1981, II, n° 176 ; *Gaz. Pal.* 1er juin 1982, pan. 150-152, note A. Piédelièvre ; *Defrénois* 1982, art. 32915, p. 1485, note J.-L. Aubert. – Cass. 3e civ., 27 juin 1990 : *Bull. civ.* 1990, III, n° 159. – Cass. 3e civ., 18 janv. 1995 : *Bull. civ.* 1995, III, n° 22 ; *JCP* G 1995, IV, 691. – Cass. 3e civ., 7 nov. 2001 : *Bull. civ.* 2001, III, n° 127 ; *Defrénois* 2002, art. 37 565, p. 827, note J.-L. Aubert ; *Rev. loyers* 2002, p. 92, note Ch.-H. Gallet. – Cass. 3e civ., 12 nov. 2020, n° 19-17.031). La justification donnée en faveur de cette solution est que la fin de non-recevoir résultant du défaut de publicité a été édictée « en vue de la protection d'intérêts particuliers » (V. Cass. 3e civ., 7 nov. 2001 préc. – Cass. 3e civ., 18 janv. 1995, préc. – Cass. 3e civ., 27 juin 1992, préc.). Mais on a fait remarquer à juste titre, que la publicité foncière a « pour but d'assurer la sécurité du commerce immobilier » (S. Piédelièvre, *La publicité foncière*, LGDJ, 2000, n° 463), ce qui amène à mettre en doute le bien-fondé de la solution retenue.

2704 Publication opérée de façon erronée. Au regard du but poursuivi par la publication qui est de rendre opposable aux tiers un contentieux susceptible d'interférer sur leurs droits, il est sans importance qu'à la suite d'une qualification erronée, le demandeur ait indiqué dans son assignation qu'il formait une demande en nullité de la vente, alors qu'il s'agissait d'une demande de résolution, d'autant que l'action en nullité et l'action en résolution tendent l'une et l'autre au même résultat, savoir l'anéantissement rétroactif du contrat (Cass. 3e civ., 17 sept. 2014, n° 13-16.651 : *RJDA* févr. 2015, n° 150 et la note).

3 Possibilité de régularisation

2705 L'assignation peut être publiée à tout stade de la procédure, jusqu'à la clôture des débats. Le défaut de publication de la demande constitue une fin de non-recevoir pouvant être régularisée, conformément aux dispositions de l'article 126 du Code de procédure civile. Peu importe que la régularisation intervienne au-delà du délai de trois mois fixé par l'article 33 du décret du 4 janvier 1955, cette exigence n'étant assortie d'aucune déchéance. Il peut être procédé à la publication tant en première instance qu'en cause d'appel jusqu'à la clôture des débats. Le principe a été réaffirmé par plusieurs décisions successives (Cass. 1re civ., 18 déc. 1962 : *Bull. civ.* 1962, I, n° 553 ; *JCP* G 1968, II, 15 682, note A. Rouiller ; *Bull. AMC* 1969, art. 781. – Cass. 3e civ., 15 nov. 1989 : *Bull. civ.* 1989, III, n° 215. – Cass. 3e civ., 4 oct. 1995 : *JurisData* n° 1995-003108. – Cass. 3e civ., 26 nov. 2003 : *Bull. civ.* 2003, III, n° 212. – Cass. 3e civ., 26 nov. 2003 : *Defrénois* 2004, art. 37 882, p. 310, obs. S. Piédelièvre).

La régularisation peut résulter en cause d'appel de la publication du jugement de première instance qui contient mention de l'acte introductif d'instance (Cass. 3e civ., 18 nov. 2009, n° 08-11.893 : *Bull. civ.* 2009, III, n° 256 ; *RJDA* avr. 2010, n° 444). Elle peut aussi résulter de la publication, à tout stade de la procédure, des conclusions récapitulatives (Cass. 3e civ., 20 oct. 2010, n° 09-16.642 : *JurisData* n° 2010-018980. – Sur la possibilité de publier les conclusions, V. n° **2687**).

Le rejet par le service chargé de la publicité foncière de la publicité d'une assignation tendant à l'annulation d'une vente immobilière n'équivaut pas à l'absence de publication quand cette formalité a été effectivement remplie par la suite (Cass. 3e civ., 22 févr. 1972, sol. impl. : *Bull. civ.* 1972, III, n° 118).

C Absence de publication de la demande et responsabilité du demandeur

2706 Dommages-intérêts éventuels. Aux termes de l'article 30-4 du décret du 4 janvier 1955 :

> « toute personne intéressée qui, ayant publié son propre droit, prouve qu'elle a subi un préjudice à raison soit du défaut de publication avant l'expiration du délai légal, soit de la publicité incomplète ou irrégulière d'un des actes visés aux 3° à 9° de l'article 28 (et donc des demandes en justice, visées à l'article 28-4° c), peut demander des dommages et intérêts ».

Par suite, une publication tardive ou l'absence de publication de la demande en justice (même si l'irrecevabilité n'est pas soulevée…) est susceptible d'engager la responsabilité du demandeur et de son conseil dans la mesure du préjudice causé (chron. Bulté : *JCP* N 1967, IV, 4197). Ainsi, si un tiers a traité avec le propriétaire de l'immeuble, ou a pris une inscription dans l'ignorance d'une assignation (non publiée) en résolution de son titre de propriété.

IV
Publication abusive ou injustifiée

2707 **« Radiation » de la publication ?** Une publication peut avoir été effectuée de façon abusive : ainsi par exemple lorsque un promoteur immobilier demande en justice l'exécution forcée de la signature d'une promesse unilatérale de vente et publie l'assignation, son objectif étant uniquement d'empêcher le propriétaire de vendre l'immeuble à un tiers (Cass. 3e civ., 28 janv. 2021, n° 19-24.962 : *JCP* N 2021, n° 18, 1182, note S. Piédelièvre ; *Defrénois* 2021, n° 19-20, p. 30, note M. Luchel). Elle peut aussi être le fruit d'une erreur, ou ne plus avoir lieu d'être (par ex. parce que la procédure est éteinte…).

Quel que soit le cas, il n'est pas possible d'obtenir la radiation de la publication (sur les solutions à ces difficultés, V. **Mainlevée et radiation judiciaire**).

Département

Neyla GONZALEZ-GHARBI

Sommaire analytique

I
Publicité foncière

2708 Nous signalons ici quelques solutions particulières qui ont donné lieu à des chroniques.

A Actes concernant des droits réels immobiliers. Baux

2709 **Authenticité.** Aux termes de l'article L. 1311-13 du Code général des collectivités territoriales :

« les présidents des conseils départementaux sont habilités à recevoir et à authentifier, en vue de leur publication au fichier immobilier, les actes concernant les droits réels immobiliers ainsi que les baux, passés en la forme administrative par ces collectivités et établissements publics ».

L'article L. 1311-14 du même code comporte une disposition identique concernant les présidents des conseils départementaux des départements de la Moselle, du Bas-Rhin et du Haut-Rhin.

Il avait été indiqué que « si, en vertu de ces textes, le président du conseil général (départemental) est habilité à conférer aux actes ainsi désignés le caractère authentique, encore faudrait-il que l'acte soit établi dans les limites de ses attributions (*Bull. AMC* 1957, art. 313).

Il semble que l'on puisse admettre à la publication un acte de cession amiable d'un immeuble à un syndicat départemental d'électrification et d'équipement rural, ou le président du conseil général (départemental) intervient comme président du syndicat. qui a par ailleurs le caractère d'établissement public (*Bull. AMC* 1969, art. 789).

B Hypothèques

2710 **Inscription d'hypothèque. Exigence d'un acte notarié.** L'hypothèque conventionnelle ne peut être consentie que par acte passé en la forme authentique devant un notaire (V. **Hypothèque conventionnelle**).

Le président d'un conseil départemental ne peut dès lors établir valablement l'acte constitutif d'une hypothèque garantissant un prêt contracté par le département.

L'article L. 1311-13 du Code général des collectivités territoriales habilite, il est vrai, les présidents des conseils départementaux à recevoir et à authentifier, en vue de leur publication au fichier immobilier, les actes concernant les droits réels immobiliers.

Mais, même si cette disposition confère le caractère authentique aux actes reçus par le président d'un conseil général, elle ne peut déroger aux prescriptions spéciales de l'article 2416 du Code civil (*Bull. AMC* 1982, art. 1260).

2711 **Inscription d'hypothèque légale prise au profit du département. Mainlevée.** Le président du conseil général tient de ses fonctions le pouvoir de renoncer à une inscription qui, prise pour garantir le recouvrement d'une créance départementale, a perdu son objet (*Bull. AMC* 1988, art. 1398). En conséquence, il peut donner mainlevée entière et définitive d'une inscription d'hypothèque légale prise au profit du département pour sûreté d'une créance éteinte par paiement, et ce nonobstant le fait que l'inscription ait été également prise pour sûreté d'une créance éventuelle qui est insusceptible de se matérialiser (*Bull. AMC* 1991, art. 1509).

2712 **Aide sociale.**

➤ Sur les inscriptions prises en la matière et leur mainlevée, V. **Aide sociale**.

2713 **Certification d'identité.**

➤ V. **Certification d'identité**.

II Transfert au département des droits d'enregistrement et de la taxe de publicité foncière

2714 **Sources.** L'article 99-II de la loi n° 83-8 du 7 janvier 1983 relative à la répartition de compétences entre les communes, les départements, les régions et l'État, complétée par les articles 28 et 29 de la loi de finances pour 1984 (n° 83-1179, 29 déc. 1982 : *JCP* N 1984, III, 55122) et par l'article 25 de la loi de finances pour 1985, a prévu le transfert aux départements des droits d'enregistrement ou de la taxe de publicité foncière exigibles sur les mutations à titre onéreux des immeubles situés sur leur territoire ainsi que de la taxe due au titre des inscriptions d'hypothèques, jusqu'alors perçus au profit de l'État. Ces dispositions, entrées en vigueur à compter du 1er janvier 1984, ont été codifiées. L'administration les a commentées dans une instruction du 9 février 1984 (*BODGI* 7 A-3-84 ; *JCP* N 1984, prat. 9866). Ces commentaires, intégrés à la DB 7 A 24 (1er sept. 1996), n'ont pas été repris au BOFIP-impôts. Voir, toutefois, les commentaires figurant au BOI-ENR-DMTOI-10-20, 08 mars 2017.

A Champ d'application de la départementalisation des droits d'enregistrement et de la taxe de publicité foncière

CGI, art. 1594 A. – Sont perçus au profit des départements :

1° les droits d'enregistrement ou la taxe de publicité foncière exigibles sur les mutations à titre onéreux d'immeubles ou de droits immobiliers situés sur leur territoire.

2° la taxe de publicité foncière perçue en application de l'article 663 lorsque les inscriptions, décisions, actes, attestations ou documents mentionnés à cet article concernent des immeubles ou des droits immobiliers situés sur leur territoire.

CGI, art. 1594 B. – Les dispositions de l'article 1594 A ne sont pas applicables aux droits dus sur les actes de société, au droit d'échange ainsi qu'aux droits ou taxes fixes.

2715 Le champ d'application respectif des droits d'enregistrement et de la taxe départementale de publicité foncière est fixé par les dispositions des articles 662 à 665 du Code général des impôts. Ainsi :

– le droit départemental d'enregistrement (si l'acte est soumis à la formalité de l'enregistrement ou la taxe départementale de publicité foncière, si l'acte est soumis à la formalité fusionnée) s'applique aux mutations de propriété à titre onéreux d'immeubles ou de droits immobiliers ;

– la taxe départementale de publicité foncière est exigible sur les actes, autres que ceux constatant des mutations à titre onéreux d'immeubles, visés à l'article 663-2° du Code général des impôts ;

– la taxe départementale de publicité foncière est également due sur les inscriptions d'hypothèque judiciaires ou conventionnelles visées au 1° de l'article 663 précité (Doc. adm. DGI, 7A 24, n° 2).

2716 Depuis le 1er janvier 1999, les termes « droit départemental d'enregistrement » ou « taxe départementale de publicité foncière » ont été remplacés par ceux de « droits d'enregistrement » ou de « taxe de publicité foncière » (qui continuent cependant d'être perçus au profit du département dans les conditions antérieures).

1 Mutations à titre onéreux d'immeubles ou de droits immobiliers

2717 Nous traiterons tout d'abord des droits de mutation concernés (*a*), puis des pouvoirs des conseils départementaux en matière de fixation du taux (*b*), ainsi que de la possibilité qui leur est offerte d'instituer des abattements (*c*) ou de prévoir des exonérations (*d*).

a) Droits de mutation concernés

1) Actes entrant dans le champ d'application de la départementalisation des droits

2718 Entrent dans le champ d'application des droits et taxes départementaux :

– les ventes d'immeubles ou de droits réels immobiliers (usufruit, nue-propriété, servitudes foncières, emphytéose...) ;

– les actes qui, sans revêtir la forme d'une vente, n'en emportent pas moins transmission à titre onéreux de propriété en droit fiscal. Il s'agit, notamment, des soultes de partages et d'échanges, des licitations, des cessions de droits successifs, à l'exception de celles soumises à une taxation de 2,50 % (V. n° **2709**), des baux à vie ou à durée illimitée, des dations en paiement des concessions perpétuelles ;

– les cessions de droits sociaux qui, aux termes des dispositions de l'article 727 du Code général des impôts, sont imposées comme la cession des biens apportés à la société dans la mesure où ces apports étaient constitués par des immeubles ;

– les cessions de parts ou actions visées à l'article 728 du même code, conférant à leurs possesseurs le droit à la jouissance d'immeubles ou de fractions d'immeubles ;

– les cessions de droits sociaux émis par les sociétés immobilières de copropriété visées à l'article 1655 ter du Code général des impôts.

2) Actes exclus

2719 Sont exclus du champ d'application du transfert des droits d'enregistrement et de la taxe de publicité foncière aux départements et continuent à être assujettis aux droits d'enregistrement ou à la taxe de publicité foncière perçus au profit de l'État :

– les échanges, qu'ils soient taxés au droit d'échange ou à la demande des parties, au droit de vente de l'immeuble échangé si le taux du droit de vente du bien en cause est inférieur à celui du droit d'échange (L. n° 83-8, 7 janv. 1983, art. 99-II) ;

– tous les actes des sociétés et notamment les actes de constitution, qu'ils donnent ouverture au droit de vente, ou aux droits prévus à l'article 810 du Code général des impôts (L. 7 janv. 1983, art. 99-II préc.) ;
– les mutations qui ne sont passibles que d'un droit fixe (L. 7 janv. 1983, art. 99-II préc.).

En ce qui concerne les mutations à titre onéreux ne donnant ouverture qu'au minimum de perception, les taxes locales doivent être portées en recette pour leur montant propre au titre des budgets affectataires, le surplus étant encaissé par le département ;
– les partages, sauf en ce qui concerne les droits dus sur les soultes ;
– les licitations et cessions de droits successifs qui, en application des dispositions du II de l'article 750 du Code général des impôts, ne sont assujetties qu'à un droit de 2,50 % ;
– les soultes de partage lorsqu'elles ne sont pas translatives de propriété en application des dispositions de l'article 748 du Code général des impôts.

b) Fixation du taux du droit départementale d'enregistrement et de la taxe départementale de publicité foncière. Pouvoirs des conseils généraux

2720 Modulation du taux.

> **CGI, art. 1594 D** *(Mod., L. n° 2014-1654, 29 déc. 2014, art. 116)* Sauf dispositions particulières, le taux de la taxe de publicité foncière ou du droit d'enregistrement prévu à l'article 683 est fixé à 3,80 %.
>
> Il peut être modifié par les conseils départementaux sans que ces modifications puissent avoir pour effet de le réduire à moins de 1,20 % ou de le relever au-delà de 4,50 %.

Le taux plafond de 4,50 % s'applique aux actes passés et aux conventions conclues à compter du 1er mars 2016 (L. n° 2014-1654, 29 déc. 2014, art. 116, IV).

On rappelle que le droit de vente d'immeuble a connu plusieurs modifications dans le temps. Ainsi, l'article 77, 1.2.1 de la loi de finances pour 2010 (L. n° 2009-1673, 30 déc. 2009 : *JO* 31 déc., p. 22856) avait modifié la répartition du droit de vente des immeubles, dont la part affectée à l'État est supprimée (CGI, art. 678 bis abr.), et celle affectée aux départements est augmentée. Concrètement, cette modification aura a eu une très légère incidence sur le taux global du droit de vente. Ces dispositions se sont appliquées aux actes passés et aux conventions conclues à compter du 1er janvier 2011.

L'article 77 de la loi n° 2013-1278 du 29 décembre 2013 de finances pour 2014 a prévu que les conseils départementaux peuvent relever le taux de la taxe de publicité foncière ou du droit d'enregistrement prévu à l'article 1594 D du Code général des impôts au-delà de 3,80 % et dans la limite de 4,50 % pour les actes passés et les conventions conclues entre le 1er mars 2014 et le 29 février 2016.

L'article 116 de la loi n° 2014-1654 du 29 décembre 2014 de finances pour 2015 a aménagé ce dispositif et pérennisé la faculté pour les conseils départementaux d'appliquer un taux supérieur à 3,80 % sans excéder 4,50 % pour les actes passés et les mutations conclues à compter du 1er mars 2016.

La faculté de modulation n'est pas applicable au droit réduit prévu à l'article 1594 F quinquies du Code général des impôts (BOI-ENR-DMTOI-10-20, 8 mars 2017, n° 90).

Au droit départemental s'ajoutent la taxe communale de 1,20 % (CGI, art. 1584) et le prélèvement pour frais d'assiette, calculé sur le montant du droit départemental (CGI, art. 1647).

2721 Notification de la décision. Selon l'article 1594 E du Code général des impôts :

« Les délibérations sont notifiées aux services fiscaux dans les conditions prévues à l'article 1639 A. Les décisions prennent effet le 1er juin. À défaut de vote ou en cas de non-respect des règles énumérées à l'article 1594 D, le taux en vigueur est reconduit ».

Il résulte de ce texte que les délibérations des conseils départementaux relatives aux droits de mutation à titre onéreux d'immeubles doivent, en principe, être notifiées aux directions des services fiscaux concernées avant le 15 avril de chaque année, pour pouvoir prendre effet au 1er juin suivant (pour plus de détail sur cette procédure, BOI-ENR-DMTOI-10-20-20170308, n° 100).

Les décisions prennent effet le 1er juin suivant. V. La note « Droits d'enregistrement et taxe de publicité foncière sur les mutations à titre onéreux d'immeubles et de droits immobiliers. Taux, abattements et exonérations applicables du 1er juin 2024 au 31 mai 2025 » publiée par la DGFiP sur le site *impots.gouv.fr*.

c) Possibilité d'instituer des abattements

2722 Immeubles d'habitation et garages. Les conseils départementaux peuvent instituer des abattements sur l'assiette du droit d'enregistrement ou de la taxe de publicité foncière conformément à l'article 1594 F ter du Code général des impôts. Le montant de l'abattement est voté facultativement par les conseils départementaux pour

les immeubles à usage d'habitation ou de garages. Le montant de cet abattement, qui ne peut être ni inférieur à 7 600 € ni supérieur à 46 000 €, est fixé, dans ces limites, par fraction de 7 600 €.
Les conseils départementaux peuvent adopter des réductions du taux de la taxe de publicité foncière ou des droits d'enregistrement à raison des mutations s'inscrivant dans le cadre d'une opération consistant soit en des ventes par lots déclenchant le droit de préemption, soit en la vente d'un ou plusieurs lots consécutive à la mise en copropriété d'un immeuble en raison de l'exercice par l'un des locataires du droit de préemption (CGI, art. 1594 F sexies). Ce taux peut être réduit jusqu'à 0,70 % (V. **Immeuble à usage d'habitation**).

d) Possibilité de prévoir des exonérations

2723 Les conseils départementaux ont la possibilité de prévoir une exonération de la taxe de publicité foncière ou des droits d'enregistrement en faveur :
– de certaines cessions de logements réalisées par les organismes d'habitations à loyer modéré ou par les sociétés d'économie mixte (CGI, art. 1594 G) ;
– des rachats effectués par les organismes d'habitations à loyer modéré ou les sociétés d'économie mixte, de logements d'accédants à la propriété en difficulté (CGI, art. 1594 H) ;
– des acquisitions réalisées par les mutuelles de retraite des anciens combattants et victimes de guerre (CGI, art. 1594 J) ;
– des baux à réhabilitation (CGI, art. 1594 J).
L'existence de ces exonérations est portée chaque année à la connaissance des contribuables par leur mise en ligne sur le site : *www.impots.gouv.fr* *« V. La note DGFiP : « Droits d'enregistrement et taxe de publicité foncière sur les mutations à titre onéreux d'immeubles et de droits immobiliers. Taux, abattements et exonérations applicables du 1er juin 2024 au 31 mai 2025 ».*
On pourra vérifier si une exonération existe ou non dans le département de situation de l'immeuble ou des droits immobiliers objet de la mutation en se reportant aux mots : **HLM** ; **Société mutualiste** ; **Bail à réhabilitation**.

2 Actes autres que les mutations à titre onéreux d'immeubles

a) Actes soumis au droit départemental d'enregistrement ou à la taxe départementale de publicité

2724 Aux termes de l'article 663-2° du Code général des impôts, sont soumis à la taxe de publicité foncière, sous réserve des dispositions de l'article 665 du même code, les décisions judiciaires, actes, attestations de transmissions par décès et documents visés aux articles 28, 35, 36-2° et 37 du décret n° 55-22 du 4 janvier 1955.
Des dispositions combinées de ces différents textes et de l'article 28 de la loi de finances pour 1984, il résulte qu'entrent dans le champ d'application de la taxe départementale de publicité foncière tous les actes et les décisions judiciaires (autres que ceux constatant des mutations à titre onéreux), ainsi que les documents qui, précédemment, étaient soumis à la taxe de publicité foncière au taux de 0,60 %. Il s'agit notamment :
– des actes constatant des mutations à titre gratuit (ces actes, exclus de la formalité fusionnée conformément à l'article 647-I du Code général des impôts sont soumis, par ailleurs, aux droits d'enregistrement. La taxe de publicité foncière exigible lors de leur publication est perçue par le service de la publicité foncière [CGI, art. 665, al. 2, 742 et 791]) ;
– des actes constatant des baux de plus de douze ans (V. *supra*) ;
– certains actes déclaratifs comme l'acte constatant l'exercice du droit d'accession par exemple (Instr. 9 févr. 1984).
La faculté de modulation accordée aux conseils départementaux (V. n° **2720**) n'est pas applicable au droit proportionnel de 0,60 %.

b) Actes et documents soumis aux droits perçus au profit de l'État

2725 Conformément aux dispositions de l'article 1594 B du Code général des impôts, les actes ou documents soumis à un droit fixe (attestations de propriété après décès, commandement valant saisie, etc.) lequel continue à être perçu pour le compte de l'État, ne sont pas concernés par le transfert des droits et taxe de publicité foncière aux départements.

3 Taxe départementale de publicité foncière sur les inscriptions d'hypothèques judiciaires et conventionnelles (CGI, art. 663-1°)

2726 Les dispositions concernant cette taxe sont commentées dans l'instruction du 9 février 1984 publiée au *BODGI* 10 G-1-84, V. Doc. adm. DGI, 7 A-24, 10 sept. 1996, non repris au BOFiP-impôts.
➤ Sur ce point, V. **Inscription**.

Département

B Fait générateur. Conditions d'exigibilité. Assiette. Liquidation. Régimes spéciaux et exemptions

2727 Le fait générateur, les conditions d'exigibilité, l'assiette, la liquidation, les régimes spéciaux et exemptions des droits départementaux d'enregistrement et de la taxe départementale de publicité foncière sont régis par les mêmes règles que les droits d'enregistrement ou la taxe de publicité foncière qui étaient perçus pour le compte de l'État et auxquels ils se substituent.

C Exécution de la formalité

2728 Aucun changement n'est apporté aux règles qui gouvernent la formalité unique et la formalité d'enregistrement (V. Doc. adm. DGI, 7 A-41 et 42). De ce fait, les règles relatives :
– au champ d'application respectif de la formalité fusionnée et de l'enregistrement ;
– au délai de présentation des documents ;
– à la compétence des bureaux ;
– aux modalités d'exécution des formalités ;
... sont celles définies par les articles 643 à 661 du Code général des impôts (Instr. 9 févr. 1984).

D Recouvrement

2729 L'article 28 de la loi de finances pour 1984 précise que les droits et taxes départementaux sont recouvrés selon les mêmes règles que les droits et taxes d'État auxquels ils se substituent.

E Contrôle. Contentieux

2730 Les principes régissant le contrôle et le contentieux des droits d'enregistrement et de la taxe de publicité foncière perçus pour le compte de l'État s'appliquent également aux droits et taxes qui leur sont substitués.
Les pénalités suivent, bien entendu, le sort du principal.

III Prélèvement supplémentaire au profit de l'État

CGI, art. 1647. - (...)

V. – L'État perçoit au titre de frais d'assiette, de recouvrement, de dégrèvements et de non-valeurs un prélèvement de :

a) 2,37 % en sus du montant de la taxe de publicité foncière ou des droits d'enregistrement perçus au profit des départements en application de l'article 1594 A ;

b) 2,14 % en sus du montant de la taxe de publicité foncière ou des droits d'enregistrement perçus au profit des départements au taux de 0,70 % ;

A Champ d'application du prélèvement

2731 **Principe.** Le prélèvement institué par l'article 29 de la loi de finances pour 1984 (L. n° 83-1179, 29 déc. 1983) est destiné à compenser les « frais d'assiette de recouvrement, de dégrèvement et de non-valeur » exposés par l'État qui perçoit, pour le compte des départements les droits et taxes qui leur ont été transférés.
Il ne joue dès lors que « sur le montant des droits et taxes transférés », à savoir :
– les droits d'enregistrement ou la taxe de publicité foncière exigible sur les mutations à titre onéreux d'immeubles ou de droits immobiliers... (notamment la taxe de publicité foncière à 0,70 % due sur les ventes d'immeubles, soumises à TVA en application de l'article 1594 F quinquies du CGI) ;
– les droits perçus au titre de l'article 663-1° du Code général des impôts (ce texte vise la taxe de publicité foncière perçue sur les inscriptions d'hypothèques) ;
– les droits perçus sur « les actes et documents visés à l'article 663-2° du CGI » : il résulte de la référence faite à ce texte qu'est transférée au profit du département la taxe de publicité foncière perçue sur les actes constatant des mutations à titre gratuit, les actes constatant des baux

de plus de douze ans, et certains actes déclaratifs comme l'acte constatant l'exercice du droit d'accession par exemple (V. Instr. 9 févr. 1984 : *BODGI* 7 A-3-84 ; *JCP* N 1984, prat. 9866).

2732 Le prélèvement supplémentaire au profit de l'État est donc en particulier exigible sur la taxe de publicité foncière à 0,70 % perçue :
– sur les inscriptions d'hypothèques... ;
– sur les « actes constatant des mutations à titre gratuit », c'est-à-dire les donations et les donations-partages... ;
– sur les actes de publication des baux de plus de douze ans ;
– sur les actes déclaratifs.
Par contre, le prélèvement supplémentaire au profit de l'État n'est pas dû sur tous les actes qui n'entrent pas dans le champ d'application de la réforme (transfert de certains droits ou taxes au profit des départements) et dont la liste est donnée ci-dessus aux n°s 2718 et 2719.

B Modalités d'application

2733 Une lettre du 25 juillet 1984 de la Direction générale des impôts au Conseil supérieur du notariat précise comme suit les modalités d'application pratique de ces dispositions (*JCP* N 1981, prat. 9116).
Désormais, pour chacun des actes visés ci-dessus, il devra être procédé à une double liquidation :
– dans un premier temps, et à partir du prix stipulé dans l'acte, le rédacteur de l'acte calculera le montant du droit ou de la taxe revenant au département et, s'il y a lieu, celui des taxes additionnelles à recouvrer au profit de la commune ou de la région Île-de-France ;
– dans un second temps, et à partir du montant du droit ou de la taxe revenant au département, il déterminera le montant des frais d'assiette à percevoir au profit de l'État, calculés au taux de 2,37 ou 2,14 % et arrondis au franc inférieur.
Corrélativement, les sommes à verser au service des impôts lors de la présentation de ces actes à la formalité, et dont le paiement incombera aux redevables, seront donc égales à la somme des droits et taxes et des frais d'assiette résultant de cette double liquidation.

2734 **Règles d'arrondissement.** Selon l'article 1647-00 A du Code général des impôts : les prélèvements pour frais d'assiette et de recouvrement mentionnés aux articles 1641 et 1647 sont arrondis à l'euro le plus proche. La fraction d'euro égale à 0,50 est comptée pour 1.

2735 **Exemple de calcul.** Vente d'immeuble pour un prix de 1 000 000 €. Le taux de la taxe départementale de publicité foncière est de 4,50 %. La contribution de sécurité immobilière est, en principe, exigible lors de la publication de l'acte constatant la vente. V. **Vente d'immeuble - V. Contribution de sécurité immobilière.**
– Taxe départementale de publicité foncière :
1 000 000 € × 4,50 % .... 45 000 €
– Taxe communale : 1 000 000 × 1,20 %..... 12 000 €
– Prélèvement pour frais d'assiette :
45 000 × 2,37 %.... 1 066,5 €, arrondi à 1 067 €
TOTAL .... 58 067 €

IV Taxes additionnelles

➤ V. **Taxes additionnelles.**

2736 La taxe additionnelle de 1,20 % perçue au profit de la commune (CGI, art. 1584) s'ajoute au droit départemental d'enregistrement et à la taxe départementale de publicité foncière, sauf en ce qui concerne le droit de 0,70 %.
La taxe additionnelle au droit d'enregistrement et à la taxe de publicité foncière perçue au profit du département (CGI, art. 1595) s'applique, pour toutes les mutations exclues du champ d'application du transfert des droits aux départements et notamment pour les mutations à titre onéreux d'immeubles ou de droits immobiliers situés sur leur territoire passibles de la taxe de publicité foncière ou de droits d'enregistrement aux taux prévus aux articles 683 bis et 810.
La taxe additionnelle perçue au profit de la région d'Île-de-France (CGI, art. 1599 sexies) est exigible sur les mutations à titre onéreux, autres que celles mentionnées au A de l'article 1594 F quinquies du Code général des impôts, de locaux mentionnés à l'article L. 520-1 du Code de l'urbanisme situés en Île-de-France. Son taux est fixé à 0,6 % (BOI-ENR-DG-60-10-20 au III, § 100 et s.).

V

Opérations immobilières effectuées par les départements

2737 Nous traiterons successivement des acquisitions (A), des échanges (B) et des transferts de biens (C).

A Acquisitions par les départements

2738 **Observations préliminaires.** Il faut souligner qu'aux termes du 2° de l'article 169 de l'annexe IV du Code général des impôts, les actes passés par les régies départementales exploitant des services à caractère industriel ou commercial sont assimilés au point de vue de la perception des droits d'enregistrement à ceux des entreprises privées.
Dès lors, en ce qui les concerne, les exonérations évoquées ci-dessous ne jouent pas.
Nous examinerons successivement le cas des acquisitions à titre onéreux (1) et des acquisitions à titre gratuit (2) effectuées par les départements.

1 Acquisitions à titre onéreux

a) Acquisitions relevant de la taxe de publicité foncière ou des droits d'enregistrement

2739 **Exonération de droits ou taxes.** Les départements et les établissements publics départementaux ne peuvent se prévaloir de l'exonération de droits instituée par l'article 1040 du Code général des impôts (BOI-ENR-DMTOI-10-80-10-20120912, n° 60. – Sur cette exonération, V. **État**).
Par contre, les acquisitions faites par les départements et les établissements publics départementaux bénéficient d'un régime particulier, résultant de l'article 1042 du Code général des impôts :
« I. – Sous réserve des dispositions du 7° de l'article 257, les acquisitions immobilières faites à l'amiable et à titre onéreux par (...) les départements (...) et par les établissements publics (...) départementaux (...) ne donnent lieu à aucune perception au profit du Trésor ».
L'exonération bénéficie à toutes les acquisitions immobilières réalisées par les collectivités en cause, quelle que soit la destination des biens acquis. En outre, son obtention n'est pas subordonnée à la production d'un arrêté préfectoral déclarant l'utilité publique de l'opération.
Cette exonération s'applique également aux adjudications (BOI-ENR-DMTOI-10-80-10, 26 août 2020, n° 100). Ce même texte est applicable aux opérations effectuées par les communes : le régime fiscal des opérations effectuées par les départements est donc exactement le même que celui applicable aux communes (V. **Commune**).

2740 Contribution de sécurité immobilière.
➤ En ce qui concerne les règles particulières régissant la perception de la contribution de sécurité immobilière, V. **Commune** et **Collectivités et personnes publiques**.

b) Mutations relevant de la TVA

2741 Règles applicables.
➤ Les règles applicables lorsqu'une mutation concernant un département est soumise à la TVA sont exposées au mot **Collectivités et personnes publiques**.

2 Acquisitions à titre gratuit

> **CGI, art. 794. -** I. – (*Mod., L. n° 2021-1900, 30 déc. 2021, art. 89*). – Les régions, les départements, les communes, leurs établissements publics et les établissements publics hospitaliers sont exonérés des droits de mutation à titre gratuit sur les biens affectés à des activités non lucratives qui leur adviennent par donation ou succession.

2742 Les départements sont dispensés des droits de mutation à titre gratuit sur les biens affectés à des activités non lucratives qui leur adviennent par donation ou succession. La loi de finances pour 2020 a rendu temporaire ce régime de faveur en prévoyant son extinction au 31 décembre 2023. Mais, la loi de finances pour 2022 a de nouveau modifié le I de l'article 794 du CGI afin de supprimer cette limitation dans le temps du régime de faveur.
Lors de la publication des actes de donation, la taxe de publicité foncière est cependant normalement

due, à défaut d'exonération (rappr. Sol. 23 mai 1932, Instr. 4131, § 3).
La contribution de sécurité immobilière est normalement exigible (sur les règles particulières afférentes à sa perception, V. **Collectivités et personnes publiques**).

B Échange par un département

2743 **Application de l'article 1042-1.** Il est admis que les dispositions du I de l'article 1042 (V. n° **2739**) sont applicables en cas d'échange avec soulte entre un particulier et un département ou un établissement public départemental, lorsque la soulte est à la charge de ces derniers. L'exonération de la taxe de publicité foncière est acquise pour les deux parties à l'acte.
Lorsque la soulte est à la charge du particulier, les droits sont dus par ce dernier dans les conditions de droit commun.
➤ Pour plus de détails V. **Commune** (les règles étant identiques) et V. **Échange**.

C Transferts de biens

1 Transferts de biens en général

➤ V. **Transferts d'immeubles**.

2 Transfert de biens en pleine propriété au service départemental d'incendie et de secours

2744 Il existe dans chaque département, un établissement public dénommé « service départemental d'incendie et de secours » qui comporte un corps départemental de sapeurs-pompiers composé dans les conditions prévues à l'article L. 1424-5 du Code général des collectivités territoriales et organisé en centres d'incendie et de secours.
L'article L. 1424-19 du code précité prévoit que, indépendamment de la convention de mise à disposition prévue à l'article L. 1424-17, le transfert au service départemental d'incendie et de secours des biens affectés, à la date de la promulgation de la loi n° 96-369 du 3 mai 1996, par les communes, les établissements publics de coopération intercommunale et le département, au fonctionnement des services d'incendie et de secours, peut, à toute époque, avoir lieu en pleine propriété. Une convention fixe les modalités de ce transfert qui ne donne pas lieu à la perception de droit, taxe ou honoraires (BOI-ENR-DMTOI-10-80-10, 26 août 2020, n° 230).

Départements d'outre-mer

Neyla GONZALEZ-GHARBI

Sommaire analytique

2745 La loi n° 46-451 du 19 mars 1946 a érigé en départements français les anciennes colonies de la Guadeloupe, de la Martinique, de La Réunion et de la Guyane française. En application de la loi organique n° 2010-1486 du 7 décembre 2010 relative au département de Mayotte, Mayotte est devenue un DOM.

Les expressions « en France » ou « de France » qui figurent dans le Code général des impôts doivent donc s'entendre comme visant à la fois la France métropolitaine et les départements d'outre-mer.

Le régime législatif de ces départements en ce qui concerne l'enregistrement et la publicité foncière est le même que celui des départements métropolitains sauf les exceptions particulières qui sont exposées ci-après.

La TVA est en principe applicable dans ces collectivités dans les mêmes conditions que dans les départements de la métropole. Cependant, les dispositions de l'article 294 du Code général des impôts à l'article 296 ter du même code apportent des aménagements aux règles générales et prévoient des mesures spécifiques pour ces collectivités d'outre-mer.

I
Publicité foncière

2746 **Formalités.** Les actes passés dans les départements d'outre-mer donnent lieu, en principe, aux mêmes formalités (formalité unique ; délais, etc.) que les actes établis en France continentale.

D'autre part, les actes passés en France continentale et ayant pour objet des biens situés dans les départements d'outre-mer relèvent du même régime que les actes concernant les biens situés dans les autres départements (BOI-ENR-DG-10, 12 sept. 2012, n° 20).

2747 **Actes de notoriété.** L'article 117 de la loi n° 2017-256 du 28 février 2017 de programmation relative à l'égalité réelle outre-mer (V. *JCP* N 2017, n° 10, act. 320) a créé un nouvel article 35-2 dans la loi n° 2009-594 du 27 mai 2009 de programmation relative à l'égalité réelle outre-mer et portant autres dispositions en matière sociale et économique. Conformément aux dispositions de ce nouvel article, lorsqu'un acte de notoriété porte sur un immeuble situé en Guadeloupe, en Martinique, à La Réunion, en Guyane, à Saint-Martin et à Mayotte et constate une possession répondant aux conditions de la prescription acquisitive, il fait foi de la possession, sauf preuve contraire. Il ne peut être contesté que dans un délai de cinq ans à compter de la dernière des publications de cet acte par voie d'affichage, sur un site internet et au service de la publicité foncière ou au livre foncier.
Le dispositif ainsi instauré confère à l'acte de notoriété publié l'effet particulier et dérogatoire d'écarter toute action en revendication.
Le décret n° 2017-1802 du 28 décembre 2017 est venu par la suite préciser le contenu ainsi que les modalités de publicité de cet acte de notoriété (V. *JCP* N 2018, n° 1, act. 106). Ce décret est applicable à compter du 1er janvier 2018.
Mayotte. Exonération temporaire (CGI, art. 1043 B, 2) : à compter du 1er janvier 2018 et jusqu'au 31 décembre 2025, les actes de notoriété et les décisions judiciaires constatant l'usucapion sont exonérés de droit d'enregistrement ou de taxe de publicité foncière lorsqu'ils sont réalisés au profit de propriétaires irréguliers de biens immeubles.

2748 **Actes de partage de successions et licitations (CGI, art. 750 bis C).** Les actes portant sur des biens situés dans les DOM et entrant dans le champ d'application du II de l'article 750 du Code général des impôts établis jusqu'au 31 décembre 2028 sont exonérés de droit de partage de 2,5 %. Le I de l'article 51 de la loi n° 2024-322 du 9 avril 2024 visant à l'accélération et à la simplification de la rénovation de l'habitat dégradé et des grandes opérations d'aménagement (*JO* 10 avr. 2024) a prorogé ce délai pour le porter au 31 décembre 2038.

➤ Pour plus de détails sur ce texte, V. **Acte de notoriété – Partages**.

II Droits d'enregistrement. Taxe de publicité foncière

A Tarifs

2749 Il existe des tarifications spéciales applicables tantôt à l'ensemble des départements d'outre-mer (1), tantôt propres à certains d'entre eux (2).

1 Tarifs applicables à l'ensemble des départements d'outre-mer

a) Ventes de terres incultes ou insuffisamment exploitées

2750 Les ventes résultant de l'application des articles L. 181-18 à L. 181-24 du Code rural et de la pêche maritime relatifs à la mise en valeur agricole des terres incultes, des terres laissées à l'abandon et des terres insuffisamment exploitées de la Guadeloupe, de la Martinique, de La Réunion et de la Guyane étaient soumises à la taxe de publicité foncière ou au droit d'enregistrement au taux de 0,70 % en application des dispositions du F de l'article 1594 F quinquies du CGI. La même régime de faveur était prévu par l'article 1594-0 F sexies du CGI concernant les terres situées à Mayotte.
L'article 21 de la loi de finances pour 2024 (L. n° 2023-1322, 29 déc. 2023 : *JO* 30 déc. 2023) a réécrit les dispositions de l'article 1594-0 F sexies du CGI (V. texte *supra*) afin de viser l'ensemble des départements d'outre-mer.
Sous cette réserve, les commentaires publiés le 2 mars 2022 au BOI-ENR-DMTOI-10-70-70 conservent leur portée.
Sur le fond, ce régime a été modifié par l'ordonnance n° 2016-391 du 31 mars 2016. Aux termes de l'article L. 181-14 du Code rural et de la pêche maritime : « Les articles L. 125-1 à L. 125-15 ne sont pas applicables en Guadeloupe, en Guyane, en Martinique, à La Réunion et à Mayotte. Les

dispositions relatives à la mise en valeur agricole des terres incultes, des terres laissées à l'abandon et des terres insuffisamment exploitées sont celles prévues à la présente section ».

L'administration a actualisé ses commentaires du dispositif (BOI-ENR-DMTOI-10-70-70, publié le 2 mars 2022, n°s 30 et 40). Il y est ainsi indiqué que « Les ventes résultant de l'application des articles de la section 3 du chapitre Ier du titre VIII du livre Ier de la partie législative du code rural et de la pêche maritime relatifs à la mise en valeur agricole des terres incultes, des terres laissées à l'abandon et des terres insuffisamment exploitées de la Guadeloupe, de la Martinique, de La Réunion, de la Guyane (CGI, art. 1594 F *quinquies*) et de Mayotte (CGI, art. 1594-0 F *sexies*) sont soumises à la taxe de publicité foncière ou au droit d'enregistrement au taux de 0,70 %.

Les conditions d'application de cette procédure particulière sont déterminées à la section 3 du chapitre Ier du titre VIII du livre Ier de la partie règlementaire du code rural et de la pêche maritime (C. rur., art. R. 181-13 et s.) (V. **Terres incultes**).

b) Opérations immobilières réalisées par les SAFER (CGI, art. 1028 à 1028 ter)

2751 Le régime de faveur prévu par les articles 1028 à 1028 ter du Code général des impôts (V. **SAFER**) s'applique dans les départements d'outre-mer dans les mêmes conditions qu'en métropole (BOI-ENR-DMTOI-10-70–40-20120912, n° 1).

c) Droits de préemption

2752 En cas d'éviction d'un acquéreur, l'exercice du droit de préemption institué par les articles L. 412-1 à L. 412-13 du Code rural et de la pêche maritime, relatifs au statut du fermage et du métayage, ou par les articles L. 461-18 à L. 461-23 du même code, relatifs au bail à ferme dans les départements de la Guadeloupe, de la Guyane, de la Martinique et de La Réunion, ne donne pas ouverture à la perception d'un nouvel impôt proportionnel (CGI, art. 707 bis).

d) Ventes de terrains compris dans les lotissements

2753 Dans les départements d'outre-mer, les acquisitions de terrains compris dans le périmètre de lotissements qui sont agréés dans des conditions fixées par décret sont soumises à la taxe de publicité foncière ou, le cas échéant, aux droits d'enregistrement au taux de 0,70 % (CGI, art. 1594 F quinquies K). À ce jour, le décret visé ci-dessus n'est pas intervenu (BOI-ENR-DMTOI-10-100-20120912, n° 320).

e) Acquisition d'immeubles destinés à une affectation hôtelière ou touristique

CGI, art. 1594 I bis. - Les conseils départementaux des départements d'outre-mer peuvent, sur délibération, exonérer de la taxe de publicité foncière ou du droit d'enregistrement les acquisitions d'immeubles que l'acquéreur s'engage à affecter, dans un délai de quatre ans suivant la date de l'acte d'acquisition, à l'exploitation d'un hôtel, d'une résidence de tourisme ou d'un village de vacances classés pour une durée minimale de huit ans.

La délibération prend effet dans les délais prévus à l'article 1594 E.

2754 Ce texte autorise les conseils départementaux des départements d'outre-mer à exonérer de taxe de publicité foncière et de droits d'enregistrement les acquisitions d'immeubles que l'acquéreur s'engage à affecter, dans un délai de quatre ans suivant la date de l'acte d'acquisition, à l'exploitation :

– d'un hôtel classé ;
– d'une résidence de tourisme classée ;
– d'un village de vacances classé.

Cette exploitation doit se poursuivre pendant une durée minimale de huit ans. À défaut, l'avantage fiscal peut être remis en cause et le contribuable sera passible des sanctions prévues à l'article 1840 G ter du Code général des impôts (BOI-ENR-DMTOI-10-100-20120912).

AVERTISSEMENT **La liste des départements d'outre-mer pour lesquels le conseil départemental s'est prononcé en faveur d'une telle exonération est consultable sur le site www.impots.gouv.fr (professionnels – accès spécialisés – notaires et géomètres-experts).**

2755 **Engagement de l'acquéreur.** Pour obtenir le bénéfice de l'exonération prévue à l'article 1594 I bis du Code général des impôts, l'acquéreur doit prendre l'engagement d'affecter l'immeuble, dans un délai de quatre ans suivant la date de l'acte d'acquisition, à l'exploitation d'un hôtel, d'une résidence de tourisme ou d'un village de vacances classés pour une durée minimale de huit ans.

L'engagement est pris dans l'acte d'acquisition. Lorsque l'engagement n'a pas été souscrit dans l'acte d'acquisition, l'acquéreur peut réparer cette omission dans un acte complémentaire soumis au droit fixe (CGI, art. 680). Dans cette hypothèse, la restitution de la taxe perçue peut être accordée dans le délai de réclamation prévu par l'article R. 196-1 du Livre des procédures fiscales (BOI-ENR-DMTOI-10-100-20120912, n° 40).

2756 **Structures d'hébergement concernées.** La liste des structures d'hébergement entrant dans le champ d'application de ce dispositif est limitative : il doit s'agir d'un hôtel, d'une résidence de tourisme ou d'un village de vacances.
L'exploitation des hôtels, des résidences de tourisme et des villages de vacances peut s'effectuer de manière directe ou indirecte, notamment par l'intermédiaire d'un mandat de gestion, ou par la location de l'établissement dans les conditions prévues aux quatorzième à dix-huitième alinéas du I de l'article 217 undecies du Code général des impôts lorsque l'acquisition de l'immeuble s'inscrit dans un programme de rénovation et de réhabilitation hôtelière pouvant bénéficier de l'aide fiscale à l'investissement outre-mer prévue au même I.
En outre, ces structures d'hébergement doivent être classées.
Les classements ici visés sont ceux prévus par l'arrêté du 14 février 1986 modifié pour les hôtels et résidences de tourisme et par l'arrêté du 8 décembre 1982 pour les villages de vacances (BOI-ENR-DMTOI-10-100-20120912, n° 50).

2757 **Point de départ de la période d'affectation.** Dans ces conditions, il y a lieu de retenir comme date fixant le point de départ de la période d'affectation à l'exploitation pour une durée de huit ans la date de l'arrêté de classement définitif de la structure en cause lorsque celui-ci intervient postérieurement à l'acquisition.
Par ailleurs, la condition d'affectation dans le délai de quatre ans suivant l'acquisition à l'exploitation d'un hôtel, d'une résidence de tourisme ou d'un village de vacances classés est bien entendu satisfaite lorsque le bien est d'ores et déjà affecté à une telle exploitation classée au moment de l'acquisition. À cet égard, il est insisté sur le fait que les arrêtés de classement provisoire ne permettent pas de prouver le classement des structures (BOI-ENR-DMTOI-10-100-20120912, n° 60).

2758 **Portée de la mesure.** Les acquisitions qui satisfont les conditions définies aux n^{os} **2754** à **2757** bénéficient d'une exonération des droits d'enregistrement ou de la taxe de publicité foncière perçus au profit du département.
Cette exonération emporte également dispense de la taxe additionnelle perçue au profit de la commune de situation de l'immeuble (CGI, art. 1584) ou du fonds de péréquation départemental (CGI, art. 1595 bis), et du prélèvement pour frais d'assiette, de recouvrement, de dégrèvements et de non-valeurs (CGI, art. 1647. – V. BOI-ENR-DMTOI-10-100-20120912, n° 70).

2759 **Remise en cause de l'exonération.** La remise en cause de l'exonération est encourue dès lors que l'immeuble acquis n'est pas affecté dans le délai de quatre ans suivant la date de l'acte d'acquisition, à l'exploitation d'un hôtel, d'une résidence de tourisme ou d'un village de vacances classés ou qu'à un moment quelconque au cours de la période d'affectation de huit ans, l'immeuble cesse d'être affecté à une telle exploitation par son propriétaire ou par un locataire.
Ainsi, constitue une cause de déchéance l'absence de classement définitif dans les quatre ans suivant l'acquisition, le retrait ou la radiation, temporaire ou définitive, du classement pendant la période de huit ans courant à compter de la date de classement ou à compter de la date de l'acquisition si celle-ci est postérieure à celle du classement.
En revanche, l'identité de l'exploitant est indifférente : il peut s'agir de l'acquéreur initial, d'un acquéreur ultérieur ou d'un locataire (BOI-ENR-DMTOI-10-100-20120912, n° 90).

2760 **Revente avant la période de huit ans.** La revente de l'immeuble, avant l'expiration de la période de huit ans durant laquelle il doit être affecté à l'exploitation d'un hôtel, d'une résidence de tourisme ou d'un village de vacances classés, pourra bénéficier de l'exonération prévue par l'article 1594 I bis du Code général des impôts, sous réserve qu'une délibération du conseil général soit en vigueur au moment de cette revente, et que le nouvel acquéreur souscrive l'engagement prévu par cet article.
Si, par la suite, l'immeuble n'est pas affecté dans les quatre ans de l'acquisition initiale à l'exploitation d'un hôtel, d'une résidence de tourisme ou d'un village de vacances classés, ou si cette affectation cesse dans le délai de huit ans, la déchéance prévue par l'article 1840 G ter du Code général des impôts est encourue par l'acquéreur initial et par les sous-acquéreurs successifs pour non-respect de leurs engagements respectifs (BOI-ENR-DMTOI-10-100-20120912, n° 100).

2761 **Effets de la déchéance.** Lorsque l'engagement souscrit par l'acquéreur n'est pas respecté, celui-ci est tenu d'acquitter dans le mois suivant la rupture de l'engagement le montant de la taxe de publicité foncière ou des droits d'enregistrement, déterminé suivant le tarif prévu par l'article 1594 D du Code général des impôts en

vigueur lors de l'acquisition, et dont elle avait été dispensée (CGI, art. 1840 G ter I).
L'exigibilité de ce droit rend également exigible la taxe additionnelle au profit de la commune (CGI, art. 1584) ou du fonds de péréquation départemental (CGI, art. 1595 bis), ainsi que le prélèvement pour frais d'assiette, de recouvrement, de dégrèvements et de non-valeurs (CGI, art. 1647 V). L'acquéreur est également tenu d'acquitter un droit supplémentaire de 1 % assis sur la valeur de l'immeuble lors de l'acquisition (CGI, art. 1840 G ter II), ainsi que l'intérêt de retard prévu par l'article 1727 du Code général des impôts décompté du premier jour du mois suivant la date d'expiration du délai légal de présentation de l'acte d'acquisition à la formalité (BOI-ENR-DMTOI-10-100-20120912, n° 110).

f) Cession de parts de copropriété hôtelière « loi Pons »

> **CGI, art. 1594 I ter.** – Les conseils départementaux des départements d'outre-mer peuvent, sur délibération, exonérer de taxe de publicité foncière ou de droits d'enregistrement les cessions de parts de copropriété portant sur des hôtels, des résidences de tourisme ou des villages de vacances classés, acquis sous le régime de défiscalisation prévu par les articles 238 bis HA et 238 bis HO dans leur rédaction issue de l'article 22 de la loi de finances rectificative pour 1986 (n° 86-824, 11 juill. 1986).
>
> Le bénéfice de l'exonération est subordonné aux conditions que l'acquéreur s'engage, dans l'acte d'acquisition, à affecter l'immeuble à l'exploitation hôtelière pendant au moins cinq ans et à y réaliser des travaux de rénovation, et que le prix de cession au mètre carré soit inférieur à un prix fixé par décret. En cas d'inobservation de l'engagement d'affectation, les droits non perçus lors de l'acquisition sont exigibles à première réquisition.
>
> Le bénéfice de l'exonération est également subordonné au respect du règlement (CE) n° 1998/2006 de la Commission, du 15 décembre 2006, concernant l'application des articles 87 et 88 du traité aux aides *de minimis*.
>
> La délibération prend effet dans les délais prévus à l'article 1594 E.

2762 L'article 1594 I ter issu de la loi n° 2009-594 du 27 mai 2009 (*JO* 28 mai), permet aux conseils généraux des départements d'outre-mer d'exonérer de la taxe de publicité foncière ou du droit d'enregistrement les cessions de parts de copropriété hôtelière et para hôtelière qui ont bénéficié lors de leur acquisition de l'aide fiscale à l'investissement prévu par la loi « Pons ».
Les conditions d'application de cette mesure ont été fixées par une instruction du 29 avril 2010 (*BOI* 7 D-1-10).
Le bénéfice de cette exonération est subordonné aux conditions suivantes :
– que l'acquéreur, personne physique ou morale s'engage, dans l'acte d'acquisition, à affecter l'immeuble à l'exploitation hôtelière pendant au moins cinq ans et à y réaliser des travaux de rénovation ;
– que le prix de cession au mètre carré soit inférieur à un prix fixé par décret ;
– que l'exonération respecte le règlement (CE) n° 1998/2006 de la Commission, du 15 décembre 2006, concernant l'application des articles 87 et 88 du traité aux aides *de minimis* (Instr. 29 avr. 2010, n° 2. – BOI-ENR-DMTOI-10-100-20120912, n° 130).

2763 **Mutations concernées.** Sont concernées par la mesure d'exonération visée à l'article 1594, I ter du Code général des impôts les parts de copropriétés ainsi que les titres représentatifs de telles parts :
– d'hôtels de tourisme (cf. C. tourisme, art. D. 31-1-5) ;
– de résidences de tourisme (cf. C. tourisme, art. D. 321-1) ;
– de villages de vacances (cf. C. tourisme, art. D. 325-1 à D. 325-3 : Instr. 29 avr. 2010, n° 3. – BOI-ENR-DMTOI-10-100-20120912, n° 140).
De plus, ces structures d'hébergement doivent être classées. Les classements ici visés sont ceux prévus par l'arrêté du 14 février 1986 modifié pour les hôtels et résidences de tourisme et par l'arrêté du 8 décembre 1982 pour les villages de vacances.
S'agissant des collectivités d'outre-mer, le classement des hôtels, des résidences de tourisme ou des villages de vacances s'apprécie au regard de la réglementation propre à chaque collectivité d'outre-mer. En l'absence de réglementation locale, l'établissement concerné devra respecter les conditions prévues aux arrêtés précités (*BOI* préc., n° 150).
Enfin, il appartiendra aux parties de stipuler dans l'acte d'acquisition que l'immeuble dont les parts indivises font objet de la cession a été acquis sous le régime de défiscalisation dit « Pons » prévu par l'article 22 de la loi n° 86-824 de finances rectificative pour 1986 du 11 juillet 1986. En cas de demande de justification de l'administration, la preuve de l'acquisition sous l'empire du régime de défiscalisation susvisé pourra être apportée par tout moyen (Instr. 29 avr. 2010, n° 5. – *BOI* préc., n° 160).

2764 **Condition d'affectation.** Le bénéfice de l'exonération est subordonné à la condition que l'acquéreur s'engage lors de l'acquisition à maintenir la même activité pendant une durée minimale de cinq ans à compter de la date de cette acquisition (Instr. 29 avr. 2010, n° 6. – BOI-ENR-DMTOI-10-100-20120912, n° 170).

L'engagement est pris dans l'acte d'acquisition ou, à défaut d'acte, à l'appui de la déclaration déposée auprès du service de la publicité foncière conformément à l'article 657 du Code général des impôts (Instr. 29 avr. 2010, n° 7. – BOI-ENR-DMTOI-10-100-20120912, n° 180).

Par ailleurs, l'acquéreur s'engage lors de l'acquisition à réaliser des travaux de rénovation sur le bâti. Ainsi, les travaux entrepris pourront être des travaux de remise à l'état neuf, d'amélioration, de transformation ou d'aménagement (Instr. 29 avr. 2010, n° 8. – BOI-ENR-DMTOI-10-100-20120912, n° 190).

2765 **Condition de prix.** Le prix de cession au mètre carré doit être inférieur à un montant fixé à l'article 328 G bis du Code général des impôts (BOI-ENR-DMTOI-10-100-20120912, n° 200).

En cas de cession de titres représentatifs de telles parts de copropriété, cette condition de prix de cession au mètre carré est réputée remplie lorsque la valeur brute à l'actif de l'ensemble des biens cédés sur le nombre total de mètres carrés que les biens cédés représentent est inférieure au plafond fixé à l'article 328 G decies de l'annexe III au Code général des impôts (BOI-ENR-DMTOI-10-100-20120912, n° 210).

2766 **Condition tenant au respect des aides *de minimis*.** L'exonération doit respecter le règlement (CE) n° 1998/2006 de la Commission, du 15 décembre 2006, concernant l'application des articles 87 et 88 du traité aux aides *de minimis* (Instr. 29 avr. 2010, n° 11. – BOI-ENR-DMTOI-10-100-20120912, n° 220).

L'article 88, paragraphe 3, du traité instituant la Communauté européenne énonce l'obligation de notification des aides d'État à la Commission européenne afin d'établir leur compatibilité avec le marché commun selon les critères de l'article 87, paragraphe 1. Certaines catégories d'aides peuvent néanmoins être exemptées de l'obligation de notification en vertu du règlement (CE) n° 994/98 (Instr. 29 avr. 2010, n° 12. – BOI-ENR-DMTOI-10-100-20120912, n° 230).

La règle *de minimis* a ainsi été mise en œuvre afin d'exempter les subventions de faible montant. Elle établit un plafond au-dessous duquel l'aide ne relève pas du champ d'application de l'article 87, paragraphe 1, et n'est donc pas soumise à la procédure de notification de l'article 88, paragraphe 3 (Instr. 29 avr. 2010, n° 13. – BOI-ENR-DMTOI-10-100-20120912, n° 240).

Les aides accordées sur une période de trois ans et n'excédant pas un plafond fixé par le règlement (CE) n° 1998/2006 de la Commission, du 15 décembre 2006, concernant l'application des articles 87 et 88 du traité aux aides *de minimis* ne sont pas considérées comme des aides d'État au sens de l'article 87, paragraphe 1 (BOI-ENR-DMTOI-10-100-20120912, n° 250).

2767 **Portée de l'article 1594, I ter du Code général des impôts.** La délibération des conseils généraux exonère les mutations à titre onéreux de parts de copropriété d'hôtels, de résidences de tourisme et de villages de vacances classés situés sur leur territoire de la taxe de publicité foncière perçue normalement à leur profit en application des dispositions du 1° de l'article 1594 A du Code général des impôts (Instr. 29 avr. 2010, n° 15. – BOI-ENR-DMTOI-10-100-20120912, n° 260).

L'exonération de la taxe de publicité foncière rend impossible la perception des droits et taxes additionnels à ces droits ou qui sont assis sur ces droits. Ainsi, l'exonération accordée sur délibération des conseils généraux emporte exonération non seulement de la taxe de publicité foncière mais également (Instr. 29 avr. 2010, n° 16) :

– de la taxe perçue au profit des communes (cf. CGI, art. 1584) ;

– du prélèvement pour frais d'assiette, de recouvrement, de dégrèvements et de non-valeurs (cf. CGI, art. 1647. – BOI-ENR-DMTOI-10-100-20120912, n° 270).

2768 **Délibérations des conseils généraux des départements d'outre-mer.** Il résulte des dispositions combinées des articles 1594 E et 1639 A du Code général des impôts que, sauf dispositions particulières prévues à ces articles, les délibérations des organes délibérants doivent être notifiées aux services de la DGFIP avant le 31 mars de chaque année pour être applicables au 1er juin de la même année (Instr. 29 avr. 2010, n° 17).

Les délibérations des conseils généraux et des conseils municipaux restent en vigueur tant qu'aucune autre décision ne les a modifiées ou rapportées (Instr. 29 avr. 2010, n° 18. – BOI-ENR-DMTOI-10-100-20120912, nos 280 et 290).

2769 **Déchéance de l'avantage.** Lorsque l'une des conditions rappelées ci-dessus n'a pas été respectée, l'acquéreur est tenu d'acquitter, à première réquisition, les droits de mutation dont l'acquisition a été dispensée (Instr. 29 avr. 2010, n° 19. – BOI-ENR-DMTOI-10-100-20120912, n° 300).

2770 **Entrée en vigueur.** Ces dispositions s'appliquent aux cessions, constatées par un acte, de parts de copropriété portant sur des hôtels, des résidences de tourisme ou des villages de vacances classés, acquis sous le régime de défiscalisation dit « Pons », après délibération du conseil général du département d'outre-mer, réalisées à compter du 29 mai 2009 (Instr. 29 avr. 2010, n° 20).

g) Cession de logements sociaux

CGI, art. 1594 I quater. – Les conseils départementaux des départements d'outre-mer peuvent, sur délibération, exonérer de taxe de publicité foncière ou de droits d'enregistrement les cessions de logements visés au 1° du I de l'article 199 undecies C.

2771 L'article 1594 I quater issu de la loi n° 2009-594 du 27 mai 2009 (*JO* 28 mai), permet aux conseils départementaux des départements d'outre-mer d'exonérer de la taxe de publicité foncière ou du droit d'enregistrement les cessions du logement visé à l'article 199 undecies C, I-1° du Code général des impôts.
Sont concernés les logements donnés en location nue à un bailleur social mentionné à l'article L. 411-2 du Code de la construction et de l'habitation ou à un organisme assimilé mentionné à l'article L. 365-1 du même code (BOI-ENR-DMTOI-10-100-20120912, n° 310).

2 Dispositions concernant la Guyane

CGI, art. 1043 A. – Dans le département de la Guyane, les tarifs des droits de timbre prévus par le présent code sont réduits de moitié.

La même réduction est applicable aux tarifs des droits d'enregistrement et de la taxe de publicité foncière, sauf lorsque ces droits et taxe sont perçus au taux prévu à l'article 1594 D.

2772 Réduction de moitié. En vertu de l'article 1043 A du Code général des impôts, les droits d'enregistrement et la taxe de publicité foncière sont réduits de moitié. Mais cette réduction ne s'applique pas lorsque « ces droits et taxe sont perçus au taux prévu par l'article I594 D », c'est-à-dire le droit de vente d'immeuble au taux de droit commun.

3 Dispositions concernant Mayotte

CGI, art. 1043 B. – *(Créé, L. n° 2017-1775, 28 déc. 2017, art. 64)* Dans le département de Mayotte, à compter du 1er janvier 2018 et jusqu'au 31 décembre 2025, sont exonérés de droit d'enregistrement ou de taxe de publicité foncière lorsqu'ils sont réalisés au profit de propriétaires irréguliers de biens immeubles :

1° Les cessions effectuées par une personne publique ;

2773 Exonération. En vertu du 1° de l'article 1043 B du Code général des impôts, sont exonérées de droits d'enregistrement et de taxe de publicité foncière les cessions effectuées par une personne publique au profit de propriétaires irréguliers de biens immeubles.

B Taxes additionnelles

2774 Application du droit commun. Les taxes locales additionnelles s'appliquent dans les départements d'outre-mer comme sur le territoire métropolitain (BOI-ENR-DMTOI-10-100-20120912, n° 1 et BOI-ENR-DG-60-10-10-20180502).

III Taxe sur la valeur ajoutée (TVA)

A Guadeloupe, Martinique et La Réunion

1 Régime de droit commun

2775 Principe. Toutes les règles régissant la TVA en France métropolitaine sont également applicables dans les départements de Guadeloupe, Martinique et La Réunion. La TVA n'est pas applicable dans les départements de la Guyane et de Mayotte (CGI, art. 294).

2776 Tarifs. Selon l'article 296 du Code général des impôts, dans les départements de la Guadeloupe, de la Martinique et de La Réunion, le taux réduit est fixé à 2,10 % et le taux normal à 8,50 %.

2777 Les champs d'application respectifs du taux normal et du taux réduit sont identiques à ceux de la métropole (BOI-TVA-GEO-20-10-20190609, n° 10).

2778 Les coefficients de conversion ressortent à :
- 0,921 pour le taux de 8,50 % ;
- 0,979 pour le taux de 2,10 %.

2 Logements évolutifs sociaux construits ou vendus dans les départements d'outremer

CGI, art. 296 ter *(Mod., L. n° 2018-1317, 28 déc. 2018, art. 30).* – Dans les départements de la Guadeloupe, de la Martinique et de La Réunion, la taxe sur la valeur ajoutée est perçue au taux réduit en ce qui concerne :

a) Les travaux de construction de logements évolutifs sociaux, financés dans les conditions prévues par arrêté interministériel en application des articles L. 301-1 et L. 301-2 du Code de la construction et de l'habitation et facturés aux personnes physiques accédant directement à la propriété à titre de résidence principale et qui concourent à la production ou à la livraison d'immeubles au sens du I (3) de l'article 257 du présent code ;

b) Les ventes de logements évolutifs sociaux mentionnés au *a)* qui entrent dans le champ d'application du I de l'article 257, lorsque l'acquéreur bénéficie pour cette acquisition des aides de l'État dans les conditions prévues par le même arrêté.

L'application du taux réduit est subordonnée à la condition que les personnes physiques accédant à la propriété justifient bénéficier d'une aide dans les conditions prévues par l'arrêté mentionné au *a)*. Le prestataire ou le vendeur sont tenus de conserver ce justificatif à l'appui de leur comptabilité.

2779 Aux termes de cet article, dans les départements de la Guadeloupe, de la Martinique et de La Réunion, le taux réduit de TVA à 2,10 % s'applique aux ventes de logements évolutifs sociaux qui entrent dans le champ d'application de l'article 257-I du Code général des impôts, lorsque l'acquéreur bénéficie pour cette acquisition des aides de l'État dans les conditions prévues par le même arrêté.
L'application du taux réduit est subordonnée à la condition que les personnes physiques accédant à la propriété justifient bénéficier d'une aide dans les conditions prévues par l'arrêté du 29 avril 1997 relatif aux aides de l'État pour l'accession très sociale dans les départements d'outre-mer. Le prestataire ou le vendeur sont tenus de conserver ce justificatif à l'appui de leur comptabilité.
Les modalités d'application de ce texte ont été précisées par une instruction du 5 août 2004 (*BOI* 8 A-4-04), à consulter pour plus de détails.

2780 **Périmètre de la mesure.** Conformément aux articles L. 301-1 et L. 301-2 du Code de la construction et de l'habitation, les personnes physiques à faibles revenus peuvent bénéficier, dans les départements d'outre-mer, d'une aide pour l'accession à la propriété afin de financer l'acquisition de logements évolutifs sociaux (LES), à faible coût, en accession à la propriété à titre de résidence principale, dont notamment les aménagements intérieurs et la finition sont réalisés par l'accédant.
La construction de ces logements peut être assurée soit par des personnes physiques accédant directement à la propriété (secteur diffus), soit par des maîtres d'ouvrage agréés qui les auront réalisés en vue de leur cession ultérieure (secteur groupé).
Ces opérations, visées à l'article 296 ter, sont soumises, dans les départements de la Guadeloupe, de la Martinique et de La Réunion, au taux réduit de 2,10 %, sous réserve d'être financées dans les conditions prévues par l'arrêté du 29 avril 1997 relatif aux aides de l'État pour l'accession très sociale dans les départements d'outre-mer (Instr. 5 août 2004, n°s 1 à 3).
L'article 296 ter n'est pas applicable aux opérations financées dans les conditions prévues par l'arrêté du 22 mai 1997 relatif aux aides de l'État pour la réalisation de logements d'insertion par les accédants à la propriété avec l'assistance d'un maître d'ouvrage (LES auto-construction) ou par l'arrêté du 20 février 1996 relatif aux aides de l'État à l'acquisition-amélioration de logements à vocation très sociale et à l'amélioration des logements dans les départements d'outre-mer (LES acquisition-amélioration. – Instr. 5 août 2004, n° 4).

2781 **Opérations concernées : ventes de LES.** Les ventes de LES entrant dans le champ d'application de l'article 257-I du Code général des impôts sont soumises au taux réduit de la TVA. Les immeubles peuvent être cédés soit en état futur d'achèvement, soit après complet achèvement. Un immeuble inachevé est assimilé à un terrain à bâtir. Depuis le 22 octobre 1998, les ventes d'immeubles inachevés à des personnes physiques en vue d'achever la construction que ces personnes affectent à un usage d'habitation sont soumises aux droits de mutation perçus au taux de droit commun (V. **Immeuble à usage d'habitation**).

En revanche, conformément à l'article 257, I-2, la TVA n'est pas applicable aux opérations portant sur des immeubles ou parties d'immeubles qui sont achevés depuis plus de cinq ans (Instr. 5 août 2004, n° 5).

Toutefois, le vendeur assujetti à la TVA peut opter pour l'application de cette taxe (CGI, art. 260, 5° bis).

2782 **Modalités de preuve.** Les personnes physiques accédant à la propriété d'un LES doivent justifier bénéficier d'une aide obtenue dans les conditions prévues par l'arrêté du 29 avril 1997 (Instr. 5 août 2004, n° 9).

À cette fin, la copie de la décision de subvention accordée nominativement à l'accédant par le représentant de l'État dans le département doit être remise à l'entreprise préalablement à la réalisation (ou au plus tard avant la facturation) des travaux de construction ou au vendeur au plus tard lors de la signature de l'acte de vente. Une attestation sur l'honneur de l'accédant à la propriété déclarant bénéficier d'une aide délivrée dans les conditions prévues par l'arrêté du 29 avril 1997 ne saurait être considérée comme suffisante (Instr. 5 août 2004, n° 10).

Le justificatif fourni par l'accédant à la propriété doit être conservé par le prestataire de travaux immobiliers ou le vendeur du logement à l'appui de sa comptabilité (Instr. 5 août 2004, n° 11).

2783 **Fausse déclaration.** En cas de fausse déclaration, d'inexactitude des renseignements produits, de manœuvre frauduleuse ou de non-respect des conditions prévues à l'article 4 de l'arrêté du 29 avril 1997 (l'attribution de la subvention est subordonnée à l'engagement de l'accédant de respecter pendant un délai de quinze ans les conditions suivantes : occupation du logement à titre de résidence principale par l'accédant et son conjoint, ses descendants et ascendants et leur conjoint pendant une durée au moins égale à huit mois par an, sauf motif légitime ; absence de transformation du logement en local commercial ou professionnel, ou en local destiné à la location vide, meublée ou saisonnière ; agrément par une commission créée par arrêté préfectoral du nouvel occupant si le logement est vendu ; dans le cas où le logement serait vendu inachevé, engagement du nouvel accédant de faire procéder dans un délai de cinq ans à l'exécution de travaux de finition), l'accédant à la propriété, qui a été autorisé à recevoir le LES ou les travaux de construction sous le bénéfice du taux réduit, est tenu au paiement du complément d'impôt en application du I de l'article 284 du Code général des impôts (Instr. 5 août 2004, n° 12).

3 Acquisition de terrains à bâtir et vente de logements sociaux défiscalisés ou aidés

CGI, art. 296 ter *(Mod., L. n° 2018-1317, 28 déc. 2018, art. 30, V)* Dans les départements de la Guadeloupe, de la Martinique et de La Réunion, la taxe sur la valeur ajoutée est perçue au taux réduit en ce qui concerne :

(...)

c) Les livraisons à soi-même mentionnées au I de l'article 257, ainsi que les ventes et apports de terrains à bâtir et de logements neufs lorsque ces opérations sont financées à l'aide d'un prêt aidé accordé ou d'une subvention de l'État accordée dans les conditions prévues aux articles R. 372-1 et R. 372-20 à R. 372-24 du Code de la construction et de l'habitation ou dans les conditions fixées à l'article 244 quater X du présent code.

L'application du taux réduit est subordonnée à la condition que les personnes physiques accédant à la propriété justifient bénéficier d'une aide dans les conditions prévues par l'arrêté mentionné au a. Le prestataire ou le vendeur sont tenus de conserver ce justificatif à l'appui de leur comptabilité.

2784 Le texte du *c)* de l'article 296 ter du Code général des impôts, issu de la loi n° 2009-594 du 27 mai 2009 (*JO* 28 mai) était rédigé comme suit :

> « Les ventes et apports de terrains à bâtir et de logements neufs dans les conditions fixées par l'article 199 undecies C ou par l'article 217 undecies lorsque les logements sont loués en vue de leur sous-location dans les conditions prévues aux 10, 2° et 3° du I de l'article 199 undecies C ou lorsque ces opérations sont financées à l'aide d'un prêt aidé ou d'une subvention de l'État accordé dans les conditions prévues par les articles R. 372-1 et R. 372-20 à R. 372-24 du Code de la construction et de l'habitation.
>
> L'application du taux réduit est subordonnée à la condition que les personnes physiques accédant à la propriété justifient bénéficier d'une aide dans les conditions prévues par l'arrêté mentionné au *a)*. Le prestataire ou le vendeur sont tenus de conserver ce justificatif à l'appui de leur comptabilité ».

Ce texte prévoit l'application du taux réduit de TVA de 2,1 % aux acquisitions de terrains à bâtir réalisées en vue de la construction de logements sociaux, lorsque l'investissement donne droit à la

réduction d'impôt au profit des personnes physiques ou à la déduction des résultats au profit des sociétés soumises à l'IS dans les conditions visées à l'article 199 undecies du Code général des impôts, ou à l'article 217 undecies, ou lorsque le financement intervient à l'aide d'un prêt aidé ou d'une subvention de l'État accordé dans les conditions prévues par les articles R. 372-1, et R. 372-20 à R. 372-24 du Code de la construction et de l'habitation.
Cette réduction est également applicable à la vente des logements neufs ainsi édifiés.
Conformément à l'article 30, V, E de la loi n° 2018-1317 du 28 décembre 2018, le *c)* de l'article 296 ter, dans cette rédaction antérieure audit article, demeure applicable aux livraisons à soi-même, ventes, apports, acquisitions et cessions de logements qui relèvent des articles 199 undecies C et 217 undecies du même code, dans leur rédaction antérieure au même article.

4 Exonérations de certaines opérations immobilières

2785 Abrogation des 3° et 4° de l'article 295 du Code général des impôts par la loi de finances pour 2020. Avant leur abrogation par l'article 29 de la loi n° 2019-1479 du 28 décembre 2019 de finances pour 2020, les 3° et 4°du I de l'article 295 du Code général des impôts exonéraient de la TVA :

> « 3° Les ventes résultant de l'application des articles L. 181-18 à L. 181-24 du Code rural et de la pêche maritime relatifs à la mise en valeur agricole des terres incultes, des terres laissées à l'abandon et des terres insuffisamment exploitées de la Guadeloupe, de la Martinique, de La Réunion et de la Guyane ;
> 4° Dans les départements de la Guadeloupe, de la Martinique, de La Réunion et de la Guyane, les opérations immobilières effectuées, en vue de l'accession à la propriété rurale, par les sociétés d'aménagement foncier et d'établissement rural mentionnées au deuxième alinéa de l'article L. 181-23 du Code rural et de la pêche maritime, ainsi que par les sociétés d'intérêt collectif agricole, qui ont bénéficié d'un agrément préalable avant le 28 décembre 1969, date de publication de la loi n° 69-1168 du 26 décembre 1969. Pour les acquisitions, le bénéfice de l'exonération est subordonné à l'engagement dans l'acte, ou au pied de l'acte, par ces sociétés de procéder dans un délai de cinq ans au morcellement des terres en vue de leur cession à de petits exploitants agricoles. En cas d'inobservation de cet engagement, les taxes non perçues lors de l'acquisition sont exigibles à première réquisition ».

Ces dispositions exonéraient de la TVA certaines opérations immobilières relatives à la mise en valeur agricole des terres incultes, des terres laissées à l'abandon et des terres insuffisamment exploitées de la Guadeloupe, de la Martinique et de La Réunion. Cette exonération n'est pas applicable lorsque les opérations visées concourent à la production ou à la livraison d'immeubles, telles qu'elles sont définies à l'article 257-I du Code général des impôts (BOI-TVA-GEO-20-20-20190605, nos 200 à 230). En conséquence, l'administration a retiré ces commentaires contenus dans le présent à compter du 20 avril 2022, date de publication de la nouvelle version du BOI précité.
Nous exposons ci-après ces deux cas d'exonération et préciserons les conditions d'application dans le temps de leur suppression par l'article 29 de la loi de finances pour 2020.

2786 Ventes de terres incultes ou manifestement sous-exploitées. CGI, art. 295, 3°. En application des articles L. 181-5 à L. 181-8 du Code rural et de la pêche maritime, le préfet peut, sous certaines conditions :
– mettre en demeure les propriétaires de terres incultes ou laissées à l'abandon ou insuffisamment exploitées, soit de les mettre en valeur, soit d'en céder la jouissance, soit de les vendre en vue de faire accéder un certain nombre d'agriculteurs à la petite propriété rurale ;
– provoquer l'expropriation des terres visées ci-dessus en vue de leur mise en valeur agricole, l'État cédant, ensuite, à cette fin, les terres dont il est devenu propriétaire ou procédant lui-même à leur mise en valeur (BOI-TVA-GEO-20-20-20190605, n° 210).
Les ventes ainsi réalisées, dans les départements d'outre-mer, soit par le propriétaire, soit par l'État en application des articles L. 181-5 à L. 181-8 du Code rural et de la pêche maritime sont exonérées de la TVA en vertu de l'article 295-1-3° du Code général des impôts (BOI-TVA-GEO-20-20-20190605, n° 220).
Abrogation du régime de faveur. Entrée en vigueur : la suppression de l'exonération s'applique aux opérations concernant des terrains dont le propriétaire a été mis en demeure en application de l'article L. 181-17 du Code rural et de la pêche maritime à compter du 1er janvier 2020 (L. fin. 2020, art. 29, IV, E).

2787 Opérations immobilières effectuées en vue de l'accession à la propriété rurale. En vertu des anciennes dispositions du 4° du I de l'article 295 du Code général des impôts, les opérations immobilières effectuées par les sociétés d'aménagement foncier et d'établissement rural mentionnées au deuxième alinéa de l'article L. 181-8 du Code rural et de la pêche maritime (ainsi que par les sociétés d'intérêt collectif agricole) ayant bénéficié d'un agrément préalable avant le 28 décembre 1969, date de publication de la loi n° 69-1168 du 26 décembre 1969, sont exonérées de la TVA (BOI-TVA-GEO-20-20-20190605, n° 230).

Abrogation du régime de faveur. Entrée en vigueur : la suppression de l'exonération s'applique aux opérations afférentes à des terrains pour lesquels l'engagement de procéder au morcellement a été pris à compter du 1er janvier 2020 (L. fin. 2020, art. 29, IV, F).

B Guyane. Mayotte

2788 **Non-application de la TVA.** Aux termes du 1 de l'article 294 du Code général des impôts, la TVA n'est provisoirement pas applicable dans les collectivités de Guyane et de Mayotte. En conséquence, la TVA n'est perçue ni à l'intérieur de la Guyane, ni à Mayotte ni à l'importation dans ces collectivités (BOI-TVA-GEO-20-20190605, n° 10).

Désistement

Jacques LAFOND

I Désistement d'instance et/ou d'action

A Publicité foncière

2789 **Désistement d'instance ou d'action consécutif à une demande en résolution, révocation, annulation de droits résultant d'actes soumis à publicité.** Le paragraphe 5 de l'article 30 du décret n° 55-22 du 4 janvier 1955 dispose que les demandes tendant à faire prononcer la résolution, la révocation, l'annulation ou la rescision de droits résultant d'actes soumis à publicité ne sont recevables devant les tribunaux que si elles ont été elles-mêmes publiées (V. **Demande en justice**).

Il résulte de l'alinéa d) du paragraphe 4 de l'article 28 du même décret que sont obligatoirement publiés au service de la publicité foncière de la situation des immeubles les désistements d'action et d'instance portant sur des droits soumis à publicité en vertu du paragraphe 1° du même article.

Il va de soi que la publicité du désistement d'instance ou du désistement d'instance et d'action ne semble devoir être opérée que si la publicité de la demande a été elle-même effectuée.

En conséquence, si le désistement d'instance, et/ou d'action, concerne une telle demande publiée, la publicité doit en être effectuée, aux frais, bien entendu, de celui qui se désiste.

2790 **Délai.** Le délai d'accomplissement de la formalité, fixé par l'article 33 C du décret susvisé, est de trois mois.

2791 **Sanctions du défaut de publication.** Il est rappelé qu'en application du paragraphe 4 de l'article 30 du décret susvisé, toute personne qui, ayant publié son propre droit, prouve qu'elle a subi un préjudice à raison, soit du défaut de publication, soit de la publicité incomplète ou irrégulière de l'un des actes visés aux paragraphes 3° à 9° de l'article 28 (ce qui concerne le désistement) peut demander des dommages et intérêts.

B Perceptions

2792 **Principe : droits (ou taxe) et contribution de sécurité immobilière au taux fixe.** Le désistement pur et simple est passible du droit fixe des actes innommés :

– le désistement d'instance et d'action, par exploit d'huissier, est passible d'un droit fixe (CGI, art. 843), la publication s'opérant ensuite en franchise de taxe ;

– s'il est contenu dans un acte notarié, celui-ci relève du droit fixe de l'article 680 du Code général des impôts (V. **Droits fixes**).

La contribution de sécurité immobilière au taux fixe prévu à l'article 881 C, 13° du Code général des impôts (actuellement 15 €) est perçue sur la publication (Lacroix, 2013, *op. cit.*, n° 449).

> **N.B.** : La contribution de sécurité immobilière a remplacé le salaire du conservateur à compter du 1er janvier 2013. Cette taxe est perçue aux mêmes conditions d'assiette, de tarif, de contrôle et de recouvrement que ce salaire (V. **Contribution de sécurité immobilière**).

2793 **Exception.** S'il s'accompagne d'un déplacement, au moins apparent, de la propriété d'un bien, le désistement donne ouverture aux droits de mutation ordinaires s'il comporte une contrepartie, et aux droits de donation s'il y a intention libérale exprimée, ou prouvée par l'administration.

II

« Désistement d'héritage »

➤ V. **Revendication d'immeuble.**

III

Désistement de promesse de vente

➤ V. **Promesse de vente.**

Dissolution de société

Neyla GONZALEZ-GHARBI

2794 **Généralités.** Une société peut être dissoute soit par une décision des associés, soit en application d'une disposition statutaire ou légale. L'article 1844-7 du Code civil énonce les principaux cas de dissolution des sociétés :

« La société prend fin :

1° Par l'expiration du temps pour lequel elle a été constituée, sauf prorogation effectuée conformément à l'article 1844-6 ;

2° Par la réalisation ou l'extinction de son objet ;

3° Par l'annulation du contrat de société ;

4° Par la dissolution anticipée décidée par les associés ;

5° Par la dissolution anticipée prononcée par le tribunal à la demande d'un associé pour justes motifs, notamment en cas d'inexécution de ses obligations par un associé ou de mésentente entre associés paralysant le fonctionnement de la société ;

6° Par la dissolution anticipée prononcée par le tribunal dans les cas prévus à l'article 1844-5 ;

7° Par l'effet d'un jugement ordonnant la liquidation judiciaire pour insuffisance d'actif ;

8° Pour toute autre cause prévue par les statuts ».

La dissolution peut être également la conséquence d'une cession de droits sociaux (V. **Cession de droits sociaux** et **Société unipersonnelle**).

2795 **La dissolution d'une société est généralement suivie d'une période de liquidation.** Conformément aux dispositions de l'article 1844-8 du Code civil, la personnalité morale de la société subsiste pour les besoins de sa liquidation jusqu'à la publication de la clôture de celle-ci. Durant cette période, diverses opérations juridiques peuvent être réalisées et sont soumises aux mêmes règles que les opérations réalisées avant la dissolution.

I Obligations résultant de la dissolution

2796 La dissolution d'une société doit obligatoirement être enregistrée. Elle ne doit pas être publiée au fichier immobilier, sauf si elle s'accompagne d'un partage des biens immobiliers.

A Formalité de l'enregistrement

2797 **Régime antérieur au 1er janvier 2020.** Les dissolutions de sociétés, qu'elles soient ou non constatées par un acte, étaient obligatoirement soumises à la formalité de l'enregistrement.

Les actes portant dissolutions des sociétés devaient être enregistrés dans le délai d'un mois (CGI, art. 635-I-5°).

À défaut d'acte, les parties devaient déposer une déclaration dans le mois qui suit la réalisation de la dissolution (CGI, art. 638 A).

La déclaration devait être déposée à la recette des impôts dans le ressort de laquelle est situé soit le siège statutaire, soit celui de la direction effective, soit le principal établissement de la société et préciser la nature ainsi que la date de la dissolution.

Le dépôt de la déclaration est accompagné du paiement des droits exigibles (V. CGI, art. 638-A, ann. IIII, art. 250-A et 251-A). Ces dispositions étaient applicables, notamment, aux dissolutions de sociétés de fait et de participation (BOI-ENR-AVS-30-10-20120912, n°s 100 et 110).

2798 **Régime applicable à compter du 1er janvier 2020. Suppression de l'obligation d'enregistrer les actes constatant la dissolution.** L'article 21 de la loi n° 2019-1479 du 28 décembre 2019 de finances pour 2020 a modifié les dispositions du 5° du I de l'article 635 du Code général des impôts afin de supprimer l'obligation d'enregistrer les actes constatant la dissolution des sociétés.

Par coordination, les dispositions de l'article 638 A du même code ont été également modifiées afin que cette opération cesse de devoir être déclarée.

2799 **Portée de la réforme.** Il importe de rappeler que cette « dispense » d'enregistrement n'est pas d'application générale. Comme les actes constatant la formation d'une société, ceux constatant la dissolution d'une société demeureront, en application de l'article 635 du Code général des impôts, obligatoirement soumis à l'enregistrement en raison de la qualité de leur rédacteur (notaire, huissier, etc.) ou de leur objet (mutations immobilières, de fonds de commerce, etc.).

D'autre part, la réforme ne s'étend pas à la publicité foncière. Or, on sait que l'acte comportant des dispositions dont la publication au service de la publicité foncière est obligatoire, requiert, sauf exception, l'établissement d'un acte notarié (C. civ., art. 710-1). Ce qui rendra son enregistrement obligatoire.

B Publicité foncière

2800 L'acte de dissolution n'est pas en principe soumis à publication, même lorsque l'actif social comprend des immeubles ou des droits réels immobiliers. En effet, cette dissolution ne met pas fin à la personnalité juridique de la société. C'est le partage des immeubles à la suite de la liquidation qui doit être soumis à publication puisque c'est lui qui fait passer le patrimoine immobilier de la société sur la tête de chacun des associés attributaires et fixe définitivement le sort des immeubles sociaux (V. Bulté, chron. hyp. : *JCP* N 1969, IV, 4567 ; *JCP* N 1978, IV, 7028).

2801 Il pourrait en être autrement s'il résultait des termes de l'acte constatant la dissolution qu'à défaut de liquidation et de partage de l'actif social, les anciens associés sont devenus copropriétaires indivis des immeubles sociaux.

En effet, la liquidation n'est pas toujours nécessaire. Lorsque la situation ne présente pas de difficultés, le partage de l'actif social peut suivre immédiatement la dissolution de la société…

D'autre part, les associés peuvent, en renonçant à mettre la société en liquidation, ne pas procéder au partage de l'actif social et agir comme propriétaires indivis de cet actif (V. Bulté et Béchade, chron. hyp. : *JCP* N 1959, IV, 2771).

II
Perceptions

A Principe

CGI, art. 811 (*Mod. L. n° 2018-1317, 28 déc. 2018, art. 26*). – Sont enregistrés gratuitement :

(…)

2° Les actes de dissolution de sociétés qui ne portent aucune transmission de biens meubles ou immeubles entre les associés ou autres personnes.

2802 **Réforme opérée par la loi de finances pour 2019. Suppression du droit fixe.** L'article 26 de la loi de finances pour 2019 (L. n° 2018-1317, 28 déc. 2018) a modifié le régime des droits d'enregistrement applicables aux actes de sociétés en supprimant les droits fixes qui étaient exigibles sur certains de ces actes. Ces modifications sont entrées en vigueur le 1er janvier 2019. L'administration fiscale n'a pas encore publié ses commentaires de ces règles. La réforme n'a pas bouleversé l'architecture générale du régime applicable à ces actes, la gratuité a remplacé le droit fixe et généralisé sa non-exigibilité.

Conformément aux nouvelles dispositions du 2° de l'article 811 du Code général des impôts, les actes de dissolution de sociétés qui ne portent aucune transmission de biens meubles ou immeubles entre les associés ou autres personnes sont enregistrés gratuitement.

2803 Si la dissolution de la société est publiée au fichier immobilier, la contribution de sécurité immobilière au tarif proportionnel est exigible sur les valeurs à déclarer des immeubles appartenant à la société (Lacroix, *Dissolution de sociétés*, n° 279).

B Application de la théorie des dispositions dépendantes et indépendantes

2804 L'administration devra se prononcer sur les conséquences de la gratuité de cet enregistrement sur l'application de la théorie des dispositions dépendantes et indépendantes.
A priori, cette gratuité ne devrait pas faire obstacle à l'exigibilité des droits applicables lorsque la dissolution découle d'une disposition principale assujettie à l'impôt.

2805 Il en est ainsi notamment :
– lorsque la dissolution résulte de la réunion des parts sociales sur une seule tête (V. **Société unipersonnelle**) ;
– lorsque les associés déclarent former une nouvelle société en s'adjoignant un tiers et que la dissolution résulte de la constitution d'une société nouvelle (Seine, 31 août 1857) ;
– lorsque l'actif d'une société est dévolu à un associé unique, seule est perçue la taxe départementale de publicité foncière au taux de 0,71498 % lors de la publication de l'acte d'appropriation de l'actif immobilier au fichier immobilier sauf application de la théorie de la mutation conditionnelle des apports si les biens dont s'agit sont attribués à une autre personne que l'apporteur (V. **Société unipersonnelle**).

2806 De même, resteront exigibles les droits dus à raison de dispositions indépendantes soumises à des droits plus élevés (CGI, art. 672. – V. **Acte contenant plusieurs dispositions**).
Il en est ainsi notamment :
– lorsque l'acte de dissolution contient des transmissions de biens (Cass. 17 août 1836, 3 janv. 1865) ;
– lorsque l'acte constate à la fois la dissolution de la société et le partage de l'actif social (Rép. min. Budget à M. Godfrain : *JOAN*, 9 mai 1968 ; *JCP* N 1989, prat. 764).

2807 Il avait été jugé que l'acte constatant l'appropriation indivisément par tous les associés au prorata de leurs droits sociaux du patrimoine de la société comportant à l'actif des biens immobiliers et au passif le montant des frais et droits de la liquidation, entraîne l'exigibilité de la taxe fixe prévue à l'article 811 du Code général des impôts lors de l'accomplissement de la formalité fusionnée, à l'exclusion de tout droit de partage (TGI Lille, 1er déc. 1981 : *Rev. enr. et imp.*, 15752-2). La suppression du droit fixe opérée par la loi de finances pour 2019 amène à s'interroger sur la pérennité de cette solution.

III Régimes spéciaux

2808 Les règles ci-dessus énoncées s'appliquent également aux dissolutions des sociétés en participation et des sociétés de fait.

2809 En revanche, sont passibles du droit fixe des actes innommés prévu à l'article 680 du Code général des impôts les dissolutions :
– d'associations régies par la loi du 1er juillet 1901 qui ne constituent pas des sociétés au sens juridique du terme même lorsque certains biens immobiliers leur avaient été apportés (BOI-ENR-AVS-30-10-20120912, n° 130) ;
– des groupements d'intérêt économique et des groupements d'intérêt public (*BOI* préc.).

2810 La cession de droits sociaux entre les mains d'un seul associé entraînant dissolution de la société doit être enregistrée dans les conditions de droit commun au vu de l'acte ou de la décision judiciaire la constatant (V. **Cession de droits sociaux** et **Société unipersonnelle**).

Divorce

Serge LAMIAUX

Sommaire analytique

Taxe de publicité foncière et prestation compensatoire
Tableau synoptique

TPF Objet de la PC	Taux	Assiette	Texte
Immeuble commun	2,50 % ou 1,10 % si consécutif au divorce	Valeur vénale (sans déduction de soulte)	CGI, art. 1133 ter, 746 et 748
	Exonération si aide juridictionnelle		CGI, art. 1090 A (Rép. min. Sarles, n° 5123 : *JOAN* 23 avr. 2019, p. 3841 ; Rép. min. Larrivé, n° 21216 : *JOAN* 31 déc. 2019, p. 11502)
Immeuble indivis (acquis avant ou pendant mariage)	2,50 % (ou 1,10 % si consécutif au divorce)	Valeur vénale (sans déduction de soulte)	CGI, art. 1133 ter, 746 et 748
	Exonération si aide juridictionnelle		CGI, art. 1090 A (Rép. min. Sarles, n° 5123 : *JOAN* 23 avr. 2019, p. 3841 ; Rép. min. Larrivé, n° 21216 : *JOAN* 31 déc. 2019, p. 11502)
Immeuble propre ou personnel à l'un des époux	0,71498 %	Valeur vénale	CGI, art. 1133 ter et 1020

TPF Objet de la PC	Taux	Assiette	Texte
Usufruit	0,71498 %	Valeur résultant du barème fiscal	CGI, art. 1133 ter et 1020 ; CGI, art. 669
Droit d'usage et d'habitation	0,71498 %	Valeur résultant du barème fiscal + décote de 20 %	CGI, art. 1133 ter et 1020 ; CGI, art. 669 (BOI-ENR-DMTG-20-10-20-20, n° 210)

Index alphabétique

BIBLIOGRAPHIE : A. Depondt, *Fiscalité du partage : AJF* 2013, p. 681. – S. Thouret, *Le sort des frais de partage : conseils pratiques : AJF* 2013, p. 687. – R. Le Guidec et V. Zalewski-Sicard, *Divorce par consentement mutuel : convention de liquidation partage du régime matrimonial et règlement des prestations compensatoires : cas pratique : Defrénois* 2014, n° 5, p. 243. – F. Douet et F. Collard, *Divorce : synthèse des droits d'enregistrement : JCP* N 2018, n° 3, 1048 (présentée sous forme de tableaux pratiques). – H. Boidin, *Focus sur le partage verbal dans le nouveau divorce par consentement mutuel : AJF* 2018, 151. – C. Cadars-Beaufour et N. Couzigou-Suhas, *Partage des avoirs financiers et droit de partage de 2,5 % : AJF* 2019, p. 79.

I
Formalités concernant les conventions de divorce

2811 Il faut distinguer le cas du divorce ne nécessitant pas l'intervention du juge (A) du divorce, ou de la séparation de corps, nécessitant l'intervention du juge (B).

A Divorce sans intervention du juge

BIBLIOGRAPHIE : S. Torricelli-Chrifi, *Divorce contractuel : quel(s) acte(s) pour quelle(s) responsabilité(s) ? : JCP* N 2016, n° 45, 1193. – J. Combret et N. Baillon-Wirtz, *La loi du 18 nov. 2016 de modernisation de la justice : incidences pour la pratique notariale : JCP* N 2016, n° 47, 1254. – D. Filosa, *Divorce par acte d'avocat et enjeux liquidatifs : Defrénois* 2016, n° 24, p. 1307. – S. David, *Le rôle du notaire dans le nouveau divorce par consentement mutuel : AJF* janv. 2017, p. 131. – N. Fricero et F. Dymarski, *Le nouveau divorce extrajudiciaire par consentement mutuel : Dr. famille* janv. 2007, étude 3. – C. Blanchard, *La fonction du notaire dans le divorce déjudiciarisé : JCP* N 2017, n° 1, 1002. – S. Ferré-André, *Un nouveau regard sur le divorce après la loi du 18 novembre 2016 : Defrénois* 2017, n° 2, p. 125. – N. Couzigou-Suhas, *Réflexions pratiques sur le divorce sans juge : Defrénois* 2017, n° 2, p. 131. – C. Blanchard, *Éclaircissements sur l'application du nouveau divorce par consentement mutuel : JCP* N 2017, n° 6, act. 237. – S. David et R. Brunet, *Le rôle du notaire dans le nouveau divorce par consentement mutuel : AJF* 2017, p. 34.

2812 Problème de l'authenticité. Le divorce « amiable », sans intervention judiciaire, a soulevé

de nombreux problèmes. Seront examinées les difficultés touchant aux formalités, fiscales ou de publicité foncière.
L'une de ces difficultés est relative à l'authenticité de la convention. Le dépôt de la convention de divorce et de ses annexes au rang des minutes du notaire, prescrit par les articles 229 et 229-1, a-t-il pour effet de lui conférer l'authenticité ? Les commentateurs répondaient généralement par la négative (V. S. David, art. préc., p. 38. – S. Ferré-André, art. préc., p. 128. – N. Couzigou-Suhas, art. préc., p. 137). Une circulaire du ministère de la Justice du 26 janvier 2017 (Circ. CIV/02/17 : *JCP* N 2017, n° 6, 1103) a clairement indiqué que « le dépôt de la convention de divorce au rang des minutes d'un notaire ne confère pas à la convention la qualité d'acte authentique » ; elle donne seulement « date certaine et force exécutoire à l'accord des parties ».
Il en résulte que tous les aspects de la convention concernant des droits ou biens immobiliers (liquidation et partage ; convention d'indivision ; transfert de biens au titre de la prestation compensatoire) doivent être consignés dans un acte notarié lorsqu'il y a lieu à publication au fichier immobilier. Cet acte authentique devra être annexé à la convention établie par acte d'avocat, comme l'indique l'article 1145, alinéa 2 du Code de procédure civile.

2813 **Formalités.** La circulaire précitée du ministère de la Justice du 26 janvier 2017 (V. n° **2812**) résume comme suit le rôle respectif de l'avocat et du notaire dans les formalités à effectuer (Fiche 8) :

> « En dehors des actes soumis à publicité foncière, nécessairement dressés en la forme authentique conformément aux dispositions de l'article 710-1 du Code civil, l'article 635 du Code général des impôts (CGI) énumère les actes qui doivent être enregistrés "dans le délai d'un mois à compter de leur date". Il s'agit notamment des actes des notaires, des actes portant transmission de propriété ou d'usufruit de biens immeubles et les actes constatant un partage de biens à quelque titre que ce soit.
> Ainsi, en l'absence de biens soumis à publicité foncière, l'enregistrement portera dans ces hypothèses sur la convention elle-même ou ses éventuelles annexes dans les cas où l'enregistrement est obligatoire (notamment en présence de certaines prestations compensatoires).
> Si les notaires procèdent eux-mêmes aux formalités de l'enregistrement pour les actes authentiques annexés à la convention, tant les avocats que les notaires peuvent y procéder pour la convention elle-même, qui constitue un acte sous signature privée. Dans cette dernière hypothèse, chaque professionnel est responsable des seules formalités d'enregistrement qu'il effectue. Le site internet http://bofip.impots.gouv.fr/bofip/7555-PGP peut utilement être consulté.
> La convention n'étant exécutoire qu'à compter de son dépôt au rang des minutes d'un notaire, c'est ce dépôt qui doit être retenu comme point de départ du délai d'un mois.
> Ainsi :
> – lorsqu'elle comporte un état liquidatif du régime matrimonial, la convention doit être présentée par l'avocat ou le notaire à la formalité de l'enregistrement dans le délai d'un mois à compter de la date de l'acte (article 635-1-7° du CGI), soit à compter du dépôt, avec le paiement du droit de partage de 2,5 % dû (article 746 du CGI) ;
> – en présence d'un acte authentique, c'est-à-dire lorsque la liquidation ou l'attribution de biens à titre de prestation compensatoire porte sur des biens soumis à publicité foncière, la formalité fusionnée doit être requise par le notaire dans le délai d'un mois à compter de la date de l'acte (article 647 du CGI), soit du jour du dépôt de la convention chez le notaire. Le paiement du droit de partage de 2,5 % sera dû en ce qui concerne la liquidation portant sur des biens soumis à publicité foncière (Circ., note 2).
> – lorsque la convention comporte la déclaration qu'il n'y a pas lieu à liquidation, son enregistrement n'est soumis à aucun délai particulier et ne s'impose qu'en présence d'une prestation compensatoire soumise à un droit d'enregistrement.
> L'article 855 du Code général des impôts ajoute que l'acte doit comporter la mention de la quittance des droits, par une transcription littérale et entière de cette quittance ».

2814 **Dépôt de la convention au rang des minutes du notaire.** Compte tenu de la spécificité de la procédure de divorce par consentement mutuel par acte sous signature privée contresignée par avocats et déposé au rang des minutes d'un notaire, le dépôt visé à l'article 229-1 du Code civil ne donne pas lieu à un acte de notaire au sens du 1° du 1 de l'article 635 du Code général des impôts. En conséquence, il n'impose ni enregistrement ni paiement de l'imposition fixe de 125 € prévue par l'article 680 de ce même code (Circ. 26 janv. 2017, préc., fiche 8).

2815 **Accomplissement de formalités spécifiques.** Aux termes de l'article 1148-1 du Code de procédure civile, certaines formalités sont valablement faites **par tout intéressé**, au vu de la production d'une copie certifiée conforme de la convention de divorce et, le cas échéant, d'une copie certifiée conforme de ses annexes ou de l'un de ses extraits.

Il s'agit, selon l'énumération effectuée par ce texte, des mainlevées, des radiations de sûreté, des mentions transcriptions ou publications rendues nécessaires par ce type de divorce.

B Divorce ou séparation de corps nécessitant l'intervention du juge

2816 Il y a lieu de distinguer les divorces intervenant sur requête conjointe dits encore divorce par consentement mutuel judiciaires (1°) et celui des divorces (ou de la séparation de corps) contentieux (2°).

1 Divorce ou séparation de corps sur requête conjointe (divorce par consentement mutuel judiciaire)

2817 Depuis le 1er janvier 2017, le champ d'application du divorce par consentement mutuel judiciaire est restreint puisque cette forme de divorce ne concerne plus que les époux ayant déposé une requête conjointe avant cette date (L. n° 2016-1547, 18 nov. 2016, art. 114, V) et ceux dont l'enfant mineur capable de discernement demande à être entendu par le juge (C. civ., art. 229-2, 1°) (S. Thouret et F. Eudier : *JCl. Civil Code*, Art. 230 à 232, Fasc. Unique, *Divorce. – Divorce par consentement mutuel judiciaire*, juill. 2022, n° 1).

a) Cas où la publicité foncière est nécessaire

2818 Convention sur la prestation compensatoire. Dans la mesure où les époux qui divorcent conviennent d'une prestation compensatoire se traduisant par des transferts de propriété concernant des immeubles et droits réels immobiliers, la publication est nécessaire, que l'opération s'analyse en une mutation ou en un partage (V. **Partage**). Selon l'article 1144-3 (ancien art. 1180) du Code de procédure civile, lorsque des biens ou des droits sont attribués à titre de prestation compensatoire en application du 2° de l'article 274 du Code civil, la convention homologuée ou la décision qui prononce le divorce précise leur valeur.

2819 Maintien de biens ou droits immobiliers dans l'indivision. Si les époux décident de maintenir dans l'indivision certains immeubles ou droits immobiliers, leur accord constitue une convention d'indivision assujettie en tant que telle à la publicité foncière obligatoire (D. 4 janv. 1955, art. 28-6° et C. civ., art. 1873-2 *in fine*. – V. **Convention d'indivision**).

Il en résulte que la convention d'indivision doit avoir la forme authentique, ce qui postule son établissement par un notaire (V. Th. Le Bars, *Convention de divorce, maintien des immeubles en indivision et nécessité d'un acte notarié* : *Gaz. Pal.* 6-7 juill. 2007, p. 2).

2820 Pension alimentaire entre époux. Une pension peut être stipulée dans le cas de séparation de corps sur requête conjointe.

Cette pension peut être éventuellement constituée par un « versement en capital » (C. civ., art. 303, al. 4), selon les modalités prévues pour le versement de la prestation compensatoire.

Si un bien est ainsi transféré en usufruit ou en pleine propriété au conjoint, créancier de la pension à titre de règlement de cette dernière, ce transfert est assujetti à publication obligatoire.

2821 Pension alimentaire au profit des enfants. Selon l'article 373-2-3 du Code civil, lorsque la consistance des biens du débiteur s'y prête, la pension alimentaire peut être remplacée, en tout ou partie, sous les modalités et garanties prévues par la convention homologuée ou par le juge, par l'abandon de biens en usufruit. Si cet usufruit porte sur des immeubles ou des droits réels immobiliers, « l'abandon » ainsi consenti est soumis à publicité foncière.

2822 Donations entre époux. La révocation des donations de biens présents devra être publiée au fichier immobilier lorsqu'elle affecte des immeubles ou droits immobiliers. La taxe de publicité foncière sera perçue au taux de 0,70 %, soit 0,71498 % avec les perceptions additionnelles (V. **Révocation de donation**) ainsi que la contribution de sécurité immobilière au tarif proportionnel (V. **Contribution de sécurité immobilière**).

b) Formalités

2823 État liquidatif : forme notariée. À peine d'irrecevabilité, la requête comprend en annexe une convention datée et signée par chacun des époux et leur avocat portant règlement complet des effets du divorce et incluant notamment un état liquidatif du régime matrimonial ou la déclaration qu'il n'y a pas lieu à liquidation. L'état liquidatif doit être passé en la forme authentique devant notaire lorsque la liquidation porte sur des biens soumis à publicité foncière (CPC, art. 1091). Si l'exigence d'un acte notarié n'est pas respectée, la convention est nulle (Cass. 2e civ., 28 mars 1979 : *Bull. civ.* 1979, II, n° 97 ; *JCP* N 1979, II, 19231, note Lindon).

2824 Les formalités varient selon que la convention aura été établie sous condition suspensive du prononcé du divorce ou de la séparation de corps (formule parfois utilisée dans la pratique), ou au contraire sans qu'il soit stipulé de conditions, étant indiqué par exemple que « la convention ne prendra effet qu'une fois le divorce prononcé... » (sur ces distinctions, V. J.-F. Vouin et J. Lafond, *Les conventions de divorce, aspects civils et fiscaux : Brochure du Cridon Bordeaux Toulouse*, janv. 1981, p. 58 et s.).

1) Convention pure et simple (sans condition suspensive)

2825 **Enregistrement et publicité foncière de la convention.** Dans la première hypothèse (absence de condition), l'acte qui est établi est sujet à enregistrement à raison de sa forme notariée (CGI, art. 635-1-1°).

Cet enregistrement s'opérera-t-il au droit fixe et sur états ? La convention constitue un acte imparfait (il lui manque l'homologation judiciaire), elle ne peut donner ouverture qu'au droit fixe des actes innommés soit 125 € (CGI, art. 680 ; BOI-ENR-DG-20-20-10, 12 sept. 2012, n° 10) ; en ce cas, les dispositions de l'article 60 de l'annexe IV du Code général des impôts paraissent autoriser un paiement du droit fixe sur états. Telle n'est cependant pas la position de l'administration fiscale qui estime qu'une telle convention doit faire l'objet d'une présentation matérielle à la formalité de l'enregistrement (Rép. min. Valleix, QE n° 3444 : *JOAN* Q, 9 avr. 1990, p. 1655. – BOI-ENR-DG-20-40, 31 janv. 2023, n° 240). L'administration fiscale paraît considérer que la convention sans condition suspensive rend exigible immédiatement le droit proportionnel (droit de partage). L'analyse apparaît contestable puisqu'une telle convention constitue un acte imparfait.

Faut-il publier cette convention au fichier immobilier ? La réponse apparaît négative. La principale raison tient au caractère imparfait d'une telle convention. Par ailleurs, le transfert de propriété consacré par une telle convention n'est pas immédiat et n'est pas appelé à rétroagir.

2826 **Formalités après homologation.** Que se passera-t-il lorsque le jugement sera rendu ?

Il semble que l'on puisse transposer en la matière les règles dégagées par l'administration fiscale pour ce qui concerne les jugements d'homologation de partage. Il sera donc fait application du principe de dualité des formalités et d'unicité de perception (V. **Décision de justice**).

Dès lors, le jugement homologuant la convention sera soumis à la formalité de l'enregistrement. L'enregistrement s'opérera dans le délai d'un mois de la date du jugement (CGI, art. 635-2, I°). À cette occasion, le droit de partage sera perçu.

Lors de la présentation la convention ainsi homologuée à la formalité de publicité foncière, cette dernière s'opèrera en franchise de taxe (CGI, art. 665 ; Instr. 24 nov. 1971, n° 7 ; *Ind. enr.*, 12070). Elle donnera simplement lieu à la perception de la contribution de sécurité immobilière au taux de 0,10 % (V. **Contribution de sécurité immobilière**).

2) Convention établie sous condition suspensive

2827 **Formalités concernant la convention.** Les dispositions de l'article 60 de l'annexe IV au Code général des impôts selon lesquelles certains actes notariés sont dispensés de la présentation matérielle à l'enregistrement et soumis le cas échéant, au paiement sur états, ne peuvent s'appliquer qu'à des actes notariés passibles d'un droit fixe ou dispensés de droits.

En conséquence, doivent être présentées à l'enregistrement les conventions définitives de divorce sur requête conjointe, dressées par les notaires et établies sous condition suspensive, donnant ouverture à un droit proportionnel (Rép. min. Valleix : *JOAN* Q, 9 avr. 1990, p. 1655, n° 3444. – BOI-ENR-DG-20-40-20150401, n° 240).

Par ailleurs, même si elles donnent seulement ouverture au droit fixe des actes innommés, les conventions affectées dune condition suspensive portant transmission de droits réels immobiliers sont soumises obligatoirement à la formalité compte tenu de la nature des biens, qu'elles comprennent (Rép. min. Valleix : *JOAN* Q, 9 avr. 1990, p. 1655, n° 3444. – *BOI* préc.).

Dans ce deuxième procédé (convention sous condition suspensive), les transferts de propriété rétroagissent en général à la date de la convention. La publication de cette dernière a alors pour fonction et pour intérêt de rendre ces transferts rétroactifs éventuellement opposables aux tiers.

La publication de la convention établie sous condition suspensive s'opérera à la diligence du notaire, dans les conditions de droit commun. En toute hypothèse, il n'y aura lieu qu'à la perception d'un simple droit fixe ou d'une taxe fixe de publicité foncière (CGI, art. 680), selon que joue ou non la formalité unique.

2828 **Formalités après homologation.** Lorsque le jugement intervient, son enregistrement s'opère généralement selon les modalités évoquées plus haut (V. n° **2826**). Or, il apparaît souhaitable que soit établi un acte constatant la réalisation de la condition.

Il sera en général nécessaire de dresser cet acte pour pouvoir opérer les paiements prévus dans la convention (soulte... prestations compensatoires...) et en donner quittance, ou encore pour faire procéder à la publication d'un acte complémentaire, cette publication faisant suite à celle de l'acte conditionnel (D. 4 janv. 1955, art. 28, 4°-b). Il importe donc que l'avocat transmette au plus tôt la grosse du jugement rendu au notaire afin qu'il procède à ces diverses formalités.

2829 Ce deuxième processus est marqué par trois temps :
– établissement (et publication éventuelle) de la convention sous condition suspensive du prononcé du divorce... ;
– paiement des droits d'enregistrement aux services fiscaux chargés de l'enregistrement : la provision nécessaire sera demandée par le greffier et cette demande sera répercutée par l'avocat sur son client... le notaire n'aura donc pas à se faire provisionner pour tout ce qui concerne les droits proportionnels dus sur la convention elle-même ;
– établissement postérieur d'un acte constatant la réalisation de la condition, qui donnera lieu à la perception d'un simple droit fixe ou d'une taxe fixe de publicité foncière et (selon la doctrine constante de l'administration) à une nouvelle perception de la contribution de sécurité immobilière.

2830 **Dépôt d'une convention sous seing privé et du jugement l'ayant homologuée. Publication.** Selon l'ancienne association des conservateurs, si un avocat remettait aux fins de publication une convention sous seing privé réglant les conséquences d'un divorce et le jugement l'ayant homologuée, la publication simultanée du jugement et de la convention était possible au vu de l'article 68-2 du décret du 14 octobre 1955. Il était cependant nécessaire que l'identité des parties soit certifiée par l'avocat devant lequel la convention avait été conclue. D'autre part, seul le greffier en chef était habilité à certifier que la copie du jugement, reproduite sur la formule 3265 était conforme à la minute (*Bull. AMC* 1993, art. 1588).
Il ne semble pas que cette solution soit toujours d'actualité au vu de l'article 710-1 du Code civil, créé par la loi du 28 mars 2011 (V. **Authenticité**).

2831 **Publicité foncière et opposabilité de la convention.** Il a été jugé que le partage de la communauté contenu dans la convention définitive homologuée par le juge du divorce était opposable aux tiers à compter de l'accomplissement des formalités de publicité du jugement en marge des actes de l'état civil (Cass. 1re civ., 12 avr. 2012, n° 11-13.456 : *Bull. civ.* 2012, I, n° 91 : *JurisData* n° 2012-006916 ; *JCP* G 2012, n° 17, act. 508 ; *Defrénois* 2012, art. 40 608, obs. S. Piédelièvre).

2 Divorce (ou séparation de corps) contentieux

2832 Si les époux ne sont d'accord que sur certains des effets du divorce, seules deux conventions sont envisageables, tout en demeurant dans la procédure de divorce contentieux engagée : celle prévue par l'article 265-2 du Code civil, limitée à la seule liquidation et partage des intérêts patrimoniaux ; et celle de l'article 268 du même code dont l'objet est tout ou partie des effets du divorce (Y. Puyo : *JCl. Notarial Formulaire*, Fasc. 60, *Divorce. – Divorce contentieux. – Rôle du notaire en cours de procédure. – Notaire expert et quasi-expert – Conventions de divorce*, déc. 2022, n° 89).

2833 **Convention de l'article 265-2 du Code civil** : Cette convention est :
– conclue sous condition suspensive du prononcé du divorce (C. civ., art. 1451) ; elle ne produit ses effets qu'à partir du moment où le principe même du divorce est définitivement acquis ;
– obligatoirement notariée s'il existe des immeubles (C. civ., art. 265-2).
Cette convention ne nécessite pas d'homologation judiciaire. Ce caractère extrajudiciaire explique qu'elle ne présente pas les avantages d'une convention homologuée : son objet est strictement limité à la liquidation et au partage des intérêts patrimoniaux des époux et elle présente une certaine vulnérabilité puisqu'elle est modifiable par le juge lors du prononcé du divorce (C. civ., art. 267 ; CPC, art. 1451, al. 2) (Y. Puyo : *JCl. Notarial Formulaire*, Fasc. 60, *Divorce. – Divorce contentieux. – Rôle du notaire en cours de procédure. – Notaire expert et quasi-expert. – Conventions de divorce*, déc. 2022, n° 98).
Ainsi, une telle convention ne peut pas avoir pour objet un accord sur la résidence des enfants ou sur la prestation compensatoire. Plus particulièrement, la convention de l'article 265-2 ne peut pas être utilisée pour conclure un partage par lequel l'un des époux serait débiteur d'une soulte « compensée » au moyen d'une prestation compensatoire (Y. Puyo : *JCl. Notarial Formulaire*, Fasc. 60, *Divorce. – Divorce contentieux. – Rôle du notaire en cours de procédure. – Notaire expert et quasi-expert. – Conventions de divorce*, déc. 2022, n° 98).

2834 **Convention de l'article 268 du Code civil** : cette convention :
– peut être soumise à l'homologation du juge (C. civ., art. 268) ; l'homologation judiciaire constitue alors une condition de formation de la convention ;
– doit être obligatoirement notariée s'il existe des immeubles.
Cette convention présente des avantages comparables à ceux de la convention du divorce

Divorce

par consentement mutuel. En effet, l'objet de la convention de l'article 268 est plus large que celui de la convention prévue à l'article 265-2 puisqu'elle a vocation à régler tout ou partie des conséquences du divorce. Ainsi, il est tout à fait possible de régler le partage et la prestation compensatoire. La convention peut également porter sur la résidence et la pension alimentaire des enfants (Y. Puyo : *JCl. Notarial Formulaire*, Fasc. 60, *Divorce. – Divorce contentieux. – Rôle du notaire en cours de procédure. – Notaire expert et quasi-expert. – Conventions de divorce*, déc. 2022, n° 108).

2835 Formalités antérieures au jugement de divorce. Ces conventions sont donc établies sous condition suspensive du prononcé du divorce ou de leur homologation judiciaire.

Dans la mesure où elle est constatée par acte notarié et porte sur un bien immobilier (chose ou droit), une telle convention est soumise à formalité fusionnée, dite encore formalité unique (CGI, art. 635, 1 et 647 ; D. n° 5-22, 4 janv. 1955, art. 28, 1°, *a)* et 28, 4°, *e)*) :

– l'enregistrement et la publicité foncière de la convention se font conjointement au service de la publicité foncière du lieu de situation de l'immeuble (CGI, art. 657) ; une telle convention ne peut pas être dispensée de la formalité (comp. Rép. min. Valleix, QE n° 3444 : *JOAN* 9 avr. 1990, p. 1655 ; BOI-ENR-DG-20-40, 31 janv. 2023, n° 240) ;

– l'exécution de la formalité doit être accomplie dans le mois de la convention (CGI, art. 647, III) ;

– l'exécution de la formalité donne ouverture à une taxe fixe de publicité foncière de 125 € (CGI, art. 680) (comp. Rép. min. Valleix, QE n° 3444 : *JOAN* 9 avr. 1990, p. 1655 ; BOI-ENR-DG-20-40, 31 janv. 2023, n° 240).

2836 Formalités postérieures au jugement de divorce. Dans tous les cas (V. n° **2833**), une fois le jugement rendu, la condition se trouve réalisée, et un acte doit être dressé constatant la réalisation de la condition, puis soumis éventuellement à la publication. La taxation sera fonction de son contenu (V. plus bas pour ce qui concerne les perceptions qui peuvent être opérées).

II

Formalités concernant les jugements de divorce

2837 Dualité de formalités et unicité de perception : le jugement de divorce, s'il donne ouverture à un droit d'enregistrement proportionnel ou progressif, doit être soumis à la formalité de l'enregistrement dans le délai d'un mois de sa date (CGI, art. 635, 2, 1°) ; le droit dû sera acquitté lors de cette formalité. En principe, le collecteur de l'impôt est le greffier (CGI, art. 1705, 3° et 1840 C) ; c'est lui qui doit acquitter le droit proportionnel ou progressif dû sur le jugement, sous peine de sanctions fiscales (CGI, art. 1840 C) ; ce qui suppose que les parties au jugement, qui sont les redevables définitifs, lui provisionnent les droits ; comme ce n'est en pratique jamais le cas, la loi prévoit le recouvrement des droits directement auprès des parties et la transmission par le greffier du jugement au services fiscaux afin de procéder à ce recouvrement (CGI, art. 1840 D). L'administration fiscale, commentant ces textes, recommande au greffier d'effectuer la transmission du jugement dans les quinze jours de la décision au plus tard (BOI-ENR-DG-20-30-10, 12 sept. 2012, n° 80).

Lorsque la formalité de l'enregistrement est exécutée, le jugement doit ensuite être soumis à la formalité de la publicité foncière ; la formalité de publicité foncière doit intervenir dans le délai de trois mois de la date à laquelle le jugement est devenu définitif (D. n° 55-22, 4 janv. 1955, art. 33, B) ; la formalité de publicité foncière a lieu en franchise de taxe de publicité foncière (CGI, art. 665). Seule la contribution de sécurité immobilière est perçue au taux de 0,10 % sur la valeur des biens immobiliers figurant dans le jugement (CGI, art. 881 K) (V. **Décision de justice**).

2838 Cas où la publicité foncière est nécessaire. En fonction du dispositif du jugement, sa publication au fichier immobilier pourra être obligatoire.

2839 Transfert de biens au titre de la prestation compensatoire. Si le jugement prescrit une prestation compensatoire sous la forme d'une « attribution de biens en propriété ou d'un droit temporaire ou viager d'usage, d'habitation ou d'usufruit, le jugement opérant cession forcée en faveur du créancier » (C. civ., art. 274-2°), alors la publication du jugement sera nécessaire

(D. n° 55-22, 4 janv. 1955, art. 28, 1°, *a)* et 28, 4°, *e)* : *Bull. AMC* 2001, art. 1835).

2840 **Bail forcé.** Le tribunal peut, sous certaines conditions, octroyer à l'un des époux un bail sur l'immeuble propre de son conjoint (C. civ., art. 285-1). Si la durée du bail est de plus de douze années, le jugement devra être obligatoirement publié (D. n° 55-22, 4 janv. 1955, art. 28-I°-b).

2841 **Maintien dans l'indivision.** Le juge est appelé à statuer sur les demandes de maintien dans l'indivision (C. civ., art. 267, al. 2). S'il est fait droit à cette demande, et que l'indivision concerne des immeubles ou des droits réels immobiliers, la décision devra être publiée (D. n° 55-22, 4 janv. 1955, art. 28, 6°).

2842 **Pension alimentaire au profit d'un époux ou des enfants.** La pension alimentaire au profit d'un époux (dans le cas de séparation de corps) ou au profit des enfants peut prendre la forme de transferts de biens, ce qui dans certains cas va entraîner l'assujettissement de la décision à la publicité foncière (V. n^os^ **2820** et **2821**).

III Prestations compensatoires

2843 **Réforme opérée par la loi du 26 mai 2004.** L'article 28 de la loi relative au divorce (n° 2004-439 du 26 mai 2004) a supprimé la perception des droits de mutation à titre gratuit exigibles en application de l'article 757 A du Code général des impôts.

Il y substitue un article 1133 ter nouveau, dont il résulte que les versements de prestations compensatoires qui donnaient lieu à l'application des dispositions de l'article 757 A, sont dorénavant passibles d'un droit fixe ou d'une imposition proportionnelle au taux de 0,70 % (en vertu de l'article 1020 du Code général des impôts), soit 0,71498 % avec les perceptions additionnelles, lorsque le versement est effectué au moyen d'immeubles ou de droits réels immobiliers.

Ainsi, si le régime fiscal applicable aux prestations compensatoires versées au moyen de biens de communauté ou de biens indivis entre époux séparés de biens et acquis pendant le mariage est globalement inchangé, celui des prestations compensatoires versées au moyen de biens propres (autres que des biens indivis entre époux séparés de biens et acquis pendant le mariage) voit son champ d'application, le montant des droits et la date de leur exigibilité modifiés.

Une instruction du 20 décembre 2005 (*BOI* 7 A-3-05) a commenté cette mesure. Le contenu de cette instruction a été repris au BOFiP (BOI-ENR-DMTG-20-10-20-20-20160902, n°s 150 à 220).

> **AVERTISSEMENT** **Le contenu de l'instruction du 20 décembre 2005 est repris au *BOFiP* (BOI-ENR-DMTG-20-10-20-20-20160902, n°s 150 à 220). Dans la mesure où le *BOFiP* ne contredit pas les termes de l'instruction, nous avons continué de nous y référer, dans tous les cas où elle est plus développée, et donc plus explicite.**

A Régimes applicables

2844 Selon la nature et l'origine des biens au moyen desquels ce capital, entrant dans le champ des droits d'enregistrement, est versé, deux types de droits proportionnels et un droit fixe sont susceptibles de s'appliquer : le droit de partage prévu par l'article 748 (sur son taux actuel, V. **Partage**), la taxe de publicité foncière au taux de 0,70 % (0,71498 % avec les perceptions additionnelles) ou le droit fixe de 125 € prévu par l'article 1133 ter.

1 Prestations compensatoires passibles du droit de partage

2845 Le droit de partage est dû lorsque la prestation compensatoire est versée au moyen des biens suivants (BOI-ENR-DMTG-20-10-20-20-20160902, n° 160. – Instr. 20 déc. 2005, préc., n° 8) :

– biens de communauté (ou biens communs), auxquels il convient d'assimiler les biens dépendant d'une société d'acquêts accessoire à un régime de séparation de biens et ceux apportés lors de l'établissement d'un régime dotal ;

– biens indivis entre époux séparés de biens et acquis pendant le mariage. Les partages de tels biens sont effectués en application de l'article 1542 du Code civil, et relèvent de ce fait des dispositions de l'article 748 du même code (Cass. com., 21 avr. 1992, n° 90-14371. – *BOI* préc.).

2846 Dans ces hypothèses, le versement de la prestation compensatoire concourt au partage entre les ex-époux de leurs biens communs ou indivis. Le droit de partage est alors dû, tout comme il est dû à raison des jugements de divorce qui homologuent une convention prévoyant la liquidation et le partage du régime matrimonial des époux, sans pour autant prévoir le versement d'une prestation compensatoire à l'un d'entre eux (BOI-ENR-DMTG-20-10-20-20-20160902, n° 160. – Instr. 20 déc. 2005, préc., n° 9).

2847 Ce droit s'applique :
– que le versement de la prestation résulte d'une convention homologuée par le juge ou d'une décision du juge prise conformément à l'article 274 du Code civil. En particulier, dans cette dernière hypothèse, la décision judiciaire constitue un acte de partage au sens de l'article 748 ;
– que les biens attribués soient meubles ou immeubles. Ainsi, il peut s'agir de versements sous forme de somme d'argent sur une période inférieure à douze mois (BOI-ENR-DMTG-20-10-20-20-20160902, n° 160. – Instr. 20 déc. 2005, préc., n° 10).

2 Prestations compensatoires passibles du droit de 0,70 %

2848 Il résulte de la combinaison des articles 1133 ter et 1020 que le versement d'une prestation compensatoire au moyen de biens immeubles ou de droits réels immobiliers qui ne sont pas passibles du droit de partage (V. n° **2845**) donne lieu à la perception d'une imposition proportionnelle (BOI-ENR-DMTG-20-10-20-20-20160902, n° 170) au taux de 0,70 % (Instr. 20 déc. 2005, préc., n° 11), soit 0,71498 % (0,715 %) avec les perceptions additionnelles.

2849 En effet, une prestation compensatoire versée au moyen de tels biens ou droits soit opère une transmission entre vifs de propriété ou d'usufruit de biens immeubles, soit constate une constitution de droit réel immobilier au sens du 1° de l'article 677, justifiant ainsi la perception de l'imposition proportionnelle mentionnée à l'article 1020 (*BOI* préc. – Instr. 20 déc. 2005, préc., n° 12).

2850 À cet égard, il est précisé que le droit d'usage et le droit d'habitation sont, à l'instar de l'usufruit (C. civ., art. 625), des droits réels. Ainsi, lorsque l'un ou l'autre de ces droits porte sur un immeuble (ce qui est une évidence s'agissant du droit d'habitation), son attribution à titre temporaire ou viager, conformément au 2° de l'article 274 du Code civil, constate une constitution de droits réels immobiliers au sens du *a* du 1 de l'article 28 du décret n° 55-22 du 4 janvier 1955 modifié. Elle est donc passible du droit de 0,70 % (Instr. 20 déc. 2005, préc., n° 13) soit 0,71498 % (0,715 %) avec les perceptions additionnelles (BOI-ENR-DMTG-20-10-20-20-20160902, n° 170).

2851 Quoi qu'il en soit, ce droit s'applique, que le versement de la prestation résulte d'une convention homologuée par le juge ou d'une décision du juge prise conformément à l'article 274 du Code civil. Dans cette dernière hypothèse, le jugement constitue le titre en vertu duquel le versement de la prestation compensatoire peut être opéré (*BOI* préc. – Instr. 20 déc. 2005, préc., n° 14).

2852 **Paiement de la prestation compensatoire par remise de droits indivis.** La Cour de cassation, statuant en tant que juge de l'impôt, avait considéré que les droits indivis acquis conjointement avant le mariage des époux séparés de biens constituent un bien personnel à chacun d'eux pour moitié, et qu'en conséquence l'abandon de tels droits à titre de prestation compensatoire en conséquence du divorce par l'un des époux à l'autre constituait un versement en capital provenant des biens propres, passible à l'époque des droits de donation (CGI, anc. art. 757 A. – Cass. com., 8 juill. 1986, n° 84-17.502 : *Bull. civ.* 1986, IV, n° 152, p. 128 ; *Gaz. Pal.* 12-13 nov. 1986, p. 10, note B. Hatoux). Suivant un tel raisonnement, il conviendrait d'en déduire aujourd'hui que le paiement d'une prestation compensatoire à l'aide de droits indivis immobiliers acquis avant mariage devrait donner ouverture à la taxe de publicité foncière au taux de 0,715 %, par application des dispositions combinées des articles 1133 ter et 1020 du CGI. Néanmoins, une telle conclusion n'apparaît pas admissible dans la mesure où, depuis le 1er janvier 2008, le partage de biens indivis acquis avant mariage relève expressément du régime du droit de partage, en vertu de l'article 748 du CGI.

3 Prestations compensatoires passibles du droit fixe prévu par l'article 1133 ter

2853 Sont passibles du droit fixe prévu par l'article 1133 ter les prestations compensatoires qui font l'objet d'un versement en capital, non soumis aux dispositions de l'article 80 quater, au moyen de biens autres que ceux passibles des droits mentionnés aux 1 et 2 ci-dessus (BOI-ENR-DMTG-20-10-20-20-20160902, n° 180. – Instr. 20 déc. 2005, préc., n° 15).

B Exonérations

2854 **Aide juridictionnelle.** Lorsque l'une des parties au jugement bénéficie de l'aide juridictionnelle, les actes prévoyant le versement de prestations compensatoires définis au A ci-dessus sont exonérés de droits (CGI, art. 1090 A et 1090 B), quelle que soit leur forme (jugement, acte de partage ultérieur. – Instr. 20 déc. 2005, préc., n° 16. – BOI-ENR-DG-20-30-30-40-20130311, n° 20).

2855 En outre, il apparaît possible d'admettre que les jugements qui prévoient le versement d'une prestation compensatoire exonérée de droits sur le fondement des articles 1090 A et 1090 B du Code général des impôts sont dispensés de l'accomplissement de la formalité de l'enregistrement (Instr. 20 déc. 2005, préc., n° 17. – BOI-ENR-DG-20-30-30-40-20130311, n° 20).

2856 Aussi, l'exonération ci-dessus s'applique sous réserve de l'application du droit prévu par l'article 680 du Code général des impôts en cas de présentation volontaire du jugement à l'enregistrement (Instr. 20 déc. 2005, préc., n° 18. – BOI-ENR-DG-20-30-30-40-20130311, n° 20).

C Fait générateur

1 Principe : le jugement prévoyant le versement de la prestation

2857 L'exécution d'une prestation compensatoire entrant dans le champ d'application défini au A ci-dessus résulte soit de l'homologation par le juge d'une convention, soit d'une décision du juge prise conformément à l'article 274 du Code civil. Dans ces dernières hypothèses en effet, la décision judiciaire constitue :

– soit un acte de partage au sens de l'article 748 du Code général des impôts ;

– soit le titre en vertu duquel le versement de la prestation compensatoire peut être opéré au sens de l'article 1133 ter du Code général des impôts (Instr. 20 déc. 2005, préc., n° 19. – BOI-ENR-DG-20-30-30-40-20130311, n° 30).

2858 Tel est le cas des jugements qui prévoient le versement d'une prestation compensatoire au moyen de biens dont est précisée l'origine commune, ou indivis entre époux séparés de biens par suite d'une acquisition pendant le mariage. Peu importe à cet égard que les biens soient eux-mêmes identifiés dans cette hypothèse : le jugement constitue alors un acte de partage (Instr. 20 déc. 2005, préc., n° 20).

2859 Tel est également le cas des jugements qui prévoient le versement d'une prestation compensatoire au moyen de biens déterminés, qu'il soit ou non fait mention de leur origine.
En effet, l'absence d'une telle précision ne remet pas en cause le fait que ces biens ont une origine commune ou indivise entre époux séparés de biens pendant le mariage (il s'agit alors d'un acte de partage), ou propre (la décision est le titre en vertu duquel le versement de la prestation compensatoire peut être opéré au sens de l'article 1133 ter).
Cela étant, compte tenu des règles d'exigibilité des droits, la mention de l'origine des biens dans la décision ou dans la convention est vivement recommandée afin de limiter les démarches de liquidation (Instr. 20 déc. 2005, préc., n° 21. – BOI-ENR-DG-20-30-30-40-20130311, n° 30).

2 Exception : prestation compensatoire sous forme de somme d'argent

2860 Ainsi, le versement d'une prestation compensatoire au moyen de sommes d'argent relève du régime suivant :
a) lorsque l'origine des sommes n'est pas mentionnée, la disposition prévoyant le versement ne constitue pas le fait générateur d'une quelconque imposition ;
b) lorsque l'origine des deniers versés est mentionnée comme étant commune ou indivise entre époux séparés de biens pendant le mariage des deniers versés, alors cette disposition constitue le fait générateur du droit de partage ;
c) lorsque l'origine des deniers versés est mentionnée comme étant autre que celle mentionnée au *b)* ci-dessus, cette disposition constitue le fait générateur du droit fixe mentionné à l'article 1133 ter (Instr. 20 déc. 2005, préc., n° 25. – BOI-ENR-DG-20-30-30-40-20130311, n° 80).

2861 **Remarque.** Les précisions mentionnées ci-dessus (V. n°s 2858 à 2860) s'appliquent aussi bien lorsque l'homologation ou la décision résulte d'un jugement de divorce, que lorsque le juge prononce une conversion de rente en capital en application des dispositions de l'article 276-4 du Code civil.
Elles s'appliquent également sur les conversions en capital effectuées en application de l'article 280 du Code civil :
– si son versement au moyen de biens acquis en commun ou en indivision par des époux séparés de biens pendant le mariage, et demeurés dans cet état postérieurement au divorce, est constaté par un acte, ou,

– lorsqu'il est versé au moyen de biens propres à l'ex-époux défunt (Instr. 20 déc. 2005, préc., n° 25. – BOI-ENR-DG-20-30-30-40-20130311, n° 80).

D Exigibilité

1 Prestations compensatoires passibles d'une imposition proportionnelle

2862 En application du 1° du 2 de l'article 635, les jugements qui donnent ouverture à une imposition proportionnelle doivent être enregistrés dans le mois de leur date (Instr. 20 déc. 2005, préc., n° 26).

2863 Dès lors, les jugements qui constituent l'acte ou le titre générateur du droit de partage ou du droit de 0,70 % (0,71498 % avec les perceptions additionnelles) dû en application des dispositions combinées des articles 1133 ter et 1020 doivent être enregistrés dans le mois de leur date.
Il est rappelé qu'il résulte de la combinaison de l'article 1701 et du deuxième alinéa de l'article 1961 du Code général des impôts que les droits d'enregistrement sont immédiatement exigibles dès le prononcé du jugement, sans qu'il soit besoin d'attendre qu'il soit exécutoire. Cette situation est confirmée par une jurisprudence constante de la Cour de cassation (cf. Cass. com., 26 avr. 1968). En effet, les décisions de justice forment l'acte justificatif de la créance fiscale, et l'on ne saurait qualifier de condition suspensive au sens de l'article 676 du Code général des impôts la faculté ouverte aux parties d'interjeter appel ou de se pourvoir en cassation.
Par ailleurs, conformément à l'article 539 du Code de procédure civile, l'appel et son délai n'ont pour effet que de suspendre l'exécution du jugement, et non de le mettre à néant. De même, sont inopérants :
– la suspension du prononcé du divorce à l'exécution de la prestation (qui a pu être prévue par certaines décisions avant le 1er janvier 2005), la décision par laquelle la prestation compensatoire doit être versée étant une disposition distincte de celle prononçant le divorce ;
– le fait que le jugement prévoyant le versement de la prestation compensatoire ne soit pas assorti de son exécution provisoire.
Tout au plus, le défaut de caractère exécutoire de la décision justifie-t-il l'émission d'un avis de mise en recouvrement collectif aux parties au moment de la prise en charge en recette (Instr. 20 déc. 2005, préc., n° 27).

2864 Lorsque le jugement ne prévoit pas le versement de la prestation compensatoire, l'acte ultérieur prévoyant le partage de sommes d'argent au moyen de deniers communs ou indivis entre époux séparés de biens pendant le mariage (V. n° **2860**) devra être enregistré dans le mois de sa date, conformément au 7° du 1 de l'article 635 (Instr. 20 déc. 2005, préc., n° 28).

2865 Par ailleurs, l'acte prévoyant le versement en capital dû en application de l'article 280 du Code civil doit être :
– publié dans le mois de sa date s'il stipule que ce versement est opéré au moyen d'un immeuble ; il donne lieu à cette occasion à la perception de la taxe de publicité foncière au taux indiqué (V. nos **2844** à **2853**) ;
– enregistré dans le mois de sa date, conformément au 7° du 1 de l'article 635 s'il opère partage de biens qui avaient été acquis en commun ou en indivision par les époux pendant leur mariage, et demeurés dans cet état postérieurement au divorce. Le droit de partage prévu par l'article 748 (2,50 %) est alors exigible (Instr. 20 déc. 2005, préc., n° 29).

2 Prestations compensatoires passibles d'un droit fixe

2866 Aucun délai n'est imposé pour l'enregistrement des jugements prévoyant le versement de telles prestations compensatoires (V. n° **2875**, cas c), et n° **2881**. – Instr. 20 déc. 2005, préc., n° 30).

E Assiette (impositions proportionnelles)

1 Dispositions communes

2867 **Nécessité d'une évaluation.** Les droits sont assis sur les valeurs qui doivent, en application de l'article 1080 du Code de procédure civile, être mentionnées dans la convention, ou, à défaut d'une telle convention, dans la décision qui prononce le versement de la prestation compensatoire (BOI-ENR-DMTG-20-10-20-20-20160902, n° 190. – Instr. 20 déc. 2005, préc., n° 31).

2868 **Usufruit.** Le versement d'une prestation compensatoire au moyen de biens en usufruit, doit, pour la liquidation des droits d'enregistrement, être déterminé conformément aux dispositions de l'article 669 (BOI-ENR-DMTG-20-10-20-20-20160902, n° 180. – Instr. 20 déc. 2005, préc., n° 32).

Divorce

2869 **Droits d'usage ou d'habitation.** La même évaluation s'applique pour la liquidation de l'attribution du droit temporaire ou viager d'usage et d'habitation, dès lors qu'ils s'établissent et se perdent de la même manière que l'usufruit (C. civ., art. 625. – V. *supra*). Cependant, dès lors que le bénéficiaire d'un tel droit d'usage ou d'habitation ne peut le céder ni le louer, il apparaît possible d'admettre qu'il soit pratiqué sur cette évaluation légale un abattement de 20 %.
Bien entendu, le contrôle du respect de ces règles d'évaluation ne peut pas être effectué lors de l'enregistrement. Ainsi, à titre de règle pratique, les droits seront liquidés, à défaut d'une précision particulière, sur la valeur des droits démembrés tels qu'ils figureront dans la convention ou dans la décision (BOI-ENR-DMTG-20-10-20-20-20160902, n° 210. – Instr. 20 déc. 2005, préc., n° 33).

2 Dispositions propres aux versements de prestations compensatoires rendant exigibles le droit de partage

2870 Lorsqu'il est exigible, le droit de partage s'applique, que le versement de la prestation résulte d'une convention homologuée par le juge ou d'une décision du juge prise conformément à l'article 274 du Code civil.
Il convient toutefois d'apporter les précisions suivantes, selon que le versement de la prestation compensatoire est ou non compris dans une convention prévoyant la liquidation et le partage du régime matrimonial (Instr. 20 déc. 2005, préc., n° 34) :

2871 **Premier cas.** Le jugement homologue une convention qui prévoit la liquidation du régime matrimonial et le versement de la prestation compensatoire au moyen de biens ou droits compris dans la masse des biens ainsi partagés.
Une telle convention constate en effet un partage taxable en application de l'article 748 du Code général des impôts.
Le droit de partage (sur son taux actuel, V. **Partage**) est alors assis sur l'actif net ainsi partagé, sans distraction des soultes, et particulièrement de celle résultant de l'attribution à l'un des ex-époux des biens revenant normalement à l'autre par l'effet de la liquidation de la communauté, et qui est compensée par la prestation compensatoire d'égal montant (BOI-ENR-DMTG-20-10-20-20-20160902, n° 220. – Instr. 20 déc. 2005, préc., n° 35).

2872 **Deuxième cas.** Le jugement n'homologue pas une convention qui prévoit la liquidation du régime matrimonial et le versement de la prestation compensatoire au moyen de biens ou droits compris dans la masse des biens ainsi partagés.
Dans ce cas, et dès lors que les biens au moyen desquels la prestation compensatoire est versée sont passibles du droit de partage, celui-ci est assis sur leur valeur. L'acte de partage ultérieur qui reprend dans ses stipulations les biens ou droits versés conformément à ce jugement ne donnera pas lieu à la perception du droit de partage sur la valeur des biens ou droits ainsi versés, par application de la règle selon laquelle la même opération ne peut être frappée deux fois de droits proportionnels d'enregistrement (règle *non bis in idem*. – BOI-ENR-DMTG-20-10-20-20-20160902, n° 220. – Instr. 20 déc. 2005, préc., n° 36).

F Application pratique : traitement des jugements

1 Nature des jugements pour lesquels le versement de la prestation compensatoire justifie la présentation à la formalité de l'enregistrement

2873 À titre préalable, il convient de rappeler que les jugements prévoyant le versement d'une prestation compensatoire, ou qui, plus généralement homologuent une convention prévoyant la liquidation du régime matrimonial des époux n'ont pas à être présentés lorsque l'une des parties bénéficie de l'aide juridictionnelle. Les développements ci-après postulent donc qu'aucune des parties au jugement ne bénéficie de l'aide juridictionnelle (Instr. 20 déc. 2005, préc., n° 37).

2874 Cela étant, sont présentés à la formalité de l'enregistrement, les jugements qui homologuent une convention prévoyant la liquidation du régime matrimonial et le versement de la prestation compensatoire au moyen de biens ou droits compris dans la masse des biens ainsi partagés. Ces jugements rendent exigibles le droit de partage (V. n° **2870**), comme tous les jugements homologuant une convention prévoyant la liquidation et le partage du régime matrimonial (Instr. 20 déc. 2005, préc., n° 38).

2875 Sont également présentés à la formalité de l'enregistrement les autres jugements qui prévoient le versement d'une prestation compensatoire (peu important que le versement résulte d'une décision prise sur le fondement de l'article 274 du Code civil ou de l'homologation d'une

convention relative au versement de la prestation compensatoire), au moyen :
a) de biens immeubles ou de droits réels immobiliers, que le jugement ou la convention qu'il homologue précise ou non leur origine ;
b) de deniers dont l'origine commune ou indivise entre époux séparés de biens pendant le mariage est précisée dans le jugement ou la convention qu'il homologue ;
c) d'autres biens ou droits mobiliers que des deniers, lorsque le jugement ou la convention qu'il homologue ne précise pas qu'ils ont un caractère propre et non indivis (Instr. 20 déc. 2005, préc., n° 39).

2 Rôle des greffiers

2876 En application des dispositions combinées du 3 de l'article 650 et de l'article 658, l'enregistrement des jugements doit être requis sur la minute par les greffiers à la recette des impôts dans le ressort de laquelle ils exercent leurs fonctions (Instr. 20 déc. 2005, préc., n° 40).

2877 Pour la réquisition de la formalité, les greffiers continuent à appliquer les mêmes règles que précédemment (cf. Doc. adm. DGI, 7 A-414, n°s 4 et 8 ; Doc. adm. DGI, 7 A-4121, n° 15).
Cependant, ils peuvent désormais délivrer copie exécutoire de la minute de tous les jugements de divorce (CGI, art. 862, 2e al., modifié par l'article 27 de la loi relative au divorce), sans attendre le paiement des droits d'enregistrement. La preuve du paiement du droit d'enregistrement résulte toutefois toujours de la mention de la quittance de l'enregistrement sur la minute (CGI, art. 1704, I. – Instr. 20 déc. 2005, préc., n° 41).

3 Rôle des services fiscaux

2878 Le recouvrement des droits dus continue, comme par le passé (cf. Doc. adm. DGI, 7 A-4121, n°s 16 à 22) à être poursuivi contre les parties.
Bien entendu, en conséquence de la modification de l'article 862, l'avis adressé aux redevables en vue du règlement des droits dus sur le jugement de divorce (Doc. adm. DGI, 7 A-4121, n° 16) ne fera plus référence à l'interdiction de délivrer copie. Il est cependant opportun qu'il précise les règles d'exigibilité des droits définies ci-dessus, et les sanctions de droit commun auxquelles les parties s'exposent à défaut de paiement dans le délai d'un mois à compter du prononcé du jugement (Instr. 20 déc. 2005, préc., n° 42).

2879 À cet égard, la lettre indiquera le tarif exigible compte tenu des éléments relatifs à l'origine des biens figurant dans le jugement ou dans la convention que ce dernier homologue (Instr. 20 déc. 2005, préc., n° 43).

2880 À défaut de précision (V. n° **2875**, cas a et c), elle indiquera aux parties que les droits d'enregistrement dus sur le versement de la prestation compensatoire sont, compte tenu des présomptions de communauté ou d'indivision des biens des époux prévues respectivement par les articles 1402 et 1538 du Code civil, exigibles au taux prévu par l'article 748 (sur son taux actuel, V. **Partage**), sauf preuve contraire qu'il leur appartient d'apporter par tous moyens compatibles avec les règles de la procédure écrite (Instr. 20 déc. 2005, préc., n° 44).

2881 Elle ajoutera que, dans la mesure où cette preuve contraire du caractère propre et non indivis entre époux est apportée, les droits sont dus :
– au taux proportionnel de 0,70 % (0,71498 % avec les perceptions additionnelles) s'agissant des prestations compensatoires versées au moyen d'immeubles ou de droits réels immobiliers (V. n° **2875**, cas a) ;
– au droit fixe prévu par l'article 1133 ter s'agissant des prestations compensatoires versées au moyen de biens ou droits mobiliers (V. n° **2875**, cas c).
Néanmoins, il conviendra de préciser qu'aucun droit ne sera dû si la preuve du caractère propre et non indivis du bien ou droit mobilier est apportée à la recette dans le mois du prononcé du jugement prévoyant son versement. Dans cette hypothèse, la recette renvoie sans délai le jugement au greffe en précisant qu'il est dispensé de formalité (Instr. 20 déc. 2005, préc., n° 45).

4 Conséquences lors de la publication au fichier immobilier

2882 Dès lors que les prestations compensatoires exécutées par attribution d'immeubles ou de droits réels immobiliers au sens précité donnent lieu à la perception de droits proportionnels lors de l'enregistrement, et compte tenu du fait qu'elles ne constituent en aucun cas des mutations à titre gratuit, la publication au fichier immobilier de ces opérations ne donne lieu à la perception d'aucune taxe de publicité foncière ou de droits d'enregistrement (CGI, art. 665, 2e al.), sous réserve que soit apportée la preuve que les droits d'enregistrement exigibles ont été préalablement acquittés (CGI, art. 1701). Cette preuve résulte de la mention de l'enregistrement sur la copie du jugement (Instr. 20 déc. 2005, préc., n° 46).
À défaut, la formalité de publicité doit être refusée (Instr. 20 déc. 2005, préc., n° 47).

IV

Fiscalité du partage

2883 Régime fiscal du partage. Sur le régime fiscal des partages consécutifs au prononcé du divorce, V. **Partage** et pour les solutions spécifiques aux époux séparés de biens, V. **Séparation de biens**.

2884 Taux du droit de partage. Depuis le 1er janvier 2022, le taux du droit de partage est de 1,10 % pour les partages des intérêts patrimoniaux consécutifs à une séparation de corps, à un divorce ou à une rupture d'un pacte civil de solidarité (CGI, art. 746).

Jusqu'au 31 décembre 2020, le taux était de 2,50 %. Le texte de l'article 746 a été modifié par l'article 108 de la loi de finances pour 2020 (L. n° 2019-1479, 28 déc. 2019) afin que le taux du droit de partage soit ramené à 1,80 % à compter du 1er janvier 2021 puis à 1,10 % à compter du 1er janvier 2022.

Des indications ont été données par l'Administration (bureau GF-3B de la DGFiP) aux services de la publicité foncière afin de déterminer le taux applicable aux actes déposés (S. Lamiaux, *Baisse du taux du droit de partage pour les divorces et rupture de Pacs : commentaires administratifs de droit transitoire* : *JCP* N 12 mars 2021, n° 10, act. 306).

Elles sont les suivantes.

L'article 746 du CGI dispose : « Les partages de biens meubles et immeubles entre copropriétaires, cohéritiers et coassociés, à quelque titre que ce soit, pourvu qu'il en soit justifié, sont assujettis à un droit d'enregistrement ou à une taxe de publicité foncière de 2,50 % ». Selon les dispositions de l'article 108 de la loi n° 2019-1479 de finances pour 2020, ce taux est ramené à 1,80 % à compter du 1er janvier 2021, et à 1,10 % à compter du 1er janvier 2022, pour les partages des intérêts patrimoniaux consécutifs à une séparation de corps, à un divorce ou à une rupture d'un pacte civil de solidarité. Le changement de taux ne concernera donc que certains partages. En principe, le droit dû au moment du dépôt de l'acte est celui applicable selon le tarif en vigueur à la date de l'acte de partage. En effet, pour les droits d'enregistrement et la taxe de publicité foncière, la créance du Trésor résulte de la rédaction de l'acte qui constitue donc son fait générateur. Elle prend naissance à cette époque et emporte à son profit un droit acquis dont l'existence est désormais certaine. L'impôt constitue dans ce cas un droit immédiatement acquis, échappant aux modifications de tarifs survenues entre l'époque de son ouverture et celle de son paiement (cf. BOI-ENR-DG-30, § 1).

Pour le cas particulier des divorces, il convient de préciser le cas des divorces par consentement mutuel extra-judiciaire ou ceux homologués par le juge :

– divorce par consentement mutuel extra-judiciaire : c'est la date du dépôt au rang des minutes du notaire de la convention de divorce, dans la mesure où elle doit, à peine de nullité, comporter expressément l'état liquidatif du régime matrimonial (le 5° de l'article 229-3 du CGI), qui permet de déterminer le taux applicable à l'état liquidatif (cf. Circ. 26 janv. 2017, fiche n° 8) ;

– divorces homologués par le juge : c'est la date de l'homologation du juge qui permet de déterminer le taux applicable à l'état liquidatif (Rép. min. Delnatte : *JOAN* 13 juin 2006, p. 6208, n° 86792).

Exemples :

– Divorce en 2019 avec maintien dans l'indivision des biens. Partage après divorce signé le 21 décembre 2020, déposé le 21 janvier 2021 → 2,50 %

– État liquidatif signé le 21 décembre 2020 inclus dans une convention de divorce homologuée par le juge le 15 mars 2021, dépôt le 30 mars 2021 → 1,80 %

– État liquidatif signé le 27 décembre 2020, convention de divorce déposée au rang des minutes du notaire le 28 janvier 2021, dépôt le 15 février 2021 → 1,80 %

– Partage après rupture de PACS signé le 5 janvier 2021, déposé le 21 janvier 2021 → 1,80 %

Ces indications ont été ultérieurement confortées par le ministre de l'Économie et des Finances, qui a également apporté d'autres précisions (Rép. min. Renaud-Garabedian, QE n° 00356 : *JO* Sénat, 22 déc. 2022, p. 6646) : les partages des intérêts patrimoniaux qui ne seraient pas consécutifs à une séparation de corps, à un divorce ou à une rupture de PACS ne peuvent bénéficier du taux réduit. Il en va ainsi des partages prenant effet antérieurement à la rupture du PACS ou au divorce ainsi que des partages entre concubins.

Enfin, pour rappel, l'article 4 de la loi de finances pour 2012 avait maintenu l'application du taux

Divorce

de 1,1 % pour les partages réalisés dans le cadre d'une convention de divorce présentée au juge avant le 30 juillet 2011, quelle que soit la date de l'homologation de la convention par le juge, y compris donc si elle intervient après le 31 décembre 2011 (L. fin. 2012, n° 2011-1977, 28 déc. 2011, art. 4 : *JO* 29 déc. 2011).

L'objectif de cette mesure était d'éviter aux personnes qui ont déposé des demandes de divorce de se retrouver dans des situations inéquitables – certaines frappées du droit de partage au taux de 2,5 % et d'autres au taux de 1,1 % – du fait de l'engorgement de certains tribunaux.

Les décisions portant homologation d'une convention pour la liquidation et le partage de la communauté pouvaient concerner aussi bien des divorces par consentement mutuel que des divorces contentieux (homologation d'un acte de liquidation du régime matrimonial sur le fondement des articles 265-2 et 268 du Code civil).

L'Administration avait commenté ce régime transitoire de faveur (Instr. 7 mars 2012 : *BOI* 7 G-2-12, § 46 à 49).

2885 **Partage verbal.** L'article 635, 7° du Code général des impôts n'assujettit obligatoirement à la formalité que les actes constatant un partage. Il s'ensuit qu'un partage verbal n'est pas soumis à la formalité obligatoire. Cette solution est bien établie sur le plan fiscal (V. Rép. min. Valter n° 9548 : *JOAN* Q 22 janv. 2013, p. 825 ; BOI-ENR-PTG-10-10, 30/06/2020-20150903, n° 90 – V. également **Partage**).

Ceci peut être une incitation pour les époux divorçant, à répartir directement entre eux le produit de la vente d'un bien immobilier commun avant ou concomitamment à l'engagement de la procédure, en vue d'échapper à l'application du droit de partage. Les dangers de cette façon de faire, sur le plan civil, ont été démontrés (E. Buat-Ménard et J. Combret, *Droit de partage et partage verbal : mauvaise réponse à une bonne question : Defrénois* 2013, n° 18, p. 921 et s. – S. Thouret, *Le partage verbal : entre optimisation fiscale et sécurité juridique : AJDI* 2013, p. 688).

➤ Sur les problèmes, notamment de licéité, que pose un partage verbal lorsqu'il intervient dans la perspective ou dans le cadre d'un divorce, V. G. Barbé, *Panorama fiscal et civil du partage verbal préalable au divorce : LPA* 2 août 2013, p. 14).

Mais lorsque les copropriétaires déclarent dans un acte avoir été remplis antérieurement, au moyen d'un partage verbal, complètement ou partiellement de leurs droits, l'impôt de partage est dû sur les biens antérieurement partagés.

C'est ainsi que l'administration a exigé l'impôt de partage sur une attestation notariée relatant un remembrement rural et la répartition des nouveaux biens entre les ayants droit de l'apporteur prédécédé, dès lors que cet acte doit être considéré comme formant le titre d'une convention verbale antérieure (V. BOI-ENR-PTG-10-10, 30 juin 2020, n° 90). D'une façon générale, le droit de partage s'applique à un acte mentionnant un partage verbal antérieur (Rép. min. Delnatte, n° 86792 : *JOAN* Q 13 juin 2006, p. 6208 ; *BOI* préc.) Il en est ainsi lorsqu'une convention de divorce indique que les biens indivis entre les époux ont été vendus et que le prix de vente a d'ores et déjà été réparti entre les époux, sans qu'une clause de répartition du prix ne figure dans l'acte (CA Versailles, 22 sept. 2017, n° 15/04911 : *JurisData* n° 2017-021934).

Plus récemment, l'administration est revenue sur la problématique du partage du prix de vente d'un bien immobilier commun entre des époux en instance de divorce. Elle a ainsi rappelé que le partage verbal entre époux du produit de la vente d'un immeuble commun qui intervient avant un divorce par consentement mutuel n'est pas soumis au droit de partage. Cependant, elle a également précisé que « en revanche, si les époux constatent ensuite le partage dans un acte, quel qu'il soit et donc y compris le cas échéant la convention de divorce, avant, pendant ou après la procédure de divorce ou qu'ils font mention du partage verbal dans un acte postérieur à ce partage, l'acte constatant le partage doit alors être soumis à la formalité de l'enregistrement et devra donner lieu au paiement du droit de partage dans les conditions prévues aux articles 746 et suivants du CGI. Il est également précisé que le produit de la vente doit, même en l'absence de partage, être inclus dans l'état liquidatif du régime matrimonial annexé à la convention, ce dernier devant comprendre l'ensemble des biens communs ou indivis du couple » (Rép. min. Descœur, QE n° 10159 : *JOAN* 1er sept. 2020, p. 5757).

Il convient toutefois de rappeler une solution administrative particulière relative aux clauses de répartition du prix de vente figurant dans les actes de vente. En principe, le droit de partage est normalement exigible au titre d'un acte de vente d'un immeuble indivis contenant des clauses de répartition du prix de vente. Mais, par mesure de tempérament, l'administration a décidé de renoncer à sa perception. Dans ce cas, aucun droit de partage n'est exigé de l'administration si cette vente est mentionnée ultérieurement dans un nouvel acte comme une convention ou un jugement de divorce (V. Rép. min. Beauguitte, QE n° 4813 : *JOAN* 18 mai 1960, p. 909 ; BOI-ENR-PTG-10-10, 30 juin 20203, n° 65).

2886 Partage « forfaitaire ». Les époux conviennent parfois d'un « partage forfaitaire ». Une déclaration estimative de la valeur nette des biens partagés doit être alors souscrite (CGI, art. 851). Cette déclaration comporte normalement l'indication et l'évaluation, par article séparé, de chacun des biens (Instr. 4619, p. 2).
Si le partage ne bénéficie pas du régime de faveur (par ex., dans le cas de certains biens indivis entre époux séparés de biens : V. **Séparation de biens**), l'attribution forfaitaire de la totalité du bien indivis à l'un des époux est un partage avec « plus-value » de lot : les droits de mutation à titre onéreux sont dus (avec éventuelle taxation des plus-values) sur cette « plus-value » assimilée à une soulte. Plutôt que de convenir d'un partage « forfaitaire », sans autre précision, il peut être alors préférable fiscalement d'indiquer que le transfert de la part indivise s'opère à titre de prestation compensatoire.

2887 Partage inégal. Le régime fiscal du partage est celui du droit commun : il diffère selon que les époux sont mariés sous un régime de communauté (V. **Partage**) ou sous un régime de séparation de biens (V. **Séparation de biens**).
Dans le cas de partage inégal, la taxation sera fonction de la cause de l'inégalité :
– en régime de communauté, si la cause n'est pas exprimée, le partage comporte une plus-value de lot, qui est sans incidence du fait que ce partage bénéficie du régime fiscal de faveur de l'article 748 du Code général des impôts (V. **Partage**) ;
– si les époux sont mariés sous le régime de séparation de biens, la plus-value de lot non causée assimilable à une soulte, peut amener dans certains cas la perception des droits de mutation à titre onéreux (V. **Séparation de biens** pour le régime des soultes en ce domaine, et V. **Partage**). Mais l'inégalité peut se justifier à titre de prestation compensatoire : en ce cas, cette prestation en capital sera taxée en conséquence (V. n° **2853**).
On se souviendra que la répartition inégale du passif peut s'assimiler à une soulte, qui, dans certains cas peut être taxable (V. **Partage** et **Séparation de biens**).

2888 Convention d'indivision après divorce. Partage ultérieur des biens. Si, après divorce, deux époux mariés sous un régime de communauté décident de maintenir dans l'indivision des biens (meubles ou immeubles) dépendant de l'indivision post-communautaire, cette convention n'empêche pas l'application du régime de faveur prévu par l'article 748 du Code général des impôts (V. **Partage**) ou par l'article 750-II du même code (V. **Licitation**), en cas de licitation ou de partage ultérieur : perception du droit ou de la taxe de publicité foncière au taux de 2,50 % et absence de taxation des soultes ou « plus-values » de lots (Cass. com., 2 mai 1990 : *Bull. civ.* 1990, IV, n° 128, p. 86 ; *Defrénois* 1990, art. 34911, obs. Chappert ; *JCP* N 1991, II p. 22, note D. E. – *BOI* 7 F-2-91).

2889 Remise d'un bien propre en paiement d'une soulte. Lorsqu'un époux débiteur d'une soulte à la suite de l'attribution d'un bien dans un partage de communauté après divorce, remet en paiement de cette soulte un bien lui appartenant en propre, cette opération constitue une dation en paiement, passible des droits de mutation à titre onéreux (Rép. min. Économie, Finances et Budget à M. Ceccalci-Pavard : *JO* Sénat, 4 avr. 1985, p. 611, n° 21977).
Les droits de mutation (droit d'enregistrement, taxe de publicité foncière ou TVA) seront perçus en fonction de la nature du bien remis en paiement (V. pour une application TGI Paris, 7 avr. 1986 : *Ind. enr.* 1986, 14602, où le mari s'était acquitté de sa dette en cédant à son épouse deux terrains à bâtir lui appartenant en propre).

2890 Attribution à l'un des époux de la quasi-totalité des biens communs après divorce. L'attribution à l'un des époux de la quasi-totalité des biens de communauté, même si le jugement de divorce n'a pas prévu de prestation compensatoire, ne donne ouverture qu'au droit de partage (sur son taux actuel, V. **Partage**) liquidé sur la valeur nette de l'actif partagé sans déduction des soultes ou plus-values.
Il résulte en effet des dispositions combinées des articles 746 et 748 du Code général des impôts que les partages entre époux portant sur des biens dépendant d'une communauté conjugale ne sont pas considérés comme translatifs de propriété dans la mesure des soultes et des plus-values (Rép. min. Cavaillé : *JOAN* Q, 25 mars 1991, p. 1199, n° 34181).

2891 Partage consécutif à un divorce judiciaire et bénéfice de l'aide juridictionnelle. L'administration fiscale admet d'appliquer l'exonération du droit de partage à tous les partages consécutifs à un jugement de divorce, dès lors que l'une des parties au moins bénéficie de l'aide juridictionnelle (Rép. min. Guené, QE n° 11 790 : *JO* Sénat Q, 10 juin 2010, p. 1461 ; Rép. min. Sarles, QE n° 5123 : *JOAN* 23 avr. 2019, p. 3841) (V. **Aide juridictionnelle**, n° **401**).

2892 Partage dans le cadre d'un divorce extra-judiciaire et bénéfice de l'aide juridictionnelle.

L'administration fiscale admet d'appliquer l'exonération du droit de partage aux divorces par consentement mutuel extra-judiciaires, dès lors que l'une des parties au moins bénéficie de l'aide juridictionnelle (Rép. min. Larrivé, QE n° 21216 : *JOAN* 31 déc. 2019, p. 11502 ; BOI-ENR-DG-20-40, 31 janv. 2023, n° 165). (V. **Aide juridictionnelle**, n° 401).

Document d'arpentage

Serge LAMIAUX

Sommaire analytique

Index alphabétique

Selon l'article 7, alinéa 2 du décret du 4 janvier 1955 :

> Lorsqu'il réalise ou constate une division de la propriété du sol entraînant changement de limite, l'acte ou la décision doit désigner l'immeuble tel qu'il existait avant la division et chacun des nouveaux immeubles résultant de cette division, sauf en cas de lotissement effectué dans le cadre de la législation sur les lotissements ou s'il s'agit d'immeubles situés dans les communes où le cadastre n'est pas rénové. La constitution sur une fraction de parcelle d'un droit d'usufruit, d'un droit de superficie ou d'un bail emphytéotique est considérée comme un changement de limites de propriété.

Par ailleurs, l'article 25 du décret n° 55-471 du 30 avril 1955 dispose :

> Dans les communes soumises au régime de la conservation cadastrale, tout changement de limites de propriété, notamment par suite de division, lotissement, partage, doit être constaté par un document d'arpentage établi au frais et à la diligence des parties et certifié par elle, qui est soumis au service du cadastre, préalablement à la rédaction de l'acte réalisant le changement de limites, pour vérification et numérotage des nouveaux îlots de propriété.

2893 **Finalité du document d'arpentage.** Le document d'arpentage répond à la fois aux impératifs de la publicité foncière et à ceux de la conservation du cadastre. Il a pour but de constater la division de la parcelle en plusieurs autres et d'affecter corrélativement un nouveau numéro à chacune des parcelles créées.

Il faut donc qu'il soit établi préalablement à la rédaction de l'acte pour permettre au service du cadastre d'attribuer de nouvelles numérotations cadastrales aux parcelles créées ou modifiées, afin de donner au notaire le moyen de désigner dans son acte l'immeuble tel qu'il était avant division et chacun des nouveaux immeubles résultant de la division, et pour assurer de la sorte entre le cadastre et le fichier immobilier la concordance prescrite par le décret du 14 octobre 1955.

2894 **Sanctions.** L'extrait cadastral, complété pour valoir extrait d'acte (V. **Extraits d'acte**) et le document d'arpentage qui y demeure annexé sont produits au service de la publicité foncière au moment de la formalité. À défaut de remise de ces documents ou de l'un d'eux, le dépôt est refusé (D. 4 janv. 1955, art. 34, § 2. – D. 14 oct. 1955, art. 22, al. 3).

2895 **Omission du document d'arpentage : acte rectificatif.** En l'absence de document d'arpentage, la désignation des parcelles issues d'une division ne saurait être établie conformément aux exigences légales et l'acte ne pourrait constater ni les numéros des nouvelles parcelles ni l'accord des parties sur les immeubles identifiés par ces numéros. L'irrégularité ne peut être couverte que par un acte rectificatif passé entre les mêmes parties et constatant l'accord de celles-ci sur les nouvelles parcelles, telles qu'elles sont désignées par le numéro attribué au vu du document d'arpentage (Rép. secr. d'État au Budget, 24 juill. 1956 : *JCP* N 1956, IV, 2276 ; *Bull. AMC* 1958, art. 331). Cette solution de principe connaît cependant des assouplissements : il est dans certains cas possible que la modification soit faite par une simple mention apposée au pied de l'expédition ou de l'extrait destiné au service de la publicité foncière et signée seulement par le notaire (V. **Rectification des erreurs**).

I
Cas où un document d'arpentage est nécessaire

2896 **Principe.** Au vu des textes précités (V. *supra*), pour qu'un document d'arpentage soit nécessaire, les conditions suivantes doivent être réunies :
– l'acte doit réaliser ou constater une division de la propriété du sol ;
– la division de la propriété doit entraîner changement de limites.

A L'acte doit réaliser ou constater une division de la propriété du sol

2897 **Divisions concernées.** Sont concernées au premier chef les **divisions en propriété,** par exemple à l'occasion d'un bornage (V. n° **2898**), qu'elles résultent d'une vente, d'une donation, d'un partage, etc.

Mais aux termes de l'article 7, alinéa 2, du décret du 4 janvier 1955, un document d'arpentage est également nécessaire (V. *Rép. alph. enreg.*, V° Hypothèque, Livre III, n° 437) dans le cas de constitution sur une fraction de parcelle située dans une commune à cadastre rénové :

- d'un droit d'usufruit ;
- d'un bail emphytéotique ;
- d'un **droit de superficie** (H. Bulté, chron. hyp. : *JCP* N 1975, prat. 6144).

2898 **Bornage.** Un document d'arpentage doit être produit à l'appui de la publication d'un acte ou d'une décision judiciaire ayant défini les nouvelles limites d'un bien immobilier résultant d'un bornage amiable ou judiciaire dans une commune à cadastre rénové (Rép. min., 2 sept. 1967 : *JOAN*, p. 3152 ; *JCP* N 1967, IV, 4267-2).

2899 **Bail à construction.** Le bail à construction doit être assimilé aux démembrements de propriété visés au n° **2897** (H. Bulté, chron. hyp. : *JCP* N 1971, prat. 4957 ; *JCP* N 1979, prat. 7249). Un document d'arpentage est donc nécessaire dans le cas de constitution d'un bail à construction sur une fraction de parcelle dans les communes à cadastre rénové.

2900 **Cession de mitoyenneté.** Lorsqu'il y a cession de mitoyenneté d'un mur, les deux immeubles, modifiés dans leur emprise, abandonnent leurs numéros et de nouvelles désignations cadastrales leur sont affectées par la voie d'un document d'arpentage, généralement une simple esquisse (RSEB, 15 mai 1958 : *JCP* N 1958, IV, 2572 ; *Bull. AMC* 1959, art. 357). Toutefois, et par mesure exceptionnelle, il n'est jamais attribué de numéro du plan cadastral à la fraction cédée (Instr. 15 déc. 1962, § 275 : *JCP* N 1983, IV, 8782).

Dans un cas où des murs avaient été construits à cheval sur la ligne séparative de deux propriétés riveraines, l'un par M. A, l'autre par M. B, et où les deux propriétaires constructeurs entendaient faire échange entre eux de la mitoyenneté de ces murs pour qu'ils deviennent tous mitoyens, il a été soutenu que l'échange portant sur les seules constructions n'entraînait pas de changement dans la propriété du sol, ni dans la surface cadastrale des héritages voisins. Dès lors, un document d'arpentage ne serait pas nécessaire (chron. hyp. H. Bulté, J. Béchade et A. Poirier : *JCP* N 1959, IV, 2859).

➤ Sur le cas de cession de mitoyenneté de l'exhaussement d'un mur mitoyen, V. **Mitoyenneté des murs**.

2901 **Construction sur terrain d'autrui.** Le constructeur qui a bâti sur le terrain d'autrui et avec son accord bénéficie d'un véritable droit de superficie. Il en est ainsi dans le cas du locataire qui construit sur le terrain donné à bail. Ce droit réel immobilier, distinct du droit de propriété du sol restant appartenir au bailleur doit donc être individualisé. Et s'il ne porte que sur une partie du terrain loué, cette individualisation nécessite l'établissement d'un document d'arpentage. Ainsi par exemple, lorsqu'il s'agit d'apporter à un GAEC la construction édifiée par un locataire sur le terrain loué (*Bull. AMC* 1986, art. 1339).

2902 **Division verticale de la propriété.** Si les droits consentis à diverses personnes portent sur la totalité d'une parcelle mais concernent des niveaux différents, les actes dressés ne constituent pas une division de la propriété du sol. Ils ne donnent pas lieu en conséquence à l'attribution de nouveaux numéros cadastraux après établissement d'un document d'arpentage. Mais la publication préalable simultanée d'un état descriptif de division est indispensable (Instr. 11 mars 1959, n° 5 : *JCP* N 1959, III, 24 423. – Instr. 1er août 1979, nos 46 et s. : *BODGI* 10 E-1-79 ; *JCP* N 1979, prat. 7262). Il en est ainsi :

- dans le cas de division en « volumes » (R. Chardonnal, chron. hyp. : *JCP* N 1985, IV, 9425) ;
- dans le cas de cession d'un droit de surélévation portant sur la totalité d'un ou plusieurs immeubles (chron. hyp. : *JCP* N 1979, prat. 7194) ;
- lorsque des baux à construction ou de longue durée sont consentis, sur un terrain restant la propriété du bailleur, à une société A à charge d'édifier le premier niveau d'un bâtiment à usage de garage et à une société B à charge d'édifier un deuxième niveau (H. Bulté, chron. : *JCP* N 1974, prat. 5763).

B La division de propriété doit entraîner un changement de limites

1 Opérations juridiques concernées

2903 **Notion de « changement de limites ».** Par « changement de limites de propriété » donnant lieu à la production d'un document d'arpentage, on doit entendre selon le *Répertoire alphabétique de l'enregistrement* (V° Hypothèques, Livre III, n° 437) « tout changement de limites d'une unité cadastrale (îlots de propriété ou parcelle), c'est-à-dire d'une surface affectée d'un numéro au plan cadastral résultant d'un acte ou d'une décision judiciaire translatif, déclaratif, constitutif ou extinctif d'un droit de propriété d'usufruit, d'emphytéose ou de superficie ».

Par ailleurs, le changement de limites d'une propriété doit s'entendre de « tout changement d'une unité cadastrale qui ne résulte pas d'un événement naturel ou d'une décision administrative » (D. Heck, *La publicité foncière* [édité à compte d'auteur], 3e éd. 1975, p. 83).

2904 Constitution de droits réels sur des fractions d'immeubles n'entraînant pas de changement de limites. Il n'y a pas lieu d'établir un document d'arpentage à l'occasion de la publication de la constitution de droits réels portant sur des fractions de parcelle et autres que ceux ci-dessus énumérés (V. n° **2897**).
Ainsi par exemple lorsque sont constituées sur des fractions de parcelle :
– une servitude ;
– un droit d'usage et d'habitation ;
– une inscription de privilège ou d'hypothèque (V. n° **2905**).

2905 Inscription de privilège ou d'hypothèques sur une fraction d'immeuble. Lorsqu'un privilège ou une hypothèque ne grève qu'une fraction d'immeubles ou lorsqu'il y a lieu d'opérer une mainlevée partielle (cantonnement de l'hypothèque sur une fraction de l'immeuble grevé), la production d'un document d'arpentage n'est pas nécessaire. La désignation de la fraction d'immeubles concernée doit être faite « (...) conformément à un état descriptif de division (...) préalablement publié (...) » (D. 4 janv. 1955, art. 7, al. 3 : H. Bulté, chron. hyp. : *JCP* N 1973, IV, 5572 ; chron. P.J.C ; *JCP* N 1994, IV, 2854).

2906 Démembrement de droits de propriété concernant la totalité d'une parcelle. Il n'y a bien évidemment pas de changement de limites lorsqu'un acte ou une décision judiciaire entraîne un démembrement du droit de propriété mais qui concerne la totalité d'une parcelle.
Ainsi lorsqu'un bail à construction porte sur la totalité d'une parcelle cadastrale (H. Bulté, chron. hyp. : *JCP* N 1971, prat. 4957).

2 Changements de limites exclus

2907 Modifications résultant d'un événement naturel ou d'une décision administrative. Il n'est pas exigé de document d'arpentage dans les cas suivants :
– changement de limites intercommunales sans modification du parcellaire ;
– changement dans la consistance des parcelles provenant de causes naturelles (alluvions, érosion, formation d'îles) ;
– déplacement du lit des rivières non navigables et non flottables ;
– rectification de limites figurant au plan dans le cas où le propriétaire a fait en temps utile, suite à la rénovation du cadastre, les diligences nécessaires à la correction du plan, ou également lorsque l'administration n'est pas en mesure d'apporter la preuve de l'approbation par le propriétaire du plan rénové ;
– abandon d'une fraction de parcelles à la commune (CGI, art. 1401) ;
– affectation au domaine non cadastré (voiries publiques en particulier) de fraction de propriété publique ;
– changement de nature de culture (résultant notamment de modifications de propriétés bâties) portant sur des fractions de parcelle ;
– lais et relais incorporés au domaine public selon les dispositions de l'article 1 b) de la loi du 28 novembre 1963.
Tous ces changements, qui n'entraînent le plus souvent aucune modification du numérotage, sont constatés d'office par l'administration au moyen de croquis de conservation.

3 Applications diverses

2908 Acte notarié établi sans document d'arpentage. Si un acte notarié a été dressé sans qu'ait été prévu l'établissement d'un document d'arpentage, l'irrégularité ne peut être couverte que par un acte rectificatif établi entre les mêmes parties et constatant leur accord sur les nouvelles parcelles, telles qu'elles sont désignées par les numéros attribués au vu du document d'arpentage (Rép. secr. d'Ét. au Budget, 24 juill. 1956 : *JCP* N 1956, IV, 2256 ; *Bull. AMC* 1958, art. 331).

2909 Adjudication. En cas d'adjudication, et plus spécialement en cas de déclaration de command, il a été admis en raison de l'impossibilité pratique dans laquelle se trouvent les intéressés de fournir un document d'arpentage et d'obtenir avant l'établissement des actes publiés les numéros des nouvelles parcelles résultant de la division d'un lot, que les numéros soient demandés au service du cadastre après la date du procès-verbal ou du jugement d'adjudication ou de la déclaration de command.
La publicité peut être effectuée si les expéditions déposées sont accompagnées du document d'arpentage et d'un extrait cadastral faisant apparaître l'ancien numéro de la parcelle divisée et les nouveaux numéros issus de la division.
Par ailleurs, pour tenir compte des circonstances particulières, il a été décidé qu'un acte rectificatif ne serait pas exigé et que la mention de la division de la parcelle adjugée et des nouveaux numéros cadastraux pourraient être ajoutés par le signataire du certificat d'identité sur l'expédition

de l'acte ou du jugement à publier destinée à être conservée au service de la publicité foncière (Rép. secr. d'Ét. au Budget, 24 juill. 1956 : *JCP* N 1956, IV, 2276 ; *Bull. AMC* 1958, art. 331).

2910 Biens non délimités. Dans les communes à cadastre rénové, il n'est fait emploi du signe « p » que pour désigner, en vue de l'assiette de l'impôt foncier, les surfaces revenant aux divers ayants droit de « biens non délimités », c'est-à-dire d'immeubles non indivis dont le fractionnement n'a pu être opéré sur le plan cadastral, les propriétaires n'ayant pas été en mesure de fournir ou ayant négligé d'apporter au service du cadastre les éléments permettant d'effectuer la division. Les parties peuvent à toute époque provoquer cette division en fournissant un document d'arpentage. La production de ce document n'est cependant pas obligatoire dans le cas de transfert de propriété pour opérer la publicité au service de la publicité foncière et la mutation cadastrale. À défaut de ce document, le service du cadastre considère l'ensemble de la masse confondue comme étant en indivision de fait entre les diverses personnes ayant des droits sur l'immeuble (Rép. min., 21 avr. 1962 : *Bull. AMC* 1962, art. 525).

Cette solution est applicable dans le cas de décès de l'un des copropriétaires, pour la publication de l'attestation notariée, ou encore lorsque l'héritier veut faire donation de la partie non délimitée recueillie par lui dans la succession (H. Bulté et J. Béchade, chron. hyp. : *JCP* N 1960, prat. 3017).

2911 Cession de terrain motivée par une même opération de voiries. Document d'arpentage collectif. En-cas de cession à une collectivité publique par différents propriétaires de parcelles contiguës ou voisines nécessaires à l'exécution de travaux d'intérêt général, il peut être établi un document d'arpentage unique pour la totalité des parcelles comprises dans une même feuille du plan cadastral (Rép. min. Finances, 13 déc. 1961 : *Bull. AMC* 1962, art. 500).

2912 Droit d'assec et d'évolage. Sur la question très spéciale des droits d'assec et d'évolage sur les étangs des Dombes (département de l'Ain), V. H. Bulté, chron. hyp. : *JCP* N 1972, prat. 5242.

2913 Expropriation d'une partie de parcelle. Lorsqu'un arrêté de cessibilité déclare cessibles des parties de parcelles, ce qui implique de modifier les limites des terrains concernés, un document d'arpentage doit être préalablement réalisé, afin que l'arrêté de cessibilité désigne les parcelles concernées conformément à leurs numérotations issues de ce document (CE, 9 juill. 2018, n° 406696).

Dans le cas où l'expropriation porte sur une partie de parcelle et que l'ordonnance a été rendue sans que le changement de limites ait été constaté par le service du cadastre, une ordonnance complémentaire doit être rendue en vue de modifier la désignation de l'immeuble conformément à un nouvel extrait cadastral auquel est annexé un document d'arpentage. Ce document d'arpentage doit être signé par le représentant qualifié de l'autorité expropriante (Rép. min. Justice, 15 mai 1957 : *Bull. AMC* 1957, art. 316).

2914 Parcelles appartenant à des propriétaires différents réunies sous un même numéro. Il arrive parfois que des immeubles contigus appartenant à des propriétaires différents soient réunis par erreur sous un même numéro. L'exemple se rencontre fréquemment dans le cas où des immeubles appartenant les uns en propre à l'un des époux, les autres dépendant de la communauté sont confondus sous un même numéro cadastral.

En pareil cas, il a été admis que lorsqu'un acte intervient qui réunit sur la tête de la même personne la propriété de tous les immeubles (ainsi lorsqu'ils sont vendus globalement à un tiers), il n'y a pas lieu d'établir un document d'arpentage pour délimiter la partie propre à chaque époux ou à l'un d'eux et la partie dépendant de la communauté (V. P.J.C, chron. hyp. : *JCP* N 1990, prat. 1498). Ces immeubles sont considérés en fait comme étant dans l'indivision (H. Bulté, chron. hyp. : *JCP* N 1974, prat. 5731. – Et sur le principe V. Rép. min. : *JOAN*, 29 mars 1958, p. 816 ; *JCP* N 1958, IV 2546 ; *Bull. AMC* 1958, art. 345. – Rép. min. Finances, 31 oct. 1958 : *Bull. AMC* 1959, art. 390). L'extrait cadastral modèle 1 est établi pour l'ensemble de la masse confondue (Rép. min., 30 mai 1957, préc.).

Lorsqu'à l'occasion de la rénovation du cadastre deux anciennes parcelles appartenant à deux propriétaires divisément ont été réunies par erreur en une seule, mise au nom d'un seul des propriétaires et que le propriétaire dont la parcelle se trouve ainsi ne plus exister au cadastre rénové la vend à l'autre propriétaire, il n'y a pas lieu d'établir un document d'arpentage (H. Bulté, chron. hyp. : *JCP* N 1969, prat. 4670).

2915 Radiation d'inscription. La publication préalable d'un document d'arpentage n'est pas nécessaire pour publier la radiation d'une inscription prise sur une parcelle affectée d'un seul numéro dans une commune à cadastre rénové, et divisée ensuite en plusieurs lots nouveaux, même si cette radiation concerne seulement certains des nouveaux numéros, sauf toutefois si les parties ont entendu par là procéder à un véritable partage de la parcelle (H. Bulté, chron. hyp. : *JCP* N 1973, prat. 5572).

2916 **Vente d'un immeuble et d'un puits.** Lorsqu'une personne vend un immeuble avec un puits qui se trouve sur la limite de la propriété vendue avec la propriété voisine, et qui est mitoyen, ce puits constitue une propriété commune et indivisible, d'une indivision forcée ou perpétuelle (Cass. req., 17 mai 1887 : *DP* 1888, 1, 60). Dès lors, si ce puits indivis entre deux propriétaires voisins n'a pas encore été individualisé au plan cadastral, « il ne peut faire l'objet d'une publication au fichier immobilier que si les parties fournissent un document d'arpentage permettant le numérotage et la représentation au plan des surfaces en cause » (Rép. min. : *JO* déb. Cons. Rép., 12 juill. 1956, p. 1504-1505 ; *JCP* N 1956, IV, 2220-1. – H. Bulté, chron. hyp. : *JCP* N 1972, prat. 5322).

II
Établissement du document d'arpentage

A Nature du document à établir

2917 **Distinctions à opérer.** Le document d'arpentage a pour objet d'enregistrer l'accord des parties sur la position des limites nouvelles et de permettre la mise à jour du plan cadastral. Il peut être établi soit par division graphique (au bureau du géomètre, sans constatations sur le terrain), soit par piquetage sur le terrain, soit sous forme de plan d'arpentage ou de bornage.
Ce document d'arpentage est soit un procès-verbal de délimitation, soit une esquisse.

2918 **Procès-verbal de délimitation.** Un procès-verbal de délimitation est exigé lorsque le plan cadastral a été refait et, si le cadastre a été révisé, lorsque la partie modifiée a fait l'objet d'un arpentage ou d'un bornage (D. n° 55-471, 30 avr. 1955, art. 28).
Dans les autres cas, les propriétaires peuvent ne produire qu'une esquisse.
Le procès-verbal de délimitation est un plan régulier coté des surfaces modifiées, à une échelle au moins égale à celle du plan cadastral, présentant les références essentielles à ce dernier et, autant que possible, rattaché à des éléments stables du terrain (D. 30 avr. 1955 préc., art. 26).

2919 **Esquisse.** Une esquisse peut-être produite dans tous les cas où le procès-verbal de délimitation n'est pas exigé (V. n° **2918**).
En outre, en cas d'urgence, mentionnée dans l'acte, le recours à l'esquisse est possible aux lieu et place du procès-verbal de délimitation, sauf, pour les parties, à produire ce procès-verbal dans les deux mois de la passation de l'acte (D. 30 avr. 1955 préc., art. 29, al. 1).

B Personnes agréées pour l'établissement des documents d'arpentage

2920 **Liste limitative.** Les personnes agréées pour l'établissement des documents d'arpentage sont les géomètres experts fonciers, les inspecteurs et techniciens retraités du service du cadastre, enfin dans les régions dépourvues de géomètres, certaines personnes qualifiées non inscrites à l'ordre des géomètres experts. Une liste des personnes agréées est dressée par le directeur général des impôts (D. 30 avr. 1955 préc., art. 6, al. 2).

C Signature des documents

2921 **Nécessité.** Les documents d'arpentage ayant pour objet d'enregistrer l'accord des parties quant à la position des limites nouvelles doivent être certifiés par les propriétaires (ou les titulaires du droit réel objet de la délimitation) ou par leurs mandataires dont la délégation peut-être justifiée par une simple lettre.
Les signatures des parties et du géomètre ou de la personne habilitée doivent obligatoirement figurer sur les documents au moment où ils sont présentés au cadastre pour vérification et numérotage des parcelles nouvelles.

2922 **Refus de signature.** Si une décision de justice a désigné un géomètre afin de dresser un document d'arpentage en vue d'attribuer un numéro cadastral à une parcelle litigieuse, et que l'une des parties se refuse à signer ce document, le juge de l'exécution peut l'y contraindre, ce qui ne constitue que la stricte application des règles de la publicité foncière (Cass. 3e civ., 26 sept. 2007, n° 06-15 805 : *Bull. civ.* 2007, III, n° 156).

III Transmission des documents d'arpentage

2923 Circuit de transmission avant l'informatisation. Avant l'informatisation du cadastre et des documents d'arpentage, le circuit de transmission a pu être décrit par l'administration de la manière suivante : confection par le géomètre et envoi au service cadastral ; vérification et nouveau numérotage des îlots de propriété par le service du cadastre, puis transmission au notaire, utilisation par le notaire pour la rédaction de l'acte et remise au conservateur des hypothèques à l'appui de la réquisition de la formalité de publicité ; retour au service du cadastre en vue de l'utilisation pour la tenue a jour des documents cadastraux (Rép. min. A. Beauguitte à QE n° 8459 : *JOAN* 22 févr. 1958, p. 969).

2924 Depuis l'informatisation. Depuis 2006, l'établissement des documents d'arpentage peut se réaliser soit sous forme papier (toutes les pièces composant le document d'arpentage sont alors matérialisées), soit sous la forme dite de « DA numérique » ou, en plus de toutes les pièces matérialisées, est créé un fichier informatique pour la mise à jour du plan. À ce jour, plus de 80 % des documents d'arpentage sont effectués sous cette forme numérique (F. Bellanger, *Modification des règles de mise à jour du plan cadastral et harmonisation du circuit des documents d'arpentage : JCP* N 9 mai 2014, n° 19, act. 574).
Tirant les conséquences de cette réforme, l'administration fiscale a adopté une nouvelle procédure depuis le 4 avril 2014 (BOI-CAD-MAJ-10-30, n° 186).
Lors de l'établissement du document d'arpentage, les parties doivent préciser le type de prise en charge du document souhaité. Cette demande conditionne la suite donnée au document (BOI-CAD-MAJ-10-30, 12 mai 2021, n° 170).

A Le document d'arpentage fait l'objet d'un acte

2925 Renvoi au rédacteur d'un extrait de plan. Dans le cas d'un document d'arpentage totalement dématérialisé, l'extrait de plan édité au format PDF à l'issue de la vérification et, le cas échéant, le tableau de filiation, ou la chemise n° 6463-N-SD, complété par le service du cadastre, sont adressés par courriel au rédacteur du document d'arpentage. Les fichiers numériques, ou en cas de document d'arpentage sous format papier, la chemise n° 6463-N-SD, le fond de plan imprimé par le rédacteur portant la signature des parties, les pouvoirs éventuels et, le cas échéant, la copie des plans de bornage ou d'arpentage, sont conservés au service du cadastre dans l'attente de la publication de l'acte au service de la publicité foncière, mais ils demeurent consultables par les usagers (BOI-CAD-MAJ-10-30, 12 mai 2021, n° 186).

2926 Mission du notaire. Le notaire doit systématiquement demander dans son acte la publication de l'ensemble des divisions parcellaires présentes dans le document d'arpentage, même celles non visées par l'opération immobilière. Il pourra alors procéder à la télétransmission de son acte *via* l'application Télé@ctes en annexant en pièce jointe l'extrait de plan issu de la vérification par le service du cadastre (BOI-CAD-MAJ-10-30, 12 mai 2021, n° 187).

2927 Caractère empirique de la procédure. La procédure actuelle se caractérise donc par le renvoi du service du cadastre au géomètre-expert, non pas du document d'arpentage lui-même, mais d'un extrait de plan représentant les nouvelles limites et les numéros de parcelle. Le géomètre ne remet donc au notaire qu'un extrait de plan dépourvu de la « chemise verte » originale signée par les parties. Cet extrait sera remis par le notaire au service de la publicité foncière à l'appui de sa demande de publication Ainsi qu'une partie de la doctrine l'a fait remarquer (M. Suquet-Cozic, *Comment publier une division de parcelle depuis l'informatisation des documents d'arpentage : BPIM* févr. 2015, n° 84, et *Sol. Not.* déc. 2014, n° 12, art. 261, p. 20-21), cette procédure est en l'état actuel des textes, purement empirique. En effet les décrets de 1955 exigent, à l'appui de la publication emportant division, la production d'un document d'arpentage sous peine de refus de dépôt (D. n° 55-22, 4 janv. 1955, art. 7, al. 2. – D. n° 55-1350, 14 oct. 1955, art. 19 et 27). Or, le document d'arpentage est clairement décrit par la législation concernant le cadastre (D. n° 55-471, 30 avr. 1955, art. 25) : il s'agit d'un procès-verbal de délimitation ou d'une esquisse certifiée par les parties. L'extrait de plan délivré par le cadastre ne paraît pas répondre à ces exigences formelles et une harmonisation des textes avec la pratique en vigueur serait souhaitable.

La procédure d'établissement et de transmission des documents d'arpentage, à l'occasion d'une mutation de propriété avec changement de limite, peut être schématisée de la façon suivante (*Précis de fiscalité 2018*, DGFiP, n° 9494) :

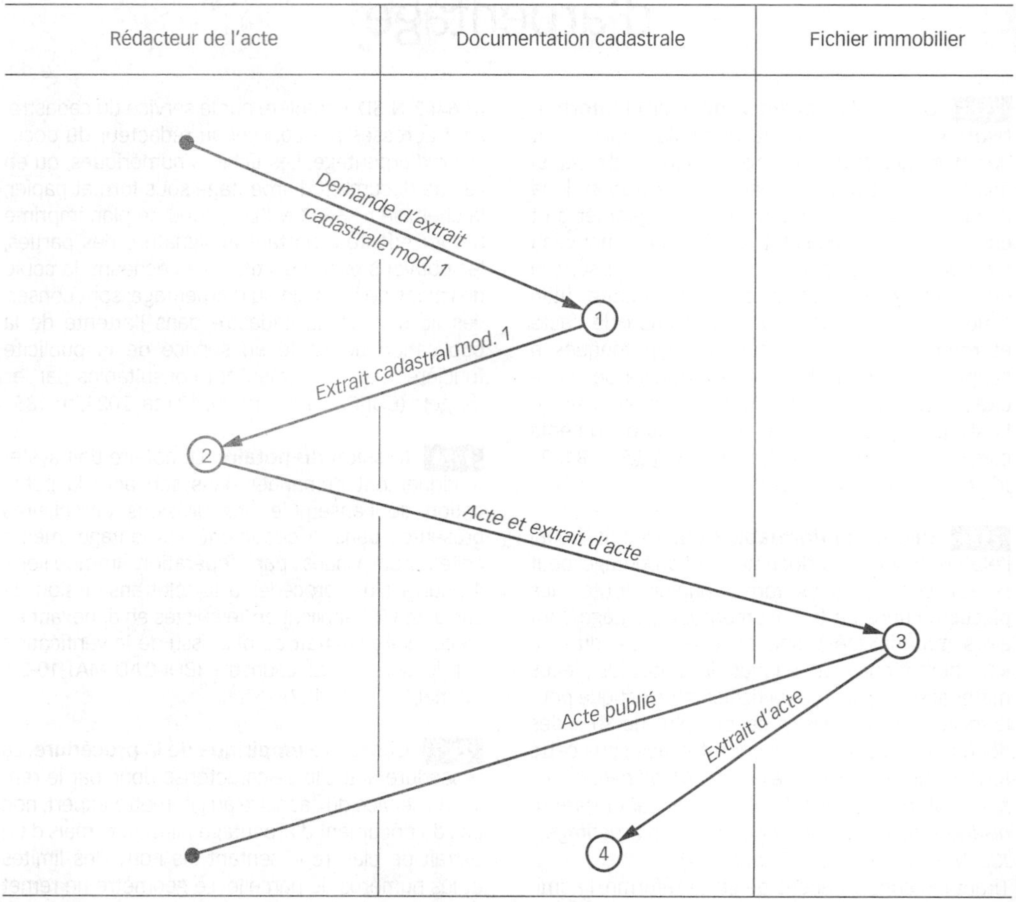

1. Établissement de l'extrait cadastral mod. 1.
2. Rédaction de l'acte : l'extrait d'acte est joint à l'extrait cadastral.
3. Publication et annotation sur l'extrait d'acte de l'exécution de la formalité de publicité au fichier immobilier.
4. Exploitation de l'extrait d'acte par le service : prise en compte de la mutation dans la base de données MAJIC.

B Le document d'arpentage est partiellement publié (procédure caduque depuis le 1er janvier 2018)

2928 Afin de permettre à un propriétaire de conserver le bénéfice des divisions non entérinées dans l'acte publié, l'administration admettait qu'il puisse effectuer une demande de modification selon les énonciations de l'acte et les indications du document d'arpentage pour le surplus (cette demande devait être effectuée au moment de la présentation du document d'arpentage pour vérification). L'administration avait alors mis en place une procédure particulière, qui permettait à la fois de satisfaire au vœu du propriétaire et de ne pas retarder la publication de l'acte. La procédure était décrite au *Bulletin officiel des Finances publiques* (*BOFIP*) dans une version aujourd'hui périmée (BOI-CAD-MAJ-10-30, 2 sept. 2015, nos 220 à 260).
Ainsi qu'une auteure l'a explicité, il convenait, en quatrième page de l'imprimé de « Modification du parcellaire cadastral » (Cerfa n° 6463), de cocher la case intitulée « les propriétaires demandent la modification du parcellaire cadastral selon les énonciations d'un acte à publier et les indications du présent document pour le surplus ». Au cadastre, la division de la parcelle concernée par l'acte résultait alors des informations transmises par le service de la publicité foncière à la suite de la publication de l'acte. La division des autres parcelles, quant à elle, était réalisée directement par le service du cadastre sous forme de procès-verbal de cadastre sans attendre la publication au fichier immobilier d'actes les concernant. Afin que toutes ces divisions puissent être réalisées simultanément, l'administration remettait au géomètre, après validation du document d'arpentage, l'extrait de plan et le procès-verbal de cadastre, afin que ceux-ci soient transmis au notaire puis déposés par lui simultanément au service de la publicité foncière (M. Suquet-Cozic, *Nouveautés dans la télépublication d'une vente avec un document d'arpentage d'ensemble : Sol. Not.* avr. 2018, n° 14, p. 9-10, § 3).
Depuis le 1er janvier 2018, les ventes accompagnées de document d'arpentage étant obligatoirement soumises à télépublication, ce circuit du document d'arpentage partiellement publié n'est plus autorisé.

IV Le document d'arpentage ne fait l'objet d'aucun acte

2929 Les documents d'arpentage indépendants de toute formalité de publicité sont conservés au service du cadastre.
À l'issue de la vérification, le service du cadastre produit en deux exemplaires un procès-verbal n° 6493-N et ses intercalaires 6493 iM. Ils sont transmis pour publication au service de la publicité foncière. Un extrait de plan, édité à l'issue de la vérification et annoté de la mention « Modification demandée par procès-verbal du cadastre », est adressé au rédacteur du document. Après retour du service de la publicité foncière d'un procès-verbal annoté des références de la publication, la modification du parcellaire est validée et appliquée dans la documentation cadastrale. Les propriétaires sont informés de la nouvelle numérotation des parcelles par le rédacteur du document d'arpentage (BOI-CAD-MAJ-10-30, 12 mai 2021, nos 270 à 280).

Domaine public

Neyla GONZALEZ-GHARBI

Sommaire analytique

BIBLIOGRAPHIE : A. Fournier, *Les nouveaux droits attribués aux occupants du domaine public : Notes bleues de Bercy* 16-31 janv. 1996, p. 79 ; *Les titres constitutifs de droits réels sur le domaine public, compte rendu du congrès d'Orléans, 30 mai 1996 : JCP* N 1996, p. 1231 et s. – J. Dufau, *La loi n° 94-631 du 25 juillet 1994 relative à la constitution de droits réels sur le domaine public : JCP* N 1995, prat. 3210. – O. de David Beauregard Ber Thier, *Domaine public et droits réels. Commentaire de la loi n° 94-631 du 25 juillet 1994 : JCP* G 1995, I, 3812. – A. Fournier et H. Jacquot. *La mise en œuvre de la loi du 25 juillet 1994 relative à la constitution de droits réels sur le domaine public : JCP* N 1995, prat. p. 1331 et s. – C. Combe, *Les droits réels sur le domaine public : Dr. adm.* déc. 2001, chron. 22. – E. Pourcel, *À qui appartiennent les biens immobiliers construits par les titulaires de titres d'occupation sur le public, constitutifs de droits réels ? : JCP* N 2007, n° 24, 1190. – M.-H. Pero-Augereau-Hue et B. Delorme, *Les garanties réelles sur le domaine public : JCP* N 2013, n° 23-1158. – L. Legrain, *Avis des domaines et opérations immobilières des collectivités locales : une formalité substantielle ? : Cah. Cridon* Lyon juin 2016, n° 76, p. 9 ; *JCl. Enregistrement*, V° Domaines, fasc. 32. – Sur l'ordonnance du 19 avril 2017 : M. Raunet et R. Léonetti, *Ordonnance du 19 avril 2017 relative à la propriété des personnes publiques : JCP* N 2017, n° 18, 1169. – N. Lenoir, *La domanialité publique à l'épreuve du droit de l'union : JCP* G 2017, n° 39, 1000. – J.-Ph. Borel, *Le point sur l'ordonnance du 19 avril 2017 relative à la propriété des personnes publiques : AJDI* 2017, p. 828.

2930 **Évolution législative.** La loi n° 94-631 du 25 juillet 1994 (*JO* 26 juill. 1994 ; *JCP* N 1994, III, 66960 ; *JCP* N 1995, prat. 3210, comm. J. Dufau) a créé, dans le Code du domaine de l'État, les articles L. 34-1 à L. 34-9 conférant au titulaire d'une occupation temporaire du domaine public de l'État, sauf prescription contraire, un droit réel sur les ouvrages, constructions et installations de caractère immobilier réalisés pour l'exercice d'une activité autorisée par le titre.

L'article 3 de la même loi prévoyait que pour les autorisations et conventions en cours, les nouvelles dispositions ne sont applicables, le cas échéant, qu'aux ouvrages, constructions et installations que le permissionnaire ou le concessionnaire réaliserait après renouvellement ou modification de son titre. Toutefois, lorsque le permissionnaire ou le concessionnaire réalise des travaux et des constructions réhabilitant, étendant ou modifiant de façon substantielle les ouvrages, constructions et installations existants, il peut lui être délivré un nouveau titre conférant un droit réel sur ces ouvrages, constructions, et installations lorsqu'ils ont été autorisés par le titre d'occupation.

2931 Le décret n° 95-595 du 6 mai 1995 (*JO* 7 mai ; *JCP* N 1995, III, 67980) a fixé les conditions de constitution, sur tout ou partie de la dépendance domaniale dont l'occupation est autorisée, du droit réel prévu par les articles L. 34-1 à L. 34-9 susvisés. Les mêmes règles s'appliquent aux titres d'occupation du domaine public constitutifs de droits réels délivrés en application de l'article 3 de la loi du 25 juillet 1994 (V. le commentaire de ce décret : *JCP* N 1995, p. 746 et s.).

L'ordonnance n° 2006-460 du 21 avril 2006 (*JO* 22 avr.), portant « Code de la propriété des personnes de publiques » (partie législative) a abrogé le Code du domaine de l'État. Elle s'applique à la fois à l'État, aux collectivités locales et à leurs établissements à compter du 1er juillet 2006.

Ce code concerne en particulier les autorisations d'occupation du domaine public constitutives de droits réels, ainsi que leur cession.

I Titre d'occupation

A Titre en cours au 9 mai 1995

1 Le titre n'a pas été modifié

2932 Pas de publication possible du titre. La nouvelle réglementation n'est applicable que s'il y a renouvellement ou modification du titre. À défaut, les solutions antérieures restent applicables.

Avant la loi du 25 juillet 1994, on considérait que l'autorisation accordée à un particulier d'occuper temporairement une partie du domaine public était un acte de la puissance publique qui ne pouvait être assimilé à aucun des contrats de droit commun. Elle ne pouvait faire acquérir au cessionnaire qu'un droit de jouissance précaire et révocable sur cette partie d'immeuble qui, inaliénable et imprescriptible, était hors du commerce (Maguéro, *Dictionnaire des domaines*, V° Occupation temporaire du domaine public, n° 8). Ce droit de jouissance était purement mobilier. Dès lors, il ne pouvait figurer ni au cadastre, ni au fichier immobilier, il n'avait pas à être publié a la conservation des hypothèques (Cass. civ., 20 juill. 1886 : *DP* 1887, 1, 302 ; *Journ. conserv. hyp.*, n° 3722 ; Bulté et Béchade : *JCP* N 1961, prat. 3203). Une demande de publication de la cession de ce droit doit en conséquence susciter un refus du conservateur (*Bull. AMC* 2005, art. 1876), et aujourd'hui du service de la publicité foncière.

2 Délivrance d'un nouveau titre

2933 Application de la réglementation en vigueur. Si un nouveau titre est délivré, les règles nouvelles sont alors applicables (V. nos **2934** et s.).

B Titres postérieurs au 10 mai 1995

2934 Titres constitutifs d'un droit réel. Les titres d'occupation du domaine public délivrés après l'entrée en vigueur de la loi du 25 juillet 1994 sont constitutifs de droits réels (V. pour l'État et les établissements publics de l'État, CGPPP, art. L. 2122-6. – Pour les collectivités territoriales, leurs groupements et leurs établissements publics : CGCT, art. L. 2122-20 et art. L. 1311-5 à L. 1311-8).

2935 Publicité foncière. Aux termes de l'article 28 du décret du 4 janvier 1995 :

« Sont obligatoirement publiés au bureau des hypothèques de la situation des immeubles :

1° Tous actes, même assortis d'une condition suspensive, et toutes décisions judiciaires, portant ou constatant entre vifs :

(...)

c) (Créé, D. n° 95-595, 6 mai 1995, art. 3, I) Titre d'occupation du domaine public de l'État ou d'un de ses établissements publics constitutif d'un droit réel immobilier délivré en application des articles L. 34-1 à L. 34-9 du Code du domaine de l'État et de l'article 3 de la loi n° 94-631 du 25 juillet 1994 ainsi que cession, transmission ou retrait de ce titre ».

2936 Le titre d'occupation du domaine public de l'État ou d'un de ses établissements publics doit, en vertu de ce texte, être obligatoirement publié au bureau des hypothèques de la situation des immeubles (D. 4 janv. 1955, art. 28-1° c) préc., art. 28). Il en va de même concernant le régime de publicité foncière en vigueur dans les départements du Bas-Rhin, du Haut-Rhin et de la Moselle, l'article 38 de la loi du 1er juin 1924 étant modifié en conséquence (art. 3-11).

2937 Désignation des fractions du domaine public aux fins de publication du titre d'occupation. Le domaine public de l'État et de ses établissements publics et le domaine public des collectivités territoriales, de leurs groupements et de leurs établissements publics n'étant pas cadastrés, la désignation des immeubles objets du droit réel nécessite de diligenter une procédure d'identification cadastrale conforme aux dispositions de l'article 7 du décret du 4 janvier 1955 (notamment section et n° de plan).

Il conviendra, préalablement à la formalité de publicité au service de la publicité foncière, de demander au service du cadastre (centre des impôts fonciers) l'identification de la fraction de domaine public concernée. Cette demande emportant *modification du parcellaire cadastral* sera présentée par un géomètre-expert (imprimé 6463 N) accompagnée d'un document d'arpentage délimitant la fraction du domaine public comprise dans le titre.

La publicité foncière du titre pourra alors être requise sur présentation de l'extrait modèle 1 comportant la nouvelle désignation, accompagné d'un document d'arpentage, en application des articles 19 et 20 du décret du 14 octobre 1955 (sur cette procédure, V. l'instruction cadre sur la maintenance du plan cadastral : *BOI* 11-C-90).

Bien entendu, c'est cette nouvelle désignation cadastrale qui sera reprise, après publication du titre, pour identifier l'immeuble grevé en cas d'inscription hypothécaire en vertu de ce titre.

2938 Taxation. La publication du titre d'occupation ne donne lieu qu'à la perception de la taxe de publicité foncière au taux fixe prévue pour les actes innommés (CGI, art. 680, V. **Droits fixes**). Il en est de même pour la cession, la transmission ou le retrait de ce titre (Rép. min. à M. Lambert : *JOAN* Q, 19 déc. 1996, p. 3403, n° 16590 ; *BOI* 10 G-1-97).

L'article 881 C, 15° du Code général des impôts prévoit la perception de la contribution de sécurité immobilière au taux fixe (actuellement 15 €) pour la publication des titres d'occupation du domaine public de l'État ou d'un de ses établissements publics constitutifs d'un droit réel délivrés en application des articles L. 2122-5 à L. 2122-18 du Code général de la propriété des personnes publiques.

II Transmission ou retrait du titre

A Transmission du titre

2939 Publication. La cession, la transmission ou le retrait du titre d'occupation du domaine public de l'État ou d'un de ses établissements publics doit être obligatoirement publié au service de la publicité foncière de la situation des immeubles (D. 4 janv. 1955, art. 28-1° c).

2940 Effet relatif. Le bénéficiaire d'une autorisation d'occupation du domaine public de l'État ou d'un de ses établissements publics constitutive d'un droit réel ne pourrait accomplir valablement aucun des actes autorisés par ce titre (cession et transmission, constitution d'hypothèque, recours au crédit-bail) si celui-ci, du fait du caractère immobilier du droit réel conféré, ne faisait pas l'objet d'une publication régulière préalable au service de la publicité foncière compétent (A. Fournier et A. Jacquot, *op. cit.*, p. 1336), ceci en application du principe de « l'effet relatif » (*Bull. AMC* 2005, art. 1876).

2941 Taxation. La cession ou la transmission du titre d'occupation ne donne lieu qu'à la perception de la taxe de publicité foncière au taux fixe prévue pour les actes innommés (CGI, art. 680, V. **Droits fixes**. – Rép. min. à M. Lambert : *JOAN* Q, 19 déc. 1996, p. 3403, n° 16590 ; *BOI* 10 G-1-97).

L'article 881 C, 15° du Code général des impôts prévoit la perception d'une contribution de sécurité immobilière au taux fixe (actuellement 15 €) pour la publication des opérations mentionnées à l'article 1048 ter du même code (V. ce texte ci-dessous), ce qui recouvre les cessions, transmissions ou retraits des titres d'occupation du domaine public de l'État ou d'un de ses établissements publics constitutifs d'un droit réel délivrés en application des articles L. 2122-5 à L. 2122-18 du Code général de la propriété des personnes publiques.

B Retrait du titre

2942 Publicité foncière. Le retrait du titre d'occupation doit également être publié (*Bull. AMC* 2005, art. 1876).

Cette publication donnera lieu à la perception de la taxe de publicité foncière au taux fixe prévue pour les actes innommés (CGI, art. 680 ; V. **Droits fixes**. – Rép. min. à M. Lambert : *JOAN* Q, 19 déc.

1996, p. 3403, n° 16590 ; *BOI* 10 G-1-97) et de la contribution de sécurité immobilière au taux fixe (CGI, art. 881 C, 15°).

III Questions diverses

A Constructions élevées par le bénéficiaire de l'autorisation

1 Solutions antérieures à l'entrée en vigueur de la loi du 25 juillet 1994

2943 **Principe.** Lorsque des constructions ont été édifiées sur un terrain dépendant du domaine public, en vertu soit d'une concession, soit de la tolérance, le constructeur ne pourra pas acquérir par prescription la propriété du sol, qui est inaliénable et imprescriptible. Mais il n'en est pas moins propriétaire des constructions, c'est-à-dire d'un immeuble par nature tant qu'il n'est pas obligé de démolir (*Dict. des Rédacteurs*, V° Construction, n° 50. – Maguéro, V° Constructions, n°s 26 et 32-1. – V. en ce sens Cass., 10 avr. 1867 : *DP* 1967, 1, 397. – Cass., 26 juill. 1921 : *Rev. enr. et imp.*, 7396. – Seine, 18 févr. 1922 : *Rev. enr. et imp.*, 7650).
De nombreuses décisions de jurisprudence avaient admis que le constructeur avait en pareil cas le droit de vendre ces constructions ou de les hypothéquer (Cass., 6 mars 1855 : *DP* 1855, 1, 83. – Cass., 10 avr. 1867 : *D.* 1867, 1, 397. – Maguéro, *op. cit.*, n° 10. – C. Albouy, *Domaine public et accession : Brochure Cridon Bordeaux-Toulouse*, avr. 1979, p. 69).

2944 **Problème de la publication.** Du caractère immobilier des constructions, certains avaient déduit que la publication de l'acte constatant leur mutation était obligatoire (Bulté et Béchade, *op. cit.* ; *JCP* N 1961, IV, 3203). Et il avait été soutenu qu'en pareil cas, la publication préalable ou concomitante du traité d'occupation temporaire ou du moins de l'autorisation de construire incluse dans ce traité, constituant le « titre » du constructeur était nécessaire, en vertu du principe de l'effet relatif (Bulté : *JCP* N 1973, prat. 5447. – *Contra*, sur l'impossibilité de publier le titre, et donc la cession des constructions : *Bull. AMC* 2005, art. 1876).

2945 **Apports de la loi du 25 juillet 1994.** La question a été renouvelée par la loi du 25 juillet 1994 précitée, relative à la constitution de droits réels sur le domaine public, qui a réformé le Code du domaine de l'État.
L'article 3 de cette loi a pris des dispositions transitoires permettant la transformation des titres anciens (autorisations et conventions en cours à la date du 9 mai 1995).
Il y est énoncé qu'un droit réel peut être conféré sur les constructions existantes régulièrement autorisées dans le cadre d'un titre en cours si le titulaire du droit d'occuper réalise des travaux et des constructions réhabilitant, étendant ou modifiant de façon substantielle lesdites constructions, auquel cas un titre nouveau lui est délivré.
En revanche, lorsque le titulaire d'un titre en cours ne transforme pas les constructions existantes mais compte réaliser un nouvel ouvrage, il ne peut lui être accordé un droit réel que sur la nouvelle construction « après renouvellement ou modification de son titre » (V. CGPPP, art. L. 2222-19).

2 Dispositions en vigueur

2946 **Reconnaissance d'un droit réel au profit du constructeur.** L'article L. 2122-6 du Code général de la propriété des personnes publiques, applicable à l'État et à ses établissements publics énonce que :

> « Le titulaire d'une autorisation d'occupation temporaire du domaine public de l'État a, sauf prescription contraire de son titre, un droit réel sur les ouvrages, constructions et installations de caractère immobilier qu'il réalise pour l'exercice d'une activité autorisée par ce titre.
> Ce droit réel confère à son titulaire, pour la durée de l'autorisation et dans les conditions et les limites précisées dans le présent paragraphe, les prérogatives et obligations du propriétaire.
> Le titre fixe la durée de l'autorisation, en fonction de la nature de l'activité et de celle des ouvrages autorisés, et compte tenu de l'importance de ces derniers, sans pouvoir excéder soixante-dix ans ».

Des dispositions identiques figurent dans le Code général des collectivités territoriales, à propos des autorisations d'occupation temporaire constitutives de droits réels, consenties sur le domaine public par les collectivités territoriales (CGCT, art. L. 1311-5).

2947 **Cession des constructions.** La cession du droit réel afférent aux constructions est soumis à publication obligatoire. Elle implique que la publication préalable du contrat autorisant l'occupation et les constructions (*Bull. AMC* 2005, art. 1876).
Il a été précisé que les contrats de cession emportant, pour les ouvrages, constructions et installations qui le concernent, substitution de l'acquéreur dans les droits et obligations du vendeur découlant du titre d'occupation du domaine public, sont passibles d'une imposition proportionnelle ou progressive en application des dispositions du 1° de l'article 677 du Code général des impôts, dans la mesure où ils constituent une transmission entre vifs de propriété de droits réels à caractère immobilier par détermination de la loi. Dès lors, de telles cessions seraient passibles des droits de mutation à titre onéreux ou de la TVA prévue pour les ventes d'immeubles (Rép. min. délégué au budget : *JOAN* Q, 24 févr. 2004, n° 19191, p. 1394). La contribution de sécurité immobilière est due comme en matière de vente d'immeuble.

B Hypothèques

2948 **Possibilité de consentir une hypothèque.** Selon les articles L. 2122-8 du Code général de la propriété des personnes publiques (concernant les droits réels sur le domaine public consentis par l'État et ses établissements publics) et L. 1311-6-1 du Code général des collectivités territoriales (concernant les collectivités territoriales) rédigés dans les mêmes termes, le droit réel sur le titre, les ouvrages, constructions et installations peut être hypothéqué, mais uniquement pour garantir les emprunts contractés par le titulaire de l'autorisation en vue de financer la réalisation, la modification ou l'extension des ouvrages, constructions et installations de caractère immobilier situés sur la dépendance domaniale occupée.
Les hypothèques s'éteignent au plus tard à l'expiration des titres d'occupation délivrés en application de l'article L. 1311-5, quels qu'en soient les circonstances et le motif (V. M.-H. Pero-Augereau-Hue et B. Delorme, *Les garanties réelles sur le domaine public : JCP* N 2013, n° 23-1158).

2949 **Formalisation de l'hypothèque.** La constitution d'une hypothèque, comme d'ailleurs de tout autre droit réel se heurte ici à une difficulté d'ordre pratique : les parcelles dépendant du domaine public ne faisant pas l'objet d'une désignation cadastrale, il n'est pas possible de faire publier le titre d'occupation du droit réel permettant l'affectation hypothécaire de ce droit et des ouvrages, constructions et installations édifiées. Il a été demandé quel était en pareil cas le processus pratique à mettre en œuvre pour permettre de résoudre cette difficulté.
Réponse. – Les bordereaux d'inscription des privilèges et hypothèques doivent contenir, sous peine de rejet de la formalité, la désignation cadastrale des immeubles sur lesquels l'inscription est prise. Les constructions édifiées sur le domaine public, dont le sol n'est pas cadastré, sont désignées par la mention « DP » au-dessous de laquelle est inscrit sous la forme DP le numéro cadastral de la parcelle la plus voisine. Lorsqu'il existe plusieurs immeubles de cette nature à côté d'une même parcelle de référence, il est attribué à chacun d'eux, dans un but d'identification, une lettre indicative (a, b, c…) que l'on rappelle à la suite de la mention « DP » (Rép. min. Budget à M. Valleix : *JOAN* CR, 22 sept. 1986, p. 2837-2 et 2838-1).

NOTA Cette réponse ne paraît plus d'actualité. Sur les formalités à effectuer pour obtenir une désignation cadastrale des immeubles concernés, V. n° **2937**.

C Bail emphytéotique

2950 **Réglementation.** Sur la possibilité de conclure des baux emphytéotiques sur des immeubles dépendant du domaine public, V. pour l'État et ses établissements public, CGPPP, art. L. 2122-15, L. 2122-20 et L. 2122-21 ; art. L. 1311-2 et L. 1311-3.
➤ Sur le régime des baux emphytéotiques du point de vue fiscal, V. n° **2961**, et du point de vue de la publicité foncière, V. **Bail emphytéotique**.

D Crédit-bail

2951 **Réglementation.** Sur la possibilité pour le titulaire du droit d'occupation, de conclure des contrats de crédit-bail, V. pour l'État et ses établissements publics, CGPPP, art. L. 2122-13 et L. 2122-16, et en ce qui concerne les collectivités territoriales, CGCT, art. L. 1311-5-IV.
➤ Sur le régime des contrats de crédit-bail du point de vue fiscal (taxe de publicité foncière), V. n° **2961** et du point de vue de la publicité foncière, V. **Crédit-bail immobilier**.
La publication de ces contrats de crédit-bail ne donne lieu qu'à la perception de la contribution de sécurité immobilière au taux fixe (CGI, art. 881 C, 15°).

E Changement d'affectation

2952 Acte administratif constatant le changement d'affectation d'immeuble dépendant du domaine public. L'acte administratif qui constate le changement d'affectation ou de destination d'un bien dépendant du domaine public, ne peut donner lieu à publication si ce bien continue de faire partie du domaine public (Bulté et Béchade : *JCP* N 1958, prat. 2591).

F Cessions d'immeubles domaniaux par le ministère de la Défense

2953 Cession à l'euro symbolique. Selon l'article 67 de la loi de finances pour 2009 (L. n° 2008-1425, 27 déc. 2008 : *JO* 28 déc.), les immeubles domaniaux reconnus inutiles par le ministre de la Défense dans le cadre des opérations de restructuration de la défense réalisées entre le 1er janvier 2009 et le 31 décembre 2014 peuvent faire l'objet de cessions à l'euro symbolique et avec complément de prix différé aux communes les plus fortement affectées par les restructurations et qui en font la demande. Un groupement de communes peut se substituer à la commune concernée, sur demande de cette dernière. La liste des communes éligibles à ce dispositif doit être fixée par décret en Conseil d'État.
Ces cessions sont autorisées par décret pris sur le rapport du ministre de la Défense et du ministre chargé du domaine, en vue de permettre la réalisation d'opérations ou d'actions d'aménagement au sens de l'article L. 300-1 du Code de l'urbanisme. Ce décret indique la valeur des immeubles domaniaux cédés, estimée par l'administration chargée des domaines.
Les cessions réalisées dans ces conditions ne donnent lieu à paiement d'aucune indemnité ou perception de droits ou taxes, ni à aucun versement au profit d'agents de l'État. Ceci exclut, en particulier, toute perception au titre de la contribution de sécurité immobilière.

2954 Obligations en cas de revente. En cas de revente, y compris fractionnée, ou de cession de droits réels portant sur le bien considéré, pendant un délai de quinze ans à compter de la cession initiale, diverses obligations pèsent sur la commune ou le groupement acquéreur et sur les acquéreurs successifs de tout ou partie des biens ainsi cédés, dès lors que la cession envisagée porte sur lesdits biens avant construction ou réhabilitation des bâtiments existants.
En l'absence de revente ou de cession de droits réels portant sur tout ou partie des biens cédés par l'État, pendant le délai de quinze ans à compter de la cession initiale et en cas de non-réalisation d'une action ou d'une opération d'aménagement prévue à l'article L. 300-1 du Code de l'urbanisme, l'État peut convenir avec la commune du rachat de l'immeuble à l'euro symbolique.
Les actes de vente et de cession de droits réels successifs reprennent la teneur de ces obligations pour en assurer la publication au service de la publicité foncière compétent.

2955 Extension aux opérations réalisées par les sociétés publiques locales (SPL) et les sociétés publiques locales d'aménagement (SPLA). L'article 14 de la loi de finances pour 2014 (L. n° 2013-1278, 29 déc. 2013, art. 14 : *JO* 30 déc. 2013) a étendu le champ d'application de l'exonération de droits de mutation à titre onéreux prévue par l'article 67 de la loi du 27 décembre 2008 susvisé aux acquisitions à l'euro symbolique d'immeubles domaniaux reconnus inutiles par le ministre de la Défense réalisées par les sociétés publiques locales (SPL) et les sociétés publiques locales d'aménagement (SPLA) qui agissent en tant que concessionnaires de l'opération d'aménagement (CGI, art. 1042, III nouveau).
Sont visées les acquisitions à l'euro symbolique et avec complément de prix différé réalisées dans le cadre des opérations de restructuration de la défense entrant dans le champ d'application du dispositif temporaire institué par l'article 67 de la loi de finances pour 2009. Ce dispositif, qui arrivera à expiration le 31 décembre 2014, prévoit d'ores et déjà l'absence de perception de tout droit ou taxe sur les acquisitions réalisées par une commune ou un groupement de communes (L. n° 2008-1425, 27 déc. 2008, art. 67, I, al. 5 : *JO* 28 déc.2008).
L'extension de cette exonération aux acquisitions réalisées par les SPL et SPLA a pour but de renforcer les capacités des collectivités à financer les opérations de reconversion des sites militaires sis sur leur territoire et devenus inutiles.
Ces mesures s'appliquent, respectivement, aux actes d'acquisition signés à compter du 1er janvier 2014 (L. 29 déc. 2013 préc., art. 14, II).
En conséquence, l'article 1042 du Code général des impôts a été complété par un III ainsi rédigé :

> « III. – Sous réserve du I de l'article 257, les acquisitions faites, à l'amiable et à titre onéreux, des immeubles domaniaux reconnus inutiles par le ministre de la Défense et ayant bénéficié du dispositif prévu à l'article 67 de la loi n° 2008-1425 du 27 décembre 2008 de finances pour 2009, par des sociétés publiques locales créées en application de l'article L. 1531-1 du Code général des collectivités territoriales ou par des

sociétés publiques locales d'aménagement créées en application de l'article L. 327-1 du Code de l'urbanisme et qui agissent en tant que concessionnaire de l'opération d'aménagement ne donnent lieu à aucune perception au profit du Trésor public. »

G Intégration de voies privées dans le domaine public

➤ V. **Voies de circulation**.

H Avis des Domaines

2956 **Absence de contrôle du service de la publicité foncière.** Un certain nombre de textes, figurant notamment dans le Code général de la propriété des personnes publiques, ou dans le Code général des collectivités territoriales, imposaient à diverses personnes publiques de consulter France Domaine (supprimé par le décret n° 2016-1234 du 19 septembre 2016, créant une Direction de l'immobilier de l'État) avant la réalisation de certaines opérations immobilières (V., sur le sujet, L. Legrain, *Avis des domaines et opérations immobilières des collectivités locales : une formalité substantielle ? : Cah. Cridon Lyon* juin 2016, n° 76, p. 9. – P. Tarrade et H. Maurey, *L'avis des domaines : un dédale de textes : JCP* N 2013, n° 23-1157. – V. également Rép. min. n° 1336 : *JO* Sénat Q 17 janv. 2013, p. 168 ; *JCP* N 2013, act. 199).

En l'absence de tout texte l'y autorisant, le service de la publicité foncière ne paraît pas fondé à refuser le dépôt d'un acte au motif que cet avis n'a pas été sollicité, ce qui l'amènerait à se faire juge de la validité de l'opération.

I Mutations domaniales

2957 Conformément à l'article 7 du décret n° 55-22 du 4 janvier 1955, tout acte ou décision judiciaire sujet à publicité d'un service de la publicité foncière doit indiquer, pour chacun des immeubles concernés, la nature, la situation, la contenance et la désignation cadastrale (V. **Identification des immeubles**).

Pour ce faire, toute portion de territoire objet d'un acte de mutation doit avoir été cadastrée préalablement à la rédaction de l'acte.

Le service du cadastre est habilité à créer des parcelles au sein d'un terrain cadastré appartenant à l'État – ou dans un département où s'applique le service foncier 67 – à une collectivité publique et dont la masse globale est d'ores et déjà délimitée. Ces travaux de réagencement de propriété sont réalisés selon la procédure du croquis foncier.

En revanche, le service du cadastre n'est pas habilité à modifier les limites de propriétés préexistantes. Dans ce cas, il convient de mettre en œuvre la procédure de délimitation correspondant à la situation des terrains concernés. Ces procédures diffèrent selon que les terrains appartiennent à une personne privée, au domaine privé ou au domaine public d'une personne publique. Ces procédures sont détaillées au BOI-CAD-REM-10-40 (BOI-CAD-MAJ-20-10-20131014, n° 250).

1 Cas particulier des mutations domaniales

2958 Ne sont considérés comme mutations domaniales que les changements d'affectation d'immeubles du domaine public qui les font dépendre d'une autre administration ou d'un autre service à l'intérieur de la même collectivité publique. Tout transfert de biens du domaine privé d'une de collectivités publiques à une autre constitue une cession et est soumis en conséquence aux règles générales de la publicité foncière.

Les transferts de gestion et les changements d'affectation ne sont en revanche pas soumis à publicité foncière. Ils sont constatés d'office au vu de pièces justificatives fournies par les collectivités intéressées (BOI-CAD-MAJ-20-10-20131014, n° 260).

2959 Pour une saine gestion des immeubles, il peut parfois s'avérer nécessaire de procéder à des divisions parcellaires pour permettre d'identifier les terrains affectés aux différents services. Lorsqu'un transfert de gestion concerne une portion de parcelles, il est préférable que la Direction de l'immobilier de l'État sollicite le service du cadastre en amont afin de procéder à une division de la parcelle concernée par croquis foncier.

Cela étant, dans le cas où la division parcellaire n'aurait pas été réalisée en amont du transfert de gestion, la procédure suivante est préconisée :

- un exemplaire du procès-verbal constatant le transfert de gestion est transmis par la Direction de l'immobilier de l'État au service du cadastre qui établit alors un croquis foncier ;
- conformément à la procédure du croquis foncier, le changement de numérotation parcellaire intervenu est notifié au service de la publicité foncière à l'aide de l'imprimé n° 6093 N (application/pdf, 1,4 MB info) ;
- le service du cadastre informe la Direction de l'immobilier de l'État de la modification des références parcellaires.

2 Cas particulier des cessions de domaine public à domaine public

2960 Les transferts de compétence entre collectivités entraînent également le transfert des biens immobiliers nécessaires à leur exercice. En application de l'article L. 3112-1 du Code général de la propriété des personnes publiques, il peut s'agir de cession amiable de domaine public à domaine public, sans déclassement préalable.

IV Perceptions

CGI, art. 1048 ter. – *(Mod., L. n° 2020-1721, 29 déc. 2020, art. 259).* – Sont soumis à la perception de l'imposition mentionnée à l'article 680 :

1° Les actes portant autorisation d'occupation temporaire du domaine public constitutifs d'un droit réel immobilier délivrés soit par l'État ou l'un de ses établissements publics en application des articles L. 2122-5 à L. 2122-14 et L. 2122-17 à L. 2122-19 du Code général de la propriété des personnes publiques ou de l'article 13 de l'ordonnance n° 2004-559 du 17 juin 2004 sur les contrats de partenariat, soit par les collectivités territoriales, leurs groupements ou leurs établissements publics, en application des I à III de l'article L. 1311-5 et de l'article L. 1414-16 du Code général des collectivités territoriales, ainsi que les baux emphytéotiques administratifs conclus en application de l'article L. 2341-1 du Code général de la propriété des personnes publiques ;

2° Les actes portant bail consentis en application de l'article L. 2122-15 du Code général de la propriété des personnes publiques au profit de l'État ;

3° Les actes portant crédit-bail consentis en application du IV de l'article L. 1311-5 du Code général des collectivités territoriales au profit des collectivités territoriales, de leurs groupements ou de leurs établissements publics ;

4° Les baux emphytéotiques conclus soit par les collectivités territoriales, leurs groupements ou leurs établissements publics en application des articles L. 1311-2 et L. 1311-4 du Code général des collectivités territoriales, soit en application de l'article L. 6148-2 du Code de la santé publique ;

5° Les conventions non détachables des autorisations et des baux mentionnés aux 1° et 4° du présent article ;

6° Les actes portant retrait des autorisations mentionnées au 1°.

2961 **Application d'une taxe fixe de publicité foncière et d'une contribution de sécurité immobilière fixe.** L'article 1048 ter du Code général des impôts, créé par la loi n° 2008-735 du 28 juillet 2008, soumet à la perception de l'imposition fixe prévue par l'article 680 du Code général des impôts (V. **Droits fixes**), soit actuellement 125 €, les actes suivants :

– les actes portant autorisation d'occupation temporaire du domaine public constitutifs d'un droit réel immobilier délivrés soit par l'État ou l'un de ses établissements publics (CGPPP, art. L. 2122-5 à L. 2122-14 et L. 2122-17 à L. 2122-19. – Ord. n° 2004-559, 17 juin 2004, art. 13), soit par les collectivités territoriales, leurs groupements ou leurs établissements publics (CGCT, art. L. 1311-5, 1 à III et art. L. 1414-16) ;

– les actes portant retrait de ces autorisations d'occupation temporaire du domaine public ;

– les actes portant bail et crédit-bail consentis au profit :

• de l'État ou de l'un de ses établissements publics (CGPPP, art. L. 2122-15 et L. 2122-16),

Remarque : Les dispositions du 2° de l'article 1048 ter du CGI ont été modifiées suite à l'abrogation de l'article L. 2122-16 du CGPPP par l'article 121 de la loi n° 2009-526 du 12 mai 2009 de simplification des procédures afin de ne plus viser les actes portant bail au profit des établissements publics de l'État conclus en application de cet article.

• des collectivités territoriales, de leurs groupements ou de leurs établissements publics (CGCT, art. L. 1311-4-1 ou art. L. 1311-5, 1, V) ;

– les actes relatifs aux baux emphytéotiques administratifs conclus par les collectivités territoriales, leurs groupements ou leurs établissements publics (CGCT, art. L. 1311-2 et L. 1311-4) ainsi que les actes relatifs aux baux emphytéotiques hospitaliers (C. santé publ., art. L. 6148-2 et L. 6148-3).

– les conventions non détachables des autorisations et des baux précités (CGI, art. 1048 ter).

Contribution de sécurité immobilière. Il résulte du 15° de l'article 881 C du Code général des impôts que les diverses opérations visées à l'article 1048 ter du même code sont passibles d'une contribution de sécurité immobilière au taux fixe de 15 €.

2962 Par coordination avec l'assujettissement de tout bail conclu par une personne publique à une imposition forfaitaire, la loi du 28 juillet 2008 précitée modifie l'article 742 du Code général des impôts, afin que la taxe de publicité foncière au taux de 0,70 % (0,71498 % avec les perceptions additionnelles) acquittée lors de la conclusion d'un bail d'une durée de plus de douze ans ne soit pas exigible en cas de bail conclu par une personne publique, dans la mesure où un tel bail donnera lieu à l'acquittement d'une imposition forfaitaire de 125 € (CGI, art. 742, al. 1er mod.).

2963 **Contrat de partenariat relatif à un établissement public de santé.** Il a été précisé que les dispositions de l'article 1048 ter du Code général des impôts étaient applicables à la publication d'un contrat de partenariat conclu entre un établissement public de santé et une personne de droit public ou privé ayant pour objet de concevoir construire, maintenir, entretenir et mettre à disposition un bâtiment affecté à l'exercice de sa mission. Outre l'imposition au taux fixe (actuellement 125 €) prévue par l'article 1048 ter du Code général des impôts, la publication au fichier immobilier d'un tel contrat donne lieu à la perception de la contribution de sécurité immobilière au taux fixe de 15 € conformément à l'article 881 C, 15° du Code général des impôts (RES n° 2010/64-ENR, 30 nov. 2010).

Donation

Serge LAMIAUX

Sommaire analytique

Index alphabétique

I Publicité foncière

BIBLIOGRAPHIE : J.-F. Pillebout, *JCl. Notarial Répertoire*, V° Donations entre vifs, Fasc. 40. – J. et S. Piédelièvre, *La publicité foncière*, éd. Lextenso, 2014, n° 193.

2964 Nous verrons dans un premier temps les cas où la publication est obligatoire (A) avant d'évoquer les sanctions de l'absence de publication (B).

A Obligation de publier

1 Champ d'application

2965 **Donation d'immeubles de droits réels immobiliers.** Le texte de référence en la matière est l'article 939 du Code civil ainsi conçu :

> « Lorsqu'il y aura donation de biens susceptibles d'hypothèques, la publication des actes contenant la donation et l'acceptation, ainsi que la notification de l'acceptation, qui aurait eu lieu par acte séparé, devra être faite au service chargé de la publicité foncière de la situation des biens ».

Les donations d'immeubles ou de droits réels immobiliers, même si elles n'obéissent pas pour ce motif aux dispositions spéciales des articles 939 et suivants du Code civil, doivent être publiées à peine d'inopposabilité. Elles sont soumises à publication obligatoire, en vertu de l'article 28-1° du décret du 4 janvier 1955 (Ph. Simler et Ph. Delebecque, *Les sûretés, la publicité foncière*, n° 753. – J. et S. Piédelièvre, *La publicité foncière*, n° 192).

➤ Sur les personnes chargées de procéder à cette publication, V. C. civ., art. 940.

Est également assujettie à publication, en vertu de l'article 939 du Code civil, la notification de l'acceptation de semblables donations, faite par acte séparé (sur les donations non acceptées, V. n° **2994**).

2 Sanction

2966 **Inopposabilité.** La sanction du défaut de publication de la donation immobilière est l'inopposabilité aux tiers (D. n° 55-22, 4 janv. 1955, art. 30-2 ; C. civ., art. 941).

2967 **Personnes pouvant se prévaloir du défaut de publication.** Comme le donateur lui-même, ses ayants cause universels ou à titre universel, continuateurs de sa personne, ne peuvent pas invoquer un défaut de publicité de la donation (Cass. 3e civ., 20 mars 1991, n° 89-19.357 : *JurisData* n° 1991-000736 ; *JCP* G 1991, IV, p. 189 ; *JCP* N 1991, 49, p. 333 ; *Bull. civ.* 1991, III, n° 98. – Cass. 1re civ., 21 juill. 1958 : *Bull. civ.* 1958, I, n° 398. – Cass. civ., 1er juin 1897 : *DP* 1898, 1, p. 58. – Cass. req., 1er août 1878 : *D.* 1879, 1, p. 167).

Le locataire dont le bail émane du donateur ne peut pas méconnaître une donation non publiée (Cass. 3e civ., 17 juin 1980, n° 79-11.505 : *JurisData* n° 1980-700118 ; *Bull. civ.* 1980, III, n° 118 ; *JCP* G 1981, II, 19584, note M. Dagot ; *Defrénois* 1982, p. 214, note J.-L. Aubert. – Cass. soc., 17 oct. 1958 : *D.* 1959, p. 465, note Savatier).

Le légataire à titre particulier, qui doit lui-même publier son legs s'il a pour objet des droits immobiliers, a la qualité d'ayant cause à titre particulier. Il peut donc opposer le défaut de publication, si la donation a été antérieure à la date du testament (Ph. Simler et Ph. Delebecque, *op. cit.*, n° 754, p. 651).

Quant aux créanciers chirographaires, la question de savoir s'ils peuvent se prévaloir du défaut de publication de la donation en dehors de toute publication d'un commandement de saisie immobilière, ou seulement après cette publication, est discutée (*Rép. prat. Dalloz*, V° Publicité foncière, par A. Fournier, n° 561-562. – Ph. Simler et Ph. Delebecque, *op. cit.*, n° 754, p. 651).

B Règles générales de la publication

2968 **Formalité unique.** Les actes constatant des donations portant sur des immeubles intervenus jusqu'au 30 juin 2014 n'entraient pas dans le champ d'application de la formalité unique (CGI, art. 647-1, 2e al.). Ils devaient donc être présentés successivement à la recette des impôts et au service de la publicité foncière.

Dans un but de simplification, l'article 17, I, G à I de la loi de finances rectificative pour 2013 (L. n° 2013-1279, 29 déc. 2013 : *JO* 30 déc. 2013) a étendu le champ d'application de la formalité fusionnée aux donations comportant des biens immeubles, en retirant les mutations à titre gratuit de la liste des actes exclus de la formalité fusionnée (CGI, art. 647, I mod.).

La perception des impositions (les droits de donation, la taxe de publicité foncière et la contribution de sécurité immobilière) dues à l'occasion de la publication au fichier immobilier des donations portant sur des biens immeubles est désormais réalisée en une seule fois (CGI, art. 664 mod. et CGI, art. 665, al. 2 mod.)

2969 Dualité des perceptions. Mais la fusion des formalités d'enregistrement et de publicité foncière n'entraîne pas la fusion des droits d'enregistrement et de la taxe de publicité foncière en raison du caractère progressif des droits de mutation à titre gratuit (CGI, art. 677, 1°).

La double perception des droits d'enregistrement et de la taxe de publicité foncière a donc été maintenue lors du dépôt de l'acte au service de publicité foncière (BOI-ENR-DMTG-20-40, 30 sept. 2014, n° 20). Cette analyse, dont il résulte que la taxe de publicité foncière continue d'être perçue en sus des droits de mutation à titre gratuit, peut aboutir dans certains cas à une double perception de la taxe fixe de publicité foncière (par exemple lors d'une donation de la nue-propriété d'un immeuble avec réserve d'usufruit. – Sur la critique de cette doctrine, V. S. Lamiaux, *Donation immobilière : de la fin de la taxe de publicité foncière* : *JCP* N 2016, n° 10, act. 357).

Les modalités propres à chacune de ces impositions continuent donc à s'appliquer, notamment quant à leur fait générateur (BOI-ENR-DMTG-20-40-20140930, n° 20). Bien que l'administration fiscale ne le précise pas, le respect des modalités propres à chacune de ces impositions explique aussi que les exonérations bénéficiant aux droits de donation ne s'étendent pas à la taxe de publicité foncière.

Entrée en vigueur. La formalité fusionnée s'applique aux **donations d'immeubles intervenues depuis le 1er juillet 2014** (L. fin. rect. 2013, art. 17, III, 2).

2970 Conséquences de la réforme. Les conséquences de cette réforme sont exposées au BOFiP (BOI-ENR-DMTG-20-40. – V. *JCP* N 2014, n° 31-35, act. 884) :

– les donations portant sur des biens immeubles ont, désormais, uniquement à être publiées au fichier immobilier du service de la publicité foncière dans le ressort duquel se trouvent ces biens ;

– lorsqu'un acte concerne des immeubles ou droits immobiliers situés dans le ressort de plusieurs services de publicité foncière, cet acte est soumis à la formalité fusionnée exécutée au service où la publicité est requise en premier lieu, au choix du requérant (CGI, ann. III, art. 251).

En cas de pluralité d'immeubles dépendant du ressort de plusieurs services de publicité foncière, le service chargé d'exécuter la formalité fusionnée percevra la totalité des droits et taxes (CGI, ann. III, art. 253). Dans ce cas, la contribution de sécurité immobilière reste par ailleurs due au service de publicité foncière où la publicité est requise.

La taxe de publicité foncière exigible est perçue pour le compte du département du lieu de situation de l'immeuble (CGI, art. 1594 A, 2°).

2971 Alsace-Moselle. Lorsque les immeubles visés par la donation sont situés pour partie dans les départements du Bas-Rhin, du Haut-Rhin et de la Moselle, où il n'existe pas de service de la publicité foncière, l'article 250-I de l'annexe III au Code général des impôts prévoit que la formalité fusionnée n'est applicable que si le rédacteur de l'acte réside en dehors de ces trois départements. Dans une telle situation :

– si les immeubles situés hors de ces trois départements se situent dans le ressort d'un seul et même service de publicité foncière, celui-ci a compétence exclusive pour exécuter la formalité unique et publier l'acte, en ce qui le concerne ;

– si ces immeubles sont en revanche situés dans le ressort de plusieurs services de publicité foncière, le requérant peut librement choisir celui dans lequel la formalité unique sera accomplie.

Dans l'un et l'autre des deux cas précités, l'acte devra ensuite être publié suivant les règles propres au livre foncier, en ce qui concerne les immeubles situés dans les départements du Bas-Rhin, du Haut-Rhin et de la Moselle (Rép. min. n° 12 966 : *JO* Sénat Q 5 mai 2016, p. 1895 : *JCP* N 2016, n° 20, act. 659).

2972 Service compétent. Il résulte de l'article 939 du Code civil (V. n° **2965**) que « la publication des actes contenant la donation et l'acceptation, ainsi que la notification de l'acceptation, qui aurait eu lieu par acte séparé, devra être faite au service chargé de la publicité foncière de la situation des biens.

C Problèmes particuliers

1 Difficultés diverses

2973 Donation de droits indivis opérant partage. Sur le point de savoir si une semblable donation peut dispenser d'attestation notariée, V. **Attestation notariée**.

2974 Donation consentie par des époux et portant sur des biens communs.
➤ V. **Communauté entre époux**.

2975 Acceptation de la donation.
V. n° **2994**.

2976 Immeuble hypothéqué provenant d'une donation. Renonciation à une interdiction d'aliéner ou à un droit de retour non publiés. Si, lors d'un acte d'affectation hypothécaire portant sur un immeuble donné, le donateur intervient pour renoncer au profit du prêteur à l'interdiction d'aliéner et d'hypothéquer et au droit de retour stipulé dans l'acte de donation, l'inscription de l'hypothèque ne peut pas être subordonnée à la publication préalable des dispositions de l'acte d'affectation contenant la renonciation du donateur (*Bull. AMC* 1976, art. 1064. – *Contra*, Bulté et Béchade, chron. hyp. : *JCP* N 1961, IV, 3188, qui estimaient, de façon contestable, que la renonciation à ses droits par le donateur constituait une donation complémentaire en faveur du donataire qui, à ce titre, devait être publiée préalablement à la prise d'inscription).

➤ V. aussi **Interdiction d'aliéner et d'hypothéquer**.

2977 **Procuration.** La procuration établie par le donateur d'un immeuble en vue de son intervention à un acte de vente, d'échange ou de prêt pour lui faire renoncer aux droits pouvant lui profiter en vertu de la donation qu'il a consentie (action révocatoire, droit de retour conventionnel, interdiction d'aliéner ou d'hypothéquer, etc.) peut être sous signature privée. Mais elle doit être authentique lorsque l'authenticité de l'acte pour la passation duquel cette procuration est donnée est exigée par la loi en vue d'assurer soit la sincérité de l'acte dans un but d'ordre public, soit la protection du consentement d'une partie. Il en est ainsi lorsqu'il s'agit par exemple de constituer une hypothèque (H. Bulté, chron. : *JCP* N 1972, IV, 5252).

2978 **Inscription. Immeuble grevé provenant d'une donation avec réserve de droit d'usage et d'habitation.** Renonciation par le donateur à ce droit. Pour sûreté d'une créance, un emprunteur a consenti une affectation hypothécaire sur un immeuble lui provenant d'une donation qui lui avait été faite sous réserve d'un droit d'usage et d'habitation. Le donateur est intervenu à l'acte d'affectation pour renoncer à ce droit. Le défaut de publication de la disposition de l'acte d'affectation constatant cette renonciation est-il une cause de rejet de l'inscription ?

Le *Bulletin de l'association mutuelle des conservateurs* a proposé la distinction suivante (*Bull. AMC* 1977, art. 1073) :

– si la renonciation du donateur au droit d'usage et d'habitation est pure et simple, elle a le caractère d'une donation complémentaire formant, avec la donation originaire, le titre complet du donataire à la pleine propriété de l'immeuble. Ce complément de titre doit par suite être publié avant ou en même temps qu'est requise l'inscription grevant la pleine propriété de l'immeuble pour que cette inscription ne soit pas rejetée ;

– si la renonciation du donateur est consentie exclusivement en faveur du prêteur, afin que l'hypothèque qui garantit sa créance porte sur la pleine propriété de l'immeuble affecté, elle équivaut à l'affectation hypothécaire par le donateur du droit d'usage et d'habitation dont il est propriétaire à la garantie de la créance (Rappr., en ce qui concerne le droit de retour : Rép. min. Justice, 28 juin 1961 : *Bull. AMC* 1962, art. 486).

Le créancier peut dès lors, en exécution de l'acte d'affectation, requérir deux inscriptions, l'une contre le débiteur, portant sur l'immeuble affecté à l'exclusion du droit d'usage et d'habitation, l'autre contre le donateur, grevant le droit d'usage et d'habitation. Ces deux inscriptions sont indépendantes. À défaut d'une disposition le prescrivant, rien n'autorise à refuser la première lorsque la seconde, qui réalise la publication de la renonciation du donateur (V. *Bull. AMC*, art. 486 préc., obs. § II), n'a pas été requise.

2979 **Consentement du donateur au maintien des sûretés prises par le donataire.**

➤ V. sur ce point **Consentement à exécution**.

2 Donations graduelles et résiduelles : publication de la donation

BIBLIOGRAPHIE : M. Mathieu, *JCl. Notarial formulaire*, V° Donations entre vifs, Fasc. 200 (Donations graduelles) et 240 (Donations résiduelles). – P. Murat, *Le choix du support d'une clause graduelle ou résiduelle : JCP* N 2012, n° 17, 1202. – J.-M. Mathieu, *Focus sur quelques difficultés et pistes pour une meilleure utilisation des libéralités substitutives : JCP* N 2012, n° 17-1201. – M. Nicod et X. Bouchet, *La mise en œuvre des donations résiduelles : JCP* N 2016, n° 18, 1146. – J.-J. Lubin, *Libéralités graduelles : à la recherche de la valeur vénale : JCP* N 2016, n° 24, 1197. – L. Hude et Cl. Brenner, *Les libéralités graduelles et résiduelles : du sommeil au réveil ? : JCP* N 2016, n° 24, 1196. – C. Vernières et G. Bonnet, *Réflexions pratiques sur les libéralités graduelles et résiduelles : Defrénois* 2017, n° 1, p. 59.

2980 Publicité foncière de la donation graduelle. Selon M. Michel Mathieu,

> « Il résulte de l'article 1049, alinéa 3 du Code civil que lorsque la libéralité concerne un immeuble, la charge qui la grève est soumise à publicité. Cette publicité, qui rendra la charge graduelle opposable aux tiers au sens de l'article 30, 1°, du décret du 4 janvier 1955, sera assurée par la publication de la donation elle-même, dès lors que celle-ci aura pour objet un ou plusieurs immeubles.
> Elle se justifie par le fait que la charge graduelle entraîne une inaliénabilité de fait des biens sur lesquels elle porte et sur le risque d'anéantissement des droits que pourraient malgré tout acquérir des tiers

du chef du grevé sur lesdits biens, au cas où ceux-ci se trouveraient finalement recueillis par le second gratifié » (*JCl. Notarial Formulaire*, V° Donations entre vifs, Fasc. 200, n° 13).

« C'est dire que la publication de la charge graduelle peut spécifiquement s'appuyer sur l'article 28, 2° du décret du 4 janvier 1955. La même disposition impliquerait la publication de la clause d'inaliénabilité qui aurait pu être stipulée. On soulignera qu'il conviendrait d'y procéder même si une stipulation particulière de la donation dérogeait ponctuellement à l'inaliénabilité (...) ; les tiers, en effet, devraient alors être informés de l'existence même de cette dérogation » (M. Mathieu, étude préc.)

2981 **Donations résiduelles.** Nous nous référerons là encore aux travaux de M. Michel Mathieu, qui écrit (*JCl. Notarial Formulaire*, V° Donations ente vifs, Fasc. 240, n° 20) :

« Il résulte de l'article 1049, alinéa 3 du Code civil que lorsque la libéralité concerne un immeuble, la charge qui la grève est soumise à publicité. Il a pu être observé que la publication ne présente qu'un intérêt limité, dans la mesure où l'ultime interdiction de disposer concerne uniquement les dispositions à cause de mort, de sorte que la formalité intéresse essentiellement les éventuels légataires du premier gratifié, autres que le second gratifié (*JCl. Civil Code*, étude citée *supra*, n° 2). Toutefois, il convient de ne pas oublier que les donations entre vifs peuvent également être proscrites et qu'en toute hypothèse, la connaissance, par les personnes appelées à contracter avec le premier gratifié, de l'existence de la charge résiduelle, demeure utile.

Quoi qu'il en soit, la publication de la charge résiduelle pourra spécifiquement s'appuyer sur l'article 28, 2° du décret du 4 janvier 1955 ».

3 Donations graduelles et résiduelles : transmission au bénéficiaire

2982 **Nature de la difficulté.** La donation graduelle ou résiduelle est considérée, lors de sa publication, comme une donation ordinaire.

Mais le problème se pose de l'acte à établir pour constater le transfert de propriété au profit du bénéficiaire de ce type de donation.

2983 **Mécanisme de la donation résiduelle.** Supposons une donation faite par Jean, stipulant qu'au décès du donataire Pierre, Jacques recueillera « ce qui restera » (pas d'obligation de conserver).

Lorsque le décès de Pierre survient, il ne constitue pas la source de la transmission. Il n'est que l'élément déclenchant et agit à la manière d'une condition suspensive (ou résolutoire). On a dit ainsi que la libéralité résiduelle réalisait une double libéralité puisqu'elle ne s'exécuterait que pour autant que le second bénéficiaire survivrait au premier et que les biens donnés ou légués se retrouveraient dans le patrimoine du premier gratifié au moment de son décès.

On n'est pas dans l'un des cas visés par l'article 29 du décret du 4 janvier 1955, concernant l'attestation notariée qui doit être dressée pour constater « toute transmission ou constitution par décès de droit réels immobiliers ».

On retrouve une situation analogue lorsqu'une personne reçoit une donation en nue-propriété. Elle devient pleine propriétaire au décès de l'usufruitier mais cet événement, qui opère « consolidation » n'est pas par lui même sujet à publication.

Le titre de propriété de Jacques est la donation. Il est « réputé tenir ses droits de l'auteur de la libéralité » et donc de Jean (C. civ., art. 1061, qui renvoie à l'article 1051 du même code). Le régime fiscal des libéralités résiduelles, du point de vue des droits d'enregistrement est actuellement fixé par l'article 784 C du Code général des impôts (V. *Dr. fisc.* 2007, n° 5, comm. 140).

2984 **Mécanisme de la donation graduelle.** En ce cas, Jean fait donation à Pierre à charge de conserver le bien et de la transmettre à son décès à Jacques.

Même situation que précédemment. Les biens donnés se retrouvent dans la succession de Pierre, mais la transmission ne s'opère pas « par décès » (mais à l'occasion du décès de Pierre). Jacques est « réputé tenir ses droits de l'auteur de la libéralité » (C. civ., art. 1051).

2985 **Publicité foncière.** Dans ces deux cas, il y a lieu, à notre avis, de considérer que l'on se trouve dans l'hypothèse prévue par l'article 35 du décret du 14 octobre 1955 selon lequel « les dispositions de l'article 32 [effet relatif] ne sont pas applicables si le droit du disposant ou du dernier titulaire a été acquis sans titre (...) En ce cas le document déposé doit contenir une déclaration précisant le mode ou les conditions d'acquisition ou de consolidation du droit » (solution appliquée lorsque le droit de propriété se trouve consolidé par le décès de l'usufruitier, hypothèse spécialement visée par l'article 35-1°).

Dès lors, si le bien ainsi dévolu est l'objet d'une mutation ultérieure, l'origine de propriété se présentera de la façon suivante :

– Donation graduelle : « M. est propriétaire de l'immeuble vendu en vertu d'un acte reçu par Me.... Notaire à............ publié au service de la publicité foncière de..... volume.... n° ... Cet acte contenait donation au profit de M.... à charge de conserver l'immeuble et de le transmettre à son décès à M... Le décès de M. étant survenu le...., M. est devenu propriétaire de l'immeuble à la suite de cet événement ».

– Donation résiduelle : « M. est propriétaire de l'immeuble vendu en vertu d'un acte reçu par Me.... Notaire à............ publié au service de la publicité foncière de..... volume.... n° ... Cet acte stipulait qu'au décès de M.... (donataire de premier rang), M. (bénéficiaire de la donation résiduelle) recueillerait l'immeuble si M. n'en avait pas disposé. Le décès de M. étant survenu le...., et l'immeuble donné à M., bénéficiaire de cette libéralité résiduelle se retrouvant dans sa succession, M. est devenu propriétaire de cet immeuble à la suite de cet événement ».

II Taxations

Donation

2986 Nous examinerons successivement le régime de la taxe de publicité foncière (A), des droits d'enregistrement (B), de la TVA (C) et de la contribution de sécurité immobilière (D).

A Taxe de publicité foncière

2987 Après avoir indiqué la nature de la taxe (1), le champ d'application de la taxe (2), nous préciserons quel en est le fait générateur (3), quelles sont ses modalités d'assiette et de liquidation (4) et quels en sont les tarifs (5).

1 Nature de la taxe de publicité foncière

2988 La fusion de la formalité n'entraîne pas la fusion des droits d'enregistrement et de la taxe de publicité foncière en raison du caractère progressif des droits de mutation à titre gratuit (CGI, art. 665). La double perception des droits d'enregistrement et de la taxe de publicité foncière a donc été maintenue lors du dépôt de l'acte au service de publicité foncière. Les modalités propres à chacune de ces impositions continuent donc à s'appliquer (BOI-ENR-DMTG-20-40, 30 sept. 2014, n° 20). Ainsi, nonobstant la fusion des formalités, les perceptions, elles, n'ont pas été fusionnées. La taxe de publicité foncière reste une taxe de formalité, non confondue avec les droits d'enregistrement – ce qui explique que les exonérations propres aux droits de donation ne soient pas applicables à la taxe de publicité foncière.

2 Champ d'application de la taxe de publicité foncière

2989 La taxe frappe tout transfert à titre gratuit de droits réels immobiliers d'un titulaire à un autre (droits de propriété, d'usufruit, d'usage, d'habitation, d'emphytéose, de superficie, servitudes portant sur un immeuble par nature, par destination, par détermination de la loi ou par l'objet auquel il s'applique).

3 Fait générateur de la taxe de publicité foncière

2990 Le fait générateur est constitué par la réquisition de la formalité, c'est-à-dire par le dépôt des documents au service de publicité foncière.
La taxe est donc exigible au tarif en vigueur au jour où les documents à publier sont présentés à la formalité (BOI-ENR-DMTG-20-40-20140930, n° 40). Elle est perçue pour le compte du département.

2991 **Donation éventuelle.** La donation éventuelle, soumise au droit d'enregistrement, est soumise aussi à la taxe de publicité foncière fixe. La contribution de sécurité immobilière au tarif fixe paraît seule exigible. Le droit fixe est celui de l'article 848-5° du Code général des impôts (V. antérieurement, Doc. adm. DGI, 7 G-311, § 13), soit actuellement 125 €.

2992 **Donation sous condition suspensive.** En vertu des dispositions combinées des articles 679 et 791 du Code général des impôts, les donations, même assorties d'une condition suspensive, sont assujetties à la taxe de publicité foncière.
Les donations consenties sous condition suspensive sont immédiatement passibles de la taxe (BOI-ENR-DMTG-20-40-20140930, n° 30).

2993 **Acceptation de la donation.** C'est l'acceptation de la donation qui constitue le fait générateur de l'impôt de mutation à titre gratuit. L'acceptation est, dans la plupart des cas, contenue dans l'acte de donation et le fait générateur se confond ainsi le plus souvent avec la date de l'acte. Si par exception l'acceptation est constatée dans un acte séparé, les droits de mutation sont perçus au tarif en vigueur au jour de l'acceptation et sur la valeur des biens à cette même date (Rép. min. budget à M. Aubért : *JOAN* Q 29 mars 1982, p. 1241, n° 3234. – V. antérieurement, Doc. adm. DGI 7 G-312, n° 11, 20 déc. 1996).

Les perceptions sont les suivantes :

– si la donation et l'acceptation sont publiées simultanément :

• taxe de publicité foncière à 0,60 % sur la valeur des biens au jour de l'acceptation (V. n° 3008). Il n'est dû qu'une seule taxe sur l'acte principal et l'acte d'acceptation (CGI, art. 673. – V. **Acte contenant plusieurs dispositions**),

• contribution de sécurité immobilière au tarif proportionnel sur cette même assiette ;

– si l'acceptation est publiée postérieurement à la donation :

• la taxe proportionnelle de publicité foncière est due sur l'acte d'acceptation, qui rend la donation parfaite, ainsi que la contribution de sécurité immobilière au tarif proportionnel sur la valeur des biens donnés.

2994 **Donation non acceptée.** Une donation non acceptée par le donataire est une offre passible seulement du droit fixe des actes innommés (Déc. min. Finances, 12 oct. 1818 : *Journ. enr.*, 6250).

Normalement la publication de la donation non acceptée ne se justifie pas, car elle n'emporte pas mutation. Mais il se peut cependant, lorsqu'elle est consentie à plusieurs donataires, qu'elle soit acceptée par certains d'entre eux, ce qui justifie alors sa publication. La publication d'une donation non acceptée entraîne la perception de la taxe fixe prévue par l'article 674 du Code général des impôts.

La contribution de sécurité immobilière au tarif proportionnel sera due sur la valeur des biens donnés à la même date.

4 Assiette et liquidation de la taxe de publicité foncière

a) Principe

2995 La taxe est exigible sur la valeur totale des immeubles ou droits immobiliers transmis, sans distraction des charges imposées au donataire.

2996 Lorsque les valeurs qui doivent servir de base à la liquidation de la taxe ne sont pas déterminées dans l'acte de donation, une déclaration estimative doit être souscrite au pied du document à publier. Dans la pratique, cette hypothèse ne peut se rencontrer que pour les actes de donation non assujettis aux droits de mutation à titre gratuit. En effet, dans les autres cas, les valeurs retenues pour la perception de ces droits serviraient de base à la liquidation de la taxe départementale de publicité foncière (CGI, art. 791, al. 2. – BOI-ENR-DMTG-20-40-20140930, n° 50).

2997 Par ailleurs, bien que le fait générateur de la perception réside dans le dépôt au service de publicité foncière des documents à publier, la valeur taxable se détermine à la date de l'acte de donation (CGI, art. 666. – BOI-ENR-DMTG-20-40-20140930, n° 60).

2998 **Donation de biens ou de droits indivis.** Jusqu'à la réforme de l'article 883 du Code civil par la loi n° 76-1286 du 31 décembre 1976, il était admis, avec l'appui de la Cour de cassation et de la doctrine la plus autorisée, qu'une transmission de droits à titre gratuit, même faisant cesser l'indivision, restait une donation et n'équivalait pas à partage.

La taxe et le salaire (aujourd'hui, la contribution de sécurité immobilière) devaient donc être liquidés uniquement sur la valeur de la part donnée (*Bull. AMC* 1950, art. 16. – H. Bulté : *JCP* N 1965, IV, 3863). Cette doctrine est ainsi exprimée par la Documentation administrative (BOI-ENR-DMTG-20-40-20140930, n° 70) :

> « Lorsqu'une donation de biens ou de droits indivis a pour effet de mettre fin a l'indivision, la valeur des parts données est seule passible de la taxe de publicité foncière. En effet, une donation est toujours de nature translative, de sorte que la fiction établie par l'article 883 [Il s'agit de l'effet déclaratif du partage : le copartageant est considéré comme ayant reçu directement du défunt les biens qui lui ont été attribués par voie de partage ou déclaration] du Code civil ne lui est pas applicable. Il n'y a donc pas lieu, en pareil cas, d'appliquer la règle résultant du dernier alinéa de l'article 750-II du Code général des impôts et selon laquelle, pour les cessions faisant cesser l'indivision, la taxe est liquidée sur la valeur des immeubles ou des droits immobiliers, sans soustraction de la part du colicitant acquéreur ».

2999 Mais l'article 883 du Code civil vise désormais tous les actes susceptibles de faire cesser l'indivision. La doctrine en déduit que les actes à titre gratuit comportent désormais l'effet déclaratif visé par ledit article 883, et entraînent donc partage lorsqu'ils font cesser l'indivision (H. Thuillier, *La portée de la rétroactivité attribuée au partage par l'article 883 du Code civil* : *JCP* N 1979, I, p. 49, n° 29). Le régime de taxation visé au n° 2987, devrait donc être revu pour tenir compte de cette nouvelle législation (V. **Licitation** et **Partage**).

3000 **Donation avec réserve d'usufruit.** Les règles applicables en ce qui concerne l'évaluation de l'usufruit donné sont les mêmes que celles régissant les mutations à titre gratuit.

➤ Sur l'évaluation fiscale de l'usufruit, V. **Usufruit**.

En ce qui concerne la **taxe de publicité foncière**, elle porte sur ce qui est donné, à savoir la nue-propriété.

Mais si le donateur se réserve l'usufruit, non seulement des biens dont il avait l'usufruit, mais encore de ceux du conjoint prédécédé et dont il n'avait que l'usufruit partiel, il y a convention accessoire mettant fin à l'indivision qui existait sur l'usufruit. Mais en pareil cas, la taxe de publicité foncière n'est pas perçue sur la valeur de l'usufruit, la réserve de cet usufruit constituant une charge de la donation dont elle forme une disposition dépendante (*Bull. AMC* 1954, art. 162).

Quant à la **contribution de sécurité immobilière**, en cas de donation avec réserve d'usufruit, elle porte sur la valeur de la nue-propriété donnée (V. antérieurement, pour le salaire du conservateur, *Bull. AMC* 1952, art. 106-11, § 10-IV).

Au cas particulier visé au n° **3013**, la contribution de sécurité immobilière serait due, en outre, sur la valeur de l'usufruit que se réserve le donateur sur les biens dont il n'avait que l'usufruit partiel (V. antérieurement, pour le salaire du conservateur, *Bull. AMC* 1954, art. 162).

3001 **Usufruit sur le bien donné.** Les opérations diverses dont l'usufruit grevant le bien donné peut être l'objet sont examinées, en fonction de leur nature aux mots **Usufruit**, **Réversion d'usufruit**.

b) Valeur taxable

3002 D'après le deuxième alinéa de l'article 791 du Code général des impôts, la valeur à retenir pour l'assiette de la taxe départementale de publicité foncière ne peut être inférieure, lorsque la convention est soumise aux droits proportionnels ou progressifs d'enregistrement, à celle qui sert à la liquidation des droits d'enregistrement (CGI, art. 791, al. 2).

Cette règle trouve à s'appliquer en cas d'insuffisance d'évaluation ainsi que dans l'hypothèse où un acte constatant la réalisation d'une condition suspensive contient une évaluation supérieure à la valeur figurant dans l'acte conditionnel (V. antérieurement, Doc. adm. DGI, 7 G-321, n°s 8 et 9, 15 déc. 1996).

3003 Lorsqu'aucun droit de donation n'est exigible en raison des abattements, l'administration peut néanmoins notifier un redressement pour la perception de la taxe de publicité foncière si la valeur déclarée est inférieure à la valeur réelle (*JCP* N 1986, prat. 9984, chron.).

3004 **Exclusion du paiement fractionné.** Des textes spéciaux prévoient en certaines matières le paiement fractionné des droits de mutation à titre gratuit Mais cette possibilité de paiement fractionné ne concerne pas en principe la taxe de publicité foncière.

c) Arrondissement des valeurs

3005 La base d'imposition est arrondie à l'euro le plus proche. La fraction d'euro égale à 0,50 est comptée pour 1 (V. **Taxe de publicité foncière**).

5 Tarifs

a) Application du tarif

3006 **Abattements.** La taxe départementale de publicité foncière est perçue sans tenir compte des abattements sur la valeur des biens donnés (V. antérieurement, Doc. adm. DGI, 7 G-321, n° 11, 20 déc. 1996).

3007 **Exonérations.** Par ailleurs, les exonérations de droits de mutation à titre gratuit n'emportent pas, à moins d'une disposition expresse, exonération de taxe de publicité foncière (V., pour les donations de bois et forêts, Rép. min. Économie et Finances à M. Lagorce, 12 juill. 1975 : *JCP* N 1975, IV, 6071 ; *Bull. AMC* 1975, art. 1026).

b) Tarif de 0,60

3008 Les mutations à titre gratuit, même assorties d'une condition suspensive, sont en principe soumises au tarif proportionnel de 0,60 %, lorsqu'elles ont pour objet des immeubles ou des droits réels immobiliers (CGI, art. 677, 1° et 791).

Dans le département de la Guyane, ce tarif s'élève à 0,30 (CGI, art. 1043 A).

Il y a lieu dans le cas considéré de percevoir le prélèvement supplémentaire au profit de l'État au taux de 2,37 %, en vertu de l'article 1647, V, a) du Code général des impôts BOI-ENR-DMTG-20-40-20140930, n° 110).

La perception s'élève donc au total à 0,61422 % (arrondi à **0,615** %).

3009 Ce tarif s'applique, d'une manière générale, à toutes les donations, quelle que soit la forme qu'elles revêtent.

Le tarif de 0,60 (ou de 0,30 dans le département de la Guyane) ne peut pas être modifié par le conseil général du département (BOI-ENR-DMTG-20-40-20140930, n° 130).

c) Tarif fixe

3010 Le tarif fixe peut être :
– un minimum de perception de la taxe proportionnelle ;
– ou un « droit fixe » exigible pour les formalités qui ne sont pas spécialement assujetties à cette taxe.

1) Minimum de perception

➤ V. **Minimum de perception**.

2) Taux fixe de la taxe de publicité foncière

3011 La taxe fixe (actuellement 25 €) prévue par l'article 674 du Code général des impôts est exigible sur les actes qui entrent dans le champ d'application de la taxe de publicité foncière mais qui ne sont pas soumis au taux proportionnel.
En principe, cette taxe ne trouve pas à s'appliquer aux mutations entre vifs à titre gratuit. Toutefois, elle est exigible notamment sur les actes ci-après qui ne constatent pas des transmissions de droits réels immobiliers :
– actes confirmatifs de conventions entachées de cause de nullité ou rescision ;
– actes constatant l'accomplissement d'une condition suspensive. Toutefois, lorsque cet acte indique, en vue de la perception des droits d'enregistrement, une valeur supérieure à celle figurant dans l'acte conditionnel, un complément de taxe proportionnelle est exigible (CGI, art. 791, 2e al.).
L'acte spécialement dressé pour constater la non-réalisation de la condition suspensive dont une donation était affectée n'est soumis qu'à la taxe fixe de 25 € (BOI-ENR-DMTG-20-40-20140930, nos 190 et 200).

B Droits d'enregistrement

3012 **Renvoi.** Depuis la soumission des actes de donation à la formalité unique, les droits d'enregistrement sont perçus par le service de la publicité foncière.
Étant donné la complexité du régime des droits de donation, leur étude ne peut prendre place dans le cadre de cet ouvrage. Nous renvoyons donc le lecteur aux sources administratives (BOI-ENR-DMTG-20 et s.), et aux ouvrages de référence (*JCl. Enregistrement Traité*, V° Donations, Fasc. 10 et s. et *JCl. Notarial Formulaire*, V° Donations [ENREG.), Fasc. 10 et s.).
• Sur le mode de taxation des donations résiduelles, V., avec des exemples pratiques, M. Nicod et X. Bouché, *La mise en œuvre des donations résiduelles : JCP* N 2016, n° 18, 1146.
• Sur la valeur vénale retenue pour l'assiette des droits de mutation en cas de libéralités graduelles, V. J.-J. Lubin, *Libéralités graduelles : à la recherche de la valeur vénale : JCP* N 2016, n° 24, 1197.

C TVA

3013 **Non-application.** Une donation ne peut jamais entrer dans le champ de la TVA (V. **TVA immobilière**).
Les droits, la taxe de publicité foncière et le salaire restent, en pareil cas établis comme pour toute donation ordinaire.

D Contribution de sécurité immobilière

Les solutions énoncées ci-dessous à propos du salaire du conservateur restent valables, jusqu'à nouvel ordre, pour la perception de la contribution de sécurité immobilière.

1 Règles générales

3014 **Liquidation du salaire.** Le salaire du conservateur est calculé distinctement sur la valeur totale des immeubles et droits immobiliers donnés à chaque donataire et situés dans la circonscription du bureau où est opérée la publication (V. *Bull. AMC* 1952, art. 106, II, § 8 ; pour le cas de biens situés dans plusieurs conservations, V. n° 3015).

3015 Lorsqu'il y a des immeubles situés dans le ressort de plusieurs conservations, aucun conservateur n'est fondé à percevoir le salaire pour les immeubles situés hors de sa circonscription.
Dans ce cas, la taxe de publicité foncière est perçue par chaque conservateur sur les seuls immeubles situés dans son ressort.
Si l'acte est soumis à la taxe fixe, celle-ci est acquittée au bureau où la formalité est requise en premier lieu, et il est délivré une quittance destinée aux autres conservations (*Bull. AMC* 1952, art. 106, II, 8° ; *Bull. AMC* 1971, art. 875 ; *BODGI* 7 A-7-71).

2 Solutions particulières

3016 **Remarque préliminaire.** Certaines solutions particulières sont données dans les développements qui précèdent.

3017 **Donation de droits indivis faisant cesser l'indivision.** Selon le *Bulletin de l'association mutuelle des conservateurs* (1982, art. 1243), la donation d'un immeuble indivis entre le donateur et le donataire, qui fait cesser l'indivision, n'est pas équipollente à partage. La raison en est que le partage est, par essence, un acte onéreux (Aubry et Rau, 5e éd., vol. 10, p. 192. – Cass., 5 mai 1841 : *S.* 1841, 1, 434. – À ce sujet, V. n° 2998).

En conséquence, le salaire exigible à l'occasion de la publication d'un acte de donation faisant cesser l'indivision, doit être liquidé uniquement sur la valeur de la part donnée (*Bull. AMC* 1950, art. 16 ; Lacroix, *Mémento de publicité foncière*, n° 234).

3018 Donation avec réserve de droit de retour et interdiction d'aliéner et d'hypothéquer. Si une donation comporte une réserve de droit de retour ou une interdiction d'aliéner et d'hypothéquer, il a été soutenu qu'il s'agissait de dispositions dépendantes et qu'un seul salaire était dû sur la publication de la donation (Ch. R. : *JCP* N 1979, prat. 7349). Mais la qualification de dispositions dépendantes appliquée à ces stipulations nous paraît, en l'espèce, pouvoir être discutée.

III
Régimes spéciaux

3019 Des régimes spéciaux sont prévus, en ce qui concerne la taxe de publicité foncière pour certaines transmissions à titre gratuit : par exemple les donations consenties à l'État, les transmissions entre congrégations, les « transferts d'immeubles » intervenant en vertu de textes spéciaux.

➤ Ces régimes particuliers sont évoqués sous les rubriques correspondant à la personne du « donataire » (V. **État**, **Établissement public**, **Établissements reconnus d'utilité publique**, **Congrégation**, **Transferts d'immeubles**).

➤ V. également **Cession gratuite de terrain**.

3020 Renonciation par l'État ou les établissements publics bénéficiaires aux dons ou legs qui leur sont consentis. En cas de renonciation de l'État ou des établissements bénéficiaires aux dons et legs qui leur sont faits, l'arrêté de renonciation et le procès-verbal de restitution sont publiés en même temps, avec évaluation dans le procès-verbal des immeubles restitués.

La taxe de publicité foncière n'est pas perçue.

La contribution de sécurité immobilière est due par les renonçants, dans les conditions ordinaires (V. **Contribution de sécurité immobilière**).

Si le procès-verbal ne peut pas être établi (bénéficiaire de la restitution inconnu, ou la refusant), les immeubles sont vendus : taxe et salaire (aujourd'hui : contribution de sécurité immobilière) sont perçus selon le droit commun. L'arrêté de renonciation, publié alors en même temps que ces ventes, reste exonéré de taxe (*Bull. AMC* 1970, art. 802).

Donation-partage

Serge LAMIAUX

Sommaire analytique

Index alphabétique

Index alphabétique *(suite)*

3021 **Plan.** Nous examinerons tout d'abord les problèmes posés par la publicité foncière de la donation-partage (I), puis le régime fiscal des donations partage en général (II). Nous traiterons ensuite de certaines donations-partage à physionomie particulière (III), puis du cas où la donation-partage comprend des dispositions dépendantes ou indépendantes (IV) et enfin des règles de perception de la contribution de sécurité immobilière, qui a remplacé le salaire du conservateur (V).

I Publicité foncière

A Publication de la donation-partage proprement dite

1 Principes

3022 **Assujettissement à publicité foncière.** Comme toute donation entre vifs immobilière, la donation-partage qui comprend des immeubles ou (et) des droits réels immobiliers est assujettie à la formalité de publicité foncière au service de la publicité foncière. Cette obligation résulte : d'abord et à titre principal, des dispositions des articles 939 à 942 du Code civil ; ensuite et subsidiairement des dispositions du décret du 4 janvier 1955 (spécialement, art. 28-1° a). Selon l'article 939 du Code civil, lorsqu'il y a donation de biens susceptibles d'hypothèque, la publication des actes contenant la donation et l'acceptation ainsi que la notification de l'acceptation qui aurait eu lieu par acte séparé doit être faite au service de la publicité foncière dans l'arrondissement duquel les biens sont situés.
Le texte concerne en fait les donations portant sur la toute propriété, la nue-propriété ou l'usufruit d'un immeuble.
Sur le cas où la donation-partage ne comprend que des biens incorporés, V. n° 3030.
Tout ce qui est dit en la matière à propos des donations entre vifs ordinaires est applicable aux donations-partages ; nous y renvoyons donc purement et simplement (V. **Donation**).
De l'accomplissement de la formalité dépend l'opposabilité aux tiers du transfert de propriété au profit des donataires copartagés.

3023 **Conventions annexes.** Sont également assujetties à publicité certaines conventions annexes incluses dans la donation-partage : interdiction d'aliéner et d'hypothéquer (V. **Interdiction d'aliéner et d'hypothéquer**) ; clauses prévoyant un droit de retour ; consentement donné dans le cadre de l'article 930 du Code civil, etc.

3024 **Authenticité.** La donation-partage étant soumise « aux formalités, conditions et règles prescrites pour les donations entre vifs » (C. civ., art. 1075, al. 2), elle doit obligatoirement, à peine de nullité, être faite par acte notarié reçu en minute (C. civ., art. 931). Il est rappelé à ce sujet que l'administration fiscale n'est pas juge de la validité des actes (Rép. min. Budget n° 5940 à M. Fosset : *JO* Sénat Q, 4 août 1994, p. 1929 ; *Dr. fisc.* 1994, n° 52, comm. 2291). Par suite, un partage d'ascendant entre vifs rédigé en la forme sous seing privé peut être soumis à la formalité de l'enregistrement (Rappr. Cass. civ., 21 déc. 1831 : *S.* 1832, 1, p. 182 ; *Journ. enr.*, 10231. – Cass. civ., 9 août 1836 : *S.* 1836, 1, p. 667 ; *Journ. enr.*, 11589 ; Instr. 1562,

§ 9). Toutefois, si un tel acte contient des stipulations sujettes à publicité foncière – c'est-à-dire, des dispositions portant sur des immeubles ou droits immobiliers – la formalité de l'enregistrement ne pourra être effectuée en raison de l'interdiction faite aux comptables des impôts, par l'article 660 du Code général des impôts (*JCP* N 1955, III, 19856 ; *BA* 1955, I, 6868. – Instr. BA 1956, I, 7135 : *JCP* N 1956, III, 20970), d'enregistrer des actes soumis à la publicité foncière et qui ne seraient pas dressés en la forme authentique conformément aux prescriptions de l'article 4 du décret n° 55-22 du 4 janvier 1955 (*JCP* N 1955, III, 19512).

2 Accomplissement de la formalité

3025 **Formalité unique.** Les actes constatant des donations portant sur des immeubles intervenus jusqu'au 30 juin 2014 n'entraient pas dans le champ d'application de la formalité unique (CGI, art. 647-1, 2e al.). Ils devaient donc être présentés successivement à la recette des impôts et au service de la publicité foncière.

Dans un but de simplification, l'article 17, I, G à I de la loi de finances rectificative pour 2013 (L. n° 2013-1279, 29 déc. 2013 : *JO* 30 déc. 2013) a étendu le champ d'application de la formalité fusionnée aux donations comportant des biens immeubles, en retirant les mutations à titre gratuit de la liste des actes exclus de la formalité fusionnée (CGI, art. 647, I mod.).

Il résulte de l'extension du champ de la formalité fusionnée que :

– les donations portant sur des biens immeubles ont, désormais, uniquement à être publiées au fichier immobilier du service de la publicité foncière dans le ressort duquel se trouvent ces biens ; en cas de donation d'immeubles situés dans des ressorts différents, la formalité fusionnée est réalisée par un seul service de publicité foncière, au choix du requérant. Toutefois, l'acte doit dans ce cas être publié dans les autres services dont relèvent les biens, où doit être acquittée la contribution de sécurité immobilière ;

– la fusion de la formalité n'entraîne pas la fusion des droits d'enregistrement et de taxe la publicité foncière en raison du caractère progressif des droits de mutation à titre gratuit ().

La double perception des droits d'enregistrement et de la taxe de publicité foncière a donc été maintenue lors du dépôt de l'acte au service de publicité foncière.

Les modalités propres à chacune de ces impositions continuent donc à s'appliquer, notamment quant à leur fait générateur (BOI-ENR-DMTG-20-40-20140930, n° 20).

Entrée en vigueur. La formalité fusionnée s'applique aux donations d'immeubles intervenues depuis le 1er juillet 2014 (L. fin. 2013, art. 17, III, 2).

3026 **Immeubles situés en Alsace-Moselle.** Les actes qui constatent des donations-partages portant sur des immeubles situés en Alsace-Moselle restent soumis à la formalité de l'enregistrement à la recette des impôts et à publication au registre foncier.

Ils ne donnent lieu à aucune perception autre que les droits de mutation à titre gratuit éventuellement exigibles. Les frais de justice ne sont pas mis en recouvrement (Instr. 1er juill. 1970 : *BODGI* 7-G-9-70).

Lorsque les immeubles visés par la donation sont situés pour partie dans les départements du Bas-Rhin, du Haut-Rhin et de la Moselle, où il n'existe pas de service de la publicité foncière, l'article 250-I de l'annexe III au Code général des impôts prévoit que la formalité fusionnée n'est applicable que si le rédacteur de l'acte réside en dehors de ces trois départements. Dans une telle situation :

– si les immeubles situés hors de ces trois départements se situent dans le ressort d'un seul et même service de publicité foncière, celui-ci a compétence exclusive pour exécuter la formalité unique et publier l'acte, en ce qui le concerne ;

– si ces immeubles sont en revanche situés dans le ressort de plusieurs services de publicité foncière, le requérant peut librement choisir celui dans lequel la formalité unique sera accomplie.

Dans l'un et l'autre des deux cas précités, l'acte devra ensuite être publié suivant les règles propres au livre foncier, en ce qui concerne les immeubles situés dans les départements du Bas-Rhin, du Haut-Rhin et de la Moselle (Rép. min. n° 12 966 : *JO* Sénat Q 5 mai 2016, p. 1895 : *JCP* N 2016, n° 20, act. 659).

3027 **Refus de la formalité.** La formalité peut être refusée pour l'une ou l'autre des causes prévues en matière de droits d'enregistrement par les textes sur la publicité foncière (V. **Refus de dépôt** et **Rejet**), en particulier pour défaut d'authenticité de l'acte.

B Publication des incorporations de donations

1 Règles de droit civil

BIBLIOGRAPHIE : Sur les aspects de droit civil de l'incorporation, V. M. Grimaldi, *La nature juridique et les enjeux de l'incorporation* : *Defrénois* 2016, n° 19, p. 991. – B. Vareille, *Champ d'application de l'incorporation d'une libéralité antérieure dans une donation-partage* : *Defrénois* 2016, n° 19, p. 998.

3028 Principe. L'article 1078-1 du Code civil prévoit que le lot de certains « gratifiés » peut être formé, en totalité ou en partie, des donations rapportables ou faites hors part, déjà reçues par eux du disposant, en tenant compte éventuellement des emplois et remplois qui ont pu être faits dans l'intervalle. L'article 1078-2 du même code ajoute que « les parties peuvent aussi convenir qu'une donation antérieure faite hors part sera incorporée au partage et imputée sur la part de réserve du donataire à titre d'avancement de part successorale ». La date d'évaluation applicable au partage anticipé sera également applicable aux donations antérieures qui lui auront été ainsi incorporées. Toute stipulation contraire sera réputée non écrite (C. civ., art. 1078-1, al. 2).

3029 Nature juridique des conventions d'incorporation des donations antérieures. L'article 1078-3 du Code civil précise que les conventions qui incorporent les donations antérieures à la donation-partage « peuvent avoir lieu même en l'absence de nouvelles donations du disposant. Elles ne sont pas regardées comme des libéralités entre les héritiers présomptifs, mais comme un partage fait par le disposant ».

3030 Objet des conventions d'incorporation. L'incorporation peut concerner toutes les libéralités antérieurement consenties par le donateur : don manuel, donation indirecte, donation déguisée (il faudra alors tenir compte des incidences fiscales de la révélation de ses donations !). Elle peut également porter sur une précédente donation-partage. L'article 1078-1 du Code civil invite à tenir compte des emplois ou remplois que les donataires auraient pu faire dans l'intervalle entre la donation et la donation-partage. Si le bien donné a été aliéné et que le prix a été remployé, on admet généralement en doctrine que les biens subrogés peuvent être incorporés en nature, et même réattribués éventuellement à un autre que le donataire initial.
La donation-partage peut ne comprendre que des donations antérieures incorporées, sans qu'il y ait donation de nouveaux biens.
Dans la ligne de l'esprit libéral qui a inspiré le législateur, favorable à la donation-partage, instrument de « paix des familles », la doctrine prône une interprétation large des textes. Il est admis qu'à la faveur de l'opération d'incorporation, il est possible :
– de modifier le caractère de la libéralité, en transformant par exemple une libéralité rapportable en libéralité faite hors part ou inversement ;
– de modifier ou de supprimer les conditions et les charges auxquelles la libéralité incorporée était assujettie (par ex., une interdiction d'aliéner, un droit de retour) ;
– d'attribuer les biens précédemment donnés à d'autres que les donataires originaires (V. sur tous ces points : *JCl. Notarial Formulaire*, V° Donation-partage, Fasc. 30 et 50 par M. Mathieu).
Ce mécanisme est d'une grande souplesse. Ainsi un bien antérieurement donné indivisément peut être, en vertu de l'article 1078-1 du Code civil, attribué à l'un des donataires dans un acte de donation-partage (Cass. 1re civ., 15 janv. 2014, nos 11-18.693 et 12-29.267 : *JurisData* n° 2014-002761 ; *JCP* N 2014, n° 24-25, 1230, note R. Le Guidec et J.-P. Garçon).

2 Conséquences de l'incorporation du point de vue de la publicité foncière

3031 Le problème. L'incorporation d'une donation antérieure est-elle assujettie à publicité foncière ? Dans l'affirmative, à quel titre ? Cette question n'est pas résolue par les textes et donne lieu à débat. Elle amène à se pencher sur la nature juridique de l'opération d'incorporation.

a) Maintien de la donation au donataire originaire

3032 Clauses à publier. À notre avis, il y a lieu à publication à cette question dans deux cas :
– si l'ascendant donateur, à l'occasion de l'incorporation, constitue ou supprime un droit réel, par exemple, s'il renonce à un usufruit (D. n° 55-22, 4 janv. 1955, art. 28, 1°, *a*) ; V. Bulté, chron. hyp. : *JCP* N 1967, IV, 4238. – M. Suquet-Cozic, *Donation-partage avec incorporation de donation immobilière antérieure : quand publier ? : Sol. not.* 18 févr. 2021, 6/21, 11) ou encore s'il constitue ou supprime des charges, par exemple s'il renonce à son action révocatoire ou à son droit de retour conventionnel ou à l'interdiction d'aliéner par lui imposée (D. 4 janv. 1955, art. 28, 4°, *a* ; M. Suquet-Cozic, art. préc.) ;
– si la donation incorporée était originairement rapportable en nature ; en effet, l'obligation du rapport en nature disparaît pour l'avenir, soit qu'il y ait transformation en rapport en moins-prenant, soit qu'il y ait transformation en donation faite hors part. Or, le rapport en nature est une cause de résolution ; la publication, ici encore, serait justifiée (et imposée) par l'article 28-4°-a du décret du 4 janvier 1955, sauf à remarquer que l'acte confirmé serait alors la donation originaire, d'ailleurs indivisiblement liée à la donation-partage (M. Mathieu, *op. cit.*).

3033 Autres clauses. Nous l'avons vu, il y a d'autres modifications possibles du régime originaire des donations incorporées :
– la transformation d'une donation faite hors part en donation rapportable et inversement ;

– le changement de la date d'évaluation des biens donnés pour le calcul de la quotité disponible (normalement cette date est unifiée au jour de la donation-partage).

Il faut ajouter qu'en ce qui concerne les donations rapportables, leur incorporation fait cesser l'obligation au rapport lors du décès du donateur (les donations reçues dans le cadre d'une donation-partage n'étant pas rapportables).

Ces diverses circonstances justifient-elles à elles seules une publication ? D'un côté, leur importance, tant en ce qui concerne la donation originaire que la donation-partage qu'elle concourt à former, est certaine. Mais, d'un autre côté aucun texte exprès du décret du 4 janvier 1955 ne paraît pouvoir formellement servir de base à cette publication.

3034 Opinion doctrinale. Comme on l'a à juste titre souligné (M. Mathieu, *op. cit.*, Fasc. 30, n° 52), la publication peut paraître souhaitable et elle peut se justifier par les considérations suivantes :

– le titre de propriété du donataire originaire se trouve constitué, indivisiblement, tant par la donation initiale que par la donation-partage où elle se trouve incorporée ;

– dans ces conditions, ne faut-il pas autoriser ce donataire à publier la donation-partage, avec toutes les modifications qu'elle contient, pour lui permettre de respecter le principe de l'effet relatif s'il désire aliéner le bien en cause ? Faute de quoi, à l'occasion de cette aliénation, il énoncerait, au soutien de son droit de propriété, deux titres – indivisibles certes, mais séparés – et une seule publication ; or, encore une fois, la donation-partage pourra avoir une grande importance, en ce qui concerne ce droit, normalement d'ailleurs dans le sens d'un renforcement : ainsi la transformation d'un préciput en avancement d'hoirie et l'unification de la date d'évaluation pour le calcul de la quotité disponible au jour de la donation-partage sont des éléments tendant à le consolider en éloignant le risque de réduction.

3035 Appréciation. Il paraît possible de justifier la publication en retenant une autre analyse de l'opération d'incorporation faite par certains auteurs, pour lesquels l'incorporation constitue « une résolution conventionnelle de la donation antérieure conclue entre le donataire originaire et l'ascendant donateur », par consentement mutuel et, peut-on ajouter, en vertu d'une autorisation de la loi (J. Patarin, *Rép. dr. civ. Dalloz*, V° Partage d'ascendant, n° 93. – Flour et Souleau, *Les successions*, n°s 557, p. 379. – M. Grimaldi, *Libéralités, partages d'ascendants*, n° 1776). L'incorporation opère donc résolution du titre du donataire. Il tient dorénavant les biens donnés, non plus de la donation originaire, mais de la donation-partage qui constituera pour l'avenir son titre de propriété.

Si l'on admet cette analyse, qui a le mérite de s'appliquer à toutes les opérations d'incorporation quelle qu'en soit l'objet et la nature, on en déduira qu'il y a lieu à publication. L'incorporation opère en effet résolution d'une donation immeuble (ou si l'on préfère, révocation...). Or, cette résolution est incontestablement soumise à publication en application de l'article 28 du décret du 4 janvier 1955 (égal. en ce sens, M. Suquet-Cozic, art. préc. V. **Révocation de donation**).

3036 Aspect pratique. Il ne paraît pas y avoir d'obstacles juridiques ou pratiques à la publication, comme l'avait d'ailleurs admis implicitement l'ancienne association des conservateurs (*Bull. AMC* 1989, art. 1424), dès lors que la désignation de l'immeuble ou des biens immobiliers objet de l'incorporation satisfait aux exigences des textes sur la publicité foncière, en particulier de l'article 7, alinéa 1 du décret du 4 janvier 1955 (V. aussi chron. P.J.C : *JCP* N 1994, IV, 2847).

En fichier manuel, il convenait alors de relater la donation-partage au cadre A de la fiche de l'enfant dont le lot est constitué par l'immeuble précédemment reçu, et de souligner à l'encre rouge au cadre B les annotations qui, à la suite de l'incorporation de la donation, ont perdu leur actualité : réserve du droit de retour ; exigences d'un rapport en nature ; interdiction d'aliéner, etc.

b) Réattribution du bien donné à un autre que le donataire originaire

3037 Justification de la publication. En pareil cas, l'incorporation est généralement considérée par les auteurs comme un rapport en nature, à effet résolutoire (en ce sens, P. Catala, *La réforme des liquidations successorales*, Éd. Rép. Defrénois, 2e éd., n° 127. – M. Dagot, *Les règlements successoraux après la loi du 3 juillet 1971*, Litec, 2e éd. 1979, n° 698. – A. Ponsard, *Liquidations successorales*, n° 136). Ainsi réinvesti de la propriété du bien, le donateur en fera donation à titre de bien présent et le bénéficiaire désigné le recevra dans son lot. Que l'on retienne cette analyse, où que l'on considère l'opération d'incorporation comme une résolution conventionnelle de la donation d'origine permise par la loi (V. n° 3035), la publicité de l'incorporation est incontestablement nécessaire puisqu'il y a résolution de la donation antérieure et nouvelle mutation (s'analysant en une opération de partage).

3 Perceptions

a) Principe

3038 Dans une instruction du 12 mai 1972 (*BODGI* 7-G-5-72 ; *JCP* N 1972, III, 39136), l'administration a exposé les incidences fiscales des dispositions des articles 1078-1, 1078-2 et 1078-3 du Code civil issus de la loi du 3 juillet 1971, concernant les conventions par lesquelles les parties décident d'incorporer à la donation-partage des donations antérieures, soit rapportables, soit préciputaires (V. aussi Instr. 22 nov. 2007 : *BOI* 7 G-6-07 : *Dr. fisc.* 2007, n° 48, 13798 et BOI-ENR-DMTG-20-20-10-20120912, n° 250).

3039 Absence de perception des droits de mutation à titre gratuit. L'article 776 A du Code général des impôts dispose que les conventions prévues par les articles 1078-1 et 1078-2 du Code civil ne sont pas soumises aux droits de mutation à titre gratuit.
Cette mesure s'applique aux donations-partages consenties aux héritiers présomptifs, ainsi qu'aux donations-partages transgénérationnelles (V. n°s 3091 à 3097).

3040 Assujettissement au droit de partage. Les donations incorporées sont assujetties au droit de partage (sur son taux actuel, V. **Partage**) liquidé sur la valeur nette de l'actif partagé (Rép. min. Budget n° 74942 à M. Metais : *JOAN* Q, 23 déc. 1985, p. 5871 ; *Dr. fisc.* 1986, n° 13, comm. 698. – BOI-ENR-DMTG-20-20-10-20120912, n° 250).
Ce droit de partage est perçu sur les biens incorporés même si par ailleurs l'acte contient de nouvelles donations donnant quant à elles ouverture au droit de mutation à titre gratuit (Instr. 12 mai 1972 : *BODGI* 7-G-5-72 ; *Ind. enr.*, 12176).
Les biens incorporés supportant le droit de partage (sur son taux actuel, V. **Partage**) qui comprend la taxe de publicité foncière, aucune taxe ne peut être perçue en conséquence par le conservateur sur ces biens rapportés (Ch.-R. : *JCP* N 1978, IV, 7002).

b) Applications

3041 Absence de distinction selon que l'incorporation s'opère en valeur ou en nature. Il a été précisé qu'il n'y avait pas lieu de distinguer suivant que les « rapports » sont faits en moins prenant ou en nature et que, dans cette dernière hypothèse, selon que le bien « rapporté » soit attribué à l'auteur du rapport ou à un copartageant ; tous les « rapports » font partie intégrante de la masse à partager et sont, en tant que tels, soumis au droit de partage (Rép. min. délégué au Budget, n° 26862 à M. André Soury : *JOAN*, 21 mars 1983, p. 1325 ; *BODGI* 7-G-6-83 ; *JCP* N 1983, prat. 8628, p. 215. – BOI-ENR-DMTG-20-20-10-20120912, n° 250).

3042 Transformation d'une donation hors part successorale en donation rapportable. La transformation d'une donation faire hors part en donation rapportable à l'occasion de l'incorporation ne donne lieu à aucune taxation particulière (Rép. min. Geoffroy : *JO* Sénat CR, 2 avr. 1977, p. 391, n° 21881 : *Ind. enr.*, 13047).

3043 Attribution du bien incorporé à un autre que le donataire originaire. L'attribution dans la donation-partage des biens antérieurement donnés à un autre que le donataire originaire s'analyse comme un nouveau partage, qui, comme toute incorporation, donne ouverture au seul droit de partage, dès lors que les droits de mutation à titre gratuit avaient été acquittés au moment de la donation initiale (Rép. min. Finances Lagorce et Piot : *JOAN* CR, 2 mars 1974, p. 981, n°s 4929 et 6166. – Instr. 19 avr. 1974 : *BO* 7 G-5-74 ; *Ind. enr.*, 12467 ; Rép. min. Finances 3 avr. 1977 ; *Ind. enr.*, 13047. – BOI-ENR-DMTG-20-20-10-20120912, n° 250).
Il en est de même si le bien incorporé, et attribué à un autre que le donataire initial, est non pas le bien qui avait été donné mais le bien acquis en remploi de celui-ci (Rép. min. Finances à M. Noal, 14 août 1976 : *Ind. enr.*, 12955).

3044 Incorporation d'une donation antérieure de droits indivis. On sait que le partage d'une indivision créée par une donation simple ne bénéficie pas du régime fiscal de faveur de l'article 748 du Code général des impôts (absence de taxation des soultes), à la différence du partage d'une indivision résultant d'une donation-partage (V. **Donation**).
Lorsqu'une donation est faite indivisément à deux ou plusieurs enfants et qu'elle est ensuite incorporée dans une donation-partage, le partage qui s'opère ne bénéficie toujours pas du régime fiscal de faveur, bien qu'il intervienne dans le cadre d'une donation-partage (Rép. min. Forens : *JOAN* CR, 10 août 1974, p. 4052).

3045 Incorporation de donations antérieures et donation de biens nouveaux. Si la convention, en plus des biens réincorporés, prévoit une donation de biens nouveaux, les droits de mutation à titre gratuit sont exigibles sur les nouveaux biens donnés et les biens réincorporés sont soumis au droit de partage, pour leur valeur à la date de l'acte (Instr. 22 nov. 2007 préc., n° 68. – BOI-ENR-DMTG-20-20-10-20120912, n° 250).

3046 Incorporation d'une donation-partage antérieure. Une donation-partage nouvelle incorporant une donation-partage ancienne sans changement d'attribution des biens déjà donnés et partagés ne donne pas lieu à la perception des droits de mutation à titre gratuit mais est en revanche soumise au droit de partage prévu par l'article 746 du Code général des impôts (Rép. min. n° 11062 : *JOAN* 16 juill. 2019, p. 6688 ; *JCP* N 2019, n° 30-34, act. 676).

II Régime fiscal de la donation-partage

BIBLIOGRAPHIE : G. Bonnet, *Enregistrement et donation-partage : Defrénois* 2014, n° 7, p. 392 et s. – S. Prigent, *Analyse civile et formule de donation-partage conjonctive avec incorporation de donations antérieures : Defrénois* 2013, p. 355. – I. Cap et E. Dale, *Déterminer les droits théoriques, opération indispensable à la liquidation des droits de mutation à titre gratuit dans les donations-partages : Ingénierie patrimoniale* juill. 2023, n° 3, p. 34-41.

3047 Nous examinerons successivement le problème des droits exigibles (A) et du paiement des droits (B) avant d'évoquer le cas d'établissement d'un acte rectificatif (C).

A Droits exigibles

1 Droits de mutation à titre gratuit

a) Tarification, abattements et réductions

3048 Application du régime des donations. Les principes exposés en matière de donations ordinaires s'appliquent aux donations-partages, qu'il s'agisse :
- de l'assiette de l'impôt : évaluation des biens donnés, non-distraction des charges ;
- ou de son mode de liquidation : perception des droits sur la part reçue par chaque donataire de chaque donateur, abattement, réduction, rappel des donations antérieures (BOI-ENR-DMTG-20-20-10-20120912, n° 100).

Le tarif applicable est celui qui figure au I de l'article 777 du Code général des impôts.

3049 Réduction de droits. Depuis le 31 juillet 2011, seules les donations d'entreprises remplissant les conditions requises pour bénéficier de l'exonération partielle résultant des engagements « Dutreil » sont susceptibles de bénéficier d'une réduction de droits de 50 %, à la condition qu'elles soient consenties en pleine propriété par un donateur âgé de moins de 70 ans au jour de la donation (CGI, art. 790. – F. Fruleux : *JCl. Enregistrement Traité*, V° Donations, Fasc. 10, n° 14).

b) Tarifs

3050 Renvoi. Depuis la soumission des actes de donation à la formalité unique, les droits d'enregistrement sont perçus par le service de la publicité foncière.

Étant donné la complexité du régime des droits de donation, leur étude ne peut prendre place dans le cadre de cet ouvrage. Nous renvoyons donc le lecteur aux sources administratives (BOI-ENR-DMTG-20 et s.), et aux ouvrages de référence (*JCl. Enregistrement Traité*, V° Donations, Fasc. 10 et s. – *JCl. Notarial Formulaire*, V° Donations [ENREG.], Fasc. 10 et s.).

d) Assiette et liquidation des droits

3051 Principe. Les règles d'assiette et de liquidation du droit sont les mêmes pour le partage d'ascendant que pour la donation ordinaire.

Le droit est liquidé sur le total des sommes données, sans déduction des dettes mises à la charge des donataires même si un seul des donataires est chargé de payer les dettes du donateur au moyen de valeurs réservées à cet effet et dont l'attribution lui est faite (T. civ. Fontainebleau, 18 juin 1913 : *Rev. enr. et imp.*, 5997).

3052 Discordance entre les évaluations des lots et les déclarations fiscales. En matière de donation-partage avec réserve d'usufruit, les stipulations conventionnelles, notamment celles relatives à la valeur des prestations, sont, en vertu de l'article 1165 du Code civil, librement arrêtées entre les parties et sans influence sur leur qualification fiscale. Dès lors que les éléments nécessaires à la taxation sont fournis dans l'acte selon les principes édictés par l'article 762 du Code général des impôts, une estimation conventionnelle différente ne se heurte, sous réserve de l'appréciation des tribunaux, à aucune règle impérative justifiant le refus (Rép. min. garde des Sceaux, n° 20699 à M. Welzer : *JOAN* 22 juin 1987, p. 3642 ; *Dr. fisc.* 1987, n° 40, comm. 1772 ; *JCP* N 1988, IV, 593).

3053 **Charges imposées aux donataires.** De ce que le partage d'ascendant est assimilé à l'ouverture anticipée de la succession du donateur, il résulte que les donataires sont tenus de plein droit des dettes actuelles de l'ascendant donateur ; par suite, la donation-partage conserve son caractère même si les charges imposées aux donataires excèdent la valeur des biens donnés. Cependant, si cette valeur est très sensiblement inférieure aux charges, le contrat peut constituer une donation consentie par les prétendus donataires à leur ascendant (BOI-ENR-DMTG-20-20-10-20120912, n° 70. – Maguéro, V° Partage d'ascendant, n°s 218 et s.).

3054 Droit de donation non exigible en raison des abattements ou des réductions pour charges de famille. Exigibilité du droit fixe. Dans le cas où un acte constatant une donation-partage consentie par deux époux comporte à leur profit une réserve d'usufruit ou une stipulation de rente viagère, avec clause de réversibilité au profit du survivant d'eux, l'administration est fondée à percevoir le droit fixe afférent à cette dernière clause, lorsque la donation est exonérée des droits de mutation à titre gratuit, par suite du jeu des abattements ou réductions de droits pour charges de famille (Déc. min. Finances, 28 juill. 1948 : *JCP* 1948, III, 13669 ; *BOED* 1948, 4941).

2 Droit de partage

3055 **Cas où le droit de partage est dû.** En vertu de la théorie des dispositions dépendantes (V. **Actes contenant plusieurs dispositions**), seule la donation, qui constitue la disposition principale de l'acte, est imposée, à l'exclusion du partage qui n'en est qu'une disposition accessoire.

Néanmoins, le droit de partage est dû dans certains cas :

– lorsque le partage intervient par acte séparé (V. n° 3057) ;

– lorsque sont inclus dans la donation-partage des biens indivis provenant d'une autre origine que la donation : par exemple les biens dépendants de la succession de l'ascendant prédécédé (donation-partage cumulative)... ou des biens acquis en commun... ;

– lorsque des donations antérieures sont incorporées dans la donation-partage (V. n° 3040).

3056 **Partage des biens donnés et de biens ayant une autre origine.** Le droit de partage est exigible si le ou les donataires joignent aux valeurs données, pour les partager, d'autres biens sur lesquels ils possèdent des droits, comme, par exemple, ceux qu'ils ont recueillis dans la succession d'une autre personne prédécédée. On se trouve alors, en effet, en présence de deux dispositions distinctes : une donation-partage et un partage ordinaire, et chaque disposition est soumise au régime fiscal qui lui est propre. Ainsi, dans l'hypothèse où le partage d'ascendant a pour objet la part du conjoint survivant et où les donateurs procèdent au partage de la communauté tant du chef du donateur que de l'époux prédécédé, le droit de partage est dû sur la part revenant aux donataires du chef de l'époux prédécédé, alors même que le partage de la communauté aurait été imposé comme condition de la donation (Maguéro, V° Partage d'ascendant, n° 194).

3057 **Réalisation par actes séparés de la donation et du partage.** Ainsi qu'il a été précisé, les donations-partages ne donnent ouverture, en principe, qu'aux seuls droits de mutation à titre gratuit ; toutefois, il n'en est ainsi qu'autant que le partage est effectué dans l'acte de donation. Lorsque le partage des biens est différé, le droit proportionnel de partage est perçu sur l'acte ultérieur constatant le partage (Rép. min. Économie et Finances à M. Pierre Bas : *JOAN* Q, 1er avr. 1972, p. 754 ; *JCP* N 1972, prat. 5213, p. 149. – Instr. 12 mai 1972 : *BODGI* 7-G-5-72 ; *JCP* N 1972, III, 39136. – Rép. min. Économie et Finances à M. André Morice : *JO* Sénat, 18 oct. 1972, p. 1800 ; *JCP* N 1972, prat. 5326, p. 336).

3058 **Donations-partages constatant l'incorporation de donations antérieures effectuées en avancement d'hoirie ou par préciput.**

➤ Sur la perception du droit de partage en pareil cas, V. n° 3040.

3 Taxe de publicité foncière

3059 **Principe.** Nous l'avons vu, la donation-partage relève de la formalité fusionnée (V. *supra*, n° 3025). La taxe de publicité foncière est donc perçue lors de la publication de l'acte.

Elle l'est de façon indépendante, c'est-à-dire sans tenir compte des abattements, réductions et autres allégements pouvant s'appliquer aux droits d'enregistrement en cette matière.

3060 **Taux.** La taxe de publicité foncière est perçue lors de la publication de l'acte au service de la publicité foncière, au taux de 0,60 %, en vertu de l'article 791 du Code général des impôts, et elle est liquidée sur la valeur des immeubles ou droits immobiliers donnés, sans déduction des charges ou du passif imposé aux donataires.

À ce taux s'ajoute le prélèvement supplémentaire au profit de l'État au taux de 2,37 %, soit une perception totale de 0,615 % (V. **Donation**).

Dans le département de la Guyane, le tarif de la taxe de publicité foncière est réduit de moitié (CGI, art. 1043 A. – BOI-ENR-DMTG-20-40-20140930).

4 TVA

3061 Non-application. En cas de mutation à titre gratuit, la transmission des biens cédés est faite sans contrepartie. Par suite, elle n'entre pas dans le champ d'application de la TVA et demeure soumise aux droits d'enregistrement dans les conditions ordinaires (V. **TVA immobilière**).

B Paiement des droits

3062 Règle générale. Conformément au principe général applicable en matière d'enregistrement, le paiement des droits exigibles sur les actes de donations-partages doit être préalable à la formalité et les droits doivent être acquittés par le notaire qui a reçu l'acte de donation (CGI, art. 1701 et 1705).

Le paiement fractionné ou différé des droits, prévu, notamment, en matière de mutations par décès (CGI, ann. III, art. 396), n'est pas applicable aux droits dus sur les donations, et, en particulier, sur les donations-partages (Rép. min. Économie et Finances n° 14627 à M. Spenale : *JOAN* Q, 14 janv. 1975, p. 82), à la seule exception, toutefois, des droits dus en cas de transmission d'entreprises.

3063 Transmissions à titre gratuit d'entreprises. Possibilité de paiement différé et fractionné des droits. Afin de faciliter la transmission des entreprises, le décret n° 80-986 du 8 décembre 1980 a accordé, par dérogation à la règle ci-dessus, la possibilité de paiement fractionné, sous certaines conditions, des droits d'enregistrement dus en cas de donations d'entreprises du secteur industriel ou agricole.

Ces dispositions sont applicables au droit de mutation à titre gratuit, à l'exclusion de la taxe de publicité foncière, et ne concernent que le principal des droits.

3064 Paiement par remise d'objets d'art. L'article 1716 bis-I du Code général des impôts, permet à tout héritier, donataire ou légataire d'acquitter les droits de succession par remise d'objets d'art. Une décision ministérielle du 25 janvier 1973 a étendu cette procédure de dation en paiement au règlement des droits de mutation à titre gratuit dus sur les donations-partages. Elle est également applicable au droit de partage.

3065 Paiement par remise d'immeubles. Enfin, l'article 26 de la loi n° 95-1346 du 30 décembre 1995 (*Dr. fisc.* 1996, n° 1-2, comm. 1) a admis que les droits peuvent être acquittés par la remise d'immeubles situés dans les zones d'intervention du Conservatoire de l'espace littoral et des rivages lacustres.

C Acte rectificatif

3066 Régime fiscal. Si, dans une donation-partage, une interversion s'est produite dans les numéros cadastraux et par voie de conséquence dans l'attribution des immeubles aux donataires copartagés, l'acte rectificatif visant à rétablir la situation réelle opère un déplacement de la propriété apparente s'analysant en un échange. Il entraîne donc la perception de la taxe de publicité foncière et du salaire du conservateur au taux prévu pour les échanges (*JCP* N 1984, IV, 9009).

➤ Sur le régime fiscal des actes rectificatifs en général, V. **Rectification des erreurs**.

III Donations-partages à physionomie particulière

3067 Nous traiterons successivement des donations-partages incluant les biens donnés et des biens d'une autre origine (A), des donations-partages avec soulte (B), des donations-partages inégalitaires (C), des donations-partages sans partages (D), des donations-partages non acceptées (E), des réserves au profit du donateur (F), de l'omission d'un enfant (G) et des donations-partages transgénérationnelles (H).

A Donation-partage incluant les biens donnés et des biens d'une autre origine

1 Principe

3068 Perception du droit de partage. Si un partage d'ascendant contient le partage des biens donnés et d'autres biens non compris dans la donation, le droit de partage est dû sur ces derniers, même si leur partage est une condition de la donation (sur les incidences lorsque le partage des biens ne provenant pas de la donation ne bénéficie pas du régime de faveur, si bien que les soultes sont taxables, V. **Partage**).

Il est précisé que le droit proportionnel de partage (sur son taux actuel, V. **Partage**) qui est dû sur la valeur des biens compris dans la donation-partage mais qui ont une autre origine, tient lieu de la taxe de publicité foncière. Dès lors, lorsque la donation-partage comprenant ces biens est présentée au service de la publicité foncière, la publication est effectuée en franchise pour ce qui concerne ces biens ; la taxe de publicité foncière au taux de 0,60 % – 0,61422 % avec les perceptions additionnelles – n'est due que sur la valeur nette des immeubles et droits immobiliers donnés par l'ascendant et compris dans l'acte.

2 Donation-partage cumulative

3069 Taxation. La règle qui vient d'être énoncée (V. n° 3068) reçoit une fréquente application quand l'époux survivant fait une donation de ses biens et de sa part dans la communauté et que les enfants donataires se partagent à la fois les biens donnés et ceux provenant de leur auteur prédécédé qui comprend en particulier sa part de biens communs.

Le droit de partage est alors dû sur le partage des biens dépendants de la succession de l'ascendant prédécédé. Ce partage, rappelons-le, bénéficie d'un régime fiscal de faveur (absence de taxation des soultes ou plus-values de lots : V. **Partage**).

➤ Sur la donation-partage cumulative, V. N. Levillain, *Réalisation d'une donation-partage cumulative* : *JCP* N 2014, n° 22, 1208 (Solution d'examen : aspects civils et fiscaux, des propositions de formules).

3070 Donation-partage cumulative nécessitant une homologation. En cas de donation-partage cumulative nécessitant une homologation judiciaire (à cause de la présence d'un incapable), il est dû un salaire proportionnel lors de la publication de l'acte de donation-partage et un salaire proportionnel sur la publication de l'acte de dépôt du jugement au rang des minutes du notaire, si ces deux actes sont publiés séparément.

Il n'en est autrement que si les deux actes successifs sont déposés simultanément. Dans ce cas, il n'est perçu qu'un salaire proportionnel s'il n'y a qu'une expédition, et, s'il y en a deux, un salaire proportionnel sur le premier acte et un salaire fixe sur le second (Ch. R., chron. hyp. : *JCP* N 1979, IV, 7360).

> **N.B. :** La contribution de sécurité immobilière a remplacé le salaire du conservateur à compter du 1er janvier 2013. Cette taxe est perçue aux mêmes conditions d'assiette, de tarif, de contrôle et de recouvrement que ce salaire (V. **Contribution de sécurité immobilière**).

B Donation-partage avec soulte

BIBLIOGRAPHIE : X. Grosjean, *La donation-partage avec soulte : aspects fiscaux* : *JCP* N 2019, n° 47, 1316.

3071 Absence de taxation des soultes. Les soultes ne présentent plus de caractère translatif et elles ne donnent donc ouverture à aucun droit de ce chef (BOI-ENR-DMTG-20-20-10-20120912, n° 260).

Elles ne sont pas déductibles de la valeur des biens pour la liquidation des droits de mutation à titre gratuit, dès lors que ceux-ci sont liquidés sans déduction des charges.

3072 Partage avec soulte postérieur au décès du donateur. Lorsque la donation-partage, qui a effectué une attribution de quotité à chaque donataire, a été réalisée conformément aux règles de l'article 1075 du Code civil du vivant du donateur, le partage effectif intervenant postérieurement à son décès entre les indivisaires est assujetti au droit de partage prévu à l'article 748 du Code général des impôts (Instr. 5 févr. 1971 : *BODGI* 7 F-1-71 § 3. – Rép. min. Budget à M. Valleix : *JOAN* Q, 15 août 1994, p. 4150 ; *Ind. enr.* 1994, n° 16254. – Doc. adm. DGI, 7 F-1321, n° 2, 15 juin 2000).

3073 Partage de biens acquis en remploi. Le partage de biens acquis en remploi de biens indivis reçus par voie de donation-partage bénéficie du régime fiscal de faveur prévu par l'article 748 du Code général des impôts (V. **Partage**) sous réserve qu'il soit justifié du remploi (Rép. min. Frédéric-Dupont : *JOAN* CR, 2 avr. 1978, p. 1061, n° 42 272).

3074 Immeuble non partageable en nature. Attribution à un enfant à charge de soulte au

profit de l'autre. Si la donation-partage ne porte que sur un immeuble, non partageable en nature, et qui est attribué à l'un des enfants moyennant paiement d'une soulte aux autres, la taxe de publicité foncière et le salaire du conservateur sont dus sur la valeur de cet immeuble, et il n'est dû ni taxe ni salaire sur le montant de la soulte stipulée (H. Bulté : *JCP* N 1959, IV, 2682).

3075 Soulte mise à la charge de l'attributaire de l'entreprise. Lorsqu'une donation-partage est consentie conformément à l'article 1075, 3e alinéa, du Code civil, la soulte stipulée à la charge d'un donataire autre qu'un enfant ou descendant, attributaire de l'entreprise, n'est pas soumise au droit de mutation à titre onéreux (Rép. min. Budget nos 152 et 153 à M. Hage : *JOAN*, 19 sept. 1988, p. 2589. – Rép. min. Budget n° 307 à M. Vasseur : mêmes réf., p. 2593 ; *Dr. fisc.* 1988, n° 50, comm. 2292).

3076 Garanties de paiements des soultes. Le paiement des soultes ne peut pas être garanti par le privilège de vendeurs. Il ne peut donner naissance qu'au privilège de copartageant (*Bull. AMC* 1950, art. 11).
Lorsqu'un privilège de copartageant doit être inscrit en garantie de la soulte due, le délai imparti pour prendre l'inscription (V. **Hypothèque légale spéciale du copartageant (ancien privilège)**) court du jour de l'acceptation de la donation-partage (Cass. req., 7 août 1860 : *DP* 1960, 1, 498. – Cass. civ., 30 juill. 1873 : *DP* 74, 1, 106. – Montpellier, 19 févr. 1852 : *DP* 1852, 2, 204. – Besançon, 8 juin 1857 : *DP* 1858, 2, 66).

C Donation-partage inégalitaire

BIBLIOGRAPHIE : S. Dessis, *La donation-partage inégalitaire : de l'incertitude liquidative aux solutions pratiques : JCP* N 2018, n° 48, 1349.

3077 Licéité. Il ne fait pas de doute que la donation-partage peut être inégalitaire. Ceci n'affecte en rien sa validité et en fait un outil de transmission parmi d'autres (sur les aspects civils et les intérêts de ce type de donation-partage, V. P. Caignault, *La donation-partage inégalitaire : mythe ou réalité ? : JCP* N 2014, n° 18, 1185).

3078 Donation hors part suivie du partage des immeubles donnés et d'autres immeubles. Il était admis antérieurement qu'en cas de donation d'immeubles consentie hors part à deux donataires qui, aussitôt, partageaient ces immeubles ainsi que d'autres immeubles leur appartenant, on était en principe en présence d'un partage d'ascendant, et que la taxe de publicité foncière et le salaire devaient être perçus en conséquence, sans qu'il y ait à tenir compte de l'origine différente des biens partagés.
En l'espèce la taxe de publicité foncière devait être assise sur la valeur totale des immeubles donnés. Le salaire était calculé sur la valeur totale des biens attribués à chaque copartageant, sans distinguer ceux donnés et ceux partagés.
Si l'acte ne pouvait pas être considéré comme un partage d'ascendant, le salaire serait liquidé sur la valeur des immeubles donnés à chaque donataire, et séparément, pour ce qui est du partage, sur la valeur des immeubles compris dans chaque lot (*BODGI* 8 A-7-71 ; comp. H. Bulté : *JCP* N 1963, IV, 3630).
Ces solutions sont transposables pour la perception de la contribution de sécurité immobilière.

3079 Partage d'ascendant avec attribution consentie hors part. L'inégalité des lots n'enlève pas à l'acte son caractère de partage d'ascendant. Si une donation hors part avantage l'un des donataires partagés, et si cette donation est faite à un successible du donateur (à défaut, elle serait donation pure et simple), elle n'enlève pas son caractère de partage d'ascendant, y compris au regard de la loi fiscale.
En pareil cas, la taxe de publicité foncière doit être perçue, elle aussi, sur la valeur totale des biens partagés (H. Bulté : *JCP* N 1960, IV, 3007).

D Donation-partage sans partage

3080 Validité de l'opération en tant que donation-partage. Suivant en cela les solutions du droit civil, l'administration admet qu'une donation portant attribution de quotités indivises peut constituer une donation-partage. Selon l'administration :

> « la réduction des droits de mutation à titre gratuit propre aux donations partages s'applique si l'acte se borne à une simple attribution de quotité à chaque donataire, sans division matérielle des biens entre les descendants : le droit de partage sera ultérieurement exigible sur l'acte par lequel les donataires procéderont au "lotissement" » (BOI-ENR-DMTG-20-20-10-20120912, n° 80).

3081 Contribution de sécurité immobilière. Pour l'application du salaire du conservateur, les solutions suivantes étaient admises :
– si l'acte attribue à chacun des donataires ou à certains d'entre eux une quote-part indivise des immeubles donnés, dont il indique la quotité d'une manière telle que cette indication a une valeur obligatoire entre les contractants, l'opération

équivaut à un allotissement au profit de chaque attributaire et un salaire est exigible séparément sur chacune des quotes-parts ainsi attribuées.
– si au contraire les immeubles sont attribués globalement à plusieurs des coïndivisaires sans que la quote-part revenant à chacun d'eux soi déterminée, on se trouve en présence d'un allotissement unique et le salaire doit alors être liquidé sur la valeur globale de l'immeuble attribué dans l'indivision (*Bull. AMC* 1954, art. 163).

N.B. : La contribution de sécurité immobilière a remplacé le salaire du conservateur à compter du 1er janvier 2013. Cette taxe est perçue aux mêmes conditions d'assiette, de tarif, de contrôle et de recouvrement que ce salaire (V. **Contribution de sécurité immobilière**).

3082 Régime fiscal du partage consécutif. Dans le cas où la donation et le partage sont faits par actes séparés, l'ascendant est tenu d'intervenir aux deux actes (C. civ., art. 1076, 2e al.).
En application de cette règle, l'administration considérait dans un premier temps que si le partage n'intervenait qu'après le décès du donateur, donc par définition sans l'intervention de ce dernier, le régime fiscal de faveur de l'article 748 du Code général des impôts (application du droit de partage et absence de taxation des soultes) n'était pas applicable (Instr. 5 févr. 1971 : *BODGI* 7 F-1-71).
Cette solution a été remise en cause par une réponse ministérielle (Rép. min. Budget à M. Valleix : *JO* 15 août 1994, p. 4152 : *Ind. enr.*, n° 16 254). Selon cette réponse, si, après qu'une donation-partage a été effectuée avec attribution de quotité à chacun des donataires, le partage intervient postérieurement à son décès entre les indivisaires, le régime de faveur de l'article 748 du Code général des impôts est applicable.

3083 Évolution de la jurisprudence civile. Dans une affaire où la donation-partage réalisait un partage partiel, mais comportait une clause de maintien dans l'indivision des biens non partagés, la Cour de cassation a rappelé, au visa des articles 1075 et 1076 du Code civil, qu'une donation-partage impliquait une répartition matérielle des biens transmis (Cass. 1re civ., 6 mars 2013, n° 11-21.892 : *JurisData* n° 2013-003727 ; JCP N 2013, n° 23, 1162, note J.-P. Garçon. – F. Fruleux et F. Sauvage : *JCP* N 2013, n° 51-52, 1996, p. 45 ; *Gaz. Pal.* 14-15 juin 2013, p. 33, note S. Lerond. – V. aussi, F. Sauvage, *La donation-partage avec attribution de quotité indivise sur la sellette ? : Defrénois* 2013, p. 463. – J.-G. Manhinga, *Qu'est-ce qu'une donation-partage ? : LPA* 12 juin 2013, p. 15). Dans un arrêt postérieur, la Cour de cassation a requalifié en donation simple un acte qualifié de « donation-partage cumulative » par les juges du fond, qui n'attribuait des droits indivis qu'à deux des trois gratifiés (Cass. 1re civ., 20 nov. 2013, n° 12-25.681 : *JurisData* n° 2013-026113. – V., sur cette décision, J.-P. Garçon, *Une donation-partage est-elle concevable sans attribution de droits indivis à chaque donataire ? : JCP* N 2014, n° 1-2, 1002. – M. Grimaldi, *Pas de donation-partage sans partage : Defrénois* 2013, n° 24, p. 1259).
D'après les commentateurs, il résulte de cette jurisprudence que l'acte qui ne transmet de droits privatifs qu'à certains héritiers et aux autres que des droits indivis ne peut être qualifié de donation-partage et qu'il paraît en être de même pour l'acte qui ne transmet à chacun des héritiers de droit privatif que sur certains des biens donnés et qui corrélativement rend les autres indivis.
Comme on l'a souligné, cette jurisprudence ne manquerait pas d'avoir des répercussions sur le plan fiscal, si l'administration faisait sienne cette conception rigoriste de la donation-partage (note J.-P. Garçon, préc.).

3084 Appréciation. Faisant le bilan de la jurisprudence, après les arrêts précités de la Cour de cassation, le professeur Vareille distingue :
– les donations-partages partielles quant aux personnes : c'est le cas lorsque l'un des enfants reçoit un lot indivis et tous les autres des quotes-parts indivises. L'arrêt précité du 20 novembre 2013 dit clairement selon cet auteur qu'il ne s'agit pas d'une donation-partage ;
– les donations-partages partielles quant aux biens : il en est ainsi si chacun des donataires est loti pour partie d'un lot indivis, et pour partie d'un complément de lot en indivision.
En ce cas, selon cet auteur, la jurisprudence n'a pas à ce jour clairement démenti la doctrine classique qui considère comme valides les donations-partages partielles quant aux biens (B. Vareille, note au *Defrénois* 2014, n° 13-14, p. 767. – Dans le même sens, A. Houis, *La donation-partage partielle : JCP* N 2014, n° 45-46, 1325). Mais cette opinion n'est pas unanime (*contra :* M. Grimaldi, *Defrénois* 2013, p. 1262, note 7. – M. Nicod, *La fonction de partage de la libéralité-partage : Defrénois* 2014, n° 7, dossier « Les libéralités partages », p. 351 et note 10. – P. Murat, *Turbulences sur la donation-partage avec attribution de quotité indivise : le sens de la jurisprudence : JCP* N 2014, n° 18, 1183, n° 16. – M. Chetaille, *La pratique notariale et la nouvelle position de la Cour de cassation en matière de donation-partage : JCP* N 2014, n° 18, 1182).

3085 **Incidence fiscale.** En présence d'une donation de quotité indivise, lorsque le partage des biens est différé, la question du régime fiscal applicable s'est posée, en raison de la position prise par la Cour de cassation qui a requalifié en donation simple la donation-partage avec attribution partielle de quotités indivises. Cependant, en l'état actuel de la doctrine administrative, il ne paraît pas y avoir de risque de requalification (*JCP* N 2013, n°s 51-52, 1296, chron. fisc.), En effet l'article 748 du Code général des impôts vise toujours les « partages portant sur des biens indivis provenant d'une donation-partage » et le *BOFiP* indique que « l'acte qui se borne à une simple attribution de quotité à chaque donataire, sans division matérielle des biens entre les descendants, est également considéré comme une donation-partage : le droit de partage sera ultérieurement exigible sur l'acte par lequel des donataires procéderont au "lotissement" » (BOI-ENR-DMTG-20-20-10-20120912, n° 80).

Le droit de partage de 2,50 % devrait donc s'appliquer même si le partage intervient après le décès du donataire (chron. fisc. préc. – Y. Breyton, *Quelques précisions relatives à l'application du droit de 2,50 % prévu aux articles 748 et 750 du CGI : Cah. Cridon Lyon* mars 2016, n° 75, p. 35).

E Donation-partage non acceptée

3086 **Conséquences.** Comme pour les donations ordinaires, l'acceptation expresse est nécessaire ; toutefois, le défaut d'acceptation de l'un des donataires est sans influence sur la perception des droits et il suffit même qu'un seul donataire ait accepté pour que l'impôt soit exigible sur l'ensemble des biens donnés (BOI-ENR-DMTG-20-20-10-20120912, n° 90. – Cass. civ., 11 avr. 1838 et 23 avr. 1867 ; Instr. 1577, § 9 et 2358, § 4. – Maguéro, V° Partage d'ascendant, n°s 159 et 160). Cette solution, qui n'est plus en harmonie avec le droit actuel et qui engendre une double taxation, a été critiquée par le professeur Sauvage (*La donation-partage avec « lot réservé » non accepté... mais deux fois taxé ! : Bull. Cridon Paris* 1er juin 2013, II, 96, p. 6).

Si une donation-partage est acceptée par deux des trois enfants des donateurs et qu'un lot est réservé au troisième enfant qui ne comparaît pas à l'acte, il a été soutenu que la publication de la donation-partage n'était pas possible, le service de la publicité foncière conservateur se trouvant « privé du moyen de s'acquitter de ses obligations, faute d'être mis à même de présenter au fichier immobilier une situation juridique qui soit à la fois actuelle est cohérente » (*Bull. AMC* 1991, art. 1484).

Selon un arrêt plus récent, la donation-partage, qui peut être faite en deux temps ainsi que le prévoit l'article 1076 du Code civil, ne constitue pas un partage ordinaire que les attributaires pourraient contester mais un partage fait par l'ascendant de son vivant et selon sa seule volonté qui se forme dès que l'un des enfants a accepté son lot. Ayant constaté que deux des enfants avaient accepté leur lot, la cour d'appel en a exactement déduit que le refus de certains bénéficiaires était sans effet sur la validité et l'opposabilité de la donation-partage (Cass. 1re civ., 13 févr. 2019, n° 18-11.642, publié au bulletin : *JurisData* n° 2019-001941 ; *JCP* N 2019, n° 18, 479, note crit. C. Brenner).

F Réserves au profit du donateur

1 Réserve d'usufruit

3087 **Distinction à opérer.** La réserve d'usufruit produit des effets différents selon qu'elle porte exclusivement sur des biens dont le donataire était déjà plein propriétaire ou au contraire sur des biens ne lui appartenant pas :

– dans le premier cas, la réserve d'usufruit se présente comme une restriction de la donation qui ne porte que sur la nue-propriété. C'est sur la valeur de cette nue-propriété qu'est assise la taxe de publicité foncière, ainsi que le salaire du conservateur ;

– si au contraire le donateur se réserve l'usufruit de la totalité de biens dont une partie ne lui appartenait pas, l'administration analyse cette réserve d'usufruit comme une charge de la donation dont elle forme une disposition dépendante (V. Rép. min. 3 déc. 1952 : *JOAN* CR, p. 5922 ; *Bull. AMC* 1954, art. 162 et les autres références citées dans cet article). C'est le cas par exemple lorsqu'une veuve fait donation à ses enfants de la nue-propriété de divers immeubles ayant dépendu de la communauté légale non liquidée ayant existé entre elle et son défunt mari, sous la condition que les donataires réunissent aux biens donnés ceux leur provenant de la succession de leur père et que la donatrice fait réserve de l'usufruit tant des biens donnés que de ceux dépendant de la succession de son mari.

Il en résulte que la réserve d'usufruit stipulée par le donateur échappe à la taxe de publicité foncière qui ne doit être liquidée que sur la valeur de la nue-propriété (*Bull. AMC*, art. 162, préc.).

3088 **Exemple.** Si deux donateurs indivis sur cet immeuble donnent l'immeuble aux deux enfants que chacun possède (quatre enfants en tout), avec réserve d'usufruit aux donateurs ou à leur conjoint en cas de survie, et avec condition de partage immédiat de l'immeuble après établissement d'un état descriptif de division, la taxe de publicité foncière doit être perçue sur la valeur de la nue-propriété des biens donnés. Aucune autre taxe n'est due, le partage étant une disposition dépendante (H. Bulté : *JCP* N 1975, IV, 6155).

2 Réserve d'un droit d'habitation

3089 **Assiette de la taxe de publicité foncière et des salaires.** Si une réserve de droit d'usage et d'habitation constitutive d'un droit réel est stipulée au profit du donateur, les immeubles ou droits immobiliers donnés doivent être estimés pour la perception de la taxe et des salaires en déduisant de la valeur en pleine propriété celle du droit d'usage et d'habitation (chron. P.J.C. : *JCP* N 1994, prat. 2965).

➤ Sur la détermination de la valeur du droit d'usage et d'habitation V. **Droit d'usage ou d'habitation.**

N.B. : La contribution de sécurité immobilière a remplacé le salaire du conservateur à compter du 1er janvier 2013. Cette taxe est perçue aux mêmes conditions d'assiette, de tarif, de contrôle et de recouvrement que ce salaire (V. **Contribution de sécurité immobilière**).

G Omission d'un enfant

3090 **Perceptions à opérer.** Si un héritier a été omis, l'acte n'est pas moins parfait comme donation-partage, les droits de mutation à titre gratuit doivent donc être perçus normalement selon les énonciations de l'acte, et la taxe de publicité foncière sur la valeur des biens partagés (H. Bulté : *JCP* N 1956, IV, 2279, p. 216).

H Donations-partages transgénérationnelles

BIBLIOGRAPHIE : F. Sauvage, La *donation-partage transgénérationnelle dans tous ses états : Bull. Cridon* Paris 15 déc. 2011, II, 248. – M. Grimaldi et R. Gentilhomme, *Rendre transgénérationnelle une donation-partage antérieure : Defrénois* 2011, art. 40094, p. 1344. – R. Gentilhomme, *Vive la réincorporation à la masse donation-partage transgénérationnelle ! : BIM Lefebvre* 2/2011, étude p. 61. – F. Fruleux, *Les « réincorporations transgénérationnelles » : un mode de transmission à privilégier : Dr. fisc.* 2011, n° 11, 252. – F. Sauvage, *Aperçu du nouveau régime fiscal de l'incorporation à une donation-partage transgénérationnelle : Bull. Cridon* Paris 15 déc. 2010, II, 159. – F. Fruleux, *Réincorporations transgénérationnelles : portée de la doctrine administrative récente : JCP* N 2012, n° 11, 1136 ; du même auteur, *Régime fiscal des réincorporations transgénérationnelles : JCP* N 2012, n° 12, 1151. – A. Thurel, *Les réincorporations transgénérationnelles : JCP* N 2012, n° 17, 1203. – S. Arnaud, S. Ginon et F. Petit, *Quelques aspects spécifiques de la donation-partage transgénérationnelle : JCP* N 2012, n° 29, 1301. – X. Bouché et X. Guédé, *Incorporation d'une donation antérieure dans une donation-partage avec changement d'attributaire : JCP* N 2012, n° 37, 1324. – D. Epailly, *L'intérêt et des limites des incorporations transgénérationnelles : Nota Bene : Bull. Cridon* Bordeaux juin 2012, 706. – Y. Delecraz, *Points sensibles de la fiscalité des donations-partages : JCP* N 2014, n° 18, 1184. – A. Bouquemont, *De l'utilité des réincorporations transgénérationnelles (avec formules) : JCP* N 2014, n° 23, 1214. – M. Grand et A. Thurel, *Transmissions transgénérationnelles : de la donation-partage au testament partage ? : JCP* N 2014, n° 45-46, 1326. – X. Guédé, *Donation-partage transgénérationnelle : quelques aspects du régime juridique et fiscal : JCP* N 2016, n° 1147. – F. Sauvage, *Les modalités de la corporation : la donation-partage transgénérationnelle : Defrénois* 2016, n° 19, p. 1007. – D. Gutmann, *Les problématiques liquidatives à caractère fiscal de la donation-partage transgénérationnelle : Defrénois* 2016, n° 19, p. 1022. – R. Gentilhomme, *Fiscalité de l'incorporation de donation(s) antérieure(s) à la masse d'une donation-partage transgénérationnelle : Defrénois* 2016, n° 19, p. 1033. – D. Épailly, *De quelques particularités liquidatives attachées aux donations-partages transgénérationnelles : Ingénierie patrimoniale* juill. 2023, n° 3, p. 42-47.

3091 **Aspect juridique.** L'article 1075-1 du Code civil, dans sa rédaction issue de l'article 22 de la loi n° 2006-728 du 23 juin 2006 portant réforme des successions et des libéralités, permet depuis le 1er janvier 2007 à tout ascendant de faire la distribution et le partage de ses biens entre ses descendants de degrés différents, qu'ils soient ou non ses héritiers présomptifs, sous réserve du consentement de ses enfants. Ainsi, une donation-partage peut être faite au profit de descendants de générations différentes et donc être consentie au profit de ses enfants et petits-enfants.
Ces donations-partages, dites transgénérationnelles, peuvent, comme toutes les donations-partages, prévoir l'incorporation de biens antérieurement donnés (C. civ., art. 1078-7) et leur attribution à un descendant du donataire d'origine.

3092 **Aspect fiscal.** L'article 19 de la quatrième loi n° 2010-1658 du 29 décembre 2010 de finances rectificative pour 2010 (*Dr. fisc.* 2011, n° 5, comm. 181) clarifie le régime fiscal applicable à ces transmissions en complétant à cet effet de deux nouveaux alinéas les dispositions de l'article 776 A du Code général des impôts (V. ce texte n° 3038).

Ainsi :
– le deuxième alinéa de cet article dispose que les donations-partages transgénérationnelles incorporant des donations antérieures sont soumises au droit de partage, et non aux droits de mutation à titre gratuit, y compris lorsque la convention prévoit la réattribution du bien initialement donné au profit d'un descendant du premier donataire (disposition applicable aux donations-partages consenties depuis le 1er janvier 2007) ;
– le troisième alinéa du même article prévoit que, par exception, la réattribution du bien à un descendant du donataire initial est soumise aux droits de mutation à titre gratuit lorsque la donation initiale remonte à moins de six ans (disposition applicable aux donations-partages consenties depuis le 15 décembre 2010).
Ces dispositions ont été commentées dans une instruction du 20 février 2012 (*BOI* 7 G-1-12, 1er mars 2012 ; *Dr. fisc.* 2012, n° 10, instr. 14571), qui comporte des exemples pratiques de liquidation des droits (pour d'autres exemples et des conseils pratiques, V. Y. Delecraz, *Points sensibles de la fiscalité des donations-partages : JCP* N 2014, n° 18, 1184. – A. Bouquemont, *De l'utilité des réincorporations transgénérationnelles [avec formules] : JCP* N 2014, n° 23, 1214).

3093 Donation-partage transgénérationnelle comprenant uniquement des donations réincorporées. Lorsque la donation-partage transgénérationnelle ne comporte aucune donation nouvelle et constate seulement l'incorporation d'un bien initialement donné, ou d'un bien acquis en emploi ou en remploi d'un bien initialement donné dont il appartiendra alors aux parties concernées d'apporter la preuve de l'emploi ou du remploi de la précédente libéralité, et sa réattribution à un descendant du premier donataire, c'est-à-dire au sein d'une même souche, seul le droit de partage de 2,5 % est exigible sur la valeur des biens incorporés appréciée à la date de la réincorporation (Instr. 20 févr. 2012 préc., n° 13. – BOI-ENR-DMTG-20-20-10-20120912, n° 180).

3094 Donation initiale effectuée moins de quinze ans avant la donation-partage transgénérationnelle. Lorsque la donation initiale a été effectuée moins de six ans (nota : ce délai de rappel a été porté à quinze ans par la loi de finances rectificative pour 2012 [L. n° 2012-958, 16 août 2012]) avant la donation-partage transgénérationnelle, la réattribution du bien initialement donné à un descendant du premier donataire est soumise aux droits de mutation à titre gratuit aux conditions applicables (abattement, tarif) entre l'ascendant donateur et le descendant alloti (soit un petit-enfant).
Dans ce dernier cas, les droits acquittés lors de la première donation à raison du bien réincorporé sont imputables sur les droits dus à raison du même bien au titre de la donation-partage transgénérationnelle (Instr. 20 févr. 2012 préc., n° 14. – BOI-ENR-DMTG-20-20-10-20120912, n° 190).

3095 Donation initiale portant également sur d'autres biens conservés par le premier donataire. Lorsque la donation initiale portait également sur d'autres biens, conservés par le premier donataire, le calcul des droits à imputer s'effectuera en considérant les biens objets de la réincorporation comme ayant été, lors de la première donation, inclus dans les tranches les plus élevées de l'actif imposable.
À cet égard, en cas d'excédent de perception, les droits non imputables ne sauraient être remboursés, dès lors qu'ils ont été régulièrement perçus (BOI-ENR-DMTG-20-20-10-20120912, n° 190).
Enfin, les donations ainsi réincorporées et réattribuées ne donneront pas lieu à rappel fiscal (hors calcul de la réserve héréditaire) lors de la succession du donateur, la donation de moins de quinze ans étant réputée directement consentie par ce dernier à son petit-enfant et non à son enfant (Instr. 20 févr. 2012 préc., n° 15. – BOI-ENR-DMTG-20-20-10-20120912, n° 200).

3096 Biens réincorporés correspondant à des biens donnés en nue-propriété. Il a été précisé que si les biens réincorporés dans une donation-partage transgénérationnelle correspondent à des biens donnés en nue-propriété et si les « premiers donataires » ont vocation à être titulaires de l'usufruit (leurs propres enfants recevant la nue-propriété) entre le décès du donateur et le leur, la réversion d'usufruit sera taxable lors du décès du stipulant, fait générateur des droits de succession (Instr. 20 févr. 2012 préc., n° 16. – BOI-ENR-DMTG-20-20-10-20120912, n° 210).

3097 Donation-partage transgénérationnelle incorporant une donation-partage antérieure. Les solutions qui précèdent, conduisant à appliquer le droit de partage aux donations antérieures incorporées s'appliquent également lorsque l'incorporation porte sur une donation-partage (Rép. min. Éco. n° 115883 à Mme Joëlle Ceccaldi-Raynaud : *JOAN* Q, 8 nov. 2011, p. 11832 ; *Dr. fisc.* 2011, n° 46, act. 338 ; *Dr. fisc.* 2011, n° 46, act. 339. – BOI-ENR-DMTG-20-20-10-20120912, n° 220).

IV

Dispositions dépendantes et indépendantes

3098 **Bail à nourriture.** Lorsqu'une convention de cette nature est comprise dans un acte de donation-partage, elle ne donne donc ouverture à aucun droit particulier.

3099 **Bail à vie.** Lorsque les donateurs se sont réservé l'usufruit des biens donnés et que deux des enfants s'engagent à cultiver les biens, à en percevoir les fruits, à payer les impôts et à entretenir leurs parents leur vie durant, il y a bail à vie (Maguéro, *ibid.*, n° 312. – *JCl. Fiscalité immobilière*, Fasc. 1310).

Il en est de même lorsque dans un partage anticipé, les donataires conviennent que la mère donatrice administrera sa vie durant les biens donnés et ceux provenant de la succession du père prédécédé et remettra à chacun des donataires une somme déterminée représentant sa part dans les revenus (T. civ. Vitré, 19 mars 1847 : *Journ. enr.*, 14243 ; *JCl. Fiscalité immobilière*, Fasc. 1310).

3100 **Convention d'indivision.** Si dans un acte de donation-partage les donataires, après avoir reçu des lots indivis, conviennent de rester dans l'indivision pendant cinq ans, la convention d'indivision, qui pourrait être une condition de la donation, forme un tout avec elle, et ne lui enlève donc pas son caractère.

Un seul salaire sera donc perçu, et il n'en serait autrement que si les donataires convenaient de rester provisoirement dans l'indivision, postérieurement à la donation, par acte distinct, et en l'absence des donateurs.

La taxe et le salaire seraient alors applicables à cette convention, sur la valeur (à évaluer) de l'action en partage à laquelle les donataires renoncent provisoirement (*Bull. AMC* 1950, art. 52).

> **N.B.** : La contribution de sécurité immobilière a remplacé le salaire du conservateur à compter du 1er janvier 2013. Cette taxe est perçue aux mêmes conditions d'assiette, de tarif, de contrôle et de recouvrement que ce salaire (V. **Contribution de sécurité immobilière**).

3101 **Dation en paiement.** Lorsque, par la seule volonté des donataires et à l'exclusion des donateurs, l'enfant grevé d'une soulte abandonne, en paiement de la soulte portant sur des immeubles, des immeubles à lui propres, il y a dation en paiement et non échange.

Par suite, le droit de mutation à titre onéreux est exigible sur la valeur des immeubles donnés en paiement (Cass. civ., 15 nov. 1875 : *S.* 1876, 1, p. 322 ; *DP* 1876, 1, p. 127 ; *Journ. enr.*, 19945 ; Instr. 2546, § 1er. – T. civ. Cholet, 26 nov. 1874 : *Journ. enr.*, 19945).

Le plus souvent, cet abandon constitue un échange, notamment lorsqu'il est fait avec la médiation et sous la surveillance de l'ascendant donateur. Il y a dation en paiement lorsque la mère donatrice attribue à l'un de ses enfants donataires un lot d'immeubles pour lui tenir lieu d'objets mobiliers lui appartenant et qu'elle détient en qualité d'usufruitière.

Lorsque dans un acte contenant donation à titre de partage anticipé, les père et mère attribuent des biens à certains de leurs enfants pour les remplir de leurs créances contre les donateurs et partagent également le surplus de leurs biens entre tous leurs enfants, l'attribution faite au profit des enfants créanciers, pour les remplir de leur créance, constitue une dation en paiement passible du droit de mutation à titre onéreux (Cass. req., 5 mars 1907 : Instr. 3228, p. 10).

Le droit de dation en paiement est exigible sur les donations préciputaires faites par le donateur à ses enfants pour les remplir de leurs reliquats de comptes de tutelle (T. civ. Quimper, 10 déc. 1934 : *Journ. enr.*, 34966).

3102 **Dation en paiement au titre de la créance de salaire différé.** L'exonération de droits d'enregistrement prévue par l'article 1037 du Code général des impôts est applicable dans l'hypothèse d'une attribution de biens à l'héritier créancier du salaire différé dans une donation à titre de partage anticipé (Rép. min. : *JOAN*, 11 mars 1961, p. 273 ; *JCP* N 1961, IV, 3131-3°).

Mais en cas d'abandon d'immeubles ou de droits immobiliers, la taxe de publicité foncière au tarif de 0,60 % (0,71498 % avec les perceptions additionnelles) est due lors de l'exécution de la formalité de la publicité au fichier immobilier.

V Contribution de sécurité immobilière

AVERTISSEMENT L'ordonnance n° 2010-638 du 10 juin 2010 (*JO* 11 juin) a supprimé le conservateur des hypothèques à compter du 1er janvier 2013.
À partir de cette date est instituée une taxe au profit de l'État, dite « contribution de sécurité immobilière », prévue par l'article 879 du Code général des impôts. Cette taxe, qui remplace le salaire du conservateur des hypothèques, est perçue aux mêmes conditions d'assiette, de tarif, de contrôle et de recouvrement que ce salaire (V. **Contribution de sécurité immobilière).**

Les solutions énoncées ci-dessous à propos du salaire du conservateur restent valables, jusqu'à nouvel ordre, pour la perception de la contribution de sécurité immobilière.

A Principes généraux

3103 **Un seul salaire sur la donation et le partage.** Pour la perception du salaire, les deux éléments de la convention (donation et partage) ne donnent lieu qu'à un seul salaire. Il n'y a pas lieu de calculer distinctement le salaire d'une part sur la valeur des biens donnés, et d'autre part sur la valeur des biens simplement partagés. L'opération est unique et les dispositions relatives à la donation et au partage sont dépendantes (*Bull. AMC* 1952, art. 106. – Bulté, chron. hyp. : *JCP* N 1957, IV, 2457).
Il en est de même lorsque le partage, entre les donataires, des immeubles donnés, est effectué sous la forme d'une licitation attribuant la totalité de ses immeubles à un seul des copartageants (*Bull. AMC* 1974, art. 971. – V. précédemment, *contra* : H. Bulté, chron. hyp. : *JCP* N 1963, IV, 3479 ; *JCP* N 1962, IV, 3447, avec calcul des salaires dus).
Toutefois, faisant application des règles de droit civil, une chronique avait estimé qu'un acte ne conservait son caractère de donation-partage que si le donateur procédait lui-même à la distribution des biens, ou si celle-ci a lieu sous sa direction effective et qu'il y a au contraire deux conventions distinctes quand l'ascendant ne dirige pas, du moins ne surveille pas, la répartition des biens, les donataires procédant au partage sans son concours – et alors même qu'il s'agit d'un seul acte (H. Bulté : *JCP* N 1963, IV, 3549).

3104 **Calcul du salaire sur chaque lot.** Par ailleurs, le salaire doit être calculé séparément pour chaque lot sur la valeur totale des biens immobiliers attribués à chacune des parties et compris dans la circonscription du bureau. Il ne doit pas être tenu compte de l'origine de propriété différente des divers immeubles, et il n'y a pas lieu de se préoccuper de l'inégalité des lots résultant de préciputs (*Bull. AMC* 1952, art. 106. – Bulté, chron. hyp. : *JCP* N 1957, IV, 2457).
Si le salaire calculé sur chaque lot est inférieur au minimum de perception, le conservateur est fondé à percevoir autant de fois ce salaire minimum qu'il y a de lots (H. Bulté : *JCP* N 1975, IV, 6069).

3105 **Absence de salaire sur les soultes.** Aucun salaire n'est dû en raison de la stipulation de soultes, même si celle-ci égale la part virile des autres donataires.
Exemple : si un immeuble d'une valeur d'un million d'euros est attribué à l'un des enfants à charge de soulte aux autres, le salaire du conservateur devra être calculé uniquement sur la valeur totale de cet immeuble, soit un million d'euros (*Bull. AMC* 1952, art. 106. – Bulté, chron. hyp. : *JCP* N 1957, IV, 2457, prat. 6069).

B Cas particuliers

1 Réserves d'usufruit

3106 **Réserve d'usufruit pure et simple.** En cas de réserve par le donateur de l'usufruit des biens donnés, le salaire n'est exigible que sur la valeur de la nue-propriété qui fait seule l'objet de la donation et du partage (*Bull. AMC* 1952, art. 106-10 ; *ibid.* 1953, art. 162. – *Précis CML, op. cit.*, 2e éd., n° 2002 ; *JCP* N 1960, IV, 2962 et 2996).
Le salaire doit être calculé, *distinctement* pour chaque lot, sur la valeur de la nue-propriété des immeubles attribués à chacune des parties. Cette valeur doit être estimée par les parties, sous peine de refus de dépôt (H. Bulté : *JCP* N 1978, IV, 6863).

3107 **Réserve d'usufruit avec clause de réversion.** La donation-partage, assortie d'une réserve d'usufruit réversible sur la tête du survivant des époux donateurs, donne ouverture à deux salaires calculés : l'un sur la valeur de la nue-propriété de chaque lot, l'autre sur la plus élevée des valeurs des usufruits faisant l'objet de la double donation conditionnelle (*Bull. AMC* 1982, art. 1244 ; *ibid.* 1988, art. 1386).

Cette solution donnée antérieurement aux prises de position de la Cour de cassation concernant la nature juridique de la clause de réversion d'usufruit, paraît correspondre à l'état actuel de la jurisprudence (V. **Réversion d'usufruit**).

3108 **Exemple** : Supposons que dans une donation-partage, les biens donnés valent en pleine propriété 700 000 €. La valeur de l'usufruit réservé par chaque donateur est de 1/10 si bien que la valeur des biens donnés par chacun d'eux est de 315 000 €.

La liquidation de la taxe et des salaires s'opérera comme suit (chron. P.J.C : *JCP* N, 1986, IV, 9846) :

- 0,71498 % sur la valeur de la nue-propriété, soit 630 000 € ;
- 0,71498 % sur la valeur de l'usufruit, soit 35 000 € ;
- salaire à 0,10 % sur 630 000 € ;
- salaire à 0,10 % sur 35 000 €.

2 Solutions diverses

3109 **Pacte de préférence inclus dans une donation-partage.** Dans le cas où un pacte de préférence est inclus dans une donation-partage et que sa publication est requise, le conservateur restant maître de sa perception peut, selon une chronique (*JCP* N 1988, prat. 397, par P.J.C) percevoir un salaire assis sur la valeur de la totalité des immeubles concernés par le pacte de préférence (encore que le *Bulletin de l'association mutuelle des conservateurs* ait préconisé de ne percevoir le salaire que sur la valeur propre, déclarée, du droit de préférence : V. **Pacte de préférence**).

Pour éviter des contestations, cette même chronique recommande qu'à l'occasion de la publication d'un acte renfermant un pacte de préférence, l'usager donne une évaluation (ni excessive, ni symbolique...) de la valeur du droit ainsi concédé.

3110 **Ratification par un donataire d'une donation-partage intervenue durant sa minorité.** Les règles d'assiette et de liquidation des salaires dus aux conservateurs des hypothèques sont indépendantes de celles suivies en matière de taxe de publicité foncière, dans la mesure où elles doivent tenir compte de la nécessité de garantir la responsabilité pécuniaire qu'assument ces fonctionnaires à raison des formalités qu'ils accomplissent ou des renseignements qu'ils sont amenés à délivrer. Cette exigence peut parfois conduire à la perception de plusieurs salaires distincts, notamment lorsqu'une seule et même convention donne lieu à la publication successive de plusieurs actes dont chacun est susceptible d'engager la responsabilité personnelle du conservateur.

Ainsi, sous réserve de l'appréciation souveraine des tribunaux judiciaires, le conservateur des hypothèques paraît fondé à percevoir, pour la publication séparée de l'acte de ratification par un donataire d'une donation-partage intervenue durant sa minorité, le salaire proportionnel prévu à l'article 296 de l'annexe III au Code général des impôts, dès lors que cet acte est distinct du partage d'ascendant antérieur et possède son effet juridique propre. L'assiette de ce salaire est cependant limitée à la valeur des biens attribués au copartageant devenu majeur, déterminée à la date de publication de l'acte de ratification (Rép. min. Mauger : *JOAN* CR, 3 sept. 1984, p. 3906, n° 52 442).

3111 **Réincorporations de donations antérieures.** Dans le cadre d'une donation-partage, les rapports de biens immobiliers reçus à l'occasion de donations antérieures, prévus par les dispositions des articles 1078-1 à 1078-3 du Code civil, peuvent être effectués soit en nature en vue de l'attribution à l'auteur du rapport ou à un autre copartageant, soit en valeur (rapport en moins prenant). Quelle que soit la forme des rapports effectués, ils sont incorporés à la masse partageable et sont, en tant que tels, soumis au droit de partage. Pour l'accomplissement de la formalité de publication de l'acte de donation-partage à la conservation des hypothèques, les immeubles rapportés figurant dans l'énumération des éléments constitutifs de la masse à partager et dans chacun des lots attribués doivent être désignés conformément aux dispositions de l'article 7 du décret du 4 janvier 1955, en vue de l'annotation du fichier immobilier (mention de la donation-partage et suppression des annotations ayant perdu leur actualité du fait du partage, telles la réserve du droit de retour, l'interdiction d'aliéner...). Le conservateur engage naturellement sa responsabilité civile personnelle sur cette annotation et sa révélation ultérieure lors de la délivrance des renseignements hypothécaires. S'agissant enfin de la liquidation du salaire du conservateur, cette analyse conduit à inclure la valeur des immeubles rapportés, quelles que soient les modalités du rapport, dans l'assiette du salaire proportionnel (Rép. min. Éco., Fin. et Ind. n° 23184, M. Le Nay : *JOAN* Q, 20 oct. 2003, p. 8016 ; *Dr. fisc.* 10 déc. 2003, n° 50, act. 255). La solution apparaît applicable, *mutatis mutandis*, à l'actuelle contribution de sécurité immobilière, substituée depuis le 1er janvier 2013 au salaire du conservateur des hypothèques, due au service de la publicité foncière au titre de la responsabilité de l'État, substituée à celle des conservateurs des hypothèques depuis la même date (égal. en ce sens, Lacroix, *Mémento*, n° 490).

Droit de préemption ou de substitution

Franck ROUSSEL

Sommaire analytique

3112 Les droits de préemption portant sur des biens immobiliers et bénéficiant d'un régime de faveur au regard de l'exigibilité de la taxe de publicité foncière sont :
– le droit de préemption du preneur en place et de la SAFER sur les immeubles ruraux ;
– le droit de préemption du locataire à usage d'habitation ;
– le droit de préemption de l'indivisaire ;
– le droit de préemption des collectivités locales ;
– les acquisitions réalisées dans le cadre de l'aménagement de zones, ou à la suite de l'exercice d'un droit de préemption urbain, ou en vue de la réalisation d'espaces verts par des collectivités ou établissements publics.

Il existait un droit de préemption du Trésor sur les ventes d'immeubles dont le prix est insuffisant édicté à l'ancien article L. 18 du Livre des procédures fiscales. Cette disposition a été abrogée par l'article 113 de la loi de finances pour 1997.

I Droits de préemption du fermier et de la SAFER

A Droit de préemption du fermier

1 Publicité foncière

3113 Intention de se substituer à l'acquéreur manifestée autrement que par acte d'huissier. En principe, c'est par acte authentique ou par acte d'huissier que le fermier ou le métayer doit faire connaître au notaire chargé de la vente ou en cas de vente judiciaire au secrétaire greffier en chef du tribunal, sa décision de faire valoir son droit de préemption. La déclaration de substitution est ensuite annexée au procès-verbal ou jugement

de mutation et publiée en même temps que celui-ci (C. rur. pêche marit., art. L. 412-11, al. 2). Cependant, dans le cas où cette notification serait faite par simple lettre, il a été conseillé aux conservateurs d'accepter sa publication en annexe au jugement d'adjudication malgré son caractère d'écrit sous seing privé, à la condition qu'elle contienne les indications d'état civil nécessaires pour l'annotation de la fiche personnelle du fermier et que cette identité soit certifiée. De même, lorsque cette lettre est annexée à un procès-verbal d'adjudication notariée (en ce sens Rép. min. Justice, 26 juin 1964 : *Bull. AMC* 1964, art. 595). Le même conseil paraît devoir s'appliquer aux services de publicité foncière qui ont succédé aux conservateurs.
Cette publication peut intervenir sans problème lorsque la lettre a été adressée par le locataire au greffier du tribunal, qui a établi un acte attestant la réception de cette déclaration, et recopié le jugement et ses annexes sur une formule n° 3265 qui a donné lieu à un certificat de conformité unique délivré par le greffier et à une certification d'identité signée par l'avocat du locataire, dès lors que l'attestation comporte les précisions nécessaires pour les besoins de la publicité foncière (*Bull. AMC* 1993, art. 1589).

2 Fiscalité

CGI, art 707 bis. – En cas d'éviction d'un acquéreur, l'exercice du droit de préemption institué par les articles L. 412-1 à L. 412-13 du Code rural [et de la pêche maritime], relatifs au statut du fermage et du métayage, ou par l'article L. 461-18 du même code, relatifs au bail à ferme dans les départements de la Guadeloupe, de la Guyane, de la Martinique, de La Réunion et à Saint-Pierre-et-Miquelon, ne donne pas ouverture à la perception d'un nouvel impôt proportionnel.

3114 Perception unique des droits de mutation. L'article L. 412-I du Code rural et de la pêche maritime prévoit, dans le cadre du statut du fermage, un droit de préemption au bénéfice du preneur à bail rural statutaire en cas d'aliénation de l'immeuble qu'il exploite.
Conformément aux dispositions de l'article 707 bis du Code général des impôts, en cas d'éviction d'un acquéreur, l'exercice du droit de préemption par le preneur ou ses ayants cause ne donne pas ouverture à la perception d'un nouveau droit de mutation.
L'article L. 412-13, alinéa 2, du Code rural et de la pêche maritime prévoit que les frais et loyaux coûts exposés à l'occasion du contrat, s'il y a lieu, par l'acquéreur évincé, lui sont remboursés par le preneur.
Ces dispositions ont pour effet de maintenir la perception effectuée sur la mutation déjà réalisée au profit de l'acquéreur évincé et de confier à ce dernier une action en remboursement des frais et loyaux coûts du contrat à l'encontre du préempteur. Par conséquent, la restitution des droits perçus sur la mutation déjà réalisée ne peut être effectuée par le Trésor au profit de l'acquéreur évincé lorsque l'éviction opère la substitution corrélative du préempteur en ses lieux et place (*BOI* 9414 : *Ind. enr.*, 11004).
Toutefois, le préempteur étant susceptible de bénéficier d'un tarif réduit (CGI, art. 1594 F quinquies D-I)), la différence entre les droits perçus sur la vente au tiers évincé et les droits liquidés sur l'acquisition réalisée par le préempteur est susceptible d'être restituée à ce dernier sur la justification du remboursement préalable à l'acquéreur évincé des droits acquittés par lui (*BOI* 9414 : *Ind. enr.*, 11004. – *Dict. enr.*, V° Préemption, n° 2967 a bis).

3115 Acte constatant l'exercice du droit de substitution : régime fiscal. L'acte notarié qui constate la substitution du preneur à l'acquéreur donne ouverture au droit fixe des actes innommés, et au salaire du conservateur. Le salaire est perçu au taux fixe de 15 € si la publication de l'acte est faite en même temps que celle de l'acte de vente ou de l'adjudication et au taux proportionnel dans le cas contraire (*Bull. AMC* 1993, art. 1585).
Signifié par exploit d'huissier, l'exercice du droit de préemption du preneur est exonéré de la taxe forfaitaire sur les actes d'huissier (CGI, art. 302 bis Y : *BOI* 7 B-2-94).

N.B. : La contribution de sécurité immobilière a remplacé le salaire du conservateur à compter du 1er janvier 2013. Cette taxe est perçue aux mêmes conditions d'assiette, de tarif, de contrôle et de recouvrement que ce salaire (V. **Contribution de sécurité immobilière**).

3116 Contribution de sécurité immobilière. Lorsque le droit de préemption n'est exercé que sur une partie des biens qui font l'objet de la vente ou de l'adjudication, le salaire proportionnel est calculé distinctement, d'une part sur le prix des biens transmis à l'acquéreur, d'autre part sur le prix des biens acquis par le bénéficiaire du droit de préemption (*Bull. AMC* 1977, art. 1097).
Si les deux actes font l'objet de deux expéditions séparées, l'une d'elles portant approbation de duplicata de la mention de publication, le salaire fixe de formalités est dû en outre (*Bull. AMC* 1977, art. 1097 ; *Bull. AMC* 1952, art. 106-II, § 13).

N.B. : La contribution de sécurité immobilière a remplacé le salaire du conservateur à compter du 1er janvier 2013. Cette taxe est perçue aux mêmes conditions d'assiette, de tarif, de contrôle et de recouvrement que ce salaire (V. **Contribution de sécurité immobilière**).

B Droit de préemption de la SAFER

3117 Les règles sus-énoncées relatives à l'exercice du droit de préemption du preneur sont transposables aux préemptions réalisées par les SAFER. Toutes les acquisitions réalisées par les SAFER ne donnent lieu à aucune perception au profit du Trésor (CGI, art. 1028 bis. – V. **SAFER**).

3118 Annulation d'une décision de préemption en première instance puis en appel. Remise d'une attestation de l'avocat vendeur tirant les conséquences de ces décisions. L'annulation d'une décision de préemption de la SAFER est prononcée d'abord en première instance puis en appel. Mais aucune des décisions rendues ne tire les conséquences de cette annulation : le retour des parcelles irrégulièrement préemptées dans le patrimoine des adjudicataires. L'avocat des adjudicataires établit alors une attestation par laquelle il récapitule et identifie les parcelles préemptées et indique qu'elles sont rétribuées aux adjudicataires, ceci afin que les fiches de ces derniers soit annotées en conséquence. La publication des décisions rendues et de l'attestation jointe est refusée.

En l'espèce il aurait fallu publier de nouveau le jugement d'adjudication en reproduisant sur le même document la décision de préemption ainsi que le jugement et l'arrêt en ayant déclaré la nullité. Les fiches des adjudicataires auraient alors été annotées pour tenir compte de ce qu'ils étaient redevenus propriétaires des parcelles qui leur avaient été adjugées (*Bull. AMC* 1991, art. 1503).

II Droit de préemption du locataire à usage d'habitation

A Publicité foncière

3119 Publication simultanée du jugement d'adjudication d'un appartement et de la déclaration faite par le locataire de se substituer à l'adjudicataire. La loi n° 75-1351 du 31 décembre 1975 relative à la protection des occupants des locaux à usage d'habitation dispose au II de l'article 10 qu'à défaut d'avoir été convoqué à l'adjudication volontaire ou forcée de son logement, « le locataire ou l'occupant de bonne foi peut, pendant un délai d'un mois à compter de la date à laquelle il a eu connaissance de l'adjudication, déclarer se substituer à l'adjudicataire ». Lorsque cette déclaration est faite, et bien que ce ne soit pas précisé dans les dispositions législatives précitées, l'association des conservateurs a considéré, sans prendre parti sur le caractère rétroactif de la substitution, qu'il y avait deux mutations successives opérant le transfert de la propriété du local, d'abord dans le patrimoine de l'adjudicataire, puis dans celui du locataire (*Bull. AMC* 1993, art. 1585). Les conséquences suivantes en ont été tirées :

« 1. – Pour annoter le fichier immobilier, les conservateurs sont tenus de procéder à l'analyse brève et fidèle des dispositions essentielles des actes et des décisions judiciaires publiés mais ils doivent se garder d'ajouter à ces dispositions en explicitant leur portée ; ils n'ont pas, en particulier, à leur attribuer un effet rétroactif si celui-ci n'est pas expressément stipulé, et à en tirer pour conséquence que celle qui se trouve révoquée n'a pas à être mentionnée.

En l'espèce, l'annotation pourrait être libellée de la façon suivante :

« ADJUDICATION suivant jugement du TGI de... en date du..., à l'encontre de A... *(nom et date de naissance de l'ancien propriétaire)*, au profit de B... *(nom et date de naissance du locataire)*, substitué à l'adjudicataire initial *(sans l'identifier ; s'il s'agissait d'un immeuble rural, la formalité serait annotée à la fiche de l'ancien propriétaire et à celle du locataire, à l'exclusion de celle de l'adjudicataire initial)*, en sa qualité de locataire de l'immeuble, en conséquence de la déclaration faite par lui et constatée dans un acte reçu le... par le greffier du même tribunal ».

2. – L'exercice par un locataire de son droit de préemption n'est évidemment pas le prolongement nécessaire de l'adjudication ; la vente et la substitution constituent des dispositions indépendantes qui doivent chacune donner ouverture à un salaire distinct. Toutefois, si elles sont publiées simultanément, il est conseillé de ne réclamer qu'un seul salaire proportionnel auquel il est ajouté un salaire fixe » (cf. dans ce sens, *Bull. AMC*, art. 1585, préc. ; *BOI* 9 B-15-85, 13 août 1985).

3120 Acte confirmatif d'une vente intervenue à des conditions plus avantageuses. Si le bailleur a notifié au locataire, dans le cadre de la loi du 6 juillet 1989, un congé pour vendre resté sans suite, et qu'il vend ensuite à des conditions plus avantageuses, et que le notaire établit un acte constatant que le locataire ne s'est pas manifesté lors de la nouvelle offre de vente qui lui a été adressée, cet acte confirmatif entre dans le champ d'application de la publicité foncière. Il donne ouverture à la taxe fixe et au salaire proportionnel du conservateur (*Bull. AMC* 1997, art. 1749) et donc aujourd'hui à la contribution de sécurité immobilière au tarif fixe et au tarif proportionnel.

N.B. : La contribution de sécurité immobilière a remplacé le salaire du conservateur à compter du 1er janvier 2013. Cette taxe est perçue aux mêmes conditions d'assiette, de tarif, de contrôle et de recouvrement que ce salaire (V. **Contribution de sécurité immobilière**).

B Fiscalité

CGI, art. 1594 F sexies. – Le conseil général peut, sur délibération, réduire le taux de la taxe de publicité foncière ou des droits d'enregistrement jusqu'à 0,7 %, lorsque les conditions suivantes sont réunies :

1° La mutation s'inscrit dans le cadre d'une opération consistant :

a) Soit en des ventes par lots déclenchant le droit de préemption prévu à l'article 10 de la loi n° 75-1351 du 31 décembre 1975 relative à la protection des occupants de locaux à usage d'habitation ou le droit de préemption prévu à l'article 15 de la loi n° 89-462 du 6 juillet 1989 tendant à améliorer les rapports locatifs et portant modification de la loi n° 86-1290 du 23 décembre 1986 ;

b) Soit en la vente d'un ou plusieurs lots, consécutive à la mise en copropriété d'un immeuble en raison de l'exercice, par l'un des locataires ou occupants de bonne foi, du droit de préemption prévu à l'article 10-1 de la loi n° 75-1351 du 31 décembre 1975 précitée ;

2° La vente porte sur un logement occupé ;

3° L'acquéreur s'engage dans l'acte d'acquisition à affecter le logement à la location pendant une période minimale de six ans à compter de la date d'acquisition.

Les dispositions de l'article 1594 E sont applicables.

3121 L'article 2 de la loi du 1er juin 2006 relative au droit de préemption et à la protection des locataires en cas de vente d'un immeuble permet, en cas de maintien du statut locatif d'un logement vendu occupé dans le cadre d'une opération de vente à la découpe, de réduire jusqu'à 0,7 % le taux de la taxe de publicité foncière ou des droits d'enregistrement.

3122 Fixation du taux réduit par les collectivités concernées. L'application d'un taux réduit doit faire l'objet :
– d'une décision du **conseil général** pour les droits d'enregistrement ou la taxe de publicité foncière, sans pouvoir toutefois être fixé à un taux inférieur à 0,7 % ;
– d'une décision du conseil **municipal** pour la taxe additionnelle aux droits d'enregistrement ou la taxe de publicité foncière sans pouvoir toutefois également être fixé à un taux inférieur à 0,7 %.
Toutefois, cette mesure est purement facultative et dépend du choix des collectivités territoriales qui bénéficient de la ressource. En outre, les décisions du département et de la commune sont indépendantes l'une de l'autre.
Dans les deux hypothèses, les délibérations sont notifiées aux services fiscaux, sauf exception, **avant le 31 mars de chaque année** (CGI, art. 1639A).
Les décisions régulièrement notifiées prennent **effet le 1er juin**. À défaut de vote, le taux en vigueur avant la nouvelle décision est reconduit.

3123 Mutations concernées. Sont concernées par l'application du taux réduit, les mutations qui s'inscrivent dans le cadre d'une opération consistant :
– soit en des ventes par lots déclenchant le droit de préemption après première division (L. n° 75-1351, 31 déc. 1975, art. 10) ;
– soit en des ventes par lots déclenchant le droit de préemption en cas de congé pour vente (L. n° 89-462, 6 juill. 1989, art. 15) ;
– soit en la vente d'un ou plusieurs lots, consécutive à la mise en copropriété d'un immeuble en raison de l'exercice, par l'un des locataires ou occupants de bonne foi, du nouveau droit de préemption en cas de vente par bloc institué par l'article 1er de la présente loi (L. n° 75-1351, 31 déc.1975, art. 10-1 nouveau).
Ces mutations doivent porter, bien évidemment, sur des logements occupés lors de la vente (V. sur tous ces points, BOI-ENR-DMTOI-10-110-12/09/2012).

3124 Engagement de l'acquéreur. L'acquéreur doit s'engager, dans l'acte d'acquisition, à affecter le logement à la location pendant une période minimale de six ans. Ce délai de six ans est décompté à compter de la date d'acquisition du logement.
Selon le rapport de la commission des lois (Rapp. n° 2749, p. 22), pour bénéficier du taux réduit, l'acquéreur devra :
– soit proroger le bail du locataire en place, s'il vient à expirer pendant la période d'engagement, de telle sorte que le local reste effectivement sous

statut locatif pour une durée d'au moins six ans à compter de la date d'acquisition ;
– soit, en cas de départ volontaire du locataire en place au jour de la vente, remettre en location son bien pour la durée de l'engagement restant à courir. Dans cette hypothèse, le bail qui serait conclu avec le nouveau locataire devra respecter les règles de durée minimale de trois ans, éventuellement prorogé (L. n° 89-462, 6 juill. 1989, art. 10). En tout état de cause, l'administration devra s'assurer de la remise effective sur le marché locatif de l'appartement concerné.

3125 Sanction en cas de non-respect de l'engagement de location par l'acquéreur. Les sanctions applicables sont celles prévues à l'article 1840 G ter du Code général des impôts : paiement des droits dont la mutation a été exonérée, majorés de l'intérêt de retard de 0,40 % par mois (CGI, art. 1727). Ces droits doivent être acquittés dans le mois qui suit, selon le cas, la rupture de l'engagement ou l'expiration du délai prévu pour produire la justification requise.
Sont considérés comme une rupture d'engagement :
– le non-respect de la mise en location des logements concernés pendant la période de six ans ;
– la revente du bien dans cette même période de six ans.

III Préemption de l'indivisaire

➤ V. **Indivision.**

IV Droit de préemption exercé dans un intérêt public

A Publicité foncière

3126 Droit de préemption urbain. Incidence de la loi ALUR. Sous l'empire du droit antérieur, lorsque le titulaire du droit de préemption urbain (DPU) exerçait son droit aux prix et conditions indiquées dans la déclaration d'intention d'aliéner (DIA), la vente était parfaite au jour où la décision de préempter était notifiée au propriétaire. À compter de cette date, le titulaire du DPU était propriétaire du bien et le prix devait être payé ou consigné dans les six mois de la décision de préempter.
Depuis le 26 mars 2014, par application des dispositions de l'article L. 213-14 du Code de l'urbanisme modifiées à cet effet par l'article 149 de la loi n° 2014-366 du 24 mars 2014 pour l'accès au logement et un urbanisme rénové, dite « loi ALUR », la décision de préempter aux prix et conditions indiqués dans la DIA forme la vente, mais ne réalise plus le transfert de propriété. Le transfert de propriété interviendra à la plus tardive des deux dates que sont celles du paiement du prix (ou de sa consignation) et de la signature de l'acte authentique – étant précisé que le prix, ou sa consignation, doit intervenir dans les quatre mois de la décision de préempter. Le texte déroge ainsi au principe du transfert de propriété *solo consensu* posé par l'article 1583 du Code civil (L. Legrain, *Loi ALUR, décrets d'application et procédure de préemption : Constr.-Urb.* juill. 2015, n° 7, étude 9, § 37, 38 et 42. – M. Suquet-Cozic, *Loi ALUR : comment publier le transfert de propriété à la personne publique après exercice du DPU ? : Sol. not.* févr. 2016, n° 2, art. 48, p. 28-29).

3127 Problématique. Ce dispositif pose une question d'articulation avec les règles de la comptabilité publique, qui rejaillit sur la publicité foncière de la vente.
En matière de comptabilité publique, le comptable n'effectue un paiement que sous deux conditions cumulatives :
– la production de certains justificatifs, imposées par les dispositions de l'article D. 1617-19 du Code général des collectivités publiques et précisées par l'article 532111 de l'annexe I du même code ;

– selon l'expression consacrée, « après service fait » ; en application des articles 20 et 31 du décret n° 2012-1246 du 7 novembre 2012, relatif à la gestion budgétaire et comptable publique, le comptable publique doit contrôler la réalité de la dette, et ne peut donc honorer la dépense, que sur la justification du service fait.
Lorsque l'acte d'acquisition est notarié, les pièces justificatives exigées sont :
– la copie de la DIA ;
– la décision portant exercice du DPU ;
– la délibération autorisant l'acquisition et le décompte en principal et intérêt ;
– la copie authentique du titre de propriété (sans référence à la mention de publication au fichier immobilier), précisant que le paiement sera effectué dans la comptabilité du notaire par mandat administratif ;
– le certificat du notaire par lequel il s'engage à prendre à sa charge les sommes qui, après paiement au vendeur du prix de l'acquisition, s'avéreraient être dues, à la suite de la publication au fichier immobilier, à des créanciers inscrits ou à un autre propriétaire.
Quant à l'appréciation du « service fait » au regard d'une vente immobilière au profit d'une commune, les spécialistes estiment qu'il s'agit soit de la régularisation de l'acte constatant la vente (L. Legrain, *op. cit.*, § 42), soit la délivrance d'un titre de propriété régulièrement publié (M. Suquet-Cozic, *op. cit.*, § 3).

3128 Analyse. Cette dernière règle du « service fait » est celle qui affecte directement la publicité foncière de la vente. En théorie, puisque le comptable de la commune ne peut payer le prix qu'après l'établissement (voire la publication) d'un acte constatant la vente, deux actes devront être dressés par le notaire : l'un constatant la formation de la vente, l'autre constatant le paiement du prix et le transfert de propriété.
Cependant, l'article 33 du décret du 7 novembre 2012 précité a réservé la possibilité d'exceptions à la règle du « service fait », fixées par les lois et les règlements. À cet égard, l'article 7 de l'arrêté du 16 février 2015, fixant les dépenses des collectivités territoriales, de leurs établissements publics et établissements publics de santé pouvant être payées sans ordonnancement, sans ordonnancement préalable ou avant service fait, est venu déroger à la règle du « service fait » lorsque l'acquisition est réalisée par une collectivité locale ou un établissement de coopération intercommunale (L. Legrain, *Exercice du DPU, paiement du prix et règle du « service fait » : JCP* N 2016, act. 137. – M. Suquet-Cozic, *op. cit.*, § 4). Il a été confirmé par l'administration fiscale que la dérogation apportée par l'arrêté était d'application immédiate et qu'elle était entrée en vigueur le lendemain de la publication de l'arrêté au *Journal officiel* le 25 février 2015 (Instr. 6 oct. 2015, NOR : FCPE1523831J. – G. Daudre, *Précisions de l'administration fiscale sur les modalités de paiement du prix de la préemption : Defrénois* 15 janv. 2016, n° 1, p. 19).
Restait néanmoins une dernière difficulté liée à la production des pièces justificatives que sont la copie de l'acte authentique et le certificat du notaire. L'administration fiscale a alors indiqué que, dans l'attente d'une prochaine modification du texte, un appel de fonds signé du rédacteur de l'acte visant l'opération en cause peut se substituer à la production des pièces justificatives requises (Instr. 6 oct. 2015 préc.). La solution a depuis été consacrée dans l'article 53211 de l'annexe I au Code général des collectivités territoriales précitée (modifié à cet effet par D. n° 2016-1783, 19 déc. 2016).

3129 Conséquences pratiques. Il y a lieu en pratique de distinguer deux situations :
– le DPU est exercé par une collectivité territoriale ou l'un de ses établissements publics : le paiement du prix peut intervenir avant service fait, c'est-à-dire le jour même de la vente. En conséquence, un seul acte sera dressé qui constatera la vente, le paiement du prix et le transfert de propriété ; le paiement du prix sera effectué par le comptable public sur l'appel de fonds du notaire ; la publicité foncière de l'acte sera effectuée sur le fondement de l'article 28, 1°, *a)* du décret n° 55-22 du 4 janvier 1955 ;
– le DPU est exercé par une autre personne publique bénéficiant d'une délégation du DPU (C. urb., art. L. 213-3), telle que, par exemple, un établissement public foncier de l'État (C. urb., art. L. 321-4), un établissement public d'aménagement de l'État (C. urb., art. L. 321-17) ou l'État : le paiement du prix doit intervenir après service fait. En conséquence, deux actes seront dressés et publiés séparément au fichier immobilier. Le premier acte constatera la vente sans transfert de propriété. Il sera publié sur le fondement de l'article 28, 2° du décret n° 55-22 du 4 janvier 1955 en tant que restriction au droit de disposer. Le second acte constatera le paiement du prix et le transfert de propriété et sera publié en tant que mutation immobilière sur le fondement de l'article 28, 1°, *a)* du décret n° 55-22 du 4 janvier 1955 (J. Bon, *Préemption par la commune : comment le notaire peut-il formaliser le transfert de propriété de l'immeuble après la loi ALUR : Bull. Cridon Paris* 1er juin 2014, n° 11, II, § 4). Le paiement du prix sera effectué par le comptable public sur la production d'une copie authentique de l'acte de vente et du certificat du notaire.

3130 Exercice du droit de préemption par une commune : publicité foncière. À la suite de l'adjudication d'un immeuble, une commune exerce son droit de préemption. La publication du transfert de propriété au profit de la commune peut être opérée par le dépôt du jugement d'adjudication auquel sont annexées les cas suivants :

– copie de la lettre adressée par le maire au greffe du tribunal en recommandé avec demande d'avis de réception faisant savoir que la commune décide d'exercer son droit de préemption ;

– extrait du registre des délibérations du conseil municipal contenant la décision de préempter qui donne par ailleurs pouvoir au maire de « signer les pièces relatives à ce dossier » ;

– attestation du greffier du tribunal judiciaire certifiant avoir reçu les documents en cause et les avoir annexés à la minute du jugement d'adjudication (*Bull. AMC* 2009, art. 1930).

3131 Cas particulier : rétrocession d'un immeuble à son ancien propriétaire par le titulaire du droit de préemption urbain. L'article L. 213-14 du Code de l'urbanisme indique qu'en l'absence de paiement ou, s'il y a obstacle au paiement, de consignation de la somme due, à l'expiration du délai prévu par l'article L. 213-14, alinéa 1, le titulaire du droit de préemption est tenu, sur demande de l'ancien propriétaire, de lui rétrocéder le bien acquis par voie de préemption. Une réponse ministérielle rappelle qu'aucune disposition fiscale ne prévoit une exonération des droits de mutation lors de la rétrocession à l'ancien propriétaire d'un immeuble, effectuée en application de ce texte.

Toutefois, dans un souci d'allégement des formalités, l'article L. 213-14 précité énonce que dans le cas où le transfert de propriété n'a pas été réitéré par acte notarié ou par acte authentique en la forme administrative dans le délai imparti pour le paiement ou la consignation, la rétrocession s'opère par acte sous seing privé.

Le propriétaire qui a repris son bien dans les conditions prévues au présent article peut alors l'aliéner librement (Rép. min. Éco. Fin. n° 742 : *JOAN* Q, 16 déc. 2002, p. 4963. – V. sur ce problème, A. Lemaistre, J.-Ph. Meng et S. Pérignon, *Le régime fiscal de la rétrocession pour non-paiement du prix d'un bien préempté : Bull. Cridon Paris* 1er mars 2003, II, 95).

Ajoutons que si la rétrocession intervient par acte sous seing privé, elle doit nécessairement faire l'objet d'une publication, si du moins l'exercice du droit de préemption a été précédemment publié (V. n° 3112). Pour ce faire, la substance de l'acte sous seing privé devra être reprise dans un acte authentique (V. **Authenticité**).

Par contre, si la rétrocession s'opère parce que le titulaire du droit de préemption décide d'utiliser le bien préempté ou de l'aliéner à des fins autres que celles prévues à l'article L. 210-1 du Code de l'urbanisme, cette rétrocession, prévue par l'article L. 213-11 du Code de l'urbanisme, est exonérée de taxe de publicité foncière (CGI, art. 1594-O G, B g).

B Fiscalité

3132 Exonérations de taxe de publicité foncière. Sont exonérées de taxe de publicité foncière par application de l'article 1594 0G-B du Code général des impôts :

– les acquisitions d'immeubles effectuées en vue de l'aménagement de zones à urbaniser par priorité, par les collectivités et par les organismes concessionnaires de cet aménagement ;

– les acquisitions d'immeubles situés dans les zones d'aménagement différé, effectuées dans les conditions prévues aux articles L. 212-2 et L. 212-3 du Code de l'urbanisme dans leur rédaction antérieure à la loi n° 85-729 du 18 juillet 1985 par les collectivités et les organismes bénéficiaires du droit de préemption ;

– les acquisitions d'immeubles ou de droits immobiliers portant sur des biens situés dans des zones d'intervention foncière, effectuées dans les conditions prévues aux articles L. 211-2, L. 211-3 et L. 211-7 du Code de l'urbanisme, dans leur rédaction antérieure à la loi n° 85-729 du 18 juillet 1985 ;

– les acquisitions de biens soumis au droit de préemption urbain ou au droit de préemption institué dans les zones d'aménagement différé, effectuées dans les conditions prévues aux articles L. 211-4, L. 211-5, L. 212-2, L. 212-3 et L. 213-1 à L. 213-3 du Code de l'urbanisme ;

– les acquisitions de biens soumis aux droits de préemption créés en application de l'article L. 142-3 du Code de l'urbanisme dans les espaces sensibles des départements et exercés par les collectivités ou établissements publics bénéficiant du droit de préemption, directement, par substitution ou par délégation. Sont concernées les acquisitions réalisées par le Conservatoire du littoral et des rivages lacustres ainsi que les échanges lorsque la soulte est à la charge du conservatoire.

➤ Pour plus de détails, V. **Zones à aménager**.

3133 Contribution de sécurité immobilière. La contribution de sécurité immobilière demeure exigible dans les conditions de droit commun sur ces acquisitions (V. **Contribution de sécurité immobilière**).

Droit de surélévation

Neyla GONZALEZ-GHARBI

I

Surélévation en vertu d'un droit réservé

3134 Aspects juridiques et de publicité foncière. La construction édifiée en vertu d'un droit réservé au profit des propriétaires d'origine, sur le fondement de l'article 37 de la loi du 10 juillet 1965, est de plein droit privative (V. *JCl. Copropriété*, Fasc. 96, par G. Vigneron).

En conséquence, il n'est nullement nécessaire de faire consentir par le syndicat la cession des lots nouvellement créés.

Il y a lieu, après l'exercice de ce droit, de régulariser la situation au fichier immobilier, en raison de ce que la surélévation est devenue effective.

Reste à constater, du point de vue de la publicité foncière :

– la modification à l'état descriptif de division résultant de la création des nouveaux lots, issus de la surélévation ;

– le titre de propriété des constructeurs sur ces nouveaux lots (titre qui résulte de la convention de surélévation).

L'acte à établir doit constater, à notre sens :

– la caducité de l'état descriptif de division publié au départ ;

– son remplacement par un nouvel état descriptif, tenant compte des lots nouvellement créés.

Mais ce nouvel état descriptif ne peut reprendre l'ancienne numérotation. Aux termes de l'article 71-A-1 du décret du 14 octobre 1955 « dans tout état descriptif de division établi après la suppression d'un état descriptif antérieur, le numérotage des lots ne doit reprendre aucun des numéros précédemment attribués ».

Il faut également « titrer » les constructeurs du lot édifié en surélévation. Pour ce faire il y a lieu, à notre avis, de relater la convention de surélévation, d'indiquer que les travaux ont été effectués et terminés (en énonçant les justificatifs : permis de construire ; date d'achèvement ; certificat de conformité, etc.) et d'indiquer que le ou les appartements ainsi édifiés sont donc la propriété de leurs constructeurs (à identifier).

3135 Aspect fiscal. À notre avis, l'acte constatant la caducité de l'état descriptif de division d'origine et la publication du nouvel état descriptif donne lieu à la perception de la taxe fixe de publicité foncière (V. **État descriptif de division**).

Quant à l'acte constatant la propriété des constructeurs sur le ou les logements issus de la surélévation, il s'agit à notre avis d'un « acte déclaratif » qui va entraîner la perception de la taxe de publicité foncière à 0,70 % (0,71498 % avec les perceptions additionnelles), outre la contribution de sécurité immobilière au tarif proportionnel (V. **Acte déclaratif**). La taxe et la CSI seront assises sur la valeur des constructions édifiées.

Il n'y a, à notre connaissance aucune prise de position de l'administration ou de l'association des conservateurs, ou chronique hypothécaire relative à ce problème particulier.

II

Acquisition d'un immeuble en vue de le surélever

3136 **Situation du vendeur. TVA. Régime des immeubles bâtis.** Lorsque le vendeur est un assujetti agissant dans le cadre de son activité économique, il a été précisé que quand bien même des droits à construire résiduels (notamment par surélévation) sont attachés à un immeuble bâti, la cession de celui-ci verra son régime fiscal déterminé non comme celui d'un terrain à bâtir, mais comme immeuble neuf ou comme immeuble achevé depuis plus de cinq ans en fonction de la date d'achèvement du bâti existant (Instr. 29 déc. 2010, n° 34 : *BOI* 3 A-9-10, BOI-TVA-IMM-10-10-10-40-20130107, n° 30).

3137 **Situation de l'acquéreur. Engagement de construire.** Lorsque l'acquéreur est un assujetti à la TVA, son acquisition peut être exonérée de droits de mutation à titre onéreux en application des dispositions de l'article 1594 0G A du Code général des impôts. L'instruction relative aux droits de mutation à titre onéreux précise (n° 26) qu'« une surélévation à partir d'un immeuble existant n'ouvre droit à l'exonération de l'acquisition de l'immeuble d'emprise qu'à proportion de la surface hors œuvre brute (SHOB) des locaux résultant des constructions réalisées en surélévation rapportée au total de cette même surface et de celle des locaux préexistants ». Cette solution, reprise au BOFiP-Impôts, est exprimée en dernier lieu au n° 200 du BOI-ENR-DMTOI-10-40-20160601 dans les termes suivants : « Une surélévation à partir d'un immeuble existant n'ouvre droit à l'exonération de l'acquisition de l'immeuble d'emprise qu'à proportion de la surface de plancher de la construction résultant des constructions réalisées en surélévation rapportée au total de cette même surface et de celle des locaux préexistants ». Cette version du *BOI* a remplacé la SHOB par la surface de plancher qui lui a été substituée par l'ordonnance n° 2011-1539 du 6 novembre 2011, devenue, depuis le 1er mars 2012, l'unique référence pour l'application des règles d'urbanisme (V. **Engagement de construire**).
Si l'acquéreur ne prend pas l'engagement de surélever, la taxe de publicité foncière est perçue au tarif ordinaire des ventes d'immeubles.

III

Acquisition du droit de surélévation

3138 **Aspects juridiques et de publicité foncière.** Le droit de surélévation, comme le droit de construire, entre dans la catégorie des droits accessoires aux parties communes (L. 10 juill. 1965, art. 3) et fait partie, à ce titre, du patrimoine du syndicat des copropriétaires.
Si un copropriétaire ou un tiers veut l'exercer, il faut donc qu'il lui soit cédé par le syndicat. Cette cession suppose que le droit de surélévation ait été préalablement constitué en lot privatif. Cette opération, qui implique la modification de l'état descriptif de division, s'analyse en la transformation de parties communes (ou ici de droits accessoires en parties communes) en parties privatives (V. **Lot de copropriété**).

3139 **Aspect fiscal. Situation du vendeur assujetti. TVA. Régime des immeubles bâtis.** Selon l'administration fiscale, la cession séparée des seuls droits à construire, qualifiés de droits réels immobiliers, suit le régime de l'immeuble bâti auxquels ces droits se rattachent conformément aux dispositions de l'article 257 I, 1, 1° du Code général des impôts (Instr. 29 déc. 2010, n° 34 : *BOI* 3 A-9-10, BOI-TVA-IMM-10-10-10-40-20130107, n° 30). La cession de ce droit verra son régime fiscal au regard de la TVA déterminé non comme celui d'un terrain à bâtir, mais comme immeuble neuf ou comme immeuble achevé depuis plus de cinq ans en fonction de la date d'achèvement du bâti existant (Instr. 29 déc. 2010, n° 34 : *BOI* 3 A-9-10, BOI-TVA-IMM-10-10-10-40-20130107, n° 30).

3140 **Aspect fiscal. Vendeur soumis au régime des plus-values immobilières des particuliers – Exonération temporaire et conditionnelle.** Cette

exonération, prévue par le 9° du II de l'article 150 U du Code général des impôts en faveur des cessions, s'applique jusqu'au 31 décembre 2024. Créée par le 1° du I de l'article 42 de la loi n° 2011-1978 du 28 décembre 2011 de finances rectificative pour 2011, cette exonération qui devait cesser de s'appliquer au 31 décembre 2014 a été prorogée en dernier lieu par l'article 7, I-3° de la loi n° 2022-1726 du 30 décembre 2022 de finances pour 2023 : *JO* 31 déc. 2022 (N. Gonzalez Gharbi, *L'exonération de la cession d'un droit de surélévation est prorogée : Constr.-Urb.* 2023, n° 3, comm. 39).
L'administration commente ce dispositif au BOI-RFPI-PVI-10-40-40, 16 févr. 2023.

3141 **Situation de l'acquéreur.** Si l'acquéreur est une personne assujettie à la TVA et qu'elle prend l'engagement de construire de l'article 1594 0G A du Code général des impôts, la vente est alors exonérée de taxe proportionnelle de publicité foncière et soumise à la taxe fixe de 125 € prévue par l'article 691 bis du Code général des impôts. L'instruction relative aux droits de mutation à titre onéreux (Instr. 18 avr. 2011 : *BOI* 7 C-2-11) indique à ce propos (n° 26) que « lorsque l'acquisition ne porte que sur le droit de surélévation, il y a lieu d'admettre que l'exonération (de droits de mutation à titre onéreux) est acquise à proportion de la SHOB construite rapportée à la superficie de l'emprise du bâtiment qui la supporte ». Cette solution, reprise au BOFiP-Impôts, est exprimée en dernier lieu au n° 200 du BOI-ENR-DMTOI-10-40, 1er juin 2016 dans les termes suivants : « Lorsque l'acquisition ne porte que sur le droit de surélévation, il y lieu d'admettre que l'exonération soit acquise à proportion de la surface de plancher de la construction construite rapportée à la superficie de l'emprise du bâtiment qui la supporte ». Cette version du *BOI* a remplacé la SHOB par la surface de plancher qui lui a été substituée par l'ordonnance n° 2011-1539 du 6 novembre 2011, devenue, depuis le 1er mars 2012, l'unique référence pour l'application des règles d'urbanisme (V. **Engagement de construire**).
Si l'acquéreur ne prend pas l'engagement de surélever, la taxe de publicité foncière est perçue au tarif ordinaire des ventes d'immeubles.

3142 **Contribution de sécurité immobilière.** En cas de vente du droit de surélévation, la contribution de sécurité immobilière est perçue comme en matière de ventes d'immeubles.

IV
Cession de l'immeuble après surélévation

3143 **TVA – Cession par un assujetti agissant en tant que tel.** Lorsque l'immeuble surélevé fait l'objet d'une cession dans les cinq ans de l'achèvement de la construction nouvelle, il convient d'appliquer à chacune des deux fractions le régime qui lui est propre, tant au regard de l'exigibilité même de la TVA que de la base d'imposition.
Ainsi, la cession sera soumise en tout état de cause à la TVA sur le prix total à raison des constructions achevées depuis cinq ans au plus, si elle est consentie par un assujetti agissant en tant que tel (sur cette notion, V. **TVA immobilière – Immeuble neuf**). La fraction de l'immeuble antérieure à la construction nouvelle peut selon les circonstances être elle-même taxée sur le prix total, aussi bien qu'être exonérée ou soumise à la taxe sur option avec application du régime de la marge (V.° **Immeuble ancien [TVA]**). Dans de telles hypothèses, il appartient au cédant de décomposer le prix global de la cession selon toute méthode dont il peut justifier (Instr. 29 déc. 2010, n° 28 : *BOI* 3 A-9-10, BOI-TVA-IMM-10-10-10-20-20140929, n° 310).

3144 **Taxe de publicité foncière.** En ce qui concerne la taxe de publicité foncière exigible, la situation de l'acquéreur est celle de l'acquéreur d'un immeuble bâti neuf, pour les locaux construits en surélévation et, le cas échéant, la fraction de l'immeuble antérieure à la construction nouvelle, si celle-ci est elle-même achevée depuis moins de cinq ans. Si la vente est assujettie à la TVA du chef du vendeur, seule la taxe de publicité foncière au taux réduit de l'article 1594 F quinquies du Code général des impôts sera due.
Lorsque la vente n'est pas soumise à la TVA (vendeur non assujetti à la TVA) ou encore, lorsque tout ou partie de l'immeuble est achevée depuis plus de cinq ans, les droits de mutation à titre onéreux sont dus au tarif ordinaire, y compris dans le cas

où le vendeur assujetti aura opté pour soumettre la vente à la TVA (V.° **Immeuble ancien [TVA]**). Bien entendu, le tarif de droit commun des droits de mutation à titre onéreux s'applique sous réserve de la revendication par l'acquéreur d'un régime de faveur ou d'une exonération de portée générale, ou, s'il est assujetti à la TVA, du bénéfice du régime des achats en vue de la revente de l'article 1115 du Code général des impôts (V. **Engagement de revendre**).

Droit d'usage ou d'habitation

Jacques LAFOND

I Publicité foncière

A Nature du droit d'usage ou d'habitation

3145 Il s'agit en principe d'un droit réel. Le droit d'usage tel que l'envisagent les articles 625 à 635 du Code civil constitue une variété d'usufruit. Il s'agit d'un droit réel, temporaire et viager qui donne à l'usager la faculté de se servir de la chose d'autrui et d'en percevoir les fruits mais jusqu'à concurrence seulement de ses besoins et de ceux de sa famille (Planiol et Ripert, t. 3, n° 880).

Le droit d'habitation est le droit d'usage appliqué à une maison. Il s'agit également d'un diminutif de l'usufruit (Planiol et Ripert, t. 3, n° 882).

3146 Problème de qualification. Il faut, dans chaque cas, lorsque les actes sont imprécis, s'assurer que les parties ont bien voulu constituer un véritable droit réel et non pas, par exemple, consentir une simple promesse d'assurer un logement au lieu d'un véritable droit d'habitation.

Les parties doivent préciser dans l'attestation ou l'acte de vente la véritable nature du droit (Rép. min. 9 oct. 1963 : *JCP* N 1963, IV, 3607), le service de la publicité foncière ayant la faculté d'apprécier son véritable caractère (Rép. min. 8 avr. 1959 : *JCP* N 1959, IV, 2733).

3147 Distinction entre droit d'usage ou d'habitation et usufruit. La distinction entre droit d'usufruit et droit d'usage et d'habitation est importante du point de vue juridique. À la différence de l'usufruit, les droits d'usage d'habitation ont un caractère strictement personnel. Ils sont en principe incessibles, d'où l'on déduit qu'ils ne sont pas susceptibles d'hypothèques et seront insaisissables. Ceci découle de ce qu'ils ont en principe un caractère alimentaire, ce qui peut amener à conclure qu'on ne peut y renoncer (V. sur tous ces points, J.-F. Pillebout : *JCl. Notarial Formulaire*, V° Usufruit, Fasc. 100 et *JCl. Notarial Répertoire*, V° Usufruit).

Mais la distinction est également importante du point de vue de la publicité foncière. Il faut que le service de la publicité foncière puisse clairement définir si les parties ont entendu constituer un droit d'usufruit (qui est publié à la fiche personnelle de l'usufruitier au cadre A) ou un simple droit d'usage, qui, considéré comme charge de la propriété, est inscrit à la fiche personnelle du propriétaire au cadre B. L'ambiguïté s'établit lorsque dans un acte de donation ou dans un acte de vente, le donateur ou le vendeur déclarent se réserver « la jouissance » d'un immeuble (V. sur cette difficulté, J. Béchade, chron. hyp. : *JCP* N 1967, IV, 4287).

3148 Formalités. La constitution d'un droit d'usage ou d'un droit d'habitation portant sur un immeuble devra faire l'objet d'une publication au service de la publicité foncière compétent. Bien qu'ils ne soient pas susceptibles d'hypothèque, ces droits sont en effet une charge pour l'immeuble et doivent être connus des tiers. L'article 28, 1°, a) du décret du 4 janvier 1955 prévoit d'ailleurs la publication obligatoire de toute « constitution de droits réels immobiliers ».

Si la constitution résulte d'un acte à cause de mort, la publication se fera au moyen de l'attestation notariée de l'article 29 du décret du 4 janvier 1955.

3149 **Sanction du défaut de publicité.** Le défaut de publication de l'acte constitutif du droit d'usage et d'habitation est sanctionné par l'inopposabilité du droit à l'acquéreur de l'immeuble (Cass. 3e civ., 23 juin 1981 : *JCP* N 1982, II, p. 113, obs. J.-F. Pillebout).

L'acte sous seing privé non publié par lequel le vendeur a réservé un droit d'usage et d'habitation au profit de ses parents est inopposable au créancier saisissant (CA Montpellier, 1re ch., 15 févr. 1994 : *JurisData* n° 1994-034040).

Le défaut de publication ne peut être invoqué que par les tiers. C'est pourquoi le donataire du bien devenu héritier du constituant doit être considéré comme un ayant cause universel, et non comme un tiers et ne peut se prévaloir du défaut de publication de la réserve de droit d'usage et d'habitation faite par son père au profit de sa sœur (CA Chambéry, ch. civ., 22 mars 1995 : *JurisData* n° 1995-040370).

B Identification du point de vue de la publicité foncière

3150 **Distinctions à opérer.** Il n'y a pas de difficultés lorsque le droit d'usage ou d'habitation porte sur la totalité d'un immeuble. Il suffira, pour l'identification du droit concédé, de se référer à l'identification cadastrale de l'immeuble grevé ou à l'identification du lot s'il s'agit d'un lot de copropriété ou d'un lot de lotissement.

Qu'en est-il lorsque le droit d'usage ou d'habitation porte sur partie seulement d'un immeuble (par exemple sur le rez-de-chaussée d'une maison, et sur partie d'un jardin ou d'une cour attenants) ?

En toute rigueur, un état descriptif de division devrait être dressé. Mais une disposition particulière prévoit la dispense de cette formalité (D. 4 janv. 1955, art. 7, al. 3, *in fine*, mod., D. n° 60-963, 5 sept. 1960).

II Transmission du droit d'usage ou d'habitation

3151 **Transmission à titre onéreux.** La mutation à titre onéreux d'un droit d'usage ou d'habitation s'analyse en une vente immobilière, taxée comme en droit commun. Elle donne en principe ouverture à la taxe de publicité foncière calculée au tarif applicable à la mutation de la toute propriété des biens sur lesquels porte le droit d'usage ou d'habitation (Rép. min. Finances, 27 juill. 1952 : *Ind. enr.*, 7150).

Mais si l'immeuble grevé du droit d'usage ou d'habitation est achevé depuis moins de cinq ans, la première mutation à titre onéreux de ce droit est soumise à la TVA selon le droit commun (V., sur le principe, BOI-TVA-IMM-10-10-20-20170802, n° 80).

III Évaluation

3152 **Barème fiscal.** L'évaluation du droit d'usage et d'habitation est fixée comme suit par l'article 762 bis du CGI, pour la perception des droits de mutation à titre gratuit :

> **CGI, art. 762 bis** *(Mod. L. fin. pour 2004 : L. n° 2003-1311, 30 déc. 2004, art. 19)*. – Pour la liquidation des droits de mutation à titre gratuit, la valeur des droits d'habitation et d'usage est de 60 % de la valeur de l'usufruit déterminée conformément au I de l'article 669.

À la différence de l'article 669 du CGI, qui établit un barème d'application générale tant pour

la perception des droits de mutation à titre gratuit que des droits de mutation à titre onéreux (V. **Usufruit**), le barème de l'article 762 bis ne joue que pour la liquidation des droits de mutation à titre gratuit.
En ce qui concerne la perception des droits de mutation à titre onéreux, il n'y a pas de barème applicable et la valeur du droit d'usage et d'habitation peut donc se déterminer librement sous réserve qu'elle corresponde à sa « valeur vénale ». On considère généralement que cette valeur est nécessairement inférieure à l'usufruit : mais cette analyse est parfois contestée (V. J. Aulagnier, *La valeur du droit d'habitation est-elle inférieure à la valeur du droit d'usufruit ? : Sol. not.* sept. 2020, p. 15 et les références citées. Pour cet auteur, les valeurs du droit d'usufruit et du droit d'habitation sont équivalentes).

IV Opérations diverses

3153 **Renonciation au profit du propriétaire de l'immeuble grevé.** Dans la mesure où elle porte sur un droit réel immobilier, la renonciation à un droit d'usage ou d'habitation est soumise à publicité foncière (chron. Bulté : *JCP* N 1973, prat. 5481). Du point de vue fiscal et de la publicité foncière, les règles applicables sont les mêmes qu'en matière de renonciation à usufruit (pour plus de détails, V. **Usufruit**) :
– si la renonciation est purement abdicative (renonciation unilatérale par le titulaire du droit d'usage ou d'habitation, non acceptée par le propriétaire de l'immeuble grevé), elle n'entraîne par elle-même aucune mutation. Elle ne donne lieu, qu'elle soit enregistrée ou publiée, qu'à la seule perception du droit ou de la taxe fixe prévue pour les actes innommés.
Toutefois, cette perception n'est que provisoire. Les droits de mutation sont dus à partir du moment où le propriétaire de l'immeuble grevé entre en possession du droit abandonné par le titulaire du droit d'usage ou d'habitation ;
– si la renonciation est acceptée par le propriétaire de l'immeuble grevé, elle n'est plus purement abdicative mais translative. Les droits de mutation sont immédiatement exigibles. Il y aura perception des droits de mutation à titre gratuit, si la renonciation est inspirée par une intention libérale (taxe de publicité foncière au taux de 0,70 % – 0,715 % avec les perceptions additionnelles : V. **Donation** – et contribution de sécurité immobilière sur la valeur du droit concerné, V. *Rép. alph. enreg.*, V° Enregistrement, Livre V, n° 41), ou sinon perception des droits de mutation à titre onéreux, au tarif correspondant à la nature de l'immeuble (taxe de publicité foncière ou TVA selon le cas).
La validité de la renonciation peut, dans certains cas, être contestée en raison du caractère alimentaire du droit d'usage ou d'habitation (V. n° 3133). Mais il s'agit là d'une question touchant au fond du droit, et qui échappe au pouvoir d'appréciation du service de la publicité foncière.

3154 **Renonciation au profit d'un créancier du propriétaire de l'immeuble grevé.** Si la renonciation est faite au profit d'un créancier du propriétaire de l'immeuble grevé, ce créancier peut alors requérir inscription sur le droit d'usage d'habitation et sur le reste de l'immeuble, les deux inscriptions étant indépendantes et pouvant être prises l'une sans l'autre (B. Stemmer et M.-F. Bost, *Privilèges et sûretés en droit français*, t. II, n° 254).

C Report sur un autre immeuble

3155 **Nature d'échange.** Si un droit d'habitation réservé lors d'une vente d'immeuble est reporté sur un autre immeuble acheté par le même acquéreur, on est en présence d'un échange de droits immobiliers taxable comme tel (Rép. min. Finances, 10 mars 1962 : *Ind. enr.*, n° 10 411).

D Réversion du droit d'usage ou d'habitation

➤ Les règles sont les mêmes qu'en matière de réversion d'usufruit (V. **Réversion d'usufruit**).

E Hypothèque du droit d'usage ou d'habitation

3156 **Interdiction d'hypothéquer.** Bien qu'ils soient des droits réels, les droits d'usage et d'habitation sont strictement attachés à la personne de leur titulaire. De plus, la loi restreint les prérogatives du bénéficiaire de ces droits et limite la perception des fruits et le droit d'occuper le logement aux besoins de celui-ci (C. civ., art. 630 et 633. – Cass. 3e civ., 9 nov. 1988 : *JCP* N 1989, II, p. 137, note J.-F. Pillebout) et le droit réservé ne peut être ni cédé ni loué (C. civ., art. 631 et 634. – CA Amiens, 8 sept. 1991 : *JCP* G 1992, IV, p. 974). Ces droits ne peuvent donc être hypothéqués séparément puisqu'ils sont inaliénables (Aubry et Rau, *op. cit.* t. III, par Esmein, § 259, p. 259 et 260. – Chambaz, Masounabe-Puyanne et Leblond, *op. cit.*, n° 190-IV).

3157 **Palliatifs.** Dans les faits, l'immeuble sur lequel pèse un droit d'usage et d'habitation ne peut être grevé d'une hypothèque par son propriétaire que si le bordereau d'inscription exclut de la garantie le droit d'usage et d'habitation (*Bull. AMC* 1983, art. 1290).

Pour pallier cette difficulté, le bénéficiaire de ce droit renonce souvent à celui-ci dans l'acte d'affectation (sur les conséquences fiscales de cette renonciation, V. n° 3153). Il y a lieu, toutefois, de distinguer selon que le droit d'usage et d'habitation a ou non un caractère alimentaire. En effet, en présence d'un droit à caractère alimentaire, la renonciation n'est validée par les juges, en cas de contestation, que si la substitution (d'une rente viagère au droit en question) a été rendue nécessaire à la satisfaction des besoins mêmes que le droit réservé devait assurer (Cass. 3e civ., 5 mars 1971 : *Bull. civ.* 1971, III, n° 174), alors que, si le droit d'usage n'a pas le caractère alimentaire, il y a peu de risques que la renonciation soit contestée, au nom de l'incessibilité.

Cette distinction devrait donc imposer au service de la publicité foncière de vérifier la présence ou l'absence du caractère alimentaire du droit auquel il est renoncé, mais il ne lui appartient pas, surtout dans une matière aussi délicate, de se faire juge de la validité de l'hypothèque dont l'inscription est requise (V. en ce sens, *Bull. AMC* 1983, art. 1290).

Si deux inscriptions indépendantes sont prises l'une contre le propriétaire et l'autre grevant le droit d'usage et d'habitation, rien n'autorise le conservateur (aujourd'hui, service de la publicité foncière) à rejeter la première tant que la seconde n'est pas requise (même réf.).

3158 **Modalités de la prise d'inscription.** Il convient de distinguer selon que la renonciation aux droits d'usage et d'habitation est pure et simple ou consentie uniquement en faveur du propriétaire, afin que la garantie puisse porter sur l'ensemble de l'immeuble affecté :

– dans la première hypothèse, la renonciation a le caractère d'un acte complémentaire à celui ayant institué les droits d'usage et d'habitation ; cet acte doit donc être publié avant ou en même temps qu'est requise par le propriétaire de l'immeuble l'inscription grevant la pleine propriété de cet immeuble ;

– au contraire, la renonciation en faveur du seul propriétaire équivaut simplement à l'affectation hypothécaire des droits d'usage et d'habitation par ce propriétaire ; deux inscriptions peuvent, dès lors, être prises par le créancier contre ce propriétaire, l'une portant sur l'immeuble à l'exclusion des droits d'usage et d'habitation et l'autre grevant ces droits (*Bull. AMC* 1977, art. 1073. – V. aussi, R. Chardonnal, chron. hyp. : *JCP* N 1987, prat. 163).

> **CONSEIL PRATIQUE** **Dans cette dernière situation, les deux inscriptions étant indépendantes, la première doit être acceptée, même si la seconde n'est pas requise (*Bull. AMC* 1977, art. préc.).**

F Dation en paiement

3159 **Paiement ou rachat d'une rente par la constitution d'un droit d'usage et d'habitation.** Un acte de vente est consenti moyennant un prix converti en rente viagère. Il est prévu que le paiement de cette rente se fera par la constitution d'un droit d'usage et d'habitation temporaire (six mois de l'année) jusqu'au décès du crédit rentier. Comment doit être taxée cette opération ?

Elle s'analyse en une dation en paiement (*contra* : chron. P.J.C. : *JCP* N 1991, prat. 1940). Les droits de mutation à titre onéreux doivent être perçus sur la valeur du droit d'usage et d'habitation remis en paiement.

G Attribution d'un droit d'usage ou d'habitation en représentation de droits en usufruit

3160 **Nature et taxation de l'opération.** Si dans le cadre d'un partage, le titulaire de droits d'usufruit (en l'espèce un conjoint survivant usufruitier légal) se voit attribuer un droit d'usage ou d'habitation sur un immeuble dépendant de la masse indivise en représentation de ses droits, il a été soutenu que l'opération s'analysait en un échange de droits réels immobiliers au motif qu'il n'y avait pas d'indivision entre nu-propriétaire et usufruitier (Rép. min., 6 oct. 1976 : *JOAN* CR, p. 6358, n° 30712 ; *JCP* N 1976, p. 515).

H Extinction de l'usufruit ou du droit d'usage et d'habitation par le décès de son titulaire

3161 **Inutilité d'une attestation notariée.** On sait qu'un droit d'usage ou d'habitation a un caractère viager. Le droit s'éteint automatiquement au décès de son titulaire.

En matière d'usufruit, il résulte implicitement de l'article 35, paragraphe 1er, du décret n° 55-1350 du 14 octobre 1955, que la consolidation du droit de propriété par le décès de l'usufruitier, n'a pas, quelles que soient les dates de démembrement de la propriété et de la cessation de l'usufruit, à être publiée au bureau des hypothèques. Le nu-propriétaire n'est donc pas tenu, dans le cas de consolidation de son droit de propriété par le décès de l'usufruitier, de faire dresser une attestation notariée ; mais, conformément audit article 35 du décret du 14 octobre 1955, il devra, dans les actes postérieurs à la consolidation et soumis à la publicité foncière, préciser le mode de consolidation de son droit (Rép. min. : *JOAN* 7 déc. 1956, p. 5656 ; *JCP* N 1956, IV, 2292. – H. Bulté, chron. hyp. : *JCP* N 1957, IV, 2349). Les mêmes règles s'appliquent aux droits d'usage ou d'habitation.

– Au contraire, si la consolidation provient non pas du décès du titulaire du droit, mais de la renonciation par celui-ci à son droit, cette renonciation doit être publiée (V., en ce sens, P. Esmein, *Commentaire de la réforme foncière : Gaz. Pal.* 1955, 1, doctr. 30).

Droits fixes

Neyla GONZALEZ-GHARBI

Sommaire analytique

Index alphabétique

3162 Certains actes, autres que les actes judiciaires et extrajudiciaires (V. **Acte d'huissier (commissaire de justice)** et **Décision de justice**) sont soumis à un droit fixe dont le montant varie suivant la nature des opérations taxables.
Par ailleurs, l'article 680 du Code général des impôts frappe d'un droit fixe tous les actes innommés, c'est-à-dire ceux qui ne se trouvent ni exonérés ni tarifés par aucun article du Code général des impôts et qui ne peuvent donner lieu à une imposition proportionnelle ou progressive (V. **Acte innommé**).
Le présent fascicule est consacré aux actes expressément tarifés par la loi fiscale. Ne sont pas examinés ici les actes des notaires soumis à paiement sur état (BOI-ENR-DG-20-30-30-30. – V. **Paiement des droits**) et les droits fixes dont sont passibles les prestations compensatoires versées entre ex-époux (BOI-ENR-DG-20-30-30-40. – V. **Divorce**).
Le régime des droits fixes a été profondément modifié par les lois de finances pour 2019, 2020 et 2021. Ces modifications ont abouti soit à remplacer l'enregistrement au droit fixe par un enregistrement gratuit, soit par la suppression pure et simple de l'obligation d'enregistrer des actes constatant les opérations concernées. Ces modifications seront signalées dans les rubriques étudiées.
Précision : Le BOI-ENR-DG-20-30-30-30 auquel il est fait référence, a été publié le 5 avril 2017. L'administration fiscale n'a pas à ce jour actualisé ses commentaires au vu des modifications apportées au régime du droit fixe par les trois lois de finances précitées. En revanche, le nouveau régime applicable aux actes relatifs aux concessions perpétuelles a été présenté dans la version du BOI-ENR-JOMI-30 mise en ligne le 24 mars 2021.

I Actes expressément tarifés par la loi fiscale soumis à un droit d'enregistrement fixe

3163 Le montant des droits fixes varie, en principe, suivant la nature des opérations juridiques taxables, mais la quotité du droit reste invariable pour une catégorie d'opérations juridiques de même nature quel que soit l'intérêt pécuniaire en jeu.
Le nombre des droits fixes est relativement réduit. Les taux sont fixés à 25 €, 125 €, 375 € ou 500 € (BOI-ENR-DG-20-30-30-10-20170405, n° 1).

A Actes soumis au droit d'enregistrement fixe de 25 €

3164 Le droit fixe de 25 € est notamment applicable à certains baux écrits à durée limitée et aux procurations, mainlevées d'hypothèques et actes de notoriété (BOI-ENR-DG-20-30-30-10-20170405, n° 10).

1 Baux

3165 **Baux à durée limitée.** Le droit fixe de 25 € s'applique aux actes constatant des baux à durée limitée d'immeubles, de fonds de commerce ou de clientèles, lorsque l'enregistrement en est requis par les parties (CGI, art. 739. – BOI-ENR-DG-20-30-30-10-20170405, n° 20).

3166 **Concession dans les cimetières.** Les concessions temporaires dans les cimetières sont assimilables à des baux d'immeubles conclus pour une durée déterminée. À ce titre, elles suivent le régime de ces baux et ne sont assujetties au droit fixe de 25 € que si leur enregistrement est requis par les parties (CGI, art. 739) (V. BOI-ENR-JOMI-30, 24 mars 2021, n° 400).

3167 **Concessions perpétuelles – CGI, art. 637 bis.** L'article 21 de la loi de finances pour 2020 a créé un nouvel article 637 bis qui dispense de la formalité d'enregistrement « les actes de concessions perpétuelles dans les cimetières ».
Cette règle s'applique aux actes établis à compter du 1er janvier 2020 (V. BOI-ENR-JOMI-30, 24 mars 2021, n° 380).

2 Procurations, mainlevées d'hypothèques et actes de notoriété

3168 **Mainlevées d'hypothèques.** Le droit fixe de 25 € est applicable aux mainlevées d'hypothèques (CGI, art. 846 bis).

3169 **Déclarations d'insaisissabilité.** Le droit fixe de 25 € s'applique également aux déclarations et états descriptifs de division établis en vue de l'application des articles L. 526-1, L. 526-2 et L. 526-3 du Code de commerce (V. **Biens insaisissables**).

3170 **Attestation de propriété.** Les attestations notariées de propriété après décès visées au 3° de l'article 28 du décret n° 55-22 du 4 janvier 1955 modifié établies en vue de constater la transmission ou la constitution par décès de droits réels immobiliers sont soumises à une taxe fixe de publicité foncière ou, le cas échéant, à un droit fixe d'enregistrement de 125 € (CGI, art. 680. – BOI-ENR-DG-20-30-30-10-20170405 n° 50).

3171 **Acte de notoriété.** Les actes de notoriété dressés par les notaires dans lesquels sont constatées les déclarations de personnes ou témoins qui attestent un fait notoire, afin de suppléer un acte écrit, sont soumis à l'imposition fixe de 25 € à l'exception de ceux dressés en matière immobilière et se rapportant à la prescription acquisitive, qui sont soumis à la taxe de publicité foncière au taux de 0,70 % (il s'agit dans ce cas d'un acte déclaratif (BOI-ENR-DG-20-30-30-10-20170405, n° 50).

3172 **Corse. Régime temporaire de l'article 1135 du Code général des impôts – Renvoi** – V. **Corse.**

3 Minimum de perception

3173 Le tarif de 25 € constitue le minimum de perception du droit proportionnel et du droit progressif (CGI, art. 674. – BOI-ENR-DG-20-30-30-10-20170405, n° 70).

B Actes soumis au droit d'enregistrement fixe de 125 €

3174 Outre les actes innommés (V. **Acte innommé**), sont soumis au droit d'enregistrement fixe de 125 € les actes suivants (BOI-ENR-DG-20-30-30-10-201704051, n° 80) :

1 Actes établis en matière immobilière

3175 En principe, ces actes sont, en raison des conventions qu'ils renferment, soumis à la formalité fusionnée et supportent la taxe de publicité foncière au tarif de 125 €.
Ce n'est que dans l'hypothèse où ces actes doivent être assujettis à la double formalité que le droit d'enregistrement fixe de 125 € est applicable (BOI-ENR-DG-20-30-30-10-20170405, n° 90).

2 Actes établis en matière mobilière

3176 Sont soumis au droit d'enregistrement fixe de 125 € les actes suivants :
– les cessions de brevets d'invention (CGI, art. 731) ;
– les cessions de gré à gré de parts de groupements agricoles d'exploitation en commun, d'exploitations agricoles à responsabilité limitée mentionnées au 5° de l'article 8 du Code général des impôts ainsi que la cession de gré à gré de parts des sociétés civiles à objet principalement agricole, même non exploitantes, à condition pour ces dernières d'avoir été constituées depuis au moins trois ans avant la cession (CGI, art. 730 bis, mod. L. fin. 2020, n° 2019-1479, 28 déc. 2019, art. 20). Cette nouvelle condition s'applique à compter du 1er janvier 2020 ;
– les actes portant transfert de propriété à titre gratuit effectués par les départements ou les communes au nom des organismes HLM ou au nom de certaines sociétés d'économie mixte de construction lorsqu'ils ne contiennent pas de dispositions sujettes à publicité foncière (CGI, art. 1050-1°) ;
– les transferts de biens autres qu'immobiliers opérés entre les organismes HLM, sociétés anonymes de crédit immobilier ou leurs unions et organismes bénéficiant de l'agrément mentionné à l'article L. 365-2 du Code de la construction et de l'habitation (CGI, art. 1050-1°) ;
– les cessions de droits sociaux qui donnent lieu au paiement de la taxe sur la valeur ajoutée, que la cession soit ou non constatée par un acte (CGI, art. 730) ;
– les versements en capital effectués entre ex-époux au titre de la prestation compensatoire au moyen de biens meubles propres (CGI, art. 1133 ter. – BOI-ENR-DG-20-30-30-10, 5 avr. 2017, n° 100).
Remarque : Les actes constatant la cession à titre onéreux d'un fonds agricole, composé de tout ou partie des éléments énumérés au dernier alinéa de l'article L. 311-3 du Code rural et de la pêche maritime qui étaient enregistrés au droit fixe de 125 € sont, **depuis le 1er janvier 2021**, enregistrés gratuitement (CGI, art. 732 dans sa rédaction issue

de l'article 64 de la loi n° 2020-1751 de finances pour 2021, 29 décembre 2020).

3 Actes établis en matière de mutations de jouissance

3177 Sont soumis au droit d'enregistrement fixe de 125 € les actes suivants :
– les cessions, subrogations, rétrocessions et résiliations de baux à durée limitée de biens de toute nature (CGI, art. 738-1°) ;
– les concessions de licences d'exploitation de brevets (CGI, art. 738-2°. – BOI-ENR-DG-20-30-30-10-20150401, n° 110).

4 Actes dressés en matière successorale

3178 La loi de finances pour 2020 (L. n° 2019-1479, 28 déc. 2019, art. 21, I, 14°) a abrogé l'article 848 du Code général des impôts qui soumettait au droit d'enregistrement fixe de 125 € les actes suivants :
– les certificats de propriété, autres que ceux établis par les secrétariats des juridictions judiciaires, étant toutefois précisé que les certificats de propriété relatifs aux livrets de caisses d'épargne appartenant à des titulaires décédés ou déclarés absents sont éventuellement exemptés de la formalité (CGI, art. 848-1° et 1063) ;
– les inventaires de meubles, objets mobiliers, titres et papiers : il est dû un droit de 125 € par vacation (CGI, art. 848-2°) ;
– les clôtures d'inventaires (CGI, art. 848-3°) ;
– les prisées de meubles (CGI, art. 848-4°) ;
– les testaments ainsi que les libéralités soumises à l'événement du décès (CGI, art. 848-5°) ;
– les acceptations pures et simples de successions, legs ou communautés (CGI, art. 848-6°) ;
– les renonciations pures et simples à succession, legs ou communautés (CGI, art. 847-2°). Au contraire, si une renonciation a un caractère translatif (*in favorem*), elle donne lieu à la perception d'un droit proportionnel ou progressif (BOI-ENR-DG-20-30-30-10-20150401, n° 120).

Cette abrogation s'applique aux actes établis à compter du 1er janvier 2020 (L. fin. préc., art. 21, XI, D).

Toutefois, lorsque ces actes sont établis par acte notarié (ce qui est le plus souvent le cas), ils demeurent soumis, d'une part, à la formalité de l'enregistrement, en raison de la qualité du rédacteur de l'acte (CGI, art. 635, 1, 1°) et, d'autre part, au droit d'enregistrement fixe, en raison de l'absence de tarification expresse (CGI, art. 680). Telle est d'ailleurs l'analyse de l'administration fiscale (note interne n° 2019-12-5333, 11 févr. 2020, bureau GF-3B ; sur cette note, S. Lamiaux, *Implications pratiques de la loi de finances pour 2020 en matière de droits d'enregistrement : RFP* avr. 2020, n° 4, étude 10).

La loi de finances pour 2020 a ainsi modifié la date de la perception du droit fixe exigible sur les testaments authentiques en rendant le droit exigible à la date de l'établissement du testament. C'est pour remédier à cet inconvénient que la loi de finances pour 2021 a rétabli le premier alinéa de l'article 636 du CGI (L. n° 2020-1721, 29 déc. 2020, art. 156).

Rappel : pour tous ces actes notariés intervenant en matière successorale, la formalité de l'enregistrement s'opère suivant la modalité particulière dite du « paiements sur états », par application combinée des articles 637 du CGI, article 245 de l'annexe III du même code et article 60 de l'annexe IV du même code.

5 Actes constatant la formation, la modification ou l'extinction du contrat de fiducie

3179 L'article 1133 quater du Code général des impôts prévoit que, sous réserve des dispositions de l'article 1020 du même code, les actes constatant la formation, la modification ou l'extinction d'un contrat de fiducie ou constatant le transfert de biens ou droits supplémentaires au fiduciaire sont soumis à un droit fixe de 125 €.

Toutefois, l'article 1020 du Code général des impôts ne s'applique pas aux actes constatant le retour de tout ou partie du patrimoine fiduciaire au constituant (BOI-ENR-DG-20-30-30-10-20170405, n° 130).

6 Autres actes

3180 Le droit fixe de 125 € s'applique aussi aux conventions passées pour l'exécution de l'ordonnance n° 59-151 modifiée du 7 janvier 1959, relative à l'organisation des transports de voyageurs en Île-de-France (CGI, art. 1038. – BOI-ENR-DG-20-30-30-10-20170405, n° 140).

7 Minimum de perception

3181 Lorsque le montant des droits proportionnels ou progressifs est inférieur au droit fixe de 125 €, ce droit peut constituer le minimum de perception (BOI-ENR-DG-20-30-30-10-20170405, n° 150).

Il en est ainsi pour :
– les transferts de propriété à titre gratuit effectués par les départements ou les communes au nom d'organismes HLM ou au nom de certaines

Droits fixes

sociétés d'économie mixte de construction lorsqu'ils contiennent des dispositions sujettes à publicité foncière et d'autres qui ne le sont pas et que le produit de l'imposition est inférieur à 125 € (CGI, art. 1050-2°).

Remarque : Les contrats de mariage visés au 1° de l'article 847 du Code général des impôts dont les actes sont établis à compter du 1er janvier 2020 sont enregistrés gratuitement (L. n° 2019-1479, 28 déc. 2019, art. 21, I, 12° et art. 21, XI, D).

C Actes et opérations des sociétés

3182 Réforme opérée par la loi de finances pour 2019. L'article 26 de la loi de finances pour 2019 (L. n° 2018-1317, 28 déc. 2018) a modifié le régime des droits d'enregistrement applicables aux actes de sociétés en supprimant les droits fixes qui étaient exigibles sur certains de ces actes. L'administration fiscale n'a pas encore publié ses commentaires de ces règles. La réforme n'a pas bouleversé l'architecture générale du régime applicable à ces actes, la gratuité a remplacé le droit fixe et généralisé sa non-exigibilité. Les actes qui rendaient exigible le droit fixe d'enregistrement de 375 € ou de 500 €, ou en étaient exonérés, sont, depuis le 1er janvier 2019, enregistrés gratuitement (sur le régime antérieur, V. ce guide, éd. 2018).

3183 Sont enregistrés gratuitement :

– apports purs et simples non soumis au droit de mutation de 2,20 % et certains apports à titre onéreux (apports résultant de la prise en charge sous certaines conditions par la société du passif incombant à l'apporteur ; CGI, art. 809-I et I bis et 810) ;

– lorsque la personne morale devient passible de l'impôt sur les sociétés, les apports purs et simples faits depuis le 1er août 1965 par des personnes non soumises à l'impôt sur les sociétés et portant sur des immeubles, droits immobiliers, fonds de commerce, clientèles, droits à un bail ou à une promesse de bail (CGI, art. 809-II) qui ne sont pas soumis au droit de mutation de 2,20 % ;

– les apports soumis à la TVA (CGI, art. 810, IV)

– les opérations visées aux I et II de l'article 208 septies du Code général des impôts (CGI, art. 810-VI) ;

– les prorogations pures et simples et dissolutions ne portant aucune transmission de biens meubles ou immeubles entre les associés ou autres personnes (CGI, art. 811) ;

– les augmentations de capital au moyen de l'incorporation de bénéfices, de réserves ou de provisions de toute nature (CGI, art. 812). Les augmentations de capital par apport de bien en nature suivent le régime des apports réalisés lors de la constitution de la société ;

– certaines opérations de réductions de capital de sociétés contre annulation ou réduction du nominal ou du nombre de titres, ou consécutives au rachat par les sociétés de leurs propres titres (CGI, art. 814 C) ;

– fusions, scissions et apports partiels d'actif intéressant des personnes morales ou organismes passibles de l'impôt sur les sociétés (CGI, art. 816, 816 A-II et 817-I) ;

– attribution d'actif net par une société d'HLM à un ou plusieurs organismes attributaires (CGI, art. 827-I-1°) ;

– attribution de logements par les sociétés coopératives de construction (CGI, art. 827-I-2°) ;

– augmentations de capital au moyen d'apports en nature, de prorogation ou de partage des sociétés immobilières de copropriété visées à l'article 1655 ter du Code général des impôts (sociétés transparentes), intervenant en nature à titre pur et simple (CGI, art. 828-I-2°) ;

– actes de dissolution et de partage des sociétés civiles immobilières régies par les articles L. 443-6-2 et suivants du Code de la construction et de l'habitation (CGI, art. 828-I-4°).

Rappel : Lorsque l'acte est soumis à la formalité fusionnée, l'enregistrement gratuit signifie qu'aucune taxe de publicité foncière n'est exigible, conformément aux dispositions de l'article 664 du Code général des impôts (en formalité fusionnée, la taxe de publicité foncière tient lieu de droits d'enregistrement). Seule la contribution de sécurité immobilière demeure due.

II Actes expressément tarifés par la loi fiscale soumis à une taxe fixe de publicité foncière

A Actes soumis à la taxe fixe de publicité foncière de 25 €

3184 La taxe fixe de publicité foncière de 25 € est notamment applicable aux actes suivants (BOI-ENR-DG-20-30-30-10-20170405, n° 180) :

– déclarations d'adjudicataires faites au greffe conformément à l'article 707 du Code de procédure civile (ancien), lorsque la publicité n'en est pas requise en même temps que celle des actes passibles de l'imposition proportionnelle (CGI, art. 687) ;

– inscriptions de privilèges et d'hypothèques qui échappent à la taxe proportionnelle de 0,70 % (CGI, art. 844) ;

– sous certaines conditions, les actes visés à l'article 1020 du Code général des impôts (cf. BOI-ENR-DG-20-50), et notamment les transferts de biens immeubles entre établissements d'utilité publique ;

– le procès-verbal de bornage qui a pour objet de fixer la ligne séparative de deux fonds en tenant compte des droits des parties tels qu'ils résultent des titres de propriété existants est un document purement confirmatif. Sa publication donne lieu à la perception de la taxe de publicité foncière au taux fixe de 25 € (BOI-ENR-DG-20-30-30-10, 5 avr. 2017, n° 190).

➤ Sur le cas où le bornage a pour effet de modifier la consistance des fonds, V. **Bornage**.

3185 En tant qu'ils portent sur des droits réels immobiliers, les transferts aux hôpitaux psychiatriques, ainsi qu'aux sanatoriums et préventoriums, des immeubles appartenant aux collectivités publiques dont ils dépendent sont soumis à publicité dans le service de la publicité foncière de la situation des biens.

S'agissant du régime fiscal applicable à ce type d'opération, il est admis, à l'instar de la mesure de tempérament déjà prise pour les hôpitaux, maternités et hospices, que ce transfert ne donne lieu à la perception de la taxe de publicité foncière qu'au droit fixe de 25 € (BOI-ENR-DG-20-30-30-10, 5 avr. 2017, n° 200).

Remarque : la perception de la contribution de sécurité immobilière est calculée sur la valeur réelle des immeubles faisant l'objet de la publication, conformément aux dispositions de l'article 881 K du Code général des impôts (BOI-ENR-DG-20-30-30-10-20150401, n° 200).

3186 **Minimum de perception de la taxe de publicité foncière.** Il convient de noter, en outre, que le minimum de perception de la taxe proportionnelle de publicité foncière est fixé à 25 € (BOI-ENR-DG-20-30-30-10, 5 avr. 2017, n° 210).

Remarque : En ce qui concerne les mutations à titre onéreux ne donnant ouverture qu'au minimum de perception, la taxe additionnelle communale doit être portée en recette pour son montant propre au titre du budget affectataire, le surplus étant encaissé par le département.

B Actes soumis à la taxe fixe de publicité foncière de 125 €

3187 **Acquisitions immobilières concourant à la production d'immeubles neufs placées sous le régime de l'article 1594-0 G, A du Code général des impôts – CGI, art. 691 bis.** Aux termes de l'article 691 bis du Code général des impôts, les actes d'acquisitions visées au A de l'article 1594-0 G donnent lieu à la perception d'une taxe de publicité foncière ou d'un droit d'enregistrement de 125 €.

> « Le I du A de l'article 1594-0 G du CGI dispose que, sous réserve d'application de l'article 691 bis du CGI, sont exonérées de taxe de publicité foncière ou de droits d'enregistrement les acquisitions d'immeubles réalisées par des personnes assujetties au sens de l'article 256 A du CGI lorsque l'acte d'acquisition contient l'engagement, pris par l'acquéreur, d'effectuer dans un délai de quatre ans (éventuellement prorogeable) les travaux conduisant à la production d'un immeuble neuf au sens du 2° du 2 du I de l'article 257 du CGI (y compris les travaux qui seraient nécessaires pour terminer un immeuble inachevé) » (BOI-ENR-DMTOI-10-40-20160601, n° 170).

Droits fixes

Aussi, et contrairement à ce qu'indique le n° 220 du BOI-ENR-DG-20-30-30-10, 5 avr. 2017, reprenant les commentaires des articles 1594-0 G, A et 691 bis du Code général des impôts dans leur rédaction antérieure à l'article 16 de la loi n° 2010-237 du 9 mars 2010 de finances rectificative pour 2010, l'exonération de droits de mutation à titre onéreux et l'application de la taxe de publicité foncière ne sont pas subordonnées à l'acquittement de la TVA sur la mutation concernée (V. **Engagement de construire**).

3188 **Mutations diverses.** Sont notamment soumis à la taxe fixe de 125 € (BOI-ENR-DG-20-30-30-10-20170405, n° 220) :
- les adjudications à la folle enchère de biens immeubles, lorsque le prix n'est pas supérieur à celui de la précédente adjudication et si celle-ci a été enregistrée ou soumise à la formalité fusionnée (CGI, art. 685) ;
- les déclarations de command ou d'ami (CGI, art. 686) ;
- les cessions amiables de maisons individuelles à loyer modéré (CGI, art. 716) ;
- les résolutions des contrats de vente de maisons individuelles à loyer modéré (CGI, art. 717) ;
- les actes portant transferts de biens entre organismes d'habitations à loyer modéré, sociétés anonymes de crédit immobilier ou leurs unions et organismes bénéficiant de l'agrément mentionné à l'article L. 365-2 du Code de la construction et de l'habitation (CGI, art. 1051-1°) ;
- les acquisitions réalisées avant le 31 décembre 2011, par les organismes d'habitations à loyer modéré, les sociétés anonymes de crédit immobilier ou leurs unions et les organismes bénéficiant de l'agrément mentionné à l'article L. 365-2 du Code de la construction et de l'habitation, de logements faisant l'objet d'un conventionnement mentionné aux articles L. 351-2 et L. 321-8 du même code, appartenant à des organismes dont l'un des objets est de contribuer au logement des personnes défavorisées et qui ont bénéficié d'un agrément pour construire, acquérir ou réhabiliter lesdits logements (CGI, art. 1051-1° bis) ;
- les actes portant attributions de maisons ou de logements faites aux membres des sociétés anonymes d'habitations à loyer modéré (CGI, art. 1051-2°).

1 Actes sous condition suspensive

3189 L'acte conditionnel reçoit, éventuellement, la formalité fusionnée moyennant le paiement d'une taxe fixe de publicité foncière au tarif correspondant à celui du droit fixe prévu pour les actes innommés (BOI-ENR-DG-20-30-30-10-20170405, n° 230. – V. **Condition suspensive**).

La taxe proportionnelle devient exigible lors de la réalisation de la condition et suivant le régime en vigueur à la date de cette réalisation (CGI, art. 676).

2 Location-accession à la propriété

a) Conclusion d'un contrat ne prévoyant pas une majoration de l'indemnité due en cas de résiliation ou de non-levée de l'option

3190 L'acte de location-accession est, aux termes de l'article 4 de la loi du 12 juillet 1984, conclu par acte authentique et publié au bureau des hypothèques. Il est réputé comporter restriction au droit de disposer, au sens et pour l'application du 2° de l'article 28 du décret n° 55-22 du 4 janvier 1955 modifié portant réforme de la publicité foncière.
Conclu par acte authentique et devant être publié au fichier immobilier, le contrat de location-accession est soumis à la formalité fusionnée conformément aux dispositions du I de l'article 647 du Code général des impôts. Il donne ouverture à cette occasion au seul droit fixe des actes innommés (CGI, art. 680. – BOI-ENR-DG-20-30-30-10-20170405, n° 240).

b) Conclusion d'un contrat prévoyant une indemnisation majorée du vendeur en cas de résiliation du contrat ou de non-levée d'option

3191 Dès lors que le quatrième alinéa de l'article 11 de la loi du 12 juillet 1984 prévoit que le contrat de location-accession est assimilé à une vente pure et simple pour la seule application de la taxe sur la valeur ajoutée, il n'y a pas lieu d'étendre ce régime dérogatoire aux droits d'enregistrement et à la taxe de publicité foncière.
Aussi, quelle que soit la date de sa conclusion, le contrat de location-accession est soumis à la formalité fusionnée et donne ouverture à cette occasion au seul droit fixe des actes innommés (BOI-ENR-DG-20-30-30-10-20170405, n° 250).

C Actes soumis à la taxe fixe de publicité foncière de 375 € ou 500 € – Régime antérieur au 1er janvier 2019

3192 La taxe fixe de publicité foncière de 375 € ou 500 € était applicable à certaines opérations concernant les sociétés. Elle a été supprimée par la loi de finances pour 2019 (V. nos 3182 et 3183).

3193 **Tableau récapitulatif.** L'article 95 de la loi de finances rectificative pour 2004 (L. n° 2004-1485, 30 déc. 2004 : *JO* 31 déc. ; *Dr. fisc.* 2005, comm. 218) a modifié le taux des droits et taxes fixes.

Le tableau est relatif aux droits fixes perçus sur des opérations ne concernant pas les sociétés. (V. *Guide de la publicité foncière*, 2018, tableau relatif aux droits fixes perçus sur les opérations concernant les sociétés). Il est à jour de la loi de finances pour 2020 (pour les actes établis avant le 1er janvier 2020 concernés par la modification du 1° de l'article 847 et l'abrogation du 2° de l'article 847 et de l'article 848 ; V. *Guide de la publicité foncière*, 2019).

NOTA Les opérations sont présentées dans l'ordre ou elles sont traitées dans le présent guide (donc dans l'ordre alphabétique). Ne sont retenues que les perceptions en relation avec l'objet du présent ouvrage.

Nature des actes ou conventions	Article du CGI	Tarif
Actes innommés.	680	125 €
Adjudication (déclaration faite au greffe lorsque la publicité n'est pas requise en même temps que celle de l'acte initial).	687	25 €
Bail : – bail à durée limitée d'immeubles ; – cession, subrogation, rétrocession et résiliation de baux à durée limitée de biens de toute nature.	 739 738	 25 € 125 €
Bien de famille (déclarations d'insaisissabilité).	846 bis, al. 2	25 €
Cession de parts de GAEC ou d'EARL non soumises à l'IS et de sociétés civiles à objet principalement agricole.	730 bis	125 €
Cession de droits sociaux donnant lieu au paiement de la TVA.	730	125 €
Command (déclaration).	686	125 €
Déclaration d'adjudicataire faite au greffe lorsque la publicité n'est pas requise en même temps que celle de l'acte initial.	687	25 €
EARL non soumises à l'IS (cession de parts).	730 bis	125 €
Folle enchère.	685	125 €
GAEC (cession de parts).	730 bis	125 €
HLM : – cession amiable de maisons individuelles ; – résolution des contrats de vente de maisons individuelles ; – transfert au profit d'organismes HLM-attribution de logements.	 716 717 1050 et 1051	 125 € 125 € 125 €
Mandat (procuration).	680	125 €
Minimum de perception.	674 et 844	25 €
Société civile à objet principalement agricole constituée depuis au moins trois ans (cession de parts).	730 bis	125 €
Acquisition immobilières concourant à la production d'immeubles neufs.	1594 0 G, A et 691 bis	125 €

Droits successifs (cession)

Serge LAMIAUX

Sommaire analytique

Index alphabétique

I Généralités

3194 **Définition.** La cession de droits successifs est un contrat par lequel une personne appelée à une succession ouverte vend à un cohéritier ou à un tiers tous ses droits, actifs et passifs, dans ladite succession.

3195 Actes présentant le caractère de cessions de droits successifs. Cette convention peut se présenter sous les aspects les plus divers. Ainsi, constituent des cessions de droits successifs :
– l'acte par lequel deux frères, héritiers par parts égales, après avoir formé deux lots, l'un mobilier, l'autre immobilier, conviennent que l'attributaire du lot mobilier le cédera à l'attributaire du lot immobilier ;
– l'acte par lequel toutes les valeurs indivises sont attribuées à un copartageant, à charge de verser à l'autre une somme d'argent ;
– l'acte par lequel le légataire particulier d'une somme d'argent abandonne au légataire universel, conformément à la condition imposée par le testateur, ses droits indivis dans une autre succession ;
– l'acte par lequel les enfants de l'époux prédécédé renoncent à leurs droits dans la communauté moyennant le versement d'une somme à eux payée par l'époux survivant ;
– l'acte par lequel un héritier attributaire du legs d'une somme déterminée reçoit de son cohéritier une somme supplémentaire. Ce paiement implique, en effet, que cet héritier a perdu sa qualité de légataire particulier en venant au partage de la succession. Cet acte produit tous les effets d'une cession dont le prix se compose tant du montant du legs que du supplément qui y est ajouté (V. BOI-ENR-PTG-30-20120912, n° 10).

3196 Simulation. Il convient de signaler que des cessions de droits successifs sont souvent dissimulées sous l'apparence de renonciations pures et simples, suivies d'arrangements par lesquels les prétendus renonçant s'assurent l'équivalent des droits qu'ils semblaient avoir abandonnés (V. BOI-ENR-PTG-30-20120912, n° 10).

3197 Pacte sur succession future. En droit fiscal, l'imposition proportionnelle est exigible alors même que les notifications requises le cas échéant n'auraient pas été faites ou la cession constituerait un pacte de succession future, car l'administration n'est pas juge de la validité des actes présentés à la formalité (V. BOI-ENR-PTG-30-20120912, n° 1).

3198 Forme. En droit civil, ce contrat n'est soumis, pour sa validité, à aucune forme particulière. La cession de droits successifs peut ainsi être consentie par acte notarié, par acte sous seing privé ou même verbalement. Il suffit que les parties soient d'accord sur la chose et sur le prix et que le contrat n'ait pas pour objet une succession future.
Mais, bien entendu, pour pouvoir être publiée, la cession de droits successifs doit être établie en la forme authentique.

II Publicité foncière

3199 Cession de droits successifs ayant un caractère déclaratif. La cession de droits successifs à caractère déclaratif (cession à une personne se trouvant dans l'indivision successorale) portant sur des immeubles ou des droits réels immobiliers doit être obligatoirement publiée au service de la publicité foncière de la situation des immeubles concernés (D. n° 55-22, 4 janv. 1955, art. 28-1° et 4°-c).
Toutefois, en raison du caractère déclaratif de l'acte, l'absence de publication n'est pas sanctionnée par l'inopposabilité aux tiers, au sens de l'article 30 du 4 janvier 1955 (V. **Partage**).

3200 Cession de droits successifs. A un caractère translatif la cession de droits successifs qui ne peut s'analyser en une opération de partage : c'est le cas lorsqu'elle intervient au profit d'un tiers étranger à l'indivision (*Rép. alph. enreg.*, V° Hypothèques, n° 750-1°).
Cette cession est alors soumise au même régime que les ventes ordinaires (V. **Vente d'immeuble**). Rappelons simplement que le défaut de publication entraînerait l'inopposabilité aux tiers (au sens de la publicité foncière).

3201 Effet relatif. Une attestation notariée doit être publiée préalablement à la cession de droits successifs lorsque la cession de droits successifs revêt la nature d'une opération de partage portant sur la totalité des immeubles héréditaires et est dressée et publiée dans les dix mois du décès (D. n° 55-22, 4 janv. 1955, art. 29).
Pour un immeuble de communauté, l'attestation publiée après le décès de la mère prédécédée ne suffit pas ; une autre attestation doit être établie et publiée après le décès du père (Bulté : *JCP* N 1970, prat. 4760).

III
Formalités

3202 Formalité unique si la cession porte en tout ou en partie sur des immeubles. Les cessions de droits successifs sont soumises à la formalité fusionnée, accomplie au service de la publicité foncière, lorsqu'elles portent exclusivement sur des immeubles ou des droits immobiliers. La formalité unique est également applicable depuis le 1er juillet 1999 lorsque la cession porte sur des actifs mobiliers et immobiliers.

Cette formalité donne lieu à une seule perception au profit du Trésor, la taxe de publicité foncière. Les cessions de droits successifs ayant un objet purement mobilier, ne peuvent donner lieu qu'à la formalité de l'enregistrement (V. BOI-ENR-PTG-30-20120912, n° 20).

IV
Inscription à prendre

3203 Distinctions selon le caractère de la cession. Si le cessionnaire est étranger à l'indivision successorale dont dépendent les biens et droits cédés, les sommes dues au cédant ou à l'organisme prêteur peuvent être garanties par le privilège de vendeur ou par le privilège de prêteur de deniers. Si le cessionnaire est un cohéritier indivisaire, que la cession à ce dernier fasse cesser ou non complètement l'indivision, seul peut être inscrit un privilège de copartageant (V. **Licitation**, les solutions étant identiques).

Le privilège de vendeur et le privilège de copartageant doivent, l'un comme l'autre, pour être conservés et prendre rang au jour de leur naissance, être inscrits au bureau des hypothèques de la situation des biens et droits immobiliers compris dans la cession, dans le délai de deux mois à dater du jour de l'acte (C. civ., art. 2379 et 2381).

V
Régime fiscal

A Cessions de droits successifs bénéficiant d'un régime fiscal de faveur

3204 Le régime fiscal de faveur résulte de l'article 750-II du Code général des impôts, issu de la loi n° 69-1168 du 26 décembre 1969 qui énonce :

> « II. (...) les cessions de droits successifs mobiliers ou immobiliers sont assujetties à un droit d'enregistrement ou à une taxe de publicité foncière de 2,50 % lorsqu'elles interviennent au profit de membres originaires de l'indivision, de leur conjoint, de leurs ascendants ou descendants ou des ayants droit à titre universel de l'un ou de plusieurs d'entre eux ».

Les modalités d'application de ce texte ont été à l'origine précisées par une instruction du 1er juillet 1970 (*BODGI* 7 F-2-20 ; *JCP* N 1970, III, 36880) mais, depuis cette époque, nombreuses ont été les difficultés qui sont nées à son propos. Elles ont été résolues par diverses réponses ministérielles. Nous indiquerons tout d'abord quelles sont les conditions d'application de l'article 750-II du Code général des impôts (1) avant de préciser quelles sont les taxations qui en découlent (2).

1 Conditions d'application de l'article 750-II du Code général des impôts

3205 Ces conditions tiennent à la nature des droits cédés (*a*) et à la personne du cessionnaire (*b*).

a) Conditions relatives à la nature des droits cédés

3206 Les droits cédés doivent être des droits successifs (*1*). Mais l'administration a admis une application extensive du texte, dans certains cas de subrogation (*2*).

1) Les droits cédés doivent avoir été recueillis dans une succession

3207 **Indivision d'origine successorale.** L'article 750-II du Code général des impôts concerne les cessions de « droits successifs ». Le plus souvent, ce texte recevra application lorsque l'indivision d'origine a été créée par un décès. Mais le fait que cette indivision n'ait pas été créée par un décès n'exclut pas automatiquement l'application du régime de faveur.

3208 **Indivision n'ayant pas une origine successorale. Décès de l'un des coïndivisaires.** Prenons le cas d'une indivision créée par une acquisition en commun, ou par une donation simple, ou encore par la dissolution d'une société : s'il est procédé à un partage, le régime fiscal de faveur de l'article 748 du Code général des impôts ne jouera pas, et les droits de mutation à titre onéreux seront dus sur les soultes (V. **Partage**).
Si l'un des indivisaires cède ses droits, à un coïndivisaire ou à un tiers, il s'agira d'une cession de droits indivis, taxable comme une vente ordinaire. Supposons maintenant que l'un des indivisaires décède. Ses droits seront recueillis par ses héritiers. Les droits indivis dépendant de la succession de l'indivisaire prédécédé deviennent, au regard de l'article 750-II du Code général des impôts, des droits successifs. Leur cession pourrait donc bénéficier du régime de faveur prévu par ce texte, à la condition qu'elle se fasse au profit de l'une ou l'autre des personnes qu'il désigne.

3209 **Exemple.** Une réponse à M. Cousté n° 28472 du 14 août 1976 (*JOAN* CR, p. 5699 ; *JCP* N 1976, prat. 6413) illustre cette situation particulière.
Un fonds de commerce valant 300 000 F avait été acquis en indivision par trois personnes A, B, C.
B décède, laissant parmi ses héritiers C qui se propose d'acquérir les droits indivis de A et les droits indivis dépendant de la succession de B. La cession par A de ses droits à C est une cession de droits indivis qui doit être taxée comme une vente.
La cession à C de leurs droits par les héritiers de B est une cession de droits successifs. Le droit de 1 % (actuellement 2,50 %) est dû sur la valeur des droits cédés sans soustraction de la part de l'acquéreur (soit sur 100 000 F).
Ce qui compte, c'est que les droits cédés aient été recueillis dans une succession, mais l'application de cette condition a pu faire difficulté dans certains cas particuliers.

3210 **Cession de droits en usufruit ou en nue-propriété.** Il est possible que les droits recueillis dans la succession aient été des droits en usufruit ou en nue-propriété : par exemple, dans le cas d'un conjoint survivant légataire de la quotité disponible la plus large permise entre époux…
La cession de ses droits par le nu-propriétaire ou l'usufruitier constitue alors incontestablement une cession de droits successifs : mais une application stricte de l'article 750-II du Code général des impôts pourrait amener à en écarter dans certains cas l'application au motif qu'il n'y a pas d'indivision entre l'usufruitier et le nu-propriétaire. L'administration a cependant, comme nous le verrons (V. n° 3243), fait preuve sur ce point de bienveillance.

3211 **Accroissement bénéficiant aux biens successoraux.** Des personnes se trouvant en indivision successorale édifient sur des terrains dépendant de cette indivision des garages. Puis l'un des indivisaires cède ses droits dans l'ensemble (terrain et construction) : le conservateur estime que l'opération ne peut être considérée comme une cession de droits successifs qu'en ce qui concerne les droits de l'indivisaire sur le terrain et que la cession de ses droits dans les constructions doit être taxée comme une vente. Le ministre lui donne raison au motif que « les garages construits par les indivisaires sur le terrain recueilli par succession ne dépendaient pas de la succession » (Rép. min. Bolo n° 3914, 10 mai 1979 : *JOAN* CR, p. 3621 ; *Ind. enr.* 1979, 13399 ; *JCP* N 1980, prat. 7532).
Comme l'observe l'*Indicateur de l'enregistrement*, il peut paraître choquant (d'un point de vue juridique…) de rompre l'unité de l'ensemble immobilier pour traiter différemment la licitation du terrain et celle des constructions y édifiées. Mais, d'un point de vue fiscal, la circonstance que les bâtiments n'ont jamais appartenu au défunt et qu'en ce qui les concerne l'indivision est née entre les ayants droit de celui-ci non en leur qualité d'héritier, mais en leur qualité de co-constructeur, autorise à appliquer deux régimes fiscaux différents.

2) Opérations intercalaires avant la cession

3212 Si l'un ou l'autre des coïndivisaires cède ses droits, il s'agit bien évidemment d'une cession de droits successifs. Mais s'il les donne et que le donataire cède ensuite les droits donnés ? Autre hypothèse : les biens ou droits indivis recueillis dans une succession sont apportés en société. La société est dissoute et l'un des anciens associés cède ses droits : peut-on dans certains cas faire abstraction de la période de vie sociale et considérer que les droits cédés sont des « droits successifs » ? Nous verrons que cette solution a été admise par l'administration dans les cas où la mutation qui s'accomplit au profit de la société bénéficiaire de l'apport n'est que conditionnelle.

3213 **Donation de droits successifs. Cession des droits donnés.** Si l'un des indivisaires fait donation des droits recueillis dans la succession et que le donataire veut ensuite céder les droits ainsi recueillis à l'une des personnes énumérées à l'article 750-II du Code général des impôts, le régime fiscal de faveur édicté par ce texte ne s'applique pas. Il n'y a pas, en effet, cession de droits successifs, les droits cédés ayant été recueillis par voie de donation et non par voie de succession (Rép. min. Lagorce n° 25974, 9 avr. 1976 : *JOAN* CR, p. 1559 ; *JCP* N 1976, prat. 6293). Elle sera donc taxée comme une vente.
Par contre, si les membres de l'indivision successorale d'origine cèdent leurs droits à ce même donataire, la cession sera bien une cession de droits successifs bénéficiant du régime fiscal de faveur, à condition que la cession intervienne au profit de l'une des personnes visées à l'article 750-II (V. n°s 3218 à 3225).

3214 **Apport en société des droits recueillis dans la succession. Cession de droits après dissolution de la société.** Le partage d'une indivision née de la dissolution d'une société ne bénéficie pas du régime fiscal de faveur de l'article 748 du Code général des impôts.
Les cessions que peuvent consentir ou un plusieurs des anciens associés sont, en principe, des cessions de droits indivis (mis à part le cas où, après naissance de cette indivision, l'un des anciens associés vient à décéder, ce qui ramène à la situation que nous examinons ; V. n°s 3208 et s.).
Toutefois, dans le cas où des biens qui se trouvaient dans l'indivision successorale ont été apportés à une société non passible de l'impôt sur les sociétés, et donc régis par la théorie de la mutation conditionnelle des apports, l'administration accepte de considérer que le partage des biens consécutif à la dissolution de la société peut s'assimiler à un partage de biens successoraux. Il est, en quelque sorte, fait abstraction de la période de vie sociale. Et si l'un des anciens associés cède ses droits dans l'indivision à un ou plusieurs anciens membres de la société, cette cession sera considérée non pas comme une cession de droits indivis (ce qui serait sa véritable nature, si l'on appliquait la théorie de la mutation conditionnelle des apports et ce qui amènerait la perception des droits de mutation à titre onéreux...) mais comme une cession de droits successifs. La solution a été donnée par plusieurs réponses ministérielles (Rép. min. Beauguitte, n° 16786, 21 mai 1975 : *JOAN* CR, p. 2920 ; *JCP* N 1976, prat. 6404. – Rép. min. Lagorce, n° 10780, 24 mars 1979 : *JOAN* CR, p. 1899 ; *JCP* N 1979, prat. 7238. – Dans le même sens, Rép. min. Geoffroy, n° 34489, 26 févr. 1981 : *JOAN* CR, p. 257 ; *JCP* N 1981, prat. 7962, dans le cas particulier de retrait d'un associé équivalent à un partage partiel avec attribution en nature d'un immeuble). Elle a été reprise par le BOFiP (BOI-ENR-PTG-30-10-20120912, n° 60).

3215 Une réponse à M. Cousté, n° 1364 du 21 juin 1979 (*JOAN* CR, p. 5385 ; *JCP* N 1980, prat. 7602) fournit un exemple concret d'application de cette doctrine.
En l'espèce, deux personnes A et B avaient apporté à une société civile une propriété leur provenant d'une indivision successorale. A avait cédé à titre onéreux les parts représentatives de son apport indivis à son frère qui avait lui-même fait donation à titre de partage anticipé à diverses dates de toutes les parts sociales à ses quatre enfants C, D, E, F. En 1955, C avait lui-même cédé ses parts, soit 1/4, à ses frères D, E, F. Les associés souhaitaient dissoudre la société et s'attribuer la propriété apportée en 1943.
Après avoir rappelé qu'en principe les attributions de droits immobiliers apportés faites à d'autres que les apporteurs d'origine ou leurs ayants cause à titre gratuit entraînaient la perception des droits dus sur les ventes d'immeubles (application de la théorie de la mutation conditionnelle des apports), la réponse ajoute :

> « Dans la mesure toutefois où les titulaires des parts acquises à titre onéreux depuis la constitution de la société ont tous la qualité de descendant de membre originaire de l'indivision successorale dont dépendait la propriété mise en société de famille, les reprises des biens apportés correspondant à ces parts peuvent (...) être regardées comme des cessions de droits successifs immobiliers visées au § II de l'article 750 du Code général des impôts. Elles sont donc assujetties à la taxe de publicité foncière de 1 % (actuellement 2,50 %) prévue audit article ».

3) Biens subrogés aux biens successoraux

3216 **Biens acquis en remploi en échange ou à la suite d'un remembrement concernant les biens successoraux.** Si des biens indivis sont acquis en remploi de biens provenant d'une succession, les cessions de leurs droits par l'un ou l'autre des coïndivisaires seront considérées comme des cessions de droits successifs (Instr. 7 F-1-73, 19 févr. 1973 : *JCP* N 1973, prat. 5437).
Il en est ainsi dans le cas où la subrogation résulte d'un échange (Rép. min. Lagorce n° 37770, 28 janv. 1978 : *JOAN* CR, p. 315 ; *JCP* N 1979, prat. 7281) ou d'un remembrement rural (Rép. min. Mauger, n° 27554, 10 mars 1973 : *JOAN* CR, p. 554).
De même, le régime fiscal de faveur s'appliquera à la cession de droits indivis acquis en remploi du prix de vente des biens dépendant de l'actif successoral d'origine (Rép. min. Frédéric Dupont, n° 42273, 2 avr. 1978 : *JOAN* CR, p. 1061 ; *JCP* N 1978, prat. 6884).
De même, si des héritiers cèdent un terrain dépendant de l'indivision successorale pour recevoir, en contrepartie, des locaux à construire, la cession à l'un ou l'autre d'entre eux de ses droits dans l'immeuble reçu en paiement pourra être considérée comme une cession de droits successifs (Rép. min. Frédéric Dupont, n° 42273, 2 avr. 1978, préc.).

3217 **Apport en société des biens successoraux.** Il s'agit là encore d'un cas particulier de subrogation. L'administration a pris position à ce sujet dans les circonstances suivantes : une veuve et les héritiers de son conjoint prédécédé avaient apporté indivisément un fonds de commerce à une SARL constituée pour l'exploitation de son fonds. Des parts indivises dans la SARL avaient été attribuées à chacun des héritiers. Certains d'entre eux voulaient par la suite céder aux autres leurs droits indivis sur les parts sociales. Il a été admis que la cession envisagée bénéficiait du régime de faveur prévu à l'article 750-II du Code général des impôts, sous réserve que les parties justifient dans l'acte que les parts sociales avaient été reçues en contrepartie de l'apport d'un bien dépendant d'une succession et que la cession intervenait au profit de l'une des personnes visées au texte (Rép. min. Lagorce, n° 34235, 19 mars 1977 : *JOAN* CR, p. 1134).
En conséquence, la cession ne supportera que le droit de 2,50 % et non celui prévu pour les cessions de parts sociales. La solution serait évidemment identique dans le cas où le bien indivis apporté à la société serait un immeuble... (V. n°s 3220 et s., les solutions admises par l'administration dans le cas où la cession intervient après dissolution de la société).
Ce qui est juridiquement une cession de parts sociales sera donc traité fiscalement comme une cession de droits successifs. Cette solution ne s'appliquera toutefois que si la cession intervient dans les trois ans de l'apport (V. **Cession de droits sociaux**).
Elle est alors censée porter sur les droits indivis eux-mêmes, en vertu de l'article 727 du Code général des impôts.

b) Conditions relatives à la personne du cessionnaire

3218 Toutes les cessions de droits successifs ne bénéficient pas du régime fiscal de faveur. Seules entrent dans le champ d'application de l'article 750-II du Code général des impôts, les cessions intervenant au profit de personnes déterminées, énumérées limitativement par le texte.

1) Cessions au profit de membres originaires de l'indivision

3219 **Définition.** Les « membres originaires de l'indivision » au sens de ce texte sont les héritiers, légataires ou donataires (Doc. adm. DGI, 7 F-1321, n° 3, 15 juin 2000).

3220 **Cas du nu-propriétaire ou de l'usufruitier.** Il est fréquent que l'un des successibles se trouve héritier, légataire ou donataire d'un usufruit portant sur la totalité de la succession (exemple du conjoint survivant bénéficiaire d'un legs de la quotité disponible la plus large ou d'une donation entre époux...) : le régime fiscal de faveur va-t-il s'appliquer si l'usufruitier (ou le ou les nus-propriétaires) entend céder ses droits au nu-propriétaire (ou inversement) ? On pourrait objecter que ni l'usufruitier, ni le ou les nus-propriétaires ne sont « membres originaires de l'indivision » puisqu'il n'y a pas, selon une solution bien admise en droit civil, d'indivision entre le nu-propriétaire et l'usufruitier.
L'administration n'a pas retenu cette interprétation stricte du texte. Bien qu'il n'existe pas d'indivision entre l'usufruitier et le nu-propriétaire d'un même bien, le bénéfice du régime de faveur est accordé aux cessions de droits successifs en usufruit ou en nue-propriété au profit d'héritiers, de légataires ou de donataires, nus-propriétaires ou usufruitiers des mêmes biens, indique le BOFiP (V. BOI-ENR-PTG-30-10-20120912, n° 40 et antérieurement, Doc. adm. DGI, 7 F-32, n° 6, 15 juin 2000).
Cette solution a été introduite par une instruction du 30 décembre 1971 (*BODGI* 7 F-7-71). Mais cette instruction ne précise pas comment en pareil cas doivent être assis les droits.

L'opération étant fictivement considérée comme un partage, il y a lieu à notre avis de pousser jusqu'au bout le raisonnement et de considérer que la cession faisant cesser « l'indivision », le droit de partage (sur son taux actuel, V. **Partage**) doit être liquidé sur la valeur en pleine propriété des biens concernés, si du moins la cession fait cesser « l'indivision » (V. n° 3227).

2) Cession de droits successifs au conjoint d'un membre originaire de l'indivision

3221 Le conjoint bénéficiaire de la cession de droits successifs n'a pas besoin, pour pouvoir revendiquer le bénéfice du régime de faveur, d'être lui-même membre de l'indivision. Les doutes qui ont pu naître à ce sujet ont été dissipés par une réponse à M. Lagorce du 29 septembre 1980 (n° 34482 : *JOAN* CR, p. 4127 ; *JCP* N 1981, prat. 8053).
Si deux frères A et B se trouvent en indivision successorale, A peut donc céder à l'épouse de B ses droits dans la succession avec le bénéfice du régime fiscal de faveur de l'article 750-II du Code général des impôts.
Mais encore faut-il qu'il soit le conjoint d'un membre de l'indivision.
Ainsi ne peut bénéficier du régime de faveur la cession de droits successifs effectuée par trois neveux du défunt, légataires de la totalité de la succession, au profit du conjoint survivant (Rép. min. Mathieu, 20 sept. 1982 : *JOAN* CR, p. 372, n° 16397 ; *JCP* N 1982, prat. 8462).

3) Cession à un ascendant d'un membre originaire de l'indivision

3222 Observons que le texte est très général : la cession peut intervenir au profit de tout ascendant quel qu'en soit le degré... Là encore, on peut déduire de la réponse Lagorce précitée (V. n° 3213), comme d'ailleurs des réponses citées au numéro suivant, que le tarif de faveur s'appliquera même si l'ascendant n'est pas lui-même membre originaire de l'indivision.

4) Cession à un descendant d'un membre originaire de l'indivision

3223 **Le descendant n'a pas besoin d'être indivisaire.** Observons, là encore, que le texte est très général : tous les descendants sont visés, quel qu'en soit le degré... Et il ne s'agit pas seulement des descendants du cédant. Sont concernés tous les descendants de l'un ou l'autre des membres originaires de l'indivision.
Plusieurs réponses ministérielles ont clairement précisé que le descendant bénéficiaire de la cession n'avait pas besoin d'être lui-même indivisaire. La cession peut ainsi intervenir au profit du petit-fils d'un membre originaire de l'indivision, alors que le fils **est vivant.**

3224 Exemples :
– Deux sœurs A et B sont propriétaires indivises par moitié d'un immeuble qui dépendait de la succession de leurs père et mère. A donne à son fils C ses droits indivis portant sur l'immeuble. B cède ensuite à son neveu C ses droits portant sur le même immeuble : la cession bénéficiera du régime fiscal de faveur de l'article 750-II du Code général des impôts (Rép. min. Collette, n° 23768, 15 juill. 1972 : *JOAN* CR, p. 3208. – Dans le même sens, Rép. min. Malvy, n° 41609, 16 mars 1981 : *JOAN* CR, p. 1124 ; *JCP* N 1981, prat. 11917 et Rép. min. Poignant, n° 6867, 22 mars 1982 : *JOAN* CR, p. 1161 ; *JCP* N 1982, prat. 8280).
– A, B, C, D ont hérité d'un bien immobilier en indivision. A désire acheter la part de ses coïndivisaires mais, n'ayant pas le moyen de le faire, elle demande à son fils de réaliser l'opération. La cession à ce dernier de leurs droits successifs par B, C et D bénéficie du régime de faveur de l'article 750-II du Code général des impôts (Rép. min. Icart, n° 25099, 26 août 1972 : *JOAN* CR, p. 3533).
Dans l'un ou l'autre des cas que nous venons de citer, il n'y a pas lieu de rechercher si le cessionnaire était, avant la cession, membre de l'indivision par suite, par exemple, du décès de son auteur, lui-même indivisaire : il suffit de constater que la cession intervient entre un membre originaire de l'indivision et le descendant d'un autre membre pour conclure qu'elle bénéficie du régime fiscal de faveur (dans le même sens, Rép. min. Budget à M. Malvy : *JOAN* CR, 16 mars 1981, p. 1124 ; *JCP* N 1981, IV, 7917).

5) Cession au profit d'ayants droit à titre universel de l'un ou plusieurs des membres originaires de l'indivision

3225 Les ayants droit à titre universel des membres originaires de l'indivision sont les héritiers *ab intestat*, les légataires universels ou à titre universel, c'est-à-dire ceux qui recueillent une quote-part des biens laissés par le défunt, tels qu'une moitié, un tiers ou tous ses immeubles ou tout son mobilier ou une quotité de tous ses immeubles ou de tout son mobilier (C. civ., art. 1003 et 1010 ; Doc. adm. DGI, 7 F-1321, n° 3, 15 juin 2000).
Supposons que deux personnes A et B aient recueilli la succession de leur père. B décède en laissant un légataire universel L. La cession de ses droits successifs par A à L bénéficiera du régime fiscal de faveur (Rép. min. Lagorce, n° 1654, 7 juill. 1973 : *JOAN* CR, p. 2805).

Si la cession de droits successifs intervenait au profit d'un légataire particulier d'un membre originaire de l'indivision, le régime de faveur ne s'appliquerait évidemment pas.

2 Taxations

a) Taxe de publicité foncière

3226 **Principe.** Lorsque les conditions énoncées ci-dessus sont remplies, la cession ne donne ouverture qu'à un droit d'enregistrement ou à la taxe de publicité foncière au taux de 2,50 %.

Par analogie avec les règles gouvernant les partages, le droit de 2,50 % est perçu sur l'actif net, c'est-à-dire sur la valeur des biens déduction faite du passif.

L'administration a précisé qu'en l'absence de toute exception prévue par la loi, le droit était perçu même lorsque la cessation de l'indivision avait été précédée de plusieurs licitations ou cessions de droits successifs qui avaient déjà supporté le même impôt (actuellement 2,50 %) liquidé sur les parts acquises (BOI-ENR-PTG-30-10-20120912, n° 20 et antérieurement Doc. adm. DGI, 7 F-32, n° 3, 15 juin 2000).

3227 **Liquidation des droits.** Il faut distinguer selon que la cession de droits successifs fait ou non cesser l'indivision :

– si l'indivision subsiste, le droit ou la taxe est liquidé sur le prix augmenté des charges ou, le cas échéant, sur la valeur vénale des biens correspondant aux droits cédés (si elle est supérieure) ;

– si l'indivision cesse, la cession qui constitue un véritable partage, rend exigible la taxe ou le droit d'enregistrement sur la valeur de la totalité des biens (BOI-ENR-PTG-30-10-20120912, n° 20 et antérieurement Doc. adm. DGI, 7 F-32, n° 2, 15 juin 2000).

La taxation de 2,50 % est liquidée sur le prix stipulé augmenté des charges ou sur la valeur vénale des biens correspondant aux droits cédés (V. BOI-ENR-PTG-30-10-20120912, n° 10 et antérieurement Doc. adm. DGI, 7 F-32, n° 2, 15 juin 2000).

Par analogie avec les règles gouvernant les partages, la taxe ou le droit prévu à l'article 750-II du Code général des impôts est perçu sur l'actif net, c'est-à-dire sur la valeur des biens déduction faite du passif (V. BOI-ENR-PTG-30-10-20120912, n° 20. – V. **Partage**).

3228 **Cas particulier. Cession de droits successifs portant sur des biens ruraux loués au cessionnaire.** Le tarif de 0,70 % de la taxe de publicité foncière ou du droit d'enregistrement (0,71498 % avec les perceptions additionnelles) est appliqué aux cessions de droits successifs portant sur des immeubles ruraux dont l'acquisition par le cessionnaire aurait rempli les conditions prévues par l'article 705 du Code général des impôts (devenu art. 1594 F quinquies). L'application de cette mesure suppose, bien entendu, que l'engagement prévu par le texte précité soit pris par le cessionnaire (fermier ou métayer : V. BOI-ENR-PTG-30-10-20120912, n° 30).

3229 **Cession de droits successifs faisant cesser une indivision successorale comportant des biens immobiliers en Corse.** Afin de faciliter le règlement des indivisions successorales comportant des biens immobiliers situés en Corse, l'article 750 bis A du Code général des impôts prévoit une exonération temporaire du droit ou de la taxe prévu à l'article 750-II du Code général des impôts, pour les actes établis entre le 1er janvier 1986 et le 31 décembre 2014, à hauteur de la valeur des immeubles situés en Corse, sur les cessions de droits successifs faisant cesser une indivision successorale, lorsque celles-ci interviennent uniquement au profit des membres originaires de l'indivision, leur conjoint, ascendants, descendants ou ayants droit à titre universel de l'un ou de plusieurs d'entre eux.

L'exonération est applicable quel que soit le lieu du décès et du domicile tant du défunt que des parties à l'acte. Elle est limitée à la valeur des biens immobiliers situés en Corse.

L'impôt demeure exigible, au taux prévu à l'article 750-II du Code général des impôts, sur lesautres biens, objets de la cession de droits successifs.

L'exonération s'applique sous réserve que l'acte constatant la cession de droits successifs soit authentique et précise les références du texte prévoyant l'exonération (CGI, art. 750 bis A. – BOI-ENR-PTG-30-10-20120912, n° 70).

b) TVA immobilière

3230 **Cession de droits successifs portant sur des biens entrant dans le champ d'application de la TVA.** Dès lors que les cessions de droits successifs entrant dans le champ d'application de l'article 750-11 du Code général des impôts ne sont pas considérées comme translatives de propriété, ces opérations ne constituent pas des mutations à titre onéreux pour l'application de l'article 257-7°-2 du Code général des impôts et elles n'entrent pas dans le champ d'application de la TVA (Doc. adm. DGI, 7 F-32, n° 1, 15 juin 2000).

Par contre la TVA est applicable aux cessions de droits successifs ne bénéficiant pas du régime de faveur (V. n° 3241).

Droits successifs (cession)

B Autres cessions de droits successifs

1 Taxe de publicité foncière ou droits d'enregistrement

a) Tarification

3231 **Application des droits de vente.** Lorsque les cessions de droits successifs ne sont pas susceptibles de bénéficier du régime de faveur prévu par l'article 750-II du Code général des impôts, elles sont soumises à la taxe de publicité foncière ou au droit d'enregistrement, sur le prix augmenté des charges ou sur la valeur vénale réelle des biens, au taux réglé pour les ventes et déterminé d'après la nature des biens transmis (V. BOI-ENR-PTG-30-20-20120912, n° 1).

3232 **Ventilation du prix de cession.** Le prix de la cession doit être réparti entre les divers biens indivis proportionnellement à leur importance respective, sans tenir compte de l'imputation faite par les parties et l'impôt exigible est perçu pour chaque fraction au tarif et selon les règles prévues pour la vente des biens que cette fraction concerne (V. BOI-ENR-PTG-30-20-20120912, n° 10).

3233 **Cession de droits successifs mobiliers et immobiliers.** La cession par le même acte de droits successifs mobiliers et immobiliers donne lieu au droit d'enregistrement au tarif immobilier sur la totalité du prix, à moins qu'il ne soit stipulé un prix particulier pour les objets mobiliers et qu'ils ne soient désignés et estimés article par article dans le contrat (CGI, art. 735).
Toutefois, l'absence d'un détail estimatif peut être suppléée par une référence à un acte qui renferme ce détail, par exemple un partage, ou à un inventaire, pourvu qu'il soit assez récent pour que la consistance mobilière n'ait pas subi de modifications (V. BOI-ENR-PTG-30-20-20120912, n° 30).

b) Assiette et liquidation de l'impôt

3234 **Prix augmenté des charges.** L'impôt est calculé, comme en matière de vente, sur le prix augmenté des charges.
Les charges qu'il y a lieu d'ajouter au prix pour la liquidation de l'impôt de mutation sont, d'une façon générale, celles indiquées en matière de vente d'immeubles (V. **Charges augmentatives**).
Comme les cessions de droits successifs contiennent, le plus souvent, substitution du cessionnaire au cédant, non seulement dans les droits actifs, mais aussi dans les obligations passives de l'hérédité, le montant des dettes indivises incombant au cédant et que le cessionnaire est tenu de payer vient nécessairement en augmentation du prix pour la liquidation de l'impôt proportionnel (V. BOI-ENR-PTG-30-20-20120912, n° 40).

3235 **Énumération des dettes à ajouter au prix.** Les dettes à ajouter au prix sont toutes celles que le cessionnaire doit payer en l'acquit du cédant ou rembourser à celui-ci, soit notamment :
– les sommes encore dues au jour de la cession, à des tiers et qui constituent le passif héréditaire proprement dit. Il en est ainsi alors même que ces dettes auraient été payées par le cédant de ses propres deniers, car le cessionnaire est tenu de les lui rembourser ;
– les droits de mutation par décès ;
– les legs de sommes d'argent n'existant pas en nature dans la succession et que le cessionnaire doit acquitter ;
– les reprises dont sont grevés les biens cédés et qui ne sont pas éteintes par confusion ;
– les sommes dues au défunt par le cédant et qui ont été payées en l'acquit de celui-ci par le cessionnaire, lorsque le cédant est dispensé, par une clause de la cession, d'effectuer le remboursement de ces sommes.
Cependant, lorsque le passif a été payé par le cédant au moyen des deniers de la succession, il va de soi qu'il n'y a pas lieu d'en tenir compte car l'importance des droits cédés se trouve diminuée d'autant.
De même, s'il est stipulé dans le contrat que les dettes resteront à la charge du cédant, leur montant ne doit pas être ajouté au prix pour la liquidation de l'impôt (V. BOI-ENR-PTG-30-20-20120912, n°s 50 et 60).

3236 **Déclaration obligatoire des dettes.** Dans la mesure où les dettes constituent un élément de l'assiette de l'impôt, les parties sont tenues, sous peine de refus de la formalité, soit de déclarer que les biens cédés ne sont grevés d'aucun passif, soit de fournir une déclaration estimative des dettes mises à la charge du cessionnaire.
La perception faite sur un acte ne contenant pas cette déclaration ou cette estimation est irrégulière.
De même, on ne peut considérer la perception comme régulière si les parties se bornent à déclarer qu'elles ignorent si la succession est grevée d'un passif. Il en est autrement lorsque les contractants déclarent qu'ils ne connaissent pas de dettes à la charge de la succession et n'ont rien à ajouter au prix principal pour l'assiette de l'impôt (V. BOI-ENR-PTG-30-20-20120912, n° 70).

c) Cas particuliers

3237 **Cession contrat en mains.** Si les frais de la cession sont supportés par le cédant, ils doivent être déduits pour la liquidation de l'imposition (V. BOI-ENR-PTG-30-20-20120912, n° 80).

3238 **Cession moyennant un prix en sus des sommes reçues par le cédant du *de cujus*.** L'acte par lequel un héritier cède tous ses droits dans la succession mais déclare conserver les sommes qu'il a reçues du *de cujus* par actes enregistrés avant le décès, à titre de donation en avancement d'hoirie, de prêt ou autrement, ne donne ouverture à l'impôt de mutation que sur le prix exprimé de la cession ; les sommes conservées ne donnent ouverture à aucun droit ou taxe. Bien entendu, en cas de partage ultérieur de l'indivision, il devra rapporter ces sommes à la masse, et elles seront comprises dans l'assiette du droit de partage.

Par contre, si les sommes déclarées comme reçues par le cédant n'ont pas fait l'objet d'actes enregistrés, l'impôt de mutation est exigible, en principe, sauf preuve contraire de la réalité des paiements à la charge des parties, sur le prix de cession augmenté du montant desdites sommes. Si la preuve de la réalité des paiements était fournie, les sommes que le cédant déclare avoir reçues seraient passibles du droit de donation (V. BOI-ENR-PTG-30-20-20120912, n° 90).

3239 **Cession moyennant un prix en sus des sommes antérieurement reçues par le cédant du cessionnaire.** Dans ce cas, l'impôt de mutation est calculé tant sur le prix exprimé de la cession que sur les sommes antérieurement payées par le cessionnaire (V. BOI-ENR-PTG-30-20-20120912, n° 100).

3240 **Cession de droits successifs aléatoires ou litigieux.** La cession de droits successifs aléatoires ou litigieux ne donne ouverture à l'imposition proportionnelle que sur le prix exprimé, même s'il est reconnu par la suite que la valeur des droits cédés était supérieure à ce prix (V. BOI-ENR-PTG-30-20-20120912, n° 110).

2 TVA immobilière

3241 La TVA immobilière est applicable aux cessions de droits successifs qui ne bénéficient pas du régime fiscal de faveur et sont donc considérés comme translatives (Doc. adm. DGI, 8 A-113, n° 11, 15 nov. 2001).

VI Contribution de sécurité immobilière

3242 **Cession ne faisant pas cesser l'indivision.** Si la cession bénéficie du régime fiscal de faveur (V. n°s 3204 à 3225), la contribution de sécurité immobilière est liquidée sur les mêmes bases que la taxe de publicité foncière, c'est-à-dire sur le prix stipulé augmenté des charges s'il y a lieu.

Si la cession ne bénéficie pas du régime fiscal de faveur, la contribution de sécurité immobilière est perçue, comme en matière de vente, sur le prix augmenté des charges s'il y a lieu.

3243 **Cession faisant cesser l'indivision.** La contribution de sécurité immobilière est perçue comme en matière de licitation (V. **Licitation**).

Eaux

Serge LAMIAUX

Sommaire analytique

3244 Seront présentés successivement le régime des eaux de sources, des eaux minérales, des eaux d'irrigation, des concessions d'eau, des eaux de rivière et de l'énergie hydraulique.

I
Eaux de sources

3245 **Régime juridique.** Interprétant l'article 642, alinéa 1, du Code civil, la jurisprudence reconnaît au propriétaire du fonds où jaillit une source un droit de propriété sur l'eau de celle-ci qui lui permet non seulement d'en user mais aussi d'en disposer (V. *Rép. prat. Dalloz*, V° Eaux, par P. Berchon, n° 53). Il peut recueillir l'eau pour la vendre à des tiers, disposer de l'eau au profit d'un propriétaire d'un fonds intérieur qui lui-même pourra, le cas échéant, céder ses droits à des tiers. Lorsqu'il y a ainsi cession des eaux de source à un tiers, les droits conférés pourront éventuellement porter non seulement sur les eaux de la source mais sur le point d'émergence de celle-ci, c'est-à-dire sur la source elle-même qui peut être cédée indépendamment du fonds lui-même où elle apparaît.
Le droit du propriétaire du fonds sur la source, immeuble corporel au sens de l'article 2397 du Code civil, est par là même susceptible de cession forcée et peut être hypothéqué. Il peut même l'être pour lui même, indépendamment de la propriété du fonds sur lequel jaillit la source. De même, une source étant un immeuble au sens de l'article 2265 du Code civil, il est possible d'en usucaper la propriété (*Rép. prat. Dalloz*, V° Eaux, n°s 59 et 60 et les références cités).

3246 **Concession à un tiers du droit de puiser ou de dériver l'eau d'une source.** Il faut, en pareille hypothèse, distinguer :
– si l'eau est destinée à l'utilité d'un autre héritage, le propriétaire de la source constitue une véritable servitude sur son fonds au profit de l'héritage voisin, et il y a alors vente immobilière ;
– si, au contraire le droit de puiser ou de dériver une partie de l'eau de la source est concédé personnellement à un tiers, ce droit ne confère qu'une simple jouissance ; la convention doit être assimilée à un bail et tarifée en conséquence d'après la durée de la concession (V. **Bail ordinaire à durée limitée** ; *Dict. des Rédacteurs*, V° Concession, n° 31).

3247 **Vente d'une source. Régime fiscal.** D'après une solution du 24 septembre 1892, la vente d'une source d'eau, captée régulièrement par le vendeur dans la propriété d'autrui et amenée par lui au moyen d'une canalisation dans son propre fonds, doit être considérée comme emportant mutation d'un droit immobilier. Elle sera taxée en conséquence comme une vente d'immeuble, au tarif prévu pour les ventes d'immeubles ruraux (V. Maguéro, V° Vente d'immeubles, n° 136).

II
Eaux minérales

3248 **Régime juridique.** Comme les sources ordinaires (V. n° 3245), la propriété d'une source d'eau minérale ou thermale appartient en principe au propriétaire du fonds sur lequel elle jaillit (*Rép. prat. Dalloz*, V° Eaux, par P. Berchon, n° 96. – D. Fontaine, *Le régime juridique des eaux minérales : LPA* 20 août 1994, p. 4). Mais la nature particulière de ces eaux et l'intérêt qu'elles présentent pour la collectivité a conduit à leur conférer un régime juridique particulier permettant aux pouvoirs publics d'en contrôler l'exploitation. Les dispositions les concernant sont pour l'essentiel énoncées par l'article L. 1322-13 du Code de la santé publique.

3249 **Concession de source communale.** La concession par une commune à un particulier de la jouissance à perpétuité des sources communales à charge de mettre à la disposition de la commune une partie de l'eau et d'exécuter certains travaux constitue une transmission immobilière passible du droit de vente (V. Maguéro, V° Concession, n° 36).

3250 **Sources non découvertes.** Le droit fixe est seul dû sur l'acte portant vente à une ville de toute l'eau que doit fournir une source non encore captée (Sol. 23 mai 1883 : Maguéro, V° Vente d'immeubles, n° 118 A).

3251 **Promesse de non-usage.** Le propriétaire d'une source d'eau minérale récemment découverte s'interdit le droit de l'exploiter au profit du propriétaire d'une source semblable déjà en exploitation, moyennant le paiement d'une redevance annuelle. Il n'y a alors dans cette convention, ni bail, ni vente, ni constitution de servitude, puisque le propriétaire de la source rivale n'aliène ni jouissance ni propriété et qu'il n'asservit pas directement son héritage pour l'utilité d'un autre héritage.
Le contrat n'est pas autre chose qu'un engagement de ne pas user de la source, c'est-à-dire une obligation personnelle, et la redevance promise est une indemnité donnée pour tenir lieu des profits que pourrait procurer l'exploitation. Le seul droit exigible est le droit fixe des actes innommés de l'article 680 du Code général des impôts (Sol. 30 janv. 1873 : *Dict. des Rédacteurs*, V° Concession, n° 33. – V. **Acte innommé**).

III
Eaux d'irrigation

CGI, art. 1021.– Les décisions, rapports, extraits, copies, grosses ou expéditions relatifs aux actes de procédure auxquels donne lieu l'application des articles L. 152-7 à L.152-10 et L. 152-13 du Code rural [et de la pêche maritime] ainsi que les significations qui sont faites de ces actes, sont exonérés des droits de timbre et d'enregistrement et de la taxe de publicité foncière.

Ils doivent porter mention expresse du présent article.

CGI, art. 1022. – Les dispositions du I de l'article 11045 sont applicables aux contestations relatives à mentionnée à l'article L. 152-4 du Code rural [et de la pêche maritime] à laquelle ouvre droit l'institution de la servitude établie par l'article L. 152-3 du même code [Les modalités d'application de cet article figurent à l'article R.* 152-16 du Code rural et de la pêche maritime].

3252 **Servitude pour l'entretien des canaux d'irrigation.** Les articles L. 152-7 à L. 152-10 et L. 152-13 du Code rural et de la pêche maritime concernent les conditions dans lesquelles les riverains de canaux d'irrigation ou de certains canaux d'assainissement sont tenus de permettre le libre passage et l'emploi sur leur propriété des engins mécaniques servant aux opérations d'entretien des canaux et le dépôt des produits de curage et de faucardement.

IV

Concession d'eau

3253 **Caractère de la concession : bail, vente ou marché.** Les concessions d'eau ou de prise d'eau peuvent revêtir le caractère tantôt d'un bail, tantôt d'une vente, tantôt d'un marché.

Il est donc essentiel de déterminer la nature exacte du contrat pour percevoir les droits en conséquence. Le caractère de bail prédomine lorsque le droit conféré au concessionnaire doit s'exercer sur des eaux courantes qui n'ont été l'objet d'aucune appropriation ou qui, après leur captation, ont été rendues à leur cours naturel. Ainsi pour les prises d'eau que l'État permet d'effectuer dans les cours d'eau navigables ou flottables et celles qu'une ville autorise à opérer sur les fuyants de ses fontaines publiques ou de ses réservoirs. On se trouve encore en présence d'un bail lorsqu'une commune, après avoir capté des eaux de source, les avoir ramenées dans des réservoirs et après avoir établi tout un réseau de canalisations destinées à distribuer ces eaux aux habitants, concède à un particulier ou à une société l'exploitation de ce service (V. *Dict. des Rédacteurs*, V° Concession, n° 24).

La situation est différente lorsque la concession porte sur les eaux captées et amenées dans les réservoirs municipaux. En ce cas, que la concession émane de la ville elle-même ou d'une compagnie qui a le monopole de l'exploitation, le contrat constitue une vente mobilière.

Enfin, lorsqu'une municipalité charge un entrepreneur du soin d'effectuer tous les travaux d'établissement de distribution d'eau, sous la condition que les ouvrages établis seront la propriété de la commune à l'expiration de la concession, et que pour rémunérer cet entrepreneur de ses dépenses, elle lui concède un privilège exclusif d'exploitation, on se trouve en présence d'un marché de travaux dont le monopole concédé forme le prix (taxation au droit fixe des actes innommés).

Exceptionnellement, si une prise d'eau était accordée pour le service d'un fonds, il y aurait constitution de servitude passible du droit de vente immobilière sur le prix stipulé (Sol. 18 juill. 1878 : Maguéro, V° Concession, n° 40).

3254 **Bail. Cours d'eau du domaine public. Concession précaire.** Les concessions de prise d'eau dans les rivières et canaux du domaine public s'exerçant sur une dépendance du domaine public, inaliénable et imprescriptible, ne peuvent constituer des servitudes. Elles doivent être considérées comme conférant des droits privatifs de jouissance et sont assimilées à des baux (*Dict. des Rédacteurs*, V° Concession, n° 27).

3255 **Distribution d'eau municipale. Bail d'exploitation.** Le traité par lequel une ville concède à une compagnie l'exploitation de sa distribution d'eau avec droit de jouir à cet effet des immeubles et ouvrages affectés au service des eaux, a le caractère d'un bail. La stipulation en vertu de laquelle la compagnie doit, outre le paiement d'un prix de concession déterminé, faire participer la ville dans une certaine mesure aux produits nets de l'exploitation, constitue une charge qui doit être ajoutée au prix pour la liquidation du droit de bail (Rouen, 4 mai 1893 ; *Dict. des Rédacteurs*, V° Concession, n° 35).

3256 **Bail. Eaux privées.** L'acte qui donne au concessionnaire le droit non pas de recevoir des eaux à son domicile, mais de les puiser à la source ou dans le canal particulier ou le cours d'eau non navigable, est translatif de jouissance comme au cas de prise d'eau sur un cours d'eau navigable. Il s'agit donc d'un bail.

3257 **Fuyant des eaux des fontaines publiques.** Le traité par lequel une commune concède à un syndicat pour une durée de quatre-vingt-dix-neuf ans, moyennant une redevance annuelle, les fuyants, laissés à leur cours naturel, des eaux des fontaines publiques, constitue un bail immobilier passible du droit de bail (lorsqu'il était en vigueur) sur le montant cumulé des redevances et non une vente ou un marché de fournitures (Montélimar, 26 juin 1884 : *Journ. enr.*, 22357).

3258 **Traité de concession par une commune des droits de riveraineté sur un cours d'eau et**

autorisation d'établir une canalisation sur des terrains communaux. Cette convention, conclue pour une durée de soixante ans, à charge par le cessionnaire d'installer et d'entretenir un certain nombre de lampadaires sur le territoire de la commune, de fournir le courant nécessaire à ces lampadaires, de construire une usine productrice de l'énergie et de payer une redevance annuelle proportionnelle à la surface des terrains occupée par la canalisation, est un bail d'immeuble (Chambéry, 10 mars 1910 : *Rev. enr. et imp.*, 5178 ; Maguéro, V° Concession, n° 47).

3259 Distribution d'eau municipale, concession individuelle aux habitants. L'acte par lequel une ville concède à ses habitants pour leurs usages privés une certaine quantité d'eau provenant des réservoirs municipaux constitue non pas un bail mais un marché de fournitures (*Dict. des Rédacteurs*, V° Concession, n° 36, réf. citée).
La situation est différente et le droit de bail (alors en vigueur) est dû sur le traité par lequel une ville concède à une compagnie l'exploitation de sa distribution d'eau, avec la jouissance des immeubles et ouvrages affectés au service des eaux (Rouen, 4 mai 1893 : *Dict. des Rédacteurs*, *ibid.*, n° 36).

V Eaux de rivières

3260 Généralités sur le régime des eaux. Une loi du 16 décembre 1964 (*JCP* G 1965, III, 30756 et 30792) a, dans son titre II, instauré une nouvelle réglementation du régime et de la répartition des eaux.
Les cours d'eaux non navigables ni flottables seront désormais dénommés cours d'eau non domaniaux. Ils sont actuellement régis par les articles L. 125-1 et suivants du Code de l'environnement.
Les cours d'eau navigables ou flottables deviennent les cours d'eau domaniaux. Ils sont actuellement régis par le Code du domaine public fluvial.

3261 Régime des eaux des cours d'eau non domaniaux. Il est défini par l'article L. 215-2 du Code de l'environnement et par l'article 644 du Code civil qui accorde à tout riverain le droit de se servir de l'eau.
La nature de ce droit d'usage a été discutée : mais on tend de plus en plus à le considérer comme un droit réel *sui generis*, qui a, comme l'emphytéose, ses caractères propres et sa physionomie originale. Comme l'ensemble des autres droits d'eau, la Cour de cassation, dans un arrêt en date du 17 novembre 1953 (*S.* 1954, 1, 101, note Mestre), considère qu'il s'agit d'un droit réel immobilier.
La cession de ce droit donnera donc lieu à la perception des droits de mutation à titre onéreux au tarif prévu pour les ventes immobilières (sur la nature de droit réel, V. Planiol et Ripert, t. 3, n° 497 ; *Rép. dr. civ. Dalloz*, 2e éd., V° Eaux, n° 245).

3262 Régime des eaux des cours d'eau domaniaux. Comme les autres biens du domaine public, ces eaux peuvent donner lieu à une utilisation privative sous la forme de travaux ou de prise d'eau. Mais celle-ci est subordonnée à une autorisation.
➤ Sur la nature juridique du contrat qui en découle, et la taxation à opérer en conséquence, on se reportera aux explications données plus haut (V. n°s 3253 à 3259).

VI Énergie hydraulique

3263 Généralités. Le régime de l'utilisation de l'énergie hydraulique a été fixé par une loi du 16 octobre 1919 (*DP* 1921, IV, 81) qui a soumis à un même statut juridique « l'énergie des marées, des lacs et des cours d'eau » (art. 1), quel que soit le classement de ces derniers (*Rép. dr. civ. Dalloz*, V° Énergie hydraulique, 2e éd., n° 2).
Elle subordonne l'utilisation de l'énergie hydraulique à une intervention préalable de la puissance publique, qui peut revêtir le caractère d'une concession ou d'une autorisation.
Pour les cours d'eau non domaniaux, la loi du 16 octobre 1919 a détaché la faculté de « disposer de l'énergie » du droit à l'usage de l'eau reconnu

aux propriétaires riverains par l'article 644 du Code civil. Elle a maintenu le droit d'utiliser l'énergie hydraulique dans le patrimoine des propriétaires riverains tout en le rendant à la fois imparfait et précaire puisque l'autorité publique a le pouvoir soit d'en autoriser discrétionnairement l'exercice, soit de le concéder à autrui moyennent indemnité (V. *Rép. dr. civ. Dalloz*, préc., *ibid.*, n° 3).
Selon l'article 2 de la loi du 16 octobre 1919, modifié par le décret n° 59-60 du 3 janvier 1959 (*D.* 1959, p. 211), le régime de la concession est applicable aux entreprises « dont la puissance (produit de la hauteur de chute par le débit maximum de la dérivation) excède 4 500 kilowatts »...
... Le régime de l'autorisation est applicable à « toutes les autres entreprises ».

3264 **Débat sur la nature juridique du droit concédé.** Avant la loi du 16 octobre 1919, le problème s'était posé en jurisprudence : une décision du tribunal de Moutiers (10 mai 1903 : *Rev. enr. et imp.*, 3125) avait considéré comme une vente immobilière la cession entre deux parties par acte du même jour, premièrement d'une chute d'eau ; deuxièmement des droits de riveraineté, de passage et de tous les terrains nécessaires à la mise en œuvre de la chute, considérant que cette cession avait pour objet unique une chute nue au sens industriel du mot, c'est-à-dire un droit immobilier indépendant de tous travaux à exécuter pour mettre la chute en œuvre.
Il en aurait été de même de la cession par actes distincts de la chute d'une part, et des avant-projets, études, plans, devis, rapports dressés pour parvenir à la réglementation de la chute, la concession dont elle a fait l'objet et les promesses de vente de terrains obtenues en vue de son utilisation d'autre part (rappr. Toulouse, 18 juill. 1924 : *Rev. enr. et imp.*, 8111. – Chambéry, 28 juill. 1927 : *Rev. enr. et imp.*, 8667), ces dernières valeurs ayant le caractère immobilier (*contra*, Seine, 26 mars 1926 : *Rev. enr. et imp.*, 8599 et obs. – V. sur ce point Maguéro, V° Vente d'immeubles, n° 151).
On relève également une décision de Villeneuve-sur-Lot (2 févr. 1933 : *Ind. enr.*, 2384 ; *Rev. enr. et imp.*, 9927) qui, dans le cas de vente d'un barrage et de droits d'eau, a estimé (sous le régime antérieur à l'entrée en vigueur des articles 9 et suivants de la loi du 15 mars 1963 qui a affranchi de tout droit proportionnel les ventes mobilières de gré à gré) qu'il était dû :
– le droit de vente de meuble sur le prix d'un barrage domanial et du droit d'eau y afférent... ;
– le droit de vente de meuble en principe sur le droit d'eau d'un barrage non domanial, et le droit de vente d'immeuble sur le prix du barrage ; mais le droit d'eau ayant été cédé, en même temps que le barrage et moyennant un prix unique, le droit immobilier a été appliqué à la totalité du prix en vertu de l'article 732 (devenu 735) du Code général des impôts.
Une décision postérieure (Agen, 4 juin 1945 : *D.* 1948, p. 328, note crit. Blae-Voft ; *Ind. enr.* 1947, art. 5945) a analysé le droit d'eau en un droit immobilier. Pour cette décision, rendue à propos de la vente d'un moulin « fondé en titre », le droit d'eau constitue l'accessoire indispensable des installations destinées à le mettre en œuvre et auquel il se trouve incorporé à perpétuelle demeure pour former un tout de caractère immobilier.
On remarquera d'ailleurs qu'il résulte de l'article 21 de la loi de 1919 que les droits résultant du contrat de concession ou de l'arrêté d'autorisation d'aménagement des forces hydrauliques sont bien de caractère immobilier puisque susceptibles d'hypothèques. La doctrine considère que ce texte a créé une nouvelle catégorie d'immeuble par l'objet auquel il s'applique, encore dit « immeuble incorporel » (Planiol et Ripert, 2e éd. par Picard, t. 3, n° 93. – Aubry et Rau, t. 2, 7e éd. par Esmein, n° 30 ; *Rép. dr. civ. Dalloz*, 2e éd., V° Biens, par Robino, n° 406). Même si l'on devait considérer ce droit comme meuble, il faudrait d'ailleurs conclure à l'immobilisation par destination.
L'arrêt de la Cour de cassation précité du 17 novembre 1953 (V. n° 3261) a estimé pour sa part que tous les droits des particuliers à l'usage de l'eau devaient être qualifiés de droits réels immobiliers, qu'il s'agisse non seulement des droits sur les rivières non domaniales, mais également des droits sur les cours d'eau du domaine public... des droits reconnus aux collectivités en vue de l'adduction d'eau potable et ceux résultant des concessions ou autorisations accordées sur l'une ou l'autre catégorie de cours d'eau en vertu de la loi du 16 octobre 1919 précitée.

3265 **Taxation.** Lorsqu'un tel droit est concédé par l'administration, la concession s'analysera donc normalement en un bail d'immeuble (à propos des concessions d'eau, V. nos 3257 et s.) et sera taxée en conséquence.
Lorsque le propriétaire d'une usine cède avec tous les autres éléments le bénéfice du contrat de concession, il y a alors convention de successeur qui donne lieu à la taxation prévue par l'article 720 du Code général des impôts.
Toute opération portant directement sur le droit d'eau donnera lieu, par ailleurs, à la perception des droits de vente d'immeuble (en ce sens implicitement Rép. min. à M. Masquère, 11 mai 1981 : *JOAN* CR, p. 2014, n° 40477).

3266 Cas particuliers : les usines « fondées en titre ». Ces usines, dites aussi usines dotées de l'existence légale, sont celles établies sur le domaine public avant l'ordonnance de Moulins de février 1566 qui a déclaré inaliénables les dépendances du domaine public, sur les petits cours d'eau avant le 4 août 1789 ou en vertu de ventes nationales. Elles présentent, comme la propriété, un caractère perpétuel et elles ne peuvent être supprimées ni subir de modifications que moyennant indemnités, car on considère que la chute d'eau appartient à leurs propriétaires (CE, 7 mars 1861 : *S.* 1862, 2, 46. – CE, 27 févr. 1891 : *S.* 1893, 3, 29). Ce principe est aujourd'hui consacré par l'article 23 du Code du domaine public fluvial.

En pareille hypothèse, la cession peut alors porter directement sur la chute d'eau : et, en fonction des indications données plus haut, cette cession devra donner lieu, selon nous, à la perception des droits de mutation à titre onéreux au tarif prévu pour les ventes d'immeubles.

Telle est d'ailleurs la solution donnée par un arrêt de la Cour de cassation (3e ch. civ.) du 10 juin 1981 (*Dr. fisc.* 1981, 2032-2034, p. 1332).

La vente par EDF d'un moulin et des droits d'eau sur une rivière domaniale qui y était attachée, moyennant deux prix distincts, donne lieu pour le tout au droit de vente d'immeuble, dit cette décision. En effet, dès lors que le moulin a fait l'objet d'une vente de biens nationaux et que ses propriétaires successifs ont toujours respecté son affectation, le moulin avait une existence légale au sens du Code du domaine public fluvial et de la navigation intérieure.

Par suite, le droit d'usage des eaux domaniales attaché à une usine ayant existence légale et cédé avec elle présente le caractère d'un droit réel immobilier, nonobstant l'état actuel de délabrement du bâtiment, dès lors que le moulin comprend non seulement le bâtiment mais aussi l'emplacement, capital pour l'exploitation des droits d'eau (V. dans le même sens, Cass. 3e civ., 6 févr. 1985 : *Bull. civ.* 1985, III, n° 24 ; *D.* 1986, inf. rap. p. 76, obs. Carrias).

Par ailleurs, un arrêt du Conseil d'État (9e et 8e ss-sect., 19 mai 1999, req. n° 152269) énonce que « Les droits à l'usage de l'eau et de riveraineté constituent des droits réels immobiliers qui peuvent faire l'objet d'une cession indépendamment de l'immeuble riverain auquel ils sont attachés » (*Dr. fisc.* 1999, comm. 752, p. 1291 ; *JCP* N 1999, p. 1874, note D. E). Le Conseil d'État se prononce explicitement en faveur d'une solution qu'il n'avait admise que d'une façon implicite (CE, 17 mars 1993, req. n° 79-876, *M. Brun* : *Dr. fisc.* 1993, n° 51, comm. 2445, concl. Ph. Martin).

Échange

Serge LAMIAUX

Sommaire analytique

Index alphabétique

Index alphabétique *(suite)*

3267 **Avertissement.** La présente rubrique traite des règles applicables à l'échange en général.
On trouvera dans d'autres rubriques l'exposé de certains régimes spéciaux :
– les échanges d'immeubles ruraux (V. **Échanges d'immeubles ruraux**) ;
– les échanges réalisés par SAFER (V. **SAFER**) ;
– les échanges de mines et de carrières (V. **Mines** et **Carrières**) ;
– les échanges faits par l'État, les régions, le département, les communes et certains établissements publics (V. **État**, **Collectivités publiques**) ;
– les échanges faits par le Conservatoire de l'espace littoral (V. **Conservatoire de l'espace littoral**).

I Publicité foncière

3268 **Application du droit commun.** Du point de vue de la publicité foncière, les échanges, dans la mesure où ils portent sur des immeubles ou des droits immobiliers, ne présentent pas de spécificité. Ce sont les règles de droit commun qui s'appliquent en ce qui concerne la désignation des immeubles, la désignation des parties, le principe de l'effet relatif, etc.

3269 **Formalités.** Les actes constatant des échanges d'immeubles ou de droits immobiliers sont soumis obligatoirement à la formalité unique. Il en est de même pour les actes d'échange d'immeubles ou de droits immobiliers contre des meubles (V. **Formalité unique**).

3270 **Délai de présentation à la formalité.** Les actes soumis obligatoirement à la formalité fusionnée doivent être présentés au service de la publicité foncière dans le mois de leur date (CGI, art. 647-III ; V. **Délais**).

II Régime fiscal

A Généralités

1 Champ d'application du droit d'échange

3271 **Échanges immobiliers concernés.** L'échange est un contrat par lequel les parties se donnent respectivement une chose pour une autre chose (C. civ., art. 1702).
Le texte de l'article 684 du Code général des impôts ne vise les échanges d'immeubles et le tarif qu'il édicte n'est applicable qu'aux actes de cette catégorie. Ce tarif est exigible d'ailleurs non seulement quand l'échange a pour objet une pleine propriété d'immeuble ou ses démembrements (usufruit ou nue-propriété – droit d'usage ou d'habitation), mais encore lorsqu'il comprend :
– une servitude cédée soit contre une autre servitude, soit contre un fonds ;
– des actions immobilières en revendication (C. civ., art. 526) ;
– des constructions élevées ou à terminer lorsque c'est le bâtiment tel qu'il existera une fois édifié

qui fait l'objet de l'échange (Cass., 21 juin 1869. – Instr. 2393, § 3. – Mâcon, 26 nov. 1962 : *Journ. enr.*, 17636. – Sol. 23898 : *Rev. enr. et imp.*, 1847). Dans ce cas, c'est la valeur de l'immeuble quand il sera achevé qui est à considérer pour l'assiette de l'impôt (Cass., 21 juin 1869, préc. ; V. Maguéro, V° Échange, n° 33).
Par contre, il y a vente et non plus échange au sens fiscal du mot lorsqu'en retour de l'abandon de son immeuble, l'un des co-échangistes oblige l'autre à élever une construction pour son compte. Cette obligation représente alors le prix de la vente (Maguéro, *ibid.*).

3272 **Immeubles par destination.** Le régime fiscal des échanges d'immeubles est applicable non seulement aux immeubles par nature, mais également aux immeubles par destination ou par l'objet auxquels ils s'appliquent, ou encore par la détermination de la loi (servitude, action immobilière, etc. ; Maguéro, V° Échange, n° 33).

3273 **Échange multilatéral.** Il a été demandé quelle était la taxation applicable à un échange intervenant entre trois personnes A, B et C, A cédant à B, B cédant à C et C cédant à A. Le ministre de l'Économie et des Finances a répondu que : sur le plan fiscal, les échanges multilatéraux d'immeubles, autres que les immeubles ruraux, ne bénéficient d'aucune tarification spéciale. Dans ces conditions, la situation exposée ne s'analyse pas en un échange mais en trois mutations à titre onéreux distinctes soumises, dans les conditions de droit commun, au tarif applicable aux ventes d'immeubles (Rép. min. à M. Valleix : *JOAN* Q, 19 juill. 1996, p. 4124 ; *Ind. enr.* 1996, n° 16740).

2 Régimes fiscaux applicables

3274 **Régime de droit commun.** Nous désignons sous cette appellation de « régime de droit commun » les échanges d'immeubles entrant dans le champ d'application de la taxe de publicité foncière.

3275 **Régimes spéciaux.** Certains échanges sont soumis à un régime particulier qui comporte soit une exemption de taxe de publicité foncière, soit une exemption ou une réduction du taux de la taxe afférente à la soulte ou à la plus-value, soit encore l'application des tarifs privilégiés des ventes. Il s'agit :
– des échanges d'immeubles ruraux.
Trois catégories d'échanges d'immeubles ruraux bénéficient d'un régime de faveur : les remembrements collectifs (V. **Remembrement rural**) ; certains échanges individuels ou multilatéraux (V. **Échange d'immeubles ruraux**) ; les échanges réalisés par les SAFER (V. **SAFER**) ;
– des échanges intervenant dans le cadre du remembrement foncier urbain (V. **Remembrement urbain**) ;
– des échanges de mines et de carrières (V. **Mines**) ;
– des échanges faits par l'État et certaines personnes publiques (V. **État**) ;
– des échanges d'immeubles dont la mutation entre dans le champ d'application de la TVA.

3276 **Échanges purs et simples, avec soulte ou plus-value.** Si les biens échangés sont d'égale valeur, l'échange est dit pur et simple.
Dans le cas contraire, il y a échange avec soulte, celle-ci, égale à la différence de valeur des deux lots, étant payée, en règle générale, en argent.
Si aucune soulte n'est stipulée malgré la différence de valeur, il y a plus-value d'un lot sur l'autre.
Au point de vue fiscal, l'échange n'est spécialement tarifé que dans la mesure où il porte exclusivement sur des immeubles. Les autres échanges, qu'il s'agisse de l'échange d'un immeuble contre un meuble ou d'un meuble contre un autre meuble, constituent en droit fiscal de véritables ventes et sont taxées comme telles (BOI-ENR-DMTOI-20, 12 sept. 2012, n° 10).

3277 **Bénéficiaires des droits.** Les échanges, qu'ils soient taxés au droit d'échange ou, à la demande des parties, au droit de vente de l'immeuble échangé si le taux du droit de vente du bien en cause est inférieur à celui du droit d'échange (V. n° 3273), n'entrent pas dans le champ d'application de la loi n° 83-1179 du 29 décembre 1983 qui a transféré les droits de vente d'immeubles aux départements.
Ils continuent donc à être assujettis aux droits d'enregistrement ou à la taxe de publicité foncière perçus au profit de l'État. En revanche, les soultes ou plus-values d'échanges entrent dans le champ d'application des droits et taxe perçus au profit du département.

3 Plus-values immobilières

3278 **Mentions requises.** L'échange d'un bien, même sans soulte, doit être considéré comme une vente suivie d'un achat. La cession réalisée par chaque coéchangiste entre donc dans le champ de l'impôt sur le revenu afférent aux plus-values (Instr. 14 janv. 2004 : *BOI* 8 M-I-04, fiche 1 et fiche 2, n°s 53 à 63 ; BOI-RFPI-PVI-10-30, 11 févr. 2013, n° 20).
Il y a donc lieu de tenir compte des règles applicables en pareil cas (V. **Plus-values immobilières**).

B Échange pur et simple d'immeubles

3279 **Définition.** L'échange est dit pur et simple lorsqu'il porte sur des immeubles d'égale valeur. Seront examinés out d'abord les aspects relatifs à la taxe de publicité foncière (1), puis ceux concernant la contribution de sécurité immobilière (2), avant d'illustrer les principes dégagés par des exemples divers (3).

1 Taxe de publicité foncière

3280 **Taux de la taxe de publicité foncière.** Les actes constatant des échanges d'immeubles ou de droits immobiliers sont soumis à la formalité unique. Ils donnent ouverture à la taxe de publicité foncière au taux de 5 %, à l'exclusion des taxes additionnelles.
Cette taxe étant perçue au profit de l'État (CGI, art. 1594 B), le prélèvement pour frais d'assiette, de recouvrement, de dégrèvements et de non-valeurs n'est pas dû (BOI-ENR-DMTOI-20-10-20120912, n° 10).

3281 **Estimation des biens.** Les immeubles, quelle que soit leur nature, sont estimés, d'après leur valeur vénale réelle à la date de la transmission, déterminée par une déclaration estimative des parties (CGI, art. 684, al. 3).

3282 **Déclaration à fournir.** Les parties sont obligées de déclarer la valeur vénale des immeubles échangés de part et d'autre, ceci afin de contrôler l'existence d'une plus-value de lot. Par suite, si après avoir fixé dans l'acte la valeur de l'une des parts, elles refusent de souscrire au pied de l'acte une déclaration estimative de la valeur de l'autre part, l'acte pourrait faire l'objet d'un refus de dépôt (V. **Déclaration estimative**).

3283 **Bases légales d'évaluation.** Toutefois, si dans les deux années qui ont précédé ou suivi l'acte d'échange, les immeubles transmis ont fait l'objet d'une adjudication soit par autorité de justice, soit volontaire avec admission des étrangers, la taxe exigible ne peut être calculée sur une somme inférieure au prix de l'adjudication, en y ajoutant toutes les charges en capital, à moins qu'il ne soit justifié que la consistance des immeubles a subi, dans l'intervalle, des transformations susceptibles d'en modifier la valeur (CGI, art. 684, al. 4).

3284 **Liquidation de la taxe.** Lorsque les immeubles sont d'une valeur égale, la taxe de publicité foncière est liquidée sur la valeur d'une des parts, et non sur le montant cumulé de la valeur des deux immeubles échangés (CGI, art. 684).

3285 **Échange d'usufruit et de nue-propriété.** Le barème fiscal prévu par l'article 762 du Code général des impôts pour la détermination de la valeur de l'usufruit et de la nue-propriété n'est pas applicable en matière d'échange (Instr. 4655, § 12).
L'usufruit ou la nue-propriété échangé doit donc être évalué par les parties dans les conditions ordinaires (V. **Usufruit**).

2 Contribution de sécurité immobilière

Les solutions énoncées ci-dessous à propos du salaire du conservateur sont transposables, jusqu'à nouvel ordre, pour la perception de la contribution de sécurité immobilière.

3286 Pour la perception des salaires, le contrat d'échange s'analyse en une double mutation (qu'il soit pur et simple ou avec soulte).
On estimait dès lors qu'un salaire était dû – comme en matière de vente – pour chaque contractant ayant un intérêt distinct.
La perception des salaires devait donc être opérée distinctement sur la valeur du ou des immeubles composant chacun des lots (*Bull. AMC* 1952, art. 106).
Le même conservateur ne pouvait percevoir la totalité des salaires qu'autant que tous les immeubles échangés étaient situés dans le ressort territorial de son bureau. S'il n'en était pas ainsi, chaque conservateur recevait un salaire calculé sur la valeur du ou des immeubles situés dans sa circonscription.
Si le salaire ainsi calculé était inférieur au minimum de perception, c'est ce salaire minimum qui devenait alors applicable (*JCP* N 1959, IV, 2830).

N.B. : Le minimum de perception de la contribution de sécurité immobilière, pour les publications visées à l'article 881 K du Code général des impôts, est actuellement de 15 € (CGI, art. 881 M).

3287 **Actes contenant plusieurs échanges distincts. Mode de liquidation des salaires.** A échange avec B des immeubles valant 120 000 F. A échange d'autre part avec C des immeubles valant 240 000 F. Le salaire est-il dû sur : 120 000 + 120 000 + 240 000 + 240 000 ? ou sur 120 000 + 240 000 + 360 000 ?

Chaque échange réalise une double mutation entre les co-échangistes (Rép. min. 22 janv. 1930 : *Rev. Hyp.*, 6017). Par suite, le salaire devait être liquidé distinctement sur la valeur totale des immeubles compris dans chacun des lots échangés comme s'il s'agissait de ventes distinctes (V. chron. : *JCP* N 1958, IV, 2545).

Lorsqu'un même acte contenait plusieurs échanges distincts, il fallait de même considérer distinctement chacun des lots et liquider le salaire séparément sur la valeur totale des immeubles compris dans chacun des lots.

Par suite, dans le cas considéré, le salaire devait être perçu d'une part sur 120 000 F et sur 120 000 F, d'autre part sur 240 000 F et sur 240 000 F (*JCP* N 1958, IV, 2545).

NOTA Cette solution a perdu une large part de son intérêt pratique depuis la suppression du salaire progressif. Mais elle permet de justifier, le cas échéant, la perception d'un ou plusieurs salaires fixes en plus du salaire proportionnel.

3 Cas divers

NOTA Les exemples proposés sont donnés ci-dessous par ordre alphabétique.

3288 **Cession par un légataire universel de droits immobiliers éventuels en contrepartie des droits d'une légataire particulière sur un immeuble déterminé.** Le cas suivant a été exposé : M. X est décédé, instituant M. A comme légataire universel.

Il a légué à Mlle D en pleine propriété divers immeubles, certains à usage commercial, d'autres à usage d'habitation. M. X a prévu que si Mlle D décédait sans postérité, le legs particulier à elle fait serait résolu de plein droit, ladite demoiselle étant alors réputée n'avoir eu que l'usufruit sa vie durant sur les biens qui lui ont été légués.

Les parties envisagent ce qui suit :

M. A cède à Mlle D les droits éventuels qu'il a sur certains immeubles, cette dernière devenant ainsi propriétaire incommutable desdits biens. De son côté, Mlle D cède à M. A ses droits sur un immeuble déterminé. M. A devenant ainsi immédiatement propriétaire de cet immeuble. Mlle D étant célibataire et âgée de quarante-huit ans, il est très vraisemblable qu'elle n'aura pas de postérité légitime.

Il a été demandé :

1° quels seront les droits qui seront exigés sur l'opération ainsi réalisée ? Peut-elle s'analyser comme un échange ?

2° les parties se proposent de fixer à 2/10 de la valeur de la pleine propriété les droits éventuels de M. A sur les immeubles ; peut-on considérer cette estimation comme raisonnable ?

Il a été répondu :

1° et 2° – L'acte constatant la cession par le légataire universel de ses droits éventuels sur certains immeubles composant la succession de M. X en contrepartie des droits que Mlle D détient sur un immeuble déterminé provenant de la même succession peut s'analyser en un échange soumis au droit édicté par l'article 684 du Code général des impôts. En vertu de ce texte, les droits éventuels de M. A doivent être estimés dans l'acte d'échange d'après leur valeur vénale réelle. Le barème auquel le parlementaire se réfère ne s'applique qu'aux transmissions à titre gratuit (CGI, art. 762-1. – Rép. min. Darou : *JO* Sénat CR, 18 oct. 1972, p. 1800, n° 11840).

3289 **Conservatoire de l'espace littoral.** Les échanges faits par cet établissement public sont exonérés des droits d'enregistrement et de la taxe de publicité foncière (V. **Conservatoire de l'espace littoral**).

3290 **Conversion d'usufruit en pleine propriété.** L'abandon partiel des droits d'usufruit aux nus-propriétaires, avec abandon réciproque par ceux-ci d'une partie de leurs droits en nue-propriété peut s'analyser en un échange (V. **Conversion d'usufruit**).

Si les biens grevés de l'usufruit, objet de la conversion, ne sont pas des immeubles, on est en présence d'un échange non spécialement tarifé par la loi fiscale, et l'opération est traitée comme une vente (V. nos 3332 à 3342, Échange d'immeuble contre meubles). S'il s'agit de droits sociaux, la cession peut ainsi donner ouverture au droit proportionnel prévu par l'article 726 du Code général des impôts (Bar-le-Duc, 26 juin 1969 : *Ind. Enr.*, 11783).

3291 **Droit d'habitation réservé lors d'une vente d'immeubles. Report sur un autre immeuble acheté par le même acquéreur.** Le droit d'habitation étant un droit réel, on est en présence d'un échange de droits immobiliers, taxable comme tel, avec application possible du régime de faveur prévu pour les mutations à titre onéreux d'immeubles affectés à l'habitation (Rép. min. Finances, 10 mars 1962 : *Ind. Enr.*, 10411).

3292 **Échange de biens divis contre droits indivis sur les mêmes biens.** L'acte qui substitue une propriété indivise à deux propriétés divises de terrains acquis pour la construction de logements jumelés, mais utilisée pour la construction d'une maison unique divisée par étages, a le caractère d'un échange, et est taxable comme tel (Rép. secr. D'Ét. Aux Finances, 6 oct. 1954 : *Ind. Enr.*, 8828).

3293 **Échange de droits indivis.**
➤ V. n° 3298.

3294 **Échange déguisant une vente.** Parfois, une vente est déguisée sous la forme d'un échange suivi de la revente immédiate de l'un des lots. Le mécanisme est le suivant : A qui veut vendre un immeuble à B et acheter un immeuble à C échange son immeuble avec celui de C, lequel revend à B l'immeuble reçu de A.
L'administration a toujours le droit de rétablir le véritable caractère des conventions, en s'appuyant sur les circonstances de chaque espèce, propre à établir l'existence d'une fraude (Rép. min. Finances, 4 oct. 1958 : *Ind. Enr.*, 9709).
L'existence d'un échange suivi de la vente de l'un des lots ne suffit pas en soi à établir la mutation déguisée. Il faut qu'il soit prouvé par d'autres présomptions que la revente était conclue avant l'échange et que l'un des échangistes (dans l'exemple cité C) avait dans l'intention de recevoir en argent la contre-valeur de son immeuble (Niort, 13 mai 1932 : *Rev. Enr. Et imp.*, 9784. – Rodez, 12 févr. 1935 : *Rev. Enr. Et imp.*, 10471. – Cass. Req., 19 déc. 1938 : *Ind. Enr.*, 4305. – Instr. 4424, § 4. – Saint-Brieuc, 4 nov. 1952 : *Ind. Enr.*, 7910. – Épinal, 2 déc. 1955 : *Ind. Enr.*, 8982. – Châteaulin, 9 janv. 1957 : *Ind. Enr.*, 9774).
Si l'administration établit que l'échange suivi de la vente immédiate de l'un des lots masque en réalité une double vente d'immeubles, la pénalité prévue par l'article 1729 du Code général des impôts (actuellement majoration des droits de 80 %) devient exigible (V. Poitiers, 26 avr. 1977 : *Rev. Enr. Et imp.* 1977, art. 15434-2. – TGI Chartres, 28 mars 1963 : *Rev. Enr. Et imp.*, 14820 [l'administration a échoué dans la preuve lui incombant]).

3295 **Échange d'immeubles contre une concession dans un cimetière.**
➤ V. **Concessions funéraires**.

3296 **Échange d'un immeuble contre un droit au bail d'immeuble.** Il est traité comme une vente d'immeuble (Seine, 15 déc. 1848 : *Journ. Enr.*, 14657).

3297 **Échange d'immeubles situés dans les territoires d'outre-mer et anciens états de la communauté où l'enregistrement est établi.** Ils sont enregistrés au droit fixe des actes innommés.

3298 **Échange opérant partage.** Tout acte, même qualifié d'échange, qui a pour résultat de faire cesser une indivision, en totalité ou en partie, est un partage et doit être taxé en conséquence (Maguéro, V° Échange, n° 46. – Cholet, 19 mai 1917 : *Rev. Enr. Et imp.*, 5637. – Rép. secr. D'Ét. Aux Finances, 16 mars 1955 : *Ind. Enr.*, 8712).
Peu importe d'ailleurs que l'indivision ne porte que sur des droits en usufruit ou en nue-propriété, pourvu qu'une indivision quelconque existe entre les parties (Cass., 16 juin 1824 : Instr. 1146, § II. – Cass., 4 août 1869 : Instr. 2394, § 7. – Cass., 7 janv. 1878 : *Journ. Enr.*, 22127. – Sol. 11 janv. 1889 cité par Maguéro, V° Échange, n° 46).

3299 **Échange par le fait duquel un immeuble devient la propriété indivise de deux époux.** Deux frères A et B ont épousé deux sœurs. A et B sont copropriétaires indivis d'une ferme X et Mmes A et B sont copropriétaires d'une ferme Z, ces deux fermes étant à proximité l'une de l'autre.
Chaque ménage voulant être propriétaire unique d'une ferme, il est convenu de faire un échange de droits immobiliers, Mme A cédant à M. B ses droits, soit la moitié indivise dans la ferme Z. En contrepartie, M. B cède à Mme A ses droits, soit la moitié indivise dans la ferme X.
À la suite de cet échange les époux A se trouvent copropriétaires à titre de biens propres et chacun pour une moitié indivise dans la ferme X et les époux B copropriétaires indivis dans les mêmes conditions de la ferme Z.
L'acte d'échange n'a donc pas mis fin à l'état d'indivision et ne saurait donc être considéré comme équivalent à partage. La taxe de publicité foncière et les salaires auxquels ils donnent ouverture doivent être dès lors liquidés comme en matière d'échange, la taxe étant liquidée sur la valeur estimative cumulée des deux moitiés de fermes échangées et la valeur estimative de chacune de ces moitiés étant assujettie à un salaire distinct (Rép. min. Finances, 3 sept. 1960 : *Bull. AMC* 1961, art. 470).

3300 **Échange de terrains opéré dans les conditions prévues par l'article L. 130-2 du Code de l'urbanisme.**
➤ V. **Cession gratuite de terrain**.

3301 **Échange d'usufruit.** Puisqu'il n'y a pas d'indivision entre usufruitier et nu-propriétaire, on considère traditionnellement qu'on ne se trouve pas en présence d'un partage, mais bien d'un échange lorsque l'usufruitier d'un côté et les nus-propriétaires de l'autre se font un abandon réciproque d'une partie de leurs droits, transformant ainsi en une pleine propriété leurs droits antérieurs sur une partie de l'immeuble (Maguéro, V° Échange, n° 46, réf. Cit.).

Échange

On peut cependant se demander si, après la loi du 31 décembre 1976, il est toujours possible de considérer l'usufruitier comme étant absolument étranger à l'indivision.
On notera d'ailleurs que bien qu'il n'existe pas d'indivision entre l'usufruitier et le nu-propriétaire d'un même bien, le bénéfice du régime de faveur prévu à l'article 750-II du Code général des impôts (taxe de publicité foncière à 2,50 % – non-taxation des soultes) a été accordé aux cessions et aux licitations de droits successifs en usufruit ou en nue-propriété au profit d'héritiers et légataires ou de donataires ou nus-propriétaires ou usufruitiers du même bien (*BODGI*, 7 F-7-71. – *Ind. Enr.*, 12088). Il semblerait donc que l'on puisse considérer qu'un échange d'usufruit contre de la nue-propriété intervenant entre cette catégorie « d'indivisaire » devrait bénéficier également du régime fiscal de faveur prévu à l'article 748 du Code général des impôts et être traité comme un partage (V. cependant Rép. min. : *JOAN* CR, 6 oct. 1976, p. 6358, n° 30712).

3302 **Échange d'usufruit contre un droit d'habitation.** Il a été exposé que par convention intervenue entre une veuve usufruitière légale et ses enfants héritiers, il avait été décidé d'attribuer à la veuve, en représentation de son usufruit, un droit d'usage et d'habitation portant sur un immeuble déterminé dépendant de la succession. Il a été demandé si cet acte pouvait être fiscalement considéré comme un partage entraînant la perception du droit de 1 % (actuellement 2,50 %) sur la valeur du droit d'usage et d'habitation ainsi attribué. Il a été répondu qu'à défaut d'indivision entre nu-propriétaire et usufruitier, l'opération envisagée ne s'analysait pas en un partage mais, sous réserve de l'examen des termes de l'acte, en un échange de droits réels immobiliers (Rép. min. Bolo : *JOAN* CR, 6 oct. 1976, p. 6358, n° 30712).
L'analyse faite par cette réponse paraît critiquable : l'opération fait cesser l'indivision existant en usufruit, par attribution d'un droit divis, diminutif de l'usufruit. Dans cette mesure, elle constitue bien un partage.

3303 **Charges inégales.** Lorsque deux immeubles d'une valeur identique, mais grevés de charges inégales sont échangés sans soulte exprimée, la différence des charges représente, au profit de l'un des lots, un excédent de valeur passible du droit de vente, comme constituant une charge pour l'autre (Seine, 14 oct. 1890 : *RP*, 7512).

3304 **Constructions à élever.** Lorsque dans un acte d'échange sans soulte exprimée, l'un des échangistes est tenu de faire ou d'achever des constructions à évaluer par expert ou autrement, cette obligation constitue une charge passible du droit de soulte (Cass., 21 juin 1869 : Instr. 2393, § 3).

3305 **Dettes.** L'obligation imposée à l'un des échangistes de payer une dette de l'autre est considérée comme une soulte (Cass., 28 avr. 1830 : Instr. 1336, § 6. – Seine, 26 févr. 1892 : *RP*, 7804).

3306 **Frais d'acte.** L'échange pur et simple opérant une double mutation réciproque dans laquelle chaque partie joue en même temps le rôle de vendeur et d'acquéreur, il en résulte que normalement les frais de contrat doivent être supportés en commun.
Si donc dans un échange sans soulte exprimée, l'un des échangistes est tenu de payer tous les frais de l'acte, il y a, à concurrence de la moitié de ces frais, une charge passible du droit de vente. Cette règle est aujourd'hui bien établie (V. Maguéro, V° Échange, n° 24-V et réf. Citées).
Mais quand une soulte a été stipulée, les frais applicables à cette soulte incombent exclusivement à celui qui doit l'acquitter, puisqu'en droit civil l'échange produit les effets de la vente jusqu'à concurrence du montant de la soulte (C. civ., art. 1593). De ce fait :
– si la totalité des frais du contrat est mise à la charge du débiteur de la soulte, la somme soumise aux droits de vente se compose du montant de la soulte et de la moitié des frais de l'échange proprement dit ;
– si c'est au contraire le créancier de la soulte qui est tenu d'acquitter tous les frais de l'acte, le montant réel de la soulte doit être diminué, pour la liquidation du droit de vente, tant des frais applicables à la soulte que de la moitié de ceux de l'échange proprement dit (Seine, 30 janv. 1843 : *RP*, 4294). Et si la soulte exprimée se trouve inférieure au montant des frais ainsi mis à la charge de son créancier, du chef de l'autre partie, c'est la soulte qui doit être déduite du montant de ces frais (Cass. 10 mai 1865 : Instr. 2326, § 2 ; V. Maguéro, V° Échange, n° 21).
Enfin, si les frais sont partagés par moitié entre les parties, le créancier de la soulte se trouve supporter la moitié des frais de la soulte ne lui incombant pas légalement et il y a, à concurrence de cette moitié, une charge à déduire du montant de la soulte pour la perception du droit de vente (V. Maguéro, *ibid.*).

3307 **Privation de jouissance.** Lorsqu'une des parties n'est autorisée à prendre possession du lot qui lui est cédé que postérieurement à l'entrée en jouissance par son co-échangiste du lot par elle abandonné, la privation de jouissance résultant de cette disposition constitue une charge égale au montant des revenus dont le premier coéchangiste se trouve privé (Reims, 14 juin 1890 : *RP*, 9513. – Rép. secr. D'Ét. Aux Finances, 11 nov. 1954 : *BOI* 6757 ; *Ind. Enr.*, 8585).

3308 **Réserve d'usufruit.** Si l'un des échangistes se réserve l'usufruit du lot qu'il cède, cette réserve ne constitue pas une charge (Maguéro, V° Échange, n° 24-IV).

3309 **Résolution d'un échange.** La résolution volontaire d'un échange donne ouverture au droit d'échange, sauf si l'un des lots échangés n'appartenait pas à la personne qui l'a cédé. Les règles concernant la vente du bien d'autrui seraient alors applicables (*Dict. enr.*, 3346).

3310 **SAFER.**
➤ V. SAFER.

3311 **Vente et dation en paiement du prix.** Bien qu'opérant une double mutation, l'échange suppose une seule opération dans laquelle je cède mon bien en retour de celui que vous m'abandonnez. La circonstance que j'aurai déclaré dans le contrat vous vendre ma maison pour un prix déterminé en paiement duquel nous convenons, sans désemparer que vous me céderez un de vos immeubles, quoique donnant à la stipulation les apparences d'une double vente ne lui enlève pas le caractère d'un échange (Maguéro, V° Échange, n° 38 ; Déc. Min. Finances, 4 sept. 1810 : *Journ. Enr.*, 5364).

Mais il en irait différemment et l'on se trouverait en présence d'une double vente à tarifer en conséquence si la double mutation, au lieu d'être constatée par un acte unique, l'était par deux actes distincts, fussent-ils de la même date (Agen, 10 juill. 1833 : *D.* 1834, II, 206) et à plus forte raison s'ils sont de dates différentes (Bergerac, 7 mars 1877 : *Journ. Enr.*, 20417). Si l'immeuble donné en paiement n'est pas d'une valeur égale à celui vendu, on peut se demander, en fonction du montant de cette dernière, à partir de quel moment il n'y a plus échange mais double vente (ou vente avec dation en paiement). – V. Échange.

C Échange d'immeubles avec soulte

1 Définitions

3312 Lorsque la valeur des immeubles échangés n'est pas identique, les parties vont normalement convenir d'établir l'égalité en imposant à l'une d'entre elles soit le paiement d'une somme d'argent, soit l'exécution de charges. À défaut, il y aurait plus-value d'un lot sur l'autre.

a) Soulte

3313 **Notion de soulte.** Si la différence de valeur entre les lots est compensée par remise d'une somme d'argent, cette somme porte le nom de soulte.

3314 **Charges constituant une soulte.** La soulte peut consister non seulement dans le versement d'une somme d'argent, mais encore dans l'acquit par un échangiste pour le compte de son cocontractant de dette ou de charge incombant personnellement à celui-ci (BOI-ENR-DMTOI-20-10-20120912, n° 90).

La jurisprudence donne comme exemple de charges pouvant être considérées comme des soultes (et donc taxables en tant que telles) les cas suivants.

3315 **Travaux à exécuter.** Lorsque l'un des échangistes s'engage à faire des travaux pour le compte de l'autre soit sur le lot qu'il abandonne soit partout ailleurs, cette obligation constitue une charge passible du droit de soulte (Marseille, 28 août 1851 : *Journ. Enr.*, 15292-2 ; Maguéro, V° Échange, n° 24-II).

Constitue une soulte qui doit être incluse dans l'assiette des droits d'enregistrement d'un acte d'échange d'immeubles le coût des travaux que l'un des échangistes s'est engagé à effectuer sur la parcelle à lui cédée.

Pour retenir cette qualification, le juge n'a pas à rechercher si l'obligation pour obtenir l'échange ne lui faisait pas assumer un coût excédant la valeur vénale du terrain en cause (Cass. Com., 12 déc. 1995, n° 94-14706 : *RJF* 3/1996, n° 381).

b) Plus-value de lot

3316 Si les biens échangés sont de valeur inégale et que cependant il n'ait pas été stipulé de soulte dans l'acte, on dit qu'il y a plus-value d'un lot sur l'autre. Cette plus-value est, du point de vue de la taxation, considérée comme une soulte.

2 Taxation

3317 Nous ne donnons ici que les règles de base : on se reportera aussi au 3° pour les cas particuliers.

3318 **Droits exigibles.** Lorsque les immeubles échangés sont d'inégale valeur ou qu'il est stipulé une soulte à la charge de l'un des coéchangistes, l'opération s'analyse du point de vue fiscal en un échange à concurrence de la valeur du lot le plus faible et en une vente à concurrence de la différence de valeur des deux lots ou de la soulte (BOI-ENR-DMTOI-20-10-20120912, n° 50).

L'acte donne ouverture à la taxe de publicité foncière au taux de 5 % sur la valeur du lot le plus faible et à la taxe départementale de publicité foncière au taux prévu pour la vente du ou des immeubles compris dans le lot le plus important à concurrence du montant de la soulte ou de la plus-value.

La taxe de publicité foncière au taux de 5 % exigible sur la valeur du lot le plus faible est perçue au profit de l'État. En revanche, la taxe de publicité foncière au taux prévu pour la vente du ou des immeubles compris dans le lot le plus important exigible sur le montant des soultes et plus-values a été transférée aux départements (CGI, art. 1594 A. – BOI-ENR-DMTOI-20-10-20120912, n° 60).

3319 Taxes additionnelles. La taxe additionnelle communale ainsi que le prélèvement pour frais d'assiette, de recouvrement, de dégrèvements et de non-valeurs sont exigibles sur le montant des soultes ou plus-values (BOI-ENR-DMTOI-20-10-20120912, n° 60).

3320 Frais à déduire. Lorsque la partie qui reçoit la soulte se trouve tenue, en vertu du contrat, au paiement des frais incombant légalement à l'autre partie, ces frais doivent être déduits du montant de la soulte pour l'assiette de l'impôt. Mais lorsque l'impôt est calculé sur la plus-value (ce qui est le cas lorsqu'il n'y a pas de soulte stipulée ou qu'elle est inférieure à la plus-value), celle-ci ne doit pas être diminuée du montant des frais à la charge de la personne qui a le lot le plus faible (Cass. Req., 19 août 1872 : Instr. 2456, p. 45). En indiquant cette solution, le *Dictionnaire de l'enregistrement* précise (n° 1830) : « En effet, la plus-value dépend de la valeur respective des lots échangés et n'est pas affectée par les charges imposées à l'un ou l'autre des échangistes et qui ont le caractère de soulte, c'est-à-dire d'un prix ».

3321 Imputation proportionnelle de la soulte. Lorsque le lot revenant au débiteur d'une soulte comprend des biens dont la vente est soumise à des tarifs différents, l'imputation de la soulte doit être effectuée proportionnellement à l'importance respective de ces biens (*BOI* 1965, 9525 ; Instr. 1er juill. 1970, § 22 ; *BOI* 7 C-13-70. – BOI-ENR-DMTOI-20-10-20120912, n° 80).

3322 Soulte à la charge du lot le plus fort. Si la soulte est à la charge du lot le plus fort, la taxe de publicité foncière au tarif prévu pour les échanges est due sur la valeur du lot le plus fort et la soulte supporte le régime fiscal des ventes (Sol. 27 juill. 1867 : *Journ. Enr.*, 18450-1).

3323 Soultes et plus-values inégales. Cette éventualité peut en pratique se produire à la suite d'un redressement (V. Doc. adm. DGI, 7 C-222, n° 5, 1er oct. 2001 et BOI-ENR-DMTOI-20-10-20120912, n° 80). Il faut distinguer deux cas :

– plus-values inférieures à la soulte : le droit de vente est dû sur la soulte sans tenir compte de la plus-value. En effet, en décidant que ce droit serait exigible sur la soulte ou la plus-value, l'article 684 du Code général des impôts donne à l'administration la faculté de choisir entre le retour ou la plus-value pour percevoir le droit le plus élevé (Cass., 8 déc. 1847 : Instr. 1814, § 10 ; Sol. 26 août 1876 : *Journ. Enr.*, 20730) ;

– plus-values supérieures à la soulte : pour la même raison, le droit de vente est ici dû sur le montant de la plus-value, abstraction faite de la soulte (V. Maguéro, V° Échange, n° 30 ; réf. jurisprudentielles citées).

Lorsque, dans cette dernière hypothèse, la partie qui abandonne le lot le plus fort s'engage à supporter tous les frais d'acte, la jurisprudence décide qu'il n'y a pas lieu de déduire du montant de la plus-value pour la perception du droit de vente, la fraction des frais que cette partie est chargée de payer pour le compte de son co-échangiste (sol. Critiquée par Maguéro, V° Échange, n° 31 ; V. jurisprudence citée).

3324 Soultes réciproques. Lorsqu'il est stipulé deux soultes réciproques, la taxe perçue au profit des départements au tarif des ventes n'est due que sur la différence des deux soultes (BOI-ENR-DMTOI-20-10-20120912, n° 90), avec imputation proportionnelle éventuelle de la soulte (V. n° 3321).

3325 Affirmation de sincérité de la soulte. L'affirmation de sincérité visée par l'article 850 du Code général des impôts ne régit que les échanges constatés par des actes sous seing privé. En raison de l'obligation de la forme authentique pour les échanges portant sur des immeubles, ils doivent revêtir la forme notariée.

Ce sont alors les dispositions de l'article 863 du Code général des impôts qui s'appliquent : le notaire qui reçoit un acte d'échange est tenu d'informer les parties de l'existence des sanctions édictées par les articles 850 et 1837 du Code général des impôts (relatifs aux fausses affirmations de sincérité) et par l'article 366 du Code pénal. Mention expresse de cette information doit être faite dans l'acte.

En outre, aux termes de l'article 864 du Code général des impôts, le notaire est tenu d'informer les parties de l'existence des sanctions édictées par les articles 1827, 1828, 1838, 1840 et 1840 B du Code général des impôts, de faire mention de cette information dans l'acte et d'y affirmer qu'à sa connaissance cet acte n'est modifié ou contredit par aucune contre-lettre contenant une augmentation de prix ou de la soulte.

3326 **Dissimulation de prix.** La prise en charge, par un coéchangiste, de travaux pour un montant cinq fois plus élevé que le prix auquel les terrains échangés ont été évalués dans l'acte authentique d'échange, constitue une dissimulation de prix dès lors que l'acte ne reprend pas la clause (de la convention d'échange relative à ces travaux, mais affirme, au contraire, « sous les peines édictées par l'article 1837 du CGI », qu'il n'existe aucune soulte, Cass., com., 12 déc.1995, *Sci Les Mironelles : RJF* 3/1996, n° 381).

3327 **Contribution de sécurité immobilière.** Comme c'était antérieurement le cas pour le salaire du conservateur (V. n° 3293), la perception doit être opérée distinctement sur la valeur du ou des immeubles composant chacun des lots.
Mais la stipulation d'une soulte n'engendre aucune perception particulière.

3 Cas particuliers

3328 **Échange avec soulte entre une commune et un particulier.** Les acquisitions immobilières des communes par voie d'échanges amiables sont susceptibles d'être admises au bénéfice du régime de faveur prévu par l'article 1042 du Code général des impôts (pour plus de détail, V. **Commune**).
Mais les soultes d'échanges payées aux communes, qui représentent pour ces collectivités le prix d'une aliénation et non d'une acquisition, n'entrent pas de ce fait dans les prévisions de l'article 1042 susvisé.
Elles sont donc soumises au régime fiscal de droit commun sans qu'il puisse être tenu compte à cet égard des clauses du contrat qui dérogent aux règles légales de contribution au paiement de l'impôt (Rép. min. à M. Halgouet : *JOAN* CR, 22 août 1970, p. 3754, n° 12830).
En l'espèce, l'acte d'échange avait prévu que tous les frais, droits et honoraires seraient supportés par moitié.
V. sur le sujet, *Defrénois* 1995, art. 36209, V° Échange d'un terrain communal contre un terrain appartenant à une société anonyme – Soulte à la charge de la commune. Terrain cédé par la société grevé d'une hypothèque. Formalités administratives. – Solution d'examen professionnel.

3329 **Échange avec l'État.** La taxe de publicité foncière est exigible au taux prévu pour les ventes à concurrence des soultes d'échange payées à l'État (Instr. 1er juill. 1970, § 236 ; *BOI*, 7 C-13-70 ; pour plus de détails, V. **État**).

3330 **Échange avec soulte d'un immeuble contre un immeuble et un fonds de commerce.** La question est alors de savoir quel est le véritable caractère de la convention : échange complexe avec soulte imputable proportionnellement sur les immeubles et sur le fonds de commerce du lot le plus fort (sol. Retenue par Rouen, 27 nov. 1972 : *Ind. Enr.*, 12303) ou encore échange d'immeubles avec soulte et vente du fonds de commerce moyennant complément de soulte. C'est en faveur de cette dernière solution qu'optent les rédacteurs du *Dictionnaire de l'enregistrement* (V. obs. *in Ind. Enr.*, 12303 et *Dict. enr.*, n° 1834).

3331 **Vente avec dation en paiement d'un immeuble de valeur différente.** Il s'agit en principe d'un échange (V. n° 3311), mais un problème peut se poser dans le cas où l'immeuble donné en paiement étant d'une valeur inférieure à celui reçu en contre-échange, le paiement d'une soulte est stipulé.
En effet, dans le cas où la soulte est élevée par rapport à la valeur des choses échangées, il appartient alors au juge de rechercher la qualification qu'il convient de donner au contrat (Cass. Civ., 30 oct. 1950 : *D.* 1950, p. 753. – Cass., 12 déc. 1938 : *S.* 1939, 1, 87).
Le principe généralement admis est que le contrat reste un échange tant que la soulte n'apparaît pas en fait comme l'objet principal du contrat (Planiol et Ripert, t. X, n° 403. – Aubry et Rau, t. V, n° 360). Ce principe est énoncé par un arrêt de la Cour de cassation rendu en matière d'enregistrement (Cass. Civ., 10 févr. 1926 : *DP* 1926, p. 202. – Dans le même sens Cass. 3e civ., 26 juin 1973 : *Bull. civ.* 1973, III, n° 436).
Quel est le seuil à partir duquel l'importance de la soulte doit faire conclure qu'il n'y a plus échange mais double vente (ou vente avec dation en paiement) ?
La décision rendue ne le précise évidemment pas : chaque cas est un cas d'espèce et il appartient au juge d'apprécier souverainement (V. *Rép. prat.* Dalloz, 1re éd., V° Échange, n° 25 ; *Rép. dr. civ.* Dalloz, V° Vente, par Malaurie, n° 17. – *JCl. Notarial Répertoire*, nos 15-16, V° Échange).

D Échange d'un immeuble contre un meuble

3332 Après avoir rappelé les principes généraux, nous distinguerons selon que les immeubles sont ou non dans le champ d'application de la TVA.

1 Règles générales

3333 **Application cumulée du régime de droit commun des mutations à titre onéreux et de la théorie des dispositions dépendantes et indépendantes.** L'échange d'un immeuble contre un meuble n'est pas spécialement tarifé par la loi fiscale. Par suite, ces échanges doivent être soumis au régime de droit commun des mutations à titre onéreux.

Toutefois, les règles relatives à la taxation des ventes doivent être combinées avec le principe général édicté par l'article 670 du Code général des impôts selon lequel, lorsqu'un acte renferme deux dispositions tarifées différemment mais qui, à raison de leur corrélation, ne sont pas de nature à donner ouverture à la pluralité des droits, la disposition qui sert de base à la perception est celle qui donne lieu au tarif le plus élevé (théorie des dispositions dépendantes et indépendantes).

Conformément à ces dispositions et dès lors que l'obligation de transférer chacun des biens trouve sa cause dans l'obligation de transférer l'autre bien, un seul impôt de mutation est exigible au tarif le plus élevé (V. BOI-ENR-DMTOI-20-20-20120912, n°s 1 à 20).

En fait, le régime fiscal est le suivant :

– si les biens échangés sont des biens soumis, en cas de vente, à des droits de même nature, il y a lieu de percevoir le droit dont le taux est le plus élevé ;

– si les biens échangés sont des biens soumis, en cas de vente, à des droits de nature différente, il convient de taxer la disposition principale, c'est-à-dire la disposition dont l'objet est le plus important d'après la nature de l'acte et le but poursuivi par les parties. Ainsi, en cas d'échange d'un immeuble contre une créance, il y a lieu de percevoir le droit de vente d'immeuble (BOI-ENR-DMTOI-20-20-20120912, n° 40).

3334 **Formalités.** Les actes de l'espèce sont soumis à la formalité unique (V. **Formalité unique**).

3335 **Cas où l'échange comporte une soulte.** Lorsque l'échange comporte une soulte, les règles précédentes ne sont appliquées que dans la mesure où il y a échange, c'est-à-dire à concurrence de la valeur du lot le plus faible ; la soulte est taxée comme le prix de la vente du lot le plus fort sur lequel elle s'impute. Si ce lot est composé de biens dont la vente est passible de tarifs différents, il y a lieu de répartir la soulte proportionnellement à la valeur de chacun de ces biens et d'appliquer le régime fiscal prévu pour la vente de chacun d'eux sur la fraction de soulte correspondante.

Si la soulte s'impute à la fois sur des meubles et sur des immeubles, les droits d'enregistrement sont perçus sur le tout au taux prévu pour les immeubles si les conditions prévues à l'article 735 du Code général des impôts ne sont pas réunies (V. **Vente simultanée de meubles et d'immeubles** ; *BOI* préc., n° 50).

3336 Un exemple permet d'illustrer les indications données ci-dessus.

Supposons qu'il s'agisse d'échanger un fonds de commerce contre un immeuble dont la mutation bénéficie d'un régime de faveur avec taxation au taux de 0,71498 %. Quelle serait la taxation opérée dans l'un ou l'autre des cas suivants :

– valeur du fonds : 500 000 ; valeur de l'immeuble : 300 000 ;

– valeur du fonds : 300 000 ; valeur de l'immeuble : 500 000.

– Premier cas : ce sont les droits de mutation prévus pour les ventes de fonds de commerce qui seront perçus (puisqu'il s'agit du tarif « le plus élevé »). La soulte (200 000) étant imputable sur le fonds de commerce, l'assiette des droits sera donc de 500 000.

– Deuxième cas : il y aura, là encore, perception des droits de mutation au tarif prévu pour les ventes de fonds de commerce, mais uniquement « dans la mesure où il y a échange », c'est-à-dire à concurrence de la valeur du lot le plus faible, soit sur 300 000.

La soulte (200 000) étant imputable sur l'immeuble, sera passible du tarif réduit (en l'espèce supposé être de 0,71498 %).

2 Immeubles n'entrant pas dans le champ d'application de la TVA

a) Principe

3337 Il résulte des principes sus-énoncés que généralement ce sera la vente d'immeubles, considérée comme la disposition principale, qui sera taxée comme telle, à moins toutefois que la transmission des meubles cédés en contrepartie soit assujettie elle-même à un droit proportionnel d'un taux plus élevé que celui afférent à la vente d'immeuble. Les dispositions de l'article 672 du Code général des impôts conduiraient alors à retenir ce tarif plus élevé (V. **Acte contenant plusieurs dispositions**).

b) Exemples

3338 **Échange d'un immeuble contre des biens mobiliers ou corporels** (dont la vente est en principe assujettie à un simple droit fixe). L'opération sera traitée comme une vente d'immeuble.

3339 Échange d'un immeuble contre des immeubles et des meubles. La taxe de publicité foncière d'échange est due à concurrence de la valeur de l'immeuble le moins important.
Pour le surplus, la convention est taxée comme une vente d'immeuble, l'abandon des meubles constituant le prix de cette vente (Délib. 23 févr., 2 mars 1841 : *Journ. Enr.*, 12693. – Seine, 4 août 1841 : *Journ. Enr.*, 12811).
Si par exemple on échange un immeuble de 8 000 F contre un autre immeuble de 5 000 F et des meubles estimés 3 000 F, il y a échange jusqu'à concurrence de la valeur de l'immeuble le plus faible et vente pour la plus-value de l'autre immeuble. Tout se passe comme s'il était stipulé une soulte de 3 000 F (Maguéro, V° Échange, n° 26).

3340 Échange d'un immeuble contre un droit au bail d'immeuble. Le droit au bail étant purement mobilier, cet échange est traité comme une vente d'immeuble, par application des règles ci-dessus indiquées (Seine, 15 déc. 1848 : *Journ. Enr.*, 14657).

3341 Échange de fonds de commerce ou de meubles contre immeubles.
➤ V. n° 3333.

3342 Échange avec soulte d'immeubles contre des immeubles de valeur supérieure et contre un fonds de commerce.
➤ V. n° 3335.

E Échanges réalisés par des personnes ou collectivités publiques

1 Échanges d'immeubles faits par l'État et certains établissements publics

3343 Exonération. Les échanges faits par l'État et les établissements publics, scientifiques, d'assistance et de bienfaisance de l'État, ainsi que par les établissements publics fonciers créés en application des articles L. 321-1 à L. 321-13 du Code de l'urbanisme sont exonérés de la taxe de publicité foncière ; toutefois, les soultes payées à l'État ou aux établissements susvisés donnent ouverture à la taxe de publicité foncière perçue au profit du département au taux prévu pour les ventes (CGI, art. 1040. – BOI-ENR-DMTOI-20-10-20180704, n° 310).

3344 Frais de l'échange. L'article L. 3222-1 du Code général de la propriété des personnes publiques énonce que tous les frais engagés lors de la procédure d'échange sont dus par le cocontractant, lorsque :
1° le projet d'acte a été abandonné par le fait du tiers revendiquant la propriété de l'immeuble offert à l'État ou à un établissement public ;
2° le contrat a été résolu dans les conditions fixées à l'article L. 1111-3 ;
3° l'État ou un établissement public a été évincé dans les conditions fixées aux articles 1704 et 1705 du Code civil.
Dans tous les autres cas, les frais engagés lors de la procédure de l'échange sont dus par le cocontractant, même si l'échange n'est pas réalisé, sauf convention contraire justifiée par l'intérêt de l'État. Les droits d'enregistrement et taxes perçus sur la soulte payable à l'État sont toujours à la charge du cocontractant.

3345 Établissements publics d'aménagement. Les échanges faits pour le compte de l'État par un établissement public d'aménagement ne sont pas susceptibles de donner ouverture aux droits d'enregistrement et à la taxe de publicité foncière en raison des dispositions de l'article 1040 du Code général des impôts.
En revanche, les échanges faits pour son propre compte par un tel établissement ne bénéficient d'aucune mesure particulière et sont donc imposables dans les conditions de droit commun (V. BOI-ENR-DMTOI-20-10-20180704, n° 320).
➤ Sur le statut juridique de ces établissements, V. BOI-ENR-DMTOI-10-80-10.

2 Échanges d'immeubles réalisés par les communes ou syndicats de communes, les établissements publics fonciers locaux, les départements, les régions, et par les établissements publics communaux, départementaux ou régionaux

3346 Il est admis que les dispositions de l'article 1042 du Code général des impôts sont applicables en cas d'échange avec soulte entre un particulier et ces collectivités, la soulte devant être à la charge de ces dernières. Cette tolérance est également applicable aux établissements publics d'aménagement lorsqu'ils agissent pour le compte des collectivités locales et établissements publics locaux visés à l'article 1042 du Code général des impôts. L'exonération de la taxe de publicité foncière est acquise pour les deux parties à l'acte. Lorsque la soulte est à la charge du particulier, les droits sont dus par ce dernier dans les conditions de droit commun (BOI-ENR-DMTOI-20-10-20180704, n° 330).

NOTA En ce qui concerne les établissements publics fonciers, il s'agit de ceux créés en application des articles L. 324-1 et suivants du Code de l'urbanisme.

3 Échanges d'immeubles faits par le Conservatoire de l'espace littoral et des rivages lacustres

3347 Les échanges réalisés par le Conservatoire de l'espace littoral et des rivages lacustres d'immeubles situés dans les zones définies à l'article L. 322-1 du Code de l'environnement sont exonérés des droits d'enregistrement et de la taxe de publicité foncière (CGI, art. 1041).

L'exonération de droits de mutation s'applique aux échanges purs et simples ainsi qu'aux échanges avec soulte, lorsque cette dernière est payée par le conservatoire. Elle ne peut bénéficier aux échanges avec soulte, lorsque la soulte est payée au conservatoire. Dans ce cas, l'acte est soumis à la taxe de publicité foncière perçue au profit du département au taux prévu pour les ventes (V. BOI-ENR-DMTOI-20-10-20180704, n° 340).

F Échanges d'immeubles dont la vente est susceptible de bénéficier d'un régime de faveur

3348 **Application du régime des ventes.** Lorsque l'échange porte sur des immeubles dont la vente est susceptible de bénéficier d'un régime de faveur et, à condition que les parties le requièrent expressément, il a été décidé d'appliquer le régime des ventes dans tous les cas où une telle solution serait moins onéreuse pour les parties. Il convient donc, en principe, de procéder à une double liquidation et de retenir celle dont le résultat est le moins élevé. Le droit de vente appliqué à l'immeuble échangé reste perçu au profit de l'État.

Les échanges d'immeubles dont la vente est susceptible de bénéficier d'une taxation globale inférieure à celle résultant de l'application du droit d'échange peuvent à la demande des parties être taxés au tarif des ventes.

Les échanges, qu'ils soient taxés au droit d'échange ou, à la demande des parties, au droit de vente de l'immeuble échangé si le taux du droit de vente du bien en cause est inférieur à celui du droit d'échange continuent donc à être assujettis aux droits d'enregistrement ou à la taxe de publicité (BOI-ENR-DMTOI-20-30-20180704, n° 210).

3349 **Mécanisme de la double liquidation.** Pour déterminer le régime fiscal le plus favorable, il convient, en principe, d'effectuer une double liquidation :

– liquidation dans les conditions ordinaires de la taxe de publicité foncière au taux prévu pour les échanges et éventuellement à concurrence des soultes et plus-values au taux prévu pour les ventes ;

– liquidation de l'imposition exigible sur la vente du lot passible de la taxation la plus élevée. Toutefois, en cas d'échange de lots d'inégale valeur dont le plus faible serait passible de l'imposition la plus élevée, la vente est réputée porter sur le lot le plus faible à concurrence de sa valeur et sur le lot le plus fort à concurrence de la soulte ou plus-value (BOI-ENR-DMTOI-20-30-20180704, n° 220. – cf. les exemples cités *in* Doc. adm. DGI, 7 C-233, n°s 9 et 10, 1er oct. 2001).

En fait, la double liquidation est inutile dans les hypothèses suivantes (BOI-ENR-DMTOI-20-30-20180704, n° 230) :

– échange de deux immeubles remplissant, l'un et l'autre, en cas de vente, les conditions pour l'application d'un tarif réduit qui, taxe(s) additionnelle(s) en sus, est inférieur au taux prévu pour les échanges ;

– échange de deux immeubles, qui, en cas de vente, seraient passibles l'un d'une taxation totale à un taux supérieur, l'autre d'une taxation totale à un taux inférieur à celui du droit d'échange.

Dans la première hypothèse, il est évident que le régime des ventes est plus avantageux pour les parties ; dans la seconde hypothèse au contraire, c'est le régime des échanges qui leur est plus favorable.

Mais la double liquidation est nécessaire dans le cas où dans un lot, ou dans les deux, figurent des immeubles dont la vente serait pour les uns soumise à une taxation globale supérieure au droit d'échange, pour les autres à une taxation inférieure à ce taux.

3350 **Cas où le tarif des ventes d'immeubles se révèle plus avantageux.** Lorsque le tarif des ventes d'immeubles se révèle être le plus avantageux, les parties doivent, afin d'éviter toute difficulté ultérieure de recouvrement, demander expressément l'application du régime des ventes d'immeubles et s'engager solidairement à acquitter le complément de taxe exigible dans l'hypothèse où, à défaut d'exécution des conditions auxquelles est subordonné l'octroi définitif du régime du taux réduit de la taxe de publicité foncière, l'opération devrait, par la suite, être replacée sous le régime fiscal de droit commun des échanges (BOI-ENR-DMTOI-20-30-20180704, n° 230).

G Échanges d'immeubles situés à l'étranger

3351 **Échange d'immeubles tous situés à l'étranger.** Les actes d'échange d'immeubles tous situés à l'étranger sont assujettis éventuellement à la formalité de l'enregistrement en raison de leur forme (Rapp. BOI-ENR-DMTOI-10-10-10-20120912, nos 310 à 370). Ils donnent alors ouverture sur la valeur du lot le plus fort au droit de 5 % prévu à l'article 714 du Code général des impôts (BOI-ENR-DMTOI-20-10-20120912, n° 280).

3352 **Échange d'immeubles français contre des immeubles étrangers.** Quant aux échanges d'immeubles français contre des immeubles étrangers, ils échappent à la formalité unique et sont soumis au droit de vente d'immeubles au tarif prévu pour les immeubles français. Si l'échange comporte une soulte s'imputant sur un immeuble étranger, elle est assujettie au droit de 5 % prévu à l'article 714 du Code général des impôts. Par contre, si la soulte s'impute sur des immeubles français, l'opération est entièrement assimilée à la vente des immeubles français.

Bien entendu, la publication de la mutation des immeubles français au service de la publicité foncière ne donne lieu au paiement d'aucune taxe (BOI-ENR-DMTOI-20-10-20120912, nos 290 et 300).

III TVA immobilière

3353 **Principe.** En matière de taxes sur le chiffre d'affaires, l'échange s'analyse en une double vente dont le prix est payé en nature. Il en résulte qu'en cas d'échange d'immeubles, l'assiette de la TVA quand elle trouve à s'appliquer est constituée par la valeur de l'immeuble acquis en contrepartie de l'immeuble cédé, majorée éventuellement du montant de la soulte reçue (CGI, ann. III, art. 76-1) ou, conformément aux dispositions du *b* du 2 de l'article 266 par la valeur vénale réelle de l'immeuble cédé, si elle est supérieure à celle de l'immeuble reçu augmentée de la soulte.

Il convient donc d'examiner chaque livraison au regard de la situation des coéchangistes et de la nature de l'immeuble cédé. Il n'y a lieu de considérer ici que les échanges dans lesquels au moins une des deux livraisons (vente ou apport) est soumise à la taxe, que ce soit sur le prix total ou sur la marge (Instr. 29 déc. 2010, n° 105 : *BOI* 3 A-9-10. – BOI-TVA-IMM-10-20-10-20120912, n° 420).

EXEMPLE Un promoteur A échange avec un particulier B un immeuble achevé depuis plus de cinq ans (sur la cession duquel il n'opte pas pour la taxation) pour une valeur de 100 000 €, contre un terrain à bâtir d'une valeur de 80 000 € complétée d'une soulte de 20 000 €. Aucune TVA n'est collectée par les deux coéchangistes.

3354 **Échange d'un immeuble soumis à TVA contre un immeuble dont la cession est non imposable ou exonérée.** Un assujetti A échange avec un autre assujetti B un immeuble achevé depuis plus de cinq ans (sur la cession duquel il n'opte pas pour la taxation), pour une valeur de 80 000 € complétée d'une soulte de 20 000 €, contre un terrain à bâtir d'une valeur de 100 000 € TTC. Dans l'hypothèse où la cession du terrain est imposable sur le prix total, la base d'imposition de la livraison effectuée par le vendeur B est égale au montant de toutes les sommes et valeurs reçues de la part de A à l'exception de la TVA elle-même, soit 83 612 €. Le fait que la TVA facturée dans l'acte soit déductible par A (pour un montant de 16 388 €) est sans incidence (BOI-TVA-IMM-10-20-10-20120912, n° 430. – Instr. 29 déc. 2010, n° 106 : *BOI* 3 A-9-10).

3355 **Échange de deux immeubles dont les cessions respectives sont soumises à TVA.** Un assujetti A échange avec un autre assujetti B un immeuble neuf pour une valeur de 100 000 € contre un terrain à bâtir d'une valeur de 80 000 € TTC, complétée d'une soulte de 20 000 €. B ayant acquis le terrain sans droit à déduction pour un prix de 50 000 €, la cession se trouve être taxable sur la marge. La base d'imposition de la livraison effectuée par A est égale au total de la soulte et du prix TTC du terrain reçus de la part de B à l'exception de la TVA elle-même, soit 83 612 €. Le fait que la TVA facturée réciproquement dans l'acte d'échange soit déductible respectivement par A (pour son montant de 4 916 €) et par B (pour son montant de 16 388 €) est sans incidence

(BOI-TVA-IMM-10-20-10-20120912, n° 440. – Instr. 29 déc. 2010, n° 107 : *BOI* 3 A-9-10). En l'espèce, (8 000 – 50 000) / 1,196 = 25 084 € et 4 916 € de TVA (*BOFiP*, préc.).

3356 Articulation de la TVA et des droits d'enregistrement. Rappel du régime ancien. Sous l'empire du droit antérieur à la réforme de la TVA immobilière de 2010, l'analyse de l'administration fiscale était la suivante (*Dict. Enr.*, Échange, 1827 a) :

1° du point de vue de la TVA, l'échange s'analyse en une double vente ;

2° lorsqu'elles donnent lieu au paiement de la TVA en vertu de l'article 257-7° du CGI, les mutations d'immeubles autres que les terrains à bâtir et les biens assimilés au sens de l'article 1594-0 G-A du CGI sont soumis à la taxe de publicité foncière au taux de 0,70 % (0,60 % avant le 1er janvier 2006) (CGI, art. 1594 F quinquies A). Les mutations de terrains à bâtir sont exonérées de la taxe de publicité foncière proportionnelle en vertu de l'article 1594-0 G-A du CGI mais restent soumises à une taxe fixe de 125 € à compter du 1er janvier 2006 (CGI, art. 691 bis) ;

3° il est nécessaire de combiner les deux règles ci-dessus avec celles de la perception des droits d'enregistrement aussi bien que de la taxe de publicité foncière en matière d'échange ;

4° enfin, il faut tenir compte du principe posé par l'article 27, § III de la loi du 15 mars 1963 suivant lequel l'enregistrement des actes qui donnent lieu au paiement de la taxe sur la valeur ajoutée n'entraîne l'exigibilité d'aucun droit d'enregistrement à raison des opérations soumises à cette taxe (Instr. 14 août 1963, § 11).

La combinaison de ces principes amenait l'administration fiscale à distinguer deux cas :

1) échange d'immeubles bâtis ou non entrant dans le champ d'application de la TVA : la TVA était due sur chacun des lots. En cas d'échange pur et simple, la TPF était perçue au taux de 0,70 % sur la valeur d'un lot. En cas d'échange avec soulte, la TPF était perçue sur le lot le plus faible et sur la soulte (autrement dit, la TPF à 0,70 % était perçue sur le lot le plus fort) ;

2) échange d'immeubles bâtis ou non entrant dans le champ d'application de la TVA contre des immeubles situés hors champ de la TVA : la TVA était exigible sur le lot comprenant l'immeuble soumis à TVA. Pour la TPF, il fallait distinguer selon que l'échange porte sur un terrain à bâtir ou non. Si l'échange comportait un terrain à bâtir et s'il était pur et simple, l'exonération de TPF valait pour les deux lots ; s'il y avait une soulte, la TPF au taux du droit de vente était perçue sur le montant de la soulte (mais seulement si l'immeuble non soumis à TVA avait une valeur supérieure à celle du terrain à bâtir).

Si l'échange ne portait pas sur un terrain à bâtir et s'il était pur et simple, la TPF était perçue au taux réduit de 0,70 % sur la valeur de l'un des lots ; s'il y avait une soulte, il fallait distinguer : si le lot le plus important était constitué par l'immeuble soumis à TVA, la soulte était soumise au taux réduit de 0,70 % ; si, au contraire, la valeur de l'immeuble hors champ TVA excédait celle de l'immeuble soumis à TVA, il y avait une TPF perçue au taux réduit de 0,70 % sur la valeur de l'immeuble soumis à TVA et une TPF perçue au taux prévu pour la vente de l'immeuble le plus important sur le montant de la soulte (taux de la taxe de publicité foncière pour les ventes d'immeubles).

3357 Articulation de la TVA et des droits d'enregistrement – Régime actuel. Le législateur fiscal de 2010 s'est écarté sensiblement de l'objectif recherché par le législateur de 1963. En effet, la création de la TVA immobilière en 1963 était fondée sur des motifs d'équité et de neutralité fiscale. En conséquence, la perception ne devait pas constituer une recette nouvelle qui aurait augmenté le prix de revient des immeubles. Sa perception a donc été compensée par une exonération des droits de mutation, seule la taxe de publicité foncière au taux réduit étant éventuellement exigible en contrepartie des frais de publicité foncière. Or, depuis la réforme de 2010, ce paradigme a changé puisque la perception de la TVA peut se cumuler avec celle des droits de mutation. Il en est ainsi pour les acquisitions de terrains non à bâtir en cas d'option pour la TVA, de terrains à bâtir lorsque la TVA est perçue sur la marge réalisée, d'immeubles anciens en cas d'option pour la TVA (*Dict. Enr.*, Échange, 1827 a).

Désormais, l'administration préconise de faire application de sa doctrine relative aux échanges d'immeubles dont la vente est susceptible de bénéficier d'un régime de faveur (BOI-ENR-DMTOI-10-40, 1er juin 2016, n° 80 ; V. nos 3348 et s.) ; elle précise que les régimes de faveur des engagements de construire ou de revendre sont également applicables (*BOI* préc.).

3358 Exemples – Échange de deux immeubles dont les cessions respectives sont soumises à TVA.

Exemple n° 1 : Un assujetti A échange avec un autre assujetti B un immeuble neuf pour une valeur de 100 000 € contre un autre immeuble de même valeur (les deux lots sont donc soumis à TVA sur la valeur totale de chaque lot). L'échange est pur et simple. Il devrait en principe donner ouverture à une TPF au taux du droit d'échange, soit 5 %, perçu sur la valeur d'un lot. Cependant, en cas de vente, chaque lot aurait rendu exigible une TPF au taux réduit de 0,715 %. En ce cas, il n'y a pas lieu d'effectuer de double liquidation : il est évident que le régime des ventes est plus avantageux pour les parties. La TPF au taux réduit de 0,715 % sera donc perçue sur la valeur d'un lot.

Exemple n° 2 : Même exemple mais l'échange comporte à présent une soulte de 20 000 € (l'un des immeubles vaut 100 000 € TTC alors que l'autre vaut 80 000 € TTC). S'agissant du lot le plus faible, l'analyse demeure inchangée : la TPF au taux réduit de 0,715 % sera perçue sur la valeur du lot le plus faible (ici 80 000 €). S'agissant de la soulte, elle constitue le prix du lot le plus fort sur lequel elle s'impute ; le lot le plus fort est ici constitué d'un immeuble neuf ; par conséquent, la soulte de 20 000 € est soumise à une TPF au taux réduit de 0,715 %.

Exemple n° 3 : Un assujetti A échange avec un autre assujetti B un immeuble neuf pour une valeur de 100 000 € contre un terrain à bâtir d'une valeur de 80 000 € TTC, complétée d'une soulte de 20 000 €. Le terrain à bâtir de B est taxable sur la marge.

S'agissant du lot le plus faible, ici constitué du terrain à bâtir soumis à TVA sur marge, il faut vérifier si le régime des ventes est plus favorable et donc comparer préalablement les taux applicables comme si chacun des lots était vendu ; en cas de vente, l'immeuble serait soumis à une TPF de 0,715 % alors que le terrain à bâtir serait soumis à une TPF au taux de 5,81 % ; en ce cas, il n'y a pas lieu d'effectuer la double liquidation : il est évident que le régime de l'échange est plus favorable. Le lot le plus faible (80 000 € TTC) supportera donc une TPF au taux du droit d'échange, soit 5 %.

S'agissant de la soulte, elle est taxée comme le prix de la vente du lot le plus fort sur lequel elle s'impute ; le lot le plus fort consiste ici en un immeuble neuf ; par conséquent, la soulte de 20 000 € sera passible de la TPF à taux réduit de 0,715 %.

3359 Exemple – Échange d'un immeuble soumis à TVA contre un immeuble dont la cession est non imposable ou exonérée. Un assujetti A échange avec un autre assujetti B un immeuble achevé depuis plus de cinq ans (sur la cession duquel il n'opte pas pour la taxation), pour une valeur de 80 000 € complétée d'une soulte de 20 000 €, contre un terrain à bâtir d'une valeur de 100 000 € TTC, la TVA étant due sur le prix total. S'agissant du lot le plus faible, ici constitué de l'immeuble ancien, il faut vérifier si le régime des ventes est plus favorable et donc comparer préalablement les taux applicables comme si chacun des lots était vendu ; en cas de vente, l'immeuble ancien serait soumis à une TPF de 5,81 % alors que le terrain à bâtir serait soumis à une TPF au taux réduit de 0,715 % ; en ce cas, il n'y a pas lieu d'effectuer la double liquidation : il est évident que le régime de l'échange est plus favorable. Le lot le plus faible (80 000 € TTC) supportera donc une TPF au taux du droit d'échange, soit 5 %.

S'agissant de la soulte, elle est taxée comme le prix de la vente du lot le plus fort sur lequel elle s'impute ; le lot le plus fort consiste ici en un terrain à bâtir avec TVA sur prix total ; par conséquent, la soulte de 20 000 € sera passible de la TPF à taux réduit de 0,715 %.

Échange d'immeubles ruraux

Franck ROUSSEL

Sommaire analytique

Index alphabétique

3360 **Observation préliminaire.** Le régime des échanges d'immeubles ruraux concernant les sociétés d'aménagement foncier et d'établissement rural (SAFER) est traité à part (V. **SAFER**). Les échanges et cessions amiables d'immeubles ruraux sont actuellement régis par les articles L. 124-1 à L. 124-13 du Code rural et de la pêche maritime. Ils constituent l'une des modalités de l'aménagement foncier rural (C. rur. pêche marit., art. L. 121-1 et s. ; V. **Aménagement foncier rural**).

3361 **Plan.** Nous traiterons successivement du régime juridique (publicité foncière, droit hypothécaire) de l'échange d'immeubles ruraux (I) puis de son régime fiscal (II).

I Publicité foncière des opérations d'échange

3362 Nous distinguerons selon que l'échange intervient ou non dans un périmètre d'aménagement foncier.

A Échange en l'absence de périmètre d'aménagement foncier

1 Établissement du contrat d'échange

3363 **Formes.** Un projet d'échange amiable est établi, le cas échéant par acte notarié. Il est adressé à la commission départementale d'aménagement foncier et transmis au conseil général. Le président du conseil général le rend exécutoire s'il approuve l'opération (C. rur. pêche marit., art. L. 124-3, R. 124-1 et R. 124-2).

3364 **Mentions devant y figurer.** L'article D. 124-4 du Code rural et de la pêche maritime énonce de façon détaillée les indications qui doivent figurer dans le projet ou l'acte notarié d'échange. Selon ce texte, ci-après littéralement reproduit :

« Le projet d'échanges et cessions ou l'acte notarié contient notamment :

1° La désignation des parties à l'acte conformément aux dispositions des articles 5 et 6 du décret n° 55-22 du 4 janvier 1955 ;

2° La désignation, conformément à l'article 7 du décret n° 55-22 du 4 janvier 1955, des immeubles échangés et cédés (commune, section, numéro, lieudit, contenance, nature de culture) et en outre, l'origine de propriété, le mode d'exploitation, la désignation des bâtiments assurés contre l'incendie avec la date et le numéro de la police ;

3° L'estimation, par les parties, de la valeur des immeubles échangés et cédés et le cas échéant, le montant et les modalités de recouvrement des soultes ;

4° L'indication du mode et éventuellement, des conditions de l'exploitation, ainsi que l'énumération des inscriptions d'hypothèques et de privilèges, des droits réels, y compris les servitudes actives ou passives, qui portent sur les immeubles, avec l'indication des actes ou décisions judiciaires leur ayant donné naissance et les références de la formalité exécutée au service de la publicité foncière (date, volume, numéro) ;

5° Éventuellement, le consentement exprès et sans réserve donné par les bénéficiaires d'hypothèques ou de privilèges inscrits ou de droits réels publiés autres que les servitudes, au transfert de leurs droits sur les immeubles attribués et à la mainlevée des inscriptions grevant les immeubles abandonnés ;

6° Pour les actes d'échanges et cessions établis par acte notarié, les modalités de répartition entre les coéchangistes des frais auxquels donnent lieu le contrat d'échange et le renouvellement des inscriptions d'hypothèques et privilèges ainsi que le renouvellement de la publication des autres droits réels ;

7° La mention que les échanges et cessions sont faits conformément aux dispositions soit de l'article L. 124-3, soit de l'article L. 124-4 ».

3365 S'il existe des inscriptions ou des droits réels sur les immeubles, le texte prévoit soit le consentement au transfert donné par leurs titulaires dans l'acte d'échange, soit une procédure permettant de passer outre au silence ou à l'opposition de ces titulaires.

a) Consentement des titulaires d'inscriptions et de droits réels obtenu

3366 **Consentement dans l'acte d'échange.** L'article D. 124-4, 5°, du Code rural et de la pêche maritime indique que l'acte d'échange peut contenir « le consentement exprès et sans réserve, donné par les bénéficiaires d'hypothèques ou de privilèges inscrits ou de droits réels publiés autres que les servitudes, au transfert de leurs droits sur les immeubles attribués et à la mainlevée des inscriptions grevant les immeubles abandonnés ».
Ainsi, le consentement doit être exprès et sans réserve et, s'il s'agit d'inscriptions, porter aussi sur la mainlevée de ces inscriptions en tant qu'elles grèvent les immeubles cédés.
Ce consentement doit être donné dans l'acte d'échange lui-même. À défaut, la notification dont il sera parlé plus loin (V. n° 3368) paraît indispensable, même si le titulaire de l'inscription donne son consentement par acte postérieur.

3367 **Consentement postérieur à la notification de l'acte d'échange.** Si les titulaires de droits sont disposés à consentir au transfert après la notification, il ne sera pas nécessaire d'attendre l'expiration du délai d'un mois qui leur est imparti pour faire opposition (V. n°s 3368 et 3371). Leur consentement au transfert pourra être donné dans un acte postérieur dont une expédition sera déposée avec les autres pièces en vue des formalités de publicité foncière et de transfert. Ces formalités seront ainsi effectuées plus rapidement, c'est en vertu de cet acte que les inscriptions seront radiées.

b) Défaut de consentement des titulaires d'inscriptions ou de droits réels

3368 **Notification et homologation du tribunal.** Si les titulaires d'inscriptions ou de droits réels n'ont pas donné leur consentement au transfert dans l'acte d'échange, l'article D. 124-5 du Code rural et de la pêche maritime prévoit une procédure qui permet soit d'effectuer le transfert avec leur accord tacite, soit d'y procéder malgré leur opposition après homologation du tribunal qui peut contrôler la légitimité de leur opposition.
Si les titulaires d'inscriptions, de droits réels ou de baux n'ont pas donné leur consentement dans l'acte d'échange, il y a lieu de leur notifier le projet d'échanges et cessions rendu exécutoire par le président du conseil général ou l'acte d'échanges et cessions établi par acte notarié. La notification, par lettre recommandée avec demande d'avis de réception, est faite au domicile élu dans l'inscription par le président du conseil général ou par le notaire.
Les créanciers inscrits ou les titulaires de droits réels ou de baux ont un délai d'un mois à compter de la première présentation de la lettre recommandée pour faire opposition au transfert de leur droit (ils peuvent aussi dans ce délai donner leur consentement, V. n° 3367), par lettre recommandée adressée au greffe du tribunal judiciaire du lieu de situation des immeubles :
– s'il n'y pas d'opposition, un certificat constatant l'absence d'opposition est délivré par le greffier du tribunal de grande instance dans les huit jours de la demande qui lui en est faite par lettre recommandée avec demande d'avis de réception, naturellement après expiration du délai d'un mois. Cette réquisition est faite soit par le président du Conseil général, soit par le notaire (C. rur. pêche marit., art. D. 124-8). Ce certificat, joint aux autres pièces, permettra de procéder au transfert des inscriptions ou droits réels au moment de la publication au bureau des hypothèques (C. rur. pêche marit., art. R. 127-10) ;
– si une opposition est formée, il faudra alors faire procéder à l'homologation de l'échange.
La décision sera prise par le président du tribunal judiciaire du lieu de la situation des immeubles ou de la partie de ces immeubles ayant le revenu cadastral le plus élevé sous forme d'une ordonnance qui est susceptible de recours. Elle doit donc être signifiée et peut être frappée d'appel dans le délai normal d'un mois du jour de la signification.
– Si l'homologation est prononcée, l'échange peut être publié et le transfert s'effectue dans les conditions qui vont être indiquées (V. n°s 3377 à 3382).
– Si, au contraire, l'homologation est refusée, l'échange reste valable et produit ses autres effets à moins qu'il ait été fait sous la condition suspensive du transfert. L'échangiste débiteur doit donc, conformément au droit commun, rapporter la mainlevée des inscriptions, sinon le co-échangiste pourra procéder à la purge ou exercer l'action en répétition s'il n'y a pas renoncé.

2 Obtention des renseignements hypothécaires et notifications

3369 **Réquisition d'états.** Dès réception du projet d'échanges et cessions, le président de la commission requiert le service de la publicité foncière de lui délivrer dans les trois mois les extraits, en tableau :
1° des inscriptions d'hypothèques et de privilèges grevant les immeubles intéressés ;
2° des actes et décisions judiciaires portant ou constatant la mutation de ces immeubles ou

constatant l'existence de saisies, résolutions, restrictions au droit de disposer et en général, de tous droits réels, du chef tant des propriétaires dénommés aux bulletins individuels que des propriétaires postérieurs à ces derniers lorsqu'ils seront connus du service de la publicité foncière.

Des extraits complémentaires, doivent être sollicités par la suite, les derniers extraits devant être délivrés au plus tard dans les quinze jours qui suivent la date de la clôture des opérations (C. rur. pêche marit., art. D. 127-2).

3370 **Inscriptions et droits réels non révélés.** Il est évident que seules seront révélées par l'état requis les formalités qui auront été publiées au fichier immobilier, ce que rappelle l'article D. 127-8 du Code rural et de la pêche maritime.

Par ailleurs, le service de la publicité foncière est dispensé de délivrer des extraits des formalités publiées avant le 1er janvier 1956.

En conséquence, les informations fournies par l'état peuvent être lacunaires. Elles seront complétées, le cas échéant, par celles que doivent fournir les titulaires d'inscriptions ou de droits réels, à la suite de la notification qui leur est adressée (C. rur. pêche marit., art. D. 127-9-1°) ou par les renseignements que pourraient fournir les divers organismes auxquels cette même notification est effectuée dans un but de publicité (C. rur. pêche marit., art. D. 127-9-3°).

Si certains créanciers ou titulaires de droits réels sont omis, ils disposent de recours (C. rur. pêche marit., art. L. 123-16).

3371 **Notifications.** Lorsque les immeubles échangés et cédés sont grevés d'hypothèques, privilèges ou droits réels autres que les servitudes, et si les titulaires de ces droits ne donnent pas dans l'acte leur consentement au transfert, le projet d'échanges et cessions rendu exécutoire par le président du conseil général ou l'acte d'échanges et cessions établi par acte notarié sont respectivement notifiés par le président du conseil général ou par le notaire, au domicile élu par chacun des titulaires de droits, par lettre recommandée avec demande d'avis de réception.

Dans le délai d'un mois à compter de la première présentation de la lettre recommandée, constatée sur l'avis de réception, tout créancier inscrit et tout titulaire d'un droit réel autre qu'une servitude peut faire opposition au transfert de son droit par lettre recommandée adressée au greffe du tribunal judiciaire du lieu de la situation des immeubles.

En cas d'opposition, l'acte d'échange et de cession est soumis à l'homologation du président du tribunal de grande instance du lieu de la situation des immeubles ou de la partie de ces immeubles ayant le revenu cadastral le plus élevé.

L'absence d'opposition est constatée par un certificat délivré par le greffe (C. rur. pêche marit., art. D. 124-5).

3 Formalité de publicité

3372 **Principe.** L'article D. 124-9 du Code rural et de la pêche maritime pose en principe que :

– la publication des échanges et cessions rendus exécutoires par le président du conseil général qui ont fait l'objet de l'opposition mentionnée à l'article L. 124-1 et la publication de l'acte d'échanges et cessions établi par acte notarié sont effectuées selon les modalités fixées par le décret n° 55-22 du 4 janvier 1955 et le décret n° 55-1350 du 14 octobre 1955 et sous les sanctions prévues par ces textes et par l'article 851 du Code général des impôts ;

– la réquisition de publication est faite en principe par le président du Conseil général (V. C. rur. pêche marit., art. D. 127-4, al. 1 à 4).

3373 **Mentions du procès-verbal.** Le procès-verbal doit indiquer, pour chaque propriétaire, la liste des anciennes parcelles et celle des nouveaux lots. Il indique, également, les servitudes actives ou passives, subsistantes en application des articles L. 123-14 et L. 124-1 ou constituées lors des opérations d'aménagement foncier, grevant les parcelles attribuées ou leur profitant.

En vue de renouveler, en ce qui les concerne, la publicité légale antérieure, le procès-verbal doit, en outre, mentionner avec la désignation de leurs titulaires les droits réels autres que les servitudes, privilèges et hypothèques, grevant les immeubles échangés ou cédés, et qui s'exercent désormais sur les immeubles attribués.

La désignation des propriétaires et des autres titulaires de droits réels est faite conformément aux articles 5 et 6 du décret n° 55-22 du 4 janvier 1955 portant réforme de la publicité foncière et certifiée dans les conditions prévues aux articles 38, 81 et 82 du décret n° 55-1350 du 14 octobre 1955 pris pour l'application du décret n° 55-22 du 4 janvier 1955, sous peine de refus du dépôt (C. rur. pêche marit., art. D. 127-4, al. 5).

Seuls sont mentionnés au procès-verbal, conformément à l'article D. 127-4, les droits réels signalés au président de la commission communale d'aménagement foncier en exécution de l'article D. 127-9, alinéa 2 du Code rural et de la pêche maritime.

a) Délais

3374 Distinction selon la forme de l'acte. Selon l'article D. 124-7 du Code rural et de la pêche maritime :

« Les échanges et cessions rendus exécutoires par le président du conseil général et ceux établis par acte notarié sont publiés dans les deux mois :
– soit de leur date, si les créanciers inscrits ou les titulaires de droits réels autres que les servitudes ont donné dans les actes leur consentement au transfert ;
– soit de l'expiration du délai prévu au second alinéa de l'article D. 124-5 si, le consentement n'ayant pas été donné dans les actes, il n'est pas formé opposition ;
– soit de la décision judiciaire définitive sur l'opposition ».

b) Documents à joindre

3375 Extrait cadastral. Aux termes de l'article D. 124-10 du Code rural et de la pêche maritime :

« Un extrait modèle 1 des immeubles à échanger et à céder, délivré gratuitement par le service du cadastre, est remis au service de la publicité foncière au moment du dépôt du document à publier.
Si les immeubles échangés et cédés sont situés dans une commune à cadastre rénové, cet extrait (modèle 1), qui doit avoir moins de six mois de date au jour de l'acte notarié ou de la décision du président du conseil général prise en application de l'article L. 124-3 – sauf dans le cas mentionné au deuxième alinéa de l'article 84 du décret n° 55-1350 du 14 octobre 1955 – est complété, pour valoir extrait d'acte, dans les conditions fixées par l'article 22 du même décret ».

3376 Justificatif du caractère définitif de l'échange. Selon l'article D. 124-9 du Code rural et de la pêche maritime, le document déposé doit contenir éventuellement, à la suite de l'expédition ou de l'extrait de l'acte d'échange :
– soit la copie du certificat du greffe du tribunal judiciaire constatant qu'aucune opposition ne lui a été adressée en ce qui concerne l'acte notarié. Les certificats de non-opposition, les certificats de non-appel et les copies exécutoires des décisions judiciaires relatives à l'homologation sont délivrés par les greffes compétents dans les huit jours de la réquisition qui leur en est faite par le président du Conseil général ou le notaire par lettre recommandée avec demande d'avis de réception (C. rur. pêche marit., art. D. 124-8) ;
– soit la copie de l'ordonnance du président du tribunal judiciaire homologuant l'acte d'échange ainsi que la copie du certificat de non-appel ;
– soit la copie de l'arrêt de la cour d'appel, si celui-ci homologue l'acte d'échange (sur ce point, V. n° 3381).

4 Sort des inscriptions

3377 Avis aux créanciers inscrits. Dès l'expiration d'un délai de quinze jours, à compter de la clôture des opérations, une notification est adressée à tous les titulaires de créances hypothécaires ou privilégiées révélés par les extraits délivrés en exécution de l'article D. 127-2 (V. n° 3369), à leur domicile réel ou au domicile élu (C. rur. pêche marit., art. D. 127-7) les avisant qu'il leur appartient de procéder au renouvellement de leurs inscriptions dans les conditions fixées à l'article D. 127-6 (C. rur. pêche marit., art. D. 127-5). Ils sont informés, notamment, que, par application des articles L. 123-12 et L. 124-1, les inscriptions prises antérieurement se trouvent périmées du jour du transfert de propriété, en tant qu'elles grèvent les immeubles échangés. Ces immeubles doivent être désignés de façon détaillée dans la notification (C. rur. pêche marit., art. D. 127-5, al. 2).

a) Renouvellement des inscriptions

3378 Modalités. Les inscriptions d'hypothèques et privilèges prises avant la date de clôture des opérations ne conservent leur rang antérieur sur les immeubles attribués par les opérations d'aménagement foncier rural que si elles sont renouvelées à la diligence des créanciers dans le délai de six mois à dater de la clôture des opérations (C. rur. pêche marit., art. D. 127-6, al. 1).
Le renouvellement, qui conserve l'hypothèque ou le privilège jusqu'à la date fixée par le créancier conformément à l'article 2435 du Code civil, s'opère par le dépôt au service de la publicité foncière de deux bordereaux signés et certifiés exactement collationnés contenant exclusivement, sous peine de rejet de la formalité :
1° les réquisition et indication liminaires prévues à l'article 61-1 du décret du 14 octobre 1955 ;
2° une copie certifiée collationnée par le président de la commission communale de la notification faite en exécution de l'article D. 127-5 (V. n° 3377) ;
3° le nom et le domicile de la personne a qui le rejet doit éventuellement être notifié ;
4° le cas échéant, le capital de la créance garantie, s'il est inférieur à celui qui fait l'objet de l'inscription antérieure.
L'exemplaire du bordereau conservé dans les registres du service de la publicité foncière doit, sous peine de rejet, être établi sur formule réglementaire (C. rur. pêche marit., art. D. 127-6, al. 3 à 8).

3379 Renouvellement tardif. Si le renouvellement n'est pas effectué en même temps que la publication de l'échange, la sanction ne sera pas seulement la perte du rang des inscriptions d'origine mais l'impossibilité de procéder au renouvellement sur les immeubles reçus en échange. Le créancier devra obtenir une nouvelle affectation sur l'immeuble reçu par le débiteur dans l'acte d'échange et prendre, dans les conditions fixées par l'article 2428 du Code civil, une nouvelle inscription dont le rang sera déterminé par sa date (Rép. secr. d'Ét. au Budget à M. Sarlot : *JOAN* Q, 18 août 1997, p. 2643 ; *Ind. enr.* 1997, n° 17017).

S'agissant alors d'une hypothèque conventionnelle ordinaire, cette inscription ne bénéficie pas de l'exonération de la taxe de publicité foncière au taux de 0,70 % – 0,71498 % avec les perceptions additionnelles (Rép. min. Métais : *JOAN* Q, 16 nov. 1992, p. 5200 : *Ind. enr.* 1993, n° 15865. – Rép. min. à M. Guillard : *JOAN* Q, 20 juin 1979, p. 2046, n° 30069 ; *JCP* N 1979, IV, 7293. – Rép. min. Bolo : *JOAN* CR, 8 sept. 1979, p. 7158, n° 16815 ; *JCP* N 1980, IV, 7697).

b) Radiation des inscriptions

3380 Mécanisme. La radiation des inscriptions antérieures en tant qu'elles grèvent les immeubles échangés ou cédés est effectuée par le service de la publicité foncière, au vu des bordereaux de renouvellement (C. rur. pêche marit., art. D. 127-6, dernier al.).

3381 Consentement tacite des titulaires. Si le transfert résulte du consentement tacite des titulaires, c'est-à-dire en cas d'absence d'opposition dans le délai d'un mois du jour de la notification (V. n° 3368), la radiation sera effectuée sur le vu du texte du certificat de non-opposition qui doit être rapporté en suite de l'acte d'échange sur le document déposé (C. rur. pêche marit., art. D. 124-9, al. 3).

Il semble que certains conservateurs aient dans le passé fait quelques difficultés pour radier les inscriptions dans ces conditions, à défaut de titre authentique. Cette position a été critiquée. Elle conduirait à imposer un acte de dépôt du certificat de non-opposition, ce qui serait parfaitement inutile et source de frais supplémentaires. Le certificat du greffier a d'ailleurs valeur d'acte authentique en ce qui concerne son contenu, et la copie qui en est faite sur le document déposé est conforme au texte (Bulté et Béchade, chron. hyp. : *JCP* N 1961, IV, 3219).

Le certificat de non-opposition devra, en tout cas, énoncer la date de la première présentation de la lettre recommandée contenant notification telle qu'elle résulte de l'avis de réception. Ainsi le conservateur pourra vérifier que le certificat est postérieur d'un mois à la notification (chron. hyp. Bulté et Béchade, préc.).

La dernière prise de position de l'Association mutuelle des conservateurs date à notre connaissance de 1991 (*Bull. AMC* 1991, art. 1486).

Le bulletin rappelle que l'administration a admis, en commentant les dispositions du décret n° 56-112 du 24 janvier 1956 (*BOED* 1956-7102, n° 20), qu'il était possible d'assimiler à l'accord exprès le consentement tacite du créancier résultant de la combinaison des deux actes authentiques qui ont été remis, savoir l'acte notarié d'échange et le certificat de non-opposition. Toutefois, cette assimilation suppose que la notification de l'acte d'échange a été effectuée et que l'expiration du délai de réponse d'un mois a précédé l'établissement du certificat de non-opposition. Il incombe, en outre, au service de la publicité foncière de s'assurer que le bordereau d'inscription à émarger, d'une part, l'acte d'échange et le certificat, d'autre part, sont en parfaite concordance en ce qui concerne tant la spécification de l'inscription à radier (date, volume, numéro) que l'identification des parties en cause et la désignation de la parcelle à dégrever.

3382 Immeubles grevés et situés dans une commune dépendant d'un autre bureau des hypothèques que les immeubles qui leur sont substitués. Une chronique hypothécaire évoque le cas où les lots échangés sont situés dans une commune différente, chacune des communes dépendant d'un service de la publicité foncière différent. Lorsque le créancier a consenti dans l'acte d'échange au transfert de son droit d'hypothèque sur les immeubles qu'il reçoit, en échange de ceux grevés par son inscription, ainsi qu'à la radiation de cette dernière inscription, il a été suggéré de procéder de la manière suivante :

– il sera d'abord procédé à la publication de l'échange au service de la publicité foncière de la situation des immeubles substitués à ceux grevés en déposant en même temps un bordereau de renouvellement de l'inscription prise de ces derniers immeubles dans l'autre service de la publicité foncière. Ce bordereau, outre les mentions habituelles, devra indiquer le service de la publicité foncière où a été requise l'inscription à renouveler. À son appui, il sera remis au service de la publicité foncière le second exemplaire du bordereau de l'inscription à renouveler ou à défaut une copie de cette inscription délivrée par le service de la publicité foncière intéressé ;

– l'échange sera ensuite publié au second service de la publicité foncière et il sera remis au service de la publicité foncière un extrait de cet échange en ce qui concerne le consentement au transfert et à la radiation de l'inscription renouvelée, suivi d'une réquisition de radier cette inscription (Bulté, chron. hyp. : *JCP* N 1967, IV, 4232).

5 Sort des droits réels

C. rur. pêche marit., art. D. 124-12. Le transfert des autres droits réels, à l'exclusion des servitudes, résultant d'actes ou de décisions judiciaires publiés, sur les immeubles substitués par l'échange à ceux qui étaient spécialement affectés à l'exercice de ces droits, n'est opposable aux tiers tels qu'ils sont définis à l'article 30-1 du décret n° 55-22 du 4 janvier 1955, qu'à compter de la publication de la décision du président du conseil général prise en application de l'article L. 124-3 ou de l'acte d'échanges et cessions établi par acte notarié.

3383 **Nature des droits réels.** Les droits réels susceptibles de transfert peuvent être de toute nature (à l'exception des servitudes qui, naturellement, ne peuvent être séparées de l'immeuble qu'elles concernent) : droit d'usufruit, droit d'usage, droit de retour, interdiction d'aliéner aussi, bien que les clauses d'inaliénabilité ne soient pas de véritables droits réels. Rien n'empêche néanmoins d'y renoncer sur les immeubles cédés et d'en reporter l'effet sur les immeubles reçus en échange.

3384 **Mécanisme.** Le transfert des droits réels autres que les inscriptions s'effectue par le simple fait de la publication de l'échange ou de la décision du président du conseil général qui rend exécutoire le projet d'échange, en application de l'article L. 124-3 (C. rur. pêche marit., art. D. 124-12). Il faut néanmoins préciser que le transfert ne s'opère que si les droits réels sont énoncés dans le projet d'échange ou l'acte notarié conformément à ce qu'exige l'article D. 124-4, 4° du Code rural et de la pêche maritime.

3385 **Servitudes.** Subsistent sans modification les servitudes existant au profit ou à l'encontre des fonds compris dans l'aménagement foncier agricole et forestier et qui ne sont pas éteintes par application de l'article 703 du Code civil (C. rur. pêche marit., art. L. 123-14, al. 1er).

B Échanges intervenant dans un périmètre d'aménagement foncier

3386 **Observation.** Nous ne signalerons que les dispositions spécifiques à ce type d'échange, étant précisé que, pour le surplus, les règles applicables sont les mêmes que dans le cas où l'échange intervient dans un périmètre d'aménagement foncier (V. C. rur. pêche marit., art. D. 127-1).

3387 **Établissement des actes d'échange.** Les propriétaires préparent leurs projets d'échanges et cessions d'immeubles ruraux avec le concours du géomètre-expert désigné par le président du conseil général
Les projets doivent indiquer les références cadastrales des parcelles ou parties de parcelles concernées, le nom du ou des propriétaires des parcelles, le montant des soultes résultant des cessions de l'article L. 121-24 du Code rural et de la pêche maritime et des soultes résultant des projets d'échanges, mentionnées au deuxième alinéa de l'article L. 124-7, le nom du ou des bénéficiaires de ces soultes ainsi que l'existence de servitudes et de titulaires de droits réels. Dans ce cas, le projet d'échange fixe la contenance et l'emplacement de la ou des parcelles substituées, du point de vue de l'exercice des droits réels, à chacune des parcelles d'apport.

3388 **Suite de la procédure.** Les projets sont adressés au secrétariat de la commission départementale d'aménagement foncier dans le délai qu'elle leur impartit (C. rur. pêche marit., art. L. 124-7).
Le plan des projets d'échanges et cessions est simultanément affiché en mairie, où il doit pouvoir être consulté jusqu'à son approbation par la commission départementale.
Les titulaires de droits réels mentionnés à l'article D. 127-3 du Code rural et de la pêche maritime sont avertis, dans les formes prévues à cet article, de cet affichage et de ce que la date de cet affichage constitue le point de départ du délai d'un mois qui leur est imparti pour présenter leurs observations devant la commission départementale avant que celle-ci prenne sa décision.
La commission départementale d'aménagement foncier s'assure de la régularité des projets et décide de les rendre applicables en approuvant le plan des échanges et cessions d'immeubles ruraux.
La clôture des opérations et le transfert de propriété s'effectuent dans les conditions prévues à l'article L. 121-21 (C. rur. pêche marit., art. L. 124-8).
Le président du conseil général ordonne le dépôt en mairie du plan du nouveau parcellaire, constate la clôture des opérations à la date de ce dépôt et assure la publicité du plan du nouveau parcellaire dans les conditions prévues par décret en Conseil d'État (C. rur. pêche marit., art. L. 121-21).

3389 **Renouvellement des inscriptions.** Le transfert des hypothèques et privilèges, avec leur rang antérieur, sur les immeubles substitués à ceux précédemment affectés à la garantie, n'a lieu que si les inscriptions opérées avant la publication de l'acte d'échange sont renouvelées à la diligence du notaire rédacteur.

Le renouvellement, effectué en même temps que la publication de l'**acte d'échanges et cessions établi par acte notarié** et dans les conditions fixées par les articles 61 et suivants du décret du 14 octobre 1955, conserve l'hypothèque ou le privilège jusqu'à la date fixée par le créancier conformément aux dispositions de l'article 2435 du Code civil. Les bordereaux de renouvellement doivent contenir la désignation détaillée des immeubles dégrevés et celle des immeubles grevés à la suite de l'échange (C. rur. pêche marit., art. D. 124-11, al. 1er et 2).

3390 **Radiation des inscriptions.** La radiation des inscriptions antérieures à la publication de l'acte d'échanges et cessions établi par acte notarié, en tant qu'elles grèvent les immeubles échangés, est effectuée par le service de la publicité foncière dans les conditions fixées par les articles 2440 et suivants du Code civil (C. rur. pêche marit., art. D. 124-11, al. 1er et 2).
Il devra contrôler la validité du transfert qui permet la radiation.

Si le consentement des titulaires d'inscriptions a été donné dans l'acte d'échange ou exceptionnellement dans un acte postérieur après notification, le service de la publicité foncière devra s'assurer que ce consentement émane bien d'une personne ayant la capacité nécessaire (Instr. 7102, n° 20, note 10). Toutefois, le notaire pourra, conformément au 2e alinéa de l'article 2441, alinéa 2, du Code civil, certifier exactes les énonciations relatives à l'état, la capacité et la qualité des parties, ce qui évitera de fournir les pièces justificatives que le service de la publicité foncière pourrait exiger.

3391 **Taxe de publicité foncière et contribution de sécurité immobilière.** Le transfert des hypothèques ou privilèges ne donne pas lieu à la perception de la taxe de publicité foncière (V. Bulté : *JCP* N 1957, 2365 et, en dernier lieu, Rép. min. 14 févr. 1976 : *JOAN* CR, p. 652, n° 24663).
La contribution de sécurité immobilière est néanmoins exigible.

II Régime fiscal de faveur

3392 Nous traiterons successivement des conditions d'application du régime de faveur (A), qu'elles soient de fond ou de forme, avant d'envisager les taxations en découlant (B).

CGI, art. 708. – Les échanges d'immeubles ruraux effectués conformément à l'article L. 124-3 et L. 124-4 du Code rural [et de la pêche maritime] sont exonérés de la taxe de publicité foncière ou, le cas échéant, du droit d'enregistrement.

Toutefois, les soultes et plus-values résultant de ces échanges sont passibles de la taxe de publicité foncière ou du droit d'enregistrement au taux prévu pour les ventes d'immeubles.

CGI, art. 1023. – Les plans, procès-verbaux, certificats, significations, délibérations, décisions, jugements, contrats, quittances, et généralement tous les actes ou formalités exclusivement relatifs à l'application des chapitres Ier, IV, VII et VIII du titre II et des chapitres III et IV du titre III du livre 1er du Code rural [et de la pêche maritime], ayant pour objet de faciliter l'aménagement foncier de la propriété rurale sont exonérés des droits d'enregistrement ainsi que de la taxe de publicité foncière. Il en est de même des extraits, copies ou expéditions qui en sont délivrés pour l'exécution de ces dispositions. Pour bénéficier de cette exonération, les actes ou réquisitions de formalités doivent porter la mention expresse qu'ils sont faits par application des dispositions susmentionnées.

Au cas où les parties produisent devant les commissions instituées par ces dispositions des actes et qui n'ont pas été soumis à l'enregistrement ou à la formalité fusionnée visée à l'article 647 alors qu'ils seraient du nombre de ceux dont les lois ordonnent l'assujettissement à l'une de ces formalités dans un délai déterminé, les commissions doivent ordonner d'office le dépôt de ces actes pour être immédiatement soumis à l'une des formalités susvisées.

C. rur. pêche marit., art. L. 124-3. Les projets d'échanges amiables d'immeubles ruraux répondant aux conditions définies ci-dessous peuvent être adressés à la commission départementale d'aménagement foncier qui, si elle en reconnaît l'utilité au regard des objectifs poursuivis par l'aménagement foncier, les transmet au conseil général. Si celui-ci approuve l'opération, le président du conseil général la rend exécutoire dans les conditions prévues à l'article L. 121-21.

Les immeubles échangés doivent être situés soit dans le même canton, soit dans un canton et dans une commune limitrophe de celui-ci. En dehors de ces limites, l'un des immeubles échangés doit être contigu aux propriétés de celui des échangistes qui le recevra.

Les échanges peuvent comporter des soultes, déterminées par accord amiable entre les intéressés, afin de compenser une différence de valeur vénale entre les immeubles échangés.

Les projets d'échanges mentionnés au premier alinéa peuvent comporter des cessions de petites parcelles réalisées dans les conditions prévues à l'article L. 121-24 ainsi que des usucapions constatées selon la procédure prévue à l'article L. 121-25.

C. rur. pêche marit., art. L. 124-4. Quand les échanges sont établis par acte notarié, le département peut prendre en charge les frais occasionnés si la commission départementale d'aménagement foncier reconnaît leur utilité pour l'aménagement foncier. Ces échanges peuvent comporter des cessions de parcelle d'une superficie et d'une valeur inférieure aux seuils définis aux premier et deuxième alinéas de l'article L. 121-24, et des usucapions mentionnées à l'article L. 121-25.

Pour l'application des dispositions de l'article L. 124-1 aux échanges mentionnées au précédent alinéa, le transfert de propriété résulte de l'intervention de l'acte notarié.

A Conditions d'application du régime de faveur

3393 L'application du régime de faveur implique à la fois le respect de conditions de fond (1) et de forme (2).

1 Conditions de fond

a) Les immeubles échangés doivent être des immeubles ruraux

3394 Concernant la définition des immeubles ruraux susceptibles de bénéficier du régime de faveur, l'administration renvoie à la nature des biens entrant dans le champ d'application du régime des acquisitions d'immeubles ruraux par les fermiers (CGI, art. 1594 F quinquies D. – V. BOI-ENR-DMTOI-20-30-04/07/2018, n° 70). Il doit ainsi s'agir d'immeubles ruraux, quel qu'en soit le prix ou la superficie, c'est-à-dire d'immeubles principalement affectés à la production agricole au jour du transfert de propriété. Le régime de faveur est susceptible de s'appliquer aux terrains et aux bâtiments d'exploitation ainsi qu'au cheptel et au matériel présentant le caractère d'immeuble par destination ; il ne bénéficie aux bâtiments servant à l'habitation de l'exploitant et de son personnel que dans la mesure où ils constituent véritablement l'accessoire de l'exploitation agricole. Le caractère rural ou urbain d'un immeuble dépend non de sa situation, mais de sa nature et de sa principale destination. Un immeuble est considéré comme rural s'il est principalement affecté à un usage agricole au jour du transfert de propriété. La profession de l'acquéreur n'a pas à être prise en considération. Le régime de faveur n'est donc pas applicable à l'acquisition d'une maison d'habitation qui ne constitue pas l'accessoire d'une exploitation agricole et ne saurait, par suite, être considérée comme un immeuble rural. Tel est le cas d'une maison pourvue de dépendances bâties avec parc et piscine et utilisée à titre de résidence secondaire (BOI-ENR-DMTOI-10-70-30-06/04/2016, n° 20).

b) Situation territoriale des immeubles

3395 Le régime de faveur suppose que les immeubles soient situés dans un certain périmètre (*1*). À défaut, il pourra néanmoins être invoqué sous certaines conditions (*2*).

1) Immeubles situés dans le même canton ou dans un canton et dans une commune limitrophe de ce canton

3396 Les immeubles échangés doivent être situés soit dans le même canton, soit dans un canton et dans une commune limitrophe de ce canton (C. rur. pêche marit., art. L. 124-3. – BOI-ENR-DMTOI-20-30-04/07/2018, n° 80).
Si cette condition est remplie, aucune autre condition n'est exigée (en dehors naturellement du caractère rural des immeubles échangés), et il n'y a pas, en particulier, d'exigence de contiguïté (comp. n°s 3397 et s.).

2) Immeubles non situés dans le même canton ou dans un canton et dans une commune limitrophe de ce canton

3397 Par mesure libérale, le régime de faveur est également applicable lorsque les immeubles échangés sont situés dans un canton et dans plusieurs communes limitrophes de ce canton, qu'elles appartiennent elles-mêmes à un ou plusieurs cantons. Il en est ainsi également lorsque l'un des immeubles échangés s'étend en outre sur une autre commune non limitrophe du canton, à la condition qu'il s'agisse non de parcelles isolées, mais d'une exploitation ne présentant aucune solution de continuité (C. rur. pêche marit., art. L. 124-3). À défaut, l'un des immeubles échangés doit être contigu aux propriétés rurales de celui des échangistes qui le reçoit (BOI-ENR-DMTOI-20-30-04/07/2018, n°s 80 et 90).

3398 **Notion de contiguïté.** Il y a lieu de considérer comme contigus des immeubles qui, sans être naturellement voisins les uns des autres, sont cependant regardés comme les parties d'une même propriété. Ainsi, deux terrains séparés par un chemin rural, par un ruisseau ou par toute autre voie n'empêchant pas la communauté d'exploitation des parcelles sont réputés contigus. Mais le caractère de contiguïté n'appartiendrait pas à des immeubles séparés par un fleuve, par un chemin de fer ou par tout autre obstacle constituant une interruption réelle de communication entre les propriétés (BOI-ENR-DMTOI-20-30-04/07/2018, n° 90).

3399 Il suffit qu'un *seul* des immeubles échangés soit contigu à un immeuble appartenant au coéchangiste. Le regroupement en résultant a paru suffisant au législateur (J.-F. Pillebout : *JCl. Notarial Formulaire*, anc. V° Échange d'immeubles ruraux, Fasc. 20, n° 39). Mais si un échangiste cède *plusieurs immeubles,* chacun de ceux-ci devra-t-il remplir la condition de contiguïté ? Le texte ne précise pas. Me Pillebout pense que deux solutions sont alors possibles : ou limiter le bénéfice des régimes de faveur à l'immeuble contigu, ce qui suppose une ventilation de l'estimation, ce que pourrait laisser entendre une réponse ministérielle en date du 20 juin 1965 (*JOAN* CR, p. 1469 ; *JCP* N 1965, IV, 3900) ou l'accorder à l'ensemble de l'opération. Cette seconde solution, note Me Pillebout, suppose, semble-t-il, que l'immeuble remplissant la condition de contiguïté ait une valeur importante par rapport à l'ensemble des immeubles cédés.

3400 L'échangiste qui reçoit l'immeuble contigu doit en principe être *personnellement propriétaire* de l'immeuble auquel il est contigu.
Mais il est admis que la condition de contiguïté était remplie lorsque la parcelle qui entre dans la communauté constituée entre deux époux est contiguë à un immeuble propre à la femme ou au mari, ou lorsque la parcelle acquise en propre par l'un des époux est contiguë à un immeuble de communauté. Par contre, cette condition n'est pas satisfaite lorsque le bien acquis par l'un des époux, à titre de propre, est contigu à un immeuble propre de son conjoint (BOI-ENR-DMTOI-20-30-04/07/2018, n° 90).

2 Conditions de forme

3401 Il faut souligner l'importance des conditions de forme prescrites par les textes : l'acte doit comporter des mentions obligatoires (*a*) : faute de quoi le régime de faveur n'est pas applicable (*b*).

a) Énonciations obligatoires

3402 **Renvoi.** Nous avons rappelé plus haut les diverses mentions qui doivent figurer dans l'acte d'échange (V. n° 3364).
Par ailleurs, l'acte constatant un échange d'immeubles ruraux effectué conformément à l'article L. 121-4 du Code rural et de la pêche maritime doit être accompagné, lors de son dépôt au service de la publicité foncière, d'un extrait de la matrice cadastrale des immeubles à échanger (V. n° 3375 ; BOI-ENR-DMTOI-20-30-04/07/2018, n° 100).
Le dépôt des extraits ne dispense évidemment pas les parties de porter dans l'acte toutes les mentions cadastrales. Les erreurs de peu d'importance constatées dans les indications cadastrales ne s'opposent pas à l'application du régime de faveur.
Enfin, l'acte doit mentionner que l'échange est effectué en application des chapitres Ier, III, IV, VII et VIII du titre II et des chapitres III et IV du titre III du livre Ier du Code rural et de la pêche maritime (CGI, art. 1023, al. 1er).

b) Sanctions

3403 Les énonciations ci-dessus doivent figurer dans l'acte d'échange, qu'il soit authentique ou sous seing privé. Il paraît justifié d'admettre, en ce qui concerne les actes sous seing privé, qu'ils puissent être complétés par l'acte de dépôt.
L'administration avait, dans le passé, estimé que la sanction de l'omission d'une seule de ces énonciations était la perte des avantages réservés par la loi à l'échange d'immeubles ruraux, l'acte se trouvant alors régi par le droit commun, et la jurisprudence, dans de très nombreuses décisions, lui a donné raison (V. la jurisprudence citée par J.-F. Pillebout : *JCl. Notarial Formulaire*, anc. V° Échange d'immeubles ruraux, Fasc. 20, n° 65).
Cette sanction avait un caractère définitif et l'omission n'est pas susceptible d'être réparée

postérieurement à la formalité par le dépôt d'un acte complémentaire ou rectificatif (*Rev. enr. et imp.*, 7386).

B Taxation

3404 Nous distinguerons le cas des échanges purs et simples, des échanges avec soulte et des échanges multilatéraux.

1 Échanges purs et simples

3405 **Portée du régime fiscal de faveur.** Les échanges d'immeubles ruraux effectués conformément aux articles L. 124-3 et L. 124-4 du Code rural et de la pêche maritime sont exonérés de taxe de publicité foncière (CGI, art. 708).

La contribution de sécurité immobilière est due, calculée distinctement sur la valeur de chacun des lots (*Bull. AMC* 1952, art. 106).

3406 **Limitation du bénéfice de l'exonération aux dispositions de l'échange entrant dans les prévisions de la loi.** Le régime fiscal de faveur ne s'applique qu'aux dispositions de l'échange qui rentrent dans les prévisions de la loi. Si des biens ruraux sont cédés en échange d'immeubles urbains et d'immeubles ruraux et si l'un des lots comprend des biens répondant aux conditions posées par l'article L. 121-4 du Code rural et de la pêche maritime et d'autres biens n'y répondant pas, le contrat ne profite de l'exemption que pour partie. Les ventilations nécessaires à la perception doivent être faites par les intéressés. À défaut, le tarif ordinaire est appliqué à la totalité du contrat (Instr. 2703, p. 6 ; *Dict. enr.*, 1837).

Si les justifications prescrites en ce qui concerne la contiguïté où les indications cadastrales ne sont pas fournies pour une partie des immeubles, l'exemption profite à ceux pour lesquels est satisfait au vœu de la loi (Poitiers, 29 avr. 1900 : *RP*, 9930).

3407 **Dispositions dépendantes et indépendantes.** En raison des dispositions de l'article 672 du Code général des impôts, la présence dans un acte d'échange exempt de taxe proportionnelle de publicité foncière d'une disposition indépendante qui, sous le régime antérieur au 1er octobre 1970, aurait été passible du droit fixe des actes innommés, rend actuellement exigible une *taxe fixe de publicité foncière* au taux correspondant au tarif du droit fixe d'enregistrement précédemment appliqué.

N'ont pas le caractère de disposition indépendante :

– le fait pour le donateur de l'un des biens de consentir à ce que l'interdiction d'aliéner ou le droit de retour stipulé dans la donation soit reporté sur le bien reçu par le donataire ;

– l'intervention à l'acte du fermier de l'immeuble échangé qui consent au report de son bail (BOI-ENR-DMTOI-20-30-04/07/2018, nos 130 et 140) ;

– le pouvoir permettant de le rectifier ou de le compléter (V. **Acte contenant plusieurs dispositions**).

3408 **Échange d'immeubles ruraux donnés en location.** Si le transfert des baux n'est pas demandé, les locataires continuant à exploiter la parcelle qui leur était louée précédemment, la taxe de publicité foncière n'est pas exigible.

Si, ce qui sera relativement rare, *chacun des échangistes est titulaire d'un bail* sur les immeubles reçus par lui, l'échange pourra bénéficier du taux réduit de 0,60 % bien que les immeubles ne remplissent pas les conditions de situation ou de contiguïté exigées pour l'application du régime de faveur. Cette solution découle en effet du texte de l'article 1594 F quinquies D du Code général des impôts qui vise les acquisitions d'immeubles ruraux. L'échange peut être considéré comme une acquisition au même titre que la vente. Chacun des échangistes devra naturellement prendre l'engagement prévu par ce texte en ce qui concerne l'immeuble qu'il reçoit (V. **Fermier**).

3409 **Échanges de « jouissance ».** Les échanges de jouissance peuvent être conclus soit entre propriétaires exploitants, soit entre fermiers (V. *JCl. Notarial Formulaire*, Fasc. 1, nos 134 et s., anc. V° Échange d'immeubles ruraux, par J.-F. Pillebout).

Lorsque l'échange de jouissance intervient entre propriétaires exploitants, il semble qu'il puisse être traité sur le plan fiscal comme un échange d'usufruit. Il pourrait alors éventuellement bénéficier à ce titre du régime fiscal de faveur.

Lorsque l'échange de jouissance intervient entre locataires, bien que sa nature puisse être discutée (V. développements J.-F. Pillebout, *op. cit.*, nos 138 et s.), il semble qu'il y ait plutôt sous-location autorisée exceptionnellement par le Code rural et de la pêche maritime.

3410 **Étrangers.** Les échanges individuels d'immeubles ruraux sont admis au régime spécial lorsqu'ils remplissent les conditions requises, quelle que soit la nationalité des parties.

3411 **Restitution.** Si les justifications relatives à la contiguïté ou l'ancienneté de la possession ne sont produites qu'après la formalité, l'impôt perçu peut être restitué, si la demande est faite dans le délai de recours prévu par l'article R. 196-1 du Livre des procédures fiscales. Mais si les conditions relatives aux indications que doit comporter le contrat d'échange ne sont pas remplies hors de la formalité, et notamment si l'acte d'échange ne contient pas toutes les mentions prescrites, une restitution n'est pas possible, même si le contrat est complété par un acte ultérieur renfermant ces mentions (*Rev. enr. et imp.*, 7386).

2 Échanges avec soulte

3412 **Régime fiscal de la soulte.** Les soultes ou plus-values de lots sont imposables au tarif prévu pour les ventes d'immeubles.

Depuis le 15 septembre 1999, du fait de l'unification des régimes d'imposition des mutations à titre onéreux d'immeubles (V. **Vente d'immeuble**), les soultes ou plus-values d'échanges d'immeubles ruraux sont soumises, sauf dispositions particulières, au régime de droit commun prévu à l'article 1594 D du Code général des impôts (V. **Vente d'immeuble**. – Cf. BOI-ENR-DMTOI-20-30-04/07/2018, n° 150).

Toutefois, la taxe de publicité foncière, au taux prévu à l'article 1594 F quinquies D du Code général des impôts, est applicable si le co-échangiste débiteur de la soulte est fermier des biens qu'il reçoit et si les conditions prévues à l'article 1594 F quinquies D du même code sont réunies (V. BOI-ENR-DMTOI-10-70-30-06/04/2016, n° 150).

3 Échanges multilatéraux

➤ Sur la notion d'échange multilatéral, V. la chronique de MM. Bulté et Poirier in JCP N 1958, IV, 2587.

3413 **Extension du régime fiscal de faveur.** L'administration a décidé d'étendre aux échanges multilatéraux d'immeubles ruraux les avantages fiscaux dont bénéficient les échanges d'immeubles ruraux intervenus entre deux co-échangistes.

Les échanges multilatéraux d'immeubles ruraux bénéficient donc sous les mêmes conditions, des mêmes avantages fiscaux que les échanges d'immeubles de même nature entre deux co-échangistes dès lors que tous les immeubles échangés se trouvent situés soit dans un même canton, soit dans un canton et dans des communes limitrophes de ce canton. Il en est ainsi quel que soit le nombre des co-échangistes (BOI-ENR-DMTOI-20-30-04/07/2018, n° 60).

L'application aux échanges multilatéraux des mêmes dispositions de faveur que celles prévues pour les échanges individuels suppose bien entendu que soient fournies les indications avec justifications exigées pour ces derniers (V. n°s 3364 et 3402).

3414 **Nombre de co-échangistes.** À l'origine, il était exigé qu'ils soient un maximum de dix, mais depuis le 1er janvier 1971, cette limitation a été abandonnée (*BODGI*, 7 C-10-72 ; Rép. min. n° 25695 : *JOAN* Q, 30 nov. 1972, p. 5732).

3415 **Échanges multilatéraux rédigés par acte sous seing privé.** Les actes dressés pour constater leur dépôt obligatoire en l'étude d'un notaire préalablement à la publication sont exonérés de tout droit d'enregistrement et de taxe de publicité foncière au même titre que les actes de dépôt d'échanges bilatéraux (CGI, art. 1023).

Effet relatif

Serge LAMIAUX

Sommaire analytique

AVERTISSEMENT L'ordonnance n° 2010-638 du 10 juin 2010 (*JO* 11 juin) a supprimé le conservateur des hypothèques à compter du 1er janvier 2013.

Depuis cette date, il n'est plus fait référence au « conservateur » ou à la « conservation des hypothèques », mais au « service chargé de la publicité foncière » (V. Service de la publicité foncière).

Cependant, l'ordonnance précitée n'a pas retouché tous les textes en conséquence.

Les anciennes dénominations subsistent en particulier dans le décret n° 55-1350 du 14 octobre 1955.

Et la documentation de base à laquelle nous nous référons n'a pas été refondue. Pour tenir compte de cet état de choses – sans doute transitoire –, nous avons conservé la référence au « conservateur » : le lecteur la remplacera de lui-même, à compter du 1er janvier 2013, par « le service de la publicité foncière ».

BIBLIOGRAPHIE : J. Patarin, *Les incidences civiles de l'effet relatif de la publicité foncière : Defrénois* 1958, art. 27-645 et 27-648. – S. Lamiaux, *La règle de l'effet relatif des formalités au contact de la communauté conjugale : aspects théoriques (1re partie) : JCP* N 2013, n° 30-34-1197 ; *Aspects pratiques (2e partie) : JCP* N 2013, n° 36-1208). – S. Lamiaux, *Publicité foncière et pratique notariale : JCP* N 22 févr. 2019, nos 8-9, 1118.

3416 Si l'on s'en tient à la lettre des textes, le principe dit de « l'effet relatif » se contente d'établir un lien entre les formalités successives. Le rôle du conservateur est simplement de vérifier que ce lien existe (I). Mais, allant au-delà des textes, la Cour de cassation a récemment interprété ce principe dans un sens extensif. Désormais, il ne permet pas seulement d'éliminer les lacunes dans la suite des transmissions : le conservateur est invité à effectuer un contrôle en ce qui concerne la concordance des actes ou décisions soumises à publication avec les titres précédemment publiés (II).

I Vérifications concernant la chaîne des publications

D. 4 janv. 1955, art. 3. – Aucun acte ou décision judiciaire sujet à publicité dans un *(Mots remplacés à compter du 1er janvier 2013, Ord. n° 2010-638, 10 juin 2010, art. 14, V, 6° et 18, I)* « service chargé de la publicité foncière » ne peut être publié au fichier immobilier si le titre du disposant ou dernier titulaire n'a pas été préalablement publié, conformément aux dispositions du présent décret.

D. 14 oct. 1955, art. 32. – 1. Sous réserve des dispositions de l'article 35 ci-après, aucune formalité de publicité ne peut être opérée au fichier immobilier à défaut de publicité préalable ou simultanée de l'acte, de la décision judiciaire ou de l'attestation de transmission par décès constatant le droit du disposant ou dernier titulaire.

A Énoncé du principe de l'effet relatif

3417 La seule disposition générale à valeur légale concernant le principe de l'effet relatif est l'article 3 du décret du 4 janvier 1955. Ses modalités d'application sont fixées, en exécution de l'article 51 du même décret, par plusieurs articles du décret n° 55-1350 du 14 octobre 1955, et principalement par son article 34.

1 Objectif poursuivi

3418 Établissement d'un lien entre les formalités successives. Dans sa formulation traditionnelle, le principe de l'effet relatif a pour objet de contraindre indirectement le titulaire d'un droit sur un immeuble constaté par un acte ou une décision judiciaire sujet à publicité ou transmis par décès – et, en premier lieu, le propriétaire – à publier son titre en lui rendant pratiquement impossible tout acte de disposition avant cette publicité. À cet effet, il institue, entre les formalités successives, un lien, une relation tels qu'un acte, une décision judiciaire, ou une inscription d'hypothèque ne peut être publié si l'acte ou le fait juridique ayant donné naissance au droit du disposant n'a pas déjà fait lui-même l'objet d'une formalité de publicité, ou ne fait pas simultanément l'objet d'une réquisition, en vue de faire exécuter la publication non encore effectuée.

Par suite, non seulement un titre d'acquisition non publié est inopposable aux tiers conformément à la règle traditionnelle reprise par l'article 30, paragraphe 1, du décret du 4 janvier 1955, mais encore le droit de propriété qu'il constate est, en quelque sorte, « bloqué » entre les mains de l'acquéreur qui ne peut, en fait, consentir un acte d'aliénation, d'affectation hypothécaire ou de disposition quelconque (concession d'un droit de superficie, constitution d'une servitude, etc.), puisqu'un tel acte ne pourrait lui-même être publié (Doc. adm. DGI, 10 E-721, n° 1, 2 mai 1983).

3419 Portée réelle du principe de l'effet relatif. Le principe de l'effet relatif de la publicité, tel qu'il est analysé au n° 3418, permet d'éliminer les lacunes dans la suite des transmissions.

Ainsi limité dans son objet et sa portée, le principe de l'effet relatif joue exactement, conformément au but vers lequel il tend : obliger un propriétaire à publier, comme il y est légalement tenu, la transmission de propriété opérée à son profit. Pour parvenir à ce but, il ne touche en rien aux règles d'acquisition du droit de propriété entre parties ou à l'égard des tiers. Il met simplement obstacle à la publicité des actes de disposition effectués en vertu de ce droit, un obstacle bien léger, d'ailleurs, puisqu'il suffit au disposant de se conformer à la loi, en publiant son titre, pour que le blocage de la publicité de l'acte de disposition disparaisse aussitôt (Doc. adm. DGI, 10 E-722, n° 5, 2 mai 1983).

3420 Conséquences sur les pouvoirs du service de la publicité foncière. Depuis le décret du 4 janvier 1955, le service de la publicité foncière

joue un rôle plus actif, puisqu'il doit s'assurer de la publicité du titre du « disposant ou dernier titulaire » et peut être amené à rejeter la formalité.
Mais, d'une part, ce contrôle ne porte que sur les conditions de forme des documents déposés, jamais sur les conditions de fond, et, d'autre part, le service de la publicité foncière n'est pas dans l'obligation d'opposer ces sanctions : il est seulement, comme le précise l'article 2452 du Code civil, « fondé » à y recourir dans le but d'assurer la tenue correcte du fichier immobilier (Doc. adm. DGI, 10 E-721, n° 2, 2 mai 1983).
Le rôle du service de la publicité foncière est très éloigné, on le voit, du contrôle de la validité de ce droit et du titre qui le constate. Un tel contrôle échappe à sa compétence et relève exclusivement de celle du juge civil. Il s'agit seulement de s'assurer que le titre constatant ce droit – valable ou non – a été effectivement publié. En d'autres termes, le rôle du service de la publicité foncière est limité au contrôle d'un pur fait : la publicité d'un titre constatant un droit apparent (Doc. adm. DGI, 10 E-7244, n° 1, 2 mai 1983).

2 Mise en œuvre

3421 Champ d'application du principe de l'effet relatif. Le but principal de l'article 3 du décret du 4 janvier 1955 est d'assurer la publicité des transmissions de propriété ; mais son champ d'application ne saurait être restreint aux seuls actes ou décisions judiciaires ayant pour objet le transfert du droit de propriété ou la constatation d'un de ses démembrements.
Bien entendu, c'est avant tout le nouveau propriétaire d'un immeuble – acquéreur, donataire, héritier, légataire – qui tombe sous le coup du texte précité, si le titre qui a précédemment conféré la propriété – au vendeur, au donateur ou au défunt – n'a pas été publié. C'est aussi l'usufruitier, l'usager, le bénéficiaire d'une servitude ou d'un droit d'habitation qui ne peut publier le titre constatant son droit, si le titre constatant le droit de propriété n'a pas été lui-même antérieurement publié.

3422 Mais c'est encore toute autre personne requérant la formalité pour un acte quelconque soumis à publicité qui peut, à cette occasion, se voir opposer l'article 3 du décret du 4 janvier 1955, si le droit que la nouvelle formalité a pour objet de transférer, de modifier, de confirmer, de grever ou d'éteindre résulte d'un titre qui n'a pas été préalablement publié. Il en est ainsi, notamment, du vendeur désireux de faire publier une clause d'inaliénabilité temporaire destinée à compléter l'acte de vente, de l'acquéreur qui requiert la publicité d'un acte confirmatif ou constatant l'accomplissement d'une condition suspensive : l'acte dressé distinctement pour constater une clause d'inaliénabilité temporaire, l'acte confirmatif ou constatant l'accomplissement de la condition, ne peuvent être publiés que si les actes qu'ils ont pour objet de compléter ou de parfaire ont été eux-mêmes publiés (Doc. adm. DGI, 10 E-721, n° 3, 2 mai 1983).

3423 Mécanisme. On peut dire, en somme, que la règle joue « droit sur droit ». Ainsi, par exemple :
– une vente pure et simple ne pourrait être publiée du chef d'un acquéreur conditionnel (à moins que le document déposé ne constate la réalisation de la condition : Doc. adm. DGI, 10 E-721, n° 4, 2 mai 1983) ;
– on peut publier une sous-location si le disposant a déjà publié le bail à son profit ;
– de même, peut être publiée une cession d'usufruit si le titre du disposant, constatant l'acquisition de l'usufruit, a lui-même été publié. Par contre, une cession d'usufruit ne pourrait être publiée du chef d'un nu-propriétaire (à moins que le document publié ne constate la réunion de l'usufruit à la nue-propriété).
En définitive, la règle générale est que le titre constatant le droit qui permet au disposant de prendre cette qualité dans un nouveau document à publier doit avoir été préalablement publié (Doc. adm. DGI, 10 E-7244, n° 1, 2 mai 1983).

B Exceptions au principe de l'effet relatif

D. 14 oct. 1955, art. 35. – 1. Les dispositions de l'article 32 ne sont pas applicables :

1° Si le droit du disposant ou dernier titulaire a été acquis sans titre et notamment, par prescription ou accession, ou lorsque le droit de propriété s'est trouvé consolidé par le décès de l'usufruitier ; dans ces cas, le document déposé doit contenir une déclaration précisant le mode ou les conditions d'acquisition ou de consolidation du droit ;

2° *(2° modifié, D. n° 59-90, 7 janv. 1959, art. 6)* Si le titre du disposant ou dernier titulaire, ou la transmission par décès à son profit, est antérieur au 1er janvier 1956 ; dans ce cas, le document déposé doit indiquer la nature du titre et contenir la déclaration que le titre ou la transmission par décès n'est pas postérieur au 1er janvier 1956 ; cette déclaration n'est pas exigée si le requérant est en mesure de porter sur le document déposé les mentions ou précisions prévues à l'article 32.

2. *(2. modifié, D. n° 59-90, 7 janv. 1959, art. 6)* L'absence des déclarations prévues ci-dessus entraîne le refus du dépôt ou le rejet de la formalité suivant les distinctions faites à l'article 33.

3424 **Idée générale.** En raison de la gravité des conséquences qu'il peut entraîner, le principe de l'effet relatif ne saurait être appliqué que dans le cas où aucun doute n'est permis sur l'identification des personnes, et aussi sur l'identification des immeubles.
Cette application implique, en effet, des comparaisons très précises permettant de constater, de façon certaine, que le document à publier et les titres antérieurs intéressent les mêmes parties et, le cas échéant, les mêmes immeubles.
Telle est l'idée qui permet, dans une large mesure, de définir le champ d'application du principe de l'effet relatif (Doc. adm. DGI, 10 E-7241, n° 1, 2 mai 1983).

3425 **Non-application en l'absence de références existantes à une précédente publication.** Dans divers cas, il apparaît vain de se livrer à la recherche d'une précédente publication :
– ainsi lorsque le titre ou le décès est antérieur au 1er janvier 1956 (V. nos 3428 à 3431) ;
– lorsque le droit du disposant a été acquis sans titre (V. nos 3432 à 3435).
C'est pourquoi, d'après l'article 35 du décret du 14 octobre 1955 (V. ce texte, *supra*), les dispositions de l'article 32 ne sont pas alors applicables.

3426 **Récapitulatif.** En résumé, l'effet relatif doit être opposé, depuis le 1er janvier 1956, toutes les fois que le titulaire du droit (droit de propriété ou autre droit) tient celui-ci d'un acte ou d'une décision judiciaire postérieur au 1er janvier 1956 ou d'une succession ouverte après cette date (Doc. adm. DGI, 10 E-7241, n° 12, 2 mai 1983).

3427 **Remarque.** Les obligations imposées par l'article 35, paragraphe 1, du décret du 14 octobre 1955, en cas d'acquisition sans titre ou en vertu d'un titre antérieur au 11 janvier 1956, ainsi que celles édictées, de façon générale, par l'article 32, paragraphe 2, du même décret, ne sont pas applicables lorsque la formalité de publicité concerne un « acte ou une décision judiciaire (...) [qui] n'a pas été dressé ou rendu avec le concours ou à la requête du dernier titulaire du droit » (V. ce texte, *infra*, et V. nos 3451 à 3456. – Doc. adm. DGI, 10 E-734, 2 mai 1983).

1 Première exception : titre ou décès antérieur au 1er janvier 1956

3428 **Fondement.** D'après l'article 32, paragraphe 2, 1er alinéa, du décret du 14 octobre 1955, les mentions ou indications concernant l'effet relatif sont exigées dans tout document déposé à partir du 1er janvier 1956, sans distinguer selon que le titre précédent est, ou non, postérieur à la même date. En réalité, il résulte du rapprochement de ce texte et du paragraphe 1 de l'article 35 dudit décret que les références à la formalité précédente ne sont pas exigées, lorsque le titre ou le décès est antérieur au 1er janvier 1956 (Doc. adm. DGI, 10 E-7241, n° 10, 2 mai 1983).
En effet, avant le 1er janvier 1956, les parties pouvaient, si elles le désiraient, se dispenser de faire publier les actes ou décisions leur conférant des droits sur un immeuble sans autre conséquence, en principe, que l'inopposabilité aux tiers. Faire jouer le principe de l'effet relatif à l'égard de conventions passées ou de transmissions par décès opérées avant le 1er janvier 1956 aurait donc été contraire au principe de la non-rétroactivité des lois.
Mais, par ailleurs, toutes les fois qu'une formalité est requise après le 1er janvier 1956, il est indispensable d'obtenir l'assurance qu'aucune autre formalité concernant le même immeuble n'est intervenue depuis le 1er janvier 1956, faute de quoi l'effet relatif serait mis en échec.
Pour concilier ces deux impératifs, l'article 35, paragraphe 1, 2°, prévoit le système suivant (Doc. adm. DGI, 10 E-732, n° 1, 2 mai 1983).

a) Déclaration à insérer dans l'acte

3429 **Libellé.** Le document déposé contient une déclaration indiquant que le titre – ou le décès – est antérieur au 1er janvier 1956.
Cette indication peut figurer, s'il s'agit de publier un acte ou une décision judiciaire, sur la minute elle-même : à défaut, elle est ajoutée au pied de l'expédition destinée aux archives de la conservation dans les mêmes conditions que pour les acquisitions sans titre. Ainsi, sous réserve de l'interprétation souveraine des tribunaux, cette déclaration semble pouvoir être souscrite par le notaire signataire du certificat d'identité des parties prévu aux articles 5 et 6 du décret n° 55-22 du 4 janvier 1955 (*JO* Sénat CR, 31 janv. 1961, p. 21).
Cette manière de procéder a l'avantage de faciliter la régularisation des actes dans le libellé desquels cette déclaration a été omise (Doc. adm. DGI, 10 E-732, n° 2, 2 mai 1983).

b) Vérifications opérées par le service de la publicité foncière

3430 **Moyens de la vérification.** S'il s'agit d'immeubles ruraux situés dans une commune à cadastre rénové ou d'immeubles urbains, le service de la publicité foncière peut très facilement vérifier, par l'examen des fiches parcellaires ou des fiches d'immeuble, que le fichier immobilier n'est pas en contradiction avec la déclaration.
Le moyen le plus simple, pour le requérant, de permettre au service de la publicité foncière de s'assurer que le titre de l'auteur est antérieur au 1er janvier 1956, est de mentionner, dans le document déposé, les références à la formalité donnée à ce titre. Mais contrairement au principe général posé à l'article 32, paragraphe 2 (V. ce texte, *infra*), ces indications ne sont pas exigées : c'est simplement à titre facultatif que le requérant peut les fournir, s'il les connaît, en vue d'éviter l'obligation de la déclaration visée au n° 3429 (Doc. adm. DGI, 10 E-732, n° 3, 2 mai 1983).

c) Sanctions

3431 **Rejet ou refus de dépôt.** Au vu des indications dont il s'agit, le conservateur (actuellement le service de la publicité foncière) vérifie, en se reportant aux formalités, que le titre de l'auteur a effectivement été publié avant le 1er janvier 1956.
Il s'assure, en outre, comme dans les cas précédents, que le fichier immobilier ne révèle aucune contradiction avec les énonciations du document déposé.
Si les déclarations dont il s'agit ne figurent pas dans les extraits, expéditions ou copies d'actes ou de décisions déposés en vue de la publicité – ou ne sont pas remplacées, en ce qui concerne le deuxième cas, par les références à la formalité antérieure –, le service de la publicité fonce refuse le dépôt.
Par contre, à défaut de ces déclarations dans les bordereaux d'inscription, la formalité doit être acceptée et faire l'objet d'un rejet.
On retrouve, ainsi, en matière de sanction, la distinction faite par l'article 33 du décret du 14 octobre 1955 et qui a actuellement son fondement dans l'article 55-2-6° du décret du 14 octobre 1955 (Doc. adm. DGI, 10 E-732, n° 4, 2 mai 1983).

2 Deuxième exception : droit du disposant acquis sans titre

a) Domaine de l'exception

3432 **Acquisition par prescription, accession ou consolidation.** Sur ce point, l'article 35, paragraphe 1, 11, du décret du 14 octobre 1955, reproduisant les termes de l'article 3 du décret du 4 janvier 1955, vise, « notamment », les cas d'acquisition par « prescription ou accession ».
Il vise également, de façon expresse, le cas où « le droit de propriété s'est trouvé consolidé par le décès de l'usufruitier » (V. **Usufruit**).

3433 **Autre cas.** En dehors des cas expressément prévus, l'article 35, paragraphe 1, 1°, précité, paraît pouvoir être appliqué, toutes les fois que le droit affecté par la nouvelle mesure de publicité s'est trouvé transféré ou consolidé sur la tête de son titulaire par un événement naturel, par un simple fait juridique ; en effet, l'emploi du terme « notamment », dans cet article, prouve bien que ces dispositions ne sont pas limitées aux cas d'acquisition par voie de prescription et d'accession, mais qu'elles concernent toutes les acquisitions sans titre (Doc. adm. DGI, 10 E-7311, n° 3, 2 mai 1983. – V. en sens, *Bull. AMC* 1981, art. 1201. – Pour une application, V. **Transferts d'immeubles**).

b) Mentions à porter dans l'acte

3434 **Nature.** À défaut, en ce cas, de références à la formalité donnée au titre de l'auteur, le document déposé doit comporter une déclaration par laquelle les requérants précisent le mode et les conditions d'acquisition ou de consolidation du droit.
Il est fait observer qu'en l'espèce, l'article 35-1° du décret du 14 octobre 1955, dont les dispositions sont applicables lorsque le disposant ou dernier titulaire a acquis sans titre, se borne à exiger la mention dans le document déposé aux fins de publicité « d'une déclaration précisant le mode ou les conditions d'acquisition du droit ».
Par conséquent, la publication préalable à la vente d'une notoriété acquisitive constituant l'acte déclaratif prévu à l'article 28-4°, e, du décret du 4 janvier 1955, n'est pas indispensable et ne peut, dès lors, être exigée (*BODGI* 10-E-6-80, 1er août 1980, sous Rép. min. n° 26440 : *JOAN* CR, 6 mai 1980, p. 1830).

c) Rôle du service de la publicité foncière

3435 **Vérifications à opérer.** Le service de la publicité foncière s'en remettra aux énonciations des documents déposés à la condition qu'elles ne soient pas contredites par les annotations portées sur les fiches. Il faut observer, à cet égard, que, le principe de l'effet relatif ne jouant intégralement qu'à l'égard des immeubles exactement identifiables au fichier, il est facile de vérifier, en partant de la seule indication de l'immeuble, si aucune formalité précédemment publiée ne rend suspectes

les énonciations du document déposé relatives à l'acquisition du droit sans titre.
Dans le cas où il aurait des doutes sérieux, le service de la publicité foncière ne devrait pas hésiter à demander des précisions complémentaires, et, le cas échéant, à rejeter la formalité en contestant au requérant le bénéfice de l'article 35, paragraphe 1, 1° (Doc. adm. DGI, 10 E-7311, n° 4, 2 mai 1983).

C Mise en œuvre du principe de l'effet relatif

3436 Pour satisfaire au principe de l'effet relatif, la réglementation exige que soit mentionnées dans tout document déposé à la publication les références précises de la formalité donnée au titre du disposant ou dernier titulaire (1). Mais cette règle connaît une dérogation dans le cas des actes dressés ou décisions judiciaires rendues sans la participation du titulaire du droit (2).

1 Mentions à porter dans les documents déposés

D. 14 oct. 1955, art. 32, 1 et 2. – 1. (...) Le disposant ou dernier titulaire, au sens de l'article 3 du décret [n° 55-22] du 4 janvier 1955 et de la présente section, s'entend de la personne dont le droit se trouve transféré, modifié, confirmé, grevé ou éteint – ou est susceptible de l'être – avec ou sans son consentement, par la formalité dont la publicité est requise.

2. Pour permettre le contrôle de l'application du 1, et sous réserve des dispositions des articles 35 à 37, tout extrait, expédition ou copie et, conformément au 6° du 2 de l'article 55, tout bordereau déposé au service de la publicité foncière à partir du 1er janvier 1956 doivent contenir les références (date, volume, numéro) de la formalité donnée au titre du disposant ou dernier titulaire du droit, ou à l'attestation notariée de transmission par décès à son profit.

Si ce titre, ou cette attestation, n'a pas encore été publié, le document déposé doit préciser que la publication en sera requise simultanément.

D. 14 oct. 1955, art. 33. – Le dépôt de tout extrait, expédition ou copie est refusé en l'absence des mentions ou précisions prévues au 2 de l'article 32, ou si la publicité du titre ou de l'attestation n'est pas effectuée au plus tard en même temps que la formalité nouvelle. L'omission, dans un bordereau d'inscription, de la date, du volume et du numéro sous lequel a été publié le titre de propriété du débiteur grevé, entraîne le rejet de la formalité.

D. 14 oct. 1955, art. 55-2-6°. *(Modifié, D. n° 67-1252, 22 déc. 1967, art. 7 ; D. n° 70-548, 22 juin 1970, art. 14)* (...) 2. Indépendamment de ces réquisition et indication, de la mention de certification de l'identité des parties, exigée par les articles 5 et 6 du décret [n° 55-22] du 4 janvier 1955, du certificat de *(Mot remplacé, D. n° 98-553, 3 juill. 1998, art. 44)* « conformité » et des précisions qui seraient imposées par des dispositions législatives ou réglementaires particulières, les bordereaux ne peuvent contenir, sous peine du rejet de la formalité, *(Mots remplacés, D. n° 2007-201, 15 févr. 2007, art. 2)* « que : »

(...)

6° *(6° issu, D. n° 2007-201, 15 févr. 2007, art. 2)* L'indication de la date, du volume et du numéro sous lequel a été publié le titre de propriété du débiteur ou du propriétaire si le débiteur n'est pas le propriétaire des immeubles grevés, lorsque ce titre est postérieur au 1er janvier 1956 ;

a) Référence au titre du « disposant » ou du « dernier titulaire »

3437 **Généralités.** En vue de faciliter le contrôle de l'application du principe de l'effet relatif, l'article 55-2-6° du décret du 14 octobre 1955 et l'article 32, paragraphe 2, du décret du 14 octobre 1955 imposent l'obligation de mentionner, dans tout document déposé au service de la publicité foncière après le 1er janvier 1956 et quelles que soient la nature et la situation des immeubles, les références précises de la formalité donnée au titre du disposant ou dernier titulaire (acte, décision judiciaire ou attestation notariée de transmission par décès).
Il n'est pas prévu que les mentions de référence à la formalité donnée au titre du disposant doivent être placées à une place plutôt qu'à une autre de l'extrait, de l'expédition ou de la copie déposée, il suffit que ces mentions soient contenues dans le document.
Si ce titre n'a pas encore été publié, le document déposé doit mentionner que la publicité en sera requise simultanément, pour être exécutée préalablement, conformément à l'article 3 du décret du 4 janvier 1955 (Doc. adm. DGI, 10 E-7242, n° 1, 2 mai 1983).

b) Notion de « disposant » ou de « dernier titulaire »

3438 Par « disposant ou dernier titulaire », il faut entendre toute personne possédant sur un immeuble le droit qui est transféré, modifié, confirmé, grevé ou éteint – ou susceptible de l'être – avec ou sans son consentement par la formalité dont la publicité est requise (D. 14 oct. 1955, art. 32-1, al. 2).

Le mot « titulaire » a été juxtaposé à celui de « disposant », plus restrictif, pour tenir compte, d'une part, des droits réels dont on ne dispose pas en tant que propriétaire ou usufruitier, mais que l'on transmet, grève ou éteint, ou auxquels on renonce, en qualité de « titulaire » (emphytéose, superficie, usage, habitation, bail) ; d'autre part, des cas dans lesquels le propriétaire ne « dispose » pas de son plein gré du droit lui appartenant : ainsi en cas d'expropriation, d'inscription d'hypothèque judiciaire, etc. (Doc. adm. DGI, 10 E-723, n° 1-2, 3 mai 1983).

3439 **Exemples.** Ont, notamment, la qualité de « disposant ou dernier titulaire » le vendeur, le donateur, le bailleur, le propriétaire qui consent une hypothèque conventionnelle ou constitue une servitude, l'héritier qui vend un immeuble héréditaire. Tel est aussi le cas du propriétaire sur l'immeuble duquel est requise une inscription de privilège, d'hypothèque légale ou judiciaire ; du propriétaire saisi ou exproprié, du propriétaire dont l'immeuble est compris dans une opération de remembrement ou dont le titre fait l'objet d'une demande en annulation, etc.

En d'autres termes, l'expression « dernier titulaire » doit être entendue en ce sens que c'est du chef de la personne dont le droit est intéressé par la nouvelle formalité requise que doit être exigée la publication préalable imposée par les dispositions précitées (Doc. adm. DGI, 10 E-723, n° 3, 3 mai 1983).

3440 **Conditions de la publication.** Pour qu'une formalité puisse être exécutée du chef d'un disposant ainsi défini, il faut, et il suffit – du point de vue de l'application du principe de l'effet relatif – que le titre ou l'attestation de transmission par décès constatant le droit de ce disposant ait été lui-même préalablement publié (Doc. adm. DGI, 10 E-723, n° 6, 3 mai 1983).

3441 **Cas où les références de publication ne peuvent être portées sur la minute.** Dans certains cas, toutefois, la mention des références ne peut pas être portée dans la minute. Il en est ainsi, notamment, lorsqu'une revente est établie après une vente (par le même notaire ou par un notaire différent), alors que cette vente n'est pas encore publiée. L'hypothèse peut même être plus complexe si la revente est suivie d'une nouvelle mutation. Il serait pratiquement impossible, surtout lorsque tous les actes n'ont pas été reçus par le même notaire, de déposer simultanément toutes les expéditions, en vue de la publicité.

Aussi a-t-il été admis que le refus ne serait pas opposé lorsque les références à la formalité donnée au titre du disposant, ne figurant pas dans la minute, feraient l'objet d'une mention ajoutée sur l'expédition déposée et signée par le signataire du certificat d'identité (Rappr. D. 14 oct. 1955, art. 72, al. 1).

3442 **Exemple.** A a vendu un immeuble à B le 10 mars 2006.

B revend le même immeuble à C le 15 mars 2006, alors que la vente de A à B n'est pas encore publiée.

La revente peut être publiée si l'une des conditions suivantes est remplie :

– dépôt simultané de l'expédition de la vente de A à B, permettant sa publication préalable ;

– addition, au pied de l'expédition déposée de la revente (de B à C), d'une mention portant les références à la formalité donnée à la vente (de A à B).

2 Mentions de publication non exigées : actes dressés ou décisions judiciaires rendues sans la participation du titulaire du droit

D. 14 oct. 1955, art. 36. – 1. Lorsque l'acte ou la décision judiciaire, dont un extrait, expédition ou copie est déposé en vue de la publicité, n'a pas été dressé ou rendu avec le concours ou à la requête du dernier titulaire du droit et, notamment, en cas de saisie, demande en justice, expropriation, remembrements collectifs, les mentions ou déclarations prévues aux articles 32-2 et 35-1, sous peine de refus du dépôt, ne sont pas exigées.

Dans ces cas, le *(Mot remplacé à compter du 1er janvier 2013, D. n° 2012-1462, 26 déc. 2012, art. 36, 3° et 39)* « service de la publicité foncière », après avoir inscrit la formalité au registre de dépôts, recherche si le titre ou l'attestation constatant le droit de la personne indiquée, dans le document déposé, comme disposant ou dernier titulaire, a été publié depuis le 1er janvier 1956. Il s'assure ensuite, conformément à l'article 34-1, de la concordance entre les énonciations du document déposé et celles des documents antérieurement publiés.

2. Lorsqu'il s'est assuré de la publication, au fichier immobilier, du titre du disposant ou dernier titulaire ou de l'attestation constatant son droit, qu'il ne relève ni inexactitude, ni discordance, et que, par ailleurs, le document déposé contient toutes les mentions exigées par les articles 5, 6 et 7 du décret [n° 55-22] du 4 janvier 1955, le *(Mot remplacé à compter du 1er janvier 2013, D. n° 2012-1462, 26 déc. 2012, art. 36, 3° et 39)* « service de la publicité foncière » procède à l'exécution de la formalité.

Dans le cas contraire, il procède comme il est dit à l'article 34-3. Toutefois, pour l'application du présent article, lorsque le document déposé intéresse la pleine propriété d'un immeuble et que, d'après les documents antérieurement répertoriés au fichier immobilier, le titulaire désigné ne possède que la nue-propriété, ce défaut de concordance n'entraîne pas le rejet de la formalité.

3. S'il ne retrouve pas la formalité donnée au titre du dernier titulaire tel qu'il est indiqué dans le document déposé, il invite le signataire du certificat d'identité, dans le délai d'un mois – ou de huit jours s'il s'agit d'une saisie – à compter du dépôt, dans les formes prévues à l'article 34-3, et selon le cas :

a) Soit à déclarer qu'à sa connaissance le titre ou le décès n'est pas postérieur au 1er janvier 1956, à moins qu'il puisse indiquer les références (date, volume, numéro) de la formalité de publicité donnée au titre ou à l'attestation ;

b) Soit, si le titre ou le décès est postérieur au 1er janvier 1956, à fournir les mentions de référence prévues au 2° de l'article 32 ou la déclaration prévue au 1-1° de l'article 35. Lorsque la publicité n'a pas été faite, le signataire du certificat d'identité peut :

Ou provoquer la publicité du titre du titulaire, ou de l'attestation de transmission par décès à son profit, en agissant contre le titulaire du droit ou ses ayants cause, ou contre l'officier public ou ministériel ou l'autorité administrative tenu de procéder à la publicité en vertu de l'article 32 du décret [n° 55-22] du 4 janvier 1955 ;

Ou produire un acte de notoriété ou un certificat délivré par un notaire ou un greffier, établissant que le droit du dernier titulaire résulte d'un acte ou d'une décision judiciaire non encore publié ou d'une transmission par décès, n'ayant pas encore fait l'objet d'une attestation ; si, pour obtenir ce document, le signataire du certificat d'identité a besoin d'un acte ou certificat à délivrer au titulaire du droit – sur demande de celui-ci – par une autorité publique ou un officier public ou ministériel, il peut en demander lui-même la délivrance.

En même temps, le *(Mot remplacé à compter du 1er janvier 2013, D. n° 2012-1462, 26 déc. 2012, art. 36, 3° et 39)* « service de la publicité foncière » annote, dans les conditions prévues à l'article 34-3, le fichier immobilier.

Si, dans le délai d'un mois – ou de deux mois s'il s'agit d'une expropriation ou d'un remembrement collectif – à compter de l'avis donné au signataire du certificat d'identité, il n'a pas été satisfait à la demande *(Mots remplacés à compter du 1er janvier 2013, D. n° 2012-1462, 26 déc. 2012, art. 36, 9° et 39)* « du service de la publicité foncière », ou si, même avant l'expiration de ce délai, le signataire du certificat d'identité l'a informé du refus ou de l'impossibilité de donner satisfaction à ladite demande, la formalité est rejetée sous les réserves prévues à l'article 74. Mention du rejet est faite au registre de dépôts, en regard de l'inscription du dépôt, dans la colonne « Observations », ainsi qu'au fichier immobilier.

Les deux derniers alinéas de l'article 34-3 sont applicables.

S'il est donné satisfaction à sa demande, le *(Mot remplacé à compter du 1er janvier 2013, D. n° 2012-1462, 26 déc. 2012, art. 36, 3° et 39)* « service de la publicité foncière » procède dans les conditions ordinaires à l'exécution de la formalité, qui prend rang à la date du dépôt. L'exécution est constatée par un enregistrement pour ordre au registre de dépôt.

Toutefois, il sursoit à cette exécution s'il constate des inexactitudes dans les références à la formalité antérieure, ou s'il relève, dans le document à publier, des discordances soit avec le titre du dernier titulaire ou l'attestation de transmission par décès à son profit, soit avec l'acte de notoriété ou le certificat produit. Dans ces cas, il notifie au signataire du certificat d'identité dans le délai d'un mois – ou de huit jours s'il s'agit d'une saisie – à compter de la réception de sa réponse, les inexactitudes ou discordances relevées, la suite à donner à cette notification étant réglée suivant les dispositions des alinéas 4 et suivants du 3 de l'article 34.

4. Dans le cas où le titre de la personne indiquée, dans le document déposé, comme le dernier titulaire du droit n'a pas été publié au fichier immobilier, le *(Mot remplacé à compter du 1er janvier 2013, D. n° 2012-1462, 26 déc. 2012, art. 36, 3° et 39)* « service de la publicité foncière » peut néanmoins procéder immédiatement, sous réserve, le cas échéant, de l'application du dernier alinéa du 3 du présent article, à l'exécution de la formalité, si le requérant souscrit, au pied du document déposé, la déclaration visée au *a* du 3 ou produit, à l'appui de ce document, un acte de notoriété ou un certificat conformément au *b* dudit 3.

5. En cas de publication d'un commandement pour valoir saisie d'un immeuble dépendant d'une succession à l'encontre des successibles d'une personne décédée, ou du jugement d'adjudication ultérieur, la production de l'acte de notoriété ou le certificat prévu au 3-b du présent article n'est pas obligatoire, lorsque le document destiné à être conservé *(Mots remplacés à compter du 1er janvier 2013, D. n° 2012-1462, 26 déc. 2012, art. 36, 15° et 39)* « dans les registres du service de la publicité foncière » comporte seulement la mention de certification de l'identité du défunt.

Dans l'hypothèse visée à l'alinéa précédent, la formalité est considérée, pour les annotations au fichier et la délivrance des copies, extraits ou certificats, comme requise contre le défunt seul. Il en est de même pour les inscriptions de privilèges ou d'hypothèques légales ou judiciaires requises, sur un immeuble dépendant d'une succession, à l'encontre des successibles d'une personne décédée, lorsque l'attestation notariée de transmission par décès – ou le partage en tenant lieu, par application de l'article 29 (alinéa 4) du décret du 4 janvier 1955 –, n'a pas encore été publiée.

3443 L'article 35 du décret du 14 octobre 1955 vise les cas où le principe de l'effet relatif n'est pas applicable : il s'agit de véritables exceptions au principe.

Il est, par contre, des hypothèses dans lesquelles le principe doit jouer, mais où son application est faite suivant certaines modalités pour tenir compte des difficultés particulières qu'éprouverait le requérant à fournir les mentions et déclarations exigées : il s'agit de cas où le document à publier n'a pas été dressé à la requête ou avec le concours du dernier titulaire du droit (Doc. adm. DGI, 10 E-741, n° 1, 2 mai 1983).

a) Particularités du cas

3444 Impossibilité d'obtenir les renseignements du précédent titulaire. L'article 36 vise, sans les énumérer limitativement, les cas où « l'acte ou la décision judiciaire, dont un extrait, expédition ou copie est déposé en vue de la publicité, n'a pas été dressé ou rendu avec le concours ou à la requête du dernier titulaire du droit », et, notamment, les « cas de saisie, demande en justice, expropriation, remembrements collectifs » (mais non pas en cas d'inscription d'hypothèque judiciaire ou légale, les termes de l'article 55-2-6° du décret du 14 octobre 1955 étant exclusifs de toute dérogation). En cas de demande en justice, l'application de l'article 36 doit, bien entendu, être écartée lorsque la demande émane d'une des parties à l'acte constatant le droit du dernier titulaire du droit au sens donné à cette expression. Tel serait le cas de demande en résolution de vente émanant du vendeur.

Dans ces cas, le requérant ne peut obtenir du précédent titulaire les indications nécessaires pour satisfaire au vœu de l'article 32, paragraphe 2, ou de l'article 35, paragraphe 1, du décret du 14 octobre 1955, puisqu'il agit sans le concours de l'auteur, et le plus souvent, même, contre celui-ci. Mais, de ce fait, la publicité requise présente une importance encore plus grande, et il ne saurait être question de l'empêcher pour le simple motif que les énonciations destinées à assurer le contrôle du principe de l'effet relatif ne peuvent être fournies (Doc. adm. DGI, 10 E-7411, n° 1, 2 mai 1983).

3445 Les recherches incombent au service de la publicité foncière. Ainsi, d'après l'article 36 du décret du 14 octobre 1955, dans tous les cas envisagés, le requérant n'est pas tenu de porter, sur le document à publier, les indications, mentions ou déclarations concernant soit les références à la formalité donnée au titre de l'auteur (art. 32, § 2), soit les conditions d'acquisition du droit (art. 35, § 1, 1°), soit le fait que le titre de l'auteur ou la transmission par décès à son profit est antérieur au 1er janvier 1956 (art. 35, § 1, 2°).

C'est donc au service de la publicité foncière qu'il appartient de rechercher lui-même si la formalité a été régulièrement donnée au titre du disposant ou dernier titulaire (exproprié, saisi, etc.), dont le droit est affecté par le document à publier, pour vérifier, ensuite, la concordance entre les énonciations de ce document et celles des documents antérieurement publiés (Doc. adm. DGI, 10 E-7411, n° 2, 2 mai 1983).

b) Recherche par le service de la publicité foncière de la formalité donnée au titre du titulaire

3446 **Méthode et objet de la recherche.** Il y a lieu de rechercher tout d'abord s'il existe une fiche personnelle au nom de celui qui est indiqué, dans le document déposé, comme étant le titulaire du droit.

Lorsque le service de la publicité foncière trouve une fiche personnelle au nom indiqué et que les immeubles intéressés figurent déjà aux tableaux I ou II de ladite fiche, il sait immédiatement qu'une formalité concernant lesdits immeubles a été publiée du chef de la personne indiquée comme disposant ou dernier titulaire dans le document déposé. Il n'a plus qu'à vérifier, soit que cette formalité tendait à publier le titre constatant le droit du disposant, soit que ce titre était antérieur au 1er janvier 1956.

Or, ou bien la fiche personnelle (immeuble rural) ou la fiche d'immeuble (immeuble urbain) – à laquelle il convient de se reporter – mentionne l'annotation de cette formalité, postérieurement au 1er janvier 1956 ; ou bien, elle ne la mentionne pas, l'inscription des immeubles ayant été faite à l'occasion de la publicité d'une formalité ne constatant pas le droit du titulaire (inscription hypothécaire, par exemple), ce qui permet de conclure que le titre est antérieur au 1er janvier 1956.

Dans les deux hypothèses, le service de la publicité foncière n'a pas à pousser plus avant ses recherches et n'a plus qu'à contrôler la concordance rigoureuse des énonciations du document et des annotations de la fiche, relatives à l'identité du titulaire du droit et à la désignation des immeubles (Doc. adm. DGI, 10 E-7412, n° 2, 2 mai 1983).

c) Demande de renseignements complémentaires du service de la publicité foncière

3447 **Particularités de la procédure.** Lorsqu'on se trouve dans l'un des cas visés à l'article 36 du décret du 14 octobre 1955, la procédure de rejet est précédée d'une procédure complémentaire dont l'objet est de permettre au conservateur de contrôler l'application de l'effet relatif dans les cas où il n'est pas en mesure de le faire par suite de la dispense de porter, dans le document déposé, les mentions ou déclarations prévues aux articles 32, paragraphe 2, et 35.

Cette procédure préliminaire a donc pour but et pour résultat de rétablir la même situation que si ces déclarations ou mentions avaient figuré dans le document déposé.

Même lorsque la nécessité se manifeste d'y recourir, faute d'indications suffisantes au fichier, l'article 36 n'en présente pas moins pour le requérant l'avantage considérable de déposer immédiatement, sans être arrêté par les règles tendant à faire observer le principe de l'effet relatif, le document à publier, qui prend rang à la date de son dépôt dans le cas où la formalité peut finalement être exécutée (Doc. adm. DGI, 7 E-7413, n° 6, 2 mai 1993).

1) Objet de la demande

3448 **Options diverses offertes au requérant.** Dans l'hypothèse où le service de la publicité foncière ne retrouve pas, au fichier, l'annotation de la formalité donnée au titre du disposant, il en informe le signataire du certificat d'identité.

Dans le délai d'un mois – ou de deux mois s'il s'agit d'une expropriation ou d'un remembrement collectif – à compter de l'avis, il appartient au signataire du certificat d'identité :

– soit de compléter le document déposé par la déclaration ou les mentions requises (déclaration que le titre est antérieur au 1er janvier 1956 ou mention des références aux titres publiés depuis la même date) ;

– soit de provoquer la publicité du titre ;

– soit de produire l'acte de notoriété ou le certificat établissant que le droit de la personne indiquée comme disposant dans le document à publier résulte d'un acte ou d'une décision judiciaire non encore publié, ou d'une transmission par décès n'ayant pas encore fait l'objet d'une attestation notariée (Doc. adm. DGI, 10 E-7413, n° 1, 2 mai 1983).

3449 **Éventualités pouvant se rencontrer.** Si les immeubles intéressés ne figurent pas aux tableaux I ou II de la fiche personnelle existant au nom de la personne indiquée comme disposant – ou s'il n'existe pas de fiche à ce nom – et si les autres annotations répertoriées au fichier ne contredisent pas les énonciations du document déposé (il suffit de se reporter, suivant le cas, à la fiche d'immeubles [immeubles urbains] ou à la fiche parcellaire [immeuble rural] pour contrôler que les immeubles ne figurent pas sur une autre fiche personnelle. Il va de soi que si d'autres annotations du fichier contredisent les énonciations du document déposé [immeuble figurant sur une autre fiche notamment], l'éventualité de l'existence d'un titre antérieur au 1er janvier 1956 est, normalement, exclue à moins que l'acte publié concerne un précédent titulaire du droit, dont le titre peut n'avoir pas été publié au fichier), deux éventualités peuvent se présenter :

– ou bien le titre a été publié avant le 1er janvier 1956 ;

– ou bien il est postérieur à cette date et n'a pas encore été publié (il faut exclure, en principe, l'hypothèse où le titre a été publié postérieurement au 1er janvier 1956 et n'est pas retrouvé par le conservateur. Elle ne peut se rencontrer, en effet, que dans le cas d'une erreur antérieure d'annotation).
Afin de hâter l'accomplissement de la formalité, l'article 36, paragraphe 4, prévoit que le requérant peut, sans attendre la demande du service de la publicité foncière :
– soit souscrire, au pied du document déposé, une déclaration d'après laquelle, à sa connaissance, le titre du titulaire du droit est antérieur au 1er janvier 1956 ;
– soit, si le titre est postérieur à cette date et n'a pas été publié, produire, à l'appui du document, un acte de notoriété ou un certificat (V. n° 3451. – Doc. adm. DGI, 10 E-7413, n° 4, 2 mai 1983).
Dans ces cas, la procédure de rejet est celle du droit commun (art. 34).

3450 **Titre ou décès antérieur au 1er janvier 1956.** Lorsque le titre de l'auteur ou le décès ayant entraîné la transmission à son profit est antérieur au 1er janvier 1956, le principe de l'effet relatif n'a pas à jouer.
Pour que la formalité puisse être exécutée, il suffit que le service de la publicité foncière obtienne l'assurance d'une telle antériorité. Cette assurance résulte suffisamment, d'après l'article 36, paragraphe 3, 11, alinéa a, de la déclaration faite par le signataire du certificat d'identité, selon laquelle, à sa connaissance, le titre ou le décès est antérieur au 1er janvier 1956. Cette formule est comparable à celle figurant à l'article 35, paragraphe 1-2° (V. ce texte, *supra*) ; toutefois, les mots « à sa connaissance » ont pour objet de limiter la responsabilité du signataire qui se trouve, en effet, dans une situation excluant nécessairement l'exigence de certitudes absolues. En fait, il faut bien admettre que le requérant connaît, de façon plus ou moins précise, le droit de l'auteur, puisque, sans cette connaissance, il ne serait même pas question pour lui de requérir la formalité à publier.
Comme dans l'hypothèse visée à l'article 35, paragraphe 1-2°, la meilleure preuve que puisse offrir le requérant est encore l'indication des références de la formalité donnée au titre de l'auteur, s'il est en mesure de les fournir.

3451 **Titre ou décès postérieur au 1er janvier 1956 : publications non effectuées.** En ce cas, l'article 36, paragraphe 3, 1er alinéa, du décret du 14 octobre 1955 prévoit que le service de la publicité foncière invite le requérant, dans le délai d'un mois – ou de huit jours s'il s'agit d'une saisie – à compter du dépôt, à adopter l'une des deux attitudes suivantes :
a) provoquer la publicité du titre de l'auteur ou de l'attestation de transmission par décès à son profit, en agissant contre le titulaire du droit (ou ses ayants cause, s'il est décédé depuis qu'il a acquis le droit) ou l'officier public ou ministériel ou l'autorité administrative tenu de procéder à la publicité en vertu de l'article 32 du décret du 4 janvier 1955 ;
b) produire un acte de notoriété ou un certificat délivré par un notaire ou un greffier établissant que le droit de l'auteur résulte d'un acte ou d'une décision non encore publié, ou d'une transmission par décès n'ayant pas encore fait l'objet d'une attestation ; le texte précise que, pour permettre l'établissement de cet acte de notoriété, le requérant peut obtenir, aux lieu et place de l'auteur, la délivrance, par les officiers publics ou ministériels ou par les autorités administratives, des actes ou certificats dont il pourrait avoir besoin (Doc. adm. DGI, 10 E-7413, n° 2, 2 mai 1983).

NOTA Le § 3 de l'article 36 du décret du 14 octobre 1955 offre en réalité deux possibilités au requérant :
– soit déclarer qu'à sa connaissance, le titre est antérieur au 1er janvier 1956, la meilleure façon de parvenir à ce résultat étant, pour le requérant, de fournir les références à la formalité antérieure ;
– soit indiquer les références à la formalité donnée après le 1er janvier 1956, si le titre est postérieur à cette date. Mais, ainsi qu'il a été fait observer précédemment, en ce qui concerne les immeubles faisant l'objet d'une documentation réelle, le service de la publicité foncière est en principe toujours en mesure de retrouver un titre publié au fichier immobilier, de sorte que la seule hypothèse à prévoir est celle d'un titre postérieur au 1er janvier 1956 mais non encore publié.
Ces dispositions sont directement inspirées de l'article 8 du décret du 28 novembre 1924, modifié, relatif à la tenue du livre foncier dans le département d'Alsace-Moselle. Ce texte vise l'hypothèse où un requérant ne peut inscrire son droit, faute d'inscription préalable du propriétaire, et où le juge lui impartit un délai pour provoquer lui-même cette inscription en prouvant le droit du propriétaire. Il s'agit donc d'un cas tout à fait comparable. Le but recherché est de fournir au service de la publicité foncière une base très sérieuse, sinon certaine, lui permettant d'effectuer des annotations valables au fichier immobilier, sans pour autant couvrir le défaut de publicité du titre de l'auteur, avec

les conséquences de droit qu'il comporte. Cela est si vrai que l'acte de notoriété est seulement produit au service de la publicité foncière, le seul document publié étant le document déposé. Encore fallait-il donner toutes facilités au requérant pour obtenir les éléments susceptibles de lui permettre de faire établir l'acte de notoriété ou le certificat. Tel est l'objet de la disposition finale du b du paragraphe 3 de l'article 36. Les termes très larges de cette disposition offrent au requérant la possibilité d'obtenir toutes sortes de documents et, notamment, une expédition du titre du disposant, des certificats d'imposition, des copies d'enregistrement, etc., documents de nature à justifier, notamment auprès du notaire, de l'exactitude des droits à attester dans l'acte de notoriété (Doc. adm. DGI, 10 E-7413, n° 2, 2 mai 1983, note 13).

3452 **Annotation du fichier.** En même temps qu'il invite le signataire du certificat d'identité à utiliser l'un des moyens mis à sa disposition par le paragraphe 3 de l'article 36, le service de la publicité foncière procède aux opérations d'annotations et de classement prévues à l'article 34, paragraphe 3, 2e alinéa, étant observé que, dans certains cas, une fiche devra être créée au nom de la personne indiquée comme auteur dans le document déposé, et qui pourra être différente du dernier titulaire ayant publié son droit, notamment lorsque celui-ci aura transmis son droit à un nouveau titulaire par un acte ou à la suite d'un décès intervenu entre-temps (sur les modalités de l'annotation, V. n° 3456).

3453 **Délai imparti.** Dans tous les cas, le signataire du certificat d'identité dispose d'un délai d'un mois à compter de l'avis notifié par le conservateur pour donner satisfaction à sa demande, le délai est, toutefois, porté à deux mois s'il s'agit d'une expropriation ou d'un remembrement collectif (art. 36, § 3, 3e al. – Doc. adm. DGI, 10 E-7413, n° 2, 2 mai 1983).

2) Cas où la demande du service de la publicité foncière n'est pas satisfaite

3454 **Rejet de la formalité.** Si, dans le délai d'un mois – ou de deux mois, selon le cas – le signataire du certificat d'identité ne s'est pas conformé à l'une de ces obligations, ou si, même avant l'expiration du délai imparti, il a informé le service de la publicité foncière de son refus, ou de l'impossibilité dans laquelle il se trouve, de se conformer à ces obligations, la formalité est rejetée (D. 14 oct. 1955, art. 36, § 3) dans les conditions ordinaires (V. art. 36, § 3, renvoyant aux deux derniers alinéas de l'article 34, § 3 ; Doc. adm. DGI, 10 E-7413, n° 5, 2 mai 1983).

3) Cas où la demande du service de la publicité foncière est satisfaite

3455 **Exécution de la formalité.** Si, avant l'expiration du même délai, le signataire du certificat d'identité a déféré à la demande du service de la publicité foncière, la formalité peut être exécutée.
1° Aucune difficulté n'est à prévoir si le titre du disposant est déclaré antérieur au 1er janvier 1956, cette déclaration ne fait, en effet, que confirmer ce que l'absence de publicité apparente permettait d'admettre.
2° Si le signataire du certificat fournit les mentions de référence au titre publié depuis le 1er janvier 1956, le service de la publicité foncière doit s'assurer de l'exactitude de ces références et vérifier que la formalité indiquée concerne effectivement le titre constatant le droit du disposant indiqué comme tel dans le document déposé.
Si ces deux conditions ne sont pas remplies, il y a une « inexactitude » dans les références fournies. Cette inexactitude doit être notifiée au signataire du certificat.
Le service de la publicité foncière doit, en outre, contrôler qu'il n'existe aucune discordance entre le document à publier et le document par lequel la formalité a été donnée au titre du disposant – ou à l'attestation de transmission par décès à son profit – en ce qui concerne la désignation des parties et la désignation des immeubles.

NOTA On peut penser *a priori* qu'une telle concordance ne doit pas exister, puisque, par hypothèse, le service de la publicité foncière n'a pas trouvé la fiche personnelle ou la fiche d'immeubles sur laquelle a été répertoriée la formalité donnée au titre de l'auteur. Dès lors, de deux choses l'une :
– ou bien une erreur a été commise par le service lors de l'annotation de cette dernière formalité (la rectification doit être immédiatement effectuée dans les conditions prévues à l'article 13, dernier alinéa, du décret du 14 octobre 1955) ou lors du classement de la fiche (le classement régulier est aussitôt rétabli) ;
– ou bien aucune erreur n'a été commise par le service lors de l'annotation de ladite formalité et l'un des documents déposés (formalité antérieure aux formalités actuellement refusées) est lui-même erroné. Afin de lever l'incertitude, il appartient au service de la publicité foncière, dans le délai d'un mois (ou de huit

jours il s'agit d'une saisie) à compter de la date à laquelle le signataire du certificat d'identité a fourni les références à la formalité antérieure, de notifier à ce signataire les discordances relevées (D. 14 oct. 1955, art. 36, § 3, dernier al.). La suite à donner à cette notification, indique l'article 36, § 3 *in fine* est réglée suivant les dispositions des alinéas 4 et suivants du paragraphe 3 de l'article 34 (Doc. adm. DGI, 7 E-7413, n° 6, 2 mai 1993, note 14).

3° Si le signataire du certificat d'identité provoque la publicité du titre du disposant (ou de l'attestation de transmission par décès à son profit), il y a lieu de considérer cette formalité en elle-même pour lui appliquer normalement les règles ordinaires prévues à l'article 34 du décret du 14 octobre 1955.

4° Si le signataire du certificat d'identité produit un acte de notoriété ou un certificat établissant que le droit du disposant découle d'un acte non encore publié ou d'un décès n'ayant pas encore fait l'objet d'une attestation publiée, le service de la publicité foncière doit simplement s'assurer de la concordance du document à publier avec l'acte de notoriété ou le certificat produit en ce qui concerne la désignation des parties, la désignation des immeubles et le droit du disposant. En d'autres termes, il vérifie que le droit visé dans l'acte de notoriété ou le certificat permet au disposant d'avoir cette qualité dans le document à publier (en supposant, par exemple, que la propriété d'un immeuble soit saisie à l'encontre d'une personne dont le droit, constaté dans l'acte de notoriété ou le certificat, ne porterait que sur l'usufruit, le commandement pour valoir saisie ne pourrait être publié).

Exemple de discordance : Primus est propriétaire, d'après le fichier immobilier, de l'immeuble saisi sur la tête de Tertius. Le saisissant produit un acte de notoriété attestant que Tertius est bien devenu propriétaire en achetant à Secondus par un acte non encore publié. Le conservateur doit rejeter le commandement puisque les énonciations de l'acte de notoriété sont en discordance avec celle du fichier (l'acte ne fait pas état de la mutation de Primus à Secondus).

Les inexactitudes ou discordances sont notifiées comme il est dit au n° 3448 (Doc. adm. DGI, 7 E-7413, n° 6, 2 mai 1993).

3456 **Annotation du fichier.** Le fichier immobilier doit être annoté de façon à éviter toute confusion. Ainsi, Primus, propriétaire d'un immeuble rural situé dans une commune à cadastre rénové pour l'avoir acquis par acte notarié publié le 1er avril 1976, cède cet immeuble à Secondus par acte du 2 janvier 1980 non publié. L'immeuble est saisi, le 4 janvier 1980, par Tertius entre les mains de Secondus. Pour le conservateur, le titulaire est Primus ; il ne rejette pas la formalité si Tertius produit un acte de notoriété attestant que Secondus est bien devenu propriétaire en vertu de l'acte de vente non encore publié. L'annotation de la saisie est faite sur la fiche personnelle de Primus (sur laquelle figure l'immeuble saisi). Si elle n'existe pas déjà, une fiche personnelle est établie au nom de Secondus ; cette dernière comporte un simple renvoi à la fiche de Primus (Doc. adm. DGI, 7 E-7413, n° 6, 2 mai 1993).

D Rôle du service de la publicité foncière

1 Cas général

D. 14 oct. 1955, art. 34. – 1. Lorsqu'il a accepté le dépôt et inscrit la formalité au registre prévu à l'article 2200 du Code civil, le *(Mot remplacé à compter du 1er janvier 2013, D. n° 2012-1462, 26 déc. 2012, art. 36, 3° et 39)* « service de la publicité foncière » :

– vérifie l'exactitude des références à la formalité antérieure ;

– s'assure de la concordance du document déposé et des documents publiés depuis le 1er janvier 1956, tels qu'ils sont répertoriés au fichier immobilier, en ce qui concerne :

a) La désignation des parties : nom, deux premiers prénoms, date et lieu de naissance pour les personnes physiques. Pour les personnes morales, il est fait notamment application des dispositions de l'article 42-1 du décret n° 55-22 du 4 janvier 1955 modifié ;

b) La qualité de disposant ou de dernier titulaire, au sens du 1 de l'article 32 de la personne indiquée comme telle dans le document déposé ;

c) La désignation individuelle des immeubles.

2. Lorsqu'il ne relève ni inexactitude ni discordance et que, par ailleurs, le document déposé contient toutes les mentions exigées par les articles 2148 du Code civil, 5, 6 et 7 du décret [n° 55-22] du 4 janvier 1955, et 61 à 63 du présent décret, le *(Mot remplacé à compter du 1er janvier 2013, D. n° 2012-1462, 26 déc. 2012, art. 36, 3° et 39)* « service de la publicité foncière » termine l'exécution de la formalité. Il

n'y a pas discordance lorsque le titre de la personne indiquée comme disposant ou dernier titulaire, au sens du 1 de l'article 32, a cessé, postérieurement à sa publication au fichier immobilier, de produire tout ou partie de ses effets en raison d'un acte ou d'une décision judiciaire ultérieurement publié.

3. En cas d'inexactitude ou de discordance, ou à défaut de publication du titre du disposant ou de l'attestation de transmission par décès à son profit, le *(Mot remplacé à compter du 1er janvier 2013, D. n° 2012-1462, 26 déc. 2012, art. 36, 3° et 39)* « service de la publicité foncière » ne procède pas aux annotations sur le fichier immobilier ; il notifie, dans le délai maximum d'un mois à compter du dépôt, les inexactitudes, discordances ou défaut de publication relevés au signataire du certificat d'identité porté au pied de tout bordereau, extrait, expédition ou copie conformément aux prescriptions des articles 5 et 6 du décret [n° 55-22] du 4 janvier 1955.

Le fichier immobilier sur lequel la formalité aurait été immédiatement répertoriée si le dépôt avait été régulier est simplement annoté de la date et du numéro de classement du document déposé, avec la mention « formalité en attente ».

Dans le cas où la notification prescrite ci-dessus n'est pas faite directement au signataire du certificat d'identité lui-même et n'est pas dûment reconnue par lui, elle doit être effectuée selon un procédé fiable d'identification et de datation et être adressée, au plus tard, le dernier jour du délai d'un mois à compter du dépôt, au domicile indiqué par ledit signataire dans le document déposé.

Avant l'expiration d'un délai d'un mois à compter de la date de la notification selon le procédé défini au troisième alinéa, il appartient au signataire du certificat d'identité :

– soit de compléter le bordereau d'inscription ; – soit de représenter les pièces (notamment, titres antérieurs, extraits cadastraux, extraits d'actes de naissance) justifiant l'exactitude des références à la formalité antérieure, ou des énonciations relatives à la désignation des parties et des immeubles ; dans ce cas, le *(Mot remplacé à compter du 1er janvier 2013, D. n° 2012-1462, 26 déc. 2012, art. 36, 3° et 39)* « service de la publicité foncière » procède, dans les conditions ordinaires, à l'exécution de la formalité qui prend rang à la date du dépôt. Les erreurs figurant au fichier immobilier sont rectifiées dans les conditions prévues au dernier alinéa de l'article 13 ou au 3 de l'article 53-1 du présent décret, si elles émanent *(Mots remplacés à compter du 1er janvier 2013, D. n° 2012-1462, 26 déc. 2012, art. 36, 9° et 39)* « du service de la publicité foncière ». Dans le cas contraire, elles sont redressées, à la diligence des parties, par le dépôt d'un nouveau document établi dans les formes légales et tendant à rectifier le document antérieurement publié entaché d'erreur : ce document consiste soit en un nouveau bordereau établi au vu du titre lui-même, d'un acte rectificatif ou, à défaut d'un acte de notoriété, soit en une expédition, un extrait littéral ou une copie de ces titres, acte rectificatif ou acte de notoriété. Toutes mentions utiles sont portées au fichier immobilier en vue de signaler les erreurs et rectifications ;

– soit de déposer un bordereau ou document rectificatif. Dans ce cas, la publicité du bordereau ou document originaire prend effet à la date du dépôt, pour toutes les énonciations non entachées d'erreurs, celle du bordereau ou document rectificatif prenant effet à la date de son propre dépôt.

Dans tous les cas où la formalité prend rang rétroactivement à la date du dépôt, la date où elle est effectivement exécutée est constatée par un enregistrement pour ordre au registre des dépôts.

Si, dans le délai d'un mois à compter de la notification, le signataire du certificat d'identité n'a pas réparé les omissions, produit les justifications ou déposé les documents rectificatifs ou si, même avant l'expiration de ce délai, il a informé le conservateur du refus ou de l'impossibilité de satisfaire à ces obligations, la formalité est rejetée sous les réserves prévues à l'article 74. Mention du rejet est faite par le *(Mot remplacé à compter du 1er janvier 2013, D. n° 2012-1462, 26 déc. 2012, art. 36, 3° et 39)* « service de la publicité foncière » en regard de l'inscription du dépôt au registre de dépôts dans la colonne « Observations », ainsi qu'au fichier immobilier.

La décision de rejet est notifiée dans les huit jours de l'expiration du délai imparti au signataire du certificat d'identité. La notification est effectuée, soit directement, soit par lettre recommandée avec demande d'avis de réception, adressée au domicile indiqué dans le document déposé.

La date de notification directe, ou de celle de l'avis de réception ou de l'avis de refus de la lettre recommandée, fixe le point de départ du délai de huit jours au cours duquel peut être formé le recours prévu à l'article 26 du décret [n° 55-22] du 4 janvier 1955.

a) Vérifications lors du dépôt

3457 Si le service de la publicité foncière constate que le document déposé porte toutes les mentions requises (il est rappelé que la formalité peut être refusée pour d'autres motifs que l'absence des mentions prescrites par l'article 32), et, notamment, celles prévues à l'article 32, paragraphe 2, du décret d'application – sous la réserve bénéficiant aux bordereaux d'inscription – il accepte le dépôt et l'inscrit immédiatement à son rang, au registre de dépôts.

3458 D'après l'article 33 du décret du 14 octobre 1955, le dépôt est refusé si l'extrait, l'expédition ou la copie déposé ne contient pas les mentions de référence à la formalité antérieure ou bien, dans le cas où il porte la mention que la publicité du titre du disposant sera requise simultanément, si cette publicité n'est pas effectivement requise, au plus tard, en même temps que la formalité nouvelle ou – ce qui revient au même – ne peut être effectivement exécutée pour une raison quelconque.
En matière d'inscription de privilège et d'hypothèque, les mentions de référence au titre de propriété du grevé ne sont exigées par l'article 55-2-6° du décret du 14 octobre 1955, que sous la sanction du rejet de la formalité (cf. D. 14 oct. 1955, art. 33, *in fine*).

b) Vérifications après le dépôt

3459 C'est après le dépôt que le service de la publicité foncière va s'assurer de l'exacte application du principe de l'effet relatif.
Comme l'indique l'article 34, paragraphe 1, du décret du 14 octobre 1955, le service de la publicité foncière commence par vérifier l'exactitude des mentions de références portées sur le document déposé. À cet effet, il se reporte à la fiche sur laquelle doit être normalement annotée la formalité donnée au titre antérieur (fiche personnelle de celui qui est désigné par le document déposé comme étant le disposant ou le dernier titulaire du droit, s'il s'agit d'un immeuble rural ; fiche d'immeuble, s'il s'agit d'un immeuble urbain) et lorsqu'il constate qu'il y a concordance complète entre les annotations portées au fichier et les énonciations du document déposé relatives à la désignation des parties et des immeubles (en raison des termes de l'article 34, paragraphe 1 du décret du 14 octobre 1955, le document déposé doit être en concordance avec les « documents publiés depuis le 1er janvier 1956 ». En particulier, si la désignation cadastrale d'une parcelle a été modifiée par un procès-verbal du service du cadastre modèle 22 régulièrement publié, tout acte ou bordereau ultérieurement déposé doit faire état de la nouvelle désignation de la parcelle, telle qu'elle figure au dit procès-verbal), il s'assure que la formalité dont les références sont indiquées, en exécution de l'article 32, paragraphe 2, dans le document déposé, concerne effectivement le titre conférant au disposant ou dernier titulaire le droit qui permet à celui-ci de prendre dans cette qualité le nouveau document à publier (Doc. adm. DGI, 10 E-7244, n° 1, 2 mai 1983).

3460 **Moyens de vérification de la concordance.** Toutes les vérifications prescrites par l'article 34, paragraphe 1, du décret du 14 octobre 1955, peuvent utilement être faites par la seule consultation de la fiche personnelle ou de la fiche d'immeuble sur laquelle sont annotées les formalités relatives à l'immeuble intéressé : toutes les annotations sont nécessairement en concordance avec les énonciations des documents successivement publiés, la vérification de cette concordance ayant été faite au fur et à mesure des formalités, pour chacun de ces documents (Doc. adm. DGI, 10 E-7244, n° 3, 2 mai 1983).

3461 Si les énonciations du document à publier sont en concordance avec celles de la fiche, le service de la publicité foncière termine, dans les conditions ordinaires, l'exécution de la formalité (il s'assure, bien entendu, qu'il n'existe pas d'autre cause de rejet), c'est-à-dire qu'il annote toutes les fiches, personnelles ou d'immeuble, sur lesquelles la formalité doit être répertoriée, ainsi que, le cas échéant, les fiches parcellaires et archive le document déposé.

3462 **Acte nul ou inexistant.** Dans le cas où l'acte publié mentionné comme confirmant le droit n'a qu'une existence apparente, notamment s'il viole les règles légales, il n'appartient pas au service de la publicité foncière de rechercher si le titre du disposant n'est qu'apparent parce qu'il peut être attaqué pour cause de nullité : il convient au juge seul de se prononcer, le cas échéant, en ce qui concerne l'annulation et l'inexistence de ce titre, jusqu'à cette décision, le titre apparent continue à produire ses effets (Colin et Capitant, *Cours élémentaire de droit français*, 11e éd., par Julliot de la Morandière, t. 1, n° 9, n° 90). Toutefois, si un acte avait été dressé pour valider le titre, nul d'une nullité relative (Colin et Capitant, *op. et loc. cit.*), et le rendre inattaquable, cet acte confirmatif devrait être obligatoirement publié par application de l'article 28, 4e, du décret précité du 4 janvier 1955 (Doc. adm. DGI, 10 E-7244, n° 5, 2 mai 1983).

c) Cas d'inexactitude ou de discordance

3463 Si le service de la publicité foncière relève une inexactitude ou une discordance, il ne procède pas à l'annotation de la formalité sur les fiches. Il met en jeu la procédure de rejet, conformément à l'article 34, paragraphe 3, du décret du 14 octobre 1955 (V. **Rejet**. – Doc. adm. DGI, 10 E-7244, n° 4, 2 mai 1983).

2 Dispositions transitoires applicables aux immeubles situés dans les communes à ancien cadastre, dans les communes non encore cadastrées des départements d'Outre-mer et sur le territoire de la ville de Paris

D. 14 oct. 1955, art. 51. – 1. Par dérogation aux dispositions de l'article 34, pour les formalités intéressant les immeubles situés dans une commune non encore cadastrée ou s'il s'agit de la première formalité depuis l'établissement du cadastre ou sa rénovation, le service de la publicité foncière lorsqu'il a accepté le dépôt et inscrit la formalité au registre prévu à l'article 2200 du Code civil :

a) Vérifie que la personne indiquée comme disposant ou dernier titulaire dans le document déposé ainsi que la formalité antérieure sont répertoriées au fichier immobilier ;

b) Vérifie l'exactitude des références de la formalité antérieure portées sur le document déposé ;

c) Contrôle la concordance du document déposé et des documents publiés depuis le 1er janvier 1956 (tels qu'ils sont répertoriés au fichier immobilier) en ce qui concerne la désignation des parties.

2. Dans les cas visés aux articles 36 et 37, le service de la publicité foncière, après avoir inscrit la formalité au registre des dépôts, recherche si la personne indiquée, dans le document déposé, comme titulaire du droit est inscrite au fichier immobilier et s'assure de la concordance entre les énonciations du document déposé et celles des documents antérieurement publiés concernant la désignation des parties.

Il n'est pas dérogé, pour le surplus, aux dispositions des 2 à 4 de l'article 36 et de l'article 37.

3. Après la rénovation ou l'établissement du cadastre, la désignation individuelle des immeubles est vérifiée, conformément à l'article 34, mais seulement entre les formalités accomplies depuis la rénovation ou l'établissement du cadastre.

a) Immeuble situé dans une commune non encore cadastrée

3464 Vérifications opérées par le service de la publicité foncière. Par dérogation aux dispositions de l'article 34 (V. ce texte, *supra*) lorsque la formalité intéresse des immeubles situés dans une commune non encore cadastrée, le service de la publicité foncière lorsqu'il a accepté le dépôt et inscrit la formalité au registre prévu à l'article 2453 du Code civil :
– vérifie que la personne indiquée comme disposant ou dernier titulaire dans le document déposé ainsi que la formalité antérieure sont répertoriées au fichier immobilier ;
– vérifie l'exactitude des références de la formalité antérieure portées sur le document déposé ;
– contrôle la concordance du document déposé et des documents publiés depuis le 1er janvier 1956 (tels qu'ils sont répertoriés au fichier immobilier) en ce qui concerne la désignation des parties.

b) Acte ou décision dressé ou rendu sans le concours du dernier titulaire du droit

3465 Rôle du service de la publicité foncière. Dans les cas visés aux articles 36 et 37 du décret du 14 octobre 1955 (acte ou décision dressés ou rendus sans le concours du dernier titulaire de droit, ou saisies immobilières), le service de la publicité foncière, après avoir inscrit la formalité au registre des dépôts, recherche si la personne indiquée, dans le document déposé, comme titulaire du droit, est inscrite au fichier immobilier et s'assure de la concordance entre les énonciations du document déposé et celles des documents antérieurement publiés concernant la désignation des parties.
Il n'est pas dérogé, pour le surplus, aux dispositions des 2 à 4 de l'article 36 et de l'article 37.

c) Actes ou décisions postérieurs à la rénovation du cadastre

3466 Rôle du service de la publicité foncière. Après la rénovation ou l'établissement du cadastre, la désignation individuelle des immeubles est vérifiée, conformément à l'article 34 (V. ce texte *supra*), mais seulement entre les formalités accomplies depuis la rénovation ou l'établissement du cadastre.

E Applications particulières

➤ On trouvera l'énoncé des solutions particulières concernant le principe de l'effet relatif au mot correspondant à la nature de l'acte publié (V. **Attestation notariée**, **Adjudication**, **Usufruit**, **Vente d'immeuble**, etc.).

II Contrôle portant sur la concordance des titres

A Solution traditionnelle

3467 Absence de contrôle sur la concordance des titres. La seule disposition générale à valeur légale concernant le principe de l'effet relatif est l'article 3 du décret du 4 janvier 1955. Ses modalités d'application sont fixées, en exécution de l'article 51 du même décret, par plusieurs articles du décret n° 55-1350 du 14 octobre 1955 et principalement par son article 34.

Le principe de l'effet relatif de la publicité, tel qu'il est analysé (V. n°s 3417 à 3423), permet d'éliminer les lacunes dans la suite des transmissions.

Mais il résulte des termes de l'article 34 précité qu'une formalité est susceptible d'être publiée – sans qu'il soit fait échec au principe de l'effet relatif – du chef ou à l'encontre d'une personne, pourvu que le titre de celle-ci, résultant d'un acte, d'une décision judiciaire ou d'un décès, ait été préalablement publié, sans distinguer suivant que cette publicité continue à produire ses effets ou qu'elle est contredite par une formalité postérieure publiant le changement de titulaire du droit : par suite, le précédent titulaire, et même tout titulaire antérieur d'un droit de propriété, par exemple, peut, malgré la publicité de l'acte constatant sa dépossession au profit d'un nouveau titulaire, consentir des actes de disposition susceptibles d'être publiés.

Ainsi, peuvent se former des « chaînes de propriété » distinctes, par exemple dans le cas de vente d'un même immeuble à plusieurs personnes différentes (V. **Vente d'immeubles**).

3468 Portée limitée du principe de l'effet relatif. L'article 34 ne permet donc pas le rejet d'une formalité au motif que le disposant indiqué dans le document à publier n'est plus, d'après le fichier, le dernier titulaire du droit, même en cas d'inscription d'hypothèque ou de privilège (C. civ., art. 2147 ancien devenu l'article 2427), l'inscription étant acceptée, bien qu'elle ne soit pas « utile » (Doc. adm. DGI, 10 E-722, n°s 1 à 3, 2 mai 1983).

Pour qu'il en soit autrement, il eût fallu, estimait-on « que les textes concernant le principe de l'effet relatif fussent complétés par une disposition précisant qu'à compter de la publicité donnée à l'acte, à la décision judiciaire ou à l'attestation notariée constatant le droit du nouveau titulaire, aucune formalité ne peut être effectuée du chef ou à l'encontre d'un précédent titulaire de ce droit » (Doc. adm. DGI, 10 E-722, n° 5, 2 mai 1983).

3469 Conséquences. Ainsi, après la publicité d'une vente, le conservateur pouvait publier du chef de l'acquéreur une nouvelle vente, un bail, une constitution de servitude, ou inscrire une hypothèque. Mais il pouvait exécuter les mêmes formalités du chef du vendeur, malgré la publicité de la vente, dès l'instant que le titre du vendeur avait été antérieurement publié. Il n'était pas juge, en effet, de la validité des formalités ou des actes, et c'était au juge civil seul qu'il appartenait de trancher le conflit né de la publicité des actes concurrents, en fonction, notamment, du rang des formalités successives (Doc. adm. DGI, 10 E-723, n° 7, 3 mai 1983).

3470 Justification de la solution adoptée. À l'appui de l'interprétation adoptée, on faisait valoir que :

> « si le conservateur avait été en droit d'écarter une formalité du chef d'une personne déterminée sous prétexte que, d'après les documents publiés, cette personne n'était plus titulaire du droit faisant l'objet

de la nouvelle formalité requise, il eût agi, en fait, comme s'il avait été juge de la validité des actes, publiant celui-ci, refusant tel autre, alors que l'appréciation de cette validité n'appartient, en droit français, qu'au juge civil, en fonction d'éléments divers parmi lesquels le juge peut retenir, notamment, l'exécution d'une formalité de publicité ».

3471 **Conséquences.** Ainsi limité dans son objet et sa portée, le principe de l'effet relatif joue exactement, conformément au but vers lequel il tend : obliger un propriétaire à publier, comme il y est légalement tenu, la transmission de propriété opérée à son profit. Pour parvenir à ce but, il ne touche en rien aux règles d'acquisition du droit de propriété entre parties ou à l'égard des tiers. Il met simplement obstacle à la publicité des actes de disposition effectués en vertu de ce droit, un obstacle bien léger, d'ailleurs, puisqu'il suffit au disposant de se conformer à la loi, en publiant son titre, pour que le blocage de la publicité de l'acte de disposition disparaisse aussitôt (Doc. adm. DGI, 10 E-722, n° 5, 2 mai 1983).

B Arrêt de la Cour de cassation du 12 juin 1996

3472 Par un arrêt du 12 juin 1996, la Cour de cassation est revenue sur les solutions antérieures (1). L'association des conservateurs a été amenée à préciser la portée pratique de cette jurisprudence (2).

1 Solution adoptée

3473 **Circonstances de l'espèce.** Dans l'affaire ayant donné lieu à l'arrêt de la Cour de cassation du 12 juin 1996, dit « arrêt Hédreul », deux inscriptions d'hypothèques judiciaires provisoires avaient été prises contre une personne qui n'apparaissait plus au fichier immobilier comme étant propriétaire au moment de l'inscription de ces hypothèques.
Le conservateur avait néanmoins accepté ces inscriptions, en se fondant sur l'article 34-2 du décret du 14 octobre 1955, texte qui n'a toujours pas été abrogé, et qui dispose :

> « il n'y a pas discordance lorsque le titre de la personne indiquée comme disposant ou dernier titulaire au sens du 1 de l'article 32 a cessé postérieurement à sa publication au fichier immobilier de produire tout ou partie de ses effets en raison d'un acte ou d'une décision judiciaire ultérieurement publié ».

La Cour de cassation censure, en considérant (contrairement à la lettre de l'article 34-2 susvisé) que le « dernier titulaire » au sens à l'article 32-1 est celui dont le titre n'a pas cessé de produire ses effets postérieurement à sa publication, c'est-à-dire le propriétaire actuel. Elle en déduit que le conservateur aurait dû, lors du rapprochement prévu à l'article 34-1 du décret du 14 octobre 1955, procéder au rejet des inscriptions dans les conditions prévues à l'article 34-3 de ce même décret (Cass. 3e civ., 12 juin 1996 : *Bull. civ.* 1996, III, n° 145 ; *RD imm.* 1997, p. 114, obs. Ph. Delebecque et Ph. Simler ; *D.* 1997, somm. p. 257, obs. S. Piédelièvre ; *Bull. AMC* 1995, art. 1698 ; *ibid.* 1997, art. 1764. – V. sur cette décision P. Frémont, *Vers la fin de la publicité foncière des actes et inscriptions hypothécaires concernant un ancien propriétaire : JCP* N 1997, I, p. 53. – T.-H. Groud, *L'inscription hypothécaire prise par un créancier sur un bien aliéné par son débiteur : LPA* 9 oct. 2000, p. 4).

3474 **Conséquences.** En permettant le rejet d'un acte ou d'une décision judiciaire lorsque la personne dont le droit se trouve concerné par cet acte ou cette décision n'est pas le disposant ou le « dernier titulaire » tel qu'il ressort du fichier immobilier, on a remarqué que la Cour de cassation ouvrait aux conservateurs un champ d'investigation qui le conduisait à sortir de son rôle de simple enregistreur des conventions conclues entre les parties ou des décisions judiciaires les concernant (*Bull. AMC* 2005, art. 1877).
Jusqu'ici, le conservateur se contentait de vérifier que le titre du disposant ou du dernier titulaire avait bien été antérieurement publié, sans se préoccuper de savoir si ce titre avait ou non cessé de produire ses effets. Dorénavant, il pourra rejeter une formalité au motif que celui du chef duquel elle doit être accomplie n'est plus propriétaire.
L'avantage pratique est tout d'abord la suppression des « doubles chaînes de propriété » que pouvait faire naître le système ancien (V. n° 3467).
D'autre part, le rejet des inscriptions requises contre une personne qui n'est plus propriétaire va supprimer l'existence au fichier d'inscriptions prises « inutilement » au sens de l'article 2147 ancien du Code civil et par voie de conséquence la nécessité de faire radier ces inscriptions lors de la cession ultérieure du bien grevé (sur les inconvénients du système ancien V. M. Dagot, *L'arrêt du cours des inscriptions hypothécaires : JCP* N 1979, I, p. 63).

2 Portée de l'arrêt

3475 **Application aux seules inscriptions.** L'arrêt du 12 juin 1996 étant intervenu à l'occasion d'une inscription hypothécaire prise par un créancier sur un bien aliéné par son débiteur, on pouvait se demander si sa portée n'était pas limitée aux inscriptions. Il avait cependant été soutenu

qu'il devait s'appliquer tant aux inscriptions qu'aux publications (P. Frémont, *op. cit.*), ce qu'avait admis l'association des conservateurs (*Bull. AMC* 2005, art. 1877).
Cette interprétation a toutefois été abandonnée par l'administration (bureau JF-1B de la DGFiP). L'analyse retenue est désormais la suivante :

« Dans une note diffusée aux services en juillet 2016, le bureau JF-1B est revenu sur les préconisations de l'AMC.
Dans la mesure où la Cour de cassation s'est prononcée dans une affaire relative à une prise d'inscriptions, et au regard des dispositions de l'article 2427 du Code civil, le bureau JF-1B considère que la portée de cet arrêt est limitée au strict domaine des inscriptions des privilèges et hypothèques, et qu'elle ne doit plus être étendue aux publications.
Tel est également l'avis de la Chancellerie et du rapporteur devant la Cour de cassation et ce, depuis 1997.
Dès lors, pour les publications, les services de la publicité foncière doivent se fonder sur l'article 34 du décret n° 55-1350 du 14 octobre 1955, qui dispose qu'une formalité est susceptible d'être publiée du chef ou à l'encontre d'une personne, pourvu que le titre de celle-ci, résultant d'un acte, d'une décision judiciaire ou d'un décès, ait été préalablement publié, sans distinguer suivant que cette publicité continue à produire ses effets ou qu'elle est contredite par une formalité postérieure publiant le changement de titulaire du droit.
Si les services de la publicité foncière écartent une formalité du chef d'une personne déterminée sous prétexte que, d'après les documents publiés, cette personne n'est plus titulaire du droit faisant l'objet de la formalité requise, ils portent un jugement sur la validité des actes et la propriété immobilière, alors que cette compétence appartient exclusivement, en droit français, au seul juge civil.
Ainsi, en cas de mutations, des "chaînes de propriété" distinctes peuvent se former.
Dans un pareil cas, le bureau JF-1B préconise d'envoyer un courrier informatif de cette situation au requérant des formalités pour lesquelles une telle discordance a été relevée » (sur ce sujet, V. S. Lamiaux, *Publicité foncière et pratique notariale : JCP* N 22 févr. 2019, n°s 8-9, 1118).

3476 Exclusion de certaines inscriptions. L'examen approfondi des conséquences pratiques de l'arrêt du 12 juin 1996 avait amené les conservateurs à considérer qu'il ne pouvait être fait une application systématique et purement mécanique de cette jurisprudence. Un exemple le montrera :
– la publication de la vente sous condition suspensive ou d'une vente à terme ne fait cesser au fichier immobilier les effets du titre précédent que lors de la publication de l'acte constatant la réalisation de la condition suspensive ou la survenance du terme ;
– il ne serait pas justifié d'opposer un rejet à une inscription prise contre le vendeur ou un acte contenant des droits concurrents du fait du vendeur tant que la réalisation de la condition suspensive ou la constatation de la survenance du terme n'est pas publiée (*Bull. AMC* 2004, art. 1866).
L'association des conservateurs a recensé les diverses hypothèses ou la jurisprudence de la Cour de cassation ne pouvait être appliquée purement et simplement et elle en a dressé un tableau synthétique, ci-dessous littéralement reproduit :

« Le rejet de la formalité n'est pas opposé dans les cas suivants, bien que la personne désignée dans l'acte ou la décision ne soit plus au fichier le dernier titulaire des biens et droits en cause :
1° Sûretés prenant rang à une date antérieure au jour de la formalité requise et au changement apporté à la personne du propriétaire (*Bull. AMC* 1997, art. 1764 et 2004, art. 1866) :
a) Privilèges du vendeur, du prêteur de deniers et du copartageant ;
b) Renouvellement d'inscription ;
c) Inscription définitive faisant suite à une inscription provisoire.
2° Actes ou jugements portant remise en cause de droits antérieurement publiés et actions visant à obtenir cette remise en cause :
a) Jugement portant annulation de la vente d'un immeuble revendu entre-temps (*Bull. AMC* 1997, art. 1765 et 2001, art.1844) ;
b) Jugement d'adjudication après saisie alors que l'immeuble saisi a été réattribué par jugement au vendeur du débiteur saisi (*Bull. AMC* 1999, art. 1797) ;
c) Adjudication sur saisie alors que l'immeuble a été revendu au mépris de l'article 686 de l'ancien Code de procédure civile (*Bull. AMC* 2001, art. 1844) ;
d) Révocation de donation entre époux alors que le donataire a aliéné l'immeuble donné (*Bull. AMC* 2001, art. 1844) ;
e) Engagement de l'action paulienne prévue par l'article 1167 du Code civil et jugement consécutif rendant inopposable au créancier poursuivant la cession opérée par le débiteur en fraude de ses droits (*Bull. AMC* 2001, art. 1844) ;
f) Actes de procédure visant à la résolution, la révocation, l'annulation ou la rescision d'une convention ou d'une disposition à cause de mort ainsi que les décisions judiciaires prises dans ces procédures de même que les désistements d'instance (supplément n° 10 à la Lettre d'information).
3° Cas où la date d'effet imprécise est laissée à l'appréciation du juge :
a) Formalité sur un immeuble vendu dont l'acte de vente, en cours de publication, fait l'objet d'une procédure de rejet ;

b) Dans le même cas que *a)* ci-dessus, régularisation de la formalité en attente ;
c) Dépôt le même jour de deux actes créant des droits concurrents sur le même immeuble.
4° Cas particulier où le transfert du bien ou du droit est différé :
Réalisation d'une condition suspensive ou arrivée du terme alors que le bien a été revendu entre-temps.
(Le rejet qui ne serait pas opposé à un acte créant du fait du vendeur des droits concurrents à une vente sous condition suspensive antérieure non encore réalisée ne relève pas en réalité d'une exception à l'application de l'arrêt *Hédreul*. En effet, la première vente, réalisée sous condition suspensive et publiée en vertu des dispositions du 1° de l'article 28 du décret du 4 janvier 1955, n'a pas pour effet de transférer la propriété de l'immeuble, de sorte que le vendeur en est toujours propriétaire au fichier immobilier [*Bull. AMC* 2004, art. 1866]). »

3477 **Annulation judiciaire de la vente d'un immeuble revendu dans l'intervalle par l'acquéreur. Revente de l'immeuble à un tiers par le mandataire du propriétaire initial.** Un marchand de biens A vend un immeuble à une société B par acte publié le 3 février 1992. La liquidation judiciaire du marchand de biens est prononcée le 6 mars 1992. L'acquéreur B revend l'immeuble à une société C par acte publié le 15 juillet 1993. La vente consentie par le marchand de biens à la société B est annulée par jugement publié le 20 juin 1995. Le mandataire judiciaire de la liquidation du marchand de biens revend l'immeuble à un second acquéreur D par acte du 8 avril 2011 qui est déposé à la conservation le 22 avril suivant.
Nous sommes ici dans l'un des cas où l'association des conservateurs préconisait de ne pas opposer de rejet de la formalité. Le jugement annulant la vente consentie par le marchand de biens A à la société B a été publié alors même que cette société n'apparaissait plus au fichier comme étant « le disposant » ou « le dernier titulaire ».
Mais du fait de cette publication, le fichier immobilier a fait apparaître une double chaîne de propriété l'une, préexistante, au nom de la société C et l'autre au nom du marchand de biens A. Cette situation ne pourra être dénouée que par un jugement qui désignera le véritable titulaire du droit. La société C a d'ailleurs introduit à cette fin une demande en revendication. En attendant qu'il soit statué sur cette demande, tout acte ou inscription faisant apparaître comme propriétaire de l'immeuble la société C ou le marchand de biens A devra être publié. Il en a été ainsi pour la vente consentie par le mandataire judiciaire de la liquidation de biens du marchand de biens A, déposé aux fins de publication le 22 avril 2011 (*Bull. AMC* 2010-2011, art. 1950).

3478 **Procès-verbal de remaniement cadastral.** La date, le volume et le numéro de la publication d'un procès-verbal de remaniement cadastral n'ont pas à être relatés dans l'extrait, expédition, copie ou bordereau déposé. En effet, les références exigées à l'article 32-2 du décret du 14 octobre 1955 sont celles des actes et décisions judiciaires constitutifs ou déclaratifs de la situation juridique de l'immeuble concerné. Or cette situation n'est en rien modifiée par les procès-verbaux de remaniement dont, « pour l'information des usagers », la publication est rendue obligatoire par l'article 36-1° du décret du 4 janvier 1955 mais qui ont pour seul objet d'améliorer la qualité du plan cadastral.
Toutefois, lorsque de tels procès-verbaux ont été publiés, l'utilisation dans les actes présentés à la formalité des anciennes références cadastrales se traduit par le non-respect de l'obligation édictée par l'article 7 (1er al.) du décret du 4 janvier 1955 d'indiquer la désignation cadastrale, laquelle, bien entendu, sauf à équivaloir à l'absence de désignation, doit être exacte. Cette inexactitude, qui ressort immédiatement du rapprochement avec l'extrait cadastral, entraîne le refus du dépôt pour défaut de remise d'un extrait cadastral concernant l'immeuble qui fait l'objet de l'acte (D. 4 janv. 1955, art. 34-2 ; D. 14 oct. 1955, art. 22).
Lorsqu'un tel extrait n'est pas exigé (inscriptions, saisies), l'emploi des références antérieures au remaniement suscite avec des documents déjà publiés, une discordance ; celle-ci empêche de procéder aux annotations sur le fichier immobilier et, si elle n'est pas supprimée avant l'expiration du délai imparti, conduit le service de la publicité foncière, ainsi qu'il est prévu au 3 de l'article 34 du décret du 14 octobre 1955, à prononcer le rejet de la formalité (*Bull. AMC* 1989, art. 1412).

Effet relatif

Électricité et gaz

Serge LAMIAUX

CGI, art. 1045-I et II-3°. – I. – Les plans, procès-verbaux, certificats, significations, contrats et autres actes faits en vertu du titre I et du chapitre I du titre II du Code de l'expropriation pour cause d'utilité publique, sont dispensés de la formalité de l'enregistrement, à l'exception des décisions judiciaires, des contrats de vente, des actes fixant l'indemnité et des quittances, qui, lorsqu'il y a lieu sont soumis gratuitement à l'enregistrement ou à la formalité fusionnée visée à l'article 647.

Il n'est perçu aucun droit pour l'exécution de la formalité de publicité foncière.

II. – Les dispositions du I sont applicables :

(...)

3° Aux plans, procès-verbaux, certificats, jugements, contrats, quittances et autres actes relatifs à l'établissement de servitudes prévues par la législation en vigueur sur l'électricité et le gaz.

3479 **Électricité et gaz. Établissement des servitudes légales.** L'article 1045-II-3° du Code général des impôts étend les dispositions prévues en matière d'expropriation aux plans, procès-verbaux, certificats, jugements, contrats, quittances et autres actes relatifs à l'établissement des servitudes prévues par la législation en vigueur sur l'électricité et le gaz.

Aucune taxe de publicité foncière n'est donc due pour la publication des actes et jugements visés par ce texte (*Rép. alph. enreg.*, V° Hypothèques, L. V, n° 109).

La contribution de sécurité immobilière au tarif proportionnel est due selon le droit commun (V. **Contribution de sécurité immobilière**).

En revanche, les conventions portant établissement de servitudes plus étendues ou autres que celles prévues par la loi sont taxées selon le droit commun (V. **Servitudes**).

3480 Conventions de passage conclues par Électricité de France avec les propriétaires des fonds traversés par une ligne souterraine. Publication facultative. Pour procéder à l'enfouissement de lignes, Électricité de France fait souscrire aux propriétaires des fonds traversés des conventions de passage imposant à ces fonds les charges qui y sont énoncées et qui, pour chaque parcelle, sont attachées à une bande de terrain dénommée « de servitude », elle-même complétée par une bande de « protection ». De telles conventions doivent-elles être obligatoirement publiées ?

La réponse est négative.

En effet, ainsi qu'il est expressément rappelé dans ces conventions, les charges qu'elles sont destinées à établir ont leur cause première dans « les droits conférés aux concessionnaires des ouvrages de transport et de distribution d'électricité tant par l'article 12 modifié de la loi du 15 juin 1906 que par l'article 35 modifié de la loi du 8 avril 1946 et le décret n° 70-492 du 11 juin 1970 modifié, lequel, selon son intitulé, concerne la procédure de déclaration d'utilité publique des travaux d'électricité et de gaz qui ne nécessitent que l'établissement de servitudes ainsi que les conditions d'établissement desdites servitudes ». Ces conventions, dès lors, sont au nombre de celles relatives à l'exercice des servitudes légales qui aux termes du 2° du 1 de l'article 37 du décret n° 55-22 du 4 janvier 1955 « *peuvent* être publiées au bureau des hypothèques de la situation des immeubles qu'elles concernent pour l'information des usagers ». Ces dispositions ont un sens clair et complet : elles n'imposent aucune obligation mais ouvrent une simple faculté (*Bull. AMC* 1994, art. 1566).

3481 **Convention en vue de l'implantation de transformateurs.** Des conventions de servitude pour l'implantation de poste de transformation de courant électrique sont passées entre Électricité

de France et des propriétaires. Elles prévoient le plus souvent qu'EDF reste copropriétaire des installations, pour la durée de son exploitation. La question s'est posée de savoir s'il n'y avait pas création d'un droit de superficie, dont la publication exigeait un document d'arpentage :
– en principe la publication de ces conventions, qui instituent seulement une servitude, n'exige pas l'établissement préalable d'un document d'arpentage ;
– c'est seulement lorsque EDF, au terme d'une stipulation expresse, entend conserver la propriété des installations à l'issue de la concession, ce qui entraîne renonciation du propriétaire à son droit d'accession, qu'un document d'arpentage est nécessaire pour la publication de la convention (*Bull. AMC* 1998, art. 1779 et 1995, art. 1696).

Engagement de construire

Neyla GONZALEZ-GHARBI

Sommaire analytique

AVERTISSEMENT La mise en ligne de la base documentaire dénommée « Bulletin officiel des finances publiques – Impôts » (*BOFiP*) a été annoncée par une instruction de la DGFiP en date du 7 septembre 2012 (*BOI* 13 A-2-12, n° 64). Cette instruction a rapporté à compter de cette même date l'ensemble des commentaires administratifs publiés antérieurement.
Nous ferons, sauf, exception, référence au *BOFiP*. Les commentaires administratifs relatifs à l'engagement de construire sont ceux du *BOFiP*, BOI-ENR-DMTOI-10-40, publié le 1er juin 2016. C'est à cette version, en vigueur au 13 mai 2024, qu'il sera fait référence dans le présent fascicule.

CGI, art. 1594-0 G. – Sous réserve de l'article 691 bis, sont exonérés de taxe de publicité foncière ou de droits d'enregistrement :

A. – I. – Les acquisitions d'immeubles réalisées par une personne assujettie au sens de l'article 256 A, lorsque l'acte d'acquisition contient l'engagement, pris par l'acquéreur, d'effectuer dans un délai de quatre ans les travaux conduisant à la production d'un immeuble neuf au sens du 2° du 2 du I de l'article 257, ou nécessaires pour terminer un immeuble inachevé.

II. – Cette exonération est subordonnée à la condition que l'acquéreur justifie à l'expiration du délai de quatre ans, sauf application du IV, de l'exécution des travaux prévus au I.

En cas d'acquisitions successives par des personnes mentionnées au I, l'engagement pris par le cédant peut être repris par l'acquéreur auquel s'impose alors le délai imparti au cédant. La personne à laquelle s'impose l'engagement mentionné au I peut, dans la limite de cinq années à compter de la date à laquelle il a été souscrit par le premier acquéreur, y substituer l'engagement de revendre prévu à l'article 1115 qui est réputé avoir pris effet à compter de cette même date.

L'acquéreur d'un bien qui a pris l'engagement de revendre prévu à l'article 1115 peut y substituer, avant son échéance, un engagement de construire tel que prévu au I du présent article. Cet engagement prend effet à compter de la date à laquelle il est souscrit auprès de l'Administration et vaut accomplissement de l'engagement de revendre.

III. – Cette exonération n'est applicable aux terrains destinés à la construction de maisons individuelles qu'à concurrence d'une superficie de 2 500 mètres carrés par maison, ou de la superficie minimale exigée par la réglementation sur le permis de construire si elle est supérieure.

Elle profite sans limitation de superficie aux terrains destinés à la construction d'immeubles collectifs, à condition que les constructions à édifier couvrent, avec leurs cours et jardins, la totalité des terrains acquis.

Pour les terrains destinés à la construction d'immeubles non affectés à l'habitation pour les trois quarts au moins de leur superficie totale, elle est applicable dans la limite des surfaces occupées par les constructions à édifier et par les dépendances nécessaires à l'exploitation de ces constructions.

IV. – Sur demande de l'acquéreur, une prolongation annuelle renouvelable du délai de quatre ans fixé au I peut être accordée par l'autorité compétente de l'État du lieu de la situation des immeubles dans des conditions fixées par décret. L'absence de notification d'un refus motivé de l'Administration dans les deux mois de la réception de la demande vaut acceptation.

IV bis. – Une prolongation annuelle renouvelable du délai mentionné au premier alinéa de l'article 1115 peut être accordée, dans des conditions fixées par décret, par l'autorité compétente de l'État du lieu de la situation des immeubles situés dans le périmètre d'une zone d'aménagement concerté définie à l'article L. 311-1 du Code de l'urbanisme et acquis par la personne chargée de l'aménagement ou de l'équipement de cette zone.

V. – En cas d'acquisition d'un terrain compris dans le périmètre d'une association syndicale de remembrement, le délai de quatre ans ne commence à courir qu'à compter de la décision de clôture des opérations de remembrement.

VI. – Pour l'application des dispositions du présent A les immeubles ou fractions d'immeubles destinés à une exploitation à caractère commercial ou professionnel ne sont pas considérés comme affectés à l'habitation.

VII. – Les modalités d'application des I à V sont fixées par décret.

CGI, ann. II, art. 251. – *(Modifié par D. n° 2013-463, 3 juin 2013, art. 3)* Le bénéfice des dispositions du A de l'article 1594 F quinquies du Code général des impôts est subordonné à la justification de la prise en charge de la taxe sur la valeur ajoutée par les services des impôts compétents.

CGI, ann. III, art. 266 bis. – *(Modifié par D. n° 2015-793, 30 juin 2015, art. 1)* I. – La justification de l'exécution des travaux prévus au I du A de l'article 1594-0 G du Code général des impôts résulte :

1° Dans les cas indiqués au I de l'article 244 de l'annexe II au même code, du dépôt de la déclaration spéciale qui y est mentionnée ;

2° Dans les autres cas, du dépôt en mairie de la déclaration attestant de l'achèvement des travaux et de la conformité des travaux de construction ou d'aménagement au permis délivré ou de la déclaration préalable, mentionnée à l'article L. 462-1 du Code de l'urbanisme.

II. – Lorsque l'engagement mentionné au I du A de l'article 1594-0 G du Code général des impôts porte sur la construction de maisons individuelles et que la superficie du terrain acquis excède celle pour laquelle l'exonération est applicable aux termes du premier alinéa du III du A de l'article précité, l'exonération s'applique à une fraction du prix d'acquisition égale au rapport entre la superficie pour laquelle elle est applicable et celle du terrain acquis.

Lorsque l'engagement mentionné à l'alinéa précédent porte sur la surélévation d'un immeuble bâti existant, l'exonération s'applique à une fraction du prix d'acquisition égale au rapport entre, d'une part, la surface de plancher des locaux résultant de la surélévation et, d'autre part, la somme de cette dernière surface et de la surface de plancher de l'immeuble acquis.

III. – L'engagement mentionné au I du A de l'article 1594-0 G du Code général des impôts précise l'objet et la consistance des travaux sur lesquels il porte. La demande de prorogation du délai prévue au IV du A de l'article précité doit être formulée au plus tard dans le mois qui suit l'expiration du délai précédemment imparti. Elle doit être adressée par pli recommandé avec demande d'avis de réception postale, être motivée et préciser la consistance des travaux prévus dans l'engagement primitif sur lesquels porte la prorogation demandée ainsi que le montant des droits dont l'exonération est subordonnée à leur exécution.

L'autorité compétente de l'État mentionnée aux IV et IV bis du A de l'article 1594-0 G précité est le directeur départemental ou, le cas échéant, régional des finances publiques.

IV. – La demande de prorogation du délai prévue au IV bis du A de l'article 1594-0 G du Code général des impôts doit être formulée au plus tard dans le mois qui suit l'expiration du délai précédemment imparti. Elle doit être adressée par pli recommandé avec demande d'avis de réception postale, être motivée et préciser la consistance des immeubles sur lesquels porte la prorogation demandée ainsi que le montant des droits dont l'exonération est subordonnée à leur revente.

V. – La substitution d'un engagement de construire à un engagement de revendre telle que prévue au troisième alinéa du II du A de l'article 1594-0 G du Code général des impôts résulte de l'envoi au service des impôts par pli recommandé avec demande d'avis de réception postale d'une déclaration faisant référence à la date et au numéro d'enregistrement et de publication de l'acte de mutation comportant l'engagement de revendre auquel se substitue le nouvel engagement. La déclaration précise l'objet et la consistance des travaux prévus par cet engagement ainsi que le montant des droits dont l'exonération est subordonnée à leur exécution.

VI. – La substitution d'un engagement de revendre à un engagement de construire telle que prévue au deuxième alinéa du II du A de l'article 1594-0 G du Code général des impôts résulte de l'enregistrement dans les conditions mentionnées au 1° du 1 de l'article 635 du code précité d'un acte complémentaire à l'acte de mutation comportant l'engagement d'origine auquel se substitue le nouvel engagement. Cet acte précise l'objet et la consistance des travaux auxquels il est renoncé ainsi que la valeur de l'acquisition pour laquelle est sollicité le bénéfice des dispositions de l'article 1115 du même code.

3482 **Justification du régime de faveur.** Lorsque les mutations d'immeubles ou de droits immobiliers ont vocation à déboucher sur la production d'un immeuble neuf soumise à la taxe sur la valeur ajoutée, le législateur a prévu d'écarter l'application des droits de mutation (sous réserve du paiement du droit fixe de 125 €). Il s'agit ainsi d'éviter un cumul d'imposition entre ces droits et la TVA qui sera supportée finalement du fait de l'utilisation de l'immeuble (que ce soit par son occupant non-déducteur, ou par répercussion du coût de la construction dans les prix des produits ou des prestations fournies par l'utilisateur assujetti). Dans cette logique, et eu égard aux aléas propres à la production immobilière, il n'y a pas lieu d'enserrer ce régime de faveur spécifique dans une contrainte de délai trop rigide à condition que les éventuels intermédiaires successifs soient en mesure de justifier de la réalité du projet immobilier (BOI-ENR-DMTOI-10-40, § 160). Le I du A de l'article 1594-0 G dispose que, sous réserve d'application de l'article 691 bis, sont exonérées de taxe de publicité foncière ou de droits d'enregistrement les acquisitions d'immeubles réalisées par des personnes assujetties au sens de l'article 256 A lorsque l'acte d'acquisition contient l'engagement, pris par l'acquéreur, d'effectuer dans un délai de quatre ans (éventuellement prorogeable) les travaux conduisant à la production d'un immeuble neuf au sens du 2° du 2 du I de l'article 257 (en ce compris les travaux qui seraient nécessaires pour terminer un immeuble inachevé ; BOI-ENR-DMTOI-10-40, § 170).

3483 Après diverses généralités sur l'engagement de construire (I), nous étudierons les incidences de cet engagement (II), ses suites (III) et la combinaison entre engagement de construire et engagement de revendre (IV).

I
L'engagement de construire

3484 **Objet de l'engagement.** L'article 1594-0 G, A du Code général des impôts, issu de la réforme de la TVA par la loi de finances rectificative pour 2010 (L. n° 2010-237, 9 mars 2010 : *JO* 10 mars) permet aux **personnes « assujetties » à la TVA** (sur la notion d'assujetti, V. **TVA immobilière**) d'acquérir un immeuble moyennant la simple perception de la taxe de publicité foncière au taux fixe de 125 € (CGI, art. 691 bis) en prenant l'engagement d'effectuer dans un délai de quatre ans des travaux conduisant à la production d'un immeuble neuf au sens de l'article 257, I-2-2° du Code général des impôts (V. **Immeuble neuf**) ou les travaux nécessaires pour terminer un immeuble inachevé.

3485 **Personnes concernées.** Seuls sont concernés les acquéreurs assujettis à la TVA au sens de l'article 256 A (sur la notion d'assujetti, V. **TVA immobilière**).

L'administration fiscale semble limiter l'accès au régime de faveur aux acquéreurs ayant déjà souscrit la déclaration d'existence exigée par l'article 286, I, 1° du Code général des impôts (BOI-ENR-DMTOI-10-40, § 150). Cette exigence peut paraître contestable eu égard au fait que l'article 286, I, 1° précité fait obligation à l'assujetti d'avoir à souscrire cette déclaration dans les quinze jours du commencement de ses opérations.

3486 **Domaine de l'engagement de construire.** Comme on l'a souligné, depuis la réforme de la TVA, l'engagement de construire s'applique à tous les immeubles, bâtis ou non bâtis ou encore inachevés (*La TVA immobilière après la réforme : Dossiers pratiques F. Lefebvre*, n° 1705).

La formulation très générale de l'article 1594-0 G, A, I pourrait ainsi autoriser un engagement de construire pris sur un terrain non constructible (dont on sait qu'il peut le devenir) ou encore sur un immeuble « neuf » achevé depuis moins de cinq ans. À ce propos, l'administration précise (BOI-ENR-DMTOI-10-40, § 280) :

> « La circonstance que l'immeuble acquis n'ait pas au moment de la signature de l'acte la qualité de terrain à bâtir ne fera pas obstacle à ce que l'acquéreur assujetti au sens de l'article 256 A puisse souscrire un engagement de construire.
>
> Cette hypothèse peut trouver à se rencontrer en présence notamment d'un acquéreur qui suppose que le terrain deviendra constructible dans le délai de quatre ans de son acquisition. Si tel n'est pas le cas, le non-respect de l'engagement de construire entraînera dès ce terme la remise en cause du droit fixe initialement perçu au bénéfice de l'application du taux de droit commun assorti de l'intérêt de retard, sans que l'acquéreur puisse invoquer un cas de force majeure en l'absence d'imprévisibilité ».

Par ailleurs, l'engagement de construire peut être pris aussi bien pour les mutations exclues du champ d'application de la TVA que pour les mutations soumises à cette taxe, de plein droit ou sur option, sur le prix total ou sur la marge (*La TVA immobilière après la réforme, op. cit.*, n°s 1705 à 1707).

NOTA L'engagement de construire et l'exonération des droits qu'il confère à l'acquisition sont « déconnectés » de la situation du vendeur de l'immeuble au regard de la TVA. Ainsi, à titre d'exemple, la vente d'un terrain à bâtir réalisée en dehors de toute activité économique du cédant (vendeur non assujetti à la TVA agissant en tant que tel) est, à la fois, exonérée de TVA et susceptible de ne donner lieu qu'à la perception de la taxe fixe de 125 € (exemple : vente d'un terrain à bâtir par un simple particulier à un promoteur immobilier).

3487 **Modalités de l'engagement. Principe. Aux termes du A de l'article 1594 0G du CGI**, l'engagement de construire doit figurer dans l'acte d'acquisition.

3488 **Souscription de l'engagement dans un acte rectificatif.** Avant la réforme de la TVA, il avait été admis, lorsque cet engagement avait été omis, que cette omission pouvait être réparée dans un acte rectificatif à effet rétroactif. Cette solution, reprise dans l'instruction du 18 avril 2011 (*BOI* 7 C-2-11, n° 23, figure au *BOFiP*) qui indique qu'il « demeure admis que l'engagement puisse être pris dans un acte complémentaire présenté au service des impôts du lieu de situation de l'immeuble en charge de l'enregistrement. En pareil cas, la restitution des droits de mutation perçus initialement peut être effectuée sur demande formulée dans les limites du délai de réclamation prévu à l'article R* 196-1 du Livre des procédures fiscales » (BOI-ENR-DMTOI-10-40-20160601, § 270). Il a été jugé que l'acquéreur – assujetti à la TVA – qui ayant omis de souscrire l'engagement de construire dans l'acte initial – l'a pris dans un acte complémentaire et présenté sa réclamation dans le délai de l'article R. 196-1 du LPF, a le droit conformément à la doctrine d'obtenir la restitution des droits de mutation à titre onéreux initialement acquittés. L'administration n'est pas fondée à s'opposer à cette restitution au motif que les travaux ne seraient pas effectués par ses soins (V. Cass. com., 29 janv. 2020, n° 17-26.018, F-D, *Sté Destrebis : JurisData* n° 2020-001330 ; *Engagement de construire : un temps pour le souscrire et un autre pour justifier de son respect : Constr.-Urb.* 2020, comm. 73, N. Gonzalez Gharbi ; *Dr. fisc.* 2020, comm. 187, A. Moraine).

3489 Contenu de l'engagement. Aux termes de l'article 266 bis-III de l'annexe III du Code général des impôts, issu du décret n° 2011-263 du 11 mars 2011 (*JO* 13 mars), l'engagement doit préciser « l'objet et la consistance des travaux sur lesquels il porte ». Ces dispositions n'ont pas été affectées par les modifications apportées au texte (V. *supra*) par le décret n° 2015-793 du 30 juin 2015. Les commentaires administratifs conservent donc toute leur pertinence. L'administration précise au BOI-ENR-DMTOI-10-40-20160601 § 250 et 260 :

> « Le III de l'article 266 bis de l'annexe III au CGI prévoit que l'acte d'acquisition précise l'objet et la consistance des travaux sur lesquels porte l'engagement.
> Au titre de l'objet, il conviendra d'indiquer si les travaux prévus consistent en une construction nouvelle, en une surélévation à partir d'un immeuble existant ou à rendre celui-ci à l'état neuf, ou encore à terminer un immeuble inachevé.
> Au titre de la consistance, l'engagement comportera les indications nécessaires pour apprécier dans quelle proportion l'exonération est susceptible de s'appliquer lorsqu'il n'est pas prévu que le terrain ou l'immeuble bâti qui fait l'objet de l'acquisition soient entièrement destinés à la construction prévue (voir BOI-ENR-DMTOI-10-40-20160601, § 190 à 240) ».

3490 Notion de construction nouvelle. L'administration donne les précisions suivantes :

> « Une construction nouvelle s'entend de toute construction incorporée au sol (BOI-TVA-IMM-10-10-10-20) à partir d'un terrain nu ou qui lors de son acquisition était recouvert de bâtiments destinés à être démolis.
> L'exonération profite entièrement aux emprises occupées par les constructions elles-mêmes, ainsi que par les cours et dépendances lorsqu'il s'agit d'immeubles collectifs affectés à l'habitation pour les trois quarts au moins de leur superficie totale, ou à défaut seulement par les dépendances nécessaires à l'exploitation. Les dépendances dont il s'agit sont notamment les voies d'accès, les cours, les aires de stationnement, les terrains nécessaires à l'entrepôt des biens qui font l'objet de l'exploitation. Le caractère de dépendance est également reconnu aux pelouses et jardins sous réserve que la superficie du terrain affecté à un tel usage soit en rapport avec l'importance des constructions (BOI-ENR-DMTOI-10-40-20160601, § 200) ».

On notera que dans l'instruction du 29 décembre 2010 (*BOI* 3 A-9-10, n° 21) à laquelle renvoyait l'instruction 7 C-2-11, n° 26 et la note, l'administration fiscale avait indiqué que le terme « construction » tel que visé par l'article 257, I-2-2° du Code général des impôts « doit être entendu au sens large de construction incorporée au sol, c'est-à-dire de "bâtiment" tel que défini par le 2 de l'article 12 de la directive TVA../.. ce qui inclut notamment les routes, voies ferrées, ponts, tunnels digues, barrages,...(...) parcs de stationnement... ».

3491 Cas de la remise à l'état neuf d'un immeuble existant. Lorsque l'immeuble est destiné à être remis à neuf **au sens du 2° du 2 du I de l'article 257,** l'exonération s'applique à l'acquisition de l'ensemble du bâtiment qui fait l'objet de cette rénovation (BOI-ENR-DMTOI-10-40, § 230). L'administration fiscale précise : « Lorsque les travaux auxquels s'est engagé l'acquéreur ne donnent pas lieu à l'application du taux réduit de TVA prévu à l'article 279-0 bis, il demeure admis que dans la situation où tous les planchers de l'immeuble contribuent à la résistance ou à la solidité de l'ouvrage, on considère pour l'application du II de l'article 1594-0 G que l'ensemble des éléments de second œuvre ont été rendus à l'état neuf si chacun des cinq autres éléments mentionnés à l'article 245 A de l'annexe II au CGI a été rendu à l'état neuf dans une proportion au moins égale aux deux tiers. La justification des travaux prévus dans l'engagement est assurée dans les conditions prévues par l'article 266 bis de l'annexe III au CGI au moyen d'une déclaration spéciale n° 940-SD prévue à l'article 244 de l'annexe II au CGI ou au moyen du dépôt en mairie de la déclaration attestant de l'achèvement des travaux et de la conformité des travaux de construction ou d'aménagement au permis délivré ou de la déclaration préalable, mentionnée à l'article L. 462-1 du code de l'urbanisme (V. N. Gonzalez-Gharbi, *Le régime fiscal des achats reventes d'immeubles à l'épreuve de la rénovation : Constr.-Urb.* 2022, étude 3).

3492 Cas de l'achèvement d'un immeuble. Les travaux nécessaires pour terminer un immeuble inachevé valent exonération de l'acquisition de cet immeuble dès lors qu'ils sont justifiés dans les conditions prévues à l'article 266 bis de l'annexe III au CGI (BOI-ENR-DMTOI-10-40-20160601, § 240).

3493 **Point de départ du délai.** Le délai de quatre ans court en principe à compter de l'acte de vente. Lorsque l'acte est affecté d'une condition suspensive, le délai court à compter de la date de réalisation de la condition.

Mais, en cas d'acquisition d'un terrain compris dans le périmètre d'une association syndicale de remembrement, le délai de quatre ans ne commence à courir qu'à compter de la décision de clôture des opérations de remembrement (CGI, art. 1594-0 G, A-V ; BOI-ENR-DMTOI-10-40, § 300).

II Portée de l'engagement de construire

CGI, art. 1594-0 G. – Sous réserve de l'article 691 bis, sont exonérés de taxe de publicité foncière ou de droits d'enregistrement :

A. – I. – Les acquisitions d'immeubles réalisées par une personne assujettie au sens de l'article 256 A, lorsque l'acte d'acquisition contient l'engagement, pris par l'acquéreur, d'effectuer dans un délai de quatre ans les travaux conduisant à la production d'un immeuble neuf au sens du 2° du 2 du I de l'article 257, ou nécessaires pour terminer un immeuble inachevé.

(...)

III. – Cette exonération n'est applicable aux terrains destinés à la construction de maisons individuelles qu'à concurrence d'une superficie de 2 500 mètres carrés par maison, ou de la superficie minimale exigée par la réglementation sur le permis de construire si elle est supérieure.

Elle profite sans limitation de superficie aux terrains destinés à la construction d'immeubles collectifs, à condition que les constructions à édifier couvrent, avec leurs cours et jardins, la totalité des terrains acquis.

Pour les terrains destinés à la construction d'immeubles non affectés à l'habitation pour les trois quarts au moins de leur superficie totale, elle est applicable dans la limite des surfaces occupées par les constructions à édifier et par les dépendances nécessaires à l'exploitation de ces constructions.

CGI, ann. III, art. 266 bis. – (...)
II. – Lorsque l'engagement mentionné au I du A de l'article 1594-0 G du Code général des impôts porte sur la construction de maisons individuelles et que la superficie du terrain acquis excède celle pour laquelle l'exonération est applicable aux termes du premier alinéa du III du A de l'article précité, l'exonération s'applique à une fraction du prix d'acquisition égale au rapport entre la superficie pour laquelle elle est applicable et celle du terrain acquis.

Lorsque l'engagement mentionné à l'alinéa précédent porte sur la surélévation d'un immeuble bâti existant, l'exonération s'applique à une fraction du prix d'acquisition égale au rapport entre, d'une part, la surface hors œuvre brute des locaux résultant de la surélévation et, d'autre part, la somme de cette dernière surface et de la surface hors œuvre brute de l'immeuble acquis.

3494 **Exonération partielle des droits de mutation.** L'exonération de taxe de publicité foncière édictée par l'article 1594-0 G, A du Code général des impôts est limitée à une certaine superficie du terrain d'assiette de la construction. Cette superficie varie selon que cette construction est une maison individuelle, un immeuble collectif d'habitation ou un autre immeuble (BOI-ENR-DMTOI-10-40, § 190).
L'administration précise, dans un développement consacré à la construction de maisons individuelles *(sic)* (BOI-ENR-DMTOI-10-40, § 200) :

> « L'exonération profite entièrement aux emprises occupées par les constructions elles-mêmes, ainsi que par les cours et dépendances lorsqu'il s'agit d'immeubles collectifs affectés à l'habitation pour les trois quarts au moins de leur superficie totale, ou à défaut seulement par les dépendances nécessaires à l'exploitation. Les dépendances dont il s'agit sont notamment les voies d'accès, les cours, les aires de stationnement, les terrains nécessaires à l'entrepôt des biens qui font l'objet de l'exploitation. Le caractère de dépendance est également reconnu aux pelouses et jardins sous réserve que la superficie du terrain affecté à un tel usage soit en rapport avec l'importance des constructions. »

3495 **Cas de surélévation de bâtiments existants.** Une surélévation à partir d'un immeuble existant n'ouvre droit à l'exonération de l'acquisition de l'immeuble d'emprise qu'à proportion de la surface de plancher de la construction résultant des constructions réalisées en surélévation rapportée au total de cette même surface et de celle des locaux préexistants. En revanche, lorsque l'acquisition ne porte que sur le droit de surélévation, il y lieu d'admettre que l'exonération soit acquise à proportion de la surface de plancher de la construction construite rapportée à la superficie de l'emprise du bâtiment qui la supporte (BOI-ENR-DMTOI-10-40, § 200).

On relèvera que dans cette version du *BOI* en date du 2 mars 2016, l'administration a enfin remplacé la SHOB par la surface de plancher qui lui a été substituée par l'ordonnance n° 2011-1539 du 6 novembre 2011. Depuis le 1er mars 2012, la surface de plancher est devenue l'unique référence pour l'application des règles d'urbanisme.

3496 **Cas d'acquisition d'un immeuble inachevé.** Les travaux nécessaires pour terminer un immeuble inachevé valent exonération de l'acquisition de cet immeuble dès lors qu'ils sont justifiés dans les conditions prévues à l'article 266 bis de l'annexe III au CGI BOI-ENR-DMTOI-10-40, § 240).

3497 **Régime applicable à la surface du terrain non exonérée.** Les conditions de superficie applicables à l'exonération des droits de mutation ne correspondent pas nécessairement à la définition du terrain à bâtir en matière de TVA. Il en résulte que le prix de vente peut être entièrement soumis à la TVA (cas dans lequel l'entier terrain vendu par un assujetti agissant en tant que tel est un terrain à bâtir au sens de l'article 257, I, 2, 1° du Code général des impôts), alors que seule sa fraction afférente à la superficie nécessaire à la construction au sens de l'article 1594 0G A III du Code général des impôts sera exonérée de droits de mutation à titre onéreux. En ce qui concerne la surface de terrain non exonérée, sa mutation est soumise :

– soit aux droits de vente au taux de droit commun (5,09006 % ou 5,80665 %) ;

– soit au taux réduit (0,71498 %). Ce taux réduit s'appliquera soit en application de l'article 1115 du Code général des impôts, l'acquéreur assujetti prenant un engagement de revendre sur le surplus du terrain (sur la possibilité de soumettre une même acquisition à des régimes différents en fonction des engagements de l'acquéreur assujetti (BOI-ENR-DMTOI-10-40-20160601, § 430), soit en application de l'article 1594 F quinquies du même code, parce que la TVA due par le vendeur (assujetti) du terrain à bâtir a été liquidée sur le prix total de vente. L'administration indique à ce propos :

> « L'ensemble de l'acquisition pouvant, par ailleurs, donner lieu à l'application du taux réduit prévu au A de l'article 1594 F quinquies du CGI si le terrain est constructible et que sa cession est soumise à la TVA sur le prix total, ce même taux s'appliquera à la fraction qui excède la surface éligible à l'exonération, voire au rappel des droits pour le cas où l'engagement ne serait pas mené à son terme » (BOI-ENR-DMTOI-10-40-20160601, § 210).

La même solution s'applique lorsque la totalité de l'acquisition ne bénéficie pas de l'exonération (cas de surélévation de bâtiments existants, V. **Droit de surélévation**). La réforme de la TVA opérée par la loi de finances rectificatives pour 2010 (L. n° 2010-237, 9 mars 2010 : *JO* 10 mars) n'a pas modifié sur ce point le régime antérieur. Nous ne donnerons ici que quelques indications sommaires concernant son application (V., pour plus de détails : *JCl Fiscalité immobilière*, Fasc. 220 par Guy Laval).

A Maisons individuelles

3498 Il faut distinguer selon que le terrain est à usage exclusif de terrains à bâtir ou affecté pour partie à usage de terrain à bâtir et pour le surplus à un autre usage.

1 Terrains à usage exclusif de terrains à bâtir

3499 **Superficie du terrain.** Lorsque le terrain est destiné dans son intégralité à la construction d'une maison individuelle avec ses dépendances (accès, cour, jardin, parc), l'exonération des droits de mutation est applicable dans la limite d'une superficie de 2 500 mètres carrés par maison (sur la notion de « dépendances », V. n° 3500), sauf dans le cas où la superficie minimale exigée construire est supérieure.

En conséquence, lorsque la superficie du terrain excède 2 500 mètres carrés, seule est exonérée une fraction du prix d'acquisition ou de la valeur d'apport égale au rapport existant entre 2 500 mètres carrés (ou la superficie minimale exigée pour construire) et la superficie totale du terrain (CGI, ann. III, art. 266 bis-II).

EXEMPLE Soit, par exemple, un terrain de 3 000 mètres carrés vendu 600 000 €, alors que la superficie minimale exigée pour construire est de 2 500 mètres carrés. L'exonération de TPF joue à concurrence de 500 000 €.

(600 000 × 2 500/3 000 = 500 000 €)
La taxe de publicité foncière ou les droits d'enregistrement sont dus sur le surplus du prix, soit sur 100 000 €.

2 Terrains pour partie à usage de terrain à bâtir et pour le surplus à un autre usage

3500 **Ventilation du prix.** La règle de la répartition proportionnelle ne peut trouver à s'appliquer que si le terrain acquis constitue dans son intégralité l'assiette d'une maison individuelle et de ses dépendances (V. n° 3499).
Lorsqu'une partie du terrain est réservée à un autre usage, la fraction du prix y afférente n'est pas déterminée par application de la règle proportionnelle, mais au moyen d'une ventilation du prix global faite par les parties sous le contrôle de l'administration.
Le point de savoir si la partie du terrain non bâtie constitue une dépendance de la maison est une question de fait qui ne peut être résolue de manière certaine qu'en fonction des circonstances propres à chaque affaire.
Sous cette réserve, on peut cependant considérer que la condition d'affectation à usage de dépendance est remplie lorsque le terrain est utilisé pour les besoins personnels de l'occupant de l'immeuble : cour, jardin, parc. En revanche, il n'y a pas dépendance lorsque le terrain fait l'objet d'une exploitation agricole, par exemple lorsqu'il s'agit d'un jardin potager dont les produits sont vendus, d'un bois donnant lieu à des coupes régulières ou d'une prairie servant à l'élevage (Rép. min. Éco. et Fin. n° 5367 à M. Le Douarec : *JOAN* 5 déc. 1973, p. 6594 ; *Dr. fisc.* 1974, n° 9, comm. 226).
À cet égard, il a été jugé que la partie du terrain excédant 2 500 mètres carrés a le caractère de dépendance de l'habitation et ne peut être considérée comme affectée à la production agricole lorsqu'il est certain que le produit des cultures n'est pas livré à la commercialisation et que les acheteurs ne se livrent pas de façon habituelle à une activité agricole (TGI Montauban, 11 mai 1982 : *Ind. enr.* 1982, n° 14000. – V. dans le même sens, Rép. min. Budget n° 31623 à M. Laurissergues : *JOAN* Q 14 nov. 1983, p. 4885).

B Ensemble de maisons individuelles

3501 Ce cas, qui n'a pas été expressément envisagé par l'instruction du 18 avril 2011 (*BOI* 7 C-2-11), ne donne pas lieu à précision dans le *BOFiP*. Sous l'empire des anciennes dispositions de l'article 1594 0G A du Code général des impôts, il avait été précisé que l'acquéreur ou la société bénéficiaire de l'apport pouvait se borner à indiquer dans l'acte constatant l'acquisition ou l'apport, le nombre de maisons qu'il prenait l'engagement de construire, sans avoir à préciser la surface du terrain affectée à chaque maison et à ses cours et jardins. L'exonération était définitivement accordée si un nombre de maisons individuelles, tel que le produit de ce nombre par la surface limite de 2 500 mètres carrés (ou la superficie minimale exigée pour construire) et au moins égal à la superficie acquise, était édifié dans le délai légal sur le terrain acquis ou reçu en apport (Dossiers pratiques F. Lefebvre, *La TVA immobilière après la réforme*, 2e éd., n° 1718. – G. Laval, *JCl. Fiscalité immobilière, op. cit.*).

C Immeubles collectifs destinés à l'habitation

3502 **Superficie du terrain.** L'exonération de TPF s'applique, sans limitation de superficie, aux acquisitions de terrains destinés à la construction d'immeubles collectifs destinés à l'habitation pour les trois quarts au moins de leur superficie totale à la condition que ceux-ci couvrent, avec leurs cours et jardins, la totalité des terrains acquis (CGI, art. 1594-0 G A-III). L'administration indique (BOI-ENR-DMTOI-10-40, § 200) :

> « L'exonération profite entièrement aux emprises occupées par les constructions elles-mêmes, ainsi que par les cours et dépendances lorsqu'il s'agit d'immeubles collectifs affectés à l'habitation pour les trois quarts au moins de leur superficie totale, ou à défaut seulement par les dépendances nécessaires à l'exploitation. Les dépendances dont il s'agit sont notamment les voies d'accès, les cours, les aires de stationnement, les terrains nécessaires à l'entrepôt des biens qui font l'objet de l'exploitation. Le caractère de dépendance est également reconnu aux pelouses et jardins sous réserve que la superficie du terrain affecté à un tel usage soit en rapport avec l'importance des constructions ».

L'acte de vente ou d'apport en société, doit préciser qu'un ou plusieurs immeubles collectifs couvriront, avec leurs cours et jardins, la totalité des terrains acquis.

D Immeubles non affectés à l'habitation

3503 **Superficie du terrain.** En ce qui concerne les terrains destinés à la construction d'immeubles non affectés à l'habitation pour les trois quarts au moins de leur superficie totale, l'exonération

est applicable dans la limite des surfaces occupées par les constructions à édifier et par les dépendances nécessaires à l'exploitation de ces constructions (Rép. min. Budget n° 10487 à M. Brocard : *JOAN* 19 mai 1979, p. 4042 ; *Dr. fisc.* 1979, n° 26, comm. 1328).
Les dépendances dont il s'agit sont, notamment, les voies d'accès, les cours, les aires de stationnement, les terrains nécessaires à l'entrepôt des biens qui font l'objet de l'exploitation. Le caractère de dépendances est également reconnu aux pelouses et jardins, sous réserve que la superficie du terrain affectée à un tel usage soit en rapport avec l'importance des constructions (Rép. min. Budget n° 24861 à M. Alain Chénard : *JOAN* Q 12 mai 1980, p. 1912 ; *Dr. fisc.* 1980, n° 25, comm. 1360. – Doc. adm. préc., § 78). Seuls des terrains réellement aménagés en espaces verts nécessaires à l'exploitation sont susceptibles de constituer une dépendance nécessaire de l'immeuble (Cass. com., 13 mars 2001, n° 505 F-D, *SCI TGB : RJF* 7/2001, n° 1020 ; *Constr.-Urb.* 2001, comm. 135 par N. Gonzalez-Gharbi). Ces précisions sont reprises au BOFiP (BOI-ENR-DMTOI-10-40, § 200).

III

Suites de l'engagement de construire

3504 Nous distinguerons suivant que l'engagement est tenu (A) ou non (B), en rappelant que l'acquéreur peut obtenir une prorogation du délai (C). Puis nous examinerons le cas de revente avant l'expiration du délai pour construire (D).

Une question non résolue : L'acquéreur qui a souscrit l'engagement de construire pour bénéficier de l'exonération de droits de mutation à titre onéreux peut-il se prévaloir de l'achèvement de l'immeuble lorsqu'il n'a pas personnellement exécuté les travaux de construction ?

Hors le cas des mutations successives entre assujettis, la loi n'envisage pas le cas où les constructions que l'acquéreur s'est engagé à construire et à achever sont réalisées par un autre de ses ayants droit. L'administration refuse de se prononcer publiquement sur le cas où les constructions sont édifiées par le locataire de l'acquéreur (V. QE n° 100632, Fasquelle : *JOAN* 15 nov. 2016, renouvelée sous le n° 2826 : *JOAN* 14 nov. 2017, et *JOAN* 18 juin 2019 ; et QE n° 24746, M. Pierre Morel-À-L'Huissier : *JOAN* 26 nov. 2019 ; V. **Bail à construction**).

À notre avis, il est hasardeux de tirer argument de l'arrêt *Société Destrébis* précité, la Cour de cassation s'étant uniquement prononcée sur les conditions de l'exonération de l'acte d'acquisition. Nous ne pensons pas que la cour aurait également considéré que l'acquéreur n'encourt pas la déchéance du régime de faveur dès lors que les constructions sont achevées dans le délai légal, sans égard pour la personne du constructeur (V. Cass. com., 29 janv. 2020, n° 17-26.018, F-D, *Sté Destrebis : JurisData* n° 2020-001330 ; *Engagement de construire : un temps pour le souscrire et un autre pour justifier de son respect : Constr.-Urb.* 2020, comm. 73, N. Gonzalez Gharbi ; *contra*, *Dr. fisc.* 2020, comm. 187, A. Moraine).

Dans un cas où le sous-acquéreur n'était pas un assujetti à la TVA, la cour d'appel de Colmar a validé la déchéance du régime de faveur infligée à l'acquéreur, considérant qu'en vertu des dispositions du A de l'article 1594-0 G du CGI, « en cas de cession des parcelles le vendeur ne peut continuer à bénéficier de l'exonération qu'en cas de transfert de l'engagement de construire, une telle transmission ne pouvant s'opérer qu'à l'égard d'un sous-acquéreur lui-même assujetti à la TVA ». Elle ajoute : « L'arrêt de la chambre commerciale de la Cour de cassation du 29 janvier 2020, n° 17-26.018, invoqué par l'intimée, qui n'est pas un arrêt de principe, n'est pas transposable au cas d'espèce dès lors qu'il ne se rapporte pas à des acquisitions successives mais à des travaux réalisés par un locataire » (CA Colmar, 16 févr. 2024, n° 22/0944).

La cour d'appel de Bordeaux avait retenu la solution inverse estimant que l'engagement de construire pouvait être rempli par un tiers sous-acquéreur, y compris lorsque celui-ci n'a pas la qualité d'assujetti à la TVA (CA Bordeaux, 4e ch. com., 29 nov. 2023, n° 21/06718. – Note G. Berger-Picq, *Engagement de construire : peu importe l'identité du constructeur si l'achèvement intervient dans le délai : FRS* 3/24, inf. 6). Cet arrêt étant frappé d'un pourvoi en cassation (*Taximmo*, act. 14 avr. 2014), l'occasion est donnée à la Cour suprême de clarifier la portée de sa décision du 29 janvier 2020 précitée et, dans le respect de la loi, de préciser dans quelle mesure l'engagement de construire peut valablement être rempli par une personne autre que celle qui l'a souscrit, ou régulièrement repris à son compte.

BIBLIOGRAPHIE : N. Gonzalez Gharbi, *L'achèvement et le droit fiscal, in* Dossier *L'achèvement et le droit immobilier : Actes prat. ing. immobilière* 2017, n° 2, 21.

A L'engagement est tenu

3505 **Preuve du respect de l'engagement.** La preuve du respect de l'engagement de construire souscrit par l'assujetti acquéreur diffère selon que l'achèvement de l'immeuble est intervenu avant ou à compter du 22 décembre 2014, date d'entrée en vigueur de l'article 32 de la loi n° 2014-1545 du 20 décembre 2014 relative à la simplification de la vie des entreprises.

3506 **Immeubles achevés avant le 22 décembre 2014.** Compte tenu de la généralisation de la taxation des livraisons à soi-même instaurée par la loi du 9 mars 2010, les dispositions du I de l'article 266 bis de l'annexe III au Code général des impôts, dans leur rédaction issue du décret du 11 mars 2011 (D n° 2011-263) précisaient que « la justification de l'exécution des travaux prévus au I du A de l'article 1594-0 G du Code général des impôts résulte du dépôt de la déclaration spéciale mentionnée au I de l'article 244 de l'annexe II au même code ». Il s'agit de la « déclaration spéciale » qui doit être déposée au service des impôts lorsqu'il y a lieu à « livraison à soi-même ».

En effet, l'article 269, 1 *b)* du Code général des impôts, dans sa rédaction issue de la loi du 9 mars 2010, fixait la date du fait générateur et de l'exigibilité de la TVA « pour les livraisons à soi-même d'immeubles visées au I de l'article 257, au moment de la livraison qui intervient lors du dépôt à la mairie de la déclaration prévue par la réglementation relative au permis de construire ». « (V. **Immeuble neuf**). Et, dans sa rédaction issue du décret n° 2010-1075 du 10 septembre 2010, le texte du I de l'article 244 de l'annexe II au Code général des impôts s'établissait ainsi : « I. – Pour les livraisons à soi-même mentionnées au a du 1° du 3 du I de l'article 257 du Code général des impôts et pour l'application de l'article 270 de ce code, le redevable est tenu de déposer une déclaration spéciale au service des impôts dont il dépend dans le mois de l'achèvement tel qu'il est défini au b du 1 de l'article 269 de ce code. Sur la déclaration mentionnée à l'article 287 du même code, le redevable insère une mention particulière se référant à la déclaration spéciale et informant l'administration du montant de la livraison à soi-même ainsi que de la liquidation de la taxe ».

L'administration commentant ces dispositions indiquait (BOI-ENR-DMTOI-10-40-20130123, § 410 et 420) :

« Cette exonération est subordonnée à la justification par l'acquéreur, à l'expiration du délai qui lui est imparti pour construire, de l'exécution des travaux auxquels il s'est engagé comme assujetti à la TVA agissant en tant que tel.

La production d'un immeuble neuf comme l'achèvement d'un immeuble repris en cours de construction donne déjà lieu à une information de l'administration destinée au suivi de la livraison à soi-même qui intervient à cette occasion. Le I de l'article 266 bis de l'annexe III au CGI précise donc que la justification du respect de l'engagement pris par l'acquéreur résulte du dépôt de la déclaration spéciale prescrite au I de l'article 244 de l'annexe II au CGI (déclaration n° 940-SD CERFA 10480), lequel doit intervenir dans le mois de l'achèvement de l'immeuble. La déclaration n° 940-SD est disponible en ligne sur le site www.impots.gouv.fr à la rubrique "Recherche de formulaire" ».

3507 **Immeubles achevés à compter du 22 décembre 2014.** L'article 32 de la loi n° 2014-1545 du 20 décembre 2014 relative à la simplification de la vie des entreprises précitée a modifié les règles de la TVA applicables aux livraisons à soi-même. Il a supprimé, pour les assujettis à la TVA qui réalisent des opérations ouvrant droit à déduction complète de la TVA, l'obligation de constater une livraison à soi-même au titre de biens affectés aux besoins de l'entreprise. A été ainsi supprimé le cas de LSM spécifique applicable aux immeubles construits par l'assujetti et non vendus dans les deux ans de l'achèvement. Les dispositions de l'article 257, I, 3-1°, a) du Code général des impôts ont été abrogées. À compter de son entrée en vigueur (22 déc. 2014) et en application des dispositions du 2° du II de l'article 257 du Code général des impôts modifiées, seule l'affectation, par un assujetti, d'un bien produit, construit, extrait, transformé, acheté ou importé dans le cadre de son entreprise, dans le cas où l'acquisition d'un tel bien auprès d'un autre assujetti ne lui ouvrirait pas droit à déduction complète de la TVA, doit faire l'objet d'une taxation à la TVA par la constatation d'une livraison à soi-même. En conséquence, le décret n° 2015-965 du 31 juillet 2015 relatif à la fiscalité des opérations concourant à la livraison d'immeubles à soi-même est venu, notamment, modifier l'article 244 de l'annexe II au Code général des impôts dont le texte s'établit désormais ainsi :

> « I. – Pour les livraisons à soi-même mentionnées au 2° du 1 du II de l'article 257 du Code général des impôts et pour l'application de l'article 270 de ce code, le redevable est tenu de déposer une déclaration spéciale au service des impôts dont il dépend dans le mois de l'achèvement tel qu'il est défini au *b* du 1 de l'article 269 de ce code. Sur la déclaration mentionnée à l'article 287 du même code, le

redevable insère une mention particulière se référant à la déclaration spéciale et informant l'administration du montant de la livraison à soi-même ainsi que de la liquidation de la taxe.

II. – Pour les livraisons à soi-même mentionnées au 2° du 3 du I de l'article 257 du Code général des impôts, dès qu'il dispose de tous les éléments d'information nécessaires à la liquidation de la taxe à la suite de l'achèvement tel qu'il est défini au I, le redevable est tenu de déposer au service des impôts du lieu de la situation de l'immeuble une déclaration particulière conforme au modèle fixé par l'administration ».

Le I de l'article 266 bis, annexe III au Code général des impôts (dans sa rédaction issue du décret n° 2015-793 du 30 juin 2015, art. 1), distingue désormais selon que l'assujetti est tenu de déposer la déclaration spéciale ou de justifier de l'achèvement de l'immeuble par le dépôt de la DACCT.

Commentant ces dispositions, le BOI-ENR-DMTOI-10-40, § 420, indique : « La production d'un immeuble neuf comme l'achèvement d'un immeuble repris en cours de construction donne déjà lieu à une information de l'administration destinée au suivi de la livraison à soi-même qui intervient à cette occasion, lorsque l'immeuble achevé est affecté à des opérations n'ouvrant pas droit à une déduction complète de la TVA.

Dans ce cas, le 1° du I de l'article 266 bis de l'annexe III au CGI précise que la justification du respect de l'engagement pris par l'acquéreur résulte du dépôt de la déclaration spéciale prescrite au I de l'article 244 de l'annexe II au CGI (déclaration n° 940-SD) lequel doit intervenir dans le mois de l'achèvement de l'immeuble.

Lorsque la production d'un immeuble neuf ne donne pas lieu à la constatation d'une livraison à soi-même, le 2° du I de l'article 266 bis de l'annexe III au CGI précise que la justification du respect de l'engagement pris par l'acquéreur résulte du dépôt en mairie de la déclaration attestant de l'achèvement des travaux et de la conformité des travaux de construction ou d'aménagement au permis délivré ou de la déclaration préalable mentionnée à l'article L. 462-1 du code de l'urbanisme ».

Dans ses commentaires publiés le 2 août 2017 au BOI-TVA-IMM-10-10-20, n° 190, l'administration fiscale a apporté les précisions suivantes quant aux assujettis « dispensés » de livraison à soi-même :

« Si la livraison à soi-même est exigée dans les cas où un assujetti à la TVA construit ou fait construire sur un terrain à bâtir ou sur un immeuble existant dont il dispose un immeuble neuf au sens du 2° du 2 du I de l'article 257 du CGI, affecté à des opérations n'ouvrant pas droit à une déduction complète de la TVA, encore faut-il qu'en la circonstance il agisse effectivement en tant qu'assujetti.

Ainsi, conformément à ce qui est exposé au II § 50 du BOI-TVA-IMM-10-10-10-10, un investisseur qui se borne à agir comme propriétaire en dehors d'une activité économique ou une personne morale de droit public qui agit comme maître d'ouvrage pour la construction d'un immeuble destiné à l'activité de ses services, assurés en tant qu'autorité publique et visés au premier alinéa de l'article 256 B du CGI, n'agit pas en tant qu'assujetti. Par conséquent, l'opération sera considérée comme hors du champ d'application de la TVA. Aucune livraison à soi-même ne devra être constatée.

Dans ces situations, le fait que le responsable de la construction n'exerce aucun droit à déduction de la TVA grevant les travaux de construction ou l'acquisition éventuelle du terrain, et qu'il n'ait pas bénéficié du régime de faveur ouvert aux personnes assujetties en matière de droits d'enregistrement constitue une présomption qu'il n'agit pas en tant qu'assujetti ».

3508 Preuve du respect de l'engagement en cas de rénovation d'un immeuble existant.

➤ V. **Rénovation d'immeubles anciens.**

3509 Lieu de dépôt de la déclaration justifiant l'achèvement. La déclaration spéciale n° 940-SD doit être déposée auprès du service des impôts des entreprises destinataire des déclarations de chiffre d'affaires du constructeur. Par mesure de prudence et dans le silence des textes, il a été préconisé d'en déposer une copie au service des impôts du lieu de situation de l'immeuble (Dossiers pratiques F. Lefebvre, *La TVA immobilière après la réforme*, 2e éd., n° 1746).

B L'engagement n'est pas tenu

3510 Sanction. Conformément à l'article 1840 G ter du Code général des impôts, lorsque l'engagement de construire n'est pas respecté à l'échéance du délai qu'il comporte, l'acquéreur est redevable des droits dont il a été dispensé, liquidés d'après les tarifs en vigueur au jour de l'acquisition de l'immeuble sur lequel portait l'engagement, ainsi que du complément de frais d'assiette, de recouvrement, de dégrèvement et de non-valeur qui en résultent (BOI-ENR-DMTOI-10-40, § 440).

L'intérêt de retard prévu à l'article 1727 est décompté du premier jour du mois suivant la date d'expiration du délai légal de présentation de l'acte d'acquisition à la formalité (ou suivant, s'il y a lieu, la date à laquelle l'engagement dont il s'agit a été substitué à un engagement de revendre) et doit être versé comme le principal dans le mois suivant l'expiration du délai imparti. Dans le cas où l'acquisition est affectée d'une condition suspensive, le point de départ du décompte des intérêts de retard est la date de la réalisation de la condition suspensive (BOI-ENR-DMTOI-10-40, § 450).

L'article 55 de la loi n° 2017-1775 du 28 décembre 2017 a modifié l'article 1727 du Code général des impôts et ramené le taux de l'intérêt de retard à 0,20 % par mois à compter du 1er janvier 2018.

L'article 5 de la loi n° 2018-727 du 10 août 2018 pour un État au service d'une société de confiance dite « loi ESSOC », a aménagé le régime de l'intérêt de retard en prévoyant, notamment, au profit du contribuable qui dépose spontanément une déclaration rectificative de bénéficier d'une réduction de moitié du taux d'intérêt de retard. Ce régime du « droit à l'erreur » du contribuable de bonne foi a été commenté au BOI-CF-INF-10-10-20 et au BOI-DAE-20-10. Ce dispositif n'a pas vocation à s'appliquer aux intérêts majorant les droits de mutation à titre onéreux exigibles en cas de non-respect de l'engagement de construire.

Dispense de régularisation – Solution doctrinale – BOI-CF-INF-20-30, 09/02/2017, n° 40. L'administration fiscale admet formellement qu'aucune régularisation n'est exigée lorsque l'acquéreur a supporté définitivement la TVA au taux normal : elle [la régularisation] est exigée si l'acquéreur a déduit totalement ou partiellement cette taxe.

Modification des documents d'urbanisme. Assiette des droits. Dans le cas où l'engagement doit être abandonné du fait que des constructions ne sont plus autorisées par suite d'une modification des documents d'urbanisme, il est admis que les droits soient liquidés sur la base de la valeur vénale du bien telle qu'elle résulte de cette modification et que l'intérêt de retard soit décompté du premier jour du mois suivant la date d'effet de celle-ci (BOI-ENR-DMTOI-10-40, § 460).

Engagement partiellement exécuté. Lorsqu'à l'échéance du délai qu'il comporte, l'engagement de construire n'est respecté que pour une fraction de l'immeuble sur lequel il portait, l'acquéreur est redevable à due concurrence des droits dont il a été dispensé, ainsi que des frais et intérêts de retard qui en résultent (BOI-ENR-DMTOI-10-40, § 470).

Délai de reprise de l'administration. Prescription sexennale. L'administration bénéficie de la prescription sexennale de l'article L. 186 du Livre des procédures fiscales. Ce délai expire le 31 décembre de la sixième année qui suit le premier jour suivant l'expiration du délai imparti à l'acquéreur pour justifier de l'achèvement des constructions. L'administration (BOI-CF-PGR-10-40, n° 280) rappelle qu'en matière de droits d'enregistrement, lorsque l'exigibilité de l'impôt est affectée d'une condition suspensive, l'action de l'administration n'est susceptible de prendre cours qu'à la date de réalisation de cette condition. Lorsque l'acquisition a été exonérée de droits de mutation à titre onéreux en application de l'article 1594-0 G du Code général des impôts, l'impôt de mutation ne devient exigible que s'il n'est pas régulièrement justifié de la construction dans le délai légal. L'administration ne pouvant avoir connaissance de cet événement futur et incertain que par des recherches ultérieures, les conditions prévues pour l'application de la prescription abrégée ne trouvent pas à s'appliquer. Il en résulte que seule la prescription sexennale est opposable à l'action en reprise du Trésor.

La jurisprudence est dans le même sens (Cass. com., arrêt, 23 oct. 1990, n° 89-12.518. – Cass. com., 7 juill. 2015, n° 14-13.468. – Cass. com., 22 nov. 2016, n° 15-14.797).

Bien entendu, si un acte présenté à la formalité révèle la réalisation de la condition, l'action en reprise des droits dont l'exigibilité parvient ainsi à la connaissance de l'administration tombe sous l'application de la prescription abrégée (*BOI* préc., n° 280 ; LPF, art. L. 186).

C Demande de prorogation du délai de quatre ans

3511 **Formes et délais de la demande de prorogation.** L'acquéreur peut obtenir sur sa demande une prorogation du délai de quatre ans imparti pour la production d'un immeuble neuf (sur la prorogation du délai, les motifs de la demande et le recours compte un refus de prorogation, V. J. Schmidt et E. Kornprobst, *op. cit.*, nos 559 à 562).

Sur demande de l'acquéreur, une prolongation annuelle renouvelable du délai de quatre ans fixé à l'article 1594-0 G peut être accordée par le directeur départemental ou régional des finances publiques du lieu de situation de l'immeuble dans les conditions fixées au III de l'article 266 bis de l'annexe III au Code général des impôts.

Cette demande doit être formulée au plus tard dans le mois qui suit l'expiration du délai de quatre ans précédemment imparti pour construire (CGI, ann. III, art. 266 bis, IV) et adressée par pli recommandé avec avis de réception postale. Elle doit être motivée, en rappelant notamment les circonstances de l'engagement initial et les éléments de fait qui justifient que son échéance doive être retardée. Elle précise la consistance des travaux concernés ainsi que le montant des droits dont l'exonération demeure subordonnée à la réalisation de la construction envisagée.

La prorogation susceptible d'être accordée peut être renouvelée dans les mêmes conditions.

La prorogation est accordée pour un an. La demande peut être renouvelée (BOI-ENR-DMTOI-10-40, § 310 à 330).

3512 **Réponse de l'administration.** La réponse émane de « l'autorité compétente de l'État du lieu de la situation des immeubles », en fait le directeur départemental ou régional des finances publiques du lieu de situation de l'immeuble (CGI, art. 1594-0 G, A-IV).

L'administration peut rejeter la demande de prorogation, en motivant son refus. L'absence de notification d'un refus motivé dans les deux mois de la réception de la demande vaut acceptation (CGI, art. 1594-0 G, A-IV).

L'administration, qui rappelle que « le souci de sécurité juridique a conduit à prévoir que l'absence de notification d'un refus motivé de l'administration à l'issue d'un délai de deux mois suivant une demande de prolongation de l'engagement de construire vaut acceptation de la demande », a précisé que « la motivation d'un tel refus, qui est susceptible d'être soumise au contrôle du juge, peut être fondée notamment sur la circonstance que le demandeur n'est pas en situation à court et moyen terme de mener à bien son engagement, voire qu'il y a expressément renoncé, ou encore qu'il apparaît définitivement acquis que ni la construction envisagée ni aucune autre de nature à satisfaire les prescriptions du I de l'article 1594-0 G n'est en mesure d'aboutir au regard de l'évolution des contraintes d'urbanisme, d'environnement ou de sécurité » (BOI-ENR-DMTOI-10-40, § 340).

D Revente de l'immeuble avant l'expiration du délai pour construire

3513 **Possibilité de transférer l'engagement de construire à l'acquéreur.** En cas d'acquisitions successives par des personnes assujetties à la TVA, l'engagement pris par le cédant peut être repris par l'acquéreur, pour autant, précise l'administration fiscale, « que ce délai n'ait pas été touché par la forclusion » (BOI-ENR-DMTOI-10-40, § 350).

C'est l'acquéreur qui doit procéder aux travaux conduisant à la production d'un immeuble neuf dans le délai imparti au cédant (CGI, art. 1594-0 G, A-II, al. 3).

Il faut souligner que cette reprise de l'engagement de construire du cédant constitue pour l'acquéreur assujetti une simple faculté (comp. CGI, art. 1115. – V. **Engagement de revendre**). Le sous-acquéreur peut aussi, s'il le préfère, prendre personnellement un engagement de construire, sans reprendre l'engagement de son cédant. Le délai qui lui est imparti pour produire un immeuble neuf ne courra alors, en ce qui le concerne, qu'à partir de la date de son propre engagement. Le cédant qui ne sera plus en mesure de justifier de l'exécution de l'engagement souscrit par lui, devra envisager, préalablement à la revente, la substitution de l'engagement de revente prévu à l'article 1115 du Code général des impôts à l'engagement de construire (sur cette substitution, V. n°s 3517 et 3519).

L'administration admet formellement que l'engagement de construire souscrit par le cédant peut être repris par une collectivité alors même que l'acquisition de cette dernière est exonérée de droits en vertu de l'article 1042 du Code général des impôts : « Pour autant, l'engagement du cédant peut être utilement repris aussi par une collectivité publique visée à l'article 1042 du CGI (ou par une société d'économie mixte à participation majoritaire qui bénéficie du même régime : BOI-ENR-DMTOI-10-80-10 au II), alors que celle-ci n'aura pas à souscrire le même engagement pour son propre compte dès lors qu'elle est, en tout état de cause, exonérée » (BOI-ENR-DMTOI-10-40, § 360).

3514 **Formalisation de la reprise d'engagement.** La reprise de l'engagement doit être formalisée dans l'acte d'acquisition qui fera référence à la date et au numéro d'enregistrement et de publication de l'acte antérieur dans lequel le cédant s'était lui-même engagé à construire (BOI-ENR-DMTOI-10-40-20160601, § 370). Elle a pour effet de libérer le cédant de tout rappel éventuel, pour le cas où le nouvel acquéreur ne serait finalement pas en mesure de justifier de l'exécution des travaux requise au terme du délai qu'il a repris et qui s'impose à lui, sauf à en obtenir la prolongation dans les conditions prévues par l'article 1594 0 G A IV précité. Il en ira de même si cet acquéreur est amené à son tour à céder l'immeuble en cause à un autre assujetti, ce dernier ayant la possibilité de reprendre les engagements du cédant, et ainsi de suite (BOI-ENR-DMTOI-10-40, § 380).

3515 **Cas où l'acquéreur ne demande pas ou n'obtient pas de prorogation de délai**. Dans l'hypothèse où l'acquéreur ainsi engagé serait amené à ne pas demander la prolongation de l'un des engagements auxquels il est tenu ou se la verrait refuser par l'administration, il sera admis pour éviter qu'il ait à supporter des multiples impositions qu'il soit libéré conjointement des autres engagements si ceux-ci portent sur le même immeuble et dans une même proportion d'exonération. Le redevable devra alors acquitter les droits dont il aura été lui-même dispensé ainsi que les frais proportionnels. Quant à l'intérêt de retard, il sera décompté du premier jour du mois suivant la date d'expiration du délai légal de présentation à la formalité de l'acte d'acquisition de la première acquisition associée à un engagement repris par ce redevable, en sorte de dissuader les opérations de pure complaisance visant à échapper au prix du temps pour la perception différée de la créance des collectivités bénéficiaires. Sa liquidation s'opérera donc à raison du montant des droits éludés lors de chacune des mutations successives et de la durée courue jusqu'à la mutation suivante (BOI-ENR-DMTOI-10-40, § 390).

3516 **Exemple figurant au BOI-ENR-DMTOI-10-40, § 400.** Un promoteur A acquiert en N un terrain à bâtir (TAB) auprès d'un non-assujetti et souscrit l'engagement d'y construire un immeuble neuf dans des termes permettant de soumettre son acquisition au droit fixe pour la totalité. En N+3, ce promoteur A revend le terrain à un confrère B qui accepte de reprendre son engagement et souscrit le même engagement (au délai près) à son propre compte. Jusqu'en N+8, le promoteur B sollicite sans objection de l'administration les prolongations de délai attachées à chacun des deux engagements qu'il a respectivement repris et pris. Il cède cette même année le terrain à C qui reprend les deux engagements de B et souscrit le sien propre. Mais en N+10, le promoteur C prend conscience de la vanité de tout projet immobilier sur cette emprise et, à l'échéance annuelle de l'un des engagements qu'il avait repris, renonce à en demander la prolongation. Appelé à solder les droits correspondants, il sera dégagé de l'ensemble de ses obligations au regard des travaux en cause s'il acquitte les droits dont il avait été exonéré lors de son acquisition auprès de B, ainsi que l'intérêt de retard liquidé sur les droits éludés par A de N à N+3, puis sur les droits éludés par B de N+3 à N+8, et enfin sur les droits dont il est redevable jusque N+10.

3517 **Possibilité de substitution d'un engagement de revente à l'engagement de construire.** La loi prévoit que « la personne à laquelle s'impose l'engagement » de produire un immeuble neuf peut, dans la limite de cinq ans à compter de la date à laquelle cet engagement a été souscrit par le premier acquéreur, y substituer l'engagement de revendre prévu à l'article 1115 du Code général des impôts. Cet engagement est réputé avoir pris effet à compter de cette même date (CGI, art. 1594-0 G, A-II, al. 2).
En cas d'acquisitions successives, si le sous-acquéreur ne souhaite pas reprendre l'engagement de construire souscrit par le cédant, ce dernier peut substituer dans un délai de cinq ans suivant la première acquisition à raison de laquelle a été souscrit l'engagement de construire l'engagement de revendre à son engagement de construire. Cet engagement se trouve de fait réalisé lors de la revente au sous-acquéreur (sur les modalités de cette substitution, V. n° 3521).

IV Combinaison entre engagement de construire et engagement de revendre

A Pluralité d'engagements applicables à une même acquisition

3518 **Cas d'application.** Une même acquisition peut être soumise à des régimes différents en fonction des engagements que peut prendre un acquéreur assujetti. Ainsi, un acquéreur assujetti au sens de l'article 256 A du Code général des impôts peut prendre un engagement de revendre (art. 1115) sur une partie du bien alors que le reste fait l'objet d'un engagement de construire (art. 1594-0 G). L'application de régimes de droits d'enregistrement différents sur un même immeuble conduira l'acquéreur à procéder dans l'acte à une ventilation opérée sous sa responsabilité et sous le contrôle de l'administration (BOI-ENR-DMTOI-10-40-20160601, § 430). Cette possibilité trouvera, notamment, à être mise en œuvre lorsque les conditions de superficie des terrains nécessaires à la construction limitent l'exonération liée à l'engagement de construire à une fraction du prix d'achat de l'immeuble. Le surplus du terrain ou plus généralement de l'immeuble peut alors être acquis sous le régime des achats-reventes.

B Substitution d'un engagement de revendre à l'engagement de construire

BIBLIOGRAPHIE : N. Gonzalez-Gharbi, *Construire ou revendre : la substitution d'engagement est aussi possible : Nota Bene (revue des juristes du Cridon Sud-Ouest)* 2016, n° 214, fiche n° 868. *Lotisseurs, immeubles à aménager et droits de mutation à titre onéreux : le choix du régime spécial des acquisitions concourant à la production d'immeubles neufs (CGI, art. 1594 0 G, A) : Constr.-Urb.* 2020, étude 3. – B. Célié et a., *L'engagement de construire sans construire ? L'engagement de construire pour revendre : AJDI* 2022, p. 22.

3519 **Principe.** En application du même 2e alinéa du II du A de l'article 1594-0 G, la personne à laquelle s'impose un engagement de construire tel que mentionné au I du A du même article peut, dans la limite de cinq années à compter de la date à laquelle il a été souscrit par l'acquéreur (ou par le premier acquéreur en cas de mutations successives réalisées entre assujettis à la TVA) y substituer l'engagement de revendre prévu à l'article 1115 qui est réputé avoir pris effet à compter de cette même date.
Cette disposition peut répondre aux préoccupations d'un promoteur qui serait en mesure de s'engager sur un projet de construction comportant une certaine part d'incertitude mais ne souhaiterait pas s'exposer, de ce fait, au risque de supporter l'intérêt de retard décompté à raison des reports antérieurs à son propre engagement. Par parallélisme avec les dispositions de l'article 1115, cette faculté est donc cantonnée aux cinq années qui suivent une première acquisition ayant bénéficié d'un régime de faveur au regard de cet article ou du I de l'article 1594-0 G, sous réserve, au-delà de quatre années, que l'engagement de construire ait fait l'objet d'une première prolongation (BOI-ENR-DMTOI-10-40, § 490).

3520 **Exemple figurant au BOI-ENR-DMTOI-10-40, § 500.** Un marchand de biens A acquiert en novembre de l'année N un vieil immeuble auprès d'un investisseur privé pour lequel la cession présente un caractère patrimonial et souscrit un engagement de revendre sur le fondement de l'article 1115 du Code général des impôts. Il le revend en février de N+1 à un promoteur B qui s'engage à construire un immeuble neuf, mais qui le revend lui-même l'année suivante à un autre promoteur C qui accepte de reprendre son engagement (outre l'engagement qu'il souscrit pour son propre compte : cf. II-A-3-b-2° au § 350). En février de N+5, C fait proroger la validité de l'engagement repris de B, mais doute de sa propre capacité à le mener à bien. Un promoteur D est disposé à racheter l'immeuble qui lui paraît présenter une opportunité de reconstruction à moyen terme, sans accepter pour autant en cas d'échec de supporter les intérêts de retard calculés depuis N+1 (origine de l'acquisition de B qui est opposable à C). Avant le cinquième anniversaire de l'acquisition initiale de A, le promoteur C pourra donc substituer à son engagement de construire un engagement de revendre (moyennant 0,715 % de droits sur son acquisition auprès de B et les intérêts de retard courus depuis mars N+1 à raison de l'engagement repris auprès de B en février), puis céder l'immeuble à D, lequel sera alors en mesure de s'engager dans les conditions souhaitées.

REMARQUE Conformément au deuxième alinéa de l'article 1115 du Code général des impôts, le délai imparti à A pour revendre s'impose aux acquéreurs successifs qui se trouvent avoir pris le même engagement, ce qui sera le cas du promoteur C dès lors que son engagement rétroactif de revendre sera réputé avoir pris effet à l'occasion de l'acquisition de B auprès de A (BOI-ENR-DMTOI-10-40, 1er juin 2016, § 500).

3521 **Modalités de la substitution d'engagement.** Les modalités de cette substitution, qui prend la forme d'un acte complémentaire à l'acte de mutation comportant l'engagement de construire auquel se substitue le nouvel engagement, sont précisées au VI de l'article 266 bis de l'annexe III au Code général des impôts. Cet acte précise l'objet et la consistance des travaux auxquels le demandeur renonce, ainsi que la valeur de l'acquisition d'origine dont l'exonération était jusque-là subordonnée à la réalisation de la construction en cause et pour laquelle il sollicite le bénéfice rétroactif des dispositions de l'article 1115 du Code général des impôts.
Selon l'administration fiscale, l'acquéreur, seule partie à l'acte, le fera enregistrer dans les conditions mentionnées au 1° du 1 de l'article 635 du Code général des impôts (BOI-ENR-DMTOI-10-40, § 510).

3522 **Acte complémentaire. Perceptions.** Selon l'administration (BOI-ENR-DMTOI-10-40-20160601, § 510), l'acte complémentaire se rattachant comme accessoire à l'acte d'acquisition du demandeur, lequel donnait ouverture au droit proportionnel, celui-ci est exigible au taux global de 0,715 %, assorti de l'intérêt de retard décompté du premier jour du mois suivant la date d'expiration du délai légal de présentation à la formalité de l'acte qui fait l'objet de la substitution (BOI-ENR-DG-20-20-40). Le demandeur se trouve alors libéré de l'engagement de construire qu'il avait souscrit (y compris dans les conditions décrites au BOI-ENR-DMTOI-10-50). Dans l'hypothèse où, pour les avoir repris dans les conditions décrites aux II, A, 3, b, 2°, § 350 (V. *supra*, n° 3513), il serait également tenu par d'autres engagements portant sur le même immeuble et dans une même proportion d'exonération, il sera également libéré de ceux-ci sous réserve d'acquitter l'intérêt de retard décompté selon les modalités décrites aux mêmes II, A, 3, b, 2°, § 350, la substitution prévue par le législateur trouvant son plein effet à la date de la première acquisition associée à un engagement repris par l'intéressé.

Il résulte de ce qui précède que la substitution d'engagement fiscal peut valablement résulter d'un acte unilatéral – authentique ou sous seing privé – souscrit par le seul acquéreur dont seul l'enregistrement dans le mois de sa date est exigé par l'article 266 bis de l'annexe III au Code général des impôts. La justification de l'exigibilité d'un droit d'enregistrement au taux proportionnel de 0,70 %, équivalent au taux de la taxe de publicité foncière de l'article 1020 du même code qui aurait été exigible lors de la publication de l'acte authentique d'acquisition initiale si cet acte avait renfermé l'engagement de revendre prévu à l'article 1115 du Code général des impôts, par la théorie de l'acte complémentaire, si elle peut apparaître comme sujette à caution, permet à l'acquéreur d'éviter le coût d'une publication au service de la publicité foncière.

Engagement de revendre

Neyla GONZALEZ-GHARBI

Sommaire analytique

AVERTISSEMENT La mise en ligne de la base documentaire dénommée « Bulletin officiel des finances publiques – Impôts » (*BOFiP*) a été annoncée par une instruction de la DGFiP en date du 7 septembre 2012 (*BOI* 13 A-2-12, n° 64). Cette instruction a rapporté à compter de cette même date l'ensemble des commentaires administratifs publiés antérieurement.
Nous ferons, sauf, exception, référence au *BOFiP*. Les commentaires administratifs relatifs à l'engagement de revendre sont ceux du BOFiP, BOI-ENR-DMTOI-10-50, publié le 29 avril 2014 intitulé « Régime spécial des achats destinés à la revente ». C'est à cette version, en vigueur au 13 mai 2024, qu'il sera fait référence dans le présent fascicule.

CGI, art. 1115. – Sous réserve des dispositions de l'article 1020, les acquisitions d'immeubles, de fonds de commerce ainsi que d'actions ou parts de sociétés immobilières réalisées par des personnes assujetties au sens de l'article 256 A sont exonérées des droits et taxes de mutation quand l'acquéreur prend l'engagement de revendre dans un délai de cinq ans.

En cas d'acquisitions successives par des personnes mentionnées au premier alinéa, le délai imparti au premier acquéreur s'impose à chacune de ces personnes.

Pour les biens acquis avant le 1er janvier 1993, le délai mentionné aux troisième et quatrième alinéas et en cours à cette date est prorogé jusqu'au 31 décembre 1998 *(alinéa périmé)*.

Pour l'application de l'engagement de revendre, les transferts de droits ou de biens dans un patrimoine fiduciaire et les apports purs et simples effectués à compter du 1er janvier 1996 ne sont pas considérés comme des ventes.

Pour les reventes consistant en des ventes par lots déclenchant le droit de préemption prévu à l'article 10 de la loi n° 75-1351 du 31 décembre 1975 relative à la protection des occupants de locaux à usage d'habitation ou celui prévu à l'article 15 de la loi n° 89-462 du 6 juillet 1989 tendant à améliorer les rapports locatifs et portant modification de la loi n° 86-1290 du 23 décembre 1986, le délai prévu pour l'application de l'engagement de revendre visé au premier alinéa est ramené à deux ans.

3523 **Suppression du régime spécifique des « marchands de biens ».** Dans le cadre de la réforme de la TVA immobilière opérée par la loi de finances rectificative pour 2010 (L. n° 2010-237, 9 mars 2010 : *JO* 10 mars), le régime spécifique des marchands de biens est supprimé, ainsi que les formalités spécifiques qui y étaient attachées. Le 6° de l'article 257 du Code général des impôts n'a pas été repris dans la nouvelle rédaction de l'article 257 et les articles 290 et 852 du même code ont été abrogés.

Ont été également abrogés :

– l'article 1829 du Code général des impôts, prévoyant les amendes applicables en cas de non-respect des formalités spécifiques ;

– l'article 1787 du Code général des impôts, prévoyant la sanction applicable en cas d'inexécution de la formalité fusionnée ou de la formalité de l'enregistrement ;

– l'article L. 88 du Livre des procédures fiscales, relatif au droit de communication dont dispose l'administration fiscale sur les livres, registres, titres, pièces de recettes, de dépenses et de comptabilité de ces professionnels.

Les opérations réalisées par ces professionnels relèvent depuis le 11 mars 2010 du droit commun des règles de la TVA applicables aux opérations immobilières (V. *JCP* N 2010, n° 12, 1135, n°s 6 et s.).

La suppression de ces obligations particulières ne bénéficie pas aux actes passés avant son entrée en vigueur fixée au 11 mars 2011. La Cour de cassation l'a rappelé : « Si la loi nouvelle s'applique immédiatement aux effets à venir des situations juridiques non contractuelles en cours au moment où elle entre en vigueur, elle ne peut remettre en cause des obligations régulièrement nées à cette date. À la date du fait générateur de l'impôt, le bénéfice des dispositions prévues par l'article 1115 du Code général des impôts était subordonné à l'accomplissement des formalités exigées par l'article 852-2° du même code. En l'espèce, l'arrêt relève que des erreurs ou anomalies affectant 25 % des affaires traitées avaient été constatées dans le répertoire de l'article 852-2°, présenté au cours du contrôle. Retenant souverainement que ces manquements formels importants et répétés étaient suffisamment graves, la cour d'appel a pu en déduire qu'ils entraînaient la déchéance du régime de faveur des marchands de biens prévu par l'article 1115 » (Cass. com., 7 juin 2011, n° 10-18.860, FS, P+B, *SA Oxygène c/ Dir. Dép. des fin. publ. de l'Indre : JurisData* n° 2011-110969 ; *Constr.-Urb.* 2011, comm. 168, N. Gonzalez-Gharbi).

On a pu, à ce propos regretter que l'administration fiscale n'ait pas consacré, dans l'instruction du 18 avril 2011 (*BOI* 7 C-2-11) qui a commenté les dispositions de l'article 1115 du Code général des impôts dans leur rédaction issue de l'article 16 de la loi de finances rectificative du 9 mars 2010 précitée un développement particulier et explicite à l'effet de la réforme, notamment, sur les délais de revente en cours à la date de son entrée en vigueur (M. Michel, *Régime fiscal des marchands de biens : RFN* 2011, Quest.-Rép. 2. – N. Gonzalez-Gharbi, *Constr.-Urb.* 2011, comm. 168, préc.), même si pour certains commentateurs, le délai de quatre ans en cours le 11 mars 2010 a été porté à cinq ans (Dossiers pratiques F. Lefebvre, *La TVA immobilière après la réforme*, 2e éd., n° 1659 qui s'appuient sur le n° 18 du *BOI* précité). Fort opportunément, cette lacune a été réparée à l'occasion de la mise en ligne de la base *BOFiP*, le 12 septembre 2012 (BOI-ENR-DMTOI-10-50, § 50) qui indiquait expressément : « Les assujettis ayant pris un engagement de revendre prévu par l'article 1115 du Code général des impôts avant le 11 mars 2010 et dont le délai n'était pas échu à cette date bénéficient d'un délai de cinq années à compter de l'acquisition initiale pour revendre les biens pour lesquels un engagement a été souscrit ». Cette solution figure dans la version opposable du *BOI* publiée le 29 avril 2014 (DMTOI-10-50, § 50).

3524 **Justification du régime de faveur.** Afin de limiter les effets d'une imposition en cascade, le législateur a prévu un taux d'imposition réduit lorsque les mutations d'immeubles ou de droits immobiliers s'inscrivent dans une activité commerciale d'achat en vue de la revente destinée à faciliter l'ajustement des marchés foncier et immobilier. Toutefois, ce régime de faveur est enserré dans une durée maximale fixée à cinq ans, qui vise à éviter la rétention foncière. À l'inverse, cette contrainte de délai peut être écartée si ces opérations ont vocation à déboucher sur la production d'un immeuble neuf soumise à la taxe sur la valeur ajoutée (V. *infra*).

REMARQUE Dans le même objectif, le dernier alinéa de l'article 1115 du Code général des impôts prévoit que ce délai de cinq ans est ramené à deux ans « pour les reventes consistant en des ventes par lots déclenchant le droit de préemption prévu à l'article 10 de la loi n° 75-1351 du 31 décembre 1975 relative à la protection des occupants des locaux à usage d'habitation ou celui prévu à l'article 15 de la loi n° 89-462 du 6 juillet 1989 tendant à améliorer les rapports locatifs… » (dites ventes à la découpe).

Partant d'une acquisition initiale réalisée auprès d'un cédant qui ne s'était lui-même pas engagé à

revendre ou à construire, toutes les opérations qui interviennent avant le terme du délai de cinq ans imparti à ce premier acquéreur sont donc éligibles au taux réduit dès lors qu'elles sont réalisées par des assujettis et que l'acte d'acquisition est assorti de la déclaration que les biens acquis sont destinés à la revente. Le complément de droit sera acquitté une seule fois à l'expiration de ces cinq années, sauf à ce que le dernier acquéreur assujetti soit engagé alors dans un projet de construction. Il échappera aussi à ce rappel si l'immeuble est, avant le terme de la période, cédé à un non-assujetti, ou à un assujetti qui ne revendique pas ce même régime d'achat en vue de la revente.
Dit autrement, quand une suite d'acquisitions par des professionnels s'engageant à revendre s'interpose sur une même période de cinq ans entre un premier cédant qui n'a lui-même pas pris d'engagement et un acquéreur final, le taux de droit commun des droits de mutation ne trouve normalement à s'appliquer que sur l'acquisition de ce dernier (BOI-ENR-DMTOI-10-50, § 30).

I

Champ d'application de l'engagement de revendre

3525 **Mutations concernées.** Le régime de l'article 1115 du Code général des impôts peut trouver à s'appliquer aux acquisitions à titre onéreux portant sur des immeubles ou des droits immobiliers, qu'il s'agisse de terrains (à bâtir ou non) ou de constructions achevées depuis plus de cinq ans dont l'acquisition est susceptible de supporter les droits de mutation au taux de droit commun (BOI-ENR-DMTOI-10-50, § 10. – Sur les mutations soumises au taux de droit commun, V. **Taxe de publicité foncière**). Sur les conditions et limites de l'application de ce régime en cas d'acquisition d'immeubles destinés à la revente après rénovation, V. N. Gonzalez-Gharbi, *Le régime fiscal des achats/reventes d'immeubles à l'épreuve de la rénovation » : Constr.-Urb.* 2022, étude 3).
En pratique, les acheteurs revendeurs n'ont aucun intérêt à souscrire un engagement de revendre lorsque l'acquisition bénéficie du taux réduit des droits de mutation. C'est le cas, lorsque réalisée auprès d'un assujetti à la TVA agissant en tant que tel, la mutation porte sur un terrain à bâtir ou sur un immeuble (neuf) achevé depuis cinq ans au plus et qu'elle est soumise à la TVA sur le prix total.

REMARQUE En effet, le A de l'article 1594 F quinquies du Code général des impôts prévoit que sont soumises à la taxe de publicité foncière ou au droit d'enregistrement au taux réduit, les mutations à titre onéreux de terrains à bâtir et d'immeubles neufs mentionnés au 2° du 2 du I de l'article 257 du Code général des impôts lorsqu'elles sont soumises à la TVA, sauf application des modalités de taxation sur la marge prévues à l'article 268 du Code général des impôts lorsque l'acquisition par le cédant n'a pas ouvert droit à déduction. Dans cette situation, le 1° du 1 de l'article 1584 du Code général des impôts précise que la taxe additionnelle n'est pas perçue (BOI-ENR-DMTOI-10-50, § 10, préc.).

3526 **Personnes concernées.** La nouvelle rédaction de l'article 1115 du CGI ayant substitué à l'expression « personnes qui réalisent les affaires définies à l'article 257, 6° » (marchands de biens) celle de « les personnes assujetties au sens de l'article 256 A », la question s'est immédiatement posée de savoir si la possibilité de prendre un engagement de revendre serait ouverte à toutes les personnes ayant la qualité d'assujettie à la TVA sans plus de référence à leur activité habituelle d'achat-revente d'immeubles (sur la notion d'assujetti agissant en tant que tel, V. **TVA immobilière**).
Les commentaires administratifs ne sont pas suffisamment tranchés. Selon l'administration (BOI-ENR-DMTOI-10-50, § 1) :

> « Les acquisitions d'immeubles réalisées par un consommateur final, c'est-à-dire une personne qui n'agit pas en tant qu'assujetti à la TVA sont soumises aux droits de mutation à titre onéreux, sous réserve du taux applicable. En revanche, lorsque l'opération s'inscrit dans un processus économique d'intermédiation ou de production immobilières qu'atteste l'engagement que prend en ce sens l'acquéreur agissant en tant qu'assujetti à la TVA, celui-ci peut bénéficier d'un régime d'exonération selon les modalités exposées *infra* ».

L'assujetti doit agir en tant que tel, bien que le texte ne le spécifie pas expressément (J.-C. Bouchard, *La*

TVA appliquée aux immeubles, EFE, n° 382). Or, il semble bien que la qualité d'assujetti agissant en tant que tel exigée de l'assujetti autorisé à prendre l'engagement de revente renvoie à une activité habituelle d'achat-revente d'immeubles (en ce sens, Dossiers pratiques F. Lefebvre, *La TVA immobilière après la réforme*, 2e éd., n° 1647).

En réalité, en l'absence de travaux parlementaires relatifs à la modification des dispositions de l'article 1115 du Code général des impôts, la portée réelle de cette « réforme » est, à ce jour, incertaine. La sécurité juridique exigerait que l'administration se prononce explicitement sur ce point (le caractère inachevé de la banalisation de ce régime de faveur soulève également le problème de sa combinaison avec le régime des transmissions d'universalité : V. D. Colin et W. Stemmer, *Dispense de TVA et engagement de revendre : perspective d'évolution pour les transactions immobilières* : *JCP* N 2012, 1125. V. toutefois, sur la possibilité pour l'acquéreur de revendiquer le régime des achats/reventes dans les opérations de dénouement d'un crédit-bail immobilier, Rép. min. Grau, n° 7359 : *JOAN* 10 juill. 2010, V° *Crédit-bail immobilier*, n° 2520).

En tout état de cause, l'administration fiscale entend limiter l'accès au régime de faveur aux acquéreurs ayant déjà souscrit la déclaration d'existence exigée par l'article 286, I-1° du Code général des impôts (BOI-ENR-DMTOI-10-50, § 1). En revanche, la qualité du cédant est indifférente (sous réserve de ce qui sera dit ci-après en matière de mutations successives entre professionnels).

3527 Nécessité d'un engagement dans l'acte. L'engagement de revendre doit être souscrit dans l'acte d'acquisition. Contrairement à l'engagement de construire (V. **Engagement de construire**, n° 3487), l'administration fiscale n'admet pas qu'en cas d'omission l'engagement de revendre puisse être souscrit dans un acte complémentaire (sur la possibilité, au moyen d'un acte complémentaire, de substituer l'engagement de revente à l'engagement de construire souscrit dans l'acte d'acquisition, V. **Engagement de construire**, nos 3519 à 3522).

II Portée de l'engagement de revendre

A Tarif applicable

3528 Tarif réduit. Conformément aux dispositions de l'article 1020, les mutations sont néanmoins soumises à la taxe de publicité foncière au taux global de 0,71498 % lorsqu'elles portent sur des immeubles dès lors qu'elles entrent dans les prévisions du 1° de l'article 677, qui vise notamment les transmissions de propriété ou d'usufruit de biens immeubles.

3529 Locaux à usage de bureaux, de locaux commerciaux et de locaux de stockage situés en Île-de-France. Conformément à l'article 1599 sexies du Code général des impôts créé par l'article 50 de la loi de finances rectificative pour 2015 (L. n° 2015-1786, 29 déc. 2015), une taxe additionnelle aux droits de mutation à titre onéreux exigible sur les mutations à titre onéreux, autres que celles mentionnées au A de l'article 1594 F quinquies du Code général des impôts, de locaux à usage de bureaux, de locaux commerciaux et de locaux de stockage mentionnés à l'article L. 520-1 du Code de l'urbanisme, est perçue au profit de la région d'Île-de-France (BOI-ENR-DG-60-10-20). Cette taxe ne s'appliquant pas aux mutations exonérées de droits d'enregistrement ou de taxe de publicité foncière, il a été précisé par le ministre des Finances et des Comptes publics, en réponse à une question écrite du député Fasquelle, que : « Par conséquent, les assujettis ayant pris un engagement de revendre prévu par l'article 1115 du CGI ne sont pas redevables de la taxe additionnelle prévue par l'article 1599 sexies du même code. Conformément à l'article 1840 G du CGI, lorsqu'à l'échéance du délai de cinq ans l'engagement de revendre n'est pas respecté, l'acquéreur sera redevable de l'intégralité des droits dont il a été dispensé, y compris la taxe additionnelle prévue à l'article 1599 sexies du CGI d'après le tarif en vigueur au jour de l'acquisition » (Rép. min. D. Fasquelle, n° 95848 : *JOAN* 31 août 2016).

3530 Opportunité de l'engagement. L'engagement n'a rien d'obligatoire. Même si l'acquéreur a en perspective une revente ultérieure, rien ne l'oblige à se placer sous le régime de l'article 1115 du Code général des impôts. À défaut d'engagement, les droits de mutation (TPF) seront perçus dans les conditions de droit commun.

Lorsque la mutation porte sur un immeuble achevé depuis moins de cinq ans ou un terrain à bâtir, et que, le vendeur étant un assujetti agissant en tant que tel, elle est soumise, en conséquence, de plein droit à la TVA sur le prix total, la taxe de publicité foncière est perçue au taux réduit de 0,715 % (V. **Immeuble neuf**). En ce cas, l'engagement de revendre n'a pas d'intérêt pratique, les droits perçus étant identiques qu'il y ait ou non engagement (V. n° 3525).

B Délais de revente

3531 **Souscription de l'engagement de revente de cinq ou deux ans.** L'engagement est pris dans l'acte d'acquisition. L'acquéreur assujetti s'oblige à revendre l'immeuble ou les droits immobiliers acquis dans un délai de cinq ans.

Toutefois, le délai est ramené à deux ans dans le cas où les biens revendus font l'objet d'un droit de préemption d'un locataire (CGI, art. 1115, al. 5). Concernant le droit de préemption prévu par l'article 10 de la loi du 31 décembre 1975, on signalera la modification apportée à l'article 1er du décret n° 77-742 du 30 juin 1977 par le décret n° 2020-1150 du 17 septembre 2020 afin de tenir compte de la réserve d'interprétation émise par le Conseil constitutionnel dans sa décision n° 2017-683 QPC du 9 janvier 2018 relative à cette disposition légale. Le décret précise désormais que ces dispositions ne s'appliquent pas au locataire ou à l'occupant de bonne foi dont le bail ou l'occupation est **postérieur** à la division ou à la subdivision de l'immeuble.

3532 **Point de départ du délai de revente.** La Cour de cassation a récemment rappelé que « le délai prévu pour l'application de l'engagement de revendre, qu'il s'agisse du délai de cinq ans prévu au premier alinéa de l'article 1115 du code général des impôts ou du délai ramené à deux ans prévu au dernier alinéa de ce texte, court à compter de l'acquisition de l'immeuble » (Cass. com., 14 févr. 2024, n° 22-17.541, F-B. – N. Gonzalez-Gharbi, *Régime des achats/reventes – La date d'acquisition de l'immeuble constitue le point de départ du délai spécial de revente de 2 ans et détermine la teneur de la doctrine opposable : Constr.-Urb.* 2024, n° 4, comm. 52).

Condition suspensive. La règle de principe susénoncée fait produire tous ses effets à la date du fait générateur des droits de mutation qui est constitué, précisément, par la mutation entendue, s'agissant de la vente et suivant la définition qu'en donne l'article 1582 du Code civil, de : « La convention par laquelle l'un s'oblige à livrer une chose, et l'autre à la payer ».

Toutefois, pour être taxable, la vente doit être parfaite et emporter des effets certains et actuels. Les droits atteignant la mutation, c'est-à-dire le transfert de propriété, les clauses et conditions par l'effet desquelles ce transfert de propriété devient incertain ou est différé s'opposent à l'exigibilité immédiate des droits.

Aussi, dès lors qu'en application des dispositions du 1er alinéa de l'article 676 du CGI, la condition suspensive suspend l'exigibilité des droits à la réalisation de la condition, il a été jugé que le point de départ du délai de revente prévu à l'article 1115 du CGI est situé à la date de réalisation de la condition suspensive (Cass. com., 6 juin 1984, n° 82-16.979 : *Bull. civ.* 1984, IV, n° 187). La doctrine administrative est dans le même sens (Doc. adm. DGI, 7C 1481, n° 7, 1er oct. 2001 ; *BOFiP* BOI-ENR-DMTOI-10-50, § 110).

3533 **Conditions d'application du délai de deux ans.** Comme indiqué *supra*, depuis sa mise en ligne le 12 septembre 2012, le BOI-ENR-DMTOI-10-50, n° 30, ne consacre au délai spécial de deux ans qu'une remarque libellée en ces termes :

> « Dans le même objectif [limiter les effets d'une imposition en cascade, lorsque les mutations d'immeuble ou de droits immobiliers s'inscrivent dans une activité commerciale en vue de la revente destinée à faciliter l'ajustement des marchés fonciers et immobiliers], le dernier alinéa de l'article 1115 du CGI prévoit que ce délai de cinq ans est ramené à deux ans "pour les reventes consistant en des ventes par lots déclenchant le droit de préemption prévu à l'article 10 de la loi n° 75-1351 du 31 décembre 1975 relative à la protection des occupants des locaux à usage d'habitation ou celui prévu à l'article 15 de la loi n° 89-462 du 6 juillet 1989 tendant à améliorer les rapports locatifs et portant modification de la loi n° 86-1290 du 23 décembre 1986" (dites ventes à la découpe). »

Il semble, toutefois, qu'en pratique l'administration entendait rendre opposable aux professionnels le délai de revente de deux ans, dès lors que l'acquisition a pour objet des locaux d'habitation occupés susceptibles en cas de revente de déclencher l'un des deux droits de préemption visés par l'article 1115 du Code général des impôts.

Mais cette interprétation de l'article 1115 du Code général des impôts a été condamnée par la Cour de cassation (Cass. com., 7 juill. 2015, n° 13-23.366, FS-P+B : *JurisData* n° 2015-016960 ; *Constr.-Urb.* 2015, comm. 161 par N. Gonzalez-Gharbi). La Cour suprême exige que la revente déclenche le droit de préemption du locataire pour ramener le délai de revente dont dispose le marchand de biens à deux ans. Lorsque la revente porte sur des lots libres de toute occupation, la cour juge fondée l'analyse de la cour d'appel de Paris qui en a exactement déduit que le délai applicable était celui de quatre ans [actuellement cinq ans] (V. CA Paris, 28 mai 2013, n° 2012/02.161, *Sté foncière de la Muette Brochant*. – A. Mallaret, *Acquisition d'immeuble d'habitation en bloc, revente à la découpe et régime des marchands de biens. À propos du délai spécial de deux ans de l'article 1115, alinéa 4, du CGI : Dr. fisc.* 2015, act. 151, aperçu rapide).

Précisant la portée de cette solution, la Cour de cassation a rappelé que le délai de revente de deux ans court à compter de la date de l'acquisition, refusant de faire droit à la demande du marchand de biens qui soutenait que le délai spécial de deux ans devait courir à compter de la notification de l'offre de vente au titulaire du droit de préemption (Cass. com., 14 févr. 2024, n° 22-17.541, F-B. – N. Gonzalez-Gharbi, *Régime des achats/reventes – La date d'acquisition de l'immeuble constitue le point de départ du délai spécial de revente de 2 ans et détermine la teneur de la doctrine opposable : Constr.-Urb.* 2024, n° 4, comm. 52).

Combinaison des délais de deux ans et cinq ans. Dans un rescrit (RES n° 2009/22-FI, 31 mars 2009) non repris au BOFiP, l'administration s'est prononcée sur le cas d'un marchand de biens qui a acquis un immeuble sous le régime des achats en vue de la revente prévu à l'article 1115 du Code général des impôts (CGI) et qui le revend dans sa totalité et en une seule fois à un autre marchand de biens qui se place également sous ce régime mais qui procède à une revente par lots de l'immeuble acquis déclenchant ainsi le droit de préemption des locataires prévu à l'article 10 de la loi n° 75-1351 du 31 décembre 1975 et à l'article 15 de la loi n° 89-462 du 6 juillet 1989 modifiée (V. le texte de ce rescrit, *Guide de la publicité foncière* 2015, V. **Engagement de revendre**, n° 3533).

3534 Acquisitions successives. Conformément à l'article 1115 du Code général des impôts, en cas d'acquisitions successives par des personnes assujetties au sens de l'article 256 A, le délai imparti au premier acquéreur s'impose à chacune de ces personnes.

Il en résulte qu'en cas de mutations successives entre assujettis, c'est celui qui se trouve propriétaire de l'immeuble à l'expiration du délai de cinq ans décompté à compter de la première acquisition qui a donné lieu à l'application des dispositions de l'article 1115 qui est tenu d'acquitter le complément de taxe, frais et intérêt de retard sur la valeur de sa propre acquisition dès lors que lui-même s'est placé sous le bénéfice de ces dispositions.

Dès lors, en cas de mutations successives d'un bien entre professionnels, le nouvel acquéreur ne peut conserver définitivement le bénéfice de ce régime qu'en revendant le bien avant le terme du délai de cinq ans décompté depuis l'acquisition réalisée par l'acquéreur initial. La circonstance qu'un ou plusieurs acquéreurs aient été amenés à souscrire avant le 11 mars 2010 un engagement de revendre dans le délai de quatre ans est sans incidence sur l'application à la date d'effet de la loi n° 2010-237 du 9 mars 2010 du délai de cinq ans prévu par celle-ci » (BOI-ENR-DMTOI-10-50, § 50).

C Prorogation de délai

3535 Principe. L'article 1115 du Code général des impôts ne prévoit pas de possibilité pour l'acquéreur d'obtenir une prorogation du délai de revente (si l'on excepte le régime, aujourd'hui périmé, des prorogations exceptionnelles prévues en faveur des immeubles acquis avant le 1er janvier 1993).

3536 Cas des immeubles situés dans le périmètre d'une ZAC. Cette prorogation du délai de revente est prévue au IV bis du A de l'article 1594-0 G du Code général des impôts. Conformément à ces dispositions, une prorogation annuelle renouvelable du délai de cinq ans pour revendre peut être accordée, par le directeur départemental ou régional des finances publiques du lieu de situation de l'immeuble ayant fait l'objet de l'engagement, si celui-ci est situé dans le périmètre d'une zone d'aménagement concertée (ZAC) définie à l'article L. 311-1 du Code de l'urbanisme et qu'il a été acquis par la personne chargée de l'aménagement ou de l'équipement de cette zone.

Aux termes de l'article L. 311-1 du Code de l'urbanisme, les ZAC sont des zones à l'intérieur desquelles une collectivité publique ou un établissement public décide d'intervenir pour réaliser ou faire réaliser l'aménagement et l'équipement de terrains, notamment ceux que cette collectivité ou cet établissement a acquis ou acquerra en vue de les céder ou de les concéder à des utilisateurs privés ou publics (BOI-ENR-DMTOI-10-50, § 60).

3537 Demande de prorogation. En pratique, cette disposition dérogatoire peut trouver à s'appliquer aux terrains, voire aux constructions destinées à être démolies, que l'aménageur de zone a acquises dans les emprises qu'il prévoit de rétrocéder sans y réaliser lui-même de travaux qui l'auraient conduit à prendre un engagement de construire tel que prévu au I du A de l'article 1594-0 G (V. **Engagement de construire**).

Ainsi que précisé par le IV de l'article 266 bis de l'annexe III au Code général des impôts, la demande de prorogation doit être formulée au plus tard dans le mois qui suit l'expiration du délai de cinq ans précédemment imparti pour revendre, et adressée par pli recommandé avec avis de réception postale. Elle doit être motivée et préciser la consistance de l'immeuble concerné, ainsi que le montant des droits dont l'exonération a été subordonnée à la réalisation de l'engagement prévu à l'article 1115. La prorogation susceptible d'être accordée peut être renouvelée dans les mêmes conditions.

De telles prorogations annuelles peuvent être notamment accordées en raison des retards pris dans la commercialisation de la ZAC du fait de difficultés administratives ou techniques, ainsi que des délais nécessaires à l'appropriation de l'ensemble du foncier de la zone qui peut conditionner la rétrocession des emprises en cause (BOI-ENR-DMTOI-10-50-20140429, § 60).

D Substitution d'un engagement de construire à l'engagement de revendre

BIBLIOGRAPHIE : N. Gonzalez-Gharbi, *Construire ou revendre : la substitution d'engagement est aussi possible : Nota Bene (revue des juristes du Cridon Sud Ouest)* 2016, n° 214, Fiche n° 868. *Lotisseurs, immeubles à aménager et droits de mutation à titre onéreux : le choix du régime spécial des acquisitions concourant à la production d'immeubles neufs (CGI, art. 1594 0 G, A) : Constr.-Urb.* 2020, étude 3. – B. Célié et a., *L'engagement de construire sans construire ? L'engagement de construire pour revendre : AJDI* 2022, p. 22.

3538 **Principe.** En application du dernier alinéa du II du A de l'article 1594-0 G, l'engagement de revendre est réputé respecté si l'acquéreur auquel il est opposable y a substitué avant son échéance un engagement de construire tel que prévu au I du A du même article.

3539 **Modalités. Lettre recommandée avec demande d'avis de réception.** Cette substitution s'opère par souscription auprès de l'administration dans les conditions et formes prescrites au V de l'article 266 bis de l'annexe III au Code général des impôts : la déclaration adressée par pli recommandé avec avis de réception postale doit faire référence à la date et au numéro d'enregistrement et de publication de l'acte comportant l'engagement de revendre auquel est substitué le nouvel engagement.

Cette déclaration n'est soumise au paiement d'aucun droit.

Cette déclaration précise aussi l'objet et la consistance des travaux prévus par cet engagement, ainsi que le montant des droits dont l'exonération sera désormais subordonnée à leur exécution. Si la substitution porte sur la totalité du bien sur lequel portait l'engagement de revendre, les droits en cause sont ceux dont le redevable a été dispensé lors de sa propre acquisition, soit la différence appliquée sur le prix de cette dernière entre le taux de droit commun et le taux réduit. Si la substitution ne porte que sur une fraction de l'immeuble, il appartient au redevable de déterminer les droits en cause en proportion de la valeur de cette fraction rapportée à celle de l'ensemble de l'immeuble (BOI-ENR-DMTOI-10-50, § 100).

À la suite de cette substitution d'engagement, l'acquéreur doit construire un « immeuble neuf », au sens de l'article 257, I-2-2° du Code général des impôts (V. **Immeuble neuf**) dans le délai de quatre ans, éventuellement prorogé (V. **Engagement de construire**).

III Non-respect de l'engagement de revendre

3540 **Principe.** La déchéance est encourue du seul fait que les biens acquis n'ont pas été revendus dans le délai de cinq ans. La jurisprudence précédemment construite à cet égard dans le régime antérieur des marchands de biens apparaît transposable aux opérations professionnelles placées sous le couvert de l'article 1115 dans sa rédaction issue de la loi du 9 mars 2010.

Sur le droit pour l'administration fiscale de ne pas attendre l'expiration du délai de cinq ans pour constater la déchéance du régime du régime de faveur pour une cause autre que le défaut de revente, V. Cass. com., 24 nov. 2021, n° 19-17.281, FS-D : *JurisData* n° 2021-018978. – N. Gonzalez-Gharbi, *La perte par la société de son caractère de prépondérance immobilière entraîne la déchéance*

immédiate du régime des achats reventes appliqué lors de l'acquisition des droits sociaux : Constr.-Urb. 2022, comm. 12 ; *Dr. fisc.* 2021, act. 582.
Ainsi, la portée de l'engagement doit être appréciée sans avoir à rechercher l'intention des parties (BOI-ENR-DMTOI-10-50, § 70).

3541 **Notion de revente.** Aux termes de l'avant-dernier alinéa de l'article 1115 : « Pour l'application de la condition de revente, les transferts de droits ou de biens dans un patrimoine fiduciaire et les apports purs et simples… ne sont pas considérés comme des ventes. » Les apports effectués à titre onéreux demeurent assimilés à des ventes, y compris pour la fraction correspondant à un tel apport en cas d'apport mixte.
Il est confirmé, par ailleurs, qu'un assujetti qui, avant l'expiration du délai de cinq ans, consent une donation du bien acquis sous le régime spécial des achats effectués en vue de la revente est déchu du bénéfice de ce régime.
Il en va de même lors de la transformation d'une SARL en SCI dès lors qu'une telle transformation n'entraîne pas, au regard des dispositions de l'article 1115, mutation d'immeuble, et sauf à ce que l'engagement de la SARL soit repris par la SCI dans un acte rectificatif.
Dans le même sens, un bien qualifié d'immeuble lors de son acquisition sous le régime de l'article 1115 doit, pour continuer de bénéficier dudit régime, avoir conservé sa nature immobilière lors de sa revente avant l'expiration du délai légal. Ainsi l'exonération est remise en cause à hauteur de la partie du prix d'acquisition excédant la valeur du sol lorsque l'exploitation de sa superficie est cédée par anticipation sur la cession du sol (BOI-ENR-DMTOI-10-50, § 80). La condition de conservation du caractère immobilier du bien acquis sous le bénéfice du régime de faveur a été récemment opposée par la Cour de cassation dans un cas où l'achat a porté sur des parts d'une société immobilière. Selon la cour, en cédant le seul bien immobilier de son patrimoine, le 29 septembre 2011, la société X. a fait perdre à ses parts sociales leur nature immobilière (*sic*). En conséquence, la société Y est déchue du bénéfice du régime de faveur institué par l'article 1115 du CGI sous lequel elle avait placé son acquisition de ces parts sociales, le 7 juin 2011 (V. Cass. com., 24 nov. 2021, n° 19-17.281, FS-D : *JurisData* n° 2021-018978, préc.).
Il a été jugé qu'il n'y a pas revente au sens de l'article 1115 du Code général des impôts dans les deux cas suivants cités par l'administration fiscale (BOI-ENR-DMTOI-10-50-20140429, § 90) :
– lors d'une opération de fusion par absorption d'une société ayant acquis un immeuble sous le régime de l'article 1115 du Code général des impôts ; en effet, l'opération de fusion-absorption entraîne la transmission universelle du patrimoine de la société absorbée à la société absorbante, cette dernière se substituant à la première dans tous ses droits, biens et obligations, y compris au plan fiscal ; l'opération de fusion acquisition ne peut donc être assimilée à une opération de revente ; il s'agit d'une règle générale s'appliquant quelles que soient les modalités contractuelles de l'opération de fusion absorption (Cass. com., 7 avr. 2010, n° 433, n° 09-65.899. – Cass. com., 2 févr. 2010, n° 09-10384, FS-P+B) ;
– lors du retrait d'un associé du capital d'une SCI par attribution d'un immeuble ; la Cour de cassation a jugé que ce retrait ayant pour conséquence l'annulation des parts avec réduction équivalente du capital social et son remboursement par attribution d'immeuble, ne constituait pas une revente au sens de l'article 1115 du Code général des impôts (Cass. com., 2 févr. 2010, 2 févr. 2010, n° 09-10384, FS-P+B).
La transmission universelle de patrimoine ne vaut pas revente. (Cass. com., 14 mai 2013, n° 12-17.596, note N. Gonzalez-Gharbi ; *Constr.-Urb.* 2013, comm. 110 ; BOI-ENR-DMTOI-10-50, § 80).
L'administration devrait, à notre avis, dans un souci de sécurité juridique, consacrer un commentaire distinct et approprié aux dispositions de l'article 1115 du CGI en ce qu'elles s'appliquent aux acquisitions des parts et actions de sociétés immobilières dont la nature juridique ne saurait s'accommoder d'une transposition à l'emporte-pièce de solutions forgées pour l'achat et la revente d'immeubles et droits immobiliers.

3542 **Sanctions.** Conformément à l'article 1840 G ter du Code général des impôts, lorsqu'à l'échéance du délai de cinq ans, l'engagement de revendre n'est pas respecté, l'acquéreur est redevable des droits dont il a été dispensé, liquidés d'après les tarifs en vigueur au jour de l'acquisition du bien en cause, ainsi que du complément de frais d'assiette, de recouvrement, de dégrèvement et de non-valeur qui en résultent.
L'intérêt de retard prévu à l'article 1727 est décompté du premier jour du mois suivant la date d'expiration du délai légal de présentation de l'acte d'acquisition à la formalité et doit être versé comme le principal dans le mois suivant l'expiration du délai imparti. Dans le cas où l'acquisition est affectée d'une condition suspensive, le point de départ du délai de cinq ans est la date de la réalisation de la condition suspensive (BOI-ENR-DMTOI-10-50, § 110).
L'article 55 de la loi n° 2017-1775 du 28 décembre 2017 a modifié l'article 1727 du Code général des

impôts et ramené le taux de l'intérêt de retard à 0,20 % par mois à compter du 1er janvier 2018. Cette sanction pécuniaire du défaut de respect de l'engagement de revendre, qui consiste à mettre à la charge de l'acquéreur les droits en principal dont il a été exonéré, ne présente pas le caractère d'une peine (Cass. com., 10 mars 1998, n° 95-15.728 : *Ind. Enr.*, n° 17222. – Cass. com., 15 sept. 2009, n° 08-18.013, FS+B : *JurisData* n° 2009-049452 ; *Dr. fisc.* 2009, n° 39, act. 299 et 482).

Les dispositions de l'article L. 247 du Livre des procédure fiscales s'opposent à ce que l'administration fiscale en accordent la remise gracieuse à l'acquéreur (CE, 24 juin 2015, n° 368593 : *Dr. fisc.* 2015, n° 40, comm. 614).

➤ Sur l'exigibilité de la taxe additionnelle de l'article 1599 sexies du Code général des impôts, V. Rép. min. D. Fasquelle, n° 95848 : *JOAN* 31 août 2016 citée au n° 3529.

3543 **Délai de reprise de l'administration. Prescription sexennale.** L'administration bénéficie de la prescription sexennale de l'article L. 186 du LPF. Ce délai expire le 31 décembre de la sixième année qui suit le premier jour suivant l'expiration du délai de revente. L'administration (BOI-CF-PGR-10-40, n° 280) rappelle qu'en matière de droits d'enregistrement, lorsque l'exigibilité de l'impôt est affectée d'une condition suspensive, l'action de l'administration n'est susceptible de prendre cours qu'à la date de réalisation de cette condition. L'administration ne pouvant avoir connaissance de cet événement futur et incertain que par des recherches ultérieures, les conditions prévues pour l'application de la prescription abrégée ne trouvent pas à s'appliquer. Il en résulte que seule la prescription sexennale est opposable à l'action en reprise du Trésor. Bien entendu, si un acte présenté à la formalité révèle la réalisation de la condition, l'action en reprise des droits dont l'exigibilité parvient ainsi à la connaissance de l'administration tombe sous l'application de la prescription abrégée. La jurisprudence est dans le même sens (Cass. com., arrêt, 31 oct. 2006, n° 05-10.396).

3544 **Cas de force majeure.** N'encourt pas les sanctions, un acquéreur qui serait en mesure d'établir qu'à raison d'une circonstance présentant les caractères d'extériorité et d'imprévisibilité, il a été dans l'impossibilité insurmontable de vendre pendant toute la durée de son obligation (BOI-ENR-DMTOI-10-50, § 70).

3545 **Exécution partielle de l'engagement.** Dans le silence de la loi, l'administration fiscale n'avait pas, antérieurement à la réforme de 2010 précitée, envisagé le cas où l'engagement de revente n'était que partiellement respecté. En revanche, la Cour de cassation, dans un arrêt publié au bulletin, a jugé qu'en cas de revente partielle des immeubles acquis sous le régime de faveur, l'assiette des droits rappelés correspond à la fraction du prix d'achat afférente aux immeubles non revendus dans le délai (Cass. com., 16 déc. 1997, n° 95-18.708 : *JurisData* n° 1997-005114 ; *Bull. civ.* 1997, IV, n° 341 p. 296. – Également, CA Paris, 1er juin 2007, n° 04/19345, cité in *JCl. Fiscalité immobilière*, Fasc. 159).

À l'occasion des commentaires des règles issues de l'article 16 de la loi n° 2010-237 du 9 mars 2010 précitée, l'administration élabore une solution aussi inédite qu'illégale, illustrée par un exemple chiffré et, par conséquent, opposable à l'administration sur le fondement de l'article L. 80 A du LPF. Énoncée pour la première fois au n° 14 du projet d'instruction soumise à consultation publié le 14 mars 2011, la mesure de tolérance a été reprise sous le n° 14 de l'instruction 7 C-2-11 du 18 avril 2011 publiée au *BOI* le 27 avril 2011, puis au BOFIP-Impôts le 29 avril 2014 (BOI-ENR-DMTOI-10-50, § 100).

Ainsi, selon l'administration, « Lorsqu'à l'échéance du délai de cinq ans, l'engagement de revendre n'est respecté que pour une fraction du bien sur lequel il portait, l'acquéreur est redevable des droits dont il a été dispensé, ainsi que des frais et intérêts de retard qui en résultent, à hauteur de la différence entre le prix auquel il avait acquis le bien et le prix auquel a été vendu la (ou les) fraction du bien pour laquelle l'engagement a été respecté. Cette solution s'applique par parcelle ou lot lorsque leur prix d'acquisition a été distingué dans l'acte.

3546 **Application dans le temps de la mesure de tolérance.** Il a été jugé que cette mesure de faveur ne peut pas être utilement invoquée sur le fondement de l'article L80 A du Livre des procédures fiscales (opposabilité à l'administration de sa propre doctrine), lorsque l'acquisition litigieuse est intervenue antérieurement à sa publication (Cass. com., 7 juin 2016, n° 14-29155, F-D : *Ind. enr.* n° 20605). On rappellera que cette solution a été énoncée par l'administration, pour la première fois, dans son instruction du 18 avril 2011, publiée au *BOI* 7 C-2-11, n° 38 du 27 avril 2011, qui avait commenté la réforme issue de l'article 16 de la loi de finances rectificative du 9 mars 2010 précitée. La Cour de cassation a confirmé de manière plus explicite que cette mesure de tolérance ne pouvait pas valablement, sur le fondement de l'article L. 80 A du LPF, être opposée à l'administration fiscale lorsque l'acquisition placée sous le régime de l'article 1115 du Code général des impôts – qui constitue le fait générateur des droits de mutation à titre onéreux – est antérieure au 27 avril 2011 (Cass. com., 7 mai 2019, nos 17-31.481 et 17-13.525). Elle a en conséquence cassé et annulé les arrêts rendus respectivement par la cour d'appel de Paris (9 oct. 2017) et celle de Chambéry (25 oct. 2016).

La solution a été récemment confirmée dans le cas d'une exécution partielle de l'engagement de revente dans le délai spécial de deux ans, encore que l'invocation de cette doctrine administrative dans ce cas particulier peut-être, selon nous, sujette à caution, l'administration n'ayant envisagé que les suites du non-respect du délai de revente de cinq ans (Cass. com., 14 févr. 2024, n° 22-17.541, F-B. – N. Gonzalez-Gharbi, *Régime des achats/reventes – La date d'acquisition de l'immeuble constitue le point de départ du délai spécial de revente de 2 ans et détermine la teneur de la doctrine opposable : Constr.-Urb.* 2024, n° 4, comm. 52).

Exemple figurant au BOI-ENR-DMTOI-10-50, § 100 : un acheteur revendeur A acquiert en N un immeuble comportant 6 lots pour un prix global de 1 000 et prend l'engagement de les revendre dans les cinq ans (hypothèse faite que le délai abrégé de deux ans prévu au dernier alinéa de l'article 1115 ne trouve pas à s'appliquer). Entre N et N+5, il parvient à revendre tous les lots à l'exception du n° 5, ce pour un total de 1 200. La différence entre le prix total auquel ont été cédées ces fractions de l'immeuble effectivement revendues et celui auquel il avait été acquis globalement étant positive, l'acquéreur A doit être considéré comme libéré de son engagement à l'échéance du soixantième mois. En revanche, si le prix du lot n° 5 était distingué dans l'acte d'acquisition, par exemple pour 100, il y lieu de constater que l'engagement de revendre ce lot n'a pas été respecté si bien que A devra s'acquitter des droits, frais et intérêts de retard sur cette base de 100.

Entreprise individuelle à responsabilité limitée (EIRL)

Neyla GONZALEZ-GHARBI

BIBLIOGRAPHIE : M. Suquet-Cozic, *Les biens immobiliers de l'entrepreneur individuel à responsabilité limitée : BIM Lefebvre* 6/2010, p. 3 et s. – O. Salati, *La loi du 15 juin 2010 relative à l'entrepreneur individuel à responsabilité limitée et le principe de l'insaisissabilité : une menace de plus sur le droit au recouvrement ? : Procédures* nov. 2010, étude 8. – Ph. Davy, *Cession isolée d'un bien immobilier d'une EIRL : Defrénois* 2010, art. 39 178, p. 2289. – C. d'Hoir-Lauprêtre, *L'EIRL, un patrimoine affecté voué à une désaffection certaine ! : LPA* 14 janv. 2011, p. 3. – V. Legrand, *EIRL : lancement des opérations et premier casse-tête à l'intention des aspirants : LPA* 3 janv. 2011, p. 3. – *L'entrepreneur individuel à responsabilité limitée : quel avenir ?*, colloque Rennes, 22 oct. 2010, avec la participation de C. Champaud, B. Saintourens, C. Grare-Didier, P. Serlooten, H. Synvet, A. Gaudemet, F.-X. Lucas et C. Zolinski : rapports *in LPA* 28 avr. 2011 ; *Defrénois* 30 mars 2011, n° spécial « EIRL », avec les contributions de Ph. Reigné, D. Legeais, R. Le Guidec, F. Vauvillé, C. Barreau, Ph. Théry, A. Karm et J.-P. Garçon. – C. Albiges, *Sûretés et EIRL : les sûretés réelles portant sur un bien déterminé : CDE* mai-juin 2011, p. 41. – E. Cevaer et P.-E. Perrot, *L'EIRL et les sûretés négatives : JCP* E 2011, n° 23-1443. – V. Legrand, *L'accès au crédit de l'EIRL : retour sur la constitution de sûretés par l'entrepreneur : LPA* 20 avr. 2012, p. 6. – M. Douaoui-Chamseddine, *L'adaptation du droit du surendettement à L'EIRL : JCP* E 2011, n° 6-1116. – V. Bonnet, *Les sûretés et l'EIRL : JCP* N 2012, n° 40-1338. – S. Piédelièvre, *L'EIRL et le droit des procédures collectives : LPA* 4 févr. 2011, p. 7. – V. Bonnet, *Les sûretés et l'EIRL : JCP* N 2012, n° 40-1338.

3547 Mise en extinction du statut de l'entreprise individuelle à responsabilité limitée. L'entreprise individuelle à responsabilité limitée, créée par la loi n° 2010-650 du 15 juin 2010 (*JO* 16 juin) est régi par la section 2 du chapitre VI du titre II du livre V du code de commerce (articles L. 526-5-1 et suivants). La loi du 15 juin 2010 et ses décrets d'application ont fait l'objet de plusieurs modifications sans toutefois remettre en cause l'objectif initial de la loi de permettre à l'entrepreneur individuel exerçant une activité commerciale, artisanale, agricole ou libérale de scinder son patrimoine en deux sous-patrimoines : l'un composé des biens affectés à son activité professionnelle, seul gage des créanciers professionnels, l'autre constituant le gage des créanciers privés, sans création d'une personne morale (C. com., art. L. 526-6, al. 1er).

Arguant du succès très relatif de cette formule (moins de 100 000 EIRL auraient été recensées en juin 2021), et imputant cet échec relatif à la complexité des démarches incombant à l'entrepreneur individuel et à leur coût, le II de l'article 6 de la loi n° 2022-172 du 14 février 2022 en faveur de l'activité professionnelle indépendante (*JO* 15 févr. 2022) a mis en extinction cette organisation juridique de l'entreprise individuelle, dans les termes suivants : « *À compter de la publication de la présente loi, nul ne peut affecter à son activité professionnelle un patrimoine séparé de son patrimoine personnel en application de l'article L. 526-6 du code de commerce. L'affectation à un patrimoine affecté déjà constitué ou le retrait d'éléments de celui-ci demeurent possibles.*

Les personnes physiques exerçant leur activité sous le régime de l'entrepreneur individuel à responsabilité limitée à la date de publication de la présente loi demeurent régies par la section 2 du chapitre VI du titre II du livre V du code de commerce, dans sa rédaction résultant de la présente loi. Le présent II est applicable dans les îles Wallis et Futuna ».

Cette mise en extinction de l'EIRL laissera perdurer les EIRL existantes tout en réformant le régime juridique à la marge. Les EIRL existantes au 15 février 2022 demeurent soumises aux articles L. 526-5-2 à L. 526-21 du Code du commerce dans leur rédaction issue de la nouvelle loi. Ainsi, des éléments peuvent être affectés au patrimoine « professionnel » ou être retirés de ce patrimoine. Mais, leur transmission par décès n'est plus permise désormais, l'article L 526-16 du Code du commerce ayant été abrogé avec effet à compter du 15 août 2022.

3548 Un nouveau statut impératif de l'entrepreneur individuel – La loi n° 2022-172 du 14 février 2022 en faveur de l'activité professionnelle indépendante (*JO* 15 févr. 2022) a créé un nouveau statut légal de l'entrepreneur individuel, entré en vigueur le 15 mai 2022 (C. comm., art. L. 526-22 à L. 526-31). Ces dispositions légales ont été complétées par une série de décrets et d'arrêtés (D. n° 2022-709 du 26 avril 2022 : *JO* 28 avr. 2022 ; D. n° 2022-725 du 28 avril 2022 : *JO* 29 avr. 2022 ; D. n° 2022-799 du 12 mai 2022 : *JO* 13 mai 2022 qui a précisé la forme et le contenu de l'acte de renonciation à la protection du patrimoine personnel prévu à l'article L. 526-25 du Code de commerce ainsi que le régime de publicité et d'opposition au transfert universel du patrimoine professionnel prévu à l'article L. 526-27 du Code de commerce. Un arrêté (A. n° ECOI2213035A, 12 mai 2022 : *JO* 13 mai 2022) a défini un modèle de type d'acte de renonciation à la protection du patrimoine personnel de l'entrepreneur individuel et déterminant par ailleurs le contenu de l'état descriptif prévu en cas de transfert universel du patrimoine professionnel.

3549 Un régime dérogatoire de transmission. Interrogé sur le point de savoir si la cession à titre onéreux du patrimoine professionnel de l'entrepreneur individuel comprenant un fonds de commerce dispense les parties d'appliquer en tout ou en partie les règles inhérentes à la vente du fonds, visées par les articles L. 141-2 et suivants du Code de commerce, le ministre de la Justice a fait la réponse suivante :

« La loi n° 2022-172 du 14 février 2022 en faveur de l'activité professionnelle indépendante a simplifié la transmission universelle entre vifs de l'entreprise individuelle de l'entrepreneur, permettant qu'elle soit effectuée sans liquidation des biens et droits en présence (le patrimoine transmis comporte à la fois l'actif et le passif). À ce titre, l'article L. 526-27 du code de commerce crée un régime dérogatoire en matière de transmission du patrimoine professionnel, simplifiant les formalités à accomplir en cas de transmission de l'intégralité du patrimoine professionnel de l'entrepreneur. Les nouvelles obligations incombant à l'entrepreneur individuel dans ce cadre sont prévues à l'article D. 526-30 du code de commerce : dans le mois de la réalisation du transfert, publication d'un avis au BODACC contenant notamment des informations sur l'entrepreneur ainsi que sur le cessionnaire, donataire ou bénéficiaire de l'apport ; l'avis doit être accompagné d'un état descriptif des biens, droits, obligations ou sûretés composant le patrimoine professionnel. L'arrêté du 12 mai 2022 relatif à certaines formalités concernant l'entrepreneur individuel et ses patrimoines prévoit le contenu de l'état descriptif. Les nouvelles dispositions précisent en outre que lorsque le patrimoine professionnel de l'entrepreneur individuel se compose d'un fonds de commerce, ce dernier est dispensé, conformément à l'article L. 526-29 du code de commerce, de procéder aux formalités prescrites par les articles L. 141-12 à L. 141-22 » (Rép. min. Malhuret, n° 02944 : *JO* Sénat, 2 mars 2023, p. 1592).

Remarque importante : Contrairement au régime applicable à l'EIRL, l'affectation des biens utiles à l'exercice de l'activité individuelle et la renonciation à la protection du patrimoine professionnel ne nécessitent pas d'établissement d'actes notariés. En l'état du droit positif, le statut de l'entreprise individuelle n'a pas d'incidence spécifique en matière de publicité foncière.

BIBLIOGRAPHIE : Dossier *JCP* N, n°s 22-23, 3 juin 2022, *Nouveau statut impératif de l'entrepreneur individuel : que l'aventure commence ! Avant-propos*, 1172, par A. A. Emery ; *L'entrepreneur individuel et les effets patrimoniaux de son nouveau statut. Quelles précautions lors de l'identification des personnes et la désignation des biens dans un acte ?* par A.-L. Thomat-Raynaud et É. Dubuisson, art. 1173 – *Le « débiteur entrepreneur individuel » et les gages spéciaux des créanciers chirographaires, les nouveaux réflexes pratiques* par A.-L. Thomat-Raynaud et É. Dubuisson, article 1174 – *Entrepreneur individuel : et si les difficultés concernaient le financement du patrimoine privé ?*, par S. Cabrillac, article 1175. – N. Jullian, *La transmission de patrimoine de l'entrepreneur, de nouvelles opérations au service des entrepreneurs individuels* : *JCP* E 2022, 1137 – R. Mortier, *Le nouveau patrimoine professionnel de l'entrepreneur individuel* : *Dr. sociétés* mai 2022, n° 5, étude 6 – *FR Lefebvre* 14/22, inf. 19. – E. Pornin, *Réforme de l'article 726 du CGI : un amendement de trop ?* : *RFP* févr. 2023, n° 2, édito 2.

I
Régime d'imposition de l'EIRL et de l'entreprise individuelle

3550 Depuis le 30 juillet 2011, les EIRL sont traités sur le plan fiscal comme toutes les entreprises individuelles. Mais conformément aux dispositions de l'article 1655 sexies du Code général des impôts, modifié par la loi de finances rectificative pour 2011, l'entrepreneur individuel qui exerce son activité dans le cadre d'une EIRL peut opter pour l'assimilation de son EIRL à une EURL ou à une EARL. Cette option vaut option pour l'impôt sur les sociétés. À l'origine irrévocable, le régime de l'option à l'impôt sur les sociétés des sociétés de personnes a été modifié par l'article 50 de la loi n° 2018-1317 du 28 décembre 2018 de finances pour 2019. Ainsi, il peut être renoncé à cette option jusqu'au cinquième exercice suivant celui au titre duquel l'option a été exercée (V. BOI-BIC-CHAMP-70-30, 0/07/2019 ; BOI-IS-CHAMP-20-20-30).

Remarque : Le même régime est applicable depuis le 15 mai 2022 à l'entrepreneur individuel (V. CGI, art. 1655 *sexies*).

3551 **Cession de l'entreprise individuelle soumise à l'impôt sur les sociétés.** L'article 23 de la loi de finances pour 2023 (L. n° 2022-1726, 30 déc. 2022) a étendu le régime des cessions de droits sociaux aux cessions d'entreprises individuelles ayant opté pour leur assimilation à une EURL et, par conséquent à l'impôt sur les sociétés. La règle s'applique également aux EIRL existantes. Issu d'un un amendement n° 3575 de M. le Député Jean-Paul Mattei et plusieurs de ses collègues, l'article 23 de la loi de finances pour 2023 a rétabli à l'article 726 du CGI un I bis aux termes duquel : « Sont assimilées à des cessions de droits sociaux mentionnées au I du présent article les cessions d'entreprises individuelles ou d'entreprises individuelles à responsabilité limitée ayant exercé l'une des options prévues aux 1 et 2 de l'article 1655 sexies ».

Il en résulte que la cession l'entreprise individuelle soumise à l'impôt sur les sociétés serait soumise au droit de 3 % prévu au 1 bis du I de l'article 726 du CGI (applicable aux cessions de parts d'EURL) ou, lorsque l'entreprise a une activité « à prépondérance immobilière », au taux de 5 % prévu au 2 du I du même article.

Ces nouvelles dispositions – dont la commission des finances du Sénat avait préconisé la suppression, estimant que l'option à l'impôt sur les sociétés ne justifie nullement de traiter, en matière de droits d'enregistrement, la cession d'une entreprise individuelle comme une société dotée de la personnalité morale (PLF 2023, Comm. Fin., Sénat, Rapport général n° 115 [2022-202], 17 nov. 2022) – soulèvent de graves questions de mise en œuvre, tant en ce qui concerne la définition de l'assiette du droit exigible que pour la détermination des modalités de taxation des immeubles et droits immobiliers (E. Pornin, *Réforme de l'article 726 du CGI : un amendement de trop ? : RFP* févr. 2023, n° 2, édito 2).

Le législateur a cru devoir laisser à l'administration le soin d'apporter ces précisions (PLF 2023, Rapp. AN n° 598).

Entrées en vigueur le 1er janvier 2023, ces dispositions n'ont pas été encore commentées par l'administration.

II
Publicité foncière

3552 **Constitution du patrimoine affecté à l'EIRL.** La constitution du patrimoine affecté résulte du dépôt d'une déclaration effectuée soit au registre de publicité légale auquel l'entrepreneur individuel est tenu de s'immatriculer ; soit au registre de publicité légale choisi par l'entrepreneur individuel en cas de double immatriculation ; dans ce cas, mention en est portée à l'autre registre ; soit, pour les personnes physiques qui ne sont pas tenues de s'immatriculer à un registre de publicité légale, à un registre tenu au greffe du tribunal statuant en matière commerciale du lieu de leur établissement principal ; soit, pour les exploitants agricoles, au registre de l'agriculture tenu par la chambre d'agriculture compétente (C. com., art. L. 526-7).

Cette déclaration d'affectation doit comporter notamment un état descriptif des biens, droits, obligations ou sûretés affectés à l'activité professionnelle, en nature, qualité, quantité et valeur (C. com., art. L. 526-8,1°. – V. O. Clermont et X. Soudé, *Formules de déclaration de patrimoine affecté : JCP* N 2010, n° 36, 1264. – E. Dubuisson, *Déclaration de patrimoine affecté : JCP* N 2011, n° 28-1218).

Dans le cas d'affectation d'un bien ou d'un droit immobilier :

– un acte notarié doit être établi et publié au service de la publicité foncière (ou au livre foncier dans le Bas-Rhin, le Haut-Rhin et la Moselle) de la situation du bien ;

– si l'affectation ne concerne qu'une partie d'un ou de plusieurs biens immobiliers, l'entrepreneur individuel doit les désigner par référence à un état descriptif de division (C. com., art. L. 526-9).

➤ Sur les modalités pratiques d'établissement de la déclaration d'affectation (V. C. com., art. R. 526-3 et s.).

3553 **Sanction.** Le non-respect des règles ci-dessus énoncées (obligation de l'établissement d'un acte notarié ; publicité foncière et le cas échéant établissement d'un état descriptif de division) entraîne « l'inopposabilité de l'affectation » (C. com., art. L. 526-9, al. 4).

Ainsi il a été jugé que le dépôt d'une déclaration d'affectation ne comportant pas d'état descriptif des éléments affectés à l'activité professionnelle constituait un manquement grave de nature à justifier la réunion des patrimoines du chef d'entreprise (Cass. com., 7 févr. 2018, n° 16-24.481, publié au bulletin ; *JCP* G 2018, 279, note J.-D. Pellier ; *Gaz. Pal.* 17 avr. 2018, p. 51, note F. Reille).

3554 **Perceptions.** La modification de l'article 846 bis du CGI par l'article 14 de la loi n° 2014-626 du 18 juin 2014 a supprimé l'exigibilité du droit fixe de 25 € prévu antérieurement par ce texte à raison de l'enregistrement des déclarations et états descriptifs de division établis en vue de l'affectation du patrimoine. À défaut d'exonération, l'enregistrement de ces actes devrait rendre exigible le droit fixe de 125 euros applicable aux actes innomés (CGI, art. 680).

Aucune perception n'est opérée lors de la publication au bureau des hypothèques (service de la publicité foncière) de l'affectation d'un bien immobilier ou d'une partie d'un tel bien.

3555 **« Désaffectation ».** Dans la mesure où l'affectation est soumise à publicité foncière, on peut s'interroger quant à la nécessité de faire publier une éventuelle « désaffectation », constatée par un acte. Cette publication n'est prévue par aucun texte mais elle paraît néanmoins utile.

Si les personnes concernées l'estiment opportune, on ne voit pas que le service de publicité foncière puisse opposer un refus de dépôt, si du moins les conditions requises du point de vue de la publicité foncière, pour que l'acte puisse être régulièrement publié sont réunies (sur le caractère légal des cas de refus de dépôt, V. **Refus de dépôt**).

Quant aux perceptions à opérer, elles devraient être similaires à celles applicables en cas de renonciation à une interdiction d'aliéner (V. **Interdiction d'aliéner et d'hypothéquer**).

Époux (hypothèque légale)

Jacques LAFOND

Sommaire analytique

3556 Remarque préliminaire. La présente rubrique sera uniquement consacrée à l'hypothèque légale des époux. Les opérations susceptibles d'être effectuées par des époux et présentant des particularités du point de vue de la publicité foncière sont traitées sous d'autres rubriques (V. **Communauté entre époux**, **Séparation de biens**, **Changement de régime matrimonial**, etc.).

3557 Incidence de la réforme des sûretés. L'ordonnance n° 2021-1192 du 15 septembre 2021 portant réforme du droit des sûretés, applicable à compter du 1er janvier 2022, a modifié en profondeur le régime de l'hypothèque légale des époux. Seule a été conservée l'hypothèque légale entre époux mariés sous le régime conventionnel de la participation aux acquêts. En effet, elle est la seule véritable hypothèque légale entre époux en ce qu'elle ne nécessite pas d'intervention judiciaire, et elle est inhérente au régime matrimonial. L'hypothèque légale des époux mariés sous le régime de la participation aux acquêts est dorénavant traitée aux articles 2394 à 2397 nouveaux du Code civil.
En revanche, les autres hypothèques légales entre époux sont supprimées et du même coup les articles 2400 à 2406 du Code civil qui leur étaient consacrés. En effet, si ces hypothèques jouaient historiquement un grand rôle, elles ont perdu leur raison d'être maintenant que l'égalité des époux est consacrée. Elles n'étaient d'ailleurs utilisées que de manière très résiduelle. La doctrine se prononçait en faveur de leur suppression.

3558 Plan. Nous évoquerons tout d'abord dans les développements qui suivent l'hypothèque légale ancien régime : nous rappellerons simplement les règles applicables, selon le droit antérieur, aux opérations pouvant concerner les inscriptions opérées avant le 1er janvier 2022 (I). Puis nous indiquerons la réglementation applicable depuis cette date à l'hypothèque légale entre époux « nouveau régime » (II).

I

Hypothèque légale ancien régime

3559 **Présentation.** Il n'est plus aujourd'hui possible d'inscrire une hypothèque légale pour l'un ou l'autre des motifs antérieurement prévus par les articles 2400 à 2406 anciens du Code civil, : hypothèque concernant les époux ayant choisi le régime de la participation aux acquêts (C. civ., art. 2402 ancien) ; hypothèque provisoire inscrite après intervention du juge pour faire constater une créance contre le conjoint (C. civ., art. 2403) ou hypothèque inscrite après transfert d'un époux à l'autre de l'administration de certains biens (C. civ., art. 2404 ancien).
Cependant, il reste que les hypothèques existantes peuvent être l'objet de diverses opérations, ce qui amène à évoquer : la durée et le renouvellement de l'inscription (A), les cessions de rang et la subrogation (B), la mainlevée (C) et la réduction de l'inscription (D).

A Durée des inscriptions. Renouvellement

3560 **Application du droit commun.** Sauf lorsque l'inscription a été prise en vertu de l'article 2403, alinéa 2 ancien du Code civil (elle est alors valable trois ans : C. civ., art. 2403 ancien, al. 3), la durée des inscriptions de l'hypothèque légale des époux obéit aux règles du droit commun en la matière, que les inscriptions soient prises par intervention de justice ou non.

➤ Sur ses règles, V. **Bordereau d'inscription** et **Renouvellement.**

Le renouvellement des inscriptions de l'hypothèque légale des époux est soumis également au droit commun fixé par l'article 2430 du Code civil (V. **Renouvellement**).
Quand il a été pris inscription provisoire de l'hypothèque légale des époux, la date retenue pour point de départ des délais, lorsque l'inscription définitive se substitue à l'inscription provisoire, est celle de l'inscription définitive ou de son renouvellement (C. civ., art. 2437-3 ancien *in fine*).

B Cessions de rang et subrogation relatives à l'hypothèque légale des époux

1 Accord amiable

3561 **Règles générales.** Avant le 1er janvier 2022, une cession de rang ou une subrogation dans l'hypothèque légale était possible (C. civ., art. 2405, al. 1er) :
– quand l'hypothèque légale a été inscrite par application des articles 2402 ou 2403 du Code civil, c'est-à-dire dans tous les cas autres que celui du transfert judiciaire des pouvoirs d'administration ;
– lorsque la cession ou la subrogation n'est pas interdite par une clause expresse du contrat de mariage (même texte), auquel cas, l'interdiction ne peut être levée que par une décision judiciaire ;
– même lorsque l'hypothèque légale, ou éventuellement l'hypothèque judiciaire, garantit la pension alimentaire allouée ou susceptible d'être allouée à un époux pour lui ou pour ses enfants (C. civ., art. 2405, al. 2).

3562 **Forme des conventions de cession de rang et de subrogation. Publicité. Opposabilité aux tiers.** Les conventions de cession de rang et de subrogation relèvent du droit commun (V. **Cession d'antériorité**).

2 Autorisation de justice

3563 **Cas où elle était nécessaire.** Une autorisation de justice pouvait être obtenue :
– si l'époux bénéficiaire de l'inscription, en refusant de consentir une cession de rang ou une subrogation, empêchait l'autre époux de faire une constitution d'hypothèque qu'exigerait l'intérêt de la famille ou s'il était hors d'état de manifester sa volonté (C. civ., art. 2405 ancien, al. 3) ;
– lorsque le contrat de mariage interdisait la cession de rang ou la subrogation (C. civ., art. 2405 ancien, al. 3) ;
– quand l'hypothèque avait été inscrite par application de l'article 2404 du Code civil, la cession de rang ou la subrogation ne pouvait résulter, pendant la durée du transfert d'administration, que d'un

jugement du tribunal qui avait ordonné ce transfert (C. civ., art. 2406 ancien, al. 1).
Après la cessation du transfert d'administration, la cession de rang ou la subrogation pouvait être faite dans les conditions prévues à l'article 2139 ancien du Code civil (C. civ., art. 2406, al. 2).

3564 **Procédure.** Les jugements pris pour l'application des articles 2405 et 2406 anciens du Code civil (V. n° 3563) étaient rendus dans les formes réglées par le Code de procédure civile (C. civ., art. 2407 ancien, al. 1). Une requête devait être présentée au tribunal judiciaire, par ministère d'avocat. Le tribunal compétent est le tribunal judiciaire du domicile des époux, sauf, toutefois, quand l'hypothèque a été inscrite à la suite d'un transfert d'administration, auquel cas le tribunal compétent est celui qui a ordonné le transfert (C. civ., art. 2406 ancien, al. 1).

C Mainlevée totale ou partielle

a) Mainlevée volontaire

3565 **Champ d'application.** L'époux bénéficiaire d'une inscription d'hypothèque légale prise en application des articles 2402 ou 2403 anciens du Code civil pouvait en donner mainlevée totale ou partielle (C. civ., art. 2446 ancien) dès lors que la mainlevée n'avait pas été interdite par une clause expresse du contrat de mariage.
Il en était de même quand l'hypothèque avait été prise par application de l'article 2404 ancien du Code civil mais seulement lorsque le transfert d'administration avait pris fin (C. civ., art. 2446 ancien, al. 5).
La mainlevée totale ou partielle était possible même lorsque l'hypothèque légale garantissait la pension alimentaire allouée ou susceptible d'être allouée à un époux pour lui ou pour ses enfants (C. civ., art. 2446 ancien, al. 2).

3566 **Modalités de la mainlevée.** En principe, la mainlevée obéissait aux règles de droit commun.
Aux termes de l'article 59-1 du décret du 14 octobre 1955 :

> « La mainlevée d'une inscription prise au profit d'un époux est donnée par cet époux seul, même en l'absence de constatation du paiement, toutes les fois que la créance pour la sûreté de laquelle l'hypothèque ou le privilège a été inscrit résulte d'un contrat auquel il avait consenti sans le concours de son conjoint.
> Pour la radiation de l'inscription, aucune pièce justificative du pouvoir qu'a l'époux de donner mainlevée seul n'est exigée quand il est certifié dans l'acte de mainlevée que la créance résulte d'un tel contrat ».

Le certificat dont il s'agit devait émaner du rédacteur de l'acte de mainlevée : il dispensait de justifier du régime matrimonial des époux, ainsi que de la validité et de la réalité du paiement de la créance (*Bull. AMC* 1968, art. 741).

b) Mainlevée judiciaire

3567 **Cas d'application.** Il pouvait être recouru à une mainlevée judiciaire :
– si la mainlevée avait été interdite par une clause expresse du contrat de mariage ;
– quand l'hypothèque légale avait été inscrite par application de l'article 2404 ancien du Code civil l'inscription ne pouvait être rayée ou réduite, pendant la durée du transfert d'administration, en vertu d'un jugement du tribunal qui a ordonné le transfert (C. civ., art. 2446 ancien, al. 4).
Mais, dès la cessation du transfert d'administration, la radiation ou la réduction pouvaient intervenir dans les conditions de droit commun (C. civ., art. 2446 ancien, al. 5). La réduction ou la radiation pouvait donc être faite soit en vertu d'une mainlevée volontaire, soit en exécution d'un jugement en dernier ressort ou passé en force de chose jugée (C. civ., art. 2440 ancien).

3568 **Refus de mainlevée volontaire.** Si l'époux bénéficiaire de l'inscription, en refusant de réduire son hypothèque ou d'en donner mainlevée, empêchait l'autre époux de faire une constitution d'hypothèque ou une aliénation qu'exigerait l'intérêt de la famille ou s'il était hors d'état de manifester sa volonté, les juges pouvaient autoriser cette réduction ou cette mainlevée aux conditions qu'ils estimaient nécessaires à la sauvegarde des droits de l'époux intéressé. Ils avaient les mêmes pouvoirs lorsque le contrat de mariage interdisait la mainlevée totale ou partielle (C. civ., art. 2446 ancien, al. 3).
Il avait été jugé que l'article 2446 ancien du Code civil, qui permettait d'ordonner la mainlevée d'une hypothèque légale ou judiciaire prise par un époux lorsque cette hypothèque empêchait l'autre époux de procéder à une aliénation exigée par l'intérêt de la famille, ne pouvait recevoir application lorsque la sûreté garantissait le versement d'une pension alimentaire après divorce, les anciens époux étant, après le divorce, devenus des étrangers et la famille ayant cessé d'exister en tant qu'entité juridique (CA Paris, 2e ch., 21 févr. 1970 : *JCP* G 1971, II, 16744). Toutefois, il semble que cette exclusion ne pouvait jouer qu'en l'absence d'enfants et que l'article 2163 ancien pouvait être invoqué après le

divorce, dans la mesure où l'hypothèque légale ou judiciaire garantirait une pension alimentaire due pour les enfants issus du mariage.

3569 **Forme des jugements.** Les jugements sur les demandes d'un époux dans les cas prévus (V. n°s 3567 et 3568) étaient rendus dans les formes réglées au Code de procédure civile (C. civ., art. 2448 ancien, al. 1er).
La compétence était celle du tribunal judiciaire, avec une réserve, résultant de l'article 2446 ancien, alinéa 4, du Code civil : quand l'hypothèque légale avait été inscrite par application de l'article 2404 ancien du Code civil, elle ne pouvait être rayée ou réduite, pendant la durée du transfert d'administration, qu'en vertu d'un jugement du tribunal qui avait ordonné le transfert.
Si le tribunal prononçait la réduction de l'hypothèque à certains immeubles, les inscriptions prises sur tous les autres immeubles étaient radiées (C. civ., art. 2448 ancien, al. 2).

D Réduction de l'inscription

3570 **Réduction judiciaire des inscriptions excessives soit quant à l'assiette, soit quant aux créances garanties.** Les dispositions particulières des articles 2446 et 2448 du Code civil, que nous avons examinées (V. nos 3565 à 3568) n'excluaient pas l'application du droit commun de l'article 2401 ancien du Code civil, qui visait toutes les hypothèques légales générales, et par conséquent, celle des époux et qui renvoyait, sans distinction, aux articles 2444 ancien et suivants du même code, lesquels, de leur côté, ne contenaient aucune restriction.
Le domaine des réductions de l'article 2446 ancien était différent de celui des réductions des articles 2444 et 2445 ancien. En effet, tandis que l'article 2246 ancien, alinéa 3 n'autorisait la réduction judiciaire que pour rendre possible une constitution d'hypothèque ou une aliénation « qu'exigerait l'intérêt de la famille ou s'il [l'époux] était hors d'état de manifester sa volonté », sans que le juge ait à se préoccuper de savoir si l'inscription était excessive ou non, le tribunal qui statuait en application des articles 2444 ancien (inscriptions excessives quant à leur assiette) et 2445 ancien (inscriptions excessives quant aux créances garanties) n'avait pas à se préoccuper de l'intérêt de la famille, mais seulement à rechercher si l'inscription était excessive (Mazeaud, *op. cit.*, t. III, 1er vol. par Chabas, nos 420 et 637. – V. pour une application, CA Paris 24 juin 1982 : *DS* 1982, inf. rap. 526).

3571 D'autre part, les règles de compétence et de procédure étaient différentes. La réduction des inscriptions excessives était demandée en se conformant aux règles de compétence établies par l'article 2442 ancien du Code civil. La procédure était celle du droit commun et non celle régie par les articles 1286 à 1289 du Code de procédure civile.

3572 **Radiation judiciaire selon le droit commun.** La radiation judiciaire spéciale de l'article 2246 ancien n'excluait pas la radiation du droit commun (Mazeaud, *op. cit.*, t. III, 1er vol. par Chabas, n° 420) qui pouvait être mise en œuvre lorsque les conditions étaient remplies (V. **Mainlevée et radiation judiciaire**).

II Hypothèque légale nouveau régime

3573 **Régime général.** L'hypothèque de « l'un des époux contre l'autre » visée par l'article 2393,1° constitue selon ce même texte une « hypothèque légale générale ».
Elle obéit à des règles particulières fixées par les articles 2394 à 2397 du Code civil. L'article 2397 prévoit que les dispositions des articles 2393 à 2396 seront portées à la connaissance des époux ou futurs époux dans les conditions fixées par un décret à intervenir

3574 **Texte : article 2394 du Code civil.**

Art. 2394 *(Version en vigueur depuis le 1er janvier 2022 – Transféré par Ordonnance n° 2021-1192 du 15 septembre 2021, art. 15. – Mod. par Ord. n° 2021-1192, 15 sept. 2021, art. 15 et 17)* Quand les époux ont stipulé la participation aux acquêts, chacun a, sauf convention contraire, la faculté d'inscrire l'hypothèque légale pour la sûreté de la créance de participation.

L'inscription pourra être prise avant la dissolution du régime matrimonial, mais elle n'aura d'effet qu'à compter de cette dissolution et à condition que les immeubles sur lesquels elle porte existent à cette date dans le patrimoine de l'époux débiteur.

En cas de liquidation anticipée, l'inscription antérieure à la demande a effet du jour de celle-ci, l'inscription postérieure n'ayant effet que de sa date ainsi qu'il est dit à l'article 2418.

L'inscription pourra également être prise dans l'année qui suivra la dissolution du régime matrimonial ; elle aura alors effet de sa date.

A Inscription

3575 Conditions d'existence de l'hypothèque légale. L'hypothèque légale nouveau régime est réservée aux époux ayant « stipulé la participation aux acquêts ».
Sauf convention contraire, les époux ont alors la faculté d'inscrire l'hypothèque légale pour la sûreté de la créance de participation.

3576 Inscription de l'hypothèque : moment. L'inscription pourra être prise :
– avant la dissolution du régime matrimonial. Elle n'aura alors d'effet qu'à compter de cette dissolution, et à la condition que les immeubles sur lesquels elle porte existent à cette date dans le patrimoine de l'époux débiteur (C. civ., art. 2394, al. 2) ;
– dans l'année qui suivra la dissolution du régime : elle aura effet à compter de sa date (C. civ., art. 2394, al. 4).
L'article 2394, alinéa 3 précise qu'en cas de liquidation anticipée, l'inscription antérieure à la demande a effet du jour de celle-ci, l'inscription postérieure n'ayant effet que de sa date conformément à l'article 2418 du Code civil.

3577 Inscription de l'hypothèque : modalités. L'époux bénéficiaire d'une hypothèque légale doit, pour inscrire son droit, se conformer aux règles générales et de droit commun édictées par les articles 2421 et 2423 du Code civil. En conséquence, les règles applicables à l'inscription de l'hypothèque légale des époux sont, en principe, celles qui gouvernent toute inscription hypothécaire (V. **Bordereau d'inscription** et **Inscription**).
L'article 55-2, 3° du décret du 14 octobre 1955 dispose, sur un plan général, que les bordereaux énoncent la cause et la nature de la créance. Cette disposition ne permet pas, cependant, d'exiger que les bordereaux d'inscription de l'hypothèque légale des époux énoncent individuellement chacune des créances pour sûreté desquelles ces inscriptions sont prises. Les créances peuvent être mentionnées au moyen d'une formule générale dès lors que cette formule exclut tout terme qui aurait pour effet d'inclure dans le bénéfice des inscriptions des créances éventuelles (*Bull. AMC* 1962, art. 507). Le bulletin des conservateurs admettait ainsi que l'inscription puisse être prise par un époux pour « sûreté de ses reprises, actuellement indéterminées, mais évaluées provisoirement pour la validité de l'inscription à prendre à la somme de (...) » (*Bull. AMC* préc.).

3578 Renouvellement de l'hypothèque. L'hypothèque légale des époux est soumise, pour son renouvellement, aux règles de droit commun énoncées par l'article 2429 du Code civil (C. civ., art. 2396, al. 2)

B Cession de rang ou subrogation

3579 Possibilité. L'article 2395 du Code civil prévoit que l'époux bénéficiant d'une hypothèque légale garantissant la sûreté de la créance de participation peut, sauf clause expresse du contrat de mariage l'interdisant, consentir au profit du créancier de l'autre époux ou de ses propres créanciers une cession de rang ou une subrogation dans les droits résultant de son inscription.
Il en est de même, indique ce texte, pour l'hypothèque judiciaire garantissant la pension alimentaire allouée, ou susceptible d'être allouée à l'un des époux, pour lui ou pour ses enfants.

3580 Refus de consentir une cession de rang ou une subrogation. Si l'époux bénéficiaire de l'inscription refuse de consentir une cession de rang ou une subrogation et empêche ainsi l'autre époux de constituer une hypothèques qu'exigerait l'intérêt de la famille, ou s'il est hors d'état de manifester sa volonté, l'article 1395, alinéa 3 prévoit que les juges pourront autoriser cette cession de rang ou subrogation « aux conditions qu'ils estimeront nécessaires à la sauvegarde des droits de l'époux intéressé ».
Ils ont les mêmes pouvoirs lorsque le contrat de mariage comporte une clause expresse interdisant cette cession ou cette subrogation (C. civ., art. 1395, al. 3). Les jugements rendus en ce domaine le sont dans les formes réglées par le Code de procédure civile (C. civ., art. 2396, al. 1er).

Établissement public

Neyla GONZALEZ-GHARBI

Sommaire analytique

Index alphabétique

3581 **Plan.** Après quelques brèves indications concernant la publicité foncière (I), nous examinerons le régime fiscal des actes concernant les établissements publics (II).

I
Publicité foncière

3582 **Publications.** Selon l'article L. 1311-13 du Code général des collectivités territoriales,

> « les présidents des établissements publics rattachés à une collectivité territoriale ou regroupant ces collectivités (...) sont habilités à recevoir et à authentifier, en vue de leur publication au fichier immobilier, les actes concernant les droits réels immobiliers ainsi que les baux, passés en la forme administrative par ces collectivités et établissements publics » (V. l'article L. 1311-14, qui contient une disposition identique pour des départements d'Alsace-Moselle).

En ce qui concerne les établissements publics de l'État, l'article L. 1212-5 du Code général de la propriété des personnes publiques énonce que :

> « les autorités des établissements publics de l'État qui sont habilitées par les statuts de ces établissements à signer les actes d'acquisitions immobilières passés en la forme administrative par ces établissements les reçoivent et en assurent la conservation. Ces autorités confèrent à ces actes l'authenticité en vue de leur publication au fichier immobilier » (V. également, pour l'authentification des actes d'acquisitions immobilières passées en la forme administrative, les articles L. 1212-6 et L. 1212-7 du même code).

Il n'y a pas de règles spécifiques aux établissements publics dans les textes concernant la publicité foncière. Il convient donc d'appliquer les règles de droit commun (en particulier en ce qui concerne leur identification, V. **Identification des personnes**).

3583 **Hypothèque judiciaire.** Les états exécutoires notifiés par les établissements publics nationaux (par exemple l'Agence nationale d'amélioration de l'habitat) ont les mêmes effets et sont soumis aux mêmes règles que ceux concernant les créances de l'État (*Bull. AMC* 1954, art. 175). Mais ils n'emportent hypothèque judiciaire (C. civ., art. 2412) que s'ils ont reçu l'acquiescement des débiteurs. Cet acquiescement peut être exprès ou implicite (CPC, art. 410).
Si l'état exécutoire est notifié par l'Agence nationale d'amélioration de l'habitat au débiteur, qui dispose d'un délai de deux mois pour faire opposition devant les tribunaux, on doit considérer qu'à défaut d'une telle opposition il y a acquiescement à l'état exécutoire ce qui permet en conséquence l'inscription d'une hypothèque judiciaire.
Le bordereau doit mentionner au paragraphe « En vertu de... » : « ... rendu exécutoire le... et notifié le... aux débiteurs qui n'ont pas fait opposition dans le délai légal de deux mois » (*Bull. AMC* 2001, art. 1833).

3584 **Inscriptions. Mainlevées.** Sauf dispositions législatives ou réglementaires expresses, les représentants de l'État, des collectivités publiques et des établissements publics n'ont que des pouvoirs de gestion à l'exclusion de tout pouvoir d'aliénation.
Il en résulte que la mainlevée d'une inscription de privilège ou d'hypothèque profitant à l'un de ces organismes ne peut en principe être consentie qu'en vertu d'un acte constatant le paiement ou l'extinction de la créance, une mainlevée partielle pouvant toutefois être accordée en cas de paiement partiel (*JCl. Notarial Formulaire*, V° Mainlevée, Fasc. 22, n° 4, par P. Frémont).

II
Régime fiscal

3585 **Plan.** Après quelques indications d'ordre général (A), nous examinerons le régime fiscal des actes concernant les établissements publics au regard des droits d'enregistrement et de la taxe de publicité foncière (B) au regard de la TVA immobilière (C) et de la contribution de sécurité immobilière (D).

A Généralités

3586 **Notion.** L'établissement public est une personne publique à vocation spéciale. À ce titre, il s'oppose aux personnes publiques à vocation générale et indifférenciée telles que l'État, les départements et les communes et aux organismes privés investis d'une mission d'intérêt général (*JCl. Administratif*, Fasc. 135, n° 1 par J.P. Théron).

3587 Critères de distinction. Plusieurs critères ont été proposés pour définir l'établissement public (*JCl. Administratif*, *ibid.*, n°s 31 et s.) :
– l'origine de l'établissement : sa création par une personne publique (la loi ou un administratif) est un premier indice ;
– le but en vue duquel son activité est exercée : l'établissement public a une finalité de service public ;
– les rapports avec l'autorité publique : les dirigeants ou les membres de son conseil d'administration sont-ils nommés ou doivent-ils être agréés par une autorité publique ? Sa gestion fait-elle l'objet d'un contrôle public ? ;
– les prérogatives qui lui sont conférées : bénéficie-t-il d'un monopole légal ? Ses ressources sont-elles procurées au moins en partie par des prélèvements de caractère fiscal ? A-t-il le pouvoir de prendre des décisions qui s'imposent à leurs destinataires ? Etc. (V. sur tous ces points R. Chapus, *Droit administratif général*, t. 1, éd. Montchrestien, 13e éd., n° 228).

3588 Nomenclature. Il n'y a pas à l'heure actuelle de *nomenclature officielle* des établissements publics. On trouvera une liste détaillée des établissements publics nationaux en annexe au Fascicule 135 du *JurisClasseur Administratif*.

3589 Établissements publics et établissements d'utilité publique. Les établissements publics n'ont pas le même régime fiscal que les établissements d'utilité publique (V. **Établissements reconnus d'utilité publique**), dont le statut est de droit privé. Ceci correspond à une différence de nature.
La Cour de cassation a opéré une nette distinction entre l'établissement public et l'établissement d'utilité publique dans un arrêt du 5 mars 1866 (*Caisse d'épargne de Caen : S.* 1856, I, 517 ; *D.* 1856, 1, 121) qui contient la première définition de l'établissement public en précisant la nature juridique des caisses d'épargne locales.

> « Attendu (…) qu'à la différence des établissements publics proprement dits, l'autorité. gouvernementale et administrative n'intervient., pas directement dans leur gestion ; qu'elles opèrent et s'administrent elles-mêmes avec indépendance en se conformant aux lois et règlements généraux qui les régissent, chacune d'après ses statuts particuliers ; qu'elles ont la nomination de leur personnel ».

B Acquisitions immobilières – Droits d'enregistrement, taxe de publicité foncière et contribution de sécurité immobilière

3590 Plan. Nous distinguerons les acquisitions réalisées par l'État et certains établissements publics de l'État (1), les acquisitions réalisées par certains établissements publics fonciers et par les établissements publics régionaux départementaux et communaux (2). Puis nous regrouperons dans un paragraphe particulier certaines exonérations spécifiques (3).

1 Acquisitions réalisées par certains établissements publics de l'État

> **CGI, art. 1040** *(Mod. L. n° 2019-1479, 28 déc. 2019, art. 17)*. – I. – Les acquisitions et échanges faits par l'État, les partages de biens entre lui et les particuliers, et tous autres actes faits à ce sujet sont exonérés des droits d'enregistrement, de la taxe de publicité foncière et de la contribution prévue à l'article 879.
>
> Cette disposition n'est pas applicable aux établissements publics de l'État.
>
> Toutefois, elle est applicable aux établissements publics de recherche, d'enseignement, d'assistance et de bienfaisance, et aux établissements publics fonciers créés en application des articles L. 321-1 à L. 321-13 du Code de l'urbanisme.

3591 Principe. Antérieurement au 1er janvier 2020, l'article 1040 du CGI exonérait des droits d'enregistrement et de la taxe de publicité foncière les acquisitions d'immeubles faites par les établissements publics scientifiques, d'enseignement, d'assistance et de bienfaisance de l'État et les établissements publics fonciers créés en application des articles L. 320-1 à L. 321-13 du Code de l'urbanisme.
L'article 17 de la loi de finances pour 2020 (L. n° 2019-1479, 28 déc. 2019 : *JO* 29 déc. 2019) a étendu cette exonération, d'une part, à la contribution prévue à l'article 879 (CSI) confirmant ainsi la portée de l'article 1040 du CGI, et d'autre part, aux acquisitions faites par les établissements publics de recherche. L'article 1040 du CGI a été modifié en ce sens.
Corrélativement l'article 1040 bis du CGI (V. *infra*, n° 3603) a été abrogé. En conséquence et par

coordination, le texte de l'article 169 de l'annexe IV au CGI aux termes duquel « Sont assimilés, au point de vue de la perception des droits d'enregistrement et de timbre, à ceux des entreprises privées les actes passés : 1° Par les établissements publics de l'État, des régions, des départements et des communes, à l'exception des établissements publics scientifiques, d'enseignement, d'assistance et de bienfaisance » devrait être modifié pour prendre en compte la nouvelle rédaction de l'article 1040 du CGI.
L'administration a, en conséquence de cette dernière évolution législative, actualisé ses commentaires des articles 1040 et 1042 du CGI. Une nouvelle version du BOI-ENR-DMTOI-10-80-10 a été publiée le 26 août 2020. C'est cette version que nous citerons dans le présent fascicule.

a) Mutations exonérées

3592 **Acquisitions à titre onéreux.** Toutes les acquisitions à titre onéreux peuvent bénéficier de l'exonération.
En revanche, les ventes d'immeubles consenties par les établissements publics visés sont soumises à la taxe de publicité foncière dans les conditions ordinaires à moins, bien entendu, que l'acquéreur puisse invoquer le bénéfice d'une disposition de faveur (en ce sens, BOI-ENR-DMTOI-10-80-10, n°s 10 et 20).

3593 **Bail.** Les baux consentis aux établissements publics nationaux, de recherche, d'enseignement, d'assistance ou de bienfaisance et aux établissements publics fonciers créés en application des articles L. 320-1 à L. 321-13 du Code de l'urbanisme sont admis au même régime que les baux consentis à l'État (V. **État**).
En revanche, les baux consentis par les établissements publics susvisés sont assimilables en tous points aux baux consentis par les particuliers, de même d'ailleurs que les baux consentis par l'État (CGI, art. 736, al. 1er).

3594 **Libéralités au profit de l'État et de certains établissements publics.** Conformément aux dispositions du I de l'article 1040 du Code général des impôts, les dons et legs consentis à l'État et aux établissements publics de recherche, d'enseignement, d'assistance et de bienfaisance et aux établissements publics fonciers créés en application de l'article L. 321-1 du Code de l'urbanisme à l'article L. 321-13 du même code sont exonérés de droits de mutation à titre gratuit. L'administration range parmi les établissements publics nationaux bénéficiaires de cette exonération, sans que cette liste ne soit limitative, les organismes suivants (V. BOI-ENR-DMTG-10-20-20, 14 juin 2022, n°s 5 et 10) :
– l'Académie nationale de médecine ;
– la Caisse nationale d'épargne ;
– l'Établissement national des invalides de la Marine ;
– le Conservatoire national des arts et métiers ;
– l'École polytechnique ;
– les universités ;
– l'Institut de France ;
– l'Office national des anciens combattants et victimes de guerre (ONACVG).

3595 **Exonération de droits de mutation à titre gratuit prévues par le 2° de l'article 795 du CGI.** Les dons et legs consentis aux établissements publics ou d'utilité publique exerçant certaines activités limitativement énumérées sont exonérés de droits de mutation à titre gratuit (V. BOI-ENR-DMTG-10-20-20, 14 juin 2022, n°s 20 à 120). Il convient de noter que cette exonération ne s'étend pas à la contribution de sécurité immobilière.

3596 **Échange.**
➤ V. **État**.

3597 **Partage.**
➤ V. **État**.

b) Organismes bénéficiaires de l'exonération

3598 Outre l'État et les administrations publiques, bénéficient de l'exonération prévue à l'article 1040 du CGI les établissements publics de recherche, d'enseignement, d'assistance ou de bienfaisance de l'État. L'administration en fournit la liste non limitative suivante (V. BOI-ENR-DMTOI-10-80-10, n°s 30 et 35) :
– les établissements publics de recherche et les établissements publics à caractère scientifique et technologique (EPR et EPST, C. recherche, art. L. 311-1) ;
– les établissements publics d'enseignement supérieur et de recherche (EPESR, C. recherche, art. L. 312-1) ;
– les établissements publics à caractère scientifique, culturel et professionnel (EPSCP, Code de l'éducation [C. éduc.], art. L. 711-1) ;
– les établissements publics à caractère administratif d'enseignement supérieur, placés sous la tutelle du seul ministre chargé de l'enseignement supérieur ou du ministre chargé de l'enseignement supérieur conjointement avec le ministre chargé de l'agriculture (EPES) ;
– les établissements d'enseignement du second degré ou d'éducation spéciale qui relèvent de l'État en application de l'article L. 211-4 du Code de l'éducation ;

– le Centre national des œuvres universitaires et scolaires (CNOUS) ainsi que les centres régionaux des œuvres universitaires et scolaires (CROUS) ;
– Pôle emploi, devenu France Travail depuis le 1er janvier 2024 (*L. n° 2023-1196 du 18 décembre 2023 pour le plein emploi : JO 19 déc. 2023, art. 6*) ;
– les établissements publics fonciers créés en application du chapitre I, du titre II, du livre III de la partie législative du Code de l'urbanisme (C. urb., art. L. 321-1 à L. 321-13).

Sont également admis dans le champ de l'exonération les chambres de commerce maritimes, les ports autonomes et les chambres de commerce de l'intérieur gérant des installations portuaires. En revanche, ne sont pas concernés les grands ports maritimes (C. transports, art. 5312-1) (BOI-ENR-DMTOI-10-80-10, n° 30).

3599 **Établissements publics d'aménagement.** Ces établissements sont créés par décret en Conseil d'État après avis du ou des conseils généraux et des conseils municipaux intéressés.

Ils ont un caractère industriel et commercial et sont dotés de la personnalité morale et de l'autonomie financière.

Les établissements publics d'aménagement sont compétents pour réaliser ou faire réaliser pour leur propre compte ou, par voie de conventions passées avec eux, pour le compte de l'État, d'une collectivité locale ou d'un autre établissement public, les opérations d'aménagement prévu par le Code de l'urbanisme et les acquisitions foncières et immobilières nécessaires à ces opérations.

Leur domaine d'intervention est très large. Il peut porter aussi bien sur des opérations d'aménagement foncier que sur des prestations de services relatives à la mise en œuvre ou au développement d'activités économiques, de loisirs, de tourisme (C. urb., art. L 321-14 et s. tels que modifiés par la loi n° 2019-753 du 22 juillet 2019 portant création d'une Agence nationale de la cohésion des territoires).

Lorsqu'ils utilisent la procédure d'expropriation, ces établissements bénéficient de l'exonération prévue par l'article 1045 du Code général des impôts (BOI-ENR-DMTOI-10-80-20 au I, A, § 1 et s. – V. **Expropriation**).

Pour les opérations réalisées à l'amiable par ces établissements, il convient de distinguer :
– les acquisitions faites pour le compte de l'État qui ne sont pas susceptibles de donner ouverture aux droits d'enregistrement et de la taxe de publicité foncière, ni à la contribution de sécurité immobilière en raison des dispositions de l'article 1040 du Code général des impôts ;
– les acquisitions faites pour le propre compte des établissements publics d'aménagement qui ne bénéficient d'aucune mesure particulière et sont donc imposables dans les conditions de droit commun (BOI-ENR-DMTOI-10-80-10, n° 40).

c) Organismes exclus de l'exonération

CGI, ann. IV, art. 170. – Entrent notamment dans les prévisions du deuxième alinéa du I de l'article 1040 du Code général des impôts [NDLR : c'est-à-dire : sont exclus du bénéfice de l'exonération] :

– la caisse des dépôts et consignations ;

– l'établissement national des invalides de la marine ;

– la caisse des retraites des inscrits maritimes ;

– la caisse des retraites des agents du service général ;

– la caisse de prévoyance des marins français ;

– la caisse autonome des retraites des ouvriers mineurs ;

– la caisse générale de garantie des assurances sociales ;

– la caisse de compensation pour la décentralisation de l'industrie aéronautique ;

– les chambres de commerce et d'industrie territoriales et ports autonomes ;

– les chambres d'agriculture ;

– les chambres de métiers et de l'artisanat de région ;

– le comité national interprofessionnel des viandes ;

– (l'entreprise de recherches et d'activités pétrolières (ERAP)) 1 ;

– (l'entreprise minière et chimique) 2 ;

– les sections de l'office central de répartition des produits industriels ;

– l'office national des anciens combattants et victimes de guerre ;

– voies navigables de France ;

– l'établissement national des produits de l'agriculture et de la mer (FranceAgriMer) ;

– les offices publics de l'habitat ;

– les régies municipales, intercommunales et départementales exploitant des services à caractère industriel ou commercial.

1 et 2 : sans objet

Établissement public

3600 Non-application de l'exonération de taxe de publicité foncière. Les établissements publics de l'État, autres que les établissements publics de recherche, d'enseignement, d'assistance ou de bienfaisance ne peuvent pas bénéficier de l'exonération.
Il en est ainsi notamment :
– des établissements énumérés à l'article 170 de l'annexe IV au Code général des impôts, (V. la liste figurant dans le texte, donné ci-dessus), à l'exclusion toutefois des chambres de commerce gérant des installations portuaires et des ports autonomes (V. n° 3598) ;
– de la Banque de France (CGI, art. 1654, dernier al. – BOI-ENR-DMTOI-10-80-10, n° 50).

3601 Acquisitions d'immeubles par les chambres d'agriculture. Les acquisitions d'immeubles faites par les chambres d'agriculture bénéficient des dispositions de l'article 1042 du Code général des impôts et ne donnent lieu en conséquence à aucune perception au profit du Trésor (Rép. min. Économie, Finances et Privatisation n° 3712 à M. Bertrand Cousin : *JOAN* CR, 15 sept. 1986, p. 3121).
Mais les chambres d'agriculture ne bénéficient pas du régime de faveur prévu par l'article 1040 du Code général des impôts.
➤ Sur le régime des chambres de commerce, V. **Chambre de commerce** et sur le régime des chambres de métiers, V. **Chambre des métiers**.

3602 Établissements publics communaux, départementaux ou régionaux. Les établissements publics communaux, départementaux ou régionaux ne peuvent se prévaloir de l'exonération de taxe de publicité foncière. Mais ces collectivités et organismes sont susceptibles, le cas échéant, de profiter des dispositions de l'article 1042 du Code général des impôts (V. ce texte *infra*. – BOI-ENR-DMTOI-10-80-10, n° 60).

d) Mesures particulières à certains établissements publics

3603 Transfert de biens entre établissements d'enseignement supérieur. Régime applicable avant le 1er janvier 2020. Le transfert à titre gratuit de biens mobiliers et immobiliers effectués dans les conditions prévues à l'article L. 719-14 du Code de l'éducation est exonéré du paiement des droits d'enregistrement, de la taxe de publicité foncière et de la contribution prévue à l'article 879 du Code général des impôts (CGI, art. 1040 bis). L'article 17 de la loi de finances pour 2020 (L. n° 2019-1479, 28 déc. 2019) a abrogé l'article 1040 bis du CGI. Ces transferts de biens effectués au profit d'un établissement public de recherche bénéficient de l'exonération en vertu de l'article 1040 du CGI tel que modifié par l'article 17 de la même loi (V. *supra*, n° 3591).

3604 Acquisitions par le Conservatoire de l'espace littoral et des rivages lacustres :
➤ V. **Conservatoire de l'espace littoral**.

2 Acquisitions réalisées par certains établissements publics fonciers et par les établissements publics régionaux, départementaux et communaux

CGI, art. 1042 – I. – Sous réserve des dispositions du I de l'article 257, les acquisitions immobilières faites à l'amiable et à titre onéreux par les communes ou syndicats de communes, les établissements publics fonciers créés en application des articles L. 324-1 et suivants du Code de l'urbanisme, les départements, les régions et par les établissements publics communaux, départementaux ou régionaux ne donnent lieu à aucune perception au profit du Trésor.

3605 Principe. Sous réserve des dispositions du I de l'article 257 du Code général des impôts (application éventuelle de la TVA immobilière), les acquisitions faites à l'amiable et à titre onéreux par les régions, départements, communes ou syndicats de communes, par les établissements publics fonciers créés en application des articles L. 324-1 et suivants du Code de l'urbanisme et par les établissements publics régionaux, départementaux ou communaux ne donnent lieu à aucune perception du Trésor (CGI, art. 1042, I).

3606 Absence de perception de droit fixe. Cette exemption s'applique à tous les actes et pièces qui se rattachent aux acquisitions immobilières ainsi qu'aux promesses unilatérales de vente mentionnées à l'article 1589-2 du Code civil consenties au profit des collectivités locales, neutralisant la perception du droit fixe normalement dû lors de l'enregistrement de ces actes (Rép. min. Bouvard n° 19012 : *JOAN* 9 mars 2004, p. 1812. – BOI-ENR-DMTOI-10-80-10, n° 120).

a) Opérations concernées

3607 Opérations concernées par l'exonération. L'exonération bénéficie à toutes les acquisitions immobilières réalisées à titre onéreux par les

organismes en cause, quelle que soit la destination des biens acquis. En outre, son obtention n'est pas subordonnée à la production d'un arrêté préfectoral déclarant l'utilité publique de l'opération.
Cette exonération s'applique également aux **adjudications** (BOI-ENR-DMTOI-10-80-10, n° 100).

3608 **Interprétation stricte.** Ces dispositions sont dérogatoires du droit commun et doivent être interprétées strictement. C'est pourquoi elles ne peuvent s'appliquer en aucun cas à la transmission universelle du patrimoine d'une société, opérée en raison de sa dissolution dans les conditions prévues à l'article 1844-5 du Code civil, au profit de son associé unique, alors même que ce dernier serait une collectivité territoriale ou un de ses établissements (Rép. min. Luart n° 35530 : *JO* Sénat 13 déc. 2001, p. 3931. – BOI-ENR-DMTOI-10-80-10, n° 110).

b) Établissements publics bénéficiaires

3609 **Énonciation.** Parmi les établissements publics susceptibles de bénéficier de la mesure, figurent notamment :
– les chambres de commerce ;
– les chambres de métiers ;
– les chambres d'agriculture ;
– les offices publics de l'habitat.
Toutefois, l'exonération est strictement limitée aux collectivités et organismes énumérés à l'article 1042 du Code général des impôts ; ainsi ni les sociétés anonymes d'habitations à loyer modéré, ni les fédérations départementales d'associations agréées de pêche et de pisciculture ne peuvent s'en prévaloir (BOI-ENR-DMTOI-10-80-10, n° 140).

3610 **Cas des établissements publics d'aménagement**. Les acquisitions faites par les établissements publics d'aménagement pour le compte d'une collectivité locale ne sont pas susceptibles de donner ouverture aux droits d'enregistrement et de taxe de publicité foncière en raison des dispositions de l'article 1042 du Code général des impôts.
En revanche, les acquisitions faites pour leur propre compte par ces établissements ne bénéficient d'aucune mesure particulière et sont donc imposables dans les conditions de droit commun (BOI-ENR-DMTOI-10-80-10, n° 150).

3 Exonérations diverses

a) Donations ou legs : établissements publics et établissements d'utilité publique

3611 Diverses exonérations de droits de mutation à titre gratuit sont prévues en faveur des dons et legs faits à des établissements publics ou d'utilité publiques par les dispositions de l'article 794 et 795 du Code générale des impôts (V. BOI-ENR-DMTG-10-20-20, 14 juin 2022).
Mais lors de la publication des actes susvisés, la taxe de publicité foncière est due à défaut d'exonération (rappr. Sol. 23 mai 1932 ; Instr. 4131, § 3 ; *Dict. enr.*, 1712).

3612 **Monuments aux morts.** En application du 11° de l'article 795 du CGI, les dons et legs consentis aux établissements publics, autres que ceux visés au I de l'article 794 du CGI, ou d'utilité publique ainsi qu'à des sociétés particulières ou à des groupements régulièrement constitués, à l'effet, par la volonté expresse du donateur ou du testateur, d'ériger des monuments aux morts de la guerre ou à la gloire des armées françaises et des armées alliées sont exonérés de droits de mutation à titre gratuit (V. BOI-ENR-DMTG-10-20-20, 14 juin 2022, n° 485). Faute de texte, l'exonération ne s'étend pas à la contribution de sécurité immobilière.

b) Transfert de biens : application de l'exonération prévue par l'article 1039 du Code général des impôts

3613 Transfert de biens au profit d'un établissement public de tout ou partie des biens appartenant à un organisme poursuivant une œuvre d'intérêt public. Ce cas est réglé par l'article 1039 du Code général des impôts qui ne vise que les établissements reconnus d'utilité publique.
Mais l'application en a été étendue aux transferts de biens au profit d'établissements publics réalisés dans les conditions qu'il prévoit (Déc. min. Finances, 22 juill. 1946 : *BOI* 31 août 1946, p. 224 ; Instr. 4759, § 12. – Rép. secr. d'Ét. aux Finances, 29 oct. 1955 : *Ind. enr.*, 9085. – V. **Établissements reconnus d'utilité publique**).

c) Conservatoire de l'espace littoral

➤ V. **Conservatoire de l'espace littoral.**

d) Transferts d'immeubles entre établissements publics de coopération intercommunale

➤ V. **Commune.**

e) Transfert de biens en pleine propriété au service départemental d'incendie et de secours

3614 **Exonérations applicables.** La loi n° 96-369 du 3 mai 1996 (*JO* 4 mai) relative aux services d'incendie et de secours, codifiée au chapitre IV du titre II du livre IV de la première partie du Code général des collectivités territoriales, a créé, dans chaque département, un établissement public dénommé « service départemental d'incendie et de secours » qui comporte un corps départemental de sapeurs-pompiers, composé dans les conditions prévues à l'article L. 1424-5 du Code général des collectivités territoriales et organisé en centres d'incendie et de secours.

L'article L. 1424-19 du code précité prévoit que, indépendamment de la convention de mise à disposition prévue à l'article L. 1424-17, le transfert au service départemental d'incendie et de secours des biens affectés, à la date de la promulgation de la loi n° 96-369 du 3 mai 1996, par les communes, les établissements publics de coopération intercommunale et le département, au fonctionnement des services d'incendie et de secours, peut, à toute époque, avoir lieu en pleine propriété. Une convention fixe les modalités de ce transfert qui ne donne pas lieu à la perception de droit, taxe ou honoraires (BOI-ENR-DMTOI-10-80-10, n° 230).

f) Acquisitions d'immeubles par l'établissement public de gestion immobilière du Nord-Pas-de-Calais

3615 **Exonérations applicables.** L'article 191 de la loi n° 2000-1208 du 13 décembre 2000 relative à la solidarité et au renouvellement urbains (*JO* 14 déc.) a créé un établissement public régional à caractère industriel et commercial, doté de la personnalité morale et de l'autonomie financière dénommé Établissement public de gestion immobilière du Nord-Pas-de-Calais (Épinorpa).

Cet établissement public, rattaché à la région Nord-Pas-de-Calais, a pour objet, sur l'ensemble du territoire régional, d'acquérir et gérer, directement ou indirectement, les immeubles à usage locatif social détenus par des sociétés à participation majoritaire de Charbonnages de France dans le respect, notamment, des droits statutaires des mineurs et de leurs ayants droit. L'établissement public peut prendre toutes participations dans les sociétés précitées.

Les opérations d'acquisition et de prise de participation visées ci-dessus sont exonérées de droit d'enregistrement et de taxe de publicité foncière (BOI-ENR-DMTOI-10-80-10, n° 240).

C Livraisons d'immeubles – TVA appliquée aux opérations immobilières

3616 **Suppression des exonérations applicables aux acquisitions de terrains réalisées dans les conditions prévues aux articles 1040, 1042, 1045, 1594 F quinquies B et 1594-0 G B du Code général des impôts.** Les acquisitions de terrains réalisées dans les conditions prévues aux articles 1040, 1042, 1045, 1594 F quinquies B et 1594-0 G B du Code général des impôts par l'État, les collectivités locales, les établissements ou les organismes visés à ces articles bénéficiaient d'une exonération de TVA par décision administrative (sur les conditions d'application de cette exonération, V. Doc. adm. DGI, 8 A-1151, n°s 4 à 6, 15 nov. 2001). Cette exonération était limitée aux acquisitions portant sur des terrains à bâtir ou biens assimilés visés à l'article 1594-0 G A-I (ancien art. 691-I) du Code général des impôts.

Elle ne pouvait en aucun cas s'appliquer aux acquisitions d'immeubles bâtis (Doc. adm. DGI, 8 A-1151, n° 7, 15 nov. 2001).

Elle est devenue caduque après la réforme de la TVA résultant de la loi de finances rectificative pour 2010 (L. n° 2010-237, 9 mars 2010).

3617 **Règles de la TVA appliquées aux opérations immobilières depuis la réforme issue de la loi de finances rectificative pour 2010- V° TVA immobilière.**

➤ Le régime des opérations réalisées par les établissements publics au regard de la TVA immobilière est examiné au mot **Collectivités et personnes publiques**.

D Formalités – Contribution de sécurité immobilière – Exonération – CGI, art. 879 et 881

3618 **Établissements publics nationaux à caractère administratif.** Outre l'exonération de la contribution de sécurité immobilière prévue par l'article 1040 du CGI, les établissements publics nationaux à caractère administratif bénéficient de l'exonération de contribution de sécurité immobilière prévue en faveur de l'État, concernant les formalités requises à leur profit, dès lors qu'ils remplissent les deux conditions suivantes (conditions cumulatives) :

– ils relèvent majoritairement du droit public ;

– ils disposent pour l'essentiel de ressources inscrites dans les missions du budget général de l'État.

Tel est le cas, par exemple, des établissements publics nationaux à caractère scientifique, d'enseignement, d'assistance et de bienfaisance, de Météo France ou des parcs nationaux (V° État).

3619 **Établissements publics nationaux à caractère industriel et commercial (Épic).** Les

établissements publics nationaux à caractère industriel et commercial (Épic) ne bénéficient pas de l'exonération de contribution immobilière prévue en faveur de l'État au II de l'article 879 du Code général des impôts, puisqu'ils disposent de ressources propres et n'émargent pas au budget général de l'État.
Tel est le cas, notamment, de la Société nationale des chemins de fer français (SNCF), de Réseau ferré de France (RFF), de l'Office national des forêts (ONF), du Bureau de recherches géologiques et minières (BRGM) ou en encore des Ports autonomes. Ces établissements publics nationaux ont en outre la particularité de ne pas relever des règles relatives à la comptabilité publique, et d'être étrangers aux dispositions du Code des marchés publics.

3620 **Autres établissements publics.** Sauf application des dispositions de l'article 1042 du CGI, les établissements publics autres que ceux visés ci-dessus (par ex., les établissements publics locaux) ne bénéficient d'aucune exonération de la contribution de sécurité immobilière.

Établissements reconnus d'utilité publique

Neyla GONZALEZ-GHARBI

CGI, art. 1039. – Sous réserve des dispositions de l'article 1020, la transmission effectuée, sous quelque forme que ce soit et dans un intérêt général ou de bonne administration, au profit d'un établissement reconnu d'utilité publique, de tout ou partie des biens appartenant à un organisme poursuivant une œuvre d'intérêt public ne donne lieu à aucune perception au profit du Trésor.

Le bénéfice de cette disposition est subordonné à la double condition que les biens dont il s'agit restent affectés au même objet et que leur transmission intervienne dans un intérêt général ou de bonne administration. La réalisation de cette condition est constatée par le décret en Conseil d'État ou l'arrêté préfectoral qui autorise le transfert des biens.

3621 **Transmissions de biens entre organismes poursuivant une œuvre d'intérêt public et établissements d'utilité publique.** Sous le régime de la formalité unique, l'application combinée des dispositions des articles 1020 et 1039 du Code général des impôts a pour effet d'assujettir à la taxe de publicité foncière au taux fixe (actuellement 25 €) les actes soumis à publication, portant transmission d'immeubles entre organismes poursuivant une œuvre d'intérêt public et établissements d'utilité publique (V. CGI, art. 1020, al. 2).

3622 À défaut d'actes, les mutations intervenant entre les mêmes organismes et établissements sont soumises à un droit d'enregistrement de même tarif.

3623 Le régime de faveur est subordonné à la réunion des conditions suivantes :
– il est nécessaire que les biens transmis aient appartenu à un organisme poursuivant une œuvre d'intérêt public ;
– le bénéficiaire du transfert doit être un établissement reconnu d'utilité publique (il s'agit essentiellement des associations reconnues d'utilité publique et des fondations reconnues d'utilité publique). Il a toutefois été admis que le même régime s'appliquait aux transferts de biens au profit des établissements publics ;
– il faut que les biens transmis restent affectés au même objet ;
– enfin, le transfert doit intervenir dans un intérêt général ou de bonne administration.
Ces deux dernières conditions doivent être constatées par le décret en Conseil d'État ou l'arrêté préfectoral qui autorise le transfert des biens (V. BOI-ENR-DMTOI-10-80-20, 21 mai 2015, n° 360).

3624 Dans le cas où de tels actes échapperaient exceptionnellement à la formalité fusionnée, il y aurait lieu successivement à enregistrement et à publication. La taxe fixe (V. n° 3621) serait perçue au premier stade et la publication aurait lieu ensuite en franchise de taxe.

3625 **Acquisitions à titre onéreux.** Dès lors qu'elles ne sont pas soumises à autorisation de l'autorité de tutelle, les acquisitions à titre onéreux poursuivies par les établissements d'utilité publique ne peuvent satisfaire aux exigences de l'article 1039 et, par conséquent, bénéficier de ses dispositions. Les transmissions de l'espèce sont soumises au régime fiscal des mutations à titre onéreux d'après la nature des biens qui en font l'objet (V. BOI-ENR-DMTOI-10-80-20, 21 mai 2015, n° 360).

3626 **Cas particulier : transmission effectuée au profit d'associations déclarées affiliées à un organisme reconnu d'utilité publique.** Il a été admis que les associations déclarées affiliées à un organisme reconnu d'utilité publique puissent bénéficier des dispositions de l'article 1039 du CGI

dès lors que les autres conditions prévues par ce texte sont remplies. Il faut donc notamment que les biens transférés sous le bénéfice du régime de faveur demeurent affectés à un objet d'intérêt public et que le décret en Conseil d'État ou l'arrêté préfectoral autorisant le transfert constate la réalisation de la double condition prévue au deuxième alinéa de l'article 1039 du CGI.
Les associations concernées doivent justifier de leur affiliation en annexant à l'acte une attestation émanant de l'organisme reconnu d'utilité publique et datant de moins d'un mois.

Il est rappelé que seules les associations déclarées ayant pour but exclusif l'assistance ou la bienfaisance peuvent bénéficier de cette mesure (V. BOI-ENR-DMTOI-10-80-20, 21 mai 2015, n° 370).

3627 **TVA.** La TVA s'applique selon les règles droit commun (V. **TVA immobilière**). Le cas échéant, la dispense de TVA prévue à l'article 257 bis du Code général des impôts sera applicable (V. **Transmission d'universalité**).

État

Neyla GONZALEZ-GHARBI

Sommaire analytique

Index alphabétique

3628 **Plan.** Après avoir donné quelques indications générales concernant les formalités de publicité foncière ou les sûretés concernant l'État (I), nous rappellerons les exonérations dont il bénéficie (II), avant d'évoquer le prélèvement supplémentaire au profit de l'État (III).

I

Formalités (publications et inscriptions) concernant l'État

A Publicité foncière

3629 **Renvoi.** L'État bénéficie d'un privilège en ce qui concerne l'accès au fichier immobilier puisque les actes établis pour son compte ont le caractère authentique (V. **Authenticité**).

B Sûretés

1 Hypothèque légale du trésor

3630 **Source et champ d'application.** L'État bénéficie en vertu de l'article 1929 ter du Code général des impôts d'une hypothèque légale sur tous les biens immeubles des redevables pour le recouvrement des impositions de toute nature et des amendes fiscales confiées aux comptables de la Direction générale des finances publiques. Elle garantit également les frais afférents à ces créances (à l'exception des produits domaniaux) et les pénalités correctionnelles.
L'hypothèque est susceptible de grever tous les biens immobiliers appartenant au redevable direct de l'impôt, qu'il s'agisse de personnes physiques ou morales, et aux tiers qui sont solidairement responsables de son paiement.

3631 **Inscription.** L'hypothèque légale est prise directement par le comptable des finances publiques chargé du recouvrement de la créance au service de la publicité foncière du lieu de la situation de l'immeuble concerné.
Elle ne peut être inscrite qu'à la condition que la créance ne soit pas prescrite et :
– à partir de la date de mise en recouvrement des impôts et des pénalités y afférentes, lorsque celle-ci résulte d'une procédure de rectification ou d'imposition d'office ;
– ou à partir de la date à laquelle le contribuable encourt une majoration ou une pénalité pour défaut de paiement.

3632 **Renouvellement.** La durée de l'inscription d'hypothèque légale du Trésor est au maximum de dix ans. L'hypothèque doit être renouvelée selon le droit commun.

2 Autres sûretés

3633 **Sûretés de droit commun.** Les comptables de la Direction générale des finances publiques peuvent aussi avoir recours, indépendamment de l'hypothèque légale du Trésor prévue par l'article 1929 ter du Code général des impôts, à l'hypothèque judiciaire (V. n° 3635) ou à l'hypothèque conventionnelle.

3634 **Hypothèques légales spéciales.** Mais le Trésor dispose également d'une hypothèque légale spécifique pour la garantie du recouvrement de certains droits d'enregistrement :
– hypothèque légale sur les immeubles successoraux pour le recouvrement des droits de mutation par décès (CGI, art. 1929-2).
En outre, pour garantir le recouvrement de ces mêmes droits, qui constituent une dette de la succession, les comptables peuvent en cas d'urgence recourir à l'inscription du privilège de la séparation des patrimoines prévus par l'article 878 du Code civil ;
– hypothèque légale sur tout ou partie des immeubles d'un groupement forestier ou sur l'immeuble en nature de bois et forêts objet de la mutation, pour la garantie des droits complémentaires et supplémentaires éventuellement exigibles en vertu de l'article 1840 G du Code général des impôts (CGI, art. 1929-3).

3635 **Hypothèque judiciaire.**
➤ Sur les conditions dans lesquelles une inscription d'hypothèque judiciaire peut être prise en vertu d'un état exécutoire ou d'un arrêté de débet, V. **Hypothèque judiciaire**.

II

Taxation des opérations concernant l'État

3636 Nous examinerons successivement les règles concernant les acquisitions immobilières (A) et les formalités exonérées de la contribution de sécurité immobilière (B), avant de présenter leurs modalités d'application lors des opérations les plus courantes concernant l'État (C).

A Acquisitions immobilières – Taxe de publicité foncière – Contribution de sécurité immobilière – Exonération

CGI, art. 1040 *(Mod., L. n° 2019-1479, 28 déc. 2019, art. 17)*. – I. – Les acquisitions et échanges faits par l'État, les partages de biens entre lui et les particuliers, et tous autres actes faits à ce sujet sont exonérés des droits d'enregistrement, de la taxe de publicité foncière et de la contribution prévue à l'article 879.

Cette disposition n'est pas applicable aux établissements publics de l'État.

Toutefois, elle est applicable aux établissements publics de recherche, d'enseignement, d'assistance et de bienfaisance, et aux établissements publics fonciers créés en application des articles L. 321-1 à L. 321-13 du Code de l'urbanisme.

II. – Sauf lorsque la taxe de publicité foncière tient lieu des droits d'enregistrement en application de l'article 664, les formalités afférentes aux actes autres que ceux visés au I et dont les frais incomberaient légalement à l'État, sont exonérées de ladite taxe.

L'article 17 de la loi de finances pour 2020 (L. n° 2019-1479, 28 déc. 2019 : *JO* 29 déc. 2019) a étendu cette exonération, d'une part, à la contribution prévue à l'article 879 (CSI) confirmant ainsi la portée de l'article 1040 du CGI, et d'autre part, aux acquisitions faites par les établissements publics de recherche. L'article 1040 du CGI a été modifié en ce sens et corrélativement l'article 1040 bis du même code a été abrogé. L'administration a, en conséquence de cette dernière évolution législative, actualisé ses commentaires des articles 1040 et 1042 du CGI. Une nouvelle version du BOI-ENR-DMTOI-10-80-10 a été publiée le 26 août 2020. C'est cette version que nous citerons dans le présent fascicule.

3637 **Cas des actes soumis à la formalité fusionnée. CGI, article 1040**. En ce qui concerne les actes soumis à la formalité fusionnée, l'article 1040 dispense à la fois des *droits d'enregistrement* et de la *taxe de publicité foncière* et de la contribution de sécurité immobilière les « acquisitions et échanges faits par l'État, les partages de biens entre lui et les particuliers et tous autres actes faits à ce sujet ».

Dans sa rédaction en vigueur depuis le 1er janvier 2020, le texte indique toutefois que cette disposition n'est pas applicable aux établissements publics de l'État autres que les établissements publics de recherche, d'enseignement d'assistance et de bienfaisance et les établissements publics fonciers créés en application des articles L. 320-1 à L. 321-13 du Code de l'urbanisme.

3638 **Actes non soumis à la formalité fusionnée.** Évoquant le cas où la taxe de publicité foncière ne tient pas lieu des droits d'enregistrement, le II de l'article 1040 indique que les formalités afférentes « aux actes autres que ceux visés au I » (V. n° 3637) et dont les frais incombent légalement à l'État sont exonérées de taxe de contribution de sécurité immobilière.

B Formalités – Contribution de sécurité immobilière – Exonération

CGI, art. 879. – I. – Une contribution de sécurité immobilière est due à l'État par toute personne qui requiert l'accomplissement des formalités prévues aux 1° et 2° de l'article 878.

II. – Seules en sont exonérées les formalités requises au profit de l'État, ainsi que celles pour lesquelles la loi prévoit expressément et formellement qu'elles sont exonérées de la contribution de sécurité immobilière.

CGI, art. 881. – I. – La contribution dont ont été exonérées les inscriptions de privilège ou d'hypothèque requises par l'État est due lors de leur radiation.

3639 Exonération de contribution de sécurité immobilière prévue par l'article 879 du CGI. En application du II de l'article 879 du Code général des impôts, les formalités requises au profit de l'État sont exonérées de contribution de sécurité immobilière.

Toutefois, la contribution dont ont été exonérées les inscriptions de privilège et d'hypothèque requises par l'État est due lors de leur radiation (CGI, art. 879, II).

Cette exonération concerne, d'une part, l'État et les services de l'État (1) et, d'autre part, les établissements publics nationaux (2).

1 Exonération de la CSI bénéficiant à l'État et à ses services

3640 Principe. L'État et les services de l'État – administrations centrales et services extérieurs – qui émargent au budget général bénéficient de l'exonération de contribution de sécurité immobilière.

Pour l'application de ces dispositions, l'émargement au budget général de l'État se définit comme étant le fait pour un service de tirer ses ressources financières du budget de l'État. Ainsi, les services qui disposent de ressources d'exploitation propres ne peuvent bénéficier de l'exonération dès lors qu'ils ne font pas partie des missions inscrites à ce budget.

3641 Bénéficiaires de l'exonération. Bénéficient notamment de l'exonération prévue au II de l'article 879 du Code général des impôts :

- le médiateur de la République ;
- les administrations en charge de l'impôt, des douanes et des droits indirects (notamment : Direction de l'immobilier de l'État) ;
- les services de police et de gendarmerie ;
- le représentant de l'État dans le département ;
- les administrations en charge du recouvrement des prélèvements sociaux et de la distribution des prestations sociales ;
- les administrations en charge de l'aménagement du territoire et de l'équipement ;
- les administrations relevant du ministère de la Justice.

3642 Monuments historiques.

➤ V. **Monuments historiques.**

2 Exonération de la CSI bénéficiant aux établissements publics nationaux

3643 Renvoi.

➤ V. **Établissement public.**

C Applications diverses

3644 Plan. Nous examinerons successivement le cas des publications d'actes en général, réalisées par l'État et ses établissements publics (1°), les acquisitions réalisées par l'État et certains établissements publics de l'État (2°), le cas des baux conclus par l'État (3°), puis des dons et des legs (4°), des échanges (5°), des inscriptions requises par l'État (6°), de la radiation des inscriptions (7°) et enfin le cas des partages (8°) des ventes (9°) et des renseignements hypothécaires (10°).

1 Publications d'actes au fichier immobilier

3645 Portée de l'exonération. En application du II de l'article 879 du Code général des impôts, les formalités requises au profit de l'État sont exonérées de contribution de sécurité immobilière (CSI).

L'exonération concerne les formalités de publicité foncière requises « au profit » des personnes mentionnées aux n°s 3641 et 3642 ci-dessus. Tel est le cas lorsqu'elles doivent en principe supporter la charge définitive (contribution finale) du paiement.

L'exonération concerne notamment :

- les acquisitions immobilières à titre onéreux et à titre gratuit, les partages et les échanges effectués au profit de l'État et des autres organismes bénéficiant de l'exonération ;
- les baux prévoyant un loyer payé par le Trésor public ;
- les dons et legs réalisés au profit de l'État.

En revanche, la formalité n'est pas effectuée « au profit de l'État » lorsque l'État est « disposant » ou « dernier titulaire » de la propriété des immeubles objets de la formalité au sens de l'article 3 du décret n° 55-22 du 4 janvier 1955 portant réforme de la publicité foncière. La circonstance que la convention stipule que les frais sont à la charge du disposant ou dernier titulaire est à cet égard sans incidence.

Le disposant ou le dernier titulaire est celui qui possède sur un immeuble un droit qui est transféré, modifié, grevé ou éteint – ou susceptible de l'être – par la formalité requise au profit de l'État, ou d'une personne de droit public assimilée à l'État. Cette situation s'apprécie même lorsque la personne titulaire d'un droit sur un immeuble n'en dispose pas encore en tant que propriétaire ou usufruitier.

En tout état de cause, l'exonération est acquise sans considération de la qualité de la personne ayant requis la formalité. Ainsi, les dispositions du II de l'article 879 du Code général des impôts sont susceptibles d'être appliquées même si le requérant de la formalité n'est pas l'État, dès lors qu'elle est requise « à son profit ».

2 Acquisitions réalisées par l'État et certains établissements publics de l'État

CGI, art. 1040 (V. *supra*).

a) Taxe de publicité foncière

3646 Mutations exonérées. Toutes les acquisitions à titre onéreux peuvent bénéficier de l'exonération. Le terme *acquisitions* doit s'entendre aussi bien des mutations à titre onéreux que de celles consenties à titre gratuit.
En revanche, les ventes d'immeubles consenties par l'État et les établissements publics scientifiques, d'enseignement, d'assistance et de bienfaisance de l'État et les établissements publics fonciers créés en application du chapitre I du titre II du livre III du Code de l'urbanisme (art. L. 321-1 à L. 321-13) sont soumises à la taxe de publicité foncière dans les conditions ordinaires à moins, bien entendu, que l'acquéreur puisse invoquer le bénéfice d'une disposition de faveur (BOI-ENR-DMTOI-10-80-10, n°s 10 et 20).

3647 Cas des établissements publics – Renvoi.
➤ V. **Établissement public**.

3648 Cas des établissements publics d'aménagement. Renvoi.
➤ V. **Établissement public**.

3649 Organismes exclus de l'exonération. Renvoi.
➤ V. **Établissement public**.

3650 Remarque. Les régions, départements, communes, les régies municipales, intercommunales et départementales et les établissements publics communaux, départementaux ou régionaux ne peuvent se prévaloir de cette immunité. Mais ces collectivités et organismes sont susceptibles, le cas échéant, de profiter des dispositions de l'article 1042 du Code général des impôts (*cf.* BOI-ENR-DMTOI-10-80-10, n° 60).

b) Contribution de sécurité immobilière

3651 Exonération. L'exonération de CSI au profit des acquisitions immobilières est prévue par l'article 1040 dans sa rédaction issue de l'article 17 de la loi de finances pour 2020. L'exonération peut trouver à s'appliquer en vertu de l'article 879 du CGI.

3 Baux

3652 Prise à bail. L'exemption s'applique aux baux dont le loyer est payé par le Trésor public soit en totalité, soit en partie. Mais dans cette dernière hypothèse, l'exemption n'est acquise que dans la mesure de la fraction du loyer incombant à l'État (Cass., 1er juill. 1961, : *Instr. enr.*, 2201, § 2 : *Journ. enr.*, 17347).
En ce qui concerne la contribution de sécurité immobilière, V. n° 3645.

3653 Dation à bail. Ne bénéficient pas, par contre, de l'exonération de taxe de publicité foncière, les baux de biens de l'État. Il en est de même pour la contribution de sécurité immobilière (V. n° 3645).

3654 Location à l'État. Assimilation des locations de logement consenties à des gendarmes par des organismes ayant passé des conventions avec l'État. Par *acquisition faite par l'État*, il convient d'entendre toute mutation réalisée au profit de l'État et notamment les mutations de jouissance dont le prix est payé par le Trésor public.
Cette analyse aboutissait à exonérer les locations passées par la gendarmerie du droit de bail (*BODGI* 7 E-6-79 ; *Ind. enr.* 1980, 13510). Le droit de bail, droit d'enregistrement qui frappait la quasi-totalité des baux a été supprimé à compter de 1998 (L. n° 98-1267, 30 déc. 1998, art. 12). L'exonération prévue par l'article 1040 du CGI s'appliquerait éventuellement à la taxe de publicité foncière si le bail était soumis à publication.

4 Dons et legs

3655 Exonérations de taxe de publicité foncière et CSI. L'exonération de taxe de publicité foncière de l'article 1040 du Code général des impôts leur est applicable. Il en est de même pour la contribution de sécurité immobilière (V. BOI-ENR-DMTG-10-20-20, 30 juill. 2020, n°s 5 et 10).

3656 Exonérations des seuls droits de mutation à titre gratuit – Les exonérations prévues par les articles 794 et 795 du CGI en faveur des dons et legs consentis à certains établissements publics ou d'utilité publics ne s'étendent pas à la CSI. (V. **Établissement public**).

5 Échanges faits par l'État

3657 Régime fiscal. Les échanges faits par l'État et certains établissements publics de l'État (V. **Établissement public**) sont exonérés de la taxe de publicité foncière et de contribution de sécurité immobilière. Toutefois, les soultes payées à l'État ou aux établissements susvisés donnent ouverture à la taxe de publicité foncière perçue au profit du département au taux prévu pour les ventes (CGI, art. 1040. – BOI-ENR-DMTOI-20-30-20180704, n° 310. – V. aussi **État**).

Les échanges faits pour le compte de l'État par un établissement public d'aménagement (V. **Établissement public**) ne sont pas susceptibles de donner ouverture aux droits d'enregistrement et à la taxe de publicité foncière en raison des dispositions de l'article 1040 du Code général des impôts. En revanche, les échanges faits pour son propre compte par un tel établissement ne bénéficient d'aucune mesure particulière et sont donc imposables dans les conditions de droit commun (V. BOI-ENR-DMTOI-20-30-20180704, n° 320).

6 Inscriptions requises par l'État

3658 Plan. Nous présenterons, tout d'abord, les règles applicables en matière de taxe de publicité foncière (*a*), avant d'examiner les règles concernant la contribution de sécurité immobilière (*b*).

a) Taxe de publicité foncière

> **CGI, art. 845.** – Sont exonérés de la taxe de publicité foncière :
>
> 1° Les inscriptions requises par l'État.
>
> Toutefois, la taxe qui n'a pas été perçue sur une inscription d'hypothèque judiciaire ou conventionnelle doit être acquittée lors de la radiation de l'inscription. À cet effet, le conservateur est tenu d'énoncer, tant sur le bordereau destiné aux archives que sur le bordereau remis au requérant, le montant de la taxe non perçue ;

1) Dispense de taxe de publicité foncière

3659 Champ d'application. La dispense édictée par le texte ci-dessus couvre toutes les inscriptions d'hypothèques judiciaires ou conventionnelles requises par l'État ou prises à son profit. Tel est le cas notamment :
– des inscriptions prises par les comptables du Trésor pour le recouvrement des condamnations pécuniaires autres que les frais de justice et les amendes pénales, ces deux dernières catégories de créances étant garanties par une hypothèque légale ;
– des inscriptions prises en garantie du recouvrement des droits d'enregistrement dont le paiement est fractionné ou différé en exécution de l'article 1717 du Code général des impôts, ou en garantie du recouvrement des impôts de toute nature pour le paiement desquels les redevables ont obtenu un sursis (sur le recouvrement des amendes et condamnations pécuniaires et la mainlevée des inscriptions d'hypothèque légale ou judiciaire, V. Bulté, chron. hyp. : *JCP* N 1965, IV, 3851 ; Doc. adm. DGI, 10 G 1121, 1er oct. 1971).

3660 Établissements publics nationaux à caractère scientifique, d'enseignement, d'assistance et de bienfaisance. À l'État sont assimilés les établissements publics nationaux à caractère scientifique, d'enseignement, d'assistance et de bienfaisance (*Rép. alph. enreg.*, V° Hypothèques, L. V, n° 136).

3661 Établissements de crédit habilités à consentir des prêts au nom de l'État. L'exonération concerne également les inscriptions requises par certains établissements de crédit habilités à consentir des prêts au nom de l'État. Il en est ainsi notamment pour les inscriptions prises :
– par la Caisse nationale de crédit agricole pour garantir les engagements contractés, soit envers cette caisse (C. rur. pêche marit., art. 729 et 746, aujourd'hui abrogé), soit envers le fonds commun de garantie (même code, art. 699, aujourd'hui abrogé ; V. *JCP* N 1977, prat. 6593 ; *Bull. AMC* 1977, art. 1080 ; *Bull. AMC* 1984, art. 1313) ;
– par des organismes tels la Caisse des dépôts et consignations ou le Crédit national, habilités à consentir des prêts sur les ressources du fonds de développement économique et social, et du fonds national d'aménagement foncier et d'urbanisme ;
– en garantie des avances accordées par le ministère de l'Agriculture sur les disponibilités du Fonds forestier national (V. Doc. adm. DGI, 10 G-1121, 1er oct. 1971).

3662 Établissements publics nationaux à caractère industriel ou commercial. En considération des termes généraux de l'article 1654 du Code général des impôts, l'association mutuelle des conservateurs a considéré que les inscriptions prises au profit des organismes de l'État à caractère industriel ou commercial visés dans l'article 167 de l'annexe IV du Code général des impôts étaient assujetties à la taxe de publicité foncière selon les règles de droit commun. Elles ne bénéficient pas de la dispense provisoire prévue par l'article 845 du Code général des impôts (*Bull. AMC* 1964, art. 573). Sur la contribution de sécurité immobilière due en pareil cas, V. **État**.

3663 Distinction entre les hypothèques légales et les hypothèques judiciaires ou conventionnelles. Selon l'article 845-1° du Code général des impôts, la dispense de taxe relative aux inscriptions d'hypothèque judiciaire ou conventionnelle requise par l'État n'est que *provisoire*. La taxe non perçue doit être acquittée lors de la radiation (V. n° **3664**).

Le texte ne vise pas le cas des hypothèques *légales* qui doivent être mises à part. En ce qui les concerne, il y a, selon le droit commun, exemption définitive de taxe.

Ceci amène à distinguer entre :

– l'inscription d'hypothèque légale prévue par l'article 1929-2 du Code général des impôts, pour le recouvrement des droits de mutation par décès, et portant sur les immeubles de la succession, pour laquelle la dispense de taxe est définitive ;

– l'hypothèque visée aujourd'hui par l'article 404-A, I (ancien art. 399-4, al. 2) de l'annexe III du Code général des impôts qui, par opposition à la précédente, porte sur des *immeubles quelconques* et pour laquelle la dispense de taxe n'est que provisoire (Bulté et Béchade, chron. hyp. : *JCP* N 1959, IV, 2802 ; *Bull. AMC* 1959, art. 400 ; Bulté, chron. hyp. : *JCP* N 1973, IV, 5498).

2) Caractère provisoire de la dispense

3664 **Perception de la taxe de publicité foncière lors de la radiation.** La dispense édictée par l'article 845 du Code général des impôts a un caractère provisoire.

Le deuxième alinéa de ce texte prévoit, en effet, que la taxe qui n'a pas été perçue lors de l'inscription doit être acquittée au moment de la radiation. À cet effet, le conservateur (aujourd'hui le service de la publicité foncière) est tenu d'énoncer tant sur le bordereau destiné aux archives que sur le bordereau remis au requérant, le montant de la taxe non perçue (V. Doc. adm. DGI, 10 G-1121, 1er oct. 1971).

3665 **Exceptions.** En fait, la taxe ne sera pas perçue :

– si le débiteur laisse périmer l'inscription sans demander la radiation... (Doc. adm. DGI, 10 G-1121 ; Chardonnal : chron. *JCP* N 1980, IV, 7678) ;

– lorsque c'est l'État qui doit en supporter la charge... ;

– et, d'autre part, en cas de radiation des inscriptions prises en garantie des obligations contractées par des rapatriés ou des personnes dépossédées de leurs biens outre-mer envers des organismes de crédit ayant passé des conventions avec l'État (L. n° 69-992, 6 nov. 1969, art. 6. – V. Doc. adm. DGI, 10 G-1121, 1er oct. 1971).

3666 **Cas particulier : réduction de créance ou de gage.** Dans le cas de radiation partielle constatant réduction de la créance, le recouvrement de la taxe de publicité foncière est limité à la taxe afférente à la fraction de créance concernée.

Dans le cas de réduction de gage s'accompagnant d'une radiation partielle dégrevant complètement un immeuble, la taxe de publicité foncière est liquidée sur la valeur de l'immeuble affranchi, sous réserve que cette valeur soit déclarée dans l'acte et qu'il résulte de celui-ci que l'opération constitue bien une réduction de gage et non une radiation définitive des inscriptions garantissant le remboursement de la créance (Rép. min. Économie et Finances, 31 mars 1977 : *JOAN* CR, p. 1362 et 1363 ; *Bull. AMC* 1959, art. 381 ; *ibid.* 1977, art. 1080).

3667 **Prescription.** La prescription applicable à la taxe non perçue sur l'inscription en vertu de l'article 845 du Code général des impôts ne peut commencer à courir qu'au jour de la radiation qui en constitue le fait générateur (Rép. min. Économie et Finances, 27 janv. 1962 : *JOAN* CR, p. 163 et 164 ; *Bull. AMC* 1962, art. 501).

3) Cas particulier : inscriptions prises en garantie du paiement des droits de mutation par décès

3668 **Caractère provisoire de l'exonération : distinction entre les hypothèques légales et les hypothèques judiciaires ou conventionnelles.** Selon l'article 845, 1° du Code général des impôts (V. ce texte ci-dessus), la dispense de contribution de taxe de publicité foncière relative aux inscriptions d'hypothèque judiciaire ou conventionnelle requise par l'État n'est que provisoire. La contribution non perçue doit être acquittée lors de la radiation (V. n° **3664**).

Le texte ne vise pas le cas des hypothèques *légales* qui doivent être mises à part. En ce qui les concerne, il y a, selon le droit commun, exemption définitive de taxe.

Ceci amène à distinguer entre :

– l'inscription d'hypothèque légale prévue par l'article 1929-2, du Code général des impôts, pour le recouvrement des droits de mutation par décès, et portant sur les immeubles de la succession, pour laquelle la dispense de taxe est définitive ;

– l'hypothèque visée aujourd'hui par l'article 404 I (ancien art. 399-4, al. 2) de l'annexe III du Code général des impôts qui, par opposition à la précédente, porte sur des *immeubles quelconques* et pour laquelle la dispense de taxe n'est que provisoire (Bulté et Béchade, chron. hyp. : *JCP* N 1959, IV, 2802 ; *Bull. AMC* 1959, art. 400 ; Bulté, chron. hyp. : *JCP* N 1973, IV, 5498).

b) Contribution de sécurité immobilière

3669 **Exonération.** Conformément au I de l'article 881 du Code général des impôts, les

État

inscriptions requises par l'État ou les services de l'État sont exonérées de contribution de sécurité immobilière. Toutefois, cet article dispose que la contribution dont ont été exonérées les inscriptions de privilège ou d'hypothèque est due au service de la publicité foncière par le débiteur de la créance lors de leur radiation. Sauf dans le cas où la radiation est requise au profit de l'État, la contribution est alors exigible sur la totalité de la somme garantie par l'inscription (V. ci-dessous), en sus de la contribution due à raison de la radiation elle-même. Tel est le cas lorsque l'État ordonne la radiation suite à un dégrèvement (*Précis de fiscalité* 2018, n° 9732).

Pour l'application de cette disposition, il est précisé que la notion d'État ou de service de l'État est la même que retenue pour l'application de l'article 879 du Code général des impôts.

Le montant de la contribution de sécurité immobilière susceptible d'être exigée lors de la radiation sera égal au produit du montant de la créance garantie tel que porté par le comptable ayant requis l'inscription sur le bordereau par le taux de la contribution de sécurité immobilière applicable aux inscriptions, en vigueur à la date de la radiation (actuellement, 0,05 %. – CGI, art. 881, I).

7 Radiation des inscriptions

a) Principe de perception

3670 **Objet des perceptions.** En application du I de l'article 879 et du I de l'article 881 du Code général des impôts, deux contributions de sécurité immobilière sont dues par le débiteur de la créance lors de la radiation :

– la contribution due au titre de la radiation d'une part ;

– la contribution due au titre de l'inscription d'autre part, dont la perception a été reportée au moment de la radiation.

Ces dispositions sont applicables quel que soit le requérant de la formalité de mainlevée.

b) Exception : exonération en cas de créance abandonnée à la suite d'un dégrèvement ou d'une décharge

3671 **Principes.** L'État supporte la charge définitive de la contribution de sécurité immobilière due au titre de l'inscription et au titre de la radiation lorsque la radiation est consécutive :

– à un dégrèvement total de droits ;

– à une décharge totale de la créance ;

– à toutes les autres hypothèses dans lesquelles l'État supporte la charge définitive de l'inscription.

Aussi, il convient de ne pas exiger le paiement de la contribution, dès lors que la formalité est alors requise « au profit de l'État ». Au surplus, dans cette hypothèse, la créance peut être considérée comme éteinte par confusion entre le redevable de la contribution (= l'État) et le bénéficiaire de cette imposition (= l'État). Il en est de même pour les inscriptions antérieures au 1er janvier 2013, dont le salaire a été liquidé en débet.

3672 **Dégrèvement ou décharge partiels.** Lorsque la radiation est demandée à la suite, d'une part, d'un dégrèvement partiel ou d'une décharge partielle et, d'autre part, du paiement du solde par le débiteur de la créance, la contribution de sécurité immobilière est en partie exonérée conformément au II de l'article 879 précité, et pour partie due par le débiteur, dans les proportions respectives de l'abandon et du paiement.

3673 **Justifications.** Pour l'application de l'exonération (totale ou partielle selon les cas), le comptable du service de la publicité foncière est fondé à exiger toute justification utile relative aux dégrèvements et décharges accordés par l'État (par ex., décision de dégrèvement de la créance, références de l'opération comptable la constatant…).

c) Radiations successives d'une inscription

3674 Une même inscription peut faire l'objet de plusieurs radiations partielles consécutivement à une réduction de la créance et/ou une réduction du gage.

1) En cas de réduction de créance

3675 La contribution de sécurité immobilière due au titre de l'inscription, et acquittée lors de la radiation, est déterminée en fonction du montant de la réduction de créance constatée dans l'acte de mainlevée. Ce montant est déterminé de la manière suivante :

$$\text{Montant de la CSI due au titre de l'inscription et acquittée lors de la radiation partielle} = \text{CSI due au titre de l'inscription} \times \frac{\text{Montant de la réduction de créance (informations figurant dans l'acte de mainlevée)}}{\text{Montant de la créance initialement garantie (informations issues du bordereau d'inscription)}}$$

Pour l'application de ce dispositif, il est précisé que :

– le cumul des contributions de sécurité immobilière dues au titre de l'inscription et acquittées au titre de plusieurs mainlevées partielles consécutives ne peut pas excéder le montant de la contribution totale due au titre de l'inscription ;

– le montant de la créance initialement garantie s'entend du montant de la créance tel qu'il figure dans le bordereau d'inscription ;

– le montant de la contribution due au titre de l'inscription s'entend des contributions de sécurité immobilière qui n'ont pas été recouvrées au titre de l'inscription initiale et de ses éventuels renouvellements.

Par ailleurs, ce même dispositif est applicable au salaire du conservateur des hypothèques, lorsque l'inscription a été prise au fichier immobilier avant le 1er janvier 2013.

La contribution de sécurité immobilière due au titre de la radiation partielle est assise sur le montant de la réduction de créance.

2) En cas de réduction de gage

3676 La situation de la contribution de sécurité immobilière due au titre de l'inscription, et acquittée lors de la radiation, diffère selon que l'acte de mainlevée précise ou non la valeur des immeubles initialement grevés par la garantie hypothécaire.

– Ainsi, lorsque la valeur des immeubles dégrevés est indiquée dans l'acte de mainlevée, le montant de la contribution de sécurité immobilière due au titre de l'inscription à acquitter est assis sur cette valeur.

Pour l'application de ce dispositif, il est précisé que :

• le cumul des contributions de sécurité immobilière dues au titre de l'inscription et acquittées au titre de plusieurs mainlevées partielles consécutives ne peut pas excéder le montant de la contribution totale due au titre de l'inscription,

• le montant de la contribution due au titre de l'inscription s'entend des contributions de sécurité immobilière qui n'ont pas été recouvrées au titre de l'inscription initiale et de ses éventuels renouvellements.

Par ailleurs, ce même dispositif est applicable au salaire du conservateur des hypothèques, lorsque l'inscription a été prise au fichier immobilier avant le 1er janvier 2013.

La contribution de sécurité immobilière due au titre de la radiation partielle est assise sur la valeur des immeubles dégrevés.

– *A contrario*, lorsque la valeur des immeubles dégrevés n'est pas indiquée dans l'acte de mainlevée, l'intégralité de la contribution de sécurité immobilière due au titre de l'inscription est à acquitter au moment de la radiation.

La contribution de sécurité immobilière due au titre de la radiation partielle est assise sur le montant de la créance initialement garantie.

8 Partages

3677 **Régime fiscal.** Les partages entre l'État et les particuliers sont exempts des droits d'enregistrement ou, le cas échéant, de taxe de publicité foncière et de contribution de sécurité immobilière, en vertu de l'article 1040 du Code général des impôts, mais s'il y a soulte à la charge des particuliers, celle-ci est taxée comme le prix d'une vente consentie par l'État, sous réserve cependant de l'application des dispositions de l'article 748 du Code général des impôts.

Cette réserve n'est pas purement théorique, car il peut arriver que l'État soit partie prenante à un partage de succession, comme ayant droit à la part d'un héritier condamné à une peine de confiscation générale de ses biens (V. Doc. adm. DGI, 7 F-145, n° 3, 15 juin 2000, BOI-ENR-PTG-10-30, 30 juin 2020, n° 110).

9 Ventes

3678 **Régime de droit commun.** Les ventes d'immeubles de l'État donnent lieu à la perception de la taxe de publicité foncière dans les conditions de droit commun.

Sur l'application de la TVA, V. **Collectivités publiques – TVA immobilière**

3679 **Revente d'immeubles de l'État à la suite d'acquisition à l'amiable réalisée en dehors de toute procédure d'expropriation.** Ces opérations relèvent du droit commun (Rép. min. 30 janv. 1962 : *JCP* N 1962, IV, 3317. – V. **Immeuble exproprié-Cession**).

10 Renseignements hypothécaires

3680 **Renvoi.**

V. **Renseignements hypothécaires**.

État

III

Prélèvement supplémentaire au profit de l'État – CGI, art. 1647

➤ V. Département.

État descriptif de division

Jacques LAFOND

Sommaire analytique

Index alphabétique

BIBLIOGRAPHIE : M. Dagot, *L'état descriptif de division : JCP* N 2004, 50, 1595. – G. Rouzet, *Retour sur la « fraction de lot » : Inf. rap. copr.* mai 2017, p. 11. – *JCl. Notarial Formulaire*, V° *Copropriété*, fasc. 100, 103, 106, 107. – *JCl. Copropriété*, Fasc. 152, 152-10, 153 et 154.

3681 Nous examinerons successivement les modalités d'établissement de l'état descriptif de division (I), y compris dans le cas d'immeubles n'ayant pas d'état descriptif (II), les modifications à l'état descriptif de division (III), l'annulation de l'état descriptif (IV), les cas de refus de dépôt ou de rejet (V), l'application du principe de l'effet relatif (VI), les perceptions : taxe de publicité foncière et salaire du conservateur ou contribution de sécurité immobilière (VII).

I
Établissement de l'état descriptif de division

3682 Nous examinerons tout d'abord les cas dans lesquels un état descriptif de division ou un acte modificatif de cet état est obligatoire (A), puis les modalités d'établissement de cet état descriptif (B).

A Cas dans lesquels un état descriptif de division ou un acte modificatif de cet état est obligatoire

D. 4 janv. 1955, art. 7, al. 3. – Tout acte ou décision judiciaire sujet à publicité dans un service chargé de la publicité foncière

doit indiquer, pour chacun des immeubles qu'il concerne, la nature, la situation, la contenance et la désignation cadastrale (section, numéro du plan et lieudit). Le lieudit est remplacé par l'indication de la rue et du numéro pour les immeubles situés dans les parties agglomérées des communes urbaines.

(...)

Lorsque, sans réaliser ou constater une division de la propriété du sol entraînant changement de limite, il ne concerne qu'une ou plusieurs fractions d'un immeuble, l'acte ou la décision judiciaire doit comporter à la fois la désignation desdites fractions et celle de l'ensemble de l'immeuble. La désignation de la fraction est faite conformément à un état descriptif de division ou, éventuellement, à un état modificatif, établi dans les conditions fixées par décret, et préalablement publié ; elle doit mentionner le numéro du lot dans lequel la fraction est comprise et, sous réserve des exceptions prévues audit décret, la quote-part dans la propriété du sol afférente à ce lot. Les dispositions du présent alinéa ne sont pas applicables lorsque l'acte ou la décision concernent soit une servitude, soit un droit d'usage ou d'habitation, soit un bail de plus de douze années. Elles sont également sans application lorsque l'acte ou la décision entraîne la suppression de la division de l'immeuble.

Les mêmes indications doivent obligatoirement figurer dans tout bordereau, extrait, expédition ou copie, déposé en vue de l'exécution de la formalité.

Ces dispositions sont applicables quelles que soient la nature (bâtie ou non bâtie) et la situation (urbaine ou rurale) des immeubles (Cass. 3e civ., 2 juill. 1969 : *Bull. AMC* 1969, art. 794), excepté lorsque l'acte ou la décision concerne soit une servitude, soit un droit d'usage ou d'habitation, soit un bail de plus de douze années.

1 Première condition : l'acte où la décision judiciaire doit concerner une « fraction d'immeuble »

3683 Notion de « fraction d'immeuble ». L'expression « fraction d'immeuble » s'applique à tous les immeubles, qu'ils soient bâtis ou non bâtis, et vise toute partie d'immeuble sur laquelle s'exercent ou peuvent s'exercer des droits réels concurrents (Doc. adm. DGI, 10 E-4311, n° 6, 1er août 1986).

3684 Indivision. Parce qu'il n'y a pas alors exercice de droits réels concurrents sur des fractions d'immeuble, il en découle que l'établissement d'un état descriptif de division n'est pas requis lorsqu'un immeuble fait l'objet d'une indivision au sens classique de ce terme (à la suite d'une dévolution successorale, par exemple). Dans ce cas, en effet, les différents propriétaires indivis ont droit à une quote-part idéale de l'ensemble et leurs droits s'exercent sur l'ensemble de l'immeuble. L'identification de la parcelle qui désigne l'immeuble auquel s'appliquent les droits indivis est suffisante pour les déterminer (Doc. adm. DGI, 10 E-4311, n° 12, 1er août 1986).

2 Deuxième condition : exercice de droits réels concurrents sur partie d'un immeuble

3685 Principe et exceptions. L'établissement d'un état descriptif de division n'est nécessaire que si des fractions d'immeuble sont grevées de droits réels concurrents.
Cependant, cette règle connaît des exceptions, pour certains droits réels.

3686 Droit de jouissance exclusif. L'attribution à chaque associé dans les sociétés dites « de multipropriété » d'un simple droit de jouissance ne répond pas à cette seconde condition. Les états descriptifs établis en vue de répartir ce droit personnel, dans le temps et dans l'espace, ne sont donc pas à publier au service de la publicité foncière (Rép. min. Justice, 21 juill. 1973).
En revanche, il arrive parfois que les propriétaires d'un terrain nu organisent l'indivision de sorte que chacun des futurs copropriétaires se voie attribuer un droit de jouissance exclusif sur une partie déterminée du terrain. Selon les cas, la totalité de celui-ci se trouve ainsi répartie entre les différents copropriétaires ou bien certaines parties sont affectées à l'usage collectif et tous les copropriétaires peuvent en user selon leur destination. Cette organisation

peut être effectuée en vue d'édifier des constructions et contient alors en germe une copropriété « horizontale ». Dans ces différents cas, les droits de chaque copropriétaire s'exercent différemment sur les diverses parties du sol. Afin de tenir compte de la pratique et des besoins de la publicité foncière, mais sans prendre parti, pour autant, sur le caractère juridique de telles opérations, il est nécessaire d'organiser une désignation précise de ces diverses parties par le moyen d'un état descriptif de division (Doc. adm. DGI, 10 E-4311, n° 8, 1er août 1986 ; *JCP* N 1986, prat. 9612).

3687 Exception : droits réels régis par des règles spéciales. Aux termes du 3e alinéa de l'article 7 du décret du 4 janvier 1955, il n'y a pas lieu de se référer à un état descriptif de division « lorsque l'acte ou la décision concerne soit une servitude, soit un droit d'usage ou d'habitation, soit un bail de plus de douze ans, ou entraîne la suppression de la division de l'immeuble ». Cette mesure est inspirée par de simples motifs d'opportunité tenant à la nécessité de ne pas compliquer la tenue du fichier immobilier.

3688 Elle concerne également, par extension :
– les baux emphytéotiques (V. **Bail emphytéotique**) ;
– les concessions immobilières sur les biens privés (V. **Concession immobilière**) ;
– la constitution de droits de superficie (V. **Superficie**).
Dans les communes à cadastre rénové, la production d'un document d'arpentage est obligatoire en pareil cas. Dès lors, un état descriptif de division ne saurait être exigé dans ces communes.
Toutefois, dans les communes à ancien cadastre ou dans celles où le cadastre n'a pas été établi, la rédaction d'un état descriptif de division est indispensable lorsque de tels actes portent sur une partie seulement d'un immeuble.

3689 Il est à noter qu'il n'y a lieu ni à l'établissement d'un état descriptif de division, ni à l'établissement d'un document d'arpentage si le droit réel concerne l'intégralité d'un terrain ou d'un immeuble bâti, la désignation pouvant alors être faite par référence à la parcelle cadastrale d'assiette du terrain ou des constructions (Rép. min. Finances 9 sept. 1959 : *JOAN* CR, p. 1683 ; *Bull. AMC* 1960, art. 430 ; chron. Bulté : *JCP* N 1971, prat. 4957).

3690 État descriptif de division et copropriété. L'existence de droits réels concurrents portant sur des fractions d'immeubles se rencontre le plus souvent dans le cas d'immeubles divisés par « lots » et placés sous le régime de la copropriété (L. 10 juill. 1965).

Mais il peut y avoir établissement d'un état descriptif de division alors même que n'existe entre les titulaires de droits réels concurrents aucune copropriété (faute d'indivision portant sur des parties communes) et que le statut de la copropriété ne s'applique pas. Les exemples suivants le montrent.

3691 Déclaration d'insaisissabilité.
➤ V. **Biens insaisissables**.

3 Applications

3692 Aliénations. Il y a lieu d'établir un état descriptif de division dans les divers cas suivants (V. Doc. adm. DGI, 10 E-4311, n° 16, 1er août 1986) :
– aliénation du droit de surélévation d'un immeuble existant ;
– aliénation d'un immeuble avec réserve d'usufruit au profit du vendeur ne portant que sur une partie de l'immeuble (par ex., un appartement). Pour un cas similaire (renonciation à usufruit sur partie d'immeuble), V. M. Suquet-Cozic, *L'usufruit sur une partie de l'immeuble exige-t-il un état descriptif de division ? : Sol. not.* mars 2016, n° 3, art. 69, p. 19-20 ;
– cession d'une fraction indivise de terrain moyennant l'attribution au vendeur de fractions divises de la construction à édifier par l'acquéreur sur le terrain (Cass. 19 févr. 1974) ;
– aliénation à deux personnes acquérant divisément deux maisons individuelles édifiées sur une parcelle unique, lorsque l'ensemble du terrain (sol des constructions et terrain nu) demeure indivis entre les deux propriétaires, même si, en fait, chacun d'eux se réserve la jouissance privative, à titre de dépendance de la maison d'habitation, d'une partie bien déterminée du terrain ;
– un état de division ne saurait, par contre, être dressé si ladite parcelle était divisée entre les deux propriétaires, chacun d'eux acquérant, avec la construction, le sol de sa maison et le terrain formant dépendance, ainsi qu'une quote-part du surplus du terrain nu laissé dans l'indivision (bois, parc, etc.) : la division créerait, en effet, trois immeubles distincts (Doc. adm. DGI, 10 E-4311, n° 16 préc.) ;
– vente ou attribution, aux membres d'une société immobilière, des différents appartements d'un immeuble devenant la propriété exclusive des acquéreurs ou attributaires.

3693 Opération concernant le tréfonds. Il y a lieu d'établir un état descriptif de division lorsqu'il y a :
– expropriation ou vente ne portant que sur une partie du tréfonds (Circ. min. Équipement et Logement, 21 juill. 1967) ;

– donation ou vente d'une cave champignonnière en sous-sol lorsque le sol appartient à un propriétaire différent ; toutefois, conformément à la solution ci-dessus rapportée (V. n° 3694), si le sous-sol peut être suffisamment individualisé en se référant à la désignation cadastrale du sol, il n'y aurait pas lieu d'établir un état descriptif (Chron. Bulté, *JCP* N 1966, IV, 4031 ; chron. Chardonnal : *JCP* N 1982, prat. 8363. – V. pour un modèle d'état descriptif, chron. Chardonnal : *JCP* N 1986, prat. 9794) ;

– dans le cas de vente de parc de stationnement construit en sous-sol d'un terrain dont la surface constitue une place grevée de servitudes publiques, les lots de parking constitueront autant de lots de l'état descriptif, identifiés par leur emplacement déterminé par référence à un plan ou à un croquis (chron. Bulté : *JCP* N 1975, prat. 6125).

3694 **Pièces enclavées ou imbriquées dans l'immeuble voisin.** Dans le cas de pièces enclavées ou imbriquées dans un immeuble voisin, l'identification de l'immeuble dans lequel la pièce vient s'enclaver ou s'imbriquer, et de l'immeuble dont dépend cette pièce (ou de cette pièce elle-même) pourrait être faite par référence à un état descriptif en volumes.

Mais il est en général plus simplement recouru à l'établissement d'un état descriptif de division étant entendu que ceci n'implique nullement la création d'une copropriété (chron. Bulté : *JCP* N 1974, prat. 5884).

3695 **Aide personnalisée au logement.** Lorsque la convention permettant l'éligibilité de logements locatifs à l'aide personnalisée au logement concerne une fraction d'immeuble, elle ne peut être publiée qu'après publication concomitante ou préalable d'un état descriptif de division. Il peut d'ailleurs être inclus dans la convention elle-même (*Bull. AMC* 1990, art. 1448 ; *ibid.* 1990, art. 1465).

3696 **Hypothèques.** Il y a lieu d'établir un état descriptif de division dans les divers cas suivants :

– affectation hypothécaire d'un étage ou d'un appartement, ou de tous les locaux d'habitation d'une maison, à l'exclusion des garages et locaux commerciaux ;

– affectation hypothécaire d'une maison individuelle construite, avec d'autres, sur une parcelle unique non divisée, du moment que l'ensemble du terrain est appelé à demeurer indivis entre les divers propriétaires des constructions ;

– affectation hypothécaire d'une partie de parcelle non bâtie ;

– cantonnement d'une hypothèque sur une partie de parcelle non bâtie.

Dans les deux cas précédents, le droit réel constitué modifie l'agencement de la propriété à un point tel que cette modification peut être considérée comme un changement de limite et donner lieu à l'établissement d'un document d'arpentage permettant au service du cadastre d'attribuer des numéros de parcelle nouveaux aux parties grevées et non grevées ; mais en l'état actuel des textes, sa production ne peut être exigée, l'état descriptif de division suffit à assurer leur désignation (Doc. adm. DGI, 10 E-4311, n° 16, 1er août 1986). Dans le cas envisagé, l'état descriptif de division ne fait pas nécessairement l'objet d'un acte spécial (D. 14 oct.1955, art. 71-1, al. 1). Un numéro de lot sera attribué à la fraction grevée et un autre numéro au surplus de l'immeuble (D. 14 oct.1955, art. 71-2, al. 4).

3697 De même, un état descriptif est nécessaire pour procéder à la mainlevée partielle d'une inscription grevant la totalité d'un immeuble, afin d'identifier la partie dégrevée (*Bull. AMC* 1990, art. 1470).

Si deux lots sont constitués pour identifier la partie de terrain grevée de la sûreté d'une part, et la partie non grevée, et que la fraction de terrain libre d'inscriptions est ensuite vendue, après établissement d'un document d'arpentage, l'état descriptif peut être annulé, l'hypothèque grevant à l'avenir un immeuble qui peut être désigné par ses références cadastrales (*Bull. AMC* 1971, art. 867 et également chron. Chardonnal : *JCP* N 1985, IV, 9372).

3698 **Inscription sur partie d'un terrain.** Examinant le cas des inscriptions grevant une portion de terrain non bâti, l'association des conservateurs avait en son temps estimé qu'il convenait d'apprécier dans chaque cas s'il était nécessaire ou non de recourir à un état descriptif de division et qu'il n'y avait pas lieu d'insister si celui-ci n'était pas absolument nécessaire pour la désignation de la partie grevée. Il n'est pas souhaitable en effet de multiplier les divisions dont l'utilité serait temporaire alors que leurs effets survivraient aux inscriptions qui les auraient motivés, puisque les numéros de lots attribués par l'état descriptif de division seraient définitifs (D. 14 oct.1955, art. 71-9, al. 3). Ceci pourrait être pour l'avenir une source de difficultés, si l'immeuble en cause venait ultérieurement à faire l'objet d'une autre division sur des bases différentes puisque les numéros attribués seraient définitifs (D. 14 oct. 1955, art. 71-9, al. 3. – *Bull. AMC*, art. 383).

3699 **Pluralité d'immeubles bordant une cour commune et désignés par un seul numéro de**

rue. On trouve dans la périphérie de l'agglomération des grandes villes des immeubles situés sur une rue régulièrement numérotée et composée de terrains et de bâtiments desservis par une cour commune ayant un seul accès sur la rue. La vente ou l'affectation hypothécaire d'un seul de ces bâtiments par le propriétaire de l'ensemble immobilier n'entraîne aucune indivision du sol. Le plus souvent, en cas de vente, une servitude de passage est consentie sur la cour commune où celle-ci est mise dans l'indivision, mais le bâtiment cédé constitue un bâtiment distinct. Dans cette hypothèse, lorsqu'une formalité est requise, il devient très difficile, sinon impossible, d'identifier le bâtiment dont il s'agit : à défaut de division parcellaire, un état de division dressé par le propriétaire de l'ensemble serait donc, ici, très précieux (Doc. adm. DGI, 10 E-4311, n° 18, 1er août 1986).

B Règles d'établissement de l'état descriptif de division

D. 14 oct. 1955, art. 71-1. – (*Créé à compter du 1er janvier 2013, D. n° 2012-1462, 26 déc. 2012, art. 25 et 39*)

L'état descriptif de division, prévu à l'article 7 du décret [n° 55-22] du 4 janvier 1955 susvisé, peut être contenu soit dans un acte spécialement dressé à cet effet, soit dans un règlement de copropriété ou un cahier des charges concernant, en outre, l'organisation de la gestion collective, soit dans tout autre acte ou décision judiciaire. Un seul état descriptif doit être établi lorsque plusieurs bâtiments ou groupes de bâtiments pouvant faire l'objet de copropriétés particulières sont édifiés sur un sol dont la propriété est placée globalement sous le régime de l'indivision forcée.

L'état descriptif doit identifier l'immeuble auquel il s'applique, opérer une division en lots et attribuer un numéro à chaque lot.

D. 14 oct. 1955, art. 71-2. – Un lot est formé par toute fraction d'immeuble sur laquelle s'exercent ou peuvent s'exercer des droits réels concurrents, y compris la quote-part des parties communes, si elle existe et si elle est déterminée.

Constitue une fraction au sens de l'article 7 du décret du 4 janvier 1955 susvisé :

a) Pour les bâtiments, chaque local principal (appartement, boutique, local à usage commercial ; professionnel ou industriel, etc.) et chaque local secondaire (chambre de service, cave, garage, grenier, etc.) ;

b) Pour les terrains non bâtis, chaque portion de terrain sur laquelle est réservé un droit réel privatif ou chaque portion destinée à faire l'objet d'une inscription ou d'une mention en marge d'une inscription. Dans ce dernier cas, le surplus de l'immeuble constitue également une fraction.

D. 14 oct. 1955, art. 71-3. – Chaque fraction doit être identifiée par son emplacement, lui-même déterminé par la description de sa situation dans l'immeuble ou par référence à un plan ou croquis annexé à la minute de l'acte ou de la décision judiciaire, dont une copie est jointe à la requête. Lorsque la fraction dont il s'agit est située dans un bâtiment, sa situation est définie par l'indication de l'escalier, de l'étage, de l'emplacement dans l'étage et par l'indication du bâtiment dont fait partie le local décrit quand l'immeuble comprend plusieurs bâtiments.

D. 14 oct. 1955, art. 71-4. – Les lots font l'objet d'un numérotage continu dans une série unique à partir de l'unité.

Lorsque l'immeuble est constitué par plusieurs bâtiments ou corps de bâtiments, les lots peuvent faire l'objet d'un numérotage continu dans des séries successives affectées à chacun d'eux à partir de nombres séparés par des intervalles convenables.

Les numéros désignant les lots nouveaux sont pris à la suite des numéros existants dans la série unique ou dans l'une des séries successives.

Dans tout état descriptif de division établi après la suppression d'un état descriptif antérieur, dans tout acte modificatif d'un état descriptif de division préalablement inscrit, en cas de division ou de réunion de copropriétés existantes, le numérotage des lots ne doit reprendre aucun des numéros précédemment attribués.

1 Forme de l'état descriptif de division

3700 Obligatoirement dressé en la forme authentique (D. 4 janv. 1955, art. 4), l'état descriptif de division peut être contenu soit dans un acte spécialement dressé à cet effet, soit dans un règlement de copropriété ou un cahier des charges concernant, en outre, l'organisation de la gestion collective, soit dans un tout autre acte de décision judiciaire (D. 14 oct. 1955, art. 71-1, 1er al. – Doc. adm. DGI, 10 E-4322, n° 1, 1er août 1986).

3701 C'est ainsi qu'il peut figurer dans l'acte même qui, pour la première fois, fait état de la division ou de la possibilité de division de l'immeuble (acte d'affectation hypothécaire ou de mainlevée partielle, par exemple ; la publication de l'état descriptif de division doit précéder en ce cas l'inscription ou la radiation partielle) et intéresse une fraction dudit immeuble, ou dans l'acte qui porte attribution des lots (en propriété ou en jouissance. – Doc. adm. DGI, 10 E-4322, n° 2, 1er août 1986).

3702 Le plus souvent, l'état descriptif sera constaté dans un acte notarié. S'il est sous seing privé, il devra être réitéré en la forme authentique, pour pouvoir être admis à la publication en y annexant éventuellement l'acte sous seing privé d'origine (*Bull. AMC* 2010-2011, art. 1956, n° 22. – P.-F. Cuif, *Réforme de la publicité foncière [art. 710-1 C. civ.] : Nouvelles règles et nouvelles pratiques pour le notaire : Bull. Cridon Paris* 1er-15 août 2011, p. 2 et s., n° 16). L'article 710-1 du Code civil exclut en effet le dépôt au rang des minutes d'un notaire avec reconnaissance d'écriture et de signature, selon la pratique antérieure (V. **Authenticité**).
Mais l'état descriptif pourra également résulter d'une décision judiciaire ; il en sera ainsi, notamment, dans le cas où, à la suite d'une adjudication judiciaire, suivie d'une déclaration d'adjudicataire, l'immeuble vendu fera l'objet d'une division entre les bénéficiaires de la déclaration, conformément à un état de division annexé (Doc. adm. DGI, 10 E-4322, n° 3, 1er août 1986).

3703 En toute hypothèse, il ne peut qu'être conseillé de ne requérir la publication de l'état descriptif de division que lorsqu'il peut être considéré comme définitif. Ainsi sera évitée la série, parfois très importante, de modificatifs qui seraient inévitables, en raison des changements dans la composition des lots, si la publicité de l'état descriptif était requise trop tôt (Doc. adm. DGI, 10 E-4322, n° 4, 1er août 1986).

3704 **Identification des propriétaires.** Il va de soi que l'état descriptif de division doit contenir l'identité complète des propriétaires ou copropriétaires de l'immeuble ou de l'ensemble immobilier auquel il s'applique. Cette identité est certifiée, dans les conditions ordinaires, au pied du document destiné aux archives de la conservation (Doc. adm. DGI, 10 E-4322, n° 5, 1er août 1986).

2 Contenu de l'état descriptif de division

3705 L'état descriptif de division doit :
– identifier, conformément au premier alinéa de l'article 7 du décret du 4 janvier 1955, l'immeuble ou l'ensemble immobilier auquel il s'applique et dont il doit indiquer la consistance globale exacte ;
– déterminer les différentes fractions dudit immeuble ou ensemble immobilier, identifier chacune d'elles de façon précise et lui attribuer un numéro d'ordre, dit numéro de lot.

a) Désignation de l'immeuble ou de l'ensemble immobilier auquel s'applique l'état descriptif de division

3706 **Références cadastrales.** L'état descriptif de division doit, en premier lieu, identifier, conformément aux prescriptions du premier alinéa de l'article 7 du décret du 4 janvier 1955, l'immeuble ou l'ensemble immobilier auquel il s'applique, c'est-à-dire qu'il doit indiquer, en dehors de la commune de la situation, la nature de l'immeuble ou de l'ensemble immobilier intéressé, ainsi que :
– la désignation cadastrale (section et numéro du plan cadastral) de chaque parcelle le composant ;
– la contenance de chaque parcelle (contenance cadastrale, complétée, le cas échéant, par la contenance d'après les titres ou d'après un mesurage).

3707 **Pluralité de parcelles cadastrales.** Lorsque l'immeuble pour lequel doit être établi un état descriptif de division est situé dans une commune à cadastre rénové et se compose de plusieurs parcelles cadastrales, il était conseillé de demander au service du cadastre la réunion de celles-ci en une parcelle unique avant l'établissement de l'état descriptif.
Mais en 1994, la Direction générale des impôts a mis en place un dispositif de réunion de parcelles constituant l'assise d'états descriptifs de division. C'est ainsi que chaque conservateur des hypothèques a été invité à répertorier tous les immeubles de ce type dont l'assise est constituée par plusieurs unités foncières (sont exclus du dispositif ceux dont l'assiette foncière serait « mixte », c'est-à-dire constituée par des lots volumétriques et des parcelles classiques).
Les listes seront transmises au service du cadastre, lequel, après avoir obtenu l'accord soit des copropriétaires, soit du syndic de la copropriété, procédera à la réunion de ces parcelles d'assises

multiples. Ces réunions seront alors publiées dans les conservations au moyen de procès-verbaux.
➤ Sur les modalités pratiques d'application de cette mesure, V. *JCP* N 1994, en bref n° 20.

3708 Immeuble dont l'assiette est située sur plusieurs communes dépendant de deux bureaux d'hypothèque différents.
➤ Cette difficulté est examinée au mot **Service de la publicité foncière**.

3709 Voirie. L'état descriptif de division doit mentionner le lieudit qui est remplacé par l'indication de la rue et du numéro pour les immeubles situés dans les parties agglomérées des communes urbaines.
Depuis l'entrée en vigueur du décret n° 85-760 du 18 juillet 1985, l'élément « voirie », c'est-à-dire « la voie et le numéro dans la voie », a été ramené au rang des éléments non essentiels de désignation au même titre que la contenance ou la nature des immeubles. Une discordance entre l'acte et le fichier au niveau de la voirie n'entraîne plus aucune sanction, les fiches devant être rectifiées en fonction des indications de l'acte (Doc. adm. DGI, 10 E-4321, n° 2, 1er août 1986).

3710 Bien non délimité. L'assiette cadastrale de la copropriété peut éventuellement être constituée par un « bien non délimité » (chron. PJC : *JCP* N 1987, prat. 84).

b) Détermination et identification des fractions. Composition des lots

➤ Sur la notion de « fraction d'immeuble », sur l'identification des fractions et sur la composition des lots, V. **Lot de copropriété**.

3711 Liberté de division de l'immeuble en parties privatives et communes. Si dans un immeuble appelé à abriter un complexe hôtelier et thermal, l'état descriptif de division se borne à identifier les chambres, toutes offertes à la vente, tandis que le restaurant et les thermes sont compris dans les parties communes, le conservateur n'est pas fondé à opposer un refus de dépôt au motif que selon l'article 71-2 du décret du 14 octobre 1955, d'une part, tout local à usage commercial, professionnel ou industriel constitue une fraction d'immeuble au sens de l'article 7 du décret du 4 janvier 1955, d'autre part, chaque fraction forme un lot ; enfin, il est expressément prescrit d'accorder un numéro à chaque lot. En effet, ces dispositions régissent l'identification des seules parties de l'immeuble qualifiées de privatives dans le règlement de copropriété. Elles ne sont pas susceptibles d'être invoquées à l'égard de celles qui y sont réputées communes (*Bull. AMC* 1994, art. 1653).

c) Numérotage des lots

➤ Cette question est traitée au mot **Lot de copropriété**.

d) Tableau récapitulatif

D. 14 oct. 1955, art. 71-5. – L'état descriptif est résumé obligatoirement dans un tableau incorporé à l'acte lui-même ou annexé à celui-ci et comportant les colonnes suivantes dans la mesure de l'existence des éléments correspondants :

a) Numéro du lot, dans l'ordre croissant des numéros ;

b) Bâtiment ;

c) Escalier ;

d) Étage ;

e) Nature du lot ;

f) Quote-part des parties communes.

Ce tableau, qui doit figurer dans l'extrait ou l'expédition, déposé au service de la publicité foncière, est reproduit par ce service au fichier immobilier.

3712 Pour assurer une uniformité de présentation des documents déposés, l'article 71-5 du décret du 14 octobre 1955 dispose que la désignation des lots telle qu'elle est détaillée dans l'état descriptif de division est résumée dans un tableau incorporé à l'acte lui-même ou annexé à celui-ci.
Ce tableau conçu pour les cas complexes comporte les colonnes suivantes :
1. numéro du lot, dans l'ordre croissant des numéros
2. bâtiment ;
3. escalier ;
4. étage ;
5. nature du lot ;
6. quote-part des parties communes (Doc. adm. DGI, 10 E-4321, n° 27, 1er août 1986).

3713 La consistance des lots (nombre de pièces, surface, etc.) n'a pas à figurer dans le tableau récapitulatif, non plus que leur emplacement à l'étage (par ex., « 1er étage droite ». – V. chron. P.J.C. : *JCP* N 1988, prat. 586).

3714 Les colonnes n'ont toutefois, à être aménagées que dans la mesure de l'existence des éléments correspondants.

En effet, dans des conditions particulières, certains des six éléments énumérés ci-dessus n'existent pas. Il en est ainsi, par exemple, dans les copropriétés dites horizontales pour lesquelles les colonnes 2 à 4 n'ont pas à être utilisées puisqu'il s'agit exclusivement de décrire des lots formés de maisons individuelles bâties sur un sol indivis. Il est également possible de s'abstenir de faire des colonnes pour des éléments communs à tous les lots (par ex. : bâtiment unique). Une indication en tête du tableau suffit (Doc. adm. DGI, 10 E-4321, n° 28, 1er août 1986).

3715 *A contrario*, le développement de certaines formes juridiques nouvelles adaptées aux besoins des grands ensembles peut conduire, dans un souci de clarté et de meilleure désignation des lots, à faire état d'éléments de localisation spécifiques.

Ces éléments peuvent être retenus dans le tableau récapitulatif, étant entendu, cependant, que cette possibilité ne doit pas déboucher sur une complexité des tableaux qui nuirait à leur bonne exploitation et rester, en toute hypothèse, compatible avec la contexture du tableau II des fiches d'immeubles (ainsi par ex., en matière de division de propriété en volumes : V. **Volumes**).

En tout état de cause, lorsqu'il s'agit d'état descriptif se rapportant à des divisions d'immeubles que l'on peut qualifier d'ordinaires (copropriété verticale ou horizontale, inscription ou publication de droits concurrents sur des fractions d'immeuble bâties ou non bâties), les éléments figurant au tableau récapitulatif ne peuvent être que ceux énumérés à l'article 71-5.

Le tableau figure obligatoirement sur l'expédition ou l'extrait déposé à la conservation. Il est reproduit, lorsqu'il s'agit d'immeubles urbains, au tableau II des fiches d'immeubles (Doc. adm. DGI, 10 E-4321, n° 29, 1er août 1986).

3716 **Identification des fractions lors des formalités ultérieures.** Une fois l'état descriptif de division établi et publié, l'identification de ces fractions peut être faite, dans tout document déposé dans un service de la publicité foncière, par la seule mention du numéro du lot et, le cas échéant, de la quote-part des parties communes contenue dans ce lot telle qu'elle figure au tableau récapitulatif. Ce sont, en effet, ces deux seuls éléments que les services de la publicité foncière doivent retenir pour vérifier la concordance dans la désignation des lots entre, d'une part, les énonciations contenues dans un document déposé aux fins de publicité et, d'autre part, les énonciations correspondantes contenues dans l'état descriptif de division (ou les actes modificatifs) ou dans les documents antérieurement publiés. Il n'est pas nécessaire de rappeler les autres éléments d'identification du lot considéré contenus dans l'état descriptif de division.

Les services de la publicité foncière conservateurs doivent même retenir seulement le numéro de lot pour les commandements de saisie, les bordereaux d'inscription et les actes ou décisions à mentionner en marge d'une inscription, dès lors que l'indication dans ces documents de la quote-part des parties communes n'est pas obligatoire même si elle est déterminée (Doc. adm. DGI, 10 E-4321, n° 30, 1er août 1986).

Numéro de lot	Bâtiment	Escalier	Étage	Nature du lot	Quote-part (en dix millièmes)
1 *2* *3* *4*	*A* *A* *A* *A*	*Un*	*Rez-de-chaussée* *Rez-de-chaussée* *Rez-de-chaussée* *1er étage*	*Appartement* *Appartement* *Appartement* *Appartement*	*96* *172* *180* *182*
24	*A*	*Un*	*6e étage*	*Chambre de service*	
34	*A*		*Sous-sol*	*Cave*	*9*
53	*A*		*Sous-sol*	*Cave*	*9*
101	*B*		*Rez-de-chaussée*	*Appartement*	*175*
125	*B*	*Un*	*6e étage*	*Chambre de service*	*28*
133	*B*		*Sous-sol*	*Cave*	*9*
150	*B*		*Sous-sol*	*Cave*	*9*
201	*Garage*		*Sous-sol*	*Emplacement auto*	*14*
224	*Garage*		*Sous-sol*	*Emplacement auto*	*14* *10 000*

3717 Absence de tableau récapitulatif. L'absence de tableau récapitulatif est une cause de rejet :
– si cette omission affecte la minute de l'acte, elle doit être réparée par l'établissement d'un acte complémentaire renfermant le tableau omis ;
– si elle affecte seulement l'expédition déposée en vue de la publication, le document rectificatif à publier consiste dans un extrait de l'état descriptif de division reproduisant les énonciations essentielles de l'acte nécessaires pour son annotation au fichier (désignation des parties et de l'immeuble notamment), limitées pour le surplus au tableau omis dans les expéditions déjà déposées. Cet extrait est établi en double exemplaire (V. sur ce point CA Basse-Terre, 5 avr. 1982 : *Bull. AMC* 1982, art. 1248).

3 Personnes habilitées à établir l'état descriptif de division

3718 Principe. L'état descriptif de division doit être établi par les propriétaires ou copropriétaires de l'immeuble ou de l'ensemble immobilier auquel il s'applique (D. 14 oct. 1955, art. 71-10).

3719 Règles spéciales. Des règles spéciales concernent les immeubles qui n'ont pas d'état descriptif de division. Elles sont exposées ci-dessous (V. n°s 3720 et s.).

II Immeubles n'ayant pas d'état descriptif de division

3720 L'obligation d'identifier par un numéro de lot, préalablement attribué par un état descriptif de division, les fractions d'immeuble faisant l'objet d'un acte ou d'une décision soumis à publicité ne doit pas aboutir à porter préjudice aux tiers en mettant obstacle aux formalités intéressant lesdites fractions, lorsqu'il n'a pas été encore dressé ni publié d'état descriptif de division de l'ensemble de l'immeuble, spécialement lorsque les formalités de publicité requises n'exigent pas le concours du ou des propriétaires ou copropriétaires intéressés telles que saisies, inscriptions de privilèges et d'hypothèques judiciaires ou légales.
Aussi, les articles 50-1 et 50-2 du décret du 4 janvier 1955 complètent-ils les dispositions de l'article 7 dudit décret relatives à l'état descriptif de division : ils édictent deux séries de mesures destinées à faciliter l'établissement de ce document. Certaines sont d'application générale (1). D'autres concernent plus particulièrement le cas où la formalité est requise sans le concours du propriétaire du lot : saisie ou hypothèque judiciaire ou légale (2).

A Mode d'établissement de l'état descriptif de division

BIBLIOGRAPHIE : S. Lamiaux, *L'état descriptif de division forcé* : *JCP* N 2015, n° 5, 1062.

1 Mesures d'application générale

D. 4 janv. 1955, art. 50-1. – Lorsqu'il n'a pas été transcrit ou publié de document analogue à l'état descriptif de division d'un immeuble visé à l'alinéa 3 de l'article 7, tout intéressé peut requérir un notaire d'en établir un, en vue de la publication d'un acte ou d'une décision concernant une fraction dudit immeuble.

Les propriétaires ou leur représentant sont tenus de communiquer au notaire tous actes ou documents nécessaires.

Si un ou plusieurs propriétaires contestent l'état descriptif ainsi établi, le notaire complète celui-ci, avant d'en requérir la publication, par un procès-verbal constatant les réserves des opposants.

Les dispositions qui précèdent sont applicables lorsque le document transcrit ou publié attribue un même numéro à plusieurs lots différents, ou lorsqu'une subdivision ou une réunion des lots désignés par ce document a été opérée sans qu'il ait été transcrit ou publié un document analogue à l'état modificatif visé à l'alinéa 3 de l'article 7.

3721 **Cas où l'intervention d'un notaire peut être requise.** En premier lieu (art. 50-1), toute personne ayant intérêt à ce qu'un état descriptif de division soit publié préalablement à une formalité à laquelle elle doit procéder peut requérir un notaire de l'établir pour l'ensemble de l'immeuble, notamment dans les cas suivants :
– lorsqu'il n'a pas été encore dressé, transcrit ou publié un document analogue à l'état descriptif de division, parce que, par exemple, les parties qui doivent l'établir ne se mettent pas d'accord à cet effet ;
– lorsqu'un tel document a été transcrit ou publié, mais attribue un même numéro à plusieurs lots différents ; ce document n'est pas régulier, en effet, dès lors qu'un numéro distinct n'est pas attribué à chaque lot (Doc. adm. DGI, 10 E-4323, n° 4, 1er août 1986).

3722 **Pièces à communiquer au notaire.** En vue de l'établissement de l'état descriptif, les propriétaires ou leurs représentants sont tenus de communiquer au notaire requis tous actes ou documents nécessaires. En particulier, le syndic est à même de fournir les renseignements nécessaires pour connaître l'état civil des copropriétaires que le notaire doit certifier (Doc. adm. DGI, 10 E-4323, n° 5, 1er août 1986).

3723 Le consentement de chaque copropriétaire à l'état descriptif n'est pas indispensable, non plus que la signature par d'autres personnes que le notaire. Celui-ci a pour seule obligation d'inviter – par le procédé qu'il jugera opportun – les copropriétaires à lui faire connaître dans un certain délai (qu'il fixera lui-même...) s'ils ont des réserves à formuler sur le projet d'état descriptif dont il leur adresse une copie ; il doit les informer qu'à défaut de réponse dans ledit délai, cet état sera publié au fichier immobilier. Si certains copropriétaires sont incapables, le projet d'état descriptif doit être communiqué à leurs représentants légaux (Doc. adm. DGI, 10 E-4323, n° 6, 1er août 1986).

3724 **Contestations.** Si un ou plusieurs propriétaires contestent l'état descriptif ainsi établi, le notaire complète celui-ci, avant d'en requérir la publication, par un procès-verbal constatant les dires des opposants (Doc. adm. DGI, 10 E-4323, n° 7, 1er août 1986).

3725 Dans l'hypothèse visée au texte, l'état descriptif de division est alors établi aux frais de ceux qui le requièrent. Il est aussi possible de demander à l'assemblée la désignation d'un expert pour le dresser aux frais de la copropriété (V. D. 14 oct. 1955, art. 71-10, *infra*).

Il peut être publié sous la seule signature du copropriétaire qui en a demandé l'établissement (*Bull. AMC* 1962, art. 510). Sur ce texte, voir l'instruction du 11 mars 1959, n° 21. – P. Lebatteux, *À propos des immeubles qui n'ont pas d'état descriptif de division* : *Administrer* 1982, n° 123, p. 2.

2 Cas particulier des formalités requises sans le concours du propriétaire du lot

D. 4 janv. 1955, art. 50-2. – En ce qui concerne les formalités de publicité requises sans le concours du titulaire du droit, la désignation de la fraction d'immeuble intéressée est faite sur la base d'un procès-verbal descriptif, dressé par un huissier de justice et attribuant un numéro à ladite fraction, lorsque l'état descriptif de division ou un document analogue n'a pas été préalablement publié ou que sa publication n'est pas simultanément requise.

Il en est de même lorsque la fraction d'immeuble intéressée a été postérieurement à la publication du document constatant le droit du requérant, soit divisée, soit réunie en tout ou en partie à un autre lot, sans qu'un acte modificatif de l'état de division ait été publié.

Dans le cas où le document à publier n'est pas un commandement pour valoir saisie, l'huissier de justice doit être commis par ordonnance sur requête rendue par le président du tribunal de grande instance de la situation de l'immeuble et peut instrumenter dans les conditions prévues au dernier alinéa de l'article 673 du Code de procédure civile (ancien).

3726 **Procès-verbal descriptif établi par huissier.** En second lieu (art. 50-2), pour tous les actes ou décisions auxquels demeure étranger le propriétaire ou copropriétaire de la fraction d'immeuble intéressée – saisie, inscription de privilège et d'hypothèque judiciaire ou légale – l'état descriptif de division peut être remplacé par un procès-verbal descriptif dressé par un huissier de justice, attribuant à cette fraction un numéro définitif qui est, en principe, le numéro 1, le numéro 2 étant alors attribué au surplus de l'immeuble.
Dans ce cas, les numéros attribués dans le procès-verbal descriptif dressé par huissier sont signifiés au propriétaire ou au représentant de la collectivité des copropriétaires, au lieu de l'immeuble. Ils sont obligatoirement repris, pour désigner ladite fraction et le surplus de l'immeuble, dans l'état descriptif de division, ultérieurement publié, et dans tous actes et décisions se rattachant à la

procédure de saisie, y compris le jugement définitif d'adjudication (D. 14 oct. 1955, art. 71-11). Pour permettre à l'huissier de visiter les lieux afin de dresser le procès-verbal, le dernier alinéa de l'article 50-2 dispose que, si le document à publier n'est pas un commandement pour valoir saisie, l'huissier doit être commis par ordonnance sur requête rendue par le président du tribunal de grande instance de la situation de l'immeuble et peut instrumenter dans les conditions prévues au dernier alinéa de l'article 673 du Code de procédure civile (ancien) (Doc. adm. DGI, 10 E-4323, n° 8, 1er août 1986).

3727 Cependant, si un numéro de lot a été attribué par le conservateur (qui devient « service de la publicité foncière à compter du 1er janvier 2013) à la fraction concernée, pendant la période transitoire prévue par le décret n° 60-963 du 5 septembre 1960 (V. plus loin comm., D. 14 oct. 1955, art. 71-8, nos 3729 et s.), l'article 8, alinéa 1-2, dudit décret dispense de l'intervention de l'huissier de justice. L'attribution de numéro de lot par le conservateur vaut état descriptif (Doc. adm. DGI, 10 E-4323, n° 9, 1er août 1986).

3728 Si, pour tous les actes ou décisions auxquels demeure étranger le propriétaire ou copropriétaire de la fraction d'immeuble intéressée – en particulier pour les actes et décisions se rattachant à la procédure de saisie, y compris le jugement définitif d'adjudication – le procès-verbal descriptif de l'huissier ou l'attribution de numéro de lot par le conservateur (aujourd'hui par le service de la publicité foncière) tiennent lieu de l'état de division, le droit commun reprend son empire, dès qu'une formalité de publicité est requise par le propriétaire ou copropriétaire lui même ou suppose son consentement (affectation hypothécaire par exemple), le refus du dépôt sanctionne le défaut de publication préalable ou requise simultanément de l'état de division (Doc. adm. DGI, 10 E-4323, n° 10, 1er août 1986).

B Mesures transitoires

D. 14 oct. 1955, art. 71-8. – Lorsque la division de l'immeuble est antérieure à la date d'entrée en vigueur du décret n° 59-89 du 7 janvier 1959 et qu'il n'a pas été transcrit ou publié un document analogue à l'état descriptif de division permettant l'identification précise de chaque fraction par un numéro de lot, il doit être établi et publié au fichier immobilier avant réquisition d'une nouvelle formalité un état descriptif tenant compte de la division telle qu'elle résulte des documents antérieurs, y compris ceux portant subdivision ou réunion des lots initialement constitués, même s'il n'a pas été fait de distinction entre les locaux principaux et secondaires.

Un état descriptif de division doit également être établi et porté au fichier immobilier lorsque dans le document analogue à l'état descriptif de division le même numéro a été attribué à plusieurs lots différents : il est procédé à un nouveau numérotage effectué dans les conditions prévues à l'article 71-4, sans toutefois utiliser aucun des numéros précédemment attribués et sans modifier la division résultant du document antérieurement transcrit ou publié.

Lorsque le document analogue à l'état descriptif de division permet l'identification précise de chaque fraction de l'immeuble par un numéro de lot mais qu'une subdivision ou une réunion de lots a été opérée sans qu'il ait été transcrit ou publié un document analogue à l'acte modificatif prévu aux articles 71-6 et 71-7, un acte modificatif doit être établi et porté au fichier immobilier avant réquisition d'une nouvelle formalité concernant les lots modifiés.

Dans les cas prévus ci-dessus, la désignation des lots est résumée obligatoirement dans un tableau identique à celui dont l'établissement est prescrit par les articles 71-5 à 71-7. Ce tableau rappelle, en outre, dans les colonnes supplémentaires en regard de chaque lot les nom et prénoms ou la dénomination du ou des propriétaires actuels complétés par le numéro précédemment attribué dans le numérotage originaire toutes les fois que l'état descriptif de division y substitue un nouveau numérotage. L'identité des propriétaires actuels n'a pas à être certifiée.

➤ Sur les cas où la copropriété n'a pas d'état descriptif de division, V. aussi D. 4 janv. 1955, art. 50-1 et 50-2 et leur comm. ci-dessus.

3729 Pour les divisions d'immeubles effectuées postérieurement à l'entrée en vigueur du décret n° 59-89 du 7 janvier 1959, l'établissement d'un état descriptif de division destiné à assurer une identification précise des fractions d'immeuble est obligatoire.
Mais, des mesures transitoires ont dû être prévues pour permettre la publication d'actes, décisions ou bordereaux concernant des fractions d'immeuble dans le cas où la division est antérieure à cette date. Ces mesures font l'objet de l'article 7 1-8 du décret du 14 octobre 1955.

En outre, face aux difficultés rencontrées pour l'application de cet article, un régime temporaire dispensant d'établir un état descriptif de division avait été organisé par les articles 1 à 10 du décret n° 60-963 du 5 septembre 1960. Certaines de ces dispositions peuvent encore trouver à s'appliquer.

1 Dispositions prévues par l'article 71-8 du décret du 14 octobre 1955

a) Hypothèses dans lesquelles il n'y a pas lieu d'établir d'état descriptif ou d'acte modificatif

3730 Les dispositions de l'article 71 du décret du 14 octobre 1955 n'entraînent pas l'obligation de refaire systématiquement des règlements de copropriété établis, soit avant, soit après le 1er janvier 1956, alors même que ces règlements confondraient dans un lot unique des locaux principaux et des locaux secondaires. Le principe est qu'il n'y a pas lieu d'établir un état descriptif de division toutes les fois que le règlement de copropriété antérieurement publié individualise chaque fraction par un numéro de lot. De même, en cas de subdivision ou de réunion des lots initialement constitués, il n'y a pas lieu de publier un état descriptif de division s'il a été transcrit ou publié un modificatif au règlement de copropriété individualisant chacun des nouveaux lots issus de la subdivision ou de la réunion au moyen d'un numéro, à la seule condition que le numéro utilisé pour la désignation des nouveaux lots soit entièrement distinct de ceux qui avaient été employés dans le règlement de copropriété initial ou dans les autres actes modificatifs de ce règlement de copropriété. En particulier, il importe peu que les nouveaux lots réunissent des locaux principaux et des locaux secondaires (Doc. adm. DGI, 10 E-4361, n° 1, 1er août 1986).

3731 Bien plus, ainsi qu'on le verra plus loin, chaque fois qu'il y a lieu d'établir un état descriptif de division – soit qu'il n'ait pas été transcrit ou publié de document analogue à l'état descriptif de division, soit qu'un document de cette nature ait été transcrit ou publié, mais en désignant sous un même numéro des lots différents, soit que des subdivisions ou réunions aient été opérées sans être constatées par la publication ou la transcription d'un document analogue à l'acte modificatif – le nouveau document déposé doit respecter la composition des lots anciens et ceci en vue d'assurer la clarté des annotations faites au fichier (Doc. adm. DGI, 10 E-4361, n° 2, 1er août 1986).

3732 Ces règles répondent à une double préoccupation.
Il s'est agi d'abord d'éviter aux notaires de dresser de nombreux états descriptifs pour mettre les règlements de copropriété antérieurs en harmonie avec une nouvelle réglementation qui ne s'appliquait que pour l'avenir.
Il importait également de ne pas introduire des éléments de confusion dans la documentation hypothécaire en substituant, dans de nombreux cas, de nouveaux numéros à des numéros anciens qui individualisent parfaitement des fractions d'immeuble, même si les lots constitués groupent plusieurs fractions au sens donné à cette expression par les articles 71-2 et 71-3 du décret du 14 octobre 1955 (Doc. adm. DGI, 10 E-4361, nos 3 et 4, 1er août 1986).

3733 C'est ainsi que, par application des règles qui précèdent, il n'y a pas lieu d'exiger l'établissement d'un état descriptif de division (ni d'un acte modificatif) pour le seul motif que le « document analogue » déjà transcrit ou publié :
- ne contient pas de tableau récapitulatif ;
- comporte un numérotage discontinu ou opéré à partir d'un nombre autre que l'unité ;
- emploie le mot « partie » aux lieu et place du mot « lot » ;
- n'emploie ni le mot « lot », ni le mot « partie », ni aucun autre vocable analogue, dès lors qu'en fait, il décrit les diverses fractions composant l'immeuble et les identifie par un numéro ;
- a été établi par une personne ou une collectivité désormais incompétente pour dresser un état descriptif de division (Doc. adm. DGI, 10 E-4361, n° 5, 1er août 1986).

b) Hypothèses dans lesquelles il y a lieu d'établir soit un état descriptif, soit un acte modificatif

3734 Avant d'examiner successivement les trois hypothèses que distingue l'article 71-8, il convient de signaler que, généralement, dans les cas de l'espèce, les conservateurs ont attribué eux-mêmes aux fractions d'immeuble, à l'occasion des publications requises depuis le 1er janvier 1956, des numéros pour ordre, afin de permettre le classement et la consultation des fiches des lots.
Dans l'intérêt général, il y a avantage à ce que les notaires demandent aux services de la publicité foncière une copie du tableau II de la fiche générale d'immeuble qui leur indiquera le numérotage d'ordre intérieur ainsi adopté et leur permettra de rendre celui-ci définitif (Doc. adm. DGI, 10 E-4361, n° 6, 1er août 1986).

1) Premier cas : il n'a pas été transcrit ou publié un document analogue à l'état descriptif de division permettant l'identification précise de chaque fraction par un numéro de lot (art. 71-8, 1er al.)

3735 Il doit alors être établi et publié, avant réquisition d'une nouvelle formalité, un état descriptif tenant compte de la division telle qu'elle résulte des documents antérieurement transcrits ou publiés, y compris ceux portant subdivision ou réunion des lots initialement constitués, même s'il n'a pas été fait de distinction entre les locaux principaux et secondaires.

Il importe, en effet, pour assurer la clarté des annotations faites au fichier, et permettre d'établir un lien avec les formalités publiées avant l'entrée en vigueur du décret n° 59-89 du 7 janvier 1959, de ne pas modifier la composition des lots, telle qu'elle résulte des documents déjà publiés ou transcrits. Ainsi, la composition des lots demeure définitive – bien que la répartition en lots ne soit pas conforme aux prescriptions de l'article 71-2, alinéa 2 du décret du 14 octobre 1955 – et l'état descriptif a pour seul objet d'attribuer un numéro à chacun de ces lots, ce numéro s'imposant désormais pour désigner la fraction d'immeuble qu'il concerne dans tous les documents publiés à la conservation (Doc. adm. DGI, 10 E-4361, n° 7, 1er août 1986).

3736 Il s'ensuit que, s'il a été transcrit ou publié un document analogue à l'état descriptif de division, permettant l'identification précise des fractions créées par un numéro, il n'y a pas lieu à établissement d'un état de division, même si un local principal (appartement) et des locaux secondaires (chambre de service, cave, garage) sont compris dans le même lot et identifiés par un seul numéro (Doc. adm. DGI, 10 E-4361, n° 8, 1er août 1986).

3737 Toutefois, si dans le document analogue à l'état descriptif, les lots sont désignés par des lettres au lieu de l'être par des chiffres, ce document ne dispense pas de l'établissement d'un véritable état descriptif (la désignation des lots par des lettres rend difficile l'affectation de nouvelles désignations individuelles dans le cas de subdivision d'un lot ou de réunion de plusieurs lots).

Il en est de même lorsque ledit document utilise des numéros *bis*, *ter*, etc., ou désigne des lots différents par un même numéro, la distinction entre eux étant assurée par l'adjonction à certains numéros d'une lettre indicative, par exemple lorsque le n° 1 désigne un appartement, le n° 1-C une cave et le n° 1-G un garage (Doc. adm. DGI, 10 E-4361, n° 9, 1er août 1986).

3738 La question de savoir si l'identification des lots est suffisamment précise est une question de fait. Le conservateur (qui devient « service de la publicité foncière à compter du 1er janvier 2013) est en droit de refuser le dépôt, ou de rejeter la formalité s'il estime que le document antérieur réalisant ou constatant la division n'est pas satisfaisant et qu'un état descriptif de division est indispensable (Doc. adm. DGI, 10 E-4361, n° 10, 1er août 1986).

2) Deuxième cas : un document analogue à l'état descriptif de division a bien été transcrit ou publié, mais en désignant sous un même numéro des lots différents (art. 71-8, al. 2)

3739 Il en est ainsi, par exemple, lorsque, dans le « document analogue » déjà transcrit ou publié, on retrouve sous les nos 1, 2, 3, etc., à chaque étage d'un immeuble divisé par appartements ou dans chacun des bâtiments composant un même immeuble, l'indication complémentaire de l'étage ou du bâtiment permettant seule de différencier les lots.

Il en est de même lorsque plusieurs documents analogues à des états descriptifs ont été transcrits ou publiés – chacun portant sur un ou plusieurs bâtiments édifiés sur un sol placé globalement sous un régime d'indivision forcée – mais que les mêmes nos 1, 2, 3, etc., se retrouvent dans chacun (Doc. adm. DGI, 10 E-4361, n° 11, 1er août 1986).

3740 Il doit alors être substitué aux numérotages actuels un numérotage unique, effectué dans les conditions prévues à l'article 71-4 du décret du 14 octobre 1955, sans que la composition des lots telle qu'elle résulte des documents publiés ou transcrits (y compris ceux portant subdivision ou réunion des lots initialement constitués) soit pour autant modifiée. Mais le nouveau numérotage des lots doit être fait de telle sorte qu'aucun des numéros utilisés dans les documents antérieurement transcrits ou publiés ne soit repris dans l'état de division (Doc. adm. DGI, 10 E-4361, n° 12, 1er août 1986).

3741 Cette prescription vise d'ailleurs tous les cas où un numérotage nouveau est substitué à l'ancien. Il a été signalé, notamment, que depuis le 11 janvier 1956, quelques règlements de copropriété avaient été refaits entièrement et que le même numéro, dans les règlements établis successivement, désignait des lots différents : les conservateurs ont demandé aux notaires de procéder, dans ce cas, à un nouveau numérotage afin d'éviter des confusions regrettables.

Dans la situation ici envisagée, il est souhaitable que des contacts soient pris entre notaires et services de la publicité foncière avant l'établissement d'un état descriptif de division, les uns et les autres ayant intérêt à ce que le nombre des états descriptifs à publier soit le plus réduit possible (Doc. adm. DGI, 10 E-4361, n° 13, 1er août 1986).

3) Troisième cas : il a été transcrit ou publié un document satisfaisant, mais une subdivision ou une réunion de lots a été opérée sans qu'il ait été transcrit ou publié un document analogue à l'acte modificatif (art. 71-8, al. 3.)

3742 Un acte modificatif limité aux lots modifiés doit alors être établi suivant les modalités fixées à l'article 71-6 du décret du 14 octobre 1955 et publié avant réquisition d'une nouvelle formalité concernant les lots modifiés (Doc. adm. DGI, 10 E-4361, n° 14, 1er août 1986).

4) Dispositions communes

3743 Dans tous les cas prévus ci-dessus, l'état descriptif ou l'acte modificatif doit indiquer, pour chaque lot, les nom et prénoms ou la dénomination du (ou des) propriétaire(s) actuel(s) dans l'unique but de faciliter l'identification des lots. Cette identité sommaire n'a pas à être certifiée (D. 14 oct. 1955, art. 71-12, al. 4. – Doc. adm. DGI, 10 E-4361, n° 15, 1er août 1986).

3744 D'autre part, qu'il s'agisse d'un état descriptif ou d'un acte modificatif, un tableau résumant la désignation des lots est obligatoirement incorporé ou annexé à l'acte (D. 14 oct. 1955, art. 71-12, al. 4).

Ce tableau est identique à celui dont l'établissement est prescrit par les articles 71-5 et 71-7 du décret du 14 octobre 1955 (V. ci-dessus comm. de ces textes) sous une double réserve :

– il indique, dans tous les cas, dans une colonne supplémentaire, les nom et prénoms ou dénomination du propriétaire actuel de chaque lot ;

– en outre, lorsque l'établissement de l'état descriptif de division est motivé par le manque de précision du document antérieur ou le changement du numérotage, il rappelle, en regard de chaque numéro, le numéro d'ordre précédemment attribué à chaque lot (Doc. adm. DGI, 10 E-4361, n° 16, 1er août 1986).

2 Dispositions prises par le décret du 5 septembre 1960

3745 Une dispense provisoire d'état descriptif de division avait été édictée par le décret n° 60-963 du 5 septembre 1960 pour les immeubles divisés antérieurement à l'entrée en vigueur du décret du 7 janvier 1959 (*Bull. AMC* 1960, art. 442 et 443 ; *JCP* N 1973, prat. 5378).

Il a été mis fin à ce régime provisoire à compter du 1er janvier 1981 (sur la caducité de ce régime provisoire, et ses incidences : Instr. 10 E-5-80 : *JCP* N 1980, prat. 7688. – Instr. 20 janv. 1981 : *BODGI* 10 E-1-81 ; *JCP* N 1981, prat. 7849).

3746 L'abandon de ce régime a eu pour conséquence immédiate d'imposer la publication d'états descriptifs de division ou d'actes modificatifs, conformément aux prescriptions de l'ancien article 71-C du décret du 14 octobre 1955 (devenu art. 71-8), préalablement à celles d'actes ou de décisions judiciaires portant sur des fractions d'immeuble au sens de l'article 7 du décret du 4 janvier 1955.

Toutefois, cette situation n'a pas eu pour effet d'imposer, dans l'immédiat, d'une manière systématique, la confection, puis la publication d'actes descriptifs ou modificatifs pour tous les immeubles ayant fait l'objet d'une division avant la date d'entrée en vigueur des décrets susvisés du 7 janvier 1959, cette nécessité n'apparaît qu'au fur et à mesure de l'intervention d'un acte ou d'une décision judiciaire portant sur des fractions d'immeuble (Doc. adm. DGI, 10 E-4362, n° 3, 1er août 1986).

3747 Désormais, lorsqu'il y a lieu d'établir un état descriptif de division, ou des actes modificatifs, pour les immeubles dont la division est antérieure à l'entrée en vigueur des décrets nos 59-89 et 59-90 du 7 janvier 1959, les règles édictées par l'article 71-8 du décret du 14 octobre 1955 et par les articles 9 et 10 du décret du 5 septembre 1960 doivent être respectées (Doc. adm. DGI, 10 E-4362, n° 4, 1er août 1986).

3748 Le principe est le suivant : si aucun document analogue à l'état descriptif de division n'a été transcrit ou publié avant l'entrée en vigueur des décrets précités du 7 janvier 1959, un état descriptif de division doit être établi avant réquisition de toute nouvelle formalité portant sur une fraction de l'immeuble intéressé. Cet état descriptif doit tenir compte de la division telle qu'elle résulte des autres documents antérieurement transcrits ou publiés, même s'il n'a pas été fait de distinction dans ces documents entre locaux principaux et secondaires (Doc. adm. DGI, 10 E-4362, n° 5, 1er août 1986).

La combinaison de cette règle et des dispositions des articles 9 et 10 précités du décret du 5 septembre 1960 conduit à envisager plusieurs cas :

a) Aucun acte n'a été transcrit ou publié sur l'immeuble en cause

3749 L'état descriptif est établi selon les règles générales examinées *supra*, sous les articles 71-1 à 71-4 du décret du 14 octobre 1955 (Doc. adm. DGI, 10 E-4362, n° 6, 1er août 1986).

b) Des actes publiés ou transcrits font apparaître une division de l'immeuble

3750 **Exemple : vente d'un ensemble composé d'un appartement, d'une cave, d'un garage.** Règlement de copropriété divisant en lots globaux les droits de chacun des propriétaires, sans numérotage des lots...
L'état descriptif de division doit attribuer un numéro de lot à chacun des lots « globaux » tels qu'ils sont définis dans les actes antérieurs. Il en sera ainsi en particulier dans les cas où une quote-part de propriété aura été attribuée à ces lots globaux (Doc. adm. DGI, 10 E-4362, n° 7, 1er août 1986).

c) Des numéros de lots ont été attribués en application des dispositions transitoires et ont été utilisés dans des actes antérieurement publiés

3751 L'état descriptif de division reprend obligatoirement les numéros de lots précédemment attribués, en tenant compte de la consistance des fractions ainsi numérotées, sous peine de rejet de la formalité (D. 5 sept. 1960, art. 9). Les fractions qui n'auraient pas fait l'objet d'un numérotage sont individualisées comme il est dit dans le deuxième cas évoqué (V. *supra*. – Doc. adm. DGI, 10 E-4362, n° 8, 1er août 1986).

d) Cas particuliers (D. 14 oct. 1955, art. 71-8, al. 2 et 3)

3752 Deux cas doivent être ici envisagés :

3753 **Premier cas.** Le document analogue à l'état descriptif de division attribue un numéro identique à plusieurs lots différents.
Un état descriptif de division doit également être établi. À cette occasion, il sera procédé à un nouveau numérotage, ne reprenant aucun des numéros déjà utilisés, en application des règles générales fixées à l'article 71-4 (V. nos 3700 et s.).
La solution sera la même lorsque, à la suite d'une erreur, plusieurs lots auront fait l'objet d'un numérotage identique par le service de la publicité foncière (Doc. adm. DGI, 10 E-4362, n° 9, 1er août 1986).

3754 **Deuxième cas.** Le document analogue à l'état descriptif permet l'individualisation des lots par l'intermédiaire d'un numéro, mais a fait l'objet de subdivisions ou de réunions non transcrites ou publiées.
Un acte modificatif devra être publié, en ce qui concerne uniquement les fractions concernées, avant toute réquisition de publier un acte ou une décision judiciaire portant sur les lots modifiés (Doc. adm. DGI, 10 E-4362, n° 10, 1er août 1986).

3755 **Établissement du tableau récapitulatif.** L'article 71-8 impose l'utilisation d'un tableau récapitulatif identique à celui prescrit par les articles 71-5 et 71-8. Ce tableau doit, en outre, contenir dans les colonnes complémentaires la désignation succincte des propriétaires actuels, ainsi que le numéro précédemment attribué, soit dans le document analogue à l'état descriptif de division, soit par le service de la publicité foncière dans le cadre de la procédure transitoire (Doc. adm. DGI, 10 E-4362, n° 11, 1er août 1986).
Toutefois, il est apparu que l'obligation de mentionner l'identité ou la dénomination du ou des propriétaires actuels de chacun des lots pouvait parfois se révéler particulièrement contraignante, sinon impossible à respecter. Dès lors, il a été décidé d'accepter la publication des documents concernés lorsque le notaire estimant, sous le contrôle éventuel des tribunaux, avoir fait toute diligence pour retrouver des propriétaires, ne sera pas parvenu à déterminer l'identité des propriétaires actuels.
Dans ce cas, la colonne du tableau récapitulatif prévue à cet effet devra porter en face de chacun des lots concernés la mention « propriétaire indéterminé ». En outre, le document lui-même devra contenir soit dans le corps de l'acte à la suite de la description de chacun des lots concernés, soit en fin de l'acte, une mention indiquant de façon précise qu'il n'a pas été possible de parvenir à retrouver les propriétaires des lots désignés.
Dès lors qu'un état descriptif de division ou un acte modificatif comportera cumulativement ces deux indications, le refus du dépôt ne sera pas opposé (Doc. adm. DGI, 10 E-4362, n° 12, 1er août 1986).

3756 La certification de l'identité des propriétaires n'a pas à figurer dans les états descriptifs et les actes modificatifs dressés en application de l'article 71-8 (Doc. adm. DGI, 10 E-4362, n° 13, 1er août 1986).

III

Modifications à l'état descriptif de division

D. 14 oct. 1955, art. 71-6. – Toute modification, soit de l'immeuble auquel s'applique l'état descriptif, soit des lots, doit être constatée par un acte modificatif de l'état descriptif.

L'acte modificatif doit rectifier, suivant le cas, la désignation de l'ensemble de l'immeuble ou le numérotage des lots.

Si la modification résulte de l'acquisition de parties communes entraînant changement d'emprise, il n'y a pas lieu, lorsque la déclaration mentionnée au deuxième alinéa de l'article 16-1 n'a pas été déposée ou s'est révélée inexacte, à création de lots particuliers sur les parties communes acquises pour le seul motif que ces dernières sont grevées de droits distincts ou ne sont grevées d'aucun droit.

Si la modification consiste en une subdivision d'un lot, l'acte modificatif attribue un numéro nouveau à chacune des parties du lot subdivisé, lesquelles forment autant de lots distincts. Toutefois, hors les cas où l'acte modificatif constate la réunion ou la division de copropriétés existantes, lorsque la modification ne porte que sur la quote-part des parties communes incluses dans les lots intéressés, il n'y a pas lieu à attribution d'un nouveau numéro. La réunion de plusieurs lots pour former un lot nouveau ne peut donner lieu à la création d'un lot désigné par un seul numéro que si les lots réunis ne sont pas grevés, lors de la modification du titre de propriété, de droits ou charges différents publiés au fichier immobilier.

Les numéros désignant les lots nouveaux sont pris conformément au deuxième alinéa de l'article 71-4.

Lorsque l'acte modificatif constate la réunion ou la division de copropriétés existantes, le numérotage des lots de la ou des copropriétés nouvelles ne doit reprendre aucun des numéros précédemment attribués.

D. 14 oct. 1955, art. 71-7. – L'acte modificatif est résumé obligatoirement dans un tableau identique à celui prévu à l'article 71-5 mais limité aux lots modifiés et indiquant en outre dans une colonne supplémentaire :

a) En regard de chaque lot nouveau les numéros des lots modifiés dont les lots nouveaux sont issus ;

b) Et en regard des lots modifiés les numéros des lots nouveaux issus de la modification.

En cas de modification ne portant que sur la quote-part de parties communes comprises dans un lot de copropriété et ne donnant pas lieu à attribution d'un nouveau numéro, le tableau annexé à l'acte modificatif indique seulement dans la colonne supplémentaire la quote-part désormais comprise dans les lots modifiés.

En toute hypothèse le tableau doit figurer dans l'extrait ou l'expédition déposé au service de la publicité foncière.

A Cas où il est nécessaire d'établir un acte modificatif de l'état descriptif de division

3757 Après l'établissement de l'état descriptif de division, des modifications sont susceptibles d'être apportées :
– soit à l'immeuble ou à l'ensemble immobilier intéressé ;
– soit à la composition des lots.

1 Modifications de l'immeuble ou de l'ensemble immobilier

3758 En ce qui concerne l'immeuble ou l'ensemble immobilier intéressé, il peut arriver qu'il y ait accroissement ou diminution de sa consistance, notamment à la suite de l'acquisition ou de la vente de terrains ou de bâtiments, qui se trouvent ainsi ajoutés à l'unité foncière initialement constituée ou retranchés de cette dernière. Les modifications à la consistance de l'immeuble doivent être constatées dans un acte modificatif de l'état descriptif de division qui rectifie la désignation de l'ensemble de l'immeuble (D. 14 oct. 1955,

art. 71-6, al. 1 et 2. – Doc. adm. DGI, 10 E-4312, n°s 1 et 2, 1er août 1986).
➤ Sur des cas d'extension du terrain d'assiette, V. l'instruction du 1er août 1979, n°s 60 et s., 92 et s., 95 et s., et *JCP* N 1977, prat. 6545. – *JCP* N 1978, prat. 6811.

2 Modifications des lots

3759 Les lots, une fois constitués, peuvent être modifiés et lorsque leur composition subit une transformation soit dans la fraction qui y est incluse, soit dans la quote-part des parties communes – qu'il s'agisse d'un immeuble bâti ou d'un immeuble non bâti – il doit être établi et publié un acte modificatif de l'état descriptif de division (D. 4 janv. 1955, art. 7, al. 31, et D. 14 oct. 1955, art. 71-6, al. 1 et 2). L'acte modificatif doit, comme l'état descriptif, identifier l'immeuble ou l'ensemble immobilier auquel il s'applique (Doc. adm. DGI, 10 E-4312, n° 3, 1er août 1986).

3760 Les transformations apportées aux lots décrits dans l'état descriptif de division peuvent revêtir diverses formes et, notamment, les suivantes :
– division d'un lot (partie divise et partie commune), pour former deux ou plusieurs lots nouveaux, telle que vente de deux pièces d'un appartement destinés à former un lot distinct ;
– réunion de deux ou plusieurs lots (partie divise et partie commune) en un seul après acquisition, par le propriétaire d'un appartement, d'un studio attenant ;
– division d'un lot (partie divise et partie commune) suivie du rattachement immédiat d'une des parties du lot divisé à un lot existant, à l'occasion de la vente d'une pièce d'un appartement au propriétaire de l'appartement voisin qui l'incorpore à celui-ci ;
– changement dans la quote-part des parties communes affectant tous les lots ou seulement quelques-uns.
Sauf le cas de rectification d'une erreur matérielle commise dans l'état descriptif, un tel changement est juridiquement la conséquence d'une division de la quote-part attachée à certains lots et du rattachement à d'autres lots de la fraction détachée des lots divisés (Doc. adm. DGI, 10 E-4312, n° 4, 1er août 1986).

3761 **Surélévation.** Il y a obligation de dresser un acte modificatif, lorsque le propriétaire du dernier étage d'un bâtiment exhausse celui-ci pour agrandir son appartement.
Lorsque la convention initiale n'a pas envisagé les suppléments de constructions réalisés, la quote-part incluse dans le lot augmenté doit logiquement être accrue dans les mêmes proportions. Le titulaire du lot dont la composition se trouve accrue doit acquérir de ses copropriétaires les droits indivis correspondants.
Toutefois, lorsque la convention initiale a été établie en tenant compte des constructions projetées, il faut admettre que la quote-part des parties communes a été calculée en fonction de l'immeuble considéré dans son futur état d'achèvement, de sorte qu'il n'y a pas lieu de modifier la répartition des millièmes lors de la réalisation du programme prévu à l'origine (Doc. adm. DGI, 10 E-4312, n° 5, 1er août 1986).

3762 Un acte modificatif doit, également, être établi en cas de vente du droit de surélévation d'un immeuble collectif au profit d'une ou plusieurs personnes autres que le propriétaire du dernier étage (Doc. adm. DGI, 10 E-4312, n° 6, 1er août 1986).
Sur ces cas de surélévation, V. chron. : *JCP* N 1967, IV, 4254. – *JCP* N 1979, prat. 7381 par E.C.

3763 Il en est de même lorsque, dans une copropriété horizontale, le propriétaire d'une maison individuelle édifie une nouvelle construction sur la portion de terrain qui lui était affectée à titre privatif mais seulement dans l'hypothèse où la faculté de construire de nouveaux bâtiments n'avait pas été expressément prévue par la convention initiale (Doc. adm. DGI, 10 E-4312, n° 7, 1er août 1986).

3764 Il y a encore changement dans la quote-part des parties communes lorsqu'une partie commune d'un immeuble en copropriété est transformée en partie privative ou inversement.
Par exemple, dans les cas suivants :
– transformation d'une loge de concierge (partie commune) en appartement (partie privative) ou opération inverse ;
– échange d'une loge de concierge contre un appartement ;
– transformation d'un couloir (partie commune) en pièce (partie privative) à la suite de l'acquisition par une même personne de toutes les pièces ouvrant sur ce couloir ou opération inverse (Doc. adm. DGI, 10 E-4312, n° 8, 1er août 1986).

B Personnes habilitées à établir l'acte modificatif de l'état descriptif de division

D. 14 oct. 1955, art. 71-10. – Sous réserve des dispositions de l'article 50-1 du décret du 4 janvier 1955, l'état descriptif de division est établi par tous les propriétaires ou copropriétaires de l'immeuble et l'acte modificatif est établi par les seuls propriétaires ou copropriétaires des fractions intéressées par la modification. Le cas échéant, les frais d'établissement de ces actes sont à la charge de la collectivité des copropriétaires et recouvrés comme en matière de charges de propriété.

1 Règles générales

3765 L'acte modificatif est établi par les seuls propriétaires ou copropriétaires des fractions intéressées par la modification (D. 14 oct. 1955, art. 71-10, al. 1er) et il est limité aux lots affectés par le changement.

Toute modification de l'état descriptif suppose une mutation de droits immobiliers. Elle nécessite l'accord des propriétaires ou copropriétaires intéressés. Les autres n'ont pas à intervenir à l'acte modificatif. Sans doute, résulte-t-il de l'article 11, alinéas 1 et 2, de la loi du 10 juillet 1965 et de l'article 11, alinéa 3 du décret du 17 mars 1967 pris pour l'application de celle-ci, que l'assemblée générale des copropriétaires doit, notamment, approuver les projets de modification des états descriptifs de division consécutifs à des travaux ou à des actes d'acquisition ou de disposition ou encore en cas d'aliénation séparée d'une ou plusieurs fractions d'un lot. Par suite, une subdivision opérée sans l'autorisation de l'assemblée générale peut être irrégulière, mais il n'appartient pas aux conservateurs (aujourd'hui au service de la publicité foncière) d'apprécier la validité des actes publiés. Le cas échéant, le syndicat des copropriétaires pourra former un recours contre la subdivision irrégulière devant les tribunaux judiciaires.

Ainsi, la division d'un lot pour former deux ou plusieurs lots nouveaux, la réunion de deux ou plusieurs lots en un seul, la division d'un lot suivie du rattachement immédiat d'une des parties du lot divisé à un lot existant ne nécessitent que l'intervention des copropriétaires intéressés (Doc. adm. DGI, 10 E-4333, n° 1, 1er août 1986).

3766 Au contraire, l'accroissement d'un lot augmentant la surface construite d'un bâtiment, la transformation d'une loge de concierge en appartement ou inversement, la transformation d'un couloir commun en pièce d'appartement ou inversement, l'échange d'une loge de concierge contre un studio, qui affectent la répartition de l'ensemble des millièmes de parties communes, nécessitent l'intervention de tous les copropriétaires (ou de leurs représentants qualifiés) (Doc. adm. DGI, 10 E-4333, n° 2, 1er août 1986).

3767 L'intervention des seuls propriétaires ou copropriétaires des fractions intéressées (dans le cas où l'intervention de tous n'est pas obligatoire) risquant d'aboutir à l'attribution d'un même numéro à plusieurs lots nouveaux, certaines précautions doivent être prises.

Ainsi, dans le cas où le propriétaire du lot n° 45 divise celui-ci en deux lots, l'acte modificatif constatant cette opération remplace le n° 45 par les nos 55 et 56 par exemple, pris à la suite des numéros existants. Mais si le propriétaire du lot 25 procède lui-même à une division et s'adresse à cet effet, sans se renseigner sur les précédentes modifications, à un notaire différent, ignorant la modification du lot 45, un nouvel acte modificatif remplace le n° 25 par les deux mêmes numéros nouveaux 55 et 56.

Pour éviter ce résultat, les intéressés doivent se renseigner, au préalable, auprès du syndic ou au bureau des hypothèques sur l'existence éventuelle de modifications (Doc. adm. DGI, 10 E-4333, n° 3, 1er août 1986).

➤ Voir sur ce point, Bulté : *JCP* N 1974, prat. 5656 ; sur la publication possible de l'état descriptif de division établi unilatéralement par un copropriétaire : *Bull. AMC* 1962, art. 510. Sur la publication en cas de refus d'approbation par l'assemblée : *JCP* N 1980, prat. 7424 par E.C.

2 Règles spéciales

3768 Afin de ne pas porter préjudice aux tiers, des mesures spéciales ont été prévues pour l'établissement forcé d'un acte modificatif, lorsque ce document n'a pas encore été dressé ni publié, alors qu'une personne a intérêt à ce qu'il le soit, en vue de la publication d'un acte, et plus spécialement lorsque les formalités de publicité requises n'exigent pas le concours du ou des propriétaires intéressés, telles que saisies, inscriptions de privilèges et d'hypothèques judiciaires ou légales.

En particulier, un notaire peut être requis d'établir un acte modificatif lorsque la fraction d'immeuble intéressée a été, postérieurement à la publication du document constatant le droit du requérant, soit divisée, soit réunie en tout ou partie à un autre lot, sans qu'un acte modificatif de l'état de division ait été publié (Doc. adm. DGI, 10 E-4333, n° 4, 1er août 1986).

➤ Voir ci-dessus à ce propos les articles 50-1 et 50-2 du décret du 4 janvier 1955 et leur comentaire.

C Forme de l'acte modificatif

3769 L'acte modificatif, qui doit être obligatoirement dressé en la forme authentique (D. 4 janv.

1955, art. 4), est soumis aux mêmes conditions de forme que l'état descriptif de division (V. n°s 3700 et s.).

D Contenu de l'acte modificatif

3770 Les transformations apportées aux lots décrits dans l'état de division peuvent revêtir diverses formes et, notamment, les suivantes :
– division d'un lot (partie divise et partie commune), pour former deux ou plusieurs lots nouveaux, telle que vente de deux pièces d'un appartement destinées à former un lot distinct ;
– réunion de deux ou plusieurs lots (partie divise et partie commune) en un seul, telle qu'acquisition, par le propriétaire d'un appartement, d'un studio attenant ;
– division d'un lot (partie divise et partie commune) suivie du rattachement immédiat d'une des parties du lot divisé à un lot existant, telle que vente d'une pièce d'un appartement au propriétaire de l'appartement voisin qui l'incorpore à celui-ci. Dans toutes ces hypothèses, la composition des lots intéressés divisés ou réunis se trouve modifiée, de sorte que leurs numéros doivent disparaître, pour faire place, dans l'acte modificatif de l'état descriptif de division, à des numéros nouveaux pris à la suite des numéros existants (D. 14 oct. 1955, art. 71-6 – Doc. adm. DGI, 10 E-4331, n° 1, 1er août 1986).

➤ Sur les règles concernant les modifications des lots de l'état descriptif, V. **Lot de copropriété**.

IV Annulation de l'état descriptif de division

3771 **Modalités.** Bien que non prévue par les textes, la publication d'un acte annulant l'état descriptif de division est parfaitement possible (*JCP* N 1978, prat. 6834 ; *Bull. AMC* 1990, art. 1466). Mais on ne peut alors reprendre dans le nouvel état descriptif les lots déjà utilisés dans l'ancien : il convient de reprendre de nouveaux numéros à la suite (*JCP* N 1986, prat. 9759 ; *JCP* N 1991, prat. 2020, chron. P.J.C.).

Lors des formalités ultérieures, il y aura lieu de viser uniquement le nouvel état descriptif, sans faire référence à l'état descriptif annulé (*Bull. AMC* 1990, art. 1464).

3772 **Hypothèques grevant les lots.** En ce qui concerne les hypothèques grevant les lots, ou grevant l'immeuble, le conservateur (aujourd'hui le service de la publicité foncière) les reportera sur la fiche générale d'immeuble et elles grèveront la parcelle d'assiette : du fait de l'établissement du nouvel état descriptif, les nouveaux lots seront automatiquement grevés des charges figurant sur la fiche générale, sans qu'il y ait à en organiser le « report » par voie de mainlevée-réinscription. Mais cette procédure n'est applicable que s'il y a concordance entre la consistance des anciens et des nouveaux lots, qui doit apparaître au vu d'un tableau de concordance (V. sur tous ces points chron. : *JCP* N 1992, prat. 2410 ; *JCP* N 1988, prat. 523. – Rappr. *JCP* N 1989, prat. 1009).

V Refus de dépôt. Rejet

D. 14 oct. 1955, art. 71-12. – Le dépôt de l'état descriptif de division et de tout acte modificatif est refusé en cas de contravention aux dispositions des articles 71-1 à 71-9.

Sous peine de refus du dépôt, tout extrait, expédition, copie ou bordereau déposé pour l'exécution d'une formalité concernant une fraction d'immeuble doit contenir en plus des références exigées au 2 de l'article 32 :

a) Soit les références (date, volume, numéro) à la formalité donnée à l'acte contenant l'état descriptif de division ou au document analogue en tenant lieu et éventuellement aux actes modificatifs se rapportant aux fractions intéressées ;

b) Soit la déclaration que la publicité de ces documents en sera requise simultanément.

Le dépôt est également refusé si la fraction intéressée n'est pas désignée par le numéro du lot dans lequel cette fraction est comprise.

D. 14 oct. 1955, art. 71-13. – La formalité est rejetée si, après avoir accepté le dépôt d'un document concernant une fraction d'immeuble, le service de la publicité foncière constate :

a) Soit une discordance entre les références (date, volume, numéro) à la formalité donnée à l'un des actes visés au deuxième alinéa de l'article 71-12 et celles contenues dans le document déposé ;

b) Soit une discordance dans la désignation des lots (numéro) entre, d'une part, les énonciations contenues dans le document déposé et, d'autre part, les énonciations correspondantes contenues au tableau établi en exécution des articles 71-5, 71-7 et au dernier alinéa de l'article 71-8.

La même sanction est applicable :

a) Lorsque le service de la publicité foncière constate que l'état descriptif ou l'acte modificatif établi en exécution des articles 71-1, 71-6 et 71-8 utilise des numéros précédemment attribués ;

b) Lorsque, en exécution de l'article 71-8, l'état descriptif ou l'acte modificatif ne tient pas compte de la division ou d'une modification antérieure des lots.

A Contravention aux dispositions relatives à l'établissement et la publication de l'état descriptif de division et des actes modificatifs

3773 En ce qui concerne l'établissement et la publication de l'état descriptif de division et des actes modificatifs, les sanctions suivantes sont applicables.

3774 **Refus de dépôt.** Le refus du dépôt est opposé lorsque le service de la publicité foncière constate qu'un état descriptif de division ou un acte modificatif n'est pas établi conformément aux prescriptions des articles 71-1 à 71-9 du décret du 14 octobre 1955 : défaut de distinction entre les locaux principaux et les locaux secondaires ; numérotage discontinu des lots d'un même bâtiment, ou numérotage ne commençant pas au n° 1 ou comportant des n^os^ *bis*, *ter*, etc. ; non-attribution de numéros spéciaux aux parties d'un lot divisé ; réunion de locaux secondaires sous un numéro unique ; absence ou irrégularité du tableau résumé ; absence, dans un acte modificatif, des numéros (actuels et nouveaux) des fractions affectées par le changement ; défaut de remise au service de la publicité foncière de la copie ou de l'extrait destiné au service du cadastre, etc. (D. 4 janv. 1955, art. 7 ; D. 14 oct. 1955, art. 71-12).
Ces sanctions sont applicables aux états descriptifs dressés postérieurement à l'entrée en vigueur du décret n° 59-89 du 7 janvier 1959, quelle que soit la date de la division, ainsi qu'aux actes modificatifs des états descriptifs dressés postérieurement à cette date.

3775 Il y a également lieu à refus dans le cas où le service de la publicité foncière est requis de publier un extrait, une expédition, une copie ou un bordereau intéressant une fraction d'immeuble sur lequel s'exercent des droits réels autres que des servitudes, si l'état descriptif de division n'a pas encore été publié au service de la publicité foncière (D. 4 janv. 1955, art. 7) ou si sa publication n'est pas requise simultanément. Il en est de même à défaut de publication préalable de tout acte modificatif intéressant la fraction que concerne la formalité requise.
À cet égard, le deuxième alinéa de l'article 71-12 du décret du 14 octobre 1955 sanctionne par le refus du dépôt le défaut d'indication, dans le document déposé, de la référence (date, volume et numéro) à la formalité donnée à l'acte contenant l'état descriptif de division (et, éventuellement, à l'acte contenant les modifications apportées à cet état et concernant la désignation du lot intéressé par la formalité à publier) ou le défaut de déclaration que la publicité dudit état sera requise simultanément (rappr. D. 14 oct. 1955, art. 32 et 33).

B Contravention aux dispositions relatives à la désignation des fractions d'immeuble dans les documents à publier

3776 Les contraventions aux dispositions régissant la désignation des fractions d'immeuble dans les documents déposés aux fins de publicité sont sanctionnées soit par le refus de dépôt, soit par le rejet.

1 Refus de dépôt

3777 Le refus de dépôt est encouru en cas de défaut, dans tout document à publier, de désignation individuelle soit de l'ensemble de l'immeuble, soit des fractions, par application des articles 34, paragraphe 2, 35, dernier alinéa, et 37 du décret du 4 janvier 1955. À cet égard, il est précisé que la désignation individuelle s'entend de l'indication de la commune, de la section et du numéro du plan cadastral, de la rue et du numéro (pour les immeubles situés dans les parties agglomérées des communes urbaines) et du numéro du lot. Est assimilable à l'absence de désignation individuelle et motive également le refus du dépôt, la discordance entre le numéro du lot figurant dans le document à publier et celui porté sur l'extrait modèle 1 délivré par le service du cadastre (communes à cadastre rénové).

2 Rejet

3778 Il y a rejet de la formalité, dans le cas de discordance, dans la désignation des lots (que la discordance porte sur la désignation de l'ensemble de l'immeuble ou sur celle de la fraction intéressée), entre les énonciations de l'état descriptif, – telles qu'elles sont résumées dans le tableau reproduit par le service de la publicité foncière sur la fiche d'immeuble, – et des autres documents publiés, d'une part, et ces mêmes énonciations figurant dans le nouveau document déposé, d'autre part (D. 14 oct. 1955, art. 71-13, al. 2).

En dehors du cas où la discordance porte sur la désignation de l'ensemble, le rejet ne peut être prononcé que si la discordance porte, soit sur le numéro du lot, soit sur la quote-part dans la propriété du sol. Par exception, en matière d'inscription, de mention ou de saisie, seule peut constituer un motif de rejet la discordance portant sur le numéro du lot, l'indication de la quote-part de propriété du sol, même si elle est déterminée, n'étant nullement obligatoire (D. 14 oct. 1955, art. 71-13, 3e al.).

Dans tous les cas, la discordance pouvant exister sur les autres éléments d'identification reproduits au tableau résumé ne constitue pas une cause de rejet. Il en est de même de l'omission de l'un de ces éléments d'identification.

Bien entendu, le rejet n'a pas à être prononcé si les énonciations du document déposé sont conformes à celles d'un acte modificatif antérieurement publié ; encore faut-il dans ce cas que le nouveau document déposé contienne, sous peine de refus du dépôt (D. 14 oct. 1955, art. 71-12, 2e al.) la référence à la formalité donnée à l'acte modificatif (ou la déclaration que la publicité en sera requise simultanément).

3779 **Création d'un lot de copropriété ne comportant pas de tantièmes de copropriété.** Dans l'acte modificatif d'un état descriptif de division, l'assemblée générale des copropriétaires a approuvé la transformation de parties communes en un lot auquel n'ont été rattachés aucuns tantièmes de parties communes. Présenté à la formalité cet acte modificatif a fait l'objet d'un rejet.

Ce rejet est injustifié. En effet, quelle que soit l'anomalie de la situation du point de vue juridique, l'absence d'indication des tantièmes afférents à la partie privative du lot ne peut pas constituer au regard de la publicité foncière une cause de refus. Aucune contravention aux dispositions de l'article 71 du décret du 14 octobre 1955 ne peut en effet être relevée (*Bull. AMC* 2006-2007, art. 1903).

3780 Enfin, la formalité est rejetée lorsque le service de la publicité foncière constate, en annotant le fichier, que l'état descriptif ou l'acte modificatif ne respecte pas la division ou une modification antérieure des lots, ou utilise des numéros précédemment attribués (D. 14 oct. 1955, art. 71-13, al. 4).

VI Effet relatif

3781 **Principe : non-application.** L'état descriptif de division, de même que l'acte modificatif, ont uniquement pour objet d'identifier les différentes fractions d'un immeuble. Il s'agit de simples documents descriptifs qui, à eux seuls, ne sauraient modifier la situation juridique d'un immeuble, ou de ses fractions, telle que cette situation résulte des titres des parties.

Le principe de l'effet relatif ne trouve donc pas à s'appliquer lors de la publicité de ces documents.

3782 **Exceptions.** Mais, bien entendu, la règle générale reprend son empire si l'état descriptif ou l'acte modificatif est inclus dans un acte dressé en vue de créer ou de modifier les droits réels.

De même, l'effet relatif s'appliquera lors de la publication, postérieure à celle de l'état descriptif ou de l'acte modificatif, d'un acte portant sur l'une des fractions mentionnées dans ces documents. Les parties devront alors se référer, non seulement à l'état descriptif ou à l'acte modificatif pour l'identification de cette fraction, mais aussi, au titre du dernier disposant, pour l'application du principe de l'effet relatif.

VII Taxe de publicité foncière et contribution de sécurité immobilière

Les solutions énoncées ci-dessous à propos du salaire du conservateur restent valables, jusqu'à nouvel ordre, pour la perception de la contribution de sécurité immobilière.

3783 **Observations.** Seront examinés successivement le régime de la publication de l'état descriptif de division établi lors de la mise en copropriété de l'immeuble ou pour permettre cette mise en copropriété (A), le régime de la publication des actes modificatifs à l'état descriptif de division (B) et le régime des actes annulant un état descriptif de division (C).

A Publication de l'état descriptif de division en vue de la mise en copropriété de l'immeuble ou de l'ensemble immobilier

3784 **Mise en copropriété d'un immeuble ancien.** Comme l'observe le § 36 de l'instruction du 11 mars 1959 de la Direction générale des impôts (*JCP* N 1959, III, 24423) :

> « L'état descriptif de division, de même que l'acte modificatif, ont uniquement pour objet d'identifier les différentes fractions d'un immeuble. Il s'agit de simples documents descriptifs qui, à eux seuls, ne sauraient modifier la situation juridique d'un immeuble ou de ses fractions, telle que cette situation résulte des titres des parties ».

3785 En conséquence, la publication d'un état descriptif de division ne doit donner lieu :
– qu'à la perception de la taxe de publicité foncière au taux fixe prévu pour les actes innommés... (sur son taux actuel, V. **Droits fixes**) ;
– et à la contribution de sécurité immobilière au taux fixe prévu par l'article 287, 9° de l'annexe III du Code général des impôts (V., à propos du salaire du conservateur, Rép. min. Finances, 11 sept. 1961 : *JCP* N 1961, IV, 3202 ; chron. hyp. : *JCP* N 1963, IV, 3552. – Rép. min. 24 juin 1975 : *JCP* N 1975, prat. 6062. – Chron. Bulté : *JCP* N 1979, prat. 7056. – Sur le taux actuel de la contribution de sécurité immobilière, V. **Contribution de sécurité immobilière**).

3786 **Paiement des droits.** L'acte notarié qui constate l'état descriptif de division ou ses modificatifs, opérations assujetties obligatoirement à la formalité de publicité foncière, est soumis non pas à l'enregistrement (obligatoire en principe, sauf dispense, pour tous les actes notariés), mais à la formalité fusionnée auprès du service de la publicité foncière du lieu de situation de l'immeuble (CGI, art. 647, I et 657). L'enregistrement résultant alors de la publicité foncière (CGI, art. 647, II), la formalité fusionnée prime tant sur la formalité de l'enregistrement (CGI, ann. II, art. 260) que sur les modalités particulières du paiement sur état (CGI, ann. III, art. 245).
Un arrêté du 9 novembre 2018 (*JO* 16 nov.) applicable à compter du 17 novembre 2018 a corrigé une anomalie en supprimant de la liste des actes soumis au paiement sur état figurant à l'article 60 de l'annexe IV au Code général des impôts les états descriptifs de division et leurs modificatifs. Ces actes devant être obligatoirement soumis à la formalité fusionnée ne peuvent, par le fait même, relever du paiement sur état (V. étude de S. Lamiaux : *JCP* N 2018, n° 47, act. 885).

3787 Il n'en serait autrement que si l'acte contenait une disposition ou une convention distincte « en vue de créer ou de modifier les droits réels » (chron. préc. *in JCP* N 1963, 3552).
Il y aura lieu, bien entendu, d'appliquer éventuellement les principes régissant les actes contenant plusieurs dispositions (V. **Acte contenant plusieurs dispositions**). De ce fait, il arrivera assez

fréquemment que la taxe de publicité foncière ne soit pas perçue.

3788 Vente d'immeuble à construire. Les principes énoncés plus haut (V. n°s 3785 et s.) sont également valables en l'espèce.

3789 Sociétés de construction. Publication du règlement de copropriété et de l'état descriptif de division. Pour les raisons indiquées ci-dessus (V. n°s 3784 et s.), la publication de l'état descriptif de division ne devrait donner lieu qu'à la seule perception de la taxe de publicité foncière au taux fixe et à la contribution de sécurité immobilière au taux. Cette perception sera opérée si la publication de l'état descriptif intervient isolément.
Si elle est opérée en même temps que la publication d'un acte bénéficiant de l'exonération instituée par l'article 828 du Code général des impôts pour les « sociétés transparentes », c'est la seule taxe de publicité foncière prévue par ce texte qui sera perçue, par application de la théorie des dispositions dépendantes (CGI, art. 670 ; V. **Acte contenant plusieurs dispositions**).

3790 Mise en copropriété d'un immeuble indivis. Lorsque la mise en copropriété intervient après qu'un immeuble se trouve indivis dans sa totalité (pour mettre fin à une indivision successorale… dans le cas de construction sur un terrain indivis sans convention préalable…), la publication du règlement de copropriété et de l'état descriptif de division s'analyse alors en une opération de partage (Paris, 8 juin 1979 : *Ind. enr.*, 13416).
La taxe de publicité foncière doit alors être perçue au taux prévu par l'article 746 du CGI (soit actuellement 2,50 %) sur la valeur des biens partagés, ainsi que la contribution de sécurité immobilière au tarif proportionnel (V. **Construction sur terrain indivis**).
Mais le droit de partage et la contribution de sécurité immobilière peuvent également être perçus en raison de conventions de constructions analysées en un « partage en état futur d'achèvement » : à propos de ces solutions, V. **Construction sur terrain indivis.**

3791 Si des propriétaires différents vendent des fractions d'immeubles et que l'acte de vente contient un état descriptif de division localisant ces fractions dont les vendeurs sont propriétaires en vertu d'actes publiés antérieurement, il n'y a pas lieu à perception d'un droit de partage en l'absence d'indivision préexistante (chron. P.J.C. : *JCP* N 1993, prat. 2582).

3792 Cession de millièmes individualisés. Publication de l'état descriptif de division.
➤ V. **Construction sur terrain indivis.**

B Modifications de l'état descriptif de division

3793 Principe. La publication d'un acte modificatif à l'état descriptif ne donne lieu en principe qu'à la perception de la taxe de publicité foncière au taux fixe prévu pour les actes innommés (V. **Droits fixes**) et à la contribution de sécurité immobilière au taux fixe (V. **Contribution de sécurité immobilière**).

1 Hypothèses diverses

3794 Elles sont examinées dans l'instruction du 1er août 1979 prise pour l'application de la loi n° 792 du 2 janvier 1979 et du décret n° 79-405 du 21 mai 1979 (*BODGI* 10 E-1-79, n°s 53 et s. ; *JCP* N 1979, IV, 7263 et 7299 [rect.]. – V. **Lot de copropriété**.)

3795 Cession ou acquisition de parties communes entraînant changement de l'emprise de la copropriété. Deux actes sont nécessaires : d'une part, un acte de vente constatant la cession de terrain à un tiers et, d'autre part, un acte modificatif de l'état descriptif de division.

3796 Transformation d'un lot en partie commune. L'opération se déroule également en deux temps : acquisition par le syndicat du lot destiné à disparaître, établissement d'un acte modificatif de l'état descriptif de division.

3797 Transformation d'une partie commune en lot. Il faut tout d'abord établir l'acte modificatif de l'état descriptif de division, puis le publier en même temps que la vente du lot nouvellement créé.

3798 Réunion de copropriétés. Il faudra nécessairement redéfinir la consistance nouvelle de chaque lot et les tantièmes de parties communes y afférents, dans la nouvelle copropriété ainsi constituée.
Il s'agit là d'une opération qui n'entraîne aucune mutation et entre dans la catégorie des actes innommés.

2 Taxations

3799 Ces diverses opérations se traduisent parfois, si l'on compare le nouvel état descriptif de division à l'ancien, par des « transferts de millièmes » de certains lots à d'autres lots.
Il serait abusif d'en déduire qu'il y a une « mutation de millièmes » taxable en tant que telle (V. Poirier, chron. hyp., *in JCP* N 1967, prat. 4268).

En réalité :
– ou bien la modification de l'état descriptif de division est le corollaire d'un autre acte : par exemple, un acte de vente. En ce cas, il s'agit d'un simple acte de complément qui ne doit donner lieu qu'à la simple taxe de publicité foncière au taux fixe (CGI, art. 673) et à la contribution de sécurité immobilière au taux fixe prévu par l'article 287, annexe IIII du Code général des impôts (V. **Contribution de sécurité immobilière**) ;
– si la modification de l'état descriptif n'est pas le corollaire d'un autre acte (acquisition ou vente…), la mutation de millièmes qu'elle constate éventuellement trouvant sa source dans la loi (application de l'article 5 de la loi du 10 juillet 1965), n'est pas susceptible d'être taxée.
Seule sera donc exigible, lors de la publication de l'acte modificatif, la taxe de publicité foncière au taux fixe prévu pour les actes innommés (CGI, art. 680), ainsi que la contribution de sécurité immobilière au taux fixe.
Si cette publication intervient en même temps qu'un autre acte avec lequel l'acte modificatif fait corps, il faudra appliquer les règles relatives aux actes contenant plusieurs dispositions (V. **Acte contenant plusieurs dispositions**).

C Opérations particulières

1 Surélévation de l'immeuble

3800 La surélévation peut tout d'abord s'opérer sans qu'il y ait de mutation corrélative (surélévation par le syndicat pour créer des parties communes, ou pour créer des locaux privatifs ; surélévation par celui au bénéfice duquel a été réservé l'exercice du droit de surélever, ou par le titulaire du droit de surélever considéré comme droit privatif…).
En ce cas, il faudra, une fois édifiés les locaux résultant de l'exercice de ce droit, faire publier un état descriptif de division modificatif, redéfinissant, là encore, les droits des copropriétaires dans l'immeuble dans sa nouvelle physionomie. Aucune mutation ne paraît s'opérer à cette occasion. Il s'agit simplement d'une redéfinition des valeurs relatives des lots, en mettant en œuvre les critères légaux, et pour satisfaire au vœu du législateur.
Mais la surélévation peut s'accompagner d'une mutation : vente à un tiers du droit de surélever pour créer des locaux privatifs (L. 10 juill. 1965, art. 35, al. 2), rachat par le syndicat du droit de surélever établi à l'origine comme privatif, vente en l'état futur d'achèvement par le syndicat des lots privatifs qu'il crée en surélévation… (Sur tous ces points, V. **Droit de surélévation**).
En ce cas, il y aura bien entendu perception des droits de mutation, selon les règles de droit commun.

2 Annulation de l'état descriptif de division

3801 **Distinctions à opérer.** L'annulation de l'état descriptif de division peut, en fonction des circonstances donner lieu à des perceptions diverses :
– elle peut avoir pour but de réparer une erreur matérielle (V. n° 3804) ou de mettre l'état descriptif de division en conformité avec la consistance actuelle de l'immeuble (cas de la démolition suivie de reconstruction, V. n° 3803 ou de la surélévation, V. n° 3800).
En ce cas, la publication de l'acte annulant l'ancien état descriptif et du nouvel état descriptif ne donne lieu qu'à la perception d'une simple taxe fixe au taux prévu pour les actes innommés (V. **Droits fixes**) et de la contribution immobilière au taux fixe (V. n° 3785) dès lors qu'il ne s'opère aucune mutation et aucun partage ;
– l'acte annulant la copropriété peut avoir pour objet de supprimer l'état de copropriété pour rendre les anciens copropriétaires pleins propriétaires, par suppression de l'indivision sur le sol. Il opère alors partage.

3802 Ainsi, l'acte aux termes duquel les copropriétaires décident de mettre fin à une copropriété pavillonnaire pour diviser en lots privatifs l'ancien terrain d'assiette est un partage. La publication de l'acte notarié constatant l'attribution à chacun d'eux de parcelles cadastrales divises et l'annulation de l'état descriptif de division donnent lieu à la perception du salaire proportionnel (aujourd'hui, à la contribution de sécurité immobilière au tarif proportionnel) du conservateur qui doit être liquidé sur la valeur estimative des parties communes partagées (*Bull. AMC* 1976, art. 1040). En raison de l'exonération édictée par l'article 749 A du CGI, la taxe proportionnelle de publicité foncière au taux correspondant au droit de partage (2,50 %) ne sera pas perçue. Seule est due une taxe fixe au tarif prévu pour les actes innommés (CGI, art. 680).

3 Reconstruction après démolition

3803 La publication d'un état descriptif de division concernant un immeuble en copropriété reconstruit après démolition ne donne lieu qu'à la perception d'une simple taxe fixe (et de la contribution immobilière au tarif fixe), même s'il y a eu création de niveaux supplémentaires conduisant à l'accroissement du volume et du nombre des lots par rapport à l'immeuble ancien (Rép. min. Dejoie : *JO* Sénat CR, 19 mars 1992, p. 669, n° 19519 ; *JCP* N 1993, prat. 2484).

4 Acte rectificatif d'un état descriptif de division

3804 Les solutions admises sur un plan général en matière d'acte rectificatif s'appliquent en l'espèce :
– il peut y avoir éventuellement application des droits de mutation en vertu de la théorie de la propriété apparente ;
– s'il s'agit de rectifier une erreur manifestement matérielle, seuls la taxe fixe et un salaire fixe (aujourd'hui la contribution de sécurité immobilière au taux fixe) seront perçus (V. chron. P.J.C. : *JCP* N 1988, prat. 733).

Expéditions

Serge LAMIAUX

I

Aspect de publicité foncière : principe de l'accomplissement de la formalité au vu d'expéditions

3805 **Principe.** En publicité foncière, ce n'est pas l'acte ou la décision judiciaire en eux-mêmes qui sont présentés à la formalité, mais des copies de ces actes ou décisions ; plus précisément, la formalité de publicité foncière est effectuée au vu de deux expéditions, extraits littéraux ou copies de l'acte ou de la décision à publier (D. n° 55-22, 4 janv. 1955, art. 34, 1 ; D. n° 55-1350, 14 oct. 1955, art. 67-3).
Le principe est différent en enregistrement puisque c'est la minute ou l'original de l'acte ou de la décision qui doit être présenté à la formalité – avec une exception notable au profit des actes notariés, pour lesquels la formalité peut être donnée sur une expédition intégrale (CGI, art. 658).
En formalité fusionnée, c'est-à-dire lorsque la publicité foncière emporte enregistrement, la règle résulte d'une combinaison des deux premières ; l'exécution de la formalité fusionnée est opérée au vu de deux expéditions intégrales de l'acte à publier (CGI, ann. III, art. 253-I ; BOI-ENR-DG-40-20-20-10, 23 janv. 2013, n° 1).

3806 **Notion d'expédition.** Par expédition intégrale, il faut entendre un document reproduisant l'acte lui-même et, s'il y a lieu, les seules annexes soumises à publicité et non encore publiées. Tel n'est pas le cas, par exemple, des procurations (*BOI*, préc.). La production d'extraits littéraux doit être refusée (CGI, ann. III, art. 253).

3807 **Mécanisme de la formalité.** Il est seulement rappelé ici que :
– l'une des deux expéditions, rédigée sur une formule réglementaire, est destinée à être conservée dans les registres du service de la publicité foncière (elle est dénommée en pratique « copie hypothécaire ») ;
– l'autre expédition, sur laquelle est portée la mention d'exécution de la formalité, est destinée à être rendue au déposant (CGI, ann. III, art. 384 quinquies A).
Ainsi qu'il a été exposé, la formalité unique est donnée au vu d'expéditions ; la minute de l'acte n'a donc pas à être présentée au service (BOI-ENR-DG-40-20-20-10, 23 janv. 2013, n° 10).

3808 **Télé@ctes.** Lorsque l'acte fait l'objet de la publicité foncière dématérialisée, la « copie hypothécaire » est établie sous forme dématérialisée et transmise par voie numérique au service de la publicité foncière.

3809 **Dépôt d'une expédition de l'acte à publier pour être revêtu de la mention alors que le document destiné à être incorporé dans le registre public est un extrait littéral.** Pour opérer la publicité d'un contrat de crédit-bail, un notaire a remis à un conservateur deux documents.

Le premier est un extrait littéral établi sur la formule spéciale 3265, où les dispositions portant délégation de loyers ont été occultées tandis que le second est une expédition reproduisant l'intégralité de la minute. Quelle doit être l'attitude du conservateur (aujourd'hui, du service de la publicité foncière) ?
Les dispositions tant du 1 de l'article 34 du décret du 4 janvier 1955 que de l'article 67-3 du décret du 14 octobre 1955 définissent les documents qui doivent être remis au bureau des hypothèques pour publier des droits sur les immeubles autres que les privilèges et les hypothèques.
Selon ces articles, un choix est ouvert, mais il doit être exercé entre le dépôt simultané, soit de deux expéditions, soit de deux extraits littéraux ou de deux copies de l'acte ou de la décision judiciaire à formaliser.
L'ensemble constitué par, d'une part, une expédition ou une copie et, d'autre part, un extrait littéral, n'est prévu ni par ces articles, ni plus généralement par aucun texte sur la publicité foncière. Toutefois, lorsque l'acte ou la décision à publier comprend des immeubles situés dans le ressort de plusieurs bureaux, la confection d'un extrait littéral est imposée aux parties par l'article 68-1 du décret du 14 octobre 1955.
Aussi, est-il alors admis qu'une expédition intégrale soit présentée successivement aux bureaux intéressés et qu'elle reçoive dans chacun une mention de publicité.
Hormis ce cas, le souci de veiller à ce que la mention de publicité constitue une certification sincère ne peut que conduire à respecter la règle suivante : dès lors qu'un conservateur a incorporé dans le registre public un extrait littéral rédigé sur la formule spéciale, il ne peut que s'abstenir d'apposer la mention de publicité sur le document à rendre au déposant tant qu'il ne lui est pas remis un extrait limité aux mêmes stipulations que celles qui, désormais, seront délivrées à tous ceux qui le requerront (*Bull. AMC* 1996, art. 1719).

3810 **Dépôt d'une copie non signée.** En vue de la publication d'un acte, un notaire dépose deux copies de cet acte : l'une, qui doit être conservée au bureau, régulièrement établie sur formule spéciale, l'autre, destinée à recevoir la mention de publication, consistant en une photocopie non signée. Cette copie, qui n'est pas d'ailleurs certifiée conforme, ne peut être revêtue de la mention attestant l'exécution de la formalité. Cette mention pourra être apposée ultérieurement sur une expédition ou un extrait régulier, si un tel document vient être présenté. Cette irrégularité n'est pas toutefois une cause de refus de dépôt (*Bull. AMC* 1977, art. 1072).

3811 **Dépôt d'une copie hypothécaire erronée.** Lors de la réception d'un acte de vente sous la forme papier, le notaire a effectué une correction à l'état civil de l'acquéreur (erreur sur une date de naissance) et ajouté en seconde partie de l'acte une clause qui faisait défaut (rappel d'une servitude). Cependant, ces modifications n'ont pas été intégrées informatiquement dans la copie hypothécaire dématérialisée (seule transmise au service de la publicité foncière *via* Télé@ctes). Le notaire s'aperçoit de l'erreur après la publication de l'acte au fichier immobilier. Comment corriger les erreurs, transmises telles quelles au SPF, alors que la minute de l'acte est exacte ? Une nouvelle publication de l'acte apparaît à bien des égards impossible (rejet de formalité fondé sur l'effet relatif, impossibilité technique liée à Télé@ctes). Le droit positif n'offre aucun outil destiné à rectifier la seule copie hypothécaire erronée. Le seul procédé pratique consistera en la rédaction d'un acte rectificatif précisant que les modifications apportées sont limitées à la copie hypothécaire mais que le contenu de la minute demeure exact (M. Suquet-Cozic, *Comment corriger la publication d'une copie hypothécaire erronée ? : Sol. not.* août-sept. 2016, n°s 8-9, art. 179, p. 19-20).

II

Aspect fiscal : délivrance des expéditions et théorie des actes en conséquence

A Principe

3812 **Interdiction de délivrer des expéditions d'actes non enregistrés.** Aux termes de l'article 862, alinéa 1, du Code général des impôts, les notaires, huissiers, greffiers, avoués et autres officiers publics, les avocats et les autorités administratives ne peuvent faire ou rédiger un acte en vertu ou en conséquence d'un acte soumis obligatoirement à l'enregistrement sur la minute ou l'original, l'annexer à leurs minutes, le recevoir en dépôt, ni le délivrer en brevet, extrait, copie ou expédition avant qu'il ait été enregistré, alors même que le délai pour l'enregistrement ne serait pas encore expiré.

La règle ainsi énoncée est traditionnellement désignée comme « théorie des actes en conséquence ». La règle interdit de faire usage d'un acte ou d'une décision, c'est-à-dire d'en tirer les conséquences juridiques, si cet acte ou cette décision n'a pas été préalablement enregistré. La règle est fiscale, non pas en ce qu'elle fait de l'usage d'un acte un fait générateur de l'impôt, mais en ce qu'elle joue un rôle en matière de contrôle du paiement des droits afférents aux actes obligatoirement assujettis à la formalité.

Cette règle impose donc en principe l'enregistrement préalable de l'acte obligatoirement assujetti à la formalité dont il est fait usage, même si le délai prévu pour l'enregistrement de celui-ci n'est pas expiré au moment de la rédaction de l'acte passé en conséquence.

La prohibition s'applique seulement dans le cas où l'acte dont il est fait usage est un acte obligatoirement assujetti à la formalité, de sorte que l'usage ne constitue pas un fait générateur supplémentaire de l'impôt (BOI-ENR-DG-10-20, 2 sept. 2015, n° 330).

B Exceptions

1 Actes notariés

3813 Les notaires ont la faculté de faire des actes en vertu ou en conséquence d'actes dont le délai d'enregistrement n'est pas expiré, mais sous la condition que chacun de ces actes soit annexé à celui dans lequel il se trouve mentionné et qu'il soit soumis en même temps que lui à la formalité de l'enregistrement (CGI, art. 862, al. 3). L'annexe peut être temporaire, et il suffit, en fait, que les deux actes soient présentés simultanément à la formalité (BOI-ENR-DG-10-20, 2 sept. 2015, n° 350).

Ainsi qu'il a été exposé (V. n° 3805), la formalité des actes notariés peut être donnée sur une expédition intégrale des actes à enregistrer. Dans ce cas, il est fait mention de la quittance des droits sur l'expédition (et ce depuis le 1er janvier 2004 ; CGI, art. 658 et 855, mod. Ord. n° 2003-1235, 22 déc. 2003 : *JO* 24 déc.).

2 Actes de commissaires de justice

3814 Les exploits et autres actes de cette nature qui se signifient à partie ou par affiches et proclamations échappent à la prohibition (CGI, art. 862, al. 2). Cette exception doit s'entendre en ce sens qu'il peut être délivré copie de ces actes avant l'enregistrement (BOI-ENR-DG-10-20, 2 sept. 2015, n° 360).

3 Publicité foncière

3815 Les officiers publics ou ministériels et les autorités administratives peuvent, avant l'enregistrement de la minute ou de l'original, établir les extraits, copies ou expéditions de leurs actes qui sont nécessaires à l'accomplissement d'une formalité de publicité foncière.

Depuis la fusion des formalités d'enregistrement et de publicité foncière, l'application de cette disposition est limitée aux actes qui sont expressément exclus de la formalité unique (BOI-ENR-DG-10-20, 2 sept. 2015, n° 370).

4 Divorce

3816 **Modification de l'article 862.** La loi du 26 mai 2004 portant réforme du divorce est venue permettre la délivrance des copies exécutoires des jugements de divorce alors même que les droits d'enregistrement n'ont pas été payés.

Il est donc possible de délivrer une expédition de la convention homologuée avant même le paiement des droits (V. **Divorce**).

5 Actes intéressant les sociétés

3817 **Exception afin de libéraliser les opérations sociétaires.** Initialement, les greffiers des tribunaux de commerce ou des tribunaux judiciaires statuant commercialement, ainsi que l'Institut national de la propriété industrielle étaient exemptés de la théorie des actes en conséquence pour les actes constatant la formation des sociétés commerciales, qu'ils recevaient en dépôt en vue de leur immatriculation au registre du commerce et des sociétés. L'article 862 du CGI a été modifié par l'article 67 de la loi de finances pour 2021 afin de faciliter les opérations sociétaires (L. n° 2020-1721, 29 déc. 2020, art. 67). À compter du 1er janvier 2021, l'exemption a été étendue à toutes les opérations intéressant les sociétés, excepté : les cessions de titres sociaux et les cessions de participations dans les personnes morales à prépondérance immobilière (CGI art. 635, 2-7 et art. 635, 2-7° bis). Autrement dit, sauf pour ces cessions, l'enregistrement préalable n'est plus exigé avant l'inscription au RCS.

À noter que les cessions de fonds de commerce restent encore soumises à la théorie des actes en conséquence.

Expropriation

Jacques LAFOND

Sommaire analytique

Index alphabétique

Index alphabétique *(suite)*

AVERTISSEMENT **La partie législative du Code de l'expropriation a été recodifiée par l'ordonnance n° 2014-1345 du 6 novembre 2014 (*JO* 11 nov.). Il en a été de même pour la partie réglementaire (D. n° 2014-1635, 26 déc. 2014 (*JO* 28 déc.). Dans les développements qui suivent, nous nous référerons à la nouvelle numérotation du Code de l'expropriation, en indiquant cependant le numéro d'article de l'ancien code (dans la mesure où une correspondance peut être établie).**

BIBLIOGRAPHIE : *JCl. Administratif*, Fasc. 400-14 (2014) par M. Souss. – *JCl. Collectivités territoriales*, Fasc. 1216 (2022) par R. Hostiou. – A. Bernard, *Publicité foncière et expropriation* : *AJDI* 1997, p. 1063. – R. Hostiou, *Expropriation : transfert de propriété par voie de cession amiable* : *JCP* N 2023, n° 19, 108011, *Expropriation : transfert de propriété par voie de cession amiable*. – S. Lamiaux, *La publicité foncière de l'ordonnance d'expropriation : quel rôle du notaire ?* : *JCP* N 2023, n° 47, 1211.

3818 **Champ d'application de la publicité foncière.** En matière d'expropriation pour cause d'utilité publique, le transfert de propriété des immeubles ou de droits réels immobiliers est opéré par voie soit d'accord amiable, soit d'ordonnance du juge de l'expropriation (C. expr., art. L. 220-1, anc. art. L. 12-1).

Selon l'article 35 du décret du 4 janvier 1955 :

> « Sont publiés au service chargé de la publicité foncière de la situation des immeubles et produisent vis-à-vis des parties et des tiers les effets prévus par les dispositions spéciales qui les régissent.
> (...)
> 3°– les ordonnances, les cessions amiables en matière d'expropriation pour cause d'utilité publique et les accords visés à l'article 6 bis de l'ordonnance n° 58-997 du 23 octobre 1958 portant réforme des règles relatives à l'expropriation pour cause d'utilité publique [ce texte est devenu par la suite l'article L. 13-27 du Code de l'expropriation], quel que soit le montant de l'indemnité ».

I Déroulement normal de la procédure

A Objet de la publicité foncière

1 Ordonnance du Juge de l'expropriation

3819 **Rappel.** Dans chaque département, il est désigné au moins un juge de l'expropriation parmi les magistrats du siège d'un tribunal judiciaire de ce département (C. expr., art. L. 211-1). La juridiction de l'expropriation mentionnée à l'article L. 211-1 a son siège auprès du tribunal judiciaire du chef-lieu du département, ou, à défaut, du tribunal judiciaire désigné, dans ce département, par arrêté du garde des Sceaux, ministre de la Justice (C. expr., art. R. 211-1).

Le transfert de propriété des immeubles ou de droits réels immobiliers faisant l'objet d'une procédure d'expropriation est opéré, à défaut de cession amiable, par voie d'ordonnance du juge de l'expropriation (C. expr., art. L. 211-1). C'est cette ordonnance qui devra faire l'objet d'une publication au fichier immobilier, en application de l'article 35, 3° du décret du 4 janvier 1955 précité.

Par contre, le jugement fixant les indemnités d'expropriation n'emportant pas transfert de propriété n'est pas soumis à publication (Rép. min. n° 3014 : *JOAN* Q 13 nov. 2012, p. 6486 ; *JCP* N 2012, n° 47, act. 1017).

L'ordonnance du juge de l'expropriation est déposée aux minutes du greffe (C. expr., art. R. 211-6). Le greffier est par ailleurs en possession du dossier complet de l'expropriation, comprenant les diverses pièces prescrites par la réglementation, qui lui est transmis par le préfet, en application de l'article R. 221-1 du Code de l'expropriation.

2 Qui doit procéder à la publication ?

3820 L'autorité expropriante, au premier chef. Selon une chronique hypothécaire (H. Bulté et J. Béchade : *JCP* N 1958, prat. 2556), l'ordonnance d'expropriation ayant pour but et pour effet de transférer à l'administration expropriante la propriété de l'immeuble, c'est cette administration qui doit faire le nécessaire en vue de la publication de ce transfert à son profit (D. 8 août 1935, art. 20 ; D. 4 janv. 1955, art. 32, al. 1er).

C'est au greffier, détenteur de la minute, qu'il appartient de signer l'expédition sur formule spéciale à la suite du certificat de conformité.

Quant à la certification de l'identité des propriétaires, elle peut être l'œuvre soit d'un notaire, soit d'un huissier, soit du préfet ou d'un représentant de l'autorité expropriante (D. 14 oct. 1955, art. 80-2 [devenu. art. 81-2] : *JCP* N 1958, prat. 2556).

La publicité foncière pourrait également être opérée par un **avocat** constitué dans le cadre de la procédure ayant abouti à l'ordonnance d'expropriation (à ce sujet, V. **Décision judiciaire**).

3821 Un notaire ? La publication de l'ordonnance est parfois confiée au notaire qui la dépose au rang de ses minutes et insère, le cas échéant, dans l'acte de dépôt les mentions manquantes, permettant d'en assurer la publicité (V. S. Lamiaux, *La publicité foncière de l'ordonnance d'expropriation : quel rôle du notaire ? : JCP* N 2023, n° 47, 1211).

La licéité de cette procédure paraît pouvoir être mise en doute, en particulier lorsqu'elle a pour objet de pallier les erreurs ou omissions que comporte l'ordonnance d'expropriation (à ce sujet, V. **Décision judiciaire**).

Compte tenu de son caractère purement empirique, on prendra soin, si l'on veut néanmoins l'utiliser, de prendre l'attache du service de la publicité foncière afin de vérifier qu'elle a son agrément.

3 Conditions d'admission à la publicité foncière

3822 Textes.

C. expr., art. R. 221-4. – L'ordonnance prononçant l'expropriation désigne chaque immeuble ou fraction d'immeuble exproprié et précise l'identité des expropriés, conformément aux dispositions de l'article R. 132-2. Elle désigne en outre le bénéficiaire de l'expropriation.

Elle tient compte des modifications survenues éventuellement depuis l'arrêté de cessibilité ou l'acte en tenant lieu en ce qui concerne la désignation des immeubles ou l'identité des parties.

C. expr., art. R. 132-2. – Les propriétés déclarées cessibles sont désignées conformément aux prescriptions de l'article 7 du décret n° 55-22 du 4 janvier 1955 portant réforme de la publicité foncière. L'identité des propriétaires est précisée conformément aux prescriptions du premier alinéa de l'article 5 ou du premier alinéa de l'article 6 de ce décret, sans préjudice des cas exceptionnels mentionnés à l'article 82 du décret n° 55-1350 du 14 octobre 1955 pris pour l'application du décret du 4 janvier 1955.

a) Désignation des immeubles

3823 Mention dans l'ordonnance d'expropriation. Aux termes de l'article R. 221-4 (ancien art. R. 12-4) du Code de l'expropriation, l'ordonnance d'expropriation doit désigner « chaque immeuble ou fraction d'immeuble exproprié (...) conformément aux dispositions de l'article R. 132-2 » (ancien art. R. 11-28). Et ce dernier texte prescrit que les propriétés dont l'expropriation est opérée doivent être désignées « conformément aux dispositions de l'article 7 du décret n° 55-22 du 4 janvier 1955 portant réforme de la publicité foncière ». Les juges veillent à ce que ces prescriptions soient respectées (V., dans un cas où l'ordonnance ne comportait en annexe aucun état parcellaire, documents d'arpentage ou écrits désignant la fraction de la parcelle expropriée sous sa nouvelle numérotation cadastrale, Cass. 3e civ., 5 nov. 2020, n° 19-20.869).

Enfin, elle doit tenir compte des modifications survenues éventuellement depuis l'arrêté de cessibilité ou l'acte en tenant lieu en ce qui concerne la désignation des immeubles ou l'identité des parties. Mais il a été jugé que l'origine de propriété des biens expropriés ne figure pas parmi les mentions que doit contenir l'ordonnance (Cass. 3e civ., 13 déc. 1977 : *Bull. civ.* 1977, III, n° 445).

3824 Extrait cadastral. Selon l'article 83 du décret du 14 octobre 1955, en cas d'expropriation, l'extrait cadastral prévu au dernier alinéa de l'article 7 du décret du 4 janvier 1955, délivré par le service départemental du cadastre, doit avoir moins de trois mois de date au jour de l'arrêté de cessibilité ou de toutes actions tenant lieu.

Il reste valable pour les cessions amiables même s'il a plus de trois mois de date au jour de l'acte.

Expropriation

3825 Immeubles soumis au statut de la copropriété. Selon l'article L. 221-2 du Code de l'expropriation :

– l'expropriation d'un immeuble bâti, d'un groupe d'immeubles bâtis ou d'un ensemble immobilier soumis à la loi n° 65-557 du 10 juillet 1965 fixant le statut de la copropriété est poursuivie et prononcée lot par lot à l'encontre des copropriétaires et titulaires de droits réels immobiliers concernés ainsi que, lorsqu'elle porte également sur des parties communes en indivision avec d'autres copropriétaires, à l'encontre du syndicat ;

– lorsque l'expropriation porte uniquement sur des parties communes à l'ensemble des copropriétaires, elle est valablement poursuivie et prononcée à l'encontre du syndicat représentant les copropriétaires et titulaires de droits réels immobiliers.

3826 **Document d'arpentage.** L'article R. 132-3 du Code de l'expropriation indique à ce propos :

> « Il peut n'être établi qu'un seul document d'arpentage pour l'ensemble des parcelles contiguës comprises dans une même feuille de plan cadastral. Dans ce cas, il n'est plus exigé de document d'arpentage soit à l'occasion de cessions amiables postérieures à l'arrêté de cessibilité ou à tous actes en tenant lieu, soit à l'occasion de l'ordonnance d'expropriation ».

En cas d'expropriation partielle impliquant la modification des limites des terrains concernés, un document d'arpentage doit être préalablement réalisé afin que les parcelles concernées soient désignées conformément à leur numérotation issue de ce document. Pour transférer au profit d'une commune des parcelles appartenant à plusieurs propriétaires, une ordonnance du juge de l'expropriation ne peut se contenter de désigner les biens expropriés en annexant un état parcellaire (Cass. 3e civ., 13 juin 2019, n° 18-14.225, FS-P+B+R+I : *JurisData* n° 2019-010205). À défaut de documents d'arpentage désignant les parcelles conformément à leur numérotation issue de ce document, l'ordonnance est entachée d'un vice de forme qui doit en faire prononcer l'annulation (Cass. 3e civ., 9 mars 2020, n° 19-14.253).

Le document d'arpentage doit être signé par le représentant qualifié de l'administration expropriante qui doit être considérée, en cas d'absence ou de refus de l'exproprié, comme la seule « partie » au sens de l'article 25 du décret n° 55-471 du 30 avril 1955.

Si l'ordonnance est intervenue sans que le changement de limite ait été constaté par le service du cadastre, une ordonnance complémentaire devra être rendue en vue de modifier la désignation de l'immeuble. En outre, dans le cas où le document d'arpentage fait apparaître que la surface de la parcelle expropriée est différente de celle indiquée dans les pièces antérieures, il y a lieu de modifier l'arrêté de cessibilité avant qu'intervienne cette ordonnance complémentaire (*Bull. AMC* 1957, art. 316).

➤ Sur les modalités d'établissement des documents d'arpentage et le traitement de l'expropriation par le service du cadastre (V. au BOFiP : BOI-CAD-MAJ-10-50-20180704, nos 210 et s.).

b) Identification des personnes

3827 **Identité des expropriés.** Selon l'article R. 221-4 du Code de l'expropriation, l'ordonnance d'expropriation doit désigner « l'identité des expropriés conformément aux dispositions de l'article R. 132-2 » (ancien art. R. 11-28). Et ce dernier texte prescrit que « l'identité des propriétaires est précisée conformément aux dispositions du premier alinéa de l'article 5 de ce décret ou du premier alinéa de l'article 6 du même décret, sans préjudice des cas exceptionnels mentionnés à l'article 82 du décret d'application n° 55-1350 du 14 octobre 1955 » (sur les règles concernant l'identification des personnes, V. **Identification des personnes**. – Sur la certification d'identité, V. **Certification d'identité**).

Selon l'article 80, alinéa 2, la certification de l'identité des personnes physiques est faite au vu d'un extrait d'acte de naissance délivré postérieurement à l'arrêté préfectoral désignant le commissaire enquêteur ou la commission chargée de procéder à l'enquête parcellaire (sur la certification d'identité, V. *supra*, n° 3820).

3828 **Cas où l'identification des expropriés n'a pas été possible.** Lorsque l'autorité expropriante n'a pas pu identifier certains propriétaires en recueillant les éléments énumérés aux articles 5 et 6 du décret du 4 janvier 1955, l'article 82 du décret du 14 octobre 1955 prévoit qu'il est fait mention au pied de l'expédition de l'ordonnance d'expropriation de celle des parties dont l'identification n'a pu être établie. Une circulaire ministérielle du 10 décembre 1958 a recommandé toutefois de ne faire usage de cette « facilité » qu'en dernier ressort et de manière exceptionnelle (Doc. adm. DGI 10 E 35, 2 mai 1983, n° 2).

En pareil cas :

– par dérogation à l'article 34,2 et 3, du décret du 4 janvier 1955, le service de la publicité foncière ne peut refuser le dépôt ou rejeter la formalité pour omission des énonciations prescrites par les articles 5 et 6 de ce même décret ou pour défaut de mention de certification de l'identité des parties ;

– il n'est pas établi de fiches personnelles au nom des parties dont l'identité n'est pas certifiée conformément aux articles 5 et 6 du décret du 4 janvier 1955. Par contre, il conviendrait d'établir la fiche d'une partie insuffisamment désignée dans l'ordonnance d'expropriation (c'est-à-dire non désignée par tous les éléments d'identification prévus au premier alinéa des articles 5 et 6 précités), mais dont les éléments d'identification visés à l'article 5, alinéa 2 ou à l'article 6, alinéa 3 seraient portés dans la mention de certification, ce qui découle de l'interprétation littérale de l'article 82, 2 (V. Doc. adm. DGI E 35, 2 mai 1985, n° 3. – D. 14 oct. 1955, art. 82, 2).

3829 **Décès des expropriés.** Le cas de décès des expropriés a été évoqué (S. Lamiaux, étude préc., n° 29). Deux situations sont à distinguer :
– si un propriétaire exproprié est décédé depuis l'expropriation, la situation juridique du bien exproprié s'est alors figée avant le décès. L'ordonnance d'expropriation a eu en effet pour conséquence immédiate l'extinction de tous les droits réels ou personnels existant sur les immeubles expropriés (C. expr., art. L. 222-2). Il suffit alors d'identifier les propriétaires décédés et de certifier leur identité, sans qu'il y ait lieu de publier préalablement l'attestation de propriété immobilière ;
– si un propriétaire exproprié décède avant l'ordonnance d'expropriation, il appartient à l'autorité expropriante d'apporter la preuve des diligences accomplies pour rechercher ses héritiers, dont l'identité doit figurer dans l'ordonnance. Si cette recherche n'aboutit pas, il y aura lieu de mettre en œuvre le dispositif dérogatoire prévu par l'article 82 du décret du 14 octobre 1955 (V. n° 3828).

3830 **Identification du bénéficiaire de l'expropriation.** L'ordonnance ne doit désigner qu'un seul bénéficiaire (Cass. 3e civ., 14 déc. 1977 : *Bull. civ.* 1977, III, n° 449). Dès lors, l'ordonnance indiquant que l'expropriation intervient « au profit de la commune de C... (ou son concessionnaire) » doit être l'objet d'un refus de dépôt : non pas parce que cette règle est violée (le service de la publicité foncière n'étant pas juge de la validité) mais parce que l'identification de l'un des bénéficiaires ne figure pas dans l'ordonnance (*Bull. AMC* 1990, art. 1450).

c) Effet relatif

3831 **Règles particulières.** Lorsqu'une décision judiciaire déposée en vue de la publicité foncière n'a pas été rendue avec le concours du dernier titulaire du droit et notamment dans le cas d'expropriation, l'expropriant peut avoir des difficultés à obtenir du précédent titulaire les indications nécessaires pour satisfaire au principe de « l'effet relatif » (V. **Effet relatif**).
L'article 36 du décret du 14 octobre 1955 prévoit alors que le requérant n'est pas tenu de porter sur le document à publier les indications, mentions ou déclarations concernant soit les références à la formalité donnée au titre de l'auteur (D. 14 oct. 1955, art. 32, § 2), soit les conditions d'acquisition du droit (D. 14 oct. 1955, art. 35, § 1, 1°), soit le fait que le titre de l'auteur ou la transmission par décès sont antérieurs au 1er janvier 1956 (D. 14 oct. 1955, art. 35, §1,2°). Le service de la publicité foncière ne peut alors refuser le dépôt ou rejeter la formalité (D. 14 oct. 1955, art. 82, 1, al. 2).
C'est en pareil cas au service de la publicité foncière qu'il appartient de rechercher lui-même si la formalité a été régulièrement donnée au titre de l'exproprié, pour vérifier ensuite la concordance entre les énonciations de l'ordonnance d'expropriation dont la publicité est requise et celle des documents antérieurement publiés (Doc. adm. DGI 10 E 7411, 2 mai 1983, nos 1 et 2).

2°) Incidents

3832 **Absence des mentions requises pour les besoins de la publicité foncière.** Il arrive assez fréquemment que les dispositions relatives à l'identification des immeubles ou des personnes concernées ne soient pas respectées, ce qui rend la publicité foncière de l'ordonnance impossible.
En pareil cas, on peut envisager de faire rectifier l'ordonnance en la complétant par les mentions prescrites par les textes sur la publicité foncière. Cette procédure était expressément prévue par l'article R. 12-4, alinéa 4, du Code de l'expropriation. L'ordonnance « peut être ultérieurement rectifiée, [disait ce texte], selon les mêmes règles que les jugements, pour redresser les erreurs ou les omissions tant matérielles que relatives à la désignation des personnes ou des immeubles expropriés ». Cette disposition n'a pas été reprise par le décret du 26 décembre 2014, mais le renvoi par l'article R. 211-6 aux dispositions du livre premier du Code de procédure civile permet d'utiliser la procédure de rectification prévue par l'article 462 ce code, qui permet de rectifier les erreurs ou omissions matérielles affectant un jugement (sur cette procédure, V. **Décision judiciaire**).

2 Formalités

3833 Pour les actes portant transmission de propriété des biens expropriés et soumis à la formalité unique (par ex., contrat de vente conclu à l'amiable entre l'expropriant et l'exproprié à la suite de la déclaration d'utilité publique), la formalité est donnée moyennant exemption de la taxe de publicité foncière devenue en droit commun une perception unique (V. **Formalité unique**).

3834 S'il s'agit de décision judiciaire, il ne peut y avoir en aucun cas formalité unique (V. **Formalité unique**). En effet, les décisions judiciaires sont toujours exemptées de ce régime.
Par conséquent, même si les décisions rendues en matière d'expropriation sont sujettes à publication, celles-ci sont données isolément et en franchise de taxe de publicité foncière.
Rappelons que pour ces ordonnances, la formalité de l'enregistrement n'est plus obligatoire depuis que la loi du 26 décembre 1969 (art. 10) a supprimé cette formalité pour les décisions juridictionnelles ne donnant pas ouverture à un droit proportionnel ou à un droit progressif d'enregistrement (Instr. 15 févr. 1971, série 10 P F, n° 10 E-1-71).

B Taxation

3835 Seront étudiés successivement les problèmes relatifs à la taxe de publicité foncière (1), à la TVA immobilière (2), à l'impôt de plus-value (3), puis ceux relatifs à la perception de la contribution de sécurité immobilière (4). Nous évoquerons ensuite les cas où les droits perçus sont restituables (5).

1 Taxe de publicité foncière

CGI, art. 1045 *(Ord. n° 2014-1345, 6 nov. 2014, art. 5, VII).* – I. – Les plans, procès-verbaux, certificats, significations, contrats et autres actes faits en vertu des articles L. 141-1, L. 251-1, L. 331-5, L. 441-1 et L. 531-1 du Code de l'expropriation pour cause d'utilité publique sont dispensés de la formalité de l'enregistrement, à l'exception des décisions judiciaires, des contrats de vente, des actes fixant l'indemnité et des quittances qui, lorsqu'il y a lieu, sont soumis gratuitement à l'enregistrement ou à la formalité fusionnée visée à l'article 647.

Il n'est perçu aucun droit pour l'exécution de la formalité de publicité foncière.

a) Conditions d'application de l'exonération

3836 L'application de l'exonération est subordonnée à la réunion de deux conditions : l'expropriation doit être précédée d'un acte régulier reconnaissant l'utilité publique de l'opération ; les immeubles acquis doivent être compris parmi ceux auxquels s'applique l'expropriation.

1) Déclaration régulière d'utilité publique

3837 L'expropriation peut avoir lieu au profit de l'État, d'un département, d'une commune ou d'un organisme « concessionnaire de ces collectivités ». Elle peut aussi avoir lieu « au profit d'une association syndicale, notamment d'une association syndicale forestière » (*Dict. enr.*, n° 1963). Précisons qu'il doit s'agir d'une association syndicale autorisée ou forcée (qui sont des établissements publics).
Les propriétés expropriées sont désignées par un arrêté du préfet dit *arrêté de cessibilité.*
L'acquisition doit être précédée d'un *acte en reconnaissant l'utilité publique* et autorisant l'expropriation (C. expr., art. L. 1 ; anc. art. L. 11-1. – Cass., 23 août 1841 : *Ind. enr.*, 1668, § 1. – Cass., 31 mars 1856 : Instr. 2078, § 1 : *S.* 1856, I, 752). À défaut les droits (ou taxes) de mutation doivent être perçus dans les conditions de droit commun (Déc. min. 21 mai 1835 : Instr. 1485. – Déc. min. 15 déc. 1835 : Instr. 1502), et ceci quel que soit l'intérêt de l'opération.
Il faut ajouter que la déclaration d'utilité publique doit être régulière : l'administration a refusé le bénéfice de l'exemption en cas de déclaration prononcée par un préfet autre que celui de la situation des biens (Sol. 28 août 1929).
D'autre part, l'effet d'une déclaration publique se trouve épuisé par la réalisation des travaux qui en sont l'objet. En conséquence, si l'expropriation d'autres immeubles s'avère nécessaire par la suite, la nouvelle procédure d'expropriation doit être précédée d'une *nouvelle déclaration* (Cass. com., 3 nov. 1947 : *D.* 1948, I, p. 61. – CE, 4 févr. 1955 : *D.* 1955, 1, 48).

3838 Reconnaissance dans une lettre de l'administration de l'application du régime de l'article 1045 du Code général des impôts. Si le directeur des services fiscaux adresse une lettre à un établissement public admettant la possibilité de bénéficier du régime de l'article 1045 du Code général des impôts, l'administration ne peut plus ensuite opérer un redressement en contestant que ce texte soit applicable. Peu importe que la lettre, invoquée par l'acquéreur du bien, ait été adressée au vendeur et qu'elle soit postérieure tant aux actes d'acquisition qu'à la mise en recouvrement des droits (Cass. com., 29 nov. 1994 : *Dr. fisc.* 1995, comm. 244).

2) Les immeubles acquis doivent être compris parmi ceux auxquels s'applique l'expropriation

3839 Les immeubles expropriés doivent être désignés soit dans l'arrêté de cessibilité, soit dans la déclaration d'utilité publique. Un simple certificat de l'autorité de tutelle ne suffit pas, en principe. Toutefois, le propriétaire exproprié d'une portion seulement d'immeuble est autorisé, sous certaines conditions, à en demander l'emprise totale. L'exonération de taxe de publicité foncière s'applique à cette opération (V. BOI-ENR-DMTOI-10-80-20-20150521, n°s 30 et 40).

b) Actes susceptibles de bénéficier de l'exonération

NOTA Une liste alphabétique des divers actes est présentée ci-dessous.

3840 **Acte administratif.** Le bénéfice de l'article 1045 du Code général des impôts est acquis à tous les actes administratifs intervenant dans les premières phases de la procédure de l'expropriation telles que : décrets, déclarations ou autres actes déclaratifs d'utilité publique, arrêtés préfectoraux, plans annexés, procès-verbaux des maires et des commissions d'enquête, certificats, etc. (Maguéro, V° Expropriation, n° 21).

3841 **Acte constatant la cession amiable de l'immeuble exproprié.** La cession amiable intervenant postérieurement à l'arrêté de cessibilité bénéficie de l'exonération (V. BOI-ENR-DMTOI-10-80-20-20150521, n° 70. – V. déjà, Maguéro, V° Expropriation, n° 31). Mais si une soulte est stipulée à la charge du cédant, celle-ci relève du régime fiscal de droit commun (Sol. 25 janv. 1896 : *RP*, 8732).

3842 **Acte constatant l'acquisition par l'exproprié d'un immeuble en remploi de l'indemnité.** L'exonération profite également aux actes constatant l'acquisition d'immeubles en remploi, soit de biens de mineurs, d'absents ou d'incapables, soit d'immeubles dotaux. Elle doit être refusée si le remploi n'est prescrit ni par une convention antérieure, ni par la loi, ni par l'autorité judiciaire ou administrative (V. BOI-ENR-DMTOI-10-80-20-20150521, n° 60).
L'exonération est donc applicable dans les cas ci-après :
– remploi impose par un contrat de mariage (Cass., 24 mai 1848 : *S.* 1848, II, 431) ;
– remploi effectué au profit des mineurs et des incapables lorsqu'il est imposé par décision de justice (Sol. 9 août 1869 : *Journ. enr.*, 18963) mais non s'il n'intervient que dans un but de bonne administration (Cass., 8 févr. 1853 : *S.* 1853, 1, 265 ; *DP* 1853, 1, 28).
Dans les cas où il y a lieu à exonération, l'acte d'acquisition doit contenir la *déclaration de remploi et l'indication de l'origine des deniers* (Sol. 8 mai 1896 : *Rev. enr. et imp.*, 1487. – Cass., 14 juin 1864 : Instr. 2288, § 2).
Dans tous les cas où le remploi n'est qu'une mesure d'administration *purement volontaire*, il est soumis au régime fiscal de droit commun.
D'autre part l'exemption ne saurait être étendue. Au cas où le remploi est déterminé par une cause postérieure à l'expropriation (T. civ. Nice, 1er juill. 1869 : *RP*, 3152) ; et aux *acquisitions successives* que peut entraîner l'aliénation ultérieure du bien acquis en remploi (Cass., 10 mai 1865 : Instr. 2326, § 2 ; *S.* 1865, 1, 369).

3843 **Acte constatant le transfert de propriété.** Les actes emportant transfert de propriété au profit de la collectivité expropriante ne donnent pas ouverture à la taxe de publicité foncière lors de leur publication à la conservation des hypothèques.

3844 **Acte constatant l'acquisition d'immeuble dont une partie doit être rétrocédée à une collectivité expropriante.** Il ne bénéficie pas de l'exemption (Rép. min. Finances 5 sept. 1959 : *Ind. enr.*, 9879 ; *BOE* 1960, 8220, § 104). En l'espèce, il s'agissait d'une acquisition faite par une société de construction à un particulier d'un terrain en vue de le rétrocéder gratuitement à une commune pour l'établissement d'une rue.

3845 **Actes de procédure.** Bénéficient de l'exonération les actes de procédure rédigés ou signifiés au cours de l'expropriation. Il en est ainsi en particulier :
– pour les exploits signifiés à la requête de l'expropriant ou de l'exproprié (Sol. 25 oct. 1836, 11 janv. 1837 : *Journ. enr.*, 11699) ;
– pour les requêtes, jugements et arrêts intervenant au cours de la procédure ;
– pour les expéditions ou extraits des actes nécessités par la même procédure ;
– pour les instances nées en marge de l'expropriation, mais qui en sont une conséquence directe et forcée. Il est ainsi lorsque l'expropriation conteste aux réclamants leur qualité de propriétaires ou leur droit à indemnité (Sol. 18 sept. 1873), sans qu'il y ait lieu de distinguer selon que l'affaire est de la compétence administrative ou judiciaire (Sol. 1er juin 1881 : *RP*, 5786).

3846 **Adjudication.** L'acquisition réalisée par voie d'adjudication au cours de la procédure d'expropriation est également exemptée du droit de mutation et de taxe de publicité foncière (V. BOI-ENR-DMTOI-10-80-20-20150521, n° 70).

3847 **Cession par l'expropriant des terrains expropriés à un concessionnaire.** La convention par laquelle l'expropriant se substitue à un tiers et le subroge dans le bénéfice des acquisitions réalisées, en le chargeant de l'exécution des travaux, est exempte de droits (Cass., 15 juin 1869 : Instr. 2401, § 2 ; *S.* 1870, 1, 36 ; *DP* 1969, 1, 458), même si le concessionnaire peut revendre les terrains en bordure.

Toutefois, s'il s'agit d'une vente pure et simple consentie au concessionnaire, les droits ou taxes de mutation sont exigibles (Déc. min. 29 janv. 1880 : *Journ. enr.*, 21741).

3848 Jugement.
➤ V. **Actes de procédure**, n° 3845.

3849 Mainlevée des hypothèques.
➤ V. n° 3899.

3850 **Promesse de vente.** Elle bénéficie de l'exemption lorsqu'elle concerne une acquisition entrant dans le cadre d'une procédure d'expropriation (Maguéro, V° Expropriation, n° 41).

3851 **Publication de l'ordonnance d'expropriation.** Elle s'opère en franchise de taxe (CGI, art. 1045).

3852 Remploi.
➤ V. n° 3842.

3853 Revente par l'expropriant à un concessionnaire.
➤ V. n° 3847.

3854 **Soulte.** Ne bénéficie pas de l'exemption la soulte mise à la charge de l'exproprié lorsque l'expropriation a eu lieu par voie d'échange (Sol. 25 janv. 1896 : *Rev. enr. et imp.*, 8703).

De même, si une soulte est stipulée à la charge du cédant, dans le cas de cession amiable, elle relève du régime fiscal de droit commun (*ibid.*).

3855 **SNCF. Acquisition amiable.** Ces acquisitions obéissent en tous points au régime fiscal des acquisitions faites par l'État (Instr. 11 janv. 1984 : *BODGI* 7 C-1684 : *JCP* N 1984, prat. 8907).

3856 **Ventes par l'expropriant à des tiers.** Sauf cas particuliers (V. 3880) ; la vente par l'expropriant à des tiers des biens expropriés ne bénéficie pas de l'exemption (Vendôme, 7 déc. 1872 : *Journ. enr.*, 19289).

2 TVA immobilière

3857 **Doctrine administrative** – Dans ses premiers commentaires de la réforme des règles de la TVA appliquée aux opérations immobilières issue de l'article 16 de de la loi n° 2010-237 du 9 mars 2010 (*JO* 10 mars), l'administration fiscale indique que si la « directive TVA » (n° 2006/112/CE, 28 nov. 2006) considère comme une livraison de biens la transmission réalisée à l'occasion d'une procédure d'expropriation, il y a lieu, toutefois, de présumer qu'elle ne constitue pas une opération de caractère économique pour l'exproprié dès lors que la contrepartie reçue a le caractère d'une indemnité.

Il en va autrement, toutefois, dès lors que l'exproprié établit que cette livraison répond par ailleurs aux besoins de son entreprise (Instr. 29 déc. 2010, n° 14 : BOI 3 A-9-10 repris au BOI-TVA-IMM-10-10-10-10, 1er sept. 2012, n° 100). Lorsque les critères de l'assujettissement de l'opération à la TVA sont remplis, la taxe s'applique dans les conditions de droit commun (V. **TVA immobilière**).

3858 **Prise de position de la CJUE.** – La CJUE a eu l'occasion de se prononcer sur la portée des dispositions de l'article 14, paragraphe 2, sous a) de la Directive TVA précitée et de préciser les conditions auxquelles doit répondre l'opération d'expropriation pour être soumise à la TVA : une livraison à titre onéreux effectuée par un assujetti agissant en tant que tel. Elle a ainsi dit pour droit que « L'article 2, paragraphe 1, sous a), et l'article 14, paragraphe 2, sous a), de la directive 2006/112/CE du Conseil, du 28 novembre 2006, relative au système commun de taxe sur la valeur ajoutée, doivent être interprétés en ce sens que constitue une opération soumise à la taxe sur la valeur ajoutée le transfert de la propriété d'un bien immeuble appartenant à un assujetti à la taxe sur la valeur ajoutée, au bénéfice du Trésor public d'un État membre, opéré en vertu de la loi et moyennant le paiement d'une indemnité, dans une situation, telle que celle en cause au principal, où la même personne représente à la fois le pouvoir expropriant et la commune expropriée, et où cette dernière continue, dans la pratique, à gérer le bien concerné, même si le versement de l'indemnité n'a été effectué qu'au moyen d'un transfert comptable interne dans le budget de la commune. » (V. CJUE, 7e ch., 13 juin 2018, aff. C-665/16).

3 Plus-values immobilières

3859 **Exonération conditionnelle** – L'expropriation est en principe susceptible de déclencher une imposition au titre des plus-values réalisées par l'exproprié. Dans le régime des plus-values immobilières des particuliers, seul à concerner la publicité foncière, le 4° du II de l'article 150 U du CGI prévoit une exonération conditionnelle des plus-values réalisée à l'occasion de la cession d'immeubles ou de droits réels immobiliers « Pour lesquels une déclaration d'utilité publique a été prononcée en vue d'une expropriation (...), à condition qu'il soit procédé au remploi de l'intégralité de l'indemnité d'expropriation ou du prix de cession par l'acquisition, la construction, la reconstruction ou l'agrandissement d'un ou de plusieurs immeubles dans un délai de douze mois à compter de la date de perception de l'indemnité d'expropriation ou du prix de cession ». Cette exonération est commentée au BOI-RFPI-PVI-10-40-60, 09 mai 2018.

L'administration indique que les immeubles, parties d'immeubles ou droits relatifs à ces biens doivent être compris dans une déclaration d'utilité publique prononcée dans les conditions prévues soit – soit par l'article 1er de l'ordonnance n° 58-997 du 23 octobre 1958 portant réforme des règles relatives à l'expropriation pour cause d'utilité publique ;

– soit par l'article L. 511-2 du Code de l'expropriation pour cause d'utilité publique.

Remarque : Les dispositions de l'article L. 511-2 du Code de l'expropriation pour cause d'utilité publique, en vigueur depuis le 11 avril 2024, sont issues de l'article 45 de la loi n° 2024-322 du 9 avril 2024 visant à l'accélération et à la simplification de la rénovation de l'habitat dégradé et des grandes opérations d'aménagement : *JO* 10 avril 2024).

Il a été admis que les plus-values réalisées lors de cessions amiables consenties à un aménageur titulaire d'une convention de zone d'aménagement concertée peuvent bénéficier de l'exonération si, toutes autres conditions étant par ailleurs réunies, l'aménageur (un établissement public ou une société d'économie mixte) se voit confier le droit d'expropriation dans les conditions prévues à l'article L. 300-4 du Code de l'urbanisme (RFPI-PVI-10-40-60, 09 mai 2018, n° 30).

En outre, il importe peu que l'indemnité soit fixée judiciairement ou qu'elle résulte d'un accord amiable constaté dans un acte de cession, dans un traité d'adhésion à ordonnance d'expropriation ou dans un jugement de donné acte (RFPI-PVI-10-40-60, 09 mai 2018, n° 40).

Il n'y a pas lieu de distinguer selon que le transfert de propriété est prononcé par le juge ou réalisé à l'amiable. Les actes de vente amiable antérieurs à la déclaration d'utilité publique sont à traiter comme les actes postérieurs dès lors qu'ils ont fait l'objet d'une ordonnance de donné acte dans les conditions prévues au deuxième alinéa de l'article 7 de l'ordonnance du 23 octobre 1958 précitée codifié à l'article L. 222-2 du Code de l'expropriation pour cause d'utilité publique (RFPI-PVI-10-40-60, 09 mai 2018, n° 50).

➤ Sur les conséquences de la nature de l'acte qui constate le transfert de propriété sur les obligations déclaratives en matière de plus-values immobilières et de taxes sur les cessions à titre onéreux de terrains devenus constructibles, V. **Plus-values immobilières** – V. **Taxes sur les cessions à titre onéreux de terrains.**

S'agissant de la condition légale de remploi de l'intégralité de de l'indemnité d'expropriation ou du prix de cession, l'administration admet formellement que « cette condition sera toutefois réputée satisfaite si 90 % de l'indemnité d'expropriation ou du prix de cession est effectivement remployé ». (RFPI-PVI-10-40-60, 09 mai 2018, n° 80).

➤ Sur les modalités de calcul de la plus-values immobilières, V. CGI, ANN. II, art. 74 SC et BOI-RFPI-PVI-20-10-10, 02 mars 2016, n° 200 à 260

Remarque : Conformément au 1° du II de l'article 244 bis A du CGI, l'exonération conditionnelle s'applique lorsque le prélèvement est dû par des contribuables non-résidents assujettis à l'impôt sur le revenu (V. BOI RFPI-PVINR-10-20, 19 avril 2019, n° 180 et n° 190).

3860 **Taxes sur les cessions à titre onéreux de terrains devenus constructibles** – L'exonération prévue par le 4° du II de l'article 150 U du CGI s'applique également à la taxe communale de l'article 1529 du CGI (CGI, art. 1529, II, a).

La taxe « nationale » de l'article 1605 nonies du CGI ne s'applique pas « aux cessions de terrains pour lesquels une déclaration d'utilité publique a été prononcée en vue de l'expropriation » (CGI, art. 1605 nonies, II, 1°). Contrairement à l'exonération applicable aux plus-values immobilières des particuliers codifiée au 4° du II de l'article 150 U du CGI, l'exonération de la taxe « nationale » s'applique de plein droit ; elle n'est pas subordonnée au remploi de l'intégralité de l'indemnité dans l'acquisition, la construction, la reconstruction ou l'agrandissement d'un ou de plusieurs immeubles dans un délai de douze mois à compter de la date de perception de l'indemnité.

➤ Pour plus de détails V. **Taxes sur les cessions à titre onéreux de terrains.**

4 Contribution de sécurité immobilière

N.B. : Nous faisons état ci-dessous de diverses solutions, antérieures au 1er janvier 2013, concernant la perception du salaire du conservateur. Ces solutions restent valables jusqu'à nouvel ordre et peuvent être transposées pour la perception de la contribution de sécurité immobilière. Au salaire fixe ou proportionnel se substitue la contribution de sécurité immobilière au tarif fixe ou proportionnel.

3861 **Publication de l'ordonnance d'expropriation.** Le transfert de propriété résultant de l'ordonnance d'expropriation (C. expr., art. L. 220-1, anc. art. L. 12-1), celle-ci constitue le seul document soumis à publicité foncière. Les actes ultérieurs de la procédure, du moins lorsqu'ils ne concernent que la fixation de l'indemnité, ne sont donc pas astreints à publication et le service de la publicité foncière n'en a pas connaissance.

3862 **Calcul de la contribution de sécurité immobilière.** L'ordonnance d'expropriation ne contient généralement aucune évaluation des immeubles expropriés, les offres de l'expropriant n'étant notifiées que postérieurement aux intéressés. Le service de la publicité foncière est alors fondé à réclamer à l'administration requérante une estimation de la valeur réelle des immeubles (chron. hyp. : *JCP* N 1953, IV, 1563-2°). Mais la liquidation des salaires proportionnels ainsi rendue possible lors de la publication de l'ordonnance ne présenterait qu'un caractère provisoire et elle devrait être révisée dans le cas où le procès-verbal d'accord amiable, le jugement, ou l'arrêt de la cour d'appel attribueraient à l'immeuble exproprié une valeur supérieure à cette estimation, lors de la fixation définitive de l'indemnité. Dans le but d'assurer le recouvrement du supplément de salaire exigible sur la différence entre le montant de la déclaration estimative et celui de l'indemnité définitive d'expropriation, il a d'ailleurs été décidé (Circ. enreg. div. centr. 3e Bureau, 24 avr. 1950, n° 1, § 1481 ; *BA* 1950, 1, 5340 ; *JCP* N 1950, IV, 974) que le montant de cette indemnité serait notifié aux conservations des hypothèques par l'intermédiaire des directions, notamment par des renvois établis par les receveurs centraux et inspecteurs d'enregistrement des bureaux d'actes judiciaires. Et dans une chronique, MM. Bulté, Béchade et Poirier (*JCP* N 1959, IV, 2826) estimaient que cette prescription devait être maintenue sous le nouveau régime de l'expropriation pour cause d'utilité publique.
Ces indications sont transposables pour la perception de la contribution de sécurité immobilière.

3863 **Éléments de calcul de la contribution de sécurité immobilière.** Avant l'institution de la contribution de sécurité immobilière, on considérait que les salaires du conservateur n'étaient exigibles que sur la valeur des immeubles ou des droits faisant l'objet de la publication.
Dans la chronique précitée (*JCP* N 1959, IV, 2826), MM. Bulté, Béchade et Poirier ont estimé qu'il ne saurait donc être exigé sur tout ce qui dans l'indemnité d'expropriation ne se rapporte pas à l'immeuble exproprié lui-même.
Parmi les éléments de l'indemnité susceptibles d'être retenus pour déterminer la valeur des immeubles expropriés, ne pourraient être pris en considération que :
– l'indemnité principale... ;
– l'indemnité de remploi... ;
– et l'indemnité pour perte de récolte en terre, fumure, engrais, éléments de nature immobilière, sauf dans le cas de location.
Par contre, l'indemnité pour dépréciation du surplus de la propriété et pour frais de clôture de ce surplus se rapportant à des immeubles autres que ceux faisant l'objet de la mutation publiée ne saurait donner ouverture au salaire proportionnel.
Pour le même motif, mais en sens inverse, la plus-value procurée au surplus de la propriété concernant des immeubles non compris dans l'expropriation publiée ne devrait pas être déduite de l'indemnité relative à la partie expropriée de la propriété pour le calcul des salaires du conservateur. Ainsi, si une indemnité d'expropriation est fixée à 3 millions de francs mais que la plus-value dont bénéficie le surplus de la propriété expropriée est fixée à 1 million, le salaire serait dû sur 3 millions de francs et non pas sur 2 millions (*JCP* N 1959, IV, 2826, préc.).
Ces indications sont transposables pour la perception de la contribution de sécurité immobilière.

5 Restitution des droits

CGI, art. 1962. – En matière d'expropriation pour cause d'utilité publique, les droits d'enregistrement ou la taxe de publicité foncière, perçus sur les acquisitions amiables faites antérieurement à la déclaration d'utilité publique sont restitués lorsque, dans les délais fixés par l'article R. 196-1 du Livre des procédures fiscales, il est justifié que les immeubles acquis sont visés par cette déclaration d'utilité publique ou par l'arrêté de cessibilité. La restitution des droits ne peut s'appliquer qu'à la portion des immeubles qui a été reconnue nécessaire à l'exécution des travaux.

CGI, art. 1963. – Les dispositions de l'article 1962 sont applicables :

1° À tous les actes ou contrats relatifs à l'acquisition de terrains, même clos ou bâtis, poursuivie en exécution d'un plan d'alignement régulièrement approuvé pour l'ouverture, le redressement, l'élargissement des rues ou places publiques, des voies communales et des chemins ruraux, ainsi qu'à tous les actes ou contrats relatifs aux terrains acquis pour la voie publique par simple mesure de voirie dans les conditions prévues par le décret-loi du 26 mars 1852 relatif aux rues de Paris ;

2° Aux plans, procès-verbaux, certificats, jugements, contrats, quittances et autres actes faits en vertu de l'article 4 de la loi du 16 octobre 1919, relative à l'utilisation de l'énergie hydraulique ;

3° (Abrogé).

3864 **Restitution des droits perçus sur des cessions amiables.** La taxe de publicité foncière perçue sur les acquisitions amiables faites antérieurement à la déclaration d'utilité publique peut être restituée (CGI, art. 1962).

Toutefois, la restitution ne peut s'appliquer qu'à la portion des immeubles qui a été reconnue nécessaire à l'exécution des travaux déclarés d'utilité publique.

Elle est subordonnée à la condition qu'il soit justifié que les immeubles acquis sont visés par la déclaration d'utilité publique ou par l'arrêté de cessibilité.

Cette justification doit être fournie dans les délais fixés par l'article R. 196-1 du Livre des procédures fiscales (BOI-ENR-DMTOI-10-80-20-20150521, n° 90. – V. **Restitution**).

3865 Lorsqu'une cession amiable intervient antérieurement à la déclaration d'utilité publique ou à l'arrêté de cessibilité, les droits de mutation perçus ou la taxe de publicité foncière sont ainsi restituables par application de l'article 1962 du Code général des impôts (V. le texte en tête de la rubrique).

La restitution ne peut concerner les droits d'acquisition des parcelles non comprises dans les arrêtés préfectoraux (Cass. civ., 13 nov. 1848 ; Instr. 1837, § 10), non plus que les fractions des parcelles acquises non employées aux travaux.

Elle ne peut s'appliquer non plus aux droits perçus à l'occasion des ventes amiables de parcelles non comprises dans l'arrêté préfectoral mais dont l'exproprié aurait pu requérir l'expropriation (Seine, 6 déc. 1861 : *Journ. enr.*, 17432). Par contre, les droits ou taxes perçus sur la vente amiable des constructions démolies avant l'arrêté du préfet qui ne vise par suite que le sol, peuvent être demandés (Sol. 29 avr. 1868 : *RP*, 2691).

3866 Lorsqu'une acquisition réalisée par voie d'adjudication est ultérieurement déclarée d'utilité publique, les droits perçus sur les actes antérieurs à l'adjudication ne sont pas susceptibles d'être restitués, alors même qu'en vertu d'une clause spéciale du cahier des charges, ils auraient été supportés par l'expropriant (Sol. 16 juill. 1901 : Instr. 3080, § 6).

3867 Les droits perçus sur les acquisitions amiables faites par un concessionnaire de travaux publics antérieurement à la date à laquelle le traité de concession est devenu définitif sont acquis au Trésor et ne peuvent être restitués (Cass. civ., 26 janv. 1910 : Instr. 3302, p. 34).

Sur les justifications à fournir, voir Instruction générale sur le contentieux des impôts, n° 477 et *BOI*, 7599.

3868 **Alignement.** Les dispositions de l'article 1962 sont applicables (V. *supra*, le texte de l'article 1963 du Code général des impôts).

3869 **Énergie hydraulique.** Les dispositions de l'article 1962 du Code général des impôts sont également applicables (V. le texte de l'article 1963 du Code général des impôts).

Expropriation

II

Incidents en cours de procédure ou après son achèvement

A Accords en cours de procédure

1 Cession amiable

3870 Aux termes de l'article L. 323-2 (ancien art. L. 13-27) du Code de l'expropriation :

> « La publication au fichier immobilier de l'acte établi par l'autorité administrative compétente pour constater l'accord à la cession amiable, moyennant un prix déterminé, donné par le propriétaire d'un immeuble à acquérir en vue de la réalisation d'une opération déclarée d'utilité publique, produit les effets prévus pour la vente elle-même par les premier et deuxième alinéas du 1 de l'article 30 du décret n° 55-22 du 4 janvier 1955 portant réforme de la publicité foncière.
> Cet accord est caduc et les effets de sa publicité cessent de plein droit si l'acte définitif de cession n'est pas publié au fichier immobilier dans les six mois de la publication prévue au premier alinéa ».

3871 **Cession amiable antérieure à la déclaration d'utilité publique. Ordonnance de donné acte.** La publication au fichier immobilier d'une ordonnance de donné acte intervenue après une cession amiable antérieure à la déclaration d'utilité publique, donne ouverture au salaire proportionnel (aujourd'hui à la contribution de sécurité immobilière au tarif proportionnel) liquidé selon le tarif prévu par l'article 296 de l'annexe 3 du Code général des impôts, même si le salaire (aujourd'hui la contribution de sécurité immobilière) proportionnel a déjà été perçu lors de la publication de l'acte ayant opéré le transfert de propriété. En effet, le salaire du conservateur (aujourd'hui la contribution de sécurité immobilière) est dû pour la publication de chaque acte ; or l'acte de cession passé avant la déclaration d'utilité publique qui opère le transfert de propriété et l'ordonnance de donné acte qui éteint les droits que des tiers détiennent sur l'immeuble possèdent l'un et l'autre une utilité juridique qui leur est propre, ce qui justifie une double perception (Rép. min. Mignot : *JO* Sénat CR, 28 juin 1973, p. 1046, n° 11901 ; *JCP* N 1973, IV, 5517).

3872 **Péremption des inscriptions.** L'article L. 222-2, alinéa premier (anc. art. L. 12-2, al. 2) du Code de l'expropriation prévoit que l'ordonnance d'expropriation éteint, par elle-même et à sa date, tous droits réels ou personnels existant sur les immeubles expropriés.
Il en est de même des cessions amiables consenties après déclaration d'utilité publique et lorsqu'il en est donné acte par ordonnance du juge des cessions amiables antérieures à la déclaration d'utilité publique (C. expr., art. L. 122-2, al. 2).
Selon l'alinéa 3 du même texte, les inscriptions de privilège ou hypothèque éteints en application des alinéas 1 et 2 sont périmées à l'expiration d'un délai de six mois à compter de l'acte de cession amiable passé après déclaration d'utilité publique ou de l'ordonnance de donné acte d'une vente antérieure à la déclaration d'utilité publique.
Cette péremption doit être constatée à la publicité foncière sur justification, par tout intéressé, du caractère irrévocable ou définitif des procédures emportant extinction des droits réels existants sur les immeubles expropriés.

3873 **Constatation de la péremption des inscriptions.** En ce qui concerne la cession amiable, plusieurs cas doivent être distingués selon que cette cession intervient avant la déclaration d'utilité publique, après cette déclaration et avant l'arrêté de cessibilité, ou après la phase administrative (V. l'étude de D. Dutrieux, *La péremption des inscriptions de privilèges ou hypothèques prévue à l'article L. 12-2 du Code de l'expropriation : JCP* N 2000, n° 28, 1148).
Dans le premier cas, la constatation de la péremption peut être demandée à partir du moment où le juge de l'expropriation a rendu une ordonnance de donné acte.
Dans les deux autres hypothèses, les actes consécutifs aux cessions amiables contiendront les références précises de la déclaration d'utilité publique et, s'il existe, de l'arrêté de cessibilité (il est nécessaire de faire figurer ces références dans les actes de vente).
En ce qui concerne la demande de constatation de la péremption, il y a lieu de distinguer :
– premier cas : si ont été rendues soit l'ordonnance d'expropriation soit une ordonnance de donné acte d'une vente antérieure à la déclaration d'utilité publique, il y aura lieu de joindre à la lettre identifiant

les biens expropriés par ses références cadastrales et demandant au service de la publicité foncière de constater la péremption, un certificat du secrétariat-greffe du juge de l'expropriation attestant qu'aucun recours en cassation n'a été formé contre l'ordonnance ou qu'un arrêt de la Cour de cassation a confirmé la validité de cette ordonnance ;

– second cas : s'il n'y a pas eu d'ordonnance d'expropriation ou de donné acte, il faut justifier au service de la publicité foncière du caractère définitif et irrévocable de la cession amiable en rapportant la preuve que la déclaration d'utilité publique n'est ni annulée, ni l'objet d'une instance en annulation devant la juridiction administrative. Cette attestation est en pratique établie par le greffe du tribunal administratif (*Bull. AMC* 2007-2 et 2008-1, art. 1915). En outre, l'acte notarié de cession amiable doit mentionner « de façon explicite et complète » (V. Instr. 2 sept. 1987 : *BOI* 10 D-1-87 : *JCP* N 1987, prat. 284, p. 492) les arrêtés de cessibilité, outre la décision prononçant la déclaration d'utilité publique. Il s'agit par là de permettre au service de la publicité foncière de vérifier que la péremption concerne bien une parcelle incluse dans l'emprise de la déclaration d'utilité publique. Aussi lorsque la cession amiable est intervenue avant que n'ait été pris un arrêté de cessibilité, il faudra obtenir en plus du certificat émanant du greffe du tribunal administratif, un certificat supplémentaire, visé par les services préfectoraux, attestant que la parcelle figurait bien dans l'enquête parcellaire.

2 Adhésion de l'exproprié

3874 Après l'arrêté de cessibilité et l'ordonnance d'expropriation, la propriété est transférée à l'expropriant. Il est alors fréquent de voir expropriant et exproprié conclure un accord clôturant la procédure et permettant la perception immédiate de l'indemnité. Cette convention est connue sous le nom de « traité d'adhésion ».

L'accord intervenu entre expropriant et exproprié permettant la perception immédiate de l'indemnité n'est pas soumis à publicité foncière, il s'analyse essentiellement en une quittance constatant le paiement de l'indemnité (Bulté, chron. : *JCP* N 1959, prat. 2722).

➤ Sur la publication éventuelle dans le cas où le traité d'adhésion contiendrait en outre renonciation à un droit éventuel de rétrocession (V. n° 3875).

3875 **Adhésion à une mesure d'expropriation et renonciation à un droit éventuel de rétrocession.** Cet acte par lequel un exproprié adhère à une expropriation, s'il ne fait qu'approuver une disposition par ailleurs parfaite sans lui apporter un élément nouveau, ne paraît donner lieu qu'à la perception du minimum de la taxe de publicité foncière et du salaire – aujourd'hui de la contribution de sécurité immobilière (chron. préc. : *JCP* N 1959, IV, 2722). Il en serait de même de l'acte par lequel l'exproprié renoncerait à son droit de priorité pour le cas où il y aurait lieu à rétrocession de l'immeuble exproprié (*ibid.*).

3 Dation en paiement

3876 Dans le cadre d'une expropriation, une collectivité ou un établissement public peuvent envisager de désintéresser l'exproprié en tout ou en partie par la remise d'un immeuble leur appartenant. Ces opérations ont fait l'objet d'une étude très complète de Me Jean Picard (*Dation en paiement : intérêts pour les collectivités : JCP* N 1986, prat. 9826).

3877 Le règlement de l'indemnité d'expropriation en nature peut être qualifié *a priori* d'échange ou de dation en paiement. Me Picard, dans son étude précitée, se prononce en faveur de cette dernière qualification.

– La dation en paiement est taxable selon le droit commun si elle n'est pas nécessairement liée à l'expropriation : ainsi, lorsqu'elle n'a pas lieu au moment même du règlement... Il ne peut y avoir exonération par exemple lorsque l'indemnité ayant d'abord été fixée en argent, la dation a fait l'objet d'une convention ultérieure entre l'expropriant et l'exproprié (V. n° 3863, les références citées et les références citées par Me Picard dans son étude préc., V. n° 3840).

Ainsi la dation d'immeuble en paiement des indemnités d'expropriation après la clôture de la procédure d'expropriation ne bénéficie pas de l'exemption (Cass. req., 12 févr. 1936 : *Ind. enr.*, 3383 ; Instr. 4264, § 7).

– Par contre, il y a exonération lorsque la dation en paiement intervient avant la clôture de la procédure d'expropriation.

Cette règle a été affirmée par la Cour de cassation (23 févr. 1870 : *S.* 1870, 1, 224 cité par Me Picard, *op. cit.*, n° 14) dans une décision qui n'a jamais été remise en cause.

Me Picard propose une formule et montre l'intérêt de la technique de la « dation en paiement » pour l'autorité expropriante dans son étude précitée (n° 15).

B Perte de base légale de l'ordonnance d'expropriation

3878 **Procédure et publicité foncière.** Une procédure est prévue par les articles L. 223-2

(anc. art. L. 12-5) et R. 223-1 à R. 223-7 (anciens art. R. 12-5-1 à R. 12-5-4) du Code de l'expropriation afin de faire constater par le juge le manque de base légale de l'ordonnance portant transfert de sa propriété.
Le juge constate, par jugement, l'absence de base légale du transfert de propriété et en précise les conséquences de droit. Si le bien exproprié est en état d'être restitué, le juge désigne chaque immeuble ou fraction d'immeuble dont la propriété est restituée (C. expr., art. R. 223-6, II, anc. art. R. 12-5-4). Cette décision est soumise à publicité foncière. L'article R. 223-7 (anc. art. R. 12-5-5) du Code de l'expropriation précise que « les frais de publicité foncière engagés en application du jugement sont à la charge de l'expropriant ».
La demande de l'exproprié qui tend à faire constater que l'ordonnance d'expropriation est dépourvue de base légale, par suite de l'annulation de la procédure administrative par le juge administratif (procédure prévue par l'article L. 223-2 du Code de l'expropriation), n'est pas soumise à la publication prévue par l'article 30-5 du décret n° 55-22 du 4 janvier 1955 concernant les demandes en justice (Cass., avis, 23 mai 2017, n° 17008).

C Rétrocession aux expropriés

C. expr., art. L. 421-1 (anc. art. L. 12-6). – Si les immeubles expropriés en application du présent code n'ont pas reçu dans le délai de cinq ans la destination prévue ou ont cessé de recevoir cette destination, les anciens propriétaires ou leurs ayants droit à titre universel peuvent en demander la rétrocession pendant un délai de trente ans à compter de l'ordonnance d'expropriation, à moins que ne soit requise une nouvelle déclaration d'utilité publique.

C. expr., art. L. 421-4. – Les dispositions de l'article L. 421-1 ne sont pas applicables aux immeubles qui ont été acquis à la demande du propriétaire en vertu des articles L. 242-1 à L. 242-7 et qui restent disponibles après exécution des travaux.

3879 **Portée du texte.** La procédure de rétrocession telle qu'elle est définie au Code de l'expropriation ne constitue pas une procédure de restitution du bien initialement exproprié ni de l'indemnité d'expropriation. Lorsqu'elle aboutit, elle doit se conclure par la remise en vente des biens concernés par la collectivité expropriante, à un prix qui peut être soit négocié amiablement entre les parties, soit fixé par le juge en cas de désaccord. Dans ce cadre, les anciens propriétaires ou leurs ayants droit bénéficient simplement d'une priorité pour leur acquisition.
En conséquence, c'est à tort qu'un conservateur (aujourd'hui : service de la publicité foncière) à qui il est demandé de publier une ordonnance accédant à une demande de rétrocession transfère au demandeur la propriété des biens concernés au fichier immobilier (*Bull. AMC* 2010-2011, art. 1951).

3880 **Régime fiscal.** La rétrocession aux anciens propriétaires des terrains expropriés qui n'ont pas reçu la destination prévue est exempte de droit lorsqu'elle intervient dans les conditions fixées par l'article L. 12-6 du Code de l'expropriation (devenu C. expr., art. L. 421-1) et sous réserve que les terrains n'aient pas été utilisés entre temps, conformément à leur destination (Cass., 26 nov. 1904 : *Journ. enr.*, 26428). Il faut également que les biens n'aient pas été acquis sur la réquisition du propriétaire (Cass. req., 7 mai 1873, 1, 2472, § 2. – BOI-ENR-DMTOI-10-80-20, 21 mai 2015, n° 60) et que le propriétaire n'ait pas préalablement renoncé à son droit de préemption (V. *BOI*, 8364. – Sur les notifications a faire par l'expropriant, V. *BOI*, 8712).
L'exonération peut profiter non seulement aux propriétaires expropriés, mais à leurs ayants droit, à leurs cessionnaires expressément subrogés dans le droit à rétrocession (Déc. min., 27 oct. et 19 déc. 1859 : Instr. 2164) ; ou aux cessionnaires du droit de préemption du propriétaire exproprié (Sol. 17 juin 1872, Instr. 2449, § 8 : *Journ. enr.*, 19190) – mais non aux propriétaires des terrains contigus.
L'exonération n'est pas applicable à la cession par le propriétaire évincé de son droit à rétrocession qui est assujettie aux droits ou taxes de mutation au tarif immobilier (Sol. 17 juin 1872 : *Journ. enr.*, 19190, Instr. 2449, § 8).
Voir à propos d'une rétrocession aux anciens propriétaires d'immeubles expropriés en vue d'une utilisation militaire et désaffectée : *JCP* N 1961, IV, 3250 ; Instr. 8220 ; *JCP* N 1961, III, 26631.

III

Opérations assimilées à l'expropriation

3881 Acquisition amiable effectuée par la SNCF. V. n° 3855.

3882 **Acquisitions de terrains effectuées en vertu d'un plan d'alignement.** L'exonération de taxe de publicité foncière prévue à l'article 1045-11-1° du Code général des impôts profite, sans distinction, à tous les actes et contrats relatifs aux acquisitions réalisées dans l'intérêt de la voirie vicinale, rurale ou urbaine, en exécution de plans d'alignement régulièrement approuvés ; elle s'applique aussi bien aux contrats d'acquisition eux-mêmes qu'aux actes qui en sont les préliminaires. Toutefois, le bénéfice de l'exonération ne saurait être étendu aux cas où les particuliers sont autorisés, en vertu d'arrêtés d'alignement, à s'avancer sur la voie publique, en acquérant le sol situé au droit de leur propriété.
L'article 1045-11-2° du Code général des impôts vise l'expropriation par les villes, par voie d'alignement, non seulement des terrains nécessaires à l'établissement des voies publiques, mais encore des excédents impropres à recevoir des constructions salubres. L'acquisition de ces excédents par les villes bénéficie de l'exonération de taxe de publicité foncière. Mais celle-ci ne s'applique pas à leur revente consentie à des tiers par les collectivités locales (V. BOI-ENR-DMTOI-10-80-20-20150521, n° 100).

3883 **Établissement des servitudes prévues par la législation en vigueur sur l'électricité et le gaz.** Tous les actes concernant l'établissement de servitudes prévues par la législation en vigueur sur l'électricité et le gaz sont exonérés de taxe de publicité foncière.

3884 **Création des parcs nationaux.** Les acquisitions et échanges d'immeubles situés dans les cœurs d'un parc national faits par l'établissement public de ce parc sont exonérés des droits d'enregistrement et de la taxe de publicité foncière (CGI, art. 1045 bis).

3885 Terrains communaux.
➤ V. **Commune**.

3886 **Matelots et pêcheurs de la commune de Fort-Mardyck.** Tous les actes établis en vertu de la loi n° 62-883 du 31 juillet 1962 supprimant le privilège des matelots et pêcheurs de la commune de Fort-Mardyck sont exonérés des droits de timbre et d'enregistrement ainsi que de la taxe de publicité foncière (CGI, art. 1047).
Les pêcheurs et matelots de la commune de Fort-Mardyck (Nord) possédaient, par arrêts du Conseil du roi des 6 avril 1773 et 3 septembre 1785, le droit de jouissance sur les terrains de cette commune.
Ce privilège a été supprimé par la loi n° 62-883 du 31 juillet 1962. Les propriétaires des constructions édifiées sur ces terrains à la date de promulgation de la loi conservaient la propriété desdites constructions, pouvaient soit louer à la commune, soit acquérir contre indemnité la pleine propriété des terrains sur lesquels elles étaient construites.
Ces indemnités ou celles à verser par la commune, aux personnes qui ne désiraient pas procéder à cette acquisition étaient fixées comme en matière d'expropriation pour cause d'utilité publique (V. Doc. adm. DGI, 7 C-1422, n° 18, 1er juill. 1978).

IV

Cession d'immeubles expropriés par l'État ou les collectivités publiques

C. expr., art. L. 411-1 (*Mod., à compter du 1er janv. 2020 : L. n° 2019-753, 22 juill. 2019, art. 3*). – Peuvent être cédés de gré à gré ou concédés temporairement à des personnes de droit privé ou de droit public, à la condition qu'elles les utilisent aux fins prescrites par le cahier des charges annexé à l'acte de cession ou de concession temporaire :

1° Les immeubles expropriés en vue de la construction d'ensembles immobiliers à usage d'habitation avec leurs installations annexes ou en vue de la création de lotissements destinés à l'habitation ou à l'industrie ;

2° Les immeubles expropriés en vue :

a) De l'aménagement, progressif et conduit suivant des plans d'ensemble, des zones affectées à l'habitation ou à des activités par des projets d'aménagement, des plans d'occupation des sols, des plans locaux d'urbanisme ou des documents d'urbanisme en tenant lieu ;

b) D'opérations dans les zones d'aménagement concerté prévues à l'article L. 311-1 du Code de l'urbanisme ;

c) D'opérations de résorption de l'habitat insalubre régies par les articles L. 522-2 et L. 531-1 du Code de la construction et de l'habitation ;

3° Les immeubles en état manifeste d'abandon expropriés en application de l'article L. 2243-4 du Code général des collectivités territoriales, les immeubles expropriés et situés dans un ensemble immobilier faisant l'objet d'un plan de sauvegarde en application de l'article L. 615-1 du Code de la construction et de l'habitation ou pour lesquels l'état de carence a été déclaré en application de l'article L. 615-6 du même code, les immeubles expropriés en vue de leur restauration en application de l'article L. 313-4-1 du Code de l'urbanisme ;

4° Les immeubles expropriés en vue de l'épuration des eaux provenant d'un établissement industriel, commercial, artisanal ou agricole et, d'une façon générale, les immeubles expropriés en vue d'éviter la pollution des eaux par des déversements, écoulements, jets, dépôts directs ou indirects de matières de cet établissement, lorsque ce résultat ne peut être obtenu que par des travaux s'étendant en dehors de l'établissement ;

5° Les immeubles expropriés compris dans le plan d'aménagement touristique ou sportif des abords d'un plan d'eau créé ou aménagé par l'État, les régions, les départements, les communes, les associations foncières ou les groupements de ces collectivités ainsi que leurs concessionnaires ;

6° Les immeubles expropriés, dans les périmètres de protection et de reconstitution forestières créés en application des articles L. 133-1 à L. 133-3 et L. 133-8 du Code forestier et dans les périmètres de restauration des terrains en montagne créés en application de l'article L. 142-7 du même code ;

7° Les immeubles expropriés pour la constitution de réserves foncières lorsque la cession ou la concession temporaire de ces immeubles est faite en vue de la réalisation d'opérations pour lesquelles la réserve a été constituée conformément aux dispositions des articles L. 221-1 et L. 221-2 du Code de l'urbanisme ;

8° Les immeubles expropriés en vue de l'aménagement et de l'exploitation d'installations d'élimination ou de traitement des déchets ;

9° Les immeubles expropriés par l'Agence nationale de la cohésion des territoires en vue de la création, l'extension, la transformation ou la reconversion des espaces commerciaux et artisanaux dans les quartiers prioritaires de la politique de la ville ;

10° Les immeubles classés au titre des monuments historiques, expropriés dans les conditions prévues au titre II du livre VI du Code du patrimoine.

A Généralités

3887 L'État et les collectivités publiques peuvent, aux termes de l'article L. 411-1 du Code de l'expropriation pour cause d'utilité publique, acquérir par voie d'expropriation publique des terrains nécessaires à la construction de maisons d'habitation et à l'aménagement de zones affectées à l'habitation ou à l'industrie (Circ. 1er sept. 1959 : *BOI* 8025).
Les acquisitions ainsi faites par voie d'expropriation bénéficient des immunités prévues par l'article 1045 du Code général des impôts (V. **Expropriation**).
Les immeubles définis au 6° de l'article L. 411-1 (V. ce texte ci-dessus) peuvent être cédés de gré à gré aux personnes mentionnées à l'article R. 133-17 du Code forestier (C. expr., art. R. 411-1).

3888 Ces mêmes immunités sont applicables aux cessions de gré à gré en vue de l'accession à la propriété des terrains expropriés, qui s'opère par référence aux termes de l'article L. 411-1 (anc. art. L. 21-1) du Code de l'expropriation dont le texte est donné en tête de cette rubrique.

B Régime fiscal

3889 Le bénéfice de l'immunité de l'article 1045 du Code général des impôts est subordonné aux conditions suivantes :

a) la cession doit porter sur des immeubles préalablement expropriés soit en vue de la construction d'ensembles immobiliers à usage d'habitation avec leurs installations annexes ou de la création de lotissements destinés à l'habitation ou à l'industrie, soit eu vue de la réalisation progressive et suivant des plans d'ensemble des zones affectées à l'habitation ou à l'industrie par des projets d'aménagement approuvés. La cession peut être consentie de gré à gré ou par voie d'adjudication publique ;

b) les actes de vente doivent contenir une mention de référence à l'article 41 de l'ordonnance n° 58-997 du 23 octobre 1958 (C. expr., art. L. 21-1, devenu art. L. 411-1) et porter toutes les indications nécessaires pour permettre aux agents de s'assurer que la condition visée ci-dessus au *a)* est remplie ;

c) les actes de cession doivent être accompagnés de cahiers des charges comprenant les clauses types prévues par le décret n° 55-216 du 3 février 1955 (BOI-ENR-DMTOI-10-80-20-20150521, n° 60), et aujourd'hui aux clauses types figurant aux annexes 1 à 5 du Code de l'expropriation, relatives à l'opération qui fait l'objet de la cession (C. expr., art. R. 411-2), sauf dérogation expresse accordée par décret en Conseil d'État (BOI-ENR-DMTOI-10-80-20-20150521, n° 60).

Ces indications données par le *BOFiP* sont appelées à être refondues à la suite de la réforme du Code de l'expropriation pour cause d'utilité publique.

3890 Il est précisé que la cession amiable intervenant postérieurement à l'arrêté de cessibilité bénéficie de l'exonération. Quant à l'acquisition réalisée par voie d'adjudication au cours de la procédure d'expropriation, elle est également exemptée de droits de mutation et de taxe de publicité foncière (V. *BOI*, préc., n° 70).

3891 Mais, sauf dans les cas de ventes d'immeubles expropriés réalisées dans les conditions exposées ci-dessus, l'exemption n'est susceptible d'être invoquée qu'à l'égard des mutations effectuées au profit de la collectivité expropriante. Elle ne saurait, par suite, bénéficier à l'acquisition par une société de construction, à un particulier, d'un terrain destiné à être cédé gratuitement à une commune pour l'établissement d'une rue (V. *BOI*, préc., n° 80).

3892 Ces cessions peuvent intervenir au profit de personnes quelconques sans formalités préalables (*BOI*, n° 7805).

3893 Les reventes d'immeubles acquis par les collectivités publiques en dehors de toute procédure d'expropriation relèvent par contre et bien entendu du droit commun.

C TVA immobilière (CGI, art. 257)

3894 Lorsque les critères d'assujettissement à la TVA de l'opération de rétrocession immobilière sont réunis, la livraison d'immeubles ou de droits réels immobiliers obéit au droit commun (BOI-TVA-IMM-10-10, 12 sept. 2012, § 20 et V. **TVA immobilière** ;

V Inscriptions

BIBLIOGRAPHIE : *D. Dutrieux, La péremption des inscriptions de privilèges ou hypothèques prévue à l'article L. 12-2 du Code de l'expropriation : JCP N* 2000, n° 28, p. 1148. – S. Ledan-Cabarroque, *Sûretés réelles et expropriation pour cause d'utilité publique : comment sécuriser le titre de l'expropriant ? : Constr.-Urb.* oct. 2014, étude 8.

A Extinction des sûretés grevant les immeubles expropriés

1 Principe

3895 **Extinction et péremption des sûretés.** Aux termes de l'article L. 222-2 (anc. art. L. 12-2) du Code de l'expropriation pour cause d'utilité publique :

> « L'ordonnance d'expropriation éteint, par elle-même et à sa date, tous droits réels ou personnels existant sur les immeubles expropriés.

Il en est de même des cessions amiables consenties après déclaration d'utilité publique et lorsqu'il en est donné acte par ordonnance du juge, des cessions amiables antérieures à la déclaration d'utilité publique ».

L'alinéa 3 du même texte indique en outre :

« Les inscriptions de privilèges ou d'hypothèques éteints par application des dispositions mentionnées ci-dessus sont périmées à l'expiration d'un délai de six mois à compter du jour de la publication de l'ordonnance d'expropriation devenue irrévocable, de l'acte de cession amiable passé après déclaration d'utilité publique ou de l'ordonnance de donné acte d'une vente antérieure à la déclaration d'utilité publique. Cette péremption ne peut être constatée à la publicité foncière que sur justification, par tout intéressé, du caractère irrévocable ou définitif des procédures susmentionnées emportant extinction des droits réels ou personnels existants sur les immeubles expropriés ».

Il est précisé que ces dispositions sont applicables aux acquisitions réalisées dans les conditions prévues aux articles L. 123-17 et L. 213-5 du Code de l'urbanisme (art. L. 222-2, al. 4).

2 Constatation de l'extinction des hypothèques

3896 **Modalités pratiques.** Comment faire constater l'extinction des sûretés grevant les immeubles expropriés ? L'alinéa 3 du même texte indique à ce propos :

« Cette péremption ne pourra être constatée à la publicité foncière que sur justification, par tout intéressé, du caractère irrévocable ou définitif des procédures susvisées emportant extinction des droits réels ou personnels existants sur les immeubles expropriés ».

Les modalités d'application pratiques de ces dispositions, ont été décrites dans deux instructions administratives dont les principes rappelés ci-dessous étaient jusqu'alors appliqués (Instr. 12 févr. 1985 : *BOI* 10 D-1-85 et 2 sept. 1987 : *BOI* 10 D 1-87).

Pour les **cessions amiables après DUP**, s'agissant de contrats de droit privé dont la conclusion était générée par une déclaration d'utilité publique, la preuve du caractère définitif et irrévocable de la cession ne pouvait être apportée que par la production d'un certificat du greffe du tribunal administratif attestant que la déclaration d'utilité publique n'a pas été annulée et ne fait pas l'objet d'une instance en annulation.

Pour les **ordonnances d'expropriation** ou pour les **ordonnances de donné acte** d'une vente antérieure à la DUP, la justification du caractère définitif ou irrévocable de la procédure devait être rapportée par la production d'un certificat du secrétariat-greffe attestant qu'aucun pourvoi en cassation n'a été formé ou la production de l'arrêt de la Cour de cassation confirmant la validité de l'ordonnance d'expropriation.

Il était ainsi considéré que s'agissant d'ordonnances n'ayant pas fait l'objet de pourvoi en cassation, elles étaient devenues irrévocables et définitives et qu'il n'y avait pas lieu de savoir si la déclaration d'utilité publique a été annulée ou fait l'objet d'une instance en cours (V. C. expr., art. L. 12-5 ancien).

3897 **Position de l'association des conservateurs.** Mais depuis la rédaction des instructions administratives citées, un deuxième alinéa a été ajouté à l'article L. 12-5 par la loi n° 95-101 du 2 février 1995. Ce texte, qui figure actuellement à l'article L. 223-2, alinéa premier du Code de l'expropriation précise qu'« en cas d'annulation par une décision définitive du juge administratif de la déclaration d'utilité publique ou de l'arrêté de cessibilité, tout exproprié peut faire constater par le juge de l'expropriation que l'ordonnance portant transfert de propriété est dépourvue de base légale et demander son annulation. »

Dès lors, avant de mentionner la péremption en marge des inscriptions, l'association des conservateurs préconisait de demander aussi, pour les ordonnances d'expropriation et les ordonnances de donné acte d'une vente antérieure à la DUP, la production par le secrétariat greffe du tribunal administratif d'un certificat attestant que la déclaration d'utilité publique et l'arrêté de cessibilité n'ont pas été annulés et ne font pas l'objet d'une instance en annulation. Il n'est donc pas suffisant de produire un certificat du greffe de la Cour de cassation attestant du désistement au pourvoi engagé par l'exproprié, accompagné d'une copie de l'ordonnance constatant ce désistement (*Bull. AMC* 2007-2008, art. 1915).

➤ Sur les formalités à accomplir dans le cas de cession amiable, V. *supra*, n° 3873.

B Report des droits des créanciers inscrits sur l'indemnité

3898 **Renouvellement des inscriptions.** Aux termes de l'article L. 222-3, alinéa premier (anc. art. L. 12-3) du Code de l'expropriation, modifié par l'ordonnance n° 2021-1192 du 15 septembre 2021, dans sa rédaction en vigueur depuis le 1er janvier 2022 :

« Les droits des créanciers régulièrement inscrits sur les immeubles expropriés avant la publication au fichier immobilier de l'ordonnance d'expropriation, de l'ordonnance de donné acte ou de l'acte de cession consentie après la déclaration d'utilité publique sont reportés sur l'indemnité compte tenu du rang de préférence qui leur est reconnu par les textes qui les régissent ».

L'alinéa 2 du même texte indique que :

« Le renouvellement de droit commun des inscriptions de privilèges ou d'hypothèques est obligatoire jusqu'à la date de péremption prévue au troisième alinéa de l'article L. 222-2 ».

Les créanciers inscrits doivent donc renouveler obligatoirement les inscriptions de privilège ou d'hypothèques jusqu'à la date de péremption prévue à l'article L. 222-2, alinéa 3 du Code de l'expropriation » (V. ce texte *supra*, n° 3895).

En revanche, l'inscription n'a pas à être renouvelée lorsque sa péremption est postérieure de plus de six mois à cette date (Instr. adm. 12 sept. 1985 : *BODGI* 10 D-1-85 ; *JCP* N 1985, prat. 9543).

C Opérations diverses

3899 **Mainlevée d'hypothèque.** La mainlevée donnée par un créancier hypothécaire ne bénéficie pas de l'exemption (Délib. 29 mars et 13 avr. 1842 : *Journ. enr.*, 12997-4).

3900 **Transfert d'hypothèque sur un autre immeuble.** Le consentement au transport sur un autre immeuble de l'hypothèque qui grève la parcelle expropriée bénéficie de la dispense s'il est contenu dans l'acte de vente amiable. Il en est de même si le transfert est prescrit par le jugement, à titre de mesure de conservation (*RP*, 1587, § 13, n° 63). Mais si le report d'hypothèque résulte d'un acte postérieur, il n'y aurait plus lieu à exemption (Maguéro, V° *Expropriation*, n° 49).

Expropriation

Extraits d'acte

Serge LAMIAUX

OBSERVATION **De plus amples détails quant aux règles à respecter pour l'établissement des extraits d'actes figurent au *BOFiP* sous la référence suivante (BOI-ENR-DG-40-20-20, n°s 120 à 340).**

3901 **Définition**. En matière d'enregistrement et de publicité foncière, l'extrait d'acte est un extrait analytique, et non littéral, de l'acte : il indique la substance des dispositions essentielles de l'acte.
Cet extrait d'acte poursuit un double objectif :
– garantir le principe de concordance entre le fichier immobilier et le cadastre (D. n° 55-22, 4 janv. 1955, art. 2 et CGI, art. 1402) ; c'est pourquoi l'un des exemplaires de l'extrait d'acte est complété d'un extrait cadastral car cet exemplaire sera transmis au service du cadastre afin de mettre à jour la documentation cadastrale (V. *infra*, n° 3259) ;
– faciliter le contrôle de l'impôt par les services ; il s'agit ici de l'autre exemplaire de l'extrait d'acte, l'extrait « fiscal » ; historiquement, il était transmis au service de l'administration chargé de la duplication ; désormais, il fait l'objet d'une transmission dématérialisée qui alimente notamment la base nationale des données patrimoniales (BNDP ; créée par arrêté du 11 avril 2005).

3902 **Règle générale. Un extrait d'acte en double exemplaire.** En application des dispositions de l'article 860 du Code général des impôts, les notaires, huissiers, greffiers, avocats et autorités administratives doivent, pour les actes et décisions judiciaires qui contiennent des dispositions soumises à publicité foncière et pour les attestations après décès, établir un extrait d'acte en double exemplaire.
L'un des exemplaires est joint à l'extrait cadastral modèle n° 1 (D. n° 55-1350, 14 oct. 1955, art. 20 et 22).
L'autre représente l'extrait « fiscal ».

3903 **Dépôt de l'extrait d'acte – Services compétents.** Il y a lieu de distinguer selon :
– pour les actes soumis à la formalité fusionnée (V. **Formalité unique**), les deux exemplaires de l'extrait d'acte sont à remettre au service de la publicité foncière ;
– pour les actes qui en sont exclus et les décisions judiciaires (toujours exclues de la formalité fusionnée) :
• l'exemplaire complété de l'extrait cadastral est déposé au service de la publicité foncière,
• l'exemplaire « fiscal » est déposé au service des impôts (service départemental de l'enregistrement).

3904 **Mentions devant figurer dans l'extrait d'acte.** Lorsque l'acte est soumis à formalité fusionnée, l'extrait d'acte doit faire figurer un projet de liquidation détaillée des droits exigibles (CGI, ann. III, art. 253) ; il doit comprendre également :
– les mentions prévues à l'article 150 VG, III du Code général des impôts, concernant l'imposition au titre des plus-values immobilières (V. **Plus-values immobilières**) ;
– les mentions prévues à l'article 1529, IV, alinéa 2 du Code général des impôts (mention justificative de l'exonération de la taxe sur la cession de terrain devenu constructible, ou de l'absence de taxation) ;
– les mentions prévues à l'article 1605 nonies, V, alinéa 2 du Code général des impôts (mention justificative de l'exonération de l'absence de taxation au titre de la taxe sur la cession à titre onéreux de terrains nus rendus constructibles).

3905 **Absence d'extrait d'acte. Refus de dépôt.** L'absence de ces documents ou leur non-conformité avec l'acte soumis à la formalité constitue un cas de refus de cette formalité. Il en

est de même si l'extrait ne comporte pas de projet de liquidation détaillée des droits (CGI, ann. III, art. 257).
Si le projet de liquidation est erroné, la formalité ne peut au contraire être refusée que dans le cas où l'erreur commise se traduit par une insuffisance de provision (BOI-ENR-DG-40-20-20-10, 23 janv. 2013, n° 170).

3906 **Télé@ctes.** La publication dématérialisée des actes notariés au fichier immobilier est dispensée de la production d'un extrait d'acte. Autrement dit, sous Télé@ctes, aucun refus de dépôt n'existe en cas d'absence d'extrait d'acte. En effet, les mentions de l'extrait d'acte correspondent aux « données structurées » de l'acte, lesquelles sont, par le traitement automatisé, extraites de l'acte pour être intégrées directement dans les différentes bases de données administratives (A. 22 mai 2006, art. 2). Il convient toutefois de relever que si, sous Télé@ctes, l'absence de refus de dépôt trouve sa véritable raison dans la technique informatique, elle ne trouve aucun fondement juridique dans les législation et réglementation applicables (la solution de tempérament résulte de la convention régissant Télé@ctes passée entre l'administration et le Conseil supérieur du notariat).

Fermier

Franck ROUSSEL

Sommaire analytique

Index alphabétique

I Généralités

3907 L'article 39 de la loi de finances pour 1999 (L. n° 98-1266, 30 déc. 1998 : *Dr. fisc.* 1999, comm. 1, p. 74), complété par l'article 9 de la loi de finances pour 2000, a modifié le régime des mutations à titre onéreux d'immeubles.
À cette occasion, l'article 705 du Code général des impôts a été transféré de la partie « impositions perçues au profit de l'État » vers la partie « impositions perçues au profit des collectivités territoriales et de divers organismes ». Ce transfert s'est accompagné d'une nouvelle numérotation de l'article dont les dispositions figurent désormais sous le D de l'article 1594 F quinquies.
Aucune modification du régime de faveur n'a cependant été effectuée, le transfert s'étant réalisé à droit constant.

II Tarif applicable

CGI, art. 1594 F quinquies. - Sont soumises à la taxe de publicité foncière ou au droit d'enregistrement au taux de 0,70 % :

(...)

D. I. - Les acquisitions d'immeubles ruraux à condition :

1° *(1° remplacé pour les opérations intervenues à compter du 1er janvier 2009, L. fin. rect. n° 2008-1443, 30 déc. 2008, art. 42)* qu'au jour de l'acquisition les immeubles soient exploités depuis au moins deux ans :

- soit en vertu d'un bail consenti à l'acquéreur personne physique, à son conjoint, à ses ascendants ou aux ascendants de son conjoint ou à la personne morale acquéreur ;

- soit en vertu d'une mise à disposition par le preneur au profit de la personne morale acquéreur.

1° *(Rédaction antérieure)* qu'au jour de l'acquisition les immeubles soient exploités en vertu d'un bail consenti à l'acquéreur, à son conjoint, à ses ascendants ou aux ascendants de son conjoint et enregistré ou déclaré depuis au moins deux ans ;

2° que l'acquéreur prenne l'engagement, pour lui et ses ayants cause à titre gratuit, de mettre personnellement en valeur lesdits biens pendant un délai minimal de cinq ans à compter de la date du transfert de la propriété. À défaut d'exécution de cet engagement ou si les biens sont aliénés à titre onéreux en totalité ou en partie dans ce délai de cinq ans, l'acquéreur ou ses ayants cause à titre gratuit sont, sous réserve du cas de force majeure, déchus de plein droit du bénéfice du taux réduit pour les immeubles dont ils cessent l'exploitation ou qui sont aliénés à titre onéreux. Toutefois, l'aliénation du bien acquis consentie à titre onéreux par l'acquéreur à un descendant ou au conjoint de celui-ci n'entraîne pas la déchéance du bénéfice du taux réduit, si le sous-acquéreur s'engage à poursuivre personnellement l'exploitation jusqu'à l'expiration du délai de cinq ans à compter de la date du transfert de propriété initial.

Lorsque l'aliénation du bien acquis avec le bénéfice du taux réduit procède d'un échange, l'engagement pris par l'acquéreur est reporté sur les biens ruraux acquis en contre-échange à la condition que ces biens aient une valeur au moins égale à celle des biens cédés.

L'apport du bien acquis dans les conditions prévues au premier et au deuxième alinéas à un groupement foncier agricole, à un groupement d'exploitation en commun, à une exploitation agricole à responsabilité limitée ou à une société civile d'exploitation agricole ne peut avoir pour effet de remettre en cause la perception de la taxe de la taxe de publicité foncière au taux réduit, sous réserve que l'apporteur prenne dans l'acte d'apport l'engagement pour lui, son conjoint et ses ayants cause à titre gratuit de conserver les parts jusqu'à l'expiration du délai de cinq ans à compter de la date du transfert de propriété initial. Lorsque la jouissance de biens acquis dans les conditions prévues aux deux premiers alinéas est concédée à titre onéreux à l'une des sociétés visées au troisième alinéa, le bénéfice du taux réduit est maintenu si l'acquéreur ou ses ayants cause à titre gratuit continuent de mettre personnellement en valeur lesdits biens dans le cadre de la société, jusqu'à l'expiration du délai de cinq ans à compter de leur date d'acquisition.

II. – Les acquisitions d'immeubles visées au I faites sous les mêmes conditions en vue de l'installation d'un descendant majeur de l'acquéreur. En pareil cas, l'engagement d'exploiter est pris par le descendant. L'aliénation ou la location du bien acquis consentie à titre onéreux par l'acquéreur au descendant installé n'entraîne pas la déchéance du bénéfice du taux réduit.

3908 **Taxe de publicité foncière à 0,70 %.** Les acquisitions d'immeubles ruraux faites par les fermiers pour eux-mêmes ou en vue de l'installation d'un descendant majeur ou mineur émancipé sont, sous certaines conditions, soumises à la taxe de publicité foncière ou au droit d'enregistrement au taux de 0,70 % (BOI-ENR-DMTOI-10-70-30-06/04/2016, n°s 1 et 10).

Ce taux n'est pas susceptible d'être modifié par le conseil général du lieu de situation de l'immeuble acquis (CGI, art. 1594-D, al. 3).

Compte tenu du prélèvement de 2,37 % du montant des droits perçus par le département, encaissées par l'État, la taxation est au total de **0,71498 %**.

III

Champ d'application du régime de faveur

3909 Le régime fiscal de faveur suppose que la mutation porte sur des immeubles ruraux (A) et il est en principe réservé aux ventes (B). Il faut réserver le cas où la mutation intervient après la mise à disposition du bien affermé au profit d'une société agricole (section III).

A Nature des biens

3910 **La mutation doit porter sur des immeubles ruraux.** Pour que le régime de faveur s'applique, la mutation doit porter sur des immeubles ruraux, quel qu'en soit le prix ou la superficie, c'est-à-dire des immeubles principalement affectés à la production agricole au jour du transfert de propriété.

Le régime de faveur est susceptible de s'appliquer aux terrains et aux bâtiments d'exploitation, ainsi qu'au cheptel et au matériel présentant le caractère d'immeuble par destination.

Le caractère rural ou urbain d'un immeuble dépend non de sa situation, mais de sa nature et de sa principale destination. Un immeuble est considéré comme rural s'il est principalement affecté à un usage agricole au jour du transfert de propriété. La profession de l'acquéreur n'a pas à être prise en considération (BOI-ENR-DMTOI-10-70-30-06/04/2016, n° 20).

3911 **Bâtiments à usage d'habitation.** Le régime de faveur bénéficie également aux bâtiments servant à l'habitation de l'exploitant et de son personnel dans la mesure où ils constituent véritablement l'accessoire de l'exploitation agricole (BOI-ENR-DMTOI-10-70-30-06/04/2016, n° 20).

Mais si la maison d'habitation ne constitue pas véritablement l'accessoire d'une exploitation agricole, l'article 1594 F quinquies D du Code général des impôts ne saurait s'appliquer. Tel est le cas d'une maison d'habitation pourvue de dépendances bâties avec parc et piscine et utilisée à titre de résidence secondaire (Cass. com., 17 oct. 1984 : *Bull. civ.* 1984, IV, n° 266 ; BOI-ENR-DMTOI-10-70-30-06/04/2016, n° 20).

3912 **Acquisition d'un terrain à bâtir dépendant d'une exploitation agricole.** Si le bailleur vend à son fermier un terrain faisant partie du bail sur lequel ce dernier va construire sa maison d'habitation, le régime de faveur n'est pas susceptible de s'appliquer. L'acquisition d'un terrain à bâtir constitue une opération concourant à la production ou à la livraison d'immeubles assujettie à la TVA en application des dispositions de l'article 257-I° du Code général des impôts (sur le régime fiscal applicable, V. **Terrains**).

B Nature juridique de la mutation

1 Principes

3913 Opérations concernées. Le tarif réduit de la taxe départementale de publicité foncière est susceptible de s'appliquer aux mutations à titre onéreux de propriété, d'usufruit ou de nue-propriété d'immeubles visées par les articles 683 et 685 du Code général des impôts. Il s'applique notamment aux ventes, aux soultes d'échange ainsi que, le cas échéant, aux soultes des partages autres que les partages de succession ou de communauté ou d'indivision conjugale (visée à l'article 1542 du Code civil) qui entrent dans les prévisions de l'article 748 du Code général des impôts (BOI-ENR-DMTOI-10-70-30-06/04/2016, n° 30).

3914 Acquisition par le fermier de la nue-propriété des immeubles loués. Le tarif réduit de l'article 1594 F quinquies D du Code général des impôts s'applique en cas d'acquisition par le fermier de la nue-propriété des terres, objet du bail, si l'exploitation de ces biens est poursuivie à titre personnel par le fermier nu-propriétaire et non par le cédant en sa qualité d'usufruitier et si toutes les conditions pour bénéficier de ce régime de faveur sont remplies (BOI-ENR-DMTOI-10-70-30-06/04/2016, n° 30).

2 Applications

a) Partages de succession ou de communauté conjugale ou d'indivision conjugale (visés à l'article 1542 du Code civil). Licitations et cessions de droits successifs portant sur les mêmes biens

3915 Les actes qui constatent ces conventions sont soumis à une taxation de 2,50 %, liquidée sans déduction des soultes ou plus-values (V. **Partage** et **Licitation**).
Ce régime est moins favorable que celui applicable aux mêmes opérations portant sur des biens qui ne dépendent pas de successions ou de communautés ou d'indivision conjugale (visée à l'article 1542 du Code civil), ou qu'aux licitations ou cessions de droits successifs consenties au profit de personnes autres que les indivisaires ou leurs ayants droit, lorsque ces adjudicataires ou cessionnaires ont la qualité de fermier des biens acquis.
Dans un souci d'équité, il a été admis que, lorsque les conditions prévues par l'article 1594 F quinquies D du Code général des impôts sont réunies, les parties peuvent opter pour l'application du régime fiscal prévu par ce texte au montant de la soulte ou des parts acquises par le colicitant adjudicataire ou encore au prix de la cession (BOI-ENR-DMTOI-10-70-30-06/04/2016, n° 50).

b) Cession de droits indivis entre ex-époux mariés sous un régime de séparation de biens

3916 En cas de cession de droits indivis portant sur un immeuble rural, par une ex-épouse à son ex-époux mariés sous un régime de séparation de biens, il est admis l'application des dispositions de l'article 1594 F quinquies D du Code général des impôts, sous réserve que l'acquéreur justifie, par tous moyens compatibles avec la procédure écrite, qu'à la date de l'acte il exploite effectivement depuis deux ans au moins le bien en cause et qu'il prenne l'engagement de le mettre en valeur pendant au moins cinq ans (BOI-ENR-DMTOI-10-70-30-06/04/2016, n° 60).

c) Échange

3917 En revanche, le régime de faveur n'est pas, en principe, applicable aux échanges. Il est admis, toutefois, que le régime établi pour les échanges d'immeubles dont la vente serait susceptible de bénéficier d'une taxation réduite puisse profiter aux échanges qui ont pour objet des immeubles ruraux dont la mutation à titre onéreux entre dans les prévisions du régime de l'article 1594 F quinquies D du Code général des impôts (BOI-ENR-DMTOI-10-70-30-06/04/2016, n° 70).
Selon un arrêt de la Cour de cassation, lorsque l'aliénation du bien acquis avec le bénéfice du taux réduit prévu par l'article 1594 F quinquies D du Code général des impôts procède d'un échange, l'engagement pris par l'acquéreur est reporté sur les biens nouveaux acquis en contre-échange, à la condition que ces biens aient une valeur au moins égale à celle des biens cédés. Ce report n'est subordonné à aucun formalisme particulier (Cass. com., 17 janv. 2012, n° 11-12.198 : *JurisData* n° 2012-000623 ; *BIM Lefebvre* 4/2012, inf. 60).

d) Mutation affectée d'une condition suspensive

3918 L'acte qui constate une vente susceptible de bénéficier du régime de faveur et soumise à une condition suspensive est assujetti à la taxe ou au droit fixe prévu pour les actes innommés (V. **Droits fixes**. – BOI-ENR-DMTOI-10-70-30-06/04/2016, n° 80).

3 Mutation intervenant après mise à disposition du bien affermé au profit d'une société agricole

3919 Lorsque les terres affermées ont été mises à la disposition d'une société civile d'exploitation agricole, dans les conditions prévues à l'article L. 411-37, I du Code rural et de la pêche maritime, l'acquisition ultérieure de ce bien par le fermier peut bénéficier de la taxation réduite à 0,70 % (BOI-ENR-DMTOI-10-70-30-06/04/2016, n° 170 ; V., pour une mise à disposition de biens loués à une EARL, la solution étant transposable à toutes les sociétés civiles agricoles, Rép. min. n° 38922 : *JOAN* Q 16 déc. 1996, p. 6592).

Il en irait différemment si, par un apport en jouissance à la société, ayant pour contrepartie l'attribution à son auteur de droits sociaux, ou par une cession de bail à ladite société entraînant pour celle-ci l'obligation d'acquitter les fermages, la société devenait elle-même titulaire du bail. Dans ce cas, seule l'acquisition ultérieure du bien par la société pourrait bénéficier de la taxation réduite à 0,70 % (V. égal. n° 3945).

N.B. : Suite à la réforme opérée par la loi de finances rectificative pour 2008 (L. n° 2008-1443, 30 déc. 2008, art. 42), l'acquisition des biens loués au fermier réalisée par la personne morale bénéficiaire d'une mise à disposition consentie par l'associé locataire (C. rur. pêche marit., art. L. 411-37, I) peut également bénéficier du régime de faveur prévu par l'article 1594 F quinquies D du Code général des impôts.

IV Conditions d'application du tarif de faveur

3920 Un certain nombre de conditions préalables doivent tout d'abord être réunies (A). En outre, l'acquéreur doit prendre l'engagement d'exploiter (B).

A Conditions préalables

3921 Il faut tout d'abord qu'existe un bail. En outre, certaines conditions sont relatives à la personne du titulaire du bail, de même qu'à l'antériorité de la location. Se pose à ce propos le problème de la preuve de cette antériorité.

1 Conditions tenant à l'existence d'un bail

3922 **Principe.** Au jour de l'acquisition, les immeubles doivent être exploités depuis au moins deux ans :

- soit en vertu d'un bail consenti à l'acquéreur, à son conjoint, à ses ascendants ou aux descendants de son conjoint ;
- soit en vertu d'un bail consenti à la personne morale acquéreur,
- soit en vertu d'une mise à disposition par le preneur au profit de la personne morale acquéreur (BOI-ENR-DMTOI-10-70-30-06/04/2016, n° 90).

3923 **Bail à métayage ou à domaine congéable.** L'une des conditions d'application de l'article 1594 F quinquies D du Code général des impôts est « qu'au jour de l'acquisition les immeubles soient exploités en vertu d'un bail… » (V. ce texte *supra*).

La loi ne distinguant pas, le texte est susceptible de jouer, qu'il s'agisse d'un bail à ferme ou d'un bail à métayage.

3924 **Bail avec promesse de vente.** On doit se méfier de l'opération consistant en la conclusion d'un bail assorti d'une promesse de vente, laquelle est susceptible de s'analyser en une vente car, alors, faute de bail, l'application de l'article 1594 F quinquies D du Code général des impôts serait refusée. Un acte du 13 janvier 1976 contenait un bail rural à long terme et une promesse de vente et avant même la signature de l'acte, une indemnité d'immobilisation avait été versée par l'acquéreur. Le 3 février 1978, intervient la vente et l'indemnité est imputée sur le prix de vente déterminé dès 1976 comme si le terrain était libre de toute location. Selon les juges, il y avait eu accord sur la chose et sur le prix et l'indemnité constituait un commencement d'exécution de la vente. La décision de première instance a été approuvée par la Cour de cassation (Cass. com., 14 mai 1985 : *Bull. civ.* 1985, IV, n° 153).

a) Autorisations de mise en culture

3925 **Terres incultes ou vacantes et sans maître.** Pour permettre la mise en valeur des terres incultes récupérables ou manifestement sous-exploitées, l'article L. 125-1 du Code rural et de la pêche maritime donne à toute personne physique ou morale la possibilité de demander au préfet l'autorisation d'exploiter une parcelle susceptible d'une mise en valeur agricole ou pastorale et inculte ou manifestement sous-exploitée depuis au moins trois ans (deux ans dans les zones de montagne) par comparaison avec les conditions d'exploitation des parcelles de valeur culturale similaire des exploitations agricoles à caractère familial situées à proximité, lorsque, dans l'un et l'autre cas, aucune raison de force majeure ne peut justifier cette situation. Une procédure est organisée pour constater l'état d'inculture ou de sous-exploitation manifeste. Le droit d'exploitation est accordé par le préfet après avis de la commission départementale des structures agricoles et de la commission départementale d'aménagement foncier.
Aux termes de l'article L. 125-13 du Code rural et de la pêche maritime, l'autorisation d'exploiter peut être également accordée pour des parcelles dont le propriétaire actuel est inconnu et qui sont appréhendées par l'État comme biens présumés sans maître, conformément aux dispositions du dernier alinéa de l'article 1123-3 du Code général de la propriété des personnes publiques. En application de l'article 1er-II de la loi du 8 août 1962, l'aliénation de ces immeubles a lieu dans la majorité des cas sous forme de cession amiable au profit de l'exploitant du bien appréhendé.
Il a paru possible d'assimiler les autorisations de mise en culture accordées par le préfet à des baux, pour l'application des dispositions de l'article 1594 F quinquies D du Code général des impôts. Les titulaires de ces autorisations peuvent, en conséquence, bénéficier, pour les acquisitions de ces immeubles, du régime de faveur édicté par ce texte si les autres conditions qu'il prévoit sont remplies (BOI-ENR-DMTOI-10-70-30-06/04/2016, n° 200).

b) Exploitation par le titulaire d'un usufruit ou d'un droit d'usage

3926 **Acquisition de la nue-propriété par le titulaire d'un usufruit.** Pour ne pas soumettre l'usufruitier qui se rend acquéreur de la nue-propriété de l'immeuble rural qu'il exploite à un régime fiscal plus rigoureux que celui du fermier et sous réserve de l'examen des situations particulières, il a paru possible d'admettre l'application dans ce cas des dispositions de l'article 1594 F quinquies D du Code général des impôts. L'acquéreur devra justifier par tous moyens de preuve compatibles avec la procédure écrite qu'il exploite effectivement depuis deux ans au moins les biens dont il acquiert la nue-propriété et prendre l'engagement prévu au I-2° de l'article susvisé (BOI-ENR-DMTOI-10-70-30-06/04/2016, n° 210).

3927 **Acquisition démembrée par des personnes différentes.** Il a été demandé si l'acquisition démembrée d'un immeuble rural, à savoir la nue-propriété par une personne physique et l'usufruit par une personne morale dont la personne physique est associé peut bénéficier, pour chacune d'elles, de la taxation au taux réduit prévu par l'article 1594 F quinquies D du Code général des impôts.
Il a été répondu que seule l'acquisition de l'usufruit de l'immeuble rural par la personne morale peut bénéficier de ce texte, à condition que celle-ci prenne l'engagement de mettre personnellement en valeur les biens pendant cinq ans.
L'acquisition de la nue-propriété de l'immeuble par la personne physique sera soumise au droit d'enregistrement de droit commun au taux global de 5,09006 % (RES n° 2010/51-ENR, 14 sept. 2010. – BOI-ENR-DMTOI-10-70-30-06/04/2016, n° 40).

3928 **Acquisition par le titulaire d'un droit d'usage.** La solution donnée ci-dessus (V. n° 3926) s'applique également lorsque l'acquisition porte sur un bien sur lequel l'acquéreur bénéficiait d'un droit d'usage (BOI-ENR-DMTOI-10-70-30-06/04/2016, n° 210).

2 Conditions relatives au titulaire du bail

a) Principe

3929 **Titulaire du bail.** Au jour de l'acquisition, les immeubles doivent être exploités en vertu d'un bail consenti à l'acquéreur, à son conjoint, à ses ascendants ou aux ascendants de son conjoint (BOI-ENR-DMTOI-10-70-30-06/04/2016, n° 100). Aucune condition de nationalité n'est exigée de l'acquéreur.

b) Applications

3930 **Acquisition par l'enfant de l'exploitant preneur en place.** Cette acquisition bénéficie du régime fiscal de faveur, de même que les acquisitions faites par tous descendants à quelque degré que ce soit du preneur.

3931 **Acquisition par un descendant issu d'un précédent mariage du conjoint du preneur.** L'application du régime de faveur est admise (BOI-ENR-DMTOI-10-70-30-06/04/2016, n° 120).

3932 **Acquisition par le fils adoptif du preneur.** Il est admis que la taxation réduite s'applique lorsque l'acquisition est réalisée non par le fermier lui-même, mais par son enfant adopté simple (BOI-ENR-DMTOI-10-70-30-06/04/2016, n° 120).

N.B. : La même solution paraît devoir être étendue à l'enfant ayant fait l'objet d'une adoption plénière.

3933 **Acquisition faite par l'épouse du preneur.** Lorsque l'acquisition est réalisée par le conjoint du titulaire du bail, la loi ne prend pas en considération le régime matrimonial des époux. Le bénéfice du tarif réduit ne peut donc pas être refusé à l'acquisition faite par l'épouse du preneur, même séparée de biens (BOI-ENR-DMTOI-10-70-30-06/04/2016, n° 110).

3934 **Acquisition par le père du fermier.** L'achat réalisé par le père du preneur ne remplit pas les conditions requises pour bénéficier du taux réduit (BOI-ENR-DMTOI-10-70-30-06/04/2016, n° 180).

3935 **Acquisition par un copreneur.** Le régime de faveur peut être appliqué à l'acquisition faite par un copreneur (BOI-ENR-DMTOI-10-70-30-06/04/2016, n° 180).

3936 **Acquisition faite par l'un des associés de la société civile d'exploitation locataire.** Si une ferme est exploitée en commun par plusieurs personnes et si le bail est consenti au nom de la société civile d'exploitation constituée entre elles, l'acquisition de cette ferme réalisée par un ou plusieurs des membres à titre personnel ne peut bénéficier du régime de faveur puisque c'est la société personne morale distincte qui est titulaire du bail (Cass. com., 3 oct. 1979 : *Dr. fisc.* 1980, p. 38, n° 79 ; *Ind. enr.*, 13619 ; BOI-ENR-DMTOI-10-70-30-06/04/2016, n° 150 ; V. égal. S. Lamiaux, *Acquisition d'immeubles ruraux par l'associé ou la société et bénéfice des droits de mutation à taux réduit : Defrénois* 17 janv. 2019, n° 03, art. 141k1, p. 15).
Il en est ainsi quelle que soit la part prise par l'acquéreur dans l'exploitation effective des biens. Mais le régime de faveur s'appliquerait bien entendu si l'acquisition était réalisée par la société (V. n°s 3939 et s.).

3937 **Acquisition par un maître-valet.** Le régime de faveur est aussi susceptible de s'appliquer à l'acquisition d'un fonds exploité par un maître-valet dans le cas, assez rare, semble-t-il, où la convention qui lie ce dernier au propriétaire s'analyse en un véritable contrat de location (BOI-ENR-DMTOI-10-70-30-06/04/2016, n° 180).

3938 **Acquisition par un membre d'un GAEC.** L'article L. 323-13 du Code rural et de la pêche maritime dispose que la participation à un groupement agricole d'exploitation en commun ne doit pas avoir pour effet de mettre ceux des associés qui sont considérés comme chef d'exploitation et leur famille, pour tout ce qui touche leur statut professionnel, et notamment économique, social et fiscal, dans une situation inférieure à celle des autres chefs d'exploitation agricole et à celle des autres familles de chefs d'exploitation agricole.
Cette disposition conduit à admettre que l'associé d'un GAEC peut bénéficier du tarif réduit – toutes autres conditions étant remplies – en cas d'acquisition de biens dont il était précédemment locataire et s'il s'engage à en poursuivre l'exploitation par l'intermédiaire du groupement.
En revanche, lorsque des immeubles ruraux ont été loués directement à un GAEC et que le bail ne fait pas suite à une précédente location consentie à l'associé acquéreur, le régime de faveur n'est pas applicable (BOI-ENR-DMTOI-10-70-30-06/04/2016, n° 150).

c) Opérations intervenues à compter du 1er janvier 2009

3939 **Personnes morales.** La loi de finances rectificative pour 2008 (L. n° 2008-1443, 30 déc. 2008, art. 42) prévoit désormais expressément que le taux réduit du droit de vente peut s'appliquer lorsque l'acquéreur est une personne morale.
Ces dispositions s'appliquent aux opérations intervenues à compter du 1er janvier 2009.

3940 Lorsque l'acquisition est réalisée par une personne morale, le bénéfice de la taxation réduite s'applique à la condition que les immeubles acquis soient exploités, au jour de l'acquisition et depuis au moins deux ans, en vertu d'un bail consenti à cette personne morale ou d'une simple mise à disposition consentie à cette dernière par le preneur.

3 Preuve de l'antériorité de la location et de l'existence du bail au jour de la vente

3941 **Modalités de la preuve.** La preuve de la location et de son antériorité peut être apportée par tous les moyens compatibles avec les règles de la procédure écrite, c'est-à-dire toutes preuves tirées d'actes ou écrits ou encore de présomptions précises et concordantes. En particulier, la production du bail enregistré établit l'antériorité de la conclusion du bail. En cas de location verbale, le bailleur ou le preneur peuvent souscrire sur papier libre à la recette des impôts une déclaration qui identifie l'immeuble loué et les parties en cause. La date d'enregistrement de cette déclaration est admise comme constituant le point de départ du délai de deux ans. De même, l'administration fiscale considère comme probants les certificats délivrés par les caisses de mutualité sociale agricole (Rép. min. n° 5754 : *JOAN* Q 18 déc. 2012, p. 7544). En revanche, les déclarations effectuées dans le cadre de la politique agricole commune (PAC) depuis plus de deux ans ne sont pas suffisantes à cet égard.

B Engagement d'exploiter

3942 **Nature et portée de l'engagement.** L'acquéreur ou, le cas échéant, l'enfant installé, doit s'engager dans l'acte d'acquisition, pour lui et ses ayants cause à titre gratuit, à exploiter personnellement les immeubles, objets de la mutation, pendant un délai minimal de cinq ans à compter de la date du transfert de propriété (BOI-ENR-DMTOI-10-70-30-06/04/2016, n° 230).

3943 L'acquisition par le fermier du bâtiment et par son fils du surplus des biens affermés, c'est-à-dire la scission des terres et du bâtiment d'habitation, ne permet pas à l'acquéreur du bâtiment de respecter la condition d'engagement d'exploiter et, par suite, de bénéficier du taux réduit de la taxe de publicité foncière (BOI-ENR-DMTOI-10-70-30-06/04/2016, n° 240).

3944 Il convient d'observer que l'acquéreur s'engage non seulement pour lui et ses héritiers, mais aussi pour les légataires ou donataires entre vifs ou à cause de mort qu'il a institués. Il s'ensuit, notamment, que la donation des immeubles acquis intervenant moins de cinq ans après leur acquisition, n'est pas susceptible d'entraîner la déchéance du régime de faveur, si le gratifié continue à mettre personnellement en valeur les biens considérés (BOI-ENR-DMTOI-10-70-30-06/04/2016, n° 250).

3945 L'acquisition d'immeubles ruraux par une société est susceptible de bénéficier du régime de faveur lorsque les conditions édictées par l'article 1594 F quinquies D du Code général des impôts sont réunies. Dans ce cas, la société se borne à prendre l'engagement de mettre personnellement en valeur les biens acquis pendant un délai minimal de cinq ans à compter de la date du transfert de propriété, dès lors qu'elle ne peut prendre cet engagement pour ses ayants cause à titre gratuit (BOI-ENR-DMTOI-10-70-30-06/04/2016, n° 260).

V Déchéance du régime de faveur

3946 **Sanction encourue.** Selon l'article 1840 G ter du Code général des impôts, lorsqu'une exonération ou une réduction de droit a été obtenue en contrepartie du respect d'un engagement ou de la production d'une justification, le non-respect de cet engagement ou le défaut de production de la justification entraîne l'obligation de payer les droits dont la mutation a été exonérée. Les droits sont majorés de l'intérêt de retard prévu à l'article 1727.

Nous ne traiterons pas ici des cas de déchéance du régime de faveur, qui n'intéressent pas le service de la publicité foncière (V., pour des applications, BOI-ENR-DMTOI-10-70-30-06/04/2016, n°s 270 et s.).

VI

Contribution de sécurité immobilière

3947 La contribution de sécurité immobilière est perçue selon le droit commun.

VII

Droit de préemption

➤ Sur le droit de préemption du fermier, V. **Droit de préemption**.

Fiducie

Serge LAMIAUX

Sommaire analytique

I

Fiducie-sûreté

BIBLIOGRAPHIE : S. Piédelièvre, *La timide consécration de la fiducie par la loi du 13 février 2007 : Gaz. Pal.* 25-27 mai 2007, p. 2. – G. Blanluet et J.-P Le Gall, *La fiducie, une œuvre inachevée : JCP* N 2007, n° 36-1241. – Ph. Dupichot, *Opérations fiducie sur le sol français : JCP* G 2007, act. 121. – O. Dauchez, *Le régime fiscal de la fiducie : JCP* G 2007, act. 175. – F. Roussel, M.-C. Larcher, O. Hoareau et A. Dobigny, *De la fiducie à l'entreprise individuelle à responsabilité limitée : JCP* N 2008, n° 37, 1282. – A. Raynouard, *Ultimes modifications de la fiducie par la loi n° 2009-526 du 12 mai 2009 : JCP* N 2009, n° 24-439. – Ph. Dupichot, *La fiducie-sûreté en pleine lumière : JCP* N 2009, n° 17-1138. – D. Bertheuil-Desfossés, H. Fabre, J.-L. Houdard, Fl. Pouzenc et J.-F. Pillebout, *Fiducie sûreté et fiducie-gestion de l'immeuble : JCP* N 2009, n° 26, 1219. – F. Barrière, *La fiducie-sûreté : JCP* N 2009, n° 42, 1291. – A. Raynouard et F. Jourdain-Thomas, *La fiducie, nouvel outil de gestion et de sûreté : JCP* N 2010, n° 5, 1063. – B. Mallet-Bricout, *Le fiduciaire propriétaire : JCP* N 2010, n° 6, 1073. – S. Prigent, *Constitution d'une fiducie sûreté (analyse et formules) : Defrénois* 2010, art. 39141, p. 1555. – S. Prigent, *Rechargement d'une fiducie-sûreté (analyse et formules) : Defrénois* 2010, art. 39150, p. 1782. – S. Prigent, *Fiducie-sûreté : retour sur les choix fiscaux : Defrénois* 2010, art. 39 168. – S. Prigent, *Extinction d'une fiducie-sûreté dont le constituant s'est acquitté de sa dette (analyse et formules) : Defrénois* 2011, art. 39 187, p. 48. – S. Prigent, *Extinction d'une fiducie-sûreté dont le constituant ne s'est pas acquitté de sa dette (analyse et formules) : Defrénois* 2011, art. 39 199, p. 259. – A. Hinfray et V. Miailhe, *La fiducie et son régime fiscal : Gaz. Pal.* 15-17 juin 2014, p. 13. – A. Aynès, *Fiducie immobilière : belle endormie : JCP* N 2016, n° 12, 1106. – S. Farhi, *La fiducie-sûreté dans l'ordonnance de réforme du droit des sûretés du 15 septembre 2021 : Rev. Lamy dr. civ.* 1er janv. 2022, n° 199. – M. Grimaldi, *La fiducie-sûreté : JCP N* 4 nov. 2022, n° 44, 1252. – D. Sussmann, *Quelle place pour la fiducie en immobilier : Sol. not.* 27/23, 11. – S. Le Normand-Caillère et D. Vittori, *La fiducie immobilière : JCP* N 22 déc. 2023, n° 51, 1237. – Cl. Witz, *Fiducie : constitution : JCl. Civil Code*, Art. 2011 à 2030, Fasc. 10 et *JCl. Notarial Répertoire*, V° Fiducie, Fasc. 10 ; *Fiducie : effets et extinction : JCl. Civil Code*, Art. 2011 à 2030, Fasc. 20 et *JCl. Notarial Répertoire*, V° Fiducie, Fasc. 20.

3948 **Définition.** La fiducie est l'opération par laquelle un ou plusieurs constituants transfèrent des biens, des droits ou des sûretés, ou un ensemble de biens, de droits ou de sûretés, présents ou futurs, à un ou plusieurs fiduciaires qui, les tenant séparés de leur patrimoine propre, agissent dans un but déterminé au profit d'un ou plusieurs bénéficiaires (C. civ., art. 2011). Les règles spécifiques aux immeubles figurent aux articles 2488-1 à 2488-5 du Code civil.

3949 **Fiducie-sûreté.** La fiducie-sûreté se définit comme le contrat par lequel le constituant (débiteur ou simple constituant d'une sûreté pour autrui) transfère la propriété de biens ou de droits à un fiduciaire à titre de garantie de l'obligation, en application des articles 2011 et suivants du Code civil. Elle donne aux créanciers qui en bénéficient une situation de faveur définie par la loi, à l'encontre des autres créanciers, que le débiteur soit *in bonis* ou soumis à une procédure collective.

A Publicité foncière

1 Acte constitutif

3950 **Principe.** Il résulte des termes mêmes de l'article 2019, alinéa 2 du Code civil que le contrat de fiducie doit être publié, lorsqu'il porte sur des immeubles ou droits réels immobiliers. Il en est de même pour les « avenants » au contrat (même texte).

3951 **Formalité applicable.** Du renvoi à l'article 647 du Code général des impôts, il résulte que l'acte est soumis à la formalité unique et que la publication doit intervenir dans le mois de la date de l'acte. La publicité a lieu au service de la publicité foncière de la situation de l'immeuble (CGI, art. 657).

3952 **Effet de la publicité – une publicité foncière à peine de nullité.** La publicité foncière du contrat de fiducie et de ses avenants doit être effectuée, « à peine de nullité » lorsqu'ils concernent des immeubles et droits immobiliers. Selon M. Piédelièvre (*op. cit.*, p. 7), la publicité foncière jouera son rôle classique : celui de l'opposabilité du transfert du droit immobilier aux tiers.

3953 **Modalités de la publicité foncière.** La publication du contrat de fiducie et de ses avenants doit respecter les principes régissant la publicité foncière, concernant notamment l'authenticité, la désignation cadastrale, l'identification des parties et l'effet relatif.

3954 **Rôle du service de la publicité foncière.** Le service de la publicité foncière n'étant pas juge de la validité du contrat, il n'est pas fondé à apprécier la capacité ou la qualité du constituant ou du fiduciaire, ni les modalités de mise en œuvre du contrat, en particulier l'étendue des pouvoirs du fiduciaire. Il ne saurait par exemple refuser la publication au fichier immobilier de la mutation par le fiduciaire de l'immeuble mis en fiducie.
De même, il ne contrôlera pas l'existence des mentions relatives aux modalités de désignation du bénéficiaire, si celui-ci n'est pas identifié, et la mention relative à la durée du contrat.
D'une manière générale, le service de la publicité foncière s'en tiendra strictement aux énonciations de l'acte pour l'annotation du fichier immobilier ; dans le cadre du fichier immobilier informatisé (application FIDJI), il s'agira de l'annotation du descriptif disposant (constituant) et bénéficiaire (fiduciaire et bénéficiaire) et pour l'annotation du complément au descriptif (durée du contrat par exemple).

2 Modification du contrat – avenant

3955 Les actes constatant une modification de la fiducie doivent être publiés dans les mêmes formes que l'acte constitutif. Compte tenu des conditions posées par l'article 710-1 du Code civil, il est impératif d'établir les avenants sous la forme notariée (S. Le Normand-Caillère et D. Vittori, *op. cit.*, n° 12).

3 Convention de mise a disposition

3956 La fiducie peut être conclue sans dépossession du constituant. À cet effet, une convention de mise à disposition des biens entre le constituant et le fiduciaire sera conclue, à titre gratuit ou à titre onéreux. Elle donnera le plus souvent lieu à rémunération et s'analysera comme un bail (D. Sussmann, *op. cit.*, n° 10). En ce cas, et si sa durée est supérieure à douze ans, la convention de mise à disposition devra être obligatoirement publiée au fichier immobilier (D. n° 55-22, 4 janv. 1955, art. 28, 1°, b), *via* la formalité fusionnée (CGI, art. 647, I).

4 Convention de rechargement

3957 La fiducie peut être rechargeable – la propriété cédée à titre de garantie peut alors être ultérieurement affectée à la garantie de dettes autres que celles mentionnées par l'acte constitutif. En ce cas, la convention de rechargement doit être expressément prévue dans l'acte constitutif (C. civ., art. 2488-5, al. 1er). Si la fiducie porte sur un bien immobilier, la convention de rechargement est publiée de la même manière que l'acte constitutif (C. civ., art. 2488-5, 3e al. ; art. 2019). L'identité dans le régime de la publication emporte au moins deux conséquences :
1) la sanction du défaut de publicité foncière est la nullité de la convention de rechargement ;

2) la convention de rechargement fait l'objet d'une publication de droit commun et non par voie de mention en marge (ce qui se comprend dans la mesure où la publicité foncière de la fiducie-sûreté relève des publications et non des inscriptions hypothécaires).

B Fiscalité

BIBLIOGRAPHIE : B. Robin et R. Lantourne, *Osons la fiducie-gestion : Actes prat. strat. patrimoniale* janv.-févr.-mars 2018, dossier 2.

3958 **Acte constitutif de la fiducie comportant transfert d'immeubles ou de droits réels immobiliers.** L'affectation d'un droit ou d'un bien en fiducie est considérée comme une opération « intercalaire » y compris pour les droits de mutation et se voit donc assortie d'un régime de neutralité fiscale (CGI, art. 1133 quater). Si aucune mutation à titre onéreux n'est fiscalement reconnue lors de la mise en fiducie, le changement de statut des biens transférés dans le patrimoine fiduciaire doit être constaté afin d'en informer les tiers (B. Robin et R. Lantourne, *op. cit.*, n°s 12 et 13).

Nature de la taxe. En principe, en formalité fusionnée, la taxe de publicité foncière tient lieu de droits d'enregistrement (CGI, art. 664). La perception effectuée porte alors le nom de taxe de publicité foncière mais a la nature de droits d'enregistrement ; elle en suit donc les règles, notamment celles de liquidation. Cependant, la taxe de publicité foncière perçue au titre de la fiducie-sûreté relève de l'article 1020 du Code général des impôts (CGI, art. 1133 quater). L'article 1020 du CGI est le fondement des taxes de publicité foncière non confondues avec les droits d'enregistrement (V. **Taxe de publicité foncière**). Ainsi, très curieusement, voici une formalité fusionnée pour laquelle la taxe de publicité foncière reste une taxe de formalité – le cas n'est pas isolé (V. **Donation**).

Taux de la taxe. Lors de la formalité fusionnée, la taxe de publicité foncière est perçue sur les biens ou droits réels immobiliers objet de l'apport au patrimoine fiduciaire, au taux global d'imposition : de 0,71498 % (taux de 0,70 % prévu par l'article 1020 du CGI et frais de recouvrement et d'assiette de 2,14 % prévus par l'article 1647, V-b du CGI) – selon une opinion doctrinale, par exception la taxe devrait être exigible au taux global d'imposition de 1,31498 %, pour les bureaux, locaux commerciaux et locaux de stockage situés en Île-de-France (ajout de la taxe additionnelle au profit de la région Île-de-France de 0,60 % prévue par l'article 1599 sexies du CGI ; Doc. prat. Francis Lefebvre, ENR-IX-16200 ; une telle perception n'est pas indiscutable, et ce pour au moins deux raisons : le principe de neutralité fiscale qui veut que la fiducie ne soit pas assimilée à une vente ; la nature de la taxe de publicité foncière de l'article 1020, qui est une taxe de formalité et non un droit de mutation (V. par analogie, l'absence de perception de la taxe régionale en cas d'engagement de revendre de l'article 1115 du CGI ; V. **Taxes additionnelles**).

Assiette de la taxe. La taxe est assise sur la valeur de la créance détenue sur une fiducie, laquelle est évaluée à la valeur vénale réelle nette des biens mis en fiducie ou des biens acquis en remploi, à la date du fait générateur de l'impôt (CGI, art. 668 bis). Cette valeur doit être impérativement indiquée dans l'acte, à peine de refus de dépôt (CGI, art. 851, al. 2 et 3). Le droit fiscal s'écarte ici du droit civil, puisque, depuis le 1er janvier 2022, il n'est plus imposé aux parties de préciser, dans la convention de fiducie, la valeur estimée des biens et droits transférés dans le patrimoine fiduciaire (C. civ., 2372-1 et 2488-2 mod. Ord. n° 2021-1192, 15 sept. 2021, art. 25 et 37, I) – sous l'empire du droit antérieur à la réforme des sûretés de 2021, les textes exigeaient la valeur des choses « fiduciées » et ce à peine de nullité de la convention de fiducie.

La contribution de sécurité immobilière au tarif proportionnel (0,10 %) est due sur les mêmes bases (CGI, art. 881 K, al. 2).

3959 **Modification du contrat.** Ces actes sont enregistrés ou publiés et donnent lieu aux mêmes perceptions que les actes constitutifs du contrat de fiducie (CGI, art. 1133 quater). Cependant, selon le Lacroix (Lacroix, n° 582), il conviendrait d'opérer une distinction :

– si la modification du contrat n'emporte pas mutation d'immeuble, seule la taxe fixe de 125 € est perçue ;

– en revanche, si la modification emporte mutation d'immeuble, alors c'est la taxe proportionnelle de 0,715 % qui est due.

Dans les deux cas, la contribution de sécurité immobilière est due au taux de 0,10 % sur la valeur des biens concernés (*ibid.*).

3960 **Convention de mise à disposition.** Si elle s'analyse en un bail et si sa durée est supérieure à douze ans, sa taxation sera celle applicable aux baux à durée limitée (CGI, art. 742 ; V. **Bail ordinaire à durée limitée**).

3961 **Convention de rechargement.** Le texte de l'article 1133 quater du CGI ne vise pas expressément la convention de rechargement. Le principe d'interprétation stricte des lois fiscales pourrait conduire à exclure son application dans

Fiducie

ce cas précis. Cependant, dans la mesure où son régime de publicité foncière est le même que celui de l'acte constitutif, et en raison du principe de neutralité fiscale régissant la fiducie-sûreté, la convention de rechargement devait bénéficier du régime spécial.

3962 **Acte constatant le retour du patrimoine fiduciaire au constituant.** L'acte constatant le retour de tout ou partie du patrimoine fiduciaire au constituant ne donne pas lieu à la perception de la taxe de publicité foncière sur les biens et droits immobiliers concernés ; il reste toutefois soumis à une taxe fixe de publicité foncière de 125 € (CGI, art. 1133 quater, al. 2 ; BOI-ENR-DG-20-30-30-10, 5 avr. 2017, n° 130 ; Lacroix, n° 582).
La contribution de sécurité immobilière au taux proportionnel de 0,10 % est également due (Lacroix, n° 582).

3963 **Transmission de biens ou droits composant le patrimoine fiduciaire.** En cas de transmission à titre onéreux de biens ou de droits composant le patrimoine fiduciaire à un tiers ou un bénéficiaire du contrat de fiducie autre que le constituant, les droits de mutation sont exigibles dans les conditions de droit commun selon la nature des biens et droits transmis.
Les droits de mutation sont liquidés sur le prix, ou, si elle est supérieure, sur la valeur vénale réelle nette des biens et des droits au jour de la transmission (CGI, art. 668 bis et 668 ter).
Si la transmission est effectuée dans une intention libérale, les droits de mutation à titre gratuit s'appliquent sur la valeur des biens, droits ou fruits transférés, appréciée à la date de ce transfert. Ils sont liquidés selon le tarif applicable entre personnes non parentes mentionné à l'article 777, III du Code général des impôts (CGI, art. 792 bis, al. 1er). L'intention libérale est notamment caractérisée lorsque la transmission est dénuée de contrepartie réelle ou lorsqu'un avantage en nature ou résultant d'une minoration du prix de cession est accordé à un tiers par le fiduciaire dans le cadre de la gestion du patrimoine fiduciaire. Dans ce dernier cas, les droits de mutation à titre gratuit s'appliquent sur la valeur de cet avantage (CGI, art. 792 bis, al. 2).

3964 **Transmission de la créance fiduciaire par le constituant.** Les droits du constituant résultant du contrat de fiducie sont, pour l'application des droits d'enregistrement, réputés porter sur les biens formant le patrimoine fiduciaire. Lors de la transmission de ces droits, les droits de mutation sont exigibles selon la nature des biens et droits transmis (CGI, art. 668 ter).
Les droits sont calculés sur la valeur de la créance évaluée à la valeur vénale réelle nette des biens mis en fiducie ou des biens acquis en remploi, à la date du fait générateur de l'impôt (CGI, art. 668 bis ; BOI-ENR-DG-30, 23 déc. 2013, n° 90).
Les droits seront selon le cas :
– le droit de vente d'immeuble, de vente de fonds de commerce, de vente d'actions ou de parts sociales, etc. ;
– les droits de donation dans le cas de transmission à titre gratuit ;
– inexistants (principe de gratuité) en cas d'apport en société pur et simple de la créance (CGI, art. 810, I) – sauf cas d'application du droit de mutation spécial (CGI, art. 809, I-3° et 810, III ; V. **Apports en société**).

II
Une fiducie spéciale : l'agent des sûretés

3965 **Généralités.** Il peut se faire que pour diluer le risque d'une opération de crédit, les prêteurs se regroupent au sein d'un « pôle » ou d'un « syndicat ». On parle à ce sujet de « crédit syndiqué » ou de « syndication ».
Lorsque ces opérations de financement sont assorties de sûretés, ce qui est la règle, le contrôle en est généralement confié à une seule personne, qui doit en assurer la gestion pour le compte de l'ensemble des créanciers. Tel est le rôle de l'agent des sûretés, qui représente les créanciers de l'obligation garantie. Son statut a été modifié par l'ordonnance n° 2017-748 du 4 mai 2017, qui a créé dans le Code civil un nouveau titre intitulé « De l'agent des sûretés », applicable à compter du 1er octobre 2017, et qui comprend les articles 2488-6 à 2488-12 (V. D. Legeais, *Un nouveau droit pour l'agent des sûretés : une bonne nouvelle pour les notaires : JCP* N 2017, n° 41, act. 863. – M. Julienne, *L'agent des sûretés : portée pratique et théorique d'une réforme : RDC* 2017, p. 461).
La convention d'agent des sûretés prend la forme d'une fiducie spéciale (S. Mondonneix et J. Moreau, *Le régime de l'agent des sûretés après l'ordonnance du 4 mai 2017 : AJDI* 2017, p. 660).
Comme l'indique l'article 2488-6 du Code civil :

« Toute sûreté ou garantie peut être prise, inscrite, gérée et réalisée par un agent des sûretés, qui agit en son nom propre au profit des créanciers de l'obligation garantie.
L'agent des sûretés est titulaire des sûretés et garanties.
Les droits et biens acquis par l'agent des sûretés dans l'exercice de sa mission forment un patrimoine affecté à celle-ci, distinct de son patrimoine propre ».

Une opinion autorisée a préconisé à ce sujet les solutions suivantes :

– la désignation de l'agent des sûretés devra être effectuée au plus tôt, si possible avant la naissance des sûretés ;

– la convention d'agent des sûretés comme ses modificatifs doit être établie en la forme notariée *ab initio* pour en permettre la publicité foncière. Ceci évitera d'avoir à la réitérer par acte notarié, ce qui peut entraîner des complications ;

– il est conseillé de publier la désignation de l'agent des sûretés sous forme de mention en marge des inscriptions préexistant à sa désignation. En effet tant que son existence est inconnue des tiers, le créancier initialement inscrit demeure seul titulaire des sûretés hypothécaires (M. Suquet-Cozic : *Sol. not.* 21 déc. 2017, n° 14, p. 11).

3966 **Prise d'inscriptions.** l'agent des sûretés a qualité pour prendre inscription au nom des créanciers de l'obligation garantie (V. n° 3965). Cette sûreté sera prise en son nom propre. « Au profit de… (identification de l'agent des sûretés) agissant en qualité d'agent des sûretés conformément à l'article 2488-6 du Code civil et en vertu de la convention l'ayant nommé à cet effet, reçue par Me… notaire à… le… (V. M. Suquet-Cozic, *Comment prendre une inscription par un agent des sûretés ? : Sol. not.* 12 oct. 2017, p. 11).

3967 **Mainlevée des sûretés.** Étant personnellement titulaire des sûretés, l'agent des sûretés détient *a priori* le pouvoir d'en accorder la mainlevée (C. civ., art. 2488-6). Cependant, il conviendra dans tous les cas de consulter la convention désignant l'agent des sûretés pour s'assurer que ce pouvoir lui a été effectivement confié. Selon une opinion autorisée, même s'il n'y a pas eu de mentions en marge de la désignation de l'agent des sûretés (V. n° 3965), la mainlevée serait néanmoins possible sauf à ce que l'agent des sûretés justifie dans l'acte de sa nomination et de ses pouvoirs résultant tant de la loi que de la convention le désignant. L'expédition de la convention d'agents des sûretés devra être produite à l'appui de la mainlevée, ce qui suppose qu'elle ait été rédigée par acte notarié (M. Suquet-Cozic : *Sol. not.* 21 déc. 2017, n° 14, p. 12).

Formalité unique

Serge LAMIAUX

Sommaire analytique

Index alphabétique

3968 **Observation préliminaire.** Cette rubrique ne traite que des principes généraux concernant la formalité unique. On consultera également les rubriques suivantes :

- **Acte contenant plusieurs dispositions** ;
- **Délais** ;
- **Extraits d'acte** ;
- **Formalités requises dans plusieurs services** ;
- **Refus de dépôt** ;
- **Rejet** ;
- **Services de la publicité foncière**.

I Observations d'ordre général

3969 **Nature de la formalité unique ou « fusionnée ».**

Droit antérieur. Auparavant, il existait deux formalités séparées, accomplies successivement. La formalité de l'enregistrement devait avoir lieu dans le délai d'un mois à compter de la date de l'acte et était accomplie à la recette des impôts, puis la formalité de la publicité foncière était accomplie à la conservation des hypothèques (dans un délai de trois mois à compter de la date de l'acte). La double formalité de l'enregistrement et de la publicité foncière s'accompagnait par ailleurs d'une double taxation : les actes étaient assujettis aux droits d'enregistrement lors de la présentation à la formalité de l'enregistrement à la recette des impôts ; ils étaient ensuite soumis à la taxe de publicité foncière lors de la formalité de publication à la conservation des hypothèques.

La distinction entre ces deux formalités, qui trouve essentiellement son origine dans l'Histoire, n'est pas sans justification théorique :

– la formalité d'enregistrement est une formalité purement fiscale : sa seule finalité est la perception d'un impôt : les droits d'enregistrement ; ce n'est qu'accessoirement qu'elle peut avoir quelques effets civils (conférer date certaine par exemple) ;

– la formalité de publicité foncière est une formalité purement civile : sa finalité est d'assurer, vis-à-vis des biens immobiliers, l'information et la protection des titulaires de droits et des tiers ; ce n'est qu'accessoirement qu'elle revêt une dimension fiscale (perception de la taxe de publicité foncière et de la contribution de sécurité immobilière).

Droit positif. Une réforme a été opérée par la loi dite de simplifications fiscales (L. n° 69-1168, 26 déc. 1969). Depuis le 1er octobre 1970, les formalités de l'enregistrement et de la publicité foncière sont fusionnées pour les actes publiés au fichier immobilier. Cette fusion des formalités emporte deux conséquences :

– la première concerne la réalisation des formalités : ainsi qu'en dispose expressément l'article 647, II du Code général des impôts, pour les actes soumis à formalité unique, leur enregistrement résulte de leur publication ;

– la seconde intéresse la perception des impositions : par application des dispositions de l'article 664 du Code général des impôts, les droits d'enregistrement et la taxe de publicité foncière sont confondus ; une seule perception est opérée au service de la publicité foncière ; cette perception a la nature de droits d'enregistrement (la perception est liquidée selon les règles applicables aux droits d'enregistrement) mais prend le nom de taxe de publicité foncière.

II Champ d'application de la formalité unique

3970 **Critères.** Comment savoir si un acte entre dans le champ d'application de la formalité fusionnée ? C'est simple : un acte relève de la formalité fusionnée lorsqu'il est soumis à la fois à une formalité de l'enregistrement obligatoire et à une formalité de la publicité foncière obligatoire (CGI, art. 647, I).

La formalité fusionnée s'applique donc, en principe, à tous les actes qui sont soumis à la double obligation de l'enregistrement et de la publicité foncière (BOI-ENR-DG-10-30, 30 sept. 2014, § 1). Cependant, la formalité fusionnée peut également s'appliquer aux actes qui sont admis à publicité foncière à titre facultatif. Par ailleurs, certains actes se trouvent expressément exclus du champ d'application de la formalité unique (*ibid.*).

La formalité fusionnée est obligatoire pour tous les actes assujettis à la fois aux deux formalités quelle que soit la forme de ces actes (notariée, administrative, extrajudiciaire...), observation faite que l'absence d'authenticité demeure une cause de refus. La formalité fusionnée s'applique quel que soit le régime fiscal auquel les actes sont soumis, c'est-à-dire sans qu'il y ait lieu de distinguer selon que la formalité doit être opérée gratuitement ou moyennant le paiement d'un droit, ni selon que la mutation entre ou non dans le champ d'application de la TVA (BOI-ENR-DG-10-10, 21 oct. 2013, n°s 50 à 80).

3971 **Plan.** Il y a lieu de distinguer les actes soumis obligatoirement à la formalité fusionnée (A), les actes qui y sont soumis facultativement (B) et les actes qui en sont exclus (C).

A Actes soumis obligatoirement à la formalité unique

3972 **Textes de référence.** Pour déterminer précisément le champ de la formalité unique, il faut combiner deux types de textes :

– l'article 635 du Code général des impôts qui énumère les actes obligatoirement soumis à la formalité de l'enregistrement sont ceux énumérés ;

– les articles 28, 35 et 36 du décret n° 55-22 du 4 janvier 1955 modifié, qui énumèrent les actes obligatoirement soumis à publicité foncière.

Pour tous les actes en relevant, le caractère obligatoire de la formalité unique a pour conséquence d'interdire l'enregistrement séparé de ces actes (CGI, ann. III, art. 260).

3973 **Énumération.** L'administration fiscale donne une liste des actes obligatoirement soumis à la formalité unique (BOI-ENR-DG-10-30, 30 sept. 2014, n° 20) :

– tous actes, même assortis d'une condition suspensive, portant ou constatant, entre vifs, mutation ou constitution de droits réels immobiliers autres que les privilèges et hypothèques : ces droits pouvant porter sur la propriété, la nue-propriété, l'usufruit, l'usage, l'emphytéose, l'antichrèse ou les servitudes : ventes, cessions, rétrocessions, adjudications, retraits, échanges, apports en société, location-accession à la propriété... ;

– tous actes, même assortis d'une condition suspensive, portant ou constatant, entre vifs, un bail pour une durée de plus de douze années (observation faite que les baux à durée limitée figurent au nombre des actes spécialement exclus de la formalité unique, cf. ci-après, n° 3980) et, même pour un bail de moindre durée, quittance ou cession d'une somme équivalente à trois années de loyers ou fermages non échus ;

– les actes entre vifs dressés pour constater des clauses d'inaliénabilité temporaire et toutes autres restrictions au droit de disposer ;

– les attestations notariées établies en vue de constater la transmission ou la constitution par décès de droits réels immobiliers ;

– ceux des actes énumérés ci-après qui portent sur des droits soumis à publicité :

• actes confirmatifs de conventions entachées de causes de nullité ou de rescision,

• actes constatant l'accomplissement d'une condition suspensive,

• demandes en justice tendant à obtenir, et actes constatant, la résolution, la révocation, l'annulation ou la rescision d'une convention ou d'une disposition à cause de mort ;

– les actes déclaratifs de droits réels immobiliers : partages, licitations, procès-verbaux de bornage... ;

– les contrats de location-accession à la propriété ;

– les conventions d'indivision immobilière ;

– les actes qui interrompent la prescription acquisitive conformément aux articles 2244 et 2248 du Code civil (citation en justice, commandement...) et actes de renonciation à la prescription acquisitive ;

– les actes constitutifs de biens de famille insaisissables ;

– les cessions amiables en matière d'expropriation pour cause d'utilité publique, quel que soit le montant de l'indemnité ;

– les procès-verbaux de réorganisation foncière et de remembrement, actes d'échange d'immeubles ruraux ;

– les projets approuvés de remembrement amiable préalable à la reconstruction ;

– le règlement de copropriété des immeubles ou ensembles immobiliers ;

– les limitations administratives au droit de propriété et dérogations à ces limitations, dans la mesure où elles résultent d'actes soumis à enregistrement.

3974 **Cas particulier des « actes mixtes ».** Les actes qui contenaient à la fois des dispositions soumises à publicité foncière et d'autres qui ne le sont pas, qualifiés communément d'« actes mixtes », étaient en principe exclus du champ d'application de la formalité fusionnée en vertu de l'article 647-I, 2e alinéa ancien du Code général des impôts.

L'article 110 de la loi de finances pour 1999 (L. n° 98-1266, 30 déc. 1998 : *JO* 31 déc. 1998, p. 20080 ; *Dr. fisc.* 1999, n° 1, comm. 1), modifiant l'article 647-I du Code général des impôts, **a, dans un but de simplification, étendu le champ d'application de la formalité fusionnée à l'ensemble des actes mixtes** qui relèvent ainsi de la compétence exclusive du service de la publicité foncière et devront être présentés au bureau de la situation de l'immeuble dans un délai de deux mois à compter de la date de l'acte Cette mesure est applicable aux actes établis à compter du 1er juillet 1999, c'est-à-dire aux actes authentiques signés à compter de cette date. Les conséquences de la réforme ont été définies par une instruction du 9 juillet 1999 (*BOI* 10-D-1-99 : *Dr fisc.* 1999, nos 30-35, p. 296).

Ainsi, depuis le 1er juillet 1999, l'assujettissement à la formalité fusionnée s'applique aux actes authentiques de vente, d'échange, de partage et de société portant à la fois sur des biens meubles et immeubles.

La formalité fusionnée est applicable à l'ensemble des actes mixtes :

– quelle que soit la forme de ces actes (notariée, administrative, extrajudiciaire...), observation faite toutefois que l'absence d'authenticité constitue une cause de refus ;

– et quel que soit le régime fiscal auquel ils sont soumis, c'est-à-dire sans qu'il y ait lieu de distinguer selon que la formalité doit être opérée gratuitement ou moyennant le paiement d'un droit fixe, proportionnel ou progressif, ou même selon que la mutation entre ou non dans le champ d'application de la taxe sur la valeur ajoutée.

3975 **Conséquences de l'intégration des « actes mixtes » dans la formalité fusionnée.** Les « actes mixtes » établis à compter du 1er juillet 1999 relèvent à titre obligatoire de la formalité fusionnée. Au regard de la formalité de l'enregistrement, ce nouveau régime se traduit par une interdiction d'enregistrer les « actes mixtes », désormais exclus de la double formalité.

Principe. L'extension du champ d'application de la formalité fusionnée a pour corollaire l'interdiction faite aux receveurs d'enregistrer les « actes mixtes » qui y sont désormais soumis obligatoirement (CGI, ann. III, art. 260). En conséquence, l'acte présenté à tort au service des impôts devra faire l'objet d'un refus d'enregistrer dans les conditions habituelles. Il est rappelé que la présentation irrégulière de l'acte au service des impôts n'a pas pour effet de suspendre les délais d'accomplissement de la formalité fusionnée. Si celle-ci est requise tardivement, l'intérêt et la majoration de retard sont donc exigibles (Instr. 9 juill. 1999, n° 6).

Exception. L'interdiction d'enregistrer ne s'applique pas aux actes ayant fait l'objet d'un refus de publier (CGI, ann. III, art. 257) et dont la régularisation ne peut être opérée dès lors que dans cette hypothèse l'article 249 de l'annexe III au Code général des impôts maintient expressément le principe de dualité des formalités. Les actes qui ont fait l'objet d'un rejet de la formalité de publicité foncière sont, quant à eux, néanmoins réputés enregistrés à la date de leur dépôt (CGI, art. 647-IV. – Instr. préc., n° 6).

3976 **Cas particuliers : « actes mixtes » portant sur des immeubles situés dans les départements du Bas-Rhin, du Haut-Rhin et de la Moselle.** La formalité fusionnée n'est pas applicable aux « actes mixtes » portant sur des immeubles situés en totalité dans les départements du Bas-Rhin, du Haut-Rhin et de la Moselle où il n'existe pas de conservations des hypothèques (CGI, ann. III, art. 249-1°).

Les « actes mixtes » concernant des immeubles situés en partie dans ces départements ne sont soumis à la formalité fusionnée que si leur rédacteur réside en dehors de ces mêmes départements. Dans l'hypothèse inverse, comme dans le premier cas visé ci-dessus, les actes demeureront soumis à la formalité de l'enregistrement (CGI, ann. III, art. 250).

B Actes soumis facultativement à la formalité unique

3977 **Nature de ces actes.** La formalité fusionnée peut également s'appliquer aux actes admis à publicité foncière à titre facultatif.

Ces actes, énumérés à l'article 37 du décret du 4 janvier 1955, sont les suivants (BOI-ENR-DG-10-30-20120612, n° 40) :

– promesses unilatérales de vente et promesses unilatérales de bail de plus de douze ans ;

– conventions relatives à l'exercice des servitudes légales prévues au titre IV du livre deuxième du Code civil ;

– documents énumérés ci-après auxquels sont annexés ou dans lesquels sont littéralement reproduits des actes soumis ou admis à publicité, quoique ces derniers n'aient pas été dressés en la forme authentique :

• demande en justice tendant à obtenir la réitération ou la réalisation en la forme authentique desdits actes,

• procès-verbal notarié constatant le défaut ou le refus du cocontractant ou promettant de procéder auxdites réitération ou réalisation,
• déclaration par acte notarié de la volonté du bénéficiaire de l'acte d'exiger lesdites réitération ou réalisation.

3978 **Actes complexes.** Lorsqu'un acte comporte des dispositions dont certaines sont soumises obligatoirement à la publication et les autres seulement à titre facultatif, pour que la formalité fusionnée soit applicable, il faut que :
– l'acte soit obligatoirement soumis à la formalité de l'enregistrement ;
– la formalité fusionnée soit requise ;
– cette réquisition intervienne dans le délai légalement imparti pour la formalité de l'enregistrement (BOI-ENR-DG-10-30-20120612, n° 40).

3979 **Exécution de la formalité.** En cas de formalité unique facultative, l'exécution de celle-ci est soumise à deux conditions : elle doit être requise (il n'y a pas de formalisme) ; elle doit être requise dans le délai légal de la formalité de l'enregistrement. À défaut, les deux formalités seraient obligatoirement distinctes.
Les conséquences pratiques sont les suivantes :
– si l'acte est présent à la recette des impôts, il est enregistré, que le délai légal soit expiré ou non (sauf actes dispensés d'enregistrement) ;
– si l'acte est présentée au service de la publicité foncière, dans le délai d'enregistrement et non enregistré, la formalité unique est exécutée ;
– si l'acte est présenté au service de la publicité foncière, après le délai d'enregistrement, et non enregistré, la formalité unique est refusée, et l'acte est renvoyé à la recette des impôts pour enregistrement.

C Actes exclus de la formalité unique

1 Actes qui sont en dehors du champ d'application de la formalité unique

3980 **Actes qui ne sont pas soumis à la fois à l'enregistrement et à publicité foncière.** Restent en dehors du champ d'application de la formalité fusionnée (BOI-ENR-DG-10-30-20120612, n° 70 et antérieurement, Doc. adm. DGI, 7 A-12, n° 2, 10 sept. 1996) :
– les actes qui ne sont soumis obligatoirement à aucune des deux formalités, même s'ils portent sur des immeubles ou droits immobiliers : il en est ainsi, par exemple, des baux qui n'excèdent pas douze ans et qui concernent des immeubles urbains ;
– les actes assujettis à l'enregistrement mais ne contenant pas de disposition susceptible d'être publiée : baux n'excédant pas douze ans et portant sur des immeubles ruraux, mutations de toutes sortes ayant un objet exclusivement mobilier ;
– les documents soumis à publicité mais non à enregistrement : à titre d'exemple, on peut citer les baux de plus de douze ans à durée limitée concernant des immeubles urbains, les actes d'affectation hypothécaire et les actes apportant des modifications à des inscriptions préexistantes.
Bien entendu, les actes entrant dans les deux dernières catégories visées ci-dessus doivent être soumis soit à la formalité de l'enregistrement proprement dite, soit éventuellement, dans le second cas, à celle de la publicité foncière.

2 Actes exclus par la loi du champ d'application de la formalité unique

3981 **Énumération.** Il s'agit d'actes qui normalement auraient dû entrer dans le champ d'application de la formalité fusionnée, mais qui en sont exclus par une disposition dérogatoire expresse de la loi. En vertu de l'article 647 du Code général des impôts, sont expressément exclus de la formalité fusionnée les actes suivants (BOI-ENR-DG-10-30, 30 sept. 2014, n° 70) :
– les décisions judiciaires comportant des dispositions sujettes à publication ;
– les actes pour lesquels il est impossible de procéder à la formalité fusionnée et dont il existe deux catégories (D. n° 70-548, 22 juin 1970, art. 1er et 11, al. 1er. – CGI, Ann. III, art. 249) :
– les actes concernant des immeubles sis dans les départements de la Moselle, du Bas-Rhin et du Haut-Rhin, soit en totalité, soit en partie seulement, lorsque le rédacteur de l'acte réside lui-même dans l'un de ces départements : en effet, il n'existe pas de conservations des hypothèques en Alsace-Lorraine et la publicité foncière y est assurée au moyen du Livre foncier dont la tenue est confiée à des magistrats de l'ordre judiciaire ;
– les actes pour lesquels le service de la publicité foncière a opposé un refus de publier pour une cause non susceptible de régularisation dans un délai normal (CGI, Ann. III, art. 249, 2°).
Pour les actes visés ci-dessus, la dualité des formalités n'entraîne pas la dualité des perceptions et les actes ayant supporté les droits lors de leur enregistrement au service des impôts des entreprises (SIE), pôle enregistrement, doivent être

publiés en franchise de taxe au bureau des hypothèques (CGI, art. 665).
Historiquement, deux autres catégories d'actes étaient exclues de la formalité unique :
– les donations immobilières ;
– les baux immobiliers d'une durée limitée mais supérieure à douze ans.
Pour ces deux dernières catégories d'actes, la dualité des formalités entraînait à l'origine une dualité des perceptions (CGI, art. 665) car le droit de donation et le droit de bail n'étaient pas fusionnés avec la taxe départementale de publicité foncière qui, elle, demeurait donc exigible lors de la publication à la conservation des hypothèques.
Tel n'est plus le cas aujourd'hui ; ces deux catégories d'acte ont en effet été successivement intégrées dans le champ d'application de la formalité fusionnée.

3982 **Donations et donations-partages.** Les actes constatant des donations portant sur des immeubles intervenue jusqu'au 30 juin 2014 n'entraient pas dans le champ d'application de la formalité unique (CGI, art. 647-1, 2e al.). Ils devaient donc être présentés successivement à la recette des impôts et au service de la publicité foncière.
Dans un but de simplification, l'article 17, I, G à I de la loi de finances rectificative pour 2013 (L. n° 2013-1279, 29 déc. 2013 : *JO* 30 déc. 2013) a étendu le champ d'application de la formalité fusionnée aux donations et donations-partages comportant des biens immeubles, en retirant les mutations à titre gratuit de la liste des actes exclus de la formalité fusionnée (CGI, art. 647, I mod.).
Il résulte de l'extension du champ de la formalité fusionnée que :
– les donations et donations-partages portant sur des biens immeubles ont, désormais, uniquement à être publiées au fichier immobilier du service de la publicité foncière dans le ressort duquel se trouvent ces biens ; en cas de donation d'immeubles situés dans des ressorts différents, la formalité fusionnée est réalisée par un seul service de publicité foncière, au choix du requérant. Toutefois, l'acte doit dans ce cas être publié dans les autres services dont relèvent les biens, où doit être acquittée la contribution de sécurité immobilière ;
– la perception des impositions (droits de donation et taxe de publicité foncière) dues à l'occasion de la publication au fichier immobilier des donations portant sur des biens immeubles est désormais réalisée en une seule fois (CGI, art. 664 mod. et CGI, art. 665, al. 2 mod.).
Entrée en vigueur. – La formalité fusionnée s'appliquera aux donations d'immeubles intervenues à compter du 1er juillet 2014 (L. n° 2013-1279, 29 déc. 2013, art. 17, III, 2).

3983 **Baux immobiliers d'une durée supérieure à douze ans.** À l'origine, ces baux étaient assujettis à la dualité de formalités et de perceptions, mais l'obligation de soumettre le bail immobilier à la formalité de l'enregistrement a totalement disparu depuis le 1er janvier 1999. Cette obligation avait déjà été supprimée, dès le 1er octobre 1970, pour les baux écrits à durée limitée d'immeubles urbains, en suite de la loi de simplifications fiscales de 1969 (L. n° 69-1168, 26 déc. 1969, art. 10, I, *a*). L'obligation ne subsistait plus que pour les seuls baux à durée limitée d'immeubles ruraux – et à la condition par ailleurs que le loyer annuel excédât un certain seuil (CGI, art. 635, 2, 9° ancien). Cette obligation a également été supprimée par la loi de finances rectificative pour 1998, à compter du 1er janvier 1999 (L. n° 98-1267, 30 déc. 1998, art. 12.) (S. Lamiaux, *Le bail à durée limitée d'immeubles : formalités de l'enregistrement et de la publicité foncière : JCP* N 23 nov. 2018, n° 47, 1344).
À compter de cette date, les baux immobiliers à durée limitée de plus de douze ans n'étaient plus soumis qu'à la seule publicité foncière et taxe de publicité foncière.
Là encore, dans un but de simplification, l'article 22 de la loi de finances pour 2023 (L. fin. 2023, n° 2022-1726, 30 déc. 2022 : *JO* 31 déc.) a étendu le champ d'application de la formalité fusionnée aux baux immobiliers à durée limitée de plus de douze ans en les retirant de la liste des actes exclus de la formalité fusionnée (CGI, art. 647, I mod.).
En l'absence de commentaires administratifs, il semble résulter de cette extension du champ d'application de la formalité fusionnée un changement de nature de la taxe de publicité foncière : elle tient désormais lieu de droits d'enregistrement (CGI, art. 664). La modification des dispositions de l'article 681 du Code général des impôts par la loi de finances pour 2023 apparaît à cet égard significative. Ce changement de nature n'est pas sans conséquence :
– la taxe est due désormais en raison de la mutation de jouissance résultant du bail et non plus en raison de la publication de ce bail ; le fait générateur de la perception est donc la conclusion du bail et non sa publication au fichier immobilier ; par conséquent, en cas de défaut ou de retard de la présentation de l'acte à la formalité, les pénalités de retard seront dues ;
– certains régimes d'exonération ne s'appliquent que si la taxe de publicité foncière ne tient pas lieu de droits d'enregistrement (par ex., l'exonération prévue par l'article 1049 du Code général

des impôts en faveur des opérations relevant de la législation des habitations à loyer modéré) ; de tels régimes ne concernent plus les baux à durée limitée supérieurs à douze ans).

Entrée en vigueur. – À défaut de mesures transitoires, la formalité fusionnée s'appliquera aux baux immobiliers à durée limitée de plus de douze ans conclus à compter du 1er janvier 2023.

III
Interdiction d'enregistrer les actes soumis à la formalité unique

3984 Au regard de la formalité de l'enregistrement, l'institution de la formalité unique a une double conséquence :
– une interdiction d'enregistrer les actes obligatoirement soumis à la formalité unique ;
– la suppression de la possibilité qu'avaient les parties de faire publier leurs actes avant enregistrement, sauf s'il s'agit des actes exclus de la formalité unique visés au 2e alinéa du paragraphe I de l'article 647 du Code général des impôts (BOI-ENR-DG-10-30-20120612, n° 30, et antérieurement, Doc. adm. DGI, 7 A-4123, n° 1, 16 sept. 1996 ; BODGI 7 A-11-70).

A Énoncé du principe

3985 L'institution de la formalité unique a pour corollaire l'interdiction faite aux services compétents d'enregistrer les actes qui y sont soumis à titre obligatoire.
La proscription est prévue par de l'article 260 de l'annexe III du Code général des impôts : « Il est fait défense aux comptables de la direction générale des finances publiques chargés de la formalité de l'enregistrement d'enregistrer les actes obligatoirement soumis à la formalité fusionnée ».
Ces actes sont également exclus des modalités simplifiées d'enregistrement (paiement des droits sur états avec dispense de présentation matérielle des actes à la formalité).
Chaque fois que l'acte présenté à tort à l'enregistrement aura été inscrit sur un bordereau de dépôt, le refus sera constaté par une mention apposée sur le bordereau, en regard des indications relatives à l'acte refusé ; dans les autres cas, un refus verbal sera suffisant, sauf à l'assortir des explications nécessaires (sur la procédure applicable aux actes sous seing privé non admis à la formalité d'enregistrement et qui font en conséquence l'objet d'un refus, V. BOI-ENR-DG-40-10-20-30-20120912, nos 160 à 200).

Remarque : Les actes mixtes établis depuis le 1er juillet 1999 relèvent obligatoirement de la formalité fusionnée.
Ce régime se traduit par une interdiction d'enregistrer au service des impôts les actes mixtes, désormais exclus de la double formalité (CGI, ann. III, art. 260). En conséquence, l'acte présenté à tort au service des impôts doit faire l'objet d'un refus dans les conditions habituelles (BOI-ENR-DG-40-10-20-30-20120912, n° 30).

3986 **Incidences du refus sur le cours des délais.** Il convient de noter que la présentation irrégulière de l'acte à l'enregistrement n'a pas pour effet de suspendre les délais d'accomplissement de la formalité unique. Si celle-ci est requise tardivement, les pénalités de retard sont exigibles. Il s'ensuit que pour les actes dont l'enregistrement est refusé, l'exécution de la formalité unique constitue l'un des points essentiels sur lesquels les vérifications et contrôles effectués chez les officiers ministériels doivent porter (BOI-ENR-DG-40-10-20-30-20120912, n° 40).

3987 L'interdiction d'enregistrer cesse de s'appliquer dès que la formalité unique est accomplie. C'est ainsi qu'un acte, soumis à la formalité unique et pour lequel cette formalité a été exécutée, peut ultérieurement être enregistré à la demande de l'officier public ou ministériel rédacteur (BOI-ENR-DG-40-10-20-30-20120912, n° 50).
Pour se prémunir contre les incidences éventuelles de cette situation, le notaire peut requérir pour cet acte un nouvel enregistrement après avoir obtenu la formalité unique.
Dans une telle hypothèse, l'enregistrement est toutefois subordonné aux trois conditions suivantes :
– il doit être justifié de l'exécution préalable de la formalité unique ;
– il doit être expressément requis ;
– cette nouvelle formalité donne ouverture au droit fixe prévu à l'article 680 du Code général

des impôts (BOI-ENR-DG-40-10-20-30-20120912, n° 50).

B Exception : actes ayant fait l'objet d'un refus de publier et dont la régularisation est impossible

3988 **Non-application de l'interdiction d'enregistrer.** L'interdiction d'enregistrer ne s'applique pas aux actes ayant fait l'objet d'un refus de publier et dont la régularisation ne peut être opérée, dès lors que, dans cette hypothèse, l'article 249-2° de l'annexe III au Code général des impôts maintient expressément le principe de la dualité des formalités (BOI-ENR-DG-40-10-20-30-20120912, n° 60).

3989 **Conditions exigées.** Lorsqu'il en est ainsi, l'exécution de la formalité de l'enregistrement est subordonnée à une double condition, à savoir que le déposant doit :
– justifier que l'acte dont l'enregistrement est demandé a fait l'objet d'un refus en produisant l'expédition sur laquelle a été apposée la mention de refus ou une photocopie de la page comportant cette mention ;
– affirmer, au pied de l'acte ou sur le bordereau de dépôt, ne pas être en mesure de régulariser l'acte. Les motifs de cette impossibilité n'ont pas à être précisés, mais ils pourraient être demandés par le service, après enregistrement de l'acte, s'il apparaissait que la répétition du recours à cette procédure peut avoir pour objet d'écarter la formalité unique (BOI-ENR-DG-40-10-20-30-20120912, n° 70).

3990 **Pénalités de retard.** Le plus souvent, quand l'enregistrement est demandé, le délai légal prévu pour l'exécution de cette formalité est expiré. Pour éviter, dans cette situation, une application généralisée des pénalités de retard, l'article 406 A 27 de l'annexe III au Code général des impôts transpose en matière d'enregistrement les règles applicables à la formalité fusionnée en cas de régularisation de l'acte après notification d'une cause de refus. Il en résulte qu'aucune pénalité sanctionnant le retard dans l'exécution de la formalité de l'enregistrement n'est exigible si celle-ci est requise dans le délai prévu pour la formalité unique (un mois en règle générale, deux mois lorsqu'il s'agit d'actes d'adjudication notariée). Pour le calcul de ce délai, il est fait abstraction de la période comprise entre le dépôt de l'acte refusé au bureau des hypothèques et sa présentation à l'enregistrement lorsque celle-ci intervient dans le mois de la notification du refus. La date de cette notification est celle indiquée au pied de la mention de refus (V. BOI-DG-40-10-20-30, n° 80).
➤ Sur les conséquences de ces dispositions, V. **Refus de dépôt** (tableau).

3991 Dans les diverses hypothèses ci-dessus, c'est au service compétent pour enregistrer l'acte qu'il appartient de liquider et, le cas échéant, de recouvrer les pénalités, même si celles-ci proviennent uniquement de la présentation tardive de l'acte à la formalité unique (BOI-ENR-DG-40-10-20-30-20120912, n° 100)
Par ailleurs, les mêmes règles doivent, sous réserve de la mesure de tempérament exposée ci-après, être suivies pour apprécier l'exigibilité ou la non-exigibilité des pénalités sanctionnant l'enregistrement hors délai d'un acte constatant une mutation immobilière passible de la TVA (V. antérieurement Doc. adm. DGI, 7 A-4123, n° 6, 16 sept. 1996).
Toutefois, par mesure de tempérament, il est admis que les actes notariés enregistrés avec un retard exceptionnel n'excédant pas trois mois ne seront assortis que de l'intérêt de retard prévu à l'article 1727 du Code général des impôts et de la majoration de 10 % prévue à l'article 1728-1 du même code (*BOI* 13 N-1-07, n° 209. – *Précis de fiscalité* 2013, n° 7323).

C Cas particuliers

1 Suppression partielle de la possibilité de faire publier les actes avant enregistrement

3992 Pour réduire les délais nécessaires à l'exécution des formalités administratives, le 4ᵉ alinéa de l'article 862 du Code général des impôts autorise les officiers publics ou ministériels et les autorités administratives à établir, avant l'enregistrement de la minute ou de l'original, les extraits, copies ou expéditions de leurs actes qui sont nécessaires à l'accomplissement de la formalité de publicité foncière ou de la formalité fusionnée.
Il convient de remarquer que cette disposition ne trouve à s'appliquer que pour les actes expressément exclus de la formalité fusionnée et visés au 2ᵉ alinéa du paragraphe I de l'article 647 du Code général des impôts (V. n° 3981).
En revanche, elle ne saurait s'appliquer aux actes soumis obligatoirement ou même facultativement à la formalité fusionnée (BOI-ENR-DG-40-10-20-30-20120912, n° 110).

3993 Pour les actes exclus de la formalité fusionnée, les officiers publics ou ministériels, les avocats et les autorités administratives ne peuvent remettre ces documents aux parties avant d'y avoir reproduit la quittance des droits d'enregistrement ou éventuellement la mention qui y supplée. Ces dispositions ne sont pas applicables aux greffiers des tribunaux de commerce ou des tribunaux judiciaires statuant commercialement et à l'Institut national de la propriété industrielle (INPI) au titre des actes constatant la formation de sociétés commerciales qu'ils reçoivent en dépôt en vue de l'immatriculation de ces sociétés au registre du commerce et des sociétés (CGI, art. 862, al. 5. – BOI-ENR-DG-40-10-20-30-20120912, n° 120. – Sur l'exception prévue pour certains jugements de divorce, V. **Divorce**).

2 Suppression partielle de la dispense d'enregistrement prévue aux articles 637 et 658-II du Code général des impôts

3994 Les actes établis à compter du 1er octobre 1970 et qui sont soumis obligatoirement à publicité foncière, cessent de pouvoir bénéficier de la dispense de la formalité d'enregistrement prévue aux articles 637 et 658-II du Code général des impôts. Cette disposition, qui vise plus spécialement les règlements de copropriété, les états descriptifs de division et leurs modificatifs, n'a d'ailleurs pas pour effet de rétablir en ce qui les concerne, la formalité de l'enregistrement, mais seulement de les soumettre, à titre obligatoire, à la formalité unique.

IV Modalités d'exécution de la formalité unique

3995 Les modalités d'exécution de la formalité fusionnée sont fixées par les articles 253 à 259 de l'annexe III au Code général des impôts.

A Service compétent

3996 **Principe.** Aux termes de l'article 657 du Code général des impôts, la formalité fusionnée a lieu au service chargé de la publicité foncière de la situation de l'immeuble.
Les usagers doivent donc s'adresser à ce seul service, quelle que soit la résidence du rédacteur de l'acte soumis à la formalité fusionnée (V. **Service de la publicité foncière**).

3997 **Immeubles situés dans le ressort de plusieurs services.** Lorsqu'un acte concerne des immeubles ou droits immobiliers situés dans le ressort de plusieurs services, cet acte est soumis à la formalité unique et celle-ci est exécutée au service où la publicité est requise en premier lieu. Ce service est l'un quelconque des services intéressés, au choix du requérant ; il est indiqué dans chacune des expéditions présentées à la formalité (CGI, ann. III, art. 251). Ce service perçoit la totalité des droits et pénalités exigibles (pour plus de détails, V. **Formalités requises dans plusieurs services**).

3998 **Immeubles situés pour partie dans les départements d'Alsace Moselle.** Lorsque les immeubles sont situés pour partie dans les départements d'Alsace-Moselle, où il n'existe pas de service de la publicité foncière, la formalité unique n'est applicable que si le rédacteur de l'acte réside en dehors de ces trois départements (CGI, Ann. III, art. 250-1).
Deux situations doivent alors être envisagées :
– lorsque les immeubles situés en dehors des départements précités se trouvent dans le ressort d'un seul service de la publicité foncière, celui-ci a compétence exclusive pour exécuter la formalité unique et pour publier l'acte en ce qui la concerne ;
– lorsque ces immeubles sont situés dans le ressort de plusieurs services, les parties choisissent librement celle où ils font exécuter la formalité unique.
Dans les deux cas, l'acte est ensuite publié dans les départements d'Alsace-Moselle, suivant les règles propres au livre foncier (BOI-ENR-DG-40-20-30-20120912, n° 40).

B Délai

3999 Depuis le 1er novembre 2011, le délai d'exécution de la formalité fusionnée est d'un mois (CGI, art. 647, III mod. L. fin. rect. 2011, n° 2011-1117, 19 sept. 2011 : *JO* 20 sept. 2011) – il était auparavant de deux mois. Cependant, en cas d'adjudication, ce délai de deux mois est maintenu (CGI, art. 647, III).

4000 **Computation.** Le jour de la date de l'acte ou de la mutation (*dies a quo*) n'est pas compté dans le délai (CGI, art. 648, al. 1). Au contraire, le jour de l'expiration du délai (*dies ad quem*) fait partie de ce dernier. Quand le délai est d'un ou de plusieurs mois, il se calcule de quantième à quantième, sans égard à la durée exacte des mois. Si le délai part du dernier jour du mois, il arrive à échéance le dernier jour du mois qui sert de terme au délai. Ainsi, un délai d'un mois qui commence le 30 juin expire le 31 juillet suivant (et non le 30). Lorsque le jour de l'expiration du délai est un jour de fermeture totale ou partielle du bureau, le délai est prorogé jusqu'au premier jour ouvrable qui suit (CGI, art. 648, al. 2. – BOI-ENR-DG-40-10-40, 12 sept. 2012, n°s 30 et 40). Lorsque le jour de l'expiration du délai est un jour de fermeture totale ou partielle du bureau, le délai est prorogé jusqu'au premier jour ouvrable qui suit (CGI, art. 648, al. 2. – BOI-ENR-DG-40-10-40, 12 sept. 2012, n°s 30 et 40).

➤ V. **Délais**.

C Transmission et réception des pièces

1 Transmission des pièces au service de la publicité foncière

4001 Pour la transmission des pièces au service de la publicité foncière, les requérants peuvent choisir entre les deux procédures suivantes (CGI, ann. III, art. 256) :

– remise au service de la publicité foncière des documents à publier et des pièces qui doivent y être annexées ;

– transmission directe de ces documents et pièces, par voie postale.

Cette transmission peut être faite par pli ordinaire ou recommandé. L'utilisation du pli recommandé est toutefois conseillée lorsqu'il s'agit d'actes pour lesquels le délai légal d'exécution de la formalité est sur le point d'expirer. Il est admis, dans cette hypothèse, que la date d'expédition du pli recommandé est seule retenue pour apprécier si la formalité est ou non exécutée hors délai (BOI-ENR-DG-40-20-20-20120612, n°s 10 et 20).

Il faut y ajouter la transmission dématérialisée, obligatoire, pour les notaires, lorsque leurs actes relèvent du périmètre de Télé@ctes.

2 Réception des pièces

4002 Sur demande du requérant, résultant de la simple production du bordereau d'envoi en double exemplaire, un accusé de réception lui est adressé. Il est constitué par le second exemplaire du bordereau, complété uniquement de la date de réception et du cachet de la conservation (cf. BOI-ENR-DG-40-20-20-20120612, n° 30). Le renvoi de ce document ne préjuge en rien la régularité des pièces déposées et, en particulier, ne s'oppose pas à la notification ultérieure d'un refus ou d'un rejet.

Par ailleurs, le service de la publicité foncière ne saurait être tenu pour responsable du non-acheminement de l'accusé de réception par le service des postes en raison de l'inexactitude ou de l'illisibilité de l'adresse, dès lors que celle-ci est indiquée par le déposant lui-même dans le cadre prévu à cet effet (BOI-ENR-DG-40-20-20-20120612, n° 40).

D Assiette, liquidation et paiement des droits et taxes

4003 **Principe.** La liquidation préparée par le déposant ne constitue qu'un projet et doit être vérifiée par le service de la publicité foncière au moment où la formalité est exécutée (V. **Service de la publicité foncière**).

4004 **Recouvrement des droits.**

➤ V. **Paiement des droits**.

E Rejet ou refus de dépôt

1 Refus de dépôt

a) Cause de refus de dépôt

4005 En formalité unique, le refus de dépôt combine les causes de refus prévues en matière d'enregistrement et celles prévues en matière de publicité foncière (CGI, ann. III, art. 257). Il faut y ajouter quelques causes spécifiques (CGI, ann. III, art. 257).

4006 **Causes de refus en général.**

➤ Sur les causes de refus de dépôt, V. **Refus de dépôt**.

4007 **Causes de refus spéciales à la formalité fusionnée.** Trois causes de refus spécifiques à la formalité fusionnée sont prévues respectivement

Formalité unique

par les articles 253, 254 et 255 de l'annexe III du Code général des impôts.

4008 Omission de deux expéditions intégrales de l'acte. La formalité fusionnée est exécutée au vu de deux expéditions intégrales de l'acte à publier (CGI, ann. III, art. 253, I).

4009 Omission des pièces fiscales prévues en enregistrement (CGI, ann. III, art. 254). À cet égard, il importe de rappeler que le dépôt de chaque acte soumis à la formalité unique doit être accompagné d'un extrait d'acte établi en double exemplaire (CGI, art. 860).

4010 Omission de la liquidation détaillée des droits dans l'extrait d'acte. L'extrait d'acte ainsi établi doit être complété par une liquidation détaillée des droits exigibles. Il comprend, le cas échéant, les mentions prévues au III de l'article 150 VG du Code général des impôts et au deuxième alinéa du V de l'article 1605 nonies du même code (CGI, ann. III, art. 331 K ter) et au deuxième alinéa du IV de l'article 1529 du Code général des impôts (CGI, ann. III, art. 255) – c'est-à-dire les mentions obligatoires prévues pour l'impôt sur la plus-value immobilières des particuliers et pour les taxes « nationale » et « communale » sur la cession de terrains nus devenus constructibles.
L'administration fiscale commente ces deux dernières causes de refus de dépôt en indiquant que la formalité est refusée (BOI-ENR-DG-40-20-20-20120612, n° 110) :
– à défaut de production de la partie normalisée, ou si celle-ci ne figure pas au début de l'acte ou n'est pas terminée par une mention de clôture. Il en est de même si le certificat de conformité ne mentionne pas le nombre de pages de la partie normalisée ;
– en cas d'absence de l'extrait ou s'il existe, entre cet extrait et le document à publier, une discordance faisant obstacle à la détermination de l'assiette ou au contrôle de l'impôt (CGI, art. 860, al. 3). En cas d'acte mixte, l'extrait analytique doit contenir les indications concernant à la fois les clauses immobilières et mobilières de l'acte. Si, dans l'extrait d'acte, ne figurent pas les dispositions relatives aux clauses mobilières, le refus du dépôt doit être prononcé ;
– en cas d'absence de la liquidation détaillée des droits ;
– en cas d'absence des mentions devant figurer dans l'extrait d'acte (V. **Extraits d'acte**).
La discordance étant une cause de refus, il va de soi que le rapprochement de l'acte et de l'extrait doit être fait avant l'acceptation du dépôt, sauf à faire preuve d'une certaine largeur de vue à cette occasion. En particulier, s'il s'agit de discordances sans incidence au regard de la publicité foncière et de peu d'importance, les rectifications nécessaires peuvent être effectuées directement par le service de la publicité foncière au moment du rapprochement (BOI-ENR-DG-40-20-20-20120612, n° 120).
Si l'absence de liquidation détaillée constitue également une cause de refus, il n'en est pas de même en cas d'erreur dans la liquidation, à moins que cette erreur ne se traduise par une insuffisance de provision : il convient donc de vérifier aussi la liquidation avant d'accepter le dépôt.
Par ailleurs, sous le terme « liquidation détaillée », il faut comprendre une liquidation faisant ressortir distinctement chacun des droits et taxes exigibles, l'indication des salaires (aujourd'hui de la contribution de sécurité immobilière) n'étant pas nécessaire : une liquidation dans laquelle il serait fait seulement état du taux cumulé de l'impôt ne pourrait être considérée comme régulière et suffirait à justifier un refus. L'indication séparée de chacune de ces taxes est suffisante et il ne pourrait être exigé, en cas de pluralité d'immeubles, une ventilation des taxes additionnelles entre les différents fonds ou collectivités bénéficiaires (BOI-ENR-DG-40-20-20-20120612, n° 130).

b) Conséquences du refus du dépôt

4011 Règles générales. L'acte qui fait l'objet d'un refus de dépôt ne peut être considéré comme enregistré (CGI, art. 647, II). Dans ces conditions, toutes les pièces présentées doivent être rendues au déposant, ainsi que la provision versée. Bien entendu, si le dépôt comprend plusieurs actes portés sur un même bordereau, cette restitution est limitée aux pièces et aux sommes correspondant au document refusé (BOI-ENR-DG-40-20-20-20120612, n° 140).
Les modalités de refus du dépôt en vigueur en matière de publicité foncière sont applicables à la formalité fusionnée, étant précisé que :
– le refus doit être daté du jour où il est effectivement opposé et non du jour de la réception du dépôt ;
– les pièces refusées doivent être immédiatement renvoyées au déposant, cette expédition pouvant, en raison des incidences fiscales de la formalité fusionnée, être effectuée en franchise (BOI-ENR-DG-40-20-20-20120612, n° 150).

4012 Cas des actes concernant des immeubles non situés dans le ressort d'un même service de la publicité foncière. Lorsque les immeubles ne sont pas tous situés dans le ressort d'un même service de la publicité foncière, la fusion des formalités n'est pas intégrale. Si elle existe bien au service où la formalité fusionnée est exécutée, les règles propres à la publicité foncière demeurent en vigueur dans les autres conservations compétentes. Il en résulte qu'aucune corrélation n'existe entre les formalités exécutées dans les divers services intéressés et que le refus opposé dans l'un d'entre eux, même s'il s'agit de celui où les droits doivent être perçus, est sans incidence sur la régularité des formalités opérées dans les autres (BOI-ENR-DG-40-20-20-20120612, n°s 160 et 170).

2 Rejet de la formalité de publicité foncière

4013 Causes de rejet.
➤ V. Rejet.

4014 Conséquences du rejet. Aux termes du paragraphe IV de l'article 647 du Code général des impôts, en cas de rejet de la formalité de publicité foncière, l'acte est néanmoins réputé enregistré à la date du dépôt.
Le rejet a donc pour conséquence une dissociation des deux formalités, qui sont alors données successivement au service de la publicité foncière. L'enregistrement ainsi effectué donne lieu à la perception de la totalité des droits et taxes exigibles dans les conditions indiquées ci-avant. L'exemplaire de l'analyse établi sur imprimé n° 2651 (CERFA n° 13 854*01) est conservé au bureau et traité dans les conditions habituelles. Il en résulte que si le rejet est opposé, à défaut de refus, pour inexistence ou inexactitude des deux exemplaires de l'extrait d'acte, le service de la publicité foncière doit rédiger ou rectifier lui-même celui de ces deux exemplaires qui est établi sur imprimé n° 2651 (CERFA n° 13 854*01).
Le rejet définitif ne permet pas au déposant de demander la restitution des droits perçus, ceux-ci étant exigibles du seul fait de l'enregistrement de l'acte. Après régularisation, l'exécution de la formalité de publicité foncière ne donne pas lieu au versement d'une nouvelle taxe : elle est constatée par l'apposition d'une nouvelle mention sur l'expédition, dans les conditions ordinaires suivies en matière de publicité foncière (BOI-ENR-DG-40-20-20-20120612, n°s 340 et 350).

F Mention d'exécution de la formalité

4015 Modalités d'apposition. En application de l'article 384 quinquies A de l'annexe III au Code général des impôts, la mention d'exécution de la formalité comprend la date de celle-ci ainsi que la référence du dépôt, le volume et le numéro du registre où le document se trouve enliassé : le total des sommes perçues est inscrit en toutes lettres. Le report de la mention sur la minute de l'acte ou sur les autres expéditions délivrées n'est pas obligatoire.
En pratique, la mention de publication se présente comme suit :
- références dépôt/références publication ;
- publié et enregistré le... au service de la publicité foncière de... En marge de cette mention, le total des droits et celui de la contribution de sécurité immobilière sont indiqués séparément, en chiffres (BOI-ENR-DG-40-20-20-20120612, n° 280).

4016 Acte intéressant plusieurs bureaux. Lorsqu'il s'agit d'un acte intéressant plusieurs bureaux et qui n'a été publié que par extrait à celui où la formalité unique a été exécutée, ce cachet peut également être utilisé, mais il est préférable de le remplacer par un autre qui commencerait comme suit :
« Publié par extrait et enregistré... » (BOI-ENR-DG-40-20-20-20120612, n° 290).

4017 Rejet. D'autre part, dans le cas où la formalité de publicité foncière a été rejetée dans les conditions indiquées ci-après, l'acte est néanmoins considéré comme enregistré, le même cachet peut être utilisé, sauf à rayer alors les mots « publié » et « ou publié par extrait et », selon le cas (BOI-ENR-DG-40-20-20-20120612, n° 300).

4018 Cas où la TVA est applicable. La TVA étant perçue au vu d'une déclaration et non au titre de la formalité elle-même, il n'y a pas lieu d'en comprendre le montant dans les droits quittancés dans la mention d'exécution de la formalité. Pour éviter de délivrer une quittance ou une attestation de versement distincte, le service de la publicité foncière a, toutefois, la faculté de porter cette quittance sur l'expédition rendue au déposant, à la suite de la mention d'exécution de la formalité, sous la forme suivante :
« TVA versée sur déclaration... (somme en lettres) » (BOI-ENR-DG-40-20-20-20120612, n° 310).

G Restitution ou renvoi des pièces

4019 Modalités. Les pièces, après exécution de la formalité, peuvent être :
- soit remises directement au déposant, dans le bureau du service de la publicité foncière ;
- soit renvoyées par voie postale.

Dans les deux cas, il est joint à chaque « acte » un relevé de compte distinct. Toutefois, si l'officier public ou ministériel et le service de la publicité foncière sont convenus de maintenir la pratique d'un compte « d'usager habituel », le relevé de ce compte n'est à adresser à l'usager qu'à la fin de chaque mois comptable sans avoir à être soldé (BOI-ENR-DG-40-20-20-20120612, n° 360).

Formalités requises dans plusieurs services

Serge LAMIAUX

Sommaire analytique

AVERTISSEMENT Suppression des conservateurs des hypothèques

L'ordonnance n° 2010-638 du 10 juin 2010 (*JO* 11 juin) a supprimé le conservateur des hypothèques.

L'article 2 de cette loi modifie en particulier l'article 2449 du Code civil, qui détermine les conditions dans lesquelles les services chargés de la publicité foncière se substitueront aux conservations des hypothèques.

Cette réforme a pris effet à compter du 1er janvier 2013.

À partir de cette date est instituée une taxe au profit de l'État, dite « contribution de sécurité immobilière », due par les usagers du service de la publicité foncière aux mêmes conditions d'assiette, de tarif, de contrôle et de recouvrement que le salaire du conservateur des hypothèques prévu par l'article 879 du Code général des impôts (V. **Contribution de sécurité immobilière**). **En outre, la responsabilité de l'État est substituée à celle des conservateurs des hypothèques tant dans l'exécution du service public de la publicité foncière que dans les obligations en résultant et des droits et biens qui les garantissent.**

Depuis le 1er janvier 2013, on ne parle plus de « conservateur » ou de « conservation » des hypothèques, mais du « service chargé de la publicité foncière ».

Le service de la publicité foncière recueille depuis le 1er janvier 2013 les anciennes attributions du conservateur des hypothèques (V. **Service de la publicité foncière**).

4020 Nous distinguerons selon qu'il s'agit de publications (I) ou d'inscriptions (II).

I
Publications

CGI, ann. III, art. 251. – Lorsqu'un acte concerne des immeubles ou droits immobiliers situés dans le ressort de plusieurs services de la publicité foncière, la formalité fusionnée est exécutée au service où la publicité est requise en premier lieu. Ce service est l'un quelconque des bureaux intéressés, au choix du requérant ; il est indiqué dans chacune des expéditions présentées à la formalité.

4021 Nous rappellerons tout d'abord les règles de détermination du bureau compétent (A), avant d'indiquer les délais d'accomplissement de la formalité (B), les documents à déposer (C) et de préciser les modalités particulières de perception en pareil cas (D).

A Détermination du service compétent

1 Cas général

4022 **Choix du service.** Lorsqu'un acte concerne des immeubles ou droits immobiliers situés dans le ressort de plusieurs services de la publicité foncière, cet acte est soumis à la formalité unique et celle-ci est exécutée au bureau où la publicité est requise en premier lieu. Le choix du service chargé de donner la formalité unique est laissé aux parties (CGI, ann. III, art. 251).
Pour le surplus, la publicité foncière est exécutée dans les autres services compétents selon les modalités habituelles et donne seulement lieu à la perception de la contribution de sécurité immobilière, la totalité des droits et pénalités exigibles étant versée au bureau où la formalité unique est exécutée (CGI, art. 1702 bis ; V. Doc. adm. DGI, 7 A-423, n° 2, 1er déc. 1976).
Il est donc obligatoire que le rédacteur de l'acte indique le bureau où seront acquittés les droits tant en ce qui concerne les formalités de publicité que d'inscription.

4023 **Défaut d'indication du service choisi. Sanctions**. Un conservateur des hypothèques, requis de publier un acte notarié concernant des immeubles situés dans le ressort de plusieurs bureaux d'hypothèques et portant la mention : « le présent acte sera publié successivement au bureau des hypothèques de A..., puis au bureau des hypothèques de B... » n'est pas en droit d'opposer un refus de dépôt au motif que « manque l'indication du bureau choisi pour exécuter la formalité unique ». En effet, le défaut d'indication expresse du bureau choisi ne constitue pas en lui-même une cause de refus du dépôt, faute d'une disposition législative expresse en ce sens (Rép. min. Mauger : *JOAN* CR, 4 oct. 1982, p. 3914, n° 16861 ; *JCP* N 1982, prat. 8470).
Cette réponse reste d'actualité sous le régime en vigueur depuis le 1er janvier 2013.

2 Cas particuliers

a) Immeuble situé pour partie dans les départements de la Moselle, du Bas-Rhin et du Haut-Rhin

4024 Lorsque les immeubles sont situés pour partie dans les départements de la Moselle, du Bas-Rhin et du Haut-Rhin, où il n'existe pas de service de la publicité foncière, la formalité unique n'est applicable que si le rédacteur de l'acte réside en dehors de ces trois départements.
Deux situations doivent être alors envisagées :
– lorsque les immeubles situés en dehors des trois départements précités se trouvent dans le ressort d'un seul service de la publicité foncière, celui-ci a compétence exclusive pour exécuter la formalité unique et pour publier l'acte en ce qui la concerne ;
– lorsque ces immeubles sont situés dans le ressort de plusieurs services de la publicité foncière, les parties choisissent librement celle où ils font exécuter la formalité unique, dans les conditions indiquées *supra*, n° 4022.

4025 **Exécution de la formalité fusionnée au(x) SPF.** Dans les deux cas, la formalité unique est exécutée dans l'un des services de la publicité foncière compétents ou au seul service concerné et la totalité des droits et taxes exigibles est perçue à cette occasion. Pour permettre au service de la publicité foncière d'exercer ses attributions fiscales, il faut donc que celui-ci ait connaissance de l'acte tout entier. Dans ces conditions, le document à rendre au déposant après exécution de la formalité doit être une expédition intégrale de l'acte. En revanche, le document à conserver au service et qui est établi sur formule spéciale est constitué par un extrait de l'acte, limité aux immeubles et droits immobiliers situés dans le ressort du service où la formalité unique est exécutée (CGI, ann. III, art. 253).

En vue seulement de l'accomplissement de la formalité de publicité foncière, il doit, le cas échéant, être déposé, dans chacun des autres services de la publicité foncière concernés, un extrait en double exemplaire dont un sur formule spéciale, limité, sous peine de refus du dépôt, aux immeubles et droits immobiliers intéressant ledit service.

Aussi bien dans l'expédition intégrale que dans les extraits visés ci-dessus, le service de la publicité foncière chargé de percevoir les droits doit être indiqué par le déposant (CGI, ann. III, art. 251 ; BOI-ENR-DG-40-20-20-10-20120912, n° 60, 1er sept. 2012).

4026 **Précisions sur les extraits d'acte.** Pour les actes portant sur de tels immeubles, les rédacteurs n'établissent qu'un seul extrait sur imprimé n° 2651 : CERFA n° 13854-01 (ou quatre dans le cas d'actes normalisés, V. **Extraits d'acte**). Lorsque les actes concernent également des immeubles situés dans d'autres départements, il est remis en outre à chaque service intéressé un extrait modèle n° 1 ou modèle n° 2 par commune ou par catégorie d'immeubles (BOI-ENR-DG-40-20-20-10-20120912, n° 280, 1er sept. 2012).

4027 **Publicité foncière au livre foncier.** Enfin, dans les deux situations visées plus haut (pluralité de SPF ou non), l'acte est ensuite publié dans les départements de la Moselle, du Bas-Rhin et du Haut-Rhin, suivant les règles propres au livre foncier (BOI-ENR-DG-40-20-30-20120912, 1er sept. 2012, nos 30 et 40).

b) Immeuble en copropriété dont l'assiette dépend du ressort territorial de plusieurs services

4028 Interrogé sur les modalités de publicité d'actes se rapportant à des immeubles placés sous le régime juridique de la copropriété, et dont l'assise dépend du ressort territorial de plusieurs conservations des hypothèques, l'Institut d'études juridiques du Notariat avait obtenu de la Direction générale des impôts et de l'Association mutuelle des conservateurs des hypothèques les indications et précisions qui suivent (*JCP* N 1990, prat. 1015).

4029 **Modalités de publication.** Par application des dispositions de l'article 7 du décret du 4 janvier 1955, tout acte concernant soit l'ensemble de la copropriété, soit seulement un ou plusieurs lots, doit comprendre l'indication des deux communes sur lesquelles l'immeuble est situé.

Chacun de ces actes – à commencer par l'état descriptif de division – doit être publié dans les deux services de la publicité foncière concernés, quelle que soit la situation d'une fraction donnée dans l'ensemble de la copropriété (bâtiments ou locaux sur une seule commune ou à cheval sur les deux).

Le rédacteur de l'acte a le choix du service où la formalité sera requise en premier lieu (CGI, ann. III, art. 251) ; ce service sera seul compétent pour percevoir la totalité des droits et taxes exigibles sur les actes relevant de la formalité unique (CGI, ann. III, art. 253).

La publicité sera opérée au moyen du dépôt dans chacun des deux services :

– d'une expédition intégrale de l'acte qui sera présentée successivement dans l'un et l'autre service puis restituée au requérant par chacun des services de la publicité foncière avec une mention d'accomplissement de la formalité ;

– d'une seconde expédition, intégrale elle aussi, destinée aux archives de chaque service de la publicité foncière ; du fait de l'indivisibilité de l'immeuble qui rend les deux services également compétents, cette expédition remplacera l'extrait réglementaire limité aux immeubles situés dans le ressort de chaque service.

L'information des deux services sera assurée par l'indication dans ces expéditions du service choisi pour l'exécution de la formalité unique.

4030 **Contribution de sécurité immobilière.** Pour la perception de la contribution de sécurité immobilière (et plus particulièrement dans l'hypothèse de la vente d'un lot), il appartient au rédacteur de l'acte de ventiler, eu égard à la localisation matérielle du lot, bâtiment ou bien en cause, la valeur du bien aux fins de déterminer la fraction des salaires afférente à chacun des bureaux où la publicité sera effectuée, étant observé, qu'en tout état de cause, les parties communes d'un lot sont établies par rapport à l'intégralité de l'assise de la copropriété et participent à la détermination de l'assiette des salaires perçus.

Cette déclaration sur la valeur estimative, si elle n'est pas contenue dans l'acte lui-même, doit être souscrite et certifiée par le requérant au pied de l'expédition déposée.

Quant à la contribution de sécurité immobilière au taux fixe (exigible en particulier sur l'état descriptif de division), elle est perçue dans chacun des bureaux.

4031 Actes exclus de la formalité unique. Dans ce cas, les droits d'enregistrement seront perçus à la recette des impôts compétente dans les conditions de droit commun.
Quant à la formalité de publicité foncière exécutée dans chaque service de la publicité foncière sur dépôt de deux expéditions intégrales, il sera perçu :
– une taxe de publicité foncière à 0,70 % (soit 0,71498 % avec les perceptions additionnelles) ;
– la contribution immobilière au tarif proportionnel.
Chaque service requis effectuera ces perceptions sur la fraction du prix correspondant aux immeubles situés dans son ressort territorial.
L'information afférente à la perception des droits d'enregistrement perçus par la recette sera assurée dans les conditions de droit commun.

B Délai d'accomplissement de la formalité

4032 La formalité unique est exécutée au premier service de la publicité foncière où la formalité de publicité est requise. Les pénalités de retard y sont exigibles lorsque le délai légal est dépassé (V. **Délais**).
Pour l'exécution de la publicité foncière dans le ou les autres services compétents, les parties disposent du délai supplémentaire global d'un mois prévu à l'article 33 du décret du 4 janvier 1955 (V. BOI-ENR-DG-40-20-40-20120612, n°s 40 et 50).

C Documents à déposer

D. 14 oct. 1955, art. 68-1. – Lorsqu'un acte ou une décision soumis à la publicité en exécution des articles 28, 35 à 37 et 39 du décret [n° 55-22] du 4 janvier 1955 comprend des immeubles ou des droits immobiliers situés dans le ressort de plusieurs services, il est déposé, dans chaque service, un extrait comprenant seulement, sous peine de refus de dépôt, les immeubles ou les droits immobiliers qui l'intéressent.

CGI, ann. III, art. 253, II et III *(Modifié par D. n° 2012-1463, 26 déc., art. 1)*. – (...) II. – Lorsqu'un acte concerne des immeubles ou droits immobiliers situés dans le ressort de plusieurs services de la publicité foncière la formalité fusionnée est opérée au vu d'une expédition intégrale de l'acte et d'un extrait établi dans les conditions fixées par l'article 67-3 précité. Les dispositions du 1 modifié de l'article 68 du décret n° 55-1350 du 14 octobre 1955 sont applicables à la publicité requise dans les autres services de la publicité foncière compétents pour son exécution, les requérants disposent du délai supplémentaire global d'un mois prévu à l'article 33 modifié du décret n° 55-22 du 4 janvier 1955.

Le service où la formalité fusionnée est exécutée perçoit la totalité des droits et taxes exigibles ainsi que, le cas échéant, les pénalités de retard encourues. Par dérogation à la disposition qui précède, la contribution de sécurité immobilière prévue à l'article 879 du Code général des impôts est également due dans chacun des autres services.

L'extrait prévu à l'article 860 du Code général des impôts est déposé en double exemplaire au service où la formalité fusionnée est requise ; un exemplaire supplémentaire est remis à chacun des autres services.

L'autorité compétente de l'État mentionnée aux premier et deuxième alinéas de l'article 860 du Code général des impôts est le directeur général des finances publiques.

III. – Quand la formalité fusionnée est applicable à des actes portant sur des immeubles situés en partie dans les départements de la Moselle, du Bas-Rhin et du Haut-Rhin, elle est exécutée dans les conditions fixées au II, au service ou à l'un des services compétents qui perçoit la totalité des droits et taxes exigibles sur l'acte. Les dispositions du même paragraphe sont applicables à la publicité requise dans les autres services de la publicité foncière en ce qui concerne les immeubles situés en dehors des trois départements visés ci-dessus.

(...)

1 Principes généraux

4033 Documents à déposer au service de la publicité foncière choisi. Des règles particulières doivent être suivies lorsque le service de la publicité foncière chargé d'exécuter la formalité unique n'a pas qualité pour publier l'acte dans son intégralité. Cette situation se rencontre aussi bien lorsque plusieurs services sont compétents que dans les cas où la formalité unique est applicable à des actes qui ne portent que pour partie sur des immeubles situés en Moselle, dans le Bas-Rhin et dans le Haut-Rhin et dont le rédacteur réside hors de ces départements.
Dans ces hypothèses, la formalité unique est exécutée dans l'un des services de la publicité foncière

compétents ou au seul service concerné et la totalité des droits et taxes exigibles est perçue à cette occasion. Pour permettre au service de la publicité foncière d'exercer ses attributions fiscales, il faut donc que celui-ci ait connaissance de l'acte tout entier. Dans ces conditions, le document à rendre au déposant après exécution de la formalité doit être une expédition intégrale de l'acte. En revanche, le document à conserver au service et qui est établi sur formule spéciale est constitué par un extrait de l'acte, limité aux immeubles et droits immobiliers situés dans le ressort du service où la formalité unique est exécutée (CGI, Ann. III, art. 253. – V. BOI-ENR-DG-40-20-20-10-20120912, n° 40).

4034 **Documents à déposer aux autres services.** En vue seulement de l'accomplissement de la formalité de publicité foncière, il doit, le cas échéant, être déposé, dans chacun des autres services concernés, un extrait en double exemplaire dont un sur formule spéciale, limité, sous peine de refus du dépôt, aux immeubles et droits immobiliers intéressant ledit bureau.

Aussi bien dans l'expédition intégrale que dans les extraits visés ci-dessus, le service de la publicité foncière chargé de percevoir les droits doit être indiqué par le déposant (CGI, Ann. III, art. 251. – V. *BOI* préc., nos 50 et 60).

4035 **Rédaction de l'extrait.** L'article 68-1 du décret du 14 octobre 1955 énonce que lorsqu'un acte ou une décision soumise à publicité en exécution des articles 28, 35 à 37 et 39 du décret du 4 janvier 1955 comprend des immeubles ou droits immobiliers situés dans le ressort de plusieurs services de la publicité foncière, il est déposé dans chaque service un extrait comprenant seulement, sous peine de refus du dépôt, les immeubles ou des droits immobiliers qui l'intéressent.

Le répertoire alphabétique de l'enregistrement (L. III, V° Hypothèques) a commenté cette disposition en indiquant que :

> « Le conservateur (aujourd'hui, le service de la publicité foncière) doit refuser le dépôt de tous documents ayant trait à des immeubles ou des droits immobiliers situés à la fois dans le ressort de son bureau et dans le ressort d'autres bureaux. Il est fondé à exiger du requérant qu'il remplace le document contenant des renseignements qu'il ne lui appartient pas de publier, par un extrait limité à ceux qui les concernent spécialement, sous réserve bien entendu que cet extrait soit établi dans les conditions de forme et de fond indispensable à sa publication.
>
> En application de ce principe, un conservateur avait refusé la publication d'une copie pour publier sur laquelle les immeubles qui ne concernaient pas son bureau avaient été rayés, avec approbation des mots rayés nuls.
>
> Il a été soutenu cependant qu'aucun texte réglementaire au législatif n'excluant la possibilité de rayer dans un acte les énonciations ou les immeubles non concernés par la publication dans une conservation compétente, il ne pouvait être en l'espèce opposé de refus du dépôt à la condition que les lignes rayées aient été approuvées » (chron. P.J.C : *JCP* N 1994, IV, 3065).

2 Indications pratiques

4036 **Sources.** Les indications qui suivent sont extraites d'une chronique de M. Pinson publiée au *Journal des notaires* (1985, art. 58417).

Les pièces à adresser sont les suivantes :

4037 Service percevant les droits :
- une copie authentique complète de l'acte ;
- une copie hypothécaire complète de l'acte et ce, afin que ce service soit en possession de tous les éléments devant lui permettre le calcul et la perception des droits ;
- un extrait d'acte fiscal. Sur ce document seront indiqués les droits pour l'ensemble des biens ;
- les documents cadastraux (s'il y a lieu) des biens dépendant du service ;
- les bordereaux d'inscription (s'il y a lieu) ne concernant que les biens relevant de ce service principal ;
- la demande de renseignements hypothécaires sur les biens du ressort ;
- le coût de la formalité (droits compris).

4038 Pour chacun des autres services :
- une copie authentique sous forme d'extrait ne comprenant que les biens dépendant du service de dépôt ;
- une copie hypothécaire sous la même forme en précisant avant la formule finale et de manière très apparente (en majuscules par exemple) que tel autre service a été choisi pour la perception des droits et ce, afin d'éviter une nouvelle perception (même en l'absence de consignation suffisante, cela peut se produire), la restitution de la perception faite en double n'étant pas toujours évidente et, en tout cas, fort longue ;
- les documents cadastraux (s'il y a lieu) des biens relevant du service ;
- les bordereaux d'inscription (s'il y a lieu) relatifs aux mêmes biens ;
- la demande de renseignements hypothécaires sur les biens en question ;
- le coût de la formalité (CSI et taxe de publicité foncière) pour les biens dépendant du service. Dans le cas où la taxe de publicité foncière a été

perçue par le service principal, il y a lieu de l'indiquer de façon apparente sur le bordereau au cadre : « Renvoi, et précisions particulières ».

4039 **Donations et donations-partages.**
À chacun des services :
– copie authentique par voie d'extrait ;
– copie hypothécaire par voie d'extrait ;
– documents cadastraux des biens relevant du service ;
– bordereaux d'inscription relatifs aux biens relevant du service ;
– demande de renseignements hypothécaires sur les biens relevant du service ;
– coût de la formalité :
– taxe de publicité foncière relative aux biens pour lesquels le service est compétent ;
(En aucun cas un service ne peut percevoir cette taxe pour des biens qui ne sont pas situés dans son ressort).
– taxe d'inscription également sur les biens pour lesquels le service est compétent ;
– contribution de sécurité immobilière, etc.

4040 **Fusion de sociétés.**
➤ V. **Fusion de sociétés.**

D Perceptions

CGI, art. 1702 bis *(Modifié par Ord. n° 2010-638, 10 juin 2010, art. 8).* – Lorsqu'il est nécessaire de requérir dans plusieurs services chargés de la publicité foncière, soit la publicité d'un même acte ne donnant pas lieu à la formalité fusionnée et soumis à la taxe de publicité foncière au taux fixe, soit celle d'une même décision judiciaire soumise à la taxe à ce même taux, soit l'inscription d'hypothèques conventionnelles ou judiciaires garantissant une même créance, la taxe de publicité foncière et la contribution de sécurité immobilière sont acquittées en totalité dans le service où la formalité est requise en premier lieu. Elles ne sont acquittées dans aucun des autres services, à condition que le service où la publicité a été requise en premier lieu soit explicitement désigné dans la réquisition déposée aux autres services et qu'un duplicata de la quittance constatant le paiement entier des taxes dans le service ainsi désigné soit représenté.

Le service chargé de la publicité foncière qui a perçu la taxe et la contribution de sécurité immobilière est tenu de délivrer au requérant autant de duplicata de la quittance mentionnée à l'article 880 et au 3 de l'article 1704 qu'il lui en est demandé ».

CGI, ann. III, art. 253, II et III *(Modifié par D. n° 2012-1463, 26 déc., art. 1).* – (...) II. – Lorsqu'un acte concerne des immeubles ou droits immobiliers situés dans le ressort de plusieurs services de la publicité foncière la formalité fusionnée est opérée au vu d'une expédition intégrale de l'acte et d'un extrait établi dans les conditions fixées par l'article 67-3 précité. Les dispositions du 1 modifié de l'article 68 du décret n° 55-1350 du 14 octobre 1955 sont applicables à la publicité requise dans les autres services de la publicité foncière compétents pour son exécution, les requérants disposent du délai supplémentaire global d'un mois prévu à l'article 33 modifié du décret n° 55-22 du 4 janvier 1955.

Le service où la formalité fusionnée est exécutée perçoit la totalité des droits et taxes exigibles ainsi que, le cas échéant, les pénalités de retard encourues. Par dérogation à la disposition qui précède, la contribution de sécurité immobilière prévue à l'article 879 du Code général des impôts est également due dans chacun des autres services.

(...)

III. – Quand la formalité fusionnée est applicable à des actes portant sur des immeubles situés en partie dans les départements de la Moselle, du Bas-Rhin et du Haut-Rhin, elle est exécutée dans les conditions fixées au II, au service ou à l'un des services compétents qui perçoit la totalité des droits et taxes exigibles sur l'acte. Les dispositions du même paragraphe sont applicables à la publicité requise dans les autres services de la publicité foncière en ce qui concerne les immeubles situés en dehors des trois départements visés ci-dessus.

(...)

Il faut distinguer selon que l'acte est soumis à la formalité unique (1) ou à la double formalité (2).

1 Actes soumis à la formalité unique

4041 Cette situation est réglementée par l'article 253 de l'annexe 3 au Code général des impôts (V. ce texte ci-dessus).
À la lecture de ce texte, on est amené à examiner à part le cas ou la formalité fusionnée est applicable à des actes portant sur des immeubles situés en partie dans le département de la Moselle, du Bas-Rhin et du Haut-Rhin.

a) Cas général

4042 Perception à opérer au service de la publicité foncière choisi par le déposant. Le service de la publicité foncière choisi :

– perçoit la totalité des droits et taxes, de quelque nature qu'ils soient, exigibles sur l'acte (CGI, Ann. III, art. 251).

Lorsqu'il s'agit de mutation soumise à la TVA, ce bureau est donc seul compétent pour recevoir les déclarations spéciales à cet impôt et pour encaisser les droits correspondants (V. Doc. adm. DGI, 8 A-1532, n° 3, 15 nov. 2001) ;

– il assoit et recouvre les pénalités sur l'intégralité de l'acte (V. BOI-ENR-DG-40-20-30-20120912, n° 10) ;

– la contribution de sécurité immobilière au taux proportionnel est perçue sur les immeubles dépendant du service (CGI, Ann. III, art. 253, II, al. 2).

4043 Duplicata de quittance. L'article 1702 bis du Code général des impôts prévoit expressément la remise d'un duplicata de quittance par le premier service de la publicité foncière saisi, constatant le paiement entier de la taxe de publicité foncière due.

Le service doit délivrer autant de duplicatas qu'il en est requis, et ce gratuitement (*Bull. AMC* 1970, art. 819).

4044 Perceptions dans les autres services. Aucun droits ou taxes ne sont dus, sur le vu du duplicata de quittance.

Seule la contribution de sécurité immobilière au tarif proportionnel est perçue, sur la valeur des seuls biens dépendant du ressort du service (CGI, Ann. III, art. 253, II, al. 2).

b) Immeubles situés pour partie dans les départements de la Moselle, du Bas-Rhin et du Haut-Rhin

4045 Cette situation est visée à l'article 253, III de l'annexe III au Code général des impôts (V. ce texte ci-dessus).

Ce texte indique que la formalité fusionnée applicable à des actes portant sur des immeubles situés en partie dans le département de la Moselle, du Bas-Rhin et du Haut-Rhin est exécutée « au service ou à l'un des services compétents qui perçoit la totalité des droits et taxes exigibles sur l'acte ».

Le service sollicité en premier va donc percevoir, comme dans le cas précédent, la totalité des droits et taxes exigibles sur l'acte. Toutefois, et puisque le texte renvoie aux « conditions fixées au II », la contribution de sécurité immobilière ne sera perçue que sur les seuls immeubles dépendant du service choisi.

En ce qui concerne la publicité requise dans les autres services et pour les immeubles situés en dehors des trois départements visés ci-dessus, le texte renvoie également aux « conditions fixées au II ». Les perceptions s'opéreront donc dans les conditions fixées plus haut (V. n° 4044).

2 Actes soumis à la double formalité

4046 Cette situation est réglementée par l'article 1702 bis du Code général des impôts (V. ce texte ci-dessus).

a) Conditions d'application de l'article 1702 bis

4047 Énoncé. Ce texte s'applique :

– dans le cas de publicité dans plusieurs services chargés de la publicité foncière d'un même acte ne donnant pas lieu à la formalité fusionnée ;

– ou dans le cas de publicité dans plusieurs services d'une même décision judiciaire.

La condition requise pour que l'article 1702 bis soit applicable, commune à ces deux cas, est que la taxe de publicité foncière soit due au taux fixe.

Le cas ou une taxe proportionnelle est due n'est pas explicitement traité par le texte.

Il semble, sauf à ce que l'administration fasse connaître sa position sur ce point, que les perceptions suivantes devraient être opérées :

– perception de la taxe de publicité foncière sur la valeur des immeubles situés dans le ressort du service de la publicité foncière compétent ;

– perception de la contribution de sécurité immobilière sur la valeur des immeubles dépendant du service.

b) Règles de perception

4048 Énoncé. Lorsque les conditions énoncées ci-dessus (V. n° 4047) sont réunies, l'article 1702 bis indique que « la taxe de publicité foncière et la contribution de sécurité immobilière sont acquittées en totalité dans le service où la formalité est requise en premier lieu ».

Mais pour qu'il en soit ainsi, deux conditions doivent être remplies :

– le service où la publicité a été requise en premier lieu doit être explicitement désigné dans la réquisition déposée aux autres services ;

– un duplicata de la quittance constatant le paiement entier des taxes dans le service ainsi désigné doit être produit.

Pour l'application de ce texte, l'article 1702 bis précise que le service chargé de la publicité foncière qui a perçu la taxe et la contribution de sécurité immobilière est tenu de délivrer aux requérants autant de duplicatas de quittance qu'il lui en est demandé.

II Inscriptions

A Formalités

1 Cas général

4049 Immeuble unique situé sur plusieurs services de la publicité foncière. Lorsqu'un même immeuble (champ de courses, terrain de sport, forêt, etc.) est situé sur plusieurs services de la publicité foncière, l'inscription doit être prise par le dépôt, dans chaque service concerné, des deux exemplaires du bordereau, contenant la désignation immobilière correspondant à la partie de l'immeuble située dans son ressort (Aubry et Rau, *op. cit.*, t. III par Esmein, § 268, p. 325. – Planiol et Ripert, *op. cit.*, t. XII par Becqué, n° 700. – Ripert et Boulanger, *op. cit.*, n° 3719. – P. Frémont, *JCl. Notarial Formulaire*, Fasc. A-1, n° 27, V° Bordereaux d'inscription hypothécaire – pour un cas pratique : M. Suquet-Cozic, *Privilège de prêteur de deniers et pluralité d'immeubles acquis : comment prendre inscription ? : Sol. not.* 10 déc. 2020, 41/20, 12).

4050 Immeubles multiples situés dans le ressort de plusieurs services de la publicité foncière. Si plusieurs immeubles, situés dans le ressort de services de la publicité foncière différents, sont affectés à la garantie, il doit être déposé, dans chacun d'eux, pour le ou les immeubles situés dans son ressort, un bordereau en double exemplaire (mêmes réf.).

En dehors du cas où la somme à garantir a été ventilée entre les immeubles, chaque inscription doit être prise pour la totalité de la créance (Bulté : *JCP* N 1978, prat. 6874).

Si la sûreté constituée est un privilège de prêteur de deniers, deux cas peuvent être distingués, selon les stipulations affectant le prix de vente (M. Suquet-Cozic, art. préc.) :

– si un prix global a été stipulé dans l'acte, l'acte a alors donné naissance à un unique PPD. Par conséquent, dans chaque bordereau, l'inscription doit être prise pour la totalité de la créance sur chacun des immeubles ;

– si le prix a été ventilé dans l'acte : l'acte a alors donné naissance à un privilège distinct sur chaque immeuble. Par conséquent, dans les bordereaux, l'inscription doit être prise sur chaque immeuble à hauteur de son propre prix de vente.

2 Cas particulier

4051 Inscriptions concernant des immeubles en copropriété dont l'assiette est située dans le ressort territorial de plusieurs services de la publicité foncière. Le Conseil supérieur du notariat a obtenu à ce sujet de l'Association mutuelle des conservateurs les précisions suivantes concernant les modalités de publication (*JCP* N 1990, prat. 1015). Dans les bordereaux déposés en vue de l'inscription d'une hypothèque ou d'un privilège sur un ou plusieurs lots, la description du terrain d'assiette de l'immeuble en copropriété comportera obligatoirement la désignation des deux communes et l'inscription devra être prise successivement dans l'un et l'autre des deux bureaux.

B Perceptions

4052 Règles générales. Les règles de perception sont fixées par l'article 1702 bis (V. ce texte *supra*).

Selon ce texte : « Lorsqu'il est nécessaire de requérir dans plusieurs services chargés de la publicité foncière l'inscription d'hypothèques conventionnelles ou judiciaires garantissant une même créance, la taxe de publicité foncière et la contribution de sécurité immobilière sont acquittées en totalité dans le service où la formalité est requise en premier lieu ».

Pour que la taxe de publicité foncière et la contribution de sécurité immobilière ne soient « acquittées dans aucun des autres services », deux conditions doivent être remplies :

– le service où la publicité a été requise en premier lieu doit être explicitement désigné dans la réquisition déposée aux autres services ;

– un duplicata de la quittance constatant le paiement entier des taxes dans le service ainsi désigné doit être produit.

Pour l'application de ce texte, l'article 1702 bis précise que le service chargé de la publicité foncière

qui a perçu la taxe et la contribution de sécurité immobilière est tenu de délivrer aux requérants autant de duplicatas de quittance qu'il lui en est demandé.
Si les exigences légales ne sont pas respectées et que le service de la publicité foncière perçoit une nouvelle fois la taxe de publicité foncière et la contribution de sécurité immobilière, cette perception ne peut pas être remise en cause et il n'y a pas lieu à restitution, en l'absence d'erreur du service (TGI Le Havre, 10 déc. 1969 : *Bull. AMC* 1970, art. 806. – Sur les conditions de restitution de la taxe de publicité foncière, V. **Restitution**).

4053 **Réitération d'une inscription devenue caduque.** Si une inscription est réitérée en raison de la caducité d'une première inscription (judiciaire) il n'y a pas lieu à perception d'une nouvelle taxe de publicité foncière, dès lors que le créancier avait acquitté l'intégralité de la taxe lors de l'inscription d'hypothèque judiciaire prise en premier lieu auprès d'un autre conservateur (devenu service de la publicité foncière), et que celui-ci avait délivré un duplicata de la quittance et qu'enfin, conformément à l'article 1702 bis du Code général des impôts, le second conservateur (devenu service de la publicité foncière) n'avait encaissé que son salaire lors de la première inscription d'hypothèque prise dans son bureau (Cass. com., 8 mars 2005 : *Dr. fisc.* 2005, n° 36, comm. 579 ; *Ind. enr.* 2005, n° 18581).

4054 **Inscription d'hypothèque dans plusieurs services de la publicité foncière. Défaut de respect des exigences de l'article 1702 bis du Code général des impôts. Double perception de la taxe de publicité foncière.** Une ordonnance avait autorisé l'inscription d'hypothèques judiciaires sur deux immeubles situés dans le ressort de conservations d'hypothèques différentes, en garantie d'une même créance. La taxe ayant été perçue deux fois, l'inscrivant avait obtenu que le tribunal de grande instance de Bonneville la déclare restituable, au motif qu'il résultait manifestement de l'ordonnance produite pour la requérir que l'inscription pouvait bénéficier d'une exonération de taxe et qu'il appartenait au conservateur des hypothèques saisi en deuxième lieu, à qui cette ordonnance avait été présentée, de demander toutes précisions nécessaires au rédacteur du bordereau, notamment en ce qui concernait la perception des droits effectuée à l'occasion d'une précédente inscription.
Ce jugement a été cassé :

« En statuant ainsi, alors qu'il avait relevé que le bureau où la publicité avait été requise en premier lieu n'avait pas été explicitement désigné dans la réquisition présentée au conservateur des hypothèques de Bonneville à qui n'avait pas non plus été représenté un duplicata de la quittance constatant le paiement entier de la taxe dans le bureau ainsi désigné, le tribunal n'a pas tiré les conséquences légales de cette constatation » a estimé la Cour de cassation (Cass. com., 14 mai 1985 : *Ind. enr.* 1986, 14499 ; *JCP* N 1987, II, p. 142, note J. Lafond).

– Pour qu'une seule taxe soit exigible, dans le cadre de l'article 1702 bis du Code général des impôts, il faut que chaque bordereau ait trait à la même créance et qu'il fasse ressortir l'unicité de celle-ci.
Les bordereaux doivent désigner le bureau où la formalité a été requise en premier, et être accompagnés du duplicata de quittance constatant le paiement entier de la taxe (Rép. min. Julie : *JOAN* CR, 7 janv. 1985, p. 51 ; *JCP* N 1985, prat. 9437).
Cette jurisprudence paraît rester d'actualité, au vu des principes actuellement énoncés par l'article 1702 bis (V. *supra*, n° 4052).

C Mainlevées

4055 **Mainlevée d'une inscription prise dans plusieurs services de la publicité foncière.** Pour l'Association mutuelle des conservateurs, la question de savoir si une radiation d'inscription est totale ou partielle doit être appréciée en considérant exclusivement l'inscription à radier.
En particulier, lorsqu'une créance est garantie par une hypothèque portant sur plusieurs immeubles et qu'il a été requis une inscription distincte pour chaque immeuble, et spécialement, dans le cas où les immeubles affectés sont situés dans le ressort de plusieurs conservations, la radiation qui libère totalement un immeuble formant l'objet exclusif de cette inscription est totale pour ce qui la concerne, même si des inscriptions grevant les autres immeubles affectés subsistent (*Bull. AMC* 1984-1985, art. 1313 ; *ibid.* 1978, art. 1129).
Les conséquences suivantes en découlent :
– la taxe de publicité foncière est liquidée sur la valeur de l'immeuble affranchi, sous réserve que cette valeur soit déclarée dans l'acte (*Bull. AMC* 1984-1985, art. 1313 ; *ibid.* 1977, art. 1080) ;
– en revanche, en ce qui concerne le salaire de radiation, le conservateur est fondé à considérer que la radiation de l'inscription prise dans le bureau est totale, et à liquider ledit salaire sur le montant total de la somme conservée par l'inscription (*Bull. AMC* 1984-1985, art. 1313).

Fusion de sociétés

Neyla GONZALEZ-GHARBI

Sommaire analytique

Index alphabétique

I

Refonte du régime juridique des fusions

4056 Le régime juridique des fusions, scissions, apports partiels d'actifs et opérations transfrontalières des sociétés commerciales a été modifié par une ordonnance du 24 mai 2023 (Ord. n° 2023-393, 24 mai 2023, portant réforme du régime des fusions, scissions, apports partiels d'actifs et opérations transfrontalières des sociétés commerciales : *JO* 25 mai 2023, texte n° 20) en application de l'article 13 de la loi n° 2023-171 du 9 mars 2023 dite « DDADUE 3 » (L. n° 2023-171, 9 mars 2023 : *JO* 10 mars 2023, texte n° 1 ; *JCP* E 2023, 428) à l'effet de transposer la directive (UE) 2019/2121 du 27 novembre 2019 (modifiant la directive [UE] 2017/1132, 14 juin 2017) en ce qui concerne les transformations, fusions et scissions transfrontalières.

L'ordonnance du 24 mai 2023 a été ratifiée par l'article 4 de la loi n° 2024-364 du 22 avril 2024 portant diverses dispositions d'adaptation au droit de l'Union européenne en matière d'économie, de finances, de transition écologique, de droit pénal, de droit social et en matière agricole, dite « DDAUE » (*JO* 23 avr. 2024, texte n° 1).

L'ordonnance du 24 mai 2023, complétée par le décret n° 2023-430 du 2 juin 2023 (D. n° 2023-430, 2 juin 2023 : *JO* 3 juin 2023, texte n° 17, a modifié le plan du chapitre VI du titre III du livre II du Code de commerce de façon que chaque section regroupe les dispositions relatives non plus à une forme sociale, mais à une nature d'opération. Conformément à l'article 13 de l'ordonnance n° 2023-393 du 24 mai 2023, ces dispositions s'appliquent aux opérations dont le projet est déposé au greffe du tribunal de commerce à compter du 1er juillet 2023.

La fusion des sociétés commerciales est régie par les articles L. 236-1 à L. 236-17 et R. 236-1 à R. 236-16 du Code du commerce. Les opérations transfrontières sont régies par les articles L. 236-25 à L. 236-53 et R. 236-20 à R. 236-40 du même code.

Remarque : Cette réforme n'a pas été assortie de modification du régime fiscal applicable aux opérations concernées, au regard des droits d'enregistrement et de la taxe de publicité foncière. L'administration fiscale n'a pas, à ce jour actualisé ses commentaires publiés au BOFiP-impôts.

II

Publicité foncière

BIBLIOGRAPHIE : C. Delory, *Publication au fichier immobilier d'un traité d'apport fusion* : *JCP* N 2004, n° 12, 1153.

4057 Nous distinguerons le projet de fusion (A) et la fusion proprement dite (B).

Rappel : À la date du 6 mai 2024, l'administration fiscale n'a pas actualisé ses commentaires du régime fiscal des apports en sociétés pour prendre en compte les modifications issues des articles 26 de la loi de finances pour 2019 et 67 de la loi de finances pour 2012. – V. **Apport en société** ; **Constitution de société** ; **Augmentation de capital**.

A Projet de fusion

4058 Il s'est avéré que les sociétés commerciales procédant à des opérations de fusion rencontraient des difficultés pratiques pour procéder à l'enregistrement des projets de fusion concernant des meubles et des immeubles. Ces difficultés ne permettaient pas toujours aux sociétés d'effectuer, dans les délais impartis, le dépôt au greffe du tribunal de commerce des projets de fusion pour l'accomplissement des formalités légales de publicité prévues par le Code de commerce.

Aussi, l'administration a jugé nécessaire de préciser dans une instruction les principes juridiques applicables en la matière et leurs conséquences – au regard de la publicité foncière et de l'enregistrement (Instr. 3 nov. 2003 : *BOI* 10 D-I-03 ; *JCP* N 2003, n° 50, p. 1837). Les dispositions de cette instruction ont été reprises pour l'essentiel au *BOFiP*. Les développements qui suivent (V. nos 4059 à 4066) en sont la reproduction.

Fusion de sociétés

1 Nature juridique des projets de fusion de sociétés

a) Le projet de fusion est un acte imparfait

4059 Les actes préparatoires à la fusion, et notamment le projet de fusion, ont le caractère d'actes imparfaits (V. BOI-ENR-AVS-20-60-40-20150902, n° 30. – Sur l'acte imparfait, V. **Acte imparfait**).
L'acte imparfait ne fournit, même en apparence, aucun titre de l'opération juridique et ne peut, en conséquence, être assujetti au droit prévu pour celle-ci. Il donne, en cas de présentation volontaire à la formalité ou de rédaction en la forme notariée, ouverture au droit fixe des actes innommés prévu par l'article 680 du Code général des impôts (V. BOI-ENR-AVS-20-60-40-20150902, n° 30 ; V. **Acte innommé**).

b) Le projet de fusion n'entre pas dans le champ d'application de l'article 28 du décret du 4 janvier 1955

4060 **Le projet de fusion n'est pas translatif ou constitutif de droits réels immobiliers.** En application du a du 1° de l'article 28 du décret n° 55-22 du 4 janvier 1955, sont obligatoirement publiés au bureau des hypothèques de la situation des immeubles tous actes, même assortis d'une condition suspensive, et toutes décisions judiciaires portant ou constatant entre vifs mutation ou constitution de droits réels immobiliers.
Le projet de fusion ne relève pas de ces dispositions. Le projet de fusion, acte imparfait, n'est pas en lui-même un acte de mutation ou de constitution de droits réels immobiliers au profit de la société absorbante ou d'une société à créer.
En effet, la société absorbante, bénéficiaire des apports, ne devient propriétaire des biens apportés qu'à compter de la réalisation définitive de la fusion, c'est-à-dire, en application de l'article L. 236-4 du Code de commerce, après approbation du projet de fusion par les délibérations concordantes des assemblées générales de toutes les sociétés concernées approuvant l'opération, sauf disposition contraire du contrat fixant une autre date. Lorsque la fusion entraîne la constitution d'une société nouvelle, elle n'a d'effet qu'à la date d'immatriculation de cette société nouvelle au registre du commerce et des sociétés (BOI-ENR-AVS-20-60-40-20150902, n° 50).

4061 **Le projet de fusion n'est pas un acte sous condition suspensive.** Le projet de fusion ne constitue pas une obligation entre les parties lors de son établissement. En effet, la réalisation de la fusion relève de la seule volonté des parties représentées par les associés et actionnaires réunis en assemblées générales.
En cas de convention entre les sociétés concernées sur une clause de rétroactivité du contrat, celle-ci n'a d'effet qu'entre les parties. Elle ne concerne pas les tiers qui ne peuvent pas s'en prévaloir et qui doivent s'en tenir à la date de réalisation définitive de l'opération de fusion (Cass. com., 23 mars 1999 : *JurisData* n° 1999-001230 ; *Bull. civ.* 1999, IV, n° 69. – Cass. com., 29 janv. 2002).
L'approbation du projet de fusion par les assemblées générales des sociétés ne peut donc se définir comme la réalisation d'une condition suspensive qui transformerait une obligation conditionnelle en obligation pure et simple rétroactivement à la date de l'acte et rendrait parfait le projet de fusion dès la date de sa conclusion (BOI-ENR-AVS-20-60-40-20150902, n° 60).

c) Le projet de fusion ne relève d'aucune autre disposition du décret du 4 janvier 1955

4062 Le projet de fusion n'est pas davantage soumis à publicité foncière en application des autres dispositions de l'article 28 précité, ou encore des articles 35, 36 ou 37 du décret du 4 janvier 1955. Ces articles soumettent, obligatoirement ou facultativement, à la formalité de publicité foncière certains actes non visés au *a* du 1° de l'article 28 (baux de plus de douze ans, attestations notariées après décès, changement de nom de personne physique ou de désignation de personne morale, commandement de saisie, ordonnance d'expropriation, procès-verbaux de remembrement, règlement de copropriété, procès-verbaux établis par le cadastre, promesse unilatérale de vente, notamment). Le projet de fusion ne figure pas au nombre des actes, documents, conventions ou déclarations énumérés dans ces articles (BOI-ENR-AVS-20-60-40, n° 70).

2 Conséquences sur les modalités d'enregistrement des projets de fusion de sociétés

4063 Le projet de fusion rédigé en la forme notariée ne constitue pas un acte relevant de la formalité fusionnée (BOI-ENR-AVS-20-60-40, n° 80).

a) Le projet de fusion concernant des meubles et des immeubles n'est pas un acte mixte

4064 L'article 647 du Code général des impôts précise que les formalités de l'enregistrement et de la publicité foncière sont fusionnées pour les actes publiés au fichier immobilier en application des articles 28, 35, 36 et 37 du décret n° 55-22 du 4 janvier 1955.

Le champ d'application de la formalité fusionnée a été étendu aux actes mixtes, c'est-à-dire aux actes qui comportent à la fois des dispositions soumises à publicité foncière et d'autres qui ne le sont pas (V. **Formalité unique**). Il s'agit des actes de vente, d'échange, de partage et de société portant à la fois sur des biens meubles et immeubles. En ce sens, le projet de fusion concernant des meubles et des immeubles n'est pas un acte mixte, puisque les dispositions qu'il contient concernant les immeubles ne sont pas soumises à publicité foncière (V. n° 4060).

Par suite, le projet de fusion n'entre pas dans le champ d'application de la formalité fusionnée prévue par l'article 647 du Code général des impôts (BOI-ENR-AVS-20-60-40, 2 sept. 2015, n° 90).

b) Le projet de fusion concernant des meubles et des immeubles doit être présenté à la seule formalité de l'enregistrement

4065 Lorsqu'il est rédigé en la forme notariée, le projet de fusion doit être obligatoirement présenté à la formalité de l'enregistrement au service des impôts dans le ressort duquel réside le rédacteur de l'acte, dans le délai d'un mois à compter de sa date.

Lorsque le projet de fusion est établi par acte sous seing privé, il peut être volontairement présenté à l'enregistrement auprès du service des impôts compétent défini à l'article 652 du Code général des impôts (BOI-ENR-AVS-20-60-40-20150902, n° 100).

Bien entendu, les actes qui constatent le dépôt au rang des minutes d'un notaire des procès-verbaux de délibérations des assemblées générales des associés validant la réalisation définitive de la fusion, emportent la transmission du patrimoine aux sociétés bénéficiaires.

Ils doivent donc être présentés, selon le cas, soit à la formalité de l'enregistrement dans le délai d'un mois, s'ils ne portent que sur des biens mobiliers, soit à la formalité fusionnée dans ce même délai d'un mois lorsqu'ils concernent des apports mixtes ou exclusivement immobiliers (BOI-ENR-AVS-20-60-40, 2 sept. 2015, n° 110).

c) Perceptions

4066 Les projets de fusion de sociétés présentés à la formalité de l'enregistrement sont soumis au droit fixe des actes innommés prévu par l'article 680 du Code général des impôts, qu'ils soient obligatoirement présentés à la formalité lorsqu'ils sont rédigés en la forme notariée ou facultativement lorsqu'ils sont établis sous seing privé.

Par ailleurs, il est rappelé que les droits dus à l'occasion de la fusion de sociétés sont perçus lors de l'accomplissement des formalités auxquelles sont soumis les actes qui constatent la réalisation définitive de la fusion (BOI-ENR-AVS-20-60-40-20150902, n° 120).

En particulier, la contribution de sécurité immobilière est perçue lors de la formalité fusionnée. Elle est liquidée dans les conditions prévues à l'article 881 K du Code général des impôts. Cet article précise notamment qu'en ce qui concerne les actes non assujettis à une imposition proportionnelle, la contribution de sécurité immobilière doit être liquidée sur la valeur réelle actuelle des immeubles ou droits faisant l'objet de la publication (V. **Contribution de sécurité immobilière**).

B Publicité foncière de la fusion

4067 La loi n° 2011-331 du 28 mars 2011 a créé un nouvel article 710-1 dans le Code civil, précisant les conditions d'admission des actes à la publicité foncière. Nous donnons dans un premier temps les solutions antérieures à cette réforme (qui restent éclairantes pour son application) avant d'évoquer le nouveau régime de la publication du traité de fusion.

4068 **Renvoi.** Même si une application stricte de l'article 710-1 du Code civil, créé par la loi du 28 mars 2011 conduirait à ne plus accepter la publication des traités de fusion, il s'avère qu'il n'y a pas obstacle à cette publication (sur ses modalités, V. **Authenticité**. – V. égal. P.-F. Cuif, *Réforme de la publicité foncière [art. 710-1 C. civ.] : Nouvelles règles et nouvelles pratiques pour le notaire : Bull. Cridon Paris* 1er-15 août 2011, p. 2 et s., n° 11). Toutefois, si l'acte de dépôt pour minute comprend à la fois les procès-verbaux et le traité de fusion, l'Administration exige alors que l'acte contienne la reconnaissance d'écritures et de signatures à l'égard du traité fusion (note interne n° 2013-2, JF-1B, avr. 2013 ; *contra* : M. Suquet-Cozic, *Faut-il une reconnaissance d'écriture et de signature pour publier une fusion de sociétés ? : Sol. not.* nov. 2015, n° 11, art. 216, p. 24).

C Difficultés diverses

4069 **Acte d'apport-fusion et de changement de dénomination de sociétés non**

publiés. Impossibilité pour un créancier de prendre inscription à l'encontre de la nouvelle personne morale. Une fusion-absorption de sociétés emporte transfert global des éléments d'actifs à la société absorbante, donc des immeubles éventuellement compris dans le patrimoine des sociétés absorbées. Le procès-verbal de l'assemblée générale constatant cette opération est, en conséquence, obligatoirement soumis à publicité en application de l'article 28-1-a du décret du 4 janvier 1955.
Le simple changement de dénomination d'une société doit aussi être publié si cette société est titulaire d'un droit réel susceptible d'hypothèque (D. préc., art. 28-9 et D. 14 oct. 1955, art. 70. – V. **Changement de dénomination** et chron. Bulté : *JCP* N 1972, prat. 5334), mais la certification de l'expédition de l'acte à déposer n'est pas, dans ce dernier cas, obligatoire (D. 14 oct. 1955, art. 38). Si ces publications n'ont pas été opérées, et qu'un créancier (en l'occurrence un comptable public) veut prendre inscription d'hypothèque également à l'encontre de la nouvelle société issue de la fusion, il ne peut se substituer aux parties ou à leurs mandataires pour déposer les pièces aux fins de publication (*Bull. AMC* 2000, art. 1830).

4070 **Fusion entre deux SA.** Acquisition d'un immeuble par la société absorbée entre la signature de l'acte d'apport et la décision de l'assemblée générale rendant la fusion définitive. Par acte sous seing privé en date du 25 mars, une SA apporte à une autre SA la totalité de son actif. Cette fusion est devenue définitive par la tenue le 19 septembre d'une assemblée générale extraordinaire de la société absorbante. Les pièces constatant la fusion ont été déposées au rang des minutes du notaire le 9 juillet. Or, entre la signature de l'acte d'apport et la tenue de la dernière assemblée, la société absorbée a acquis un immeuble le 28 avril. Il n'est pas possible de régulariser la situation en établissant un acte contenant déclaration par la société absorbante qu'elle est propriétaire de l'immeuble acquis par la société absorbée après la signature de l'acte de fusion, mais avant l'assemblée générale rendant définitive cette fusion. L'acte à établir, complémentaire ou confirmatif de l'acte d'apport, signé et approuvé par les représentants des deux sociétés, doit constater l'omission commise dans l'acte d'apport et confirmer que l'immeuble acquis par la société absorbée le 28 avril appartient rétroactivement à la société absorbante sous réserve du droit des tiers (H. Bulté, chron. hyp. : *JCP* N 1975, IV, 5914).

III Accomplissement de la formalité

4071 Les règles exposées ci-après, relatives aux opérations de fusion, sont également applicables aux opérations assimilées, c'est-à-dire les scissions et les apports partiels d'actif. Le cas échéant, les particularités relatives à ces deux dernières catégories d'opérations seront précisées.

A Délais de présentation à la formalité

4072 Les actes préparatoires à la fusion, et notamment le projet (ou traité) de fusion, ont le caractère d'actes imparfaits et sont soumis, en cas de présentation volontaire à la formalité ou de rédaction en la forme notariée, au droit fixe prévu pour les actes innommés (CGI, art. 680. – V. **Acte innommé**).
En revanche, du fait qu'ils aboutissent, soit à la constitution d'une société nouvelle, soit à l'augmentation du capital d'une société ancienne, les actes passés en France, constatant la réalisation définitive d'une fusion ou d'une opération assimilée, doivent être présentés selon le cas, soit à la formalité de l'enregistrement dans le délai d'un mois (CGI, art. 635-5°), soit à la formalité fusionnée dans ce même délai d'un mois (CGI, art. 647).

B Exécution de la formalité

4073 **Formalité fusionnée.** Les actes constatant des apports exclusivement immobiliers ou des apports « mixtes » (mobiliers et immobiliers) sont soumis à la formalité fusionnée (V. **Formalité unique**).

4074 **Service de la publicité foncière compétent.** La formalité est accomplie au service de la publicité foncière du lieu de situation des biens (BOI-ENR-AVS-20-60-40-20150902, n° 170).

4075 **Authenticité. Immeubles situés dans plusieurs services. Conduite à tenir.** Des documents concernant l'absorption d'une société par

une autre ont été remis par un notaire à un conservateur afin d'être publiés. Ils étaient constitués :
– d'une part, par des copies des procès-verbaux des assemblées générales extraordinaires des deux sociétés, ainsi que par différentes pièces telles, notamment, les reproductions tant du projet de traité de fusion que de publications légales à la fois de ce projet et de sa réalisation. Certains de ces écrits constataient le transfert des biens de la société absorbée mais ils visaient globalement ceux figurant à son actif ; tandis que d'autres contenaient des listes d'immeubles ne se trouvant pas tous dans la circonscription du même bureau des hypothèques. Tous ces documents avaient été déposés au rang des minutes d'un notaire autre que le requérant. Cet acte de dépôt figurait dans les documents déposés. Observation est faite que les procès-verbaux déjà cités, bien qu'établis après le 1er juillet 1999, ont, d'après la mention qui y est reproduite, été irrégulièrement enregistrés dans une recette principale des impôts ;
– d'autre part, d'un acte complémentaire qui, lui, avait été reçu par le notaire requérant la publication et dans lequel il est procédé à la relation des opérations de fusion-absorption et à l'identification des seuls immeubles concernés par la publication requise. Cette identification était faite conformément aux dispositions de l'article 7 du décret du 4 janvier 1955, mais elle était limitée à une partie seulement des immeubles situés dans le ressort du bureau, alors que par ailleurs, le traité d'apport-fusion déposé pour publication faisait apparaître l'ensemble des immeubles situés dans le ressort du bureau.

Le conservateur estimant que cet acte identifiait une partie seulement des immeubles situés dans le ressort du bureau et que les documents constituant l'ensemble déposé n'étaient pas reproduits à la suite sur la formule spéciale exigée par l'article 67-3 du décret du 14 octobre 1955, a refusé le dépôt.

Examinant cette difficulté, le bulletin de l'association des conservateurs a estimé que ce refus était justifié. En effet, le registre assurant la publicité des droits sur les immeubles autres que les privilèges et hypothèques est généralement constitué des copies intégrales et, exceptionnellement, d'extraits littéraux des titres desdits droits, c'est-à-dire des actes et décisions judiciaires les créant, les confirmant, les modifiant ou encore procédant à leur transfert ou leur extinction.

À ces copies intégrales et ces extraits littéraux ne peuvent être substitués des documents analytiques qui, même établis par les notaires avec l'accord des parties, empêcheraient l'exercice du droit, reconnu à tous ceux qui le requièrent, d'obtenir communication des titres (*Bull. AMC* 1992, art. 1546, 1547 ; *ibid.* 1997, art. 1761).

Or, dans le cas d'un traité d'apport-fusion générant des mutations de droits immobiliers, le titre de propriété de la société absorbante est formé par les délibérations concordantes de l'assemblée générale extraordinaire de chacune des sociétés qui participent à cette opération. C'est ce qui résulte de l'article L. 236-9 du Code de commerce. En outre, aux procès-verbaux de ces assemblées doivent être éventuellement ajoutés ceux de la ou des réunions au cours desquelles la fusion a été ratifiée par les assemblées spéciales d'actionnaires mentionnées aux articles L. 225-99 et L. 228-15 du Code de commerce.

Afin de faciliter la publication de ces délibérations formant ensemble l'instrument complet du déplacement de la propriété, l'article 4, alinéa 2, du décret du 4 janvier 1955 indique que :

> « même lorsqu'ils ne sont pas dressés en la forme authentique, les procès-verbaux des délibérations des assemblées générales préalables ou consécutives à l'apport de biens ou de droits immobiliers à une société ou par une société peuvent être publiés à la condition d'être annexés à un acte qui en constate le dépôt au rang des minutes d'un notaire ».

Mais ce texte, qui déroge au droit commun de l'authentification d'un acte sous seing privé tel qu'il est fixé au 1 de l'article 68 du décret du 14 octobre 1955, est un texte d'exception dont l'application ne peut qu'être strictement limitée à la situation qu'il prévoit, qu'il s'agisse de la nature des documents ou de leur objet.

En revanche, comme dans le cas général, l'acte de dépôt doit être reçu par le notaire qui entend, par ce truchement, obtenir la publication des documents sous signatures privées mis au rang de ses minutes.

D'autre part, comme il est prescrit au second alinéa de l'article 67-3 du décret du 14 octobre 1955, l'acte de dépôt et les procès-verbaux, ainsi qu'éventuellement les actes auxquels il est fait référence, doivent, sous peine de refus, faire l'objet d'un seul certificat de conformité et donc être reproduits à la suite sur la formule réglementaire 3265.

Enfin, lorsque les éléments composant l'actif immobilier transféré ne se trouvent pas tous dans la circonscription de la même conservation, des extraits littéraux « comprenant seulement, sous peine de refus de dépôt, les immeubles et les droits immobiliers qui l'intéressent », doivent être déposés dans chaque bureau. Cette règle est édictée à l'article 68-1 du décret du 14 octobre 1955 et les conservateurs sont tenus de veiller à son exacte application.

Ces principes, en l'espèce, n'ont pas été observés. C'est ainsi que les divers écrits à publier n'ont pas été reproduits sur un seul et même document.

De même, le titre de propriété de la société absorbée et donc les procès-verbaux des assemblées des associés, n'ont pas été mis au rang des minutes du notaire ayant requis la publication, l'acte notarié complémentaire se bornant à résumer inutilement les opérations de fusion et à désigner et évaluer une partie des immeubles situés dans le ressort du bureau.

Enfin, les actes sous seings privés autres que les délibérations visées au second alinéa de l'article 4 du décret du 4 janvier 1955 n'auraient pu être acceptés que si, comme il est prévu à l'article 68-1 du décret du 14 octobre 1955, ils avaient été déposés en l'étude du notaire par toutes les parties avec reconnaissance d'écritures et de signatures et à condition que n'y figure aucun immeuble dépendant d'une autre conservation.

Il y avait également matière à refus dans le fait que les immeubles dont la désignation cadastrale et les références de la publication des droits du disposant, fournies en application de l'article 7 du décret du 4 janvier 1955 et de l'article 32 § 2 du décret du 14 octobre 1955, ne correspondaient qu'à une partie des biens qui se trouvaient dans le ressort du bureau, ces derniers étant énoncés par ailleurs dans le traité d'apport-fusion. Il convient de noter cependant que, dans la mesure où désormais les actes de l'espèce, comme tous les actes mixtes, relèvent de la formalité fusionnée, il n'apparaît pas que les usagers soient privés de la possibilité de limiter la publication à certains des immeubles objets de l'apport. Qu'il s'agisse de l'extrait visé à l'article 253 II de l'annexe III au Code général des impôts relatif au bureau où est opérée la formalité fusionnée, ou des extraits visés à l'article 68-1 relatif aux autres bureaux concernés, les parties conservent toujours la faculté de n'y faire figurer que les immeubles à l'égard desquels elles entendent obtenir la publication des mutations qui les concernent.

On observera pourtant que cette faculté risque d'être d'un intérêt limité dans la mesure de l'existence du délai imparti pour procéder à la formalité par l'article 33 du décret du 4 janvier 1955 (*Bull. AMC* 2000, art. 1820).

IV

Régime fiscal : présentation générale

CGI, art. 816 (*Mod. L. n° 2018-1317, 28 déc. 2018, art. 26*). – Les actes qui constatent des opérations de fusion auxquelles participent exclusivement des personnes morales ou organismes passibles de l'impôt sur les sociétés, ainsi que la prise en charge du passif dont sont grevés les apports mentionnés dans ces actes, sont enregistrés gratuitement.

CGI, art. 816 A (Mod. L. n° 2018-1317, 28 déc. 2018, art. 26, V). – I (Abrogé).

II. – Le régime prévu à l'article 816 est applicable, même lorsque la société apporteuse n'est pas passible de l'impôt sur les sociétés, mais à concurrence seulement des apports autres que ceux assimilés à des mutations à titre onéreux en vertu du 3° du I de l'article 809.

CGI, art. 817 A. – Un décret en Conseil d'État fixe les conditions d'application de l'article 816, du II de l'article 816 A et de l'article 817, notamment la définition des apports partiels d'actif, fusions ou opérations assimilables, au sens de la directive du 9 avril 1973 du conseil des communautés européennes, à des fusions ouvrant droit au régime spécial et, pour ces dernières opérations, les cas de déchéance de ce régime.

CGI, art. 817 B. – Les dispositions de l'article 816 s'appliquent également aux opérations agréées dans les conditions prévues au 3 de l'article 210 B.

CGI, ann. II, art. 301 A. – Le régime spécial prévu aux articles 816 à 817 A du Code général des impôts, s'applique aux fusions et scissions de sociétés et aux apports partiels d'actif définis par les articles 301 B a 301 F.

CGI, ann. II, art. 301 B. – Constitue une fusion :

Soit la formation d'une société relevant du statut fiscal des sociétés de capitaux par plusieurs sociétés qui transfèrent l'ensemble de leur actif et de leur passif à la nouvelle société ;

Soit le transfert à une société relevant du statut fiscal des sociétés de capitaux par une ou plusieurs sociétés de l'ensemble de leur actif et de leur passif, lorsque, dans les deux cas, la ou les sociétés apporteuses sont dissoutes et les apports rémunérés dans les conditions prévues à l'article 301 F.

CGI, ann. II, art. 301 C. – I. – Est assimilée à une fusion, l'opération qui aboutit au transfert à une société relevant du statut fiscal des sociétés de capitaux, en voie de formation ou préexistante, de droits représentant 75 % au moins du capital d'une société relevant du même statut, lorsque les deux sociétés ont leur siège de direction effective ou leur siège statutaire soit en France, soit dans un, autre État membre de la Communauté européenne et que les apports sont rémunérés dans les conditions prévues à l'article 301 F.

Lorsque le pourcentage de 75 % est atteint à la suite de plusieurs opérations, le régime spécial n'est applicable qu'à l'opération permettant d'atteindre ce pourcentage et à celles qui l'augmentent.

II. – Dans le cas prévu au I et sous peine de déchéance du bénéfice du régime spécial la société à laquelle les droits sont apportés doit les conserver pendant un délai de cinq ans à compter de la date du transfert soit sous forme nominative, soit en les déposant dans les conditions prévues au 2° de l'article 54. Les droits acquis antérieurement et détenus à la même date par la société doivent être conservés dans les mêmes conditions.

Le bénéfice du régime spécial reste acquis si les droits sont compris, avant l'expiration du délai, dans une opération de fusion ou assimilée, de scission, d'apport partiel d'actif ou s'ils sont cédés dans le cadre de la liquidation de la société à laquelle les droits ont été apportés.

(...).

CGI, ann. II, art. 301 F. – Les apports visés aux articles 301 B à 301 E doivent être rémunérés par l'attribution de droits représentatifs du capital de la société bénéficiaire. Toutefois, ils peuvent faire l'objet de règlements sous une autre forme dans la limite de 10 % de la valeur nominale des droits attribués.

4076 Les fusions de sociétés et opérations assimilées se traduisent juridiquement soit par des augmentations de capital de sociétés préexistantes, soit par la constitution de sociétés nouvelles.
En principe, il suffirait de transposer aux opérations de l'espèce les règles prévues en matière d'apports purs et simples et d'apports à titre onéreux.
Toutefois, en raison de leur finalité (amélioration ou réorganisation des structures des entreprises), le législateur a été conduit à juxtaposer au régime fiscal de droit commun un régime spécial de taxation plus favorable.
(Sur l'évolution historique de ce régime spécial, V. *Guide de la publicité foncière*, éd. 2018 et Doc. adm. DGI, 7 H-3712, n°s 1 à 4, 1er sept. 1999.)
Ce régime spécial est régi par l'article 816 du Code général des impôts.

4077 **Réforme opérée par la loi de finances pour 2019.** L'article 26 de la loi de finances pour 2019 (L. n° 2018-1317, 28 déc. 2018) a modifié le régime des droits d'enregistrement applicables aux actes de sociétés en supprimant les droits fixes qui étaient exigibles sur certains de ces actes. L'administration fiscale n'a pas encore publié ses commentaires de ces nouvelles règles.
La réforme n'a pas bouleversé l'architecture générale du régime applicable à ces actes, la gratuité a remplacé le droit fixe et généralisé sa non-exigibilité.

4078 Seront examinés successivement :
– le régime de droit commun, d'application pratique assez restreinte ;
– le régime spécial.

V Régime de droit commun

A Champ d'application

4079 En fait, le régime de droit commun qui n'est défini expressément par aucun texte formel est d'application limitée.
Il concerne les opérations de fusion qui ne réunissent pas les conditions d'application de plein droit, ou dans certains cas sur agrément, du régime de faveur.
Il en est ainsi, notamment :
– en principe lorsque la société bénéficiaire de l'apport n'est pas une société passible de l'impôt sur les sociétés (cf. toutefois, CGI, art. 816 A II, n° 54) ;

– lorsque la société apporteuse n'est pas dissoute ;
– lorsque les apports ne sont pas rémunérés dans les conditions prévues à l'article 301 F de l'annexe II au Code général des impôts (BOI-ENR-AVS-20-60-20-20120912, n° 10).

B Tarif des droits

4080 Les fusions sont assujetties aux divers droits et taxes exigibles sur les apports en société (sur la taxation applicable, V. **Constitution de société** et les différentes rubriques consacrées aux apports en société).

VI Régime spécial des fusions

4081 Nous traiterons successivement des opérations concernées (A), des conditions relatives au statut fiscal et à la nationalité des personnes participant à la fusion (B), et du contenu du régime spécial des fusions (C).

A Opérations concernées

4082 Le régime fiscal de faveur s'applique aux fusions de type classique (CGI, ann. III, art. 301 B et 301 F).

1 Définition

4083 Il résulte des dispositions combinées des articles 303 B et 303 F de l'annexe II au Code général des impôts que constitue une fusion :
– soit la formation d'une société relevant du statut fiscal des sociétés de capitaux par plusieurs sociétés qui transfèrent l'ensemble de leur actif et de leur passif à la nouvelle société ;
– soit le transfert à une société (par définition préexistante) relevant du statut fiscal des sociétés de capitaux par une ou plusieurs sociétés de l'ensemble de leur actif et de leur passif, lorsque dans les deux cas :
• la ou les sociétés apporteuses sont dissoutes ;
• et les apports sont rémunérés par l'attribution de droits représentatifs du capital de la société bénéficiaire.
Toutefois, ils peuvent faire l'objet de règlements sous une autre forme dans la limite de 10 % de la valeur nominale des droits attribués (BOI-ENR-AVS-20-60-30-10-20140613, n° 30).

4084 **Fusions dites « à l'anglaise ».** Les milieux boursiers parlent d'offres publiques d'échange (OPE). La fusion « à l'anglaise » est l'opération qui aboutit au transfert à une société relevant du statut fiscal des sociétés de capitaux de droits représentant 75 % au moins du capital d'une autre société relevant du même statut, dans certaines conditions définies aux articles 301 C et 301 F de l'annexe II au Code général des impôts.
Toutefois, depuis le 1er janvier 1992, le régime applicable aux apports ordinaires de droits sociaux est toujours plus favorable que celui des fusions. Les apports de droits sociaux, quel que soit le pourcentage du capital qu'ils représentent, pouvaient être enregistrés au droit fixe prévu par l'article 810, I du Code général des impôts dans sa rédaction en vigueur antérieurement au 1er janvier 2019 (V. BOI-ENR-AVS-20-60-30-10-20140613, nos 20, 150 et 160).

2 Caractéristiques

4085 L'application du régime spécial des fusions proprement dites implique :
– un apport global de la totalité des éléments actifs et le plus souvent des éléments passifs du patrimoine desdites sociétés ;
– la disparition de la ou des sociétés apporteuses ;
– la remise aux membres de ces dernières de titres soumis aux aléas sociaux (actions ou parts sociales) sous réserve de la tolérance introduite par l'article 301 F de l'annexe II au Code général des impôts (V. n° 4112. – BOI-ENR-AVS-20-60-30-10-20140613, n° 40).

4086 **Dissolution de sociétés unipersonnelles. Régime des fusions.** En matière d'impôt sur les sociétés et d'impôt de distribution, les opérations de dissolution sans liquidation visées à l'article 1844-5 du Code civil sont éligibles aux régimes de faveur mentionnés à l'article 210-0 A du Code général des impôts et notamment à celui prévu à l'article 210 A dudit code, dès lors qu'elles satisfont aux conditions exposées aux II et III de l'article 210-0 A du Code général des impôts et que la société associée unique est assujettie à l'impôt sur les sociétés (BOI-IS-FUS-10-20-10 20181003, n° 60).

En revanche, en matière de droits d'enregistrement et de publicité foncière, et compte tenu de la définition des opérations de fusion résultant des articles 301 B et suivants de l'annexe II au Code général des impôts, l'opération n'est pas éligible au régime de faveur de l'article 816 du même code (V. **Société unipersonnelle**).

a) Auteur de l'apport

4087 L'opération de fusion n'est pas incompatible avec le fait que la société appelée à disparaître se trouve déjà en liquidation si l'opération comporte l'apport en nature des moyens permanents d'exploitation de la société dissoute (Rép. min. n° 11389 à M. L. Courroy : *JO* Sénat CR, 14 juin 1972, p. 950. – BOI-ENR-AVS-20-60-30-10-20140613, n° 50).

En revanche, d'après la jurisprudence de la Cour de cassation, l'expression « fusion de société » suppose la réunion d'au moins deux sociétés préexistantes, soit que l'une absorbe l'autre, soit que l'une et l'autre se confondent pour constituer une société unique.

Il faut donc qu'au résultat de l'opération on constate une diminution du nombre des sociétés existant à l'origine. Par suite, n'ont pas le caractère d'une « fusion » :

– l'apport de la totalité de l'actif d'une seule société ancienne effectué au profit d'une société nouvelle en voie de formation (rappr. Req., 21 juill. 1932 ; Instr. 4131, § 14) ;

– l'apport à une société nouvelle d'une partie de l'actif d'une seule société ancienne, lorsque cette dernière conserve le surplus de son actif aux fins d'apurement du passif resté à sa charge et prononce sa dissolution peu de temps après (Civ., 28 janv. 1946 ; Instr. 4728, § 9) ;

– l'apport effectué à une société à responsabilité limitée en formation de la totalité de leurs droits sociaux par les membres d'une société du même type préexistante, dont la dissolution et la liquidation ont été constatées par un acte ultérieur (Civ., 18 janv. 1960 : *BOED* 1960, 8176. – BOI-ENR-AVS-20-60-30-10-20140613, n° 60).

4088 **Cas particulier.** Le regroupement de plusieurs sociétés anciennes en une société nouvelle unique constitue, en droit fiscal, une fusion, même si par ailleurs l'opération s'accompagne d'apports supplémentaires effectués par des personnes autres que les sociétés dissoutes.

Toutefois, dans cette hypothèse, quelle que soit la qualité de ces personnes (physiques ou morales), le régime spécial ne s'applique pas aux apports supplémentaires ainsi réalisés (BOI-ENR-AVS-20-60-30-10-20140613, n° 70).

b) Objet de l'apport

4089 L'apport global de la totalité des éléments actifs et passifs n'est pas incompatible avec la circonstance qu'une partie de l'actif reste écartée de l'apport global pour être affectée au règlement de tout ou partie du passif de la société absorbée. Dans cette situation, la société survit pour le règlement du passif, avant d'être effectivement dissoute (Req., 21 juill. 1932 ; Instr. 4131, § 14. – Civ., 13 févr. 1963 : *D.* 1963, somm. 95. – BOI-ENR-AVS-20-60-30-10-20140613, n° 80).

c) Rémunération de l'apport

1) Principe

4090 La rémunération des apports peut consister (CGI, ann. II, art. 301 F) :

– soit en l'attribution de droits représentatifs du capital de la société bénéficiaire ;

– soit pour partie, en l'attribution de tels droits et pour le surplus en un règlement sous une autre forme ; ce dernier règlement ne pouvant alors excéder une certaine limite (V. n° 4092).

Le versement d'une soulte, dans la limite prévue à l'article 301 F de l'annexe II au Code général des impôts, n'a donc pas pour effet de faire perdre à l'opération le bénéfice du régime spécial (BOI-ENR-AVS-20-60-30-10-20140613, n° 90).

4091 **Cas particulier.** Remise d'obligations par des personnes morales absorbantes n'ayant pas le caractère de sociétés (V. n° 4093).

2) Montant et forme de la soulte

4092 Le montant maximal de la soulte est fixé à 10 % de la valeur nominale des droits sociaux rémunérant l'apport.

La soulte peut consister en une remise d'espèces, de valeurs ou de biens soustraits aux aléas sociaux (obligations, titres de créances par exemple. – BOI-ENR-AVS-20-60-30-10-20140613, n° 110).

En revanche, la prise en charge par la société bénéficiaire des apports de tout ou partie du passif de la société apporteuse ne saurait, en principe, être considérée, au regard de l'article 301 F susvisé, comme correspondant au versement d'une soulte ou, pour reprendre les termes du texte, à un règlement partiel des apports sous une forme autre que l'attribution des droits sociaux.

Toutefois, l'administration conserve la faculté d'en démontrer le caractère fictif ou exagéré. Si ce caractère est établi, la prise en charge d'un tel passif doit être considérée comme déguisant, en réalité, le versement d'une soulte. Dès lors, celle-ci doit être prise en compte pour déterminer si la limite de 10 % se trouve ou non dépassée (BOI-ENR-AVS-20-60-30-10-20140613, n° 120).

3) Cas particulier des entreprises nationales et personnes morales autres que les sociétés

4093 Le régime spécial des fusions est applicable aux personnes morales autres que les sociétés et en particulier aux entreprises nationales (L. n° 65-566, 12 juill. 1965, art. 17).
Compte tenu de l'impossibilité pour celles-ci d'émettre dans le public des actions ou des parts sociales, les apports qui leur sont consentis doivent alors être rémunérés par l'émission de titres d'emprunt à échéance d'au moins quinze ans.
Ces titres d'emprunt peuvent être :
– soit librement négociés par les personnes physiques ou morales qui les auront reçus ;
– soit remboursés par l'entreprise émettrice d'après tout mode d'amortissement qui n'a pas pour effet d'abréger la durée de vie moyenne des obligations. Tel est le cas, par exemple, de l'amortissement par annuités constantes ou par tranches annuelles de 1/15 au maximum.
En revanche, la personne morale émettrice doit s'interdire toute possibilité de remboursement par anticipation par voie de rachat en bourse ou de gré à gré (BOI-ENR-AVS-20-60-30-10-20140613, n° 130).

d) Effet de l'apport

4094 Chacune des sociétés apporteuses doit disparaître.
Les opérations d'apport partiel ou d'absorption partielle qui n'entraînent pas la disparition des sociétés apporteuses ne constituent pas des fusions véritables. Elles peuvent cependant, si les conditions sont remplies, être placées sous le régime spécial des apports partiels d'actif (BOI-ENR-AVS-20-60-30-10-20140613, n° 140).

B Conditions relatives au statut fiscal et à la nationalité des personnes morales participantes

1 Statut fiscal

4095 Le régime fiscal de faveur est réservé aux fusions, auxquelles participent exclusivement des personnes morales ou organismes passibles de l'impôt sur les sociétés (CGI, art. 816-1).
Cependant, l'article 816 A du Code général des impôts apporte une exception à ce principe (V. *infra*, *b*).

a) Personnes morales relevant du statut fiscal des sociétés de capitaux

4096 Les personnes morales concernées sont les sociétés et collectivités dotées de la personnalité juridique, établissements publics, organismes de l'État jouissant de l'autonomie financière, organismes des départements et des communes, énumérés à l'article 206 du Code général des impôts. Les personnes morales visées s'entendent des sociétés et collectivités dont les apports en nature, effectués à titre pur et simple, sont, en principe, enregistrés gratuitement en application du I de l'article 810 du Code général des impôts (en ce sens, pour le droit antérieur au 1er janvier 2019, BOI-ENR-AVS-20-60-30-10-20140613, n° 180).

4097 Il s'agit :
– des personnes morales passibles de plein droit de l'impôt sur les sociétés ;
– des personnes morales ayant opté pour le régime fiscal des sociétés de capitaux ;
– des personnes morales exonérées de l'impôt sur les sociétés en vertu d'une disposition spéciale (BOI-ENR-AVS-20-60-30-10-20140613, n° 180).
Pour une énumération des personnes morales concernées (V. BOI-ENR-AVS-20-60-30-10-20140613, nos 190 à 210).

4098 **Remarque.** Il n'est pas exigé que les sociétés participant à l'opération de fusion relèvent toutes de la même forme juridique ; il suffit qu'elles soient toutes passibles de l'impôt sur les sociétés. Ainsi, le régime spécial trouvera à s'appliquer en cas d'absorption d'une SARL par une société anonyme.
Pour apprécier si les personnes morales intéressées satisfont ou non à l'exigence d'être passibles de l'impôt sur les sociétés, il convient de se placer à la date de réalisation définitive de l'opération de fusion (BOI-ENR-AVS-20-60-30-10-20140613, n° 170).

4099 **Organismes sans but lucratif. Associations.** Les organismes sans but lucratif, et spécialement les associations régies par la loi du 1er juillet 1901, sont passibles de l'impôt sur les sociétés en vertu de l'article 206-5 du Code général des impôts alors même qu'ils ne perçoivent pas de revenus susceptibles d'être soumis à cet impôt. C'est pourquoi il est admis que le champ d'application du régime de faveur des fusions, scissions et apports partiels d'actif en matière d'enregistrement, soit applicable à ces organismes bien qu'ils ne poursuivent pas un but lucratif (BOI-ENR-AVS-20-60-30-10-20140613, n° 220).

4100 **Sociétés en commandite simple.** L'absorption d'une société anonyme par une société en commandite simple peut bénéficier du droit fixe prévu à l'article 816 du Code général des impôts. De même, l'apport par une telle société à une société anonyme d'une branche complète et autonome d'activité lui permet de bénéficier des dispositions favorables prévues aux articles 816 et 817 du même code. Le régime de faveur défini par ces textes est réservé aux fusions, scissions et apports partiels d'actifs auxquels participent exclusivement des personnes morales ou organismes passibles de l'impôt sur les sociétés. À cet égard, les sociétés en commandite simple qui n'auraient pas opté pour leur assujettissement à l'impôt sur les sociétés sont considérées comme passibles de cet impôt pour l'application de ces dispositions.

Cette solution (application des dispositions de l'article 816 du CGI) trouverait également à s'appliquer en cas d'absorption d'une société en commandite simple par une société anonyme (RES n° 20061 [ENR], 7 févr. 2006 : BOI-ENR-AVS-20-60-30-10-20140613, n° 230).

b) Société apporteuse relevant du statut fiscal des sociétés de personnes

4101 **Principe et portée de l'exception.** L'article 816-A étend le bénéfice du régime spécial des fusions aux opérations de fusion dans lesquelles « la société apporteuse n'est pas passible de l'impôt sur les sociétés ».

Mais ce même texte limite la portée de cette extension, car il exclut les apports « assimilés à des mutations à titre onéreux en vertu de l'article 809-1-3° du même code » (V. BOI-ENR-AVS-20-60-30-10-20140613, n° 240).

➤ Sur les perceptions en découlant, V. n° 4107.

2 Nationalité

4102 L'agrément prévu à l'ancien article 816-A-1 du Code général des impôts a été supprimé.

Le régime spécial des fusions est donc actuellement accordé sans aucune restriction quant à la nationalité des sociétés et des collectivités participantes (BOI-ENR-AVS-20-60-30-10-20120912, n° 280).

C Contenu du régime spécial des fusions

1 Principe

a) Droits d'enregistrement et taxe de publicité foncière

1) Sociétés soumises à l'impôt sur les sociétés

4103 Le régime spécial des fusions est défini par l'article 816 du Code général des impôts tel que modifié par l'article 26 de la loi de finances pour 2019.

Selon ce texte, les actes qui constatent des opérations de fusion auxquelles participent exclusivement des personnes morales ou organismes passibles de l'impôt sur les sociétés sont enregistrés gratuitement. Cette gratuité s'applique également à la prise en charge du passif dont sont grevés les apports mentionnés dans ces actes.

4104 **Enregistrement gratuit.** Cette gratuité a remplacé, à compter du 1er janvier 2019, l'exigibilité du droit fixe d'enregistrement ou une taxe fixe de publicité foncière (sur le régime de ce droit fixe, BOI-ENR-AVS-20-60-30-20-20140210, n° 90).

4105 **Enregistrement gratuit de la prise en charge par la société absorbante ou nouvelle de tout ou partie du passif grevant les apports.** La prise en charge du passif dont sont grevés les apports mentionnés dans ces actes bénéficie de cette gratuité (CGI, art. 816).

En revanche, les droits et taxes demeurent exigibles dans les conditions de droit commun lorsque l'opération de fusion comporte des apports à titre onéreux autres que ceux résultant de la prise en charge du passif. Il en est ainsi en cas d'apports contre remise d'obligations ou de titres en portefeuille.

Remarque. – L'article 301 F de l'annexe II au Code général des impôts fixant les conditions de rémunération des apports-fusions admet le versement d'une soulte dans la limite de 10 % de la valeur nominale des droits attribués. Cette modalité de règlement présente sur le plan fiscal le caractère d'un apport à titre onéreux (V. nos 4090 et s.). S'agissant d'une opération indépendante de la prise en charge du passif, les droits de mutation doivent être perçus selon la nature des biens sur lesquels la soulte est imputée (BOI-ENR-AVS-20-60-30-20-20140210, n° 130).

4106 **Exemple de liquidation des droits.** Le BOFiP donne un exemple de liquidation des droits concernant l'absorption d'une SARL par une société anonyme (BOI-ENR-AVS-20-60-30-20-20140210, nos 160 à 180).

2) Sociétés non soumises à l'impôt sur les sociétés

4107 **Taxation.** Dans le cas où la société apporteuse n'est pas passible de l'impôt sur les sociétés, le régime de faveur est applicable mais à concurrence seulement des apports autres que ceux assimilés à des mutations à titre onéreux en vertu de l'article 809-I-3° du Code général des impôts (CGI, art. 816 A). En conséquence, les apports-fusions ayant pour objet un immeuble ou des droits immobiliers, un fonds de commerce, une clientèle, un droit à un bail ou à une promesse de bail, sont taxés au droit spécial de mutation

– actuellement de 5 % – (CGI art. 809-I-3°), sauf le cas où l'enregistrement est effectué gratuitement en application des nouvelles dispositions du III de l'article 810 du Code général des impôts (V. **Apports en société. – Apports purs et simples**).

b) TVA

4108 **Opérations immobilières entrant dans le champ d'application de la TVA immobilière.** En principe, les opérations concourant à la production ou à la livraison d'immeubles effectuées par des assujettis agissant en tant que tels sont passibles de la TVA en vertu de l'article 257-I° du Code général des impôts. Il en est ainsi notamment des apports en société réalisés à l'occasion d'une fusion, corrélativement enregistrés gratuitement (CGI, art. 810, IV). Cependant, dans la mesure où la fusion de sociétés est susceptible de s'analyser en une « transmission à titre onéreux ou à titre gratuit ou sous forme d'apport à une société d'une université universalité totale ou partielle de biens », cette opération peut bénéficier de l'exonération de TVA prévue par l'article 257 bis du Code général des impôts.
En effet, ce dispositif n'a pas été modifié à l'occasion de la réforme de la TVA immobilière opérée par la loi n° 2010-1237 du 9 mars 2010 (sur ses conditions d'application, V. **TVA immobilière**. – V. **Transmission d'universalité [TVA]**, BOI-ENR-AVS-20-60-30-20-20140210, n° 110).

2 Cas particuliers

a) Fusions auxquelles participent des sociétés étrangères

4109 Même si l'acte est rédigé à l'étranger, il y a lieu de le soumettre à la formalité :

– *in extenso*, si la société absorbante ou nouvelle bénéficiaire des apports est française ;
– au moins en extrait, si la société absorbante ou nouvelle, bien que de nationalité étrangère, reçoit des biens dépendant d'une exploitation antérieure en France qui sont ainsi mis à sa disposition ou encore s'il s'agit de biens visés aux articles 638 et 640 du Code général des impôts (immeubles, fonds de commerce, clientèle, droit au bail, etc.) ayant leur assiette matérielle en France.

4110 Lors de la formalité, il est perçu :
– si l'apport est pur et simple, un droit fixe (V. n° 4104) ;
– si l'apport est à titre onéreux, seule la prise en charge du passif dont sont grevés les apports est exonérée de tous droits et taxes de mutation ou de publicité foncière. Ces droits ou taxes sont perçus dans les conditions ordinaires si les biens sont situés en France ou au taux prévu à l'article 714 du Code général des impôts s'il s'agit d'immeubles situés à l'étranger (BOI-ENR-AVS-20-60-30-20-20140210, n° 140).

b) Fusions réalisées entre des sociétés affiliées

4111 Il arrive qu'une opération de fusion mette en présence deux sociétés dont l'une détient une participation dans l'autre. À cet égard, deux hypothèses doivent être distinguées selon que la société participante (ou société mère) est la société absorbante ou la société absorbée.
Le BOFiP donne des exemples de liquidation des droits concernant ce cas particulier (BOI-ENR-AVS-20-60-30-20-20140210, n°s 200 à 340). Ces exemples doivent être actualisés.

VII Contribution de sécurité immobilière

Les solutions énoncées ci-dessous à propos du salaire du conservateur restent valables, jusqu'à nouvel ordre, pour la perception de la contribution de sécurité immobilière.

4112 **Principe.** Il est rappelé que les droits dus à l'occasion de la fusion de sociétés sont perçus lors de l'accomplissement des formalités auxquelles sont soumis les actes qui constatent la réalisation définitive de la fusion.
En particulier, le salaire du conservateur des hypothèques est perçu lors de la formalité fusionnée. Il est liquidé au taux de 0,10 % dans les conditions prévues à l'article 296 de l'annexe III du Code général des impôts. Cet article précise notamment qu'en ce qui concerne les actes non assujettis à une imposition proportionnelle, le salaire doit être liquidé sur la valeur réelle actuelle des immeubles ou droits faisant l'objet de la publication (Instr. 3 nov. 2003 : *BOI* 10 D-1-03 ; *JCP* N 2003, n° 50, p. 1837).

4113 **Apport d'un contrat de crédit-bail consenti à la société absorbée. Salaire du**

conservateur. Selon les stipulations d'un traité d'apport-fusion, l'actif de la société absorbée comprenait un crédit-bail immobilier consenti à cette société, qui avait été évalué dans le traité à 800 000 F. Le conservateur a refusé d'asseoir son salaire sur cette somme, estimant qu'il devait être liquidé sur le montant cumulé des sommes – atteignant en l'espèce 40 millions de francs – qui, pendant les années restant à courir, devaient être versées par la société absorbante au propriétaire de l'immeuble. Sa position a été approuvée par l'Association mutuelle des conservateurs (*Bull. AMC* 1990, art. 1472) qui rappelle que le salaire doit être assis sur « la valeur réelle des immeubles ou des droits faisant l'objet de la publication » (CGI, ann. III, art. 296). Or, la valeur réelle de la jouissance du titulaire d'un crédit-bail immobilier et du droit conditionnel d'obtenir en fin de contrat moyennant un prix symbolique la propriété du bien pris en location, trouve sa juste mesure dans les loyers et les charges, TVA comprise, qu'il a été convenu de payer (V. égal. *Bull. AMC* 1999, art. 1807).

Groupement d'intérêt économique

Neyla GONZALEZ-GHARBI

Sommaire analytique

4114 Nous distinguerons les groupements d'intérêt économique (I), et les groupements européens d'intérêt économique (II).

I
Groupements d'intérêt économique (GIE)

A Généralités

4115 **Réglementation.** Les GIE sont réglementés par les articles L. 251-1 et suivants du Code de commerce.

4116 **Non-application de l'impôt sur les sociétés.** Bien que les GIE puissent réaliser des bénéfices, ils échappent à l'impôt sur les sociétés lorsqu'ils sont constitués et fonctionnent dans les conditions et limites définies par les articles L. 251-1 à L. 251-23 du Code de commerce. Chaque membre est personnellement passible, pour la part des bénéfices correspondants à ses droits dans le groupement, soit de l'impôt sur le revenu, soit de l'impôt sur les sociétés s'il s'agit d'une personne morale relevant de cet impôt (CGI, art. 239 quater I).

B Constitution du GIE

4117 Il résulte des dispositions de l'article L. 251-3 du Code de commerce que les groupements d'intérêt économique peuvent être constitués avec ou sans capital. Dans le silence du texte, des apports ne sont même pas nécessaires. Compte tenu de ces divers éléments et du fait que le GIE n'est pas passible de l'impôt sur les sociétés, le régime fiscal applicable à sa constitution est le suivant.

Suppression de l'enregistrement obligatoire des actes constatant formation de GIE (L. n° 2020-1751 de finances pour 2021, 29 déc. 2020, art. 67). L'article 67 de loi de finances pour 2021 a abrogé le 6° du I de l'article 635 du CGI qui soumettait obligatoirement à la formalité de l'enregistrement les actes constatant la formation de GIE. La dispense de formalité s'applique pour les actes établis à compter du 1er janvier 2021. Dans le cas exceptionnel où le GIE serait créé sans acte, demeure en revanche l'obligation de déclarer cette formation (CGI, art. 638 A).

Bien entendu, l'obligation d'enregistrer de l'acte de formation constatant formation de GIE subsiste lorsque, conformément aux dispositions de l'article 365 du CGI, cette formalité est requise en raison de la qualité du rédacteur (notaire) ou en raison des dispositions qu'il contient (transmission d'immeuble ou de fonds de commerce).

L'administration n'a pas commenté cette nouvelle dispense de formalité, ni davantage la réforme des droits d'apports en société issue des lois de finances pour 2019 et 2020 (V. **Constitution de société**). Dans ces conditions, la pérennité des solutions administratives relatées ci-après, qui sont la reprise de la Doc. adm. DGI, 7 H-561, n° 13, 1er sept. 1999, devrait être confirmée.

1 Groupements d'intérêt économique constitués avec capital

4118 **Régime de droit commun.** La constitution du GIE obéit aux règles de droit commun. On tiendra compte du fait que le GIE n'est pas passible de l'impôt sur les sociétés (V. **Constitution de société**).

2 Groupements d'intérêt économique constitués sans capital

4119 Lorsque les GIE sont constitués sans capital, la formation de ces organismes :

– est soumise au droit fixe prévu à l'article 680 du Code général des impôts s'ils ne comportent pas d'apports (sur le régime applicable avant le 1er janvier 2019, V. BOI-ENR-AVS-40-60-10-20120912) ;

– est soumise au régime de droit commun (V. n° 4118) s'ils comportent des apports.

3 Remarques

a) Formalité provisoire

4120 Les dispositions de l'article 1717 bis du Code général des impôts, qui permettent l'enregistrement provisoire des actes constatant la formation des sociétés commerciales au droit fixe, ne sont pas applicables aux GIE, ces groupements n'ayant d'ailleurs pas le caractère de sociétés (BOI-ENR-AVS-40-60-10-20120912).

b) Reprise par un groupement d'intérêt économique des engagements souscrits en son nom antérieurement à son immatriculation au registre du commerce

4121 L'article L. 251-4, alinéa 2, du Code de commerce prévoit que les personnes qui ont agi au nom d'un groupement d'intérêt économique en formation avant qu'il ait acquis la jouissance de la personnalité morale sont tenues, solidairement et indéfiniment, des actes ainsi accomplis, à moins que le groupement, après avoir été régulièrement constitué et immatriculé, ne reprenne les engagements souscrits. Ces engagements sont alors réputés avoir été souscrits dès l'origine par le groupement.

Au plan fiscal, le transfert au groupement des droits acquis au cours de la période de formation échappe à la taxation au regard des droits d'enregistrement à la condition que l'acte repris :

– contienne tous les éléments nécessaires à l'identification du groupement intéressé ;

– n'opère aucune novation par rapport aux dispositions essentielles de la convention intervenue au cours de la période de formation (Doc. adm. DGI, 7 H-561, n° 13, 1er sept. 1999 – BOI-ENR-AVS-40-60-10, n° 130).

4122 En outre, lorsque la reprise concerne un terrain à bâtir, le groupement doit indiquer expressément dans l'acte portant ratification qu'il reprend à son compte l'engagement souscrit par la personne ayant agi en son nom. Le point de départ du délai de quatre ans prévu à l'article 1594 O G-A-II du Code général des impôts demeure donc fixé à la date de l'acte d'acquisition initial (Doc. adm. DGI, 7 H-561, n° 14, 1er sept. 1999 – BOI-ENR-AVS-40-60-10, n° 140).

C Augmentation de capital

4123 **Taxation.** L'augmentation de capital est taxée selon le droit commun (V. **Augmentation de capital**).

D Dissolution, liquidation et partage du GIE

1 Dissolution

4124 En mettant fin à l'être moral, la dissolution du GIE a pour effet de transformer l'actif patrimonial en indivision après réalisation des opérations de liquidation et, par suite, de transférer la propriété des biens de la tête du groupement sur celle de ses membres.
L'acte constatant cette dissolution ne relevant d'aucune tarification particulière est soumis au droit fixe prévu pour les actes innommés (CGI, art. 680. – BOI-ENR-AVS-40-60-10-20120912). V. **Droits fixes**.

2 Partage

4125 Pour définir le régime applicable au partage de l'actif du groupement entre ses membres, il convient de distinguer selon que les biens allotis proviennent d'apports purs et simples ou d'acquêts (BOI-ENR-AVS-40-60-10-20120912).

a) Biens provenant d'apports purs et simples

4126 Pour les apports de cette nature, il y a lieu d'appliquer au groupement la théorie de la mutation conditionnelle des apports.
D'après cette théorie, l'apport pur et simple d'un corps certain s'analyse, pour la perception des droits d'enregistrement, en une cession soumise à la condition suspensive de l'attribution, au moment du partage, du bien apporté à une personne autre que l'apporteur.
Dès lors, le droit de mutation devient rétroactivement exigible sur l'acte d'apport lorsque le bien apporté au GIE est attribué à un de ses membres autres que l'apporteur, mais le régime fiscal et les valeurs imposables sont déterminées en se plaçant au jour de partage (CGI, art. 676).
Dans le cas contraire, l'apporteur, attributaire au partage, est censé n'avoir jamais cessé d'être propriétaire et aucun droit de mutation ne doit être perçu.
En revanche, le partage des immeubles et droits immobiliers dont l'attribution n'est pas considérée comme une mutation, donne lieu à la perception de la taxe de publicité foncière au taux de 0,70 % (CGI, art. 678. – BOI-ENR-AVS-40-60-10-20120912), soit 0,71498 % avec les perceptions additionnelles.

b) Biens correspondant à des acquêts mobiliers et immobiliers

4127 Le partage des acquêts, y compris des apports à titre onéreux, entre les membres du groupement, est soumis dans les conditions ordinaires au droit de partage de 2,50 % sur l'actif net partagé et, le cas échéant, aux droits de mutation à titre onéreux sur la plus-value lorsqu'un membre du groupement reçoit des biens dont la valeur excède la part d'actif qui devrait lui revenir compte tenu de la proportion des droits sociaux qu'il détient dans le groupement (BOI-ENR-AVS-40-60-10-20120912).

c) Retrait d'un membre du GIE

4128 Selon l'administration fiscale, le retrait d'un membre du GIE s'analyse en un partage partiel du groupement (BOI-ENR-AVS-40-60-10-20120912, n° 190). Cette solution reprend les termes de la Doc. adm. DGI, 7 H-562, n° 19, 1er sept. 1999.

E Transformation

1 Règles générales

4129 Nous ne procéderons ici qu'à un rappel sommaire.
➤ Pour plus de détails, en particulier quant à la notion de transformation entraînant création d'un être moral nouveau, et quant aux formalités à effectuer, V. **Transformation de société**.
Il faut distinguer, selon que la transformation entraîne ou non création d'un être moral nouveau. L'article L. 251-18 du Code de commerce pose en principe que :

> « Toute société ou association dont l'objet correspond à la définition du groupement d'intérêt économique peut être transformée en un tel groupement sans donner lieu à dissolution ni à création d'une personne morale nouvelle ».

a) Transformation entraînant création d'un être moral nouveau

4130 **Taxation.** S'il y a « création d'un être moral nouveau », la transformation est considérée comme emportant dissolution du GIE ancien et création d'un GIE nouveau.
Les droits dus sont donc ceux prévus en matière de dissolution de GIE (V. n° 4124) et ceux exigibles en cas de constitution de GIE, tout se passant

comme si les biens détenus par le GIE qui se transforme étaient apportés à un GIE nouveau (sur la taxation alors applicable, V. n°s 4117 à 4122, les règles concernant la constitution du groupement).

b) Transformation n'entraînant pas création d'un être moral nouveau

4131 **Taxation.** S'il n'y a pas création d'un être moral nouveau, seul le droit fixe des actes innommés est exigible (CGI, art. 680, actuellement 125 €).
Toutefois, lorsque la transformation a pour effet de rendre passible de l'impôt sur les sociétés le GIE qui n'était pas jusqu'alors soumis à cet impôt, l'opération rend en principe exigibles les droits de mutation sur les apports d'immeuble, de droits immobiliers, de fonds de commerce, de clientèle ou de droit au bail effectués au GIE (V. CGI, art. 809-II).

2 Solutions particulières

4132 **Transformation d'un GIE en société autre qu'une société en nom collectif.** Le GIE ne donne pas lieu par lui-même à réalisation et partage des bénéfices (C. com., art. L. 251-1, al. 2). La poursuite de l'activité de cet organisme sous la forme notamment d'une société de capitaux ou d'une société civile traduit, par suite, une modification substantielle de la situation de droit et de fait, qui ne peut qu'entraîner la création d'un être moral nouveau.
Les droits prévus pour la dissolution du groupement et la constitution de la société nouvelle sont alors exigibles dans les conditions de droit commun (BOI-ENR-AVS-40-60-10-20120912, n° 220).

4133 **Transformation d'un GIE en société en nom collectif.** Un groupement d'intérêt économique peut être transformé en société en nom collectif sans donner lieu à dissolution ni à création d'une personne morale nouvelle (C. com., art. L. 251-18, al. 2).
En conséquence, l'acte de transformation du groupement en société en nom collectif non soumise à l'impôt sur les sociétés est passible du droit fixe prévu par l'article 680 du Code général des impôts (actuellement 125 € – V. **Droits fixes.** BOI-ENR-AVS-40-60-10-20120912, n° 210).

4134 **Transformation d'un GIE en association.** La transformation en association d'un GIE entraîne, compte tenu de son objet spécifique qui le distingue de cette autre forme de groupement, la création d'une personne morale nouvelle (BOI-ENR-AVS-40-60-10-20120912, n° 230).

4135 **Transformation d'un GIE en groupement européen d'intérêt économique (GEIE).** Toute société ou association, tout groupement d'intérêt économique peut être transformé en un groupement européen d'intérêt économique sans donner lieu à dissolution ni à création d'une personne morale nouvelle (C. com., art. L. 252-8).
L'acte de transformation du GIE en GEIE rend exigible le droit fixe des actes innommés prévu à l'article 680 du Code général des impôts (actuellement 125 € – BOI-ENR-AVS-40-60-10-20120912, n° 200).

4136 **Transformation d'une société ou d'une association en GIE.** Toute société ou association dont l'objet correspond à la définition du groupement d'intérêt économique peut être transformée en un tel groupement sans donner lieu à dissolution ni à création d'une personne morale nouvelle (C. com., art. L. 251-18, al. 1. – V. pour une SARL, Cass. com., 4 oct. 1994, n° 1731 P, *GIE France express : RJF* 1994, n° 1384).

II Groupements européens d'intérêt économique (GEIE)

A Régime juridique et fiscal

4137 Les groupements européens d'intérêt économique (GEIE) sont constitués et fonctionnent dans les conditions prévues par le règlement (CEE) n° 2137/85 du Conseil du 25 juillet 1985 et les articles L. 252-1 et suivants du Code de commerce (C. com.).
Le GEIE est doté de la personnalité morale et de la pleine capacité juridique dès son inscription au registre du commerce et des sociétés (C. com., art. L. 252-1).

Comme pour le GIE, l'immatriculation au registre du commerce et des sociétés n'emporte pas présomption de commercialité d'un groupement qui, selon son objet, peut avoir un caractère civil ou commercial (BOI-ENR-AVS-40-60-20-20171206, n° 1).

4138 L'article 239 quater C du Code général des impôts place hors du champ de l'impôt sur les sociétés les groupements européens d'intérêt économique (GEIE) et leur applique le régime fiscal des groupements d'intérêt économique (GIE) (BOI-BIC-CHAMP-70-20-50).

B Régime fiscal des actes du GEIE

4139 Au regard des droits d'enregistrement, les GEIE sont soumis aux mêmes règles que les groupements d'intérêt économique régis par les articles L. 252-1er du Code de commerce (BOI-ENR-AVS-40-60-20-20171206, n° 20).

1 Constitution du groupement et augmentation de capital

4140 Les actes constatant la formation d'un GEIE dont le siège social est en France doivent être présentés à la formalité de l'enregistrement auprès de la recette des impôts dans le délai d'un mois à compter de leur date (CGI, art. 635-1, 6°. – BOI-ENR-AVS-40-60-20-20171206, n° 30).
Pour les actes établis à compter du 1er janvier 2021, V. *supra*, n° 4118, les conséquences de l'abrogation du 6° du 1 de l'article 635 du CGI.
En ce qui concerne la taxation des apports, il convient de se reporter aux indications données ci-dessus (V. n°s 4117 à 4122) à propos des GIE, les règles applicables étant identiques.

2 Dissolution et liquidation

4141 L'acte qui a pour seul objet de constater la dissolution du GEIE est soumis au droit fixe des actes innommés prévus à l'article 680 du Code général des impôts.
➤ Sur le régime applicable à la dissolution d'une société, V. CGI, art. 811 et V. **Dissolution de société.**
En revanche, si l'acte comporte un partage, on distingue selon que celui-ci porte sur des choses de genre ou de corps certains.
Le partage de choses de genre, notamment de numéraire, ne donne pas lieu à perception d'un droit de mutation mais rend exigible le droit de partage, s'il est constaté par un acte.
Les règles applicables au partage de corps certains diffèrent selon que les biens partagés proviennent d'apports purs et simples ou d'acquêts.
On se reportera aux règles données ci-dessus à propos du partage des GIE, car elles sont identiques (V. n°s 4125 à 4128).

3 Transfert du siège social

4142 Le transfert du siège d'un GEIE de la France vers l'étranger ou de l'étranger en France entraîne un changement de la loi applicable et donc la création d'un être moral nouveau.
Le transfert d'un GEIE qui a son siège en France dans un autre État de l'Union européenne emporte dissolution du GEIE et constitution d'un nouveau groupement. Seul le droit fixe est, en principe, exigible (BOI-ENR-AVS-40-60-20-20171206, n° 40).

4 Changement de forme juridique

a) Transformation en GEIE

4143 Toute société ou association dotée de la personnalité morale, tout GIE peut se transformer en GEIE sans donner lieu à dissolution ni à création d'un être moral nouveau (C. com., art. L. 252-8, al. 1). La transformation donne donc ouverture au seul droit fixe des actes innommés (CGI, art. 680. – BOI-ENR-AVS-40-60-20-20171206, n° 50).

b) Transformation d'un GEIE

4144 Un GEIE peut être transformé en un GIE de droit français ou une société en nom collectif, sans donner lieu à dissolution ni à création d'une personne morale nouvelle (C. com., art. L. 252-8, al. 2).
En l'absence de création d'un être moral nouveau, la transformation donne ouverture, en principe, au droit fixe des actes innommés (BOI-ENR-AVS-40-60-20-20171206, n° 60).
En revanche, la transformation d'un GEIE en société de capitaux aurait pour conséquence la création d'un être moral nouveau.
Si la transformation a pour effet de rendre la personne morale passible de l'impôt sur les sociétés, les incidences sont celles entraînées par tout changement de régime fiscal d'une société (V. CGI, art. 809-II. BOI-ENR-AVS-40-60-20-20171206, n° 60). V. **Transformation de société**.

III

Contribution de sécurité immobilière

4145 La contribution de sécurité immobilière est perçue selon le droit commun, en fonction des règles applicables aux sociétés. Se reporter en conséquence à la rubrique correspondante (V. **Apports en société – Apports à titre onéreux** ; **Apports en société – Apports purs et simples** ; **Apports en société soumis à la TVA** ; **Dissolution de société**, etc.).

Groupement d'intérêt public

Neyla GONZALEZ-GHARBI

4146 **Statut juridique.** La loi n° 2011-525 du 17 mai 2011 (art. 98 et s.) de simplification et d'amélioration de la qualité du droit a réformé le régime juridique des groupements d'intérêt public (GIP).
Les groupements d'intérêt public sont dotés de la personnalité morale et de l'autonomie financière. Ils peuvent être constitués par convention approuvée par l'État entre plusieurs personnes morales de droit public, soit entre l'une ou plusieurs d'entre elles et une ou plusieurs personnes morales de droit privé pour exercer ensemble des activités d'intérêt général à but non lucratif.
Ces groupements ne donnent pas lieu au partage des bénéfices. Ils peuvent être constitués sans capital. Les droits de leurs membres peuvent être représentés par des titres négociables.

4147 **Régime fiscal.** Les groupements d'intérêt public constitués et fonctionnant dans les conditions prévues aux articles 98 et suivants de la loi n° 2011-525 ne sont pas soumis à l'impôt sur les sociétés (CGI, art. 239 quater B). Au regard des droits d'enregistrement, ils sont soumis au même régime que les groupements d'intérêt économique (BOI-ENR-AVS-40-60-30 et BOI-ENR-AVS-40-60-10). On se reportera aux règles énoncées au mot **Groupement d'intérêt économique**, puisqu'elles sont identiques.

Groupement foncier agricole (GFA)

Franck ROUSSEL

4148 **Définition.** Le groupement foncier agricole est une société civile formée entre personnes physiques en vue de créer ou de conserver une ou plusieurs exploitations agricoles et d'en assurer ou d'en faciliter la gestion, notamment en les donnant à bail rural (C. rur. pêche marit., art. L. 322-1 et L. 322-6).

Il est actuellement régi par les articles L. 322-1 et suivants du Code rural et de la pêche maritime.

I Régime fiscal

4149 **Régime de droit commun – Réforme issue de la loi de finances pour 2019.** Les GFA sont, depuis la réforme opérée par la loi de finances pour 1992, soumis sur tous les points au régime de droit commun.

La réforme des droits d'enregistrement exigibles sur les actes de sociétés opérée par l'article 26 de la loi n° 2018-1317 du 28 décembre 2018 de finances pour 2019 qui a modifié les dispositions de l'article 810 bis du Code général des impôts n'a pas été commentée par l'administration fiscale qui devra préciser l'incidence de cette réforme sur le régime spécial des apports à titre onéreux (V. n° 4153).

4150 **Régime d'imposition des bénéfices.** Les GFA, sociétés civiles (V. n° 4148), ne sont pas en principe soumis à l'impôt sur les sociétés. Mais comme toutes les sociétés civiles, ils peuvent opter pour l'assujettissement à l'IS.

Il faudra donc distinguer en ce qui concerne le régime fiscal des apports et du partage, selon que le GFA a ou non exercé cette option.

4151 **Extension du régime de faveur aux départements d'outre-mer.** La législation applicable aux GFA (L. n° 70-2199, 31 déc. 1970) a été étendue aux quatre départements d'outre-mer par le décret n° 79-146 du 14 février 1979 (*JCP* N 1979, III, 48232) modifié par le décret n° 85-1252 du 29 novembre 1985 (*JO* 30 nov.), sous réserve de quelques adaptations.

L'ensemble des indications données ci-dessous quant au régime fiscal des GFA est donc valable pour les DOM.

A Constitution

4152 **Observation préliminaire.** Le capital social des groupements fonciers agricoles est constitué en propriété d'immeubles ou de droits immobiliers à destination agricole ou par des apports en numéraire (C. rur. pêche marit., art. L. 322-8, al. 1er). Ces groupements ne peuvent donc, sans perdre le bénéfice des avantages fiscaux attachés à leur statut, recevoir des apports de biens meubles autres que du numéraire, à moins, bien entendu, que les biens ainsi apportés ne revêtent le caractère d'immeubles par destination.

La constitution du groupement obéit aux règles générales concernant la constitution des sociétés (V. **Constitution de société**) mis à part quelques particularités que nous signalerons ci-dessous.

4153 **Régime spécial des apports à titre onéreux.** Sous le régime antérieur à la loi de finances pour 1992, il était admis que les apports à titre onéreux résultant de la prise en charge du passif grevant les immeubles apportés à ces organismes soient imposés au même tarif que les apports à titre pur et simple. Cette mesure a été maintenue. Il en résulte que ces apports sont actuellement exonérés de droit fixe, sous réserve qu'ils soient effectués à l'occasion de la constitution du groupement ou de l'exploitation.
En revanche, tout autre apport à titre onéreux demeure assujetti, dans les conditions de droit commun, aux droits et taxes normalement exigibles du fait des mutations opérées (BOI-ENR-AVS-40-30-11/02/2013, n° 110) (sur la pérennité de cette solution, V. n° 4149).

B Cession de parts

4154 **Régime fiscal de faveur.** Les cessions de parts d'un groupement foncier agricole, qu'il soit ou non exploitant, sont enregistrées au droit fixe de 125 €, dès lors que le groupement est constitué depuis au moins trois ans avant la cession (CGI, art. 730 bis mod., réd. L. n° 2019-1479, 28 déc. 2019, art. 20 – BOI-ENR-DMTOM-40-50-20-29/01/2020, n° 1). Les cessions de parts d'un groupement foncier agricole entre indivisaires bénéficient des dispositions de l'article 730 ter du Code général des impôts (C. rur. pêche marit., art. L. 322-17 – BOI-ENR-DMTOM-40-50-20-29/01/2020, n° 20). Toutefois, nous ne nous étendrons pas sur ce dernier point, ces opérations ne concernant pas le service de la publicité foncière.

C Augmentation du capital

4155 **Régime fiscal.** Les règles données ci-dessus (V. n° 4152) pour le cas de constitution de GFA s'appliquent également aux augmentations de capital (BOI-ENR-AVS-40-30-11/02/2013, n° 100). Mais l'apport à titre onéreux donnera lieu à la perception du droit fixe (V. **Constitution de société**), l'exonération de ce droit ne s'appliquant qu'aux apports effectués lors de la constitution du groupement (V. nos observations au n° 4153).

D Prorogation

4156 **Application du droit commun.** La prorogation du GFA est soumise aux règles de droit commun (V. **Prorogation de société**. – BOI-ENR-AVS-40-30-11/02/2013, n° 100).

E Transformation

4157 **Application du droit commun.** La transformation du GFA est soumise aux règles de droit commun (V. **Transformation de société**. – BOI-ENR-AVS-40-30-11/02/2013, n° 100).

F Dissolution, liquidation, partage

1 Régime de faveur

CGI, art. 748 bis. – Le droit d'enregistrement ou la taxe de publicité foncière prévu à l'article 746 est applicable au partage d'un groupement foncier agricole pour les biens qui se trouvaient dans l'indivision lors de leur apport et qui sont attribués à des apporteurs, à leurs conjoints survivants ou à leurs ayants droit à titre gratuit, dès lors que les apporteurs étaient parents ou alliés jusqu'au quatrième degré inclus.

4158 **Application du droit de 2,50 %.** Le droit d'enregistrement ou la taxe de publicité foncière prévu à l'article 746 (actuellement 2,50 %) est applicable au partage d'un groupement foncier agricole pour les biens qui se trouvaient dans l'indivision lors de leur apport et qui sont attribués à des apporteurs, à leurs conjoints survivants ou à leurs ayants droit à titre gratuit, dès lors que les apporteurs étaient parents ou alliés jusqu'au quatrième degré inclus (BOI-ENR-AVS-40-30-11/02/2013, n° 120).
Il y a plusieurs conditions à remplir pour que joue ce régime de faveur :
– condition tenant à la nature des apports et à la personne des apporteurs : il doit s'agir de biens qui, lors de leur apport, se trouvaient dans l'indivision entre des apporteurs parents ou alliés jusqu'au quatrième degré inclus ;
– condition tenant à la personne des attributaires : les biens doivent être attribués aux apporteurs, à leurs conjoints survivants ou à leurs ayants droit à titre gratuit.
Il n'y a pas à tenir compte de l'origine de l'indivision. Il n'est pas nécessaire non plus qu'il y ait identité entre les membres originaires de la division et les apporteurs. Les actes devront contenir toutes les précisions nécessaires en ce qui concerne le lien de parenté qui unissait les apporteurs ainsi que, le cas échéant, la justification de la qualité d'ayant droit à titre gratuit des attributaires.

Lorsque ces conditions sont remplies, le partage n'est susceptible de donner ouverture qu'à une imposition de 2,50 %, liquidée sur la valeur de l'actif net partagé.
Lorsque le partage ne remplit pas les conditions ci-dessus, les règles de droit commun des partages de sociétés sont applicables (V. **Partage de société**. – BOI-ENR-AVS-40-30-11/02/2013, n° 120).

2 Régime de droit commun

4159 Pour un rappel de l'économie de ce régime de droit commun, V. **Partage de société**.
Il est susceptible de recevoir application :
– lorsque le partage ne remplit pas les conditions indiquées ci-dessus (V. n° 4158) ;
– dans le cas où l'administration fiscale contesterait la qualification de GFA (BOI-ENR-AVS-40-30-11/02/2013, n° 120).

G Licitations

CGI, art. 750 bis. – La licitation des biens d'un groupement foncier agricole, qui se trouvaient dans l'indivision lors de leur apport, est assujettie au droit d'enregistrement ou à la taxe de publicité foncière prévu à l'article 746 lorsque les biens sont attribués à des apporteurs, à leurs conjoints survivants ou à leurs ayants droit à titre gratuit, dès lors que ces apporteurs étaient parents ou alliés jusqu'au quatrième degré inclus.

4160 **Régime de faveur.** Les règles données ci-dessus à propos des partages s'appliquent également dans le cas de licitation (CGI, art. 750 bis. – V. BOI-ENR-AVS-40-30-11/02/2013, n° 120).
Les licitations des mêmes biens intervenant entre les mêmes personnes ne donnent également ouverture qu'à la taxe de publicité foncière au taux de 2,50 %, liquidée en principe sur les parts acquises ou lorsque la licitation fait cesser l'indivision, sur la valeur des immeubles, sans soustraction de la part de l'acquéreur.
Les mêmes règles s'appliquent et le droit d'enregistrement au taux de 2,50 % joue lorsque le GFA comprend des biens meubles et immeubles.

4161 Lorsque la licitation ne remplit pas les conditions prévues par la loi (par ex., licitation faite à un tiers), les règles de droit commun de la licitation sont applicables (V. **Licitation**. – BOI-ENR-AVS-40-30-11/02/2013, n° 120).

II
Contribution de sécurité immobilière

4162 En l'absence d'exonération particulière, la contribution de sécurité immobilière est due. Elle est perçue selon le droit commun.

Groupements agricoles

Franck ROUSSEL

I Groupement agricole d'exploitation en commun (GAEC)

➤ V. **Groupements agricoles d'exploitation en commun (GAEC).**

II Groupement agricole foncier (GAF)

A Généralités

4163 **Définition.** Les groupements agricoles fonciers (GAF) prévus par la loi n° 62-933 du 8 août 1962 étaient des sociétés civiles formées entre plusieurs propriétaires en vue de rassembler des immeubles agricoles situés dans une même commune ou dans des communes voisines afin de sortir de l'indivision ou de créer ou de conserver une ou plusieurs exploitations agricoles ou d'en assurer ou d'en faciliter la gestion (V. BOI-ENR-AVS-40-30-11/02/2013, n° 130).

4164 **Évolution législative.** Une loi n° 62-933 du 8 août 1962 avait déterminé la nature et les caractéristiques juridiques des groupements agricoles fonciers, prévues à l'article 14 de la loi d'orientation agricole du 5 août 1960, ainsi que le régime fiscal de faveur qui leur était applicable (art. 5).

Depuis le 1er janvier 1971, il ne peut plus être créé de groupements agricoles fonciers et ceux constitués à cette date ont la possibilité :
– de se transformer en groupements fonciers agricoles (GFA) ;
– ou de conserver leur forme, en bénéficiant des avantages fiscaux qui leur étaient accordés et des dispositions fiscales prises en faveur des groupements fonciers agricoles, s'ils répondent aux diverses caractéristiques de ces derniers (V. BOI-ENR-AVS-40-30-11/02/2013, n° 70).

B Régime fiscal

4165 **Observation.** Comme il a été indiqué ci-dessus (V. n° 4164), il ne peut plus être constitué de groupements agricoles fonciers depuis le 1er janvier 1971. En revanche, ceux constitués avant cette date subsistent.

En conséquence, des apports ne peuvent être faits à de tels groupements qu'au titre d'une augmentation du capital (BOI-ENR-AVS-40-30-11/02/2013, n° 130).

4166 **Option possible pour l'imposition au titre de l'impôt sur les sociétés.** Les groupements agricoles fonciers, en tant que sociétés civiles, ne sont pas en principe soumis à l'impôt sur les sociétés. Mais ils ont la possibilité d'opter pour l'assujettissement à cet impôt.

4167 **Régime fiscal identique à celui des GFA.** Le régime fiscal de l'augmentation de capital des groupements agricoles fonciers est le même que celui des augmentations de capital des groupements fonciers agricoles (BOI-ENR-AVS-40-30-11/02/2013, n° 150). Pour en connaître la teneur, V. **Groupement foncier agricole**.
Il en est de même pour les autres opérations susceptibles d'affecter ces groupements (cessions de parts, prorogation, transformation ; dissolution, liquidation, partage, etc.).

III

Groupements fonciers agricoles (GFA)

➤ V. **Groupement foncier agricole.**

IV

Groupements fonciers ruraux (GFR)

A Régime juridique

4168 Les dispositions qui régissent ce type de groupement, créé par la loi de modernisation de l'agriculture n° 95-95 du 1er février 1995, sont codifiées à l'article L. 322-22 nouveau du Code rural et de la pêche maritime.
Selon l'alinéa 1er de cet article,

> « Les groupements fonciers ruraux sont des sociétés civiles formées en vue de rassembler et gérer des immeubles à usage agricole et forestier ».

Le régime juridique des groupements fonciers ruraux est, pour l'essentiel, aligné sur celui des groupements fonciers agricoles (C. rur. pêche marit., art. L. 322-1 et s.), notamment en ce qui concerne les règles relatives à la constitution du capital social, à l'obligation de donner à bail dans certains cas et aux conditions de mise en valeur directe des terres.
Seules des personnes physiques peuvent, en principe, être membres de tels groupements.
Toutefois, les sociétés d'aménagement foncier et d'établissement rural (SAFER) sont notamment autorisées à participer au capital des groupements fonciers ruraux ; cette participation ne doit pas dépasser 30 % de la valeur des biens à usage agricole détenus par le groupement foncier rural ; de plus, sa durée est limitée à cinq ans (C. rur. pêche marit., art. L. 322-2).
Les articles L. 331-1 et L. 331-2 du Code forestier, qui définissent l'objet des groupements forestiers, sont applicables aux groupements fonciers ruraux.

B Régime fiscal

4169 **Régime mixte.** Le dernier alinéa de l'article L. 322-22 nouveau du Code rural et de la pêche maritime prévoit que les biens des groupements fonciers ruraux sont régis, notamment en matière fiscale, selon les dispositions propres aux groupements fonciers agricoles (V. **Groupement foncier agricole**) pour la partie agricole, et selon celles propres aux groupements forestiers (V. **Groupements forestiers**), pour la partie forestière (BOI-ENR-AVS-40-30-11/02/2013, n° 240).
Nous rappelons qu'il est admis que les apports à titre onéreux résultant de la prise en charge du passif grevant les immeubles apportés aux groupements fonciers agricoles ou aux groupements forestiers sont imposés au même tarif que les apports purs et simples. En conséquence, ces apports ne sont actuellement soumis à aucun droit. La même solution vaut donc pour les groupements fonciers ruraux.

4170 **Cessions de parts.** Les dispositions de l'article 730 ter du Code général des impôts, applicables tant aux groupements fonciers agricoles qu'aux groupements forestiers, bénéficient également aux groupements fonciers ruraux (V. **Groupement foncier agricole** et **Groupements forestiers**).

V Groupements pastoraux

A Régime juridique

4171 Les groupements, dits « groupements pastoraux », peuvent être créés en vue de l'exploitation de pâturages de montagne ou de pâturages situés dans des zones visées à l'article L. 113-2 du Code rural et de la pêche maritime. Les conditions dans lesquelles ces groupements peuvent être constitués sont indiquées par l'article L. 113-3 du même code.

B Régime fiscal

1 Constitution du groupement

4172 Pour faciliter la constitution et le fonctionnement des groupements pastoraux, l'article 12 de la loi du 3 janvier 1972, codifié à l'article 824-A du Code général des impôts, avait institué au profit de ces groupements divers avantages fiscaux à l'occasion des opérations suivantes les concernant : apports, incorporations de bénéfices ou de réserves au capital social et prorogations.
Mais la loi de finances pour 1992 (n° 91-1322, 30 déc. 1991 : *JO* 31 déc. 1991 ; *JCP* N 1992, III, 65278) a réformé le régime des apports (V. **Constitution de société**) et abrogé l'article 824-A du Code général des impôts.
De ce fait, la constitution du groupement pastoral obéit dorénavant aux règles de droit commun concernant les apports en société : il convient de distinguer selon que le groupement est ou non soumis à l'impôt sur les sociétés et selon la nature de l'apport (pur et simple ou à titre onéreux, ou apport mixte) et du bien apporté (V. **Constitution de société**).

2 Autres opérations

4173 Les autres opérations concernant les groupements pastoraux (transformation, prorogation, fusion, apport partiel d'actif, scission, dissolution, partage, prorogation, etc.) ne présentent aucune particularité par rapport aux règles de droit commun régissant les sociétés en général.
On se reportera donc à la rubrique traitant de l'opération concernée, en distinguant le cas échéant pour déterminer le régime fiscal selon que le groupement est ou non soumis à l'impôt sur les sociétés – par exemple en matière de partage…

VI Sociétés civiles agricoles

4174 **Cessions de parts. Sur les régimes dérogatoires prévus par les articles 730 bis et 730 ter du Code général des impôts.** Ces actes n'intéressant pas la publicité foncière, nous renvoyons aux textes et aux commentaires administratifs (V. BOI-ENR-DMTOM-40-50-20-29/01/2020).

Groupements agricoles d'exploitation en commun (GAEC)

Franck ROUSSEL

I Généralités

4175 **Définition.** La réglementation des GAEC figure actuellement aux articles L. 323-1 à L. 323-16 et R. 323-1 à R. 323-54 du Code rural et de la pêche maritime.
Ces groupements ont la forme juridique de sociétés civiles de personnes régies par les articles 1832 et suivants du Code civil et par les dispositions précitées du Code rural et de la pêche maritime.
Les associés peuvent être autorisés à se retirer du groupement en reprenant leurs apports, sauf disposition contraire des statuts (C. rur. pêche marit., art. L. 323-5).

4176 Le bénéfice des dispositions propres aux GAEC est réservé aux seuls groupements qui ont fait l'objet d'une reconnaissance par l'autorité administrative (C. rur. pêche marit., art. L. 323-11, al 1er et R. 323-8 et s.). Le retrait de cette reconnaissance peut être prononcé par le préfet lorsque les modifications apportées aux statuts ou aux modalités de fonctionnement sont incompatibles avec le statut des groupements agricoles d'exploitation en commun (C. rur. pêche marit., art. R. 323-21 et s.).

4177 **Régime d'imposition des bénéfices.** Les GAEC, sociétés civiles (V. n° 4175) ne sont pas en principe soumis à l'impôt sur les sociétés.
Mais comme toutes les sociétés civiles, ils peuvent opter pour l'assujettissement à l'IS. Il faut donc distinguer en ce qui concerne le régime fiscal des apports et du partage selon que le GAEC a ou non exercé cette option.

II Constitution

A Publicité foncière

4178 **Constructions. Plantations.** L'apport des constructions (sans le sol les supportant) doit être publié au service de la publicité foncière (J.-F. Pillebout, *À propos de la constitution des GAEC : JCP* N 1982, prat. p. 537).
Cette formalité n'est toutefois pas exigée, en principe, pour les plantations (sans le sol) (*Bull. AMC* 1979, art. 1162).

B Régime fiscal

4179 **Application du droit commun.** La constitution du groupement obéit aux règles générales concernant la constitution des sociétés (V. **Constitution de société** ; BOI-ENR-AVS-40-30-11/02/2013, n° 60), mis à part quelques particularités que nous signalerons ci-dessous.

4180 **Régime spécial des apports à titre onéreux.** Sous le régime antérieur à la loi de finances

pour 1992, il était admis que les apports à titre onéreux résultant de la prise en charge du passif grevant les immeubles apportés à ces organismes soient imposés au même tarif que les apports à titre pur et simple. Cette mesure a été maintenue. Il en résulte que ces apports sont actuellement exonérés de droit fixe, sous réserve qu'ils soient effectués à l'occasion de la constitution du groupement ou de l'exploitation (BOI-ENR-AVS-40-30-11/02/2013, n° 60). Cette solution est bien entendu applicable aux apports de cheptel, matériel et autres objets mobiliers dépendant de l'exploitation agricole qui auraient le caractère d'immeubles par destination du fait que leur apport serait corrélatif à celui des terres constituant le fonds rural (Rép. min. Valleix : *JOAN* Q, 2 janv. 1995, p. 67, n° 14583 ; BOI-ENR-AVS-40-30-11/02/2013, n° 60).
En revanche, tout autre apport à titre onéreux demeure assujetti, dans les conditions de droit commun, aux droits et taxes normalement exigibles du fait des mutations opérées (BOI-ENR-AVS-40-30-11/02/2013, n° 60).

4181 **Apport à titre onéreux à un GAEC d'un bien acquis depuis moins de cinq ans sous le bénéfice du régime de faveur de l'article 705 ancien du Code général des impôts.** Depuis la loi de finances pour 1991, l'apport à un GAEC d'un bien acquis sous le régime de l'article 705 ancien du Code général des impôts n'emporte pas déchéance de ce régime si l'apporteur prend dans l'acte d'apport l'engagement, pour lui, son conjoint et ses ayants cause à titre gratuit, de conserver les parts jusqu'à l'expiration d'un délai de cinq ans à compter de la date du transfert de propriété initial (V. CGI, art. 1594 F quinquies-D-I-2°, al. 3).

C Cas particulier de la mise à disposition de biens loués par le preneur

4182 **Mise à disposition de tout ou partie des biens loués par un preneur.** Cette possibilité est prévue par l'article L. 323-14 du Code rural et de la pêche maritime qui dispose :

> « Le preneur à ferme qui adhère à un GAEC peut faire exploiter par ce groupement tout ou partie des biens dont il est locataire pour une durée qui ne peut être supérieure à celle du bail dont il est titulaire. Il en avise alors, par lettre recommandée avec accusé de réception, le propriétaire.
> Cette opération ne donne pas lieu à l'attribution de parts d'intérêt au profit du preneur, qui reste seul titulaire du bail. Les droits du bailleur ne sont pas modifiés. Toutefois, le groupement est tenu solidairement avec le preneur de l'exécution des clauses du bail ».

4183 On s'est interrogé sur la nature de cette mise à disposition, laquelle paraît tout à la fois distincte des sous-contrats (sous-location, sous-prêt à usage) et des conventions qui réalisent un transfert de titre (cession de bail, apport du droit au bail) (V. ainsi Ch. Dupeyron et Fr. Roussel *in JCl. Sociétés Traité*, Fasc. 182-10, n° 39, p. 13 ; 1, 2012).
Il s'agit d'une convention *sui generis* de coexploitation avec le groupement.

4184 **Terres mises par des propriétaires exploitants à la disposition du GAEC dont ils sont membres, sans bail.** Les conventions par lesquelles l'associé d'un GAEC ou le preneur à ferme qui adhère au groupement mettent à la disposition de celui-ci des terres dont ils sont propriétaires ou locataires constituent des mutations de jouissance (RES n° 2008/9-ENR, 13 mai 2008 ; BOI-ENR-JOMI-10-02/08/2017, n° 20).

III Augmentation du capital

4185 **Apport de biens nouveaux.** Les règles de taxation sont les mêmes que celles prévues pour le cas de constitution.

IV

Acquisition d'immeubles ruraux par les membres d'un GAEC

4186 **Immeuble antérieurement loué par l'acquéreur et apporté en jouissance au GAEC.** L'article L. 323-13 du Code rural et de la pêche maritime dispose que la participation à un GAEC ne doit pas avoir pour effet de mettre ceux des associés qui sont considérés comme chefs d'exploitation et leur famille, pour tout ce qui touche leur statut professionnel, et notamment économique, social et fiscal, dans une situation inférieure à celle des autres chefs d'exploitation agricole et à celle des autres familles de chefs d'exploitation agricole.
En conséquence, l'associé d'un GAEC peut bénéficier du tarif réduit prévu par l'article 1594 F quinquies-D-I-1° du Code général des impôts en cas d'acquisition des biens dont il était précédemment locataire s'il s'engage à en poursuivre l'exploitation par l'intermédiaire du GAEC (BOI-ENR-DMTOI-10-70-30-06/04/2016, n°s 150 et 440).

4187 **Immeuble loué directement au GAEC.** Par contre, lorsque les immeubles ruraux ont été loués directement à un GAEC et que le bail ne fait pas suite à une précédente location consentie à l'associé acquéreur, le régime de faveur de l'article 1594 F quinquies-D-I-1° du Code général des impôts n'est pas applicable (BOI-ENR-DMTOI-10-70-30-06/04/2016, n° 150).

V

Transformation

4188 Le régime fiscal est celui du droit commun (V. **Transformation de société** ; BOI-ENR-AVS-40-30-11/02/2013, n° 60).

VI

Prorogation

4189 Le régime fiscal de la prorogation du GAEC est celui du droit commun (V. **Prorogation de société** ; BOI-ENR-AVS-40-30-11/02/2013, n° 60).

VII

Dissolution et partage du GAEC

4190 **Application des règles de droit commun.** La dissolution, la liquidation et le partage du GAEC s'opéreront en principe selon les règles prévues pour la liquidation et le partage des sociétés non soumises à l'IS à moins que le GAEC ait opté pour cet impôt (V. **Partage de société**).

VIII

Contribution de sécurité immobilière

4191 La contribution de sécurité immobilière est exigible selon le droit commun (V. **Constitution de société**).

Groupements forestiers

Franck ROUSSEL

Sommaire analytique

4192 Nous étudierons successivement le cas des groupements forestiers proprement dits (I) et des groupements syndicaux forestiers (II).

I Groupements forestiers

A Généralités

4193 **Régime juridique.** Le régime juridique des groupements forestiers est défini aux articles L. 331-1 et suivants du Code forestier (Livre II, Titre IV) :

– les articles L. 331-1 à L. 331-7 précisent l'objet, la nature juridique et les règles générales de constitution des groupements forestiers ;

– les articles L. 331-8 à L. 331-15 fixent les modalités relatives à la constitution de groupements forestiers entre les propriétaires indivis de forêts ou de terrains à boiser en vue de mettre fin à une indivision.

4194 **Régime d'imposition des bénéfices.** Aux termes de l'article 238 ter du Code général des impôts, les groupements forestiers, constitués dans les conditions prévues par les dispositions de l'article L. 331-1 du Code forestier à l'article L. 331-15 du Code forestier, ne sont pas assujettis à l'impôt sur les sociétés ; mais chacun de leurs membres est personnellement passible, pour la part des bénéfices sociaux correspondant à ses droits dans le groupement, soit de l'impôt sur le revenu, déterminé d'après les règles prévues pour la catégorie de revenus à laquelle ces bénéfices se rattachent, soit de l'impôt sur les sociétés, s'il s'agit de personnes morales assujetties audit impôt (BOI-BA-SECT-30-10-11/02/2013, n° 70).

4195 **Régime fiscal.** À la suite de la réforme opérée par la loi de finances pour 1992 (V. **Constitution de société**), le régime de faveur résultant de l'article 823 ancien du Code général des impôts a été supprimé et les groupements forestiers sont donc actuellement soumis sur tous les points au régime de droit commun (BOI-ENR-AVS-40-30-11/02/2013, n° 170), mis à part quelques règles spécifiques que nous signalerons, notamment le régime spécial des apports à titre onéreux (V. n° 4199).

B Fiscalité des principales opérations

1 Constitution

4196 La constitution du groupement obéit aux règles générales concernant la constitution des sociétés (V. **Constitution de société**. – BOI-ENR-AVS-40-30-11/02/2013, n° 170), mis à part quelques particularités.

4197 Apports réalisés postérieurement à la constitution du groupement. L'article 69 de la loi n° 2001-602 du 9 juillet 2001 d'orientation sur la forêt (*JO* 11 juill. 2001) a inséré au Code général des impôts un article 810 ter, ainsi conçu :

> « Les apports à un groupement forestier constitué dans les conditions prévues par les articles L. 331-1 à L. 331-15 du Code forestier, réalisés postérieurement à la constitution de la société et constitués de terrains en nature de bois et forêts ou de terrains nus à boiser, lorsqu'ils sont d'une surface inférieure à cinq hectares et d'un montant inférieur à 7 623 €, sont exonérés du droit fixe de 375 € ou de 500 € prévu à l'article 810 ».

Il a été précisé que ces dispositions s'appliquaient *mutatis mutandis* aux sociétés d'épargne forestière (Instr. 13 mai 2003 : *BOI* 4 D-1-03, n° 20).

Cette exonération concerne non seulement les apports purs et simples, mais aussi les apports à titre onéreux à concurrence de la prise en charge du passif par le groupement forestier (BOI-ENR-AVS-40-30-11/02/2013, n° 170, Remarques).

4198 Réforme opérée par la loi de finances pour 2019. Abrogation de l'article 810 ter du Code général des impôts. L'article 26 de la loi de finances pour 2019 (L. n° 2018-1317, 28 déc. 2018) qui a modifié le régime des droits d'enregistrement applicables aux actes de sociétés en supprimant les droits fixes qui étaient exigibles sur certains de ces actes, a abrogé l'article 810 ter du Code général des impôts. L'administration fiscale n'a pas encore publié ses commentaires de ces règles (V. **Constitution de société**).

4199 Apports à titre onéreux. Sous le régime antérieur à la loi de finances pour 1992 (V. n° 4195), il était admis que les apports à titre onéreux résultant de la prise en charge du passif grevant les immeubles apportés à ces organismes soient imposés au même tarif que les apports à titre pur et simple. Cette mesure a été maintenue. Il en résulte que ces apports sont actuellement exonérés de droit fixe, sous réserve qu'ils soient effectués à l'occasion de la constitution du groupement ou de l'exploitation. Les apports à un groupement forestier constitué dans les conditions prévues par les articles L. 331-1 à L. 331-15 du Code forestier, réalisés postérieurement à la constitution de la société et constitués de terrains en nature de bois et forêts ou de terrains nus à boiser, lorsqu'ils sont d'une surface inférieure à cinq hectares et d'un montant inférieur à 7 623 €, sont exonérés du droit fixe prévu à l'article 810 du Code général des impôts (CGI, art. 810 ter. – BOI-ENR-AVS-40-30-11/02/2013, n° 170, Remarques).

En revanche, tout autre apport à titre onéreux demeure assujetti, dans les conditions de droit commun, aux droits et taxes normalement exigibles du fait des mutations opérées.

L'administration devra se prononcer sur la pérennité de cette solution après la réforme de la loi de finances pour 2019 (V. n° 4197).

4200 Apport de bois par des entreprises industrielles ou commerciales passibles de l'IR ou par des sociétés passibles de l'IS.

➤ V. n° 4204.

2 Cession de parts

4201 Régime fiscal de faveur. Les cessions de parts d'un groupement forestier bénéficient des dispositions de l'article 730 ter du Code général des impôts (C. rur. pêche marit., art. L. 322-17). Nous ne nous étendrons pas sur cette particularité qui ne concerne pas les opérations effectuées au service de la publicité foncière.

3 Prorogation

4202 La prorogation du groupement forestier est soumise aux règles de droit commun (V. **Prorogation de société**. – BOI-ENR-AVS-40-30-11/02/2013, n° 170).

4 Transformation

4203 Application du droit commun. Ce sont les règles de droit commun qui sont applicables. Il faut distinguer, selon que la transformation entraîne ou non création d'un être moral nouveau (V. **Transformation de société**. – BOI-ENR-AVS-40-30-11/02/2013, n° 170).

4204 Opérations de transformation en groupement forestier ou apport de bois par des entreprises industrielles ou commerciales passibles

de l'IR ou par des sociétés passibles de l'IS. Lorsqu'elles sont réalisées par des entreprises industrielles ou commerciales passibles de l'impôt sur le revenu ou par des sociétés passibles, à un titre quelconque, de l'impôt sur les sociétés, les opérations de transformation en un groupement forestier d'une société propriétaire de bois ou de terrains à reboiser ainsi que d'apport de biens de cette nature à un tel groupement, donnent lieu à la perception d'une taxe spéciale sur la valeur nette, au moment de leur réalisation, de l'actif transféré au groupement forestier. Cette taxe, perçue au taux de 6 % dans le premier cas et de 8 % dans le second, libère les plus-values afférentes à l'actif transféré, de l'impôt sur le revenu ou de l'impôt sur les sociétés susceptibles d'être réclamés du chef de l'opération.

Le paiement de la taxe entraîne en outre l'exonération, s'il s'agit d'une société de capitaux ou d'une société assimilée, de l'impôt sur le revenu et de la retenue à la source sur le revenu des capitaux mobiliers auxquels donnerait ouverture la distribution à ses membres des parts d'intérêt du groupement forestier représentatives des bois et des terrains à reboiser à lui transférés.

La taxe est perçue, selon les règles et sous les sanctions applicables en matière de droits d'enregistrement, lors de l'enregistrement de l'acte constatant la transformation ou l'apport, ou lors de l'accomplissement de la formalité fusionnée.

Elle n'est pas admise en déduction pour l'assiette de l'impôt sur le revenu ni pour l'assiette de l'impôt sur les sociétés.

Le bénéfice de ces dispositions est subordonné aux conditions suivantes :

1° les statuts du groupement forestier doivent être préalablement approuvés par le ministre de l'Agriculture ;

2° les bois et terrains à reboiser doivent se trouver dans le patrimoine de la société transformée ou de la personne physique ou morale auteur de l'apport depuis une date antérieure au 1er janvier 1962 ou y être entrés depuis cette date par succession ou par donation ; toutefois, aucune condition de date d'entrée dans le patrimoine n'est exigée pour les apports effectués par les sociétés d'aménagement foncier et d'établissement rural constituées et fonctionnant conformément aux dispositions des articles L. 141-1 à L. 142-6, L. 142-8, L. 144-2 et L. 144-3 du Code rural et de la pêche maritime ;

3° la transformation ou l'apport ne doit pas comporter de transmission de biens meubles ou immeubles entre les membres du groupement ou d'autres personnes (CGI, art. 238 quater. – V. BOI-ENR-AVS-40-30-11/02/2013, n° 180).

L'article 238 quater du Code général des impôts a été abrogé par l'article 22 de la loi n° 2015-1786 du 29 décembre 2015 de finances rectificative pour 2015.

5 Dissolution. Liquidation. Partage

4205 **Régime applicable.** C'est celui prévu pour la liquidation et le partage des sociétés non soumises à l'impôt sur les sociétés (V. **Partage de société**).

C Cas particulier : groupement forestier constitué en vue de mettre fin à une indivision

4206 **Constitution.** Lorsqu'une forêt ou un terrain à boiser est indivis, le ou les coïndivisaires représentant au moins les deux tiers de la valeur de l'immeuble, peuvent décider de faire cesser l'indivision en constituant un groupement forestier auquel est apporté cet immeuble (C. for., art. L. 331-8).

4207 **Régime fiscal des apports.** Dans la mesure où l'apport de droits indivis sera rémunéré par l'attribution de parts sociales elles-mêmes indivises, c'est le régime indiqué plus haut (V. n° 4199) et donc la dispense de droit fixe qui s'appliquera.

Si l'apport de biens indivis est rémunéré par l'attribution de parts sociales divises, cette attribution va opérer partage.

Normalement, le droit de partage n'est pas réclamé, indépendamment des droits d'apport, parce que ce partage constitue une disposition dépendante du contrat de société.

Mais au cas particulier, l'application de la théorie des dispositions dépendantes et indépendantes (CGI, art. 670. – V. **Acte contenant plusieurs dispositions**) commanderait apparemment d'appliquer « la perception qui donne lieu au taux le plus élevé », c'est-à-dire en l'espèce la taxe de publicité foncière au taux de 2,50 % prévu en matière de partage immobilier, au lieu du droit d'apport.

D Contribution de sécurité immobilière

4208 **Principe général.** En l'absence d'exonération, la contribution de sécurité immobilière est normalement due, et perçue selon les principes généraux (V. **Contribution de sécurité immobilière**). Les solutions ci-après données pour la perception de l'ancien salaire du conservateur sont transposables pour l'application de la CSI.

4209 **Apport à un groupement forestier d'immeubles distincts par des propriétaires différents.** Dans le cas où plusieurs propriétaires apportent à un groupement forestier des parcelles

Groupements forestiers

dont ils sont propriétaires divis, le salaire doit, selon M. Bulté (chron. : *JCP* N 1960, IV, 2965), être liquidé séparément sur la valeur des parcelles composant l'apport de chacun des propriétaires au groupement forestier.
En effet, l'apport dont il s'agit peut, selon M. Bulté, être assimilé au cas d'acquisition par un même acquéreur d'immeubles différents appartenant à des propriétaires différents non solidaires, pour laquelle l'association des conservateurs préconise une perception séparée des salaires (*Bull. AMC*, art. 106, § 5, p. 4).

4210 **Transformation d'une société civile en groupement forestier. Contribution de sécurité immobilière.** La perception par le service de la publicité foncière d'une contribution de sécurité immobilière fixe ou proportionnelle dépend du point de savoir si la transformation a lieu sans création d'un être moral nouveau ou, au contraire, entraîne une telle création.
Dans le premier cas, la publication de l'acte constatant la transformation donnera lieu à la perception du seul salaire fixe (CGI, ann. III, art. 287-11°).
Dans le second, la perception dépend de chaque situation particulière dont l'analyse juridique ne peut résulter que de l'examen de l'ensemble des circonstances de fait et de droit.

II
Groupements syndicaux forestiers

4211 **Réglementation.** Le Code forestier prévoit la création de trois catégories d'organismes dont l'objet, d'une manière générale, consiste en la mise en valeur, la gestion et l'amélioration de la rentabilité des bois et forêts appartenant aux communes et relevant du régime forestier : les syndicats intercommunaux de gestion forestière (C. for., art. L. 231-1 et s.), les syndicats mixtes de gestion forestière (C. for., art. L. 232-1 et s.) et les groupements syndicaux forestiers (C. for., art. L. 233-1 et s.). Ces organismes constituent des établissements publics.

4212 **Régime fiscal.** Ces divers organismes sont soumis au régime fiscal de droit commun (BOI-ENR-AVS-40-30, 11 févr. 2013, n° 210), qui se déterminera en tenant compte de ce qu'ils constituent des établissements publics (V. **Établissement public**).

4213 **Contribution de sécurité immobilière.** Elle est perçue selon le droit commun (V. **Établissement public**).

HLM

Neyla GONZALEZ-GHARBI

Sommaire analytique

Index alphabétique

I

Généralités

4214 Réforme du secteur HLM par la loi n° 2018-1021 du 23 novembre 2018 dite « loi ELAN » (*JO* 24 nov. 2018). Le titre II de la loi ELAN ambitionne de réorganiser le secteur HLM en vue de favoriser la construction de logements sociaux. Elle redéfinit les missions et compétences de ces organismes au nombre de huit cents et incite à leur regroupement en vue d'améliorer leur gestion et leur solidité financière. Elle vise également à favoriser la mobilité résidentielle des locataires et à encourager l'accession de ces derniers à la propriété. La loi entend inciter les organismes à la mise en vente de leur patrimoine. Une société de vente d'habitations à loyer modéré est créée (CCH, art. L. 422-4). Les articles L. 411-2, L. 422-2, L. 422-4, L. 443-7 à L. 443-15 du Code de la construction et de l'habitation sont modifiés. De nouveaux articles L. 443-12-1, L. 443-14-1, L. 443-14-2, L. 443-15-1-1, L. 443-15-8 sont créés (sur le nouvel agrément des organismes HLM en qualité d'OFS en vue de la conclusion des baux réels solidaires, V. Zalewski-Sicard, *Le bail réel solidaire : un bail encouragé : Constr.-Urb.* 2019, étude 10).

Au plan fiscal, la loi contient cinq articles qui modifient le Code général des impôts. La très profonde réorganisation du secteur du logement social n'a entraîné, à une exception près, qu'un toilettage rédactionnel des divers textes du Code général des impôts relatifs à l'imposition des bénéfices et des opérations des organismes HLM et assimilés. Les dispositions du XI de l'article 88 de la loi n° 2018-1021 modifient les articles 207, 210 E, 278 sexies, 11 et 11 bis ; 1594 H-0bis du Code général des impôts pour prendre en compte la rédaction des articles du Code de la construction et de l'habitation issue de la loi nouvelle. Ces modifications n'instaurent aucun dispositif fiscal nouveau.

La seule disposition fiscale réellement nouvelle concerne la contribution de sécurité immobilière de l'article 879 du Code général des impôts. Dans sa rédaction issue de l'article 87 de la loi, le II de l'article 881 L du Code général des impôts instaure un régime de faveur temporaire qui fixe le taux de la CSI à 0,01 %. Ce régime est applicable jusqu'au 31 décembre 2021 (N. Gonzalez-Gharbi, *Les dispositions de la loi ELAN en matière de fiscalité immobilière et de participations d'urbanisme : Constr.-Urb.* 2019, étude 16).

Rappel. Catégories particulières de logements aidés. Nous signalerons simplement l'existence de catégories particulières de logements aidés ou qui l'ont été, dans la mesure où nous sommes appelés à y faire référence dans les développements qui suivent :

– logements économiques et familiaux, dits *Logéco*. Cette catégorie de logements primés a été supprimée par le décret n° 63-1323 du 24 décembre 1963 sur les primes et prêts.

La Cour de cassation a jugé que les *Logéco* « étaient une catégorie distincte de celle des HLM », et c'est là ce qui nous importe ici (Cass. 3e civ., 16 mai 1973 : *Bull. civ.* 1973, III, n° 353, p. 254 ; V. *Bull. AMC* 1958, art. 359, 424 ; *JCP* N 1959, IV, 2785 ; *JCP* N 1961, IV, 3142).

– *Castors*, ou sociétés (coopératives en général) de construction dans lesquelles il est demandé aux associés un apport en travail. Ces sociétés peuvent bénéficier de la législation sur les HLM si elles sont financées par une SA de Crédit immobilier, ou de la législation sur les primes et prêts au cas contraire.

Les logements sont du type *Logéco*.

Bien entendu, depuis le 31 décembre 1972 (date d'entrée en vigueur de la loi n° 71-579 du 16 juillet 1971), toutes les sociétés coopératives sont soumises au régime instauré par cette loi en son titre III.

4215 **Liste des organismes d'HLM.** Dans sa rédaction issue de l'article 88 de la loi ELAN précitée, l'article L. 411-2 du Code de la construction et de l'habitation indique que les organismes d'HLM comprennent :

– les offices publics de l'habitat ;

– les sociétés anonymes d'habitations à loyer modéré ;

– les sociétés anonymes coopératives de production et les sociétés anonymes coopératives d'intérêt collectif d'habitations à loyer modéré ;

– les fondations d'habitations à loyer modéré ;

– les sociétés de coordination mentionnées à l'article L. 423-1-2 ;

– les sociétés de vente d'habitations à loyer modéré mentionnées à l'article L. 422-4.

Il faut y ajouter, jusqu'à leur dissolution, les SA coopératives d'HLM de location-attribution.

4216 **Distinction entre les organismes du secteur public et du secteur privé.** Nous serons appelés à distinguer (car le régime fiscal des opérations qu'ils effectuent n'est pas identique) les organismes d'HLM du secteur public et du secteur privé.

– Font partie du « secteur public » :

• les offices publics de l'habitat (OPH) qui sont des établissements publics à caractère administratif,

• les offices publics d'aménagement et de construction (OPAC) qui sont des établissements publics, industriels et commerciaux.

– Font partie du « secteur privé » :

• les sociétés anonymes d'habitation à loyer modéré (SA d'HLM),

• les sociétés coopératives de production d'HLM (SCP d'HLM) auxquelles s'ajoutent à titre transitoire les sociétés coopératives de location-attribution (SCLA),

• les sociétés de vente d'habitations à loyer modéré mentionnées qui sont des SA ou des SA coopérative,

• les sociétés anonymes de crédit immobilier.

Ces organismes sont globalement désignés dans plusieurs articles du Code de la construction et de l'habitation sous l'expression générique de « sociétés d'HLM »,

• les fondations d'HLM.

4217 Authenticité des actes. Certification d'identité. Il a été admis :
– que les actes de vente et d'acquisition d'immeubles passés par un Office Public d'Habitations à Loyer Modéré, qui est un établissement public, peuvent être considérés comme des actes authentiques satisfaisant aux exigences de l'article 4 du décret du 4 janvier 1955 ;
– que le représentant légal d'un Office Public d'HLM est habilité, conformément aux dispositions de l'article 38, § 2 du décret du 14 octobre 1955, modifié par l'article 10 du décret n° 73-313 du 14 mars 1973, à certifier l'identité des parties aux actes établis par lui (*Bull. AMC* 1976, art. 1042).

II

Constitution et dissolution d'organismes d'HLM

A Acte de constitution et de dissolution

CGI, art. 1052. I. – Sous réserve des dispositions du I de l'article 827, les actes nécessaires à la constitution et à la dissolution des organismes d'habitations à loyer modéré définis dans le livre IV du Code de la construction et de l'habitation sont soumis gratuitement à la publicité foncière ou à l'enregistrement, s'ils remplissent les conditions visées au 1° du I de l'article 809, c'est-à-dire s'ils ne portent pas transmission de biens meubles ou immeubles entre les associés ou autres personnes.

Les sociétés anonymes d'habitations à loyer modéré ne sont admises au bénéfice des exonérations qui précèdent, qu'autant qu'elles remplissent les conditions énumérées aux articles L. 422-2, L. 422-5 et suivants du Code de la construction et de l'habitation.

4218 **Conditions d'application du régime fiscal spécifique.** Aux termes du I de l'article 1052 du Code général des impôts, sous réserve des dispositions du I de l'article 827 du même code, les actes nécessaires à la constitution et à la dissolution des organismes d'habitations à loyer modéré définis dans le livre IV du Code de la construction et de l'habitation (CCH, art. L. 411 et s.) sont soumis gratuitement (CGI, art. 809, I, 1°) à la publicité foncière ou à l'enregistrement s'ils remplissent les conditions visées au 1° du I de l'article 809 du Code général des impôts, c'est-à-dire s'ils ne portent pas transmission de biens meubles ou immeubles entre les associés ou autres personnes (CGI, art. 1052, I).

Les sociétés d'habitations à loyer modéré ne sont admises à ce régime de faveur qu'autant qu'elles remplissent les conditions énumérées à l'article L. 422-2 du Code de la construction et de l'habitation, et aux articles L. 422-5 et suivants du même code (BOI-ENR-AVS-40-20-20150902, n° 240). On signalera que la rédaction des dispositions de l'article 1052 du Code général des impôts n'a pas été modifiée suite à la réforme des droits d'enregistrement applicables aux actes de sociétés opérée par l'article 26 de la loi n° 201-1327 du 28 décembre 2018, de finances pour 2019. Or, dans leur rédaction en vigueur depuis le 1er janvier 2019, les dispositions du I de l'article 827, I et celles du I, 1° de l'article 809 du Code général des impôts prévoient le principe de l'enregistrement gratuit des actes de constitution de société (V. **Constitution de société** ; V. **Apports en société – Apport à titre pur et simple**). Cette absence de coordination rédactionnelle est regrettable. Au 25 avril 2020, l'administration n'a pas publié ses commentaires de cette réforme.

4219 **Champ d'application de l'exonération.** L'exonération s'applique à chacun des actes concourant à la constitution de la société : il s'ensuit que chacun d'eux doit être envisagé isolément lorsqu'il y a lieu d'apprécier si le bénéfice de l'exonération peut être accordé (BOI-ENR-AVS-40-20-20150902, n° 270). Les procès-verbaux de délibération des assemblées générales des sociétés d'habitations à loyer modéré ayant pour objet la formation, la dissolution, la prorogation ou la fusion de la société, ou une augmentation de capital bénéficient de l'exonération (BOI-ENR-AVS-40-20-20150902, n° 280).

4220 **Cas où l'exonération n'est pas applicable.** Par contre, l'exonération ne s'applique pas aux apports à titre onéreux qui ne sont pas visés expressément dans le texte de l'article 1052-1 : ils sont taxés selon le droit commun (BOI-ENR-AVS-40-20-20150902, n° 260. – Sur la taxation applicable, V. **Apport en société – Apport à titre onéreux**). Elle ne s'applique pas non plus au partage des valeurs sociales, même s'il a lieu dans l'acte de dissolution dont il constitue une disposition indépendante. En effet, l'exonération ne concerne pas les dispositions indépendantes passibles d'une taxation proportionnelle (BOI-ENR-AVS-40-20-20150902, n° 290).

B Fusion de sociétés d'HLM

BIBLIOGRAPHIE : Sur le régime antérieur à la loi ELAN, A.-M. Sollier, Fusion de sociétés d'HLM et autres regroupements dans le secteur du logement social : JCP N 2012, n° 36-1317.

4221 **Régime fiscal.** Les sociétés d'HLM et les sociétés de crédit immobilier peuvent fusionner. Cette fusion est soumise sur le plan juridique aux règles de droit commun.

Sur le plan fiscal, l'exonération édictée par l'article 1052-1 du Code général des impôts (V. n° 4219) va pouvoir s'appliquer.

4222 Contribution de sécurité immobilière.

Taux : CGI, art. 881 L (Mod., L. n° 2018-1021, 23 nov. 2018, art. 87)

« II. – Par exception aux dispositions du I, lorsqu'elles se rapportent aux opérations de fusions et d'apports réalisées par les organismes d'habitations à loyer modéré mentionnés à l'article L. 411-2 du Code de la construction et de l'habitation ainsi que par les sociétés d'économie mixte de construction et de gestion de logements sociaux mentionnées à l'article L. 481-1 du même code, les formalités hypothécaires pour lesquelles il est perçu une contribution de sécurité immobilière proportionnelle donnent lieu à la perception d'une contribution au taux de 0,01 % jusqu'au 31 décembre 2021, sous réserve de l'article 881 M du présent code. »

Dans sa rédaction issue de l'article 87 de la loi, le II de l'article 881 L du Code général des impôts instaure un régime de faveur temporaire qui fixe le taux de la CSI à 0,01 %. Ce régime est applicable jusqu'au 31 décembre 2021. On rappelle qu'en principe et en application du 1° de l'article 881 L (devenu le 1° du I de l'article 881 L), les formalités hypothécaires pour lesquelles il est perçu une CSI proportionnelle (0,10 %) donnent lieu à la perception d'une contribution réduite de moitié lorsqu'elles intéressent les organismes HLM.

Assiette : Il avait été précisé, pour la liquidation de l'ancien salaire du conservateur, que lors de la publication des traités d'apport, à l'occasion de la fusion-absorption de sociétés coopératives de location-attribution d'HLM (SCLA) par des sociétés coopératives de production d'HLM (SCP), le salaire paraît pouvoir être liquidé sur une partie seulement des sommes restant dues par les accédants à la date d'effet de la fusion. Il s'agit de celles dont le versement échelonné aboutira en fin de contrat au paiement complet du prix d'achat. En pratique, pour obtenir cette valeur résiduelle, il convient de retenir pour chacun des immeubles donnés en location-attribution le montant des emprunts dus à la date de la fusion, déduction faite de toute bonification restant à imputer (*Bull. AMC* 1990, art. 1473).

C Attribution d'actif après dissolution

CGI, art. 827 (*Mod., L. n° 2018-1317, 28 déc. 2018, art. 26*). – I. – Sont enregistrés gratuitement :

1° Les actes constatant l'attribution d'actif net faite à un ou plusieurs organismes attributaires par une société d'habitations à loyer modéré, en vertu du premier alinéa de l'article L. 422-11 du Code de la construction et de l'habitation, quelle que soit la nature des biens compris dans l'actif net attribué.

Cette disposition est applicable aux sociétés anonymes de crédit immobilier définies à l'article L. 422-4 du code précité, ainsi qu'aux sociétés coopératives artisanales et aux groupements de ces mêmes coopératives constitués en conformité de l'article 3 de la loi du 27 décembre 1923 et réalisant les opérations désignées à l'article 1er de la loi du 2 août 1932 facilitant la construction des locaux à usage artisanal ;

2° Les attributions de logements faites par les sociétés coopératives en application du deuxième alinéa de l'article 80 de la loi n° 53-80 du 7 février 1953.

4223 **Régime fiscal de l'attribution d'actif après dissolution.** La loi de finances pour 2019 a remplacé l'exigibilité du droit fixe prévu par l'article 827 du Code général des impôts dans sa rédaction antérieure (V. ce guide, éd. 2018) par la gratuité pure et simple de la formalité. Cet « enregistrement gratuit » laisse subsister, à notre avis, l'exigibilité de la CSI.

On relève que la modification du texte de l'article 827 en vue d'instaurer cette nouvelle règle de l'enregistrement gratuit de l'acte constatant l'attribution d'actif net a laissé subsister le renvoi à l'article L. 422-4 du Code de la construction et de l'habitation dans sa rédaction abrogée par l'ordonnance n° 2006-1048 du 25 août 2006. Étant précisé que dans sa rédaction issue de l'article 97 de la loi du 23 novembre 2018 (loi ELAN), l'article L. 422-4 du Code de la construction et de l'habitation définit la nouvelle société de vente d'habitation à loyer modéré qui est, conformément à l'article L. 411-2 du Code de la construction et de l'habitation, un organisme HLM.

Il serait utile que ces textes soient complètement réécrits pour tenir compte de l'évolution des textes tant du Code de la construction et de l'habitation que du Code général des impôts. L'administration devrait commenter ces nouvelles dispositions et en préciser la portée.

III

Exonération de taxe de publicité foncière

CGI, art. 1049. – Sauf lorsqu'elle tient lieu des droits d'enregistrement en vertu de l'article 664, la taxe de publicité foncière n'est pas perçue sur les actes publiés en vue de l'application de la législation sur les habitations à loyer modéré.

HLM

4224 **Champ d'application de l'exonération de taxe de publicité foncière.** L'exonération de taxe de publicité foncière édictée par l'article 1049 du Code général des impôts est appelée à jouer lorsqu'un acte est publié « en vue de l'application de la législation sur les HLM ». Étant donné le caractère général de cette formule, tous les organismes d'HLM sont *a priori* concernés sans qu'il y ait lieu d'opérer de distinction entre eux (sur la liste de ces organismes, V. n° 4215).

4225 **Conditions d'application de l'exonération.** Cette exonération ne s'applique que lorsque la taxe de publicité foncière ne tient pas lieu des droits d'enregistrement.

Par l'effet de cette restriction, le champ d'application de la dispense est limité :

– elle ne joue pas dans tous les cas où il y a lieu à formalité unique (conséquence du renvoi fait par l'article 1049 aux dispositions de l'article 664 du Code général des impôts ; V. **Formalité unique**). En effet, la taxe de publicité foncière tient alors lieu des droits d'enregistrement ;

– elle s'appliquera dans tous les cas où la taxe de publicité foncière est perçue isolément à la conservation des hypothèques (les droits d'enregistrement étant acquittés à la recette des impôts) ou encore lorsque l'acte donne seulement lieu à la perception d'une taxe de publicité foncière au taux fixe ou à 0,70 % (0,71498 % avec les perceptions additionnelles). Ainsi, par exemple :

• dans le cas de baux de plus de douze ans consentis à un organisme d'HLM, lorsque ces actes étaient exclus de la formalité unique (V. *infra*, VIII, Baux).

• pour la publication des « actes déclaratifs » passibles d'une taxe de publicité foncière à un taux fixe ou à 0,70 % (0,71498 % avec les perceptions additionnelles. – V. **Acte déclaratif**) dans la mesure où ces actes concernent l'application de la législation d'HLM,

• dans le cas de vente ou d'apport en société d'immeuble dont la mutation est soumise à TVA (V. n° 4226).

4226 Opérations concourant à la production d'immeubles neufs au sens de la TVA. La doctrine administrative opposable indique :

« À cet égard, il est admis que n'a pas le caractère de droit d'enregistrement et n'est donc pas exigible :

– le taux réduit prévu par le A de l'article 1594 F quinquies du CGI [taxe perçue au taux de 0,70 % – 0,71498 % avec les perceptions additionnelles] quand la mutation donne lieu au paiement de la TVA sur le prix total ;

– le droit fixe [125 €] lorsqu'il est souscrit un engagement de construire tel que prévu au A de l'article 1594-0 G] du CGI.

Les organismes HLM ne sont donc soumis aux droits d'enregistrement (au taux normal) que dans les situations, marginales par hypothèse, où ils ne seraient pas en mesure de prendre un tel engagement, et où l'acquisition du terrain à bâtir soit ne serait pas soumise à la TVA, soit y serait soumise sur la seule marge ».

En revanche, lorsqu'un immeuble est sorti du champ d'application de la TVA, la taxe de publicité foncière exigible sur la mutation dont il a fait l'objet tient lieu de droits d'enregistrement. L'exonération prévue à l'article 1049 du Code général des impôts cesse d'être applicable (BOI-ENR-DMTOI-10-90-20, 5 avr. 2017, n°s 10 et 20).

4227 **Extension aux SEM.** Il est indiqué au n° 30 du BOI-ENR-DMTOI-10-90-20, précité :

« L'exonération prévue à l'article 1049 du CGI s'applique également aux acquisitions d'immeubles neufs et en état futur d'achèvement réalisées par les sociétés d'économie mixte (SEM), dès lors que les immeubles concernés sont à usage de logement social au sens des dispositions de l'article L. 411-1 du Code de la construction et de l'habitation (CCH) ».

Ces solutions reprennent les solutions antérieures à la réforme des règles de la TVA de 2010 (V. **TVA immobilière**).

4228 **Cas où l'exonération n'a pas été reconnue applicable.** L'exonération édictée par l'article 1049 du Code général des impôts n'est pas applicable :

– lorsque les résidences commercialisées par une société de crédit immobilier sont présentées comme des résidences de standing et que les prix de vente pratiqués sont similaires aux prix pratiqués par d'autres promoteurs (CA Rouen, 1re ch., 9 avr. 2003 : *JurisData* n° 2003-231322 ; *Dr. fisc.* 2004, comm. 309) ;

– lorsque les ventes de logements par une société d'HLM ont été réalisées à des prix supérieurs à ceux prévus par la législation sur les HLM et sont, par conséquent, manifestement inaccessibles à des personnes de revenus modestes (CA Rouen, 1re ch., 27 mars 2002 : *JurisData* n° 2002-191256 ; *Dr. fisc.* 2002, n° 970) ;

– lorsque l'opération n'est pas destinée à la construction d'HLM, l'application du régime prévu par l'article 1049 du Code général des impôts dépendant de la finalité de l'acte (Cass. com., 13 déc. 2005 : *Bull. civ.* 2005, IV, n° 252 ; *AJDI* 2006, p. 844, note J.-P. Maublanc).

4229 **Contrôle du service de la publicité foncière.** Adoptant le point de vue de l'administration centrale, l'association des conservateurs a estimé qu'il n'appartenait pas aux services fiscaux de s'assurer que les organismes désignés à l'article L. 411-2 du Code de la construction et de l'habitation respectent effectivement la législation sur les HLM. Elle considérait en conséquence que les actes présentés à la formalité par ces organismes étaient réputés entrer dans le champ d'application de l'article 1049 du Code général des impôts sans il y ait de recherche particulière ou de justification à demander par le conservateur – aujourd'hui, par le service de la publicité foncière (*Bull. AMC* 1992, art. 1548).

4230 Pour que l'exonération joue, il suffit qu'il soit déclaré dans l'acte que celui-ci est « publié en vue de l'application de la législation sur les habitations à loyer modéré » (*Bull. AMC* 1991, art. 1518).

IV

Achats dans le cadre de la législation sur les HLM

4231 Nous exposerons successivement les règles applicables aux achats effectués par les organismes d'HLM, d'abord en matière de droits d'enregistrement ou de taxe de publicité foncière en tenant lieu (A), puis en matière de TVA (B).

A Règles applicables en matière de droits d'enregistrement (ou de taxe de publicité foncière)

4232 Nous examinerons dans un premier temps les opérations classiques d'acquisition (1), avant de traiter de diverses acquisitions soumises à des régimes spéciaux (2).

1 Opérations classiques

4233 Nous distinguerons selon que les opérations sont effectuées par des organismes publics d'HLM (*a*) ou par des organismes d'HLM du secteur privé (*b*), étant entendu que le régime fiscal des marchands de biens peut le cas échéant s'appliquer (*c*).

a) Acquisition par des organismes publics d'HLM

4234 En ce qui concerne les acquisitions réalisées par les organismes publics d'HLM :

– elles peuvent bénéficier du régime de faveur édicté par l'article 1042 du Code général des impôts ;

– mais le régime de faveur prévu par l'article 1040-I du Code général des impôts ne leur est pas applicable.

1) Application de l'article 1042 du Code général des impôts

CGI, art. 1042 (*Mod., L. n° 2018-1021, 23 nov. 2018, art. 24*). – I. – Sous réserve des dispositions du I de l'article 257, les acquisitions immobilières faites à l'amiable et à titre onéreux par les communes ou syndicats de communes, les établissements publics fonciers créés en application des articles L. 324-1 et suivants du Code de l'urbanisme, les départements, les régions et par les établissements publics communaux, départementaux ou régionaux ne donnent lieu à aucune perception au profit du Trésor.

4235 **Offices publics d'HLM.** En vertu de l'article 1042 susvisé, les offices publics d'HLM bénéficient d'une exonération du droit d'enregistrement et de taxe de publicité foncière (V. BOI-ENR-DMTOI-10-80-10, n° 150).

4236 Cette exemption s'étend aux taxes locales additionnelles. En fait, il n'y aura lieu qu'à la seule perception de la contribution de sécurité immobilière. Le régime est identique à celui des acquisitions par les communes – voir toutefois, sur l'extension de cette exonération à la contribution de sécurité immobilière (V. **Commune**).
L'exonération s'applique automatiquement, la nécessité d'une déclaration d'utilité publique ayant été supprimée par la loi de finances pour 1983 (V. **Commune**).
Il avait été précisé que peuvent également en bénéficier les OPAC (L. n° 71-580, 16 juill. 1971, art. 4 et 101-II).

2) Non-application de l'article 1040 du Code général des impôts

CGI, art. 1040. – (*Mod., L. n° 2019-1479, 28 déc. 2019, art. 17*). – I. – Les acquisitions et échanges faits par l'État, les partages de biens entre lui et les particuliers, et tous autres actes faits à ce sujet sont exonérés des droits d'enregistrement, de la taxe de publicité foncière et de la contribution prévue à l'article 879.

Cette disposition n'est pas applicable aux établissements publics de l'État.

Toutefois, elle est applicable aux établissements publics de recherche, d'enseignement, d'assistance et de bienfaisance, et aux établissements publics fonciers créés en application des articles L. 321-1 à L. 321-13 du Code de l'urbanisme, les acquisitions et échanges faits par l'État, les partages de biens entre lui et les particuliers, et tous autres actes.

4237 Selon l'article 170 de l'annexe IV du Code général des impôts :

« Entrent notamment dans les prévisions du deuxième alinéa du 1 de l'article 1040 du Code général des impôts :
– les offices publics d'habitation à loyer modéré ».

Il résulte de ce texte que les offices publics d'HLM ne peuvent pas bénéficier des dispositions de l'article 1040-I du Code général des impôts. V., dans le même sens, BOI-ENR-DMTOI-10-80-10, n° 50.

b) Acquisitions réalisées par des organismes d'HLM du secteur privé

4238 **Application du régime de droit commun.** Lorsque l'acquisition est réalisée par un organisme d'HLM autre qu'un office public, elle est soumise au droit d'enregistrement (ou à la taxe de publicité foncière) qui en tient lieu, selon le droit commun.
Elle ne peut en effet bénéficier ni de l'exonération de l'article 1042 du Code général des impôts (V. n° 4230), ni de celle prévue par l'article 1040-1 (V. n° 4230), ni de l'exonération de l'article 1049 du Code général des impôts (V. ce texte *supra*).

c) Acquisition réalisée sous le régime des « achats-revente »

1) Opérations d'achat-revente en général

4239 **Principe et conséquences.** Un organisme d'HLM peut adopter pour certaines de ses opérations le régime fiscal des achats-revente (V. **Engagement de revendre**) et revendiquer alors le bénéfice de l'article 1115 du Code général des impôts : ainsi, pour ce qui concerne les transactions sur terrain à bâtir, les opérations d'acquisition, revente d'immeubles anciens ou les adjudications à la barre du tribunal d'immeubles repris à un accédant défaillant.

4240 **Rappel.** L'exonération de TVA prévue par les anciennes dispositions du *g* du 1° du 5 de l'article 261 du Code général des impôts a été supprimée lors de la réforme de la TVA par la loi de finances rectificative pour 2010 (L. n° 2010-237, 9 mars 2010 : *JO* 10 mars).
Les opérations d'achat-revente effectuées par les organismes HLM sont depuis le 11 mars 2010 soumises au régime de droit commun (V. **Engagement de revendre**).

Lorsqu'elles portent sur des immeubles, la taxe de publicité foncière visée à l'article 1020 du Code général des impôts, normalement exigible en vertu de l'article 1115 du Code général des impôts ne sera pas perçue, en raison de l'exonération prononcée par l'article 1049 du même code, car cette taxe ne tient pas lieu de droit d'enregistrement (V. ce texte *supra*).
L'acte donnera lieu à la perception de la contribution de sécurité immobilière selon le droit commun.

2) Achat-revente de lots de copropriété dégradés

4241 **Régime fiscal. Application des règles de droit commun.** L'exonération de TVA prévue par les anciennes dispositions du *g* du 1° du 5 de l'article 261 du Code général des impôts a été supprimée lors de la réforme de la TVA par la loi de finances rectificative pour 2010 (L. n° 2010-237, 9 mars 2010 : *JO* 10 mars).
Les opérations d'achat-revente effectuées par les organismes HLM sont depuis le 11 mars 2010 soumises au régime de droit commun (V. **Engagement de revendre**).

2 Acquisitions soumises à un régime spécifique

a) Rachat par un organisme d'HLM de logements d'accédants à la propriété en difficulté

4242 L'article 77 de la loi de finances pour 1989 (n° 88-1149, 23 déc. 1988 : *JO* 28 déc.) a permis aux conseils généraux d'exonérer de taxe départementale de publicité foncière ou de droits départementaux d'enregistrement les acquisitions par les organismes d'habitation à loyer modéré (HLM) d'immeubles d'habitation, construits ou acquis par des accédants à la propriété qui ont contracté des prêts aidés par l'État (PAP) entre le 1er juillet 1981 et le 31 décembre 1984 et qui ne peuvent honorer leurs échéances, à la condition que les accédants à la propriété qui cèdent ces logements soient maintenus dans les lieux par l'organisme acheteur aux termes d'une clause insérée dans l'acte de vente.
Une instruction du 25 janvier 1989 (*BOI* 7 C-I-89) a été prise pour l'application de ce texte, codifié sous l'article 1594 H du Code général des impôts.
Les commentaires de cette disposition figurent au BOI-ENR-DMTOI-10-90-20-20170405, nos 230 à 340).

CGI, art. 1594 H. – Le conseil départemental peut, sur délibération, exonérer de taxe de publicité foncière ou de droits d'enregistrement, les acquisitions par les organismes d'HLM ou par les sociétés d'économie mixte d'immeubles d'habitation construits ou acquis par des accédants à la propriété qui ont contracté des prêts aidés par l'État (PAP) entre le 1er juillet 1981 et le 31 décembre 1984 et qui ne peuvent honorer leurs échéances, lorsque les accédants à la propriété qui cèdent ces logements sont maintenus dans les lieux par l'organisme acheteur aux termes d'une clause insérée dans l'acte de vente.

La délibération prend effet dans les délais prévus à l'article 1594 E. Toutefois, les délibérations antérieures au 30 avril 1989 peuvent s'appliquer aux actes passés à compter du 1er mars 1988.

1) Champ d'application de l'exonération

4243 Nature des biens concernés. Sont visés par la mesure :
– les maisons individuelles ainsi que les logements dépendant d'immeubles collectifs sous réserve qu'ils soient affectés lors de leur mutation à usage d'habitation ;
– construits ou acquis à l'aide de prêts aidés par l'État pour la construction, l'acquisition, et l'amélioration des logements en accession à la propriété consentis en application de la loi n° 77-1 du 3 janvier 1977 et du décret n° 77-944 du 27 juillet 1977 (PAP) contractés entre le 1er juillet 1981 et le 31 décembre 1984.

4244 **Qualité de l'acquéreur.** Les organismes acquéreurs pouvant bénéficier de l'exonération sont les organismes d'HLM tels qu'ils sont définis à l'article L. 411-2 du Code de la construction et de l'habitation (V. n° 4215) ainsi que les sociétés d'économie mixte (BOI-ENR-DMTOI-10-90-20-20170405, nos 260 et 270).

4245 **Qualité du vendeur.** Le vendeur doit avoir financé la construction ou l'acquisition des biens immobiliers en cause à l'aide de prêts aidés par l'État (PAP. – V. BOI-ENR-DMTOI-10-90-20-20170405 n° 280).

2) Conditions d'application de l'exonération

4246 **Adoption de la mesure par les conseils généraux.** L'application de l'exonération résulte d'une décision du conseil départemental. Il s'agit en effet d'une simple faculté qui est ouverte aux conseils départementaux (BOI-ENR-DMTOI-10-90-20-20170405, n° 290).

➤ La liste des départements où s'applique ce régime de faveur figure dans la note « Droits d'enregistrement et taxe de publicité foncière sur les mutations à titre onéreux d'immeubles et de droits immobiliers – Taux, abattements et exonérations applicables du 1er juin 2024 au 31 mai 2025 », publiée par la DGFiP sur le site impots.gouv.fr

4247 **Mention devant figurer dans l'acte et justifications.** L'acte de vente doit préciser que les accédants à la propriété qui cèdent les logements en cause sont maintenus dans les lieux par l'organisme acheteur. Il devra comporter les indications de nature à permettre à l'administration de vérifier que les conditions prévues par la loi pour que la mutation soit effectuée en franchise de droit sont remplies : date et référence du contrat de prêt ; justification que le cédant ne peut honorer les échéances du prêt (BOI-ENR-DMTOI-10-90-20-20170405, n° 300).

3) Portée de l'exonération

4248 La décision par les conseils départementaux d'exonérer les rachats effectués par les organismes d'HLM ou les sociétés d'économie mixte des logements d'accédants à la propriété en difficulté de taxe départementale d'enregistrement ou de droits départementaux d'enregistrement aura pour effet d'exonérer également les mutations en cause des taxes additionnelles à ces droits (V. **Taxes additionnelles**) ainsi que du prélèvement pour frais d'assiette, de recouvrement, de dégrèvements et de non-valeurs (BOI-ENR-DMTOI-10-90-20-20170504, n° 310).

4249 **TVA.** Afin d'assurer dans les meilleures conditions possibles le rachat de ces logements par des organismes d'HLM, l'exonération de TVA dont a bénéficié l'accédant lors de l'acquisition initiale est maintenue pour les rachats effectués dans le cadre de l'accord-cadre conclu entre l'État et l'Union nationale des fédérations d'organismes d'HLM, qui prévoit une procédure de rachat de logements d'accédants à la propriété qui ne peuvent procéder au remboursement des prêts PAP contractés entre le 1er juillet 1981 et le 31 décembre 1984 (Déc. min. 1er mars 1988. – Doc. adm. DGI, 8 A-1151, n° 42, 15 nov. 2001). Cette solution est en principe caduque depuis la réforme de la TVA de 2010.

b) Acquisition de lots dans les copropriétés en difficulté

4250 **Sources.** L'article 82 de la loi n° 2000-1208 du 13 décembre 2000 relative à la solidarité et au renouvellement urbains dite « loi SRU » a autorisé les organismes d'habitations à loyer modéré à acquérir des lots dans les copropriétés en difficulté faisant l'objet d'un plan de sauvegarde en application de l'article L. 615-1 du Code de la construction et de l'habitation, en vue de procéder à leur réhabilitation puis à leur cession.
L'article 13 de la loi de finances pour 2002 (n° 2001-1275, 28 déc. 2001) institue au L de l'article 1594 F quinquies du Code général des impôts un régime de faveur pour les acquisitions effectuées dans le cadre de ces opérations de portage provisoire en les soumettant au droit d'enregistrement ou à la taxe de publicité foncière réduite à 0,70 % (0,71498 % avec les perceptions additionnelles).
Cette mesure s'est appliquée aux acquisitions réalisées à compter du 1er janvier 2002.
La portée de ces dispositions a été commentée par une instruction de la Direction générale des impôts du 17 juin 2002 (*BOI* 7 C-4-02). Les commentaires actuels figurent au BOI-ENR-DMTOI-10-90-20, nos 440 à 460.

CGI, art. 1594 F quinquies L. – Sont soumises à la taxe de publicité foncière ou au droit d'enregistrement au taux de 0,70 % :

(...)

L. Les acquisitions en vue de leur revente de lots de copropriétés faisant l'objet d'un plan de sauvegarde, en application de l'article L. 615-1 du Code de la construction et de l'habitation, par des sociétés anonymes et des sociétés anonymes coopératives de production d'habitations à loyers modérés ainsi que par des sociétés d'économie mixte.

4251 **Opérations visées.** Il s'agit des acquisitions de lots de copropriétés faisant l'objet d'un plan de sauvegarde en application de l'article L. 615-1 du Code de la construction et de l'habitation.
Les reventes desdits lots ne bénéficient pas de ce dispositif (BOI-ENR-DMTOI-10-90-20-20170405, n° 450).

4252 **Entités concernées.** Ce sont les sociétés anonymes d'habitation à loyer modéré définies à l'article L. 422-2 du Code de la construction et de l'habitation, les sociétés anonymes coopératives de production d'habitations à loyer modéré visées à l'article L. 422-3 du Code de la construction et de l'habitation. Il est admis que sont également concernées les sociétés coopératives d'intérêt collectif d'habitations à loyer modéré (BOI-ENR-DMTOI-10-90-20-20170405, n° 460) et les sociétés d'économie mixte.

Bien entendu, les acquisitions réalisées par les offices publics d'habitation à loyer modéré demeurent, sur le fondement de l'article 1042 du Code général des impôts, exonérées de toute perception au profit du Trésor (BOI-ENR-DMTOI-10-90-2020170405, n° 460).
On rappelle que l'article L. 422-2 a été modifié, en dernier lieu ? par la loi ELAN précitée en vue d'étendre l'objet des SA HLM.

B Règles applicables en matière de TVA immobilière

4253 Depuis la réforme de la TVA issue de la loi n° 2010-237 de finances rectificative pour 2010 du 9 mars 2010 (art. 16 : *JO* 10 mars 2010) (V. **TVA immobilière**), les livraisons d'immeubles (et de droits réels immobiliers) réalisées par les organismes HLM sont soumises à la TVA dans les conditions de droit commun (CGI, art. 257), en distinguant selon que l'organisme agit ou non en qualité d'assujetti au sens de l'article 256 A du Code général des impôts et selon la qualification fiscale de l'immeuble (terrain – terrain à bâtir – immeuble neuf ou ancien).
Ainsi, depuis l'entrée en vigueur de la réforme de 2010, l'exonération de TVA qui s'appliquait aux acquisitions de terrains à bâtir par les OPH et celle qui bénéficiait aux apports et cessions de terrains à bâtir effectués par les collectivités locales au profit des offices publics d'HLM et de leurs unions ont été supprimées (V. Doc. adm. DGI, 8 A-1151, n° 2, 15 nov. 2001 et ce guide, V° HLM, éd. 2017, n°s 4206 et 4217).
Sous le régime actuel, les organismes HLM bénéficient de l'application des taux réduits de la TVA, selon le cas, soit compte tenu de leur statut spécifique (1), soit au même titre que les autres acteurs de la politique sociale du logement (2) Ces régimes de faveur sont régis par l'article 278 sexies du Code général des impôts et les taux réduits y applicables depuis le 1er janvier 2018 sont prévus par l'article 278 sexies-0 A du même code. Ces deux textes ont été réécrits par l'article 30 de la loi de finances pour 2020 (L. n° 2019-1479, 28 déc. 2019 : *JO* 29 déc. 2019). Ils sont étudiés au mot **Logement social**.
L'article 12 de la loi de finances pour 2018 (L. n° 2017-1837, 30 déc. 2017 : *JO* 31 déc. 2017) a rehaussé le taux de 5,5 % à 10 % pour certaines opérations effectuées au profit ou par les organismes HLM (N. Gonzalez Gharbi, *Les bailleurs sociaux paieront plus cher et plus vite la TVA qui grève la construction des logements locatifs : Constr.-Urb.* 2018, comm. 62), qui relèvent depuis de ce qu'il est convenu de désigner de « logement intermédiaire » (BOI-TVA-IMM-30).
Conformément à l'article 12 II A de la loi n° 2017-1837 du 30 décembre 2017, ces dispositions s'appliquent aux opérations dont le fait générateur intervient à compter du 1er janvier 2018. Toutefois, il ne s'applique pas aux encaissements pour lesquels la taxe sur la valeur ajoutée est exigible avant cette date.
L'article 30 de la loi de finances pour 2020 a supprimé la hausse du taux réduit de TVA applicable aux organismes HLM et, procédé à un nouvelle définition des champs respectifs des taux de 5,5 % et de 10 % en réservant le taux de 5,5 % aux opérations locatives très sociales. Les articles 278 sexies et 278 sexies-0 A du CGI sont réécrits à cet effet. Ces nouvelles règles s'appliquent « aux opérations intervenant à compter du 1er décembre 2019. Elles sont étudiées au mot **Logement social**.

1 Cas d'application du taux réduit de la TVA fixé à 10 % visant spécifiquement les organismes HLM - Régime antérieur au 1er décembre 2019

CGI, art. 278 sexies-0 A *(Créé par L. n° 2017-1837, 30 déc. 2017, art. 12 [V]).* – Les taux réduits prévus à l'article 278 sexies sont égaux à :

(...)

2° 10 % pour les livraisons mentionnées aux 1, 2, 3, 6, 7, 7 bis et 10 du I dudit article 278 sexies et les livraisons à soi-même d'immeubles dont l'acquisition aurait bénéficié de ce taux.

CGI, art. 278 sexies *(Modifié par L. n° 2017-1837, 30 déc. 2017, art. 12).* – Les taux réduits de taxe sur la valeur ajoutée sont ceux mentionnés à l'article 278 sexies-0 A pour les opérations suivantes, réalisées dans le cadre de la politique sociale du logement :

I. 1. Les livraisons de terrains à bâtir consenties aux organismes d'habitations à loyer modéré visés à l'article L. 411-2 du Code de la construction et de l'habitation ou aux personnes bénéficiaires, au moment de la livraison, d'un prêt mentionné à l'article R. 331-1 du même code pour la construction de logements visés aux 3° et 5° de l'article L. 351-2 dudit code ;

(...)

3. Le premier apport de logements sociaux à usage locatif dont la construction a fait l'objet d'une livraison à soi-même mentionnée

au II, réalisé dans les cinq ans de l'achèvement de la construction au profit d'un organisme d'habitations à loyer modéré visé à l'article L. 411-2 du Code de la construction et de l'habitation, à la condition que l'acte d'apport prévoie le transfert de la société cédante à la société bénéficiaire de l'apport, du prêt prévu à l'article R. 331-1 du même code et de la convention mentionnée aux 3° ou 5° de l'article L. 351-2 du même code.

a) Vente et apport en société de terrains à bâtir consentis à des organismes d'HLM

4254 **Taux réduits de TVA : 5,5 %, 7 %, 10 %.** Les biens et services qui relevaient avant le **1er janvier 2012** du taux de 5,5 % sont devenus taxables à compter de cette date au taux de **7 %** (L. fin. rect. 2011, n° 2011-1978, 28 déc. 2011, art. 13 : *JO* 29 déc. 2011, p. 22 510 ; *Dr. fisc.* 2012, n° 4, comm. 103). Les modalités d'application de cette mesure ont été précisées par une instruction du 8 février 2012 (*BOI* 3 C-1-12).

Ce taux a été ramené à 5,50 % par la loi de finances pour 2014 (L. n° 2013-1278, 29 déc. 2013, art. 29 : *JO* 30 déc. 2013).

Ce taux réduit s'applique à des prix hors TVA. Le prix hors taxes est obtenu à partir du prix taxe comprise en appliquant à celui-ci un **coefficient de conversion de 0,947.**

Comme indiqué *supra*, l'article 12 de la loi de finances pour 2018 a porté le taux de 5,5 % à 10 % pour certaines opérations effectuées au profit ou par les organismes HLM.

4255 **Conditions d'application dans le temps.** Aux termes de l'article 269, 2, a du Code général des impôts, la TVA est exigible lors de la réalisation du fait générateur, c'est-à-dire au moment de la livraison du bien qui correspond à celui auquel intervient le transfert du pouvoir de disposer du bien commun propriétaire.

Le taux réduit de 5,50 % s'applique aux livraisons d'immeubles réalisées à compter du 1er janvier 2014.

Conformément à l'article 12 II A de la loi n° 2017-1837 du 30 décembre 2017, le nouveau taux de 10 % s'applique aux opérations dont le fait générateur intervient à compter du 1er janvier 2018. Toutefois, il ne s'applique pas aux encaissements pour lesquels la taxe sur la valeur ajoutée est exigible avant cette date.

Rappel. Depuis le 1er décembre 2019, sauf lorsqu'elles concernent un bail réel solidaire (V. **Bail réel solidaire**), les livraisons de terrains à bâtir destinés à la construction de locaux faisant l'objet d'une opération taxable au taux réduit sont soumises au taux réduit de 10 %, lorsque l'acquéreur atteste de cette destination dans l'acte de vente (CGI, art. 278 sexies, V et 278 sexies -0 A, tableau, 8e ligne).

4256 Opérations concernées.

Remarque. L'administration n'a pas publié ses commentaires du nouveau taux de TVA de 10 % applicable en vertu des articles 278 sexies et 278 sexies A du Code général des impôts. Nous nous référerons aux commentaires publiés pour l'application du taux réduit au BOI-TVA-IMM-20-10-10-10-20150701.

Les taux réduits de 5,50 % ou 10 % s'appliquent aux cessions de terrains à bâtir consenties aux organismes d'habitation à loyer modéré mentionnés à l'article L. 411-2 du Code de la construction et de l'habitation, que la TVA soit assise par le cédant sur le prix total ou sur la marge (BOI-TVA-IMM-20-10-10-10-20150701, n° 80).

4257 **Conditions d'application.** Pour bénéficier du taux réduit, l'acte de vente doit comporter une mention spécifiant que la condition énoncée ci-dessus est remplie. À défaut d'une telle mention, le taux de droit commun est applicable (sur le taux actuel, V. **TVA immobilière**.)

Il est admis que le taux réduit s'applique à l'ensemble du prix du terrain même lorsque le terrain acquis par l'organisme HLM est destiné à une opération mixte comprenant à la fois des logements sociaux et des locaux utilisés pour un autre usage, ou encore est destiné à la construction du siège social de l'organisme (BOI-TVA-IMM-20-10-20150701, n° 90).

➤ Pour plus de détails, V. **Logement social**.

b) Apports de logements locatifs sociaux aux organismes HLM

4258 **Application de la TVA au taux réduit.** L'article 24 de la loi n° 2002-1575 du 30 décembre 2002 (V. *Dr. fisc.* 2003, n° 1-2, p. 36) a ajouté à l'article 278 sexies-I-3 (V. le texte de cet article ci-dessus) un article 3 bis dont le texte a été repris à l'article 278 sexies-I-3, résultant de la loi n° 2010-237 du 9 mars 2010, qui a réformé la TVA. Ces dispositions ont été modifiées par l'article 12 de la loi de finances pour 2018 afin de soumettre cette opération au taux réduit de 10 %.

4259 **Objectif poursuivi.** Ce texte visait à aligner, sous certaines conditions, le taux de TVA applicable en cas d'apport de logements locatifs sociaux à des organismes HLM, sur le taux réduit prévu pour les ventes de logements sociaux.

C'est pourquoi la loi de finances pour 2003 avait complété l'article 278 sexies du Code général des impôts par un 3 bis prévoyant que le taux réduit de TVA s'appliquait au premier apport de logements sociaux à usage locatif, dont la construction a fait l'objet d'une livraison à soi-même au taux réduit, au profit d'un organisme d'habitations à loyer modéré visé à l'article L. 411-2 du Code de la construction et de l'habitation.

4260 **Conditions d'application de la mesure.** Ce texte soumet à la TVA au taux réduit les apports d'immeubles à la triple condition :
– que l'immeuble en cause ait déjà fait l'objet d'une livraison à soi-même dans les conditions posées par l'article 278 sexies-II du Code général des impôts ;
– que le bénéficiaire de l'apport soit un organisme d'habitations à loyer modéré, au sens défini plus haut ;
– que le bénéficiaire de l'apport reprenne, au travers d'une clause de transfert expresse mentionnée dans l'acte d'apport, le prêt à caractère social et l'engagement de la convention mentionnée aux 3° et 5° de l'article L. 351-2 du Code de la construction et de l'habitation.

4261 **Immeubles concernés.** Le texte vise les logements locatifs sociaux achevés depuis moins de cinq ans, financés à l'aide d'un prêt mentionné à l'article R. 331 du Code de la construction et de l'habitation, pour lesquels une livraison à soi-même au sens de l'article 278 sexies, II du Code général des impôts a déjà été constatée.

En pratique, il vise donc tous les immeubles de logements sociaux locatifs construits par les bailleurs sociaux depuis l'entrée en vigueur de l'article 17 de la loi de finances pour 1997, sous réserve que ceux-ci ne soient pas sortis du champ d'application de la TVA.

En revanche, à la lecture de ce texte, les immeubles acquis, achevés ou en état futur d'achèvement, par un précédent bailleur, ne sont pas éligibles au dispositif adopté, quand bien même leur apport entre dans le champ d'application de la TVA au sens de l'article 257, 7° (devenu art. 257, I) du Code général des impôts, puisque ces derniers n'auront pas donné lieu à la constatation d'une livraison à soi-même (comm. *in BIM Lefebvre* 2/2003, p. 35-36).

La nature du financement n'appelle, quant à elle, pas d'observation particulière dans la mesure où ce critère constitue un dénominateur commun à l'ensemble des opérations éligibles au dispositif TVA applicable au logement social (V. comm. *in BIM Lefebvre*, préc.).

Enfin, signalons que l'immeuble doit être affecté à la location sociale au sens des 2° (logements) et 5° (logements-foyers) de l'article L. 351-2 du Code de la construction et de l'habitation, conformément à la convention signée avec l'État que l'apporteur aura transmise au bénéficiaire de l'apport.

c) Cession de tout ou partie d'un immeuble

4262 **Restructuration du patrimoine HLM.** Les organismes HLM sont susceptibles d'effectuer des opérations de restructuration de leur patrimoine. Dans ce cadre, les livraisons d'immeubles d'habitation qui sont affectés à un usage locatif social bénéficient du taux réduit de la TVA dans les conditions prévues au I de l'article 278 sexies, étant précisé que la condition relative à l'octroi d'un prêt visé à l'article R. 331-1 du Code de la construction et de l'habitation est considérée comme satisfaite dès lors que le prêt initialement accordé au cédant est transféré au profit de l'organisme acquéreur (BOI-TVA-IMM-20-10-10-10-2015070, n° 370).

4263 **Opérations imposables de plein droit.** Lorsque l'immeuble est cédé dans les cinq ans de son achèvement, l'opération est soumise de plein droit à la TVA sur le prix total avec application de la taxe de publicité foncière ou du droit d'enregistrement au taux réduit de 0,71498 % (CGI, art. 1594 F quinquies) sous réserve de l'application des dispositions des articles 1042, 1049 et 1051 (BOI-TVA-IMM-20-10-10-10-20170507, n° 380).

4264 **Opérations exonérées avec possibilité d'option.** En revanche, la livraison, par un assujetti, d'un immeuble achevé depuis plus de cinq ans est exonérée de TVA (CGI, art. 261-5, 2°), l'organisme cédant pouvant cependant exercer une option conduisant à soumettre l'opération à la TVA sur le prix total, ou la TVA sur la marge selon que le bien a ou non ouvert droit à déduction de la TVA lors de son acquisition initiale. Sous réserve des engagements que l'acquéreur assujetti est susceptible de prendre ainsi que des dispositions prévues aux articles 1042 et 1051, la cession est soumise aux droits de mutation au taux de droit commun (5,09006 %), que la cession soit soumise à la TVA ou pas (BOI-TVA-IMM-20-10-10-10-20170507, n° 390).

4265 **Cas particulier : cession de logements par des organismes HLM.** Les organismes HLM sont aussi susceptibles de céder des logements, soit provenant de leur patrimoine, soit qu'ils ont acquis en vue de les revendre après en avoir assuré la rénovation.

S'agissant, en règle générale, de constructions achevées depuis plus de cinq ans, la cession est en principe exonérée. Elle peut néanmoins donner lieu à **taxation sur option**, qui sera liquidée sur le prix total ou sur la marge selon les circonstances. En ce cas, les travaux de transformation et d'amélioration qui auront été réalisés peuvent ouvrir droit à déduction, soit s'il est établi qu'ils ont été engagés dans le but de la cession et non au titre de l'utilisation de l'immeuble, soit s'ils ont été immobilisés et donnent lieu à une régularisation positive au moment de la cession taxée dans les conditions du III de l'article 207 de l'annexe II au Code général des impôts (BOI-TVA-IMM-20-10-10-10-201705072, n° 400).

d) Opérations diverses

4266 **Échange d'immeubles soumis à TVA.** L'échange d'immeubles dont la mutation est, de part et d'autre, soumise à la TVA est traité comme une double vente. La TVA est donc exigible tant sur la mutation de l'immeuble échangé que sur celle de l'immeuble reçu en contre-échange.

Si un organisme d'HLM est au nombre des coéchangistes, il conviendra, pour déterminer le régime fiscal de la mutation de l'immeuble, de se reporter aux indications données ci-dessus (V. n°s 4284 et s.).

4267 **Acquisition de « millièmes à construire » par une société d'HLM.** Les perceptions à opérer sont celles prévues en matière de cession de terrains contre remise de locaux à construire. On rappellera que, depuis un arrêt de la Cour de cassation du 22 mars 1988 (*JCP* N 1988, II, p. 133. obs. B. Stemmer ; *RJF* juin 1988, inf. 828 ; *BIM Lefebvre* 5/1988, *Vente de terrain à bâtir contre remise d'immeuble à construire*, p. 106 et s. ; *Gaz. Pal.* 17-19 juill. 1988, p. 9. note B. Hatoux), la situation au regard de la taxe de publicité foncière est la suivante :

– l'acte de cession de tantièmes de terrain moyennant remise de locaux à construire n'a aucun caractère déclaratif, et n'est pas assujetti à la TPF à 0,70 % ;

– l'opération par laquelle le cédant des tantièmes devient propriétaire des locaux devant être donnés en paiement n'a aucun caractère translatif, le transfert de propriété s'opérant par accession immobilière.

2 Autres opérations immobilières relevant de la politique sociale du logement

4268 **Renvoi.** V. **Logement social.** Plusieurs cas d'application des taux réduits de 5,5 % et 10 % prévus par l'article 278 sexies du Code général des impôts sont susceptibles de s'appliquer aux organismes HLM, notamment en leur qualité de bailleurs sociaux. On renvoie à leur étude (V. **Logement social**).

4269 **Renvoi.** V. **Logement intermédiaire.** Le taux réduit de 10 % prévu par l'article 279-0 bis A du Code général des impôts s'applique également aux livraisons aux organismes HLM de logements dits « intermédiaires ». On renvoie à leur étude (V. **Logement intermédiaire**).

V Ventes dans le cadre de la législation d'HLM

4270 Nous distinguerons selon que les mutations relèvent uniquement des droits d'enregistrement (A) ou, également, de la TVA (B).

A Règles en matière de droits d'enregistrement (ou de taxe de publicité foncière)

4271 Deux régimes de faveur seront examinés successivement : celui prévu par l'article 716 du Code général des impôts, applicable de plein droit aux ventes par des propriétaires de logements d'HLM insolvables à des personnes susceptibles de rembourser les emprunts contractés (1) et celui, facultatif, prévu par l'article 1594 G du même code qui exonère les ventes de logements par des organismes d'HLM aux personnes visées à l'article L. 411 du Code de la construction et de l'habitation (2).

1 Ventes par des propriétaires insolvables à des personnes susceptibles de rembourser les emprunts contractés

CGI, art. 716. – Pendant la durée du remboursement des emprunts contractés en vue de la construction d'un logement, les cessions amiables d'habitations individuelles à loyer modéré ayant pour but de substituer des personnes solvables, remplissant les conditions de la législation sur les habitations à loyer modéré, aux bénéficiaires de cette législation qui justifieraient être dans l'impossibilité de les habiter ou être privés des ressources nécessaires pour faire face à leurs obligations, sont soumises à une imposition de 125 €.

Le bénéfice de cette disposition est subordonné à l'autorisation de l'autorité compétente de l'État, après avis du comité régional de l'habitat.

4272 **Champ d'application de la mesure.** Les cessions amiables d'habitations individuelles à loyer modéré consenties pendant la durée de remboursement des emprunts contractés en vue de la construction d'un logement à des personnes solvables remplissant les conditions de la législation sur les habitations à loyer modéré sont soumises à la taxe de publicité foncière au taux fixe (sur le tarif en vigueur, V. **Droits fixes**) lorsque les vendeurs établissent qu'ils sont dans l'impossibilité de les habiter ou qu'ils sont privés des ressources nécessaires pour faire face à leurs obligations (CGI, art. 716).
Il a été admis que la cession d'un appartement situé dans un immeuble collectif bénéficie de ces dispositions (BOI-ENR-DMTOI-10-90-20-20170405, n° 180).
Ce régime fiscal s'applique quel que soit le mode de financement de la construction (prêt de l'État, du Crédit foncier, des caisses d'épargne, etc.).
Ce régime fiscal s'applique quel que soit le mode de financement de la construction (prêt de l'État, du Crédit foncier, des caisses d'épargne, etc.).
Toutefois, le bénéfice de cette taxation réduite est subordonné à l'autorisation de l'autorité compétente de l'État, après avis du comité régional de l'habitat et de l'hébergement (BOI-ENR-DMTOI-10-90-20-20170405, n° 190).

4273 **Modalités d'application.** Le *BOFiP* n'a pas repris les précisions relatives aux modalités d'application de ce dispositif qui figuraient dans la Doc. adm. DGI, 7 C-1482, n° 33, 1er oct. 2001, citée dans ce Guide, éd. 2017.

N.B. : L'article 716, alinéa 2 du Code général des impôts a été complété par l'article 350 quindecies de l'annexe III au CGI, issue du décret n° 2012-431 du 29 mars 2012, qui précise que l'autorité compétente de l'État mentionnée au second alinéa est « le directeur départemental ou, le cas échéant, régional des finances publiques ».

2 Exonération facultative au profit des ventes consenties par des organismes d'HLM

CGI, art. 1594 G. – Le conseil départemental peut exonérer de taxe de publicité foncière ou de droits d'enregistrement, les cessions de logements réalisées par les organismes d'habitation à loyer modéré ou par les sociétés d'économie mixte à condition que la mutation entre dans le champ d'application de l'article 61 de la loi n° 86-1290 du 23 décembre 1986 modifiée tendant à favoriser l'investissement locatif, l'accession à la propriété de logements sociaux et le développement de l'offre foncière. L'exonération doit être mentionnée dans l'acte de vente. Les dispositions de l'article 1594 E sont applicables.

a) Généralités

4274 L'article 1594 G du Code général des impôts permet aux conseils départementaux d'exonérer de taxe de publicité foncière ou de droits d'enregistrement les cessions de logements effectuées par les organismes d'habitation à loyer modéré à condition que la mutation entre dans le champ d'application de l'article 61 de la loi n° 86-1290 du 23 décembre 1986 modifiée tendant à favoriser l'investissement locatif, l'accession à la propriété de logements sociaux et le développement de l'offre foncière.
L'article 58 de la loi n° 98-546 du 2 juillet 1998 portant diverses dispositions d'ordre économique et financier a étendu aux cessions réalisées par les sociétés d'économie mixte le bénéfice du régime de faveur prévu à l'article 1594 G du Code général des impôts en faveur des cessions de logements réalisées par les organismes d'habitations à loyer modéré.
L'article 61 de la loi n° 86-1290 du 23 décembre 1986 modifiée a été codifié aux articles L. 443-7 à L. 443-15-4 du Code de la construction et de l'habitation. Les commentaires administratifs publiés le 5 avril 2017 au BOI-ENR-DMTOI-10-90-20 sont en principe à jour des modifications apportées à

l'article L. 443-11 du Code de la construction et de l'habitation par l'article 139 de la loi n° 2017-86 du 27 janvier 2017, relative à l'égalité et à la citoyenneté (*JO* n° 0024, 28 janv. 2017).
La loi n° 2018-1021 du 23 novembre 2018 (loi ELAN) a réformé les conditions de la vente de leur patrimoine par les organismes HLM et a réécrit les textes du Code de la construction et de l'habitation qui les réglementent.
L'administration n'a pas commenté cette évolution législative qui ne s'est pas traduite par une récriture – pourtant nécessaire selon nous – des dispositions de l'article 1594 G du Code général des impôts. Dans l'attente de la publication de ces commentaires, nous reprendrons, en tant qu'il nous paraît transposable, le BOI-ENR-DMTOI-10-90-20 publié le 5 avril 2017.

b) Champ d'application de l'exonération

4275 L'exonération prévue à l'article 1594 G du Code général des impôts concerne les mutations à titre onéreux de logements réalisées par les organismes d'habitation à loyer modéré et par les sociétés d'économie mixte dans les conditions prévues par les articles L. 443-7 à L. 443-15-4 du Code de la construction et de l'habitation (BOI-ENR-DMTOI-10-90-20-20170504, n° 50).

1) Nature des biens concernés

4276 **Cessions par les organismes d'HLM.** Conformément aux nouvelles dispositions de l'article L. 443-7 du Code de la construction et de l'habitation, les organismes d'habitation à loyer modéré sont autorisés à aliéner des logements ou des ensembles de logements construits ou acquis depuis plus de dix ans par un organisme d'habitation à loyer modéré et répondant, sauf dérogation, à des normes d'habitabilité minimales fixées par décret.
Selon l'administration fiscale, les logements s'entendent de locaux affectés, lors de leur mutation, à usage d'habitation (BOI-ENR-DMTOI-10-90-20-20170504, n° 60).
L'article L. 443-7 du Code de la construction et de l'habitation permet aux organismes HLM de proposer aux bénéficiaires un contrat de location-accession ou un contrat de vente d'immeuble à rénover (VIR) défini aux articles L. 262-1 à L. 262-11 du même code.

4277 **Cessions par les sociétés d'économie mixte.** Conformément aux dispositions de l'article L. 443-15-2 du Code de la construction et de l'habitation, sont concernées les cessions faites par les sociétés d'économie mixte :
– de logements acquis en application du quatrième alinéa de l'article L. 443-11 du Code de la construction et de l'habitation, c'est-à-dire acquis auprès d'organismes d'habitations à loyer modéré ;
– de logements locatifs faisant l'objet de conventions conclues en application de l'article L. 351-2 du Code de la construction et de l'habitation et autres que ceux mentionnés à l'alinéa précédent ;
– dans les départements d'outre-mer, de logements locatifs sociaux construits, acquis ou améliorés à l'aide de prêts aidés par l'État (BOI-ENR-DMTOI-10-90-20-20170504, n° 70).

2) Qualité de l'acquéreur

4278 L'acquéreur doit être l'une des personnes visées à l'article L. 443-11 du Code de la construction et de l'habitation. Aux termes de cet article, dans sa rédaction issue de l'article 97 de la loi du 23 novembre 2018 :
– **le logement est occupé** (CCH, art. L. 443-11, II). Il ne peut être vendu qu'à son locataire, s'il occupe le logement depuis au moins deux ans. Toutefois, sur la demande de ce dernier, le logement peut être vendu à son conjoint, ses ascendants ou ses descendants répondant à certaines conditions de ressources qui peuvent acquérir ce logement de manière conjoint avec leur conjoint, partenaire ayant conclu un PACS ou concubin ;
– **le logement est vacant** (CCH, art. L. 443-11, III). Il doit être offert en priorité aux locataires de l'organisme vendeur dans le département ainsi qu'aux gardiens d'immeuble qu'il emploie ou, à défaut d'acquéreur de cette nature, à toute autre personne physique ou à une collectivité locale ou un groupement de collectivités locales qui s'engage à mettre ce logement pendant au moins quinze ans à la disposition de personnes défavorisées ;
– **tous les logements, mais sous certaines conditions** (CCH, art. L. 443-11, I). Tous les logements peuvent être vendus à un autre organisme d'habitation à loyer modéré ou à une société d'économie mixte ou à un organisme bénéficiant de l'agrément relatif à la maîtrise d'ouvrage prévu à l'article L. 365-2 du Code de la construction et de l'habitation, ou à un organisme de foncier solidaire en vue de la conclusion d'un bail réel solidaire, les locataires en place continuant à bénéficier des conditions antérieures de location, étant précisé que dans ce cas, les conditions d'ancienneté, d'habitabilité et de performance énergétique n'ont pas à être satisfaites.
Les logements peuvent être vendus, occupés ou vacants, en vue de leur démolition, aux établissements publics créés en application du chapitre 1er du titre II du livre III du Code de l'urbanisme et des articles L. 324-1 et L. 326-1 du même code, dans le cadre de l'opération de renouvellement urbain (CCH, art. L. 443-11, V).

4279 Par ailleurs, conformément aux deuxième et troisième alinéas de l'article L. 443-15-2 du Code de la construction et de l'habitation, l'exonération de droits de mutation s'applique également aux ventes de logements locatifs conventionnés ou de logements locatifs sociaux qui, en cas de vacance du logement, sont effectuées par la SEM au bénéfice, respectivement, d'un locataire de son patrimoine conventionné dans le département, ou d'un locataire de son patrimoine social dans le département d'outre-mer concerné (BOI-ENR-DMTOI-10-90-20-20170504, n° 90).

3) Prix

4280 Le prix de vente doit être fixé selon les modalités prévues par l'article L. 443-12 du Code de la construction et de l'habitation.
En cas de vente à un organisme d'habitations à loyer modéré ou à une société d'économie mixte ou à un organisme bénéficiant de l'agrément relatif à la maîtrise d'ouvrage prévu à l'article L. 365-2 du Code de la construction et de l'habitation, ou à un organisme de foncier solidaire en vue de la conclusion d'un bail réel solidaire, le prix de vente est fixé librement par l'organisme.

c) Conditions d'application et portée de l'exonération

1) Conditions d'application

4281 L'exonération prévue à l'article 1594 G du Code général des impôts constitue une simple faculté offerte aux conseils départementaux.
L'application de l'exonération résulte donc nécessairement d'une décision du conseil départemental (BOI-ENR-DMTOI-10-90-20-20170504, n° 110).
Conformément aux dispositions combinées des articles 1594 E et 1639 A du Code général des impôts, les décisions prises par les conseils départementaux doivent, en principe, être notifiées aux directions régionales ou départementales concernées avant le 15 avril de chaque année. Elles prennent effet le 1er juin suivant. À défaut de notification dans les délais, le régime applicable l'année précédente est reconduit (BOI-ENR-DMTOI-10-90-20-20170504, n° 150).
➤ Pour la liste des départements dans lesquels l'exonération est applicable, voir la note « Droits d'enregistrement et taxe de publicité foncière sur les mutations à titre onéreux d'immeubles et de droits immobiliers – Taux, abattements et exonérations applicables du 1er juin 2024 au 31 mai 2025 » publiée par la DGFiP sur le site impots.gouv.fr
L'exonération prévue à l'article 1594 G du Code général des impôts est globale. Dès lors, la délibération du conseil départemental en vue de l'application de l'article 1594 G du code précité concerne indifféremment les cessions réalisées par les organismes d'habitations à loyer modéré ou les sociétés d'économie mixte (BOI-ENR-DMTOI-10-90-20-20170504, n° 120).

4282 En outre, l'acte doit préciser que la mutation bénéficie de l'exonération en cause (BOI-ENR-DMTOI-10-90-20-20170504, n° 130).

2) Portée de l'exonération

4283 Les décisions d'exonération prises ont pour effet d'exonérer les mutations en cause de la taxe de publicité foncière ou du droit d'enregistrement mais également de la taxe additionnelle communale, ainsi que du prélèvement pour frais d'assiette, de recouvrement, de dégrèvements et de non-valeurs (BOI-ENR-DMTOI-10-90-20-20170504, n° 140).

B Règles applicables en matière de TVA immobilière

1 Vente de terrains à bâtir

4284 **Régime fiscal.** Les ventes de terrains à bâtir par les organismes d'HLM relèvent des règles de droit commun, applicables aux mutations de terrains à bâtir (V. **Terrain**).

2 Vente d'immeubles bâtis par les organismes d'HLM

a) TVA immobilière

4285 **Application du droit commun.** Les ventes d'immeubles par les organismes HLM sont actuellement soumises au droit commun (V. **Immeuble à construire** ; **Immeuble inachevé** ; **Immeuble ancien-TVA**).

b) Taxe de publicité foncière

4286 **Exonération de la taxe de publicité foncière.** La taxe de publicité foncière qui serait normalement due sur les ventes d'immeubles consenties par les organismes d'HLM dans le cadre de la législation HLM ne sera pas perçue en raison de l'exonération édictée par l'article 1049 du Code général des impôts (V. ce texte *supra*), dans tous les cas où cette taxe ne tient pas lieu des droits d'enregistrement. La solution a été donnée par plusieurs réponses ministérielles (Rép. min. Millon : *JOAN* CR, 9 sept. 1985, p. 4242, n° 65618 ; *BODGI* 7 C-6-86 ; *JCP* N 1986, prat. 9768 et Rép. min. Gouze : *JOAN* CR, 17 mars 1986, p. 1063, n° 76741 ; *JCP* N 1986, prat. 9932). Il ne semble pas toutefois que cette exonération s'applique aux sociétés civiles immobilières créées sous l'égide de sociétés de crédit immobilier, qui ne constituent pas des organismes d'HLM – dont la liste limitative est énoncée par l'article L. 411-2 du Code de la construction et de l'habitation – (V. n° 4215 ; en ce sens *BIM Lefebvre* 10/1985, n° 203).

4287 Sociétés civiles immobilières constituées par des organismes d'HLM. Vente d'immeuble passible de la TVA. Exonération de la taxe de publicité foncière. Dès lors qu'une société civile immobilière a pour seul associé des organismes d'habitation à loyer modéré, les ventes d'immeuble soumises à la TVA réalisées par cette société bénéficient de l'exonération de taxe de publicité foncière prévue à l'article 1049 du Code général des impôts, dans la mesure où la taxe en cause ne tient pas lieu des droits de mutation (Rép. min. Économie, Finances et Budget n° 8189 : *JOAN* Q, 12 juin 1989, p. 2687).

VI Location-attribution et location-vente

CGI, art. 1378 quinquies. – (ancien)
I. – Les contrats de location-attribution consentis par les sociétés anonymes coopératives d'habitations à loyer modéré sont considérés comme des ventes pures et simples du point de vue fiscal.

II. – Ce régime est applicable aux contrats de location-vente de locaux d'habitation en cours de construction ou achevés depuis moins de cinq ans lors de la conclusion du contrat, à la condition :

1° Que les locaux aient donné lieu à l'attribution de primes convertibles en prêts spéciaux immédiats ou différés du Crédit Foncier de France ou aient bénéficié du financement prévu pour les habitations à loyer modéré ;

2° Que les contrats soient réalisés sous la forme de baux assortis soit de promesses unilatérales de vente, soit de ventes soumises à la condition suspensive de l'exécution intégrale des obligations relatives au paiement des annuités à la charge du bénéficiaire du contrat ;

3° Qu'ils soient consentis :

Par une collectivité locale ;

Par une société d'économie mixte ;

Par un organisme d'habitations à loyer modéré mentionné à l'article L. 411-2 du Code de la construction et de l'habitation ;

Par une société civile dont la création a été suscitée par une société d'économie mixte ou une société anonyme d'habitations à loyer modéré ou de crédit immobilier et dont la gérance est statutairement assurée par la société qui en a provoqué la création ;

Par une société coopérative de construction mentionnée à l'article L. 432-2 du Code de la construction et de l'habitation.

III. – La résiliation d'un contrat de location-attribution ou de location-vente entrant dans les prévisions des I et II rend exigibles les droits dus à raison de la mutation de jouissance qui est résultée de la convention.

CGI, art. 1378 sexies. – Les sociétés coopératives de construction désignées à l'article L. 432-2 du Code de la construction et de l'habitation, dont les membres sont soumis aux dispositions des articles L. 443-1 à L. 443-6 du même code relatifs à l'accession à la propriété et qui font appel, à titre de prestataires de services, à un organisme d'habitation à loyer modéré, sont soumises au même régime fiscal que les organismes de cette nature.

4288 Nous étudierons successivement les contrats de location-attribution et les contrats de location-vente.

A Contrats de location-attribution

4289 **Suppression de la location-attribution.** Le régime de la location-attribution a été supprimé par la loi n° 71-580 du 7 juillet 1971, dont l'entrée en vigueur a été reportée au 1er janvier 1972.
La location-attribution a cessé de s'appliquer à compter de cette date : mais il reste à liquider

les opérations en cours. Aussi rappellerons-nous les modalités de publication du contrat de départ, car cette publication sera nécessaire, lorsqu'elle n'aura pas été effectuée, lorsqu'il s'agira d'attribuer le logement en fin de contrat (V. n° 4299).

1 Publication du contrat

a) Nature juridique du contrat

4290 Conséquence du point de vue de la publicité foncière. Au point de vue civil, la nature juridique des contrats a toujours été assez mal cernée : doit-on l'analyser en une promesse de vente conditionnelle, en un bail assorti de promesse de vente, en une vente sous condition de remboursement des prêts, etc. ? Une certaine confusion règne en la matière (V. consultation de J.-L. Bourgois : *JCP* N 1996, prat. 3860).

Une réponse ministérielle de 1979 a indiqué que ces contrats sont « juridiquement assimilables aux locations-ventes » – location et transfert de propriété repoussés à la fin du remboursement des emprunts (Rép. min. 3 févr. 1979 : *JOAN* CR, p. 739. – Sur la nature juridique de la location-vente, V. note M. N'Guyen Phu Duc : *D.* 1978, jurispr. p. 702). Une autre réponse du 10 juin 1985 (*JOAN* CR, p. 2639, 2640) indique qu'en principe le locataire-attributaire ne devient propriétaire qu'au jour du transfert effectif de la propriété des biens qui, jusque-là, ne sont que loués.

Une réponse du ministre de la Justice (*JOAN* CR, 4 sept. 1971, p. 4066) confirmée par une réponse du ministre de l'Équipement et du Logement (*JOAN* CR, 17 mai 1972, p. 1558) indique qu'une convention comportant une location-attribution régie par l'article 3 du décret n° 65-1012 du 22 novembre 1965 constitue, sous réserve de l'appréciation souveraine des tribunaux, une vente sous condition suspensive. En publiant la réponse du ministre de la Justice, à l'occasion d'une question relative au mode de calcul des salaires, l'association a fait sienne cette interprétation (*cf. Bull. AMC* 1971, art. 884. – Sur les annotations à opérer, V. *Bull. AMC* 1989, art. 1437).

Ces contrats sont donc soumis à publicité foncière, déclare-t-elle, en vertu de l'article 28 du décret du 4 janvier 1955 (note DGI 20 janv. 1972 ; V. à ce propos Bulté, chron. hyp. : *JCP* N 1974, prat. 5823 et rect. ; *JCP* N 1975, prat. 5935).

4291 Formalité. Du point de vue de la formalité, il a été admis à titre exceptionnel que les contrats de ce type qui revêtaient la forme sous seing privé pouvaient être enregistrés à la recette des impôts (moyennant perception du droit fixe prévu à l'article 680 du Code général des impôts ; V. **Droits fixes**). Mais, ajoute la note précitée, l'enregistrement de ce contrat ne dispense pas les intéressés de la formalité fusionnée. Un délai expirant le 30 juin 1972 leur était imparti pour présenter à la publication un acte authentique (note DGI 20 janv. 1972). À défaut, déclarait la note précitée, « la pénalité de retard est exigée » (note DGI 20 janv. 1972).

b) Taxation à opérer lors de la publication du contrat

4292 TVA. Taxe de publicité foncière. L'article 1378 quinquies du Code général des impôts assimile, au point de vue fiscal, le contrat de location-attribution à une vente pure et simple des locaux visés par ce contrat de sorte que le locataire-attributaire doit être regardé comme le propriétaire immédiat du logement pris à bail.

La conséquence est que les droits de mutation à titre onéreux doivent être perçus selon le droit commun.

4293 Contribution de sécurité immobilière. À propos du salaire du conservateur, les précisions suivantes avaient été apportées :

– dans un premier temps, il a été indiqué qu'indépendamment de la publicité prescrite pour les baux de plus de douze ans, les contrats de location-attribution devaient être publiés parce qu'ils se qualifient comme des ventes sous condition suspensive.

D'où les perceptions suivantes en matière de salaire du conservateur :

• le salaire *bail* est dû sur le montant des loyers stipulés pour la durée du bail,

• le salaire *vente* est dû sur le prix exprimé,

… et, lorsqu'un acte contient une disposition principale et une disposition accessoire, il n'est dû qu'un salaire ; celui afférent à la disposition principale, sauf si le salaire afférent à la disposition accessoire est le plus élevé. On appliquera donc, en notre matière, le plus élevé des deux salaires visés ci-dessus (*Bull. AMC* 1972, art. 884. – Rép. min. 4 sept. 1971) ;

– plus récemment, une chronique hypothécaire a indiqué que le salaire devait être assis sur la valeur réelle des biens transmis à la date de la formalité (*JCP* N 1979, IV, 7291, chron. Ch. R.).

Ce salaire sera réduit de moitié en application de l'article 882 du Code général des impôts (V. n° 4327).

2 Cession du contrat de location-attribution

a) Cession à titre onéreux

4294 Perception des droits de mutation à titre onéreux. Dès lors que le titulaire d'un contrat

de location-attribution est censé être propriétaire des locaux, la cession à titre onéreux du bénéfice du contrat s'analyse en une vente d'immeubles.
Cette règle a été confirmée par la Cour de cassation dans un arrêt du 18 février 1986 (aff. *Le Bloch* : *RJ*, II, n° 10) au regard duquel les dispositions de l'article 738-1° du Code général des impôts applicable à la résiliation d'un contrat de location-attribution consenti par une société anonyme coopérative d'habitations à loyer modéré n'emportent aucune dérogation à la règle édictée par l'article 1378 quinquies I du Code général des impôts selon laquelle un tel contrat est considéré comme une vente pure et simple du point de vue fiscal. La cession à titre onéreux du bénéfice d'un contrat de ce type est donc soumise aux droits d'enregistrement applicables aux mutations d'immeubles et de droits immobiliers (Doc. adm. DGI, 7 C-1482, n° 6, 1er oct. 2001).

HLM

4295 **Nature des droits dus.** Lorsque la cession du bénéfice du contrat intervient plus de cinq ans après l'achèvement de l'immeuble, ou après une précédente mutation postérieure à l'achèvement et consentie à une personne autre qu'un marchand de biens, elle donne lieu à la perception de la taxe de publicité foncière au taux de droit commun.
La cession est passible, en outre, de la taxe additionnelle communale prévue aux articles 1584 et 1595 bis du Code général des impôts. Par ailleurs, l'État perçoit au titre de frais d'assiette, de recouvrement, de dégrèvements et de non-valeurs 2,370 % du montant de la taxe perçue au profit du département (CGI, art. 1647 V).
Toutefois, il n'est dû qu'un droit fixe d'enregistrement ou une taxe fixe de publicité foncière (actuellement 125 €) lorsque la cession entre dans les prévisions de l'article 716 du Code général des impôts (Doc. adm. DGI, 7 C-1482, n° 10, 1er oct. 2001).

4296 **Assiette des droits de mutation.** Lorsque la cession est passible d'une imposition proportionnelle, la base d'imposition est représentée par le prix exprimé augmenté éventuellement des charges.
La valeur vénale réelle du local correspondant aux droits cédés n'est pas prise en considération, ce qui conduit à exclure de la base d'imposition le montant des annuités du prêt dont l'échéance est postérieure à la cession (Doc. adm. DGI, 7 C-1482, n° 12, 1er oct. 2001).
En matière de location-attribution, le prix exprimé doit être déterminé selon les modalités prévues à l'article 18 du décret n° 65-1012 du 22 novembre 1965 (Doc. adm. DGI, 7 C-1482, n° 13, 1er oct. 2001).
Cet article prévoit qu'en cas de cession du contrat de location-attribution, le locataire attributaire ne peut prétendre qu'au paiement d'une somme égale à celle qu'il a versée lui-même en application de l'article 3 (1° ou 2°) dudit décret affectée d'un coefficient de réévaluation.
La somme dont il s'agit comprend :
– le montant de l'apport personnel (différence entre le prix de revient du local et le montant des emprunts contractés par la société) ;
– le montant des amortissements des mêmes emprunts remboursés à la société.
Elle n'englobe pas, en revanche, les versements faits au titre du paiement des intérêts des emprunts contractés et des charges diverses incombant à la société (D. 22 nov. 1965, art. 3-3°).
Autrement dit, le prix de cession du bénéfice du contrat de location-attribution ne peut correspondre qu'aux sommes versées par le cédant pour obtenir la propriété du logement, à l'exclusion de celles qu'il est censé avoir payées à titre de loyer.
Le montant des sommes considérées est affecté d'un coefficient de revalorisation égal au rapport existant entre la valeur de l'indice du coût de la construction à la date de la cession et la valeur du même indice au jour du contrat de location-attribution (D. préc., art. 18-2°).

b) Cession à titre gratuit

CGI, art. 792 (ancien). – La transmission à titre gratuit du bénéfice d'un contrat de location-attribution ou de location-vente entrant dans les prévisions de l'article 1378 quinquies est présumée avoir pour objet le logement visé par ce contrat. La valeur de ce logement est réputée égale à la somme que les ayants droit recevraient en cas de cession ou de résiliation du contrat de location-attribution.

4297 Lorsque le contrat de location-attribution est cédé à titre gratuit, l'exonération prévue à l'article 792 du Code général des impôts (V. le texte ci-dessus) est applicable (sur l'assiette des droits d'enregistrement, V. le texte).
Lors de la publication de la cession, la taxe de publicité foncière est exigible (à 0,70 % – 0,71498 % avec les perceptions additionnelles), les conditions exigées pour bénéficier de l'exonération édictée par l'article 1049 du Code général des impôts ne paraissant pas remplies.
La contribution de sécurité immobilière sera également perçue (sur les modalités particulières de perception, V. nos 4327 et s.).

3 Résiliation du contrat

4298 Depuis la suppression du droit de bail par l'article 12 de la loi de finances rectificative pour 1998, la résiliation d'un contrat de location-attribution ou de location-vente rend exigibles les droits dus à raison de la mutation de jouissance qui est résultée de la convention (CGI, art. 1378 quinquies-III. – Doc. adm. DGI, 7 C-1482, n° 13, 1er oct. 2001).

Si le contrat initial est situé dans le champ de la TVA la résolution n'a aucune incidence (*BODGI* 8 A-3-78).

4 Attribution du logement au terme du contrat

a) Publicité foncière

4299 **Effet relatif.** L'acte constatant l'attribution doit être publié : ce qui implique, en application du principe de « l'effet relatif » que le contrat lui-même ait été soumis à publication (Bulté, chron. hyp. : *JCP* N 1964, IV, 3749).

Si cette publication n'a pas été opérée en temps utile, elle devra être effectuée préalablement ou concomitamment à la publication de l'acte constatant l'attribution du logement (*Bull. AMC* 1992, art. 1524).

4300 **Perte du contrat d'origine.** Dans le cas où le contrat d'origine a été perdu, le notaire ne peut obtenir la publication du contrat d'attribution du logement en certifiant qu'il est dans l'impossibilité, pour cette raison, de publier le contrat initial. Un refus de dépôt doit lui être opposé.

Toutefois, si dans l'acte d'attribution soumise à la formalité, les parties – qui sont soit les mêmes que celles qui ont conclu la convention initiale, soit leurs ayants droit – relatent clairement, et réitèrent les engagements essentiels souscrits dans l'acte égaré, il n'y a pas lieu de refuser le dépôt (*Bull. AMC* 1993, art. 1592).

b) Perceptions à opérer

4301 **Taxe de publicité foncière.** La publication de l'acte qui constate l'attribution ultérieure aux titulaires des contrats de location-attribution des locaux auxquels ils ont vocation n'est soumise qu'à la taxe fixe de publicité foncière au taux fixe prévu pour les actes innommés (actuellement 125 € : Doc. adm. DGI, 7 C-1482, n° 7, 1er oct. 2001).

4302 **Contribution de sécurité immobilière.** Il avait été précisé que le salaire du conservateur était exigible sur l'acte constatant le transfert de propriété. Il doit être liquidé non pas sur le prix de revient du logement mais sur sa valeur actuelle, correspondant à sa valeur vénale. Elle est égale au prix auquel ce logement pourrait se négocier à l'époque de la présentation à la formalité, sans qu'il y ait lieu de pratiquer une décote liée à la présence de l'attributaire dans les lieux (*Bull. AMC* 1990, art. 1473).

B Contrats de location-vente

4303 **Même régime que les contrats de location-attribution.** Le paragraphe II de l'article 1378 quinquies (V. ce texte *supra*) étend l'application du régime des contrats de location-attribution régime aux opérations portant sur des locaux d'habitation qui font l'objet de contrats de location-vente, sous réserve que certaines conditions soient réunies (Doc adm. DGI, 7 C-1482, n° 3, 1er oct. 2001).

➤ Pour l'étude de ce régime fiscal particulier, V. **Location-vente**.

VII Location-accession

4304 Renvoi.

➤ Sur les opérations de location-accession consenties par les organismes d'HLM, V. **Location-accession**.

VIII

Baux

CGI, art. 743. – (Mod. L. n° 2023-1322, 29 déc. 2023, art. 21)

Sont exonérés de la taxe de publicité foncière :

(...)

6° Les baux de plus de douze ans à durée limitée publiés en vue de l'application de la législation sur les habitations à loyer modéré.

4305 **Baux ordinaires à durée limitée.** Antérieurement au 1er janvier 2023, l'article 647 du CGI excluait du champ d'application de la formalité unique les baux d'immeubles à durée limitée soumis obligatoirement à publication (BOI-ENR-DG-10-30, 30 sept. 2014). Il en résultait, notamment, que le bail consenti à un organisme d'HLM « en vue de l'application de la législation sur les HLM » bénéficiait de l'exonération de la taxe de publicité foncière prévue par l'article 1049 du Code général des impôts (V. ce texte *supra*). Depuis le 1er janvier 2023, et la modification des dispositions de l'article 647 par l'article 58 de la loi n° 2022-1726 du 30 décembre 2022, de finances pour 2023 qui a abouti à soumettre obligatoirement à la formalité unique les baux immobiliers à durée limitée de plus de douze ans (N. Gonzalez-Gharbi, *Baux immobiliers de plus de 12 ans : instauration de la formalité unique : Constr.-Urb.* 2023, comm. 26. – S. Lamiaux, *L'entrée des baux immobiliers dans la formalité fusionnée : ce qui a changé : JCP* N 2023, 1108), les dispositions de l'article 1049 du CGI ne pouvaient plus fonder l'exonération accordée aux baux « HLM ». Afin d'y remédier, il a donc fallu prévoir une nouvelle exonération spécifique en faveur de ces baux, afin de rétablir l'exonération dont ils bénéficiaient, auparavant en vertu de l'article 1049 du CGI, demeuré inchangé. C'est l'objet du 2° de l'article 21 de la loi de finances pour 2024 (L. n° 2023-1322, 29 déc. 2023 : *JO* 30 déc. 2023, texte n° 1) qui a créé le nouveau 6° de l'article 743 du CGI, afin d'ajouter à la liste des baux immobiliers exonérés de taxe de publicité foncière, ceux « publiés en vue de l'application de la législation sur les habitations à loyer modéré ». La loi n'en ayant pas disposé autrement, cette nouvelle règle s'est en principe appliquée aux baux conclus à compter du 1er janvier 2024 (N. Gonzalez-Gharbi, *Baux immobiliers de plus de 12 ans : la restauration de l'exonération des baux HLM : Constr.-Urb.* 2024, n° 2, comm. 22). L'administration fiscale n'a pas publié de commentaires de cette nouvelle exonération.

4306 Baux emphytéotiques.

➤ Sur le régime fiscal des baux emphytéotiques consentis à un organisme d'HLM, V. **Bail emphytéotique**.

Rappelons simplement ici que lorsqu'un bail emphytéotique est consenti au profit d'un organisme d'HLM, il devrait bénéficier de l'exonération prévue au 6° de l'article 743 du CGI, comme, antérieurement au 1er janvier 2023, il pouvait prétendre à l'exonération sur le fondement des dispositions prévues à l'article 1049 du Code général des impôts (V. ce texte *supra*) (sur le régime fiscal des opérations de rénovation ou de réhabilitation opérées dans le cadre d'un bail emphytéotique consenti par une collectivité locale à un organisme d'HLM, V. **Bail emphytéotique**).

➤ Sur l'exigibilité de la CSI sur les baux emphytéotiques de terrains consentis par l'État ou un centre régional des œuvres universitaires à un office d'HLM à charge de construire une résidence universitaire, V. n° 4334.

4307 **Bail à construction.** Le régime du bail à construction consenti à un organisme d'HLM ne présente pas de particularité. Le bail à construction est exonéré de taxe de publicité foncière en vertu de l'article 743, 1° du Code général des impôts (V. **Bail à construction**).

Remarque : Cette règle vaut pour l'ensemble baux immobiliers exonérés de taxe de publicité en application de l'article 743 du CGI.

IX

Transferts de biens

4308 Nous présenterons successivement les transferts de biens opérés à titre gratuit, au profit d'organismes d'HLM (A) et les transferts de biens entre organismes d'HLM (B).

On observera que dans certains cas (V. le texte) la taxe peut être perçue au taux fixe (sur le taux actuellement en vigueur, V. **Droits fixes**).

A Transfert de biens à titre gratuit au profit d'organismes d'HLM par les départements et les communes

CGI, art. 1050. – Les dispositions sujettes à publicité foncière des actes portant transferts de propriété à titre gratuit effectués par les départements ou les communes au nom des organismes d'habitations à loyer modéré sont soumises à une taxe de publicité foncière ou à un droit d'enregistrement de 0,60 %.

Toutefois ces actes sont soumis à une imposition fixe de 125 € :

1° Lorsqu'ils ne contiennent pas de dispositions sujettes à publicité foncière ;

2° Lorsqu'ils contiennent des dispositions sujettes à publicité foncière et d'autres qui ne le sont pas et que le produit de l'imposition est inférieur à 125 €.

4309 **Perception de la taxe de publicité foncière au taux de 0,60 % ou au taux fixe.** Seule la taxe de publicité foncière à 0,60 % est due sur les transferts de propriété d'immeubles effectués à titre gratuit par les départements ou les communes au profit des organismes d'HLM (sur la liste de ces organismes, V. n° 4215).

Ce taux ne peut être modifié par les conseils généraux.

Les taxes locales additionnelles ne sont pas exigibles.

En revanche, le prélèvement pour frais d'assiette, de recouvrement, de dégrèvements et de non-valeurs est dû (BOI-ENR-DMTOI-10-90-20-20170405, n° 380), au taux de 2,37 %, soit une perception totale de 0,61422 % (pour la justification de cette perception, V. **Donation**).

Pour que l'exonération puisse jouer, ce transfert doit être consenti à titre gratuit, c'est-à-dire sans contrepartie (BOI-ENR-DMTOI-10-90-20-20170405, n° 400).

B Transferts de biens entre organismes d'HLM et au profit de leurs filiales

CGI, art. 1051. – Sont soumis à une imposition fixe de 125 € :

1° Les transferts de biens de toute nature opérés entre organismes d'habitations à loyer modéré, sociétés anonymes de crédit immobilier ou leurs unions et organismes bénéficiant de l'agrément mentionné à l'article L. 365-2 du Code de la construction et de l'habitation ;

(...)

3° Les transferts d'immeubles par un organisme d'habitations à loyer modéré à sa filiale de logements locatifs intermédiaires mentionnée aux articles L. 421-1, L. 422-2 et L. 422-3 du code de la construction et de l'habitation ou à une société sur laquelle il exerce un contrôle conjoint mentionnée aux mêmes articles L. 421-1, L. 422-2 et L. 422-3 ;

4310 **Transferts de biens entre organismes HLM.** L'application de la seule taxe fixe de publicité foncière de 125 € bénéficie, conformément au 1° de l'article 1051 du Code général des impôts, aux transferts de biens de toute nature opérés entre organismes d'habitations à loyer modéré, sociétés anonymes coopératives d'intérêt collectif pour l'accession à la propriété et les organismes bénéficiant de l'agrément mentionné à l'article L. 365-2 du Code de la construction et de l'habitation.

Conçu en termes très généraux, l'article 1051, 1° du Code général des impôts vise les transferts de toute nature intervenant entre ces divers organismes ou leurs unions quelle que soit la forme dans laquelle la transmission de propriété est réalisée. (BOI-ENR-DMTOI-10-90-20, 5 avr. 2017, n° 415).

4311 **Transferts de biens d'un organisme HLM aux profit de sa filiale de logements**

locatifs intermédiaires. Issu de l'article 39 de la loi n° 2016-1918 du 29 décembre 2016 de finances rectificative pour 2016, le 3° de l'article 1051 du CGI prévoit que l'imposition fixe de 125 € s'applique aux transferts d'immeubles par un organisme HLM à sa filiale de logements locatifs intermédiaires ou à une société sur laquelle il exerce un contrôle conjoint (BOI-ENR-DMTOI-10-90-20, 5 avr. 2017, n° 420).

➤ Sur ces filiales de logements locatifs intermédiaires, V. CCH, art. L. 421-1 à L. 421-3.

X

Opérations diverses

4312 Nous étudierons successivement les résolutions de contrats de vente d'HLM (A), et lors de la publication des conventions relatives aux logements conventionnés (B), la transformation d'un office public d'HLM en OPAC (C), enfin, les régimes d'acquisition de logements conventionnés (D).

A Résolution de contrats de vente de maisons individuelles d'HLM

CGI, art. 717. – Les résolutions volontaires ou judiciaires de contrats de vente de maisons individuelles répondant aux conditions fixées pour les habitations à loyer modéré par l'article L. 411-1 du Code de la construction et de l'habitation et construites par les centres d'action sociale, hospices ou hôpitaux, les caisses d'épargne, les sociétés de construction ou par des particuliers, sont soumises à une imposition de 125 €.

Cette disposition est applicable aux locaux à usage artisanal entrant dans les prévisions de l'article 1er de la loi du 2 août 1932, facilitant la construction de ces locaux.

Les actes constatant la résolution volontaire ou judiciaire des contrats de vente de maisons individuelles à loyer modéré et de locaux à usage artisanal entrant dans les prévisions de l'article 1er de la loi du 2 août 1932 sont assujettis à la taxe fixe de publicité foncière de 125 € (CGI, art. 717. – Sur le taux actuel de cette taxe, V. **Droits fixes**).
La contribution de sécurité immobilière au tarif proportionnel du conservateur est due sur la valeur des biens à la date de la résolution, mais son taux est réduit de moitié (Lacroix, n° 683).

4313 **Conditions d'application de la solution en cas de résolution volontaire.** Par « résolution volontaire », il faut entendre celle qui a pour cause un fait, tel que le défaut de paiement du prix, qui aurait été susceptible de servir de base à une résolution judiciaire. Le taux fixe est donc inapplicable aux conventions amiables qui constitueraient de véritables rétrocessions. Il en résulte que la cause de la résolution doit être exprimée dans le contrat. À défaut d'indications suffisantes, la taxe de publicité foncière au taux prévu aux articles 683 et 1594 D du Code général des impôts (V. **Vente d'immeuble**) doit être exigée.
Les parties doivent produire les pièces nécessaires pour établir que l'immeuble objet de la résolution avait, à l'époque de la vente, le caractère d'habitation à loyer modéré et qu'il ne l'a point perdu (BOI-ENR-DMTOI-10-90-20-20170504, n° 210).

4314 **Limites de la solution.** Enfin, le taux fixe ne s'applique qu'aux résolutions qui interviennent à la suite de contrats passibles de la taxe de publicité foncière au taux proportionnel prévu pour les ventes d'immeubles. Une société de construction, par exemple, ne pourrait devenir propriétaire, par voie de résolution, des bâtiments qu'elle aurait élevés pour le compte de tiers en vertu d'un marché, sans acquitter la taxe sur la valeur des bâtiments dans les conditions de droit commun (BOI-ENR-DMTOI-10-90-20-20170504, n° 220).

B Conventionnement du patrimoine appartenant aux organismes d'HLM et aux sociétés d'économie mixte de construction

4315 **Publicité foncière.** Les modalités de publication de ces conventions et la taxation en résultant sont rappelées par une circulaire du 23 mars 1978 (*JCP* N 1978, prat. 6916).
La taxe de publicité foncière n'est pas due, en fonction de l'interprétation libérale faite par l'administration de l'article 1049 du Code général des impôts (exonération des organismes d'HLM).

Le salaire du conservateur est normalement perçu : la « restriction au droit de disposer » doit être évaluée pour l'assiette de ce salaire. La circulaire indique que « la valeur économique de cette restriction étant naturellement peu élevée », c'est le plus souvent le salaire fixe (sur le taux actuel, V. **Contribution de sécurité immobilière**) qui sera perçu.

La publication de la dénonciation de la convention intervenant dans les termes prévus à l'article R. 353-36 du Code de la construction et de l'habitation n'est pas prévue par les textes. Néanmoins, cette publication est possible si la dénonciation intervient en la forme authentique et qu'elle satisfait aux règles de la publicité foncière (*Bull. AMC* 2006 et 2007-1, art. 1904).

4316 Actes à publier. Conventionnement des logements sociaux. Accords cadres conclus avec l'État. M. Georges Berchet rappelle à M. le ministre d'État, ministre de l'Équipement et du Logement, que, dans le cadre de la mise en œuvre du « bouclage » des aides au logement, il a été prévu la signature d'accords cadres permettant le conventionnement des logements du parc social. Il attire son attention sur les problèmes posés aux organismes HLM, par l'application de l'article R. 353-25 du Code de la construction et de l'habitation imposant la publication au fichier immobilier des conventions conclues avec l'État. Il lui expose que l'obligation, imposée par la conservation des hypothèques, d'établir ces conventions par sections cadastrales, en augmente d'autant le nombre et alourdit considérablement la tâche des services des organismes HLM. Il souligne que depuis la réforme du financement intervenue en février 1978, aucune convention n'a été publiée et lui demande si cette solution ne pourrait pas être retenue afin de faciliter la mise en place du conventionnement généralisé du patrimoine HLM.

Réponse. – La mise en œuvre de l'extension des aides personnelles dans le parc des logements sociaux passe par la signature d'accords cadres entre les organismes et l'État. Ces accords seront suivis du conventionnement de l'ensemble des logements des organismes signataires dans un délai souhaitable de douze mois, à compter de la date de signature de l'accord. Toutefois, ce délai pourra être prorogé pour tenir compte de difficultés matérielles liées à l'importance du nombre de conventions à élaborer dans certains cas. La loi du 3 janvier 1979 a prévu un régime spécifique pour les organismes d'HLM, puisque les conventions concernant les logements de leur patrimoine entrent en vigueur dès leur signature (CCH, art. L. 353-17). Il s'agit là d'un régime dérogatoire à celui instauré par la loi du 3 janvier 1977, qui prévoit que l'entrée en vigueur des conventions est subordonnée à leur publication au fichier immobilier ou à leur inscription au livre foncier (CCH, art. L. 353-3). Ainsi, la prise d'effet de la convention dès sa signature pour les organismes d'HLM permet-elle aux locataires de percevoir une aide dans les meilleurs délais. Toutefois, l'obligation de publier la convention, si elle n'est plus une condition essentielle à l'ouverture d'un droit, n'en a pas pour autant été supprimée. En effet, cette mesure se justifie toujours par la nécessité d'assurer l'information des locataires, ainsi que celle des organismes chargés de la liquidation et du paiement de l'aide personnalisée au logement (APL). Par ailleurs, les conventions s'analysent comme un droit réel (consistant en une restriction au droit de disposer) devant donc être, en tant que tel, soumis aux règles de la publicité foncière (Rép. min. à QE n° 1516 : *JO* Sénat CR, 22 déc. 1988, p. 1465 ; *JCP* N 1989, prat. 855).

4317 Identification du logement « conventionné ». Si la convention porte sur une ou plusieurs fractions appartenant à une même personne d'un immeuble en copropriété, elle ne peut être publiée qu'à la condition que la désignation de la ou des fractions soit faite conformément à un état descriptif de division (*Bull. AMC* 1990, art. 1448). Cet état descriptif de division peut éventuellement être inclus dans la convention elle-même (*Bull. AMC* 1990, art. 1465).

C Transformation d'un office public d'HLM en OPAC

4318 Dépôt d'un arrêté interministériel portant transformation d'un office public d'HLM en OPAC sans désignation des immeubles transférés. Refus de dépôt injustifié. Lorsqu'un office public d'aménagement et de construction (OPAC) est créé par transformation d'un ou plusieurs OPHLM, l'article R. 421-1 du Code de la construction et de l'habitation dispose que « l'office public d'aménagement et de construction est substitué dans les droits et obligations du ou des offices publics d'habitations à loyer modéré dont il est issu ». Le conservateur n'est pas alors fondé à refuser le dépôt de l'arrêté interministériel portant transformation mais ne faisant pas état de la dévolution des biens, en invoquant le défaut de désignation et d'évaluation des immeubles qui, situés dans le ressort du bureau, se trouvent de plein droit attribués à l'OPAC.

Pour mettre à jour le fichier immobilier, les conservateurs doivent s'en tenir au sens littéral des stipulations de l'acte présenté sans rechercher leurs éventuels effets seconds. En l'espèce donc, il convient de se borner à créer une fiche personnelle au nom de l'OPAC sans y répertorier les immeubles ruraux et sans y faire référence aux fiches d'immeubles urbains. L'OPAC ayant acquis la propriété des droits immobiliers appartenant à l'OPHLM (ou aux OPHLM s'il est issu de plusieurs) sans titre et par le seul effet des dispositions de l'article R. 421-1 du Code de la construction et de l'habitation. Aussi les transferts desdits droits au profit de l'OPAC apparaîtront-ils au fichier immobilier au fur et à mesure que cet office aura eu dans un acte la qualité de « disposant ou dernier titulaire » au sens donné à cette expression à l'article 32-1 du décret du 14 octobre 1955 pour autant du moins qu'ainsi qu'il est prévu à l'article 35-1-1° du même décret, le transfert légal aura été relaté en se référant à l'article R. 421-1 déjà cité (*Bull. AMC* 1990, art. 1447).

Eu égard à la publication simultanée de l'acquisition et de la disposition, l'association des conservateurs a conseillé de limiter au salaire minimal (V. **Contribution de sécurité immobilière**), la perception à opérer à raison de la relation du transfert (*Bull. AMC*, préc.).

D Acquisition de logements conventionnés – Régimes temporaires

CGI, art. 1051 (Mod. Ord. n° 2019-770, 17 juill. 2019, art. 7 ; Mod. L. n° 2016-1918, 29 déc. 2016, art. 39). – Sont soumis à une imposition fixe de 125 euros :

(...)

1° bis Les acquisitions, réalisées avant le 31 décembre 2013, par les organismes d'habitations à loyer modéré, les sociétés anonymes de crédit immobilier ou leurs unions et les organismes bénéficiant de l'agrément mentionné à l'article L. 365-2 du même code, de logements faisant l'objet d'un conventionnement mentionné aux articles L. 351-2 et L. 321-8 du même code, appartenant à des organismes dont l'un des objets est de contribuer au logement des personnes défavorisées et qui ont bénéficié d'un agrément pour construire, acquérir ou réhabiliter lesdits logements.

(...)

4° Les acquisitions de biens immobiliers bâtis opérées entre organismes d'habitations à loyer modéré, sociétés anonymes de crédit immobilier ou leurs unions et organismes bénéficiant de l'agrément mentionné à l'article L. 365-2 du même code, les sociétés d'économie mixte exerçant une activité de construction ou de gestion de logements sociaux et les sociétés créées pour la mise en œuvre des articles 199 undecies C et 217 undecies du présent code, lorsque les biens immobiliers ont été partiellement financés à l'aide de prêts conventionnés définis aux articles R. 372-20 et suivants du Code de la construction et de l'habitation, de subventions publiques et qu'ils sont à usage de logement social au sens de l'article L. 411-1 du même code.

4319 **Champ d'application du régime de faveur.** L'article 1051, 1° bis du Code général des impôts a été créé par la loi n° 2009-1674 du 30 décembre 2009. Ce texte soumet au droit fixe de 125 € les acquisitions réalisées depuis le 1er janvier 2010 et avant le 31 décembre 2013 par les organismes d'habitations à loyer modéré, les sociétés anonymes coopératives d'intérêt collectif pour l'accession à la propriété et les organismes bénéficiant de l'agrément mentionné à l'article L. 365-2 du Code de la construction et de l'habitation, de logements faisant l'objet d'un conventionnement mentionné aux articles L. 351-2 et L. 321-8 du même code, appartenant à des organismes dont l'un des objets est de contribuer au logement des personnes défavorisées, et qui ont bénéficié d'un agrément pour construire, acquérir ou réhabiliter ces logements (BOI-ENR-DMTOI-10-90-20-20170405, n° 410).

L'article 78 de la loi de finances pour 2012 (n° 2011-1977, 28 déc. 2011 : *JO* 29 déc.) a prorogé jusqu'au 31 décembre 2013 la taxation au droit fixe de ce type d'opérations.

Dans sa version en date du 5 avril 2017, le *BOI* précité présente sous le n° 425 ce dispositif régi par l'article 1051 du Code général des impôts qui a été modifié en dernier lieu par l'article 130 de la loi n° 2017-256 du 28 février 2017 de programmation relative à l'égalité réelle outre-mer et portant autres dispositions en matière sociale et économique. C'est cette loi qui a ajouté à l'article 1051 du Code général des impôts le 4° ainsi rédigé :

« 4° Les acquisitions de biens immobiliers bâtis opérées entre organismes d'habitations à loyer modéré, sociétés anonymes de crédit immobilier ou leurs unions et organismes bénéficiant de l'agrément mentionné à l'article L. 365-2 du même code, les sociétés d'économie mixte exerçant une activité de construction ou de gestion de logements sociaux et les sociétés créées pour la mise en œuvre des articles 199 undecies C et 217 undecies du présent code, lorsque les biens immobiliers ont été partiellement financés à l'aide de prêts conventionnés définis aux articles R. 372-20 et suivants du Code de la construction et de l'habitation, de subventions publiques et qu'ils sont à usage de logement social au sens de l'article L. 411-1 du même code ».

Cette disposition a été abrogée par l'article 30 de la loi du 23 novembre 2018 (loi ELAN).

Toutefois, conformément à l'article 30, V, E de la loi n° 2018-1317 du 28 décembre 2018, le 4° de l'article 1051, dans sa rédaction antérieure audit article, demeure applicable aux livraisons à soi-même, ventes, apports, acquisitions et cessions de logements qui relèvent des articles 199 undecies C et 217 undecies du même code, dans leur rédaction antérieure au même article.

XI Inscriptions d'hypothèques

A Inscriptions et radiations

4320 Prêts consentis aux organismes d'HLM. Les prêts consentis aux organismes d'HLM pour des opérations d'investissement locatif font l'objet d'une garantie, qui, si elle n'est pas fournie par les collectivités locales ou les chambres de commerce et d'industrie, peut être assuré par la Caisse de garantie du logement locatif social (CCH, art. L. 431-1). La Caisse des dépôts et consignations est subrogée dans l'hypothèque prise par ces sociétés comme garantie des prêts qu'elles consentent (CCH, art. L. 431-1, al. 3).
La radiation de l'hypothèque est effectuée sur mainlevée selon le cas, de l'autorité administrative, ou du représentant légal de l'établissement prêteur (CCH, art. L. 431-1, al. 2. – Sur la mainlevée sans paiement des inscriptions prises au profit de la Caisse de prêts aux organismes d'HLM ; V. *Bull. AMC* 1983, art. 1301).
La loi du 13 décembre 2000 (loi SRU), a transféré de la Caisse de garantie à la Caisse des dépôts et consignations le droit de prendre une hypothèque légale en garantie des concours accordés aux opérations locatives (CCH, art. L. 431-1).
L'hypothèque est prise pour le compte de l'État par le directeur général de la Caisse des dépôts et consignations. La mainlevée partielle ou totale des inscriptions est donnée soit par le directeur général de la Caisse des dépôts et consignations, soit par l'agent judiciaire de l'État qui ont qualité pour le faire avec ou sans constatation de paiement (CCH, art. R. 431-10, al. 2).

B Taxe de publicité foncière

CGI, art. 845. – Sont exonérés de la taxe de publicité foncière :

(...)

2° Les inscriptions :

a) des hypothèques conventionnelles pour sûreté des avances consenties par l'État aux organismes d'habitations à loyer modéré ;

b) des hypothèques prises par les organismes d'habitations à loyer modéré et de crédit immobilier pour la sûreté et le recouvrement des prêts individuels qu'ils sont appelés à consentir à des particuliers.

3° Les actes des prêts spéciaux à la construction désignés à l'article L. 312-1 du Code de la construction et de l'habitation.

CCH, art. L. 312-1. – La garantie de l'État peut être accordée aux prêts consentis par le Crédit foncier de France et le Comptoir des entrepreneurs pour la construction, l'acquisition ou l'amélioration d'immeubles à usage principal d'habitation, dans les conditions fixées par décrets.

Cette garantie peut également être accordée pour couvrir la différence d'intérêt existant, le cas échéant, au moment de la consolidation, par le Crédit foncier de France, d'une ouverture de crédit ou d'un prêt à moyen terme, entre l'intérêt normal des prêts à long terme au moment de la consolidation et celui en vigueur lors du prêt initial. Toutefois, cette garantie ne joue que si le taux d'intérêt en vigueur lors du prêt de consolidation est supérieur à un maximum fixé par décision administrative.

À compter du 1er janvier 2006, la garantie de l'État peut également être accordée aux prêts consentis pour la construction, l'acquisition ou l'amélioration d'immeubles à usage principal d'habitation, destinés à l'accession sociale à la propriété et attribués aux personnes physiques dont les revenus sont inférieurs à des plafonds de ressources fixés par décret. La garantie de l'État peut être accordée aux avances remboursables ne portant pas intérêt mentionnées au dernier alinéa du I de l'article 1384 A du Code général des impôts, dans les mêmes conditions. L'État est garant en dernier ressort de ces prêts. (...)

Les prêts peuvent être distribués par tout établissement de crédit ayant signé à cet effet une convention avec l'État et avec une société de gestion agissant pour son compte. Les statuts de cette société sont approuvés par décret et le président de son conseil d'administration est nommé par arrêté. Des commissaires du gouvernement assistent au conseil d'administration de cette société et ont le droit de veto sur toute décision de nature à affecter l'engagement financier de l'État lié à sa contribution à la société et à sa garantie.

4321 Exonération de la taxe de publicité foncière. L'article 845, 2° a exonéré de la taxe de publicité foncière les inscriptions :
- des hypothèques conventionnelles pour sûreté des avances consenties par l'État aux organismes d'HLM ;
- des hypothèques prises par les organismes d'HLM et de crédit immobilier pour la sûreté et le recouvrement des prêts individuels qu'ils sont appelés à consentir à des particuliers.

4322 Avances de l'État aux organismes d'HLM. Les inscriptions d'hypothèques conventionnelles prises pour sûreté des avances consenties par l'État aux organismes d'HLM sont exonérées de la taxe de publicité foncière.
Cette exonération concerne en pratique les prêts consentis par la Caisse des prêts à ces organismes.
L'hypothèque légale dont bénéficiaient jadis les communes et départements pour sûreté des prêts accordés aux organismes d'HLM et dont ils se portaient garants a été supprimée (*Bull. AMC* 1953, art. 152. – L. 15 avr. 1953). Si une hypothèque est consentie, elle ne peut plus être que conventionnelle. Mais elle est cependant exonérée de la taxe de publicité foncière (V. Doc. adm. DGI, 10 G-1123).
L'hypothèque légale de l'État subsiste (C. urb., art. 204, aujourd'hui CCH, art. L. 431-1).

4323 Précisions apportées par l'instruction du 11 avril 1987. Une instruction de la Direction générale des impôts du 11 avril 1987 (*BODGI* 10 G-3-78), a admis que l'application de l'article 845 du Code général des impôts exonérant de taxe de publicité les hypothèques conventionnelles pour sûreté des avances consenties par l'État aux organismes d'HLM continuerait à bénéficier aux prêts accordés en vertu de la loi n° 77-1 du 3 janvier 1977 et de ses décrets d'application ainsi qu'aux prêts complémentaires à ces prêts.
Une instruction antérieure en date du 1er octobre 1971 (*BOI* 10 G-1123) avait déjà admis que les inscriptions d'hypothèques conventionnelles prises par les communes et les départements ayant garanti les emprunts souscrits par des organismes d'HLM pouvaient bénéficier de l'exonération de taxe de publicité foncière reconnue par l'article 845 pour les inscriptions prises par l'État.
Dans ces conditions, cette doctrine n'ayant pas été rapportée à la suite de la loi du 3 janvier 1977, il doit être admis que l'inscription d'une hypothèque conventionnelle consentie par un organisme d'HLM à une commune ayant garanti un de ses emprunts pour le financement d'une opération de construction en PLA, PAP ou PC, ou de réhabilitation avec un de ces prêts ou avec un Palulos, doit bénéficier de l'exonération de taxe de publicité foncière, qu'il s'agisse du prêt principal, d'un prêt complémentaire à celui-ci ou à la Palulos (*Actualités HLM* 15 nov. 1987, p. 22).

4324 Prêts individuels consentis par les organismes d'HLM et les sociétés de crédit immobilier. Les inscriptions prises par les organismes d'HLM et les sociétés de crédit immobilier pour sûreté des prêts individuels qu'ils sont appelés à consentir à des particuliers sont exonérées de la taxe de publicité foncière en application de l'article 845-2° b) du Code général des impôts.
L'administration a décidé en outre d'appliquer cette exonération aux inscriptions afférentes :
- aux prêts consentis aux adhérents des sociétés mutualistes dans le cadre de la législation sur les HLM (*BODGI* 10 G-2-72 ; *JCP* N 1974, prat. 5740. – Doc. adm. DGI, 10 G-1123) ;
- aux prêts accordés à titre complémentaire par les comités d'aide au logement et les caisses départementales auxiliaires de prêts immobiliers (*BODGI* 10 G-2-72 ; *JCP* N 1974, prat. 5740. – Doc. adm. DGI, 10 G-1123) ;
- aux prêts consentis par les caisses d'épargne dans le cadre de la législation sur les HLM (Doc. adm. DGI, 10 G-1123).
D'une manière générale, l'administration exonère par mesure de tempérament les inscriptions d'hypothèque prises pour garantir tous les prêts complémentaires accordés par les établissements financiers aux bénéficiaires de prêts obtenus dans le cadre de la législation relative aux constructions d'HLM.
Toutefois, le bénéfice de cette mesure est subordonné à la condition que le prêt principal bénéficie lui-même de l'exemption de taxe de publicité foncière. Il convient donc de faire mention dans les

bordereaux d'inscription de la date du prêt principal ou de la date de son inscription au bureau des hypothèques et de l'organisme qui l'a consentie (Instr. 31 janv. 1972 : *BODGI* 10 G-2-72).

4325 Prêts spéciaux à la construction visée à l'article L. 312-1 du Code de la construction et de l'habitation. L'exonération de taxe de publicité foncière s'applique également aux « actes des prêts spéciaux à la construction » désignés à l'article L. 311-2 du Code de la construction et de l'habitation (V. ce texte *supra*).

XII Contribution de sécurité immobilière

4326 Sur l'instauration de cette contribution en remplacement du salaire du conservateur des hypothèques, V. **Contribution de sécurité immobilière.**
Les solutions énoncées ci-dessous à propos du salaire du conservateur restent valables, jusqu'à nouvel ordre, pour la perception de la contribution de sécurité immobilière.

CGI, art. 881 L. *(Créé par Ord. n° 2010-638, 10 juin 2010, art. 7).* – Les formalités hypothécaires pour lesquelles il est perçu une contribution de sécurité immobilière proportionnelle donnent lieu à la perception d'une contribution réduite de moitié, sous réserve des dispositions de l'article 881 M :

1° Lorsqu'elles intéressent les organismes d'habitation à loyer modéré indiqués à l'article L. 411-2 du Code de la construction et de l'habitation et les autres organismes et collectivités indiqués aux articles L. 432-1 à L. 432-4 et L. 472-1-1 du même code ;

2° Lorsqu'elles se rapportent à la construction, à la première mutation ou à l'attribution des logements économiques ou des logements à réaliser par des personnes groupées en sociétés ou en associations qui s'engagent dans les actes de prêts consentis dans les conditions prévues au décret n° 50-899 du 2 août 1950 relatif à l'attribution de prêts garantis par l'État pour la construction d'immeubles d'habitation à faire effectuer par leurs membres des apports en travail.

NOTA Ces dispositions sont reprises à l'article L. 424-1 du Code de la construction et de l'habitation, ainsi conçu :
Art. L. 424-1 *(Remplacé à compter du 1er janv. 2013, Ord. n° 2010-638, 10 juin 2010, art. 9, II et 18, I).* – Les formalités hypothécaires donnent lieu, lorsqu'elles intéressent les organismes indiqués aux chapitres Ier et II du titre III du présent livre, à l'application des dispositions de l'article 881 L du Code général des impôts.

A Règles générales

4327 Réduction de moitié de la contribution de sécurité immobilière. L'article 881 L du Code général des impôts édicte une réduction de moitié du tarif de la contribution de sécurité immobilière, au profit des organismes qu'il vise.
Cette réduction de moitié est applicable sous réserve du minimum de perception prévue à l'article 881 M du même code (actuellement 15 €).

4328 Organismes bénéficiaires de la réduction. Les organismes visés à l'article L. 411-2 du Code de la construction et de l'habitation auxquels le texte fait référence sont indiqués au n° 4215.
Sont également concernés :
– les communes qui font appel à des offices publics d'HLM ou à des SA d'HLM pour construire des logements pour leur compte (CCH, art. L. 432-1) ;
– les sociétés coopératives de construction faisant appel à des organismes d'HLM à titre de prestataires de service (CCH, art. L. 432-2) ;
– les sociétés et unions de sociétés mutualistes et les associations reconnues d'utilité publique ayant reçu des prêts de l'État au titre de la législation sur les HLM (CCH, art. 432-4) ;
– les sociétés d'économie mixte de construction constituées dans les départements d'outre-mer, bénéficiant de prêts de la caisse de prêts des organismes d'HLM, de la caisse de garantie du logement social ou de la Caisse des dépôts et consignations (CCH, art. L. 472-1-1).
La réduction s'applique aux transferts de propriété à titre gratuit effectués par les communes ou les

départements au nom des OPHLM (V. *Bull. AMC* 1962, art. 498).
La réduction est applicable à toutes les formalités intéressant un organisme d'HLM, sans distinguer selon que le paiement de la contribution est ou non à la charge de cet organisme (V., pour l'application du salaire du conservateur, *Bull. AMC* 1976, art. 1051). Il n'y a pas à s'interroger non plus sur les finalités économiques ou sociales de l'opération. La réduction s'applique dès lors que l'une des parties contractantes est l'un des organismes énumérés ci-dessus (*Bull. AMC* 1991, art. 1518).

4329 **Inscriptions prises au profit des sociétés de crédit immobilier.** Ces inscriptions bénéficient de la réduction de moitié de la contribution de sécurité immobilière en vertu de l'article L. 1424 du Code de la construction et de l'habitation (*Bull. AMC* 1955, art. 223).
Cette même exonération joue pour la radiation des inscriptions profitant à une société anonyme de crédit immobilier (chron. P.J.C. : *JCP* N 1989, prat. 790).

B Opérations particulières

4330 Location-attribution. Publication du contrat.
➤ V. n° 4293.

4331 Location-attribution d'un immeuble par une société coopérative d'HLM. Possibilité de rachat prévue en cas de revente de l'immeuble avant l'expiration d'un délai déterminé. Un acte concernant une SA coopérative d'HLM prévoit que conformément aux conditions de la location-attribution, si l'attributaire d'un immeuble envisage de vendre ce dernier avant la dernière attribution concernant le lotissement, il sera tenu d'en prévenir la société d'HLM qui pourra, si elle désire, racheter l'immeuble moyennant le prix offert par un tiers.
Une chronique de la *Semaine juridique* estime que cette disposition constitue une des conditions de la location-attribution et qu'elle ne doit pas donner lieu de ce fait à la perception d'un salaire particulier (*JCP* N 1986, prat. 9834). La même solution paraît devoir jouer pour la perception de la contribution de sécurité immobilière.

4332 **SA d'attribution constituée par une SA d'HLM et une SA de crédit immobilier. Dissolution et liquidation.** Les dispositions relatives au demi-salaire étant exceptionnelles, il convient de ne les appliquer qu'aux situations expressément prévues. Ainsi, si une SA de crédit immobilier et une SA d'HLM ont constitué ensemble une société d'attribution, et qu'après dissolution la SA de crédit immobilier est nommée liquidateur et procède aux attributions-partage en nature, le salaire entier doit être perçu, parce que les parties intéressées (la société et les attributaires) ne sont pas des organismes d'HLM La qualité du liquidateur, qui n'a pas d'intérêt personnel en l'affaire, n'y change rien.
D'autre part, les immeubles n'entrent pas dans la catégorie des logements économiques visés par l'article 297 de l'annexe III du Code général des impôts, et rien ne permet donc d'appliquer en l'espèce le demi-salaire (V. *Bull. AMC* 1977, art. 1075).
La même solution paraît devoir jouer pour la perception de la contribution de sécurité immobilière.

4333 **« Logéco » et « Castors ».** Sur les *Logéco* et les *Castors*, V. n° 4214 (les *Logéco* ont disparu depuis 1963).

4334 Cas particulier : réalisation de résidences universitaires par l'intermédiaire d'organismes d'HLM. L'opération se passe en deux temps :
– bail emphytéotique d'un terrain, pour quarante-cinq ans, par l'État ou par un centre régional des œuvres universitaires, à un office d'HLM. – Loyer symbolique + charge de construire, une résidence universitaire ;
– location des constructions par l'organisme d'HLM au centre régional des œuvres universitaires. Loyer égal au montant des annuités des emprunts contractés par l'organisme d'HLM (+ 15 % de frais forfaitaires). Retour des immeubles au bailleur en fin de bail.
Sur le premier bail, la contribution de sécurité immobilière sera due sur le montant cumulé des loyers, plus la valeur locative réelle du terrain pour la durée du bail, estimée par les Domaines (en réalité, valeur résiduelle des immeubles en fin de bail, censée égale à la différence entre la valeur locative réelle du terrain et le loyer – symbolique – stipulé).
Sur le second bail, la contribution de sécurité immobilière est exigible sur le montant du loyer des quarante-cinq années (+ 15 % de charges forfaitaires).
Dans les deux cas, la contribution due est réduite de moitié (*BOED*, 9882).

Hypothèque conventionnelle

Jacques LAFOND

Sommaire analytique

Index alphabétique

Index alphabétique *(suite)*

4335 Depuis la réforme des sûretés résultant de l'ordonnance n° 2006-346 du 23 mars 2006, les hypothèques conventionnelles sont régies par les articles 2413 à 2424 du Code civil.

I

Règles concernant l'inscription d'hypothèque conventionnelle en général

4336 **Observation préliminaire.** Les règles générales applicables à l'inscription hypothécaire sont exposées (V. **Bordereau d'inscription**). Il suffit ici de préciser leur application à l'inscription de l'hypothèque conventionnelle et de passer en revue les règles concernant les énonciations proprement dites du corps des bordereaux d'inscription.

A Désignation du créancier

4337 **Créance divisée en nue-propriété et usufruit.** En application de l'article 54-1 du décret du 14 octobre 1955, une créance appartenant à une personne pour l'usufruit et à une autre pour la nue-propriété ne peut être inscrite à l'aide d'un bordereau collectif que si, ce qui est exceptionnel, ces personnes ont été stipulées solidaires et à la condition qu'une seule date extrême d'effet soit donnée à l'inscription.

4338 **Décès du créancier.** Si le créancier est décédé, l'inscription peut être prise, soit au profit de sa succession, soit au profit de ses héritiers, ce qui est préférable, mais, toujours en application de l'article 54-1 susvisé du décret du 14 octobre 1955, il ne semble pas que l'inscription puisse être requise à l'aide d'un bordereau collectif, car il n'existe aucune solidarité active entre cohéritiers ; toutefois, le lien d'indivisibilité existant entre ces cohéritiers pourrait amener à les traiter comme des créanciers solidaires (V. **Bordereau d'inscription**).
Lorsqu'il y a eu partage, l'inscription est prise au profit de l'attributaire de la créance ; on énonce alors dans les bordereaux le partage.

B Désignation du débiteur ou du propriétaire grevé

4339 **Principe.** L'inscription doit être prise contre la ou les personnes qui ont constitué l'hypothèque et qui sont propriétaires de l'immeuble hypothéqué. Le plus souvent, il s'agit du débiteur de la créance garantie ; mais ce peut être également un tiers, par exemple une caution.

1 Cautionnement

4340 **Étendue du cautionnement.** Le contrat de cautionnement s'interprète strictement : si le cautionnement est donné pour le principal, il ne s'étend pas aux accessoires (C. civ., art.2294 [ancien art. 2292]). Mais lorsqu'il est donné en termes indéfinis, c'est-à-dire sans restriction, expresse ou tacite, il s'étend à tous les intérêts et autres accessoires de la dette, même aux frais de la première demande et à tous ceux postérieurs à la dénonciation qui en est faite à la caution (C. civ., art. 2295 [ancien art. 2293]).
Les précisions relatives à l'étendue de l'engagement de la caution doivent être énoncées dans le bordereau de l'inscription prise contre celle-ci.

4341 **Caution solidaire.** La caution peut être solidaire ou non solidaire.
Des inscriptions distinctes doivent être prises contre le débiteur et sa caution non solidaire (Rép. min. Finances n° 452 à M. Bizet : *JOAN* CR, 25 sept. 1968, p. 2869 ; *JCP* N 1968, IV, 4452). Par contre, s'il y a solidarité entre le débiteur et sa caution, il est possible de ne prendre qu'une seule inscription (Bulté : *JCP* N 1968, IV, 4444).

Une seule inscription peut également être requise contre le débiteur principal et sa caution hypothécaire lorsqu'elle ne dispose pas du bénéfice de discussion et en cas de pluralité de cautionnement, du bénéfice de division, car une telle caution réelle peut être assimilée à une caution solidaire (*Bull. AMC* 1969, art. 766. – Chardonnal : *JCP* N 1982, prat. 8420).

2 Décès du débiteur

4342 Attestation de propriété non publiée. Lorsque le débiteur est décédé, le créancier doit, en principe, prendre inscription contre les héritiers du défunt, régulièrement désignés. Il est admis cependant que tant que l'attestation notariée constatant la transmission de la propriété, ou le partage en tenant lieu, n'a pas été publiée, l'inscription peut être prise contre le défunt, sans indication de ses héritiers, à la condition que son identité soit établie et certifiée (D. n° 55-1350, 14 oct. 1955, art. 36, § 5 ; mod., D. n° 59-90, 7 janv. 1959. – V. Circ. enreg. 30 mars 1956, § XIII, n° 2, p. 95). Cette possibilité n'est offerte qu'aux créanciers de l'ensemble de l'indivision et non à un créancier de l'un des indivisaires, en l'espèce le receveur des impôts voulant inscrire une hypothèque légale à l'encontre de l'un des héritiers (Cass. 1re civ., 23 oct. 2002 : *Bull. civ.* 2002, III, n° 210).

4343 Acceptation à concurrence de l'actif net. En vertu du deuxième alinéa de l'article 2422 (ancien art. 2427) du Code civil, l'inscription ne produit aucun effet entre les créanciers d'une succession si elle n'a été faite par l'un d'eux que depuis le décès, dans le cas où la succession n'est acceptée qu'à concurrence de l'actif net ou est déclarée vacante.

C Énonciation du titre en vertu duquel est prise l'inscription et de la cause de l'obligation

4344 Nous procéderons à un simple rappel des exigences légales et réglementaires en la matière.

➤ Pour plus de détails, V. **Bordereau d'inscription**.

4345 Énonciations concernant le titre. Le bordereau doit comporter tout d'abord l'indication de la date et de la nature du titre générateur de la sûreté ou de la créance.

S'agissant par définition d'un titre notarié, les nom et résidence du rédacteur sont précisés (D. n° 55-1350, 14 oct. 1955, art. 55, § 2, 3°).

Le titre que l'inscription doit énoncer est le titre constitutif de l'hypothèque, et non pas l'acte générateur de la créance ; par conséquent, lorsque ces deux actes sont distincts, il suffit d'énoncer l'acte qui contient la constitution de l'hypothèque (CA Agen 18 juill. 1894 : *DP* 1895, 2, 217. – Planiol et Ripert, *op. cit.*, t. XII, par Becqué, n° 738. – Mazeaud, *op. cit.*, t. III, 1er vol. par Chabas, n° 377).

Lorsque le titre constitutif de l'hypothèque a fait l'objet d'une rectification ou d'une confirmation ultérieure, l'indication de celle-ci est nécessaire (CA Paris, 11 avr. 1808 : *S.* 1808, 2, 427. – Chambaz, Masounabe-Puyanne et Leblond, *Précis du droit et de la pratique hypothécaires*, 2e éd., n° 600. – G. Rousseau, *La publicité foncière du crédit hypothécaire*, Rapp. au 69e Congrès des notaires de France, p. 45).

4346 Mentions concernant la cause et les modalités de l'obligation. Le bordereau doit également comporter :

– l'indication de la cause de l'obligation garantie par l'hypothèque ;

– le cas échéant, la mention expresse du caractère rechargeable de l'hypothèque et de la somme en capital pour laquelle l'hypothèque pourra être affectée à la garantie d'autres créances ;

– la mention de la clause prévoyant que le créancier hypothécaire impayé deviendra propriétaire de l'immeuble hypothéqué.

Lorsque le titre comprend une clause compromissoire, le bordereau mentionne la clause prévoyant que le créancier hypothécaire impayé deviendra propriétaire de l'immeuble hypothéqué (D. n° 55-1350, 14 oct. 1955, art. 55, § 2, 3°, réd. D. n° 2008-466, 19 mai 2008).

D Indication du montant de la créance

4347 Les bordereaux doivent contenir l'indication du capital de la créance, de ses accessoires et de la date prévue pour son exigibilité, avec éventuellement toutes précisions utiles, évaluation des rentes, prestations et droits indéterminés, éventuels ou conditionnels, clause de réévaluation, contre-valeur en euros, etc. (D. n° 55-1350, 14 oct. 1955, art. 55, § 2, 4°).

➤ Sur ce problème, V. **Bordereau d'inscription**.

1 Capital

4348 Montant ou évaluation. Lorsque le capital de la créance est déterminé en chiffres dans le titre constitutif, il n'y a aucune difficulté : c'est ce chiffre qui doit figurer dans le bordereau. Le

bordereau doit mentionner la certification que le montant du capital de la créance n'est pas supérieur à celui figurant dans le titre (D. n° 55-1350, 14 oct. 1955, art. 55, § 2, 4° et 7°).
L'évaluation des rentes, prestations et droits indéterminés, éventuels ou conditionnels obéit à des règles particulières.
Si la créance est assortie d'une clause de réévaluation, il est satisfait au vœu de la loi par la simple mention du capital originaire de la créance et l'indication de la clause de réévaluation. De plus, la créance supplémentaire susceptible de résulter de la réévaluation doit figurer pour mémoire parmi les sommes pour sûreté desquelles l'inscription est requise (D. n° 55-1350, 14 oct. 1955, art. 57. – V. **Bordereau d'inscription**).

➤ Sur les conséquences d'une erreur dans le montant de la créance garantie, V. **Bordereau d'inscription**.

➤ Sur les problèmes posés par l'inscription d'une hypothèque conventionnelle en garantie d'une ouverture de crédit, V. J.-M. Fernandez, *Hypothèque conventionnelle en garantie d'une ouverture de crédit : LPA* 7 juill. 1999, p. 4.

4349 Créance évaluée en monnaie étrangère. La créance doit être liquidée en monnaie européenne. En conséquence, lorsque le montant de la créance n'est pas libellé en euros, l'indication immédiate de sa contre-valeur en euros est déterminée selon le dernier cours de change connu à la date du titre générateur de la sûreté ou de la créance (D. n° 55-1350, 14 oct. 1955, art. 55, § 2, 4°).

4350 Sanction. L'absence de l'indication du capital entraîne le rejet de la formalité (C. civ., art. 2423, al. 9).

2 Accessoires

4351 Les accessoires dont parle l'article 55-2-4° du décret n° 55-1350 du 14 octobre 1955 sont les intérêts, les frais de l'acte constitutif et de ses suites, les dépens occasionnés par les contestations relatives à la validité ou à l'exécution du titre et les dommages-intérêts auxquels le débiteur pourrait être condamné pour inexécution de ses engagements. Ces accessoires sont la conséquence même du titre ; aussi n'est-il pas nécessaire que celui-ci les prévoie spécialement pour qu'ils puissent être inscrits.

a) Intérêts

4352 Taux de l'intérêt. L'article 57, alinéa 4, du décret du 14 octobre 1955 précise qu'à défaut de mention de leur taux, les intérêts conventionnels ne sont conservés que dans la limite du taux légal (chron. *JCP* N 1979, prat. 7312).

4353 Période garantie. Le créancier inscrit pour un capital produisant des intérêts a le droit d'être colloqué pour trois années de ceux-ci au même rang que le principal (C. civ., art. 2427 [ancien art. 2432]).

➤ Sur la détermination des trois années ainsi garanties, V. **Bordereau d'inscription**.

4354 Prêt viager hypothécaire. Il est fait exception à la règle en ce qui concerne le prêt viager hypothécaire (C. consom., art. L. 315-1, I). Le créancier dans ce cas a le droit d'être colloqué pour la totalité des intérêts, au même rang que le principal (C. civ., art. 2427 [ancien art. 2432], 2e al).

4355 Période non garantie. Inscriptions complémentaires. Quant aux intérêts courus après l'inscription et non compris dans les trois années prévues à l'article 2427 (ancien art. 2432) du Code civil, ils ne peuvent être garantis que par des inscriptions à prendre au fur et à mesure de leur échéance et qui n'ont rang qu'à compter de leur date (C. civ., art. 2427 [ancien art. 2432], al. 1er). En l'absence d'inscriptions complémentaires, et pour ces intérêts, le créancier est simplement chirographaire.
Il est actuellement admis en jurisprudence que le notaire chargé de l'inscription d'une hypothèque n'est pas tenu des inscriptions complémentaires (Cass. 1re civ., 16 nov. 2016, n° 15-20.416). Pour éviter un contentieux, il est recommandé de définir clairement dans l'acte la mission du notaire à ce sujet, soit en lui conférant un mandat spécial, soit en éclairant les parties sur les incidences de l'absence de mandat (V. les formules proposées par R. Crône : *Sol. not.* janv. 2017, p. 33).

4356 Mentions à porter dans les bordereaux. Il n'est pas nécessaire d'évaluer ces intérêts dans l'inscription ; il suffit de dire que la créance produit des intérêts à partir de telle date et à tel taux. Cette solution est consacrée par la jurisprudence (Cass. civ., 24 févr. 1852 : *DP* 1852, 1, 40. – CA Paris, 2e ch., 28 févr. 1984 : *Defrénois* 1984, art. 33342-59, note Aubert).
La conservation des intérêts suppose, toutefois, que l'inscription soit assez explicite sur l'existence d'intérêts et sur leur taux afin de permettre aux tiers d'apprécier exactement l'étendue du passif hypothécaire (CA Paris, 2e ch., 28 févr. 1984, préc.).

4357 Annuités constantes. Lorsqu'il est stipulé que le montant du prêt sera remboursé en un certain nombre d'annuités constantes comprenant la somme nécessaire à l'amortissement et les intérêts, l'inscription ne pourrait, selon une opinion, être prise pour la totalité des annuités. Il y aurait lieu de distinguer d'une part le capital et d'autre part, les trois années d'intérêts (Bulté : *JCP* N 1966, IV, 4156).

4358 **Variabilité du taux.**
➤ V. **Bordereau d'inscription.**

4359 **Clause d'anatocisme.**
➤ V. **Bordereau d'inscription.**

b) Autres accessoires
➤ Sur l'évaluation des accessoires, V. **Bordereau d'inscription.**

E Indication de la date d'exigibilité

4360 **Principe.** Le bordereau doit indiquer « la date prévue » pour l'exigibilité de la créance et des accessoires inscrits.
➤ Pour plus de détails, V. **Bordereau d'inscription.**

4361 **Sanction.** L'omission de ces indications entraînerait le rejet de la formalité par le service de la publicité foncière (C. civ., art. 2423, al. 9).

F Désignation des biens grevés

4362 **Désignation des immeubles.** Aux termes du dernier alinéa de l'article 2421 (ancien art. 2426) alinéa 3 du Code civil, les immeubles sur lesquels l'inscription est requise doivent être individuellement désignés, avec l'indication de la commune où ils sont situés, à l'exclusion de toute désignation générale, même limitée à une circonscription territoriale donnée.
En application de cette règle, l'article 55, § 2, 5°, du décret n° 55-1350 du 14 octobre 1955 (C. civ., ancien art. 2148) précise que le bordereau d'inscription doit contenir la désignation de chacun des immeubles sur lesquels l'inscription est requise, établie conformément aux premier et troisième alinéas de l'article 7 du décret du 4 janvier 1955. La publication est censée requise uniquement pour les immeubles individuellement désignés (D. n° 55-1350, 14 oct. 1955, art. 76, al. 1er ; mod., D. n° 67-1252, 22 déc. 1967).
➤ Pour plus de détails sur ces divers points, V. **Bordereau d'inscription.**

4363 **Extrait cadastral à joindre.** Rappelons que lorsqu'il s'agit d'immeubles sis dans des communes où le cadastre a été rénové, il y a lieu, à l'occasion seulement de la première formalité à publier au fichier immobilier, de joindre au bordereau un extrait cadastral, modèle 3, ayant moins de six mois de date au jour de la prise de l'inscription (D. n° 55-22, 4 janv. 1955, art. 40 et D. n° 55-1350, 14 oct. 1955, art. 30).

4364 **Améliorations apportées à l'immeuble.** L'article 2389 (ancien art. 2397, dernier al.) du Code civil précise l'étendue de l'assiette de l'hypothèque inscrite : « L'hypothèque acquise s'étend aux améliorations qui surviennent à l'immeuble hypothéqué, ainsi qu'aux accessoires réputé immeubles ».
L'hypothèque inscrite sur un immeuble s'étend aux améliorations survenues, sans qu'il y ait lieu de distinguer si ces améliorations constituent des immeubles par nature ou seulement des immeubles par destination, ni si le propriétaire de qui elles émanent est le débiteur principal ou un tiers détenteur (Cass. civ., 2 juill. 1901 : *DP* 1909, 1, 342. – Cass. civ., 1er mai 1906 : *DP* 1909, 1, 345).
Il en résulte, notamment, que lorsque le propriétaire d'un terrain hypothéqué édifie lui-même des constructions, l'hypothèque prise sur ce terrain s'étend de plein droit aux constructions nouvelles, sans qu'il soit besoin de nouvelle inscription.

4365 **Hypothèque de biens à venir.**
➤ V. nos 4379 à 4382.

4366 **Constructions sur le terrain d'autrui.**
➤ Sur les conditions dans lesquelles une hypothèque peut être prise sur des constructions édifiées sur le terrain d'autrui, V. **Construction sur sol d'autrui.**

4367 **Bail emphytéotique administratif.** L'hypothèque concernant un immeuble faisant l'objet d'un bail emphytéotique administratif doit être approuvée par la collectivité territoriale propriétaire. Une simple information de la collectivité bailleresse n'est pas suffisante. Dans le cas d'une commune, l'agrément peut être accordé *a posteriori* par le conseil municipal (Cass. 3e civ., 24 juin 2021, n° 19-25.821).

G Indications concernant l'effet relatif

4368 Le bordereau doit contenir les références (date, volume et numéro) de la formalité donnée au titre du constituant de l'hypothèque, lorsque ce titre est postérieur au 1er janvier 1956 (V. **Effet relatif**). Si le titre n'a pas encore été publié, le document déposé doit préciser que la publication en sera requise simultanément (D. n° 55-1350, 14 oct. 1955, art. 32, § 2).
Cette disposition n'est pas applicable dans le cas où le droit du constituant a été acquis sans titre

– notamment par prescription ou accession – ou lorsque ce droit s'est trouvé consolidé par le décès de l'usufruitier ; dans ces cas, le document déposé doit contenir une déclaration précisant le mode ou les conditions d'acquisition ou de consolidation du droit (D. n° 55-1350, 14 oct. 1955, art. 35, § 1er, 1°).
Si une discordance apparaît entre le document déposé et les documents publiés antérieurement, le conservateur rejette la formalité. Ainsi lorsque le Trésor public prend inscription sur un immeuble dont le débiteur a fait donation à ses enfants et qui ne figure donc plus à son nom au fichier immobilier. Peu importe que le Trésor public ait parallèlement exercé une action paulienne pour contester cette donation (Cass. 3e civ., 18 juill. 2001, n° 99-19102 : *Bull. civ.* 2001, III, n° 100).

4369 **Titre antérieur au 1er janvier 1956.** Dans ce cas, le bordereau doit indiquer la nature de ce titre et contenir la déclaration qu'il est antérieur au le 1er janvier 1956. Toutefois, cette déclaration n'est pas exigée si le requérant est en mesure de porter sur le bordereau déposé les mentions indiquées précédemment (V. n° 4373. – D. n° 55-1350, 14 oct. 1955, art. 35, § 1er, 2°).
➤ Sur la mise en œuvre de l'effet relatif de la publicité, V. **Effet relatif**.

II Applications et précisions particulières diverses

A Ouvertures de crédit

➤ On trouvera des développements particuliers à ce propos au *JCl. Notarial Formulaire*, V° Bordereau d'inscription.

B Créances conditionnelles et éventuelles

4370 **Principe.** Lorsque la créance à la garantie de laquelle il est pris inscription est éventuelle ou conditionnelle, le requérant doit, dans le bordereau d'inscription :
1° indiquer sommairement l'événement ou la condition dont dépend l'existence de la créance ;
2° évaluer en capital le droit éventuel ou conditionnel qui fait l'objet de l'inscription (D. n° 55-1350, 14 oct. 1955, art. 55, § 2, 4° [ancien art. 2148, 3e al., 4°]. – V. **Bordereau d'inscription**).

4371 **Énonciations du bordereau.** L'événement ou la condition dont dépend l'existence de la créance sera indiqué dans l'énonciation du titre en vertu duquel l'inscription est prise. En principe, et pour éviter toutes difficultés, on reproduira les termes du contrat constitutif.

C Rentes et prestations

4372 Les rentes et prestations, comme les droits éventuels ou conditionnels, doivent être évaluées en capital dans le bordereau d'inscription (D. n° 55-1350, 14 oct. 1955, art. 55, § 2, 4° [ancien art. 2148, al. 3, 4°]).

4373 **Rentes.** En ce qui concerne les rentes, – qu'il s'agisse d'une rente perpétuelle ou d'une rente viagère – le capital à inscrire est celui nécessaire pour assurer le service des arrérages. Cette règle était déjà prescrite par la jurisprudence, dès avant la réforme de la publicité foncière, en ce qui concerne les rentes viagères (Cass. req., 5 nov. 1862 : *DP* 1863, 1, 199. – CA Riom, 18 janv. 1844 : *DP* 1851, 2, 206. – CA Caen 24 janv. 1851 : *DP* 1851, 2, 207).

4374 **Prestations.** Par prestations, on entend toutes les obligations qui ont pour objet autre chose qu'une somme d'argent, notamment les obligations de faire ou de ne pas faire et celles qui consistent dans la livraison d'objets en nature. Que ces prestations soient ou non périodiques, elles doivent être évaluées en capital pour l'inscription (Aubry et Rau, *op. cit.*, t. III, § 274. – Planiol et Ripert, *op. cit.*, t. XII, par Becqué, n° 739).

4375 **Époque d'exigibilité des arrérages.** Il a été jugé qu'il n'était pas nécessaire d'indiquer l'époque d'exigibilité des arrérages des rentes (CA Nîmes, 18 nov. 1832 : *S.* 1833, 2, 198. – Aubry et Rau, *op. cit.*, t. III, § 276).
En ce qui concerne le capital évalué, on indique parfois en pratique qu'il est inexigible et l'on ajoute généralement « sauf dans les cas prévus par la loi ou dans l'acte de constitution ».

4376 **Évaluation des arrérages.** L'article 57 du décret du 14 octobre 1955 dispose, dans son deuxième alinéa, que l'évaluation des intérêts dont la loi conserve le rang n'est pas obligatoire. Ce texte ne vise, de manière expresse, que les intérêts. Sa stricte interprétation conclurait à penser que, dans le cas d'arrérages, ceux-ci doivent être évalués dans le bordereau. Il semble, cependant, compte tenu des dispositions de l'article 2427 (ancien art. 2432) du Code civil, selon lesquelles « le créancier hypothécaire inscrit pour un capital produisant intérêt et arrérages a le droit d'être colloqué, pour trois années seulement, au même rang que le principal », que les arrérages d'une rente ou pension viagère puissent n'être portés que pour mémoire seulement dans le bordereau d'inscription.

En pareille hypothèse, la rente ou la pension viagère ayant été, quant à elle, évaluée en capital, l'esprit du texte et le vœu de la loi sont alors respectés surtout si, comme il est d'usage, le montant et l'exigibilité des arrérages sont mentionnés au bordereau dans les mêmes formes que celles utilisées habituellement pour les intérêts.

4377 **Conditions de radiation.** Dans le cas où le contrat constitutif de la rente stipulait que le terme en cours au décès du crédirentier serait acquis au débirentier et que l'inscription devrait être radiée sur la simple représentation de l'acte de décès du crédirentier, il était conseillé de mentionner cette stipulation dans le bordereau (CA Caen, 4 oct. 1937 : *Journ. conserv. hyp.*, 12081). Mais cette mention ne paraît plus compatible avec le texte actuel de l'article 55 du décret du 14 octobre 1955, qui énumère de façon limitative les énonciations pouvant figurer dans le bordereau. La stipulation devra être mentionnée dans la réquisition de radier à l'appui de l'acte de décès produit.

4378 **Révision de rentes viagères.** Il convient de noter que la loi n° 49-420 du 25 mars 1949, modifiée à plusieurs reprises, a ordonné la révision de certaines rentes viagères constituées entre particuliers et ayant pour objet le paiement de sommes fixes en numéraire.

Aux termes de l'article 7 de cette loi :

> « Les inscriptions d'hypothèque ou de nantissement qui seront prises pour assurer le paiement des majorations prendront rang à leur date. Elles ne pourront garantir, le cas échéant, un capital supérieur à celui qui serait nécessaire pour assurer le service de la majoration ou fraction de majoration incombant, en exécution des dispositions de la présente loi, au détenteur actuel du bien affecté à la garantie de la rente.
>
> Si le débirentier est décédé, ses héritiers tenus du service des majorations dont il s'agit pourront, dans les six mois du jour où ces majorations seront fixées d'une manière définitive, déposer une déclaration de succession rectificative en vue de la déduction du passif nouveau et de la restitution partielle des droits. »

D Titres à ordre ou au porteur

➤ V. *JCl. Notarial Formulaire*, V° Bordereau d'inscription.

E Billets à ordre

➤ V. *JCl. Notarial Formulaire*, V° Bordereau d'inscription.

F Émission d'obligations par les sociétés

➤ Sur la constitution de sûretés pour le compte de la masse des obligataires en cas d'émission d'obligations (C. com., art. L. 228-77), V. *JCl. Notarial Formulaire*, V° Bordereau d'inscription.

G Biens indivis

➤ V. **Indivision**.

H Copropriétés

➤ Sur l'hypothèque d'un lot de copropriété, V. **Copropriété**.

I Cas particuliers

1 Hypothèques de biens à venir

4379 **Changement de paradigme.** La réforme des sûretés opérée par l'ordonnance n° 2021-1192 du 15 septembre 2021, entrée en vigueur le 1er janvier 2022, est revenue sur le principe posé par le droit antérieur. Alors que l'hypothèque de biens à venir était en principe interdite sauf exceptions limitées (*a*), elle est désormais permise sans condition (*b*).

a) Situation antérieure à la réforme des sûretés

4380 **Interdiction de principe de l'hypothèque de biens à venir.** L'article 2419 ancien du Code civil posait un **principe** : « L'hypothèque ne peut, en principe, être consentie que sur des immeubles présents ».

L'article 2420 du Code civil apporte une **exception au principe** ainsi énoncé (V., pour une étude détaillée de ce texte, *JCl. Civil Code*, Art. 2418 à 2420, par Th. de Ravel d'Esclapon). Selon ce texte :

« Par exception à l'article précédent, l'hypothèque peut être consentie sur des immeubles à venir dans les cas et conditions ci-après :
1° Celui qui ne possède pas d'immeubles présents et libres ou qui n'en possède pas en quantité suffisante pour la sûreté de la créance peut consentir que chacun de ceux qu'il acquerra par la suite sera affecté au paiement de celle-ci au fur et à mesure de leur acquisition ;
2° Celui dont l'immeuble présent assujetti à l'hypothèque a péri ou subi des dégradations telles qu'il est devenu insuffisant pour la sûreté de la créance le peut pareillement, sans préjudice du droit pour le créancier de poursuivre dès à présent son remboursement ;
3° Celui qui possède un droit actuel lui permettant de construire à son profit sur le fonds d'autrui peut hypothéquer les bâtiments dont la construction est commencée ou simplement projetée ; en cas de destruction de ceux-ci, l'hypothèque est reportée de plein droit sur les nouvelles constructions édifiées au même emplacement ».

b) Situation issue de la réforme des sûretés

4381 Autorisation de l'hypothèque de biens à venir. L'article 2414 du Code civil, applicable à compter du 1er janvier 2022, énonce :

« L'hypothèque peut être consentie sur des immeubles présents ou futurs.
À peine de nullité l'acte notarié désigne spécialement la nature et la situation de chacun de ces immeubles, ainsi qu'il est dit à l'article 2421 ».

Selon l'article 2421, alinéa 3 auquel il est renvoyé, « les immeubles sur lesquels l'inscription est requise doivent être individuellement désignés, avec indication de la commune où ils sont situés, à l'exclusion de toute désignation générale, même limitée à une circonscription territoriale donnée ».

4382 Mise en œuvre de l'hypothèque de biens à venir. La possibilité d'hypothéquer des biens à venir est doublement encadrée :
– tout d'abord par le **principe de spécialité** : il résulte du renvoi à l'article 2421, alinéa 3 du Code civil (V. n° **4381**) que les immeubles sur lesquels l'inscription est projetée doivent être « individuellement désignés dans l'acte constitutif ». Comme on l'a observé, cette exigence vient considérablement limiter l'intérêt de l'hypothèque d'immeubles futurs qui reste dépourvue d'efficacité pour le créancier dans l'attente de l'inscription (V. Leveneur, *La validité de l'hypothèque sur biens futurs, révolution ou évolution ? : JCP* N 2021, n° 46, 1324, nos 16 à 18. – P.-F. Cuif, *Réforme des sûretés et pratique notariale : Bull. Cridon* Paris 1er-15 déc. 2021, n° 23, p. 153). Comme on l'a dit, l'hypothèque d'un bien futur doit être adossée à un projet immobilier précis (E. Simon-Michel, *Réflexions pratiques d'un notaire au sujet de la réforme des sûretés : JCP* N 2022, n° 12, act. 384, p. 6) ;
– ensuite par le **principe de l'effet relatif**. L'inscription ne peut en fait être formalisée qu'à partir du moment où le débiteur est devenu propriétaire de l'immeuble concerné. On retrouve ici un principe admis avant la réforme des sûretés : cette inscription ne prend rang sur les biens acquis par le débiteur que du jour où elle est prise spécialement par le créancier, au fur et à mesure de l'entrée des immeubles dans le patrimoine du débiteur (Cass. req., 4 mars 1902 : *DP* 1902, 1, p. 214. – Cass. civ., 6 juin 1952 : *Bull. AMC* 1954, art. 192. – Chambaz, Masounabe-Puyanne et Leblond : *Précis CML*, n° 189-1. – Planiol et Ripert, *Traité pratique de droit civil français*, t. XII par Becqué, n° 438. – H., L. et J. Mazeaud, *op. cit.*, t. III, 1er vol., n° 273). C'est ce qu'a rappelé l'Association des conservateurs (*Bull. AMC* 1954, art. 192). Cet état de choses a amené à s'interroger quant à l'intérêt pour un créancier de disposer d'une hypothèque sur biens à venir. « Tant que le bien futur n'est pas devenu la propriété du débiteur, l'hypothèque ne peut pas être inscrite et le créancier demeure un créancier chirographaire » (C. Albiges et J.-J. Perez, *Réforme des sûretés : l'hypothèque : quelles nouveautés ? : Defrénois* 2021, n° 48, p. 14. V. cependant, B. Bonneau, *Réforme des sûretés : point de vue d'un notaire sur les sûretés réelles hypothécaires de demain : BPIM* 6/21, 341, n° 25).
➤ Pour des indications pratiques concernant la formalisation de l'inscription, et les formules à insérer dans l'acte de prêt, V. C. Leveneur, *Hypothèque sur biens futurs et pratique notariale : JCP* N 2022, n° 40, 1236.

2 Créances résultant d'un bail

4383 On ne peut faire inscrire que les sommes dont les causes ont été prévues à l'affectation hypothécaire. Par suite, si la garantie a été donnée, non pour l'exécution de l'ensemble des conditions du bail, mais seulement pour sûreté du loyer ou fermage, l'inscription devra être limitée à celui-ci. Le bordereau doit indiquer le point de départ et la durée du bail, ainsi que les époques d'échéance du loyer.
Les charges en sus du loyer peuvent être soit inscrites en bloc, soit détaillées.

De toute manière, il n'y a pas à tenir compte de l'évaluation faite dans l'acte en vue de la perception des droits d'enregistrement. Seule vaut, pour la garantie hypothécaire, l'évaluation faite en conformité de l'article 55, § 2, 4° du décret n° 55-1350 du 14 octobre 1955.

4384 En vertu de l'affectation hypothécaire, le bailleur pourrait prendre inscription pour les loyers et charges pendant toute la durée du bail. Mais, en fait, le bailleur n'attendra pas plus de deux ou trois ans pour poursuivre la résiliation du bail en cas de non-paiement du prix ou d'inexécution des charges et conditions. Par suite, il ne servirait à rien, sinon à augmenter les frais, de faire inscrire les loyers ou fermages pour plus de trois années cumulées. Mais il convient d'indiquer que les trois années seront au choix de l'inscrivant.
En cas de délégation de loyers, les loyers délégués aux créanciers sont à évaluer dans le bordereau d'inscription (Bulté, chron. hyp. : *JCP* N 1968, IV, 4448).

3 Promesses d'aval d'effets négociables

4385 L'hypothèque qui serait consentie au donneur d'aval, mode de cautionnement spécial du paiement des effets de commerce (C. com., art. L. 511-21 et L. 512-4. – C. monét. fin., art. L. 131-28 à L. 131-30), pour sûreté de la somme à concurrence de laquelle il a limité son engagement, peut, comme toute hypothèque constituée par le débiteur lui-même ou par une caution réelle, être constituée en vue de garantir une créance éventuelle ou future, sous réserve cependant que cette créance soit spéciale et individualisée, notamment par l'énonciation, dans les bordereaux, de la cause pour laquelle l'hypothèque est consentie, les tiers devant toujours être mis à même d'apprécier le fondement juridique et la validité de l'obligation pour laquelle l'hypothèque a été constituée, sans avoir besoin de consulter l'acte constitutif (Bulté, chron. hyp. : *JCP* N 1961, IV, 3211).

4 Hypothèque imposée à un inculpé sous contrôle judiciaire

4386 Aux termes de l'article 138-15° du Code de procédure pénale, l'inculpé placé sous contrôle judiciaire peut être astreint par le juge d'instruction ou par le juge des libertés et de la détention à constituer, pour une période et un montant déterminés, des sûretés personnelles ou réelles destinées à garantir les droits de la victime. S'il s'agit d'une hypothèque, celle-ci présentera donc un caractère conventionnel et il appartiendra à l'inculpé de constituer cette hypothèque par acte notarié conformément à l'article 2416 du Code civil. Le bordereau d'inscription devra contenir, sous peine de rejet de la formalité, les mentions imposées par l'article 55 du décret n° 55-1350 du 14 octobre 1955, notamment, la désignation précise des créanciers, c'est-à-dire des victimes, l'identification de la créance et son montant, toutes indications qui doivent résulter de l'ordonnance du juge d'instruction prescrivant le contrôle judiciaire (Rép. min. Justice : *JO* Sénat, 17 oct. 1985, p. 1973 ; *JCP* N 1986, prat. 9795).

III Hypothèque rechargeable

➤ V. **Hypothèque rechargeable.**

Hypothèque judiciaire

Jacques LAFOND

Sommaire analytique

4387 Incidences de la réforme des sûretés. Antérieurement à la réforme des sûretés opérée par l'ordonnance n° 2021-1192 du 15 septembre 2021, entrée en vigueur le 1er janvier 2022, une distinction était opérée entre :
– l'hypothèque judiciaire provisoire, qui devait en principe être autorisée judiciairement ;
– l'hypothèque qualifiée de « judiciaire », qui apparaissait comme un effet légal des jugements et décisions arbitrales. Elle bénéficiait de plein droit au créancier, en vertu de la loi ellemême, hors la volonté des parties, sans qu'il soit nécessaire de la demander ou au juge de l'accorder, et sans que le débiteur puisse s'y opposer, ni que le juge puisse l'empêcher de naître. En conséquence, la doctrine la considérait généralement comme une véritable hypothèque légale (V. A. Fournier, V° *Hypothèque légale : Rép. civ.* Dalloz, n° 93. – M. Cabrillac, C. Mouly, S. Cabrillac et Ph. Pétel, *Droit des sûretés*, Litec, 8e éd. 2007, n° 893. – J. Mestre, E. Putman et M. Billiau, *Traité de droit civil*, ss dir. J. Ghestin, LGDJ, 1996, Droit spécial des sûretés réelles, n° 1474).

L'ordonnance du 15 septembre 2021 a consacré cette analyse. L'ancienne « hypothèque judiciaire » est devenue une hypothèque légale. L'hypothèque judiciaire provisoire subsiste avec ses caractéristiques antérieures : c'est la seule qui constitue désormais une « hypothèque judiciaire » car elle ne peut être inscrite qu'après décision du juge.

4388 Origine de l'hypothèque. L'hypothèque dont nous traitons ici est celle qui résulte des jugements, soit contradictoires, soit par défaut, soit définitifs ou provisoires, en faveur de celui qui les a obtenus (C. civ., art. 2401, al. 1er).

Elle résulte également des décisions arbitrales revêtues de l'ordonnance judiciaire d'exécution ainsi que des décisions judiciaires rendues en pays étrangers et déclarées exécutoires par un tribunal français (C. civ., art. 2401, al. 2).

4389 **Hypothèque générale.** L'hypothèque attachée aux jugements de condamnation est une hypothèque générale quant à son assiette, car elle frappe tous les immeubles, présents et à venir, du débiteur (C. civ., art. 2393, 6°), mais spéciale quant à la créance garantie, celle-ci étant seulement la créance qui fait l'objet de la décision judiciaire.

4390 **Renonciation.** L'hypothèque attachée aux jugements de condamnation (antérieurement dite « judiciaire ») n'est pas d'ordre public. Tout créancier capable et maître de ses droits, pouvant renoncer à sa créance, peut, *a fortiori*, renoncer à l'hypothèque, cette renonciation pouvant être soit postérieure, soit antérieure au jugement et le débiteur pouvant se faire donner acte par le jugement lui-même de cette renonciation (Cass. req., 20 juin 1854 : *DP* 1854, 1, p. 231. – M. Planiol et G. Ripert, *op. cit.*, t. XII, par Becqué, n° 611), mais le créancier ne peut être forcé à renoncer à son hypothèque ni être contraint d'accepter une autre sûreté en remplacement (CA Aix-en-Provence, 3 déc. 1928 : *JCP* 1929, p. 309. – V. Chambaz, Masounabe, Puyanne et Leblond, *Précis du droit et de la pratique hypothécaire*, 2e éd., n° 263. – M. Dagot, *Les sûretés*, p. 373. – A. Fournier, *op. cit.*, n° 96. – J. Mestre, E. Putman et M. Billiau, *op. cit.*, n° 1497).

I Sources de l'hypothèque

4391 **Principe.** Comme l'indique l'article 2401 du Code civil, l'hypothèque légale instituée par ce texte judiciaire peut prendre sa source dans un jugement (A) ou encore dans une sentence arbitrale (B). Elle peut aussi avoir d'autres origines (C).

A Décisions de justice

4392 **Conditions à remplir.** Pour qu'une décision judiciaire permette d'inscrire une hypothèque judiciaire, deux conditions sont nécessaires : il faut qu'elle ait un caractère contentieux (1°) et qu'elle contienne une condamnation (2°). Peu importe qu'elle ne soit pas définitive (3°).

1 La décision doit être contentieuse

4393 **Principe général.** Sont seules susceptibles de conférer l'hypothèque légale de l'article 2401 du Code civil les décisions rendues sur une contestation portée devant l'autorité judiciaire et rentrant dans l'exercice de la juridiction contentieuse (C. Aubry et C. Rau, *Droit civil français*, 7e éd., t. III, par Esmein, § 265, p. 293. – M. Planiol et G. Ripert, *op. cit.*, t. XII, par Becqué, n° 567. – Mazeaud et Chabas, préc., n° 309. – J. Mestre, E. Putman et M. Billiau, *op. cit.*, n° 1, n° 1486). Ces décisions sont susceptibles de générer une hypothèque judiciaire quelle que soit, en principe, la juridiction dont elles émanent : il n'y a pas lieu de distinguer selon les divers ordres et degrés de juridiction.

Ainsi, l'hypothèque relative aux jugements de condamnation est attachée aux jugements ou arrêts de toutes les juridictions de l'ordre judiciaire, qu'il s'agisse des juridictions de droit commun ou des juridictions d'exception (juge des contentieux de la protection, tribunaux judiciaires, cours d'appel, tribunaux de commerce, conseils de prud'hommes, tribunaux paritaires des baux ruraux, etc.).

4394 **Notion de « jugement ».** Sont considérés comme de véritables jugements emportant hypothèque judiciaire :

– les jugements rendus par un tribunal incompétent, quelle que soit la cause de l'incompétence, *ratione personae* ou *ratione materiae*, ou lorsque sa compétence, restreinte à une certaine somme, n'a pas été prorogée par un accord des parties (Cass. civ., 28 nov. 1904 : *DP* 1905, 1, p. 204) ;
– les jugements d'expédient ou convenus rendus sur des conclusions conformes déposées par les parties afin de faire constater leur accord par le juge (Cass. civ., 28 nov. 1904, préc. – C. Aubry et C. Rau, *op. cit.*, t. III, par Esmein, § 265, texte et note 25. – J. Mestre, E. Putman et M. Billiau, *op. cit.*, n° 1483. – G. Marty, P. Raynaud et Ph. Jestaz, *Les sûretés, la publicité foncière*, Sirey, 2e éd. 1987, n° 236. – Sur les jugements d'expédient, V. *JCl. Procédure civile*, Fasc. 500-45 par Y. Strickler).

4395 **Injonctions de payer.** L'hypothèque concernant les jugements de condamnation est attachée à l'ordonnance contenant injonction de payer rendue par le juge des contentieux de la protection ou le président du tribunal judiciaire ou du tribunal de commerce en application des articles 1405 à 1424-15 du Code de procédure civile.

L'article 1422, alinéa 2, du même code prévoit, en effet, que « l'ordonnance produit tous les effets d'un jugement contradictoire (...) » (V. sous l'empire de l'ancienne réglementation : *Bull. AMC* 1957, art. 310).

4396 **Juridictions pénales ou administratives.** L'hypothèque légale concernant les jugements de condamnation est également attachée :

– aux décisions rendues par les juridictions répressives (en matière criminelle, correctionnelle ou de police), soit au profit de particuliers pour les réparations civiles, soit au profit de l'État pour les amendes (M. Planiol et G. Ripert, *op. cit.*, t. XII, par Becqué, n° 568) ;

– aux décisions des juridictions administratives : jugements des tribunaux administratifs, arrêts du Conseil d'État.

Il en serait cependant autrement des décisions rendues par les juridictions militaires (M. Dagot, *Les sûretés*, PUF, 1981, p. 374. – A. Fournier : *Rép. civ.* Dalloz, 2e éd., V° Hypothèque légale, n° 103).

4397 **Actes de juridiction gracieuse.** N'emportent pas hypothèque attachée aux jugements de condamnation les actes de juridiction gracieuse, qui ne sont pas des actes de juridiction mais des actes d'autorité ou d'administration judiciaire ne tranchant pas de véritables litiges (J. Mestre, E. Putman et M. Billiau, *op. cit.*, n° 1486. – Ph. Simler et Ph. Delebecque, *Les sûretés, la publicité foncière*, Précis Dalloz, 5e éd. 2009, n° 460. – M. Cabrillac, C. Mouly, S. Cabrillac et Ph. Pétel, *op. cit.*, n° 895).

Entrent dans cette catégorie notamment :

– les ordonnances d'envoi en possession (CPC, art. 1378-2) ;

– les jugements de donné acte, appelés parfois contrats judiciaires, par lesquels le juge se borne à constater un accord des parties qui s'est formé devant lui, car ils n'ont d'un jugement que la forme ; ils se contentent de conférer à l'accord des parties les avantages de l'authenticité et de la force exécutoire. Ils doivent être distingués des jugements convenus ou d'expédient qui, eux, sont de véritables jugements investis de l'autorité de la chose jugée, susceptibles de recours, et qui, contrairement aux jugements de donné acte, ne font bien souvent aucune allusion à l'accord préliminaire des parties (sur cette distinction, V. *JCl. Procédure civile*, Fasc. 500-45, préc.) ;

– les décisions portant nomination d'administrateurs provisoires, de liquidateurs judiciaires, et d'une façon générale, d'administrateurs de la chose d'autrui ;

– les jugements d'adjudication pour les ventes faites à l'audience des criées ;

– les jugements accordant un mandat judiciaire à l'époux dont le conjoint est hors d'état de manifester sa volonté, etc. (V. C. Aubry et C. Rau, *op. cit.*, n° 8, t. III, par Esmein, § 265, texte et notes 20 à 24. – M. Planiol et G. Ripert, *op. cit.*, t. XII, par Becqué, n° 572. – Mazeaud et Chabas, *op. cit.*, n° 309).

4398 **Jugements d'homologation de partage.** Les jugements homologuant un partage présentent ou non un caractère contentieux selon qu'ils tranchent une difficulté née entre les coïndivisaires au cours du partage ou qu'ils fixent simplement les droits entre les parties en dehors de toute contestation. Par suite, seuls devraient bénéficier de l'hypothèque légale attachée aux jugements de condamnation ceux de ces jugements qui tranchent une contestation.

La Cour de cassation admet cependant que, même si la demande d'homologation n'a soulevé aucune contestation, tout jugement d'homologation de partage emporte hypothèque judiciaire « quand il reconnaît à l'une des parties contre l'autre un droit de créance » (Cass. civ., 4 janv. 1911 : *DP* 1911, 1, p. 249, note M. Planiol ; *S.* 1914, 1, p. 462. – V. aussi Cass. civ., 7 févr. 1938 : *DH* 1938, p. 161 ; *S.* 1939, 1, p. 17 ; *JCP* 1938, II, 264. – Mazeaud et Chabas, *op. cit*. – Ph. Simler et Ph. Delebecque, *op. cit.*, n° 460. – M. Cabrillac, C. Mouly, S. Cabrillac et Ph. Pétel, *op. cit.*, n° 895. – A. Fournier, *op. cit.*, n° 130). Cette solution est parfois critiquée (J. Mestre, E. Putman et M. Billiau, *op. cit.*, n° 1486, p. 746). Précédemment, la chambre des requêtes avait décidé que seuls les jugements homologuant un partage à caractère contentieux, sanctionnant le règlement des difficultés ayant donné lieu à contestation, étaient assortis de l'hypothèque judiciaire (Cass. req., 13 juill. 1904 : *DP* 1907, 1, p. 377, note de Loynes ; *S.* 1909, 1, p. 515).

4399 **Procès-verbaux de conciliation.** Lorsqu'une conciliation intervient devant une juridiction quelconque, des extraits du procès-verbal constatant la conciliation peuvent être délivrés ; ils valent titre exécutoire (CPC, art. 131). Le procès-verbal peut donc constituer le titre d'une hypothèque judiciaire (*Bull. AMC* 1979, art. 1160).

Si cet accord est soumis à l'homologation du juge, comme le prévoit l'article 131, alinéa 2 du Code de procédure civile, cette homologation lui confère la force exécutoire. Il en est ainsi, d'une façon plus

générale, pour tous les accords soumis à homologation relevant de la résolution amiable des litiges qui font l'objet du livre V du Code de procédure civile. (V. M. et J.-B. Donnier, *Voies d'exécution et procédures de distribution*, LexisNexis, 10e éd. 2020, n° 202). L'association mutuelle des conservateurs avait admis que (par assimilation) de tels accords pouvaient constituer le titre d'une hypothèque judiciaire (*Bull. AMC* 1979, art. 1160) et donc aujourd'hui le titre d'une hypothèque légale attachée au jugement de condamnation.
À ce jour, et au regard de l'article 2401 nouveau du Code civil, il paraît plus exact de considérer que si les accords homologués acquièrent la force exécutoire, ce qui permet de prendre une hypothèque judiciaire conservatoire sans autorisation préalable du juge, ils ne peuvent pour autant être assimilés à des « jugements de condamnation » auxquels est réservé par l'article 2401 précité le bénéfice de l'hypothèque légale attachée à ce type de jugement (à moins de faire une interprétation très large de la notion de « jugement de condamnation ».
L'enjeu de la discussion ne se situe pas au niveau de la formalité de publicité : en effet le service de publicité foncière n'est pas juge de la validité de l'inscription (*Bull. AMC* 1979, art. 1160, préc.). Mais la question de cette validité peut être soulevée par le débiteur et donner lieu à un contentieux…

CONSEIL PRATIQUE **Pour des raisons de sécurité juridique, il paraît préférable, en pareille situation, de prendre une inscription d'hypothèque judiciaire conservatoire.**

2 La décision doit emporter condamnation

a) Principes

4400 **Nécessité d'une obligations appréciable en argent.** Comme toute autre hypothèque, l'hypothèque judiciaire suppose nécessairement une obligation appréciable en argent. Il s'ensuit qu'une telle hypothèque n'est attachée qu'aux décisions judiciaires (ou aux sentences arbitrales) qui portent condamnation, qui déclarent ou constituent l'une des parties en cause débitrice de l'autre. Peu importe qu'il s'agisse de condamnations principales, ou de condamnations accessoires, telles que les condamnations à une astreinte, aux dépens, etc. (C. Aubry et C. Rau, *op. cit.*, t. III par Esmein, § 265, texte, p. 295. – M. Planiol et G. Ripert, *op. cit.*, t. XII, par Becqué, n° 567. – Mazeaud et Chabas, *op. cit.*, n° 309. – J. Mestre, E. Putman et M. Billiau, *op. cit.*, n° 1486).

4401 **Interprétation large.** La jurisprudence interprétait très largement la disposition de l'article 2412 ancien, premier alinéa du Code civil. Elle admettait que l'hypothèque judiciaire découlait non seulement des jugements ordonnant l'exécution d'une obligation actuelle, mais aussi de ceux qui se bornaient à constater, d'une manière directe et principale, l'existence d'une obligation personnelle sans ordonner au débiteur de l'exécuter, et même de ceux d'où il résultait des obligations d'une manière indirecte en ce sens qu'ils contenaient dans leur dispositif le germe ou le principe d'une condamnation future : le principe de la condamnation était nécessaire, mais suffisant (Cass. civ., 8 déc. 1857 : *DP* 1858, 1, p. 87. – Cass. civ., 6 mai 1868 : *DP* 1868, 1, p. 316. – Cass. req., 13 déc. 1871 : *DP* 1872, 1, p. 245. – Cass. civ., 19 août 1878 : *DP* 1879, 1, p. 264. – Cass. civ., 24 déc. 1890 : *DP* 1892, 1, p. 183. – Cass. req., 20 nov. 1895 : *DP* 1896, 1, p. 163. – Cass. req., 11 mars 1919 : *S.* 1921, 1, p. 171 ; *Journ. not.* 1920, art. 32470, p. 203. – CA Lyon, 28 mars 1963 : *JCP* G 1963, II, 13353).
Ces solutions restent d'actualité après la réforme des sûretés, et s'appliquent en conséquence à l'hypothèque légale résultant d'un jugement de condamnation, l'article 2401 nouveau du Code civil reprenant les termes de l'ancien article 2412.

4402 **Obligation indéterminée ou sans caractère actuel.** Pour que l'hypothèque prenne naissance, il n'est pas nécessaire que l'obligation résultant de la décision soit actuelle et déterminée ; il peut s'agir d'une obligation dont le montant est encore indéterminé, ou d'une obligation future, conditionnelle ou même simplement éventuelle (Cass. 3e civ., 3 juill. 1991 : *D.* 1991, inf. rap. p. 216. – Cass. req., 19 août 1878 : *DP* 1879, 1, p. 264. – Cass. req., 29 nov. 1895 : *DP* 1896, 1, p. 163. – Cass. req., 20 nov. 1901 : *DP* 1907, 1, p. 217. – TGI Bayonne, 13 nov. 1971 : *JCP* G 1972, II, 16967, note R. B. – CA Dijon, 12 déc. 1959 : *JCP* G 1960, II, 11670, note R. Rameau. – CA Lyon, 29 nov. 1951 : *D.* 1952, somm. p. 26. – CA Lyon, 28 mars 1963, préc. – Mazeaud et Chabas, *op. cit.*, n° 309. – A. Fournier : *Rép. civ.* Dalloz, 2e éd., V° Hypothèque légale, n° 103. – J. Mestre, E. Putman et M. Billiau, *op. cit.*, nos 1501 à 1503).
C'est ainsi qu'il a été jugé, notamment, que, lorsqu'un arrêt qui ne prononce pas condamnation au paiement d'une somme déterminée reconnaît le principe d'une dette – puisqu'il confie à un expert le soin de la chiffrer –, c'est à tort que le débiteur conteste l'existence juridique des inscriptions prises en conséquence, pour y voir une simple voie de fait ; il ne lui reste que la voie ouverte par les articles 2444 et 2445 du Code civil pour le

cas d'inscription excessive faite par le créancier d'une créance indéterminée (CA Lyon, 28 mars 1963, préc.).
Cette solution reste d'actualité, étant précisé que la réduction des inscriptions excessives est, après la réforme des sûretés, régie par l'article 2439 du Code civil.

4403 **Nature de l'obligation.** De même, peu importe la nature de l'obligation : il peut s'agir non seulement d'une dette d'argent, mais aussi d'une obligation de faire ou d'une obligation de ne pas faire. Dans ces cas, l'hypothèque garantit les dommages-intérêts qui pourraient être dus à raison de l'inexécution de l'obligation (C. Aubry et C. Rau, *op. cit.*, t. XII, par Esmein, § 265, texte et note 34. – M. Planiol et G. Ripert, *op. cit.* t. XII, par Becqué, n° 575. – J. Mestre, E. Putman et M. Billiau, *op. cit.*, n° 1487. – A. Fournier, *op. cit.* n° 131. – Ph. Simler et Ph. Delebecque, *op. cit.*, n° 450. – Cass. req., 4 juin 1828 : *S.* 1828, 1, p. 347. – T. civ. Lille, 4 déc. 1928 : *JCP* 1929, p. 437).

b) Applications

4404 **Décisions emportant hypothèque.** Il est admis que bénéficient notamment de l'hypothèque légale attachée aux jugements de condamnation :
– le jugement qui ordonne à une partie de rendre compte d'un mandat ou d'une gestion d'affaires, ce qui implique l'obligation pour elle de payer le reliquat éventuel, l'obligation de payer le reliquat étant la suite nécessaire de celle de rendre compte et le but direct du demandeur étant d'assurer le paiement de ce qui peut lui être dû (Cass. req., 19 août 1878 : *DP* 1879, 1, p. 264) ;
– le jugement qui condamne un débiteur à fournir caution ; dans ce cas, l'hypothèque garantit les dommages-intérêts qui pourraient être dus au cas de non-fournissement de la caution ; mais elle disparaît dès que la caution est fournie (CA Chambéry, 8 mai 1854 : *DP* 1855, 2, p. 241) ;
– le jugement qui, après avoir reconnu l'existence d'une société déniée par l'une des parties, en ordonne, dans l'intérêt de l'autre, la liquidation par les soins d'un liquidateur, nommé à cet effet (Cass. req., 23 mars 1867 : *DP* 1868, 1, p. 423) ;
– le jugement qui, en rejetant la demande, condamne le demandeur aux dépens ; l'hypothèque existe alors dans la mesure où la condamnation oblige le demandeur à rembourser les frais exposés par le défendeur (M. Planiol et G. Ripert, *op. cit.*, t. XII, par Becqué, n° 582. – J. Mestre, E. Putman et M. Billiau, *op. cit.* n° 1487) ;
– le jugement qui prononce une condamnation alternative, car cette condamnation donne naissance, à l'encontre de chacun des condamnés, à une obligation éventuelle qui peut être garantie par l'hypothèque judiciaire (TGI Fontainebleau, 5 juill. 1972 : *Bull. AMC* 1974, art. 973).

4405 **Décisions n'emportant pas hypothèque.** Ne confèrent pas l'hypothèque légale les jugements qui ne contiennent, même en germe, aucune condamnation, et notamment :
– les jugements avant dire droit, tels que les jugements ordonnant une enquête, ordonnant la mise en cause d'un tiers, renvoyant les parties devant un arbitre rapporteur, etc.
En ce qui concerne les jugements ordonnant une expertise, il était admis que ces jugements ne contenant aucune condamnation au fond, n'engendraient pas l'hypothèque judiciaire (Cass. req., 22 févr. 1864 : *DP* 1864, 1, p. 276). Mais un jugement avant dire droit qui reconnaît le principe d'une responsabilité et comporte la certitude d'une condamnation future, autorise celui qui l'a obtenu à prendre inscription d'hypothèque judiciaire (CA Lyon, 29 nov. 1951 : *D.* 1952, somm. p. 26) ;
– les décisions nommant un administrateur des biens d'autrui ;
– le jugement qui, après avoir prononcé la dissolution ou la nullité d'une société, en ordonne la liquidation, sans nommer le liquidateur (C. Aubry et C. Rau, *op. cit.* t. III, par Esmein, § 265, texte et note 40. – Cass. civ., 8 déc. 1857 : *DP* 1858, 1, p. 87. – CA Riom, 22 déc. 1886 : *DP* 1887, 2, p. 230) ;
– le jugement qui, sur une demande en partage de succession, se borne à renvoyer les parties devant un notaire pour procéder aux opérations (Cass. civ., 18 avr. 1855 : *DP* 1855, 1, p. 258. – Cass. req., 22 févr. 1864 : *DP* 1864, 1, p. 276).

3 Cas des décisions non définitives

4406 **Décisions non définitives.** Il importe peu que la décision soit contradictoire ou par défaut, définitive ou provisoire (C. civ., art. 2401, al. 1er. – V. J. Mestre, E. Putman et M. Billiau, *op. cit.* n° 1489).
Il n'est pas nécessaire, notamment, pour la naissance de l'hypothèque, que le jugement mette fin au litige en tranchant le fond du droit.
Il n'est pas besoin, notamment, d'attendre pour prendre inscription que le jugement soit passé en force de chose jugée par expiration du délai d'appel ou, s'il a été rendu par défaut, du délai d'opposition ou encore, si un appel a été interjeté, que la cour se soit prononcée sur cette voie de recours (Cass. civ., 15 mai 1974 : *Bull. AMC* 1975, art. 1022. – Chambaz, Masounabe-Puyanne et Leblond, *op. cit.*, 2e éd., n° 516. – Bulté : *JCP* N 1972, prat. 5181).
Il a même été jugé que l'inscription peut être requise, sur autorisation du juge, sur minute et avant l'enregistrement du jugement (Cass. civ.,

26 nov. 1904 : *DP* 1905, 1, 204. – Cass. req., 28 mai 1935 : *DH* 1935, 460. – Bulté : chron. préc.).

Si l'hypothèque judiciaire résulte d'un jugement non encore passé en force de chose jugée et même frappé d'opposition ou d'appel, le sort de l'hypothèque reste subordonné à la décision qui interviendra à la suite de l'exercice possible d'une voie de recours. Si la décision dont découle l'hypothèque vient à être annulée, rétractée, infirmée, réformée ou cassée, l'hypothèque est considérée comme non avenue.

Si le jugement ayant servi de base à l'inscription n'est réformé ou annulé qu'en partie, l'hypothèque continue de subsister à la date de l'inscription pour la partie du jugement qui a été maintenue (CA Bordeaux, 25 avr. 1866 et sur pourvoi Cass. req., 31 déc. 1867 : *DP* 1868, 1, p. 219. – CA Rouen, 20 mai 1877 : *DP* 1877, 2, p. 78).

B Sentences arbitrales

4407 **Conditions requises.** Les sentences arbitrales bénéficient de l'hypothèque légale attachée aux jugements de condamnation pourvu qu'elles aient été revêtues de l'ordonnance judiciaire d'exécution (C. civ., art. 2401, al. 2). L'article 1487 du Code de procédure civile indique à ce propos :

> « La sentence arbitrale n'est susceptible d'exécution forcée qu'en vertu d'une ordonnance d'exequatur émanant du tribunal judiciaire dans le ressort duquel cette sentence a été rendue.
> La procédure relative à la demande d'exequatur n'est pas contradictoire.
> La requête est déposée par la partie la plus diligente au greffe de la juridiction accompagnée de l'original de la sentence et d'un exemplaire de la convention d'arbitrage ou de leurs copies réunissant les conditions requises pour leur authenticité.
> L'exequatur est apposé sur l'original ou, si celui-ci n'est pas produit, sur la copie de la sentence arbitrale répondant aux conditions prévues à l'alinéa précédent ».

C Autres sources

4408 L'hypothèque légale attachée aux jugements de condamnation peut aussi être constituée à partir d'une ordonnance de taxe (1°), d'un titre exécutoire d'huissier à la suite d'un chèque impayé (2°), de contraintes administratives (3°), pour garantir des droits de douane (4°), des cotisations de sécurité sociale (5°), ou des impôts et taxes (6°).

1 Ordonnances de taxe

4409 Aux termes de l'alinéa 2 de l'article 4 de la loi du 24 décembre 1897, « l'ordonnance de taxe [des notaires et huissiers] vaut titre exécutoire ; elle emporte hypothèque judiciaire... ».

L'hypothèque judiciaire découle donc de l'ordonnance de taxe des frais dus aux notaires et huissiers, pour les actes de leur ministère (Cass. req., 15 janv. 1902 : *DP* 1902, 1, p. 217. – M. Planiol et G. Ripert, *op. cit.*, t. XII, par Becqué, n° 592).

Toutefois, il résulte du même article 4 que « l'inscription ne pourra être prise valablement qu'après l'expiration du délai d'opposition », lequel est, en matière gracieuse, de quinze jours à compter de la signification de l'ordonnance par application de l'article 538 du Code de procédure civile. Dans les rapports du créancier et du débiteur, l'inscription serait frappée de nullité si elle était prise avant l'expiration des délais d'opposition.

Une inscription d'hypothèque judiciaire peut également être prise à la suite d'une ordonnance de taxation des dépens rendue en vertu de l'article 713 du Code de procédure civile. Il est rappelé que les dépens comprennent notamment, selon l'article 695 de ce même code, la rémunération des techniciens (experts), la rémunération réglementée des avocats (émoluments de postulation, en ce non compris les honoraires), et les émoluments tarifés des officiers publics et ministériels intervenant dans la procédure.

2 Titres exécutoires des commissaires de justice pour chèques impayés

4410 L'article L. 131-73, alinéa 5 du Code monétaire et financier prévoit que l'huissier (devenu « commissaire de justice ») qui n'a pas reçu justification du paiement du montant du chèque et des frais dans un délai de quinze jours à compter de la réception de la notification ou de la signification du certificat de non-paiement délivre au porteur, sans autre acte de procédure ni frais, un titre exécutoire. On s'était demandé si ce titre exécutoire devait être considéré comme un simple acte de commandement ou pouvait, au contraire, être assimilé à un acte de juridiction, ce qui permettait de le produire à l'appui d'une réquisition d'inscription d'hypothèque judiciaire (*Bull. AMC* 1987, art. 1348). La question est à l'heure actuelle résolue par l'article L. 511-2 du Code des procédures civiles d'exécution, selon lequel une autorisation préalable du juge n'est pas nécessaire en cas de défaut de paiement d'un chèque, qui permet en pareil cas d'inscrire une hypothèque judiciaire conservatoire.

3 Contraintes administratives

4411 Les contraintes administratives que l'administration délivre aux contribuables sont exécutoires de plein droit, sauf opposition. Elles n'ont aucun caractère juridictionnel, et par suite, ne sont pas assorties de l'hypothèque judiciaire, lorsque les tribunaux sont juges de l'opposition (BOI-REC-GAR-10-20-10-20, n° 130, 28 déc. 2018).

Au contraire, les contraintes qui ne peuvent être l'objet d'aucun litige devant les tribunaux de l'ordre judiciaire sont considérées comme des actes de juridiction administrative et engendrent l'hypothèque judiciaire (Mazeaud, et Chabas, *op. cit.*, n° 309. – Marty, Raynaud et Jestaz, *op. cit.*, n° 239. – Cass. 3e civ., 13 déc. 2000, n° 99-11.822 : *JurisData* n° 2000-007319 ; *Bull. civ.* 2000, III, n° 390 ; *JCP* G 2001, I, 315, n° 13, obs. Ph. Delebecque).

Cette solution, bien établie, est reprise par le *BOI* qui énonce que : « Les contraintes administratives, qui sont des mandements ayant force exécutoire ne peuvent emporter hypothèque autant qu'elles ont le caractère d'acte de juridiction et non d'actes de commandement. Il en est ainsi uniquement lorsque l'opposition à contrainte ne peut être soumise à l'autorité judiciaire » (BOI-REC-GAR-10-20-10-20, n° 130, 28 déc. 2018). Tel est le cas des contraintes délivrées par le service des Douanes (C. douanes, art. 379), de celles délivrées par les caisses de sécurité sociale pour le recouvrement des contributions à l'assurance chômage et à l'assurance des créances des salariés (CSS, art. L. 244-9) et de celles délivrées par les caisses de mutualité sociale agricole pour le recouvrement des cotisations de sécurité sociale et de mutualité sociale agricole (C. rur. pêche marit., art. L. 725-3).

4 Droits de douane

4412 L'administration des douanes disposait antérieurement d'une hypothèque dite « judiciaire » en vertu de l'article 379, 3 du Code des douanes. À la suite de la réforme des sûretés, cette hypothèque est qualifiée d'hypothèque légale, selon le 2 du même article, ainsi rédigé :

> « L'administration a (…) une hypothèque légale sur les immeubles des redevables, dans les conditions prévues au I de l'article L. 269 du livre des procédures fiscales. »

5 Cotisations de sécurité sociale

4413 Selon l'article L. 244-9 du Code de la sécurité sociale :

> « La contrainte décernée par le directeur d'un organisme de sécurité sociale pour le recouvrement des cotisations et majorations de retard comporte, à défaut d'opposition du débiteur devant le tribunal judiciaire spécialement désigné en application de l'article L. 211-16 du code de l'organisation judiciaire, dans les délais et selon des conditions fixés par décret, tous les effets d'un jugement et confère, notamment, le bénéfice de l'hypothèque judiciaire ».

Les organismes de sécurité sociale disposent donc actuellement de l'hypothèque judiciaire (devenue « hypothèque légale », pour recouvrer les cotisations et majorations de retard figurant sur les contraintes qu'ils délivrent (*Bull. AMC* 1958, art. 369. – Cf. *Bull. AMC* 1952, art. 99).

La Cour de cassation a rappelé que les formalités imposées par le Code des procédures civiles d'exécution en matière d'inscription d'hypothèque judiciaire provisoire, tendant en particulier à l'information du débiteur, ne s'appliquaient pas en l'espèce. Cette hypothèque peut donc être inscrite sans formalités particulières.

6 Impôts et taxes

4414 Pouvoirs de l'administration fiscale. Comme tout créancier, l'administration peut requérir l'inscription d'une hypothèque judiciaire sur les immeubles du débiteur. Cette inscription ne peut être prise qu'après que l'administration a obtenu par jugement la condamnation du redevable. Le Trésor ne recourt en fait à l'hypothèque judiciaire que lorsqu'il ne lui est pas possible de prendre hypothèque légale ou conventionnelle (BOI-REC-GAR-10-20-10-20, § 150, 28 déc. 2018).

C'est ainsi que les comptables des finances publiques peuvent recourir à l'hypothèque judiciaire pour garantir le recouvrement des produits domaniaux, des taxes parafiscales dont l'assiette est indépendante de tout impôt ou taxe. Ces produits, en effet, n'entrent pas dans le champ d'application de l'hypothèque légale prévue à l'article 1929 ter du CGI (BOI-REC-GAR-10-20-10-20, § 150, 28 déc. 2018).

Il en est ainsi par exemple à la suite du jugement condamnant un tiers solidairement au paiement des impositions dues par le redevable principal, avant que ce jugement ait acquis force de chose jugée (Instr. 6 janv. 1995 : *BOI* 12 C-1-95, nos 66 à 70).

II Étendue de l'hypothèque

A Créances garanties

4415 **Principal et accessoires.** L'hypothèque judiciaire est spéciale quant aux créances garanties (L. Aynès, P. Crocq et A. Aynès, *Droit des sûretés*, 15e éd. 2021, n° 453, p. 470. – D. Legeais, *Droit des sûretés et garanties du crédit*, LGDJ, 14e éd. 2021, n° 610). Elle garantit le montant en **principal de la créance** visée par le jugement de condamnation, qu'il s'agisse d'une créance actuelle, éventuelle ou conditionnelle (Cass. req., 20 nov. 1895 : *DP* 1896, 1, p. 163), déterminée ou indéterminée, à charge, dans ce dernier cas, d'en évaluer le montant dans le bordereau d'inscription. L'hypothèque judiciaire garantit également, selon le droit commun, tous les **accessoires de la créance** principale, en intérêts, dommages-intérêts, astreintes, frais et dépens (Cass. req., 13 déc. 1871 : *DP* 1872, 1, p. 245. – C. Aubry et C. Rau, *op. cit.*, t. III, par Esmein, § 265, texte, p. 297. – M. Planiol et G. Ripert, *op. cit.*, t. XII, par Becqué, n° 575. – Mazeaud et Chabas, *op. cit.*, n° 309).

Il a été jugé à cet égard que les frais de l'inscription peuvent être expressément compris dans les dépens mis à la charge de la partie perdante, sans qu'il soit nécessaire de motiver spécialement cette disposition, l'hypothèque judiciaire étant la conséquence légale de la décision sur le fond (Cass. req., 27 juin 1923 : *S.* 1923, 1, p. 252).

B Assiette

1 Principes

4416 **Assiette générale.** L'hypothèque judiciaire est, de sa nature, générale, mais à charge par le créancier de se soumettre aux règles du droit commun concernant la spécialisation du gage (L. Aynès, P. Crocq et A. Aynès, *Droit des sûretés*, préc. – D. Legeais, *Droit des sûretés et garanties du crédit*, préc.). Si le créancier qui bénéficie d'une hypothèque judiciaire peut inscrire son droit sur tous les immeubles appartenant actuellement à son débiteur, il doit se conformer aux dispositions de l'article 2421 du Code civil (désignation individuelle de chaque immeuble sur lequel l'inscription est requise).

Il peut, en outre, prendre des inscriptions complémentaires sur les immeubles entrés par la suite dans le patrimoine de son débiteur. Ces inscriptions complémentaires n'ont rang sur les immeubles qu'elles concernent qu'à partir de leur date. Le débiteur peut toujours, soit en cours d'instance, soit à tout autre moment, se prévaloir des dispositions de l'article 2439 du Code civil pour demander la réduction des inscriptions.

2 Applications

a) Condamnations prononcées contre les époux ou un seul d'entre eux

4417 **Règle générale.** On peut dégager des articles 1413 et 1418 du Code civil, dans leur rédaction actuelle, les règles suivantes (V. **Communauté entre époux.** – *JCl. Procédure civile*, Fasc. 1700-30) :

– si la condamnation a été prononcée contre les deux époux, l'inscription d'hypothèque judiciaire peut être prise sur tous les immeubles leur appartenant, que ceux-ci soient des biens propres à chacun d'eux ou qu'ils constituent des biens de communauté ;

– si, au contraire, un seul des époux a été condamné, l'hypothèque judiciaire peut toujours porter sur les immeubles propres à cet époux. Mais la question de savoir si les immeubles communs peuvent être également hypothéqués varie selon le régime matrimonial et parfois, selon que la dette, qui est à la base de la condamnation est antérieure ou postérieure au mariage et dans cette dernière hypothèse, selon que la dette a été consentie ou non avec l'accord exprès de l'autre époux.

C'est ainsi que, pour ne parler que des hypothèses les plus fréquentes en pratique, les biens communs peuvent être grevés d'hypothèque judiciaire même en cas de condamnation d'un seul époux si, dans un régime de communauté légale, la dette a pris naissance pendant la communauté (C. civ., art. 1413) ou encore s'il s'agit d'un cautionnement ou d'un emprunt passé par l'un des époux avec le consentement exprès de l'autre (C. civ., art. 1415), mais qu'une hypothèque judiciaire ne peut être inscrite valablement sur les immeubles dépendant de la communauté pour une dette auquel un époux était tenu avant le mariage (C. civ., art. 1410).

4418 **Époux séparés de biens.** Quand les époux sont mariés sous un régime de séparation de biens, au contraire, chacun d'entre eux reste seul tenu des dettes nées en sa personne hors le cas de l'article 220 (contrats passés pour l'entretien du ménage, l'éducation des enfants, etc.) (C. civ., art. 1536, al. 2). La condamnation prononcée contre un seul époux marié sous ce régime ne donne donc ouverture à l'hypothèque judiciaire que sur ses biens propres dès lors qu'il ne s'agit pas de l'une des dettes visées à l'article 220 du Code civil (V. **Séparation de biens**).

> **CONSEIL PRATIQUE** **Avant de prendre inscription au préjudice d'un époux, il y a lieu de vérifier si, compte tenu de la nature de la dette et du régime matrimonial du débiteur, elle engage seulement les biens propres de l'un ou l'autre des époux, ou également les biens communs.**

b) Biens des héritiers du débiteur

4419 L'hypothèque judiciaire n'atteint pas, après la mort du débiteur, les biens de ses héritiers, même acceptant la succession purement et simplement (M. Planiol et G. Ripert, *op. cit.*, t. XII, par Becqué, n° 598). Elle est, en effet, limitée aux biens du débiteur (V. Becqué, note ss Cass. civ., 22 oct. 1946 : *JCP* G 1946, II, 3350). Mais si le jugement est rendu après le décès du débiteur contre ses héritiers purs et simples, l'hypothèque grèvera tous les immeubles de ces derniers.

c) Biens situés à l'étranger

4420 Les décisions des juridictions françaises ne peuvent produire hypothèque sur les biens situés à l'étranger que si la loi du pays de situation l'admet et aux conditions fixées par cette loi (M. Planiol et G. Ripert, *op. cit.*, t. XII, par Becqué, n° 561).

III

Inscription de l'hypothèque

4421 L'hypothèque judiciaire est soumise à inscription et ne prend rang que du jour où elle est inscrite (C. civ., art. 2418, al. 1er).

A Obstacles à l'inscription

4422 **Biens inaliénables ou insaisissables.** Après avoir adopté une solution différente (V. M. Planiol et G. Ripert, *op. cit.*, t. XII, par Becqué, n° 608. – Chambaz, Masounabe-Puyanne et Leblond, *op. cit.*, n° 296), la jurisprudence admet aujourd'hui qu'une clause d'inaliénabilité ou d'insaisissabilité n'empêche pas l'inscription d'une hypothèque judiciaire (Cass. 1re civ., 9 oct. 1985, n° 84-13.306 : *JurisData* n° 1985-702619 ; *Bull. civ.* 1985, I, n° 252 ; *JCP* G 1985, IV, 363 et *JCP* N 1986, prat. 9861, p. 437 ; *Defrénois* 1985, art. 33918, n° 23, obs. L. Aynès. – CA Bordeaux, 1re ch. A, 22 janv. 2001 : *JurisData* n° 2001-134805. – CA Besançon, 2e ch. com., 23 avr. 1999 : *JurisData* n° 1999-043017).

4423 **Existence d'une hypothèque spéciale antérieure.** Il a été admis en jurisprudence que le créancier pouvait inscrire une hypothèque judiciaire même s'il disposait par ailleurs déjà d'une hypothèque spéciale. L'existence de cette sûreté ne l'empêche pas d'avoir intérêt à agir, notamment si elle est insuffisante pour garantir le paiement intégral de sa créance (CA Paris, 5 juill. 1977 : *Journ. not.* 1978, I, p. 1564, obs. Raison. – CA Paris, 15 mai 1865 : *S.* 1865, 2, p. 257. – CA Paris, 2 nov. 1853 : *DP* 1855, 2, p. 172. – M. Planiol et G. Ripert, *op. cit.*, t. XII, par Becqué, n° 597, p. 637, note 2).

4424 **Existence d'un titre exécutoire.** Il est bien admis en jurisprudence qu'un créancier peut prendre un jugement contre son débiteur dans le seul but de bénéficier d'une hypothèque judiciaire, alors même qu'il dispose d'un titre exécutoire qui n'est pas contesté par le débiteur (Cass. 3e civ., 22 mai 1990, n° 88-19.336 : *JurisData* n° 1990-701406 ; *Bull. civ.* 1990, III, n° 126 ; *RD imm.* 1990, p. 400, obs. Ph. Delebecque. – Cass. 3e civ., 24 janv. 1990, n° 88-11.869 : *JurisData* n° 1990-700201 ; *Bull. civ.* 1990, III, n° 29). Cette jurisprudence, établie depuis le XIXe siècle (V. M. Planiol et G. Ripert, *op. cit.*, t. XII, par Becqué, n° 597) a été critiquée (J. Mestre, E. Putman et M. Billiau, *op. cit.*, n° 1494).

4425 **Procédures collectives.** Aux termes de l'article L. 632-1, I, 7° du Code de commerce dans sa rédaction issue de l'ordonnance précitée du 15 septembre 2021, applicable à compter du 1er octobre 2021, est nulle de plein droit lorsqu'elle est prise à compter de la date de cessation des paiements, et donc pendant la période suspecte, « toute hypothèque légale attachée aux jugements de condamnation constituée sur les biens du débiteur pour dettes antérieurement contractées ».

Pour apprécier si la dette a été « antérieurement contractée », on prend en considération, dans le cas de l'hypothèque judiciaire, la date du jugement de condamnation et non pas celle de l'inscription de la sûreté. L'hypothèque judiciaire pourra donc être annulée si le jugement auquel elle est attachée a été rendu au cours de la période suspecte (V., pour plus de détails, *JCl. Procédures collectives*, Fasc. 2508. – *JCl Procédures formulaire*, V° Hypothèque, fasc. 10. – *JCl Procédure civile*, Fasc. 1700-30).

Par ailleurs l'article L. 622-30 du Code de commerce indique que « les hypothèques, (...) ne peuvent plus être inscrites postérieurement au jugement d'ouverture ». Ce principe d'interdiction, qui connaît cependant quelques exceptions, très limitées, concerne aussi bien les hypothèques conventionnelles que les hypothèques judiciaires ou légales (V. C. Saint-Alary-Houin et F. Macorig-Vénier : *JCl. Procédures collectives* et *JCl. Commercial*, Fasc. 2365. – G. Amlon, *JCl. Civil Code*, App. Art. 2323 à 2488).

Au vu de l'alinéa 3 de l'article 2422 (ancien art. 2427) du Code civil, les mêmes solutions doivent s'appliquer en cas de procédure de surendettement : impossibilité d'inscrire une hypothèque judiciaire après l'engagement de la procédure, d'une part, et possibilité d'inscrire une hypothèque définitive faisant suite à une hypothèque judiciaire conservatoire publiée avant l'ouverture de la procédure, d'autre part (M. Bourassin, *Sûretés et surendettement des particuliers : LPA* 10 oct. 2012, p. 4 et s., n°s 109 et 110).

> **ATTENTION** **Une hypothèque judiciaire peut être remise en cause si le jugement de condamnation a été rendu pendant la période suspecte.**

4426 **Arrêt du cours des inscriptions.** Tous les événements qui arrêtent le cours des inscriptions (V. C. civ., art. 2422) interdisent l'inscription de l'hypothèque judiciaire.

Contrairement à ce qui a lieu en ce qui concerne la publication d'une vente, le défaut de la publication obligatoire – prescrite par l'article 28, 4°, *c)* du décret n° 55-22 du 4 janvier 1955 – d'une assignation tendant à obtenir la résolution, la révocation, l'annulation ou la rescision d'une convention soumise à publicité n'est pas sanctionné par l'inopposabilité aux tiers, définie par l'article 30-1 de ce décret. Dès lors, la publication d'une assignation introductive d'une action paulienne contre l'apport de ses immeubles qu'un débiteur a fait à une société n'interdit pas à un créancier de cette personne morale de prendre ultérieurement une inscription d'hypothèque judiciaire sur ces biens (Cass. 3e civ., 25 janv. 1983, nos 81-11.426 et 81-11.841 : *JurisData* n° 1983-700187 ; *Bull. civ.* 1983, III, n° 25 ; *JCP* G 1983, IV, 112).

4427 **Décès du débiteur dont la succession est déclaré vacante.** Lorsque la succession n'est acceptée qu'à concurrence de l'actif net ou est déclarée vacante, l'inscription d'hypothèque prise par l'un d'entre eux depuis le décès ne produit aucun effet entre les créanciers d'une succession (C. civ., art. 1422, al. 2). Les articles 810-4 et 810-5 du Code civil qui organisent le paiement des créanciers de la succession par le curateur de la succession vacante n'excluent pas l'application du principe de l'arrêt du cours des inscriptions hypothécaires posées par l'article 1422, alinéa 2 du Code civil. En conséquence la mainlevée d'une inscription prise postérieurement au décès peut être demandée par le curateur d'une succession déclarée vacante (Cass. 3e civ. 5 janv. 2022, n° 20-21.359).

4428 **Engagement de non-inscription.** Le créancier peut valablement s'engager à ne pas faire inscrire son hypothèque pendant un certain délai et même s'engager à ne jamais l'inscrire (CA Orléans, 15 févr. 1854 : *DP* 1854, 5, p. 247 et sur pourvoi, Cass. req., 20 juin 1854 : *DP* 1854, 1, p. 231. – M. Planiol et G. Ripert, *op. cit.*, t. XII, par Becqué, n° 611).

B Moment où peut être prise l'inscription

4429 **Absence de délai imparti.** L'inscription d'hypothèque judiciaire étant une simple mesure conservatoire, peut être requise **immédiatement après le prononcé du jugement**. Il n'y a aucune distinction à faire à cet égard entre les jugements contradictoires et les jugements par défaut, ni entre les jugements en premier ou en dernier ressort.

Il n'est pas besoin, notamment, d'attendre pour prendre inscription que le jugement soit passé en force de chose jugée par expiration du délai d'appel ou, s'il a été rendu par défaut, du délai d'opposition ou encore, si un appel a été interjeté, que la cour se soit prononcée sur cette voie de recours (Cass. civ., 26 nov. 1904 : *DP* 1905, 1, p. 204 ; *S.* 1907, 1, p. 281. – Cass. req., 28 mai 1935 : *DH* 1935, p. 460. – Cass. req., 16 juin 1938 : *DH*

1938, p. 485 ; *S.* 1938, 1, p. 331. – Cass. req., 15 mai 1974 : *Bull. AMC* 1975, art. 1022. – Chambaz, Masounabe-Puyanne et Leblond, *op. cit.*, 2e éd., n° 516. – Bulté : *JCP* N 1972, prat. 5181, p. 93).

Il a même été jugé que l'inscription peut être requise, sur autorisation du juge, sur minute et avant l'enregistrement du jugement (Cass. civ., 26 nov. 1904 et Cass. req., 28 mai 1935, préc. – Bulté : chron. préc.).

4430 **Rôle du service de publicité foncière.** Le responsable du service chargé de la publicité foncière n'est pas, d'une part, juge de la validité de la décision judiciaire qui lui est présentée et n'a pas, d'autre part, à réclamer la justification du caractère définitif de cette décision (Cass. civ., 26 nov. 1904, préc. – Bulté, chron. préc. – Cf. chron. *JCP* N 1967, IV, 4166).

4431 **Responsabilité du requérant.** Le créancier qui, sans commettre d'acte frauduleux ou inspiré par une intention frauduleuse, fait procéder à une inscription hypothécaire à son profit en exécution d'un jugement de condamnation, ne commet aucune faute et ne peut être condamné à des dommages-intérêts même si, dès avant la réalisation de l'inscription, l'immeuble hypothéqué, malgré l'opposition à partage de ce créancier, a été vendu à un tiers qui n'a pu obtenir qu'ultérieurement la mainlevée de ladite hypothèque (Cass. 3e civ., 22 juin 1976 : *JurisData* n° 1976-098278 ; *Bull. civ.* 1976, III, n° 278 ; *Defrénois*, 1977, art. 31397, note Franck).

C Formalités de la prise d'inscription

4432 **Principe.** L'inscription de l'hypothèque attachée à un jugement de condamnation a lieu en la forme prévue aux articles 2421 à 2423 du Code civil.

La procédure prévue pour la prise d'inscription d'hypothèque judiciaire provisoire, rappelée ci-dessous n'est pas applicable en la matière.

ATTENTION À la différence de l'inscription d'hypothèque judiciaire provisoire, il n'y a ici aucune mesure d'information prévue en faveur du débiteur. Le créancier qui inscrit une hypothèque en vertu d'un jugement de condamnation n'a pas en particulier à lui adresser de notification préalable ou consécutive

Sur la comparaison des régimes juridiques de l'hypothèque légale attachée aux jugements de condamnation et de l'hypothèque « judiciaire » (ancienne hypothèque judiciaire provisoire), V. ci-dessous nos 4437 et 4438.

4433 **Représentation du titre.** Pour prendre inscription d'une hypothèque attachée à un jugement de condamnation, il faut, en principe, et conformément aux dispositions de l'article 2423, alinéas 2 et 3 du Code civil, produire au service chargé de la publicité foncière, à l'appui des bordereaux, l'original, une expédition authentique ou un extrait littéral de la décision judiciaire donnant naissance à l'hypothèque.

Dans le cas où l'inscription est requise avant l'enregistrement du jugement et sur minute, on produit soit un certificat du greffier, constatant les termes du jugement et qui reste annexé au bordereau destiné aux archives hypothécaires, soit une ordonnance sur requête constatant l'urgence de l'inscription (Cass. req., 28 mai 1935 : *DH* 1935, p. 460). Il a même été jugé qu'un ordre spécial du juge ne serait pas nécessaire (CA Chambéry, 18 août 1870, cité par Chambaz, Masounabe-Puyanne et Leblond, *op. cit.*, n° 585).

En tout cas, la Cour de cassation admet, d'une part, que le service chargé de la publicité foncière opère l'inscription sous sa responsabilité, sans que le débiteur condamné par le jugement ait qualité pour discuter les justifications demandées (Cass. req., 28 mai 1935, préc.) et, d'autre part, que le défaut de représentation du titre n'entraîne pas la nullité de l'inscription que le service a accepté de prendre (Cass. civ., 18 juin 1823 : *Journ. not.* 1823, art. 4430. – Cass. civ., 19 juin 1833 : *Journ. not.* 1833, art. 8110).

4434 **Bordereaux d'inscription.** Les bordereaux d'inscription d'une hypothèque attachée à un jugement de condamnation sont, quant à leur **forme matérielle**, soumis aux règles fixées par le décret modifié n° 55-1350 du 14 octobre 1955 pour tous les bordereaux (sur ces règles, V. **Bordereau d'inscription**).

De même, en ce qui concerne les **énonciations des bordereaux**, ce sont les dispositions de l'article 2423 du Code civil et 54-1 et suivants du décret n° 55-1350 du 14 octobre 1955 qui sont applicables. Les bordereaux doivent donc contenir, comme tous bordereaux : la désignation du créancier et du débiteur conformément aux articles 5 et 6 du décret du 4 janvier 1955 ; une élection de domicile par le créancier ; l'énonciation du titre constitutif de l'hypothèque ; l'indication du montant de la créance garantie, en principal et accessoires ; la désignation des immeubles grevés, établie conformément à l'article 7 du décret précité du 4 janvier 1955 ; et la référence de la

formalité de publicité foncière du titre de propriété du débiteur. Ils doivent être signés et comporter un certificat de conformité. Enfin, celui des bordereaux destiné à être conservé au service de la publicité foncière doit contenir en outre la mention de certification de l'identité des parties, prescrite par les articles 5 et 6 du décret n° 55-22 du 4 janvier 1955.
Sur tous ces points, V. **Bordereau d'inscription.**

D Durée et renouvellement des inscriptions

4435 Application du droit commun. La durée des inscriptions obéit aux règles du droit commun (sur les règles applicables, V. **Inscription (Durée).**

E Réduction des inscriptions

4436 Application en cas d'inscription excessive. Le droit du bénéficiaire de l'hypothèque attachée à un jugement de condamnation de faire inscrire celle-ci sur tous les biens présents et à venir de son débiteur, ne lui est accordé que sous réserve, pour ce dernier, du droit de demander, soit en cours d'instance, soit à tout autre moment, la réduction de l'inscription, suivant les formes et conditions prévues à l'article 2437 du Code civil, lorsque cette inscription est excessive (C. civ., art. 2439. – *JCl. Procédure civile*, Fasc. 1700-30).
Aux termes du deuxième alinéa de l'article 2439 du Code civil, issu de la réforme des sûretés qui reprend les termes de l'ancien article 2444, sont réputées excessives les inscriptions qui grèvent plusieurs immeubles lorsque la valeur d'un seul ou de quelques-uns d'entre eux excède une somme égale au double du montant des créances en capital et accessoires légaux, augmenté du tiers de ce montant. La demande de réduction doit être formée devant le juge désigné par l'article 2437 du Code civil.
L'ancien article 2045 du Code civil qui prévoyait la réduction des inscriptions prises d'après l'évaluation faite par le créancier des créances conditionnelles, éventuelles ou indéterminées, dont le montant n'avait pas été réglé par une convention entre les intéressés, a été abrogé.
Il a été jugé que le créancier qui, ayant obtenu un jugement, a pris inscription sur tous les biens de son débiteur, qui représentaient une valeur hors de proportion avec le chiffre de sa créance, avait commis un abus de droit (T. civ. Toulon, 13 avr. 1905 : *DP* 1906, 2, p. 105). Il y a abus en cas d'intention malicieuse du créancier (Cass. 3e civ., 25 oct. 1976 : *Bull. civ.* 1976, III, n° 368 ; *JCP* G 1976, IV, 374 ; *Defrénois* 1977, art. 31350, p. 449, note J.-L. Aubert). En pareil cas, le créancier pourrait être condamné, à titre de dommages-intérêts, à supporter les frais de la procédure en réduction que le débiteur a dû poursuivre (Josserand, note ss CA Toulon, 13 avr. 1905, préc.).

F Rapports avec l'inscription d'hypothèque judiciaire conservatoire

4437 Différences. L'hypothèque légale résultant des jugements de condamnation et l'hypothèque judiciaire conservatoire présentent un certain nombre de différences :
– la première est générale quant à son assiette. Elle porte sur tous les immeubles présents et à venir du débiteur, alors que l'hypothèque judiciaire conservatoire est spéciale puisqu'elle ne porte que sur le ou les immeubles sur lesquels le juge a autorisé l'inscription ;
– la seconde peut être inscrite en dehors de toute intervention du juge. Ainsi lorsque le créancier dispose déjà d'un titre exécutoire, il peut prendre une inscription d'hypothèque judiciaire provisoire sans avoir à solliciter d'autorisation et il n'a pas ensuite à saisir le tribunal pour obtenir un jugement de validation de l'hypothèque ou de condamnation du débiteur. Le tribunal n'interviendra que si ce dernier conteste le bien-fondé de l'inscription prise.

> **ATTENTION** **La Cour de cassation a rappelé que les formalités imposées par le décret n° 92-755 du 31 juillet 1992 (aujourd'hui codifié : en matière d'inscription d'hypothèque judiciaire provisoire, tendant en particulier à l'information du débiteur, ne s'appliquaient pas dans le cas d'hypothèque judiciaire attachée à un jugement de condamnation (Cass. 1re civ., 14 mars 2012, n° 10-28.143 : *JurisData* n° 2012-004280 ; *Bull. civ.* 2012, I, n° 57 ; *AJDI* 2012, p. 447, note N. Le Rudulier. – Cass. 3e civ., 17 juin 2009, n° 08-17.065 : *JurisData* n° 2009-048647 ; *Procédures* 2009, comm. 366, obs. A. Bugada). Cette hypothèque peut donc être inscrite sans formalités particulières.**

4438 Combinaison avec l'hypothèque judiciaire conservatoire. Selon la Cour de cassation, un prêteur qui bénéficie d'un jugement de condamnation peut prendre une inscription d'hypothèque à l'encontre de son débiteur en vertu de ce jugement, sans avoir besoin de demander au juge la validation de l'inscription d'hypothèque judiciaire conservatoire qu'il aurait prise antérieurement (Cass. 3e civ., 9 juill. 1984 : *Bull. civ.* 1984, III, n° 135 ; *JCP* G 1984, IV, 304 ; *RD imm.* 1985, p. 177, obs. M. Dagot). Si l'inscription est prise sur le même immeuble que l'inscription provisoire précédente, tout se passe alors comme si elle tenait lieu d'inscription définitive de l'hypothèque conservatoire. Ceci a fait dire que « l'hypothèque des jugements de condamnation et l'hypothèque conservatoire peuvent, dans les faits, se confondre et on peut avoir parfois l'impression que l'hypothèque conservatoire n'est qu'un moyen d'inscrire par anticipation l'hypothèque des jugements » (J. Mestre, E. Putman et M. Billiau, *op. cit.*, n° 1480). Mais si l'hypothèque résultant d'un jugement de condamnation est inscrite après l'expiration du délai imparti pour prendre l'inscription définitive d'hypothèque judiciaire conservatoire, elle ne vaudra qu'à sa date et ne rétroagira pas.

Dans la pratique, compte tenu des délais nécessaires pour obtenir un jugement de condamnation, les créanciers qui craignent que leur débiteur devienne insolvable sont enclins à choisir l'hypothèque judiciaire conservatoire. Cependant, on ne peut pas dire que l'hypothèque attachée aux jugements de condamnation ait perdu tout intérêt. En effet, une procédure de référé-provision peut permettre d'obtenir rapidement une ordonnance, sur la base de laquelle une hypothèque judiciaire peut être inscrite. En outre, et comme on l'a remarqué, l'avantage de la procédure d'inscription d'hypothèque judiciaire provisoire n'est que relatif compte tenu des possibilités de recours dont dispose le débiteur. En fait « le choix entre les deux procédures sera surtout fonction du caractère plus ou moins sérieusement contestable de la créance » (J. Mestre, E. Putman et M. Billiau, *op. cit.*, n° 1472).

IV Taxation

A Taxe de publicité foncière

4439 Application. Les inscriptions d'hypothèque judiciaire sont soumises à la taxe de publicité foncière (CGI, art. 663, 1°). Cette taxe est donc applicable selon le droit commun, à moins d'une exonération particulière (sur le tarif et les exonérations, V. **Inscriptions (taxation)**).

4440 Inscription concernant une créance qui pourrait être garantie par une hypothèque légale. L'administration fiscale a admis que l'inscription d'une hypothèque judiciaire garantissant une créance qui pourrait être conservée par une hypothèque légale est dispensée de taxe (Circ. 26 mai 1955 : *JCP* N 1955, IV, 2040, § 6 ; *Rép. alph. hyp.*, livre V, n° 8). Il en est ainsi, par exemple de l'inscription prise contre un époux ou un tuteur en vertu d'un jugement alors que cette même inscription aurait pu être prise en vertu de l'article 2393 (ancien art. 2400) du Code civil. Ces hypothèques judiciaires revêtent en réalité la nature d'hypothèques légales puisque ce n'est pas la volonté du juge mais celle de la loi qui attache automatiquement cet effet au jugement (Marty, Raynaud et Jestaz, *Les sûretés, La publicité foncière, op. cit.*, t. III, n° 232. – Ph. Simler et Ph. Delebecque, *Les sûretés, la publicité foncière*, Précis Dalloz, 6e éd., n° 457. – P. Crocq et L. Aynès, *Les sûretés – La publicité foncière*, Defrénois-Lextenso éd., 2009, n° 710. – V., en ce sens, Cass. 3e civ., 17 juin 2009, n° 08-17.065 : *JurisData* n° 2009-048647).

En définitive, ne donnent lieu au paiement de la taxe de publicité foncière que « les hypothèques judiciaires qui ne sont pas la simple constatation d'une prérogative légale reconnue au titulaire d'une créance, mais qui relèvent réellement du pouvoir d'appréciation du juge » (O. Boudeville, *JCl. Notarial Formulaire*, V° Obligations [Enr.], fasc. 3).

B Contribution de sécurité immobilière

4441 Application. La contribution de sécurité immobilière est due selon le droit commun, sauf exonération ou tarification spéciale (sur le tarif applicable, V. **Contribution de sécurité immobilière**).

Hypothèque judiciaire conservatoire

Jacques LAFOND

Sommaire analytique

BIBLIOGRAPHIE : M. Dagot, *Les sûretés judiciaires provisoires*, Litec, 1994 ; *Le nouveau régime des inscriptions provisoires d'hypothèque et de nantissement : JCP* N 1994, prat. 3052. – C. Houin-Bressand, *La vente d'un immeuble grevé d'une hypothèque judiciaire conservatoire : Bull. Cridon* Paris, 2021, n° 15-16. – J. Lafond, *L'hypothèque judiciaire conservatoire au secours du bailleur (avec formules) : Loyers et copr.* avr. 2022, étude 6.

I

Hypothèque judiciaire provisoire

4442 **Réglementation.** Une loi du 12 novembre 1955 relative aux mesures conservatoires a institué une hypothèque provisoire que le créancier peut obtenir, à titre conservatoire, dès le début de l'instance, en même temps d'ailleurs que diverses autres mesures conservatoires. Cette hypothèque provisoire est destinée à empêcher le débiteur, qui se rend compte du caractère inéluctable de sa condamnation, d'user, pendant l'instance, de moyens pour organiser son insolvabilité et qui rendraient illusoire ou sans efficacité l'hypothèque qui résultera de la condamnation. Cette hypothèque était à l'origine réglementée par les articles 48 à 57 du Code de procédure civile, abrogés par la loi n° 91-650 du 9 juillet 1991 (*JCP* 1991, III, 64891). Désormais, le régime des sûretés judiciaires résulte des articles 77 à 79 de cette loi, dont l'entrée en vigueur prévue originairement pour le 1er août 1992 a été reportée au 1er janvier 1993 (L. n° 92-644, 13 juill. 1992 : *JCP* 1992, III, 65652).

Le décret n° 92-755 du 31 juillet 1992 (*JCP* 1992, III, 65652) précisait les formalités de publicité concernant l'hypothèque provisoire et la publicité définitive.

Les modalités d'application de ces dispositions avaient été fixées et précisées par diverses instructions (Instr. 10 févr. 1993 : *BOI* 10-D-2-93. – Instr. 7 janv. 1994 : *BOI* 10 D-1-94. – Instr. 5 mars 1997 : *BOI* 10 D-1-97).

4443 **Codification.** L'ensemble des dispositions concernant l'hypothèque judiciaire provisoire figure actuellement au Code des procédures civiles d'exécution :

– la loi du 9 juillet 1991 a été abrogée et partiellement codifiée à compter du 1er juin 2012 par l'ordonnance n° 2011-1895 du 19 décembre 2011 ;

– le décret n° 92-755 du 31 juillet 1992, pris pour l'application de la loi du 9 juillet 1991, a été également abrogé et partiellement codifié à compter du 1er juin 2012 par le décret n° 2012-783 du 30 mai 2012.

À la suite de ces codifications, les dispositions concernant l'hypothèque judiciaire conservatoire figurent actuellement au Code des procédures civiles d'exécution (CPC ex., art. L. 511-1 et 512-2 ; L. 531-1 à L. 533-1 ; R. 532-1 et R. 532-5 à R. 534-1).

4444 Plusieurs questions se posent à propos de l'hypothèque judiciaire provisoire : quels sont les créances et les titres divers qui permettent de l'inscrire ? Quelles sont les modalités de l'inscription, et la procédure à suivre après cette inscription ? Quels sont les effets de l'inscription provisoire et les conditions de sa radiation et comment prendre l'inscription définitive ?

A Créances permettant l'inscription d'une hypothèque provisoire

4445 **Condition concernant la créance.** L'article 511-1 du Code des procédures civiles d'exécution, qui concerne les « dispositions communes » à l'ensemble des mesures conservatoires (saisies conservatoires ou sûretés judiciaires), exige, comme condition préalable à la mise en œuvre de ces mesures :

– que la créance paraisse « fondée en son principe » ;

– et que le créancier « justifie de circonstances susceptibles d'en menacer le recouvrement » (V. *JCl Procédures formulaire*, V° Hypothèque, Fasc. 10. – *JCl Procédure civile*, Fasc. 1700-30).

S'il apparaît que ces conditions ne sont pas réunies (ce qui est avant toute une question de fait...), le débiteur pourra obtenir la mainlevée judiciaire de l'inscription (CPC ex., art. L. 512-1, al. 1er).

Lorsque l'inscription est prise avec l'autorisation du juge, celui-ci vérifiera que les conditions posées par l'article L. 511-1 précité sont bien remplies. Si elle est inscrite sans autorisation préalable du juge, il appartient au créancier de procéder à cette vérification.

Si l'inscription est intervenue dans des conditions discutables au regard des exigences légales, le débiteur pourra élever une contestation et obtenir la mainlevée judiciaire de l'inscription (CPC ex., art. L. 512-1, al. 1er).

B Titre permettant l'inscription d'une hypothèque provisoire

4446 L'inscription d'hypothèque judiciaire provisoire peut avoir deux sources : elle peut être prise soit avec une autorisation du juge, soit sans autorisation.

1 Hypothèque inscrite sans autorisation du juge

4447 **Texte.** Selon l'article L. 511-2 du Code des procédures civiles d'exécution, une autorisation préalable du juge n'est pas nécessaire dans deux hypothèses :
– lorsque le créancier se prévaut d'un titre exécutoire ou d'une décision de justice qui n'a pas encore force exécutoire ;
– en cas de défaut de paiement d'une lettre de change acceptée, d'un billet à ordre, d'un chèque ou d'un loyer resté impayé dès lors qu'il résulte d'un contrat écrit de louage d'immeubles.
Le libellé de ce texte amène à distinguer selon que le créancier a ou non un titre exécutoire.

a) Créancier ayant un titre exécutoire

4448 **Notion de titre exécutoire.** Le « titre exécutoire » est celui qui comporte la formule exécutoire et qui permet l'exécution forcée. L'article L. 111-3 du Code des procédures civiles d'exécution en donne une énumération (V. n° 4510). Cependant, cette énumération n'est pas totalement exhaustive. Certains textes spéciaux confèrent la force exécutoire à d'autres actes que ceux figurant à l'article L. 111-3, par exemple les titres exécutoires institués par le droit de l'Union européenne ou les titres exécutoires propres aux départements de la Moselle du Bas-Rhin et du Haut-Rhin (CPC ex., art. L. 111-5).
La notion de titre exécutoire fait l'objet d'études approfondies dans les ouvrages de procédure civile (V. *JCl. Procédure civile*, Fasc. 1500-60 par C. Tirvaudey-Bourdin. – M. et J.-B. Donnier, *Voies d'exécution et procédures de distribution*, LexisNexis, 10e éd. 2020, nos 191 et s. – Cl. Brenner, *Procédures civiles d'exécution*, Dalloz, coll. « Cours », 11e éd. 2021, nos 75 et s. – J.-J. Ansault, *Procédures civiles d'exécution*, LGDJ, 2019, nos 184 et s.).
En pratique on retiendra que le créancier qui entend inscrire une hypothèque judiciaire conservatoire en vertu de l'article L. 511-2 de ce même code, et donc sans autorisation préalable du juge, pourra procéder à cette inscription s'il dispose de l'un des titres exécutoires prévus à l'article L. 111-3 précité.

4449 **Texte.** Selon l'article L. 111-3 du Code des procédures civiles d'exécution précité, dans sa version modifiée par la loi n° 2021-1729 du 22 décembre 2021, applicable à compter du 24 décembre 2021, constituent seuls des titres exécutoires :

> 1° Les décisions des juridictions de l'ordre judiciaire ou de l'ordre administratif lorsqu'elles ont force exécutoire, ainsi que les accords auxquels ces juridictions ont conféré force exécutoire ;
>
> 2° Les actes et les jugements étrangers ainsi que les sentences arbitrales déclarés exécutoires par une décision non susceptible d'un recours suspensif d'exécution, sans préjudice des dispositions du droit de l'Union européenne applicables ;
>
> 3° Les extraits de procès-verbaux de conciliation signés par le juge et les parties ;
>
> 4° Les actes notariés revêtus de la formule exécutoire ;
>
> 4° bis Les accords par lesquels les époux consentent mutuellement à leur divorce ou à leur séparation de corps par acte sous signature privée contresigné par avocats, déposés au rang des minutes d'un notaire selon les modalités prévues à l'article 229-1 du code civil ;
>
> 5° Le titre délivré par l'huissier de justice en cas de non-paiement d'un chèque ou en cas d'accord entre le créancier et le débiteur dans les conditions prévues à l'article L. 125-1 ;
>
> 6° Les titres délivrés par les personnes morales de droit public qualifiés comme tels par la loi, ou les décisions auxquelles la loi attache les effets d'un jugement ;
>
> 7° Les transactions et les actes constatant un accord issu d'une médiation, d'une conciliation ou d'une procédure participative, lorsqu'ils sont contresignés par les avocats de chacune des parties et revêtus de la formule exécutoire par le greffe de la juridiction compétente.

1) Jugements émanant des juridictions françaises et accords ayant force exécutoire

4450 **Décisions des juridictions françaises.** L'article L. 111-3 précité vise tout d'abord les « décisions des juridictions de l'ordre judiciaire ou de l'ordre administratif lorsqu'elles ont force exécutoire » (CPC ex., art. L. 111-3, 1°).
Il n'y a pas de distinction à faire selon la nature de la décision. Le texte pris à la lettre englobe les titres exécutoires provisoires, par exemple l'ordonnance de référé ou un jugement bénéficiant de l'exécution provisoire (M. et J.-B. Donnier, préc., n° 200. – J. Ansault, préc., n° 186). Mais le créancier qui prendrait une inscription d'hypothèque provisoire en vertu d'un tel titre le fera à ses risques et périls (CPC ex., art. L. 111-10, al. 2).
➤ Sur les décisions n'ayant pas encore force exécutoire, V. n° 4465.

4451 **Accords ayant reçu force exécutoire par une décision de justice.** L'article L. 111-3 précité vise ensuite « les accords » auxquels les juridictions de l'ordre judiciaire ou de l'ordre administratif « ont conféré force exécutoire ». En conséquence tous les accords auxquels une juridiction de l'ordre judiciaire ou administratif a conféré la force exécutoire entrent dans la catégorie des « titres exécutoires ». Ceci concerne non seulement les transactions, mais aussi les médiations et conciliations conventionnelles, ainsi que les procédures participatives... (V. n° 4463).

2) Actes, décisions et sentences arbitrales rendus à l'étranger

4452 L'énumération figurant dans l'article L. 111-3 précité concerne ensuite :
– les actes et les jugements étrangers ;
– les sentences arbitrales déclarées exécutoires par une décision non susceptible d'un recours suspensif d'exécution ;
... réserve étant faite « des dispositions du droit de l'Union européenne applicables ».

4453 **Actes et jugements étrangers.** En principe un acte ou un jugement étranger n'est exécutoire en France qu'à la condition d'être revêtu de l'*exequatur* (V. **Acte passé à l'étranger**). Cependant, il faut rappeler :
– que ce principe ne s'applique que sous réserve d'une convention bilatérale qui pourrait y déroger ;
– que, précisément, tel est le cas pour les États membres de l'Union européenne, en vertu du règlement (UE) n° 1215/2012 du 12 décembre 2012 dit « règlement Bruxelles I bis ». Ce règlement a supprimé l'*exequatur*, si bien qu'une décision rendue dans un État membre et qui est exécutoire dans cet État bénéficie de la force exécutoire dans les autres États membres en l'absence même de cette formalité (Règl. préc., art. 39).

Par ailleurs un « titre exécutoire européen » a été mis en place par le règlement (CE) n° 805-2004 du Parlement européen et du Conseil du 21 avril 2004 à compter du 21 octobre 2005, supprimant l'*exequatur* pour les créances qualifiées d'incontestés. Il faut ajouter que le règlement n° 1896 2006 du 12 décembre 2006 a institué une procédure européenne d'injonction de payer pour le recouvrement de créances pécuniaires liquides et exigibles (V., pour plus de détails, *JCl. Procédure civile*, préc., n°s 84 à 123. – M. et J.-B. Donnier, préc., n°s 203 à 208. – J.-J. Ansault, préc., n°s 187 et 188).

4454 **Sentence arbitrale.** Les sentences arbitrales rendues à l'étranger constituent des titres exécutoires, à condition d'avoir été « déclarées exécutoires par une décision non susceptible d'un recours suspensif d'exécution », le tout sans préjudice des dispositions du droit de l'Union européenne qui leur sont applicables (CPC ex., art. L. 111-3, 2°).

3) Procès verbaux de conciliation

4455 Sont également visés dans le 3° de l'article L. 111-3 précité « les extraits des procès-verbaux de conciliation signés par le juge et les parties ». Ces extraits valent titre exécutoire en vertu de l'article 631 du Code de procédure civile.

4) Acte notarié

4456 L'article L. 111-3 du Code des procédures civiles d'exécution vise ensuite dans son 4° les actes notariés revêtus de la formule exécutoire (V., pour plus de détails, *JCL Procédure civile*, préc., n°s 75 à 79).

Il convient de rappeler une particularité du droit local d'Alsace et de Moselle qui subordonne le caractère exécutoire des actes établis par les notaires des trois départements concernés au consentement à l'exécution forcée immédiate exprimé par le débiteur d'une obligation dans l'acte qui la contient. Cette obligation doit être en outre déterminable (V. CPC ex., art. L. 111-5. – E. Sander, *Du neuf pour la force exécutoire des actes notariés dressés par les notaires d'Alsace Moselle* : *JCP* N 2019, act. 505. – M. et J.-B. Donnier, préc., n° 215).

4457 **Contestation concernant le caractère exécutoire de l'acte notarié.** Lorsqu'un contrat de prêt authentique a été conclu en l'absence des emprunteurs, mais que les procurations établies par ces derniers n'ont été ni annexées aux actes de prêt ni déposées au rang des minutes de l'office, les actes de prêt perdent-ils leur caractère authentique, si bien que les banques ne détenant pas de titre exécutoire ne sont pas, en particulier, fondées à inscrire une hypothèque judiciaire provisoire ?

Mettant fin aux divergences existant à ce propos entre la première et la deuxième chambre civile, la chambre mixte de la Cour de cassation a finalement décidé que l'inobservation de l'obligation, pour le notaire, de faire figurer les procurations en annexe de l'acte authentique ou de les déposer au rang de ses minutes ne faisait pas perdre à l'acte son caractère authentique et, par là même, son caractère exécutoire (Cass. ch. mixte, 21 déc. 2012, n° 11-28.688 : *JurisData* n° 2012-030210. – Cass. ch. mixte, 21 déc. 2012, n° 12-15.063 : *JurisData* n° 2012-030211 ; *JCP* N 2013, act. 124 et 125).

4458 Acte notarié de prêt contenant engagement d'une caution personnelle solidaire. L'expédition d'un acte notarié revêtu de la formule exécutoire aux termes duquel l'emprunteur consent une hypothèque sur un immeuble lui appartenant et qui contient un engagement de caution solidaire peut permettre l'inscription provisoire d'une hypothèque sur un immeuble dont cette caution est propriétaire (*Bull. AMC* 1994, art. 1643).

Quant au titre constitué par un acte notarié d'affectation hypothécaire revêtu de la formule exécutoire, il a été précisé qu'il n'y avait pas lieu d'opposer un refus même si les immeubles désignés dans ce titre sont différents de ceux mentionnés dans le bordereau d'inscription provisoire (Instr. 10 févr. 1993. – *Bull. AMC* 1997, art. 1755).

5) Actes en matière de divorce ou de séparation de corps

4459 Convention de divorce ou de séparation du corps par consentement mutuel. Selon l'article L. 111-3, 4° bis du Code des procédures civiles d'exécution, les accords par lesquels « les époux consentent mutuellement à leur divorce ou à leur séparation de corps par acte sous signature privée contresigné par avocat déposé au rang des minutes d'un notaire selon les modalités prévues à l'article 229-1 du Code civil constituent un titre exécutoire, en vertu duquel peut être inscrit une hypothèque conservatoire sans autorisation du juge » (sur la critique de cette solution, V. Cl. Brenner, préc., n° 80. – M. et J.-B. Donnier, préc., n° 216).

6) Chèque impayé

4460 Titre exécutoire. Constitue un titre exécutoire le titre délivré par huissier de justice en cas de non-paiement d'un chèque ou en cas d'accord entre le créancier et le débiteur dans les conditions prévues à l'article L. 125-1 du Code des procédures civiles d'exécution (CPC ex., art. L. 111-3, 5°).

➤ Sur les justificatifs à produire au service de la publicité foncière, V. n° 4490.

7) Recouvrement simplifié des petites créances

4461 Titre exécutoire délivré par un commissaire de justice. Constitue également un titre exécutoire le titre délivré par huissier de justice (devenu « commissaire de justice ») en cas d'accord entre le créancier et le débiteur dans les conditions prévues à l'article L. 125-1 du Code des procédures civiles d'exécution (CPC ex., art. L. 111-3, 5°).

L'article L. 125-1 auquel il est renvoyé, qui concerne la procédure simplifiée de recouvrement des petites créances, permet dans son alinéa 3 à l'huissier qui a reçu l'accord du créancier et du débiteur sur le montant et les modalités du paiement de délivrer, sans autre formalité, un titre exécutoire.

8) Personne morale de droit public

4462 Situations concernées. L'article L. 111-3, 6° du Code des procédures civiles d'exécution énonce que constituent des titres exécutoires « les titres délivrés par les personnes morales de droit public qualifiées comme tels par la loi, ou les décisions auxquelles la loi attache les effets d'un jugement ».

Ces titres correspondent à la faculté pour ces personnes morales de se délivrer à elles-mêmes des titres exécutoires pour le recouvrement de leurs créances (« privilège d'exécution d'office »). Les applications sont nombreuses : titres émis pour la perception des impôts directs (avis d'imposition) ou pour le recouvrement des impôts indirects (avis de mise en recouvrement ou contraintes), titres de perception, etc. (pour plus de détails, V. *JCl Procédure civile*, préc., n°s 84 à 123).

Un avis de mise en recouvrement émis par un receveur des impôts pour obtenir paiement d'une créance domaniale est un titre exécutoire au sens de l'article L. 111-3, 6° du Code des procédures civiles d'exécution (L. n° 91-650, 9 juill. 1991, art. 3, 6°, ancien) et permet dès lors d'inscrire une hypothèque judiciaire provisoire (*Bull. AMC* 1993, art. 1582).

9) Actes mettant fin à un litige

4463 Actes concernés. L'article 1565 du Code de procédure civile, créé par le décret n° 2012-66 du 20 janvier 2012 énonce :

> L'accord auquel sont parvenues les parties à une médiation, une conciliation ou une procédure participative peut être soumis, aux fins de le rendre exécutoire, à l'homologation du juge compétent pour connaître du contentieux dans la matière considérée.
>
> Le juge à qui est soumis l'accord ne peut en modifier les termes.

L'article 1568 du même code, créé par le décret du 20 janvier 2012 susvisé précise que : « Les dispositions des articles 1565 à 1567 sont applicables à la transaction conclue sans qu'il ait été recouru à une médiation, une conciliation ou une procédure participative. Le juge est alors saisi par la partie la plus diligente ou l'ensemble des parties à la transaction ».

Ces textes confèrent donc au juge le pouvoir d'homologuer un accord amiable intervenu entre les parties, afin de lui donner force exécutoire. Cette possibilité était antérieurement offerte par l'ancien article 1441-4 du Code de procédure civile, abrogé par le décret du 20 janvier 2012.
Sont ainsi visés : la **transaction**, l'accord de **médiation**, l'**accord de conciliation** (sans préjudice du procès-verbal de conciliation cité par l'article L. 111-3, 3° : V. n° 4455), l'accord conclu au terme d'une **procédure participative** (C. civ., art. 2066) dès lors qu'ils ont été homologués par le juge (V., pour plus de détails, *JCl. Procédure civile*, préc., n°s 70 à 74).

b) Créancier n'ayant pas de titre exécutoire

4464 L'article L. 511-2 du Code des procédures civiles d'exécution énonce qu'une autorisation préalable du juge n'est pas nécessaire pour prendre une inscription d'hypothèque judiciaire provisoire :
– lorsqu'une décision de justice n'a pas encore force exécutoire ;
– ou en cas de défaut de paiement d'une lettre de change acceptée, d'un billet à ordre, d'un chèque ou d'un loyer resté impayé dès lors qu'il résulte d'un contrat écrit de louage d'immeubles.

1) Décision de justice n'ayant pas la force exécutoire

4465 Une inscription d'hypothèque judiciaire provisoire peut également être prise en vertu de l'article L. 511-2 du Code des procédures civiles d'exécution en vertu « d'une décision de justice qui n'a pas encore force exécutoire ».
Ce peut être le cas par exemple lorsqu'un jugement ou un acte intervenu à l'étranger n'a pas encore reçu l'*exequatur*, lorsque cette formalité est nécessaire (V. n° 4453).
Le service chargé de la publicité foncière n'a pas à se préoccuper de la régularité de la décision judiciaire n'ayant pas encore force exécutoire qui serait produite en vertu de l'article L. 511-2 du Code des procédures civiles d'exécution (V. *Bull. AMC* 1997, art. 1755 et n° 39).

2) Défaut de paiement d'une lettre de change acceptée ou d'un billet à ordre

4466 **Lettre de change.** L'article L. 511-2 précité vise le cas de « défaut de paiement d'une lettre de change acceptée ». L'acceptation de la lettre de change est mentionnée sur la lettre de change et la simple signature du tiré au recto de la lettre de change vaut acceptation (C. com., art. L. 511-17).
➤ Sur les justificatifs à produire au service de la publicité foncière, V. n° 4488.

4467 **Billets à ordre.** L'article L. 511-2 précité permet également de prendre inscription d'hypothèque judiciaire provisoire sans autorisation préalable du Juge dans le cas du billet à ordre « resté impayés ».
➤ Sur les justificatifs à produire au service de la publicité foncière, V. n° 4489.

3) Défaut de paiement d'un chèque

4468 Le défaut de paiement d'un chèque est visé à la fois par l'article L. 111-3, 5° et par l'article L. 511-2 du Code des procédures civiles d'exécution. Le premier de ces textes vise le cas où le créancier a sollicité l'intervention d'un huissier et se trouve ainsi en possession d'un titre exécutoire (V. n° 4521).
L'article L. 511-2 concerne le cas où le créancier n'a pas eu recours à un huissier : sa créance est simplement établie par le chèque impayé : il n'a pas de titre exécutoire, mais peut néanmoins inscrire une hypothèque judiciaire provisoire sans autorisation du juge, sur le fondement de ce texte.
➤ Sur les justificatifs à produire service de la publicité foncière, V. n° 4490.

4) Loyer impayé, résultant d'un contrat écrit de louage d'immeubles

4469 L'article L. 511-2 du Code des procédures civiles d'exécution dispose qu'une autorisation préalable du juge n'est pas nécessaire dans le cas de loyer impayé, résultant d'un contrat écrit de louage d'immeubles. Compte tenu de la généralité des termes de ce texte, tous les types de baux sont visés. Il suffit que le contrat de louage porte sur un immeuble et qu'il soit écrit. Peu importe qu'il soit sous seing privé authentique, enregistré ou non (*BOI* 10 D-1-94).
➤ Sur les justificatifs à produire au service de la publicité foncière, V. n° 4491.

2 Hypothèque inscrite après autorisation du juge

4470 **Modalités d'obtention de l'autorisation.** Dans les cas autres que ceux ci-dessus évoqués (V. n°s 4507 à 4530), l'inscription ne peut être prise que sur autorisation du juge.
Le juge compétent pour autoriser l'inscription est le juge de l'exécution. Toutefois, si la mesure tend à la conservation d'une créance commerciale et qu'elle est demandée avant tout procès, elle peut être autorisée par le président du tribunal de commerce (CPC ex., art. L. 511-3).
Le juge compétent pour répondre à la demande est celui du lieu où demeure le débiteur (CPC ex.,

art. R. 511-2). Toute clause contraire est réputée non avenue. Le juge saisi doit relever d'office son incompétence (CPC ex., art. R. 511-3. – *JCl. Procédure civile*, Fasc. 1700-30).

À peine de nullité de son ordonnance, le juge détermine le montant des sommes pour la garantie desquelles l'inscription est autorisée et précise les immeubles sur lesquels elle porte (CPC ex., art. R. 511-4).

C Modalités de l'inscription

1 Établissement des bordereaux

4471 Rédaction des bordereaux. L'inscription est opérée au service de la publicité foncière compétent par le dépôt de deux bordereaux contenant les indications exigées par la réglementation en vigueur (sur le contenu des bordereaux, V. **Bordereau d'inscription**).

Les mentions à insérer dans ces bordereaux ne présentent pas de particularité notable. Il y a lieu simplement de rappeler que lorsque, comme en l'espèce, l'inscription est prise sans autorisation du juge, la nature du titre peut être diverse (V. n°s 4464 à 4469).

À l'appui du titre, le créancier dépose deux bordereaux dont le contenu est fixé par l'article R. 532-1 du Code des procédures civiles d'exécution, qui renvoie à l'article 2428 du Code civil. Ce texte est devenu l'article 2423 de ce même code, depuis le 1er janvier 2022, à la suite de la réforme des sûretés (V. n° 4442).

4472 Contenu des bordereaux. L'inscription est opérée au service de la publicité foncière compétent par le dépôt de deux bordereaux contenant exclusivement :

– les mentions prévues pour les bordereaux par l'article 55 du décret n° 55-1350 du 14 octobre 1955 (désignation du créancier et du débiteur et élection de domicile) ;

– l'indication du titre de l'autorisation en vertu duquel l'inscription est requise ;

– l'indication du capital de la créance garantie et de ses accessoires ;

– la désignation, conformément aux 1er et 3e alinéas de l'article 7 du décret n° 55-22 du 4 janvier 1955, de l'immeuble sur lequel l'inscription est requise ;

– l'indication de la date, du volume et du numéro de la formalité de publication du titre de propriété du débiteur.

Selon la règle commune, les bordereaux devront également comporter la mention de certification d'identité des parties prescrites par les articles 5 et 6 du décret du 4 janvier 1955, ainsi que le certificat de conformité.

Il appartient au service chargé de la publicité foncière, lors de l'annotation du fichier, de s'assurer, avant d'achever l'exécution de la formalité, que le titre du disposant ou dernier titulaire a été publié et qu'il n'a pas cessé de produire ses effets (V. Cass. 3e civ., 13 mai 1987 : *Bull. AMC* 1988, art. 1368).

4473 Droits du débiteur résultant d'une vente à terme. Si les droits du débiteur résultent d'une vente à terme n'ayant pas encore opéré le transfert de propriété, un rejet pourra être opposé par le service de la publicité foncière, en se fondant sur la discordance existante entre les énonciations du bordereau d'inscription et celles de l'acte antérieurement publié. En effet, le premier (le bordereau) fait état d'un droit de propriété actuel tandis que le second (l'acte de vente) subordonne la constitution de ce droit à l'arrivée d'un événement ultérieur et il ne ressort pas du fichier que cet événement est survenu (*Bull. AMC* 1988, art. 1389).

4474 Mention du caractère exécutoire. En ce qui concerne les titres délivrés par les personnes de droit public dénommées ainsi par la loi, ou les décisions auxquelles la loi attache les effets d'un jugement, la référence du texte de loi qualifiant ces titres ou ces décisions d'exécutoires doit, à peine de rejet, être mentionnée au bordereau (*Bull. AMC* 1997, art. 1755. – Instr. 10 févr. 1993).

2 Délais à respecter

4475 Inscription en vertu d'un titre visé par la loi. Lorsque l'hypothèque résulte d'un des titres énumérés à l'article L. 511-2 du Code des procédures civiles d'exécution (V. n°s 4448 à 4469), aucun délai n'est imparti pour prendre l'inscription d'hypothèque judiciaire provisoire.

4476 Inscription prise en vertu d'une autorisation du juge. Dans les autres cas, aux termes de l'article R. 511-6 du Code des procédures civiles d'exécution, le créancier dispose d'un délai de trois mois à compter de l'autorisation du juge pour inscrire l'hypothèque conservatoire. À défaut, l'autorisation est caduque.

Le délai de trois mois court « à compter de l'ordonnance » (CPC ex., art. R. 511-6). Son point de départ se situe donc au jour où elle est prononcée (CPC, art. 453. – *Bull. AMC* 1997, art. 1755).

4477 Calcul des délais. Selon l'article 642-1 du Code de procédure civile, « les dispositions des articles 640 à 642 sont applicables aux délais dans lesquels les inscriptions et autres formalités de publicité doivent être opérées ».

Rappelons :

– que selon l'article 640, lorsqu'une formalité doit être accomplie avant un certain délai, celui-ci a pour origine la date de l'acte de l'événement ou de la décision qui le fait courir ;

– que selon l'article 641, lorsqu'un délai est exprimé en mois, ce délai expire le jour du dernier mois qui porte le même quantième que le jour de l'acte, de l'événement, de la décision ou de la notification qui fait courir le délai. À défaut d'un quantième identique, le délai expire le dernier jour du mois ;

– que selon l'article 642, « tout délai expire le dernier jour à vingt-quatre heures » et que « le délai qui expirerait normalement un samedi, un dimanche ou un jour férié ou chômé est prorogé jusqu'au premier jour ouvrable suivant ».

3 Présentation du titre et contrôle du service de publicité foncière

4478 Pour effectuer l'inscription provisoire, le créancier doit présenter au fichier immobilier le titre l'y autorisant. À cette occasion, le service va effectuer divers contrôles.

a) Contrôle du respect des délais par le créancier

4479 Il appartient au service chargé de la publicité foncière de vérifier le respect du délai de trois mois (V. n° 4476). Il peut ainsi refuser d'inscrire l'hypothèque lorsque l'ordonnance d'autorisation est devenue caduque par suite de l'expiration du délai, l'inscription devant être alors considérée comme étant requise sans titre (Instr. 10 févr. 1993 : *BOI* 10 D-2-93. – *Bull. AMC* 1997, art. 1755).

b) Contrôle de la validité et de l'efficacité du titre

4480 Le service chargé de la publicité foncière n'a pas à se préoccuper de la validité de l'autorisation ou du titre permettant, en application des articles L. 511-1 et L. 511-2 du Code des procédures civiles d'exécution, de prendre l'inscription provisoire requise. Ainsi n'a-t-il pas à s'assurer, lorsqu'une autorisation judiciaire lui est présentée, que la décision entrait dans la compétence du magistrat qui en a été l'auteur, ni à s'intéresser à son bien-fondé.

Cependant, si le titre présenté n'est pas de ceux visés aux articles L. 511-2 et L. 511-3 du Code des procédures civiles d'exécution, un refus doit être opposé par le service de la publicité foncière.

Par ailleurs, dans la mesure où l'article R. 531-1 du même code oblige à présenter l'autorisation du juge ou le titre en vertu duquel l'inscription peut être prise au service chargé de la publicité foncière, celui-ci est tenu de l'exiger et de rapprocher les dispositions qu'il contient des diverses rubriques des bordereaux qui l'accompagnent.

Il convient d'assimiler à l'absence de titre les discordances relevées en opérant ce rapprochement (rappr. *Bull. AMC* 1990, art. 1460). Il en est ainsi notamment des discordances dans les sommes garanties. Le service s'assure que la décision judiciaire, le titre ou les autres documents communiqués (lettre de change acceptée, billet à ordre, chèque, bail, etc.) sont bien constitutifs d'une créance en capital dont le montant est au moins égal à celui de l'inscription requise.

À l'absence de titre doit également être assimilé le cas où le document présenté n'est manifestement pas en mesure de produire les effets qui y sont attachés. Il en est ainsi, par exemple, lorsqu'il n'est pas signé et daté ou lorsque la créance qui y est constatée n'est pas déterminée dans son montant. Dans ces différentes situations, il convient d'opposer un refus (*Bull. AMC* 1997, art. 1755).

4 Applications

4481 Nous distinguerons selon que l'inscription provisoire est requise en vertu d'une ordonnance sur requête (*a*) ou sans autorisation du juge (*b*).

a) Inscription provisoire requise en vertu d'une ordonnance sur requête

4482 **Objet du contrôle du service de publicité foncière.** Tout en respectant les limites ci-dessus rappelées (V. n° 4541), le service de la publicité foncière doit veiller à ce qu'en la forme, l'autorisation de justice qui lui est produite respecte bien les dispositions législatives et réglementaires qui le régissent.

En particulier, à peine de refus de dépôt, l'autorisation doit préciser la nature des biens sur lesquels porte la sûreté, ainsi que le montant des sommes susceptibles d'être conservées par l'inscription (CPC ex., art. R. 511-4).

Si le montant des sommes pour lesquelles l'inscription est autorisée n'est pas précisé, le dépôt doit être refusé (*Bull. AMC* 1997, art. 1744).

4483 **Désignation des immeubles de manière très générale.** Il a été admis (V. *Bull. AMC* 1980, art. 1170) sous le régime de l'hypothèque judiciaire provisoire défini par l'article 54 de l'ancien

Code de procédure civile, que l'inscription était régulièrement requise en ce qui concerne les immeubles grevés dès lors que les immeubles individuellement désignés dans le bordereau d'inscription entraient dans le cadre d'une formule plus générale utilisée par le juge dans son ordonnance. Cette solution reste valable et l'on pourra considérer qu'il en est ainsi si le juge, utilisant une formule qui n'exclut pas explicitement les biens immobiliers, a manifesté ainsi son intention de ne pas limiter la mesure conservatoire aux seuls biens mobiliers du débiteur.

b) Inscription provisoire requise sans autorisation du juge

1) Inscription prise en vertu d'un titre exécutoire

4484 **Nature du titre.** Si le titre présenté n'est pas de ceux visés à l'article L. 111-3 du Code des procédures civiles d'exécution (V. n°s 4449 à 4463), un refus doit être opposé.

Quant au titre constitué par un acte notarié d'affectation hypothécaire revêtu de la formule exécutoire, il a été précisé qu'il n'y avait pas lieu d'opposer un refus même si les immeubles désignés dans ce titre sont différents de ceux mentionnés dans le bordereau d'inscription provisoire (Instr. 10 févr. 1993. – *Bull. AMC* 1997, art. 1755).

Un avis de mise en recouvrement émis par un receveur des impôts pour obtenir paiement d'une créance domaniale est un titre exécutoire au sens de l'article L. 111-3, 6° du Code des procédures civiles d'exécution (L. n° 91-650, 9 juill. 1991, art. 3, 6°, ancien) et permet dès lors d'inscrire une hypothèque judiciaire provisoire (*Bull. AMC* 1993, art. 1582).

4485 **État de frais d'un avocat.** L'état de frais d'un avocat qui a fait l'objet d'une réquisition de taxe et est revêtu d'une mention de vérification par le greffier de la juridiction ne permet pas l'inscription d'une hypothèque judiciaire ordinaire, ce titre ne constituant pas un jugement. Mais une inscription d'hypothèque judiciaire provisoire peut être requise dès lors que la mention portée par le greffier de la juridiction indique que l'état n'a pas été contesté dans les délais et que cette mention vaut titre exécutoire (CPC, art. 707. – *Bull. AMC* 2006, art. 1888).

2) Documents divers n'ayant pas la force exécutoire

4486 **Décision judiciaire n'ayant pas encore force exécutoire.** Le service chargé de la publicité foncière n'a pas à se préoccuper de la régularité de la décision judiciaire n'ayant pas encore force exécutoire qui serait produite en vertu de l'article L. 511-2 du Code des procédures civiles d'exécution (V. *Bull. AMC* 1997, art. 1755 et n° 39).

4487 **Jugement rendu par un tribunal étranger.** Si le jugement n'a pas reçu l'*exequatur* (lorsqu'il est nécessaire), il doit en principe être regardé comme une décision de justice qui n'a pas encore force exécutoire. Cependant s'il est « reconnu » en France en vertu d'une convention internationale sans qu'il soit nécessaire de recourir à l'*exequatur*, bien que cette reconnaissance n'emporte pas la force exécutoire, elle suffira au service chargé de la publicité foncière pour publier l'inscription provisoire (*Bull. AMC* 1997, art. 1755).

4488 **Lettre de change impayée.** L'acceptation de la lettre de change est mentionnée sur la lettre de change et la simple signature du tiré au recto de la lettre de change vaut acceptation (C. com., art. L. 511-17).

Si la lettre de change prévoit une clause de « retour sans frais », « sans protêt » ou toute autre clause équivalente qui dispense le porteur de la formalité du « protêt » (certificat de non-paiement) pour exercer son recours (C. com., art. L. 511-43), cet effet est le seul document susceptible d'être présenté au responsable du service de la publicité foncière, qui peut dès lors l'accepter à l'exclusion de tout autre document.

En revanche, en l'absence d'une telle clause, le certificat de non-paiement (protêt) qui établit le défaut de paiement doit être présenté avec la lettre de change au service chargé de la publicité foncière pour justifier le défaut de paiement (Instr. 7 janv. 1994 : *BOI* 10 D-1-94).

4489 **Billet à ordre impayé.** Les dispositions de l'article L. 511-43 du Code de commerce étant rendues applicables aux billets à ordre par l'article L. 512-3 du même code, la règle à suivre pour ces billets est la même que pour les lettres de change acceptées (*Bull. AMC* 1997, art. 1755. – *BOI* 10 D-1-94).

4490 **Défaut de paiement d'un chèque.** Pour justifier le défaut de paiement, le déposant doit produire, comme l'a rappelé l'association des conservateurs (*Bull. AMC* 1997, art. 1755. – V. aussi Instr. 7 janv. 1994 : *BOI* 10 D-1-94) :

– soit le protêt établissant le non-paiement du chèque (C. monét. fin., art. L. 131-47) ;

– soit l'attestation de défaut de paiement délivrée au bénéficiaire par le banquier (C. monét. fin., art. L. 131-73, al. 3).

4491 **Loyer impayé, résultant d'un contrat écrit de louage d'immeubles.** L'article L. 511-2

du Code des procédures civiles d'exécution dispose qu'une autorisation préalable du juge n'est pas nécessaire dans le cas de loyer impayé, résultant d'un contrat écrit de louage d'immeubles. Compte tenu de la généralité des termes de ce texte, tous les types de baux sont visés. Il suffit que le contrat de louage porte sur un immeuble et qu'il soit écrit. Peu importe qu'il soit sous seing privé authentique, enregistré ou non (Instr. 7 janv. 1994 : *BOI* 10 D-1-94).
Lorsque le bail écrit est un acte sous seing privé, le service chargé de la publicité foncière exigera la présentation du bail, accompagné de l'acte d'huissier (devenu commissaire de justice) constatant le non-paiement du loyer (*Bull. AMC* 1997, art. 1755 et Instr. 10 févr. 1993 préc.).
L'acte de commissaire de justice pourra, s'il s'agit d'un bail rural, être remplacé par la mise en demeure prévue à l'article L. 411-31, 1° du Code rural et de la pêche maritime ainsi qu'à l'article R. 411-10 du même code, faite par lettre recommandée avec demande d'avis de réception.
Si le bail est un acte authentique et qu'il est revêtu de la formule exécutoire, il entre dans le domaine d'application de la première phrase de l'article L. 511-2 du Code des procédures civiles d'exécution, qui exige seulement pour la réquisition d'inscription provisoire, la présentation du titre exécutoire (*Bull. AMC* 1997, art. 1755).
À la différence du cas où le bail est sous signature privée, l'hypothèque pourra alors garantir non seulement les loyers impayés, mais également toutes les dettes trouvant leur source dans le contrat de location (M. Dagot, *Les sûretés judiciaires provisoires*, Litec, 1994, n° 271 bis).
V. sur le sujet, J. Lafond, *L'hypothèque judiciaire conservatoire au secours du bailleur (avec formules) : Loyers et copr.* avr. 2022, étude 6.

D Procédure consécutive à l'inscription provisoire

4492 Signification au débiteur. Dans tous les cas, lorsque l'inscription a été prise, il y a lieu d'en informer le débiteur, par acte d'huissier de justice, dans les **huit jours** qui suivent le dépôt des bordereaux au service de la publicité foncière, à peine de caducité de l'inscription (CPC ex., art. R. 532-5, al. 1er).
Ainsi, dans le cas d'une inscription provisoire d'hypothèque déposée le 10 mars, le débiteur devra être informé le 18 mars à 24 heures au plus tard. La publicité définitive ne pourra intervenir avant le 19 avril et, si l'inscription provisoire n'a pas été contestée, elle devra intervenir au plus tard le 18 juin.

L'acte d'huissier contient à peine de nullité (CPC ex., art. R. 532-5, al. 2) :
1° une copie de l'ordonnance du juge ou du titre en vertu duquel la sûreté a été prise. Toutefois, s'il s'agit d'une obligation notariée ou d'une créance de l'État, des collectivités territoriales ou de leurs établissements publics, il n'est fait mention que de la date, de la nature du titre et du montant de la dette ;
2° l'indication, en caractères très apparents, que le débiteur peut demander la mainlevée de la sûreté comme il est dit à l'article R. 512-1 ;
3° la reproduction des articles R. 511-1 à R. 512-3 et R. 532-6 et R. 532-6 du Code des procédures civiles d'exécution.
Il doit comporter en outre une copie des bordereaux d'inscription (Cass. 2e civ., 2 févr. 2012, n° 11-12.308 : *JurisData* n° 2012-001477 ; *Bull. civ.* 2012, II, n° 21), ou à tout le moins le lieu, l'indication de la date, du volume et du numéro de l'inscription prise.

4493 Inscription prise au préjudice d'un tiers. Selon l'article R. 511-8 du Code des procédures civiles d'exécution, lorsque la mesure a été pratiquée entre les mains d'un tiers, le créancier doit signifier à ce dernier la copie des actes attestant des diligences requises par l'article R. 511-7 précité.
Il a été précisé à ce sujet que le service chargé de la publicité foncière ne pouvait être qualifié de tiers au sens de l'article R. 511-8 du code précité (Cass., avis, 1er mars 1994 : *Bull. AMC* 1994, art. 1641. – *Bull. AMC* 1997, art. 1755. – Instr. 10 févr. 1993). Les actes d'huissiers qu'il reçoit à ce titre doivent être classés sans suite (*Bull. AMC* 1993, art. 1558).
Pour la suite de la procédure, il y a lieu de distinguer selon que l'hypothèque a été prise ou non en vertu d'un titre exécutoire.

1 Hypothèque prise en vertu d'un titre exécutoire

4494 Ouverture d'un délai d'un mois. Lorsque l'hypothèque judiciaire provisoire est prise en vertu d'un titre exécutoire (V. nos 4449 à 4463), le créancier n'a pas à obtenir d'autorisation judiciaire préalable, ou à saisir le tribunal une fois l'inscription prise.
Il doit simplement procéder à la signification au débiteur prévue par l'article R. 532-5 (V. n° 4492).
Cette signification fait courir un **délai d'un mois** pendant lequel le créancier ne peut prendre d'inscription d'hypothèque définitive (CPC ex., art. R. 532-6) et que le débiteur peut mettre à profit pour contester la validité de l'inscription.

4495 **Inscription définitive.** L'hypothèque définitive devra être inscrite dans un **délai de deux mois**. Ce délai de deux mois diffère selon que le débiteur forme ou non une demande de mainlevée de l'inscription. Cette demande de mainlevée peut être effectuée à tout moment si les conditions prévues aux articles R. 511-1 à R. 511-8 ne sont pas réunies, ce qu'il incombe au créancier de prouver en cas de contestation (CPC ex., art. R. 512-1) et jusqu'à la publicité définitive CPC ex., art. R. 532-6).

– si la mainlevée n'est pas demandée, le délai de deux mois court du jour de l'expiration du délai d'un mois visé à l'article R. 532-6 du Code des procédures civiles d'exécution (V. n° 4494) ;

– si une demande de mainlevée a été formée, le délai de deux mois court du jour de la décision rejetant cette contestation « sauf dans le cas où le titre n'était exécutoire qu'à titre provisoire » : le délai court alors le jour où le titre constatant les droits du créancier passé en force de chose jugée (CPC ex., art. R. 534-4, 2°).

Exemple récapitulatif :

Dans le cas d'une inscription provisoire d'hypothèque déposée le 10 mars, le débiteur devra être informé le 18 mars à 24 heures au plus tard. La publicité définitive ne pourra intervenir avant le 19 avril et, si l'inscription provisoire n'a pas été contestée, elle devra intervenir au plus tard le 18 juin.

2 Hypothèque prise sans titre exécutoire

4496 **Procédure d'obtention d'un titre exécutoire.** Lorsqu'une inscription a été prise sans titre exécutoire, il faut introduire une procédure ou accomplir les formalités nécessaires à l'obtention d'un titre exécutoire **dans le mois** qui suit l'inscription provisoire. À défaut, l'inscription devient caduque (CPC ex., art. L. 511-4 et R. 511-7, al. 1er). Exceptionnellement, ce délai ne court pas à compter du jour de l'inscription :

– en cas de rejet d'une requête en injonction de payer présentée dans le délai d'un mois suivant l'inscription lorsque cette requête est rejetée. Le délai d'un mois part alors de la date de l'ordonnance de rejet (CPC ex., art. R. 511-7, al. 2) ;

–dans le cas d'application de l'article 2320 du Code civil. Le délai d'un mois court alors à compter du paiement du créancier par la caution (CPC ex., art. R. 511-7, al. 3).

4497 **Inscription d'hypothèque définitive.** L'inscription d'hypothèque définitive peut être prise dans un délai de deux mois qui court selon le cas :

– du jour où le titre constatant les droits du créancier est passé en force de chose jugée (CPC ex., art. R. 533-4, 1°) ;

– si le caractère exécutoire du titre est subordonné à une procédure d'*exequatur*, du jour où la décision qui l'accorde est passée en force de chose jugée (CPC ex., art. R. 533-4, 3°).

Il appartient au créancier de « présenter tout document attestant que les conditions prévues ci-dessus sont remplies » (CPC ex., art. R. 533-4, *in fine*).

E Effets de l'inscription provisoire

4498 **Durée de validité.** L'inscription provisoire conserve la sûreté pendant trois ans (CPC ex., art. 532-7) à condition d'être confirmée par une publicité définitive dans les délais prévus par l'article R. 533-4 du Code des procédures civiles d'exécution (V. nos 4495 et 4497).

Lorsqu'il y a eu engagement d'une procédure de rejet ayant abouti à une régularisation, le point de savoir si le délai de validité de l'hypothèque court à compter du dépôt initial ou s'il a pour point de départ la date de la reprise pour ordre n'est pas tranché. Il a été conseillé aux services chargés de la publicité foncière de partir de la date la plus récente pour déterminer s'il y a ou non péremption (*Bull. AMC* 1987, art. 1357).

> **ATTENTION L'inscription d'hypothèque judiciaire provisoire ne produit effet que pendant trois ans et doit être éventuellement renouvelée.**

4499 **Renouvellement.** L'inscription peut être renouvelée dans la même forme et pour la même durée (une ou plusieurs fois) (CPC ex., art. R. 532-7).

Le renouvellement est opéré dans les conditions de droit commun (V. **Renouvellement (inscriptions)**). – *Bull. AMC* 1997, art. 1755. – Instr. 10 févr. 1993). Aucune autorisation judiciaire n'est nécessaire pour procéder à ce renouvellement (*Bull . AMC* 1963, art. 553).

Il résulte de la combinaison des articles R. 511-7, alinéa 1er, R. 532-7, alinéa 1er et R. 533-4, 1° du Code des procédures civiles d'exécution que le créancier qui a obtenu l'autorisation de prendre une inscription d'hypothèque judiciaire provisoire peut la renouveler tant qu'il n'a pas été statué par une décision passée en force de chose jugée sur l'action qu'il a engagée en application de l'article R. 511-7 du code précité. Le nombre de renouvellements n'est pas limité et ces renouvellements n'ont pas à être dénoncés au débiteur (Cass. 2e civ., 2 févr. 2023, n° 21-16.440 : *Defrénois* 2023, n° 37, p. 41, note M. Grimaldi).

Si une inscription est prise le 6 août 1981 et qu'elle est renouvelée le 27 juillet 1984, la péremption de l'inscription renouvelée est acquise le 27 juillet 1987 et non pas le 6 août 1987, date théorique à laquelle les effets de l'inscription renouvelée devraient cesser (CA Bastia, 27 févr. 1992 : *JurisData* n° 1992-044580 ; *JCP* N 1992, II, p. 342, note P. Frémont ; *Bull. AMC* 1994, art. 1645).

4500 **Disponibilité de l'immeuble.** L'inscription provisoire n'entraîne pas d'indisponibilité de l'immeuble grevé (CPC ex., art. L. 531-2).

> ATTENTION **Le créancier qui bénéficie d'une inscription d'hypothèque judiciaire provisoire jouit des mêmes droits que ceux bénéficiant aux créanciers inscrits en vertu d'une hypothèque légale ou conventionnelle. Une particularité cependant : en cas de vente de l'immeuble grevé, la part qui revient à ce créancier dans la distribution du prix est consignée. Cette part lui sera remise s'il justifie de l'accomplissement d'une inscription d'hypothèque définitive dans le délai légal. À défaut, cette part du prix sera remise aux créanciers en ordre de la recevoir, ou le cas échéant au débiteur (CPC ex., art. R. 532-8, al. 1er et 2 et CPC ex., art. R. 533-6, al. 5).**

F Radiation de l'inscription provisoire

4501 En application des dispositions des articles L. 512-1, R. 512-1 à R. 512-3 et R. 532-6 du Code des procédures civiles, le juge de l'exécution peut être amené à donner mainlevée de la publicité initiale.

1 Cas où la radiation peut intervenir

4502 **Énumération.** Le Code des procédures civiles d'exécution prévoit divers cas où la mainlevée de l'inscription d'hypothèque provisoire peut être sollicitée :

– si les conditions prescrites aux articles R. 511-1 à R. 511-8 du Code des procédures civiles d'exécution ne sont pas réunies, la mainlevée de la mesure peut être ordonnée à tout moment (CPC ex., art. R. 512-1). Ainsi, par exemple, si la créance ne paraît pas « fondée en son principe » ou que son recouvrement n'est pas en péril (CPC ex., art. L. 512-1 et R. 512-1) ; si l'autorisation a été donnée par un magistrat incompétent (CPC ex., art. R. 511-2) ou si l'ordonnance ne comporte pas les mentions requises concernant les sommes garanties et les immeubles grevés (CPC ex., art. R. 511-4), lorsque le juge s'est réservé de réexaminer sa décision (CPC ex., art. R. 511-5) ; si l'inscription n'a pas été prise dans les trois mois à compter de l'ordonnance (CPC ex., art. R. 511-6) ou si le créancier qui ne dispose pas d'un titre exécutoire n'a pas assigné dans le mois suivant la prise d'inscription (CPC ex., art. R. 511-7) ;

– lorsque le créancier est déjà titulaire d'un titre exécutoire, la mainlevée de la publicité provisoire peut être demandée jusqu'à la publicité définitive (CPC ex., art. R. 532-6), mais pas au-delà (Cass. 2e civ., 25 juin 2015, n° 14-18.924 : *JurisData* n° 2015-015385) ;

– lorsque la valeur des biens grevés est manifestement supérieure au montant des sommes garanties et que le juge limite les effets de l'inscription (CPC ex., art. R. 532-9) ;

– dans le cas prévu à l'article R. 533-6 du Code des procédures civiles d'exécution (V. n° 4505).

2 Juridiction compétente

4503 Il convient de distinguer deux cas (Instr. 10 févr. 1993, préc.).

4504 **Contestation portant sur les conditions de validité de la mesure conservatoire.** Lorsque la contestation du débiteur porte sur les conditions de validité de la mesure conservatoire prévue par les articles R. 511-1 à R. 511-8 du Code des procédures civiles d'exécution, le juge compétent pour donner mainlevée est celui qui a autorisé la mesure : le juge de l'exécution ou le président du tribunal de commerce (CPC ex., art. R. 512-2). Lorsque l'hypothèque conservatoire a été constituée sans autorisation préalable du juge, la mainlevée peut être ordonnée soit par le juge de l'exécution du lieu où demeure le débiteur, soit lorsque la mesure est fondée sur une créance commerciale et, avant tout procès, par le président du tribunal de commerce de ce même lieu (CPC ex., art. R. 512-2).

4505 **Autres contestations.** Les autres contestations, notamment celles relatives à l'exécution de la mesure conservatoire (CPC ex., art. R. 532-6, R. 232-9 et R. 533-6) sont portées devant le juge de l'exécution du lieu où sont situés les biens grevés de l'hypothèque (CPC ex., art. R. 512-3).

Néanmoins, l'article R. 533-6 du Code des procédures civiles d'exécution apporte une précision : en cas d'extinction de l'instance introduite par le créancier ou si la demande est rejetée, le juge saisi au fond est compétent pour ordonner la

radiation. À défaut, elle est ordonnée par le juge de l'exécution.
Il a été jugé que le juge de l'exécution, saisi d'une demande de mainlevée d'hypothèque judiciaire provisoire sur les immeubles appartenant à des sociétés, a compétence pour se prononcer sur le caractère prétendument fictif de ces sociétés et peut refuser d'ordonner la mainlevée (Cass. 3e civ., 22 oct. 2020, n° 19-16.347, F+P+B+I : *JurisData* n° 2020-016680).

3 Exécution de la radiation

4506 Principes généraux. À défaut d'accord du créancier donné dans un acte authentique, la radiation d'une inscription provisoire ne peut être ordonnée que par l'autorité judiciaire. Il en va ainsi dans les cas visés aux articles L. 512-1 et R. 512-1, R. 532-6, R. 532-9 et R. 533-6 du Code des procédures civiles d'exécution.
Le *Bulletin de l'association des conservateurs* donne à ce propos les directives suivantes (*Bull. AMC* 1997, art. 1755) :
– en dehors du cas prévu par l'article R. 533-6 du Code des procédures civiles d'exécution (V. n° 4505), la radiation de l'inscription provisoire est opérée sur présentation de la décision judiciaire sans qu'il soit besoin que celle-ci soit passée en force de chose jugée ;
– le service chargé de la publicité foncière requis d'assurer l'exécution d'une telle mainlevée doit radier, même si la décision juridictionnelle qui lui est présentée n'est ni rendue en dernier ressort, ni passée en force de chose jugée pourvu qu'il soit justifié de son caractère exécutoire (CPC, art. 504 et 506).
Ainsi la radiation d'une inscription judiciaire provisoire ordonnée par un juge-commissaire à la liquidation judiciaire d'une entreprise peut intervenir sur le simple vu d'un certificat de non-appel établi par l'avocat du créancier (*Bull. AMC* 1993, art. 1600).
En effet, la constitution et la publication des sûretés judiciaires immobilières sont réglementées par les textes relatifs aux mesures conservatoires et non par les dispositions du Code civil propres aux privilèges et aux hypothèques. L'article 2157 (devenu C. civ., art. 2440) est donc étranger à l'institution des inscriptions provisoires. C'est en ce sens que la Cour de cassation s'est prononcée le 21 novembre 1978 sous l'empire des articles 54 et 55, abrogés de l'ancien Code de procédure civile (V. *Bull. AMC* 1978, art. 1134). On peut préjuger que, par identité de motifs, il ne pourra qu'être statué dans le même sens sous le régime actuel si la question vient à nouveau à être débattue devant les tribunaux.
En définitive, sauf dans chacune des deux situations prévues par l'article R. 533-6 du Code des procédures civiles d'exécution, la radiation doit être opérée dès que les « conditions générales de l'exécution » fixées aux articles 502 et suivants du Code de procédure civile sont réunies.
Il en est ainsi quelle que soit la formation qui a enjoint de radier.
Dans tous les cas, il importe que la décision produite comporte injonction de radier, et désignation de l'inscription dont la radiation est requise (*Bull. AMC* 1996, art. 1740).

4507 Cas où la radiation peut être immédiate. La radiation pourra donc être immédiate dans les cas suivants (*Bull. AMC* 1997, art. 1755) :
– décision du juge de l'exécution : l'article R. 121-21 du Code des procédures civiles d'exécution prive de tout effet suspensif l'appel (et le délai d'appel) des décisions du juge de l'exécution. En conséquence la décision du juge de l'exécution, bien que susceptible d'un recours, mais d'un recours non suspensif, doit en application de l'article 504 du Code de procédure civile faire l'objet d'une exécution immédiate sans qu'il soit besoin que l'exécution provisoire soit ordonnée (*Bull. AMC* 1997, art. 1751) ;
– décision du président du tribunal de commerce : elle pourra être exécutée immédiatement lorsque l'exécution provisoire est accordée ;
– décisions d'une autre juridiction : elle pourra être immédiatement exécutée si elle est assortie de l'exécution provisoire ou non susceptible d'un recours suspensif (par ex., l'arrêt contradictoire d'une cour d'appel, ou une décision exécutoire sur minute).

4508 Cas particulier prévu par l'article R. 533-6 du Code des procédures civiles d'exécution. L'article R. 533-6 du Code des procédures civiles d'exécution vise le cas de caducité de l'inscription provisoire.
Ces situations sont celles où la radiation est motivée :
– soit par le défaut de confirmation de la publicité provisoire dans le délai de deux mois (CPC ex., art. R. 533-6, al. 1er) : la radiation peut alors être demandée au juge de l'exécution ;
– soit par l'échec ou l'extinction de l'instance en obtention d'un titre exécutoire que doit engager tout créancier qui, sans posséder un tel titre, a pris une inscription provisoire d'hypothèque (CPC ex., art. L. 511-4 et R. 511-7, préc.). La radiation est alors demandée au juge saisi du fond. À défaut elle est ordonnée par le juge de l'exécution.
L'alinéa 3 de l'article R. 533-6 du code précité dispose que « la radiation est effectuée sur présentation de la décision passée en force de chose jugée ». Et l'alinéa 4 ajoute que « les frais sont supportés par le créancier ».

G Inscription définitive

1 Nécessité

4509 Selon l'article R. 533-1 du Code des procédures civiles d'exécution, la publicité provisoire doit être confirmée par une publicité définitive. Selon l'article R. 533-2 du même code, cette publicité définitive est opérée « conformément à l'article 2428 du Code civil [devenu art. 2423 depuis la réforme des sûretés] » et donc en appliquant le droit commun des inscriptions.
À défaut de confirmation, la publicité provisoire est caduque et sa radiation peut être demandée au juge de l'exécution compétent (CPC ex., art. R. 533-6).

2 Titre à présenter

4510 Les formalités relatives à l'inscription définitive sont fixées par l'article R. 533-2 du Code des procédures civiles d'exécution.
L'inscription définitive est opérée, dit ce texte, conformément aux dispositions de l'article 2428 du Code civil, (devenu art. 2423 depuis la réforme des sûretés) savoir sur présentation par le créancier du titre exécutoire qui constate ses droits ou d'une décision judiciaire passée en force de chose jugée (ce qui signifie qu'elle n'est susceptible d'aucun recours suspensif d'exécution : CPC, art. 500, al. 1er).
Doivent être également présentés les documents visés au dernier alinéa de l'article R. 533-4 du Code des procédures civiles d'exécution. Le défaut de production des pièces précitées est sanctionné par le refus de dépôt.
Remarque : L'attention est appelée sur le fait qu'un créancier, déjà titulaire au moment de l'inscription provisoire d'un des titres exécutoires prévus à l'article L. 111-3 du Code des procédures civiles d'exécution, peut présenter ce même titre pour effectuer l'inscription définitive lorsque le débiteur n'a pas contesté le bien-fondé de l'inscription provisoire dans le cadre de la signification visée n° 4494.

4511 **Jugement en premier ressort assorti de l'exécution provisoire.** Un jugement assorti de l'exécution provisoire rendu en premier ressort et frappé d'appel ne peut permettre l'inscription de l'hypothèque définitive puisqu'il n'est pas passé en force de chose jugée (V. Cass. 2e civ., 24 juin 1998 : *Bull. AMC* 2001, art. 1834. – Cass. 3e civ., 15 mai 1974 : *D.* 1975, p. 147, note E. Frank. – Cass. 3e civ., 4 janv. 1991, n° 89-15.522 : *JurisData* n° 1991-000029 ; *Bull. civ.* 1991, III, n° 5. – Cass. com., 27 mai 1997 : *Bull. civ.* 1997, IV, n° 158). Une inscription d'hypothèque judiciaire peut être prise en vertu d'un tel jugement mais elle n'aura pas d'effet rétroactif (*Bull. AMC* 1996, art. 1732).

4512 **Jugement frappé d'appel : caducité de l'appel.** L'inscription définitive peut être prise au vu d'une expédition d'un jugement du tribunal judiciaire, de la signification de ce jugement, et de la copie de l'ordonnance sur requête du premier président de la cour d'appel constatant la caducité de l'appel formé par le défendeur (*Bull. AMC* 1998, art. 1775).

4513 **Ordonnance de référé.** Si une ordonnance de référé emporte condamnation du débiteur et s'il est produit un certificat de non-appel, l'association des conservateurs a préconisé de ne pas contredire le requérant lorsqu'il prétend que cette ordonnance a acquis force de chose jugée (*Bull. AMC* 2000, art. 1816).

4514 **État des créances.** L'état des créances admises établi par le juge-commissaire, accompagné de pièces justificatives attestant qu'il est passé en force de chose jugée, ne constitue pas par lui-même un titre exécutoire et ne peut en conséquence permettre de procéder à une inscription définitive (*Bull. AMC* 2004, art. 1862).
Cependant si le créancier produit, au soutien de sa demande de publication définitive, la décision du juge commissaire ayant admis ses créances à titre définitif, il justifie d'un titre générateur de sa sûreté qui lui permet de consolider son inscription d'hypothèque judiciaire provisoire publiée antérieurement à l'ouverture de la procédure collective (Cass. 3e civ., 10 nov. 2021, n° 20-16.227 : *RJDA* mars 2022, n° 171 et la note).

4515 **Rôles et avis de mises en recouvrement.** Les rôles rendus exécutoires et les avis de mise en recouvrement peuvent remplacer le titre passé en force de chose jugée qui constate les droits du créancier et permettre l'inscription de l'hypothèque judiciaire définitive (*Bull. AMC* 1998, art. 1776).

3 Délais de la prise d'inscription

4516 **Mode de calcul.** Pour éviter l'incertitude qui pèse sur le devenir d'une inscription provisoire, la publicité définitive doit être effectuée dans l'un des délais fixés « selon le cas » au premier alinéa de l'article R. 533-4 du Code des procédures civiles d'exécution. L'association des conservateurs a donné à ce propos les indications suivantes (*Bull. AMC* 1997, art. 1755) :
– le délai imparti pour procéder à la publicité définitive est fixé uniformément à deux mois, et en

application de l'article 642-1 du Code de procédure civile, sa computation doit être opérée de la façon prévue aux articles 640 à 642 du même code (sur ces textes, V. n° 4477) ;
– l'événement qui en arrête le cours se situe le jour du dépôt des bordereaux au service de la publicité foncière ;
– par suite, le point de savoir si l'inscription requise est ou non tardive dépend uniquement de la date à partir de laquelle ce délai a commencé à courir (V. n° 4517).

4 Justifications de l'absence de dépassement du délai

4517 Selon l'article R. 533-4 du Code des procédures civiles d'exécution, le délai de deux mois (V. n°s 4495 et 4497) court selon le cas :

> « 1° Du jour où le titre constatant les droits du créancier est passé en force de chose jugée ;
> 2° Si la procédure a été mise en œuvre avec un titre exécutoire, du jour de l'expiration du délai d'un mois visé à l'article R. 532-6 ou, si une demande de mainlevée a été formée, du jour de la décision rejetant cette contestation ; toutefois si le titre n'était exécutoire qu'à titre provisoire, le délai court comme il est dit au 1° ;
> 3° Si le caractère exécutoire du titre est subordonné à une procédure d'exequatur, du jour où la décision qui l'accorde est passée en force de chose jugée ».

Ce même texte fait obligation au créancier de présenter « tout document attestant que les conditions ci-dessus sont remplies » et donc que le délai imparti n'est pas dépassé (CPC ex., art. R. 533-4, dernier al. – V., pour plus de détails, *JCl. Procédures Formulaire*, V° Hypothèque, Fasc. 10).
Il y a donc lieu tout d'abord de préciser en quoi consiste ce document (*a*), puis d'exposer l'incidence que l'obligation de l'établir et de le présenter exerce sur le rôle du service (*b*).

a) Document attestant que la condition de délai est remplie

4518 Le point de départ varie en fonction des situations visées aux 1°, 2° et 3° du premier alinéa de l'article R. 533-4 du Code des procédures civiles d'exécution (*Bull. AMC* 1997, art. 1755).
Il est soit le jour où une décision juridictionnelle est passée en force de chose jugée (*1*), soit celui où un délai d'attente a expiré (*2*), soit encore celui où une demande de mainlevée a été rejetée par le juge (*3*).

1) Acquisition de la force de chose jugée par une décision juridictionnelle

4519 Le jour où s'opère l'acquisition de la force de chose jugée est retenu comme point de départ dans les trois situations visées par :
– l'article R. 533-4, 1° du Code des procédures civiles d'exécution : l'inscription provisoire a été prise au vu de l'autorisation d'un juge et, comme il est prescrit à l'article R. 511-7 du même code, le créancier, doit alors, à peine de caducité, « introduire une procédure ou accomplir les formalités nécessaires à l'obtention du titre exécutoire » dans le mois qui a suivi l'inscription ;
– l'article R. 533-4, 2° du code précité : le créancier a inscrit la sûreté conservatoire avec un titre qui n'était exécutoire qu'à titre provisoire ;
– l'article R. 533-4, 3° du code précité : la publicité provisoire a été effectuée en vertu d'un titre établi à l'étranger mais susceptible d'être rendu exécutoire en France par une décision d'*exequatur*.
Dans toutes ces situations, un jugement est rendu : soit lorsqu'il y a eu l'autorisation d'un juge pour former le titre donnant naissance à l'hypothèque ; soit à défaut d'une telle autorisation, pour valider le titre ayant permis d'inscrire la sûreté conservatoire.
Dans chacun de ces cas, c'est du jour où ce jugement passe en force de chose jugée que le délai de deux mois imparti pour opérer la publicité définitive commence à courir.

4520 **Jugement en premier ressort.** Dans le cas d'un jugement en premier ressort, le délai de deux mois commence donc à courir à l'expiration du délai de recours, c'est-à-dire un mois après sa notification. Le « document attestant… » sera donc, le plus souvent, constitué de l'expédition du jugement, de la notification au débiteur et d'un certificat de non-appel.

4521 **Jugement signifié à des dates différentes.** Si un jugement de première instance est signifié à des dates différentes, en raison de la pluralité de défendeurs, le délai court à compter de la dernière en date des significations (*Bull. AMC* 2006-2007, art. 1898). Il a été recommandé aux services chargés de la publicité foncière de ne pas se faire juges de la date à laquelle le jugement est devenu définitif lorsqu'il y a matière à controverse aux discussions. Il appartiendra aux intéressés de faire trancher la difficulté par le juge (*Bull. AMC*, préc.).

4522 **Jugement rendu en dernier ressort.** Dans le cas d'un jugement contradictoire rendu en dernier ressort (par ex., un arrêt de cour d'appel), qui a force de chose jugée en application de l'article 500 du Code de procédure civile, le point de départ du délai est le jour de la décision (Cass. 2e civ., 12 oct. 2006, n° 05-10.511 : *JurisData* n° 2006-035316 ; *Bull. civ.* 2006, II, n° 271 ; *Gaz. Pal.* 2007, 1, somm. jurispr. p. 3436, obs. Cl. Brenner).

4523 **Accord amiable du débiteur ou acquiescement.** Il est nécessaire que l'inscription définitive soit prise en vertu d'une décision au fond, pour pouvoir être substituée à l'inscription provisoire. L'accord amiable du débiteur ne suffit pas, sauf s'il prend la forme d'un acquiescement à l'action et si cet acquiescement est constaté par une décision judiciaire susceptible de passer en force de chose jugée (V. Doc. adm. DGI, série 10 PF – G-12).

Il en est ainsi, que la décision constatant l'acquiescement soit rendue avant ou après l'expiration du délai imparti au créancier pour introduire son action au fond. Mais, bien entendu, si la demande au fond était introduite hors délai, la substitution rétroactive serait impossible, l'inscription provisoire étant nulle (Comp. H. Bulté : *JCP* N 1961, IV, 3183, pour le cas d'un débiteur reconnaissant sa dette et réitérant amiablement l'inscription).

2) Expiration d'un délai d'attente

4524 Ce délai d'attente est celui fixé à l'article R. 533-6 du Code des procédures civiles d'exécution qui dispose que : « Lorsque le créancier est déjà titulaire d'un titre exécutoire, la mainlevée de la publicité provisoire peut être demandée jusqu'à la publicité définitive laquelle ne peut intervenir moins d'un mois après la signification de l'acte prévu à l'article R. 532-5 ».

Cet acte est un acte d'huissier ; il est destiné à informer le débiteur qu'une inscription a été prise contre lui (et doit, à peine de caducité, être signifié huit jours au plus tard après le dépôt des bordereaux d'inscription).

Dans cette situation, et dès lors que la publicité provisoire n'a pas été attaquée par le débiteur, c'est l'expiration du délai minimal déjà cité qui marque le point de départ du délai maximum de deux mois imparti au créancier pour pratiquer la publicité définitive (CPC ex., art. R. 533-4, 2°).

Le « document attestant… » est alors habituellement constitué par le double original ou une copie de l'acte d'huissier délivré en application de l'article R. 532-5 du Code des procédures civiles d'exécution, et indiquant soit dans le corps de l'acte, soit dans une annexe, la date de sa signification à la personne du débiteur, ou, à défaut, à son domicile, à sa résidence ou au parquet.

Si elle est requise plus de trois mois (1+2) après cette date, l'inscription appelée à se substituer à la sûreté conservatoire est tardive. Elle encourt donc le refus.

En revanche, le service chargé de la publicité foncière ne paraît pas tenu de s'assurer de l'absence de contestation de l'inscription par le débiteur dès lors que cette contestation peut être élevée devant le juge de l'exécution jusqu'au jour de l'inscription définitive.

Mais il y a lieu de refuser le dépôt ou de rejeter la formalité lorsque les documents remis révèlent qu'une action en radiation a été engagée et qu'il est ainsi établi que l'inscription requise est prématurée.

3) Rejet d'une demande en justice

4525 Selon l'association des conservateurs, ce rejet est celui de la demande de mainlevée formée par le propriétaire grevé contre une inscription provisoire prise par un créancier s'étant prévalu d'un titre exécutoire.

Si une telle action a été vainement exercée, le délai de deux mois court « du jour de la décision rejetant cette contestation » (CPC ex., art. R. 533-4, 2°) et donc de la date du prononcé de cette décision (CPC, art. 453. – *Bull. AMC* 1997, art. 1755).

Dans une espèce où le juge de l'exécution ayant rejeté la demande de mainlevée a omis d'indiquer la date à laquelle son ordonnance serait rendue, la cour d'appel de Paris, dans un arrêt du 19 décembre 1997, a fixé le point de départ du délai à la date de notification de l'ordonnance par le greffier (*Bull. AMC* 1998, art. 1777).

b) Rôle du service chargé de la publicité foncière

4526 Le fait qu'à la présentation de l'acte ou du jugement donnant naissance à l'hypothèque définitive s'ajoute celle du « document attestant… » complique le rôle habituellement tenu par le service chargé de la publicité foncière :

– le document attestant que la condition de délai est accomplie doit d'abord être lu, puis renvoyé au déposant ;
– si ce document ne lui a pas été présenté, le service est tenu de refuser le dépôt des bordereaux d'inscription ;
– il a la possibilité de faire de même lorsque ledit document n'a pas la valeur démonstrative voulue par les auteurs du texte qui l'a institué.

4527 **Refus du dépôt des bordereaux en cas de non-présentation du « document attestant… ».**

Le caractère impératif de l'obligation de présenter au service chargé de la publicité foncière le justificatif prévu par l'article R. 533-4 du Code des procédures civiles d'exécution ne saurait être contesté. La méconnaissance de cette obligation, c'est-à-dire l'absence du document, est une contravention dont la constatation est immédiate et ne laisse place à aucune hésitation.
En l'absence de justificatif, le service doit donc refuser le dépôt des bordereaux et se fonder, pour justifier sa décision, sur les dispositions combinées des articles 2446 (ancien art. 2452) du Code civil et R. 533-4 du code précité (*Bull. AMC* 1997, art. 1755. – V. en ce sens : CA Paris, 14e ch. B, 19 déc. 1997 : *Bull. AMC* 1998, art. 1777).

5 Contenu des bordereaux

4528 L'inscription définitive est prise sur le dépôt de deux bordereaux d'inscription dont le contenu est conforme aux prescriptions de l'article 2423 (ancien art. 2428) du Code civil (Instr. 10 févr. 1993).

6 Incidents

4529 Inscription d'hypothèque provisoire radiée. Si l'inscription d'hypothèque judiciaire provisoire a été radiée au moment de l'inscription d'hypothèque définitive, le service ne peut pas, pour ce motif, opposer un refus de dépôt (*Bull. AMC* 1984-85, art. 1325).

4530 Immeuble grevé sorti du patrimoine du débiteur. Si l'immeuble grevé est sorti du patrimoine du débiteur en vertu d'un acte publié après l'inscription provisoire et avant l'hypothèque définitive, la jurisprudence *Hédreul* ne s'applique pas en l'espèce (Cass. 3e civ., 12 juin 1996 : *Bull. civ.* 1996, III, n° 145 ; *RD imm.* 1997, p. 114, obs. Ph. Delebecque et Ph. Simler ; *D.* 1997, somm. p. 257, obs. S. Piédelièvre ; *Bull. AMC* 1995, art. 1698 et 1997, art. 1764. – V., sur cette décision, P. Frémont, *Vers la fin de la publicité foncière des actes et inscriptions hypothécaires concernant un ancien propriétaire : JCP* N 1997, I, p. 53).
Rappelons qu'en vertu de cette jurisprudence, le service peut rejeter une formalité au motif que celui du chef duquel elle doit être accomplie n'est plus propriétaire. Dans le cas considéré, le service de la publicité foncière, qui n'a pas compétence pour rechercher si une inscription est ou non efficace, ne peut opposer un refus de dépôt (*Bull. AMC* 2001, art. 1840).
De même il importe peu que l'immeuble grevé ait été aliéné puis réuni à une autre parcelle sous un nouveau numéro cadastral et que ces changements ne soient pas mentionnés dans le bordereau de l'inscription d'hypothèque définitive. En raison de l'effet rétroactif de l'inscription d'hypothèque définitive, il suffit en effet de désigner l'immeuble grevé à l'aide des éléments d'identification qui le caractérisaient à la date de l'inscription d'hypothèque judiciaire provisoire (*Bull. AMC* 1995, art. 1689).

4531 Vente et consignation du prix. Si l'immeuble est vendu avant que la publicité définitive ait été accomplie, la part qui revient au créancier titulaire de la sûreté judiciaire dans la distribution du prix est consignée auprès de la Caisse des dépôts et consignations (CPC ex., art. R. 532-8). Lorsque cette consignation est déjà intervenue au moment où l'inscription définitive peut être prise, les formalités sont simplifiées. Le créancier doit simplement « signifier son titre (ce qui implique le recours à un acte d'huissier) à la personne chargée de la répartition du prix ». Cette signification doit être opérée « dans le délai de deux mois prévu à l'article R. 533-4 » (CPC ex., art. R. 533-5. V., sur ce cas de figure, *JCl. Notarial Formulaire*, V° Vente d'immeuble, Fasc. 422).

4532 Immeubles divisés en lots de copropriétés après l'inscription d'hypothèque provisoire. Si l'immeuble a été divisé en lots de copropriété postérieurement à l'inscription d'hypothèque provisoire, et que l'inscription d'hypothèque définitive le désigne seulement par ses références cadastrales, il n'y a pas lieu d'opposer un refus de dépôt. En raison de la rétroactivité de l'inscription d'hypothèque définitive, l'immeuble grevé peut en effet être désigné par les seuls éléments d'identification qui étaient les siens à la date de l'inscription provisoire. Lors de l'annotation du fichier, l'inscription sera cependant répertoriée à la fois sur la fiche générale et sur les fiches particulières des lots déjà créés (*Bull. AMC* 1995, art. 1664).

7 Effets de l'inscription définitive

4533 Rétroactivité. L'inscription définitive présente une singularité : lorsqu'elle est opérée dans les délais légaux (V. nos 4495 et 4497), il est dérogé à la règle énoncée au premier alinéa de l'article 2418 du Code civil selon laquelle l'hypothèque n'a rang que du jour où elle a été prise par le créancier au fichier immobilier.
En effet, l'article R. 533-1 du Code des procédures civiles d'exécution, déjà cité, dispose que la publicité définitive « donne rang à la sûreté à la date de la formalité initiale dans la limite des sommes conservées par cette dernière ». Toutefois, il a été

précisé que si la publicité définitive portait sur un montant supérieur à celui de l'inscription provisoire, il n'y avait pas lieu d'opposer le refus (*Bull. AMC* 1997, art. 1755, note 4).

4534 **Inscription tardive.** L'inscription définitive prise hors délai (V. n^os^ **4516** et **4517**) ne rétroagit pas et ne prend rang qu'à sa date.
Quant à l'inscription provisoire, elle continue d'être révélée jusqu'à l'avènement de la péremption et donc pendant trois ans, à moins qu'elle n'ait été radiée à la suite d'une mainlevée volontaire ou judiciaire (*Bull. AMC* 1994, art. 1612).

8 Radiation de l'inscription définitive

4535 Cette opération entre, dans tous les cas, dans le cadre de l'article 2435 (ancien art. 2440) du Code civil et ne peut intervenir que de la volonté du créancier ou en vertu d'une décision de justice rendue en dernier ressort ou passée en force de chose jugée (*Bull. AMC* 1997, art. 1755). Le caractère définitif de l'inscription fait obstacle à la compétence du juge de l'exécution, qui ne pourrait en ordonner la mainlevée (Cass. 2e civ., 19 oct. 2000, n° 98-22.328 : *JurisData* n° 2000-006302 ; *JCP* G 2000, IV, 2795).

II Inscription autorisée par le juge des libertés et de la détention

4536 L'article 706-103 du Code de procédure pénale, créé par la loi n° 2004-204 du 9 mars 2004, donne compétence au juge des libertés et de la détention (JLD) pour ordonner l'inscription d'une hypothèque judiciaire conservatoire sur des biens immobiliers des personnes mises en examen pour l'un des crimes ou délits visés aux articles 706-73,706-73-1 et 706-74 du code précité, afin de garantir le paiement des amendes encourues ainsi que, le cas échéant, l'indemnisation des victimes (sur la question, V. *Bull. AMC* 2007-2008, art. 1911. – A. Fournier, *La saisie pénale des immeubles, spécificité et incertitudes pour le conservateur : JCP* N 2010, n° 51-52, act. 913 ; *L'agence de gestion et de recouvrement des avoirs saisis et confisqués : JCP* N 2011, n° 13, act. 334. – P.-F. Cuif, *Saisie spéciale en matière pénale et vente des immeubles confisqués au profit de l'État : des pratiques à adapter et de nouvelles missions pour le notaire : Bull. Cridon* Paris, 15 juill. 2012, n° 13-14, p. 2).

A Inscription d'hypothèque provisoire

4537 C'est le juge des libertés et de la détention – compétent sur l'ensemble du territoire national – qui, sur requête du procureur de la République, peut ordonner aux frais avancés du Trésor, l'inscription provisoire de l'hypothèque judiciaire conservatoire.

Sont applicables les règles énoncées au Code des procédures civiles d'exécution (sur la question, V. *Bull. AMC* 2007-2008, art. 1911).

1 Contenu de l'ordonnance

4538 **Mentions.** L'intitulé de l'ordonnance doit explicitement indiquer, au visa de l'article 706-103 du Code de procédure pénale, son objet (mesure conservatoire sur un bien immobilier). Il doit en outre :
– ordonner, à la diligence du procureur de la République, l'inscription provisoire d'une hypothèque sur un immeuble désigné selon les règles de la publicité foncière (commune, références cadastrales, le cas échéant fraction d'immeuble) ;
– renvoyer aux procédures civiles d'exécution quant à la procédure et aux modalités de l'inscription ;
– évaluer en principal, intérêts et frais le montant de la créance garantie.

2 Établissement du bordereau

4539 Les règles ont été rappelées par l'association des conservateurs (*Bull. AMC* 2007-2008, art. 1911).
Il est tout d'abord précisé que dans l'hypothèse où plusieurs personnes mises en examen font l'objet d'une mesure conservatoire sur leurs biens immobiliers, il doit être déposé autant de bordereaux que de propriétaires grevés non solidaires (D. n° 55-1350, 14 oct. 1955, art. 54, I).

4540 **Mentions exigées.** S'agissant d'une hypothèque judiciaire provisoire, aucune date d'effet n'est à mentionner (sûreté conservée trois ans qui peut être renouvelée pour la même durée, CPC ex., art. R. 532-7).
L'élection de domicile est faite au parquet du procureur de la République, en vertu de l'ordonnance du JLD (ou du juge d'instruction) présentée au service de la publicité foncière.
Le créancier est l'État représenté par le procureur de la République.
Le propriétaire grevé, personne physique ou morale mis en examen, ainsi que l'immeuble grevé sont désignés selon les règles propres à la publicité foncière (D. n° 55-4, 4 janv. 1955 et D. n° 55-1350, 14 oct. 1955).
Les mentions relatives à l'effet relatif ne sont pas ici exigées, l'inscription étant prise sans le concours des personnes intéressées (exception prévue par l'article 36 du décret n° 55-1350 du 14 octobre 1955). Dans ce cas, le responsable du service de la publicité foncière, après avoir inscrit la formalité au registre des dépôts, recherche si le titre du propriétaire grevé a été publié et s'assure de la concordance entre les énonciations du bordereau déposé et celles des documents antérieurement publiés. Les éventuelles discordances sont régularisées selon la procédure habituelle prévue à l'article 34, 3 du décret n° 55-1350 du 14 octobre 1955.
L'évaluation de la créance garantie peut se révéler délicate lorsque le montant des amendes encourues et celui de l'indemnisation des victimes sont très supérieurs à la valeur de l'immeuble grevé. Afin de sauvegarder les intérêts du Trésor, l'association des conservateurs a recommandé aux magistrats, à l'occasion d'affaires dont elle a été saisie, de procéder sous leur responsabilité à un arbitrage destiné à ne pas garantir une somme qui ne serait pas réaliste au regard du produit attendu de la vente de l'immeuble : valeur augmentée d'une marge de précaution.

4541 **Certifications.** L'article 55 du décret n° 55-1350 du 14 octobre 1955 prévoit enfin trois certifications :
– certification que le montant du capital de la créance garantie figurant dans le bordereau n'est pas supérieur à celui figurant dans le titre générateur de la sûreté ;
– certification de l'identité des parties ;
– certification de la conformité entre eux des deux bordereaux datés et signés déposés pour opérer l'inscription.
Ces certifications ne peuvent être faites que par le procureur de la République ou ses substituts. En effet, d'une part seuls les magistrats du ministère public sont habilités à certifier l'identité des parties (D. n° 55-1350, 14 oct. 1955, art. 38, § 2), d'autre part, c'est le signataire du certificat d'identité qui doit aussi certifier la conformité des bordereaux.

3 Prise d'inscription

4542 **Présentation du titre.** C'est l'ordonnance du juge des libertés et de la détention qui constitue en l'espèce le titre permettant d'exécuter la mesure conservatoire. Cette autorisation est caduque si elle n'a pas été exécutée dans un délai de trois mois à compter de cette ordonnance (CPC ex., art. R. 511-6). En revanche, c'est au procureur de la République chargé de l'exécution de cette ordonnance, qu'il appartient de requérir l'inscription provisoire au service de la publicité foncière compétent.
Il est admis, d'autre part, qu'une ordonnance d'un juge d'instruction, rendue au visa de l'article 81 du Code de procédure pénale, puisse également constituer un titre, à la condition que cette ordonnance fasse référence aux procédures civiles d'exécution quant aux modalités de publicité foncière. En effet, il appartient à ce magistrat d'apprécier si l'article 81 précité autorise toute mesure utile à la sauvegarde des droits des parties et à l'exécution des sanctions encourues.

B Hypothèque définitive

4543 C'est la condamnation qui permet l'inscription définitive de la sûreté dans le délai de deux mois de la décision passée en force de chose jugée (CPC ex., art. R. 533-4). Selon les cas, l'exécution interviendra à l'initiative du procureur de la République ou du procureur général. Cette réquisition de l'inscription définitive dans le délai requis au service de la publicité foncière impose donc un suivi au niveau des juridictions pénales.

C Mainlevée

4544 L'article 706-103 du Code de procédure pénale dispose que la décision de non-lieu, la relaxe ou l'acquittement emporte de plein droit, aux frais du Trésor, la mainlevée des mesures ordonnées. Il en est de même en cas d'extinction de l'action publique et de l'action civile.
Néanmoins, il appartiendra à l'autorité judiciaire compétente ou à la personne intéressée de requérir la radiation de l'inscription, le service de la publicité foncière n'ayant pas compétence pour opérer d'office cette radiation.

III Taxe de publicité foncière et contribution de sécurité immobilière

A Inscription provisoire

4545 Taxation selon le droit commun. L'inscription provisoire est soumise à la taxe de publicité foncière et au salaire dans les conditions ordinaires (Doc. adm. DGI, 10 G-12).

4546 Nouvelle inscription d'hypothèque provisoire prise pour la même créance. Lorsqu'après une inscription d'hypothèque judiciaire provisoire, une autre inscription de même nature est prise sur un gage complémentaire pour la même créance, la taxe de publicité foncière serait due, en principe, sur le montant des sommes garanties, lors de chaque inscription. Mais il était admis que seule la première inscription soit ainsi taxée, les autres ne supportant la taxe que sur la valeur des nouveaux immeubles grevés si cette valeur est inférieure à la créance garantie, à condition que le bordereau indique cette valeur et se réfère à la première inscription.

Quant au salaire, il était, pour chaque inscription, assis dans tous les cas sur le montant des sommes énoncées (H. Bulté et J. Béchade : *JCP* N 1962, IV, 3289).

Mais l'inscription complémentaire d'hypothèque judiciaire prise sur un immeuble entré dans le patrimoine du débiteur après l'inscription originaire ne supportait que la taxe fixe – à l'époque 50 F (*BODGI* 10 D-I-72).

4547 Inscription d'hypothèque judiciaire provisoire faisant suite à une hypothèque conventionnelle. Une seule taxe proportionnelle devait être perçue lorsqu'une inscription provisoire d'hypothèque judiciaire conservatoire était requise pour la même créance, après une inscription d'hypothèque conventionnelle (Instr. 2 nov. 1994 : *BOI* 10 G-3-94, n° 3).

Pour l'application de cette règle, il importe, cependant, de distinguer selon que l'inscription initiale a donné lieu ou non à la perception de la taxe proportionnelle de publicité foncière.

Dans l'affirmative, et si les conditions rappelées ci-avant sont remplies, il n'était dû qu'une seule taxe proportionnelle.

Dans le cas contraire (inscription initiale ne donnant pas ouverture à l'exigibilité de la taxe à 0,70 %), le principe de l'unicité de perception ne saurait être appliqué systématiquement. Il en était ainsi lorsque l'exonération initiale de taxe résultera de la nature de la sûreté inscrite (hypothèques légales, privilèges...). Dans cette hypothèse, l'hypothèque judiciaire provisoire sera soumise à la taxe proportionnelle (Instr. 2 nov. 1994 : *BOI* 10 G-3-94, n° 4).

4548 Inscription faisant suite à la caducité de l'inscription précédente. Si, après avoir obtenu du juge de l'exécution l'autorisation d'inscrire une hypothèque judiciaire provisoire, un avocat omet de faire procéder à la signification au débiteur prescrite par l'article R. 232-5 du Code des procédures civiles d'exécution, à peine de caducité de l'inscription, et qu'il prend par la suite une nouvelle inscription, pour suppléer à la caducité de la première, la taxe de publicité foncière est-elle alors exigible ? L'association des conservateurs avait répondu affirmativement à cette question (*Bull. AMC* 1994, art. 1642). Mais un arrêt de la Cour de cassation a infirmé cette opinion (Cass. com., 8 mars 2005, n° 02-13.633 : *JurisData* n° 2005-027479 ; *Bull. civ.* 2005, IV, n° 49 ; *JCP* N 2005, n° 22, act. 256 ; *Defrénois* 2006, art. 38356, n° 19, p. 521, obs. S. Piédelièvre). Les circonstances étaient exactement identiques à celles ayant donné lieu à l'avis de l'association des conservateurs. La Cour de cassation a estimé que la réitération de l'inscription précédente, même si elle avait été rendue nécessaire par la carence du créancier, n'était pas de nature à justifier la perception d'une nouvelle taxe de publicité foncière. En effet, le fait générateur de la taxe de publicité foncière résulte uniquement de la créance garantie. La première et la seconde inscription avaient pour objet une même créance, de sorte qu'une seule taxe était due (V. **Inscription (taxation)**).

B Inscription définitive

1 Principe

4549 Taxe de publicité foncière et contribution de sécurité immobilière au taux fixe. L'inscription définitive prise dans le délai légal et se substituant rétroactivement à la précédente ne donne ouverture qu'à la taxe de publicité foncière fixe, et à la CSI au taux fixe (CPC ex., art. R. 533-2).

4550 **Conditions d'application.** Le bénéfice de ces dispositions est subordonné à la condition que le bordereau indique bien que l'inscription définitive remplit toutes les conditions pour pouvoir être substituée rétroactivement à l'inscription provisoire (demande au fond introduite dans le délai fixé par le juge, inscription prise dans les deux mois de la décision au fond définitive).
À défaut, la taxe et la CSI seraient dus dans les conditions ordinaires (V. Doc. adm. DGI, 10 G-12 ; *Bull. AMC* 1967, art. 681)... et ce, encore que le service de la publicité foncière n'ait pas à se faire juge, en principe, de l'exécution ou de la non-exécution des conditions légales (*Bull. AMC* 1965, art. 613).

2 Dérogations

4551 **Inscription pour un montant supérieur à l'inscription provisoire.** La solution de principe (V. n° 4549) ne s'applique que dans la mesure où le montant de l'inscription définitive est le même que celui de l'inscription provisoire.
Si le montant de l'inscription définitive est supérieur à celui de l'inscription provisoire, la taxe et la contribution de sécurité immobilière sont dus sur la différence (Doc. adm. DGI, 10 G-12), avec application éventuelle du minimum de perception (*Bull. AMC* 1993, art. 1578).
En effet, puisque la substitution rétroactive de l'inscription définitive à l'inscription provisoire n'est possible que dans la limite des sommes conservées par celle-ci, l'inscription du complément de somme, en cas d'inscription définitive plus élevée, ne peut être qu'une inscription d'hypothèque conventionnelle, ou judiciaire ordinaire : d'où les compléments de taxe et de CSI.

4552 **Inscription définitive prise à la suite d'une inscription provisoire nulle ou caduque.** La taxe de publicité foncière et la contribution de sécurité immobilière, comme autrefois le salaire du conservateur, sont dus selon le droit commun si l'inscription définitive est prise à la suite d'une inscription provisoire nulle (*Bull. AMC* 1964, art. 588) ou caduque (*Bull. AMC* 1994, art. 1642).

4553 **Inscription d'hypothèque définitive sur d'autres immeubles que ceux grevés par l'inscription provisoire.** Lorsqu'après une inscription d'hypothèque judiciaire provisoire, le créancier inscrit également, en vertu du jugement rendu, une hypothèque judiciaire sur d'autres immeubles que ceux grevés par l'inscription provisoire, la taxe et la contribution de sécurité immobilière sont dus dans les conditions ordinaires, sans réduction ni déduction, sur cette inscription complémentaire, même si elle garantit la même créance (V., pour la perception du salaire du conservateur, H. Bulté : *JCP* N 1961, IV, 3161).

C Opérations diverses

4554 **Radiation simultanée des inscriptions provisoire et définitive.** Lorsqu'est requise, par le même acte, la radiation de l'inscription provisoire et de l'inscription définitive qui s'est rétroactivement substituée à elle, une seule perception de la contribution de sécurité immobilière est opérée (de même, il n'était dû antérieurement qu'un seul salaire de radiation) sur le montant des sommes faisant l'objet de la radiation (c'est-à-dire sur le montant de la créance garantie), dès lors que la mainlevée est requise par le même acte et s'applique à des inscriptions garantissant une même créance (H. Bulté : *JCP* N 1963, IV, 3601).

4555 **Subrogation dans le bénéfice de l'inscription provisoire et de l'inscription définitive.** En cas de subrogation dans l'inscription provisoire et dans l'inscription définitive (étant entendu qu'on pourrait se contenter de la seconde), il y aura mention en marge des deux inscriptions. La contribution de sécurité immobilière (comme antérieurement le salaire du conservateur) n'est due, cependant, qu'une seule fois pour les deux inscriptions, sur le montant de la créance garantie (H. Bulté et J. Béchade : *JCP* N 1960, IV, 2923).

Hypothèque légale

Jacques LAFOND

BIBLIOGRAPHIE (JurisClasseurs) : *JCl. Civil Code*, Art. 2400 et 2401. – *JCl. Notarial Répertoire*, V° Hypothèques, Fasc. 65 (Notion, assiette, recensement), Fasc. 70 (Hypothèque légale des époux), Fasc. 80 (Hypothèque légale des personnes en tutelle), par V. Brémond (avr. 2014).
Études spécifiques : D. Savouré, *La fin des privilèges immobiliers spéciaux : RDC* 2014/4, p. 122. – M. Chaguet et S. Blond, *La suppression des privilèges immobiliers : quelles conséquences pratiques ? : Defrénois* 2021, n° 51-52, p. 14. – Simon-Michel, *La métamorphose des privilèges immobiliers spéciaux en hypothèque légale spéciale : JCP* N 2021, n° 46, 1326.

4556 Incidences de la réforme des sûretés. « L'hypothèque légale est celle qui résulte de la loi », indique l'article 2396, premier alinéa, du Code civil. L'ordonnance n° 2021-1192 du 15 septembre 2021, portant réforme des sûretés, applicable à compter du 1er janvier 2022, a profondément modifié le régime juridique des hypothèques légales.

Ce bouleversement tient principalement à ce que les anciens « privilèges immobiliers » spéciaux ont été transformés en hypothèque légale spéciale. Il résulte que toutes les sûretés légales sont désormais des hypothèques :
– qu'elles soient spéciales (hypothèques créées en remplacement des anciens privilèges spéciaux (C. civ., art. 2402 à 2407)... ;
... ou générales (hypothèques créées en remplacement des anciennes « hypothèques légales » : C. civ., art. 2393 à 2401).

4557 Plan d'étude. Après avoir identifié les diverses hypothèques légales à la suite de la réforme des sûretés (I) nous examinerons les modalités de leur inscription (II), les règles concernant leur réduction judiciaire (III), et enfin les perceptions encourues lors de leur inscription (IV).

I Présentation des hypothèques légales

4558 À la suite de la réforme des sûretés (V. n° 4556), il y a lieu de distinguer pour l'étude de la matière les hypothèques légales générales (A) et les hypothèques légales spéciales correspondant aux anciens privilèges immobiliers spéciaux (B).

A Hypothèques légales générales

4559 Texte. Le texte de référence à la matière est l'article 2393 (ancien art. 2400) du Code civil ainsi conçu :

Art. 2393 *(Version en vigueur depuis le 1er janvier 2022. – Mod. par L. n° 2021-1900, 30 déc. 2021, art. 130 [V]).* – Outre celles prévues par des lois spéciales, les créances auxquelles une hypothèque légale générale est attachée sont :

1° Celles de l'un des époux contre l'autre ;

2° Celles des mineurs ou des majeurs en tutelle contre l'administrateur légal ou le tuteur ;

3° Celles de l'État, des départements, des communes et des établissements publics contre les receveurs et administrateurs comptables ;

4° Celles du légataire, sur les biens immeubles de la succession, en vertu de l'article 1017 ;

5° Celles des frais funéraires ;

6° Celles ayant fait l'objet d'un jugement, contre le débiteur condamné ;

7° Celles du Trésor public, dans les conditions fixées par le livre des procédures fiscales ;

8° Celles des caisses de sécurité sociale, dans les conditions fixées par le code de la sécurité sociale.

Conformément à l'article 37 de l'ordonnance n° 2021-1192 du 15 septembre 2021, ces dispositions sont entrées en vigueur le 1er janvier 2022.

4560 **Renvoi aux fascicules concernés.** Les diverses hypothèques légales générales énumérées par l'article 2393 du Code civil (V. n° 4559) feront l'objet d'études spécifiques dans divers fascicules du présent ouvrage auxquels il est renvoyé :
– hypothèque légale de l'un des époux contre l'autre : V. **Époux (hypothèque légale)** ;
– hypothèque légale des mineurs ou des majeurs en tutelle contre l'administrateur légal ou le tuteur : V. **Personnes protégées** ;
– hypothèque de l'État, des départements, des communes et des établissements publics contre les receveurs et administrateur comptable : V. **Collectivités publiques** ;
– hypothèque du légataire : V. **Legs** ;
– hypothèque attachée aux jugements, contre le débiteur condamné : V. **Hypothèque judiciaire** ;
– hypothèque légale du Trésor public accordée par le Code général des impôts : V. **État** ;
– hypothèque légale dont bénéficient les caisses de sécurité sociale : V. **Sécurité sociale**.

B Hypothèques légales spéciales

4561 **Texte.** Les hypothèques légales spéciales sont énumérées par l'article 2402 nouveau du Code civil, ainsi rédigé :

Art. 2402 *(Version en vigueur depuis le 1er janvier 2022. – Mod. par Ord. n° 2021-1192, 15 sept. 2021, art. 15 et 17).* – Outre celles prévues par des lois spéciales, les créances auxquelles une hypothèque légale spéciale est attachée sont les suivantes :

1° La créance du prix de vente d'un immeuble est garantie sur celui-ci ;

2° La créance de celui qui a fourni les deniers pour l'acquisition d'un immeuble est garantie sur celui-ci pourvu qu'il soit authentiquement constaté par l'acte d'emprunt que la somme était destinée à cet emploi, et par la quittance du vendeur que ce paiement a été fait des deniers empruntés ;

3° Les créances de toute nature du syndicat des copropriétaires relatives à l'année courante ainsi qu'aux quatre dernières années échues sont garanties sur le lot vendu du copropriétaire débiteur ;

4° La créance d'un héritier ou d'un copartageant, par l'effet du partage, du rapport ou de la réduction est garantie sur les immeubles partagés, donnés ou légués ;

5° Les créances sur une personne défunte et les legs de sommes d'argent d'une part, les créances sur la personne de l'héritier d'autre part, sont respectivement garantis sur les immeubles successoraux et les immeubles personnels de l'héritier comme il est dit à l'article 878 ;

6° La créance de l'accédant à la propriété titulaire d'un contrat de location-accession régi par la loi n° 84-595 du 12 juillet 1984 définissant la location-accession à la propriété immobilière est garantie sur l'immeuble faisant l'objet du contrat, pour la garantie des droits qu'il tient de ce contrat ;

7° Les créances de l'État, de la commune, de l'établissement public de coopération intercommunale à fiscalité propre ou de la métropole de Lyon, selon le cas, nées de l'application de l'article L. 184-1, du chapitre Ier du titre Ier du livre V ou de l'article L. 521-3-2 du code de la construction et de l'habitation sont garanties sur les immeubles faisant l'objet des mesures prises en application de ces dispositions.

Hypothèques légales spéciales issues de la réforme des sûretés

Ancienne dénomination	Nouvelle dénomination
Privilège du vendeur	Hypothèque légale spéciale du vendeur (C. civ., art. 2402, 1°)
Privilège de prêteur de deniers	Hypothèque légale spéciale du prêteur de deniers (C. civ., art. 2402, 2°)
Privilège du copartageant	Hypothèque légale spéciale du copartageant (C. civ., art. 2402, 4°)
(C. civ., art. 2402, Privilège du locataire accédant (location-accession)	Hypothèque légale spéciale du locataire – accédant (C. civ., art. 2402, 6°)
Privilège de séparation du patrimoine	Hypothèque légale spéciale du créancier successoral, du créancier personnel de l'héritier ou du légataire (C. civ., art. 2402, 5° et art. 878)
Privilège du syndicat de copropriétaires	Hypothèque légale spéciale du syndicat de copropriétaires (C. civ., art. 2402, 3°)

4562 **Renvoi aux fascicules concernés.** Les diverses hypothèques légales spéciales énumérées par l'article 2402 du Code civil (V. n° 4561) feront l'objet d'études spécifiques dans divers fascicules du présent ouvrage auxquels il est renvoyé.

– hypothèque légale spéciale du vendeur : V. **Hypothèque légale spéciale du vendeur d'immeuble (ancien privilège)** ;

– hypothèque légale spéciale du prêteur de deniers : V. **Hypothèque légale spéciale du prêteur de deniers (ancien privilège)** ;

– hypothèque légale spéciale du syndicat de copropriétaires : V. **Copropriété** ;

– hypothèque légale spéciale du copartageant : V. **Hypothèque légale spéciale du copartageant (ancien privilège)** ;

– hypothèque légale spéciale prévue par l'article 878 du Code civil (ancien privilège de la séparation de patrimoine) : V. **Hypothèques légales spéciales** ;

– hypothèque légale spéciale garantissant la créance née dans le cadre d'un contrat de location accession : V. **Location-accession** ;

– hypothèque légale garantissant les créances de l'État, collectivités ou établissements publics nés en application de l'article L. 184-1 ou L. 521-3-2 du Code de la construction concernant les immeubles dangereux ou insalubres et l'habitat indigne : V. **Immeuble insalubre ou dangereux** ».

II

Modalités de l'inscription

4563 **Inscription en vertu de la loi.** L'hypothèque résulte de la loi, de plein droit, au profit du créancier, sans qu'il soit besoin d'une convention particulière ou d'une décision judiciaire (Aubry et Rau, *Droit civil français*, t. III, 7e éd., par Esmein, § 264. – Planiol et Ripert, *Traité pratique de droit civil français*, t. XII, par Becqué, nos 465 et s.).

4564 **Biens pouvant être grevés.** En principe, le créancier bénéficiaire d'une hypothèque légale générale peut inscrire son droit sur tous les immeubles appartenant actuellement à son débiteur (C. civ., art. 2392, al. 2 : ancien art. 2401). Il peut, sous les mêmes réserves, prendre des inscriptions complémentaires sur les immeubles entrés, par la suite, dans le patrimoine de son débiteur.

Quant au titulaire d'une hypothèque légale spéciale, le créancier qui en est bénéficiaire ne peut inscrire son droit que sur l'immeuble sur lequel elle porte, qui est expressément désigné par le texte de loi constitutif de cette hypothèque (C. civ., art. 2392, al. 3).

Il appartient aux titulaires d'hypothèques légales générales ou spéciales de se conformer aux dispositions de droit commun et en particulier celles des articles 2421 et 2423 du Code civil : c'est-à-dire, notamment, à l'obligation de prendre inscription pour une somme et sur des immeubles individuellement désignés (V. **Inscription** et **Bordereau d'inscription**).

III

Réduction judiciaire des inscriptions

BIBLIOGRAPHIE : S. Piédelièvre, *La réduction des inscriptions hypothécaires : Defrénois* 2000, p. 737. – S. Pesenti, *Le principe de proportionnalité en droit des sûretés : LPA* 11 mars 2004, p. 12.

4565 **Principe général.** Le pouvoir très large conféré au créancier bénéficiaire d'une hypothèque légale, qui peut inscrire son droit sur tous les immeubles appartenant à son débiteur actuellement et sur ceux entrés, par la suite, dans le patrimoine de ce dernier (V. n° 4564) peut générer des abus.

En conséquence, l'article 2439 du Code civil, issu de la réforme des sûretés, a prévu une procédure applicable dans le cas où l'inscription prise en vertu d'une hypothèque légale générale est excessive.

Ce texte est ainsi conçu :

Art. 2439 *(Version en vigueur depuis le 1er janvier 2022. – Mod. par Ord. n° 2021-1192, 15 sept. 2021, art. 15 et 21).* – Lorsque les inscriptions prises en vertu d'une hypothèque légale générale sont excessives, le débiteur peut demander leur réduction en se conformant aux règles de compétence établies dans l'article 2437.

Sont réputées excessives les inscriptions qui grèvent plusieurs immeubles lorsque la valeur d'un seul ou de quelques-uns d'entre eux excède une somme égale au double du montant des créances en capital et accessoires légaux, augmenté du tiers de ce montant.

Conformément à l'article 37 de l'ordonnance n° 2021-1192 du 15 septembre 2021, ces dispositions entrent en vigueur le 1er janvier 2022.

4566 **Hypothèques pouvant être réduites.** La procédure de réduction s'applique aux hypothèques légales considérées comme « excessives ». Il en est ainsi des inscriptions « qui grèvent plusieurs immeubles lorsque la valeur d'un seul ou de quelques-uns d'entre eux excède une somme égale au double du montant des créances en capital et accessoires légaux, augmenté du tiers de ce montant ».

4567 **Mécanisme de la réduction.** Cette réduction quant à l'assiette, appelée « cantonnement de l'hypothèque », ne peut être demandée que par le débiteur grevé d'une hypothèque légale générale quant à son assiette, seule cette hypothèque étant susceptible de ruiner son crédit lorsqu'elle grève tous ses immeubles pour sûreté de créances minimes.

Seul le débiteur bénéficie de cette protection et non les tiers acquéreurs ou les autres créanciers (Mazeaud, *op. cit.*, t. III, 1er vol., 7e éd., par Y. Picod, n° 419. – Cass. civ., 11 juill. 1870 : *DP* 1871, 1, 353), sauf à admettre la possibilité pour le créancier d'agir sur le fondement de l'action oblique de l'article 1166 du Code civil (S. Piedelièvre, *La publicité foncière, op. cit.*, n° 373).

4568 **Compétence.** Si le créancier n'accepte pas une mainlevée amiable, la réduction doit être demandée au juge par le débiteur en se conformant aux règles de compétence établies par l'article 2437 (ancien art. 2442) du Code civil (C. civ., art. 2439, al. 2e).

L'article 2442 du Code civil auquel il est renvoyé fixe ainsi les règles de procédure :

– le tribunal compétent est en principe celui dans le ressort duquel l'inscription a été prise ;

– cependant, lorsque cette inscription a été consentie en garantie d'une condamnation éventuelle ou indéterminée, sur l'exécution ou la liquidation de laquelle le débiteur et le créancier prétendu sont en procès où doivent être jugés dans un autre tribunal, la demande de radiation relève de la compétence de ce tribunal (C. civ., art. 2442, al. 1er) ;

– par ailleurs, la convention entre créancier et débiteur selon laquelle en cas de contestation la demande sera portée devant tribunal qu'ils ont désigné « doit recevoir son exécution entre eux » (C. civ., art. 2442, al. 2).

IV

Taxe de publicité foncière et contribution de sécurité immobilière

A Inscription de l'hypothèque

4569 **Taxe de publicité foncière.** Les inscriptions d'hypothèque légale, qui ne sont pas visées par les articles 679 et 844 du Code général des impôts, échappent à la taxe de publicité foncière proportionnelle ou fixe.

Spécialement, l'inscription d'une hypothèque légale en laquelle s'est trouvé dégénéré un privilège de vendeur ne donne pas ouverture à la taxe (Rép. min. Éco. et Fin. n° 20675 à M. d'Aillières : *JOAN* CR, 15 janv. 1972, p. 89 ; *JCP* N 1972, prat. 5164).

En outre, il a été décidé, dans un souci de simplification, que l'inscription prise en vertu d'une décision judiciaire constatant une créance qui aurait pu être garantie par une hypothèque légale est dispensée de taxe (Circ. 26 mai 1955 : *JCP* N 1955, IV, 2040, § 6. – *Rép. alph. enreg.*, V° Hypothèques, livre V, n° 8).

4570 **Contribution de sécurité immobilière.** Elle est perçue selon le droit commun (V. **Contribution de sécurité immobilière**).

B Réduction de l'hypothèque

4571 **Mention en marge.** La réduction de l'hypothèque donnera lieu à une mention en marge de l'inscription concernée (sur les perceptions, V. **Mentions en marge**).

Hypothèque légale spéciale du copartageant (ancien privilège)

Serge LAMIAUX

Sommaire analytique

BIBLIOGRAPHIE : *JCl. Notarial Répertoire*, V° Privilèges, Fasc. 51 par Ph. Delebecque et F.-J. Pansier, refondu par V. Brémond et Fasc. 55, par J. Mestre, refondu par V. Brémond. – *JCl. Notarial Formulaire*, V° Bordereau d'inscription hypothécaire, Fasc. 160 par P. Frémont et J. Lafond.

Index alphabétique

C. civ., art. 2402, 4°. – Outre celles prévues par des lois spéciales, les créances auxquelles une hypothèque légale spéciale est attachée sont les suivantes : (...) La créance d'un héritier ou d'un copartageant, par l'effet du partage, du rapport ou de la réduction est garantie sur les immeubles partagés, donnés ou légués ;

4572 **Disparition de l'ancien privilège du copartageant et avènement de l'hypothèque spéciale du copartageant.** L'ordonnance du 15 septembre 2021 portant réforme du droit des sûretés supprime l'ancien privilège du copartageant (codifié aux anciens articles 2103, 3° puis 2374, 3°) pour le remplacer par l'hypothèque légale spéciale du copartageant (codifiée à l'article 2402, 4°).

4573 **Droit transitoire.** V. **Hypothèques légales spéciales.**

4574 **Abréviations.** Dans la suite des développements, l'hypothèque légale spéciale du prêteur de deniers sera désignée, soit hypothèque spéciale du copartageant, soit HLSC.

I

Actes constitutifs

4575 **Opérations de partage.** La loi n° 76-1286 du 31 décembre 1976 relative à l'organisation de l'indivision a accru le nombre d'actes équivalents à partage susceptible de donner naissance au privilège de copartageant. Selon l'article 883, alinéa 2, du Code civil, produit les effets du partage tout acte ayant pour effet de faire cesser l'indivision, sans qu'il y ait lieu de distinguer selon que l'acte fait cesser l'indivision en tout ou en partie, à l'égard de certains biens ou de certains héritiers seulement.

4576 **Incertitudes.** Sous l'empire du droit antérieur à la réforme des sûretés de 2021, certains cas faisaient douter du type de privilège à inscrire : était-ce le privilège du vendeur d'immeuble ou le privilège du copartageant ?
Or, ces deux privilèges étaient exclusifs l'un de l'autre (Cass. civ., 10 nov. 1862 : *S.* 1863, 1, 129. – Cass. civ., 26 juin 1895 : *S.* 1896, 1, 481) et ne pouvaient, au surplus, être requis en exécution d'un même titre. Il semble, toutefois, que ces deux privilèges pouvaient être pris simultanément au vu du même acte si le privilège de vendeur précisait qu'il était inscrit pour le cas où cet acte serait considéré comme ayant un caractère translatif de propriété et que le privilège du copartageant mentionnait, de son côté, qu'il était requis pour le cas où ledit acte serait considéré comme ayant un caractère déclaratif. Ces deux privilèges devaient, en principe, faire l'objet de deux bordereaux distincts (Frémont : *JCP* N 1979, prat. 7092). Ce doute subsistera vraisemblablement pour les actuelles hypothèques spéciales du vendeur et du copartageant.

A Actes ou opérations concernés

4577 Les solutions suivantes, adoptées pour l'ancien privilège du copartageant, apparaissent transposables *mutatis mutandis* à l'actuelle hypothèque spéciale du copartageant.

4578 **Partage et opérations assimilées.** Le privilège du copartageant était attribué à tout copartageant. Il résultait donc de tout partage, et de toute opération de partage, c'est-à-dire de tout acte qui a pour but de mettre fin à une indivision. Peu importe l'origine de l'indivision. Ainsi, le privilège du copartageant était susceptible de s'appliquer au partage de communauté entre époux, de sociétés dissoutes (cf. C. civ., art. 1844-9), d'acquisitions d'immeubles faites en commun, etc. Sur ce point, la solution ne fait plus aucun doute aujourd'hui en ce qui concerne l'hypothèque spéciale du copartageant, compte tenu de la réaction actuelle du texte (E. Simon-Michel, *La métamorphose des privilèges immobiliers spéciaux en hypothèques légales spéciales issue de la réforme des sûretés : JCP* N 19 nov. 2021, n° 46, 1326, n° 29).
Le privilège s'appliquait quelle que soit la forme du partage, qu'il soit amiable ou judiciaire (Planiol et Ripert, *op. cit.*, t. XII, par Becqué, n° 647. – *JCl. Notarial Répertoire*, V° Privilèges, Fasc. 50, par Ph. Delebecque et J. Pansier).

4579 **Action « en retranchement ».** L'enfant issu d'un premier lit de l'un des époux peut à certaines conditions renoncer à demander la réduction de l'avantage matrimonial excessif consenti par son auteur et résultant du contrat de mariage adopté par les époux. S'il renonce avant le décès de l'époux survivant, il bénéficie en contrepartie « de plein droit » du privilège du copartageant (C. civ., art. 1527, al. 3). Ce privilège est appelé à garantir l'indemnité due à l'enfant renonçant. Son assiette s'étend aux immeubles communs aux époux, dont un état peut être dressé à la demande du renonçant.

B Applications

4580 Les solutions suivantes, adoptées pour l'ancien privilège du copartageant, apparaissent transposables *mutatis mutandis* à l'actuelle hypothèque spéciale du copartageant.

4581 **Licitation.** La licitation au profit d'une personne membre de l'indivision donnait ouverture au privilège de copartageant. Si elle intervenait au profit d'une personne étrangère à l'indivision, il ne s'agissait plus d'une opération de partage. Une telle licitation valait, en effet, vente et faisait naître, dès lors, le privilège de vendeur (pour plus de détails, V. **Licitation**).

4582 **Cession de droits successifs.** Les solutions sont les mêmes qu'en matière de licitation (V. n° 4581).

4583 **Conversion d'usufruit.** Cette opération pouvait donner lieu au privilège de copartageant (V. **Conversion d'usufruit**).

4584 **Cession de droits indivis à titre gratuit.** Traditionnellement la cession de droits indivis à titre gratuit n'était pas assimilée à un partage, même si elle faisait cesser l'indivision à l'égard de tous les indivisaires (Aubry et Rau, *op. cit.*, t. X, par Esmein, § 675, note 16 ; *Bull. AMC* 1950, art. 16. – Cass. civ., 5 mai 1841 : *S.* 1841, 1, 434). Une telle donation ne pouvait donc engendrer le privilège du copartageant, même si elle était faite avec charge (Chambaz, Masounabe-Puyanne et Leblond, *Précis du droit et de la pratique hypothécaires*, 2e éd., n° 98-2. – *Bull. AMC* 1963, art. 564). Il n'est pas certain que cette solution soit toujours d'actualité, l'article 883 du Code civil ne distinguant pas selon que la cession qui fait cesser l'indivision est consentie à titre gratuit ou à titre onéreux (V. Ph. Delebecque, J. Pansier et V. Brémont, *JCl. Notarial Répertoire*, V° Privilèges, Fasc. 50).

4585 **Prestation compensatoire.** Le privilège peut être utilisé pour garantir le paiement d'une prestation compensatoire ou d'une pension alimentaire versée en cas de divorce, lorsque le versement provient de biens communs (V. **Divorce**).

4586 **Partage d'ascendant.** Il était admis que le privilège résultât du partage d'ascendant, qu'il ait été fait par acte entre vifs ou testamentaires (Aubry et Rau, *op. cit.*, t. III, § 263, texte et note 31. – Planiol et Ripert, *op. et loc. cit.* – Cass. req. 7 août 1860 : *DP* 1860, 2, 499).

4587 **Cas où l'indivision ne cesse que partiellement.** Compte tenu des termes de l'article 883 du Code civil, il y a lieu d'assimiler au partage qui met fin définitivement à l'indivision le partage partiel, soit qu'il porte seulement sur certains biens, soit qu'il ne mette fin à l'indivision qu'à l'égard de l'un ou de quelques-uns des héritiers, ce partage partiel étant assimilé au partage définitif quant à l'effet déclaratif du partage.

4588 **Acte fixant les sommes dues par un cohéritier en cas de réduction d'une libéralité.** L'article 924 du Code civil énonce que lorsqu'une libéralité excède la quotité disponible, le gratifié, successible ou non successible, doit indemniser les héritiers réservataires. Pour la garantie des indemnités dues en vertu de ce texte, les immeubles donnés ou légués sont assimilés aux immeubles de la succession » (C. civ., art. 2374-3°). Un privilège de copartageant peut donc être pris pour garantir le paiement de cette indemnité.

II Créances garanties

A Créances visées par les textes

4589 Les observations et solutions suivantes apparaissent transposables *mutatis mutandis* à l'HLSC.

4590 **Énumération.** De la combinaison des anciens articles 2374, 3° et 2381 du Code civil (anciens art. 2103-3° et 2109 avant la réforme des sûretés de 2006), il résultait que trois catégories de créances bénéficient du privilège du copartageant :

– les soultes ou retours de lots, auxquels est assimilée l'indemnité de réduction visée par l'article 924 du Code civil ;

– celles qui naissent de la licitation au profit d'un cohéritier ;

– et celles qui sont créées par la garantie d'éviction.

S'agissant de l'actuelle hypothèque spéciale du copartageant, la rédaction actuelle de l'article 2402, 4° permettrait de retenir une acception large des créances susceptibles de bénéficier de l'hypothèque légale puisqu'elle semble y inclure de manière plus explicite toutes les créances nées du partage et non plus seulement les soultes ou retours de lot (en ce sens : E. Simon-Michel, *La métamorphose des privilèges immobiliers spéciaux en hypothèques légales spéciales issue de la réforme des sûretés* : *JCP* N 19 nov. 2021, n° 46, 1326, n° 29).

4591 **Soultes.** Le privilège garantissait tout d'abord le paiement des soultes ou retours de lots, stipulés afin de rétablir l'égalité du partage, ainsi que les intérêts dont ils peuvent être productifs, soit de plein droit, soit en vertu d'une clause du partage, dans les limites de l'article 2432 du Code civil (V. **Bordereau d'inscription**).

Il garantissait également les créances supplémentaires susceptibles de résulter de la réévaluation des soultes en vertu et dans le cadre de l'article 828 du Code civil.

4592 **Indemnités de réduction.** Le privilège s'appliquait également aux indemnités dues en application de l'article 924 du Code civil (V. n° 4588).

4593 **Autres créances assimilées.** Étaient assimilées, notamment, à une soulte et garanties par le privilège du copartageant :

– la créance résultant d'un rapport en moins prenant (cf. Cass. civ., 20 nov. 1946 : *JCP* G 1947, IV, n° 6) ;

– les créances nées entre cohéritiers pour intérêts et frais perçus depuis le décès (Cass. civ., 15 janv. 1896 : *DP* 1896, 1, 441) ;

– la créance constituée par le supplément de part héréditaire promis à des copartageants pour obtenir leur désistement d'une demande en rescision du partage (Planiol et Ripert, *op. cit.*, t. XII, par Becqué, n° 652. – Cass. civ., 30 juill. 1873 : *DP* 1874, 1, 106).

4594 **Prix de licitation ou d'une cession de droits successifs.**

➤ V. n°s 4581 et 4582.

4595 **Recours en garantie.** Afin d'assurer l'égalité entre les copartageants, le privilège du copartageant garantissait la créance que chaque copartageant peut exercer contre chacun de ses copartageants, en proportion de leurs parts, pour les troubles et évictions dont il peut être victime (C. civ., art. 884 et s., ancien art. 2374-3°).

Le privilège s'appliquait quelle que soit la nature, mobilière ou immobilière, corporelle ou incorporelle, de la chose sur laquelle porte l'éviction, et que l'éviction soit totale ou partielle, mais à la condition que la cause de l'éviction soit antérieure au partage (cf. C. civ., art. 884, al. 1er.– Cass. req., 24 déc. 1866 : *DP* 1867, 1, 211. – Ph. Delebecque, J.-F. Pansier et V. Brémond : *JCl. Civil Code*, Art. 2374, *Privilèges spéciaux immobiliers*, n° 116-117).

4596 Était considérée comme une action en garantie bénéficiant du privilège le recours exercé par le copartageant qui se trouve obligé de payer à un créancier de la succession une dette commune au-delà de la part pour laquelle il doit y contribuer, ou qui est poursuivi en paiement de dettes indivisibles ou hypothécaires ou de certaines dettes que le partage avait mises à la charge exclusive d'un autre copartageant (cf. C. civ., art. 873 et s., art. 1221. – Cass. req., 2 avr. 1839 : *S.* 1839, 1, 380. – Paris, 2 févr. 1884 : *DP* 1885, 2, 39. – Caen, 6 avr. 1914 : *S.* 1915, 2, 43. – Cf. Paris 29 juin 1938 : *DH* 1938, 457), mais le copartageant qui aurait fait le paiement volontairement ne pourrait se prévaloir du privilège. La garantie s'applique à l'insolvabilité du débiteur d'une dette mise dans le lot ou d'un copartageant, révélée avant le partage (C. civ., art. 884, al. 1er).

Le privilège ne garantissait que la part de l'indemnité d'éviction due par chaque cohéritier.

B Autres créances

4597 Le privilège pouvait garantir d'autres créances que celles expressément énumérées par les textes du Code civil. Pour autant, il ne pouvait être invoqué que pour assurer l'exécution d'une créance née d'un partage ou d'un acte équivalent à partage, quelle que soit la qualification donnée par les parties à cet acte (Ph. Delebecque, J.-F. Pansier et V. Brémond : *JCl. Civil Code*, Art. 2374, *Privilèges spéciaux immobiliers*, n° 132).

C Cas particuliers

4598 **Époux survivant : prélèvement de biens ou attribution de biens.** Les héritiers du conjoint prédécédé, au cas d'exercice par le conjoint survivant

de la faculté de prélèvement prévue au contrat de mariage, en vertu de l'article 1511 du Code civil, jouissent, pour les soultes ou indemnités qui peuvent être dues à ce titre, de toutes les garanties des copartageants, et notamment, du privilège.
Il en est de même lorsque l'attribution de biens prévue par l'article 1390 du Code civil s'analyse en une opération de partage. Les héritiers du conjoint prédécédé bénéficient du privilège, pour le paiement des sommes dues à ce titre par le conjoint survivant.

4599 **Bois et forêts indivis. Engagement fiscal non tenu.** Selon une ancienne opinion doctrinale, constituait un titre de créance garanti par le privilège du copartageant l'obligation prise lors d'un partage de succession par les attributaires des bois et forêts de rembourser aux autres indivisaires la quote-part des droits dont ils pourraient être redevables au Trésor si les engagements pris dans les termes des articles 703 et 793 du Code général des impôts lors de la déclaration de succession n'étaient pas tenus (Bulté : *JCP* N 1979, prat. 7157).

III Assiette de la garantie

4600 **Principe. Droit antérieur. Spécialité de l'ancien privilège.** Le privilège du copartageant était un privilège spécial immobilier ; il ne pouvait atteindre que les immeubles du débiteur provenant du partage ou qui ont fait l'objet d'une licitation au profit de l'un des coïndivisaires (sur le cas de réduction en valeur, V. n° 4603).

4601 **Principe. Spécialité de l'actuelle hypothèque spéciale.** L'actuelle hypothèque spéciale du copartageant ayant la nature d'une hypothèque, elle est gouvernée par le principe de spécialité ; elle ne peut donc atteindre que les immeubles du débiteur provenant du partage ou qui ont fait l'objet d'une licitation au profit de l'un des coïndivisaires.
Les solutions suivantes, adoptées pour l'ancien privilège, apparaissent transposables *mutatis mutandis* à l'actuelle hypothèque spéciale.

4602 **Garantie d'une soulte.** Dans le cas de garantie d'une soulte ou d'un retour de lot, la créance était privilégiée « sur les immeubles de la succession » (C. civ., ancien art. 2374-3°). Il semble en résulter que le privilège frappait tous les immeubles compris dans le partage, même ceux échus aux copartageants non débiteurs de la soulte. Cependant, l'ancien article 2381 du Code civil ne parlait que des « biens de chaque lot », ce qui restreignait le privilège aux biens attribués au copartageant débiteur de la soulte. Cette solution paraît la plus rationnelle, mais la question est cependant discutée (V. sur cette controverse *JCl. Notarial Répertoire*, V° Privilèges, Fasc. 50 par Ph. Delebecque et J. Pansier).
En pratique, l'inscription n'était formalisée que sur les biens entrés dans le lot du débiteur de la soulte : il était difficilement admissible que le privilège puisse grever les lots des copartageants non débiteurs. Toutefois, si le copartageant débiteur de la soulte était déjà insolvable au moment du partage, le créancier de la soulte pouvait exercer son privilège au titre de la garantie sur les lots des autres copartageants.

4603 **Réduction d'un don ou d'un legs.** Dans le cas de réduction en valeur d'un don ou d'un legs, le privilège a pour assiette uniquement les immeubles qui ont fait l'objet de la libéralité : il résulte, en effet, de l'ancien article 2374-3° du Code civil que, pour la garantie des indemnités dues en application de l'article 924 du Code civil, « les immeubles donnés ou légués sont assimilés aux immeubles de la succession » (Ph. Delebecque, J.-F. Pansier et V. Brémond : *JCl. Civil Code*, Art. 2374, *Privilèges spéciaux immobiliers*, n° 141).

4604 **Garantie d'éviction.** En tant qu'il s'applique à la garantie d'éviction, le privilège frappait tous les immeubles qui avaient été attribués aux copartageants, garant de celui qui a été évincé (Cass. civ., 5 avr. 1881 : *DP* 1881, 1, 358. – Ph. Delebecque, J.-F. Pansier et V. Brémond : *JCl. Civil Code*, Art. 2374, *Privilèges spéciaux immobiliers*, n° 139). Toutefois, si chacun des garants est tenu sur tous les immeubles qui lui ont été attribués, il ne l'est que pour la part dont il est personnellement tenu dans l'obligation de garantie (C. civ., art. 885. – Cass. req., 19 juill. 1864 : *DP* 1864, 1, 470. – Ph. Delebecque, J.-F. Pansier et V. Brémond : *JCl. Civil Code*, Art. 2374, *Privilèges spéciaux immobiliers*, n° 139).
Si l'un des copartageants est insolvable, la part dont il est personnellement tenu dans l'obligation de garantie se répartit entre tous les autres copartageants, y compris le copartageant garanti (cf. C. civ., art. 885, al. 2).

IV Inscription

A Conditions générales

1 Moment à partir duquel l'inscription peut être prise

4605 L'inscription ne peut, en principe, être prise avant le partage ou la licitation, car il n'y a pas encore de créance à conserver (Cass. req., 1er mai 1860 : *DP* 1860, 1, 510), mais si, au cours des opérations un copartageant devient créancier d'un autre, il peut immédiatement requérir l'inscription (Cass. civ., 15 janv. 1896 : *DP* 1896, I, 441 ; *S.* 1896, 1, 497). La règle apparaît transposable *mutatis mutandis* à l'hypothèque spéciale.

2 Délai d'inscription (différence entre hypothèque légale et privilège)

4606 **Actuelle hypothèque spéciale. Absence de délai.** La règle est l'absence de délai ; l'inscription de l'hypothèque spéciale du vendeur n'est enfermée dans aucun délai. Cette absence de contrainte temporelle ne signifie pas une pleine latitude, bien au contraire ; il importe de procéder rapidement à l'inscription puisque c'est la date de l'inscription qui détermine le rang de la créance (C. civ., art. 2418).

4607 **Ancien privilège. Règle générale.** Le privilège du copartageant devait être inscrit dans le délai de deux mois à compter de l'acte de partage ou de l'adjudication par licitation ou de l'acte fixant l'indemnité due par le cohéritier bénéficiaire d'une libéralité réductible en valeur sur le fondement de l'article 924 du Code civil (C. civ., ancien art. 2381).
Ce délai de deux mois était un délai préfix (sur le mode de calcul des délais, V. **Délais**).
Les solutions suivantes ne concernent que l'ancien privilège de copartageant et ne sont pas applicables à l'actuelle hypothèque spéciale du copartageant.

4608 **Partage amiable.** Quand il s'agissait d'un partage en nature fait à l'amiable, le délai de deux mois commençait à courir de la date de l'acte de partage, même s'il était sous seing privé, car cet acte fait foi contre les parties, à qui les tiers peuvent l'opposer (Planiol et Ripert, *op. cit.*, t. XIII, n° 813) et même s'il ne contient pas liquidation définitive des comptes des coïndivisaires (Aubry et Rau, *op. cit.*, t. III, § 278, texte et note 6. – Planiol et Ripert, *op. et loc. cit.* – Cass. req., 17 nov. 1851 : *DP* 1851, 1, 313. – Lyon, 23 janv. 1866 : *DP* 1866, 2, 228. – Orléans, 18 janv. 1879 : *DP* 1879, 2, 243).

4609 **Ratification d'un partage provisionnel.** Dans le cas de ratification par un mineur d'un partage qui ne valait que comme partage provisionnel, pour cause d'inobservation des formalités légales, ou pour lequel les majeurs s'étaient portés fort du mineur, le délai d'inscription partait du jour de l'acte de partage et non de celui de la ratification, celle-ci ayant un effet rétroactif (Cass. civ., 10 nov. 1862 : *DP* 1862, 1, 470. – Cass. civ., 30 juill. 1873 : *DP* 1874, 1, 106).

4610 **Partage judiciaire.** Dans le cas de partage judiciaire, le délai court du jour de la clôture des opérations et non du jour du jugement d'homologation, qui rétroagit au jour du partage. Toute clause contraire serait inopérante, les privilèges échappant à la volonté des parties (Aubry et Rau, *op. cit.*, t. III, § 278, texte et note 9. – Planiol et Ripert, *op. cit.*, t. XIII, par Becqué, n° 813. – Cass. req., 15 juin 1842 : *Dalloz, jurispr. gén.*, V° Privilèges, n° 689, 4°. – Cass. civ., 19 juin 1849 : *DP* 1849, 1, 186. – Cass. req., 17 nov. 1851 : *DP* 1851, 1, 313. – Cass. civ., 10 nov. 1862, préc.).

4611 **Donation-partage.** Dans le cas de donation-partage, le délai court du jour de son acceptation (Cass. req., 7 août 1860 : *DP* 1860, 1, 498. – Cass. civ., 30 juill. 1873 : *DP* 1874, 1, 106).

4612 **Testament partage.** En cas de testament partage, le délai court du jour du décès de l'ascendant (Planiol et Ripert, *op. cit.*, t. XIII, n° 813. – Bourges, 14 mars 1899 : *DP* 1899, 2, 367. – *Contra*, Aubry et Rau, *op. cit.*, t. III, § 278, texte et note 11, selon lesquels le délai court du jour où le cohéritier a eu connaissance du testament).

4613 **Adjudication sur licitation.** Le délai de deux mois pour l'inscription du privilège court en pareil cas à partir du jugement d'adjudication, même si le cahier des charges comporte une clause d'attribution (Cass. civ., 19 oct. 1903 : *D.* 1906, 1, 273, note de Loynes ; Planiol et Ripert, *op. cit.*, n° 813).

3 Influence des événements arrêtant le cours des inscriptions

4614 **Influence des événements qui arrêtent le cours des inscriptions. Énumération.** Quatre sortes d'événements arrêtent le cours des inscriptions des hypothèques : la publication de la mutation de l'immeuble, l'acceptation de la succession à concurrence de l'actif net ou la vacance de cette succession, la publication d'un commandement de saisie ou l'ouverture d'une procédure collective (V. **Inscription-Formalités**).
Les solutions suivantes ne concernent que l'ancien privilège de copartageant et ne sont pas applicables à l'actuelle hypothèque spéciale du copartageant.

4615 **Saisie.** En cas de saisie immobilière par un tiers de l'immeuble vendu, l'inopposabilité aux créanciers saisissants, qui part du jour du dépôt du commandement au fichier immobilier, ne s'appliquait pas au privilège du copartageant : celui-ci pouvait être valablement inscrit jusqu'à la publication de l'adjudication sur saisie, à la condition, bien entendu, que le délai de deux mois ne soit pas expiré (CPC ex., art. L. 321-5, al. 3). Mais le privilège disparaissait si l'inscription n'était pas prise avant la publication du jugement d'adjudication, alors même qu'à ce moment le délai de deux mois n'était pas expiré.

4616 **Mutation de l'immeuble.** En cas de mutation de l'immeuble au profit d'un tiers, le privilège du copartageant pouvait être inscrit même après la publication de cette mutation, à condition, bien entendu, qu'il soit inscrit dans le délai prescrit par les anciens articles 2379 et 2381 du Code civil (C. civ., ancien art. 2427, al. 1er).

4617 **Acceptation à concurrence de l'actif net ou vacance de la succession.** Le privilège pouvait être inscrit dans le délai légal de deux mois malgré l'acceptation à concurrence de l'actif net ou la déclaration de vacance de sa succession (C. civ., ancien art. 2427, al. 2).

4618 **Procédures de règlement collectif.** Pour les procédures de règlement collectif, l'ancien article 2427, alinéa 3, du Code civil renvoie aux dispositions réglementant ces procédures (V. **Procédures collectives**).

4 Durée des inscriptions

➤ La durée des inscriptions obéit au droit commun en la matière, déterminé par les articles 2424 et suivants du Code civil (V. **Bordereau d'inscription**).

➤ Le renouvellement des inscriptions est soumis également au droit commun (V. **Renouvellement**).

5 Rang de l'inscription (disparition de la rétroactivité)

4619 **Actuelle hypothèque spéciale. Disparition de la rétroactivité.** C'est la différence majeure entre l'actuelle hypothèque spéciale du copartageant et l'ancien privilège du copartageant. L'inscription de l'hypothèque spéciale du copartageant n'emporte aucun effet rétroactif. L'hypothèque spéciale du copartageant prend rang au jour de son inscription (C. civ., art. 2418, al. 1er).

4620 **Ancien privilège.** Lorsque l'inscription avait été prise dans le délai de deux mois, le privilège prend rang, rétroactivement, à la date de l'acte ou du procès-verbal qui lui a donné naissance (C. civ., art. 2381). En conséquence, le créancier privilégié primait toutes les hypothèques prises sur l'immeuble du chef de son débiteur, même inscrites avant le privilège (C. civ., art. 2386, al. 1er). Et son privilège était opposable aux tiers qui avaient acquis de son débiteur des droits sur l'immeuble grevé et les avaient publiés même avant l'inscription du privilège (C. civ., ancien art. 2427, al. 1er).
Si l'inscription n'avait été prise qu'après l'expiration du délai de deux mois, le privilège dégénérait en hypothèque simple qui ne prenait rang à l'égard des tiers qu'à compter de la date de son inscription (C. civ., ancien art. 2386, al. 2).

B Formalités de l'inscription

4621 **Établissement des bordereaux.** L'inscription doit être prise dans les formes prévues aux articles 2421 et suivants du Code civil. À ce sujet, V. **Bordereau d'inscription.** Certaines règles essentielles seront rappelées, et certaines particularités seront précisées.

4622 **Extraits déposés en vue de la publicité d'actes ou de décisions judiciaires permettant l'inscription du privilège de copartageant.** Lorsque des extraits littéraux sont déposés au bureau des hypothèques, conformément au premier alinéa du 1 de l'article 34 du décret du 4 janvier 1955, pour opérer la publicité d'actes ou de décisions judiciaires en vertu desquels peut être requise une inscription d'hypothèque spéciale du copartageant, il résulte de l'article 68-2 du décret du 14 octobre 1955 que :

> « ces extraits doivent préciser la nature et la date de l'acte ou de la décision, l'officier public ou ministériel

ou l'autorité administrative qui a reçu l'acte ou l'autorité judiciaire qui a rendu la décision et qu'ils doivent reproduire littéralement :

1° Les énonciations desdits actes ou décisions relatives notamment :

– à l'état civil des parties et à la désignation complète des immeubles ;

– aux élections de domicile ;

– à l'origine de propriété du chef soit des vendeurs, soit des copartageants ou colicitants et de leurs auteurs, ainsi que des précédents propriétaires au nom desquels des copies, extraits ou certificats sont requis en même temps que la publicité ;

– aux conditions (prix, évaluation des lots, soultes, modalités de paiement, charges et intérêts, frais, entrée en jouissance, etc.) ;

– aux servitudes constituées par l'acte ou la décision.

2° Lorsqu'il s'agit d'une adjudication, la teneur intégrale soit du jugement, soit du procès-verbal proprement dits.

Le cas échéant, il est mentionné dans l'extrait littéral que l'acte ou la décision judiciaire ne contient pas d'énonciations relatives à l'origine de propriété ou que celle-ci ne s'étend pas à tous les précédents propriétaires du chef desquels des copies, extraits ou certificats sont requis en même temps que la publicité ».

Les dispositions étaient identiques pour l'ancien privilège du copartageant.

Il convient néanmoins de relever que ces dispositions sont inapplicables aux actes notariés de vente d'immeubles, lesquels relèvent obligatoirement de la formalité fusionnée (CGI, art. 647, I). Or, la formalité fusionnée est exécutée au vu de deux expéditions intégrales de l'acte à publier établies dans les conditions fixées par l'article 67-3 du décret n° 55-1350 du 14 octobre 1955 (CGI, ann. III, art. 253, I).

4623 **Créance de soulte.** En principe, le privilège n'est inscrit que sur les immeubles compris dans le lot du copartageant débiteur de la soulte.

Il y a lieu d'évaluer la créance éventuelle susceptible de résulter de la réévaluation des soultes en application des dispositions de l'article 828 du Code civil.

4624 **Licitation.** Aux termes de l'ancien article 2381 du Code civil, le privilège du copartageant, qui s'exerçait sur l'immeuble objet de la licitation, garantissait le prix de la licitation (ce qui, selon la doctrine, devait s'entendre de la part de ce prix dont le colicitant se trouve débiteur d'après le partage). Pratiquement, lorsque le partage n'était pas intervenu au moment de l'inscription, il convenait de faire porter celle-ci sur la totalité du prix comme s'il devait être attribué entièrement aux copartageants du débiteur.

Par contre, si l'immeuble licité était la seule chose indivise entre les colicitants, l'inscription ne paraissait devoir être prise que pour la part des colicitants autres que l'acquéreur.

Les dispositions de l'ancien article 2381 n'ont pas été reprises par l'actuel article 2404, 4°. Les solutions devraient néanmoins rester inchangées (P. Frémont et J. Lafond, Fasc. 185, *Bordereaux d'inscription hypothécaire. – Privilèges divers. – Formules*). V. **Licitation**).

4625 **Recours en garantie.** En ce qui concerne le recours en garantie (V. n°s 4595 et 4596), l'inscription est prise conformément aux dispositions de l'article 55-4° du décret du 14 octobre 1955, relativement aux créances éventuelles, qui doivent être évaluées en capital, avec indication sommaire de l'événement dont dépend son existence, sauf le droit, pour celui contre qui l'inscription est prise, de se prévaloir des dispositions de l'article 2439 (ancien art. 2445) du Code civil (possibilité d'obtenir la réduction de l'inscription : V. **Inscription-Formalités**).

Hypothèque légale spéciale du prêteur de deniers (ancien privilège)

Serge LAMIAUX

Sommaire analytique

Index alphabétique

BIBLIOGRAPHIE : *JCl. Notarial Répertoire*, V° Privilèges, Fasc. 51 par Ph. Delebecque et F.-J. Pansier, refondu par V. Brémond et Fasc. 55, par J. Mestre, refondu par V. Brémond. – *JCl. Notarial Formulaire*, V° Bordereau d'inscription hypothécaire, Fasc. 150 par P. Frémont et J. Lafond.

C. civ., art. 2402, 2°. – Outre celles prévues par des lois spéciales, les créances auxquelles une hypothèque légale spéciale est attachée sont les suivantes : (...) La créance de celui qui a fourni les deniers pour l'acquisition d'un immeuble est garantie sur celui-ci pourvu qu'il soit authentiquement constaté par l'acte d'emprunt que la somme était destinée à cet emploi, et par la quittance du vendeur que ce paiement a été fait des deniers empruntés.

4626 **Disparition de l'ancien privilège du prêteur de deniers et avènement de l'hypothèque spéciale du prêteur de deniers.** L'ordonnance du 15 septembre 2021 portant réforme du droit des sûretés supprime l'ancien privilège du prêteur de deniers (codifié aux anciens articles 2103, 2°

puis 2473, 2°) pour le remplacer par l'hypothèque légale spéciale du prêteur de deniers (codifiée à l'article 2402, 2°).

4627 **Droit transitoire.** V. **Hypothèques légales spéciales**.

4628 **Abréviations.** Dans la suite des développements, l'hypothèque légale spéciale du prêteur de deniers sera désignée, soit hypothèque spéciale du prêteur de deniers, soit HLSPD. L'ancien privilège du prêteur de deniers sera quant à lui désigné PPD.

I Conditions de constitution de l'HLSPD

4629 Elles sont semblables à celles qui étaient auparavant requises pour la constitution du PPD.

A Conditions de fond

4630 **Inutilité du consentement du débiteur.** L'ancien privilège naissait de plein droit, directement par la seule force de la loi, en dehors de la volonté du débiteur, dès que certaines formalités étaient accomplies. Il en est de même aujourd'hui s'agissant de l'actuelle HLSPD.

4631 **Débiteur marié sous régime de communauté.** La doctrine unanime estimait par conséquent que si un époux marié sous un régime communautaire se portait seul acquéreur d'un immeuble, il n'était alors pas nécessaire que son conjoint intervienne pour la constitution d'un PPD (M. Cazajus et V. Lafargue, *Pratique notariale du privilège de prêteur de deniers : Defrénois* 24 juin 2021, n° 26, p. 13 et réf. doc. citées note 4).
Cette position doit être amendée en raison de la jurisprudence de la Cour de cassation (Cass. 1re civ., 15 mai 2021, n° 19-15.072, publié au bulletin : *JCP* N 2021, 1238, note F. Vauvillé). Dans cette affaire, la Cour de cassation annule le commandement de payer valant saisie délivré par le créancier titulaire du privilège de prêteur de deniers au motif que le conjoint de l'emprunteur n'avait pas donné son consentement au titre de l'article 1415 du Code civil. Elle affirme que « si l'acte de prêt souscrit par un seul époux sous le régime de la communauté n'est pas inefficace, la mise en œuvre du privilège de prêteur de deniers est subordonnée au consentement de son conjoint à l'emprunt ». En conclusion :
– ni l'emprunteur, ni son conjoint n'ont à consentir à la naissance du PPD ;
– en revanche, le conjoint de l'emprunteur doit consentir à l'acte de prêt au titre de l'article 1415 du Code civil ; à défaut, le privilège sera inefficace car il ne permettra pas de saisir le bien commun (M. Cazajus et V. Lafargue, *op. cit.*).
Cette jurisprudence paraît transposable *mutatis mutandis* à l'HLSPD (M. Cazajus et V. Lafargue, *Nota-Bene* mars 2022, n° 266, fiche 1099).

1 Actes générant l'hypothèque spéciale

4632 **De la similitude de l'ancien privilège de prêteur de deniers avec l'ancien privilège de vendeur. Transposition aux actuelles hypothèques spéciales.** Classiquement, il était considéré que le privilège ne pouvait garantir, tout comme le privilège de vendeur d'immeubles, que les acquisitions immobilières. Par ailleurs, les conditions relatives aux actes susceptibles de donner naissance à ce privilège, ainsi qu'aux biens objet de l'acquisition, sont les mêmes que celles requises en matière de privilège du vendeur.
Le raisonnement apparaît transposable aux actuelles hypothèques légales spéciales du prêteur de deniers et du vendeur d'immeuble (V. **Hypothèque légale spéciale du vendeur d'immeuble**).
Sont rappelées ci-dessous, les solutions jurisprudentielles, doctrinales ou administratives adoptées au sujet de l'ancien PPD dans certains cas particuliers. Elles paraissent transposables *mutatis mutandis* à l'actuelle HLSPD.

4633 **Vente d'un usufruit.** Un auteur avait proposé d'utiliser le PPD dans le cas d'aliénation à titre onéreux d'un usufruit, préexistant ou non (V. l'argumentaire de F. Collard, *L'inscription du privilège de prêteur de deniers confrontée à la constitution d'un usufruit : JCP* N 2017, n° 47, 1314).

4634 **Vente avec prix payable à terme.** La question de savoir si le privilège de prêteur de

deniers pouvait être utilisé lorsque le prix de vente d'un immeuble était payable à terme, en totalité ou en partie, avait donné lieu à controverse.
Certains pensaient, en effet, qu'elle devait être résolue par la négative (A. Précigout : *JCP* N 1968, IV, 4481, note 5. – H. Bulté : *JCP* N 1973, prat. 5502 et 5560). L'objection faite par les partisans de cette opinion était que le privilège ne saurait exister postérieurement à la vente, au motif que le prêt ne servirait pas alors à acquérir un bien mais à éteindre une obligation restant à la charge de l'acquéreur (le paiement du prix).
D'autres auteurs estimaient, au contraire, que le privilège de prêteur pouvait être valablement inscrit dans cette hypothèse (Ph. Théry : *Bull. Cridon Paris* 1-15 déc. 1984, n° 23. – P. Chassaing, *Vente avec prix payable à terme...* : *JCP* N 1986, prat. 9978. – M. Dagot, *Naissance du privilège de prêteur de deniers* : *JCP* G 1987, 1, 3296).
Étant donné qu'aucun texte, n'imposait que la vente consentie et le paiement du prix soient simultanés, cette dernière solution paraissait devoir être retenue. Rien n'obligeait en effet à ce que la quittance du prix figurât dans l'acte d'acquisition. Elle pouvait être établie dans un acte distinct. Le privilège ne pouvait, toutefois, être inscrit qu'à partir du prêt.
L'incertitude qui subsistait sur la question justifiait que le prêteur en fût prévenu et qu'une reconnaissance de conseils donnés fût signée par lui.

4635 Annulation de la vente. Le prêteur de deniers conserve-t-il le bénéfice de son privilège en cas d'annulation ou de résolution de la vente ? La Cour de cassation a décidé que le privilège de prêteur de deniers survivait à l'annulation de la vente financée (Cass. 3e civ., 26 oct. 2017, n° 16-15.754 : *Defrénois* 25 janv. 2018, n° 4, p. 35, note Ch. Gijsbers).

4636 Soulte de partage. Celui qui prête des deniers à un copartageant pour lui permettre de régler la soulte mise à sa charge ne pouvait pas se prévaloir du privilège de prêteur de deniers (Rép. min. Justice n° 3452 à M. Mathieu : *JOAN* CR 18 janv. 1982, p. 199 ; *JCP* N 1982, prat. 8302-1° : la réponse visait l'ancien article 2103-2° du Code civil devenu par la suite l'article 2374, 2° du même code, aujourd'hui abrogé).
En pareil cas, une solution était de recourir à la subrogation dans le privilège de copartageant ; une inscription d'hypothèque complémentaire devait néanmoins être requise pour la garantie des intérêts du prêt, la soulte ne portant intérêt qu'au taux légal.
Le recours à une hypothèque complémentaire semble désormais inutile en raison du nouvel article 2390 du Code civil. Selon ce texte : « L'hypothèque s'étend aux intérêts et autres accessoires de la créance garantie. Cette extension profite au tiers subrogé dans la créance garantie pour les intérêts et autres accessoires qui lui sont dus ». Les intérêts et accessoires dus au prêteur sont désormais couverts de plein droit par l'hypothèque légale spéciale du copartageant (en ce sens : Ch. Gijsbers, *Réforme des sûretés : la transmission de l'hypothèque au créancier subrogé dans la créance garantie* : *JCP* N 19 nov. 2021, n° 46, 1325, n° 11).

4637 Créance stipulée en monnaie étrangère. Sur l'existence du privilège de prêteur de deniers et son inscription en cas de stipulation d'une créance en monnaie étrangère (V. P. Frémont : *JCP* N 1980, prat. 7510).

4638 Saisie-attribution. La saisie-attribution ne transférant en sus de la créance que les accessoires exprimés en argent, le privilège de prêteur de deniers attaché à la créance saisie ne bénéficiait pas au créancier saisissant (Cass. 3e civ., 7 avr. 2011, n° 10-15 969 : *JurisData* n° 2011-005673 ; *Bull. civ.* 2011, II, n° 88).

2 Financement par un emprunt

4639 L'acquisition doit être financée par un emprunt. Pour que le privilège de prêteur de deniers puisse être utilisé, il était nécessaire que l'acte d'acquisition soit financé par un emprunt de somme d'argent, contracté par l'acquéreur auprès d'un tiers par rapport au vendeur. L'analyse est la même à l'égard de l'actuelle hypothèque spéciale du prêteur de deniers.
Il faut et il suffit que celui qui fournit les deniers pour l'acquisition de l'immeuble effectue un véritable prêt à l'acquéreur, c'est-à-dire que la propriété des deniers soit, de par le prêt, transférée à l'acquéreur, lequel les utilisera au paiement de son prix (Thibierge, *Les prêts à l'acquisition immobilière* : *Defrénois* 1967, art. 28947).

4640 Subrogation. Le prêteur qui a fourni les deniers nécessaires à l'acquisition d'un immeuble n'avait nul besoin, pour bénéficier du privilège, de se faire subroger dans les droits du vendeur. Pratiquement, il en résultait que l'acte authentique ne devait pas contenir de clause par laquelle l'acquéreur subrogeait le prêteur dans tous les droits, actions et privilèges du vendeur, à moins que le prêteur ne veuille à la fois invoquer les deux types de privilèges. Le prêteur avait, toutefois, la possibilité de renoncer expressément à son privilège (Y. Salats, *La loi du 13 juillet 1979 et le privilège de prêteur de deniers...* : *JCP* N 1987, I, 187).

4641 Emprunt fait par plusieurs personnes pour financer l'acquisition d'un immeuble par une seule d'entre elles. Il est assez fréquent que l'emprunt soit fait par plusieurs personnes pour financer l'acquisition de l'immeuble par une seule d'entre elles, les banquiers préférant recourir aux mécanismes du co-emprunt solidaire plutôt qu'au cautionnement (V. M. Dagot, *Pluralité d'emprunteurs et privilège de prêteur de deniers : JCP* G 1996, I, 3920).
En pareil cas, si la quote-part de l'emprunt mise à disposition de l'acquéreur par le banquier peut être sans problèmes garantie par le privilège de prêteur, qu'en est-il pour la quote-part prêtée par le banquier à l'emprunteur non acquéreur ? C'est alors ce dernier, et non pas le banquier, qui met les fonds à disposition de l'emprunteur acquéreur. Dès lors que le banquier ne lui prête pas, n'y a-t-il pas là un obstacle à l'octroi du privilège de prêteur de deniers au banquier ? (V. H. Brugerolle, *Pluralités d'emprunteurs et privilèges : JCP* N 1996, I, p. 791). L'objection n'a pas été considérée comme décisive. On a remarqué, en effet, que l'article 2374 du Code civil ne subordonnait pas l'existence du privilège à la fourniture de deniers à l'acquéreur d'un immeuble mais à la fourniture de deniers « pour l'acquisition d'un immeuble » (B. Pacaud, *Les sûretés immobilières en cas de pluralité d'emprunteurs ou d'acquéreurs : Defrénois* 2000, art. 37 109, p. 273 et s., n° 4). Dès lors que les deniers fournis au co-emprunteur, non acquéreur, sont bien utilisés pour acquérir un immeuble, la condition légale pour que naisse le privilège de prêteur de deniers se trouve remplie (B. Pacaud, *op. cit.* – O. Barret : *Rép. prat. Dalloz*, V° Privilèges immobiliers, n° 70).
Il est nécessaire que, dans l'acte d'emprunt, le co-emprunteur non acquéreur déclare autoriser l'autre co-emprunteur à percevoir seuls les fonds prêtés et à les utiliser pour l'acquisition de l'immeuble à son seul profit pour que le privilège garantisse la totalité de la somme prêtée (M. Manhès, *Les sûretés dans la vente immobilière*, éd. Masson, 1989, n° 118. – M. Manhès et F. Delattre, *Privilège de prêteurs de deniers, deux emprunteurs, un acquéreur : Cah. Cridon Lyon*, 1996, n° 15, p. 12). La solution apparaît transposable *mutatis mutandis* à l'actuelle hypothèque spéciale du prêteur de deniers (M. Cazajus et V. Lafargue : *Nota-Bene* mars 2022, n° 266, fiche 1099).

4642 Acquisition réalisée indivisément par deux personnes. Une difficulté a été soulevée concernant le cas où l'acquisition est réalisée indivisément par deux personnes. Le cas du partage, lorsque l'un des acquéreurs se trouvera seul propriétaire de l'immeuble acquis à l'aide du prêt, pouvait faire craindre le risque d'inefficacité du privilège : en raison de l'effet déclaratif du partage, le privilège risquait de ne subsister que sur la moitié de cet immeuble.
Une partie de la doctrine a démontré qu'une telle crainte n'était pas fondée. En effet, l'objet de la vente est unique. Elle ne porte pas sur des quotes-parts indivises de l'immeuble et sur l'immeuble lui-même. Dès lors, aussi longtemps que le prêt n'aura pas été remboursé, le prêteur aura pour garantie l'immeuble dans son entier (Ph. Théry, *Recours au privilège de prêteur de deniers en cas d'acquisition par deux personnes : Defrénois* 1990, art. 34 812, p. 844 et s.).
En pratique l'application de cette solution purement doctrinale ne posait pas de problème. En effet, s'il était stipulé dans l'acte authentique portant certification de l'origine des deniers et constatant leur destination que le privilège grevait indivisiblement la totalité de l'immeuble, le conservateur qui n'est pas juge de la validité du privilège, n'était pas en droit d'opposer un refus (*Bull. AMC* 1995, art. 1665).
La solution valait même dans le cas où le financement de l'acquisition était opéré non pas par un prêt unique, mais par des prêts distincts consentis à chacun des coïndivisaires. Mais il fallait alors que pour chacun des prêts, la double déclaration de l'origine de la destination des deniers soit effectuée. Chacun des prêts devait donner lieu à l'inscription d'un privilège de prêteur portant sur l'ensemble de l'immeuble (Ph. Théry, *op. cit.* – V. sur ce problème, O. Barret, *Rép. prat. Dalloz*, V° Privilèges immobiliers, n° 60).
Un arrêt de la Cour de cassation est venu consacrer l'analyse doctrinale (Cass. 1re civ., 9 janv. 2019, n° 17-27.411, publié au bulletin : *JurisData* n° 2019-000090 ; *JCP* N 2019, n° 3, act. 165, note E. Simon-Michel, confirmant CA Lyon, 1re ch. civ. B, 12 sept. 2017, n° 15/03765 : *JurisData* n° 2017-019158 ; *Defrénois* 25 janv. 2018, n° 4, p. 31, note Ch. Gijsbers). Selon cette décision, « même dans l'hypothèse où un prêt est souscrit par l'un seulement des acquéreurs d'un bien immobilier pour financer sa part, l'assiette du privilège de prêteur de deniers est constituée par la totalité de l'immeuble ». La solution apparaît transposable *mutatis mutandis* à l'actuelle hypothèque spéciale du prêteur de deniers.

B Conditions de forme

4643 Authenticité et constatations des actes d'emprunt et de quittance. L'HLSPD est constituée si quatre conditions de forme sont satisfaites :
1° l'acte de prêt doit être authentique ;

2° cet acte doit constater que la somme empruntée est destinée à payer le prix de l'acquisition de l'immeuble (promesse d'emploi) ;
3° la quittance du vendeur doit être authentique ;
4° il doit être constaté dans cette quittance que le paiement du prix a été fait au moyen des deniers empruntés (déclaration d'origine des deniers).

Ce sont les mêmes conditions qui étaient exigées pour la constitution du PPD (et qui constituent également les conditions de forme exigées pour la subrogation opérée par le débiteur (C. civ., art. 1346-2 ; anc. art. 1250, 2°). Ces dispositions avaient pour but d'éviter qu'un débiteur ne puisse favoriser l'un de ses créanciers au détriment des autres, en prétendant faussement que la créance a pour cause un prêt aux fins de payer le prix de l'immeuble (Mazeaud, *op. cit.*, t. III, 1er vol., par Chabas, n° 334).

4644 **Constatations du notaire.** Ces constatations doivent être authentiques, c'est-à-dire concerner des faits accomplis par le notaire ou qui se sont passés en sa présence dans l'exercice de ses fonctions. On ne saurait se contenter, en effet, de déclarations faites par les parties au notaire car les mentions émanant des parties dans un acte authentique ne présentent pas le caractère authentique. Spécialement, les déclarations des parties lors de la livraison du crédit et lors du paiement au vendeur seraient inopérantes.

À noter que la condition de l'authenticité existe toujours quand le prêteur adresse directement au notaire l'offre de prêt et le financement (Y. Salats, chron. préc.).

La double déclaration de l'origine de la destination des deniers doit ressortir de constatations effectuées par le notaire lui-même. S'il se contentait d'en rapporter le contenu sans la vérifier, elle serait dépourvue de caractère authentique et ne serait donc pas valable (Cass. 2e civ., 17 févr. 1986 : *Defrénois* 1987, art. 33838, note Ph. Théry).

4645 **Actes notariés séparés.** Il est licite d'établir deux actes authentiques séparés à des dates différentes pour constater la naissance du privilège. Aucun texte ne l'interdit. Le premier acte contiendra le prêt et une promesse d'emploi ; le second acte contiendra la quittance du vendeur et une déclaration d'origine des deniers (Ph. Delebeque, F.-J. Pansier et V. Brémond : *JCl. Civil Code*, Art. 2374, *Privilèges spéciaux immobiliers*, n° 94. – N. Dutour et F. Vignal, *Le moment de la signature de l'acte authentique : date unique ou pluralité de dates* : *JCP* N 1998, p. 222).

4646 **Sanction des conditions de forme exigées par la loi.** Si les conditions de forme ne sont pas remplies, le prêteur ne peut pas bénéficier de l'HLSPD – de même pour le PPD antérieurement. Cependant, il peut se faire subroger dans les droits du vendeur soit de plein droit en vertu de l'article 1346, 1° du Code civil, soit conventionnellement par application de l'article 1346 du même code (P. Frémont et S. Piédelièvre : *JCl. Notarial Formulaire*, Fasc. 150, *Bordereaux d'inscription hypothécaire. – Hypothèque légale spéciale. – Vendeur d'immeuble. Prêteur de deniers*, nos 144 et s.).

La jurisprudence avait indiqué pour le PPD que les formalités constitutives tendaient seulement à certifier l'origine des fonds vis-à-vis des tiers. Dès lors, si elles n'ont pas été accomplies, le créancier bénéficiaire du privilège ne peut invoquer cette irrégularité qui ne lui a pas été opposée par les parties intéressées à s'en prévaloir (Cass. 3e civ., 18 févr. 1987 : *Bull. civ.* 1987, III, n° 31 ; *JCP* N 1987, prat. 325, p. 576).

II Assiette de la garantie

4647 Les rédactions entre l'ancien article 2374, 2° et l'actuel article 2402, 2° étant identiques, les solutions retenues pour l'ancien PPD sont transposables à l'actuelle HLSPD.

À l'égard du PPD, la doctrine expliquait que le privilège accordé à ceux qui prêtent les fonds nécessaires à l'acquisition d'un immeuble obéit aux mêmes règles que le privilège de vendeur et s'exerce donc seulement, comme ce dernier, sur l'immeuble vendu. Son assiette, déterminée par la loi, ne saurait, par suite, être reportée sur un autre immeuble (R. Chardonnal : *JCP* N 1982, prat. 8306).

Il avait été jugé :
– que le privilège de prêteur s'étendait aux constructions incorporées par accession à l'immeuble acquis au moyen du prêt (Cass. 3e civ., 10 juin 1981 : *RD imm.* 1982, p. 122, obs. M. Dagot) ;
– que le privilège s'étendait également aux indemnités représentatives de tout ou partie de

la valeur de l'immeuble, telles que par exemple des indemnités d'arrachage des ceps de vigne (Bordeaux, 19 juin 1986 : *D.* 1987, p. 295, note D. Denis).
Ces solutions rejoignaient celles admises par la jurisprudence à propos du privilège de vendeur.

4648 **Solutions adoptées par l'ancienne association des conservateurs des hypothèques (AMC).** Seront ci-dessous rappelées d'anciennes solutions adoptées par l'ancienne association des conservateurs des hypothèques (AMC), sous l'empire de l'ancien PPD, dans des cas particuliers intéressant les acquisitions en indivision. Leur pertinence, au regard notamment de la règle de l'effet relatif des formalités, devrait conduire à leur transposition dans des cas similaires intéressant désormais l'HLSPD.

4649 **Emprunt contracté par l'un des deux acquéreurs non solidaires d'un immeuble. Inscription contre le débiteur, grevant la totalité de l'immeuble.** M. A et M. B, non solidaires ont acquis en indivision un immeuble à concurrence de 7/10 pour le premier et 3/10 pour le second. Pour garantir un prêt consenti à M. A, une inscription de privilège de prêteur de deniers est prise sur la totalité de l'immeuble.

Dès lors que selon le fichier immobilier M. A n'est propriétaire que des 7/10 indivis de l'immeuble, l'inscription du privilège ne peut qu'être rejetée. Il y a en effet discordance entre les énonciations du bordereau et les titres publiés, qui font apparaître que M. A n'est titulaire que de droits indivis sur l'immeuble (*Bull. AMC* 2009, art. 1923).

4650 **Acquisition d'une part indivise d'un immeuble. Bordereau d'inscription du privilège sur tous autres droits indivis dans l'immeuble dont les acquéreurs pourraient devenir propriétaires.** La moitié indivise d'un immeuble a été acquise au moyen d'un prêt donnant naissance au privilège du prêteur de deniers au profit d'une banque. Il est stipulé dans l'acte que le privilège frappera, outre la part indivise acquise, tous les droits indivis dont l'acquéreur pourrait devenir propriétaire dans cet immeuble, et donc la totalité le cas échéant. Cette mention est reproduite sur le bordereau dans le cadre « Immeuble grevé ». C'est à juste titre que le conservateur notifie un rejet car l'assiette du privilège est déterminée par la loi et le privilège ne s'exerce que sur l'immeuble vendu. Son assiette ne saurait être reportée sur un autre immeuble. En conséquence, si un propriétaire indivis cède à un tiers ses droits indivis le privilège ne peut grever que les droits cédés (*Bull. AMC* 2005, art. 1872).

III
Modalités d'inscription

4651 L'inscription de l'HLSPD n'est enfermée dans aucun délai particulier. Il est toutefois conseillé de procéder le plus rapidement à son inscription puisque c'est la date de l'inscription qui détermine le rang de la créance. Il serait ainsi de bonne pratique de déposer les bordereaux d'inscription des HLSPD un instant de raison après la vente (M. Cazajus et V. Lafargue : *Nota-Bene* mars 2022, n° 266, fiche 1098).

4652 **Rappel.** L'inscription du privilège du prêteur de deniers est soumise aux mêmes règles que l'inscription du privilège du vendeur (V. **Hypothèque légale spéciale du vendeur d'immeuble (ancien privilège)**).
Lorsque l'acte de vente et l'acte de prêt ont été reçus par des notaires différents, l'un des notaires, mais de préférence le notaire rédacteur de l'acquisition car lui seul peut constater la quittance, rédige les bordereaux en y relatant les deux actes au paragraphe « en vertu de » (chron. hyp. P.J.C. : *JCP* N 1990, I, prat. 1595).

4653 **Délai.** L'inscription de l'ancien PPD devait être prise dans le délai de deux mois à compter de l'acte de vente ; le privilège prenait rang à la date de cet acte (C. civ., ancien art. 2379, al. 1er). Dans le cas de vente d'un immeuble à construire conclue à terme conformément à l'article 1601-2, le PPD prenait rang à la date de l'acte de vente si l'inscription était prise avant l'expiration d'un délai de deux mois à compter de la constatation par acte authentique de l'achèvement de l'immeuble (C. civ., ancien art. 2380).

4654 **Modalités particulières : extraits littéraux.** Lorsque des extraits littéraux sont déposés au bureau des hypothèques, conformément au premier alinéa du 1 de l'article 34 du décret du 4 janvier 1955, pour opérer la publicité d'actes ou de décisions judiciaires en vertu desquels peut être requise une inscription d'hypothèque spéciale de prêteur de deniers, il résulte de l'article 68-2 du décret du 14 octobre 1955 que :

« – ces extraits doivent préciser la nature et la date de l'acte ou de la décision, l'officier public ou ministériel ou l'autorité administrative qui a reçu l'acte ou l'autorité judiciaire qui a rendu la décision et reproduire littéralement :

1° Les énonciations desdits actes ou décisions relatives notamment :

– à l'état civil des parties et à la désignation complète des immeubles ;

– aux élections de domicile ;

– à l'origine de propriété du chef soit des vendeurs, soit des copartageants ou colicitants et de leurs auteurs, ainsi que des précédents propriétaires au nom desquels des copies, extraits ou certificats sont requis en même temps que la publicité ;

– aux conditions (prix, évaluation des lots, soultes, modalités de paiement, charges et intérêts, frais, entrée en jouissance, etc.) ;

– aux servitudes constituées par l'acte ou la décision.

2° Lorsqu'il s'agit d'une adjudication, la teneur intégrale soit du jugement, soit du procès-verbal proprement dits.

Le cas échéant, il est mentionné dans l'extrait littéral que l'acte ou la décision judiciaire ne contient pas d'énonciations relatives à l'origine de propriété ou que celle-ci ne s'étend pas à tous les précédents propriétaires du chef desquels des copies, extraits ou certificats sont requis en même temps que la publicité ».

Les dispositions étaient identiques pour l'ancien privilège de prêteur de deniers.

Il convient néanmoins de relever que ces dispositions sont inapplicables aux actes notariés de vente d'immeubles, lesquels relèvent obligatoirement de la formalité fusionnée (CGI, art. 647, I). Or, la formalité fusionnée est exécutée au vu de deux expéditions intégrales de l'acte à publier établies dans les conditions fixées par l'article 67-3 du décret n° 55-1350 du 14 octobre 1955 (CGI, ann. III, art. 253, I).

IV Effets

A Créance garantie

4655 Les solutions suivantes, adoptées pour l'ancien PPD, apparaissent transposables *mutatis mutandis* à l'actuelle HLSPD.

4656 **Vente « contrat en mains ».** L'ancienne association des conservateurs des hypothèques avait considéré qu'en cas de vente « contrat en mains », et si le prêteur de deniers intervient pour la totalité du prix exprimé (c'est-à-dire consentait, en fait, un prêt d'un montant supérieur au prix réel de l'immeuble), rien ne s'opposait à ce que la totalité de la somme prêtée soit garantie si l'acte d'emprunt et l'acte de vente constataient, d'une part, la destination des fonds et, d'autre part, leur quittance par le vendeur (*Bull. AMC* 1999, art. 1811).

4657 **Vente en état futur d'achèvement.** Quand un prêt a été consenti à l'acquéreur d'un immeuble, en état futur d'achèvement et est utilisé en partie pour payer le prix exigible comptant et, pour le surplus, pour régler les échéances dues au fur et à mesure des travaux, l'ancienne association des conservateurs des hypothèques avait admis que l'inscription de privilège de prêteur de deniers puisse être prise pour sûreté de la totalité de la somme prêtée. Elle avait rappelé qu'en tous les cas, le conservateur, dont le contrôle ne portait que sur l'existence apparente du titre donnant naissance à la garantie, ne pouvait refuser d'effectuer une telle inscription (*Bull. AMC* 1978, art. 1115).

B Intérêts garantis

4658 **Caractère autonome de l'ancien privilège.** Le PPD garantissait, indépendamment du principal du prêt et de ses accessoires, les intérêts au taux conventionnel stipulé, et ceci pour les trois années prévues par l'ancien article 2432 du Code civil. Le prêteur de deniers n'avait nul besoin de se faire constituer une affectation hypothécaire conventionnelle complémentaire pour la différence entre les intérêts au taux conventionnel et au taux légal. La solution tenait au caractère autonome du privilège. L'ancien article 2374 du Code civil avait formellement consacré le principe de l'autonomie du privilège du prêteur de deniers pour l'acquisition d'un immeuble. Il en résultait que le prêteur de deniers n'avait plus besoin, contrairement aux errements antérieurs, de se faire consentir une affectation hypothécaire conventionnelle complémentaire, ni corrélativement de l'inscrire, pour garantir la différence entre le taux des intérêts du prêt et le taux légal ou celui fixé pour le prix de vente : les intérêts directement garantis sont ceux du contrat de prêt.

4659 **Nature hypothécaire de l'actuelle hypothèque spéciale.** Aujourd'hui, la solution est identique pour l'actuelle hypothèque spéciale du prêteur de deniers, sur le simple fondement de l'actuel article 2427 du Code civil (l'hypothèque légale spéciale est avant tout une hypothèque) ; elle garantit donc pour trois ans les intérêts au taux conventionnel stipulé.
Les solutions suivantes, adoptées pour l'ancien PPD apparaissent transposables *mutatis mutandis* à l'actuelle HLSPD.

4660 Si le taux des intérêts à garantir n'est pas mentionné dans le bordereau d'inscription, les intérêts ne sont conservés, en vertu de l'article 57 du décret du 14 octobre 1955, qu'au taux légal (V. **Bordereau d'inscription**).
Jugé, toutefois, sous l'empire de la législation antérieure au décret précité de 1973, que les intérêts garantis doivent être calculés au taux prévu dans l'acte de vente et non au taux légal quand l'inscription mentionne que les intérêts sont conservés au taux stipulé dans cet acte et que ledit acte a été publié le même jour, car les tiers peuvent savoir, en se reportant à la convention, à quel taux d'intérêt le prêt a été consenti (CA Versailles, 2e ch., 9 déc. 1980 : *Journ. not.* 1981, art. 56228, note Raison).

4661 **Anatocisme.** Un ancien conservateur des hypothèques avait estimé que les intérêts reportés et capitalisés, en vertu d'une convention d'anatocisme arrêtée lors de la convention de prêt, paraissaient garantis par le privilège accordé au prêteur de deniers au même titre que les intérêts simples échus en dehors des trois années conservées par l'inscription de la créance, c'est-à-dire par des inscriptions prises au fur et à mesure de leur échéance, mais sans qu'il fût nécessaire pour le créancier d'obtenir une affectation hypothécaire spéciale (H. Bulté, chron. hyp. : *JCP* N 1972, prat. 5226).

4662 **Prêt anticipant un crédit différé.** Il convient de déterminer le bénéficiaire du privilège de prêteur de deniers lorsque le prix de vente de l'immeuble a été payé à l'aide de fonds empruntés en anticipation d'un crédit différé (H. Bulté : *JCP* N 1973, prat. 5502 et 5560).

C Rang

4663 L'HLSPD prend rang au jour de son inscription au fichier immobilier (C. civ., art. 2418, al. 1er). C'est la différence majeure avec l'ancien PPD dont l'inscription rétroagissait au jour de la vente. En l'absence de rétroactivité de l'hypothèque spéciale, certains conflits entre sûretés seront résolus en tenant compte de la seule date de prise d'inscription.

4664 **Concurrence entre l'HLSPD et l'HLSV.** La question était discutée sous l'empire de l'ancien PPD, venant en concurrence avec l'ancien PV (V. *infra*). La question est désormais résolue pour les hypothèques légales spéciales : la règle est que, lorsque l'HLSV et l'HLSPD sont inscrites le même jour, la première prend rang devant la seconde (C. civ., art. 2418, al. 3).

4665 **Concurrence entre plusieurs HLSPD.** En cas de pluralité d'HLSPD, la règle est qu'elles viennent en concurrence (C. civ., art. 2418, al. 3).

4666 **Concurrence entre l'HLSPD et une hypothèque conventionnelle ou judiciaire.** La règle est qu'en présence de plusieurs inscriptions d'hypothèques conventionnelles ou judiciaires, celle qui est prise en vertu du titre portant la date la plus ancienne est réputée d'un rang antérieur ; et si les titres ont la même date, elles viennent en concurrence (C. civ., art. 2418, al. 3).
Seront ci-après examinées les règles applicables et solutions rendues sous l'empire de l'ancien PPD.

4667 **Rétroactivité de l'ancien PPD.** Inscrit dans les deux mois de l'acte de vente, le privilège du prêteur de deniers remontait, quant à ses effets, au jour de cet acte (C. civ., ancien art. 2379). Pris après ce délai, il dégénérait en hypothèque légale simple.

4668 **Vente à terme.** Pour les ventes à terme de l'article 1601-2 du Code civil, le privilège prenait également rang du jour de l'acte de vente lorsqu'il était inscrit dans les deux mois de l'acte constatant l'achèvement de l'immeuble (C. civ., ancien art. 2380).

4669 **Prix payable à terme.** En admettant que le privilège de prêteur de deniers puisse valablement être inscrit en cas de vente d'immeuble dont le prix est payable à terme (V. n° 4634), la question se posait de savoir si ce privilège pris dans les deux mois de l'acte de vente remonterait, quant à ses effets, au jour de la vente ou seulement à la date de la constatation du paiement fait à l'aide des fonds prêtés. Étant donné qu'aucun texte n'exige que la cause de l'obligation à mentionner sur le bordereau en vertu de l'article 55 du décret n° 55-1350 du 14 octobre 1955, § 2, 3° (ancien art. 2148, al. 3, 3°) existe depuis le jour où rétroagit le privilège, il est à penser que le privilège de prêteur de deniers rétroagirait au jour de la vente et non pas seulement à la date à laquelle a été établi l'acte de quittance (P. Chassaing : *JCP* N 1986, prat. 9978. – M. Dagot : *JCP* G 1987, I, 3296).

4670 **Concurrence entre privilège de vendeur et privilège de prêteur de deniers.** La loi n'avait pas réglé le rang, l'un par rapport à l'autre, des PV et PPD. La doctrine majoritaire et la pratique considéraient généralement que la primauté appartenait au vendeur (P.-F. Cuif : *Bull. Cridon Paris* 1er-15 déc. 2021, n° 23, II-148 et réf. doc. citées).

4671 **Privilèges des prêteurs de deniers entre eux.** La loi n'avait pas réglé non plus l'ordre de leurs privilèges en cas de pluralité de prêteurs de deniers. Il était alors considéré que ces privilèges devaient venir en concurrence.

V

Perceptions

N.B. : La contribution de sécurité immobilière a remplacé le salaire du conservateur à compter du 1er janvier 2013. Elle obéit aux mêmes conditions d'assiette, de tarifs, de contrôle et de recouvrement que ce salaire (V. **Contribution de sécurité immobilière**). Les solutions données ci-dessous à propos du salaire du conservateur peuvent donc être transposées pour la perception de la contribution de sécurité immobilière.

A Principes

➤ Sur les perceptions, V. **Hypothèques légales spéciales**.

B Solutions particulières

Sont ici rappelées des solutions particulières adoptées sous l'empire de l'ancien PPD.

4672 **Inscription par un même bordereau du privilège de vendeur et du privilège de prêteur de deniers pour une même créance.** L'administration avait considéré, sur le fondement de l'ancien article 293 de l'annexe III du Code général des impôts, que puisqu'il y a deux privilèges, il serait perçu deux salaires distincts, alors même qu'un bordereau unique aurait été établi (Rép. min. A. Hautecour : *JOAN* CR, 11 août 1979, p. 6629 ; *Bull. AMC* 1979, art. 1188).
L'analyse sera relayée par les conservateurs des hypothèques, l'inscription par le même bordereau à la fois du privilège de vendeur et du privilège de prêteur de deniers devait donner ouverture à deux salaires proportionnels (*JCP* N 1986, prat. 9833, par R. Chardonnal ; *Bull. AMC* 1979, art. 1188). La perception du salaire de radiation obéissant aux règles qui gouvernent celles du salaire afférent à l'inscription radiée (Lacroix, n° 498), quand une inscription s'applique à deux droits distincts, sa radiation devait donner ouverture à deux salaires (*JCP* N 1986, prat. 9833, par R. Chardonnal).
Un ancien conservateur des hypothèques avait toutefois considéré que puisqu'il y avait créance unique (et non deux obligations garantissant des causes différentes), un seul salaire devait être perçu. Une créance garantie par plusieurs sûretés (hypothèque judiciaire ou conventionnelle, ou, les deux, plus un privilège) ne devrait donner ouverture qu'à un seul salaire (H. Bulté : *JCP* N 1976, prat. 6189 et *JCP* N 1976, prat. 6388).

4673 **Inscription, par un même bordereau, du prêteur de deniers subrogé dans le privilège du vendeur (et l'action résolutoire) et du privilège autonome de l'article 2103-2° du Code civil.** Selon l'article 293 de l'annexe III du Code général des impôts, le salaire est alloué pour l'inscription de chaque droit d'hypothèque ou de privilège (solution reprise par l'article 881 H actuel du Code général des impôts). Il en avait été déduit que dans l'hypothèse évoquée, il serait perçu deux salaires, puisqu'il y a deux privilèges, et cela alors même qu'un bordereau unique aura été établi, car il y a en réalité deux obligations, et deux inscriptions (ne garantissant pas d'ailleurs les mêmes sommes ; H. Bulté : *JCP* N 1976, prat. 6189. – Opinion reprise dans des chroniques ultérieures, notamment par H. Bulté : *JCP* N 1976, prat. 6388. – R. Chardonnal : *JCP* N 1986, prat. 9833. – P.J.C., chron. : *JCP* N 1989, prat. 1182.

Hypothèque légale spéciale du vendeur d'immeuble (ancien privilège)

Serge LAMIAUX

Sommaire analytique

Index alphabétique

Index alphabétique (suite)

BIBLIOGRAPHIE : *JCl. Notarial Répertoire*, V° Privilèges, Fasc. 51 par Ph. Delebecque et F.-J. Pansier, refondu par V. Brémond et Fasc. 55, par J. Mestre, refondu par V. Brémond. – *JCl. Notarial Formulaire*, V° Bordereau d'inscription hypothécaire, Fasc. 155 par P. Frémont et J. Lafond.

4674 **Disparition de l'ancien privilège du vendeur d'immeuble et avènement de l'hypothèque spéciale vendeur d'immeuble.** L'ordonnance du 15 septembre 2021 portant réforme du droit des sûretés supprime l'ancien privilège du prêteur de deniers (codifié aux anciens articles 2103, 1° puis 2473, 1°) pour le remplacer par l'hypothèque légale spéciale du prêteur de deniers (codifiée à l'article 2402, 1°).

Droit transitoire. V. **Hypothèques légales spéciales.**

Abréviations. Dans la suite des développements, l'hypothèque légale spéciale du vendeur d'immeuble sera désignée soit hypothèque spéciale du vendeur, soit HLSVI. L'ancien privilège du vendeur d'immeuble sera quant à lui désigné PVI.

I Conditions de fond de la constitution de l'hypothèque légale spéciale

Les conditions de constitution de l'hypothèque spéciale du vendeur sont identiques à celles de l'ancien privilège correspondant.

A Il doit y avoir vente

1 Ventes et actes assimilés

4675 **Ventes proprement dites.** En principe, tout contrat ayant la nature d'une vente et portant sur un immeuble ou un droit immobilier donnait naissance au privilège du vendeur, dès lors que le prix en reste dû en tout ou en partie (Planiol et Ripert, *op. cit.*, t. XII, par Becqué, n° 626. – Ripert et Boulanger, *Traité élémentaire de droit civil*, t. II, n° 4070. – Marty et Raynaud, *Droit civil*, t. III, 1er vol. avec Jestaz, n° 247).

Il n'y avait pas lieu de distinguer non plus entre les ventes amiables et les ventes forcées (Mazeaud, *op. et loc. cit.* – Planiol et Ripert, *op. et loc. cit.* – Cass. req., 8 févr. 1870 : *DP* 1870, 1, 420).

Ces solutions apparaissent transposables *mutatis mutandis* à l'actuelle HLSPVI.

4676 Au cas de plusieurs ventes successives du même immeuble, dont le prix est encore dû en tout ou en partie, chacun des vendeurs bénéficie du privilège sur l'immeuble, mais le premier est préféré au second, le deuxième au troisième, et ainsi de suite (C. civ., art. 2103, 1°, al. 2).

4677 **Actes assimilés à la vente.** L'ancien PVI était susceptible de résulter d'opérations juridiques s'analysant en totalité ou en partie en une vente (pour plus de détails, V. *JCl. Notarial Formulaire*, V° Bordereau d'inscription) :

– l'échange d'immeubles avec soulte, mais uniquement pour garantir le paiement de la soulte due ;
– la dation en paiement portant sur un immeuble : le privilège garantit le paiement de la soulte due lorsque l'immeuble remis en paiement a une valeur supérieure au montant de la créance ;
– l'apport en société rémunéré moyennant un prix stipulé ou moyennant la prise en charge par la société du passif de l'apporteur ;
– le prélèvement par le conjoint survivant d'immeubles appartenant au prémourant (C. civ., art. 1390 et 1392), pour garantir la créance des héritiers du défunt ;

– les actes qui font cesser l'indivision lorsqu'ils s'analysent en une vente (V. **Hypothèque légale spéciale du copartageant (ancien privilège)**) ;
– la licitation ou la cession de droits successifs lorsqu'elles sont prononcées au profit d'un tiers étranger à l'indivision.

4678 **Promesses de vente.** Le privilège du vendeur s'étendait à la promesse de vente acceptée, qui vaut vente au sens de l'article 1589 du Code civil (Chambaz, Masounabe-Puyanne et Leblond, *Précis du droit et de la pratique hypothécaires*, 2e éd., n° 97, 1°).
Il s'appliquait également en cas de réitération par acte authentique d'une vente sous seing privé. L'inscription du privilège de vendeur pouvait être requise, dès que l'acte de réitération a été publié ou en même temps que cette publication (*Bull. AMC* 1976, art. 1041).
En cas de refus de réitération d'un acte de vente sous seing privé ou d'une promesse de vente acceptée par acte sous seing privé, la publication du procès-verbal authentique de carence ou de difficultés auquel est annexé l'acte sous seing privé permettait de requérir en même temps ou ultérieurement l'inscription du privilège de vendeur (*Bull. AMC* 1985, art. 1329).
Ces solutions, prises pour l'ancien PVI et par l'ancienne association des conservateurs des hypothèques, paraissent transposables *mutatis mutandis* à l'actuelle HLSPVI.

2 Actes divers

Les observations doctrinales qui suivent apparaissent transposables *mutatis mutandis* à l'HLSVI.

4679 **Donation.** La donation entre vifs qui impose au donataire le paiement d'une somme d'argent ou l'exécution de toute autre charge ne conférait pas le privilège du vendeur au donateur sauf si, en raison de l'importance des charges imposées, l'acte, malgré la qualification donnée par les parties, constituait en réalité une vente (V. *JCl. Notarial Formulaire*, V° Bordereau d'inscription).
S'il s'avérait, à l'inverse qu'un acte qualifié par les parties de vente constitue en réalité une donation, le privilège de vendeur qui aurait été inscrit serait nul (V. *JCl. Notarial Formulaire*, V° Vente d'immeuble, Fasc. 480).

4680 **Exercice du rachat (ancien réméré).** L'acheteur à réméré n'avait pas le privilège du vendeur pour garantir le paiement des restitutions et remboursements que motive le rachat. Mais le privilège pourrait être invoqué si le réméré n'était exercé qu'après l'expiration des délais stipulés, ou encore si la convention de réméré n'avait pas été stipulée dans le contrat de vente mais postérieurement (Ripert et Boulanger, *op. cit.*, t. II, n° 4074. – Planiol et Ripert, *op. cit.*, t. XII, par Becqué, n° 630).

4681 **Conversion d'usufruit en rente viagère.** La nature de l'acte de conversion variant selon les cas, il ouvait donner lieu tantôt à l'inscription du privilège de vendeur, tantôt à l'inscription du privilège du copartageant (V. **Conversion d'usufruit**).

B La vente doit porter sur un immeuble ou des droits immobiliers

4682 **Principe.** Le privilège du vendeur, ne pouvait porter que sur des immeubles ou des droits immobiliers : droit de propriété, droit de superficie, droit d'usufruit, droit de nue-propriété ou actes portant constitution, cession ou aliénation du droit d'emphytéose (Ph. Delebecque, F.-J. Pansier et V. Brémond : *JCl. Civil Code*, Art. 2374, *Privilèges spéciaux immobiliers*, n° 55 ; Bulté, chron. hyp. : *JCP* N 1949, IV, 807).
Meubles. L'ancien PVI ne s'appliquait pas en cas de vente de meubles.
Immeuble par destination. L'ancien PVI ne s'appliquait pas :
– à la vente séparée d'immeubles par destination car une telle vente opère rupture juridique de l'ensemble constitué par le fonds principal et ses accessoires. L'immobilisation artificielle des meubles vendus ne se justifie donc plus ; la vente est mobilière et donne lieu au privilège du vendeur de meubles (Ph. Delebecque, F.-J. Pansier et V. Brémond : *JCl. Civil Code*, Art. 2374, *Privilèges spéciaux immobiliers*, n° 56) ;
– à la vente d'un meuble devenu immeuble aux mains de l'acheteur. Si le meuble vendu est devenu immeuble par destination, le vendeur bénéficie néanmoins du privilège de vendeur de meubles. Si le meuble vendu est devenu immeuble par nature, le vendeur n'a plus aucun privilège, car le meuble objet de la vente a nécessairement perdu son individualité (Ph. Delebecque, F.-J. Pansier et V. Brémond : *JCl. Civil Code*, Art. 2374, *Privilèges spéciaux immobiliers*, n° 58).
Meubles par anticipation. La vente de meubles par anticipation (récolte ou coupe de bois à faire, produits à extraire d'une carrière, matériaux à provenir de la démolition d'un édifice) fait naître non pas le privilège du vendeur d'immeuble, mais celui du vendeur de (Ph. Delebecque, F.-J. Pansier et V. Brémond : *JCl. Civil Code*, Art. 2374, *Privilèges spéciaux immobiliers*, n° 57).

4683 **Cession d'un droit de mitoyenneté.**
➤ V. **Mitoyenneté des murs.**

4684 **Constitution de servitude.**
➤ V. **Servitudes.**

4685 **Droit d'usage et d'habitation.** Si l'immeuble vendu était grevé d'un droit d'usage et d'un droit d'habitation (ou de l'un de ces droits), le privilège de vendeur ne pouvait pas porter sur ces droits puisqu'aux termes des articles 631 et 634 du Code civil, ceux-ci sont inaliénables (Ph. Delebecque, F.-J. Pansier et V. Brémond, *JCl. Civil Code*, Art. 2374, *Privilèges spéciaux immobiliers*, n° 60).
Pour qu'il en fût autrement, il eût fallu que le titulaire des droits en question y renonçât (V. **Droit d'usage ou d'habitation**).

4686 **Cession de constructions édifiées sur le terrain d'autrui.**
➤ Sur l'application du privilège (et aujourd'hui de l'hypothèque spéciale) pour garantir le prix de cession, V. **Construction sur sol d'autrui.**

C Il doit y avoir une créance de prix

Les observations qui suivent apparaissent transposables *mutatis mutandis* à l'HLSVI.

4687 **Principe.** Le privilège du vendeur étant accordé pour garantir le paiement du prix de vente (C. civ., ancien art. 2374, 1°), il ne pouvait exister qu'autant que ce prix restait dû, en totalité ou en partie, au vendeur et que l'existence de la créance de celui-ci résultait de l'acte de vente lui-même (Ph. Delebecque, F.-J. Pansier et V. Brémond : *JCl. Civil Code*, Art. 2374, *Privilèges spéciaux immobiliers*, n° 71).
En conséquence, le privilège ne prenait pas naissance lorsque l'acte de vente portait quittance pure et simple du prix et que cette quittance était libératoire (Ph. Delebecque, F.-J. Pansier et V. Brémond : *JCl. Civil Code*, Art. 2374, *Privilèges spéciaux immobiliers*, n° 74 ; *JCl. Notarial Formulaire*, V° *Bordereau d'inscription*). L'analyse apparaît transposable à l'actuelle hypothèque spéciale.

4688 **Novation.** La novation de la créance du prix de vente éteignait le privilège du vendeur, sauf s'il était fait réserve expresse de ce privilège (cf. C. civ., art. 1334, ancien art. 1278). La règle est identique pour l'actuelle hypothèque spéciale (C. civ., art. 1334).
Il n'y a pas novation dans le cas de paiement du prix par chèque. En conséquence, la créance originaire, avec toutes les garanties qui y sont attachées, subsiste jusqu'au paiement du chèque (C. monét. fin., art. L. 131-67).
La question se pose principalement dans les cas suivants : création de billets à ordre, conversion du prix en rente viagère et conversion en obligation de faire. Les analyses suivantes ont été développées sous l'empire de l'ancien PVI ; elles apparaissent transposables *mutatis mutandis* à l'actuelle HLSVI.

4689 **Création de billets à ordre.** Dans cette hypothèse, il fallait faire une distinction (Ph. Delebecque, F.-J. Pansier et V. Brémond : *JCl. Civil Code*, Art. 2374, *Privilèges spéciaux immobiliers*, n° 77) :
a) si l'acte de vente portait quittance pure et simple du prix sans mentionner la création et la remise des billets au vendeur, le privilège n'existait pas et par conséquent, ne pouvait être inscrit ;
b) au contraire, lorsque l'acte mentionnait la création et la remise des billets en représentation du prix, le privilège prenait naissance, même si le vendeur avait donné quittance du prix, la remise des billets étant considérée comme un procédé particulier de règlement et les parties étant présumées n'avoir pas voulu nover la créance du prix. Il pouvait en être autrement si le vendeur, en donnant quittance, avait expressément déclaré accepter les billets comme argent comptant ;
c) enfin, si l'acte de vente ne portait ni quittance, ni mention de règlement en billets, le privilège subsistait encore.

4690 **Conversion du prix en rente.** Dans le cas où le prix stipulé en un capital en espèces était converti en une rente viagère ou perpétuelle, une distinction était également nécessaire :
– lorsque la conversion était faite dans le contrat de vente même, alors le privilège substait ;
– mais si la conversion était faite dans une convention postérieure, il y avait novation de la créance et le privilège disparaissait, à moins qu'il n'ait été expressément réservé (Ph. Delebecque, F.-J. Pansier et V. Brémond : *JCl. Civil Code*, Art. 2374, *Privilèges spéciaux immobiliers*, n° 78).

4691 **Conversion en obligation de faire.** Il y avait novation lorsque le prix ou une rente en argent était converti en une rente en nature, par exemple en obligation de loger, nourrir et entretenir le créancier (*JCl. Notarial Formulaire*, V° Bordereau d'inscription).
Selon l'opinion d'anciens conservateurs des hypothèques, lorsque la sûreté avait été réservée lors

de cette conversion, le bénéfice de l'inscription de privilège semblait pouvoir être maintenu avec son rang en renouvelant cette inscription. Pour ce faire, il suffisait de déposer un bordereau ordinaire (et non un bordereau de renouvellement), précisant que l'inscription était requise pour valoir tant comme inscription nouvelle qu'en renouvellement de l'inscription déjà prise (Bulté : *JCP* N 1964, IV, 3723. – Chardonnal : *JCP* N 1985, prat. 9495).

II
Créances garanties

Les solutions suivantes, adoptées pour l'ancien privilège du vendeur, apparaissent transposables *mutatis mutandis* à l'actuelle hypothèque spéciale du vendeur.

4692 **Prix en espèces.** L'ancien privilège du vendeur garantissait la créance du prix de la vente (C. civ., ancien art. 2374-1°) jusqu'à concurrence seulement des sommes ou prestations qui restent dues d'après l'acte de vente au moment où la vente est devenue parfaite.

4693 **Prix en nature.** La vente d'un immeuble ou de droits immobiliers peut être réalisée moyennant une contrepartie autre qu'une somme d'argent. En pareil cas, par exemple lorsque l'acquéreur se voit impartir une obligation de faire (ce qui est différent du cas où un prix est stipulé et converti en prestations en nature), il n'était pas possible d'inscrire un privilège de vendeur. Ainsi, lorsque la nue-propriété d'un immeuble vendu en contrepartie de l'engagement de faire les réparations nécessaires (Cass. 1re civ., 12 oct. 1967 : *Bull. civ.* I, n° 292) ou dans le cas de la vente d'une propriété moyennant un prix de 1 F et l'obligation d'aménager un centre équestre (Cass. 3e civ., 17 mars 1981 : *Bull. civ.* 1981, III, n° 292 ; *RD imm.* 1981, p. 537, obs. M. Dagot), ou encore dans le cas de cession d'un droit de construire à charge d'effectuer des travaux (Cass. 3e civ., 13 mars 2007 : *JurisData* n° 2007-037915).

4694 **Bénéficiaire du prix.** Dans le cas où le prix, et notamment la rente, est stipulé au profit d'un tiers, c'est ce tiers qui peut en poursuivre le paiement ; il pouvait alors invoquer le privilège en son nom personnel. L'ancienne association des conservateurs des hypothèques avait ainsi considéré que, lorsque la créance du prix a été déléguée par le vendeur à un tiers qui est intervenu à l'acte pour accepter cette délégation, cette acceptation avait dessaisi le vendeur de cette créance et par suite, ledit tiers était seul bénéficiaire du privilège de vendeur (*Bull. AMC* 1968, art. 732).

4695 **Intérêts.** Les intérêts du prix entrent dans l'objet direct de l'obligation contractée par l'acheteur (cf. C. civ., art. 1652) et sont, par suite, garantis par le privilège dans les limites de trois années, en application de l'ancien article 2432 (devenu art. 2427) du Code civil (V. **Bordereau d'inscription**).

4696 **Accessoires.** L'ancien privilège du vendeur garantissait également les accessoires du prix, c'est-à-dire toutes les autres charges imposées à l'acheteur soit au profit du vendeur personnellement, soit au profit d'un tiers par lui délégué. Par accessoires, il convenait d'entendre notamment les primes d'assurance-vie, les agios en commission et les intérêts de retard (CA Versailles, 2e ch., 9 déc. 1980 : *Journ. not.* 1981, art. 56228, note Raison) ainsi que les prestations supplémentaires à condition qu'ils soient mentionnés dans l'acte de vente (*JCl. Notarial Formulaire*, V° Bordereau d'inscription).

4697 **Charges.** En ce qui concerne les charges, l'ancien privilège ne garantissait que celles qui peuvent être considérées comme formant la contre-valeur de l'immeuble vendu. Celles qui ne présentaient pas ce caractère n'étaient pas garanties. Ainsi par exemple, ne bénéficiaient pas du privilège les dommages-intérêts qui peuvent être dus par l'acheteur en cas de résolution de la vente pour inexécution de ses engagements, alors même que le montant en aurait été fixé forfaitairement à l'avance par une clause pénale insérée dans l'acte de vente (*JCl. Notarial Formulaire*, V° Bordereau d'inscription).

4698 **Frais du contrat.** Les frais et loyaux coûts du contrat (droits de mutation, émoluments du notaire, frais de publicité foncière, etc.) sont, en principe, à la charge de l'acheteur (cf. C. civ., art. 1593). Ces frais étaient garantis par l'ancien privilège du vendeur lorsque le vendeur avait été amené à en faire l'avance, soit en vertu d'une stipulation du contrat, soit en raison de sa solidarité avec l'acheteur. Cependant, selon une jurisprudence ancienne, le privilège ne pouvait s'exercer dans ce cas que si les frais avaient été mentionnés dans l'acte (Cass. civ., 6 mars 1950 : *S.* 1950, 1, 164. – Cass. civ., 10 juill. 1944 : *S.* 1945, 1, 14. – V. *JCl. Notarial Formulaire*, V° Bordereau d'inscription).

4699 Les frais dont le paiement est garanti ne comprennent pas les droits supplémentaires et les pénalités d'enregistrement payés en l'acquit de l'acquéreur (Cass. req., 10 juill. 1944, préc. – Cass. civ., 6 mars 1950, préc.).

4700 Le notaire ne jouissait pas directement de l'ancien privilège du vendeur, mais il pouvait l'exercer par la voie oblique au nom du vendeur ; il pouvait en outre obtenir une ordonnance de taxe de ses frais et bénéficier ainsi de l'hypothèque judiciaire.

III
Assiette du privilège

Les solutions suivantes, adoptées pour l'ancien privilège du vendeur, apparaissent transposables *mutatis mutandis* à l'actuelle hypothèque spéciale du vendeur.

4701 **Immeuble objet de l'aliénation.** L'ancien privilège du vendeur étant un privilège spécial, il grevait exclusivement l'immeuble objet de l'aliénation.
Les hypothèques et hypothèques privilégiées étant indivisibles (cf. C. civ., ancien art. 2393), le privilège du vendeur grève la totalité de l'immeuble, même dans le cas où il ne reste dû au vendeur qu'une partie du prix (Planiol et Ripert, *op. cit.*, t. XII, par Becqué, n° 635).

4702 **Vente de part indivise.** Il était traditionnellement considéré, en vertu d'une très ancienne jurisprudence, approuvée par la doctrine classique, que lorsque l'aliénation ne portait que sur une portion seulement de l'immeuble, le privilège était limité à cette portion. Il en était ainsi dans le cas de vente d'une part indivise, même lorsque, par un partage ultérieur ou par une adjudication sur licitation ultérieure, l'acquéreur devenait propriétaire de la totalité de l'immeuble (Ph. Delebecque, F.-J. Pansier et V. Brémond : *JCl. Civil Code*, Art. 2374, *Privilèges spéciaux immobiliers*, n° 65). Une partie de la doctrine contemporaine s'interroge sur la pérennité de cette solution au regard de l'article 2412, alinéa 2 du Code civil, qui précise, dans le cas proche de l'hypothèque conventionnelle portant sur une quote-part indivise, qu'en cas d'allotissement par partage de la totalité de l'immeuble indivis à l'indivisaire qui a consenti l'hypothèque, celle-ci s'étend à la totalité de l'immeuble (*ibid.*).
➤ Sur les précautions à prendre en cas d'inscription concernant seulement la part indivise d'un immeuble et les effets d'une telle inscription, V. **Indivision**.

4703 **Pluralité de vendeurs, d'acquéreurs ou d'immeubles. Vente ou adjudication à plusieurs acquéreurs par un ou plusieurs vendeurs.** Lorsque plusieurs immeubles appartenant à une même personne étaient vendus ou adjugés par le même acte à plusieurs acquéreurs différents, le vendeur avait autant de privilèges distincts qu'il y avait d'acquéreurs, et chaque privilège grevait séparément chacun des immeubles acquis par eux (Cass. civ., 11 mars 1891 : *DP* 1891, 1, 253. – Cass. civ., 13 avr. 1893 : *DP* 1893, 1, 531 ; Ph. Delebecque, F.-J. Pansier et V. Brémond : *JCl. Civil Code*, Art. 2374, *Privilèges spéciaux immobiliers*, n° 64).
Il n'en serait autrement que si les acquéreurs étaient tenus au paiement solidaire de l'intégralité du prix ou, tout au moins, de la partie du prix à garantir (*JCl. Notarial Répertoire*, V° Contrats et obligations, Fasc. 3).

4704 **Vente ou adjudication à plusieurs acquéreurs solidaires.** Spécialement, lorsqu'un immeuble était acquis indivisément par deux personnes, que l'une d'elles avait payé sa part comptant, mais qu'elle s'était engagée solidairement avec l'autre au paiement du solde, le privilège portait contre les deux acquéreurs pour la somme restant due, en raison de la solidarité stipulée (Bulté : *JCP* N 1975, prat. 5945. – Cf. *Bull. AMC* 1983, art. 1299).

4705 **Vente ou adjudication de plusieurs immeubles à un même acquéreur.** Dès lors que l'acte de vente ne comporte qu'un seul prix pour plusieurs immeubles vendus par le même vendeur à un même acquéreur, l'unité de la créance implique l'unité du privilège.

Pour que la division du privilège puisse être effectuée, il était nécessaire qu'un prix distinct fût stipulé pour chaque immeuble dans l'acte de vente (Bulté : *JCP* N 1978, prat. 6874). Ainsi, dans le cas d'adjudication à un même acquéreur, par le même procès-verbal, de différents immeubles appartenant au même vendeur, avec stipulation d'un prix distinct pour chaque immeuble, le vendeur jouissait d'un privilège distinct sur chaque immeuble, pour la garantie de chacun des prix (Cass. civ., 11 mars 1891, préc., n° 28. – V. aussi n° 4744).

4706 **Usufruit et nue-propriété.** Quand l'aliénation portait sur une nue-propriété, le privilège ne frappait que cette nue-propriété tant que l'usufruit subsistait ; mais après l'extinction de l'usufruit, le privilège s'étendait à la pleine propriété, car le nu-propriétaire était un plein propriétaire à terme.

Si l'aliénation ne portait que sur un droit d'usufruit immobilier, le privilège ne portait que sur ce droit et disparaissait en même temps que celui-ci s'éteignait (CA Nîmes, 24 janv. 1900 : *DP* 1912, 2, 390. – Ph. Delebecque, F.-J. Pansier et V. Brémond : *JCl. Civil Code*, Art. 2374, *Privilèges spéciaux immobiliers*, n° 66).

4707 En cas de vente de l'immeuble par le nu-propriétaire et par l'usufruitier conjointement, par un seul et même acte, l'acheteur devenant ainsi plein propriétaire :

a) s'il n'était stipulé qu'un prix unique, les parties devaient être considérées comme covenderesses et l'opération devait être considérée comme la vente d'une pleine propriété ; par suite, chacun des vendeurs exerçait alors son privilège sur la part lui revenant dans le prix, à fixer par ventilation, et le privilège de l'usufruitier ne s'éteignait pas par le décès de ce dernier ;

b) mais si, au contraire, deux prix distincts étaient stipulés, l'extinction du droit d'usufruit entraînait la disparition du privilège du vendeur de ce droit et étendait le privilège du vendeur de la nue-propriété à la pleine propriété (Ph. Delebecque, F.-J. Pansier et V. Brémond : *JCl. Civil Code*, Art. 2374, *Privilèges spéciaux immobiliers*, n° 67. – *Contra*, Paris 19 juill. 1855, et sur pourvoi, Cass. req., 16 avr. 1856 : *DP* 1856, 1, 317).

4708 **Privilège unique sur plusieurs immeubles.** Dans le cas où la vente porte sur plusieurs immeubles moyennant un prix unique (V. n° 4705 et n° 4744), il était admis que le vendeur, dont le privilège s'étend à tous les immeubles vendus, avait le droit d'exercer le privilège sur celui des immeubles grevés qu'il lui plaisait de choisir. Mais les autres créanciers avaient le droit de reporter fictivement l'effet de ce privilège sur tous les immeubles grevés, au marc le franc, afin que ceux inscrits sur l'immeuble choisi par le vendeur, et dont le prix était absorbé par son privilège, puissent être utilement colloqués (Bulté : *JCP* N 1978, prat. 6874).

4709 **Améliorations et augmentations apportées à l'immeuble grevé.** Il a été admis par une jurisprudence ancienne (Cass. req., 15 juill. 1867 : *DP* 1968, 1, 269) qu'en application des articles 2118-1° et 2133, alinéa 1 du Code civil (devenus art. 2397, al. 4), le privilège qui n'est qu'une hypothèque privilégiée s'étend, comme toute hypothèque, à toutes les améliorations survenues à l'immeuble grevé postérieurement à la naissance du privilège : constructions, plantations et autres incorporations effectuées par l'acquéreur, ainsi qu'aux immeubles par destination (*JCl. Notarial Formulaire*, V° Bordereau d'inscription).

Spécialement, en cas de vente de terrain contre remise de locaux à construire, le privilège de vendeur portait, après la réalisation des constructions, sur les locaux qui devaient être remis au vendeur (*Bull. AMC* 1985, art. 1326).

Cette solution était toutefois critiquée par la plupart des auteurs actuels, qui faisaient valoir que le privilège était fondé juridiquement sur l'idée de plus-value et ne devait grever, en conséquence, que la chose mise par le vendeur dans le patrimoine de l'acquéreur (Ph. Delebecque, F.-J. Pansier et V. Brémond : *JCl. Civil Code*, Art. 2374, *Privilèges spéciaux immobiliers*, n° 69).

4710 **Indemnités représentatives.** Comme les hypothèques, dans le cas où l'immeuble grevé est exproprié pour cause d'utilité publique, le privilège du vendeur régulièrement conservé s'exerçait sur l'indemnité allouée à l'exproprié dans les conditions prévues par la législation sur l'expropriation.

En cas de destruction de l'immeuble, le privilège, comme l'hypothèque, subsistait sur ce qui demeurait de l'immeuble si la destruction n'était que partielle (par ex., sur le terrain en cas de destruction totale d'un immeuble situé sur un terrain appartenant au propriétaire des constructions).

Le privilège était reporté sur l'immeuble reconstruit ou sur l'indemnité d'assurance.

IV Inscription

4711 En vertu de l'ancien article 2379 du Code civil, le vendeur conservait son privilège par une inscription prise à sa diligence, en la forme prévue aux articles 2426 et 2428 du Code civil (dans leur ancienne version). Il en est de même aujourd'hui pour l'hypothèque spéciale du vendeur : son opposabilité aux tiers est liée à son inscription prise en la forme prévue aux articles 2421 et suivants du Code civil.

A Délai de la prise d'inscription (différence entre hypothèque spéciale et privilège)

4712 **Nouvelle hypothèque spéciale du vendeur. Absence de délai.** La règle est l'absence de délai ; l'inscription de l'hypothèque spéciale du vendeur n'est enfermée dans aucun délai. Cette absence de contrainte temporelle ne signifie pas une pleine latitude, bien au contraire ; il importe de procéder rapidement à l'inscription puisque c'est la date de l'inscription qui détermine le rang de la créance (C. civ., art. 2418).

4713 **Ancien privilège du vendeur. Règle générale (délai de deux mois).** Pour rappel, le privilège ne conservait son caractère et ses effets que si l'inscription était prise dans le délai de deux mois à compter du jour de l'acte. Pendant ce délai, l'inscription était valablement prise nonobstant la publication de la mutation de l'immeuble opérée par l'acquéreur au profit d'un tiers.
Les solutions suivantes adoptées pour l'ancien PVI ne s'appliquent pas aux HLSVI constituées à compter du 1er janvier 2022.

4714 **Vente sous condition suspensive.** En cas de vente sous condition suspensive, le privilège du vendeur devait être inscrit dans les deux mois de l'acte qui la constatait. Ce privilège était soumis aux mêmes conditions que la vente elle-même. Si la condition se réalisait, il prenait effet rétroactivement au jour de la convention primitive ; au cas contraire, il devenait inefficace. Une mention de l'acte de réalisation, en marge de l'inscription, avait pu être conseillée pour la complète information des tiers (Bulté, chron. hyp. : *JCP* N 1968, IV, 4456).

4715 **Vente à terme.** Dans le cas de vente d'un immeuble à construire conclue à terme conformément à l'article 1601-2 du Code civil, le privilège, pour conserver son caractère et ses effets et prendre rang à la date de l'acte de vente, devait être inscrit avant l'expiration d'un délai de deux mois à compter de la constatation par acte authentique de l'achèvement des travaux (C. civ., ancien art. 2380).

4716 **Jugement valant vente.** C'était à compter du jugement valant acte de vente (V. **Promesse de vente**) que courait le délai de deux mois imparti par l'ancien article 2379 pour prendre inscription du privilège de vendeur (V. Cass. 1re civ., 24 juin 1997 : *JCP* N 1998, p. 54, note L. Leveneur).

1 Calcul du délai

➤ Sur les modalités de calcul des délais, V. **Délais**.

2 Dépassement du délai

4717 Les solutions suivantes adoptées pour l'ancien PVI ne s'appliquent pas aux HLSVI constituées à compter du 1er janvier 2022.

4718 **Conséquences.** Le privilège qui n'était pas inscrit dans le délai de deux mois dégénérait en hypothèque légale simple, qui ne prenait rang qu'à la date de son inscription (C. civ., ancien art. 2386, al. 2). En conséquence, il était primé par les hypothèques inscrites avant lui du chef de l'acquéreur, et ne pourrait même plus être inscrit s'il était survenu auparavant un des événements qui s'opposent au cours des inscriptions.
Le dépassement du délai aurait, en outre, pour effet de ne pas permettre au vendeur d'exercer éventuellement l'action en résolution pour défaut de paiement du prix prévue par l'article 1654 du Code civil (C. civ., ancien art. 2379, al. 2). Sur les conséquences d'une inscription tardive, V. J. M. Bez : *JCP* N 1973, prat. 5442.
Lorsque l'inscription était prise hors délai, l'ancienne association des conservateurs des hypothèques avait considéré qu'il était inutile d'indiquer dans le bordereau qu'elle a dégénéré en hypothèque légale (*Bull. AMC* 1971, art. 876).

4719 **Influence des événements qui arrêtent le cours des inscriptions. Énumération.** Quatre sortes d'événements arrêtent le cours des inscriptions des hypothèques : la publication de la mutation de l'immeuble, l'acceptation de la succession à concurrence de l'actif net ou la vacance de cette succession, la publication d'un commandement de saisie ou l'ouverture d'une procédure collective (V. **Inscription-Formalités**).

4720 **Saisie.** En cas de saisie immobilière par un tiers de l'immeuble vendu, l'inopposabilité aux créanciers saisissants, qui part du jour du dépôt du commandement au bureau des hypothèques, ne s'appliquait pas au privilège du vendeur : celui-ci peut être valablement inscrit jusqu'à la publication de l'adjudication sur saisie, à la condition, bien entendu, que le délai de deux mois ne soit pas expiré (C. civ., art. 2200, al. 3). Mais le privilège disparaît si l'inscription n'est pas prise avant la publication du jugement d'adjudication, alors même qu'à ce moment le délai de deux mois n'est pas expiré.

4721 **Mutation de l'immeuble.** En cas de mutation de l'immeuble au profit d'un tiers, le privilège du vendeur peut être inscrit même après la publication de cette mutation, à condition, bien entendu, qu'il soit inscrit dans le délai prescrit par les articles 2379 et 2381 du Code civil (C. civ., art. 2427, al. 1er).

4722 **Acceptation à concurrence de l'actif net ou vacance de la succession.** Le privilège peut être inscrit dans le délai légal de deux mois malgré l'acceptation à concurrence de l'actif net ou la déclaration de vacance de sa succession (C. civ., art. 2427, al. 2).

4723 **Procédures de règlement collectif.** Pour les procédures de règlement collectif, l'article 2427, alinéa 3, du Code civil renvoie aux dispositions réglementant ces procédures (V. **Procédures collectives**).

B Durée de l'inscription

➤ La durée des inscriptions obéit au droit commun en la matière, déterminé par les articles 2434 à 2436 du Code civil (V. **Bordereau d'inscription**).
➤ Le renouvellement des inscriptions est soumis également au droit commun (V. **Renouvellement**).

C Inscription et rétroactivité (différence entre l'hypothèque spéciale et l'ancien privilège)

4724 **Disparition de la rétroactivité.** C'est la différence majeure entre l'actuelle HLSPVI et l'ancien PVI. L'inscription de l'HLSPVI n'emporte aucun effet rétroactif – alors que l'inscription du PVI prise dans le délai légal (V. n° 4713) rétroagissait au jour de l'acte de vente et permettait ainsi au vendeur d'opposer son privilège aux tiers ayant acquis des droits sur l'immeuble du chef de l'acquéreur, même si ces droits avaient été publiés avant le privilège (C. civ., ancien art. 2386, al. 1er, et ancien art. 2427, al. 1er).

D Inscription et exercice de l'action résolutoire

4725 **Principe. Lien entre prise d'inscription et exercice de l'action résolutoire.** Aux termes de l'actuel article 2043 du Code civil :

> « L'action résolutoire établie par l'article 1654 ne peut être exercée après l'extinction de l'hypothèque spéciale du vendeur, ou à défaut d'inscription de cette hypothèque, au préjudice des tiers qui ont acquis les droits sur l'immeuble du chef de l'acquéreur et qui les ont publiés ».

En ce qui concerne l'ancien privilège du vendeur, l'ancien article 2379, alinéa 2 du Code civil disposait :

> « L'action résolutoire établie par l'article 1654, ne peut être exercée après l'extinction du privilège du vendeur, ou à défaut d'inscription de ce privilège dans le délai ci-dessus imparti, au préjudice des tiers qui ont acquis des droits sur l'immeuble du chef de l'acquéreur et qui les ont publiés ».

Ainsi, le sort de l'action résolutoire est ainsi lié à celui du privilège. Si le privilège était publié dans le délai de deux mois, le droit à la résolution était opposable aux tiers à dater de la vente, par exemple un sous-acquéreur (Cass. 3e civ., 6 févr. 1974 : *Bull. civ.* 1974, III, n° 67 ; *JCP* N 1975, prat. 5903).
Dans le cas contraire, il est inopposable aux tiers ayant publié leur droit avant l'inscription (V. nos 4728 à 4732).
La similitude dans la rédaction des textes invite, *a priori*, à retenir la même conclusion au sujet de l'hypothèque spéciale du vendeur. Ainsi, le sort de l'action résolutoire est également lié au sort de l'hypothèque spéciale. Cependant, si l'existence de ce lien n'est pas discutable, sa portée est moindre que celle existant sous l'empire de l'ancien privilège, en raison de la suppression de la rétroactivité, qui emporte une incidence sur l'opposabilité de l'action résolutoire : dorénavant, les tiers qui auront fait publier leurs droits avant que le vendeur n'ait inscrit son hypothèque spéciale, seront assurés de n'avoir jamais à supporter les conséquences de l'action résolutoire (E. Simon-Michel, *La métamorphose des*

privilèges mmobiliers spéciaux en hypothèques légales spéciales issue de la réforme des sûretés : *JCP* N 19 nov. 2021, n° 46, 1326).

1 Conditions de la disparition de l'action résolutoire

4726 **Privilège ayant pris fin.** En vertu de l'ancien article 2379, alinéa 2, du Code civil, il fallait, pour que disparaisse l'action résolutoire, que le privilège ait pris fin. La règle est la même pour l'actuelle hypothèque spéciale du vendeur, par application de l'article 2403 du Code civil.
L'action résolutoire était également éteinte lorsque, passé le délai de deux mois à compter de l'acte de vente, le privilège avait dégénéré en hypothèque simple. Cette conséquence n'existe pas pour l'hypothèque spéciale du vendeur.
L'action résolutoire disparaissait également avec l'ouverture d'une procédure collective dès lors que le privilège de vendeur ne peut plus être inscrit après le jugement d'ouverture d'une telle procédure (V. **Procédures collectives**). La même règle apparaît applicable à l'actuelle hypothèque spéciale.

4727 **Portée de la sanction.** L'action résolutoire n'est liée au privilège du vendeur et ne suit son sort que si elle est fondée sur l'article 1654 du Code civil. Elle ne disparaît donc que lorsqu'elle est intentée pour défaut de paiement du prix.
Le vendeur qui réclamerait la résolution pour une cause autre que le défaut de paiement du prix pourrait exercer l'action pendant trente ans malgré la perte de son privilège (Cass. 1re civ., 1er févr. 1965 : *Gaz. Pal.* 1965, 2, 247 ; *DS* 1965, somm. 118. – Mazeaud, *op. cit.*, t. III, 1er vol., par Chabas, n° 594).
La même analyse paraît devoir être tenue pour l'actuelle hypothèque spéciale du vendeur.

2 Personnes pouvant invoquer la disparition de l'action résolutoire

4728 **Texte.** Le vendeur d'immeuble, bien qu'il ait perdu son privilège ou son hypothèque spéciale, ne perd son action résolutoire que vis-à-vis des « tiers qui ont acquis des droits sur l'immeuble du chef de l'acquéreur et qui les ont publiés » (pour l'actuelle HLSVI : C. civ., art. 2403 ; pour l'ancien PVI : C. civ., ancien art. 2379, al. 2).

4729 **Personnes visées. Acquéreur et ses ayants cause universels.** L'action en résolution reste bien entendu opposable à l'acquéreur lui-même, mais aussi à ses ayants cause universels ou à titre universel, qui sont dans la situation de leur auteur et tenus, comme lui, par les actes qu'il a conclus.

4730 **Créanciers chirographaires de l'acquéreur.** Elle est également opposable aux créanciers chirographaires de l'acquéreur ou de ses ayants cause universels ou à titre universel. Les créanciers chirographaires n'ont, en effet, qu'un droit de gage général sur le patrimoine de leur débiteur et non pas un droit relatif à un ou plusieurs biens déterminés, opposable par la publicité.

4731 **Personnes exclues. Ayants cause particuliers de l'acquéreur.** Par contre, l'action en résolution est inopposable aux ayants cause à titre particulier de l'acquéreur qui ont acquis sur l'immeuble un droit sujet à publicité : sous-acquéreur, titulaires de droits réels principaux et accessoires, locataires dont les baux ont une durée de plus de douze ans, à la condition qu'ils aient fait publier leurs droits.
Il convient d'assimiler aux tiers dont il vient d'être question les créanciers chirographaires qui sont devenus des tiers au sens du décret n° 55-22 du 4 janvier 1955 et qui peuvent se prévaloir du défaut de publicité, par exemple des créanciers chirographaires ayant publié l'hypothèque spéciale (ou l'ancien privilège) de la séparation des patrimoines (V. **Hypothèques légales spéciales**).
Spécialement, il avait été jugé l'action résolutoire ne peut pas être exercée, au préjudice du prêteur des deniers fournis pour l'acquisition de l'immeuble vendu, dès lors que ce prêteur a régulièrement publié son privilège sur cet immeuble (CA Paris, 2e ch., 29 sept. 1983 : *JCP* G 1984, IV, 192).

4732 **Publication antérieure à l'action en résolution.** Aux termes de l'article 30, paragraphe 5, du décret n° 55-22 du 4 janvier 1955, les demandes tendant à faire prononcer, notamment, la résolution de droits résultant d'actes soumis à publicité, ne sont recevables devant les tribunaux que si elles ont elles-mêmes été publiées. Par suite, si les tiers dont il vient d'être question, ont publié leurs droits antérieurement à la demande en résolution, ces droits seront opposables au titulaire de l'action en résolution, car c'est au jour de la demande qu'il convient de se placer pour apprécier les droits des parties (Cass. 3e civ., 26 nov. 1970 : *DS* 1971, somm. 40 ; *JCP* N 1971, prat. 5017. – V. Paris, 14 févr. 1969 : *DS* 1969, somm. 58. – Rappr. Cass. 2e civ., 15 janv. 1969 : *Bull. civ.* 1969, II, n° 18 ; *DS* 1969, somm. 68). Cette jurisprudence apparaît transposable *mutatis mutandis* à l'HLSVI.

E Formalités de l'inscription

4733 **Principes.** L'inscription du privilège doit être prise dans les formes prévues aux articles 2426 et 2428 du Code civil. À ce sujet, V. **Bordereau d'inscription**. Nous nous bornerons ici, tout en rappelant certaines règles essentielles, à préciser les particularités concernant l'inscription du privilège.

4734 **Requérant.** L'inscription peut être requise par le créancier lui-même, ou par un tiers agissant en son nom comme mandataire ou comme gérant d'affaires.

4735 **Adjudication.** Aux termes du deuxième alinéa de l'article 57-1 du décret du 14 octobre 1955 :

> « En cas d'adjudication sur saisie immobilière, l'inscription de l'hypothèque légale spéciale visée au 1° de l'article 2402 du Code civil peut être requise, notamment, par le débiteur saisi ou par tout créancier ».

(Pour l'ancien PVI, le texte disposait : « En cas d'adjudication sur saisie immobilière, l'inscription du privilège visé à l'article 2379 du Code civil peut être requise, notamment, par le débiteur saisi ou par tout créancier »).

L'ancienne association des conservateurs des hypothèques (AMC) avait indiqué que ce texte tient compte de ce qu'un débiteur qui devient titulaire du privilège du vendeur à la suite de la vente forcée de son bien n'est souvent pas porté à publier cette sûreté. Aussi, est-il admis que l'un quelconque de ses créanciers est habilité à prendre lui-même l'inscription. L'ancienne AMC avait toutefois précisé que cette inscription doit être prise non pas au nom du créancier, mais aux lieu et place du débiteur *et à son nom* (*Bull. AMC* 1994, art. 1644). La solution apparaît transposable *mutatis mutandis* à l'HLSVI.

4736 **Extraits déposés en vue de la publicité d'actes ou de décisions judiciaires permettant l'inscription de l'hypothèque spéciale du vendeur.** Lorsque des extraits littéraux sont déposés au service de la publicité foncière, conformément au premier alinéa du 1 de l'article 34 du décret du 4 janvier 1955, pour opérer la publicité d'actes ou de décisions judiciaires en vertu desquels peut être requise une inscription d'hypothèque spéciale du vendeur, il résulte de l'article 68-2 du décret du 14 octobre 1955 que :

> « ces extraits doivent préciser la nature et la date de l'acte ou de la décision, l'officier public ou ministériel ou l'autorité administrative qui a reçu l'acte ou l'autorité judiciaire qui a rendu la décision et qu'ils doivent reproduire littéralement :
>
> 1° Les énonciations desdits actes ou décisions relatives notamment :
>
> – à l'état civil des parties et à la désignation complète des immeubles ;
>
> – aux élections de domicile ;
>
> – à l'origine de propriété du chef soit des vendeurs, soit des copartageants ou colicitants et de leurs auteurs, ainsi que des précédents propriétaires au nom desquels des copies, extraits ou certificats sont requis en même temps que la publicité ;
>
> – aux conditions (prix, évaluation des lots, soultes, modalités de paiement, charges et intérêts, frais, entrée en jouissance, etc.) ;
>
> – aux servitudes constituées par l'acte ou la décision.
>
> 2° Lorsqu'il s'agit d'une adjudication, la teneur intégrale soit du jugement, soit du procès-verbal proprement dits.
>
> Le cas échéant, il est mentionné dans l'extrait littéral que l'acte ou la décision judiciaire ne contient pas d'énonciations relatives à l'origine de propriété ou que celle-ci ne s'étend pas à tous les précédents propriétaires du chef desquels des copies, extraits ou certificats sont requis en même temps que la publicité ».

Pour rappel, les mêmes dispositions s'appliquaient à l'ancien privilège de vendeur.

Il convient néanmoins de relever que ces dispositions sont inapplicables aux actes notariés de vente d'immeubles, lesquels relèvent obligatoirement de la formalité fusionnée (CGI, art. 647, I). Or, la formalité fusionnée est exécutée au vu de deux expéditions intégrales de l'acte à publier établies dans les conditions fixées par l'article 67-3 du décret n° 55-1350 du 14 octobre 1955 (CGI, ann. III, art. 253, I).

4737 **Formes et énonciations des bordereaux. Généralités.** La formalité d'inscription s'accomplit par le dépôt au bureau des hypothèques de deux bordereaux, soumis, quant à leur forme matérielle, aux règles fixées par le décret modifié du 14 octobre 1955 pour tous les bordereaux (V. **Bordereau d'inscription**).

➤ Sur le cas où l'inscription a dégénéré en hypothèque légale, V. n° 4718.

4738 **Montant de la créance à garantir. Créance de prix assortie d'une clause de réévaluation.**

➤ V. **Bordereau d'inscription**.

➤ Sur le cas où le prix consiste en une rente viagère ou en des charges, V. nos 4740 à 4743.

F Cas particuliers

4739 Sont ici rappelées des solutions proposées ou adoptées par les anciens conservateurs des hypothèques à l'égard de l'ancien privilège de vendeur. Elles paraissent transposables *mutatis mutandis* à l'actuelle hypothèque spéciale. Néanmoins, dans la mesure où, à notre connaissance, elles n'ont pas été formellement reprises par l'administration « centrale » (l'actuelle section GF-3B de la DGFiP), elles ne s'imposent pas aux services de la publicité foncière.

1 Prix consistant en une rente viagère ou en des charges

4740 **Évaluation de la créance.** Un ancien conservateur des hypothèques avait développé l'analyse suivante : si le prix garanti par le privilège consiste en une rente perpétuelle ou viagère constituée en faveur du vendeur ou d'un tiers ou est représenté par des prestations en nature à fournir au vendeur ou à un tiers, le bordereau d'inscription doit contenir l'évaluation en capital de la rente ou de la charge imposée. C'est à celui qui requiert l'inscription qu'il appartient de déterminer la somme à inscrire, sauf le droit pour l'acquéreur d'en demander la réduction dans les conditions de l'article 2445 du Code civil. Toutefois, cette règle ne s'applique pas lorsque la vente a été consentie moyennant un prix déterminé, immédiatement converti en une rente ou en une charge. En ce cas, c'est le prix indiqué dans l'acte qui doit figurer au bordereau.

Il faut également chiffrer les arrérages de la rente déjà échus lors de l'inscription, puisque, à cette date, ces arrérages forment une rente actuelle dont l'évaluation est par suite obligatoire.

En ce qui concerne les arrérages à échoir, bien que l'article 57 du décret du 14 octobre 1955 ne dispense de l'évaluation que les intérêts dont la loi conserve le rang, l'article 2432 du Code civil assimile formellement les arrérages aux intérêts quant au droit du créancier privilégié ou hypothécaire d'être colloqué pour trois années au même rang que le capital. Il s'ensuit donc logiquement qu'il y a lieu à dispense d'évaluation des arrérages à échoir de même que des intérêts puisque, comme ces derniers, ils sont conservés en vertu de la loi dans la mesure prévue par l'article 2432 du Code civil (Bulté, chron. hyp. : *JCP* N 1963, IV, 3512).

4741 **Rente stipulée au profit d'un tiers.** Un ancien conservateur des hypothèques avait développé l'analyse suivante : lorsqu'il est stipulé que l'acquéreur d'un immeuble devra servir une rente viagère au profit d'un tiers, cette rente fait partie du prix de vente et le tiers bénéficie du privilège du vendeur pour sûreté de sa créance (Cass. req., 1er août 1904 : *DP* 1908, 1, 457. – V. n° 4747). Par suite, quand il s'agit de la vente d'un immeuble appartenant en propre au mari, moyennant une rente viagère sur sa tête et sur celle de son épouse, le privilège du vendeur peut être inscrit au profit des deux époux bien que la femme ne soit ni propriétaire de l'immeuble, ni covenderesse (Bulté, chron. hyp. : *JCP* N 1962, IV, 3447).

4742 **Acquisition indivise de deux immeubles moyennant une rente viagère payable solidairement.** Si une personne vend deux parcelles à deux acquéreurs solidairement tenus du prix (constitué d'une rente viagère), les parcelles étant acquises en indivision, et que dans le même acte le partage est opéré, les acquéreurs s'attribuant chacun une parcelle et se répartissant la charge de la rente viagère, l'ancienne association des conservateurs des hypothèques avait admis d'opérer l'inscription du privilège du vendeur au moyen d'un bordereau unique sur les deux parcelles vendues à l'encontre des deux acquéreurs solidaires, pour la totalité de la rente augmentée des accessoires (*Bull. AMC* 1983, art. 1299).

4743 **Radiation sur simple production d'un acte de décès.** Lorsque le contrat de vente stipule que l'inscription de privilège sera radiée sur la simple production de l'acte de décès du créancier, le conservateur ne peut pas refuser le dépôt de bordereaux mentionnant cette stipulation. Il n'a aucun consentement particulier à exiger (*Bull. AMC* 1995, art. 1678).

Ainsi, si une inscription de privilège a été prise en garantie du paiement d'une rente viagère avec précision que la radiation sera effectuée sur présentation d'un extrait de l'acte de décès de la crédirentière, que l'immeuble est ensuite revendu avec prise en charge par l'acquéreur du paiement de la rente, le bordereau comprenant également la stipulation que la radiation interviendra sur justification du décès de la crédirentière, la radiation des deux inscriptions peut être effectuée sur simple production de l'acte de décès de la crédirentière (*Bull. AMC* 1999, art. 1825. – Comp. Bulté, chron. hyp. : *JCP* N 1952, IV, 1447).

2 Vente de plusieurs immeubles

4744 **Vente, pour un prix unique, de plusieurs immeubles situés dans le ressort de conservations différentes.** Selon un ancien conservateur des hypothèques, lorsque la vente consentie par un seul vendeur à un seul acquéreur pour un prix unique, porte sur plusieurs immeubles et que ces immeubles sont situés dans le ressort de plusieurs services de la publicité foncière, le prix unique n'a pas obligatoirement à être ventilé dans l'acte entre les divers immeubles vendus. L'inscription de privilège de vendeur peut être prise, dans chaque service, pour la totalité du prix (Bulté : *JCP* N 1978, prat. 6874).

4745 **Pluralité de privilèges profitant à un même vendeur en vertu d'un même acte.** Lorsque plusieurs immeubles appartenant à une même personne sont vendus à plusieurs acquéreurs différents, le vendeur a autant de privilèges qu'il y a d'acquéreurs et chaque privilège grève séparément chacun des immeubles acquis par ceux-ci (V. n° 4703).
En principe, chaque privilège est à inscrire séparément (sur les cas exceptionnels où un bordereau collectif peut être établi, V. **Bordereau d'inscription**).
Lorsqu'une personne a vendu deux parcelles à deux acquéreurs indivis, solidairement tenus du prix et que, dans le même acte, le partage est opéré, les acquéreurs s'attribuant chacun une parcelle et se répartissant la charge de la rente viagère constitutive du prix, l'ancienne association des conservateurs des hypothèques avait admis de faire inscrire le privilège de vendeur au moyen d'un bordereau unique, sur les deux parcelles vendues, à l'encontre des deux acquéreurs solidaires pour la totalité de la rente augmentée des accessoires (*Bull. AMC* 1983, art. 1299).

3 Inscription au profit du notaire pour les frais du contrat de vente

4746 **Principe.** Le privilège du vendeur garantissait les frais et loyaux coûts du contrat de vente, dont le vendeur pouvait être amené à faire l'avance. Il était admis que si le notaire ne jouissait pas directement de ce privilège, il pouvait l'exercer par la voie oblique, au nom du vendeur, en vertu de l'ancien article 1166 du Code civil (devenu art. 1341-1).
Ce privilège n'existait toutefois, et ne pouvait donc être inscrit, que si le contrat de vente indiquait que les frais étaient dus.
Pour prendre l'inscription, il n'était pas nécessaire que le notaire fasse taxer les frais (pour plus de détails, V. *JCl. Notarial Formulaire*, V° Bordereau d'inscription).

V Perceptions

N.B. : La contribution de sécurité immobilière a remplacé le salaire du conservateur à compter du 1er janvier 2013. Elle obéit aux mêmes conditions d'assiette, de tarifs, de contrôle et de recouvrement que ce salaire (V. **Contribution de sécurité immobilière**). Les solutions données ci-dessous à propos du salaire du conservateur peuvent donc être transposées pour la perception de la contribution de sécurité immobilière.

➤ Sur les perceptions en matière d'inscription de privilèges, V. **Privilèges spéciaux immobiliers**.
➤ Sur le cas d'inscription par un même bordereau du privilège de vendeur et du privilège de prêteur de deniers, V. **Hypothèque légale spéciale du prêteur de deniers (ancien privilège)**.

4747 **Inscription du privilège de vendeur et du privilège de copartageant.** En cas d'inscription, par un même bordereau ou par bordereaux distincts, du privilège du vendeur et du privilège du copartageant, il serait dû de même deux salaires distincts. On sait qu'en réalité les deux privilèges sont exclusifs l'un de l'autre, mais depuis la réforme de l'article 883 du Code civil, il n'est pas toujours aisé de savoir si un acte a le caractère de vente, ou le caractère d'opération de partage. On peut donc penser à cette inscription double (P. Frémont : *JCP* N 1979, prat. 7092).

4748 **Erreur dans la désignation des personnes.** En cas d'erreur dans la désignation des personnes, dans l'inscription du privilège du vendeur, et de nouvelle inscription requise pour rectifier cette erreur, est justifiée la perception d'un nouveau salaire, dès lors qu'il s'agit d'un élément essentiel (identité du débiteur). (H. Bulté : *JCP* N 1967, IV, 4193. Pour comparer ici les solutions, données en matière d'inscriptions rectificatives, V. **Inscription-Formalités**).
Cette analyse, développée par un ancien conservateur des hypothèques, apparaît transposable à l'actuelle CSI et à l'actuelle HLSVI.

Hypothèque rechargeable

Jacques LAFOND

Sommaire analytique

BIBLIOGRAPHIE : M. Dagot, *L'hypothèque rechargeable*, Litec, coll. « Carré droit », 2006. – M. Grimaldi, *L'hypothèque rechargeable et le prêt viager hypothécaire : JCP* N 2006, n° 19, 1195. – E. Frémeaux, *L'hypothèque rechargeable : JCP* N 2006, n° 19-1196 (avec formules). – A. Provençal, *L'hypothèque rechargeable ou le style baroque : Gaz. Pal.* 2-3 mars 2007, p. 8. – F. Vauvillé, *Les ajustements hypothécaires de la réforme des sûretés : Defrénois* 2007, art. 38 655. – S. Prigent, *L'hypothèque rechargeable, analyse et formules : Defrénois* 2007, art. 38650. – D. Savouré, *L'hypothèque rechargeable : JCP* N 2007, n° 19-1175. – J.-D. Pellier, *Réflexions sur la spécificité de l'hypothèque rechargeable : LPA* 17 janv. 2008, p. 3. – Y. Le Magueresse, *De l'hypothèque rechargeable en matière de vente en l'état futur d'achèvement : JCP* N 2008, n° 15-1175. – O. Salvat, *De quelques singularités de l'hypothèque rechargeable : JCP* N 2012, n° 29-1299. – E. Frémeaux, *Pour l'hypothèque rechargeable : libre propos : JCP* N 2016, n° 12, 1102. – *JCl. Notarial Formulaire*, V° Bordereau d'inscription hypothécaire, Fasc. 15 par J. Lafond. – *JCl. Civil Code*, Art. 2421 à 2423, Fasc. 20, par D. Houtcieff et V. Brémond. – *JCl. Civil Code*, Synthèse n° 1420, *Publicité des privilèges et des hypothèques*, par P.-F. Cuif. – Lexis360, Fiche pratique n° 1719, *Constituer une hypothèque rechargeable*, par S. Bérard.

4749 **Ordonnance du 23 mars 2006.** L'ordonnance n° 2006-346 du 23 mars 2006 relative aux sûretés (entrée en vigueur le 25 mars 2006, sauf en ce qui concerne le prêt viager hypothécaire), a créé l'hypothèque conventionnelle rechargeable. Cette nouvelle garantie permet d'affecter une hypothèque à la garantie d'autres créances que celles visées initialement par l'acte constitutif. Le rechargement de l'hypothèque s'opère par le biais d'une convention de rechargement conclue avec le créancier originaire ou un autre créancier.

Afin de promouvoir cette nouvelle garantie, l'ordonnance permet, par des dispositions transitoires, de transformer la dernière hypothèque conventionnelle inscrite au fichier immobilier, à la date de publication de l'ordonnance, en hypothèque conventionnelle rechargeable.

4750 **Décrets d'application.** Le décret n° 2006-729 du 22 juin 2006 (*JO* 24 juin 2006) a tout d'abord

complété les dispositions applicables au salaire du conservateur des hypothèques lors du dépôt de ces actes et bordereaux.
Une instruction du 1er décembre 2006 (*BOI* 10-D-2-06) a présenté l'incidence de ces dispositions en matière de publicité foncière.
Puis le décret n° 2007-404 du 22 mars 2007 (*JO* 25 mars) a modifié le décret n° 55-1350 du 14 octobre 1955 sur la publicité foncière, afin de le mettre en harmonie avec les nouvelles dispositions concernant l'hypothèque rechargeable (V. en dernier lieu le décret n° 2007-1567, 2 nov. 2007 : *JO* 4 nov.).

4751 **Suppression de l'hypothèque rechargeable.** L'article 189-10 de la loi n° 2014-344 du 17 mars 2014 a abrogé l'article 2422 du Code civil et les articles 313-14 et suivants du Code de la consommation, supprimant ainsi l'hypothèque rechargeable. Cette abrogation a pris effet à compter du 1er juillet 2014. À compter de cette date, il n'a plus été possible de convenir d'une clause de rechargement dans les contrats d'hypothèque.
Les raisons de cette abrogation n'ont pas convaincu les commentateurs (F. Vauvillé, *Feu l'hypothèque rechargeable : Defrénois* 2014, n° 2, p. 57. – A. Gourio, *Feu l'hypothèque rechargeable : JCP* E 2014, n° 11, 185).
Il reste que l'abrogation ne s'applique pas aux contrats conclus avant sa date d'entrée en vigueur (L. 17 mars 2014, art. 46, III). Les conventions de rechargement ont donc pu continuer d'être passées pour les hypothèques rechargeables constituées antérieurement au 25 mars 2006.
Le régime antérieur reste par conséquent en place pour les contrats en cours (A. Gourio, étude préc.). En conséquence, en cas de vente d'un bien grevé d'une telle hypothèque, le notaire doit, pour la sécurité du tiers acquéreur, s'assurer que cette sûreté ne peut pas « revivre » à la suite d'un rechargement, alors même que la créance pour laquelle elle avait été initialement constituée est éteinte par paiement. Autrement dit, le notaire ne peut pas se contenter d'une mainlevée amiable du créancier originaire attestant que la créance est éteinte. On a suggéré en conséquence de procéder à une mainlevée simplifiée de l'hypothèque avec l'accord non seulement de tous les créanciers inscrits (créancier d'origine et ceux bénéficiant d'une convention de rechargement) mais aussi l'accord du débiteur-vendeur, puisque celui-ci peut proposer une convention de rechargement à ses créanciers (V. Y. Puyo, *Une figure de « zombie juridique » : l'hypothèque rechargeable : Nota Bene [Revue du Cridon Sud-ouest]* oct. 2014, p. 1. – M. Suquet-Cozic, *Hypothèque rechargeable : qui doit consentir à la mainlevée ? : Sol. not.* août-sept. 2014, nos 7 et 8, p. 20).

4752 **Restauration de l'hypothèque rechargeable.** L'article 48 de la loi de simplification de la vie des entreprises du 20 décembre 2014 (L. n° 2014-1545, 20 déc. 2014 : *JCP* E 2015, act. 2, aperçu rapide G. Notté et C. Hibon) a restauré l'hypothèque rechargeable qui, cependant, **ne peut plus être utilisée qu'à la garantie de créances professionnelles** et elle a rétabli en conséquence l'article 2422 du Code civil (S. Piédelièvre, *Le retour de l'hypothèque rechargeable : JCP* N 2015, n° 3, 137, p. 6. – L. Andreu, *L'hypothèque rechargeable ressuscitée : JCP* G 2015, n° 4, 78).
Nous serons donc amenés à distinguer dans les développements qui suivent l'inscription de l'hypothèque conventionnelle rechargeable (I), l'inscription de l'avenant transformant une hypothèque conventionnelle en hypothèque conventionnelle rechargeable (II), la publication de la convention de rechargement (III), les taxations encourues (IV) et enfin la radiation de l'hypothèque rechargeable (V).

I
Inscription de l'hypothèque conventionnelle rechargeable

4753 **Texte.**

C. civ., art. 2416 *(Version en vigueur depuis le 01 janvier 2022. – Mod. Ord. n° 2021-1192, 15 sept. 2021, art. 15 et 19).* – L'hypothèque constituée à des fins professionnelles par une personne physique ou morale peut être ultérieurement affectée à la garantie de créances professionnelles autres que celles mentionnées dans l'acte constitutif pourvu que celui-ci le prévoie expressément.

Le constituant peut alors l'offrir en garantie, dans la limite de la somme prévue dans l'acte constitutif et mentionnée à l'article 2417, non seulement au créancier originaire, mais aussi, nonobstant toute clause contraire, à un nouveau créancier encore que le premier n'ait pas été payé.

La convention de rechargement qu'il passe soit avec le créancier originaire, soit avec le nouveau créancier revêt la forme notariée.

Elle est publiée, sous la forme prévue à l'article 2425, à peine d'inopposabilité aux tiers.

A Contenu et modalités de présentation des bordereaux d'inscription

4754 **Mécanisme de l'inscription.** Aux termes de l'article 2416 du Code civil, qui s'est substitué, à compter du 1er janvier 2022, à l'ancien article 2422 du même code, à la suite de l'ordonnance n° 2021-1192 du 15 septembre 2021 portant réforme des sûretés, « l'hypothèque constituée à des fins professionnelles par une personne physique ou morale peut être ultérieurement affectée à la garantie de créances professionnelles autres que celles mentionnées par l'acte constitutif pourvu que celui-ci le prévoie expressément ». Ainsi, le débiteur, constituant de l'hypothèque rechargeable, a la faculté de remettre son immeuble en garantie, aux termes d'une convention de rechargement, au profit soit de son créancier originaire, soit de tout autre créancier (Instr. 1er déc. 2006, n° 12).

4755 **Publication.** Cette hypothèque conventionnelle rechargeable est publiée au service de la publicité foncière du lieu de situation de l'immeuble dans les conditions et modalités fixées par l'article 2423 (ancien art. 2428) du Code civil ; son inscription est opérée sur le dépôt de deux bordereaux datés, signés et certifiés conformes entre eux.
L'un des deux est destiné à être conservé au service de la publicité foncière, l'autre est restitué au requérant (Instr. 1er déc. 2006, nos 13 et 14).

4756 **Formulaires de bordereaux.** Le bordereau d'inscription d'hypothèque conventionnelle rechargeable destiné à être conservé au service de la publicité foncière est établi sur la formule spéciale n° 3267 fournie par l'administration (ou sur le formulaire reproduit selon les normes fixées par instruction administrative) pour tous types d'inscription d'hypothèque ou de privilège. Ce sont les mentions portées dans le bordereau qui déterminent le caractère rechargeable de l'hypothèque conventionnelle (Instr. 1er déc. 2006, n° 15).

Un modèle de bordereau d'inscription d'hypothèque conventionnelle précisant l'emplacement des mentions permettant de la qualifier de rechargeable a été établi en son temps, par le Conseil supérieur du notariat (CSN) et l'association des conservateurs des hypothèques (AMC). Il était joint en annexe de l'instruction du 1er décembre 2006. Ce modèle n'a pas été actualisé après la réforme des sûretés opérées par l'ordonnance n° 2021-1192 du 15 septembre 2021. On trouvera une formule de bordereau à jour de la réforme au *JCl. Notarial Formulaire*, V° Bordereaux d'inscription hypothécaire, Fasc. 15).

4757 **Contenu des bordereaux.** Chaque bordereau contient exclusivement, sous peine de rejet de la formalité, l'ensemble des énonciations prescrites par les dispositions des articles 2423 du Code civil et 55 du décret n° 55-1350 du 14 octobre 1955, modifié par le décret n° 2021-1888 du 29 décembre 2021, en vigueur depuis le 1er janvier 2022, à savoir :
– la désignation du créancier, du débiteur ou du propriétaire, si le débiteur n'est pas propriétaire de l'immeuble grevé, conformément au 1er alinéa des articles 5 et 6 du décret du 4 janvier 1955 ;
– l'élection de domicile, par le créancier ;
– l'indication de la date et de la nature du titre donnant naissance à la sûreté (c'est-à-dire l'acte portant constitution de l'hypothèque conventionnelle rechargeable), ainsi que la cause de l'obligation garantie par la sûreté ;
– l'indication du capital de la créance, de ses accessoires et de l'époque normale d'exigibilité ;
– la désignation, conformément aux premier et troisième alinéas de l'article 7 du décret du 4 janvier 1955, de chacun des immeubles sur lesquels l'inscription est requise ;
– l'indication de la date, du volume et du numéro sous lequel a été publié le titre de propriété du débiteur, lorsque ce titre est postérieur au 1er janvier 1956 ;
– la certification que le montant du capital de la créance garantie figurant dans le bordereau n'est pas supérieur à celui figurant dans le titre générateur de la sûreté ;
– la certification de l'identité des parties prescrite par les articles 5 et 6 du décret du 4 janvier 1955 (Instr. 1er déc. 2006, n° 16).

4758 **Mentions spéciales.** Outre les énonciations visées par l'article 2423 du Code civil devant figurer dans tout bordereau d'inscription, le 3° de l'article 55 du décret du 14 octobre 1955, modifié à compter du 1er janvier 2022 oblige, sous peine de rejet de la formalité, qu'il soit fait « mention expresse » :
– du caractère rechargeable de l'hypothèque conventionnelle ;

– de la somme maximale, exprimée en capital, pour laquelle l'hypothèque pourra être affectée à la garantie d'autres créances.

Il convient également que le notaire certifie dans le bordereau que la somme rechargeable qui y est portée n'est pas supérieure à celle figurant dans le titre générateur de la sûreté (D. 14 oct. 1955, art. 55, 2, 7°. – Instr. 1er déc. 2006, n° 18-19).

Ce sont les mentions portées dans le bordereau qui déterminent le caractère rechargeable de l'hypothèque conventionnelle (Instr. 1er déc. 2006, n° 15).

B Sanctions des irrégularités entachant le bordereau

4759 **Rejet.** L'instruction précitée du 1er décembre 2006, dont les indications sont toujours actuelles (sauf à modifier les textes qui s'y trouvent visés, en fonction de la réforme des sûretés), indique que « outre les causes de refus et de rejet actuellement applicables, en ce qui concerne l'établissement des bordereaux d'inscription, il y a lieu désormais d'opposer le rejet de la formalité en cas de non-respect des nouvelles dispositions relatives à l'hypothèque conventionnelle rechargeable ». Selon cette instruction, il s'agit de l'omission :

– soit de l'indication du caractère rechargeable de l'hypothèque (cadre d'en-tête du bordereau d'inscription) ;

– soit de l'indication de la somme maximale pour laquelle l'hypothèque pourra être affectée à la garantie d'autres créances (cadre « dispositions particulières »).

Seule la présence cumulative de ces indications permet de conférer à l'hypothèque un caractère rechargeable. Ainsi, lorsque l'une des deux mentions fait défaut, l'inscription est rejetée (Instr. 1er déc. 2006, nos 21 et 22).

Lorsqu'aucune de ces mentions ne figure sur le bordereau, le dépôt doit être accepté. L'hypothèque conventionnelle inscrite au fichier immobilier est dépourvue de caractère rechargeable ; il s'agit d'une hypothèque conventionnelle traditionnelle (Instr. 1er déc. 2006, n° 23).

C Conséquences en matière de délivrance des renseignements

4760 Lors de la délivrance des renseignements concernant l'hypothèque conventionnelle rechargeable, outre les mentions habituelles, celles du caractère rechargeable et de la somme maximale pour laquelle l'hypothèque peut être affectée à la garantie d'autres créances, exprimée en capital, seront restituées (Instr. 1er déc. 2006, n° 24).

D Effets de l'inscription

4761 **Texte.**

C. civ., art. 2420 *(Version en vigueur depuis le 1er janvier 2022. – Mod. Ord. n° 2021-1192, 15 sept. 2021, art. 15 et 20).* – Les créanciers titulaires d'une même hypothèque rechargeable bénéficient du rang de l'inscription de la convention constitutive de la sûreté.

Toutefois, dans leurs relations réciproques, la date de publication des conventions de rechargement détermine leur rang. Il en va de même à l'égard des créanciers titulaires d'une hypothèque légale ou judiciaire.

II Inscription de l'avenant transformant une hypothèque conventionnelle en hypothèque conventionnelle rechargeable

A Régime juridique des avenants

4762 L'article 59 de l'ordonnance n° 2006-746 du 23 mars 2006 dispose que :

« Les dispositions de l'article 2422 (devenu art. 2416) du Code civil peuvent s'appliquer à la dernière hypothèque inscrite antérieurement à la date de publication de l'ordonnance, dès lors qu'un avenant prévoit que l'hypothèque peut être affectée à la garantie d'autres créances, dans les conditions de l'article 2422 (devenu art. 2416) du Code civil et publié dans les conditions prévues par l'article 2428 (devenu art. 2423) de ce code ».

En vertu de ce texte, qui n'a pas été mis à jour à la suite de la réforme des sûretés, seuls peuvent être établis les avenants portant sur les hypothèques qui satisfont les conditions suivantes :
– il doit s'agir d'une hypothèque conventionnelle (l'emploi du terme « avenant » suppose en effet la rédaction d'une convention hypothécaire à l'origine) ;
– l'hypothèque doit avoir été inscrite avant l'entrée en vigueur de l'ordonnance, soit avant le 25 mars 2006 ;
– l'hypothèque doit être la dernière hypothèque inscrite antérieurement à l'entrée en vigueur de l'ordonnance.
L'avenant signé entre le créancier hypothécaire et le propriétaire de l'immeuble grevé par l'hypothèque, confère à ce dernier la qualité de « constituant » de l'hypothèque rechargeable au sens de l'article 2422(devenu art. 2416) du Code civil ; il peut alors l'affecter à la garantie d'autres créances dans la limite de la somme rechargeable mentionnée dans l'avenant (Instr. 12 oct. 2006 : *BOI* 7 A-2-06).

B Contenu et modalités de présentation des bordereaux d'inscription

D. 14 oct. 1955, art. 57-3 *(D. n° 2007-404, 22 mars 2007, art. 2).* – 1° L'avenant prévoyant que la dernière hypothèque conventionnelle inscrite avant le 25 mars 2006 peut être affectée à la garantie d'autres créances est inscrit au fichier immobilier, conformément aux dispositions de l'article 2428 (devenu art. 2423) du Code civil, sur le dépôt d'un bordereau établi en deux exemplaires.

L'exemplaire du bordereau conservé dans les registres du service de la publicité foncière est établi dans les conditions et sous la sanction prévues à l'article 56 ; il est rédigé sur une formule spéciale fournie par l'administration ou reproduite selon des normes fixées par instruction publiée au Bulletin officiel des impôts.

2° Chaque bordereau commence par la réquisition suivante, portée en lettres majuscules d'imprimerie :

« INSCRIPTION D'HYPOTHÈQUE CONVENTIONNELLE RECHARGEABLE PAR AVENANT AYANT EFFET JUSQU'AU... »

Outre le certificat de conformité, chaque bordereau contient exclusivement, sous peine de rejet de la formalité :

a) L'identification, conformément au premier alinéa de l'article 5 et au 1 de l'article 6 du décret du 4 janvier 1955, du signataire de l'avenant propriétaire de l'immeuble et constituant de l'hypothèque objet de l'avenant. L'identification est certifiée dans les conditions prévues par les deuxième à cinquième alinéas de l'article 5 et par le 2 de l'article 6 du même décret ;

b) L'indication de la date, du volume et du numéro sous lequel a été opérée l'inscription de l'hypothèque objet de l'avenant et, le cas échéant, l'inscription de ses renouvellements ;

c) L'indication de la date extrême d'effet de l'inscription de l'hypothèque objet de l'avenant, compte tenu, le cas échéant, de ses renouvellements ;

d) La somme maximale, en capital, pour laquelle l'hypothèque peut être affectée à la garantie d'autres créances et la certification que cette somme n'est pas supérieure à celle figurant dans l'avenant ;

e) En cas de changement dans la personne ou l'état civil du créancier, son identification faite conformément au premier alinéa de l'article 5 et au 1 de l'article 6 du décret du 4 janvier 1955, en énonçant sommairement les causes et titres en vertu desquels il est devenu titulaire de la créance. L'identification du créancier est certifiée dans les conditions prévues par les deuxième à cinquième alinéas de l'article 5 et par le 2 de l'article 6 du même décret ;

f) Si l'étendue de la garantie se trouve diminuée par l'inscription de l'avenant, la désignation actuelle de chacun des immeubles restant grevés, conformément aux premier et troisième alinéas de l'article 7 du décret du 4 janvier 1955.

3° Le dépôt est refusé :

a) Si le bordereau ne contient pas la mention de la certification de l'identité des personnes prévue aux *a* et *e* du 2° et la désignation des immeubles faite conformément aux dispositions du *f* du 2° ;

b) Si le bordereau ne contient pas les mentions de référence à la dernière inscription à renouveler et à l'inscription initiales prévues au *b* du 2° ;

c) Si l'inscription de l'avenant est requise après péremption ou radiation de l'inscription de l'hypothèque objet de l'avenant.

4763 L'article 59 de l'ordonnance du 23 mars 2006 permet de transformer la dernière hypothèque conventionnelle, inscrite au fichier immobilier antérieurement à la publication de l'ordonnance, en hypothèque conventionnelle rechargeable (V. n° 4762).

4764 Cette conversion d'une hypothèque conventionnelle en hypothèque conventionnelle rechargeable est constatée par un avenant notarié à l'acte constitutif de l'hypothèque conventionnelle originaire conclu entre le créancier et le débiteur, constituant de l'hypothèque conventionnelle originaire. L'opposabilité aux tiers de l'avenant est assurée par sa publication au fichier immobilier (Instr. 1er déc. 2006, n° 25-26).

4765 Conformément aux dispositions de l'article 57-3 du décret du 14 octobre 1955, cette publication au service de la publicité foncière s'opère sous la forme prévue à l'article 2423 (anciens art. 2428) du Code civil. L'avenant est donc inscrit au fichier immobilier par le dépôt de deux bordereaux d'inscription datés, signés et certifiés conformes entre eux.
L'un des deux est destiné à être conservé dans les registres du service de la publicité foncière, l'autre est restitué au requérant (Instr. 1er déc. 2006, n° 27-28).

4766 **Contenu des bordereaux.** Le contenu des bordereaux est fixé par l'article 57-3 du décret du 14 octobre 1955 dont le texte est donné ci-dessus, dans sa rédaction issue du décret n° 2007-404 du 22 mars 2007 et du décret n° 2008-466 du 19 mai 2008.
L'instruction précitée du 1er décembre 2006, antérieure à ces décrets, donnait les indications suivantes :
Chaque bordereau contient exclusivement, sous peine de rejet de la formalité :
– la nature et la durée de l'inscription résultant de l'inscription de l'avenant ;
– les références et la date extrême d'effet de l'inscription d'hypothèque conventionnelle initiale (date, volume et numéro) et de ses renouvellements éventuels ;
– l'identification, conformément au 1er alinéa des articles 5 et 6 du décret du 4 janvier 1955, du propriétaire dont l'immeuble est grevé par l'hypothèque originaire, signataire de l'avenant. Cette identification est certifiée dans les conditions prévues au deuxième alinéa des articles 5 et 6 du décret précité ;
– la somme maximale, en capital, pour laquelle l'hypothèque peut être affectée à la garantie d'autres créanciers et la certification que cette somme n'est pas supérieure à celle figurant dans l'avenant (Instr. 1er déc. 2006, n° 29).

4767 En outre, en cas de changement dans la personne ou dans l'état civil du créancier, et/ou de diminution de l'étendue du gage, chaque bordereau mentionne respectivement :
– le créancier actuel, en énonçant sommairement les causes et titres en vertu desquels il est devenu titulaire de la créance. La désignation du créancier est faite conformément aux dispositions des articles 5 et 6 du décret du 4 janvier 1955 ;
– et/ou la désignation actuelle, conformément aux premier et troisième alinéas de l'article 7 du décret du 4 janvier 1955, de chacun des immeubles restant grevés par l'inscription de l'avenant (Instr. 1er déc. 2006, n° 30).

4768 Par ailleurs, pour permettre l'application de l'exonération temporaire de taxe de publicité foncière (V. n° 4788), le bordereau devait mentionner la date de conclusion de l'avenant et la certification par le notaire que l'hypothèque conventionnelle objet de l'avenant avait été prise en garantie d'une obligation contractée par le propriétaire grevé (Instr. 1er déc. 2006, n° 31). Mais cette exonération est devenue caduque (V. n° 4788).

4769 Dans l'attente de la mise en service de nouveaux imprimés, il appartiendra aux usagers d'utiliser ou de reproduire, en les aménageant, les modèles de bordereaux existants en matière de renouvellement d'inscription (imprimé n° 3267-R) selon le modèle de bordereau d'inscription visé par l'instruction du 1er décembre 2006, n° 32.
V., pour un modèle de bordereau actualisé, *JCl. Notarial Formulaire*, V° Bordereau d'inscription hypothécaire, Fasc. 15.

C Sanction des irrégularités entachant le bordereau

4770 Outre les causes de refus et de rejet actuellement applicables, en ce qui concerne l'établissement des bordereaux d'inscription, il y a lieu désormais d'opposer le refus de dépôt du bordereau d'inscription de l'avenant :
– en l'absence de la mention de la certification de l'identité du débiteur – constituant, signataire de l'avenant, ou de celle du créancier lorsque celle-ci est exigée ;
– en l'absence des références de l'inscription d'hypothèque conventionnelle objet de l'avenant et de celles du dernier renouvellement ;
– si l'inscription de l'avenant est requise après péremption ou radiation de l'inscription d'hypothèque conventionnelle, objet de l'avenant (Instr. 1er déc. 2006, n° 33).

4771 Il est précisé que le service de la publicité foncière s'assure notamment que le signataire de l'avenant était le propriétaire de l'immeuble lors de l'inscription d'hypothèque originaire objet de l'avenant. Lorsque tel n'est pas le cas, la formalité est rejetée (Instr. 1er déc. 2006, n° 34).

D Conséquences en matière de délivrance des renseignements

4772 Lors de la délivrance des renseignements concernant l'avenant, seront restituées outre ses propres références de publication, les références à l'inscription initiale objet de l'avenant (mention de ses date, volume et numéro), la date extrême d'effet du bordereau initial et la durée de l'inscription résultant de l'enregistrement de l'avenant et la somme maximale pour laquelle l'hypothèque pourra être affectée à la garantie d'autres créances (Instr. 1er déc. 2006, n° 35).

III Publication de la convention de rechargement

4773 **Hypothèque rechargeable et vente en état futur d'achèvement.** On a mis en évidence le risque que faisait courir l'hypothèque rechargeable au privilège de vendeur, en matière de vente en l'état futur d'achèvement (Y. Le Magueresse, *De l'hypothèque rechargeable en matière de vente en l'état futur d'achèvement : JCP* N 2008, n° 15-1175). L'auteur donne l'exemple suivant : un acquéreur achète en l'état futur d'achèvement un bien au prix de 100. Il emprunte auprès d'un établissement bancaire la totalité de la somme. La garantie prise est une hypothèque rechargeable. Le jour de la signature de la vente en l'état futur d'achèvement, la partie du prix exigible en fonction de l'état d'avancement des travaux est de 20. Quelque temps après la signature de l'acte d'acquisition, l'acquéreur procède au remboursement anticipé d'une partie du prêt, soit 40. S'offre alors à lui la faculté de recharger l'hypothèque à hauteur de 40 au profit du créancier de son choix, alors même que l'intégralité du prix dû au vendeur en l'état futur d'achèvement n'a pas été versée (V. un autre exemple, art. préc., n° 4).
En pareil cas, le rang du nouveau créancier bénéficiaire de la convention de changement risque de primer le privilège du vendeur lors de la distribution du prix de vente. En effet, dans les actes de vente en l'état futur d'achèvement, le vendeur s'engage généralement à céder son droit d'antériorité à l'établissement prêteur finançant le bien acquis. Cette clause est subordonnée à la double condition que l'acquéreur verse prioritairement son apport personnel et que la banque s'engage à verser le montant du prêt sur un compte domiciliataire dédié au programme réalisé. Cette clause est suivie d'une convention de rang aux termes de laquelle le vendeur et le prêteur prévoient que le rang de leurs privilèges sera, en premier le prêteur de deniers (en l'espèce la banque garantie par une hypothèque rechargeable) et au second rang le vendeur garanti par son privilège. En cas de convention de rechargement, cette convention de rang fait courir le risque au vendeur d'être primé par un « créancier rechargeant » lors de la distribution du prix (sur les solutions pratiques et les formules proposées pour éviter ce risque, V. art. préc.).
Observation : Le privilège du vendeur d'immeubles est devenu une hypothèque légale spéciale au jour de son inscription comme toutes les hypothèques (C. civ., art. 2418). Cependant, les privilèges nés antérieurement au 1er janvier 2022 continuent de pouvoir bénéficier de la rétroactivité de leur rang s'ils ont été inscrits. Ceux qui ne l'ont pas été à cette date bénéficient du maintien du régime de l'inscription antérieure (Ord. 15 sept. 2021, art. 37, IV : V. **Hypothèque légale spéciale du vendeur d'immeuble (ancien privilège)**). La difficulté soulevée reste donc, dans cette mesure, d'actualité.

A Contenu et modalités de publication

4774 La faculté d'affecter l'hypothèque, stipulée rechargeable dans l'acte constitutif ou rendue rechargeable par l'inscription d'un avenant,

à la garantie d'autres créances, se fait au moyen d'une convention de rechargement conclue entre le débiteur ayant constitué l'hypothèque et le créancier originaire ou un nouveau créancier.
Conformément aux articles 2416 (anciens art. 2422 et 2425 [ancien art. 2430]) du Code civil, la convention de rechargement revêt la forme notariée et est publiée au service de la publicité foncière sous forme de mention en marge de l'inscription originaire à peine d'inopposabilité aux tiers (Instr. 1er déc. 2006, n° 36-37).

4775 La convention de rechargement, comme toute mention en marge publiée au service de la publicité foncière, doit respecter le formalisme et contenir les énonciations prescrites par les dispositions de l'article 2425 du Code civil (à ce sujet, V. **Mentions en marge**).
La publication est assurée par le dépôt au service de la publicité foncière de deux expéditions de la convention notariée de rechargement. Les deux expéditions sont certifiées conformes à la minute par le notaire (Instr. 1er déc. 2006, n° 38-39).

4776 Pour permettre sa publication sous forme de mention en marge, cette convention contient :
– l'identification des parties, conformément aux dispositions des articles 5 et 6 du décret n° 55-22 du 4 janvier 1955, sans qu'il soit besoin de la certifier ;
– l'indication des références de l'inscription d'hypothèque conventionnelle rechargeable (date, volume et numéro) ou, s'il s'agit d'une hypothèque conventionnelle devenue rechargeable par avenant, les références de l'inscription de l'avenant et de l'hypothèque conventionnelle ;
– l'indication du montant de la créance garantie par la convention de rechargement ;
– la certification par le notaire que la créance garantie par la convention de rechargement n'excède pas la part disponible de la somme prévue dans l'acte constitutif (ou l'avenant) pouvant être affectée à la garantie d'autres créances ;
– la réquisition au service de la publicité foncière de publier la convention de rechargement en marge de l'inscription d'hypothèque conventionnelle rechargeable ou de l'avenant (Instr. 1er déc. 2006, n° 40).

4777 Un modèle de convention de rechargement établi en collaboration avec le CSN et l'AMC figure en annexe de l'instruction du 1er décembre 2006.

4778 **Rang de la convention de rechargement.** L'article 2420 du Code civil (V. ce texte ci-dessus, n° 4761) énonce que la publication de la convention de rechargement détermine entre eux le rang des créanciers inscrits sur l'hypothèque rechargeable.
Toutefois, aux termes de l'article 2418, alinéas 5 et 6 du Code civil, l'inscription de l'hypothèque légale du trésor ou d'une hypothèque judiciaire conservatoire est réputée d'un rang antérieur à celui conféré à la convention de rechargement, lorsque la publicité de cette convention est postérieure à l'inscription de cette hypothèque.
Ces dispositions s'appliquent également à l'inscription de l'hypothèque légale des organismes gestionnaires des régimes obligatoires de protection sociale.

B Sanction des irrégularités entachant la convention

4779 Le service de la publicité foncière opère le contrôle dans les conditions de droit commun applicable aux mentions en marge.
Il lui appartient, en particulier, d'apprécier si les discordances qu'il relève entre les énonciations de la convention et celles contenues dans les actes et bordereaux déjà publiés l'empêchent de publier la convention de rechargement en marge de l'inscription de l'hypothèque conventionnelle rechargeable (Instr. 1er déc. 2006, n° 42).

4780 Il est cependant rappelé qu'en application de l'article 2416 du Code civil, la convention de rechargement publiée sous forme de mention en marge doit être notariée et être passée par le constituant de l'hypothèque conventionnelle rechargeable. En outre, l'hypothèque offerte en garantie de la créance mentionnée dans la convention de rechargement doit revêtir un caractère rechargeable, que ce soit originellement ou par l'effet d'un avenant conclu conformément à l'article 59 de l'ordonnance. Enfin, la créance garantie par la convention de rechargement ne doit pas excéder la somme prévue dans l'acte constitutif (Instr. 1er déc. 2006, n° 43).

4781 Aussi le service de la publicité foncière s'assure-t-il :
– du caractère rechargeable de l'hypothèque inscrite et offerte en garantie de la créance mentionnée dans la convention de rechargement ;
– que le débiteur signataire de la convention de rechargement était le propriétaire de l'immeuble grevé par l'hypothèque conventionnelle rechargeable lors de l'inscription de l'hypothèque (et donc de l'avenant) ;
– que la créance garantie par la convention de rechargement n'excède pas la somme maximale pour laquelle l'hypothèque peut être affectée à la garantie d'autres créances, mentionnée dans

le bordereau d'inscription de l'hypothèque ou de l'avenant (Instr. 1er déc. 2006, n° 44).

4782 Le service de la publicité foncière est fondé à refuser la mention en marge si la convention de rechargement ne satisfait pas à ces exigences. Il est également fondé à refuser la publication de la convention à défaut de certification par le notaire que la créance garantie par la convention de rechargement n'excède pas la part disponible de la somme prévue dans l'acte constitutif (ou l'avenant) pouvant être affectée à la garantie d'autres créances (Instr. 1er déc. 2006, n° 45).

C Conséquences en matière de délivrance des renseignements

4783 Outre les références au registre des dépôts de la convention, les références à l'inscription initiale et le montant de la créance garantie par la convention de rechargement sont restitués lors de la délivrance des renseignements concernant la convention de rechargement (Instr. 1er déc. 2006, n° 46).

IV Les perceptions

A Taxe de publicité foncière

1 L'hypothèque conventionnelle rechargeable

4784 Par application combinée des dispositions des articles 663, 1° et 844 du Code général des impôts, la taxe de publicité foncière due pour l'inscription d'une hypothèque conventionnelle rechargeable est perçue au taux de 0,70 % (0,71498 % avec les perceptions additionnelles).
La taxe est liquidée sur la plus élevée des sommes garanties dans le bordereau d'inscription :
– soit la somme rechargeable exprimée en capital ;
– soit la valeur du capital de la créance éventuellement augmentée de celle de ses accessoires.
Exemple : un bordereau d'inscription d'hypothèque conventionnelle rechargeable mentionne :
– valeur de la créance garantie : capital = 200 000, accessoires (hors intérêts) = 15 000 ;
– valeur de la somme rechargeable, pouvant être affectée à la garantie d'autres créances = 240 000.
La plus élevée des sommes garanties par l'inscription est la somme rechargeable (240 000 > [200 000 + 15 000]) et la taxe est donc assise sur la somme rechargeable (Instr. 1er déc. 2006, n° 61).

4785 **Prêt exonéré contenant une convention de rechargement.** Certaines inscriptions d'hypothèque sont exonérées de taxe de publicité foncière en raison de la nature de la créance garantie (CGI, art. 845 ; V. **Prêts**), par exemple les hypothèques prises en garantie de prêts immobiliers d'accession sociale (PAS). Mais cette exonération ne s'applique pas à la somme rechargeable que la loi permet d'affecter à la garantie de créances autres que le prêt pour lequel l'inscription d'hypothèque est exonérée. En conséquence, lorsqu'il est fait usage de la possibilité d'inscrire une hypothèque conventionnelle rechargeable, la taxe de publicité foncière est perçue sur la somme rechargeable exprimée dans le bordereau, quel que soit le montant de la créance garantie (Rép. min. 14 oct. 2008 : *JOAN* Q, p. 8828, n° 18 602).

2 La convention de rechargement

4786 La convention de rechargement est publiée au service de la publicité foncière en marge de l'inscription de l'hypothèque conventionnelle rechargeable ou de l'avenant.
Ainsi, comme toute mention en marge, la publication de convention de rechargement ne donne pas lieu à la perception d'une taxe de publicité foncière (Instr. 1er déc. 2006, n° 62).

3 L'avenant

4787 **Dispositif de droit commun.** Par application des dispositions de l'article 844 du Code général des impôts, la taxe de publicité foncière applicable à l'inscription de l'avenant prévue par les dispositions de l'article 59 de l'ordonnance du 23 mars 2006 est perçue au taux de 0,70 % (0,71498 % avec les perceptions additionnelles).
La taxe est liquidée sur le montant de la somme rechargeable stipulée dans l'avenant et mentionné en capital dans le bordereau d'inscription (Instr. 1er déc. 2006, n° 63).

4788 **Exonération temporaire.** L'article 7-III de la loi de finances pour 2007 (n° 2006-1666, 21 déc. 2006 : *JO* 27 déc.) exonérait de la taxe de publicité foncière, sous certaines conditions, les avenants conclus conformément à l'article 59 de l'ordonnance à compter du 27 septembre 2006. Pour bénéficier de cette exonération (devenue caduque) l'avenant devait être inscrit avant le 1er janvier 2009 (Instr. 1er déc. 2006, n° 64).

B Contribution de sécurité immobilière

1 L'hypothèque conventionnelle rechargeable

4789 Aux termes des dispositions de l'article 881 G du Code général des impôts, la contribution de sécurité immobilière perçue à l'occasion de l'inscription d'une hypothèque conventionnelle rechargeable est liquidée au taux de 0,05 %.
Par application de ce même texte, la contribution est liquidée « sur les sommes ou valeurs énoncées au bordereau ».
Lorsque le bordereau d'inscription d'hypothèque conventionnelle rechargeable mentionne deux sommes : le montant de la créance garantie par l'inscription et la somme pour laquelle l'hypothèque pourra être rechargée, la contribution de sécurité immobilière doit être liquidée sur le montant de la créance garantie par l'inscription (« les sommes ou valeurs de la créance garantie énoncées au bordereau » : V. CGI, art. 881 H) puisque, à l'occasion de la publication de chaque convention de rechargement, la contribution (antérieurement le salaire du conservateur) est perçue sur le montant de la créance ainsi garantie par la convention de rechargement (Instr. 1er déc. 2006, n° 65).

2 La convention de rechargement

4790 L'accomplissement de la formalité de publicité foncière donne lieu à la perception de la contribution de sécurité immobilière, au taux de 0,05 % sur les sommes énoncées dans l'acte, par application des dispositions de l'article 881 I du Code général des impôts (Instr. 1er déc. 2006, n° 66).
Le montant de la contribution perçue ne peut être inférieur à 8 € par déclaration ou convention de rechargement mentionnée à l'article 881 I du Code général des impôts (CGI, art. 881 M, a).

3 L'avenant

4791 L'inscription de l'avenant au service de la publicité foncière donne lieu à la perception de la contribution de sécurité immobilière liquidée au taux de 0,05 % sur la somme rechargeable énoncée au bordereau, conformément au principe général posé à l'article 881 H du Code général des impôts (Instr. 1er déc. 2006, n° 67).

V Radiation de l'hypothèque rechargeable

4792 **Particularité de l'hypothèque rechargeable et exigence du consentement unanime des créanciers.** La radiation de l'hypothèque rechargeable s'opère selon les règles de droit commun. Mais il convient de prendre en compte la situation de « cotitularité » des créanciers qui résulte de l'hypothèque rechargeable. Comme l'indique M. Houtcieff (*JCl. Notarial Répertoire*, V° Hypothèques, Fasc. 50, n° 58 : « L'inscription étant unique, la mainlevée entraîne des conséquences sur tous les créanciers, qui peuvent être préjudiciables à certains d'entre eux. L'on ne saurait donc ici se contenter de l'accord d'un seul ou de quelques-uns ; il est nécessaire de recueillir le consentement de tous les créanciers inscrits sur l'hypothèque rechargeable, par application de l'article 2440 (devenu art. 2435) du Code civil, qui évoque le consentement des "parties intéressées", c'est-à-dire ici, non seulement le créancier originaire, mais ceux qui auront bénéficié d'une convention de rechargement ». – Sur les difficultés pratiques engendrées par cette situation, V., *JCl.* préc. n° 58).

4793 **Opposabilité de la radiation aux créanciers ayant conclu une convention de rechargement mais n'ayant pas procédé à la mention en marge.** Suivant l'article 2240 du Code civil, « la radiation s'impose au créancier qui n'a pas procédé à la publication, sous forme de mention

en marge, prévue au quatrième alinéa de l'article 2422 ». S'agissant d'un problème d'opposabilité, les créanciers n'ayant pas procédé aux mentions en marge sont en effet des tiers, et non pas des « parties intéressées » au sens de l'article 2240 du Code civil : ils n'ont donc pas à être consultés (M. Houtcieff, *op. cit.*, n° 65).
Une fois la mainlevée de l'inscription acquise, le créancier qui n'a pas procédé à la mention en marge ne pourra plus recourir à cette formalité : il lui appartient donc de faire toutes diligences pour procéder à cette mention (en ce sens M. Dagot, *L'hypothèque rechargeable*, Litec, coll. « Carré droit », 2006, n° 463). L'inertie du créancier pourrait lui valoir, outre l'inefficacité de la convention de recharge, la décharge de la caution garantissant par ailleurs la dette, sur le fondement de l'article 2314 du Code civil et du bénéfice de subrogation.

4794 **Coût de la radiation.** L'acte notarié certifiant que le créancier a, à la demande du débiteur, donné son accord à la radiation d'une inscription d'hypothèque conventionnelle est publié au service de la publicité foncière en marge de cette inscription. Selon le droit commun (V. **Mentions en marge**), cette mention ne donne pas lieu à la perception d'une taxe de publicité foncière.
La publication de cet acte donne lieu en revanche à la perception de la contribution de sécurité immobilière liquidée au taux de 0,05 % sur les sommes faisant l'objet de la radiation (CGI, art. 881 J, al. 3).
Il est rappelé que les radiations des inscriptions d'hypothèques conventionnelles effectuées à compter du 25 juin 2006 conformément aux dispositions de l'article 2441, troisième alinéa, du Code civil, par une personne éligible au bénéfice des dispositions de l'article 881 L du Code général des impôts (organismes HLM, sociétés de crédit immobilier…) donnent lieu à l'application d'un taux réduit de moitié, soit en l'espèce 0,025 % (V. **HLM**).

Hypothèques légales spéciales

Serge LAMIAUX

BIBLIOGRAPHIE : S. Blond et M. Chaguet, *La suppression des privilèges immobiliers : quelles conséquences pratiques ? : Defrénois* 16 déc. 2021, n° 51-52, p. 1-3. – M. Cazajus et V. Lafargue : *Nota-Bene* mars 2022, n° 266, fiche 1098. – P.-F. Cuif, *Réforme des sûretés et pratique notariale (entrée en vigueur au 1er janvier 2022) 1re partie : Bull. Cridon* Paris, 1er-15 déc. 2021, n° 23, II-146, p. 2 à 15. – É. Simon-Michel, *La métamorphose des privilèges immobiliers spéciaux en hypothèques légales spéciales issue de la réforme des sûretés*, n° 46, 19 nov. 2021, 1326.

AVERTISSEMENT L'ordonnance du 15 septembre 2021 (n° 2021-1192), portant réforme des sûretés, a remplacé les privilèges immobiliers spéciaux par des hypothèques légales spéciales. Ces hypothèques légales spéciales, comme toutes les hypothèques, prennent rang au jour de leur inscription (C. civ., art. 2418, nouv.). Leur inscription n'a donc pas, à la grande différence des anciens privilèges spéciaux, d'effet rétroactif. Par exception, l'hypothèque légale spéciale prévue au 3° de l'article 2402 (au profit du syndicat des copropriétaires) est dispensée d'inscription (C. civ., art. 2418, al. 2).

4795 **Droit transitoire.** Les dispositions issues de l'ordonnance entrent en vigueur le 1er janvier 2022 (Ord. n° 2021-1192,15 sept. 2021 art. 37, I, al. 1er). Toutefois, une règle particulière de droit transitoire prévoit que : « Les privilèges immobiliers spéciaux nés avant l'entrée en vigueur de l'ordonnance sont pour l'avenir assimilés à des hypothèques légales, sans préjudice le cas échéant de la rétroactivité de leur rang. Ceux qui n'ont pas fait l'objet des formalités de publicité foncière à la date d'entrée en vigueur de l'ordonnance seront inscrits au fichier immobilier selon les dispositions applicables avant cette date » (Ord. n° 2021-1192, 15 sept. 2021 art. 37, IV).

Ce texte pose trois principes (P.-F. Cuif, *Réforme des sûretés et pratique notariale [entrée en vigueur au 1er janvier 2022], 1re partie : Bull. Cridon* Paris, 1er-15 déc. 2021, n° 23, II-146, p. 2 à 15) :

– les privilèges constitués avant le 1er janvier 2022 demeurent pleinement valables et efficaces. Aucune modification n'est à apporter aux actes passés. Les privilèges constitués avant le 1er janvier 2022 seront assimilés à des hypothèques ; toutefois, cette assimilation ne modifie en rien leur régime et les règles qui leur sont applicables. La rétroactivité de leur inscription leur est conservée (il est probable que dans l'usage, lorsqu'il sera fait référence aux actes anciens, le terme de « privilège » soit conservé) ;

– les privilèges constitués en fin d'année 2021 connaissent une règle spécifique : lorsque le privilège est constitué avant le 1er janvier 2022 mais qu'il est inscrit après, il conserve les modalités d'inscription des privilèges, à savoir l'inscription rétroactive dans les délais propres au privilège considéré. Par exemple, la vente « à crédit » conclue le 26 décembre 2021 fait naître un privilège de vendeur, bénéficiant de la rétroactivité si l'inscription est prise dans les deux mois de l'acte, c'est-à-dire avant le 26 février 2022 ;

– à compter du 1er janvier 2022, il n'y a plus de privilèges spéciaux immobiliers. Dès lors, les actes établis et les formules utilisées après cette date doivent uniquement se référer aux nouvelles hypothèques légales spéciales et viser les nouveaux textes.

I Généralités

A Énumération des hypothèques légales spéciales

4796 **Détermination par la loi.** Aux termes de l'article 2402 du Code civil, les créances auxquelles une hypothèque légale spéciale est attachée sont les suivantes :

« 1° La créance du prix de vente d'un immeuble est garantie sur celui-ci ;

2° La créance de celui qui a fourni les deniers pour l'acquisition d'un immeuble est garantie sur celui-ci pourvu qu'il soit authentiquement constaté par l'acte d'emprunt que la somme était destinée à cet emploi, et par la quittance du vendeur que ce paiement a été fait des deniers empruntés ;

3° Les créances de toute nature du syndicat des copropriétaires relatives à l'année courante ainsi qu'aux quatre dernières années échues sont garanties sur le lot vendu du copropriétaire débiteur ;

4° La créance d'un héritier ou d'un copartageant, par l'effet du partage, du rapport ou de la réduction est garantie sur les immeubles partagés, donnés ou légués ;

5° Les créances sur une personne défunte et les legs de sommes d'argent d'une part, les créances sur la personne de l'héritier d'autre part, sont respectivement garantis sur les immeubles successoraux et les immeubles personnels de l'héritier comme il est dit à l'article 878 ;

6° La créance de l'accédant à la propriété titulaire d'un contrat de location-accession régi par la loi n° 84-595 du 12 juillet 1984 définissant la location-accession à la propriété immobilière est garantie sur l'immeuble faisant l'objet du contrat, pour la garantie des droits qu'il tient de ce contrat ;

7° Les créances de l'État, de la commune, de l'établissement public de coopération intercommunale à fiscalité propre ou de la métropole de Lyon, selon le cas, nées de l'application de l'article L. 184-1, du chapitre Ier du titre Ier du livre V ou de l'article L. 521-3-2 du Code de la construction et de l'habitation sont garanties sur les immeubles faisant l'objet des mesures prises en application de ces dispositions ».

B Régime des hypothèques légales spéciales

4797 **Comparaison avec les hypothèques de droit commun.** Les hypothèques légales spéciales énumérées plus haut sont de véritables hypothèques : elles ont les mêmes caractères et produisent les mêmes effets :

– ce sont des droits réels opposables aux tiers acquéreurs et aux créanciers hypothécaires ;

– elles emportent un droit de suite sur l'immeuble grevé ;

– elles confèrent également un droit de préférence.

Comme les hypothèques conventionnelles, les hypothèques légales spéciales sont soumises au principe de la spécialité à la fois quant aux créances qu'ils garantissent et quant à leur assiette.

En définitive, les hypothèques spéciales ne diffèrent des hypothèques conventionnelles que par leur source : si les hypothèques conventionnelles résultent, comme leur nom l'indique, d'un contrat (prenant par ailleurs la forme authentique), les hypothèques légales résultent quant à elle de la loi.

À l'instar de deux auteures, la comparaison de ces deux sûretés peut prendre la forme d'un tableau (M. Cazajus et V. Lafargue, *Nota-Bene* mars 2022, n° 266, fiche 1098).

Dénomination	HLSPD	HC
Source	La loi	Le contrat
Forme de la procuration	Sous seing privé	Authentique
Acceptation du créancier	NON	OUI
Délai d'inscription	Le plus rapidement possible	
Exonération de TDPF	OUI	NON

4798 **Régime de l'inscription.** Au regard des règles d'inscription, les différences sont de pure forme et concernent uniquement (S. Blond et M. Chagute, *La suppression des privilèges immobiliers : quelles conséquences pratiques ? : Defrénois* 16 déc. 2021, n° 51-52, p. 1-3) :

– l'indication de la nature de la sûreté, dans l'intitulé du bordereau. Il appartiendra donc désormais au notaire de requérir l'inscription de l'hypothèque légale spéciale du vendeur… au lieu du privilège ;

– dans la rubrique « Titre du créancier », il faudra requérir les références textuelles ; l'actuel article 2374 du Code civil va disparaître au profit du nouvel article.

C Perceptions

1 Taxe de publicité foncière

4799 **Dispense de taxe.** Il résulte de l'interprétation stricte des dispositions de l'article 663 du Code général des impôts que les inscriptions d'hypothèque légale spéciale sont exemptes de taxe de publicité foncière.

4800 **Portée de la dispense.** L'exemption de taxe couvre toutes les sommes et accessoires visés au bordereau d'inscription, même si, parmi ces éléments, certains ne sont pas couverts en réalité par le privilège. La portée du privilège est une question de droit civil, sans influence sur le régime fiscal de celui-ci.

4801 **Transposition des solutions relatives aux inscriptions des anciens privilèges.** *A priori*, dans la mesure où les hypothèques légales spéciales prennent la place des anciens privilèges spéciaux immobiliers, les solutions particulières adoptées pour les premiers devraient s'étendre aux secondes (pour les solutions applicables aux privilèges V. **Privilèges spéciaux immobiliers**).
Ce raisonnement par analogie pourra dans un premier temps guider les services et les praticiens, sans pour autant qu'il emporte un effet de cristallisation pour l'avenir ; ainsi, certains cas ayant reçu par le passé des solutions contestables pourront trouver une nouvelle résolution.

2 Contribution de sécurité immobilière

4802 La contribution de sécurité immobilière prévue en matière d'inscription (CGI, art. 881 H et 881 M) est normalement perçue lors de l'inscription des hypothèques légales spéciales.

II Hypothèque légale spéciale du vendeur

➤ V. **Hypothèque légale spéciale du vendeur d'immeuble**.

III Hypothèque légale spéciale du prêteur de deniers

➤ V. **Hypothèque légale spéciale du prêteur de deniers**.

IV Hypothèque légale spéciale du copartageant

➤ V. **Hypothèque légale spéciale du copartageant**.

V

Hypothèque légale spéciale des créanciers successoraux (séparation des patrimoines)

➤ V. Hypothèques légales spéciales successorales

VI

Hypothèque légale spéciale des créanciers personnels de l'héritier

➤ V. Hypothèques légales spéciales successorales

Hypothèques légales spéciales successorales (anciens privilèges)

Serge LAMIAUX

Sommaire analytique

I

Hypothèque spéciale des créanciers successoraux (séparation des patrimoines)

4803 **Textes.** L'article 878 du Code civil, issu de la loi n° 2006-728 du 23 juin 2006, en vigueur depuis le 1er janvier 2007, modifié par l'ordonnance n° 2021-1192 du 15 septembre, énonce :

> « Les créanciers du défunt et les légataires de sommes d'argent peuvent demander à être préférés sur l'actif successoral à tout créancier personnel de l'héritier.
> Réciproquement, les créanciers personnels de l'héritier peuvent demander à être préférés à tout créancier du défunt sur les biens de l'héritier non recueillis au titre de la succession.
> Le droit de préférence donne lieu à hypothèque légale spéciale prévue au 5° de l'article 2402 et il est sujet à inscription conformément à l'article 2418 ».

Aux termes de l'article 2402-5° du Code civil auquel il est renvoyé :

> « Outre celles prévues par des lois spéciales, les créances auxquelles une hypothèque légale spéciale est attachée sont les suivantes (...) Les créances sur une personne défunte et les legs de sommes d'argent d'une part, les créances sur la personne de l'héritier d'autre part, sont respectivement garantis sur les immeubles successoraux et les immeubles personnels de l'héritier comme il est dit à l'article 878 ».

4804 **Intérêt de l'ancien privilège.** L'ancien privilège permettait aux créanciers du défunt et aux légataires de se faire payer, avant les créanciers personnels de l'héritier, même inscrits avant la publication du privilège, sur le prix des immeubles de la succession et sur les fruits et revenus de ces biens perçus depuis l'ouverture de la succession. En empêchant la confusion des patrimoines, l'inscription avait pour effet de placer, pour une part correspondant au montant de cette inscription, les immeubles qui en sont l'objet dans la situation où ils étaient du vivant du *de cujus*, c'est-à-dire de

les mettre hors des atteintes des créanciers de l'héritier.
Mais la séparation des patrimoines ne produisait aucun effet dans les rapports des créanciers successoraux entre eux ou des légataires entre eux. Elle ne conférait au créancier qui l'a réclamée aucun droit de préférence par rapport aux autres créanciers du défunt.

4805 **Intérêt moindre de l'actuelle hypothèque spéciale.** L'actuelle hypothèque spéciale diffère de l'ancien privilège par son absence de rétroactivité. Dès lors, si l'hypothèque spéciale permettra effectivement aux créanciers du défunt et aux légataires d'être payés avant les créanciers personnels du défunt, ce ne sera qu'à l'égard de ceux qui n'auront pas fait inscrire leur créance avant l'inscription de l'hypothèque spéciale. Les créanciers personnels de l'héritier qui auront pris inscription avant celle des créanciers du défunt et des légataires viendront avant ces derniers dans la collocation du prix. Cette solution découle de la règle de principe posée par l'actuel article 2418, premier alinéa, du Code civil : « Les hypothèques légales, judiciaires et conventionnelles n'ont rang que du jour de leur inscription prise au fichier immobilier, dans la forme et de la manière prescrites par la loi ».

A Conditions de constitution

1 Nécessité d'une inscription

4806 **Principe.** En ce qu'il porte sur les immeubles de la succession, l'hypothèque légale de la séparation des patrimoines n'a d'efficacité à l'encontre des héritiers personnels de l'héritier qu'autant qu'elle a été publiée (C. civ., art. 2418). La règle était identique pour l'ancien privilège de la séparation des patrimoines (C. civ., ancien art. 2383).

2 Délai

4807 C'est la différence majeure entre l'ancien privilège et l'actuelle hypothèque spéciale. Le délai pour prendre inscription était une condition spécifique de l'ancien privilège. Tel n'est plus le cas de l'actuelle hypothèque spéciale, dont l'inscription n'est enfermée dans aucun délai (l'absence de délai ne signifie pas pour autant une totale latitude, bien au contraire ; la rapidité reste de mise puisque désormais c'est l'inscription qui confère le rang à la créance garantie).
Sont ci-dessous rappelées les règles et solutions applicables à l'ancien privilège.

4808 **Quatre mois à compter de l'ouverture de la succession.** Le délai pour prendre inscription de l'ancien privilège était fixé à quatre mois à compter de l'ouverture de la succession (C. civ., ancien art. 2383).
Il s'agissait d'un délai préfix, non susceptible d'interruption ou de suspension. Ce délai devait être calculé selon les règles inscrites dans les articles 640 à 642 du Code de procédure civile en tenant compte, toutefois, pour le dernier jour de l'heure de fermeture du service de la publicité foncière concerné (V. **Délais**).

4809 **Arrêt du cours des inscriptions.** Les événements qui arrêtent le cours des inscriptions (V. **Inscription-Formalités**) s'opposaient à l'inscription du privilège de la séparation des patrimoines. Toutefois, l'article 2427, deuxième alinéa, du Code civil, dans sa version alors applicable, précisait que les privilèges reconnus aux créanciers et légataires du défunt pouvaient être inscrits dans les délais prévus à l'article 2383 du Code civil, nonobstant l'acceptation à concurrence de l'actif net ou la vacance de la succession.

4810 **Sanction.** Le privilège inscrit dans les quatre mois de l'ouverture de la succession prenait rang à la date de cette ouverture (C. civ., ancien art. 2383).
Le défaut de prise d'inscription dans ce délai de quatre mois faisait perdre aux créanciers et légataires la qualité de privilégiés et le bénéfice de la rétroactivité ; leur privilège dégénérait alors en hypothèque légale simple, qui ne prenait rang à l'égard des tiers qu'à la date de son inscription (C. civ., ancien art. 2383, al. 2).

3 Durée

4811 **Application du droit commun.** La durée des inscriptions obéit aux règles de droit commun. Ce droit commun est déterminé par les articles 2429 à 2432 du Code civil (V. **Bordereau d'inscription**).
Le renouvellement des inscriptions est soumis également aux règles de droit commun (V. **Renouvellement**).

4 Formalités de l'inscription

Les solutions suivantes, adoptées pour l'ancien privilège, apparaissent transposables *mutatis mutandis* à l'actuelle hypothèque spéciale.

4812 **Principe.** L'inscription de l'ancien privilège et de l'actuelle hypothèque spéciale de la

séparation des patrimoines a lieu « en la forme prévue aux articles 2426 et 2428 » du Code civil (C. civ., ancien art. 2383).
Elle est, en conséquence, soumise aux règles générales que nous avons examinées (V. **Bordereau d'inscription** et **Inscription-Formalités**). Elle comporte cependant quelques particularités (V. n°s 4813 à 4817).

4813 **Requérants.** L'inscription peut être requise par tous ceux qui ont le droit de demander la séparation des patrimoines, c'est-à-dire les créanciers de la succession et les légataires, même par un créancier dont la créance n'est pas liquide ou est à terme ou conditionnelle (Cass. civ., 2 févr. 1885 : *DP* 1885, 1, 186).
Elle peut être requise également par tous les créanciers et légataires dont les droits ne sont établis que par un acte sous seing privé ou un testament olographe.
Elle peut enfin être requise par les créanciers, tels que les fournisseurs, qui n'ont aucun titre, le service de la publicité foncière devant se contenter de la déclaration du requérant qu'il est créancier du défunt et de la cause et de la nature de la créance.

4814 **Titre à produire.** L'inscription peut être requise sans représentation de titre (C. civ., art. 2428, al. 1er), sauf à énoncer dans le bordereau la cause et la nature de la créance (C. civ., art. 2428, al. 3, 3°). Ainsi, il ne suffirait pas d'indiquer la qualité de créancier : il faut préciser la créance à conserver pour permettre aux intéressés de vérifier l'existence et la légitimité du privilège. Il avait été jugé, en effet, qu'une inscription de privilège de la séparation des patrimoines est irrégulière lorsqu'elle contient une erreur sur la nature des droits à conserver (Cass. req., 28 juin 1933 : *Rev. not. enreg.* 1934, p. 60 ; *Journ. not.*, art. 37915. – Pau, 6 avr. 1922 : *Journ. conserv. hyp.*, 8522. – *JCl. Notarial Formulaire*, V° Bordereaux d'inscription hypothécaire, Fasc. C-5 par P. Frémont).

4815 **Inscription prise par un avocat (solution de l'ancienne association des conservateurs des hypothèques).** Une banque détenant depuis plusieurs années une créance contre une personne physique ayant souscrit un engagement de caution a requis, à la suite du décès de son débiteur, une inscription du privilège de séparation des patrimoines sur un immeuble spécialement désigné appartenant au défunt.
Pour l'accomplissement de la formalité, l'avocat de la banque a déposé un bordereau précisant la nature de la sûreté et comportant l'ensemble des énonciations requises. Ce bordereau a fait l'objet d'un refus de dépôt pour « défaut d'authenticité du titre » au motif qu'il faisait simplement référence à un acte sous signatures privées comportant engagement de caution. En outre, le conservateur a opposé à l'avocat son « défaut de compétence » pour procéder à l'inscription.
Ce refus est injustifié, étant observé qu'il entre bien dans la mission de l'avocat de la banque de requérir l'inscription du privilège et de procéder aux certifications, en application de l'article 38 du décret du 14 octobre 1955 (*Bull. AMC* 2009, art. 1924).

4816 **Personnes à mentionner.** L'inscription peut être prise soit contre les héritiers du débiteur, nommément désignés, soit contre la succession du défunt. Cette dernière solution doit être préférée (P. Frémont, *JCl. Notarial Formulaire*, V° Bordereaux d'inscription hypothécaire, Fasc. C-5). Elle est d'ailleurs la seule pouvant être utilisée lorsque le créancier ou légataire inscrivant ne connaît pas les héritiers ou lorsque l'inscription est requise avant la publication de l'attestation notariée constatant la mutation de propriété résultant du décès. Il suffit, dans ce cas, de la certification d'identité du défunt faite conformément aux articles 5 et 6 du décret n° 55-22 du 4 janvier 1955 (D. n° 55-1350, 14 oct. 1955, art. 35, § 5 ; *Bull. AMC* 1957, art. 277 et 296).

4817 **Immeubles à grever.** L'inscription peut être prise non seulement sur les immeubles qui appartenaient exclusivement au défunt, mais aussi sur ceux qui étaient indivis entre lui et des tiers, mais, pour ces derniers, l'efficacité de l'inscription demeurera subordonnée aux résultats du partage (ainsi lorsque l'inscription est prise sur des immeubles de communauté après décès d'un commun en biens).

4818 **Privilège de la séparation des patrimoines et hypothèque légale du légataire particulier.**
➤ Sur ce point, V. **Legs**.

B Inscription du privilège par les comptables des finances publiques

4819 **Utilité.** Pour garantir le paiement des droits de mutation par décès, qui constituent une dette de la succession et des successeurs, le Trésor dispose normalement de l'hypothèque légale sur les immeubles de la succession prévue par l'article 1929-2 du Code général des impôts.

Mais cette hypothèque était primée par le privilège de la séparation des patrimoines, lorsque celui-ci était inscrit. Aussi, en cas de nécessité, les comptables des finances publiques pouvaient requérir l'inscription de ce privilège. Il en était ainsi pour le cas d'insolvabilité des héritiers et de la présence en outre d'autres créanciers héréditaires qui, par leur action, pouvaient compromettre le recouvrement de la créance du Trésor (BOI-REC-GAR-10-20-40-20120912, n° 490). La même analyse doit être tenue pour l'actuelle hypothèque spéciale de séparation des patrimoines.

4820 **Délai d'inscription.** Les successeurs universels disposant d'un délai de six mois pour déposer la déclaration de succession (CGI, art. 641), le comptable requérant doit, à l'aide des renseignements dont il peut disposer, évaluer les droits exigibles sur la mutation par décès afin de requérir l'inscription du privilège dans le délai imparti par l'article 2383 du Code civil (BOI-REC-GAR-10-20-40-20120912, n° 500). Cette analyse n'est pas applicable à l'hypothèque spéciale de séparations des patrimoines, l'inscription des hypothèques légales spéciales n'emportant aucune rétroactivité.

4821 **Réquisition.** La réquisition de l'inscription du privilège de la séparation des patrimoines est toujours de la compétence du comptable chargé du recouvrement des droits. Elle est opérée selon les modalités prévues en matière d'hypothèques (cf. BOI-REC-GAR-10-20-20-20).
L'inscription est requise sans communication de titre. Le comptable adresse les bordereaux signés, après avoir certifié l'identité des parties et les avoir certifiés conformes au service de la publicité foncière compétent.
Après réception du bordereau 3267 C, portant mention de l'accomplissement de la formalité, adressé par le service de la publicité foncière, le comptable chargé du recouvrement classe ce bordereau (BOI-REC-GAR-10-20-40-20120912, n° 520).

4822 **Perceptions.** Sur les perceptions à opérer en matière de taxe de publicité et de contribution de sécurité immobilière, V. **État**.

II

Hypothèque spéciale des créanciers personnels de l'héritier

4823 **Création de l'ancien privilège par la réforme des successions de 2006.** L'ancien article 2374-6° du Code civil créé par la loi du 23 juin 2006 réformant les successions énumérait, parmi les créanciers privilégiés sur les immeubles, aux côtés des créanciers du défunt et des légataires de sommes d'argent sur les immeubles de la succession, « les créanciers personnels de l'héritier sur les immeubles de ce dernier, pour la garantie des droits qu'ils tiennent de l'article 878 ».
Ce privilège leur permettait d'être préférés à tout créancier du défunt sur les biens de l'héritier non recueillis au titre de la succession. Ils bénéficient ainsi d'une protection symétrique de celle instituée au profit des créanciers successoraux.
En ce qui concerne l'inscription, l'article 878, alinéa 3, du Code civil renvoyant à l'article 2383, le privilège se conserve suivant les mêmes règles que celui des créanciers successoraux.
Il faut noter toutefois :
– que le privilège des créanciers personnels de l'héritier ne porte pas sur les immeubles de l'hérédité, mais sur ceux figurant dans le patrimoine de l'héritier avant l'ouverture de la succession ;
– que d'autre part le privilège a vocation à garantir le paiement de toutes les dettes personnelles de l'héritier.
Cependant, le créancier personnel qui exerçait ce privilège ne bénéficiait d'aucun droit de préférence sur les créanciers de la même catégorie. En conséquence, l'inscription prise par lui profitait à tous.

4824 **Transformation de l'ancien privilège en hypothèque spéciale par la réforme des sûretés de 2019**. À compter du 1er janvier 2022, le privilège des créanciers personnels de l'héritier est devenu une hypothèque légale spéciale. La principale conséquence est la disparition de la rétroactivité attachée à l'inscription au fichier immobilier ; l'hypothèque légale spéciale prend en effet rang au jour de son inscription (C. civ., art. 2418, al. 1er).

Identification des immeubles

Serge LAMIAUX

Sommaire analytique

Index alphabétique

4825 Après avoir rappelé l'importance de l'identification des immeubles pour la publicité foncière (I), nous traiterons les modalités de cette identification (II).

I
Importance de l'identification des immeubles

4826 **Acte contenant des dispositions concernant des biens immobiliers et d'autres dispositions.** Lorsqu'un acte ou une décision judiciaire soumis à publicité en exécution des articles 28, 35 à 37 et 39 du décret du 4 janvier 1955 contient des dispositions portant sur des biens immobiliers et d'autres dispositions, la publicité n'est censée être requise que pour les dispositions portant sur les biens immobiliers (D. 14 oct. 1955, art. 76-1, al. 2). Ce texte montre l'intérêt d'une identification précise des biens à caractère immobilier, seuls soumis à publication.

4827 **Acte concernant des biens autres que des immeubles par nature.** Si dans un acte ou une décision judiciaire soumis à publicité en exécution des articles 28, 35 à 37 et 39 du décret du 4 janvier 1955 figurent des biens autres que des immeubles par nature ou des droits ne portant pas sur des immeubles par nature présentant le caractère immobilier, ce caractère doit être explicitement indiqué dans le document déposé. À défaut, la publicité n'est censée requise qu'en ce qui concerne les autres biens ou droits immobiliers compris dans le document (D. 14 oct. 1955, art. 76-1, al. 3). Il y a donc lieu, si l'on veut qu'ils soient l'objet d'une publication, d'identifier expressément et de qualifier les immeubles ou droit à caractère immobilier autres que les immeubles par nature (ainsi pour les immeubles par destination).

4828 **Nécessité d'une désignation individuelle.** Dans tous les cas où la désignation des immeubles, faite conformément aux prescriptions du dernier alinéa de l'article 2426 du Code civil, du 2 de l'article 34 du décret du 4 janvier 1955 et du 5° du 2 de l'article 55 du 14 octobre 1955, est complétée par une formule générale de désignation, la publication est censée requise uniquement pour les immeubles individuellement désignés (D. 14 oct. 1955, art. 76-1, al. 1).

Il est donc nécessaire que les immeubles soient désignés individuellement. Il ne suffirait pas d'indiquer seulement à la suite de la désignation globale que les immeubles sont cadastrés sous les numéros… de la section… pour une contenance totale de… (V. H. Bulté, chron. hyp. : *JCP* N 1956, IV, 2174).

4829 **Désignation reproduite plusieurs fois.** Si le document déposé faisant l'objet d'un seul certificat de conformité reproduit plusieurs fois la désignation des immeubles, seule est retenue, à défaut d'indication contraire expresse portée obligatoirement au pied du document, la désignation figurant la première dans ledit document, même si elle est contenue dans un acte préparatoire non soumis par lui-même à publicité, tel qu'un cahier des charges dont l'expédition précède celle du jugement d'adjudication (D. 14 oct. 1955, art. 76-3).

Le service de la publicité foncière retient cette désignation pour annoter le fichier immobilier et pour effectuer tous rapprochements prescrits par les articles 23, 34, 36 et 37 soit avec l'extrait d'acte, soit avec les documents antérieurement publiés.

II
Modalités de l'identification

D. 7 janv. 1955, art. 7. – Tout acte ou décision judiciaire sujet à publicité dans un service de la publicité foncière doit indiquer, pour chacun des immeubles qu'il concerne, la nature, la situation, la contenance et la désignation cadastrale (section, numéro du plan et lieudit) ; le lieudit est remplacé par l'indication de la rue et du numéro pour les immeubles situés dans les parties agglomérées des communes urbaines. (…).

D. 14 oct. 1955, art. 76. – 2. La désignation individuelle des immeubles exigée par les articles 2428, huitième alinéa, 2430, dernier alinéa, du Code civil, et le 2 de l'article 34 du décret n° 55-22 du 4 janvier 1955 modifié est faite, conformément aux dispositions de l'article 7 du même décret, par l'indication des éléments suivants :

a) La nature ;

b) La commune de situation :

c) L'indication de la rue et du numéro ou, à défaut, le lieudit ;

d) La section et le numéro du plan cadastral ;

e) La contenance.

A Éléments d'identification

4830 Rappel. Aux termes de l'article 7 du décret du 4 janvier 1955 reproduit ci-dessus auquel renvoie l'article 76, § 2 du décret n° 55-1350 du 14 octobre 1955, les éléments exigés dans le document à publier pour désigner un immeuble pour l'annotation du fichier et le contrôle de l'effet relatif sont :
- la nature ;
- la contenance ;
- la commune de situation ;
- la désignation cadastrale comprenant la section et le numéro du plan en cadastre rénové ;
- l'indication de la rue et du numéro ou à défaut le lieudit.

4831 Date à laquelle il faut se placer. La désignation de l'immeuble, au sens de l'article 7 du décret du 4 janvier 1955, est la désignation actuelle du bien, c'est-à-dire celle qui est conforme aux énonciations cadastrales au jour de la rédaction de l'acte ou au jour où la publicité est requise selon les cas (*Bull. AMC* 1979, art. 1142. – V. R. Chardonnal, chron. hyp. : *JCP* N 1985, prat. 9483).

4832 Actes sous condition suspensive. Lorsque l'acte conditionnel et celui constatant la réalisation de la condition suspensive sont déposés simultanément, il n'est pas indispensable que tous les éléments de la désignation de l'immeuble soient reproduits dans l'acte concernant la réalisation de la condition, si cet acte renferme des références précises à l'acte conditionnel (chron. hyp. : *JCP* N 1979, prat. 7335).

1 Nature et contenance, rue, numéro ou lieudit

4833 Nature. Pour l'indication de la nature actuelle et l'affectation actuelle des immeubles imposée par le texte (V. ce texte *supra*), le *Répertoire alphabétique de l'enregistrement* (V° Hypothèques, L. III, n° 329) indique que :

> « comme les autres éléments d'identification, la nature actuelle ou l'affectation actuelle des immeubles intéressés par une formalité de publicité (maison, usine, appartement, terre, pré, vigne, etc.) doit être indiquée, dans les documents déposés, pour chaque îlot de propriété ou parcelle ; toutefois, si la nature actuelle des cultures d'une exploitation ne correspond plus à la division parcellaire, il n'y a pas lieu de faire figurer le détail des natures par parcelle (...) il est suffisant de mentionner les diverses natures de cultures, sans aucune précision ; cette mesure vise aussi bien les communes à cadastre rénové que les communes à ancien cadastre (...) ».

Pour les immeubles bâtis, la nature présente une importance particulière ; il faut que cette nature soit détaillée, s'il s'agit d'un ensemble immobilier fait de plusieurs bâtiments, des terrains attenants, des jardins, des dépendances (H. Bulté, chron. hyp. : *JCP* N 1973, prat. 5564).

4834 Contenance. La contenance à mentionner est la contenance cadastrale, les parties à l'acte ayant cependant la possibilité d'indiquer par ailleurs que cette contenance ne correspond pas à la contenance effective (*Rép. alph. enreg.*, V° Hypothèques, L. III, n° 330).

4835 Rue, numéro ou lieudit. Dans les parties agglomérées des communes urbaines, l'immeuble est identifié par le nom et le numéro de la rue. Dans les autres cas, on indique le lieudit, qui correspond à une parcelle du territoire communal auquel les habitants ont coutume d'appliquer une appellation déterminée.

2 Commune de situation

4836 Indication de la commune. L'indication de la commune de la situation de l'immeuble n'appelle pas de commentaire particulier (cependant, V. n° 4837).

Il est précisé que pour les communes divisées en arrondissement (Paris, Lyon, Marseille), le numéro de l'arrondissement doit être indiqué (*Rép. alph. enreg.*, V° Hypothèques, L. III, n° 313).

4837 Regroupements de communes. Lorsque deux communes ont été réunies et portent dorénavant un nom unique (nom nouveau, nom jumelé des deux communes ou nom de l'une d'entre elles) et que la décision concernant cette réunion a été publiée, les immeubles situés dans l'une ou l'autre des deux anciennes communes doivent désormais être désignés par le nouveau nom retenu.

Il peut arriver également que, lors de la réunion de deux communes, l'une d'entre elles soit érigée en commune associée et conserve, à ce titre, son ancien nom. Le nom à retenir pour les immeubles situés dans la commune associée doit dans ce cas être celui de l'autre commune ; on admet néanmoins que les immeubles en question soient désignés comme étant situés dans la commune associée à l'autre (*Bull. AMC* 1995, art. 1700).
Les immeubles situés dans une commune doivent continuer, par contre, à être désignés par le nom de cette commune si celle-ci a fait l'objet, avec d'autres, d'un regroupement tel que syndicat intercommunal à vocation multiple (SIVOM), district, communauté de villes ou communauté de communes (V. sur les regroupements de communes, *JCP* N 1997, prat. 4142).
C'est dire que les changements qui peuvent intervenir dans la dénomination du regroupement (substitution d'une communauté de communes à un SIVOM par exemple) n'entraînent aucune modification dans la désignation des immeubles qui y sont situés, même si ces changements ont pour effet de créer une nouvelle personne morale entraînant mutation de droits réels immobiliers (V. Rép. min. inter. à M. Puech n° 22311 : *JO* Sénat Q, 30 mars 2000, p. 1155 ; *JCP* N 2000, n° 18, p. 773).

3 Désignation cadastrale

a) Obtention d'un extrait cadastral

4838 **Deux sortes d'extraits.** Les conditions d'établissement et de délivrance des extraits cadastraux sont fixées par les articles 20, 21 et 30 du décret du 14 octobre 1955 (V. ces textes en fin d'ouvrage) en régime de cadastre rénové il existe deux sortes d'extraits cadastraux : les extraits modèle 1 et les extraits modèle 3.

4839 **Extrait modèle 1.** Cet extrait est remis sous peine de refus de dépôt à l'appui de tout document remis au service de la publicité foncière en vue de publier une mutation par décès, un acte tout ou une décision judiciaire pense relatif, déclaratif, constitutif ou distinctifs de propriété, d'usufruit, d'emphytéose ou de superficie (D. 14 oct.1955, art. 20).
Sont seuls exclus les actes ou décisions qui réalisent un transfert de propriété en matière d'aménagement foncier.
Tout notaire peut obtenir directement du serveur professionnel de données cadastrales depuis son étude, et par Internet les extraits certifiés concernant tous les immeubles situés en métropole ou dans les départements d'outre-mer. Cette faculté est également ouverte aux géomètres experts.

4840 **Extrait modèle 3.** L'extrait cadastral modèle 3 est remis au service de la publicité foncière, sous peine de rejet, à l'appui de la première formalité requise à partir du 1er janvier 1956 (ou de la mise en service du cadastre rénové, pour les communes dont le cadastre est rénové après cette date) lorsque cette formalité ne donne pas lieu à la mutation du bien (sur les formalités concernées, V. D. 14 oct. 1955, art. 30). En pratique et par mesure de simplification il est admis qu'un extrait cadastral modèle 1 peut se substituer à l'extrait cadastral modèle 3 (*Précis de fiscalité* 2012, n° 8195).

4841 **Certification des extraits.** Les extraits cadastraux sont certifiés conformes à la documentation cadastrale au jour de leur production, par le service du cadastre. Exceptionnellement, la désignation des fractions d'immeubles peut être certifiée par le rédacteur de l'acte pour les formalités relatives à la vente de lots de copropriétés en état futur d'achèvement, ou dépendantes d'un état descriptif de division en cours de publication (V. n° 4842).

4842 **Délivrance de l'extrait cadastral.** La faculté pour les usagers d'établir les extraits a été abrogée par le décret n° 98-516 du 23 juin 1998. Le non-respect de ces dispositions entraîne un refus du dépôt.
Toutefois, à titre dérogatoire, pour les formalités relatives à des ventes de lots de copropriété en l'état futur d'achèvement ou les formalités dépendantes d'un état descriptif de division en copropriété en cours de publication, le rédacteur peut établir l'extrait cadastral pour les lots concernés par ces mutations. Cet extrait doit être établi au vu d'un extrait cadastral, afférent aux parcelles d'assise de l'état descriptif de division, délivré par le service du cadastre depuis moins de six mois au jour où la formalité est requise (D. n° 55-1350, 14 oct. 1955, art. 21-2, réd. D. n° 98-553, 3 juill. 1998. – Instr. adm. 14 août 1998, n° 38 : *BOI* 10-2-D-98).

4843 **Fraction d'immeuble.** L'extrait cadastral délivré pour une fraction d'immeuble doit, sous peine de refus ultérieur du dépôt, désigner la fraction tant par les éléments d'identification de l'ensemble de l'immeuble que par le numéro de lot résultant de l'état descriptif de division et la quote-part des parties communes, si elle est déterminée (D. n° 55-1350, 14 oct. 1955, art. 76, § 2, réd. D. n° 98-553, 3 juill. 1998, art. 35-I).

4844 **Dépôt obligatoire.** Pour les immeubles situés dans les communes où le cadastre a été rénové et faisant l'objet d'une mutation par décès, d'un acte ou d'une décision judiciaire translatif, déclaratif ou constitutif d'un droit réel susceptible d'hypothèque, la désignation est faite conformément à un extrait cadastral qui doit être remis au service de la publicité foncière à l'appui de la réquisition de la formalité (D. n° 55-1350, 14 oct. 1955, art. 7, dernier al.).

Il faut produire l'original de l'extrait cadastral et non une simple copie de celui-ci (Rép. min. n° 73747 : *JOAN*, 30 déc. 1985, p. 5952 ; *JCP* N 1986, prat. 9835).

4845 **Date de l'extrait.** L'extrait doit avoir moins de six mois de date au jour de la remise au service de la publicité foncière (D. n° 55-1350, 14 oct. 1955, art. 7, al. 5).

Cet extrait devant être délivré avant la rédaction définitive de tout titre sujet à publicité ou de toute attestation notariée ; il est donc indispensable qu'il porte une date antérieure à celle de l'acte dans lequel il est énoncé (V. Rép. min. Justice : *JOAN* Q, 30 déc. 1985, p. 5952 ; *JCP* N 1986, prat. 9835).

4846 **Règle de conformité.** Ainsi qu'il a été dit (V. n° 4831), la désignation des immeubles dans l'acte doit être exactement conforme à celle qui figure sur l'extrait cadastral. Dès lors que l'un des immeubles désignés dans l'acte à publier comporte une désignation cadastrale dont les éléments essentiels ne figurent pas sur l'extrait cadastral, cet immeuble apparaît comme un immeuble autre que ceux qui font l'objet de l'extrait et il est censé, par suite, avoir été omis dans ce dernier, ce qui justifie un refus de dépôt (*Bull. AMC* 1978, art. 1131).

4847 **Acte établi avant mais publié après le remaniement du cadastre.** La désignation de l'immeuble doit être conforme aux énonciations cadastrales au jour de la publicité foncière requise et non pas au jour de l'acte. Si une attestation de propriété après décès est établie le 1er juillet, et que la désignation qui y figure l'a été au seul vu d'un extrait de la matrice cadastrale, et qu'elle est déposée au bureau des hypothèques le 15 août, alors que le 1er août a été publié un procès-verbal de remaniement du cadastre ayant pour conséquence de modifier les références cadastrales, un refus de dépôt doit être opposé. Ce refus est la conséquence de la non-exploitation de l'extrait cadastral modèle 1, délivré postérieurement à la production par le service du cadastre de l'extrait de matrice. En pareil cas, comme le prévoit une instruction du 10 avril 1980 (*BODGI* 10 E-2-80, n° 44), pendant une période de trois mois précédant la date de dépôt du procès-verbal de remaniement le service cadastral, lors de la délivrance des extrait modèles 1 ou 3, informe le demandeur de l'existence d'une opération de remaniement à l'aide d'une notice jointe à l'extrait. En outre, il précise sur chaque extrait la date à laquelle sera déposé le procès-verbal de remaniement à la conservation des hypothèques (aujourd'hui, au service de la publicité foncière). Enfin est inscrite en rouge en dessous de chaque parcelle la nouvelle désignation après remaniement (chron. P.J.C : *JCP* N 1997, prat. 3993).

4848 **Acte conditionnel.** Il y a lieu de déposer un extrait cadastral à l'appui tant de l'acte conditionnel que de celui constatant la réalisation de la condition (Instr. adm. 15 févr. 1971 : *BODGI* 7 A-3-71 et 10 E-1-71 ; *JCP* N 1971, III, 37605).

b) Particularités

4849 **Situation propre à Paris.** Il convient de noter qu'en ce qui concerne Paris, les références cadastrales comprennent, avant la section cadastrale et le numéro du plan de cette section, un nombre composé de quatre chiffres dont les deux premiers désignent l'arrondissement et les deux derniers le quartier (V. chron. hyp. : *JCP* N 1979, prat. 7350).

4850 **Biens « non délimités ».** Cette expression désigne des portions de terrain sur lesquelles plusieurs personnes possèdent des droits non indivis de propriété mais dont la division n'a pu être réalisée au plan cadastral en l'absence d'éléments nécessaires à la fixation de limites même approximatives et auxquelles, dès lors, a été attribué un seul numéro (V., O. Salvat, *Une lacune du cadastre rénové : les biens non délimités : JCP* N 2010, 2, 1004).

Lorsqu'un document à publier concerne une partie de biens « non délimités », il doit contenir la désignation de cette partie par le numéro cadastral et préciser la quotité ou l'importance des droits du disposant dans la masse confondue (*Rép. alph. enreg.*, V° Hypothèques, L. III, n° 317). De son côté, l'extrait cadastral doit indiquer le numéro cadastral et la contenance de l'ensemble et porter la mention « biens non délimités », sauf à faire apparaître la contenance de la partie du terrain visée dans le document à publier (même réf. – Instr. adm. 15 déc. 1962, n° 183).

En présence d'une telle situation, la pratique recommande d'indiquer, dans l'acte, la formule suivante : À (commune et lieudit), 4 a 96 ca à prendre dans une parcelle cadastrée section (...), n° (...),

pour 19 a 85 ca (bien non délimité) (R. Chardonnal, chron. hyp. : *JCP* N 1986, prat. 9819. – P.J.C., chron. hyp. : *JCP* N 1987, prat. 84. – V. aussi chron. Poirier, *JCP* N 1962, IV, 3360).
Lorsque le bien non délimité est constitué par un immeuble en copropriété, rien n'empêche d'établir et de publier un état descriptif de division (chron. hyp., préc.).

➤ V. sur la question, G. Delavaquerie, *Les biens non délimités : LPA* 10-11 mai 2018, p. 30.

B Difficultés particulières

4851 Nous examinerons successivement le cas de démembrement du droit de propriété sans changement de limite (1), le cas de division de la propriété du sol avec changement de limite (2), le cas où l'immeuble est fractionné sans changement de limite de la propriété du sol (3) et le cas de réunion de parcelles et du passage d'une parcelle au domaine non cadastré (4).

1 Démembrement du droit de propriété sans changement de limite

4852 Les actes et décisions judiciaires constatant ou réalisant un démembrement du droit de propriété, sans opérer de changement de limite des parcelles du terrain sur lesquelles ce démembrement est consenti, ne donnent pas lieu à l'attribution de nouveaux numéros cadastraux délivrés au vu d'un document d'arpentage, ni à l'établissement d'un état descriptif de division. Les actes et décisions en cause peuvent donc être publiés sans formalité préalable. La désignation se fait en principe par référence à la parcelle cadastrale d'assise du terrain (V. **Bail à construction**, **Bail emphytéotique**, **Superficie**).

2 Division de la propriété du sol avec changement de limite

4853 Identification de l'immeuble divisé et des nouveaux immeubles. Un acte ou une décision constatant ou réalisant une division de la propriété du sol entraînant un changement de limites, ne peut être publié que si le cadastre a attribué et fait publier, au vu d'un document d'arpentage, de nouveaux numéros tenant compte de la division de la parcelle primitive ; cet acte ou cette décision doit identifier l'immeuble tel qu'il existait avant la division et chacun des nouveaux immeubles issus de la division (D. n° 55-22, 4 janv. 1955, art. 7, al. 1er).

➤ V. **Document d'arpentage**.

3 Immeuble fractionné sans changement de limite de propriété du sol

4854 Nécessité d'établir un état descriptif de division. Lorsque, sans constater ou réaliser une division de la propriété du sol entraînant changement de limite, un acte ou une décision judiciaire sujet à publicité foncière ne concerne qu'une ou plusieurs fractions d'un immeuble, l'acte ou la décision doit comporter à la fois la désignation de la ou des fractions en cause et la désignation de l'ensemble de l'immeuble (D. n° 55-22, 4 janv. 1955, art. 7, al. 3). Ces actes et décisions ne donnent pas lieu à l'attribution de nouveaux numéros cadastraux au vu d'un document d'arpentage ; en revanche, ils ne peuvent être publiés au service de la publicité foncière compétent qu'après établissement et publication d'un état descriptif de division.

➤ Pour plus de détails, sur le champ d'application et les modalités d'établissement de cet état descriptif, V. **État descriptif de division**.

4855 Division en « volumes ». Il existe des modalités d'identification particulières lorsqu'un immeuble est divisé en « volumes » (V. **Volumes**).

4 Réunion de parcelles et passage d'une parcelle au domaine non cadastré

4856 Simplification. La publication au fichier immobilier des réunions de parcelles par procès-verbal de changement de numérotage (6493) ou par procès-verbal de remaniement (6498) a été simplifiée à l'occasion de l'informatisation des conservations des hypothèques. Désormais, dans tous les services de la publicité foncière, les procès-verbaux du cadastre en matière de remaniement, de réunions ou de divisions de parcelles sont publiés de façon purement réelle : en effet, ces procès-verbaux ne modifient pas les droits réels immobiliers sur les parcelles concernées.
C'est pourquoi, lors de la saisie de ces formalités dans Fidji, seuls les immeubles sont identifiés, sans se préoccuper des titulaires de droits concernés. Antérieurement, le service du cadastre vérifiait l'opportunité de ces réunions en examinant le respect de conditions relatives aux parcelles à réunir et aux charges grevant celles-ci. La conservation des hypothèques procédait ensuite à la même vérification lors de l'annotation du fichier immobilier. Dans un souci de simplification des procédures et pour éviter des travaux lourds et redondants, les contrôles préalables aux

réunions de parcelles sont à présent du seul ressort des CDIF.
Les modalités d'application de ces mesures ont été tout d'abord énoncées dans une instruction du 26 mars 2004 (*BOI* 11 C 1-04 ; *JCP* N 2004, n° 16-17-94) et figurent actuellement au BOI-CAD-MAJ-20-10-20131014, n°s 160 et s.

4857 **Conditions à remplir.** Les parcelles à réunir doivent remplir simultanément les conditions suivantes :
– appartenir aux titulaires des mêmes droits sur les parcelles concernées ;
– être contiguës ;
– présenter une situation identique au regard de leur publication au fichier immobilier, c'est-à-dire publiées ou non publiées.
Dans le cas où ces trois conditions sont remplies et que les parcelles sont grevées de droits ou de charges, celles-ci ne pourront être réunies que dans les deux situations suivantes :
– les parcelles à réunir ne sont grevées d'aucune charge ou sont grevées uniquement de servitudes ;
– les parcelles à réunir sont grevées de droits ou de charges identiques.
Par conséquent, des parcelles grevées (ou bénéficiant) de droits ou et de charges différents, à l'exception de servitudes, ne peuvent faire l'objet d'une réunion.
D'une manière générale, et afin d'éviter toute difficulté ultérieure, le service du cadastre se doit, s'il y a le moindre doute quant aux conditions de réunion, de se rapprocher du service de la publicité foncière avant toute opération de cette nature (BOI-CAD-MAJ-20-10-20131014, n° 160).

4858 **Procédure.** Lorsque les conditions énoncées ci-dessus sont vérifiées, la réunion de parcelles peut être effectuée à la demande des propriétaires, rédigée à l'aide de l'imprimé n° 6505 ou sur papier libre. Elle peut également être réalisée à l'initiative du service après recueil de l'accord des propriétaires concernés sur l'imprimé n° 6505, ou après leur acceptation expresse ou tacite (absence de réponse dans le mois. – BOI-CAD-MAJ-20-10-20131014, n° 180).
La procédure mise en œuvre ensuite est celle du croquis foncier. Après numérotage du croquis et de la nouvelle parcelle dans MAJIC, un procès-verbal n° 6493 N est transmis au service de la publicité foncière pour publication. Après publication, le propriétaire est informé du nouveau numéro parcellaire en vigueur par envoi d'un imprimé n° 6506 NM (BOI-CAD-MAJ-20-10-20131014, n° 190).
Les superficies des parcelles nouvelles sont obtenues par addition des surfaces des parcelles réunies. En aucune manière il n'est procédé à un nouveau calcul (BOI-CAD-MAJ-20-10-20131014, n° 200).
Le propriétaire garde la possibilité de joindre à sa réquisition de réunion un document d'arpentage établi à sa demande (BOI-CAD-MAJ-20-10-20131014, n° 210).

C Sanctions

4859 En ce qui concerne les sanctions applicables en cas de non-respect des directives légales, les éléments exigés (V. n°s 4830 à 4855) n'ont pas tous la même importance ; certains sont essentiels et sanctionnés par le refus du dépôt (1), alors que d'autres n'entraînent que le rejet de la formalité (2).

1 Éléments essentiels de l'identification

4860 **Immeubles.** Les éléments essentiels de l'identification des immeubles, dont l'omission est une cause de refus du dépôt, sont énoncés à l'article 76-2 du décret du 14 octobre 1955. Il s'agit :
– de l'indication de la commune de situation des immeubles ;
– de leur désignation cadastrale.
En effet, la publication d'un acte comportant des indications cadastrales inexactes ne permet pas à la formalité de remplir son rôle de publicité à l'égard des tiers et la publication d'un acte de vente contenant des indications erronées ne permet pas, notamment, de reconnaître à l'acquéreur la propriété d'un terrain objet de ventes successives (Cass. 3e civ., 13 févr. 1991 : *JurisData* n° 1991-000303 ; *Bull. civ.* 1991, III, n° 59 ; *JCP* G 1991, IV, 141).
Lorsque le cadastre a été rénové, il convient évidemment de retenir les nouvelles références cadastrales, sous peine de refus du dépôt, dès lors que le procès-verbal de remaniement du cadastre a été publié (*Bull. AMC* 1989, art. 1412 ; *ibid.* 1991, 1483 et 1506).

4861 **Fractions d'immeubles.**
➤ Sur les éléments d'identification essentiels, V. **État descriptif de division** et **Volumes**.

2 Éléments secondaires de l'identification

4862 **Immeubles.** Parmi les éléments non essentiels à l'identification d'un immeuble figurent sa nature, sa contenance et les indications se rapportant à la voirie (rue et numéro ou, à défaut, lieudit). Compte tenu du caractère secondaire de ces éléments (V. D. n° 85-760, 18 juill. 1985. – Instr. 24 sept. 1985 : *BODGI* 10-E-3-85 ; *JCP* N 1985, prat. 9555), leur absence est sanctionnée simplement par le rejet de la formalité, en application de l'article 34, § 3, du décret du 4 janvier 1955.

Enfin, constitue un cas de rejet du dépôt, toute discordance entre les indications relatives à la commune ou à la désignation cadastrale figurant dans le document déposé et ces mêmes indications contenues dans les documents antérieurement publiés au fichier immobilier.

4863 Fractions d'immeubles.

➤ Sur les cas de rejet de la formalité, V. **État descriptif de division**.

Identification des personnes

Serge LAMIAUX

Sommaire analytique

Index alphabétique

4864 **Principe général.** Tous les actes pouvant être publiés, soit par le dépôt d'un extrait, copie, ou expédition (D. 4 janv. 1955, art. 34), soit sous forme de mention en marge d'une inscription (V. **Mentions en marge**) doivent obligatoirement contenir l'identité complète des parties. Il en est ainsi, notamment, de tous les actes et décisions visés au § 1 de l'article 68 du décret du 14 octobre 1955, des procès-verbaux de réorganisation foncière et de remembrement, des ordonnances d'expropriation, des décisions portant limitation au droit de propriété ou dérogation à des servitudes d'utilité publique, des décisions de classement et déclassement de monuments historiques et de sites, etc.

Les aménagements à cette règle ou solutions particulières seront indiqués au mot correspondant (par ex. : expropriation ; remembrement ; etc.).

4865 **Sens du mot « parties ».** Pour l'application des articles 5 et 6 du décret du 4 janvier 1955, le mot « parties » désigne les personnes directement intéressées par les droits portant sur un immeuble que les actes (même dressés sans leur concours ou leur consentement) ou les décisions judiciaires sujets à publicité ont pour objet de constituer, transférer, constater, confirmer, modifier, grever ou éteindre.

Ainsi, sont des « parties », non seulement le vendeur et l'acquéreur d'un immeuble, les coéchangistes, le donateur et le donataire, le bailleur et le preneur, les copartageants, le défunt et les successibles dans les attestations notariées, mais encore toute personne dont le droit est modifié (propriétaire d'un immeuble sur lequel une décision judiciaire constate l'existence d'une servitude) ou susceptible de l'être (propriétaire assigné en résolution d'un acte de vente) ou grevé (propriétaire saisi ou propriétaire dont l'immeuble fait l'objet d'une décision de classement), ou éteint (donateur renonçant à un droit de retour conventionnel).

C'est pour toutes les parties au sens défini ci-dessus que doit figurer, dans les actes et décisions judiciaires, l'identité complète, telle qu'elle est déterminée par le premier alinéa des articles 5 et 6 du décret du 4 janvier 1955 (V. *Rép. alph. enreg.*, V° Hypothèques, L. III, n° 213).

➤ Sur le sens particulier du mot « partie » en matière de partage, V. **Partage**.

4866 **Tempérament d'application générale.** La règle précitée (V. n° 4864) s'impose rigoureusement et doit être strictement appliquée toutes les fois que les éléments d'identification des parties existent en fait et peuvent être fournis par les pièces justificatives. Par contre, elle ne saurait mettre obstacle à la publication d'actes ou décisions concernant des personnes dont l'état civil est incomplet, soit parce qu'elles sont nées à une époque où l'état civil n'était pas encore organisé dans le pays de leur naissance, soit parce que l'un des éléments d'identification prévus n'a, en fait, jamais figuré sur un document officiel (rappr. RSEB, 19 déc. 1956 ; *JOAN*, p. 6128), soit parce que les dispositions légales s'opposent à la divulgation de certains renseignements (lieu de naissance, par exemple, pour les Pupilles de l'Assistance publique [*Rép. alph. enreg.*, préc., n° 209]).

4867 **Acte sous condition suspensive.** Si l'acte établi sous condition suspensive et l'acte constatant la réalisation de la condition sont présentés séparément à la formalité, ils doivent l'un et l'autre contenir tous les éléments d'identification des parties habituellement requis.

Par contre, s'ils sont présentés simultanément, il suffit que tous les éléments d'identification figurent dans l'acte constatant la réalisation de la condition (*Bull. AMC* 1959, art. 399). Mais cet acte doit contenir des références précises à l'acte conditionnel (chron. *JCP* N 1979, prat. 7335).

4868 **Intégration au fichier immobilier informatisé** (FIDJI) **des éléments d'identification des personnes physiques et morales.** Une instruction du 29 juin 2009 (*BOI* 10-E-2-09) précise sous forme de tableaux les règles de prise en compte dans FIDJI des personnes dont l'identité, formée d'un prénom ou d'un nom composé, contient une lettre issue d'un alphabet étranger ou encore un caractère spécial.

4869 **Documents justifiant de l'identité des parties.** En ce qui concerne les documents nécessaires pour justifier l'identité des parties, et les modalités de leur obtention, V. **Certification d'identité**.

I
Identification des personnes physiques

BIBLIOGRAPHIE : Sur l'arrêté du 29 juillet 2011 et les circulaires du ministère de la Justice du 25 octobre et 28 octobre 2011, refondant partiellement l'instruction générale relative à l'état civil, V. J. Massip, *Du nouveau dans l'État civil : Defrénois* 2012, art. 40398.

D. 4 janv. 1955, art. 5. – Tout acte ou décision judiciaire sujet à publicité dans un *(Mots remplacés à compter du 1er janvier 2013, Ord. n° 2010-638, 10 juin 2010, art. 14, V, 6° et 18, I)* « service chargé de la publicité foncière » doit contenir les nom, prénoms dans l'ordre de l'état civil, domicile, date et lieu de naissance et profession des parties, ainsi que le nom de leur conjoint. (...)

A Éléments d'identification

4870 **Nature.** En vertu de l'article 5 du décret du 4 janvier 1955, les documents déposés doivent indiquer :
- les noms, prénoms dans l'ordre de l'état civil ;
- le domicile ;
- la date et le lieu de naissance ;
- la profession et le nom du conjoint.

4871 **Nom d'usage.** Selon l'article 43 de la loi n° 85-1372 du 23 décembre 1985 « toute personne majeure peut ajouter à son nom à titre d'usage, le nom de celui de ses parents qui ne lui a pas transmis le sien ». Toutefois, l'état civil de cette personne ne s'en trouve pas modifié.

Si un document fait état de cette adjonction de nom, il ne pourra qu'être publié même s'il est sur ce point en discordance avec le fichier. Il est souhaitable cependant que ce document précise que le deuxième nom mentionné est celui du second parent de la personne concernée.

Sur les noms d'usage qu'une personne peut ajouter à son nom et sur les justifications à apporter, V. la circulaire du Premier ministre du 26 juin 1986 (*JCP* N 1986, III, 58959).

4872 **Surnom ou pseudonyme.** Lorsque l'acte ou la décision dont une expédition est déposée à la conservation aux fins de publicité – ou le bordereau – énonce, en plus du nom patronyme, un surnom non inscrit à l'état civil ou un pseudonyme, cette énonciation doit être faite en termes tels qu'aucune confusion ne soit possible entre le nom patronymique légal, d'une part, et le surnom non inscrit à l'état civil ou le pseudonyme, d'autre part.

À cet égard, l'expression « X..., dit Y... » n'a pas la précision suffisante. Il est nécessaire soit de la compléter par la mention « Ainsi dénommé à l'état civil », soit d'y substituer la formule suivante « X..., habituellement dénommé Y..., ce dernier nom ne figurant pas cependant à son état civil », ou toute autre formule analogue aussi précise (*Rép. alph. enreg.*, n° 205, note 2).

4873 **Nom du conjoint.** En ce qui concerne le conjoint, l'administration estime que seule la mention du conjoint actuel est exigée à l'exclusion de celle du ou des conjoints antérieurs (Rép. min. Justice : *JOAN*, 20 juill. 1960, p. 2054 ; *Bull. AMC* 1961, art. 469. – Rép. min. Budget : *JO* Sénat, 14 déc. 1979, p. 5420 ; *JCP* N 1980, prat. 7426 ; *Bull. AMC* 1979, art. 1158). Mais cette opinion n'est pas partagée par l'association des conservateurs, qui estime que l'article 5 du décret du 4 janvier 1955 ne fait aucune distinction à cet égard. Étant donné l'intérêt limité de l'élément d'identification en cause, cette association a conseillé, néanmoins, à ses membres de ne pas insister pour que soient indiqués les noms des ex-conjoints des parties veuves ou divorcées (*Bull. AMC* 1979, art. 1158. – V. égal. Bulté : *JCP* N 1969, IV, 4542).

Il a été conseillé de préciser, dans l'identification des parties dans les actes, décisions ou bordereaux soumis à publicité, au moins le rang dans les mariages successifs du conjoint actuel ainsi que l'indication complémentaire selon laquelle les précédents mariages ont été dissous (veuf, divorcé) sans qu'il soit utile dans ce cas de préciser le nom de l'ex-conjoint (chron. hyp. P.J.C. : *JCP* N 1988, prat. 488).

4874 **Calligraphie du nom et du prénom.** En application de l'article 76-1-2 du décret du 14 octobre 1955, le nom de famille ou la dénomination des parties doit figurer en majuscules d'imprimerie et les prénoms en lettres minuscules.

Une telle mesure s'imposait particulièrement, pour les noms étrangers ou pour les noms susceptibles d'être confondus avec un prénom.

4875 **Orthographe des noms et prénoms.** L'orthographe des noms patronymiques doit être conforme à celle portée dans l'extrait d'acte de naissance ou la pièce justificative produite. Lorsqu'une erreur a été constatée dans l'orthographe du nom, lors de l'établissement de l'acte de mariage, l'identité n'en doit pas moins être conforme à celle portée sur l'extrait d'acte de naissance (Rép. min. Justice, 29 nov. 1957 : *JOAN* CR, p. 5037). La rectification de l'acte de naissance peut, dans ce cas, être demandée conformément aux dispositions des articles 99 et suivants du Code civil.

Il doit en être de même des prénoms, spécialement des prénoms étrangers, qu'il convient de reproduire exactement dans les actes ou décisions.

4876 **Ordre des noms et prénoms.** Compte tenu de ce que les noms et prénoms sont écrits dans des caractères distincts (V. n° 4874), la question de savoir si le nom de famille doit précéder les prénoms présente, dès lors, peu d'intérêt pratique. Si l'on peut soutenir, conformément à la lettre du texte de l'article 5 du décret du 4 janvier 1955, que « l'ordre donné doit être respecté dans toutes ses parties et que, par suite, il faut commencer par le nom, continuer par les prénoms et finir par le nom du conjoint » (*JCP* N 1956, IV, 2169 ; *ibid.* 1957, IV, 2305), on peut également penser que cet ordre ne s'impose pas : dans ce sens, on peut invoquer l'article 34 du Code civil, « qui place les prénoms avant le nom dans l'ordre des énonciations de l'état civil », ainsi que l'indique l'étymologie même des mots (Seine, 16 avr. 1924, cité *in Journ. not.* 5 nov. 1956, art. 45111, p. 664, étude M. Page ; *Rép. alph. enreg.*, préc., n° 206).

4877 **Prise en charge par FIDJI.** Il résulte de l'instruction du 29 juin 2009 précitée (V. n° 4868) que :

– dans le cas de prénoms simples multiples (par ex., Maurice, Robert), une virgule doit séparer les prénoms, permettant de les distinguer et

d'apprécier leur rang. Dans le cas d'un acte télédéposé, les données structurées doivent prévoir autant de zones de prénoms.
En cas de juxtaposition de deux ou plusieurs prénoms non séparés par une virgule, ceux-ci sont assimilés à un prénom composé ;
– dans le cas de prénoms composés, ceux-ci doivent être identifiés par des tirets ou un espace, selon les annotations portées sur le registre d'état civil (par ex. Marie-Caroline, Valérie).

4878 **Qualité de célibataire, veuf ou divorcé.** Si l'un des comparants est célibataire, l'acte doit nécessairement le préciser (*Bull. AMC* 1971, art. 878). Il en est de même si la partie comparante, non remariée, est veuve ou divorcée (*Bull. AMC* 1979, art. 1158).

4879 **PACS.** À la suite de la création du PACS, il n'y a pas eu de modification des décrets de 1955 sur la publicité foncière ; en l'état actuel des textes la situation de « partenaire d'un PACS » n'est pas un élément de la condition des personnes. Le conservateur ne peut donc rejeter l'acte portant acquisition par une personne et mentionnant que cette personne a contracté un PACS (*Bull. AMC* 2000, art. 1824).

4880 **Certificat de l'identité.**
➤ V. **Certification d'identité.**

B Contrôle des éléments d'identification

4881 **Distinctions.** Il convient de distinguer selon qu'il y a omission ou discordance avec les éléments figurant déjà au fichier immobilier.

1 Omission

4882 **Principe : l'omission est sanctionnée par le rejet.** L'obligation de faire figurer dans les actes et décisions judiciaires les éléments complets d'identification des parties – obligation qui s'impose à la fois aux parties elles-mêmes, tenues de fournir toutes justifications utiles, et aux officiers publics ou ministériels et aux autorités judiciaires ou administratives recevant ou établissant les actes sujets à publicité – est sanctionnée, en principe, en cas de contravention, par le rejet de la formalité (D. 4 janv. 1955, art. 34, § 3, a).

4883 **Tempéraments.** En pratique, le principe posé ci-dessus (V. n° 4882) fait l'objet d'une application nuancée, en fonction des considérations suivantes (*Rép. alph. enreg.*, préc., n° 214).

1. L'obligation d'énoncer, dans les actes et les décisions judiciaires, les éléments complets d'identification énumérés au premier alinéa des articles 5 et 6 du décret du 4 janvier 1955 (V. n°s 4870 et s.) s'impose à l'égard de toutes les parties, au sens indiqué, au n° 4865. Il s'agit d'une prescription formelle de la loi civile, dont l'inobservation peut éventuellement engager la responsabilité des rédacteurs d'actes ou décisions ou des parties elles-mêmes.
2. Il ne faut pas en conclure, pour autant, que l'omission d'un élément quelconque d'identification d'une partie entraîne nécessairement le rejet de la formalité. Cette sanction, en effet, comme celle du refus du dépôt, est essentiellement édictée pour permettre l'exécution des formalités de publicité foncière. Cette interprétation repose sur les termes de l'article 2452 du Code civil, selon lesquels le conservateur n'est pas tenu d'opposer les sanctions, mais seulement fondé à y recourir lorsqu'il l'estime nécessaire pour assurer la tenue correcte du fichier immobilier. Il s'agit, en somme, d'une simple faculté dont le conservateur ne doit user qu'en considération d'une technique hypothécaire bien définie.

4884 **Conséquences pratiques.** En considération des observations qui précèdent, l'omission d'un élément d'identification d'une partie ne peut être sanctionnée par le conservateur que dans les limites suivantes (*Rép. alph. enreg.*, préc.) :
a) bien que l'interprétation littérale de la disposition générale de l'article 34, § 3, a, du décret du 4 janvier 1955 conduise à appliquer la sanction prévue pour l'omission d'un élément d'identification d'une partie quelconque – même, par conséquent, d'une partie pour laquelle aucune fiche personnelle n'est établie, telle que le titulaire d'un droit purement éventuel ou le fermier intervenant à l'acte de vente d'un immeuble rural pour renoncer à son droit de préemption – il faut admettre, en premier lieu, que le conservateur ne doit pratiquement opposer le rejet que si l'omission, dans l'acte ou la décision – et, par voie de conséquence, dans l'expédition, l'extrait ou la copie déposé aux fins de publicité – d'un élément d'identification concerne une partie ou au nom de laquelle est établie une fiche personnelle ;
b) encore faut-il, d'autre part, distinguer selon que l'omission porte, ou non, sur un élément essentiel d'identification.
En effet, les divers éléments énoncés au premier alinéa des articles 5 et 6 du décret du 4 janvier 1955 ne présentent pas tous la même importance et la même portée du point de vue de l'identification des parties.
Certains sont essentiels : ce sont ceux qui doivent être certifiés au pied des documents déposés et

qui sont retenus pour l'annotation de l'en-tête des fiches personnelles, savoir :
– pour les personnes physiques, le nom patronymique, les prénoms, les date et lieu de naissance, le nom du conjoint ;
– pour les personnes morales, la dénomination, la forme juridique, le siège et l'utilisation du numéro « SIREN » (V. n°s 4892 et 4893).

Les autres éléments d'identification – pour les personnes physiques, par exemple, le domicile et la profession – peuvent, par opposition aux premiers, être considérés comme complémentaires ou accessoires.

Cette distinction entraîne les conséquences suivantes en matière de sanction.

4885 Omission concernant un élément essentiel. Si l'omission porte sur un élément essentiel, la mention de certification apposée au pied du seul document destiné à être conservé au bureau, c'est-à-dire au pied d'un extrait, d'une expédition ou d'une copie de l'acte ou de la décision, est nécessairement irrégulière, et cette irrégularité doit être assimilée au défaut de mention de certification. Dès lors, la seule sanction applicable est le refus du dépôt, en vertu des articles 5, 6 et 34, § 2, du décret du 4 janvier 1955.

À cet égard, l'omission commise dans l'acte ou la décision judiciaire ne saurait, en aucun cas, être réparée dans la mention de certification.

En effet, les deux documents déposés en exécution du paragraphe 1 de l'article 34 du décret du 4 janvier 1955 doivent être strictement conformes, de sorte que la concordance, attestée par le certificat de conformité n'existerait plus si une addition était portée dans la mention de certification apposée à la suite du certificat de collationnement, au pied du seul document conservé au bureau (D. 14 oct. 1955, art. 38, § 1, al. 2.).

➤ Sur la possibilité d'avoir recours à un acte rectificatif, V. **Rectification des erreurs**.

4886 Omission résultant d'un cas de force majeure. Lorsque l'omission résulte d'un cas de force majeure, notamment de l'absence d'état civil régulier pour les personnes nées dans certains pays étrangers, « le conservateur doit s'abstenir de refuser le dépôt, à la condition que le déposant fournisse toutes explications utiles à cet égard ou que celles-ci soient contenues dans le document déposé » (*Rép. alph. enreg.*, V° Hypothèques, L. III, n° 710).

Toutefois, étant donné l'importance de la certification de l'identité des parties, le rédacteur de l'acte doit, pour éviter des difficultés lors de la publication de formalités ultérieures, rechercher cette identité en se renseignant auprès de toute personne ou de toute administration susceptible de pouvoir la lui fournir (V. les prescriptions de l'article 75, § 1, du décret du 14 octobre 1955. – V. en ce sens chron. Bulté : *JCP* N 1975, prat. 6100).

4887 Omission portant sur un élément non essentiel. Si l'omission porte sur un élément non essentiel, elle ne peut, en aucun cas, être indirectement sanctionnée par le refus du dépôt pour irrégularité de la mention de certification. Elle donne lieu, en principe, à l'application du rejet.

Le *Répertoire alphabétique de l'enregistrement* qui fait état de cette solution la fait suivre du commentaire suivant (*op. cit.*, n° 214, p. 192).

> « On ne peut, cependant, que conseiller aux conservateurs d'opposer cette sanction avec modération, c'est-à-dire dans les seuls cas où les éléments essentiels d'identification, – qu'il faut supposer valablement indiqués, – ne seraient pas suffisants pour permettre une identification non équivoque des intéressés.
> En effet, les tribunaux risqueraient de trouver abusif le rejet d'une formalité fondé sur l'omission d'un élément tel que la profession ou le domicile, alors qu'aucun doute ne planerait sur la véritable identité des intéressés. Car, si renonciation de l'identité complète des parties est une obligation pour celles-ci et pour les rédacteurs des actes, par contre, la sanction du rejet, toujours possible en cas d'omission, ne doit être opposée que dans la mesure où l'élément omis est indispensable ou, tout au moins, utile pour la tenue du ficher immobilier. »

2 Défaut de concordance

4888 Sanction : rejet de la formalité. Le décret n° 98-553 du 3 juillet 1998 a modifié les règles applicables (V. note préc., 14 août 1998, n° 44-45). Le contrôle des discordances relatives aux éléments d'identification du disposant ou dernier titulaire, tels qu'ils sont mentionnés dans le document déposé avec ceux qui figurent dans les documents publiés et répertoriés au fichier immobilier, a été simplifié.

L'article 34 § 1, a) nouveau du décret du 14 octobre 1955 prévoit que ce contrôle se limite désormais aux seuls éléments d'identification suivants : nom, deux premiers prénoms, date et lieu de naissance. Il n'y a plus lieu de vérifier la concordance des autres éléments d'identification visés à l'article 5 du décret n° 55-22 du 4 janvier 1955.

Toute discordance relative aux seuls éléments visés expressément à l'article 34, § 1, a) modifié entraîne le rejet de la formalité (V. pour une application dans le cas de discordance dans la dénomination d'une société civile : chron. P.J.C. *in JCP* N 1993, prat. 2810).

4889 **Mise en œuvre du rejet.** En application du paragraphe 1 de l'article 34 du décret du 14 octobre 1955, le service de la publicité foncière doit s'assurer de la concordance du document déposé et de ceux précédemment publiés en ce qui concerne, notamment, la désignation des parties. En cas de discordance, il adresse au signataire du certificat d'identité une notification préalable au rejet (V. **Rejet**).

Aux termes du paragraphe 3 du même article, celui-ci doit, dans le délai d'un mois, représenter un extrait d'acte de naissance (ou la pièce au vu de laquelle l'identité est certifiée) justifiant l'exactitude des énonciations du document déposé. Cet extrait (ou la pièce justificative) peut, alors, ou bien contenir une désignation des parties différente mais conforme à celle figurant déjà au fichier immobilier, ou bien confirmer la désignation contenue dans le document déposé.

– Dans le premier cas – celui où le document déposé est entaché d'erreur – un acte rectificatif doit être publié dans le mois de la notification ; à défaut de quoi le service de la publicité foncière ne pourrait que prononcer le rejet définitif.

– Dans le second cas – où la discordance provient de l'erreur entachant les documents précédemment publiés –, le service de la publicité foncière ne peut qu'exécuter la formalité sans pouvoir exiger, au préalable, la rectification de l'erreur relevée. Selon le paragraphe 3 de l'article 34 précité, cette rectification est opérée à la seule diligence des parties au moyen d'un acte rectificatif ou d'un acte de notoriété. Le service de la publicité foncière ne peut, pour sa part, que s'efforcer d'obtenir amiablement du notaire concerné le dépôt d'un acte rectificatif de l'acte précédemment publié (V. chron. Chardonnal : *JCP* N 1982, prat. 8324, et *JCP* N 1984, prat. 9085).

4890 **Cas où l'erreur entache un document précédemment publié.** En pareil cas, nous l'avons vu (V. n° 4889), le service de la publicité foncière ne peut pas exiger le dépôt d'un acte rectificatif de l'acte antérieur erroné (V. égal. chron. P.J.C. *in JCP* N 1992, prat. 2424).

Et il ne lui appartient pas de procéder d'office à la rectification des annotations portées au fichier pour les mettre en concordance avec un nouveau document, le fichier présentant, en effet, la situation des immeubles « telle qu'elle résulte des documents publiés » et les annotations n'étant susceptibles d'être modifiées qu'au vu d'un acte rectificatif (cf. D. 4 janv. 1955, art. 1er ; D. 14 oct. 1955, art. 34, § 3, al. 4). D'autre part, aucune disposition légale ou réglementaire n'autorise, en pareille hypothèse, le rejet de la formalité. Dans cette situation, une deuxième fiche personnelle doit être créée au nom de la même personne, avec les éléments d'identification figurant dans le nouveau document déposé. On observe, à cet égard, que la responsabilité du service de la publicité foncière se trouve dégagée, en cas de réquisition d'état, par le dernier alinéa de l'article 9 du décret du 4 janvier 1955 (*Rép. alph. enreg., eod.*, V°, n° 237). Dans le cadre de chacune des deux fiches ouvertes au nom de ladite personne, le service de la publicité foncière ne peut s'opposer à l'exécution des formalités requises dans la mesure, tout au moins, où les règles relatives, notamment, au principe de l'effet relatif de la publicité foncière et à la concordance des documents déposés et des documents antérieurement publiés, ont été strictement respectées (D. 14 oct. 1955, art. 32 à 34 ; C. civ., art. 2428).

Les conséquences dommageables susceptibles d'en découler pourront être imputées à la négligence des parties (ou de leur mandataire) au motif qu'elles se seront abstenues de donner suite à l'avis du service tendant à la publication d'un acte rectificatif. Rappelons, à toutes fins utiles, qu'un acte de cette nature peut être dressé par un notaire autre que celui qui a établi le document contenant l'erreur à réparer (*Bull. AMC* 1980, art. 1174).

Il est précisé que, même si un acte rectificatif est déposé, le fichier contiendra toujours deux fiches au nom de la même personne, chacune d'elles correspondant aux énonciations figurant dans le document qui aura motivé leur annotation. Mais le dépôt d'un acte rectificatif permettra au service de la publicité foncière d'ajouter, sur chacune des deux fiches, une mention de référence réciproque qui préviendra les risques d'erreurs que pourrait entraîner la double identité (*Rép. alph. enreg.*, V° Hypothèques, nos 773-A et 787. – Chardonnal, chron. *In JCP* N 1984, prat. 9085, préc.).

4891 **Étranger marié deux fois, extraits d'acte de mariage contenant des indications discordantes.** Lorsqu'une personne née à l'étranger a été mariée deux ou plusieurs fois en France, il est possible que son identité certifiée dans un document publié au vu de l'extrait de l'acte de son premier mariage ne concorde pas avec l'identité de la même personne certifiée dans un autre document au vu de l'extrait de l'acte d'un mariage postérieur (V. chron. Bulté : *JCP* N 1959, prat. 2798).

Selon M. Bulté (chron. au *JCP* N 1975, prat. 6030), lorsque dans un document, l'identité d'une personne née à l'étranger, mais mariée en France, a été certifiée conformément à un extrait de son acte de mariage ayant moins de six mois de date, le dépôt de ce document ne peut être refusé, ni la formalité rejetée, même en cas de discordance avec l'identité de cette personne certifiée dans un autre document précédemment publié au vu de l'extrait d'un premier acte de mariage, du moment où il est justifié au service de la publicité foncière que cette identité est bien conforme aux énonciations de l'extrait de l'acte de mariage au vu duquel le certificat d'identité a été établi.

Mais si le rédacteur du nouvel acte est pratiquement certain qu'il s'agit bien de la même personne dans les deux actes de mariage, notamment si elle a déjà passé des actes en son étude, il conviendrait que, dans le nouvel acte et dans le certificat d'identité, il mentionne que le lieu de naissance indiqué dans l'extrait de l'acte du second mariage est différent de celui qui est mentionné dans l'extrait de l'acte du précédent mariage. Cette mention permettrait au service de la publicité foncière d'annoter, le cas échéant, la fiche personnelle précédemment établie et de ne pas créer deux fiches personnelles pour la même personne.

Annexe

INSTRUCTION DU 29 JUIN 2009

Intégration au fichier des noms des personnes physiques ou morales dont le nom est formé d'un nom ou prénom composé, ou contient une lettre issue d'un alphabet étranger ou un caractère spécial (*BOI* 10 E-2-09).

Mention portée dans ... / Identité contenant...	... le document à publier ou la demande de renseignements	... les données structurées transmises par Télé@ctes	... Fidji publication ou Fidji délivrance de renseignements
... un prénom simple :	Maurice, Robert	Maurice, Robert	Dans Fidji publication : Zone 1er prénom : MAURICE Zone 2e prénom : ROBERT Rappel : le prénom n'est pas une information délivrée sur l'état-réponse constitué pour répondre à une demande de renseignements.
	Les prénoms simples doivent être énoncés selon la règle suivante : une virgule sépare les prénoms permettant de les distinguer et d'apprécier leur rang. Dans le cas d'un acte télé-déposé, les données structurées doivent prévoir autant de zones que de prénoms. En cas de juxtaposition de deux ou plusieurs prénoms non séparés par une virgule, ceux-ci sont assimilés à un prénom composé.		
... un prénom composé :	Marie - Caroline, Valérie Marie Caroline, Valérie	Marie - Caroline, Valérie Marie Caroline, Valérie	Dans Fidji publication : Zone 1er prénom : MARIE-CAROLINE Zone 2e prénom : VALÉRIE
	Le prénom composé est identifié par un tiret ou un espace, selon les annotations portées sur le registre d'état-civil.		
... un prénom patronymique composé :	DE LATTRE DE TASSIGNY THOMAS D'ACQUIN COLBERT - SULLY VAUBAN -- NECKER HENRI 4	DE LATTRE DE TASSIGNY THOMAS D'ACQUIN COLBERT - SULLY VAUBAN -- NECKER HENRI 4	DE LATTRE DE TASSIGNY THOMAS D'ACQUIN COLBERT SULLY VAUBAN NECKER HENRI Rappel : la saisie de chiffres n'est pas prise en compte dans Fidji pour les personnes physique ; elle l'est en revanche pour la dénomination des personnes morales.

II

Identification des personnes morales

D. 4 janv. 1955, art. 6. – 1. Tout acte ou décision judiciaire soumis à publicité dans un *(Mots remplacés à compter du 1er janvier 2013, Ord. n° 2010-638, 10 juin 2010, art. 14, V, 6° et 18, I)* « service chargé de la publicité foncière » doit contenir les éléments suivants d'identification des personnes morales :

a) Dénomination ;

b) Forme juridique et siège. En ce qui concerne les associations et les syndicats, l'acte ou la décision doit, en outre, comporter la date et le lieu de leur déclaration ou du dépôt de leurs statuts ;

c) Lorsque la personne morale est inscrite *(Mots remplacés à compter du 1er janvier 2013, D. n° 2012-1462, art. 2, 1°, a et 39)* « au répertoire prévu à l'article R. 123-220 du Code de commerce », le numéro d'identité qui lui a été attribué, complété, si celle-ci est assujettie à immatriculation au registre du commerce et des sociétés, par la mention RCS suivie du nom de la ville où se trouve le greffe où elle est immatriculée.

(Alinéa supprimé à compter du 1er janvier 2013 : D. n° 2012-1462, 26 déc.2012, art. 2,1° b).

A Nature des éléments d'identification

4892 Inventaire des éléments d'identification. Les éléments d'identification exigés par l'article 6 du décret du 4 janvier 1955 sont, pour toutes les personnes morales, quelle que soit leur nature civile ou commerciale, de droit public ou de droit privé :
- la dénomination ;
- la forme juridique ;
- le siège.

4893 À ces éléments d'identification s'ajoutent, selon le cas, d'autres éléments obligatoires :
a) pour les personnes morales inscrites au répertoire prévu à l'article R. 123-220 du Code de commerce : le numéro d'identité qui leur a été attribué (numéro SIREN à neuf chiffres), complété pour les personnes morales assujetties à immatriculation au registre du commerce et des sociétés par la mention « RCS » suivie du nom de la ville où se trouve le greffe où l'immatriculation est effectuée ;
b) lorsque les personnes morales ne sont pas identifiées au répertoire des entreprises et de leurs établissements ou lorsqu'elles sont en cours d'inscription, le certificat d'identité doit être complété d'une mention attestant cette situation ;
c) pour les associations ou les syndicats, la date et le lieu de leur déclaration d'existence ou du dépôt de leurs statuts.
Dans sa rédaction antérieure, l'article 6 c), alinéa 2, du décret du 4 janvier 1955 exigeait l'identification (nom, prénoms et domicile) du ou des représentants de la personne morale partie à l'acte ou à la décision judiciaire soumise à publicité (V. sur tous ces points note 14 août 1998 : *BOI* 10 D-2-98, nos 26 à 28). Mais par mesure de simplification, le décret n° 2012-1462 du 26 décembre 2012 a supprimé cette exigence.

4894 Certification de l'identité.
➤ V. **Certification d'identité.**

B Contrôle des éléments d'identification

1 Sanction des omissions

4895 Refus de dépôt. Par suite de la modification de l'article 6 du décret du 4 janvier 1955, le refus du dépôt est prononcé en cas d'omission de l'un des éléments suivants :
a) dénomination ;
b) forme juridique et siège ;
c) numéro d'identité attribué à la personne morale en application de l'article R. 123-220 du Code de commerce dans l'hypothèse où le certificat d'identité ne comporte pas la mention prévue au § 2 de l'article 6 susvisé attestant de l'absence d'inscription ou de l'inscription en cours de la personne morale au répertoire des entreprises et de leurs établissements.

NOTA Le terme « numéro d'identité » doit s'entendre stricto sensu et vise seulement le numéro à neuf chiffres attribué par l'INSEE. Dans la mesure où le document déposé fait apparaître clairement ce numéro, il n'y a pas lieu d'opposer de sanction au regard des informations complémentaires éventuellement énoncées (lettre, numéro de gestion...). De même, est exclue du contrôle la mention RCS suivie du nom de la ville où se trouve le greffe où la personne morale est immatriculée.
Est assimilée à l'omission du numéro d'identité l'indication de tout numéro autre que celui qui résulte de l'article R. 123-220 du Code de commerce.
Enfin, l'omission s'apprécie au regard de l'existence ou non de la mention prévue au § 2 de l'article 6 du décret du 4 janvier 1955 modifié (personne morale non inscrite au répertoire des entreprises et de leurs établissements ou dont l'inscription est en cours). En effet, en cas d'indication d'une telle mention dans le certificat d'identité, il n'y aura pas lieu d'opposer le refus (note 14 août 1998, préc., nos 46 et 47).

4896 Rejet. Le rejet de la formalité doit être prononcé en cas d'omission de la date et du lieu de déclaration ou de dépôt des statuts pour les associations et syndicats (note 14 août, préc., n° 48).

2 Sanction des discordances

4897 Pour le contrôle de concordance relatif aux éléments d'identification des personnes morales contenus dans le document déposé et ces mêmes éléments figurant dans les documents antérieurement publiés, il y a lieu de distinguer selon que la personne morale est inscrite ou non au répertoire des entreprises et de leurs établissements.
L'article 34 du décret du 14 octobre 1955 renvoie aux dispositions de l'article 42-1 du décret du 4 janvier 1955 modifié qui précisent les règles de contrôle concernant les personnes morales inscrites au répertoire des entreprises et de leurs établissements. À cet effet, le contrôle de concordance est opéré ainsi qu'il suit (note 14 août 1998, nos 50 à 53).

a) Personnes morales inscrites au répertoire des entreprises et de leurs établissements

4898 Lors de la publication au fichier, après le 1er juillet 1998, de la première formalité contenant le numéro d'identité, la désignation de la personne morale sera vérifiée, sous peine de rejet de la formalité, en ce qui concerne :
– la dénomination ;
– la forme juridique ;
– et le siège.
Pour les formalités ultérieures, la vérification sera limitée à la dénomination et au numéro d'identité.

NOTA La note précitée du 14 août 1998 donne à ce propos les indications suivantes :
– lors de l'exécution de la première formalité contenant le numéro d'identité, l'en-tête de toutes les fiches existantes ou créées au nom de la personne morale sera annoté du numéro d'identité (SIREN) suivi des références (date, volume, numéro) de la formalité concernée ;
– lors du traitement des formalités ultérieures, les éléments d'identification relatifs à la forme juridique et au siège figurant dans l'en-tête de la ou des fiches seront, le cas échéant, mis à jour au vu du document à publier ;
– enfin, pour l'application de l'article 42-1 précité, ne doit pas être considérée comme première formalité, une formalité ayant fait l'objet d'un rejet définitif.

b) Personne morale non inscrite au répertoire des entreprises et de leurs établissements

4899 La désignation de la personne morale sera vérifiée en ce qui concerne la dénomination, la forme juridique et le siège.

NOTA Il peut arriver qu'une personne, partie dans un acte antérieurement publié au fichier immobilier, soit désignée sous une identité différente dans un nouvel acte la concernant mais sans relation directe avec le premier (par ex. : ventes successives par une même personne). Dans la rigueur des principes, le service de la publicité foncière ne saurait opposer un rejet. Toutefois, s'il a la certitude qu'il s'agit de la même personne, il paraît fondé, pour assurer une bonne tenue du fichier, à provoquer les explications du requérant en engageant la procédure de rejet.

4900 **Tableaux récapitulatifs. Désignation des personnes morales.**

I. – Omissions

Omissions	Sanctions	
	Refus	Rejet
Dénomination.	X	
Forme juridique.	X	
Siège.	X	
Numéro d'identification au répertoire (n° SIREN) dans l'hypothèse où le certificat d'identité ne comporte pas la mention prévue au § 2 de l'article 6 du décret du 4 janvier 1955 (V. **Certification d'identité**).	X	
Date et lien de déclaration d'existence, ou du dépôt des statuts pour les associations et syndicats.		X

II. – Discordances (V. nos 4897 à 4899).

Éléments de désignation à contrôler	Personnes morales inscrites au répertoire des entreprises et de leurs établissements		Personnes morales non inscrites au répertoire des entreprises et de leurs établissements
	Depuis l'entrée en vigueur de la loi	Formalités ultérieures	
Dénomination.	X	X	X
Forme juridique.	X		X
Siège.	X		X
Numéro d'identification au répertoire (n° SIREN).		X	

Immeuble à construire (vente)

Neyla GONZALEZ-GHARBI

Sommaire analytique

AVERTISSEMENT Depuis le 7 septembre 2012, le Bulletin officiel des finances publiques – Impôts » (BOFiP) s'est substitué au « Bulletin officiel des impôts » et à la documentation administrative de base (Doc. Admi. ou DB). L'instruction du 12 septembre 2012 (*BOI* 13 A-2-12, n° 64) a rapporté à compter de cette date l'ensemble des commentaires administratifs publiés antérieurement. Il sera fait, sauf exception, référence au *BOFiP* dans sa dernière version publiée.

I Généralités

C. civ., art. 1601-1. – La vente d'immeuble à construire est celle par laquelle le vendeur s'oblige à édifier un immeuble dans un délai déterminé par le contrat. Elle peut être conclue à terme ou en l'état futur d'achèvement.

4901 La condition posée au texte – à savoir que le vendeur doit s'obliger à édifier – est impérative. À défaut, il n'y a pas vente d'immeuble à construire (Cass. 3e civ., 20 mai 1980 : *JCP* G 1980, IV, p. 290).

4902 On observera que lorsqu'elle porte sur des locaux d'habitation, ou mixtes d'habitation et professionnels, la vente d'immeuble à construire doit revêtir la forme d'une vente en l'état futur d'achèvement, ou celle d'une vente à terme (C. civ., art. 1601-2 et 1601-3).
Si l'immeuble n'est pas à cet usage, la vente peut revêtir toute autre forme contractuelle convenue.

II
Publicité foncière

4903 **Vente à terme.** La vente à terme, qui s'analyse en une vente sous condition suspensive de l'édification de l'immeuble, est soumise à publication obligatoire en vertu de l'article 28-2 du décret du 4 janvier 1955 (*Bull. AMC* 1965, art. 619 ; *ibid.* 1986, art. 1344).

4904 **Inscription d'hypothèque et saisie.** À partir du moment où le contrat de vente à terme d'un immeuble à construire a été publié, un créancier de l'acquéreur peut faire inscrire sur cet immeuble une hypothèque judiciaire et faire publier un commandement de saisie (*Bull. AMC* 1983, art. 1309 ; *ibid.* 1986, art. 1344).

III
Régime fiscal

4905 Nous examinerons le cas, le plus courant dans la pratique, de vente d'un immeuble à construire par un assujetti agissant en tant que tel (sur cette notion, V. **TVA immobilière**) en distinguant les règles applicables en matière de TVA (A), de la taxe de publicité foncière (B) et de la contribution de sécurité immobilière (C). On évoquera le régime possiblement applicable à la cession du contrat de vente en l'état futur d'achèvement (D).

A TVA immobilière

4906 **Application.** Réalisée par un assujetti à la TVA agissant en tant que tel, la vente d'un immeuble à construire est soumise à la TVA, car elle constitue une vente avant achèvement. Elle est en fait assimilée à la vente d'un immeuble neuf achevé (V. **Immeuble neuf-vente**).

4907 **Taux de la TVA. Principe.** Pour les opérations dont le fait générateur se produit à compter du 1er janvier 2014, et relevant du taux normal, la TVA est perçue au taux de 20 % (coefficient de conversion pour l'obtention du prix hors taxes = 0,833) (sur les taux applicables en Corse, V. **Corse** et sur les taux applicables dans les départements d'outre-mer, V. **TVA immobilière** et **Départements d'outre-mer**).
Sur l'évolution du taux réduit applicable dans le secteur du logement social V. **TVA immobilière** et **Logement social**).

➤ Sur le régime particulier des HLM, V. **HLM**.

4908 **Sur l'évolution des taux de la TVA – Renvoi.** V. **TVA immobilière. Sur le passage du taux normal de 19,60 à 20 % – Période transitoire.** (V. *Dr. fisc.* 31 janv. 2013, n° 5, 114, « Réforme des taux de TVA au 1er janvier 2014 » ; BOI-TVA-LIQ-50-20140204 et réf. préc. n° 4908).

4909 **Vente d'immeubles à construire. Taux applicable aux travaux modificatifs acquéreurs (TMA).** Interrogé sur l'application du taux réduit de TVA aux travaux modificatifs acquéreurs prévus dans le cadre d'une VEFA ou d'une VIR bénéficiant du taux réduit, le ministre confirme que le caractère accessoire de ces TMA par rapport à la vente commande de les soumettre au même taux que celui applicable à celle-ci. (Rép. min. Économie, Finances, Souveraineté industrielle et numérique, n° 3215 : *JO* 7 févr. 2023, p. 1139, Mme Louwagie). La réponse est fondée sur les dispositions du II de l'article 257 ter du CGI, en vigueur depuis le 31 décembre 2020, aux termes desquelles « relèvent d'une seule et même opération les éléments qui sont si étroitement liés qu'ils forment, objectivement, une seule prestation économique indissociable dont la décomposition revêtirait un caractère artificiel. Lorsqu'un élément est accessoire à un ou plusieurs autres éléments, il relève de la même opération que ces derniers ». Considérant que les TMA sont « par nature et contractuellement, du point de vue de l'acquéreur, intrinsèquement liés au chantier de VEFA ou de VIR, avec lequel ils forment, objectivement, une seule prestation économique indissociable dont la décomposition revêtirait un caractère artificiel », le ministre estime qu'« au sens des dispositions du II de l'article 257 ter du Code général des impôts, ils s'analysent comme travaux accessoires non indépendants des travaux de construction réalisés dans le cadre de la VEFA (...) et bénéficient à ce titre du taux applicable à l'opération principale dont ils constituent l'accessoire » (N. Gonzalez Gharbi, *Les travaux modificatifs acquéreurs [TMA] sont soumis au taux applicable à la VEFA ou à la VIR qui les prévoit : Constr.-Urb.* 2023, n° 3, comm. 41).

4910 **Fait générateur et exigibilité.** Le fait générateur de la TVA est constitué par la « livraison » (sur cette notion, V. **TVA immobilière**).
En matière de vente d'immeuble à construire, la taxe est exigible lors de chaque versement des sommes correspondant aux différentes échéances prévues par le contrat en fonction de l'avancement des travaux (CGI, art. 269, 2-a bis). Cette règle propre aux ventes d'immeubles à construire a été maintenue en vigueur. Il en résulte que les dispositions du a) du 2 de l'article 269 du CGI aux termes desquelles la TVA devient exigible au moment de l'encaissement d'un acompte à concurrence du montant encaissé, en vigueur depuis le 1er janvier 2023, ne trouvent pas à s'appliquer aux appels de fonds prévus dans le cadre de la vente d'immeuble à construire.
Le redevable de la taxe est le vendeur. Toutefois, si le vendeur est établi hors de France, la taxe doit, conformément aux dispositions de l'article 283-1 du Code général des impôts, être acquittée par l'acquéreur lorsque ce dernier agit en tant qu'assujetti et qu'il dispose d'un numéro d'identification à la TVA en France. Le prix de vente doit, dans ce cas, être stipulé HT, et la TVA autoliquidée par l'acquéreur (par ex., une société de promotion espagnole cède un immeuble construit par elle en France à un assujetti établi en France).

4911 **Caractère indivisible du prix.** Il n'est pas possible de dissocier la fraction du prix relative au terrain et celle relative aux travaux de construction car ce sont les éléments indissociables d'une convention qui a pour objet la vente, terrains compris, d'un immeuble à construire. Dès lors, c'est l'ensemble de cette convention qui est imposable à la TVA immobilière sans qu'il soit possible d'individualiser la fraction du prix relative à la cession du terrain à bâtir pour la soumettre à des règles particulières (CE, 3 mars 1982 : *Dr. fisc.* 1982, n° 41, comm. 1862. – CA Nancy, 27 févr. 1990 : *Dr. fisc.* 1990, n° 42, comm. 1878 ; dans le même sens, Rép. min. à Mme Louwagie, n° 35345 : *JOAN* 27 avr. 2021, p. 3650 ; *Constr.-Urb.* juin 2021).
Il ne serait possible de dissocier les deux opérations, que si elles étaient conduites séparément par deux sociétés distinctes et lorsque l'acquéreur du terrain n'avait aucune obligation de contracter avec la société de construction (CE, 29 déc. 1978 : *Dr. fisc.* 1979, n° 41, comm. 1918, concl. Lobry. – CAA Nantes, 4 nov. 1992 : *Dr. fisc.* 1993, n° 38, comm. 1740).
➤ Sur les conséquences de l'application du principe d'indivisibilité du prix de vente sur le régime fiscal des travaux modificatifs acquéreurs (TMA), V. Rép. min. Économie, Finances, Souveraineté industrielle et numérique, n° 3215 : *JO* 7 févr. 2023, p. 1139, Mme Louwagie, préc. n° **4909**.

4912 **Paiement de la TVA.** Il était admis que le vendeur pouvait acquitter la TVA au fur et à mesure des encaissements. L'administration avait rappelé que cette modalité de paiement entraînait l'impossibilité d'obtenir un remboursement de taxes avant que la totalité du prix ait été payée et, pour l'acquéreur, l'obligation de ne déduire la taxe grevant cette acquisition qu'au fur et à mesure des versements opérés (Doc. adm. DGI, 8 A-1561, n° 12, 15 nov. 2001).
Depuis la réforme de la TVA opérée par la loi de finances rectificative pour 2010 (L. n° 2010-237, 9 mars 2010) le paiement de la TVA sur les encaissements n'est plus subordonné à la présentation de garanties.

4913 **Revente d'un immeuble acquis en l'état futur d'achèvement.** Antérieurement au 31 décembre 2012 et à l'abrogation des dispositions de l'article 257, I, 3, 2, a du Code général des impôts par l'article 64, I, F, 1 de la troisième loi de finances rectificative pour 2012 (L. n° 2012-1510, 29 déc. 2012 : *JO* 29 déc. 2012), la revente d'un immeuble acquis en l'état futur d'achèvement était systématiquement soumise à la TVA dès lors qu'elle intervenait dans les cinq ans de l'achèvement effectif de la construction, selon le régime applicable aux ventes d'immeubles neufs. Sous réserve des mesures transitoires adoptées par l'administration fiscale (BOI-TVA-IMM-10-10-20-20130123, nos 260 et 270), la TVA ne s'applique qu'aux livraisons d'un immeuble neuf réalisées par des assujettis à la TVA agissant en tant que tels (V. **Immeuble neuf-vente**).
➤ Sur le régime de la vente d'un immeuble neuf acquis en tant qu'immeuble à construire par une personne non assujettie (CGI, art. 257, I, 3, 2°, *b)*, V. **Immeuble neuf-vente**).

B Taxe de publicité foncière

4914 **Application.** La vente d'immeuble à construire est soumise à la taxe de publicité foncière au taux de 0,70 % (0,71498 % avec les perceptions additionnelles) dans les mêmes conditions que les ventes d'immeubles neufs achevés (*Bull. AMC* 1967, art. 706. – Sur les règles de perception et les exonérations V. **Immeuble neuf-vente**).

Elle est donc perçue sur le prix hors taxes, à condition que celui-ci soit mentionné distinctement dans l'acte de vente.

Cette taxe est à la charge de l'acquéreur.

C Contribution de sécurité immobilière

N.B. : Le salaire du conservateur est transformé en « contribution de sécurité immobilière » à compter du 1er janvier 2013 : sur les règles de perception de cette contribution, V. **Contribution de sécurité immobilière**. Les règles de perception indiquées ci-dessous à propos du salaire du conservateur peuvent être transposées pour la perception de la contribution de sécurité immobilière.

4915 **Application du droit commun.** La vente d'un immeuble à construire donne ouverture au salaire du conservateur dans les conditions ordinaires, applicables pour les ventes d'immeuble soumises à TVA (V. **Immeuble neuf-vente**).

Le salaire proportionnel est exigible à l'occasion de la publication de l'acte qui, en cas de vente à terme d'un immeuble ou de traction d'un immeuble à construire, constate l'achèvement de la construction et la remise de l'immeuble ou de la fraction d'immeuble à l'acquéreur (*Bull. AMC* 1968, art. 730).

4916 **Liquidation.** Le salaire est liquidé sur le prix, augmenté des charges. La base de perception englobe donc non seulement les sommes versées à la signature du contrat mais encore le surplus du prix correspondant aux appels de fonds à venir (Rép. min. Collette n° 21 320 : *JOAN* 18 févr. 1967 : *BOE* 1967, 9993).

Si dans un acte de vente en état futur d'achèvement, les parties se sont mises d'accord sur un prix hors-taxes « payé comptant directement et hors la comptabilité » du notaire, puis ont procédé à l'évaluation du montant de la TVA, « payée comptant directement et hors la comptabilité du notaire » dont le vendeur, qui l'a reversée au Trésor sur formule CA 3, a donné quittance à l'acquéreur, cette taxe doit entrer dans la base de liquidation du salaire. En effet, le salaire est liquidé sur toutes les sommes que l'acquéreur s'oblige, en échange du bien qu'il reçoit, à payer soit au vendeur soit, en l'acquit de celui-ci, à un tiers. Le salaire doit donc être perçu en l'espèce sur le montant de la TVA répercutée par le vendeur sur l'acquéreur. Il en serait de même si ce dernier s'était engagé à la verser au Trésor pour le compte du vendeur (*Bull. AMC* 1991, art. 1494).

D Cession à titre onéreux d'un contrat de VEFA

4917 Il arrive fréquemment qu'après avoir signé le contrat de vente en l'état futur d'achèvement (CCH, art. L. 261-3) et alors que l'immeuble objet de ce contrat n'est pas encore achevé, l'acquéreur vienne à céder son contrat (CCH, art. L. 261-4).

La cession du contrat de VEFA substitue le cessionnaire du contrat au cédant et le subroge dans les droits et obligations nés du contrat de VEFA cédé. Elle opère à son profit le transfert des droits immobiliers jusque-là propriété du cédant et l'oblige à exécuter le contrat cédé, et notamment, d'en poursuivre les paiements (V. *JCl. Construction-Urbanisme, Cession du contrat de vente*, Fasc. 86-25, Formules par D. Larralde, actualisé par V. Zalewski-Sicard).

4918 **Dans le silence de la loi fiscale**, la détermination du régime applicable à la cession du contrat de VEFA dépendra de la qualification juridiques des droits cédés et de la situation du cédant au regard de la TVA.

Dès lors que les droits cédés sont des droits immobiliers relatif à un immeuble en cours de construction, la cession à titre onéreux du contrat sera soumise, au regard de la TVA et des DMTO, à un régime différent selon que le cédant du contrat de VEFA agit en qualité d'assujetti à la TVA ou, qu'au contraire, la cession du contrat de VEFA est réalisée en dehors de toute activité économique du cédant.

Remarque importante

Dans le silence de la loi et en l'absence de prise de position publiée de l'administration, les règles exposées ci-après constituent une proposition de taxation de la cession du contrat de VEFA illustrée par son auteur dans une formule des déclarations fiscales dans une cession de contrat de VEFA (V. N. Gonzalez-Gharbi : *Cession de contrat de vente en l'état futur d'achèvement – Déclarations fiscales : Constr.-Urb.* 2019, form. 4).

Toutefois, interrogée sur les incidences du transfert par cession ou apport d'un contrat de VEFA dans le cadre d'une opération immobilière réalisée dans le secteur intermédiaire bénéficiant de la TVA à taux réduit de 10 % prévu à l'article 279-0 bis A du Code général des impôts, l'administration fiscale s'est prononcée sur les conditions d'application de la TVA à la cession du contrat de VEFA. Le rescrit publié au BOFiP-impôts le 28 octobre 2020 (V. Rescrit – Conséquences d'un transfert, par voie de cession ou d'apport, d'un contrat de vente en l'état futur d'achèvement portant sur la livraison de logements neufs destinés à la location à usage de résidence principale, dans le cadre d'une opération immobilière réalisée dans le secteur intermédiaire bénéficiant de la TVA à taux réduit BOI-RES-000064 : TVA – IMM, 28 oct. 2020 – BOI-TVA-IMM-30) fixe pour la première fois, de manière quasi exhaustive, les règles de la TVA applicables à la cession du contrat de VEFA. Mais les services fiscaux ne précisent pas le régime de ce contrat immobilier au regard des droits d'enregistrement et de la taxe de publicité foncière et de la CSI (*Le rescrit du 28 octobre 2020 relatif aux conséquences du transfert d'un contrat de VEFA dans le secteur du logement intermédiaire fixe le régime de la cession du contrat de VEFA au regard de la TVA : Constr.-Urb.* 2020, comm. 147, N. Gonzalez-Gharbi).

4919 **TVA – Distinctions à opérer.** Ce n'est pas parce que la VEFA a été soumise à la TVA du chef du cédant (promoteur, par exemple), en tant que livraison d'immeuble à construire consentie par un assujetti agissant en tant que tel, que la cession de son contrat de VEFA par l'acquéreur en VEFA sera soumise à la TVA.
Le régime applicable à la cession du contrat dépendra du point de savoir si le cédant du contrat est lui-même un assujetti à la TVA agissant entant que tel lors de la cession de son contrat ou si au contraire, c'est un simple particulier ou un assujetti agissant à titre purement patrimonial. Cette recherche est nécessaire à la fixation du prix de cession du contrat de VEFA, dès lors que seul un assujetti à la TVA est en droit de facturer dans l'acte de cession la TVA exigible sur l'opération réalisée, et à déduire la TVA qui a grevé les appels de fonds auxquels il a répondu antérieurement à la cession du contrat. À l'inverse, le cédant doit s'abstenir de stipuler un prix de cession TTC lorsque la cession n'est pas soumise à la TVA. La TVA indument facturée incombera définitivement au cédant (CGI, art. 283, 3) et ne sera pas déductible par le cessionnaire du contrat (CGI, art. 271).

4920 **Vente soumise à la TVA – Assiette de la TVA.** Le prix doit être stipulé TTC. La TVA est liquidée sur le prix HT de vente du contrat de VEFA. À cet égard, il est important de ne pas confondre prix de cession du contrat de VEFA, librement négocié entre cédant et cessionnaire du contrat et prix de vente de l'immeuble à construire, stipulé dans le contrat de VEFA cédé. Hors logement social, rien ne s'oppose à ce que l'acquéreur en VEFA cède son contrat moyennant un prix supérieur au montant des appels de fonds auxquels il a déjà répondu. Dans ce cas, il conviendra de se préoccuper des incidences de la vente du contrat en matière d'imposition éventuelle de la plus-value réalisée.
Le rescrit du 28 octobre 2020 précité est dans le même sens qui indique : « L'assiette de la taxe est limitée, en pratique, à la valeur du TAB qui comprend le sol et les constructions en cours d'édification, non achevées. La créance d'achèvement de l'immeuble à construire n'est théoriquement pas monétisée dans la mesure où les appels de fonds seront versés au promoteur par le nouveau détenteur du contrat (le cessionnaire) au fur et à mesure de l'avancement des travaux ».

4921 **Taxe de publicité foncière.** Les incidences fiscales de la cession du contrat de VEFA ne se réduisent pas à la fiscalité applicable à la mutation des droits immobiliers transférés au cessionnaire. La publication de l'acte constatant la cession du contrat rend également exigible, faute de texte exonératoire, la taxe de publicité foncière prévue à l'article 678 du Code général des impôts. La règle *non bis in idem* s'oppose toutefois à ce que cette taxe soit liquidée sur le prix de cession du contrat qui est déjà soumis soit à la taxe de publicité foncière prévue à l'article 1594 F quinquies A du Code général des impôts (cas de la cession soumise à la TVA), soit aux droits de mutation à titre onéreux au tarif ordinaire (cas de la cession non soumise à la TVA).
En conséquence, les perceptions diffèrent selon que la cession du contrat est soumise à la TVA ou non, sous réserve des exonérations dont pourrait se prévaloir l'acquéreur (telles celles prévues par les articles 1040, 1042 ou 1049 du CGI).

4922 **1er cas – Cession du contrat soumise à la TVA.** La cession du contrat de VEFA donnera lieu à la perception de la taxe de publicité foncière :
– prévue à l'article 1594 F quinquies A du Code général des impôts, au taux de 0,70 %, majorée des frais d'assiette et de recouvrement, liquidée sur le prix HT de cession du contrat de VEFA ;
– prévue à l'article 678 du Code général des impôts, au taux de 0,70 %, majorée des frais d'assiette et de recouvrement, liquidée sur le prix HT du contrat de VEFA restant à payer au vendeur de l'immeuble en cours de construction.

4923 **2e cas – Cession du contrat non soumise à la TVA.** La cession du contrat de VEFA

donnera lieu à la perception de la taxe de publicité foncière :
– liquidée dans les conditions de droit commun sur le prix de cession du contrat (CGI, art. 683 et 1594 D, taxes majorées des frais d'assiette et de recouvrement) ;
– prévue à l'article 678 du Code général des impôts, au taux de 0,70 %, majorée des frais d'assiette et de recouvrement, liquidée sur la fraction du prix HT du contrat de VEFA restant à payer au vendeur de l'immeuble en cours de construction.

4924 **Contribution de sécurité immobilière.** La contribution de sécurité immobilière (CGI, art. 878 et s.) est exigible dans les conditions de droit commun. À notre avis, elle doit être liquidée sur le montant cumulé du prix de cession du contrat et du montant du prix de vente, stipulé dans le contrat de VEFA, restant à payer au vendeur en VEFA.

Immeuble ancien (TVA)

Neyla GONZALEZ-GHARBI

Sommaire analytique

AVERTISSEMENT L'instruction du 12 septembre 2012 (*BOI* 13 A-2-12, n° 64) a rapporté à compter de cette date l'ensemble des commentaires administratifs publiés antérieurement à la mise en ligne du BOFiP-impôts. Il sera fait, sauf, exception, référence au *BOFiP*.

4925 Définition de l'immeuble « ancien ». La notion d'immeuble « ancien » est purement fiscale. Elle sert à déterminer le régime fiscal de la cession à titre onéreux (ou d'un apport en société) d'un immeuble bâti (ou des droits réels y relatifs) au regard de la TVA, et subséquemment, des droits d'enregistrement. Elle n'a de portée que lorsque le cédant ou l'apporteur est un assujetti à la TVA agissant en tant que tel. C'est par opposition aux livraisons des immeubles neufs tel que définis au 2° du 2 du I de l'article 257 du Code général des impôts, soumises de plein droit à la TVA, que les livraisons des immeubles « anciens », définis par le 2° du 5 de l'article 261 du CGI comme « les immeubles qui sont achevés depuis plus de cinq ans » sont exonérées de TVA.
L'achèvement peut ainsi, et conformément aux dispositions du 2° du 2 du I de l'article 257 du Code général des impôts, concerner tant une construction nouvelle que de travaux portant sur des immeubles existants qui ont consisté en une surélévation ou qui ont rendu à l'état neuf :
a) soit la majorité des fondations ;
b) soit la majorité des éléments hors fondations déterminant la résistance et la rigidité de l'ouvrage ;
c) soit la majorité de la consistance des façades hors ravalement ;
d) soit l'ensemble des éléments de second œuvre tels qu'énumérés par décret en Conseil d'État, dans une proportion fixée par ce décret qui ne peut être inférieure à la moitié pour chacun d'entre eux » (V. **Immeuble neuf et Rénovation d'immeuble ancien**).

4926 Immeuble ancien en cours de rénovation. Un immeuble bâti achevé depuis plus de cinq ans sur lequel un assujetti a seulement engagé des travaux de rénovation lourde tendant à le rendre à l'état neuf au sens du 2° du 2 du I de l'article 257 du Code général des impôts demeure un immeuble achevé depuis plus de cinq ans, sous réserve que l'avancement des travaux n'ait pas eu pour effet de le rendre inutilisable. Sauf option du cédant, la cession sera donc exonérée de TVA (V. n° **4916**). En revanche, elle sera taxable de plein droit comme portant sur un terrain à bâtir si l'avancement du chantier n'autorise plus aucune utilisation des lieux, et comme immeuble neuf si la rénovation est achevée (BOI-TVA-IMM-10-10-10-30-20120912, § 10. – V. **Rénovation d'immeuble ancien**).

4927 **Vente d'immeuble à rénover (VIR) – (CCH, art. L. 262-1 à L. 262-11).** Dès lors que les travaux de rénovation ne correspondent pas à ceux de nature à rendre l'immeuble neuf au sens du 2° du 2 du I de l'article 257 du CGI, la vente d'immeuble à rénover est soumise au régime de la vente d'un immeuble bâti « ancien » (V. **Rénovation d'immeuble ancien**).

4928 Nous examinerons les perceptions générées par la « livraison » d'un immeuble ancien du point de vue de la TVA (I) et de la taxe de publicité foncière (II). Le cas des immeubles anciens rénovés et de la vente d'immeuble à rénover (VIR est examiné au mot **Rénovation d'immeuble ancien.**

BIBLIOGRAPHIE : N. Gonzalez-Gharbi, *Opter pour soumettre la vente d'un immeuble ancien à la TVA, c'est aussi l'affaire de l'acquéreur : Nota Bene (Cridon Sud-ouest)* mars 2015, n° 200, Fiche 808. – V. M. Wolf, *La neutralité, ce n'est pas « plus tard » : retour sur la déduction de la TVA d'achats des immeubles anciens : BF Lefebvre* 1/2020, étude p. 5 à 10). – C. Guibé, rapp. publ., concl. ss CE, 27 nov. 2020, n° 426091 : *JurisData* n° 2020-019218 ; *Rec. CE* 2020, tables, consultables sur le site du Conseil d'État. – N. Gonzalez-Gharbi, *Le régime fiscal des achats/reventes d'immeubles à l'épreuve de la rénovation : Constr.-Urb.* 2022, étude 3. – N. Gonzalez Gharbi, *Immeubles anciens acquis en vue de la revente : pour détaxer, il faudra déstocker, louer ne suffit pas : Constr.-Urb.* 2021, comm. 18.

I TVA immobilière

4929 La « livraison » d'un immeuble ancien est en principe exonérée de TVA (A). Mais elle peut être soumise à cette taxe sur option (B).

A Principe

CGI, art. 261. – Sont exonérés de taxe sur la valeur ajoutée :

(...)

5. (Opérations immobilières) :

2° Les livraisons d'immeubles achevés depuis plus de cinq ans.

4930 **Exonération de TVA.** Quelle que soit la situation du cédant au regard de la TVA, la mutation portant sur un immeuble achevé depuis plus de cinq ans est en principe exonérée de TVA (CGI, art. 261, 5, 2°).

B Application de la TVA sur option

CGI, art. 260. – Peuvent sur leur demande acquitter la taxe sur la valeur ajoutée :

(...)

5° bis Les personnes qui réalisent une opération visée au 5 de l'article 261 ;

CGI, ann. II, art. 201 quater. – L'option prévue au 5° bis de l'article 260 du Code général des impôts s'exerce distinctement par immeuble, fraction d'immeuble ou droit immobilier mentionné au 1 du I de l'article 257 de ce code, relevant d'un même régime au regard des articles 266 et 268 du même code. Il doit être fait mention de cette option dans l'acte constatant la mutation.

4931 **Principe.** Le vendeur, lorsqu'il est assujetti à la TVA a, depuis le 11 mars 2010, la faculté d'opter pour soumettre la vente à la TVA (CGI, art. 260, 5° bis).
C'est une solution nouvelle, introduite par la loi de finances rectificative pour 2010 (L. n° 2010-237, 9 mars 2010 : *JO* 10 mars).
Sous le régime antérieur à la réforme de la TVA issue de l'article 16 de la loi de finances rectificative pour 2010 du 9 mars 2010, seules les mutations réalisées par les marchands de biens rendaient exigibles la TVA, en application des anciennes dispositions du 6° de l'article 257 du Code général des impôts (abrogées), dont la compatibilité avec les règles communautaires était douteuse.
Depuis l'entrée en vigueur des nouvelles règles, tous les assujettis à la TVA, agissant en cette qualité, en ce compris les marchands de biens, peuvent, selon leur choix, soit bénéficier de l'exonération, soit opter pour soumettre la livraison de l'immeuble achevé depuis plus de cinq ans à la TVA (sur la notion d'assujetti, V. **TVA immobilière**).

AVERTISSEMENT **Lorsque la vente (plus généralement la livraison de l'immeuble) intervient dans le cadre d'une transmission d'une universalité totale ou partielle des biens au sens de l'article 257 bis du Code général des impôts** (V. **Transmission d'universalité [TVA]**), **le cédant n'est pas autorisé à exercer l'option et à soumettre volontairement la vente exonérée à la TVA.**

4932 Intérêts de l'option. L'option peut se révéler opportune tant pour le cédant que pour le cessionnaire. Sans prétendre à l'exhaustivité, on indiquera que l'option :
– permet aux vendeurs d'exercer leurs droits à déduction, en ce qui concerne la TVA d'amont et, pour les assujettis partiels de ne pas dégrader leur coefficient de déduction (cas par ex. des SAFER et des établissements de crédit-bail immobilier) ;
– permet en outre au vendeur d'échapper à l'obligation de reversement d'une fraction de la TVA d'amont qu'il avait antérieurement déduite (CGI, ann. II, art. 207-III, 1, 1°), lorsque la mutation intervient dans le délai de régularisation (vingt ans de la détaxation) ;
– permet de transmettre au cessionnaire des droits à déduction qu'il pourra exercer en cas de revente ultérieure de l'immeuble qu'il choisira à son tour de soumettre à la taxe, lorsque le cessionnaire, assujetti à la TVA, ne destine pas l'immeuble acquis à être immobilisé.
En revanche, il a été jugé que lorsque l'immeuble ancien est acquis en vue de la revente, la TVA qui a grevé son achat n'est pas immédiatement déductible, alors même qu'il continue à être loué en TVA (CE, 9e et 10e ch. réunies, 27 nov. 2020, n° 426091 : *JurisData* n° 2020-019218, mentionné aux tables du recueil, concl. Mme C. Guibé [site du Conseil d'État]. – N. Gonzalez-Gharbi, *Immeubles anciens acquis en TVA en vue de la revente : pour détaxer, il faudra déstocker, louer ne suffit pas : Constr.-Urb.* 2021, comm. 18). La rigueur de cette solution a été récemment atténuée en ce qui concerne les acquisitions par les marchands de biens d'immeubles locatifs inscrits en stock auxquels l'administration admet d'étendre l'assimilation aux biens immobilisés prévue par le 3 du IV de l'article 207 de l'annexe II au CGI (Rép. Min. Louwagie, n° 5633 : *JOAN* 27 juin 2023, p. 5817)

4933 Effets de l'option sur la perception des droits de mutation. Quelle que soit l'assiette de la TVA exigible à raison de la vente de l'immeuble achevé depuis plus de cinq ans (prix total ou marge brute), l'option du vendeur pour soumettre la vente à la TVA n'a pas d'incidence sur la perception des droits d'enregistrement. Sauf engagement particulier souscrit par un acquéreur assujetti à la TVA, les droits sont dus par l'acquéreur dans les conditions de droit commun (V. n° 4939 – Sur le cas particulier de la vente d'un immeuble issu d'une opération de rénovation V. **Rénovation d'immeuble ancien**).

4934 Titulaire de l'option. C'est le vendeur et lui seul qui, en tant que redevable de la TVA, à la faculté d'exercer l'option.

4935 Modalités de l'option. Cette option doit être mentionnée dans l'acte constatant la mutation (CGI, ann. II, art. 201 quater). La formulation de l'option dans l'acte de vente suppose donc que l'acquéreur y consente et qu'en conséquence il accepte que le prix de vente inclue la TVA, alors qu'il devra s'acquitter, en sus, des droits de mutation, sans pouvoir prétendre au taux réduit de 0,70 % (sur le cas particulier de la vente d'un immeuble issu d'une opération de rénovation V. **Rénovation d'immeuble ancien**).

4936 Options distinctes. L'article 201 quater de l'annexe II au Code général des impôts prévoit que l'option doit être formulée de manière distincte lorsque des immeubles, fractions d'immeuble ou droits immobiliers relèvent de règles différentes pour la détermination de la base d'imposition (fixées respectivement aux articles 266 et 268 du Code général des impôts), en sorte que ces règles puissent s'appliquer dans toute leur portée (BOI-TVA-IMM-10-10-10-30-20120912, § 20).
Ainsi, lorsqu'un immeuble achevé depuis plus de cinq ans est vendu par lots, l'option peut n'être formulée que pour une partie des lots cédés. Mais l'option ne peut être exercée comme telle lorsqu'un lot est présenté sous un prix global alors que son origine de propriété fait apparaître qu'il résulte de la réunion d'une fraction d'immeuble éligible aux dispositions de l'article 268 et d'une autre fraction relevant de l'application de l'article 266. À défaut que la division appropriée ne soit possible ou souhaitée, il sera néanmoins admis, si les parties en ont convenance, que la cession soit soumise à la TVA sous réserve que la taxe soit appliquée sur le prix total et que son montant soit mentionné dans l'acte (BOI-TVA-IMM-10-10-10-30-20120912, § 40).

4937 Exemple.
(BOI-TVA-IMM-10-10-10-30-20120912, § 50). Un assujetti a acquis en deux temps un ensemble immobilier à usage mixte d'habitation et de bureaux, une

première partie auprès du promoteur d'origine soumise à la TVA, et le reste ultérieurement auprès d'un non assujetti qui avait réalisé un investissement privé. En vue de le revendre plus de cinq années au-delà de l'achèvement de la construction, il procède à des travaux d'aménagement qui n'ont pas le caractère de production d'un immeuble neuf et divise l'immeuble en six lots. Il cède le lot A à usage de bureaux à un architecte qui entend utiliser les locaux pour son activité professionnelle ouvrant droit à déduction, le lot B à un médecin dont l'activité est exonérée et les lots C à F à usage d'habitation. Les parties trouveront avantage à ce que le cédant formule une option de taxation pour la cession du lot A dont l'acquéreur est en mesure de déduire la TVA qui aura grevé la mutation et d'effacer ainsi tout ou partie des rémanences sur la taxe d'amont. Toutefois, si ces locaux résultent du regroupement de fractions d'immeuble qui avaient été acquises par le cédant pour une part TTC avec droit à déduction, et pour l'autre part sans TVA auprès de l'investisseur privé, l'exercice de l'option devra, en principe, être assorti d'une décomposition du prix de vente entre les deux origines, la première part étant soumise à la taxe sur le prix total, tandis que la seconde ne sera taxée que sur la marge.

Remarque (*BOI*) : La taxation sur le prix total permettra d'éviter une régularisation de la taxe déduite lors de l'acquisition initiale et de neutraliser la rémanence de taxe sur les travaux d'aménagement. La taxation sur la marge n'aura que le second effet.

S'agissant des lots B à F, en revanche, les parties n'auraient aucun intérêt à ce que le cédant exerce l'option dès lors que les acquéreurs n'étant pas déducteurs, la taxation aurait pour effet d'enchérir le prix final.

Remarque (*BOI*) : S'agissant de la cession d'un immeuble achevé depuis plus de cinq ans, la soumission à la TVA est sans incidence sur le taux de droits de mutation applicable.

4938 **Assiette de la TVA.** La liquidation de la taxe s'opérera soit sur le prix total (CGI, art. 266 et 267), soit sur la marge brute (CGI, art. 268) :

– la liquidation se fera **sur le prix total** lorsque le vendeur aura bénéficié d'un droit à déduction lors de l'acquisition du bien (sur l'appréciation de cette condition, et sur la liquidation de la TVA sur le prix total, V. **TVA immobilière**).

Compte tenu de ce que l'intérêt de l'option est précisément de permettre au vendeur d'exercer ses droits à déduction, ce cas de figure sera en pratique le plus fréquent.

L'administration a envisagé le cas de l'immeuble vendu par son propre constructeur, plus de cinq ans après l'achèvement. Dans ce cas, « Si l'investisseur décide de soumettre la cession à la taxe, l'article 268 du même code (taxation sur la marge) ne peut trouver à s'appliquer dès lors que le bien n'a pas été acquis en son état d'immeuble bâti, que le terrain d'emprise ait été acquis par le cédant lui-même antérieurement à la construction, voire que celle-ci ait fait suite à une acquisition en l'état d'immeuble ancien elle-même suivie d'une démolition » (BOI-TVA-IMM-10-20-10, 13 mai 2020, n° 20).

À notre avis, cette analyse conserve toute sa valeur nonobstant les modifications du régime des livraisons à soi-même issues de l'article 32 de la loi n° 2014-1545 du 20 décembre 2014 relative à la simplification de la vie des entreprises, applicables aux immeubles achevés depuis le 22 décembre 2014 ;

– la liquidation se fera **sur la marge** lorsque l'acquisition de l'immeuble n'aura pas ouvert à l'assujetti acquéreur un droit à déduction de la TVA (sur cette condition et sur la liquidation de la TVA sur la marge, V. **TVA immobilière**).

II

Droits d'enregistrement (taxe de publicité foncière)

A Principes

4939 **Tarif.** Quel que soit le régime appliqué à la vente en matière de TVA, la taxe de publicité foncière est due au tarif de droit commun (5,80665 %), sauf si l'acquéreur, qui doit la supporter, bénéficie d'une exonération ou d'un régime de faveur en vertu d'un texte spécial (sur les règles applicables, V. **Vente d'immeubles**). Il est donc indifférent, en principe, que la vente soit exonérée de TVA ou soumise à la TVA sur option du cédant assujetti. De même, il importe peu que la TVA soit, en cas d'option du cédant, assujetti, liquidée sur le prix total de vente (CGI, art. 266 et 267) ou sur la marge (CGI, art. 268).

4940 **Assiette de la taxe de publicité foncière en cas d'option.** La taxe sera liquidée sur le prix hors taxe lorsque le montant de la TVA due par le cédant aura été mentionné distinctement dans l'acte de mutation de propriété. Dans le cas contraire, la TPF est liquidée sur le prix TTC. La solution énoncée par l'administration fiscale (RES n° 2010/20 [ENR], 6 avr. 2010 ; *BOI* 7 C-2-11, 27 avr. 2011, n° 4) a été reprise au BOFiP publié au 12 septembre 2012 (BOI-ENR-DMTOI-10-10-20-20, 12 sept. 2012, n° 210).
Rappel : La contribution de sécurité immobilière est exigible dans les conditions de droit commun V. **Vente d'immeubles**.

B Applications

4941 Il convient en conséquence de distinguer selon que l'acquéreur est ou non assujetti au sens de l'article 256 A du CGI.

1 Acquéreur non assujetti

4942 **TPF au tarif de droit commun.** L'acquéreur doit la TPF au tarif de droit commun (5,80665 %), sauf s'il bénéficie d'une exonération en vertu d'un texte spécial (par ex. État, collectivité publique, etc. ; sur les règles applicables, V. **Vente d'immeubles**).

2 Acquéreur assujetti

a) TPF due en l'absence d'engagement de l'acquéreur

4943 En l'absence d'engagement particulier pris par l'acquéreur, celui-ci doit la TPF au tarif de droit commun (5,80665 %), sauf s'il bénéficie d'une exonération en vertu d'un texte spécial (sur les règles applicables, et sur l'assiette de la taxe de publicité foncière en cas d'application de la TVA, V. *supra*, n° 4939 et V. **Vente d'immeubles**).

b) Engagements pris par l'acquéreur

4944 **Engagement de revendre dans les cinq ans.** La TPF sera perçue à 0,71498 % (CGI, art. 1115 et 1020), si l'acquéreur prend dans l'acte d'acquisition un engagement de revendre l'immeuble dans un délai de cinq ans (pour plus de détails, V. **Engagement de revendre**. – N. Gonzalez-Gharbi, *Le régime fiscal des achats / reventes à l'épreuve de la rénovation : Constr.-Urb.* 2022, étude 3).

4945 **Engagement de construire.** Si l'acquéreur prend dans l'acte l'engagement de construire dans les quatre ans (CGI, art. 1594-0 G. – V. **Engagement de construire**), la mutation sera exonérée de taxe de publicité foncière. Seule la taxe fixe de 125 € est perçue (CGI, art. 691 bis).

Immeuble à usage d'habitation

Neyla GONZALEZ-GHARBI

Sommaire analytique

RÉSUMÉ 1° Principe :
– Application de la taxe de publicité foncière à 5,806656 % (V. nos 4948 à 4951).
– Ce tarif s'applique également aux acquisitions par un particulier de terrains à bâtir et de biens assimilés, en vue de construire un immeuble d'habitation (V. n° 4982).
Ces règles s'appliquent hors le cas où la vente ayant pour objet un terrain à bâtir ou un immeuble neuf est soumise à la TVA (V. Terrains – Immeuble neuf).
2° Abattements :
Abattement éventuel. Des abattements peuvent être institués par les conseils départementaux (V. nos 4954 à 4960), éventuellement limités aux zones de revitalisation rurales (V. nos 4961 et 4353).
Abattement automatique. Un abattement automatique s'applique, sous certaines conditions, aux cessions à titre onéreux d'immeubles neufs acquis entre le 1er juin 1993 et le 31 décembre 1994 (V. nos 4963 à 4981).

4946 Bref historique. La loi de finances pour 1999 (L. fin. 1999, n° 98-1266, 30 déc. 1998 : *JO* 31 déc. ; *Dr. fisc.* 1999, n° 1, comm. 1) a supprimé l'ancien régime de faveur de l'article 710 du Code général des impôts, mais maintenu cependant certains régimes spéciaux antérieurement en vigueur (V. nos 4953 à 4981). Elle a également créé un nouveau régime fiscal pour l'acquisition par des personnes physiques d'immeubles en vue de construire à usage d'habitation (V. no 4982).
L'article 9 de la loi de finances pour 2000 (L. fin. 2000, n° 99-7/72, 30 déc. 1999 : *JCP* N 2000, n° 3, p. 74) a procédé à une harmonisation des droits de mutation en alignant le taux de droit commun sur celui prévu pour les ventes d'immeubles visées à l'article 1594 DA du Code général des impôts.
Cette mesure a eu pour effet de ramener à 3,60 % le taux de mutation de droit commun applicable notamment aux ventes d'immeubles d'habitation et de garages.
Sous réserve des régimes spéciaux prévoyant l'application du taux de 0,60 % ou d'une exonération, il ne subsiste plus qu'un seul régime de taxation, codifié à l'article 1594 D du code, qui concerne l'ensemble des immeubles.

À titre transitoire, l'article 77 de la loi n° 2013-1278 de finances pour 2014 a permis aux conseils départementaux de relever le taux de la taxe de publicité foncière ou des droits d'enregistrement prévu à l'article 1594 D du Code général des impôts au-delà de 3,80 % et dans la limite de 4,50 % pour les actes passés et les conventions conclues entre le 1er mars 2014 et le 29 février 2016. Cette faculté a été pérennisée par l'article 116 de la loi n° 2014-1654 de finances pour 2015.

I

Acquisition d'un immeuble à usage d'habitation sans intention de construire

4947 Après le rappel du tarif de droit commun (A), nous examinerons successivement l'abattement prévu par l'article 1594 ter du Code général des impôts (B), et l'abattement concernant la première cession à titre onéreux d'une construction nouvelle (C).

A Tarif de droit commun

4948 **Taux actuellement en vigueur.** À titre transitoire, l'article 77 de la loi n° 2013-1278 de finances pour 2014 a permis aux conseils départementaux de relever le taux de la taxe de publicité foncière ou des droits d'enregistrement prévu à l'article 1594 D du Code général des impôts audelà de 3,80 % et dans la limite de 4,50 % pour les actes passés et les conventions conclues entre le 1er mars 2014 et le 29 février 2016. Cette faculté a été pérennisée par l'article 116 de la loi n° 2014-1654 de finances pour 2015.
Désormais, les ventes d'immeubles supportent donc, compte tenu de la taxe additionnelle communale de 1,20 %, une imposition globale de 5 % à 5,70 % à laquelle il faut ajouter le prélèvement de 2,370 % pour frais d'assiette liquidé sur le montant de la taxe départementale (soit un total de 5,09006 % à 5,80665 %, selon les départements, étant précisé qu'au 1er janvier 2016, la quasi-totalité des départements a voté le taux de 4,5 %). Le taux du droit départemental peut être modifié tous les ans par les conseils généraux (avec effet au 1er juin) sans pouvoir être inférieur à 1 % ni supérieur à 4,5 %.
➤ Pour consulter la liste des taux en vigueur selon les départements, V. la note « Droits d'enregistrement et taxe de publicité foncière sur les mutations à titre onéreux d'immeubles et de droits immobiliers – Taux, abattements et exonérations applicables du 1er juin 2024 au 31 mai 2025 » publiée par la DGFiP sur le site impots.gouv.fr

4949 **Application de plein droit.** Le tarif susvisé s'applique de plein droit. Il est inutile de prendre comme par le passé un engagement d'affecter l'immeuble à usage d'habitation pendant trois ans.

4950 **Identité de l'acquéreur.** L'identité de l'acquéreur est sans influence sur l'application du taux de droit commun. À cet égard, il résulte de l'abrogation de l'article 711 A du Code général des impôts que les acquisitions d'immeubles d'habitation réalisées par des personnes morales étrangères donnent lieu à l'application du tarif prévu à l'article 1594 D du code précité (Instr. 1er juin 1999 : *BOI* 7-A-1-1999, n° 9).

4951 **Champ d'application.** L'article 1594 D du Code général des impôts s'applique à défaut de disposition particulière à toutes les ventes et tous autres actes civils ou judiciaires translatifs de propriété ou d'usufruit de biens immeubles à titre onéreux, lorsque ces mutations ne rentrent pas dans le champ d'application de la TVA immobilière.

4952 **Assiette et liquidation des droits.** Les mutations concernant des immeubles à usage d'habitation obéissent, en ce qui concerne les règles d'assiette et de liquidation de la taxe de publicité foncière ou du droit d'enregistrement, aux règles de droit commun (V. **Vente d'immeuble**).

B Abattements prévus par l'article 1594 F ter du Code général des impôts

CGI, art. 1594 F ter. – Les conseils départementaux peuvent instituer un abattement sur l'assiette de la taxe de publicité foncière ou du droit d'enregistrement pour les acquisitions :

a) d'immeubles ou de fractions d'immeubles destinés à être affectés à l'habitation à la condition que l'acquéreur prenne l'engagement de ne pas les affecter à un autre usage pendant une durée minimale de trois ans à compter de la date de l'acte d'acquisition ;

b) de terrains ou locaux à usage de garages à la condition que l'acquéreur prenne l'engagement de ne pas affecter les terrains ou locaux à une exploitation à caractère commercial ou professionnel pendant une durée minimale de trois ans à compter de la date de l'acte d'acquisition.

Le montant de cet abattement qui ne peut être ni inférieur à 7 600 € ni supérieur à 46 000 € est fixé, dans ces limites, par fraction de 7 600 €.

Les décisions prises en application des premier et deuxième alinéas peuvent être limitées aux acquisitions portant sur des biens situés dans les zones de revitalisation rurale définies à l'article 1465 A.

Les dispositions de l'article 1594 E sont applicables.

4953 **Bref historique.** L'article 92 de la loi de finances pour 1993 (L. fin. 1993, n° 92-1376, 30 déc. 1992 : *JCP* N 1993, III, 65854) qui a inséré dans le Code général des impôts un article 1594 F ter nouveau – a offert aux conseils départementaux la faculté d'instituer un abattement sur l'assiette de la taxe départementale applicable aux mutations à titre onéreux d'immeubles à usage d'habitation. Cette mesure a été commentée par une instruction du 8 janvier 1993 (*BOI* 7 C-I-93 ; *JCP* N 1993, prat. 2513).
Puis la loi sur l'aménagement du territoire (L. n° 95-115, 4 févr. 1995 : *JCP* N 1995, III, 67291) a prévu que les décisions prises instituant l'abattement dont il s'agit pouvaient être limitées aux acquisitions portant sur des biens situés dans les zones de revitalisation rurale définies à l'article 1465 A du Code général des impôts. Une instruction du 15 avril 1996 (*BOI* 7 C-2696) a commenté les dispositions de l'article 50-1 de la loi du 4 février 1995.
Les conseils départementaux ont donc une double faculté :
– soit instituer l'abattement prévu applicable à l'ensemble des acquisitions des biens concernés situés dans le département ;
– soit instituer le même abattement, mais en en limitant l'application aux acquisitions des mêmes biens situés dans certaines zones du département.
Cela étant, les deux dispositifs en cause sont exclusifs l'un de l'autre. Ils ne peuvent être adoptés tous les deux par un même conseil général et, par suite, coexister dans un même département.
Dans l'hypothèse où un conseil départemental adopte l'abattement général prévu aux quatre premiers alinéas de l'article 1594 F ter du Code général des impôts, celui-ci s'applique à toutes les mutations concernées quelle que soit la situation des biens dans le département, y compris dans les zones de revitalisation rurale.
En revanche, en cas d'adoption de l'abattement limité conformément aux dispositions du cinquième alinéa de l'article 1594 F ter du Code général des impôts, celui-ci ne s'applique qu'aux acquisitions portant sur des biens sis dans les zones de revitalisation rurale du département (BOI-ENR-DMTOI-10-30-20120912, n° 170).
Rappel : L'assemblée qui dirige le département a pris le nom de conseil départemental (en remplacement de la précédente appellation de conseil général) avec la loi n° 2013-403 du 17 mai 2013, relative à l'élection des conseillers départementaux, des conseillers municipaux et des conseillers communautaires.

1 Abattement d'application générale

4954 **Champ d'application.** L'abattement prévu par l'article 1594 ter, alinéa 1er, § 2, du Code général des impôts concerne les mutations à titre onéreux :
– d'immeubles ou de fractions d'immeubles destinés à être affectés à l'habitation ;
– de terrains ou de locaux à usage de garages.

4955 **Engagement d'affectation et mesure de tempérament.** Pour obtenir le bénéfice de l'abattement visé à l'article 1594 F ter du Code général des impôts, l'acquéreur doit prendre l'engagement d'affecter à l'habitation les immeubles ou fractions d'immeubles faisant l'objet de la mutation pendant une durée minimale de trois ans à compter de la date de l'acte d'acquisition.
L'application littérale du texte conduirait l'administration à refuser le bénéfice de la taxation réduite dans le cas où l'engagement n'est pas inclus dans l'acte d'acquisition. Il a cependant été décidé, par mesure de tempérament, de permettre à l'acquéreur de réparer cette omission dans un acte complémentaire soumis au droit fixe. La restitution de l'excédent de taxe perçu lors de l'acquisition peut alors être accordée dans le délai de réclamation prévu à l'article R.*196-1 du Livre des procédures fiscales. Bien entendu, c'est la date de l'acte d'acquisition, et non celle de l'acte complémentaire, qui sert de point de départ au délai de trois ans imparti par l'article 1594 F ter du Code général des impôts. Par suite, la restitution de la taxe ne peut intervenir que si l'intéressé justifie que les biens n'ont pas été affectés à un autre usage que l'habitation depuis la date de l'acte d'acquisition (BOI-ENR-DMTOI-10-30-20120912, n° 100).

4956 **Conditions d'application.** L'application de l'abattement est subordonnée à une délibération expresse du conseil général qui doit en fixer le montant. Cette délibération doit être prise dans les délais prévus à l'article 1594 E du Code général des impôts (V. **Département**).

N.B. : La liste des départements ayant institué l'abattement sans limitation est accessible sur le site « impôts.gouv.fr » (professionnels-accès spécialisés-notaires et géomètres experts).

4957 **Montant de l'abattement.** Le montant de l'abattement ne peut être ni inférieur à 7 600 €, ni supérieur à 46 000 €. Dans ces limites, il est fixé par fraction de 7 600 €.

4958 **Portée de la mesure.** L'adoption de l'abattement par le conseil départemental a pour effet de réduire, à due concurrence du montant de cet abattement, l'assiette de la taxe départementale de publicité foncière ou du droit départemental d'enregistrement applicable. Il ne concerne pas, en revanche, la taxe additionnelle communale qui est liquidée sur le montant brut de l'assiette du droit de mutation avant l'application de l'abattement voté par le conseil général.
L'abattement concerne toutes les mutations d'immeubles ou de fractions d'immeubles affectés à l'habitation qui sont situés sur le territoire du département qui l'a institué.
Il se cumule, le cas échéant, avec celui prévu à l'article 1055 bis du Code général des impôts (V. n°s 4963 à 4981).
Il est appliqué sur le prix stipulé dans l'acte, augmenté des charges imposées à l'acquéreur ou sur la valeur vénale du bien si elle est supérieure.
Il ne concerne pas, en revanche, la taxe additionnelle communale qui est liquidée sur le montant brut de l'assiette du droit départemental de mutation avant l'application de l'abattement voté par le conseil général (BOI-ENR-DMTOI-10-30-20120912, n° 80).

4959 **Exemple réactualisé par nos soins.** Cession d'un immeuble à usage d'habitation et d'un garage pour un prix global de 400 000 €, dans un département où le taux de la taxe départementale est de 4,5 % et le montant de l'abattement institué de 46 000 €.
Droit départemental :
4,5 % sur 354 000 € = 15 930 €
Taxe communale :
1,20 % sur 400 000 € = 4 800 €
Frais d'assiette :
2,37 % sur 15 930 € = 377,54 €
Total = 21 485 €

4960 **Non-respect des engagements pris.** En cas de non-respect de l'engagement d'affectation de l'habitation, l'acquéreur est tenu d'acquitter le complément de taxe de publicité foncière et des frais d'assiette, de recouvrement, de dégrèvements et de non-valeur dont l'acquisition a été dispensée, augmenté de l'intérêt de retard prévu à l'article 1727 du Code général des impôts (BOI-ENR-DMTOI-10-30-20120912, n° 320).

2 Abattement limité aux zones de revitalisation rurale

4961 Le bénéfice de l'abattement prévu à l'article 1594 F ter du Code général des impôts peut être limité par les conseils généraux aux acquisitions d'immeubles qui sont situés dans les zones de revitalisation rurale (CGI, art. 1594 F ter, al. 5).
Sont concernées par ce dispositif, les acquisitions d'immeubles mentionnés à l'article 1594 F ter du Code général des impôts, c'est-à-dire, d'immeubles ou de fractions d'immeubles destinés à être affectés à l'habitation ou de terrains ou de locaux à usage de garages.
Tout ce qui a été dit plus haut à propos de l'abattement d'application générale vaut également pour l'abattement limité (V. n°s 4954 à 4960).

4962 Le bénéfice du dispositif est subordonné à la condition que les biens acquis soient situés dans les zones de revitalisation rurale définies à l'article 1465 A du Code général des impôts, qui prévoit des exonérations temporaires de taxe professionnelle en faveur d'opérations réalisées dans ces zones.
Au 1er janvier 2016, seuls cinq départements avaient instauré l'abattement limité aux ZRR.

C Première cession à titre onéreux d'une construction nouvelle (CGI, art. 1055 bis)

CGI, art. 1055 bis. – La première cession à titre onéreux d'immeubles mentionnés au 4° du 2 de l'article 793 bénéficie d'un abattement de 91 000 € sur l'assiette des droits d'enregistrement et de la taxe de publicité foncière.

L'application de cet abattement est subordonnée aux conditions suivantes :

1° L'immeuble ne doit pas avoir fait l'objet d'une transmission à titre gratuit depuis son acquisition ;

2° L'immeuble doit avoir été utilisé de manière continue à titre d'habitation principale pendant une durée minimale de cinq ans depuis son acquisition ou son achèvement s'il est postérieur ;

3° L'acquéreur doit prendre l'engagement de ne pas affecter l'immeuble à un autre usage que l'habitation pendant une durée minimale de trois ans à compter de la date de l'acte d'acquisition.

Les dispositions qui précèdent ne s'appliquent pas aux immeubles dont l'acquéreur a bénéficié des réductions d'impôt prévues aux articles 199 undecies et 199 undecies A.

Un décret en Conseil d'État détermine les modalités d'application du présent article, notamment les obligations déclaratives incombant aux redevables et les pièces justificatives à fournir lors de l'enregistrement de la transmission mentionnée au premier alinéa (Voir l'article 294 E de l'annexe II).

CGI, art. 294 E, ann. II. – I. – Lorsque les biens immobiliers visés au 4° du 2 de l'article 793 du Code général des impôts font l'objet d'une première transmission à titre gratuit ou à titre onéreux depuis leur acquisition, l'acte de donation, la déclaration de succession ou l'acte de vente doit comporter les indications suivantes :

1° outre les références de la publication de l'acte d'acquisition du bien, telles qu'elles sont prévues au 2 de l'article 32 du décret n° 55-1350 du 14 octobre 1955 pris pour l'application du décret n° 55-22 du 4 janvier 1955 modifié portant réforme de la publicité foncière, la date d'acquisition des biens, l'identité des parties ainsi que les nom, qualités et résidence du rédacteur de l'acte ;

2° la déclaration que l'immeuble a été exclusivement affecté de manière continue à l'habitation principale à compter de son acquisition ou de son achèvement s'il est postérieur, et ce pendant une période minimale de cinq ans en cas de donation ou de vente ;

3° l'affirmation que le donateur, le défunt ou le vendeur n'a pas bénéficié pour cet immeuble des réductions d'impôt prévues aux articles 199 undecies, et 199 undecies A du Code général des impôts ;

4° en cas de vente l'engagement mentionné au 3° de l'article 1055 bis du Code général des impôts.

II. – Lors de leur dépôt à la formalité, les actes de vente, de donation ou la déclaration de succession doivent être appuyés d'une copie de la déclaration d'achèvement des travaux mentionnée au 4 du 2 de l'article 793 du Code général des impôts.

4963 Ce régime spécial a été institué par l'article 21 de la loi de finances rectificative n° 93-859 du 22 juin 1993, qui a été complété par le décret n° 93-1145 du 30 septembre 1993 (*JCP* N 1993, III, 66437), par l'article 12 de la loi de finances pour 1994 (*Dr. fisc.* 1994. n° 1-2, comm. 1 ; *JCP* N 1994, III, 66561).
Les modalités d'application de ce dispositif ont été commentées dans deux instructions en date des 26 octobre 1993 et 17 janvier 1994 publiées aux *BOI* 7 G-6-93 et 7 G-1-94 (*JCP* N 1993, prat. 284 et *JCP* N 1994, prat. 2895).

4964 L'article 74 de la loi n° 94-679 du 8 août 1994 (*JO* 10 août 1994, p. 11668 et s.) a prorogé la date limite d'acquisition des immeubles acquis neufs du 1er septembre 1994 au 31 décembre 1994. Ce dernier texte a été lui-même commenté par une instruction du 15 septembre 1994 (*BOI* 7 G-4-94).

1 Champ d'application du régime de faveur prévu à l'article 1055 bis du Code général des impôts

a) Biens concernés

4965 Il s'agit des immeubles acquis neufs ou en état futur d'achèvement, par acte authentique signé entre le 1er juin 1993 et le 31 décembre 1994, qui ont été exclusivement affectés à l'habitation principale pendant une durée minimale de cinq ans au jour de leur première transmission, et pour lesquels l'acquéreur n'a pas bénéficié des réductions d'impôt prévues en matière d'impôt sur le revenu pour l'investissement locatif neuf (dispositif « Quilès-Méhaignerie ») ou pour l'investissement immobilier neuf dans les DOM-TOM (BOI-ENR-DMTOI-10-30-20120912, n° 180).

1) Immeubles acquis neufs ou en état futur d'achèvement

4966 Un immeuble neuf est un immeuble achevé mais qui n'a fait l'objet d'aucune utilisation depuis sa construction.
Un immeuble acquis en l'état futur d'achèvement est celui pour lequel la déclaration d'achèvement des travaux prévue par la réglementation

de l'urbanisme est déposée à la mairie postérieurement à la date d'acquisition.
Cette réglementation ne s'applique ni aux terrains à bâtir, ni aux parts de sociétés de gestion ou d'investissement (SCI, SCPI, SII).
En revanche, elle s'applique aux parts des sociétés mentionnées à l'article 1655 ter du Code général des impôts dont les associés sont réputés être directement propriétaires des logements correspondant à leurs droits dans la société.
Enfin, il est admis que le régime de faveur s'applique aux opérations portant sur des immeubles ayant fait l'objet d'une rénovation lourde ou de réhabilitation exceptionnelle (V. **Rénovation d'immeuble ancien**) achevés avant le 1er juillet 1994 (V. n° 4967) et acquis entre le 1er juin 1993 et le 31 décembre 1994 sous le régime de la TVA immobilière (BOI-ENR-DMTOI-10-30-20120912, n° 190).

2) Date d'acquisition des biens

4967 Les immeubles acquis neufs visés par la loi sont ceux qui l'ont l'objet d'une acquisition par acte authentique, signé entre le 1er juin 1993 et le 31 décembre 1994 inclus.
Les immeubles acquis en état futur d'achèvement visés par la loi sont ceux pour lesquels la déclaration d'achèvement des travaux est déposée avant le 1er juillet 1994 à la mairie de la commune sur le territoire de laquelle l'immeuble a été édifié.
Le régime de faveur n'est pas applicable aux immeubles construits ou rénovés par leur propriétaire ou par un tiers pour le compte de ce dernier et qui ne font pas l'objet d'une acquisition en tant qu'immeuble bâti (BOI-ENR-DMTOI-10-30-20120912, n° 200).

3) Affectation de l'immeuble

4968 L'article 1055 bis-2° du Code général des impôts limite l'application du régime de faveur aux immeubles qui, lors de leur première transmission à titre onéreux, auront été exclusivement affectés de manière continue à l'habitation principale pendant une durée minimale de cinq ans à compter de leur acquisition ou de leur achèvement, s'il est postérieur.
Le délai de cinq ans se décompte de quantième à quantième selon les règles de calcul des délais applicables en matière de droits d'enregistrement (V. **Délais**).
La notion d'habitation principale doit s'entendre comme en matière d'impôt sur le revenu ou d'impôts directs locaux (cf. BOI-IF-TH-20-20).
Il s'agit donc, d'une manière générale, du logement dans lequel le contribuable réside habituellement et effectivement avec sa famille.
Sont également retenues comme étant affectées à l'habitation principale les dépendances immédiates du logement (caves, greniers, terrasses, buanderies, etc.).
L'exemption s'étend aux terrains sur lesquels sont édifiées les nouvelles constructions à concurrence d'une superficie de 2 500 mètres carrés s'il s'agit d'une maison individuelle et à concurrence de la superficie couverte par les constructions, leurs cours et jardins, s'il s'agit d'un immeuble collectif.
La condition d'affectation à l'habitation principale peut être remplie par l'acquéreur lui-même ou par toute autre personne qui bénéficie d'une autorisation d'occuper le logement, à la condition que cette dernière en fasse son habitation principale (location, mise à la disposition gratuite d'un membre de la famille de l'acquéreur...).
Dès lors, ne peuvent être regardés comme affectés à l'habitation principale :
– les locaux à usage industriel, commercial ou professionnel ;
– les logements servant de résidences secondaires ;
– les garages et emplacements de stationnement ; il est admis toutefois que ces biens bénéficient du régime de faveur s'ils ont été acquis et sont cédés dans le même acte que le logement lui-même ;
– les logements inoccupés. Dans ce dernier cas, la condition d'affectation de l'immeuble sera toutefois considérée comme remplie si la période d'inoccupation correspond aux délais d'usages locaux nécessaires à la mise en location des biens (BOI-ENR-DMTOI-10-30-20120912, n° 210).

4) Non-cumul des dispositions des articles 793-2-4° et 1055 bis du Code général des impôts avec les réductions prévues en matière d'impôt sur le revenu

4969 L'exonération ne s'applique pas aux immeubles pour lesquels l'acquéreur a bénéficié des réductions d'impôt pour investissement immobilier locatif – dispositif « Quilès Méhaignerie » – (CGI, art. 199 decies A) ou pour investissement immobilier neuf dans les DOM-TOM (CGI, art. 199 undecies. – BOI-ENR-DMTOI-10-30-20120912, n° 220).

b) Mutations concernées

4970 Le dispositif prévu à l'article 1055 bis du Code général des impôts s'applique à la première cession à titre onéreux depuis l'acquisition originaire d'immeubles visés ci-dessus (V. nos 4965 à 4969).
Dans le cas où la première mutation à titre onéreux n'aurait pas bénéficié de l'exonération, le bénéfice de l'exemption n'est pas reportable sur les mutations ultérieures des mêmes biens (BOI-ENR-DMTOI-10-30-20120912, n° 230).

2 Modalités d'application de l'exonération de droits de mutation à titre onéreux

4971 L'article 1055 bis du Code général des impôts prévoit une exonération partielle de droits de mutation à titre onéreux qui prend la forme d'un abattement sur 1'assiette limité à 91 000 €, pour le calcul des droits afférents à la première cession à titre onéreux de biens visés à l'article 793-2-4° du Code général des impôts.
Par cessions à titre onéreux, il convient d'entendre les ventes, les échanges, les apports à titre onéreux, les adjudications, les dations en paiement (BOI-ENR-DMTOI-10-30-20120912, n° 240).

a) Conditions d'application de l'abattement

4972 Outre celles examinées (V. n°s 4965 à 4970), la mesure de faveur est subordonnée au respect des deux conditions suivantes.

4973 L'immeuble cédé ne doit pas avoir fait l'objet d'une transmission à titre gratuit depuis son acquisition (CGI, art. 1055 bis 1°).
Il n'est donc pas possible de bénéficier successivement pour un même immeuble de l'exonération de droits de mutation à titre gratuit plafonnée et de l'abattement de 91 000 €.

4974 L'acquéreur doit prendre l'engagement de ne pas affecter l'immeuble à un autre usage que l'habitation pendant une durée minimale de trois ans à compter de la date de l'acte d'acquisition (CGI, art. 1055 bis 3°).
La durée de cet engagement est indépendante de celle de l'obligation d'affectation de l'immeuble à l'habitation principale de l'acquéreur ou de l'occupant prévue à l'article 1055 bis-2° du Code général des impôts. Elle s'y ajoute (BOI-ENR-DMTOI-10-30-20120912, nos 260 et 270).

b) Déchéance du régime de faveur

4975 Elle est encourue, en principe, dès lors qu'à un moment quelconque au cours du délai de trois ans, l'immeuble se trouve affecté à un usage autre que l'habitation.
En cas de déchéance, l'allégement fiscal accordé est remis en cause, en totalité ou en partie.
Lorsque l'engagement n'est pas respecté, l'acquéreur est tenu d'acquitter le complément d'impôt dont il avait été dispensé et l'intérêt de retard (CGI, art. 1727. – BOI-ENR-DMTOI-10-30-20120912, nos 320 et 330).

c) Liquidation des droits de mutation à titre onéreux

4976 L'abattement s'applique sur l'assiette des droits, c'est-à-dire le prix stipulé dans l'acte ou la valeur vénale de l'immeuble si elle est supérieure, soumise au droit départemental d'enregistrement ou à la taxe départementale de publicité foncière.
L'abattement de 91 000 € est un abattement global, attaché à la valeur totale de l'immeuble. Dès lors, en cas de cession d'une quote-part de l'immeuble, l'abattement s'applique au prorata de la valeur des droits indivis ou démembrés cédés par rapport à la valeur totale de l'immeuble.
Il se cumule, le cas échéant, avec l'abattement sur l'assiette de la taxe départementale applicable aux mutations à titre onéreux d'immeubles à usage d'habitation que les conseils généraux ont la faculté d'instituer dans leur département (CGI, art. 1594 F. – V. n° 4953. – BOI-ENR-DMTOI-10-30-20120912, n° 280).

4977 **Exemple n° 1 (actualisé par nos soins).** Monsieur X a acquis le 15 mai 1994 un appartement neuf qu'il affecte à son habitation principale. Le 2 janvier 2016, il cède ce bien à M. et Me Z, coacquéreurs indivis pour un prix de 240 000 € (le taux de la taxe départementale de publicité foncière est de 4,5 %).
Liquidation des droits
Droit départemental :
4,5 % sur 149 000 € (240 000 € – 91 000 €) = 6 705 €
Taxe communale :
1,2 % sur 149 000 = 1 788 €
Frais d'assiette :
2,37 % sur 6 705 € = 159 €

4978 **Exemple n° 2 (actualisé par nos soins).** M. et Mme Z ont acquis indivisément chacun pour moitié, le 15 mai 1994, un appartement neuf qu'ils affectent à leur habitation principale.
Le 2 janvier 2016, M. Z cède sa quote-part indivise dans l'immeuble à M. Y pour un prix de 150 000 €. Les droits et taxes additionnelles seront liquidés sur une assiette de 150 000 € diminuée de la quote-part d'abattement calculée au prorata de la valeur de la fraction du bien cédé soit au cas particulier (soit 91 000/2 : 45 000 €).

3 Obligations des parties

4979 Le décret n° 93-1145 du 30 septembre 1993, codifié à l'article 294 E de l'annexe II au Code général des impôts, fixe les obligations des parties.

a) Obligations déclaratives des parties dans l'acte

4980 Depuis l'entrée en vigueur du décret, les actes de cession à titre onéreux comprenant des biens mentionnés à l'article 793-2-4° du Code général des impôts doivent comporter les mentions suivantes :

– outre les références de la publication de l'acte d'acquisition du bien, telles qu'elles sont prévues au 2 de l'article 32 du décret n° 55-1350 du 14 octobre 1955 pris pour l'application du décret du 4 janvier 1955 modifié portant réforme de la publicité foncière, la date d'acquisition des biens, l'identité des parties ainsi que les nom, qualités et résidence du rédacteur de l'acte ;

– la déclaration que l'immeuble a été exclusivement affecté de manière continue à l'habitation principale à compter de son acquisition ou de son achèvement s'il est postérieur et ce, pendant une période minimale de cinq ans ;

– l'affirmation que le cédant n'a pas bénéficié pour cet immeuble des réductions d'impôt prévues à l'article 199 undecies A du Code général des impôts ;

– l'engagement par l'acquéreur de maintien à l'habitation mentionné au 3° de l'article 1055 bis du Code général des impôts (BOI-ENR-DMTOI-10-30-20120912, n° 300).

b) Pièces justificatives

4981 Lors de leur dépôt à la formalité, les actes de cession à titre onéreux doivent être appuyés d'une copie de la déclaration d'achèvement des travaux mentionnée à l'article 793-2-4° du Code général des impôts (BOI-ENR-DMTOI-10-30-20120912, n° 310).

II

Acquisition de terrains par des personnes physiques en vue de construire un immeuble à usage d'habitation et ses dépendances

4982 **Exonération de TVA – Régime abrogé en 2010.** L'article 40 de la loi de finances pour 1999 (L. fin. 1999, n° 98-1266, 30 déc. 1998 : *Dr. fisc.* 1999, comm. 1, p. 75) avait exclu du champ d'application de la TVA immobilière, les terrains acquis depuis le 22 octobre 1998 par des personnes physiques en vue de la construction d'immeubles d'habitation.

Les personnes physiques qui acquéraient des terrains en vue de la construction d'un immeuble d'habitation ne devaient plus prendre l'engagement de construire visé au A de l'article 1594 OG du Code général des impôts.

En contrepartie, l'acquisition de ces terrains était soumise aux droits de mutation (taxe de publicité foncière) au tarif de droit commun.

La TVA était toutefois applicable sur option lorsqu'une collectivité locale avait la qualité de vendeur.

Ces dispositions étaient également applicables aux acquisitions de terrains par les personnes physiques en vue de la construction de dépendances à un immeuble d'habitation et, notamment, de garages (Instr. 24 juin 1999 : *BOI* 8 A-6-99, n° 25). Diverses instructions avaient précisé les modalités d'application de ces mesures. Elles étaient récapitulées dans la Documentation de base de l'administration (Doc. adm. DGI, 8 A-1141, 15 nov. 2001). Ces mesures ont été abrogées par la réforme des règles de la TVA appliquée aux opérations immobilières opérée par l'article 16 de la loi de finances rectificative pour 2010 (L. n° 2010-237, 9 mars 2010 : *JO* 10 mars) V. **TVA immobilière**.

En conséquence, les opérations d'achat de terrains par des particuliers en vue de construire un immeuble d'habitation sont depuis le 11 mars 2010 soumises au régime de droit commun applicable aux acquisitions de terrains, tant au regard de la TVA que des droits de mutation d'immeubles à titre onéreux (V. **Terrains**).

Immeuble inachevé

Neyla GONZALEZ-GHARBI

AVERTISSEMENT Le 7 septembre 2012, la Direction générale des finances publiques a publié une instruction annonçant la mise à la disposition des usagers d'une base documentaire dénommée « Bulletin officiel des finances publiques – Impôts » (*BOFiP*). Cette base documentaire se substitue au « Bulletin officiel des impôts ». Elle est accessible en ligne sur Internet, et regroupe la totalité des commentaires administratifs des dispositions fiscales en vigueur, à compter du 12 septembre 2012 (*BOI* 13 A-2-12, n° 64). L'instruction précitée a rapporté à compter de cette date l'ensemble des commentaires administratifs publiés antérieurement. Cette base documentaire a été constituée à doctrine constante. Toutefois, il est vite apparu qu'elle nécessitait fréquemment des remises à niveau formelles. Son architecture générale demeurant inchangée, il sera fait, sauf, exception, référence au *BOFiP*.

I Définition de l'immeuble inachevé

A Solutions antérieures à la réforme de la TVA

4983 **Notion d'immeuble inachevé : définition antérieure à la réforme de la TVA.** Antérieurement à la réforme de la TVA opérée par la loi de finances rectificative pour 2010 (L. n° 2010-237, 9 mars 2010 : *JO* 10 mars), plusieurs textes, aujourd'hui abrogés faisaient référence à la notion d'« immeuble inachevé » : les articles 257, 7°, 1, 1594-0 G, 1594 F quinquies du Code général des impôts et l'article 290 de l'annexe II du même code.
Un immeuble ou une fraction d'immeuble était considéré comme inachevé lorsque les conditions d'habitabilité ou d'utilisation qui en permettaient l'occupation n'étaient pas réunies. En toute hypothèse, un immeuble ou une fraction d'immeuble était considéré comme achevé en cas d'occupation, même partielle des locaux, quel que soit le titre juridique de cette occupation (Doc. adm. DGI, 8 A-1131, n° 46, 15 nov. 2001).

4984 Cela étant, étaient soumises à la TVA, les ventes ou apports en société d'immeubles restés inachevés ou d'immeubles en cours de construction, dans les mêmes limites que les acquisitions de terrains nus. En pratique, il convient de distinguer entre les ventes d'immeubles inachevés, assimilées à des ventes de terrains à bâtir et celles portant sur des immeubles à construire (ventes en l'état futur d'achèvement, notamment). En effet, dans cette dernière hypothèse, la TVA était perçue dans les mêmes conditions que les immeubles achevés sans préjudice de la taxe de publicité foncière au taux de 0,60 % – 0,71498 % avec les perceptions additionnelles (Doc. adm. DGI, 8 A-1131, n° 46, 15 nov. 2001).

4985 **Solutions jurisprudentielles.** Les opérations suivantes ont été regardées comme des ventes d'immeubles inachevés :
– vente d'une dalle en béton couvrant un terrain pour lequel un permis de construire a été obtenu ;
– vente d'une dalle en béton sur laquelle des immeubles ont commencé d'être édifiés (CE, 13 mai 1991, n° 59155, 8e et 9e ss-sect. : *RJF* juill. 1991, n° 924. – CE, 15 mai 1991, n° 77077, 9e et 7e ss-sect., *Sté d'aménagement de l'îlot des Gobelins Nord : Rev. jur. env.* juill. 1991, n° 925).

4986 La Cour de cassation a approuvé le tribunal de grande instance de Paris d'avoir écarté la définition énoncée à l'ancien article 258 de l'annexe II au Code général des impôts (lequel définit l'achèvement comme la réunion des conditions normales d'habitabilité ou d'utilisation) et d'avoir défini l'immeuble inachevé comme étant un immeuble dont la construction ou la reconstruction a été interrompue (Cass. com., 6 juin 2001 : *JurisData* n° 2001-010143 ; *Constr.-Urb.* 2001, comm. 216, note N. Gonzalez-Gharbi).

4987 **Immeuble occupé depuis plus de cinq ans avant la cession.** Lorsqu'un immeuble a été occupé en vertu d'un titre juridique plus de cinq ans avant la cession, il est sans incidence de rechercher si l'occupation a été conforme à la destination de l'immeuble ou si les conditions d'achèvement posées à l'article R. 261-1 du Code de la construction et de l'habitation étaient remplies. Sa vente n'entre pas dans le champ d'application de la TVA mais relève des droits d'enregistrement (Cass. com., 1er oct. 1996, n° 13480, *SCI Bear : Rev. jur. env.* 2/1997, n° 176). Au cas d'espèce, l'immeuble construit à usage d'atelier de fabrication, avait servi à entreposer des matériaux alors qu'il était en cours d'achèvement (les raccordements aux réseaux n'étaient pas effectués. – V. *BIM Lefebvre* 2/1997, n° 35).

B Incidences de la réforme de la TVA

4988 **L'immeuble inachevé n'est plus appréhendé par la loi en tant que tel.** On ne trouve plus aujourd'hui, dans les textes, après la réforme de la TVA opérée par la loi de finances rectificative pour 2010 (V. n° 4983), de référence expresse à la notion « d'immeuble inachevé ».
L'immeuble inachevé se définit *a contrario*, par référence à la notion « d'immeuble bâti ». Mérite la qualification d'immeuble bâti « une construction qui se trouve en état d'être utilisée en tant que telle pour un usage quelconque, sans qu'il soit nécessaire à cette fin d'y réaliser un immeuble neuf au sens de la définition figurant à l'article 257, I, 2, 2° » (BOI-TVA-IMM-10-10-20-20140929, § 120. – Sur la notion d'« immeuble neuf », V. **Immeuble neuf**).
Un immeuble inachevé cédé au cours d'une opération de construction nouvelle inaboutie (assez, à tout le moins, pour n'être utilisable d'aucune façon) ne saurait être assimilé à un immeuble neuf dès lors qu'on ne peut soutenir qu'il « résulte d'une construction nouvelle », ou « de travaux qui ont consisté en une surélévation ou qui ont rendu à l'état neuf… un immeuble existant » énonçait l'instruction du 29 décembre 2010 (*BOI* 3 A-9-10, n° 27 reprise au *BOFiP* : BOI-TVA-IMM-10-10-10-20-20140929, § 300).
Il n'y a pas de véritable révolution par rapport à la définition antérieurement admise, et il semble que les solutions dégagées par la doctrine administrative et par la jurisprudence antérieure conservent leur utilité.

4989 **Taxation comme les « livraisons » de terrain à bâtir.** La cession d'un immeuble inachevé est analysée comme « portant sur un terrain à bâtir », a précisé l'administration, en ajoutant que « cette qualification est indépendante de la situation de l'immeuble au regard des droits de mutation, et notamment de la reprise par l'acquéreur qui envisage d'achever les travaux de l'engagement qui aura pu être souscrit en son temps par le cédant » (BOI-TVA-IMM-10-10-10-20-20140929, § 300 préc.).
Le régime fiscal de la cession (ou plus généralement de la « livraison ») d'un immeuble inachevé est donc le même que celui de la cession d'un terrain à bâtir (V. **Terrains**).

II
Perceptions

A TVA immobilière

4990 Rappelons que seules les mutations de terrains à bâtir réalisées par des assujettis à la TVA agissant dans le cadre de leur activité économique sont soumises à la TVA. Quel que soit le profil fiscal de l'acquéreur ou son projet, la vente d'un immeuble inachevé réalisée hors de l'activité économique du cédant se situe hors du champ d'application de la TVA.

4991 **Assimilation à une cession de terrain à bâtir.** La mutation d'un immeuble inachevé étant assimilée à celle d'un terrain à bâtir, les perceptions opérées tant du point de vue de la TVA que de la taxe de publicité foncière sont celles indiquées au mot **Terrains**.

4992 **Redevable de la TVA.** La TVA est due par le vendeur, sauf si ce dernier est un assujetti établi hors de France et que la vente est effectuée au profit d'un assujetti établi en France (CGI, art. 283, 1, 2e al.).

4993 **Revente d'un immeuble inachevé.** Si, après avoir acquis un immeuble inachevé, l'acquéreur assujetti à la TVA, agissant en tant que tel, le revend sans avoir terminé les travaux d'achèvement, il sera redevable de la TVA sur cette nouvelle mutation.

4994 **Fait générateur. Exigibilité. Assiette de la TVA. Déduction. Exonérations.** Les règles applicables en matière de fait générateur, d'exigibilité, d'assiette et de déduction et d'exonération éventuelle ne présentent pas de particularités par rapport à celles régissant les « livraisons » de terrains à bâtir (à ce sujet, V. **Terrains**).

4995 **Paiement et recouvrement de la TVA.** Les règles de droit commun concernant le paiement et le recouvrement de la TVA sont également applicables en l'espèce (sur ces règles, V. **TVA immobilière**).

B Taxe de publicité foncière

4996 Les règles applicables sont les mêmes que celles indiquées au mot **Terrains**.

C Contribution de sécurité immobilière

➤ Sur les règles concernant la liquidation et l'assiette de la contribution de sécurité immobilière, V. **Terrains**.

N.B. : La contribution de sécurité immobilière a remplacé le salaire du conservateur à compter du 1er janvier 2013. Cette taxe est perçue aux mêmes conditions d'assiette, de tarif, de contrôle et de recouvrement que ce salaire (V. **Contribution de sécurité immobilière**).

➤ Sur les règles régissant la liquidation et l'assiette de la contribution de sécurité immobilière, V. **Terrains**.

Immeuble insalubre ou dangereux

Jacques LAFOND

Sommaire analytique

4997 **Réglementation.** La loi n° 2000-1208 du 13 décembre 2000 relative à la solidarité et au renouvellement urbains (dite « loi SRU », dont les dispositions ont été codifiées dans le Code de la santé publique, avait renforcé la lutte contre les logements insalubres ou dangereux.

Une instruction du 28 février 2002 (*BOI* 10 D-1-02), a précisé l'incidence de la loi en matière de publicité foncière.

Plus récemment, l'ordonnance n° 2020-1144 du 16 septembre 2020 a réformé la matière, en instaurant une procédure unique pour les immeubles menaçant ruine et les immeubles insalubres (V. sur cette réforme, P. Battistini, *Le nouveau régime de la police des immeubles en matière d'habitat indigne : LPA* 19 janv. 2021, p. 11. – D. Chauvaux, *Réforme de l'habitat indigne : procédure unique pour les immeubles menaçant ruine et insalubre : BPIM* 6/2020, p. 3 et s.).

Ce texte, qui a été complété par le décret n° 2020-1171 du 17 décembre 2020 (*JOAN* 27 déc.), est entré en vigueur le 1er janvier 2021.

Nous signalerons ci-dessous les dispositions législatives ou réglementaires sujettes à publicité foncière.

I Procédure de déclaration d'insalubrité ou de dangerosité

A Les textes

4998 Unification de la réglementation. À la suite de la réforme intervenue, le texte concernant la mise en œuvre des procédures destinées à constater l'insalubrité des immeubles figurant dans le Code de la santé publique ont été supprimés et transférés dans le Code de la construction et de l'habitation. L'article L. 1331-24 du Code de la santé publique modifié par l'ordonnance précitée du 16 septembre 2020 indique ainsi :

« Les situations d'insalubrité indiquées aux articles L. 1331-22 et L. 1331-23 font l'objet des mesures de police définies au titre Ier du livre V du code de la construction et de l'habitation ».

4999 Arrêté constatant l'insalubrité ou de la dangerosité de l'immeuble. L'article L. 511-12 du Code de la construction et de l'habitation, issu de l'ordonnance précitée du 16 septembre 2020 après avoir précisé les modalités des notifications aux personnes concernées de l'arrêté de mise en sécurité ou de traitement de l'insalubrité, ajoute dans son alinéa 3 :

« À la demande de l'autorité compétente, l'arrêté de mise en sécurité ou de traitement de l'insalubrité est publié au fichier immobilier ou, dans les départements de la Moselle, du Bas-Rhin et du Haut-Rhin, au livre foncier, dont dépend l'immeuble. Cette publication ne donne lieu à aucune perception au profit du Trésor ».

5000 Arrêté constatant l'exécution des mesures prescrites. Selon l'article L. 511-14 du Code de la construction et de l'habitation, issu de l'ordonnance précitée du 16 septembre 2020, la mainlevée de l'arrêté de mise en sécurité ou de traitement de l'insalubrité intervient dans les conditions suivantes :

« L'autorité compétente constate la réalisation des mesures prescrites ainsi que leur date d'achèvement et prononce la mainlevée de l'arrêté de mise en sécurité ou de traitement de l'insalubrité et, le cas échéant, de l'interdiction d'habiter, d'utiliser, ou d'accéder aux lieux.

L'arrêté de mainlevée est notifié selon les modalités prévues par l'article L. 511-12. Il est publié à la diligence du propriétaire au fichier immobilier ou, dans les départements de la Moselle, du Bas-Rhin et du Haut-Rhin, au livre foncier, dont dépend l'immeuble ».

5001 Solidarité entre les propriétaires successifs. Aux termes de l'article L. 541-2 du Code de la construction et de l'habitation issu de l'ordonnance n° 2020-71 du 29 janvier 2020, applicable à compter du 1er juillet 2021 :

« Lorsqu'un arrêté pris en application des articles L. 123-3 ou L. 511-11 du présent code a été publié au fichier immobilier ou au livre foncier, les propriétaires successifs qui ont acquis l'immeuble postérieurement à cette publicité sont solidairement tenus avec le propriétaire de l'immeuble à la date de l'arrêté du paiement des sommes résultant des mesures exécutées d'office et des frais d'hébergement ou de relogement des occupants ».

L'article L. 541-3 du Code de la construction et de l'habitation également issu de l'ordonnance précitée du 29 janvier 2020 indique par ailleurs :

« Lorsqu'un arrêté pris en application des articles L. 123-3 ou l'article L. 511-11 du présent code a été publié au fichier immobilier ou au livre foncier et sur le registre public tenu au greffe du tribunal de commerce dans le ressort duquel le fonds est exploité, le propriétaire de l'immeuble et l'exploitant du fonds de commerce ainsi que leurs cessionnaires successifs visés à l'article L. 541-2 sont solidairement tenus du paiement des sommes résultant des mesures exécutées d'office et des frais d'hébergement ou de relogement des occupants.

Le propriétaire de l'immeuble et l'exploitant du fonds de commerce sont solidairement tenus à compter de la notification qui leur a été faite de l'arrêté par l'autorité administrative ».

Le coût des mesures de publicité prévues ci-dessus est supporté par ceux auxquels les actes ont été notifiés.

B Incidences en matière de publicité foncière

5002 Les incidences de ces textes en matière de publicité foncière ont été précisées par l'instruction précitée du 28 février 2002 (V. n° 4997), dont les dispositions sont littéralement reproduites dans les développements qui suivent.

1 Demandes de renseignements préalables à la notification aux propriétaires de l'engagement de la procédure

5003 **Modalités de la demande.** En application de l'article L. 511-10 du Code de la construction et de l'habitation, issu de l'ordonnance précitée du 16 septembre 2020 :

> « L'arrêté de mise en sécurité ou de traitement de l'insalubrité est pris à l'issue d'une procédure contradictoire avec la personne qui sera tenue d'exécuter les mesures : le propriétaire ou le titulaire de droits réels immobiliers sur l'immeuble, le local ou l'installation, tels qu'ils figurent au fichier immobilier ou, dans les départements de la Moselle, du Bas-Rhin ou du Haut-Rhin, au livre foncier, dont dépend l'immeuble. Lorsque les travaux prescrits ne concernent que les parties communes d'un immeuble en copropriété, la procédure contradictoire est valablement conduite avec le seul syndicat de copropriétaires représenté par le syndic qui en informe immédiatement les copropriétaires ».

Les notifications doivent donc être effectuées aux propriétaires et aux titulaires de droits réels immobiliers tels qu'ils figurent au fichier immobilier.
Aussi, préalablement à la notification aux propriétaires, les services concernés seront amenés à adresser au service de la publicité foncière du lieu de situation du bien une demande de renseignements hors formalité dans le cadre de la procédure des renseignements administratifs. Le service peut déférer à la demande sous forme de copies de fiches.

2 Modalités de publication des arrêtés, de leur mainlevée et de l'hypothèque légale

a) Les arrêtés

5004 **Règles à respecter.** Les arrêtés d'insalubrité, les arrêtés prescrivant la réparation ou la démolition d'un bâtiment menaçant ruine et les arrêtés portant interdiction d'habiter et d'utiliser les lieux constituent des décisions administratives tendant à limiter l'exercice du droit de propriété, dont la publication au fichier immobilier est effectuée pour l'information des usagers, par application du 2° de l'article 36 du décret n° 55-22 du 4 janvier 1955 modifié et de l'article 73 du décret n° 55-1350 du 14 octobre 1955 modifié.
La publicité de ces arrêtés est assurée, à la diligence du préfet ou du maire, par le dépôt au service de la publicité foncière de la situation des immeubles intéressés de deux ampliations ou copies certifiées conformes de l'arrêté, dont l'une sera obligatoirement établie sur formule réglementaire. Pour pouvoir être publiés, ces documents devront répondre aux exigences des textes relatifs à la publicité foncière et comporter :
– la désignation certaine des titulaires des droits atteints par la décision administrative (éléments relatifs à l'identité des parties et à sa certification) conformément aux articles 5 et 6 du décret du 4 janvier 1955 ;
– la désignation de chacun des immeubles concernés, conformément à l'article 7 du même décret ;
– les références de la formalité de publicité données au titre de propriété du ou des titulaires du droit, conformément aux articles 32, 33, 35 et 36 du décret du 14 octobre 1955.

b) Les mainlevées

5005 **Modalités de publication.** Les mainlevées de ces arrêtés sont des décisions administratives qui sont publiées à la diligence des propriétaires et doivent contenir les mêmes énonciations que les arrêtés en ce qui concerne la désignation des parties et sa certification, la désignation des immeubles, l'origine de propriété.

3 Perceptions

a) Taxe de publicité foncière

5006 **Arrêtés.** Les arrêtés d'insalubrité, les arrêtés prescrivant la réparation et la démolition et les arrêtés prescrivant l'interdiction d'habiter et d'utiliser les lieux, publiés à la diligence du préfet ou du maire, sont exonérés de taxe de publicité foncière en vertu du II de l'article 1040 du Code général des impôts.
La mainlevée de ces arrêtés donne lieu à la perception d'une taxe fixe de publicité foncière au taux actuel de 125 €, par application des dispositions de l'article 680 du même code.

b) Contribution de sécurité immobilière

5007 **Arrêtés.** La publication des arrêtés requis par le préfet ou le maire donne lieu à la perception de la contribution de sécurité immobilière au taux fixe de 15 € prévu à l'article 881 C du Code général des impôts. Ce montant est perçu pour chaque immeuble distinct mentionné dans l'arrêté.
La publication des mainlevées de ces arrêtés, requise par le propriétaire dans les conditions de droit commun, donne lieu à la même perception que celle des arrêtés.

II Hypothèque légale spéciale

5008 Transformation de l'ancien privilège immobilier spécial en hypothèque légale spéciale. L'ordonnance n° 2007-42 du 11 janvier 2007 (*JO* 12 janv.) a créé un privilège immobilier qui garantissait la créance dont la collectivité publique était titulaire à l'encontre du propriétaire d'un immeuble à usage total ou partiel d'habitation, ou de l'exploitant d'un fonds de commerce utilisé aux fins d'hébergement, lorsqu'elle avait exécuté des travaux d'office sur ce bien, en application des mesures de police administrative, ou lorsqu'elle avait assuré l'hébergement ou le relogement des occupants leur incombant. Cette ordonnance prévoyait en outre la création d'une solidarité des propriétaires successifs d'un immeuble frappé d'un arrêté de police administrative.
Ce privilège immobilier spécial était régi par les articles 2374, 8° et 2384-1 à 2384-4 du Code civil. Une instruction du 10 septembre 2007 (*BOI* 10 D-4-07) a précisé son incidence en matière de publicité foncière.
Nous en donnerons ci-dessous quelques extraits.
Le privilège immobilier spécial ainsi institué a été transformé en une hypothèque légale spéciale par l'ordonnance n° 2021-1192 du 15 septembre 2021 portant réforme du droit des sûretés, applicable à compter du 1er janvier 2022.
Les textes régissant la matière sont désormais les articles 2402 et 2404 à 2407.

A Champ d'application de l'hypothèque légale spéciale

5009 Titulaires de l'hypothèque. Peuvent bénéficier de l'hypothèque légale spéciale prévue par l'article 2402, 7° du Code civil : l'État, les communes, les établissements publics de coopération intercommunale à fiscalité propre (EPCI), la métropole de Lyon.

5010 Créances garanties. L'origine de la créance exposée par les collectivités ou établissements publics doit être de celles visées à l'article 2402, 7° :
– créances nées de l'application de l'article L. 184-1 du Code de la construction et de l'habitation. Dans le cas visé par ce texte, lorsque le maire a prescrit des travaux à l'exploitant et au propriétaire d'un établissement recevant du public à usage total ou partiel d'hébergement, que ces travaux n'ont pas exécutés et que la commune ni à procédé d'office, elle devient créancière des frais avancés ;
– créances nées de l'application de l'article L. 531-3-2 du Code de la construction et de l'habitation. Ce texte traite de plusieurs situations dans lesquelles les propriétaires d'immeubles dangereux, ou insalubres n'ont pas été en mesure d'assurer l'hébergement ou le relogement des occupants. La collectivité publique qui s'est substituée à eux acquiert alors à leur encontre une créance, qui peut être garantie par l'inscription de l'hypothèque légale spéciale de l'article 2402, 7° du Code civil ;
– créances nées de l'application du livre V, titre 1er chapitre I du Code de la construction et de l'habitation, et donc des articles L. 511-1 à L. 511-22 de ce code. Ces textes traitent de la « police de la sécurité de la salubrité des immeubles, locaux et installations » (CCH art. L. 511-1). Dans ce cadre, la collectivité publique peut être amenée à se substituer à des propriétaires d'immeubles pour remédier au fonctionnement défectueux, au défaut d'entretien d'équipements communs d'un immeuble collectif à usage principal d'habitation, etc., ce qui les rend créanciers des sommes qu'ils ont été contraints d'avancer.

B Inscription de l'hypothèque légale spéciale

5011 Textes. Les conditions d'inscription de l'hypothèque légale spéciale sont fixées par les articles 2404 à 2406 nouveaux du Code civil, issus de la réforme du droit des sûretés.

Art. 2404 *(Mod. à compter du 1er janv.2022, Ord. n° 2021-1192, 15 sept. 2021, art. 15 et 17).* – Le titulaire de la créance visée au 7° de l'article 2402 conserve son hypothèque par la double inscription faite :

1° Par l'auteur de l'arrêté de police pris en application de l'article L. 184-1 du code de la construction et de l'habitation pour les mesures édictées sous peine d'interdiction d'habiter ou d'utiliser les locaux ou de fermeture définitive de l'établissement ou de l'article L. 511-11 du même code comportant une évaluation sommaire du coût des mesures ou des travaux à exécuter ;

2° Du titre de recouvrement de la créance par son auteur.

Pour les créances nées de l'application du chapitre Ier du titre Ier du livre V ou de l'article L. 521-3-2 du code de la construction et de l'habitation lorsque la démolition du bâtiment déclaré insalubre ou menaçant ruine a été ordonnée, l'hypothèque prend rang à concurrence du montant évalué ou de celui du titre de recouvrement, s'il lui est inférieur, à compter de la première inscription et à compter de la deuxième inscription pour la fraction du montant du titre de recouvrement qui serait supérieure au montant résultant de la première inscription.

Pour les autres créances, l'hypothèque est conservée à concurrence du montant évalué ou de celui du titre de recouvrement, s'il lui est inférieur.

Art. 2405 *(Mod. à compter du 1er janv. 2022, Ord. n° 2021-1192, 15 sept. 2021, art. 15 et 17).* – Par dérogation à l'article 2404, l'hypothèque peut également être conservée par la seule inscription du titre de recouvrement, à concurrence de sa valeur.

Art. 2406 *(Mod. à compter du 1er janv. 2022, Ord. n° 2021-1192, 15 sept. 2021, art. 15).* – Les frais d'inscription sont à la charge des débiteurs.

1 Formalités

5012 Principe. L'inscription hypothèque légale spéciale résultant de mesures d'insalubrité, de péril ou de sécurité (V. n° 5010) est effectuée, conformément aux dispositions des articles 2404 à 2406 du Code civil, dans le respect des conditions spéciales exigées par ces textes (V. ci-dessus) et selon les conditions de droit commun pour le surplus.
L'hypothèque légale est donc inscrite en se conformant aux prescriptions des articles 2421 (ancien art. 2426) et suivants du Code civil (Instr. 10 sept. 2007, n° 21).

5013 Mise en œuvre. Les inscriptions sont requises au service de la publicité foncière du lieu de situation de l'immeuble qu'elles concernent.
Elles sont requises à la diligence de l'autorité administrative (préfet, maire) qui a prononcé l'arrêté ou de l'autorité administrative qui a effectué la mise en demeure (préfet, maire) et/ou du titulaire de la créance (commune ou État) après l'émission du titre de recouvrement de la créance (Instr. 10 sept. 2007, n°s 22 et 23).

NOTA Deux bordereaux types sont joints à l'instruction précité du 10 septembre 2007 : le premier (ann. 1) comporte les mentions obligatoires lors de la première inscription de l'arrêté ou de la mise en demeure, le second (ann. 2) les mentions pour l'inscription prise en vertu du titre de recouvrement.

5014 Rôle du service de la publicité foncière. Les dispositions du Code civil, des décrets n° 55-22 du 4 janvier 1955 et n° 55-1350 du 14 octobre 1955 relatives au refus de dépôt et au rejet de la formalité concernent également l'inscription de l'hypothèque légale spéciale (Instr. 10 sept. 2007, n° 25).

2 Perceptions

5015 Toutes les formalités de publicité foncière sont à la charge financière des débiteurs (Instr. 10 sept. 2007, n° 28 et C. civ., art. 2406).

5016 Taxe de publicité foncière. L'inscription de l'hypothèque légale spéciale n'entre pas dans le champ d'application de la taxe de publicité foncière, pas plus que les mentions de radiation portées en marge des inscriptions (Instr. 10 sept. 2007, n° 29).

5017 Contribution de sécurité immobilière. Chaque inscription (arrêté initial de police ou mise en demeure et/ou titre de recouvrement) donne lieu à la perception, en débet, de la contribution de sécurité immobilière au taux de 0,05 % prévu par l'article 881 H du Code général des impôts sur le montant garanti par le bordereau. Il est à la charge du propriétaire (Instr. 10 sept. 2007, n° 30).

B Mainlevée de l'inscription

C. civ., art. 2407 *(Mod. à compter du 1er janv. 2022, Ord. n° 2021-1192, 15 sept. 2021, art. 15 et 17).* – Lorsque les mesures prescrites par l'arrêté ou la mise en demeure mentionnés au 1° de l'article 2404 ont été exécutées par le propriétaire ou l'exploitant, la publication à leurs frais d'un arrêté de mainlevée avant l'inscription du titre de recouvrement prévue au 2° du même article emporte caducité de la première inscription. Mention est faite de la radiation résultant de cette caducité en marge de l'inscription, aux frais du propriétaire ou de l'exploitant.

La radiation de la seconde inscription ne peut intervenir que conformément aux dispositions des articles 2436 et suivants.

1 Formalités

5018 Lorsque les mesures prescrites par l'arrêté ou la mise en demeure mentionnée à l'article 2404, 1° (V. ce texte *supra*) ont été exécutées par le propriétaire de l'immeuble, l'autorité administrative prend un arrêté de mainlevée ou d'abrogation d'insalubrité ou de péril. La publication aux frais du propriétaire de cet arrêté avant l'inscription du titre de recouvrement emporte caducité de la première inscription. En conséquence, le service de la publicité foncière publie en marge de l'inscription la radiation de celle-ci.

Pour permettre au service de la publicité foncière de publier la mainlevée du privilège, résultant de la caducité de l'arrêté initial de police, en marge de la première inscription, il convient que l'arrêté de mainlevée contienne les références (date, volume, numéro) de ladite inscription (Instr. 10 sept. 2007, n° 26).

5019 Dans tous les autres cas, la radiation de l'inscription de privilège est effectuée dans les conditions de droit commun (Instr. 10 sept. 2007, n° 27).

2 Perceptions

5020 Toutes les formalités de publicité foncière sont à la charge financière des débiteurs (Instr. 10 sept. 2007, n° 28).

5021 **Mention de la caducité du privilège.** La mention, en marge de l'inscription, de la caducité résultant de la publication de l'arrêté portant mainlevée ou abrogation de l'arrêté initial de police, rend exigible la contribution de sécurité immobilière au taux de 0,10 % prévue par le premier alinéa de l'article 881 J du Code général des impôts, sur le montant de la somme garantie. Tous ces frais sont à la charge du propriétaire (Instr. 10 sept. 2007, n° 31).

5022 **Radiation des autres inscriptions.** La radiation des autres inscriptions est opérée dans les conditions de droit commun : la contribution de sécurité immobilière est perçue au taux de 0,10 % (ou de 0,05 % si la radiation est requise conformément au troisième alinéa de l'article 2441 du Code civil) sur la somme faisant l'objet de la radiation (CGI, art. 881 J). À cet égard, lorsque sont requises à la fois la radiation de la première inscription prévue au 1° de l'article 2384 du Code civil (arrêté de police) et de la deuxième inscription prévue au 2° du même article (titre de recouvrement) et prise pour garantir l'efficacité de la première, une seule perception est opérée. Elle est assise sur la plus élevée des deux sommes mentionnées dans les bordereaux (Instr. 10 sept. 2007, n° 32).

5023 **Contribution de sécurité immobilière perçue en débet.** En toute hypothèse, les sommes dues au titre de la contribution de sécurité immobilière, perçues en débet lors de l'inscription de privilège, sont acquittées au dépôt de l'acte emportant caducité ou radiation du privilège. Ces frais sont à la charge du propriétaire (Instr. 10 sept. 2007, n° 33).

III Résorption de l'habitat insalubre

5024 La loi n° 70-612 du 10 juillet 1970 tendant à faciliter la suppression de l'habitat insalubre a institué à cette fin une procédure d'expropriation. En fait, des acquisitions amiables sont fréquemment réalisées par les collectivités locales ou les organismes qu'elles chargent d'acquérir les immeubles, reloger la population et démolir les logements pour revendre ensuite les terrains à des constructeurs ou réaliser eux-mêmes les programmes de relogement.

Le régime fiscal applicable à ces différentes opérations est le suivant.

A Opérations réalisées par voie d'expropriation

5025 **Exonérations.** L'article 1045 du Code général des impôts exonère des droits d'enregistrement ou de taxe de publicité foncière les actes faits en vertu du titre 1er et du chapitre 1er du

titre II du Code de l'expropriation pour cause d'utilité publique.
La procédure d'expropriation instituée par la loi du 10 juillet 1970, si elle comporte des dispositions spéciales qui tendent à rendre plus simple et plus rapide la prise de possession des biens, renvoie au Code de l'expropriation pour le surplus. C'est pourquoi ces opérations, réalisées en grande partie en application de ce code, peuvent bénéficier des dispositions des articles 1045 et 1962 du Code général des impôts (BOI-ENR-DMTOI-10-80-20-20 n° 120, 21/05/2015).

B Acquisitions amiables

5026 **Acquisitions par les collectivités locales ou leurs établissements publics.** Si la loi n° 70-612 du 10 juillet 1970 tendant à faciliter la suppression de l'habitat insalubre a institué à cette fin une procédure d'expropriation (V. n° 5025), en fait, des acquisitions amiables sont fréquemment réalisées par les collectivités locales ou les organismes qu'elles chargent d'acquérir les immeubles, reloger la population et démolir les logements pour revendre ensuite les terrains à des constructeurs ou réaliser eux-mêmes les programmes de relogement.
Ces acquisitions amiables sont exonérées de toute perception au profit du Trésor en vertu des dispositions de l'article 1042 du CGI, si elles sont réalisées par les collectivités locales ou leurs établissements publics (BOI-ENR-DMTOI-10-80-10, n° 240, 26 juill. 2020).

5027 **Acquisitions réalisées par des organismes conventionnés.** Les acquisitions faites par d'autres organismes chargés par conventions conclues avec les collectivités locales de réaliser tout ou partie des opérations de résorption de l'habitat insalubre, de même que les rétrocessions à ces mêmes organismes opérées par les collectivités expropriantes, sont effectuées soit selon la procédure prévue pour les opérations de rénovation urbaine, soit suivant une procédure très voisine.
Or, les opérations de rénovation urbaine bénéficient du régime fiscal exposé ci-avant prévu au B de l'article 1594 F quinquies du CGI, et il a été admis que ce texte pouvait également bénéficier aux mutations de propriété consenties au profit d'un organisme de rénovation non concessionnaire par des propriétaires ne participant pas aux opérations de rénovation, ainsi qu'aux cessions à l'organisme de rénovation d'immeuble acquis par la collectivité locale. Le même régime fiscal s'applique aux opérations de résorption de l'habitat insalubre (BOI-ENR-DMTOI-10-80-10, n° 240, 26 juill. 2020).
Ainsi ces exonérations peuvent bénéficier à des acquisitions amiables d'immeubles à démolir réalisées par des sociétés d'économie mixte auxquelles une collectivité locale a confié une mission de résorption de l'habitat insalubre (Rép. min. 11 sept. 1976 : *JOAN*, p. 6015, n° 25 520 ; *JCP* N 1977, IV, 6742).

N.B. : L'exonération antérieure de TVA, qui résultait d'une mesure de tempérament et qui n'était fondée sur aucun texte, n'est plus applicable depuis le 11 mars 2010, à la suite de la réforme de la TVA opérée par la loi de finances rectificatives pour 2010 (L. n° 2010-237, 9 mars 2010 : *JO* 10 mars).

Immeuble neuf (vente)

Neyla GONZALEZ-GHARBI

Sommaire analytique

AVERTISSEMENT L'instruction du 12 septembre 2012 (*BOI* 13 A-2-12, n° 64) a rapporté à compter de cette date l'ensemble des commentaires administratifs publiés antérieurement à la mise en ligne du BOFiP-impôts. Il sera fait, sauf, exception, référence au *BOFiP*.

5028 **Objet de l'étude.** Nous donnerons sous cette rubrique quelques indications relatives aux ventes d'immeubles bâtis neufs au sens du 2° du 2 du I de l'article 257 du CGI entrant dans le champ d'application de la TVA.

Pour les mutations autres que les ventes (apports en société ; échanges ; dation en paiement ; donations ; etc.), on voudra bien se reporter aux études concernant chacune de ces opérations.

Après avoir évoqué les problèmes concernant l'application de la TVA immobilière aux ventes d'« immeubles neufs » (I), nous examinerons le régime de la taxe de publicité foncière (II) puis celui de la contribution de sécurité immobilière (III).

I

TVA immobilière

5029 Les conditions d'application de la TVA à la vente d'un immeuble neuf diffèrent selon que la vente est réalisée dans le cadre de son activité économique par un vendeur assujetti à la TVA, agissant en cette qualité, ou qu'elle est réalisée, en dehors de toute activité économique. Antérieurement au 31 décembre 2012 et à l'abrogation des dispositions de l'article 257, I, 3, 2, a du Code général des impôts par l'article 64, I, F, 1 de la troisième loi de finances rectificative pour 2012 (L. n° 2012-1510, 29 déc. 2012 : *JO* 29 déc. 2012), la revente d'un immeuble acquis en l'état futur d'achèvement était systématiquement soumise à la TVA dès lors qu'elle intervenait dans les cinq ans de l'achèvement effectif de la construction, selon le régime applicable aux ventes d'immeubles neufs. Sous réserve des mesures transitoires adoptées par l'administration fiscale (BOI-TVA-IMM-10-10-20-20130801, n°s 260 et 270), ce régime fiscal est désormais applicable aux seules ventes réalisées par des assujettis à la TVA agissant en tant que tels.

5030 Nous étudierons successivement les conditions d'application de la TVA immobilière aux immeubles « neufs » réalisées par les assujettis dans le cadre de leur activité économique (A), et les modalités d'application de cette taxe lorsque, conformément aux mesures transitoires précitées, la vente est réalisée en dehors de toute activité économique (B).

A Conditions d'application de la TVA immobilière à la vente d'immeubles « neufs » réalisée par un assujetti dans le cadre de son activité économique

CGI, art. 257-I-2-2°. – I. – Les opérations concourant à la production ou à la livraison d'immeubles sont soumises à la taxe sur la valeur ajoutée dans les conditions qui suivent.

(...)

2. Sont considérés :

(...)

2° Comme immeubles neufs, les immeubles qui ne sont pas achevés depuis plus de cinq années, qu'ils résultent d'une construction nouvelle ou de travaux portant sur des immeubles existants qui ont consisté en une surélévation ou qui ont rendu à l'état neuf :

a) Soit la majorité des fondations ;

b) Soit la majorité des éléments hors fondations déterminant la résistance et la rigidité de l'ouvrage ;

c) Soit la majorité de la consistance des façades hors ravalement ;

d) Soit l'ensemble des éléments de second œuvre tels qu'énumérés par décret en Conseil d'État, dans une proportion fixée par ce décret qui ne peut être inférieure à la moitié pour chacun d'entre eux.

5031 **Observation préliminaire.** L'article 257, I-2-2° du Code général des impôts distingue les immeubles « neufs » résultant d'une construction nouvelle, et ceux résultant de travaux portant sur des immeubles existants.
Nous ne traiterons ici que des immeubles « neufs » résultant d'une construction nouvelle. Le cas des immeubles neufs résultant de travaux effectués sur des immeubles existants est examiné au mot **Rénovation d'immeuble ancien** auquel on voudra bien se reporter.

5032 **Conditions requises.** Pour être soumise à la TVA, la mutation portant sur un immeuble bâti doit remplir diverses conditions :
– l'une tient à la personne du vendeur : il doit s'agir d'un « assujetti » agissant en cette qualité (1°) ;
– l'autre tient à l'immeuble vendu : il doit s'agir d'un immeuble bâti achevé (2°) ;
– enfin une dernière condition est relative à l'époque de la mutation : elle doit intervenir dans les cinq ans de l'achèvement de l'immeuble (3°) ;
On se souviendra enfin que lorsque la mutation intervient dans le cadre de la transmission d'une universalité totale ou partielle de biens entre deux assujettis redevables de la TVA, elle est dispensée de plein droit de la TVA (CGI, art. 257 bis : V. **Transmission d'universalité**).

1 Condition relative à la personne du vendeur

5033 **La mutation doit être consentie par un assujetti agissant en tant que tel.** Pour que la mutation soit soumise à la TVA, elle doit être consentie par un « assujetti » agissant en tant que tel (sur cette notion, V. **TVA immobilière**).

2 La mutation doit concerner un immeuble bâti achevé

5034 **Observation préliminaire.** Lorsque la livraison est réalisée par un assujetti à la TVA dans le cadre de son activité économique, le même régime s'applique à la livraison de droits réels immobiliers relatifs à l'immeuble bâti neuf (usufruit, nue-propriété, droit indivis, promesse de vente, cession des droits du bailleur ou du preneur dans le bail à construction ou le bail emphytéotique, etc.).

a) Notion d'immeuble « bâti » neuf

5035 **Définition par opposition au terrain nu.** Depuis l'entrée en vigueur des nouvelles règles de la TVA, l'immeuble bâti se définit, en principe, par opposition au terrain nu.
Lorsqu'une même vente porte sur un terrain à bâtir et immeuble bâti, l'administration admet, à titre de règle, de considérer l'ensemble en tant qu'immeuble bâti, s'il est identifié de la sorte comme une seule parcelle pour l'établissement du plan cadastral, ou comme un seul lot dans un règlement de copropriété ou un état descriptif de division (BOI-TVA-IMM-10-10-10-40-20130107, § 20).
Lorsque cette tolérance ne trouve pas à s'appliquer, « il convient que l'acte reflète clairement la qualification respective de chaque élément en sorte que le régime approprié soit distinctement et régulièrement appliqué, d'une part au terrain à bâtir et d'autre part, à l'immeuble bâti » (BOI-TVA-IMM-10-10-10-40-20130107, § 10).

5036 **Problème du terrain attenant.** Sous le régime en vigueur antérieurement à la réforme de la TVA immobilière, cette règle était applicable non seulement à la cession de l'immeuble proprement dit, mais également à la cession du terrain sur lequel l'immeuble est édifié, dans les mêmes limites que celles prévues en cas de mutation portant sur des terrains à bâtir.
Lorsque la superficie du terrain excède ces limites (fixées par l'article 1594-0 G-A du Code général des impôts), la mutation de l'excédent n'était pas passible de la TVA mais des droits d'enregistrement ou de la taxe de publicité foncière.
Par suite, si la cession a lieu moyennant un prix global, les parties devaient, pour permettre la liquidation de la TVA, procéder à une ventilation du prix au moyen d'une déclaration estimative souscrite dans l'acte ou au pied de l'acte, et soumise au contrôle de l'administration. La règle de la répartition proportionnelle du prix prévue pour les cessions de terrains à bâtir n'est pas applicable en pareil cas (V. antérieurement, Doc. adm. DGI, 8 A-1131, n° 87, 15 nov. 2001).

b) Notion d'immeuble neuf achevé

5037 La qualification d'« immeuble neuf » s'applique à des immeubles bâtis achevés (sur la notion d'achèvement, V. n°s 5048 et 5049). D'autres règles régissent les mutations concernant des immeubles inachevés (V. **Immeuble inachevé**) ou les ventes d'immeubles en l'état futur d'achèvement (V. **Immeuble à construire**).

5038 **Importance de la date d'achèvement.** En matière de TVA immobilière, la date d'achèvement revêt une grande importance, avant comme après la réforme opérée par la loi de finances rectificative pour 2010, car elle constitue le point de départ du délai de cinq ans au-delà duquel les cessions d'immeubles cessent d'être soumises de plein droit à la TVA.
Le critère de l'achèvement s'est modifié depuis le 11 mars 2010. Aussi distinguerons-nous les notions d'achèvement antérieures et postérieures à cette réforme.

1) Définition de l'achèvement antérieure à la réforme de la TVA

CGI, art. 258, ann. II (abrogé). Pour l'application du 7° de l'article 257 du Code général des impôts, un immeuble ou une fraction d'immeuble est considéré comme achevé lorsque les conditions d'habitabilité ou d'utilisation sont réunies ou en cas d'occupation, même partielle, des locaux, quel que soit le titre juridique de cette occupation. La date de cet achèvement et la nature de l'événement qui l'a caractérisé sont obligatoirement mentionnées dans les actes constatant les mutations.

5039 **Définition antérieure à la loi de finances pour 2010.** Sous le régime en vigueur antérieurement à la réforme de la TVA opérée par l'article 16 de la loi de finances rectificative pour 2010 (L. n° 2010-237, 9 mars 2010 : *JO* 10 mars), la notion d'achèvement était une question de fait. Selon l'article 258 ancien de l'annexe II au Code général des impôts « Un immeuble ou une fraction d'immeuble est considéré comme achevé lorsque les conditions d'habitabilité ou d'utilisation sont réunies ou en cas d'occupation, même partielle, des locaux, quel que soit le titre juridique de cette occupation ».

5040 **Détermination de la date d'achèvement.** Un immeuble ou une fraction d'immeuble était considéré comme parvenu à son état complet d'achèvement lorsque les conditions d'habitabilité ou d'utilisation étaient réunies ou en cas d'occupation – même partielle – des locaux quel que soit le titre juridique de cette occupation (Doc. adm. DGI, 8 A-1131, n° 85, 15 nov. 2001). Un immeuble était achevé lorsqu'il pouvait être matériellement utilisé (CE, 22 juill. 1977, req. n° 96598 : *RJF* 10/1977, n° 539, concl. Fabre, p. 321. – CE, 5 févr. 1986, req. n° 40998 : *RJF* 4/1986, n° 359).

5041 **Preuve de l'achèvement.** L'occupation d'un immeuble pouvait être prouvée, notamment, au moyen de la production de baux ou d'engagements de location, de quittances d'eau, de gaz, d'électricité, de téléphone.
La notion d'occupation englobait :
– l'occupation par le constructeur lui-même ou par un tiers ;
– l'occupation gratuite et la location ;
– la résidence secondaire, de plaisance ou de villégiature et l'habitation principale (Doc. adm. DGI, 8 A-1131, n° 85, 15 nov. 2001).

5042 Si, dans le cas d'une maison d'habitation ou d'un petit immeuble, il est possible de présumer qu'une construction est terminée lorsque celle-ci est habitée même partiellement, en revanche, cette présomption ne saurait être nécessairement retenue en cas de construction plus importante. En effet, un décalage parfois assez long existe, par exemple entre la finition des appartements des étages inférieurs et ceux des étages supérieurs. Dans cette hypothèse, une date d'achèvement différente pouvait donc, le cas échéant, être retenue pour les appartements compris dans un même immeuble (Doc. adm. DGI, 8 A-1131, n° 85, 15 nov. 2001).

5043 **L'achèvement de l'immeuble était une question de fait.** En définitive, la détermination de la date d'achèvement d'un immeuble ou d'une fraction d'immeuble était une question de fait qui ne pouvait être résolue qu'après un examen des circonstances particulières de chaque affaire.

Dans sa jurisprudence, le Conseil d'État tenait compte de la nature de la construction, de sa situation, de sa destination pour décider si la présence de tel ou tel élément était ou non nécessaire à son habitabilité :
– ainsi, en l'absence de raccordement au réseau électrique, une maison individuelle pouvait être considérée comme achevée au sens de l'article 258, annexe II au Code général des impôts (CE, 15 juill. 1964, req. n° 63048) alors qu'il en allait différemment dans le cas d'un immeuble collectif urbain (CE, 25 mars 1966) ;
– un immeuble collectif ne pouvait être regardé comme achevé dès lors que l'installation électrique et celle du chauffage central n'étaient pas encore exécutées (CE, 19 déc. 1979, req. n° 13224) ;
– un immeuble collectif d'habitation devait être considéré comme totalement achevé à la date du dépôt de la déclaration d'achèvement dès lors que l'ensemble des travaux incombant à la société constructrice, y compris le raccordement aux réseaux, s'était achevé au cours du mois pendant lequel avait été déposée cette déclaration, même si des travaux d'aménagement intérieur et de décoration à la charge des acquéreurs restaient à effectuer (CE, 7e et 9e ss-sect., 2 févr. 1987, n° 50362 : *RJF* 3/1987, n° 277).

5044 **Locaux livrés brut de béton.** Lorsque des locaux commerciaux situés dans des ensembles immobiliers étaient livrés bruts de béton, il y avait lieu de considérer que leur achèvement coïncidait avec la fin de l'intervention du constructeur et la mise à disposition de ces locaux aux propriétaires ou locataires (Doc. adm. DGI, 8 A-1131, n° 85, 15 nov. 2001).

5045 **Usine « préconstruite ».** Une usine « préconstruite » devait être considérée comme achevée dès lors qu'elle avait fait l'objet d'une déclaration d'achèvement, avait donné lieu à la délivrance du certificat de conformité et avait fait l'objet d'une utilisation effective pendant la période au cours de laquelle elle a été louée. La circonstance que des aménagements intérieurs aient été réalisés ultérieurement ne pouvait être considérée en l'espèce comme ayant eu pour effet de retarder la date d'achèvement de l'immeuble (CE, 7e et 8e ss-sect., 12 nov. 1986, req. n° 55581, *SAAMIS : Dr. fisc.* 1987, n° 8, comm. 305, concl. Fouquet).

5046 **Mentions à porter dans les actes.** La date d'achèvement et la nature de l'événement qui l'a caractérisé devaient obligatoirement être mentionnées dans les actes constatant les mutations (CGI, art. 258, ann. II).

Le défaut de report de ces mentions sur l'extrait d'acte pouvait être sanctionné par le refus accomplissement de la formalité (Doc. adm. DGI, 8 A-152 n° 13, 15 nov. 2001).

Confirmant l'arrêt du 1er février 1995 de la cour administrative d'appel de Lyon (req. nos 93-43 et 93-406, *SCI les Ducs de Savoie : Dr. fisc.* 1995, n° 43, comm. 2037, concl. Bonnaud), le Conseil d'État avait considéré qu'à défaut de justification d'une date d'achèvement des locaux différente de celle portée dans l'acte de vente, il convenait de retenir cette dernière pour apprécier le régime fiscal applicable à la mutation (CE, 9e et 8e ss-sect., 16 juin 1999, req. n° 168383 : *Dr. fisc.* 2000, n° 6, comm. 83).

5047 **Effets attachés à la déclaration d'achèvement.** En principe, la déclaration d'achèvement et le certificat de conformité ne constituaient que des présomptions susceptibles d'être écartées par l'administration qui peut apporter la preuve qu'en fait l'immeuble était inachevé à la date de la déclaration ou de la production du certificat (CE, 17 mai 1982, req. n° 35461 : *RJF* 7/1982, n° 677).

2) Définition de l'achèvement depuis la réforme de la TVA

5048 **Une notion nouvelle ?** L'article 258 ancien de l'annexe II au Code général des impôts qui définissait l'achèvement a été abrogé dans le cadre de la réforme de la TVA (D. n° 2010-1075, 10 sept. 2010). Aucun texte spécifique ne définit la notion d'achèvement pour l'application de l'article 257-I-2-2° du Code général des impôts.

Cependant, en vertu des dispositions de l'article 269, 1 b du même code, dans sa rédaction issue de l'article 16 de la loi du 9 mars 2010 précitée, le fait générateur de l'imposition de la livraison à soi-même d'immeubles neufs se produit au moment de la livraison qui intervient lors du dépôt à la mairie de la déclaration d'achèvement et de conformité des travaux au permis de construire, prévue à l'article L. 462-1 du Code de l'urbanisme.

L'administration fiscale, dans son instruction du 29 décembre 2010 (*BOI* 3-9-10, 30 déc. 2010), n'indique pas que cette définition s'applique également pour la computation du délai de cinq ans au-delà duquel la vente de l'immeuble bâti cesse d'être soumise de plein droit à la TVA. Toutefois, selon certains auteurs, cette définition devrait également être retenue pour l'application de l'article 257-I-2-2° du Code général des impôts (*La TVA immobilière après la réforme : Dossiers pratiques F. Lefebvre*, n° 365). C'est également notre avis : en effet, d'une part, l'abrogation de l'article 258 de l'annexe II au Code général des impôts avait été justifiée par son caractère redondant par rapport à l'article 269 du même code et, d'autre part, l'ancien article 258 de l'annexe II au Code général des impôts définissait la notion d'achèvement pour l'application de l'ancien article 257, 7° du même code qui visait, outre les ventes, les livraisons à soi-même d'immeubles.

On observera que, commentant la notion d'achèvement appliquée en matière de livraison à soi-même (LSM), l'administration fiscale indique, en continuité avec les solutions antérieures à la réforme : « Quand bien même le redevable viendrait à manquer à ses obligations déclaratives à cet égard, le fait générateur de la LSM est réputé néanmoins intervenu dès lors que sont réunies les circonstances de fait qui rendent exigibles la déclaration d'achèvement » (BOI-TVA-IMM-10-20-20-20120912, § 50). Elle précise (BOI-TVA-IMM-10-20-20-20120912, § 60) : « Sur la notion d'achèvement des travaux, *cf.* CE, 19 déc. 1979, n° 13224, *SCI La résidence d'Orléans*. Ainsi que la Rép. min. n° 14236 : *JOAN* Q, 10 août 1992, p. 3700. De fait, les travaux doivent être réputés achevés si la construction est complètement exécutée sur tous les points relevant du permis de construire, si elle est conforme avec les prescriptions de celui-ci et respecte la destination qui y est énoncée. Ainsi, en règle générale, se confondent dans le temps l'achèvement de la construction, le dépôt de la déclaration requise en cette circonstance et le fait générateur de la livraison [à soi-même] ».

On observera, toutefois, que les dispositions de l'article 269, I, b) du Code général des impôts qui donnaient cette définition de l'achèvement de l'immeuble, fait générateur de la TVA exigible au titre des livraisons à soi-même, ont été modifiées par l'article 32 de la loi n° 2014-1545 du 20 décembre 2014 relative à la simplification de la vie des entreprises pour s'établir comme suit : « Pour les livraisons à soi-même d'immeubles neufs taxées en application du 2° du 1 du II de l'article 257, au moment où le dépôt à la mairie de la déclaration prévue par la réglementation relative au permis de construire est exigé ». Cette loi a supprimé, pour les immeubles achevés à compter du 22 décembre 2014, l'obligation de déclarer et taxer la LSM pour les assujettis à la TVA qui réalisent des opérations ouvrant droit à déduction complète de la TVA. (Sur l'incidence de l'évolution de ces règles sur le mode de justification du respect de l'engagement de construire régi par l'article 1594-0G A du CGI, V. **Engagement de construire**, nos 3506 et 3507).

En réalité, la continuité avec les solutions antérieurement admises pour la détermination de la date de l'achèvement comme une notion de pur fait résultant, notamment, de l'utilisation de l'immeuble comme un propriétaire, semble avoir été récemment confirmée par l'administration fiscale qui a indiqué, s'agissant d'une VEFA, que le fait générateur de la TVA intervient lors de la réception des travaux à l'issue desquels l'immeuble est considéré comme achevé au sens de l'article R 261 du CCH (Rép. min Louwagie, n° 96 : *JOAN* 13 sept. 2022. – G. Berger-Picq, *Notion d'achèvement d'un immeuble : une clarification nécessaire : FR Lefebvre* 2022, n° 45, inf. 2, Question d'actualité).

5049 **Remarque.** Aucun texte ne prévoit, comme l'ancien article 258, annexe II au Code général des impôts (aujourd'hui abrogé), que la date de cet achèvement et la nature de l'événement qui l'a caractérisé doivent être obligatoirement mentionnées dans les actes constatant les mutations. En pratique, il est souhaitable que cette mention figure dans un acte. Mais, en son absence il n'y a pas de sanction particulière (et notamment de refus de dépôt).

3 La mutation doit intervenir dans les cinq ans suivant l'achèvement de l'immeuble

5050 **Délai de cinq ans.** Pour être soumise à la TVA immobilière, il faut que la mutation intervienne dans les cinq ans à compter de l'achèvement de l'immeuble.
Le fait générateur de la TVA se situant à la date du transfert de propriété, c'est en principe à cette date qu'il convient de se placer pour vérifier que la vente est soumise ou non à la taxe, « indépendamment du fait qu'un acte ait été ou non établi et présenté à la formalité. » (BOI-TVA-IMM-10-20-20-20120912, § 1). En pratique, toutefois, le transfert de propriété étant généralement subordonné à la signature de l'acte authentique, c'est donc la date de l'acte qui sera retenue.
Sous l'empire des textes antérieurs à la réforme, il a été jugé que la date de l'acte constatant l'opération doit être retenue pour vérifier si ce délai de cinq ans est ou non expiré (CE, 8e et 9e ss-sect., 7 sept. 1983, req. n° 42955 : *RJF* 11/1983, n° 1293).

5051 **Vente le jour de l'achèvement de l'immeuble.** Une vente qui intervient exactement à la date de l'achèvement de l'immeuble porte sur un immeuble achevé. Cette vente constitue la première mutation intervenue dans les cinq ans de l'achèvement (Rép. min. Boucheron : *JOAN* Q 28 sept. 1992, p. 4479, n° 58555).

5052 **Suppression de la condition relative à la « première mutation ».** Jusqu'au 10 mars 2010, seule la première cession d'un immeuble neuf dans les cinq ans de son achèvement était soumise à la TVA, la deuxième cession n'étant soumise à cette taxe que lorsque la première avait été réalisée par un marchand de biens.
Depuis le 11 mars 2010, date d'entrée en vigueur de la réforme de la TVA opérée par l'article 16 de la loi de finances rectificative pour 2010 (L. n° 2010-237, 9 mars 2010 : *JO* 10 mars), toute cession d'un immeuble bâti réalisée dans les cinq ans de son achèvement par un assujetti à la TVA agissant en tant que tel est soumise de plein droit à la TVA, sous réserve de l'application des dispositions de l'article 257 bis du Code général des impôts (BOI-TVA-IMM-10-10-10-20-20120912, § 290).

4 Modalités d'application de la TVA

5053 **Assiette de la TVA. TVA due sur le prix total.** Lorsque la vente est consentie par un assujetti, dans les conditions sus indiquées (V. nos 5032 à 5052) elle est soumise à la TVA de plein droit sur le prix total, qu'elle soit consentie à un assujetti ou à un non assujetti (sur les règles d'assiette et de liquidation, V. **TVA immobilière**).
La TVA est toujours liquidée sur le prix total. Il importe peu que l'acquisition du terrain d'assiette de l'immeuble neuf construit par le cédant lui ait ouvert ou non droit à déduction. De même, il est indifférent que l'immeuble neuf ait été acquis par le cédant, après achèvement, auprès d'un assujetti soumis à la TVA, ou auprès d'un non-assujetti. Le régime de la marge ne s'applique donc pas à la vente d'un immeuble achevé depuis moins de cinq ans « quand bien même le cédant l'aurait acquis sans que cette acquisition ne lui ait ouvert droit à déduction (notamment auprès d'un non-assujetti) » (BOI-TVA-IMM-10-20-10-20200122, n° 220). Sur la possible non-conformité de cette solution aux règles communautaires, E. Kornprobst, *TVA sur marge : arrêt de la CJUE en réponse à deux questions préjudicielles : Dr. fisc.* 2021, comm. 405.

5054 **Renvoi.** En ce qui concerne les autres modalités d'application de la TVA (règles de territorialité, taux applicable, déductions, régularisation, paiement de la taxe, etc.), les règles sont exposées au mot **TVA immobilière**.

B Conditions d'application de la TVA immobilière à la vente d'immeubles « neufs » réalisée en dehors de toute activité économique – Mesures transitoires

CGI, art. 257. – Les opérations concourant à la production ou à la livraison d'immeubles sont soumises à la taxe sur la valeur ajoutée dans les conditions qui suivent.

(...)

3. Sont également soumises à la taxe sur la valeur ajoutée :

(...)

2° Lorsqu'elles sont réalisées, hors d'une activité économique visée à l'article 256 A, par toute personne, dès lors assujettie à la taxe sur la valeur ajoutée à ce titre :

a) La livraison d'un immeuble neuf lorsque le cédant avait au préalable acquis l'immeuble cédé comme immeuble à construire ; (abrogé par l'article 64, I, F, 1 de la troisième loi de finances rectificative pour 2012 ; L. n° 2012-1510, 29 déc. 2012 : *JO* 29 déc. 2012).

1 Principe : opération hors champ d'application de la TVA

5055 Lorsque la vente est consentie par un non assujetti, le principe est qu'elle se situe en dehors du champ d'application de la TVA (V. **TVA immobilière**).

L'administration fiscale indique : « la cession par un particulier d'un immeuble acquis comme neuf mais après achèvement n'est pas soumise à la TVA, y compris si elle intervient dans les cinq ans de l'achèvement ou que l'immeuble a été acquis auprès d'un cédant qui l'avait lui-même acquis au préalable comme immeuble à construire (Instr. 29 déc. 2010, n° 61 : *BOI* 3 A-9-10. – BOI-TVA-IMM-10-10-20-20170802, n° 270).

2 L'application exceptionnelle de la TVA n'est pas conforme à la directive TVA

5056 La livraison d'un immeuble neuf acquis en tant qu'immeuble à construire par une personne non assujettie à la TVA (agissant donc en dehors d'une activité économique : V. **TVA immobilière**) est, exceptionnellement, soumise à la TVA (CGI, art. 257, I, 3, 2° b).

Selon l'administration fiscale, par ce texte, le législateur a mis en œuvre la faculté accordée aux États membres par l'article 12 de la directive TVA (Dir. n° 2006/112/CE du Conseil, 28 nov. 2006 relative au système commun de taxe sur la valeur ajoutée) de considérer comme assujetti quiconque réalise une seule livraison de terrain à bâtir ou une seule livraison d'immeuble neuf.

Toutefois, cette faculté a été restreinte à la seule livraison d'un immeuble intervenant dans les cinq ans de son achèvement lorsque celui-ci a été acquis par le cédant non assujetti à la TVA en tant qu'immeuble à construire. Cette qualification vise principalement les contrats de vente en l'état futur d'achèvement (VEFA) et, accessoirement, les contrats de vente à terme (Instr. 29 déc. 2010, n°s 60 et 61 : *BOI* 3 A-9-10).

L'administration a admis que la même solution s'applique lorsqu'un non-assujetti est amené à céder son contrat avant l'achèvement de l'immeuble (Instr. 29 déc. 2010, n° 61, note 33 : *BOI* 3 A-9-10).

Toutefois, cette analyse n'était pas partagée par la Cour de justice, qui a jugé qu'un État membre de l'Union européenne ne peut pas choisir de soumettre à la TVA les livraisons d'immeubles neufs réalisées à titre occasionnel lorsqu'elles ne constituent que le simple exercice du droit de propriété (CJUE, 15 sept. 2011, aff. C-180/10 et C-181/10). Cet arrêt rendu à titre préjudiciel pour l'application de la TVA en Pologne a amené les commentateurs à s'interroger sur la portée en France de l'article 257, I, 3, 2° b du Code général des impôts (*Doc. prat. Lefebvre* 13 oct. 2011. – W. Stemmer, *La France peut-elle encore soumettre la revente, par un non-assujetti, d'un immeuble acquis en VEFA ? : JCP* N 2011, 1293).

C'est pour se conformer à la jurisprudence communautaire que cette disposition a été abrogée purement et simplement par l'article 64 de la loi de finances rectificative pour 2012 précitée. La loi n'a prévu aucune meure transitoire en faveur des ventes engagées avant le 31 décembre 2012 (*Constr.-Urb.* 2013, comm. 14, N. Gonzalez-Gharbi. Pour une proposition de formule, *Constr.-Urb.* mars 2013, formule). C'est l'administration qui y a remédié.

a) Mesures transitoires – Conditions d'application de la TVA

5057 Pour ne pas remettre en cause l'équilibre économique des opérations en cours à la date de cette suppression, des mesures transitoires sont prévues (BOI-TVA-IMM-10-10-20-20130801, § 260) lorsque le cédant avait au préalable acquis l'immeuble cédé comme immeuble à construire et signé une promesse de vente avant le 31 décembre 2012.

5058 **Précisions.** Si, en application des dispositions précitées, les personnes qui hors d'une activité économique cèdent dans les cinq ans de l'achèvement un immeuble qu'elles ont acquis comme immeuble à construire sont considérées comme « assujetties à ce titre », elles ne sont pas en principe assujetties à raison de l'utilisation même de cet immeuble. En tout état de cause, il ne saurait être exigé une liquidation de la livraison à soi-même intervenue à raison de l'achèvement d'un immeuble vendu en l'état futur d'achèvement (VEFA), dès lors que cet immeuble est livré par le constructeur au moment même de son achèvement (Instr. 29 déc. 2010, n° 62 : *BOI* 3 A-9-10).

b) Modalités d'application de la TVA

5059 **Taux et assiette de la TVA.** La TVA est toujours liquidée sur le prix total de vente (sur ce mode de liquidation, V. **TVA immobilière**).

Les taux sont ceux du droit commun avec éventuellement application du taux réduit de la TVA (V. **TVA immobilière**).

5060 **Paiement de la TVA.** Les livraisons d'immeubles réalisées par des personnes non assujetties donnent lieu au dépôt d'une déclaration n° 942-SD (CERFA n° 11115) et d'une déclaration n° 943-SD (CERFA n° 11116). Les déclarations n° 942-SD (CERFA n° 11115) et, le cas échéant, la déclaration n° 943-SD (CERFA n° 11116) doivent être déposées, en simple exemplaire, lors de la présentation à la formalité des actes constatant les opérations taxables (BOI-TVA-IMM-10-20-30-20130123, § 50).

5061 **Déductions et régularisations.** En application du *a* du 2° du 3 du I de l'article 257, I, 3, 2° du Code général des impôts, les personnes qui, hors d'une activité économique, cèdent un immeuble neuf qu'elles ont acquis comme immeuble à construire, ne sont assujetties à la TVA qu'au titre de cette cession.

Conformément aux dispositions du 2 du I de l'article 271 du Code général des impôts, ces personnes « qui effectuaient des opérations occasionnelles soumises à la TVA ne pouvaient exercer leur droit à déduction qu'au moment de la livraison ». Ainsi, un particulier qui faisait l'acquisition d'un immeuble en l'état futur d'achèvement (VEFA) et ne l'utilisait que dans un cadre privé ne bénéficiait d'un droit à déduction qu'à l'occasion de la revente si celle-ci intervenait dans les cinq ans de l'achèvement. Sous réserve que cette taxe ait été mentionnée dans les appels de fonds, la déduction portait alors sur l'intégralité de la taxe supportée lors de l'acquisition initiale, ainsi que sur celle qui avait grevé directement le coût des divers éléments constitutifs du prix de la cession (notamment d'éventuelles dépenses d'amélioration durable de l'immeuble).

Remarque : Lorsqu'un particulier était amené à céder son contrat (BOI-TVA-IMM-10-10-20 au I-A, § 270), il était admis qu'il déduise la taxe supportée sur les appels de fonds déjà payés dès lors qu'il soumettait la cession à la TVA.

Ces règles demeurent applicables aux cessions de cette nature qui interviennent postérieurement au 31 décembre 2012 lorsque le cédant se place sous le bénéfice de la mesure transitoire prévue au BOI-TVA-IMM-10-10-20 au II-A (BOI-TVA-IMM-10-30-20130123, § 370).

Lorsqu'un particulier qui agit comme un assujetti cède dans le délai de cinq ans suivant son achèvement un immeuble qu'il a acquis comme immeuble à construire et loué en exonération de TVA, il doit procéder aux régularisations résultant de l'application du 3 du IV de l'article 207 III de l'annexe II au Code général des impôts, à l'identique des autres professionnels avec lesquels il est placé en situation de concurrence (BOI-TVA-IMM-10-30-20130123, § 380).

3 Taxe de publicité foncière et contribution de sécurité immobilière

5062 **Renvoi.** La taxe de publicité foncière et la contribution de sécurité immobilière sont perçues comme indiqué ci-dessous (V. n°s 5063 à 5079).

N.B. : La contribution de sécurité immobilière a remplacé le salaire du conservateur à compter du 1er janvier 2013. Cette taxe est perçue aux mêmes conditions d'assiette, de tarif, de contrôle et de recouvrement que ce salaire (V. **Contribution de sécurité immobilière**).

II

Taxe de publicité foncière

A Taux de la taxe de publicité foncière

5063 Nous distinguerons selon que la vente est consentie par un assujetti dans le cadre de son activité économique (1°) ou par un vendeur en dehors de toute activité économique (2°).

1 Vente consentie par un assujetti dans le cadre de son activité économique

5064 Il y a lieu de distinguer selon que la vente, consentie par l'assujetti, bénéficie à un autre assujetti (*a*) ou à un non assujetti (*b*).
Observation : dans tous les cas, l'acquéreur peut être exonéré de la taxe de publicité foncière en vertu d'un texte de portée générale (ex-art. 1040, 1042, 1049, etc.).

5065 **Immeubles situés dans la région Île-de-France. Exonération de la taxe additionnelle de l'article 1599 sexies du Code général des impôts.** On sait que ce article issu de la loi de finances rectificative pour 2015 (L. n° 2015-1786, 29 déc. 2015) a créé, au profit de la région d'Île-de-France, une taxe additionnelle aux droits d'enregistrement ou à la taxe de publicité foncière exigible sur les mutations à titre onéreux de locaux mentionnés à l'article L. 520-1 du Code de l'urbanisme et situés en Île-de-France. Le taux de la taxe est fixé à 0,6 %. Cette taxe ne s'applique pas aux mutations à titre onéreux mentionnées au A de l'article 1594 F quinquies du Code général des impôts, c'est-à-dire aux mutations soumises à la taxe sur la valeur ajoutée en application de l'article 257, I-2-2° du même code.

a) Vente à un assujetti

5066 **Application de la TPF à 0,70 %.** Lorsqu'une mutation d'un immeuble bâti relève de la TVA, l'acte constatant la mutation donne ouverture à la taxe de publicité foncière ou aux droits d'enregistrement au taux de 0,70 % soit 0,71498 %, avec les perceptions additionnelles (CGI, art. 1594 F quinquies, A).
La taxe de publicité foncière s'applique quelle que soit la forme de la vente (de gré à gré ou aux enchères publiques) et la qualité de l'acquéreur (Rép. min. Roussel : *JOAN* 25 août 1986, p. 2774, n° 2467), qu'il soit assujetti ou non-assujetti.

5067 **Redevable de la taxe de publicité foncière.** Il est précisé que le paiement de la taxe de publicité foncière est à la charge de l'acquéreur en vertu des articles 1593 du Code civil et 1712 du Code général des impôts.

5068 **Engagement de revendre.** Si l'acquéreur prend l'engagement de revendre dans les cinq ans (ce qui suppose qu'il s'agisse d'un « assujetti » la mutation supporte la taxe de publicité foncière au taux réduit de 0,70 % soit 0,71498 % avec les perceptions additionnelles (CGI, art. 1115. – Sur cet engagement, V. **Engagement de revendre**).
On observe que cet engagement n'a aucun intérêt en ce qui concerne les droits de mutation puisque la taxe due en application de l'article 1020 du Code général des impôts (auquel renvoie l'article 1115 du Code général des impôts) est perçue au même tarif que celle prévue par l'article 1594 F quinquies du même code.

5069 **Engagement de produire un immeuble neuf.** Sur un plan théorique, rien n'interdirait à l'acquéreur de prendre l'engagement, prévu par l'article 1594-0 G-A-I du Code général des impôts, de produire un immeuble neuf dans le délai de quatre ans. La taxe serait alors perçue au taux fixe de 125 € prévu à l'article 691 bis du Code général des impôts (sur cet engagement, V. **Engagement de construire**).
Cependant, sur un plan pratique, et puisque la vente porte par hypothèse sur un immeuble « neuf », les cas d'application d'un tel engagement ne se rencontreront que si l'acquéreur a l'intention de reconstruire l'immeuble au sens de l'article 257 du Code général des impôts.

b) Vente à un non-assujetti

5070 **Application de la TPF au taux réduit.** La vente d'un immeuble neuf consenti par un assujetti à un non-assujetti est soumise à la taxe de publicité foncière au taux réduit de 0,70 %, soit 0,71498 % avec les perceptions additionnelles (CGI, art. 1594 F quinquies A).

2 Vente réalisée en dehors de toute activité économique

5071 **Observation.** Dans tous les cas, l'acquéreur peut être exonéré de la taxe de publicité foncière en vertu d'un texte de portée générale (ex-art. 1040, 1042, 1049, etc.).
Observations : Sur l'exigibilité éventuelle de la taxe additionnelle au profit de la région Île-de-France, V. CGI, art. 1599 sexies et BOI- BOI-ENR-DG-60-10-20-20160406).

a) Vente à un assujetti

5072 **Distinctions à opérer.** Il y a lieu de distinguer :
– **cas général** : La mutation consentie par un non-assujetti ou par un assujetti n'agissant pas en tant que tel n'est pas soumise à la TVA (V. **TVA immobilière**) et la TPF est due au taux plein, sauf si l'acquéreur peut bénéficier d'un régime de faveur ou d'exonération de portée générale.
Toutefois, si l'acquéreur prend l'engagement de revendre dans les cinq ans, la mutation ne rendra exigible que la taxe de publicité foncière au taux réduit de 0,70 % soit 0,71498 % avec les perceptions additionnelles (CGI, art. 1115), s'il prend l'engagement de construire, il ne devra que la taxe fixe de 125 € (V. *supra*, vente par un assujetti. – V. **Engagement de construire**) ;
– **cas où la vente est soumise à la TVA. Régime abrogé par l'article 64 de la loi de finances rectificative pour 2012.** Lorsque l'immeuble objet de la vente a été acquis par le cédant en VEFA, la TPF est due au taux réduit de 0,70 % soit 0,71498 % avec les perceptions additionnelles (CGI, art. 1594 F quinquies A).
Toutefois, si l'acquéreur prend un engagement de revendre (CGI, art. 1115), elle est due à ce même taux de 0,71498 % et s'il prend un engagement de construire (CGI, art. 1594-0 G-A), seule la TPF au taux fixe de 125 € (CGI, art. 691 bis) sera exigible.

b) Vente à un non-assujetti

5073 **TPF au taux plein.** Si la vente est consentie par un non-assujetti à un non-assujetti, elle est dans tous les cas en dehors du champ d'application de la TVA. Sauf si l'acquéreur peut bénéficier d'un régime de faveur ou d'exonération de portée générale, la taxe de publicité foncière est due au taux normal (5,80665 %).

B Assiette de la taxe de publicité foncière

1 Solutions antérieures à la réforme de la TVA par la loi de finances rectificative pour 2010

5074 **Application au prix hors taxes.** En matière de TVA, l'assiette était déterminée d'après la valeur du bien hors taxe. Cette règle était applicable même lorsque le vendeur, redevable de la taxe, la récupérait auprès de l'acquéreur, ce qui n'était pas considéré comme constituant une charge augmentative du prix de cession (Doc. adm. DGI, 7 C-1223, n° 22, 1er oct. 2001).
Aussi, afin d'uniformiser l'assiette des impositions exigibles sur une même opération, la taxe de publicité foncière ou le droit d'enregistrement étaient liquidés en faisant abstraction de la TVA, quand celle-ci était mise à la charge de l'acquéreur (Doc. adm. DGI, préc.).

5075 Cette mesure n'était pas applicable au cas où le vendeur mettait à la charge de l'acquéreur le reversement, effectué en application des dispositions de l'article 210 ce l'annexe II au Code général des impôts (dont les dispositions ont été transférées à l'article 207, III de l'annexe II), d'une fraction de la TVA initialement déduite.
Dans ce cas, en effet, la TVA payée par l'acquéreur au vendeur n'avait nullement le caractère d'un versement de nature fiscale exigible en même temps que la taxe de publicité foncière ou le droit d'enregistrement, sur une même opération. Ce versement résultait de la convention des parties et constituait donc une charge augmentative du prix de cession (Doc. adm. DGI, 7 C-1223, n° 22, 1er oct. 2001).

5076 **Conversion du prix fixé TTC.** Lorsque le prix convenu entre les parties avait été fixé taxe comprise, l'assiette de la taxe de publicité foncière était obtenue en affectant ce prix d'un coefficient de conversion. Il en était de même lorsque le contrat ne contenait aucune stipulation relative à la TVA et que cette taxe était légalement à la charge du vendeur (Doc. adm. DGI, 7 C-1123, n° 22, 1er oct. 2001).

2 Solution applicable depuis le 11 mars 2010

5077 Dès l'entrée en vigueur des nouvelles règles en matière de TVA, issues de la loi de finances rectificative pour 2010 (L. n° 2010-237,

9 mars 2010 : *JO* 10 mars), l'administration fiscale a publié un rescrit relatif à l'assiette des droits d'enregistrement et de taxe de publicité foncière pour les cessions d'immeubles qui entrent dans le champ d'application de la TVA (RES n° 2010/20 [ENR], 6 avr. 2010). La solution a été confirmée dans l'instruction du 18 avril 2011 (*BOI* 7 C-2-11, n° 4) et reprise au *BOFiP* BOI-ENR-DMTOI-10-10-20-20, 12 sept. 2012, n° 210 ; nous la reproduisons ci-après :

« La taxe de publicité foncière ou le droit d'enregistrement sont liquidés sur le prix exprimé, en y ajoutant toutes les charges augmentatives de prix, les réserves ainsi que toutes les indemnités stipulées au profit du cédant, à quelque titre et pour quelque cause que ce soit, ou sur une estimation d'experts, dans les cas autorisés par le CGI (art. 683). Sont à déduire, en revanche, les obligations contractées par le cédant au lieu et place de l'acquéreur.

Pour l'application de ces dispositions, la notion de prix exprimé s'entend du prix hors TVA lorsque le montant de la TVA due par le cédant est mentionné distinctement dans l'acte translatif de propriété, que la mutation soit soumise à la TVA sur le prix total ou sur la marge. Si la TVA n'a pas été mentionnée distinctement, la liquidation des droits doit être effectuée sur le prix payé par l'acquéreur incluant la TVA ».

III

Contribution de sécurité immobilière

RAPPEL L'ordonnance n° 2010-638 du 10 juin 2010 (*JO* 11 juin) a supprimé le conservateur des hypothèques à compter du 1er janvier 2013 et institué une taxe au profit de l'État, dite « contribution de sécurité immobilière » (CSI), prévue par l'article 879 du Code général des impôts qui a remplacé le salaire du conservateur des hypothèques (V. **Contribution de sécurité immobilière**).

Les solutions énoncées ci-dessous à propos du salaire du conservateur restent valables, jusqu'à nouvel ordre, pour la perception de la contribution de sécurité immobilière.

5078 **Application au prix TTC.** Dans le cas où, comme en l'espèce, le prix est fixé TTC, le salaire est liquidé sur le prix taxes comprises (Rép. min. Éco. et Fin., 11 nov. 1972 : *Bull. AMC* 1973, art. 927).

5079 **Charge augmentative du prix.** Une chronique hypothécaire (*JCP* N 1980, prat. 7604) rappelle qu'en cas de publication d'une vente immobilière assujettie à la TVA, le salaire doit, conformément aux règles générales, être perçu en ajoutant au prix de l'immeuble, le montant de la taxe mise contractuellement à la charge de l'acquéreur lorsque le paiement de cette taxe incombe au vendeur (Rép. min., 11 oct. 1972, préc. – V. dans le même sens : *Bull. AMC* 1972, art. 894 ; *ibid.* 1973, art. 927. – V. également chron. Bulté *in JCP* N 1972, prat. 5248-2. – *Bull. AMC* 1991, art. 1494).

Immeuble par destination

Franck ROUSSEL

BIBLIOGRAPHIE : Sur la notion d'immeuble par destination du point de vue civil, V. *JCl. Notarial Formulaire*, V° Propriété, Fasc. 10. – *JCl. Notarial Répertoire*, V° Biens, Fasc. 40. – Et du point de vue fiscal, V. *JCl. Fiscalité immobilière*, Fasc. 110.

I Généralités

5080 **Définition.** Les immeubles par destination sont des objets que le propriétaire d'un fonds y a soit placés pour le service et l'exploitation de ce fonds, soit attachés à perpétuelle demeure (C. civ., art. 524 et 525).

5081 **Conditions à remplir pour qu'il y ait immobilisation.** Trois conditions doivent être remplies pour qu'un objet soit immeuble par destination (V. BOI-ENR-DMTOI-10-10-10-08/03/2017, n° 240) :
– les objets doivent être attachés à un fonds, c'est-à-dire à un immeuble par nature, quelle que soit la destination de ce fonds ;
– les objets doivent y avoir été attachés par le propriétaire du fonds.
C'est ainsi que le matériel installé dans un bâtiment, immeuble par nature, devient immeuble par destination dès lors qu'il y est placé par le propriétaire de ce bâtiment. Par contre, les objets mobiliers placés sur un fonds par un locataire qui acquiert ultérieurement la propriété de ce fonds restent meubles car les conditions posées par la loi ne sont pas remplies au moment de l'affectation des objets au fonds ;
– la troisième condition diffère selon la catégorie d'immeubles par destination. Il faut distinguer les objets mobiliers placés pour le service et l'exploitation du fonds (V. n° 5082) et les objets attachés à perpétuelle demeure (V. n° 5085).

A Objets mobiliers placés pour le service et l'exploitation du fonds

5082 **Principe.** Ces objets ne deviennent immeubles par destination que s'ils sont affectés au service et à l'exploitation du fonds. Il faut donc distinguer parmi les objets se trouvant sur le fonds entre ceux qui servent à l'exploitation et ceux qui n'en sont que le produit. La difficulté réside dans le fait que le même objet peut présenter l'une ou l'autre caractéristique ou même les deux successivement. C'est ainsi que le cheptel d'un fonds agricole n'est immeuble par destination que s'il sert à l'exploitation, c'est-à-dire s'il a été placé sur le fonds par son propriétaire à titre d'accessoires nécessaires à l'exploitation du fonds (V. BOI-ENR-DMTOI-10-10-10-08/03/2017, n° 250. – V. aussi **Cheptel**).

5083 **Objets mobiliers dépendant d'une exploitation agricole.** Par ailleurs, en l'absence de toute aliénation concomitante des terres, la cession de gré à gré d'objets mobiliers dépendant d'une exploitation agricole, et corrélative à la cession des bâtiments d'exploitation, doit être considérée comme une aliénation isolée d'objets mobiliers faisant perdre à ceux-ci leur caractère d'immeubles par destination.

Remarque : Les bâtiments ne sont compris dans le fonds agricole qu'en considération de leur affectation à son service ou à son exploitation. Ils n'en font plus partie lorsqu'ils sont cédés séparément des terres ; leur cession, dans ces conditions, ne s'analyse pas en une vente partielle du fonds. L'acte constatant la cession de ces objets mobiliers est alors enregistré au droit fixe conformément aux dispositions de l'article 732 du Code général des impôts.
Cette solution, retenue par la Cour de cassation dans un arrêt du 21 juillet 1987 (n° 85-18.723), ne saurait être étendue aux hypothèses où l'exploitation n'implique pas l'usage d'une terre, ce qui est le cas des exploitations hors sol (BOI-ENR-DMTOI-10-10-10-08/03/2017, n° 260).

5084 **Droits d'eau et moulin.** En revanche, un moulin qui avait fait l'objet, le 2 pluviôse an VIII, d'une vente de biens nationaux et dont les propriétaires successifs avaient toujours respecté l'affectation, possède une existence légale au sens des articles 23 et 26 du Code du domaine public fluvial et de la navigation intérieure et de l'article 29 de la loi du 16 octobre 1919 relative à l'utilisation de l'énergie hydraulique.
Il s'ensuit que le droit d'usage des eaux domaniales, attaché à une usine ayant existence légale et cédé avec elle, possède le caractère d'un droit réel immobilier (Cass. civ., 10 juin 1981, n° 80-10.428).
Remarque : Les articles 23 et 26 du Code du domaine public fluvial et de la navigation intérieure ont été abrogés à compter du 1er juillet 2006 (Ord. n° 2006-460, 24 avr. 2006, art. 7) et l'article 29 a été abrogé à compter du 1er juin 2011 (Ord. n° 2011-504, 9 mai 2011, art. 4).

Dès lors que la cession des droits d'eau seuls a été consentie le même jour que l'apport du moulin à une société dont l'objet est notamment l'exploitation de ce moulin et sa transformation en usine hydroélectrique et que ledit moulin comprend non seulement le bâtiment, mais aussi l'emplacement, capital pour l'exploitation des droits d'eau, l'état actuel de délabrement du bâtiment n'a pas dépouillé de leur caractère immobilier les droits d'eau qui y étaient attachés (Cass. 3e civ., 10 juin 1981, n° 80-10.429. – BOI-ENR-DMTOI-10-10-10-08/03/2017, n° 260).

B Objets attachés à perpétuelle demeure

5085 **Règles applicables.** L'article 525 du Code civil précise que sont censés être attachés au fonds à perpétuelle demeure les objets qui sont « scellés en plâtre ou à chaux ou à ciment » ou qui ne peuvent en être séparés sans entraîner des dégradations pour l'objet ou pour le fonds ; tels peuvent être les glaces d'un appartement, ainsi que les tableaux, boiseries ou tapisseries. Toutefois, les statues placées dans une niche sont immeubles par destination encore qu'elles puissent en être retirées sans détérioration. Entrent, bien entendu, dans la présente catégorie, toutes les machines fixes qui sont scellées au sol.
Les immeubles par destination peuvent être mobilisés par le propriétaire du fonds lorsque ce dernier met fin à leur affectation ou encore lorsqu'il les aliène séparément. Mais pour que l'immobilisation cesse, il faut qu'il y ait séparation effective du fonds et des meubles jusqu'alors immobilisés (V. BOI-ENR-DMTOI-10-10-10-08/03/2017, n° 270).

II Publicité foncière

A Publications

5086 **Obligation de publier.** Il résulte du décret du 4 janvier 1955 que pour être opposable aux tiers, tout acte emportant le transfert de propriété d'un immeuble doit être publié. Cette règle concerne non seulement les immeubles par nature, mais également les immeubles par destination affectés par leur propriétaire à l'immeuble principal (V. en ce sens, Cass. 3e civ., 6 janv. 1972 : *D.* 1972, p. 398).

5087 **Acte contenant des dispositions portant à la fois sur des immeubles par nature et des immeubles par destination. Réquisition de ne publier que les dispositions concernant les immeubles par nature.** L'article 76 du décret du 14 octobre 1955 prévoit dans son alinéa 3 que si dans un acte ou une décision « des biens autres que des immeubles par nature ou des droits ne portant pas sur des immeubles par nature présentent le caractère immobilier, ce caractère doit être explicitement indiqué dans le document déposé. À défaut, la publicité n'est censée requise qu'en ce qui concerne les autres biens ou droits immobiliers compris dans le document ». En ce qui concerne les immeubles par destination, la formalité ne sera donc accomplie que si les documents déposés indiquent explicitement leur caractère immobilier (*BA* 1956, I, 7310, n° 16-A ; *JCP* N 1957, III, 21 771).

Les parties ont donc la faculté de préciser dans leurs réquisitions si elles désirent ou non la publication de l'acte en ce qui concerne les biens autres que les immeubles par nature. Cette réquisition résulte implicitement du seul dépôt à la conservation des hypothèques (aujourd'hui : au service de la publicité foncière) de l'acte à publier duquel sont exclus les immeubles par destination (Bulté et Béchade, chron. hyp. : *JCP* N 1961, IV, 3132).

5088 Apport en société d'un système de drainage qualifié expressément par les parties de « biens immobiliers par destination ». Publication dudit apport valablement requise quoique les apporteurs aient conservé la propriété des parcelles ainsi drainées. Par acte notarié, deux époux ont constitué entre eux une exploitation agricole à responsabilité limitée (EARL) à laquelle ils ont apporté, entre autres biens, chacun la moitié indivise d'un « système de drainage enterré par tous accessoires », incorporé à quarante et une parcelles désignées par leurs références cadastrales. Or, bien que ce système soit, dans l'acte, qualifié de « biens immobiliers par destination », les co-exploitants ont conservé la propriété de ces parcelles si bien que la condition d'identité de propriétaire nécessaire à l'immobilisation des objets mobiliers par nature n'est pas remplie. Y a-t-il là un obstacle à l'extension de la publicité auxdits biens ? Dans l'affirmative, comment annoter les fiches des parties ?

Réponse : la première question appelle une réponse négative. En effet, ainsi qu'il résulte du troisième alinéa du 1 de l'article 76 du décret n° 55-1350 du 14 octobre 1955, ce n'est que dans le cas où les immeubles par destination ne sont pas indiqués comme tels que la publicité n'est censée requise qu'en ce qui concerne les autres biens ou droits immobiliers compris dans le document. Or, en l'espèce, cette indication figure dans l'acte et le conservateur (aujourd'hui, le service de la publicité foncière) qui n'est pas juge de sa validité et de son efficacité, n'est pas habilité à la remettre en cause ; il ne peut, pour l'exécution de la formalité, qu'en tirer la conséquence prévue par la disposition réglementaire déjà citée. Quant aux annotations du fichier, elles apparaîtront suffisamment explicites dès lors que l'acte contient les références cadastrales des parcelles concernées. En effet, sur la fiche de chacune des parties, l'énonciation des numéros d'ordre desdites parcelles, faites dans la colonne « Immeubles » du cadre A du tableau III, sera accompagnée dans la colonne suivante d'une annotation précisant que l'apport est limité au système de drainage (*Bull. AMC* 1992, art. 1565).

B Inscriptions

5089 Désignation des immeubles. Une désignation détaillée des immeubles par destination ne paraît pas indispensable dans l'inscription puisque l'hypothèque constituée sur un immeuble par nature s'étend de plein droit et sans qu'il soit besoin d'une affectation spéciale aux accessoires du fonds devenu immeuble par destination (C. civ., art. 2397. – Cass. req., 2 août 1886 : *S.* 1886, 1, 417). D'autre part, les immeubles par destination conservent ce caractère aussi longtemps qu'ils continuent de rester attachés au fonds dont ils forment une dépendance et ils cessent de plein droit d'être soumis à l'hypothèque lorsqu'ils sont détachés du fonds grevé (Cass. req., 21 nov. 1894 : *S.* 1896, 1, 230). Le créancier a donc comme garantie de sa créance tous les immeubles par destination dépendant de l'immeuble grevé par son hypothèque (Bulté, chron. hyp. : *JCP* N 1958, IV, 2618).

5090 Inscription prise sur des immeubles par nature et sur des immeubles par destination. Mainlevée limitée aux immeubles par nature. Une inscription a été prise sur un bâtiment à usage industriel et sur l'outillage et le matériel affecté à l'exploitation considérés comme immeubles par destination. Le créancier a donné mainlevée de cette inscription mais seulement en ce qu'elle porte sur le bâtiment industriel.

Il est généralement admis que les immeubles par destination ne sont grevés que comme accessoires des immeubles par nature et que la libération de ces derniers entraîne *ipso facto* celles des immeubles par destination (*Précis CML*, 2e éd., n° 188 bis).

Mais le conservateur (aujourd'hui, le service de la publicité foncière) n'a pas à se faire juge du fond du droit et ne peut que s'en tenir aux termes de l'acte de main levée. Dès lors que celle-ci ne dégrève en l'espèce qu'une partie des immeubles, le salaire du conservateur (aujourd'hui, la contribution de sécurité immobilière) doit être assis sur la valeur du bâtiment industriel dégrevé, déterminé en moyen d'une déclaration estimative.

D'autre part, après la réduction de gage qui ne vise que l'immeuble par nature, les immeubles par destination demeurent apparemment grevés.

Par suite, dans les états qui seront requis après la radiation partielle sur l'immeuble en cause, dont les immeubles par destination forment un des éléments, l'inscription continuera à être révélée avec la mention de la radiation partielle donc elle sera émargée (*Bull. AMC* 1980, art. 1184).

III Régime fiscal

A Taxe de publicité foncière

5091 Principe. Les objets placés sur un fonds en vue de son exploitation et les objets attachés au fonds à perpétuelle demeure sont soumis, au moment de leur vente, au régime des ventes d'immeubles, dès lors que cette vente n'a pas pour effet de leur restituer leur nature mobilière. Le tarif applicable est celui correspondant à la nature de l'immeuble, avec éventuellement le bénéfice des tarifs réduits (V. **Vente d'immeuble**).

5092 Nécessité d'un prix particulier et d'une désignation détaillée. Selon l'article 683-1 du Code général des impôts : « Lorsque la mutation porte à la fois sur des immeubles par nature et sur des immeubles par destination, ces derniers doivent faire l'objet d'un prix particulier et d'une désignation détaillée ».
La loi exige, dans le cas qu'elle prévoit, une désignation détaillée des immeubles par destination mais n'impose pas leur estimation article par article ; un prix particulier – qui peut être un prix global – suffit (*Dict. enr.*, n° 4451).
Si les prescriptions légales ne sont pas satisfaites, l'accomplissement de la formalité doit être refusé (*BOI*, 5210).

B Contribution de sécurité immobilière

AVERTISSEMENT L'ordonnance n° 2010-638 du 10 juin 2010 (*JO* 11 juin) supprime le conservateur des hypothèques à compter du 1er janvier 2013.
À partir de cette date est instituée une taxe au profit de l'État, dite « contribution de sécurité immobilière », prévue par l'article 879 du Code général des impôts. Cette taxe, qui remplace le salaire du conservateur des hypothèques, est perçue aux mêmes conditions d'assiette, de tarif, de contrôle et de recouvrement que ce salaire (sur les règles de perception de cette contribution, V. **Contribution de sécurité immobilière).**

Les solutions énoncées ci-dessous à propos du salaire du conservateur restent valables, jusqu'à nouvel ordre, pour la perception de la contribution de sécurité immobilière opérée par le service de la publicité foncière.

5093 Caractère des immeubles par destination non expressément indiqués dans l'acte. Salaire du conservateur exigible seulement sur la valeur des immeubles par nature. Lorsqu'un acte présenté à la formalité ne comprend pas seulement des immeubles par nature mais aussi des meubles revêtant le caractère d'immeuble par destination, la publicité ne s'étend à ces derniers que si leur caractère immobilier est explicitement indiqué dans l'acte (D. 14 oct. 1955, art. 76, § 1, al. 3). Le conservateur n'a pas à rechercher si se trouvent remplies les conditions nécessaires pour que les meubles revêtent le caractère d'immeuble par destination mais si ce caractère fait l'objet dans l'acte d'une énonciation explicite.
À défaut, la publication n'est censée requise que pour les immeubles par nature et, par voie de conséquence, le salaire doit être assis seulement sur la valeur de ces immeubles (*Bull. AMC* 1974, art. 982).

5094 Désignation comme « meubles » de biens qui sont en réalité des immeubles par destination. Si dans les statuts d'un GAEC les apports comprennent des immeubles par nature et des biens désignés comme « meubles » mais qui sont en réalité des immeubles par destination, le conservateur n'est fondé à percevoir son salaire que sur la seule valeur des immeubles par nature (*Bull. AMC* 1992, art. 1535).

Immeuble vacant et sans maître

Neyla GONZALEZ-GHARBI

Sommaire analytique

BIBLIOGRAPHIE : D. Dutrieux, *Le point sur le régime des biens vacants et sans maître* : *JCP* N 2010, n° 10, 1120. – S. Lamiaux, *Les immeubles vacants successoraux* : *JCP* N 2015, n° 41, 1179 ; *Les biens sans maîtres et présumés sans maîtres* : *JCP* N 2015, n° 42-43, 1184 – Bulletin Cridon Paris, n° spécial Loi « 3Ds », mai 2022 – G. Casu, *La loi 3Ds et les biens sans maître* : *JCP* N 2022, 1152.

5095 Introduction – Définitions – Les apports de la loi 3DS. L'article L. 1123-1 du Code général de la propriété des personnes publiques (CG3P) définit les biens qui n'ont pas de maître et en distingue deux sous-catégories communément désignés respectivement « biens sans maître » et « biens présumés sans maître ». Dans sa version issue de la loi n° 2022-217 du 21 février 2022, dite loi 3DS qui a substantiellement modifié le régime de ces biens, le texte de l'article L. 1123-1 du CG3P, s'établit ainsi :

> **CG3P, art. L. 1123-1 :** « Sont considérés comme n'ayant pas de maître les biens autres que ceux relevant de l'article L. 1122-1 et qui :
>
> 1° Soit font partie d'une succession ouverte depuis plus de trente ans et pour laquelle aucun successible ne s'est présenté. Ce délai est ramené à dix ans lorsque les biens se situent dans le périmètre d'une grande opération d'urbanisme au sens de l'article L. 312-3 du code de l'urbanisme ou d'une opération de revitalisation de territoire au sens de l'article L. 303-2 du code de la construction et de l'habitation, dans une zone de revitalisation rurale au sens de l'article 1465 A du code général des impôts ou dans un quartier prioritaire de la politique de la ville au sens de l'article 5 de la loi n° 2014-173 du 21 février 2014 de programmation pour la ville et la cohésion urbaine ; la présente phrase ne fait pas obstacle à l'application des règles de droit civil relatives à la prescription ;
>
> 2° Soit sont des immeubles qui n'ont pas de propriétaire connu et pour lesquels depuis plus de trois ans les taxes foncières n'ont pas été acquittées ou ont été acquittées par un tiers. Ces dispositions ne font pas obstacle à l'application des règles de droit civil relatives à la prescription ;
>
> NB : Conformément au IV de l'article 98 de la loi n° 2022-217 du 21 février 2022, le 1° du présent article est applicable, dès l'entrée en vigueur de ladite loi, aux successions ouvertes à compter du 1er janvier 2007 et non encore partagées.

La loi du 21 février 2022 a abaissé de 30 à 10 ans le délai d'ouverture d'une succession vacante à la condition toutefois que les biens en dépendant soient situés dans le périmètre d'une opération d'aménagement ou d'urbanisme limitativement énumérés (grande opération d'urbanisme, opération de revitalisation du territoire, zone de revitalisation rurale ou quartier prioritaire de la politique de la ville.

Concernant les biens présumes sans maître, la loi a supprimé la distinction entre les immeubles assujettis à la taxe foncière sur les propriétés bâties à ceux assujettis à la taxe foncière sur les propriétés non bâties afin de les soumettre à une procédure unique : celle prévue à l'article L. 1123-3 du CG3P en matière des biens bâtis est désormais applicable à l'ensemble des biens, bâtis ou non-bâtis présumés sans maître (V. Rép. min., n° 38016 : *JOAN* 12 avr. 2022). Cette procédure est facilitée par la levée du secret fiscal des services fiscaux désormais autorisés à communiquer aux communes l'état de situation fiscale des biens au regard de la taxe foncière.

La loi aménage également la procédure de restitution des biens déclarés sans maître à tort (CG3P, art. L. 2222-20).

Enfin, la loi 3DS modifié les dispositions de l'article 713 du code civil pour élargir les cas dans lesquels les biens sans maître peuvent être acquis par le conservatoire régional d'espaces naturels.

Plan – Seront envisagés successivement, dans les aspects intéressant la publicité foncière, les biens sans maître (I), les biens présumés sans maître (II), enfin, les biens vacants à la suite d'un décès (III).

I Biens sans maître

5096 **Sources.** La matière est régie par les articles 713 du Code civil et L. 1123-1 à L. 1123-3 et L. 2222-20 du Code général de la propriété des personnes publiques.

Art. 713 *(Mod. par L. n° 2022-217, 21 févr. 2022, art. 98).* – Les biens qui n'ont pas de maître appartiennent à la commune sur le territoire de laquelle ils sont situés. Par délibération du conseil municipal, la commune peut renoncer à exercer ses droits, sur tout ou partie de son territoire, au profit de l'établissement public de coopération intercommunale à fiscalité propre dont elle est membre. Les biens sans maître sont alors réputés appartenir à l'établissement public de coopération intercommunale à fiscalité propre.

Si la commune ou l'établissement public de coopération intercommunale à fiscalité propre renonce à exercer ses droits, la propriété est transférée de plein droit :

1° Pour les biens situés dans les zones définies à l'article L. 322-1 du Code de l'environnement, au Conservatoire de l'espace littoral et des rivages lacustres lorsqu'il en fait la demande ou, à défaut, au conservatoire régional d'espaces naturels agréé au titre de l'article L. 414-11 du même code lorsqu'il en fait la demande ou, à défaut, à l'État ;

2° Pour les autres biens, après accord du représentant de l'État dans la région, au conservatoire régional d'espaces naturels agréé au titre du même article L. 414-11 lorsqu'il en fait la demande, ou, à défaut, à l'État.

A Publicité foncière

5097 **Directives administratives.** Le document de base est la circulaire ministérielle du 18 mai 1966 (*JCP* N 1966, 111, 32194) dont on trouvera un commentaire détaillé par M. Bulté, *in JCP* N 1967, IV, chron. hyp., 4276.

Cette circulaire a été commentée et complétée par une note adressée à MM. les directeurs des impôts (contributions directes et cadastre) en date du 31 mai 1967, une instruction de la Direction de la comptabilité publique en date du 13 juillet 1967 et les directives relatives à la rédaction des actes et à la publicité foncière.

Ces textes ont été repris et publiés dans une instruction du 7 mai 1968 (*BOED* 1968, 10313), qui a été commentée par M. Bulté (*JCP* N 1969, prat. 4622).

Pour tirer les conséquences d'une décision de la Cour de cassation (Cass. 1re civ., 22 mai 1970 : *JCP* N 1970, IV, 4882) qui a apporté une extension importante à la notion de biens vacants et sans maître, l'administration a publié postérieurement une instruction en date du 29 juin 1971 (*BODGI* 9 B-12-71 : *JCP* N et G 1971, III, 38145).

5098 **Dévolution des biens sans maître.** Elle est réglée par l'article 713 du Code civil (V. le texte ci-dessus) qui, au fil de son évolution législative, a multiplié les personnes publiques susceptibles d'acquérir les biens sans maître.

Aux termes d'une circulaire du 8 mars 2006 (art. 2.2.1), le transfert de propriété à la commune se matérialise par une délibération du conseil municipal autorisant l'acquisition par le maire du bien sans maître. La prise de possession est alors constatée par un procès-verbal du maire, affiché en mairie (D. Dutrieux, *Le point sur le régime des biens vacants et sans maître : JCP* N 2010, n° 10, 1120, § 9). Du point de vue de la publicité foncière, l'application de ce texte pose deux questions : l'une relative au jeu du principe de « l'effet relatif » (1), l'autre concernant la nécessité de publier le procès-verbal de prise de possession (2).

1 Effet relatif

5099 **Non-application du principe de l'effet relatif.** Il était admis que le principe de l'effet relatif ne s'appliquait pas en cas de publication de procès-verbaux d'adjudication ou de cession amiable d'immeubles vacants et sans maître, car la mutation résultant de la loi, ces immeubles devaient être considérés comme acquis sans titre (Doc. adm. DGI, 10 E 7312, 2 mai 1983, n° 2). La solution, qui se fonde sur l'article 35 du décret du 14 octobre 1955, reste toujours actuelle.

Lorsque, comme en l'espèce, le droit du disposant a été acquis sans titre, le document déposé doit simplement contenir une déclaration précisant le mode ou les conditions d'acquisition du droit. En cas de revente du bien sans maître par la commune ou l'EPCI, il suffit donc de préciser dans l'acte que l'immeuble a été acquis en tant que bien sans maître, et de viser les articles 713 du Code civil et les articles L. 1123-1, 1° et L. 1123-2 du Code général de la propriété des personnes publiques.

2 Publication du procès-verbal de prise de possession

5100 **Justification.** En faveur de la publication du procès-verbal de prise de possession, on a fait valoir qu'il était utile que le changement de la situation juridique de l'immeuble soit porté à la connaissance des usagers du service public de la publicité foncière. Cette publication peut se justifier si l'on considère ce procès-verbal comme ayant la nature d'un « acte déclaratif » (V. **Acte déclaratif**), et pour mettre en concordance le fichier immobilier et le cadastre (V., en faveur de la publication, S. Lamiaux, *Les biens sans maître et présumés sans maître : JCP* N 2015, n° 42-43, 1184, n°s 8 à 10. – 109e Congrès des notaires de France, 16-19 juin 2013, *Propriétés publiques : quels contrats pour quels projets ?*, Rapports, § 2337, p. 423).

5101 **Modalités de la publication.** Deux modalités de publication, qui pourraient *a priori* être envisagées, semblent devoir être exclues (S. Lamiaux, *Les biens sans maître et présumés sans maître*, étude préc., n°s 12 et 13) :

– la publication d'un dépôt pour minute du procès-verbal de prise de possession ou d'une ampliation de cet arrêté ;

– la publication de ce que l'on pourrait appeler par abus de terminologie une « attestation de propriété ».

Dès lors que le procès-verbal de prise de possession constitue un acte authentique, sous réserve que la procédure d'authentification posée par l'article L. 1311-13 du Code général des collectivités territoriales soit respectée, c'est ce document qui peut être directement publié. Pour ce faire, le procès-verbal doit faire l'objet d'une double signature : celle de l'adjoint au maire ou du vice-président au titre de la commune de l'établissement public et celle du maire ou du président de l'EPCI, en qualité d'authentificateur. La publication du procès-verbal sera ensuite opérée par le dépôt de deux expéditions, dont l'une rédigée sur formulaire administratif (actuellement modèle n° 3265-SD) après certification de l'identité des parties par les maires ou présidents d'EPCI.

En énonçant que « les textes ne prévoient pas l'obligation de recourir à un acte authentique pour le transfert du bien dans le domaine de la collectivité » une réponse ministérielle sibylline paraît signifier que le recours à un acte authentique spécifique est inutile puisqu'il suffit de publier les actes administratifs qui constatent l'appropriation du bien par la collectivité publique concernée (Rép. min. n° 19684 : *JO* Sénat Q, 20 oct. 2016, p. 4630 ; *JCP* N 2016, n°s 43-44, act. 1180).

B Taxations

1 Taxe de publicité foncière

5102 **Attribution des immeubles à la commune ou à l'État.** Les acquisitions faites par la commune ou les établissements publics communaux ne donnent lieu à aucune perception au profit du Trésor (CGI, art. 1042-I : V. **Commune**). Par ailleurs, aux termes de l'article 1040-1 du Code général des impôts, les acquisitions faites par l'État sont exonérées des droits d'enregistrement et de la taxe de publicité foncière (V. **État**).

5103 **Restitution des immeubles.** L'article L. 2222-20 du Code général de la propriété des personnes publiques prévoit les cas dans lesquels les propriétaires réels ou leurs ayants cause peuvent obtenir la restitution des immeubles. La restitution est alors constatée par un acte en la forme administrative préparé par les Domaines et reçu par les soins du préfet, publié au fichier immobilier.

La circulaire du 18 mai 1966 (§ 3-A-d-1°) prévoit que les frais d'établissement du contrat et les droits auxquels il est assujetti sont supportés par l'auteur de la revendication. L'exonération de l'article 1040-1 du Code général des impôts ne paraît pas alors applicable. Et la taxe de publicité foncière sera donc perçue selon le droit commun.

On peut se demander cependant comment doit être taxé cet acte. Il semble qu'il entre dans la catégorie des actes déclaratifs et que sa publication donnera lieu au paiement de la taxe de publicité foncière au taux de 0,70 % (0,71498 % avec les perceptions additionnelles).

5104 **Aliénation des immeubles par l'État.** Quant aux actes constatant l'aliénation par l'État des immeubles vacants et sans maître, ils sont soumis, lors de leur publication, à la taxe de publicité foncière au tarif ordinaire. Les ventes d'immeubles de l'État donnent en effet ouverture aux mêmes droits que les mutations d'immeuble entre particuliers (CGI, art. 683-II).

2 Contribution de sécurité immobilière

5105 **Exigibilité du tarif proportionnel.** Aucune exemption de la contribution de sécurité immobilière n'a été prévue. Elle est donc exigible pour la publication des actes ou jugements « sur les sommes énoncées ou la valeur estimée par les requérants » des immeubles ou des droits faisant l'objet de la publication, comme antérieurement le salaire du conservateur (CGI, ann. III, art. 296. – Bulté, chron. préc.), sauf application des dispositions des articles 1040 et 1042 du CGI.

II Immeubles présumés sans maître

5106 **Définition.** La définition des biens présumés sans maîtres est donnée par l'article L. 1123-1, 2° et 3° du Code général de la propriété des personnes publiques (CGPPP) qui, dans sa rédaction antérieure à celle issue de la loi 3DS précitée (V. Introduction) distinguait deux catégories d'immeubles :

– les immeubles qui n'ont pas de propriétaires connus et pour lesquels depuis plus de trois ans les taxes foncières n'ont pas été acquittées ou ont été acquittées par un tiers ;

– les immeubles qui n'ont pas de propriétaires connus, qui ne sont pas assujettis à la taxe foncière sur les propriétés bâties, et pour lesquels, depuis plus de trois ans, la taxe foncière sur les propriétés non bâties n'a pas été acquittée ou a été acquittée par un tiers.

Les procédures d'appropriation différaient selon la catégorie de l'immeuble considéré (V. S. Lamiaux, *Les biens sans maître et présumés sans maître*, étude préc., n°s 17 à 23).

5107 **Appropriation de l'immeuble présumé sans maître : Application de la procédure antérieurement applicable aux seuls immeubles assujettis à la taxe foncière sur les propriétés bâties.** La procédure d'appropriation s'opère en deux temps (S. Lamiaux, *Les biens sans maître et présumés sans maître*, étude préc., n°s 17 à 19) :

– le constat d'abandon : le maire ou le président de l'EPCI prend un arrêté constatant que l'immeuble n'a plus de propriétaires connus, qui fait l'objet de diverses publications et notifications. Si un propriétaire ne s'est pas fait connaître dans les six mois de l'accomplissement de la dernière des mesures de publicité, l'immeuble est présumé sans maître ;

– l'incorporation dans le domaine communal ou intercommunal : lorsque l'immeuble est présumé sans maître, la commune ou l'EPCI peuvent l'incorporer dans leur domaine. Le conseil municipal doit prendre une délibération en ce sens dans le délai de six mois (à défaut le bien est appréhendé par l'État), suivi d'un arrêté du maire ou du président de l'EPCI.

5108 **Appropriation d'un immeuble assujetti à la taxe foncière sur les propriétés non bâties – Régime antérieur à la loi du 21 février 2022** – L'appropriation se fait alors en trois temps (S. Lamiaux, *Les biens sans maître et présumés sans maître*, étude préc., n°s 20 à 23) :

– recensement des immeubles concernés : le représentant de l'État dans le département arrête au

plus tard le 1er juin de chaque année la liste des immeubles et la transmet au maire de chaque commune concernée. L'arrêté fait l'objet de diverses mesures de publication ;
– notification de la présomption de vacance : si aucun propriétaire ne s'est fait connaître dans un délai de six mois à compter de l'accomplissement de la dernière des mesures de publicité, l'immeuble est présumé sans maître. Le représentant de l'État dans le département le notifie alors au maire de la commune de situation de l'immeuble ;
– incorporation dans le domaine communal : la commune concernée peut, par délibération du conseil municipal, décider de l'incorporer dans le domaine communal. Cette incorporation est constatée par arrêté du maire. À défaut de délibération dans un délai de six mois à compter de la notification de la vacance du bien, la propriété de l'immeuble est attribuée à l'État.

A Publicité foncière

1 Acte à publier

5109 **Arrêté d'incorporation.** Dans tous les cas, que le bien présumé sans maître soit un immeuble assujetti à la taxe foncière sur les propriétés bâties ou à la taxe foncière sur les propriétés non bâties, le seul acte dont la publication doit être opérée est l'arrêté d'incorporation. Cet arrêté étant translatif de propriété immobilière, est assujetti à publicité foncière à titre obligatoire (D. n° 55-22, 4 janv. 1955, art. 28, 1°, a).
La publication du dépôt pour minute de l'arrêté d'incorporation est à exclure, de même que la publication d'une « attestation de propriété » (V. *supra*, n° 5101).
Dès lors que l'arrêté d'incorporation présente le caractère authentique, à la condition que la procédure de réception et d'authentification prévue par l'article L. 1311-13, alinéa 2 du Code général des collectivités territoriales ait été mise en œuvre, c'est l'arrêté lui-même qui devra être présenté à la publication. Il devra faire l'objet d'une double signature : celle de l'adjoint au maire ou du vice-président au titre de la commune ou de l'établissement public, celle du maire ou du président de l'EPCI en qualité d'authentificateur. La publicité sera effectuée par le dépôt de deux ampliations de l'arrêté dont l'une rédigée sur un imprimé administratif spécial (actuellement, modèle n° 3265-SD), conformément à l'article 34, § 1 du décret du 4 janvier 1955 (V. S. Lamiaux, *Les biens sans maître et présumés sans maître*, étude préc., n° 29).

2 Effet relatif

5110 **Situations à distinguer.** L'instruction précitée du 7 mai 1968 (*BOED* 1968, 10313), qui a été commentée par M. Bulté (*JCP* N 1969, prat. 4622), distingue plusieurs situations (S. Lamiaux, *Les biens sans maître et présumés sans maître*, étude préc., n° 30) :
– si le titre du dernier propriétaire ou la transmission par décès à son profit ont été publiés et qu'aucune mutation ultérieure n'est intervenue, l'arrêté devra indiquer, d'une part, l'identité de ce dernier propriétaire, qui devra être certifiée conformément aux dispositions de l'article 5 du décret du 4 janvier 1955 et, d'autre part, les références de la formalité donnée au titre ;
– la deuxième situation est celle où il existe des discordances entre le fichier immobilier et la documentation cadastrale. Le droit du dernier propriétaire apparaissant au cadastre résulte bien d'un titre ou d'une attestation notariée publiée, mais au fichier immobilier il n'est plus le « dernier titulaire » du droit parce qu'une ou plusieurs mutations postérieures sont intervenues, qui n'ont pas été constatées dans la documentation cadastrale. Dès lors :
• ou bien les titres ou attestations non publiés font l'objet d'une publication et la situation est la même que celle évoquée dans le paragraphe qui précède (l'arrêté devra identifier le dernier propriétaire et préciser l'effet relatif »,
• ou bien ces titres et attestations non publiés ne le sont toujours pas et il conviendra d'appliquer alors les solutions évoquées ci-dessous au quatrième paragraphe ;
– la troisième situation est celle où aucun titre de propriété ou aucune attestation après décès n'ont été publiés et où il n'existe pas de titre ou d'attestation postérieurs au 1er janvier 1956.
En ce cas, il y a lieu de faire application des dispositions de l'article 36, § 3 a) du décret du 14 octobre 1955. L'arrêté doit indiquer la « nature du titre » du dernier propriétaire inscrit dans la documentation cadastrale et contenir la déclaration « qu'à sa connaissance le titre ou la transmission par décès n'est pas postérieur au 1er janvier 1956 » ;
– la quatrième situation est celle où le titre du dernier propriétaire inscrit dans la documentation cadastrale, ou la transmission par décès à son profit sont postérieurs au 1er janvier 1956, mais n'ont pas été publiés.
En ce cas, il convient soit de provoquer cette publicité, soit de produire en application de l'article 36, § 3 b) du décret du 14 octobre 1955, un acte de notoriété ou un certificat délivré par un notaire ou un huissier établissant que le droit du dernier titulaire résulte d'un acte ou d'une décision judiciaire non encore publiés ou d'une transmission

par décès n'ayant pas encore fait l'objet d'une attestation (sur cette modalité particulière d'application de l'effet relatif, V. **Effet relatif**, n°s 3447 et s. – Sur les mentions à insérer dans cet acte, V. **Acte de notoriété**, n° 118).

B Perceptions

5111 Renvoi. On se reportera à ce sujet aux n°s 5102 à 5105, les règles applicables étant identiques.

III Immeubles vacants à la suite d'un décès

5112 Distinction à opérer. Il y a lieu de distinguer selon que l'immeuble dépend d'une succession vacante (A) ou d'une succession en déshérence (B).

A Immeuble dépendant d'une succession vacante

5113 Cas où la succession est « vacante ». Selon l'article 809 du Code civil, une succession est « vacante » :
– lorsqu'il ne se présente personne pour réclamer la succession et qu'il n'y a pas d'héritier connu ;
– lorsque tous les héritiers connus ont renoncé à la succession ;
– lorsque, après l'expiration d'un délai de six mois depuis l'ouverture de la succession, les héritiers connus n'ont pas opté, de manière tacite ou expresse.
Renvoi- Sur les délais applicables pour que les biens dépendant d'une succession vacante soient qualifiés de biens sans maître, V. CG3P, art. L. 1123-1, *supra*, n° 5101.

5114 Rappel du régime applicable aux successions vacantes. La procédure applicable lorsqu'une succession est vacante est définie par les articles 1342 à 1353 du Code de procédure civile.
La déclaration de vacance est prononcée par ordonnance du président du tribunal judiciaire du lieu d'ouverture de la succession qui confie la curatelle de la succession vacante à l'administration des « domaines ». Une fois écoulé un délai de six mois suivant l'ouverture de la succession, le curateur est, entre autres pouvoirs, en droit de vendre les immeubles qui en dépendent.

À cette occasion vont se poser divers problèmes de publicité foncière.

1 Une attestation de propriété est-elle nécessaire ?

5115 Dispense d'attestation. Dès lors qu'il y a eu transmission immobilière par décès, la publication d'une « attestation notariée » devrait être en principe nécessaire en application des articles 28, 3° et 29 du décret n° 55-22 du 4 janvier 1955 (V. **Attestation notariée**).
Mais, considérant que cette attestation était en fait inutile, l'association des conservateurs avait préconisé de renoncer à en exiger la publication préalablement à la vente par l'administration des domaines curateur des biens de vérité, des immeubles dépendant de la succession (*Bull. AMC* 1977, art. 1098 et 1959, art. 379), solution qui a été suivie dans la pratique.

2 Effet relatif

5116 Exigences à respecter. En application du principe de l'effet relatif, et compte tenu de ce que l'administration des domaines n'agit qu'en qualité de curateur et non pas de propriétaire de l'immeuble vendu, il est nécessaire, comme on l'a rappelé (S. Lamiaux, *Les immeubles vacants successoraux : JCP* N 2015, n° 41, 1179, n° 8) :
– d'identifier le défunt conformément aux exigences de l'article 5 du décret n° 55-22 du 4 janvier 1955 et de certifier son identité au vu d'un extrait de naissance ayant moins de six mois de date ;
– d'indiquer au titre de l'effet relatif la formalité donnée au titre d'acquisition du défunt (*Bull. AMC* 1997, art. 1098).

B Immeuble dépendant d'une succession en déshérence

5117 Procédure applicable. Aux termes des articles 539 et 811 du Code civil, une succession est en déshérence lorsqu'une personne décède sans héritiers ou lorsque la succession est abandonnée.

Les biens issus d'une succession ouverte depuis plus de trente ans et pour laquelle aucun successible ne s'est présenté appartiennent en principe à la commune sur le territoire de laquelle ils sont situés. Toutefois, la commune peut renoncer par délibération à exercer ses droits au profit de l'établissement public de coopération intercommunale (EPCI) dont elle est membre. En l'absence de délibération de la commune ou si l'EPCI renonce à exercer ses droits, la propriété est transférée de plein droit à l'État, qui constate le transfert du bien par arrêté préfectoral.

De l'analyse des articles L. 1123-2 du Code général de la propriété des personnes publiques et 713 du Code civil, il a été déduit que le transfert de propriété s'opérait de plein droit et n'impliquait à ce titre l'accomplissement d'aucune formalité préalable (CE, 21 mars 2011, n° 345979, *Bianco*).

La commune n'intervient pas en qualité de successible. Elle acquiert la propriété après un délai de trente ans à compter du décès (Rép. min. n° 85 579 : *JOAN* Q 12 juill. 2016, p. 6695 ; *JCP* N 2016, n° 29, act. 914).

5118 Publicité foncière. Comment doit être publiée la transmission lorsqu'elle s'opère au profit de la commune ou d'un EPCI ? Plusieurs processus ont été suggérés (S. Lamiaux, *Les immeubles vacants successoraux : JCP* N 2015, n° 41, 1179, n°s 12 à 18) :

– l'établissement d'une attestation en la forme administrative préparée par les Domaines (devenu Direction de l'immobilier de l'État depuis le décret n° 2016-1234 du 19 septembre 2016) : mais en l'état, cette procédure ne peut s'autoriser d'aucun support textuel ;

– l'établissement d'une attestation notariée (V. **Attestation notariée**) : mais on peut objecter que dans le cas considéré, la transmission des immeubles héréditaires ne s'opère pas par le jeu d'une dévolution successorale, mais en vertu de la loi.

Si la dévolution s'opère au profit de l'État en l'absence de dévolution à la commune ou à une EPCI il y aura lieu de publier l'arrêté préfectoral constatant cette dévolution.

Imputation des droits

Serge LAMIAUX

I Généralités

5119 **Définition.** L'imputation consiste à précompter sur les droits auxquels donne ouverture un acte ou une mutation, les droits déjà perçus à l'occasion du même fait juridique ou de la même transmission.

Cette opération se fonde sur le principe que le fait juridique qui ne se produit qu'une fois ne saurait donner ouverture à autant de droits qu'il y a d'actes successifs qui le constatent. La perception effectuée sur l'acte primitif libère les actes postérieurs (règle *non bis in idem* ; V. Dublineau, *Traité des droits d'enregistrement*, n° 287).

5120 **Distinction d'avec la compensation.** La compensation suppose l'existence de deux obligations réciproques qui s'éteignent simultanément : l'action en répétition de l'indu par le contribuable et le droit de créance du Trésor.

Dans l'imputation, au contraire, il n'y a pas deux débiteurs mais un débiteur unique se libérant par des paiements partiels envers un créancier unique, lequel n'est pas en même temps son débiteur.

5121 **Application dans le cas de perceptions afférentes à un même acte ou à une même disposition.** Dans la logique de la définition donnée ci-dessus, et puisque l'imputation n'est qu'une application de la règle *non bis in idem*, elle ne saurait être admise à l'égard de deux perceptions qui procèdent d'actes distincts et de dispositions différentes.

L'imputation n'est possible, d'après la Cour de cassation, que lorsqu'il s'agit de précompter un droit provisoirement perçu sur le droit définitivement exigible relativement à un même acte et à une même disposition (Cass. civ., 2 janv. 1940 : Instr. 4486, § 14).

S'il n'y a pas identité du fait juridique, de la convention ou de la mutation imposable, le second acte doit être tarifé abstraction faite du premier.

Ainsi, par exemple, il n'y aurait pas lieu d'imputer les droits auxquels une mutation immobilière a été assujettie sur ceux auxquels donne ouverture la mutation ultérieure du même immeuble au profit d'un acquéreur différent (Cass. civ., 2 janv. 1940, préc. ; *Ind. enr.*, 4663).

II Cas où l'imputation peut s'opérer

5122 Nous distinguerons les cas légaux (A) et les cas admis par la jurisprudence ou l'administration fiscale (B) et le cas particulier des conventions internationales (C).

A Cas légaux : rejet de la formalité

5123 Imputation de la taxe de publicité foncière. Selon l'article 1961 bis, alinéa 2, du Code général des impôts, en cas de rejet de la formalité prononcé, notamment, en vertu de l'article 2428 du Code civil, la taxe acquittée lors du dépôt est, à la demande des parties, imputée sur celle qui est due à l'occasion de la même formalité requise ultérieurement dans des conditions régulières ; la quittance de la taxe est donnée, sous forme d'extrait de la recette au registre des dépôts, sur l'avis par lequel le rejet est notifié au requérant.
La taxe acquittée au moment du dépôt ne peut être imputée que sur celle qui est due à l'occasion de la « même formalité ». L'imputation n'est donc admise qu'à la condition que la nouvelle formalité requise après le rejet le soit en vertu du même fait juridique et pour la même opération. Elle n'est, au surplus, accordée qu'à la demande expresse des parties appuyée de l'extrait de la recette figurant sur l'avis de rejet (V. Doc. adm. DGI, 10 G-142, 1er oct. 1971).

5124 Contribution de sécurité immobilière. Si, en principe, le salaire est exigible chaque fois qu'un acte est présenté à la formalité, cette règle ne va pas jouer dans le cas de rejet (V. **Rejet**).
Comme l'observe M. Bulté (*JCP* N 1960, IV, 2912), « le rejet n'est pas l'accomplissement de la formalité, mais tout le contraire ».
Aussi, quand le document purgé de ces irrégularités sera soumis à nouveau au service de la publicité foncière dans les délais légaux (D. 14 oct. 1955, art. 34, 36 et 37), on devra considérer qu'il n'y a pas deux formalités de publicité, mais une seule accomplie en deux temps. Dès lors, la contribution de sécurité immobilière déjà perçue lors du dépôt primitif ne saurait l'être une seconde fois (pour plus de détails, V. **Rejet**).
Il n'en serait autrement que dans le cas où l'erreur ou l'omission dont le document est entaché serait de telle nature qu'elle exigerait l'établissement d'un acte rectificatif.

> **N.B. :** La contribution de sécurité immobilière a remplacé le salaire du conservateur à compter du 1er janvier 2013. Elle obéit aux mêmes conditions d'assiette, de tarif, de contrôle et de recouvrement que ce salaire (V. **Contribution de sécurité immobilière**).

5125 Dans le cas où, dans le délai imparti, le document soumis à publicité dont la formalité a été mise en attente n'a pas été purgé de ses irrégularités, le service de la publicité foncière rejette définitivement cette formalité (D. 14 oct. 1955, art. 34-3). Cette sanction équivaut à un refus pur et simple.
La publication ultérieure à une époque quelconque du document régularisé donne lieu à une nouvelle inscription au registre des dépôts et doit être traitée comme une nouvelle formalité.
Cependant, selon l'administration, la règle d'imputation prévue pour la taxe de publicité foncière par l'article 1961 bis, alinéa 2, du Code général des impôts précité s'applique également au salaire du conservateur – et donc à la contribution de sécurité immobilière (*Rép. alph. enreg.*, L. III, n° 799, al. 2, V° Hypothèques ; Bulté, chron. préc.).

B Cas admis par l'administration ou la jurisprudence

5126 Imputation d'un droit non restituable. On pourrait considérer que l'imputation, dans la mesure où elle se présente comme la restitution indirecte d'un droit (V. Pilon, *Technique des droits d'enregistrement*, n° 946) n'est plus possible lorsque la prescription de l'action en restitution est accomplie.
La jurisprudence n'a pas admis cette analyse et a reconnu que la prescription de l'action en restitution d'un droit ne faisait pas obstacle à l'imputation de ce droit (Cass., 13 avr. 1825 : Instr. 1173, § 6).
Cette solution a paru être remise en cause par un arrêt de la Cour de cassation en date du 5 mars 1935 (*Ind. enr.*, 3037 ; Instr. 4199, § 6). Mais l'administration ne s'est pas conformée par la suite à cette jurisprudence (*BOI* 11 267-32).
Le *Dictionnaire de l'enregistrement* estime que l'imputation demeure possible nonobstant la prescription ou forclusion éventuellement opposable à une action en restitution « lorsque les droits irrégulièrement perçus sur un acte sont déduits des droits définitivement exigibles sur cet acte, il n'y a là aucune restitution même indirecte ». L'administration s'abstient seulement de réclamer un droit qui lui a déjà été payé. Il s'agit simplement de l'application de la règle *non bis in idem* (n° 2224).

5127 Droits perçus dans un bureau incompétent. La formalité accomplie dans un bureau incompétent est en principe inopérante et le paiement des droits à ce bureau non libératoire.
Il en résulte que les droits perçus au bureau incompétent sont restituables dans les délais légaux. Mais l'imputation des droits versés au bureau incompétent sur ceux dus au bureau compétent est généralement admise (V. BOI-ENR-DG-40-10-30-20120912,

n°s 260 et 270. – V. antérieurement, Doc. adm. DGI, 7 A-413, n° 24, 10 sept. 1996).

5128 Clause d'accroissement.
➤ Sur les problèmes d'imputation que pose la clause d'accroissement, V. **Clause d'accroissement**.

5129 Partage d'une succession comportant des immeubles ou droits immobiliers pour lesquels le droit de propriété du défunt n'a pas été constaté avant son décès par un acte régulièrement transcrit ou publié. En cas de partage d'une succession incluant à la fois des immeubles ou droits immobiliers titrés et des immeubles ou droits immobiliers pour lesquels le droit de propriété du défunt n'a pas été constaté avant son décès par un acte régulièrement transcrit ou publié, le droit de partage acquitté lors du premier partage est imputable sur les droits dus à raison du nouveau partage incluant les immeubles ou droits immobiliers pour lesquels le droit de propriété du défunt n'avait pas été constaté avant son décès par un acte régulièrement transcrit ou publié et qui ont été titrés, à la condition que chacun des copartageants conserve les biens ou droits qui leur ont été attribués lors du premier partage (BOI-ENR-PTG-10-10-20140530, 30 mai 2014, n° 220).

C Conventions internationales

5130 Des règles particulières existent en matière de conventions internationales. Il y a donc lieu le cas échéant s'il existe une convention et si elle comporte des dispositions particulières concernant l'imputation des droits.

Indexation

Jacques LAFOND

I

Mutations de propriété ou d'usufruit à titre onéreux

5131 **Indexation du prix stipulé payable à terme. Liquidation des droits de mutation. Règles traditionnelles de perception.** Les règles applicables à la liquidation des droits de mutation lorsque le prix d'une vente stipulée payable à terme est assorti d'une clause de variabilité ont été rappelées comme suit dans une note de la Direction générale des impôts en date du 15 juillet 1968 (*BOE* 1968, 10350).

Lorsque le prix d'une vente stipulée payable à terme est assorti d'une clause de variabilité en fonction d'indices économiques, tels les cours de certaines denrées, les droits sont immédiatement perçus sur la totalité du prix exprimé. De même, dans l'hypothèse où le prix payable à terme consiste en la fourniture d'une quantité déterminée de denrées ou dans le versement de devises étrangères, les parties doivent, en application de l'article 675 du Code général des impôts, fournir pour la perception de l'impôt une estimation de la totalité de ces denrées ou de ces devises à la date de la convention.

Mais dès lors que le prix d'une vente est représenté par tout ce que le vendeur reçoit de l'acquéreur en échange de la chose cédée, les droits doivent être liquidés en définitive sur la totalité des sommes effectivement versées au vendeur, compte tenu du jeu de la clause d'indexation ou sur la valeur réelle des fournitures ou des devises étrangères appréciées à la date de chacune des livraisons ou de chacun des paiements.

Par suite, dès que ces sommes ou cette valeur excèdent le montant du prix exprimé ou de l'estimation faite par les parties, le service est fondé à réviser la perception effectuée lors de l'enregistrement et à poursuivre le recouvrement des droits supplémentaires exigibles (Cass., 19 nov. 1940 : Instr. 4514, § 8. – Rép. secr. d'Ét. au Budget 7 janv. 1954 à M. Delmotte : *JOAN* CR, p. 34 ; *BOED* 1954, 1, 6598. – Rép. min. Finances, 11 sept. 1962 à M. Couroye, sénateur : *JO* Sénat CR, p. 1258 ; *BOED* 1962, 8690. – Rép. min. Finances, 4 févr. 1964 à M. Bene, sénateur : *JO* Sénat CR, p. 15. – BOI-ENR-DMTOI-10-10-20-10-20120912, n°s 80 et 90).

5132 **Renonciation à cette règle de perception par l'administration dans un but de simplification.** La note précitée (15 juill. 1968 : *BOE* 1968, 10350) expose que « dans un souci de simplification, l'administration a décidé de renoncer pour l'avenir à l'application de ces principes (BOI-ENR-DMTOI-10-10-20-10-20120912, n° 100).

5133 **Portée de cette mesure de tempérament.** La note du 15 juillet 1968 précise que le champ d'application de cette nouvelle règle de perception doit être strictement limité (V. aussi, BOI-ENR-DMTOI-10-10-20-10-20120912, n°s 100 et 110 et antérieurement, Doc. adm. DGI, 7 C-1222, n° 15, 1er oct. 2001).

« Bien entendu, en application des principes généraux qui gouvernent l'assiette des droits d'enregistrement,

l'administration reste fondée, d'une part, à exercer son contrôle sur la déclaration estimative éventuellement souscrite par les redevables, d'autre part, à établir que la valeur des biens cédés est supérieure au prix exprimé ou à l'évaluation fournie.
La présente décision est applicable pour la perception des droits exigibles sur les mutations de propriété ou d'usufruit à titre onéreux des diverses catégories de biens (immeubles, fonds de commerce et clientèles, offices publics et ministériels, etc.). En revanche, elle n'emporte pas d'effet pour la liquidation des droits de mutation de jouissance,
Par ailleurs, son champ d'application doit être strictement limité aux cas dans lesquels le prix est fixé *ne varietur* lors du transfert de propriété et où l'indexation a seulement pour effet de faire varier son expression monétaire à l'époque de chaque échéance. Lorsque la détermination du montant même du prix, dont seul est précisé le mode de calcul, dépend d'événements ultérieurs et présente un caractère aléatoire, la surveillance des sommes effectivement versées par l'acquéreur doit continuer d'être assurée par le service en vue de percevoir le supplément de droit exigible dès que leur montant excède l'évaluation, selon les probabilités, fournie par les parties. Il en est ainsi, par exemple, pour la vente d'une mine ou d'une carrière ou pour la cession d'un fonds de commerce dont le prix serait fonction de l'importance, respectivement, des extractions futures et du chiffre d'affaires réalisé par le cessionnaire (Cass. 12 janv. 1897 : Instr. 2935, § 5) ».

5134 **Taxe de publicité foncière.** La régie de perception édictée par la note du 15 juillet 1968 s'applique à la taxe de publicité foncière : si le prix stipulé est payable à terme et est assorti d'une clause de variabilité en fonction d'indice économique ou consiste en la fourniture de devises étrangères, la taxe de publicité foncière est liquidée de manière définitive, soit sur le prix porté à l'acte ou, à défaut de prix exprimé en unité monétaire française, sur l'estimation faite par les parties de la valeur réelle à la date de la convention de l'ensemble des biens représentatifs du prix ou des devises étrangères dont le versement est prévu, soit sur la valeur vénale réelle de l'immeuble si elle est supérieure (Instr. 1er juill. 1970, § 122 ; *BOI* 7 C-13-70).

5135 **Contribution de sécurité immobilière.** Les règles qui régissent en la matière la perception de la taxe de publicité foncière s'appliquent également pour la perception du salaire du conservateur (*Bull. AMC* 1951, art. 71), et donc pour la perception de la contribution de sécurité immobilière.

N.B. : La contribution de sécurité immobilière a remplacé le salaire du conservateur à compter du 1er janvier 2013. Elle obéit aux mêmes conditions d'assiette, de tarifs, de contrôle et de recouvrement que ce salaire (V. **Contribution de sécurité immobilière**).

II
Inscription d'hypothèque

➤ Sur la liquidation de la taxe hypothécaire en cas de créance indexée, V. **Bordereau d'inscription.**

Indivision

Jacques LAFOND

Sommaire analytique

Index alphabétique

5136 **Plan.** Nous étudierons successivement les problèmes posés par les acquisitions en indivision (I), l'hypothèque de biens ou de droits indivis (II), la construction sur terrain indivis (III), la cession de droits indivis (IV), le maintien dans l'indivision (V) et l'allotissement anticipé ou « attribution éliminatoire » (VI).

I Acquisition en indivision

5137 Lorsqu'une acquisition est faite en indivision, se pose le problème de la fiscalité de cette acquisition (A) puis celui des sûretés pouvant être constituées pour financer cette acquisition (B).

A Fiscalité de l'acquisition

5138 **Taxe de publicité foncière.** Le mode d'acquisition est sans incidence sur le calcul de la taxe (pour le régime fiscal du partage, qui ne bénéficie pas du régime de faveur, V. **Partage**).

5139 **Contribution de sécurité immobilière.** S'il y a solidarité entre les acquéreurs, la contribution de sécurité immobilière est calculée sur le montant global de l'acquisition.
S'il n'y a pas solidarité, la contribution de sécurité immobilière est calculée distinctement sur la part de chaque acquéreur dans le prix (Lacroix, n° 465).

B Constitution de sûretés

5140 Lorsqu'une acquisition en indivision est réalisée par plusieurs personnes, et que les acquéreurs empruntent, un débat est né quant à la nature des sûretés pouvant être conférées au prêteur (Ph. Théry, *Du recours au privilège de prêteur de deniers en cas d'acquisition par deux personnes : Defrénois* 1990, art. 34812, p. 844. – H. Brugerolle, *Pluralité d'emprunteurs et privilèges : JCP* N 1996, n° 22, doctr. p. 791. – B. Pacaud, *Les sûretés immobilières en cas de pluralité d'emprunteurs ou d'acquéreurs : Defrénois* 2000, art. 37109, p. 273).

1 Acquisition réalisée par deux acquéreurs et financée au moyen d'un prêt contracté solidairement

5141 **Inscription du privilège de vendeur ou de prêteur de deniers.** Soit une vente – immobilière consentie à deux personnes, non mariées ou mariées sous un régime séparatiste, qui acquièrent ensemble pour le tout, et indivisément à concurrence d'une quote-part, et qui financent l'acquisition au moyen d'un seul et unique emprunt qu'elles contractent solidairement.
Le privilège de vendeur grève alors la totalité de l'immeuble, même dans le cas où il ne reste dû au vendeur qu'une partie du prix (Bulté, chron. hyp. : *JCP* N 1975, prat. 5945). Il en est ainsi en vertu de l'indivisibilité du privilège. L'unicité de la créance implique l'unicité du privilège.
Cette règle doit également recevoir application en ce qui concerne le privilège de prêteur de deniers (B. Pacaud, *op. cit.*, n° 13).
La solution reste d'actualité pour l'application de l'hypothèque légale spéciale du prêteur de deniers qui a remplacé l'ancien « privilège » (V. **Hypothèque légale spéciale du prêteur de deniers (ancien privilège)**).

2 Acquisition réalisée par deux acquéreurs et financés au moyen d'un prêt contracté sans solidarité

5142 **Hypothèse examinée.** Nous nous plaçons ici dans l'hypothèse où une acquisition d'immeuble est réalisée par deux personnes, non mariées ou mariées sous un régime séparatiste, et où chacune d'elle contracte un prêt distinct. Il se peut qu'un seul des acquéreurs emprunte (l'autre payant de ses deniers personnels), ou que le prêt soit contracté conjointement par les acquéreurs mais sans solidarité.

5143 **Constitution d'hypothèque.** Pour certains, il faut, en pareil cas, recourir à une hypothèque conventionnelle consentie par tous les acquéreurs ou encore à des cautionnements hypothécaires croisés.
Cette position repose sur l'affirmation que le privilège de prêteur de deniers ne peut grever que la part indivise acquise par le ou chacun des coacquéreurs-emprunteurs (M. Manhès, *Les sûretés dans la vente immobilière*, Brochure du Cridon-Lyon, question n° 11).

5144 **Privilège de prêteur de deniers.** Pour d'autres auteurs, rien n'empêche, dans le cas examiné, d'inscrire un privilège de prêteur de deniers (aujourd'hui, une hypothèque légale spéciale du prêteur) :
– si l'aliénation ne porte que sur une part indivise de l'immeuble (ainsi lorsqu'un indivisaire cède

ses droits indivis à un tiers) et que l'acquéreur emprunte, l'assiette du privilège est limitée à la part indivise cédée ;
– si l'aliénation porte sur la totalité de l'immeuble, ce que le vendeur aliène est un immeuble et non des droits indivis sur cet immeuble. La vente est unique et il serait arbitraire de la décomposer en plusieurs cessions de quotes-parts. Dès lors qu'elle porte sur l'immeuble dans son entier, c'est la totalité de cet immeuble qui constitue l'assiette du privilège de prêteur de deniers. Il importe peu qu'un seul des coacquéreurs emprunte ou que chaque acquéreur contracte des prêts distincts. Chaque emprunt permet de payer le prix de l'immeuble et chaque prêteur doit bénéficier, à concurrence du financement qu'il procure, du privilège de prêteur de deniers. Le privilège étant indivisible, il grève l'entier immeuble. Le partage ultérieur sera sans effet sur l'existence et l'efficacité du privilège (V. en ce sens Ph. Théry, *op. cit.*, p. 844. – O. Barret, *Rép. prat. Dalloz*, V° Privilèges immobiliers, n° 69. – B. Pacaud, *op. cit.* n°s 20 et 21).
Cette analyse a été consacrée par la Cour de cassation (Cass. 1re civ., 9 janv. 2019, n° 17-27 411, FS-PBI et Cass. 1re civ., 2 févr. 2022 : *Défrénois* 2022, n° 20-21, p. 23, note M. Grimaldi).
Selon ces décisions, « dans l'hypothèse où un prêt est souscrit par l'un seulement des acquéreurs d'un bien immobilier, pour financer sa part, l'assiette du privilège de prêteur de deniers est constituée par la totalité de l'immeuble ». Le fait d'inscrire le privilège sur la seule quote-part de l'emprunteur engage la responsabilité du notaire, en raison des inconvénients qui en résultent (V. la note de M. Grimaldi préc.).
La solution est également valable pour la nouvelle hypothèque spéciale du prêteur de deniers (*Sol. not.* 10 mars 2022, obs. M. Suquet-Cozic).

5145 **Formalisation de l'inscription.** L'analyse selon laquelle, dans le cas considéré (V. n° 5144), le privilège de prêteur de deniers (ou aujourd'hui : l'hypothèque légale spéciale du prêteur) grève bien la totalité de l'immeuble se heurte à des difficultés au regard des textes régissant la publicité foncière (application de l'effet relatif : si le service de la publicité foncière relève que le débiteur, seul identifié au bordereau, n'a la qualité de titulaire de l'immeuble grevé qu'à concurrence de la moitié, il va opposer un rejet de la formalité d'inscription). Saisie du problème, l'association des conservateurs a proposé la solution suivante :

> « S'il est précisé dans l'acte que la totalité de l'immeuble vendu est affectée en garantie, il faut que corrélativement, dans le bordereau, les deux acquéreurs soient désignés sous la rubrique "propriétaires grevés" et que les identités respectives de chacun soient certifiées » (*Bull. AMC* 1995, art. 1665).

On a fait remarquer que si les deux acquéreurs doivent apparaître sous la rubrique « propriétaires grevés » ceci implique qu'ils soient solidaires. Or, dans l'hypothèse où nous nous plaçons, c'est un prêt personnel sans solidarité qu'a contracté un seul des acquéreurs ou chacun d'eux distinctement. Selon M. Pacaud, la solution pratique consisterait alors à établir deux bordereaux distincts (*op. cit.*, n° 24).
Ces débats et les solutions proposées restent d'actualité pour l'application de l'hypothèque légale spéciale du prêteur de deniers qui a remplacé l'ancien « privilège » (V. **Hypothèque légale spéciale du prêteur de deniers (ancien privilège)**).

II
Hypothèque de biens ou de droits indivis

5146 **Plan.** L'hypothèque d'un immeuble ou de droits indivis pose de nombreux problèmes (V. pour plus de détails, *JCl. Notarial Formulaire*, V° Affectation hypothécaire, Fasc. 20). Nous examinerons successivement le cas de l'hypothèque de l'entier immeuble prise du chef de tous les indivisaires pour sûreté d'une dette commune (A), de l'hypothèque consentie sur l'entier immeuble pour sûreté de la dette de l'un des indivisaires (B), puis de l'hypothèque consentie sur des droits indivis (C).
N.B. : L'ordonnance n° 2021-1192 du 15 septembre 2021 portant réforme du droit des sûretés, applicable à compter du 1er janvier 2022, a supprimé l'article 2414 ancien du Code civil et l'a remplacé par l'article 2412, qui reprend intégralement la teneur du texte ancien.

> **Art. 2412** – L'hypothèque d'un immeuble indivis conserve son effet quel que soit le résultat du partage si elle a été consentie par tous les indivisaires. Dans le cas contraire, elle ne conserve son effet que dans la mesure où l'indivisaire qui l'a consentie est, lors du

partage, alloti du ou de ces immeubles indivis ou, lorsque l'immeuble est licité à un tiers, si cet indivisaire est alloti du prix de la licitation.

L'hypothèque d'une quote-part dans un ou plusieurs immeubles indivis ne conserve son effet que dans la mesure où l'indivisaire qui l'a consentie est, lors du partage, alloti du ou de ces immeubles indivis ; elle le conserve alors dans toute la mesure de cet allotissement sans être limitée à la quote-part qui appartenait à l'indivisaire qui l'a consentie ; lorsque l'immeuble est licité à un tiers, elle le conserve également si cet indivisaire est alloti du prix de la licitation.

A Hypothèque sur l'immeuble indivis prise du chef de tous les indivisaires pour sûreté d'une dette commune

5147 **Constitution de l'hypothèque.** L'article 2412 du Code civil vise expressément le cas où l'hypothèque est consentie par tous les copropriétaires d'un immeuble indivis.
Cette hypothèse ne pose pas de problème particulier, sinon que chacun des indivisaires devra avoir, bien entendu, la capacité et le pouvoir requis.
Cette première éventualité peut se rencontrer dans divers cas :
– lorsque l'hypothèque conventionnelle sera consentie à l'amiable par tous les copropriétaires, mais aussi lorsqu'elle aura été constituée avec l'accord de certains d'entre eux et une habilitation (C. civ., art. 815-4) ou une autorisation judiciaire (C. civ., art. 815-5. – V. sur ce point, *JCl. Notarial Formulaire* ou *JCl. Liquidations – Partages*, V° Indivision, Fasc. 26 par J. Lafond) ;
– lorsqu'une hypothèque légale ou judiciaire est prise pour la garantie d'une dette pesant sur tous les coïndivisaires.

5148 **Efficacité de l'hypothèque.** L'hypothèque consentie par tous les indivisaires conservera exceptionnellement son effet, quel que soit ultérieurement le résultat de la licitation ou du partage, énonce l'article 2412 du Code civil. C'est là son principal intérêt. L'indivisaire auquel l'immeuble est finalement attribué le recevra grevé de l'hypothèque et le créancier pourra exercer à son encontre toutes ses prérogatives : droit de suite et droit de préférence (M. Dagot, *L'hypothèque de l'immeuble indivis après la loi du 31 décembre 1976* : *JCP* N 1980, I, p. 227, n° 7).

B Hypothèque sur l'immeuble indivis consentie pour sûreté de la dette de l'un des indivisaires

5149 **Distinctions à opérer.** Lorsque la créance à la sûreté de laquelle l'hypothèque est constituée ne concerne que l'un des indivisaires, le créancier qui veut obtenir une hypothèque sur l'entier immeuble a le choix entre plusieurs formules. Nous distinguerons selon qu'il est possible ou non d'obtenir l'accord des coïndivisaires du débiteur.

1 Premier cas : hypothèque consentie avec le concours des autres indivisaires

5150 **Formules possibles.** Lorsque les coïndivisaires non débiteurs sont d'accord pour que l'intégralité de l'immeuble soit grevée, plusieurs formules peuvent être utilisées :
– obtenir le consentement pur et simple des coïndivisaires non débiteurs (V. n° 5151) ;
– obtenir que ces coïndivisaires se portent caution (V. n° 5152).

a) Consentement des coïndivisaires du débiteur

5151 **Portée.** Lorsque les coïndivisaires du débiteur grevé acceptent que l'hypothèque prise pour sûreté de la dette de ce dernier frappe l'immeuble indivis en son entier, ils ne s'engagent pas personnellement à payer la dette. En donnant le consentement prévu par l'article 2412 du Code civil (V. n° 5147), ils acceptent simplement que le créancier puisse, en cas de non-paiement, saisir l'immeuble indivis. Ils sont dans la situation d'une caution réelle. L'affectation hypothécaire qu'ils consentent les oblige *propter rem*, à concurrence de la créance garantie et de leurs droits dans l'immeuble grevé uniquement (Cass. 1re civ., 25 oct. 1977 : *Defrénois* 1978, art. 31808, n° 50, obs. J.-L. Aubert ; *Bull. civ.* 1977, I, n° 388. – P. Catala, *op. cit.*, p. 323).
En pareil cas, tous les indivisaires doivent être désignés dans le cadre « propriétaire grevé et l'identité de chacun d'eux doit être certifiée (*Bull. AMC* 1995, art. 1665). Par ailleurs, l'inscription prise contre le débiteur principal et son ou ses coïndivisaires non solidaires devrait en principe faire l'objet de bordereaux distincts en vertu de l'article 54-1 du décret du 14 octobre 1955. Mais il a été admis par l'association des conservateurs que lorsque les copropriétaires indivis affectaient l'immeuble indivis par le même acte

à la garantie d'une créance, l'obligation qu'ils contractent ainsi collectivement revêt un caractère d'indivisibilité qui a pour conséquence que le droit à inscrire est un droit hypothécaire unique. L'inscription peut donc faire l'objet d'un seul bordereau (*Bull. AMC* 2005, art. 1870. – V. précédemment *Bull. AMC* 1968, art. 726 et 727).

b) Caution des coïndivisaires

5152 **Exemple.** M. A. et Mme B. vivent en concubinage. Ils acquièrent un terrain en indivision à concurrence de moitié chacun. M. A. finance l'acquisition à l'aide de deniers personnels. Mme B. emprunte. La banque demande la caution hypothécaire de M. A. qui accepte.
L'inscription sera prise d'une part sur les droits indivis de Mme B., débitrice, et d'autre part sur les droits indivis de M. A. agissant en tant que caution de Mme B. En principe, les inscriptions contre le débiteur principal et contre chaque caution non solidaire doivent faire l'objet d'un bordereau distinct (application de l'article 6 du décret du 22 décembre 1967 ; V. *Bull. AMC* 1967, art. 701). Mais la situation est différente lorsque le débiteur principal et les cautions affectent le même immeuble indivis entre eux. L'obligation contractée collectivement par M. A. et Mme B., revêt ici un caractère d'indivisibilité, ce qui a pour conséquence que le droit hypothécaire à inscrire est un droit hypothécaire unique. L'inscription de l'hypothèque consentie tant par le débiteur principal que par sa caution peut en conséquence, même s'ils ne sont pas solidaires, être l'objet d'un bordereau unique (*Bull. AMC* 1968, art. 726).

2 Deuxième cas : hypothèque consentie par l'indivisaire débiteur seul

5153 **Observations préliminaires.** Il existe divers obstacles à l'inscription d'une hypothèque sur la totalité de l'immeuble indivis du chef de l'un des indivisaires (*a*). Mais ils peuvent, sous certaines conditions, être contournés (*b*).

a) Obstacles théoriques et pratiques à l'efficacité de l'hypothèque

5154 **Inopposabilité de l'inscription aux coïndivisaires.** La constitution d'une hypothèque sur un immeuble indivis nécessite l'accord de tous les indivisaires (C. civ., art. 815-3). L'article 2412 du Code civil (V. n° 5147) est une illustration de cette règle. Que se passe-t-il si, au mépris de ce principe, une inscription est prise sur l'immeuble indivis en son entier, avec le consentement ou du chef d'un seul des indivisaires ?
Ce cas devrait se rencontrer assez rarement, du moins en ce qui concerne les hypothèques conventionnelles. Le notaire prend soin, en effet, de vérifier au service de la publicité foncière le titre de propriété du constituant. Et en l'espèce, cette vérification va lui permettre de constater que le débiteur est simplement titulaire de droit indivis. Mais cette vérification est parfois moins aisée, ou moins habituelle, en particulier dans le cas d'hypothèques judiciaires ou légales. Que se passe-t-il lorsqu'une inscription est prise ainsi par erreur ou par inadvertance par un indivisaire ou du chef d'un indivisaire sur l'entier immeuble indivis ?
Dans les rapports entre le créancier et son débiteur, cette hypothèque est valable, à concurrence des droits de l'indivisaire dans l'immeuble. Mais elle est inopposable aux coïndivisaires du débiteur (F. Zénati : *RTD civ.* 1992, p. 148).
En outre, il résulte de l'article 2412, alinéa 1er du Code civil que l'efficacité finale de cette inscription dans les rapports entre créancier et débiteur est subordonnée au résultat du partage (sur ce point, V. n°s 5166 à 5172).

5155 **Obstacle tenant à l'application de « l'effet relatif ».** Une inscription d'hypothèque conventionnelle judiciaire ou légale, qui serait prise par le titulaire de droits indivis ou de son chef sur la totalité de l'immeuble devrait, normalement, être rejetée par le service de la publicité foncière en application de l'arrêt rendu par la troisième chambre civile de la Cour de cassation le 12 juin 1996 (V. sur cette décision, P. Frémont, *Vers la fin de la publicité foncière des actes et inscriptions hypothécaires concernant un ancien propriétaire* : *JCP* N 1997, p. 53).
Ainsi par exemple, si deux personnes achètent indivisément un immeuble, et qu'en garantie de deux prêts distincts, une inscription est prise du chef de chacune d'elles sur la totalité de l'immeuble, le service de la publicité foncière est fondé à opposer un rejet. En effet, chacun des coacquéreurs n'a la qualité de disposant du bien grevé qu'à concurrence de la moitié indivise (P.J.C., chron. hyp. : *JCP* N 1997, prat. 3936). Serait par contre valable dans le cas considéré une inscription prise par chaque acquéreur sur sa moitié indivise.

b) Procédés permettant l'inscription du chef d'un indivisaire d'une sûreté grevant la totalité du bien indivis

5156 **Inventaire.** Divers procédés ont été imaginés par la pratique pour obtenir que l'hypothèque, consentie à l'origine sur les droits indivis du débiteur, s'étende par la suite aux droits indivis supplémentaires qu'il viendrait à acquérir, ou à l'entier immeuble si celui-ci lui est attribué dans le partage. Pour ce faire, on utilise notamment la technique de l'hypothèque de biens à venir ou la technique de la condition suspensive.

1) Hypothèque des droits actuels et des droits éventuels

5157 **Validité et formalisation de l'hypothèque.** Le propriétaire d'un immeuble en indivision peut consentir, seul, une hypothèque sur l'immeuble dès lors que son droit indivis entre dans les prévisions de l'article 2412 du Code civil (C. civ., art. 2125 ancien), énonce un arrêt de la Cour de cassation (Cass. 3e civ., 29 nov. 1989 : *JurisData* n° 1989-703845 ; *JCP* G 1990, IV, 31 ; *Defrénois* 1990, p. 446, note L. Aynès). Or, le titulaire de droits indivis dans un immeuble est précisément dans l'un des cas visés par l'article 2412 puisqu'en ce qui concerne les droits indivis ne lui appartenant pas, il a vocation à en devenir propriétaire dans le cadre du partage et dispose donc d'un « droit suspendu par une condition » (M. Dagot, *op. cit.*, n° 23).

En ce cas, le débiteur hypothéquera dans l'immédiat les droits indivis dont il est actuellement propriétaire et selon des formules parfois utilisées « la totalité ou toute partie divise de l'immeuble dans le cas où il en deviendrait propriétaire par la suite à quelque titre que ce soit ».

La formalisation d'une semblable inscription ne pose pas de problème particulier du point de vue de la publicité foncière (V. H. Bulté, chron. hyp. : *JCP* N 1968, prat. 4333). Le service de la publicité foncière ne pourrait ainsi refuser le dépôt d'une inscription requise par un époux divorcé, portant non seulement sur sa part indivise mais également sur la totalité d'un immeuble dépendant de l'indivision post communautaire, sous la condition d'attribution de cet immeuble lors du partage à intervenir. Du point de vue de l'effet relatif, il suffit que le bordereau fasse référence à l'acte d'acquisition de l'immeuble au profit de la communauté (*Bull. AMC* 2003, art. 1856).

5158 **Inconvénients.** Dans son étude précitée, M. Dagot a parfaitement mis en évidence les divers inconvénients d'une hypothèque constituée sur ce mode.

Ils découlent du fait qu'en ce qui concerne les fractions indivises de l'immeuble dont le débiteur grevé n'est pas dans l'immédiat propriétaire, il conviendra de prendre des inscriptions complémentaires au fur et à mesure des acquisitions (cession de droit indivis ; licitations ; partage, etc. – V., sur le principe, Cass. req., 4 mars 1902 : *DP* 1902, 1, 214. – Cass. civ., 6 juin 1952 : *Bull. AMC* 1954, art. 192. – Bulté et Béchade, chron. hyp. : *JCP* N 1963, prat. 3479, n° 5).

Or, ces inscriptions d'hypothèques ne prendront rang qu'à leur date, ce qui est un premier inconvénient (pour plus de détails sur ces inconvénients, néanmoins tempérés par l'utilité de cette hypothèque V. l'étude de M. Dagot, préc. – V. également *JCl. Notarial Formulaire*, V° Affectation hypothécaire, Fasc. 20).

2) Hypothèque sous condition suspensive

5159 **Mécanisme.** Une autre formule, mise au point par la pratique notariale, consiste à faire consentir par le débiteur une hypothèque actuelle sur ses droits indivis, et une hypothèque sur le bien indivis en son entier, sous la condition qu'il lui soit attribué dans le partage (V. sur ce point, l'étude de M. Dagot, *op. cit.*, nos 25 à 28).

Sa licéité ne fait aucun doute depuis l'arrêt rendu par la troisième chambre civile le 29 novembre 1989 (V. n° 5157. – V. aussi CA Paris, 16e ch. B, 22 oct. 1999 : *RJDA* 3/2000, n° 344. – CA Paris, 6e ch. B, 16 nov. 2000 : *JurisData* n° 2000-130022. – Sur la validité de cette technique, V. Testu, *op. cit.*, n° 576).

5160 **Avantages de la formule.** Lorsque l'hypothèque est prise selon les modalités indiquées ci-dessus (V. n° 5159), que peut-il se passer par la suite ?

– Ou bien la condition ne se réalise pas, l'immeuble étant attribué à une personne autre que le débiteur. Le créancier perd sa sûreté, mais c'est là un risque inhérent à toute hypothèque portant sur des droits indivis.

– Ou bien la condition se réalise : l'immeuble est attribué dans le partage ou à la suite d'une cession de droits successifs ou d'une licitation au débiteur grevé. Celui-ci est réputé seul propriétaire de l'immeuble depuis le jour de la naissance de l'indivision, en raison de l'effet déclaratif du partage et l'hypothèque, qui porte sur l'entier immeuble est validée, et ceci rétroactivement, en application de l'article 1304-6 (ancien art. 1179) du Code civil (Baudry-Lacantinerie et de Loynes, 2e éd., vol. II, n° 1315. – Planiol et Ripert, t. XII, par Becqué, n° 423. – Colin et Capitant, t. II, n° 1748. – Bulté et Béchade, chron. hyp. : *JCP* N 1963, prat. 3479).

Il y a là un avantage considérable, par rapport à la formule consistant à hypothéquer les droits éventuels du débiteur grevé (V. nos 5157 et 5158). L'inscription prenant rang au jour du dépôt des bordereaux, le créancier va l'emporter sur toutes les inscriptions prises postérieurement.

Un autre avantage, notable, de la formule est qu'il n'est pas nécessaire de prendre une nouvelle inscription lorsque la condition suspensive se réalise. Il n'y a donc pas, comme dans le cas d'hypothèque de biens à venir, de frais supplémentaires à exposer et de risque d'oubli (M. Dagot, *op. cit.*, n° 28).

5161 **Formalités.** La formalisation de l'inscription concernant les droits indivis dont le débiteur grevé est actuellement propriétaire ne pose pas de problème particulier.
En ce qui concerne ses droits dans le surplus de l'immeuble, dont il n'est propriétaire que sous condition qu'il lui soit attribué dans un partage ultérieur, il y a lieu d'appliquer les dispositions des articles 5 et 4 du décret du 14 octobre 1955. Ce texte envisage formellement l'annotation du fichier immobilier. Lorsqu'une formalité est requise du chef du bénéficiaire d'un droit éventuel, aux termes d'un document faisant expressément état dudit droit. Pour satisfaire aux principes de « l'effet relatif », il y aura lieu de viser dans le bordereau le titre qui confère au débiteur grevé ses droits conditionnels sur l'ensemble de l'immeuble (Bulté et Béchade, *op. cit.*, n° 4) et donc celui qui est à l'origine de l'indivision : attestation notariée ; acquisition immobilière en indivision ; donation ou donation-partage, etc. (M. Dagot, *op. cit.*, n° 27).
Si le débiteur grevé devient par la suite propriétaire de droits indivis supplémentaires, ou de la totalité de l'immeuble, y aura-t-il une formalité complémentaire à effectuer ? On pourrait envisager d'informer les tiers de la réalisation totale ou partielle de la condition par une mention en marge de l'inscription originaire (V. par analogie, *Bull. AMC* 1980, art. 1994). Mais cette mention paraît inutile en fait dès lors que l'acte réalisant la condition (cession de droit indivis ; licitation ; partage...) est lui-même publié.

C Hypothèque de droits immobiliers indivis

1 Prise d'inscription

5162 **Validité.** Les droits indivis sur un immeuble étant de nature réelle et immobilière sont susceptibles d'hypothèque par application de l'article 2388 (ancien art. 2397) du Code civil. La solution est bien admise tant par la doctrine moderne que par la jurisprudence (Cass. 1re civ., 20 oct. 1982 : *JurisData* n° 1982-702308 ; *JCP* G 1983, IV, 12 ; *Bull. civ.* 1983, I, n° 297. – Cass. 3e civ., 29 nov. 1989 : *JurisData* n° 1989-703845 ; *JCP* G 1990, IV, 31 ; *Bull. civ.* 1989, III, n° 221 ; *D.* 1990, somm. p. 389, obs. L. Aynès ; *Defrénois* 1990, p. 446, obs. L. Aynès).

5163 **Formalités.** Aux termes de l'article 55-2-1° du décret du 14 octobre 1955, les bordereaux d'inscription doivent indiquer notamment le nom du débiteur ou du propriétaire, si le débiteur n'est pas propriétaire de l'immeuble grevé. Cette disposition ne vise en toute hypothèse, qu'il s'agisse du débiteur ou du propriétaire autre que le débiteur, que la personne du chef de laquelle l'immeuble est grevé. En conséquence, dans le cas où une inscription est requise sur une fraction indivise d'un immeuble, la seule personne dont le nom doit figurer au bordereau, dans la case « propriétaire grevé » est le propriétaire de la fraction indivise.
En ce qui concerne « l'effet relatif », il convient de faire référence à la publication de l'acte en vertu duquel le copropriétaire indivis est devenu propriétaire de la fraction indivise grevée. Il n'y a pas lieu de mentionner le nom des autres copropriétaires indivis auxquels l'inscription ne peut, en toute hypothèse, que rester étrangère (V. sur tous ces points, *Bull. AMC* 1979, art. 1161).

5164 **Renseignements hypothécaires.** L'inscription ainsi requise n'a, en règle générale, à être révélée que dans les états requis du chef du copropriétaire grevé (V. sur tous ces points, *Bull. AMC* 1979, art. 1161). Toutefois, en application de l'article 44 du décret du 14 octobre 1955, dans le cas où d'une part il ne s'agirait pas d'un immeuble rural situé dans une commune à cadastre non rénové, et où d'autre part l'inscription aurait été prise alors que la fraction indivise grevée était déjà sortie du patrimoine du coïndivisaire désigné dans le bordereau, soit que celui-ci ait cédé sa part, soit que par l'effet d'un partage l'immeuble ait été attribué à un autre copropriétaire, l'inscription devrait être révélée également du chef du nouveau propriétaire (*Bull. AMC* 1978, art. 1126).

2 Sort de l'hypothèque à la fin de l'indivision

5165 **Distinctions à opérer.** Le sort de l'hypothèque varie selon que l'immeuble indivis est attribué à l'indivisaire débiteur (*a*), ou qu'il est attribué à l'un de ses coïndivisaires (*b*).

a) L'immeuble indivis est attribué à l'indivisaire débiteur

5166 **Consolidation de l'hypothèque.** Si l'immeuble indivis est attribué à l'indivisaire du chef duquel l'hypothèque était constituée, celle-ci est rétroactivement et définitivement consolidée. En effet, compte tenu de l'effet déclaratif du partage, le constituant est réputé avoir été seul propriétaire de l'immeuble depuis l'origine (Cass. com., 20 juin

1995 : *JCP* G 1996, I, 3960, n° 7, obs. P. P. ; *D.* 1996, somm. p. 207, obs. S. Piédelièvre).

Mais une première question se pose : quelle sera l'assiette de l'hypothèque ? Cette question se dédouble : il faut en effet distinguer selon que l'indivisaire débiteur se voit attribuer l'immeuble en son entier ou seulement une partie divise de cet immeuble, ou que l'immeuble est licité à un tiers.

1) Attribution de l'immeuble en son entier

5167 **L'hypothèque subsiste sur les droits indivis donnés en gage.** Si l'immeuble indivis est attribué au débiteur, l'hypothèque va-t-elle s'étendre automatiquement à la totalité de cet immeuble ?

La réponse est aujourd'hui donnée par l'article 2412 du Code civil, Selon l'alinéa 2 de ce texte, l'hypothèque conserve son effet « dans toute la mesure de l'allotissement de l'indivisaire, sans être limitée à la quote-part de l'indivisaire qui appartenait à l'indivisaire qui a consenti l'hypothèque. Supposons ainsi qu'un immeuble soit indivis par moitié entre A et B et qu'une hypothèque ait été prise sur les droits indivis de A. Si l'immeuble est attribué à A dans le partage, l'hypothèque grèvera la totalité de l'immeuble. La solution serait la même si un indivisaire venait à acquérir partie des droits indivis de l'un des coïndivisaires.

2) Attribution de partie de l'immeuble

5168 **Partage en nature.** Reprenons l'exemple précité (V. n° 5157). Un immeuble est indivis entre deux personnes A et B. L'hypothèque a été prise sur les droits indivis de A. Le partage s'opère par voie de division de l'immeuble en lots de copropriété. A se voit attribuer 16 lots sur 32. Le problème se pose alors en ces termes (Ph. Théry, *op. cit.* n° 155, p. 188) : l'hypothèque va-t-elle grever la moitié seulement de ces 16 lots, au motif que le constituant n'avait, à la naissance de l'hypothèque, que des droits indivis de moitié et qu'il n'a donc pu grever l'immeuble indivis au-delà ? Va-t-elle au contraire se reporter sur l'intégralité des 16 lots, au motif que le constituant a été alloti dans la stricte mesure de ses droits : moitié des lots pour moitié des biens indivis ?

C'est cette dernière solution qui a été consacrée par la Cour de cassation (Cass. 3e civ., 21 oct. 1980 : *JCP* N 1981, II, p. 57, note B. Stemmer ; *RD imm.* 1980, p. 192, obs. M. Dagot ; *RTD civ.* 1984, p. 348, obs. J. Patarin). Elle résulte aujourd'hui de l'article 2414, alinéa 3, du Code civil, qui va plus loin. En effet, en vertu de ce texte, si celui qui a consenti l'inscription se voir attribuer 22 lots, l'hypothèque grèvera ces 22 lots (V. A. Fournier : *Rép. prat. Dalloz*, V° Hypothèque conventionnelle, n° 58).

5169 **Récapitulation.** Les solutions du droit positif sont résumées de la manière suivante par le professeur Théry :

– si tout l'immeuble est attribué au débiteur, il est grevé dans sa totalité ;

– si une fraction divise de l'immeuble lui est attribuée, correspondant à sa quote-part indivise, cette fraction est grevée en son entier.

Si l'on reprend l'exemple précité (V. n° 5158) :

– si le débiteur reçoit l'immeuble entier, il est grevé en totalité ;

– s'il reçoit 16 lots de copropriété sur 32, ils sont grevés pour le tout ;

– s'il reçoit 24 lots sur 32, après avoir acquis de son coïndivisaire la moitié de ses droits indivis, ces lots seront grevés pour les deux tiers.

« Dans les trois cas, précise le professeur Théry, l'hypothèque grève les immeubles attribués au débiteur, dans l'exacte mesure de ses droits sur les immeubles indivis » (*op. cit.*, n° 155, note 33).

5170 **Conséquences du point de vue de la publicité foncière.** L'arrêt précité de la Cour de cassation du 21 octobre 1980 (V. n° 5168) énonce que dès lors que les lots attribués aux indivisaires correspondent exactement à leur part indivise, l'assiette de l'hypothèque n'ayant subi aucune modification, la conservation des droits du créancier n'exige donc ni la constitution d'une nouvelle hypothèque, ni la réitération de l'inscription.

Propriétaire de droits indivis dans un immeuble, le débiteur se retrouve, au terme du partage, propriétaire de lots de copropriété. Si l'on prend à la lettre l'arrêt de la Cour de cassation, les lots attribués seront de plein droit grevés de l'inscription d'origine, qui conservera son rang.

Pour que ce résultat soit atteint, il faut, à tout le moins, que l'acte constitutif de l'hypothèque et le bordereau d'origine mentionnent que l'inscription grève également les lots que le débiteur pourrait se voir attribuer dans le cadre d'un partage ultérieur.

Mais est-ce suffisant ? Quelle sera l'attitude du service de la publicité foncière ? Va-t-il annoter de son propre chef les fiches correspondantes aux lots attribués au débiteur, et révéler l'inscription à son rang initial lors des réquisitions ultérieures ? L'harmonisation de la solution donnée par la Cour de cassation avec les règles de tenue du fichier immobilier nous paraît poser problème. Ne faudrait-il pas déposer au moins un bordereau de renouvellement de l'inscription originaire sur les lots attribués au débiteur ? La difficulté est que l'on se met alors en contradiction avec les termes de l'arrêt du 21 octobre 1980. La question reste posée.

b) L'immeuble indivis est attribué à un autre que l'indivisaire débiteur

5171 **Conséquences.** Si l'immeuble dans lequel l'indivisaire débiteur avait des droits indivis est attribué à l'un de ses coïndivisaires, l'hypothèque disparaît (V. Bulté et Béchade, chron. hyp. : *JCP* N 1961, IV, 3107). En raison de l'effet déclaratif du partage, le débiteur est censé n'avoir jamais eu aucun droit sur l'immeuble (Cass. 3e civ., 7 mai 1986 : *JCP* N 1987, II, p. 13, note M. Dagot). La solution, bien établie, a été confirmée par l'article 2414, alinéa 3, du Code civil.

5172 **Nécessité d'une radiation.** Si, d'un point de vue civil, l'hypothèque disparaît du fait de l'attribution de l'immeuble à un autre que le débiteur, il reste qu'au plan matériel l'inscription va subsister sur les registres du service de la publicité foncière. Ce service continuera de la révéler jusqu'à ce qu'elle soit périmée. Pour qu'il en soit autrement, il faut qu'elle soit radiée, amiablement ou judiciairement. Cette radiation ne peut résulter de la simple publicité du partage, bien qu'elle prouve à elle seule l'extinction de l'hypothèque (T. civ. Seine, 14 févr. 1966 : *Bull. AMC* 1967, art. 693. – H. Bulté et J. Béchade, chron. hyp. : *JCP* N 1963, IV, 3492. – M. Dagot, *op. cit.*, n° 46).

c) L'immeuble est licité à un tiers

5173 **Cas où l'hypothèque conserve son effet.** Si l'immeuble est licité à un tiers, l'hypothèque consentie par un indivisaire sur sa quote-part conserve également son effet si cet indivisaire est alloti du prix de la licitation (C. civ., art. 2414, al. 3. – V. pour une illustration, Cass. 3e civ., 1er oct. 2020, n° 19-20.007 : *JurisData* n° 2020-015669 ; *JCP* E 2021, n° 21, chron. Droit des sûretés par Ph. Simler et Ph. Delebecque, p. 40, n° 19).

III Construction sur terrain indivis

5174 **Renvoi.**

➤ Les problèmes posés par la construction sur un terrain indivis seront traités au mot **Construction sur terrain indivis**.

IV Cession de droits indivis

5175 **Absence de publication. Sanction.** Il résulte des articles 28 et 30 du décret du 4 janvier 1955 que le défaut de publicité des actes déclaratifs portant sur des immeubles n'a pas pour sanction leur inopposabilité aux tiers. Viole ces textes la cour d'appel qui retient que la cession d'une quote-part de droits indivis à un coïndivisaire est soumise à la publicité foncière pour être opposable aux tiers (Cass. 1re civ., 12 déc. 2006 : *Bull. civ.* 2006, I, n° 547).

5176 **Publicité foncière. Vente d'une fraction indivise supérieure à celle figurant au fichier immobilier.** Si une personne figurant au fichier immobilier copropriétaire du quart indivis d'un immeuble en vend une fraction supérieure (la moitié indivise par exemple), le service de la publicité foncière est fondé à engager la procédure de rejet dès lors qu'il n'y a pas en ce qui concerne l'étendue du droit du disposant, concordance entre l'acte de vente et les documents antérieurement publiés (*Bull. AMC* 1989, art. 1413).

5177 **Fiscalité.** Nous distinguerons selon que la cession est consentie à titre onéreux (A) ou à titre gratuit (B).

A Cession à titre onéreux

5178 **Cessions concernant des droits indivis en usufruit.** La présente étude se limite au cas de cessions de droits indivis en pleine propriété.

➤ Sur le cas de cessions de droits indivis en usufruit, V. **Usufruit.**

5179 **Objet de l'étude.** Nous examinerons successivement les conséquences fiscales de la cession elle-même (1), puis les incidences de l'exercice éventuel à cette occasion du droit de préemption ou de substitution d'un coïndivisaire, du point de vue fiscal et de la publicité foncière (2).

1 Taxation

a) Indivision dont le partage ne bénéficie pas du régime fiscal de faveur

➤ Sur les indivisions concernées, V. **Partage.**

1) Indivisions concernées

5180 **Exemples.** Tel est le cas par exemple pour les indivisions nées d'une acquisition faite en commun par des tiers, ou par des époux mariés sous le régime de la séparation de biens pure et simple, pour les indivisions résultant de la dissolution d'une société, pour les indivisions créées par une donation simple (V. n° 5181), etc.

5181 **Cession de droits indivis reçus par voie de donation simple.** La cession de droits indivis faisant cesser l'indivision, ne peut pas bénéficier du régime de faveur prévu pour les licitations ou les cessions de droits successifs à l'article 750, II du Code général des impôts. Ce texte ne s'applique en effet qu'aux licitations et aux cessions de droits, successifs portant sur des immeubles dépendant d'une succession ou d'une communauté conjugale ou par mesure de tempérament sur ceux attribués dans une donation-partage (Rép. min. Massot : *JOAN* CR, 3 juin 1972, p. 2074, n° 22606. – Rép. min. Gravelle : *JOAN* CR, 7 juill. 1973, p. 2801, n° 637. – Rép. min. Drouet : *JOAN* CR, 1er mai 1976, p. 2552, n° 26998. – Rép. min. Cornette : *JOAN* CR, 28 janv. 1978, p. 315, n° 37188. – Rép. min. Mauger : *JOAN* CR, 25 mars 1978, p. 979, n° 43262).
En conséquence, la cession de droits indivis amènera la perception du droit de mutation à titre onéreux, au tarif correspondant à la nature des biens qui se trouvent dans l'indivision (Rép. min. Massot, préc.) avec application éventuelle des régimes fiscaux de faveur (Rép. min. Drouet, préc.).

2) Cessions à un coïndivisaire

5182 **Distinctions à opérer.** Les règles applicables sont les mêmes qu'en matière de licitation (V. **Licitation**). Il faut distinguer deux cas :
– si la cession fait cesser l'indivision, la taxe de publicité foncière est perçue sur la valeur des parts acquises, au taux correspondant à la nature des biens indivis (CGI, art. 750-I) et la contribution de sécurité immobilière au tarif proportionnel sur la valeur totale des immeubles concernés ;
– si la cession laisse subsister l'indivision : la taxe de publicité foncière est perçue sur la valeur des parts acquises et la contribution de sécurité immobilière au tarif proportionnel sur la valeur de ces mêmes parts.

3) Cessions à un tiers

5183 **Régime fiscal.** La cession à un tiers a le caractère d'une vente. La taxe de publicité foncière est exigible sur le prix des droits indivis acquis, au taux correspondant à la nature des biens indivis.
Il en est de même pour la contribution de sécurité immobilière au tarif proportionnel (V. **Contribution de sécurité immobilière**).

b) Indivision dont le partage bénéficie du régime fiscal de faveur (CGI, art. 748 et 750)

> **N.B.** Depuis le 1er janvier 2021, l'article 108 de la loi de finances pour 2020 a abaissé à **1,80 %** le tarif du droit de partage pour les partages des intérêts patrimoniaux consécutifs à une séparation de corps, à un divorce ou à une rupture d'un pacte civil de solidarité (CGI, art. 746 modifié). Pour ces mêmes partages, le taux passera à **1,10 %** à compter du 1er janvier 2022. Pour plus de précisions, V. **Partage.**

1) Indivisions concernées

5184 **Exemples.** Le régime fiscal de faveur est par exemple applicable lorsque la cession de droit indivis intervient au profit de l'une des personnes visées aux articles 748 ou 750-2 du Code général des impôts : membre originaire de l'indivision, conjoint d'un membre originaire de l'indivision, ascendant ou descendant ou ayant droit à titre universel de l'un ou plusieurs d'entre eux.

5185 **Cession de droits indivis reçus par voie de donation-partage.** L'administration a admis, « sous réserve de l'examen des circonstances de fait », l'application du régime de faveur aux cessions entre codonataires des droits indivis qui leur ont été attribués dans un acte de donation-partage. Cette solution s'applique même lorsque la donation-partage qui a créé l'indivision n'a pas été consentie par les ascendants au profit de tous leurs enfants (V. antérieurement, Doc. adm. DGI, 7 F-32, n° 7, 1er avr. 1979).

2) Distinction selon que la cession fait cesser ou non l'indivision

5186 **Cession faisant cesser l'indivision.** Lorsque la cession fait cesser l'indivision, la taxe de publicité foncière est due au taux prévu par l'article 746 du CGI sur la valeur nette des immeubles concernés, la cession étant équivalente à un partage (*Bull. AMC* 1958, art. 339).
Le salaire proportionnel (aujourd'hui la contribution de sécurité immobilière au tarif proportionnel) est dû sur la valeur vénale de ces mêmes immeubles (*Bull. AMC* préc.).

5187 **Cession ne faisant pas cesser l'indivision.** Les règles applicables sont les mêmes qu'en matière de licitation (V. **Licitation**). La taxe de publicité foncière est due au taux prévu par l'article 746 du CGI sur le montant des parts acquises. La contribution de sécurité immobilière au tarif proportionnel est également due, calculé sur la même base (Lacroix, n° 490).

5188 **Cessions successives de droits immobiliers indivis.** A, B, C et D sont propriétaires indivis par quart d'un immeuble valant 100 000 €.
Par un premier acte, A et B vendent leurs parts à D. Par un deuxième acte, publié le même jour, C vend sa part à D. Quelles seront les perceptions opérées ?
La première cession ne fait pas cesser l'indivision et sera donc assujettie à la taxe de publicité foncière au taux prévu par l'article 746 du CGI sur le montant des parts acquises (V. n° 5187).
Le second acte, au contraire, a pour effet de faire cesser l'indivision. La taxe au taux prévu par l'article 746 du CGI et la contribution de sécurité immobilière au tarif proportionnel devront par suite être liquidées sur la valeur totale nette de l'immeuble sans soustraction de la part du colicitant acquéreur (chron. hyp. : *JCP* N 1961, IV, 3079).

2 Exercice du droit de préemption ou de substitution

C. civ., art. 815-14 *(L. n° 76-1286, 31 déc. 1976).* – L'indivisaire qui entend céder, à titre onéreux, à une personne étrangère à l'indivision, *tout* ou partie de ses droits dans les brefs indivis ou dans un ou plusieurs de ces biens est tenu de notifier par acte extra judiciaire aux autres indivisaires le prix et les conditions de la cession projetée ainsi que le nom, domicile et profession de la personne qui se propose d'acquérir.

Tout indivisaire peut, dans le délai d'un mois qui suit cette notification, faire connaître au cédant, par acte extrajudiciaire, qu'il exerce un droit de préemption aux prix des conditions qui lui ont été notifiés. En cas de préemption, celui qui l'exerce dispose pour la réalisation de l'acte de vente d'un délai de deux mois à compter de la date d'envoi de sa réponse au vendeur. Passé ce délai, sa déclaration de préemption est nul de plein droit, quinze jours après mise en demeure restée sans effet, et sans préjudice des dommages-intérêts qui peuvent lui être demandés par le vendeur.

Si plusieurs indivisaires exercent leur droit de préemption, ils sont réputés, sauf convention contraire, acquérir ensemble la portion mise en vente en proportion de leur part respective dans l'indivision.

Lorsque des délais de paiement ont été consentis par le cédant, l'article 833-1 est applicable.

C. civ., art. 815-15 *(L. n° 76-1286, 31 déc. 1976).* – S'il y a lieu à l'adjudication de tout ou partie des droits d'un indivisaire dans les biens indivis ou dans un ou plusieurs de ces biens, l'avocat ou le notaire doit en informer les indivisaires par notification un mois avant la date prévue pour la vente. Chaque indivisaire peut se substituer à l'acquéreur dans un délai d'un mois à compter de l'adjudication, par déclaration au secrétariat-greffe ou auprès du notaire.

Le cahier des charges établi en vue de la vente doit faire mention des droits de substitution.

5189 **Observations.** Les mêmes droits de préemption et de substitution sont applicables en cas d'indivision conventionnelle (C. civ., art. 1873-12).

a) Exercice du droit de préemption

5190 **Conséquences juridiques et fiscales.** La particularité de la situation créée par la déclaration de préemption est que la vente n'est pas définitivement conclue pour autant. En effet, comme nous l'avons vu, la notification effectuée à l'indivisaire qui bénéficie du droit de préemption ne s'analyse pas en une offre de vente, que la déclaration de préemption aurait donc pour but d'accepter. Malgré la déclaration de préemption, le coïndivisaire reste libre de vendre ou de ne pas vendre. La vente ne se formera en fait entre le cédant et le coïndivisaire qui préempte qu'à partir du moment où l'acte de vente aura été effectivement établi (*JCl. Notarial Formulaire*, V° Préemption, Fasc. 500, n° 83).

b) Exercice du droit de substitution

5191 **Éviction de l'acquéreur.** Ainsi qu'on l'a justement observé, la technique ici utilisée est celle du retrait (F.-X. Testu, *op. cit.*, n° 491. – Dagot, *op. cit.*, n° 411. – Malaurie et Aynès, *Les biens*, n° 699, p. 212). L'indivisaire qui préempte est substitué à l'adjudicataire et cette substitution sera donc rétroactive. La mutation intervenue par l'effet de l'adjudication se trouve rétroactivement anéantie et tout se passe comme si l'indivisaire qui préempte avait été lui-même adjudicataire. Il n'y a donc qu'une seule mutation, avec les conséquences qui en découlent, en particulier sur le plan fiscal.
Le cédant se trouvera dans la même position que s'il avait directement cédé les droits indivis au coïndivisaire préempteur, et selon le cas l'opération s'analysera soit en un partage soit en une vente.

5192 **Régime fiscal.** Par analogie avec le régime fiscal des licitations de biens de même origine, lorsque l'indivision provient d'une communauté légale ou d'une succession, ou encore d'une donation-partage, la substitution du coïndivisaire à l'acquéreur ne donne ouverture qu'au tarif de faveur prévu à l'article 750-II du Code général des impôts, liquidé soit sur la part acquise, soit sur la valeur du bien, déduction faite du passif si elle met fin à l'indivision (V. **Licitation**).
Lorsqu'il s'agit d'autres indivisions, le droit de mutation afférente au bien licité est perçu sur la part acquise (J. Picard, *L'organisation de l'indivision et la pratique notariale* : *JCP* N 1978, 1, p. 115 et s., n° 179).

5193 **Formalités.** Si les droits indivis mis en adjudication sont de nature immobilière, il faudra procéder aux formalités de publicité foncière. L'acte de déclaration de substitution devra donc être établi en la forme authentique. Il sera annexé au procès-verbal d'adjudication avec lequel il sera publié.

B Donation de droits indivis

5194 **Caractère translatif.** S'appuyant sur la jurisprudence de la Cour de cassation et l'opinion de la majorité de la doctrine, l'administration fiscale considère traditionnellement que la cession à titre gratuit de droits indivis « ne peut être assimilée à un partage, même lorsqu'elle fait cesser l'indivision à l'égard de tous les indivisaires ». La raison en est que le partage est par essence un acte à titre onéreux et que l'effet déclaratif de l'article 883 du Code civil ne s'étend pas aux actes à titre gratuit (V. Rép. secr. d'Ét. au Budget, 4 déc. 1957 : *BOED* 1958, I, 7581 ; *Rép. alph. enreg.*, Livre V, V° Hypothèque, n° 69 ; Bulté : *JCP* N 1965, IV, 3863).

5195 **Conséquences sur la taxe de publicité foncière et la contribution de sécurité immobilière.** En conséquence, la taxe de publicité foncière et la contribution de sécurité immobilière doivent être liquidées uniquement sur la valeur de la part donnée (chron. hyp., préc.).
Il n'est pas certain que cette analyse reste toujours d'actualité après la réforme de l'indivision opérée par la loi du 31 décembre 1976 (V. **Donation**).

V Maintien dans l'indivision

A Convention d'indivision

5196 **Renvoi.**
➤ Les problèmes posés par le maintien dans l'indivision dans le cadre d'une convention d'indivision sont examinés au mot **Convention d'indivision**.

B Maintien judiciaire de l'indivision

5197 **Publication de la décision.** Les articles 821 à 823 du Code civil prévoient la possibilité pour le tribunal d'ordonner sous certaines conditions le maintien dans l'indivision de certaines entreprises. La même possibilité existe en ce qui concerne la propriété du local d'habitation ou à usage professionnel qui, à l'époque d'un décès, était effectivement utilisée pour cette habitation ou à cet usage par le défunt ou son conjoint.

La décision prescrivant ce maintien dans l'indivision paraît devoir être publiée. Cette publication interviendra en franchise de taxe (V. **Décision de justice**).

VI

Allotissement anticipé (attribution éliminatoire)

5198 **Publicité foncière.** Si les indivisaires entendent demeurer dans l'indivision, le tribunal peut, à la demande de l'un ou plusieurs d'entre eux, *attribuer sa part* après expertise à celui qui a demandé le partage, soit en nature si elle est aisément détachable du reste des biens indivis, soit en argent (C. civ., art. 824).

À s'en tenir à la lettre du texte, c'est le jugement qui réalise juridiquement l'attribution. C'est donc lui qui, devenu définitif, sera publié au service de la publicité foncière et, qui tiendra lieu de titre de propriété (sur le cas où le tribunal prévoirait l'établissement postérieur d'un acte notarié, V. *JCl. Notarial Formulaire*, V° Indivision, Fasc. 92, n° 40).

5199 **Taxation.** Selon l'opinion généralement admise en doctrine, l'attribution éliminatoire s'analyse en un partage partiel (V. *JCl. Notarial Formulaire*, V° Indivision, Fasc. 92, n° 45). La décision faisant droit à la demande doit donc être taxée en conséquence, en tenant compte des modalités particulières de perception des droits en ce qui concerne les jugements (V. **Décision de justice**).

On sait que lorsqu'il est procédé entre les indivisaires au partage d'une partie des biens indivis, le droit de partage n'est dû en principe que sur cette fraction (Seine, 2 mars 1900 : *Journ. enr.*, 26059). Mais lorsqu'un ou plusieurs indivisaires reçoivent des biens correspondant à leurs droits dans la masse, les autres copropriétaires restant dans l'indivision, il y a alors partage de la totalité des biens indivis et le droit de partage est dû sur leur valeur totale (Sol. 16 juin 1873 : *Journ. enr.*, 19994. – Caen, 11 mars 1896 : *Journ. enr.*, 24836).

Inscription (durée)

Jacques LAFOND

Sommaire analytique

I

Fixation de la date extrême d'effet des inscriptions

A Idées directrices

5200 **Liberté du créancier.** Tenant compte de ce que les hypothèques ont pour caractère essentiel d'être l'accessoire d'une créance, le régime unique de la durée des inscriptions a pour trait principal que les inscriptions de ces sûretés sont requises avec effet jusqu'à une date déterminée, choisie par le créancier lui-même, à l'intérieur de certaines limites fixées de telle manière que le temps de conservation de la sûreté puisse être en lien avec celui pendant lequel l'obligation à garantir subsistera.

Ce régime s'applique à la fois aux inscriptions originaires, aux inscriptions en renouvellement, aux inscriptions définitives faisant suite à des inscriptions provisoires et aux inscriptions dites « rectificatives ».

ATTENTION **Seule demeure obligatoirement opérée pour une durée fixe et irréductible l'inscription provisoire de l'hypothèque judiciaire** (V. **Hypothèque judiciaire conservatoire**.

5201 **Article 2429 du Code civil.** Dans la rédaction qui lui a été donnée par l'ordonnance n° 2021-1192 du 15 septembre 2021 portant réforme des sûretés, applicable à compter du 1er janvier 2022, l'article 2429 du Code civil, qui remplace l'ancien article 2434 du même code dispose :

> L'inscription conserve le privilège ou l'hypothèque jusqu'à la date que fixe le créancier en se conformant aux dispositions qui suivent.
>
> Si le principal de l'obligation garantie doit être acquitté à une ou plusieurs dates déterminées, la date extrême d'effet de l'inscription prise avant l'échéance ou la dernière échéance prévue est, au plus, postérieure de un an à cette échéance, sans toutefois que la durée de l'inscription puisse excéder cinquante années.
>
> Si l'échéance ou la dernière échéance est indéterminée, notamment dans le cas prévu à l'article L. 315-1 du Code de la consommation, ou si l'hypothèque est assortie d'une clause de rechargement prévue à l'article 2416, la durée de l'inscription est au plus de cinquante années au jour de la formalité.
>
> Si l'échéance ou la dernière échéance est antérieure ou concomitante à l'inscription, la durée de l'inscription est au plus de dix années au jour de la formalité.
>
> Lorsque la sûreté garantit plusieurs créances et que celles-ci sont telles que plusieurs des trois alinéas précédents sont applicables, le créancier peut requérir soit, pour chacune d'elles, des inscriptions distinctes, soit une inscription unique pour l'ensemble jusqu'à la date la plus éloignée. Il en est de même lorsque le premier de ces trois alinéas étant seul applicable, les différentes créances ne comportent pas les mêmes échéances ou dernières échéances.

Remarque : Le texte de l'article 2429 reproduit littéralement celui de l'ancien article 2434. Seules ont été modifiées les références à l'article 314-1 du Code de la consommation et à l'article 2422 du Code civil.

5202 **Conséquences pratiques.** Il résulte de l'article 2429 du Code civil, visé au numéro précédent, que les inscriptions originaires ne peuvent être requises que jusqu'à une date ainsi fixée :
– si l'échéance ou la dernière échéance de l'obligation garantie est **déterminée et postérieure au jour de la formalité**, la date est, au plus, postérieure de un an à cette échéance, sans toutefois que la durée de l'inscription puisse excéder cinquante années (al. 2) ;
– si l'échéance ou la dernière échéance est indéterminée, la durée de l'inscription est au plus de cinquante années au jour de la formalité (al. 3) ;
– si l'échéance ou la dernière échéance est **antérieure ou concomitante à la formalité**, la durée de l'inscription ne peut pas être postérieure de plus de dix années au jour de cette formalité (al. 4).
Quant au cinquième alinéa, il prévoit, d'une part, le cas où la sûreté garantit plusieurs créances qui sont telles qu'il ne peut être fait application de l'un et de l'autre des trois alinéas qui le précèdent et, d'autre part, celui où, le premier de ces trois alinéas étant seul applicable, les différentes créances ne comportent pas les mêmes échéances ou dernières échéances. Dans chacun de ces cas, le créancier peut requérir :
– soit une inscription unique en garantie de la totalité de l'obligation jusqu'à la date la plus éloignée ;
– soit pour chacune des créances des inscriptions distinctes.

B Conditions d'application de l'article 2429 du Code civil

5203 **Portée des différents textes.** Les alinéas précités (V. n° 5201) de l'article 2429 du Code civil se présentent dans l'ordre décroissant de leur importance respective.
L'alinéa 2 vise le cas le plus courant où le créancier connaît, au jour de la formalité, le délai pendant lequel il doit assurer la conservation de son droit. En disposant que la durée de l'inscription ne doit pas dépasser de plus d'un an celle de l'obligation, ni excéder cinquante années, cet alinéa énonce, dès lors, la règle fondamentale du régime mis en place depuis 1967.
Les alinéas 3 et 4 concernent, au contraire, des situations particulières dans lesquelles il serait impossible ou inopportun d'appliquer la règle générale parce que la durée de l'obligation n'est pas déterminable ou que le temps fixé pour l'acquittement de cette obligation s'est écoulé avant la formalité.
Quant à **l'alinéa 5**, il envisage des hypothèses, encore plus exceptionnelles, où la complexité de l'obligation ouvre un choix entre plusieurs dates extrêmes d'effet (V., sous l'empire de l'ordonnance du 28 septembre 1967, Bulté, chron. hyp. : *JCP* N 1968, IV, 4497).

5204 **Distinction entre les échéances déterminées et indéterminées.** Conformément aux principes qui gouvernent l'application des dispositions générales et l'application des dispositions particulières, il n'y a lieu d'appliquer les troisième et quatrième alinéas de l'article 2429 du Code civil, dans le cas des obligations à échéance (ou dernière échéance) indéterminée, que lorsqu'il est impossible de faire jouer le deuxième alinéa du même article. En pratique, ces situations ne sont pas très fréquentes.

5205 **Sens du mot « échéance ».** Il résulte de la combinaison de l'article 2429 du Code civil et des autres dispositions des textes réglementant la publicité foncière, qui ont trait au terme des obligations garanties, que le mot « échéance » est pris dans cet article dans son acception la plus large. L'échéance ou la dernière échéance est, d'une manière générale, la « date extrême » (D. n° 55-1350, 14 oct. 1955, art. 5, § 1, et art. 42-1, 1°, *g*) à laquelle l'obligation devra être acquittée – en totalité ou pour le solde – d'après la convention des parties, les injonctions du juge ou les prescriptions de la loi (V. *Bull. AMC* 1968, art. 746), abstraction faite tant des possibilités de règlement anticipé (*BOED* 1959, I, 7810, n° 1, H, al. 1er ; *JCP* N 1959, III, 24331) que d'éventuelles prorogations de délais (qui peuvent justifier un renouvellement, le moment venu).

5206 **Sens des mots « déterminée » et « indéterminée ».** Dès lors que la date extrême normale prévue pour l'acquittement d'une obligation, même si elle ne constitue pas une « échéance » au sens étroit du terme, est déterminée, la durée maximale de l'inscription correspondante est régie par le deuxième alinéa de l'article 2429 du Code civil visé ci-dessus (V. nos 5201 et 5203).
Ainsi, par exemple :
– l'inscription qui pouvait être prise, en vertu de l'article 7 de la loi du 21 ventôse an VII, contre un conservateur ayant constitué son cautionnement en immeuble était considérée comme ayant une échéance indéterminée car la limite d'âge fixée pour sa mise à la retraite (qui conditionnait le délai de dix ans pendant lequel sa responsabilité pouvait encore jouer) n'était pas immuable (*Bull. AMC* 1974, art. 981. – Doc. adm. DGI mars 1979, 12 RD-6222, n° VII, 19) ;
– mais le renouvellement de cette inscription lors de sa retraite avait une échéance déterminée, puisque la loi fixait le délai pendant lequel le conservateur demeurait responsable (*Bull. AMC*, même réf.).

5207 **Dernière échéance possible.** Au surplus, il résulte du rapprochement des alinéas 2 et 3 de l'article 2429 du Code civil que le second alinéa s'applique chaque fois que l'échéance ou la dernière échéance (par hypothèse, future) de l'obligation garantie, sans être nécessairement arrêtée de façon exacte et définitive, est fixée avec une précision telle que l'on connaît avec certitude, au jour de la réquisition d'inscrire, le temps maximal pendant lequel l'obligation doit ou peut normalement subsister.
Ainsi, à supposer qu'une obligation dont la dernière échéance dépend d'un événement non survenu au moment de la formalité doive, de toute manière, s'éteindre entre deux dates connues, il serait permis de considérer que la dernière de ces deux dates constitue la « dernière échéance possible » de l'obligation en cause et de requérir l'inscription en conséquence (V. n° 5208).

5208 **Échéance indéterminée.** Corrélativement, l'échéance ou la dernière échéance de l'obligation n'est indéterminée – et le troisième alinéa de l'article 2429 du Code civil n'est applicable, à l'exclusion du deuxième – que si le temps pendant lequel l'obligation doit subsister échappe à toute appréciation précise ; tel est, évidemment, le cas lorsqu'un vendeur d'immeuble garantit par l'inscription de son privilège le recouvrement de la rente viagère que l'acquéreur s'est engagé à lui servir.

5209 **Obligation éventuelle ou sous condition suspensive.** Il est indifférent que l'obligation soit soumise à une condition suspensive ou ne soit qu'éventuelle. Dès l'instant que le créancier conditionnel ou éventuel est fondé à prendre immédiatement inscription et que la date avant laquelle il devra être désintéressé si son droit vient à naître est connue, cette date constitue la « dernière échéance possible » de l'obligation et est déterminée au sens précédemment indiqué (rappr. Bulté, chron. hyp. : *JCP* N 1969, IV, 4632. – *BODGI* 10 B-8-70, p. 58, n° 11, *in fine*).

5210 **Liberté de choix du créancier.** L'ordonnance du 28 septembre 1967 a institué un régime simple ne comportant que deux catégories de limites, qui sont passées à trois dans le régime institué par l'ordonnance n° 2006-346 du 23 mars 2006. Ces dispositions ont laissé au créancier, dans chaque cas d'espèce, le soin de retenir la solution la plus convenable, même lorsqu'il s'agit de situations complexes.

5211 **Intérêt d'une utilisation partielle des délais.** Par nature même, les limites prévues par la loi ne représentent que des maximums et il est de l'intérêt des débiteurs que les créanciers (ou leurs représentants) n'usent pas à plein, sauf circonstances exceptionnelles, des possibilités qui leur sont offertes et fixent le dernier jour d'effet de leurs inscriptions à une date très rapprochée de l'échéance ou de la dernière échéance de l'obligation garantie. Quant au délai de dix ans, toutes les fois où il s'applique à une obligation comportant une échéance ou une dernière échéance déterminée antérieure ou concomitante à l'inscription, il ne devrait être employé que dans la mesure du temps – raisonnablement nécessaire à l'acquittement de cette obligation.

5212 Rectification de la durée de l'inscription par un renouvellement anticipé. Si le créancier, soit à la suite d'une erreur, soit en pleine connaissance de cause, ne prend pas inscription pour la durée maximale prévue par la loi, il peut par la suite se reprendre en modifiant la durée de cette inscription. Il n'y a pas lieu pour ce faire d'établir un « bordereau rectificatif » (ce qui n'est concevable que dans le cadre d'une procédure de rejet) ou un « bordereau d'inscription rectificative », mais de renouveler l'inscription afin d'en prolonger les effets. Cette façon de faire est licite : en effet, s'il existe une date limite au-delà de laquelle le renouvellement ne peut plus être effectué sous peine de refus (D. 14 oct. 1955, art. 64, 1, 2°), le renouvellement d'une inscription peut être effectué à une époque quelconque au cours de son délai de validité (*Bull. AMC* 1965, art. 602. – V. M. Suquet-Cozic, *Comment rectifier une inscription hypothécaire prise pour une durée trop courte ? : Sol. not.* 2023, n° 17, p. 10).

ATTENTION Le choix du créancier de fixer la durée de l'inscription à une durée supérieure à celle de la créance doit cependant être gouverné par la bonne foi et un abus de droit manifeste pourrait être sanctionné (Rép. min. n° 11889 : *JOAN* Q, 24 nov. 2003, p. 9034).

5213 Souplesse des dispositions légales. Les dispositions de l'article 2429 du Code civil, dont le double objet est d'éviter le renouvellement et la radiation des inscriptions (V. n° 5204) sont, en fait, susceptibles d'être appliquées avec une grande souplesse.

Si, par exemple, il n'était pas possible, dans tel ou tel cas particulier, de faire en sorte que les formalités de renouvellement et de radiation deviennent à coup sûr l'une et l'autre inutiles, il serait conforme à l'esprit du texte et permis par sa lettre, de requérir l'inscription de manière à ce que soit évitée celle de ces formalités dont la charge serait la plus lourde pour le débiteur ou pour le créancier.

C Cas particuliers

5214 Obligations à objets multiples. À prendre à la lettre le dernier alinéa de l'article 2429 du Code civil (V. n° 5201), si une obligation ayant plusieurs objets entre dans les prévisions de cet alinéa, le créancier ne paraît fondé qu'à requérir soit une inscription unique jusqu'à la date la plus éloignée, soit une inscription distincte pour chaque objet de l'obligation.

Toutefois, il faut considérer que ce texte, qui vise, d'ailleurs, essentiellement l'hypothèse où l'application des alinéas 2 à 4 de l'article 2429 précité aboutit à fixer des dates extrêmes d'effet toutes différentes (rappr. al. 4, seconde phrase), définit, en réalité, un cadre à l'intérieur duquel le créancier conserve sa pleine liberté de choix (V. n° 5210 et n°s 5234 et 5235).

5215 Crédits à durée déterminée susceptibles de prorogation. Il arrive parfois qu'un crédit, dit « revolving », soit consenti pour une durée initiale déterminée, mais qu'il soit prévu que cette durée puisse être prolongée par un simple échange de lettres.

Il est préférable, dans cette hypothèse, de ne pas requérir deux inscriptions séparées, l'une dont la date d'effet sera fixée un an après la date de la durée initiale du crédit et l'autre cinquante ans au plus à compter de la date de l'inscription, en considération du caractère encore indéterminé de l'expiration finale du crédit susceptible de prorogation. Il vaut mieux faire inscrire soit une hypothèque d'une durée maximale de cinquante ans fixée en fonction de la durée la plus longue du crédit, encore indéterminée, soit une hypothèque tenant compte de la durée initiale du crédit et ayant effet un an au plus après l'expiration de cette durée (V., sous le régime antérieur à l'ordonnance du 23 mars 2006, P. Frémont, chron. hyp. : *JCP* N 1982, prat. 8474).

5216 Partie du prix de vente payable à terme et l'autre convertie en rente viagère. La doctrine administrative estimait, dans une telle situation, sous le régime antérieur à l'ordonnance du 23 mars 2006, que le principe contenu dans l'article 2154, alinéa 4 du Code civil (repris par l'article 2429, al. 5 actuel) permettait au vendeur de requérir soit une inscription unique tenant compte de la date la plus éloignée, soit deux inscriptions distinctes en garantie l'une du règlement à terme et l'autre du paiement de la rente viagère, dans la limite qui leur était propre (Instr. adm. 31 déc. 1971 préc., titre II, chap. 1er, sect. 1, § 2, B, exemple reproduit au n° 5231). Cette solution reste toujours actuelle.

D Exemples pratiques

1 Cas les plus fréquents

5217 Échéance déterminée et future. Le principal de l'obligation garantie doit être acquitté à une ou plusieurs dates déterminées et l'inscription

est requise avant l'échéance ou la dernière échéance prévue.
Dans ce cas, le choix du créancier est, on le rappelle, doublement limité :
– la date extrême d'effet de l'inscription ne doit pas être postérieure de plus d'un an à l'échéance ou à la dernière échéance ;
– la durée de l'inscription ne doit pas excéder cinquante années (C. civ., art. 2429, al. 2).

5218 **Premier exemple.** On supposera qu'une vente d'immeuble a eu lieu le 20 mai 2012. Le prix est payé en partie comptant ; le surplus doit être versé au vendeur le 20 mai 2015 au plus tard. L'inscription du privilège de vendeur est requise le 3 juin 2012. Cette inscription peut avoir effet jusqu'au 20 mai 2016 (20 mai 2015 + 1 an).

5219 **Deuxième exemple.** Prenons le cas d'un prêt avec affectation hypothécaire signé le 20 mai 2012. Il a été stipulé remboursable en vingt annuités, la dernière étant exigible le 20 mai 2032. L'inscription d'hypothèque conventionnelle est prise le 3 juin 2012. Elle peut être requise avec effet jusqu'au 20 mai 2033 (20 mai 2032 + 1 an).

5220 **Troisième exemple.** Prenons l'exemple d'un prêt signé le 20 mai 2012, remboursable en cinquante-cinq annuités, la dernière étant exigible le 20 mai 2067. L'inscription est prise le 3 juin 2012. Elle peut être requise avec effet jusqu'au 3 juin 2062 (3 juin 2012 + 50 ans).

5221 **Quatrième exemple.** Reprenons le cas d'un prêt signé le 20 mai 2012 et stipulé remboursable en vingt annuités. La première annuité doit être remboursée à la date anniversaire du versement des fonds. On suppose que le versement n'est pas effectué le 3 juin 2012, lors de la prise d'inscription et doit intervenir au plus tard le 20 mai 2013. Au jour de la formalité (3 juin 2012) la « dernière échéance possible » de l'obligation se situe au 20 mai 2033 (20 mai 2013 + 20 ans).
L'inscription prise le 3 juin 2012 peut être requise avec effet jusqu'au 20 mai 2034 : (20 mai 2033 + 1 an).

2 Situations particulières

5222 **Avant-propos.** Deux catégories de situations particulières sont visées aux alinéas 3 et 4 de l'article 2429 du Code civil (V. n° 5201) :
– l'échéance (ou la dernière échéance) n'est pas à la fois déterminée et future (V. n°s 5223 et 5224) ;
– l'échéance ou la dernière échéance est antérieure ou concomitante à l'inscription (V. n°s 5225 à 5227).

a) Situations où la dernière échéance est indéterminée

5223 **Présentation générale.** L'article 2434, alinéa 3 du Code civil envisage le cas où l'échéance (ou la dernière échéance) est indéterminée (sur cette notion, V. n° 5208).
Il cite à titre d'exemple :
– le cas prévu à l'article L. 315-1 du Code de la consommation. Ce texte traite du prêt viager hypothécaire ;
– le cas où l'hypothèque est assortie d'une clause de rechargement prévu à l'article 2416 du Code civil (V. **Hypothèque rechargeable**).
En pareille hypothèse, le choix du créancier ne connaît qu'une limite : la durée de l'inscription est au plus de cinquante années au jour de la formalité (C. civ., art. 2429, al. 3).

5224 **Exemple.** Supposons qu'une vente soit signée le 20 mai 2012. Le prix a été payé en partie comptant mais la partie du prix non payée comptant est convertie en une rente viagère annuelle. L'inscription du privilège du vendeur a lieu le 3 juin 2012. Elle peut être requise avec effet jusqu'au 3 juin 2062 : (3 juin 2012 + 50 ans).

b) Échéances déterminées mais antérieures ou concomitantes à l'inscription

5225 **Principe.** Lorsque l'échéance (ou la dernière échéance) est déterminée mais antérieure ou concomitante à l'inscription (V. n°s 5226 et 5227) la durée de l'inscription est au plus de dix années au jour de la formalité (C. civ., art. 2429, al. 4).

5226 **Premier exemple.** On suppose que le rôle ayant été mis en recouvrement le 30 septembre 2012, les impôts exigibles le 31 octobre 2012 ne sont pas payés dans le délai imparti venu à expiration le 15 décembre suivant. Ceci entraîne l'inscription de l'hypothèque légale du Trésor, le 3 février 2013.
L'inscription peut être requise jusqu'au 3 février 2023 (3 février 2012 + 10 ans).

5227 **Deuxième exemple.** Prenons maintenant l'exemple d'un jugement en date du 3 février 2012 condamnant une personne à verser une somme d'argent à une autre dans le délai d'un an. Une inscription d'hypothèque judiciaire est prise en mars 2012 sur le seul immeuble possédé par le débiteur et ne suffisant pas à la sûreté de la créance. Un autre immeuble entre dans le patrimoine du débiteur en décembre 2012, alors que la somme est toujours due.
Une inscription complémentaire d'hypothèque judiciaire est prise le 3 février 2013.

L'inscription peut être requise avec effet jusqu'au 3 février 2023 (3 février 2013 + 10 ans).

3 Combinaison de diverses situations

a) Hypothèses envisagées

5228 L'article 2429 du Code civil envisage pour terminer, dans son alinéa 5, des situations complexes, concernant le cas où la sûreté garantit plusieurs créances qui n'entrent pas exactement dans le cadre de celles prévues par ses alinéas 2 à 4, dont les modalités d'application ont été examinées plus haut (V. n°s 5217 à 5227), à travers divers exemples :
– la première hypothèse est celle où plusieurs des alinéas 2 à 4 sont applicables. Rappelons que ces textes concernent tout d'abord le cas où l'échéance est déterminée (al. 2), puis le cas où l'échéance ou la dernière échéance est – indéterminée (al. 3), et enfin le cas ou l'échéance ou la dernière échéance est antérieure ou concomitante à l'inscription (al. 4) ;
– la seconde hypothèse est celle où l'article 24292, alinéa 2 est seul applicable (échéance déterminée) mais où les diverses créances ne comportent pas les mêmes échéances ou dernières échéances, par ailleurs déterminées.

b) Possibilités offertes

5229 Dans les cas envisagés par l'article 2429, alinéa 5 du Code civil, le créancier est autorisé à requérir :
– ou bien une inscription unique en garantie de la totalité de l'obligation jusqu'à la date la plus éloignée ;
– ou bien des inscriptions pour chacune des créances concernées, chaque inscription obéissant alors au régime qui lui est propre.

1) Choix simples entre les deux possibilités principales offertes par le texte légal

5230 **Premier exemple.** Prenons le cas d'une vente d'immeuble en date du 20 mai 2012, avec un prix payé, en partie comptant ; l'autre partie doit être versée au vendeur le 20 mai 2015 au plus tard et le surplus est converti en une rente viagère annuelle.
Deux possibilités sont offertes :
– une seule inscription du privilège du vendeur est prise, par exemple le 3 juin 2012 (pour la garantie du paiement à terme d'une partie du prix et du service de la rente viagère) pouvant avoir effet jusqu'au 3 juin 2062 : (3 juin 2012 + 50 ans) ;
– deux inscriptions sont prises, par exemple le 3 juin 2012, pouvant avoir effet :
• l'une (en garantie du prix payable à terme), jusqu'au 20 mai 2016 (20 mai 2015 + 1 an),
• l'autre (en garantie du paiement de la rente), jusqu'au 3 juin 2062 (3 juin 2012 + 50 ans).

5231 **Deuxième exemple.** Prenons le cas d'une vente d'immeuble en date du 20 mai 2012, avec un prix payé, en partie comptant ; l'autre partie doit être versée au vendeur le 20 mai 2015 au plus tard et le surplus est payable en quinze annuités, la dernière exigible le 20 mai 2027.
Deux possibilités sont offertes :
– une seule inscription est prise, par exemple le 3 juin 2012, pour garantir l'ensemble de la dette. Cette inscription peut avoir effet jusqu'au 20 mai 2028 (20 mai 2027, date d'échéance la plus éloignée, + 1 an) ;
– ou deux inscriptions sont prises, par exemple le 3 juin 2012, pouvant avoir effet :
• l'une, pour garantir la partie du prix payable en quinze annuités, jusqu'au 20 mai 2028 (20 mai 2027, date de la dernière annuité, pour la partie du prix payable de manière échelonnée, + 1 an) ;
• l'autre (pour garantir le paiement de la partie du prix payable en une seule fois le 20 mai 2015), jusqu'au 3 juin 2016 (3 juin 2015 + 1 an).

5232 **Troisième exemple.** Prenons l'exemple d'une vente d'immeuble en date du 20 mai 2012, avec un prix payé, en partie comptant. L'autre partie doit être versée au vendeur le 20 mai 2015 au plus tard et la troisième partie du prix est convertie en l'obligation de construire un mur mitoyen pour le 20 mai 2013.
Deux possibilités sont offertes :
– une seule inscription est requise, par exemple, le 3 juin 2012, pouvant avoir effet jusqu'au 20 mai 2016 (20 mai 2015 + 1 an) ;
– deux inscriptions sont prises, par exemple le 3 juin 2012, pouvant avoir effet :
• l'une (en garantie du prix payable à terme au 20 mai 2015), jusqu'au 20 mai 2016 (20 mai 2015 + 1 an),
• la deuxième (en garantie de la construction du mur), jusqu'au 20 mai 2014 (20 mai) 2013 + 1 an).

2) Cas où le créancier exerce son libre choix dans des conditions différentes

5233 **Présentation.** Nous supposerons maintenant que dans les hypothèses visées ci-dessus (V. n° 5214), le créancier exerce son libre choix dans des conditions qu'il juge préférables à celles indiquées sous les trois exemples précédents (V. n°s 5230 à 5232, 5234 et s.).

5234 **Premier exemple.** Prenons l'exemple d'une vente d'immeuble signée le 20 mai 2012, avec un prix payé, en partie comptant, l'autre partie devant être versée au vendeur le 20 mai 2015 au plus tard et le surplus étant converti en une rente viagère annuelle.

Rien ne s'oppose à ce que le créancier prenne, par exemple le 3 juin 2012, une seule inscription ayant effet jusqu'au 20 mai 2016. Par la suite, après l'échéance du 20 mai 2015, si la deuxième partie du prix lui a été versée, il ne renouvellera cette inscription que pour garantir le service de la rente viagère.

5235 **Deuxième exemple.** Supposons maintenant qu'une vente d'immeuble a été signée le 20 mai 2012. Le prix est payé en partie comptant ; l'autre partie est à verser au vendeur le 20 mai 2015 au plus tard ; la troisième partie du prix est convertie en l'obligation de construire un mur mitoyen pour la même date et le surplus est converti en une rente viagère annuelle.

Rien ne s'oppose à ce que le créancier prenne, par exemple le 3 juin 2012, deux inscriptions ayant effet :

– l'une (en garantie du prix payable à terme et de la construction du mur), jusqu'au 20 mai 2016 (20 mai 2015 + 1 an) ;

– l'autre (pour sûreté du paiement de la rente), jusqu'au 3 juin 2062 (3 juin 2012 + 50 ans).

E Inscriptions provisoires

5236 **Hypothèque judiciaire conservatoire.** L'inscription provisoire conserve la sûreté pendant trois ans à condition d'être confirmée par une publicité définitive dans les délais prévus par l'article R. 533-4 du Code des procédures civiles d'exécution (V. **Hypothèque judiciaire conservatoire**). L'inscription peut être renouvelée dans la même forme et pour la même durée, une ou plusieurs fois (CPC, ex., art. R. 532-7).

5237 **Rôle du service de la publicité foncière.** On considérait traditionnellement que les requérants n'avaient pas à préciser la date extrême d'effet des inscriptions provisoires, ni celle des inscriptions prises pour leur renouvellement et qu'il appartenait au conservateur de les déterminer.

Et quand la date extrême d'effet indiquée dans les bordereaux d'inscription provisoire était inexacte, le conservateur était en droit de faire la rectification d'office (Bulté, chron. hyp. : *JCP* N 1972, prat. 5181).

Cette solution reste toujours actuelle, après le remplacement des conservateurs par les services de la publicité foncière, depuis le 1er janvier 2013.

5238 **Inscription définitive.** En revanche, les règles générales reprennent leur empire dès que l'inscription provisoire fait place à une inscription définitive, à la suite, selon le cas, d'une mention en marge (pour l'inscription définitive de l'hypothèque légale des époux) ou du dépôt de bordereaux (pour l'inscription définitive de l'hypothèque judiciaire).

En effet, aux termes de l'article 2432 du Code civil, « quand il a été pris inscription provisoire de l'hypothèque légale des époux ou d'hypothèque judiciaire, les dispositions des articles 2429 à 2431 s'appliquent à l'inscription définitive et à son renouvellement » (V. nos 5200 à 5216). « La date retenue pour point de départ des délais est celle de l'inscription définitive ou de son renouvellement » (C. civ., art. 2432).

II Mesures destinées à assurer le respect des délais

A Idées directrices

5239 **Textes.** Aux termes de l'article 2431 du Code civil (ancien art. 2436) :

> « Si l'un des délais prévus aux articles 2428 et 2429 n'a pas été respecté, l'inscription n'a pas d'effet au-delà de la date d'expiration de ce délai ».

L'article 67 du décret n° 55-1350 du 14 octobre 1955, dans sa rédaction issue du décret n° 2012-1462 du 26 décembre 2012, précise les conditions d'application de cette disposition.

5240 **Rôle du service de la publicité foncière.** Pour ce qui est du respect des délais prescrits par

la loi, le texte visé au numéro précédent s'inspire de trois idées fondamentales :
– la détermination des caractères de l'échéance ou de la dernière échéance pouvant fréquemment impliquer l'examen d'éléments qui échappent à son pouvoir d'appréciation, le service de la publicité foncière ne doit en aucun cas avoir à rechercher si ces caractères ont été exactement déclarés (D. n° 55-1350, 14 oct. 1955, art. 67, § 1, al. 1er) ;
– pour la même raison, ce service ne saurait être tenu de vérifier que le délai de un an, qui court à compter d'une échéance ou d'une dernière échéance « déterminée et future » a été respecté (D. 14 oct. 1955, art. 67, § 2, al. 2) ;
– une distinction doit être faite, quant à son rôle, suivant que l'inscription – originaire ou en renouvellement – vient d'être requise ou a déjà été opérée (D. n° 55-1350, 14 oct. 1955, art. 67).

B Dépassement des délais constaté avant l'exécution de la formalité

5241 Quand la durée maximale autorisée par la loi a été dépassée, le service de la publicité foncière engage la procédure de régularisation préalable au rejet (D. n° 55-1350, 14 oct. 1955, art. 74-2), en notifiant le dépassement au signataire du certificat d'identité, dans le délai maximum d'un mois à compter du dépôt. Il est observé que dans le cas où la notification ainsi prescrite n'est pas faite – directement au signataire du certificat d'identité lui-même et n'est pas dûment reconnue par lui, elle doit être effectuée selon un procédé fiable d'identification et de datation et être adressée, au plus tard, le dernier jour du délai d'un mois à compter du dépôt, au domicile indiqué par ledit signataire dans le document déposé (D. n° 55-1350, 14 oct. 1955, art. 34, § 3, al. 3. – V. aussi D. n° 55-1350, 14 oct. 1955, art. 74-2, al. 1er).
Dans le délai d'un mois fixé au quatrième alinéa de l'article 34, § 3 du décret précité du 14 octobre 1955, il appartient au signataire du certificat d'identité de rectifier la date en dépassement.
La rectification peut être faite par le dépôt d'un bordereau rectificatif.
À défaut de rectification dans le délai légal, la formalité est rejetée (D. n° 55-1350, 14 oct. 1955, art. 67, § 1, al. 2, 1re phrase).

ATTENTION Il convient de faire application des règles suivantes :
– le délai d'un mois prévu par l'article 34-3 du décret précité du 14 octobre 1955 s'impose au service de la publicité foncière qui ne saurait accepter une régularisation hors délai sous peine d'engager sa responsabilité professionnelle, en cas de préjudice causé à un tiers (Cass. 3e civ., 29 nov. 2000 : *JCP* G 2000, IV, 1160 ; *Bull. civ.* 2000, III, n° 181 ; *Defrénois* 2001, art. 37424-81, obs. S. Piédelièvre) ;
– la décision de rejet est notifiée dans les huit jours de l'expiration du délai imparti au signataire du certificat d'identité. La notification est effectuée, soit directement, soit par lettre recommandée avec demande d'avis de réception, adressée au domicile indiqué dans le document déposé. La date de notification directe, ou celle de l'avis de réception ou de l'avis de refus de la lettre recommandée, fixe le point de départ du délai de huit jours au cours duquel peut être formé le recours prévu à l'article 26 du décret n° 55-22 du 4 janvier 1955 ;
– la procédure de régularisation met les requérants à même de réparer, le cas échéant, les simples erreurs de calcul ou de frappe qui seraient à l'origine du dépassement (pour une étude détaillée, V. *JCl. Notarial Formulaire*, V° Bordereaux d'inscription hypothécaire, Fasc. 210).

C Dépassement du délai d'un an entachant des inscriptions opérées

5242 Rectification. Lorsqu'il y a eu dépassement du délai d'un an, une nouvelle date extrême d'effet de l'inscription, qui ne soit pas postérieure à la date d'expiration de ce délai, peut être volontairement constatée dans un acte authentique signé par le créancier et par le débiteur ou par le seul créancier pour être mentionnée en marge de ladite inscription (D. n° 55-1350, 14 oct. 1955, art. 67, § 2, al. 2).
Par ailleurs, la date d'expiration du délai d'un an peut être constatée à la requête de tout intéressé, par une ordonnance du président du tribunal judiciaire dans le ressort duquel sont situés les immeubles grevés, rendue comme en matière de référé et non susceptible d'exécution provisoire. La mention de cette date est faite, à la diligence du requérant, lorsque l'ordonnance est passée en force de chose jugée (D. n° 55-1350, 14 oct. 1955, art. 67, § 2, al. 2).

CONSEIL PRATIQUE La rectification constatée par acte authentique permet au débiteur, par un procédé simple et économique, d'éviter les frais de la mainlevée que l'erreur commise aurait pu rendre nécessaire si les textes n'avaient pas prévu cette possibilité.

5243 **Modalités techniques de la régularisation.** Par hypothèse, l'acte authentique, dressé sur le consentement du créancier agissant seul ou avec le concours du débiteur, a pour objet le choix d'une nouvelle date extrême d'effet qui ne soit pas postérieure à celle de l'expiration du délai d'un an (circonstance qui échappe à l'appréciation du service de la publicité foncière).

Il convient, au surplus, de retenir les règles suivantes :

– la mention de la nouvelle date ne saurait porter préjudice aux tiers qui auraient acquis un droit sur l'inscription et l'auraient fait antérieurement mentionner. Conformément aux principes généraux applicables en matière de mentions, le service de la publicité foncière devrait refuser d'effectuer la formalité requise si le créancier intervenu à l'acte authentique n'était plus, d'après les mentions précédentes, le bénéficiaire ou le seul bénéficiaire de l'inscription ;

– quant au juge, il est seulement fondé à constater dans son ordonnance la date à laquelle le délai de un an arrivera (ou est arrivé) à expiration. Il peut être saisi par tout intéressé et, notamment, par le débiteur lui-même ou par un autre créancier de ce débiteur. Son ordonnance, rendue comme en matière de référé, n'est pas susceptible d'exécution provisoire. Elle est publiée à la diligence du requérant, lorsqu'elle est passée en force de chose jugée.

5244 **Rôle du service de la publicité foncière.** Sous réserve de ce qui sera dit ci-après (V. n° 5245), tant qu'une nouvelle date n'a pas été mentionnée dans les conditions indiquées ci-dessus, le service de la publicité foncière tient compte exclusivement, pour l'accomplissement des opérations qui lui incombent, de la date portée dans le bordereau (D. n° 55-1350, 14 oct. 1955, art. 67, § 2, al. 2 *in fine*).

D Dépassement du délai de dix ou cinquante ans entachant des inscriptions opérées

5245 **Principe.** Il semble, au premier abord, que le dépassement du délai de dix ou cinquante ans ne doive jamais entacher des bordereaux acceptés puisque le contrôle effectué avant l'annotation du fichier immobilier conduit le service de la publicité foncière à constater l'absence de dépassement ou à provoquer la rectification du dépassement relevé (V. n° 5241).

Il se peut, toutefois, qu'une erreur ait été commise dans l'application des règles posées par l'article 2429 du Code civil, la suite d'une indication erronée concernant les caractères de l'échéance ou de la dernière échéance.

C'est dans ce cas, principalement, qu'il pourra y avoir lieu à mention d'une autre date dans les conditions indiquées ci-dessus (V. n°s 5242 et 5243. – D. n° 55-1350, 14 oct. 1955, art. 67, § 2, al. 3).

5246 **Exceptions.** Si un dépassement du délai légal résultant des énonciations mêmes des bordereaux échappait exceptionnellement à la vérification du service de la publicité foncière, la même procédure de rectification pourrait être appliquée à l'initiative de tout intéressé. En outre, dès qu'il constaterait le dépassement, le service de la publicité foncière devrait, d'office, amputer l'inscription du temps excédant sa durée légale maximale, en se conformant aux prescriptions réglementaires, à savoir :

– substitution de la date d'expiration du délai non respecté à la date fixée par le créancier, sur les bordereaux et au fichier immobilier ;

– notification de la substitution, au créancier, au domicile par lui élu dans l'inscription, par lettre recommandée avec demande d'avis de réception (D. n° 55-1350, 14 oct. 1955, art. 67, § 2, al. 3, *in fine*).

5247 **Mission du service de la publicité foncière.** Si un laps de temps assez long devait s'écouler entre la constatation du dépassement et la date d'expiration du délai non respecté, le service de la publicité foncière pourrait, s'il l'estimait utile, rappeler au créancier la possibilité d'utiliser la procédure fixée par le deuxième alinéa du paragraphe 2 de l'article 67 du décret du 14 octobre 1955, pour le mettre, le cas échéant, sur la voie de la rectification d'une erreur analogue à celles évoquées ci-dessus (V. n° 5240).

E Inscription prise avant le 24 mars 2006

5248 **Vigilance nécessaire.** Comme on l'a justement remarqué, il est nécessaire, à la lecture des renseignements hypothécaires obtenus, de s'assurer que les inscriptions révélées ont bien été prises dans le respect des délais en vigueur avant le 24 mars 2006, date d'entrée en vigueur de l'ordonnances n° 2006-346 du 23 mars 2006 (M. Suquet-Cozic, *Quelle est la valeur d'une inscription hypothécaire prise pour une durée erronée ? : Sol. not.* 2022, n° 36, p. 11).

Dans le droit antérieur à cette date, les règles n'étaient pas identiques. La loi permettait de fixer la date extrême d'effet de l'inscription deux ans après la dernière échéance lorsqu'elle était déterminée, la durée de l'inscription ne pouvant en ce cas excéder trente-cinq ans (C. civ., art. 2154 ancien). Les inscriptions prises avant le 24 mars 2006 continuent donc de produire leurs effets jusqu'à la date extrême d'effet fixée à l'origine. On pourra, de ce fait, rencontrer des inscriptions régulièrement prises jusqu'en 2041 (2006 + 35 ans) pour un délai expirant deux ans au-delà de la date de la dernière échéance de paiement (M. Suquet-Cozic, étude préc.).

III Péremption de l'inscription

5249 S'il y a eu dépassement de l'un des délais d'un an, dix ans ou cinquante ans, l'inscription opérée, non émargée d'une nouvelle date extrême d'effet, est périmée le lendemain, à zéro heure, du jour de l'expiration de ce délai si elle n'a pas été préalablement renouvelée (D. n° 55-1350, 14 oct. 1955, art. 67, § 2, al. 1er). Cette péremption peut être invoquée par tout intéressé – spécialement par un créancier postérieur en rang au cours du règlement d'une procédure de distribution – et être constatée, notamment, par l'ordonnance sur requête visée ci-dessus (V. n° 5243. – V. Cass. com., 24 avr. 1974 : *JCP* G 1974, IV, 207 ; *Bull. civ.* 1974, IV, n° 130).

A Règles générales

5250 **Date de péremption.** En conformité avec le premier alinéa de l'article 2429 du Code civil, les inscriptions ne produisent leur effet que jusqu'à la date fixée par le créancier, dans les termes fixés par ce texte :

– en principe, l'inscription se périme un an après la dernière échéance de la créance ; passé ce délai, la sûreté est considérée comme n'ayant jamais été inscrite et le bien est libéré ; les autres créanciers n'ont plus à en tenir compte ; observation étant faite que la durée de l'inscription ne peut jamais excéder trente-cinq années ;

– la créance qui n'a pas de terme certain ou dont l'échéance est déjà intervenue a un délai de péremption fixé par le créancier, dans un délai maximum de dix ans ou de cinquante ans selon le cas.

On notera enfin que les hypothèques judiciaires conservatoires sont soumises à un délai de péremption particulier.

5251 **Utilité de la péremption.** Depuis le 1er janvier 1956 (date d'entrée en vigueur des décrets n° 55-22 du 4 janvier 1955 et n° 55-1350 du 14 octobre suivant), la péremption trouve sa justification dans des raisons essentiellement pratiques. Elle tend, avant tout, à éviter qu'un immeuble reste indéfiniment grevé, alors que l'inscription ne présente plus d'intérêt ; elle vise aussi à permettre à son propriétaire d'en disposer sans avoir à demander la mainlevée (Marty, Raynaud et Jestaz, *Droit civil, Les sûretés, La publicité foncière*, n° 729. – Planiol et Ripert, *Traité pratique de droit civil français*, t. XIII, par Becqué, n° 825. – Rép. min. : *JOAN* Q 9 mars 1981, p. 1030. – Rép. min. Justice 22 avr. 1985 : *JOAN* Q 1985, p. 1817).

5252 **Prévenir la péremption : renouvellement de l'inscription.** Le créancier privilégié ou hypothécaire ne perd pas sa sûreté après l'expiration des délais fixés par l'article 2429 du Code civil (Cass. 2e civ., 8 janv. 1974 : *JCP* N 1974, prat. 5885). Mais pour conserver la situation que lui donnait la date de son inscription originaire, il doit la renouveler, avant que celle-ci ne soit périmée (C. civ., art. 2430. – V. **Renouvellement-inscriptions**).

À l'occasion de la rédaction d'un acte, le notaire agira sagement en attirant l'attention d'un créancier subrogé sur l'imminence de la péremption d'une hypothèque (Cass. 1re civ., 22 avr. 1980 : *Defrénois* 1981, art. 32599, p. 387 ; *Journ. not.* 1981, art. 56449) et sur la nécessité de renouveler l'inscription en temps utile. En gardant le silence, il commettrait une faute qui engagerait sa responsabilité (Cass. 1re civ., 21 mai 1990 : *JurisData* n° 1990-001471. – CA Montpellier, 1re ch., 4 mars 1992 : *JurisData* n° 1992-034926).

B Calcul du délai de péremption

5253 **Modalités de calcul.** Le délai de péremption est un délai préfix qui, comme tel, n'est pas susceptible de suspension.

En ce qui concerne le **point de départ du délai,** il y a lieu de rappeler que le délai de péremption se calcule jour par jour, le *dies a quo*, c'est-à-dire le jour où est prise l'inscription, ne comptant pas (Cass. req. 26 oct. 1920 : *DP* 1921, 1, p. 135).

Quant au **terme du délai**, il expire le jour fixé comme date extrême d'effet, à vingt-quatre heures. En effet :

– l'article 642, alinéa 1er, du Code de procédure civile énonce que « tout délai expire le dernier jour à vingt-quatre heures » et l'article 642-1 de ce code précise que la disposition de l'article 642 est applicable « aux délais dans lesquels les inscriptions et autres formalités de publicité doivent être opérées » ;

– l'article 67, paragraphe 2, du décret n° 55-1350 du 14 octobre 1955 prévoit, de son côté, que si l'un des délais de un an, dix ans ou cinquante ans a été dépassé lors de la fixation de la date extrême d'effet, « l'inscription opérée est périmée le lendemain, à zéro heure, de la date d'expiration du délai non respecté... » et il n'y a, évidemment, aucune différence entre un délai qui expire un jour, à vingt-quatre heures et celui qui expire le lendemain à zéro heure.

L'article 642-1 précité du Code de procédure civile visant aussi bien l'alinéa 2 que l'alinéa 1er de l'article 642 dudit code, il faut considérer que doivent également être appliquées les dispositions de cet alinéa 2, pour déterminer si une inscription est ou non périmée et cet alinéa indique que « le délai qui expirerait normalement un samedi, un dimanche ou un jour férié ou chômé, est prorogé jusqu'au premier jour ouvrable suivant » (sur ces divers points, V. *Bull. AMC* 1977, art. 1094 et *Bull. AMC* 1987, art. 1352).

5254 Rôle du service de la publicité foncière. D'une manière générale, il était fortement recommandé aux conservateurs des hypothèques de veiller au respect du calcul des délais, sous peine d'engager leur responsabilité ; la jurisprudence ne leur laisse aucune latitude à ce sujet (V. not. Cass. 3e civ., 29 nov. 2000 : *JurisData* n° 2000-007115 ; *JCP* G 2001, IV, 1160 ; *Defrénois* 2001, art. 37424-83, p. 1286, obs. Piédelièvre). La même recommandation vaut pour le service de la publicité foncière, qui remplace le conservateur des hypothèques à compter du 1er janvier 2013.

C Effets de la péremption

5255 Rétroactivité. L'inscription périmée est rétroactivement effacée. Ce principe résulte – directement des termes de l'article 2430, alinéa premier du Code civil selon lequel « l'inscription cesse de produire effet si elle n'a pas été renouvelée au plus tard à la date visée au premier alinéa de l'article 2429 », c'est-à-dire à la date qui a été fixée par le créancier comme étant la date extrême d'effet de l'inscription qu'il a prise.

Par ailleurs, si l'un des délais de un an, dix ans ou cinquante ans visés à l'article 2429 et 2430 du Code civil n'a pas été respecté, l'inscription n'a pas d'effet au-delà de ce délai (C. civ., art. 2431).

5256 Nécessité d'une inscription nouvelle. Bien qu'une inscription périmée soit rétroactivement effacée, la sûreté n'en subsiste pas moins et le créancier peut requérir une nouvelle inscription, prenant rang à sa date, en se conformant aux prescriptions de l'article 2423 du Code civil (sur les modalités de l'inscription, V. **Bordereau d'inscription**). Un arrêt de la Cour de cassation rappelle ainsi que la péremption de l'inscription « laisse subsister le droit hypothécaire ». La péremption de l'inscription d'hypothèque conventionnelle ne faisant pas disparaître l'hypothèque elle-même, le créancier bénéficiaire de l'hypothèque peut inscrire une nouvelle fois celle-ci, après péremption de l'inscription initiale ou éventuellement prendre une inscription d'hypothèque judiciaire (Cass. 3e civ., 1er avr. 2021, n° 20-14.680 : *Defrénois* 2021, n° 21-22, p. 29, note Ch. Gijsbers. V. précédemment, CA Toulouse, 1re ch., 1re sect., 23 févr. 1998 : *JurisData* n° 1998-049272).

> **CONSEIL PRATIQUE** **Il convient d'avertir le créancier dont l'inscription est périmée que dans le cas où il décide de prendre une nouvelle inscription, il sera primé à la fois par les créanciers qui auront publié leurs droits avant l'inscription primitive et par ceux qui auront publié leurs droits entre l'inscription primitive et l'inscription nouvelle.**
>
> **Il convient aussi de le prévenir que les événements qui arrêtent le cours des inscriptions empêchent de prendre l'inscription nouvelle (V. Bordereau d'inscription), alors qu'ils n'auraient pas interdit de renouveler l'inscription non périmée (V. Renouvellement-inscriptions).**

5257 Mainlevée de l'inscription et péremption. Comme on l'a souligné, dès l'acquittement des obligations garanties et en raison de l'extinction simultanée de l'hypothèque (C. civ., art. 2474, 1°), les inscriptions prises sont en fait vidées de toute utilité et ne peuvent plus être opposées par leurs titulaires. Par suite, si les propriétaires concernés n'entendent pas aliéner leurs immeubles ou les affecter de nouveau en garantie d'autres obligations, il leur est loisible d'attendre que les inscriptions disparaissent, sans formalité ni frais, du fait de leur péremption. Dans le cas contraire, ces mêmes propriétaires pourraient encore invoquer l'extinction des obligations primitivement garanties pour démontrer la libération des biens en cause et essayer d'obtenir des acquéreurs ou nouveaux créanciers qu'ils renoncent à exiger la radiation, purement formelle, des inscriptions correspondantes (Rép. min. 8 juill. 1972 : *JOAN*, p. 3152 ; *Bull. AMC* 1972, art. 917).

IV

Prescription de la créance

5258 **Extinction de l'hypothèque.** Tranchant une question débattue en doctrine, la Cour de cassation a jugé que la prescription, qu'elle concerne l'obligation principale ou l'action en paiement, emporte par voie de conséquence l'extinction de l'hypothèque, accessoire de la créance (Cass. 3e civ., 12 mai 2021, n° 19-16.514, FS-P+R : *JurisData* n° 2021-007142 ; *JCP* E 2021, n° 31-35, 1398, note E. Bazin).

Inscription (formalités)

Jacques LAFOND

Sommaire analytique

Index alphabétique

Index alphabétique *(suite)*

5259 **Plan.** Nous examinerons successivement les obstacles à l'inscription (I), les modalités de la prise d'inscription (II), le cas des inscriptions rectificatives (III), la date de prise d'effet de l'inscription (IV), la réduction des inscriptions (V) et la péremption des inscriptions (VI).

I

Obstacles à l'inscription

A Indisponibilité, inaliénabilité, insaisissabilité de l'immeuble

5260 **Rappel.** Nous rappellerons simplement ici que pour pouvoir être grevé d'hypothèque, un bien immobilier doit être dans le commerce, ne pas être frappé d'inaliénabilité ou d'insaisissabilité, ou plus généralement d'une autre cause d'indisponibilité (A. Fournier, *Rép. civ. Dalloz*, V° Hypothèque, n°s 43 et 44. – Ph. Simler et Ph. Delebecque, *Droit civil, Les sûretés, la publicité foncière, op. cit.* n° 290).

Il a été jugé que les biens frappés d'inaliénabilité ne se trouvent pas dans le commerce au sens de l'article 2397 du Code civil. En conséquence, ils ne sont pas susceptibles d'être grevés d'une hypothèque conventionnelle (Cass. 1re civ., 23 févr. 2012, n° 09-13.113 : *Bull. civ.* 2012, I, n° 39 ; *JurisData* n° 2012-002550 ; *JCP* N 2012, n° 28-1294, note S. Piédelièvre ; *Contrats, conc. consom.* 2012, comm. 116, note L. Leveneur ; *LPA* 5 juill. 2012, p. 15, note S. Milleville ; *Gaz. Pal.* 28-29 mars 2012, p. 21, note C. Albiges ; *Gaz. Pal.* 1er-2 juin 2012, p. 28, note P. Pailler ; *AJDI* 2012, p. 450, note N. Le Rudulier).

Mais si une inscription était néanmoins présentée à la formalité, malgré l'interdiction d'aliéner ou une insaisissabilité de l'immeuble, le service de la publicité foncière ne pourrait la refuser, dès lors qu'il n'est pas juge de la validité (V. **Service de la publicité foncière**). Comme l'a rappelé une réponse ministérielle du 31 août 1997 le contrôle exercé par le conservateur (et aujourd'hui par le service de la publicité foncière) « consiste à s'assurer que les actes et décisions à publier sont effectivement soumis ou admis à la formalité et qu'ils ne présentent pas des irrégularités graves de nature à compromettre la fiabilité du fichier immobilier. En revanche, le service n'a pas à apprécier la validité juridique ou l'opportunité des actes qui lui sont déposés aux fins de publication (V. chron. : *JCP* N 1987, IV, 321).

B Arrêt du cours des inscriptions

Art. 2422 (Ancien art. 2427). – Version en vigueur depuis le 1er janvier 2022 *(Transféré par Ord. n° 2021-1192, 15 sept. 2021, art. 15. – Mod. par Ord. n° 2021-1192, 15 sept. 2021, art. 15 et 21).* – Les créanciers hypothécaires ne peuvent prendre utilement inscription sur le précédent propriétaire, à partir de la publication de la mutation opérée au profit d'un tiers.

L'inscription ne produit aucun effet entre les créanciers d'une succession si elle n'a été faite par l'un d'eux que depuis le décès, dans le cas où la succession n'est acceptée qu'à concurrence de l'actif net ou est déclarée vacante.

En cas de saisie immobilière ou de procédure de sauvegarde, de redressement judiciaire ou de liquidation judiciaire ou encore en cas de procédure de traitement des situations de surendettement des particuliers, l'inscription des hypothèques produit les effets réglés par les dispositions du livre III du code des procédures civiles d'exécution, du livre VII du code de la consommation et des titres II, III ou IV du livre VI du code de commerce.

Dans les départements du Bas-Rhin, du Haut-Rhin et de la Moselle, en cas d'exécution forcée immobilière, l'inscription des hypothèques produit les effets réglés par les dispositions de la loi du 1er juin 1924.

5261 L'article 2422 du Code civil énumère les cas où des inscriptions ne peuvent plus être prises, en raison de certains événements. Cette disposition, dérogatoire au droit commun, destinée à protéger les tiers, est d'interprétation stricte (V. pour l'article 2147 ancien, Planiol et Ripert, t. XIII, par Becqué *op. et loc. cit.*).

5262 **Événements arrêtant le cours des inscriptions.** Le rapprochement de l'article 2422 du Code civil et d'autres dispositions amène à constater que quatre événements sont susceptibles d'arrêter le cours des inscriptions : la publication de la mutation de l'immeuble grevé opérée au profit d'un tiers, l'acceptation de la succession à concurrence de l'actif net ou la vacance de cette succession, la publication d'un commandement de saisie et l'ouverture d'une procédure collective (sur l'arrêt du cours des inscriptions, V. Ph. Simler et Ph. Delebecque, *Droit des sûretés et de la publicité foncière*, Précis Dalloz, 8e éd. 2023, n°s 514 et s.).

1 Publication de la mutation de l'immeuble à un tiers

5263 **Principe.** Aux termes de l'article 2422, alinéa 1er, du Code civil, les créanciers hypothécaires ne peuvent prendre utilement inscription sur le précédent propriétaire, à partir de la publication de la mutation opérée au profit d'un tiers (V., à propos de ce texte, M. Dagot, *L'arrêt du cours des inscriptions hypothécaires : JCP* N 1979, I, p. 63). Ce texte s'applique à toutes les mutations opérées au profit d'un tiers (vente, échange, apport en société, par exemple) ; spécialement, une expropriation pour cause d'utilité publique constitue à cet égard une telle mutation (Rép. min. Justice n° 4331 : *JOAN* Q, 23 avr. 1960, p. 440 ; *Bull. AMC* 1960, art. 455).

5264 **Exception.** Il a été jugé qu'une inscription définitive faisant suite à une inscription judiciaire provisoire et rétroagissant à la date de cette dernière était valablement prise même si la mutation de la cession de l'immeuble grevé était intervenue entre les deux inscriptions (Cass. 3e civ., 17 juill. 1972 : *D.* 1972, p. 665, note Franck. – V. **Hypothèque judiciaire conservatoire**).

5265 **Sanction.** L'inscription prise avant la publication de la mutation de l'immeuble grevé est valable et peut être opposée à l'acquéreur (Cass. 3e civ., 27 nov. 1984 : *JCP* G 1985, IV, 52), même si elle a eu lieu alors que la mutation aurait été parfaite entre les parties et aurait acquis date certaine à l'égard des tiers (Cass. 3e civ., 22 févr. 1977 : *D.* 1977, p. 248. – Aubry et Rau, *op. cit.*, t. III, par Esmein, § 272, p. 347 ; Planiol et Ripert, *op. cit.*, t. III, par Becqué, n° 1106).
Par contre, une inscription effectuée après la publication de la mutation de l'immeuble est atteinte de nullité (Cass. 3e civ., 14 janv. 1976 : *JCP* N 1976, prat. 6455. – V. aussi *JCP* N 1978, prat. 6946 ; *ibid.* 1979, prat. 7063 ; *ibid.* 1985, prat. 9245).
Cette sanction de nullité est devenue quelque peu théorique depuis que la jurisprudence a conféré au service de la publicité foncière un pouvoir de contrôle (V. n° 5266). Il en résulte que l'inscription ne peut plus être effectivement prise lorsque l'immeuble grevé a fait l'objet d'une mutation. La nullité ne pourrait être appelée à jouer que dans le cas où la sûreté serait néanmoins inscrite à la suite d'une inadvertance du service chargé de la publicité foncière.

5266 **L'inscription impossible.** Il résulte d'un arrêt de la Cour de cassation du 12 juin 1996 (affaire *Hedreul*) que le conservateur (aujourd'hui le service de la publicité foncière) est tenu de s'assurer de la concordance du document déposé et des documents publiés antérieurement. Si la consultation du fichier révèle que l'immeuble grevé a fait précédemment l'objet d'une mutation, il doit refuser de publier sauf cas exceptionnels (V. **Effet relatif** ; V. sur cette décision, P. Frémont, *Vers la fin de la publicité foncière des actes et inscriptions hypothécaires concernant un ancien propriétaire : JCP* N 1997, I, p. 53 ; *RD imm.* 1997, p. 114, obs. Ph. Simler ; *D.* 1997, somm. p. 257, note S. Piédelièvre. – V. dans le même sens, Cass. 3e civ., 18 juill. 2001 : *JurisData* n° 2001-010669 ; *JCP* G 2001, IV, 2736 ; *D.* 2001, jurispr. p. 2761, note V. Avena-Robardet ; *Defrénois* 2001, art. 37424-82, obs. S. Piédelièvre. – V. aussi, Ph. Simler et Ph. Delebecque, *Droit des sûretés : JCP* G 2002, n° 11, I, 120, p. 493).

2 Acceptation à concurrence de l'actif net ou vacance de la succession

5267 Principe. Aux termes de l'article 2422, alinéa 2, du Code civil, « L'inscription ne produit aucun effet entre les créanciers d'une succession si elle n'a été faite par l'un d'eux que depuis le décès, dans le **cas où la succession n'est acceptée qu'à concurrence de l'actif net** ou est déclarée vacante » (V. aussi l'article 792-1, alinéa 2, qui interdit toute inscription de sûreté de la part des créanciers de la succession à compter de la publication de la déclaration d'option et pendant le délai de quinze mois à compter de la publicité de cette déclaration).

Une telle inscription est inefficace (C. civ., art. 2422) et sa mainlevée peut être demandée, et obtenue éventuellement judiciairement (V. pour une inscription prise après déclaration de vacance de la succession, Cass. 3e civ., 5 janv. 2022, n° 20-21.359, FS-B : *Defrénois* 2022, n° 20-21, p. 21, note M. Grimaldi). Peu importe que l'inscription soit antérieure à l'acceptation à concurrence de l'actif net puisque cette acceptation rétroagit au jour où s'est ouvert le droit de l'héritier (V., sous l'empire de l'acceptation sous bénéfice d'inventaire, Aubry et Rau, *op. cit.*, t. III par Esmein, § 272, p. 351. – Planiol et Ripert, *op. cit.*, t. XIII par Becqué, n° 945. – Ripert et Boulanger, *op. cit.*, n° 414).

En revanche, il était généralement admis, lorsque l'acceptation sous bénéfice d'inventaire était en vigueur, que l'inscription prise après l'acceptation devenait efficace si l'héritier renonçait à son bénéfice (C. civ., art. 801) ou en était déchu (Aubry et Rau, *op. cit.*, t. III, par Esmein, § 272, p. 351. – Ripert et Boulanger, *op. cit.*, n° 415. – Ph. Simler et Ph. Delebecque, *op. cit.*, n° 400. – V. *contra* Planiol et Ripert, *op. cit.*, t. XIII, par Becqué, n° 948).

L'article 2422, alinéa 2, assimile entièrement la **déclaration de vacance** d'une succession à l'acceptation de celle-ci sous bénéfice d'inventaire.

5268 Exceptions. La règle ainsi posée (V. n° 5267) ne s'appliquait pas, avant le 1er janvier 2022, date d'entrée en vigueur de la réforme des sûretés opérée par l'ordonnance n° 2021-1192 du 15 septembre 2021, aux divers privilèges immobiliers reconnus par la législation antérieure et devenus depuis lors les hypothèques légales spéciales (privilèges reconnus au vendeur, au prêteur de deniers pour l'acquisition, au copartageant, ainsi qu'aux créanciers et légataires du défunt à celui de la séparation des patrimoines, à condition qu'ils soient inscrits dans les délais prévus par la loi). Ces exceptions devaient être étendues au privilège de l'accédant à la propriété immobilière, titulaire d'un contrat de location-accession.

Il avait été jugé, en revanche, que l'inefficacité, en cas d'acceptation bénéficiaire, de l'inscription prise après décès s'applique non seulement aux – hypothèques conventionnelles mais aussi aux – hypothèques judiciaires (T. civ. Saint-Brieuc, 18 mai 1959 : *JCP* N 1960, II, 11597).

5269 Cas où les héritiers prennent des partis différents. Lorsque plusieurs héritiers étaient appelés à une même succession et que les uns l'acceptaient purement et simplement alors que les autres ne l'acceptaient que sous bénéfice d'inventaire, la Cour de cassation distinguait deux périodes :

– avant le partage, l'état d'indivision fait obstacle à la prise d'inscription efficace ;

– mais, quand le partage était réalisé, les créanciers pouvaient inscrire utilement leur garantie sur les immeubles attribués aux héritiers ayant accepté la succession purement et simplement (Cass. civ., 18 nov. 1833 : *DP* 1833, 1, p. 353 ; *S.* 1833, 1, p. 817. – Cass. civ., 3 août 1857 : *DP* 1857, 1, p. 336. – Cass. civ., 25 août 1858 : *DP* 1858, 1, p. 536 ; *S.* 1859, 1, p. 65. – V. également Aubry et Rau, *op. cit.*, t. III, par Esmein, § 272, p. 351. – Planiol et Ripert, *op. cit.*, t. XIII, par Becqué, n° 949).

5270 Rôle du service de la publicité foncière. Le service de la publicité foncière qui n'est pas juge de la validité au fond des inscriptions requises ne peut refuser de formaliser une inscription après le décès du constituant, au motif que la succession est vacante ou a été acceptée à concurrence de l'actif net. Il ignorera, d'ailleurs, généralement les options prises par les successibles.

5271 Défaut de publicité de l'attestation immobilière ou du partage. Enfin, on rappellera ici qu'en vertu de la disposition finale du paragraphe 5 de l'article 36 du décret n° 55-1350 du 14 octobre 1955, les inscriptions de privilèges ou d'hypothèques légales ou judiciaires peuvent être requises sur un immeuble dépendant d'une succession à l'encontre du défunt seul, si l'attestation notariée de transmission par décès ou le partage en tenant lieu n'a pas encore été publiée (V. n° 5298).

3 Publication d'un commandement valant saisie

5272 Règles applicables. L'article 2422, alinéa 3, réserve le jeu des dispositions spécifiques concernant la saisie immobilière.
Selon l'article L. 321-2 du Code des procédures civiles d'exécution, le bien saisi est indisponible à compter du commandement valant saisie. Mais cette indisponibilité n'est opposable aux tiers qu'à compter de la publication du commandement (CPC ex., art. L. 321-5).
Les inscriptions du chef du débiteur qui n'ont pas été prises avant la publication de ce commandement sont inopposables aux créanciers poursuivants comme à celui qui a acquis les biens saisis (CPC ex., art. L. 321-5, al. 3).
L'article 2422 indique dans son alinéa 4 que dans les départements du Bas-Rhin, du Haut-Rhin et de la Moselle, en cas d'exécution forcée immobilière, l'inscription des hypothèques produit les effets réglés par les dispositions de la loi du 1er juin 1924.

5273 Inscription et publication du commandement requises le même jour sur le même immeuble. L'arrêt du cours des inscriptions ne joue que si la formalité d'inscription est postérieure à la publication du commandement. Qu'en est-il lorsque l'inscription et la publication du commandement sont requises le même jour ?
Ce conflit est tranché par l'article 31, § 4 et § 5 du décret du 4 janvier 1955. En principe, le rang des formalités est déterminé en fonction de la date la plus ancienne, soit du titre exécutoire mentionné dans le commandement, soit du titre constitutif de la sûreté.
– Si les titres sont de la même date, la publicité du commandement valant saisie est réputée d'un rang préférable.
– Cependant, l'inscription du privilège de séparation des patrimoines et des hypothèques légales visées à l'article 2393 (ancien art. 2400), 1°, 2° et 3° est toujours réputée d'un rang antérieur à celui de toute autre formalité requise le même jour (D. n° 55-22, 4 janv. 1955, art. 31, § 5).

5274 Rôle du service de la publicité foncière. Il était admis traditionnellement, que le conservateur n'était pas juge de la validité au fond des inscriptions requises, et qu'il ne pouvait refuser de formaliser une inscription au motif que l'immeuble grevé avait fait l'objet d'un commandement valant saisie déjà publié. La même règle est applicable aux services de la publicité foncière.

4 Incidences d'une procédure collective d'apurement du passif ou d'une procédure de surendettement

➤ L'article 2422, alinéa 3, du Code civil réserve le cas des « procédures de sauvegarde, de redressement judiciaire, de liquidation judiciaire » ou « de traitement des situations de surendettement des particuliers », qui font l'objet de réglementations spécifiques (V. **Procédures collectives**).

II Modalités de la prise d'inscription

Art. 2421 *(Ancien art. 2426. – Version en vigueur depuis le 1er janvier 2022. – Transféré par Ord. n° 2021-1192, 15 sept. 2021, art. 15. – Mod. par Ord. n° 2021-1192, 15 sept. 2021, art. 15 et 21).* – Sont inscrites au service chargé de la publicité foncière de la situation des biens les hypothèques légales, judiciaires ou conventionnelles, sous réserve de l'exception prévue au deuxième alinéa de l'article 2418.

L'inscription qui n'est jamais faite d'office par ce service, ne peut avoir lieu que pour une somme et sur des immeubles déterminés, dans les conditions fixées par l'article 2423.

En toute hypothèse, les immeubles sur lesquels l'inscription est requise doivent être individuellement désignés, avec indication de la commune où ils sont situés, à l'exclusion de toute désignation générale, même limitée à une circonscription territoriale donnée.

5275 Nous traiterons successivement des questions suivantes : où prendre l'inscription ? (A). Quand prendre l'inscription ? (B). Comment prendre l'inscription ? (C). Qui peut prendre l'inscription ? (D). Au nom de qui doit être prise l'inscription ? (E). Contre qui doit être prise d'inscription ? (F). Quels sont les immeubles qui peuvent être grevés ? (G). Comment se détermine le jour de l'inscription ? (H). Qui paie les frais de l'inscription ? (I).

A Où prendre l'inscription ?

5276 Règles applicables. Les hypothèques doivent être inscrites au service de la publicité foncière de la situation des biens (C. civ., art. 2421, al. 1er).

➤ Sur le cas où l'immeuble est situé dans le ressort de plusieurs services, ou encore d'immeubles multiples situés dans le ressort de plusieurs bureaux, ou pour partie en Alsace-Moselle, V. **Formalités requises dans plusieurs bureaux**.

5277 Sanction. On considère traditionnellement que l'inscription prise dans un lieu autre que celui où elle devait l'être ne peut produire aucun effet, même si les tiers ont eu personnellement connaissance de l'hypothèque ainsi inscrit à un bureau incompétent (Cass. civ., 4 févr. 1918 : *S.* 1918-1919, 1, p. 47. – Ph. Simler et Ph. Delebecque, *Droit civil, les sûretés, la publicité foncière*, 5e éd., n° 395).

Le notaire qui aurait pris cette inscription engagerait sa responsabilité (V., à ce sujet *JCl. Notarial Formulaire*, V° Bordereau d'inscription hypothécaire, Fasc. 20).

5278 Rôle du service de la publicité foncière. Une jurisprudence ancienne estimait qu'une inscription prise dans un bureau incompétent n'engageait pas la responsabilité du conservateur quand l'immeuble grevé était, sur les bordereaux déposés, inexactement déclaré comme situé dans le ressort du bureau où l'inscription avait été prise à tort. Cette solution se justifiait par le rôle traditionnellement assigné au conservateur ; sa mission consiste seulement, en effet, à rendre publics les bordereaux qui lui sont remis (Sol. enreg. 15 juin 1956 : *JCP* N 1956, IV, 2217. – V. Bulté, chron. hyp. : *JCP* N 1972, prat. 5231). Cette solution doit être accueillie avec circonspection.

En effet, il ne faut pas perdre de vue que la désignation individuelle de l'immeuble sur lequel l'inscription est requise (C. civ., art. 2421, al. 3) doit se faire dans le respect des règles de publicité foncière posées par l'article 7 du décret n° 55-22 du 4 janvier 1955 et que l'indication de la commune de situation du bien et sa désignation cadastrale figurent parmi les éléments essentiels de l'identification d'un bien.

Or, dans la mesure où les bordereaux doivent respecter le principe de l'effet relatif de la publicité foncière et mentionner la date, le volume et le numéro sous lequel a été publié le titre de propriété du débiteur (D. 14 oct. 1955, art. 32, 2, al. 1er), le service de la publicité foncière devrait, dans l'exercice de sa mission de contrôle de la régularité formelle des documents remis, constater une discordance entre les différentes références, si l'immeuble grevé est situé en dehors du ressort de son service. Cette discordance apparaîtra au vu des énonciations relatives à la situation de l'immeuble contenues dans les bordereaux déposés et les références au titre de propriété du débiteur. Ce titre n'aura pas, par hypothèse, été publié au fichier immobilier dépendant du service où sont déposés à tort les bordereaux d'inscription.

B Quand prendre inscription ?

5279 Principes. Pour qu'une inscription puisse être prise et produise ses effets, il faut, d'une part, que l'hypothèque ait pris naissance et d'autre part, que le bien grevé soit entré dans le patrimoine du débiteur grevé et que son titre de propriété ait été publié.

Il n'existe pas en principe de délai particulier pour procéder à l'inscription d'une hypothèque légale, judiciaire ou conventionnelle. Il est cependant souhaitable que l'inscription soit prise dans les plus brefs délais, pour garantir au bénéficiaire le rang qu'il escomptait, tout retard préjudiciable étant susceptible d'engager la responsabilité des conseils.

Il existe, exceptionnellement, des délais à respecter pour certaines inscriptions d'hypothèques : hypothèque légale des époux (V. **Époux-hypothèque légale**) ou des personnes en tutelle (V. **Personnes protégées**) ou inscriptions d'hypothèque judiciaire provisoire (V. **Hypothèque judiciaire conservatoire**).

C Comment prendre l'inscription ?

5280 L'inscription doit être requise. L'article 2421, alinéa 2, du Code civil, énonce que l'inscription n'est jamais faite d'office par le service de publicité foncière. L'inscription d'une hypothèque ne peut donc être effectuée par le service de la publicité foncière que si elle lui est expressément demandée. En pratique, le simple dépôt des deux bordereaux d'inscription (V. **Bordereau d'inscription**) est considéré comme valant demande expresse.

5281 Présentation du titre. Le principe est, actuellement, que le titre en vertu duquel est opérée

l'inscription n'a pas être présenté au service de la publicité foncière.
Cependant, et par exception, la présentation du titre reste obligatoire pour l'inscription de l'hypothèque légale attachée au jugement de condamnation et de l'hypothèque judiciaire provisoire (V. C. civ., art. 2423, al. 2 à 4).

D Qui peut prendre l'inscription ?

1 Personnes ayant qualité

5282 **Principe.** Tout créancier bénéficiaire d'une créance hypothécaire peut, soit par lui-même, soit par un tiers, opérer ou faire opérer la formalité de l'inscription (arg. C. civ., art. 2426, al. 2 ancien).

5283 **Capacité.** L'inscription étant un acte conservatoire, la capacité de la requérir appartient à tout créancier, capable ou incapable (sans même que l'incapable ait besoin d'assistance ou d'autorisation), aux ayants cause universels, à titre universel ou à titre particulier du créancier, au mandataire conventionnel ou légal de ce dernier, agissant en vertu d'un – mandat secret ou même sans mandat, à titre de gérant d'affaires et en général, à toutes personnes intéressées. La solution est bien établie en doctrine et en jurisprudence (Aubry et Rau, *op. cit.*, t. III, par Esmein, § 270, p. 338 et 339. – Planiol et Ripert, *op. cit.*, t. XII, par Becqué, n° 719. – *Sûretés, Publicité foncière*, par F. Chabas et V. Ranouil, n° 360. – Ph. Simler et Ph. Delebecque, *Droit civil, Les sûretés, La publicité foncière*, 5e éd., n° 308).

5284 **Mandataires.** Les personnes qui ont qualité pour prendre inscription peuvent la requérir par l'intermédiaire d'un tiers (arg. C. civ., art. 2428 ancien, al. 1 et 2).
Le mandat à l'effet de prendre inscription n'est soumis à aucune forme ; il peut être écrit ou verbal et même tacite.
La preuve de l'existence du mandat résulte de la remise au service de la publicité foncière des deux bordereaux répondant aux exigences légales, tant sur le plan de la forme que du contenu.

5285 **Gestion d'affaires.** L'inscription prise par un tiers sans mandat, à titre de gérant d'affaires, est valable et profite au créancier, s'il juge bon de se l'approprier (Cass. 1re civ., 6 juin 1952 : *JCP* G 1953, II, 7765. – Aubry et Rau, *op. cit.*, t. III par Esmein, § 270, p. 342. – Planiol et Ripert, *op. cit.*, t. XII, par Becqué n° 722. – *Bull. AMC* 1954, art. 192).

5286 **Cessionnaire d'une créance.** Le cessionnaire d'une créance peut requérir valablement inscription soit en son nom, soit même au nom du cédant (*Précis CML*, n° 500), même si la cession est sous signatures privées puisque cet acte n'est pas à la source de l'inscription de l'hypothèque.
Si le cessionnaire prend inscription à son profit sans faire état de l'inscription antérieurement prise par le cédant, cette inscription doit être considérée comme une inscription nouvelle qui ne prend rang qu'à sa date, et non pas une inscription en renouvellement de celle du cédant, dont l'effet subsiste jusqu'à ce que la radiation soit consentie par ce dernier. Si l'inscription prise par le cessionnaire se réfère au contraire à l'inscription du cédant, la mainlevée ne pourra intervenir qu'avec le concours de celui-ci (chron. Bulté, *JCP* N 1968, IV, 4439).

5287 **Créancier subrogé.** Que la subrogation soit légale ou conventionnelle, le créancier subrogé peut prendre inscription au nom du créancier primitif.
À titre d'exemple, on indiquera que le privilège de copartageant peut être inscrit au profit de la banque qui a fourni les deniers ayant servi au – paiement du prix de la licitation (V. *Bull. AMC* 1998, art. 1786).

5288 **Créancier délégataire.** Le créancier délégataire a qualité pour prendre inscription au nom du créancier primitif, mais il ne peut prendre inscription en son nom que s'il a accepté la délégation et déchargé le cédant (Cass. civ., 7 mars 1865 : *DP* 1865, 1, p. 121).

5289 **Créancier gagiste.** Spécialement le créancier auquel une créance hypothécaire a été donnée en gage peut, et même doit, requérir l'inscription et la faire renouveler en temps utile (V. Cass. civ., 29 juin 1904 : *DP* 1905, 1, p. 331).

2 Personnes tenues de requérir l'inscription

5290 **Règle générale.** Certaines personnes, qui peuvent être des personnes chargées, en vertu d'un mandat légal, de pouvoirs d'administration des biens d'autrui, ont non seulement le droit mais aussi l'obligation de requérir la formalité de l'inscription, dans le cadre de leur mission, sous peine, en cas de négligence, d'engager leur responsabilité et d'avoir à verser des dommages-intérêts (Aubry et Rau, *op. cit.*, t. III, par Esmein, § 270. – Planiol et Ripert, *op. cit.*, t. XII, par Becqué, n° 721).

5291 **Secteur public et parapublic.** On peut citer, notamment :
- les ministres, les préfets et les maires ;
- les présidents des conseils régionaux et ceux des conseils généraux ;
- l'agent judiciaire du Trésor ;
- les agents des régies financières et des douanes ;
- le comptable de la Direction des créances spéciales du Trésor (DCST) pour l'hypothèque légale de l'État sur les biens des comptables publics ;
- le comptable chargé du recouvrement des impositions et amendes pour l'hypothèque légale du Trésor ;
- les agents de la Caisse nationale de crédit agricole ;
- les directeurs départementaux de l'équipement ;
- les représentants habilités des organismes assurant, en tout ou en partie, la gestion d'un régime légalement obligatoire d'assurance contre la maladie, la maternité, la vieillesse, l'invalidité, le décès, les accidents du travail et les maladies professionnelles, ou de prestations, ainsi que les unions desdits organismes.

5292 **Personnes investies de la charge de la gestion de biens d'autrui.** On retrouve dans le domaine du droit privé divers exemples de personnes qui, compte tenu de leur mission, doivent inscrire ou renouveler des inscriptions dans l'intérêt de ceux dont ils administrent les biens :
- dans le cas de procédures collectives (V. **Procédures collectives**) ;
- les gestionnaires des biens des personnes protégées (V. **Personnes protégées**) ;
- l'époux en cas de transfert judiciaire de pouvoirs (V. **Époux**).

5293 **Usufruitier.** Le même devoir de faire inscrire la sûreté pèse sur l'usufruitier d'une créance hypothécaire ; cet usufruitier est tenu d'accomplir la formalité non seulement en son nom, mais aussi en celui du nu-propriétaire (Aubry et Rau, *op. cit.* t. III, par Esmein, § 270, p. 339).

5294 **Notaires, avocats, huissiers.** Même en l'absence de mandat exprès, la jurisprudence considère que la prise de l'inscription est le complément nécessaire de l'acte constitutif de la garantie et que le notaire a l'obligation d'inscrire, sans retard, l'hypothèque consentie aux termes d'un acte reçu par lui, dans la mesure où l'inscription est une formalité dont dépend l'efficacité de la sûreté et que le praticien doit veiller à la complète régularité des actes qu'il dresse (V. à ce sujet *JCl. Notarial Formulaire*, V° Bordereau d'inscription hypothécaire, Fasc. 20 par P. Frémont et D. Montoux, act. par S. Piédelièvre, n°s 27 et s.).

La solution peut apparemment être étendue aux avocats et huissiers.

5295 **Créanciers du créancier.** Les créanciers du titulaire d'une créance peuvent prendre l'initiative et requérir inscription, au nom de leur débiteur, par la voie oblique (arg. C. civ., art. 1166 ancien. – CA Paris, 7 mai 1873 : *DP* 1873, 2, p. 158. – H., L., et J. Mazeaud, *op. cit.*, t. III, vol. 1, par F. Chabas et V. Ranouil, n° 360) ; toutefois, on considère qu'en application des principes généraux de l'action oblique, la colocation de leur débiteur dans l'ordre qui sera ouvert, constituera le gage commun de tous ses créanciers, même de ceux qui n'ont pas requis l'inscription par la voie oblique (V. en ce sens, H., L. et J. Mazeaud, *op. et loc. cit.*).

E Au nom de qui doit être prise l'inscription ?

5296 **Principe et applications.** L'inscription hypothécaire doit bien évidemment être prise au nom de celui qui est titulaire de la créance garantie par le privilège ou l'hypothèque.
Ce principe donne lieu à quelques difficultés ou applications particulières :
- dans le cas de billets à ordre (V. *JCl. Notarial Formulaire*, V° Bordereaux d'inscription) ;
- lorsque l'inscription est prise contre une société ayant émis un emprunt obligataire (V. *infra*, n° 5304) ;
- dans le cas de cession de créance, de délégation ou de subrogation (V. *JCl. Notarial Formulaire*, V° Bordereaux d'inscription, Fasc. 20 et V. **Subrogation**) ;
- dans le cas d'époux (V. **Époux**).

F Contre qui doit être prise l'inscription

1 Principe

5297 **Propriétaire du bien grevé.** L'inscription doit être prise contre la personne qui était propriétaire du bien grevé au moment où l'hypothèque ou le privilège est né (D. 14 oct. 1955, art. 55). Cette personne est soit le débiteur personnel de la dette garantie, soit une caution réelle.

2 Applications

5298 **Décès du débiteur.** En cas de décès du débiteur, l'inscription est prise contre ses héritiers ou ayants droit devenus propriétaires du bien

grevé et désignés individuellement lors de l'accomplissement de la formalité, à condition que leur droit ait été publié au moyen de l'attestation notariée visée à l'article 29 du décret n° 55-22 du 4 janvier 1955 (V. **Attestation notariée**).
L'administration admet toutefois que l'inscription peut être prise contre le propriétaire défunt, ainsi que le prévoyait expressément l'ancienne rédaction de l'article 2149 du Code civil, avant sa modification par l'article 23 du décret précité du 4 janvier 1955, à condition que l'identité du défunt soit établie et certifiée. Aux termes de la disposition finale du deuxième alinéa du paragraphe 5 de l'article 36 du décret n° 55-1350 du 14 octobre 1955, les inscriptions de privilèges ou d'hypothèques légales ou judiciaires requises sur un immeuble dépendant d'une succession, à l'encontre des successibles d'une personne décédée, lorsque l'attestation notariée de transmission par décès – ou le partage en tenant lieu par application de l'article 29, alinéa 4, du décret du 4 janvier 1955 – n'a pas encore été publiée, sont considérées comme requises contre le défunt seul (Rép. min. Justice n°s 2532 et 4780 : *JOAN* Q, 27 janv. 1968, p. 264 ; *Bull. AMC* 1968, art. 738. – V. aussi *Bull. AMC* 1957, art. 277).

5299 **Propriétaire sous condition suspensive.** Celui qui a, sur un immeuble, un droit suspendu par une condition, peut consentir une hypothèque sur cet immeuble, hypothèque qui sera soumise à la même condition (C. civ., art. 2411, même, une hypothèque judiciaire peut être prise sur un tel immeuble contre le propriétaire sous condition suspensive (V. **Condition suspensive**).
Il en est ainsi, notamment, dans le cas d'une personne dont le titre de propriété est une vente à terme (V. n° 5302).

5300 **Propriétaire sous condition résolutoire.** Celui qui n'a sur un immeuble qu'un droit sujet à résolution ou à rescision peut également consentir sur cet immeuble une hypothèque qui sera soumise à la même condition ou à la même menace de rescision (C. civ., art. 2411. – V. Cass. 1re civ., 6 févr. 1996 : *D.* 1997, p. 119, note Tardy).
➤ Sur l'application de ce principe dans le cas de donation grevées d'un droit de retour, V. **Retour**.

5301 **Propriétaire éventuel.** Il est admis par l'administration qu'une inscription peut être prise contre un propriétaire actuel et un autre seulement éventuel, à condition d'énoncer le lien juridique qui les unit (V. Masounabe-Puyanne : *JCP* N 1956, IV, 2263).
L'article 5, paragraphe 4, du décret du 14 octobre 1955 énonce que « lorsqu'une formalité est requise du chef du bénéficiaire d'un droit éventuel, aux termes d'un document faisant expressément état dudit droit, l'annotation de la formalité est faite exclusivement sur la fiche du titulaire du droit actuel ou conditionnel ». L'article 4-1, alinéa 4, de ce même décret prescrit en effet de n'établir une fiche personnelle au nom du titulaire d'un droit sur un immeuble que si ce droit est actuel ou soumis à la réalisation d'une condition suspensive expressément stipulée dans un titre publié ; en cas d'usufruits successifs, seule est établie la fiche personnelle du premier usufruitier.
Il est donc possible de requérir une inscription contre le titulaire d'un droit éventuel à la condition que ce droit résulte d'un titre publié (V. pour des exemples, *JCl. Notarial Formulaire*, V° Bordereau d'inscription hypothécaire, Fasc. 20 par P. Frémont et D. Montoux, act. par S. Piédelièvre).
Les modalités d'annotation du fichier informatisé ne modifient en rien ces principes.

5302 **Vente à terme.** La vente à terme est définie par l'article 1601-2 du Code civil, dont la teneur est reprise sous l'article L. 261-2 du Code de la construction et de l'habitation. Il résulte de cet article que la signature d'un contrat de vente à terme n'a pas pour effet d'opérer le transfert immédiat du droit de propriété mais seulement de concrétiser les engagements suivants :
– pour le vendeur, celui de livrer l'immeuble à son achèvement ;
– pour l'acquéreur, celui d'en prendre livraison et d'en payer le prix à la date de sa livraison.
Lorsque l'immeuble est achevé, son achèvement doit être constaté suivant les règles tracées par l'article R. 261-2 du Code de la construction et de l'habitation. Cette constatation opère le transfert de propriété rétroactivement au jour de la vente. L'acquéreur est donc placé pratiquement dans la situation d'un acquéreur sous condition suspensive de l'exécution des engagements respectifs pris par le vendeur et par l'acquéreur.
Cette conclusion se trouve, d'ailleurs, confirmée par l'article R. 261-3 du Code de la construction et de l'habitation, aux termes duquel « la vente est soumise aux règles de la publicité foncière dans les mêmes conditions que la vente sous condition suspensive ». La vente à terme doit, dès lors, être obligatoirement publiée dans le délai légal (*Bull. AMC.* 1965, art. 619).
Quant au droit conditionnel de l'acquéreur à terme, il peut, conformément à l'article 2414 du Code civil, être grevé d'hypothèque (V. *Bull. AMC* 1978, art. 1115. – V. Bulté, chron. hyp. : *JCP* N 1977, prat. 6592) ; mais cette sûreté est soumise à la condition qui affecte le droit de l'acquéreur (*Bull. AMC* 1986, art. 1344).

5303 **Société en voie de formation.**
➤ V. **Société en formation.**

5304 **Société : emprunt obligataire.** L'inscription d'hypothèque conventionnelle prise contre une société ayant émis un emprunt obligataire assorti de sûretés immobilières doit être requise au nom de la masse des obligataires en formation (C. com., art. L. 228-79. – V. *JCl. Notarial Formulaire*, V° Bordereaux d'inscription hypothécaire, Fasc. 40 et 70).

5305 **Société de construction-attribution.** Une société de construction-attribution peut consentir une inscription avant le retrait d'un associé ou la dissolution de la société, même si un état descriptif de division a déjà été dressé avec entrée en vigueur lors du premier retrait d'un associé (Cass. 3e civ., 13 nov. 1973 : *JCP* N 1974, prat. 5839).

5306 **Tiers détenteur.** Si le tiers détenteur, devenu propriétaire de l'immeuble grevé par acte public (au besoin accompagné d'une procédure de purge) est mentionné dans le bordereau, lui seul, à l'exclusion du débiteur originaire, devenu en somme un simple débiteur chirographaire du fait de la perte du gage, sera la personne contre laquelle l'inscription sera prise.
Cette solution est une application du principe selon lequel le droit de suite est l'exercice de l'hypothèque contre le propriétaire de l'immeuble grevé, sous la forme d'une action réelle (C. civ., art. 2461, ancien art. 2167. – Planiol et Ripert, *op. cit.* t. III, par Becqué, n° 1069. – Ph. Simler et Ph. Delebecque, *Les sûretés, La publicité foncière*, n° 421). Il est donc normal que l'inscription qui conditionne l'exercice du droit de suite soit prise contre la seule personne exposée à l'action hypothécaire (V. Bulté, chron. hyp. : *JCP* N 1956, IV, 2198).
L'inscription doit toujours être prise contre la personne de qui procède l'hypothèque, jusqu'à la date de la publication de l'acte emportant dépossession. Contrairement à l'opinion qui avait longtemps prévalu, on peut prendre inscription contre un tiers détenteur, dès que la propriété de l'immeuble repose sur sa tête, en tant qu'elle y restera, à la condition que l'inscription puisse être requise régulièrement.
Le créancier a, en conséquence, la faculté de requérir l'inscription de son hypothèque contre son débiteur constituant du gage et le tiers détenteur de celui-ci ou contre le premier seulement, dans l'intervalle compris entre la date de l'entrée en possession du tiers détenteur (date de l'acte) et la date de dépossession du tiers détenteur (publication de l'acte entraînant dépossession) (Instr. adm. n° 60 : *BOED*, n° 7155) ; mais, à partir de la publication de l'acte qui emporte dépossession du débiteur constituant, le créancier ne peut plus requérir une inscription contre le tiers détenteur, sauf s'il s'agit du renouvellement d'une inscription déjà prise contre un précédent propriétaire, compte tenu du fait que postérieurement à la publication, faute d'une inscription préalable, aucun droit de suite ne peut être exercé contre le tiers détenteur (V. Bulté, chron. hyp. : *JCP* N 1955, I, 1232).

G Immeubles pouvant être grevés

1 Textes

5307 Les articles 2388, 2389 et 2421 du Code civil exigent que les hypothèques inscrites portent sur des biens immobiliers qui sont dans le commerce, leurs accessoires réputés immeubles ou l'usufruit des mêmes biens et accessoires pendant le temps de sa durée.

2 Mise en œuvre

a) Immeubles

5308 **Définition.** Par immeubles ou biens immobiliers, il faut entendre tous les immeubles par nature, par destination ou par l'objet auquel ils s'appliquent, tels qu'ils sont visés par les articles 517 à 526 du Code civil. Les immeubles par destination ne peuvent, toutefois, être hypothéqués isolément car ils deviennent des meubles lorsqu'ils sont séparés de l'immeuble par nature auxquels ils sont affectés ; mais ils sont automatiquement atteints par l'hypothèque grevant l'immeuble par nature dont ils dépendent (Marty et Raynaud, t. III, *Les sûretés, La publicité foncière*, par Jestaz, n° 180. – V. **Immeubles par destination**).
➤ Sur la désignation des immeubles grevés, V. **Identification des immeubles** et **État descriptif de division**.

5309 **Caractère aliénable.** L'immeuble ou le bien immobilier ne peut être hypothéqué que s'il est dans le commerce, c'est-à-dire s'il n'est pas inaliénable, en vertu de la loi, de décisions de justice ou de conventions (V. *supra*, n° 5260).
Mais si l'inaliénabilité n'est que temporaire, l'immeuble peut être frappé d'hypothèque dès qu'il redevient aliénable.
Ne peuvent, notamment, figurer valablement sur un bordereau d'inscription hypothécaire :
– les biens donnés ou légués avec une clause d'inaliénabilité (V. CA Nancy, 2 sept. 1997 : *JurisData* n° 1997-048648 ; *JCP* G 1998, IV, p. 1133. – V. **Donation**) ;

– les immeubles estimés indispensables à la continuation de l'entreprise et frappés d'une inaliénabilité temporaire, par le jugement arrêtant le plan de sauvegarde (C. com., art. L. 626-14) ;
– les biens dépendant du domaine public de l'État. Néanmoins, le droit d'occupation temporaire du domaine public est susceptible d'être grevé d'une hypothèque dite « domaniale » constituée pour garantir les emprunts contractés par le titulaire de l'autorisation en vue de financer la réalisation, la modification ou l'extension des ouvrages, constructions et installations de caractère immobilier situés sur la dépendance domaniale occupée (V. *JCl. Administratif*, Fasc. 406-10. – M. Cabrillac et Ch. Mouly, *Droit des sûretés*, Litec, 5e éd., n° 743, p. 594, note 1).

b) Droits immobiliers susceptibles d'hypothèque

5310 **Principe.** Les droits qui peuvent être hypothéqués sur les immeubles et biens immobiliers sont non seulement le droit de propriété, mais aussi les autres droits réels à condition qu'ils constituent un démembrement du droit de propriété et qu'ils soient aliénables séparément.

5311 **Illustrations pratiques.** On notera que sont, en particulier, susceptibles d'être valablement hypothéqués tous les droits réels immobiliers qui sont dans le commerce (C. civ., art. 2388) et par exemple :
– le droit de superficie (CA Besançon, 12 déc. 1864 : *DP* 1865, 2, p. 1. – CA Paris, 1er févr. 1928 : *D.* 1929, 2, p. 16) ;
– l'emphytéose (C. rur. pêche marit., art. L. 451-1). L'hypothèque concernant un immeuble faisant l'objet d'un bail emphytéotique administratif doit être approuvée par la collectivité territoriale propriétaire. Une simple information de la collectivité bailleresse n'est pas suffisante. Dans le cas d'une commune, l'agrément peut être accordé *a posteriori* par le conseil municipal (Cass. 3e civ., 24 juin 2021, n° 19-25.821) ;
– le bail à construction (CCH, art. L. 251-3. – V. **Bail à construction**) ;
– le bail à réhabilitation (CCH, art. L. 252-2. – V. **Bail à réhabilitation**) ;
– l'usufruit et la nue-propriété (Cass. civ., 24 nov. 1858 : *DP* 1858, 1, p. 438).
L'hypothèque de la nue-propriété s'étend de plein droit à la pleine propriété, lorsque l'usufruit s'éteint (CA Nîmes, 9 juill. 1934 : *Gaz. Pal.* 1934, 2, p. 676), mais le titulaire de la pleine propriété d'un immeuble ne peut hypothéquer isolément l'usufruit ou la nue-propriété (Cass. civ., 12 avr. 1836 : *S.* 1836, 1, p. 366. – Planiol et Ripert, *op. cit.*, t. XII, par Becqué, n°s 355 et 357).

c) Droits immobiliers non susceptibles d'hypothèque

1) Règle générale

5312 Le droit d'usage et d'habitation, les servitudes et le droit de mitoyenneté ne peuvent, en principe être hypothéqués isolément.
De même, le droit résultant de la concession d'une mine n'est plus susceptible d'hypothèque (C. minier, art. L. 132-8). Il en est ainsi également pour le permis d'exploitation d'une mine ou d'une carrière. – V. *JCl. Notarial Formulaire*, V° *Mines et carrières*, Fasc. 10 et 20).
Enfin, le droit d'hypothèque ne peut être hypothéqué à son tour (sur les immeubles ou les droits immobiliers susceptibles d'être hypothéqués, V. *JCl. Notarial Formulaire*, V° Bordereau d'inscription hypothécaire, Fasc. 20).

2) Droits d'usage et d'habitation

5313 **Interdiction d'hypothéquer.** Bien qu'ils soient des droits réels, les droits d'usage et d'habitation sont strictement attachés à la personne de leur titulaire et l'on considère traditionnellement qu'ils ne peuvent donc être hypothéqués séparément puisqu'ils sont inaliénables (V. **Droit d'usage et d'habitation**). Des palliatifs ont été imaginés pour contourner cette interdiction (sur tous ces points, V. **Droit d'usage et d'habitation**).

3) Servitudes

5314 On considère généralement que les servitudes ne constituent pas un démembrement du droit de propriété et ne peuvent pas notamment être détachées du fonds pour être cédées à part ; il n'est donc pas possible de les hypothéquer séparément (H., L. et J. Mazeaud, *op. cit.* t. III, n° 330). Spécialement, la jurisprudence refusait le bénéfice du privilège du vendeur au vendeur d'une servitude (CA Paris, 10 mai 1898 : *DP* 1898, 2, p. 497, note Planiol ; *S.* 1900, 2, p. 13, note Tissier). Cette opinion a été, cependant, discutée par certains auteurs qui considèrent que la servitude est l'accessoire du fonds et qu'un créancier bénéficiant d'un privilège sur cette servitude pourrait donc vendre le fonds et se faire payer sur la partie du prix représentant la valeur de la servitude. De toute façon, la garantie grevant le fonds dominant inclut automatiquement la ou les servitudes bénéficiant à celui-ci.

4) Droit de mitoyenneté

5315 Le droit de mitoyenneté, classé par le Code civil parmi les servitudes (C. civ., art. 635 à 663), ne constitue pas un démembrement du droit de propriété.

Ce droit ne peut donc être grevé isolément, mais il est compris dans la sûreté prise sur l'immeuble limité par le mur mitoyen (Planiol et Ripert, *op. cit.*, t. XII par Becqué, n° 382-3°. – Chambaz, Masounabe-Puyanne et Leblond, *op. cit.* n° 195).

Toutefois, selon la jurisprudence, le droit de mitoyenneté pouvait être grevé séparément du privilège de vendeur d'immeuble (Cass. req., 10 avr. 1888 : *S.* 1889, 1, p. 401, note Labbé ; *DP* 1889, 1, p. 321, note Brésillon. – CA Paris, 26 janv. 1938 : *D.* 1938, p. 139).

Cette solution, contraire à celle concernant les servitudes (V. n° 5314), s'explique par le fait que la vente d'un droit de mitoyenneté peut être considérée comme celle d'un droit de copropriété (Marty et Raynaud, *op. cit.*, t. III, par Jestaz, n° 248).

5) Hypothèque sur hypothèque

5316 Il est bien établi qu'un créancier hypothécaire ne peut donc pas accorder d'hypothèque sur sa propre sûreté afin que ses créanciers puissent se faire payer suivant leur rang sur les fonds revenant au constituant (V. A. Fournier : *Rép. civ. Dalloz*, V° Hypothèque, n°s 62 à 67). En revanche, il n'est pas interdit d'être subrogé dans l'hypothèque de son débiteur (C. civ., art. 2473 ; V. Marty et Raynaud, *op. cit.*, t. III, n° 178 et note 2. – M. Cabrillac, Chr. Mouly, S. Cabrillac et Ph. Pétel, *Droit des sûretés*, Litec, 2007, n° 952).

6) Hypothèque sur un droit immobilier contesté

5317 Une sûreté peut être valablement prise sur un droit immobilier alors que ce droit est contesté par un tiers tant que le propriétaire actuel n'en a pas été dépossédé.

Il en est ainsi même si l'assignation délivrée en vue de faire annuler ce droit a été publiée à la conservation. Ainsi, la publication d'une assignation introductive d'une action paulienne contre l'apport de ses immeubles qu'un débiteur a fait à une société n'interdit pas à un créancier de cette société de prendre ultérieurement une inscription d'hypothèque sur ces biens (Cass. 3e civ., 25 janv. 1983 : *JCP* N 1983, prat. 8826).

7) Interdiction d'aliéner et d'hypothéquer

5318 On peut soutenir que l'interdiction d'aliéner et d'hypothéquer un immeuble est opposable aux tiers, lorsque l'acte dans lequel elle est stipulée (donation par exemple) a été publié à la conservation des hypothèques (Cass. 3e civ., 4 mars 1971 : *D.* 1971, 1, p. 358, note Franck ; *Bull. AMC* 1971, art. 883) ; mais, de toute façon, elle ne réalise pas un démembrement de propriété.

L'inscription prise sur un immeuble frappé d'une interdiction d'aliéner et d'hypothéquer doit donc être acceptée par le conservateur (aujourd'hui, par le service de publicité foncière), même si cette interdiction a été publiée car celui-ci n'est pas juge de la validité au fond des actes déposés pour être formalisés. La renonciation à l'interdiction d'aliéner ou d'hypothéquer et sa publication n'ajouteraient rien à une telle inscription sur le plan de la publicité foncière (*Bull. AMC* 1976, art. 1064. – V. R. Chardonnal, chron. hyp. : *JCP* N 1987, prat. 163). Par ailleurs, si le bénéficiaire de l'interdiction d'aliéner ou d'hypothéquer intervient à l'acte d'affectation hypothécaire pour renoncer au profit du prêteur à cette interdiction, le conservateur ne peut pas exiger préalablement à l'inscription de l'hypothèque ainsi constituée, la publication préalable aux concomitantes de la renonciation (*Bull. AMC* préc. – R. Chardonnal, chron. hyp. préc.).

d) Biens à venir

5319 **Impossibilité de principe d'hypothéquer les biens à venir et exceptions.** L'article 2414, alinéa 1er du Code civil pose en principe que les hypothèques peuvent grever tant les immeubles présents que les immeubles « futurs ». La possibilité d'hypothéquer les immeubles futurs a été introduite par l'ordonnance n° 2021-1192 du 15 septembre 2021, portant réforme des sûretés.

➤ À ce sujet, V. **Hypothèque conventionnelle**.

Par ailleurs, l'engagement d'hypothéquer des biens futurs peut être valablement pris car cet engagement est simplement créateur d'une obligation de faire nullement soumise aux conditions de validité de l'hypothèque prévue à l'article 2129 du Code civil (actuel art. 2418) (Cass. 3e civ., 7 janv. 1987 : *Bull. civ.* 1987, III, n° 4 ; *JCP* N 1987, prat. 248).

e) Indivision

➤ V. **Indivision**.

f) Copropriétés

5320 L'inscription peut ne concerner qu'une ou plusieurs fractions d'un immeuble, à condition que le fractionnement ait fait l'objet d'une publication préalable ou simultanée.

Il en est ainsi, notamment, pour les inscriptions ne portant que sur un ou plusieurs lots d'un immeuble en copropriété, si cet immeuble a fait l'objet d'un état descriptif de division publié avant ou en même temps que l'inscription.

Aux termes de l'article 2424 du Code civil, issu de la réforme des sûretés opérée par l'ordonnance précitée du 15 septembre 2021, et qui reproduit textuellement l'ancien article 2429 :

« Pour les besoins de leur inscription, les privilèges et hypothèques portant sur des lots dépendant d'un immeuble soumis au statut de la copropriété sont réputés ne pas grever la quote-part de parties communes comprise dans ces lots.
Néanmoins, les créanciers inscrits exercent leurs droits sur ladite quote-part prise dans sa consistance au moment de la mutation dont le prix forme l'objet de la distribution ; cette quote-part est tenue pour grevée des mêmes sûretés que les parties privatives et de ces seules sûretés ».

(V. Instr. adm., 1er août 1979 : *BODGI* 10 E-1-79 ; *JCP* N 1979, prat. 7262. – Thibierge : *Defrénois* 1979, art. 32065, 1057 à 1096).

En conséquence, les bordereaux d'inscription hypothécaire n'ont plus à faire état de la quote-part des parties communes afférente au lot hypothéqué, cette quote-part étant réputée n'être pas grevée pour les besoins de l'inscription (M. Dagot, *Les modifications de la copropriété et le droit de la publicité foncière : JCP* N 1979, I, p. 125 et s.).

g) Erreur concernant les immeubles grevés

5321 **Comment réparer l'erreur ?** Supposons qu'une inscription ait été prise par erreur sur un immeuble non compris dans l'acte de constitution d'hypothèque. Si cette hypothèque est conventionnelle, le service de la publicité foncière ne pourra pas déceler l'erreur, le titre ne lui ayant pas été présenté (V. n° 5281).

Il n'est pas possible de recourir à un « bordereau rectificatif », qui ne peut être établi que dans le cadre d'une procédure de rejet. La seule solution admissible est de procéder à la radiation de l'inscription (*Bull. AMC* 1978, art. 1127). Cette radiation interviendra soit à la suite d'une mainlevée volontaire, soit à la suite d'une procédure judiciaire, si l'inscrivant s'y refuse, ou n'est pas ou n'est plus en situation d'y consentir (M. Suquet-Cozic, *Comment corriger une inscription hypothécaire prise sur une parcelle supplémentaire par erreur ? : Sol. not.* 2023, n° 29, p. 12).

H Détermination du jour de l'inscription

5322 **Textes.** Aux termes de l'article 2447, alinéas 1er et 2, issu de la réforme des sûretés opérée par l'ordonnance précitée du 15 septembre 2021, et qui reproduit textuellement l'ancien article 2453 du Code civil, premier et deuxième alinéas :

« Les services chargés de la publicité foncière seront tenus d'avoir un registre sur lequel ils inscriront, jour par jour, et par ordre numérique, les remises qui leur seront faites d'actes, décisions judiciaires, bordereaux et, généralement, de documents déposés en vue de l'exécution d'une formalité de publicité.
Ils ne pourront exécuter les formalités qu'à la date et dans l'ordre des remises qui leur auront été faites ».

5323 **Registre des dépôts.** L'article 2426 du Code civil issu de la réforme des sûretés opérée par l'ordonnance précitée du 15 septembre 2021, et qui reproduit textuellement l'ancien article 2431, attribue au registre visé au numéro précédent, dit « registre des dépôts », un rôle déterminant. En effet, aux termes des alinéas 1er et 2 de ce texte :

Le service chargé de la publicité foncière fait mention, sur le registre prescrit par l'article 2447 ci-après, du dépôt des bordereaux, et remet au requérant, tant le titre ou l'expédition du titre, que l'un des bordereaux, au pied duquel il mentionne la date du dépôt, le volume et le numéro sous lesquels le bordereau destiné aux archives a été classé.
La date de l'inscription est déterminée par la mention portée sur le registre des dépôts.

5324 **Refus du dépôt.** En cas de refus du dépôt, notamment, pour absence de présentation du titre générateur d'une sûreté judiciaire ou pour défaut de mention du certificat de l'identité des parties (C. civ., art. 2423, al. 7 et 8), l'inscription, lorsqu'elle sera régularisée, ne prendra rang que lors du nouveau dépôt (V. **Refus de dépôt**).

5325 **Rejet de la formalité.** En cas de rejet de la formalité, après l'acceptation du dépôt, dans les termes des articles 2423 du Code civil et 34 du décret n° 55-1350 du 14 octobre 1955, notamment pour irrégularité dans la présentation matérielle des bordereaux ou discordance entre les bordereaux et les documents déjà publiés, dès lors que les rectifications demandées par le service de la publicité foncière ont été apportées, l'inscription prend rang rétroactivement au jour du dépôt primitif des bordereaux (arg. D. n° 55-1350, 14 oct. 1955, art. 34. – V. **Rejet**).

I Frais de l'inscription

5326 **Les frais incombent au débiteur.** Aux termes de l'article 2433 (ancien art. 2438) du Code civil, les frais des inscriptions sont à la charge du débiteur, sauf stipulation contraire. Mais l'avance des frais doit être faite par l'inscrivant, selon ce même texte.

III

Inscription rectificative

A Principe

5327 Distinction avec les bordereaux « rectificatifs » déposés à la suite d'un rejet. Les bordereaux des inscriptions dites « rectificatives » ne doivent pas être confondus avec les « bordereaux rectificatifs », au sens de l'article 34, § 3, alinéa 4, *in fine*, du décret du 14 octobre 1955, qui tendent à réparer une omission figurant dans un bordereau ayant fait l'objet d'un rejet (V. **Rejet**). En effet les inscriptions rectificatives, qui ont pour but de réparer une erreur dans le bordereau précédemment déposé, sont des inscriptions nouvelles (V. n° 5328).
Lorsqu'un bordereau rectificatif déposé dans le délai voulu, à la suite de la notification d'une cause de rejet renferme tous les éléments nécessaires pour former une inscription indépendante et ne se réfère pas au bordereau primitif, la question peut se poser de savoir s'il s'agit d'un bordereau rectificatif déposé pour rectifier une cause de rejet ou d'une inscription rectificative (*Bull. AMC* 1981, art. 1203).

5328 L'inscription rectificative est une nouvelle inscription. Les erreurs ou omissions entachant un bordereau déposé et définitivement formalisé ne peuvent être réparées que par le dépôt en double exemplaire d'un bordereau d'inscription rectificative qui ne prendra rang qu'à la date de son dépôt, c'est-à-dire seulement pour l'avenir (Planiol et Ripert, *op. cit.*, t. XII par Becqué, n° 754. – De France et Olive, *Traité des droits d'hypothèque*, n° 86. – Chambaz, Masounabe-Puyanne et Leblond, *Précis du droit et de la pratique hypothécaires*, 2e éd., n° 621. – P. Masounabe-Puyanne, *La rectification des erreurs et omissions en matière de publicité foncière* : *JCP* N 1959, I, 1496. – Bulté : *JCP* N 1978, prat. 6873).
Une instruction de la Direction générale des impôts du 31 décembre 1971 (*BODGI* 10 D-1-72 ; *JCP* N 1972, III, 38911) indique à ce propos :

> « L'inscription dite "rectificative" est, en fait, une inscription nouvelle qui n'a effet que pour l'avenir et les bordereaux déposés pour la requérir établis "dans les formes légales", doivent contenir toutes les énonciations exigées pour les inscriptions originaires de la même nature (D., art. 34, § 3, al. 4) ».

5329 Inscription définitive anticipée. Si une inscription définitive faisant suite à une inscription d'hypothèque judiciaire provisoire est opérée alors que le délai de deux mois n'a pas commencé à courir, par exemple en raison de ce que la décision intervenue n'a pas encore acquis la force de chose jugée, l'inscription prise dans ces conditions est irrégulière (V. **Hypothèque judiciaire conservatoire**). Il n'est pas possible en pareil cas de renouveler l'inscription par le dépôt d'un « bordereau rectificatif ». Un tel bordereau ne peut avoir pour objet que la rectification des inexactitudes, discordances ou défauts de publication du titre. Or le vice résultant de l'inscription d'hypothèque définitive intervenue avant qu'un jugement statuant au fond ait acquis force de chose jugée ne constitue ni une inexactitude ni une discordance (Cass. 3e civ., 4 juill. 2001 : *Bull. civ.* 2001, III, n° 92).

5330 Mention de la date d'effet de l'inscription. Les bordereaux des inscriptions « rectificatives » doivent toujours préciser la date extrême d'effet de ces inscriptions lorsque celles qu'elles rectifient ou complètent ont été requises jusqu'à une date déterminée.
Dans la majorité des cas, la date extrême d'effet des inscriptions « rectificatives » doit pouvoir ne pas différer de celle des inscriptions rectifiées ou complétées et les créanciers, ne serait-ce que pour faciliter la surveillance des renouvellements qu'ils auront éventuellement à requérir, ont intérêt à ne pas faire un autre choix. Aucune disposition n'interdit, toutefois, à un créancier d'attribuer à une inscription « rectificative » une date extrême d'effet autre que celle de l'inscription rectifiée ou complétée, sous réserve, bien entendu, qu'il respecte les limites fixées par les articles 2429 du Code civil (V. **Inscription (Durée)**). En pareil cas, chacune d'elles, conservant une totale indépendance, doit être tenue pour périmée le lendemain à zéro heure de sa propre date extrême d'effet, alors même que l'autre continuerait encore d'être efficace.

B Applications

1 Durée de l'inscription

5331 Modification de la durée de l'inscription. La question a été posée de savoir si la durée d'une inscription est susceptible d'être modifiée, pour réparer ou non une erreur, par le dépôt d'un bordereau en double exemplaire d'inscription rectificative contenant les références de ladite inscription et l'indication d'une nouvelle date extrême d'effet. La réponse est négative. Il résulte, en effet, du rapprochement des articles 2425, 2429 et 2430 du Code civil, et des articles 61, § 1er, 67, § 2 et 67-2, alinéa 2 du décret du 14 octobre 1955 que la durée d'une inscription ne peut être modifiée que par voie de mention en marge (s'il s'agit de la réduire) ou de renouvellement (s'il s'agit de l'augmenter).

➤ V. **Inscription (durée)**.

2 Erreurs dans la désignation des immeubles

5332 Désignation cadastrale erronée des biens grevés. La désignation cadastrale erronée de la parcelle grevée équivaut à une absence de désignation, et par suite, l'inscription qui, en raison de cette erreur, ne grève pas l'immeuble hypothéqué, doit être considérée comme sans effet.

Si l'erreur figure dans l'acte constitutif de l'hypothèque, l'irrégularité ne pourra être rectifiée que par une nouvelle inscription requise en vertu d'un nouvel acte passé entre les mêmes parties que le premier et constatant l'accord de celles-ci sur la nouvelle désignation cadastrale de la parcelle hypothéquée (cf. Rép. min. secr. d'Ét. au Budget n° 709 à M. Dronne : *JOAN* CR, 24 juill. 1956, p. 3540 et s. ; *JCP* N 1956, IV, 2276. – Circ. adm., § XXXII-III : *JCP* N 1956, IV, 2275).

Dans le cas où l'erreur résulterait des indications inexactes fournies par le service du cadastre, elle pourrait être rectifiée au moyen de la procédure simplifiée admise par l'administration, aux termes de la circulaire, § L XXX-II-12, en accord avec le service central du cadastre et le Conseil supérieur du notariat.

Le notaire intéressé aurait alors la faculté de dresser, sans comparution des parties, un acte rectificatif concernant l'erreur imputable au service du cadastre, comportant une simple attestation signée du notaire seul et contenant, sous forme de tableau, les renseignements suivants :

- nature de l'acte constitutif ;
- rappel du nom des parties ;
- date, volume et numéro de l'inscription ;
- rectification à opérer (ancienne et nouvelle désignation de la parcelle).

La nouvelle inscription qui serait prise en vertu de l'acte d'affectation primitif et de l'acte rectificatif ne prendrait rang qu'à partir de sa date (V. chron. hyp. : *JCP* N 1960, IV, 3004).

5333 Immeubles figurant à tort dans le bordereau. La désignation, dans un bordereau, d'immeubles dont une partie seulement était en réalité à grever, ne peut être complètement réparée que par la radiation partielle de l'inscription portant sur les immeubles grevés à tort car le dépôt d'une simple inscription rectificative laisserait subsister l'inscription originaire qui continuerait à être révélée dans les états en même temps que l'inscription rectificative.

Le dépôt d'une inscription rectificative ne se heurterait, toutefois, à aucune cause de refus ou de rejet et devrait, par suite, être accepté. Mais l'Association mutuelle des conservateurs a conseillé à ses membres d'appeler alors l'attention du – déposant sur les effets de la nouvelle inscription (*Bull. AMC* 1978, art. 1127). Ce conseil reste valable pour le service de la publicité foncière, qui s'est substitué aux conservateurs.

3 Erreurs dans la désignation des parties

5334 Erreur dans l'identité du constituant. Lorsque la date de naissance du débiteur figurant dans le bordereau déposé est exacte mais ne concorde pas avec celle figurant dans les documents antérieurement publiés, il suffit que le signataire du certificat d'identité justifie de l'exactitude des énonciations du bordereau en produisant au conservateur un extrait de l'acte de naissance de l'intéressé. Mais le conservateur (aujourd'hui, le service de la publicité foncière) n'a pas le pouvoir de rectifier d'office la date de naissance (inexacte) portée sur l'acte antérieurement publié, il en résulte que le fichier immobilier va comprendre, pour la même personne, deux fiches individuelles portant deux dates de naissance différentes ; il est recommandé de – signaler la discordance à la fois aux parties à l'acte initial et au signataire du certificat d'identité erroné en attirant leur attention sur l'intérêt qui s'attache pour eux à la régularisation du document contenant la date erronée (Bulté : *JCP* N 1972, prat. 5163).

5335 Erreur d'identification du créancier. L'erreur dans la désignation du créancier commise dans le bordereau de l'inscription, régulièrement déposé et formalisé, ne peut être rectifiée que par le dépôt d'un bordereau d'inscription rectificative (Bulté : *JCP* N 1978, prat. 6873).

Lorsque l'erreur concerne, non pas un des éléments essentiels de l'identification du créancier, mais seulement un élément accessoire, le domicile, et même une partie de cet élément, le numéro de la rue, l'erreur commise ne peut être rectifiée par une simple mention inscrite au pied de la mainlevée par le notaire rédacteur de celle-ci, mais il semble que le conservateur (aujourd'hui, le service de la publicité foncière) pourrait se contenter de la production, à l'appui de la mainlevée, d'un acte de notoriété constatant l'erreur commise dans le bordereau d'inscription (Bulté : *JCP* N 1973, prat. 5524).

4 Erreur dans les montants inscrits

5336 **Cas pratique.** Le cas est le suivant (M. Suquet-Cozic, *Comment corriger une inversion des montants inscrits ? : Sol. not.* oct. 2014, n° 10, art. 217, p. 25-26) : à l'occasion de l'acquisition d'un bien immobilier vendu au prix de 200 000 €, l'acquéreur emprunte la somme de 250 000 € destinée à financer tant le prix d'acquisition que des travaux sur le bien acquis. Le remboursement du prêt doit être garanti par un privilège de prêteur de deniers (devenu une hypothèque légale spéciale depuis la réforme des sûretés) à hauteur de 200 000 € et une hypothèque conventionnelle (HC) pour le solde, soit 50 000 €. Une erreur est commise dans les bordereaux d'inscription hypothécaire : le PPD est pris pour 50 000 € et l'hypothèque pour 200 000 €. La taxe de publicité foncière au taux de 0,71498 % (CGI, art. 844) a été liquidée sur cette base de 200 000 € et acquittée auprès du service de la publicité foncière compétent. Comment corriger les inscriptions erronées afin de parvenir aux montants prévus dans l'acte ?

– **L'inscription du privilège de prêteur de deniers** : le PPD a été inscrit pour 50 000 € au lieu de 200 000. Il y a lieu de modifier l'inscription elle-même par le dépôt d'un bordereau d'inscription rectificative en double exemplaire – et non par un bordereau rectificatif, puisque l'inscription n'a fait l'objet d'aucun rejet. Inscription sera prise à hauteur de 150 000 €, en complément de la première inscription de 50 000 €. Il s'agit d'une nouvelle inscription. Ainsi si elle est prise dans le délai de deux mois, le PPD rétroagira bien à la date de l'acte. Passé ce délai, le PPD dégénérera en HC et prendra rang à la date du dépôt du bordereau d'inscription rectificative. Le dépôt du bordereau donnera uniquement lieu à la perception de la contribution de sécurité immobilière au taux de 0,05 % (CGI, art. 881 H). En conclusion, la rectification de l'inscription du PPD ne présente d'intérêt que si elle intervient dans le délai de deux mois. Effectuée après ce délai, elle n'apportera rien plus que l'HC déjà prise, qui garantit les mêmes sommes.

– **L'inscription de l'hypothèque conventionnelle :** l'hypothèque conventionnelle a été inscrite pour 200 000 € au lieu de 50 000 €. Il s'agit donc de réduire le montant de l'inscription conventionnelle. Le recours à un bordereau d'inscription rectificative est exclu : l'inscription originaire ne serait pas supprimée du fichier immobilier et continuerait d'apparaître, avec l'inscription rectificative, dans les états hypothécaires. La mainlevée permettrait la radiation de l'inscription mais nécessite l'accord du créancier. La modification consistant en une réduction d'inscription, n'aggravant pas la situation du débiteur, il faudrait alors la réaliser sous la forme de la mention en marge de l'inscription hypothécaire (C. civ., art. 2425, ancien art. 2430). Il s'agirait alors non pas de déposer un bordereau d'inscription, mais de présenter un acte. Plus précisément, ce sont les actes de vente et de prêt qui devraient être présentés à nouveau, pour être publiés en marge de l'inscription d'hypothèque conventionnelle. Néanmoins, une telle formalité ne présente pas d'intérêt, car elle ne permettra pas la restitution des taxes de publicité foncière et contribution de sécurité immobilière déjà perçues, par application des dispositions de l'article 1961 bis du Code général des impôts.

IV
Date de prise d'effet de l'inscription

5337 **Détermination de l'ordre de publication.** Le conflit entre le créancier hypothécaire et les tiers qui, sur le même immeuble, ont acquis, du même auteur, des droits concurrents en vertu d'actes ou de décisions soumis à la même obligation de publicité et publiés, ou qui ont fait inscrire des privilèges ou des hypothèques, se règle en vertu des principes énoncés à l'article 30 du décret du 4 janvier 1955, d'après la priorité des publications. Pour déterminer cet ordre, il y a lieu de se référer au registre des dépôts de l'article 2447 (ancien art. 2453), alinéa premier, du Code civil (Planiol et Ripert. *op. cit.*, t. XIII par Becqué, n° 1111), dont les énonciations peuvent, cependant, être combattues par la preuve contraire (Aubry et Rau, *op. cit.*, t. II par Esmein, § 174, p. 99).

5338 **Publications effectuées le même jour.** Aux termes de l'article 31, paragraphe 2, du décret

n° 55-22 du 4 janvier 1955, lorsqu'une formalité dont la publicité est obligatoire en vertu des 1° à 3° de l'article 28 de ce décret et peut produire des effets opposables aux tiers, par application de l'article 30 et une inscription d'hypothèque sont requises le même jour, relativement au même immeuble, l'inscription est réputée d'un rang antérieur, quel que soit l'ordre du registre des dépôts prévu à l'article 2447 du Code civil.
Ainsi, lorsque la vente d'un immeuble et une inscription d'hypothécaire sur le même immeuble prise contre le vendeur sont publiées le même jour, l'inscription est valable comme étant censée être intervenue avant la publication de la vente.

5339 **Rang des inscriptions prises le même jour.** Lorsque plusieurs inscriptions sont requises le même jour, relativement au même immeuble, leur rang respectif est déterminé par l'article 2418, alinéas 3 à 5, issu de la réforme des sûretés opérée par l'ordonnance n° 2021-1192 du 15 septembre 2021, en vigueur à compter du 1er janvier 2022 et dont le texte est ci-dessous littéralement reproduit :

Art. 2418, al. 3 à 5

(...) Lorsque plusieurs inscriptions sont prises le même jour relativement au même immeuble, leur rang respectif est déterminé comme suit, quel que soit l'ordre qui résulte du registre prévu à l'article 2447 :

– l'inscription d'une hypothèque légale est réputée d'un rang antérieur à celui de l'inscription d'une hypothèque judiciaire ou conventionnelle ; et s'il y a plusieurs inscriptions d'hypothèques légales, elles viennent en concurrence, sauf s'il s'agit de l'hypothèque spéciale du vendeur et de l'hypothèque spéciale du prêteur de deniers, la première étant réputée antérieure à la seconde ;

– en présence de plusieurs inscriptions d'hypothèques conventionnelles ou judiciaires, celle qui est prise en vertu du titre portant la date la plus ancienne est réputée d'un rang antérieur ; et si les titres ont la même date, elles viennent en concurrence.

➤ Sur le rang de la convention de rechargement, V. **Hypothèque rechargeable**.

V

Réduction des inscriptions

5340 **Cas prévus par la loi.** Dans l'état du droit antérieur à la réforme des sûretés, la loi prévoyait divers cas dans lesquels le débiteur pouvait obtenir la réduction d'une inscription d'hypothèque jugée excessive (C. civ., art. 2444 et 2445. – V. S. Piédelièvre, *La réduction des inscriptions hypothécaires : Defrénois* 2000, art. 27180, p. 737 et s.). Il en était ainsi :
– pour l'inscription de l'hypothèque prise en cas de transfert judiciaire de pouvoirs entre époux (V. **Époux-hypothèque légale**) ;
– pour l'inscription bénéficiant au mineur ou au majeur protégé sur les biens de son tuteur ou administrateur légal (C. civ., art. 2446 et 2447 : V. **Personnes protégées**) ;
– lorsque l'inscription prise en vertu d'un jugement de condamnation est excessive (C. civ., art. 2412, al. 3 : V. **Hypothèque judiciaire**).
Après la réforme des sûretés opérée par l'ordonnance n° 2021-1192 du 15 septembre 2021, la question est désormais traitée par l'article 2439 du Code civil applicable à compter du 1er janvier 2022 qui est ainsi rédigé :

Art. 2439 *(Version en vigueur depuis le 1er janvier 2022. Modifié et transféré par Ord. n° 2021-1192, 15 sept. 2021, art. 15 et 21).* – Lorsque les inscriptions prises en vertu d'une hypothèque légale générale sont excessives, le débiteur peut demander leur réduction en se conformant aux règles de compétence établies dans l'article 2437.

Sont réputées excessives les inscriptions qui grèvent plusieurs immeubles lorsque la valeur d'un seul ou de quelques-uns d'entre eux excède une somme égale au double du montant des créances en capital et accessoires légaux, augmenté du tiers de ce montant.

La réduction partielle de l'hypothèque peut être consentie à l'amiable par le créancier. Quant à la réduction judiciaire, elle ne peut pas porter sur l'assiette d'une hypothèque conventionnelle quelles que soient les circonstances car le juge ne peut, sans autorisation de la loi, opérer une révision judiciaire du contrat (L. Aynès, P. Crocq et A. Aynès, *Droit des sûretés*, LGDJ, 15e éd. 2021, n° 419).

L'article 2439 du Code civil ne prévoit actuellement que la seule réduction des hypothèques légales générales excessives (sur les hypothèques légales générales, V. **Hypothèque légale**) et il donne dans son alinéa 2 le critère appliqué pour définir le caractère « excessif » de l'inscription. Sur la réduction des inscriptions, V. Ph. Simler et Ph. Delebecque, *Droit des sûretés et de la publicité foncière*, Précis Dalloz, 8e éd. 2023, nos 589 et s.).

VI

Péremption des inscriptions

5341 Renvoi.

➤ V. **Inscription (Durée).**

Inscriptions (taxation)

Jacques LAFOND

Sommaire analytique

BIBLIOGRAPHIE : *JCl. Notarial Répertoire*, V° *Privilèges et hypothèques*, Fasc. 10, *Mode de l'inscription*, par N. Pierre. – *JCl. Notarial Formulaire*, V° *Obligations (ENR)*, Fasc. 3 par O. Boudeville.

Index alphabétique

Index alphabétique *(suite)*

5342 **Avertissement.** Nous n'étudions dans cette rubrique que les seules règles de principe, applicables à l'ensemble des inscriptions. Mais, par ailleurs, diverses opérations obéissent à des règles particulières, que l'on trouvera exposées à la rubrique les concernant : par exemple le renouvellement des inscriptions, les inscriptions de privilèges (V. **Privilèges spéciaux immobiliers**), les mentions en marge (V. **Mentions en marge**), les inscriptions d'hypothèque légale (V. **Hypothèque légale**), etc.

5343 **Plan.** Nous traiterons tout d'abord de la taxe de publicité foncière (I) puis de la contribution de sécurité immobilière (II).

I

Taxe de publicité foncière

CGI, art. 663. – Donnent lieu à la perception de la taxe de publicité foncière :

1° les inscriptions d'hypothèques judiciaires ou conventionnelles à l'exception des inscriptions en renouvellement ; (...)

CGI, art. 1594 A. – Sont perçus au profit des départements :

2° La taxe de publicité foncière perçue en application de l'article 663 lorsque les inscriptions, décisions, actes, attestations ou documents mentionnés à cet article concernent des immeubles ou des droits immobiliers situés sur leur territoire.

CGI, art. 1594 B. – Les dispositions de l'article 1594 A ne sont pas applicables (...) aux droits ou taxes fixes.

A Champ d'application de la taxe de publicité foncière

1 Inscriptions soumises à la taxe

5344 **Hypothèques conventionnelles et judiciaires.** Il résulte de l'article 663, 1° du Code – général des impôts que sont assujetties à la taxe de publicité foncière :
- les inscriptions d'hypothèques conventionnelles sans distinction ;
- les inscriptions d'hypothèque judiciaire, qu'il s'agisse d'inscriptions d'hypothèque conservatoire ou d'inscriptions prises en vertu d'une décision de condamnation (V. **Hypothèque judiciaire** et **Hypothèque judiciaire conservatoire**).

2 Inscriptions non soumises à la taxe

5345 **Interprétation *a contrario* de l'article 663 du Code général des impôts.** L'article 663, 1° du Code général des impôts ne soumet à la taxe de publicité foncière que les seules inscriptions d'hypothèques conventionnelles ou judiciaires. Les inscriptions qui ne sont pas visées par le texte échappent donc à la taxe (Doc. adm. DGI 10 G-111, 1er oct. 1971).

Il résulte de l'interprétation *a contrario* de l'article 663, 1° du Code général des impôts que sont exemptées de la taxe de publicité foncière :
- les inscriptions d'hypothèque légale (sur la portée de cette exonération et les solutions particulières, V. **Hypothèque légale**) ;
- les inscriptions de privilège (sur la portée de cette exonération et les solutions particulières, V. **Privilèges spéciaux immobiliers**).

3 Inscriptions exonérées

a) Exemples divers

5346 **Inscription en renouvellement.** Les inscriptions en renouvellement sont expressément exonérées de taxe de publicité foncière par l'article 663, 1° du Code général des impôts (sur cette exonération, V. **Renouvellement**).

5347 **Inscriptions requises par l'État.** Les inscriptions requises par l'État et les établissements publics de l'État sont exonérées de la taxe de publicité foncière (CGI, art. 845, 1°). Mais cette exonération n'est que provisoire. La taxe non perçue lors de l'inscription est acquittée lors de la radiation de l'inscription (sur le champ d'application de l'exonération, V. **État**).

5348 **Inscription requise par un bénéficiaire de l'aide juridictionnelle.** L'article 1090 B du Code général des impôts exonère de la taxe de publicité foncière « les formalités requises par les bénéficiaires de l'aide juridictionnelle » (sur les modalités d'application de cette exonération, V. **Aide juridictionnelle**).

5349 **Prêts divers.** Pour des raisons touchant à la politique économique ou sociale, les inscriptions garantissant divers prêts sont exonérées de taxe de publicité foncière. On en trouvera l'inventaire au mot **Prêts.**

b) Cas particulier : translation d'hypothèques

1) Principe

5350 **Perception de la taxe de publicité foncière.** La « translation » d'une hypothèque consiste à libérer un immeuble de l'inscription qui le grève, et à prendre une autre inscription sur un immeuble différent. La seconde inscription est donc tout à fait indépendante de l'inscription primitive et dans cette mesure, elle donne lieu selon l'administration à la perception de la taxe de publicité foncière (Instr. 13 janv.1975 : *BOI* 10 G-I-75. – *Bull. AMC* 1994, art. 1642. – V. *contra*, H. Bulté, chron. hyp. : *JCP* N 1974, IV, 5768, 2 et *JCP* N 1973, prat. 5578).

2) Exceptions

5351 **Transferts d'hypothèques consécutifs à des remembrements d'immeubles ruraux.** En cas de remembrement, les inscriptions qui grevaient les biens abandonnés par un propriétaire sont transférées sur les biens reçus en contrepartie. Ces transferts d'hypothèques sont considérés comme des inscriptions en renouvellement et, à ce titre, ils sont exclus du champ d'application de la taxe de publicité foncière (V. **Aménagement foncier rural**).

5352 **Transferts d'hypothèques consécutifs à un échange d'immeubles ruraux entrant dans le champ d'application de l'article L. 124-1 (anciennement codifié sous l'article 37) du Code rural et de la pêche maritime.** Ces transferts d'hypothèques sont dispensés de taxe de publicité foncière, qu'ils soient constatés dans l'acte même d'échange ou dans un acte séparé. En application de l'article 15 du décret n° 56-112 du 24 janvier 1956, le renouvellement des hypothèques doit, toutefois, être effectué en même temps que la publication de l'acte d'échange (Rép. min. Budget n° 30069 à M. Guillard : *JO* Sénat CR 20 juin 1979, p. 2046 ; *Dr. fisc.* 1979, n° 41, comm. 1986 ; *JCP* N 1979, prat. 7293. – V. **Échanges d'immeubles ruraux**).

c) Justification de l'exonération

5353 **Mention du texte.** L'exonération doit être justifiée par la mention du texte qui la prévoit. Telle est la solution préconisée par une réponse ministérielle (Rép. min. Éco. Fin., *JOAN* CR 11 sept. 1976, p. 6014 : *Bull. AMC* 1976, art. 1060), qui voyait là « une mesure d'ordre imposée par la logique même de la réquisition d'inscrire » et qui « est de nature, par sa clarté, à éviter d'inutiles différends ». Mais en l'absence de texte l'imposant, cette prise de position ne peut être considérée que comme un conseil tendant à une « bonne pratique ».

Diverses décisions des juridictions du fond ayant statué dans des sens différents, l'administration avait finalement accepté de consentir à la restitution de la taxe dans le cas où la cause de l'exonération n'avait pas été mentionnée dans le bordereau. Mais les raisons qui avaient fondé cette solution de bienveillance ont aujourd'hui disparu (V. **Restitution**).

En conséquence il est recommandé, pour éviter les incidents, de mentionner dans le bordereau le texte d'où résulte l'exonération.

B Tarifs

CGI, art. 844. – La taxe proportionnelle de publicité foncière applicable aux inscriptions d'hypothèques judiciaires ou conventionnelles visées au 1° de l'article 663 est perçue au taux de 0,70 %.

Elle est liquidée sur les sommes garanties en capital, intérêts et accessoires, même indéterminées, éventuelles ou conditionnelles, exprimées ou évaluées dans le bordereau. Il n'est perçu qu'une seule taxe pour chaque créance quel que soit le nombre des créanciers requérants et celui des débiteurs grevés.

Les inscriptions qui échappent à la taxe proportionnelle sont soumises à une taxe fixe de 25 €.

5354 **Transfert de la taxe aux départements.** Depuis le 1er janvier 1984, la taxe de publicité foncière due sur les inscriptions d'hypothèques judiciaires ou conventionnelles en application de l'article 663, 1° du Code général des impôts est perçue au profit du département de la situation de l'immeuble sur lequel l'inscription est prise (CGI, art. 1594 A). Comme suite à ce transfert, une compensation a été prévue au profit de l'État (V. n° 5358).
L'article 1594 B du Code général des impôts exclut du transfert la taxe fixe de publicité foncière applicable aux inscriptions qui échappent à la taxe proportionnelle.

1 Taxe proportionnelle

a) Tarif

5355 **Taux de 0,70 %.** Le taux applicable est, depuis le 1er janvier 2011, de 0,70 % (L. fin. n° 2009-1673, 30 déc. 2009, art. 77, 1.2.1.2 et 1.2.1.6 : *JO* 31 déc. 2009, p. 22856. – CGI, art. 844).

5356 **Guyane.** L'article 1043 A du Code général des impôts prévoit, dans le département de la Guyane, une réduction de moitié du tarif de la taxe de publicité foncière, sauf lorsque cette taxe est perçue au taux prévu à l'article 1594 D du même code. Il résulte de ce texte que cette réduction de moitié est applicable à la taxe de publicité foncière due sur les inscriptions.

5357 **Minimum de perception.** L'article 674 du Code général des impôts énonce qu'il ne peut être perçu moins de 25 € dans le cas où le montant de la taxe proportionnelle ne serait pas équivalent à cette somme.

b) Prélèvement supplémentaire au profit de l'État

5358 **Montant.** Afin de compenser les « frais d'assiette de recouvrement, de dégrèvement et de non-valeur » exposés par l'État qui perçoit désormais pour le compte des départements les droits et taxes qui leur ont été transférés, il a été prévu que l'État opérerait un prélèvement en sus de ces droits et taxes. Le taux de ce prélèvement est actuellement fixé à 2,14 % du montant de la taxe de publicité foncière. Il faut donc commencer par calculer le montant de la taxe de publicité foncière et ensuite, sur ce montant, appliquer le taux de 2,14 %.
Depuis le 1er janvier 2011, la taxation totale est donc, compte tenu de ce prélèvement supplémentaire, de **0,71498 %** (0,70 % + 0,01498 %).

2 Taxe fixe

CGI, art. 679. – Sont soumis à une imposition fixe :

(...)

2° les inscriptions d'hypothèques judiciaires ou conventionnelles non soumises à la taxe proportionnelle ;

5359 **Taux.** Selon l'article 679, 2° du Code général des impôts, les inscriptions d'hypothèque judiciaire ou conventionnelle non frappées de la taxe proportionnelle sont soumises à une taxe fixe dont le taux actuel est également de 25 € (CGI, art. 844, al. 3. – V. ce texte *supra*).
La taxe fixe est perçue au profit de l'État (CGI, art. 1594 B).

5360 **Champ d'application.** Comme l'indique l'article 679, 2° du Code général des impôts, la taxe fixe est appelée à s'appliquer lorsque les inscriptions d'hypothèque judiciaire ou conventionnelle ne sont pas soumises à la taxe proportionnelle.
La taxe à tarif fixe concerne par exemple :
– les bordereaux d'inscription purement rectificatifs d'erreurs matérielles commises dans de précédents bordereaux (Circ. adm. 26 mai 1955 : *JCP* N 1955, IV, 2040, § 8. – Sur la notion d'inscription rectificative, V. **Inscription-formalités**), sauf toutefois si ces bordereaux qualifiés de « rectificatifs » faisaient suite à des conventions ou à des modifications des conventions primitives d'une telle importance qu'il ne pourraient être considérés comme ayant trait à la même créance que les bordereaux rectifiés (Instr. 31 déc. 1971 : *BODGI* 10-D-1-72 : *JCP* N 1972, III, 38 911, 38 948 *bis*, 39 570. – Circ. adm. 14 août 1969, série ED, n° 47, § III, B : *JCP* N 1969, IV, 46 367).
➤ Sur les bordereaux rectificatifs déposés dans le cadre d'une procédure de rejet, V. **Rejet** ;
– les bordereaux déposés après un ou plusieurs autres bordereaux lorsqu'ils sont relatifs à la même créance et ont un caractère purement complémentaire (Instr. adm. 31 déc. 1971 : *BODGI* 10 D-1-72,

n° 146 ; *JCP* N 1972, III, 38911. – Rép. min. Éco. et Fin. n° 10347 à M. Chauvet : *JOAN* CR 24 juin 1970, p. 2963. – Cf. H. Bulté : *JCP* N 1978, prat. 6821. – Pour une inscription réitérative, cf. Cass. com., 28 mars 1949 : *JCP* 1949, II, 4942) ;
– l'inscription définitive d'hypothèque judiciaire conservatoire, si elle est requise dans le délai légal et si le montant de cette inscription ne dépasse pas celui de l'inscription provisoire (V. **Hypothèque judiciaire conservatoire**).

C Fait générateur. Tarif applicable

5361 **Date du dépôt.** Le fait générateur de la taxe de publicité foncière est constitué par le dépôt au service de la publicité foncière des documents à publier. C'est donc à la date de ce dépôt qu'il faut se placer pour déterminer si la formalité dont l'exécution est requise entre ou non dans le champ d'application de la taxe (Rép. min. Éco. Fin. et Ind. : *JOAN* Q 14 mars 1970, p. 588 ; *JCP* N 1970, prat. 4734. – *Bull. AMC* 1970, art. 808).
C'est cette même date qu'il faut retenir pour déterminer le tarif applicable, et non la date où le droit a pris naissance.

D Assiette et liquidation

1 Liquidation sur les sommes garanties exprimées ou évaluées dans le bordereau

5362 **Principe.** L'article 844, alinéa 2, du Code général des impôts (V. ce texte *supra*), précise que la taxe est liquidée, pour chaque inscription, sur les sommes garanties, même indéterminées, éventuelles ou conditionnelles, qui sont « exprimées ou évaluées » dans le bordereau déposé (sur les modalités d'application de cette règle, V. **Bordereau d'inscription**).

a) Principal de la créance

5363 **Créance remboursable par annuités.** Lorsqu'une créance est remboursable par annuités, le total des annuités est généralement supérieur au montant du capital constituant la créance principale.
En pareil cas, la détermination des sommes garanties par l'inscription dépend des termes du – bordereau. Lorsque, conformément à la formule traditionnelle, il est stipulé qu'inscription est requise au profit de ...... contre ...... en vertu de ......, pour sûreté de ......, ce sont les sommes énoncées au paragraphe « Pour sûreté » qui sont garanties par l'inscription. Les autres sommes qui peuvent être mentionnées dans le bordereau (par ex., le montant des annuités exigibles jusqu'au terme du prêt) n'ont qu'une valeur indicative et ne sont pas de nature à modifier les effets de l'inscription.
Si l'inscription est requise pour sûreté d'un capital déterminé, des intérêts non évalués et des frais évalués, la taxe doit être perçue exclusivement sur le montant du capital augmenté de celui de l'évaluation des frais et non sur le montant cumulé des annuités.
Ce n'est que si, conformément aux stipulations du contrat de prêt, le capital pour sûreté duquel l'inscription est prise, indiqué dans le bordereau, est fixé en fonction du montant des annuités que la taxe est exigible sur ce montant (*Bull. AMC* 1968, art. 717).

5364 **Créance libellée en monnaie étrangère.** Lorsque la créance n'est pas libellée en euros, le bordereau doit indiquer sa contre-valeur en euros, déterminée selon le dernier cours de change connu à la date du titre générateur de la sûreté ou de la créance (D. 14 oct. 1955, art. 55, 1, 4°. – V. **Bordereau d'inscription**).
C'est sur cette somme que sera perçue la taxe de publicité foncière. Si le bordereau garantit par ailleurs « pour mémoire » une somme supplémentaire en raison de la variation possible du rapport entre la monnaie étrangère et l'euro (D. 14 oct. 1955, art. 57), aucune perception n'est opérée de ce chef lors de l'inscription.

5365 **Créance indexée ou assortie d'une clause de variabilité.** Lorsqu'une créance hypothécaire est assortie d'une clause de réévaluation. Seul doit être énoncé dans le bordereau le montant de la créance originaire. La créance supplémentaire qui peut résulter du jeu de la clause de réévaluation n'a pas à être évaluée. Il suffit que l'existence de la clause soit mentionnée dans le bordereau et que la créance supplémentaire figure pour mémoire parmi les sommes pour sûreté desquelles l'inscription est requise (D. 14 oct. 1955, art. 57, al. 3. – V. **Bordereau d'inscription**). Le fait que la créance soit indexée n'entraîne donc aucune incidence en ce qui concerne la taxe de publicité foncière.

b) Intérêts

5366 **Intérêts non échus.** Le créancier inscrit pour un capital produisant des intérêts a le droit d'être colloqué pour trois années au même rang que le principal (C. civ., art. 2432, al. 1er). L'article 2432, alinéa 2 du Code civil précise en outre que le créancier a le droit d'être colloqué pour la totalité des intérêts, au même rang que le principal, lorsque l'hypothèque a été consentie en garantie du prêt viager hypothécaire défini par l'article L. 314-1 du Code de la consommation. Ces intérêts non échus dont la loi conserve le rang peuvent être portés pour mémoire sans être évalués, puisqu'ils sont conservés de plein droit par la loi (D. 14 oct. 1955, art. 57, al. 2. – Chambaz, Massounabe-Puyanne et Leblond, *op. cit.*, 2e éd., n° 18946 : *JCP* N 1955, IV, 2040, § 12). En ce cas, la taxe de publicité foncière n'est pas due sur ce chef de créance.

5367 Intérêts échus. Pour être garantis, les intérêts échus doivent être mentionnés et évalués dans le bordereau. Ils donneront alors lieu à la perception de la taxe de publicité foncière au même titre que les autres sommes figurant dans le bordereau d'inscription (V. **Bordereau d'inscription**).

5368 Bordereau collectif. Lorsque, dans une inscription collective d'hypothèque conventionnelle et légale, les intérêts dont la loi conserve le rang sont portés pour mémoire au titre de l'hypothèque conventionnelle, mais sont évalués au titre de l'hypothèque légale, ils ne sont pas soumis à la taxe de publicité foncière ni du chef de l'hypothèque conventionnelle, parce qu'ils ne sont pas évalués, ni du chef de l'hypothèque légale, dès lors que cette dernière n'entre pas dans le champ d'application de la taxe. Mais si, dans l'hypothèse envisagée, les intérêts étaient évalués sans distinction, pour l'inscription collective d'hypothèque conventionnelle et légale, ils donneraient lieu à la perception de cette taxe au même titre que les autres sommes figurant dans le bordereau d'inscription (*Rép. alph. hyp.*, livre V, n° 82. Doc. adm. DGI 10 G-131, 1er oct. 1971).

c) Accessoires

5369 Évaluation nécessaire. Les accessoires de la créance, même éventuels, dont la nature doit être sommairement indiquée, sont évalués par catégorie ou globalement et leur montant total est ajouté à celui du principal de la créance pour déterminer l'ensemble des sommes garanties (D. n° 55-1350, 14 oct. 1955, art. 57, al. 1er. – V. **Bordereau d'inscription**). L'article 851 du Code général des impôts prévoit que lorsqu'une déclaration estimative doit être fournie par le requérant pour la perception de la taxe, la sanction est un refus de dépôt (V. **Déclaration estimative**). Le service de la publicité foncière doit donc opposer un refus aux bordereaux d'inscription qui ne contiennent pas l'évaluation des accessoires de la créance (Doc. adm. DGI 10 G-131, 1er oct. 1971). En pratique, il est d'usage de retenir une somme située dans une fourchette allant de 15 à 25 % du montant du capital. La logique veut que plus le montant du capital est élevé, plus le pourcentage des accessoires est faible, un certain nombre de frais de poursuite étant constitués par des frais fixes (M. Suquet-Cozic, *Quel est le montant maximum des accessoires en cas d'inscription d'une sûreté ? : Sol. not.* août-sept. 2015, nos 8-9, art. 166, p. 18-19).

d) Sommes figurant pour mémoire

5370 Absence de perception. Lorsque l'article 844, alinéa 2 du Code général des impôts indique que la taxe est liquidée sur les sommes « exprimées ou évaluées », il faut entendre par là toutes les sommes qui sont chiffrées dans le bordereau (capital de la créance garantie, évaluation en capital de la rente à garantir, intérêts déjà échus, accessoires de la créance) à l'exclusion des compléments de créance futurs ou éventuels qui n'y sont mentionnés que pour mémoire (par ex., intérêts non échus, les sommes résultant de la variabilité du taux ou d'une clause de réévaluation, etc.). Aucune disposition de l'article 844 du Code général des impôts ne permet d'exiger une déclaration estimative afin de liquider la taxe de publicité foncière.

2 Une seule taxe par créance

a) Principe

5371 Unicité de perception. Le second alinéa de l'article 844 du Code général des impôts apporte une exception au principe de l'exigibilité de la taxe lors de chaque inscription. Ce texte prévoit, en effet, qu'il n'est perçu qu'une seule taxe « pour chaque créance, quel que soit le nombre des créanciers requérants et celui des propriétaires grevés ».

Et l'article 1702 bis du même code précise qu'il en est ainsi même lorsque les bordereaux sont déposés dans des services de la publicité foncière différents, à condition que la taxe soit acquittée en totalité dans le service où la formalité est requise en premier, que ce service soit explicitement désigné dans les autres réquisitions et qu'un duplicata de la quittance, délivré par ce même service, soit présenté dans les autres services (V. **Formalités requises dans plusieurs services**).

5372 Règles à respecter. Pour qu'une seule taxe proportionnelle soit exigible en cas de pluralité de bordereaux, l'Administration, interprétant

ces dispositions, exige (Doc. adm. DGI, 10 G 132, 1er oct. 1971) :
– que ces documents fassent ressortir l'unicité de la créance (à défaut la taxe serait liquidée sur chacun d'eux) ;
– qu'ils aient trait effectivement à la même créance ;
– qu'en cas de dépôt dans des services de la publicité foncière différents, les prescriptions de l'article 1702 bis du Code général des impôts soient respectées (sur ces prescriptions, V. **Formalités requises dans plusieurs services**).

b) Applications

5373 Unicité de créance. Lorsque les conditions indiquées ci-dessus sont remplies, il n'est perçu qu'une seule taxe proportionnelle, liquidée sur les sommes exprimées ou évaluées dans le bordereau, quel que soit le nombre des créanciers requérants et celui des propriétaires grevés, même si l'inscription est requise par le dépôt de plusieurs bordereaux dans un service de publicité foncière unique ou dans des services différents (Doc. adm. DGI, 10 G 132, 1er oct.1971). Il en est ainsi notamment lorsque l'inscription est requise :
– dans plusieurs bureaux (sur différents immeubles), au profit d'un même créancier à l'encontre du même débiteur (V. **Formalités requises dans plusieurs services**) ;
– distinctement contre un propriétaire débiteur et contre sa ou ses cautions dans un même bureau ou dans des bureaux différents (V., pour une caution non solidaire, Rép. min. Éco. et Fin. n° 452 à M. Bizet : *JOAN* CR 25 sept. 1968, p. 2869 ; *JCP* N 1968, IV, 4452. – Chron. Chardonnal : *JCP* N 1980, prat. 7712 et *JCP* N 1982, IV, 8267) ;
– distinctement contre un nu-propriétaire d'immeubles et contre l'usufruitier des mêmes immeubles ;
– dans plusieurs bureaux au profit d'un créancier ou de plusieurs créanciers solidaires à l'encontre d'un propriétaire débiteur ou de plusieurs débiteurs solidaires (Doc. adm. DGI, préc. – V. P. Frémont, chron. hyp. : *JCP* N 1979, IV, 7092, pour une inscription simultanée de privilège du vendeur d'immeuble et de copartageant).

5374 Nouvelle inscription après rejet définitif d'une inscription précédente. Lorsque le rejet est devenu définitif, le bordereau d'inscription est réputé n'avoir pas été déposé. Quand il est présenté à nouveau, il donne ouverture aux mêmes perceptions que s'il s'agissait d'une première formalité. Mais sur les sommes ainsi exigibles sont imputées celles qui avaient été perçues lors de la formalité originaire (*Rép. alph.*, V° Hypothèques, livre III, nos 798 et 799).

Par conséquent, si la rectification n'entraîne pas une augmentation des sommes servant de base à la liquidation de la taxe et de la contribution de sécurité immobilière et si aucune modification de tarif n'est survenue entre les deux formalités, il n'est rien perçu. Dans le cas contraire, il n'est dû que la différence. Il ne semble pas que l'on puisse, dans les deux cas, faire application du minimum de perception prévu en matière de taxe de publicité foncière ou de contribution de sécurité immobilière (V., pour la taxe : *Rép. alph.*, V° Hypothèques, livre V, n° 103. – *Bull. AMC* 1969, art. 753).

5375 Inscription faisant suite à la caducité d'une inscription précédente. Le cas peut se rencontrer en matière d'inscriptions d'hypothèque judiciaire provisoire. Si, après avoir obtenu du juge de l'exécution l'autorisation d'inscrire une hypothèque judiciaire provisoire, un avocat omet de faire procéder à la signification au débiteur prescrite par l'article R. 232-5 du Code des procédures civiles d'exécution, à peine de caducité de l'inscription, et qu'il prend par la suite une nouvelle inscription, pour suppléer à la caducité de la première, la taxe de publicité foncière est-elle alors exigible ? L'association des conservateurs avait répondu affirmativement à cette question (*Bull. AMC* 1994, art. 1642). Mais un arrêt de la Cour de cassation a infirmé cette opinion (Cass. com., 8 mars 2005, n° 02-13.633 : *JurisData* n° 2005-027479 ; *Bull. civ.* 2005, IV, n° 49 ; *JCP* N 2005, n° 22, act. 256 ; *Defrénois* 2006, art. 38356, n° 19, p. 521, obs. S. Piédelièvre). Les circonstances étaient exactement identiques à celles ayant donné lieu à l'avis de l'association des conservateurs. La Cour de cassation a estimé que la réitération de l'inscription précédente, même si elle avait été rendue nécessaire par la carence du créancier, n'était pas de nature à justifier la perception d'une nouvelle taxe de publicité foncière. En effet, le fait générateur de la taxe de publicité foncière résulte uniquement de la créance garantie. La première et la seconde inscription avaient pour objet une même créance, de sorte qu'une seule taxe était due.

5376 Bordereau complémentaire. La taxe fixe est seule perçue si, après le dépôt d'un premier bordereau, intervient celui d'un ou de plusieurs autres bordereaux, relatif à la même créance et ayant un caractère purement complémentaire (Doc. adm. DGI, 10 G 132, 1er oct.1971).
Exemples :
– inscription complémentaire d'hypothèque judiciaire sur un immeuble entré dans le patrimoine du débiteur après l'inscription originaire ;

– inscription complémentaire d'hypothèque conventionnelle consécutive à l'extension du gage ;
– inscription contre une caution simplement hypothécaire constituée par un acte postérieur à celui de l'affectation des immeubles du débiteur principal (Doc. adm. DGI, préc.).

5377 **Inscription complémentaire garantissant la créance pouvant résulter d'une clause de réévaluation.** Le bordereau déposé pour garantir une créance supplémentaire pouvant résulter d'une clause de réévaluation devrait être considéré comme un acte complémentaire si le bordereau primitif indiquait déjà que l'inscription était prise pour sûreté de cette créance et si le rédacteur de ce bordereau avait simplement omis d'y porter, en ce qui concerne cette créance supplémentaire, la mention « pour mémoire », obligatoire pour les clauses de réévaluation. En ce cas, la taxe proportionnelle ne serait pas due.
À l'inverse, ce bordereau n'aurait pas un caractère complémentaire et la taxe proportionnelle serait due si le bordereau primitif ne portait pas que le contrat de prêt renferme une clause de réévaluations ou si, alors qu'il mentionnait cette clause, il n'en précisait pas suffisamment la nature et la portée (P. Frémont, chron. hyp. : *JCP* N 1981, IV, 7938).

5378 **Bordereau d'inscription de privilège exempté de taxe proportionnelle. Bordereau d'inscription d'hypothèque conventionnelle déposé dans un bureau différent pour garantir la même créance.** Il a été soutenu que la taxe proportionnelle était due lorsqu'un bordereau d'inscription d'hypothèque conventionnelle était déposé pour sûreté d'une créance, par ailleurs garantie par une inscription de privilège prise dans un autre bureau et qui n'avait pas été assujetti à la taxe proportionnelle (chron. P.J.C. : *JCP* N 1988, prat. 533). Selon l'auteur, il en serait ainsi sur un plan général, lorsqu'une créance a fait déjà l'objet de bordereaux d'inscription ne donnant pas ouverture à la taxe proportionnelle, que les actes constitutifs des sûretés soient les mêmes ou différents. En effet, la règle « exemption équivaut à paiement » n'est pas applicable en la matière.

c) Tempéraments au principe

5379 **Idée générale.** Pour que l'on puisse considérer qu'une inscription faisant suite à une précédente inscription, avec laquelle elle est en lien, est dispensée de taxe proportionnelle, les conditions suivantes doivent être remplies :
– cette inscription doit se rapporter à la même créance ;
– elle doit constituer la suite normale ou obligée de la première inscription ;
– elle ne doit apporter aucune novation par rapport à l'inscription précédente.
Comme l'indique l'administration dans une instruction du 13 janvier 1975 (*BOI* 10 G-1-75) : « L'unité de perception a été admise en faveur – exclusivement – de toutes les inscriptions qui à un moment donné sont ensemble nécessaires à la conservation d'une même créance, et non d'inscriptions successives dont la ou les plus récentes sont en fait destinées à remplacer la ou les plus anciennes ».
Les solutions suivantes sont une application de cette idée.

5380 **Inscription faisant suite à une inscription périmée.** Selon l'administration, une inscription nouvelle destinée à remplacer une précédente inscription périmée doit donner lieu à la perception de la taxe proportionnelle dans les conditions ordinaires (Instr. adm. 13 janv. 1975 : *BODGI* 10 G-1-75 ; *JCP* N 1975, prat. 5936. – *Bull. AMC* 1975, art. 1002. – *Contra*, H. Bulté, chron. : *JCP* N 1974, prat. 5687).

5381 **Inscription faisant suite à une inscription radiée par erreur.** La taxe proportionnelle est exigible sur l'inscription destinée à remplacer une inscription antérieure radiée par erreur (chron. Ch. R. : *JCP* N 1978, IV, 6907).

5382 **Translation d'hypothèque.** La taxe de publicité foncière est également exigible lorsqu'une nouvelle inscription est prise sur un immeuble différent de celui primitivement grevé, en vertu d'une translation d'hypothèque (V. n°s 5350 à 5352).

5383 **Augmentation des sommes garanties.** Il résulte par ailleurs, de l'article 673, alinéa 2, du Code général des impôts qu'est exigible un complément de taxe proportionnelle à l'occasion du dépôt du bordereau tendant à augmenter les sommes portées dans un autre bordereau.
Tel est le cas, en particulier, des bordereaux d'inscription d'hypothèque judiciaire définitive garantissant une créance supérieure à celle qui figure sur les bordereaux d'hypothèque judiciaire provisoire précédemment publiés (V. **Hypothèque judiciaire conservatoire**).

5384 **Modification des conventions primitives.** En principe, les bordereaux rectificatifs n'entraînent que le paiement d'une taxe fixe (V. n° 5360). Donnent lieu, cependant, à une nouvelle perception de la taxe proportionnelle les bordereaux qui, bien que déposés pour requérir une inscription rectificative, font suite à des conventions ou à des modifications des conventions primitives d'une telle importance qu'ils ne peuvent être considérés comme ayant trait à la même créance que les bordereaux rectifiés (Circ. adm. 14 août 1969, série ED, n° 47, § III-B : *JCP* N 1969, IV, 46367. – Instr. adm. 31 déc. 1971, préc. – Doc. adm. DGI, 10 G 132, 1er oct. 1971).

3 Arrondissement

5385 **Règles applicables.** Les bases des impositions de toute nature sont arrondies à l'euro le plus proche. La fraction d'euro égale à 0,50 est comptée pour 1 (CGI, art. 1649 undecies).
La liquidation de toute somme à verser à quelque titre et pour quelque cause que ce soit est arrondie à l'euro le plus proche. La fraction d'euro égale à 0,50 est comptée pour 1 (CGI, art. 1724).
Les impositions proportionnelles sont arrondies à l'euro le plus proche. La fraction d'euro égale à 0,50 est comptée pour 1 (CGI, art. 675).

E Paiement et recouvrement de la taxe de publicité foncière

5386 **Renvoi.** On trouvera l'exposé complet des règles concernant le paiement et le recouvrement de la taxe de publicité foncière au mot **Taxe de publicité foncière,** auquel on voudra bien se reporter.
Nous ne procéderons ici qu'à quelques rappels de principes ou de solutions particulières.

5387 **Modalités de paiement.** Rappelons que lorsque la taxe de publicité est exigible, elle doit être acquittée d'avance par le requérant au moment du dépôt des bordereaux au service de la publicité foncière (CGI, art. 1701, al. 3. – V. **Taxe de publicité foncière**).
Le service de la publicité foncière doit donner quittance des droits au pied du bordereau qu'il remet au requérant. Cette quittance mentionne séparément chaque somme, le total étant inscrit en toutes lettres (CGI, art. 1704, 3).

5388 **Inscription devant être formalisée dans plusieurs services.** Lorsque l'inscription d'une même créance ayant fait l'objet d'un même acte d'affectation hypothécaire grève des immeubles situés dans le ressort de plusieurs services de la publicité foncière, elle doit être prise dans chacun de ceux-ci, mais une seule taxe est exigible. Cette taxe est acquittée en totalité dans le service où la publicité est requise en premier lieu et le service qui perçoit cette taxe doit délivrer au requérant, indépendamment de la quittance au pied du bordereau, autant de duplicata de cette quittance qu'il lui en est demandé. Il n'est payé dans chacun des autres services que la seule contribution de sécurité immobilière, à la condition que les exigences posées par l'article 1702 bis du Code général des impôts, qui réglemente cette situation particulière soient respectées (V. **Formalités requises dans plusieurs services**).

II Contribution de sécurité immobilière (CSI)

A Tarif

1 Tarif proportionnel

5389 **Taux plein.** Le taux de la contribution de sécurité immobilière exigible pour l'inscription de chaque droit d'hypothèque ou privilège est de 0,05 % (CGI, art. 881 H).

5390 **Taux réduit.** Une réduction de moitié de la contribution de sécurité immobilière est prévue dans certains cas par l'article 881 L du Code général des impôts (V. **Contribution de sécurité immobilière**).

5391 **Minimum de perception.** Lorsque cette taxe est due au tarif proportionnel, le montant de la contribution de sécurité immobilière ne peut être inférieur à 8 € par inscription (CGI, art. 881 M, *a*). Cette somme constitue donc un minimum de perception.

2 Tarif fixe

5392 **Bordereau rectificatif ou complémentaire.** L'article 881 B du Code général des impôts prévoit qu'il est perçu une contribution fixe de 8 € :
– pour tout bordereau rectificatif ;
– et pour tout complément de bordereau déposé dans le cadre d'une procédure de rejet, en

application de l'article 34, 3 du décret du 14 octobre 1955 (V. **Rejet**).

3 Exonération

5393 **Conditions.** Le principe posé par l'article 879, I du Code général des impôts est que seules sont exonérées de la contribution de sécurité immobilière :

– les formalités requises au profit de l'État (V. **État**) ;

– les formalités pour lesquels la loi prévoit expressément et formellement une exonération.

Il en résulte qu'une exonération de la contribution de sécurité immobilière ne peut pas être revendiquée au motif que la formalité est exonérée de taxe de publicité foncière (V. Rép. min. Éco. et Fin. n° 13277 à M. de Poulpiquet : *JOAN* CR 6 févr. 1971, p. 342 ; *JCP* N 1971, prat. 4938).

B Assiette et liquidation

1 Principes généraux

5394 **Modalité de l'assiette.** La contribution de sécurité immobilière est assise sur les « sommes ou valeurs de la créance garantie énoncées au bordereau » (CGI, art. 881 H, al. 1er).

5395 **Créance indéterminée.** Lorsque la sûreté garantit une créance indéterminée, la contribution de sécurité immobilière est perçue « sur le montant de l'évaluation du droit garanti, à fournir par les requérants » (CGI, art. 881 H, al. 2).

5396 **Règles d'arrondissement.** Aux termes de l'article 881 A du Code général des impôts, qui reprend une règle de principe applicable en matière fiscale, l'assiette de la contribution de sécurité immobilière est arrondie à l'euro le plus proche. La fraction d'euro égal ou supérieur à 0,50 à compter pour 1.

2 Solutions particulières

5397 **Inscription d'hypothèque unique avec pluralité de créanciers.** Il est possible, sous certaines conditions, de requérir une inscription unique, à l'aide d'un bordereau collectif, au profit notamment de créanciers solidaires (V. **Bordereau d'inscription**). En pareille hypothèse, il n'était perçu qu'un seul salaire, liquidé sur l'ensemble des sommes garanties par le bordereau collectif, et une taxe unique de publicité foncière (Rép. min. Éco. et Fin., 25 sept. 1968 : *Bull. AMC* 1968, art. 742). La solution paraît pouvoir être reconduite pour la perception de la contribution de sécurité immobilière.

5398 **Inscription de plusieurs sûretés au profit d'un même créancier contre un même débiteur.** Des sûretés multiples prises au profit d'un même créancier contre un même débiteur peuvent être inscrites au moyen d'un même bordereau. On enseignait antérieurement que chacune d'elles rendait exigible un salaire distinct. Ainsi, l'inscription par un même créancier, des privilèges du vendeur et du prêteur de deniers prévus à l'article 2374, 1° et 2° du Code civil, dont la nature et les effets sont distincts, donnait lieu à la perception de deux salaires (Rép. min. Budget n° 7644 à M. Hautecœur : *JOAN* Q 11 août 1979, p. 6629 ; *Dr. fisc.* 1979, n° 45, comm. 2225). La même solution paraît devoir s'appliquer en matière de contribution de sécurité immobilière (V. aussi les solutions citées au mot **Privilèges spéciaux immobiliers**).

5399 **Pluralité de services.** Les inscriptions garantissant la même créance dans plusieurs services de la publicité foncière en raison de la situation des immeubles donnent lieu à autant de perceptions de la contribution de sécurité immobilière qu'il y a de services, calculées dans chacun d'eux sur l'intégralité des sommes énoncées au bordereau (V. antérieurement, Rép. min. Fin. 19 janv. 1949 : *JCP* N 1949, IV, 801, § 2).

5400 **Hypothèque rechargeable.** Sur les modalités de perception de la contribution de sécurité immobilière en matière d'hypothèque rechargeable, V. **Hypothèque rechargeable**).

5401 **Pacte commissoire.** La mention de la clause portant pacte commissoire dans un bordereau d'inscription est accessoire de l'hypothèque relatée dans ledit bordereau. Elle est sans incidence sur la perception de la contribution de sécurité immobilière due lors de l'inscription. La contribution est perçue, selon le principe de droit commun, sur les sommes ou valeurs énoncées dans le bordereau, quelle que soit la valeur vénale de l'immeuble objet du pacte commissoire.

Il est possible que le bordereau d'inscription initial ait omis de mentionner la clause portant pacte commissoire. Dans ce cas, le bordereau d'inscription qui complète l'inscription initiale pour mentionner le pacte commissoire ne donne lieu qu'à la perception d'une contribution fixe de 8 € (CGI, art. 881 B : Instr. 3 oct. 2008 ; *BOI* 10 D-1-08 ; *JCP* N 2008, n° 41, act. 675).

C Paiement et recouvrement

5402 **Renvoi.** Sur les règles concernant le paiement de la contribution de sécurité immobilière, V. **Contribution de sécurité immobilière**.

Interdiction d'aliéner et d'hypothéquer

Jacques LAFOND

BIBLIOGRAPHIE : O. Gazeau, S. Blin et Ch. Sardot, *L'efficacité de la donation utilisée comme outil de protection : JCP* E 2014, n° 20-1265. – A. Sériaux, *Clauses d'inaliénabilité : JCl. Civil Code*, Art. 900-1 et *JCl. Notarial Répertoire*, V° *Donations et testaments*, Fasc. 40. – S. Bernheim-Desvaux, *La clause d'inaliénabilité d'un bien : Resp. civ. assur.* juill.-août 2013, form. 7. – C.-E. Bucher : *Contrats, conc. consom.* déc. 2019, form. 11. – C. Ferry, *L'insaisissabilité du bien stipulé inaliénable dans un acte à titre onéreux : RTD civ.* 2019, p. 751. – C.-H. Bucher, *La clause d'inaliénabilité : Resp. civ. et assur.* déc. 2020, form. 11.

5403 **Observation préliminaire.** Compte tenu de l'objet du présent ouvrage, nous n'étudions ici les interdictions d'aliéner ou d'hypothéquer que sous le seul angle de la publicité foncière (formalités à accomplir, perceptions exigibles), abstraction faite des problèmes de nature juridique qu'elles peuvent poser.

I Les interdictions d'aliéner

5404 Nous distinguerons les interdictions d'aliéner conventionnelles (A) et celles résultant de jugements (B).

Rappelons qu'à côté des interdictions conventionnelles ou judiciaires, il existe également des interdictions légales (biens du domaine public de l'État, droit d'usage ou d'habitation, immeuble saisi, etc.) : ces interdictions légales n'ont pas à être publiées. Seul le fait ou l'acte entraînant l'interdiction doit parfois faire l'objet d'une publication (par ex., le commandement de saisie immobilière).

Du point de vue de la publicité foncière, les restrictions au droit de disposer sont assimilées par ailleurs, par l'article 28-2° du décret du 4 janvier 1955, à des inaliénabilités temporaires (en ce qui concerne le pacte de préférence qui obéit à un régime particulier, V. **Pacte de préférence**).

Ajoutons que l'article 28-2° précité vise également les « décisions judiciaires » constatant l'existence de telles clauses.

5405 **Conséquences en ce qui concerne les constitutions d'hypothèque.** Sur les conséquences de l'interdiction d'aliéner sur la prise d'inscription, V. **Inscription (formalités)**.

A Interdictions d'aliéner conventionnelles

5406 **Interdiction d'aliéner stipulée à titre principal.** Selon l'article 28-2° du décret du 4 janvier 1955, sont soumis obligatoirement à la publicité foncière « les actes entre vifs dressés distinctement pour constater des clauses d'inaliénabilité temporaire et toutes autres restrictions au droit de disposer… ».

Cette publication est prescrite à peine d'inopposabilité (V. D. 4 janv. 1955, art. 30-1, al. 3).

L'acte constatant l'interdiction d'aliéner doit, selon le droit commun, être obligatoirement authentique pour pouvoir être soumis à publicité.

5407 **Interdiction d'aliéner stipulée à titre accessoire.** Lorsque l'interdiction d'aliéner est une convention accessoire, incluse dans un acte soumis par ailleurs à publication (lorsqu'elle est stipulée, par exemple, dans une vente ou une donation d'immeuble...), il a été jugé que le conservateur n'avait pas à opérer d'office sa publication si elle n'était pas spécialement requise (CA Bordeaux, 1re ch., 1er oct. 1987 : *JCP* N 1989, II, 17, note J. Lafond).

Malgré les critiques dont cette décision a été l'objet (note précitée), la prudence commande d'en tenir compte, d'autant plus qu'elle reflète la doctrine, particulièrement autorisée, de l'association des conservateurs (V. *Bull. AMC* 1982, art. 1234 ; *ibid.* 1983, art. 1274) et donc de formuler en pareil cas une réquisition spéciale de publier.

Précisons que la réquisition de publier peut résulter soit d'une simple lettre accompagnant les documents déposés, soit d'une demande signée portée au bas de ces documents.

5408 **Engagement de ne pas vendre.** Un engagement de ne pas vendre l'immeuble affecté à leur garantie est parfois exigé par les établissements bancaires. Cet engagement, comme celui de ne pas hypothéquer, constitue une restriction au droit de disposer, soumis à publication en application de l'article 28, 2° du décret du 4 janvier 1955.

Il en est de même de l'acte dressé pour constater que l'engagement de ne pas vendre est devenu caduc. Cet acte n'est pas assujetti à la taxe proportionnelle mais seulement à la taxe fixe, car il n'entre pas parmi ceux visés à l'article 28, 1 a et 4 e du décret du 4 janvier 1955, seuls passibles de cette taxe en vertu de l'article 677, 1° du CGI. Cet acte n'est passible que de la CSI au taux fixe seul du, s'agissant d'un acte de complément (*Bull. AMC* 1967, art. 684).

1 Taxe de publicité foncière

5409 **Perceptions.** La publication d'un acte établi spécialement pour constater une interdiction d'aliéner donne lieu à la perception d'une simple taxe fixe de publicité foncière, au taux prévu pour les actes innommés (CGI, art. 680. – Sur l'évolution de ce taux, V. **Acte innommé**).

La solution est donnée par le *Bulletin de l'association mutuelle des conservateurs* (1967, art. 684) qui se fonde sur les termes de l'article 679-1° du Code général des impôts (le taux de 0,70 % n'est applicable qu'aux actes visés aux 1° à 4° de l'article 677 du Code général des impôts au nombre desquels ne figure pas l'interdiction d'aliéner).

Si l'interdiction d'aliéner est stipulée à titre accessoire, elle peut en général être considérée comme une « disposition dépendante » de l'acte principal (V. **Acte contenant plusieurs dispositions**). Telle est l'analyse que retient l'association des conservateurs pour la perception des salaires.

Il en résulte que seule la disposition principale est taxable (CGI, art. 671) : la taxe fixe de publicité foncière normalement exigible ne sera donc pas perçue.

Il en serait d'ailleurs de même, par application de l'article 672 du Code général des impôts, s'il s'agissait de dispositions indépendantes (la question de savoir si la restriction au droit de disposer est ou non une disposition « dépendante » est parfois discutée. – V. **Pacte de préférence**).

2 Contribution de sécurité immobilière

5410 Si l'interdiction d'aliéner fait l'objet d'une convention spécialement dressée pour la constater, l'association des conservateurs estimait que le salaire proportionnel du conservateur (0,10 %) était normalement exigible.

Dans la rigueur des principes, ce salaire pourrait être liquidé sur la valeur du ou des immeubles faisant l'objet de l'engagement de ne pas aliéner : mais pour éviter des perceptions excessives, l'Association mutuelle des conservateurs avait conseillé d'admettre par mesure de tempérament que le « droit de vente » auquel il est renoncé avait une valeur propre, et d'asseoir la perception du salaire sur la seule valeur de ce droit, déterminé par une déclaration estimative (*Bull. AMC* 1982, art. 1234. – V. **Pacte de préférence**).

Si l'interdiction d'aliéner est stipulée à titre accessoire, on devait la considérer comme une disposition destinée à assurer l'exécution du contrat dont elle constitue le complément nécessaire. En conséquence, il n'y avait pas lieu de percevoir un salaire sauf s'il devait s'avérer supérieur à celui dû au titre de la disposition principale. Dans ce cas, il serait seul perçu (V. **Pacte de préférence**).

Si l'engagement portait en outre sur des immeubles autres que ceux concernés par la disposition principale, le salaire proportionnel était alors dû : il devrait être calculé sur la déclaration estimative de la valeur de ce droit (V., sur tous ces points : *Bull. AMC* 1972, art. 891-11 et 914 ; *ibid.* 1982, art. 1234).

Ces règles paraissent pouvoir être transposées pour la perception de la contribution de sécurité immobilière.

3 Difficultés particulières

5411 **Renonciation à l'interdiction d'aliéner.** Pour qu'une renonciation à l'interdiction d'aliéner (ou d'hypothéquer) puisse être publiée, il faut

qu'elle soit constatée dans un acte (qui sera soumis à publication).
La publicité ne pourrait pas être opérée par le service de la publicité foncière au vu du bordereau d'inscription faisant étant de cette renonciation (*Bull. AMC* 1983, art. 1291).
Signalons que la procuration destinée à permettre cette renonciation peut être sous seing privé, même lorsque l'inaliénabilité avait été stipulée dans un acte de donation.
En ce qui concerne la taxation de cette renonciation :
– si un acte est spécialement établi pour la constater :
• la taxe de publicité foncière sera perçue au taux fixe prévu pour les actes innommés (soit actuellement 125 €. – V. **Droits fixes**) par application conjuguée des articles 679 et 680 du Code général des impôts (V. n° 5409),
• la contribution de sécurité immobilière sera perçue au tarif proportionnel sur une déclaration estimative de la valeur du droit auquel il a été renoncé ;
– si la renonciation est constatée à l'occasion d'une autre opération :
• le plus souvent, la renonciation sera stipulée à l'occasion d'une vente ou d'une aliénation et considérée alors comme une disposition dépendante. En ce cas, c'est la disposition principale qui sera seule taxable (par ex., la vente, la donation...) et la taxe fixe ne sera pas perçue (V. **Acte contenant plusieurs dispositions** et V. n° 5409) ;
• une seule perception au titre de la CSI pourra être exigée : elle couvre non seulement la disposition principale mais aussi celles qui s'y rattachent lorsqu'elles sont indispensables pour préciser le but du contrat ou en régler ou en assurer l'exécution (V. chron. Chardonnal : *JCP* N 1983, prat. 8694, qui cite le *Précis CML*, 2e éd., n° 1939).

5412 **Révélation de l'interdiction d'aliéner à la suite d'une réquisition de renseignements.** Dès lors qu'elles ont été inscrites au fichier immobilier, les interdictions d'aliéner (ou toute autre restriction au droit de disposer) accompagnant un acte de vente (ou une mutation) doivent être révélées dans les états.

5413 **Constitution d'une hypothèque.** L'interdiction d'aliéner emporte normalement interdiction d'hypothéquer (Cass. 3e civ., 23 févr. 2012, n° 09-13.113 : *JurisData* n° 2012-002550 ; *Bull. civ.* 2012, I, n° 152 ; *RTD civ.* 2012, p. 346, obs. P. Crocq. – Cass. 3e civ., 29 juin 1983, n° 82-10038 : *Bull. civ.* 1983, III, n° 152 ; *RD imm.* 984, p. 221, obs. M. Dagot).
Il a été jugé que devait être annulée la promesse d'affectation hypothécaire de l'immeuble donné, consentie par un gratifié, dès lors qu'elle était de même nature que la constitution d'hypothèque interdite par les termes de la donation contenant une clause d'inaliénabilité (CA Nancy, 2 sept. 1997 : *JurisData* n° 1997-048648 ; *JCP* G 1998, IV, p. 1133).
L'interdiction d'aliéner, comme l'interdiction d'hypothéquer s'analyse en des « restrictions au droit de disposer », soumises à publication en vertu de l'article 28, 2° du décret du 4 janvier 1955, à peine d'inopposabilité aux tiers (D. 4 janv. 1955, art. 30-1, al. 3. – V. *Bull. AMC* 1976, art. 1064 et *Bull. AMC* 1967, art. 683). Cependant, l'inscription prise sur un immeuble frappé d'une interdiction d'aliéner et d'hypothéquer doit être acceptée par le service de la publicité foncière même si cette interdiction a été publiée, car ce service n'est pas juge de la validité au fond des actes déposés aux fins de publication.
Par ailleurs, si le bénéficiaire de l'interdiction d'aliéner ou d'hypothéquer intervenait à l'acte d'affectation hypothécaire pour renoncer au profit du prêteur à cette interdiction, il a été admis que le conservateur ne pouvait pas exiger préalablement à l'inscription de l'hypothèque ainsi constituée, la publication préalable ou concomitante de la renonciation (*Bull. AMC* 1976, art. 1064. – V. R. Chardonnal, chron. hyp. : *JCP* N 1987, prat. 163). Cette solution paraît toujours d'actualité.

B Interdiction d'aliéner résultant d'un jugement

5414 En dehors des décisions judiciaires constatant les clauses d'interdiction d'aliéner (V. n° 5404), cette interdiction peut résulter directement d'un jugement.

1 Publication

5415 **Rapports entre époux.** On peut citer ici l'interdiction d'aliéner soit des immeubles propres, soit des immeubles communs qui peut frapper un époux en vertu de l'article 220-1 du Code civil.
L'article 220-2 du même code prévoit que :

> « si l'ordonnance porte interdiction de faire des actes de disposition sur des biens dont l'aliénation est sujette à publicité, elle doit être publiée à la diligence de l'époux requérant. Cette publication cesse de produire effet à l'expiration de la période déterminée par l'ordonnance, sauf à la partie intéressée à obtenir dans l'intervalle une ordonnance modificative, qui sera publiée de la même manière ».

L'article 220-3, alinéa 1er, indique que :

> « sont annulables, à la demande du conjoint requérant, tous les actes accomplis en violation de l'ordonnance, s'ils ont été passés avec un tiers de mauvaise

foi ou même, s'agissant d'un bien dont l'aliénation est sujette à publicité, s'ils sont simplement postérieurs à la publication prévue par l'article précédent » (sur les délais d'exercice de l'action, V. C. civ., art. 220-3, al. 2).

2 Procédures collectives

➤ Sur les décisions soumises à publication, V. **Procédures collectives**.

3 Taxation

5416 **Taxe de publicité foncière et contribution de sécurité immobilière.** La publication du jugement donne lieu à la perception d'une taxe fixe de publicité foncière, au taux prévu pour les actes innommés (CGI, art. 680. – V. **Droits fixes**, actuellement 125 €).

Cette taxe doit normalement être perçue par le receveur des impôts lors de l'enregistrement du jugement. Aucune taxe ne sera alors exigible lors de la publication, en vertu de l'article 665, alinéa 2, du Code général des impôts.

Il semble toutefois qu'en pratique les receveurs omettaient parfois de percevoir la taxe de publicité foncière au droit fixe, ce qui amenait les conservateurs à exiger le paiement de cette taxe lors de la publication du jugement.

Par ailleurs, la contribution de sécurité immobilière au tarif proportionnel est exigible (à 0,10 %) sur la valeur, à estimer, du droit de vendre dont il est ainsi interdit d'user (V. *supra*).

II Interdiction d'hypothéquer

5417 **Publication.** L'acte par lequel le propriétaire d'un immeuble s'interdit de l'hypothéquer apporte une restriction au droit de disposition et entre par suite dans la catégorie des actes soumis à publication par l'article 28-2° du décret du 4 janvier 1955 (V. *Bull. AMC* 1967, art. 683).

Tout ce qui a été dit plus haut à propos des interdictions d'aliéner (et en particulier la distinction faite selon que l'interdiction est constatée dans un acte spécialement établi, ou constitue une stipulation accessoire…) peut être ici transposé.

5418 **Taxation.** La taxe de publicité foncière est due, au taux fixe prévu pour les actes innommés (soit actuellement 125 €. – V. **Droits fixes**).

Là encore, on se reportera à ce qui a été dit plus haut à propos de la publication des interdictions d'aliéner, notamment quant au cas où l'acte comporte plusieurs dispositions…

Il était admis antérieurement que le salaire proportionnel du conservateur était dû : mais, comme en matière d'interdiction d'aliéner, il avait été décidé de ne pas l'asseoir, par mesure de tempérament, sur la valeur de l'immeuble mais sur l'évaluation (qui devait figurer dans l'acte) de l'avantage patrimonial procuré par l'interdiction d'hypothéquer (*Bull. AMC* 1967, art. 683). Ces solutions paraissent pouvoir être transposées pour la perception de la contribution de sécurité immobilière.

Jardins familiaux

Franck ROUSSEL

CGI, art. 1052. – 1. Sous réserve des dispositions du 1 de l'article 827, les actes nécessaires à la constitution et à la dissolution des organismes d'habitations à loyer modéré définis dans le livre IV du Code de la construction et de l'habitation sont soumis gratuitement à la publicité foncière ou à l'enregistrement, s'ils remplissent les conditions visées au 1° du 1 de l'article 809, c'est-à-dire s'ils ne portent pas transmission de biens meubles ou immeubles entre les associés ou autres personnes.

(...)

II. Ces dispositions sont applicables :

1. (...) aux organismes de jardins familiaux visés aux articles L. 561-1 et L. 561-2 du Code rural et de la pêche maritime.

(...).

AVERTISSEMENT L'article 1052, II, a été abrogé par l'article 29, III, 17° de la loi de finances pour 2020 (L. n° 2019-1479, 28 déc. 2019).
La suppression de l'exonération d'impôt est entrée en vigueur à compter du 1er janvier 2020.
Les développements qui suivent ne s'appliquent qu'aux opérations conclues au plus tard le 31 décembre 2019.

5419 **Organismes concernés.** Ce texte concerne les organismes visés aux articles L. 561-1 et L. 561-2 du Code rural et de la pêche maritime, c'est-à-dire les associations de jardins ouvriers et les associations ou sociétés qui ont pour but de grouper les exploitants de jardins familiaux.

5420 **Portée du régime de faveur.** Les actes nécessaires à la constitution et à la dissolution de ces organismes sont soumis gratuitement à la publicité foncière ou à l'enregistrement s'ils remplissent les conditions visées à l'article 809-1-1° du Code général des impôts, c'est-à-dire s'ils ne portent pas transmission de biens meubles ou immeubles entre les associés ou autres personnes (CGI, art. 1052-1. – BOI-ENR-AVS-40-20-02/09/2015, n° 240).
Toutefois, ce régime ne bénéficie qu'aux apports à titre pur et simple. Les apports à titre onéreux sont soumis au régime de droit commun des mutations à titre onéreux (BOI-ENR-AVS-40-20-02/09/2015, n° 260).
L'exonération d'impôt s'applique à chacun des actes concourant à la constitution de la société. Il s'ensuit que chacun d'eux doit être envisagé isolément lorsqu'il s'agit d'apprécier s'il y a lieu de l'admettre au bénéfice de l'exemption (BOI-ENR-AVS-40-20-02/09/2015, n° 270).

5421 **Contribution de sécurité immobilière.** La contribution de sécurité immobilière au tarif proportionnel est perçue au taux plein, sur la valeur des immeubles concernés.

Jeunes agriculteurs

Franck ROUSSEL

Sommaire analytique

5422 **Plan.** L'examen du régime actuel des acquisitions effectuées par les jeunes agriculteurs amène à distinguer entre les acquisitions faites par un jeune agriculteur pour son compte (I) et les acquisitions faites en vue de donner les immeubles à bail à un jeune agriculteur (II).

I
Acquisition par un jeune agriculteur

CGI, art. 1594 F quinquies E-I. – Sont soumises à la taxe de publicité foncière ou au droit d'enregistrement au taux de 0,70 % :

(...)

E. I. – Les acquisitions d'immeubles ruraux situés dans les zones de revitalisation rurale définies au II de l'article 1465 A qui sont effectuées par les agriculteurs bénéficiaires des aides à l'installation des jeunes agriculteurs prévues aux articles D. 343-9 et D. 343-13 du Code rural [et de la pêche maritime], que les intéressés soient exploitants individuels ou associés d'une société civile à objet agricole, pour la fraction du prix ou de la valeur n'excédant pas 99 000 €, quel que soit le nombre des acquisitions, sous réserve qu'elles interviennent au cours des quatre années suivant l'octroi des aides, que l'acte précise la valeur des terres acquises depuis cette date par l'acquéreur ayant bénéficié du tarif réduit et soit appuyé d'un certificat délivré sans frais par le directeur départemental de l'agriculture et de la forêt précisant la date de l'octroi des aides.

5423 Après avoir défini la portée du régime de faveur (A), nous préciserons son champ d'application (B) et ses conditions d'application (C).

A Portée du régime de faveur

5424 **Droit de 0,71498 %.** Le taux de la taxe de publicité foncière ou du droit d'enregistrement est fixé à 0,70 %. Compte tenu du prélèvement de 2,37 % (sur le montant des droits dus), la perception est au total de 0,71498 %.

5425 **Plafond de 99 000 €.** Ce régime ne s'applique qu'à hauteur de 99 000 €. Si l'acquisition (ou les acquisitions) effectuée dans les quatre ans suivant l'octroi des aides excède ce chiffre, le surplus est imposé selon le régime de droit commun.
En cas d'acquisitions successives susceptibles de bénéficier du régime de faveur, les actes, autres que le premier, doivent comporter le rappel des acquisitions effectuées par le même acquéreur ayant bénéficié du même régime et préciser la valeur des biens précédemment acquis depuis l'octroi des aides sous le bénéfice du tarif réduit (BOI-ENR-DMTOI-10-70-10-12/09/2012, n° 110).

5426 **Acquisition par des époux.** Le régime de faveur édicté par l'article 1594 F quinquies E-I du Code général des impôts est applicable à la totalité du prix d'acquisition (dans la limite prévue par le texte) lorsque celle-ci est signée par le seul acquéreur bénéficiaire des aides à l'installation, alors même qu'il est marié sous un régime de communauté et que son conjoint n'est pas bénéficiaire desdites aides (Rép. min. Colcombet, n° 21736 : *JOAN* 12 avr. 1999, p. 2207 ; BOI-ENR-DMTOI-10-70-10-12/09/2012, n° 60).

5427 **Contribution de sécurité immobilière.** La contribution de sécurité immobilière est exigible selon le droit commun (V. **Contribution de sécurité immobilière**).

B Champ d'application du régime de faveur

1 Nature des biens concernés

5428 L'acquisition doit porter sur des immeubles ruraux (*a*) situés dans une zone de revitalisation rurale (*b*).

a) Immeubles ruraux

5429 **Notion d'immeuble rural.** En ce qui concerne la notion d'immeuble rural, il convient de faire application des principes dégagés pour l'application du régime de faveur des acquisitions réalisées par les fermiers (BOI-ENR-DMTOI-10-70-10-12/09/2012, n° 20 ; V. **Fermier**).
Ainsi, il doit s'agir d'immeubles ruraux, quel qu'en soit le prix ou la superficie, c'est-à-dire d'immeubles principalement affectés à la production agricole au jour du transfert de propriété. Le régime de faveur est susceptible de s'appliquer aux terrains et aux bâtiments d'exploitation ainsi qu'au cheptel et au matériel présentant le caractère d'immeuble par destination ; il ne bénéficie aux bâtiments servant à l'habitation de l'exploitant et de son personnel que dans la mesure où ils constituent véritablement l'accessoire de l'exploitation agricole.
Le caractère rural ou urbain d'un immeuble dépend non de sa situation, mais de sa nature et de sa principale destination. Un immeuble est considéré comme rural s'il est principalement affecté à un usage agricole au jour du transfert de propriété. La profession de l'acquéreur n'a pas à être prise en considération (BOI-ENR-DMTOI-10-70-30-06/04/2016, n° 20).

5430 **Bâtiments d'habitation accessoires.** En revanche, le régime de faveur n'est pas applicable à l'acquisition d'une maison d'habitation qui ne constitue pas l'accessoire d'une exploitation agricole et ne saurait, par suite, être considérée comme un immeuble rural. Tel est le cas d'une maison pourvue de dépendances bâties avec parc et piscine et utilisée à titre de résidence secondaire (BOI-ENR-DMTOI-10-70-30-06/04/2016, n° 20).

b) Immeubles situés dans une zone de revitalisation rurale (ZRR)

5431 Aux termes de l'article 1594 F quinquies E du Code général des impôts, les immeubles doivent être situés dans les zones de revitalisation rurales (ZRR) définies à l'article 1465 A-II du Code général des impôts (BOI-ENR-DMTOI-10-70-10-12/09/2012, n° 30).

2 Mutations concernées

5432 **Mutations à titre onéreux.** La taxation réduite s'applique aux ventes, quelle que soit leur forme (de gré à gré ou par adjudication) mais également aux opérations qui, sans revêtir la forme d'une vente, n'en comportent pas moins transmission à titre onéreux de propriété en droit fiscal, c'est-à-dire, notamment, aux soultes d'échanges ou de partages dans la mesure où la soulte est due par le jeune agriculteur bénéficiaire de la dotation, aux licitations ou cessions de droits successifs portant sur des immeubles ruraux, sous réserve que ces actes n'entrent pas dans le champ d'application des dispositions des articles 748 et 750 du Code

Jeunes agriculteurs

général des impôts. Dans le cas contraire, seul le droit de 2,50 % serait bien entendu exigible (BOI-ENR-DMTOI-10-70-10-12/09/2012, n° 40).

C Conditions d'application du régime de faveur

1 Qualité de l'acquéreur

5433 **Bénéficiaires de la dotation d'installation aux jeunes agriculteurs ou des prêts à moyen terme spéciaux d'installation.** L'article 1594 F quinquies E du Code général des impôts vise les agriculteurs bénéficiaires des aides à l'installation des jeunes agriculteurs prévues aux articles D. 343-9 et D. 343-13 du Code rural et de la pêche maritime. Il s'agit, en pratique, des bénéficiaires de la dotation d'installation aux jeunes agriculteurs et des bénéficiaires des prêts à moyen terme spéciaux.

La dotation d'installation aux jeunes agriculteurs est accordée, en règle générale, aux agriculteurs âgés de moins de quarante ans qui justifient de la capacité professionnelle requise et s'installent sur une exploitation dont l'importance permet aux intéressés de répondre aux conditions d'assujettissement au régime de protection sociale des personnes non salariées des professions agricoles en application de l'article L. 722-4 du Code rural et de la pêche maritime.

Pour bénéficier de cette aide, les jeunes agriculteurs doivent s'engager, en outre, à exercer pendant dix ans la profession d'agriculteur à titre principal, à tenir une comptabilité de gestion et à opter pour le régime simplifié de TVA agricole.

La décision d'octroi ou de refus de la dotation d'installation est notifiée au requérant par le préfet.

Quant aux prêts à moyen terme spéciaux, ceux-ci sont accordés, en règle générale, comme la dotation d'installation, aux agriculteurs âgés de quarante ans au plus à la date de l'installation, justifiant de la capacité professionnelle requise, qui s'installent sur une exploitation autonome ayant une importance permettant leur affiliation à l'AMEXA (assurance maladie des exploitants agricoles ; régime de protection sociale agricole) et dont le projet fait apparaître un revenu d'installation prévisionnel suffisant.

Les jeunes agriculteurs doivent s'engager, en outre, à exercer, normalement pendant dix ans, l'activité de chef d'exploitation agricole à titre principal, à tenir une comptabilité de gestion et à opter pour le régime simplifié d'imposition à la TVA.

Les prêts à moyen terme spéciaux ont pour objet de financer les dépenses à effectuer lors de la première installation, notamment pour la reprise totale ou partielle d'une exploitation et, le cas échéant, le paiement des soultes de partage.

Les prêts sont accordés directement par les établissements de crédit qui ont passé, à cet effet, une convention avec les ministres chargés de l'économie et de l'agriculture.

La décision d'octroi ou de refus du prêt est notifiée à l'exploitant par le préfet (BOI-ENR-DMTOI-10-70-10-12/09/2012, n°s 50, 70 et 80).

5434 **Exploitants individuels et associés de sociétés civiles à objet agricole.** Le régime de faveur concerne les exploitants individuels ainsi que les associés d'une société civile à objet agricole qui bénéficient des aides à l'installation et respectent les conditions d'application du régime de faveur (BOI-ENR-DMTOI-10-70-10-12/09/2012, n° 90).

5435 Peuvent donc, notamment, bénéficier du régime de faveur les associés :

– d'un groupement agricole d'exploitation en commun (GAEC) ;
– d'un groupement foncier agricole (GFA) ;
– d'une exploitation agricole à responsabilité limitée (EARL) ;
– d'une société civile d'exploitation agricole (SCEA) ;
– d'un groupement foncier rural (GFR) visé aux articles L. 322-22 à L. 322-24 du Code rural et de la pêche maritime dès lors que les biens acquis sont des immeubles ruraux à usage agricole (BOI-ENR-DMTOI-10-70-10-12/09/2012, n° 90).

2 Délai d'acquisition

5436 **Délai de quatre ans.** L'acquisition de l'immeuble rural doit intervenir dans le délai de quatre ans suivant l'octroi des aides à l'installation (BOI-ENR-DMTOI-10-70-10-12/09/2012, n° 100).

5437 **Mode de calcul du délai.** Le délai se calcule de quantième à quantième à compter de la date de l'octroi de ces aides, laquelle doit être précisée dans le certificat délivré sans frais par le directeur départemental du Territoire (et, le cas échéant, de la Mer) (BOI-ENR-DMTOI-10-70-10-12/09/2012, n° 100).

3 Obligations particulières

5438 **Justification de l'octroi des aides.** Afin de bénéficier de la taxation réduite, l'acte constatant l'acquisition doit être appuyé :

– d'un certificat délivré sans frais par le directeur départemental de l'Agriculture et de la Forêt (directeur départemental du Territoire et, le cas échéant, de la Mer) attestant que l'acquéreur a

été bénéficiaire de la dotation d'installation prévue à l'article D. 343-9 du Code rural et de la pêche maritime. Ce certificat doit mentionner la date de l'octroi de l'aide ;
– en ce qui concerne les bénéficiaires de prêts à moyen terme spéciaux d'installation, d'une attestation délivrée par l'établissement bancaire ayant accordé le prêt attestant que l'acquéreur a bénéficié d'un prêt à moyen terme spécial d'installation prévu à l'article D. 343-13 du Code rural et de la pêche maritime.
En cas d'acquisitions successives susceptibles de bénéficier du régime de faveur, les actes suivants doivent, en outre, comporter le rappel des acquisitions effectuées par le même acquéreur, ayant bénéficié du même régime, et préciser le prix ou la valeur des biens précédemment acquis.

5439 **Défaut de production du certificat ou de l'attestation prévu par l'article 1594 F quinquies E-I du Code général des impôts.** À défaut de production du certificat ou de l'attestation lors de la présentation de l'acte à la formalité, la taxe de publicité foncière est perçue dans les conditions de droit commun. Cette perception est définitive.

II Acquisition en vue de donner l'immeuble à bail à un jeune agriculteur

CGI, art. 1594 quinquies E-II. – Sont soumises à la taxe de publicité foncière ou au droit d'enregistrement au taux de 0,70 % :

(...)

• les acquisitions d'immeubles ruraux situés dans les zones prévues au I, sous réserve que l'acquéreur prenne, dans l'acte d'acquisition, l'engagement, pour lui et ses ayants cause à titre gratuit, de justifier, au plus tard au terme d'un délai d'un an à compter de la date du transfert de propriété, que le bien acquis a été donné à bail à long terme ou à bail cessible à un jeune agriculteur bénéficiaire des aides à l'installation.

Ce taux s'applique aux acquisitions effectuées par l'acquéreur à hauteur d'une valeur globale n'excédant pas 99 000 €.

A Immeubles concernés

5440 La mesure concerne les acquisitions portant sur des immeubles ruraux situés dans les zones de revitalisation rurale. Le caractère d'immeuble rural se détermine par sa destination principale. Ainsi, sont qualifiés de ruraux, les immeubles qui sont principalement affectés à la production de récoltes agricoles, de fruits, les prairies, les terres labourables, les vignobles, les étangs à usage piscicole ainsi que les friches qui sont destinées à faire partie d'une exploitation agricole. Par ailleurs, les immeubles ruraux acquis doivent être situés dans les zones de revitalisation rurale définies à l'article 1465 A, II du Code général des impôts (BOI-ENR-DMTOI-10-70-20-12/09/2012, n° 10).

B Conditions d'application du dispositif

5441 Le bénéfice du taux réduit de la taxe de publicité foncière ou du droit d'enregistrement est subordonné à l'engagement pris dans l'acte d'acquisition par l'acquéreur, pour lui et ses ayants cause à titre gratuit, de justifier, au plus tard au terme d'un délai d'un an à compter de la date du transfert de propriété, que le bien acquis a été donné à bail à long terme ou à bail cessible hors du cadre familial à un jeune agriculteur bénéficiaire des aides à l'installation.
– L'engagement de donner à bail à long terme ou à bail cessible doit être pris dans l'acte d'acquisition. Il concerne l'acquéreur lui-même et ses ayants cause à titre gratuit. L'acquéreur peut être une personne physique ou une personne morale. Il doit être justifié au plus tard au terme d'un délai d'un an à compter de la date du transfert de propriété, de la conclusion d'un bail rural à long terme ou d'un bail cessible hors du cadre familial avec un jeune agriculteur bénéficiaire des aides à l'installation.
Cette justification résultera, en pratique, de la production d'une copie du bail enregistré accompagnée

d'un document attestant de l'octroi des aides à l'installation du preneur.

Remarque : La preuve de l'octroi des aides à l'installation du preneur pourra notamment résulter de la production du certificat délivré par le directeur départemental de l'agriculture et de la forêt (directeur départemental du Territoire et, le cas échéant, de la Mer) visé à l'article 1594 F quinquies E-II du Code général des impôts.

– Le bail conclu doit être un bail à long terme ou d'un bail cessible hors du cadre familial. Il doit donc s'agir, pour le premier, d'un bail conclu dans les conditions prévues aux articles L. 416-1, L. 416-6, L. 416-8 et L. 416-9 du Code rural et de la pêche maritime, c'est-à-dire :

– d'un bail conclu pour une durée initiale de dix-huit ans au moins, sans possibilité de reprise triennale pendant son cours ;

– d'un bail conclu pour une durée minimale de vingt-cinq ans et pouvant, à l'expiration de cette période, se renouveler sans limitation de durée, par tacite reconduction (ou, depuis l'ordonnance n° 2006-870 du 13 juillet 2006 relative au fermage et modifiant le Code rural et de la pêche maritime, d'un bail conclu pour une durée minimale de vingt-cinq ans et prenant fin, en l'absence de clause de tacite reconduction, au terme stipulé sans que le bailleur soit tenu de délivrer congé) ;

– d'un bail de carrière, qui est un bail conclu pour une durée de vingt-cinq ans au moins, portant sur une exploitation agricole constituant une unité économique ou sur un lot de terres d'une superficie supérieure à la surface minimum d'installation (SMI ; depuis la loi n° 2014-1170 du 13 octobre 2014 pour l'agriculture, l'alimentation et la forêt, le lot de terres objet du bail de carrière doit être d'une superficie supérieure au seuil mentionné à l'article L. 312-5 du Code rural et de la pêche maritime, soit au seuil de surface, défini par le schéma directeur régional des exploitations agricoles, qui est compris entre le tiers et une fois la surface utile régionale moyenne) et prenant fin à l'expiration de l'année culturale durant laquelle le preneur atteint l'âge de la retraite retenu en matière d'assurance vieillesse (C. rur. pêche marit., art. L. 416-5).

Le bail cessible hors du cadre familial est quant à lui défini aux articles L. 418-1 et L. 418-5 du Code rural et de la pêche maritime.

– Le preneur doit être un jeune agriculteur bénéficiaire des aides à l'installation. Sont donc concernés les agriculteurs qui bénéficient des aides prévues à l'article D. 343-9 du Code rural et de la pêche maritime (V. n° 5433).

Le preneur peut être exploitant individuel ou associé d'une société civile à objet agricole (V. n°s 5434 et 5435).

C Portée du régime de faveur

5442 **Droit de 0,70 %.** Le tarif de la taxe départementale de publicité foncière est réduit à 0,70 % (soit 0,71498 % avec les perceptions additionnelles) lorsque toutes les conditions d'application du régime de faveur sont satisfaites et sous réserve de la conclusion d'un bail rural à long terme ou d'un bail cessible hors du cadre familial avec un jeune agriculteur bénéficiaire des aides à l'installation, au plus tard au terme d'un délai d'un an à compter de la date de la mutation de propriété.

5443 **Plafond de 99 000 €.** Cette réduction de taux s'applique aux acquisitions effectuées par l'acquéreur, à hauteur d'une valeur globale n'excédant pas 99 000 €. Par suite, le régime de faveur concerne la seule fraction du prix ou de la valeur des biens acquis qui ne dépasse pas globalement ce plafond (sur le jeu de ce plafond, V. n°s 5425 et 5426).

5444 **Contribution de sécurité immobilière.** La contribution de sécurité immobilière est exigible selon le droit commun.

Legs

Jacques LAFOND

I Publicité foncière

A Principes

5445 **Obligation de publier.** Par exception au principe applicable aux mutations à cause de mort, le legs à titre particulier d'un bien immobilier ou d'un droit soumis à publicité doit être publié sous peine d'inopposabilité (Ph. Simler et Ph. Delebecque, *Droit des sûretés et de La publicité foncière*, Précis Dalloz, 8e éd. 2023, n° 876).

5446 **Modalités de la publication.** Lorsque le legs porte sur un immeuble ou un droit immobilier, la transmission de propriété doit être constatée par une attestation de propriété soumise à publicité foncière (V. **Attestation notariée**).

5447 **Délivrance du legs.** La délivrance du legs a fondamentalement pour objet de conférer la saisine aux légataires qui en sont dépourvus. Or, cette notion est tout à fait étrangère à la transmission de la propriété des biens légués. Dès lors, l'acte de délivrance de legs n'est pas, en tant que tel, assujetti à publication (*JCl. Notarial Formulaire*, V° Délivrance de legs, Fasc. 10 par M. Mathieu), mais seulement mentionné dans l'attestation de propriété (D. 14 oct. 1955, art. 69-1, al. 1. – V. **Attestation notariée**).

5448 **Demande de révocation du legs.** Si le legs porte sur des immeubles ou un bien ou des droits immobiliers, la demande de révocation doit être publiée au service de la publicité foncière (D. n° 55-22, 4 janv. 1955, art. 28-4° et 30-5). La question de savoir s'il faut appliquer les dispositions de l'article 958, alinéa 1er, du Code civil, selon lesquelles la révocation d'une donation pour ingratitude ne préjudicie pas aux aliénations ou constitutions de droits réels antérieures à la publication de la demande en révocation est discutée (V. J. Hérail, *Rép. dr. civ.* Dalloz, V° Legs, n° 174).

5449 **Demande en nullité du legs.** Est soumise à publicité obligatoire la demande tendant à obtenir l'annulation d'un testament instituant une personne légataire universelle de tous les biens mobiliers et immobiliers du testateur. Cette formalité étant obligatoire, il y a lieu, afin de permettre une régularisation par publication des conclusions, de surseoir à statuer dans l'attente d'une telle publication et, en cas de refus de dépôt suivi d'un recours, dans l'attente d'une décision du président du tribunal judiciaire statuant comme en matière de référé (CA Paris, pôle 3, 1re ch., 7 avr. 2010 : *JurisData* n° 2010-004340).

B Effets de la publication

5450 **Opposabilité du legs.** Selon l'article 30, 4, alinéa 2 du décret du 4 janvier 1955 : « Le légataire particulier de droit immobilier peut, sous réserve de l'application des articles 1035 et suivants du Code civil, se prévaloir de la publication de l'attestation notariée à l'égard des ayants cause du défunt qui n'ont pas publié antérieurement les actes ou décisions judiciaires établissant, leur profit, des droits concurrents ».

Ainsi, lorsque le légataire à titre particulier se trouve en conflit avec un créancier hypothécaire du défunt ou avec un autre ayant cause qui n'a pas fait inscrire son droit, il peut lui opposer le défaut de publication (D. 4 janv. 1955, art. 30, 4°, al. 2. – Ph. Simler et Ph. Delebecque, *op. cit.*).

À l'inverse, s'il n'a pas fait publier son legs, celui-ci sera inopposable aux tiers qui ont acquis des droits sur l'immeuble ou les droits immobiliers légués meubles et qui les ont fait publier (V., pour le legs non publié d'un droit d'usage et d'habitation, jugé inopposable à l'acquéreur de l'immeuble, Cass. 3e civ., 13 mai 1998 : *Bull. civ.* 1998, III, n° 253).

5451 **Aliénation de l'immeuble légué par le défunt.** Si le défunt a aliéné de son vivant un immeuble, que l'acquéreur n'a pas fait publier la mutation et que le défunt a consenti un legs particulier de ce même immeuble :

– si la mutation entre vifs est antérieure à la rédaction du testament, le légataire particulier qui aura publié son titre pourra se prévaloir du défaut de publicité à l'encontre de l'acquéreur (V. n° 5450) ;

– si au contraire le défunt a donné ou vendu l'immeuble après en avoir disposé par testament, il a manifesté par là même sa volonté de révoquer legs (C. civ., art. 1038). Le légataire ne peut donc prétendre que la donation ou la vente lui est inopposable. L'article 30, § 4, du décret du 4 janvier 1955 lui permet cependant de réclamer réparation des dommages qu'il a subi du fait du défaut de publication de son titre par le bénéficiaire de la mutation sous réserve toutefois qu'il ait fait publier lui-même son propre droit (H., L., J. Mazeaud et F. Chabas, *Sûretés. Publicité foncière*, par Y. Picod, n° 714. – S. Piédelièvre, *La publicité foncière*, n° 424).

C Perceptions

5452 **Attestation notariée.**

➤ Sur les cas où la délivrance de legs est constatée dans une attestation notariée, V. **Attestation notariée**.

5453 **Délivrance du legs.** Si la délivrance du legs fait l'objet d'une publication, la taxe de publicité foncière est perçue au tarif ordinaire (*Bull. AMC* 1951, art. 84), et la contribution de sécurité immobilière est exigible sur la valeur des biens transmis. L'enregistrement de l'acte de délivrance de legs se fait au droit fixe des actes innommés (payé sur état en cas d'acte notarié).

Si un acte distinct est dressé pour constater la remise du bien légué, il est enregistré aussi au même droit fixe.

Si le légataire reçoit en paiement un bien autre que celui légué, il y a dation en paiement, et le droit de vente, ou d'échange selon les cas, est dû (droit de vente s'il y a remise d'un bien au lieu d'un immeuble ou l'inverse, et le droit d'échange s'il y a remise d'un immeuble au lieu d'un autre), ce, sauf en cas de legs alternatif.

II Sûretés bénéficiant aux légataires particuliers

A Hypothèque légale générale

5454 **Source.** L'article 2393 (ancien art. 2400, 4°) du Code civil, issu de l'ordonnance n° 2021-1192 du 15 septembre 2021 portant réforme du droit des sûretés, applicable à compter du 1er janvier 2022, qui confère aux légataires une hypothèque générale est ainsi rédigé :

> **C. civ., art. 2393. –** Outre celles prévues par des lois spéciales, les créances auxquelles une hypothèque légale générale est attachée sont (...) :
>
> 4° Celles du légataire, sur les biens immeubles de la succession, en vertu de l'article 1017.

Le texte de l'article 1017 du Code civil auquel il est renvoyé est le suivant :

> **C. civ., art. 1017** (*Mod. L. n° 2006-728, 23 juin 2006, art. 9, en vigueur le 1er janvier 2007*). – Les héritiers du testateur, ou autres débiteurs d'un legs, seront personnellement tenus de l'acquitter, chacun au prorata de la part et portion dont ils profiteront dans la succession.
>
> Ils en seront tenus hypothécairement pour le tout, jusqu'à concurrence de la valeur des immeubles de la succession dont ils seront détenteurs.

5455 **Absence de caractère d'ordre public.** L'hypothèque du légataire particulier, bien que légale, n'est pas d'ordre public ; elle peut, en tout ou en partie, être écartée par le testateur, s'il le juge à propos (Cass. req., 30 juill. 1907 : *DP* 1911, 1, 86. – T. civ. Rennes, 9 mars 1908 : *DP* 1909, 2, 237) et celui-ci pourrait aussi interdire au légataire de prendre inscription de la sûreté légale (Cass. req., 20 févr. 1882 : *DP* 1882, 1, 362).

5456 **Biens grevés.** L'hypothèque légale du légataire particulier est une hypothèque générale en ce sens qu'elle porte sur tous les immeubles de la succession (C. civ., art. 2393-4°) :
– mais elle ne peut grever que ces immeubles et non les immeubles personnels du successeur débiteur du legs ;
– toutefois, il faut rappeler que le testateur peut restreindre le champ d'application de l'hypothèque légale ;
– enfin, elle ne peut atteindre que les immeubles du testateur qui appartenaient à celui-ci au jour de son décès.

5457 **Inscription.** L'inscription de cette hypothèque ne présente aucune particularité par rapport au droit commun (V. **Inscription**), en dehors de la possibilité de requérir l'inscription en vertu, bien entendu, d'un testament qui peut être en la forme olographe.

5458 **Extinction.** L'hypothèque légale du légataire s'éteint lorsque le legs est exécuté, car alors elle n'a plus de raison d'être. Ainsi, l'héritier peut exiger la radiation de l'inscription prise par le légataire lorsque celui-ci a reçu délivrance de son legs, alors même que ledit legs est soumis à un usufruit (Planiol et Ripert, *op. cit.*, t. XII, par Becqué, n° 547. – Cass. civ., 9 août 1882 : *DP* 1883, 1, 143. – Bordeaux, 27 oct. 1908 : *DP* 1910, 2, 50).

B Hypothèque légale spéciale

5459 **Texte.** L'hypothèque légale spéciale du légataire qui a remplacé l'ancien privilège de la séparation des patrimoines est régie par l'article 2402 du Code civil dont le texte est le suivant :

C. civ., art. 2402 *(Mod. Ord. n° 2021-1192, 15 sept. 2021, art. 15 et 17).* – Outre celles prévues par des lois spéciales, les créances auxquelles une hypothèque légale spéciale est attachée sont les suivantes : (...)

5° Les créances sur une personne défunte et les legs de sommes d'argent d'une part, les créances sur la personne de l'héritier d'autre part, sont respectivement garantis sur les immeubles successoraux et les immeubles personnels de l'héritier comme il est dit à l'article 878 ;

N.B. : Conformément à l'article 37 de l'ordonnance n° 2021-1192 du 15 septembre 2021, ces dispositions sont entrées en vigueur le 1er janvier 2022.

L'article 2402, 5°, susvisé renvoie à l'article 878 du Code civil ainsi conçu :

C. civ., art. 878 *(Mod. Ord. n° 2021-1192, 15 sept. 2021, art. 34).* – Les créanciers du défunt et les légataires de sommes d'argent peuvent demander à être préférés sur l'actif successoral à tout créancier personnel de l'héritier.

Réciproquement, les créanciers personnels de l'héritier peuvent demander à être préférés à tout créancier du défunt sur les biens de l'héritier non recueillis au titre de la succession.

Le droit de préférence donne lieu à hypothèque légale spéciale prévue au 5° de l'article 2402 et il est sujet à inscription conformément à l'article 2418.

5460 **Objectif poursuivi.** Cette hypothèque légale spéciale se substitue à l'ancien « privilège de la séparation des patrimoines » (C. civ., art. 2374, 6). Elle vise à répondre aux risques créés par la transmission d'une succession solvable à un héritier insolvable et, depuis la loi du 23 juin 2006 réformant le droit des successions, à celui de l'acceptation d'une succession insolvable par un héritier solvable (Y. Picod et J.-J. Ansault, *Droit des sûretés*, 4e éd. 2022, n° 369. – V. aussi Ph. Simler et Ph. Delebecque, *Droit des sûretés*, préc., nos 447 à 450).

Licitation

Serge LAMIAUX

Sommaire analytique

Taxation des licitations immobilières
Tableau synoptique

	Type d'imposition				
	Droit d'enregistrement – Taxe de publicité foncière				Impôt sur la plus-value immobilière des particuliers
	Droit de partage		Droit de vente		
	Taux	Assiette	Taux	Assiette	
Licitation (faisant ou ne faisant pas cesser l'indivision) – indivision d'origine conventionnelle	Néant		5,80665 % (CGI, art. 1594 D)*	Prix des parts indivises cédées (CGI, art. 750, I)	Imposition (CGI, art. 150 U, I)
Licitation ne faisant pas cesser l'indivision – indivision d'origine successorale, conjugale ou assimilée (donation-partage, PACS)	2,50 %** (CGI, art. 750, II)	Prix des parts indivises cédées (CGI, art. 750, II, al. 1er)	Néant		Exonération (CGI, art. 150 U, IV)

	Type d'imposition				
	Droit d'enregistrement – Taxe de publicité foncière				Impôt sur la plus-value immobilière des particuliers
	Droit de partage		Droit de vente		
	Taux	Assiette	Taux	Assiette	
Licitation faisant cesser l'indivision – indivision d'origine successorale, conjugale ou assimilée (donation-partage, PACS)	2,50 %** (CGI, art. 750, II)	Valeur totale de l'immeuble, déduction faite du passif (CGI, art. 750, II, al. 2 ; BOI-ENR-PTG-20-10, n° 60)	Néant		Exonération (CGI, art. 150 U, IV)
Licitation (faisant cesser ou non l'indivision) – (ex-) concubins	Néant		5,80665 % (CGI, art. 1594 D ; Rép. min. Liebgott, QE n° 71826 : *JOAN* 7 avr. 2015, p. 2705)	Prix des parts indivises cédées (CGI, art. 750, I)	Exonération (BOI-RFPI-PVI-10-40-100, n°s 70 et 40)

* Sauf application d'un taux réduit ou d'une exonération, en cas de régime de faveur.
**Les licitations consécutives à un divorce ou à une rupture de PACS ne bénéficient pas du taux du droit de partage à 1,80 % ou 1,10 % (Rép. min. Renaud-Garabedian, QE n° 00356 : *JO* Sénat, 22 déc. 2022, p. 6646).

Index alphabétique

I
Généralités

5461 Définition. Le partage n'est pas le seul moyen juridique de mettre fin à une indivision. Un tel acte est d'ailleurs impossible lorsque les biens indivis sont impartageables en nature. On a alors recours à la licitation (V. C. civ., art. 1686). On appelle licitation la vente aux enchères d'un bien indivis.

Mais en pratique, on qualifie également de « licitation » la cession de leurs droits indivis par un ou plusieurs des indivisaires à l'un ou plusieurs d'entre eux.

5462 Formes. Cette opération doit être réalisée dans la forme des ventes de biens de mineurs, c'est-à-dire en justice et aux enchères publiques, lorsque les copropriétaires sont en désaccord ou qu'il se trouve parmi eux des majeurs en tutelle ou des mineurs non émancipés. Dans cette dernière hypothèse, le conseil de famille peut autoriser la licitation amiable (C. civ., art. 507).

Dans les autres cas, la licitation peut être amiable et les intéressés, maîtres de leurs droits, sont libres de fixer comme bon leur semble les conditions et les formes de l'opération.

II Formalités

A Le principe de la formalité unique

5463 Principe : formalité fusionnée (formalité unique). Les actes constatant des licitations portant sur des immeubles ou droits immobiliers sont soumis à la formalité fusionnée, dite aussi formalité unique effectuée au service de la publicité foncière.

De même, pour les actes rédigés à compter du 1er juillet 1999, ceux qui portent sur des biens meubles et immeubles sont également soumis à la formalité unique (V. **Formalité unique**).

Pourquoi les actes de licitations immobilières sont-ils soumis à la formalité unique ? Parce qu'ils sont à la fois soumis obligatoirement à la formalité de l'enregistrement (CGI, art. 635, 1, 1°, 3° et 7°) et soumis obligatoirement à la formalité de publicité foncière (D. n° 55-22, 4 janv. 1955, art. 28, 1°, *a)* et 4°, *e)*). Étant cumulativement soumis à ces deux types de formalités, ils doivent donc être assujettis à la formalité unique (CGI, art. 647, I).

5464 Conséquences. Les actes de licitations immobilières donnent ouverture à une seule perception au profit du Trésor, la taxe de publicité foncière, qui tient lieu de droits d'enregistrement (CGI, art. 664 ; BOI-ENR-PTG-20-20120912, n° 10).

5465 Précisions sur la publicité foncière. Le régime de la licitation du point de vue de la publicité foncière diffère selon que cette opération a un caractère translatif ou déclaratif.

1 Licitations constituant des partages (licitations ayant un caractère déclaratif)

5466 Nouvel état du droit à la suite de la loi du 31 décembre 1976. La loi du 31 décembre 1976 a modifié l'article 883 du Code civil. Dans sa nouvelle rédaction, ce texte précise, à propos des actes assortis de l'effet déclaratif du partage, qu'il « n'est pas distingué selon que l'acte fait cesser l'indivision en tout ou partie à l'égard de certains biens ou de certains héritiers seulement ».

Prenons l'exemple d'une indivision comprenant quatre personnes A, B, C, D, dont les droits sont pour chacune d'elle de 1/4. Supposons que cette indivision englobe deux immeubles (1 et 2).

Si A, B et C cèdent à D la totalité de leurs droits dans l'indivision, ou si les immeubles sont adjugés à l'un des indivisaires, il n'a jamais été discuté que cette opération s'analyse en un partage.

Mais l'innovation résultant de la réforme de 1976 est qu'il y a désormais partage alors même que l'indivision cesse sur une partie seulement des biens indivis ou pour une partie seulement des indivisaires (V. *JCl. Notarial Formulaire*, V° Indivision, Fasc. 40, et les références citées).

5467 Cessation de l'indivision sur une partie des biens indivis. Reprenons l'exemple cité ci-dessus (V. n° 5466). Supposons que la cession ne porte que sur les droits indivis dans un des immeubles, Exemple : A, B et C cèdent à D leurs droits indivis dans l'immeuble 1. L'indivision cesse relativement à ce bien. La cession est un partage, assorti de l'effet déclaratif.

5468 Cessation de l'indivision pour partie des indivisaires. Selon l'article 883 du Code civil, a le caractère d'un partage l'acte qui fait cesser l'indivision « en tout ou partie, à l'égard (...) de certains héritiers seulement ».

Par application littérale de ce texte, sont assorties de l'effet déclaratif les cessions de droits indivis intervenant dans les conditions suivantes :

– A cède ses droits indivis dans l'immeuble 1 à B, C et D ;

– A cède ses droits indivis dans l'immeuble 1 à B. L'indivision ne cesse pas sur cet immeuble. Elle est maintenue en ce qui concerne B, C et D. Mais A sort pour sa part de l'indivision sur ce bien et compte tenu des termes extrêmement larges de l'article 883 du Code civil, l'opération a la nature d'un partage ;

– A cède ses droits indivis dans l'immeuble 1 à B et C (ou inversement). L'indivision subsistera en ce qui concerne B, C et D (ou A et D). Mais elle a cessé sur ce bien en ce qui concerne A (ou B et C), c'est-à-dire à l'égard de « certains héritiers seulement ». La cession a donc le caractère d'un partage ;
– il en est de même si A cède l'ensemble de ses droits dans l'indivision à un autre indivisaire (B) ou à plusieurs d'entre eux (B et C par exemple).

5469 **Conséquences du point de vue de la publicité foncière.** La licitation déclarative portant sur des droits réels immobiliers doit être obligatoirement publiée au fichier immobilier (D. n° 55-22, 4 janv. 1955, art. 28, 4°, e). Toutefois, en raison du caractère déclaratif, l'absence de publication n'est pas sanctionnée par l'inopposabilité aux tiers, au sens de l'article 30 du 4 janvier 1955 (V. **Partage**). C'est sur ce point qu'apparaît la principale différence entre les licitations valant partage et les licitations valant vente (cf. *infra*).

2 Licitations constituant des ventes (licitations ayant un caractère translatif)

5470 **Licitations concernées.** À un caractère translatif la licitation qui ne peut s'analyser en une opération de partage : c'est le cas lorsqu'elle intervient au profit d'un tiers étranger à l'indivision.

5471 **Conséquences sur la publicité foncière.** La licitation est alors soumise au même régime que les ventes ordinaires (V. **Vente d'immeuble**). Elle doit donc être obligatoirement publiée au fichier immobilier (D. n° 55-22, 4 janv. 1955, art. 28, 1°, a). En conséquence, le défaut de publication entraînera l'inopposabilité de la licitation aux tiers (au sens de la publicité foncière ; D. n° 55-22, 4 janv. 1955, art. 30, 1).

B L'exception de la dualité de formalités (avec unicité de perception)

5472 **Exception : licitations à la barre du tribunal.** Les décisions judiciaires étant exclues de la formalité unique, les licitations qui ont lieu à la barre du tribunal et revêtent, par conséquent, la forme de jugement, sont présentées distinctement à l'enregistrement et à la publicité foncière si elles ont pour objet des immeubles. Elles sont alors passibles du droit d'enregistrement de même taux que la taxe de publicité foncière, la formalité de publication s'effectuant ensuite en franchise de taxe (CGI, art. 647, I et 665 ; BOI-ENR-PTG-20, 12 sept. 2012, n° 10). Le jugement d'adjudication sur licitation doit être présenté à l'enregistrement dans le délai d'un mois (CGI, art. 635, 2, 1°) ; sa publicité foncière doit être accomplie dans le délai de trois mois à compter de la date où il est devenu définitif (D. n° 55-22, 4 janv. 1955, art. 33, B).

III Inscriptions

A L'hypothèque légale spéciale du copartageant (ancien privilège)

1 La créance garantie

5473 **Créance garantie. Le prix de la licitation.** L'ancien article 2381 du Code civil conférait expressément l'ancien privilège du copartageant au « cohéritier ou copartageant (...) pour le prix de la licitation ». Il convient cependant de relever que les dispositions de l'ancien article 2381 n'ont pas été reprises par l'actuel article 2404, 4°. Néanmoins, il ne fait pas de doute que l'hypothèque légale spéciale du copartageant est applicable en cas de licitation intervenue au profit de l'un des coïndivisaires, soit de gré à gré, soit par une adjudication volontaire ou judiciaire
Sous l'empire de l'ancien privilège de copartageant, la doctrine professait que compte tenu de l'effet déclaratif du partage, la garantie offerte par l'hypothèque légale spéciale dépendait du résultat du partage et qu'il y avait donc lieu d'attendre ce résultat pour déterminer le montant de la créance privilégiée, d'où les distinctions suivantes (Ph. Delebecque, F.-J. Pansier et V. Brémond : *JCl. Civil Code*, Art. 2374, *Privilèges. – Privilèges spéciaux immobiliers*, n° 129) :
– si le prix d'adjudication était attribué pour le tout à l'héritier adjudicataire, la créance était éteinte par confusion et le privilège disparaissait avec elle ;

– si le prix était attribué pour le tout ou à un autre des colicitants, le privilège garantissait le recouvrement de l'intégralité de la créance ;
– si, enfin, le prix était divisé entre les colicitants proportionnellement à leurs droits, le privilège ne garantissait que les parts du prix attribuées aux colicitants autres que l'adjudicataire.
Toutefois, il avait été jugé que le privilège couvrait l'intégralité du prix de la licitation, y compris la part de l'acquéreur dans le cas de revente, par ce dernier à un tiers, de l'immeuble licité (CA Paris, 4 févr. 1892 : *DP* 1892, 2, 145).

5474 **Créance garantie. Le prix de la licitation. Bordereau.** D'un point de vue pratique, dans la mesure où le partage sera rarement intervenu au jour de l'inscription, le bordereau mentionnera la totalité du prix de licitation – toutefois, si l'immeuble licité est le seul bien indivis entre les colicitants, seule sera mentionnée la part des colicitants autres que l'acquéreur. V. **Hypothèque légale spéciale du copartageant (ancien privilège).**
➤ Sur les intérêts garantis, V. **Hypothèque légale spéciale du copartageant (ancien privilège).**

5475 **Prêt accordé au débiteur du prix de la licitation.** Si un prêt est accordé au débiteur du prix de la licitation, il ne peut y avoir inscription de l'hypothèque légale spéciale du prêteur de deniers au profit de l'établissement prêteur (V. pour l'ancien privilège : Rép. min. Mathieu, QE n° 3452 : *JOAN* 18 janv. 1982, p. 199 ; *JCP* N 1982, prat. 8302-1 ; chron. Bulté : *JCP* N 1972, IV, 5868).
La solution consiste à le subroger dans l'hypothèque légale spéciale du copartageant. Cette subrogation peut être consentie par le créancier du prix de la licitation (C. civ., art. 1346, 1°) ou par le débiteur (C. civ., art. 1346, 2°) – en ce cas, le débiteur déclarera que, comme il en a pris l'engagement dans le contrat d'emprunt, le prix est payé au moyen des deniers prêtés. Il sera également nécessaire de prendre une inscription d'hypothèque complémentaire pour garantir les intérêts conventionnels, car la subrogation ne garantit que les intérêts légaux (V. pour les anciens privilèges : *Bull. AMC* 1998, art. 1786).

2 L'immeuble grevé

5476 **Immeubles grevés.** La licitation ne donne naissance au privilège que si elle porte sur des immeubles ou droits immobiliers. Ce privilège ne peut s'exercer que sur l'immeuble objet de la licitation (C. civ., art. 2381. – Aubry et Rau, *op. cit.*, t. III, § 263, p. 218. – Planiol et Ripert, *op. cit.*, t. XII, par Becqué, n° 656. – Mazeaud, *op. cit.*, t. III, 1er vol. par Chabas, n° 345). Il porte sur la totalité de cet immeuble et non pas seulement sur les parts acquises (Bulté : *JCP* N 1967, IV, 4212). Le conservateur des hypothèques (aujourd'hui, le service de la publicité foncière) ne peut refuser la formalité si toutes les prescriptions légales ont été observées (Bulté : *JCP* N 1967, IV, 4258).

3 Rang de l'inscription (disparition de la rétroactivité)

5477 **Actuelle hypothèque spéciale. Disparition de la rétroactivité.** C'est la différence majeure entre l'actuelle hypothèque spéciale du copartageant et l'ancien privilège du copartageant. L'inscription de l'hypothèque spéciale du copartageant n'emporte aucun effet rétroactif. L'hypothèque spéciale du copartageant prend rang au jour de son inscription (C. civ., art. 2418, al. 1er).

5478 **Ancien privilège. Rappel.** Le délai prévu par la loi pour prendre inscription du privilège de copartageant était de deux mois (V. **Hypothèque légale spéciale du copartageant (ancien privilège)**). Dans le cas d'adjudication sur licitation, ce délai courait du jour du jugement ou du procès-verbal d'adjudication, sans qu'il y ait à se préoccuper de la date à laquelle interviendrait le partage définitif (Aubry et Rau, *op. cit.*, t. III, § 278, texte et notes 7 et 8. – Planiol et Ripert, *op. cit.*, t. XIII, par Becqué, n° 813. – Bordeaux, 15 juin 1821 : *Dalloz, jurispr. gén.*, V° Privilèges, n° 689. – Lyon, 21 févr. 1832 : *Dalloz, jurispr. gén.*, *ibid*. – Paris, 7 févr. 1833 : *Dalloz, jurispr gén.*, *ibid*. – Bourges 4 mars 1899 : *DP* 1899, 2, 367).
Dans le cas de « licitation amiable », le délai courait de la date de l'acte constatant cette licitation, même s'il est sous-seing privé (V. **Hypothèque légale spéciale du copartageant (ancien privilège)**).

4 Cas particulier

5479 **Acte portant quittance du prix d'une licitation immobilière et constatant à la fois la non-publication et l'extinction du privilège du copartageant.** La publicité d'un acte contenant quittance du prix d'une licitation immobilière et constatant à la fois la non-publication et l'extinction du privilège de copartageant doit être refusée. En effet, le document contenant ces dispositions n'est pas susceptible d'être incorporé dans les registres tenus par le service de la publicité foncière. La publication est donc impossible (*Bull. AMC* 1994, art. 1652). La solution apparaît transposable *mutatis mutandis* à l'actuelle hypothèque légale spéciale du copartageant.

B L'hypothèque légale spéciale du vendeur ou du prêteur de deniers (anciens privilèges)

5480 **Licitation à caractère translatif.** Sous l'empire de l'ancien privilège, la licitation au profit d'une personne étrangère à l'indivision ne donne pas ouverture au privilège de copartageant. Une telle licitation vaut, en effet, vente et fait naître, dès lors, le privilège de vendeur (Marty et Raynaud et Jestaz, *op. cit.*, t. III, 1er vol., 2 éd., n° 253).

V. **Hypothèque légale spéciale du vendeur ou du prêteur de deniers (anciens privilèges)**.

IV Droits d'enregistrement et taxe de publicité foncière

BIBLIOGRAPHIE : Y. Breyton, *Quelques précisions relatives à l'application du droit de 2,50 % prévu aux articles 748 et 750 du CGI : Cah. Cridon Lyon* mars 2016, n° 75, p. 33. – A. Lemaistre, *Partage partiel et assiette partielle : deux notions à ne pas confondre sur le plan fiscal : Bull. Cridon Paris* juill. 2016, n° 13, p. 6. – S. Lamiaux, *Partage et licitation en droits d'enregistrement : existe-t-il une différence ? : JCP* N 2016, n° 35, 1252.

5481 **Fondement textuel.** La matière est régie par l'article 750 du Code général des impôts.

5482 **Transfert de certains droits aux départements.** Les droits d'enregistrement ou la taxe de publicité foncière dus sur les mutations à titre onéreux d'immeubles situés sur leur territoire ont été transférés aux départements (CGI, art. 1594 A). Cette disposition s'applique notamment aux licitations, à l'exception de celles soumises à une taxation de 2,50 % (cf. Doc. adm. DGI, 7 F-22).

A Régime de droit commun

5483 Les licitations qui ne remplissent pas les conditions posées pour bénéficier du régime de faveur (V. nos 5495 et s.) sont soumises au régime des ventes ordinaires et taxées comme telles.

1 Assiette des droits

5484 **Distinction à opérer.** L'assiette et la liquidation de l'impôt de mutation à titre onéreux varient suivant que la licitation est prononcée au profit d'un étranger ou au profit d'un colicitant (V. BOI-ENR-PTG-20-20-20120912, n° 10).

a) Licitation au profit d'un étranger à l'indivision

5485 **Assimilation à une vente.** La licitation prononcée au profit d'un étranger à l'indivision constitue, en droit civil et en droit fiscal, une vente et elle est taxée comme telle sur la totalité du prix, au tarif prévu d'après la nature des biens qui en font l'objet (V. BOI-ENR-PTG-20-20-20120912, n° 20).

b) Licitation prononcée au profit d'un colicitant

5486 **Perception des droits de mutation sur les parts acquises.** La licitation prononcée au profit d'un colicitant est considérée par la loi fiscale comme translative de propriété, contrairement aux principes de droit civil (V. nos 5465 à 5471). L'impôt de mutation à titre onéreux est donc exigible sur les parts acquises par le colicitant adjudicataire (cf. CGI, art. 750-I) aux taux prévus pour les ventes des mêmes biens. La règle de l'article 750-I du Code général des impôts trouve son fondement dans le fait que, étant propriétaire, par hypothèse, d'une part du bien vendu, le colicitant n'en acquiert que l'excédent et conserve en sa précédente qualité de propriétaire la part qui lui appartenait déjà (V. BOI-ENR-PTG-20-20-20120912, n° 30). Mais le principe de taxation des parts acquises n'est retenu que si les intéressés fournissent des justifications suffisantes de l'existence de l'indivision. Dans le cas contraire, l'impôt est naturellement exigible sur la valeur totale du bien licité (V. *BOI* préc.).

5487 **Détermination des parts acquises.** Lorsque le prix exprimé s'applique au bien acquis tout entier, ce qui se produit toujours en cas d'adjudication, on doit, pour le calcul des parts acquises sujettes à l'impôt de mutation, déduire une fraction du prix correspondant à la portion du bien dont l'adjudicataire est déjà propriétaire à quelque titre que ce soit.
Mais on ne doit déduire du prix que la part de l'adjudicataire dans ce prix, et non sa part dans l'ensemble

des biens indivis (BOI-ENR-PTG-20-20-20120912, n° 40).

5488 **Licitation amiable.** Lorsqu'un immeuble indivis est acquis à l'amiable par l'un des copropriétaires, l'acte qui intervient alors ne fixe pas, comme le procès-verbal d'une vente aux enchères, le prix de la totalité de l'immeuble, mais seulement le prix à verser par l'acquéreur aux autres copropriétaires, c'est-à-dire le montant des parts acquises. Ce prix doit donc être intégralement soumis à l'impôt de mutation (BOI-ENR-PTG-20-20-20120912, n° 50).

5489 **Incidence des frais.** Comme en matière de vente ordinaire, s'il est prévu que le colicitant adjudicataire doit acquitter, en sus du prix, la totalité des frais antérieurs à l'adjudication, la part incombant aux autres colicitants dans ces frais doit être ajoutée à la fraction imposable du prix principal.
Par contre, si la licitation a lieu contrat en mains, c'est-à-dire si les frais d'acte doivent être acquittés par les vendeurs, au nombre desquels figure le colicitant adjudicataire, il convient de déduire de la partie du prix soumise à l'impôt la fraction desdits frais supportée par les autres colicitants (BOI-ENR-PTG-20-20-20120912, n° 30).

5490 **Adjudicataire usufruitier ou nu-propriétaire.** Quand l'adjudicataire est déjà usufruitier ou nu-propriétaire d'une partie de l'immeuble à lui adjugé, il convient de déduire du prix la valeur de son usufruit ou de sa nue-propriété fixée par une déclaration estimative (BOI-ENR-PTG-20-20-20120912, n° 30).

2 Liquidation des droits

5491 **Application des droits de vente.** Les licitations immobilières sont soumises aux mêmes droits ou taxes que les ventes d'immeubles, liquidés soit sur la totalité du prix lorsqu'elles sont prononcées au profit de personnes étrangères à l'indivision, soit sur les parts acquises lorsqu'elles sont tranchées au profit d'un colicitant.
L'imposition proportionnelle varie donc selon la nature des biens transmis. En effet, tous les régimes spéciaux et les exemptions concernant les ventes d'immeubles sont susceptibles de s'appliquer lorsque les conditions requises pour en bénéficier sont réunies.
La TVA immobilière est éventuellement applicable si l'immeuble objet de la licitation entre dans le champ d'application de cette taxe.

5492 **Licitation pour un prix unique d'immeubles dont la mutation relève de régimes fiscaux différents.** Si des immeubles licités pour un prix unique sont soumis à des régimes fiscaux différents, le prix de la licitation est réparti entre eux au prorata de leur valeur respective. Les cédants ne peuvent aliéner, en effet, que leur quote-part dans chacun d'eux (BOI-ENR-PTG-20-20-20120912, n° 50).

5493 **Licitation de biens de diverses natures.** Si des biens de diverses natures sont licités moyennant un prix unique, ce prix doit être réparti entre ces biens proportionnellement à leur valeur respective.
Toutefois, lorsque les biens licités comprennent des meubles et des immeubles, les premiers ne peuvent échapper au droit de vente d'immeubles que s'ils sont estimés article par article et si un prix particulier a été stipulé pour eux (CGI, art. 735. – BOI-ENR-PTG-20-20-20120912, n° 90).

5494 **TVA immobilière.** La TVA est également exigible dans la mesure où les licitations entrent dans le champ d'application de l'article 257-I du Code général des impôts (BOI-ENR-PTG-20-20-20120912, n° 50).

B Régime fiscal de faveur

5495 Le caractère essentiel de ce régime de faveur est de ne pas considérer les opérations auxquelles il s'applique comme translatives de propriété. Elles sont traitées comme des opérations de partage.

1 Conditions d'application

5496 L'application du régime de faveur aux licitations est soumise à la réunion de deux conditions, identiques à celles prévues pour les partages de succession ou de communauté conjugale et tenant l'une à l'origine des biens et l'autre à la qualité des adjudicataires (V. BOI-ENR-PTG-20-10-20120912, n° 10).

a) Conditions tenant à l'origine des biens

5497 L'article 750-II du Code général des impôts fixe une règle : mais ce texte a fait l'objet de diverses extensions.

1) Situations prévues par la loi

5498 **Biens indivis concernés.** Les biens licités doivent dépendre :
– d'une succession… ;
– ou d'une communauté conjugale quelle que soit la cause de sa dissolution.

Ils peuvent aussi dépendre à la fois d'une communauté et d'une succession (V. BOI-ENR-PTG-20-10-20120912, n° 20).
Le régime de faveur est également applicable depuis le 1er janvier 2008, en exécution de la loi de finances pour 2008 (L. n° 2007-1822, 24 déc. 2007, art. 18 : *JO* 27 déc., p. 21211. – BOI-ENR-PTG-20-10-20120912, n° 30), aux licitations :
– de biens indivis issus d'une donation-partage, à condition qu'elle intervienne entre les personnes énumérées par l'article 748 du Code général des impôts (Instr. 16 oct. 2008 : *BOI* 7 F-2-08, n° 9) ;
– de biens indivis acquis par des partenaires ayant conclu un pacte civil de solidarité avant ou pendant le pacte. Peu importe que la licitation intervienne après la dissolution du PACS (C. Delory, *op. cit.*, n° 10. – A. Lemaistre, *Partage ou licitation après la rupture du pacs : Bull. Cridon* Paris 15 nov. 2008, p. 4) ;
– de biens indivis acquis par des époux, avant ou pendant le mariage (V. n° 5499).

5499 Biens indivis entre époux. Compte tenu de la formule très générale utilisée, les solutions restrictives concernant antérieurement les licitations entre époux séparés de biens ne sont plus d'actualité (V. **Séparation de biens**).
Relèvent désormais de ce régime de faveur les partages et licitations portant :
– sur des biens acquis indivisément avant le mariage par des futurs époux, quel que soit le régime matrimonial adopté par eux, communauté d'acquêts, séparation de biens avec société d'acquêts, séparation de biens pure et simple, participation aux acquêts ;
– sur des biens acquis indivisément par des époux séparés contractuellement de biens, que ces opérations interviennent pendant le mariage ou après dissolution de celui-ci ;
– sur des biens acquis indivisément par des époux mariés sous le régime de la participation aux acquêts, qu'ils dépendent du patrimoine originaire ou du patrimoine final des époux (C. Delory, *op. cit.*, n° 7).

5500 Bien indivis entre concubins. La licitation de biens indivis entre des concubins ne relève pas du régime fiscal de faveur (Rép. min. M. Liebgott, QE n° 71826 : *JOAN* 7 avr. 2015, p. 2705).

5501 Cession par un indivisaire d'origine et par son conjoint, mariés sous le régime de la communauté universelle de ses droits dans un immeuble recueilli par voie de succession, à un autre indivisaire d'origine. Si une personne, mariée sous le régime de la communauté universelle, ayant recueilli un immeuble dans une succession cède, avec le concours de son conjoint, ses droits dans cet immeuble à un indivisaire d'origine, la cession ne bénéficie pas du régime de faveur de l'article 750-II du Code général des impôts.
En effet, l'époux marié sous le régime de la communauté universelle devient copropriétaire des biens indivis tombés dans la communauté en application des effets du régime matrimonial librement choisi par les époux et non en vertu d'une succession.
Dès lors, seule la part cédée par l'époux héritier sera taxée à 2,50 % et celle cédée par son conjoint, qui n'a pas une origine successorale, donnera ouverture au droit de mutation à titre onéreux selon la nature du bien transmis (Rép. min. Budget n° 13499 à M. Luc Dejoie : *JOAN* CR, 12 sept. 1996, p. 2341). La position ainsi prise par l'administration a été approuvée par la Cour de cassation (Cass. com., 21 nov. 2000 : *Dr. fisc.* 2001, p. 887, n° 518).

5502 Application aux « sous-partages ». Si un premier partage intervient entre les co-indivisaires et qu'un bien soit attribué indivisément à certains d'entre eux, la licitation ultérieure de ce bien bénéficiera du régime fiscal de faveur si toutes les conditions prévues à l'article 750-II du Code général des impôts sont par ailleurs remplies (Rép. min. Hunault : *JOAN* CR, 2 déc. 1971, p. 6285, n° 19925 ; *BOI* 7 F-8-71).

2) Extension à des situations non prévues par la loi

5503 Licitation portant sur des droits en usufruit ou en nue-propriété. Bien qu'il n'existe pas d'indivision entre l'usufruitier et le nu-propriétaire d'un même bien, une interprétation libérale de l'administration a permis d'accorder le bénéfice du régime de faveur aux licitations de bien en usufruit ou en nue-propriété au profit d'héritiers, légataire ou de donataire nu-propriétaire ou usufruitier et des même biens (BOI-ENR-PTG-20-10-20120912, n° 80).

5504 Biens acquis en remploi. Bénéficient du régime de faveur les biens acquis en remploi de biens provenant d'une communauté conjugale ou d'une succession, toutes les autres conditions étant supposées remplies et sous réserve qu'il soit justifié du remploi (Instr. 19 févr. 1973 : *BODGI* 7 F-1-73).
Il a été précisé que cette solution vaut également dans le cas de biens acquis en remploi de biens indivis reçus par donation-partage (Rép. min. Frédéric Dupont : *JOAN* CR, 2 avr. 1978, p. 1061, n° 42272). La même solution devrait s'appliquer

pour des biens acquis en remploi de biens indivis acquis par des partenaires ayant conclu un pacte civil de solidarité avant ou pendant le pacte ou de biens indivis acquis par des époux, avant ou pendant le mariage (V. n° 5498).

5505 Biens acquis en échange. Il a été précisé que les solutions admises par l'instruction du 19 février 1973 précitée (V. n° 5504) s'appliquent également dans le cas de partage de biens acquis en échange de biens indivis dont le partage est susceptible de bénéficier du régime fiscal de faveur (Rép. min. Lagorce : *JOAN* CR, 28 janv. 1978, p. 315, n° 37770).

5506 Dation en paiement. Application du régime de faveur aux biens acquis à titre de dation en paiement de biens recueillis par une succession. Trois héritiers indivisaires ont vendu un terrain recueilli dans la succession de leur mère moyennant remise de locaux à construire par la société acquéreur. Les mêmes indivisaires d'origine envisagent de partager ces locaux et trois autres immeubles recueillis également dans la succession de leur mère, le partage projeté comportant deux soultes. Les lots grevés des soultes comprennent à la fois des biens recueillis directement dans la succession de la mère et des biens remis en paiement de la valeur de l'immeuble cédé en 1970. Une réponse ministérielle à M. Frédéric Dupont (2 avr. 1978 : *JOAN* CR, p. 1062) a confirmé qu'en application de l'instruction du 19 février 1973 (V. n° 5505), le partage ne donnera lieu qu'à la perception de la taxe de publicité foncière au taux de 2,50 % et au salaire du conservateur sur l'entière valeur des biens concernés.
La même solution devrait s'appliquer pour des biens acquis à titre de dation en paiement de biens attribués indivisément dans un partage d'ascendant, de biens indivis acquis par des partenaires ayant conclu un pacte civil de solidarité avant ou pendant le pacte ou de biens indivis acquis par des époux, avant ou pendant le mariage (V. n° 5499).

N.B. : La contribution de sécurité immobilière a remplacé le salaire du conservateur à compter du 1er janvier 2013. Elle obéit aux mêmes conditions d'assiette, de tarifs, de contrôle et de recouvrement que ce salaire (V. **Contribution de sécurité immobilière**). Les solutions données ci-dessous à propos du salaire du conservateur peuvent donc être transposées pour la perception de la contribution de sécurité immobilière.

5507 Remembrement. Application du régime de faveur. Lorsqu'existe une indivision successorale ou post-communautaire, ou une indivision provenant d'une donation-partage, et qu'un remembrement intervienne concernant les biens indivis, le partage des biens acquis dans le cadre de ce remembrement peut lui-même bénéficier du régime fiscal de faveur (Rép. min. Mauger : *JOAN* CR, 10 mars 1973, p. 554, n° 27554).

5508 Apport en société. Dissolution d'une société civile constituée entre les membres d'une indivision successorale et partage ultérieur des biens. Si plusieurs indivisaires apportent à une société civile un immeuble indivis entre eux pour l'avoir recueilli dans la succession de leur père, le partage de ce bien, qui intervient après dissolution de la société, bénéficie du régime fiscal de faveur. En effet, dès lors que la société civile se trouve placée sous le régime des sociétés de personnes pour l'imposition de ses bénéfices, les biens attribués à chacun des associés lors du partage pur et simple de la société sont censés n'avoir jamais cessé de leur appartenir. Les attributaires se trouvent donc dans la même situation que si la société n'avait pas existé.

3) Non-application du régime de faveur

5509 Biens acquis indivisément. Le régime fiscal de faveur ne s'applique pas dans le cas d'acquisition en commun (V. **Indivision**).

5510 Biens acquis par accession. Si des garages ont été construits par des indivisaires sur un terrain recueilli par succession et que l'un des indivisaires consent à l'autre une cession-licitation de ses droits dans l'indivision, soit moitié, l'administration a estimé que seul le partage du terrain, dépendant de l'indivision successorale, bénéficiait du régime de faveur.
Elle a fait valoir qu'en ce qui concerne les constructions édifiées pendant le cours de l'indivision et devenues propriété des co-indivisaires par le jeu de l'accession, l'origine de l'indivision n'était pas successorale, et que leur partage ne pouvait donc bénéficier du régime de faveur. La cession des droits indivis les concernant serait donc assujettie au droit de vente (Rép. min. Budget à M. Bolo, député : *JOAN* CR, 10 mai 1979, p. 3621).
La solution n'est pas évidente : l'article 750-II du Code général des impôts vise « la licitation de biens dépendant d'une succession ou d'une communauté conjugale ». Il pourrait être soutenu que dans le cas considéré, les garages édifiés sur le terrain indivis dépendaient bien de l'indivision successorale puisqu'ils s'y étaient incorporés par le jeu de l'accession. Il est à noter par ailleurs que la solution administrative dégagée par

la réponse « Bolo » n'a pas été reprise au *BOFiP* et doit donc être considérée comme rapportée.

5511 Partage portant sur des biens ruraux loués par bail à long terme. Aucune disposition légale ne prévoit d'exonération ou de régime particulier en faveur des partages de biens ruraux loués par bail à long terme. En cette situation, le droit de partage doit donc être liquidé dans les conditions de droit commun sur la valeur des biens indivis entre les donataires et qui font l'objet d'un partage (Rép. min. Bizet : *JOAN* CR, 19 mai 1972, p. 1703, n° 22643).

5512 Licitations après dissolution de société. Les licitations de biens qui se trouvent dans l'indivision à la suite de dissolutions de sociétés ne bénéficient pas normalement du régime de faveur (V. Doc. adm. DGI, 7 F-22, n° 3, 15 juin 2000). Cette précision, non reprise au BOFiP, paraît rester toujours actuelle.

➤ Voir toutefois la solution de bienveillance admise par l'administration au n° 5508.

5513 Biens recueillis indivisément dans une donation simple. Un père et une mère font donation conjointement et indivisément d'un bien commun à leurs deux enfants en se réservant l'usufruit. À la suite du décès du père, la mère et l'un des enfants licitent leurs droits au profit de l'autre enfant. Une réponse ministérielle du 8 février 1982 indique que la licitation ne peut alors bénéficier du régime de faveur de l'article 750-II du Code général des impôts, qui ne s'applique pas aux partages d'indivisions ayant leur origine dans un acte de donation pur et simple (Rép. min. Micaux : *JOAN* CR, 8 févr. 1982, p. 471, n° 5824 ; *JCP* N 1982, prat. 8415. – V. dans le même sens Rép. min. Labbé : *JOAN* CR, 14 juin 1982, p. 2445, n° 9810 ; *JCP* N 1982, prat. 8399. – Rép. min. Budget à M. d'Attilio : *JOAN* CR, 11 oct. 1993, p. 3446 ; *Ind. enr.*, 1994, n° 16053 ; pour les réponses, V. **Droits successifs-cession** et **Indivision**).

5514 Donation de ses droits dans une indivision successorale par le parent survivant à ses enfants également indivisaires. Licitation entre les donataires des droits recueillis tant dans la succession que par l'effet de la donation. Un couple marié sous le régime de la communauté fait l'acquisition d'un immeuble. Le mari décède en 1950 laissant sa veuve commune en biens et ses deux petits-enfants venant par représentation de leur mère (fille unique du défunt) prédécédée. Le 9 avril 1966, la veuve fait donation en nue-propriété de ses droits sur l'immeuble à ses deux petits-enfants. Ces derniers décident ensuite, après le décès de leur grand-mère, de procéder à sa « licitation ».

Une réponse du ministre de l'Économie, des Finances et du Budget à M. Rodet (*JOAN* CR, 17 mars 1986, p. 1063, n° 75-915) déclare que le régime de faveur prévu par l'article 750-II du Code général des impôts ne peut pas jouer en l'espèce : l'origine de l'indivision pour les parts et portions de l'immeuble qui n'ont pas été recueillies dans la succession du grand-père est la donation par la grand-mère et elle seule.

Cette réponse estime donc que les droits donnés ne peuvent être considérés comme « dépendant d'une succession » et que la condition relative à l'origine de l'indivision n'est pas remplie en ce qui les concerne. Il reste que pour le surplus des biens, le régime de faveur devrait pouvoir s'appliquer. S'il y a soulte, elle ne serait donc que pour partie taxable, dans la mesure où elle est la contrepartie de l'attribution des biens reçus indivisément par voie de donation.

4) Difficultés diverses

5515 Convention d'indivision après divorce. Partage ultérieur des biens. Selon une réponse ministérielle (Rép. min. Vasseur : *JOAN* CR, 6 mars 1989, p. 1113, n° 6710), si, après divorce, deux époux mariés sous un régime de communauté décident de maintenir dans l'indivision des biens (meubles ou immeubles) dépendant de l'indivision post-communautaire, cette convention « place les anciens époux en situation d'indivision conventionnelle. La licitation ultérieure des biens placés sous ce régime ne peut donc pas bénéficier des dispositions des articles 748 et 750-II du CGI ».

Cette prise de position de l'administration a été condamnée par un arrêt de la chambre commerciale de la Cour de cassation du 2 mai 1990 (*Bull civ.* 1990, IV, n° 128, p. 86 ; *Defrénois* 1990, art. 34911, obs. Chappert ; *JCP* N 1991, II, p. 22, note D. F.).

L'administration s'est inclinée (*BOI*, 7 F-2-91) : il y a donc lieu en pareil cas d'appliquer le régime de faveur prévu par l'article 748 du Code général des impôts (V. **Partage**) ou par l'article 750-II du même code. La solution doit être étendue à tous les cas où l'indivision post-communautaire ou post-successorale est maintenue par les indivisaires.

5516 Immeuble successoral soumis au régime de la copropriété. Cession ultérieure d'un lot par l'un des copropriétaires aux autres. Régime de faveur non applicable. La difficulté suivante a été exposée :

– il dépend des successions confondues de deux époux une propriété comprenant : *a)* une maison

Licitation

d'habitation et un terrain d'environ 1,75 hectare ; *b)* un tènement d'environ 12 hectares sur lequel était élevée une maison d'habitation comprenant un rez-de-chaussée et un étage ;
– le partage de ces immeubles est effectué en 1971 entre les sept enfants. La propriété numéro 2 est attribuée à quatre enfants qui ont aussitôt établi un règlement de copropriété comportant quatre lots de terrain, l'un d'eux supportant la maison d'habitation. Chaque attributaire a reçu la jouissance privative d'un lot avec droit d'y élever une maison dont le constructeur aurait la propriété privative. La partie du terrain non attribuée en jouissance privative a été affectée à la jouissance commune des quatre indivisaires.
Il est envisagé que l'un des quatre copropriétaires qui n'a pas construit son lot en jouissance privative, cède contre paiement d'une somme ses droits aux trois autres et que ces derniers, dans le même acte, mettent fin à la situation d'indivision existant entre eux.
Selon l'administration, cette cession ne bénéficie pas du régime fiscal de faveur (Rép. min. délégué chargé du budget n° 5281 à M. Michel Maurice-Bokanowski : *JO* Sénat CR, 7 juill. 1982, p. 3448).

5517 **Licitations de biens d'un groupement foncier agricole.** L'article 750 bis du Code général des impôts prévoit qu'en cas de licitation des biens d'un groupement foncier agricole, le tarif de 2,50 % est applicable aux biens qui se trouvaient dans l'indivision lors de leur apport et qui sont attribués à des apporteurs, à leurs conjoints survivants ou à leurs ayants droit à titre gratuit, dès lors que ces apporteurs étaient parents ou alliés jusqu'au quatrième degré inclus.

b) Qualité des adjudicataires

5518 Le régime fiscal de faveur ne s'applique qu'aux licitations tranchées au profit des membres originaires de l'indivision, leur conjoint, des ascendants, des descendants ou des ayants droit à titre universel de l'un ou plusieurs d'entre eux.
➤ Les conditions étant identiques, pour plus amples développements, V. **Droits successifs**.

5519 **Cas particulier : licitation au profit du fermier.** Lorsque la licitation porte sur des immeubles ruraux et qu'elle est faite au profit d'un colicitant fermier qui remplit les conditions pour bénéficier du régime prévu à l'article 705 du Code général des impôts, c'est le taux de 0,70 % (0,71498 %, compte tenu des perceptions additionnelles) qui est applicable au prix de l'adjudication aux lieu et place de la taxation à 2,50 % moins favorable. Bien entendu, l'application de cette mesure suppose que l'engagement prévu par le texte précité soit pris par le débiteur du prix (V. BOI-ENR-PTG-20-10-20120912, n° 70).

2 Portée du régime fiscal de faveur

a) Taxe de 2,50 %

5520 **Principe.** Les licitations bénéficiant du régime fiscal de faveur ne supportent qu'une imposition de 2,50 % (CGI, art. 750-II).
Le droit ou la taxe de 2,50 % est perçu au profit de l'État (V. n° 5482).

5521 **Licitations portant sur des biens dont la mutation à titre onéreux donne normalement ouverture à la TVA.** Les licitations entrant dans le champ d'application de l'article 750-II du Code général des impôts ne constituent pas des mutations à titre onéreux (des « livraisons » au sens de l'article 257, I du Code général des impôts) et ne donnent pas ouverture à la TVA. En conséquence, ces licitations supportent uniquement le droit ou la taxe au taux de 2,50 % (V. BOI-ENR-PTG-20-10-20120912, n° 50. – Instr. 16 oct. 2008 : *BOI* 7 F-2-08, n° 12).
Il en est autrement lorsque la licitation est soumise au régime de droit commun. La TVA sera alors éventuellement due (sur l'assiette de la taxe, V. n°s 5484 à 5490).

5522 **Corse : régime spécial.** Afin de faciliter le règlement des indivisions successorales comportant des biens immobiliers situés en Corse, l'article 750 bis A du Code général des impôts prévoit une exonération temporaire de l'impôt de licitation à hauteur de la valeur des immeubles situés en Corse, sur les actes établis entre le 1er janvier 1986 et le 31 décembre 2014 constatant une licitation de biens héréditaires, à condition que celle-ci intervienne uniquement entre les membres originaires de l'indivision, de leur conjoint, de leurs ascendants ou descendants ou des ayants droit à titre universel de l'un ou plusieurs d'entre eux.
L'exonération est applicable quel que soit le lieu du décès et du domicile tant du défunt que des parties à l'acte. Elle est limitée à la valeur des biens immobiliers situés en Corse.
L'impôt de licitation demeure exigible sur les autres biens licités.
L'exonération de cet impôt s'applique sous réserve que l'acte constatant la licitation soit authentique et précise les références du texte prévoyant l'exonération (CGI, art. 750 bis A. – Cf. BOI-ENR-PTG-20-10-20130129, n° 90. – V. aussi **Corse**).

5523 **Divorce et rupture du PACS intervenant à compter du 1er janvier 2021 (puis du 1er janvier**

2022). Depuis le 1er janvier 2021, le taux du droit de partage est désormais de 1,80 % pour les partages des intérêts patrimoniaux consécutifs à une séparation de corps, à un divorce ou à une rupture d'un pacte civil de solidarité. Le texte de l'article 746 du CGI a été en effet modifié par l'article 108 de la loi de finances pour 2020 (L. n° 2019-1479, 28 déc. 2019) afin que le taux du droit de partage soit ramené à 1,80 % à compter du 1er janvier 2021 puis à 1,10 % à compter du 1er janvier 2022. Cependant, aucune modification similaire n'a été apportée à l'article 750, II du CGI qui continue de mentionner un taux de 2,50 %. Cette discordance n'est pas compréhensible compte tenu de l'intention du législateur fiscal, qui était de lutter contre le renchérissement du coût des divorces (amendement n° II-CF1365, déposé le 31 octobre 2019 par le député et rapporteur général J. Giraud). Néanmoins, l'administration fiscale a confirmé l'interprétation littérale du texte et l'interdiction pour les licitations consécutives à un divorce ou à une rupture de PACS de bénéficier du taux réduit de 1,80 % ou 1,10 % (Rép. min. E. Renaud-Garabedian, QE n° 00356 : *JO* Sénat, 22 déc. 2022, p. 6646).

b) Liquidation de la taxe

5524 Licitations ne faisant pas cesser l'indivision. La taxe ou le droit au taux de 2,50 % sont liquidés sur les parts acquises, c'est-à-dire sur le prix stipulé augmenté des charges, déduction faite de la part de l'adjudicataire dans le bien licité à son profit (V. Doc. adm. DGI, 7 F-22, n° 5, 15 juin 2000).

5525 Licitations faisant cesser l'indivision. L'article 750, dernier alinéa, du Code général des impôts prévoit qu'en ce qui concerne les licitations faisant cesser l'indivision, la taxe ou le droit sont liquidés sur la valeur des biens sans soustraction de la part de l'acquéreur. Cette règle s'applique notamment lorsque la licitation d'un bien est faite au profit d'un seul colicitant.

Par analogie avec les règles gouvernant les partages, le droit de 2,50 % est perçu sur l'actif net, c'est-à-dire sur la valeur des biens, déduction faite du passif (V. BOI-ENR-PTG-20-10-20120912, n° 60). Comme on l'a mis en évidence, cette règle peut aboutir à une taxation supérieure à celle qui résulterait du régime des ventes (Y. Breyton, *Quelques précisions relatives à l'application du droit de 2,50 % prévu aux articles 748 et 750 du CGI : Cah. Cridon Lyon* mars 2016, n° 75, p. 33). L'exemple suivant a été donné : soit un immeuble d'une valeur de 600 000 € acquis à titre onéreux par deux personnes dans la proportion respective de 2/3 tiers pour A et de 1/3 pour B.

– Si ces deux personnes sont pacsées et qu'une licitation intervient au profit de A, le droit de 2,50 % sera dû sur 600 000 €, soit 15 000 €.

– Si ces deux personnes ne sont ni mariées ni pacsées, la cession par B de sa part au profit de A donnera ouverture au droit de vente sur la parcelle cédée, soit 11 613 € (200 000 × 5,80665 %).

Une opinion doctrinale a soutenu qu'en pareil cas, « le droit de partage étant considéré comme un régime de faveur, devrait pouvoir être écarté au profit du régime du droit de vente, lorsque son application a pour effet de rendre plus lourd de la charge fiscale pesant sur l'indivis aires » (S. Bérard, *La fiscalité des licitations et des reventes après licitation : JCP* N 2012, n° 47). Mais cette analyse a été contestée (Y. Breyton, art. préc.)

5526 Licitation faisant cesser l'indivision précédée de licitations partielles. Lorsque la cessation de l'indivision a été précédée de plusieurs licitations au profit d'un ou des colicitants, le droit de 2,50 % est liquidé sur le montant de l'actif net partagé, déduction faite du prix de la ou des licitations qui auront déjà supporté le même droit (Rép. min. Rodet : *JOAN* CR, 10 déc. 1990, p. 5633, n° 33156 ; *BOI* 7 F-I-91. – BOI-ENR-PTG-20-10-20120912, n° 60). Sur la perception de la contribution de sécurité immobilière en pareil cas, V. n° 5542.

5527 Influence d'un partage ultérieur. Quand un partage définitif et obligatoire pour toutes les parties dans lequel figure le prix d'une licitation tranchée au profit d'un colicitant est effectué postérieurement à cette licitation, celle-ci constitue seulement un élément du partage avec lequel elle se confond.

Sous le régime fiscal institué par la loi du 26 décembre 1969, seule une taxation de 2,50 (tarif actuel) est due sur le partage, quelles que soient les modalités d'attribution du prix. L'imposition proportionnelle est liquidée sur le montant de l'actif net partagé, déduction faite du prix de la licitation qui a déjà supporté la même taxe ou le même droit (V. Doc. adm. DGI, 7 F-22, n° 12, 15 juin 2000. – BOI-ENR-PTG-20-10-20120912, n° 100).

C Influence d'un partage ultérieur

5528 Il a toujours été de règle que, lorsqu'à la suite d'une licitation tranchée au profit d'un colicitant, il intervient un partage définitif et obligatoire pour toutes les parties, dans lequel figure le prix de la licitation, celle-ci ne constitue qu'un élément du partage avec lequel elle se confond.

Au point de vue fiscal, c'est donc le partage qui règle la perception des droits et taxes exigibles, aux lieu et place de la licitation qu'il remplace (V. BOI-ENR-PTG-20-20-20120912, n° 110).

1 Conditions pour que le partage serve de base à la perception

5529 Le partage ne peut régler la perception des droits dus sur une licitation que s'il remplit trois conditions.

1° Le partage doit contenir la preuve de la conformité des attributions avec les droits de chacune des parties dans la masse partagée, par la justification de la qualité des copartageants et l'établissement de la copropriété.

2° Le dessaisissement doit être parfait en sorte que le colicitant adjudicataire abandonne tous ses droits sur l'attribution faite à ses cohéritiers, en même temps que ceux-ci renoncent à tout recours sur le prix dont il est approprié, sans aucune réserve et sans obligation de règlement ultérieur ou de rapport.

3° Le partage doit être approuvé définitivement par toutes les parties maîtresses de leurs droits ou homologué, s'il intéresse des incapables (V. BOI-ENR-PTG-20-20-20120912, n° 120).

L'administration soutenait autrefois que par « partage définitif » on devait entendre un partage de tous les biens indivis, mais la jurisprudence a admis qu'un partage partiel, c'est-à-dire un partage ne comprenant pas toutes les valeurs indivises, serve de base à la perception des droits ou taxes dus sur la licitation (BOI-ENR-PTG-20-20-20120912, n° 120).

Le partage répondant aux conditions précitées, deux hypothèses peuvent cependant se présenter :

– le partage est soumis à la formalité avant ou en même temps que la licitation ;

– le partage est présenté à la formalité après la licitation.

2 Partage soumis à la formalité avant ou en même temps que la licitation

5530 La simultanéité des formalités n'est pas toujours possible puisque l'adjudication d'un immeuble est soumise à la formalité fusionnée, sauf lorsqu'elle revêt la forme d'une adjudication judiciaire, alors que le partage du prix et des autres biens indivis est un acte enregistré à la recette des impôts (V. BOI-ENR-PTG-20-20-20120912, n° 130).

5531 Si le partage attribue au colicitant adjudicataire la totalité du prix d'adjudication, les autres intéressés étant lotis au moyen d'autres valeurs communes, aucun impôt de mutation n'est exigible et seul est perçu l'impôt de partage. Cependant, l'impôt de mutation est dû, le cas échéant, si le colicitant reçoit dans son lot l'intégralité de son prix et d'autres biens et si cette attribution globale est supérieure à ses droits dans la masse (V. BOI-ENR-PTG-20-20-20120912, n° 130).

5532 Enfin, si le partage n'attribue au colicitant adjudicataire qu'une partie de son prix ou ne lui en attribue aucune partie, l'administration admet que les deux actes, partage et licitation, forment une convention unique s'analysant en un partage avec soulte. L'impôt de mutation à titre onéreux est dû sur la fraction du prix attribuée aux autres copartageants, considérée comme une soulte.

Suivant la règle habituelle, la liquidation de cet impôt est effectuée en imputant la soulte, proportionnellement à leur valeur respective, sur le bien licité et sur les autres biens mis au lot de l'adjudicataire. La fraction du prix assujettie à l'impôt de mutation est déduite de l'actif net partagé pour la perception de l'impôt de partage (V. BOI-ENR-PTG-20-20-20120912, n° 140).

5533 Quant à la licitation, elle ne donne ouverture, le plus souvent, qu'au droit ou à la taxe fixe des actes innommés (V. **Acte innommé**).

Cependant, si les frais antérieurs à la licitation sont payables en sus du prix, l'impôt de mutation frappe la part des colicitants non adjudicataires dans ces frais.

Dans ce cas, la licitation, qui constitue le titre de la perception de l'impôt sur une partie des frais, ne donne pas ouverture au droit ou à la taxe fixe (V. BOI-ENR-PTG-20-20-20120912, n° 150).

3 Partage enregistré après la licitation

5534 Quand la licitation est enregistrée antérieurement à tout partage, elle est évidemment soumise à l'impôt de mutation à titre onéreux sur les parts acquises.

Mais si un partage règle ultérieurement le sort du prix, la perception peut être révisée, en suivant les règles précitées, soit au profit des parties, soit au profit du Trésor.

C'est ainsi qu'un partage définitif attribuant à un colicitant adjudicataire la totalité de son prix d'adjudication constitue un événement qui motive la restitution de l'impôt de mutation perçu sur la licitation, à condition que la demande soit faite dans le délai de réclamation prévu à l'article R. 196-1 du Livre des procédures fiscales (V. BOI-ENR-PTG-20-20-20120912, n° 160).

Licitation

VI
Impôt sur la plus-value immobilière

5535 **Distinctions à opérer.** L'impôt sur la plus-value immobilière connaît la même distinction qu'en droits d'enregistrement (avec une différence notable concernant les licitations entre concubins).

A Régime de droit commun

5536 Lorsque la licitation est effectuée au profit d'un tiers étranger à l'indivision, elle constitue une cession à titre onéreux. La plus-value est imposable au nom de chaque co-indivisaire pour sa part dans l'indivision. Il n'y a pas lieu à cet égard de distinguer suivant que la licitation fait ou non cesser l'indivision à l'égard de tous les biens et de tous les indivisaires (BOI-RFPI-PVI-10-30, 11 févr. 2013, n° 70 ; BOI-RFPI-PVI-10-40-100, 14 avr. 2014, n° 70).

B Régime fiscal de faveur

5537 Lorsque la licitation est effectuée au profit d'un co-indivisaire ou de leurs descendants, il est admis qu'elle ne constitue pas une cession à titre onéreux à la condition qu'elle porte sur des biens provenant d'une indivision successorale ou assimilée (indivision résultant d'une donation-partage) ou conjugale ou assimilée (indivision entre partenaire de PACS ou de concubins). En ce cas, la plus-value n'est pas imposable (BOI-RFPI-PVI-10-30, 11 févr. 2013, n° 70 ; BOI-RFPI-PVI-10-40-100, 14 avr. 2014, n° 70).

5538 **Licitation entre (ex-) concubins.** L'attention mérite d'être attirée sur les licitations immobilières entre concubins (qui se séparent ou non) : si en droits d'enregistrement, de telles licitations sont taxées comme des ventes, en revanche, pour l'impôt de plus-value, elles sont exonérées comme les partages entre (ex-) époux ou (anciens) partenaires de PACS (BOI-RFPI-PVI-10-40-100, 14 avr. 2014, n°s 70 et 40).

➤ Sur les mentions à insérer dans l'acte, V. **Plus-values immobilières**.

C Revente ultérieure du bien licité

5539 La liquidation de l'impôt sur la plus-value réalisée lors de la revente du bien licité pose la question de la détermination du point de départ du délai de détention, en fonction duquel se calcule l'abattement prévu à cet effet (CGI, art. 150 VC, I ; CSS, art. L. 136-7, VI).

Selon les commentaires de l'administration fiscale, lorsque la licitation a eu lieu au profit de l'un des coïndivisaires, son conjoint, son partenaire lié par un pacte civil de solidarité, ses descendants, ascendants ou ayants droit à titre universel : il convient de procéder à la même distinction que pour les partages suivant que la licitation ait donné lieu ou pas à l'exonération de la plus-value de partage (BOI-RFPI-PVI-20-20, 24 août 2018, n° 40) – donc suivant que la licitation revêt ou non un caractère intercalaire. Ainsi, si la licitation a un caractère intercalaire (parce que, par exemple, elle portait sur un bien indivis d'origine successorale), la date d'acquisition à retenir pour la détermination de l'abattement est la date d'entrée en indivision (*BOI* préc.). L'administration fiscale avait pu également préciser que : « lorsque l'indivision se poursuit entre les héritiers de ses membres originaires et que le partage entraîne l'attribution de l'immeuble à l'un de ces héritiers qui n'était pas par ailleurs membres de l'indivision depuis son origine, le transfert de la propriété de ce bien est réputé être intervenu à la date d'entrée de l'attributaire dans l'indivision » (Instr. 14 janv. 2004 : *BOI* 8 M-1-04, fiche 6, § 10 – non repris au *BOFiP*).

Selon la jurisprudence du Conseil d'État (CE, 8e et 3e ch., 9 sept. 2020, n° 436712, concl. R. Victor : *Dr. fisc.* 4 déc. 2020, n° 49, comm. 455), en cas de revente d'un immeuble d'origine successorale acquis lors d'une licitation, il y a lieu de distinguer :

– pour la fraction indivise acquise lors de la licitation, la date d'acquisition est la date d'ouverture de la succession à l'origine de l'indivision, même si le contribuable n'est pas un membre originaire de l'indivision successorale, mais un de ses héritiers ; le Conseil d'État entend pour cette fraction faire application de l'effet déclaratif et rétroactif du partage ;

– pour la fraction indivise acquise par succession, la date d'acquisition est la date de la transmission par décès par laquelle le contribuable a recueilli ses droits (laquelle peut différer de celle à l'origine de l'indivision, notamment lorsque le contribuable n'est pas membre originaire de l'indivision successorale mais un héritier) ; pour cette fraction, le Conseil d'État se refuse à faire jouer l'effet déclaratif et rétroactif du partage.

Licitation

Bien qu'elle semble s'inscrire dans la continuité de la jurisprudence rendue sous le droit antérieur à la réforme de 2004 (CE, 8e et 9e ss-sect., 22 juin 1977, n° 1604 : *RJF* 9/77, n° 481), la décision peine à convaincre, notamment quant à la « super-rétroactivité » et une rétroactivité distributive qu'elle confère à la licitation (pour un commentaire approbatif : R. Mortier, N. Jullian, J.-F. Desbuquois et L. Guilmois : *Dr. fisc.* 11 mars 2021, n° 10, 164, n° 17).

Enfin, il sera rappelé qu'une jurisprudence contraire à la doctrine administrative n'a pas pour effet de la rendre caduque (CE, 7e et 8e ss-sect., 11 juill. 1969, n° 75606. – CAA Bordeaux, 4e ch., 27 nov. 2003, n° 00-690 : *RJF* 4/04, n° 340).

VII

Contribution de sécurité immobilière

N.B. : Le salaire du conservateur est transformé en « contribution de sécurité immobilière » à compter du 1er janvier 2013. Cette taxe est perçue aux mêmes conditions d'assiette, de tarif, de contrôle et de recouvrement que ce salaire (V. **Contribution de sécurité immobilière**).

5540 Licitation bénéficiant du régime fiscal de faveur. Si la licitation ne fait pas cesser l'indivision, la contribution de sécurité immobilière au tarif proportionnel est liquidée sur le montant des parts acquises, augmenté des charges s'il y a lieu.
Si la licitation fait cesser l'indivision, la contribution au tarif proportionnel est due sur la valeur vénale du ou des immeubles concernés (Lacroix, n° 778).

5541 Licitation ne bénéficiant pas du régime de faveur. Si la licitation ne fait pas cesser l'indivision, la contribution de sécurité immobilière est due sur le prix des parts acquises augmenté des charges s'il y a lieu.
Si la licitation fait cesser l'indivision, la contribution de sécurité immobilière au tarif proportionnel est due sur la valeur totale du ou des immeubles concernés (Lacroix, n° 779).

Ainsi, que la licitation bénéficie ou non du régime de faveur, la CSI est due sur la valeur totale du ou des immeubles licités – et ce à la différence de la TPF. Sous l'empire de l'ancien salaire, l'ancienne association des conservateurs des hypothèques (AMC) justifiait la différence des régimes par la nature particulière de cette perception qui, tout en couvrant les frais de fonctionnement du service, constituait la contrepartie de leur responsabilité personnelle vis-à-vis des usagers (*Bull. AMC*, 1991, art. 1493).

5542 Licitation mettant fin à l'indivision d'un immeuble et faisant suite à une ou plusieurs licitations partielles. En cas de licitation mettant fin à l'indivision d'un immeuble et faisant suite à une ou plusieurs licitations partielles, la contribution de sécurité immobilière au tarif proportionnel est due sur la valeur réelle, au jour de la publication, de l'immeuble faisant l'objet d'une appropriation exclusive sans déduction du ou des sommes perçues à ce même titre sur le prix des cessions antérieures (V., à propos du salaire du conservateur, *Bull. AMC* 1991, art. 1493). La solution est ici différente de celle admise pour la perception de la taxe de publicité foncière (V. n° 5526).

VIII

GFA

➤ Sur le régime particulier des GFA, V. **Groupement foncier agricole**.

Liquidation des sociétés

Neyla GONZALEZ-GHARBI

Sommaire analytique

BIBLIOGRAPHIE : B. Dondero, *Le mystérieux statut de la société en liquidation : Gaz. Pal.* 25-27 janv. 2015, p. 7.

5543 La liquidation est l'opération qui a pour but de réaliser l'actif et d'éteindre le passif, de manière à faire ressortir l'actif net qui forme la masse à partager ensuite entre les associés (BOI-ENR-AVS-30-10-20120912, n° 210).

5544 La liquidation est obligatoire quelle que soit la nature de la société (commerciale ou civile). L'article 1844-8 du Code civil (issu de la loi n° 78-9 du 4 janvier 1978) dispose en effet que la dissolution de la société entraîne sa liquidation, hormis les cas prévus à l'article 1844-4 (opérations de fusion ou de scission) et au 3e alinéa de l'article 1844-5 du même code (BOI-ENR-AVS-30-10-20120912, n° 210).

5545 On examinera successivement :
– les principes qui régissent la liquidation des sociétés (I) ;
– le régime fiscal des opérations intervenues durant la liquidation (II).

I Généralités

5546 Il convient de rappeler les principes qui régissent la période de liquidation de la société, la preuve de l'existence de la liquidation, la fin de la liquidation (BOI-ENR-AVS-30-10-20120912, n° 220).

A Période de liquidation

5547 **Survivance de la personnalité morale.** La dissolution de la société est généralement suivie d'une période de liquidation à l'issue de laquelle il est procédé, s'il y a lieu, au partage de l'actif net (BOI-ENR-AVS-30-10-20120912, n° 230).

5548 La personnalité morale de la société subsiste pour les besoins de la liquidation jusqu'à la clôture de celle-ci (C. civ., art. 1844-8, 3e al.). Par suite, la société continue d'avoir un patrimoine qui demeure le gage de ses créanciers à l'exclusion des créanciers personnels des associés. Les associés ne sont donc pas copropriétaires indivis de l'actif social et leurs droits demeurent des droits mobiliers (BOI-ENR-AVS-30-10-20120912, n° 230).

5549 **Effet à l'égard des tiers.** Enfin, la dissolution d'une société n'a d'effet à l'égard des tiers qu'à compter de la date à laquelle elle est publiée au registre du commerce et des sociétés (BOI-ENR-AVS-30-10-20120912, n° 230).

5550 **Sociétés en participation ou sociétés « de fait ».** Les principes sus-énoncés ne concernent pas les sociétés dépourvues de la personnalité morale comme les sociétés en participation et les sociétés de fait (BOI-ENR-AVS-30-10-20120912, n° 230-remarque).

B Existence de la liquidation

5551 La preuve de l'existence de la liquidation est une question de fait qui doit être résolue dans chaque cas d'espèce. Mais si, après sa dissolution, une société est censée continuer d'exister comme personne morale pour les besoins et jusqu'à l'issue de la liquidation, cette fiction ne peut être valablement invoquée qu'autant que la liquidation est effectuée (Cass. civ., 25 janv. 1956) ; il appartient à celui qui invoque cette fiction de démontrer que la dissolution de la société a été réellement suivie d'une liquidation (BOI-ENR-AVS-30-10-20120912, n° 240).

5552 Dans la négative, l'acte portant en apparence cession de parts sociales, intervenu. antérieurement à la dissolution, ne peut avoir pour objet véritable que des droits indivis sur le fonds social et rend exigible le droit de mutation ordinaire d'après la nature des biens compris dans la convention (BOI-ENR-AVS-30-10-20120912, n° 240).

5553 Par ailleurs, certaines circonstances rendent la liquidation inutile.
Il en est ainsi, notamment :
– lorsque la totalité de l'actif est cédée à un seul associé ;
– lorsqu'il est créé, immédiatement après la dissolution, une société nouvelle ayant pour objet l'exploitation des biens de la société dissoute (Seine, 4 avr. 1903) ;
– lorsque l'un des membres de l'ancienne société reconstitue immédiatement une nouvelle société avec un tiers qui a fait apport de la part à lui cédée par l'autre associé (Seine, 5 avr. 1895) ;
– lorsque la société dissoute par l'arrivée du terme fixé pour sa durée est prorogée avec le même actif (Seine, 4 mai 1922) ;
– lorsque la dissolution de la société résulte de son absorption par une autre société, alors même que la société absorbante aurait été constituée liquidateur de l'ancienne (Seine, 17 juin 1922. – V. BOI-ENR-AVS-30-10-20120912, n° 250).

C Fin de la liquidation

5554 La décision de clôture de la liquidation est prise par les associés après approbation des comptes définitifs de la liquidation. À défaut d'approbation des comptes ou si la consultation des associés s'avère impossible, il est statué sur les comptes et, le cas échéant, sur la clôture de la liquidation, par le tribunal de commerce pour les sociétés commerciales, par le tribunal judiciaire dans les autres cas, à la demande du liquidateur ou de tout intéressé (D. n° 78-704, 3 juill. 1978, art. 10 relatif à l'application de la loi n° 78-9 du 4 janvier 1978. – V. BOI-ENR-AVS-30-10-20120912, n° 260).

5555 L'avis de clôture de la liquidation est publié dans un journal d'annonces légales et, si la société a fait publiquement appel à l'épargne, au *Bulletin des annonces légales obligatoires* (D. n° 78-704 susvisé, art. 29. – V. BOI-ENR-AVS-30-10-20120912, n° 260).
Enfin, si la clôture de la liquidation n'est pas intervenue dans un délai de trois ans à compter de la dissolution, le ministère public ou tout intéressé peut saisir le tribunal qui fait procéder à la liquidation ou, si celle-ci a été commencée, à son achèvement (C. civ., art. 1844-8, dernier al. – V. BOI-ENR-AVS-30-10-20120912, n° 260).

5556 **Droits applicables à l'acte constatant la clôture des opérations de liquidation.** En fin de société, les actes soumis obligatoirement à la formalité de l'enregistrement dans le délai d'un mois sont ceux constatant la dissolution de la société ou le partage des biens sociaux (V. CGI, art. 635-1-5° et 7°). Toutefois, la simple clôture des opérations de liquidation, bien qu'elle soit nécessaire pour arrêter définitivement le montant de la masse partageable, n'entraîne pas à elle seule, même si elle est constatée dans un acte, l'exigibilité du droit de partage (actuellement de 2,50 %) prévu à l'article 746 du même code. En effet, l'exigibilité de ce droit suppose une cessation d'indivision résultant de l'attribution individuelle aux anciens associés de lots composés à partir de cette masse (Rép. min. Pernin : *JOAN* CR, 4 févr. 1980, p. 391, n° 23271).
Il résulte de cette réponse que l'acte constatant la clôture des opérations de liquidation d'une société n'est obligatoirement soumis à la formalité de

l'enregistrement que s'il contient en même temps attribution de tout ou partie des biens sociaux. En pareil cas, il donne ouverture aux droits prévus pour le partage de sociétés.

5557 **Cas où le droit de partage est exigible sur la délibération constatant la clôture de la liquidation.** Le droit de partage est éventuellement exigible sur la délibération constatant la clôture de la liquidation et l'extinction de tous les droits auxquels la société a pu donner naissance (notamment lorsqu'il y a remboursement du capital social ou partage de l'actif entre les associés). Lorsqu'à dessein l'acte enregistré n'exprime aucune valeur, l'administration est en droit de réclamer l'évaluation des sommes réparties et sujettes au droit de partage (Déc. Seine, 12 nov. 1943 : *Ind. enr.* 1944, 5481).

II

Opérations intervenant durant la liquidation

5558 Diverses opérations sont susceptibles d'intervenir durant la liquidation. Le régime fiscal de ces opérations est précisé ci-après en ce qui concerne les cessions de droits sociaux et les ventes des biens sociaux.

A Cessions de droits sociaux

5559 **Régime fiscal.** Dès lors que l'être moral survit pendant la période de liquidation, les droits des associés conservent, durant cette période, le caractère de parts sociales.
Par suite, la cession de ces droits n'est passible que du droit proportionnel de cession de parts sociales (V. BOI-ENR-AVS-30-10-20120912, n° 280).

5560 En revanche, lorsque la personnalité juridique a disparu, les associés deviennent copropriétaires indivis de l'actif social. Dès lors, les cessions que les intéressés font de leurs droits constituent de véritables ventes passibles des droits de mutation au tarif prévu pour chacun des biens composant l'actif social.

➤ Sur le régime applicable aux cessions de droits sociaux entraînant dissolution de la société, V. **Cession de droits sociaux**.

B Vente des biens sociaux

5561 **Régime fiscal.** Durant la liquidation, la société conserve la propriété des biens composant son actif et la vente de ces biens est réputée faite par la société elle-même.
Dans ce cas, le droit de mutation afférent à la nature du bien vendu est exigible.
Il en est de même lorsque l'être moral a disparu, par suite de la dissolution de la société et, le cas échéant, de la clôture de la liquidation.

5562 Mais il y a lieu de distinguer suivant que la vente a été faite au profit de tiers ou au profit d'associés selon qu'il s'agit d'acquêts sociaux et de biens apportés ou non par l'associé adjudicataire (V. BOI-ENR-AVS-30-10-20120912, n°s 310 et s.).

Location-accession

Neyla GONZALEZ-GHARBI

Sommaire analytique

5563 Définition et réglementation. La location-accession prend sa source dans la loi n° 84-595 du 12 juillet 1984. L'article 1er de cette loi définit le contrat de location-accession comme étant :

> « le contrat par lequel un vendeur s'engage envers un accédant à lui transférer, par la manifestation ultérieure de sa volonté (...) et après une période de jouissance à titre onéreux, la propriété de tout ou partie d'un immeuble moyennant le paiement fractionné ou différé du prix de vente et le versement d'une redevance jusqu'à la date de levée de l'option ».

Le même article précise que « la redevance est la contrepartie du droit de l'accédant à la jouissance du logement et de son droit personnel au transfert de propriété du bien ».

5564 Utilité de la location-accession. Le contrat de location-accession peut être pratiqué par tout vendeur d'immeuble, privé ou professionnel. Il concerne indifféremment des immeubles neufs ou anciens, sous réserve que les immeubles soient à usage d'habitation ou à usage professionnel et d'habitation, achevés ou en construction à la date de la signature de la convention.

5565 Nature du contrat. Ce contrat qui comporte, aux termes de l'article 1er précité, une location pendant une certaine période assortie d'une promesse unilatérale de vente, se décompose en deux conventions distinctes et successives soumises au régime fiscal qui leur est propre.

Toutefois, afin d'encourager le développement de cette nouvelle formule d'accession à la propriété d'immeubles neufs, la loi a prévu que ce contrat pourrait dans sa globalité être considéré comme une vente au regard de la taxe sur la valeur ajoutée, lorsque le locataire accédant, tout en conservant son libre choix, aura concrétisé son intention de lever l'option au terme convenu. Il en est ainsi lorsque, en application des dispositions de l'alinéa 3 de l'article 11 de la loi, le contrat de location-accession précise que l'indemnité due par l'accédant en cas de non levée d'option à l'échéance est majorée dans les conditions prévues à cet alinéa.

I Publicité foncière

5566 Une instruction du 27 novembre 1985 (*BODGI* 10 E-4-85 ; *JCP* N 1985, prat. 9607) a défini les modalités de publicité foncière des contrats de location-accession. Certaines de ses solutions, reprises dans un BOI publié le 10 octobre 2007 (8 A-3-07) relative aux règles applicables à la location accession en matière de TVA, Droits d'enregistrement et taxe de publicité foncière, ont été reprises au *BOFiP-Impôts* TVA-IMM-20-20.

A Le contrat préliminaire

5567 L'article 3 de la loi du 12 juillet 1984 a prévu la possibilité d'un contrat préliminaire, précédant le contrat de location-accession, par lequel, en contrepartie d'un dépôt de garantie effectué par l'accédant à un compte spécial, le propriétaire s'engage à réserver à l'accédant un immeuble ou une partie d'immeuble.
Ce contrat préliminaire est facultatif et sa publicité n'est pas obligatoire (Instr. 27 nov. 1985, n° 3).

B Le contrat de location-accession

5568 **Publicité obligatoire.** L'article 4 de la loi du 12 juillet 1984 énonce que :

> « Le contrat de location-accession est conclu par acte authentique et publié au fichier immobilier.
> Il est réputé emporter restriction au droit de disposer au sens et pour l'application du 2° de l'article 28 du décret n° 55-22 du 4 janvier 1955 portant réforme de la publicité foncière ».

5569 **Assujettissement à la formalité fusionnée.** Le contrat de location-accession est soumis à la formalité fusionnée conformément aux dispositions de l'article 647-1 du Code général des impôts (Instr. 25 mars 1985).

C Cession du bénéfice du contrat

5570 **Pas d'obligation de publier.** L'article 19 de la loi du 12 juillet 1984 prévoit la possibilité pour le bénéficiaire du contrat de céder ses droits à un nouvel accédant pendant la durée de ce contrat et donc avant la signature du transfert de propriété, sous réserve de l'accord du propriétaire. Un tel contrat de cession, faisant intervenir uniquement le premier accédant et le nouveau bénéficiaire, n'entre pas dans le champ d'application de la publicité foncière, le cédant n'étant titulaire que d'un droit personnel, non susceptible de publication au fichier immobilier. Par contre, si l'acte déposé pouvait s'analyser en un nouveau contrat de location-accession entre le propriétaire et un nouvel accédant, il serait nécessaire de le publier (Instr. 27 nov. 1985 préc., n° 7).

D Transfert de propriété

5571 **Publicité obligatoire.** Le transfert de propriété résulte soit de la levée de l'option, soit, plus exceptionnellement, du paiement par anticipation de la totalité du prix de vente. La mutation s'effectue sans rétroactivité, à la différence de la vente à terme.
L'article 27 de la loi énonce que « le transfert de propriété est constaté par acte authentique ».
La publicité de cet acte, analysée comme une mutation pure et simple, est rendue obligatoire par les seules dispositions de l'article 28-1° du décret du 4 janvier 1955. Elle a pour effet de rendre opposable aux tiers le droit de propriété de l'acquéreur (Instr. 27 nov. 1985 préc., n° 6).

E Hypothèque légale

5572 Le contrat de location-accession peut être à l'origine d'un privilège immobilier spécial au

Location-accession

profit du bénéficiaire. Cette sûreté était prévue par l'article 2374-7° du Code civil.
En cas d'inexécution du contrat de transfert de propriété (absence de levée d'option), le propriétaire est tenu de restituer au locataire accédant la partie des redevances imputables sur le prix de l'immeuble. Pour garantir ce remboursement, le bénéficiaire du contrat peut, sous les conditions définies à l'article 16 de la loi, faire inscrire sur l'immeuble le « privilège du locataire accédant ».
L'inscription de cette sûreté à l'encontre du propriétaire de l'immeuble suppose que les sommes, correspondant au prix de l'immeuble, payables avant le transfert de propriété, n'excèdent pas 50 % de ce prix et que l'inscription du privilège vienne en premier rang à la date du contrat de location-accession ; en pratique, cette deuxième condition ne peut se réaliser que si le propriétaire a pu faire édifier l'immeuble sans crédit hypothécaire ou si le créancier hypothécaire accepte de céder son rang.
Il est rappelé que le service de la publicité foncière n'étant pas juge du bien-fondé des inscriptions hypothécaires, ne vérifie pas si ces conditions sont effectivement remplies ; il inscrit le privilège dès lors que ce dernier répond en la forme aux dispositions de l'article 2428 du Code civil (Instr. 27 nov. 1985 préc., n° 5) **V.° Privilèges spéciaux immobiliers**.

5573 **Réforme du droit des sûretés (Ord. n° 2021-1192, 15 sept. 2021 : *JO* 16 sept.).** À l'instar des autres privilèges immobiliers, le privilège de l'accédant a été remplacé, à compter du 1er janvier 2022, par une hypothèque légale prévue au 6° de l'article 2402 du Code civil aux termes duquel : « La créance de l'accédant à la propriété titulaire d'un contrat de location-accession régi par la loi n° 84-595 du 12 juillet 1984 définissant la location-accession à la propriété immobilière est garantie sur l'immeuble faisant l'objet du contrat, pour la garantie des droits qu'il tient de ce contrat ». L'inscription de l'hypothèque légale ne donne pas lieu à exigibilité de la taxe de publicité foncière (V., pour un rappel de cette règle, S. Lamiaux, *La réforme des sûretés réelles immobilières implications fiscales : JCP* N 2021, act. 1044).
L'article 37, IV de l'ordonnance du 15 septembre 2021 prévoit une mesure transitoire permettant à un privilège né avant le 1er janvier 2022, mais déposé au service de la publicité foncière après cette date, de continuer à bénéficier de la rétroactivité (V. **Hypothèques légales spéciales**).

II Régime fiscal de droit commun

5574 Il y a lieu de distinguer selon que le contrat prévoit ou non une majoration de l'indemnité en cas de résiliation ou de non levée de l'option (sur les raisons date de cette distinction, V. n° 5583).

A Contrat ne prévoyant pas une majoration de l'indemnité due en cas de résiliation ou de non-levée d'option

5575 Dès sa signature, le contrat de location-accession confère à l'accédant un droit de jouissance sur le logement à compter de la date prévue par la convention et un droit personnel au transfert ultérieur de propriété du bien s'il décide de lever l'option.
Cette convention n'emporte pas de transfert immédiat de propriété. Elle doit donc suivre le régime des contrats de location d'immeubles pour la période antérieure à la levée de l'option. Au moment de la levée de l'option, le transfert, constaté par acte authentique, donne lieu au paiement de la taxe sur la valeur ajoutée ou de la taxe de publicité foncière dans les conditions de droit commun.

1 Publication du contrat de location-accession

5576 **Perceptions.** Lors de sa publication au fichier immobilier (V. n° 5568), l'acte de location-accession donne ouverture au seul droit fixe des actes innommés (CGI, art. 680. – BOI-ENR-DG-20-30-30-10-20170405, n° 240).

2 Levée d'option : conséquences fiscales

5577 La vente ultérieure des immeubles qui intervient lors de la levée de l'option par le locataire-accédant bénéficiaire de la promesse de vente est imposable dans les conditions de droit commun.

Plusieurs hypothèses peuvent se présenter en fonction tant de la qualité du vendeur que de l'ancienneté de l'immeuble à la date du transfert de propriété (Instr. 25 mars 1985. – V. antérieurement Doc. adm. DGI, 8 A-1131, n° 30, 15 nov. 2001).

a) Immeubles situés dans le champ d'application de la TVA

5578 Il s'agit des immeubles qui sont placés dans le champ d'application de l'article 257-I° du Code général des impôts (sur le champ d'application actuel de la TVA immobilière, V. **TVA immobilière**). Pour ce qui concerne ces biens, la levée d'option donne lieu aux perceptions suivantes (Instr. 25 mars 1985). Il convient d'y ajouter la contribution de sécurité immobilière de l'article 879 du CGI.

1) Taxe de publicité foncière

5579 **Taxe de publicité foncière à 0,71498 %.** En application de l'article 1594 F quinquies A du Code général des impôts, la vente de l'immeuble est soumise à la taxe de publicité foncière au taux de 0,70 % – 0,71498 % avec les perceptions additionnelles (Instr. 25 mars 1985. – V. antérieurement, Doc. adm. DGI, 8 A-1131, n° 30, 15 nov. 2001).

2) Taxe sur la valeur ajoutée

5580 **Assiette de la TVA.** Conformément aux dispositions de l'article 266-2 b du Code général des impôts, la TVA est assise sur le prix de cession augmentée des charges qui s'y ajoutent ou sur la valeur vénale si elle est supérieure.
Le prix à prendre en considération pour cette comparaison est celui défini dans le contrat de location-accession à la date d'intervention de la vente. Il se compare à la valeur vénale appréciée à la même date.
Par ailleurs, pour la perception de la TVA, il convient de tenir compte, s'il y a lieu, de l'incidence des modalités de révision du prix (Instr. 25 mars 1985. – V. antérieurement, Doc. adm. DGI, 8 A-1211, n° 46, 15 nov. 2001).

5581 **Modalités de déclaration et de paiement.** La TVA est déclarée et payée selon les modalités de droit commun (V. **TVA immobilière**).

b) Immeubles achevés depuis plus de cinq ans

5582 Dès lors que l'immeuble n'est plus dans le champ d'application de l'article 257-I du Code général des impôts, la mutation n'est plus imposable à la taxe sur la valeur ajoutée. Elle supporte les droits de mutation selon le droit commun (Instr. 25 mars 1985).
Sous le régime de la TVA issue de la loi de finance n° 2010-237 du 9 mars 2010 rectificative pour 2010, la livraison d'un immeuble bâti achevé depuis plus de cinq ans n'est plus soumise de plein droit à la TVA. Le vendeur assujetti peut opter pour soumettre la vente à la TVA. La vente rend exigible les droits de mutation selon le droit commun.
➤ Les règles applicables sont celles exposées au mot **Immeuble ancien (TVA)**.

B Contrat prévoyant une indemnisation majorée du vendeur en cas de résiliation du contrat ou de non-levée d'option

5583 **Raison d'être de ce régime spécial.** L'article 11 de la loi n° 84-595 prévoit que le vendeur peut obtenir une indemnité si le contrat de location-accession est résilié du fait de l'accédant ou si celui-ci ne lève pas l'option au terme convenu. Dans le premier cas (résolution du contrat), l'indemnité ne peut dépasser 2 % du prix de l'immeuble objet du contrat. Dans le deuxième cas (non-levée de l'option), elle ne peut dépasser 1 % de ce prix.
Mais lorsque l'opération porte sur un immeuble situé dans le champ d'application de la taxe sur la valeur ajoutée immobilière, les parties peuvent prévoir dans le contrat de location-accession que la quotité de ces deux indemnités soit portée à 3 % du prix de l'immeuble.
Par cette clause qui demeure facultative, le législateur a souhaité inciter les locataires-accédants, dont le choix demeure néanmoins entier, à lever effectivement l'option au terme prévu.
À défaut d'achat, le propriétaire est donc fondé à imputer sur le remboursement des sommes déjà versées par l'accédant au titre du paiement anticipé de l'immeuble, le montant de la pénalité ainsi calculée.
En outre, pour éviter que l'accédant puisse échapper au paiement de cette indemnité majorée en n'exécutant pas délibérément ses obligations afin de faire annuler le contrat, le montant de l'indemnité prévue en cas de résiliation est fixé au même niveau.

5584 **Nature et incidences du régime spécial.** Dans ces conditions, dès lors que, compte tenu des dispositions ainsi acceptées par le locataire-accédant, l'opération sera dénouée,

sauf circonstances particulières, par l'acquisition de l'immeuble, la loi prévoit que le contrat de location-accession est **considéré comme une vente pour l'application de la taxe sur la valeur ajoutée.**
Cette convention sera soumise à la taxe sur la valeur ajoutée selon les modalités ci-après (Instr. 25 mars 1985).

1 Conclusion du contrat

a) TVA

N.B. : Nous avons conservé les développements qui suivent, extraits de l'instruction du 25 mars 1985, dont les termes avaient été repris par la documentation administrative (série 8 A) depuis lors rapportée, car ils restent pour leur plus grande part d'actualité après la réforme de la TVA opérée par la loi de finances rectificative pour 2010 (L. fin. rect. 2010, n° 2010-237, 9 mars 2010 : *JO* 10 mars). Signalons toutefois que les développements figurant antérieurement à la documentation administrative de base et qui sont cités ci-dessous n'ont pas été repris au *BOFiP*.

1) Fait générateur et paiement de l'impôt

5585 Pour ce qui concerne le paiement de l'impôt, le législateur a prévu des modalités particulières qui dérogent à celles fixées par l'article 269 du Code général des impôts.
En effet, le quatrième alinéa de l'article 11 de la loi n° 84-595 du 12 juillet 1984 dispose que l'assimilation du contrat de location-accession à une vente pour l'application de la taxe sur la valeur ajoutée intervient à la date à compter de laquelle l'indemnité majorée est susceptible d'être demandée, c'est-à-dire aux termes de l'alinéa précité « à compter de la cinquième année suivant celle de l'achèvement de l'immeuble ou de la partie de l'immeuble faisant l'objet du contrat ».
Dès lors, quelle que soit la date de conclusion d'un contrat de location-accession comportant cette clause optionnelle, le paiement de la taxe n'interviendra qu'à compter du 1er janvier de la cinquième année suivant celle de l'achèvement de l'immeuble, celle-ci étant déterminée dans les conditions prévues par l'article 258 de l'annexe II au Code général des impôts.
Il y a donc lieu de considérer que le fait générateur est constitué par l'acte, c'est-à-dire le contrat de location-accession comportant la clause optionnelle de majoration des indemnités, la taxe sur la valeur ajoutée étant exigible à la date définie ci-dessus.

Dans ces conditions, le paiement de l'impôt doit être effectué, pour les redevables habituels, lors du dépôt de la déclaration CA 3/CA 4 du mois de janvier de l'année en cause.
Il est admis que les redevables occasionnels disposent d'un délai de deux mois pour déposer la déclaration n° 942 et acquitter les droits correspondants.
La règle dérogatoire prévue au quatrième alinéa de l'article 11 de la loi ne peut cependant avoir pour effet de retarder le paiement de la taxe exigible lorsque le transfert de propriété intervient avant la date limite définie à ce même alinéa. Dans un tel cas, en application des principes posés par l'article 269 du code, la taxe est immédiatement exigible.
Enfin, dans l'hypothèse où le contrat serait conclu avant l'expiration du délai de cinq ans prévu à l'article 257-7° du Code général des impôts mais postérieurement au 1er janvier de la cinquième année suivant celle de l'achèvement de l'immeuble, la survenance du fait générateur postérieurement au 1er janvier rend la taxe exigible immédiatement.
En effet, le versement de la taxe sur la valeur ajoutée ne peut être légalement exigé avant la survenance du fait générateur (Instr. 25 mars 1985. – Doc. adm. DGI, 8 A-122, n° 13, 15 nov. 2001).

5586 **Premier exemple.** Soit un immeuble achevé le 12 décembre 1985 ; le contrat de location-accession est conclu le 15 juin 1986.
Le paiement de l'impôt doit intervenir lors du dépôt du relevé CA 3/CA 4 du mois de janvier 1990.
Les redevables occasionnels devront déposer leurs déclarations n° 942 et s'acquitter des droits correspondants avant le 1er mars 1990.
Mais une levée d'option antérieure au 1er janvier 1990 rend la taxe immédiatement exigible.

5587 **Deuxième exemple.** Un contrat de location-accession portant sur un immeuble en cours de construction est conclu le 15 juin 1985. L'achèvement de l'immeuble intervient le 12 décembre 1985.
La date à prendre en considération pour la computation des délais de déclaration et de paiement de l'impôt est le 1er janvier 1990.

5588 **Troisième exemple.** Un contrat relatif à un immeuble achevé le 12 décembre 1985 est conclu le 15 juin 1990.
L'opération doit être déclarée sur le relevé CA 3/CA 4 déposé au titre des opérations de juin 1980.
Les déclarations n° 942 annotées en conséquence doivent être déposées dans un délai de deux mois.
Le paiement des droits est effectué lors du dépôt de ces déclarations (Instr. 25 mars 1985).

2) Taux applicable

5589 Les dispositions de l'article 269 du Code général des impôts ayant été écartées, le fait générateur ne coïncide plus avec la date d'exigibilité de l'impôt.
En conséquence, en cas de changement du taux applicable, il conviendra d'appliquer le taux en vigueur à la date d'exigibilité de la taxe sur la valeur ajoutée (Instr. 25 mars 1985. – Doc. adm. DGI, 8 A-132, n° 7, 1er juill. 1990).

3) Redevable

5590 Les dispositions de l'article 42 de la loi du 12 juillet 1984 sont sans influence sur la détermination du redevable légal de l'impôt qui reste fixée par l'article 285 du Code général des impôts (Instr. 25 mars 1985).

4) Base imposable

5591 Conformément aux dispositions déjà citées de l'article 266-2-b du Code général des impôts, la taxe sur la valeur ajoutée est assise sur le prix de la cession augmenté des charges qui s'y ajoutent ou sur la valeur vénale si elle est supérieure.
La taxe est donc due sur le prix et les charges augmentatives éventuelles convenus au contrat de location-accession. C'est, bien entendu, à la date de ce contrat qu'il y a lieu de se placer pour apprécier si la valeur vénale est supérieure au prix. Toutefois, la loi prévoit l'hypothèse où le prix est révisable. Dans ce cas, la taxe sur la valeur ajoutée est assise sur le prix fixé par le contrat pour la date d'exigibilité de l'impôt.
En outre, l'assiette de la taxe sur la valeur ajoutée ainsi fixée est, en principe, intangible et ne saurait, dès lors, donner lieu à régularisation ultérieure en fonction du prix réellement payé.
Cependant, cette régularisation devrait être effectuée dans la situation où la variation de prix résultant des clauses de révision dépasse pour l'une quelconque des années écoulées l'évolution résultant de l'application de l'indice du coût de la construction publié par l'Institut national de la statistique et des études économiques (Instr. 25 mars 1985).

b) Taxe de publicité foncière

5592 **Taxe fixe.** Si le contrat de location-accession est assimilé à une vente pure et simple pour l'application de la taxe sur la valeur ajoutée, il n'y a pas lieu d'étendre ce régime dérogatoire aux droits d'enregistrement et à la taxe de publicité foncière. Aussi, quelle que soit la date de sa conclusion, le contrat de location-accession est soumis à la formalité fusionnée et donne ouverture à cette occasion au seul droit fixe des actes innommés (BOI-ENR-DG-20-30-30-10-20170405, n° 240).

2 Levée de l'option

5593 Que la date de la levée d'option se situe avant ou après l'expiration du délai de cinq ans après achèvement de l'immeuble, le transfert de propriété en résultant est soumis à la taxe de publicité foncière au taux de 0,70 % en application de l'article 1594 F quinquies A du Code général des impôts. Cette taxe, exigible lors de la présentation de l'acte constatant le transfert, est assise dans les conditions indiquées (V. **Immeuble neuf-vente**).
Par ailleurs, il est précisé que la levée d'option peut avoir pour effet d'avancer la date d'exigibilité de la taxe sur la valeur ajoutée si elle intervient avant la date à compter de laquelle l'indemnité majorée est susceptible d'être demandée (Instr. 25 mars 1985).

III Opérations de location-accession agréées

5594 La location-accession prévue par la loi n° 84-595 du 12 juillet 1984 (L. n° 84-595, 12 juill. 1984 : *JO* 13 juill. 1984, p. 2251) était quasiment tombée en désuétude lorsque la loi du 29 juillet 2004 relative au soutien à la consommation et à l'investissement (art. 9, I à III et VI à VII) a entrepris de lui donner un nouveau souffle fiscal, aménageant les modalités d'application de la **TVA immobilière** et de taxe foncière aux opérations de location-accession, afin d'encourager les ménages disposant de faibles ressources à accéder à la propriété. Un décret du 26 mars 2004 (D. n° 2004-286, 26 mars 2004 : *JO* 27 mars 2004, p. 5904) a mis en place le prêt social de location accession (PSLA) ouvert aux organismes sociaux et aux promoteurs privés pour le financement de l'acquisition ou de la construction de logements neufs destinés à faire l'objet de contrats de location-accession.

Le régime du prêt social de location-accession a été modifié pour les opérations agréées depuis le 15 novembre 2020. Le décret n° 2020-1377 du 12 novembre 2020 (*JO* 14 nov. 2020), relatif aux conditions d'octroi des prêts conventionnés pour les opérations de location-accession à la propriété immobilière régies par la loi n° 84-595 du 12 juillet 1984 définissant la location-accession à la propriété et des prêts ne portant pas intérêt consentis pour financer la primo-accession à la propriété a, notamment, modifié l'article D. 331-76-5-1 du Code de la construction et de l'habitation afin d'ouvrir le PSLA aux logements anciens et prévoir une durée de location minimale de six mois précisant que « le délai dans lequel l'accédant exerce sa faculté d'acquérir est supérieur à six mois à compter de la date d'entrée dans les lieux » (V. *Constr.-Urb.* déc. 2020, alerte n° 67, V. Zalewski-Sicard).

Évolution du taux réduit applicable aux opérations de location-accession agréée. Le dispositif fiscal a été amélioré par la loi de finances rectificative pour 2005 (L. n° 2005-1720, 30 déc. 2005 : *JO* 31 déc. 2005, p. 20654) et la loi n° 2006-876, dite loi « ENL » du 13 juillet 2006 (*JO* 16 juill. 2006, p. 10662) a donné une nouvelle rédaction aux articles 261-9° (abrogé lors de la réforme de la TVA par la loi de finances rectificative pour 2010) et 278-I-3 ter sexies du Code général des impôts (maintenu en l'état par la réforme, mais recodifié à l'article 278 sexies-I-4).

Ce texte a été postérieurement modifié par la loi de finances rectificative pour 2011 (n° 2011-1978, 28 déc. 2011) qui a porté de 5,5 % à 7 % le taux du droit réduit antérieurement institué.

La loi de finances pour 2014 (n° 2013-1278, 29 déc. 2013, art. 29, II, C, 1°) a ramené le taux de 7 % à 5,50 %. Ce taux de 5,50 % s'applique aux opérations dont le fait générateur intervient à compter du 1er janvier 2014. Il n'a pas été modifié par la loi de finances pour 2018 dont l'article 12 qui a porté le taux réduit de 5,5 % à 10 % pour certaines opérations relevant de la politique sociale du logement.

L'article 30 de la loi de finances n° 2019-1479 du 28 décembre 2019 pour 2020 a de nouveau réécrit les articles 278 sexies et 278 sexies 0-A du Code général des impôts relatifs au taux réduits de TVA applicables dans le secteur du logement social.

Ces nouvelles règles s'appliquent à compter du 1er décembre 2019 (sur le régime antérieur, V. *Guide de publicité foncière*, éd. 2019, V° **HLM, Location-accession, Logement social**).

Elles ne modifient pas le régime applicables aux opérations de location-accession agréée et conventionnée qui demeurent soumises au taux réduit de 5,5 %. Les nouvelles dispositions du 1° du III de l'article 278 sexies du Code général des impôts reprennent celles qui figuraient au 4° du I de l'article 278 sexies dans sa rédaction issue de l'article 12 de la loi de finances pour 2019. Le taux de 5,5 % figure à la sixième ligne du tableau inséré à l'alinéa 2 de l'article 278 sexies-0A du CGI.

CGI, art. 278 sexies *(Mod., par L. n° 2021-1900, 30 déc. 2021 de finances pour 2022, art. 32).* (...) III. – Dans le secteur de l'accession sociale à la propriété, relèvent des taux réduits de la taxe sur la valeur ajoutée mentionnés à l'article 278 sexies-0 A :

1° Les livraisons et livraisons à soi-même des logements destinés à être occupés par des titulaires de contrats de location-accession conclus dans les conditions prévues par la loi n° 84-595 du 12 juillet 1984 définissant la location-accession à la propriété immobilière lorsqu'ils font l'objet, dans des conditions fixées par décret, d'une convention et d'une décision d'agrément prise par le représentant de l'État dans le département ;

CGI, art. 278 sexies 0-A *(Mod., par L. n° 2021-1900, 30 déc. 2021 de finances pour 2022, art. 32).* – alinéa 2, Extrait du tableau :

Accession sociale à la propriété – Art. 278 sexies III – Taux : 5,5 %

5595 Une instruction du 10 octobre 2007(*BOI* 8 A-3-07) avait présenté le dispositif en vigueur en matière de TVA et de droits de mutation à titre onéreux issu de la loi de finances rectificative pour 2005. Cette instruction a commenté le régime fiscal applicable :

– d'une part, aux opérations portant sur les logements destinés à être occupés par des titulaires de contrats de location-accession conventionnés et agréés ;

– d'autre part, aux différentes étapes de la vie du contrat.

Elle précise également les conditions de remise en cause éventuelle du régime.

Une partie de cette instruction est devenue caduque (en ce qui concerne les opérations nouvelles) après le réforme de la TVA opérée par la loi de finances rectificative pour 2010.

Actuellement, la doctrine fiscale en la matière se trouve exposée au *BOFiP* sous la référence : BOI-TVA-IMM-20-20-10, publié le 2 mars 2016. Bien qu'elle n'ait pas d'incidence sur le fond, l'administration devrait actualiser ces commentaires pour tenir compte de l'évolution législative.

5596 **Mesures transitoires.** L'administration a admis que, pour les opérations en cours, le bailleur et le titulaire du contrat puissent se prévaloir,

d'un commun accord, de l'ensemble des règles qui étaient applicables jusqu'à l'entrée en vigueur de la loi n° 2010-237 du 9 mars 2010 précitée.
Les opérations en cours s'entendent des opérations pour lesquelles, avant le 11 mars 2010, l'organisme a obtenu du représentant de l'État dans le département un agrément provisoire. Cette disposition vise à éviter une remise en cause de l'équilibre économique attaché à l'opération ayant reçu cet agrément (Instr. 22 sept. 2010, préc., n° 32. – BOI-TVA-IMM-20-20-10-20160302, n° 380).

A Mutations de logements destinés à être occupés par des titulaires de contrats de location-accession conventionnés et agréés

1 TVA

5597 Il résulte de l'application combinée de l'article 278 sexies-0-A du Code général des impôts et du 1° du III de l'article 278 sexies du même code que sont soumis au taux réduit de la TVA de 5,5 % les ventes et apports des logements destinés à être occupés par des titulaires de contrats de location-accession lorsqu'ils font l'objet d'une convention et d'une décision d'agrément prise par le représentant de l'État dans le département.
Ce dispositif place ainsi dans une situation d'égalité les bailleurs qui construisent les immeubles destinés à être loués à des titulaires de contrats de location-accession et ceux qui achètent ces mêmes logements ou les reçoivent par apport (BOI-TVA-IMM-20-20-10-20160302, n° 120).
Remarque. À compter du 1er décembre 2019, sauf en matière de bail réel solidaire, les livraisons de terrains à bâtir destinés à la construction de locaux faisant l'objet d'une opération taxable au taux réduit conformément à l'article 278 sexies du Code général des impôts sont soumises au taux réduit de 10 %, lorsque l'acquéreur atteste de cette destination dans l'acte de vente (CGI, art. 278 sexies, V et 278 sexies0-A du CGI).

5598 Conditions et modalités d'application de la TVA. Les opérations en cause doivent bien entendu être imposables à la TVA conformément aux dispositions de l'article 257 du Code général des impôts (sur le champ d'application de la TVA, V. **TVA immobilière**).
Le transfert de propriété de l'immeuble au ménage réalisé dans le cadre de la location-accession à la propriété est, de droit commun, soumis à la TVA lorsqu'il intervient dans les cinq ans qui suivent l'achèvement de la construction. Il peut être soumis à la taxe, sur option du bailleur, lorsqu'il intervient ultérieurement (BOI-TVA-IMM-20-20-10-20160302, n° 130).
L'assiette de la TVA est constituée par le prix de cession de l'immeuble hors taxe, le montant de l'indemnité ou la valeur des droits sociaux rémunérant l'apport, augmenté des charges qui s'y ajoutent (CGI, art. 266, 2-*b*. – BOI-TVA-IMM-20-20-10-20160302, n° 140).
La TVA est exigible à la date du fait générateur, c'est-à-dire au moment de la livraison (CGI, art. 269, 1-*a*. – BOI-TVA-IMM-20-20-10-20160302, n° 150).
Quel que soit le moment où intervient la cession dès lors qu'elle est effectivement réalisée au bénéfice du titulaire du contrat de location-accession, la taxe est liquidée au taux réduit en application combinée du 1° de l'article 278 sexies 0-A, 1° du Code général des impôts et du 4 du I de l'article 278 sexies du même code [act. V de l'article 278 et 278 sexies 0-A] (BOI-TVA-IMM-20-20-10-20160302, n° 160).

5599 Conditions d'application du taux réduit. Les conditions auxquelles est subordonnée l'application du taux réduit sont les suivantes (BOI-TVA-IMM-20-20-10-20160302, n° 170 qui renvoie aux nos 60 à 90 du même *BOI*).
Les locataires-accédants doivent remplir les conditions suivantes :
– ils sont titulaires d'un contrat de location-accession conclu dans les conditions prévues par la loi n° 84-595 du 12 juillet 1984 ;
– leurs revenus, à la date de signature du contrat préliminaire ou, à défaut, à la date de signature du contrat de location-accession, sont inférieurs aux plafonds de ressources fixés par l'arrêté du 26 mars 2004, relatif aux conditions d'application des dispositions de la sous-section 2 bis, relative aux prêts conventionnés pour des opérations de location-accession à la propriété immobilière (BOI-TVA-IMM-20-20-10-20160302, n° 070) ;
– les logements sont destinés à être occupés à titre de résidence principale.
La convention conclue avec le représentant de l'État doit remplir les conditions suivantes, nécessaires à l'obtention de l'agrément :
– la fraction locative de la redevance n'excède pas les plafonds fixés par l'annexe I à l'arrêté du 26 mars 2004 relatif aux conditions d'application des dispositions de la sous-section 2 *bis* relative aux prêts conventionnés pour des opérations de location-accession à la propriété immobilière ;
– le prix de vente du logement est également plafonné (annexe II à l'arrêté du 26 mars 2004 déjà cité, modifié par l'arrêté du 27 décembre 2011). L'administration a précisé que les plafonds

de prix de vente fixés par l'annexe II de l'arrêté du 26 mars 2004 modifié sont exprimés hors taxes et – l'assurance dommages ouvrage doit être prise en compte dans le calcul de ce plafonnement quand elle est souscrite par l'accédant qui assure la maîtrise d'ouvrage de la construction (BOI-TVA-IMM-20-20-10-20160302, n° 90) ;

– le vendeur du logement dispose de l'engagement d'un établissement de crédit de proposer à l'accédant un ou plusieurs prêts conventionnés dont la mensualité globale n'excède pas, au moment de la levée d'option, le montant de la dernière redevance payée en phase locative ;

– le vendeur offre à l'accédant une garantie de relogement sous condition de ressources ainsi qu'une garantie de rachat, en cas de survenance d'un fait générateur tel que, notamment, décès, chômage, invalidité, divorce, etc.

L'opération doit être financée à l'aide du prêt social de location-accession (PSLA) prévu à l'article R. 331-76-5-1 du Code de la construction et de l'habitation et ouvre droit à l'aide personnalisée au logement (APL) pendant la phase locative.

2 Taxe de publicité foncière

5600 La taxe départementale de publicité foncière est due par l'accédant à la propriété :

– au taux réduit dès lors que la cession intervient dans les cinq ans de l'achèvement et qu'elle est, de ce fait, soumise à la TVA (CGI, art. 1594 F quinquies, A ;

– au taux normal lorsque la cession intervient au-delà des cinq ans de l'achèvement de la construction quand bien même elle serait alors soumise à la TVA par option du bailleur (BOI-ENR-DMTOI-10-90-30-20170802, n° 20).

Il convient d'y ajouter les taxes additionnelles et la contribution de sécurité immobilière qui sont exigibles dans les conditions de droit commun (V° **Vente d'immeuble**).

B Régime fiscal applicable aux différentes étapes de la vie du contrat de location-accession conventionné et agréé

1 Conclusion du contrat de location-accession conventionné et agréé

5601 Le contrat de location-accession, conformément à l'article 4 de la loi du 12 juillet 1984, est conclu par acte authentique et publié au bureau des hypothèques. Il est réputé emporter restriction au droit de disposer au sens et pour l'application du 2° de l'article 28 du décret n° 55-22 du 4 janvier 1955 portant réforme de la publicité foncière (BOI-TVA-IMM-20-20-10-20160302 n° 240).

5602 Compte tenu de ses caractéristiques, le contrat de location-accession est soumis à la formalité fusionnée selon les dispositions du I de l'article 647 du Code général des impôts. Il donne ouverture à cette occasion au seul droit fixe des actes innommés prévu à l'article 680 du Code général des impôts (Instr. 10 oct. 2007, n° 18).

2 Phase locative du contrat de location-accession conventionné et agréé

5603 Le contrat de location-accession, qui n'emporte pas de transfert immédiat de propriété, suit le régime des contrats de location d'immeubles pour la période antérieure à la levée de l'option.

La fraction locative de la redevance, qui constitue la contrepartie du droit de l'accédant à la jouissance des locaux, est exonérée de la TVA, sans possibilité d'option, en vertu des dispositions combinées du 2° de l'article 260 et du 2° de l'article 261 D du Code général des impôts (BOI-TVA-IMM-20-20-10-20160302, n°s 250 et 260).

Les sommes versées au titre de la fraction acquisitive de la redevance, assimilable à une épargne qui constituera l'apport personnel du locataire-accédant en cas de levée de l'option, sont situées hors du champ d'application de la TVA dès lors qu'il ne peut être considéré que la condition du lien direct est remplie au moment du versement (Instr. 10 oct. 2007, n° 19. – BOI-TVA-IMM-20-20-10-20160302, n° 270).

3 Levée de l'option

5604 **TVA.** Dès lors que le bailleur a la qualité d'assujetti à la TVA, le transfert de propriété de l'immeuble au ménage réalisé dans le cadre de la location-accession à la propriété est, de droit commun, soumis à la TVA lorsqu'il intervient dans les cinq ans qui suivent l'achèvement de la construction. Il peut être soumis à la taxe, sur option du bailleur, lorsqu'il intervient ultérieurement (Instr. 22 sept. 2010, n° 27 : *BOI* 3 A-5-10. – BOI-TVA-IMM-20-20-10-20160302, n° 130).

L'assiette de la TVA est constituée par le prix de cession de l'immeuble hors taxe, le montant de l'indemnité ou la valeur des droits sociaux rémunérant l'apport, augmenté des charges qui s'y ajoutent (art. 266-2-b. – BOI-TVA-IMM-20-20-1020160302, n° 140).

La TVA est exigible à la date du fait générateur, c'est-à-dire au moment de la livraison (art. 269-1-a). Quel que soit le moment où intervient la cession dès lors qu'elle est effectivement réalisée au bénéfice du titulaire du contrat de location-accession, la taxe est liquidée au taux réduit applicable aux opérations visées au 4 du I de l'article 278 sexies (V. Instr. 22 sept. 2010, n° 28 : *BOI* 3 A-5-10. – BOI-TVA-IMM-20-20-10-20160302, n°s 150 et 160).

Le fait que la cession soit, de droit commun, imposable à la TVA au cas où elle intervient dans les cinq années de l'achèvement ouvre au bailleur un droit à déduction immédiat de la taxe ayant grevé les dépenses engagées dans cette phase du contrat, qu'il s'agisse de l'acquisition du terrain et des travaux de construction des logements, de l'acquisition de ces logements par le bailleur auprès d'un promoteur, ou de la LASM que le bailleur doit éventuellement réaliser (V. Instr. 22 sept. 2010, n° 15. – BOI-TVA-IMM-20-20-1020160302, n° 180).

5605 **Droits d'enregistrement (TPF).** Les droits d'enregistrement sont dus par l'accédant à la propriété au taux réduit (0,71498 %) dès lors que la cession intervient dans les cinq ans de l'achèvement et qu'elle est soumise à la TVA, et au tarif de droit commun lorsque la cession intervient au-delà des cinq ans de l'achèvement de la construction quand bien même elle serait alors soumise à la TVA par option du bailleur (Instr. 22 sept. 2010, n° 28 : *BOI* 3 A-5-10. – BOI-TVA-IMM-20-20-10-20160302, n° 350).

Remarque. Lorsque le vendeur est un organisme HLM et que la taxe de publicité foncière ne tient pas lieu de droits d'enregistrement, la vente devrait, **à notre avis**, bénéficier de l'exonération prévue par l'article 1049 du Code général des impôts (V. **HLM**).

4 Régime applicable aux indemnités versées au vendeur en cas de non-levée de l'option

5606 Lorsque le contrat de location-accession est résilié pour inexécution par l'accédant de ses obligations ou lorsque le transfert de propriété n'a pas lieu au terme convenu du fait de l'accédant, le vendeur peut obtenir le versement d'indemnités majorées ou non (L. 12 juill. 1984 définissant la location-accession à la propriété immobilière, art. 11, al. 1 à 3).

En matière de TVA, une somme, quelle que soit sa dénomination (indemnité, subvention…) n'est soumise à la taxe que dans la mesure où elle constitue la contrepartie d'une livraison de bien ou d'une prestation de services réalisées à titre onéreux au profit de la partie versante.

À cet égard, l'indemnité majorée ou non versée par l'accédant ayant pour but de réparer un préjudice causé par la non exécution de ses obligations ou lorsque le transfert de propriété n'a pas eu lieu au terme convenu du fait de ce dernier, n'a pas à être soumise à la TVA (BOI-TVA-IMM-20-20-10-20160302, n°s 280 et 290).

Location-accession

Location-vente

Neyla GONZALEZ-GHARBI

5607 **Nature du contrat.** Les opérations dites de location-vente sont des opérations complexes dont l'analyse juridique n'est pas toujours facile (V. n° 5609).

5608 Il convient de distinguer sur le plan fiscal les contrats « ordinaires » (I) et ceux soumis au régime spécial édicté par l'article 1378 quinquies du Code général des impôts (II).

I
Régime ordinaire

5609 **Nature du contrat.** Parfois, la convention de location-vente se décompose, comme son nom l'indique, en une location suivie d'une vente. Tel est le cas lorsque le propriétaire d'un immeuble s'engage à le louer à une personne et à le vendre au locataire à un certain moment. Il y a donc location et promesse de vente.
Mais la location-vente peut s'analyser également, compte tenu des termes des actes, en une vente ferme et actuelle ou à terme dont le prix est payé suivant un échelonnement fixé, qualifié de loyer.
Le plus généralement, les contrats de location-vente d'immeuble comportent une double convention incluant :
– d'une part, une location de l'immeuble pour une durée fixe ;
– d'autre part, une vente du même bien moyennant un prix définitif ou révisable, fractionné en versements périodiques payables en même temps que le loyer proprement dit. Parfois, une fraction peu élevée du prix doit, en outre, être acquittée immédiatement. Cette vente est soumise à la double condition suspensive du versement, lors de chaque terme, de sommes exigibles tant au titre du bail que de la vente et de l'exécution des obligations incombant au locataire-acquéreur en vertu du bail.

5610 **Contrats voisins.**
➤ V. **HLM** (à propos des contrats de location-attribution) et **Location-accession**.

5611 **Aliénation d'un bien communal.** Les collectivités peuvent recourir à la location-vente pour des biens de leur domaine privé, étant rappelé que les biens du domaine public sont inaliénables en application de l'article L. 3111-1 du Code général de la propriété des personnes publiques. Il a été précisé par le ministre de l'Intérieur interrogé à ce sujet que « cette opération conduisant *in fine* à la cession du bien est soumise aux dispositions de l'article L. 2241-1 du Code général des collectivités territoriales qui prévoient la consultation préalable du service des domaines (*sic*) ». Le contrat est ensuite conclu par acte authentique. Enfin si l'opération est réalisée au profit d'une entreprise et conduit à octroyer une aide à cette entreprise sous forme de rabais, la commune est tenue de respecter les dispositions de l'article L. 1511-3 du Code général des collectivités territoriales, dont les mesures réglementaires sont en cours d'actualisation (Rép. min. n° 74 417 : *JOAN* Q 15 mars 2016, p. 2188).

A Publicité foncière

5612 Cas où la publication est nécessaire. S'il y a bail avec promesse de vente, la publication est requise si ce bail a une durée de plus de douze ans (D. 4 janv. 1955, art. 28-1° b. – V. **Bail ordinaire à durée limitée**).
La promesse de vente doit également être publiée (V. **Promesse de vente**) et cette publication est à plus forte raison nécessaire s'il y a vente.

B Régime fiscal

5613 Qualification du contrat. L'administration se réserve de qualifier exactement le contrat en dépit de la qualification qu'ont pu lui donner les parties. Elle s'attache essentiellement à rechercher quel est le moment du transfert de propriété (Rép. min. : *JOAN* Q, 30 mars 1974, p. 1384).
De l'analyse ainsi faite dépend évidemment le régime fiscal du contrat. S'il y a transfert immédiat de propriété, il n'y a pas de location, mais bien une vente pure et simple. Les droits et taxes de vente sont perçus dans les conditions ordinaires. S'il y a vraiment location avec promesse de vente, la location est imposable en tant que telle.

5614 Taxation. Le régime fiscal applicable au contrat de location-vente est le suivant :
– la location est, le cas échéant passible de la TVA en cas d'option pour le paiement de cette taxe dans les conditions prévues par l'article 260-2° du Code général des impôts ;
– par ailleurs, la taxe de publicité foncière au taux de 0,70 % (0,71498 % avec les perceptions additionnelles) est exigible lorsque le bail doit être publié à la conservation des hypothèques (aujourd'hui service de la publicité foncière), c'est-à-dire lorsqu'il a été consenti pour une durée supérieure à douze ans.

5615 TVA. Bien entendu, seules les locations-ventes conclues par des assujettis à la TVA agissant en tant que tels sont concernés. L'administration fiscale a envisagé le régime de la TVA applicable la location-vente de biens meubles corporels (BOI-TVA-BASE-20-10-20130701, § 120) pour indiquer, notamment, que « bien que la location-vente se décompose fiscalement en un contrat de louage de chose suivi d'une vente, chacune de ces conventions suivant son régime propre, les livraisons de biens meubles effectuées dans le cadre d'un tel contrat doivent être soumises à la taxe dès la remise matérielle des biens ». Mais elle a exclu l'application de ce régime aux contrats de location-vente de biens immeubles. Elle indique : « Ainsi que le précise le c du 3° du II de l'article 256 du CGI, seuls les biens meubles corporels sont concernés par cette disposition, à l'exclusion par conséquent des biens immobiliers, qui demeurent soumis au régime habituel lorsqu'ils font l'objet d'un contrat dit de location-vente et des biens meubles incorporels dont la livraison est considérée comme une prestation de services ». Il en résulte que, la location-vente reportant la date de la livraison de l'immeuble à une date ultérieure à celle de la conclusion du contrat, c'est donc *a priori* à cette date (et non pas à celle de la conclusion de la convention) qu'il conviendra de se placer pour déterminer si l'immeuble objet de la livraison est un immeuble dont la vente est soumise de plein droit à la TVA.
Quant à la composante locative, elle suivra le régime des baux d'immeubles ne conférant pas un droit réel au preneur. Dès lors que l'immeuble bâti est loué nu et non équipé, la location est exonérée de TVA (CGI, art. 261 D 2°). Le bailleur peut avoir avantage à opter pour soumettre ce bail de locaux nus à la TVA, dans les conditions de l'article 260, 2° du même code.

5616 Droits de mutation à titre onéreux. Assiette. Les droits de mutation à titre onéreux sont liquidés sur tous les paiements représentatifs du prix de vente effectués tant pendant la durée de location qu'au moment du transfert de propriété, ou sur la valeur vénale réelle du bien si elle est supérieure. C'est la solution qui s'applique, selon l'administration fiscale, en cas de location assortie d'une promesse vente (V. BOI-ENR-DMTOI-10-10-30-50-20130624, § 80). C'est également celle applicable en cas de convention de vente affectée par une condition suspensive (V. CGI, art. 676 et BOI-ENR-DMTOI-10-10-30-50-20130624, § 60).

5617 Transfert de propriété différé. Un contrat de location d'immeuble assorti d'une promesse synallagmatique de vente ne peut être soumis aux droits de mutation à la date de ce contrat dès lors que celui-ci stipule que le transfert de propriété et de jouissance des biens est reporté à une date ultérieure, précisée au contrat, l'opération ne pouvant, sauf accord exprès des parties y dérogeant, avoir lieu à une date antérieure, ce dont il résulte que les droits de mutation n'étaient exigibles qu'à cette dernière date (Cass. com., 21 oct. 1997, n° 2070 P, *Fromageries du Nouvion* : *RJF* 3/1998, n° 330).

5618 Contribution de sécurité immobilière. La perception du salaire du conservateur (devenu aujourd'hui « contribution de sécurité immobilière »)

pouvait poser problème lorsque le contrat s'analysait en un bail (de plus de douze ans) et une vente sous condition suspensive.
Lorsqu'un acte renfermait à la fois une disposition principale et une disposition accessoire, il n'était dû en principe qu'un seul salaire (*Bull. AMC* 1950, art. 52 ; *ibid.* 1952, art. 61 ; *ibid.* 1972, art. 891, V. **Acte contenant plusieurs dispositions**). Ce salaire était généralement celui qui correspondait à la disposition principale ; toutefois c'était exceptionnellement celui qui s'appliquait à la disposition accessoire qui devait être perçu s'il était le plus élevé. C'est en effet ce salaire qui serait exigible si cette disposition accessoire formait l'unique objet de la convention et il n'y avait pas de motif qu'il ne soit pas perçu du seul fait que la disposition en cause accompagnait une autre convention.

Il en résultait, dans le cas des conventions de location-vente, que le salaire exigible lors de leur publication devait être liquidé, soit sur le montant cumulé des loyers, soit sur le prix stipulé pour la vente sous condition suspensive s'il était plus élevé (*Bull. AMC* 1972, art. 884).

N.B. : La contribution de sécurité immobilière a remplacé le salaire du conservateur à compter du 1er janvier 2013. Elle obéit aux mêmes conditions d'assiette, de tarifs, de contrôle et de recouvrement que ce salaire (V. **Contribution de sécurité immobilière**). Les solutions relatées ci-dessus à propos du salaire du conservateur peuvent donc être transposées pour la perception de la contribution de sécurité immobilière.

II

Cas particulier : locations-ventes visées à l'article 1378 quinquies du Code général des impôts

CGI, art. 1378 quinquies. – I. – Les contrats de location-attribution consentis par les sociétés anonymes coopératives d'habitations à loyer modéré sont considérés comme des ventes pures et simples du point de vue fiscal.

II. – Ce régime est applicable aux contrats de location-vente de locaux d'habitation en cours de construction ou achevés depuis moins de cinq ans lors de la conclusion du contrat, à la condition :

1° Que les locaux aient donné lieu à l'attribution de primes convertibles en prêts spéciaux immédiats ou différés du Crédit Foncier de France ou aient bénéficié du financement prévu pour les habitations à loyer modéré ;

2° Que les contrats soient réalisés sous la forme de baux assortis soit de promesses unilatérales de vente, soit de ventes soumises à la condition suspensive de l'exécution intégrale des obligations relatives au paiement des annuités à la charge du bénéficiaire du contrat ;

3° Qu'ils soient consentis :

Par une collectivité locale ;

Par une société d'économie mixte ;

Par un organisme d'habitations à loyer modéré mentionné à l'article L. 411-2 du Code de la construction et de l'habitation ;

Par une société civile dont la création a été suscitée par une société d'économie mixte ou une société anonyme d'habitations à loyer modéré ou de crédit immobilier et dont la gérance est statutairement assurée par la société qui en a provoqué la création ;

Par une société coopérative de construction mentionnée à l'article L. 432-2 du Code de la construction et de l'habitation.

III. – La résiliation d'un contrat de location-attribution ou de location-vente entrant dans les prévisions des I et II rend exigibles les droits dus à raison de la mutation de jouissance qui est résultée de la convention.

CGI, art. 1378 sexies. – Les sociétés coopératives de construction désignées à l'article L. 432-2 du Code de la construction et de l'habitation, dont les membres sont soumis aux dispositions des articles L. 443-1 à L. 443-6 du même code relatifs à l'accession à la propriété et qui font appel, à titre de prestataires de services, à un organisme d'habitation à loyer modéré, sont soumises au même régime fiscal que les organismes de cette nature.

5619 **Conditions à remplir pour l'application du régime spécial.** Après avoir énoncé dans son paragraphe I que « les contrats de location-attribution consentis par les sociétés anonymes coopératives d'habitations à loyer modéré sont considérés comme des ventes pures et simples du point de vue fiscal », l'article 1378 quinquies paragraphe II (abrogé au 1er janvier 2011) étend l'application du régime des contrats de location-attribution aux opérations portant sur des locaux d'habitation qui font l'objet de contrats de location-vente, lorsque les conditions suivantes sont réunies (BOI-ENR-DMTOI-10-10-30-50-20130624, n° 90) :

1° il doit s'agir de locaux d'habitation et de leurs dépendances, à l'exclusion de locaux à usage professionnel ou commercial ;

2° le contrat de location-vente doit intervenir en cours de construction ou dans un délai de cinq ans à compter de la date d'achèvement des travaux. Cette date est déterminée selon les modalités prévues à l'article 258 de l'annexe II au Code général des impôts. Si les locaux sont achevés depuis plus de cinq ans, les opérations les concernant sont imposées selon le droit commun ;

3° les locaux doivent avoir donné lieu à l'attribution de primes convertibles en prêts spéciaux immédiats ou différés du Crédit foncier de France ou avoir bénéficié du financement prévu pour les habitations à loyer modéré ;

4° les contrats doivent être réalisés sous la forme de baux assortis soit de promesses unilatérales de vente, soit de ventes soumises à la condition suspensive de l'exécution intégrale des obligations relatives au paiement des annuités à la charge du bénéficiaire du contrat.

Mais il a été admis que le régime institué par ce texte s'applique également :

– aux ventes à terme d'immeubles à construire répondant aux prescriptions de l'article 1601-2 du Code civil ;

– aux ventes à terme consenties après l'achèvement des immeubles, dans le délai prévu au 2° ci-dessus.

5620 **Organismes bénéficiaires.** Le régime spécial édicté par l'article 1378 quinquies ne s'applique en outre que si le contrat a été consenti :

– par une collectivité locale ;

– par une société d'économie mixte, même si la majorité du capital n'est pas détenue par une collectivité publique ;

– par un organisme d'habitations à loyer modéré mentionné à l'article L. 411-2 du Code de la construction et de l'habitation ;

– par une société civile dont la création a été suscitée par une société d'économie mixte ou une société anonyme d'habitations à loyer modéré ou de crédit immobilier et dont la gérance est statutairement assurée par la société qui en a provoqué la création ;

– par une société coopérative de construction mentionnée à l'article L. 432-2 du Code de la construction et de l'habitation.

Le bénéfice de ce régime ne peut être appliqué aux contrats passés avec des organismes autres que ceux définis ci-dessus et, en particulier, avec des sociétés privées (BOI-ENR-DMTOI-10-10-30-50-20130624, n° 90).

A Régime fiscal des contrats de location-vente

5621 Les contrats de location-vente passés par les organismes HLM mentionnés à l'article L. 4112 du Code de la construction et de l'habitation (V. HLM) sont exonérés de la taxe de publicité foncière en vertu de l'article 1049 du Code général des impôts.

En revanche, l'exonération ne profite pas aux contrats de location-vente consentis par des personnes autres que les organismes d'HLM. Ces contrats supportent donc la taxe de publicité foncière au taux de 0,70 % – 0,71498 % avec les perceptions additionnelles (CGI, art. 1594 F quinquies A, ancien art. 692). Celle-ci est exigible lors de l'enregistrement des contrats, même s'ils s'analysent en des ventes sous condition suspensive, dès lors qu'au point de vue fiscal ils ont le caractère de ventes pures et simples. Elle est liquidée sur le prix stipulé augmenté éventuellement des charges ou sur la valeur vénale réelle des locaux si elle est supérieure.

L'attribution ultérieure aux titulaires des contrats de location-vente des locaux auxquels ils ont vocation, l'acte qui la constate n'est soumis qu'à la taxe fixe de publicité foncière prévue pour les acte innommés (actuellement 125 €).

Depuis la suppression du droit de bail, la résiliation d'un contrat de location-vente rend exigibles les droits dus à raison de la mutation de jouissance qui est résultée de la convention (CGI, art. 1378 quinquies-III. – BOI-ENR-DMTOI-10-10-30-50-20130624, n° 91).

B Régime fiscal de la cession du bénéfice du contrat de location-vente

5622 **Taxe de publicité foncière.** Dès lors que le titulaire d'un contrat de location-vente est censé être propriétaire des locaux, la cession à titre onéreux du bénéfice du contrat s'analyse en une vente d'immeubles.
La cession à titre onéreux du bénéfice d'un contrat de ce type est donc soumise aux droits d'enregistrement applicables aux mutations d'immeubles et de droits immobiliers (BOI-ENR-DMTOI-10-10-30-50-20130624, n° 92).
Lorsque la cession du bénéfice du contrat intervient plus de cinq ans après l'achèvement de l'immeuble, ou après une précédente mutation postérieure à l'achèvement et consentie à une personne autre qu'un marchand de biens, elle donne lieu à la perception de la taxe de publicité foncière au taux de droit commun. La cession est passible, en outre, de la taxe additionnelle communale prévue aux articles 1584 et 1595 bis du Code général des impôts. Par ailleurs, l'État perçoit au titre de frais d'assiette, de recouvrement, de dégrèvements et de non-valeurs un pourcentage du montant de la taxe perçue au profit du département (CGI, art. 1647, V, a).
Toutefois, il n'est dû qu'un droit fixe d'enregistrement ou une taxe fixe de publicité foncière lorsque la cession entre dans les prévisions de l'article 716 du Code général des impôts (BOI-ENR-DMTOI-10-10-30-50-20130624, n° 92).
➤ Sur le régime prévu par l'article 716 du Code général des impôts (V. **HLM**).

5623 **TVA.** Il est précisé que dans les cas, sans doute peu nombreux, où le contrat de location-vente est postérieur à l'achèvement de l'immeuble, la cession du bénéfice de ce contrat est exclue du champ d'application de la TVA (BOI-ENR-DMTOI-10-10-30-50-20120912, n° 92).

5624 **Assiette des droits.** Lorsque la cession est passible d'une imposition proportionnelle, la base d'imposition est représentée par le prix exprimé augmenté éventuellement des charges (BOI-ENR-DMTOI-10-10-30-50-20130624, n° 92).
La valeur vénale réelle du local correspondant aux droits cédés n'est pas prise en considération, ce qui conduit à exclure de la base d'imposition le montant des annuités du prêt dont l'échéance est postérieure à la cession.
Pour les locations-ventes, le prix « exprimé » est le prix convenu entre les parties (*BOI* préc.).

Locaux diplomatiques et consulaires

Jacques LAFOND

5625 **Acquisitions : régime fiscal.** Les acquisitions de locaux affectés à usage diplomatiques ou consulaires sont exonérées de droits de mutation en vertu des conventions de Vienne du 18 avril 1961 (concernant les locaux diplomatiques) et du 24 avril 1963 (concernant les locaux consulaires). Avant le 1er janvier 2013, ces acquisitions restaient soumises au salaire du conservateur. En effet, ce dernier assumait une responsabilité civile personnelle pour l'exécution des formalités de publicité foncière. Pour la couverture de cette responsabilité, il percevait un salaire qui avait la nature d'une créance civile. Ce salaire était prévu à l'article 879 du Code général des impôts.
À compter du 1er janvier 2013, ce salaire a été remplacé par la contribution de sécurité immobilière. Depuis cette date, l'État assume seul la responsabilité civile liée à l'exécution des formalités de publicité foncière. La contribution de sécurité immobilière est destinée à couvrir cette responsabilité, d'une part, et les frais de fonctionnement des services de la publicité foncière, d'autre part. Cette contribution a donc le caractère d'une créance de nature fiscale.
Par ailleurs, il est précisé que la contribution de sécurité immobilière n'est pas directement affectée au fonctionnement des services de publicité foncière puisqu'il s'agit d'une recette fiscale inscrite au budget général de l'État.
Au final, la contribution est due en contrepartie de l'exécution, par les services de publicité foncière, des formalités civiles requises par les usagers, comme le salaire du conservateur.
La contribution de sécurité immobilière étant perçue en contrepartie d'un service particulier sollicité par l'usager, elle rentre dans la catégorie des « taxes perçues en rémunération de services particuliers rendus » visées par les articles 23 de la convention de Vienne du 18 avril 1961 et 32 de la convention de Vienne du 24 avril 1963. Elle est donc due en cas de dépôt d'un acte constatant une acquisition de locaux diplomatiques ou consulaires.

Logement intermédiaire

Neyla GONZALEZ-GHARBI

Sommaire analytique

I

Définition

CCH, art. L. 302-16 *(Mod. L. n° 2015-990, 6 août 2015, art. 73).* – Les logements intermédiaires s'entendent, à l'exclusion des logements locatifs sociaux définis à l'article L. 302-5, des logements :

1° Faisant l'objet d'une aide directe ou indirecte, sous quelque forme que ce soit, accordée par l'État, une collectivité locale ou l'un de ses groupements, ou par toute autre personne morale et conditionnée au respect, pendant une certaine durée, des conditions prévues aux 2° et 3° ;

2° Destinés à être occupés, à titre de résidence principale, pendant la durée fixée lors de l'attribution de l'aide mentionnée au 1°, par des personnes physiques dont les ressources n'excèdent pas des plafonds, fixés par décret en fonction de la typologie du ménage, de la localisation et du mode d'occupation du logement, lesquels ne sauraient être inférieurs, pour les logements donnés en location, aux plafonds prévus au chapitre unique du titre III du livre III ;

3° Dont le prix d'acquisition ou, pour les logements donnés en location, dont le loyer, n'excède pas, pendant la durée mentionnée au 2°, des plafonds fixés par décret en fonction de la localisation du logement, de son type et, le cas échéant, de son mode de financement, lesquels ne sauraient être inférieurs, pour les logements donnés en location, aux plafonds prévus au chapitre unique du titre III du livre III.

5626 **Un logement aidé à destination des « classes moyennes » habitant les zones tendues.** Selon la communication officielle du ministère chargé du logement : « Les logements intermédiaires sont des logements à loyers réglementés inférieurs aux prix du marché. Ils ont été créés en 2014 avec l'ambition de permettre l'accès à un logement abordable dans les zones

tendues aux classes moyennes n'ayant pas accès au parc social ».
C'est en effet l'ordonnance n° 2000-1459 du 20 février 2014, relative au logement intermédiaire (*JO* 21 févr.), qui a inséré dans le Code de la construction et de l'habitation l'article L. 306-2 pour définir le logement intermédiaire, dont devait être favorisée la création dans les zones « tendues », soit, aux termes du premier alinéa de l'article L. 302-16 du CCH, dans sa version initiale : « Dans les communes appartenant à une zone d'urbanisation continue de plus de 50 000 habitants telle que définie à l'article 232 du code général des impôts ainsi que dans les communes de plus de 15 000 habitants en forte croissance démographique définies par décret pris en application du septième alinéa de l'article L. 302-5 du présent code ».

5627 **Suppression du zonage initial.** Très rapidement, toutefois, l'article 73 de la loi n° 2015-990 du 6 août 2015 pour la croissance, l'activité et l'égalité des chances économiques (*JO* 7 août 2015) a modifié la définition du logement intermédiaire pour supprimer la condition tenant à sa localisation dans une zone « tendue ». Le premier alinéa de l'article L. 302-16 du CCH a été modifié en ce sens.

5628 **Sur l'évolution du zonage** concerné par le logement intermédiaire, une récente réponse ministérielle indique :

« Positionné entre le loyer du logement social et celui des logements privés, le LLI offre une solution attractive pour ceux qui cherchent à se loger à proximité de leur emploi à des prix abordables. C'est pourquoi le gouvernement a souhaité procéder à une actualisation du zonage ABC afin d'élargir le périmètre des communes éligibles au dispositif "LLI". Par arrêté interministériel du 2 octobre 2023, près de 200 communes, qui présentaient des écarts manifestes entre leur zone de tension réglementaire et la réalité des marchés locaux, ont été reclassées. Parmi elles, figure notamment la commune de Béziers, reclassée de B2 à B1, qui peut donc dès à présent bénéficier des effets associés à ce nouveau zonage, lequel traduit mieux la tension entre l'offre et la demande de logements sur le territoire. Une deuxième vague de reclassements, qui touchera quelque 800 autres communes dont la tension est croissante, a été annoncée le 22 mars dernier, pour poursuivre la dynamique évoquée » (Rép. min., n° 9921 : *JOAN* 9 avr. 2024, p. 2860).

Rappel : C'est la même ordonnance n° 2000-1459 du 20 février 2014 qui a créé le bail réel immobilier pour servir de support à la création de ces logements (V. **Bail réel immobilier [BRILO]**).

5629 En l'état du droit positif, l'article L. 302-16 du CCH exige la réunion de trois critères cumulatifs qui définissent le logement intermédiaire comme le logement :
– qui bénéficie d'une aide directe ou indirecte, sous quelque forme que ce soit, accordée par l'État, une collectivité locale ou l'un de ses groupements, ou par toute autre personne morale ;
– qui doit être occupé, à titre de résidence principale, pendant la durée fixée lors de l'attribution de l'aide susmentionnée par des personnes physiques dont les ressources n'excèdent pas des plafonds fixés par décret ;
– dont le prix d'acquisition, ou, pour le logement donné en location, dont le loyer, n'excède pas des plafonds fixés par décret.
L'article L. 302-16 du CCH précise que pour les logements donnés en location, les plafonds de ressources des locataires et les plafonds de loyers sont ceux prévus au chapitre unique du titre III du livre III du CCH.

II
Régime fiscal

5630 Compte tenu de l'objet du présent guide, nous n'exposerons que les spécificités du régime fiscal applicable dans le secteur du logement intermédiaire intéressant les services de la publicité foncière. Nous verrons d'abord les règles susceptibles de s'appliquer en matière de plus-values immobilières des particuliers en cas de vente d'immeubles destinés à la réalisation de logements intermédiaires (A) ; puis nous exposerons le régime du taux réduit de la TVA bénéficiant aux livraisons de logements intermédiaires (B). Nous verrons que l'application des régimes de faveur destinés aux logements intermédiaires est subordonnée à la condition de leur localisation dans certaines zones du territoire.
Remarque : Les régimes de la réduction d'impôt sur le revenu dits « Duflot-Pinel » et « Denormandieancien » régis par l'article 199 novovicies du

CGI sont également réservés à l'investissement locatif dans les logements dits intermédiaires. L'application de ces dispositifs fiscaux n'est pas du ressort de la publicité foncière (V. BOI-IR-RICI-360-10, 10 mai 2019).

A Plus-values immobilières des particuliers

5631 Seront ici évoqués deux dispositifs temporaires destinés à favoriser, outre le logement social, le logement intermédiaire : les deux exonérations temporaires prévues respectivement par les 7° et 8° du II de l'article 150 U du CGI (1) et le régime, également temporaire, de l'abattement d'assiette prévu par l'article 150 VE du CGI (2).

Remarque : Ces deux dispositifs ont vocation à s'appliquer en matière de prélèvement des non-résidents visés à l'article 244 bis du CGI, en matière de taxe sur les plus-values élevées ainsi que pour la liquidation des prélèvements sociaux sur les plus-values.

1 Exonérations temporaires en faveur du logement intermédiaire (CGI, art. 150 U, II, 7° et 8°)

5632 L'article 9 de la loi de finances pour 2024 (L. fin. 2024, n° 2023-1322, 29 déc. 2023 : *JO* 30 déc. 2023, texte n° 1) a réécrit les dispositions des 7° et 8° du CGI afin d'aménager et de proroger jusqu'au 31 décembre 2025 ces deux dispositifs d'exonérations temporaires créés, à l'origine, pour favoriser la production du logement social (N. Gonzalez-Gharbi, *Exonérations en faveur du logement social [CGI, art. 150 U, II, 7° et 8°] – Prorogation et aménagements des exonérations de plus-values en faveur du logement social jusqu'en 2025 : Constr.-Urb.* 2024, n° 1, comm. 12) – V. **Plus-values immobilières**.

5633 Au titre des aménagements les plus notables, il faut signaler l'extension du régime de faveur aux cessions destinées à la production de logements intermédiaires au sens de l'article L. 302-16 du Code de la construction et de l'habitation, à la condition que les immeubles ou droits immobiliers cédés se situent pour tout ou partie de leur surface dans des communes classées, par arrêté des ministres chargés du budget et du logement, dans des zones géographiques se caractérisant par un déséquilibre important entre l'offre et la demande de logements.

NB : Le bénéfice de l'exonération temporaire est étendu aux opérations de reconstruction assimilables à la construction d'immeubles neufs au sens de la TVA et aux opérations de réhabilitation lourde dont la définition est renvoyée à un décret à paraître.

5634 **Mentions dans l'acte.** Aux termes du 7° du II de l'article 150 U du CGI :

> « Pour l'application du présent 7°, les cessionnaires mentionnés aux a et b s'engagent personnellement, dans un délai respectivement de dix ans et de quatre ans à compter de la date de l'acquisition, par une mention portée dans l'acte authentique d'acquisition, à la construction, le cas échéant à la démolition des constructions existantes suivie d'une reconstruction, à la réhabilitation complète de ces dernières concourant à la production d'immeubles neufs au sens du 2° du 2 du I de l'article 257 ou à la réhabilitation lourde de ces dernières dans des conditions définies par décret et à l'achèvement d'un ou de plusieurs bâtiments d'habitation collectifs, au sens du 6° de l'article L. 111-1 du Code de la construction et de l'habitation, dont le gabarit est au moins égal à 75 % du gabarit maximal autorisé tel qu'il résulte de l'application des règles du plan local d'urbanisme ou d'un document d'urbanisme en tenant lieu ainsi qu'à l'affectation, dès leur achèvement, d'un prorata de la surface habitable des logements ainsi réalisés ou réhabilités par rapport à la surface totale des constructions du programme immobilier (…) lorsque les biens ou droits définis au I du présent article se situent pour tout ou partie de leur surface dans des communes classées, par arrêté des ministres chargés du budget et du logement, dans des zones géographiques se caractérisant par un déséquilibre important entre l'offre et la demande de logements, à du logement intermédiaire défini à l'article L. 302-16 du code de la construction et de l'habitation ».

5635 **Étendue de l'exonération.** On rappellera que la loi limite l'exonération au prorata de la surface habitable que le cessionnaire s'est engagé à affecter à des logements sociaux ou intermédiaires par rapport à la surface totale des constructions du programme immobilier.

Toutefois, l'exonération est totale lorsque le prorata dépasse 80 % et que la cession est consentie à un organisme d'habitations à loyer modéré, à une société d'économie mixte gérant des logements sociaux, à l'association mentionnée à l'article L. 313-34 du Code de la construction et de l'habitation, à une société civile immobilière dont cette association détient la majorité des parts pour les logements mentionnés au 4° de

l'article L. 831-1 du même code, à un organisme bénéficiant de l'agrément relatif à la maîtrise d'ouvrage prévu à l'article L. 365-2 dudit code ou à un organisme de foncier solidaire.
Remarque : Le IV de l'article 9 de la loi de finances pour 2024 prévoit que le 1° du A du I de ce même article, qui modifie les dispositions du 7° du II de l'article 150 U du CGI, ne s'applique pas aux cessions de biens ou de droits situés en Corse.

5636 **Exonération prévue au 8° du II de l'article 150 U du CGI.** L'exonération prévue en faveur de la cession à une collectivité territoriale, à un établissement public de coopération intercommunale compétent ou à un établissement public foncier mentionné aux articles L. 321-1 et L. 324-1 du Code de l'urbanisme, d'immeubles en vue de leur cession selon les modalités prévues au a et au quatrième alinéa du 7° du II de l'article 150 U du CGI est également prorogée jusqu'au 31 décembre 2025.

5637 Sur le régime antérieur au 1er janvier 2024, V. BOI-RFPI-PVI-10-40-110, 8 août 2023.

2 Abattements exceptionnels et temporaires (CGI, art. 150 VE)

5638 **Régime applicable jusqu'au 31 décembre 2025 – CGI, art. 150 VE.** Dans sa rédaction issue du I de l'article 38 de la loi de finances pour 2021 (L. fin. 2021, n° 2020-1721, 29 déc. 2020 : *JO* 30 déc. 2020, texte n° 1), l'article 150 VE du CGI a instauré un nouvel abattement spécifique, exceptionnel et temporaire pour le calcul de l'assiette des plus-values immobilières des particuliers.
➤ Pour plus de détails, V. BOI-RFPI-PVI-20-20. – BOI-RFPI-PVINR-20-10. – BOI-RFPI-TPVIE-20, 18 juill. 2023.

5639 **Prélèvements sociaux et taxe sur les plus-values élevées.** Conformément au II de l'article 38 de la loi de finances pour 2021, l'abattement mentionné à l'article 150 VE du CGI s'applique pour la détermination de l'assiette des contributions sociales prévues à l'article L. 136-7 du Code de la sécurité sociale et à l'article 16 de l'ordonnance n° 96-50 du 24 janvier 1996 relative au remboursement de la dette sociale, du prélèvement prévu au 2° du I de l'article 235 ter du CGI et, le cas échéant, de la taxe sur les plus-values élevées de l'article 1609 nonies G du même code.

5640 **Application aux non-résidents.** Selon l'administration, ce régime s'applique aux non-résidents visés à l'article 244 bis A du CGI.

5641 **Immeubles concernés.** Il s'agit des **immeubles bâtis** situés dans les périmètres d'une opération de revitalisation du territoire (ORT) ou d'une grande opération d'urbanisme (GOU), destinés par l'acquéreur à être démolis en vue de la construction d'immeubles d'habitation collectifs dont le gabarit est au moins égal à 75 % du gabarit maximal autorisé par le PLU ou un document d'urbanisme en tenant lieu (V. N. Gonzalez-Gharbi, *Cession d'immeubles bâtis situés dans le périmètre d'une opération de revitalisation du territoire [ORT] ou d'une grande opération d'urbanisme [GOU] – Du choc de l'offre et de l'effet d'aubaine [Bis] : Constr.-Urb.* 2021, comm. 47).

5642 **Notion d'immeuble bâti. Cas de l'immeuble en état de ruine.** Contrairement à la doctrine énoncée pour l'application de la TVA (V. **Terrains**), l'immeuble bâti en état de ruine n'est pas considéré comme un terrain à bâtir et, toutes conditions remplies par ailleurs, sa vente ouvre droit à l'abattement spécifique de l'article 150 VE du CGI (N. Gonzalez-Gharbi, *Précisions administratives sur le dispositif temporaire sur les plus-values de cessions d'immeubles bâtis destinés à être reconstruits dans les périmètres d'une ORT ou d'une GOU : Constr.-Urb.* 2023, comm. 104).

5643 Pour rappel, c'est la loi portant évolution du logement, de l'aménagement et du numérique du 23 novembre 2018 (dite « loi ELAN ») qui a créé le projet partenarial d'aménagement (PPA) et la grande opération d'urbanisme (GOU) ainsi que l'opération de revitalisation de territoire (ORT) (V. L. Santoni, *L'urbanisme opérationnel dans la loi ELAN : Constr.-Urb.* 2019, étude 4. – V. Circ. n° LOGL1905862J, 4 févr. 2019. – L. Santoni, *Les PPA et les GOU explicités par circulaire : Constr.-Urb.* 2019, comm. 44. – Sur les ORT, V. M.-A. Renaux, *La loi ELAN réforme aussi l'aménagement commercial : Constr.-Urb.* 2019, étude 6).

5644 **Application dans le temps.** Seules peuvent y prétendre les ventes précédées d'une promesse de vente conclue à compter du 1er janvier 2021 et, au plus tard, le 31 décembre 2023, et à la condition d'intervenir au plus tard dans les deux ans suivant la date à laquelle ladite promesse aura acquis date certaine.
Attention : Ce dispositif peut donc concerner des ventes conclues au plus tard le 31 décembre 2025.

5645 **Mentions dans l'acte.** Pour l'application de l'abattement mentionné, le cessionnaire s'engage, par une mention portée dans l'acte authentique d'acquisition, à démolir la ou les constructions existantes ainsi qu'à réaliser et à achever, dans un délai de quatre ans à compter de la date d'acquisition, un ou plusieurs bâtiments d'habitation collectifs dont le gabarit est au moins égal à 75 % du gabarit maximal autorisé tel qu'il résulte de l'application des règles du plan local d'urbanisme ou d'un document d'urbanisme en tenant lieu.

5646 **Taux de l'abattement.** Le taux de « droit commun » de l'abattement est de 70 %. Ce taux est porté à 85 % lorsque le cessionnaire s'engage à réaliser et à achever des logements intermédiaires tels que définis à l'article L. 302-16 du Code de la construction et de l'habitation, dont la surface habitable représente au moins 50 % de la surface totale des constructions mentionnées sur le permis de construire du programme immobilier.

5647 **Régime applicable à compter du 1er janvier 2024.** L'article 9 de la loi de finances pour 2024 (L. fin. 2024, n° 2023-1322, 29 déc. 2023, art. 9 : *JO* 30 déc. 2023, texte n° 1) a réécrit l'article 150 VE du CGI afin, d'une part, d'instaurer un nouvel abattement exceptionnel et temporaire pour le calcul des plus-values de cessions de tous immeubles, y compris **des terrains à bâtir**, situés en zones tendues et, d'autre part, de proroger en l'aménageant le dispositif de l'abattement temporaire sur les plus-values de cessions d'immeubles bâtis destinés à être reconstruits après démolition, situés dans les périmètres d'une opération d'un intérêt national (ORT) ou d'une grande opération d'urbanisme (GOU).

Ce dispositif temporaire, prévu pour prendre fin au plus tard le 31 décembre 2027, s'applique aux cessions précédées d'une promesse de vente signée et ayant acquis date certaine à compter du 1er janvier 2024.

Attention : Les cessions immobilières réalisées en 2024 et 2025 sont exclues du nouveau régime si elles ont été précédées d'une promesse signée et ayant acquis date certaine au 31 décembre 2023 au plus tard.

5648 **Prélèvements des non-résidents et taxe sur les plus-values élevées.** Les dispositions du C de l'article 9 de la loi de finances pour 2024 ayant modifié en ce sens les articles 244 bis A et 1609 nonies du CGI, les abattements exceptionnels de 60 %, 75 % et 85 % prévus par le nouvel article 150 VE du CGI ont vocation à s'appliquer pour la détermination de l'assiette de l'impôt sur le revenu et du prélèvement de l'article 244 bis A du CGI et, le cas échéant, de la taxe sur les plus-values élevées prévues à l'article 1609 nonies G du CGI (N. Gonzalez-Gharbi, *Abattements exceptionnels en faveur du logement collectif dans les zones tendues et les périmètres des ORT et des GO – La loi de finances pour 2024 réécrit l'article 150 VE du CGI : le jour sans fin des abattements temporaires applicables pour le calcul des plus-values immobilières : Constr.-Urb.* 2024, n° 1, comm. 11).

5649 **Application pour la détermination des prélèvements sociaux.** Contrairement à l'article 38 de la loi de finances pour 2021 qui avait créé l'ancien article 150 VE du CGI, l'article 9 de la loi de finances pour 2024, qui a réécrit entièrement ce même article 150 VE du CGI, ne prévoit pas l'application de l'abattement qu'il instaure pour la détermination de l'assiette des prélèvements sociaux (CSG, CRDS, prélèvement de solidarité). Toutefois, l'administration fiscale, en diffusant les nouveaux formulaires 2048-IMM-SD et 2048-TAB-SD, millésimés (mars 2024), et les notices y afférentes, a confirmé l'application de ces abattements pour la détermination de l'assiette des prélèvements sociaux.

La solution est fondée en droit sur l'article L. 136-7 du Code de la sécurité sociale dont les dispositions des I-2° et VI-I précisent que la contribution sociale généralisée (CSG) est assise et liquidée selon les mêmes règles que l'impôt sur le revenu. En conséquence, elle pourra être revendiquée pour toutes les cessions intervenues à compter du 1er janvier 2024, date d'entrée en vigueur du nouvel article 150 VE, éligibles à ces nouveaux abattements (N. Gonzalez-Gharbi, *Les abattements exceptionnels en faveur du logement collectif dans les zones tendues et les périmètres des ORT et des GOU s'appliquent pour le calcul de l'assiette des prélèvements sociaux : Constr.-Urb.* 2024, n° 4, comm. 51).

5650 **Mentions dans l'acte.** Pour l'application de l'abattement, le cessionnaire s'engage personnellement, par une mention portée dans l'acte authentique d'acquisition, à la construction, le cas échéant à la démolition des constructions existantes suivie d'une reconstruction ou à la réhabilitation complète de ces dernières concourant à la production d'immeubles neufs au sens du 2° du 2 du I de l'article 257 et à l'achèvement, dans un délai de quatre ans à compter de la date d'acquisition, d'un ou de plusieurs bâtiments d'habitation collectifs, au sens du 6° de l'article L. 111-1 du Code de la construction et de l'habitation, dont le gabarit est au moins égal à 75 % du gabarit maximal autorisé tel qu'il résulte de l'application des règles du plan local d'urbanisme ou d'un document d'urbanisme en tenant lieu.

Ainsi, outre la construction après démolition, le texte ouvre désormais l'avantage fiscal aux opérations de réhabilitation de l'existant, à la condition, toutefois, qu'elles aboutissent à la création d'immeubles neufs au sens de la TVA (sur ces critères, V. **Rénovation d'immeuble ancien**).

5651 **Taux de l'abattement.** Le taux de « droit commun » dépend du lieu de situation de l'immeuble : il est de 60 % pour les immeubles situés dans les communes classées en zones tendues et de 75 % pour les immeubles situés dans le périmètre d'une ORT ou d'une GOU.

5652 **Taux majoré de 85 %.** Le taux de l'abattement est porté à 85 % lorsque le cessionnaire s'engage à ce que la surface habitable des logements ainsi réalisés soit affectée, dès leur achèvement, pour au moins 50 % de la surface totale des constructions du programme immobilier :
– à du logement social défini aux 3° et 5° et 6° de l'article L. 831-1 du CCH ;
– à du logement social faisant l'objet d'un bail réel solidaire défini à l'article L. 255-1 du CCH ;
– ou à du logement intermédiaire défini à l'article L. 302-16 du CCH.

B TVA – Taux réduit de 10 % (CGI, art. 279-0 bis A)

Rappel : Pour être soumise à la TVA, la livraison doit être réalisée à titre onéreux par un assujetti à la TVA agissant en tant que tel V. **TVA immobilière**.

1 Origine et évolution du dispositif

5653 Créé par la loi de finances pour 2014 (L. n° 2013-1278, 29 déc. 2013, art. 73 : *JO* 30 déc. 2013, texte n° 1) l'article 279-0 bis A du CGI prévoyait de soumettre au taux réduit de TVA 10 % les livraisons de logements neufs au sens de la TVA (CGI, art. 257, I, 2, 2°), effectuées au profit des organismes HLM mentionnés à l'article L. 411-2 du Code de la construction et de l'habitation, des sociétés d'économie mixte visées à l'article L. 481-1 du même code et des sociétés anonymes de coordination entre les organismes d'habitations à loyer modéré mentionnées à l'article L. 423-1-1 dudit code (organismes mentionnés au 4° du 1 de l'article 207 du CGI). Ce dispositif n'a pas cessé depuis d'évoluer afin d'en élargir le champ d'application quant aux opérations concernées et quant aux cessionnaires éligibles.
Rappel : Sauf pour ce qui concerne le taux, la TVA s'applique aux livraisons ayant pour objet des immeubles ou droits réels immobiliers dans les conditions de droit commun (V. **TVA immobilière**).
➤ Sur le régime antérieur au 1er janvier 2021, V. BOI-TVA-IMM-30, publié le 28 octobre 2020.

2 Modifications issues de la loi de finances pour 2021

5654 L'article 279-0 bis A du CGI a été substantiellement modifié par l'article 50 de la loi de finances pour 2021 (L. n° 2021-1900, 30 déc. 2021). Le taux réduit de 10 % a été étendu aux logements neufs au sens de la TVA issus de la transformation d'un local affecté à un usage autre que l'habitation. De plus, les organismes investisseurs pourront désormais ne détenir que l'usufruit des logements locatifs. La clause dite de mixité sociale a été révisée afin que le seuil de 25 % de logements locatifs sociaux soit apprécié en nombre de logements de l'ensemble immobilier. L'agrément préalable a été supprimé et remplacé par une obligation déclarative, incombant aux propriétaires ou gestionnaires de ces logements, codifiée à l'article L. 302-16-1 du CCH, dont les modalités ont été définies par les articles D. 401-1 et suivants du CCH (D. n° 2021-1057, 6 sept. 2021).

5655 Conformément au III de l'article 32 de la loi de finances précitée, ces modifications s'appliquent aux livraisons de logements pour lesquels le permis de construire est déposé à compter du 1er janvier 2022. Toutefois, pour les ventes en l'état futur d'achèvement, il s'applique aux livraisons de logements pour lesquels l'acte de vente ou, le cas échéant, le contrat préliminaire, est signé à compter de cette même date (V. A. Zubalski et A.-S. Marcelli, *Aménagement du régime fiscal applicable aux opérations immobilières réalisées dans le secteur du logement intermédiaire : D.O Actualité* 21 janv. 2021, n° 4, 23).
Remarque : L'administration n'a pas commenté les modifications issues de la loi de finances pour 2021.

3 Régime applicable à compter du 1er janvier 2024

5656 L'article 71 de la loi de finances pour 2024 modifie pour la neuvième fois les dispositions de l'article 279-0 bis A du CGI afin d'encourager à la production de logements intermédiaires. Parmi les innovations les plus notables, on signalera la banalisation du statut juridique et fiscal du cessionnaire et l'extension aux logements meublés. (N. Gonzalez-Gharbi, *L'extension du champ d'application du taux réduit de TVA de 10 % au secours du logement locatif intermédiaire : Constr.-Urb.* 2024, n° 3, comm. 39).

a) Conditions d'application du taux réduit de TVA 10 %

5657 Résidence principale du locataire personne physique. Conditions de ressources et de loyers. Les exigences originelles tenant à la qualité de la personne du locataire, au montant de ses ressources ainsi qu'au plafond de loyer autorisé sont toujours requises. Le logement doit être affecté à usage de résidence principale du locataire qui doit ainsi être une personne physique dont les ressources n'excèdent pas les plafonds prévus par le III de l'article 199 novovicies du CGI (régime de la réduction Duflot-Pinel). Les loyers ne doivent pas, comme à l'origine, excéder les plafonds prévus par ce même III de l'article 199 novovicies du CGI.

➤ V. BOI-BAREME-000017 : BARÈME – RFPI – IR – Investissement immobilier locatif – Plafonds de loyer et de ressources pour l'année 2024, 11 mars 2024.

5658 Résidences-services. L'application du taux réduit aux livraisons de logement destiné à la location soumise à la TVA est exclue. En revanche, la livraison de logements destinés à la location en meublé, spécialement dans les résidences-services mentionnées à l'article L. 631-13 du CCH est éligible au taux réduit. En conséquence, le loyer plafond diffère selon que le logement dépend ou non de pareille résidence. L'article 279-0 bis A du CGI précise :

> « Lorsqu'ils font partie d'une résidence-services mentionnée à l'article L. 631-13 du code de la construction et de l'habitation, la part de la quittance relative au loyer et la part de la quittance relative aux services non individualisables n'excèdent pas des plafonds fixés par décret. Les plafonds de la part de la quittance relative au loyer sont déterminés en fonction de la localisation et du type des logements. Les plafonds se rapportant à la part de la quittance relative aux services non individualisables sont déterminés en fonction de ces mêmes paramètres et de la nature de ces services ».

5659 Condition tenant à la personne du bénéficiaire de la livraison. L'article 71 de la loi de finances pour 2024 consacre la banalisation de la personne de l'acquéreur du logement locatif ou, en cas de démembrement, de son usufruitier. Toutes les personnes morales sont admises, sans égard à leur statut juridique ou fiscal ni à la qualité de leurs membres. Le but étant d'encourager à la souscription par des particuliers au capital de sociétés d'investissement (des SCPI, notamment), l'ancienne énumération des personnes éligibles est purement et simplement abandonnée et, en particulier, il n'est plus exigé que le destinataire de la livraison du logement intermédiaire ou, en cas de démembrement, l'usufruitier, soit « une personne morale dont le capital est détenu, directement ou indirectement, en totalité par des personnes passibles de l'impôt sur les sociétés ».

5660 Logements et opérations concernés. Le taux de TVA à 10 % n'est plus limité aux logements qui résultent d'une construction nouvelle ou d'une transformation de locaux affectés à un usage autre que l'habitation par des travaux mentionnés au 2° du 2 du I de l'article 257 du CGI (reconstruction au sens de la TVA immobilière). Il s'étend désormais aux opérations d'acquisition-amélioration, au sens du 6° du I de l'article 278 sexies du CGI, dans des bâtiments ou des parties de bâtiment à usage résidentiel qui conduisent à une amélioration de la performance énergétique dans des conditions déterminées par arrêté conjoint des ministres chargés du budget, de l'énergie et du logement ainsi qu'à ces travaux d'amélioration.

Pour rappel, aux termes du 6° du I de l'article 278 sexies du CGI :

> « L'acquisition-amélioration s'entend de la succession des opérations suivantes portant sur des locaux affectés ou non à l'habitation :
> *a)* La livraison financée par un prêt réglementé ou la mise à disposition dans le cadre d'un bail emphytéotique consenti par l'État, une collectivité territoriale ou un groupement de collectivités territoriales ;
> *b)* La réalisation de travaux d'amélioration, de transformation ou d'aménagement financés par un prêt réglementé ; ».

➤ Sur le régime de ces opérations réalisées dans le secteur du logement social, V. **Logement social**.

5661 Localisation géographique. C'est à ce niveau que se manifeste l'extension la plus notable du dispositif. Aux termes du nouveau 3° du I de l'article 279-0 bis A du CGI, les logements sont situés, à la date de la demande du permis de construire :

a) sur le territoire de communes classées par l'arrêté mentionné au IV de l'article 199 novovicies du présent code ;

b) sur le territoire de communes de réindustrialisation où sont réalisés des projets d'intérêt national majeur, au sens du I de l'article L. 300-6-2 du code de l'urbanisme ;

c) dans le périmètre d'une grande opération d'urbanisme, au sens de l'article L. 312-3 du même code, comportant la transformation d'une zone d'activité économique, au sens de l'article L. 318-8-1 dudit code, d'une opération programmée d'amélioration de l'habitat prévue à l'article L. 303-1 du Code de la construction et de l'habitation ou d'une

opération de requalification de copropriétés dégradées prévue à l'article L. 741-1 du même code ;
d) sur le territoire des communes qui ont conclu un contrat de projet partenarial d'aménagement mentionné à l'article L. 312-1 du Code de l'urbanisme ou une convention d'opération de revitalisation de territoire prévue à l'article L. 303-2 du Code de la construction et de l'habitation.

Il est par ailleurs précisé que l'appréciation de cette condition de localisation dans les zones nouvellement éligibles au taux réduit s'effectue au 31 décembre 2024, lorsque le permis de construire a été déposé au plus tard le 3 octobre 2023 et que l'ouverture du chantier est intervenue avant le 31 décembre 2024 (L. n° 2023-1322, 29 déc. 2023, art. 71, III, 2°).

5662 **Clause dite de « mixité ».** Les logements doivent être intégrés dans un ensemble immobilier comprenant au minimum 25 % de logements locatifs sociaux, au sens du 1° du I de l'article 278 sexies du CGI (V. **Logement social**). Cette exigence ne s'applique pas à l'égard des résidences-services mentionnées à l'article L. 631-13 du CCH. Il convient d'ajouter que cette condition ne s'applique pas aux logements situés :
– dans les communes comptant plus de 25 % de logements sociaux, au sens de l'article L. 302-5 du CCH ;
– ou dans les quartiers prioritaires de la politique de la ville (QPV) au sens du 8° de l'article 278 sexies du CGI.

b) Conditions d'application de la TVA au taux de 10 % en cas de démembrement de propriété

5663 Interrogé sur les conditions d'application du taux réduit de 10 % en cas de démembrement de propriété, le ministre de l'Économie, des Finances et de la Souveraineté industrielle a apporté les précisions suivantes :

« Conformément aux dispositions du 1° du I de l'article 279-0 bis A du code général des impôts (CGI), le taux réduit de la TVA de 10 % s'applique à certaines livraisons de logements destinés par le preneur à la location à usage de résidence principale pour des personnes physiques dont les ressources n'excèdent pas certains seuils et qui répondent à certaines conditions de localisation géographiques. Le dispositif s'applique lorsque le destinataire de la livraison appartient à une des catégories d'investisseurs institutionnels énumérés aux a à e du 2° du I de l'article 279-0 bis A du CGI. Il s'applique également en cas de démembrement de propriété, lorsque l'usufruitier relève de l'une de ces catégories. Dans le cas d'un démembrement *ab initio*, sous réserve que toutes les conditions soient réunies, le taux de 10 % de la TVA s'applique à la constitution du droit d'usufruit au profit de l'investisseur institutionnel. Par tolérance administrative, il est admis que le taux réduit s'applique alors également à la constitution du droit de nue-propriété au profit du nu-propriétaire (généralement une personne physique). Ce dernier est alors, mutatis mutandis, passible des régularisations instituées au II bis de l'article 284 du CGI. Selon cette disposition, tout preneur des livraisons soumises au taux réduit conformément à l'article 279-0 bis A du CGI est tenu au paiement du complément d'impôt lorsqu'il cesse de louer tout ou partie des logements dans les vingt ans qui suivent le fait générateur de l'opération, sauf si cette cessation résulte, à compter de la onzième année, de cessions de logements. Néanmoins, jusqu'à la seizième année qui suit le fait générateur de l'opération de construction, les cessions ne peuvent porter sur plus de 50 % des logements. Il en résulte qu'en cas de démembrement de propriété, dans l'hypothèse où l'extinction de l'usufruit intervient avant la seizième année qui suit le fait générateur de l'opération, tant l'usufruitier que le nu-propriétaire, sont tenus au versement du complément d'impôt résultant de la différence entre le taux réduit de 10 % et le taux normal. À cet égard, il n'y a pas lieu d'appliquer à ce calcul un dispositif de décote qui tiendrait compte du nombre d'années écoulées au cours de la convention d'usufruit, l'instauration d'une telle décote n'étant au demeurant pas envisagée. Il est toutefois admis que le nu-propriétaire et l'usufruitier soient dispensés du paiement du complément de taxe dès lors qu'à l'occasion de cette extinction, le nu-propriétaire qui obtient la pleine et entière propriété du bien poursuit l'activité locative à laquelle l'usufruitier affectait auparavant l'immeuble dans les conditions prévues par l'article 279-0 bis A du CGI. De la même manière, la cession par le nu-propriétaire de son droit de nue-propriété reste sans incidence sur le taux de la TVA qui lui a été appliqué lors de la constitution de la nue-propriété dès lors que l'usufruitier poursuit l'activité locative dans les conditions prévues par l'article 279-0 bis A du CGI » (Rép. min. n° 378, Louwagie : *JOAN* 11 avr. 2023, p. 3331).

5664 Cette solution devrait conserver sa pertinence pour l'application de l'article 279-0 bis A du CGI dans sa rédaction en vigueur depuis le 1er janvier 2024.

c) Remise en cause du taux réduit

5665 **Principe.** L'application du taux réduit à la livraison de logements et à la livraison à soi-même étant subordonnée au respect des conditions prévues à l'article 279-0 bis A du CGI, les conditions et modalités de remise en cause de ce régime de faveur sont prévues à l'article 284 du CGI.

5666 **Incidences du transfert par cession ou apport d'un contrat de VEFA dans le cadre d'une opération immobilière réalisée dans le secteur intermédiaire bénéficiant de la TVA à taux réduit de 10 % prévu à l'article 279-0 bis A du Code général des impôts.** L'administration fiscale s'est prononcée sur les conditions d'application de la TVA à la cession du contrat de VEFA en publiant au BOFiP-impôts, le 28 octobre 2020, un rescrit BOI-RES-000064 : TVA – IMM, 28 oct. 2020 – BOI-TVA-IMM-30 qui a fixé pour la première fois, de manière quasi exhaustive, les règles de la TVA applicables à la cession du contrat de VEFA. Il en résulte en particulier les précisions suivantes :

« – le taux réduit de la TVA n'est pas remis en cause compte tenu du transfert du contrat de VEFA au cessionnaire, sous réserve que ce dernier continue à satisfaire aux conditions prévues à l'article 279-0 bis A du CGI pour le bénéficie du taux réduit de TVA ;

– le cédant peut déduire dans les conditions de droit commun la TVA à taux réduit qu'il a, préalablement à cette cession taxable, réglée au promoteur au titre des appels de fond dès lors que conformément aux dispositions de l'article 271 du CGI, la taxe d'amont qui a grevé les éléments du prix d'une opération imposable en aval est déductible de la taxe applicable à cette opération ;

– le promoteur peut continuer à appliquer directement la TVA à taux réduit prévue à l'article 279-0 bis du CGI aux appels de fonds qui sont réclamés postérieurement au transfert du contrat de VEFA au cessionnaire, à condition que ce dernier satisfasse aux conditions permettant de bénéficier de ce dispositif. Il est précisé que le cessionnaire doit notamment disposer à titre personnel d'un agrément préalable du représentant de l'État dans le département, précisant le cadre de chaque opération et portant sur le respect des conditions prévues aux a à c de l'article 279-0 bis du CGI. À défaut, le bénéfice du taux réduit pourra être remis en cause dans les conditions précisées au III § 180 et 190 du BOI-TVA-IMM-30 ».

5667 Rappelons, toutefois, que les services fiscaux ne précisent pas le régime de ce contrat immobilier au regard des droits d'enregistrement et de la taxe de publicité foncière et de la contribution de sécurité immobilière (*Le rescrit du 28 octobre 2020, relatif aux conséquences du transfert d'un contrat de VEFA dans le secteur du logement intermédiaire fixe le régime de la cession du contrat de VEFA au regard de la TVA : Constr.-Urb.* 2020, comm. 147, N. Gonzalez-Gharbi). Dans ce contexte de silence de la loi et d'absence de prise de position publiée de l'administration, V. la proposition de taxation illustrée par son auteur dans une formule des déclarations fiscales dans une cession de contrat de VEFA (V. N. Gonzalez-Gharbi, *Cession de contrat de vente en l'état futur d'achèvement – Déclarations fiscales : Constr.-Urb.* 2019, form. 4).

➤ Pour plus de détails, V. **Immeuble à construire**.

C Taxe de publicité foncière et contribution de sécurité immobilière

5668 En principe, les acquisitions de logements intermédiaires et de droits réels immobiliers relatifs à ces logements sont soumises au régime de droit commun et bénéficient, le cas échéant, des régimes de faveur applicables aux immeubles d'habitation (V. **Immeuble à construire** ; **Immeuble d'habitation** ; **Immeuble neuf** ; **Immeuble ancien**, etc.), ou aux HLM (V. **HLM**).

5669 **Transferts de biens d'un organisme HLM au profit de sa filiale de logements locatifs intermédiaires. Taxe fixe.** Issu de l'article 39 de la loi n° 2016-1918 du 29 décembre 2016 de finances rectificative pour 2016, le 3° de l'article 1051 du CGI prévoit que l'imposition fixe de 125 € s'applique aux transferts d'immeubles par un organisme HLM à sa filiale de logements locatifs intermédiaires ou à une société sur laquelle il exerce un contrôle conjoint (BOI-ENR-DMTOI-10-90-20, 5 avr. 2017, n° 420).

➤ Sur ces filiales de logements locatifs intermédiaires, V. CCH, art. L. 421-1 à L. 421-3.

Logement social

Neyla GONZALEZ-GHARBI

Sommaire analytique

5670 Application des taux réduits de TVA (5,5 % et 10 %) aux opérations immobilières réalisées dans le secteur du logement social. Mesure fiscale en faveur du logement social, l'application du taux réduit de la TVA, à l'origine fixé à 5,5 %, a été initialement réservée par l'article 278 sexies du Code général des impôts (créé par loi DDOEF n° 91-716, 26 juill. 1991, art. 10 : *JO* 27 juill. 1991) aux ventes et apports de terrains à bâtir aux organismes HLM et aux personnes physiques bénéficiaires des prêts aidés par l'État prévus aux articles L. 301-1 et suivants du Code de la construction et de l'habitation. Elle a ensuite été étendue par l'article 17 de la loi n° 96-1181 du 30 décembre 1996 (*JO* 31 déc. 1996) aux livraisons et livraisons à soi-même de certains logements locatifs sociaux. Depuis lors, le texte de l'article 278 sexies du Code général des impôts a fait l'objet de multiples modifications élargissant au fil du temps le champ d'application du taux réduit de la TVA quant aux opérations concernées (sur la lisibilité et l'efficience de cette dépense fiscale, V. C. comptes, *Dépenses fiscales en faveur du logement social*, REF S2017-1737, 18 sept. 2017 ; *La gestion des dépenses fiscales en faveur du logement*, Communication à la commission des finances, de l'économie générale et du contrôle budgétaire de l'Assemblée nationale, mars 2019).

Dans le cadre de la réorganisation du secteur du logement social et spécialement HLM opérée par la loi n° 2018-1021 du 23 novembre 2018 (*JO* 28 nov. 2018) dite « loi ELAN », l'article 12 de la loi de finances pour 2018 (L. n° 2017-1837, 30 déc. 2017 : *JO* 31 déc. 2017) a réécrit à droit constant l'article 278 sexies du Code général des impôts et créé un nouvel article 278 sexies-0 A consacré aux taux réduits applicables aux opérations visées par l'article 278 sexies du Code général des impôts, le tout afin de porter le taux de 5,5 % à 10 % pour certaines de ces opérations effectuées au profit ou par les organismes HLM.

L'augmentation du taux réduit applicable au secteur HLM ayant été très fortement critiquée, le Gouvernement a signé avec les représentants de ce secteur un « Pacte d'investissement pour le logement social 2020/2022 », prévoyant, notamment, un rétablissement du taux réduit de 5,5 % réservé, néanmoins, aux opérations très sociales (Communiqué du Premier ministre, 25 avr. 2019).

C'est dans ce contexte que l'article 30 de la loi n° 2019-1479 du 28 décembre 2019, de finances pour 2020 (*JO* 29 déc. 2019) a procédé à l'entière réécriture des articles 278 sexies et 278 sexies-0 A du Code général des impôts.

L'article 48 de la loi de finances pour 2021 (L. n° 2020-1721, 29 déc. 2020) a étendu le bénéfice du taux réduit de 5,5 % à l'ensemble des livraisons immobilières faites au profit d'un OFS en vue de la conclusion d'un bail réel solidaire et aux livraisons à soi-même effectuées par cet organisme, d'immeubles destinés après travaux à être loués par bail réel solidaire. Le 4° du III de l'article 278 sexies du CGI a été modifié en ce sens (V **Bail réel solidaire**). D'autre part, la liste des logements éligibles au taux réduit a été allongée (CGI, art. 278 sexies IV, aa) nouveau) et le régime du taux réduit de 10 % applicable aux logements intermédiaires a été amendé (CGI, art. 279-0 bis A).

5671 Application du taux réduit de 10 % aux logements dits intermédiaires. Renvoi (V **Logement intermédiaire**). L'article 279-0 bis A prévoyant l'application du taux réduit de 10 % à certaines livraisons de logements neufs au sens de la TVA a été créé par l'article 70 de la loi n° 2013-1278 du 29 décembre 2013 de finances pour 2014. Ce dispositif a connu plusieurs évolutions visant à en étendre le champ d'application, dont la dernière en date issue de l'article 71 de la loi de finances pour 2024 (L. n° 2023-1322, 29 déc. 2023 : *JO* 30 déc. 2023, texte n° 1. – N. Gonzalez-Gharbi, *L'extension du champ d'application du taux réduit de TVA de 10 % au secours du logement locatif intermédiaire » : Constr.-Urb.* 2024, n° 3, comm. 39).

D'autre part, l'article 30 de la loi de finances pour 2020 a assimilé, sous certaines conditions, les logements visés à l'article 279-0 bis A à des logements sociaux (CGI, art. 278 sexies, II, C).

5672 Évolution dans le temps des taux réduits de TVA applicables dans le secteur social et assimilé. Comme les biens et services qui relevaient précédemment du taux réduit de 5,5 %, les opérations immobilières réalisées dans le cadre de la politique du logement ont été, à compter du 1er janvier 2012, soumises au taux de 7 % (L. fin. rect. 2011, n° 2011-1978, 28 déc. 2011, art. 13 : *JO* 29 déc. 2011, p. 22 510 ; *Dr. fisc.* 2012, n° 4, comm. 103). Les modalités d'application de cette mesure ont été précisées par une instruction du 8 février 2012 (*BOI* 3 C-1-12).

Le taux de 7 % a été ensuite ramené à 5,50 % par la loi de finances pour 2014 (L. n° 2013-1278, 29 déc. 2013, art. 29 : *JO* 30 déc. 2013).

La loi de finances pour 2018 (L. fin. n° 2017-1837, 30 déc. 2017 pour 2018, *JO* 31 déc. 2017, art. 12), a inscrit dans un plan de restructuration du secteur HLM, l'augmentation du taux réduit applicable à leurs opérations comme contrepartie à la baisse de leurs cotisations versées au Fonds national des aides à la pierre (V. N. Gonzalez-Gharbi, *Les bailleurs sociaux paieront plus cher et plus vite la TVA qui grève la construction des logements locatifs : Constr.-Urb.* 2018, comm. 62).

À compter du 1er janvier 2018, le taux de 5,5 % a été relevé à 10 % pour les opérations suivantes visées par l'article 278 sexies du Code général des impôts dans sa rédaction issue de l'article 12 de la loi de finances pour 2018 :

– livraisons de terrains à bâtir consenties aux organismes d'HLM ou aux opérateurs bénéficiaires d'un prêt de l'État pour la construction de logements sociaux à usage locatif (CGI, art. 278 sexies, I, 1) ;

– livraisons de logements sociaux neufs à usage locatif lorsque l'acquisition est financée au moyen d'un prêt de l'État ou d'une subvention de l'ANRU (CGI, art. 278 sexies, I, 2) ;

– premier apport de logements sociaux à usage locatif, dont la construction a fait l'objet d'une livraison à soi-même (LASM) au taux réduit, réalisée dans les cinq ans de l'achèvement de la construction, au profit d'un organisme HLM (CGI, art. 278 sexies, I, 3) ;

– livraisons de logements sociaux à usage locatif à l'Association foncière logement (AFL) dont l'objet est de réaliser des programmes de logements, locatifs ou en accession à la propriété, contribuant à la mixité sociale des villes et des quartiers, mais aussi de contribuer par transfert d'actifs au financement des régimes de retraite complémentaire obligatoires des salariés du secteur privé (CGI, art. 278 sexies, I, 6) ;

– livraisons de logements à usage locatif à l'AFL ou à des sociétés civiles immobilières dont cette association détient la majorité des parts lorsque ces logements sont destinés à être occupés par des ménages respectant des conditions de ressources et sont situés soit dans des quartiers faisant l'objet d'une convention dans le cadre du NPNRU, soit entièrement situés à une distance de moins de 300 mètres de la limite de ces quartiers (CGI, art. 278 sexies, I, 7) ;

– livraisons de logements à usage locatif aux organismes réalisant des opérations dans le cadre du PNRU, dont la réalisation était initialement prévue par l'AFL, lorsque ces logements sont destinés à être occupés par des ménages respectant des conditions de ressources (CGI, art. 278 sexies, I, 7 bis) ;

– cessions de droits immobiliers démembrés de logements sociaux neufs à usage locatif lorsque l'usufruitier bénéficie d'un prêt de l'État pour l'acquisition de logements sociaux à usage locatif (CGI, art. 278 sexies, I, 10).

Par dérogation à ce principe, le taux de 10 % ne s'est pas appliqué aux encaissements pour lesquels la TVA était exigible avant cette date.

➤ Sur le régime applicable jusqu'au 1er décembre 2019, V. présent Guide éd. 2019, V. Location-accession ; HLM et Logement social.

➤ Sur les conditions d'application dans le temps des taux normal et réduits de la TVA, V **TVA**.

5673 Régime applicable à compter du 1er décembre 2019. Principe. Les taux de 5,5 % ou 10 % s'appliquent en vertu des articles 278 sexies et 278 sexies-0 A du Code général des impôts dans leur rédaction issue de l'article 30 de la loi de finances pour 2020 aux opérations dont le fait générateur se situe au 1er décembre 2019 (L. n° 2019-1479, 28 déc. 2019, art. 30). Le fait générateur de la livraison taxable, tel que défini à l'article 269 du CGI (V **TVA immobilière**), devra intervenir à compter de cette date, y compris pour les opérations déjà engagées. Le choix de cette date d'entrée en vigueur aura pour effet de neutraliser le relèvement du taux réduit de la TVA issu de l'article 12 de la loi de finances pour 2018 pour les opérations engagées et non encore achevées au 1er décembre 2019. Ces opérations bénéficieront, de nouveau, du taux de 5,5 %, sous réserve d'entrer dans les prévisions des nouvelles dispositions de l'article 278 sexies du Code général des impôts.

Nous préciserons pour les nouvelles opérations entrant dans son champ d'application tel que modifié par la loi de finances pour 2021, les dates d'entrée en vigueur de ces dispositions.

5674 Régime applicable à compter du 1er décembre 2019. Exception. Taux appliqué à la première livraison ou livraison à soi-même. Afin d'éviter les effets délétères des modifications dans le temps des taux réduits, le quatrième alinéa de l'article 278 sexies 0-A du Code général des impôts dispose : « Par dérogation aux trois premiers alinéas du présent article, le taux applicable aux livraisons des logements, terrains et locaux mentionnés aux II à IV de l'article 278 sexies postérieures à la première livraison ou livraison à soi-même de ces mêmes logements, terrains et locaux est celui applicable à cette première livraison ou livraison à soi-même. »

Il résulte de ce texte que cette règle dérogatoire ne s'applique pas aux livraisons des terrains à bâtir visés au V de l'article 278 sexies du Code général des impôts.

Justification de la règle dérogatoire : « Il s'agit de corriger un effet résultant des modifications successives des taux de TVA applicables aux logements locatifs sociaux. Lorsqu'un logement neuf est revendu dans les cinq années, cette revente est soumise à la TVA au taux en vigueur, et non au taux applicable lors de l'achèvement de l'immeuble. Cela induit soit un frein à la restructuration, soit des effets d'aubaine. Pour cette raison, le présent amendement prévoit que le taux applicable lors d'une revente est celui appliqué lors la livraison ou de la livraison à soi-même initiale » (déclaration du secrétaire d'État en soutien de l'amendement n° I-3061 du gouvernement à l'origine du quatrième alinéa de l'article 278 sexies-0 A : *JOAN* CR, séance 18 oct. 2019).

5675 Objet de l'étude. Dans le secteur du logement social et assimilé, les taux réduits de la TVA s'appliquent aux livraisons et livraisons à soi-même d'immeubles et droits immobiliers (CGI, art. 278 sexies-0 A et 279 sexies-0 A bis). L'étude se limitera aux opérations qui correspondent à des mutations immobilières à titre onéreux dont la publication au service de la publicité foncière des actes qui les constatent est obligatoire.

Ne seront ici envisagées que les conditions d'application du taux réduit de la TVA. Les autres règles de la TVA applicables aux livraisons d'immeubles et droits immobiliers sont exposées au V **TVA immobilière**.

Les perceptions à opérer sur ces actes en matière de droits d'enregistrement, de taxe de publicité foncière et de contribution de sécurité immobilière sont exposées aux études suivantes : V **Apport en société soumis à la TVA** ; **Départements, Départements d'outre-mer** ; **Échange, HLM, Immeuble à construire** ; **Immeuble neuf** ; **Vente d'immeuble**, etc. auxquels il conviendra de se reporter.

5676 **Plan.** Nous exposerons les règles gouvernant l'application des taux réduits de la TVA applicables aux livraisons d'immeubles et droits immobiliers qui y sont éligibles en vertu de l'article 278 sexies du Code général des impôts dans sa rédaction issue de l'article 30 de la loi de finances pour 2020 précitée en distinguant selon que la mutation taxable porte sur un terrain à bâtir (I), un logement (II), un local (III) ou un droit réel immobilier (IV). Enfin, nous évoquerons les deux régimes d'accession sociale « Pass-foncier » anciennement régis par le 9 du I de l'article 278 sexies du CGI (V). **Remarque.** Au 2 juin 2021, l'administration n'a pas publié ses commentaires de la réforme issue de la loi de finances pour 2020, ni des nouvelles règles issues de la loi de finances pour 2021. Nous citerons, lorsqu'elles nous semblent transposables, les solutions exposées au *BOFiP-impôts* dans sa dernière version publiée.

RAPPEL **Pour être soumise de plein droit à la TVA, la livraison doit être réalisée à titre onéreux par un assujetti à la TVA agissant en tant que tel et porter soit sur un terrain à bâtir soit sur un logement qui n'est pas achevé depuis plus de cinq ans, soit sur un droit réel immobilier y relatif.** V. **TVA.** **L'application de la TVA à la livraison d'un immeuble destiné par l'acquéreur à la construction d'un immeuble neuf au sens de l'article 257 du Code général des impôts ne constitue pas une condition exigée pour le bénéfice de l'exonération de droits de mutation à titre onéreux prévue par l'article 1594-0 G, A du Code général des impôts (régime de faveur des acquisitions concourant à la production d'un immeuble neuf)** – V. **Engagement de construire.**

CGI, art. 278 sexies-0 A (*Mod. par L. n° 2021-1900 du 30 décembre 2021 de finances pour 2022, art. 32*). – Les taux réduits prévus à l'article 278 sexies sont égaux à :

Secteurs ou locaux concernés	Subdivision de l'article 278 sexies	Taux
Logements locatifs sociaux financés par un prêt locatif aidé d'intégration	1° du A du II	5,5 %
Logements locatifs sociaux financés par un prêt locatif à usage social et relevant de la politique de renouvellement urbain	2° du A du II	5,5 %
Autres logements locatifs sociaux	3° du A du II	10 %
Locaux faisant l'objet d'une acquisition-amélioration lorsque l'acquisition est financée par un prêt locatif aidé d'intégration ou un prêt locatif à usage social	2° du B du II	5,5 %
Logements assimilés à des logements locatifs sociaux	C du II	10 %
Accession sociale à la propriété	III	5,5 %
Secteur social et médico-social	IV	5,5 %
Terrains à bâtir destinés à des locaux faisant l'objet d'une opération taxable au taux réduit	V	10 %

Pour les opérations mentionnées au 1° du B du II de l'article 278 sexies, le taux applicable est celui prévu par le tableau du deuxième alinéa du présent article pour la livraison mentionnée au A du II de l'article 278 sexies portant sur la même catégorie de logements.

Par dérogation aux trois premiers alinéas du présent article, le taux applicable aux livraisons des logements, terrains et locaux mentionnés aux II à IV du même article 278 sexies postérieures à la première livraison ou livraison à soi-même de ces mêmes logements, terrains et locaux est celui applicable à cette première livraison ou livraison à soi-même. »

I

Livraisons de terrains à bâtir

CGI, art. 278 sexies. – (...) III. – Dans le secteur de l'accession sociale à la propriété, relèvent des taux réduits de la taxe sur la valeur ajoutée mentionnés à l'article 278 sexies-0 A :

(...)

4° Les opérations suivantes réalisées dans le cadre d'un bail réel solidaire dans les conditions prévues au chapitre V du titre V du livre II du même code :

a) Les livraisons à un organisme de foncier solidaire et les livraisons à soi-même effectuées par ce dernier, d'immeubles destinés, le cas échéant après travaux, à faire l'objet d'un bail réel solidaire ;

(...)

V. – Relèvent des taux réduits de la taxe sur la valeur ajoutée mentionnés à l'article 278 sexies-0 A les livraisons de terrains à bâtir destinés à la construction de locaux faisant l'objet d'une opération taxable au taux réduit conformément au présent article, autres que celles mentionnées au a du 4° du III, lorsque l'acquéreur atteste de cette destination dans l'acte de vente.

CGI, art. 278 sexies-0 A (*Mod. par L. n° 2021-1900 du 30 décembre 2021 de finances pour 2022, art. 32*). (...) « Les taux réduits prévus à l'article 278 sexies sont égaux à :

Secteurs ou locaux concernés	Subdivision de l'article 278 sexies	Taux
Terrains à bâtir destinés à des locaux faisant l'objet d'une opération taxable au taux réduit	V	10 %

5677 Notion de terrain à bâtir. Conditions d'application de la TVA. L'article 278 sexies du Code général des impôts ne définit pas la notion de terrain à bâtir retenue pour l'application des taux réduits de la TVA. Il y a donc lieu de se référer aux dispositions du 1° du 2 du I de l'article 257 du Code général des impôts et aux précisions administratives figurant au BOI-TVA-IMM-10-10-10-20-20140929, n°s 10 à 120.

Par conséquent, hors le taux de TVA applicable, la TVA s'applique aux livraisons de terrains à bâtir visées à l'article 278 sexies du Code général des impôts selon les règles de droit commun qui déterminent les opérations imposables, la base d'imposition (prix total ou marge brute), le fait générateur, le redevable, les règles de territorialité, les obligations de déclaration et de paiement de la TVA. Sur tous ces points, on se reportera aux études suivantes : V **Lotissement** ; **Terrains** et **TVA**.

Rappel. Droits de mutation à titre onéreux et de CSI applicable aux mutations de terrains à bâtir. Les perceptions exigibles en matière de droits de mutation à titre onéreux et de CSI obéissent aux régimes prévus selon la nature juridique de la mutation (vente, apport en société, échange, etc.). Elles varient selon que la mutation est soumise au tarif de droit commun ou qu'elle est susceptible de bénéficier d'un régime fiscal de faveur. On se reportera aux études traitant de l'opération considérée et notamment : V **Apport en société** ; **Collectivités publiques** ; **Département** ; **Échange** ; **Engagement de construire** ; **Engagement de revendre** ; **HLM** ; **Lotissement** ; **Terrains** ; **Vente d'immeubles** et **TVA**.

5678 Régime de taux réduits de TVA issu de la loi de finances pour 2020 – Extension à toutes les livraisons de terrains à bâtir concourant à la réalisation d'une opération taxable au taux réduit visée à l'article 278 sexies du Code général des impôts. Le régime du taux réduit de la TVA applicable aux livraisons de terrains à bâtir dans le secteur du logement social était prévu par les anciennes dispositions du 1° du I de l'article 278 sexies du Code général des impôts qui réservaient le taux réduit de 10 % aux livraisons de terrains à bâtir consenties à des acquéreurs déterminés : organismes HLM ou bénéficiaires d'un prêt mentionné à l'article R. 331-1 du CCH (V. Guide, éd. 2019, V. HLM, n°s 4272 à 4275 ; V. Logement social, n°s 5642 à 5651).

La loi de finances pour 2020 étend le bénéfice du taux réduit de la TVA à toutes les livraisons (ventes et apports, notamment) de terrains à bâtir concourant à la réalisation d'une opération bénéficiant du taux réduit en vertu des nouvelles dispositions de l'article 278 sexies du Code général des impôts. Le taux réduit de la TVA est fixé **uniformément** à 10 % (CGI, art. 278 sexies-0 A, 2ᵉ al., tableau, dernière ligne).

5679 **Cas particulier de la livraison d'un terrain à bâtir dans le cadre d'un bail réel solidaire.** La loi de finances pour 2020 a préservé le régime particulier du bail réel solidaire. La livraison du terrain à bâtir à l'organisme de foncier solidaire reste soumise au taux réduit de 5,5 %.
La loi de finances pour 2021 étend le bénéfice du taux réduit de 5,5 % à l'ensemble des immeubles acquis par un OFS. Ainsi, outre les terrains à bâtir, le taux réduit de la TVA de 5,5 % s'appliquera aux livraisons (ventes et apports) effectuées au profit d'un OFS portant sur des immeubles anciens (en cas d'option des vendeurs pour la TVA) comme d'immeubles bâtis neufs.

5680 Nous exposerons successivement le régime nouveau issu de la loi de finances pour 2020 (A), puis celui spécifique au bail réel solidaire (B).

A Livraisons de terrains à bâtir concourant à la réalisation d'une opération taxable au taux réduit – Cas général – Taux réduit de 10 %

5681 Il résulte des dispositions du V de l'article 278 sexies du Code général des impôts que la livraison d'un terrain à bâtir effectuée par un assujetti agissant en tant que tel sera soumise à la TVA au taux réduit dès lors que l'acquéreur du terrain le destine à la construction d'un logement ou d'un local dont la livraison, la livraison à soi-même, le cas échéant l'apport ou la cession de droits démembrés y relatifs bénéficie elle-même du taux réduit de la taxe, en vertu de l'article 278 sexies du Code général des impôts.

5682 À l'exception de la livraison du terrain à bâtir au profit d'un OFS visée au *a)* du 4° du II de l'article 278 sexies, le taux réduit applicable à la livraison du terrain à bâtir concourant à la construction d'un immeuble entrant dans les prévisions de l'article 278 sexies est uniformément fixé à 10 % (CGI, art. 278 sexies-0A, 2ᵉ al., tableau, dernière ligne).
Il importe donc peu que le taux applicable à l'opération ayant pour objet le logement ou le local ou les droits démembrés y relatifs soit elle-même soumise au taux réduit de 5,5 % ou à celui de 10 %. Les dispositions de l'article 30 de la loi de finances diffèrent, sur ce point, de celles de l'article 8 du PLF tel qu'adopté en première lecture par l'Assemblée nationale (PLF 2020, AN, TA n° 08, 22 oct. 2019 ; N. Gonzalez-Gharbi, *Un nouveau périmètre du taux réduit de 5,5 % applicable au logement social : Constr.-Urb.* 2019, comm. 152). Le texte final est issu d'amendements sénatoriaux acceptés par le Gouvernement (V. par ex. l'amendement n° I-625 rect. bis de Mᵐᵉ Lienemann et M. Collombat) dont l'exposé des motifs soutenait que « cette solution est plus simple et ne pénalise pas les opérateurs (même s'ils paient une TVA de 10 % sur l'acquisition d'un terrain destiné à une opération de logements taxable à 5,5 %, la TVA payée sur le terrain sera déductible et l'opération sera taxée, in fine, y compris pour la "partie terrain", au taux de 5,5 %) » (PLF 2020, Sén. TA 10 déc. 2019 ; *Constr.-Urb.* 2020, comm. 18).

5683 Il convient d'examiner le champ d'application du taux réduit (1°), puis ses conditions d'application (2°).

1 Champ d'application du taux réduit de TVA

5684 Le terrain doit être acquis par une personne qui le destine à la construction d'un logement locatif social (CGI, art. 278 sexies, II), d'un logement destiné à une opération d'accession sociale à la propriété (CGI, art. 278 sexies, III) ou, dans le secteur social ou médico-social, d'un local destiné à des structures et établissements énumérés au IV de l'article 278 sexies du Code général des impôts, soit directement soit *via* une mise à disposition. Ces opérations, en ce qu'elles concernent des mutations portant sur ces logements et locaux, seront examinés dans cette étude suivant le plan annoncé n° 5676.

2 Conditions d'application du taux réduit

5685 Aux termes des dispositions du V de l'article 278 sexies du Code général des impôts, le taux réduit s'applique lorsque l'acquéreur atteste dans l'acte de vente de la destination du terrain à bâtir acquis par lui à la construction de locaux faisant l'objet d'une opération taxable au taux réduit conformément à l'article 278 sexies.

5686 Aucune condition particulière relative au statut juridique de l'acquéreur n'est requise par la loi. L'acquéreur peut être indifféremment un organisme HLM, une société d'économie mixte ayant pour objet la construction de logements (SEM), une collectivité publique ou un opérateur privé (personne physique ou morale).

5687 L'administration fiscale devra préciser si la mention dans l'acte requise par l'article 278 sexies doit viser précisément l'opération de construction à laquelle est destiné le terrain acquis. Faudra-t-il, par exemple, que l'acquéreur mentionne dans l'acte de vente du terrain que le terrain est destiné à la construction d'un logement social locatif financé par un prêt locatif aidé d'intégration visé au 1° du A du II de l'article 278 sexies du Code général des impôts, ou à la construction d'un logement destiné à faire l'objet d'un contrat de location-accession visé au 1° du III de l'article 278 sexies du Code général des impôts ?

5688 L'administration devra également préciser les conditions d'application du taux réduit, lorsque le terrain est destiné à une opération mixte comprenant à la fois des locaux relevant du secteur du logement social et assimilé, régi par l'article 278 sexies du Code général des impôts et des locaux destinés à un autre usage.

5689 **Départements d'outre-mer.** L'administration fiscale devra également préciser dans quelle mesure les livraisons de terrains à bâtir destinés au logement social bénéficient du taux réduit dans les départements d'outre-mer (sur le régime antérieur au 1er décembre 2019, BOI-TVA-IMM-20-10-10-10-20150701, n° 440).

B Livraisons de terrains à bâtir à un organisme de foncier solidaire – Taux réduit de 5,5 %

5690 Conformément aux dispositions combinées du *a)* du 4° du II de l'article 278 sexies du Code général des impôts, du V du même article et de l'avant-dernière ligne du tableau figurant au 2e alinéa de l'article 278 sexies-0 A du Code général des impôts, la TVA sur la livraison de terrains à bâtir à l'organisme foncier solidaire en vue de la conclusion d'un bail réel solidaire est perçue au taux réduit de 5,5 %.
Nonobstant la réécriture des articles 278 sexies et 278 sexies-0 A, l'article 30 de la loi de finances pour 2020 n'a pas modifié sur ce point le régime de la TVA applicable au bail réel solidaire qui demeure le seul cas où le taux réduit de 5,5 % s'applique à la livraison d'un terrain à bâtir.
Rappel : Depuis le 1er janvier 2021 (L. fin. 2021, art. 1er, II, 3°) le taux de 5,5 % s'applique à tous les opérations de BRS dont le fait générateur intervient à compter de cette date

5691 **Renvoi.** Pour plus de détails, V. **Bail réel solidaire**.

II Livraisons de logements sociaux et assimilés

5692 **Textes.** Conformément aux dispositions de l'article 278 sexies du Code général des impôts, la TVA sur la livraison de logements relevant du secteur du logement social ou assimilés est perçue aux taux réduits prévus à l'article 278-sexies-0 A de 5,5 % ou 10 %.

5693 **Conditions d'application de la TVA à la livraison des logements.** L'article 278 sexies du Code général des impôts prévoit l'application du taux réduit de la TVA, selon le cas, à la livraison de logements neufs, ou à la livraison de logements, sans autre précision.
Notion de logement neuf. L'article 278 sexies du Code général des impôts ne définit pas la notion de logements neufs retenue pour l'application des taux réduits de la TVA. Il y a donc lieu de se référer aux dispositions du 2° du 2 du I de l'article 257 du Code général des impôts et aux précisions administratives citées aux V. **Immeuble à construire et Immeuble neuf (Vente)**. Le logement ancien est défini par opposition au logement neuf. V. **Immeuble ancien (TVA)**.
La disparité des logements objet des livraisons visées à l'article 278 sexies du Code général des impôts appelle les observations suivantes :
– la réécriture de l'article 278 sexies du Code général des impôts conserve la marque de son origine antérieure à la réforme des règles de la TVA issue de l'article 16 de la loi de finances rectificative pour 2010. Que le logement soit neuf ou ancien, sa livraison (contrairement à la livraison à

soi-même visée au CGI, art. 257, I, 3, 2°), ne sera soumise à la TVA que si le cédant agit en qualité d'assujetti à la TVA au sens de l'article 256 A du Code général des impôts.
Par conséquent, hors le taux de TVA, le régime de la TVA applicable aux livraisons de logements visées à l'article 278 sexies du Code général des impôts obéit aux règles de droit commun qui déterminent les opérations imposables, la base d'imposition (prix total ou marge brute), le fait générateur, le redevable, les règles de territorialité, les obligations de déclaration et de paiement de la TVA. Sur tous ces points, on se reportera aux V. **Immeuble à construire** ; V. **Immeuble neuf** ; V. **Immeuble ancien** et V. **TVA**.
– Lorsqu'elle est effectuée par un assujetti agissant en tant que tel, la livraison est soumise à la TVA selon des modalités différentes selon que le logement est neuf ou ancien. La TVA s'applique de plein droit à la livraison d'un logement neuf. Elle est liquidée sur le prix total de vente. En contrepartie, en principe, la taxe de publicité foncière est perçue au taux réduit de 0,715 % en application de l'article 1594 F quinquies du Code général des impôts (sur les exonérations, V. **HLM, Commune, Collectivités publiques**). Sur ce régime, V. **Immeuble neuf**.
En revanche, la livraison d'un logement ancien est exonérée de TVA (CGI, art. 261, 5, 2°), sauf option de l'assujetti cédant (CGI, art. 260, 5°bis). La TVA peut, selon le cas, être liquidée soit sur le prix total de vente, soit sur la marge définie à l'article 268 du Code général des impôts. Dans tous les cas, et sauf exonération particulière bénéficiant à l'acquéreur, les droits de mutation à titre onéreux sont liquidés au tarif ordinaire (V. **Immeuble ancien – TVA**).
Rappel. Droits de mutation à titre onéreux et de CSI applicable aux mutations de logements sociaux. Les perceptions exigibles en matière de droits de mutation à titre onéreux et de CSI obéissent aux régimes prévus selon la nature juridique de la mutation (vente, apport en société). Elles varient selon que la mutation est soumise au tarif de droit commun ou qu'elle est susceptible de bénéficier d'un régime fiscal de faveur. On se reportera aux études traitant de l'opération considérée et, notamment aux études suivantes : V. **Apport en société ; Collectivités publiques ; Département ; Engagement de construire ; Engagement de revendre ; HLM ; Terrains ; Vente d'immeubles** et **TVA immobilière**.

5694 **Plan.** Nous exposerons successivement les différents cas de livraisons de logements prévus par l'article 278 sexies du Code général des impôts dans sa rédaction issue de l'article 30 de la loi de finances pour 2020. Nous verrons en premier, les cas des livraisons de logements locatifs sociaux (A), puis les cas des livraisons de logements intervenant dans le cadre de l'accession sociale à la propriété (B). Nous préciserons pour chacun de ces cas, les dispositions de l'article 278 sexies du Code général des impôts qui les définissent et le taux réduit de la TVA qui s'y applique tel qu'il résulte de l'article 278 sexies-0 A dans sa rédaction issue de l'article 30 de la loi de finances pour 2020. Nous citerons, en tant que de raison, les précisions administratives publiées sous le régime antérieur au 1er décembre 2019.

A Livraisons de logements locatifs sociaux

5695 Dans sa rédaction issue de l'article 30 de la loi de finances pour 2020 (L. n° 2019-1479, 28 déc. 2019), le I de l'article 278 sexies du Code général des impôts précise les notions employées au II qui définit les cas dans lesquels les livraisons de logements relèvent des taux réduits de la TVA mentionnés à l'article 278 sexies-0 A du Code général des impôts. Nous reproduirons ces dispositions pour chacun des cas considérés.
La loi de finances pour 2020 a réservé le taux réduit de 5,5 % aux livraisons de logements locatifs très sociaux neufs (1°). Hors financement par PLAI ou PLUS, les logements locatifs sociaux voient leurs livraisons soumises au taux réduit de 10 % (2°). De même sont soumises au taux réduit de 10 % les livraisons de logements intermédiaires assimilés à des logements sociaux (3°).
La loi de finances pour 2021 n'a pas modifié les dispositions du I de l'article 278 sexies du CGI. Elle a en revanche étendu l'application du taux de 5,5 % à toutes les opérations réalisées dans le cadre d'un bail réel solidaire (V. N. Gonzalez-Gharbi, *Le taux réduit de la TVA de 5,5 % est étendu à l'ensemble des opérations relatives au bail réel solidaire et ses conditions de remise en cause sont aménagées : Constr.-Urb. 2021*, comm. 59).

5696 **Notion de logement locatif social.**

CGI, art. 278 sexies. – I. – Pour l'application du présent article :

1° Un logement locatif social s'entend d'un logement auquel s'applique l'aide personnalisée au logement conformément aux 3° ou 5° de l'article L 831-1 du Code de la construction et de l'habitation.

1 Logements locatifs sociaux financés par PLAI et PLUS – Taux réduit de 5,5 %

5697 Depuis la loi de finances pour 2020, l'application du taux réduit de 5,5 % est réservée aux livraisons de logements sociaux locatifs financés par un prêt locatif aidé d'intégration (PLAI) ou par un prêt locatif à usage social (PLUS). Toutefois, à la différence des logements financés par PLAI, les logements financés par PLUS ne bénéficient du taux réduit de 5,5 % que sous réserve d'être intégrés dans une opération relevant de la politique de la ville.

a) Logements locatifs sociaux financés par un prêt locatif aidé d'intégration (PLAI) – CGI, art. 278 sexies II, A, 1°

5698 **Prêt locatif aidé d'intégration.** Aux termes du 3° du I de l'article 278 sexies du Code général des impôts : « Le prêt locatif aidé d'intégration s'entend du prêt réglementé octroyé pour financer un logement locatif social adapté aux besoins des ménages qui rencontrent des difficultés d'insertion particulières dont la construction, l'acquisition ou l'amélioration est éligible aux aides de l'État conditionnant l'application de l'aide personnalisée au logement conformément auxdits 3° ou 5° de l'article L. 831-1 dudit code ».

5699 **Mutations concernées. Les livraisons.** Le 1° du A du II de l'article 278 sexies du Code général des impôts vise les livraisons. Ce vocable couvre toutes les mutations à titre onéreux, dès lors bien entendu, dans ce contexte, qu'elles soient effectuées par un assujetti à la TVA agissant en tant que tel (sur la notion de livraison d'immeuble, BOI-TVA-IMM-10-10-10-20120612, n° 40).

5700 **Logements concernés. Logements neufs.** Seules sont visées par le texte légal, les livraisons de logements neufs dont la soumission à la TVA est obligatoire dès lors que réalisées par un assujetti. On rappellera que le logement neuf peut résulter d'une construction *ex nihilo* mais également de la remise à l'état neuf d'un immeuble existant (V.° **Rénovation d'immeuble ancien**).

5701 **Conditions tenant à la personne de l'acquéreur du logement locatif social.** Aucune condition n'est requise par le texte légal. L'acquéreur/bailleur peut être indifféremment un organisme HLM, une société d'économie mixte ayant pour objet la construction de logements (SEM), une collectivité publique ou un opérateur privé (personne physique ou morale).

5702 **Conditions tenant à la personne du destinataire de l'opération.** Il résulte des termes du 3e alinéa du A du I de l'article 278 sexies du Code général des impôts que le taux réduit s'applique « lorsque le destinataire de l'opération est bénéficiaire des aides ou prêts ouvrant droit à l'aide personnalisée au logement livré ».
Sur la preuve incombant au vendeur quant à l'affectation du logement à usage locatif, V. pour l'application des anciennes dispositions du 2 du I de l'article 278 sexies du Code général des impôts, BOI-TVA-IMM-20-10-10-10, n° 160.

5703 **Taux applicable. Taux réduit de 5,5 %.**

CGI, art. 278 sexies-0 A *(Mod. par L. n° 2021-1900 du 30 décembre 2021 de finances pour 2022, art. 32.)* – Les taux réduits prévus à l'article 278 sexies sont égaux à :

Secteurs ou locaux concernés	Subdivision de l'article 278 sexies	Taux
Logements locatifs sociaux financés par un prêt locatif aidé d'intégration	1° du A du II	5,5 %

5704 **Remise en cause du taux réduit. CGI, art. 284, II.** L'application du taux réduit est remise en cause et le bailleur est tenu de s'acquitter d'un complément de TVA, lorsque les conditions d'application du taux réduit cessent d'être remplies dans les dix ans qui suivent le fait générateur de la TVA (livraison à soi-même ou livraison).
La situation serait celle où dans ce délai de dix ans, l'affectation réelle du logement à la location à caractère social prendrait fin (en ce sens, BOI-TVA-IMM-20-10-10-10, n° 460).
Dans un rescrit publié le 20 novembre 2019 (BOI-RES-000004-20191120, RES TVA), l'administration a admis de ne pas remettre en cause l'application du taux réduit, lors de la revente d'un logement social destiné à la location lorsque la convention signée avec l'État est transférée au nouveau propriétaire (ce rescrit a été intégré au BOI-TVA-IMM-20-10-10-10, n° 460).

a) Logements locatifs sociaux financés par un prêt locatif à usage social – (PLUS) – CGI, art. 278 sexies II, A, 2°)

CGI, art. 278 sexies. – I. – Pour l'application du présent article :

(…)

4° Le prêt locatif à usage social s'entend du prêt réglementé, autre que le prêt locatif aidé d'intégration, octroyé pour financer un logement locatif social dont la construction, l'acquisition ou l'amélioration est éligible aux aides de l'État conditionnant l'application de l'aide personnalisée au logement conformément aux mêmes 3° ou 5° de l'article L. 831-1 du même code ;

(....)

8° Les quartiers prioritaires de la politique de la ville s'entendent de ceux définis à l'article 5 de la loi n° 2014-173 du 21 février 2014 de programmation pour la ville et la cohésion urbaine ;

(...)

10° Les conventions de renouvellement urbain s'entendent des conventions pluriannuelles prévues au premier alinéa du I de l'article 10-3 de la loi n° 2003-710 du 1er août 2003 précitée et, le cas échéant, de leurs protocoles de préfiguration ;

(...)

II. – Dans le secteur du logement locatif social, relèvent des taux réduits de la taxe sur la valeur ajoutée mentionnés à l'article 278 sexies-0 A du présent code :

A. – Les livraisons et livraisons à soi-même des logements neufs suivants :

(...)

2° Les logements locatifs sociaux financés par un prêt locatif à usage social lorsqu'ils sont situés :

a) Dans un quartier prioritaire de politique de la ville, y compris partiellement, lorsque ces logements font l'objet d'une convention de renouvellement urbain ;

b) En dehors de ces quartiers et :

– soit font l'objet d'une convention de renouvellement urbain ;

– soit sont intégrés dans un ensemble immobilier pour lequel la proportion de logements relevant d'une telle convention, parmi l'ensemble des logements locatifs sociaux financés par un prêt locatif aidé d'intégration ou à usage social, est au moins égale à 50 % ;

(...)

Le présent A s'applique lorsque le destinataire de l'opération est bénéficiaire des aides ou prêts ouvrant droit à l'aide personnalisée au logement pour le logement livré.

CGI, art. 278 sexies-0 A *(Mod. par L. n° 2021-1900 du 30 décembre 2021 de finances pour 2022, art. 32).* – Les taux réduits prévus à l'article 278 sexies sont égaux à :

Secteurs ou locaux concernés	Subdivision de l'article 278 sexies	Taux
Logements locatifs sociaux financés par un prêt locatif à usage social et relevant de la politique de renouvellement urbain	2° du A du II	5,5 %

5705 L'application du taux réduit de 5,5 % à la livraison du logement neuf relevant de cette deuxième catégorie de logements locatifs sociaux, définis par leur mode de financement (PLUS), est subordonnée à une condition supplémentaire tenant à sa situation géographique et/ou à la conclusion d'une convention de renouvellement urbain.

5706 **Mutations concernées. Les livraisons.** Le 2° du A du II de l'article 278 sexies du Code général des impôts vise les livraisons. Ce vocable couvre toutes les mutations à titre onéreux, dès lors bien entendu, dans ce contexte, qu'elles soient effectuées par un assujetti à la TVA agissant en tant que tels (sur la notion de livraison d'immeuble, BOI-TVA-IMM-10-10-10-20120612, n° 40).

5707 **Logements concernés. Logements neufs.** Seules sont visées par le texte légal, les livraisons de logements neufs dont la soumission à la TVA est obligatoire dès lors que réalisées par un assujetti (V. *supra*, n° 5700).

5708 **Condition tenant au financement au moyen d'un prêt locatif à usage social.** Aux termes du 4° du I de l'article 278 sexies du Code général des impôts, « Le prêt locatif à usage social s'entend du prêt réglementé, autre que le prêt locatif aidé d'intégration, octroyé pour financer un logement locatif social dont la construction, l'acquisition ou l'amélioration est éligible aux aides de l'État conditionnant l'application de l'aide personnalisée au logement conformément aux mêmes 3° ou 5° de l'article L. 831-1 du même code ».

5709 **Condition tenant à la conclusion d'une convention de renouvellement urbain.** Le logement locatif social (PLUS) doit, selon le cas, être situé dans un des quartiers prioritaires de la politique de la ville (QPPV) ou en dehors de ces quartiers. Dans tous les cas, il doit faire l'objet d'une convention de renouvellement urbain. Toutefois, cette condition est définie différemment selon que le logement est situé dans ou hors d'un QPPV.

5710 Logement situé dans un quartier prioritaire de la politique de la ville (QPPV). Aux termes de l'article 5 de la loi n° 2014-173 du 21 février 2014 de programmation pour la ville et la cohésion urbaine, les quartiers prioritaires de la politique de la ville sont situés en territoire urbain et sont caractérisés par un nombre minimal d'habitants et un écart de développement économique et social apprécié par un critère de revenu des habitants.
La liste des quartiers prioritaires est établie par le décret n° 2014-1750 du 30 décembre 2014 fixant la liste des quartiers prioritaires de la politique de la ville dans les départements métropolitains et par le décret n° 2014-1751 du 30 décembre 2014 fixant la liste des quartiers prioritaires de la politique de la ville dans les départements d'outre-mer, à Saint-Martin et en Polynésie française.
Afin de s'assurer que la condition relative au lieu de situation de l'immeuble est effectivement satisfaite, les opérateurs peuvent interroger le service des impôts territorialement compétent.

5711 Convention de renouvellement urbain. Pour l'application du taux réduit de 5,50 %, le quartier doit faire l'objet d'une convention de renouvellement urbain visée au 1er alinéa de l'article 10-3 de la loi n° 2003-710 du 1er août 2003 (créé par L. n° 2014-173, 21 févr. 2014, art. 3). Il s'agit des conventions pluriannuelles que l'Agence nationale pour la rénovation urbaine, dans le cadre de sa contribution à la réalisation du nouveau programme national de renouvellement urbain dans les quartiers prioritaires de la politique de la ville (mentionnés à l'article 9-1 de la loi), passe avec les collectivités territoriales, les établissements publics de coopération intercommunale compétents et les organismes destinataires des subventions qu'elle est autorisée à accorder.
Protocoles de préfiguration. Il résulte des termes du 10° du I de l'article 278 sexies du Code général des impôts que le taux réduit s'applique dès conclusion du protocole de préfiguration de la convention.

5712 Mentions dans l'acte de vente. Pour le bénéfice du taux réduit, il devrait être précisé dans l'acte que le logement a été financé au moyen d'un PLUS et qu'il est situé dans un quartier prioritaire de la politique de la ville (QPPV) faisant l'objet d'une convention pluriannuelle prévue au 1er alinéa du I de l'article 10 de la loi n° 2003-710 du 1er août 2003 d'orientation et de programmation pour la ville (en ce sens pour l'application des anciennes dispositions du 11 bis du I de l'article 278 sexies, BOI-TVA-IMM-20-20 20-20190424, n° 70).

5713 Logement situé en dehors d'un quartier prioritaire de la politique de la ville (QPPV). Hors quartier prioritaire de la politique de la ville, le logement doit :
– soit faire l'objet d'une convention de renouvellement urbain ;
– soit être intégré dans un ensemble immobilier pour lequel la proportion de logements relevant d'une telle convention, parmi l'ensemble des logements locatifs sociaux financés par un prêt locatif aidé d'intégration ou à usage social, est au moins égale à 50 %.

5714 Mentions dans l'acte de vente. Ces indications doivent figurer dans l'acte de vente.

5715 Conditions tenant à la personne de l'acquéreur du logement locatif. Aucune condition n'est requise par le texte légal. L'acquéreur/bailleur peut être indifféremment un organisme HLM, une société d'économie mixte ayant pour objet la construction de logements (SEM), une collectivité publique ou un opérateur privé (personne physique ou morale).

5716 Conditions tenant à la personne du destinataire de l'opération. Il résulte des termes du 3e alinéa du A du I de l'article 278 sexies du Code général des impôts, que le taux réduit de la TVA s'applique à la livraison du logement « lorsque le destinataire de l'opération est bénéficiaire des aides ou prêts ouvrant droit à l'aide personnalisée au logement livré ».
Sur la preuve incombant au vendeur quant à l'affectation du logement à usage locatif, V. pour l'application des anciennes dispositions du 2 du I de l'article 278 sexies du Code général des impôts, BOI-TVA-IMM-20-10-10-10-, n° 160.

5717 Remise en cause du taux réduit. Renvoi – V. *supra*, n° 5704.

2 Logements locatifs sociaux hors PLAI et PLUS – CGI, art. 278 sexies, II, A, 3° – Taux réduit de 10 %

CGI, art. 278 sexies. – I. – Pour l'application du présent article :

1° Un logement locatif social s'entend d'un logement auquel s'applique l'aide personnalisée au logement conformément aux 3° ou 5° de l'article L. 831-1 du Code de la construction et de l'habitation ;

(...)

Logement social

12° L'association foncière logement s'entend de celle mentionnée à l'article L. 313-34 du même code.

II. – Dans le secteur du logement locatif social, relèvent des taux réduits de la taxe sur la valeur ajoutée mentionnés à l'article 278 sexies-0 A du présent code :

A. – Les livraisons et livraisons à soi-même des logements neufs suivants :

(...)

3° Les logements locatifs sociaux autres que ceux mentionnés aux 1° et 2°.

Le présent A s'applique lorsque le destinataire de l'opération est bénéficiaire des aides ou prêts ouvrant droit à l'aide personnalisée au logement pour le logement livré. Le 3° du présent A s'applique également lorsque le destinataire est l'association foncière logement lorsque celle-ci a conclu, pour le logement livré, la convention prévue au 4° de l'article L. 831-1 du Code de la construction et de l'habitation.

CGI, art. 278 sexies-0 A (*Mod. par L. n° 2021-1900 du 30 décembre 2021 de finances pour 2022, art. 32*). – Les taux réduits prévus à l'article 278 sexies sont égaux à :

Secteurs ou locaux concernés	Subdivision de l'article 278 sexies	Taux
Autres logements locatifs sociaux	3° du A du II	10 %

5718 La TVA sur les livraisons de logements sociaux définis comme ceux auxquels s'applique l'aide personnalisée au logement (APL) conformément aux 3° ou 5° de l'article L. 831-1 du Code de la construction et de l'habitation, est perçue au taux réduit de 10 % lorsque le logement n'a pas été financé par un prêt PLAI ou que, financés par un PLUS, il ne remplit pas les conditions supplémentaires exigées par le 2° du A du II de l'article 278 sexies du Code général des impôts, pour relever de la TVA au taux réduit de 5,5 % (V. *supra*, n°s 5708 à 5716).

5719 **Conditions tenant à la personne de l'acquéreur du logement locatif**. Aucune condition n'est requise par le texte légal. L'acquéreur/bailleur peut être indifféremment un organisme HLM, une société d'économie mixte ayant pour objet la construction de logements (SEM), une collectivité publique ou un opérateur privé (personne physique ou morale).

5720 **Conditions tenant à la personne du destinataire de l'opération**. Il résulte des termes du 3e alinéa du A du I de l'article 278 sexies du Code général des impôts, que le taux réduit de la TVA s'applique à la livraison du logement « lorsque le destinataire de l'opération est bénéficiaire des aides ou prêts ouvrant droit à l'aide personnalisée au logement livré ».

5721 **Livraisons à destination de l'association foncière de logement (AFL).** Aux termes du 3e alinéa du A du I de l'article 278 sexies du Code général des impôts, le taux réduit de la TVA s'applique à la livraison du logement « lorsque le destinataire est l'association foncière logement lorsque celle-ci a conclu, pour le logement livré, la convention prévue au 4° de l'article L. 831-1 du Code de la construction et de l'habitation ».
Ce cas d'application du taux réduit de la TVA à la livraison d'un logement locatif social reprend les anciennes dispositions du 6 du I de l'article 278 sexies du Code général des impôts dans sa rédaction issue de l'article 12 de la loi n° 2017-1887 du 30 décembre 2017 de finances pour 2018 qui soumettaient ces livraisons au taux réduit de 10 %.
Sur la preuve incombant au vendeur quant à l'affectation du logement à usage locatif, V. pour l'application des anciennes dispositions du 2 du I de l'article 278 sexies du Code général des impôts, BOI-TVA-IMM-20-10-10-10, n° 160.

5722 **Remise en cause du taux réduit – Renvoi** – V. *supra*, n° 5704.

3 Logements locatifs assimilés aux logements sociaux. CGI, art. 278 sexies, II, C. Taux réduit de 10 %

CGI, art. 278 sexies. – I. – Pour l'application du présent article :

(...)

9° Les conventions de rénovation urbaine s'entendent des conventions pluriannuelles prévues au deuxième alinéa de l'article 10 de la loi n° 2003-710 du 1er août 2003 d'orientation et de programmation pour la ville et la rénovation urbaine ;

(...)

12° L'association foncière logement s'entend de celle mentionnée à l'article L. 313-34 du même code.

II. – Dans le secteur du logement locatif social, relèvent des taux réduits de la taxe sur la valeur ajoutée mentionnés à l'article 278 sexies-0 A du présent code :

(...)

C. – Les livraisons et livraisons à soi-même de logements à usage locatif autres que sociaux destinés à être occupés par des ménages dont le total des ressources n'excède pas celui prévu au 1° du I de l'article 279-0 bis A lorsque le destinataire est :

1° Pour les logements situés dans un quartier faisant l'objet d'une convention de rénovation urbaine ou d'une convention de renouvellement urbain, ou entièrement situés à moins de 300 mètres de la limite de ces quartiers, l'association foncière logement ou des sociétés civiles immobilières dont cette association détient la majorité des parts ;

2° Pour les logements situés sur des terrains octroyés au titre des contreparties mentionnées au onzième alinéa de l'article L. 313-3 du code de la construction et de l'habitation, un organisme réalisant, en substitution de l'association foncière logement, des opérations immobilières qui relèvent d'une convention de rénovation urbaine.

CGI, art. 279-0 bis A *(Mod., L. n° 2020-11721, 29 déc. 2020 de finances pour 2021, art. 50).* – I. – Relèvent du taux réduit de 10 % les livraisons de logements répondant aux conditions suivantes :

1° Les logements sont destinés par le preneur à la location à usage de résidence principale pour des personnes physiques dont les ressources, appréciées à la date de conclusion du bail, n'excèdent pas les plafonds mentionnés au premier alinéa du III de l'article 199 novovicies et dont le loyer mensuel n'excède pas les plafonds mentionnés au même III ;

CGI, art. 278 sexies-0 A *(Mod. par L. n° 2021-1900 du 30 décembre 2021 de finances pour 2022, art. 32).* – Les taux réduits prévus à l'article 278 sexies sont égaux à :

Secteurs ou locaux concernés	Subdivision de l'article 278 sexies	Taux
Logements assimilés à des logements locatifs sociaux	C du II	10 %

5723 Les dispositions C du II de l'article 278 sexies du Code général des impôts constituent la reprise à l'identique, de celles qui figuraient aux 7 et 7 bis du I de l'article 278 sexies dans sa rédaction antérieure à celle issue de la loi de finances pour 2020. Combinées avec celles de l'article 278 sexies-0 A du Code général des impôts, elles soumettent au taux réduit de 10 % les livraisons de logements destinés à être loués à des ménages dont le montant des ressources ne doit pas excéder celui prévu en matière de logements intermédiaires régis par l'article 279-0 bis A du Code général des impôts, effectuées soit au profit de l'association foncière de logement soit au profit des organismes chargés de la réalisation de la politique de rénovation urbaine, des logements.

5724 **Logements concernés.** Par hypothèse ces logements ne répondent pas à la définition du logement locatif social du 1° du I de l'article 278 sexies du Code général des impôts. Il doit s'agir toutefois de logements locatifs. Ils se caractérisent toutefois par leur situation géographique qui diffère selon que l'acquéreur est l'AFL ou un autre organisme qui y a été substitué intervenant dans le cadre de la politique de rénovation urbaine.

5725 **Une condition commune. Condition de ressources du ménage locataire.** Le total des ressources du ménage occupant le logement ne doit pas excéder celui prévu par l'article 279-0 bis A du Code général des impôts. Les plafonds de ressources sont fixés par le décret prévu au premier alinéa du III de l'article 199 novovicies du Code général des impôts. Il s'agit des plafonds fixés en matière d'investissement locatif intermédiaire « Duflot Pinel » (V. CGI, ann. III, art. 2 terdecies D : BOI-IR-RICI-360-20-30, n°s 160 et s. – *JCl. Fiscal Chiffre d'affaires*, fasc. 2055-35 ; *Fiscalité immobilière*, fasc. 224 et 580).

➤ Pour les plafonds de ressources applicables en 2020, V. BOI-BAREME-000017-20200207.

5726 **Une nouvelle condition relative au montant du loyer mensuel.** Pour les livraisons de logements réalisées à compter du 1er janvier 2021, le renvoi au III de l'article 199 novovicies (réduction d'impôt « Pinel » est étendu à la condition de plafond de loyer).

➤ Pour les plafonds de ressources et de loyers applicables en 2021, V. BOI-BAREME-000017, 8 avr. 2021.

5727 **Logements acquis par l'Association foncière de logement ou à des SCI dont elle détient la majorité des parts – CGI, art. 278 sexies, II, C, 1°.** Le taux réduit de 10 % s'applique à la condition que le logement locatif soit situé :

– soit dans un quartier faisant l'objet d'une convention de rénovation urbaine ou d'une convention de

renouvellement urbain ; (sur la définition de ces quartiers, V. BOI-TVA-IMM-20-20-20-20190424) ;
– soit entièrement à moins de 300 mètres de la limite de ces quartiers.

5728 **Logements acquis par des organismes substitués à l'association foncière urbaine – CGI, art. 278 sexies, II, C, 2°.** Les dispositions du 2° du C du II de l'article 278 sexies du Code général des impôts reprennent quasiment à l'identique les anciennes dispositions du 7 bis du I de l'article 278 sexies dans sa rédaction antérieure à celle résultant de l'article 30 de la loi de finances pour 2020 qui soumettaient au taux réduit de la TVA « les livraisons de logements à usage locatif aux organismes réalisant les opérations prévues par une convention mentionnée à l'article 10 de la loi n° 2003-710 du 1er août 2003 d'orientation et de programmation pour la ville et la rénovation urbaine et situées sur des terrains octroyés au titre des contreparties mentionnées au onzième alinéa de l'article L. 313-3 du Code de la construction et de l'habitation et dont la réalisation était initialement prévue par l'association mentionnée à l'article L. 313-34 du même code. Ces logements sont destinés à être occupés par des ménages dont le total des ressources n'excède pas le montant mentionné à l'article R. 391-8 dudit code ».
Issues de l'article 29, C, 2° de la loi de finances pour 2014 (L. n° 2013-1278, 29 déc. 2013 : *JO* 30 déc.), ces dispositions ont étendu le bénéfice du taux de 5,50 % aux livraisons de logements à usage locatif aux organismes réalisant des opérations remplissant les quatre conditions suivantes :
– les livraisons sont prévues par une convention mentionnée à l'article 10 de la loi n° 2003-710 du 1er août 2003. Il s'agit de conventions pluriannuelles conclues par l'Agence nationale pour la rénovation urbaine (ANRU) avec les collectivités et organismes destinataires de ses subventions ;
– les logements sont situés sur des terrains octroyés au titre des contreparties mentionnées au 11e alinéa de l'article L. 313-3 du Code de la construction et de l'habitation. Cet article définit les emplois des ressources de la participation des employeurs à l'effort de construction (PEEC, 1 % logement ou « Action logement ») ;
– l'opération devait initialement être réalisée par l'Association foncière logement (AFL). Cet organisme a pour objet la réalisation de programmes de logements contribuant à la mixité sociale des villes et des quartiers. Ces programmes concernent :
• la réalisation de logements locatifs libres dans les quartiers faisant l'objet d'opérations de rénovation urbaine,
• la réalisation de logements locatifs sociaux dans les agglomérations se caractérisant par un déséquilibre important entre l'offre et la demande de logements ;
– les logements sont destinés à être occupés par des ménages dont le total des ressources n'excède pas le plafond des prêts locatifs intermédiaires, mentionné à l'article R. 391-8 du Code de la construction et de l'habitation.
Le taux réduit qui était fixé à 5,5 % a été relevé à 10 % à compter du 1er janvier 2018. Depuis le 1er décembre 2019, le taux de 10 % est prévu par l'article 278 sexies-0A du Code général des impôts (V. texte *supra*).

B Livraisons de logements dans le cadre de l'accession sociale à la propriété – CGI, art. 278 sexies, III – Taux réduit de 5,5 %

CGI, art. 278 sexies-0 A *(Mod. par L. n° 2021-1900 du 30 décembre 2021 de finances pour 2022, art. 32).* – Les taux réduits prévus à l'article 278 sexies sont égaux à :

Secteurs ou locaux concernés	Subdivision de l'article 278 sexies	Taux
Accession sociale à la propriété	III	5,5 %

(...)

Par dérogation aux trois premiers alinéas du présent article, le taux applicable aux livraisons des logements, terrains et locaux mentionnés aux II à IV du même article 278 sexies postérieures à la première livraison ou livraison à soi-même de ces mêmes logements, terrains et locaux est celui applicable à cette première livraison ou livraison à soi-même. »

5729 **Taux réduit de 5,5 %.** Les livraisons de logements réalisées dans le cadre de l'accession sociale à la propriété visées au C de l'article 278 sexies du Code général des impôts, dans sa rédaction issue de l'article 30 de la L. n° 2019-1479 du 28 décembre 2019 de finances pour 2020, sont uniformément taxées au taux réduit de 5,5 % (sur l'incidence de l'application du taux de 10 % à la livraison du terrain à bâtir ayant concouru à leur construction, V. *supra*, n° **5682**). Les livraisons de logements dans le cadre de l'accession sociale doivent être réalisées dans le cadre d'un contrat de location-accession agréée (1°), d'un contrat d'accession à la propriété (2°) ou au bénéfice de l'organisme de foncier solidaire dans le cadre d'un bail réel solidaire (3°). Le taux de 5,5 % s'applique également à l'apport de l'immeuble social à une société civile immobilière d'accession sociale progressive à la propriété (4°).

5730 **Taux réduit en vigueur applicable à la date de la livraison. Rappel.** Le taux applicable lors d'une revente est celui appliqué lors la livraison ou de la livraison à soi-même initiale (CGI, art. 278 sexies-0A, 4e al. ; V. *supra,* n° 5674).

1 Livraisons de logements destinés à être occupés par des titulaires d'un contrat de location – accession agréée – CGI, art. 278 sexies, III, 1°

CGI, art. 278 sexies. – (...) III. – Dans le secteur de l'accession sociale à la propriété, relèvent des taux réduits de la taxe sur la valeur ajoutée mentionnés à l'article 278 sexies-0 A :

1° Les livraisons et livraisons à soi-même des logements destinés à être occupés par des titulaires de contrats de location-accession conclus dans les conditions prévues par la loi n° 84-595 du 12 juillet 1984 définissant la location-accession à la propriété immobilière lorsqu'ils font l'objet, dans des conditions fixées par décret, d'une convention et d'une décision d'agrément prise par le représentant de l'État dans le département ;

5731 Les dispositions du 1° du III de l'article 278 sexies du Code général des impôts reprennent purement et simplement celles qui figuraient au 4 du I de l'article 278 sexies dans leur rédaction antérieure à celles résultant de l'article 30 de la loi de finances pour 2020, étant précisé que ces livraisons relevaient du taux réduit de 5,5 %.

5732 **Renvoi.** Ce dispositif est commenté au BOI-TVA-IMM-20-20-10-20160302. On signalera en particulier que, selon la doctrine opposable, le taux réduit de la TVA s'applique également au transfert de propriété de l'immeuble au ménage réalisé dans le cadre de la location-accession à la propriété (*BOI*, n° 130).
Les conditions d'application du taux réduit de la TVA applicable aux opérations de location-accession agréées sont étudiées au mot **Location-accession**.

2 Livraisons de logement dans le cadre d'un contrat d'accession sociale à la propriété – CGI, art. 278 sexies, III, 2°

CGI, art. 278 sexies. – I. – Pour l'application du présent article : (...) 7° Le contrat d'accession à la propriété s'entend, dans le cadre d'une opération d'accession à la propriété à usage de résidence principale, du contrat unique de vente ou de construction de logements destinés à des personnes physiques dont les ressources, à la date de signature de l'avant-contrat ou du contrat préliminaire ou, à défaut, à la date du contrat de vente ou du contrat ayant pour objet la construction du logement, ne dépassent pas les plafonds majorés prévus à la première phrase du dixième alinéa de l'article L. 411-2 du même code ;

(...)

III. – Dans le secteur de l'accession sociale à la propriété, relèvent des taux réduits de la taxe sur la valeur ajoutée mentionnés à l'article 278 sexies-0 A :

(...)

2° Les livraisons et livraisons à soi-même des logements et travaux faisant l'objet d'un contrat d'accession à la propriété pour lequel le prix de vente ou de construction n'excède pas le plafond prévu pour les logements mentionnés au 1° du présent III lorsque, à la date du dépôt de la demande de permis de construire, ces logements et travaux :

a) Soit sont situés dans un quartier faisant l'objet d'une convention de rénovation urbaine ou dans un quartier prioritaire de la politique de la ville faisant l'objet d'un contrat de ville prévu à l'article 6 de la loi n° 2014-173 du 21 février 2014 précitée, ou sont entièrement situés à moins de 300 mètres de la limite de ces quartiers ;

b) Soit, dans les situations autres que celles mentionnées au a), sont intégrés à un ensemble immobilier partiellement situé à moins de 300 mètres et entièrement situé à moins de 500 mètres de la limite d'un quartier prioritaire de la politique de la ville faisant l'objet d'une convention de renouvellement urbain ;

5733 Les dispositions du 7° du I et du 2° du III de l'article 278 sexies du Code général des impôts reprennent, en les aménageant, les dispositions qui figuraient, respectivement, au 11 (logements situés dans les quartiers faisant l'objet d'une convention pluriannuelle de rénovation urbaine) et 11 bis (logements situés dans les QPPV) du I de l'article 278 sexies dans leur rédaction antérieure à celles résultant de l'article 30 de la loi de finances pour 2020, étant précisé que ces livraisons relevaient du taux réduit de 5,5 %.

5734 Ces dispositifs ont été commentés au BOI-TVA-IMM-20-20-20, intitulé « Opérations d'accession sociale à la propriété – Opérations portant sur les logements situés dans les zones ciblées par la politique de la ville », publié le 24 avril 2019. Voir notamment les précisions relatives aux conditions d'application dans le temps du taux réduit : BOI-TVA-IMM-20-20-20, n°s 80 à 89.

5735 **Vente du terrain à bâtir.** Pour l'application des 11 et 11 bis du I de l'article 278 sexies du Code général des impôts, l'administration avait indiqué que l'acquisition par l'accédant du terrain à bâtir destiné à la construction du logement auprès d'un assujetti agissant en tant que tel, bénéficie du taux réduit de la TVA de 5,5 %, sous réserve pour l'acquéreur de produire les justificatifs attestant que les conditions en sont remplies (BOI-TVA-IMM-20-20-20, n° 220). Les dispositions de l'article 278 sexies du Code général des impôts soumettant les livraisons de terrains à bâtir au taux de 10 %, cette solution devra être expressément confirmée.

5736 **Livraisons de logements neufs.** Sur cette notion et sur les conditions d'application de la TVA et des droits de mutation à titre onéreux à la livraison, hors les règles spécifiques de taux réduit, V. **Immeuble neuf ; Immeuble à construire**.
Nous limitons notre exposé aux seules opérations intéressant le service de publicité foncière, savoir les mutations de propriété de logements neufs.

a) Immeubles concernés

5737 **Situation des immeubles.** Le logement doit impérativement être situé dans :
– un quartier faisant l'objet d'une convention pluriannuelle de rénovation urbaine (CGI, art. 278 sexies, III, 2°, a) ;
– un quartier prioritaire de la politique de la ville faisant l'objet d'un contrat de ville (CGI, art. 278 sexies, III, 2°, a) ;
– à la limite d'un quartier prioritaire de la politique de la ville faisant l'objet d'une convention de renouvellement urbain, à condition d'être intégré dans un ensemble immobilier partiellement situé à moins de 300 mètres et entièrement situé à moins de 500 mètres d'un quartier prioritaire de la politique de la ville faisant l'objet d'une convention de renouvellement urbain (CGI, art. 278 sexies, III, 2°, b).
L'indication de situation du logement cédé doit figurer dans l'acte de vente (BOI-TVA-IMM-20-20-20, n° 70).
Afin de s'assurer que la condition relative au lieu de situation de l'immeuble est effectivement satisfaite, les opérateurs peuvent interroger le service des impôts territorialement compétent (BOI-TVA-IMM-20-20-20, n° 70).

5738 **Quartiers faisant l'objet d'une convention pluriannuelle de rénovation urbaine** (CGI, art. 278 sexies, III, 2°, a). V. n°s 5710 et 5713.

5739 **Quartiers prioritaires de la politique de la ville définis à l'article 5 de la loi n° 2014-173 du 21 février 2014 de programmation pour la ville et la cohésion urbaine qui font l'objet d'un contrat de ville prévu à l'article 6 de la loi n° 2014-173 du 21 février 2014 de programmation pour la ville et la cohésion urbaine.** Les contrats de ville en cause sont conclus à l'échelle intercommunale entre d'une part, l'État et ses établissements publics et, d'autre part, les communes et les établissements publics de coopération intercommunale à fiscalité propre concernés, les départements et les régions afin de mettre en œuvre les actions concourant à la réalisation des objectifs de la politique de la ville.

5740 L'administration avait précisé que s'agissant des opérations éligibles au taux réduit situées entre 300 et 500 mètres de la limite d'un quartier prioritaire de la politique de la ville, l'absence de signature de la convention prévue à l'article 10-3 de la loi n° 2003-710 du 1er août 2003 d'orientation et de programmation pour la ville et la rénovation urbaine au moment de la survenance du fait générateur, que celui-ci intervienne ou non dans les deux ans suivant la signature du protocole de préfiguration à cette convention, ne constitue pas un motif de remise en cause du taux réduit (BOI-TVA-IMM-20-20-20, n° 390).

5741 **Ventes d'appartements d'immeubles collectifs.** Dans le cas de ventes d'appartements d'immeubles collectifs, la situation de certaines parties communes hors, pour partie ou entièrement, de ce périmètre (aire de stationnement, espaces verts) n'est pas de nature à remettre en cause l'éligibilité du logement au dispositif. Il en va de même des dépendances bâties (emplacement de parkings en sous-sol, garages, boxes) situées hors de ce même périmètre, étant toutefois précisé que ces dernières sont alors non éligibles au taux réduit. Ces mêmes dépendances bâties sont en revanche éligibles au taux réduit si leur vente ou leur construction sont concomitantes à la vente ou à la construction du logement éligible et si elles sont entièrement situées dans ce périmètre (BOI-TVA-IMM-20-20-20, n° 60).

5742 **Date d'appréciation de la condition tenant à la situation de l'immeuble.** Les immeubles doivent remplir la condition relative à leur situation à la date du dépôt de la demande de permis de construire.

➤ Voir pour plus de précision, BOI-TVA-IMM-20-20-20, n° 85.

b) Destination des immeubles concernés

5743 Il résulte des dispositions du 7° du I de l'article 278 sexies du Code général des impôts qui définissent le contrat d'accession à la propriété que seuls les immeubles acquis à usage de résidence principale par des personnes physiques dont les ressources ne dépassent les plafonds prévus à la première phrase du dixième alinéa de l'article L. 411-2 du CCH sont éligibles au taux réduit de 5,5 %.

5744 **Résidence principale.** Selon l'administration fiscale, « par usage de résidence principale, il convient d'entendre un logement occupé au moins huit mois par an, sauf en cas d'obligation de déplacement liée à l'activité professionnelle, raison de santé ou cas de force majeure, par l'acquéreur et l'ensemble des personnes qui composent le ménage occupant le logement et qui constitue leur résidence habituelle et effective. Cette condition exclut ainsi notamment du bénéfice du taux réduit, les opérations portant sur un immeuble destiné à un usage locatif ou de résidence secondaire (BOI-TVA-IMM-20-20-20, n°s 160 et 170).

5745 **Plafonds de ressources.** Les plafonds de ressources correspondent aux plafonds maximum, majorés de 11 %, fixés par l'autorité administrative pour l'attribution des logements locatifs conventionnés dans les conditions définies à l'article L. 351-2 du CCH et dont l'accès est soumis à des conditions de ressources, soit les plafonds du prêt locatif social (PLS) majorés de 11 % (BOI-BAREME-000016).

Le respect de la condition de ressources est apprécié, selon les cas :

– à la date de la signature de l'avant-contrat qui peut être soit une promesse unilatérale d'achat, soit une promesse unilatérale de vente, soit un compromis de vente ;

– à la date de la signature du contrat préliminaire ou, à défaut, du contrat de vente dans le cadre d'une vente d'immeuble à construire ;

– à la date de la signature du contrat de vente dans le cadre d'une vente d'immeuble construit ;

Sur la date d'appréciation des conditions de ressources et de la catégorie du ménage au regard de sa composition pour l'application du taux réduit à l'acquisition d'un logement social, se reporter au BOI-RES-000003.

Mentions dans l'acte de vente. La destination à usage de résidence principale et le respect de la condition de ressources doivent être attestés par l'acquéreur dans l'acte de vente (BOI-TVA-IMM-20-20-20, n°s 130 et 150).

c) Plafonnement des prix de vente

5746 La condition du plafonnement du prix de vente (ou de construction) est prévue au 2° du III de l'article 278 sexies du Code général des impôts. Elle figurait pareillement aux 11 et 11 bis du I de cet article dans sa version antérieure. Par conséquent, les précisions apportées par l'administration fiscale conservent *a priori* toute leur pertinence (BOI-TVA-IMM-20-20-20, n°s 180 et 190).

5747 Le prix de vente (ou de construction) des logements ne peut excéder les plafonds prévus pour les opérations mentionnées au 1° du III de l'article 278 sexies du Code général des impôts, soit donc les logements destinés à être occupés par des titulaires de contrats de location-accession et qui font l'objet d'une décision d'agrément de l'État (BOI-TVA-IMM-20-20-10, n°s 80 et 90 sur le montant des plafonds et le calcul du plafonnement). (V.° **Location-accession**).

d) Remise en cause du taux réduit

CGI, art. 284. – (...) II. – Tout destinataire des opérations éligibles aux taux réduits conformément à l'article 278 sexies, à l'exception du 4° du III du même article 278 sexies, est tenu au paiement du complément d'impôt lorsque les conditions auxquelles est subordonné l'octroi de ces taux cessent d'être remplies dans les quinze ans qui suivent le fait générateur de l'opération. Ce délai est ramené à dix ans lorsque l'immeuble fait l'objet d'une cession, d'une transformation d'usage ou d'une démolition dans les conditions prévues au chapitre III du titre IV du livre IV du code de la construction et de l'habitation. Il est également ramené à dix ans lorsque le logement a été acquis par des personnes physiques dans les conditions prévues aux 1° et 2° du III de l'article 278 sexies. Toutefois, le complément d'impôt n'est pas dû lorsque les conditions cessent d'être remplies à la suite de la vente à leurs occupants, dans les conditions prévues par la loi n° 84-595 du 12 juillet 1984 définissant la location-accession à la propriété immobilière, de logements mentionnés au 1° du III de l'article 278 sexies ou de terrains à bâtir.

Pour les livraisons des logements visés aux 1° et 3° du III de l'article 278 sexies, le complément d'impôt dû est diminué d'un dixième par année de détention au-delà de la cinquième année. Toutefois, lorsque le logement a été acquis par des personnes physiques dans les conditions prévues aux 1° et 2° du même III, il est diminué d'un dixième par année de détention à compter de la première année.

5748 **Remise en cause du taux réduit.** Conformément aux dispositions du II de l'article 284 du Code général des impôts, le taux réduit est susceptible d'être remis en cause, lorsque les conditions auxquelles son application est subordonnée ne sont pas remplies ou cessent de l'être. Ce dispositif est commenté au BOI-TVA-IMM-20-20-20, n°s 380 à 450.

Nous signalons ici quelques précisions doctrinales.

Le bénéfice du taux réduit de TVA sera intégralement remis en cause si l'une de ces conditions (situation de l'immeuble, le cas échéant, à la date du dépôt du permis de construire, prix et destination) n'est pas respectée lors du fait générateur de la taxe et, s'agissant de la condition de ressources, lors de l'avant-contrat ou du contrat préliminaire ou, à défaut, à la date du contrat de vente ou du contrat ayant pour objet la construction du logement.

La circonstance que les plafonds de ressources ne soient pas respectés par le ménage pendant l'ensemble de la phase d'accession à la propriété ne remet pas en cause le bénéfice du taux réduit de TVA initialement accordé car cette condition est appréciée, une fois pour toutes.

Depuis le 1er janvier 2013, les cessions d'immeubles réalisées par des particuliers ayant acquis leur logement en l'état futur d'achèvement ne sont plus assujetties à la TVA (BOI-TVA-IMM-10-10-20 n° 250). Toutefois, ces dispositions ne remettent pas en cause l'application du dispositif de reversement du différentiel de TVA prévu au II de l'article 284 du Code général des impôts (BOI-TVA-IMM-20-20-20, n° 410).

5749 **Cas dans lesquels le bénéfice du taux réduit n'est pas remis en cause.** Il n'y a pas lieu à paiement du complément de TVA, dans les cas de survenance, pour l'acquéreur ou son conjoint, des événements suivants :
- décès ;
- décès d'un descendant direct faisant partie du ménage ;
- mobilité professionnelle impliquant un trajet de plus de 70 km entre le nouveau lieu de travail et le logement en cause ;
- chômage d'une durée supérieure à un an attestée par l'inscription à l'institution nationale publique mentionnée à l'article L. 5312-1 du Code du travail ;
- délivrance d'une carte d'invalidité définie à l'article L. 241-3 du Code de l'action sociale et des familles ;
- divorce ou dissolution d'un pacte civil de solidarité entre les cohabitants.

Lorsque les conditions d'octroi du taux réduit ne sont plus remplies à compter du 1er janvier 2014, le bénéfice de ce taux ne sera également pas remis en cause dans les cas de survenance pour l'acquéreur, même antérieure au 1er janvier 2014 pour autant qu'elle soit postérieure à la livraison du logement, des événements suivants :
- mariage ou conclusion d'un pacte civil de solidarité, à condition que le bien n'ait pas été acquis par les ou l'un des futurs époux ou partenaires dans le cadre d'une indivision ;
- naissance d'un enfant ;
- délivrance d'une carte d'invalidité définie à l'article L. 241-3 du Code de l'action sociale et des familles à l'un des enfants à charge.

L'administration a admis de ne pas remettre en cause le taux réduit de TVA en cas de vente du logement en viager occupé (BOI-TVA-IMM-20-20-20-20180607, n° 430 ; BOI-RES-000001, 7 juin 2018 ; *Constr.-Urb.* 2018, comm. 113, N. Gonzalez-Gharbi).

En revanche, interrogé sur la dispense de la remise en cause du taux de 5,5 % de TVA liée à la naissance d'un enfant, le ministre de l'Économie, des Finances et de la Relance a indiqué que la naissance d'un enfant avant la livraison d'un immeuble acquis en VEFA ne constitue pas un événement permettant de bénéficier de l'absence de rappel de TVA (Rép. min. n° 31184, Person : *JOAN* 27 avr. 2021 ; *Dr. fisc.* 6 mai 2021, n° 18, act. 262).

3 Apports d'immeubles sociaux neufs à une société civile immobilière d'accession progressive à la propriété. CGI, art. 278 sexies, III, 3°

CGI, art. 278 sexies. – (...) III. – Dans le secteur de l'accession sociale à la propriété, relèvent des taux réduits de la taxe sur la valeur ajoutée mentionnés à l'article 278 sexies-0 A :

(...)

3° Les apports des immeubles sociaux neufs aux sociétés civiles immobilières d'accession progressive à la propriété effectués dans les conditions prévues aux articles L. 443-6-2 à L. 443-6-13 du Code de la construction et de l'habitation ;

5750 **Les sociétés civiles immobilières d'accession progressive à la propriété** ont pour objet la détention, la gestion et l'entretien des immeubles ayant fait l'objet d'un apport par un organisme d'habitations à loyer modéré, en vue de leur division en fractions destinées à être louées à des personnes physiques dont les ressources ne dépassent pas, à leur entrée dans les lieux, les plafonds fixés en application des dispositions de l'article L. 441-1 et à être éventuellement attribuées en propriété aux associés. Les statuts de ces sociétés répartissent les droits composant le capital social en lots divisibles de parts. Chaque lot divisible de parts représente un logement et ses locaux accessoires s'il y a lieu, correspondant à un ou plusieurs lots définis à l'état descriptif de division. Ces statuts sont conformes à des clauses types approuvées par décret en Conseil d'État (CCH, art. L. 443-6-2).

Elles sont créées par les organismes d'habitations à loyer modéré à compétence locative visés à l'article L. 411-2 du CCH qui peuvent, pour les immeubles apportés à ces sociétés civiles immobilières, bénéficier des prêts accordés en application de la réglementation sur les habitations à loyer modéré pour la construction, l'acquisition ou l'acquisition suivie de travaux d'amélioration d'immeubles (CCH, art. L. 443-6-3).

Créée par l'article 34 de la loi n° 2006-872 du 13 juillet 2006 dite loi ENL, la SCIAPP vise à décliner une forme de location-accession, le locataire pouvant accéder à la propriété du logement en acquérant les parts de la société correspondant à son lot de copropriété (D. Sizaire, *Les sociétés civiles immobilières d'accession progressive des locataires à la propriété : Constr.-Urb.* 2006, étude 10 ; *JCl. Construction-Urbanisme*, Fasc. 571. – G. Durand-Pasquier, *Précision sur le régime des sociétés civiles immobilières d'accession progressive à la propriété : Constr.-Urb*. 2009, alerte 15). Les SCIAPP sont dotées de la transparence fiscale et entrent dans le champ d'application de l'article 1655 ter du Code général des impôts (V.° **Sociétés immobilières de copropriété transparente**. Sur le régime des revenus locatifs, V. CGI, art. 16 issu de L. fin. 2017, n° 2016-1718, 29 déc. 2016, art. 3 : *JO* 30 déc. 2016 ; *Dr. fisc*. 2017, 87).

5751 Les dispositions actuelles de l'article 278 sexies, III, reprennent celles introduites par l'article 34 de la loi ENL qui prévoyaient l'application du taux réduit de 5,5 % aux apports des immeubles sociaux neufs aux sociétés civiles immobilières d'accession progressive à la propriété effectués dans les conditions prévues aux articles L. 443-6-2 et suivants du Code de la construction et de l'habitation.

Remarque. Le taux réduit de TVA s'applique aux apports. Le texte ne vise pas les ventes. D'autre part, seuls sont concernés les apports portant sur des **logements neufs**.

4 Livraison d'un logement neuf à un organisme de foncier solidaire dans le cadre du bail réel solidaire – CGI, art. 278 sexies, III, 4°, b)

CGI, art. 278 sexies. – (...) III. – Dans le secteur de l'accession sociale à la propriété, relèvent des taux réduits de la taxe sur la valeur ajoutée mentionnés à l'article 278 sexies-0 A :

(...)

4° Les opérations suivantes réalisées dans le cadre d'un bail réel solidaire dans les conditions prévues au chapitre V du titre V du livre II du même code :

a) Les livraisons à un organisme de foncier solidaire et les livraisons à soi-même effectuées par ce dernier, d'immeubles destinés, le cas échéant après travaux, à faire l'objet d'un bail réel solidaire

5752 **Renvoi.** Ce cas de livraison de logements sociaux soumis à la TVA au taux réduit de 5,5 % est étudié au V.° **Bail réel solidaire**. Étant précisé que la loi de finances pour 2021 a étendu l'application du taux réduit de 5,5 % à l'ensemble des livraisons d'immeubles destinés à faire l'objet d'un bail réel solidaire.

III

Livraisons de locaux sociaux

5753 Nous avons regroupé dans cette partie de l'étude les cas où le taux réduit de la TVA s'applique, aux termes de l'article 278 sexies du Code général des impôts, à la livraison de « locaux ». Cette désignation de l'immeuble, objet de la livraison passible du taux réduit de la TVA, le distingue du logement visé dans les dispositifs étudiés dans la deuxième partie de la présente étude. Le local doit consister en un immeuble bâti, non assimilable à un terrain à bâtir. Les livraisons qui doivent intervenir dans le secteur locatif, dans le cadre de l'acquisition-amélioration peuvent concerner des locaux destinés ou non à l'habitation (A) ; dans le secteur social et médico-social, les livraisons ont pour objet de locaux destinés *in fine* à l'hébergement de personnes (B).

A Livraisons de locaux dans le cadre du contrat d'acquisition – amélioration – PLAI, PLUS – CGI, art. 278 sexies, II, B, 2° – Taux réduit de 5,5 %

CGI, art. 278 sexies. – I. – Pour l'application du présent article :

(...)

2° Le prêt réglementé s'entend du prêt octroyé pour financer la construction, l'acquisition ou l'amélioration d'un logement locatif social et conditionnant l'application de l'aide personnalisée au logement conformément aux mêmes 3° ou 5° de l'article L. 831-1 du même code ;

(...)

6° L'acquisition-amélioration s'entend de la succession des opérations suivantes portant sur des locaux affectés ou non à l'habitation :

a) La livraison financée par un prêt réglementé ou la mise à disposition dans le cadre d'un bail emphytéotique consenti par l'État, une collectivité territoriale ou un groupement de collectivités territoriales ;

b) La réalisation de travaux d'amélioration, de transformation ou d'aménagement financés par un prêt réglementé ;

(...)

II. – Dans le secteur du logement locatif social, relèvent des taux réduits de la taxe sur la valeur ajoutée mentionnés à l'article 278 sexies-0 A du présent code :

(...)

B.

(...)

2° Les livraisons de locaux dans le cadre de l'acquisition-amélioration qui sont financées :

a) Par un prêt locatif aidé d'intégration ou un prêt locatif à usage social ;

b) Ou par un prêt locatif social, lorsque les travaux consistent en une transformation en logements locatifs sociaux de locaux à usage autre que d'habitation.

Le présent 2° s'applique également, dans les mêmes conditions, aux livraisons de logements dans le cadre de l'article L. 262-1 du code de la construction et de l'habitation ;

2° bis Les livraisons à soi-même de logements sociaux dans les cas où les travaux réalisés dans ce cadre ont rendu l'immeuble à l'état neuf au sens du 2° du 2 du I de l'article 257 du présent code ;

CGI, art. 278 sexies-0 A *(Mod. par L. n° 2021-1900 du 30 décembre 2021 de finances pour 2022, art. 32).* – Les taux réduits prévus à l'article 278 sexies sont égaux à :

Secteurs ou locaux concernés	Subdivision de l'article 278 sexies	Taux
Locaux faisant l'objet d'une acquisition-amélioration lorsque l'acquisition est financée par un prêt locatif aidé d'intégration ou un prêt locatif à usage social	2° du B du II	5,5 %

Par dérogation aux trois premiers alinéas du présent article, le taux applicable aux livraisons des logements, terrains et locaux mentionnés aux II à IV du même article 278 sexies postérieures à la première livraison ou livraison à soi-même de ces mêmes logements, terrains et locaux est celui applicable à cette première livraison ou livraison à soi-même.

5754 L'instauration par la loi de finances pour 2021 de ce cas d'application du taux réduit de 5,5 % visait à encourager la création de logements PLUS et PLAI en dehors des quartiers ciblés par la politique de rénovation urbaine instaurée par la loi de finances pour 2020 (V. PLF 2020, art. 8, Exposé des motifs).
La nouvelle rédaction des dispositions des articles 278 sexies et 278 sexies A du CGI issue de l'article 32 de la loi de finances pour 2022 prévoit, désormais, l'application du taux réduit de 5,5 % aux opérations d'acquisition-amélioration financées par prêt locatif social (PLS), lorsque les travaux aboutissent à la transformation de locaux à usage autre que d'habitation en logements locatifs sociaux. La mesure entend favoriser la transformation de locaux à usage professionnel vacants en logements sociaux locatifs, et, ce faisant, la sobriété foncière et la lutte contre l'artificialisation des sols.

5755 **Extension de l'application du taux réduit à la vente d'immeuble à rénover (VIR)** – Le taux réduit s'applique, non seulement aux livraisons des locaux, mais également aux ventes d'immeubles à rénover (CCH, art. L. 262-1), ainsi qu'aux livraisons à soi-même (LSM) de logements sociaux rendus à l'état neuf au sens du 2° du 2 du I de l'article 257 du CGI.
Entrée en vigueur : Ces nouvelles règles s'appliquent aux livraisons et aux travaux pour lesquels le fait générateur de la taxe sur la valeur ajoutée et la décision d'accorder un prêt locatif social sont intervenus à compter du 1er janvier 2022 (L. n° 2021-1900, 30 déc. 2021, art. 32, II).
Remarque : Sauf à ce que les travaux d'amélioration, de transformation ou d'aménagement exigés pour la qualification du contrat d'acquisition-amélioration conduisent à la création d'un logement neuf au sens de l'article 257 I du Code général des impôts, la livraison du local faisant l'objet de travaux tout comme la VIR ne pourront être soumises à la TVA que sur option du cédant, assujetti à la TVA. (V.° **Immeuble neuf** et V.° **Immeuble ancien, TVA**).

5756 **Financement par PLAI ou PLUS.** Le taux réduit de 5,5 % s'applique aux livraisons de locaux très sociaux financés par PLAI ou PLUS (sur ces prêts, V. CGI, art. 278 sexies I, 3° et 4°).
S'agissant du financement par PLUS, les dispositions du 2° du B du II de l'article 278 sexies ne limitent pas le bénéfice du taux réduit de 5,5 % aux locaux situés dans les quartiers ciblés par la politique de rénovation urbaine visés au 2° du A du II, de l'article 278 sexies du Code général des impôts. (V. *supra*, n° 5705 et s.).

B Livraisons de locaux dans le secteur social et médico-social – CGI, art. 278 sexies, IV – Taux réduit de 5,5 %

CGI, art. 278 sexies. – (...) IV. – Dans le secteur social et médico-social, relèvent des taux réduits de la taxe sur la valeur ajoutée mentionnés à l'article 278 sexies-0 A les livraisons et livraisons à soi-même de locaux directement destinés ou mis à la disposition des structures suivantes :

1° Les structures d'hébergement temporaire ou d'urgence suivantes :

a) Les centres d'hébergement et de réinsertion sociale relevant du 8° du I de l'article L. 312-1 du Code de l'action sociale et des familles ;

b) Les structures dénommées « lits halte soins santé », les structures dénommées « lits d'accueil médicalisés » et les appartements de coordination thérapeutique mentionnés au 9° du même I ;

c) Les centres d'hébergement d'urgence déclarés conformément à l'article L. 322-1 du même code, lorsqu'ils sont destinés aux personnes sans domicile ;

2° Les établissements suivants, lorsqu'ils agissent sans but lucratif, que leur gestion est désintéressée et qu'ils assurent un accueil temporaire ou permanent :

aa) Les établissements mentionnés au 1° du I de l'article L. 312-1 du code de l'action sociale et des familles qui hébergent des mineurs et des majeurs de moins de vingt et un ans relevant des articles L. 221-1, L. 222-3 et L. 222-5 du même code ;

a) Les établissements mentionnés au 2° du I de l'article L. 312-1 du Code de l'action sociale et des familles qui hébergent des mineurs ou de jeunes adultes handicapés, pour la seule partie des locaux dédiée à l'hébergement ;

b) Les établissements mentionnés au 6° du même I qui hébergent des personnes âgées et qui remplissent les critères d'éligibilité d'un prêt réglementé ;

c) Les établissements mentionnés au 7° dudit I qui hébergent des personnes handicapées ;

d) Les établissements mentionnés à l'article L. 633-1 du Code de la construction et de l'habitation qui hébergent des jeunes travailleurs et auxquels s'applique l'aide personnalisée au logement conformément au 5° de l'article L. 831-1 du même code.

Le présent IV s'applique aux seules opérations faisant l'objet d'une convention entre le propriétaire ou le gestionnaire des locaux et l'État formalisant l'engagement d'héberger les publics concernés dans les conditions prévues au présent article et, selon le cas, par le code de l'action sociale et des familles ou le code de la construction et de l'habitation.

CGI, art. 278 sexies-0 A *(Mod. par L. n° 2021-1900 du 30 décembre 2021 de finances pour 2022, art. 32).* – Les taux réduits prévus à l'article 278 sexies sont égaux à :

Secteurs ou locaux concernés	Subdivision de l'article 278 sexies	Taux
Secteur social et médico-social	IV	5,5 %

Par dérogation aux trois premiers alinéas du présent article, le taux applicable aux livraisons des logements, terrains et locaux mentionnés aux II à IV du même article 278 sexies postérieures à la première livraison ou livraison à soi-même de ces mêmes logements, terrains et locaux est celui applicable à cette première livraison ou livraison à soi-même.

5757 L'article 30 de la loi de finances pour 2020 a réécrit et modifié les anciennes dispositions de l'article 278 sexies du Code général des impôts afin d'actualiser le champ d'application du taux réduit de la TVA applicable aux différents « segments de la politique sociale du logement », en particulier aux structures d'hébergement temporaire ou d'urgence. Au cours de la discussion budgétaire qui a précédé l'adoption de la loi de finances, les établissements mentionnés à l'article L. 633-1 du Code de la construction et de l'habitation qui hébergent des jeunes travailleurs ont été ajoutés à liste des établissements dont les acquisitions sont éligibles au taux réduit de la TVA. L'article 49 de loi de finances pour 2021 a ajouté à cette liste les établissements visés désormais au aa) du 2° du IV de l'article 278 sexies du CGI.

5758 **Antérieurement à la loi de finances pour 2020**, le 5 du I de l'article 278 sexies du Code général des impôts visait les livraisons de logements aux structures d'hébergement temporaire ou d'urgence et le 8 du même I visait les livraisons de locaux aux établissements mentionnés aux 2°, 6° et 7° du I de l'article L. 312-1 du Code de l'action sociale. Ces livraisons de locaux et logements relevaient, depuis le 1er janvier 2018, du taux réduit de 5,5 % (V. présent Guide, éd. 2019, V. Logement social, nos 5662 et 5667).
D'autre part, le 8 du I et le II de l'article 278 sexies du code général des impôts prévoyaient l'application du taux réduit de 5,5 % aux livraisons et livraisons à soi-même de locaux d'établissements mentionnés aux 6° et 7° du I de l'article L. 312-1 du Code de l'action sociale et des familles (C. action soc. et fam.) et, pour la seule partie des locaux dédiée à l'hébergement, d'établissements mentionnés au 2° du I de l'article L. 312-1 du Code de l'action sociale et des familles accueillant des personnes âgées s'ils remplissent les critères d'éligibilité au prêt prévu à l'article R. 331-1 du Code de la construction et de l'habitation (CCH) ou accueillant des personnes adultes handicapées.
L'administration avait commenté ces dispositifs au BOI-TVA-IMM-20-10-30, publié le 1er juillet 2017.

1 Conditions d'application

5759 **Locaux concernés.** Le texte légal ne réserve pas l'application du taux réduit aux livraisons de locaux neufs. En conséquence, les livraisons de locaux « anciens », soumises à la TVA sur option du cédant, relèvent également du taux réduit. En revanche, dans certains cas, l'application du taux réduit ne s'applique pas à l'entier local objet de la livraison, seule la partie dédiée à l'hébergement étant concernée (V. *infra*, n° 5765).

5760 **Convention.** Conformément au dernier alinéa du IV de l'article 278 sexies du Code général des impôts, l'application du taux réduit de la TVA est réservée aux opérations faisant l'objet d'une convention formalisant l'engagement du propriétaire ou du gestionnaire des locaux d'héberger les publics concernés dans le respect des conditions fixées par la loi (CGI, art. 278 sexies, C. action soc. et fam., CCH).
Pour l'application de l'ancien 8 de l'article 278 sexies du Code général des impôts, l'administration avait indiqué que la convention doit être signée au plus tard au jour de la vente ou avant le début des travaux (BOI-TVA-IMM-20-10-30, n° 240).

2 Acquéreurs concernés

5761 Il s'agit d'une part, de structures d'hébergement temporaire ou d'urgence (*a*) et, d'autre part, de certains établissements à but non lucratif qui accueillent de manière temporaire ou permanente certains publics relevant de la politique sociale (*b*).

a) Les structures d'hébergement ou d'urgence

5762 La loi de finances pour 2020 a rajouté une nouvelle catégorie de structures aux deux catégories antérieurement mentionnées au 5 du I de l'article 278 sexies : il s'agit des structures dénommées « lits halte soins santé », les structures dénommées « lits d'accueil médicalisés » et les appartements de coordination thérapeutique mentionnés au 9° du I de l'article L. 312-1 du Code de l'action sociale et des familles.

Au total, il s'agit des structures concernées suivantes :

a) les centres d'hébergement et de réinsertion sociale relevant du 8° du I de l'article L. 312-1 du Code de l'action sociale et des familles ;

b) les structures dénommées « lits halte soins santé », les structures dénommées « lits d'accueil médicalisés » et les appartements de coordination thérapeutique mentionnés au 9° du même I ;

c) les centres d'hébergement d'urgence déclarés conformément à l'article L. 322-1 du même code, lorsqu'ils sont destinés aux personnes sans domicile ;

b) Les établissements à but non lucratif

5763 **Les établissements concernés**, qui assurent un accueil temporaire ou permanent de personnes relevant du secteur social ou médico-social, doivent agir sans but lucratif et répondre à la condition supplémentaire de gestion désintéressée. Les critères d'appréciation de la non-lucrativité sont précisés au BOI-IS-CHAMP-10-50-20.

La mesure s'applique aux établissements assurant un hébergement de jour et de nuit permanent ou temporaire. Les établissements se limitant à proposer un accueil de jour ne sont pas considérés comme entrant dans le champ de la mesure (BOI-TVA-IMM-20-10-30, n° 200).

5764 **Les établissements mentionnés au 2° du I de l'article L. 312-1 du Code de l'action sociale et des familles qui hébergent des mineurs ou de jeunes adultes handicapés.** Il s'agit aux termes du 2° du I de l'article L. 312-1 du Code de l'action sociale et des familles, des établissements ou services d'enseignement qui assurent, à titre principal, une éducation adaptée et un accompagnement social ou médico-social aux mineurs ou jeunes adultes handicapés ou présentant des difficultés d'adaptation.

➤ V. la liste des établissements concernés, BOI-TVA-IMM-20-10-30, n° 80.

5765 **Limitation de l'application au taux réduit.** L'article 278 sexies du Code général des impôts limite l'application du taux réduit de la TVA à la livraison de la seule partie des locaux dédiée à l'hébergement. L'hébergement peut être de jour et de nuit, temporaire ou permanent, des mineurs ou des jeunes adultes handicapés (BOI-TVA-IMM-20-10-30, n° 90).

Sont ainsi éligibles les parties des locaux constituées des chambres, dortoirs, sanitaires ainsi que les pièces affectées à titre principal à l'usage des personnes hébergées telles que les cuisines, cantines, réfectoires et salles de repos dès lors que les repas seront servis à plus de 50 % aux personnes hébergées (BOI-TVA-IMM-20-10-30, n° 100). Les mêmes locaux non affectés à titre principal à l'usage des personnes hébergées ainsi que les locaux techniques nécessaires à l'hébergement (tels que buanderie, entretien) sont également éligibles à proportion du rapport entre la surface des locaux affectés à l'hébergement et le total de cette surface et celle des locaux non affectés à l'hébergement (BOI-TVA-IMM-20-10-30, n° 110).

Ne sont donc pas concernés par le taux réduit les locaux non affectés à l'hébergement tels que les parties communes, les locaux administratifs, les locaux à usage thérapeutique, les salles d'activité, les locaux à vocation pédagogique ou d'enseignement, les salles d'initiation et de formation professionnelle, les locaux affectés aux services d'éducation spéciale et soins à domicile (SESSAD), ou les locaux affectés à l'accueil de jour (BOI-TVA-IMM-20-10-30, n° 120). Cette partie des locaux relève du taux normal de 20 %.

➤ Pour un exemple d'application différenciée des taux normal et réduit de la TVA, selon les surfaces concernées, voir BOI-TVA-IMM-20-10-30, n° 130.

5766 **Les établissements mentionnés au 6° du I de l'article L. 312-1 du Code de l'action sociale et des familles qui hébergent des personnes âgées** et qui remplissent les critères d'éligibilité d'un prêt réglementé. Relèvent de cette catégorie les établissements d'hébergement de personnes âgées (EHPA), les établissements d'hébergement de personnes âgées dépendantes (EHPAD), les logements foyers, les petites unités de vie et les unités pour personnes désorientées.

5767 **Prêt réglementé.** Aux termes du 2° du I de l'article 278 sexies, le prêt réglementé s'entend du prêt octroyé pour financer la construction, l'acquisition ou l'amélioration d'un logement locatif social et conditionnant l'application de l'aide personnalisée au logement conformément aux mêmes 3° ou 5° de l'article L. 831-1 du même code. Sont visés les prêts locatifs sociaux visés à l'article R. 331-1 du CCH.

Il n'est pas nécessaire que l'établissement sollicite ou obtienne un agrément PLS pour bénéficier de la mesure de taux réduit de TVA (BOI-TVA-IMM-20-10-30, n° 150).

➤ Sur la condition relative aux ressources à prendre en compte, V. BOI-TVA-IMM-20-10-30, n° 160.

5768 **Les établissements mentionnés au 7° du I de l'article L. 312-1 du Code de l'action sociale et des familles qui hébergent des personnes handicapées.** Il s'agit des établissements accueillant des personnes adultes handicapées, quel que soit leur âge ou leur degré de handicap. Relèvent de cette catégorie les maisons d'accueil spécialisées (MAS), les foyers d'accueil médicalisés (FAM), les foyers d'hébergement ainsi que les foyers de vie ou les foyers occupationnels.

5769 **Les établissements mentionnés à l'article L. 633-1 du Code de la construction et de l'habitation qui hébergent des jeunes travailleurs** et auxquels s'applique l'aide personnalisée au logement conformément au 5° de l'article L. 831-1 du même code.

Aux termes de l'article L. 633-1 du CCH, un logement-foyer est un établissement destiné au logement collectif à titre de résidence principale de personnes dans des immeubles comportant à la fois des locaux privatifs meublés ou non et des locaux communs affectés à la vie collective.

L'application du taux réduit s'applique exclusivement aux établissements accueillant des jeunes travailleurs, bénéficiant de l'APL.

5770 **Les établissements mentionnés au 1° du I de l'article L. 312-1 du code de l'action sociale et des familles qui hébergent des mineurs et des majeurs de moins de vingt et un ans relevant des articles L. 221-1, L. 222-3 et L. 222-5 du même code.** Sont ainsi concernées les livraisons et livraisons à soi-même de locaux, effectuées à compter du 1er janvier 2021, aux établissements d'aide sociale de l'enfance à condition que ces établissements agissent sans but lucratif, que leur gestion soit désintéressée et qu'ils assurent l'accueil temporaire ou permanent des mineurs ou de majeurs de moins de vingt et un ans relevant de l'aide sociale à l'enfance.

IV Cessions de droits réels immobiliers – Taux réduits de 5,5 % ou 10 %

5771 L'article 278 sexies du Code général des impôts soumet au taux réduit de la TVA des cessions de droits immobiliers dans deux hypothèses. La première est celle de la cession de droits démembrés (usufruit – nue-propriété) relatifs à des logements sociaux locatifs (1°) ; la seconde est celle de la cession des droits réels immobiliers du bailleur et du preneur dans le cadre d'un bail réel solidaire (2°).

5772 **Rappel. Champ d'application de la TVA.** Le taux réduit ne peut trouver à s'appliquer que si la cession à titre onéreux est effectuée par un assujetti à la TVA agissant en tant que tel. Les droits réels immobiliers, à l'exception des locations résultant de baux qui confèrent un droit de jouissance, sont assimilés à des biens corporels et suivent le régime du bien immeuble auquel ils se rapportent (CGI, art. 257, I, 1, 1°). La TVA s'applique de plein droit si le droit réel cédé est relatif à un terrain à bâtir ou un immeuble neuf. Elle s'appliquera sur option dans le cas où le droit réel serait relatif à un immeuble ancien (V.° **Immeuble ancien** ; **Immeuble neuf** ; **Terrains** et **TVA immobilière**).

A Cessions de droits réels démembrés de logements locatifs sociaux – CGI, art. 278 sexies, II, B, 1°– Taux réduits de 5,5 % ou 10 %

CGI, art. 278 sexies. – I. – Pour l'application du présent article :

1° Un logement locatif social s'entend d'un logement auquel s'applique l'aide personnalisée au logement conformément aux 3° ou 5° de l'article L. 831-1 du Code de la construction et de l'habitation ;

(...)

II. – Dans le secteur du logement locatif social, relèvent des taux réduits de la taxe sur la valeur ajoutée mentionnés à l'article 278 sexies-0 A du présent code :

(...)

B. – Les opérations suivantes :

1° Les cessions de droits immobiliers démembrés de logements locatifs sociaux lorsque l'usufruitier bénéficie du prêt réglementé et a conclu la convention conditionnant l'application de l'aide personnalisée au logement ;

CGI, art. 278 sexies-0 A *(Mod. par L. n° 2021-1900 du 30 décembre 2021 de finances pour 2022, art. 32).* – Les taux réduits prévus à l'article 278 sexies sont égaux à :

Secteurs ou locaux concernés	Subdivision de l'article 278 sexies	Taux
Logements locatifs sociaux financés par un prêt locatif aidé d'intégration	1° du A du II	5,5 %
Logements locatifs sociaux financés par un prêt locatif à usage social et relevant de la politique de renouvellement urbain	2° du A du II	5,5 %
Autres logements locatifs sociaux	3° du A du II	10 %

Pour les opérations mentionnées au 1° du B du II de l'article 278 sexies, le taux applicable est celui prévu par le tableau du deuxième alinéa du présent article pour la livraison mentionnée au A du II de l'article 278 sexies portant sur la même catégorie de logements.

Par dérogation aux trois premiers alinéas du présent article, le taux applicable aux livraisons des logements, terrains et locaux mentionnés aux II à IV du même article 278 sexies postérieures à la première livraison ou livraison à soi-même de ces mêmes logements, terrains et locaux est celui applicable à cette première livraison ou livraison à soi-même.

5773 **Régime antérieur à la loi de finances pour 2020.** Les dispositions du 10 du I de l'article 278 sexies du Code général des impôts soumettaient au taux réduit de la TVA les cessions de droits immobiliers démembrés de logements sociaux neufs à usage locatif mentionnés aux 3° et 5° de l'article L. 351-2 du Code de la construction et de l'habitation, lorsque l'usufruitier bénéficie d'un prêt prévu à l'article R. 331-1 du même code et a conclu avec l'État une convention en application des 3° ou 5° de l'article L. 351-2 du même code.
Ce cas d'application du taux réduit de TVA n'a pas donné lieu à commentaire de la part de l'administration fiscale.
Le taux réduit de TVA qui était fixé à 5,5 %, a été relevé à 10 % à compter du 1er janvier 2018, conformément à l'article 12 II A de la loi n° 2017-1837 du 30 décembre 2017.

5774 **Régime issu de la loi de finances pour 2020.** À compter du 1er décembre 2019, les cessions de droits démembrés relatifs à des logements locatifs sociaux sont, sous réserve d'une condition de financement et de conclusion de la convention APL par l'usufruitier, soumises à la TVA à un taux réduit de TVA (5,5 ou 10 %) qui s'applique à la livraison du logement objet du démembrement (V. *supra*, I, Livraisons de logement sociaux locatifs).

5775 **Condition relative à la nature du droit cédé.** Le texte légal vise les droits démembrés. Il s'agit donc de la cession de la nue-propriété ou de l'usufruit portant sur un **logement locatif social.** Le bénéfice du taux réduit n'est pas limité aux cessions de droits relatifs à des logements neufs.

5776 **Conditions à remplir par l'usufruitier du logement.** L'usufruitier doit bénéficier d'un prêt réglementé au sens du 2° du I de l'article 278 sexies et doit avoir conclu la convention conditionnant l'application de l'aide personnalisée au logement.

5777 **Cas d'application du taux réduit de 5,5 %.** Deux cas sont envisageables :
– l'usufruitier bénéficie d'un PLAI ;
– l'usufruitier bénéficie d'un PLUS, sous réserve que le logement soit situé dans un des quartiers prioritaires de la politique de la ville (QPPV), ou en dehors de ces quartiers, à condition que l'opération fasse l'objet d'une convention de renouvellement urbain. (V. *supra*, nos 5698 à 5725).

5778 **Cas d'application du taux réduit de 10 %.** La TVA sur les livraisons de logements sociaux définis comme ceux auxquels s'applique l'aide personnalisée au logement (APL) conformément aux 3° ou 5° de l'article L. 831-1 du Code de la construction et de l'habitation, est perçue au taux réduit de 10 % lorsque le logement locatif social n'a pas été financé par un prêt PLAI ou que financés par un PLUS il ne remplit pas les conditions supplémentaires exigées par le 2° du A du II de l'article 278 sexies du Code général des impôts, pour relever de la TVA au taux réduit de 5,5 % (V. *supra*, n° 5717). Par conséquent, et conformément aux dispositions de l'article 278 sexies-0 bis du Code général des impôts, la TVA applicable à la cession de droits réels démembrés relatifs à ces logements locatifs sociaux est perçue au taux réduit de 10 %.

B Cessions de droits réels immobiliers dans le cadre du bail réel solidaire

CGI, art. 278 sexies. – (...) III. – Dans le secteur de l'accession sociale à la propriété, relèvent des taux réduits de la taxe sur la valeur ajoutée mentionnés à l'article 278 sexies-0 A :

(...)

4° Les opérations suivantes réalisées en vue de la conclusion d'un bail réel solidaire dans les conditions prévues au chapitre V du titre V du livre II du même code :

(...)

b) Les cessions de droits réels immobiliers objets du bail.

5779 **Renvoi. Antérieurement au 1er janvier 2021,** ce cas de livraison de droits réels soumis à la TVA au taux réduit de 5,5 % intervenant dans le cadre d'un bail réel solidaire était réservé au cas où le bail est pris par une personne autre que celle qui occupe le logement. Sur le régime applicable depuis le 1er janvier 2021, V. **Bail réel solidaire**.

V

Livraisons d'immeubles et droits immobiliers dans le cadre des opérations d'accession à la propriété – Régimes révolus du « Pass-Foncier » – CGI, art. 278 sexies, I, 9 ancien

CGI, art. 278 sexies. – I. - (...) 9. Les livraisons de terrains à bâtir et les cessions de droit au bail à construction en vue de l'acquisition de logements neufs à titre de première résidence principale dans le cadre d'une opération d'accession à la propriété assortie d'une acquisition différée du terrain, ainsi que les livraisons d'immeubles et les travaux réalisés en application d'un contrat unique de construction de logement dans le cadre d'une opération d'accession à la propriété sous le bénéfice d'un prêt à remboursement différé octroyé par un organisme associé collecteur de l'Union d'économie sociale du logement mentionné à l'article L. 313-18 du Code de la construction et de l'habitation dès lors que, dans un même programme de construction ou pour un même constructeur et pour des caractéristiques équivalentes, le prix de vente ou de construction hors taxe des logements n'excède pas celui des logements pour lesquels le taux réduit ne s'applique pas.

Les logements mentionnés à l'alinéa précédent s'entendent des logements neufs, destinés à être affectés à l'habitation principale de personnes physiques, si ces personnes accèdent pour la première fois à la propriété au sens du I de l'article 244 quater J du présent code, si elles bénéficient d'une aide à l'accession sociale à la propriété attribuée par une ou plusieurs collectivités territoriales ou un groupement de collectivités territoriales du lieu d'implantation du logement et si la somme des revenus fiscaux de référence, au sens du 1° du IV de l'article 1417, des personnes destinées à occuper ce logement ne dépasse pas les plafonds de ressources prévus pour les titulaires de contrats de location-accession mentionnés au 4 du présent I.

Ces dispositions s'appliquent aux opérations engagées, définies par décret, jusqu'au 31 décembre 2010.

5780 Opérations d'accession à la propriété assortie d'une acquisition différée du terrain. Les dispositions du 9 du I de l'article 278 sexies dans leur rédaction issue de l'article 33 de la loi n° 2007-1824 du 25 décembre 2007 de finances rectificative pour 2007 (*JO* 28 déc. 2007) prévoyaient notamment l'application du taux réduit de la TVA aux livraisons de terrains à bâtir et aux cessions de droit à bail à construction, ainsi qu'aux livraisons à soi-même d'immeubles, en vue de l'acquisition de logements neufs à titre de première résidence principale dans le cadre d'une opération dite « Pass-Foncier » d'accession à la propriété assortie d'une acquisition différée du terrain, si ces personnes respectent les plafonds de ressources prévus pour les titulaires de contrats de location-accession.

Les conditions du bénéfice du taux réduit sont précisées par le décret n° 2008-226 du 5 mars 2008 modifié par le décret n° 2009-746 du 22 juin 2009, codifié à l'article 70 quinquies A de l'annexe III au Code général des impôts.

Les dispositions de l'article 278 sexies, I, 9 ne s'appliquent qu'aux opérations engagées du 1er janvier 2008 au 31 décembre 2010 (V. L. fin. 2011, n° 2010-1657, 29 déc. 2010, art. 94 : *JO* 30 déc.). Ce dispositif a été commenté par le *BOI* 8 A-2-08, des précisions complémentaires ayant également été apportées par le *BOI* 8 A-3-09 (Instr. 22 sept. 2010, n° 40) repris et actualisé au *BOFiP*.

➤ Pour plus de précisions sur ce dispositif caduc mais qui continue de produire ses effets, il convient de se reporter au BOI-TVA-IMM-20-20-30 publié le 15 juillet 2014 et, en ce qui concerne les droits d'enregistrement (TPF) au BOI-ENR-DMTOI-10-90-30.

5781 Opérations d'accession à la propriété assortie d'un prêt à remboursement différé. Les dispositions du 9 du I de l'article 278 sexies du Code général des impôts prévoyaient également l'application du taux réduit de la TVA aux livraisons et livraisons à soi-même d'immeubles, ainsi qu'aux travaux réalisés en application d'un contrat unique de construction de logement, dans le cadre d'une opération d'accession à la propriété sous le bénéfice d'un prêt à remboursement différé octroyé par un organisme associé collecteur de l'Union d'économie sociale du logement (UESL) mentionné à l'article L. 313-18 du Code de la construction et de l'habitation.

Cette mesure, issue des dispositions de l'article 52 de la loi n° 2009-323 du 25 mars 2009 de mobilisation pour le logement et la lutte contre l'exclusion (*JO* 27 mars 2009), a été commentée par le *BOI* 8 A-3-09 (Instr. 22 sept. 2010, n° 43) repris et actualisé au *BOFiP*.

➤ Pour plus de précisions sur ce dispositif caduc mais qui continue de produire ses effets il convient de se reporter au BOI-TVA-IMM-20-20-40 publié le 15 juillet 2014 et, en ce qui concerne les droits d'enregistrement (TPF) au BOI-ENR-DMTOI-10-90-30.

5782 Remise en cause du taux réduit. Code général des impôts, art. 284, II. Cas de dispense de remise en cause. V. notamment les nos 680 et s. du BOI-TVA-IMM-20-20-30 et aux nos 490 et s. du BOI-TVA-IMM-20-20-40 précités.

En cas de revente du logement par suite du divorce des accédants, l'administration a admis de considérer le divorce comme une cause de dispense de la remise en cause du taux réduit de la TVA, quelle que soit la formule de « Pass-foncier » employée (Rép. min. Économie et Finances, n° 15604 : *JOAN* 12 mars 2019, p. 2403 ; *Constr.-Urb.* 2019, comm. 71).

Lot de copropriété

Jacques LAFOND

Sommaire analytique

BIBLIOGRAPHIE : G. Rouzet, *Retour sur la « fraction de lot » : Inf. rap. copr.* mai 2017, p. 11.

Index alphabétique

I Généralités

5783 Le lot, en publicité foncière, est une notion très large qui recouvre plusieurs situations juridiques différentes, dont la copropriété est sans doute la plus fréquente. Il est constitué d'une fraction d'immeuble (D. 14 oct. 1955, art. 71-A-1, al. 3. – Doc. adm. DGI, 10 E 4321, n° 3, 1er août 1986).

L'identification de cette fraction sous forme de lot doit être assurée dès l'instant où la désignation cadastrale ne suffit pas à individualiser des parties d'immeuble « sur lesquelles s'exercent ou peuvent s'exercer des droits réels concurrents » qui peuvent être de natures très diverses (droit de propriété divise [volumes], indivision forcée [copropriété], hypothèque cantonnée sur une fraction de l'immeuble, etc. – Doc. adm. DGI, 10 E 4321, n° 4, 1er août 1986).

L'obligation d'identifier chaque partie d'un ensemble est imposée par la nécessité d'une tenue correcte du fichier immobilier. Cela est de nature à entraîner ultérieurement des simplifications appréciables dans les hypothèses, pratiquement très fréquentes, où postérieurement à la division originaire, une chambre de service ou un garage, par exemple, fait l'objet d'une mutation séparée. Il suffit que, dans l'acte constatant la mutation, le local dont il s'agit soit désigné par le numéro particulier qui lui a déjà été attribué. L'absence d'un tel numéro obligerait, avant la passation de l'acte, à établir un acte modificatif, emportant division du lot initial et numérotage des lots nouvellement constitués (Doc. adm. DGI, 10 E-4321, n° 8, 1er août 1986).

II Création des lots

A Détermination des fractions d'immeubles formant lot

5784 **Notion de « fraction d'immeuble » et lot de copropriété.** La notion de « fraction d'immeuble » retenue par le décret du 4 janvier 1955 déborde le cadre de la loi du 10 juillet 1965 fixant le statut de la copropriété des seuls immeubles bâtis. En effet, l'expression de « fraction d'immeubles » s'étend, en matière de publicité foncière, à tous les immeubles bâtis à usage d'habitation ou non, et à tous les terrains non bâtis (Doc. adm. DGI, 10 E 4321, n° 6, 1er août 1986).

5785 **Parties d'immeubles constituant une « fraction ».** Ainsi, constitue une fraction au sens de l'article 7 du décret du 4 janvier 1955 :

a) pour les bâtiments, chaque local ou volume principal (appartement, boutique, local ou volume à usage commercial, professionnel ou industriel, etc.) et chaque local ou volume secondaire (chambre de service, cave, garage, grenier, galerie technique, etc.) ;

b) pour les terrains non bâtis, chaque portion de terrain sur laquelle est réservé un droit réel privatif ou chaque portion destinée à faire l'objet d'une inscription ou d'une mention en marge d'une inscription ; dans ce dernier cas, le surplus de l'immeuble constitue également une fraction (D. 14 oct. 1955, art. 71-A-1 *b*).

En ce qui concerne les bâtiments, l'expérience montre, en effet, que les boutiques, chambres de service, garages, etc., sont souvent vendus indépendamment de l'appartement, que les caves sont échangées ou même vendues séparément lorsqu'elles dépendent de locaux commerciaux (Doc. adm. DGI, 10 E 4321, n° 7, 1er août 1986).

5786 **Prise en considération de la nature du local.** C'est la nature de chaque local qui doit servir de critère pour déterminer si l'on se trouve en présence d'une fraction distincte. Mais cette nature doit être appréciée au moment où est dressé l'état de division, d'après la destination même des locaux à ce moment et non en fonction de celle qu'ils pourraient ultérieurement recevoir. Ainsi, un appartement constitue une fraction, même si son agencement intérieur rend possible une division par pièce ; il ne saurait être question, pour ce motif, de considérer chaque pièce comme une fraction. *A fortiori*, ne forment qu'une fraction les locaux qui ne pourraient être séparés les uns des autres sans que leur nature fût entièrement modifiée ; la boutique d'un boulanger et le sous-sol dans lequel sont installés le four, la réserve de farine, etc., et avec lequel la boutique communique, par un escalier intérieur, constituent, en principe, une même fraction.

Mais la chambre de service ou le garage acheté avec l'appartement et que l'acte d'acquisition ou le règlement de copropriété interdit de séparer dudit appartement constitue, par sa nature, une fraction distincte de celui-ci, bien que, dans l'intention des parties, ces divers éléments ne doivent former qu'un même ensemble (Doc. adm. DGI, 10 E 4321, n° 9, 1er août 1986).

5787 Droit de jouissance privative ou exclusive. Un « droit de jouissance exclusive » constitue-t-il une « fraction d'immeuble » au sens de l'article 7 du décret du 4 janvier 1955 ? Selon ce décret, pour ce qui concerne les terrains non bâtis, peuvent être ainsi qualifiés « chaque portion de terrain sur laquelle est réservé un droit réel privatif ».

Le problème est alors de savoir si ce droit de jouissance exclusive constitue ou non un droit réel.

L'administration a choisi pour sa part de ne pas prendre parti et, dans l'instruction précitée du 11 mars 1959, comme dans la Documentation administrative de base (Doc. adm. DGI, 10 E-4352), elle adopte une position souple :

– dans l'hypothèse, dit-elle, où le propriétaire d'un appartement aurait droit à l'usage exclusif d'une cour ou d'un jardin compris dans un ensemble immobilier, le droit d'usage d'une partie du sol qui lui est ainsi conféré à titre exclusif devrait constituer un lot distinct ;

– toutefois, on peut concevoir également que ce droit exclusif soit incorporé dans le lot pour lequel il constitue un accessoire et par suite qu'il ne fasse pas l'objet d'un lot distinct.

Cependant, depuis lors la Cour de cassation a décidé :

– que le « droit de jouissance exclusif » conféré à un copropriétaire avait un « caractère réel et perpétuel » (Cass. 3e civ., 17 juin 1997 : *Loyers et copr.* nov. 1997, n° 296. – Cass. 3e civ., 4 mars 1992 : *Bull. civ.* 1992, III, n° 73 ; *D.* 1992, jurispr. p. 386, note C. Atias ; *Defrénois* 1992, art. 35349, p. 1140, obs. H. Souleau) ;

– qu'un droit de jouissance exclusif sur des parties communes n'est pas un droit de propriété et ne peut constituer la partie privative d'un lot (Cass. 3e civ., 16 janv. 2008 : *Loyers et copr.* 2008, comm. 67 ; *Defrénois* 2008, art. 38 740, p. 705, obs. C. Atias. – Cass. 3e civ., 6 juin 2007 : *Bull. civ.* 2007, III, n° 98 ; *JCP* G 2007, n° 42, p. 20, et *JCP* N 2007, n° 49, p. 18, obs. H. Périnet-Marquet ; *Loyers et copr.* 2007, comm. 181, note G. Vigneron ; *Defrénois* 2008, art. 38 691, p. 1684, obs. C. Atias ; *AJDI* 2007, p. 529, obs. P. Capoulade, et p. 575, avec l'avis contraire de M.-O. Guérin, avocat général).

Cette solution a été consacrée par la loi. L'article 6-3, alinéa 2 de la loi n° 65-557 du 10 juillet 1965 énonce en effet que « le droit de jouissance privative… ne peut en aucun cas constituer la partie privative d'un lot ».

BIBLIOGRAPHIE : V. sur la question, C. Calfayan, *La notion de partie privative à l'épreuve du droit de jouissance exclusive sur une partie commune : JCP* N 2007, n° 44-1273. – S. Lelièvre et S. Chaix-Bryan, *Droit de jouissance exclusive d'une partie commune : la fin d'un questionnement ? : Defrénois* 2007, art. 58 637.

B Identification de chaque fraction

5788 Emplacement et situation dans l'immeuble. Chaque fraction doit être identifiée par son emplacement, lui-même déterminé par la description de sa situation dans l'immeuble ou par référence à un plan ou croquis annexé à la minute de l'acte ou de la décision judiciaire, mais dont, en aucun cas, un exemplaire, une copie ou une reproduction ne doit être conservé au service de la publicité foncière (sur l'identification des fractions dans l'état descriptif de division, Bulté : *JCP* N 1978, prat. 6862. – Doc. adm. DGI, 10 E 4321, n° 11, 1er août 1986).

Si l'état descriptif de division identifie chaque fraction à la fois par l'indication de son numéro de lot et par la désignation cadastrale de l'immeuble, un refus de dépôt doit être opposé (*Bull. AMC* 2000, art. 1828).

5789 Identification par rapport à un plan ou un croquis. L'article 71-3 du décret du 14 octobre 1955 donne le choix pour l'identification de chaque lot entre la description de son emplacement dans l'immeuble et la référence à un plan ou un croquis. Ce même texte précise que le plan ou le croquis, s'il existe, doit être annexé à la copie ou à l'extrait de l'état descriptif de division ou de l'acte modificatif destiné au service du cadastre (*Bull. AMC* 1982, art. 1264). Le service de la publicité foncière ne peut exiger la remise d'un plan ou d'un croquis que dans les cas assez rares où la situation de la fraction d'immeuble est déterminée par référence à un document graphique annexé à la minute de l'acte.

D'une manière générale, dès lors que la situation de chaque fraction peut être définie par son emplacement, lui-même déterminé par sa situation dans l'immeuble, le recours à de tels documents n'est pas indispensable. Il n'en va autrement que lorsque la désignation de cette fraction et la détermination de son emplacement s'avèrent difficiles.

Selon une instruction du 3 octobre 1979 (*BODGI* 10 E-6-79 ; *JCP* N 1979, IV, 7361), le conservateur (aujourd'hui, le service de la publicité foncière) ne peut exiger la remise d'un plan ou d'un croquis que dans les cas assez rares où la situation de la fraction d'immeuble est déterminée par référence à un document graphique annexé à la minute de l'acte. Cette même instruction insistait auprès des conservateurs sur la nécessité d'assurer la transmission au service du cadastre des plans ou croquis mêmes remis en un seul exemplaire, lorsqu'ils sont déposés à l'appui d'un état descriptif de division, d'un acte modificatif ou encore de tout acte portant sur un lot ou un groupe de lots.

5790 **Recours à un plan : intervention d'un géomètre-expert ?** Selon l'article 71-3 du décret du 14 octobre 1955, chaque fraction d'immeuble doit être identifiée par son emplacement, lui-même déterminé par la description de sa situation dans l'immeuble ou par référence à un plan ou croquis. Il a été soutenu que les « plans » dont s'agit relevaient du monopole du géomètre-expert, solution écartée à l'époque par un avis de l'Autorité de la concurrence en date du 1er juin 2018.
Un arrêt de la Cour de cassation a relancé le débat (Cass. 1re civ., 29 juin 2022, n° 20-18.136, F-B : *JurisData* n° 2022-010765). Dans le cas considéré, concernant une copropriété « horizontale », le litige portait sur les limites exactes entre un lot, comprenant un chalet et un jardin privatif, et un chemin d'accès constituant une partie commune de l'immeuble. La cour d'appel, pour trancher le litige, s'était référée à un plan annexé au règlement, en considérant qu'il s'imposait aux propriétaires successifs, sans qu'il y ait à rechercher s'il avait été établi ou non par un géomètre-expert. La Cour de cassation a censuré, au motif que « le plan annexé délimitait les droits fonciers des copropriétaires ». Une lecture un peu rapide de l'arrêt a pu laisser penser que désormais tous les plans établis en matière de copropriété ne pouvaient l'être par que par des géomètres-experts (V. G. Rouzet, *Mieux vaut réflexion que précipitation : Defrénois* 1er sept. 2022, n° 35. – Sur la critique de cette interprétation, V. A.-L. Giudicelli et R. Carles, *Extension du monopole des géomètres-experts au détriment des copropriétaires ? : AJDI* 2022, p. 561, note P.-E. Lagraulet ; *AJDI* 2022, p. 617. – L.-A. Poletti, *Les plans annexés au règlement de copropriété-ED au regard du monopole des géomètres-experts : Bull. Cridon Paris* 15 nov. 2022, p. 9. – V. aussi H. Périnet-Marquet, obs. : *JCP* N2023, n° 6, p. 28-29).
L'enjeu de la discussion est de taille car la violation du monopole des géomètres-experts est sanctionnée pénalement (V. Cass. crim., 8 nov. 2022, n° 21-86.499, F-B).
Il faudra attendre l'arrêt de la cour de renvoi (CA Lyon) pour être fixé.

5791 **Application aux immeubles en copropriété.** Lorsqu'il s'agit d'un immeuble collectif en copropriété, la situation des fractions est définie par l'indication :
– du bâtiment, lorsque l'immeuble dont fait partie le local comprend plusieurs bâtiments ;
– de l'escalier ;
– de l'étage ;
– de l'emplacement occupé à l'étage, celui-ci pouvant être éventuellement déterminé par référence au plan ou croquis annexé (Doc. adm. DGI, 10 E-4321, n° 12, 1er août 1986).

5792 **Inutilité de l'indication de la consistance des locaux.** Même si l'indication de la composition des appartements peut présenter un intérêt pour l'information des parties et des tiers, ce qui explique que dans la pratique cet élément figure presque toujours dans les états descriptifs de division (V. Instr. 11 mars 1959 : *JCP* N 1959, III, 24 423, chapitre V, Applications pratiques n° 37, exemple), aucune disposition ne prescrit de mentionner le nombre des pièces, la composition et la superficie des lots. Et le service de la publicité foncière n'est pas fondé à opposer un refus au motif que ces éléments ne figurent pas dans l'état descriptif de division (Chardonnal, chron. hyp. : *JCP* N 1983, IV, 8640).

C Indication de la quote-part des parties communes comprise dans chaque fraction

5793 **Principe.** La désignation de chaque fraction doit être complétée, dans l'état descriptif de division, par l'indication, si elle existe et si elle est déterminée, de la quote-part des parties communes y afférente (D. 14 oct. 1955, art. 71-2, al. 1er. – Doc. adm. DGI, 10 E-4321, n° 14, 1er août 1986).
La condition de l'existence de la quote-part de parties communes participe du souci de distinguer les états descriptifs de division portant sur des immeubles soumis au statut de la copropriété de ceux qui ne portent pas sur de tels biens. Il est évident qu'une telle quote-part ne peut exister lorsque l'état concerne des fractions d'immeubles destinées à faire l'objet d'appropriations privatives, ou simplement d'affectations hypothécaires, le tout sans qu'il soit question d'indivision (Doc. adm. DGI, 10 E-4321, n° 15, 1er août 1986).

5794 **Cas où la quote-part de parties communes n'est pas déterminée.** Par ailleurs, la loi du 10 juillet 1965 fixant le statut de la copropriété n'impose pas aux copropriétaires l'obligation de déterminer la quote-part de propriété

Lot de copropriété

afférente à chacun des lots. L'article 5 de cette loi prévoit, en effet, un mode légal de calcul de la quote-part « dans le silence ou la contradiction » des titres. Les décrets relatifs à la publicité foncière ne peuvent exiger davantage que la loi (Doc. adm. DGI, 10 E-4321, n° 16, 1er août 1986). Dès lors, l'absence d'indication des tantièmes de copropriété afférents à un lot n'est pas une cause de refus de la formalité (*Bull. AMC* 2006-2007, art. 1903). Ainsi peut être publiée la cession par l'assemblée de copropriété d'un couloir transformé en un lot privatif alors même que ce lot n'est pas affecté de tantièmes de copropriété (*Bull. AMC*, préc.).

En fait, les états descriptifs de division établis et publiés depuis 1965 comprennent cette quote-part et l'article 71 modifié du décret du 14 octobre 1955 ne vise donc en pratique que les anciennes copropriétés pour lesquelles il n'aura pas été publié d'acte constatant l'attribution desdites quotes-parts (Doc. adm. DGI, 10 E 4321, n° 17, 1er août 1986).

Si tel est le cas on indiquera dans l'état descriptif de division : « quote-part dans les parties communes : indéterminée » (P.J.C., chron. hyp. : *JCP* N 1988, IV, 777).

5795 Copropriété assise sur un droit réel. D'autre part, lorsqu'une construction placée sous le régime de la loi du 10 juillet 1965 « repose » juridiquement soit sur un volume immobilier, soit sur un bail à construction, soit sur un droit de superficie, par exemple, il ne peut être question de parler de quote-part dans la propriété du sol, les copropriétaires n'ayant, à la limite, qu'une part indivise de la propriété des constructions et des parties communes.

Mais cette part indivise fait bien partie intégrante du lot tel qu'il est défini par la loi du 10 juillet 1965 et doit figurer dans sa désignation afin que soit parfaitement cernée la consistance exacte des droits du propriétaire.

En outre, la désignation de l'assiette globale de ces édifices par les références cadastrales ainsi, éventuellement, que par l'indication de la voirie, en application des dispositions de l'article 7 du décret du 4 janvier 1955, reste un élément primordial de l'identification précise de l'entier immeuble (Doc. adm. DGI, 10 E-4321, n° 8, 1er août 1986).

5796 Quote-part de parties communes générales et spéciales. Assez souvent, plusieurs quotes-parts de propriété sont attachées à chacun des lots. Il en est ainsi, tout particulièrement, lorsqu'un ensemble est formé de plusieurs bâtiments, que des syndicats secondaires de copropriétaires (prévus par L. 10 juill. 1965) aient ou non été constitués, ou encore, lorsque certains éléments d'équipements, par exemple des ascenseurs, sont affectés à l'usage commun d'un nombre limité de copropriétaires. Dans ces cas, la quote-part de parties communes à prendre en considération, qui doit figurer au tableau récapitulatif de l'état descriptif de division, est la quote-part la plus générale, c'est-à-dire celle qui correspond à la définition des droits du copropriétaire dans l'indivision la plus étendue.

Par ailleurs, cette quote-part, la plus générale, englobera les droits dans le sol, toutes les fois, du moins, où celui-ci est effectivement l'assiette des droits des copropriétaires ; le sol n'est en effet, en l'occurrence, qu'un des éléments constitutifs des parties communes les plus larges (Doc. adm. DGI, 10 E-4321, n° 19, 1er août 1986).

Voir aussi : sur la conséquence de la création de parties communes spéciales : *JCP* N 1970, prat. 4742 (Doc. adm. DGI, 10 E 4321, n° 21, 1er août 1986).

D Numérotage des lots

1 Numérotation en continu

5797 Caractère définitif de la numérotation. Dans l'état descriptif de division, chaque lot doit recevoir un numéro d'ordre. Le numéro 1 est obligatoirement donné au premier lot désigné dans l'état descriptif et le numérotage doit être continu (D. 14 oct. 1955, art. 71-4) ; les numéros *bis*, *ter*..., ou les numéros affectés de lettres, signes ou sigles ne peuvent être utilisés (Doc. adm. DGI, 10 E-4321, n° 22, 1er août 1986).

Les numéros de lots sont attribués de façon définitive (D. 14 oct. 1955, art. 71-9, al. 3). En conséquence, il n'est pas possible de modifier la numérotation de lots qui n'ont subi aucune modification : cette pratique justifie un refus de dépôt (*Bull. AMC* 1998, art. 1788).

5798 Création de lots à la suite de la suppression d'un état descriptif de division antérieur. Dans tout état descriptif de division consécutif à la suppression d'un état descriptif antérieur, le numérotage des lots ne doit reprendre aucun des numéros précédemment attribués (D. préc., art. 71-4).

En conséquence, le conservateur (aujourd'hui, le service de la publicité foncière) est fondé à refuser le dépôt d'un acte portant annulation d'un état descriptif de division en deux lots numérotés 1 et 2 et son remplacement par un nouvel état descriptif comportant 20 lots numérotés de 1 à 20 (*Bull. AMC* 1990, art. 1466).

2 Exceptions

5799 Immeubles comprenant plusieurs bâtiments. Une seule exception est prévue au numérotage continu à partir de l'unité : elle concerne les immeubles comprenant plusieurs bâtiments. Il est admis que des solutions de discontinuité peuvent exister entre les numéros attribués aux lots des différents bâtiments ou corps de bâtiments, à la condition, cependant, que le numérotage commence toujours au numéro 1 : le rédacteur de l'état descriptif peut affecter des séries de numéros à chaque bâtiment, en laissant entre chaque série des numéros inutilisés en prévision des besoins futurs qu'il est seul en mesure d'apprécier. Ainsi, lorsque les lots d'un premier bâtiment sont numérotés de 1 à 49, les lots du deuxième peuvent être numérotés de 100 à 149, ceux du troisième de 200 à 249 (Doc. adm. DGI, 10 E 4321, n° 23, 1er août 1986. – V. pour une application : chron. hyp. : *JCP* N 1983, IV, 8886).

5800 Suppression d'un état descriptif de division préexistant. Dans tout état descriptif de division consécutif à la suppression d'un état descriptif antérieur, le numérotage des lots ne doit reprendre aucun des numéros précédemment attribués (D. préc., art. 71-4).

5801 Indication de la quote-part de parties communes. Les numéros de lot, ainsi que la quote-part des parties communes incluse dans chaque lot, lorsqu'elle est déterminée (V. n° 5794), sont attribués de façon définitive, sous réserve du cas de changement dans la composition des lots (D. 14 oct. 1955, art. 71-9, al. 3).

Ces éléments doivent être utilisés pour désigner les fractions d'immeubles dans tous les documents publiés au service de la publicité foncière et dans les documents et extraits cadastraux (D. 14 oct. 1955, art. 71-9, al. 4).

Toutefois, l'indication de la quote-part des parties communes n'a pas à figurer dans les commandements pour valoir saisie (V. n° 5838), les bordereaux d'inscription et les actes ou décisions à mentionner en marge d'une inscription. Si elle figure dans les documents qui en sont dispensés, le service de la publicité foncière doit la négliger (D. 14 oct. 1955, art. 71-9, al. 5. – Doc. adm. DGI, 10 E 4321, n° 24, 1er août 1986).

5802 Identification du lot. Les rédacteurs d'actes et de décisions judiciaires sujets à publicité doivent donc désigner les fractions d'immeuble, au moins par l'indication du numéro du lot et, le cas échéant, de la quote-part des parties communes, mais à la condition de désigner, en même temps, l'ensemble de l'immeuble objet de l'état descriptif, et de préciser les références (date, volume et numéro) de la formalité donnée à ce dernier document (et, éventuellement, aux actes modificatifs se rapportant aux fractions intéressées) ou de contenir la déclaration que la publicité en sera requise simultanément (Doc. adm. DGI, 10 E-4321, n° 25, 1er août 1986).

Cette obligation s'applique sans qu'il y ait lieu de distinguer entre les immeubles urbains ou ruraux et par conséquent que l'immeuble ait ou non donné lieu à l'établissement d'une fiche d'immeubles (*Bull. AMC*, art. 794, obs. ss Cass. 3e civ., 2 juill. 1969).

5803 Numérotation des lots par le service de la publicité foncière. Jusqu'au 1er janvier 1981, les conservateurs avaient, dans certains cas, la possibilité d'attribuer des numéros de lots (V. comm. ss D. 14 oct. 1955, art. 71-C-1). Si, ultérieurement, il est établi un état descriptif, les numéros de lots antérieurement attribués à des fractions de l'immeuble doivent être obligatoirement repris pour identifier la même fraction (D. 5 sept. 1960, art. 9). Il en est de même pour la quote-part de propriété afférente à ces mêmes fractions lorsqu'elle aura été mentionnée dans le tableau récapitulatif visé à l'article 5 du décret du 5 septembre 1960.

De même, l'huissier de justice appelé à dresser un procès-verbal descriptif sans le concours du titulaire du droit (V. **État descriptif de division**, comm. ss D. 4 janv. 1955 art. 50-2) sur une fraction qui n'a pas fait l'objet d'un numérotage par le service de la publicité foncière alors que, dans l'immeuble concerné, certains autres lots ont été désignés en application des dispositions transitoires, doit tenir compte dans son acte des numéros déjà octroyés et n'attribuer un numéro global que pour le surplus des fractions non numérotées.

La reprise des numéros attribués par le service de la publicité foncière doit être effectuée même dans le cas où la demande d'attribution n'aura pas été suivie de la publication de la formalité se rapportant à la fraction d'immeuble ayant fait l'objet de la demande (Doc. adm. DGI, 10 E-4321, n° 26, 1er août 1986).

III

Opérations concernant les lots

D. 14 oct. 1955, art. 71-6. – Toute modification, soit de l'immeuble auquel s'applique l'état descriptif, soit des lots, doit être constatée par un acte modificatif de l'état descriptif.

L'acte modificatif doit rectifier, suivant le cas, la désignation de l'ensemble de l'immeuble ou le numérotage des lots.

(...)

Si la modification consiste en une subdivision d'un lot, l'acte modificatif attribue un numéro nouveau à chacune des parties du lot subdivisé, lesquelles forment autant de lots distincts. Toutefois, hors les cas où l'acte modificatif constate la réunion ou la division de copropriétés existantes, lorsque la modification ne porte que sur la quote-part des parties communes incluses dans les lots intéressés, il n'y a pas lieu à attribution d'un nouveau numéro.

La réunion de plusieurs lots pour former un lot nouveau ne peut donner lieu à la création d'un lot désigné par un seul numéro que si les lots réunis ne sont pas grevés, lors de la publication de l'acte modificatif, de droits ou charges différents publiés au fichier immobilier.

Les numéros désignant les lots nouveaux sont pris à la suite des numéros existants dans la série unique ou dans l'une des séries successives.

(...)

D. 14 oct. 1955, art. 71-7. – L'acte modificatif est résumé obligatoirement dans un tableau identique à celui prévu à l'article 71-5 ci-dessus – mais limité aux lots modifiés – et indiquant, en outre, dans une colonne supplémentaire :

a) en regard de chaque lot nouveau, les numéros de lots modifiés dont les lots nouveaux sont issus ;

b) et en regard des lots modifiés, les numéros des lots nouveaux issus de la modification.

En cas de modification ne portant que sur la quote-part de parties communes comprises dans un lot de copropriété et ne donnant pas lieu à attribution d'un nouveau numéro, le tableau annexé à l'acte modificatif indique seulement, dans la colonne supplémentaire, la quote-part désormais comprise dans les lots modifiés.

A Division pure et simple d'un lot

5804 **Processus.** Des numéros nouveaux pris à la suite des numéros existants doivent être attribués à chacun des lots constitués par les parties du lot divisé.

Si l'on suppose, par exemple, que deux pièces de l'appartement formant le lot n° 45 auquel sont attachés 26/1 000 dans la propriété des parties communes sont vendues à un nouveau copropriétaire et que le dernier numéro d'ordre attribué par l'état descriptif est le n° 54, l'acte modificatif doit supprimer le n° 45 et affecter aux deux nouveaux lots qu'il décrit les n°s 55 (deux pièces vendues) et 56 (surplus non vendu) ; le n° 55 se voit attacher 8/1 000 et le n° 56, 18/1 000 dans les propriétés des parties communes (Doc. adm. DGI, 10 E 4331, n° 2, 1er août 1986).

➤ Sur la présentation du modificatif à l'état descriptif de division, V. n° 5811.

B Réunion de lots

5805 **Réunion de deux ou plusieurs lots en un seul.** Un numéro nouveau pris à la suite des numéros existants doit être attribué au lot nouveau constitué par les lots réunis (Doc. adm. DGI, 10 E-4331, n° 3, 1er août 1986).

➤ Sur la présentation du modificatif à l'état descriptif de division, V. n° 5811.

5806 **Vente de plusieurs lots, réunis en fait pour constituer un appartement.** Dans un acte de vente portant sur quatre lots de copropriété, il est indiqué que trois de ces lots ont été en fait réunis pour constituer un appartement. Le conservateur estime que la vente doit être précédée d'un acte modificatif de l'état descriptif de division constatant cette réunion. Selon l'association des conservateurs cette exigence n'est pas fondée. En effet dans l'acte à publier les lots vendus sont décrits en conformité avec les indications figurant dans l'état descriptif de division. L'établissement d'un modificatif portant création d'un lot unique est une simple faculté. En l'absence de ce modificatif, tenant compte des indications figurant dans l'acte, le conservateur signalera, en se référant à la publication de la vente, dans le cadre I des fiches de chacun des trois lots réunis ainsi qu'au regard des mêmes lots dans la colonne 7 du tableau II de la fiche générale de la copropriété, que chaque lot constitue avec les deux autres un appartement (*Bull. AMC* 1993, art. 1594).

5807 **Réunion de lots grevés d'inscriptions ou de charges.** En vue de sauvegarder les droits des tiers, le 5e alinéa de l'article 71-6 du décret du 14 octobre 1955 prévoit que la réunion de plusieurs lots pour former un lot nouveau n'est possible que si les lots réunis ne sont pas grevés, lors de la publication de l'acte modificatif, de droits ou charges différents publiés au fichier immobilier.
Ainsi, est interdite la réunion de plusieurs lots au sein d'un lot nouveau lorsque chacun des éléments réunis est grevé de droits ou de charges différents. Ce texte trouve son application, par exemple, lorsqu'un lot est grevé d'une inscription de privilège ou d'hypothèque alors que l'autre lot objet de la réunion n'est grevé d'aucune charge de même nature. La réunion de ces deux lots est impossible, sous peine de rejet de la formalité (Doc. adm. DGI, 10 E-4331, n° 4, 1er août 1986).
L'interdiction s'applique même dans le cas où le propriétaire débiteur consent à ce que l'assiette du privilège ou de l'hypothèque s'étende au lot issu de la réunion. Il n'est pas possible, même avec cet accord de créer un lot nouveau par fusion de deux lots dont l'un est grevé d'hypothèque et l'autre non, à moins que la mainlevée de l'inscription ne soit consentie et que la radiation soit effectuée. C'est cette procédure qui doit être utilisée dans le cas considéré, avant inscription d'une sûreté nouvelle sur les lots issus de la réunion (*Bull. AMC* 2009-2010, art. 1940).
Cette interdiction ne s'applique pas lorsque l'un des lots objet de la réunion a fait précédemment l'objet d'un bail qui a, par la suite, été résilié, alors que le bail et l'acte de résiliation ont été publiés (*Bull. AMC* 1978, art. 1117).

5808 **Réunion de locaux principaux et secondaires.** D'autre part, dans les immeubles bâtis, on ne saurait réunir des locaux secondaires (chambres de service, notamment) entre eux ni avec un local principal, sauf si cette réunion a pour effet de les transformer en local principal (appartement par exemple).
À titre d'exemple, si le studio formant le lot 24 est vendu au propriétaire de l'appartement attenant (lot 25), aux fins d'agrandissement de ce dernier, et si le dernier numéro d'ordre attribué par l'état descriptif est le n° 54, l'acte modificatif doit supprimer les nos 24 et 25 et affecter au nouveau lot (anciens nos 24 et 25) le n° 55 (Doc. adm. DGI, 10 E-4331, n° 5, 1er août 1986).

C Division d'un lot suivie du rattachement immédiat d'une des parties du lot divisé à un lot existant

5809 **Modalités.** Dans le cas de division d'un lot suivi du rattachement immédiat d'une des parties du lot divisé à lot existant, des numéros nouveaux pris à la suite des numéros existants sont attribués, d'abord, à chacun des lots nouveaux constitués par les parties du lot divisé, puis au lot nouveau constitué par la réunion du lot existant et de la partie détachée du lot divisé.
Si l'on suppose, par exemple, qu'une pièce de l'appartement désigné sous le numéro de lot 64 est vendue au propriétaire de l'appartement voisin désigné sous le n° 65 et que le dernier numéro d'ordre attribué par l'état descriptif de division est le n° 79, l'acte modificatif doit tenir compte, d'abord, de la division et affecter aux deux parties du lot 64 les nos 80 (pièce détachée) et 81 (surplus de l'appartement). Si l'on veut, ensuite, désigner par un seul numéro ce nouveau lot issu de la réunion, le n° 82 lui sera attribué.
Ainsi, les nos 81 (ex-64 diminué d'une pièce) et 82 (ex-65 augmenté d'une pièce) se trouvent, en définitive, substitués aux nos 64 et 65 qui représentent des lots n'ayant pas la même composition. Mais on ne saurait se dispenser d'identifier la partie détachée du lot divisé (le n° 80 lui est donné dans l'exemple : L. 80 + L. 65 = L. 82 ; à l'inverse, L. 64 – L. 80 = L. 81).
(Doc. adm. DGI, 10 E-4331, n° 6, 1er août 1986).

BIBLIOGRAPHIE : Sur ces opérations de division-réunion de lots, V. B. Stemmer et M.-F. Bost, *Solutions d'examens professionnels : JCP* N 1983, prat. 8622. – M. Vion : *Defrénois* 1979, art. 32022 et Chardonnal : *JCP* N 1980, prat. 7424.

5810 **Division au gré des acquéreurs des fractions d'un immeuble à construire.** Il arrive qu'un propriétaire qui fait construire un immeuble le vende « à la demande », c'est-à-dire en modifiant les lots prévus au plan de construction par l'addition de pièces prélevées sur les locaux voisins ou la suppression de pièces ajoutées aux locaux restants pour tenir compte des désirs de chaque acquéreur. La publication de l'état descriptif de division doit, dans ce cas, être retardée au maximum, afin d'éviter la multiplication des actes modificatifs exigés pour toute subdivision d'un lot et pour toute réunion de lots.

Mais il est évident qu'à l'occasion de la première vente, l'état descriptif complet doit être établi et publié, afin d'individualiser chaque lot.

À partir de ce moment, tout changement des lots définis par l'état descriptif entraîne l'établissement et la publication d'un acte modificatif. Il n'y a pas apparemment de solution satisfaisante permettant d'éviter la multiplication des actes modificatifs.

Dans certaines villes, il a été parfois établi, dans le passé, un règlement de copropriété par pièces principales, un numéro de lot étant attribué à chacune d'elles. Les lots définis étaient constitués au fur et à mesure des ventes par réunion des pièces et des millièmes de copropriété attachés à chacune, les millièmes afférents à un lot définitif étant toujours la somme arithmétique des millièmes attachés aux pièces principales constituant le lot.

Cette solution extrême ne semble pas opportune et il paraît, en définitive, préférable de s'en tenir à la pratique générale qui consiste à établir et à publier l'état descriptif d'après le plan de construction, d'autant plus que la composition des lots prévus risque, dans bien des cas, de ne subir que peu de modifications (Doc. adm. DGI, 10 E-4351, n° 5, 1er août 1986).

5811 Tableau récapitulatif des modifications. L'acte modificatif de l'état descriptif de division, qu'il y a lieu d'établir en pareil cas, est résumé obligatoirement dans un tableau, incorporé à l'acte lui-même ou annexé à celui-ci et identique à celui qui accompagne l'état descriptif (V. **État descriptif de division**), sous les deux réserves suivantes :

– il est limité aux lots intéressés ;

– il est complété par une colonne supplémentaire indiquant :

• en regard de chaque nouveau lot, les numéros des lots subdivisés ou réunis dont les nouveaux lots sont issus,

• et, en regard des lots subdivisés ou réunis, les numéros des nouveaux lots issus de la subdivision ou de la réunion.

Ce tableau doit figurer dans l'extrait ou l'expédition déposé à la conservation (D. 14 oct. 1955, art. 71-7).

Une fois l'acte modificatif établi et publié, le tableau peut être seul utilisé par les rédacteurs d'actes pour identifier les lots nouveaux dans les mêmes conditions que celles exposées pour l'état descriptif de division (au comm. D. 14 oct. 1955, art. 71-9, al. 4).

Dans les exemples ci-dessus, les tableaux limités aux seuls lots intéressés par la modification (lots anciens et lots nouveaux) se présentent de la façon suivante (Doc. adm. DGI, 10 E-4331, n° 8, 1er août 1986).

1. Vente de deux pièces de l'appartement 45

Numéros 1	45.....	.....	55.....	56.....
Bâtiment 2	A	.....	A	A
Escalier 3	B	.....	B	B
Étage 4	2e	.....	2e	2e
Nature du lot 5	Appartement	.....	Appartement	Appartement
Quote-part 6	26/1 000	.....	8	18
Désignation des lots 7	Divisé en lots 55 et 56. Supprimé.	.....	Provient du lot 45.	Provient du lot 45.

2. Réunion du studio 24 à l'appartement 25

Numéros 1	24.....	25.....	.....	55.....
Bâtiment 2	A	A	.....	A
Escalier 3	B	B	.....	B
Étage 4	2e	2e	.....	2e
Nature du lot 5	Appartement	Appartement	.....	Appartement
Quote-part 6	8/1 000	22	.....	30/1 000
Désignation des lots 7	Réuni au lot 25 pour former le lot 55. Supprimé.	Réuni au lot 24 pour former le lot 55. Supprimé.	.....	Réunion des lots 24 et 25.

3. Pièce de l'appartement 64 vendue au propriétaire de l'appartement 65 et incorporée à ce dernier appartement

Numéros 1	Bâtiment 2	Escalier 3	Étage 4	Nature du lot 5	Quote-part 6	Désignation des lots 7
.....	.....	.....	.....	.....	.....	.....
64.....	A	B	3e	Appartement	26/1 000	Divisé en lots 80 et 81. Supprimé.
65	A	B	3e	Appartement	22/1 000	Réuni au lot 80 pour former le lot 82. Supprimé.

Numéros 1	Bâtiment 2	Escalier 3	Étage 4	Nature du lot 5	Quote-part 6	Désignation des lots 7
.....	.....	.....	.....	.....	.....	.....
80.....	A	B	3e	Pièce	51/1 000	Provient du lot 64, réuni au lot 65 pour former le lot 82. Supprimé.
81.....	A	B	3e	Appartement	21/1 000	Provient du lot 64.
82.....	A	B	3e	Appartement	27/1 000	Réunion des lots 65 et 80.

D Changement dans la quote-part de parties communes

L. n° 65-557, 10 juill. 1965, art. 6-1.
En cas de modification dans les quotes-parts des parties communes afférentes aux lots, quelle qu'en soit la cause, les droits soumis ou admis à publicité dont les lots sont l'objet s'éteignent sur les quotes-parts qui en sont détachées et s'étendent à celles qui y sont rattachées.

1 Principe

5812 **Portée.** De portée très générale, le principe édicté par l'alinéa 1er de l'article 6-1 va trouver à s'appliquer chaque fois que des changements quelconques vont intervenir aussi bien dans la quotité de parties communes incluses dans les lots que dans la consistance même de ces parties communes, et cela quelle que soit l'origine des modifications intervenues (Instr. 1er août 1979, n° 14).
On note, en premier lieu, que le texte vise toutes les modifications dans les (et non pas des) quotes-parts de parties communes afférentes aux lots, qu'elles aient pour effet de changer l'expression arithmétique de ces quotes-parts ou, à fraction inchangée, d'accroître ou de restreindre l'étendue des biens matériels sur lesquels elles portent.
Il est, en effet, évident que modifier la substance des parties communes, c'est modifier la quote-part qui en est l'expression au niveau de chacun des lots. Dès l'instant où la consistance de ces parties communes varie, la fraction qui représente le droit indivis en subit nécessairement le contrecoup en valeur absolue, alors même que ses numérateur et dénominateur demeurent inchangés.
Le texte recouvre un grand nombre de situations (Instr. 1er août 1979, n° 15) :
– modifications ne portant que sur la quote-part ;
– transformation d'un lot en parties communes (V. nos 5817 à 5819) ;
– transformation de parties communes en un lot (V. nos 5820 à 5822) ;
– cession ou acquisition de parties communes entraînant changement de l'emprise de la copropriété (V. **État descriptif de division**) ;
– réunion ou division de copropriété. (V. **État descriptif de division**).
➤ Pour plus de détails, V. Instr. 1er août 1979, nos 16 à 20.

5813 **Récapitulatif.** En conclusion, on doit donc retenir que la loi concerne toutes les modifications qui interviennent aussi bien au niveau de la substance des parties communes que de la fraction exprimant la quote-part incluse dans chacun des lots :
– quelle que soit l'importance relative du nombre des lots intéressés ;
– quel que soit le cours de ces modifications ;
– tous les droits réels ou personnels de nature à apparaître au fichier immobilier ;
– qu'ils soient nés sur ces lots ou sur des parties communes.
Malgré, mais peut-être aussi à cause de, la généralité de la formule utilisée, le législateur a cependant tenu à préciser dans les deux derniers alinéas du nouvel article 6-1 de la loi du 10 juillet 1965 certaines modalités particulières d'application qui s'imposaient dans l'hypothèse où les modifications des parties communes ont pour effet d'entraîner un changement de l'emprise de la copropriété (Instr. 1er août 1979, n° 21).

2 Mise en œuvre

5814 **Applications.** De telles modifications ne paraissent pouvoir intervenir que pour réparer une erreur dans l'attribution de quotes-parts de propriété et semblent devoir être relativement rares dans la mesure où les règles posées par la loi du 10 juillet 1965 pour y parvenir sont extrêmement contraignantes (Instr. 1er août 1979 : *BODGI* 10 E-1-79, n° 82).

5815 **Innovations apportées par la loi du 2 janvier 1979.** Depuis le 1er juillet 1979, l'acte modificatif de l'état descriptif de division doit simplement faire apparaître, sans qu'il y ait lieu à nouveau numérotage, le résultat de l'opération sur les lots intéressés.
Le tableau récapitulatif pourra prendre la forme suivante, en supposant à titre d'exemple, que « l'échange » de quote-part se limite aux lots 1

et 2 et que deux millièmes soient transportés d'un lot à l'autre (Instr. 1er août 1979 préc., n° 83-84) :

Numéro du lot	1.	2. .....
Bâtiment	A	A
Escalier	1	1
Étage	RC	RC
Nature	App.	App.
Ancienne quote-part	52	48
Nouvelle quote-part	50	50

5816 **Annotations au fichier immobilier.** Au fichier immobilier, la modification de la quote-part afférente à chacun des lots sera constatée :
– au tableau II de la fiche générale, par soulignement en rouge, dans la colonne 6 « millièmes », de la quote-part qui y est indiquée, la nouvelle quote-part étant portée dans la colonne « Renseignements complémentaires » avec référence à l'annotation portée au cadre A du tableau III ;
– au tableau I de la fiche de lot, par soulignement en rouge de l'ancienne quote-part, la nouvelle quote-part étant portée à la suite de la désignation du lot avec référence à la formalité donnée à l'acte modificatif sur la fiche générale.

Tous les actes ultérieurement publiés concernant les lots ainsi modifiés devront comporter les références à l'acte modificatif et l'indication des nouvelles quotes-parts (Instr. 1er août 1979 préc., n° 85).

E Transformation de lots en parties communes

5817 **Exemple.** Une copropriété de 10 lots numérotés de 1 à 10 comportant chacun 100 millièmes décide de transformer le lot 1 en loge de concierge.

5818 **Modalités.** Sous le régime découlant de la loi du 1er janvier 1979, l'acte modificatif devra simplement constater la suppression du lot 1 et le changement de la quote-part de parties communes afférente aux lots subsistants. Le tableau récapitulatif pourra se présenter de la façon suivante (Instr. 1er août 1979 préc., n° 87) :

Numéro du lot	Bâtiment	Escalier	Étage	Nature	Ancienne quote-part	Observations ou nouvelle quote-part (1)
1.....	Unique	Unique	RC	App.	100	Supprimé
2.....	–	–	RC	App.	100	111
3.....	–	–	1	App.	100	111
4.....	–	–	1	App.	100	111
5.....	–	–	1	App.	100	111
6.....	–	–	2	App.	100	111
7.....	–	–	2	App.	100	111
8.....	–	–	2	App.	100	111
9.....	–	–	3	App.	100	111
10.....	–	–	3	App.	100	111

(1) L'attribution des nouvelles quotes-parts est ici simplifiée pour la clarté du tableau. La modification du numérateur peut tout aussi bien être remplacée par une modification du dénominateur, sans que la solution soit différente.

5819 **Modifications à apporter au fichier immobilier.** En dehors de l'annotation de la formalité donnée à l'acte modificatif, les modifications apportées au fichier immobilier sont les suivantes : – au tableau II de la fiche générale, constatation de la suppression du lot 1 par soulignement en rouge de toutes les indications concernant ce lot et indication de la modification de la quote-part de parties communes afférente aux lots subsistants par soulignement en rouge de l'ancienne quote-part et mention de la nouvelle quote-part dans la colonne « Renseignements complémentaires » ;
– le tableau I de la fiche particulière du lot 1 si elle a déjà été créée reçoit la mention « Supprimé. Voir formalité n° … FG » ;
– au tableau I de la fiche particulière des lots modifiés, l'ancienne quote-part sera soulignée en rouge, la nouvelle quote-part étant indiquée à la suite de la désignation du lot avec référence à la formalité donnée à l'acte modificatif à la fiche générale (Instr. 1er août 1979 préc., n° 88).

F Création de lots par transformation de parties communes

5820 **Exemple.** Même hypothèse que dans le cas précédent, mais la loge de concierge, préexistante, est transformée en lot.

5821 **Modalités.** Sous le régime découlant de la loi du 1er janvier 1979, l'acte modificatif de l'état descriptif de division constatera seulement la création d'un lot 11. Il indiquera son origine et la diminution de la quote-part de parties communes incluses dans chacun des lots anciens et donnera lieu à l'établissement d'un tableau récapitulatif du type suivant (Instr. 1er août 1979 préc., n° 90) :

Numéro du lot	Bâtiment	Escalier	Étage	Nature	Ancienne quote-part	Observations ou nouvelle quote-part
1.....	Unique	Unique	RC	App.	100	91
2.....	–	–	RC	App.	100	91
3.....	–	–	1	App.	100	91
4.....	–	–	1	App.	100	91
5.....	–	–	1	App.	100	91
6.....	–	–	2	App.	100	91
7.....	–	–	2	App.	100	91
8.....	–	–	2	App.	100	91
9.....	–	–	3	App.	100	91
10.....	–	–	3	App.	100	91
11.....	–	–	RC	–	–	90

NOTA Il est à noter que la méthode utilisée en l'espèce (réduction de la quote-part de parties communes des lots anciens) n'est pas la seule. Il est aussi possible de procéder à une augmentation des tantièmes originaires (V. à ce propos l'étude de M. Morand : *JCP* N 1984, prat. 8900).

5822 **Constatations au fichier immobilier.** Les modifications seront ainsi constatées au fichier immobilier :

– à la fiche générale, par la mention du lot 11 à la suite des lots préexistants au tableau II, le soulignement en rouge des anciennes quotes-parts afférentes à ces derniers lots et la mention des nouvelles quotes-parts dans la colonne « Renseignements complémentaires » ;

– à la fiche particulière des 10 premiers lots, selon les mêmes règles que celles fixées au n° 5791 ci-dessus pour les lots modifiés ;

– la fiche particulière du lot 11 ne sera créée que lors de la première formalité intervenant sur ce lot (Instr. 1er août 1979 préc., n° 91).

Bien entendu, les lots privatifs nouveaux ne seront créés dans le fichier immobilier qu'à la première formalité intervenant sur ces lots (*Bull. AMC* 2001, art. 1837).

➤ Sur la vente des lots issus de cette transformation, V. n° 5824.

G Vente de lots

5823 **Effet relatif.** La vente d'un lot doit comporter les références à l'état descriptif de division et éventuellement aux actes modificatifs de cet état descriptif (D. 14 oct. 1955, art. 71-12). Mais il n'a pas à faire référence à un précédent état descriptif annulé (*Bull. AMC* 1990, art. 1464).

5824 **Création d'un ou plusieurs lots privatifs issus des parties communes, puis vente de ces lots par la copropriété.** Un notaire a déposé auprès d'une conservation d'abord un modificatif d'état descriptif de division transformant des parties communes en plusieurs lots privatifs, puis un acte portant vente de ces lots par le syndicat des copropriétaires.

Estimant que le droit du disposant visé au 1 de l'article 32 du décret du 14 octobre 1955 ne pouvait procéder, en l'espèce, que de l'acquisition par les copropriétaires des lots auxquels les parties communes étaient rattachées, le dépôt a été rejeté pour défaut d'effet relatif. Ce rejet est-il justifié ?

La réponse est négative. La vente des nouveaux lots privatifs est réalisée par le syndicat des copropriétaires en application de l'article 16 de la loi du 10 juillet 1965, à la condition que l'aliénation ait été décidée conformément aux dispositions de ses articles 6-25 et 26.

Compte tenu du caractère légal de mandataire de l'ensemble des copropriétaires reconnu au syndicat, son identité n'a pas à être certifiée et le syndic est compétent pour comparaître seul à l'acte de cession.

Pour la même raison, il n'y a pas lieu de se préoccuper de l'identité et du droit de propriété de chacun des copropriétaires au nom desquels le syndic agit, ni d'indiquer la référence à la publication du titre de propriété de chacun d'eux (*Bull. AMC* 1968, art. 748. – *Bull. AMC* 1995, art. 1697).

Aussi bien, au regard de l'effet relatif, compte tenu du dispositif mis en place par la loi du 2 janvier 1979 précitée, l'origine des nouveaux lots privatifs cédés ne peut être que l'état descriptif de division primitif et ses modificatifs (*Bull. AMC* 2001, art. 1837).

5825 Vente de plusieurs lots décrits dans l'état descriptif de division comme correspondant chacun à une pièce. Déclaration faite dans l'acte selon laquelle trois d'entre eux constituent actuellement un appartement. Absence de modification de l'état descriptif. Dans un acte portant mutation à titre onéreux de locaux d'habitation, les lots vendus ont été désignés individuellement dans les termes mêmes de l'état descriptif de division. Mais l'acte précise ensuite que trois de ces lots (le quatrième étant une cave) constituent actuellement un seul appartement.

Le conservateur, auquel l'acte a été remis a considéré à l'époque, d'une part, que ce regroupement de locaux constitue la réunion de trois lots en un lot unique et d'autre part, que d'après le 1 de l'article 71-6 du décret n° 55-1350 du 14 octobre 1955, toute modification des lots doit être constatée par un acte modificatif à l'état descriptif.

Aucun modificatif n'ayant fait l'objet d'une publicité préalable ou simultanée, il a refusé le dépôt en se fondant sur les dispositions de l'article 71-12, alinéa premier.

Ce refus est-il justifié ?

L'association des conservateurs saisie de la question a répondu par la négative. En effet, tout lot de copropriété comprend une partie privative et une partie commune. Par suite, pour entrer dans les prévisions de l'article 71-6 susvisé, les modifications des lots doivent susciter un accroissement ou un amoindrissement de l'un ou de l'autre de ces deux composants.

Or, dans l'acte à publier, les lots vendus sont décrits en conformité avec les indications données à leur sujet dans l'état descriptif de division. Sans doute, les cocontractants ont ils, en outre, déclaré que trois de ces lots forment un appartement ; mais cette déclaration n'a eu aucune incidence tant sur les contours des parties du bâtiment dont les acquéreurs des lots ont l'usage exclusif que sur le montant des millièmes des parties communes qui leur sont dévolus. Aussi, au regard des dispositions propres à la publicité foncière, l'établissement d'un modificatif portant création d'un lot unique est-il pour le déposant une simple faculté. Dès lors, la contravention qui a été relevée n'était pas constituée.

Simplement, le souci de faire du fichier immobilier un abrégé fidèle des documents publiés conduira le conservateur à l'annoter en conséquence : dans le cadre I des fiches de chacun des trois lots réunis ainsi qu'au regard des mêmes lots dans la colonne 7 du tableau II de la fiche générale de la copropriété, il sera signalé, en se référant à la publication de la vente, que chaque lot constitue, avec les deux autres, un appartement (*Bull. AMC* 1993, art. 1594).

5826 Vente d'un lot comportant droit de construire. Régime fiscal. Quel est le régime fiscal applicable à la vente d'un lot dont la partie privative est constituée par le droit de construire un bâtiment ?

Les droits doivent être assis sur le prix convenu ou la valeur vénale si elle est supérieure. Mais en aucun cas le conservateur (aujourd'hui : le service chargé de la publicité foncière) ou les services de contrôle ne sont fondés à exiger l'évaluation des constructions à édifier, pour percevoir les droits de mutation en conséquence. Elles ne constituent pas en effet l'objet de la vente (V. Bulté et Poirier, chron. hyp. : *JCP* N 1967, IV, 4219).

S'il y a engagement de bâtir, la TVA sera perçue au taux prévu pour les mutations de terrain à bâtir. Mais la taxe de publicité foncière à 0,70 % n'est pas due, dès lors qu'il n'y a pas vente de constructions à édifier dans leur état futur d'achèvement (chron. hyp. : *JCP* N 1987, IV, 160). La mutation ne porte que sur un simple droit de construire.

H Inscriptions grevant les lots

1 Principes

5827 Incidences de l'article 6-1 de la loi du 10 juillet 1965. Du principe posé par l'article 6-1 de la loi du 10 juillet 1965 (V. ce texte *supra*), il résulte que l'hypothèque prise sur les lots d'un immeuble en copropriété s'éteint sur les quotes-parts des parties communes de ces lots qui sont détachées de ceux-ci avant la cession desdits lots et qu'elle s'étend, par contre, aux quotes-parts des parties communes des lots grevés qui sont rattachées à ces lots avant cette cession.

Le texte s'applique même en cas de modification de quotes-parts découlant d'une réduction ou d'une extension de l'emprise de la copropriété. Il n'est donc plus besoin, comme autrefois, après avoir eu l'accord du créancier, de prendre une inscription complémentaire pour grever les quotes-parts rattachées ou de faire radier partiellement l'inscription pour dégrever les quotes-parts détachées (V. par ex. : Bulté : *JCP* N 1978, prat. 6979).

5828 Inscriptions visées par le texte. La loi du 2 janvier 1979, applicable à compter du 1er août suivant, concerne, d'après son article 7, non seulement les inscriptions prises après cette date,

mais également toutes les inscriptions antérieures qui n'étaient encore pas périmées ou radiées à ladite date.
Il semble que la date à retenir pour les modifications intervenues dans les quotes-parts par rapport à la cession des lots soit celle à laquelle a été dressé l'acte modifiant l'état descriptif de division.

5829 **Exercice des droits du créancier.** En ce qui concerne les parties communes, le droit du créancier hypothécaire est définitivement fixé, en application de l'alinéa 2 de l'ancien article 2148-1 ajouté au Code civil par l'article 3 de la loi de 1979 « au moment de la mutation dont le prix forme l'objet de la distribution » (C. civ., art. 2429).
Aucune distinction ne doit être faite, à cet égard, entre les mutations volontaires et notamment les ventes amiables et les ventes forcées et en particulier, les adjudications sur saisie.
Autrement dit, c'est lors de la cession des lots grevés et non dès la constitution de l'hypothèque que les droits du créancier seront fixés en ce qui concerne les parties communes afférentes à ces lots.

5830 **Distribution du prix d'aliénation des parties communes.** Pour éviter toute difficulté lors de l'aliénation de parties communes, l'article 2 de la loi de 1979 a ajouté à la loi du 10 juillet 1965 un article 16-1 dont la rédaction actuelle, issue de l'ordonnance n° 2019-1101 du 30 octobre 2019, applicable à compter du 1er juin 2020, est la suivante :

> « Les sommes représentant le prix des parties communes cédées se divisent de plein droit entre les copropriétaires dans les lots desquels figuraient ces parties communes et proportionnellement à la quotité de ces parties afférentes à chaque lot.
> La part du prix revenant à chaque copropriétaire lui est remise directement par le syndic, après déduction des sommes exigibles par le syndicat des copropriétaires ».

De la sorte, la division entre les copropriétaires intéressés du prix des parties communes cédées ainsi que la remise de la part de ce prix revenant à chacun de ces copropriétaires se trouvent réglées.

5831 **Prix des parties privatives.** Il est à préciser, toutefois, que ces dispositions ne concernent que les seules parties communes à l'exclusion des parties privatives dont le prix ne pourrait revenir aux copropriétaires concernés qu'avec le consentement des créanciers ayant pris hypothèque sur les lots comprenant les parties privatives cédées (V. note Stemmer et Bost ss Cass. 3e civ., 17 janv. 1978 : *JCP* N 1978, II, p. 147).

5832 **Protection des créanciers antérieurs.** Selon l'article 8 de la loi du 2 janvier 1979, tout créancier inscrit antérieurement à l'entrée en vigueur de la nouvelle loi peut s'opposer à la remise prévue à l'article 16-1, alinéa 2, de la loi du 10 juillet 1965. Cette opposition est notifiée au notaire détenteur de la minute du règlement initial de copropriété antérieurement à la constatation de la cession en la forme authentique. Dans ce cas, la part du copropriétaire intéressé doit être consignée au profit du ou des créanciers opposants pour leur être distribuée, compte tenu du rang de préférence des inscriptions portant sur les parties privatives comprises dans les lots concernés par ces oppositions.

BIBLIOGRAPHIE : Pour plus de détails sur la portée de la loi du 2 janvier 1979, on peut se reporter aux études détaillées qui y ont été consacrées (M. Dagot, *Les modifications de la copropriété et le droit de la publicité foncière : JCP* N 1979, I, p. 125. – Cl. Thibierge, *La loi du 2 janvier 1979 relative aux droits grevant les lots d'un immeuble en copropriété : Defrénois* 1979, art. 31934, p. 401).

2 Solutions diverses

a) Prise d'inscription

5833 **Modalités.** Sur ce point V. **Inscription (formalités)**.

5834 **Prêts consentis pour la construction de l'immeuble.** En cas de prêts consentis en vue de la construction d'un immeuble placé sous le régime de la copropriété, accompagné de la constitution d'une hypothèque portant sur la totalité de l'immeuble, l'inscription est généralement requise sur l'ensemble de l'immeuble pour sûreté de l'intégralité du prêt. Il arrive cependant que dans cette même hypothèse, l'inscription soit prise au moyen d'un bordereau unique séparément sur chaque lot ou groupe de lots pour sûreté d'une fraction déterminée du prêt. Cette manière de procéder est-elle régulière ?
En raison de l'indivisibilité qui est une des caractéristiques de l'hypothèque (C. civ., art. 2393, 2e al.), lorsqu'un prêteur obtient pour sûreté du remboursement de son prêt, une garantie hypothécaire grevant un immeuble placé sous le régime de la copropriété, chacun des lots se trouve frappé par l'hypothèque pour sûreté de la totalité du prêt (*Précis CML*, 2e éd., n° 184). Par suite, le prêteur peut inscrire séparément son hypothèque sur chaque lot ou groupe de lots pour sûreté d'une somme égale au montant du prêt ou, *a fortiori*, d'une somme inférieure à ce montant qu'il détermine arbitrairement.

L'article 54-1 du décret du 14 octobre 1955 (D. n° 67-1252, 22 déc. 1967, art. 6 ; *Bull. AMC* 1966, art. 701) ne permet pas d'exiger, dans le cas visé, le dépôt de bordereaux séparés. Il n'autorise en effet le refus des bordereaux collectifs que lorsqu'ils ont pour objet l'inscription d'une ou plusieurs sûretés « au profit de plusieurs créanciers ou à l'encontre de plusieurs débiteurs », ce qui exclut le cas où il n'y a qu'un seul créancier et qu'un seul débiteur.

Il n'en résulte pas cependant qu'il ne puisse être perçu qu'un seul salaire. Le bordereau unique constate, en effet, l'inscription d'autant de droits d'hypothèque distincts qu'il y a de lots ou groupes de lots grevés séparément et, par application de l'article 1er, 2°, du décret n° 48-1677 du 29 octobre 1948 (*Bull. AMC* 1954, art. 159, annexe), l'inscription de chacun de ces droits hypothécaires donne ouverture à un salaire particulier (*Bull. AMC* 1969, art. 754).

5835 Hypothèque légale du syndicat de copropriétaires. Sur ce point, V. **Copropriété**.

N.B. : La contribution de sécurité immobilière a remplacé le salaire du conservateur à compter du 1er janvier 2013. Elle obéit aux mêmes conditions d'assiette, de tarifs, de contrôle et de recouvrement que ce salaire (V. **Contribution de sécurité immobilière**). Les solutions données ci-dessous à propos du salaire du conservateur peuvent donc être transposées pour la perception de la contribution de sécurité immobilière.

b) Délivrance des renseignements

5836 Conséquences du fait que les inscriptions et saisies ne concernent pas les quotes-parts de parties communes. Si, pour les besoins de leur inscription ou publication, les privilèges, hypothèques et saisies sont réputés ne pas porter sur les quotes-parts, il n'empêche :

- que les mouvements qui affectent ces quotes-parts sont publiés et doivent continuer de l'être ;
- qu'ils entraînent, dès qu'ils se produisent, des accroissements ou des diminutions du gage effectif des créanciers ; d'ailleurs, dans l'hypothèse d'une réalisation forcée, la consistance de ce gage, déterminée à la date de la réalisation, s'appréciera en fonction des divers mouvements intervenus.

Il était indispensable de traduire ces principes au niveau de la délivrance des renseignements.

À cet effet, l'article 44 du décret du 14 octobre 1955 indique que le service de la publicité foncière prend les lots, dans leur consistance, au dernier jour de la période de certification (date de la formalité s'il s'agit d'une réquisition sur formalité, date de la réquisition dans le cas contraire ou date spécialement indiquée par le requérant). Cette précision n'implique, au demeurant, aucune recherche ou bilan qui serait imposé au service de la publicité foncière : elle signifie que celui-ci lit le fichier dans l'état où il se trouve à la date de référence (Instr. 1er août 1979 préc., n° 78).

5837 Cas des modifications publiées antérieurement à l'entrée en vigueur de la loi. Les actes modificatifs régulièrement publiés antérieurement à l'entrée en vigueur de la loi constatant des modifications visées par celle-ci ont dû, lorsque les lots étaient grevés de droits différents, donner lieu à création de lots « publicité foncière » destinés à individualiser les différentes « quotes-parts » qui ne pouvaient être réunies au lot attributaire du fait de l'interdiction posée par l'article 71-6, 5e alinéa.

Or, en vertu de l'article 7 de la loi du 2 janvier 1979 étendant ses effets aux inscriptions et aux saisies subsistantes lors de son entrée en vigueur, il n'y a lieu, pour ces lots, de considérer qu'ils sont grevés des inscriptions ou des saisies portant sur les lots dont ils ont été retirés. Ces formalités ne devront donc plus être délivrées sur les lots dont il s'agit (Instr. 1er août 1979 préc., n° 80).

I Saisie d'un lot

5838 Identification du lot. La désignation des fractions des immeubles en copropriété dans les actes soumis à publicité est réglementée par l'article 7, troisième alinéa, du décret du 4 janvier 1955 et par l'article 71-9, du décret du 14 octobre 1955.

Aux termes de ces dispositions, la seule énonciation qui soit obligatoire dans la désignation des fractions des immeubles en copropriété compris dans les commandements publiés pour valoir saisie est le numéro du lot résultant d'un état descriptif publié.

De plus, la « désignation individuelle » dont l'absence ou l'insuffisance autorise le refus du dépôt (D. 4 janv. 1955, art. 34, § 2) consiste, pour ce qui concerne les fractions des immeubles en copropriété, exclusivement dans le numéro du lot (D. 14 oct. 1955, art. 76).

Rien, par conséquent, ne s'oppose à ce que soient publiés les commandements aux fins de saisie comportant exclusivement, en dehors des éléments d'identification de l'immeuble, l'indication du numéro de lot attribué à l'appartement saisi dans un état descriptif de division préalablement publié (*Bull. AMC* 1974, art. 983).

Lotissement

Neyla GONZALEZ-GHARBI

Sommaire analytique

5839 **Évolution de la réglementation.** L'ordonnance n° 2011-1916 du 22 décembre 2011, entrée en vigueur le 1er mars 2012, a donné une nouvelle définition de lotissement, en modifiant l'article L. 442-1 du Code de l'urbanisme. Constitue désormais un lotissement la division en propriété ou en jouissance de l'unité foncière ou de plusieurs unités foncières contiguës ayant pour objet de créer un ou plusieurs lots destinés à être bâtis. Cette définition soumet de nombreuses divisions foncières à un permis d'aménager, ou à une déclaration préalable.

L'article R. 421-19 du Code de l'urbanisme énonce que doivent être précédés de la délivrance d'un permis d'aménager tous lotissements qui prévoient la création ou l'aménagement de voies, d'espaces ou d'équipements communs, internes au lotissement, ou qui sont situés dans un site classé ou dans un secteur sauvegardé.

Les lotissements qui ne sont pas soumis à la délivrance d'un permis d'aménager doivent faire l'objet d'une déclaration préalable, conformément à l'article R. 421-23 a) du Code de l'urbanisme. Sont concernés donc, hors secteurs sauvegardés et sites classés, tous les lotissements qui ne créent pas de voies et d'espaces communs ou qui ne créent pas plus de deux lots.

L'article R. 442-1 du Code de l'urbanisme énumère par ailleurs les divisions ou détachements de terrain qui ne sont pas considérés comme des opérations de lotissement.

– La loi du 24 mars 2014, dite loi ALUR, a apporté des modifications aux règles d'urbanisme contenues dans les documents du lotissement – en procédant notamment à la refonte de l'article L. 442-9 du Code de l'urbanisme. Mais elle n'a pas modifié les règles relatives à la vente d'un lot de lotissement.

– La loi n° 2018-1021 du 23 novembre 2018, dite « loi ELAN », a apporté de nombreuses retouches au régime des lotissements. Elle a en particulier abrogé les trois alinéas ajoutés par la loi ALUR à l'article L. 442-9 du Code de l'urbanisme qui, faute de décret d'application, n'étaient jamais entrés en vigueur (H. Périnet-Marquet, *Trois petits alinéas, trois petits tours et puis s'en vont : Constr.-Urb.* 2018, repère 9. – P. Cornille, *Réforme par la loi ELAN du droit des lotissements : Constr.-Urb.* 2019, étude 7).

– On signalera la nouvelle codification du Code de l'urbanisme résultant de l'ordonnance n° 2015-1174 du 23 septembre 2015 relative à la partie législative du livre Ier du Code de l'urbanisme (*JO* 24 sept. 2015) et le décret n° 2015-1783 du 28 décembre 2015 relatif à la partie réglementaire du livre Ier du Code de l'urbanisme et à la modernisation du contenu du plan local d'urbanisme (*JO* 29 déc. 2015)

5840 **Bornage obligatoire pour tous détachements de lot.** L'article L. 115-4 (ancien art. L. 111-5-3) du Code de l'urbanisme, créé par l'article 14 de la loi SRU n° 2000-1208, a institué une obligation de bornage pour les ventes de terrains à bâtir issus d'un lotissement. Il incombe au notaire chargé d'établir l'acte de vente, et non au service du cadastre, de contrôler qu'un bornage a été effectivement réalisé.

5841 Du point de vue de la publicité foncière, les opérations de lotissement posent deux types de problèmes. Ils concernent les opérations soumises à publicité (I) et le mode de désignation des lots (II).

I Opérations soumises à publication

5842 L'ordonnance du 8 décembre 2005 et les décrets d'application des 5 janvier 2007 et 11 mai 2007 ont profondément modifié le régime des autorisations d'urbanisme. Néanmoins, certaines des solutions antérieures à cette réforme, en vigueur depuis le 1er octobre 2007, restent valables.

A Autorisation de lotir

5843 **Publication en vue de l'information des tiers.** La publication des arrêtés de lotissement est prévue par l'article 73 du décret du 14 octobre 1955 ainsi conçu :

> « Sont publiées au fichier immobilier, pour l'information des usagers, par application de l'article 36-2° du décret du 4 janvier 1955, les décisions administratives concernant des immeubles déterminés et tendant à limiter l'exercice du droit de propriété ou portant dérogation à des servitudes d'utilité publique.
> Il en est ainsi notamment :
> 1° *(1° remplacé à compter du 1er janvier 2013, D. n° 2012-1462, 26 déc. 2012, art. 27 et 39)* Du permis d'aménager et du cahier des charges prévus à l'article L. 442-7 du Code de l'urbanisme et de leurs modificatifs éventuels ; ».

5844 On observera qu'il ne s'agit pas d'une publication obligatoire. Le document est simplement soumis à publication pour l'information des usagers. En conséquence, l'annotation n'est effectuée au fichier immobilier qu'au rang des charges, au cadre B du tableau III des fiches personnelles ou des fiches d'immeuble (*Bull. AMC* 1974, art. 995).

5845 **Modalités de la publication.** L'ancien article R. 315-27 du Code de l'urbanisme, qui fixait les modalités de publication de l'arrêté, a été abrogé à compter du 1er octobre 2007 (D. n° 2007-18, 5 janv. 2007, art. 13 et 26), et non remplacé.
Ce texte prévoyait que la personne qui avait sollicité l'autorisation devait en assurer la publication. Cette solution paraît toujours valable. Par contre, l'ancienne obligation qui lui était faite d'aviser l'autorité qui avait délivré l'autorisation a disparu.
Le dernier alinéa de l'article 73 du décret du 14 octobre 1955, issu du décret n° 2012-1462 du 26 décembre 2012 indique :

> « *(Mots remplacés à compter du 1er janvier 2013, D. n° 2012-1462, 26 déc. 2012, art. 36, 34° et 39)* "La publicité est assurée au fichier immobilier par le dépôt de deux ampliations" ou copies certifiées conformes des décrets, arrêtés ou décisions, dont l'une est obligatoirement établie sur formule réglementaire pour être conservée et doit comporter la mention de certification de l'identité des parties. »

5846 **Cette publication obéit à toutes les règles habituelles de la publicité foncière.** Le principe de l'effet relatif doit être respecté ; l'origine de propriété des parcelles d'assiette du lot doit être précisée et l'identité complète des propriétaires doit être indiquée (*JCP* N 1993, prat. 2634, note P.J.C.).

B Opérations postérieures

5847 **Arrêté modificatif. Caducité de l'arrêté.** La publication des arrêtés modificatifs était prévue par l'article R. 315-47 du Code de l'urbanisme, abrogé à compter du 1er octobre 2007 (D. n° 2007-18, 5 janv. 2007, art. 13 et 26). Il semble que cette publication s'impose au même titre que celle de l'arrêté, sur le fondement de l'article 73 du décret du 14 octobre 1955 (V. n° 5843. – Sur les conséquences de la non-publication, V. n° 5849).

5848 **Caducité de l'arrêté.** Les textes ne prévoient pas de publicité pour faire constater la caducité de l'autorisation de lotir ou du permis d'aménager (sur les conséquences de l'absence de publication, V. n° 5850).

5849 **Mutation des lots.** Il était bien établi que toute publication d'opérations intéressant des lots de lotissement (ventes, donations, etc.) ne pouvait pas être subordonnée à la publication préalable de l'arrêté de lotissement (*Bull. AMC* 1974, art. 995 ; *ibid.* 1975, art. 1014 ; *JCP* N 1990, prat. 1545, obs. P.J.C.).
De même, la vente d'une fraction de lot ne pouvait pas être subordonnée à la publication préalable d'un arrêté modificatif (*Bull. AMC* 1979, art. 1141 ; *ibid.* 1981, art. 1217 ; *JCP* N 1979, IV, 2634).
La même solution paraît devoir être appliquée à propos de la publication des documents visés à l'article 73 du décret du 14 octobre 1955 susvisé.

5850 Par ailleurs, si l'acte de vente indiquait que l'arrêté est devenu caduc, le conservateur n'était pas en droit d'exiger que cette caducité soit constatée par un nouvel arrêté lui-même publié (*Bull. AMC* 1980, art. 1195).

5851 **Hypothèques sur les lots.** Une difficulté s'est manifestée dans le cas où une inscription devait être prise avant la publication de la première vente. Ainsi par exemple, lorsque le lotisseur conserve un lot, pour son usage personnel et désire l'hypothéquer pour les besoins de la construction, sans attendre la vente du premier lot du lotissement, il a été suggéré la procédure suivante (H. Bulté, chron. hyp. : *JCP* N 1971, prat. 5041) :

– dépôt au service du cadastre par le géomètre auteur du document d'arpentage d'une réquisition modèle 5 ;
– publication par le cadastre du procès-verbal modèle 21, soit antérieurement au dépôt des bordereaux d'inscription, soit en même temps qu'eux.

Dans le cas où un document d'arpentage aurait été établi et un numéro de cadastre affecté à chaque lot, l'inscription pourrait être prise en utilisant les numéros cadastraux affectés aux différents lots du lotissement bien qu'aucune vente n'ait encore été passée (H. Bulté : *JCP* N 1972, prat. 5177).

C Problèmes divers

5852 **Saisie d'une fraction de lot.** Rien ne s'oppose à ce qu'un commandement de saisie (ou d'ailleurs une vente) soit publié alors qu'il ne porte que sur partie d'un lot de lotissement, dès lors que cette fraction correspond à l'intégralité d'une ou plusieurs parcelles cadastrales. On peut ainsi saisir partie du lot n° 5 correspondant aux parcelles C 476 et C 477 (*Bull. AMC* 1973, art. 879).

5853 **Cahier des charges.** Le cahier des charges fixant les conditions de vente ou de location des lots, remis à l'acquéreur lors de la signature de la promesse ou de l'acte de vente, après lui avoir été préalablement communiqué (C. urb., art. L. 442-7) ne peut être publié que s'il est établi en la forme authentique (V. **Authenticité**. – Sur l'opposabilité liée à cette publicité, V. Cass. 3e civ., 20 déc. 2000 : *Bull. civ.* 2000, III, n° 199).
Quant à la décision des colotis, de demander le maintien des règles d'urbanisme applicables aux lotissements (C. urb., art. L. 442-9 actuel, ancien art. L. 315-3), sa publication n'a pas été prévue (V. A. Mourocq : *JCP* N 1988, prat. 689). Ceci ne veut pas dire que cette publication ne soit pas possible, comme le laisse entendre à tort une réponse ministérielle (Rép. min. Valleix : *JOAN* CR, 9 mai 1988, n° 35343, p. 1968). En l'absence de tout motif légal de refus, le conservateur (aujourd'hui, le service de la publicité foncière) ne pourrait refuser de procéder à cette publicité si elle était demandée (V. **Refus de dépôt**).

5854 **Publication du cahier des charges et pérennisation des règles du lotissement.** La loi n° 2014-366 du 24 mars 2014, dite « loi ALUR », avait introduit dans le Code de l'urbanisme un nouvel article L. 442-9 qui, dans son alinéa 5, énonçait :

> « Toute disposition non réglementaire ayant pour objet ou pour effet d'interdire ou de restreindre le droit de construire ou encore d'affecter l'usage ou la destination de l'immeuble, contenue dans un cahier des charges non approuvé d'un lotissement, cesse de produire ses effets dans le délai de cinq ans à compter de la promulgation de la loi n° 2014-366 du 24 mars 2014 précitée si ce cahier des charges n'a pas fait l'objet, avant l'expiration de ce délai, d'une publication au bureau des hypothèques ou au livre foncier.

Il résultait de ce texte que, pour éviter la caducité automatique des dispositions d'un cahier des charges non approuvé restreignant le droit de construire ou l'usage de l'immeuble, les colotis devaient publier ce document (V., à ce propos, P. Cornille, *De l'impact sans précédent de la*

loi ALUR sur le dossier du lotissement : Constr.-Urb. 2014, dossier 7. – M. Suquet-Cozic, *Publier le cahier des charges et éviter la caducité automatique des restrictions aux droits de construire : BPIM 6/2014*, n° 356). Cette publication devait intervenir avant le 24 mars 2019. À défaut, les dispositions restrictives des droits de construire ou de l'usage de l'immeuble seraient devenues caduques.
La loi n° 2018-1021 du 23 novembre 2018, dite « loi ELAN », a abrogé les trois alinéas ajoutés par la loi ALUR à l'article L. 442-9 du Code de l'urbanisme qui, faute de décrets d'application n'étaient jamais entrés en vigueur (H. Périnet-Marquet, *Trois petits alinéas, trois petits tours et puis s'en vont :Constr.-Urb.* 2018, repère 9. – P. Cornille, *Réforme par la loi ELAN du droit des lotissements : Constr.-Urb.* 2019, étude 7).
En conséquence, les clauses non réglementaires des cahiers des charges non approuvés restent en vigueur, nonobstant le fait que le cahier des charges n'ait pas été publié.

5855 Transfert des voies privées ouvertes à la circulation dans le domaine public ou à une association syndicale.
➤ Sur le transfert des voies dans le domaine public ou à une association syndicale (ou à une union de syndicat), V. **Associations syndicales** et **Voies de circulation**.

II Division parcellaire

A Techniques utilisées

5856 **Principe.** Le lotissement doit donner lieu à une division parcellaire qui entraîne, pour chaque parcelle constituant un lot distinct, l'attribution d'un numéro de plan cadastral au vu d'un document d'arpentage d'ensemble.
La cession d'un lot provenant d'un lotissement ne peut donc être publiée que si un numéro cadastral a été attribué à ce lot et cette numérotation publiée par le service du cadastre.
Ceci étant, deux techniques sont utilisables pour procéder au « découpage » parcellaire :
– dans une première formule, le parcellaire du lotissement est déterminé dès le début des opérations. Le document d'arpentage produit en vue d'identifier le ou les lots objet de la première vente prévue constate l'agencement nouveau de la propriété à l'intérieur de la tranche entière de lotissement dans laquelle les travaux de viabilité ont été réalisés. Dès le début des opérations, la décomposition complète en lots est donc définie ;
– dans une deuxième formule, le parcellaire n'est pas déterminé dès le début des opérations. Le lotisseur ne définit les lots qu'au fur et à mesure des ventes. Le premier document d'arpentage produit, dit « document d'arpentage de base » définit uniquement le périmètre du lotissement, les terrains destinés à des équipements ou à des usages collectifs et ceux destinés à être ultérieurement divisés en lots.
➤ Pour la mise en œuvre de ces procédures et les relations entre le service du cadastre et le service de la publicité foncière, V. BOI-CAD-MAJ-10-50, 15 mai 2021.

B Identification des lots

5857 **Procédés.** L'obligation d'établir un état descriptif de division ne s'applique pas dans les cas de lotissement : le terrain cédé à chaque acquéreur et, le cas échéant, les constructions qui y sont édifiées, sont susceptibles d'identification par les moyens normaux. Quant aux terrains affectés à la voirie, leur mode de désignation dépend du système adopté par le lotisseur.
Dans certains cas, celui-ci cède à chaque acquéreur le sol de la voie situé au droit de sa façade, mais à charge de supporter une servitude de passage, sauf à profiter de servitudes analogues sur les autres terrains affectés à usage de voies. La clause s'analyse en une constitution de servitudes réciproques : le mode normal de désignation (d'après le cadastre, dans les communes à cadastre rénové) permet alors d'identifier l'ensemble du terrain cédé à chaque acquéreur en distinguant les parties grevées ou non grevées par les servitudes de passage.
Parfois aussi, le lotisseur cède à chaque acquéreur une quote-part indivise de l'ensemble du terrain affecté à la voirie ou aux espaces verts. Ce domaine commun est placé sous le régime de l'indivision forcée et son partage en est interdit en raison de l'affectation à usage collectif qui lui est donnée. Tous les acquéreurs de lots jouissent de droits égaux pour l'usage de toutes les parties composant le domaine commun. Il suffit alors, pour déterminer

l'assiette de ces droits, de désigner, selon les modes normaux, les parcelles qui font l'objet de l'affectation à usage collectif, étant entendu que, dans les communes à cadastre rénové, un ou plusieurs numéros cadastraux distincts doivent être attribués à ce domaine commun (Doc. adm. DGI, 10 E-4311, n° 4, 1er août 1986).

5858 **Indication du numéro de lot.** Les immeubles faisant l'objet d'un lotissement sont, en matière de publicité foncière, assujettis aux règles de droit commun.

Ces immeubles ne sont pas soumis, en particulier, au sujet de la numérotation des lots, à des règles analogues à celles qui font l'objet de l'article 71 du décret du 14 octobre 1955 concernant les immeubles bâtis placés sous le régime de la copropriété (*Bull. AMC* 1971, art. 879).

Il ressort des diverses énonciations qui précèdent que le numéro de lot intéressant un immeuble compris dans une opération de lotissement ne constitue pas un élément essentiel de désignation. Dès lors, l'absence d'indication du numéro de lot n'est pas de nature à justifier un refus de dépôt (*JCP* N 1990, prat. 1944, obs. P.J.C. ; V. également *JCP* N 1987, prat. 109, obs. P.J.C.).

5859 **Parcelle cadastrale unique recouvrant plusieurs lots.** Si deux lots d'un lotissement propriété d'une même personne et figurant sous un numéro cadastral unique sont vendus, le conservateur ne peut subordonner la publication de cette vente à la production d'un document d'arpentage. Par contre, le document d'arpentage serait nécessaire si la mutation portait sur un seul des lots, puisqu'il y aurait alors division cadastrale.

Dans la situation inverse où un lot est formé de plusieurs parcelles cadastrales, une mutation peut porter sur partie d'un lot, si elle n'opère pas de division cadastrale (V. n° 5852).

III Fiscalité

BIBLIOGRAPHIE : N. Gonzalez-Gharbi, *Lotisseurs et lotissements au lendemain de la réforme de la TVA immobilière : Nota Bene (Cridon Bordeaux-Toulouse)* avr. 2010, 617. *Commercialisation d'un lot de lotissement, Déclarations fiscales, Proposition de formule : Constr.-Urb.* 2011, form. 1. – *JCl. Construction-Urbanisme*, Fasc. 34-13, *Lotissements. – Vente d'un lot de lotissement. – Formules – Commercialisation d'un lot de lotissement en TVA sur marge : l'administration est priée de revoir sa copie : Constr.-Urb.* 2019, comm. 115). *Lotisseurs, immeubles à aménager et droits de mutation à titre onéreux : le choix du régime spécial des acquisitions concourant à la production d'immeubles neufs : Constr.-Urb.* 2020, étude 3. – N. Gonzalez-Gharbi, *Être ou ne pas être… un terrain à bâtir : pour le Conseil d'État la cession par un acheteur/revendeur d'un terrain à bâtir issu de la démolition d'un immeuble bâti n'est pas taxable sur la marge (CE, 27 mars 2020, n° 428234, JurisData n° 2020-004303) : Constr.-Urb.* 2020, comm. 65 ; *TVA sur marge et revente de terrains à bâtir : le Conseil d'État préfère la question préjudicielle à la question prioritaire de constitutionnalité : Constr.-Urb.* 2020, comm. 100. – CJUE, 30 sept. 2021, aff. C299/20, *Icade Promotion SAS ; « Revente de terrains à bâtir : au nom du principe de neutralité de la TVA, la CJUE limite drastiquement le champ d'application de la taxation sur la marge » : Constr.-Urb.* 2021, comm. 135 par N. Gonzalez Gharbi. – E. Kornprobst : *Dr. fisc.* 2021, comm. 405. – CE, 3e-8e ch. réunies, 12 mai 2022, n° 416727 : *Rec. CE* 2022, tables ; *Le Conseil d'État se rallie à la CJUE, « sauve » l'ancienne TVA sur marge et réduit le champ d'application de l'actuel article 268 du CGI : Constr.-Urb.* 2022, comm. 88 par N. Gonzalez Gharbi. – *JCP* N 2022, act. 628 : *« TVA sur marge : le Conseil d'État tire les conséquences de la décision Icade Promotion de la CJUE » – « Lotisseur occasionnel : leçon du Conseil d'État sur la notion de démarches actives de commercialisation foncière » : Constr.-Urb.* 2023, comm. 40, N. Gonzalez Gharbi.

5860 Nous traiterons tout d'abord des lotissements réalisés par les lotisseurs professionnels (A), avant d'évoquer la situation des lotisseurs occasionnels (B), puis le cas des lotissements communaux (C), en exposant les règles applicables en matière de TVA et de droits de mutation à titre onéreux. Nous évoquerons également les règles qui trouvent à s'y appliquer en matière de plus-values immobilières (CGI, art. 150 U et s.) et de taxes sur les cessions de terrains devenus constructibles prévues respectivement par l'article 1529 et l'article 1605 nonies du CGI.

Remarque : La contribution de sécurité immobilière (CGI, art. 879 et s.) est exigible dans les conditions de droit commun sur la publication des actes de ventes immobilières intervenant dans le cadre du lotissement, V. **Contribution de sécurité immobilière**.

A Lotissements professionnels (réalisés par des assujettis dans le cadre de leur activité économique courante)

5861 Nous distinguerons le régime fiscal de l'achat du terrain en vue de son aménagement (1°) et de la revente du terrain aménagé (2°).

1 Achat du terrain en vue de son aménagement

a) Conditions d'application de la TVA

5862 **Rappel.** En application des principes généraux (V. **TVA immobilière**), la TVA ne sera applicable de plein droit que s'il s'agit d'un « terrain à bâtir » (V. **Terrains**) et à la condition préalable que le vendeur réalise la livraison en qualité d'assujetti à la TVA, agissant dans le cadre de son activité économique (sur cette notion, V. **TVA immobilière**). Lorsque le terrain n'est pas un terrain constructible, le vendeur, assujetti à la TVA, peut opter pour soumettre à la TVA la vente du terrain au lotisseur (V. **Terrains**).

5863 **Hypothèses diverses.** Il en résulte que plusieurs cas de figure peuvent se présenter :
– vente par un simple particulier ou par un assujetti n'agissant pas en cette qualité : cette vente n'est pas soumise à la TVA ;
– vente par un assujetti agissant en tant que tel ;
• le terrain est un terrain à bâtir : la TVA s'applique de plein droit. Elle est, selon le cas, liquidée sur le prix total (CGI, art. 266 et 267) ou sur la marge (CGI, art. 268) ;
• le terrain n'est pas un terrain à bâtir : la TVA ne s'applique que sur option du vendeur formulée dans l'acte (CGI, art. 260 ; ann. II au CGI, art. 201 quater). En cas d'option, la TVA est obligatoirement liquidée sur le prix total de vente.

b) Taxe de publicité foncière

5864 **Détermination du régime fiscal.** Quel que soit le régime fiscal appliqué au regard de la TVA, le régime applicable du point de vue de la TPF est fonction des engagements pris par l'aménageur-lotisseur. Celui-ci, ayant la qualité d'assujetti, peut prendre :
– soit l'engagement de construire dans un délai de quatre ans (CGI, art. 1594 0 G, A : V. **Engagement de construire**) et la taxe de publicité foncière sera alors perçue au taux fixe de 125 € (CGI, art. 691 bis) ;
– soit l'engagement de revendre dans le délai de cinq ans (CGI, art. 1115 : V. **Engagement de revendre**) et la taxe de publicité foncière sera alors perçue au taux réduit de 0,71498 %.
En l'absence de tout engagement, et sauf exonération de portée générale dont pourrait se prévaloir l'acquéreur (ex. : CGI, art. 1040, 1042), la TPF serait perçue au taux de droit commun (V. **Vente d'immeuble – Terrains**).
La contribution de sécurité immobilière s'applique dans les conditions de droit commun (V. **Vente d'immeuble**).

2 Revente des terrains aménagés

a) TVA

5865 La revente, consentie par l'aménageur-lotisseur est imposable de plein droit à la TVA, dont le vendeur est, en principe, le redevable légal (pour plus de détails, V. **TVA immobilière**). La taxe est perçue soit sur le prix exprimé (CGI, art. 266 et 267), soit sur la marge (CGI, art. 268).
Sur les conditions de la TVA sur la marge. L'application du régime de la TVA sur la marge prévue à l'article 268 du CGI dans sa rédaction issue de l'article 16 de loi n° 2010-237, 9 mars 2010 : *JO* 10 mars a donné lieu à un contentieux nourri opposant les tenants d'une lecture littéraliste de ces dispositions à l'administration fiscale qui, au motif du caractère dérogatoire de ce régime, a entendu en subordonner l'application à des conditions d'identité de qualification juridique et de permanence des caractéristiques physiques de l'immeuble – notamment du terrain à bâtir, entre le moment de son acquisition par l'assujetti revendeur et sa revente (Rép. min. n° 00904 : *JO* Sénat, 7 sept. 2017, p. 2809. – N. Gonzalez Gharbi, *Vente de terrain à bâtir après division : Bercy campe sur ses positions : Constr.-Urb.* 2017, comm. 141).
L'administration a ensuite infléchi sa position, en renonçant à la condition tenant à l'identité des caractéristiques physique des biens (Rép. min. n° 04171 : *JO* Sénat, 17 mai 2018, p. 2361. – N. Gonzalez Gharbi, *Cession de terrain à bâtir et TVA sur marge : Bercy plie mais ne rompt pas : Constr.-Urb.* 2018, repère 6).
Cette interprétation des dispositions de l'article 268 du CGI a été censurée par la cour administrative d'appel de Lyon. La cour, confirmant le jugement n° 1504042 du 29 juin 2017 rendu dans cette affaire par le tribunal administratif de Grenoble, a jugé que, contrairement à ce que soutient le ministre, l'application de la TVA sur marge n'est subordonnée ni par la directive TVA ni par l'article 268 du CGI à une condition d'identité de qualification juridique entre le bien acquis et celui cédé (CAA Lyon, 20 déc. 2018, n° 17LY03359 : *JurisData*

n° 2018-025087 – O. Pecqueur, *TVA sur la marge et cessions de terrains à bâtir : les juges confirment leur position* : *JCP* N 2019, act. 252 ; *Constr.-Urb.* 2019, comm. 53, N. Gonzalez Gharbi. Cette décision a été annulée par le Conseil d'État : CE, 27 mars 2020, n° 428234 : *JurisData* n° 2020-004303 ; *Constr.-Urb.* 2020, comm. 65 cité en bibliographie. – CAA Lyon, 25 juin 2019, n° 18LY00671. – N. Gonzalez Gharbi, *Commercialisation d'un lot de lotissement en TVA sur marge : l'administration est priée de revoir sa copie* : *Constr.-Urb.* 2019, comm. 115.

Saisi d'un litige relatif à l'application de l'ancien régime de la TVA sur la marge (CGI, anciennes dispositions du 6° de l'article 257 et de l'article 268), le Conseil d'État, à la demande d'un aménageur lotisseur, a accepté surseoir à statuer et de transmettre une question préjudicielle à la Cour de justice de l'Union européenne (CE, 3e et 8e ch., 25 juin 2020, n° 416727, *Sté Icade Promotion Logement*, concl. M.-G. Merloz : *JurisData* n° 2020-009034 ; *Dr. fisc.* 23 juill. 2020, n° 30-35, comm. 325 ; *Constr.-Urb.* 2020, comm. 84, préc.).

La CJUE a ainsi, pour la première fois, donné son interprétation des dispositions de l'article 392 de la directive 2006/112/CE du Conseil du 28 novembre 2006 relative au système commun de taxe à la valeur ajoutée dont l'article 268 du CGI est censé constituer la transposition en droit français (CJUE, 30 sept. 2021, aff. C299/20, *Icade Promotion SAS*. – N. Gonzalez Gharbi, *Revente de terrains à bâtir : au nom du principe de neutralité de la TVA, la CJUE limite drastiquement le champ d'application de la taxation sur la marge* : *Constr.-Urb.* 2021, comm. 135 ; E. Kornprobst : *Dr. fisc.* 2021, comm 405).

Les deux questions préjudicielles étaient formulées en ces termes :

1° L'article 392 de la directive TVA doit-il être interprété comme réservant l'application du régime de taxation sur la marge à des opérations de livraisons d'immeubles dont l'acquisition a été soumise à la TVA sans que l'assujetti qui les revend ait eu le droit d'opérer la déduction de cette taxe ? Ou permet-il d'appliquer ce régime à des opérations de livraisons d'immeubles dont l'acquisition n'a pas été soumise à cette taxe, soit parce que cette acquisition ne relève pas du champ d'application de celle-ci, soit parce que, tout en relevant de son champ, elle s'en trouve exonérée ?

2° L'article 392 doit-il être interprété comme excluant l'application du régime de taxation sur la marge à des opérations de livraisons de terrains à bâtir dans les deux hypothèses suivantes :

– lorsque ces terrains, acquis non bâtis, sont devenus, entre le moment de leur acquisition et celui de leur revente par l'assujetti, des terrains à bâtir ;

– lorsque ces terrains ont fait l'objet, entre le moment de leur acquisition et celui de leur revente par l'assujetti, de modifications de leurs caractéristiques telles que leur division en lots ou la réalisation de travaux permettant leur desserte par divers réseaux (voirie, eau potable, électricité, gaz, assainissement, télécommunications) ?

Au nom du principe de neutralité de la TVA, la Cour de justice de l'Union européenne (CJUE) a limité drastiquement le champ d'application de la TVA sur marge :

• Le terrain à bâtir revendu doit avoir été acquis en nature de terrain nu à bâtir au sens de la législation nationale. Elle précise que la division en lots ou l'équipement en réseaux divers du terrain acquis nu effectués par l'assujetti revendeur après son acquisition sont sans incidence sur sa qualification. Les travaux d'équipement en réseaux divers ne transforment pas le terrain à bâtir en bâtiment, au sens de la TVA.

• S'agissant de la condition tenant à l'absence d'exercice par l'assujetti revendeur de droit à déduction de la TVA lors de son acquisition du terrain à bâtir, la CJUE n'envisage que deux seules hypothèses possibles :

Soit, l'acquisition du terrain à bâtir a été soumise à la TVA (ce qui suppose qu'elle a eu pour objet un terrain à bâtir et que le vendeur de ce terrain à bâtir était lui-même un assujetti agissant en tant que tel), mais l'assujetti revendeur était dans l'impossibilité juridique de déduire cette TVA ; soit, l'acquisition du terrain à bâtir n'a pas été soumise à la TVA, mais le prix d'acquisition a incorporé une TVA supportée en amont par le vendeur initial.

Hors ces deux hypothèses, la TVA sur marge ne s'applique pas, selon la CJUE, « à des opérations de livraisons de terrains à bâtir dont l'acquisition initiale n'a pas été soumise à la TVA, soit qu'elle se trouve en dehors de son champ d'application, soit qu'elle se trouve exonérée » (arrêt, pt 63,1).

Cette décision ayant infirmé en grande partie la doctrine administrative exposée au BOI-TVA-IMM-10-20-10, les professionnels ont relayé leurs inquiétudes quant à la mise en péril de l'équilibre financier des opérations en cours qui, conformes à cette doctrine, ne répondent pas aux critères dégagés par la CJUE dans l'affaire *SAS Icade Promotion* précitée.

Alors que dans un premier temps, l'administration avait refusé de réviser sa doctrine, dans l'attente de la réponse de la Cour de justice de l'Union européenne aux questions préjudicielles dont elle a été saisie (V. Rép. min. Grau n° 35554 : *JOAN* 27 avr. 2021), elle s'est engagée, titre transitoire, à maintenir sa doctrine précitée jusqu'à sa future mise à jour, reportée à la date d'intervention des décisions du juge national sur cette affaire (V. Rép. min. Grau n° 42486 : *JOAN* 1er févr. 2022 ; *Constr.-Urb.* 2022, comm. 39, N. Gonzalez Gharbi. – H. Paerels-Albot, *Cession de terrain à bâtir et TVA sur marge : les règles applicables pour les mois à venir : JCP* N 2022, act 329).

La décision du Conseil d'État dans l'affaire *SAS Icade Promotion* a été rendue le 12 mai 2022 (CE, 3e -8e ch. réunies, 12 mai 2022, n° 416727 : *Rec. CE* 2022, tables. – N. Gonzalez Gharbi, *Le Conseil d'État se rallie à la CJUE, « sauve » l'ancienne TVA sur marge et réduit le champ d'application de l'actuel article 268 du CGI : Constr.-Urb.* juill. 2022 ; *TVA sur marge : le Conseil d'État tire les conséquences de la décision Icade Promotion de la CJUE : JCP* N 2022, act. 628).

La portée de cette importante décision est double. D'une part, elle valide définitivement le régime de l'ancienne TVA sur marge due, en application combinée des 6° et 7° de l'article 257 et de l'article 268 du CGI, par les aménageurs et lotisseurs à raison de la vente de terrains à bâtir à des personnes physiques pour la construction de logements. D'autre part, en se ralliant sans réserve à la décision de la CJUE dans l'affaire *SAS Icade Promotion*, elle réitère la condamnation de l'interprétation littéraliste des dispositions de l'article 268 du CGI dans leur rédaction issue de loi n° 2010-237, 9 mars 2010 : *JO* 10 mars et l'infirmation au moins partielle de la doctrine administrative.

L'administration qui ne devait pas tarder à en tirer les conséquences, n'a pas encore publié la mise à jour annoncée de ses commentaires.

Pourtant, elle devrait également préciser les conditions d'application de la TVA dans le cas particulier de la revente par un assujetti d'un terrain nu provenant de la division d'une parcelle plus importante acquise encombrée de bâtiments destinés à être conservés à la lumière, notamment, de l'ordonnance du 10 février 2022 par laquelle la CJUE a répondu aux questions préjudicielles posées par la cour administrative d'appel de Lyon (V. CJUE, ord., 7e ch. 10 févr. 2022, aff. C-191/21. – N. Gonzalez Gharbi, *Terrain détaché d'une parcelle comportant un bâtiment et TVA sur marge : la CJUE livre une ordonnance nuancée : Constr.-Urb.* 2022, comm. 48). En effet, la CJUE a dit pour droit qu'il incombe aux juridictions nationales de vérifier si les biens acquis en nature de parcelles partiellement encombrées de bâtiments relevaient, lors de leur acquisition, de la notion de terrain à bâtir au sens de l'article 12, § 3 de la directive 2006/112/CE du Conseil du 28 novembre 2006 relative au système commun de taxe à la valeur ajoutée. V. **Terrains** et **TVA immobilière**.

Cependant, mettant en œuvre **le critère d'identité juridique** entre le bien acquis et le bien revendu exigé par la CJUE, le Conseil d'État a écarté l'application de la TVA sur marge en cas de revente de lots issus de la division parcellaire d'une parcelle plus importante comportant un bâtiment au motif que, nonobstant la déclaration préalable obtenue à cet effet, l'acte notarié d'acquisition par le marchand de biens ne désignait pas les biens acquis comme des terrains à bâtir (CE, 11 oct. 2022, n° 464561, *Min. c/ SARL BH Concept : Dr. fisc.* 2022, n° 42, act. 386 ; également, *TVA, Chronique de l'année 2022 : Dr. fisc.* 2023, n° 13, 3, *Nouvel épisode dans le feuilleton de la TVA sur marge : qu'est-ce qu'un terrain à bâtir*, par A. Abadie). Dans cette affaire, les cessions litigieuses sont intervenues antérieurement à la publication des réponses ministérielles du 20 septembre 2016 (n°s 94538 et 96679 : *JOAN* Q 20 sept. 2016, p. 8514 et 8522) qui avaient permis au cédant de se prévaloir, sous certaines conditions, de la division parcellaire du terrain pour limiter l'assiette de la TVA à la marge (pour un commentaire de ces réponses ministérielles, N. Gonzalez-Gharbi, *Le glas de la TVA sur marge a-t-il déjà sonné ? : Constr.-Urb.* nov. 2016, comm. 152).

Sur les conséquences de l'absence d'indication dans l'acte d'acquisition de la nature de terrains à bâtir du bien désigné comme « une maison individuelle avec terrain autour, nonobstant la décision de non-opposition à déclaration préalable obtenue par l'acquéreur antérieurement », V. CE, 10e ch., 17 juin 2022, n° 443893, *SARL de Cambracq*. – E. Demorieux, *TVA sur marge : êtes-vous mieux loti ? Retour sur la jurisprudence du Conseil d'État de 2022 : Dr. fisc.* 2023, n° 19, comm. 184). Le refus d'appliquer la TVA sur marge à la vente de terrains à bâtir issus de la division de parcelles nues adjacentes à une parcelle encombrée d'un bâtiment, mais que l'acte d'acquisition ne désignait pas comme des terrains à bâtir, a été confirmé par le Conseil d'État pour ce seul motif. Dans cette affaire, l'acte d'acquisition en 2011 par la société marchand de biens « ne visait qu'une "propriété bâtie" sans faire explicitement état de la vente de terrains à bâtir portant sur des parcelles nues existantes ». Contrairement à la cour administrative d'appel de Lyon, dont il a annulé l'arrêt n° 19LY00541 du 16 juin 2022, le Conseil d'État a jugé sans effet sur la qualification des parcelles acquises la circonstance qu'elles aient déjà fait l'objet d'une autorisation de division ou d'une division effective, lors de l'acquisition, ni leur caractère de terrains constructibles au regard du PLU (CE, 2 avr. 2024, n° 466644, concl. E. de Moustier. – G. Berger-Picq, *Vente de terrains et TVA sur marge : la clause fiscale de l'acte est-elle vraiment toute puissante ? : FR Lefebvre* 24/24, info 5. – N. Gonzalez-Gharbi, *Terrain à bâtir* et TVA : la marge est par terre, c'est la faute au notaire ? : Constr.-Urb. 2024, n° 6, comm. 76). Présentée comme devant mettre fin aux divergences d'interprétation entre les juges du fond quant à la qualification de terrains à bâtir des biens acquis en vue de la revente (*NF* 15 mai 2024, p. 4), cette décision confère aux mentions relatives à la nature fiscale des biens cédés une portée en matière de TVA que la définition objective du terrain à bâtir résultant de l'article 257 du CGI était loin de laisser présager.

Sur la mise en œuvre du critère d'absence d'ouverture de droit à déduction, V. CE, 9e ch., 18 avr. 2023, n° 468094, inédit. – N. Gonzalez Gharbi, *Achat sans TVA et revente en TVA sur marge : l'administration veut-elle réécrire l'histoire ? : Constr.-Urb.* 2023, n° 6, comm. 78. Dans cette affaire, le Conseil d'État a annulé l'arrêt de la cour administrative d'appel de Lyon (CAA Lyon, 8 août 2022, n° 19LY017045) pour avoir méconnu le champ d'application de l'article 268 du CGI. La Cour avait, en effet, jugé que les cessions pouvaient être soumises à la TVA sur marge alors qu'elle avait relevé que l'acquisition du terrain a été effectuée auprès de vendeurs particuliers n'ayant pas la qualité d'assujetti, sans qu'il soit justifié que le prix d'acquisition aurait incorporé un montant de taxe acquittée en amont par les vendeurs initiaux. Or cette dernière circonstance suffit à elle seule à exclure l'application de la TVA sur marge. L'affaire a été renvoyée à la cour administrative d'appel de Lyon.

Sur la prise en compte du prix d'acquisition des surfaces non vendables d'un lotissement. Il a été jugé que les modalités de calcul de la marge taxable à la TVA en application de l'article 268 du CGI ne s'opposent pas à ce que le contribuable impute sur le prix de revient de chacun des lots vendus une fraction du prix d'acquisition des terrains cédés gratuitement ou pour l'euro symbolique à une commune en vue de la réalisation d'aménagements de voirie, lorsque cette cession conditionne la réalisation de l'opération immobilière (CE, 9e et 10e ch. réunies, 13 oct. 2021, n° 433745, *Min. Action et Comptes publics c/ Sté Le Rochefort : Rec. CE* 2021, tables, concl. Mme C. Guibé, rapp. publ. – N. Gonzalez-Gharbi, *Commercialisation des lots de lotissements : quand le prix d'acquisition des terrains remis gratuitement à la commune concourt au calcul de la marge taxable : Constr.-Urb.* 2021, comm. 163). Cette décision, conforme aux conclusions de Mme Guibé, a été rendue pour l'application des dispositions de l'article 268 du CGI dans sa rédaction issue de loi n° 2010--237, 9 mars 2010 : *JO* 10 mars.

Les juges du fond avaient déjà adopté cette solution (V. par ex., CAA Lyon, 25 juin 2019, n° 18LY00671, N. Gonzalez-Gharbi, *Commercialisation des lots de lotissement en TVA sur marge : l'Administration priée de revoir sa copie : Constr.-Urb.* 2019, comm. 115).

Taux. La TVA est perçue soit au taux normal (20 %), soit éventuellement au taux réduit de 10 % ou 5,5 % (V. **Logement social**). Pour les taux spéciaux V. **Corse, Départements d'outre-mer**.

Sur l'application de ces règles lorsque le terrain compris dans le lotissement a été acquis sous des régimes différents, V. **Terrains** et **TVA immobilière**).

Exigibilité. La TVA est exigible selon les règles de droit commun. Sur la prise en compte des subventions complément de prix pour le calcul de la marge taxable, V. BOI-TVA-IMM-10-20-10, 22, janv. 2020, n° 250 (V. **TVA immobilière**).

Nous n'aborderons pas ici les problèmes concernant la TVA déductible, qui ne regardent pas le service de la publicité foncière.

b) Taxe de publicité foncière

5866 **Éléments à considérer.** Le régime applicable du point de vue de la taxe de publicité foncière dépend exclusivement de la **qualité de l'acquéreur**, et le cas échéant des **engagements** qu'il peut prendre dans l'acte.

– **L'acquéreur est un assujetti** : il peut, selon son projet, prendre (ou reprendre) l'engagement de construire (V. **Engagement de construire**), ou reprendre l'engagement de revendre, si le terrain a été acquis par le vendeur avec cet engagement (V. **Engagement de revendre**).

– **L'acquéreur n'est pas un assujetti** : sauf s'il bénéficie d'un régime de faveur ou d'exonération de portée générale, il devra s'acquitter des droits de mutation :

• **au tarif de droit commun** (5,09006 %, ou plus, si augmentation du taux de la taxe départementale), lorsque la TVA due par le vendeur (lotisseur ou aménageur) a été liquidée sur la marge ;

• **au taux réduit** (0,71498 %), si la TVA due par le vendeur (lotisseur ou aménageur) a été liquidée sur le prix total de vente.

Rappel. Dans tous les cas, la taxe de publicité foncière est liquidée sur le prix HT lorsqu'il en fait mention dans l'acte (Rescrit RES n° 2010/20 (ENR), 6 avril 2010, repris au BOI-10-10-20-20, n° 210 (V. **Terrains**).

c) Plus-values immobilières

5867 Les profits de lotissement ne relèvent pas du régime des plus-values immobilières des particuliers (CGI, art. 150 U et s. et art. 244 bis A, V. **Plus-values immobilières**). Ils sont rangés dans la catégorie fiscale des bénéfices industriels et commerciaux visés aux articles 34 et 35 du CGI. Ils sont soumis à l'impôt sur le revenu dans la catégorie des BIC (lotisseur personne physique ou associé personne physique d'une société de personnes relevant du régime de l'article 8 du CGI), à l'impôt sur les sociétés (sociétés et personnes morales soumises de plein droit ou sur option à cet impôt ; entreprise individuelle en cas d'option à l'impôt sur les sociétés).

Rappel : Conformément aux dispositions du 2 de l'article 206 du CGI, une société civile qui exerce une activité de lotisseur est soumise de plein droit à l'impôt sur les sociétés.

5868 Lotisseurs domiciliés fiscalement hors de France – Prélèvement de 25 % ou 75 %.

CGI, art. 244 bis (*Mod., D. n° 2022-782, 4 mai 2022, art. 1*). – Les profits mentionnés à l'article 35 donnent lieu à la perception d'un prélèvement au taux prévu au deuxième alinéa du I de l'article 219 lorsqu'ils sont réalisés par des contribuables ou par des sociétés, quelle qu'en soit la forme, qui n'ont pas d'établissement en France. Par dérogation, le taux est porté à 75 % lorsque les profits sont réalisés par ces mêmes contribuables ou sociétés lorsqu'ils sont domiciliés, établis ou constitués hors de France dans un État ou territoire non coopératif au sens de l'article 238-0 A autre que ceux mentionnés au 2° du 2 bis du même article 238-0 A, sauf s'ils apportent la preuve que les opérations auxquelles correspondent ces profits ont principalement un objet et un effet autres que de permettre leur localisation dans un État ou territoire non coopératif.

Ce prélèvement est opéré au service des impôts dans les conditions et délais prévus à l'article 244 quater A.

Il est à la charge exclusive du cédant ; il est établi et recouvré suivant les mêmes règles, sous les mêmes garanties et sous les mêmes sanctions que les droits d'enregistrement.

Il libère les contribuables fiscalement domiciliés hors de France au sens de l'article 4 B de l'impôt sur le revenu dû en raison des sommes qui ont supporté ce prélèvement.

Il s'impute sur le montant de l'impôt sur les sociétés dû par le cédant au titre de l'année de réalisation des profits. Pour les personnes morales et organismes résidents d'un État de l'Union européenne ou d'un État ou territoire ayant conclu avec la France une convention fiscale qui contient une clause d'assistance administrative en matière d'échange de renseignements et de lutte contre la fraude et l'évasion fiscales et n'étant pas non coopératif au sens de l'article 238-0 A, l'excédent du prélèvement sur l'impôt dû est restitué.

Pour l'application de ces dispositions les donations entre vifs ne sont pas opposables à l'administration.

Le prélèvement sur les profits de lotissement réalisés par des personnes physiques domiciliées hors de France ou par des sociétés n'ayant pas d'établissement en France s'applique sous réserve des conventions internationales.

Son taux est fixé actuellement à 25 %. Ce taux est porté à 75 %, sous conditions, lors que le cédant est domicilié dans un État non coopératif.

Remarque : Les dispositions de l'article 244 bis du CGI ne s'appliquent pas aux associés ou aux autres membres non-résidents de France, d'une société de personnes qui a son siège en France et qui réalise des profits mentionnés à l'article 35 du CGI (BOI-BIC-CHAMP-20-10-40, 29 juin 2022, n° 270).

5869 Modalités de déclaration et de recouvrement. Le cédant doit souscrire, en double exemplaire, sur le formulaire n° 3005-SD (CERFA n° 10499), la déclaration spéciale intitulée « Déclaration des profits immobiliers réalisés par des personnes ou des sociétés n'ayant pas d'établissement en France ». Cette déclaration est déposée accompagnée du montant du prélèvement dans le délai d'exécution de la formalité fusionnée prévu à l'article 647 du CGI, soit un mois à compter de la date de l'acte, lorsque l'acte constatant la cession dont résulte la plus-value fait l'objet d'un acte ou d'une déclaration soumis à cette formalité.

Remarque : Les commentaires administratifs de ce dispositif figurent au BOI-BIC-CHAMP-20-10-40, publié le 29 juin 2022. Toutefois, ils mentionnent par erreur le délai de déclaration de deux mois qui était en vigueur avant que la loi n° 2011-1117 du 19 septembre 2011 de finances rectificative pour 2011 ne modifie l'article 647 pour ramener ce délai à un mois.

d) Taxes sur la première cession à titre onéreux d'un terrain devenu constructible depuis moins de dix-huit ans

5870 Taxe communale facultative sur la première cession à titre onéreux d'un terrain devenu constructible depuis moins de dix-huit ans (CGI, art. 1529). Non-application. Conformément aux dispositions du II de l'article 1529 du CGI : « La

Lotissement

taxe s'applique aux cessions réalisées par les personnes physiques et les sociétés soumises à l'impôt sur le revenu afférent à la plus-value dans les conditions prévues à l'article 150 U et par les contribuables qui ne sont pas fiscalement domiciliés en France assujettis à l'impôt sur le revenu, soumis au prélèvement, dans les conditions prévues à l'article 244 bis A (CGI) ».

Il en résulte que les lotisseurs professionnels dont les profits sont imposables à l'impôt sur le revenu dans la catégorie de BIC ou à l'impôt sur les sociétés sont exclus du champ d'application de la taxe communale régie par l'article 1529 du CGI (V.° **Taxes sur les cessions à titre onéreux de terrains rendus constructibles**).

5871 **Taxe nationale sur la première cession à titre onéreux d'un terrain devenu constructible depuis moins de dix-huit ans (CGI, art. 1605 nonies).** Contrairement à la taxe communale régie par l'article 1529 du CGI, tout cédant, personne physique ou personne morale y compris les communes et autres personnes morales de droit public, d'un terrain nu ou de droits réels relatifs à un terrain nu devenu constructible postérieurement au 13 janvier 2010, est susceptible de devoir la taxe prévue à l'article 1605 nonies du CGI. La taxe sera exigible lorsque, toutes conditions remplies par ailleurs, le terrain d'assiette du lotissement a été rendu constructible du fait de son classement, postérieurement au 13 janvier 2010, par un plan local d'urbanisme ou par un autre document d'urbanisme en tenant lieu, en zone urbaine ou à urbaniser ouverte à l'urbanisation ou par une carte communale dans une zone où les constructions sont autorisées ou par application de l'article L. 111-3 du Code de l'urbanisme, après son acquisition par le lotisseur, de sorte que la cession des lots constitue la première cession à titre onéreux depuis ce classement.

Lorsqu'elle est due à raison d'une cession constatée par acte notarié, la taxe est déclarée dans les conditions applicables à la déclaration de plus-values immobilières des particuliers, sur l'imprimé n° 2048-TAB-SD. Elle est acquittée au service de la publicité foncière en préalable à la formalité (V.° **Taxes sur les cessions à titre onéreux de terrains rendus constructibles et Plus-values immobilières**).

B Lotissements occasionnels

BIBLIOGRAPHIE : Rép. min. n° 12909 à M. Jean-Marc Juilhard : *JO* Sénat 4 nov. 2010, p. 2894. – Rép. min. n° 86408 de M. Jean-Michel Ferrand : *JOAN* 12 oct. 2010, p. 11144. – N. Gonzalez-Gharbi, comm. *in Constr.-Urb.* 12/2010. – CJUE, 15 sept. 2011, aff. C-180/10, *Slaby : RJF* 2011/1406. – N. Gonzalez Gharbi, *Les démarches actives de commercialisation soumettent le lotisseur occasionnel à la TVA : Constr.-Urb.* 2020, comm. 84. – N. Gonzalez Gharbi, *Lotisseur occasionnel : leçon du Conseil d'État sur la notion de démarches actives de commercialisation foncière : Constr.-Urb.* 2023, comm. 40. – Th. Lamulle, *Le paysan retraité, le lotissement et la TVA : un professionnel qui s'ignore*, note ss CE, 8ᵉ et 3ᵉ ch., 9 juin 2020, n° 432596 : *Dr. fisc.* 2021, n° 11, comm. 184, concl. K. Ciavaldini. – F. Pezet, *Pas de taxe sur la valeur ajoutée sans activité économique – Retour sur le concept de « démarches actives de commercialisation foncière » : Dr. fisc.* 14 avr. 2023, n° 15, 165.

1 TVA

a) Critères d'application de la TVA à la revente des lots du lotissement

5872 Des opérations de lotissements occasionnels sont souvent réalisées à la faveur de la modification de la règle d'urbanisme par des exploitants agricoles portant sur des terres jusque-là affectées à leur activité, ou par de simples particuliers qui ont acquis les terrains soit à titre gratuit (par succession, par donation, donation-partage) ou à titre onéreux pour leur usage privé.

5873 Sachant que la France a fait le choix de ne pas conférer la qualité d'assujetti à quiconque cède à titre onéreux un terrain à bâtir, la question est celle de savoir à quelles conditions la vente de terrains à bâtir se rattache à l'activité économique au sens de l'article 256 A du Code général des impôts et justifie l'application de la TVA à la revente des lots du lotissement effectué à titre purement occasionnel.

L'administration fiscale se réclamant de la jurisprudence communautaire relative à la notion « d'assujetti agissant en tant que tel », fait le choix de la méthode du faisceau d'indices pour définir, au moyen de présomptions simples qu'elle s'autorise à combattre, les contours fluctuants du champ d'application de la TVA, quant aux personnes imposables.

En conséquence, il ne suffit pas de vérifier que le vendeur a la qualité d'assujetti à raison de son activité courante (cas de l'agriculteur, par exemple), il faut s'assurer que la livraison de terrains à bâtir intervient dans le cadre de l'activité économique qui a conféré au vendeur la qualité d'assujetti.

Demeurerait ainsi, en principe, hors du champ d'application de la TVA, l'assujetti n'agissant pas en tant que tel, la vente étant détachable de cette activité : cette vente d'un élément de son patrimoine immobilier ne trouvant sa justification que « dans le seul exercice du droit de propriété ».

Mais ce principe d'exclusion du champ d'application de la TVA doit immédiatement être tenu en échec, si la preuve est faite que la vente du terrain à bâtir se rattache à une activité économique autre que celle qui a conféré au cédant sa qualité d'assujetti. La vente sera alors réputée, selon la jurisprudence communautaire, effectuée dans un « objectif d'entreprise ou dans un but commercial », en l'occurrence la production et la vente d'immeubles, et entrera dans le champ d'application de la TVA.

Cette problématique concernera les simples particuliers qui, dans le cadre de la gestion de leur patrimoine privé, procèdent de manière tout à fait exceptionnelle et occasionnelle à la vente de lots destinés à la construction après division de terrains acquis par succession ou par donation-partage et dont il n'est pas contesté que les profits réalisés à cette occasion relèvent du régime des plus-values immobilières des particuliers conformément aux dispositions de l'article 150 U, I, 2e alinéa.

5874 Cas des agriculteurs. Doctrine administrative. Dans la réponse Juilhard citée en bibliographie, l'administration fiscale exclut du champ d'application de la TVA, parce que, selon elle, réalisée « dans le cadre de la gestion de son patrimoine », la cession par un agriculteur d'un terrain de son exploitation, devenu constructible du fait, en particulier, d'une modification du plan local d'urbanisme.

La mise en ligne du *BOFiP* permet à l'administration fiscale de préciser son analyse :

> « De même, un agriculteur, qui vend des terrains de son patrimoine foncier, n'agit ordinairement pas en tant qu'assujetti, notamment lorsque ces biens ne sont pas inscrits au bilan de son exploitation. *A fortiori*, en l'absence de bilan, quand l'exploitant est placé sous le régime du remboursement forfaitaire mentionné à l'article 298 bis du CGI, il n'agit pas non plus en tant qu'assujetti. Il en ira à l'inverse, dans ce cas, s'il réalise sur ces mêmes terrains des travaux significatifs, par exemple de viabilisation, et met en œuvre des moyens de commercialisation avérés (publicité, démarchage) » (BOI-TVA-IMM-10-10-10-10-20120912, § 90).

En réalité, cette présomption de gestion patrimoniale privée hors champ d'application de la TVA ne trouvera, en pratique, à s'appliquer que si les moyens de commercialisation mis en œuvre par le lotisseur occasionnel ne sont pas susceptibles de le faire entrer en concurrence avec les professionnels de l'immobilier.

5875 Jurisprudence communautaire. Dans l'affaire *Slaby* (CJUE, 15 sept. 2011, aff. C-180/10, *Slaby : RJF* 2011/1406), la Cour de justice de l'Union européenne a jugé qu'une personne physique ayant exercé une activité agricole sur un fonds de terre requalifié, à la suite d'une modification des plans d'aménagement du territoire intervenue pour des raisons indépendantes de sa volonté, en terrain destiné à la construction, ne doit pas être considérée comme assujettie à la TVA au sens des articles 9, 1 et 12, 1 de la directive, lorsqu'elle entreprend de vendre ledit fonds de terre, si ces ventes s'inscrivent dans le cadre de la gestion du patrimoine privé de cette personne. Si, en revanche, cette personne entreprend, en vue de la réalisation desdites ventes, des démarches actives de commercialisation foncière en mobilisant des moyens similaires à ceux déployés par un producteur, un commerçant ou un prestataire de services au sens de l'article 9, 1, deuxième alinéa, de la directive, cette personne doit être considérée comme exerçant une « activité économique » au sens dudit article et doit, par conséquent, être considérée comme assujettie à la TVA (*RJF* 2011, n° 1406 et obs.).

On soulignera que dans cette affaire mettant en cause la législation polonaise, la Cour de justice a considéré que l'opération de lotissement réalisée par un agriculteur qui a divisé en 64 lots des parcelles devenus constructibles était patrimoniale et en conséquence située hors champ d'application de la TVA.

5876 Cas où la présomption de gestion privée est établie. Dans la réponse Ferrand, citée en bibliographie, la présomption de « gestion privée » (par opposition à la réalisation d'une activité économique) est établie, selon l'administration fiscale, lorsque le terrain d'assiette du lotissement a été acquis par succession ou lorsqu'il est justifié de l'usage privé ayant présidé à l'acquisition. Cette présomption est étendue par l'instruction du 29 décembre 2010 au cas d'acquisition par donation pour un usage privé. Ces précisions ont été reprises au *BOFiP* :

> « Ainsi un particulier qui cède des terrains qu'il a recueillis par succession ou donation, ou encore qu'il a acquis pour son usage privé est présumé ne pas réaliser une activité économique. Le fait que, préalablement à la cession, l'intéressé procède au lotissement parcellaire du terrain pour en tirer un meilleur prix global n'est pas, à soi seul, de nature à remettre en cause cette présomption, non plus que le nombre de parcelles vendues, la durée sur laquelle s'étaleront les opérations ou l'importance des recettes qu'il en tire au regard de ses autres ressources. Il en va ainsi quand le cédant vend par lui-même des lots viabilisés tirés de son patrimoine dont l'aménagement a été réalisé par un professionnel, sous forme "d'obligation de faire", en rémunération du reste du terrain qu'il lui a cédé non aménagé » (BOI-TVA-IMM-10-10-10-10-20120912, § 60).

La division parcellaire du terrain, le nombre de parcelles vendues, la durée de réalisation de l'opération, l'importance relative des recettes retirées de l'opération (par rapport aux autres ressources du cédant), ne constituent pas, selon l'administration fiscale, des circonstances suffisantes pour combattre cette présomption de « gestion privée ».
Mais comme pour les agriculteurs (et autres assujettis) réalisant une opération ponctuelle de lotissement, les simples particuliers, y compris ceux qui sont propriétaires de leur terrain d'assiette pour en avoir hérité, la présomption de « gestion privée » hors TVA risque de ne s'appliquer qu'à la marge.
En effet, selon l'administration fiscale, « lorsque le cédant entre dans une démarche active de commercialisation foncière, acquérant les biens en dehors d'une pure démarche patrimoniale et mobilisant des moyens qui le placent en concurrence avec les professionnels », l'opération de lotissement devient une activité économique au sens de l'article 256 A du Code général des impôts (BOI-TVA-IMM-10-10-10-10, 12 sept. 2012, n° 60).
Les opérations réalisées par les simples particuliers entreront dans le champ d'application de la TVA par « la méthode du faisceau d'indices ». Seront donc recherchés les « critères d'importance et d'habitude », la réalisation « des dépenses d'aménagement significatives, et *a fortiori* lorsque ces dernières sont prépondérantes dans la valeur des cessions réalisées ».

5877 **Jurisprudence du Conseil d'État.** Le Conseil d'État a validé la doctrine administrative relative aux conditions d'assujettissement à la TVA des opérations de lotissements réalisées par des personnes qui n'ont pas par ailleurs la qualité d'assujetti lorsqu'elles mobilisent des moyens similaires aux professionnels pour parvenir à la commercialisation de leur lotissement (V. CE, 8e-3e ch. réunies, 9 juin 2020, n° 432596 : *JurisData* n° 2020-007854, mentionné aux tables du recueil. – N. Gonzalez-Gharbi, *Les démarches actives de commercialisation soumettent le lotisseur occasionnel à la TVA : Constr.-Urb.* 2020, comm. 84).
Cette solution a été réitérée et les démarches actives définies plus précisément par le Conseil d'État qui a jugé : « Pour l'application des articles 256, 256 A et 257 du CGI, la livraison, par une personne physique, de terrains à bâtir est soumise à la taxe sur la valeur ajoutée lorsqu'elle procède, non de la simple gestion d'un patrimoine privé, mais de démarches actives de commercialisation foncière, telles que la réalisation de travaux de viabilisation ou la mise en œuvre de moyens de commercialisation de type professionnel, similaires à celles déployées par un producteur, un commerçant ou un prestataire de services, et qu'elle permet ainsi de regarder cette personne comme ayant exercé une activité économique. Relèvent également de telles démarches celles entreprises dans le cadre d'une opération d'aménagement d'un terrain à bâtir, d'une ampleur telle qu'elles ne sauraient relever de la simple gestion d'un patrimoine privé » (CE, 9e et 10e ch. réunies, 9 déc. 2022, n° 459206 : *Rec. CE* 2022, tables, concl. Guibé consultables sur le site du Conseil d'État [Ariane web]. – N. Gonzalez Gharbi, *Lotisseur occasionnel : leçon du Conseil d'État sur la notion de démarches actives de commercialisation foncière : Constr.-Urb.* 2023, n° 3, comm. 40).
➤ V., pour une illustration du refus de qualification en opération économique l'opération de lotissement réalisée par un agriculteur : CJUE, 15 sept. 2011, aff. C-180/10 et C-181/10, préc.

b) Conditions d'application de la TVA à la revente des lots

5878 Dès lors que la vente porte sur des terrains à bâtir, le régime fiscal, au regard de la TVA, variera selon que la qualité d'assujetti sera ou non reconnue au lotisseur occasionnel.
– Le lotisseur occasionnel est considéré comme un assujetti : la TVA s'applique de plein droit.
Sur les conditions d'application du régime de la TVA sur la marge (CGI, art. 268) et sur la prise en compte des subventions dans l'assiette de la TVA, V. *supra*, n° 5865.
– Le lotisseur occasionnel n'est pas considéré comme un assujetti : les ventes sont exonérées de TVA sans possibilité d'option.

2 Taxe de publicité foncière

5879 Le régime applicable du point de vue de la taxe de publicité foncière dépend exclusivement de la qualité de l'acquéreur, et le cas échéant, des engagements fiscaux qu'il est autorisé prendre dans l'acte.
– **L'acquéreur est un assujetti** : il peut, selon son projet, prendre (ou reprendre) l'engagement de construire (V. **Engagement de construire**), ou reprendre l'engagement de revendre, si le terrain a été acquis par le vendeur avec cet engagement (V. **Engagement de revendre**).
– **L'acquéreur n'est pas un assujetti** : sauf s'il bénéficie d'un régime de faveur ou d'exonération de portée générale, il devra s'acquitter des droits de mutation. Lorsque la TVA due par le vendeur (lotisseur occasionnel) a été liquidée sur la marge, la taxe de publicité foncière sera due au tarif de droit commun (5,09006 % ou plus, en cas de hausse du taux de la taxe départementale).

3 Plus-values immobilières et profits commerciaux de lotissement

5880 Le Conseil d'État a récemment rappelé que l'administration fiscale n'est pas fondée, en droit, à déduire la qualité d'assujetti à la TVA de la catégorie fiscale dans laquelle sont rangés les profits de lotissement pour l'application de l'impôt sur le revenu (CE, 9e et 10e ch. réunies, 9 déc. 2022, n° 459206 : *Rec. CE* 2022, tables, préc., n° 5877). Ainsi, la cession des lots peut être soumise de plein droit à la TVA, que les profits de lotissement relèvent du régime des plus-values immobilières des particuliers (CGI, art. 150 U ; 244 bis A) ou qualifiés de BIC (CGI, art. 35, I, 3°).

a) Régime des profits commerciaux (CGI, art. 35, I, 3°)

5881 Il résulte des termes mêmes du second alinéa du I de l'article 150 U du CGI que les plus-values de cession de terrains dépendant d'un lotissement réalisé par un lotisseur occasionnel, agissant dans le cadre de la gestion de son patrimoine privé, ne relèvent du régime des plus-values immobilières des particuliers que sous réserve de l'application du 3° du I de l'article 35 du CGI. La règle est ancienne. Elle reprend celle qui figurait avant le 1er janvier 2004 sous l'ancien article 150 A du CGI.

En effet, dans sa rédaction issue de l'article 27 de la loi n° 89-936 de finances rectificative pour 1989 (*JO* 30 déc. 1989 ; *Dr. fisc.* 1990, n° 2-3, comm. 55), le 3° du I de l'article 35 du CGI range dans la catégorie des bénéfices industriels et commerciaux (BIC) « les bénéfices réalisés par.../ ... Les personnes qui procèdent à la cession d'un terrain divisé en lots destinés à être construits lorsque le terrain a été acquis à cet effet » (Doc. adm. 8 D 31, 30 juin 1998 ; BOI-BIC-CHAMP-20-30-10). L'historique de l'acquisition du terrain et la nature de son affectation, sa division en vue de la revente par lots suffisent pour écarter le régime des plus-values immobilières au profit de celui visé au 3° du I de l'article 35 du CGI. Dans l'affaire tranchée par le Conseil d'État, la preuve de l'intention de revente des terrains après lotissement, contemporaine des actes d'achat des parcelles demeurées non affectées à un usage quelconque avant leur viabilisation, a convaincu la cour administrative d'appel de Bordeaux du bien-fondé de la rectification opérée par l'administration fiscale qui a remis en cause l'application du régime des plus-values immobilières des particuliers revendiqué, à tort, par le cédant.

Conformément au 2° de l'article 206 du CGI, l'opération réalisée par une société civile immobilière (SCI) entraîne l'application de plein droit de l'impôt sur les sociétés.

b) Plus-values immobilières des particuliers (CGI, art. 150 U, 244 bis A)

5882 Les plus-values de cessions des lots du lotissement occasionnel relèvent du régime des plus-values immobilières des particuliers lorsque le lotisseur occasionnel, personne physique ou société de personnes non soumise à l'impôt sur les sociétés, agissant dans le cadre de la gestion de son patrimoine privé, n'a pas acquis le terrain en vue de le revendre après division. Ce sera le cas lorsque le terrain a été acquis par succession ou acquis et affecté depuis son acquisition à un usage privé ou professionnel avéré.

Le régime des plus-values immobilières des particuliers prévu en cas de cessions des terrains à bâtir s'applique alors aux plus-values de lotissement occasionnel (V. **Plus-values immobilières**, V. **Terrains**).

4 Taxes sur la première cession à titre onéreux d'un terrain devenu constructible depuis moins de dix-huit ans

5883 L'hypothèse est celle où le terrain d'assiette du lotissement a été rendu constructible du fait de son classement par un document d'urbanisme, selon le cas énuméré à l'article 1529 ou 1605 nonies du CGI, après son acquisition par le lotisseur, de sorte que la cession des lots constitue la première cession à titre onéreux depuis ce classement.

a) Taxe communale facultative sur la première cession à titre onéreux d'un terrain devenu constructible depuis moins de dix-huit ans (CGI, art. 1529)

5884 La taxe n'est susceptible d'être exigible que dans l'hypothèse où la plus-value de cession des lots est soumise au régime des plus-values immobilières des particuliers (CGI, art. 150 U et s. et art. 244 bis A).

Les lotisseurs occasionnels dont les profits sont imposables à l'impôt sur le revenu dans la catégorie de BIC (CGI, art. 35, 3°) ou à l'impôt sur les sociétés sont exclus du champ d'application de la taxe communale régie par l'article 1529 du CGI (V.° **Taxes sur les cessions à titre onéreux de terrains rendus constructibles**).

b) *Taxe nationale sur la première cession à titre onéreux d'un terrain devenu constructible depuis moins de dix-huit ans (CGI, art. 1605 nonies)*

5885 Contrairement à la taxe communale régie par l'article 1529 du CGI, la taxe de l'article 1605 nonies du CGI peut trouver à s'appliquer à la cession réalisée par le lotisseur occasionnel, personne physique ou personne morale y compris les communes et autres personnes morales de droit public (V.° **Taxes sur les cessions à titre onéreux de terrains rendus constructibles et Plus-values immobilières**).

C Lotissements communaux

BIBLIOGRAPHIE : N. Gonzalez-Gharbi, *Lotissements communaux : régime transitoire : Constr.-Urb.* sept. 2010, comm. 125 ; *Lotissements, immeubles à aménager et droits de mutation à titre onéreux : le choix du régime spécial des acquisitions concourant à la production d'immeubles neufs : Constr.-Urb.* 2020 étude 3. V. également, Association des Maires de France, *Note d'information sur la réforme de la TVA immobilière : les conséquences sur les lotissements communaux*, juin 2010.

5886 **Effets de la réforme de la TVA immobilière sur le du régime fiscal des communes lotisseurs.** Si l'on tient pour acquis que les communes (et autres collectivités publiques) qui réalisent des lotissements et autres zones aménagées, sont des assujettis à la TVA au sens de l'article 256 A du Code général des impôts, agissant en tant que tels, à l'occasion de la vente des lots de terrains à bâtir, ces ventes constituant dès lors des livraisons obligatoirement soumises à la TVA, force est de constater que la réforme de la TVA opérée par la loi de finances rectificative pour 2010 (L. n° 2010-237, 9 mars 2010 : *JO* 10 mars) a bouleversé le régime antérieurement applicable aux lotissements communaux.

En effet, d'une part, les textes qui prévoyaient l'exonération dont bénéficiaient les ventes de terrain à bâtir consenties aux personnes physiques pour la construction de leur logement (CGI, art. 257, 7°, 1, a, al. 3) le régime optionnel prévu en faveur des collectivités locales (CGI, art. 257, 7°, 1, a, et 285, 4° anciens et 260, Ann. II), l'exonération de la TVA due à raison de la vente par les communes de terrains leur appartenant (CGI, art. 261, 5, b) et la désignation du redevable légal de la TVA en matière de livraisons d'immeubles (CGI, art. 285) ont été purement et simplement abrogés ou supprimés (Sur l'origine de ces régimes dérogatoires, CE, 3e-8e ch. réunies, 12 mai 2022, n° 416727, Rec. Lebon, T préc).

D'autre part, les dispositions relatives à l'assiette de la TVA exigible en matière de vente de terrain à bâtir ont été réécrites pour prévoir, dans certains cas, que la TVA ne soit liquidée que sur la marge brute du cédant (CGI, art. 268), alors que cette assiette limitée de la TVA ne s'appliquait qu'aux opérations des marchands de biens et des lotisseurs professionnels (par application combinée des articles 35 et 268 ancien).

Enfin, et pour l'application des droits d'enregistrement et de la taxe de publicité foncière, les modifications apportées par l'article 16 de la loi de finances rectificative pour 2010 aux dispositions de l'article 1594-0 G, A du Code général des impôts évincent les acquéreurs non-assujettis de leur champ d'application. D'autre part, les nouvelles dispositions de l'article 1594 F quinquies étendent aux acquisitions de terrains à bâtir la taxe de publicité foncière au taux réduit de 0,71498 %.

5887 **Régime des lotissements communaux.** Deux réponses ministérielles ont donné une vision d'ensemble du nouveau régime des lotissements communaux, dans les termes suivants (Rép. min. Zimmermann : *JOAN* Q 5 oct. 2010, p. 10801, n° 79411. – Rép. min. Hospitalier : *JOAN* Q 5 oct. 2010, p. 10803, n° 82835) :

> « Les cessions de terrains à bâtir qui interviennent après le 11 mars 2010, date d'entrée en vigueur de la loi de finances rectificative pour 2010, sont désormais soumises de plein droit à la TVA. En effet, d'une part, les collectivités locales ont la qualité d'assujetti au titre des opérations de lotissement qu'elles réalisent et, d'autre part, l'exonération des cessions de terrains à bâtir aux particuliers, dont la compatibilité avec le droit communautaire a été mise en cause, a été supprimée.
>
> Conformément à l'article 268 du CGI, la base d'imposition de ces cessions est constituée par le prix total lorsque les terrains ont ouvert droit à déduction lors de leur acquisition par la collectivité, et se limite à la seule marge dégagée par l'opération lorsque les terrains n'avaient pas ouvert droit à déduction lors de leur acquisition par la collectivité.
>
> Lorsque la cession du terrain est taxée sur le prix total, l'acquéreur supporte des droits de mutation au taux réduit de 0,71498 % (CGI, art. 1594 F quinquies), et lorsque la cession est taxée sur la marge, des droits au taux de 5,09006 %.
>
> Cela étant, pour les affaires en cours à la date d'entrée en vigueur de la loi, des mesures transitoires ont été prévues par une instruction administrative publiée au *Bulletin officiel des impôts* du 15 mars 2010 sous la référence 3 A-3-10 (V. cette instruction en Annexe).
>
> (...)

Le nouveau régime permet aux communes d'exercer le droit à déduction de la TVA sur les travaux de viabilisation, quelle que soit l'importance de la marge qui peut varier selon les lots. Il est ainsi généralement plus favorable. En même temps, il préserve la fiscalité locale en permettant le maintien des droits de mutation au taux de 5,09006 %.

En tout état de cause, la soumission à la TVA sur la marge ne fait pas obstacle à l'application des droits de mutation au seul droit fixe de 125 € prévu par l'article 1594-0 G du CGI, dans le cas où l'acquéreur assujetti prend l'engagement de construire dans les quatre ans. Elle ne fait pas non plus obstacle à ce qu'une commune procède à la commercialisation des lots à travers une structure lui achetant les terrains aménagés pour les revendre sans enchérissement aux acquéreurs finals, ce qui conduit à la taxation à la TVA de la revente à ces derniers sur le prix total avec le bénéfice, pour les droits de mutation, du régime de l'article 1594 F quinquies. Par ailleurs, pour l'acquisition en amont par cet intermédiaire à la commune, la TVA sur marge peut être déduite, pourvu qu'elle soit facturée, et les droits de mutation sont appliqués au taux réduit de 0,71498 %, conformément à l'article 1115 du CGI, pourvu que la structure intermédiaire ait pris l'engagement de revendre dans les cinq ans. »

(V. dans le même sens, Rép. min. Éco., ind. et emploi à QE n° 90243 de Mme Geneviève Gaillard : *JOAN* 23 nov. 2010, p. 12835. – Rép. min. Éco., ind. et emploi à QE n° 89605 de M. Jean-Marie Morisset : *JOAN* 23 nov. 2010, p. 12835. – Instr. 29 déc.2010 : *BOI* 3-9-10, n° 16).

5888 Les critères de distinction à mettre en œuvre pour déterminer le régime fiscal ne tiennent plus à la personne de l'acquéreur, ni à la nature de son projet de construction. Il importe peu que l'acquéreur soit ou non une personne physique ou morale ni que la construction soit affectée au logement ou à un autre usage.

Le critère décisif est celui tenant à la qualité d'assujetti à la TVA, agissant en tant que tel. L'administration fiscale indique, à ce propos (BOI-TVA-IMM-10-10-10-10-20120912, § 120 et 130) :

« Les livraisons d'immeubles réalisées à titre onéreux par les opérateurs publics, et notamment les collectivités territoriales, entrent en concurrence avec celles des opérateurs privés lorsqu'elles s'inscrivent dans une démarche économique d'aménagement de l'espace ou de maîtrise d'ouvrage. Sont donc imposables, quand bien même le cédant les aurait réalisées en tant qu'autorité publique à raison des procédures mises en œuvre, les cessions de terrains à bâtir ou de constructions résultant de l'aménagement d'emprises acquises à cette fin, voire d'origine domaniale non établie, dès lors que le cadre administratif (notamment la motivation des actes en cause) fait apparaître une telle volonté de valoriser son activité et de répondre aux besoins des acquéreurs comme pourrait le faire un intervenant privé.

En revanche, pas plus que pour tout autre assujetti, les cessions d'immeubles réalisées par l'État, une collectivité ou un organisme public n'ont à être soumises à la TVA lorsqu'elles s'inscrivent purement dans le cadre de la gestion de leur patrimoine. »

➤ Sur le cas où le lotissement est constitué de terrains acquis sous des régimes fiscaux différents, avec ou sans droits à déduction, V. **Terrains** et **TVA immobilière**.

1 Cas d'application de la TVA sur marge

5889 **Renvoi.** Sur l'évolution des conditions d'application de la TVA sur la marge et sur la prise en compte des subventions dans l'assiette de la TVA (V. *supra*, n° 5865) (V. **Terrains** et **TVA immobilière**).

a) TVA

5890 Au regard de la TVA, la vente du terrain à bâtir est soumise à la TVA du chef de la commune. Le prix doit être stipulé TTC. La TVA incluse dans le prix doit être liquidée sur l'assiette définie à l'article 268 (TVA due sur la marge – sur la prise en compte, le cas échéant des subventions compléments de prix, BOI-TVA-IMM-10-20, 22 janv. 2020, n° 250).

b) Droits de mutation à titre onéreux

5891 Hormis le cas où il peut bénéficier d'un régime de faveur de portée générale, au regard des droits de mutation à titre onéreux, deux situations peuvent se rencontrer :

– l'acquéreur est un assujetti à la TVA : il pourra revendiquer le bénéfice de l'exonération conditionnelle des droits de mutation à titre onéreux en prenant, dans l'acte l'engagement de construire prévu à l'article 1594-0 G, A du Code général des impôts (V. **Engagement de construire**) et, conformément à ces dispositions ne devra que la taxe fixe de 125 € prévue à l'article 691 bis du même code ;

– l'acquéreur n'est pas un assujetti à la TVA : la TPF sera due au taux de droit commun.

2 La TVA est liquidée sur le prix total de vente

a) TVA

5892 Au regard de la TVA, la vente du terrain à bâtir est soumise à la TVA du chef de la commune.

Le prix doit être stipulé TTC. La TVA incluse dans le prix est dans ce cas, liquidée sur le prix total de vente (CGI, art. 266 et 267).

b) Droits de mutation (TPF)

5893 Au regard des droits de mutation à titre onéreux, deux cas doivent être distingués :

– l'acquéreur est un assujetti à la TVA : il peut bénéficier de l'exonération conditionnelle des droits de mutation à titre onéreux en prenant, dans l'acte l'engagement de construire prévu à l'article 1594-0 G, A du Code général des impôts (V. **Engagement de construire**). Il ne devra alors que la taxe fixe de 125 € prévue à l'article 691 bis du même code ;

– l'acquéreur n'est pas un assujetti à la TVA : la TVA étant liquidée sur le prix total de vente, l'acquéreur supportera uniquement la taxe de publicité foncière au taux réduit de 0,70 % soit 0,71498 % avec les perceptions additionnelles (CGI, art. 1594 F quinquies, A).

3 Taxe nationale sur la première cession à titre onéreux d'un terrain devenu constructible depuis moins de dix-huit ans (CGI, art. 1605 nonies)

5894 Les cessions immobilières des communes et de leurs établissements publics n'entrent pas dans le champ d'application du régime d'imposition des plus-values immobilières des particuliers (CGI, art. 150 U et s.), ni par conséquent, dans celui de la taxe communale facultative sur la première cession d'un terrain devenu constructible depuis moins de dix-huit ans prévue à l'article 1529 du CGI.

5895 En revanche, les cessions réalisées par les communes et autres personnes morales de droit public, d'un terrain nu ou de droits réels relatifs à un terrain nu devenu constructible postérieurement au 13 janvier 2010, sont susceptibles de rendre exigible la taxe prévue à l'article 1605 nonies du CGI. La taxe sera exigible lorsque, toutes conditions remplies par ailleurs, le terrain d'assiette du lotissement a été rendu constructible du fait de son classement, postérieurement au 13 janvier 2010, par un plan local d'urbanisme ou par un autre document d'urbanisme en tenant lieu, en zone urbaine ou à urbaniser ouverte à l'urbanisation ou par une carte communale dans une zone où les constructions sont autorisées ou par application de l'article L. 111-3 du Code de l'urbanisme, après son acquisition à titre onéreux par la commune lotisseur, de sorte que la cession des lots constitue la première cession à titre onéreux depuis ce classement.

Lorsqu'elle est due à raison d'une cession constatée par acte notarié, la taxe est déclarée dans les conditions applicables à la déclaration de plus-values immobilières des particuliers, sur l'imprimé n° 2048-TAB-SD. Elle est acquittée au service de la publicité foncière en préalable à la formalité (V. **Taxes sur les cessions à titre onéreux de terrains rendus constructibles et Plus-values immobilières**).

Mainlevée et radiation judiciaire

Jacques LAFOND

Sommaire analytique

Index alphabétique

I
Radiations des inscriptions

5896 **Définition.** Il résulte de l'article 2435 du Code civil qu'il existe deux catégories de radiations d'inscriptions. D'une part, celles qui découlent du consentement du créancier, généralement donné dans un acte de mainlevée, et d'autre part, celles qui sont ordonnées par une décision de justice.
Lorsque le créancier ne peut ou ne veut consentir à la radiation d'une inscription ou d'un privilège, la radiation peut être judiciaire.

5897 **Hypothèques judiciaires provisoires.** En matière de radiation judiciaire, les inscriptions d'hypothèque judiciaire provisoire obéissent à des règles particulières, qui ne sont pas examinées ici (V. **Hypothèque judiciaire conservatoire**).

5898 **Plan.** Seront successivement passés en revue le champ d'application des radiations judiciaires (A), les personnes pouvant demander une telle radiation et celles contre lesquelles la demande peut être formée (B), la compétence des tribunaux (C), la procédure à suivre (D), les vérifications à opérer par le service de la publicité foncière (E), l'exécution de la décision (F) et le rétablissement d'une inscription radiée à tort (G).

A Champ d'application

5899 Les radiations peuvent être prononcées en justice pour l'une des causes indiquées dans les articles 2438 et 2439 du Code civil, pour les causes mentionnées par les textes sur les procédures collectives (V. **Procédures collectives**) ou pour des causes figurant dans des dispositions spécifiques comme, par exemple, celles concernant les hypothèques judiciaires provisoires.
Les radiations dont les causes sont envisagées par le Code civil sont soit obligatoires pour le juge (C. civ., art. 2438), soit facultatives (C. civ., art. 2439).
Les radiations obligatoires concernent toutes les inscriptions de privilège ou d'hypothèque, alors que les radiations facultatives visent seulement certaines catégories d'inscriptions ou de créances.

1 Radiations obligatoires de l'article 2438 du Code civil

C. civ., art. 2438 (*Ord. n° 2021-1192, 15 sept. 2021*). – La radiation doit être ordonnée par les tribunaux lorsque l'inscription a été faite sans être fondée ni sur la loi ni sur un titre, lorsqu'elle l'a été en vertu d'un titre irrégulier, soit éteint ou soldé, ou lorsque les droits d'hypothèque sont effacés par les voies légales.

5900 **Exemples.** On peut prendre comme exemples d'application de ce texte :
– les inscriptions prises sans titre : ainsi lorsque l'inscription prise n'est fondée sur aucun texte de loi, décision judiciaire ou acte authentique (convention notariée ou acte administratif) ; lorsqu'elle est prise sur des immeubles non affectés ou n'appartenant pas au débiteur ;
– les inscriptions prises en vertu d'un titre annulé ou anéanti pour une cause quelconque ;
– l'inscription concernant une créance éteinte ou soldée soit par paiement, novation ou prescription. Ainsi par exemple dans le cas de perte d'un titre exécutoire à ordre éteint ou soldé (Chardonnal : *JCP* N 1982, prat. 8334). De même en cas de paiement partiel lorsque le créancier se refuse à réduire le capital (V. Cass. civ., 5 janv. 1943 : *JCP* N 1944, II, 2562).

5901 **Imprescriptibilité de la demande.** Tant que l'inscription d'une hypothèque subsiste, sa mainlevée peut toujours être demandée et sa radiation obtenue, lorsqu'elle a été faite sans être fondée ni sur la loi ni sur un titre, ou en vertu d'un titre soit irrégulier soit éteint ou soldé, ou encore lorsque les droits d'hypothèque sont effacés par les voies légales. La demande de radiation n'est pas soumise à prescription extinctive (Cass. 3e civ., 16 mars 2022, n° 20-21.337 : *JurisData* n° 2022-003928 ; *Constr.-Urb.* 2022, comm. 67, note C. Sizaire ; *JCP* G 2022, n° 18, 580, obs. J.-D. Pellier ; *Defrénois* 2022, n° 20-21, p. 24, note Ch. Gijsbers).

5902 **Énumération non limitative.** Il est admis que la liste des causes énumérées à l'article 2438 (ancien art. 2443) du Code civil n'est pas limitative. Ainsi, par exemple, une inscription doit être radiée par les tribunaux lorsqu'elle est atteinte de nullité de forme comme ne contenant pas toutes les énonciations prévues par la loi (Planiol, Ripert et Becqué, *Traité pratique de droit civil*, t. XIII, n° 857) ou que l'inscrivant n'a pas la capacité voulue.

2 Réduction facultative des articles 2439 et 2440 du Code civil

5903 **Champ d'application.** Peuvent faire l'objet d'une réduction affectant leur assiette ou leur montant :
– les hypothèques légales ou les hypothèques judiciaires (C. civ., art. 2439 – ancien art. 2444 et 2445) ;
– l'hypothèque légale des époux (C. civ., art. 2440 – ancien art. 2446.) – V. **Époux-hypothèque légale**).

3 Procédures collectives

a) Redressement ou liquidation judiciaire

➤ V. **Procédures collectives**.

b) Surendettement des particuliers

5904 Le Code de la consommation traite du règlement des situations de surendettement des particuliers. Il comporte quelques dispositions propres à garantir les dettes qui seraient échelonnées ou reportées dans le temps et à éviter que le débiteur ne donne des garanties pour de nouvelles dettes.

L'article L. 733-4, alinéas 2 et 3 du Code de la consommation précise notamment qu'en cas de vente forcée du logement principal du débiteur, grevé d'une inscription bénéficiant à un établissement de crédit ou à une société de financement ayant fourni les sommes nécessaires à son acquisition, la commission peut imposer la réduction du montant de la fraction des prêts immobiliers restant due aux établissements de crédit ou aux sociétés de financement après la vente, après imputation du prix de vente sur le capital restant dû, dans des proportions telles que son paiement, assorti d'un rééchelonnement calculé conformément au 1° de l'article L. 733-1, soit compatible avec les ressources et les charges du débiteur.

La même mesure est applicable en cas de vente amiable dont le principe, destiné à éviter une saisie immobilière, et les modalités ont été arrêtés d'un commun accord entre le débiteur et l'établissement de crédit ou la société de financement.

Mais le législateur n'a prévu aucune mesure particulière en ce qui concerne la radiation de cette inscription ou d'autres inscriptions de privilège ou d'hypothèque. Les décisions de radiation totale ou partielle qui interviendraient à l'occasion du règlement amiable ou judiciaire de la situation de surendettement d'un particulier devraient donc être exécutées par le service de la publicité foncière dans les mêmes conditions qu'en droit commun. Pour la compétence et la procédure à suivre, V. n°s 5910 à 5924.

4 Hypothèque judiciaire provisoire

➤ Il existe en la matière des règles particulières V. **Hypothèque judiciaire conservatoire**.

B Parties à l'instance

1 Demandeur

5905 Toute personne y ayant intérêt peut introduire une action en justice en vue d'obtenir la radiation d'une inscription.

2 Défendeur

5906 **Bénéficiaire actuel de l'inscription.** La demande de radiation est formée contre le bénéficiaire actuel de l'inscription : titulaire originaire, héritiers, cessionnaires, créanciers subrogés, etc. (Planiol, Ripert et Becqué, *op. cit.*, t. XIII, n° 859). Sa présence à l'instance est nécessaire.

Ainsi lorsqu'une vente d'immeuble est résolue, ce qui entraîne l'anéantissement des inscriptions grevant l'immeuble, leur radiation ne peut être ordonnée hors la présence des créanciers (Chardonnal : *JCP* N 1983, prat. 8854).

De même en cas de copie exécutoire à ordre, la radiation ne peut être opérée si le jugement a été rendu à l'encontre de la personne désignée dans le bordereau comme étant le titulaire de la sûreté, sans que le tribunal ait été en mesure de constater un éventuel endossement de la copie exécutoire, non versée aux débats (*Bull. AMC* 1992, art. 1528).

3 Appel en cause du service de la publicité foncière

5907 **Déclaration de jugement commun.** Le conservateur des hypothèques (aujourd'hui, le service de la publicité foncière) n'a pas à être appelé en cause si aucun grief n'est formulé contre lui et si cette mise en cause a uniquement pour but d'obtenir que la décision ait l'autorité de la chose jugée à son encontre (V. Masounabe-Puyanne, *La mise en cause du conservateur des hypothèques* : *JCP* N 1962, I, 1702). Cette mise en cause est inutile car il devra exécuter cette décision, alors même qu'il n'a pas été partie à l'instance. La solution est bien établie (CA Riom, 14 janv. 1952 : *JCP* N 1952, II, 6904. – CA Angers, 25 févr. 1959 : *Bull. AMC* 1960, art. 433. – CA Paris, 15 déc. 1962 : *JCP* N 1963, II, 13129, note

Masounabe-Puyanne. – CA Aix, 24 juin 1964 : *JCP* N 1964, II, 13914. – CA Montpellier, 29 oct. 1968 : *Bull. AMC* 1969, art. 771. – Chardonnal : *JCP* N 1983, prat. 8854).

Les tribunaux sanctionnent ces mises en cause injustifiées par des condamnations aux dépens, l'octroi d'indemnités au titre de l'article 700 du Code de procédure civile, et parfois même l'octroi de dommages-intérêts (CA Aix-en-Provence, 24 juin 1964 : *Bull. AMC* 1965, art. 615. – CA Montpellier, 29 oct. 1968, préc. – TGI Paris, 22 sept. 1993 : *Bull. AMC* 1994, art. 1617).

5908 **Demande de condamnation à l'encontre du service de la publicité foncière.** Par contre, le conservateur (aujourd'hui le service de la publicité foncière) est valablement assigné ou appelé en cause lorsqu'un refus de radier a déjà été opposé par lui au demandeur et que ce refus est contesté (V. Cass. civ., 21 nov. 1978 : *JCP* N 1979, II, p. 71, note Frémont).

Et il peut être condamné à des dommages et intérêts si, malgré la décision judiciaire de radiation intervenue et qui lui a été déclarée commune, il persiste dans son refus de radier et cause ainsi préjudice au propriétaire de l'immeuble grevé car il viole alors le principe de l'autorité de la chose jugée (CA Paris, 1re ch. A, 24 janv. 1990 : *JCP* N 1990 II, p. 197, note P. Frémont).

5909 Une telle condamnation ne peut, toutefois, intervenir quand le conservateur (aujourd'hui, le service de la publicité foncière) commet une erreur sur une question sujette à controverse (CA Riom, 1re ch., 14 mars 1985 : *JCP* N 1985 II, p. 237, note P. Frémont. – CA Limoges, 14 mars 1990 : *JCP* N 1990, II, p. 169, note P. Frémont) ou lorsque le motif invoqué à son encontre est purement hypothétique (Cass. 3e civ., 13 mai 1987 : *JCP* N 1987, II, p. 277, note P. Frémont).

C Compétence des tribunaux

5910 **Question étrangère aux attributions du service de la publicité foncière.** La compétence du juge ayant ordonné la radiation d'une inscription est sans incidence pratique pour le conservateur (aujourd'hui, le service de la publicité foncière), qui ne saurait encourir aucune responsabilité du chef de l'exécution d'une décision judiciaire, même émanant d'un tribunal incompétent, pourvu qu'elle soit passée en force de chose jugée (Jacquet et Vétillard, *La mainlevée d'hypothèque*, p. 374. – V. en dernier lieu *Bull. AMC* 1993, art. 1598 ; *ibid.* 1992, art. 1529). Il en est autrement quand la radiation a été prononcée par un juge des référés pour une inscription autre qu'une inscription provisoire d'hypothèque judiciaire (V. n° 5945).

1 Compétence d'attribution

a) Compétence de principe du tribunal judiciaire

5911 **Principe.** L'article 2437 (ancien art. 2442) du Code civil dispose que la radiation non consentie est demandée « au tribunal ». Il faut entendre par là la juridiction de droit commun, c'est-à-dire autrefois le tribunal de grande instance (Cass. 1re civ., 9 mars 1977 : *Bull. civ.* 1977, I, n° 128 ; *JCP* N 1979, II, p. 69, note Goubeaux ; *Bull. AMC* 1978, art. 1112, 1°), et depuis la réforme de la justice par la loi n° 2019-222 du 23 mars 2019, par le tribunal judiciaire, même si l'inscription a été prise en vertu d'une condamnation prononcée par un autre tribunal.

5912 **Incompétence du juge de l'exécution ou du juge de la mise en état.** Le juge de la mise en état ne peut ordonner la radiation des sûretés inscrites sur l'immeuble objet d'un litige (*Bull. AMC* 1988, art. 1377).

Quant au juge de l'exécution, sa compétence ne concerne que les contestations relatives à la mise en œuvre de l'hypothèque judiciaire provisoire (Cass. 2e civ., 14 sept. 2006, n° 05-14.629).

5913 **Incompétence des tribunaux d'exception.** Les tribunaux d'exception, même de l'ordre judiciaire, comme le tribunal de commerce, n'ont pas compétence pour ordonner la radiation. Toutefois, lorsqu'ils sont saisis d'une contestation sur un titre de créance, et qu'ils prononcent l'annulation ou l'extinction de ce titre, il a été admis qu'ils peuvent alors ordonner valablement la radiation de l'inscription garantissant cette créance car cette radiation n'est que la suite nécessaire de l'annulation ou extinction du titre qui lui servait de support (Cass. req., 11 févr. 1834 : *S.* 1835, 1, 475. – Gap, 23 juill. 1913 : *Journ. conserv. hyp.* 1913, 6714. – CA Aix, 13 févr. 1935 : *Journ. conserv. hyp.* 1938, 12129. – V. également TGI Caen, réf., 20 juin 1991, préc.).

b) Juge des référés

5914 **Incompétence de principe.** Le juge des référés est incompétent pour ordonner la radiation, totale ou partielle, d'une inscription, qu'il s'agisse d'inscription de privilège ou d'hypothèque légale, judiciaire ou conventionnelle, nonobstant les termes de l'article 808 du Code de procédure civile. La solution est établie de longue date

par de nombreux arrêts de la Cour de cassation (V. en dernier lieu, Cass. 3e civ., 8 juin 1995 : *Bull. AMC* 1996, art. 1725. – Cass. 2e civ., 24 avr. 1989 : *Bull. civ.* 1989, II, n° 96 ; *JCP* N 1989, II, p. 520 ; V. *Bull. AMC* 1972, art. 910. – Cass. 3e civ., 9 oct. 1979 : *Bull. civ.* 1979, III, 1975, n° 168 ; *Bull. AMC* 1980, art. 1197. – Cass. 3e civ., 15 mai 1974 : *Bull. civ.* 1974, III, n° 199 ; *Bull. AMC* 1975, art. 1022). La raison en est que, conformément à l'article 835 (antérieurement art. 484) du Code de procédure civile, le juge des référés ne peut prendre que des décisions provisoires dont les effets ne sont pas irréversibles (*Bull. AMC* 1973, art. 957 ; *ibid.* 1975, art. 1011 ; *ibid.* 1976, art. 1056 ; *ibid.* 1977, art. 1077 ; *ibid.* 1985, art. 1332) et que sa décision n'a pas l'autorité de la chose jugée.
Le principe était fréquemment rappelé par le *Bulletin de l'association mutuelle des conservateurs* (V. à propos d'une hypothèque légale inscrite au profit d'une épouse divorcée : *Bull. AMC* 1985, art. 1332. – Ou d'une hypothèque judiciaire prise en vertu d'une ordonnance sur requête portant injonction de payer : *Bull. AMC* 1986, art. 1344) qui fait état de nombreuses décisions des juridictions du fond rendues en ce sens (CA Aix, 1er oct. 1974 : *Bull. AMC* 1975, art. 1011. – CA Agen, 7 avr. 1976 : *Bull. AMC* 1976, art. 1056. – CA Paris, 17 nov. 1976 : *Bull. AMC* 1977, art. 1077. – TGI Montpellier, réf., 16 mai 1980 : *Bull. AMC* 1980, art. 1187).

5915 **Exceptions à la règle.** Dans certains cas, le juge des référés peut être appelé à se prononcer en matière de radiations :
– une décision de radiation prise en référé doit être prise en considération lorsqu'elle est confirmée par un arrêt de cour d'appel (*Bull. AMC* 1976, art. 1068). Mais une cour d'appel ne peut ordonner simplement en référé la radiation d'une hypothèque judiciaire dès lors qu'une telle mesure ne peut être prise que par le tribunal judiciaire (antérieurement par le tribunal de grande instance : Cass. 2e civ., 24 avr. 1989 : *Bull. civ.* 1989, II, n° 96 ; *JCP* N 1989, prat. 1135, p. 520) ;
– lorsqu'il a reçu compétence en vertu d'un texte spécial : par exemple l'article 19 de la loi du 10 juillet 1965 fixant le statut de la copropriété (*Bull. AMC* 1966, art. 630) ou de l'article 6 de la loi du 6 novembre 1969 instituant des mesures de protection juridique en faveur des rapatriés (*Bull. AMC* 1969, art. 784) ;
– la radiation peut intervenir lorsque les parties ont pris un accord devant le juge des référés (V. n° 5917).

5916 **Tolérances.** L'association des conservateurs n'excluait pas systématiquement, cependant, que l'on puisse procéder à une radiation prononcée par le juge des référés (*Bull. AMC* 1995, art. 1677). Cette radiation peut intervenir :
– s'il ressort clairement des motifs servant de support au dispositif de l'ordonnance que le créancier a renoncé au bénéfice de l'inscription (*Bull. AMC* 1981, art. 1228 ; *ibid.* 1988, art. 1379 et art. 1380 ; *ibid.* 1992, art. 1534) ;
– lorsque le créancier a acquiescé explicitement à la décision que, dans un premier temps, il avait combattue (*Bull. AMC* 1989, art. 1417 ; *ibid.* 1992, art. 1551).

c) Cas particulier : contrat judiciaire

5917 **Principe.** Si une décision de justice constate l'accord des parties pour procéder à la radiation, cette radiation pourra intervenir même si la juridiction qui a statué est radicalement incompétente pour prononcer la radiation, ainsi par exemple s'il s'agit d'une juridiction d'exception par exemple, un tribunal de commerce ou d'un juge des référés. On est alors en présence d'un acte présentant le caractère authentique et qui permet, dès lors, au débiteur de requérir la radiation dans les mêmes conditions qu'en présence d'une mainlevée notariée émanant du créancier (Jacquet et Vétillard, *Traité de la mainlevée d'hypothèque et des radiations d'inscriptions*, V° Jugement de radiation, n° 52 ; *Bull. AMC* 1970, art. 814 et 1981, art. 1228).
En ce cas, la décision de justice n'ayant pas le caractère de décision contentieuse puisqu'elle constate l'accord des parties n'est susceptible ni d'opposition ni d'appel. Par suite, elle n'a pas à être appuyée de justification lorsque la radiation est requise.

5918 **Applications.** On considère notamment qu'il y a accord des parties :
– lorsque l'ordonnance rendue par le juge des référés pour radier une inscription définitive d'hypothèque judiciaire a été notifiée au créancier non comparant et que celui-ci n'en a pas fait appel alors qu'elle émanait d'un juge incompétent (*Bull. AMC* 1986, art. 1343) ;
– quand l'ordonnance de référé radiant une inscription d'hypothèque judiciaire ordonne au débiteur, après avoir constaté qu'une partie de sa dette est éteinte, d'en consigner entre les mains de l'avocat du créancier le solde prélevé sur le prix de l'immeuble grevé et vendu (*Bull. AMC* 1988, art. 1379) ;
– lorsque l'ordonnance de radiation ne constate pas l'accord des parties, mais que celui-ci résulte d'un acquiescement du créancier à l'audience ou d'un document versé par celui-ci aux débats (*Bull. AMC* 1988, art. 1380) ;

– dans le cas d'acquiescement ultérieur du bénéficiaire de l'inscription à la décision de justice qu'il a précédemment combattue (*Bull. AMC* 1989, art. 1417).
En revanche, l'ordonnance de référé radiant une inscription hypothécaire en déclarant simplement éteinte ou inexistante la créance qu'elle garantit n'autorise pas le conservateur à procéder à la radiation car elle ne constate pas pour autant l'accord des parties (*Bull. AMC* 1986, art. 1385).

5919 **Décision de s'en remettre à justice.** La décision indiquant que le défendeur s'en est remis à justice ne peut être considérée comme constatant le consentement du créancier à la radiation car le juge n'est pas dispensé d'examiner le bien-fondé de la demande. Une telle décision doit donc être exécutée dans les mêmes conditions qu'une décision de justice ordinaire (*Bull. AMC* 1987, art. 1353, p. 15 ; *ibid.* 1972, art. 910).

5920 **Absence de différend.** En cas de contentieux réel ou simulé, la mainlevée (et donc la radiation qui en sera la conséquence) peut être constatée dans un procès-verbal de conciliation dressé par le juge de la mise en état (TGI Paris, 10 juill. 1974 : *Journ. not.* 1974, art. 51984).
Mais, en l'absence de différend primitif justifiant le recours à une décision judiciaire, le juge ne peut se substituer au notaire pour établir la mainlevée d'une inscription hypothécaire (même décision).

d) Jugement étranger

5921 Le jugement rendu en pays étranger et ordonnant une radiation doit être en principe rendu exécutoire par un tribunal français avant que la radiation ne soit effectuée (Cass. 2e civ., 9 janv. 1991 : *Bull. civ.* II, n° 7 ; *JCP* N 1992, II, p. 221, note Rémery. – CA Bordeaux 1er déc. 1948 : *D.* 1949, 2, 240). Mais il existe des conditions d'exécution particulière pour les pays soumis à un traité ou à un acte communautaire (V. **Acte passé à l'étranger**).

2 Compétence territoriale

5922 **Principe.** D'après l'article 2437 (ancien art. 2442) du Code civil, la demande de radiation doit être portée devant le tribunal « dans le ressort duquel l'inscription a été faite », c'est-à-dire, par conséquent, devant le tribunal judiciaire (antérieurement le tribunal de grande instance) de la situation de l'immeuble grevé (Chardonnal : *JCP* N 1983, prat. 8854).
Le demandeur a le choix du tribunal lorsqu'il assigne plusieurs défendeurs. Ce principe trouve concrètement son application lorsque la garantie dont la radiation est demandée a été inscrite dans plusieurs conservations (*Journ. conserv. hyp.*, 11298).

5923 **Exceptions.** Le principe sus énoncé connaît quelques exceptions :
– lorsque le créancier et le débiteur ont prévu conventionnellement de porter leurs contestations éventuelles devant un autre tribunal déterminé. Mais cette convention n'aura d'efficacité qu'entre les signataires (C. civ., art. 2437, al. 2) ;
– quand l'inscription dont la radiation est demandée, a eu lieu pour sûreté d'une condamnation éventuelle ou indéterminée sur l'exécution ou liquidation de laquelle le débiteur et le créancier prétendus sont en procès, et que le litige a été porté devant un autre tribunal : la demande en radiation doit alors être portée ou renvoyée devant ce tribunal (T. civ. Seine, 11 juin 1913 : *Journ. conserv. hyp.* 1917, 7788. – CA Aix, 13 févr. 1935 : *Journ. conserv. hyp.* 1938, 12129). Le renvoi doit, toutefois, être demandé, car il n'a pas à être prononcé d'office (CA Caen, 19 févr. 1866 : *Journ. conserv. hyp.*, 2178. – CA Nancy, 14 mai 1913 : *Gaz. Pal.* 1913, 2, 5) ;
– d'autre part, le tribunal de grande instance compétent pour radier l'hypothèque garantissant le cautionnement en immeubles d'un conservateur des hypothèques était celui dans le ressort duquel le conservateur exerce ses fonctions (Bulté : *JCP* N 1973, prat. 5516).

D Procédure

5924 La procédure à suivre est celle de droit commun en ce qui concerne aussi bien le tribunal judiciaire que les autres tribunaux ou juges exceptionnellement compétents.

E Vérification à opérer par le service de la publicité foncière

5925 **Compétence juridictionnelle.** Il est rappelé que le service de la publicité foncière n'a en principe aucun contrôle à effectuer sur ce point (V. n° 5910).

1 Contenu de la décision

a) Ordre de radier

5926 **L'injonction d'effectuer la radiation doit être contenue dans le dispositif.** L'ordre

Mainlevée et radiation judiciaire

de radier doit ressortir du dispositif de la décision judiciaire et être exprimé en termes clairs (Jacquet et Vétillard, *op. cit.*, n° 45. – *Précis CML*, 2e éd., n° 1366-1°).

Cette condition doit être considérée comme remplie lorsque la décision « ordonne la radiation », ou « enjoint au conservateur de radier », mais aussi quand elle ordonne « la mainlevée » de l'inscription, ou encore quand elle « autorise la radiation », car cette autorisation ne peut qu'équivaloir à l'ordre de procéder à la radiation (*Bull. AMC* 1969, art. 793 ; *ibid.* 1979, art. 1154). De même lorsque le juge de l'exécution a autorisé le propriétaire grevé à « accomplir toutes formalités de radiation de l'inscription hypothécaire à ses frais avancés » (*Bull. AMC* 1995, art. 1675). En revanche, lorsque la décision se borne à enjoindre aux créanciers de donner mainlevée, la radiation est subordonnée au consentement de ce créancier constaté dans un acte authentique (*Bull. AMC* 1979, art. 1154).

Il est bien évidemment, possible de se reporter aux motifs de la décision pour interpréter son dispositif.

Le jugement qui, après avoir prononcé la résolution d'une vente, annule les inscriptions prises sur les biens vendus sans contenir aucune injonction ou autorisation de radier, ne permet pas au conservateur de procéder aux radiations demandées par un avocat, même si celui-ci donne, avec l'expédition du jugement, la spécification complète des inscriptions à radier (*Bull. AMC* 1988, art. 1378).

5927 Injonction adressée au bénéficiaire de l'inscription. Si la décision de justice se borne à enjoindre au bénéficiaire de l'inscription, à l'exclusion du conservateur (dont les attributions ont été recueillies par le « service de la publicité foncière »), de donner mainlevée, la radiation est subordonnée au consentement de ce bénéficiaire constaté dans un acte authentique (*Bull. AMC* 1979, art. 1154).

Ce n'est qu'au cas où la décision aurait condamné le bénéficiaire de l'inscription à donner mainlevée de celle-ci en précisant que, faute par lui d'avoir consenti cette mainlevée dans un certain délai, le débiteur serait autorisé à requérir la radiation, que la radiation pourrait être effectuée à l'expiration de ce délai car une telle décision devrait être considérée comme renfermant un ordre de radier conditionnel (*Bull. AMC* 1980, art. 1183 ; *ibid.* 1981, art. 1214).

5928 Injonction faite au titulaire d'une inscription d'hypothèque judiciaire de justifier de sa mainlevée à peine d'astreinte. Un arrêt de la Cour de cassation permet de rappeler les principes applicables en la matière (Cass. 3e civ., 16 nov. 2017, n° 15-26.310). En l'espèce les juges du fond avaient ordonné la mainlevée d'une inscription d'hypothèque judiciaire par le titulaire de l'inscription, à peine d'astreinte. Cette mainlevée n'ayant pas été obtenue dans le délai imparti (au motif que la décision rendue ne visait pas les hypothèques concernées), l'astreinte a été liquidée et une condamnation a été prononcée à l'encontre du titulaire de l'inscription.

En fait la procédure utilisée était critiquable. Il suffisait au tribunal, sur le fondement de l'article 2442 du Code civil, de prononcer la radiation de l'inscription en visant les références de la formalité effectuée au fichier immobilier (date, volume et numéro). Cette radiation aurait été alors obtenue auprès du service de la publicité foncière sur la présentation d'une expédition de la décision du juge. Le recours à une astreinte était inapproprié, d'autant que la décision de justice était inexécutable, faute de mentionner les références des inscriptions au fichier immobilier.

b) Identification de l'inscription

5929 Mentions que doit contenir la décision. La décision de justice qui ordonne la radiation doit contenir tous les renseignements permettant de déterminer sans erreur l'inscription à radier. En règle générale, ces renseignements comprennent la date, le volume et le numéro de l'inscription, la désignation du créancier, celle du débiteur, la date du titre et le montant de la créance (Jacquet et Vétillard, *op. cit.*, *Introduction*, n° 27. – Chambaz, Masounabe-Puyanne et Leblond, *op. cit.*, n° 984-IV et 1366 ; *Bull. AMC* 1981, art. 1229).

L'absence de l'une ou plusieurs de ces énonciations ne constitue pas, toutefois, un motif de refus de radier si les autres indications contenues dans la décision de justice permettent d'identifier avec certitude l'inscription à radier. Par contre, le conservateur peut refuser de radier, s'il estime que ces indications sont insuffisantes pour qu'il n'y ait pas d'erreur (CA Orléans, 21 juill. 1952 : *JCP* N 1952, II, 7190). Ce n'est pas le cas si la décision se contente de déclarer nul un commandement de payer et « les inscriptions prises en vertu de ce commandement », sans autre précision (*Bull. AMC* 1994, art. 1627).

Lorsqu'un jugement limite l'application de sa décision d'exécution provisoire à la radiation de l'inscription pour une seule parcelle, cette exécution provisoire ne peut, de toute façon, être étendue à d'autres parcelles (*Bull. AMC* 1985, art. 1334).

5930 Inscription renouvelée. Si la décision ordonne la radiation d'une inscription qui a été renouvelée sans prononcer celle de l'inscription

de renouvellement ou encore ordonne la radiation de l'inscription de renouvellement sans prononcer celle de l'inscription d'origine, rien ne permet d'exiger pour l'exécution de cette décision qu'elle soit complétée par l'indication de la radiation de l'inscription omise (*Bull. AMC* 1987, art. 1353, p. 14).
En pareil cas, si l'inscription d'origine seule a été radiée, l'inscription de renouvellement ne peut plus être invoquée car elle manque de base légale. Si au contraire la radiation n'a porté que sur l'inscription de renouvellement, l'inscription d'origine sera généralement atteinte par la péremption.

5931 **Moyens de compléter la décision.** Lorsque la décision n'a pas spécifié l'inscription à radier, cette précision peut être fournie ultérieurement dans une réquisition émanant de la personne qui a obtenu la radiation ou de son avocat à condition que cette réquisition se réfère expressément à la décision intervenue (CA Orléans, 21 juill. 1952, préc. – V. aussi *Bull. AMC* 1953, art. 142 et 158 ; *ibid.* 1981, art. 1229 ; *ibid.* 1995, art. 1675. – V. Caen, 13 févr. 1883 : *Journ. conserv. hyp.*, 3481). L'important est qu'en rapprochant le bordereau publié de l'ensemble des pièces qui lui sont remises par le requérant, le conservateur (aujourd'hui, le service de la publicité foncière) puisse acquérir la conviction que les inscriptions qu'il va radier sont bien celles dont l'anéantissement a été ordonné. cette appréciation est fonction des circonstances de chaque espèce (*Bull. AMC* 1995, art. 1703). Mais encore faut-il, pour que le conservateur (aujourd'hui, le service de la publicité foncière) puisse alors radier, que la décision rendue prononce la radiation (V. n°s 5926 et 5927).
Il n'est pas possible d'utiliser en la matière la procédure prévue par l'article 34-6 du décret du 4 janvier 1955 (*Bull. AMC* 1999, art. 1803. – Pour plus de détails, V. **Décision de justice**). Il y a lieu de recourir à la procédure de rectification des erreurs matérielles ou omissions édictée par l'article 462 du Code de procédure civile (*Bull. AMC* 1994, art. 1627).
Lorsque la décision est lacunaire, la procédure empirique consistant à la déposer au rang des minutes d'un notaire en indiquant dans l'acte de dépôt les données manquantes puis en présentant cet acte au service de la publicité foncière est parfois utilisée (V. M. Suquet-Cozic, *Comment publier une mainlevée ordonnée par une décision de justice : Sol. not.* 2021, n° 31, p. 10). Mais cette procédure nous semble critiquable (V. **Décision de justice**).

2 Présence des créanciers à l'instance

5932 **Présence du bénéficiaire de l'inscription.** Le conservateur (aujourd'hui, le service de la publicité foncière) ne peut déférer à l'ordre de radier contenu dans une décision de justice que si cette décision a été prise en présence du bénéficiaire de l'inscription (Chardonnal : *JCP* N 1983, prat. 8854 ; *Bull. AMC* 1953, art. 158 ; *ibid.* 1988, art. 1377 ; *ibid.* 1992, art. 1530). À défaut, la décision peut être exécutée s'ils y ont acquiescé (*Bull. AMC* 1992, art. 1530 préc.).

3 Vérification de la force de chose jugée attachée à la décision

5933 **Date de l'exécution.** La question de savoir à quel moment la radiation peut être effectuée concrètement est importante, mais parfois délicate. Il y a lieu de distinguer selon que la décision de justice intervenue est ou non exécutoire par provision (sur l'attitude à adopter par les conservateurs pour l'exécution des décisions de radiation dans les divers cas de figure : *Bull. AMC* 1987, art. 1353).

a) Décisions non exécutoires par provision

5934 **Généralités.** L'article 506 du Code de procédure civile précise que les mainlevées, radiations de sûretés, etc., qui doivent être faites en vertu d'un jugement, sont valablement effectuées au vu de la production d'une expédition du jugement et s'il n'est pas exécutoire par provision, de la justification de son caractère exécutoire.
Mais ce texte tend surtout à simplifier, en ce qui concerne les mesures qu'il énumère, la preuve du caractère exécutoire des jugements ordonnant ces mesures. Il n'a ni pour objet, ni pour effet de déroger aux dispositions de l'article 2435 (ancien art. 2440) du Code civil (P. Frémont, *JCl. Notarial Formulaire*, V° Mainlevées, Fasc. 40). Ce texte dispose que les inscriptions sont radiées « en vertu d'un jugement en dernier ressort ou passé en force de chose jugée ».
Les conservateurs estimaient donc qu'ils étaient fondés à refuser de radier une inscription au vu d'un jugement non exécutoire par provision dès lors qu'il n'est pas justifié qu'il est passé en force de chose jugée, solution toujours d'actualité pour les services de publicité foncière.

1) Cas où le jugement doit être considéré comme ayant force de chose jugée

5935 **Application des principes généraux.** Si un jugement a en lui-même l'autorité de la chose jugée, il n'est « passé en force de chose jugée » que par l'acquiescement de la partie condamnée ou par l'expiration des voies de recours ordinaires que sont l'opposition, s'il a été rendu par

défaut, ou l'appel, s'il est contradictoire ou s'il a été décidé qu'il était réputé contradictoire.
Peu importe, par contre, qu'il puisse encore faire l'objet d'une voie de recours extraordinaire comme une tierce opposition ou un pourvoi en cassation (Joigny, 25 juill. 1889 : *Journ. conserv. hyp.* 1890, 4090. – Masounabe-Puyanne : *JCP* N 1955, I, 1227. – *Bull. AMC* 1990, art. 1468).
Ainsi l'arrêt de radiation rendu par une cour d'appel permet au conservateur (aujourd'hui, au service de la publicité foncière) de radier, alors même que cet arrêt aurait été frappé de pourvoi (*Bull. AMC* 1990, art. 1468).

5936 **Accord des parties.** La décision de radiation qui constate l'accord des parties, n'est pas susceptible d'opposition ou d'appel.
Il en résulte que la radiation peut intervenir au vu d'une telle décision sans qu'il soit besoin de justifier de son caractère définitif (*Bull. AMC* 1981, art. 1228).

5937 **Acquiescement.** L'acquiescement au jugement établit, à certaines conditions, le caractère exécutoire du jugement (V. **Acquiescement**).
Pour être valable, l'acquiescement à la décision doit émaner d'une personne capable de disposer du droit faisant l'objet de la condamnation c'est-à-dire, généralement, du bénéficiaire de l'inscription à radier, dûment autorisé s'il y a lieu. Il doit, en outre, être pur et simple et formel ; mais il peut être consenti par acte sous seing privé (Chambaz, Masounabe-Puyanne et Leblond, *op. cit.*, n° 1370).
Lorsqu'une ordonnance de référé décide la radiation d'hypothèques judiciaires et que le représentant des créanciers sociaux bénéficiaire des inscriptions acquiesce à cette décision, le conservateur peut opérer la radiation (*Bull. AMC* 1989, art. 1417).

5938 **Instance au fond non jugée.** Le fait qu'une instance concernant l'exigibilité de la créance garantie par une inscription soit toujours pendante au fond, devant les juges, ne fait pas obstacle à la radiation de cette inscription, si elle a été ordonnée par une décision de justice définitive (*Bull. AMC* 1973, art. 956).

5939 **Mise hors du rôle.** La radiation du rôle, simple mesure administrative, ne permet pas de conclure qu'une décision a acquis la force de chose jugée à moins qu'il y ait péremption de l'instance en cause d'appel ou d'opposition (CPC, art. 390), d'autant que l'affaire peut être remise au rôle dans les conditions fixées par l'article 383 du Code de procédure civile (*Bull. AMC* 2006-2007, art. 1907).

2) Justification de la force de chose jugée

5940 **Pièces à produire.** Il est justifié que le jugement est passé en force de chose jugée par la présentation :
– soit d'un certificat du greffe mentionnant la date de notification de la décision et attestant l'absence d'opposition et d'appel dans les délais prescrits ;
– soit d'un certificat de non-opposition ou appel établi par l'avocat ou l'avoué constitué et précisant également la date de notification de la décision (*Bull. AMC* 1972, art. 913 ; *ibid.* 1976, art. 1049 ; *ibid.* 1992, art. 1551 ; Chardonnal : *JCP* N 1993, prat. 8854).
Il faut toutefois que le certificat établi par l'avocat ou l'avoué soit sans réserve et qu'il n'y soit pas indiqué simplement, par exemple, qu'à la connaissance de l'avocat ou de l'avoué le jugement n'a pas été frappé d'opposition ou d'appel (*Bull. AMC* 1976, art. 1049 ; Chardonnal, chron. préc.) ;
– soit d'un acquiescement à la décision intervenue (V. n° 5937).

5941 **Arrêt de cour d'appel.** La radiation doit alors intervenir sur le seul dépôt de l'arrêt (*Bull. AMC* 1987, art. 1353, p. 16). Peu importe qu'il soit frappé de pourvoi (V. n° 5935).

5942 **Attestation de paiement.** Si le jugement a ordonné la radiation d'une inscription sur simple production d'une attestation de paiement de la créance, la décision doit être exécutée sur la seule production d'une expédition du jugement et de l'attestation du paiement délivrée par le créancier (*Bull. AMC* 1978, art. 1118 ; *ibid.* 1980, art. 1181).

5943 **Jugement contradictoire rendu en dernier ressort.** En ce qui concerne les jugements contradictoires rendus en dernier ressort, qui ont force de chose jugée en application de l'article 500 du Code de procédure civile, cette force de chose jugée est acquise selon les interprétations soit le jour de la décision, soit à compter de sa notification (*Bull. AMC* 1997, art. 1755-III-A-1).

b) Décisions exécutoires par provision

1) Ordonnances de référé

5944 **Il est exceptionnel que le juge des référés soit compétent pour ordonner la radiation d'une inscription (V. n°** 5915). Il résulte des articles 489 et 514 du Code de procédure civile que l'ordonnance de référé est exécutoire de plein droit à titre provisoire et que le juge des référés peut même ordonner que l'exécution aura lieu au vu de la minute. Or, l'article 506 du Code de procédure civile énonce que les radiations de sûretés, mentions, transcriptions ou publications qui doivent être faites en vertu d'un jugement bénéficiant de l'exécution provisoire sont valablement faites au vu de la production, par tout intéressé, d'une expédition ou d'une copie certifiée conforme du jugement ou d'un extrait de celui-ci. À s'en tenir à ces seules dispositions, les conservateurs (aujourd'hui, le service de la publicité foncière) devraient donc effectuer immédiatement la formalité de radiation sans attendre l'expiration du délai d'appel ou, si un appel a été formé, sans attendre la décision de la cour, même si l'ordonnance de référé ne prévoit pas expressément l'exécution provisoire (*Bull. AMC* 1979, art. 1153 ; *ibid.* 1982, art. 1236 ; V. également Perrot : *RTD civ.* 1979, p. 1143).

5945 Mais, nous l'avons vu (V. n° 5934), l'article 2435 du Code civil exige, pour effectuer une radiation sur décision judiciaire, que cette décision soit en dernier ressort ou passée en force de chose jugée. Or, les ordonnances de référé n'émanant pas du premier président de la cour d'appel peuvent toujours être frappées d'appel en vertu de l'article 490 du Code de procédure civile.

Et les conservateurs estimaient que l'article 506 du Code de procédure civile ne faisait pas échec aux dispositions de l'article 2435, analyse que paraît avoir confirmée la Cour de cassation (V. n° 5946). Il en découle que la radiation ne peut intervenir en vertu d'une ordonnance de référé que lorsque cette ordonnance est passée en force de chose jugée (*Bull. AMC* 1989, art. 1416 et 1417).

2) Autres décisions : jugement du tribunal judiciaire

5946 La décision ne doit être susceptible d'aucun recours suspensif d'exécution. En principe, les décisions de justice autres que les ordonnances de référé et principalement les jugements des tribunaux judiciaires sont exécutoires par provision à moins que la décision rendue n'en dispose autrement (CPC, art. 514).

Lorsque la décision est assortie de l'exécution provisoire, il résulte des dispositions de l'article 506 du Code de procédure civile que la radiation de la sûreté est valablement faite au seul vu de l'expédition ou d'un extrait de la décision, sans qu'il soit besoin de justifier de son caractère exécutoire à l'aide d'un certificat.

Se prononçant sur cette question, la Cour de cassation a décidé que viole l'article 2157 du Code civil (devenu art. 2440) l'arrêt qui enjoint à un conservateur d'exécuter la formalité de radiation sur le seul vu d'un titre exécutoire d'origine, non encore passé en force de chose jugée, à savoir en l'espèce un jugement du tribunal de grande instance exécutoire par provision (Cass. 3e civ., 19 oct. 1988 : *Bull. civ.* III, n° 143 ; *JCP* N 1989, prat. 796, chron. P. Frémont ; *Gaz. Pal.* 1989, p. 386, note S. Piédelièvre ; *AJPI* 1989, p. 396, note D. Talon ; *Bull. AMC* 1989, art. 1416). La Cour suprême a ainsi reconnu implicitement que la règle contenue dans l'article 506 du Code de procédure civile n'a pas porté atteinte au principe énoncé dans l'article 2157 (actuel art. 2440) précité, ce qui était déjà la position du ministre de la Justice (Rép. min. Justice : *JOAN*, 26 janv. 1974, p. 506 ; *JCP* N 1974, prat. 5663) et de l'association des conservateurs (*Bull. AMC* 1996, art. 1726).

Dans un arrêt du 24 juin 1998, la deuxième chambre civile de la Cour de cassation énonce que « seul a force de chose jugée le jugement qui n'est susceptible d'aucun recours suspensif d'exécution ». Dès lors, un jugement frappé d'appel, même s'il est assorti de l'exécution provisoire, n'a pas force de chose jugée (ce qui confirme la position prise par l'association des conservateurs).

5947 Jugement de première instance contradictoire non notifié dans le délai de deux ans de son prononcé. Si un jugement n'a pas été notifié dans le délai de deux ans de son prononcé, la partie qui a comparu n'est plus recevable à exercer un recours à titre principal après l'expiration de ce délai » (CPC, art. 528-1). Il résulte de ce texte que passe en force de chose jugée un jugement rendu en première instance qui n'a pas été signifié dans le délai de deux ans de son prononcé, à la condition qu'il soit contradictoire, et donc que toutes les parties à l'instance aient comparu. Il n'en va pas de même des jugements par défaut ou réputés contradictoires, qui ne sont pas visés par le Code de procédure civile.

La force de chose jugée est acquise à l'expiration du délai de deux ans décompté à partir de la date du prononcé du jugement (*Bull. AMC* 2003, art. 1855).

c) Jugement réputé contradictoire

5948 Conditions requises. Lorsque le jugement ordonnant la radiation d'une inscription est réputé contradictoire, cette radiation intervient dans les circonstances suivantes (*Bull. AMC* 1980, art. 1175) :

– s'il est réputé contradictoire parce que la citation a été délivrée à la personne du défendeur, la radiation peut être effectuée sous la seule justification qu'il est passé en force de chose jugée (*Bull. AMC* 1972, art. 913-I) ;

– si la citation n'a pas été délivrée à la personne du défendeur, et que le jugement n'est réputé contradictoire que parce qu'il est susceptible d'appel (CPC, art. 473), il doit être justifié non seulement que la décision est passée en force de chose jugée, mais encore qu'elle a été notifiée au défendeur dans les six mois de sa date (faute de quoi le jugement est « non avenu » : V. CPC, art. 478).
Rappelons que les dispositions de l'article 528-1 du Code de procédure civile ne sont pas applicables en l'espèce (V. n° 5947).

F Exécution de la décision

1 Obligation d'exécuter

5949 Le service de la publicité foncière doit exécuter la décision judiciaire lui ordonnant de radier, quelle que soit l'irrégularité dont cette décision peut être entachée, dès l'instant où elle est en dernier ressort ou passée en force de chose jugée (*Bull. AMC* 1978, art. 1118) et que les conditions rappelées plus haut sont remplies (V. n°s 5925 à 5948).

Ainsi il ne peut se refuser à effectuer la radiation au motif que celui qui l'a requise n'avait pas la capacité voulue lorsque la capacité de disposer a été conférée auparavant à celui-ci par une autre décision de justice qui est devenue définitive (Cass. 3e civ., 10 juill. 1985 : *Bull. civ.* 1985, III, n° 109 ; *Bull. AMC* 1985, art. 1333).

Il est ainsi que le conservateur (le service de la publicité foncière) ait ou non été partie à l'instance.

Il doit refuser, par contre, de radier lorsque l'autorisation de donner mainlevée a été donnée par une décision qui n'a pas le caractère définitif (*Bull. AMC* 1991, art. 1514).

5950 **Décision rendue par un juge incompétent.** La question se pose, cependant, de savoir si le service de la publicité foncière est en droit de refuser la radiation lorsqu'elle a été ordonnée par un juge incompétent.

La réponse est négative s'il a été partie au procès car la décision a, à son égard, l'autorité de la chose jugée.

S'il n'a pas été partie au litige, on estime généralement qu'il ne peut refuser de radier car la décision rendue bénéficie d'une présomption de régularité tant qu'elle n'a pas été infirmée (*Bull. AMC* 1992, art. 1529).

5951 **Décision du juge des référés.** Il en est autrement quand la radiation a été prononcée par un juge des référés pour une inscription autre qu'une inscription provisoire d'hypothèque judiciaire.

En effet, l'article 488 du Code de procédure civile prévoit que les ordonnances de référé n'ont pas au principal l'autorité de la chose jugée. Et, par principal, il faut entendre, d'après l'article 480 du même code, l'objet du litige. Dans ces conditions, la régularité d'une telle ordonnance ne se présume pas plus que celle de n'importe quelle pièce justificative et le conservateur (aujourd'hui, le service de la publicité foncière) doit donc s'assurer qu'elle est régulière et qu'elle a été rendue, entre autres, par un juge compétent.

Aucune distinction n'avait notamment à être faite à cet égard entre les ordonnances de référé des articles 808 à 811 (devenu art. 834 et 835) du Code de procédure civile et les ordonnances sur requête des articles 845 et 846 du même code (V. *Bull. AMC* 1964, art. 494 ; *ibid.* 1969, art. 783).

5952 **Opposition à l'exécution de la décision.** L'opposition qui serait formée auprès du service de la publicité foncière en vue d'empêcher l'exécution d'une décision judiciaire de radiation est sans valeur et le conservateur n'a pas à en tenir compte, si toutes les conditions requises pour procéder à la radiation se trouvent réunies (Maguéro, *Traité alphabétique d'enregistrement*, suppl. 3e éd., V° Hypothèque, n° 7).

2 Modalités de l'exécution

5953 **Pièces à déposer.** Celui qui requiert la radiation doit déposer au service chargé de la publicité foncière l'expédition du jugement (C. civ., art. 2436).

5954 **Mention en marge.** La mention à inscrire en marge de l'inscription en exécution d'une décision de justice ordonnant la radiation de cette inscription doit être conforme à la portée de la décision prise (C. civ., art. 2435).

Si la radiation prononcée est sans restriction, une mention de radiation totale sera apposée.

Dans le cas où, au contraire, la radiation ordonnée ne porte que sur certains des immeubles grevés ou qu'à concurrence d'une certaine somme, la radiation mentionnée ne sera que partielle quant à l'assiette de la sûreté ou quant à la somme garantie.

5955 **Coût de la formalité.** En tant que mainlevée hypothécaire, assujettie à une simple mention en marge, la mainlevée judiciaire est exonérée de taxe de publicité foncière (Ord. n° 67-839, 28 sept. 1967, art. 8).

La contribution de sécurité immobilière est perçue comme pour une mainlevée de droit commun au tarif de 0,10 % sur le montant de l'inscription (CGI, art. 881 J), outre une contribution fixe de 15 € pour chaque mention à radier simultanément.

G Rétablissement d'une inscription radiée

5956 **Cas où une inscription doit être rétablie. Incidences.** Lorsqu'une décision de justice infirme une précédente décision judiciaire ayant ordonné la radiation d'une inscription et que cette radiation a été effectuée, il y a lieu de procéder à son rétablissement.

Il peut en être ainsi, notamment, quand un arrêt ayant ordonné une radiation est cassé par la Cour suprême et que la cour de renvoi infirme cet arrêt et annule la radiation ou encore, pour une hypothèque judiciaire provisoire, quand la décision de radiation du juge des référés est infirmée soit en appel, soit par une ordonnance ultérieure du même juge. De même lorsque la radiation a été effectuée par erreur par le conservateur (*Bull. AMC* 2006, art. 1895), et donc, aujourd'hui par le service de la publicité foncière.

L'inscription rétroagit à sa date primitive au regard des parties auxquels l'annulation de la radiation ne préjudicie pas (c'est-à-dire les créanciers inscrits régulièrement avant la date de la radiation). Par contre, elle ne rétroagira pas à l'égard des créanciers inscrits postérieurement à la radiation (V. la jurisprudence citée au *JCl. Notarial Formulaire*, V° Mainlevée, Fasc. 10 par P. Frémont. – V. également, S. Piédelièvre, *La publicité foncière, op. cit.*, n°s 366 à 368).

5957 **Modalités du rétablissement.** Lorsque le service de la publicité foncière a radié une inscription par erreur, il a la possibilité d'inscrire une mention rectificative datée et signée en marge de la radiation, qui doit être notifiée à toutes les parties intéressées (Jacquet et Vétillard, *Mainlevées, Introduction*, n° 59).

Dans les autres cas, une discussion s'est ouverte quant aux modalités pratiques de « rétablissement » matériel de l'inscription. Certains estiment qu'une nouvelle inscription doit être requise et d'autres que l'inscription radiée peut être rétablie par voie de simple mention en marge (solution critiquée par l'association des conservateurs : *Bull. AMC* 1982, art. 1254). En pratique, le conservateur (aujourd'hui, le service de publicité foncière) ne peut se faire juge. Mais mieux vaut requérir une nouvelle inscription, qui sera mentionnée en marge de l'ancienne sous la mention de radiation qui y a été portée. Cette mention sera également répercutée sur la fiche de l'immeuble grevé (*Bull. AMC* 1982, art. 1254, préc.).

Dans le système FIDJI, le rétablissement de l'inscription est opéré au moyen de la procédure de correction de formalités.

5958 Dans toutes ces hypothèses où s'impose le rétablissement de l'inscription, ce rétablissement doit être effectué comme lorsqu'il intervient après une mainlevée volontaire. Il suffit donc de se reporter aux commentaires figurant sur ce point au *JCl. Notarial Formulaire*, V° Mainlevée, Fasc. 10, sous la rubrique « Rétablissement d'une inscription radiée ».

II Saisie immobilière

➤ Sur les problèmes concernant les radiations de saisie immobilière, V. **Saisie immobilière**.

III Publications

5959 **Impossibilité de procéder à la radiation.** On voit parfois des décisions ordonner la radiation d'une publication. Or, le pouvoir de radier n'a été conféré au conservateur (aujourd'hui, au service de la publicité foncière) que pour les inscriptions d'hypothèque et de privilège et pour les saisies. Il n'est donc pas possible de déférer à la réquisition de radier une publication (par ex., une assignation en résolution de vente), ce qui serait contraire au principe de la perpétuité et de l'intangibilité des registres publics constitués dans les bureaux des hypothèques (V. *Précis de fiscalité* 2013, Minefi, n° 8361) et aujourd'hui dans les services de publicité foncière. Ce principe ressort des dispositions combinées de l'article 2449 du Code civil et de l'article 10 du décret du 4 janvier 1955 (*Bull. AMC* 1995, art. 1702 ; *ibid.* 1980, art. 1186). Malheureusement, au mépris de ces principes, un arrêt de la Cour de cassation a énoncé « qu'aucune contestation sérieuse ne s'opposait à la radiation d'une publication » (en l'espèce une promesse de vente) au fichier immobilier (Cass. 3e civ., 16 janv. 2013 : *JurisData* n° 2013-000375 ; *Bull. civ.* 2013, III, n° 5 ; *Defrénois* 2013, n° 1, p. 8, note S. Piédelièvre. – V., pour une présentation critique de cette décision, J. Lafond, *Publicité foncière : peut-on obtenir la radiation d'une publication ? : JCP* N 2013, n° 40-1232). Un arrêt postérieur a rattrapé cette erreur en déclarant par un arrêt de principe qu'une publication erronée au fichier immobilier ne peut pas faire l'objet d'une mainlevée ou d'une radiation. La sanction d'une publication erronée réside dans la publication de la décision de justice indiquant que la publication litigieuse n'aurait pas dû intervenir et qu'elle est dépourvue de tout effet (Cass. 3e civ., 15 juin 2017, n° 16-12.817, FS-P+B+R+I : *JurisData* n° 2017-011556 ; *JCP* N 2017, n° 42, 1285, note S. Lamiaux. – M. Suquet-Cozic, chron. : *BPIM* 4/2017, n° 254).

5960 **Conseil pratique.** En pareil cas, la solution est donc la suivante :

– il y aura lieu de développer devant le juge les motifs pour lesquels la publication litigieuse n'aurait pas dû intervenir, et de l'inviter à « dire que la publication opérée au service de la publicité foncière le..., volume..., n° ..., ne peut produire aucun effet ». Le jugement sera ensuite publié ;

– si une entente amiable est possible, le notaire établira un acte contradictoire entre l'auteur de la publication injustifiée et celui ou ceux qui en contestent le bien-fondé. Dans cet acte, qui sera ensuite publié, l'auteur de la publication reconnaîtra que la publication litigieuse a été effectuée à tort, qu'il n'entend pas s'en prévaloir, et qu'elle ne doit produire aucun effet.

5961 **Cas où la radiation a été ordonnée par erreur. Conduite à tenir par le SPF.** Si la radiation d'une publication vient à être ordonnée par un jugement, l'association des conservateurs avait, très tôt, fixé sa doctrine, en estimant que le conservateur devrait néanmoins assurer l'exécution de cette décision pour autant qu'il lui aurait été justifié de son caractère exécutoire conformément à l'article 506 du Code de procédure civile. Cette exécution ne pourra pas cependant être accomplie au moyen d'une mention en marge. Il y aura lieu de se conformer aux règles de droit commun, c'est-à-dire de suivre les formes prévues pour la publicité des droits sur les immeubles autres que les privilèges et les hypothèques. La décision ordonnant la « radiation » de la publication devra être publiée. La publication « radiée » sera soulignée en rouge (D. 14 oct. 1955, art. 14) mais elle continuera à être délivrée dans les états en même temps que sa suppression (D. 14 oct. 1955, art. 43, al. 1er : *Bull. AMC* 1989, art. 1418).

Mentions en marge

Serge LAMIAUX

Sommaire analytique

Index alphabétique

Index alphabétique *(suite)*

BIBLIOGRAPHIE : S. Bérard, *10 questions sur les mentions en marge : JCP* N 2018, n° 41, 1312.

5962 Seront successivement traitées les mentions en marge des inscriptions (I), les mentions en marge des commandements de saisie immobilière (II) et les mentions en marge des publications (III).

I

Mentions en marge des inscriptions

5963 Seront évoqués tout d'abord les divers cas de mentions en marge (A), puis les conditions d'application de la mention (B). Enfin seront traitées les modalités d'exécution de la formalité (C).

A Cas divers de mentions en marge

5964 Les divers cas dans lesquels il est possible d'opérer une publication par voie de mentions en marge sont énumérés par l'article 2425, alinéas 1er à 3, du Code civil (anc. art. 2430 et auparavant 2149), ainsi conçu :

« Sont publiées au fichier immobilier, sous forme de mentions en marge des inscriptions existantes, les subrogations aux privilèges et hypothèques, mainlevées, réductions, cessions d'antériorité et transferts qui ont été consentis, prorogations de délais, changements de domicile et d'une manière générale, toutes modifications, notamment dans la personne du créancier bénéficiaire de l'inscription, qui n'ont pas pour effet d'aggraver la situation du débiteur.

Il en est de même pour les dispositions par acte entre vifs ou testamentaires, à charge de restitution, portant sur des créances privilégiées ou hypothécaires.

Sont publiées sous la même forme les conventions qui doivent l'être en application de l'article 2422. »

5965 **Énumération non limitative des cas de mention.** L'énumération des cas de mention n'est pas limitative. Ainsi que le précise le texte, consacrant la pratique antérieure à la réforme de la publicité foncière, le service de la publicité foncière peut, d'une manière générale, publier par voie de mention toutes les modifications qui n'ont pas pour effet d'aggraver la situation du débiteur. Si, par exemple, les parties à un contrat de prêt se mettent d'accord pour, d'une part, réduire le taux d'intérêt et, d'autre part, réduire le montant du capital, l'emprunteur ayant autofinancé le surplus, la procédure de mention en marge peut être utilisée pour porter à la connaissance des tiers aussi bien la réduction du taux d'intérêt que la réduction du capital.

Seront examinées *infra*, nos 5968 à 5980, les principales mentions pouvant être opérées.

5966 **Interprétation stricte.** Selon l'interprétation de l'ancienne association des conservateurs des hypothèques (AMC), la mention en marge consiste dans l'analyse sommaire d'un acte ou d'une décision judiciaire qui complètent, modifient ou anéantissent les effets d'une inscription. Elle constitue une modalité exceptionnelle d'accomplissement de la formalité (*Bull. AMC* 1988, art. 1394). La faculté ainsi ouverte constitue une exception au principe de l'intangibilité du registre public des inscriptions. Elle ne peut dès lors qu'être appliquée strictement (*Bull. AMC* 1993, art. 1561). Cette analyse est en principe maintenue par l'administration.

Par suite le service de la publicité foncière, qui est l'auteur de ces mentions, n'a pas à ajouter aux bordereaux des stipulations qui doivent être publiées selon la procédure de droit commun ni, non plus, celles qui n'apparaîtraient pas nécessaires pour que l'inscription ne cesse pas de demeurer la manifestation fidèle du droit d'hypothèque dont elle est le signe public.

5967 Seront d'abord examinées les mentions expressément autorisées par l'article 2425 du Code civil (1) puis les mentions autorisées par d'autres textes (2).

1 Mentions expressément autorisées par l'article 2430 du Code civil

a) Thèmes traités par ailleurs (renvoi)

5968 Subrogations, mainlevées, réductions, cessions d'antériorité, hypothèques rechargeables.
➤ V. **Cession d'antériorité, Hypothèque rechargeable, Mainlevée et radiation judiciaire** et **Subrogation.**

5969 Changement de domicile élu.
➤ V. **Bordereau d'inscription.**

b) Problèmes divers

5970 « Transferts ». L'article 2425 du Code civil vise d'une manière très générale les « transferts » concernant les inscriptions d'hypothèque ou de privilège. Une créance privilégiée ou hypothécaire peut changer de titulaire à plusieurs occasions :
– par changement de créancier, qui peut résulter du paiement de cette créance par un tiers avec subrogation, d'une cession de cette créance consentie par le créancier à un tiers, ou encore d'une attribution de cette créance dans une donation un partage ou un testament ;
– par changement de débiteur, qui peut revêtir la forme d'une délégation de créance parfaite ou imparfaite ;
– enfin l'hypothèque elle-même peut être cédée indépendamment de la créance qu'elle conserve (sur la cession d'hypothèque, V. n°s 5972 à 5975).

5971 Transferts d'hypothèques. Le transfert d'hypothèque a pour objet de grever de l'hypothèque transférée un immeuble qui ne l'était pas encore. Cette hypothèque ne peut primer les droits déjà inscrits sur le nouvel immeuble affecté et ne peut par suite grever cet immeuble qu'à compter de la publication du transfert. Ce résultat ne peut être obtenu qu'au moyen d'une inscription nouvelle prenant rang à sa date et ne peut découler d'une simple mention en marge (*Bull. AMC* 1970, art. 813).

1) Cession d'hypothèque

5972 Mention en marge. L'hypothèque peut être cédée, indépendamment de la créance qu'elle conserve pour être affectée à la garantie de la créance à un tiers.

Cette cession d'hypothèque est assimilable à une cession de créance limitée à la sûreté, à l'exclusion de la créance. Elle doit faire l'objet d'une mention en marge (M. Cabrillac et C. Mouly, *Droit des sûretés*, n° 858. – H., L., J. Mazeaud et F. Chabas, t. III, vol. 1, *Sûretés, publicité foncière*, par Y. Picod, n° 605. – Cass. 3e civ., 5 nov. 1970 : *D.* 1971, p. 86, note Franck).

5973 Authenticité. L'acte de cession d'une hypothèque constate, comme l'acte de mainlevées, la renonciation du titulaire de l'inscription à la sûreté dont il bénéficiait. D'après l'opinion dominante, il en résulte qu'il doit être établi la forme authentique (– *Bull. AMC* 1970, art. 812).
Lorsque le cédant est représenté à l'acte de cession par un mandataire, le pouvoir doit être donné par acte authentique (*Bull. AMC*, art. préc.).

5974 Rôle du service de la publicité foncière. Celui qui cède son hypothèque doit avoir la même capacité que pour accorder mainlevée sans paiement (V. **Mainlevée et radiation judiciaire**).
Le service de la publicité foncière doit vérifier, avant d'effectuer la mention, que le cédant possède la capacité voulue. Il doit également s'assurer que l'acte de cession et les procurations ont été passés en la forme authentique (V. n° 5973).

5975 Effets de la mention. Une fois la mention opérée, le cédant ne peut plus accorder mainlevée de l'inscription, ce pouvoir n'appartenant désormais qu'au cessionnaire.

2) Prorogations de délais

5976 Principe. La prorogation du délai d'exigibilité d'une créance peut être mentionnée en marge de l'inscription prise en garantie de cette créance (C. civ., art. 2425, al. 1). Il faut pour cela qu'elle ne s'accompagne pas de conventions aggravant la situation du débiteur, en constatant par exemple l'augmentation du taux de l'intérêt (*Bull. AMC* 1982, art. 1259). Mais la simple modification des mensualités exigibles et l'indication des conditions dont elle est assortie ne constitue pas un obstacle à la mention (Bulté, chron. : *JCP* N 1969, IV, 4502).
Cette prorogation de délai n'a pas pour effet de modifier la date extrême d'effet de l'inscription figurant au bordereau. La durée de l'inscription ne peut être prolongée que par un renouvellement (V. n° 5977).
La mention de la prorogation de délai peut être opérée lorsqu'elle est consentie par l'un seulement des créanciers solidaires en ce qui concerne sa propre créance (*Bull. AMC* 1970, art. 838).

5977 **Inscription prise en deux temps.** Si une inscription est prise dans un premier temps, mentionnant que les modalités du prêt concernant sa durée, son amortissement et le taux des intérêts seront précisées dans un acte ultérieur, la fixation, par cet acte ultérieur, des conditions du prêt laissées en suspens peut être publiée sous forme d'une mention en marge. Elle n'entraîne pas en effet une aggravation dans la situation du débiteur (si les intérêts sont inférieurs ou égaux à ceux primitivement envisagés), et peut être, en ce qui concerne la durée du prêt et les conditions de son amortissement, assimilée à une prorogation de délai.
Mais il est important d'observer que la mention portée en marge de la première inscription, qui précise la date de fin d'exigibilité de la créance, n'a aucune incidence sur la date extrême d'effet de cette inscription. La durée de l'inscription originaire ne peut être prolongée que par le dépôt d'un bordereau de renouvellement (*Bull. AMC* 1984, art. 1327).

2 Mentions autorisées par d'autres textes

5978 **Hypothèque légale des époux.** Aux termes de l'ancien article 2403 du Code civil, si l'un des époux introduisait une demande en justice tendant à faire constater une créance contre son conjoint ou les héritiers de celui-ci, il pouvait, dès l'introduction de la demande, requérir une inscription provisoire de son hypothèque légale. Si la demande était admise, la décision devait être mentionnée, à la diligence de l'époux demandeur, en marge de l'inscription provisoire, à peine de nullité de cette inscription, dans le mois à dater du jour où elle était devenue définitive. Depuis la réforme des sûretés opérée par l'ordonnance du 15 septembre 2021, il ne subsiste plus que l'hypothèque légale entre époux mariés sous le régime conventionnel de la participation aux acquêts ; à son égard, le dispositif de la mention en marge, tel que décrit, n'a pas été conservé (V. **Époux-hypothèque légale**).

5979 **Emprunt obligataire assorti de sûretés hypothécaires.** Lorsqu'une société a décidé d'émettre un emprunt obligataire assorti de sûretés réelles, ces sûretés sont constituées dans un acte spécial (C. com., art. L. 228-77 et L. 228-79). Naguère, il était prévu de faire mention en marge de l'inscription de la sûreté soit de la souscription intégrale, soit de la souscription partielle des obligations émises et de la réduction des effets de la sûreté au montant effectivement souscrit, soit de la non-réalisation de l'émission pour défaut ou insuffisance de la souscription. (C. com., anc. art. R. 228-81). Ce dispositif a été supprimé par l'article 7 du décret n° 2017-1165 du 12 juillet 2017 tendant à favoriser le développement des émissions obligataires.

5980 **Procédures collectives.**
➤ V. **Procédures collectives.**

B Conditions d'application de la mention en marge

5981 La mention en marge ne peut être opérée pour les actes aggravant la situation du débiteur (1) ou tendant à la rectification d'erreurs ou d'omissions (2) ou encore pour les actes devant être publiés selon le droit commun (3) ou modifiant un élément indispensable de l'inscription (4). Il est enfin des cas ou cette mention est inutile (5).

1 Exclusion des actes aggravant la situation du débiteur

a) Principe

5982 **Énoncé.** L'article 2425, alinéa 1 du Code civil interdit d'opérer les mentions qui seraient susceptibles d'aggraver les charges garanties par l'inscription et par suite, de préjudicier au débiteur ou aux tiers.

b) Applications

5983 **Actes divers.** En application de cette règle, le service de la publicité foncière doit refuser, notamment, de mentionner :
– la convention constatant l'augmentation du taux des intérêts (celle constatant la réduction est permise) ;
– la convention portant capitalisation des intérêts ou arrérages arriérés ;
– la modification de la date extrême d'effet de l'inscription, s'il s'agit d'une augmentation (la réduction de la durée d'une inscription peut être opérée par voie de mention en marge). Cette modification implique le dépôt d'un bordereau de renouvellement (*Bull. AMC* 1984-1985, art. 1327. – CA Caen, 1re ch. civ., 19 sept. 2006 : *JurisData* n° 2006-324254).
En revanche, il est possible de mentionner en marge d'une inscription d'hypothèque une assignation en justice tendant à faire prononcer la nullité des actes servant de titre à cette inscription et à obtenir sa radiation. En effet, les modifications à intervenir n'ont pas pour effet d'aggraver la situation du débiteur, bien au contraire (*Bull. AMC* 1983, art. 1298).

5984 **Renonciation à la clause de variabilité de la créance.** La renonciation à une clause de variabilité d'une créance faisant l'objet d'une inscription peut être de nature à nuire au débiteur. En effet, dans l'avenir, la créance nouvelle d'une somme invariable ne sera pas obligatoirement d'un montant inférieur à la créance d'une somme qui devait être fixée suivant les indices pouvant varier aussi bien en baisse qu'en hausse, suivant des circonstances actuellement imprévisibles. Aussi, la modification apportée au montant de la créance par une nouvelle inscription ne saurait-elle faire l'objet d'une mention en marge. Elle ne peut être publiée qu'au moyen d'une inscription nouvelle prise pour le nouveau chiffre de cette créance. Cette inscription requise en vertu d'une convention postérieure à la première formalité, ne peut, semble-t-il, être considérée comme une inscription rectificative (chron. : *JCP* N 1957, IV, 2407).

2 Exclusions des actes tendant à la rectification d'erreurs ou d'omissions

5985 **Principe et applications.** Ne peut être opérée par voie de mention en marge la rectification d'erreurs ou d'omission affectant les bordereaux ou l'insertion de précisions les complétant ;
– par exemple, la convention destinée à rectifier la désignation des parties ou des immeubles (Chambaz, Masounabe-Puyanne et Leblond, *Précis du droit et de la pratique hypothécaire*, n°s 901 et 903) ;
– ou encore le report de la date extrême d'effet de l'inscription.

3 Exclusion des actes devant être publiés selon le droit commun

5986 **Exemples.** Ne peuvent être, par exemple, publiées par voie de mention les modifications de l'inscription qui impliquent de recourir à une radiation.

Le principe a été posé dans un cas où un notaire avait déposé un acte de quittance avec réduction au même jour de la durée d'effet de l'inscription, en en demandant la mention en marge, sans pour autant requérir la radiation de cette inscription (sur la critique de ce procédé, V. *Bull. AMC* 1992, art. 1540). La Cour de cassation a estimé « qu'un acte de mainlevée ou de quittance ou encore de réduction de durée d'effet mettant fin à une garantie caractérisait un renoncement à celle-ci » et qu'en conséquence il y avait lieu de radier l'inscription correspondante dans les conditions de droit commun (Cass. 3e civ., 13 juill. 1994, n° 92-21.051 : *Bull. AMC* 1994, art. 1639).

De même, ne peut être admis le procédé consistant à requérir la mention en marge d'un acte de mainlevée totale d'une inscription, en précisant que la radiation de cette inscription n'était pas demandée, alors que cette mainlevée « entraîne nécessairement la radiation de l'inscription » (Cass. 3e civ., 9 févr.1994, n° 92-16301 : *Bull. civ.* 1994, III, n° 19). Il en est de même du procédé consistant à demander la mention en marge d'une convention avançant la date extrême de l'inscription, pour éviter sa radiation (TGI Sens, 7 nov. 1996 : *Bull. AMC* 1997, art. 1747).

De la même manière, il ne peut être recouru à la mention en marge dans tous les cas où la modification implique de recourir à une nouvelle inscription : nous en rencontrerons de nombreux exemples dans les développements qui suivent.

4 Limitation aux actes modifiant un élément indispensable de l'inscription

5987 **Principe et application.** La mention n'est possible que pour les actes qui modifient l'un des éléments indispensables de l'inscription dont la liste est limitativement fixée par l'article 2148 ancien du Code civil (*Bull. AMC* 1983, art. 1298) et actuellement par l'article 55 du décret du 14 octobre 1955, ce qu'a clairement indiqué une réponse du ministre de l'Économie et des Finances du 30 juin 1976 (*Bull. AMC* 1976, art. 1055). Selon cette réponse, « ne saurait être mentionnée la modification d'éléments qui ne relèvent pas, par nature, du contenu, limitativement fixé, des inscriptions, comme, par exemple, l'indication du ou des débiteurs ès qualités ».

La possibilité d'opérer des publications par voie de mention ne saurait être utilisée pour ajouter des indications qui sont étrangères à celles énumérées aux 1° à 6° de l'article 2148 ancien du Code civil (actuellement à l'article 55 du décret du 14 octobre 1955) comme devant figurer *exclusivement* dans les bordereaux. Le conservateur doit donc refuser de mentionner en marge d'une inscription une opposition à radiation qui lui a été signifiée par huissier (*Bull. AMC* 1993, art. 1560).

De même, les modifications à publier ne sauraient concerner ni l'existence ni la portée des droits réels dont les inscriptions sont le signe public. Pour cette raison, ni la perte d'efficacité d'un privilège ni la restauration de sa validité n'est susceptible d'être mentionnée en marge du bordereau ayant servi à l'inscrire. Il n'est donc pas possible de publier par voie de mention une décision de justice qui a pour résultat de restaurer un privilège auquel le jugement qu'elle réforme avait fait perdre son efficacité (*Bull. AMC* 1996, art. 1720).

5988 **Novation par changement de débiteur avec réserve de l'hypothèque originaire.** L'association des conservateurs a toujours soutenu que les conservateurs devaient refuser de mentionner en marge de l'inscription des conventions comportant changement de débiteur avec réserve de l'hypothèque originaire. La direction générale des impôts et le Conseil supérieur du notariat se sont prononcés dans le même sens (*Bull. AMC* 1976, art. 1055. – Chron. H. Bulté, *JCP* N 1975, IV, 5996). Elle a fait valoir en effet :
– que tout changement dans la personne du propriétaire (débiteur ou non) de l'immeuble grevé doit être révélé aux tiers par le dépôt au bureau des hypothèques de deux expéditions, extraits littéraux ou copies, de l'acte ou de la décision judiciaire à publier, conformément à l'article 34-I du décret du 4 janvier 1955 ;
– que contrairement aux changements affectant la désignation du créancier, la convention qui désigne un nouveau débiteur en déchargeant l'ancien n'affecte que le droit personnel de créance, sans concerner en aucune manière l'hypothèque qui continue de révéler aux tiers, telle qu'elle a été prise, les caractères essentiels du droit réel auquel correspond (*Bull. AMC* 1993, art. 1561).

Pour les mêmes motifs, il n'est pas possible de mentionner la vente par une caution réelle de l'immeuble grevé, à un acquéreur qui reprend l'engagement de caution du vendeur (*Bull. AMC* 1994, art. 1615).

5 Cas où la mention en marge est inutile

5989 **Publication opérée par voie principale.** Par ailleurs, comme l'indique la réponse ministérielle du 30 juin 1976 précitée (V. n° 5987) :

> « La mention en marge, mode secondaire d'exécution de la publicité, perd toute raison d'être lorsque la modification d'un élément de l'inscription se trouve naturellement publiée d'une autre manière à titre principal, comme, par exemple, le changement dans la personne du propriétaire (débiteur ou non) de l'immeuble grevé, qui est révélé par la publication de l'acte de mutation ».

Ainsi, s'il est possible de mentionner la réalisation d'une condition suspensive en marge de l'inscription garantissant le contrat de prêt consenti sous cette condition, cette mention est inutile lorsque l'inscription a été prise en vertu d'un acte sous condition suspensive lui-même publié (une vente par exemple) et que la réalisation de la condition suspensive affectant cet acte est elle-même publiée (*Bull. AMC* 1980, art. 1194).

C Modalités de la mention

5990 Les modalités suivantes seront successivement abordées : l'authenticité de l'acte à mentionner (1) l'identification des parties (2), la désignation des immeubles (3), l'effet relatif (4), les justifications à produire (5), les modalités d'exécution de la formalité (6), et le rôle du service de la publicité foncière (7). Nous terminerons par l'étude des perceptions à opérer (8) et des effets de la mention à l'égard des tiers (9).

1 Authenticité de l'acte à mentionner

5991 **Règle générale.** En principe, les conventions sur l'hypothèque inscrite, et notamment les cessions d'antériorité, subrogations, mainlevées, ne sont soumises à aucune condition de forme et les textes ne subordonnent pas leur validité à leur constatation dans un acte authentique (V. H., L. et J. Mazeaud, *Leçons de droit civil*, t. III, 1er vol., 5e éd. par Chabas, n° 603, 627). Mais la question s'est posée de savoir si, pour être publié, l'acte qui constate ces conventions doit revêtir la forme authentique.

5992 **Mainlevée. Changement de domicile élu.** La nécessité d'un acte authentique est certaine dans certains cas particuliers, expressément visés par la loi. Il en est ainsi :
– pour la mainlevée consentie par le bénéficiaire de l'inscription en vue de parvenir à la radiation de cette inscription. L'article 2436 (anc. art. 2158 puis 2441), premier alinéa, du Code civil, dispose, en effet, que « ceux qui requièrent la radiation déposent au service de la publicité foncière l'expédition de l'acte authentique portant consentement, ou celle du jugement ». L'acte authentique ainsi visé peut d'ailleurs être, dans ce cas et *a fortiori* pour les mentions d'autres modifications, un acte en la forme administrative, l'alinéa 2 de l'article 2436 (anc. art. 2441) du Code civil ne contenant plus les mots « acte authentique notarié », qui avaient amené certains commentateurs à soutenir que les actes de mainlevée devaient, en principe, être notariés, et à n'admettre le recours à la forme administrative que dans les cas prévus par les textes ou consacrés par la pratique (cf. Instr. Dir. gén. imp. 31 déc. 1971, n° 150, note 56) ;

– pour l'acte constatant un changement d'élection de domicile (cf. C. civ., art. 2428 – anc. art. 2152 puis 2433).

5993 Conventions d'antériorité. Subrogations. Cessions de créance. Une controverse est née à propos des autres conventions et notamment, pour les conventions d'antériorité, les subrogations et les cessions de créance. Dans la pratique, toutefois, aucune difficulté ne se présente, car ces conventions sont habituellement constatées dans un acte notarié.
Il a été soutenu à ce sujet que le législateur avait autorisé la publicité même si l'acte ne revêtait pas la forme authentique et que les mentions en marge devaient être effectuées par le conservateur même si les conventions qui en font l'objet sont constatées dans un acte sous seing privé. Cette opinion était basée sur le fait que le troisième alinéa de l'ancien article 2149 (devenu art. 2430, puis art. 2425 rédigé dans les mêmes termes) du Code civil (V. n° **5964**), qui prévoit la forme des actes faisant l'objet des mentions en marge, ne renvoyait pas à l'article 4 du décret susvisé du 4 janvier 1955. Or, soulignait-on, cette absence de renvoi n'est pas le fait d'une inadvertance du législateur puisque l'article 12 du décret n° 59-89 du 7 janvier 1959, qui a modifié le troisième alinéa de l'article 2149, n'a pas rectifié le texte sur ce point et a même supprimé l'obligation de faire certifier la désignation des parties, obligation qui résultait du texte antérieur. Le législateur aurait ainsi marqué son intention de dispenser les parties de recourir à un notaire lorsque l'acte doit faire l'objet d'une simple mention (V. not. H., L. et J. Mazeaud, *op. cit.*, t. III, 1er vol. par Chabas, nos 603, 605, 628).
Cependant, il paraît admis par la plupart des auteurs que, bien que l'article 2149 ancien du Code civil (comme d'ailleurs l'ancien article 2043 et l'actuel article 2425) ne vise pas l'article 4 du décret n° 55-22 du 4 janvier 1955, relatif à l'authenticité obligatoire des actes soumis à la publicité foncière, il est certain que cette authenticité demeure exigée en vertu de la règle générale posée par ce texte, qui ne comporte aucune dérogation (V. not. Chambaz, Masounabe-Puyanne et Leblond, *op. cit.*, 2e éd., add., n° 858. – Masounabe-Puyanne, *De l'authenticité des pièces déposées à l'appui des mentions hypothécaires* : *JCP* N 1963, I, 1740. – H. Bulté : Chron. *JCP* N 1976, prat. 6437).
Aujourd'hui, une telle discussion ne devrait plus avoir lieu puisque l'article 710-1, premier alinéa, du Code civil dispose expressément que tout acte doit, pour donner lieu aux formalités de publicité foncière, résulter d'un acte reçu en la forme authentique par un notaire exerçant en France.

5994 Transfert d'hypothèque. Un acte dressé par un notaire à la requête du seul cessionnaire d'une hypothèque et contenant l'analyse du contrat synallagmatique sous seing privé en ayant opéré le transfert ne suffit pas à former le titre de la modification à publier. L'apposition de la mention est subordonnée à la remise de cet acte, qui doit satisfaire à la condition d'authenticité (*Bull. AMC* 1994, art. 1647).

2 Identification des parties

5995 Désignation des parties. En vertu de l'article 2425, alinéa 4 du Code civil :
Les actes et décisions à mentionner en marge doivent donc identifier les parties qui y ont concouru (pour plus de détails sur l'identification des parties prévue aux articles 5 et 6 du décret du 4 janvier 1955, V. **Identification des personnes**).
Cependant, le texte dispose expressément que l'identification des parties n'a pas être certifiée (C. civ., art. 2425, al. 4, *in fine*).
Le fait que le bordereau à émarger ne révèle pas le nom du propriétaire-débiteur actuel est sans influence sur la validité de l'acte auquel celui-ci a consenti et n'est donc pas de nature à justifier un refus de mentionner (*Bull. AMC* 1989, art. 1410).

3 Désignation des immeubles

5996 Modification ne portant que sur une partie des immeubles grevés. Selon l'alinéa 5 de l'article 2425 du Code civil, au cas où la modification mentionnée ne porte que sur partie des immeubles grevés, ces immeubles doivent, sous peine de refus du dépôt, être individuellement désignés.
Il résulte de cette disposition que la désignation n'est pas nécessaire lorsque la mention à effectuer s'applique à l'ensemble des immeubles compris dans l'inscription (cf. H. Bulté : *JCP* N 1958, IV, 2498).
Dans les cas où elle est exigée, la désignation des immeubles doit être faite conformément aux prescriptions de l'article 7 du décret n° 55-22 du 4 janvier 1955 (V. H. Bulté : *JCP* N 1976, prat. 6336).
À noter que si la mention en marge constitue la première formalité requise après le 1er janvier 1956 et porte sur un immeuble situé dans une commune à cadastre rénové, il n'y a pas lieu de produire un extrait cadastral concernant l'immeuble intéressé (D. n° 55-22, 4 janv. 1955, art. 40, al. 2). Cette disposition apparaît aujourd'hui obsolète.

4 Effet relatif

5997 Références de publicité du titre du disposant. Il n'y a pas lieu d'appliquer en matière de mentions, la disposition de l'article 32-2 du décret n° 55-1350 du 14 octobre 1955 prévoyant l'indication de la référence au titre du disposant. En effet, le « disposant », au sens de l'article 32-1 dudit décret, est le créancier, qui ne possède pas de droit réel sur l'immeuble en cause (– *Bull. AMC*, même art., 1956, art. 241 § 4).

5 Justificatifs à produire

5998 **État, capacité et qualité du disposant.** Aux termes de l'article 2436 (anc. art. 2158 puis 2441) du Code civil, deuxième alinéa, qui vise le cas de radiation d'une inscription :

« Aucune pièce justificative n'est exigée à l'appui de l'expédition de l'acte authentique en ce qui concerne les énonciations établissant l'état, la capacité et la qualité des parties, lorsque ces énonciations sont certifiées dans l'acte par le notaire ou l'autorité administrative ».

Cette disposition semble devoir être appliquée à toutes les justifications concernant les mentions (Chambaz, Masounabe-Puyanne et Leblond, *op. cit.*, 2e éd. add., n° 856).

➤ Pour plus de détails sur l'application de ce texte, V. **Mainlevée et radiation judiciaire.**

5999 **Époux.** L'article 59-1 qui a été ajouté au décret du 14 octobre 1955 par le décret n° 67-1252 du 22 décembre 1967 énonce que la mainlevée d'une inscription prise au profit d'un époux est donnée par cet époux seul toutes les fois que la créance pour la sûreté de laquelle le privilège ou l'hypothèque a été inscrit résulte d'un contrat auquel il avait consenti sans le concours de son conjoint. Ce texte ne régit que les mainlevées puisque seuls ces actes y sont visés.

Il est admis, toutefois, que cette disposition s'applique également aux subrogations dans le bénéfice d'une inscription hypothécaire consenties par les créanciers ainsi qu'aux cessions de créance.

En fait, cette interprétation libérale ne trouve que peu d'occasions de s'appliquer étant donné que les transmissions d'hypothèques par voie de subrogation ou de cessions sont généralement constatées dans le même acte que la convention principale (subrogation ou cession) dont elles sont l'accessoire et que cette convention principale n'entre pas dans le champ d'application de l'article 59-1 précité.

Mais le service de la publicité foncière n'a pas à se préoccuper de la régularité de la convention principale et doit donc mentionner le transfert en marge dès lors qu'il est satisfait aux conditions posées par cet article (*Bull. AMC* 1969, art. 755).

6 Exécution de la formalité

6000 **Pièces à déposer.** Il y a lieu de déposer une expédition ou un extrait de l'acte ou de la décision judiciaire constatant la convention ou la disposition qui doit être mentionnée en marge de l'inscription. Les expéditions ou extraits doivent être réguliers en la forme.

6001 **Extrait.** Dans le cas de dépôt d'un extrait, celui-ci doit être littéral et non analytique, et reproduire tout ce qui a trait à la convention à mentionner (T. civ. Mayenne, 26 juin 1890 : *Journ. conserv. hyp.* 1890, 4092. – T. civ. Joigny, 18 nov. 1920 : *Journ. not.* 1922, art. 33218, n° 1). Il est de bonne pratique, pour éviter des difficultés, de clôturer l'extrait par une mention signée du notaire attestant « que le présent extrait reproduit tout ce qui a trait à l'acte à mentionner et que les parties dudit acte non rapportées ne renferment ni conditions ni réserves contraires » (Chambaz, Masounabe-Puyanne et Leblond, *op. cit.*, n° 877. – H. Bulté : *JCP* N 1978, prat. 6863. – T. civ. Joigny, 18 nov. 1920, préc.).

6002 **Conservation des pièces.** Les pièces ainsi produites restent déposées dans les archives du service de la publicité foncière pour lui permettre en tant que responsable des conséquences de la mention apposée, de justifier, le cas échéant, qu'il a agi conformément aux actes à lui présentés (Cass. civ., 18 mai 1852 : *DP* 1852, 1, 175 ; *S.* 1852, 1, 634. – Caen, 17 déc. 1907 : *Defrénois* 1908, 15751. – Planiol et Ripert, *Traité pratique de droit civil français*, 2e éd., t. XIII par Becqué, n° 864. – Chambaz, Masounabe-Puyanne et Leblond, *op. cit.*, n° 879).

6003 **Forme de la mention.** Les mentions sont inscrites dans les marges réservées à cet effet sur les bordereaux déposés. Conformément aux dispositions de l'article 58 du décret n° 55-1350 du 4 octobre 1955, les mentions en marge des inscriptions existantes comportent une analyse sommaire de l'acte à publier ; elles sont datées et signées par le service de la publicité foncière (ce texte continue de renvoyer à l'ancien article 2430 du Code civil, devenu depuis lors l'article 2425).

L'exécution de la formalité est constatée par un certificat délivré par le service de publicité foncière et qui reproduit le texte de la mention inscrite.

7 Rôle du service de la publicité foncière

a) Principes

6004 **Appréciation de la validité de la convention.** Les mentions en marge des inscriptions

existantes sont l'œuvre personnelle du conservateur (aujourd'hui, du service de la publicité foncière). En la matière, le service de la publicité foncière n'est pas, comme dans le droit commun des publications, le simple réceptionnaire d'un document qu'il est tenu d'incorporer dans l'un des registres publics dont il a la garde, sauf cause légale de refus ou de rejet. En effet, les mentions doivent être rédigées par celui-ci au vu de l'acte ou de la décision judiciaire formant le titre de la modification qui, désormais, sera révélé à tous ceux qui le requerront (*Bull. AMC* 1994, art. 1647).
Il est donc chargé d'analyser l'acte à publier afin d'arrêter le contenu de la mention qui, désormais, sera délivrée à tous ceux qui requerront copie du bordereau. Le conservateur (aujourd'hui le service de la publicité foncière) joue donc un rôle actif. Il lui appartient d'apprécier au vu des actes ou conventions qui lui sont soumis, si les mentions requises sont ou non susceptibles d'être effectuées (*Bull. AMC* 1983, art. 1298). Il est tenu de s'assurer de la validité de la convention à mentionner en marge et il est donc fondé à exiger toutes justifications susceptibles de l'éclairer sur la régularité de l'adjonction dont il est l'auteur. Il doit ainsi vérifier que la personne qui a comparu devant le notaire au nom du bénéficiaire de l'inscription avec capacité et qualité pour consentir à la modification convenue. Il est éventuellement nécessaire que les pouvoirs de ce comparant soient produits ou à défaut que la chaîne des délégations et des subdélégations soit énoncée dans l'acte et certifiée exacte par le notaire rédacteur de la manière prévue pour les radiations (*Bull. AMC* 1994, art. 1651).
S'il lui apparaît que la convention n'a pas été valablement consentie, il doit refuser d'opérer la mention sans qu'il soit nécessaire qu'un texte autorise expressément le refus. Mais, lorsque la validité de la convention n'est pas en cause, il ne peut refuser d'effectuer la mention que dans les cas prévus par la loi.
Lorsque le service de la publicité foncière est appelé a notifié un refus de dépôt, il est fait application des règles de droit commun fixées par l'article 74 du décret du 14 octobre 1955.

6005 **Refus pour défaut de désignation de la partie des biens restant grevés.** Le refus du dépôt est expressément prévu à l'article 2425, alinéa 5, du Code civil, quand la modification à mentionner ne porte que sur une partie des immeubles grevés et que ces immeubles ne sont pas individuellement désignés.

6006 **Mention en marge d'une inscription périmée ou radiée.** Selon le bulletin de l'association des conservateurs, la référence faite par le texte aux « inscriptions existantes » ne saurait suffire à manifester la volonté du législateur d'instituer une cause de refus des mentions en marge énumérées par ce texte. Elle paraît seulement destinée à inciter celui qui requiert ces mentions à s'assurer, pour que la publication soit efficace, de la survie non seulement du droit privilégié ou hypothécaire, mais également de l'inscription qui en est le signe matériel. En conséquence, le service de la publicité foncière ne peut refuser de publier la subrogation d'un cessionnaire de la créance garantie dans l'effet d'une hypothèque dont il apparaît qu'elle est périmée (*Bull. AMC* 1990, art. 1445).
Il lui est recommandé, cependant, de faire préciser dans la réquisition que l'inscription à émarger est périmée ou radiée et de rappeler cette péremption ou radiation dans le certificat de mention (*Bull. AMC* 1973, art. 940).

b) Applications diverses

6007 **Mention d'un jugement déclarant inefficace un privilège ou une hypothèque, ou restaurant leur validité.** Le registre public ne doit comprendre que des bordereaux d'inscription, éventuellement complétés par la publication, sous forme de mentions en marge desdits bordereaux, d'actes ou de décisions juridictionnelles qui, sans pouvoir aggraver la situation des débiteurs, modifient les inscriptions et même, en cas de mainlevée ou de réduction, les anéantissent totalement ou partiellement.
Ces modifications sont diverses, mais elles ont toutes en commun de toucher exclusivement aux indications servant à caractériser les inscriptions. Elles ne sauraient concerner ni l'existence, ni la portée des droits réels dont ces inscriptions sont le signe public.
Pour cette raison, ni la perte d'efficacité d'un privilège, ni la restauration de sa validité n'est susceptible d'être mentionnée en marge du bordereau ayant servi à l'inscrire (*Bull. AMC* 1996, art. 1720).

6008 **Prêt substitutif. Bordereau à émarger ne révélant pas le nom du propriétaire-débiteur actuel.** Il est demandé de publier par voie de mention en marge la subrogation à une hypothèque prise à l'encontre d'une personne qui avait la double qualité du débiteur et de propriétaire de l'immeuble grevé mais qui, à la suite de la vente de l'immeuble, accompagnée de la reprise du prêt initial, n'est pas celle qui a comparu à l'acte portant subrogation. Or les changements apportés à la personne du débiteur – ainsi d'ailleurs qu'à la personne du propriétaire de l'immeuble grevé si elle est différente – ne sont pas publiables par voie de mention en marge.

Cependant, dans le cas considéré il n'y a pas d'obstacle à l'exécution de la formalité demandée. Le fait que le bordereau à émarger ne révèle pas le nom du propriétaire débiteur actuel est sans influence sur la validité de l'acte auquel ce dernier a consenti et donc une expédition est présentée au conservateur (*Bull. AMC* 1989, art. 1410).

6009 Assignation en nullité de l'acte servant de titre à une inscription. L'assignation du créancier, tendant à faire prononcer la nullité de l'acte servant de titre à l'inscription qui lui bénéficie et à faire ordonner la radiation de cette inscription ne modifie aucun des éléments de l'inscription existante, qui subsistera telle quelle jusqu'à l'intervention d'une décision de justice passée en force de chose jugée permettant de la modifier ou de la radier. Il pourrait être soutenu que cette assignation n'entre pas dans les prévisions de l'article 2430 du Code civil. Cependant, comme les modifications à intervenir le cas échéant n'auront pas pour effet d'aggraver la situation du débiteur bien au contraire, il n'y a pas d'inconvénient pour le conservateur (aujourd'hui, pour le service de la publicité foncière) à accepter d'effectuer la mention requise (*Bull. AMC* 1983, art. 1298).

6010 Acte portant quittance de la somme garantie et ramenant au jour de l'acte la date extrême d'effet de l'inscription. Un acte notarié est établi aux termes duquel le créancier reconnaît que le prêt garanti par une inscription d'hypothèque a été entièrement remboursé et donne quittance au débiteur sans réserve. Le notaire certifie que l'hypothèque est en conséquence éteinte de plein droit en application de l'article 2488 du Code civil. Le créancier requiert du conservateur des hypothèques la publication en marge de l'inscription de la réduction de sa durée d'effet.

Le conservateur ayant opposé un refus de dépôt, l'affaire vient devant la cour de Douai qui, par arrêt du 22 octobre 1992, énonce qu'« un acte de mainlevée ou de quittance ou encore de réduction de durée d'effet mettant fin à une garantie caractérise un renoncement à cette garantie qu'il n'a plus lieu d'être et doit donc être radiée des registres. La radiation de l'inscription correspondante est une formalité inévitable suite à l'abandon nécessaire de l'inscription comme garantie ». Le dépôt d'un tel acte à la conservation des hypothèques afin d'être publié sous forme de mention en marge ne peut être admis, car selon l'association des conservateurs, il s'analyse en une demande de radiation de l'inscription (*Bull. AMC* 1992, art. 1540). La solution vaut pour le service de la publicité foncière qui s'est substitué aux conservateurs des hypothèques.

6011 Arrêt ayant ordonné la radiation d'un privilège. Il n'est pas possible de publier un acte notarié relatant qu'un arrêt de cour d'appel avait ordonné la mainlevée d'une inscription de privilège prise sur un immeuble mais que le créancier s'était pourvu en cassation contre cet arrêt. En effet, des informations relatives exclusivement à une sûreté réelle ne peuvent pas être introduites dans le registre propre à la publication des droits sur les immeubles autres que les privilèges et hypothèques. Par ailleurs, le conservateur (aujourd'hui, le service de la publicité foncière) n'a pas le pouvoir d'intégrer un document dans le registre des inscriptions, qui est composé uniquement de bordereaux d'inscription, les actes et décisions judiciaires les modifiant n'étant pas susceptibles d'y être incorporés. Seule est admise la publication de mentions en marge des inscriptions existantes : mais l'acte notarié litigieux n'entrait pas dans la catégorie de ceux susceptibles d'être publiés par voie de mention (*Bull. AMC* 1999, art. 1804).

8 Perceptions

6012 Taxe de publicité foncière. Les mentions effectuées en application de l'article 2430 du Code civil, y compris les mentions de radiation et de subrogations, sont exemptées de taxe de publicité foncière (*JCP* N 1967, IV, 4284. – *Bull. AMC* 1968, art. 714 ; *ibid.* 1982, art. 1259).

6013 Contribution de sécurité immobilière. Le tableau ci-dessous présente de façon synthétique les règles de perception :

Mention en marge	Taux de la CSI	Assiette de la CSI
Cession d'antériorité.	– CSI au tarif proportionnel au taux de 0,05 % (CGI, art. 881 I, al. 1er, ann. III, art. 294). – Minimum de perception : 8 € (CGI, art. 881 M, a).	En cas de cession d'antériorité, liquidation sur la valeur de la plus faible inscription.
Subrogation (avec ou sans changement de domicile dans le même acte).	– CSI au tarif proportionnel au taux de 0,05 % (CGI, art. 881 I, al. 1er). – Minimum de perception : 8 € (CGI, art. 881 M, a).	En cas de subrogation, liquidation sur les sommes qui en font l'objet.

Déclaration de changement de domicile par acte séparé.	– CSI au taux fixe : 15 € (CGI, art. 881 M).	
Indication d'une créance déjà inscrite et grevée de substitution.	– CSI au taux fixe : 15 € (CGI, art. 881 M).	
Prorogation de délai	– CSI au taux fixe : 15 € (CGI, art. 881 M).	
Radiation.	– CSI au tarif proportionnel de 0,10 % (CGI, art. 881 J).	Liquidation sur les sommes faisant l'objet de la radiation. L'assiette du salaire est, toutefois limitée : – en cas de réduction du gage, à la valeur de l'immeuble affranchi si elle est indiquée et inférieure à la somme faisant l'objet de la radiation ; – en cas de division d'hypothèque, à la fraction de la créance originaire dont chaque immeuble ou fraction d'immeuble reste grevé.

N.B. : La contribution de sécurité immobilière a remplacé le salaire du conservateur à compter du 1er janvier 2013. Elle obéit aux mêmes conditions d'assiette, de tarifs, de contrôle et de recouvrement que ce salaire (V. **Contribution de sécurité immobilière**). Les solutions données ci-dessous à propos du salaire du conservateur peuvent donc être transposées pour la perception de la contribution de sécurité immobilière.

9 Effets de la mention à l'égard des tiers

6014 Après l'exposé des règles applicables dans la généralité des cas (*a*), nous traiterons du cas particulier de la convention de rechargement (*b*).

a) Cas général

6015 **Absence de texte.** Aucun texte légal ne fait de la mention en marge une condition d'opposabilité aux tiers. Ni l'article 2425 du Code civil, ni aucune autre disposition du décret du 4 janvier 1955 ne leur attachent un quelconque effet juridique (V. not. Cl. Thibierge, *Les prêts à l'acquisition immobilière : garantie réelle, convention d'antériorité : Defrénois* 1967, art. 28947).

6016 **Évolution de la question.** Dans un premier temps, la jurisprudence et une partie de la doctrine considéraient que la publicité sous forme de mentions en marge était une condition d'opposabilité aux tiers de l'opération concernée et notamment, fixait le rang d'après la date de la publication tant pour les personnes subrogées dans la sûreté que pour celles ayant bénéficié d'une cession d'antériorité (H., L. et J. Mazeaud, *op. cit.*, t. III, 1er vol. par Chabas, nos 605, 615, 628. – Marty et Raynaud, *Droit civil*, t. III, 1er vol., 2e éd. avec Jestaz, n° 374. – *Bull. AMC* 1972, art. 919).

Mais cette solution a été abandonnée dans les différents cas consistant en un changement de créancier, qu'il s'agisse de subrogation légale ou conventionnelle (V. **Subrogation**) ou de cession de créance. La majorité des auteurs approuvait cette évolution en estimant que la sanction de l'inopposabilité était en l'espèce inappropriée (M. Dagot, obs. *RD imm.* 1982, p. 274. – J. Ghestin, note ss TGI Bordeaux, 13 févr. 1969 : *D.* 1969, p. 334. – Ph. Théry, *Sûretés et publicité foncière*, PUF, 2e éd. 1998, n° 200. – M. Gobert, *La publicité foncière, cette mal-aimée, Études offertes à J. Flour : Defrénois* 1979, p. 244 et s.).

Et même si la solution contraire continue de prévaloir en matière de cession d'antériorité, aux termes d'une jurisprudence ancienne (V. **Cession d'antériorité**), la doctrine estime que le principe général qui doit aujourd'hui s'appliquer est que la mention en marge n'a qu'un rôle d'information et non pas d'opposabilité aux tiers, auxquels elle ne peut nuire, puisqu'elle n'a pour objet que des modifications qui n'aggravent pas la situation du débiteur (A. Fournier : *Rép. prat. Dalloz*, V° Hypothèque, n° 231. – J. Mestre, E. Putman et M. Billiau, *Droit spécial des sûretés réelles, Traité de droit civil*, LGDJ, 1996, n° 1615. – *Droit civil, les sûretés, la publicité foncière*, Précis Dalloz, 6e éd. 2012, n° 546, p. 498. – V. *JCl. Notarial Répertoire*, V° Inscription hypothécaire, Fasc. 10. – V. en ce sens, Cass. 3e civ., 17 nov. 2010, n° 09-70.452 : *Bull. civ.* 2010, III, n° 204).

En réalité, parce que la loi vise les actes qui n'aggravent pas la situation du débiteur, en aucun cas les intérêts des tiers ne pouvaient être en cause, mais seulement ceux du créancier bénéficiaire de la transmission. La publicité de la transmission permet de connaître le nom du titulaire actuel du droit, à qui pourront alors être signifiées des notifications aux fins de purge ou les sommations de prendre connaissance du cahier des charges. Elle évite qu'une mainlevée puisse être donnée par le cédant.

L'accomplissement de la formalité a donc un simple rôle d'information des tiers. Elle n'a d'intérêt que pour le bénéficiaire de la transmission.

b) Cas particulier

6017 **Convention de rechargement.** Il faut signaler que l'article 2416 (ancien art. 2422), alinéa 3 du Code civil prévoit expressément que la convention de rechargement est publiée sous forme de mention en marge « à peine d'inopposabilité aux tiers » (D. Houtcieff et V. Brémond : *JCl. Notarial Répertoire*, V° Hypothèques, Fasc. 50, n° 88).
Cette particularité se justifie par le fait que la convention de rechargement constitue, contrairement aux autres hypothèses de mention en marge, un danger pour les tiers, puisque la recharge aggrave la situation du constituant (D. Houtcieff et V. Brémond : *JCl. Notarial Répertoire*, V° Hypothèques, Fasc. 50, n° 88). En effet, tous les bénéficiaires de cette convention profitent du rang de l'hypothèque rechargeable dans leurs relations avec les créanciers titulaires d'une autre hypothèque ou d'un privilège. Ainsi ils priment un créancier hypothécaire dont l'hypothèque a été inscrite après l'hypothèque rechargeable mais avant la publication de la convention de rechargement (C. civ., art. 2420).

II Mentions en marge de la publication d'un commandement de saisie

6018 **Renvoi.** ➤ V. Saisie immobilière.

III Mentions en marge des publications

6019 **Impossibilité.** Le principe de l'intangibilité des documents publiés fait obstacle à ce que soit opérée par voie de mention une publication en marge d'un document précédemment publié, autre qu'un commandement de saisie ou une inscription de privilège ou d'hypothèque. Ainsi, il n'est pas possible d'obtenir l'adjonction à un jugement publié d'une mention signalant que ce jugement est frappé d'appel (*Bull. AMC* 1997, art. 1758).

Mines

Franck ROUSSEL

Sommaire analytique

I Recherches minières

6020 **Cession du droit de recherche.** La cession du droit de recherche concédé par le propriétaire du sol est taxée comme une vente d'immeuble (Cass., 16 juin 1856 : *DP* 1856, 1, 421. – Bougie, 31 mai 1926 : *Rev. enr. et imp.*, 8889).

6021 **Cession du droit de recherche et du droit d'extraction.** Le premier étant immobilier et le second mobilier, leur cession simultanée par le même acte donne lieu à la perception globale du droit de vente d'immeuble s'il n'est pas stipulé un prix particulier (T. civ. Alger, 25 mars 1922 : *Rev. enr. et imp.*, 7589 ; application de l'article 735 du Code général des impôts).

II
Exploitation minière

A Acquisition d'un titre

6022 **Acte de concession.** Selon M. Personnaz (*JCl. Notarial Formulaire*, V° Mines et carrières, Fasc. 10 ancien, n° 31), l'acte de concession crée au profit du concessionnaire non pas un véritable droit de propriété mais un droit immobilier de nature administrative.
L'article L. 132-8 du Code minier énonce pour sa part que : « L'institution d'une concession, même au profit du propriétaire de la surface, crée un droit immobilier distinct de la propriété de la surface. Ce droit n'est pas susceptible d'hypothèques ».

6023 **Publicité foncière.** Le caractère immobilier du droit ainsi constitué fait qu'il est susceptible d'être publié. Les solutions alors applicables, en particulier en ce qui concerne l'identification du droit concédé, sont identiques à celles concernant la constitution d'un droit de superficie (puisqu'il y a démembrement du droit de propriété entre les superficies d'une part et le tréfonds, où est exploitée la mine).

6024 **Fiscalité.** Mais du point de vue fiscal, l'opération ne s'analyse pas pour autant en une mutation, nonobstant l'indemnisation du propriétaire du sol au moyen de la redevance légale dite tréfoncière (Instr. 1467, n° 8).
L'acte de concession qui revêt le simple caractère d'une autorisation n'est pas soumis à l'enregistrement.

6025 **Fixation d'une redevance extra-légale.** Si les parties convenaient entre elles du paiement d'une redevance autre que celle fixée par l'acte de concession, cette redevance constituerait le prix d'un bien immobilier et elle serait alors taxée comme un prix de vente d'immeuble sur une évaluation provisoire de son montant (Cass. civ., 18 févr. 1879 : *DP* 1879, 1, 153). L'administration pourrait, à l'intérieur des délais de prescription décennale, réclamer un supplément de droit en cas d'insuffisance de la déclaration estimative (Cass. civ., 12 janv. 1897 : *DP* 1898, 1, 33 ; *Rev. enr. et imp.*, 1319).

6026 **Cession de la redevance.** La redevance est immobilière tant qu'elle est entre les mains du propriétaire du sol (Cass., 24 juill. 1850 : *Journ. enr.*, 15054-5) et sa cession avec celle du sol est alors traitée comme une vente d'immeuble.
Mais la cession de la seule redevance à un tiers est une cession mobilière (Délib. 29 févr. 1828 : *Journ. enr.*,8952).

6027 **Acquisition du sol.** Lorsque les droits reconnus au concessionnaire de la mine et les servitudes qui en découlent rendent l'utilisation normale du terrain impossible, le propriétaire frappé par ces servitudes peut requérir l'achat ou l'expropriation dudit terrain (C. minier, art. L. 153-10). L'acquisition portera dans ce cas sur la totalité du sol si le propriétaire le requiert.
En ce cas, la totalité du prix est soumise à la taxation des ventes d'immeubles (Cass., 18 févr. 1879 : Instr. 2621, § 2).

6028 **Cession du droit d'exploiter** (bail de la mine). Cette cession faite pour un temps déterminé et indépendamment de la vente du fonds où existe la mine constitue une vente mobilière (Cass., 12 août 1833 : Instr. 1446, § 10).
Si le droit d'exploiter était concédé jusqu'à épuisement, il y aurait lieu à taxation comme vente d'immeuble.
La cession à titre onéreux du droit d'extraction consenti par le premier concessionnaire (qui tient son droit du propriétaire du sol) à un tiers est traitée dans tous les cas comme une vente d'immeuble.

6029 **Ventes de mines.** Selon l'article L. 131-4 du Code minier :

> « Les mines sont immeubles. Sont aussi immeubles, outre les bâtiments des exploitations des mines, les machines, puits, galeries et autres travaux établis à demeure.
> Sont immeubles par destination les machines et l'outillage servant à l'exploitation ».

Les ventes de mines sont taxées comme des ventes d'immeubles (Cass., 4 déc. 1906 : *Journ. enr.*, 27248).

B Conventions relatives aux dégâts de surface

6030 **Indemnisation avec rachat du terrain.** Lorsqu'à la suite des dommages causés à la surface par les travaux inférieurs de la mine, le concessionnaire s'engage par deux actes distincts, d'une part à payer une somme en réparation du dommage, d'autre part à acquérir le terrain pour un prix qui, réuni à l'indemnité, représente la valeur de la propriété avant les dommages, le premier n'est soumis qu'au droit fixe des actes innommés, le second est taxable comme vente d'immeuble (Sol., 15 avr. 1887 : Maguéro, V° *Mines*, n° 31-1).

6031 **Indemnisation avec constitution d'une « servitude ».** Selon une décision du tribunal de grande instance de Metz, le contrat aux termes duquel une société minière indemnise les propriétaires fonciers des dégâts de surface dus à son exploitation et obtient en contrepartie de la part des personnes dédommagées la constitution d'une charge foncière dénommée « servitude » par laquelle ces propriétaires acceptaient de retirer à leurs biens toute vocation à une indemnisation complémentaire présente ou future ne donne lieu qu'à la perception d'un simple droit fixe (V. Metz, 5 juill.1979 : *Ind. enr.* 1981, 13720).

6032 **Charge de réparer les dégâts imposée au concessionnaire.** Un arrêt de la cour de Douai du 21 mai 1973 (*JCP* N 1974, II, 17595, note Personnaz) a décidé que la clause, insérée dans un acte de vente par une compagnie minière, et dégageant la responsabilité de celle-ci pour les dégâts que l'exploitation de la mine pourrait causer à l'avenir à l'immeuble vendu, équivalait à une constitution de servitudes.
Cette qualification peut être contestée. Mais si les parties ont expressément parlé de « servitude », il a été recommandé aux conservateurs d'annoter le cadre B du tableau III de la fiche personnelle (chron. Bulté : *JCP* N 1974, IV, 5711).

III

Échanges de mines et de carrières

A Échanges effectués en vue du remembrement des mines concédées ou amodiées (art. 699)

CGI, art. 699. – Les échanges portant sur tout ou partie des mines concédées ou amodiées et effectués en vue de la rationalisation de leur exploitation et de l'accroissement de leur productivité bénéficient du régime fiscal édicté par l'article 708, à la condition que l'acte d'échange porte la mention expresse qu'il est fait sous le bénéfice des dispositions du décret n° 54-944 du 14 septembre 1954.

Conformément aux dispositions des articles L. 143-1, L. 143-8 et L. 143-13 du code minier, les échanges prévus à l'alinéa ci-dessus ne pourront être réalisés qu'après autorisation donnée par le ministre chargé des mines. Cette autorisation devra préciser que l'opération bénéficie du régime d'exonération fixé par le présent article.

6033 **Application du régime des échanges d'immeubles ruraux.** Les échanges portant sur tout ou partie des mines concédées ou amodiées et effectués en vue de la rationalisation de leur exploitation et de l'accroissement de leur productivité bénéficient du régime fiscal édicté pour les échanges d'immeubles ruraux par l'article 708 du Code général des impôts.
Ces échanges sont dispensés de la taxe de publicité foncière s'ils sont purs et simples. Dans le cas où ils comportent une soulte ou une plus-value, l'exonération s'applique à concurrence du lot le moins important, mais la taxe de publicité foncière au profit du département, au taux prévu pour les ventes, la taxe additionnelle communale ainsi que le prélèvement pour frais d'assiette, de recouvrement, de dégrèvements et de non-valeurs, sont dus à raison de la soulte ou de la plus-value (BOI-ENR-DMTOI-20-30-04/07/2018, n° 250).

6034 **Conditions d'application du régime de faveur.** L'octroi de ce régime de faveur est subordonné aux conditions suivantes :
– l'échange doit être, conformément aux dispositions des articles L. 143-1, L. 143-3, L. 143-9, L. 143-13 du Code minier, préalablement autorisé par le ministre chargé des mines. Cette autorisation doit préciser que l'opération bénéficie du régime fixé par l'article 699 du Code général des impôts ;

– l'acte d'échange doit porter la mention expresse qu'il est fait sous le bénéfice des dispositions du décret n° 54-944 du 14 septembre 1954 (BOI-ENR-DMTOI-20-30-04/07/2018, n° 260).

B Échanges de droits de propriété ou de droits d'exploitation portant sur des carrières ou des minières rendues concessibles par décret

CGI, art. 700. – Pendant la période où des exploitations restent provisoirement sous le régime légal des carrières, en application de l'article 122 ou du deuxième alinéa de l'article 129 du Code minier concernant le passage dans la classe des mines de substances antérieurement soumises au régime légal des carrières, les échanges de droits de propriété ou de droits d'exploitation portant sur des carrières de substances nouvellement rendues concessibles par décret, bénéficient, sauf en ce qui concerne les soultes ou plus-values, d'une exonération de tous droits au profit de l'État, à condition, d'une part, que l'échange soit préalablement autorisé par un décret rendu sur avis conforme du Conseil d'État et contresigné par le ministre de l'Économie et des Finances et par le ministre chargé des mines et, d'autre part, que l'acte d'échange se réfère expressément au décret d'autorisation. Ce dernier devra constater que l'échange est effectué en vue de rationaliser l'exploitation des gisements et d'accroître leur productivité.

6035 Les actes de l'espèce, lorsque les conditions prévues à l'article 700 sont remplies, bénéficient du même régime que les échanges effectués en vue du remembrement des mines concédées ou amodiées, exposé ci-dessus (V. BOI-ENR-DMTOI-20-30-04/07/2018, n° 270).

IV

Minières

6036 **Occupation des terrains nécessaires pour leur exploitation.** La loi du 2 janvier 1970 a supprimé la classe des minières et abrogé le titre V du Code minier qui leur était consacré. Les deux catégories de gisement qu'elle comprenait ont été réparties entre les deux autres classes :
– les gisements de fer superficiels sont passés dans la classe des mines ;
– les tourbières sont désormais considérées comme carrières (*JCl. Administratif*, Fasc. 370 par Personnaz, n° 23).

6037 **Cession du droit d'exploiter.** Elle constitue une vente mobilière (Sol., 18 sept. 1876 : *Journ. enr.*, 21087).
La cession du droit d'extraire du minerai moyennant une redevance fixée d'après la quantité des matières extraites constitue en effet une vente de matériaux envisagée dans leur état futur de meubles, comme meubles par anticipation (Cass. civ., 28 nov. 1949 : *D.* 1950, jurispr. p. 38).

V

Société de secours des employés des mines

CGI, art. 1080. – Les dispositions de l'article 1087 relatives aux mutuelles s'appliquent aux sociétés de secours des ouvriers et employés des mines.

CGI, art. 1087. – Tous les actes intéressant les mutuelles définies par l'article L. 111-1 du Code de la mutualité sont exonérés, sous réserve de l'article 1020, des droits d'enregistrement.

Cette disposition n'est pas applicable aux transmissions de propriété, d'usufruit ou de jouissance de biens meubles et immeubles, soit entre vifs, soit par décès.

CGI, art. 1089. – Les dispositions prévues en ce qui concerne les mutuelles définies par l'article L. 111-1 du Code de la mutualité sont applicables à leurs unions, à leurs fédérations d'unions et aux associations d'étudiants reconnues d'utilité publique.

AVERTISSEMENT Les articles 1080 et 1087 ont été abrogés par l'article 29, III, 18° et 19° de la loi de finances pour 2020 (L. n° 2019-1479, 28 déc. 2019).
La suppression de l'exonération de droits d'enregistrement est entrée en vigueur à compter du 1er janvier 2020.
Les développements qui suivent ne s'appliquent qu'aux opérations conclues au plus tard le 31 décembre 2019.

6038 **Exonération.** Tous les actes intéressant les mutuelles définies par l'article L. 111-1 du Code de la mutualité sont exonérés des droits d'enregistrement, sous réserve de l'article 1020 du Code général des impôts (CGI, art. 1087, 1er al.).
Les dispositions prévues en ce qui concerne les mutuelles sont applicables aux sociétés de secours des ouvriers et employés des mines (CGI, art. 1080).

6039 **Limites de l'exonération.** L'exonération édictée par l'article 1087 du Code général des impôts n'est pas applicable aux transmissions de propriété, d'usufruit ou de jouissance de biens meubles et immeubles, soit entre vifs, soit par décès (CGI, art. 107, 2e al).
Ces actes demeurent soumis à la taxe de publicité foncière (ou au droit d'enregistrement) au taux de 0,70 % (0,71498 % avec les perceptions additionnelles), lorsqu'ils comportent des dispositions soumises à publicité foncière (CGI, art. 1020. – BOI-ENR-AVS-40-80-20-12/09/2012, n° 1).

6040 **Extension de l'exonération.** Les dispositions de l'article 1087 précité profitent aux transferts auxquels donnent lieu :
– la fusion des mutuelles ;
– la scission d'une mutuelle en plusieurs organismes ;
– la dissolution volontaire d'une mutuelle ;
– la transformation en mutuelle des institutions, associations ou groupements existants ;
– le retrait d'approbation, soit des œuvres sociales créées par les mutuelles, soit des caisses autonomes mutualistes (BOI-ENR-AVS-40-80-20-12/09/2012, n° 10).
Elles s'appliquent en conséquence aux opérations identiques concernant des sociétés de secours des ouvriers et employés des mines (CGI, art. 1080).

VI
Caisse autonome de retraite des ouvriers et employés des mines

6041 **Exonération de droits d'enregistrement.** La Caisse autonome de retraite des ouvriers et des employés des mines est exonérée des droits d'enregistrement pour tous les actes, documents et pièces quelconques à fournir pour l'application de la loi du 25 février 1914 (CGI, art. 1077).

Minimum de perception

Serge LAMIAUX

I

Taxe de publicité foncière

A Publications

CGI, art. 674. – Il ne peut être perçu moins de 25 € dans les cas où les sommes et valeurs ne produiraient pas 25 € de droit ou taxe proportionnels ou de droit progressif.

6042 **Principe.** Le minimum de perception est appelé à jouer lorsqu'un acte est passible d'un droit ou taxe proportionnel ou progressif : il s'applique donc à la taxe de publicité foncière.
L'ensemble des droits proportionnels ou progressifs exigibles sur un acte ou une mutation mais non obligatoirement le droit applicable à chaque disposition particulière ne peut être actuellement inférieur à 25 € (Doc. adm. DGI, 74-322, n° 2, 10 sept. 1996).

6043 **Règles de perception.** Le minimum doit être perçu par acte et non pour chaque disposition indépendante d'un même acte ou d'une mutation (Délib. 5 oct. 1825 : Instr. n° 2187, § 2. – Sol., 16 oct. 1860 : Instr. n° 2187, § 2).
Quand l'acte ou la mutation donne ouverture à la fois à des droits perçus au profit du Trésor et à des taxes départementales ou communales, le minimum ne s'applique que lorsque l'ensemble des droits et taxes est inférieur à 25 €.

6044 ***Minima* spéciaux.** Il existe des *minima* spéciaux en matière de contrat de mariage (CGI, art. 847) et pour les actes extrajudiciaires (V. **Acte d'huissier (commissaire de justice)**).

B Inscriptions

CGI, art. 844. – La taxe proportionnelle de publicité foncière applicable aux inscriptions d'hypothèques judiciaires ou conventionnelles visées au 1° de l'article 663 est perçue au taux de 0,60 %.

Elle est liquidée sur les sommes garanties en capital, intérêts et accessoires, même indéterminées, éventuelles ou conditionnelles, exprimées ou évaluées dans le bordereau. Il n'est perçu qu'une seule taxe pour chaque créance quel que soit le nombre des créanciers requérants et celui des débiteurs grevés.

Les inscriptions qui échappent à la taxe proportionnelle sont soumises à une taxe fixe de 25 €.

Pour les inscriptions de toute nature qui échappent à la taxe proportionnelle, le minimum de perception est une taxe fixe de 25 €.
Si l'inscription est soumise à la taxe proportionnelle, le minimum de perception est celui fixé par l'article 674 du Code général des impôts (V. ce texte *supra*).

II

Contribution de sécurité immobilière

N.B. : La contribution de sécurité immobilière a remplacé le salaire du conservateur à compter du 1er janvier 2013. Elle obéit aux mêmes conditions d'assiette, de tarifs, de contrôle et de recouvrement que ce salaire (V. **Contribution de sécurité immobilière**). Les solutions données ci-dessous à propos du salaire du conservateur peuvent donc être transposées pour la perception de la contribution de sécurité immobilière (sur le minimum de perception applicable à la contribution de sécurité immobilière, V. **Contribution de sécurité immobilière**).

A Inscriptions et publications

CGI, ann. III, art. 298. – Le salaire ne peut être inférieur à :

8 € par inscription mentionnée à l'article 293 ou par déclaration mentionnée à l'article 294 ;

15 € par radiation mentionnée à l'article 295 ou par acte pour les publications visées à l'article 296.

Ce dernier salaire est également exigible lorsque les publications ne donnent pas ouverture au salaire proportionnel.

B Renseignements hypothécaires

6045 Il existe également des minima de perception en matière de renseignements hypothécaires, prévus par les articles 288 à 290 de l'annexe III au Code général des impôts (V. **Renseignements hypothécaires**).

6046 Minimum applicable aux actes les plus courants :
- inscription d'hypothèque ou de privilège : 8 € ;
- cession d'antériorité : 8 € par créancier ;
- subrogation : 8 € par créancier subrogé ;
- subrogation et changement de domicile (déclaration : 8 € par créancier subrogé) ;
- radiation d'inscription : 15 € ;
- publication : 15 € ;
- acte complémentaire : 15 € ;
- acte rectificatif : 15 €.

(V. aussi, pour les actes non cités ici, le texte des articles du Code général des impôts précités et les rubriques correspondantes).

6047 Minimum applicable aux publications d'actes complexes. La question a été posée dans le passé de savoir si, dans l'hypothèse où un même acte au sens matériel du terme renferme plusieurs dispositions relevant du salaire proportionnel dégressif, le minimum devait, le cas échéant être appliqué à cet acte ou à chacune de ces dispositions.

➤ Voir sur ce point la note du 18 juin 1976, et les exemples chiffrés (*BODGI* 10-2-76) cités au mot **Acte contenant plusieurs dispositions.**

Mitoyenneté des murs

Jacques LAFOND

I Publicité foncière

A Principes généraux

6048 **Nécessité de publier.** Dans tous les cas où les opérations concernant des murs mitoyens revêtent le caractère d'une mutation immobilière, il y a lieu de procéder à la publicité foncière.
Il a été jugé dans le passé que les conventions sur la mitoyenneté, pour être opposables aux tiers, devaient être publiées au bureau des hypothèques de la situation des immeubles qu'elles concernent (V. la jurisprudence rendue sous l'empire de la législation antérieure aux décrets de 1955 : Cass. civ., 17 juill. 1918 : *DP* 1918, 1, p. 71. – Cass. req., 30 janv. 1939 : *S.* 1939, 1, p. 272).
Par suite, une cession non publiée ne vaut pas cession à l'encontre d'un tiers acquéreur du mur prétendu mitoyen et, à l'égard de ce tiers acquéreur, l'adossement d'un bâtiment audit mur n'est qu'une usurpation qui, malgré l'acquisition antérieure non publiée, justifie l'exigence d'une nouvelle acquisition de mitoyenneté. Il en est de même d'une publication de cette cession, effectuée postérieurement à la publication de la vente de l'immeuble comprenant le mur, donc tardivement (Cass. civ., 9 juin 1939 : *JCP* N 1939, II, 1243. – T. civ. Seine, 3 déc. 1928 : *DP* 1929, 2, p. 61).

6049 **Conséquences pratiques.** Pour que la publication soit possible les conventions relatives à la mitoyenneté doivent tenir compte des prescriptions édictées par les décrets des 4 janvier et 14 octobre 1955 portant réforme de la publicité foncière :
– la convention doit être dressée en la forme authentique (D. n° 55-22, 4 janv. 1955, art. 4, al. 1er. – V. **Authenticité**) ;
– l'acte doit contenir les indications prescrites par les articles 5 et 6 du décret du 4 janvier 1955 pour permettre une identification certaine des parties (V. **Identification des personnes**) ;
– la désignation des immeubles touchés par la cession de mitoyenneté doit être établie dans les conditions prévues par l'article 7 du décret du 4 janvier 1955 (V. **Identification des immeubles**) ;
– l'acte doit contenir l'ensemble des mentions exigées pour permettre le contrôle de l'application de la règle de l'effet relatif formulée par l'article 3 du décret du 4 janvier 1955 (V. **Effet relatif**).

B Difficultés particulières

1 Nécessité d'un document d'arpentage

6050 **Principe.** Lorsqu'une personne vend à une autre la mitoyenneté d'un mur et, par conséquent, lui cède la propriété de la moitié du sol sur lequel ce mur est bâti, l'opération entraîne une modification de la contenance de chaque parcelle de terrain et, par suite, un changement de leurs limites. Il convient encore de signaler, à ce sujet, qu'en cas de vente de la mitoyenneté d'un mur séparant des immeubles situés dans une commune à cadastre rénové, les parcelles de terrain affectées par cette opération perdent leurs numéros cadastraux. Aussi est-il nécessaire, dans l'hypothèse où une opération concerne des immeubles situés dans une commune à cadastre rénové, de respecter les prescriptions du dernier alinéa de l'article 7 du décret du 4 janvier 1955, et d'établir un document d'arpentage. La règle ne doit pas souffrir d'exception, même lorsqu'il s'agit d'un changement trop peu important pour entraîner, du point de vue du cadastre, une modification des contenances et une rectification de la limite figurée au plan (Rép. min. : *JOAN*, 15 mai 1958, p. 2313 ; *JCP* N 1958, IV, n° 2572 ; *Bull. AMC* 1958, art. 357. – V. aussi chron. au *JCP* N 1983, IV, 8782 et M. Suquet-Cozic, *Comment publier une cession de mitoyenneté ? : Sol. not.* août-sept. 2017, n°s 8-9, art. 218, p. 34-35). L'administration fiscale précise actuellement qu'il n'est pas attribué de numéro cadastral à la fraction cédée, mais que de nouvelles références cadastrales sont données à la parcelle cédante et à la parcelle cessionnaire (BOI-CAD-MAJ-10-20-10,20180704, § 90).

Lorsque l'opération, accompagnée ou non d'une cession de terrain, porte sur la mitoyenneté d'un mur séparant des immeubles situés dans une commune à ancien cadastre non rénové, il n'y a pas d'obligation d'établir un document d'arpentage.

6051 **Cas particulier : mur mitoyen-né.** Par contre il n'y a pas lieu à établissement d'un document d'arpentage, lorsque la convention concerne la mitoyenneté d'un mur construit non pas à la limite de l'un des héritages, mais à cheval sur le terrain du constructeur et le terrain du propriétaire voisin, auquel cas d'ailleurs il y a lieu d'appliquer, suivant l'opinion dominante, les règles de l'article 555 du Code civil relatif aux constructions sur le sol d'autrui (V. *JCl. Notarial Formulaire*, V° Mitoyenneté, Fasc. 20, par J. Hugot).

Il est bien évident, en effet, que cette convention ne réalise ni ne constate une division de la propriété du sol entraînant changement de limite. L'objet du contrat de mitoyenneté ne porte alors que sur les constructions et le sol échappe à tout état d'indivision forcée, si bien qu'en cas de démolition du mur d'un commun accord entre les parties, la limite des deux propriétés contiguës se trouvera rétablie naturellement sans qu'un partage soit nécessaire. Les immeubles concernés garderont leurs numéros cadastraux et les désignations cadastrales qu'ils possédaient antérieurement (V. en ce sens chron. hyp. Bulté, Béchade et Poirier : *JCP* N 1959, IV, 2859).

2 Cession de la mitoyenneté de la partie exhaussée d'un mur mitoyen

6052 **Publicité foncière.** Lorsqu'un exhaussement du mur mitoyen a été réalisé par un seul des copropriétaires qui entend céder à l'autre la mitoyenneté de la partie exhaussée, deux hypothèses peuvent être envisagées.

– **Premier cas** : il se peut tout d'abord que la mitoyenneté résulte d'une situation de fait, en application de la présomption légale établie par l'article 653 du Code civil.

Dans ce cas la mitoyenneté existe de plein droit et échappe à l'obligation de publier au fichier immobilier (V. en ce sens, Cass. 3e civ., 30 sept. 2021, n° 20-18.778, FS-B).

Les copropriétaires ont toutefois la possibilité d'établir une convention en vue de fixer le mode d'exercice de la mitoyenneté. Cette convention est susceptible d'être soumise à publication pour l'information des usagers dans les conditions prévues à l'article 37-1-2° du décret du 4 janvier 1955.

Qu'il y ait ou non publicité, il convient de distinguer suivant que l'exhaussement a nécessité ou non un excédent d'épaisseur (C. civ., art. 660) :

• dans l'affirmative, il y a cession de la moitié du sol correspondant à l'assiette de l'excédent d'épaisseur du mur. Les deux immeubles sont modifiés dans leur emprise et perdent leurs références cadastrales. De nouvelles désignations doivent en conséquence leur être attribuées sur production d'un document d'arpentage ;

• dans la négative, les immeubles ne subissent aucune modification dans leur emprise. La désignation à retenir est alors celle des parcelles contiguës telles qu'elles résultent des titres.

– **Deuxième cas** : si la mitoyenneté a été acquise dans le cadre de l'article 661 du Code civil, l'acte d'acquisition a dû être publié après attribution aux parcelles de nouvelles désignations cadastrales sur le vu d'un document d'arpentage.

Pour la publication de l'acte constatant la cession de la mitoyenneté de l'exhaussement, il convient comme dans la première hypothèse, d'une part d'établir une distinction suivant que l'exhaussement a nécessité ou non un excédent d'épaisseur du mur, et d'autre part d'appliquer les mêmes règles de désignation cadastrale des parcelles (chron. hyp. : *JCP* N 1983, IV, 8782).

3 Attestation de propriété

6053 **Attestation constatant l'existence d'une mitoyenneté.** Une attestation de propriété indique dans la désignation de l'immeuble : « droit de

mitoyenneté avec la propriété voisine portant précédemment le n° 34 de l'avenue de Paris, concernant la totalité des murs communs (propriété cadastrée section... n° ...) ».
Cette attestation constate seulement la situation de fait résultant du décès et ce décès a pour seul résultat de substituer au défunt les personnes qui lui succèdent sans changer pour autant l'assiette des droits immobiliers dépendant de la succession. Il ne saurait donc entraîner par lui-même un changement de limite d'une parcelle ou d'un îlot de propriété, ni donner lieu en conséquence au dépôt d'un document d'arpentage (Bulté, chron. hyp. : *JCP* N 1971, IV, 5057).

4 Acte de vente constatant la mitoyenneté d'un mur avec la propriété voisine et la présence d'un puits commun

6054 **Documents à fournir.** Si, dans une commune à cadastre rénové, un acte de vente se contente de rappeler l'existence d'un mur mitoyen avec la propriété voisine, il n'y a pas lieu de déposer un extrait cadastral n° 1 mais seulement un extrait cadastral n° 3 si la parcelle voisine n'a pas encore été annotée à la fiche parcellaire. Il n'y a pas, en effet, vente de la mitoyenneté du mur et du sol mais seulement rappel de cette mitoyenneté, ce qui n'apporte aucun changement de limite du sol de l'immeuble vendu.
En ce qui concerne le puits se trouvant sur la limite de la propriété vendue avec la propriété voisine, s'il n'a pas encore été individualisé au plan cadastral, il ne peut faire l'objet d'une publication au fichier immobilier que si les parties fournissent un document d'arpentage (V. n° 6050).

5 Abandon de mitoyenneté

C. civ., art. 656. – Cependant, tout copropriétaire d'un mur mitoyen peut se dispenser de contribuer aux réparations et reconstructions en abandonnant le droit de mitoyenneté pourvu que le mur mitoyen ne soutienne pas un bâtiment qui lui appartienne.

C. civ., art. 667. – La clôture mitoyenne doit être entretenue à frais communs ; mais le voisin peut se soustraire à cette obligation en renonçant à la mitoyenneté.

Cette faculté cesse, si le fossé sert habituellement à l'écoulement des eaux.

6055 Selon le *Dictionnaire des Rédacteurs* (V° Servitudes, n° 102), cet abandon donne ouverture au droit de vente, lors de la déclaration d'abandon, sur la valeur des droits abandonnés déterminée, à défaut d'estimation dans l'acte, par la déclaration des parties.

6 Recours au privilège de vendeur

➤ V. **Hypothèque légale spéciale du vendeur d'immeuble (ancien privilège).**

II

Inscription de sûretés

6056 **Cession d'un droit de mitoyenneté.** La jurisprudence a admis l'existence du privilège du vendeur au profit de celui qui cède la mitoyenneté. Le privilège s'exerce alors après la vente de l'immeuble sur la partie du prix qui, après ventilation, représente la valeur de la mitoyenneté cédée (V. Planiol et Ripert, *op. cit.*, t. XII, par Becqué, n° 634. – Mazeaud, *op. et loc. cit.* – Cass. req., 10 avr. 1889 : *DP* 1889, 1, 321).
Mais le privilège ne s'applique pas à la créance du copropriétaire d'un mur mitoyen qui a fait l'avance des frais de reconstruction de ce mur (Lyon, 4 févr. 1890 : *Dalloz, jurispr. gén.*, suppl., V° Privilèges, n° 200. – V. **Mitoyenneté des murs**).

III Fiscalité

A Éventualités diverses

6057 Nous distinguerons, pour la clarté de la présentation, le cas de construction d'un mur mitoyen à frais partagés (1°), le cas de l'acquisition amiable de la mitoyenneté (2°), enfin le cas de cession forcée de la mitoyenneté (3°).

1 Construction d'un mur mitoyen à frais partagés

6058 **Principe.** Si les propriétaires de deux héritages contigus conviennent, avant le commencement des travaux, que ceux-ci seront exécutés à frais communs, dans des conditions qu'ils déterminent, le remboursement ultérieur par l'un des voisins de la moitié des frais à l'autre qui en a fait l'avance, ne constitue qu'un règlement de compte et n'a pas le caractère d'une cession de mitoyenneté (Maguéro, V° Servitudes, n° 6 ; *Dict. des Rédacteurs*, V° Servitudes, n° 77). Il n'y aura donc perception que du seul droit fixe des actes innommés.

6059 **Cas particulier.** Si la limite des deux héritages contigus est formée par une bande de terrain commune entre eux et qui doit, par destination du père de famille recevoir le mur séparatif, et que l'un des copropriétaires construit à ses frais, sans consulter son voisin, un mur de clôture et qu'il se fait ensuite rembourser la moitié de la dépense, on peut se demander si les caractères constitutifs de la cession de mitoyenneté se rencontrent en l'espèce.
Selon Maguéro (V° Servitudes, n° 6), la question ne peut être résolue qu'en fonction des circonstances de chaque affaire.
Si le constructeur agit en vertu d'un mandat exprès ou tacite du voisin, celui-ci aura eu dès l'origine la propriété de la mitoyenneté et par conséquent le droit de mutation, dit Maguéro, ne pourra être exigé. C'est, rappelle-t-il, ce qui a été décidé au sujet de construction élevée par l'un des copropriétaires sur un terrain indivis. Il y a en ce dernier cas présomption que la construction a eu lieu pour le compte commun.
Cette solution, valable lorsque le remboursement au constructeur de la moitié de la dépense a lieu aussitôt après la fin des travaux ou dans un bref délai après leur achèvement, ne peut être étendue toutefois au cas où ce remboursement interviendrait longtemps après que la construction ait été effectuée, ou qu'il s'appliquerait non pas à un simple mur de clôture, mais au mur d'un bâtiment pour toute sa hauteur. Le mandat tacite ne pourrait alors se présumer : en cette hypothèse, il y aurait une véritable cession de mitoyenneté et non pas un règlement du prix de travaux effectués à frais communs (Maguéro, V° Servitudes, n° 6).

2 Acquisition amiable de la mitoyenneté d'un mur privatif appartenant au voisin

6060 **Taxation.** La cession de la mitoyenneté d'un mur existant est traitée comme une vente d'immeuble, peu importe que le prix soit qualifié d'indemnité (Seine, 23 nov. 1853 : *Journ. enr.*, 15822, § 5).
De telles cessions amiables de mitoyenneté peuvent intervenir par exemple dans les cas prévus par les articles 660 et 661 du Code civil.

C. civ., art. 660 *(L. n° 60-464, 17 mai 1960, art. 1er).* – Le voisin qui n'a pas contribué à l'exhaussement peut en acquérir la mitoyenneté en payant la moitié de la dépense qu'il a coûté et la valeur de la moitié du sol fourni pour l'excédent d'épaisseur, s'il y en a. La dépense que l'exhaussement a coûté est estimée à la date de l'acquisition, compte tenu de l'état dans lequel se trouve la partie exhaussée du mur.

C. civ., art. 661 *(L. n° 60-464, 17 mai 1960, art. 1er).* – Tout propriétaire joignant un mur a la faculté de le rendre mitoyen en tout ou en partie, en remboursant au maître du mur la moitié de la dépense qu'il a coûté, ou la moitié de la dépense qu'a coûté la portion du mur qu'il veut rendre mitoyenne et la moitié de la valeur du sol sur lequel le mur est bâti. La dépense que le mur a coûté est estimée à la date de l'acquisition de sa mitoyenneté, compte tenu de l'état dans lequel il se trouve.

La même taxation est applicable dans le cas d'abandon de mitoyenneté prévu par l'article 656 du Code civil (V. ce texte, *supra*).

3 Cession forcée de mitoyenneté

6061 **Cas d'application.** La cession peut être forcée dans les cas prévus par les articles 660 et 661 du Code civil (V. n° 6059) si le propriétaire du mur refuse de céder la mitoyenneté.
Le tribunal judiciaire est alors compétent pour fixer les modalités de la cession forcée et principalement le prix.
En ce cas, la cession de la copropriété s'opère par l'effet de la demande d'acquisition et à sa date (Cass. civ., 19 janv. 1954 : *D.* 1954, p. 240. – Cass. civ., 3 juill. 1958 : *D.* 1958, p. 618). La demande faite par exploit d'huissier doit donc être publiée, et les droits de mutation à titre onéreux seront alors exigibles (sur les conditions de perception, V. **Acte d'huissier (commissaire de justice)**). Ils seront assis par une déclaration estimative des parties. Si, postérieurement, le jugement rendu fixe à une somme inférieure le montant de l'indemnité, une demande de restitution des droits pourra être formée. Un complément de droits sera dû si l'indemnité est fixée au contraire à une somme supérieure.
Si c'est le jugement constatant la cession de mitoyenneté qui est directement publié, la perception des droits de mutation à titre onéreux aura lieu en raison de l'application de la double formalité au bureau des actes judiciaires, et la publication interviendra ensuite en franchise de droit (V. **Décision de justice**).

4 Cas particuliers

6062 **Appui sur un mur voisin.** Le jugement qui condamne un propriétaire à payer au propriétaire voisin le prix de la mitoyenneté d'un mur contre lequel il a appuyé son droit de construction et, faute de ce faire dans un certain délai, à démolir lesdites constructions, constitue le titre d'une transmission de la mitoyenneté soumise à la condition résolutoire du non-paiement du prix et donne dès lors ouverture immédiate au droit de vente immobilière (Seine, 4 juill. 1896, 11 déc. 1903, cité au *Dict. des Rédacteurs*, V° Servitudes, n° 74).

B Cas où les droits de mutation sont applicables

6063 **Taxe de publicité foncière.** Lorsque les droits de mutation sont exigibles, le tarif applicable paraît devoir être fonction de l'affectation de l'immeuble pour le bénéfice duquel est édifié le mur mitoyen (immeuble rural... immeuble affecté à l'habitation...). Les régimes fiscaux particuliers ou de faveur prévus pour l'acquisition de certains immeubles pourraient être éventuellement appliqués.

6064 **Application éventuelle de la TVA.** Les cessions de la mitoyenneté d'un mur sont passibles de la TVA, lorsqu'elles interviennent moins de cinq ans après l'achèvement des travaux de construction du mur et que depuis cet achèvement, le mur n'a pas fait l'objet d'une cession à titre onéreux à une personne n'intervenant pas en qualité de marchand de biens.
Ce régime d'imposition n'est toutefois pas applicable lorsque la cession de la mitoyenneté du mur s'insère dans le cadre d'une opération de construction envisagée par l'acquéreur, c'est-à-dire lorsque celui-ci a l'intention de construire sur un terrain contigu un immeuble dans un délai de quatre ans, éventuellement prorogé. Dans ce cas, la cession doit être imposée dans les mêmes conditions que les mutations de terrains à bâtir (Doc. adm. DGI, 8 A-1131, n° 54, 15 nov. 2001).

C Contribution de sécurité immobilière

N.B. : La contribution de sécurité immobilière a remplacé le salaire du conservateur à compter du 1er janvier 2013. Elle obéit aux mêmes conditions d'assiette, de tarifs, de contrôle et de recouvrement que ce salaire (V. **Contribution de sécurité immobilière**). Les solutions données ci-dessous à propos du salaire du conservateur peuvent donc être transposées pour la perception de la contribution de sécurité immobilière.

6065 **Liquidation.** La contribution de sécurité immobilière (au taux fixe ou proportionnel selon le cas) est exigible. Elle est liquidée sur les mêmes bases que la taxe de publicité foncière.

Monuments historiques

Neyla GONZALEZ-GHARBI

C. patr., art. R. 621-80. – Les décisions de classement ou de déclassement sont publiées par le ministre chargé de la culture au *Bulletin officiel* du ministère. Les arrêtés d'inscription ou de radiation d'inscription sont publiés au recueil des actes administratifs de la préfecture de région.

La liste des immeubles classés, déclassés, inscrits ou radiés au cours d'une année est publiée au *Journal officiel* de la République française avant l'année suivante.

Les décisions de classement ou d'inscription, de déclassement ou de radiation d'inscription sont publiées par les soins du préfet de région au fichier immobilier de la situation de l'immeuble classé ou inscrit. Cette publication, qui ne donne lieu à aucune perception au profit du Trésor, est faite dans les formes et de la manière prescrites par les lois et règlements concernant la publicité foncière.

I

Publicité foncière

6066 **Décisions soumises à publication.** L'article R. 621-80 du Code du patrimoine énonce que « les décisions de classement ou d'inscription, de déclassement ou de radiation d'inscription sont publiées par les soins du préfet de région au fichier immobilier de la situation de l'immeuble classé ou inscrit. » Cette publication est faite pour l'information des usagers (D. n° 55-22, 4 janv. 1955, art. 35, al. 1er et 6°). Elle ne constitue pas une condition d'opposabilité du classement (CE, 22 nov. 1978 : *Dr. fisc.* 1978, comm. 385).

6067 **Information des tiers.** Il tombe sous le sens que l'acquéreur d'un immeuble classé ou en instance de classement doit être pleinement informé de la situation de cet immeuble au regard de l'administration des affaires culturelles. Et le notaire chargé de recevoir l'acte constatant la transmission de l'immeuble risque d'engager sa responsabilité s'il n'accomplit pas toutes diligences nécessaires pour la pleine information du nouveau propriétaire.

M. Brichet donne à ce propos les conseils pratiques suivants (*JCl. Notarial Formulaire*, V° Monuments historiques, Fasc. A, n° 19).

> « Il convient de requérir au bureau des hypothèques (aujourd'hui, au service de la publicité foncière) de la situation de l'immeuble, la délivrance d'un état (complet ou sommaire) des transcriptions ou publications de classement et de déclassement dont l'immeuble a pu faire l'objet depuis l'application de la loi du 31 décembre 1913, c'est-à-dire depuis le 1er janvier 1914. La réquisition est faite du chef de tous ceux qui ont été propriétaires de l'immeuble depuis janvier 1914. Elle peut cependant être limitée à une date plus récente si on a la certitude que la première décision de classement est intervenue postérieurement. La prudence

commande de ne pas trop se fier aux indications fournies soit par les documents remis par l'aliénateur (ils ont pu être modifiés depuis), soit par les actes constatant les aliénations intervenues depuis janvier 1914 (ces actes sont susceptibles de taire le classement ou de faire état de renseignements incomplets ou dépassés). Lorsqu'il est certain que le classement est postérieur au 1er janvier 1956, la réquisition d'état peut, dans certains cas être remplacée par une réquisition de délivrance de fiche d'immeuble ».

6068 **Déclassement.** Le déclassement est notifié aux intéressés et publié au service de la publicité foncière de la situation de l'immeuble, dans les mêmes conditions que le classement.

II
Perceptions

6069 **Taxe de publicité foncière.** La publication « ne donne lieu à aucune perception au profit du Trésor » et s'opère donc en franchise de taxe (C. patr., art. R. 621-80).

6070 **Contribution de sécurité immobilière.** En application de l'article 879, II, du Code général des impôts (V. **État**), la publication au fichier immobilier des décisions de classement ou d'inscription, de déclassement ou de radiation d'inscription au titre des monuments historiques, prévues à l'article R. 621-80 du Code du patrimoine, est exonérée de contribution de sécurité immobilière dès lors que ces décisions émanent, selon les cas, d'un arrêté ministériel ou d'un décret du Premier ministre pris après avis du Conseil d'État.
Il en est de même des décisions intéressant l'inventaire supplémentaire des monuments historiques prises par le représentant de l'État dans la région.

Multipropriété

Jacques LAFOND

6071 **Réglementation.** La loi n° 86-18 du 6 janvier 1986 a donné aux « Sociétés d'attribution d'immeubles en jouissance à temps partagé » un statut juridique spécifique.
Comme leur nom l'indique, leur objet est d'acquérir ou de construire des immeubles à objet principal d'habitation en vue de les **attribuer en jouissance** à leurs associés (qui n'ont aucun droit de propriété ou autre droit réel en contrepartie de leurs apports) pour une période déterminée sous le régime de la « **multipropriété** ».
L'article 35 de la loi précise que l'article 1655 ter du Code général des impôts n'est pas applicable à ces sociétés. Elles sont donc expressément exclues du régime de la transparence fiscale.

6072 **Publicité foncière.** En principe, la *multipropriété,* ou plus précisément la division dans le temps de la jouissance d'un immeuble, ne relève pas de la publicité foncière, parce que l'immeuble reste la propriété d'une seule personne, n'est pas vendu, n'est pas partagé. Il n'y a aucun mouvement immobilier (sur l'ensemble de la question, V. D. Sizaire, *JCl. Copropriété*, Fasc. 392).

6073 L'administration a, à deux reprises au moins, pris parti sur la question, estimant que la division dans le temps ne peut pas faire l'objet d'un état descriptif de division, qu'il y a attribution de droits personnels, et non réels, aux associés, et que la société reste seule et unique propriétaire (Rép. min. 21 juill. 1973 : *JOAN* CR, p. 3023. – Rép. min. 1er avr. 1973 : *JOAN* CR, p. 717).
Une chronique hypothécaire signée P.J.C. (*JCP* N 1984, prat. 137), analyse en détail le problème de la publicité foncière en matière de « multipropriété » et conclut à son impossibilité pratique.

6074 Certaines opérations devront être publiées le jour venu, en particulier le partage de l'immeuble s'il a lieu.

Obligation réelle environnementale

Serge LAMIAUX

6075 **Définition.** L'article L. 132-3, alinéa 1er du Code de l'environnement, introduit par l'article 72 de la loi n° 2016-1087 du 8 août 2016, pour la reconquête de la biodiversité, de la nature et des paysages, a instauré une obligation réelle dite « environnementale ». Aux termes du texte, l'obligation est créée par un contrat conclu entre le propriétaire d'un bien immobilier et une collectivité publique, un établissement public ou une personne morale de droit privé agissant pour la protection de l'environnement. Toute obligation peut être créée, mais elle doit avoir nécessairement pour finalité :
– soit le maintien, la conservation, la gestion ou la restauration d'éléments de la biodiversité ou de fonctions écologiques (C. env., art. L. 132-3, al. 1er) ;
– soit l'utilisation à des fins de compensation en nature d'un préjudice écologique (C. env., art. L. 132-3, al. 2).

6076 **Nature juridique.** Les travaux parlementaires – en particulier l'étude d'impact du 25 mars 2014 (NOR : DEVL1400720L/Bleue-1, p. 149) et le rapport de M. Jérôme Bignon, déposé au Sénat le 8 juillet 2015 (Rapp. Sénat n° 607, 2014-2015) – montrent que le législateur a préféré recourir à l'obligation réelle plutôt qu'à la servitude, qui présentait à ses yeux deux difficultés liées à la nécessité d'un fonds dominant et à l'impossibilité de créer des obligations de faire.

6077 **Régime juridique.** Le contrat créant l'obligation réelle environnementale doit être constaté par acte authentique (C. env., art. L. 132-3, al. 4) et doit contenir la durée des obligations, les engagements réciproques et les possibilités de révision et de résiliation (C. env., art. L. 132-3, al. 3).
L'obligation réelle se transmet aux propriétaires successifs de l'immeuble qui en est grevé (C. env., art. L. 132-3, al. 1er).

I Publicité foncière

A Obligation de publier

D. n° 55-22, 4 janv. 1955, art. 28. Sont obligatoirement publiés au service chargé de la publicité foncière de la situation des immeubles :

1° Tous actes, même assortis d'une condition suspensive, et toutes décisions judiciaires, portant ou constatant entre vifs :

a) Mutation ou constitution de droits réels immobiliers, *y compris les obligations réelles définies à l'article L. 132-3 du Code de l'environnement,* autres que les privilèges et hypothèques, qui sont conservés suivant les modalités prévues au Code civil ;

6078 Le contrat créant une obligation réelle environnementale est soumis à publication obligatoire au fichier immobilier.
Il peut paraître curieux d'introduire les obligations réelles au sein d'une disposition visant les droits réels immobiliers – ce qu'elles ne sont pas. Il aurait sans doute mieux valu les faire figurer à

l'article 28, 2° du même décret, en tant que « restrictions » au droit de disposer.

B Identification des immeubles

6079 L'obligation réelle environnementale n'étant pas une servitude, il n'y a lieu d'identifier ni fonds dominant ni fonds servant. Seul l'immeuble grevé de l'obligation réelle devra faire l'objet d'une désignation conforme aux dispositions de l'article 7 du décret n° 55-22 du 4 janvier 1955.

C Sanction du défaut de publication

6080 Par application combinée des dispositions des articles 28, 1°, *a)* et 30, 1 du décret n° 55-22 du 4 janvier 1955, l'absence de publication du contrat créant une obligation réelle environnementale est sanctionnée par l'inopposabilité de cette obligation aux tiers, notamment à l'acquéreur du bien immobilier qui s'en trouve grevé.

II Perceptions

A Droits d'enregistrement. Taxe de publicité foncière

6081 **C. env., art. L. 132-3, 4e al.** Établi en la forme authentique, le contrat faisant naître l'obligation réelle n'est pas passible de droits d'enregistrement et ne donne pas lieu à la perception de la taxe de publicité foncière prévus, respectivement, aux articles 662 et 663 du Code général des impôts.
Le visa du texte est curieux. Le contrat créant l'obligation réelle environnementale doit être constaté par acte notarié. Il est donc soumis obligatoirement à la formalité de l'enregistrement (CGI, art. 635, 1, 1°). Par ailleurs, il contient une disposition qui doit être obligatoirement soumise à la formalité de la publicité foncière (D. n° 55-22, 4 janv. 1955, art. 28). Par conséquent, en application des dispositions de l'article 647, I du Code général des impôts, le contrat créant l'obligation réelle environnementale relève de la formalité fusionnée. En ce cas, la perception afférente est celle prévue par l'article 664 du Code général des impôts, c'est-à-dire une taxe de publicité foncière valant droits d'enregistrement. La loi aurait donc dû viser l'article 664 plutôt que les articles 662 et 663. Toutefois, la volonté législative d'exonération fiscale est indéniable (rapport préc.).
Le contrat créant l'obligation réelle environnementale est donc exonéré tant des droits d'enregistrement que de la taxe de publicité foncière.

B Contribution de sécurité immobilière

6082 Depuis le 1er janvier 2021 (L. n° 2020-217, 29 déc. 2020, art. 36), le même texte prévoit également l'exonération de la contribution de sécurité immobilière. (V. **Interdiction d'aliéner et d'hypothéquer**).

Offices publics

Neyla GONZALEZ-GHARBI

6083 Le terme d'office n'a pas de signification juridique précise et recouvre des réalités diverses : il s'applique à des établissements publics dont le statut peut être assez différent, plus spécialement à divers établissements publics à caractère industriel ou commercial (*Vocabulaire juridique*, 3e éd. par G. Cornu, V° *Office*).
Il s'agira donc dans chaque cas de rechercher quel est le régime fiscal particulier de l'office considéré, en vérifiant :
– s'il fait l'objet de dispositions particulières dans le Code général des impôts ;
– à défaut quelle est sa nature juridique.

6084 **Offices publics visés expressément par le Code général des impôts.** On trouve une liste « d'offices » dans l'article 170 de l'annexe IV du Code général des impôts qui vise :
– les sections de l'Office central de répartition des produits industriels ;
– l'Office national des anciens combattants et victimes de guerre ;
– l'Office national de la navigation ;
– l'Office national interprofessionnel des céréales ;
– les offices publics d'HLM.
Ces offices ne peuvent bénéficier de l'exonération applicable aux établissements publics de l'État (BOI-ENR-DMTOI-10-80-10-20120912, n° 50).

6085 Mais certains d'entre eux peuvent se prévaloir de l'exonération édictée par l'article 1042 du Code général des impôts (V. **Commune**) lorsqu'il s'agit d'établissements publics régionaux, départementaux ou communaux (BOI-ENR-DMTOI-10-80-10-20120912, n° 50) Il en est ainsi pour les offices publics d'aménagement et de construction (OPAC) ou les offices publics d'HLM.

6086 **Offices publics non visés expressément par le Code général des impôts.** Lorsqu'il n'existe pas d'exonération expresse, il s'agit alors de vérifier :
– si l'office constitue un établissement public de l'État et dans l'affirmative s'il entre dans la catégorie des établissements publics scientifiques d'enseignement, d'assistance et de bienfaisance susceptibles de bénéficier de l'exonération édictée par l'article 1040 du Code général des impôts (V. **État** et **Établissement public**).
À défaut, l'opération relèvera du régime fiscal de droit commun.
Sont ainsi soumis au régime de droit commun les opérations réalisées par :
• l'Office national de Crédit agricole,
• l'Office national des mutilés,
• l'Office national de la navigation,
• l'Office français des réfugiés et apatrides ;
– si l'office constitue un établissement public régional départemental ou communal et s'il peut à ce titre invoquer le bénéfice de l'exonération édictée par l'article 1042 du Code général des impôts (V. **Établissement public**).

Pacte commissoire

Serge LAMIAUX

BIBLIOGRAPHIE : C. Carbonnel, *Le pacte commissoire en matière de sûretés réelles immobilières ou la réforme inachevée : JCP* E 2007, n° 50-2536. – A. Fournier, *Adaptations du droit de la publicité foncière : modalités de publication du pacte commissoire : JCP* N 2008, act. 474.

6087 Les modalités de publication des pactes commissoires ont été fixées par une instruction du 3 octobre 2008 (*BOI* 10 D-1-08 : *JCP* N 2008, n° 41, act. 675).

I

Publication au fichier immobilier

6088 **Texte.** L'article 2459 du Code civil, issu de l'ordonnance n° 2006-346 du 23 mars 2006, devenu l'article 2452 du même code, en suite de l'ordonnance n° 2021-1192 du 15 septembre 2021, permet la conclusion d'un pacte commissoire dans les actes d'affectation hypothécaire. Ce texte dispose en effet qu'« il peut être convenu dans la convention d'hypothèque que le créancier deviendra propriétaire de l'immeuble hypothéqué. Toutefois, cette clause est sans effet sur l'immeuble qui constitue la résidence principale du débiteur ».

6089 **Modalités de publication.** Le pacte commissoire apparaît ainsi comme une stipulation supplétive d'une convention d'hypothèque, dont il ne peut être détaché.

Pour permettre la publicité d'une telle stipulation suivant les règles de l'hypothèque à laquelle il se rattache, le décret n° 2008-466 du 19 mai 2008 a logiquement prévu que la clause « prévoyant que le créancier hypothécaire impayé deviendra propriétaire de l'immeuble hypothéqué » (portant pacte commissoire) fasse l'objet d'une mention dans le bordereau d'inscription d'hypothèque (D. n° 55-1350, 14 oct. 1955, art. 55 mod.), dans le bordereau d'inscription de l'avenant convertissant une hypothèque conventionnelle en hypothèque conventionnelle rechargeable (D. 14 oct. 1955 préc., art. 57-3 mod.), ou dans le bordereau d'inscription de la conversion d'un privilège de prêteur de deniers en hypothèque conventionnelle rechargeable (D. 14 oct. 1955 préc., art. 57-4 mod.).

6090 **Bordereaux d'inscription.** Pour la mise en œuvre de cette mesure, la clause portant pacte commissoire est mentionnée :

– dans la rubrique « dispositions particulières » du bordereau d'inscription d'hypothèque n° 3267 C ;

– dans la rubrique « F » des modèles de bordereau d'inscription d'hypothèque conventionnelle rechargeable par avenant ou par renonciation à privilège de prêteur de deniers, dont l'intitulé est enrichi à cette fin (cf. ann. 1 et 2).

> **NOTA** Des modèles de bordereaux figurent en annexe de l'instruction du 3 octobre 2008 précitée (*JCP* N 2008, n° 41, act. 675).

6091 **Rôle du service de la publicité foncière.** Il échoit au service de la publicité foncière d'assurer la publicité du pacte commissoire. À cette fin, il indique l'existence du pacte commissoire lors de l'inscription de l'hypothèque (y compris par avenant ou par conversion de privilège de prêteur de deniers) au fichier immobilier.

Ainsi, les renseignements délivrés par le service de la publicité foncière en réponse à une demande d'extrait du fichier immobilier indiqueront, en ce qui concerne les inscriptions d'hypothèque, l'existence de la clause portant pacte commissoire. Il sera par la suite loisible au requérant de demander une copie du bordereau d'inscription mentionnant la clause portant pacte commissoire (Instr. 3 oct. 2008 préc., n°s 5 et 6).

II

Contribution de sécurité immobilière

NOTA **N.B.** : La contribution de sécurité immobilière a remplacé le salaire du conservateur à compter du 1er janvier 2013. Elle obéit aux mêmes conditions d'assiette, de tarifs, de contrôle et de recouvrement que ce salaire (V. **Contribution de sécurité immobilière**). Les solutions données ci-dessous à propos du salaire du conservateur peuvent donc être transposées pour la perception de la contribution de sécurité immobilière.

6092 **Perceptions.** La mention de la clause portant pacte commissoire dans un bordereau d'inscription est accessoire de l'hypothèque relatée dans ledit bordereau. Elle ne modifie donc pas le tarif du salaire du conservateur des hypothèques dû lors de l'inscription du bordereau d'inscription. Même assortie d'une clause portant pacte commissoire, l'inscription de l'hypothèque donne donc lieu à la perception du salaire du conservateur des hypothèques sur les sommes ou valeurs énoncées dans le bordereau (montant de la créance en cas d'inscription d'hypothèque, somme rechargeable mentionnée dans le bordereau en cas d'avenant ou de conversion), quelle que soit la valeur vénale de l'immeuble objet du pacte commissoire.

Ainsi, il est possible qu'en présence d'une convention d'hypothèque prévoyant un pacte commissoire, le bordereau d'inscription initial ne mentionne pas la clause portant pacte commissoire. Tel peut être le cas de conventions d'hypothèque conclues antérieurement à l'entrée en vigueur du décret n° 2008-466 du 19 mai 2008. Dans ce cas, le bordereau d'inscription qui complète l'inscription initiale de la mention du pacte commissoire ne donne lieu qu'à la perception du salaire de 8 € (CGI, ann. III, ancien art. 298 ; CGI, art. 881 M. – Instr. 3 oct. 2008 préc., n°s 7 et 8).

Pacte de préférence

Jacques LAFOND

BIBLIOGRAPHIE : S. Becqué-Ickowicz et D. Savouré, *Analyse d'une formule de création d'un pacte de préférence : Defrénois* 2012, art. 40 533. – H. Kenfack, *Le retour du pacte de préférence dans le droit commun des contrats ? : Defrénois* 2012, art. 40 536. – F. Rouvière, *Le pacte de préférence rapprochée des droits de préemption : Defrénois* 2012, art. 40 531. – M. Chaguet, *La publicité du pacte de préférence : Defrénois* 2013, p. 620. – M. Suquet-Cozic, *Publicité foncière*, EFL, 3e éd. 2021, n° 3430. – J. et S. Piédelièvre, *La publicité foncière*, Lextenso éd., 2014, nos 284 à 286.
Sur la portée de la réforme opérée par l'ordonnance n° 2016-131 du 10 février 2016 : M. Mekki, *Réforme des contrats et les obligations : le pacte de préférence : JCP* N 2016, n° 41, 1102. – C. Grimaldi, *Le pacte de préférence et le notaire après la réforme du droit des contrats : Defrénois* 2016, n° 20, p. 1067. – V. Matet, *Le pacte de préférence sous les feux de l'ordonnance du 10 février 2016 : Nota Bene Cridon Sud-Ouest*, janv.-févr. 2017, n° 884.

6093 **Définition.** À la suite de l'ordonnance n° 2016-131 du 10 février 2016, portant réforme du droit des contrats et des obligations, entrée en vigueur le 1er octobre 2016, le pacte de préférence a reçu une définition, dans l'article 1123 du Code civil ainsi conçu :

« Le pacte de préférence est le contrat par lequel une partie s'engage à proposer prioritairement à son bénéficiaire de traiter avec lui pour le cas où elle déciderait de contracter.
Lorsqu'un contrat est conclu avec un tiers en violation d'un pacte de préférence, le bénéficiaire peut obtenir la réparation du préjudice subi. Lorsque le tiers connaissait l'existence du pacte et l'intention du bénéficiaire de s'en prévaloir, ce dernier peut également agir en nullité ou demander au juge de le substituer au tiers dans le contrat conclu ».

I
Publicité foncière

6094 **La publication des pactes de préférence n'est pas obligatoire.** Le point de savoir si le pacte de préférence est ou non soumis à publication obligatoire a fait l'objet de controverses doctrinales et de prises de position de la jurisprudence, dont la portée était discutée (pour un compte-rendu complet de ces controverses, V. *JCl. Notarial Formulaire*, V° Pacte de préférence, par Th. Keravec).
La troisième chambre civile de la Cour de cassation a mis fin à ces hésitations par un arrêt du 16 mars 1994 en décidant que le pacte de préférence s'analysait en une promesse unilatérale conditionnelle et ne constituait pas une restriction au droit de disposer.

En l'espèce, par acte du 23 novembre 1988 publié aux hypothèques le 12 mai 1989, une dame P. B avait accordé à une société une concession d'extraction de matériaux sur deux parcelles. Par acte authentique du 6 février 1989 publié le 10 mars 1989, Mme P. B avait consenti un pacte de préférence sur ces mêmes parcelles à un tiers. Considérant que le second acte, contenant le pacte de préférence, bien que postérieur au premier, avait été publié avant celui-ci, la cour d'appel (Montpellier, 25 juin 1991) avait décidé que le premier acte (contrat de foretage) était inopposable au bénéficiaire du pacte de préférence, ce pacte étant devenu opposable aux tiers à compter du 10 mars 1989 date de sa publication.

La Cour de cassation a estimé pour sa part que la publication du pacte de préférence était une simple faculté offerte par l'article 37-1 du décret du 4 janvier 1955 et elle a cassé l'arrêt de la cour d'appel pour violation de la loi en ces termes : « Le pacte de préférence, s'analysant en une promesse unilatérale conditionnelle, ne constitue pas une restriction au droit de disposer » (V. sur cet arrêt : J. Maury, *La protection du bénéficiaire d'une promesse unilatérale de vente ou d'un pacte de préférence publiée : JCP* N 1994, p. 341 et s. – A. Fournier, obs. *in D.* 1994, p. 486 et s. – L. Aynès : *Defrénois* 1994, art. 35 897, p. 1164 ; *RD imm.* 1995, p. 144. – M.-H. Monsérié, *La publicité du pacte de préférence : LPA* 1er mai 1995, p. 6. – A. Fournier, *Publicité foncière et pacte de préférence d'immeuble : une idylle rompue : Dr. et patrimoine* avr. 2000, p. 45).

6095 Purge du pacte de préférence, non mentionnée dans l'acte de vente. Un acte de vente est établi, faisant état de l'existence d'un pacte de préférence, qui a été préalablement purgé, sans qu'il en soit fait mention dans l'acte. Lors de sa publication au service de la publicité foncière, l'acte de vente ne peut se voir opposer un refus ou un rejet. Mais il paraît souhaitable, du point de vue de la sécurité juridique, pour une parfaite information des tiers, d'établir un acte rectificatif avec comparution de toutes les parties d'origine, indiquant cette fois que le droit du bénéficiaire du pacte de préférence a bien été purgé, et précisant les modalités de cette purge (V. en ce sens, M. Suquet-Cozic, *Un pacte de préférence publié sur l'immeuble empêche-t-il de publier une vente à un tiers : Sol. not.* avr. 2024, p. 13).

6096 Intérêts de la publication. Si, compte tenu de la jurisprudence de la Cour de cassation, la publication du pacte de préférence ne permet pas de le rendre opposable aux tiers, cette publication présente néanmoins un intérêt :

– une demande de dommages-intérêts peut-être formée par le bénéficiaire du pacte à l'encontre du tiers qui ne l'a pas respecté s'il y a eu faute de ce dernier, qui est établie lorsqu'il apparaît qu'il avait connaissance du pacte. L'intérêt de la publication du pacte de préférence est de faciliter cette preuve ;

– d'autre part, la nullité de l'acte passé en violation du pacte de préférence et la substitution du bénéficiaire du pacte à l'acquéreur peut être obtenue lorsqu'est démontrée la collusion frauduleuse entre le vendeur et le tiers acquéreur (solution admise antérieurement par la jurisprudence et consacrée par l'article 1123, alinéa 2 nouveau du Code civil). Il faut pour cela établir qu'au moment de la formation de la vente entre le débiteur de la préférence et le tiers, celui-ci avait connaissance de l'existence du pacte et de l'intention de son titulaire de s'en prévaloir. Là encore, la publication permettra d'établir plus facilement que les conditions d'une annulation de l'acte passé au mépris du pacte sont réunies (V. à ce propos les observations de A. Fournier : *Dr. et patrimoine* avr. 2000, étude préc., p. 52 et M.-H. Monsérié, étude préc., p. 10. – V. aussi J.-P. Désidéri, *Pacte de préférence et situations particulières : le droit immobilier : Dr. et patrimoine* janv. 2006, p. 57).

Même si la publication ne crée pas de présomption de connaissance par le tiers du pacte publié, il peut lui être reproché (et plus particulièrement au notaire rédacteur de l'acte de vente...) une faute de négligence pour ne pas avoir sollicité de renseignements hypothécaires (V. pour un pacte de préférence figurant dans une donation-partage publiée : Cass. 1re civ., 11 juill. 2006 : *JCP* N 2007, n° 7, 1064, note H. Kenfack ; *JCP* N 2006, 1256, note B. Thullier et *JCP* N 2006, 1278, n° 2, obs. S. Piédelièvre ; *JCP* G 2006, II, 10142, note L. Leveneur ; *D.* 2006, p. 2510, note P.-Y. Gautier. – V. dans le même sens, Cass. 3e civ., 31 janv. 2007 : *JCP* N 2007, 1302, n° 2, obs. S. Piédelièvre ; *Defrénois* 2007, art. 38 624, p. 1048, obs. R. Libchaber ; *Contrats, conc. consom.* 2007, comm. 116, obs. L. Leveneur. – Cass. 3e civ., 14 févr. 2007 : *JCP* G 2007, II, 10 1143, note D. Bert ; *JCP* N 2007, p. 1615, note H. Lecuyer ; *Defrénois* 2007, art. 38 624, p. 1048, obs. R. Libchaber. – V. sur le problème, Th. Piazzon, *Retour sur la violation des pactes de préférence : RTD civ.* 2009, p. 433).

6097 Publication par le bénéficiaire du pacte de préférence d'un acte manifestant son intention de s'en prévaloir. Aux termes de l'article 1123, alinéa 2 du Code civil (V. n° **6093**), le bénéficiaire du pacte peut agir en nullité de la vente ou demander au juge de le substituer au tiers acquéreur lorsque celui-ci connaissait l'existence du pacte « et l'intention du bénéficiaire de s'en prévaloir ».

En prenant appui sur ce texte, il a été imaginé de faire procéder par le titulaire du pacte de préférence à la publication au fichier immobilier d'un acte unilatéral affirmant sa volonté de s'en prévaloir. Un arrêt de la Cour de cassation a montré les limites du procédé en affirmant que cette publication « est insuffisante a prouver que l'acquéreur avait connaissance du pacte et, partant, à obtenir substitution dans ses droits » (Cass. 3e civ., 7 mars 2024, n° 22-10.639, F-D : *Sol. not.* 2024, note M. Suquet-Cozic ; *JCP* N 2024, n° 16, 1082, note S. Piédelièvre).

6098 Pacte de préférence figurant dans un autre acte soumis à publication. Nécessité de requérir expressément la publication. L'association des conservateurs a rappelé dans son bulletin (*Bull. AMC* 1982, art. 1234 ; *ibid.* 1983, art. 1274) que lorsqu'un acte renferme plusieurs dispositions dont l'une ou certaines d'entre elles seulement sont soumises obligatoirement à publicité, sa présentation est « présumée destinée à satisfaire aux prescriptions légales et par suite n'équivaut à une réquisition de publier qu'en ce qui concerne les dispositions soumises obligatoirement à cette formalité ». L'Association mutuelle des conservateurs en déduit que « lorsqu'un acte présenté à la formalité stipule à titre accessoire une inaliénabilité temporaire ou toute autre restriction au droit de disposer, cette stipulation accessoire n'est publiée que si cette publication est expressément requise ».

Un arrêt de la cour de Bordeaux du 1er octobre 1987 (*JCP* N 1989, p. 17, note J. Lafond) reprenant à son compte cette analyse estime que « le conservateur des hypothèques (auquel s'est aujourd'hui substitué le service de la publicité foncière) n'a pas l'obligation légale de publier, sauf réquisition spéciale du notaire à cette fin, un pacte de préférence qui ne fait pas l'objet d'un acte distinct par rapport à l'acte de vente dont il est solidaire ».

Une autre difficulté a été soumise à l'association des conservateurs dans un cas où le pacte de préférence était inclus dans un bail de plus de douze ans soumis à publication obligatoire. Le notaire se proposait de déposer les documents en formulant une réquisition expresse de ne pas publier le bail mais seulement le pacte de préférence, ceci pour faire des économies (souhaitées par le client) en ce qui concerne la taxe de publicité foncière et le salaire du conservateur (alors en vigueur). Cette solution a été rejetée par l'association des conservateurs. Cependant, il serait envisageable en pareil cas de procéder, en application de l'article 67-3 du décret du 14 octobre 1955, à la publication du seul pacte de préférence par extraits littéraux : mais, comme le remarquait l'association des conservateurs, le notaire manquerait ainsi à l'obligation de publier qui lui est faite par l'article 32 du décret du 4 janvier 1955, ce qui est une anomalie (*Bull. AMC* 1995, art. 1668).

II Taxations

A Pacte de préférence faisant l'objet d'un acte distinct

6099 Taxe de publicité foncière et contribution de sécurité immobilière. La taxe de publicité foncière est perçue au tarif fixe des actes innommés (CGI, art. 680. – sur le tarif actuel, V. **Droits fixes**).

La contribution de sécurité immobilière est due au tarif ordinaire des publications (CGI, ann. III, art. 296) soit 0,10 % sur la valeur des biens ou droits concernés. Une déclaration estimative (V. **Déclaration estimative**) est donc nécessaire. Mais il est recommandé et admis que le pacte de préférence, considéré comme restriction au droit de disposer, fasse l'objet d'une estimation de sa valeur propre, qui servira de base à la perception, au lieu de la valeur des immeubles sur lesquels porte le pacte (V., à propos du salaire du conservateur, *Bull. AMC* 1951, art. 61 ; *ibid.* 1977, art. 1090. – H. Bulté : *JCP* N 1979, prat. 6875. – B. Stemmer : *JCP* N 1980, prat. 7759. – P. J. C, chron. hyp. : *JCP* N 1994, IV, 3126). Il a été soutenu que cette solution n'était plus d'actualité, dès lors que la Cour de cassation avait dénié au pacte de préférence le caractère de « restriction au droit de disposer » (V. *supra*, n° 6094. – M. Chaguet, *La publicité du pacte de préférence : Defrénois* 2013, p. 621).

Il est rappelé que la « contribution de sécurité immobilière », qui a remplacé le salaire des conservateurs à compter du 1er janvier 2013, est perçue aux mêmes conditions d'assiette, de tarif, de contrôle et de recouvrement que ce salaire et que ces solutions paraissent pouvoir être transposées.

B Pacte de préférence inclus dans un acte contenant d'autres dispositions

6100 Distinction selon que le pacte de préférence est une disposition dépendante ou indépendante. Si, dans ce cas, le pacte peut être considéré comme une disposition dépendante (V. **Acte contenant plusieurs dispositions**), sans laquelle la convention dont il est inséparable n'aurait pas eu lieu, la taxe de publicité

foncière n'est perçue que sur la disposition principale (CGI, art. 672) et il n'y a pas lieu à perception de la contribution de sécurité immobilière (comme antérieurement) d'un salaire sur le pacte de préférence, à quelque titre que ce soit.
Si le pacte est une disposition indépendante, la taxe de publicité foncière n'est pas due, et la contribution de sécurité immobilière (V. **Contribution de sécurité immobilière**) sera perçue, sur déclaration estimative de la valeur des immeubles concernés, avec la tolérance signalée (V. n° 6099).

6101 **Exemple.** Dans un acte de vente consenti par une SAFER, il a été stipulé que la SAFER aurait un droit de préférence indépendant du droit de préemption qui lui est conféré par la loi pour se rendre acquéreur aux conditions, charges, modalités et prix notifiés.
Le *Bulletin de l'association mutuelle des conservateurs*, confirmant une solution précédemment donnée, indique que si la stipulation d'un pacte de préférence a constitué de la part de la SAFER une condition de la vente, il n'en demeure pas moins que la clause pourrait être retranchée du contrat sans que celui-ci cesse de présenter le caractère nécessaire d'une vente d'immeubles ruraux. Dès lors, il doit s'analyser en une « disposition indépendante » (sur les critères de la disposition indépendante, V. **Acte contenant plusieurs dispositions**).
Dans ces conditions, la perception de la contribution de sécurité immobilière (V. **Contribution de sécurité immobilière**) est justifiée (V., à propos du salaire du conservateur, *Bull. AMC* 1984-1985, art. 1337).
L'administration estime que les pactes de préférence et droits de délaissement stipulés dans les actes d'acquisition ou de vente immobilière des SAFER ne bénéficient pas de l'exonération de taxe de publicité foncière et de contribution de sécurité immobilière prévue par les articles 1028 bis et 1028 ter du Code général des impôts. M. Lamiaux, qui rend compte de la position de l'administration, précise en conséquence que la stipulation d'un pacte de préférence justifie en pareille hypothèse (S. Lamiaux, *Publicité foncière et SAFER : les exonérations de TDPF et de CSI ne s'étendent pas au pacte de préférence : JCP* N 2019, n° 29, act. 642) :
– la perception d'une taxe de publicité foncière de 125 € (CGI, art. 680) en application des règles admises en présence d'actes contenant plusieurs dispositions (CGI, art. 672 : V. **Acte contenant plusieurs dispositions**) ;
– la perception de la CSI au taux de 0,10 % sur la valeur des droits concernés (CGI, art. 881 K) avec perception éventuelle du minimum de 15 € (CGI, art. 881M). Il est précisé que l'administration n'entend pas appliquer à la CSI la règle de perception de l'article 672 du Code général des impôts précité, reprenant ainsi les règles antérieurement admises en matière de salaire du conservateur (V. **Acte contenant plusieurs dispositions**).
Exemple : l'acte de vente par une SAFER contient un pacte de préférence dont la valeur estimée est de 1 000 €. Les perceptions seront les suivantes :
– exonération de TDPF et de CSI en ce qui concerne la vente ;
– taxation du pacte de préférence : TDPF : 125 € ; CSI à 0,10 % sur 1 000 €, soit 1 € (le minimum de perception de 15 € est alors exigible).

C Renonciation à un pacte de préférence

6102 **Renonciation par acte distinct.** Si la renonciation est faite par acte distinct, la taxe de publicité foncière est perçue au taux fixe prévu pour les actes innommés (sur le tarif actuel, V. **Actes innommés**). La contribution de sécurité immobilière (V. **Contribution de sécurité immobilière**) est due, au tarif fixe (sur le taux actuel, V. **Contribution de sécurité immobilière**).

6103 **Renonciation incluse dans un acte contenant d'autres dispositions.** Si la renonciation est incluse dans un acte comportant d'autres dispositions, les distinctions énoncées au n° 6100, se retrouvent inchangées :
– en ce qui concerne la contribution de sécurité immobilière, si le pacte est une disposition dépendante, aucune perception ne peut être opérée. S'il est une disposition indépendante, la contribution de sécurité immobilière au tarif fixe sera perçue ;
– quant à la taxe de publicité foncière, aucune taxe ne sera perçue sur la renonciation, en vertu de l'article 672 du Code général des impôts, et ce qu'il s'agisse de disposition dépendante ou de disposition indépendante (Lacroix, *Mémento*, n° 545).

Paiement des droits

Serge LAMIAUX

Sommaire analytique

Index alphabétique

6104 **Objet de la présente rubrique.** La présente rubrique ne concerne en fait que le paiement des droits d'enregistrement et de la taxe de publicité foncière.
➤ Pour des éléments concernant le paiement de la TVA, V. **Immeuble neuf-vente**).
➤ Sur les règles relatives au paiement de la contribution de sécurité immobilière, V. **Contribution de sécurité immobilière**.

6105 **Plan.** Après avoir évoqué les cas d'enregistrement ou de publication gratis (I), nous traiterons du moment du paiement (II), des modalités de paiement (III) et des débiteurs des droits (IV).

I

Enregistrement ou publication gratis

A Généralités

6106 Certains actes sont soumis à la formalité, mais ne donnent ouverture à aucun droit ou taxe ; ils sont enregistrés ou publiés gratis.
Comme l'exemption, la gratuité a été admise dans des cas et pour des motifs extrêmement divers (V. n°s 6107 et s., et autres divisions relatives notamment aux mutations de propriété et de jouissance). Mais la formalité n'en reste pas moins obligatoire en raison notamment de l'intérêt qu'elle peut présenter pour le contrôle (BOI-ENR-DG-20-50-20120912, n° 1).

B Cas des actes soumis au tarif fusionné

6107 **Actes concernés.** La loi n° 69-1168 du 26 décembre 1969, en fusionnant les droits d'enregistrement et la taxe de publicité foncière, a réduit le nombre des cas de gratuité de la formalité pour les actes donnant lieu à une perception fiscale unique, sans qu'il y ait lieu, d'ailleurs, de distinguer entre ceux qui relèvent de la formalité unique et ceux qui demeurent assujettis à la double formalité de l'enregistrement et de la publicité foncière.
En effet, les actes qui, avant l'entrée en vigueur des tarifs fusionnés, étaient exonérés de droits d'enregistrement et assujettis à la taxe de publicité foncière, donnent ouverture à l'impôt au tarif proportionnel de 0,70 % ou au tarif fixe de 25 €.
Symétriquement, les actes qui, dans les mêmes conditions, étaient exonérés de taxe de publicité foncière et assujettis à un droit fixe d'enregistrement, donnent ouverture à un impôt égal à ce dernier droit (CGI, art. 679-4°).
Seuls, en définitive, demeurent exonérés les actes et conventions antérieurement exonérés de droit d'enregistrement et de taxe de publicité foncière, notamment ceux relevant des dispositions de l'article 1594-0 G du Code général des impôts (CGI, art. 691 et s. – BOI-ENR-DG-20-50-20120912, n° 10).

6108 **Application : CGI, art. 1020.** C'est ainsi que l'article 1020 du Code général des impôts fait une application de ces principes à un certain nombre d'actes visés au chapitre IV, « Régimes spéciaux et exonérations de portée générale », du titre IV de la 1re partie du livre I dudit code (V. n° 6107), qui antérieurement au 1er octobre 1970, date de l'entrée en vigueur des tarifs fusionnés, étaient exonérés de droit d'enregistrement, mais passibles d'une taxe de publicité foncière lorsqu'ils contenaient des dispositions sujettes à publication au fichier immobilier. Ce texte précise, en effet, que les dispositions sujettes à publicité foncière des actes susvisés sont assujetties à une taxe de publicité foncière ou à un droit d'enregistrement de 0,70 % (0,71498 % avec les perceptions additionnelles) lorsqu'elles sont relatives à des transmissions de propriété, d'usufruit ou de jouissance des biens immeubles, à des constitutions de droits réels immobiliers, à des apports immobiliers à des personnes morales, à des partages de biens immeubles. Dans le cas contraire, ajoute l'article 1020 et sauf exonération, ces dispositions sont soumises à une imposition fixe de 25 € (BOI-ENR-DG-20-50-20120912, n° 20).

6109 Sont concernés (pour ne retenir que les seuls actes en relation avec l'objet du présent ouvrage) :
– le paiement du salaire différé (CGI, art. 1037) ;
– certains actes concernant les sociétés mutualistes (V. **Société mutualiste**) ;
– les actes de dépôt, au rang des minutes d'un notaire, des actes sous seing privé de vente, d'échange et de partage d'immeubles ou de droits immobiliers lorsque les sommes et valeurs de toute nature énoncées dans les actes déposés et passibles du droit proportionnel ne dépassent pas 75 € sont enregistrés gratis (CGI, art. 1116).

C Modalités d'enregistrement ou de publication

6110 **Règles applicables.** Sous le bénéfice des observations qui précèdent, les actes exonérés sont soumis aux règles habituelles, qu'il s'agisse de l'exécution de la formalité, des délais et des bureaux compétents (BOI-ENR-DG-20-50-20120912, n° 30).

II Moment du paiement

6111 **Arrondissement des sommes imposables et des sommes dues.** Il est rappelé que, comme pour tous les autres impôts, l'arrondissement tant des bases que des sommes dues au titre des droits d'enregistrement et de la taxe de publicité foncière en tenant lieu doit s'effectuer à l'euro le plus proche.
– les bases des impositions sont arrondies à l'euro le plus proche. La fraction de l'euro égale à 0,50 est comptée pour 1 (CGI, art. 1649 undecies) ;
– la liquidation de toutes les sommes à percevoir, à quelque titre et pour quelque cause que ce soit, est arrondie à l'euro le plus proche. La fraction d'euro égale à 0,50 est comptée pour 1 (CGI, art. 1724) ;
– les impositions proportionnelles ou progressives sont arrondies à l'euro le plus proche. La fraction d'euro égale à 0,50 est comptée pour un (CGI, art. 675).

6112 **Plan.** Le principe est celui du paiement des droits préalablement à la formalité (A). Mais cette règle connaît des exceptions (B).

A Principe du paiement préalable à la formalité

CGI, art. 1701. – Les droits des actes et ceux des mutations par décès sont payés avant l'exécution de l'enregistrement, de la publicité foncière ou de la formalité fusionnée, aux taux et quotités réglés par le présent code.

Nul ne peut en atténuer ni différer le paiement sous le prétexte de contestation sur la quotité, ni pour quelque autre motif que ce soit, sauf à se pourvoir en restitution s'il y a lieu.

À défaut de paiement préalable de la taxe de publicité foncière, le dépôt est refusé.

CGI, art. 1702. – Aucune autorité publique, ni l'administration fiscale, ni ses préposés, ne peuvent suspendre ou faire suspendre le recouvrement des droits d'enregistrement, de la taxe de publicité foncière et des peines encourues sans en devenir personnellement responsables.

6113 **Énoncé et portée du principe.** En vertu des dispositions de l'article 1701 du Code général des impôts, les droits appliqués aux actes et aux mutations par décès sont payés avant l'exécution de la formalité de l'enregistrement, de la publicité foncière ou de la formalité unique, aux taux et quotités fixés par la loi.
Nul ne peut en différer le paiement ou en atténuer le montant pour quelque autre motif que ce soit, même en cas de contestation. En revanche, le demandeur peut solliciter une restitution s'il y a lieu, le moment venu.
Le paiement de l'impôt est donc préalable à l'accomplissement de la formalité et indivisible comme cette dernière.
Les assujettis doivent, sous peine de refus de la formalité, acquitter la totalité des droits réclamés par le comptable de la DGFiP ou le service de la publicité foncière qui tient de la loi un pouvoir discrétionnaire en premier ressort (BOI-ENR-DG-50-10-10-20120312, n° 10).

6114 **Application.** Une personne qui avait acquis un immeuble en 1971 par acte sous seing privé n'avait pu, en raison de la revendication d'un tiers sur cet immeuble, faire établir l'acte authentique qu'en mai 1983. Elle demande ultérieurement la restitution de la taxe de publicité foncière acquittée lors de la publication de cet acte, en faisant valoir qu'à l'époque, la prescription était acquise. Les juges du fond la déboutent de sa demande au motif qu'il lui appartenait ou qu'il appartenait à son notaire « de faire valoir la prescription pour contraindre le conservateur à satisfaire à la

réquisition de publication, sans paiement préalable des droits et qu'en restant taisant elle avait payé volontairement les taxes litigieuses ».
L'arrêt est cassé : la Cour de cassation, sur le visa de l'article 1701 du Code général des impôts, constate que le demandeur n'avait aucune possibilité de se soustraire au paiement des droits et que c'est donc à tort que la restitution lui a été refusée (Cass. com., 22 oct. 1991 : *Bull. civ.* 1991, IV, n° 311).

B Exceptions au principe

6115 **Inventaire de ces exceptions.** Il existe toutefois des dérogations à la règle du paiement immédiat de l'impôt, notamment dans les cas suivants :
- paiement fractionné ou différé : à ce sujet, V. *infra*, n°s 6115-1 à 6127 ;
- exigibilité des pénalités. Dans ce dernier cas, si un acte ou une déclaration donnant ouverture à une pénalité est déposé, accompagné du versement des droits simples et d'une demande en remise de pénalités, cet acte ou cette déclaration peut être enregistré immédiatement, sauf à donner lieu à régularisation ultérieure en ce qui concerne les pénalités (BOI-ENR-DG-50-10-10-20120312, n° 20) ;
- enregistrement en débet (V. **Débet**) ;
- enfin dans le cas de paiement des droits sur états (V. n°s 6128 et s.).

1 Paiement fractionné ou différé

6116 **Évolution de la réglementation.** La matière a été réglementée à l'origine par le décret n° 77-498 du 11 mai 7977 (*JO* 17 mai 1977 ; *JCP* 1977, III, 45703), qui a été codifié sous les numéros 396 à 404 G de l'annexe III du Code général des impôts. Une instruction en date du 16 décembre 1977 (*BODGI* 7 A-1-77 ; *JCP* N 1978, III, 46696) a précisé les incidences et les modalités d'application de ce décret.
Ses dispositions ont été reprises par la documentation administrative (BOI-ENR-DG-50-20-20-20120912. – BOI-ENR-DG-50-20-30-20120912 et BOI-ENR-DG-50-20-40-20120912). Postérieurement le taux d'intérêt applicable aux crédits de paiement fractionné a été modifié par le décret n° 2014-1565 du 22 décembre 2014 (*JO* 24 déc. – V. F. Fruleux, *Réforme* in extremis *des crédits de paiement des droits d'enregistrement : JCP* E 2015, n° 3, act. 56. – V. aussi, F. Fruleux, *Crédits de paiement : une nouvelle occasion manquée : JCP* N 2015, n° 24, 1189).
Puis un nouveau décret (n° 2015-1548, 27 nov. 2015) est venu modifier la réglementation en la matière en ce qui concerne les garanties devant être constituées par les redevables (F. Fruleux, *Encore une réforme des régimes de crédit de paiement : JCP* N 2015, n° 51-52, 1194).
En dernier lieu, une nouvelle réforme a été opérée par le décret n° 2015-1548 du 27 novembre 2015 (*JCP* N 2015, n° 49, act. 1150). À cette occasion l'administration a mis à jour sa doctrine (V. BOI-ENR-DG-50-20-40 à BOI-ENR-DG-50-20-50, 3 févr. 2016. – BOI-REC-GAR-10-20-40, 3 févr. 2016).

a) Champ d'application des paiements différés ou fractionnés

1) Paiements fractionnés

6117 Pour leur plus grande part, les paiements fractionnés concernent les droits dus à l'occasion de mutations par décès et sortent donc dans cette mesure de l'objet du présent ouvrage (de même que le cas de paiement d'indemnités entre officiers publics et ministériels à la suite de suppressions d'office).
Ils se rencontrent également dans d'autres situations limitativement énumérées :
- les apports en société effectués dans le cadre de l'article 809, I, 3° et II du Code général des impôts ;
- les acquisitions effectuées dans le cadre des dispositions des articles L. 626-1, L. 631-22 et L. 642-1 du Code de commerce, relatives au redressement et à la liquidation judiciaire des entreprises ;
- les acquisitions effectuées par les Français rapatriés d'outre-mer ou les migrants agricoles à l'aide de certains prêts (BOI-ENR-DG-50-20-40, 20160203, n° 10).

2) Paiements différés

6118 Le crédit de paiement différé prévu à l'article 1717 du Code général des impôts s'applique aux droits d'enregistrement exigibles en raison des mutations par décès, visés à l'article 397 de l'annexe III audit code, comportant la dévolution de biens en nue-propriété ou donnant lieu à l'attribution préférentielle prévue à l'article 832 du Code civil, ou à la réduction prévue par l'article 924-3 du même code dans les conditions fixées par l'article 1722 bis du Code général des impôts (différé de paiement jusqu'au décès de l'usufruitier).
Le régime des paiements différés s'applique également sous certaines conditions aux droits de mutation à titre gratuit exigible sur les transmissions par succession ou donation d'entreprise (CGI, ann. III, art. 397 A).

3) Paiement différé et fractionné

6119 En application de l'article 397 A de l'annexe III au Code général des impôts, le paiement des droits de mutation peut être différé puis fractionné pour des mutations à titre gratuit d'entreprises ayant pour objet une activité industrielle, commerciale, artisanale, agricole ou libérale. La transmission doit porter sur une entreprise individuelle exploitée par le défunt ou le donateur et concerner l'ensemble des biens meubles et immeubles, corporels ou incorporels de l'entreprise individuelle, c'est-à-dire ceux nécessaires à l'exercice de la profession, qu'ils soient ou non inscrits à l'actif du bilan.
Le paiement des droits peut être différé pendant cinq ans à compter de la date d'exigibilité des droits et fractionné sur une période de dix ans (V., pour les autres mutations concernées, BOI-ENR-DG-50-20-40, 20160203, n° 30).

b) Exemples

6120 **Observation préliminaire.** Parmi les opérations susceptibles d'ouvrir droit au paiement différé ou fractionné, nous ne retiendrons que celles concernant le service de la publicité foncière. Il est rappelé que depuis l'extension de la formalité fusionnée aux donations comportant exclusivement ou partiellement des immeubles, les services de la publicité foncière qui formalisent des donations d'entreprises individuelles à l'actif desquelles des biens ou droits immobiliers figurent sont désormais compétents pour accorder un crédit de paiement différé et fractionné (BOFiP-Impôts, Actualité ENR-DG, REC-GAR, 3 avr. 2015 ; *JCP* N 2015, act. 519).

1) Donations d'entreprises

6121 L'article 397-A de l'annexe III au Code général des impôts prévoit que le paiement des droits de mutation à titre gratuit (successions ou donations) sur les transmissions d'entreprises peut être différé pendant cinq ans à compter de la date d'exigibilité des droits, puis fractionné sur une période de dix ans.
En ce qui concerne les entreprises individuelles, la condition posée par ce texte est que la donation porte sur l'ensemble des biens meubles et immeubles, corporels ou incorporels affectés à l'exploitation de l'entreprise ayant une activité industrielle, commerciale, artisanale, agricole ou libérale et exploitée par le donateur ou le défunt. Peu importe la forme de la libéralité (donation-partage, donation simple, donation par contrat de mariage...) étant indiqué qu'elle peut porter seulement sur l'usufruit ou la nue-propriété (pour plus de détails, V. BOI-ENR-DG-50-20-50-20160203). Ce régime est réservé uniquement aux droits d'enregistrement dus sur les successions et les donations d'entreprises telles qu'elles ont été définies ci-dessus. Il n'est pas applicable à la taxe départementale de publicité foncière de 0,60 perçue lors de la publication des actes de donation au fichier immobilier lorsque la donation d'entreprise porte en tout ou partie sur des immeubles ou des droits immobiliers (BOI-ENR-DG-50-20-50-20160203, n° 230).

2) Apports en société

6122 **Apports en société concernés.** L'article 396 de l'annexe III du Code général des impôts permet le fractionnement du paiement des droits ou taxes mentionnés à l'article 809-1-3° et 809, II du même code. Sont ainsi visés :
– les apports faits à une personne morale passible de l'impôt sur les sociétés par une personne non soumise à cet impôt et qui sont assimilés à des mutations à titre onéreux dans la mesure où ils ont pour objet un immeuble ou des droits immobiliers, un fonds de commerce, une clientèle, un droit au bail ou à une promesse de bail (CGI, art. 809, I, 3°). Le fractionnement peut alors être opéré en cinq annuités égales (CGI, ann. III, art. 404 C : BOI-ENR-DG-50-20-30-20160203, n° 290) ;
– les apports purs et simples qui ont été faits, depuis le 1er août 1965, par des personnes non soumises à l'impôt sur les sociétés à une personne morale qui devient passible de cet impôt et dont le changement de régime fiscal entraîne l'exigibilité des droits et taxes de mutations à titre onéreux. Ceux-ci sont alors liquidés sur la valeur vénale des biens apportés à la date dudit changement (CGI, art. 809, II. – BOI-ENR-DG-50-20-20-2013015, nos 30 et 40). Le fractionnement peut alors être effectué en trois annuités égales (CGI, ann. III, art. 404 C : BOI-ENR-DG-50-20-30-20160203, n° 290).
Le fractionnement peut être appliqué aux apports susmentionnés passibles :
– du droit budgétaire fixé à 2,2 % pour les apports qui ont pour objet un immeuble ou des droits immobiliers (CGI, art. 810, III) ;
– ou selon le tarif prévu à l'article 719 du Code général des impôts, pour ceux qui ont pour objet un fonds de commerce, une clientèle, un droit à un bail ou à une promesse de bail ;
– ils sont augmentés des taxes additionnelles départementales (CGI, art. 1595) et communales (CGI, art. 1584 et 1595 bis. – BOI-ENR-DG-50-20-20-20130415, nos 30 à 50).
➤ Sur le régime fiscal de ces apports, visés par l'article 809-I-3° du Code général des impôts, V. **Apports en société – Apports purs et simples**.

3) Entreprises en difficulté

6123 Acquisitions d'entreprises en difficulté.
➤ Sur la possibilité de paiement fractionné des droits de mutation, V. **Procédures collectives**.

4) Acquisitions effectuées par des rapatriés d'outre-mer ou des migrants agricoles

6124 Acquisitions effectuées par des Français rapatriés d'outre-mer. Les acquisitions faites par des rapatriés à l'aide de prêts de reclassement prévus à l'article 30 du décret n° 62-261 du 10 mars 1962 peuvent bénéficier du paiement fractionné (CGI, ann. III, art. 396-5°). Les conditions de ce paiement fractionné sont fixées par l'article 404 F de l'annexe III au Code général des impôts (BOI-ENR-DG-50-20-20-20130415, n° 100).

6125 Acquisition par des agriculteurs ayant la qualité de migrants agricoles. Aux termes de l'article 396-5° de l'annexe III au Code général des impôts, le bénéfice du paiement fractionné des droits de mutation peut être accordé aux acquisitions effectuées par des migrants agricoles à l'aide de prêts consentis dans le cadre des dispositions de l'article D. 341-5 du Code rural et de la pêche maritime (BOI-ENR-DG-50-20-20-20130415, n° 100).
Ce régime de paiement fractionné peut être accordé à un agriculteur dont la qualité de migrant a été reconnue par le ministre de l'Agriculture pour l'acquisition d'une propriété agricole dont le prix sera payé, en partie, à l'aide d'un prêt d'une caisse régionale de Crédit agricole. Il en est ainsi bien que le prêt ne soit pas « débloqué » à la signature de l'acte notarié et que la fraction du prix correspondante ne soit payée qu'à terme, sous réserve qu'à l'appui de sa demande de paiement fractionné, l'acquéreur produise une attestation de l'établissement prêteur indiquant la nature et le montant du prêt consenti (application CGI, ann. III, art. 404 F. – Rép. min. Lagorce : *JOAN* CR 9 févr. 1981. p. 561, n° 36182 ; *JCP* N 1981, prat. 8142).

6126 Dispositions communes à ces deux types d'acquisitions. Le fractionnement est limité aux droits et taxes exigibles sur la partie de la valeur imposable correspondant au montant du prêt consenti à l'acquéreur.
Celui-ci doit, à l'appui de sa demande de crédit, joindre une attestation de l'établissement prêteur indiquant la nature et le montant du prêt consenti.
Les droits et taxes exigibles sur ces mutations sont acquittés en cinq annuités égales.
Le crédit accordé au titre des mutations de l'espèce ne donne pas lieu à versements d'intérêts.
Le fractionnement peut alors être effectué en trois annuités égales (CGI, ann. III, art. 404 F : BOI-ENR-DG-50-20-30-20160203, n°s 360 et 370).

c) Formulation de la demande de crédit et instruction de la demande

6127 Renvoi. Les règles concernant la formulation de la demande de crédit, l'instruction de la demande et la constitution des garanties sont exposées en détail au BOI-ENR-DG-50-20-40-20160203, n°s 50 à 190, auquel on voudra bien se reporter.

2 Enregistrement en débet

➤ V. **Débet**.

3 Paiement sur états

6128 Certains actes passibles d'un droit fixe sont dispensés de la présentation matérielle à la formalité de l'enregistrement et les droits sont payés mensuellement sur états (V. CGI, ann. III, art. 245 et ann. IV, art. 60).

a) Champ d'application du paiement sur états

6129 Certains actes notariés sont assujettis au régime du paiement sur états (*1*) : avant l'arrêté du 4 mai 2016 (*JO* 7 juin), ces actes étaient soumis à ce régime soit à titre obligatoire soit à titre facultatif. Mais l'arrêté précité, en allongeant la liste des actes soumis au paiement sur état, a supprimé le régime optionnel (V. N. Gonzalez-Gharbi : *Constr.-Urb.* 2016, comm. 112). D'autres actes en sont exclus (*2*).

1) Actes entrant obligatoirement dans le champ d'application du paiement sur états

6130 Énumération. À la suite de la nouvelle rédaction de l'article 60 de l'annexe IV au Code général des impôts issue de l'arrêté précité du 4 mai 2016, les actes suivants sont assujettis au paiement sur état lorsqu'ils donnent ouverture à un droit fixe d'enregistrement ou sont dispensés de droits :
– actes concernant l'état des personnes et leur régime matrimonial, à l'exclusion des contrats de mariage contenant des donations actuelles entre vifs ;
– baux de biens meubles autres que les fonds de commerce, et tous actes modifiant de tels baux ou des baux à durée limitée d'immeubles urbains ;

– procurations, substitutions de pouvoirs, et tous actes relatifs aux obligations, privilèges et hypothèques ;
– inventaires ;
– actes relatifs au règlement des successions ;
– actes de dépôts de documents ou pièces déjà enregistrés ou dispensés de cette formalité ;
– actes emportant abandon de biens par héritier bénéficiaire, abandon d'usufruit, abandon de quotité disponible ;
– baux de carrière ou de mines ;
– certificats de propriété ;
– consentements à exercer une profession ;
– consentements à exécution de testaments ou donations ;
– délivrances de legs mobiliers ;
– dépôts d'objets, de valeurs ou de sommes ;
– notoriétés après décès modifiant la dévolution légale ;
– promesses de bail mobilier ;
– renonciations pures et simples à successions et legs ;
– déclarations pures et simples d'apport ou de fortune ;
– déclarations de mobilier pour éviter une confusion ;
– testaments et codicilles ;
– donations entre époux ;
– actes d'option par le conjoint survivant ;
– cahiers des charges établis en vue d'une adjudication non réalisée ou infructueuse ;
– ventes de cheptel ;
– ventes de meubles à l'amiable ;
– promesses unilatérales de ventes ;
– promesses unilatérales d'achat.

N.B. : Un arrêté du 9 novembre 2018 (*JO* 16 nov.) applicable à compter du 17 novembre 2018 a corrigé un anomalie en supprimant de la liste des actes soumis au paiement sur état figurant à l'article 60 de l'annexe IV au Code général des impôts les règlements de copropriété, états descriptifs de division et leurs modificatifs. Ces actes devant être obligatoirement soumis à la formalité fusionnée ne pouvaient donc relever du paiement sur état (V. étude de S. Lamiaux : *JCP* N 2018, n° 47, act. 885).

2) Actes exclus du paiement sur états

6131 **Actes soumis à la formalité fusionnée.** Aux termes de l'article 248 de l'annexe III au Code général des impôts, les actes notariés et les actes d'huissier sont exclus du paiement sur états lorsqu'ils sont « assujettis à la formalité fusionnée instituée par l'article 647 du CGI ».

De ce fait, la taxe de publicité foncière ne peut pas être payée sur états, mais uniquement les droits d'enregistrement.

b) Modalités du paiement sur états

1) Liquidation et mention de l'impôt

6132 **Rôle du notaire.** C'est au notaire lui-même qu'il appartient de déterminer le régime fiscal des actes dispensés de la formalité, mais il peut, bien entendu, prendre l'avis du comptable de la DGFiP, au besoin en lui communiquant l'acte (BOI-ENR-DG-20-30-30-30-20120912, n° 60).
Sur chaque acte relevant de ce régime, le notaire porte la mention suivante : « Droits d'enregistrement sur états : ... » (montant des droits en chiffres).
Cette mention, qui n'est pas signée par l'officier ministériel, peut être apposée en tout ou en partie au moyen d'une griffe, et sans qu'il soit besoin d'attendre le versement effectif de l'impôt ; elle peut même être imprimée à l'avance sur les papiers utilisés par le notaire. Cette mention est reproduite sur toutes les expéditions et copies de l'acte (BOI-ENR-DG-20-30-30-30-20120912, n° 70).

2) Tenue et visa du répertoire

6133 Le répertoire prévu par l'article 867 du Code général des impôts et destiné à recevoir la liste des actes rédigés par le notaire, doit faire apparaître clairement les actes pour lesquels les droits ont été payés sur état.
Le répertoire des notaires est aménagé de manière à suivre le montant de droits exigibles ; à cet effet, il est porté en regard de chaque acte dispensé de la formalité, la mention « paiement sur états » suivie du total des droits en chiffres. Cependant, le notaire peut ne porter, en face de chaque acte, que le montant des droits payés sur états, mais celui-ci doit alors figurer dans une colonne spéciale intitulée « Droits d'enregistrement payés sur états » (CGI, ann. III, art. 282). Ce dernier procédé semble le plus fréquemment utilisé dans la pratique (BOI-ENR-DG-20-30-30-30-20120912, n°s 80 et 90).
Le répertoire des notaires n'est pas soumis au visa périodique du comptable des impôts, mais doit être communiqué à toute réquisition des agents de l'administration fiscale habilités à le vérifier (BOI-ENR-DG-20-30-30-30-20120912, n° 100).

3) Versement de l'impôt

6134 Les droits sont versés à la recette des impôts dans les vingt premiers jours du mois suivant celui de la rédaction des actes (CGI, ann. III, art. 384 bis A).

Paiement des droits

En ce qui concerne les actes notariés pour lesquels la date d'exigibilité des droits n'est pas liée à la date de leur rédaction (testaments authentiques, donations entre époux), l'impôt doit être acquitté au titre de l'un des mois compris dans le délai légal actuellement prévu pour leur enregistrement.
L'impôt est acquitté au vu d'un état, en double exemplaire, établi sur l'imprimé n° 2646.

Après encaissement des droits, l'un des exemplaires, revêtu des références du service des impôts, est rendu au déposant.
L'état n° 2646 est accompagné du dépôt des copies des actes soumis facultativement au paiement sur états en raison de l'option du notaire (BOI-ENR-DG-20-30-30-30-20120912, n°s 110 à 130).

III Modalités de paiement

6135 Principe. Le paiement des droits doit être effectif, autrement dit réalisé en espèces ou par un mode de règlement assimilé (V. BOI-ENR-DG-50-10-20120912, n° 20).

6136 Modes de paiement exclus. En l'état actuel de la législation, certains moyens de paiement ne sont pas admis :
- la lettre de change ;
- la lettre de change-relevé (LCR) ;
- les avis de prélèvement ;
- les titres interbancaires de paiement ;
- la remise de timbres (fiscaux, postaux…).

6137 Nous distinguerons les modes de paiement classiques (A) et les modes de paiement spéciaux (B).

A Modes de paiement classiques

6138 Compte tenu de l'objet du présent ouvrage, nous n'examinons ici que le paiement des impôts auto liquidés, en distinguant les modes de paiement concernant les particuliers et les modes de paiement applicables aux professionnels.
Il sera renvoyé au *BOFiP* pour de plus amples détails.

1 Règles applicables aux particuliers

6139 Modes de paiement admis. La règle générale applicable est celle d'un paiement des droits effectif et immédiat préalablement à la formalité déclarative, c'est-à-dire de façon concomitante au dépôt de la déclaration, avec les moyens de règlement usuels que sont :
- le paiement en numéraire (cf. BOI-PRO-10-20-20) ;
- le paiement par chèque bancaire (cf. BOI-PRO-10-20-10) ;
- le paiement par virement bancaire (cf. BOI-PRO-10-10-20).

2 Règles applicables aux professionnels

6140 Modes de paiement dématérialisés. Le paiement des différents impôts professionnels s'oriente désormais vers une utilisation accrue des paiements dématérialisés.
Deux formes de paiement dématérialisé existent à ce jour pour les impôts auto-liquidés :
- le télérèglement (cf. BOI-REC-PRO-10-10-10) ;
- le paiement par virement bancaire (cf. BOI-REC-PRO-10-10-20).

6141 Autres modes de paiement. En dehors des paiements dématérialisés, les moyens de paiement usuels (chèque, numéraire) sont acceptés pour le paiement des impôts des professionnels dans les limites prévues par les textes.
Une forme spécifique de paiement est apparue en 2005, il s'agit du paiement par imputation sur échéances futures.
Ces trois modes de paiement sont commentés au *BOFiP* :
- le paiement par chèque bancaire (cf. BOI-REC-PRO-10-20-10) ;
- le paiement en numéraire (cf. BOI-REC-PRO-10-20-20) ;
- le paiement par imputation sur échéances futures (cf. BOI-REC-PRO-10-20-30).

B Modes de paiement spéciaux

1 Procédés divers

6142 Paiement par compensation. La compensation n'est admise qu'exceptionnellement, dans le cadre de demandes de réclamation ou de procédures de redressements (V. Doc. adm. DGI, 13 L-1327 et 13 O-14). Elle ne peut être invoquée pour éviter de faire l'avance des droits dus.

6143 **Paiement par imputation.**
➤ V. **Imputation des droits.**

6144 **Paiement en valeurs d'État.** Certaines valeurs publiques (valeurs du Trésor ; certificats d'indemnisation représentatifs de la créance sur l'État des Français rapatriés d'outre-mer) sont admises en paiement de certains droits d'enregistrement et de la taxe de publicité foncière : droits de mutation à titre onéreux limitativement énumérés et droits de mutation à titre gratuit (mutations entre vifs et mutation par décès), pour le paiement en valeurs du Trésor (cf. Doc. adm. DGI, 12 A-27 et 12 A-28. – *Mémento fiscal* DGI 2009, n° 9199).

2 Dation en paiement

6145 **Conditions d'application.** Après agrément, les droits de mutation à titre gratuit, le droit de partage et l'impôt de solidarité sur la fortune peuvent être acquittés par la remise d'œuvres d'art, de livres, d'objets de collection, de documents, de haute valeur artistique ou historique, ou d'immeubles situés dans les zones d'intervention du Conservatoire de l'espace littoral et des rivages lacustres définies à l'article L. 322-1 du Code de l'environnement (cf. Doc. adm. DGI, 12 A-25 et 13 D-530 et *Mémento fiscal* DGI 2012, n° 9200). Les conditions particulières de ces modes de paiement sont précisées par les articles 1716 bis du Code général des impôts et 384 A, 384 A bis, 384 A ter et quater de l'annexe II du même code).
Depuis l'entrée en vigueur de la loi n° 2001-602 du 9 juillet 2001 d'orientation sur la forêt (*JO* 11 juill.), le paiement des droits de mutation à titre gratuit, du droit de partage et de l'impôt de solidarité sur la fortune peut également être effectué au moyen d'immeubles en nature de bois, forêts ou espaces naturels pouvant être incorporés au domaine forestier de l'État.

6146 **Limitation du recours à la procédure.** L'article 53, X de la quatrième loi de finances rectificative pour 2011 (L. fin. rect. 2011, n° 2011-1978, 28 déc. 2011, art. 53, X : *JO* 29 déc. 2011) a aménagé la procédure de dation en paiement (CGI, art. 1716 bis, al. 6 à 10 nouveaux. – *Dr. fisc.* 2012, n° 4, comm. 111) :
– la dation n'est possible que si le montant des droits que le contribuable propose d'acquitter par ce moyen est au moins égal à 10 000 €, au titre de chaque imposition considérée ;
– l'offre de dation ne peut être retirée dans le délai de six mois suivant son dépôt, ce délai pouvant être prorogé de trois mois par décision motivée de l'autorité administrative et notifiée au contribuable ;
– si le contribuable n'accepte pas la décision d'agrément des biens pour la valeur proposée dans l'offre de dation ou s'il retire son offre avant la notification de la décision d'agrément, les droits dus sont assortis de l'intérêt de retard (CGI, art. 1727) calculé à compter du premier jour du mois suivant celui au cours duquel les droits devaient être acquittés jusqu'au dernier jour du mois du paiement ;
– lorsque les biens offerts en paiement sont acceptés pour une valeur libératoire différente de celle proposée par le contribuable dans son offre, ce dernier dispose de trente jours pour confirmer son offre à cette nouvelle valeur ou pour y renoncer ; s'il renonce, l'intérêt de retard est calculé à compter du premier jour du mois suivant l'expiration du délai de trente jours jusqu'au dernier jour du mois du paiement.
Par conséquent, l'intérêt de retard n'est pas dû si le contribuable, ayant retiré son offre de dation pour cause de désaccord avec l'évaluation qui est faite de son bien, s'acquitte des impositions dans le délai d'un mois après la notification de la décision d'agrément.
Ces dispositions s'appliquent aux offres de dation présentées à compter du 30 décembre 2011.

IV

Débiteurs des droits

6147 Nous distinguerons le cas où des droits d'enregistrement sont dus (ou la taxe de publicité foncière en tenant lieu) (A) et celui où la taxe de publicité foncière ne tient pas lieu des droits d'enregistrement (B).

A Droits d'enregistrement et taxe de publicité foncière en tenant lieu

1 Obligation au paiement

a) Actes sous seing privé

6148 **Règles applicables.** Toutes les parties ayant figuré à ces actes sont solidaires pour le paiement des droits (CGI, art. 1705-5°).
Par ailleurs, la partie présentant l'acte à l'enregistrement est obligée d'acquitter l'intégralité des droits dès lors que la formalité est indivisible, à charge pour elle de se retourner contre les divers intéressés pour être remboursée de ses frais en sus.
Ainsi, la clause d'un acte mettant les droits à la charge d'une partie déterminée n'est pas opposable à l'administration (BOI-ENR-DG-50-10-20-20120912, n° 10).

6149 **Jurisprudence.** Selon la jurisprudence de la Cour de cassation, les parties à un acte sont solidaires pour le paiement non seulement des droits à percevoir lors de la formalité, mais encore des suppléments de droits dont l'exigibilité est établie ultérieurement (BOI-ENR-DG-50-10-20-20120912, n° 206).
À cet égard, il a été jugé que :
– à l'occasion d'un redressement opéré, à raison d'opérations contenues dans un acte de partage, la totalité des sommes dues du fait de ce redressement pouvait être réclamée à un seul copartageant (Cass. com., 23 mai 1973, aff. *Maillet-Baslez*, n° 71-102.52) ;
– en vertu de l'article 1705 du Code général des impôts, toutes les parties qui ont figuré dans un acte sont tenues solidairement des droits d'enregistrement auxquels cet acte est soumis ; l'article 1712 du même code a pour objet de régler le recours des parties entre elles à l'occasion du paiement des droits. Il s'ensuit que l'administration fiscale peut notifier un redressement à l'un quelconque des débiteurs solidaires de la dette fiscale, chacun d'eux pouvant opposer à l'administration, outre les exceptions qui lui sont personnelles, toutes celles qui résultent de la nature de l'obligation ainsi que celles qui sont communes à tous les débiteurs (Cass. com., 15 mars 1988 : *Bull. civ.* 1988, IV, n° 109, p. 76. – Cass. com., 15 mars 1994 : *Ind. enr.* 1994, n° 16290. – Cass. com., 16 mai 1995 : *Bull. civ.* 1995, IV, n° 146 ; *Dr. fisc.* 1995, n° 43, comm. 2030 ; *Ind. enr.* 1995, n° 16567. – BOI-ENR-DG-50-10-20-20120912, n° 20).

6150 **Conséquences en cas de procédure de rectification contradictoire.** Cela étant, d'une manière générale, il convient d'adresser, en matière d'enregistrement et de taxe de publicité foncière, les notifications de rectifications aux personnes désignées par l'article 1712 du Code général des impôts comme devant supporter finalement le paiement des droits. Il s'agit :
– du nouveau possesseur (acquéreur, locataire…) en cas de mutation constatée par acte civil ou judiciaire ;
– de la partie à laquelle l'acte profite dans les autres cas.
Toutefois, la notification devra être adressée à une personne autre que celles visées à l'article 1712 précité lorsque :
– le rehaussement fait suite à la vérification de la comptabilité du cédant ;
– le nouveau possesseur ou la personne à qui l'acte profite s'avère insolvable à la date du contrôle des actes (BOI-ENR-DG-50-10-20-20120912, n° 40).

6151 **Acte contenant plusieurs dispositions.** Lorsqu'un acte contient plusieurs dispositions indépendantes et donnant ouverture à des droits distincts, les suppléments de droits qui frappent chaque disposition ne peuvent être réclamés qu'aux personnes que cette disposition intéresse (BOI-ENR-DG-50-10-20-20120912, n° 50).

b) Actes notariés

6152 **Obligation pour le notaire de faire l'avance des droits.** L'obligation des parties est la même à l'égard des actes notariés. Mais le notaire est tenu de faire l'avance des droits, sauf s'il engage un recours contre les parties (CGI, art. 1705-1° et 1711). Il doit, au moment du dépôt des actes au bureau, verser les droits réclamés par le comptable de la DGFiP et son obligation s'étend à toutes les perceptions dont chacun de ces actes forme le titre.
Ainsi, il a été jugé qu'en vertu de l'article 635-I-1° du Code général des impôts, les actes des notaires doivent être enregistrés dans le délai d'un mois à compter de leur date, et aux termes de l'article 1705-1° du même code, les droits des actes à enregistrer sont acquittés par les notaires pour les actes passés devant eux.
Les droits qui doivent être ainsi payés sont ceux qui résultent des dispositions fiscales en vigueur au jour de la présentation à la formalité applicables aux actes considérés. La circonstance que le régime fiscal en cause ait été rétroactivement modifié entre la date de l'acte et celle de la présentation est inopérante en ce qui concerne l'obligation de paiement pesant sur les

notaires (Cass. com., 15 mars 1988 : *Bull. civ.* 1988, IV, n° 107, p. 75. – BOI-ENR-DG-50-10-20-20130114, nos 60 et 70).

6153 Portée de l'obligation du notaire. Si une annexe d'actes obligatoirement soumis à l'enregistrement est jointe à un acte relevant de son ministère, le notaire est personnellement responsable des droits et amendes exigibles sur ces actes. Cette responsabilité n'est toutefois que subsidiaire (CGI, art. 862).

En revanche, il n'est pas tenu d'avancer les droits dont l'exigibilité est simplement révélée par un de ses actes, par exemple, les droits dus sur une mutation secrète de propriété révélée incidemment par les énonciations d'un acte notarié (BOI-ENR-DG-50-10-20-20120912, n° 80).

Il y a lieu d'ajouter que l'obligation de faire l'avance des droits cesse pour le notaire aussitôt que la formalité est effectuée. Dès lors, quand le comptable de la DGFiP procède à une perception insuffisante, il ne peut plus s'adresser qu'aux parties pour le recouvrement des droits supplémentaires exigibles (BOI-ENR-DG-50-10-20-20120912, n° 90).

Enfin, l'obligation faite aux notaires d'avancer les droits exigibles sur les actes de leur ministère vise exclusivement les droits d'enregistrement et la taxe de publicité foncière. De ce fait, les notaires ne sont pas tenus de faire l'avance de la TVA due à raison de la cession de certains immeubles ou droits sociaux (BOI-ENR-DG-50-10-20-20120912, n° 100).

c) Actes extrajudiciaires

6154 Ces actes sont soumis à des règles semblables à celles exposées pour les actes notariés (CGI, art. 1705-2. – BOI-ENR-DG-50-10-20-20120912, n° 110).

d) Actes judiciaires

6155 Obligations des greffiers. Les greffiers sont tenus de présenter à l'enregistrement les arrêts et jugements et les actes au greffe, et d'acquitter, en même temps, les droits correspondants (CGI, art. 1705, 3°).

Toutefois, pour les arrêts et jugements rendus à l'audience, si le montant des droits ne leur a pas été consigné par les intéressés, les greffiers peuvent s'affranchir de toute responsabilité en déposant au bureau, dans les dix jours de l'expiration du délai légal, un extrait de l'acte (CGI, art. 1706 et 1840 D).

Le recouvrement des droits simples et de la pénalité est alors poursuivi contre les parties qui sont solidaires vis-à-vis du Trésor (CGI, art. 1707).

Si le greffier ne délivre pas l'extrait, il encourt de ce chef une amende (CGI, art. 1729-B-1) et est, en outre, responsable des droits simples exigibles et débiteur de la pénalité (CGI, art. 1840 D. – BOI-ENR-DG-50-10-20-20120912, n° 120).

e) Actes administratifs

6156 Règles applicables. Les droits doivent être acquittés par les fonctionnaires qui ont rédigé ces actes (CGI, art. 1705-4°).

À défaut de consignation des droits par les parties, ces fonctionnaires peuvent s'affranchir de toute responsabilité en déposant un extrait des actes. Le recouvrement est alors poursuivi contre les parties tenues solidairement (CGI, art. 1840 D).

L'extrait doit être déposé dans les dix jours de l'expiration du délai légal (CGI, art. 1840 D). Il leur en est délivré récépissé (BOI-ENR-DG-50-10-20-20120912, n° 130).

f) Mutations verbales entre vifs

6157 Solidarité. Le principe de la solidarité s'étend également aux mutations verbales, sous la condition cependant que la mutation soit prouvée à l'encontre des deux contractants (BOI-ENR-DG-50-10-20-20120912, n° 140).

g) Dispositions particulières

6158 Dérogations au principe de la solidarité. Certaines dispositions particulières visant le paiement des compléments de droits et pénalités exigibles au cas de non-respect des engagements pris par les redevables pour l'obtention de mesures fiscales de faveur dérogent au principe de la solidarité des parties (BOI-ENR-DG-50-10-20-20120912, n° 190).

Il en est ainsi notamment à l'égard :

- des acquisitions de terrains à bâtir ;
- des acquisitions réalisées par les preneurs de baux ruraux (V. **Fermier**).

6159 Indication du montant des droits payés au Trésor. Les états de frais dressés par les avocats, huissiers, notaires, commis, doivent faire ressortir distinctement, dans une colonne spéciale et pour chaque débours, le montant des droits de toute nature payés au Trésor (CGI, art. 865).

Cette disposition a pour but de permettre aux parties de se rendre exactement compte de la somme pour laquelle l'impôt figure dans le montant total des frais (BOI-ENR-DG-50-10-20-20120912, n° 200).

2 Contribution au paiement

6160 La contribution au paiement fixe la quotité pour laquelle chaque intéressé doit rester personnellement et définitivement débiteur des droits (BOI-ENR-DG-50-10-20-20120912, n° 210).

a) Débiteurs définitifs de l'impôt

6161 Les droits sont supportés (CGI, art. 1712) :
– par le nouveau possesseur (acquéreur, locataire) en cas de mutation constatée par un acte civil ou judiciaire ;
– par la partie à laquelle l'acte profite dans les autres cas.
Bien que ces dispositions ne concernent que les droits exigibles sur les actes, il est admis que les mêmes règles sont applicables aux droits afférents aux conventions verbales.
Il convient d'ailleurs d'observer que si le débiteur des droits envers le Trésor est désigné de façon impérative, les intéressés peuvent déroger aux règles de contribution et déterminer librement le débiteur final de l'impôt (par ex. : vente contrat en mains. – BOI-ENR-DG-50-10-20-20120912, n° 220).

b) Recours

6162 Si la personne qui a versé l'impôt n'en est pas le débiteur définitif, elle peut donc exiger de ce dernier le remboursement des droits.
Les officiers publics qui ont fait l'avance des droits dus sur les actes de leur ministère ont une action solidaire contre toutes les parties à ces actes (CGI, art. 1711. – BOI-ENR-DG-50-10-20-20120912, n° 230).

B Cas où la taxe de publicité foncière ne tient pas lieu des droits d'enregistrement (double formalité)

6163 **Observation.** Les règles applicables sont en principe les mêmes que celles appelées à jouer lorsque la taxe de publicité foncière tient lieu des droits d'enregistrement. Et l'on sait que l'article 5 de la loi du 26 décembre 1969 renvoie en cette dernière hypothèse aux dispositions concernant l'exigibilité, l'assiette, la liquidation et le recouvrement des droits d'enregistrement (1). Cependant, il existe certaines règles particulières (2).

1 Règle de principe

6164 **Renvoi aux dispositions concernant les droits d'enregistrement.** La solution est la même que lorsque la taxe de publicité foncière tient lieu des droits d'enregistrement. Les règles d'assiette, de perception, de liquidation et de recouvrement sont, en principe, les mêmes que celles applicables aux droits d'enregistrement.
On se reportera donc au A, où ces règles sont évoquées dans le détail. Il existe cependant des dispositions particulières.

2 Dispositions particulières

a) Actes conditionnels

6165 Lorsqu'elle ne tient pas lieu des droits d'enregistrement, la taxe de publicité foncière est perçue sur l'acte conditionnel d'après le régime applicable à la date à laquelle la formalité de publicité foncière est requise. Les valeurs imposables sont déterminées en se plaçant à la date de l'acte (CGI, art. 676, al. 2).
Cette disposition est dérogatoire à la règle de droit commun selon laquelle le régime fiscal applicable et les valeurs imposables sont déterminés en se plaçant à la date de la réalisation de la condition (CGI, art. 676 ; V. **Condition suspensive**).

b) Actes de complément

6166 L'article 673 du Code général des impôts édicte les dispositions particulières applicables aux actes de complément pour le cas où la taxe de publicité foncière ne tient pas lieu des droits d'enregistrement (V. **Acte de complément**).

c) Restitution

6167 La restitution de la taxe de publicité foncière, lorsqu'elle ne tient pas lieu des droits d'enregistrement, obéit à des règles particulières (V. **Restitution**).

d) Pénalités

6168 Pour les actes échappant à la formalité unique, le retard d'exécution de la publicité foncière n'est pas sanctionné par l'indemnité de retard prévue à l'article 1727 du Code général des impôts.

e) Tarifs

CGI, art. 681. – Les taux de la taxe de publicité foncière sont applicables pour la liquidation des droits d'enregistrement dus à raison des dispositions sujettes à publicité foncière des décisions judiciaires et des actes exclus du champ d'application de la formalité fusionnée.

Ce régime ne s'applique pas aux mutations à titre gratuit et aux baux de plus de douze ans.

6169 Ce texte a pour objet d'aligner sur les tarifs de la taxe de publicité foncière le taux des droits à percevoir à l'occasion de l'enregistrement des actes ou décisions exclus de la formalité unique en vertu de l'article 647-1, alinéa 2, du Code général des impôts (V. **Formalité unique**), pour les dispositions de ces actes ou décisions qui se rapportent aux immeubles.

6170 Il est fait cependant une exception pour les mutations à titre gratuit et les baux de plus de douze ans. En ce qui les concerne, les droits de mutation s'appliquent selon le droit commun et, lors de la publication, la taxe de publicité foncière sujette à paiement séparé est perçue au service de la publicité foncière au taux de 0,60 %.

Mises à part ces deux exceptions, les dispositions de l'article 681 du Code général des impôts font que lors de l'enregistrement il est appliqué une taxation équivalente à celle que représente la taxe de publicité foncière due pour les conventions de même nature contenues dans les actes soumis à formalité fusionnée. Il y a ensuite, au stade de la publication au fichier immobilier, dispense de tout paiement de taxe (CGI, art. 665).

Ce texte est appelé à jouer en ce qui concerne les décisions judiciaires, mais seulement dans la mesure où elles contiennent des dispositions donnant ouverture à un droit proportionnel ou progressif (V. **Décision de justice**).

Partage

Serge LAMIAUX

Sommaire analytique

Taxation du partage pur et simple
Tableau synoptique

	Type d'imposition			
	Droits d'enregistrement – Taxe de publicité foncière			Impôt sur la plus-value immobilière des particuliers
	Droit de partage		Droit de vente	
	Taux	Assiette		
Partage pur et simple	2,50 % (CGI, art. 746)	Actif net partagé (CGI, art. 747)	Néant (CGI, 747)	Néant (BOI-RFPI-PVI-10-30, n° 50)
Partage pur et simple consécutif à un divorce	1,10 % (CGI, art. 746)	Actif net partagé (CGI, art. 747)	Néant (CGI, art. 747)	Néant (BOI-RFPI-PVI-10-30, n° 50)
Partage pur et simple consécutif à une rupture de PACS	1,10 % (CGI, art. 746)	Actif net partagé (CGI, art. 747)	Néant (CGI, art. 747)	Néant (BOI-RFPI-PVI-10-30, n° 50)
Partage pur et simple entre concubins	2,50 % (CGI, art. 746 ; RM Renaud-Garabedian, QE n° 00356 : *JO* Sénat, 22 déc. 2022, p. 6646)	Actif net partagé (CGI, art. 747)	Néant (CGI, art. 747)	Néant (BOI-RFPI-PVI-10-30, n° 50)

Taxation du partage avec soulte
Tableau synoptique

	Type d'imposition				
	Droits d'enregistrement – Taxe de publicité foncière				Impôt sur la plus-value immobilière des particuliers
	Droit de partage		Droit de vente		
	Taux	Assiette	Taux	Assiette	
Partage d'indivision conventionnelle avec soulte en numéraire	2,50 % (CGI, art. 746)	Actif net partagé – soulte (CGI, art. 747)	5,80665 % (CGI, art. 159 D)	Soulte (CGI, art. 747)	Imposition (CGI, art. 150 U, I) prix de cession = soulte
Partage d'indivision conventionnelle avec soulte par prise en charge de passif	2,50 % (CGI, art. 746)	Actif net partagé (BOI-ENR-PTG-10-20, 12 sept. 2012, n° 270)	5,80665 % (CGI, art. 1594 D)	Soulte (CGI, art. 747)	Imposition (CGI, art. 150 U, I) prix de cession = soulte
Partage d'indivision successorale ou assimilée (donation-partage) avec soulte en numéraire ou par prise en charge de passif	2,50 % (CGI, art. 746)	Actif net partagé (CGI, art. 748)	Néant (CGI, art. 748)		Exonération (CGI, art. 150 U, IV)
Partage d'indivision conjugale ou assimilée (PACS) avec soulte en numéraire ou par prise en charge de passif	2,50 % (CGI, art. 746)	Actif net partagé (CGI, art. 748)	Néant (CGI, art. 748)		Exonération (CGI, art. 150 U, IV)
Partage d'indivision entre concubins avec soulte en numéraire	2,50 % (CGI, art. 746 ; Rép. min. Renaud-Garabedian, QE n° 00356 : *JO* Sénat, 22 déc. 2022, p. 6646)	Actif net partagé – soulte (CGI, art. 747)	5,80665 % (CGI, art. 1594 D)	Soulte (CGI, art. 747)	Exonération (BOI-RFPI-PVI-10-40-100, 14 avr. 2014, n° 40)
Partage d'indivision entre concubins avec soulte par prise en charge de passif	2,50 % (CGI, art. 746 ; Rép. min. Renaud-Garabedian, QE n° 00356 : *JO* Sénat, 22 déc. 2022, p. 6646)	Actif net partagé (BOI-ENR-PTG-10-20, 12 sept. 2012, n° 270)	5,80665 % (CGI, art. 1594 D)	Soulte (CGI, art. 747)	Exonération (BOI-RFPI-PVI-10-40-100, 14 avr. 2014, n° 40)
Partage consécutif à un divorce avec soulte (en numéraire ou prise en charge de passif)	1,10 % (CGI, art. 746)	Actif net partagé (CGI, art. 748)	Néant (CGI, art. 748)		Exonération (CGI, art. 150 U, IV)
Partage consécutif à une rupture de PACS avec soulte (en numéraire ou prise en charge de passif)	1,10 % (CGI, art. 746)	Actif net partagé (CGI, art. 748)	Néant (CGI, art. 748)		Exonération (CGI, art. 150 U, IV)

Index alphabétique

I

La formalité applicable

A Les actes de partage

6171 Assujettissement de l'acte de partage à la formalité fusionnée. Pour rappel, et conformément aux dispositions de l'article 647, I du Code général des impôts, un acte est assujetti à la formalité fusionnée (formalité unique) s'il est à la fois assujetti à la formalité de l'enregistrement et à la formalité de la publicité foncière.

L'acte de partage est un acte qui doit être soumis obligatoirement à la formalité de l'enregistrement, que l'acte soit sous signature privée (CGI, art. 635, 1, 7°) ou notarié (CGI, art. 635, 1, 1°).

L'acte de partage, lorsqu'il porte sur un bien immobilier (chose ou droit) doit être obligatoirement soumis, en tant qu'acte déclaratif, à la formalité de publicité foncière (D. n° 55-22, 4 janv. 1955, art. 28, 4°, e).

En conséquence, l'acte de partage portant sur un bien immobilier (chose ou droit) est soumis à la formalité fusionnée (formalité unique).

6172 Conséquences fiscales de l'assujettissement à la formalité fusionnée. L'enregistrement de l'acte de partage est effectué par la publicité foncière (CGI, art. 647, II). Les droits d'enregistrement sont incorporés dans la taxe de publicité foncière – la taxe de publicité foncière tient lieu de droit d'enregistrement (CGI, art. 664). Ainsi, en formalité fusionnée, il convient de dire taxe de publicité foncière au taux du droit de partage plutôt que droit de partage.

6173 Service accomplissant la formalité. La formalité est exécutée par le service de la publicité foncière du lieu de situation de l'immeuble (CGI, art. 657).
Il en est de même pour les partages portant à la fois sur des biens meubles et immeubles.

6174 Délai d'accomplissement de la formalité. L'acte de partage portant sur un bien immobilier (chose ou droit) doit être soumis à la formalité unique dans le délai d'un mois (CGI, art. 647, III).

6175 Authenticité de l'acte de partage. Pour pouvoir être publié, le partage doit être selon le droit commun, établi en la forme authentique. L'article 835, alinéa 2 du Code civil énonce que « lorsque l'indivision porte sur des biens soumis à la publicité foncière, l'acte de partage est passé par acte notarié ». L'exigence d'authenticité résulte également des dispositions de l'article 710-1 du même code. Mais si cette consigne n'est pas suivie (ce qui empêche la publication de partage), il reste qu'un partage conclu sous signature privée est juridiquement valable, ce qu'a précisé la Cour de cassation (Cass. 1re civ., 24 oct. 2012, n° 11-19.855 : *JurisData* n° 2012-023908 ; *Bull. civ.* 2012, I, n° 218 ; *JCP* N 2013, n° 4, 1008, note Cl. Brenner).

6176 Partage sous seing privé. Refus de réitération en la forme authentique. Si un partage est intervenu entre des ex-époux en la forme sous seing privé et que l'un des copartageants se refuse à le réitérer en la forme authentique pour permettre sa publication, l'ancienne association des conservateurs avait estimé que l'autre partie peut le déposer au rang des minutes d'un notaire avec déclaration de sa volonté d'obtenir sa réitération ou réalisation en la forme authentique, conformément à l'article 37, § 2, du décret du 4 janvier 1955. La procédure prévue par ce texte permettait donc dans le cas considéré d'obtenir la publication du partage (*Bull. AMC* 1980, art. 1171). Cette solution ne peut plus être appliquée aujourd'hui, en raison des dispositions de l'article 710-1 du Code civil V. **Authenticité**).

6177 Sanction de l'absence de publicité foncière. Si la publicité de l'acte de partage est obligatoire (V. n° 6171), elle n'est pas une condition d'opposabilité aux tiers.
Le partage leur est de plein droit opposable, qu'il ait été ou non publié (Cass. 1re civ., 14 janv. 1981 : *JurisData* n° 1981-700025 ; *Bull. civ.* 1981, I, n° 17 ; *RTD civ.* 1981, p. 886, obs. J. Patarin. – Cass. 1re civ., 7 nov. 1984, n° 83-13.643 : *Bull. civ.* 1984, I, n° 295 ; *JCP* N 1985, prat. 9505, p. 458. – CA Paris, 1er juin 2011, n° 10/10411 : *RJDA* août-sept. 2011, n° 746. – CA Fort-de-France, 1re ch., 28 avr. 1995 : *Bull. inf. C. cass.* 1er déc. 1995, n° 1258).

> « Ainsi, en cas de conflit entre un copartageant attributaire d'un immeuble (...) et un créancier ayant acquis une hypothèque pendant l'indivision, les dates respectives de publication du partage et de l'hypothèque ne jouent aucun rôle » (Marty, Raynaud et Jestaz, *La publicité foncière*, n° 801. – V. aussi Cass. 1re civ., 7 juill. 1987 : *JCP* G 1988, II, 21021 ; *RD imm.* juill.-sept. 1988, chron. Ph. Delebecque et Ph. Simler).

6178 Effet relatif. Abandon de la quotité disponible. La publication de l'acte de partage ne peut être subordonnée à la publication préalable de titres, tels que l'acte d'abandon de quotité disponible (C. civ., art. 917) qui n'intéressent que les droits des héritiers et n'ont pas de rapport avec le titre de propriété du défunt (Rép. min. Économie et Finances, 3 juin 1964 : *Bull. AMC* 1964, art. 580).

6179 Partage précédé d'un procès-verbal constatant l'engagement des coïndivisaires d'attribuer à l'un d'eux un immeuble indivis. Procès-verbal non publié. Conséquences sur la publication du partage. Si une adjudication intervient alors que le cahier des charges contient une promesse d'attribution et que le procès-verbal n'a pas été publié, le conservateur n'est pas fondé à refuser pour ce motif la publication du partage qui lui fait suite. Le procès-verbal ne constitue pas en effet le titre des copartageants (Rép. min. Justice, 4 nov. 1967 : *Bull. AMC* 1968, art. 725).

6180 Identification du défunt dans le partage de la succession. Règles à respecter. La question a été posée de savoir si, dans un partage de succession, il convenait d'énoncer l'identité complète du *de cujus* qui n'est pas à proprement parler une « partie » au sens des articles 5 et 6 du décret du 4 janvier 1955. La transmission au profit des ayants droit s'opère par l'effet de la loi en vertu et à compter du décès, de telle sorte que seuls les ayants droit sont « parties au partage ». En conséquence, l'énonciation complète de l'identité du défunt ne peut pas être exigée en principe dans ce type d'acte.
Mais il en est autrement dans le cas où l'attestation n'a pas encore été publiée. La publicité du partage doit être alors refusée par application des articles 32 et 33 du décret du 14 octobre 1955, à moins que le partage ne puisse lui-même être considéré comme tenant lieu de l'attestation (D. 4 janv. 1955, al. 4).
Dans cette hypothèse, il doit obligatoirement mentionner l'identité complète du défunt par

application de l'article 5, alinéa 4, du décret du 4 janvier 1955 (Doc. adm. DGI, 10 E-3222, n° 4, 2 mai 1985).
Et cette identité doit être certifiée, conformément aux règles habituelles (Doc. adm. DGI, 10 E-3321, n° 2, 2 mai 1985).

6181 **Tableau des abandonnements.** En vertu de l'article 861 du Code général des impôts, les notaires devaient déposer à la recette des impôts une copie du tableau des abandonnements figurant dans les actes de partage, ou, en cas de publicité foncière, insérer une copie dans chacun des exemplaires de l'extrait d'acte.
L'article 23 de l'ordonnance n° 2004-281 du 25 mars 2004 (*JO* 27 mars 2004, p. 5898) a abrogé l'article 861 du Code général des impôts et supprimé en conséquence cette obligation.

B Les décisions judiciaires de partage

6182 **Assujettissement de la décision judiciaire de partage à la dualité de formalités avec unicité de perception.** Par détermination de la loi, les décisions judiciaires sont exclues de la formalité fusionnée (CGI, art. 647, I).
Les décisions judiciaires de partage, principalement celles homologuant un partage, sont alors soumises à un régime spécial :
– **dualité de formalités** : les décisions judiciaires homologuant un partage d'immeubles sont d'abord soumises à la formalité de l'enregistrement auprès du service départemental de l'enregistrement (SDE) puis ensuite soumises à la formalité de publicité foncière auprès du service de la publicité foncière (SPF) ;
– **unicité de perception** : le droit de partage (et éventuellement le droit de vente) sont acquittés lors de la présentation de la décision à la formalité de l'enregistrement ; la formalité de publicité foncière est ensuite accomplie en dispense de taxe de publicité foncière (CGI, art. 665).
Telle est l'analyse expressément retenue par l'administration fiscale au sujet des partages judiciaires et des partages soumis à homologation judiciaire (BOI-ENR-PTG-10-30, 30 juin 2020, n° 100).

6183 **Exécution des formalités.** La décision judiciaire de partage ou homologuant le partage doit être soumise à la formalité de l'enregistrement dans le délai d'un mois de sa date (CGI, art. 635, 2, 1°) ; le droit dû sera acquitté lors de cette formalité. En principe, le collecteur de l'impôt est le greffier (CGI, art. 1705, 3° et 1840 C) ; c'est lui qui doit acquitter le droit proportionnel ou progressif dû sur le jugement, sous peine de sanctions fiscales (CGI, art. 1840 C) ; ce qui suppose que les parties à l'instance, qui sont les redevables définitifs, lui provisionnent les droits ; comme ce n'est en pratique jamais le cas, la loi prévoit le recouvrement des droits directement auprès des parties et la transmission par le greffier de la décision judiciaire aux services fiscaux afin de procéder à ce recouvrement (CGI, art. 1840 D). L'administration fiscale, commentant ces textes, recommande au greffier d'effectuer la transmission du jugement dans les quinze jours de la décision au plus tard (BOI-ENR-DG-20-30-10, 12 sept. 2012, n° 80).
Lorsque la formalité de l'enregistrement est exécutée, la décision judiciaire de partage ou homologuant le partage doit ensuite être soumise à la formalité de la publicité foncière ; la formalité de publicité foncière doit intervenir dans le délai de trois mois de la date à laquelle le jugement est devenu définitif (D. n° 55-22, 4 janv. 1955, art. 33, B) ; la formalité de publicité foncière a lieu en franchise de taxe de publicité foncière (CGI, art. 665). Seule la contribution de sécurité immobilière est perçue au taux de 0,10 % sur la valeur des biens immobiliers figurant dans le jugement (CGI, art. 881 K) (V. **Décision de justice**).

II Droits d'enregistrement et taxe de publicité foncière : généralités

BIBLIOGRAPHIE : Cl. Guillot, *La fiscalité des actes de partage* : *BIM Lefebvre* 8-9/2009, p. 249. – C. Delory, *Fiscalité des partages familiaux, un régime plus cohérent* : *JCP* N 2008, n° 9-10, 1139. – Cl. Guillot, *La fiscalité du partage de l'immeuble indivis entre concubins* : *BIM Lefebvre* 5/2007, étude p. 177. – M. De Los Santos, *Fiscalité des partages d'immeubles entre concubins non pacsés au regard des droits d'enregistrement* : *Bull. Cridon Bordeaux, Nota Bene* févr. 2010, 612. – C. Guillot, *L'assiette du droit de vente de l'article 747 du CGI* : *Defrénois* 2010, art. 39093, p. 737. – A. Depondt, *Fiscalité du partage : AJDI* 2013, p. 681. – M. Chetaille, *Les atouts du partage : avantages fiscaux et autres opportunités : JCP* N 2016, n° 18, 1140. – Y. Breyton, *Quelques précisions relatives à l'application du droit de 2,50 % prévu aux articles 748 et 750 du CGI : Cah. Cridon Lyon* mars 2016, n° 75, p. 33. – A. Lemaistre, *Partage partiel et assiette partielle : deux notions à ne pas confondre sur le plan fiscal : Bull. Cridon Paris* juill. 2016, n° 13, p. 6. – S. Lamiaux, *Partage et licitation en droits d'enregistrement : existe-t-il une différence ? : JCP* N 2016, n° 35, 1252.

A Définition

6184 Le partage est la division qui se fait entre plusieurs personnes de biens qui leur appartenaient en commun en qualité de cohéritiers ou comme copropriétaires, à quelque titre que ce soit.

Il a pour conséquence d'attribuer à chaque propriétaire un droit exclusif sur certains biens en échange des droits indivis qu'il possédait sur l'ensemble des valeurs à partager et de lui permettre de disposer seul, sans le concours des autres indivisaires, des biens mis dans son lot (V. antérieurement, Doc. adm. DGI, 7 F-11, n° 1, 15 juin 2000).

B Historique

6185 Jusqu'au 1er juillet 1970, date d'entrée en vigueur de la loi du 26 décembre 1969, tous les partages étaient soumis à un droit d'enregistrement de 0,80 % qui était liquidé sur le montant de l'actif net partagé, déduction faite des charges et, le cas échéant, des soultes.

Les soultes, qu'elles soient exprimées ou résultent d'une inégale répartition du passif, ou les plus-values qui pouvaient affecter un ou plusieurs lots, donnaient ouverture au droit de mutation à titre onéreux, sous réserve de l'application de la TVA.

En outre, lorsqu'ils avaient pour objet des immeubles, les partages étaient passibles, lors de leur publication à la conservation des hypothèques, de la taxe de publicité foncière au taux de 0,50 % liquidée sur la valeur des immeubles qui en faisaient l'objet.

6186 La loi du 26 décembre 1969 a profondément modifié ce régime, à plusieurs points de vue.

En premier lieu, la loi a fusionné les formalités de l'enregistrement et de la publicité foncière pour les partages portant exclusivement sur des immeubles.

Corrélativement à la fusion des formalités, elle a, en outre, remplacé la double perception des droits d'enregistrement et de la taxe de publicité foncière par une imposition unique qui s'applique à tous les partages. Cette imposition unique était perçue par la conservation des hypothèques (et donc aujourd'hui par le service de la publicité foncière) pour les actes de partages purement immobiliers et par la recette des impôts lorsque ces conventions portent sur des meubles ou à la fois sur des meubles et des immeubles, la publication au fichier immobilier s'effectuant ensuite en franchise de taxe.

Enfin, la loi nouvelle a allégé la charge de l'impôt et simplifié les règles de liquidation des droits ou taxes, en ce qui concerne les partages de succession ou de communauté conjugale satisfaisant à certaines conditions. Ces dispositions sont entrées en vigueur le 1er octobre 1970 (D. n° 70-548, 22 juin 1970, art. 16, al. 2).

C Transfert des droits de soulte de partage aux départements

6187 Les articles 28 de la loi n° 83-1179 du 29 décembre 1983 et 35 de la loi n° 84-1208 du 29 décembre 1984 codifiés notamment à l'article 1594 A du Code général des impôts, ont transféré aux départements les droits d'enregistrement ou la taxe de publicité foncière dus sur les mutations à titre onéreux d'immeubles situés sur leur territoire.

Cette disposition s'applique notamment aux soultes de partages, à l'exception de celles soumises à une taxation de 1,10 % – actuellement 2,50 % (Doc. adm. DGI, 7 F11, n° 3, 15 juin 2000).

D Classification

6188 Les partages se distinguent, au point de vue de leur forme, en partages amiables et partages judiciaires et au point de vue du mode de répartition des biens, en partages purs et simples et partages avec soultes ou plus-values (BOI-ENR-PTG-20120912, n° 40).

6189 **Partages amiables et partages judiciaires.** Les partages peuvent être faits à l'amiable, c'est-à-dire sans formes spéciales et suivant des conventions fixées volontairement par les parties si tous les héritiers ou bénéficiaires sont présents, majeurs, capables et d'accord.

Par contre, l'intervention judiciaire est obligatoire en cas de désaccord des intéressés, en présence d'incapables (sauf décision contraire du conseil de famille) ou si tous les indivisaires ne sont pas présents.

Les partages judiciaires donnent lieu à l'établissement de procès-verbaux de liquidation et de partage soumis à l'homologation des tribunaux ;

c'est l'homologation qui rend ces partages définitifs (V. BOI-ENR-PTG-10-30-20120912, n° 100).

6190 **Partages purs et simples et partages avec soultes ou plus-values.** Les partages sont purs et simples lorsque chaque copartageant reçoit en nature dans son lot l'équivalent de ses droits dans la masse.

Les partages sont faits avec soultes lorsque l'un ou plusieurs des copartageants reçoivent dans leur lot des biens indivis pour une valeur supérieure à leurs droits et pour rétablir l'égalité, versent aux autres copartageants une somme d'argent ou bien prennent en charge une part de passif supérieure à celle leur incombant normalement.

Enfin, même si un copartageant ne verse aucune somme d'argent, son lot peut présenter une plus-value par rapport à ses droits (V. antérieurement, Doc. adm. DGI, 7 F-11, n° 6, 15 juin 2000).

E Paiement du droit de partage

6191 **Possibilité de dation en paiement.** Après agrément, le droit de partage peut être acquitté par la remise d'œuvres d'art, de livres, d'objets de collection, de documents, de haute valeur artistique ou historique, ou d'immeubles situés dans les zones d'intervention du Conservatoire de l'espace littoral et des rivages lacustres définies à l'article L. 322-1 du Code de l'environnement, ou d'immeubles en nature de bois, forêts ou espaces naturels pouvant être incorporés au domaine forestier de l'État.

Les conditions particulières de ces modes de paiement sont précisées par les articles 1716 bis du Code général des impôts et 384 A, 384 A bis, 384 A ter et quater de l'annexe II du même code (V. **Paiement des droits**).

III Droits d'enregistrement et taxe de publicité foncière : régime des partages purs et simples

6192 Seront successivement examinés le tarif du droit de partage (A), ses conditions d'exigibilité (B), l'assiette et de la liquidation du droit (C), et les cas d'exonération (D).

A Tarif du droit de partage

6193 **Évolution du tarif.** Antérieurement fixé à 1 %, le droit de partage a été porté à 1,10 % par la loi de finances rectificative pour 2004 (L. n° 2004-1485, 30 déc. 2004, art. 95, I, A, 8° : *Dr. fisc.* 2005, n° 7, comm. 218).

L'article 7, IV de la loi de finances rectificative pour 2011 porte de 1,10 % à **2,50 %** le taux du droit de (CGI, art. 746 modifié ; CGI, art. 730 ter modifié ; CGI, art. 750, II, al. 1er modifié ; CGI, art. 750 bis A modifié).

Ces dispositions sont entrées en vigueur le **1er janvier 2012** (art. 7, V).

Enfin, depuis le 1er janvier 2021, l'article 108 de la loi de finances pour 2020 a abaissé le taux à **1,80 %** pour les partages des intérêts patrimoniaux consécutifs à une séparation de corps, à un divorce ou à une rupture d'un pacte civil de solidarité (CGI, art. 746 modifié ; pour plus de précisions, V. *infra*, n° 6195). Pour ces mêmes partages, le taux passera à 1,10 % à compter du 1er janvier 2022.

6194 **Mesure temporaire concernant les conventions de divorce.** L'article 4 de la loi de finances pour 2012 a maintenu l'application du taux de 1,1 % pour les partages réalisés dans le cadre d'une convention de divorce présentée au juge avant le 30 juillet 2011, quelle que soit la date de l'homologation de la convention par le juge, y compris donc après le 31 décembre 2011 (L. fin. 2012, n° 2011-1977, 28 déc. 2011, art. 4 : *JO* 29 déc. 2011).

L'objectif de cette mesure est d'éviter aux personnes qui ont déposé des demandes de divorce de se retrouver dans des situations inéquitables – certaines frappées du droit de partage au taux de 2,5 % et d'autres au taux de 1,1 % – du fait de l'engorgement de certains tribunaux.

Les décisions portant homologation d'une convention pour la liquidation et le partage de la communauté peuvent concerner aussi bien des divorces par consentement mutuel que des divorces contentieux

(homologation d'un acte de liquidation du régime matrimonial sur le fondement des articles 265-2 et 268 du Code civil).
L'administration avait commenté ce régime transitoire de faveur (Instr. 7 mars 2012 : *BOI* 7 G-2-12, § 46 à 49).

6195 Baisse du taux pour les divorces et ruptures de PACS à compter du 1er janvier 2021. Depuis le 1er janvier 2021, le taux du droit de partage est de 1,80 % pour les partages des intérêts patrimoniaux consécutifs à une séparation de corps, à un divorce ou à une rupture d'un pacte civil de solidarité. Le texte de l'article 746 a été en effet modifié par l'article 108 de la loi de finances pour 2020 (L. n° 2019-1479, 28 déc. 2019) afin que le taux du droit de partage soit ramené à 1,80 % à compter du 1er janvier 2021 puis à 1,10 % à compter du 1er janvier 2022.
Des indications ont été données par l'Administration (bureau GF-3B de la DGFiP) aux services de la publicité foncière afin de déterminer le taux applicable aux actes déposés (S. Lamiaux, *Baisse du taux du droit de partage pour les divorces et rupture de Pacs : commentaires administratifs de droit transitoire* : *JCP* N 12 mars 2021, n° 10, act. 306).
Elles sont les suivantes.
L'article 746 du CGI dispose : « Les partages de biens meubles et immeubles entre copropriétaires, cohéritiers et coassociés, à quelque titre que ce soit, pourvu qu'il en soit justifié, sont assujettis à un droit d'enregistrement ou à une taxe de publicité foncière de 2,50 % ». Selon les dispositions de l'article 108 de la loi n° 2019-1479 de finances pour 2020, ce taux est ramené à 1,80 % à compter du 1er janvier 2021, et à 1,10 % à compter du 1er janvier 2022, pour les partages des intérêts patrimoniaux consécutifs à une séparation de corps, à un divorce ou à une rupture d'un pacte civil de solidarité. Le changement de taux ne concernera donc que certains partages. En principe, le droit dû au moment du dépôt de l'acte est celui applicable selon le tarif en vigueur à la date de l'acte de partage. En effet, pour les droits d'enregistrement et la taxe de publicité foncière, la créance du Trésor résulte de la rédaction de l'acte qui constitue donc son fait générateur. Elle prend naissance à cette époque et emporte à son profit un droit acquis dont l'existence est désormais certaine. L'impôt constitue dans ce cas un droit immédiatement acquis, échappant aux modifications de tarifs survenues entre l'époque de son ouverture et celle de son paiement (cf. BOI-ENR-DG-30, § 1).
Pour le cas particulier des divorces, il convient de préciser le cas des divorces par consentement mutuel extra-judiciaire ou ceux homologués par le juge :
– divorce par consentement mutuel extra-judiciaire : c'est la date du dépôt au rang des minutes du notaire de la convention de divorce, dans la mesure où elle doit, à peine de nullité, comporter expressément l'état liquidatif du régime matrimonial (le 5° de l'article 229-3 du CGI), qui permet de déterminer le taux applicable à l'état liquidatif (cf. Circ. 26 janv. 2017, fiche n° 8) ;
– divorces homologués par le juge : c'est la date de l'homologation du juge qui permet de déterminer le taux applicable à l'état liquidatif (Rép. min. Delnatte : *JOAN* 13 juin 2006, p. 6208, n° 86792).
Exemples :
– divorce en 2019 avec maintien dans l'indivision des biens. Partage après divorce signé le 21 décembre 2020, déposé le 21 janvier 021 → 2,50 % ;
– état liquidatif signé le 21 décembre 2020 inclus dans une convention de divorce homologuée par le juge le 15 mars 2021, dépôt le 30 mars 2021 → 1,80 % ;
– état liquidatif signé le 27 décembre 2020, convention de divorce déposée au rang des minutes du notaire le 28 janvier 2021, dépôt le 15/02/2021 → 1,80 % ;
– partage après rupture de PACS signé le 5 janvier 2021, déposé le 21 janvier 2021 → 1,80 %.
Ces indications ont été ultérieurement confortées par le ministre de l'Économie et des Finances, qui a également apporté d'autres précisions (Rép. min. Renaud-Garabedian, QE n° 00356 : *JO* Sénat, 22 déc. 2022, p. 6646) : les partages des intérêts patrimoniaux qui ne seraient pas consécutifs à une séparation de corps, à un divorce ou à une rupture de PACS ne peuvent bénéficier du taux réduit. Il en va ainsi des partages prenant effet antérieurement à la rupture du PACS ou au divorce ainsi que des partages entre concubins.

B Conditions d'exigibilité du droit de partage

6196 Le droit de partage, ou en formalité fusionnée la taxe de publicité foncière au taux du droit de partage, n'est exigible que si quatre conditions sont cumulativement réunies (V. BOI-ENR-PTG-10-10-20150903, n° 70) :
– la préexistence d'une indivision doit être caractérisée ;
– la préexistence de cette indivision doit être justifiée ;
– la cessation de cette indivision doit être caractérisée (nécessité d'un partage) ;
– la cessation de cette indivision doit être constatée par un acte.

1 Existence d'une indivision

6197 Il faut ensuite qu'il existe une indivision entre les copartageants.

a) Portée de cette exigence

6198 Il est donc nécessaire qu'il existe entre les parties une copropriété véritable, c'est-à-dire un droit de copropriété bénéficiant à plusieurs personnes sur une seule et même chose qui n'appartient à chacune d'elles que pour une quotité ou une quote-part.

Mais il n'y a pas à se préoccuper de l'origine de l'indivision. Les copropriétaires peuvent ainsi comprendre dans le même partage, au point de vue fiscal tout au moins, tous les biens indivis à des titres divers : biens acquis en commun, biens recueillis par succession ou donation, dès lors que l'article 746 du Code général des impôts vise « les partages à quelque titre que ce soit » (V. BOI-ENR-PTG-10-10-20150903, n° 100).

6199 De plus, il importe que cette indivision subsiste au moment du partage et n'ait pas disparu antérieurement pour une raison quelconque.

Par suite, lorsque des biens déjà partagés par acte formalisé sont compris dans un partage, il y a lieu d'en faire abstraction pour la liquidation de l'impôt. L'attribution à un autre que le propriétaire apparent de biens partagés antérieurement constitue une vente ou un échange suivant que le précédent attributaire reçoit de l'argent ou d'autres biens en remplacement (V. BOI-ENR-PTG-10-10-20150903, n° 110).

b) Cas d'absence d'indivision

6200 **Hypothèses diverses.** En l'absence d'indivision, l'acte doit être assujetti à l'impôt de mutation à titre onéreux. C'est ainsi qu'il n'y a pas d'indivision entre le propriétaire du sol et celui de la superficie ; l'attribution de l'un de ces éléments au propriétaire de l'autre constitue donc une vente ordinaire.

L'indivision n'existe pas non plus entre le propriétaire unique d'un terrain et le constructeur d'un immeuble sur ce terrain, même si le propriétaire et le constructeur sont des époux.

De même, si des constructions sont élevées sur un terrain appartenant divisément aux constructeurs, ces constructions ne deviennent pas propriété indivise.

La situation serait différente si la construction avait été édifiée en indivision par les propriétaires indivis du terrain et l'acte portant attribution divise des biens serait soumis à l'impôt de partage (V. BOI-ENR-PTG-10-10-20150903, n° 120).

6201 **Usufruit et nue-propriété.** Aucune indivision n'existe enfin entre l'usufruitier et le nu-propriétaire d'un même bien, chacun d'eux possédant sur ce bien un droit privatif.

Il en résulte, en principe, que l'acte par lequel l'usufruitier abandonne au nu-propriétaire tout ou partie de son usufruit et reçoit en contrepartie une part de pleine propriété constitue un échange et non un partage (V. BOI-ENR-PTG-10-10-20120912, n° 120).

Mais il existe de nombreuses exceptions à cette règle. L'administration a notamment admis que la conversion en toute propriété de l'usufruit légal du conjoint pouvait s'analyser, dans certains cas, en une simple opération de partage taxable comme telle (V. **Conversion d'usufruit**).

De même, en vertu de l'article 917 du Code civil, l'abandon de la propriété de la quotité disponible en échange d'un legs en usufruit excédant la quotité disponible ne constitue pas une mutation et se trouve seulement passible de l'impôt de partage (V. **Abandon**).

Enfin, bien qu'il n'existe pas d'indivision entre l'usufruitier et le nu-propriétaire d'un même bien, les cessions de droits successifs ou les licitations en usufruit ou en nue-propriété au profit d'héritiers, de légataires ou de donataires nus-propriétaires ou usufruitiers des mêmes biens sont désormais soumises à la taxe de publicité foncière ou au droit d'enregistrement au taux actuel de 2,50 % (V. **Droits successifs** et **Licitation**. – V. BOI-ENR-PTG-10-10-20150903, n° 130).

6202 **Partage entre un conjoint usufruitier légal du quart et ses enfants copropriétaires du surplus.** Mme Jacqueline Fraysse-Cazalis expose à M. le ministre de l'Économie, des Finances et du Budget qu'une difficulté apparaît dans la détermination de l'assiette du droit de partage dans le cas où l'un des indivisaires est usufruitier d'une partie des biens (usufruit légal du conjoint survivant) et l'autre, nu-propriétaire d'une partie et plein propriétaire du surplus. Dans une telle opération, il n'y a d'indivision que quant à l'usufruit et ce droit est le seul à faire l'objet du partage. Or, en vertu des principes généraux lorsqu'il n'y a partage que d'un droit démembré, celui-ci constitue l'assiette exclusive du droit de partage. Elle lui demande de bien vouloir confirmer que dans le cas soumis, le droit de partage ne sera perçu que sur la valeur de l'usufruit partagé.

Réponse. – L'acte en cause ne tend pas vraisemblablement au seul partage de l'usufruit des biens héréditaires, mais à transformer l'usufruit légal du conjoint survivant en un droit en pleine propriété sur une partie de la succession. S'il en est ainsi, l'acte s'analyse à ce titre en un échange de droits réels immobiliers taxé en principe en tant que tel. Cela dit, il ne pourrait être pris partie sur le régime fiscal applicable à la convention qu'après examen des clauses de l'acte (*JOAN* CR, 15 juill. 1985, n° 65320, p. 3297).

Observations. – On ne voit pas comment concilier cette réponse avec la propre doctrine de l'administration, telle qu'exposée dans une instruction de l'administration (*BODGI* 7 F-7-71 ; *Ind. enr.*, 12088) selon laquelle, bien qu'il n'existe pas d'indivision entre l'usufruitier et le nu-propriétaire d'un même bien, le bénéfice du régime de faveur est accordé aux cessions et aux licitations de droits successifs en usufruit ou en nue-propriété au profit d'héritiers, de légataires ou de donataires nus-propriétaires ou usufruitiers des mêmes biens. Dans le cas cité, il y a bien indivision en ce qui concerne l'usufruit et le partage de cette indivision bénéficie incontestablement du régime fiscal de faveur de l'article 748 du Code général des impôts. Si, après qu'il a été mis fin à cette indivision, le conjoint survivant cède ses droits successifs à ses cohéritiers, il pourra manifestement obtenir le bénéfice de la solution de bienveillance précitée. On ne voit pas pourquoi il en serait autrement, dans le cas où il serait procédé directement à une « licitation » ou à un partage entre le conjoint survivant usufruitier légal (ou bénéficiaire d'un usufruit partiel lui provenant d'une donation entre époux...) et les autres héritiers.

2 L'indivision doit être justifiée

6203 La loi exige, en outre, que l'indivision soit justifiée.

C'est aux parties qu'il appartient d'apporter la preuve de la copropriété des valeurs comprises au partage, sauf à l'administration à la contrôler ou à la contester.

Ces justifications peuvent être fournies au moyen de tous modes de preuve compatibles avec la procédure écrite.

Elles peuvent ainsi résulter des énonciations d'actes proprement dits, de livres de commerce régulièrement tenus, de registres, notes et papiers domestiques et de présomptions graves, précises et concordantes.

Il est aussi admis que les justifications résultent des déclarations vraisemblables et non contredites des parties, appuyées, le cas échéant, sur des documents de famille, ou d'expertises ordonnées par le tribunal (BOI-ENR-PTG-10-10-20150903, n° 140).

6204 Les parties doivent également justifier, dans les mêmes conditions, des droits des copartageants afin de mettre l'administration à même de s'assurer que les attributions qui leur sont faites sont conformes à leurs droits et que le partage ne comporte pas de plus-values d'un lot sur l'autre (*BOI*, préc.).

6205 En l'absence de justifications suffisantes, soit des droits des parties, soit de la copropriété de certaines valeurs, il faut faire abstraction des uns et des autres, déterminer les droits des copartageants sur les valeurs communes dont la copropriété est justifiée, percevoir les droits de soulte sur les plus-values qui en résultent pour certains lots, sauf s'il s'agit d'un partage de succession, de communauté conjugale, indivisions entre époux ou entre partenaires liés par un PACS ou d'indivision issue d'une donation-partage bénéficiant du régime de faveur (V. n°s 6242 et s.) et l'impôt de mutation à titre onéreux sur les lots attribués à des copartageants non indivisaires (V. BOI-ENR-PTG-10-10-20150903, n° 140).

3 L'acte doit constituer un véritable partage

6206 Enfin, l'imposition proportionnelle ne peut être exigée que si l'acte présenté à la formalité constitue un véritable partage, c'est-à-dire transforme le droit abstrait et général de chaque copartageant sur la masse commune en un droit de propriété exclusif sur les biens mis dans son lot.

Elle n'est pas due, en conséquence, sur les actes qui se bornent à établir les droits des parties sans procéder à des attributions privatives.

De tels actes préparatoires au partage ne peuvent donner ouverture qu'au droit fixe des actes innommés.

Mais la taxation proportionnelle est due sans que l'appréhension réelle des lots ait lieu (BOI-ENR-PTG-10-10-20150903, n° 150).

4 Existence d'un acte constatant le partage

6207 **Constatation par écrit.** Le droit de partage est un droit d'acte, c'est-à-dire qu'il n'est dû que si un acte, au sens d'*instrumentum* (donc un écrit), constate le partage. La règle résulte de l'article 635, 7° du Code général des impôts qui n'assujettit obligatoirement à la formalité que les actes constatant un partage.

6208 **Partage verbal. – Absence de taxation.** Il s'ensuit qu'un partage verbal n'est pas soumis à la formalité obligatoire (BOI-ENR-PTG-10-10-20150903, n° 90). Un partage verbal échappe donc au droit de partage.

Partage

Le défaut d'exigibilité du droit de partage sur un partage verbal est une solution bien établie sur le plan fiscal (Rép. min. Valter, QE n° 9548 : *JOAN* Q 22 janv. 2013, p. 825 ; BOI-ENR-PTG-10-10, 30 juin 2020, n° 90).

6209 **Rappel d'un partage verbal antérieur – Taxation.** Si un partage verbal n'est pas taxable, en revanche son rappel dans un écrit entraîne la perception du droit de partage. La doctrine de l'administration fiscale est bien établie en ce sens : lorsque les « copropriétaires » déclarent dans un acte avoir été remplis antérieurement, au moyen d'un partage verbal, complètement ou partiellement de leurs droits, l'impôt de partage est dû sur les biens antérieurement partagés. C'est ainsi que l'administration a exigé l'impôt de partage sur une attestation notariée relatant un remembrement rural et la répartition des nouveaux biens entre les ayants droit de l'apporteur prédécédé, dès lors que cet acte doit être considéré comme formant le titre d'une convention verbale antérieure (BOI-ENR-PTG-10-10, 30 juin 2020, n° 90). D'une façon générale, le droit de partage s'applique à un acte mentionnant un partage verbal antérieur (Rép. min. Delnatte, n° 86792 : *JOAN* Q 13 juin 2006, p. 6208 ; *BOI*, préc.).

Le juge de l'impôt statue également en ce sens : le droit de partage est exigible lorsqu'une convention de divorce indique que les biens indivis entre les époux ont été vendus et que le prix de vente a d'ores et déjà été réparti entre les époux, en l'absence de clause répartition dans l'acte (CA Versailles, 22 sept. 2017, n° 15/04911 : *JurisData* n° 2017-021934).

6210 **Clause de répartition du prix de vente d'un bien indivis – Absence de taxation.** Le droit de partage est normalement exigible au titre d'un acte de vente d'un immeuble indivis contenant des clauses de répartition du prix de vente. Mais, par mesure de tempérament, l'administration a décidé de renoncer à sa perception.

Le droit de partage est en principe exigible sur la partie du prix de vente qui n'est pas payée comptant en espèces ou en valeurs assimilées et immédiatement répartie entre les vendeurs conformément à leurs droits respectifs. Toutefois, par mesure de tempérament, inspirée d'un souci de simplification et d'allègement, il est admis que ce droit ne sera plus réclamé, à l'avenir, sur les contrats de vente de biens indivis contenant des clauses relatives au partage de prix (Rép. min. Beauguitte, n° 4813 : *JOAN* 18 mai 1960, p. 909).

Dans ce cas, aucun droit de partage n'est exigé de l'administration si cette vente est mentionnée ultérieurement dans un nouvel acte comme une convention ou un jugement de divorce (V. BOI-ENR-PTG-10-10-20150903, n° 65).

6211 **La problématique du partage du prix de vente de l'immeuble en matière de divorce.** Cette problématique ne se pose pas de la même manière selon le régime matrimonial des époux en instance de divorce.

Pour les époux soumis à la séparation de biens ou à la participation aux acquêts, la question de la perception du droit de partage sur la répartition du prix de vente de l'immeuble indivis est résolue par la solution administrative dite « Beauguitte » (cf. n° précédent). La mention expresse de cette répartition dans l'acte de vente écarte la perception du droit de partage – encore faut-il ne pas oublier de faire cette mention dans l'acte !... Restera alors la solution du partage verbal du prix de vente.

Pour les époux soumis à un régime de communauté, il apparaît douteux que la solution administrative « Beauguitte » leur soit applicable. Reste alors la solution du partage verbal du prix de vente. Elle se révèle être une forte incitation pour les époux communs en biens divorçant, qui souhaiteront directement répartir entre eux le produit de la vente d'un bien immobilier commun avant ou concomitamment à l'engagement de la procédure, en vue d'échapper à l'application du droit de partage. Les dangers de cette façon de faire, sur le plan civil, ont été évoqués (E. Buat-Ménard et J. Combret, *Droit de partage et partage verbal : mauvaise réponse à une bonne question : Defrénois* 2013, n° 18, p. 921. – S. Thouret, *Le partage verbal : entre optimisation fiscale et sécurité juridique : AJDI* 2013, p. 688).

Plus récemment, l'administration est revenue sur la problématique du partage du prix de vente d'un bien immobilier commun entre des époux en instance de divorce. Elle a ainsi rappelé que le partage verbal entre époux du produit de la vente d'un immeuble commun qui intervient avant un divorce par consentement mutuel n'est pas soumis au droit de partage. Cependant, elle a également précisé qu'« en revanche, si les époux constatent ensuite le partage dans un acte, quel qu'il soit et donc y compris le cas échéant la convention de divorce, avant, pendant ou après la procédure de divorce ou qu'ils font mention du partage verbal dans un acte postérieur à ce partage, l'acte constatant le partage doit alors être soumis à la formalité de l'enregistrement et devra donner lieu au paiement du droit de partage dans les conditions prévues aux articles 746 et suivants du CGI. Il est également précisé que le produit de la vente doit, même en l'absence de partage, être inclus dans l'état liquidatif du régime matrimonial annexé à la convention, ce dernier devant comprendre l'ensemble des biens communs ou indivis du couple » (Rép. min. Descœur, QE n° 10159 : *JOAN* 1er sept. 2020, p. 5757).

C Assiette et liquidation du droit de partage

1 Principe

6212 Aux termes de l'article 747 du Code général des impôts, le droit de partage ou la taxe de publicité foncière sont liquidés sur le montant de l'actif net partagé, c'est-à-dire sur l'actif brut cumulé des biens français et étrangers, déduction faite du passif grevant la masse indivise.

6213 **Biens étrangers.** L'impôt de partage est dû sur les biens étrangers car il ne s'agit pas d'un droit frappant une mutation, le partage étant considéré, en droit français, comme un acte déclaratif (V. BOI-ENR-PTG-10-10-20150903, n° 160).

➤ À ce propos, pour les solutions données, V. **Acte passé à l'étranger**.

6214 **Rapports.** Le droit de partage atteint, dans les partages de successions, les rapports de libéralités effectués en nature ou en moins prenant et, dans tous les partages, les rapports de dettes. Par contre, il n'atteint pas les rapports fictifs effectués en vertu de l'article 922 du Code civil pour le calcul de la quotité disponible, à raison soit des libéralités faites à des héritiers renonçants ou à des étrangers, soit des libéralités préciputaires faites aux successibles (BOI-ENR-PTG-10-10-20150903, n° 160). Mais si la libéralité excède la quotité disponible, le rapport de l'excédent, après réduction, fait par un étranger ou un successible, entre effectivement dans la masse à partager et doit supporter l'impôt de partage (V. **Rapport**).

6215 **Rétablissements.** Le droit de partage est également dû sur les rétablissements pour droits de succession, c'est-à-dire sur les sommes payées par la masse en l'acquit de successibles avant la date fixée de jouissance divise et rapportées par eux à cette masse (BOI, préc.).

6216 **Récompenses.** Les récompenses dues par les époux à la communauté conjugale sont également soumises à l'impôt de partage, mais on ne peut taxer que les excédents de récompenses sur les reprises (BOI-ENR-PTG-10-10-20150903, n° 160). V. sur le sujet, Y. Breyton, *Récompenses dues par la communauté et droit de partage : Cah. Cridon Lyon* 57/2010, p. 42.

6217 **Préciput.** Depuis quelques années, l'administration fiscale entreprend des redressements afin de réclamer la perception du droit de partage sur le montant prélevé par le conjoint survivant dans la communauté, en exécution de sa clause de préciput (S. Meignin, *Application du droit de partage aux clauses de préciput, de nouveaux redressements fiscaux à contester : JCP* N 17 juill. 2020, n° 29, 1160). La doctrine classique avait soutenu l'exigibilité du droit de partage au cas d'exercice du préciput (*Dict. enr.*, V° Partage, n° 2828. – A. Lamboley et F. Julienne : *JCl. Civil Code*, Art. 1515 à 1519, Fasc. unique, *Communauté conventionnelle – Préciput*, mai 2021, n° 99). La doctrine contemporaine plaide en revanche pour l'absence de sa perception (V. par ex. : C. Brenner, S. Gonsard et A. Bouquemont, *Non, le préciput n'est pas soumis aux droits de partage : JCP* N 17 juill. 2020, n° 29, 1161). Pour l'instant, la jurisprudence des juges du fond apparaît... partagée ! Le tribunal judiciaire de Rennes considère que le droit de partage est dû, au motif que la clause de préciput fonctionne comme une clause d'attribution préférentielle et a donc les effets du partage et ne constitue donc qu'une modalité de partage (TJ Rennes, 20 avr. 2021, n° 19/03432) – sa décision a toutefois été annulée en appel (CA Rennes, 19 mars 2024, n° 21/03418). À l'opposé, le tribunal judiciaire de Niort écarte la perception du droit de partage pour la raison que l'exercice de la clause de préciput n'a qu'une fonction de prélèvement par le seul conjoint survivant et non d'allotissements entre plusieurs copartageants (TJ Niort, 1re civ., 24 janv. 2022, n° 20/01453). Le tribunal judiciaire de Lille est dans le même sens (TJ Lille, 4 avr. 2022, n° 20/03477) (sur ces décisions, G. Bonnet et C. Vernières, *Préciput et droit de partage : un couple illégitime : Defrénois* 21 juill. 2022, n° 29-33, p. 20. – L.-G. Lefèvre et A.-S. Pham, *Incidences civiles et fiscales lors de la mise en œuvre d'une clause de préciput : Sol. not.* 33/22. – M. Nicolas, *Le prélèvement préciputaire est-il soumis au droit de partage ? : Dr. et patrimoine* sept. 2022, n° 327, p. 12-19). Des juridictions du second degré se sont depuis prononcées et tranchent unanimement en faveur de l'absence de taxation au droit de partage (CA Poitiers, 4 juill. 2023, n° 22/01034 : *RJF* 2023, 867. – CA Rennes, 19 mars 2024, préc.).

6218 **Constatation d'un partage verbal antérieur.** Enfin, lorsque les copropriétaires déclarent avoir partagé certains biens antérieurement à l'amiable et sans qu'il ait été dressé d'acte, l'impôt de partage est exigible sur ces biens (*BOI*, préc.).

6219 Supplément de portion héréditaire fournie par un copartageant afin d'arrêter une action en rescision. Lorsqu'un partage est attaqué par voie de rescision, l'article 891 du Code civil permet au défendeur d'en arrêter le cours en offrant et en fournissant au demandeur le supplément de sa portion héréditaire soit en numéraire, soit en nature. Dans ce cas, et sous réserve que les droits de mutation par décès et le droit de partage aient été régulièrement liquidés sur la valeur vénale des biens de la succession, il est perçu soit le droit fixe prévu à l'article 680 du Code général des impôts sur l'acte qui constate le règlement en numéraire du supplément de portion héréditaire dû au copartageant lésé, soit les droits de mutation à titre onéreux exigibles sur l'acte qui opère le transfert de propriété de biens au profit du copartageant lésé (Rép. min. n° 32335 : *JOAN* CR, 12 nov. 1990, p. 5233 ; *JCP* N 1991, prat. 290).

2 Valeur imposable

a) Valeur à taxer

6220 Valeur vénale réelle. La valeur taxable des biens partagés est leur valeur vénale réelle.
Si l'actif net partagé, base de l'imposition, n'est pas déterminé dans l'acte, les parties doivent fournir une déclaration estimative détaillée, faite conformément à l'article 851 du Code général des impôts (V. BOI-ENR-PTG-10-10-20150903, n° 170).

6221 Pour la détermination de la valeur vénale des biens partagés, il ne serait pas suffisant d'appliquer au prix d'acquisition des biens, objet du partage, un coefficient déterminé : par exemple, l'indice du coût de la construction. La valeur résultant de l'application de cette méthode ne pourrait être qu'un élément de recoupement (Rép. min. Cousté : *JOAN* CR, 23 févr. 1981, p. 806, n° 40204 ; *JCP* N 1981, prat. 8126).

b) Époque de l'estimation

6222 Les biens doivent, en principe, être estimés à la date de l'acte de partage. Cependant, si les parties indiquent une autre date comme étant celle de la jouissance divise, l'impôt est liquidé sur la valeur des biens à cette date, sous réserve du cas de fraude ou d'erreur manifeste qu'il appartiendrait à l'administration d'établir et sous réserve aussi que le délai écoulé entre la date de la jouissance divise et celle de l'acte de partage soit peu important.

À cet égard, il a été jugé par la Cour de cassation qu'il appartiendrait aux juges du fond de déterminer souverainement, eu égard aux circonstances de la cause et en s'inspirant de l'intérêt respectif des copartageants, la date sans doute la plus rapprochée possible de l'acte de partage, à laquelle sont évalués les biens et qui constitue le point de départ de la jouissance divise. La date de jouissance divise validée par un juge du fond, à quelque titre que ce soit, dans une décision devenue définitive, ne peut être remise en cause par l'administration et la taxation des biens doit être assise sur leur valeur à cette date (V. BOI-ENR-PTG-10-10-20150903, n° 180).

6223 En cas d'acte rectificatif, postérieur à l'institution de la formalité unique, d'un partage antérieur à cette institution, l'acte rectificatif doit être soumis au régime fiscal applicable au moment du partage. Il y aura donc lieu à paiement du droit de partage (taux antérieur à la fusion des formalités) et de la taxe de publicité foncière, le tout sur l'augmentation de valeur des biens considérés (Rép. min. : *JOAN* CR, 11 mars 1972, p. 571 ; *Bull. AMC* 1972, art. 903).

c) Déduction du passif grevant la masse partageable

6224 Le passif grevant la masse partagée doit être déduit pour le calcul du droit de partage ou de la taxe de publicité foncière.
Constituent notamment un passif déductible :
– les droits de mutation par décès et les frais de l'acte de partage ;
– les dettes du défunt envers les héritiers ;
– les legs particuliers de sommes faits par le défunt ;
– les récompenses dues par la succession à la communauté.
Les parties ne sont pas tenues de justifier du passif ni de le détailler ; elles peuvent indiquer son montant en bloc (V. BOI-ENR-PTG-10-10-20150903, n° 190).

6225 Déduction du prêt (dettes à l'égard de tiers). Lorsqu'un bien immobilier indivis est partagé entre des ex-époux, des ex-partenaires de PACS ou des ex-concubins, le montant du solde du prêt, souscrit pour son acquisition, apparaît dans l'acte au titre du passif indivis. En effet, dans les rapports entre coïndivisaires (contribution à la dette) et parce que l'objet du prêt est relatif à un bien indivis, le prêt en question doit figurer au passif de l'indivision (S. David, *La liquidation de l'indivision : JCP* N 26 juill. 2019, n° 30-34, 1259, n° 6).

Sa déduction fiscale ne semble faire alors aucun doute.

6226 **Déduction des dettes entre indivisaires.** Bien qu'elle ne soit apparemment jamais abordée dans les ouvrages professionnels et autres écrits doctrinaux, la question fait pourtant débat entre les spécialistes, voire entre les services fiscaux eux-mêmes. Les dettes entre indivisaires sont-elles déductibles de l'assiette du droit de partage ? Le juge de l'impôt avait en son temps considéré que pour l'assiette du droit de partage d'un immeuble divisé par lots, le montant du prix de vente de cet immeuble dont chacun des copartageants reste débiteur au moment du partage ne peut pas être déduit de l'actif à partager dès lors qu'il s'agit d'une dette personnelle à ces derniers et non d'un passif afférent à l'immeuble (Cass. com., 17 oct. 1995, n° 1833 P : *RJF* 1/96, n° 136). L'arrêt paraît toutefois devoir être considéré comme étant d'espèce (en ce sens A. Chappert : *Defrénois* 15 juill. 1997, n° 13-14, p. 884 ; égal. *RJF* 1/96, n° 136, préc.). La question resterait donc ouverte. À cet égard, la Cour de cassation a expressément indiqué, sous l'angle du droit civil, que les éléments actifs et passifs de la masse à partager intègrent respectivement les dettes des copartageants envers l'indivision et les créances qu'ils détiennent sur celle-ci, et qu'en conséquence, pour déterminer l'actif net de la masse à partager, les dépenses dont il était tenu compte aux indivisaires en application de l'article 815-13 du Code civil, qui constituent des créances sur l'indivision, doivent être inscrites pour leur totalité au passif de celle-ci et venir en déduction de son actif brut (Cass. 1re civ., 22 nov. 2023, n° 21-25.251, publié au bulletin : *JCP* N 15 déc. 2023, n° 50, 1228, comm. S. Torricelli-Chrifi).

3 Cas particuliers

a) Partage partiel

BIBLIOGRAPHIE : A. Lemaistre, *Partage partiel et assiette partielle : deux notions à ne pas confondre sur le plan fiscal : Bull. Cridon Paris* juill. 20106, n° 13, p. 6.

6227 Si des copropriétaires ne partagent qu'une fraction des biens indivis, l'impôt de partage n'est exigible que sur la valeur de cette fraction.

Mais si l'un des indivisaires est loti d'une manière définitive au moyen d'attributions représentant sa part dans la masse indivise alors que les autres copropriétaires restent dans l'indivision pour le surplus de la masse, l'impôt est dû sur la totalité des biens indivis car le partage concerne l'ensemble des biens. Cette règle ne s'applique pas aux partages de sociétés pour lesquels le droit n'est dû que sur les biens attribués (V. **Partage de société**).

Dans cette dernière hypothèse, et sous réserve de l'exception concernant les sociétés, si les parties restées en indivision procèdent au partage par le même acte, aucun droit ou taxe n'est exigible pour ce sous-partage.

Au contraire, l'opération est taxable si elle a lieu par acte distinct (V. BOI-ENR-PTG-10-10-20150903, n° 200).

6228 D'autre part, en cas de partage partiel, le passif n'est déductible de l'actif brut partagé que pour la fraction qui excède la valeur des biens laissés dans l'indivision, le passif étant censé s'imputer, en priorité, sur les biens non compris au partage.

Mais si une partie des biens faisant l'objet du partage partiel est affectée expressément au paiement du passif indivis, celui-ci doit être intégralement déduit de l'actif partagé. Il en est de même si l'acte de partage règle la répartition du passif en stipulant que chaque copartageant le supportera dans une proportion déterminée (V. BOI-ENR-PTG-10-10-20150903, n° 200).

b) Partage en jouissance (provisionnel)

6229 S'il y a partage de jouissance (partage dit provisionnel), le droit de 2,50 % est dû sur la valeur de jouissance des biens partagés.

c) Partage constituant une disposition dépendante

6230 **Droit de partage non dû.** Le droit de partage n'est pas dû si le partage n'est qu'une disposition dépendante d'une autre disposition (V. **Acte contenant plusieurs dispositions**). C'est le cas, par exemple, d'un partage d'ascendant dans lequel les donataires effectuent le partage des biens donnés : s'ils le font par acte séparé, le droit de partage est dû (pour plus de détails, V. **Donation-partage** et **Constitution de société** pour le cas de partage résultant d'un apport en société).

C'est le cas encore d'acquéreurs divisant immédiatement entre eux le bien acquis, chacun payant ensuite sa part du prix au vendeur (mais non lorsque des soultes sont prises hors de l'objet à partager, et caractérisent donc un partage étranger à la vente elle-même : le droit de partage est alors dû ; *Dict. enr.*, n° 2798 et réf. données).

6231 **Droit de partage dû.** Au contraire, le droit de partage est dû :
– si, dans une délibération d'assemblée de société on décide, après dissolution, de distribuer à chaque associé une somme provenant de la réalisation des biens sociaux ;
– si l'acte de vente d'un immeuble indivis contient partage du prix entre les vendeurs, car dans l'intervalle de la vente et du partage, l'indivision a été reportée de l'immeuble sur le prix et c'est à cette indivision nouvelle que met fin le partage du prix (Sol. 20 oct. 1873. – T. civ. Bayeux, 19 nov. 1880).

Toutefois, par mesure de tempérament inspirée d'un souci de simplification et d'allègement, l'administration a admis que le droit de partage ne sera plus réclamé, à l'avenir, sur les contrats de vente de biens indivis contenant des clauses relatives au partage du prix (V. n° **6210**).

d) Partages soumis à homologation

6232 L'acte conditionnel est, selon son contenu, soumis à enregistrement ou à formalité unique. Le droit fixe (ou la taxe fixe) est seul perçu. Un extrait d'acte est remis par le rédacteur de l'acte (partage renfermant des dispositions soumises à publicité foncière), ou établi par la recette des impôts (autres cas), et il n'est pas adressé de duplicata de cet extrait à la recette des impôts chargée d'enregistrer le jugement d'homologation.

Ce jugement est toujours exclu de la formalité unique. Il est soumis à enregistrement, au droit proportionnel, sur présentation des éléments du partage, notamment de l'acte notarié homologué.

Un nouvel extrait est alors établi (V. BOI-ENR-PTG-10-30-20120912, n° 100), et la publication du jugement est faite en franchise de taxe (*BODGI* 7 F-6-71 ; Doc. adm. DGI, 7 F-145).

➤ Sur la perception de la contribution de sécurité immobilière, V. n° 6313.

e) Partages soumis à approbation

6233 L'acte d'approbation notarié est soumis au droit de partage, dans les conditions ordinaires (Lacroix, *Mémento*, n° 442).

f) Partages soumis à ratification

➤ V. **Ratification**.

g) Partage rectificatif

➤ V. **Rectification des erreurs**.

h) Partage refait

➤ Sur les règles générales applicables en pareil cas, V. **Acte refait**.

i) Partage d'une succession comportant des immeubles ou droits immobiliers pour lesquels le droit de propriété du défunt n'a pas été constaté avant son décès par un acte régulièrement transcrit ou publié

6234 En cas de partage d'une succession incluant à la fois des immeubles ou droits immobiliers titrés et des immeubles ou droits immobiliers pour lesquels le droit de propriété du défunt n'a pas été constaté avant son décès par un acte régulièrement transcrit ou publié, le droit de partage acquitté lors du premier partage est imputable sur les droits dus à raison du nouveau partage incluant les immeubles ou droits immobiliers pour lesquels le droit de propriété du défunt n'avait pas été constaté avant son décès par un acte régulièrement transcrit ou publié et qui ont été titrés, à la condition que chacun des copartageants conserve les biens ou droits qui lui a été attribué lors du premier partage (V. BOI-ENR-PTG-10-10-20150903, n° 220).

D Exonérations du droit (ou de la taxe) de partage (partages concernant des immeubles ou droits immobiliers)

6235 **Partages de successions portant sur des immeubles situés en Corse. Exonération temporaire.**

➤ Sur cette exonération, V. **Corse**.

6236 **Exonération du droit de partage des parties communes d'immeubles en copropriété.**

➤ Sur ce point, V. **Copropriété**.

IV Régime fiscal des partages avec soultes ou plus-values

6237 **Plan.** Définition et généralités (A) ; Régime fiscal de faveur (B) ; Régime fiscal de droit commun (C).

A Définition et généralités

6238 En droit civil, les partages avec soultes ou plus-values sont déclaratifs et exclusifs de toute transmission entre les copartageants.

En droit fiscal, au contraire, et dans la législation antérieure à l'entrée en vigueur de la loi du 26 décembre 1969, de tels actes présentaient un caractère translatif à concurrence des soultes ou plus-values.

Ainsi, les soultes ou plus-values donnaient ouverture au droit de mutation au taux fixé pour les ventes au prorata, le cas échéant, de la valeur respective des différents biens compris dans le lot grevé de soulte ou de plus-value.

En contrepartie, le montant des soultes ou plus-values était déduit de l'actif net partagé pour la liquidation du droit de partage.

6239 **Loi du 26 décembre 1969.** La loi du 26 décembre 1969 a modifié ces règles en ce qui concerne les partages de succession ou de communauté conjugale qui interviennent entre les membres originaires de l'indivision ou leurs ayants droit.

Pour ces partages, les soultes ou plus-values ne sont plus considérées comme des mutations à titre onéreux. Corrélativement, en ce qui concerne ces mêmes actes, l'imposition est liquidée sur la valeur nette de l'actif partagé, sans déduction des soultes ou plus-values (CGI, art. 748).

6240 **Loi de finances pour 2008.** La loi de finances pour 2008 (L. n° 2007-822, 24 déc. 2007, art. 18 : *JO* 27 déc.) a donné une nouvelle rédaction à l'article 748 du Code général des impôts (sur les incidences, V. n°s 6242 et s.).

6241 **Transfert des droits aux départements.** Les articles 28 de la loi n° 83-1179 du 29 décembre 1983 et 35 de la loi n° 84-1208 du 29 décembre 1984 codifiés notamment à l'article 1594 A du Code général des impôts, ont transféré aux départements les droits d'enregistrement ou la taxe de publicité foncière dus sur les mutations à titre onéreux d'immeubles situés sur leur territoire.

Cette disposition s'applique notamment aux droits dus sur les soultes stipulées dans les partages autres que ceux de succession, de communauté ou indivision conjugale, qui sont considérées comme translatives de propriété (sur les incidences du transfert, V. **Département**).

B Régime fiscal de faveur

6242 **Modification du régime fiscal.** La loi de finances pour 2008 (L. n° 2007-822, 24 déc. 2007, art. 18 : *JO* 27 déc.) a donné une nouvelle rédaction à l'article 748 du Code général des impôts dont le texte est actuellement le suivant :

> « Les partages qui portent sur des biens meubles ou immeubles dépendant d'une succession ou d'une communauté conjugale et qui interviennent uniquement entre les membres originaires de l'indivision, leur conjoint, des ascendants, des descendants ou des ayants droit à titre universel de l'un ou de plusieurs d'entre eux, ne sont pas considérés comme translatifs de propriété dans la mesure des soultes ou plus-values. Il en est de même des partages portant sur des biens indivis issus d'une donation-partage et des partages portant sur des biens indivis acquis par des partenaires ayant conclu un pacte civil de solidarité ou par des époux, avant ou pendant le pacte ou le mariage. En ce qui les concerne, l'imposition est liquidée sur la valeur nette de l'actif partagé déterminée sans déduction de ces soultes ou plus-values. »

Ainsi le droit de 2,50 % s'applique désormais aux partages et aux licitations de biens indivis :

– reçus par voie de donation-partage ;

– acquis indivisément par des époux avant ou pendant le mariage, et ce quel que soit leur régime matrimonial ;

– acquis par des partenaires liés par un PACS avant ou pendant le pacte.

À défaut de disposition particulière et en application de l'article 1-II-3° de la loi, cette mesure s'applique aux partages intervenant à compter du 1er janvier 2008.

Les modalités d'application de cette réforme ont été précisées par une instruction du 16 octobre 2008 (*BOI* 7 F-2-08).

6243 **Portée du régime fiscal de faveur.** L'article 748 du Code général des impôts prévoit que les partages qu'il énumère ne sont pas considérés comme translatifs de propriété dans la mesure des soultes ou des plus-values.
En ce qui les concerne, l'imposition est liquidée sur la valeur nette de l'actif partagé sans déduction des soultes ou plus-values (V. BOI-ENR-PTG-10-20-20120912, n° 160. – V. n°s 6263 et s.).

1 Conditions d'application du régime de faveur

6244 L'application de ce régime spécial est soumise à deux conditions relatives l'une à l'origine de l'indivision, et l'autre à la qualité des attributaires. Ces deux conditions doivent être remplies simultanément (V. BOI-ENR-PTG-10-20-20120912, n° 290).

a) Origine de l'indivision

1) Principes

6245 Biens dépendant d'une succession ou d'une communauté conjugale. Le partage doit porter, en premier lieu, sur :
- des biens dépendant d'une succession ;
- ou des biens acquis indivisément par des époux avant ou pendant le mariage et ce, quel que soit leur régime matrimonial ;
- ou des biens acquis par des partenaires liés par un PACS avant la conclusion du pacte ou pendant le pacte ;
- ou encore des biens attribués indivisément dans un acte de donation-partage.

Bénéficient notamment de ce régime :
- les partages de communauté conjugale, quelle que soit la cause de la dissolution de cette dernière (décès, divorce, absence, séparation de corps ou de biens, changement de régime matrimonial : cf. C. civ., art. 1441) ;
- les partages de biens acquis conjointement par des époux séparés de biens pendant la durée du mariage et effectués en application des dispositions de l'article 1542 du Code civil (Cass. com., 21 avr. 1992, n° 90-14.371) ;
- les partages portant à la fois sur des biens provenant d'une communauté dissoute par le décès d'un époux et sur des biens dépendant de la succession de ce dernier ;
- les partages de sociétés d'acquêts accessoires à un régime de séparation de biens ou à un régime dotal ;
- les partages d'ascendants faits par actes entre vifs et entrant dans les prévisions des articles 1075 et suivants du Code civil, ainsi que les partages testamentaires ;
- les partages de biens intervenant entre les donataires à un partage d'ascendants qui ont reçu les biens donnés dans l'indivision (V. BOI-ENR-PTG-10-20-20120912, n° 300).

6246 **Biens indivis à la suite d'une donation-partage.** Bénéficient du régime de faveur les partages portant sur des biens indivis issus d'une donation-partage entrant dans les prévisions des articles 1075 et suivants du Code civil (Instr. 16 oct. 2008 : *BOI* 7 F-2-08, n° 9).
Lorsqu'un partage intervient ainsi entre les donataires à un partage d'ascendants qui ont reçu les biens donnés dans l'indivision, il n'y a plus comme antérieurement à subordonner l'application du régime de faveur au fait que le donateur intervienne à l'acte de partage. Toutefois, pour bénéficier du régime de faveur, ce partage doit toujours intervenir entre les personnes énumérées à l'article 748 du Code général des impôts (Instr. 16 oct. 2008, préc.).

6247 **Biens indivis acquis par des époux avant ou pendant le mariage.** À compter du 1er janvier 2008, le partage portant sur des biens indivis acquis par des époux, avant ou pendant le mariage bénéficie du régime de faveur.
La nouvelle rédaction de l'article 748, issue de la loi de finances pour 2008, rend caduques certaines des solutions admises antérieurement par l'administration :
- inapplicabilité du régime de faveur aux partages de biens indivis effectués par deux époux séparés contractuellement de biens pendant la durée du mariage (V. **Séparation de biens**) ;
- inapplicabilité du régime de faveur au partage de biens acquis par des époux communs en biens avant le mariage (V. Doc. adm. DGI, 7 F-132, n° 2, 15 juin 2000) ;
- inapplicabilité du régime de faveur au partage de biens appartenant à des époux mariés sous le régime de la participation aux acquêts (Rép. min. à M. Dreyfus-Schmidt : *JO* Sénat CR, 8 janv. 1982, p. 24 et 409 ; *JCP* N 1982, prat. 8202).

6248 **Biens indivis acquis par des personnes ayant conclu un « PACS ».** À compter du 1er janvier 2008, le partage portant sur des biens indivis acquis par des partenaires ayant conclu un pacte civil de solidarité avant ou pendant le pacte, bénéficie du régime de faveur.
Peu importe que le bien indivis ait été acquis avant la conclusion du pacte ou pendant le pacte (Instr. 16 oct. 2008 : *BOI* 7 F-2-08, n° 9).
Le régime de faveur paraît devoir s'appliquer même si les « partenaires » ont mis fin au PACS au moment où intervient le partage (A. Lemaistre,

Partage ou licitation après la rupture du PACS : Bull. Cridon Paris 15 nov. 2008, p. 4. – Y. Breyton, *Quelques précisions relatives à l'application du droit de 2,50 % prévu aux articles 748 et 750 du CGI : Cah. Cridon Lyon* mars 2016, n° 75, p. 35). L'administration a confirmé que le régime de faveur s'appliquait au partage d'un immeuble acquis par deux personnes ayant conclu un PACS puis l'ayant rompu (DGFiP DLF BureauD2, Note 31 janv. 2011 : *Defrénois* 2011, n° 5, p. 424).

2) Extensions diverses

6249 **Application du régime de faveur au cas de « partage » entre nu-propriétaire et usufruitier.** Bien qu'il n'y ait pas d'indivision entre nu-propriétaire et usufruitier, il est admis que le régime de faveur s'applique aux opérations de partage, licitation et cessions de droits successifs entre eux (V. **Droits successifs-cession** ; *BODGI* 7 F-7-71).

6250 **Partage de biens acquis en remploi de biens dépendant d'une succession ou d'une communauté conjugale.** Les dispositions spéciales (droit de 2,50 %) s'appliquent aux biens acquis en remploi de biens provenant d'une communauté conjugale ou d'une succession, d'une indivision entre époux, voire entre partenaires liés par un PACS, ou d'une indivision issue d'une donation-partage, toutes les autres conditions étant supposées remplies et sous réserve qu'il soit justifié du remploi (V. BOI-ENR-PTG-10-20-20120912, n° 350). Le régime de faveur est susceptible de s'appliquer au partage entre deux frères des biens dépendant de la succession de leurs parents, et notamment d'un chalet dont les parents décédés avaient déjà acquitté 84 % du prix, mais qui n'a été définitivement acquis qu'ultérieurement par le tuteur agissant au nom des héritiers mineurs. Toutefois, l'application du régime de faveur est subordonnée à la condition que le solde du prix versé, lors de l'acquisition, au nom des deux enfants, ait été acquitté à l'aide de fonds provenant de la succession de leurs parents (Rép. min. Vivien : *JOAN* CR, 25 nov. 1991, p. 4809, n° 46596).

3) Refus d'appliquer le régime de faveur

6251 Dans un certain nombre de cas, l'administration a refusé d'appliquer le régime fiscal de faveur.

6252 **Indivision provenant d'une donation simple.** Il n'est pas possible, sans aller au-delà des termes de la loi et de l'intention du législateur, de faire entrer dans le champ d'application des articles 748 et 750-II du Code général des impôts les partages d'indivisions ayant leur origine dans un acte de donation autre que de donation-partage (Rép. min. n° 5618 : *JOAN* CR, 16 janv. 1989, p. 231).

➤ Pour plus de détails, V. **Donation-partage** et **Indivision**.

6253 **Règlement en nature de la créance de participation née de la liquidation du régime de participation aux acquêts.** Le régime de faveur prévu à l'article 748 du Code général des impôts, selon lequel les partages des biens d'une communauté conjugale ne sont pas considérés comme translatifs de propriété dans la mesure des soultes ou plus-values, ne peut être appliqué ni aux opérations de partage de biens que des époux mariés sous le régime de la participation aux acquêts ont acquis en commun, ni au règlement de la créance de participation née de la liquidation de ce régime. Cela étant, l'article 1576 du Code civil dispose que le règlement en nature de cette créance est considéré comme une opération de partage lorsque les biens attribués à l'époux créancier n'étaient pas compris dans son patrimoine originaire. Dès lors, ce règlement en nature est régi par les dispositions des articles 746 et 747 du Code général des impôts et, par voie de conséquence, le droit de 2,50 % est perçu sur l'attribution des droits correspondant à la créance de participation (Rép. min. chargé du budget n° 23560 à M. Philippe Vasseur : *JOAN* CR, 2 avr. 1990, p. 1493).

6254 **Partage de constructions édifiées sur un terrain indivis.** Si les membres d'une indivision dont le partage bénéficierait du régime de faveur construisent sur un terrain dépendant de cette indivision, le partage des constructions ainsi édifiées ne bénéficierait pas quant à lui du régime fiscal de faveur (V. **Licitation**).

4) Convention d'indivision

6255 **Évolution de la question.** Dans un premier temps, l'administration considérait que si des époux communs en biens décidaient, après leur divorce, de maintenir en indivision des biens meubles ou immeubles, ces conventions avaient pour effet de « placer les anciens époux en situation d'indivision conventionnelle ». Elle en concluait que la licitation ultérieure des biens placés sous ce régime ne pouvait donc pas bénéficier des dispositions des articles 748 et 750-II du Code général des impôts.

Cette solution, qui était de nature à recevoir une application générale, a été finalement condamnée par un arrêt de la Cour de cassation du 2 mai 1990 (Cass. com. : *Bull. civ.* 1990, IV, n° 128,

p. 86 ; *Defrénois* 1990, art. 34911, obs. Chappert ; *JCP* N 1991, II, p. 22, note D.F.).
L'administration s'est inclinée (*BOI* 7 F-2-91) : il y a donc lieu en pareil cas d'appliquer le régime de faveur prévu par l'article 748 du Code général des impôts (V. **Partage**) ou par l'article 750-II du même code (V. **Licitation**) : perception du droit ou de la taxe de publicité foncière au taux de 2,50 % et absence de taxation des soultes ou « plus-values » de lots.
La solution doit être étendue à tous les cas où l'indivision post-communautaire ou post-successorale est maintenue par les indivisaires.

6256 Toutefois, la Documentation administrative de base n'avait pris position qu'en ce qui concerne les indivisions post-communautaires, et ceci dans les termes suivants (Doc. adm. DGI, 7 F-1322, n° 4, 15 juin 2000) :

> « Le juge aux affaires matrimoniales peut admettre, à titre exceptionnel, la conclusion de conventions d'indivision sur des biens immobiliers déterminés pour préserver les intérêts des anciens conjoints et de leur famille. Cependant, lesdits biens se trouvaient déjà placés de plein droit sous le régime légal de l'indivision. Cette indivision post-communautaire ne revêt donc aucun caractère contractuel ».

Dès lors, le partage ultérieur des biens placés sous ce dernier régime bénéficie des dispositions de l'article 748 précité (Cass. com., arrêt n° 586 P, 2 mai 1990).
Le raisonnement qui justifie cette solution, selon laquelle les biens « se trouvent déjà placés de plein droit sous le régime légal de l'indivision », qui « ne revêt donc aucun caractère contractuel », peut (et doit) à notre avis être transposé pour toutes les indivisions dont le partage bénéficie d'un régime de faveur.

5) Partage partiel

6257 **Partage d'une partie des biens indivis. Partage ultérieur du surplus des biens laissés dans l'indivision. Régime fiscal de ce partage.** Il arrive que les membres d'une indivision successorale ou d'une indivision post-communautaire ne procèdent dans un premier temps qu'au partage d'une partie des biens indivis entre eux (ce partage bénéficiant du régime de faveur de l'article 748 du Code général des impôts, toutes les conditions posées par ce texte étant supposées remplies).
Le partage ultérieur des biens laissés dans l'indivision bénéficiera également du régime fiscal de faveur, dès lors que les conditions posées par le texte (CGI, art. 748) restent remplies : il s'agit bien en effet de partager des biens dont l'indivision a pour origine l'ouverture d'une succession ou la dissolution d'une communauté (le précédent partage – partiel – n'ayant pas mis fin à cette indivision).
La même solution s'applique bien entendu au partage de tous les biens indivis auquel le régime de faveur de l'article 748 du Code général des impôts a été étendu : par exemple, dans le cas de partage de biens reçus indivisément par voie de donation-partage, faisant suite à un précédent partage partiel.
On remarquera en faveur de cette opinion que l'administration a admis que le régime prévu par l'article 750-II du Code général des impôts (qui concerne les licitations) bénéficie à la licitation réalisée entre les membres originaires de l'indivision provenant d'une communauté ou d'une succession même si elle a été précédée d'un partage qui a laissé certains biens indivis entre les attributaires (*BODGI* 7 F-8-71 ; *Ind. enr.*, 12123) : la même solution doit manifestement s'appliquer dans le cas de partage.

b) Qualité des copartageants

6258 **Énumération légale.** En second lieu, pour bénéficier du régime spécial, le partage doit intervenir entre les membres originaires de l'indivision, leur conjoint, des ascendants, des descendants ou des ayants droit à titre universel de l'un ou de plusieurs d'entre eux.
Les membres originaires de l'indivision sont les héritiers légataires ou donataires pour les partages de succession, et les époux pour les partages de communauté.
Les ayants droit à titre universel des membres originaires de l'indivision sont les héritiers *ab intestat*, les légataires universels ou à titre universel, c'est-à-dire ceux qui recueillent l'universalité ou une quote-part des biens laissés par le défunt au sens des articles 1003 et 1010 du Code civil.
Le partage doit donc intervenir uniquement entre les personnes énumérées par la loi.

6259 **Participation d'un tiers.** La participation d'un tiers au partage, par exemple un cessionnaire de droits successifs ne figurant pas au nombre des personnes énumérées ci-dessus, met obstacle à l'application du régime de faveur et le partage est taxé selon les règles de droit commun (V. BOI-ENR-PTG-10-20-20120912, n° 310).

6260 **Partages portant sur des immeubles ruraux loués à l'attributaire.** Le régime spécial des partages de succession ou de communauté conjugale conduit à soumettre les soultes à une imposition de 2,50 %. Ce régime est donc moins favorable que celui applicable aux autres partages

lorsque les biens sont attribués à un copartageant ayant la qualité de fermier de biens ruraux puisque, dans ce cas, la soulte mise à la charge de cet attributaire n'est passible que d'une imposition de 0,70 %, dans la mesure où les conditions d'application de ce tarif sont réunies (V. **Fermier**). Aussi, dans un souci d'équité, il a été admis que les parties peuvent demander le bénéfice du tarif de 0,70 % au lieu de 2,50 % à concurrence du montant de la soulte imputable sur l'immeuble rural loué, lorsque les conditions prévues à l'article 1594 quinquies D du Code général des impôts sont réunies.
Dans ce cas, l'attributaire doit, bien entendu, prendre pour lui et ses ayants cause à titre gratuit l'engagement de mettre personnellement en valeur les biens reçus pendant un délai minimum de cinq ans à compter de la date du transfert de propriété (V. BOI-ENR-PTG-10-20-20120912, n° 340).

6261 Dans le cas où le bien échoit au copartageant fermier par licitation, il faut faire une différence avec le cas de partage avec soulte. Dans ce dernier cas, la soulte a un caractère translatif (sauf dans le cas de l'article 748 du Code général des impôts, bien entendu), alors que dans le cas de licitation, la convention doit être considérée comme portant sur toute la propriété licitée : c'est cette valeur totale qui doit supporter la taxe à 0,70 %, et non pas seulement la soulte comme en cas de partage (opinion H. Bulté : *JCP* N 1975, prat. 5980).

2 Portée du régime spécial

6262 **Droit de 2,50 %.** Les partages qui remplissent les conditions ci-dessus énumérées sont soumis à un seul impôt, droit ou taxe, au taux de 2,50 %, à l'exclusion de tout droit ou taxe de mutation à titre onéreux sur les soultes ou plus-values, mais ces soultes ou plus-values ne sont pas déduites de l'actif net partagé pour la perception du droit ou de la taxe de 2,50 % (V. BOI-ENR-PTG-10-20-20120912, n° 320). Ce tarif résulte de l'article 95-t-A-8° de la loi de finances rectificative pour 2004 (L. n° 2004-1485, 30 déc. 2004 : *JO* 31 déc. 2004 : *Dr. fisc.* 2005, comm. 218). Il est applicable aux conventions conclues et aux actes passés à compter du 1er janvier 2006 lorsqu'ils sont obligatoirement déclarés ou soumis à la formalité de l'enregistrement, et dans les autres cas, lorsque la présentation volontaire à la formalité intervient à compter de cette date (L. fin. préc., art. 95-IV).
Le droit ou la taxe de 2,50 % est perçu au profit de l'État.
Ce régime fiscal s'applique aussi bien aux partages qui portent sur des immeubles qu'à ceux qui ont pour objet des meubles ou à la fois des meubles et des immeubles (Doc. adm. DGI, 7 F-1322, n° 2, 15 juin 2000).

3 Assiette et liquidation des droits

a) Assiette des droits

6263 **Règles particulières concernant l'assiette du droit de partage sur les partages de communauté.** L'imposition proportionnelle au taux de 2,50 % est liquidée dans les conditions ordinaires sur l'actif net partagé. Cet actif comprend notamment les excédents de récompense sur les reprises (V. BOI-ENR-PTG-10-10-20120912, n° 160).
Si les époux ont un excédent de reprises en deniers, plusieurs hypothèses sont à examiner.
1. Le droit de partage est exigible sur les excédents de reprises en deniers lorsque l'époux prélève des biens communs en paiement de ses créances. En effet, l'époux qui exerce ses reprises sur les biens de communauté agit en la double qualité de créancier et de copartageant (V. antérieurement, Doc. adm. DGI, 7 F-1323, n° 6, 15 juin 2000).
2. Le paiement des reprises en numéraire ne donne ouverture à aucun droit particulier. Le droit de partage est exigible sur le montant total de l'actif de communauté.
3. Le paiement des reprises au moyen de biens autres que du numéraire, propres à l'autre époux, constitue une dation en paiement soumise au droit de mutation à titre onéreux d'après la nature de ces biens (V. antérieurement Doc. adm. DGI, 7 F-1323, n° 7, 15 juin 2000).

6264 **Communauté conjugale. Solde négatif du compte de récompenses.** Lorsqu'au terme des opérations de liquidation de la communauté, il apparaît que cette dernière est débitrice de récompenses envers l'un des époux, une étude fait état du refus de l'administration fiscale d'admettre l'inscription du solde négatif du compte de récompenses au passif de la masse à partager et cite un jugement du tribunal de grande instance de Paris (TGI Paris, 9e ch., 2e sect., 7 avr. 2013, n° 11/05450) qui aurait entériné cette perception (sur la critique de la position de l'administration, V. cette étude, J.-A. André, *Divorce, récompenses et droit de partage : du flou dans l'actif net ? Defrénois* 2013, n° 23, p. 1201).
Pour éviter un « redressement » éventuel, cet auteur préconise une présentation du compte de liquidation qui déroge à la pratique habituelle et cite l'exemple suivant :

• **Communauté :**

Actif :

– maison d'habitation	500 000
– mobilier	50 000
– liquidités	150 000
Passif :	
– prêt immobilier	200 000
Actif net	500 000

Prélèvement par l'époux au titre de sa récompense	100 000
Solde	400 000
Dont moitié pour chacun des époux	200 000
• **Attributions :**	
1. Époux créancier de la récompense :	
– part de communauté	200 000
– solde dû	100 000
Total	300 000
2. Conjoint	
Part de communauté	200 000

6265 Partage de communauté. Options de souscription ou d'achat d'actions (stocks options). Les titres détenus dans le cadre d'un plan d'épargne entreprise sont imposables au droit de partage dans les conditions de droit commun prévues à l'article 746 du Code général des impôts.

Toutefois, pour la liquidation du droit de partage prévu à l'article 746 du Code général des impôts, il est admis que les droits d'option de souscription ou d'achat d'actions qui proviennent de l'activité salariée de l'un des époux mariés sous le régime légal de la communauté n'ont pas à figurer à l'actif taxable de la communauté conjugale (Rép. min. de Robien n° 58031 : *JOAN* Q, 18 juin 2001, p. 3520. – Rép. min. n° 3120 : *JO* Sénat Q, 23 août 2001, p, 2721 : *BIM Lefebvre* 10/2001, n° 207).

6266 Actes constatant le partage de la communauté et celui de la succession du conjoint prédécédé. Dans cette situation, fréquente en pratique, l'imposition proportionnelle ne peut naturellement être réclamée à la fois sur l'actif commun et sur l'actif successoral qui comprend la part du défunt dans les biens communs.

Sous réserve de la déduction éventuelle du passif, l'imposition proportionnelle n'est perçue que sur la valeur des biens réels de communauté et des biens propres de succession, augmentée, le cas échéant, de l'excédent de récompense dû par l'époux survivant. En effet, l'excédent de récompense dû par le défunt constituant en même temps qu'un actif de communauté un passif de succession, ne doit pas être pris en considération (V. BOI-ENR-PTG-10-20-20120912, n° 370).

b) Liquidation des droits

1) Difficultés diverses

6267 Partages avec soultes ou plus-values portant sur des biens entrant dans le champ d'application de la TVA. Dès lors qu'un partage n'est pas considéré comme translatif de propriété dans la mesure des soultes ou plus-values lorsque les conditions prévues pour l'application du régime de faveur sont réunies, il n'entre pas dans le champ d'application de la TVA (V. BOI-ENR-PTG-10-20-20120912, n° 320) et les soultes ou plus-values ne sont pas passibles de cette taxe (Instr. 16 oct. 2008, n° 10, préc.).

Le droit d'enregistrement ou la taxe de publicité foncière sont liquidés sur la valeur de l'actif net partagé au taux de 2,50 %.

6268 Partage portant à la fois sur des biens relevant à la fois du régime de faveur et du régime normal. Lorsqu'un partage porte par exemple à la fois sur des biens dépendant d'une succession ou d'une communauté conjugale et sur des biens ayant une autre origine (biens acquis en commun avant le mariage par exemple) et que l'un ou plusieurs des lots donnent lieu au paiement d'une soulte ou révèlent une plus-value, il y a lieu d'appliquer en même temps les règles édictées pour les partages de succession ou de communauté conjugale et les règles relatives aux autres partages.

Si le lot grevé de soulte ou présentant une plus-value ne comprend que des biens de la première catégorie, la soulte (ou plus-value) n'est pas taxée comme une vente et elle n'est pas déduite pour la liquidation de la taxe de publicité foncière ou du droit de partage.

Au contraire, lorsque ce lot ne comprend que des biens de la seconde catégorie, la soulte (ou la plus-value) est taxée comme une vente et son montant est déduit pour le calcul de la taxe ou du droit de 2,50 %.

Lorsque le lot comprend des biens des deux catégories, il convient de répartir la soulte (ou plus-value) proportionnellement à la valeur de chacune de ces deux catégories et chaque fraction est soumise au régime de la catégorie de biens à laquelle elle est rattachée (V. BOI-ENR-PTG-10-20-20120912, n° 390).

6269 Attribution d'un immeuble ou d'un meuble à un copartageant pour le dédommager de sa créance contre la succession ou la communauté conjugale. Le bénéfice du régime de faveur est étendu, toutes les autres conditions étant remplies, à l'attribution d'un bien faite au profit d'un copartageant pour le dédommager de sa créance envers la succession ou la communauté conjugale.

En effet, une telle attribution constitue, au regard du droit fiscal, une opération de partage d'une nature comparable à celle résultant du versement d'une soulte. L'administration admet donc qu'elle n'est pas translative de propriété et ne donne pas ouverture à l'impôt de mutation (V. BOI-ENR-PTG-10-20-20120912, n° 380).

6270 Attribution à l'un des époux de la quasi-totalité des biens communs après divorce. L'attribution à l'un des époux de la quasi-totalité des biens de communauté, même si le jugement de divorce n'a pas prévu de prestation compensatoire, ne donne ouverture qu'au droit de partage (actuellement 2,50 %) liquidé sur la valeur nette de l'actif partagé sans déduction des soultes ou plus-values.

Il résulte en effet des dispositions combinées des articles 746 et 748 du Code général des impôts que les partages entre époux portant sur des biens dépendant d'une communauté conjugale ne sont pas considérés comme translatifs de propriété dans la mesure des soultes et des plus-values (Rép. min. Cavaillé : *JOAN* CR, 25 mars 1991, p. 1199, n° 34181).

6271 Paiement d'un excédent de reprise de la femme au moyen de biens appartenant en propre au mari. L'article 1474 du Code civil dispose que les prélèvements en biens communs constituent une opération de partage de communauté ; en effet, l'époux exerce ses reprises en se payant avec des biens dont il est copropriétaire par indivis avec son conjoint. Dans ce cas, le droit de partage est liquidé suivant les règles prévues à l'article 748 du Code général des impôts.

Mais, si la femme exerce ses reprises sur les biens propres du mari, comme l'article 1472 du Code civil le prévoit, elle agit comme créancière de ce dernier et reçoit des biens pour lesquels elle n'est pas dans l'indivision. Cette opération n'est pas un partage de communauté, mais une dation en paiement qui donne ouverture aux droits exigibles sur les mutations des biens cédés au créancier des reprises. Ces règles s'appliquent à toutes les liquidations de communauté conjugale, qu'elles interviennent après décès ou après divorce (Rép. min. Ceccaldi-Pavart : *JO* Sénat CR, 4 avr. 1985, p. 611, n° 21977).

Cette solution est également applicable lorsque la femme reçoit un bien propre du mari, en paiement d'une soulte dont elle est créancière.

« Lorsqu'une soulte de partage est payée au moyen d'immeubles propres du débiteur de cette soulte, l'opération est indépendante du partage et constitue une dation en paiement passible de l'impôt de mutation ordinaire, indépendamment de celui dû sur la soulte quand celui-ci est exigible », déclare en ce sens un jugement du tribunal de Paris du 7 avril 1986 (*Ind. enr.*, 4602). En l'espèce, une convention de divorce avait liquidé la communauté ayant existé entre deux époux et attribué la totalité de l'actif commun au mari. Ce dernier, pour se libérer de la soulte due à son épouse, lui avait remis en paiement deux immeubles, lui appartenant en propre. L'administration a alors exigé les droits de mutation à titre onéreux sur cette « dation en paiement », ce qu'approuve le tribunal. Mais c'est le droit de partage de 2,50 % et non le droit de mutation à titre onéreux qui est dû lorsqu'un conjoint survivant reçoit des biens propres du prédécédé, pour lesquels il se trouve en indivision avec les héritiers de ce dernier à la suite de son décès (dans le cas par exemple où le conjoint survivant est donataire ou légataire d'une partie de la succession de son mari).

2) Passif. Soultes

6272 Observations générales. Le passif est déductible dans les conditions de droit commun (V. n° 6224) pour la perception du droit de partage. Par contre, les soultes ou plus-values ne sont pas déductibles (V. n° 6262).

6273 Soulte résultant de la prise en charge d'un passif : assiette du droit de partage. Conformément à l'article 748 du Code général des impôts, les partages de succession et de communauté conjugale intervenant uniquement entre les membres originaires de l'indivision ou leur conjoint ainsi que les ascendants ou descendants de l'un ou plusieurs d'entre eux ne sont pas considérés comme translatifs de propriété dans la mesure des soultes ou plus-values ; en ce qui les concerne, l'imposition de 2,50 % est liquidée sur la valeur nette de l'actif partagé, déterminée sans déduction de ces soultes ou plus-values.

En conséquence, les soultes stipulées dans ces partages, qu'elles résultent du versement d'une somme d'argent ou de la prise en charge par un copartageant d'une part de passif supérieure à sa part contributive, ne donnent ouverture à aucun droit ou taxe de mutation à titre onéreux ; corrélativement, il n'y a pas lieu de déduire leur montant de l'actif net partagé pour le calcul du droit de partage de 2,50 %.

6274 Exemple de partage de communauté. L'actif commun entre deux époux est constitué d'un immeuble d'une valeur de 400 000 €. Le passif commun est de 200 000 €. L'immeuble est attribué au mari qui conserve à sa charge l'intégralité du passif et verse à son épouse une soulte de 100 000 €.

Le droit de partage de 2,50 % doit être calculé sur la valeur de l'actif net, soit 200 000 € (Rép. min. Lagorce : *JOAN* CR, 28 juin 1982, p. 2665, n° 13168 ; *JCP* N 1982, prat. 8415).

C Régime fiscal de droit commun

1 Champ d'application

6275 **Partages concernés.** Depuis l'entrée en vigueur de la loi du 26 décembre 1969, les partages autres que les partages de succession et de communauté remplissant les conditions pour bénéficier du régime spécial de l'article 748 du Code général des impôts restent soumis aux règles anciennes de liquidation des droits.
Parmi ces partages, on peut citer (BOI-ENR-PTG-10-20-20120912, n° 40) :
– les partages de sociétés ;
– les partages d'indivision provenant d'acquisitions en commun, autres que celles effectuées par des époux ou des personnes « pacsées », par exemple les acquisitions entre concubins (Cl. Guillot, *La fiscalité du partage de l'immeuble indivis entre concubins : BIM Lefebvre* 5/2007, étude p. 177. – M. De Los Santos, *Fiscalité des partages d'immeubles entre concubins non pacsés au regard des droits d'enregistrement : Bull. Cridon Bordeaux*, Nota Bene févr. 2010, 612) ;
– ainsi que les partages de biens qui, exceptionnellement, ne relèvent pas du régime de faveur (V. n°s 6276 à 6306) parce que l'une des conditions d'application de ce régime fait défaut.

6276 **Assiette des droits.** Cependant, les règles d'assiette particulières aux partages de communauté (V. n°s 6263 à 6266) et celles qui concernent les partages portant à la fois sur la communauté et sur la succession de l'époux prédécédé (V. n° 6266) sont applicables même si ces partages ne bénéficient pas du régime spécial (BOI-ENR-PTG-10-20-20120912, n° 50).

6277 **Taxation des soultes.** Les soultes stipulées dans ces partages ou les plus-values que présentent certains lots sont taxées comme des ventes et leur montant est déduit de l'actif net partagé pour la perception de la taxe de publicité foncière ou du droit d'enregistrement au taux de 2,50 % (V. BOI-ENR-PTG-10-20-20120912, n° 50).

6278 **TVA.** En toute hypothèse, les partages purs et simples ne donnent pas ouverture à la TVA.
Mais sont passibles de la TVA les soultes ou plus-values de partage imputables sur un bien situé dans le champ d'application de la TVA immobilière, dont elles sont censées constituer le prix.
Le régime fiscal applicable en ce qui concerne la TVA et la taxe de publicité foncière qui s'y ajoute se détermine selon le droit commun et elle est en particulier fonction de la nature du bien sur lequel la soulte est imputable (V. **Terrains, Immeuble à construire, Immeuble inachevé, Immeuble neuf, Immeuble ancien [TVA]**).
➤ Pour des exemples chiffrés de calcul des droits, V. n° 6303.

2 Conditions d'exigibilité des droits de mutation

6279 Les conditions d'exigibilité intéressent principalement la taxation des soultes.
L'impôt de mutation à titre onéreux est, en effet, exigible dans trois hypothèses :
– lorsqu'il y a entre les parties stipulation d'une soulte proprement dite ;
– lorsqu'un copartageant recevant une attribution supérieure à ses droits est chargé, en contrepartie, d'acquitter une part de passif supérieure à celle qui lui incombe normalement. Il s'agit d'une soulte provenant de l'inégale répartition du passif ;
– lorsqu'en l'absence de toute soulte apparente ou réelle, certains lots présentent une plus-value sur les droits de leurs attributaires dans la masse partagée (V. BOI-ENR-PTG-10-20-20120912, n° 60).

a) Soulte proprement dite

6280 **Définition.** On entend par soulte proprement dite la somme d'argent que doit payer à ses copartageants celui qui reçoit dans son lot des biens pour une valeur supérieure à ses droits (V. BOI-ENR-PTG-10-10-20120912, n° 70).

6281 **Soulte payée au moyen d'immeubles propres.** Lorsqu'une soulte de partage est payée, soit dans l'acte même, soit dans un acte ultérieur, au moyen d'immeubles propres au débiteur de la soulte, l'opération est indépendante du partage et constitue une dation en paiement passible de l'impôt de mutation ordinaire indépendamment de celui dû sur la soulte (V. BOI-ENR-PTG-10-20-20120912, n° 80).

6282 **Fermages non échus.** L'attribution à un lot des fermages non échus d'immeubles compris dans un autre lot, pour compenser l'inégalité du partage, constitue une soulte à concurrence du montant de ces fermages (V. BOI-ENR-PTG-10-20-20120912, n° 90).

b) Soulte provenant de l'inégale répartition du passif

6283 **Principe.** En vertu de l'article 870 du Code civil, « les héritiers contribuent au paiement des dettes et charges de la succession chacun dans la proportion de ce qu'il y prend ».

Si donc un copartageant reçoit une attribution supérieure à ses droits, sous la condition de payer une plus forte partie des dettes, il y a soulte à concurrence de ce passif excédentaire qui constitue le prix des biens qui lui ont été attribués au-delà de sa part virile dans l'actif brut (V. BOI-ENR-PTG-10-20-20120912, n° 100).

6284 **Cas particuliers.** Lorsque certaines valeurs indivises sont affectées au paiement d'une partie du passif, le surplus devant être payé par un des copartageants, il n'y a soulte que si la portion du passif mise à la charge de ce copartageant excède sa part dans le passif social.
En revanche, le droit de soulte ne peut être réclamé lorsque le passif est acquitté intégralement au moyen de valeurs laissées dans l'indivision, ou bien lorsqu'un copartageant est chargé de réaliser certaines valeurs mises en réserve pour payer le passif. Dans cette dernière hypothèse, on se trouve en présence d'un simple mandat à la double condition qu'il y ait obligation de rendre compte de l'emploi des valeurs et qu'il n'y ait pas appropriation réelle des valeurs reçues (V. BOI-ENR-PTG-10-20-20120912, n° 110).

c) Compensation des soultes réciproques

6285 Lorsque, enfin, un même lot reçoit et paie des soultes, qu'il s'agisse de soultes proprement dites ou résultant de l'inégale répartition de passif, il y a lieu de compenser les soultes reçues et payées et de ne percevoir l'impôt de mutation que sur l'excédent de soulte effectivement supporté (V. BOI-ENR-PTG-10-20-20120912, n° 120).

d) Plus-value de lot

6286 **Principe.** L'impôt de mutation à titre onéreux est exigible, non seulement quand le paiement d'une soulte est stipulé dans le partage mais encore, en l'absence de toute soulte, si certains lots présentent une plus-value sur les droits de leurs attributaires dans la masse partagée.
Le motif de cette perception réside dans la règle selon laquelle l'impôt de mutation est perçu sur la valeur des biens quand cette valeur est supérieure au prix. La même règle conduit, du reste, à imposer la plus-value lorsqu'elle est supérieure à la soulte stipulée ou résultant de l'inégale répartition des dettes (V. BOI-ENR-PTG-10-20-20120912, n° 130).

6287 **Calcul de la plus-value.** La plus-value d'un lot est égale à la différence entre les attributions brutes consenties à ce lot et les droits de l'attributaire dans la masse brute des biens partagés.
Dans la pratique, la discordance entre les soultes exprimées et les plus-values apparaît surtout lorsqu'un rehaussement est effectué par l'administration fiscale (V. BOI-ENR-PTG-10-20-20120912, n° 140).

e) Cas particuliers

6288 **Partage comprenant des biens de diverses origines.** Lorsqu'un partage comprend des biens de diverses origines mais tous indivis entre les divers copartageants, il suffit, pour que les attributions ne comportent pas de plus-values, qu'elles soient dans l'ensemble conformes aux droits totaux des coïndivisaires, quelle que soit la provenance des biens attribués.
Mais pour que cette règle soit applicable, il est indispensable que les biens soient indivis entre tous les copartageants. Dans le cas contraire, il y aurait autant de partages distincts que de biens d'origine différente, et chacun d'eux devrait être envisagé isolément pour la taxation des soultes (V. BOI-ENR-PTG-10-20-20120912, n° 150).

6289 **Partage partiel.** La doctrine et la jurisprudence s'accordent à reconnaître qu'un partage partiel doit être considéré isolément pour le calcul de l'imposition.
Il s'ensuit que si, dans un partage où les soultes ont, en droit fiscal, un caractère translatif, on constate une inégalité des lots, l'impôt de mutation à titre onéreux frappant les soultes ou plus-values est exigible, même s'il est stipulé que l'égalité sera rétablie ultérieurement par un autre partage.
Bien entendu, le partage ultérieur qui, pour rétablir l'égalité rompue par le premier partage, contient des attributions inégales ne supporte pas un nouvel impôt de mutation à titre onéreux, la liquidation de l'imposition due sur le deuxième partage devant être faite en combinant ses dispositions avec celles du premier comme s'il s'agissait d'un contrat unique.
Cependant, l'administration admet que, sauf le cas de fraude, la plus-value ne soit pas imposée comme une vente, malgré l'inégalité des lots, lorsqu'il est constant que l'égalité pourra être établie au moyen, soit de biens de la même origine laissés provisoirement dans l'indivision et dont l'existence est suffisamment justifiée, soit du prix à provenir de la vente de ces biens. La justification de l'existence et de la consistance des biens demeurés indivis doit résulter des termes de l'acte (V. BOI-ENR-PTG-10-20-20120912, n° 160).

6290 **Partage provisionnel de jouissance.** Dans le cas où le partage ne porte que sur la jouissance, il y a plus-value dans la mesure où les lots ne sont pas égaux en revenu (V BOI-ENR-PTG-10-20-20120912, n° 170).

6291 **Transaction après partage.** La transaction aux termes de laquelle des copartageants reconnaissent que les immeubles compris dans leurs lots ont été sous-estimés et constatent le versement à l'attributaire lésé d'une somme déterminée donne ouverture à l'impôt de mutation frappant les soultes en reprenant pour base le partage initial (V. BOI-ENR-PTG-10-20-20120912, n° 180).

3 Assiette, tarif et liquidation des droits

a) Règles de liquidation concernant les soultes

1) Généralités

6292 Les soultes ou les plus-values sont taxées comme des ventes et le taux du droit ou de la taxe dépend de la nature des biens composant le lot grevé de soulte ou de plus-value.

Ainsi, lorsque tous les biens attribués au débiteur de la soulte sont de même nature, la liquidation de l'impôt n'offre pas de difficulté, le droit ou la taxe de mutation étant exigible à un seul tarif, celui prévu pour les biens en cause.

Mais quand les biens sont de diverses natures, le tarif du droit ou de la taxe de mutation n'étant pas uniforme, il est nécessaire de régler l'imputation de la soulte, c'est-à-dire de déterminer les biens dont cette soulte forme le prix (V. BOI-ENR-PTG-10-20-20120912, n° 190).

2) Règle de l'imputation proportionnelle

6293 Il résulte de l'article 747 du Code général des impôts que la soulte doit être répartie entre les différents biens compris dans le lot grevé de soulte proportionnellement à leur valeur respective et que le droit ou la taxe de mutation doivent être perçus en conséquence et conformément aux règles du droit commun.

Cette règle de l'imputation proportionnelle est générale et s'applique sans qu'il y ait lieu de s'attacher à l'imputation que les parties ont pu prévoir elles-mêmes dans l'acte. Le cas échéant, il convient de faire application des régimes spéciaux et exemptions prévus en matière de mutation à titre onéreux (V. BOI-ENR-PTG-10-20-20120912, n° 200).

3) Impôts exigibles dans certains cas particuliers

6294 **Soulte imputable sur du numéraire, des créances ou des rentes.** Si la soulte est imputable sur du numéraire qui se trouvait dans la masse, il n'est dû aucun droit de mutation.

Il en va de même lorsque la soulte est imputable sur des créances ou des rentes, depuis la suppression du droit proportionnel de cession de rente ou de créance. Seul le droit fixe des actes innommés serait théoriquement exigible mais il n'est pas perçu en présence de droits proportionnels supérieurs (V. BOI-ENR-PTG-10-20-20120912, n° 210).

6295 **Soulte imputable sur des fonds de commerce.** Le droit d'enregistrement et les taxes locales sont exigibles lorsque la soulte s'impute sur les éléments d'un fonds de commerce, autres que les marchandises neuves.

En ce qui concerne les marchandises neuves, la TVA leur est applicable à l'exclusion de tout droit d'enregistrement (V. BOI-ENR-PTG-10-20-20120912, n° 220).

6296 **Soulte imputable sur des meubles et des immeubles.** Les dispositions de l'article 735 du Code général des impôts, en vertu duquel le droit de vente au tarif immobilier est perçu sur la totalité de la valeur afférente aux meubles et aux immeubles lorsque les biens mobiliers ne font pas l'objet d'une estimation article par article et d'un prix particulier, sont applicables en matière de partage, depuis l'entrée en vigueur de la loi du 15 mars 1963 (V. BOI-ENR-PTG-10-20-20120912, n° 230).

Me Axel Depondt donne l'exemple suivant, à propos d'un partage entre concubins :

> « Masse 1 000, dont une créance contre un tiers de 600, et un immeuble de 400. Droits des parties : 500.
>
> 1er cas : la femme prend la créance (600) et doit une soulte de 100. Seul le droit de partage et du sur 1 000. Pas de droit de soulte puisque les cessions de créance sont enregistrées au droit fixe (qui n'est pas dû lorsqu'un droit proportionnel plus élevé est dû).
>
> 2e cas : la femme prend tout. Elle doit une soulte de 500 qui, dans le silence de la convention, s'applique à proportion de la valeur des droits attribués soit 60 % pour la créance et 40 % pour l'immeuble. Les droits de mutation à titre onéreux (actuellement 5,09 %) sont dus sur 200.
>
> Mais les concubins peuvent convenir que la femme sera remplie de ses droits par attribution de l'immeuble (400) et d'une partie de la créance (100). Dès lors, la soulte ne porte alors que sur le solde de la créance qui aurait dû revenir à son compagnon… Il n'est pas dû de droits de mutation à titre onéreux ».

6297 **Soulte imputable sur des rapports.** Lorsque dans un partage, une soulte est stipulée d'un copartageant qui a effectué le rapport en nature ou en valeur d'une donation ou d'une dette, aucun impôt de mutation n'est exigible à concurrence de ce rapport. Dans ce cas, en effet,

le copartageant qui reçoit le rapport dans son lot est censé le tenir, non de ses copartageants, mais du donateur.
Il en est de même au cas où une soulte est imputable sur des rétablissements pour droits de mutation par décès à condition que ces droits aient été payés avant la date fixée pour la jouissance divise, au moyen de fonds prélevés sur la masse.
Bien entendu, si le montant de la soulte à la charge de l'auteur du rapport excède le montant du rapport, l'excédent, à répartir proportionnellement à la valeur des autres biens mis dans son lot, est soumis à l'impôt de mutation à titre onéreux dans les conditions ordinaires (V. BOI-ENR-PTG-10-20-20120912, n° 240).

6298 **Soulte imputable sur des récompenses.** En supposant un partage de communauté, dans lequel les soultes auraient un caractère translatif, aucun droit proportionnel ne peut être perçu lorsque la soulte mise à la charge d'un époux est inférieure au montant des récompenses dues par lui à la communauté et qui lui sont attribuées (V. BOI-ENR-PTG-10-20-20120912, n° 250).

6299 **Soulte provenant de la répartition inégale des biens français et étrangers.**
➤ V. **Acte passé à l'étranger**.

6300 **Imputation de la soulte lorsque le partage comprend des biens antérieurement partagés.** La soulte ne doit pas s'imputer sur les valeurs qui sont déclarées avoir été partagées antérieurement et sans acte. Ces valeurs ne se trouvent, en effet, plus dans l'indivision au moment du partage (V. BOI-ENR-PTG-10-20-20120912, n° 260).

b) Règles concernant la liquidation du droit ou de la taxe de partage

6301 Le montant des soultes ou des plus-values doit être déduit de l'actif partagé pour la perception du droit ou de la taxe de partage au taux de 2,50 %.
En effet, l'attribution d'un bien sur lequel s'impute la soulte ne peut être considérée comme résultant à la fois d'une vente et d'un partage.
La déduction doit être effectuée même lorsque la soulte ne donne ouverture à aucun droit ou taxe en vertu de la règle « exemption vaut paiement ».
Cependant, si la soulte consiste en l'obligation assumée par un copartageant d'acquitter une part de passif supérieure à celle qui lui incombe légalement, on ne peut déduire à la fois son montant et l'intégralité du passif, ce qui aboutirait à un double emploi. Dans cette hypothèse, il convient de déduire seulement le passif (V. BOI-ENR-PTG-10-20-20120912, n° 270).
Cette règle a fait l'objet de critiques (A. Chappert, *Une anomalie fiscale : l'assiette du droit de partage dans les partages avec soultes de droit commun : Defrénois* 1986, art. 33732. – V. les exemples chiffrés cités par l'auteur).

c) Exemples chiffrés

BIBLIOGRAPHIE : Pour des exemples de calcul, V. M. De Los Santos, *Fiscalité des partages d'immeubles entre concubins non pacsés au regard des droits d'enregistrement : Bull. Cridon Bordeaux, Nota-Bene* févr. 2010, 612. – C. Guillot, *L'assiette du droit de vente de l'article 747 du CGI : Defrénois* 2010, art. 39093, p. 737. – K. Comorassamy et C. Martine, *Partages d'immeubles : Droits d'enregistrement et impôt sur la plus-value immobilière des particuliers : Nota-Bene* juin 2017, n° 220, fiches 906 et 907.

1) Partage avec soulte en espèces (ou plus-value du lot)

6302 **Soulte passible de la taxe de publicité foncière ou des droits d'enregistrement.** Un immeuble acquis en commun d'une valeur de 1 million d'euros fait l'objet d'un partage entre A et B, ses copropriétaires indivis. Il est attribué à A moyennant soulte à B de 500 000 € (pas de passif).
Tout se passe comme si B vendait ses droits indivis à A. Les droits de mutation à titre onéreux seront perçus sur 500 000, au tarif correspondant à la nature des droits immobiliers cédés (avec, éventuellement, application d'un tarif de faveur).
Le droit de partage à 2,50 % sera perçu sur la valeur de l'actif net partagé (ici 1 million d'euros) déduction faite de la soulte taxable (500 000), soit sur 500 000 €.
Les perceptions seraient les mêmes si la « plus-value » du lot attribué à A n'était pas compensée par le versement d'une soulte, sauf à ce que l'inégalité des lots traduise une intention libérale (ce que l'administration doit prouver).

6303 **Partage d'un immeuble dont la mutation est passible de la TVA.** Deux personnes A et B procèdent au partage d'un immeuble qu'elles ont fait construire à frais communs sur un terrain acquis indivisément par moitié entre elles, et qui est achevé depuis moins de cinq ans. L'immeuble est dans le champ d'application de la TVA. Il est attribué à A moyennant une soulte de 500 000 € au profit de B (valeur globale de l'immeuble = 1 million d'euros ; pas de passif).
Tout se passe comme si B avait cédé ses droits indivis à A. Si B est un « assujetti » (sur cette notion, V. **TVA immobilière**), la TVA est donc due sur 500 000 €, outre la taxe de publicité foncière à 0,71498 % sur cette même somme. B est fondé

à exercer à l'occasion de cette « vente » les droits à déduction qu'il détient au titre de la TVA payée en amont (il est le redevable légal de la taxe. – Sur le régime fiscal applicable, V. **Immeuble neuf**).
Outre la TVA, il y aura perception du droit de partage à 2,50 % sur la valeur de l'immeuble (1 000 000 €) déduction faite de la soulte (500 000), soit sur 500 000 €.
À noter que, si les parties, au lieu de présenter l'acte comme un partage, avaient procédé à une cession par B à A de ses droits indivis dans l'immeuble, seule la TVA aurait été perçue, le partage apparaissant comme une « disposition dépendante » de la cession.

2) Soulte résultant de la prise en charge inégale du passif

6304 Supposons que dans l'exemple cité plus haut (V. n° 6302), il existe cette fois un passif de 400 000 €, incombant pour moitié à A et B.

6305 **Premier cas.** L'immeuble (valeur 1 000 000 €) est attribué à A, qui prend en charge la totalité du passif (400 000). Une soulte de 300 000 est versée à B. La prise en charge du passif par A est, pour ce qui excède sa part contributive (soit 200 000) considérée comme une soulte.
– Les droits de mutation à titre onéreux seront donc perçus sur 500 000 € (soulte en espèces de 300 000 € + prise en charge du passif considérée comme une soulte = 200 000 €) au tarif correspondant à la nature des droits immobiliers cédés.
– Le droit de partage à 2,50 % sera perçu sur la valeur de l'actif net partagé (1 000 000 € – 400 000 = 600 000 €) déduction faite de la soulte payée en espèces (soit 300 000 €). Mais la soulte résultant de la prise en charge inégale du passif (soit 200 000 €) ne sera pas déductible, conformément à la solution traditionnelle (V. n° 6301). Le droit de partage sera donc dû sur 300 000 €.

6306 **Deuxième cas.** L'immeuble est divisé par lots. Un lot est attribué à A (valeur 600 000 €), un autre lot (valeur 400 000 €) est attribué à B. A et B prennent en charge le passif à concurrence de moitié chacun (ce qui représente leur part contributive).
La valeur nette du lot reçu par A est de : 600 000 – 400 000 = 200 000. La soulte due à B est de 100 000.
– Les droits de mutation à titre onéreux seront dus (par A) sur 100 000 (montant de la soulte).
– Le droit de partage (à 2,50 %) sera perçu sur l'actif net partagé (1 000 000 € – 400 000 = 600 000) déduction faite de la soulte, soit 500 000 €.

V
Cas divers

A Partage testamentaire

➤ V. **Testament-partage**.

B Partage de société

➤ Il sera traité de ces partages dans le chapitre consacré aux sociétés (V. **Partage de société**).
On se contentera de signaler ici deux particularités.

6307 **Société d'attribution.** Le partage était enregistré moyennant le droit fixe en application de l'article 828 du Code général des impôts. L'article 26 de la loi de finances pour 2019 a modifié cette disposition, de sorte qu'à compter du 1er janvier 2019, l'enregistrement de cet acte est effectué gratuitement. Mais c'est à propos de ces sociétés (avant que le droit fixe ne leur soit applicable, ou au cas où, pour une raison quelconque, elles seraient déchues du bénéfice de ce droit fixe) qu'il a été précisé que le droit de partage porte sur la valeur vénale des immeubles au jour de l'attribution, et non sur la valeur des actions correspondantes (*Bull. AMC* 1950, art. 29).

6308 **Combinaison d'un partage de société avec le régime de l'article 748 du Code général des impôts** (société purement familiale, créée en vue d'éviter un partage des terres). Le partage d'une société – non soumise à l'IS – ne relève du droit de 2,50 % que pour les acquêts sociaux. Les apports purs et simples repris en nature par les associés apporteurs ne donnent ouverture à aucun droit (s'ils sont repris par un autre que l'apporteur, il y a mutation taxable).
Si les biens apportés étaient indivis entre les cohéritiers au moment de leur apport, la reprise par les apporteurs les remet dans l'état antérieur à l'apport : le partage de l'indivision pourra alors bénéficier du régime de l'article 748 du Code général des impôts.

Le même régime bénéficierait au partage d'une société constituée par apports de biens indivis provenant d'une succession. Mais si l'actif comportait aussi des biens d'une autre origine, le partage de ces biens serait soumis au régime de droit commun (Rép. min. : *JOAN* CR, 21 mai 1975, p. 2920 ; *JCP* N 1976, prat. 6404).

C Partage de terrain indivis et des immeubles à construire sur ce terrain

➤ Concernant le problème du partage d'immeubles considérés dans leur futur état d'achèvement, par la rédaction d'un état descriptif de division ou autrement, V. **Construction sur terrain indivis.**

D Partage de copropriété

➤ V. **Copropriété.**

E Partage d'une succession comportant des immeubles ou droits immobiliers pour lesquels le droit de propriété du défunt n'a pas été constaté avant son décès par un acte régulièrement transcrit ou publié

6309 En cas de partage d'une succession incluant à la fois des immeubles ou droits immobiliers titrés et des immeubles ou droits immobiliers pour lesquels le droit de propriété du défunt n'a pas été constaté avant son décès par un acte régulièrement transcrit ou publié, le droit de partage acquitté lors du premier partage est imputable sur les droits dus à raison du nouveau partage incluant les immeubles ou droits immobiliers pour lesquels le droit de propriété du défunt n'avait pas été constaté avant son décès par un acte régulièrement transcrit ou publié et qui ont été titrés, à la condition que chacun des copartageants conserve les biens ou droits qui lui ont été attribués lors du premier partage (BOI-ENR-PTG-10-10-20150903, n° 220).

F Outre-mer

6310 **Exonération temporaire du droit de partage.** La loi n° 2018-1244 du 27 décembre 2018 (*JO* 28 déc., texte n° 1) visant à faciliter la sortie de l'indivision successorale et à relancer la politique du logement en outre-mer a introduit une exonération codifiée à l'article 750 bis C.

L'article 750 bis C exonère du droit de 2,50 % les actes de partage de succession et les licitations de biens héréditaires répondant aux conditions prévues à l'article 750, II du Code général des impôts, à hauteur de la valeur des immeubles situés :

– dans les collectivités régies par l'article 73 de la Constitution (qui vise les départements et les régions d'outre-mer),

– dans les collectivités de Saint-Barthélemy, de Saint-Martin et de Saint-Pierre-et-Miquelon.

Cette exonération est applicable aux actes établis entre le 1er janvier 2018 et le 31 décembre 2028.

VI Contribution de sécurité immobilière

AVERTISSEMENT

L'ordonnance n° 2010-638 du 10 juin 2010 (*JO* 11 juin) a supprimé le conservateur des hypothèques à compter du 1er janvier 2013. À partir de cette date est instituée une taxe au profit de l'État, dite « contribution de sécurité immobilière », prévue par l'article 879 du Code général des impôts. Cette taxe, qui remplace le salaire du conservateur des hypothèques, est perçue aux mêmes conditions d'assiette, de tarif, de contrôle et de recouvrement que ce salaire (sur les règles de perception de cette contribution, V. **Contribution de sécurité immobilière).**

Les solutions énoncées ci-dessous à propos du salaire du conservateur restent valables, jusqu'à nouvel ordre, pour la perception de la contribution de sécurité immobilière.

6311 En principe, en matière de partages, le salaire est calculé distinctement sur chaque lot, sur la valeur totale des immeubles compris dans le ressort du bureau et attribués à chaque copartageant.

On ne tient pas compte des origines différentes des biens (propres de chacun des deux parents, biens communs...).

La stipulation de soultes ne motive la perception d'aucun salaire particulier.

Le salaire ne porte, naturellement, que sur les valeurs immobilières comprises dans les lots (*Bull. AMC* 1952, art. 106-II-9 [avec exemples chiffrés]).

6312 **Acte déterminant la quotité de la part de chaque indivisaire dans un immeuble et attribuant le surplus à un seul des copartageants à charge de soulte aux autres.** Si un acte, tout en laissant un immeuble dans l'indivision, détermine la quote-part de chaque indivisaire dans cet immeuble, le surplus de la masse étant attribué à l'un des coïndivisaires à charge de soulte aux autres, un seul salaire est dû, liquidé sur la valeur des immeubles attribués à l'indivisaire (*JCP* N 1966, prat. 4081. – V. également *Bull. AMC* 1954, art. 163).

6313 **Partage soumis à homologation. Contribution de sécurité immobilière.** En cas de partage soumis à homologation ou à approbation, il convient d'appliquer les règles suivantes, qui ont été dégagées pour la perception du salaire du conservateur et qui sont transposables pour la perception de la contribution de sécurité immobilière :

– si le projet de partage est publié seul, le salaire proportionnel est perçu sur la valeur de l'ensemble des biens, la publication ultérieure du jugement d'homologation ou de l'acte d'approbation donnant lieu à la perception du même salaire séparément sur la valeur de chaque lot (rappr. : *JCP* N 1976, prat. 6310) ;

– si le projet et le jugement d'homologation ou l'acte d'approbation sont, au contraire, publiés simultanément, le projet donne ouverture à la perception du salaire proportionnel séparément sur la valeur de chaque lot, et le jugement d'homologation ou l'acte d'approbation à la perception d'un salaire fixe.

6314 **Partage d'organismes d'HLM.** En ce qui concerne le demi-salaire applicable en cas de partage (notamment) d'organismes d'HLM, V. **HLM**, au paragraphe consacré au salaire du conservateur.

6315 **Partage de succession de deux époux. Reprise en nature des immeubles du mari par l'héritier unique.** Ces biens, simplement prélevés par l'héritier unique, doivent être assujettis au salaire sur la valeur, réunie à celle des autres immeubles attribués par le partage à l'héritier qui les prélève (H. Bulté, chron. : *JCP* N 1960, IV, 2969).

6316 **Sous-partages.** Les règles sont les mêmes qu'en matière de partage.

6317 **Partage de sociétés d'attribution.**

➤ V. **Société immobilière de copropriété transparente.**

VII

Impôt sur la plus-value des particuliers

BIBLIOGRAPHIE : avec exemples chiffrés, K. Comorassamy et C. Martinez, *Partages d'immeubles : Droits d'enregistrement et impôt sur la plus-value immobilière des particuliers : Nota-Bene* juin 2017, n° 220, fiches 906 et 907.

Il y a lieu de distinguer le partage pur et simple (A) du partage avec soulte (B).

A Le partage pur et simple : absence d'imposition

6318 Selon les commentaires de l'administration fiscale, les partages constituent des cessions à titre onéreux imposables à hauteur des droits appartenant aux copartageants autres que l'attributaire et qui, du fait du partage, sont cédés par eux à ce dernier. En d'autres termes, l'existence d'une plus-value imposable implique nécessairement qu'une soulte soit versée par le ou les attributaires aux autres copartageants (BOI-RFPI-PVI-10-30, 11 févr. 2013, n° 50 ; BOI-RFPI-PVI-20-10-10, 2 mars 2016, n° 340). Autrement dit, un partage pur et simple n'est pas taxable à l'impôt sur la plus-value immobilière des particuliers.

B Le partage avec soulte : entre imposition et exonération

6319 En principe, le partage d'un bien immobilier indivis moyennant le versement d'une soulte rend imposable la plus-value réalisée (1) ;

cependant, lorsqu'il porte sur une indivision « privilégiée » par la loi fiscale, le partage est exonéré de l'imposition sur la plus-value (2).

1 Régime de droit commun : imposition

6320 Le partage de biens immobiliers moyennant soulte constitue un fait générateur d'impôt sur la plus-value (CGI, art. 150 U, I ; BOI-RFPI-PVI-20-10-10, 2 mars 2016, n° 340). Autrement dit, sous l'angle fiscal, le ou les créanciers de la soulte sont vus comme « cédant » ses ou leurs droits indivis à l'attributaire du bien indivis, débiteur de la soulte.

a) Cas d'application

6321 Le régime de droit commun s'appliquera aux indivisions « ordinaires » (dites encore « conventionnelles »), notamment :
– aux biens indivis provenant de donations simples ;
– aux biens indivis provenant de la dissolution de sociétés.

b) Liquidation de la plus-value taxable

6322 Le prix de cession correspond au montant de la soulte due aux copartageants par l'attributaire du bien indivis (BOI-RFPI-PVI-20-10-10, 2 mars 2016, n° 350).
Le prix d'acquisition à retenir est celui effectivement acquitté par le ou les cédants, tel qu'il a été stipulé dans l'acte (BOI-RFPI-PVI-20-10-20-10, 12 sept. 2012, n° 250).
La date d'acquisition, constituant le point de départ du délai de détention, est la date d'entrée du bien dans l'indivision (BOI-RFPI-PVI-20-20, 24 août 2018, n° 40).

2 Régime de faveur : exonération

6323 Les partages de biens immobiliers sont exonérés de l'impôt sur la plus-value si deux conditions sont cumulativement réunies tenant l'une à l'origine de l'indivision, l'autre à la qualité des copartageants (CGI, art. 150 U, IV). Ce sont les mêmes conditions que celles exigées pour l'application du régime de faveur en droits d'enregistrement.

a) Condition tenant à l'origine de l'indivision

6324 L'exonération s'applique aux partages :
– de biens indivis provenant d'une indivision successorale (BOI-RFPI-PVI-10-40-100, 14 avr. 2014, n° 20) ;
– de biens indivis acquis par voie de donation-partage (BOI-RFPI-PVI-10-40-100, 14 avr. 2014, n° 20) ;
– de biens provenant d'une indivision conjugale, le régime matrimonial est sans incidence. Par ailleurs les biens partagés peuvent avoir été acquis par les conjoints avant le mariage. Il n'est pas nécessaire que le partage résulte du divorce (BOI-RFPI-PVI-10-40-100, 14 avr. 2014, n° 30) ;
– de biens provenant d'une indivision entre partenaires ayant conclu un PACS au sens des articles 515-1 et suivants du Code civil. L'exonération s'applique aux plus-values réalisées lors du partage de biens acquis par les partenaires d'un PACS y compris s'ils ont été acquis avant la conclusion du PACS. Il n'est pas nécessaire que le partage résulte de la rupture du PACS (BOI-RFPI-PVI-10-40-100, 14 avr. 2014, n° 50) ;
– de biens indivis provenant d'une indivision entre concubins dès lors que le partage porte sur des biens acquis par les concubins durant la période de concubinage, les biens acquis avant le début du concubinage restant imposables à hauteur des soultes (BOI-RFPI-PVI-10-40-100, 14 avr. 2014, n° 40) ; cette extension de l'exonération aux partages entre concubins résulte de la doctrine administrative et non du texte ; le partage d'un bien indivis acquis pendant le concubinage est donc assimilé à un partage d'indivision conjugale ; il est ici rappelé qu'une telle assimilation n'existe pas en droits d'enregistrement.

b) Condition tenant à la qualité des copartageants

6325 Pour être exonéré, le partage doit être effectué entre membres originaires de l'indivision, leurs conjoints, des ascendants, des descendants ou des ayants droit à titre universel de l'un ou plusieurs d'entre eux (BOI-RFPI-PVI-10-40-100, 14 avr. 2014, n° 10).

Partage de sociétés

Neyla GONZALEZ-GHARBI

Sommaire analytique

Index alphabétique

6326 **Plan.** Nous traiterons successivement de la publicité foncière et des formalités (I) et du régime fiscal du partage des sociétés en général (II), puis du régime fiscal du partage des sociétés passibles de l'IS (III) et enfin du régime fiscal du partage des sociétés non passibles de l'IS (IV).

I Publicité foncière et formalités

A Publicité foncière

➤ Les partages de sociétés sont, du point de vue de la publicité foncière, soumis aux mêmes règles que les partages purs et simples (V. **Partage**).

B Formalités

6327 **Formalité unique.** À la suite de la loi du 26 décembre 1969, la formalité de l'enregistrement a été remplacée par la formalité unifiée pour les partages de société comportant un actif exclusivement immobilier. Les partages portant sur des actifs mobiliers et immobiliers sont également soumis à la formalité unifiée (V. **Formalité unique**).

La taxe de publicité foncière perception unique est alors payée au service de la publicité foncière :

– dans la mesure des soultes ou plus-values, s'il en existe à un taux équivalent à celui du droit de mutation à titre onéreux approprié à la nature des biens... ;

– pour le surplus, au taux prévu en matière de partage pur et simple, taux qui est lui-même équivalent à celui du droit proportionnel d'enregistrement (sur le taux actuel, V. **Partage**).

6328 **Délais.** Un partage de société exclusivement immobilier, ou portant sur des actifs mobiliers et immobiliers doit être publié dans le délai prévu en matière de formalité unique (un mois : V. **Délais**) sous peine de paiement de l'intérêt de retard prévu par l'article 1727 du Code général des impôts de 0,20 % par mois (pour les intérêts courants à compter du 1er janvier 2018, L. fin. rect. 2017, n° 2017-1775, 28 déc. 2017, art. 55). Ce taux était antérieurement de 0,40 % par mois).

II Fiscalité : observations générales

6329 **Originalité du régime fiscal des partages de sociétés.** Les partages de sociétés constituent des partages d'une nature particulière. Ils sont soumis, comme tels, à un régime fiscal résultant de la combinaison des règles de droit commun des partages et des règles particulières découlant éventuellement de la théorie de la mutation conditionnelle des apports (BOI-ENR-AVS-30-20-20120912, n° 1).

6330 **Définition et principes.** Lorsque la liquidation est terminée, c'est-à-dire lorsque l'actif a été réalisé et le passif acquitté, la société n'existe plus en tant que personne morale. Il lui succède un état d'indivision entre les associés.

Le partage de la société est, en droit civil, l'opération qui met fin à son tour à cet état d'indivision. Il a pour effet d'attribuer à chaque associé un droit exclusif sur certains biens en échange des droits indivis qu'il possédait sur l'ensemble du fonds social et de lui permettre de disposer seul, sans le concours des autres associés, des biens mis dans son lot (BOI-ENR-AVS-30-20-20120912, nos 10 et 20).

6331 **Régimes fiscaux successifs.** Avant le 1er août 1965, tous les partages de sociétés étaient soumis à un régime fiscal particulier en application de la théorie de la mutation conditionnelle des apports.

Si un corps certain était attribué, lors du partage, à l'apporteur, ce dernier était réputé n'avoir jamais cessé d'en être propriétaire et l'attribution ne donnait ouverture à aucun droit. En revanche, si le bien était attribué à un autre associé que l'apporteur, par l'effet de la réalisation d'une condition suspensive, le droit de mutation à titre onéreux devenait exigible sur la valeur des biens ainsi transmis (BOI-ENR-AVS-30-20-20120912, n° 30).

6332 **Sociétés non passibles de l'impôt sur les sociétés.** La théorie de la mutation conditionnelle des apports continue à s'appliquer sans restriction aux sociétés non passibles de l'impôt sur les sociétés (BOI-ENR-AVS-30-20-20120912, n° 30).

6333 **Sociétés passibles de l'impôt sur les sociétés.** En revanche, depuis le 1er août 1965, ce régime a été modifié pour les sociétés passibles de l'impôt sur les sociétés.

Avant le 1er janvier 1991 le principe de la mutation conditionnelle des apports n'était pas applicable à ces dernières sociétés. La perception dès l'apport ou lors du passage des personnes morales sous le régime de l'impôt sur les sociétés, du droit de mutation spécial de 8,60 % (ou de 3,80 % en 1990) était considérée comme libératoire des droits de vente en cas de partage social, quel que soit l'attributaire des biens.

La loi de finances pour 1991 a rétabli la mutation conditionnelle des apports pour les sociétés passibles de l'IS, en ce qui concerne les biens bénéficiant du droit spécial de mutation au taux réduit de 1 % (L. 29 déc. 1990, art. 45).

La loi de finances pour 1992 maintient, dans les mêmes limites, la théorie de la mutation conditionnelle des apports en substituant la perception d'un droit fixe à celle du droit de mutation au taux de 1 % (L. 30 déc. 1991, art. 12).

Depuis le 1er janvier 1992, la mutation conditionnelle des apports subsiste donc en ce qui concerne :

– les personnes morales non passibles de l'impôt sur les sociétés ;

– les personnes morales passibles de l'impôt sur les sociétés, mais uniquement pour les biens qui ont bénéficié du droit fixe ou du taux réduit de 1 % pour les apports ou changements de régime fiscal réalisés en 1991 (BOI-ENR-AVS-30-20-20120912, n° 30) ou de l'exonération prévue à l'ancien article 810 bis du Code général des impôts.

La règle se trouve, depuis le 1er janvier 2019, énoncée au III de l'article 810 du Code général des impôts en ces termes :

> « Le tarif normal du droit d'enregistrement ou de la taxe de publicité foncière perçus sur les apports mentionnés au 3° du I, au I bis et au II de l'article 809 est fixé à 2,20 % pour les apports qui ont pour objet un immeuble ou des droits immobiliers et, selon le tarif prévu à l'article 719, pour ceux qui ont pour objet un fonds de commerce, une clientèle, un droit à un bail ou à une promesse de bail.
>
> (...)
>
> Les biens qui n'ont pas été soumis au droit proportionnel mentionné au premier alinéa du présent III sont soumis au droit de mutation à titre onéreux s'ils sont attribués, lors du partage social, à un associé autre que l'apporteur et au régime prévu au 3° du I de l'article 809 s'ils sont apportés à une autre société passible de l'impôt sur les sociétés ».

On examinera successivement ci-après :

– le partage des sociétés passibles de l'impôt sur les sociétés ;

– le partage des sociétés non passibles de l'impôt sur les sociétés.

III

Partage des sociétés passibles de l'impôt sur les sociétés

➤ V. le tableau résumé des perceptions au n° 6403.

6334 **Principe.** D'une manière générale, les actes de partage de sociétés passibles de l'impôt sur les sociétés donnent ouverture au droit de partage sur la totalité de l'actif net partagé et au droit de mutation à titre onéreux sur le montant des soultes et plus-values.

Les règles applicables au partage des sociétés passibles de l'impôt sur les sociétés diffèrent selon le régime fiscal applicable à ces biens au moment de l'apport. Il en est ainsi notamment selon que l'apport a été effectué avant ou après le 1er janvier 1991.

De même, les règles sont différentes selon que l'apporteur a ou non pris l'engagement de conserver pendant trois ans les titres reçus en rémunération de l'apport ou encore selon la nature des biens apportés. Le régime fiscal applicable peut d'ailleurs être remis en cause en cas de non-respect de l'engagement de conservation.

En outre, en ce qui concerne les immeubles, le droit fixe prévu à l'article 810-III du Code général des impôts (CGI), l'exonération prévue à l'article 810 bis ou le droit de mutation prévu à l'article 810-III-1er alinéa du même code a pu être appliqué selon qu'ils étaient ou non compris dans l'apport de l'ensemble des éléments d'actif immobilisé de l'apporteur affectés à l'exercice d'une activité professionnelle (BOI-ENR-AVS-30-20-10-20180607, n° 1).

6335 **Plan.** On distinguera :
– le partage des biens non soumis à la théorie de la mutation conditionnelle des apports qui ont fiscalement le caractère d'acquêts sociaux ;
– le partage des biens relevant de l'application de cette théorie, non assimilables à des acquêts sociaux.

A Partage des acquêts sociaux

1 Biens considérés comme des acquêts sociaux

6336 Lors du partage d'une société passible de l'impôt sur les sociétés, tous les biens composant l'actif social sont considérés comme acquêts sociaux, à l'exception seulement de ceux qui ont bénéficié de l'application du droit fixe ou du droit réduit pour les apports ou changements de régime fiscal effectués depuis le 1er janvier 1991 (CGI, art. 810-III) ou de l'exonération prévue à l'article 810 bis du Code général des impôts.
En effet, les biens, dont l'apport pur et simple a été soumis au droit de 2,20 % pour les immeubles ou les droits immobiliers, et au tarif prévu à l'article 719 du Code général des impôts pour les fonds de commerce ou biens assimilés sont réputés avoir fait l'objet d'une mutation à titre onéreux. Leur situation n'est donc pas différente de celle des biens ayant fait l'objet d'apports à titre onéreux, des biens acquis en cours de société, ou des choses fongibles apportées à titre pur et simple.
L'attribution de ces biens, y compris ceux repris par leur apporteur, donne ouverture au droit de partage (BOI-ENR-AVS-30-20-10-20180607, n° 20).
Il résulte de cette doctrine administrative que le remboursement du capital social aux associés ne peut pas être soustrait de l'assiette du droit de partage. Cette doctrine a été infirmée par la Cour de cassation (Cass. com., 26 sept. 2018, n° 16-24.070, F-P+B : *JurisData* n° 2018-016450 ; *Dr. fisc.* 2018, n° 45, comm. 442, note J.-F. Desbusquois. – N. Gonzalez-Gharbi, *Le remboursement du capital social aux associés échappe au droit de partage : Constr.-Urb.* 2018, comm. 181. – É. Simon-Michel, *Le remboursement du capital social n'entre pas dans l'assiette du droit de partage : JCP* N 2018, act. 797 ; *Capital social : rembourser n'est pas partager : RFP* 2018). Cette décision, inédite, est importante. Elle est fondée, en l'absence de définition par le Code général des impôts de la notion d'actif net partagé, sur les termes de l'article 1844-9 du Code civil dont il résulte que le partage ne pouvant avoir lieu qu'après la clôture de la liquidation, l'actif net partagé, au sens de l'article 747 du Code général des impôts, s'entend de l'actif subsistant après paiement des dettes et remboursement du capital social. Elle confirme l'arrêt rendu dans cette affaire par la cour d'appel de Paris (CA Paris, pôle 5, ch. 7, 21 juin 2016, n° 2014/10350 : *JurisData* n° 2016-022485. – J.-F. Desbuquois, *Liquidation d'une société : droit de partage non exigible sur le remboursement du capital aux associés : RFP* 2017, comm. 3).

6337 **Plan.** On traitera successivement :
– du partage pur et simple, c'est-à-dire celui où chaque associé reçoit dans son lot l'équivalent de ses droits sociaux ;
– du partage avec soulte ou plus-value, c'est-à-dire celui par lequel un ou plusieurs associés reçoivent dans leur lot des biens sociaux pour une valeur supérieure à leurs droits dans la société et, pour rétablir l'équilibre, versent à un ou plusieurs autres associés une somme d'argent ou encore prennent en charge une part du passif supérieure à celle leur incombant normalement (BOI-ENR-AVS-30-20-10-20180607, n° 30).

2 Partage pur et simple

6338 En vertu des dispositions de l'article 746 du Code général des impôts, le partage pur et simple de sociétés donne ouverture à la taxe de publicité foncière ou au droit d'enregistrement au taux actuel de 2,50 % (V. **Partage**).

a) Conditions d'exigibilité du droit de partage

6339 Les conditions d'exigibilité sont, en principe, analogues à celles concernant la généralité des partages (V. **Partage**). Notamment, il est nécessaire qu'il y ait un acte écrit.
De même, l'acte présenté à la formalité doit constituer un véritable partage, c'est-à-dire transformer le droit indivis abstrait et général de chaque associé sur le fonds social, en un droit de propriété exclusif sur les biens mis dans son lot (BOI-ENR-AVS-30-20-10-20180607, n° 50).

6340 Toutefois, la justification de la copropriété indivise, dans le cas des sociétés, appelle les observations suivantes.

Selon les dispositions de l'article 746 du Code général des impôts précité, l'exigibilité du droit d'enregistrement ou de la taxe de publicité foncière (sur le taux actuel, V. **Partage**) est subordonnée à la condition que les associés apportent la preuve de la copropriété des valeurs comprises au partage.

En effet, l'abandon entre copartageants de choses non indivises revêt les caractères, non d'une opération de partage pur et simple, mais, selon les circonstances, d'une vente, d'une dation en paiement ou d'un échange donnant ouverture au droit de mutation spécial à ces conventions.

Pour justifier de cette copropriété, il est nécessaire, spécialement en matière de sociétés, d'établir :

- l'existence de la société ;
- la qualité et les droits des associés ;
- l'existence dans l'actif social des biens partagés (BOI-ENR-AVS-30-20-10-20180607, n° 60).

1) Existence de la société

6341 L'existence de la société provient du fait qu'il existait entre les partageants une société résultant soit d'un acte, soit d'une convention verbale reconnue par l'administration (tel peut être le cas notamment d'une société en participation : Cass., 6 mars 1872. – BOI-ENR-AVS-30-20-10-20180607, n° 70).

2) Qualité et droits des associés

6342 Les copartageants doivent justifier de leur qualité d'associés au moyen soit de l'acte de constitution de la société ou de tous modes de preuves compatibles avec la procédure écrite en cas de convention verbale de société, soit des actes de cession intervenus au cours de l'existence de la société.

Les associés doivent également présenter à l'administration tous éléments de preuve de nature à permettre à celle-ci de s'assurer que les attributions qui leur sont faites sont conformes à leurs droits (BOI-ENR-AVS-30-20-10-20180607, n° 80).

3) Existence des biens partagés

6343 Il est nécessaire de justifier de l'existence des valeurs comprises dans l'actif social, à défaut de quoi l'impôt de mutation à titre onéreux peut être perçu. Sans cette justification, il serait en effet facile de dissimuler une soulte en faisant mention de sommes ou de valeurs fictives (l'exigibilité du droit de mutation à titre onéreux sur la soulte a été reconnue dans une espèce où un immeuble acquis en commun par les associés avait été attribué en partage à deux d'entre eux, le troisième ayant été rempli de ses droits avec d'autres valeurs dont l'existence n'était pas justifiée : Saint-Quentin, 7 juin 1948).

Il n'est d'ailleurs pas indispensable que la justification soit formellement fournie dans l'acte, pourvu qu'elle résulte suffisamment de ses termes ainsi que des circonstances de la cause (Sol., 7 mai 1894).

En cas de contestation sur le caractère indivis des valeurs partagées, une expertise des biens sociaux peut être ordonnée par le tribunal judiciaire (Dole, 24 mai 1876. – BOI-ENR-AVS-30-20-10-20180607, n° 90).

b) Assiette et liquidation du droit de partage

6344 Sur les règles générales concernant l'assiette et la liquidation du droit de partage, (V. **Partage**). Dans le cas du partage des sociétés, il convient toutefois d'apporter les précisions suivantes.

1) Principe

6345 Le droit de partage ou la taxe de publicité foncière sont liquidés sur le montant de l'actif net partagé, c'est-à-dire sur l'actif brut cumulé des biens français et étrangers, déduction faite du passif grevant la masse indivise (CGI, art. 747).

Conformément à la jurisprudence de la Cour de cassation (arrêt 26 sept. 2018, préc., n° 6336), l'actif net s'entend de l'actif subsistant après paiement des dettes et remboursement du capital social aux associés.

Ainsi, lorsqu'une partie des biens est expressément affectée à l'acquit du passif indivis, il y a lieu de déduire le montant de ce passif de l'actif brut partagé. Il en est de même quand l'acte de partage règle formellement la répartition du passif, en stipulant que chaque copartageant le supportera dans une proportion déterminée (BOI-ENR-AVS-30-20-10-20180607, n° 110).

Par ailleurs, le droit de partage est dû :

- sur les biens étrangers, car il ne s'agit pas d'un droit frappant une mutation, le partage étant considéré, en droit français, comme un acte déclaratif ;
- sur les bénéfices et les réserves (le droit de partage n'est pas dû sur les distributions réalisées en cours de société sans que l'opération s'accompagne d'une réduction de capital ; cf. BOI-ENR-AVS-10-40) répartis entre les associés après dissolution de la société, dès lors que cette répartition est constatée dans l'acte de partage (BOI-ENR-AVS-30-20-10-20180607, n° 120).

6346 En revanche, le droit de partage n'est pas, en principe, exigible sur la reprise, par les associés, des sommes avancées par eux à la société, ces sommes étant considérées comme des prêts à la société et non comme des apports de choses fongibles assimilées à des acquêts sociaux. Dans ce cas, le copartageant est créancier de la masse et s'il est désintéressé au moyen de biens indivis, l'attribution constitue une dation en paiement passible du droit de mutation à titre onéreux. Ce droit n'est d'ailleurs exigible que jusqu'à concurrence de la part des autres copartageants dans la dette, car la part du créancier s'éteint par confusion (BOI-ENR-AVS-30-20-10-20180607, n° 130).

6347 Toutefois, le droit de partage est dû si les statuts prévoient que les bénéfices seront obligatoirement en totalité ou en partie, laissés dans la caisse sociale en compte courant et que les parties ont ainsi entendu obtenir une augmentation des apports. Il en est de même lorsque la clause relative à la mise en compte courant est facultative, mais que l'associé qui s'en est prévalu a entendu procéder à des apports (BOI-ENR-AVS-30-20-10-20180607, n° 140).

2) Valeur imposable

6348 **Valeur taxable.** La valeur taxable des biens partagés est leur valeur vénale réelle.
Si l'actif net partagé, base de l'imposition, n'est pas déterminé dans l'acte, les parties doivent fournir une déclaration estimative détaillée, faite conformément à l'article 851 du Code général des impôts (BOI-ENR-AVS-30-20-10-20180607, n° 150).

6349 **Époque de l'estimation.** Les biens doivent, en principe, être estimés à la date de l'acte de partage. Cependant, si les parties indiquent une autre date comme étant celle de la jouissance divise, l'impôt est liquidé sur la valeur des biens à cette date, sous réserve du cas de fraude ou d'erreur manifeste qu'il appartiendrait à l'administration d'établir et sous réserve aussi que le délai écoulé entre la date de la jouissance divise et celle de l'acte de partage soit peu important.
À cet égard, la Cour de cassation a décidé qu'il appartiendrait aux juges du fond de déterminer souverainement, eu égard aux circonstances de la cause et en s'inspirant de l'intérêt respectif des copartageants, la date sans doute la plus rapprochée possible de l'acte de partage, à laquelle sont évalués les biens et qui constitue le point de départ de la jouissance divise (BOI-ENR-AVS-30-20-10-20180607, n° 160).

6350 **Déduction du passif.** Le passif grevant la masse partagée doit être déduit pour le calcul du droit de partage ou de la taxe de publicité foncière. Les parties ne sont pas tenues de justifier du passif ni de le détailler ; elles peuvent indiquer son montant en bloc.
Le passif peut notamment être constitué :
– par les créances des tiers, éventuellement par celles des associés, ou actionnaires notamment les comptes courants créditeurs (dans la mesure où ils sont considérés comme des prêts). En revanche, les comptes figurant au passif du bilan, comme les comptes de provisions, d'amortissements ou de réserves, ne donnent pas lieu à déduction ;
– par les frais de liquidation et les impôts à la charge de la société du fait de la liquidation (BOI-ENR-AVS-30-20-10-20180607, n° 170).

6351 **Non-déduction du droit de partage.** Dans une réponse ministérielle, il a été précisé que le droit de partage est liquidé sur la somme à partager déterminée après déduction de certains frais et, notamment, du droit de partage lui-même (Rép. min. à M. Bas : *JOAN* CR, 19 oct. 1977, p. 6291, n° 27052).
Interrogé sur la portée de cette réponse, le représentant de l'administration au comité fiscal de la mission d'organisation administrative a fait observer que la rédaction de la réponse ministérielle à M. Bas de 1977 permet certes de conclure que le droit de partage est déductible de l'assiette du droit de partage lui-même (sans d'ailleurs que le fondement de cette solution favorable apparaisse clairement), mais non pas qu'il s'agit pour autant d'une charge de la société.
En effet, selon l'article 1712 du Code général des impôts, les droits d'actes sont dus par les parties auxquelles les actes profitent, c'est-à-dire, en l'espèce, par les copartageants bénéficiaires du partage (en ce sens, Civ., 10 avr. 1951 : *BOE* 1951, 1, 5820).
(Comité fiscal de la mission d'organisation administrative, séance du 2 février 1984, cité *in BF Lefebvre*, inf. 1664, p. 590).

c) Cas particulier : partage partiel de société

6352 Il peut être procédé, en cours d'existence, ou à l'expiration de la société, à un partage partiel des valeurs communes.
Ce partage partiel peut soit intervenir entre tous les associés et avoir pour objet une fraction de l'actif social, soit n'être fait qu'à l'égard d'un seul associé.
Depuis l'arrêt n° 07-12-493 rendu le 23 septembre 2008 par la chambre commerciale de la Cour de cassation, est remise en cause la doctrine fiscale relative au partage partiel qui prévoyait l'application du droit de partage prévu à l'article 746 du Code général des impôts, aux réductions de capital des sociétés.
L'article 39 de la loi n° 2008-1443 du 30 décembre 2008 tire les conséquences de cette décision en

soumettant les réductions de capital, sous réserve de l'application de la théorie de la mutation conditionnelle des apports prévue au dernier alinéa du III de l'article 810 du Code général des impôts, au droit fixe prévu par l'article 814 C du même code (BOI-ENR-AVS-30-20-10-20180607, n° 190). L'article 26 de la loi de finances pour 2019 a supprimé ce droit fixe (V. **Réduction de capital**).

3 Partage avec soulte ou plus-values

6353 Lorsqu'un associé reçoit des valeurs sociales pour une somme excédant la part qui devrait lui revenir compte tenu de ses droits sociaux, à charge pour lui soit d'acquitter le passif, soit de verser un retour en argent. Le droit proportionnel de mutation est dû sur ce qui excède sa part de dettes ou sur le montant du retour en argent (BOI-ENR-AVS-30-20-10-20180607, n° 200).

a) Conditions d'exigibilité des droits de mutation

6354 Les conditions d'exigibilité des droits sont en principe identiques à celles déjà exposées à propos du régime fiscal des autres partages (V. **Partage**).
Toutefois, en cas de partage avec soultes ou plus-values, le droit de partage reste exigible sur le montant de l'actif net partagé, déduction faite des soultes et des plus-values. Dès lors, le droit de mutation à titre onéreux frappant les soultes et plus-values dégagées lors d'un partage de sociétés est exigible dans trois hypothèses :
– lorsqu'il y a entre les parties stipulation d'une soulte proprement dite ;
– lorsqu'un copartageant recevant une attribution supérieure à ses droits est chargé en contrepartie d'acquitter une part du passif supérieure à celle qui lui incombe normalement. Il s'agit là d'une soulte provenant de l'inégale répartition du passif ;
– lorsqu'en l'absence de toute soulte apparente ou réelle, certains lots présentent une plus-value sur les droits de leurs attributaires dans la masse partagée (BOI-ENR-AVS-30-20-10-20180607, n° 220).

6355 **Cas particulier. Partage anticipé de l'actif social.** La clause d'un acte de société stipulant que l'un des associés restera seul propriétaire de la totalité de l'actif social moyennant une somme d'argent qu'il s'oblige à payer à son coassocié, lors de la dissolution de la société, pour lui tenir lieu de la valeur de la moitié de cet actif, constitue un partage anticipé avec soulte sur lequel le droit proportionnel de soulte est immédiatement exigible (Cass. req., mars 1868. – BOI-ENR-AVS-30-20-10-20180607, n° 230).

b) Assiette, tarif et liquidation

1) Règles de liquidation concernant les soultes ou plus-values

α) Généralités

6356 Bien que déclaratif au point de vue civil, le partage avec soulte est considéré en droit fiscal comme translatif dans les limites de la soulte : tout ce qui est attribué à un copartageant au-delà de sa part normale est censé lui provenir d'une cession consentie par ses coïndivisaires et doit par conséquent supporter l'impôt de mutation à titre onéreux.
Par suite, les soultes ou les plus-values, après compensation, le cas échéant (V. **Partage**), sont taxées comme des ventes, le taux de l'impôt de mutation dépendant de la nature des biens composant le lot grevé de soulte ou de plus-value.
Elles sont susceptibles de bénéficier, le cas échéant, des régimes spéciaux et exemptions dont profitent les mutations à titre onéreux de certains biens (immeubles à usage d'habitation par exemple ; BOI-ENR-AVS-30-20-10-20180607, n° 240).

6357 Lorsque tous les biens attribués au débiteur de la soulte sont de même nature, la liquidation de l'impôt n'offre pas de difficulté, le droit ou la taxe de mutation étant exigible à un seul tarif, celui prévu pour les biens en cause.
Mais quand les biens sont de diverses natures, le tarif du droit ou de la taxe de mutation n'étant pas uniforme, il est nécessaire de régler l'imputation de la soulte, c'est-à-dire de déterminer les biens dont cette soulte forme le prix (BOI-ENR-AVS-30-20-10-20180607, n° 250).

β) Règle de l'imputation proportionnelle

6358 En vertu des dispositions de l'article 747 du Code général des impôts, la soulte doit être répartie entre les différents biens compris dans le lot grevé de soulte, proportionnellement à leur valeur respective.
Cette règle de l'imputation proportionnelle est générale et s'applique sans qu'il y ait lieu de s'attacher à l'imputation que les parties ont pu prévoir elles-mêmes dans l'acte (BOI-ENR-AVS-30-20-10-20180607, n° 260).

γ) Impôts exigibles dans certains cas particuliers

6359 **Soulte imputable sur du numéraire, des créances ou des rentes.** Si la soulte est imputable sur du numéraire qui se trouvait dans la masse, il n'est dû aucun droit de mutation.

Il en va de même depuis le 1er janvier 1949 lorsque la soulte est imputable sur des créances ou des rentes. Seul le droit fixe des actes innommés serait théoriquement exigible, mais il n'est pas perçu en présence de droits proportionnels supérieurs (BOI-ENR-AVS-30-20-10-20180607, n° 270).

6360 **Soulte imputable sur des fonds de commerce.** Le droit d'enregistrement et les taxes locales sont exigibles lorsque la soulte s'impute sur les éléments d'un fonds de commerce, autres que les marchandises neuves.
En ce qui concerne les marchandises neuves, la TVA leur est applicable à l'exclusion de tout droit d'enregistrement.
Si les marchandises neuves sont attribuées au débiteur d'une soulte autre que l'attributaire du fonds de commerce, elles doivent être traitées comme des meubles ordinaires et échappent, dès lors, à l'impôt de mutation (BOI-ENR-AVS-30-20-10-20180607, nos 280 et 290).

6361 **Soulte imputable sur des meubles et des immeubles.** Les dispositions de l'article 735 du Code général des impôts en vertu duquel le droit de vente au tarif immobilier est perçu sur la totalité de la valeur afférente aux meubles et aux immeubles, lorsque les biens mobiliers ne font pas l'objet d'une estimation article par article et d'un prix particulier, sont applicables en matière de partage (BOI-ENR-AVS-30-20-10-20180607, n° 300).

6362 **Soulte ou plus-value imputable sur les biens immobiliers entrant dans le cadre de l'article 257-7° du Code général des impôts.** La soulte ou la plus-value imputable, en tout ou en partie, sur des biens immobiliers entrant dans le champ d'application de l'article 257 du Code général des impôts (opérations concourant à la production ou à la livraison d'immeubles), donne lieu au paiement de la TVA.
Dans cette hypothèse, la soulte imputable sur un immeuble autre que ceux mentionnés à l'article 1594 O GA du Code général des impôts (il s'agit des terrains à bâtir et assimilés exonérés de la taxe de publicité foncière ou du droit d'enregistrement au taux de 0,70 %) donne ouverture à la taxe de publicité foncière ou au droit d'enregistrement au taux de 0,71498 % (CGI, art. 1594 F quinquies A. – BOI-ENR-AVS-30-20-10-20180607, n° 310).

6363 **Imputation de la soulte lorsque le partage comprend des biens antérieurement partagés.** La soulte ne doit pas s'imputer sur les valeurs qui sont déclarées avoir été partagées antérieurement et sans acte. En effet, ces valeurs ne se trouvent plus dans l'indivision au moment du partage (BOI-ENR-AVS-30-20-10-20180607, n° 320).

2) Règles concernant la liquidation du droit ou de la taxe de partage

6364 Le montant des soultes ou des plus-values doit être déduit de l'actif partagé pour la perception du droit ou de la taxe de partage au taux actuel de 2,50 % (V. **Partage**).
En effet, l'attribution d'un bien sur lequel s'impute la soulte ne peut être considérée comme résultant à la fois d'une vente et d'un partage.
La déduction doit être effectuée, en vertu de la règle « exemption vaut paiement », même lorsque la soulte ne donne ouverture à aucun droit ou taxe.
Cependant, si la soulte consiste en l'obligation assumée par un copartageant d'acquitter une part de passif supérieure à celle qui lui incombe légalement, on ne peut déduire à la fois son montant et l'intégralité du passif, ce qui aboutirait à un double emploi. Dans cette hypothèse, il convient de déduire seulement le passif (BOI-ENR-AVS-30-20-10-20180607, n° 330).

c) Partage des sociétés de fait ou des sociétés en participation

6365 En cas de partage avec soultes d'une société de fait ou d'une société en participation soumise, au moment de sa dissolution, à l'impôt sur les sociétés, les droits de mutation à titre onéreux sont dus sur le montant des soultes (BOI-ENR-AVS-30-20-10-20180607, n° 340).
➤ Sur ce point, V. **Société créée de fait** et **Société en participation**.

B Partage de biens non assimilables à des acquêts sociaux

1 Biens visés

6366 Ne sont concernés que les biens ayant bénéficié au moment de l'apport, du droit fixe ou du droit réduit prévu à l'article 810-III du Code général des impôts ou de l'exonération de droit prévue à l'article 810 bis du même code.
Lorsque la rupture de l'engagement de conservation des titres a donné lieu à la perception du droit spécial de mutation au taux normal, les biens apportés peuvent être attribués à un associé autre que l'apporteur en franchise de droit de mutation.
L'application de la théorie de la mutation conditionnelle des apports conduit à envisager un régime fiscal différent selon que le bien est attribué à l'apporteur ou à un autre associé que l'apporteur.

Nous présenterons ici les règles générales à suivre en la matière, qui sont traitées au n°s 6372 et suivants à propos du partage des sociétés non passibles de l'IS (BOI-ENR-AVS-30-20-10-20180607, n° 350).

2 Attribution à l'apporteur

6367 La reprise par l'apporteur ne donne ouverture à aucun impôt de mutation lorsque l'opération n'est pas sujette à publicité foncière (reprise d'un fonds de commerce, par exemple).
S'il s'agit d'un immeuble ou d'un droit immobilier, l'opération donne ouverture au droit d'enregistrement ou à la taxe de publicité foncière de 0,60 % (0,71498 % avec les perceptions additionnelles) prévus à l'article 678 du Code général des impôts, alors même que la dissolution intervient dans les cinq ans de l'apport (Rép. min. Dejoie : *JO* Sénat CR, 2 janv. 1997, p. 32, n° 16929. – BOI-ENR-AVS-30-20-10-20180607, n° 360).

3 Attribution à un autre associé que l'apporteur

6368 L'attribution à un autre associé que l'apporteur entraîne l'exigibilité du droit de mutation afférent aux biens concernés.
Ce droit de mutation est calculé au tarif et d'après le régime fiscal en vigueur au moment du partage. Il s'applique à la valeur totale du bien.
La valeur imposable est déterminée en se plaçant à la date du partage (BOI-ENR-AVS-30-20-10-20180607, n° 370).

C Résumé

6369 **Observation préliminaire.** Le principe de la mutation conditionnelle des apports n'est applicable aux sociétés passibles de l'IS qu'à raison des seuls biens qui ont bénéficié de l'application du droit fixe ou du taux réduit de 1 % prévu à l'article 810-III du Code général des impôts pour les apports ou changement de régime fiscal effectués depuis le 1er janvier 1991.
Aussi, pour les partages de sociétés passibles de l'IS, les règles diffèrent selon le régime fiscal applicable aux biens en cause au moment de l'apport.

6370 **Vue synthétique.**
1° Partage de biens ayant bénéficié au moment de l'apport du droit fixe ou du taux réduit de 1 % prévu à l'article 810-III du Code général des impôts ou de l'exonération prévue à l'article 810 bis du Code général des impôts, ou depuis le 1er janvier 2019 de l'enregistrement gratuit :
a) attribution à l'apporteur. Aucun droit de mutation ou de partage n'est dû si le bien est attribué à l'apporteur initial. Toutefois, s'il s'agit d'immeubles, la taxe de publicité foncière de 0,70 % est exigible (0,71498 % avec les perceptions additionnelles) ;
b) attribution à un associé autre que l'apporteur. Cette attribution entraîne l'exigibilité du droit de mutation afférent aux biens concernés sur leur valeur totale à la date du partage et au tarif en vigueur à cette date.

> **NOTA** Lorsque la rupture de l'engagement de conservation des titres a donné lieu à la perception du droit de 2,20 %, ou du tarif prévu à l'article 719 du Code général des impôts, les biens apportés peuvent être attribués à un associé autre que l'apporteur en franchise de droit de mutation.

2° Partage des biens autres que ceux visés au 1°. Ils sont assujettis au droit de partage prévu à l'article 746 du Code général des impôts (sur le taux actuel, V. **Partage**) liquidé sur l'actif net partagé. Étant précisé que l'actif net partagé s'entend après déduction des dettes et remboursement aux associés du capital social. Les droits de mutation à titre onéreux ne sont éventuellement perçus que sur les soultes ou plus-values, conformément aux règles ordinaires des partages.

IV Partage de sociétés non passibles de l'impôt sur les sociétés

6371 Les précisions exposées dans la présente section sont également applicables aux groupements d'intérêt économique (V. **Groupement d'intérêt économique**) et aux groupements d'intérêt public (V. **Groupement d'intérêt public**).
➤ V. le tableau résumé des perceptions au n° 6403.

6372 Le régime fiscal des partages de sociétés non passibles de l'impôt sur les sociétés résulte de la combinaison :
– des règles de droit commun applicables aux partages ordinaires ;
– et de celles découlant de la théorie de la mutation conditionnelle des apports.
Les règles applicables à ces partages ressortissent en effet au régime fiscal des partages ordinaires ou à celui des mutations à titre onéreux selon qu'en droit fiscal, les biens partagés sont la propriété ou non de la société (BOI-ENR-AVS-30-20-20-20150805, n° 1).

6373 Il est rappelé que sont considérés comme étant la propriété de la société :
– les apports consistant en choses fongibles ;
– les biens ayant fait l'objet d'un apport à titre onéreux ;
– et les biens acquis ou créés par la société au cours de son existence, y compris les plus-values résultant, pour les apports des associés, des constructions, améliorations et dépenses faites sur ces biens par la société ou encore de l'exploitation sociale (la plus-value naturelle, en revanche, ne constitue pas un acquêt social) (BOI-ENR-AVS-30-20-20-20150805, n° 1).
(Sur la définition de l'actif net partagé qui s'entend après déduction des dettes et remboursement aux associés du capital social, V. Cass. com., 26 sept. 2018, préc., n° 6336).

6374 En revanche, en vertu de la théorie de la mutation conditionnelle des apports, le droit fiscal ne considère pas comme des acquêts sociaux, les biens consistant en corps certains ayant fait l'objet d'un apport à titre pur et simple. Ces apports sont en effet réputés constituer des mutations soumises à la condition suspensive de l'attribution ultérieure des biens à un autre que l'apporteur (BOI-ENR-AVS-30-20-20-20150805, n° 10).

6375 L'application de ces principes conduit à faire une distinction entre :
– le partage des acquêts sociaux (A) ;
– le partage des corps certains ayant fait l'objet d'un apport à titre pur et simple (B).
En outre, un tableau synoptique accompagné d'exemples présente le régime des partages des sociétés non passibles de l'impôt sur les sociétés (V. n° 6403) (BOI-ENR-AVS-30-20-20-20150805, n° 20).

A Partage des acquêts sociaux

6376 Le partage des acquêts sociaux d'une société non passible de l'impôt sur les sociétés est soumis au droit de partage au taux de droit commun (sur le taux actuel, V. **Partage**) et, éventuellement, au droit de mutation à titre onéreux sur la soulte selon les règles et sous les conditions qui ont été examinées *supra* (V. nos **6336** et s).
Sur les conditions d'exigibilité du droit de partage, il convient de se reporter *supra* (V. nos **6353** et s).
Il est précisé toutefois qu'en raison de la distinction qui doit être faite entre les acquêts sociaux et les biens apportés à titre pur et simple à la société, les associés doivent établir que les biens partagés ont été acquis par la personne morale. L'origine de propriété peut résulter des énonciations du pacte social, si les biens dont il s'agit ont fait l'objet d'apports à titre onéreux, des actes d'acquisition en cours d'existence et de tous autres moyens de preuve compatibles avec la procédure écrite applicable en matière d'enregistrement s'il s'agit d'une plus-value résultant pour les apports purs et simples d'impenses et de constructions faites par la société ou encore de l'exploitation sociale (BOI-ENR-AVS-30-20-20-20150805, n° 40).

B Partage de corps certain ayant fait l'objet d'un apport pur et simple à la société

6377 En cas de partage de corps certain ayant fait l'objet d'un apport pur et simple à la société, le régime fiscal est différent selon que le bien est attribué à l'apporteur ou à un autre associé que l'apporteur.

1 Attribution à l'apporteur

a) Principe

6378 L'apport pur et simple d'un corps certain n'opérant mutation, en droit fiscal, que sous la condition suspensive de son attribution ultérieure à un autre que l'apporteur, l'associé qui reprend le bien qu'il avait apporté est réputé n'avoir jamais cessé en être propriétaire, dès lors que la condition ne s'est pas réalisée.
Par suite, la reprise par l'apporteur d'un tel bien ne donne ouverture à aucun impôt de mutation lorsque l'opération n'est pas sujette à publicité foncière (reprise d'un fonds de commerce par exemple).
En revanche, dès lors qu'elle est sujette à publicité foncière (reprise d'un immeuble ou d'un droit immobilier), l'opération donne ouverture au droit d'enregistrement ou à la taxe de publicité foncière de 0,70 % (0,71498 % avec les taxes additionnelles) prévu par l'article 678 du Code général des impôts, à l'égard des actes qui ne se trouvent

ni exonérés, ni tarifés par aucune disposition (BOI-ENR-AVS-30-20-20-20150805, n° 70).

b) Partage avec soulte

6379 Lorsqu'une soulte est stipulée au profit de l'associé qui reprend son apport pur et simple de corps certain, cette soulte est, par application de la règle de l'imputation proportionnelle (V. n° **6358**), imputée en totalité ou pour partie sur cet apport.
Elle ne donne cependant ouverture à aucun droit ou taxe dès lors que le bien sur lequel elle s'impute :
– supporte déjà, à un autre titre, la taxe de publicité foncière au taux de 0,70 % (0,71498 % avec les taxes additionnelles) dans le cas où l'attribution est sujette à publicité foncière ;
– ou n'est assujetti à aucun droit de mutation dans le cas contraire.
Mais la valeur du corps certain ayant déjà été déduite de la masse partagée, la soulte imputée sur ce bien ne peut être retranchée de cette masse pour le calcul du droit de partage sous peine de double emploi (BOI-ENR-AVS-30-20-20-20150805, n° 80).

c) Cas particuliers

1) Attribution de biens ayant acquis une plus-value

6380 La plus-value acquise par un bien apporté, à la suite d'impenses ou de constructions réalisées par la société constitue un acquêt social formant, après la dissolution, une propriété indivise entre tous les associés.
Si ce bien est attribué à l'associé qui en a fait l'apport, la plus-value est passible du droit de mutation à titre onéreux sur les parts acquises ou de la TVA selon le cas (BOI-ENR-AVS-30-20-20-2015080520120912, n° 90).

2) Attribution à un apporteur déjà désintéressé de ses droits et ayant cessé d'être associé

6381 L'attribution à un associé de son apport prend, dans cette hypothèse, le caractère d'une vente ; elle est dès lors, soumise au droit de mutation d'après la nature du bien transmis ou à la TVA, selon le cas (BOI-ENR-AVS-30-20-20-20150805, n° 100).

3) Retrait d'un associé équivalant à un partage partiel avec attribution en nature d'un immeuble

6382 Cinq enfants ont apporté indivisément et par parts égales, à une société civile constituée à cette fin, un domaine agricole dont ils venaient d'hériter de leur père. Plus de trois ans après cet apport, deux des enfants ont cédé leurs parts de capital aux trois autres qui sont devenus chacun ainsi propriétaires d'un tiers du capital social. Il a été convenu que l'un des trois associés se retirerait de la société en se voyant attribuer contre annulation de ses parts le tiers en valeur du domaine agricole. La question a été posée de savoir si, en vertu de la théorie de la mutation conditionnelle des apports, l'acte envisagé comportant partage partiel sera exonéré de tout droit d'enregistrement à hauteur de la part de l'associé qui se retire dans l'apport initial et sera pour le surplus considéré comme une licitation donnant ouverture au droit de partage soit actuellement 2,50 % (BOI-ENR-AVS-30-20-20-20150805, n° 110).

6383 Le retrait envisagé ci-dessus de l'un des trois membres actuels de la société civile moyennant l'attribution d'un lot en nature prélevé sur le domaine agricole dont il représenterait le tiers en valeur et délimité par un document d'arpentage, s'analyserait, en principe, en un partage partiel d'actif social que traduirait d'ailleurs la réduction du capital de la société civile corrélativement à l'annulation de l'ensemble des parts détenues par l'attributaire (BOI-ENR-AVS-30-20-20-20150805, n° 110).

6384 Ce partage partiel de société, qui couvre en fait le partage partiel d'un bien initialement indivis, devrait normalement être soumis aux règles suivantes si la société relève du statut fiscal des sociétés de personnes et si, par ailleurs, l'opération ne s'accompagne pas du versement d'une soulte résultant notamment d'une inégale répartition du passif social (BOI-ENR-AVS-30-20-20-20150805, n° 110).

6385 Compte tenu de la théorie de la mutation conditionnelle des apports, et dans la mesure où l'attribution serait faite en échange de parts sociales libérées, soit par l'attributaire lui-même, soit par des personnes dont il est ayant cause à titre gratuit au moyen d'un apport immobilier pur et simple, cette attribution ne donnerait pas ouverture au droit de mutation à titre onéreux ; mais dans la mesure où elle porte sur un lot divis alors que le bien immobilier sur lequel celui-ci est prélevé avait été apporté indivisément à la société civile, l'attribution entraînerait la perception du droit de partage (taxe de publicité foncière) au taux prévu à l'article 746 du Code général des impôts – sur le taux actuel, V. **Partage** – (BOI-ENR-AVS-30-20-20-20150805, n° 110).

6386 Au cas particulier, ce droit serait donc perçu sur la fraction du lot attribué correspondant à un apport immobilier indivis pur et simple de l'attributaire ou des personnes dont il est l'ayant cause à titre gratuit. En revanche, le surplus du même lot remis en échange de parts sociales que l'attributaire a acquises à titre onéreux plus de trois ans après l'apport immobilier au moyen duquel elles avaient été libérées, serait regardé comme faisant l'objet d'une mutation à titre onéreux et serait taxé en conséquence. En l'espèce, s'agissant d'un domaine agricole ayant dépendu d'une indivision successorale préalablement à son apport indivis à la société civile par les cinq cohéritiers, il y aurait lieu de considérer que l'attribution de caractère immobilier faite à l'associé sortant correspond à une reprise d'apport à concurrence de sa part dans cette indivision d'origine, soit 20 % de la valeur du domaine agricole, pour la soumettre au droit de partage (taxe de publicité foncière – sur le taux actuel, V. **Partage**). Mais, la fraction complémentaire du même lot, soit 13,1/3 % de la valeur du domaine, devrait en revanche être soumise à la taxe de publicité foncière au taux de droit commun prévu aux articles 683 et 1594 D du Code général des impôts, ou le cas échéant au tarif de faveur prévu à l'article 1594 DA du Code général des impôts, et aux taxes additionnelles, départementale et communale (BOI-ENR-AVS-30-20-20-20150805, n° 110).

Toutefois, à condition que, depuis sa création, la société civile en cause ait été exclusivement et constamment composée de personnes unies par les liens de parenté ou d'alliance définis à l'article 748 du Code général des impôts, il serait admis d'assimiler globalement l'opération ci-dessus à un partage d'indivision successorale et en conséquence, de renoncer à la perception des droits de mutation à titre onéreux normalement exigibles. Mais, en conséquence de cette analyse, et comme il est de règle en matière de partage partiel de succession ayant pour effet de lotir de manière définitive l'un au moins des coïndivisaires, il conviendrait alors de liquider le droit de partage (sur le taux actuel, V. **Partage**), non sur la valeur du seul lot attribué à l'associé sortant, mais sur la valeur actuelle de l'intégralité de l'actif indivis d'origine (éventuellement accrue des acquêts sociaux attribués à l'associé sortant à concurrence de ses droits dans la société. – BOI-ENR-AVS-30-20-20-20150805, n° 120).

6387 **Remarque.** Dans les sociétés relevant du statut fiscal des sociétés de personnes (CGI, art. 8), l'attribution divise en partage d'un immeuble au profit de l'associé qui en avait fait l'apport pur et simple (ou des ayants cause à titre gratuit de cet associé) donne ouverture à une perception de 0,70 % (0,71498 % avec les perceptions additionnelles) tenant lieu, depuis le 1er octobre 1970, de l'ancienne taxe de publicité foncière (CGI, art. 678). Mais si l'attribution en partage, au profit des mêmes personnes, est divise, alors que l'apport pur et simple avait été indivis, cette disposition écrite formule le titre d'un partage et rend exigible une perception de 2,50 % couvrant à la fois le droit d'enregistrement de partage et la taxe de publicité foncière (CGI, art. 746. – V. antérieurement, Doc. adm. DGI, 7 H-4222, n° 12, 1er sept. 1999).

2 Attribution à un associé autre que l'apporteur

a) Principe

6388 L'attribution, à un associé autre que l'apporteur, d'un corps certain qui avait été apporté à titre pur et simple, réalise la condition suspensive à laquelle était soumis l'apport et entraîne la transmission rétroactive du bien. Elle donne, dès lors, ouverture au droit de mutation à titre onéreux sur la transmission du bien dont il s'agit – sauf application du régime de la TVA aux biens entrant dans le champ d'application de l'article 257 du Code général des impôts (BOI-ENR-AVS-30-20-20-20150805, n° 140).

6389 Conformément au droit commun applicable aux conventions affectées d'une modalité, le droit de mutation est calculé au tarif (il est rappelé que le tarif immobilier est exigible si l'apport comprend des immeubles et des meubles et si ceux-ci n'ont pas été désignés et estimés, article par article, dans l'acte de partage : CGI, art. 735) et d'après le régime fiscal en vigueur au moment du partage.

Par suite, un régime fiscal privilégié ou même une dispense de tout droit institué après l'apport peut régir l'attribution du bien apporté à un autre que l'apporteur si les conditions mises à l'application de ce régime sont réunies à la date de l'attribution. C'est ainsi que l'attribution, à un autre que l'apporteur, de biens mobiliers dont la mutation échappe désormais à tout droit proportionnel, est actuellement affranchie d'impôt (BOI-ENR-AVS-30-20-20-20150805, n° 150).

6390 En ce qui concerne la valeur imposable, le droit de mutation ou la taxe de publicité foncière est exigible sur la valeur ou le prix total des biens attribués à un autre que l'apporteur. La valeur imposable est déterminée en se plaçant à la date de la réalisation de la condition (CGI,

Partage de sociétés

art. 676), c'est-à-dire à la date du partage (BOI-ENR-AVS-30-20-20-20150805, n° 160).

b) Partage avec soulte

6391 Lorsqu'une soulte est mise à la charge d'un associé attributaire d'un corps certain apporté à titre pur et simple par un autre associé, cette soulte est, par application du principe de l'imputation proportionnelle, imputée pour partie sur ce bien, dont elle se trouve constituer, à due concurrence, le prix.

Toutefois, aucun impôt sur la soulte ne peut être perçu dans cette mesure, dès lors que l'apport est déjà assujetti en totalité au droit de vente en vertu de la théorie de la mutation conditionnelle des apports.

Cependant, la valeur de l'apport ayant déjà été retranchée de la masse partagée, la fraction de soulte, imputée sur cet apport, ne peut être déduite de cette masse, sous peine de double emploi, pour le calcul de l'impôt de partage (BOI-ENR-AVS-30-20-20-20150805, n° 170).

c) Cas particuliers

1) Exigibilité de l'impôt sur les échanges

6392 Lorsqu'à la dissolution de la société, il est procédé au partage du fonds commun exclusivement immobilier et que l'un des associés reçoit des immeubles apportés par un autre à qui il est attribué des immeubles apportés par le premier, l'opération est taxée comme un échange, avec ou sans soulte, d'après les tarifs en vigueur et la valeur des immeubles à la date du partage (sous réserve de l'application de la TVA aux biens entrant dans le champ d'application de cette taxe) (BOI-ENR-AVS-30-20-20-20150805, n° 180).

2) Attribution aux héritiers ou aux donataires de l'apporteur

6393 Lorsque l'attributaire a recueilli les droits sociaux en qualité d'héritier ou de donataire de l'apporteur initial, l'attribution est réputée faite à l'apporteur lui-même et l'impôt de mutation n'est pas exigible sur la reprise de l'apport, sauf si l'opération est soumise à la formalité de publicité foncière. Dans ce cas, la taxe de publicité foncière de 0,70 % (0,71498 % avec les perceptions additionnelles) ou le droit d'enregistrement au même taux s'applique aux seuls biens immobiliers.

Mais, si l'opération se traduit en fait par le partage d'un bien initialement indivis, l'attribution de l'actif social faite séparément entraîne, en l'absence de soulte, la perception du droit de partage – sur le taux actuel, V. **Partage** (BOI-ENR-AVS-30-20-20-, n° 190).

6394 **Remarque.** Ces règles sont également applicables lorsque les biens apportés sont attribués du vivant de l'apporteur à des donataires qui tiennent leurs droits de précédents donataires qui les avaient reçus dans le cadre d'une donation émanant de l'apporteur initial (*BOI* préc.).

3) Attribution au cessionnaire de parts sociales de l'apporteur

6395 L'impôt de mutation est exigible dans les conditions de droit commun si l'attributaire ou les personnes dont il est l'ayant cause ont acquis à titre onéreux en cours de société les parts de l'associé dont les apports sont attribués. Cette acquisition, qui a eu pour objet un droit mobilier et qui a été assujettie comme telle au droit de cession de parts sociales, est en effet indépendante de la mutation de propriété qui se réalise au moment du partage de la société.

Le droit de cession de parts sociales perçu lors de l'acquisition de celles-ci ne peut être imputé sur l'impôt de mutation, les deux impôts frappant deux transmissions entièrement distinctes (BOI-ENR-AVS-30-20-20-20150805, n° 200).

6396 Toutefois, en vertu de l'article 727-1-4° du Code général des impôts, lorsque l'attributaire a déjà acquitté le droit de mutation lors de l'acquisition des parts sociales de l'apporteur en application de ce même article, l'impôt de mutation n'est pas exigible lors du partage (BOI-ENR-AVS-30-20-20-20150805, n° 210).

6397 **Partage d'une société civile de gestion immobilière continuée entre les descendants de l'apporteur d'un immeuble bâti, titulaires de droits sociaux acquis à titre gratuit et d'autres acquis à titre onéreux.** Dès lors que la SCI n'a pas opté pour le régime fiscal des sociétés de capitaux, il y a lieu, normalement, de distinguer entre, d'une part, l'attribution faite aux descendants de l'apporteur des fractions de l'immeuble correspondant aux parts acquises à titre gratuit par les intéressés, qui est couverte par la perception du droit fixe prévu à l'article 680 du Code général des impôts (V. **Acte innommé**) et, d'autre part, l'attribution du surplus de l'immeuble correspondant à des parts sociales achetées qui doit, en principe, être soumise, comme dans tout partage de société, aux droits de mutation.

Toutefois, si les liens de parenté existant ou ayant existé entre l'apporteur de l'immeuble et les attributaires actuels correspondent à ceux définis à l'article 748 du Code général des impôts (membres originaires de l'indivision, conjoint, ascendants, descendants ou ayants droit à titre universel de

l'un ou de plusieurs d'entre eux), il est admis de ne pas percevoir le droit de mutation normalement exigible.
En contrepartie, le droit ou la taxe prévus à l'article 746 du code précité (sur le taux actuel, V. **Partage**) est perçu sur la valeur totale de l'actif social attribué aux associés (BOI-ENR-AVS-30-20-20-20150805, n° 220).

4) Partage d'un bien ayant fait l'objet d'un apport par des copropriétaires indivis

6398 Le partage d'un tel bien, lorsqu'il est fait sans soulte et qu'il a pour effet d'attribuer à l'un des associés apporteurs la totalité du bien apporté indivisément, donne ouverture, en vertu de la théorie de la mutation conditionnelle des apports, à l'impôt de mutation à concurrence de la part acquise par l'attributaire dans le bien indivis, alors même que les autres apporteurs du bien indivis auraient été remplis de leurs droits au moyen d'autres valeurs également indivises dépendant de la société, et notamment des acquêts sociaux (Cass. civ., 17 avr. 1847 et 24 déc. 1879° Cass. ch. réunies, 22 déc. 1904).
Cette règle n'est applicable que si l'un des associés reçoit la totalité des biens indivis apportés, les autres associés recevant des acquêts sociaux. Elle ne trouve pas à s'appliquer dans le cas où la répartition porte sur les biens indivis eux-mêmes (BOI-ENR-AVS-30-20-20-20150805, n° 230).

6399 Ainsi, dans une espèce où les deux copropriétaires indivis d'un immeuble et d'un fonds de commerce avaient apporté le tout à une société et où, à la dissolution, il avait été attribué dans le partage, sans soulte ni retour, l'immeuble au premier associé, le fonds au second, il a été reconnu que le droit de partage était seul dû dès lors que l'acte n'établissait aucune mutation d'apport entre les associés, mais se bornait à répartir entre eux, d'une manière conforme à leurs droits, les mises constatées dans le pacte social (BOI-ENR-AVS-30-20-20-20150805, n° 240).

5) Attribution à un associé d'une société de personnes d'un immeuble apporté par un autre associé et dont l'apport a donné lieu à la perception de la TVA

6400 L'attribution de l'immeuble faisant suite à la dissolution de la société est soumise à la TVA si cette attribution intervient dans les cinq ans de son achèvement.
Dans le cas contraire, la sortie de l'immeuble du patrimoine de la société se trouve dans le champ d'application des droits d'enregistrement (sauf exercice de l'option prévue par l'article 260, 5° bis du Code général des impôts : V. **Immeuble ancien-TVA**). Toutefois, l'apport initial ayant été réalisé sous le régime de la TVA, le transfert de la propriété du bien a, de ce fait, été taxé au moment même de l'apport. Il n'y a donc pas lieu d'appliquer la théorie de la mutation conditionnelle des apports et de réclamer à nouveau des droits de mutation au moment de la remise du bien à un autre associé que l'apporteur initial. En conséquence, l'immeuble entrera dans la masse des biens de la société dont le partage doit donner lieu à l'application du droit prévu à l'article 746 du Code général des impôts (sur le taux actuel, V. **Partage**) sous réserve, bien entendu, de la perception des droits de mutation à titre onéreux sur la valeur des soultes éventuelles (BOI-ENR-AVS-30-20-20-20150805, n° 250).

6401 Cette solution avait été donnée par une réponse ministérielle du 30 avril 1984 à M. Lagorce (*JOAN* CR, p. 2050, n° 30373 ; *JCP* N 1984, prat. 9187).
Comme le note le *Bulletin Lefebvre* (*BIM Lefebvre* 6/1984, inf. 122), il s'agit là d'une solution originale qui n'est prévue expressément par aucun texte.
Le *Bulletin Lefebvre* ajoute que, bien que la réponse ne le précise pas, on peut penser que si l'immeuble (qui a donc été apporté à titre pur et simple sous le régime de la TVA immobilière) est attribué à l'associé apporteur, le droit de partage n'est pas dû, la théorie de la mutation conditionnelle des apports devant alors jouer à plein. Seule la taxe de publicité foncière à 0,70 % sera perçue (0,71498 % avec les perceptions additionnelles).

6402 **Partage d'immeubles dont la mutation est soumise à TVA.** Il est rappelé que, selon l'administration, le partage pur et simple avec attribution d'un immeuble placé dans le champ d'application de la TVA immobilière n'est pas imposable.
C'est seulement lorsque l'acte de partage prévoit le versement d'une soulte, ou si l'un des lots présente une « plus-value » par rapport aux droits sociaux de l'attributaire, que la TVA est reconnue exigible sur le lot et seulement à hauteur de la soulte ou de la plus-value (V. antérieurement, Doc. adm. DGI, 8 A-113, n° 12, 15 nov. 2001).

6403 **Tableau synoptique présentant le régime des partages des sociétés non passibles de l'IS.**
(V. BOI-ENR-ANNX-000263, 2 déc. 2015).

Détail de l'imposition	Nature de l'impôt	Tarif de l'impôt	Valeur imposable	Référence	Observations
1. Biens constitués d'un corps certain, ayant fait l'objet d'un apport pur et simple.				N°s 6377 à 6402.	
11. Repris par l'apporteur.					
111. Lorsque l'opération n'est pas sujette à publicité foncière.	Pas d'impôt.				
112. Lorsque l'opération est sujette à publicité foncière.	Droit de mutation à titre onéreux.	0,715 % (application combinée des art. 678 et 1647, Vb du CGI).	Totalité du bien attribué.		
12. Attribué à un autre que l'apporteur.	Droit de mutation à titre onéreux (1).	Déterminé d'après la nature du bien.	Totalité du bien attribué.		
2. Soulte ou plus-value.					
21. Elle est répartie entre les différents biens compris dans le lot qu'elle grève proportionnellement à leur valeur respective. Elle est réputée constituer, à due concurrence, le prix de ces différents biens.	Droit de mutation à titre onéreux (1).	Déterminé d'après la nature de chacun des biens compris dans le lot et sur lesquels la soulte ou la plus-value s'impute.	Fraction de la soulte ou de la plus-value imputée sur chacun des biens du lot.	N°s 5492 et s. et 5504 et s.	
22. Cas particulier : soulte imputable en totalité ou en partie sur un corps certain apporté à titre pur et simple).	Pas d'impôt.				Ces biens ont déjà été taxés ou ne sont pas imposables (Cf. § I).
3. Acquêts sociaux (V. définition, n°s 6373 et 6374). Il s'agit des biens qui, en droit fiscal, sont devenus la propriété de la société, Ils comprennent notamment les plus-values incorporées aux corps certains ayant fait l'objet d'un apport pur et simple résultant d'impenses payées par la société ou de l'exploitation sociale.	Droit de partage.	2,50 % (CGI, art. 746).	Totalité des acquêts, déduction faite de la soulte imputée sur les biens autres que les corps certains apportés à la société à titre pur et simple, c'est-à-dire totalité de l'actif net déduction faite de la valeur des biens figurant ci-dessus. § I et 2 (2).	N° 5489.	En cas de partage pur et simple, le droit de partage est perçu sur la totalité des acquêts sociaux, autrement dit sur l'actif net partagé après déduction de la valeur des biens figurant au § I ci-dessus.

(1) Sauf application du régime de la TVA aux biens entrant dans le champ d'application de l'article 257 du Code général des impôts. La taxation (TVA et taxe de publicité foncière) est alors fonction de la nature du bien sur lequel la soulte est imputable (terrain à bâtir, immeuble neuf, immeuble inachevé, etc.).
(2) En prenant soin de ne déduire qu'une seule fois les biens du § 1 figurant également en totalité ou en partie au § 2.

Personnes protégées

Jacques LAFOND

Sommaire analytique

6404 Nous traiterons dans un premier temps de l'hypothèque légale dont bénéficient des personnes protégées (I), puis des hypothèques ordinaires prises à leur profit ou à leur encontre (II).

I Hypothèque légale

C. civ., art. 2393 (*Mod. Ord. n° 2022-408, 23 mars 2022, art. 12*). – Outre celles prévues par des lois spéciales, les créances auxquelles une hypothèque légale générale est attachée sont : …

2° Celles des mineurs ou des majeurs en tutelle contre l'administrateur légal ou le tuteur ;

Les règles particulières à l'hypothèque légale des personnes en tutelle se trouvent contenues dans les articles 2398 à 2400 (anciens art. 2409 à 2411) du Code civil.
Les articles 2441 et 2442 (anciens art. 2447 et 2448) du Code civil contiennent des dispositions plus particulières concernant la réduction de l'hypothèque.
Sous réserve de l'application des textes susvisés, l'hypothèque légale des personnes en tutelle obéit aux règles générales en matière d'hypothèque.

6405 **Domaine de l'hypothèque légale des personnes en tutelle.** L'hypothèque légale des personnes en tutelle ne s'applique que dans le cadre des régimes de protection des incapables mineurs et majeurs. Elle n'atteint pas, par exemple, le patrimoine des administrateurs des biens des absents.

A Conditions d'existence de l'hypothèque légale des personnes protégées

1 Personnes concernées

6406 L'article 2393-2° (ancien art. 2400, 2°) du Code civil attribue l'hypothèque légale aux « mineurs ou majeurs en tutelle, sur les biens du tuteur ou de l'administrateur légal ».

6407 **Mineurs.** Tous les mineurs en tutelle, quels que soient la nature et le mode d'institution de la tutelle, qu'elle soit légale, testamentaire ou dative (sauf les exceptions signalées, V. n° 6411), et tous les mineurs sous administration légale, qu'elle soit pure et simple ou qu'elle soit sous contrôle judiciaire, bénéficient de l'hypothèque légale.
Il n'y a pas de distinction à faire entre les enfants légitimes, les enfants adoptifs et les enfants naturels.

6408 **Majeurs en tutelle.** Tous les majeurs en tutelle bénéficient également de l'hypothèque légale, que la tutelle fonctionne sous le régime de la tutelle complète, ou qu'elle fonctionne sous le régime simplifié de l'administration légale sous contrôle judiciaire suivant les règles applicables à ce régime en ce qui concerne les mineurs.
Par contre, l'hypothèque légale ne s'applique pas :
– si la tutelle fonctionne sous le régime simplifié de la **tutelle en gérance** ;
– dans le régime de la **curatelle** des majeurs ;
– dans le régime de la sauvegarde de justice.

2 Personnes dont les biens sont grevés de l'hypothèque légale

6409 **Principe.** Sous le régime de la tutelle, n'est soumis à l'hypothèque légale que le tuteur. Sous le régime de l'administration légale, pure et simple ou sous contrôle judiciaire, n'est soumis à l'hypothèque légale que l'administrateur légal. Ni le subrogé tuteur ni le tuteur *ad hoc* ne sont concernés.

6410 **Extension.** L'hypothèque légale grève aussi, sous le régime de la tutelle, les personnes qui sans avoir légalement le titre de tuteur, exercent irrégulièrement la tutelle et exercent en fait celle-ci, en qualité de tuteur, personnes dénommées « tuteur de fait ». La question a pu paraître douteuse, mais on admettait généralement que l'article 2400 (devenu art. 2393) du Code civil visant « le tuteur » pouvait s'appliquer à toute personne exerçant effectivement la tutelle (Mazeaud, *op. cit.*, t. III, 1er vol., par Chabas, n° 292. – Planiol et Ripert, *op. cit.*, t. XII, par Becqué, n° 523).

6411 **Exceptions.** Ne sont pas soumises à l'hypothèque légale :
– les personnes qui sont investies de tutelles administratives ou qui, bien que participant au régime de protection, assurent le contrôle de la tutelle ou de l'administration légale ou qui ne sont que des gérants provisoires. Ainsi, notamment l'hypothèque légale ne frappe pas les biens du tuteur du pupille de l'État (C. action soc. et fam., art. 224-9) ;
– ou les personnes à qui l'Office national des anciens combattants et victimes de la guerre délègue la tutelle dans le cas, en vertu de l'article L. 474 du Code des pensions militaires d'invalidité et des victimes de guerre ;
– les biens du subrogé tuteur, ceux du tuteur *ad hoc*, de l'administrateur *ad hoc* ou du tiers qui administre les biens donnés ou légués ;
– les biens du curateur du majeur en curatelle.

B Créances garanties par l'hypothèque

6412 **Principes.** Sont garanties par l'hypothèque légale toutes les créances du mineur ou du majeur en tutelle se rattachant à l'administration du représentant légal, que celui-ci soit resté dans les limites de ses fonctions ou qu'il les ait outrepassées. L'hypothèque légale existe pour les sommes, en capitaux ou revenus, touchées par le représentant du mineur ou du majeur en tutelle pour le compte de celui-ci et dont il n'a pas effectué le placement ou l'emploi. Elle garantit aussi celles qu'il a négligé de toucher et qui se trouvent perdues pour l'incapable, soit par suite de l'insolvabilité du débiteur survenue postérieurement, soit par suite de la prescription ; elle garantit enfin, les dommages-intérêts dont le tuteur ou l'administrateur légal est tenu pour mauvaise gestion (Planiol et Ripert, *op. cit.*, n° 526. – Aubry et Rau, *op. cit.*, t. III, § 264 *bis*, texte et note 20. – Mazeaud, *op. cit.*, t. III, 1er vol., par Chabas, n° 293).

6413 **Créances postérieures à la cessation de la tutelle ou de l'administration légale.** L'hypothèque légale cesse, en principe, de garantir la gestion du tuteur ou de l'administrateur légal dès la cessation de la tutelle ou de l'administration légale. Mais l'hypothèque légale s'étend même à la gestion continuée après la cessation de la tutelle ou de l'administration légale dans la mesure, et dans cette mesure seulement, où cette gestion forme une suite nécessaire de l'administration tutélaire, ce qu'il appartient aux juges du fond d'apprécier souverainement suivant les circonstances de fait (Cass. civ., 9 janv. 1855 : *DP* 1855, 1, 28. – Cass. civ., 15 févr. 1882 : *DP* 1883, 1, 111. – Cass. civ., 16 déc. 1913 : *DP* 1915, 1, 28. – Angers, 23 févr. 1853 : *DP* 1853, 2, 42. – Rouen,

29 mars 1870 : *DP* 1873, 2, 70. – Aubry et Rau, *op. cit.*, t. III, par Esmein, § 264 *bis*. – Planiol et Ripert, *op. cit.*, t. XII, par Becqué, n° 528).

6414 **Créances de la personne protégée étrangères à la gestion de son représentant.** L'hypothèque légale ne garantit pas les sommes dont le tuteur ou l'administrateur légal n'est pas comptable au titre de sa gestion, notamment les sommes dont il est débiteur envers la personne protégée pour des causes étrangères à la tutelle ou à l'administration légale et qui ne sont devenues exigibles que depuis la cessation de celle-ci (Aubry et Rau, *op. cit.*, t. III, par Esmein, § 264 *bis*).

C Assiette de l'hypothèque

6415 L'hypothèque légale des personnes en tutelle est, en principe, générale quant à son assiette (cf. C. civ., art. 2393-2 [ancien art. 2400, 2°], 2398 [ancien art. 2409], al. 1er).
Elle est susceptible de frapper indistinctement tous les immeubles appartenant au tuteur ou à l'administrateur légal lors de son entrée en fonctions et ceux qui lui adviennent par la suite, à quelque titre que ce soit, même après la cessation de la tutelle ou de l'administration légale.
Toutefois, cette généralité est tempérée, comme nous allons le voir, par la nécessité de l'intervention du conseil de famille ou du juge des tutelles et par la spécialité de l'inscription.

D Inscription de l'hypothèque

6416 **Nécessité d'une inscription.** L'hypothèque légale des personnes en tutelle doit être inscrite et ne prend rang que du jour de son inscription (cf. C. civ., art. 2418, al. 1er).
L'inscription peut être prise dès l'ouverture de la tutelle, et pendant la durée de celle-ci sur décision, selon le cas, du conseil de famille ou du juge des contentieux de la protection (ancien « juge des tutelles »), et à la requête du greffier du juge des tutelles. Elle peut encore être prise, à la requête de l'ex-personne protégée, dans le délai d'un an à compter de la majorité (ou de l'émancipation) ou de la mainlevée de la tutelle du majeur.

1 Inscription prise à l'ouverture ou pendant le cours de la tutelle

6417 **Décision du conseil de famille ou du juge des contentieux de la protection.** Le conseil de famille, ou le juge des tutelles, est juge de l'opportunité de l'inscription de l'hypothèque. Quand il prend la décision d'inscrire cette hypothèque, soit à l'ouverture de la tutelle, soit en cours de tutelle, il doit fixer la somme pour laquelle il sera pris inscription et désigner les immeubles qui en seront grevés (C. civ., art. 2398).
Au cours de la tutelle, le conseil de famille peut toujours ordonner, lorsque les intérêts du mineur ou du majeur en tutelle paraissent l'exiger, qu'il sera pris des inscriptions complémentaires. Ces inscriptions complémentaires peuvent être prises soit sur d'autres immeubles, soit pour des créances plus importantes.

6418 **Recours contre les décisions prises.** Les décisions du conseil de famille et celles du juge des contentieux de la protection en matière d'hypothèque légale sont, comme toutes les autres décisions de cette assemblée ou de ce magistrat, sujettes à recours (V. *JCl. Notarial Formulaire*, V° Minorité-Tutelle).

6419 **Formalités de l'inscription.** L'inscription est prise à la requête du greffier du juge des contentieux de la protection qui a succédé au « juge des tutelles » (C. civ., art. 2398, al. 4).
Des articles 87 et 88 du décret du 14 octobre 1955, il résulte que les inscriptions de l'hypothèque légale des personnes en tutelle doivent être requises par le greffier du juge des tutelles (devenu juge des contentieux de la protection) aussitôt après l'intervention de la décision du conseil de famille ou du juge prévue à l'article 2398 (ancien art. 2409) du Code civil. Un registre doit être tenu au greffe de chaque juge des tutelles un registre, sur lequel sont portés :
- les inscriptions prises par le greffier, avec l'indication de la nature et de la date de la décision qui les a prescrites ;
- les nom, prénoms et domicile des personnes en tutelle, de leurs représentants légaux et subrogés tuteurs ;
- la date des renouvellements à opérer et la mention de l'accomplissement de ces formalités ;
- les radiations totales ou partielles ainsi que la nature et la date des actes ou décisions judiciaires qui les justifient.

6420 **Frais de l'inscription.** Les frais de l'inscription sont imputés au compte de la tutelle (C. civ., art. 2398, al. 4).

6421 **Renouvellement de l'inscription.** L'inscription prise à l'ouverture ou pendant le cours de la tutelle ou de l'administration légale est soumise quant à sa durée aux règles du droit commun. Elle doit être renouvelée conformément à l'article 2430 du Code civil, par le greffier du tribunal judiciaire (C. civ., art. 2400).

2 Inscription dans l'année de la cessation de la tutelle

6422 **Règles.** Aux termes de l'article 2399 (ancien art. 2410), alinéa 1, du Code civil :

« Le mineur, après sa majorité ou son émancipation, ou le majeur en tutelle après la mainlevée de la tutelle des majeurs, peut requérir, dans le délai d'un an, l'inscription de son hypothèque légale ou une inscription complémentaire ».

Selon l'alinéa 2 du même article :

« Ce droit peut être exercé par leurs héritiers dans le même délai, ou dans l'année de leur décès s'ils sont décédés alors qu'ils étaient encore mineurs ou majeurs en tutelle ou dans l'année de leur décès s'ils sont décédés alors qu'ils étaient encore mineurs ou majeurs en tutelle ».

6423 **Modalités et effets de la prise d'inscription.** Le greffier du juge des tutelles (actuellement le juge des contentieux de la protection) n'a pas ici à intervenir. L'inscription doit être prise à la requête de la personne dont le régime de protection a pris fin ou de ses héritiers (*Bull. AMC* 2000, art. 1817).

Le délai d'un an imposé par la loi est un délai de forclusion. Si l'inscription n'est pas prise dans le délai, l'hypothèque est éteinte et ne pourra plus être utilement inscrite (Mazeaud, *op. cit.*, t. III, 1er vol., par Chabas, n° 295. – Becqué, *La réforme de la publicité foncière : JCP* G 1955, I, 1226, n° 54).

L'hypothèque ainsi inscrite prend rang à la date de son inscription (cf. C. civ., art. 2418, al. 1er).

6424 **Particularités de l'inscription.** Après la reddition du compte de tutelle la créance du mineur devenu majeur ou émancipé, ou du majeur dont a été prononcée la mainlevée de la tutelle, est déterminée ; l'inscription doit donc indiquer son montant exact, tel qu'il ressort du compte de tutelle ou d'administration légale.

Conformément à l'article 55-4° du décret du 14 octobre 1955 (C. civ., ancien art. 2148, 4°) le bordereau doit indiquer les « événements et conditions justifiant les créances », à peine de rejet de la formalité (*Bull. AMC* 2000, art. 1817).

6425 Mais l'ex-personne protégée a aussi contre celui qui a été son représentant légal une créance indéterminée : l'action en redressement de compte, qui se prescrit par cinq ans à compter du jour de l'émancipation ou de la majorité ou de la mainlevée de la tutelle du majeur (cf. C. civ., art. 515). Il pourrait donc être utile de mentionner, dans le bordereau, en prenant soin, bien entendu, d'en faire l'évaluation, les droits et créances que l'ex-incapable pourrait encore avoir à exercer en vertu de cette action contre celui qui a été son représentant (Aubry et Rau, *op. cit.*, t. III, par Esmein, § 264 *bis*. – Planiol et Ripert, *op. cit.*, t. XII, par Becqué, n° 528. – Cass. civ., 9 août 1882 : *DP* 1883, 1, 134).

E Réduction d'inscription

6426 Aux termes de l'article 2441 (ancien art. 2447) du Code civil :

« Si la valeur des immeubles sur lesquels l'hypothèque du mineur ou du majeur en tutelle a été inscrite excède notablement ce qui est nécessaire pour garantir la gestion du tuteur, celui-ci peut demander au conseil de famille de réduire l'inscription aux immeubles suffisants.

Il peut pareillement lui demander de réduire l'évaluation qui avait été faite de ses obligations envers le mineur.

L'administrateur légal peut, dans les mêmes cas, lorsqu'une inscription a été prise sur ses immeubles en vertu de l'article 2398, demander au juge des tutelles de la réduire, soit quant aux immeubles grevés, soit quant aux sommes garanties ».

6427 **Pouvoirs de l'administrateur légal des biens d'un mineur.** L'administrateur légal des biens d'un mineur qui reçoit une partie de la créance est habilité à donner mainlevée partielle, mais seulement en vue de réduire le montant de l'inscription, à concurrence de la somme remboursée.

En revanche, il n'est pas fondé à réduire le gage, car en vertu du principe de l'indivisibilité de l'hypothèque, posé par l'article 2391(ancien art. 2393, al. 2) du Code civil, la somme restant due, après remboursement partiel, continue d'être garantie par la totalité de l'immeuble initialement grevé.

La réduction du gage ne peut donc être consentie que par la personne ayant capacité d'aliéner l'immeuble (*Bull. AMC* 1984, art. 1308. – Chambaz, Masounabe-Puyanne et Leblond, *op. cit.*, 2e éd., n° 1168, III, 2°).

6428 L'article 505 du Code civil précise que le tuteur ne peut, sans y être autorisé par le conseil de famille ou à défaut par le juge, faire des actes de disposition au nom de la personne protégée. Sans cette autorisation, il ne peut, notamment, ni aliéner ou grever de droits réels les immeubles du mineur.

Il est donc incontestable que l'administrateur légal doit se faire autoriser par le juge des tutelles pour consentir au nom du mineur à la radiation partielle réduisant le gage qui garantit les créances de ce dernier.

Le notaire rédacteur de l'acte de mainlevée partielle doit y énoncer la décision judiciaire qui a confié à l'intéressé la garde de son enfant mineur, le désignant comme administrateur légal de ses biens (*Bull. AMC* 1984, même art.), ceci en application des dispositions de l'alinéa 2 de l'article 2436 (ancien art. 2441) du Code civil, tel que ce texte a été interprété par la Cour de cassation (Cass. 3e civ., 16 juill. 1976 : *D.* 1975, 5693, note Franck ; *JCP* N 1975, II, 18191, note E.C.).

6429 Inapplicabilité des conditions de réduction de droit commun. L'hypothèque légale des personnes en tutelle étant une hypothèque générale, les dispositions de l'article 2439 (anciens art. 2444 et 2445) du Code civil lui seraient, en principe, applicables, mais le domaine de l'article 2439 (anciens art. 2444 et 2445) étant identique à celui de l'article 2441 (ancien art. 2447), ce texte particulier a primauté sur les textes généraux et doit être seul appliqué (V. Mazeaud, *op. cit.*, t. III, 1er vol., par Chabas, n° 420). Il en résulte, en particulier, que le conseil de famille ou le juge des tutelles ne sont pas liés par une proportion entre les créances et la valeur des immeubles.

F Radiation de l'inscription

6430 Aux termes de l'article 2441 (ancien art. 2447), alinéa 4 susvisé :

> « Le tuteur et l'administrateur légal peuvent en outre, s'il y a lieu, sous l'observation des mêmes conditions (V. nos 6427 et s.), demander la mainlevée totale de l'hypothèque ».

6431 Application de la radiation du droit commun. Les motifs qui peuvent être invoqués dans le cadre de l'article 2441 (ancien art. 2447) du Code civil étant différents de ceux qui peuvent l'être en vertu du droit commun de l'article 2438 (ancien art. 2443) du Code civil – selon lequel « La radiation doit être ordonnée par les tribunaux lorsque l'inscription a été faite sans être fondée ni sur la loi, ni sur un titre, ou lorsqu'elle l'a été en vertu d'un titre soit irrégulier, soit éteint ou soldé, ou lorsque les droits de privilège ou d'hypothèque sont effacés par les voies légales », – la radiation judiciaire spéciale de l'article 2441 (ancien art. 2447) n'exclut pas la radiation de droit commun de l'article 2443 (Mazeaud, *op. cit.*, t. III, 1er vol., par Chabas, n° 420).

6432 Recours contre les décisions du conseil de famille ou du juge des contentieux de la protection. Les décisions du conseil de famille ou du juge des contentieux de la protection (qui a succédé au « juge des tutelles ») en matière de réduction et de radiation de l'inscription sont, comme toutes les autres décisions de cette assemblée ou de ce magistrat, sujettes à recours dans les conditions prévues au Code de procédure civile (cf. C. civ., art. 2442 (ancien art. 2448), al. 1er. – V. *JCl. Notarial Formulaire*, V° Minorité-Tutelle).

6433 Formalités. La radiation partielle ou totale de l'hypothèque sera faite au vu d'un acte de mainlevée signé par un membre du conseil de famille ayant reçu délégation à cet effet, en ce qui concerne les immeubles du tuteur, et au vu d'une décision du juge des contentieux de la protection, en ce qui concerne les immeubles de l'administrateur légal (C. civ., art. 2441, al. 5).
Si la réduction de l'hypothèque est prononcée relativement à certains immeubles, les inscriptions prises sur tous les autres sont radiées (C. civ., art. 2442, ancien art. 2448, al. 2).

II Hypothèques ordinaires

A Inscription

6434 Autorisations requises. Les autorisations requises varient selon la nature de la prise d'inscription :
– si l'inscription a pour objet de garantir une créance de la personne protégée et porte sur les biens d'une tierce personne, elle s'analyse en une mesure d'administration, ou éventuellement conservatoire (ainsi dans le cas d'inscription judiciaire provisoire) ;
– s'il s'agit d'hypothéquer les biens de la personne protégée, la mesure constitue un acte de disposition (V. D. n° 2008-1484, 22 déc. 2008, ann. 1) :
• la personne placée sous sauvegarde peut prendre elle-même l'inscription (art. 435) sauf si un mandataire spécial lui a été désigné (C. civ., art. 437, al. 2),
• dans l'administration légale, l'autorisation du juge des contentieux de la protection (ancien « juge des tutelles ») devrait en principe être obtenue (C. civ., art. 387-1),

• le majeur sous curatelle devra obtenir l'assistance du curateur (C. civ., art. 467),
• sous le régime de la tutelle, le tuteur devrait être autorisé par le conseil de famille ou à défaut par le juge (C. civ., art. 505).
L'article 509 du Code civil énonce que le tuteur ne peut, même avec une autorisation, constituer gratuitement une sûreté pour garantir la dette d'un tiers (ainsi dans le cas d'un cautionnement hypothécaire).

B Mainlevée

6435 **Mainlevée avec paiement.** La mainlevée avec paiement est traditionnellement considérée comme un acte d'administration (*Précis CML*, n° 1185 ; *Bull. AMC* 1965, art. 606) et elle a été qualifiée comme telle par le décret n° 2008-1484 du 22 décembre 2008 (ann. 1 : *JO* 31 déc.).

6436 **Mainlevée sans paiement.** L'article 509-1° du Code civil énonce clairement que le tuteur ne peut, même avec une autorisation, consentir une mainlevée d'hypothèque sans paiement.
On estimait toutefois antérieurement que l'opération consistant pour le tuteur dûment autorisé à cet effet à remplacer une inscription d'hypothèque par une autre garantie s'analysait en une transaction et que la mainlevée sans paiement devenait dès lors possible à ce titre (*Précis CML*, n° 1185. – Bulté : *JCP* N 1977, prat. 6533). Ce débat reste toujours d'actualité (sur les conditions dans lesquelles la transaction doit être autorisée, V. C. civ., art. 506).

Plus-values immobilières

Neyla GONZALEZ-GHARBI

Sommaire analytique

AVERTISSEMENT

L'instruction du 12 septembre 2012 (*BOI* 13 A-2-12, n° 64) a rapporté à compter de cette date l'ensemble des commentaires administratifs publiés antérieurement à la mise en ligne du BOFiP-impôts.

Le régime des plus-values immobilières des particuliers est commenté par l'administration fiscale au BOI-RFPI-PVI, BOI-RFPI-PVINR ; BOI-RFPI-TPVIE.

Il sera fait, sauf, exception, référence à la dernière version en ligne du *BOFiP*.

6437 **Évolution du régime d'imposition des plus-values immobilières des particuliers. Régime issu de la loi de finances pour 2004.** L'article 10 de la loi de finances pour 2004 (L. n° 2004-1311, 30 déc. 2003 : *JO* 31 déc. 2003) a réformé le régime d'imposition des plus-values réalisées par les particuliers (personnes physiques et sociétés de personnes non soumises à l'impôt sur les sociétés, agissant dans le cadre de la gestion de leur patrimoine privé) lors de la cession d'immeubles, de droits réels relatifs à des immeubles, de meubles ou de parts de sociétés à prépondérance immobilière. Le régime d'imposition des plus-values immobilières, codifié aux articles 150 U à 150 VH du Code général des impôts, a été complété par deux décrets d'application : un décret en Conseil d'État, n° 2003-1384 du 31 décembre 2003 (*JO* 1er janvier 2004) a été codifié aux articles 74 SA à 74 SJ de l'annexe II au CGI, et un décret simple n° 2003-1386 du 31 décembre 2003 (*JO* 1er janvier 2004), codifié aux articles 41 duovicies-H à 41 duovicies-I de l'annexe III au même code.

Ces dispositions se sont appliquées aux cessions réalisées à compter du 1er janvier 2004. Elles ont été commentées dans une instruction du 14 janvier 2004 (*BOI* 8 M-1-04). Présentée comme une mesure de simplification des modalités de détermination de la plus-value imposable et des obligations déclaratives incombant jusqu'alors aux cédants, la réforme issue de la loi de finances pour 2004 a substitué au régime d'imposition à l'impôt sur le revenu selon le barème progressif, un régime d'imposition à un taux proportionnel fixé alors à 16 % (auquel s'ajoutent les prélèvements sociaux). L'un des plus notables aspects de cette réforme a consisté à ramener le délai de détention au-delà duquel la plus-value cessait d'être soumise à l'impôt sur le revenu et aux contributions sociales de vingt-deux à quinze ans.

Le notaire qui a dressé l'acte constatant l'opération a été chargé de l'établissement de la déclaration et du paiement de l'impôt et des contributions sociales, pour le compte du vendeur, au service de de la publicité foncière. Ainsi, il acquitte, lors d'une même formalité, les droits d'enregistrement dus par l'acquéreur et l'impôt sur le revenu, ainsi que les contributions sociales afférentes à la plus-value immobilière due par le cédant.

Des modalités spécifiques ont été prévues pour les cessions de biens meubles et de parts de sociétés à prépondérance immobilière dont la loi avait également modifié la définition en excluant les titres des sociétés à responsabilité limitée (sociétés de capitaux) soumises à l'impôt sur les sociétés (CGI, art. 150 UB).

La loi de finances rectificative pour 2004 (L. n° 2004-1485, 30 déc. 2004, art. 50 : *JO* 31 déc. 2004) a apporté quelques retouches a ce régime qui ont été commentées par une instruction du 4 août 2005 (BOI 8 M-1-05).

6438 **Une instabilité croissante du régime issu de la loi de 2004.** Le régime des plus-values immobilières fait l'objet d'incessantes modifications. Ainsi ont été instaurées de nouvelles exonérations permanentes (partages familiaux, première cession d'un logement autre que la résidence principale, ancienne résidence principale des personnes admises dans un établissement médico-social, etc.), ou temporaires (cessions au profit des acteurs du logement social ; cession de droit de surélévation).

La deuxième loi de finances rectificative pour 2011 (L. n° 2011-1117, 19 sept. 2011 : *JO* 20 sept. 2011) a porté le délai de détention aboutissant à l'exonération de fait de la plus-value à trente ans et fixé le taux global des prélèvements sociaux à 13,5 %.

L'article 15 de la loi de finances pour 2013 ambitionnait de supprimer l'abattement pour délai de détention s'agissant des plus-values sur terrains à bâtir et de les soumettre à l'impôt sur le revenu selon le barème progressif. La mesure a été jugée contraire au principe de l'égalité devant les charges publiques en ce qu'elle conférait un caractère confiscatoire à l'impôt sur la plus-value eu égard à son cumul avec les prélèvements sociaux et les taxes sur les cessions de terrains constructibles susceptibles de grever la plus-value réalisée à l'occasion de la cession d'un terrain à bâtir (Cons. const., 29 déc. 2012, n° 2012-662 DC : *JO* 30 déc. 2012, consid. 101. – N. Gonzalez-Gharbi, *Le Conseil constitutionnel et les plus-values sur terrains à bâtir : le choc de la censure : Constr.-Urb.* 2013, repère 2 et sur le texte de l'article 10 du PLF 2012 ; *Constr.-Urb.* 2012, comm. 170).

L'article 27 de la loi de finances pour 2014 a modifié les articles 150 VC du Code général des impôts et L. 136-7 du Code de la sécurité sociale, afin de donner une base légale au cadencement différencié de l'abattement pour durée de détention applicable pour calculer, d'une part, l'assiette de l'impôt sur le revenu et, d'autre part, celle des prélèvements sociaux exigibles au titre des plus-values immobilières des particuliers réalisées depuis le 1er septembre 2013, (AN, TA 21 oct. 2013 : *Constr.-Urb.* 2013, comm. 162, par N. Gonzalez Gharbi). Elle prévoyait, également de supprimer, à compter du 1er mars 2014, l'abattement pour durée de détention applicable aux plus-values sur terrains à bâtir et des droits qui s'y rapportent. Cette dernière mesure a été également censurée par le Conseil constitutionnel (Cons. const., 29 déc. 2013, n° 2013-685 DC : *JO* 30 déc. 2013). Comme la même loi de finances avait instauré des abattements pour délais de détention distincts en matière d'impôt sur le revenu (vingt-deux ans ; CGI, art. 150 VC) et en matière de contributions sociales (trente ans ; CSS, art. L. 136-7), il en est résulté la création d'un régime d'imposition spécifique aux plus-values sur terrains à bâtir. Pour ces plus-values, l'ancien délai détention de trente ans uniformément appliqué en matière d'impôt sur le revenu et des contributions sociales a subsisté jusqu'au 1er septembre 2014 (RES-n° 2014/01, 9 janv. 2014 ; V. *Constr.-Urb.* 2014, comm. 38, N. Gonzalez-Gharbi).

Rétablissement d'un abattement commun à tous les immeubles à compter du 1er septembre

2014. Le régime spécifique de l'abattement pour durée de détention applicable aux terrains à bâtir a été supprimé à compter du 1er septembre 2014, par voie d'instruction administrative, validée par l'article 4 de la loi n° 2014-1654 du 29 décembre 2014 de finances pour 2015. En effet, depuis cette date, les mêmes règles s'appliquent, quelle que soit la nature fiscale du bien cédé. L'article 150 VC du CGI définit l'abattement applicable pour l'assiette de l'impôt sur le revenu, tandis que l'article L. 136-7 du Code de la sécurité sociale définit celui applicable pour l'assiette des contributions sociales.

➤ Sur les régimes des abattements exceptionnels et d'exonération temporaire bénéficiant spécifiquement aux plus-values sur terrains à bâtir, V. **Terrains**, n° 8275.

6439 **Instauration de deux taxes assises sur la première cession à titre onéreux de terrain devenu constructible par l'effet de son classement dans un document d'urbanisme ou équivalent.** Dans l'ordre chronologique, a été créée par l'article 26 de la loi n° 2006-872 du 13 juillet 2006, dite « loi ENL », la taxe facultative communale sur la première cession d'un terrain rendu constructible par l'effet de son classement dans un document d'urbanisme prévu à l'article 1529 du CGI. Puis, a été instaurée par l'article 55 de la loi n° 2010-874 du 27 juillet 2010 de modernisation de l'agriculture la taxe nationale sur les terrains rendus constructibles depuis le 13 janvier 2010, prévue par l'article 1605 nonies du CGI. Conformément aux dispositions du II de l'article 1529 du CGI, la taxe communale s'applique aux cessions réalisées par les personnes entrant dans le champ d'application des plus-values immobilières des particuliers. En revanche, la taxe nationale s'applique à tous les cédants quel que soit le régime applicable à l'imposition de leur profit. Néanmoins, les deux taxes sont déclarées et acquittées selon les règles applicables à la déclaration et au paiement de l'impôt et des contributions sociales afférentes aux plus-values immobilières des particuliers. En pratique, et depuis le 1er septembre 2014, les plus-values sont déclarées au moyen du formulaire n° 2048-TAB-SD qui sert, le cas échéant, pour la déclaration des plus-values sur terrains à bâtir et droits réels y afférents et à la déclaration des deux taxes sur les terrains devenus constructibles (V. **Taxes sur les cessions de terrains devenus constructibles**).

6440 **Taxe sur les plus-values élevées (CGI, art. 1609 nonies G).** Créée par l'article 70 de la loi n° 2012-1510 du 29 décembre 2012 de finances rectificative pour 2012, et codifiée sous l'article 1609 nonies G du Code général des impôts, cette taxe est assise sur les plus-values immobilières d'un montant supérieur à 50 000 € imposables soit à l'impôt sur le revenu, soit au prélèvement prévu à l'article 244 bis A du CGI. Elle ne s'applique pas aux plus-values de cession de terrains à bâtir ou de droits s'y rapportant. Sous réserve des cessions pour lesquelles une promesse de vente a acquis date certaine avant le 7 décembre 2012, la taxe sur les plus-values élevées s'est appliquée aux cessions intervenus à compter du 1er janvier 2013 (BOI-RFPI-TPVIE ; N. Gonzalez-Gharbi, *La nouvelle surtaxe sur les plus-values de cession d'immeubles autres que les terrains à bâtir : Bull. Cridon Bordeaux-Toulouse, Nota Bene* janv. 2013, 724 ; *Constr.-Urb.* 2013, comm. 13 et 145).

La taxe est déclarée sur le formulaire n° 2048-IMM-SD qui sert pour la déclaration des plus-values de cessions des immeubles autres que les terrains à bâtir. Elle est acquittée selon les mêmes règles que l'impôt de plus-values.

6441 **Taxe sur les plus-values « surspéculatives ».** L'article 28 de la loi de finances pour 2023 (L. n° 2022-1726, 30 déc. 2022) permet au gouvernement de multiplier par cinq le tarif de la taxe prévue à l'article 1609 nonies du CGI dans les zones de Corse soumises à « la surspéculation foncière » sous réserve de la délimitation des zones de « surspéculation » par l'Assemblée de Corse sur proposition du président de l'Office foncier de Corse et après consultation des communes concernées et du préfet. Cette surtaxe n'a pas été codifiée. Elle n'est pas encore effective (V. **Corse**).

6442 **Mise en conformité du régime des non-résidents avec les règles européennes.** La législation issue de la loi de finances pour 2004 a été modifiée pour se conformer au droit de l'Union européenne. Après que le taux dérogatoire de 33,1/3 prévu par l'article 244 bis A du CGI a été jugé discriminatoire (CE, 20 oct. 2014, n° 367234 : *JurisData* n° 2014-025561 ; *Rec. CE* 2014, tables ; *Constr.-Urb.* 2014, comm. 169, N. Gonzalez-Gharbi), l'article 62 de la loi n° 2014-1655 du 29 décembre 2014 de finances rectificative pour 2014 en a tiré les conséquences. D'une part, l'obligation de désignation d'un représentant fiscal a été supprimée pour les personnes ayant leur domicile fiscal ou leur siège social dans un État membre de l'Union européenne ou assimilé. D'autre part, les plus-values imposables du chef des personnes physiques, quels que soient leur lieu de résidence et le mode de détention – direct ou indirect – des biens cédés, ont été soumises à l'impôt au même taux de 19 % que les personnes physiques résidentes de France

(N. Gonzalez-Gharbi, *Le prélèvement de l'article 244 bis A du CGI à l'heure européenne : Constr.-Urb.* 2015, comm. 47).
L'administration a commenté ces disposions applicables, s'agissant de la désignation de représentant, à compter du 1er janvier 2015 (BOI-RFPI-PVINR-30-10 ; BOI-RFPI-PVINR-30-20 ; BOI-RFPI-PVINR-30-30, 7 juill. 2015).
D'autre part, conformément à l'article 29 de la deuxième loi de finances rectificative pour 2012 (L. n° 2012-958, 16 août 2012), les plus-values réalisées, directement ou indirectement, par les personnes physiques non-résidentes assujetties à l'impôt sur le revenu ont été soumises aux prélèvements sociaux dus au titre des produits de placement en vertu du I bis de l'article L. 136-7 du Code de la sécurité sociale, à compter de la date de publication de ladite loi, soit le 17 août 2012. Mais, suite à l'arrêt de la Cour de justice de l'Union européenne du 26 février 2015 (aff. C-623/13, *Min. c/ de Ruyter : JurisData* n° 2015-005614. – S. Quilici, *Les prélèvements sociaux sur les revenus du patrimoine sont des cotisations sociales au sens du droit de l'UE : Dr. fisc.* 2015, act. 124), auquel s'est rallié le Conseil d'État (CE, 27 juill. 2015, nos 334551 et 342944 : *JurisData* n° 2015-019563 ; *Dr. fisc.* 2015, comm. 620. – N. Gonzalez-Gharbi, *Plus-values immobilières : des prélèvements sociaux en sursis : Constr.-Urb.* 2015, comm. 164), qui a déclaré les prélèvements sociaux exigés des personnes non affiliées au régime de sécurité sociale français contraires au principe de l'unicité du régime de sécurité sociale posé par l'article 13 du règlement n° 1408/71 du Conseil du 14 juin 1971 (solution transposable au règlement du 29 avril 2004) portant sur la coordination des systèmes de sécurité sociale, la loi de financement de la sécurité sociale pour 2016 a modifié l'affectation budgétaire de ces contributions tout en maintenant le principe de leur exigibilité à compter du 1er janvier 2016 (PLFSS 2016, L. n° 2015-1702, 21 déc. 20152 : *D.O actualité* 2015, n° 53).
(Sur la restitution des prélèvements acquittés avant le 1er janvier 2016, V. J.-L. Lieb et L. Bidaut, *Pas de prélèvements sociaux sur les revenus du patrimoine en l'absence d'affiliation à la sécurité sociale en France : FR Lefebvre* 13 août 2015, n° 34 ; communiqués du ministre de l'Économie et des Finances nos 486 et 487 du 20 octobre 2015 : *Dr. fisc.* 2015, act. 168).
Toutefois, et afin de se mettre plus sûrement en conformité avec les règles européennes, la loi de financement de la sécurité sociale pour 2019 a finalement exonéré les personnes relevant d'un régime européen de sécurité sociale de CSG et de CRDS sur leurs revenus du capital, à condition de ne pas être à la charge d'un régime obligatoire de sécurité sociale français. L'article L. 136-7 du Code de la sécurité sociale a été modifié en ce sens. Ces personnes demeurent assujetties au prélèvement de solidarité dont le taux a été porté à 7,5 %. Ces règles s'appliquent aux plus-values réalisées à compter du 1er janvier 2019.

6443 **Refonte et mise en conformité du régime des prélèvements sociaux avec les règles européennes. LFSS 2019, n° 2018-1203, 22 déc. 2018, art. 26.** La fragilité de la législation française en matière de prélèvements sociaux sur le revenu du capital de source française (dont les plus-values immobilières des particuliers classées dans la catégorie des revenus de placement) au regard des règles européennes (et de la jurisprudence *de Ruyter* préc.) a justifié une profonde réorganisation de leur architecture par l'article 26 de la loi de financement de sécurité sociale (L. n° 2018-1203, 22 déc. 2018) qui a réécrit les dispositions de l'article 235 ter du CGI :
– les prélèvements auxquels les revenus du patrimoine et les revenus de placement sont assujettis, hors CSG et CRDS, sont fusionnés au sein d'un nouveau prélèvement de solidarité, au taux de 7,5 %, établi au bénéfice de l'État ; (Ce prélèvement n'entre pas dans le champ d'application du règlement du Parlement européen et du Conseil du 29 avril 2004 portant sur la coordination des systèmes de sécurité sociale. V. CE, 20 sept. 2019, n° 430189, concl. R. Victor : *Dr. fisc.* 2020, comm. 57) ;
– le taux de la CSG sur les revenus du patrimoine et les revenus de placement est aligné sur celui des revenus d'activité (taux de 9,2 % au lieu de 9,9 %) ;
– le taux global des prélèvements sociaux reste fixé à 17,2 % (CSG au taux de 9,2 %, CRDS au taux de 0,5 % et prélèvement de solidarité au taux de 7,5 %) ;
– les revenus du capital des personnes affiliées au régime de sécurité sociale d'un autre État membre de l'UE, de l'EEE ou de la Suisse sont exonérés de la CSG et de la CRDS.
Ces règles s'appliquent aux plus-values immobilières réalisées à compter du 1er janvier 2019 (*D.O actualité* n° 50-98 ; *D.O étude* F-4950 ; BOI-RFPI-PVINR-20-20-20190419, n° 80 ; sur la légalité du BOI, V. CE, 20 sept. 2019, n° 430189 préc.).
Sous réserve de ce qui vient d'être dit concernant les non-résidents, et de la dualité de formulaires de déclaration selon que le bien cédé est ou non un terrain à bâtir, les modalités de déclaration des plus-values immobilières n'ont pas varié depuis l'entrée en vigueur de la réforme de 2004.

6444 **Contrôle et contentieux.** L'application des modalités de déclaration et de recouvrement des droits d'enregistrement aux impôts, taxes et prélèvements sur les plus-values ne leur rend pas

applicable le régime de contrôle et de contentieux des droits d'enregistrement.
Dans son arrêt du 23 octobre 2013, le Conseil d'État a rappelé que l'impôt sur les plus-values immobilières est un impôt sur le revenu par détermination de la loi fiscale (CGI, art. 150 U) et que ses modalités de recouvrement ne lui rendent pas applicables les règles du contrôle des droits d'enregistrement. En conséquence, il a été jugé que, conformément aux dispositions de l'article L. 169 du Livre des procédures fiscales, le droit de reprise de l'administration s'exerce jusqu'à la fin de la troisième année suivant celle au titre de laquelle l'impôt sur le revenu est dû. Le fait générateur de l'impôt se situant à la date de la cession, l'administration dispose, pour en contrôler l'assiette, d'un délai qui expire le 31 décembre de la troisième année suivant celle de la cession (CE, 8e et 3e ss-sect., 23 oct. 2013, n° 361233 : *JurisData* n° 2013-023670 ; *Rec. CE* 2013, tables ; *Dr. fisc.* 2013, comm. 533. – N. Gonzalez-Gharbi, *Délai de reprise de l'administration et notion de mention expresse de l'acte notarié : Constr.-Urb.* 2014, comm. 18).
Le contentieux de l'impôt de plus-value est du ressort des juridictions administratives.
Les mêmes règles s'appliquent, pour les mêmes motifs, à la taxe sur les plus-values élevées de l'article 1609 nonies G du CGI.
➤ Sur le régime des taxes sur les cessions à titre onéreux de terrains devenus constructibles, V. **Taxes sur les cessions à titre onéreux de terrains devenus constructibles**.

6445 **Plan.** Nous nous bornerons à rappeler ici les obligations déclaratives effectuées au service de la publicité foncière et leurs incidences sur l'imposition au titre des plus-values immobilières en matière de publicité foncière. En effet, si le régime des plus-values immobilières s'applique également aux cessions de parts de sociétés de personnes à prépondérance immobilière au sens de l'article 150 UB du CGI et des parts et actions de sociétés dotées de la transparence fiscale au sens de l'article 1655 ter du CGI, les déclarations faites sur imprimé n° 2048-M-SD des plus-values réalisées à l'occasion de la cession à titre onéreux de ces parts ou actions doivent être déposées avec l'acte constatant la cession de parts ou actions au service de l'enregistrement et l'impôt et les contributions sociales acquittées en principe, en préalable à la formalité de l'enregistrement (CGI, art. 150 VG).
Rappel. Depuis le 1er septembre 2013, les plus-values sur terrains à bâtir et droits réels y afférents sont déclarées au moyen d'un formulaire n° 2048-TAB-SD qui sert également à la déclaration des deux taxes sur les terrains devenus constructibles.
Les plus-values sur les immeubles autres que les terrains à bâtir sont déclarées sur un formulaire n° 2048-IMM-SD qui sert également pour la déclaration de la taxe sur les plus-values immobilières élevées prévu par l'article 1609 nonies G du CGI.
Ces mêmes formulaires servent pour la liquidation du prélèvement prévu par l'article 244 bis A du CGI, et le cas échéant des prélèvements sociaux, afférents aux plus-values réalisées par les non-résidents.
Nous rappellerons ici les règles applicables à la déclaration, successivement des plus-values immobilières réalisées par les résidents (I) et par les non-résidents (II).

I
Plus-values immobilières réalisées par des résidents

6446 Les plus-values réalisées par les personnes physiques et les sociétés relevant du régime des sociétés de personnes visées aux articles 8 à 8 ter du CGI agissant dans le cadre de la gestion de leur patrimoine privé, lors de la cession d'immeubles ou de droits réels portant sur ces biens sont déclarées et les impositions correspondantes payées lors de la mutation, en principe au service de la publicité foncière. Aucun régime de différé de paiement n'est prévu.
Les obligations déclaratives et de paiement (A) sont prévues par les articles 150 VG et 150 VH du Code général des impôts.
Rappel : Les mêmes règles s'appliquent aux taxes sur les terrains devenus constructibles (CGI, art. 1529 et 1605 nonies, V. **Taxes sur les cessions à titre onéreux de terrains devenus constructibles**).
S'agissant de la cession de biens autres que des terrains à bâtir, les mêmes règles s'appliquent pour la déclaration de la taxe sur les plus-values

élevées (CGI, art. 1609 nonies G ; BOI-RFPI-TPVIE-20-20180824, n° 80).

Rappel. Depuis le 1er janvier 2019, les personnes relevant d'un régime européen de sécurité sociale sont exonérées de CSG et de CRDS sur leurs revenus du capital, à condition de ne pas être à la charge d'un régime obligatoire de sécurité sociale français. Ces personnes demeurent assujetties au prélèvement de solidarité dont le taux a été porté à 7,5 % (CSS, art. L. 136-7).

Ces obligations varient en fonction de la nature de l'acte qui constate la cession : acte notarié (B), ordonnance judiciaire (C) ou acte passé en la forme administrative (D).

> **REMARQUE** En application de l'article 170 du CGI, les contribuables qui réalisent des plus-values immobilières mentionnées aux articles 150 U à 150 UD du Code général des impôts sont tenus d'en reporter le montant sur les lignes créées à cet effet de la déclaration d'ensemble des revenus (imprimé n° 2042 C).
> Sont concernées, d'une part, les plus-values effectivement soumises à l'impôt (ligne 3VZ), et, d'autre part, la plus-value exonérée au titre de la première cession d'un logement sous condition de remploi (ligne 3VW). Les autres plus-values exonérées ou non soumises à l'impôt par l'effet de l'abattement pour durée de détention ne sont pas concernées par cette obligation déclarative.

A Généralités

6447 Les obligations déclaratives (1) consistent dans le dépôt d'une déclaration de plus-value et le report du montant de la plus-value sur la déclaration d'ensemble des revenus. Dans certains cas, le contribuable est dispensé du dépôt de la déclaration de plus-value.

Le dépôt de la déclaration de plus-value est en principe concomitant à la présentation de l'acte de cession à la formalité d'enregistrement ou à la formalité fusionnée. Pour l'accomplissement de cette formalité, certaines mentions doivent figurer dans l'acte de cession (2) et dans l'extrait d'acte (3).

Texte applicable : CGI, art. 150 VG.

1 Obligations déclaratives

a) Formulaires à utiliser

> **AVERTISSEMENT** **La section du BOI-RFPI-30-40, en ligne depuis le 2 février 2014, relative aux obligations déclaratives ne reflète pas l'état du droit positif s'agissant des formulaires à utiliser.**

6448 **Déclarations modèle n° 2048 IMM-SD ou 2048-TAB-SD.** Depuis l'instauration d'un abattement pour durée de détention différent pour la détermination de l'assiette de l'impôt sur le revenu (CGI, art. 150) et un second propre à la détermination de l'assiette des contributions sociales (CSS, art. L. 136-7), les formulaires ont été adaptés pour cette double liquidation. Il en résulte, en pratique, qu'au-delà de la vingt-deuxième année de détention de l'immeuble ou du droit cédé, le cédant peut n'avoir à s'acquitter que des contributions sociales.

En principe, la plus-value est liquidée et déclarée sur l'imprimé n° 2048 IMM-SD (Cerfa n° 12359*20) ou 2048-TAB-SD (Cerfa n° 14968*10) (disponibles en ligne sur le site www.impots.gouv.fr) et l'impôt sur le revenu (au taux actuel 19 %) et/ou les contributions sociales (CSG, CRDS et prélèvement de solidarité, au taux global actuel de 17,2 %) sont payés au service de la publicité foncière lors de la cession d'un immeuble ou de droits relatifs à un immeuble, en préalable à la formalité.

Remarques : Il n'est servi qu'un seul imprimé en fonction de la nature du bien cédé, que la plus-value soit réalisée par un contribuable résident ou non-résident, personne physique ou personne morale (BOI-RFPI-PVI-30-40-20140224, n° 30).

Le formulaire 2048-TAB-SD sert à déclarer les taxes sur les cessions de terrains devenus constructibles des articles 1529 et 1605 nonies du CGI.

6449 **Cession réalisée par une société.** S'agissant des cessions réalisées par une société relevant des articles 8 à 8 ter du Code général des impôts (par ex., une SCI non soumise à l'impôt sur les sociétés), une seule déclaration de plus-values doit être déposée, selon le cas, au service de la publicité foncière, pour l'ensemble des impositions établies au nom des associés présents à la date de la cession soumis à l'impôt sur le revenu afférent à la plus-value.

La déclaration mentionne les noms de tous les associés et la nature de l'imposition applicable à chaque quote-part, y compris pour les associés qui ne sont pas soumis au régime des plus-values immobilières des particuliers.

Il est toutefois admis, lorsque la société qui cède un immeuble est composée de plus de cinquante associés au jour de la cession, qu'il soit fait état, sur la déclaration n° 2048 IMM, de la seule ventilation globale des associés en fonction de leur régime d'imposition au regard des plus-values. Cette mesure est toutefois soumise à la condition que la société produise, lors du dépôt de sa déclaration de résultat, les noms de tous les associés et leur régime d'imposition, présents lors de chaque cession intervenue au cours de l'exercice.

La déclaration de résultat déposée par la société ayant réalisé la cession doit faire apparaître les noms et adresses des associés ainsi que la part de résultat ou de plus-value leur revenant. Ces dispositions s'appliquent également pour les associés ou anciens associés soumis aux dispositions de l'article 238 octies B du Code général des impôts (BOI-RFPI-PVI-30-40-20140224, n° 40).

6450 **Cession réalisée par des indivisaires ou des titulaires de droits réels d'usufruit et de nue-propriété.** L'obligation déclarative pèse individuellement sur chacun des indivisaires pour la quote-part des droits indivis qu'il a cédés. De même, chacun des nu-propriétaire et/ou de l'usufruitier cédant doit déposer une déclaration à raison de la cession de son droit réel. La solution est la même en cas de cession conjointe de la nue-propriété et de l'usufruit relatifs à un même immeuble cédé. Il importe peu que la cession du bien indivis ou dont la propriété est démembrée soit constatée par un seul ou plusieurs actes.

b) Signataires de la déclaration

6451 **La déclaration doit être signée par le cédant ou par son mandataire.** Dans ce dernier cas, le mandat doit figurer dans l'acte de cession ou être joint à l'appui de la déclaration. Il comporte, outre l'acceptation du mandataire, l'indication des nom, prénoms et adresse du mandant, l'habilitation du mandataire à signer les déclarations et, le cas échéant, à verser l'impôt correspondant à celles-ci ainsi que la reconnaissance, par le mandant, qu'il demeurera personnellement responsable de l'impôt, et notamment des suppléments de droits et pénalités qui pourraient être réclamés à la suite d'un contrôle (CGI, ann. II, art. 74 SH, II).

Ces dispositions sont applicables aux seules cessions réalisées par un contribuable domicilié en France.

Lorsque le bien ou le droit est cédé par une société, la déclaration est signée par le gérant de la société ou par son mandataire (BOI-RFPI-PVI-30-40-20140224, n° 60).

c) Pièces justificatives

6452 Les pièces justificatives afférentes aux frais et charges venant en diminution du prix de cession ou en majoration du prix d'acquisition ou justifiant du remploi de l'indemnité en cas d'expropriation, sont fournies par le contribuable sur demande de l'administration (CGI, Ann. II, art. 74 SI. – BOI-RFPI-PVI-30-40-20140224, n° 70).

d) Cas de dispense de déclaration

6453 Aucune déclaration ne doit être déposée :
– lorsque la plus-value est exonérée de l'impôt sur le revenu **et** des contributions sociales en application d'une exonération expresse ou par l'application de l'abattement pour durée de détention prévu au I de l'article 150 VC du Code général des impôts et à l'article L. 136-7 du Code de la sécurité sociale ;
– lorsque la cession ne donne pas lieu à une imposition : plus-value égale à zéro ou constatation d'une moins-value (CGI, art. 150 VG, III).

Remarque : En cas d'exonération partielle de la plus-value, la déclaration n° 2048 IMM accompagnée du paiement de l'impôt sur le revenu et des prélèvements sociaux afférents à la fraction de la plus-value imposable doit être déposée au service de la publicité foncière à l'appui de la réquisition de publier (en ce sens, BOI-RFPI-PVI-30-40-20140224, n° 80).

e) Report de la plus-value sur la déclaration d'ensemble des revenus (modèle n° 2042 C)

6454 **Plus-values concernées.** Les contribuables qui réalisent des plus-values immobilières mentionnées des articles 150 U à 150 UD du Code général des impôts, comprises par nature dans le revenu fiscal de référence (RFR), sont tenus de reporter le montant net imposable, effectivement soumis à l'impôt sur le revenu au taux actuel de 19 %, des gains de l'espèce sur la ligne créée à cet effet de la déclaration d'ensemble des revenus **n° 2042 C** (Cerfa n° 10330), disponible en ligne sur le site www.impots.gouv.fr (BOI-RFPI-PVI-10-40-30, n° 520).

Sont concernées, d'une part, les plus-values effectivement soumises à l'impôt (ligne 3VZ), et, d'autre part, la plus-value exonérée au titre de la première cession d'un logement sous condition de remploi (ligne 3VW). Les autres plus-values exonérées d'impôt sur le revenu (CGI, art. 150 U, II à IV) ou non soumises à l'impôt par l'effet de l'abattement pour durée de détention ne sont pas concernées par cette obligation déclarative.

Est également à déclarer par l'associé personne physique, soumis à l'impôt sur le revenu, la quote-part de la plus-value réalisée par la société cédante, imposable de son chef (BOI-RFPI-PVI-30-40-20140224, n° 90).

6455 **Sanction.** Tout manquement à cette obligation déclarative est sanctionné par l'application d'une amende égale à 5 % des sommes non déclarées. Le montant de cette amende ne peut être inférieur à 150 € ou supérieur à 1 500 €, ces montants étant réduits respectivement à 75 € et 750 € lorsqu'aucune infraction aux dispositions du 1 de l'article 170 du Code général des impôts n'a été commise au cours des trois années précédentes (CGI, art. 1760 - BOI-RFPI-PVI-30-40-20140224, n° 100).

2 Mentions dans l'acte

a) Mentions générales

6456 L'acte de cession soumis à la formalité fusionnée doit préciser, sous peine de refus du dépôt :

– l'adresse du service des impôts dont le cédant dépend pour la déclaration de ses revenus ou bénéfices ou, pour les cessions mentionnées aux 1° et 3° du II de l'article 150 VG, l'adresse du service des impôts du domicile du cédant (CGI, Ann. II, art. 74 SJ) ;

– le prix de cession de chacun des biens (CGI, Ann. II, art. 74 SJ) ;

– le prix d'acquisition du bien, ou s'il s'agit d'une acquisition à titre gratuit, du nom du précédent propriétaire, de son domicile et, éventuellement, de la date de son décès (CGI, Ann. II, art. 74 SJ) ;

– en cas de dispense de déclaration, la nature et le fondement de l'exonération ou de l'absence de taxation. L'absence de mention de l'exonération portée sur l'acte ne constitue pas un motif de refus de dépôt en cas de transfert de propriété constaté par un acte passé en la forme administrative (V. *infra*, n° 6472).

Les services de la publicité foncière sont fondés à refuser le dépôt de la formalité au motif que les mentions font défaut. Il est toutefois admis que ces mentions ne figurent pas dans l'acte lorsque le vendeur, par une mention expresse dans l'acte ou par une déclaration jointe à l'acte, déclare sous sa responsabilité que la cession n'entre pas dans le champ d'application de l'imposition des plus-values des particuliers.

Au cas où cette mention expresse ou cette déclaration se révélerait ultérieurement erronée, leur auteur ne pourrait prétendre au bénéfice de la bonne foi (sur la mention expresse, V. BOI-RFPI-PVI-30-40-20140224, n° 300, V. CE, 23 oct. 2013, n° 361233, préc., n° 6444).

Dans certains cas de transfert de propriété constatés par un acte notarié, des mentions supplémentaires peuvent être exigées. Il convient, sur ce point, de se reporter aux précisions apportées ci-après (BOI-RFPI-PVI-30-40-20140224, n° 110).

b) Mentions particulières en cas de cession de certaines terres agricoles

6457 Les modalités selon lesquelles sont imposées les plus-values réalisées par les exploitants agricoles soumis à un régime de bénéfice réel (normal ou simplifié) lorsqu'ils cèdent des terres conservées dans leur patrimoine privé en application du I de l'article 38 sexdecies D de l'annexe III au Code général des impôts, sont décrites au n° 90 du BOI RFPI-PVI-10-20).

Une distinction doit être faite dans l'acte de cession du prix de vente des terres de celui des plantations faites sur ces terres, selon les modalités définies ci-après (RES n° 2010/69-FI).

Il appartient au notaire de préciser dans la déclaration de plus-value (n° 2048 IMM) établie pour le compte du vendeur :

– en page 1, partie « Désignation du bien vendu », sur la ligne « Nature », la mention « Terres agricoles à l'exclusion des plantations » ;

– en page 2, au niveau du prix de cession, la fraction du prix de cession afférente aux biens détenus dans le patrimoine privé du vendeur (BOI-RFPI-PVI-30-40-20140224, n° 120).

c) Mentions particulières en cas d'exonération de la première cession d'un logement autre que la résidence principale du cédant

6458 En présence d'une plus-value exonérée en application du 1° bis du II de l'article 150 U du Code général des impôts (V. BOI-RFPI-PVI-10-40-30), l'exonération s'applique sur demande du cédant par une mention portée dans l'acte de cession, conformément au III de l'article 150 VG du même code.

6459 **Remploi total.** Le remploi de l'intégralité du prix de cession exonère la plus-value et dispense du dépôt de la déclaration n° 2048 IMM (CERFA 12359) accessible en ligne sur le site www.impots.gouv.fr à la rubrique « Recherche de formulaire ». En cas de dispense de déclaration, la nature et le fondement de l'exonération doivent être indiqués dans l'acte de cession soumis à la formalité fusionnée ou présenté à l'enregistrement, sous peine de refus, conformément au III de l'article 150 VG du Code général des impôts (BOI-RFPI-PVI-10-40-30-20121001, n° 490).

6460 **Remploi partiel.** Lorsque le remploi ne porte que sur une partie du prix de cession, la nature et le fondement de l'exonération partielle doivent être indiqués dans l'acte de cession soumis à la formalité fusionnée ou présenté à l'enregistrement, sous peine de refus, conformément au III de l'article 150 VG du Code général des impôts (BOI-RFPI-PVI-10-40-30-20121001, n° 500).

6461 **Mentions dans l'acte.** Que le remploi soit total ou partiel, outre la mention de la nature et du fondement de l'exonération, l'acte constatant

la cession à titre onéreux d'un logement au titre de laquelle le bénéfice de l'exonération prévue par le 1° bis du II de l'article 150 U du Code général des impôts est demandé doit mentionner :
– l'identité du bénéficiaire de l'exonération ;
– les droits du bénéficiaire sur le prix de cession ;
– la fraction du prix de cession correspondant à ses droits que le bénéficiaire destine au remploi à l'acquisition ou la construction d'un logement affecté à sa résidence principale ;
– le montant de la plus-value exonérée.
Ces mentions, prévues par le I de l'article 41 duovicies-0 H de l'annexe III au Code général des impôts, issu du décret n° 2012-1073 du 21 septembre 2012 publié au *Journal officiel* du 23 septembre 2012, doivent être portées distinctement pour chaque bénéficiaire de l'exonération (CGI, art. 41 duovicies-0 H, II, préc. – BOI-RFPI-PVI-10-40-30-20121001, n° 510. – V., pour des formules, H. Paerels, *Exonération de la première cession d'un logement autre que la résidence principale : les mentions apportées dans l'acte de cession : JCP* N 2012, n° 41, act. 883).
Portée de ces mentions. Selon l'administration fiscale, l'omission de ces mentions prive le cédant du bénéfice de l'exonération. Cette doctrine a été confirmée par certains juges du fond (CAA Douai, 4e ch., 23 avr. 2019, n° 17DA01449, *C+ : JurisData* n° 2019-010461, concl. J.-M. Riou ; *Dr. fisc.* 2019, n° 36, chron. 350, § 13), et infirmée par d'autres (TA Lyon, 12 avr. 2016, n° 1410083. – TA Paris, 31 mars 2021 n° 1916052. – CAA Marseille, 6 oct. 2022, n° 20MA02805). Le Conseil d'État a, toutefois, implicitement admis qu'à défaut de mentions dans l'acte, le cédant est autorisé, toutes conditions remplies par ailleurs, à revendiquer, par réclamation, le bénéfice de cette exonération (CE, 9e et 10e ch. réunies, 12 févr. 2020, n° 415475 : *JurisData* n° 2020-001675 ; *Constr.-Urb.* 2020, comm. 57, N. Gonzalez-Gharbi).

3 Extrait d'acte

6462 Les actes qui contiennent des dispositions soumises à la publicité foncière sont accompagnés d'un extrait d'acte. Outre les mentions habituelles, l'extrait d'acte comporte, en cas de dispense de déclaration, la nature et le fondement de l'exonération ou de l'absence de taxation (CGI, Ann. III, art. 255).

B Transfert de propriété constaté par un acte notarié

6463 L'impôt sur le revenu et/ou les contributions sociales afférents à la plus-value réalisée lors de la cession d'un immeuble ou de droits relatifs à un immeuble constatée par un acte notarié sont, en principe, déclarés et payés au service de la publicité foncière du lieu de situation de l'immeuble préalablement à la formalité de publicité foncière (1). Deux exceptions à ce principe sont toutefois prévues (2).

1 Principe : déclaration au service de la publicité foncière

a) Obligation déclarative

6464 À l'exception des situations dans lesquelles le cédant bénéficie d'une dispense de déclaration (V. *supra*, n° 6453), la déclaration doit être déposée au service de la publicité foncière à l'appui de la réquisition de publier. Pour les cessions de biens situés en Alsace-Moselle, la déclaration est remise lors de la présentation à l'enregistrement. L'absence de déclaration entraîne le refus du dépôt ou de la formalité de l'enregistrement (CGI, art. 150 VG).
En application de l'article 647 du Code général des impôts, pour les actes soumis obligatoirement à la formalité fusionnée, le délai imparti pour requérir cette formalité est fixé à un mois à compter de la date de l'acte, sauf en cas d'adjudication où ce délai est porté à deux mois (BOI-RFPI-PVI-30-40-20140224, n° 160).

b) Obligation de paiement

6465 L'impôt sur le revenu afférent à la plus-value doit être versé lors du dépôt de la déclaration avant l'exécution de l'enregistrement ou de la formalité fusionnée. Le dépôt ou la formalité est refusé :
– à défaut de paiement préalable ;
– ou s'il existe une discordance entre le montant de l'impôt sur le revenu afférent à la plus-value figurant sur la déclaration et le montant effectivement versé lors de la réquisition ou de la présentation à l'enregistrement.
Sauf dispositions contraires, il est fait application des règles d'exigibilité et de recouvrement prévues aux articles 1701 à 1704 du Code général des impôts, aux 1°, 2°, 3° et 4° de l'article 1705 et aux articles 1706 et 1711 du même code (CGI, art. 150 VH, II. – BOI-RFPI-PVI-30-40-20140224, n° 170).

2 Exceptions : déclaration au service des impôts

6466 Deux exceptions au principe de déclaration et de paiement au service de la publicité

foncière sont prévues lorsque le transfert de propriété est constaté par un acte notarié.
En effet, le notaire ne dispose pas toujours des fonds nécessaires pour acquitter l'impôt sur le revenu afférent à la plus-value dû par le vendeur, soit parce que l'acquéreur est tenu de désintéresser les créanciers du vendeur, soit parce que la collectivité publique qui acquiert le bien n'a pas encore versé le prix (BOI-RFPI-PVI-30-40-20140224, n° 180).

a) Obligations déclaratives

6467 **Cas de déclaration au service des impôts.** Sauf cas de dispense mentionnés au n° 6453, la déclaration n° 2048 IMM-SD (ou 2048-TAB-SD) doit être déposée au service des impôts dont relève le domicile du vendeur dans un délai d'un mois à compter de la date de l'acte (CGI, art. 150 VG) :
– lorsque l'impôt sur le revenu afférent à la plus-value ne peut être intégralement acquitté en raison de créances primant le privilège du Trésor ;
– lorsque la cession est constatée au profit de l'État, des établissements publics nationaux, des groupements d'intérêt public, ou d'une collectivité territoriale ou d'un établissement public local désigné à l'article L. 1311-13 du Code général des collectivités territoriales.
L'absence de déclaration à l'appui de la réquisition de publier ou de la présentation à l'enregistrement n'entraîne pas le refus du dépôt ou de la formalité (BOI-RFPI-PVI-30-40-20140224, n° 190).

6468 **Mentions supplémentaires.** Outre les mentions générales visées au I, deux mentions supplémentaires sont exigées par le 3e alinéa du III de l'article 150 VG du Code général des impôts, à savoir :
– la mention que l'impôt sur le revenu afférent à la plus-value ne peut être intégralement acquitté ou que la cession est constatée au profit d'une collectivité publique ;
– la mention du lieu où le notaire rédacteur de l'acte dépose la déclaration (BOI-RFPI-PVI-30-40-20140224, n° 200).

6469 **Extrait d'acte.** Les actes qui contiennent des dispositions soumises à la publicité foncière sont accompagnés d'un extrait d'acte. Outre les mentions habituelles, l'extrait d'acte comporte (CGI, Ann. III, art. 255) :
– la mention que l'impôt sur le revenu afférent à la plus-value ne peut être intégralement acquitté ou que la cession est constatée au profit d'une collectivité publique ;
– le lieu où le notaire rédacteur de l'acte dépose la déclaration ;
– en cas de dispense de déclaration, la nature et le fondement de l'exonération ou de l'absence de taxation (BOI-RFPI-PVI-30-40-20140224, n° 210).

b) Obligation de paiement

6470 L'impôt sur le revenu et/ou les contributions sociales afférents à la plus-value doivent être payés, au service des impôts où la déclaration est déposée, par :
– le vendeur lorsque l'impôt sur le revenu afférent à la plus-value n'a pu être acquitté au service de la publicité foncière en raison de créances primant le privilège du Trésor (CGI, art. 150 VH, III, 2°) ;
– le notaire lorsque la cession est constatée au profit d'une collectivité publique (CGI, art. 150 VH, III, 2°). En pratique, l'impôt est versé dès la mise à disposition des fonds au notaire par la collectivité publique.
L'absence de paiement à l'appui de la réquisition de publier ou de la présentation à l'enregistrement n'entraîne pas le refus du dépôt ou de la formalité (CGI, art. 150 VH, II. – BOI-RFPI-PVI-30-40-20140224, n° 220).

C Transfert de propriété constaté par une ordonnance judiciaire

6471 Des obligations déclaratives et de paiement spécifiques sont prévues en faveur des cessions constatées par une ordonnance judiciaire (CGI, art. 150 VH, II, 2°). Ces spécificités sont présentées ci-dessous, nonobstant les généralités présentées ci-avant au A.

1 Obligations déclaratives

6472 Sauf cas de dispense mentionnés au n° 6453, pour les cessions constatées par une ordonnance judiciaire, la déclaration n° 2048 IMM-SD (ou 2048 TAB-SD) doit être déposée au service des impôts dont relève le domicile du vendeur dans un délai d'un mois à compter de la date du versement du prix de cession.
L'absence de déclaration à l'appui de la réquisition de publier ou de la présentation à l'enregistrement n'entraîne pas le refus du dépôt ou de la formalité (CGI, art. 150 VH, II, 2°. – BOI-RFPI-PVI-30-40-20120912, n° 240).

2 Obligation de paiement

6473 L'impôt sur le revenu afférent à la plus-value doit être versé au service des impôts dont relève le domicile du vendeur dans un délai d'un

mois à compter de la date du versement du prix de cession (CGI, art. 150 VH, I).
L'absence de paiement à l'appui de la réquisition de publier ou de la présentation à l'enregistrement n'entraîne pas le refus du dépôt ou de la formalité (CGI, art. 150 VH, II. – BOI-RFPI-PVI-30-40-20140224, n° 250).

D Transfert de propriété constaté par un acte passé en la forme administrative

6474 Des obligations déclaratives et de paiement spécifiques sont prévues en faveur des cessions à une collectivité publique constatées par un acte passé en la forme administrative.

1 Obligations déclaratives

6475 Sauf cas de dispense mentionnés au n° 6453, pour les actes passés en la forme administrative qui constatent une mutation immobilière amiable ou forcée de biens au profit de l'État, des établissements publics nationaux, des groupements d'intérêt public, ou d'une collectivité territoriale ou d'un établissement public local désigné à l'article L. 1311-13 du Code général des collectivités territoriales, la déclaration n° 2048 IMM-SD (ou n° 2048-TAB-SD) est remise à la collectivité publique cessionnaire préalablement à la réquisition de publier ou à la présentation à l'enregistrement.
L'absence de déclaration à l'appui de la réquisition de publier ou de la présentation à l'enregistrement n'entraîne pas le refus du dépôt ou de la formalité (CGI, art. 150 VH, II).
En cas de dispense de déclaration (V. *supra*, n° 6453), le contribuable cédant doit communiquer à la collectivité publique cessionnaire la nature et le fondement de cette exonération afin qu'il en soit fait mention dans l'acte passé en la forme administrative (CGI, art. 150 VG, III. – BOI-RFPI-PVI-30-40-20140224, n° 270).

2 Obligations de paiement

6476 L'impôt sur le revenu afférent à la plus-value est payé au bénéfice du service des impôts, par le comptable de la direction générale des finances publiques (DGFiP), sur le prix dû au vendeur, au vu de la déclaration transmise par la collectivité publique (CGI, art. 150 VH, III, 1°).
L'absence de paiement à l'appui de la réquisition de publier ou de la présentation à l'enregistrement n'entraîne pas le refus du dépôt ou de la formalité (CGI, art. 150 VH, II. – BOI-RFPI-PVI-30-40-20140224, n° 280).

3 Schéma récapitulatif

6477 **Renvoi.** On trouvera au *BOFiP* des tableaux pratiques présentant :
– la synthèse des situations au regard de dépôt de la formalité ;
– le tableau récapitulatif des obligations déclaratives (BOI-RFPI-PVI-30-40-20140224, n°s 290 à 310).

II Plus-values immobilières des non-résidents

6478 **Formulaires de déclarations.** Les déclarations de plus-values, des taxes sur les terrains devenus constructibles des articles 1529 et 1605 nonies du CGI et de la taxe sur les plus-values élevées de l'article 1609 nonies G du CGI doivent être établies sur un modèle fixé par l'administration :
– en cas de cession d'un immeuble, de droits relatifs à un immeuble ou de parts de sociétés qui relèvent de l'article 1655 ter du Code général des impôts (CGI), il convient de déposer une déclaration établie sur l'imprimé n° 2048 IMM ou 2048-TAB ;
– en cas de cession de titres de sociétés à prépondérance immobilière, il convient de déposer une déclaration établie sur l'imprimé n° 2048 M.
Ainsi, il n'est servi qu'un seul imprimé en fonction de la nature du bien cédé, que la plus-value soit réalisée par un contribuable résident ou non-résident, personne physique ou personne morale (BOI-RFPI-PVINR-30-30-20190419, n° 1).
Depuis le 1er janvier 2015, les obligations déclaratives diffèrent selon que le cédant a son domicile fiscal ou son siège social dans un État membre de l'UE, ou dans un autre État (N. Gonzalez-Gharbi,

La nouvelle dispense légale bénéficiant aux non-résidents communautaires et assimilés coexistera avec les dispenses automatiques instaurées par l'administration fiscale : Constr.-Urb. 2015, comm. 130). Ces règles sont exposées et commentées au BOI-RFPI-PVINR-30-20-20190419.

A Personnes ayant leur domicile ou leur siège social dans un État membre de l'UE ou assimilé

1 Principe : dispense de désignation d'un représentant fiscal accrédité

6479 Une déclaration 2048 IMM ou 2048 TAB ou 2048 M doit être déposée auprès du service compétent, accompagnée, s'il y a lieu, du paiement du prélèvement et, le cas échéant, des prélèvements sociaux.

Depuis le 1er janvier 2015 (L. n° 2014-1655, 29 déc. 2014 de finances rectificative, art. 62, II, C), quelle que soit sa qualité (personne physique ou personne morale ou organisme), le cédant domicilié, établi ou constitué dans un État membre de l'Union européenne (UE) ou dans un autre État partie à l'accord sur l'espace économique européen (EEE) ayant conclu avec la France une convention d'assistance administrative en vue de lutter contre la fraude et l'évasion fiscales ainsi qu'une convention d'assistance mutuelle en matière de recouvrement de l'impôt est dispensé de l'obligation de désigner un représentant fiscal pour acquitter le prélèvement prévu à l'article 244 bis A du CGI. Cette dispense s'étend aux taxes déclarées et payées selon la même procédure (taxes sur les cessions de terrains constructibles et taxe sur les plus-values élevées), et, lorsqu'ils sont dus, aux prélèvements sociaux afférents à ces plus-values.

Rappel. Depuis le 1er janvier 2019, les personnes physiques relevant d'un régime européen de sécurité sociale sont exonérées de CSG et de CRDS sur leurs revenus du capital, à condition de ne pas être à la charge d'un régime obligatoire de sécurité sociale français. Ces personnes demeurent assujetties au prélèvement de solidarité dont le taux a été porté à 7,5 % (CGI, art. 235 ter ; CSS, art. L. 136-7 ; BOI-RFPI-PVINR-20-20-20190419, n° 80).

6480 **États du domicile ou du siège du cédant (BOI-RFPI-PVINR-30-20-20190419, n° 30).** Le cédant doit avoir sa résidence ou son siège social ou doit être établi dans un des États membres de l'UE, en Islande ou en Norvège.

Le Liechtenstein, bien que membre de l'EEE, n'est pas lié à la France par une convention d'assistance mutuelle en matière de recouvrement de l'impôt, aussi les personnes qui y résident ou qui y sont établies ou qui y disposent d'un siège restent tenues de désigner un représentant fiscal pour acquitter le prélèvement.

Remarque (BOI-RFPI-PVINR-30-20, n° 30) : Les pays et territoires d'outre-mer (PTOM) ne sont pas intégrés à l'UE, mais seulement associés. Par conséquent, les personnes, physiques ou morales, domiciliées, établies ou constituées en Nouvelle-Calédonie, à Saint-Pierre-et-Miquelon, en Polynésie française, aux îles Wallis-et-Futuna, dans les Terres australes et antarctiques françaises ou à Saint-Barthélemy demeurent soumises à l'obligation de désigner un représentant fiscal pour acquitter le prélèvement.

Lorsque le cédant est domicilié, établi ou constitué dans un État membre de l'UE ou dans un autre État partie à l'accord sur l'EEE, le prélèvement est acquitté sous sa seule responsabilité.

Toute déclaration déposée doit comprendre les éléments de liquidation même si celle-ci conduit à un résultat égal à zéro, voire négatif. Doivent au moins être mentionnés, le prix de vente, le prix d'acquisition et le résultat. À défaut (mention « Néant » par exemple), la déclaration 2048 IMM ou 2048 M sera considérée comme non déposée (BOI-RFPI-PVINR-30-30-20190419, n° 10).

REMARQUE Les non-résidents disposent du délai général de deux ans (LPF, art. R. 196-1 b) pour réclamer au contentieux contre le prélèvement prévu à l'article 244 bis A du CGI (CE, 3e et 8e ss-sect. réunies, 15 avr. 2016, n° 385737 : *JurisData* n° 2016-008561 ; *Constr.-Urb.* 2016, comm. 96, N. Gonzalez Gharbi).

2 Cas particulier des sociétés ou groupements qui relèvent des articles 8 à 8 ter du CGI

6481 Le n° 50 du BOI-RFPI-PVINR-30-20-20190419 rappelle que l'obligation de désigner un représentant fiscal s'apprécie au regard de la situation de chacun des associés lorsque le cédant est :

– une société ou un groupement qui relève de l'article 8 du CGI, de l'article 8 bis du CGI ou de l'article 8 ter du CGI dont le siège est situé en France ;

– une société ou un groupement dont le régime fiscal est équivalent à celui prévu par l'article 8 du CGI, l'article 8 bis du CGI ou l'article 8 ter du CGI et dont le siège social est dans l'UE ou l'EEE.

Il est précisé au n° 60 :

Aussi, pour les sociétés ou groupements mentionnés au n° 50, l'obligation de désigner un

représentant fiscal est appréciée au niveau de ses associés et en fonction de l'État dans lequel ils sont domiciliés, établis ou constitués :
– les associés, personnes physiques ou personnes morales, domiciliés, établis ou constitués dans l'UE ou l'EEE sont dispensés de désigner un représentant fiscal ;
– les associés, personnes physiques ou personnes morales, domiciliés, établis ou constitués hors de l'UE ou de l'EEE ont l'obligation de désigner un représentant fiscal.
Lorsque la désignation d'un représentant fiscal est obligatoire, le prélèvement est acquitté sous sa responsabilité.

B Cédant domicilié, établi ou constitué hors d'un État de l'Union européenne ou d'un autre État partie à l'accord sur l'espace économique européen

1 Principe : obligation de désigner un représentant fiscal accrédité

6482 **En principe,** quelle que soit leur qualité, les cédants, personnes physiques ou morales ou organismes, domiciliés, établis ou constitués hors d'un État membre de l'UE ou d'un autre État partie à l'accord sur l'EEE ont l'obligation, dans tous les cas, de désigner un représentant fiscal.
De même, et selon l'administration fiscale, « Dès lors que leur siège social est hors de l'UE ou de l'EEE, les sociétés ou groupements dont le régime fiscal est équivalent à celui prévu par l'article 8 du CGI, l'article 8 bis du CGI ou l'article 8 ter du CGI doivent désigner un représentant fiscal pour les cessions qu'ils réalisent, sans qu'il soit tenu compte de la situation de leurs associés ».
Lorsque le cédant est domicilié, établi ou constitué hors de l'UE ou de l'EEE, le prélèvement est acquitté sous la responsabilité d'un représentant fiscal.

6483 **Dispenses automatiques au profit exclusif des cédants personnes physiques.** Des dérogations à l'obligation de désigner un représentant accrédité sont prévues par la doctrine administrative qui les désigne sous le nom de « dispense automatique » (BOI-RFPI-PVINR-30-20-20190419, n° 170).

> « L'administration fiscale accorde des dispenses automatiques de représentant fiscal dans les cas où les cessions remplissent l'un des critères définis ci-après.
>
> La dispense automatique s'applique, sans demande préalable du contribuable, dès lors que l'un des critères déterminés ci-après est rempli. En pratique, il n'y a donc pas lieu de soumettre aux services fiscaux le projet d'acte de cession en cause ainsi que le projet de déclaration de plus-value y afférent pour obtenir la dispense.
>
> Le rédacteur de l'acte apprécie lui-même si les critères ouvrent droit au bénéfice de la dispense automatique ».

Les contribuables personnes physiques sont dispensés de produire une déclaration de plus-value, et en conséquence, de désigner un représentant fiscal auprès du service de la publicité foncière ou du service des impôts des entreprises, à l'appui de l'acte soumis à la formalité, dans les cas suivants :
– cas de la cession portant sur un bien détenu depuis une certaine durée, de sorte que la plus-value est « exonérée » du prélèvement de l'article 244 bis A du CGI par l'effet de l'abattement pour une durée de détention prévu à l'article 150 VC du CGI et des prélèvements sociaux par l'effet de l'abattement pour durée de détention prévu à l'article L. 136-7 du Code de la sécurité sociale (V. sur ce point BOI-RFPI-PVINR-30-20-201-20190419, n° 220) (dispense de dépôt de la déclaration 2048 IMM ou de la 2048 M).
– Cas de la cession de l'immeuble dont le prix de cession est inférieur ou égal à 15 000 € (Sur les modalités d'appréciation du seuil de 15 000 € en cas de cession par un acte unique de plusieurs lots de copropriété, CE, 15 nov. 2019, n° 421337 : *JurisData* n° 2019-020172 ; *Constr.-Urb.* 2020, comm. 17 par N. Gonzalez Gharbi). L'administration fiscale rappelle que cette dispense ne s'applique pas au cas de cession de titres de société dès lors que, en application des dispositions prévues à l'article 150 UB du Code général des impôts, ces cessions de titres ne peuvent bénéficier de l'exonération tenant au montant de la cession (BOI-RFPI-PVINR-30-30, n° 20).
– Cas de cession de l'ancienne résidence principale en France du cédant dès lors que la cession bénéficie de l'exonération de plus-value prévue au 1 du I de l'article 244 bis A du CGI (BOI-RFPI-PVINR-30-30-20190419, n° 20). L'administration a commenté cette exonération prévue au 1 du I de l'article 244 bis A du Code général des impôts, dans sa rédaction issue de l'article 43 de la loi n° 2018-1317 du 28 décembre 2018 de finances pour 2019 (BOI-RFPI-PVINR-10-20-20190419, n° 440 à 540). V. N. Gonzalez Gharbi, *La résidence principale des non-résidents intégralement exonérée : Constr.-Urb.* 2019.
– Cas de cessions d'immeubles ou de droits relatifs à un immeuble dont le prix est inférieur ou égal à 150 000 €. Le seuil de 150 000 € s'apprécie

Plus-values immobilières

en principe par cédant (sur les modalités d'appréciation de ce seuil de 150 000 € en cas de cession par une indivision, un couple marié, une société des articles 8 à 8 ter du CGI, de démembrement de la propriété, nous renvoyons aux précisions énoncées au BOI-RFPI-PVINR-30-20-20190419, n°s 180 à 210 auxquelles il faut se conformer à la date de la cession imposable).

Attention : Dans ce dernier cas de dispense, lorsque la plus-value est imposable, la déclaration 2048-IMM-SD ou 2048-TAB-SD ou 2048 M doit être déposée.

6484 **Cas de dispense de dépôt de déclaration.** Dans le cas de dispense de dépôt de déclaration 2048 IMM ou 2048 M, le notaire ou le déposant doit mentionner, dans la rubrique « Déclarations fiscales » de l'acte de vente, le motif de celle-ci (nature et fondement de l'exonération ou de l'absence de taxation). Ces mentions doivent être également portées sur les extraits d'acte que les notaires établissent et remettent à l'administration fiscale conformément à l'article 860 du Code général des impôts (BOI-RFPI-PVINR-30-30-20190419, n° 30).

6485 **Fonctionnaires et agents de l'État en poste à l'étranger.** L'administration a admis que les fonctionnaires et agents de l'État en poste à l'étranger qui sont en principe domiciliés fiscalement en France [conformément du 2 de l'article 4 B du CGI], puissent bénéficier de l'exonération particulière en faveur de l'habitation en France des non-résidents, prévue au 2° du II de l'article 150 U du Code général des impôts (V. BOI-RFPI-PVINR-10-20). Il paraît dès lors également possible d'admettre qu'aucune déclaration ne soit déposée lorsque la plus-value est exonérée en application de ces dispositions. Cette mesure est toutefois subordonnée à la condition que l'acte de cession soumis à la formalité fusionnée ou présenté à l'enregistrement précise, sous peine de refus de dépôt ou de la formalité d'enregistrement, la nature et le fondement de cette exonération (BOI-RFPI-PVINR-30-30-20190419, n° 40).

(Sur l'évolution de l'exonération prévue par l'article 150 U, II, 2°du CGI et l'instauration d'une nouvelle exonération en faveur de la cession de la résidence principale de certains non-résidents par la loi de finances pour 2019, V. *Constr.-Urb.* 2019, comm. 13, préc.).

Loi de finances pour 2020. L'article 14 de la loi de finances n° 2019-1479 du 28 décembre 2019 pour 2020, a modifié le 2 de l'article 4 B du CGI. Ce texte vise, désormais, outre les agents de l'État, ceux des collectivités territoriales et de la fonction publique hospitalière.

2 Refus de dépôt

6486 Lors de l'accomplissement de la formalité fusionnée au service de la publicité foncière ou de la formalité de l'enregistrement au service des impôts des entreprises, le service doit vérifier que le notaire ou le déposant a effectivement porté dans l'acte de vente et l'extrait d'acte les mentions autorisant le non-dépôt de la déclaration 2048 IMM ou 2048 M ainsi que son motif.

En l'absence de ces mentions, le service doit refuser la formalité au motif du défaut de dépôt de la déclaration de plus-value 2048 IMM ou 2048 M.

Il est rappelé que lorsque le cédant est tenu de désigner un représentant accrédité en France, cette déclaration doit, sous peine de refus de dépôt, être signée par ledit représentant (BOI-RFPI-PVINR-30-30-20190419, n° 50).

C Personnes morales ou organismes divers

6487 Lorsque le cédant est domicilié, établi ou constitué hors d'un État de l'Union européenne (UE) ou d'un autre État partie à l'accord sur l'Espace économique européen (EEE) ayant conclu avec la France une convention d'assistance administrative en vue de lutter contre la fraude et l'évasion fiscales ainsi qu'une convention d'assistance mutuelle en matière de recouvrement de l'impôt, à défaut de dépôt de déclaration de plus-value comportant la désignation d'un représentant accrédité, le service de la publicité foncière ou le service des impôts des entreprises refuse l'accomplissement de la formalité fusionnée ou de la formalité de l'enregistrement.

Il n'existe aucune exception à cette règle (BOI-RFPI-PVINR-30-30-20190419, n° 60).

Prêts

Serge LAMIAUX

Sommaire analytique

6488 **Présentation.** Il est traité ci-après des prêts – et inscriptions garantissant ces prêts – qui présentent des particularités au regard de la taxe de publicité foncière ou de la contribution de sécurité immobilière. Il ne peut s'agir que d'une énumération, les critères retenus par les textes et ces textes eux-mêmes étant disparates et relevant plus d'un droit d'opportunité que d'idées directrices continues.

I

Exonérations de taxe de publicité foncière

A Prêts d'installation aux jeunes agriculteurs

6489 L'article 1036 du Code général des impôts exonère de taxe de publicité foncière les actes, contrats et écrits exclusivement relatifs à l'application de l'article R. 343-1 du Code rural et de la pêche maritime. L'article R. 343-1 du Code rural et de la pêche maritime a été abrogé par le décret n° 2004-1308 du 26 novembre 2004 (art. 2, I et 3). Ce texte prévoyait que des prêts à moyen terme pouvaient être consentis aux jeunes agriculteurs pour leur permettre de s'établir dans une exploitation rurale soit comme propriétaires exploitants, soit comme fermiers ou métayers, soit comme membres d'une société d'exploitation rurale. Ces prêts avaient plus spécialement pour objet l'achat du cheptel et du matériel nécessaires à une première installation ainsi que l'équipement de l'exploitation.
Ce régime avait été étendu aux prêts d'installation accordés aux jeunes artisans ruraux, dans le cadre de l'ancien article 667 du Code rural et de la pêche maritime (V. Doc. adm. DGI, 10 G-1122 ; *Bull. AMC* 1969, art. 763).
Sous l'empire de l'ancien article 666 du Code rural et de la pêche maritime auquel faisait référence l'ancien article 1036, il avait été décidé que même si ce texte visait les prêts destinés plus spécialement à l'acquisition du cheptel, du matériel et de l'équipement de l'exploitation, rien ne s'oppose à ce qu'il s'agisse d'un prêt destiné à la construction d'une maison d'habitation, dès lors qu'il est consenti dans le cadre de l'article 666 (*Bull. AMC* 1976, art. 1059 ; *JCP* N 1976, prat. 6424).
L'exonération était maintenue lorsque l'affectation hypothécaire était consentie par un tiers (*JCP* N 1959, IV, 2823) et pour les inscriptions prises en vertu de l'acte de cautionnement au vu duquel l'emprunteur peut être autorisé à ne pas souscrire d'assurance décès (C. rur. pêche marit., ancien art. 672. – Doc. adm. DGI, 10 G-1122).

B Prêts des caisses d'épargne

6490 **Inscriptions.** Les actes de prêts et d'affectation hypothécaire prise après un acte de prêt sous seing privé sont exonérés d'enregistrement (CGI, art. 1062 ; *JCP* N 1974, prat. 5700) et de taxe de publicité foncière, pour les prêts consentis dans le cadre de la législation sur les HLM.

6491 **Mainlevées.** L'exonération prévue par l'article 1062 du Code général des impôts s'applique aux actes contenant mainlevée d'inscriptions prises pour sûreté de prêts consentis par les caisses d'épargne (Rép. min. Lagorce : *JOAN* CR, 18 juill. 1983, p. 317, 1).

C Épargne-logement

6492 **Prêts d'épargne-logement.** Les formalités hypothécaires relatives aux prêts de l'épargne-logement bénéficient d'une exemption de taxe de publicité foncière, sous réserve que les actes de prêt se réfèrent à la loi du 10 juillet 1965 et au décret d'application du 24 décembre 1969 (modifié par D. 18 avr. 1972 ; V. Doc. adm. DGI, 10 G-1124 ; *Bull. AMC* 1968, art. 712).
L'exonération s'applique à tous les prêts, sans qu'il y ait à distinguer entre les comptes et les plans d'épargne-logement (V. *Bull. AMC* 1975, art. 1023 ; *JCP* 1976, prat. 6248).
L'exonération n'était accordée, au départ, qu'aux prêts consentis pour la construction de logements, l'acquisition en l'état futur (ou à terme), ou l'acquisition de logements neufs non encore occupés, ou la souscription (ou acquisition) de parts de sociétés donnant vocation à de tels logements (V. Doc. adm. DGI, 10 G-1124 ; *Bull. AMC* 1968, art. 712), mais depuis la réforme de l'aide au logement (L. 3 janv. 1977), il y a lieu de considérer que les prêts d'épargne-logement accordés pour l'acquisition, la réparation ou l'amélioration de logements anciens bénéficient de l'exemption de taxe de publicité foncière prévue par l'article 845-3° du Code général des impôts (Rép. min. Forens : *JOAN* CR, 22 juin 1979, p. 5472 ; *BODGI* 10 G-4-79).
De même, en cas de souscription de parts de sociétés d'attribution, le cautionnement hypothécaire donné par la société en garantie de l'emprunt fait par son associé donne lieu à une inscription dispensée de taxe de publicité foncière (V. Doc. adm. DGI, 10 G-1124. – Rép. min. Mermoz : *JOAN* CR, 28 juin 1979, p. 5776).

D'une façon générale, l'exonération est acquise même lorsque l'immeuble donné en garantie hypothécaire appartient à un tiers et notamment à une caution de l'emprunteur (R. Chardonnal : *JCP* N 1982, prat. 8420).

6493 **Prêts complémentaires aux prêts d'épargne-logement.** L'exonération de taxe de publicité foncière a été, dans un premier temps, écartée, parce que ces prêts complémentaires « ne sont pas utilisés exclusivement pour la construction de logements sociaux » (V. *JCP* N 1974, prat. 5740 ; Doc. adm. DGI, 10 G-1124), mais il a été admis par une instruction du 12 mars 1976 que l'exonération pourrait profiter aux prêts complémentaires aux prêts d'épargne-logement si l'opération a un caractère social et donne également lieu à un prêt du Crédit foncier de France (*BODGI* 10 G-1-76).
La solution a été confirmée en 1978 (*BODGI* 10 G-3-78 ; *JCP* N 1978, prat. 6846), en 1979 (*BODGI* 10 G-4-79), et en 1980, dès lors qu'il y a aide de l'État dans le cadre de la loi du 3 janvier 1977 et quelque soit l'organisme prêteur (Rép. min. : *JOAN* CR, 18 août 1980, p. 3459).
Il résulte d'une réponse ministérielle du 23 février 1987 à M. Hage (*JOAN* CR, p. 984) qui a fait l'objet d'un rectificatif publié au *Journal officiel* de l'Assemblée nationale (question écrite n° 11, 16 mars 1987, p. 1581, col. 1) et d'une réponse complémentaire en date du 25 mai 1987 à M. Hage (*JOAN* CR, p. 3036, n° 20994) :
– que les inscriptions prises en garantie de prêts, complémentaires aux prêts d'épargne-logement sont exonérées de taxe de publicité foncière si ces prêts sont utilisés pour le financement d'une opération ayant bénéficié d'un prêt accordé en application de la loi du 3 janvier 1977 (prêt aidé par l'État ou prêt conventionné), quel que soit l'organisme prêteur. En effet, les prêts ont un caractère social ou concernent des opérations qui doivent respecter un prix de revient maximal ;
– par contre, il n'y a pas d'exonération applicable lorsque le prêt complémentaire est accordé dans le cadre d'une opération qui est financée uniquement à l'aide d'un prêt d'épargne-logement.

6494 **Applications.** Un prêt épargne-logement est consenti par le Crédit lyonnais. Ce prêt est assorti d'un prêt complémentaire accordé par le même établissement, les deux prêts étant destinés à financer la construction d'une maison neuve. Le prêt complémentaire n'étant pas utilisé pour le financement d'une opération à caractère social donnant également lieu à un prêt spécial du Crédit foncier, ne bénéficiera pas de l'exonération de la taxe de publicité foncière (Chardonnal, chron. : *JCP* N 1981, prat. 8141).
Autre exemple : une personne a bénéficié pour l'acquisition d'un logement d'un prêt PAP, consenti par le Crédit foncier et le Comptoir des entrepreneurs le 19 juillet 1977. L'immeuble doit être revendu, l'acquéreur étant autorisé à reprendre le prêt. Le même acquéreur bénéficierait d'un prêt épargne-logement du Crédit agricole et d'un prêt complémentaire consenti par ce même organisme.
À la question de savoir si ce prêt complémentaire bénéficiera d'une exonération de taxe de publicité foncière, il a été répondu par l'affirmative (Rép. min. Économie, Finances et Budget n° 54875 à M. Lagorce : *JOAN* Q, 5 nov. 1984, p. 4873 ; *Dr. fisc.* 1985, n° 4, comm. 119).

D Prêts des caisses de sécurité sociale

6495 Tous les actes relatifs aux prêts que les caisses de sécurité sociale sont autorisées à effectuer sont exonérés de droits d'enregistrement et de la taxe de publicité foncière (CGI, art. 1084).
En vertu de l'article 1027 du Code général des impôts (ancien art. 1329), ces avantages profitent également aux caisses de mutualité sociale agricole (V. Doc. adm. DGI, 10 G-1126).

E Prêts accordés aux travailleurs manuels titulaires du livret institué par la loi du 29 décembre 1976

6496 L'article 22 de la loi de finances pour 1983 (L. 29 déc. 1982) exonère de la taxe de publicité foncière les inscriptions d'hypothèques prises en garantie des prêts accordés aux travailleurs manuels titulaires du livret d'épargne institué par la loi n° 76-1232 du 29 décembre 1976 (*BODGI* 1 A-2-77. – V. Instr. 13 janv. 1983 : *BODGI* 10 C-1-83 ; *JCP* N 1983, prat. 8560).

F Prêts HLM

6497 **Organismes HLM et sociétés de crédit immobilier.** Les inscriptions d'hypothèques, prises par les organismes d'HLM et les sociétés de crédit immobilier en garantie des prêts individuels consentis à des particuliers, sont exonérées de taxe de publicité foncière (CGI, art. 845-2° b. – V. **HLM**). L'exonération s'applique aussi aux inscriptions d'hypothèques prises pour garantir les prêts complémentaires accordés par des établissements financiers aux bénéficiaires des prêts obtenus dans le cadre de la législation sur les HLM, à condition que le bordereau fasse apparaître que l'emprunteur a obtenu un prêt principal de la part d'un organisme d'HLM ou d'une société de crédit immobilier (*BODGI* 10 G-2-72 ; *Bull. AMC* 1972, art. 887 ; V. n° 6508).

6498 Prêts accordés à titre complémentaire par les Comités d'aide au logement et les Caisses départementales auxiliaires de prêts immobiliers. L'exonération de taxe de publicité foncière prévue par l'article 845 du Code général des impôts est accordée, par extension, aux inscriptions prises pour la garantie de ces prêts (*BODGI* 10 G-2-72 ; *JCP* N 1974, prat. 5740. – Doc. adm. DGI, 10 G-1123).

6499 Prêts consentis aux adhérents des sociétés mutualistes dans le cadre de la législation sur les HLM. L'exonération prévue par l'article 845 du Code général des impôts leur est étendue (*BODGI* 10 G-2-72 ; *JCP* N 1974, prat. 5740 ; Doc. adm. DGI, 10 G-1123 ; *Bull. AMC* 1960, art. 423).

G Prêts à la construction

BIBLIOGRAPHIE : V. chron. hyp. : *JCP* N 1980, prat. 8283, p. 271.

6500 L'article 845 du Code général des impôts exonère de taxe de publicité foncière les actes des prêts spéciaux à la construction visés à l'article L. 312-1 du Code de la construction et de l'habitation (V. antérieurement, Doc. adm. DGI, 10 G-1124 ; *Bull. AMC* 1963, art. 556 ; *ibid.* 1964, art. 582).
L'article L. 312-1 vise les prêts consentis par le Crédit foncier de France et le Comptoir des entrepreneurs pour la construction, l'acquisition ou l'amélioration d'immeubles à usage principal d'habitation, avec la garantie de l'État.
L'exonération s'applique aussi bien au crédit à moyen terme ouvert par le Comptoir des entrepreneurs et au prêt spécial différé du Crédit foncier de France, les deux crédits étant garantis par une inscription unique (V. *Bull. AMC* 1970, art. 816).
L'exonération s'applique aux prêts industriels et commerciaux institués par le décret du 24 janvier 1972 (*BODGI* 10 G-3-72 ; *JCP* N 1972, prat. 5340).

1 Prêts complémentaires aux prêts à la construction

a) Exonération de taxe de publicité foncière

6501 Prêts concernés. Sont exonérés de la taxe de publicité foncière :
– les prêts complémentaires aux prêts spéciaux différés du Crédit foncier de France (*JCP* N 1971, prat. 4938), à condition que les bordereaux fassent ressortir que les bénéficiaires ont droit à l'attribution des primes et prêts du Crédit foncier de France (*BODGI* 10 G-2-71 ; *JCP* N 1972, prat. 5010). Pour le cas d'un prêt complémentaire accordé longtemps après un prêt principal obtenu avant l'exonération de taxe de publicité foncière (1963), V. H. Bulté : *JCP* N 1976, prat. 6351 ;
– les prêts complémentaires aux prêts HLM (mêmes conditions concernant les bordereaux. – *BODGI* 10 G-2-72 ; *Bull. AMC* 1972, art. 887 ; V. n° **6497**) ;
– les prêts complémentaires aux prêts industriels et commerciaux (l'exonération étant subordonnée aux mêmes conditions concernant les bordereaux. – *BODGI* 10 G-7-75 ; *JCP* N 1976, prat. 6196).

6502 Prêt principal accordé à une société et prêt complémentaire accordé à son associé, ou acheteur. Dans un premier temps, il a été indiqué qu'en pareil cas, le prêt complémentaire ne peut pas être exonéré, parce qu'il n'est pas accordé au titulaire du prêt principal. Il n'y a pas de « transparence civile » qui permette d'envisager une autre solution (Rép. min. Weber : *JOAN* CR, 2 mars 1974, p. 982).
Mais la solution inverse a été admise peu après, dans une instruction du 27 mars 1974 (*BODGI* 10 G-4-74 ; *JCP* N 1974, prat. 5780 ; *Bull. AMC* 1974, art. 979).
Puis il a été précisé que la solution favorable ne se conçoit que s'il s'agit d'une société d'attribution. Elle ne peut pas être appliquée au cas où l'acquéreur est un tiers non associé (cas de la société de construction-vente, par exemple. – *JOAN* CR, 12 déc. 1975, p. 9713 ; *JCP* N 1976, prat. 6203 ; *Bull. AMC* 1976, art. 1037).
Dans une chronique hypothécaire, M. Bulté estimait que l'exonération devait jouer même dans le cas de société de vente (*JCP* N 1976, prat. 6288. – V. dans le même sens, chron. Ch. R. : *JCP* N 1979, prat. 7084).
En dernier lieu, une réponse ministérielle a mis fin au débat, en déclarant l'exonération de taxe applicable quelle que soit la société en cause, « transparente » ou non, et désormais, les prêts complémentaires accordés aux candidats au logement sont donc exonérés de taxe de publicité foncière, même si la société constructrice est une société de vente (Rép. min. Huguet : *JOAN* CR, 4 mai 1979, p. 3436. – Rép. min. Mermaz : *JOAN* CR, 28 juin 1979, p. 5776).

6503 Prêt complémentaire consenti par un particulier. L'exonération ne peut pas être étendue au prêt complémentaire qui serait consenti par un simple particulier (Rép. min. Lagorce : *JOAN* CR, 23 nov. 1981, p. 3350, n° 2396. – *JCP* N 1981, prat. 8156).

6504 Prêts complémentaires aux prêts à la construction. Bénéficient de l'exonération de taxe de publicité foncière les prêts relevant des régimes aidés ou réglementés institués dans le cadre du Code de la construction et de l'habitation et les prêts complémentaires dont ils peuvent être assortis.

Les PAP et les prêts complémentaires aux PAP consentis par les établissements de crédit ou par les employeurs dans le cadre du « 1 % » bénéficient de cette exonération.

Les prêts conventionnés en bénéficient aussi. Mais ils sont exclusifs de tout autre prêt, sauf épargne-logement, participation du « 1 % », ou prêts d'organismes à caractère exclusivement social. L'exonération est alors accordée si le bordereau d'inscription montre bien le caractère de complémentarité de ces prêts (V. *d)*, n° 6508 ; Rép. min. Lagorce : *JOAN* CR, 1er oct. 1984, p. 4365).

– Les prêts complémentaires aux prêts conventionnés sont exonérés de taxe de publicité foncière quels que soient l'objet du prêt, le bénéficiaire et l'établissement prêteur, pourvu que la complémentarité résulte bien du bordereau d'inscription (*BODGI* 10 G-2-84).

b) Mentions à porter dans le bordereau

6505 Il était exigé à l'origine que le bordereau mentionne qu'il s'agit d'un prêt accordé en application de la loi du 3 janvier 1977 et de ses décrets d'application, ou d'un prêt complémentaire à ces prêts. Il avait été jugé, à propos des prêts industriels et commerciaux issus du décret du 24 janvier 1972 et exonérés de taxe de publicité foncière [*BODGI* 10 G-3-72], que la condition de mention dans les bordereaux de l'exonération et des textes qui la motivent est de rigueur, et qu'à défaut, la taxe doit être perçue et n'est pas restituable (TGI Châlons-sur-Marne, 24 déc. 1975 : *Gaz. Pal.* 12-13 mai 1976, concl. Dechaix. – V. aussi, sur ce point, Rép. min. à M. Vitter : *JOAN* CR, 10 oct. 1974, p. 4929).

Une instruction du 26 décembre 1979 a indiqué que, désormais, l'exonération sera accordée dès lors qu'il résulte du titre présenté que le prêt garanti entre dans le champ d'application d'une exonération.

De même, la taxe de publicité foncière sera restituée si elle a été perçue au vu d'un bordereau qui ne mentionne pas la cause d'exonération, si l'acte montre manifestement que celle-ci devait être accordée.

Il a été recommandé aux rédacteurs d'actes de continuer cependant à porter dans les bordereaux les références aux textes portant exonération, comme par le passé : ce, pour des raisons de commodité pratique (*BODGI* 10 G-4-79. – V., d'ailleurs, en sens contraire du jugement cité au début du n° 25 : TGI Orléans, 23 janv. 1979 : *JCP* N 1980, II, p. 3, et réf. données par la note signée D.F. sous cette publication).

2 Prêts divers à la construction

a) Prêts locatifs intermédiaires (PLI) et prêts locatifs sociaux (PLS)

6506 L'administration refusait l'application de l'exonération de taxe de publicité foncière aux prêts locatifs intermédiaires (PLI) et aux prêts locatifs sociaux (PLS). Cette exonération, dont bénéficient les inscriptions d'hypothèques conventionnelles prises en garantie des prêts accordés en application de la loi n° 77-1 du 3 janvier 1977 (prêts aidés par l'État ou prêts conventionnés) ou de prêts complémentaires à ces prêts, ne peut être étendue aux PLI et aux (PLS) dès lors qu'ils ne se rattachent pas, sur le plan juridique, à la loi du 3 janvier 1977 et qu'ils sont accordés à des souscripteurs dont les plafonds de ressources ne leur permettent de bénéficier ni de l'aide de l'État, ni de l'aide personnalisée au logement (APL) (Rép. min. Duboc : *JOAN* CR, 28 févr. 1994, p. 1013, n° 7798). Ultérieurement, l'administration a admis l'exonération pour les PLS (institués par décret n° 2001-207 du 6 mars 2007), parce que ce sont des prêts aidés accordés par l'État pour la construction, l'acquisition et l'amélioration des logements locatifs dans le secteur social (Rép. min. Georges Ginesta, QE n° 9746 : *JOAN* 19 août 2008, p. 7107).

b) Prêts à l'accession sociale (PAS)

6507 Inscriptions d'hypothèques prises en garantie des « Prêts à l'accession sociale » (PAS) institués par le décret du 18 mars 1993 (CGI, art. 845-3°). Il est confirmé que les prêts à l'accession sociale (PAS) sont, au regard du régime fiscal applicable en matière de taxe de publicité foncière, assimilés à des prêts conventionnés. Les inscriptions hypothécaires les garantissant bénéficient, à ce titre, de l'exonération de taxe prévue à l'article 845-3° du Code général des impôts (Rép. min. n° 17984 à M. Bussereau : *JOAN* CR, 5 déc. 1994, p. 6033. – *BOI* 10 G-1-95, 3 janv. 1995).

Observations. – L'exonération est accordée sous la condition formelle que le bordereau d'inscription indique que cette dernière est requise en garantie d'un prêt à l'accession sociale (PAS) institué par le décret du 18 mars 1993 (*BOI* préc.).

c) Prêts à taux zéro (PTZ)

BIBLIOGRAPHIE : C. Le Guyader et M.-L. Treffot, *PTZ et prêts conventionnés : un soutien à la production de logements* : *JCP* N 2018, n° 12, 1138.

6508 **Inscriptions prises en garantie des avances remboursables ne portant pas intérêt.** Aux termes du 3° de l'article 845 du Code général des impôts, les actes de prêts spéciaux à la construction désignés à l'article L. 312-1 du Code de la construction et de l'habitation sont exonérés de la taxe proportionnelle de publicité foncière au taux de 0,70 % à laquelle sont, en principe, assujetties les inscriptions hypothécaires conventionnelles ou judiciaires en application des dispositions des articles 663-1° et 844 du même code. Compte tenu de leur caractère social, de leurs caractéristiques et de la garantie de l'État dont elles peuvent bénéficier, en application du troisième alinéa de l'article L. 312-1 du Code de la construction et de l'habitation, les avances remboursables ne portant pas intérêt instituées par le décret du 29 septembre 1995 sont susceptibles de bénéficier des dispositions du 3° de l'article 845 du Code général des impôts.

Par suite, les inscriptions hypothécaires prises en garantie du remboursement de ces avances sont exonérées de la taxe proportionnelle de publicité foncière au taux de 0,70 %, sous la condition formelle, toutefois, que le bordereau d'inscription mentionne que les avances sont accordées en application du décret n° 95-1064 du 29 septembre 1995.

Cela étant, cette exemption de taxe ne s'applique pas aux prêts complémentaires des avances remboursables ne portant pas intérêt, à moins que ceux-ci n'aient eux-mêmes un caractère social et des caractéristiques leur permettant, de ce fait, de bénéficier de l'exonération ; il en est ainsi, notamment, des prêts conventionnés garantis par le fonds de l'accession sociale à la propriété dénommés prêts « PAS » (Instr. 10 G-1-95, 26 déc. 1994 : *JCP* N 1995, n° 5, p. 170).

d) Nouveau prêt sans intérêt (PTZ+)

6509 Un nouveau prêt sans intérêt, destiné à financer la primo-accession à la propriété, a été créé en remplacement de l'ancien PTZ ; il est régi par les articles L. 31-10-1 à L. 31-10-14 du Code de la construction et de l'habitation. L'administration n'a jamais précisé si le PTZ+ était éligible au bénéfice de l'exonération de taxe de publicité foncière (pour une opinion soutenant le bénéfice de l'exonération, V. O. Boudeville : *JCl. Enregistrement Traité*, Fasc. 3, *Obligations. – Inscription hypothécaire. – Taxe de publicité foncière. Frais d'assiette. Salaires*, n° 72).

e) Prêts immobiliers conventionnés

6510 **Prêts complémentaires aux prêts immobiliers conventionnés (PIC).** Il est rappelé que les inscriptions prises en garantie des prêts immobiliers conventionnés (PIC) bénéficient de l'exonération de la taxe de publicité foncière (*BODGI* 10 G-3-72), mais aucune exonération n'a été prévue en faveur des prêts complémentaires aux PIC. Ces PIC ne peuvent être complétés par des concours bancaires. En revanche, l'article 4 de la convention type conclue entre le Crédit foncier de France et les organismes prêteurs habilités à consentir des PIC prévoit qu'ils peuvent être complétés par des crédits imputables sur l'apport personnel : prêts d'épargne-logement et prêts consentis par des organismes à caractère social (comités interprofessionnels du logement notamment).

Les inscriptions prises en garantie des prêts d'épargne-logement bénéficient d'une exonération de la taxe de publicité foncière dans les conditions prévues au *Bulletin officiel de l'enregistrement et du domaine* (*BOED* 1967, 10079).

Il convient d'admettre que l'exonération s'applique également aux inscriptions prises en garantie de prêts consentis par des organismes à caractère social en complément des PIC, dès lors que ces crédits se substituent aux anciens prêts complémentaires aux prêts spéciaux différés (PSD) qui étaient exonérés.

Pour bénéficier de l'exonération, le bordereau d'inscription doit indiquer que l'inscription est requise en garantie d'un prêt complémentaire accordé au bénéficiaire d'un prêt immobilier conventionné consenti en application des articles 266 et suivants du Code de l'urbanisme et de l'habitation (actuellement CCH, art. L. 312-1). Cette exonération bénéficie aux inscriptions requises à compter de la date de l'instruction du 31 décembre 1975 (*BODGI* 10 G-7-75).

L'exonération est accordée dès lors qu'il résulte du titre présenté à la publicité foncière que le prêt garanti constitue un prêt complémentaire à un prêt conventionné (Rép. min. Économie, Finances et Industrie n° 14221 à M. Bécam : *JOAN* Q, 26 avr. 1984, p. 669. – Dans le même sens, Rép. min. Économie, Finances et Budget n° 42204 à M. Lagorce : *JOAN* Q, 1er oct. 1984, p. 4365 ; *Dr. fisc.* 1984, n° 48, comm. 2172).

II Contribution de sécurité immobilière

N.B. : La contribution de sécurité immobilière a remplacé le salaire du conservateur à compter du 1er janvier 2013. Elle obéit aux mêmes conditions d'assiette, de tarifs, de contrôle et de recouvrement que ce salaire (V. **Contribution de sécurité immobilière**). Les solutions données ci-dessous à propos du salaire du conservateur peuvent donc être transposées pour la perception de la contribution de sécurité immobilière.

6511 **Absence d'exonération.** En dehors de ce qui a été dit au n° 6493, on peut considérer que le salaire est dû dans les conditions ordinaires pour tous les prêts, même bénéficiant de faveurs fiscales quant à la taxe de publicité foncière, sauf en ce qui concerne les opérations situées dans le cadre de la législation sur les HLM, pour lesquelles le salaire est réduit de moitié (CGI, art. 882 : *Bull. AMC* 1955, art. 223 ; *ibid.* 1962, art. 498 ; *ibid.* 1971, art. 881).
Ce principe de réduction de moitié du salaire en matière de HLM s'adresse aux organismes visés aux articles L. 411-1 et suivants du Code de la construction et de l'habitation (pour tous les détails sur ce régime particulier, V. **HLM**).

III Prêts substitutifs

BIBLIOGRAPHIE : J.-P. Sénéchal, *Les prêts substitutifs : JCP* N 1987, doctr. 15 et s. – V. aussi sur ces problèmes : chron. P.J.C., *Rachat de prêt avec réduction du taux d'intérêt. Modalités pratiques – Formules : JCP* N 1987, prat. 20 et Th. Orabona, *Emprunts substitutifs et renégociation d'un prêt : Bull. Cridon Paris*, 1987, p. 115 et s. –M. Grimaldi, *Les intérêts des prêts substitutifs*, in *Études offertes au professeur Malinvaud*, Litec, 2007, p. 249. – S. Lamiaux, *Substitution de débiteurs et inscription hypothécaire : JCP* N 2011, n° 12-1106. – S. Lamiaux, *Renégociation d'un prêt : coût et formalités de publicité foncière : JCP* N 2016, n° 30-34, 1245.
Sur l'incidence de la réforme du droit des contrats par l'ordonnance n° 2016-131 du 10 février 2016, V. P. Dupichot, *La novation et la délégation ou la réforme du droit des opérations substitutives et adjonctives sur obligations*, in *Un an d'application de la réforme des contrats : Defrénois* 2017, p. 161 et s. – M. Julienne, *Le régime général des obligations après la réforme*, LexisNexis, 2016, p. 676 et s. – M. Grimaldi et C. Vernières, *Refinancement d'un prêt : quelle place pour la novation ? : Defrénois* 2017, n° 17, p. 43, où les auteurs s'attachent à montrer les utilités pratiques de la novation par changement de créancier.

6512 Une instruction de l'administration du 9 juin 1988 (*BOI* 10 D-1-88 ; *JCP* N 1988, prat. 618) présente un tableau d'ensemble des diverses formules utilisables et de leurs conséquences du point de vue de la publicité foncière et quant aux perceptions à opérer. Nous en rendons compte ci-dessous.
Pour rendre compte des diverses techniques utilisées, nous distinguerons l'aménagement du prêt initial par le même créancier (A), le cas où un nouveau prêt est consenti par le même créancier (B), la renégociation du prêt initial se traduisant par la souscription d'un nouveau prêt consenti par un autre créancier (C) et le maintien du prêt initial avec substitution d'un autre créancier (D).

A Aménagement du prêt initial par le même créancier

1 Conséquences du point de vue de la publicité foncière

6513 Certains établissements financiers proposent à leur souscripteur l'aménagement des contrats en cours par simple avenant. Dans cette situation, les modifications apportées consistent, généralement, dans la réduction du taux d'intérêt initial, éventuellement assortie d'un allongement de la durée du prêt ou d'un raccourcissement.
S'agissant de la réduction du taux d'intérêt ou de la modification de la durée du prêt, ces changements sont susceptibles d'être mentionnés en marge de l'inscription initiale, conformément à l'article 2149 du Code civil.
Le report de la dernière échéance du prêt autorise le créancier à proroger de la même durée la date extrême d'effet de l'inscription, mais ainsi qu'il résulte des dispositions de l'article 2154-1

du Code civil, cette prorogation ne pourrait être obtenue que par le dépôt de bordereaux de renouvellement requis au plus tard à ladite date.

2 Perceptions opérées

N.B. : Le salaire du conservateur est transformé en « contribution de sécurité immobilière » à compter du 1er janvier 2013. Cette taxe est perçue aux mêmes conditions d'assiette, de tarif, de contrôle et de recouvrement que ce salaire (V. **Contribution de sécurité immobilière**).

6514 **Situation normale.** L'accomplissement de ces formalités entraîne les perceptions suivantes. La taxe de publicité foncière n'est pas exigible pour les mentions en marge des inscriptions (V. **Mentions en marge**).
Les mentions de réduction du taux d'intérêt ou de modification de délai résultant de l'application de l'article 2430 du Code civil donnent lieu à la perception de la contribution de sécurité immobilière au taux fixe (CGI, art. 287, ann. III).
Le renouvellement d'une inscription rend exigible la contribution de sécurité immobilière au tarif proportionnel au taux de 0,05 % sur les sommes garanties énoncées dans le bordereau (CGI, art. 293, ann. III).

6515 **Indexation du taux d'intérêt.** À toutes fins utiles, il est précisé que lorsque l'avenant au prêt a pour objet de constater une indexation du taux d'intérêt en fonction de l'évolution des fluctuations économiques et, partant, susceptible d'aggraver la situation du débiteur au gré des circonstances, ce changement ne peut être ni mentionné en marge de l'inscription originaire, ni constaté par le dépôt d'un bordereau de renouvellement. Par conséquent, il est nécessaire d'avoir recours à une inscription complémentaire prenant rang à sa date et requise dans les formes habituelles (présentation du titre et des bordereaux).
Dans cette hypothèse, il est perçu :
– une taxe fixe de publicité foncière (sauf exonération si le bordereau primitif était lui-même exempté) ;
– la contribution de sécurité immobilière au taux fixe (CGI, art. 298-a, ann. III).

B Nouveau prêt consenti par le même créancier

6516 Le coût et les formalités de publicité foncière sont fonction de la nature du contrat conclu entre le débiteur et le créancier.

À cet égard, il est fait observer que dans toute renégociation, l'intérêt du créancier réside dans le maintien du rang des sûretés initiales.
Cet objectif peut être atteint par la mise en œuvre de différentes techniques, au choix des parties intéressées.
Les deux dispositifs les plus fréquemment rencontrés dans la pratique sont analysés ci-après.

1 Constitution d'un nouveau prêt destiné à rembourser le prêt initialement consenti. Établissement d'un titre autorisant à requérir une nouvelle inscription, prenant rang à sa date. Mainlevée de l'inscription initiale

N.B. : La contribution de sécurité immobilière a remplacé le salaire du conservateur à compter du 1er janvier 2013. Elle obéit aux mêmes conditions d'assiette, de tarifs, de contrôle et de recouvrement que ce salaire (V. **Contribution de sécurité immobilière**). Les solutions données ci-dessous à propos du salaire du conservateur peuvent donc être transposées pour la perception de la contribution de sécurité immobilière.

6517 **Formalités et perceptions à opérer.** En ce qui concerne le rang des inscriptions, le créancier peut trouver un avantage dans l'utilisation de cette procédure si l'inscription initialement requise n'est pas en concurrence avec une autre sûreté prise sur les mêmes biens. En effet, dans cette hypothèse, le rang de la nouvelle inscription n'est pas susceptible d'être primé par une inscription opérée antérieurement au profit d'un autre créancier.
En pratique, le créancier n'acceptera de prendre une nouvelle inscription que s'il n'a pas été publié d'autre hypothèque ou privilège, ou, à défaut, s'il est prévu les cessions d'antériorité destinées à lui restituer son rang.
Pour cette nouvelle inscription, il y a lieu de percevoir ;
– sauf exonération, la taxe départementale de publicité foncière au tarif de 0,70 % (CGI, art. 844), soit 0,71498 % compte tenu des perceptions complémentaires ;
– la contribution de sécurité immobilière au taux de 0,05 % calculée sur les sommes ou valeurs énoncées au bordereau (CGI, art. 293, ann. III).
En outre, la mainlevée de l'inscription initiale, lorsqu'elle est requise, donne ouverture à la contribution de sécurité immobilière au taux de 0,10 % liquidée sur les sommes faisant l'objet de la radiation (CGI, art. 295, ann. III).

6518 Prêt unique de 190 000 F substitué à deux prêts de 200 000, et 80 000 F partiellement, amortis. Novation par référence à l'article 1278 du Code civil. Précisions à exiger. Si deux prêts ont été accordés, l'un de 200 000 F puis un second de 80 000 F, garantis par deux inscriptions d'hypothèques distinctes et qu'avant la date de leur échéance les parties conviennent de les remplacer par un prêt unique de 190 000 F emportant novation, à quelles conditions le conservateur (aujourd'hui, le service de la publicité foncière) peut-il publier cet acte sous forme de mentions en marge ?

Sauf à « aggraver la situation du débiteur » (ce qui interdirait la mention en marge, C. civ., art. 2430), les sûretés que le créancier s'est en l'espèce réservées sur le fondement de l'article 1278 du Code civil ne peuvent chacune conserver une somme supérieure à celle à laquelle les créances de 200 000 F et 80 000 F ont été réduites du fait des remboursements opérés. Aussi, le conservateur (aujourd'hui, le service de la publicité foncière) est-il en droit, avant d'apposer les mentions requises, d'inviter le notaire à compléter la réquisition de publier en répartissant la somme de 190 000 F entre les deux inscriptions en fonction des valeurs actuelles respectives des deux créances, appréciées à la date de la novation ; le salaire proportionnel (ou contribution de sécurité immobilière) sera liquidé au taux de 0,05 % sur ces estimations et sur le montant des frais accessoires (*Bull. AMC* 1993, art. 1586).

2 Technique de la novation (C. civ., art. 1329, 1330 et 1334). Mention en marge de l'inscription initiale

a) Problèmes de publicité foncière

6519 Cette procédure est notamment utilisée lorsque les caractères affectant la nouvelle obligation sont substantiellement différents de l'obligation initiale qui se trouve éteinte et conduisent à analyser l'opération de renégociation en une novation par changement de cause ou d'objet.

Exemple : renégociation d'un prêt PAP (prêt « spécial » à la construction) remplacé par un prêt à la consommation.

S'agissant de l'application de l'article 1329 du Code civil, il est précisé que la procédure de novation emporte extinction totale de l'obligation initiale. Dans ces conditions, il convient de ne pas accepter un acte de novation dans lequel il serait stipulé qu'une fraction de l'obligation initiale reste garantie par l'inscription primitive.

Par ailleurs, au regard de la publicité foncière, le dépôt d'un acte constatant novation par la référence aux seuls articles 1329 et 1330 du Code civil est insuffisant et inopérant pour conserver au nouveau prêt le rang de l'inscription initialement requise. En effet, conformément à l'article 1334 du code précité, le bénéfice du maintien du rang, de l'inscription initiale ne se présume pas et doit donc avoir été expressément réservé dans l'acte.

En conséquence, peut seulement faire l'objet d'une mention en marge l'acte de novation faisant expressément état de la réserve des sûretés initiales en application de l'article 1334 du Code civil. À défaut de l'expression de cette réserve, l'acte de novation se référant aux seuls articles 1329 et 1330 du Code civil doit être considéré comme constituant le titre d'une nouvelle sûreté destiné à requérir, selon les conditions de droit commun, une nouvelle inscription prenant rang à sa date.

Enfin, il est fait observer que toute opération de mention en marge prévue à l'article 2430 du Code civil ne doit pas avoir pour effet d'aggraver la situation du débiteur. Or, cette aggravation sera manifeste dans le cas où le nouveau prêt serait supérieur au prêt initial, la novation ne garantissant l'obligation nouvelle qu'à concurrence du montant fixé dans le cadre de l'obligation primitive. Dès lors, si le nouveau contrat révélait que le montant du prêt substitutif est supérieur à celui du prêt initial, il y aurait lieu de refuser d'opérer la mention en marge si, dans le corps de l'acte ou tout au moins dans la réquisition de mentionner, les parties ne limitaient pas le transfert des sûretés au montant de l'ancienne créance. Dans cette hypothèse, le surplus des sommes doit être garanti par une nouvelle inscription prenant rang à sa date et requise à l'appui de bordereaux accompagnés du titre selon les conditions de droit commun.

6520 Novation faisant référence à l'article 1334 du Code civil, limitée à une partie seulement des sommes non encore remboursées en exécution du contrat initial. Demande de publication de la réserve ainsi faite de l'hypothèque ou du privilège. Absence de cause de refus. La technique de la novation, à laquelle il est fréquemment fait recours pour mettre en place un prêt substitutif, peut buter sur la difficulté suivante : à la demande, le plus souvent, du créancier soucieux de limiter l'amputation de son revenu, le prêt initial est maintenu aux conditions initiales pour un montant très exactement précisé, le surplus de la dette non encore amorti rentrant dans le champ du prêt substitutif par la voie de la novation ; cette pratique peut également satisfaire au vœu du débiteur qui conserve ainsi certains des avantages sociaux liés au prêt initial. Dans l'instruction administrative du 9 juin 1988 (*BOI* 10 D-1-88), il est indiqué en termes généraux « qu'il convient de ne pas accepter un acte de novation dans lequel il serait stipulé qu'une fraction de l'opération initiale reste garantie par l'inscription primitive ». Cette directive confère à l'effet « extinctif » de la novation un caractère global, lequel, pourtant, ne figure pas dans le texte de l'article 1329 du Code civil : en effet, il n'y est évoqué ni positivement, ni négativement un accord des parties sur la mise hors du champ de la novation d'une fraction de l'opération primitive. Dans une telle situation, la liberté contractuelle constituant le principe, la prudence ne peut que conduire à s'abstenir de refuser de publier tant que les tribunaux n'en auront pas décidé autrement (*Bull. AMC* 1990, art. 1463).

b) Perceptions à opérer

N.B. : La contribution de sécurité immobilière a remplacé le salaire du conservateur à compter du 1er janvier 2013. Elle obéit aux mêmes conditions d'assiette, de tarifs, de contrôle et de recouvrement que ce salaire (V. **Contribution de sécurité immobilière**). Les solutions données ci-dessous à propos du salaire du conservateur peuvent donc être transposées pour la perception de la contribution de sécurité immobilière.

6521 **Novation avec réserve expresse des sûretés.** Cette réserve a un effet translatif puisqu'elle fait passer la sûreté concernée à une créance qui, bien qu'ayant le même titulaire que celle qu'elle garantissait jusque-là, constitue une obligation entièrement nouvelle. La situation est assimilable à la subrogation à l'hypothèque ou au privilège, tarifée à l'article 294 de l'annexe III au Code général des impôts. Il y a donc lieu de percevoir la contribution de sécurité immobilière au taux de 0,05 % sur les sommes restant garanties. S'il est demandé, en outre, de mentionner la réduction du taux d'intérêt ou à la date de la dernière échéance accompagnée ou non de l'anticipation de la date limite d'effet de la sûreté, il convient pour chacune de ces dispositions de percevoir la contribution de sécurité immobilière au taux fixe.

6522 **Novation sans réserve expresse des sûretés.** Un tel acte, constituant le titre d'une inscription nouvelle pour laquelle des bordereaux sont joints, donne lieu à la perception des taxes et contributions dans les conditions de droit commun (V. n° 6517).

C Renégociation du prêt initial se traduisant par la souscription d'un nouveau prêt consenti par un autre créancier

1 Conséquences du point de vue de la publicité foncière

6523 Dans cette situation, hormis le cas où le nouveau créancier souhaite que le prêt consenti soit garanti par une nouvelle inscription prenant rang à sa date et requise selon les conditions de droit commun, la subrogation conventionnelle prévue aux articles 1346-1 et 1346-2 du Code civil offre la possibilité d'éviter de recourir à cette procédure et de bénéficier des effets de l'inscription requise au profit de créancier initial.

La subrogation conventionnelle permet de substituer un nouveau prêteur dans le rapport contractuel déjà établi avec le prêteur initial.

Contrairement aux effets de la novation, la créance du premier prêt n'est pas éteinte mais transmise avec tous ses accessoires (dont l'inscription) au nouveau créancier.

Au plan de la publicité foncière, les actes portant subrogation peuvent être mentionnés en marge des inscriptions conformément à l'article 2430 du Code civil, ainsi que les modalités du nouveau prêt telles que la réduction du taux d'intérêt ou la modification du délai de remboursement à condition, bien entendu, que leur publication ait été expressément requise.

S'agissant de prorogation de délai, il est précisé que la mention en marge est insuffisante par elle même pour proroger les effets de l'inscription.

Aussi, conformément à l'article 2435 du Code civil, un bordereau de renouvellement établi à cet effet devra être déposé en temps utile, c'est-à-dire avant que l'inscription ait cessé de produire effet.

Par ailleurs, la subrogation ne pouvant être consentie que dans les limites du montant de la créance initiale, si le nouveau prêt dépassait ce montant, le surplus ne pourrait être garanti que par la prise d'une nouvelle inscription prenant rang à sa date et requise par le dépôt du titre et de deux bordereaux établis dans les conditions de droit commun.

2 Perceptions à opérer

N.B. : La contribution de sécurité immobilière a remplacé le salaire du conservateur à compter du 1er janvier 2013. Elle obéit aux mêmes conditions d'assiette, de tarifs, de contrôle et de recouvrement que ce salaire (V. **Contribution de sécurité immobilière**).

6524 La mention en marge de l'inscription initiale d'une subrogation est exonérée de taxe de publicité foncière et donne seulement lieu à la perception de la contribution de sécurité immobilière au taux de 0,05 % calculée sur le montant cumulé du principal de la créance et de ses accessoires conservé par la subrogation (CGI, art. 294, ann. III).
Les dispositions relatives à la réduction du taux d'intérêt ou à la modification de délai justifient de la perception de contributions de sécurité immobilière au taux fixe (CGI, art. 287, ann. III).
Si un bordereau de renouvellement est déposé en application des dispositions contenues à l'article 2435 du Code civil pour proroger les effets de l'inscription initiale, la contribution de sécurité immobilière au taux de 0,05 % est exigible sur le montant des sommes conservées par le renouvellement.
Enfin, dans l'hypothèse où une nouvelle inscription serait requise pour tenir compte de la majoration de la créance initiale, la taxe de publicité foncière et la contribution de sécurité immobilière au taux prévu pour les inscriptions (V. **Contribution de sécurité immobilière**) seraient exigibles à concurrence du complément de garantie.

D Maintien du prêt initial, avec substitution d'un autre créancier

6525 **Intervention d'un nouveau prêteur.** Au cas où, le prêteur initial ne voulant pas modifier le prêt consenti, un nouveau prêteur accepte de se substituer à celui-ci, la substitution peut être réalisée au moyen soit d'une novation par changement de créancier et de dette avec maintien des sûretés initiales, ce qui implique le consentement du premier prêteur, soit d'un paiement, par le second prêteur au premier, des sommes restant dues sur le prêt, avec subrogation dans les droits du premier prêteur et modification des caractéristiques du prêt (V. Sénéchal, chron. préc., n°s 23 et 26).
Le paiement avec subrogation est considéré comme étant le moins onéreux (Rép. min. Économie, Finances et privatisations, n° 14946 : *JOAN* Q, 9 mars 1987, p. 1330 ; *JCP* N 1987, prat. 193).
La novation par changement de créancier semble pouvoir être mentionnée en marge dès lors que la nouvelle obligation serait moins lourde pour l'emprunteur que la précédente (V. Sénéchal, chron. préc., n° 30. – V. aussi, *Bull. AMC* 1988, art. 1372 et 1374, et pour une caution hypothécaire n'étant pas intervenue à l'acte, *Bull. AMC* 1988, art. 1371).
En matière de paiement avec subrogation, il y a lieu de distinguer, pour les formalités à accomplir, selon que le nouveau prêteur règle la totalité ou seulement une partie des sommes restant dues par l'emprunteur (V. n°s 6526 et 6527) et que le nouveau délai de paiement est identique, inférieur ou supérieur à l'ancien.

1 Paiement avec subrogation de la totalité des sommes

6526 Si le nouveau prêteur règle la totalité des sommes restant dues par l'emprunteur, on peut appliquer les solutions suivantes :
– lorsque le délai de paiement reste le même qu'auparavant, il y a lieu de faire mentionner, en marge de l'inscription primitive, la quittance subrogative et la réduction du taux d'intérêt ;
– puisque le capital garanti et le délai restent inchangés, on peut aussi déposer un bordereau de renouvellement mentionnant le nouveau créancier et l'acte de quittance subrogative ;
– au cas où le nouveau délai consenti est plus court que l'ancien, la mention en marge de la quittance subrogative, de la réduction du taux d'intérêt et de l'abaissement de la date d'effet est seule possible car on ne peut procéder à l'abaissement de la date d'effet que par mention en marge à l'exclusion de la voie du renouvellement (V. en ce sens, dans le passé, Instr. adm., 31 déc. 1971, n° 35 : *BODGI* 10 D-1-7 ; *JCP* N 1972, III, 38911) ;
– enfin, si la date d'exigibilité de cette créance est plus éloignée que précédemment, il est indispensable de renouveler l'inscription initiale en indiquant sur le bordereau le nouveau créancier et la prorogation de délai, car la simple mention en marge de cette prorogation n'aurait pas pour effet de proroger les effets de cette inscription.
Il convient, en outre, de faire mentionner en marge la réduction du taux d'intérêt, car cette réduction ne peut être constatée dans un bordereau de renouvellement.

2 Paiement avec subrogation d'une partie des sommes

6527 Si le nouveau prêteur ne rachète qu'en partie la créance restant due et que la date d'exigibilité reste identique, la meilleure solution consiste à faire mentionner en marge de l'inscription la quittance subrogative pour la partie de la créance rachetée ainsi que la réduction du taux d'intérêt et à obtenir, sur mainlevée amiable, une radiation à concurrence de l'autre partie de la créance déjà réglée par le débiteur, encore que l'on pourrait également déposer un bordereau de renouvellement.
En cas de rachat partiel et de date d'exigibilité inférieure, la formalité à effectuer est la même que celle qui a été indiquée ci-dessus (V. n° 6526),

quand le rachat porte sur la totalité de la créance et que le nouveau délai consenti est plus court. Il convient, en outre, de demander, sur mainlevée amiable, la radiation partielle de l'inscription pour les sommes déjà payées par le débiteur.

Enfin, lorsque le rachat est partiel, et que la date d'exigibilité est supérieure, il faut renouveler l'inscription initiale en raison de la prorogation de sa date d'effet (V. n° 6526. – Pour des développements, V. chron. hyp. : *JCP* N 1987, prat. 20. – V. égal. *Bull. AMC* 1987, art. 1349 ; *ibid.* 1988, art. 1373).

Dans toutes les hypothèses précédemment envisagées, il est possible de prendre une nouvelle inscription et de faire radier totalement l'ancienne dès lors qu'aucune inscription n'a été prise entretemps par d'autres créanciers car la nouvelle inscription n'aurait d'effet qu'à compter de sa propre date.

Mais, cette solution est à éviter car elle est plus onéreuse, notamment sur le plan des taxes et salaires.

Privilèges spéciaux immobiliers

Serge LAMIAUX

Sommaire analytique

BIBLIOGRAPHIE : *JCl. Notarial Répertoire*, V° Privilèges, Fasc. 51 par Ph. Delebecque et F.-J. Pansier, refondu par V. Brémond.

6528 Disparition des privilèges spéciaux immobiliers. Les privilèges spéciaux immobiliers ont été supprimés du droit positif, à compter du 1er janvier 2022, par l'ordonnance n° 2021-1192 du 15 septembre 2021, portant réforme des sûretés.

6529 Droit transitoire. Les dispositions issues de l'ordonnance entrent en vigueur le 1er janvier 2022 (Ord. n° 2021-1192, 15 sept. 2021 art. 37, I, al. 1er). Toutefois, une règle particulière de droit transitoire prévoit que : « Les privilèges immobiliers spéciaux nés avant l'entrée en vigueur de l'ordonnance sont pour l'avenir assimilés à des hypothèques légales, sans préjudice le cas échéant de la rétroactivité de leur rang. Ceux qui n'ont pas fait l'objet des formalités de publicité foncière à la date d'entrée en vigueur de l'ordonnance seront inscrits au fichier immobilier selon les dispositions applicables avant cette date » (Ord. n° 2021-1192,15 sept. 2021 art. 37, IV).

Ce texte pose trois principes (P.-F. Cuif, *Réforme des sûretés et pratique notariale (entrée en vigueur au 1re janvier 2022) 1re partie : Bull. Cridon* Paris, 1er-15 déc. 2021, n° 23, II-146, p. 2 à 15) :

– les privilèges constitués avant le 1er janvier 2022 demeurent pleinement valables et efficaces. Aucune modification n'est à apporter aux actes passés. Les privilèges constitués avant le 1er janvier 2022 seront assimilés à des hypothèques ; toutefois, cette assimilation ne modifie en rien leur régime et les règles qui leur sont applicables. La rétroactivité de leur inscription leur est conservée (il est probable que dans l'usage, lorsqu'il sera fait référence aux actes anciens, le terme de « privilège » soit conservé) ;

– les privilèges constitués en fin d'année 2021 connaissent une règle spécifique : lorsque le privilège est constitué avant le 1er janvier 2022 mais qu'il est inscrit après, il conserve les modalités d'inscription des privilèges, à savoir l'inscription

rétroactive dans les délais propres au privilège considéré. Par exemple, la vente « à crédit » conclue le 26 décembre 2021 fait naître un privilège de vendeur, bénéficiant de la rétroactivité si l'inscription est prise dans les deux mois de l'acte, c'est-à-dire avant le 26 février 2022 ;
– à compter du 1er janvier 2022, il n'y a plus de privilèges spéciaux immobiliers. Dès lors, les actes établis et les formules utilisées après cette date doivent uniquement se référer aux nouvelles hypothèques légales spéciales et viser les nouveaux textes.
L'ancien régime des privilèges spéciaux immobiliers pourra donc perdurer encore un certain temps après la réforme du droit des sûretés. Les développements suivants ont pour objet d'en rappeler l'économie générale.

6530 **Définition.** Sous l'empire du droit antérieur à la réforme des sûretés de 2021, le privilège était défini comme le droit que la qualité de la créance donne à un créancier d'être préféré aux autres créanciers, même hypothécaires (C. civ., ancien art. 2324). Les privilèges constituaient alors, avec les hypothèques, des « causes légitimes de préférence » (C. civ., ancien art. 2323).
Selon l'article 15 du décret du 4 janvier 1955, dans sa version alors applicable :

> « Tous privilèges spéciaux ou généraux sur les immeubles autres que ceux visés aux articles 2103 et 2104 nouveaux du Code civil [devenus les articles 2374 et 2375] sont transformés en hypothèques légales et sont soumis aux règles édictées pour ces dernières par le Code civil et le présent décret, nonobstant toutes dispositions spéciales contraires ».

Les privilèges spéciaux immobiliers portaient sur des immeubles déterminés. Ils étaient énumérés par l'article 2374 du Code civil et constituaient les seuls privilèges spéciaux immobiliers, en vertu de l'article 15 susvisé du décret du 4 janvier 1955. Ils étaient également les seuls qui soient soumis, pour leur conservation, à la formalité de l'inscription.

I
Généralités

A Énumération des privilèges spéciaux immobiliers

6531 **Détermination par la loi.** Aux termes de l'ancien article 2374 du Code civil, les créanciers privilégiés sur les immeubles étaient :

> « 1° Le vendeur, sur l'immeuble vendu, pour le paiement du prix ; S'il y a plusieurs ventes successives dont le prix soit dû en tout ou en partie, le premier vendeur est préféré au second, le deuxième au troisième, et ainsi de suite ;
> 2° Même en l'absence de subrogation, ceux qui ont fourni des deniers pour l'acquisition d'un immeuble, pourvu qu'il soit authentiquement constaté, par l'acte d'emprunt, que la somme était destinée à cet emploi et par la quittance du vendeur, que ce paiement a été fait des deniers empruntés ;
> 3° Les cohéritiers, sur les immeubles de la succession, pour la garantie des partages faits entre eux, et des soulte ou retour de lots ; pour la garantie des indemnités dues en application de l'article 866, les immeubles donnés ou légués sont assimilés aux immeubles de la succession ;
> 4° Les architectes, entrepreneurs, maçons et autres ouvriers employés pour édifier, reconstruire ou réparer des bâtiments, canaux, ou autres ouvrages quelconques, pourvu néanmoins que, par un expert nommé d'office par le tribunal judiciaire dans le ressort duquel les bâtiments sont situés, il ait été dressé préalablement un procès-verbal, à l'effet de constater l'état des lieux relativement aux ouvrages que le propriétaire déclarera avoir dessein de faire, et que les ouvrages aient été, dans les six mois au plus tard de leur perfection, reçus par un expert également nommé d'office ; Mais le montant du privilège ne peut excéder les valeurs constatées par le second procès-verbal, et il se réduit à la plus-value existante à l'époque de l'aliénation de l'immeuble et résultant des travaux qui y ont été faits ;
> 5° Ceux qui ont prêté les deniers pour payer ou rembourser les ouvriers, jouissent du même privilège, pourvu que cet emploi soit authentiquement constaté par l'acte d'emprunt, et par la quittance des ouvriers ainsi qu'il a été dit ci-dessus pour ceux qui ont prêté les deniers pour l'acquisition d'un immeuble ;
> 6° Les créanciers et légataires d'une personne défunte, sur les immeubles de la succession, pour la garantie des droits qu'ils tiennent de l'article 878 ;
> 7° Les accédants à la propriété titulaires d'un contrat de location-accession régi par la loi n° 84-595 du 12 juillet 1984 définissant la location-accession à la propriété immobilière sur l'immeuble faisant l'objet du contrat, pour la garantie des droits qu'ils tiennent de ce contrat.

8° L'État ou la commune, pour la garantie des créances nées de l'application de l'article L. 1331-30 du Code de la santé publique, de l'article L. 123-3 du Code de la construction et de l'habitation lorsqu'elles sont relatives à des mesures édictées sous peine d'interdiction d'habiter ou d'utiliser les locaux ou de fermeture définitive de l'établissement, ou des articles L. 129-4, L. 511-4 et L. 521-3-2 de ce dernier code ».

Ces divers privilèges seront présentés dans l'ordre prévu par la loi : mais certains d'entre eux feront l'objet d'études spécifiques, auxquelles il sera renvoyé.

6532 **Pas de privilège sans texte.** Les privilèges spéciaux immobiliers, à la différence des hypothèques, étaientt toujours conférés par la loi, qui en donnait une énumération limitative et d'interprétation stricte (Planiol et Ripert, *Traité pratique de droit civil français*, t. XII, par Becqué, n° 4).

B Régime des privilèges spéciaux immobiliers

6533 **Comparaison avec les hypothèques.** Les privilèges spéciaux immobiliers étaient de véritables hypothèques : ils avaient les mêmes caractères et produisaient les mêmes effets :
– c'étaient des droits réels opposables aux tiers acquéreurs et aux créanciers hypothécaires ;
– ils emportaient un droit de suite sur l'immeuble grevé ;
– ils conféraient également un droit de préférence.
Comme les hypothèques conventionnelles, les privilèges spéciaux immobiliers sont soumis au principe de la spécialité à la fois quant aux créances qu'ils garantissent et quant à leur assiette.

6534 **Primauté du privilège sur l'hypothèque.** Lorsque le privilège spécial immobilier était inscrit dans le délai imparti par la loi, il ne prenait pas rang, comme l'hypothèque simple, à la date de son inscription, mais antérieurement, et primait les créanciers inscrits avant lui du chef du débiteur.
Cette primauté du privilège sur l'hypothèque était fondée sur l'idée que le créancier privilégié avait apporté une plus-value tantôt au patrimoine du débiteur, plus-value exclusivement personnelle dont les autres créanciers du débiteur ne profiteraient pas sans lui, tantôt à la chose elle-même, plus-value réelle (V. *JCl. Notarial Répertoire*, V° Privilèges, Fasc. 50, préc.).

6535 **Possibilité de demander l'attribution judiciaire de l'immeuble.** L'ancien article 2458 du Code civil indiquait que « le créancier hypothécaire impayé peut demander en justice que l'immeuble lui demeure en paiement ». Ce texte ne visant que les « créanciers hypothécaires », on s'est demandé si la même faculté était ouverte aux créanciers titulaires d'un privilège immobilier. Une réponse ministérielle avait répondu par l'affirmative (Rép. min. n° 9227 : *JOAN* Q 30 avr. 2013, p. 4796 ; *JCP* G 2013, n° 48, p. 1256, n° 10, obs. Ph. Simler et Ph. Delebecque ; *RTD civ.* 2013, p. 656, obs. P. Crocq).

6536 **Dégénérescence en hypothèque légale.** Aux termes des dispositions des anciens articles 2377 et 2378 du Code civil, les privilèges spéciaux immobiliers ne produisaient d'effet entre les créanciers qu'autant qu'ils étaient rendus publics par une inscription prise au service de la publicité foncière dans un délai déterminé (qui varie suivant les privilèges) et de la manière déterminée par les articles 2426 et 2428 du Code civil.
Faute d'inscription dans le délai prévu par la loi (ou faute de renouvellement en temps utile), ils dégénéraient en hypothèque légale et ne prenaient rang qu'à la date de leur inscription.

C Perceptions

1 Taxe de publicité foncière

6537 **Dispense de taxe.** Des termes de l'article 663 du Code général des impôts, il résulte *a contrario* que les inscriptions de privilège, quelle que soit la nature de celui-ci, étaient exemptes de taxe de publicité foncière (CGI, art. 663. – Lacroix, *Mémento*, n° 481).

6538 **Portée de la dispense.** L'exemption de taxe couvrait toutes les sommes et accessoires visés au bordereau d'inscription, même si, parmi ces éléments, certains n'étaient pas couverts en réalité par le privilège. La portée du privilège était une question de droit civil, sans influence sur le régime fiscal de celui-ci.

6539 **Inscription d'un privilège de vendeur et d'une hypothèque conventionnelle.** L'ancienne association des conservateurs des hypothèques avait indiqué que si l'inscription avait pour objet, non seulement le privilège du vendeur, mais aussi une hypothèque conventionnelle, cette inscription ne bénéficierait de l'exemption que dans la mesure de la (des) créances(s) et accessoires garantis *exclusivement* par le privilège. Dans la mesure où la (ou les) créance(s) et accessoires seraient garantis par l'hypothèque seule, ou à la fois par l'hypothèque et le privilège, la taxe serait exigible (*Bull. AMC* 1955, art. 218).

6540 **Inscriptions d'hypothèque conventionnelle prises en garantie complémentaire d'une inscription de privilège de vendeur ou de prêteur de deniers.** Une inscription de privilège de prêteur de deniers étaitt prise dans un bureau des hypothèques en garantie d'un prêt consenti par une caisse d'épargne. Cette inscription était exonérée de la taxe de publicité foncière. En garantie complémentaire, une inscription d'hypothèque conventionnelle était prise sur un autre immeuble auprès d'un autre bureau des hypothèques. La taxe de publicité foncière était perçue. Selon l'opinion d'un ancien chef de contrôle, bien qu'il s'agisse d'inscription garantissant une seule et même créance, et que les références de l'inscription de privilège de prêteurs aient été mentionnées sur le bordereau d'hypothèque conventionnelle, cette perception était fondée, la règle « exonération vaut paiement » ne s'appliquant pas en l'espèce (chron. P.J.C. : *JCP* N 1988, prat. 533).

6541 **Inscription de plusieurs sûretés au profit d'un même créancier contre un même débiteur.** Des sûretés multiples prises au profit d'un même créancier contre un même débiteur pouvaient être inscrites au moyen d'un même bordereau. On enseignait antérieurement que chacune d'elles rendait exigible un salaire distinct. Ainsi, l'inscription par un même créancier des privilèges du vendeur et du prêteur de deniers prévus à l'ancien article 2374, 1° et 2° du Code civil, dont la nature et les effets sont distincts, donnait lieu à la perception de deux salaires (Rép. min. budget n° 7644 à M. Hautecœur : *JOAN* Q 11 août 1979, p. 6629 ; *Dr. fisc.* 1979, n° 45, comm. 2225 ; *Bull. AMC* 1980, art. 1188), ou dans le cas d'inscription par un même bordereau à la fois du privilège du prêteur de denier subrogé dans le privilège de vendeurs et le bénéfice de l'action résolutoire, et du privilège de prêteurs de denier (V. chron. H. Bulté : *JCP* N 1976, IV, 6388. – Chron. R. Chardonnal : *JCP* N 1986, IV, 9833. – Chron. P.J.C. : *JCP* N 1989, IV, 1182). La même solution paraissait devoir s'appliquer en matière de contribution de sécurité immobilière.

6542 **Créance garantie à la fois par un privilège du vendeur contre l'acquéreur et par une hypothèque conventionnelle contre une caution de l'acquéreur.** En pareil cas, la taxe devait être liquidée une seule fois sur les sommes garanties par l'inscription, même s'il y avait plusieurs immeubles grevés (*JCP* N 1964, IV, 3736).

6543 **Privilège dégénéré en hypothèque légale.** Lorsqu'une inscription de privilège se trouvait périmée (faute de renouvellement) et qu'une inscription d'hypothèque légale était prise à la suite au profit du créancier, cette dernière inscription était dispensée de taxe de publicité foncière (Rép. min. Économie et Finances n° 20675 à M. d'Aillières : *JOAN* CR, 15 janv. 1972, p. 89 ; *JCP* N 1972, prat. 5164 ; *Bull. AMC* 1972, art. 886).

Il en était de même lorsque l'inscription d'un privilège de vendeur est prise après l'expiration du délai de deux mois porté par l'article 2108 du Code civil. Ce privilège dégénérait alors en hypothèque légale qui ne prenait rang qu'à sa date. Mais ce caractère d'hypothèque légale suffisait à justifier l'exonération de taxe de publicité foncière (B. Stemmer : *JCP* N 1977, IV, 6586).

2 Contribution de sécurité immobilière

6544 La contribution de sécurité immobilière prévue en matière d'inscription (CGI, ann. III, art. 293, ou le cas échéant art. 294) était normalement perçue lors de l'inscription des privilèges (pour des solutions particulières, V. **Hypothèque légale spéciale du prêteur de deniers (ancien privilège), Hypothèque légale spéciale du copartageant (ancien privilège), Hypothèque légale spéciale du vendeur d'immeuble (ancien privilège)**).

> **N.B. :** Le salaire du conservateur a été transformé en « contribution de sécurité immobilière » à compter du 1er janvier 2013. Cette taxe est perçue aux mêmes conditions d'assiette, de tarif, de contrôle et de recouvrement que ce salaire (V. **Contribution de sécurité immobilière**).

II Privilège du vendeur

➤ V. **Hypothèque légale spéciale du vendeur d'immeuble (ancien privilège)**.

III

Privilège du prêteur de deniers

➤ V. **Hypothèque légale spéciale du prêteur de deniers (ancien privilège)**.

IV

Privilège du copartageant

➤ V. **Hypothèque légale spéciale du copartageant (ancien privilège)**.

V

Privilège en matière de lutte contre l'habitat insalubre et dangereux

➤ V. **Immeuble insalubre ou dangereux**.

VI

Privilège de l'accédant titulaire d'un contrat de location-accession

➤ V. **Location-accession**.

VII

Privilège des créanciers successoraux (séparation des patrimoines)

➤ V. **Hypothèques légales spéciales successorales (anciens privilèges)**.

VIII Privilèges liés à des opérations de construction

A Privilège des architectes et entrepreneurs

6545 **Suppression pure et simple.** Ce privilège, tombé en désuétude, est purement et simplement supprimé par l'ordonnance du 15 septembre 2021 ; aucune hypothèque légale spéciale ne vient le remplacer.

6546 Le privilège des architectes et entrepreneurs, dit généralement « privilège du constructeur », permettait au constructeur d'être préféré, sur la plus-value qu'il avait apportée à l'immeuble, aux créanciers inscrits sur l'immeuble avant lui, non seulement aux créanciers inscrits du chef de son débiteur, mais aussi aux créanciers inscrits du chef des précédents propriétaires.

Ce privilège n'était que très rarement utilisé en pratique, en raison de la relative complexité des formalités exigées par la loi pour son existence.

6547 **Travaux donnant lieu au privilège.** Aux termes de l'ancien article 2374-4° du Code civil, le privilège est accordé pour les travaux consistant à « édifier, reconstruire ou réparer des bâtiments, canaux ou autres ouvrages quelconques ». Par conséquent : d'une part, il n'y avait pas lieu de distinguer entre les travaux neufs et les travaux de simples réparations, et d'autre part, le privilège s'appliquait à toutes les constructions quelconques proprement dites.

6548 **Créanciers pouvant exercer le privilège.** Les personnes qui pouvaient se prévaloir du privilège étaient « les architectes, entrepreneurs, maçons et autres ouvriers employés pour édifier… » (C. civ., ancien art. 2374-4°), c'est-à-dire des professionnels qui sont directement liés au maître de l'ouvrage par un contrat d'entreprise. Les sous-traitants, entrepreneurs et ouvriers employés par l'architecte ou l'entrepreneur, qui n'ont traité qu'avec celui-ci et non avec le propriétaire, ne bénéficiaient pas du privilège.

6549 **Conditions de forme.** Une double condition était posée par l'ancien article 2374-4° du Code civil pour que le privilège prenne naissance :

1° avant le commencement des travaux, il devait être dressé par un expert nommé d'office par le tribunal judiciaire dans le ressort duquel se trouve situé l'immeuble faisant l'objet de ces travaux, un procès-verbal « à l'effet de constater l'état des lieux relativement aux ouvrages que le propriétaire déclarera avoir dessein de faire » ;

2° « dans les six mois au plus tard de leur perfection », les ouvrages devaient avoir été « reçus par un expert également nommé d'office ».

Cette double condition étaits essentielle : faute d'établissement des procès-verbaux, le privilège n'existerait pas (Cass. civ., 12 févr. 1923 : *DP* 1924, 1, 129. – Cass. req., 9 janv. 1945 : *JCP* N 1945, II, 2908). Les procès-verbaux d'expertise devaient faire ressortir la plus-value sur laquelle porterait le privilège.

6550 **Créances garanties.** Le privilège garantissait à l'architecte, entrepreneur ou ouvrier tout ce qui lui était dû par le propriétaire à raison des travaux, en principal, intérêts, frais des deux expertises prescrites par l'ancien article 2103-4° du Code civil et frais des inscriptions, mais seulement dans la limite de la plus-value apportée à l'immeuble par les travaux.

La plus-value était déterminée par comparaison des deux procès-verbaux d'état des lieux, abstraction faite du changement de valeur dû à des causes indépendantes des travaux (Aubry et Rau, *op. cit.*, t. III, § 263, texte et note 48).

Aux termes de l'ancien article 2374-4° du Code civil, « le montant du privilège ne peut excéder les valeurs constatées par le second procès-verbal, et il se réduit à la plus-value existante à l'époque de l'aliénation de l'immeuble et résultant des travaux qui y ont été faits » (sur les modalités de détermination de la plus-value, V. *JCl. Notarial Formulaire* et *JCl. Notarial Répertoire* cités en bibliographie).

6551 **Assiette du privilège.** Le privilège des architectes et entrepreneurs grevait l'immeuble tout entier, dans toutes ses parties, et non pas seulement la portion de l'immeuble qui avait fait l'objet des travaux.

B Privilège du prêteur de deniers pour payer ou rembourser les ouvriers

6552 **Suppression pure et simple.** Ce privilège, tombé en désuétude, est purement et simplement supprimé par l'ordonnance du 15 septembre 2021 ; aucune hypothèque légale spéciale ne vient le remplacer.

6553 L'ancien article 2374-5° du Code civil conférait au prêteur des deniers avancés pour payer ou rembourser les architectes, entrepreneurs et ouvriers le même privilège qu'à ceux-ci : « Ceux qui ont prêté les deniers pour payer ou rembourser les ouvriers, jouissent du même privilège (...) ».

6554 Les conditions auxquelles le prêteur de deniers pouvaitt exercer le privilège de son emprunteur étaient les mêmes que celles imposées au prêteur des deniers avancés pour payer l'acquisition d'un immeuble (V. **Hypothèque légale spéciale du prêteur de deniers (ancien privilège)**). Il fallait que « l'emploi soit authentiquement constaté par l'acte d'emprunt, et par la quittance des ouvriers » ainsi qu'il a été dit ci-dessus, pour ceux qui ont prêté les deniers pour l'acquisition d'un immeuble.

D'autre part, le bénéficiaire du privilège pouvait consentir la subrogation au profit du tiers qui le payait directement, à la condition de le faire par une déclaration expresse dans la quittance conformément à l'article 1250-1° du Code civil.

Lorsqu'il était exercé, par voie de subrogation, par le prêteur de deniers, le privilège est subordonné à l'accomplissement des formalités prévues pour l'ancien privilège des architectes : double procès-verbal d'expertise d'état des lieux, inscriptions, mais sans qu'il soit nécessaire de faire inscrire l'acte authentique certifiant la destination et l'emploi des sommes prêtées (Aubry et Rau, *op. et loc. cit.*).

C Conservation des privilèges

1 Inscription des procès-verbaux

6555 **Principe.** Aux termes de l'ancien article 2382 du Code civil :

> « Les architectes, entrepreneurs, maçons et autres ouvriers employés pour édifier, reconstruire ou réparer des bâtiments, canaux, ou autres ouvrages, et ceux qui ont, pour les payer et rembourser, prêté les deniers dont l'emploi a été constaté, conservent par la double inscription faite :
> 1° Du procès-verbal qui constate l'état des lieux ;
> 2° Du procès-verbal de réception, leur privilège à la date de l'inscription du premier procès-verbal ».

a) Délai des inscriptions

6556 **Inscription du premier procès-verbal.** Selon l'opinion générale, c'est de l'inscription du premier procès-verbal que dépendait la conservation plus ou moins complète du privilège, celle du deuxième procès-verbal rétroagissant à la date de l'inscription du premier.

La portée de la sûreté variait selon que l'inscription du procès verbal était faite avant les travaux ou entre le début et la fin des travaux (V. *JCl. Notarial Formulaire* et *JCl. Notarial Répertoire* cités en bibliographie).

Inscrit après l'achèvement des travaux, le privilège était sans objet car il ne garantit plus aucune plus-value (Cass. req., 6 déc. 1943 : *D.* 1844, 1, 46).

6557 **Arrêt du cours des inscriptions.** Tous les événements énumérés par l'article 2427 du Code civil, qui arrêtent le cours des inscriptions (V. **Inscription-Formalités**), faisaientt obstacle à l'inscription du premier procès-verbal par lequel se conserve le privilège des architectes et entrepreneurs.

6558 **Inscription du second procès-verbal. Délai.** Selon l'opinion générale, il n'était pas indispensable que cette inscription soit prise dans le délai de six mois prescrit par l'ancien article 2374-4° du Code civil, ce délai étant prévu pour l'existence et non pour la conservation du privilège.

6559 **Arrêt du cours des inscriptions.** On admettait généralement que l'inscription du second procès-verbal était possible malgré la survenance d'un des événements qui arrêtent normalement le cours des inscriptions en vertu de l'ancien article 2427 du Code civil, car ces événements ne peuvent avoir d'effets que sur les inscriptions ayant une importance pour la fixation du rang de la sûreté.

b) Durée des inscriptions

6560 La durée des inscriptions ainsi que leur renouvellement obéissent aux règles du droit commun (V. **Inscription-Formalités** et **Bordereau d'inscription**).

2 Formalités des inscriptions

6561 **Principe.** Les inscriptions des procès-verbaux devaient être prises au service chargé de la publicité foncière dans le ressort duquel sont situés les immeubles grevés du privilège.

Elles étaient soumises aux mêmes règles que les inscriptions en général (V. **Inscription-Formalités** et **Bordereau d'inscription**).

6562 **Particularités. Requérants.** Les inscriptions pouvaient être requises soit par tous les architectes, entrepreneurs ou ouvriers, ou par l'un d'eux, soit par le prêteur de deniers subrogé dans le privilège, soit même par le propriétaire de l'immeuble.

Requises par l'un des intéressés, les inscriptions profitaient à tous et en principe, il n'était pas nécessaire de prendre autant d'inscriptions distinctes qu'il y a de créanciers différents.

Il n'était pas nécessaire que les deux inscriptions fussent requises par les mêmes intéressés.

6563 **Titre à produire.** L'ancien article 2382 du Code civil n'exigeait pas la reproduction intégrale des procès-verbaux.

Il était admis, en pratique, qu'il suffisait de produire, avec les bordereaux, lors de chaque inscription, un extrait analytique faisant connaître aux tiers, en dernière analyse, la plus-value réalisée par les travaux et la somme jusqu'à concurrence de laquelle l'inscription était requise.

6564 **Créances à garantir.** Lors de l'inscription du premier procès-verbal, le montant de la créance était forcément indéterminé, puisqu'il s'agissait de travaux non encore exécutés. Étant donné que la seconde inscription rétroagissait à la date de la première, on a pu en conclure qu'il n'était pas nécessaire d'évaluer la créance dans la première inscription et qu'il suffisait d'en mentionner le montant déterminé dans la seconde inscription, mais cette solution se heurtait aux prescriptions impératives du texte de l'ancien article 2148, 3e alinéa, 4°, du Code civil, lequel ne prévoyait aucune exception quant à l'évaluation des sommes à conserver. Il était donc nécessaire de porter une évaluation dans la première inscription.

6565 **Contribution de sécurité immobilière.** Les perceptions étaientt les suivantes :

– sur l'inscription du procès-verbal constatant l'état des lieux avant le commencement des travaux, il était perçu une contribution au taux fixe si aucune somme n'était indiquée au bordereau, et la contribution de sécurité immobilière au tarif proportionnel (CGI, ann. III, art. 293) si la plus-value éventuelle était exprimée en chiffres d'estimation ;

– sur le procès-verbal de réception des travaux, la contribution de sécurité immobilière au tarif proportionnel (CGI, ann. III, art. 293) était due sur le montant de la plus-value déterminée par l'expert, et les frais accessoires garantis par l'inscription (Lacroix, *Mémento*, 482).

> **N.B. :** Le salaire du conservateur a été transformé en « contribution de sécurité immobilière » à compter du 1er janvier 2013. Cette taxe est perçue aux mêmes conditions d'assiette, de tarif, de contrôle et de recouvrement que ce salaire (V. **Contribution de sécurité immobilière**).

Procédures collectives

Serge LAMIAUX

Sommaire analytique

BIBLIOGRAPHIE : M. Dagot, *Publicité foncière et redressement judiciaire* : *JCP* G 1986, I, 3262. – P. Frémont, *Les nouvelles procédures de règlement collectif au regard de la publicité foncière* : *JCP* N 1987, I, p. 1. – J.-P. Sénéchal, *La loi du 25 janvier 1985 et la pratique notariale* : *JCP* N 1985, I, p. 407 ; *JCP* N 1986, I, p. 1. – Ph. Delebecque, *Les sûretés dans les nouvelles procédures collectives* : *JCP* N 1986, I, p. 185. – C. Saint-Alary-Houin et M.-H. Monsérié-Bon, *JCl. Procédures collectives*, Fasc. 2508. – E. Garaud, *Sûretés et procédures collectives : l'articulation des réformes* : *LPA* 17 juin 2009, p. 4.

6566 Nous examinerons ici les problèmes de publicité foncière posés par la réglementation concernant les procédures collectives (I). Puis nous traiterons des mesures fiscales propres à ce type de procédure (II).

I Problèmes de publicité foncière

6567 Nous distinguerons les dispositions d'application générale (A), puis celles propres au redressement judiciaire (B) et à la liquidation judiciaire (C). Nous terminerons par quelques indications concernant les pouvoirs pour donner mainlevée (D).

A Dispositions d'application générale

1 Publication du jugement d'ouverture

6568 On s'est demandé s'il n'était pas nécessaire de publier le jugement d'ouverture d'un redressement judiciaire ou d'une liquidation judiciaire,

dans la mesure où ils emportent interdiction de disposer (L. 25 janv. 1985, art. 33 ; actuel C. com., art. L. 622-7-II, al. 1er), ce qui rendrait la publication obligatoire sur le fondement de l'article 28-2 du décret du 4 janvier 1955 (en ce sens, M. Dagot, *op. cit.*, *supra* en bibliographie).
Mais, comme on l'a observé, les conditions d'application de ce texte ne sont pas réunies. En effet, l'article 28-2 ne concerne que les actes, et d'autre part les jugements ne sont pas « rendus distinctement pour constater une restriction au droit de disposer ». Qui plus est, le fait que l'article 70 de la loi du 25 janvier 1985 (actuel C. com., art. L. 626-14) ait expressément prévu la publication de certains jugements seulement, montre que la publication des autres jugements n'a pas été voulue par le législateur (P. Frémont, *op. cit.*, *supra* en bibliographie, n° 60).
Une demande de publication d'un jugement d'ouverture a été rejetée au motif que la décision dont la publication était demandée ne contenait pas les indications visées par les articles 5 et 7 du décret du 4 janvier 1955 et par l'article 32 du 14 octobre 1955 (*Bull. AMC* 1989, art. 1418). On ne voit pas comment et à quel titre ces indications (concernant notamment l'identification des immeubles affectés) pourraient figurer dans le jugement : il y a donc un obstacle pratique à cette publication, outre les raisons théoriques qui s'y opposent.

6569 Décisions portant interdiction d'aliéner. Dans le jugement arrêtant le plan ou le modifiant, le tribunal peut décider que les biens qu'il estime indispensables à la continuation de l'entreprise ne pourront être aliénés, pour une durée qu'il fixe, sans son autorisation. La durée de l'inaliénabilité ne peut excéder celle du plan (C. com., art. L. 626-14, al. 1er).
➤ Sur la publicité de cette décision, V. n° **6597**.
➤ Sur la publicité des interdictions d'aliéner édictées à l'occasion d'un plan de cession, V. n° **6599**.

2 Inscriptions d'hypothèques ou de privilèges immobiliers

a) Principe

6570 Interdiction des inscriptions postérieures au jugement d'ouverture du redressement judiciaire. L'article 57, alinéa 1, de la loi du 25 janvier 1985 énonçait dans sa rédaction d'origine que « les hypothèques, nantissements et privilèges ne peuvent plus être publiés (*sic*) postérieurement au jugement d'ouverture ».
On s'est interrogé quant à sa portée (P. Frémont. *op. cit.*, nos 31 et s.). Ce n'est pas ici le lieu d'en débattre, compte tenu de l'objet du présent ouvrage. Il suffira de savoir, du point de vue de la publicité foncière, que l'Association mutuelle des conservateurs avait donné comme directive à ses membres de ne pas se préoccuper des dispositions de ce texte, Elle estimait que les conservateurs n'étaient pas en droit de refuser l'inscription, dès lors que ce refus n'était pas expressément prévu par un texte (*Bull. AMC* 1986, art. 1347. – V. la position plus nuancée de P. Frémont, *op. cit.*, n° 32. – V. aussi *Bull. AMC* 1989, art. 1418).
Les dispositions de ce texte ont été codifiées à l'article L. 622-30 du Code de commerce, qui indique que « les hypothèques, gages, nantissements et privilèges ne peuvent plus être inscrits postérieurement au jugement d'ouverture ».

6571 Portée du principe. Ce principe d'interdiction concerne aussi bien les hypothèques conventionnelles que les hypothèques judiciaires ou légales (V. C. Saint-Alary-Houin et F. Macorig-Venier : *JCl. Procédures collectives* et *JCl. Commercial*, Fasc. 2365). Il connaît cependant quelques exceptions (V. nos 6578 à 6583).

6572 Prise d'effet de l'interdiction. Mettant fin à des controverses antérieures, la jurisprudence a précisé que « le jugement d'ouverture du redressement ou de la liquidation prend effet à compter de sa date, soit dès la première heure du jour de son prononcé » (Cass. com., 2 oct. 2007, n° 06-20.140 : *JurisData* n° 2007-040698, à propos d'un nantissement sur fonds de commerce. – CA Bordeaux, 2e ch., 20 sept. 2004 : *JurisData* n° 2004-272082).

b) Y a-t-il interdiction effective des inscriptions ?

6573 Opinions doctrinales en faveur de l'interdiction. Selon divers auteurs, l'article L. 622-30 du Code de commerce édicte une véritable interdiction d'inscrire, qui s'impose au conservateur des hypothèques – et donc aujourd'hui au service de la publicité foncière (V. Ph. Malaurie et L. Aynès, *op. cit.*, n° 673. – M. Dagot, *Publicité foncière et redressement judiciaire*, art. préc., n° 19. – M. Jeantin et P. Le Cannu, *Droit commercial, Entreprises en difficultés*, Dalloz, 7e éd. 2007, n° 404. – P. Frémont, *Les nouvelles procédures de règlement collectif au regard de la publicité foncière : JCP* N 1987, I, p. 1 et s. – B. Soinne, *op. cit.*, n° 1077).
L'article L. 351-6, alinéa 2 du Code rural et de la pêche maritime, relatif à la procédure préventive de règlement amiable agricole, accrédite la thèse d'une interdiction effective d'inscrire lorsqu'il indique que l'adoption d'un accord « fait obstacle (…) à ce que des sûretés soient prises ».

6574 Obstacles théoriques et pratiques à l'interdiction de formaliser les inscriptions. Si l'on

admet qu'en vertu de l'article L. 622-30 du Code de commerce, le service de la publicité foncière doit rejeter toute inscription postérieure au jugement d'ouverture, encore faut-il se demander comment il pourra avoir connaissance de ce jugement.
En effet, l'opinion dominante est que le jugement d'ouverture de la procédure collective n'a pas à être publié. Ce jugement ne relève pas de l'article 28, 2° du décret du 4 janvier 1955, imposant la publicité obligatoire des actes constatant une restriction au droit de disposer, cette disposition ne visant, lorsqu'il s'agit de décisions judiciaires, que celles qui constatent l'existence de telles restrictions conclues entre vifs. D'ailleurs, l'article 28, 2° prévoit spécifiquement la publication de certains jugements particuliers en matière de procédures collectives, ce qui atteste que le jugement d'ouverture n'est pas soumis, quant à lui, à publication (V. en ce sens P. Frémont, art. préc. – A. Kornmann, *Propos sur la non-publication du jugement d'ouverture de la procédure à la conservation des hypothèques* : *Gaz. Pal.* 1989, 2, doctr. p. 468. – *Contra*, M. Dagot, art. préc., n° 66).
De plus, cette publication rencontrerait un obstacle pratique, car elle supposerait de connaître très tôt la consistance du patrimoine du débiteur ainsi que toutes les informations nécessaires à une publication immobilière (V. en ce sens P. Frémont, art. préc. – A. Kornmann, *Propos sur la non-publication du jugement d'ouverture de la procédure à la conservation des hypothèques*, préc., p. 469). Enfin, une telle publication serait très lourde, car elle devrait être réalisée dans le ressort de chaque service de publicité foncière où est situé un immeuble du débiteur.

6575 **Position des conservateurs des hypothèques.** Au vu de ces difficultés, et considérant également que l'interdiction d'inscrire n'est ici assortie ni d'un refus de dépôt des bordereaux, ni d'un rejet de l'inscription (*contra*, B. Soinne, *op. cit.*, n° 1077), l'association des conservateurs des hypothèques avait conseillé à ses membres d'accepter l'inscription réalisée après ouverture d'une procédure collective (*Bull. AMC* 1986, art. 1347. – *Bull. AMC* 1989, art. 1418).
Il devient de ce fait possible en pratique d'inscrire une sûreté après le jugement d'ouverture et malgré l'arrêt du cours des inscriptions. Les conséquences de l'inscription ainsi réalisée doivent être précisées.

c) Sanction des inscriptions irrégulières

6576 **Inopposabilité.** La doctrine majoritaire estimait que la sanction d'une inscription tardive était la nullité et non l'inopposabilité (Ph. Delebecque, *Les sûretés dans les nouvelles procédures collectives* : *JCP* N 1986, I, p. 85, n° 14. – B. Soinne, *Traité des procédures collectives*, Litec, 2e éd. 1995, n° 1077. – Ph. Simler et Ph. Delebecque, *op. cit.*, n° 499. – V. sur ce débat *JCl. Procédures collectives*, Fasc. 2365, par C. Saint-Alary-Houin et F. Macorig-Venier).
Quelques décisions se sont prononcées en ce sens (TGI Lyon, JEX, 20 sept. 1994 : *JurisData* n° 1994-050406. – CA Paris, 3e ch., sect. B, 28 mai 1999, n° 99-1818 : *JurisData* n° 1999-100040). Selon ce dernier arrêt, la demande en justice tendant à l'annulation de l'inscription hypothécaire prise en violation de l'article 57 de la loi du 25 janvier 1985 (C. com., actuel art. L. 622-30) entrerait dans le champ d'application de l'article 30, 5° du décret du 4 janvier 1955, imposant une publication des « demandes tendant à faire prononcer la résolution, la révocation, l'annulation ou la rescision de droits résultant d'actes soumis à publicité », à peine d'irrecevabilité.
Mais les décisions les plus récentes concluent en faveur de l'inopposabilité (Cass. com., 24 mars 2009, n° 08-11.055. – Cass. com., 7 nov. 2006, n° 05-11.551). Comme l'a indiqué la cour d'Aix : « les dispositions de ce texte ne peuvent être sanctionnées par une nullité qu'il ne prévoit pas, et ce en vertu du principe selon lequel il n'y a pas de nullité sans texte » (CA Aix-en-Provence, 15e ch., 9 avr. 1997 : *JurisData* n° 1997-041302. – V. aussi CA Reims, ch. civ., 1re sect., 15 sept. 2003, n° 02/00978).

d) Exceptions

6577 **Inscription de sûretés en garantie de dettes postérieures.** Aux termes de l'article L. 622-7, II du Code de commerce, le juge-commissaire peut autoriser le débiteur à faire un acte de disposition étranger à la gestion courante de l'entreprise, et notamment à consentir une hypothèque pour garantir une dette postérieure au jugement d'ouverture. Dans le cas de procédure de redressement, le bénéficiaire de l'autorisation sera l'administrateur (C. com., art. L. 631-14, al. 3) Cette sûreté ne sera efficace que si elle est inscrite. Il faut en déduire qu'elle échappe à l'interdiction de l'article L. 622-30. Admettre une solution contraire serait vider de son contenu le texte précité (V. M. Dagot, *Publicité foncière et redressement judiciaire*, préc., n° 8).

6578 **Substitution de garanties.** Selon les articles L. 622-8, alinéa 3, et L. 626-22 du Code de commerce, le débiteur ou l'administrateur peuvent proposer aux créanciers la substitution de garanties équivalentes à celles dont ils bénéficient et le juge-commissaire (ou le tribunal, dans le cas prévu à l'article L. 626-22) peut ordonner cette substitution. Il n'y a pas d'obstacle à l'inscription de ces nouvelles garanties (M. Dagot, *Publicité foncière et redressement judiciaire* : *JCP* N 1986, I, 3262, n° 9).

Il peut s'agir d'une hypothèque. Si tel est le cas, l'inscription primitive sera radiée et cette radiation sera mentionnée en marge (P. Frémont, *op. cit.*, n° 76).

6579 **Inscription d'hypothèque judiciaire définitive.** L'article L. 632-1-7° du Code de commerce permet d'inscrire une hypothèque définitive faisant suite à une hypothèque judiciaire provisoire prise avant la date de cessation des paiements. Mais encore faut-il que l'inscription définitive puisse se rattacher à l'inscription provisoire. Ceci suppose que toutes les formalités et tous les délais impartis pour la validité de cette inscription aient été respectés (sur la réglementation en la matière, V. **Inscription d'hypothèque judiciaire provisoire**). À défaut, cette inscription ne rétroagirait pas et serait traitée comme une inscription nouvelle et elle subirait en conséquence la règle de l'arrêt des inscriptions.

6580 **Inscriptions en renouvellement.** Il est admis que les inscriptions en renouvellement échappent à l'interdiction, pourvu qu'elles soient prises avant la péremption de l'inscription (V. la doctrine et la jurisprudence citée au *JCl. Procédures collectives* préc., n° 114).

6581 **Inscription en garantie des intérêts d'une créance.** Il a été proposé d'admettre la recevabilité de l'inscription prise postérieurement au jugement d'ouverture en garantie des intérêts complémentaires, non garantis dans le cadre de la loi (V. *JCl. Procédures collectives*, préc., n° 113). Mais en l'absence de toute jurisprudence, la solution, d'ailleurs contestée par certains auteurs, est loin d'être assurée.

6582 **Cessions de rang.** Des cessions de rang de privilège ou d'hypothèque ou même l'abandon de ces sûretés peuvent être accordés, notamment pour les créances du Trésor public ou des organismes de prévoyance ou de sécurité sociale (V. pour la subrogation, *JCl. Procédures collectives*, préc., n° 114). Les mentions en marge correspondantes pourront alors être opérées (P. Frémont, *op. cit.*, n° 76).

6583 **Privilèges immobiliers.** Les privilèges inscrits dans le délai légal, et qui rétroagissent à la date d'un acte (vente ou partage) ou d'un fait (décès) antérieurs au jugement d'ouverture, tombent-ils sous le coup de l'interdiction légale ? (sur cette difficulté V. les études de M. Dagot, P. Frémont, J.-P. Sénéchal et Ph. Delebecque, citées *supra* en bibliographie).
L'article L. 622-30 du Code de commerce ne faisant pas de distinction, selon que le délai d'inscription est ou non expiré, il convient, dans la rigueur des principes, de traiter le privilège comme l'hypothèque et de refuser son inscription, si elle est demandée après le jugement (V. M. Dagot, *Publicité foncière et redressement judiciaire* : *JCP* G 1986, I, 3262, spéc. n° 13).
Mais à l'encontre de cette solution, on a fait valoir qu'elle aboutit à une situation paradoxale lorsqu'une vente (ou un partage) aura été publiée alors que la sûreté qui en est le corollaire indispensable ne pourra pas l'être. En outre, l'équité est malmenée. Le créancier n'est pas en faute, puisqu'il agit à l'intérieur du délai légal d'inscription mais il est sacrifié au profit de l'entreprise. Aussi a-t-il pu être soutenu que l'inscription d'un privilège était possible postérieurement au jugement d'ouverture, pourvu que ce soit dans le délai légal (V. chron. au *Bull. AMC* 1986, art. 1347. – *Contra*, *JCl. Procédures collectives*, *op. cit.*, n°s 54 et s.) On peut objecter cependant qu'une application rigoureuse du texte est conforme à sa lettre et à l'esprit de la loi. Et c'est en ce sens que la Cour de cassation s'est finalement prononcée en décidant qu'il n'était pas fait exception à la règle de l'interdiction des inscriptions en faveur du titulaire du privilège de prêteur de deniers (Cass. com., 24 mars 2009, n° 08-11 055 : *Rev. proc. coll.* 2009, comm. 115, obs. F.M.-V).

e) Cas particuliers

6584 **Créancier du conjoint commun en bien *in bonis*.** Lorsqu'une procédure collective est ouverte au détriment d'un époux commun en biens, les biens communs sont inclus dans le périmètre de la procédure. Comme l'a indiqué la Cour de cassation, « la liquidation judiciaire d'une personne mariée sous le régime de la communauté de biens ne modifie pas les droits que les créanciers de son conjoint tiennent du régime matrimonial », mais il en résulte que « le dessaisissement de la personne interdit à ces créanciers d'exercer des poursuites sur les biens communs en dehors des cas où les créanciers du débiteur soumis à liquidation judiciaire peuvent eux-mêmes agir » (Cass. ass. plén., 23 déc. 1994, n° 90-15.305 : *JurisData* n° 1994-002486 ; *Bull. civ.* 1994, n° 7 ; *D.* 1995, jurispr. p. 145, rapp. Y. Chartier, note F. Derrida ; *JCP* G 1995, II, 22401, note D. Randoux ; *JCP* E 1995, II, 660, note Ph. Pétel ; *RJ com.* 1995, p. 55, note M. Storck ; *Quot. jur.* 7 févr. 1995, note P. M.).
Les créanciers personnels de l'époux *in bonis* doivent donc se plier aux règles de la procédure en général et à l'arrêt du cours des inscriptions en particulier, à compter du jugement d'ouverture de la procédure impliquant l'autre époux (Cass. com., 20 mai 1997, n° 94-10.997 : *JurisData* n° 1997-002366 ; *D. affaires* 1997, p. 1042 ; *LPA* 8 août 1997, p. 4, note B. Soinne ; *RJDA* 1997, n° 1265 ; *JCP* G 1997, I, 4047, n° 18, obs. Ph. Simler ; *D.* 1998, somm. p. 107, obs. S. Piedelièvre

et p. 134, obs. J. Revel. – Cass. com., 3 févr. 1998, n° 94-15.450 : *JurisData* n° 1998-000626 ; *RJDA* 1998, n° 768 ; *Rev. proc. coll.* 2000, p. 10, obs. F. Macorig-Venier. – V. S. Grosjean, *Le sort des inscriptions hypothécaires sur des immeubles appartenant concurremment au débiteur en redressement judiciaire et à d'autres personnes : Defrénois* 1998, art. 1345, n° 20).

Le créancier de l'époux *in bonis* devrait cependant pouvoir procéder, après le jugement d'ouverture, à l'inscription efficace d'une hypothèque portant sur l'immeuble acquis par ce conjoint en emploi ou remploi anticipé de deniers propres, conformément à l'article 1435 du Code civil. En effet, dans ce cas, si le paiement des fonds propres à la communauté a lieu dans les cinq ans, le bien est considéré *ab initio* comme un propre, échappant donc à l'emprise de la procédure affectant l'autre conjoint. (V. en ce sens S. Grosjean, art. préc., n° 21).

6585 **Créancier du coïndivisaire *in bonis*.** Les créanciers du coïndivisaire soumis à la procédure collective se trouvent évidemment soumis à la règle de l'arrêt du cours des inscriptions.

Quant aux créanciers du coïndivisaire non concerné par la procédure, leur situation est différente. Ils peuvent, même après le jugement d'ouverture, inscrire une hypothèque portant sur la quote-part indivise de leur débiteur, l'efficacité de l'hypothèque étant par ailleurs liée au résultat du partage (C. civ., art. 2424. – V. en ce sens S. Grosjean, art. préc., n° 9).

Lorsque deux indivisaires ont consenti à un créancier une hypothèque sur le bien indivis et que le créancier a procédé à l'inscription de cette hypothèque, alors que l'un des indivisaires était placé en liquidation judiciaire, l'inscription peut être prise valablement, du chef de l'indivisaire *in bonis* (V. en ce sens S. Grosjean, art. préc., n° 15). L'hypothèque ainsi constituée est valable « jusqu'à concurrence de sa part dans l'immeuble vendu, peu important l'interdiction d'inscrire l'hypothèque du chef de [l'autre indivisaire] » (Cass. com., 20 juin 1995, n° 93-10.331 : *JurisData* n° 1995-001570 ; *Bull. civ.* 1995, IV, n° 188 ; *D.* 1996, somm. p. 207, obs. S. Piedelièvre ; *JCP* G 1996, I, 3908, n° 15, obs. M. Storck et *JCP* G 1996, I, 3896, n° 8, obs. M. Cabrillac ; *D.* 1997, jurispr. p. 1, rapp. J.-P. Rémery ; *LPA* 17 avr. 1997, p. 11, note A. Honorat et C. Henry). Une telle hypothèque, considérée, en raison du dessaisissement du débiteur, comme consentie sur un bien indivis par un seul des indivisaires, est reportée, en cas de vente de l'immeuble grevé par les organes de la procédure pendant l'indivision, sur la fraction du prix qui est attribuée au constituant, *i.e.* l'indivisaire *in bonis* (sur le cas où l'immeuble grevé d'hypothèque est partagé au cours de la procédure collective, V. S. Grosjean, art. préc., n°s 17 et 18).

f) Inscription prise en période suspecte

6586 **Texte.** Selon l'article L. 632-1 du Code de commerce, sont nuls, lorsqu'ils sont intervenus depuis la date de cessation des paiements, les actes suivants :

– toute hypothèque conventionnelle, toute hypothèque judiciaire (ce qui vise l'hypothèque attachée aux jugements de condamnation), ainsi que l'hypothèque légale des époux, constituées sur les biens du débiteur pour dettes antérieurement contractées (C. com., art. L. 632-1, 6°) ;

– toute mesure conservatoire, à moins que l'inscription ne soit antérieure à la date de cessation de paiement (C. com., art. L. 632-1, 7°). Au titre de ces « mesures conservatoires », sont visées l'hypothèque judiciaire conservatoire ainsi que l'inscription provisoire de l'hypothèque légale des époux (V. sur la question C. Saint-Alary-Houin et M.-H. Monsèrié-Bon : *JCl. Procédures collectives*, Fasc. 2508 ou *JCl. Commercial*, Fasc. 2508. – G. Amlon : *JCl. Procédures collectives*, Fasc. 2383 ou *JCl. Commercial*, Fasc. 2383).

6587 **Précisions.** Il y a lieu d'observer tout d'abord qu'en raison du caractère limitatif de l'énumération des sûretés énumérées par l'article L. 632-1 du Code de commerce, il y a lieu de décider qu'échappent à la nullité édictée par ce texte les privilèges et les hypothèques légales, mise à part l'hypothèque légale des époux qui est expressément visée par le texte (*JCl. Procédures collectives*, préc.).

Rappelons par ailleurs qu'en cas de redressement ou de liquidation judiciaire, la date de cessation de paiements peut être reportée une ou plusieurs fois, sans pouvoir être antérieure de plus de dix-huit mois à la date du jugement d'ouverture de la procédure (C. com., art. L. 631-8. – Sur la fixation de la date de cessation des paiements, V. *JCl. Procédures collectives*, Fasc. 2155). La période qui s'écoule entre la date de cessation des paiements et la date d'ouverture de la procédure est qualifiée de « période suspecte ».

6588 **Hypothèque conventionnelle, hypothèque légale des jugements de condamnation et hypothèque légale des époux.** Pour l'application de l'article L. 632-1, 6° du Code de commerce, il y a lieu d'abord de se demander à quelle date l'hypothèque doit être considérée comme « constituée », étant entendu que dans tous les cas, cette date doit être antérieure à la date de la cessation des paiements :

– pour les hypothèques conventionnelles, la date à retenir est celle de l'acte notarié constitutif de l'hypothèque ;

– pour l'hypothèque attachée aux jugements de condamnation, elle naît à la date du jugement.

La détermination de la **date de naissance de la créance** peut dans certains cas présenter des difficultés, notamment dans le cas de sûretés conventionnelles consenties en garantie du solde d'un compte courant (V. C. Saint-Alary-Houin et M.-H. Monsèrié-Bon : *JCl. Procédures collectives*, Fasc. 2508 ou *JCl. Commercial*, Fasc. 2508).

En ce qui concerne les **créances garanties**, ne sont concernées par la nullité édictée par l'article L. 632-1 du Code de commerce que les seules hypothèques garantissant des « dettes antérieurement contractées ». Il faut entendre par là les dettes contractées antérieurement à la date de cessation des paiements.

En ce qui concerne la date d'inscription de l'hypothèque :

– si la sûreté a été valablement constituée (soit avant la cessation des paiements, soit postérieurement mais afin de garantir une dette concomitante), elle peut être inscrite après la date de cessation des paiements, jusqu'au moment où interviendra le jugement d'ouverture qui arrêtera le cours des inscriptions ;

– si la sûreté a été constituée après la cessation des paiements pour garantir une créance antérieure, cette sûreté est nulle, bien qu'inscrite valablement avant le jugement d'ouverture (qui emporte arrêt du cours des inscriptions).

6589 **Inscriptions provisoires.** À la lumière de la jurisprudence antérieure au régime actuel des procédures collectives, dont les solutions restent d'actualité, il y a lieu d'opérer les distinctions suivantes (V. *JCl. Procédures collectives*, Fasc. 2508 ou *JCl. Commercial*, Fasc. 2508 et *JCl. Procédures collectives*, Fasc. 2383 ou *JCl. Commercial*, Fasc. 2383, préc. ; *JCl. Procédures collectives*, Fasc. 2365 ou *JCl. Commercial*, Fasc. 2365) :

– si l'inscription provisoire d'hypothèque est prise après la date de cessation des paiements, l'inscription définitive ou de renouvellement est frappée de nullité, tout comme la première inscription ;

– si l'inscription provisoire a été prise avant la date de cessation des paiements, l'inscription définitive prise après cette date est valable puisqu'elle se substitue rétroactivement à la précédente. Et elle peut être opérée même après le jugement d'ouverture (V., en dernier lieu, Cass. com., 3 mai 2016, n° 14-21.556, publié au bulletin : *JurisData* n° 2016-008400 ; *JCP* E 2016, n° 36, 1466, note C. Lebel ; *Procédures* 2016, comm. 227, note C. Laporte). La validité de cette inscription définitive est cependant subordonnée au respect des délais prescrits par la loi (délai de deux mois : V. CPC ex., art. R. 533-4). À défaut, l'inscription définitive accomplie après la date de cessation des paiements, ne pouvant plus être rattachée à l'inscription initiale, devenue caduque (CPC ex., art. R. 533-6), serait frappée de la nullité de la période suspecte.

6590 **Publication de la demande de nullité.** La demande d'annulation d'une hypothèque prise en période suspecte doit être publiée au bureau des hypothèques à peine d'irrecevabilité. La Cour de cassation a cassé un arrêt qui avait décidé que seules étaient soumises à publication les demandes en justice tendant à faire prononcer la résolution, la révocation, l'annulation ou la rescision de droits résultant d'actes soumis à publicité en vertu de l'article 28 du décret du 4 janvier 1955 et que les privilèges et hypothèques n'étaient pas soumis à publication en vertu de ce même article, alors que les hypothèques sont soumises à publicité (Cass. com., 12 avr. 2005, FS-P+B+I+R : *JurisData* n° 2005-028027 ; *Act. proc. coll.* 2005, comm. 122, obs. T. Lebars ; *JCP* G 2005, I, 174, n° 11, obs. M. Cabrillac ; *RTD com.* 2005, p. 848, obs. A. Martin-Serf ; *D.* 2005, jurispr. p. 1151, obs. A. Lienhard).

3 Publications

> **AVERTISSEMENT** **L'ordonnance n° 2010-638 du 10 juin 2010 (*JO* 11 juin) a supprimé le conservateur des hypothèques à compter du 1er janvier 2013.**
> **Depuis cette date, on ne parle plus de « conservateur » ou de « conservation » des hypothèques, mais du « service chargé de la publicité foncière ». Ce service a repris les anciennes attributions du conservateur des hypothèques (V. Service de la publicité foncière).**

a) Publications en général

BIBLIOGRAPHIE : C. Biguenet-Maurel, *La publication des actes translatifs postérieurement au redressement judiciaire : JCP* E 2005, n° 41-1490.

6591 **Actes translatifs et constitutifs de droits réels.** L'article L. 622-30 du Code de commerce énonce que les actes « translatifs ou constitutifs de droits réels » ne peuvent plus « être inscrits [*sic*] postérieurement au jugement d'ouverture », sauf s'ils « ont acquis date certaine » (sur la notion d'actes constitutifs et translatifs, V. *Bull. AMC* 1986, art. 1347).

À l'égard des tiers, la date certaine d'un acte ne peut résulter que de son caractère authentique, de son enregistrement (ou d'un refus d'enregistrer mentionné sur l'acte), du décès de l'une des parties ou de la constatation de la substance de l'acte par un officier public (C. civ., art. 1377).

6592 **Décisions de justice.** Selon l'article L. 622-30 du Code de commerce, « les décisions judiciaires translatives ou constitutives de droits réels » ne peuvent plus « être inscrites [*sic*] postérieurement au jugement d'ouverture », sauf si elles sont « devenues exécutoires avant le jugement d'ouverture ». Il faut rappeler que la caractère exécutoire d'une décision résulte du fait qu'elle est passé en force de chose jugée (et donc qu'elle n'est susceptible d'aucun recours suspensif d'exécution ou qu'elle est assortie de l'exécution provisoire) (CPC, art. 501).

6593 **Sanctions.** Comme nous l'avons vu (V. n° 6570), les conservateurs ne s'estimaient pas en droit d'opposer un rejet ou un refus de dépôt lorsque, nonobstant l'interdiction légale, un acte est présenté à la publication postérieurement au jugement d'ouverture.
Si la radiation de la publication venait à être ordonnée par jugement, il avait été conseillé aux conservateurs par leur association d'exécuter cette décision dès lors qu'il leur aurait été justifié de son caractère exécutoire (CPC, art. 506). Cette exécution ne pourrait pas donner lieu à une mention en marge. La publication « radiée » était soulignée en rouge dans le fichier immobilier manuel mais elle continuera à être délivrée dans les états en même temps que sa suppression (*Bull. AMC* 1989, art. 1418). La solution est la même dans le fichier informatisé (indication dans les états à la fois de l'acte initialement publié et de la décision judiciaire). Ces solutions paraissent devoir s'appliquer également au service de la publicité foncière.

b) Effet de l'arrêt des poursuites sur les commandements de saisie présentés à la publication

6594 **Incidences.** Il faut noter, enfin, que l'article L. 622-21 du Code de commerce « interrompt ou interdit toute procédure d'exécution tant sur les meubles que les immeubles » de la part des créanciers antérieurs au jugement d'ouverture.
Cette disposition permettrait donc aux conservateurs de refuser, après ce jugement, toute publication de commandement valant saisie ainsi que toute publication, en marge d'un commandement déjà publié, même s'il n'existe aucun commandement ou ordonnance du juge déjà publié. L'association des conservateurs estime toutefois préférable, dans cette dernière hypothèse, d'accepter de telles publications car les conservateurs ne sont pas juges de la validité au fond des actes à formaliser (*Bull. AMC* 1986, art. 1347. – P. Frémont, *op. cit.*, n°s 82-83. – V. aussi *Bull. AMC* 1989, art. 1418).

6595 **Ordonnance d'un juge-commissaire présentée à la publication au-delà du délai légal.** Si une ordonnance d'un juge-commissaire datée du 19 janvier 2005 ordonnant la vente d'un immeuble en la forme des saisies immobilières est publiée le 4 juillet 2005 comme une saisie, mais que l'avocat n'a pas déposé le cahier des charges dans le délai de quarante jours prévu à l'article 688 de l'ancien Code de procédure civile, peut-il reprendre la procédure en faisant à nouveau publier l'ordonnance du 19 janvier 2005 ? Un refus peut-il être opposé par le conservateur pour inobservation du délai de quatre-vingt-dix jours ? La réponse est négative (*Bull. AMC* 2006, art. 1891). La même solution doit s'appliquer sous l'empire des articles 12, alinéa 1er, et 18 du décret n° 2006-936 du 27 juillet 2006 portant réforme de la procédure de saisie immobilière, qui rend caduc le commandement de saisie non publié dans un délai de deux mois.
Par ailleurs, les sanctions de déchéance de nullité ne peuvent être invoquées que par les parties à la saisie. Le conservateur n'a pas à en tirer les conséquences et la nouvelle publication de l'ordonnance ne pourra être refusée, en raison de l'article 126 du décret n° 85-1388 du 27 décembre 1985 qui autorise la publication de l'ordonnance « même si des commandements ont été antérieurement publiés » (*Bull. AMC*, préc.).

6596 **Publication d'un jugement d'adjudication après la publication du jugement d'ouverture.** Si l'adjudication d'un immeuble du débiteur intervient avant l'ouverture d'une procédure collective, mais que le jugement d'adjudication est publié après le jugement d'ouverture, il est inopposable à la procédure collective, et la répartition du prix de vente relève de la compétence du liquidateur judiciaire (Cass. com., 11 févr. 2014, n° 12-19.722 : *RJDA* 5/2014, n° 475 et la note).

B Redressement judiciaire

1 Continuation de l'entreprise

6597 **Publicité des jugements comportant une inaliénabilité temporaire.** D'après l'article L. 626-14 du Code de commerce, le tribunal qui ordonne la continuation de l'entreprise peut décider, dans le jugement arrêtant ou modifiant le plan de sauvegarde, que « les biens qu'il estime indispensables à la continuation de l'entreprise ne pourront être aliénés, pour une durée qu'il fixe sans son autorisation ». Il ajoute que tout acte soumis à publicité et passé en violation de ces dispositions est annulé, à la demande de tout intéressé ou du ministère public, présentée dans le délai de trois ans à compter de la conclusion de l'acte.

L'article L. 626-14 précité précise que « la publicité de l'inaliénabilité temporaire est assurée dans les conditions fixées par décret en Conseil d'État ».

Cette publication est prévue par l'article 28-2° du décret du 4 janvier 1955. Elle est également nécessaire dans le cas visé à l'article L. 642-10. La publication du jugement implique qu'il comporte toutes les mentions exigées par les textes sur la publicité foncière : identité complète du propriétaire, désignation cadastrale de l'immeuble visé « effet relatif », etc. Si ces mentions font défaut (ce qui est souvent le cas en pratique), le jugement devra être complété ou rectifié suivant la procédure prévue par l'article 34-5 du décret du 4 janvier 1955.

6598 L'Association mutuelle des conservateurs a admis que les greffiers des tribunaux de commerce avaient qualité pour certifier l'identité des parties (*Bull. AMC* 1986, art. 1347. – Sur cette difficulté, V. P. Frémont, *op. cit.*, n° 73).

2 Plan de cession

6599 **Interdiction d'aliéner certains biens.** Le tribunal qui arrête le plan de cession peut également prévoir que tout ou partie des biens cédés ne pourront être aliénés, pour une durée qu'il fixe, sans son autorisation (C. com., art. L. 642-10, al. 1er).

Cette interdiction d'aliéner doit, dans la mesure où elle concerne des immeubles ou droits immobiliers, être publiée au fichier immobilier, à la diligence du liquidateur (C. com., art. R. 642-12).

6600 **Sort des inscriptions.** Lorsqu'il y a plan de cession, les biens non compris dans le plan sont vendus selon les règles applicables au cas de liquidation judiciaire (V. n° 6605).

Quant aux biens compris dans le plan de cession, l'article L. 642-12, alinéa 3, du Code de commerce indique que « le paiement complet du prix emporte purge des inscriptions ».

La purge (qui rend le prix définitif) est totalement différente de la radiation. Les inscriptions subsistent malgré la purge, et faute de dispositions particulières, elles doivent être radiées selon le droit commun, c'est-à-dire à la suite d'une mainlevée amiable ou à défaut dans le cadre d'une procédure de distribution (V. chron. P.J.C. *in JCP* N 1993, prat. 2772, p. 535). Il a été jugé, sous l'empire du décret du 27 décembre 1985, que le juge aux ordres était alors seul compétent pour prononcer la radiation des inscriptions (Cass. com., 17 janv. 1995 : *JCP* N 1995, II, 935. note P. Frémont).

Par ailleurs, l'article L. 642-12, alinéa 1 du Code de commerce énonce que « lorsque la cession porte sur des biens grevés d'un privilège spécial ou d'une hypothèque une quote-part du prix est affectée par le tribunal à chacun de ces biens pour la répartition du prix et l'exercice du droit de préférence ». Il a été jugé que cette affectation spéciale étant légale, le dépôt des fonds à la Caisse des dépôts et consignations équivaut à une consignation (au sens de l'article 2435, alinéa 3 du Code civil), ce qui dispense les créanciers, à partir de cette date, de procéder au renouvellement des inscriptions (Cass. com., 1er févr. 2000 : *JCP* N 2000, n° 41, p. 1484, note J.-P. Rémery).

C Liquidation judiciaire. Réalisation de l'actif

6601 **Modalités.** Selon l'article L. 642-18 du Code de commerce, quand le tribunal a prononcé la liquidation judiciaire :

> « Les ventes d'immeubles ont lieu conformément aux articles 2204 à 2212 du Code civil, à l'exception des articles 2206 et 2211, sous réserve que ces dispositions ne soient pas contraires à celles du présent code. Le juge-commissaire fixe la mise à prix et les conditions essentielles de la vente ».

Selon l'alinéa 3 de ce texte,

> « le juge-commissaire peut ordonner la vente par adjudication amiable sur la mise à prix qu'il fixe ou autoriser la vente de gré à gré aux prix et conditions qu'il détermine ».

Les modalités d'application de cette disposition figurent dans les articles R. 642-22 et suivants du Code de commerce.

1 Vente de gré à gré

6602 L'article R. 642-36 du Code de commerce indique les modalités à suivre quand le juge-commissaire a autorisé la vente de gré à gré en précisant, notamment, que « le liquidateur passe les actes nécessaires à la réalisation de la vente ».

Cette dernière procédure ne paraît pas soulever de difficulté au regard de la publicité foncière.

La vente passée par le liquidateur sera, en effet, publiée comme s'il s'agissait d'une vente amiable ordinaire. L'acte devra, toutefois, porter que le liquidateur a été autorisé, par ordonnance du juge-commissaire, à procéder à une telle vente, car d'après les textes, l'ordonnance du juge autorisant une vente de gré à gré n'a pas à faire l'objet d'une publication spéciale. Si, néanmoins, la publication d'une telle ordonnance était requise, il semble qu'elle devrait être acceptée.

2 Vente sur adjudication amiable ou sur saisie

a) Publication de l'ordonnance du juge commissaire

Texte : l'article R. 642-23 du Code de commerce, alinéa 2, indique que :

> « L'ordonnance produit les effets du commandement prévu à l'article R. 321-1 du Code des procédures civiles d'exécution ; elle est publiée au fichier immobilier à la diligence du liquidateur ou du créancier, dans les conditions prévues pour ledit commandement ».

Il résulte de ce texte que la publication de l'ordonnance doit intervenir dans les deux mois à peine de caducité, ce délai courant du jour où l'ordonnance est devenue définitive (CPC ex., art. R. 321-6 et R. 311-11, al. 1er). Il a été jugé que cette obligation de publication n'était pas applicable en Alsace-Moselle (Cass. com., 13 déc. 2016, n° 14-29.732, publié au bulletin : *Gaz. Pal.* 28 mars 2017, p. 61, note Ph. Hoonaker).

6603 Existence d'un précédent commandement de saisie publié. L'article R. 642-23 du Code de commerce, alinéa 3, indique que :

> « Le service de la publicité foncière procède à la formalité de publicité de l'ordonnance même si des commandements ont été antérieurement publiés. Ces commandements cessent de produire effet à compter de la publication de l'ordonnance ».

Les services de la publicité foncière devront, dès lors, accepter de publier l'ordonnance même en cas de publication antérieure de commandements valant saisie.

Bien que les textes du Code de commerce ne prévoient pas, en cas de commandements précédemment publiés, de porter sur ceux-ci et sur l'ordonnance du juge des mentions particulières, il semble indispensable, par analogie avec les dispositions de l'article R. 321-10 du Code des procédures civiles d'exécution, de procéder de la sorte, surtout en ce qui concerne les précédents commandements qui cessent de produire effet à partir de la publication de l'ordonnance.

Il est donc fortement conseillé de mentionner sur ces commandements, en marge de la copie conservée au bureau, l'ordonnance publiée postérieurement avec l'identité du liquidateur, nouveau poursuivant, et les références de publication (date, volume et numéro) et de porter sur l'ordonnance, en marge ou à la suite de celle-ci, les commandements déjà publiés avec l'identité des poursuivants et les références de publicité (*Bull. AMC*, *op. cit.* – P. Frémont, *op. cit.*, nos 93 et 95).

Les commandements ainsi annotés n'ayant pas fait l'objet d'une radiation expresse et n'étant pas déclarés périmés, il conviendra, par mesure de prudence, de les délivrer (cf. D. 14 oct. 1955, art. 44, 3e al.) avec la mention de publication de l'ordonnance.

6604 Mentions en marge de la publication de l'ordonnance. La vente par voie d'adjudication judiciaire est soumise aux dispositions des articles R. 311-1 et suivants du Code des procédures civiles d'exécution (C. com., art. R. 642-27). Si l'ordonnance publiée a autorisé la vente forcée par adjudication judiciaire, celle-ci devra être annotée, en marge, de toutes les mentions prévues par l'article 80 du décret du 14 octobre 1955 (V. **Saisie immobilière**), ceci en application de l'article R. 321-10 du code précité, auquel renvoie l'article R. 642-27 du Code de commerce.

6605 Radiation de la publication de l'ordonnance. La vente par voie d'adjudication judiciaire est soumise aux dispositions du Code des procédures civiles d'exécution relatives aux procédures de saisie immobilière (V. n° **6601**). Dès lors, à partir du moment où la délivrance de l'assignation du débiteur prévue par les articles R. 322-4 et R. 322-5 du code précité, et la dénonciation aux créanciers inscrits (CPC ex., art. R. 322-6 et R. 322-8) ont été mentionnées en marge de la publication du commandement, la publication de l'ordonnance ne peut être radiée que du consentement de tous les créanciers inscrits ou en vertu d'un jugement qui leur soit opposable (CPC ex., art. R. 322-9, al. 2).

b) Subrogation dans des poursuites antérieures

6606 Modalités. Lorsqu'une procédure de saisie immobilière engagée avant l'ouverture de la procédure de sauvegarde, de redressement ou de liquidation judiciaires a été suspendue par l'effet de cette dernière, le liquidateur peut être subrogé dans les droits du créancier saisissant pour les actes que celui-ci a effectués, lesquels sont réputés accomplis pour le compte du liquidateur qui procède à la vente des immeubles. La saisie immobilière peut alors reprendre son cours au stade où le jugement d'ouverture l'avait suspendue (C. com., art. L. 642-18, al. 2).

L'ordonnance du juge-commissaire est, à la requête du liquidateur, mentionnée en marge de la copie du commandement publié à la conservation des hypothèques (C. com., art. R. 642-24, al. 2).

c) Publication de l'adjudication

6607 **Obligations de l'adjudicataire.** L'adjudicataire fait publier au bureau des hypothèques l'acte ou le jugement d'adjudication dans les deux mois de sa date et, en cas d'appel, dans les deux mois de l'arrêt confirmatif, sous peine de réitération des enchères à la diligence du liquidateur (C. com., art. R. 643-3, al. 1).
Cette publication est sujette à mention en marge de la publication de l'ordonnance (D. 14 oct. 1955, art. 80-5°).

3 Effets des adjudications sur les inscriptions

6608 **Paiement et consignation du prix.** Selon l'article L. 642-18, alinéas 4 et 5 du Code de commerce :

> « Pour les adjudications amiables ou réalisées en la forme des saisies immobilières, le paiement du prix au liquidateur et des frais de la vente emportent purge des hypothèques et de tout privilège du chef du débiteur. L'adjudicataire ne peut, avant d'avoir procédé à ces paiements, accomplir un acte de disposition sur le bien à l'exception de la constitution d'une hypothèque accessoire à un contrat de prêt destiné à l'acquisition de ce bien ».

De son côté, l'article R. 643-3 du Code de commerce prévoit que « l'adjudicataire fait publier au service de la publicité foncière l'acte ou le jugement d'adjudication dans les deux mois de sa date et, en cas d'appel, dans les deux mois de l'arrêt confirmatif, sous peine de réitération des enchères à la diligence du liquidateur, et que l'adjudicataire doit verser à la Caisse des dépôts et consignations, dans les trois mois de l'adjudication, la totalité du prix d'adjudication.

6609 **Procédure de distribution.** Le liquidateur répartit le produit des ventes et règle l'ordre entre les créanciers, sous réserve des contestations qui sont portées devant le juge de l'exécution (C. com., art. L. 642-18, al. 5).
L'article R. 643-4 du Code de commerce ajoute que « dès la publication de la vente, le liquidateur requiert du service de la publicité foncière l'état des inscriptions conformément à l'article 2449 du Code civil en vue de régler l'ordre entre les créanciers et procéder à la distribution du prix » et que « en cas de vente de gré à gré le liquidateur (...) procède à l'ouverture de l'ordre après accomplissement des formalités de purge prescrites par les articles 2476 et suivants du Code civil et versement du prix à la Caisse des dépôts et consignations ».

Enfin, les articles R. 643-5 à R. 643-7 du Code de commerce précisent, d'une part, que l'état de collocation est dressé par le liquidateur après versement du prix (adjudication) ou accomplissement des formalités de purge (vente de gré à gré) qu'il est clôturé après un certain délai et déposé par lui, sous forme de procès-verbal, au greffe du tribunal.

6610 **Radiation des inscriptions.** Quant à la radiation des inscriptions, elle est réglée par les articles R. 643-8 et R. 643-9 du Code de commerce. L'article R. 643-8 prévoit que « lorsque le prix de vente a été payé (...) et que des créanciers n'ont pas donné mainlevée de leurs inscriptions, le liquidateur fait prononcer la radiation des inscriptions » et qu'il peut en être de même pour l'acquéreur après accomplissement des formalités de purge et versement du prix. Il ajoute qu'à cet effet le liquidateur ou l'acquéreur saisit le juge de l'exécution du tribunal judiciaire devant lequel s'est déroulée la procédure de liquidation judiciaire ou dans le ressort duquel cette procédure s'est déroulée.
Et l'article R. 643-9 du Code de commerce est ainsi rédigé :

> « Le liquidateur remet au service de la publicité foncière une expédition du procès-verbal de clôture de l'ordre, de l'ordonnance du juge des ordres prononçant la radiation des inscriptions ou l'acte par lequel les créanciers ont donné mainlevée de leurs inscriptions.
> Le service de la publicité foncière procède à la radiation des inscriptions, mais reste tenu de procéder à l'inscription judiciaire définitive prévue aux articles R. 633-1 et suivants du Code des procédures civiles d'exécution » (V. **Hypothèque judiciaire conservatoire**).

Le service de la publicité foncière ne devrait procéder aux radiations ordonnées par le juge aux ordres que s'il lui est justifié du caractère définitif de la décision et, en ce qui concerne les créanciers colloqués, du paiement ou de la consignation du prix (P. Frémont, *op. cit.*, n° 116).

D Pouvoirs pour donner mainlevée

6611 Il faut distinguer la procédure de sauvegarde, le redressement judiciaire, et la liquidation judiciaire.

1 Procédure de sauvegarde

6612 Selon l'article L. 622-3 du Code de commerce, « Le débiteur continue à exercer sur son patrimoine les actes de disposition et d'administration, ainsi que les droits et actions qui ne sont pas compris dans la mission de l'administrateur ».

En principe donc, le débiteur va pouvoir consentir mainlevée d'une inscription avec ou sans paiement, sauf à vérifier que la mission confiée à l'administrateur le permet.

2 Procédure de redressement judiciaire

a) Mainlevée avec paiement

6613 Selon l'article L. 631-12 du Code de commerce :

> « Outre les pouvoirs qui leur sont conférés par le présent titre, la mission du ou des administrateurs est fixée par le tribunal.
> Ce dernier les charge ensemble ou séparément d'assister le débiteur pour tous les actes relatifs à la gestion ou certains d'entre eux, ou d'assurer seuls, entièrement ou en partie, l'administration de l'entreprise. (...) ».

6614 Dans la procédure de redressement judiciaire, le pouvoir d'accorder mainlevée avec constatation de paiement appartient :
– au chef d'entreprise si l'administrateur est chargé d'une simple mission de surveillance ou d'une mission partielle d'assistance ou de gestion n'englobant pas l'encaissement de fonds et la délivrance de quittances ;
– à l'administrateur s'il est chargé d'une mission de gestion totale ou partielle comportant les pouvoirs sus-indiqués ;
– au chef d'entreprise assisté de l'administrateur si ce dernier est chargé d'une mission d'assistance totale ou d'une mission d'assistance partielle ne comprenant pas les pouvoirs en question.
S'il ne s'agit pas d'une « mainlevée simplifiée » (V. **Radiation simplifiée**), l'acte de mainlevée avec paiement devra indiquer la nature et l'étendue de la mission de l'administrateur et comporter en annexe, s'il ne contient pas la certification de l'article 2441, alinéa 2, du Code civil, une expédition du jugement d'ouverture et du ou des jugements ayant modifié ultérieurement la mission de l'administrateur (P. Frémont, *op. cit.*, n°s 127 à 130).

b) Mainlevée sans paiement

6615 L'article L. 622-7-II, alinéa 1, du Code de commerce énonce que « le juge-commissaire peut autoriser le débiteur à faire un acte de disposition étranger à la gestion courante de l'entreprise ».
Il s'ensuit que les mainlevées sans constatation de paiement ne peuvent être consenties par le chef d'entreprise ou l'administrateur que si celui-ci a obtenu auparavant l'autorisation expresse du juge-commissaire. Quant à la question de savoir si, compte tenu de la mission confiée à l'administrateur, l'autorisation doit être accordée au chef d'entreprise ou à l'administrateur, elle relève uniquement du juge-commissaire.
S'il ne s'agit pas d'une « mainlevée simplifiée » (V. **Radiation simplifiée**), l'acte de mainlevée sans paiement devra mentionner l'autorisation donnée par le juge-commissaire et une expédition de l'ordonnance d'autorisation devra être jointe à l'acte si celui-ci ne renferme pas la certification de l'article 2441, alinéa 2, du Code civil (P. Frémont, *op. cit.*, n°s 131-132).

c) Garanties substituées

6616 Les mêmes règles sont applicables aux mainlevées des privilèges ou hypothèques que l'administrateur aurait été amené à prendre lui-même en cas de carence du chef d'entreprise ou qui se seraient substituées à d'autres garanties (V. n° 6578).
Toutefois, dans les cas visés par les articles L. 622-8 et L. 626-22 (V. n° 6578), les articles R. 622-8 et R. 626-35 du Code de commerce prévoient que « la radiation ne peut intervenir qu'après constitution de la garantie substituée ».
La radiation de l'ancienne garantie ne devra donc être effectuée que si l'acte de mainlevée mentionne que la nouvelle garantie a été prise, cette mention pouvant toutefois être remplacée, si la nouvelle garantie est un privilège ou une hypothèque, par l'inscription de celui-ci au même bureau des hypothèques (P. Frémont, *op. cit.*, n° 134).

3 Liquidation judiciaire

6617 L'article L. 641-1 du Code de commerce énonce que le tribunal qui prononce la liquidation judiciaire nomme un liquidateur, lequel peut être remplacé par la suite.
D'après l'article L. 641-9 du Code de commerce, le jugement de liquidation dessaisit le chef d'entreprise de l'administration et de la disposition de ses biens, les droits et actions de ce chef d'entreprise étant exercés par le liquidateur. L'article L. 642-24 du même code précise que le liquidateur doit également obtenir l'autorisation du juge-commissaire pour transiger, la transaction devant même être homologuée dans certains cas par le tribunal.
Enfin, l'article L. 641-10 du Code de commerce prévoit que, si le tribunal autorise le maintien de l'activité de l'entreprise, l'administration de celle-ci est assurée par l'administrateur qui reste alors en fonction ou, à défaut, par le liquidateur.

a) Mainlevée après paiement

6618 Le liquidateur peut accorder mainlevée après paiement ; mais il partage ce pouvoir avec l'administrateur si celui-ci est resté en fonction.
L'acte de mainlevée avec paiement devra donc justifier de la nomination du liquidateur et, éventuellement du maintien en fonction de l'administrateur. Le jugement de liquidation et, éventuellement, le ou les jugements ultérieurs concernant le remplacement du liquidateur ou le maintien en fonction de l'administrateur, devront être joints à l'acte lorsque celui-ci (s'il ne s'agit pas d'une « mainlevée simplifiée » : V. **Radiation simplifiée**) ne contiendra pas la certification de l'article 2441, alinéa 2, du Code civil (P. Frémont. *op. cit.*, n°s 141 à 143 ; *Bull. AMC*, *op. cit.*).

b) Mainlevée sans paiement

6619 Par contre, toute mainlevée sans paiement doit être autorisée par le juge-commissaire. Et il semble que cette autorisation ne puisse être donnée qu'au liquidateur, même si l'administrateur est resté en fonction. Quoi qu'il en soit dans cette hypothèse, ce n'est pas au conservateur (aujourd'hui au service de la publicité foncière) à apprécier si l'autorisation accordée par le juge est ou non valable.
L'acte de mainlevée sans paiement devra donc justifier de la nomination du liquidateur et de l'autorisation du juge-commissaire. Si cette autorisation visait l'administrateur, il faudrait justifier du maintien en fonction de cet administrateur.
Au cas où l'article 2440, alinéa 2, du Code civil ne serait pas utilisé, l'acte devrait comprendre, en annexe, le jugement de liquidation, éventuellement le ou les jugements ayant procédé au remplacement du liquidateur et l'autorisation donnée à ce dernier par le juge commissaire. Au cas où cette autorisation serait accordée à l'administrateur, la ou les décisions judiciaires concernant le liquidateur seraient remplacées par celle ou celles qui sont relatives au maintien en fonction de l'administrateur (*Bull. AMC*, préc. – P. Frémont, *op. cit.*, n°s 144-145).

c) Clôture pour insuffisance d'actif

6620 **Sort de l'hypothèque en cas de liquidation judiciaire clôturée pour insuffisance d'actif.** Si la clôture pour insuffisance d'actif paralyse l'exercice du droit de poursuite des créanciers, elle n'a pas d'effet sur les créances elles-mêmes, qui ne sont pas éteintes. Les accessoires de ses créances, et donc les hypothèques, ne sont donc pas affectés par la clôture de la procédure et par voie de conséquence toute mainlevée de l'hypothèque est vouée à l'échec (Cass. com., 19 nov. 2013, n° 12-24.652 : *JCP* N 2014, n° 36, p. 57, n° 16, Ph. Simler et Ph. Delebecque ; *Gaz. Pal.* 19-20 mars 2014, p. 22, note M.-P. Dumont-Lefrand).

II

Mesures fiscales. Paiement fractionné

6621 **Acquisitions d'entreprises en difficulté.** Aux termes de l'article 396-3° de l'annexe III au Code général des impôts, le paiement fractionné des droits de mutation est susceptible de s'appliquer :
– à la cession totale ou partielle de l'entreprise réalisée dans le cadre du redressement judiciaire. Dans le cas où elle n'est que partielle, la cession porte sur un ensemble d'éléments d'exploitation qui forment une ou plusieurs branches complètes et autonomes d'activités ;
– à la cession, dans le cadre de la liquidation judiciaire, des unités de production composées de tout ou partie de l'actif mobilier ou immobilier, qui peuvent faire l'objet d'une cession globale.
Les droits exigibles peuvent être acquittés en cinq annuités égales (sur la possibilité de paiement fractionné des droits de mutation, et sur les modalités de ce paiement, V. **Paiement des droits**).

6622 L'aliénation, autrement qu'à titre gratuit, des biens acquis avec le bénéfice du crédit, entraîne l'exigibilité immédiate des droits en suspens.
Il a été admis, malgré les exigences de l'article 404 B dernier alinéa de l'annexe III au Code général des impôts, que le débiteur dispose d'un délai d'un mois compté de la cession pour s'acquitter de son obligation. Faute d'y avoir satisfait à l'expiration de ce délai, il sera déchu du bénéfice du crédit et se verra réclamer les pénalités de retard (cf. CGI, ann. III, art. 403. – Doc. adm. DGI, 7 A-4321, n°s 88 et 89, 10 sept. 1996).

Procurations

Serge LAMIAUX

BIBLIOGRAPHIE : B. Maugain, *Les procurations* : *JCP* N 2012, n° 4-1060. – M. Suquet-Cozic, *La procuration n'est pas un acte anodin* : *BPIM* 5/2012, p. 3.

I
Publicité foncière

6623 Non-assujettissement de principe à publicité. L'administration estime qu'aucun texte n'assujettit les procurations à la publicité, que ce soit à titre obligatoire ou même à titre facultatif. Une procuration ne saurait, dès lors, être admise à la publicité que si ses énonciations excèdent le cadre étroit du mandat ; il en résulte, sur le plan pratique, les conséquences suivantes :

– les expéditions déposées à la conservation des hypothèques, en application de l'article 34 du décret du 4 janvier 1955 (V. **Expéditions**), pour opérer la publicité d'un acte de vente, par exemple, ne doivent pas, en règle générale, contenir la reproduction des procurations annexées à cet acte ; si certains conservateurs tolèrent qu'il en soit autrement, cette mesure de tempérament ne saurait avoir pour conséquence d'entraîner une véritable publication des procurations annexées ;

– au cas où il estimerait que la procuration annexée à un acte doit elle-même être publiée, le déposant devrait en requérir spécialement la publication ; bien entendu, dans ce cas, le conservateur serait fondé à refuser le dépôt s'il estimait que la procuration en cause ne contient aucune disposition assujettie à la publicité à titre obligatoire ou facultatif (H. Bulté, chron. hyp. : *JCP* N 1962, IV, 3460. – V. aussi H. Bulté et J. Béchade, chron. hyp. : *JCP* N 1956, IV, 2283).

II
Authenticité des procurations

A Principe général

6624 Ainsi que nous l'indiquons plus bas (V. n° 6627), le fait qu'une procuration soit établie en la forme sous seing privé alors qu'elle aurait dû être authentique, n'a pas en général d'incidence du point de vue de la publicité foncière. Aussi, nous ne procéderons pas ici à un inventaire des divers cas où les procurations doivent revêtir la forme authentique (V. sur ce point, *JCl. Notarial Formulaire*, V° Procuration, Fasc. 10, par D. Montoux). Ce problème sera cependant rapidement évoqué dans certaines rubriques du présent ouvrage.

Nous nous contenterons d'indiquer les principes généraux qui s'appliquent en la matière et quelques solutions particulières (V. nos 6625 et s.).

6625 Caractère authentique non obligatoire. La question s'est posée de savoir si la forme authentique imposée pour tous les actes sujets à publicité emportait la nécessité de recevoir en la même forme les procurations consenties pour passer ces actes.

Selon la théorie consacrée par la doctrine et la jurisprudence, la procuration donnée pour passer un acte assujetti à la forme authentique doit elle-même être faite en cette forme dès lors que l'authenticité est exigée dans l'intérêt des parties contractantes, pour assurer leur indépendance et leur sécurité (Aubry et Rau, *Droit civil français*, t. VI, 6e éd., par Esmein, § 411, texte et note 6. – Planiol, Ripert et Boulanger, *Traité pratique de droit civil français*, t. I, n° 3029), mais la règle de concordance des formes ne joue plus lorsque l'authenticité est exigée uniquement dans l'intérêt des tiers. Ainsi n'a pas besoin d'être authentique la procuration donnée par le débiteur pour consentir une subrogation dans les termes de l'article 1250-2 du Code civil (Cass. civ., 5 août 1891 : *DP* 1892, 1, p. 217) ou pour accepter une cession de créance dans les termes de l'article 1690 du Code civil (Cass. civ., 20 juill. 1892 : *DP* 1893, 1, p. 42. – V. toutefois, H. Bulté, chron. hyp. : *JCP* N 1977, prat. 6708).

Lorsque l'obligation d'authenticité vise à assurer l'exactitude des renseignements et la régularité des actes soumis à la publicité et par là, à faciliter le crédit hypothécaire, c'est l'intérêt des tiers ou plus exactement l'intérêt général qui est en cause. Dès lors, la règle de l'authenticité obligatoire n'étant édictée que pour l'acte sujet à publicité (D. n° 55-22, 4 janv. 1955, art. 4), elle ne doit pas s'appliquer à la procuration donnée à l'effet de passer l'acte et notamment, au mandat de vendre un immeuble (CA Paris, 26 mai 1964 : *JCP* N 1964, II, 13888. – H. Bulté, chron. hyp. : *JCP* N 1956, I, 1283 ; *Bull. AMC* 1956, art. 242. – Rép. min. Justice : *JOAN* Q 7 sept. 1957, p. 4074 ; *JCP* N 1957, IV, 2421 ; *Bull. AMC* 1961, art. 481).

6626 Pouvoirs des représentants d'une société. La règle légale imposant le caractère authentique ne paraît pas s'appliquer davantage aux pouvoirs résultant de l'acte de formation d'une société anonyme ou des délibérations ou autorisations constatées dans les formes réglées par ledit acte, ainsi qu'aux procurations données à des tiers à l'effet de représenter la société à un acte de mutation. Il n'en serait autrement que si les actes de formation, les délibérations et procurations en cause renfermaient eux-mêmes des dispositions sujettes à publicité et faisaient l'objet d'une réquisition de publication. Tel serait le cas, par exemple, si une société anonyme donnait mandat à un tiers d'accepter en son nom une donation de droits réels immobiliers (Rép. min. Finances : *JOAN* Q, 19 août 1961, p. 2143 ; *JCP* N 1961, IV, 3194 ; *Bull. AMC* 1962, art. 499) ou encore si le liquidateur d'un établissement de crédit donnait mandat pour consentir à la mainlevée d'une inscription hypothécaire ou d'une saisie (*Bull. AMC* 1997, art. 1750).

Enfin, il va de soi que les représentants légaux des sociétés civiles ou commerciales représentent de plein droit ces organismes, en vertu des pouvoirs qui leur sont conférés par les textes, sans avoir besoin, par conséquent, d'une procuration, même établie sous seing privé (V. P. Frémont, chron. hyp. : *JCP* N 1980, prat. 7552).

B Conséquence de l'absence d'authenticité de la procuration sur la publicité foncière

6627 Principe : absence de conséquence. Mis à part le cas très exceptionnel où la procuration elle-même serait soumise à publication (V. n° 6623), le fait que cette procuration est établie en la forme sous seing privé alors qu'elle aurait dû être authentique n'a d'incidence que sur le terrain de droit civil et non pas en matière de publicité foncière.

Il peut y avoir des conséquences sur la validité de l'acte. Mais en cette matière, le conservateur n'est pas juge et il ne pourrait donc refuser le dépôt pour ce motif (V. **Service de la publicité foncière**).

Il en est toutefois autrement en ce qui concerne les procurations conférées pour procéder à une mainlevée (V. n° 6628).

6628 Exception : cas des mainlevées. En matière de mainlevée, la procuration doit être obligatoirement authentique sauf les exceptions admises par l'article 1842-2 du Code civil (V. *JCl. Notarial Formulaire*, V° Mainlevée).

Le service de la publicité foncière – comme antérieurement le conservateur – a ici un pouvoir de contrôle qui ne se limite pas à la régularité formelle de la mainlevée et qui s'étend à la validité au fond (ce contrôle ne s'exerçant pas toutefois dans le cas de mainlevée dite « simplifiée »). Il en résulte qu'il pourrait refuser le dépôt dans le cas où la procuration établie pour consentir à cette mainlevée ne serait pas authentique (V. *JCl. Notarial Formulaire*, V° Mainlevée).

6629 Incidences de l'absence d'annexion des procurations sur l'authenticité de l'acte.
➤ V. sur ce point, **Authenticité**.

III Régime fiscal

A Régime général

6630 Les procurations établies en la forme notariée entraînent l'exigibilité du droit fixe des actes innommés (CGI, art. 680). Ce droit peut être payé sur états mensuels avec dispense de la formalité dans le délai d'un mois. Un seul droit est exigible quel que soit le nombre de mandants ou de mandataires.
Les procurations sous seings privés ne sont pas assujetties obligatoirement à enregistrement.

B Régimes spéciaux

6631 **Corse.** Les procurations authentiques établies en vue du règlement d'une indivision successorale comportant des biens immobiliers en Corse sont sous certaines conditions exonérées de toute perception au profit du Trésor (V. **Corse**).

6632 **Mandats inclus dans un acte authentique en vue d'établir tous actes complémentaires pour les besoins de la publicité foncière.** Le pouvoir donné par les parties au notaire rédacteur pour autoriser ce dernier à établir tous actes rectificatifs ou complémentaires pour les seuls besoins de la publicité foncière, constitue, en principe, une disposition indépendante, taxable en tant que telle (V. **Acte contenant plusieurs dispositions**). Par mesure de simplification, et dans le but d'accélérer les formalités hypothécaires, l'administration a admis que les pouvoirs mentionnés ci-dessus, qui n'ont d'autre but que de faciliter l'établissement des actes rectificatifs relatifs à des erreurs imputables soit au rédacteur de l'acte, soit au service de l'état civil ou du cadastre, soient considérés comme un prolongement normal des actes en cause dépendant de ceux-ci.
Les mandats en cause ne donnent donc pas lieu à la perception du droit fixe prévu à l'article 680 du Code général des impôts, quel que soit le régime fiscal de la disposition principale (taxe de publicité foncière, imposition à la TVA, exonération) et le montant des droits y afférents (Instr. 22 déc. 1989 : *BOI* 7 A-1-90 ; *Dr. fisc.* 1990, n° 5, comm. 9861).

Promesse de vente

Jacques LAFOND

Sommaire analytique

Index alphabétique

BIBLIOGRAPHIE : M. Suquet-Cozic, *Quelle publicité foncière pour l'avant-contrat inexécuté ? : BIM Lefebvre* 3/2010, p. 3 et s.

6633 Nous distinguerons les promesses unilatérales (I) et les promesses synallagmatiques (II) avant d'évoquer le problème posé par le décès du promettant avant la réalisation de la promesse (III).

I Promesse unilatérale de vente

A Généralités

6634 **Définition.** L'ordonnance n° 2016-131 du 10 février 2016 portant réforme des contrats et des obligations, entrée en vigueur le 1er octobre 2016, a donné une définition de la promesse unilatérale de contrat dans l'article 1124 nouveau du Code civil.

« La promesse unilatérale est le contrat par lequel une partie, le promettant, accorde à l'autre, le bénéficiaire, le droit d'opter pays pour la conclusion d'un contrat dont les éléments essentiels sont déterminés, et pour la formation duquel ne manque que le consentement du bénéficiaire ».

Le propre de la promesse unilatérale de vente est de ne lier qu'une seule des parties : le vendeur. Cette promesse peut être acceptée en tant que telle sans pour autant perdre son caractère unilatéral et devenir un contrat synallagmatique. L'acceptation de la promesse n'a d'autre effet que de fixer définitivement celle-ci en empêchant sa rétractation (V. Boyer, *Rép. prat. Dalloz*, V° Promesse de vente, 2e éd., n° 11).

1 Conditions de validité de la promesse

6635 **Constatation par acte authentique ou enregistrement dans les dix jours.** L'article 1589-2 du Code civil prévoit la nullité de toute promesse unilatérale de vente afférente à un immeuble, à un droit immobilier, à un fonds de commerce, à un droit à un bail portant sur tout ou partie d'un immeuble ou aux titres des sociétés visées aux articles 728 et 1655 ter du Code général des impôts, si elle n'est pas constatée par un acte authentique ou par un acte sous seing privé enregistré dans le délai de dix jours à compter de la date de son acceptation par le bénéficiaire. Il en est de même de toute cession portant sur lesdites promesses qui n'a pas fait l'objet d'un acte authentique ou d'un acte sous seing privé enregistré dans les dix jours de sa date.

2 Acceptation de la promesse

6636 **Distinction entre l'acceptation et la levée de l'option.** La Documentation de base définissait comme suit l'acceptation de la promesse, pour la distinguer de la levée de l'option :

« Il s'agit uniquement pour le bénéficiaire de prendre acte de l'acte de vente, mais sans assumer l'obligation d'acheter en contrepartie de l'obligation de vendre qui est à la charge du promettant. En d'autres termes, cette acceptation a pour seul effet de transformer une simple pollicitation en une véritable promesse unilatérale de vente liant le promettant pendant la durée de l'option » (V. Doc. adm. DGI, 13 N-2381, n° 7, 14 juin 1996).

L'acceptation de la promesse en tant que promesse se distingue de la déclaration par le bénéficiaire de ladite promesse de son intention d'acquérir – habituellement désignée sous le nom de « levée d'option » –, qui jointe à l'engagement de vendre déjà manifesté, transforme la promesse unilatérale de vente en une vente parfaite (C. civ., art. 1583).

6637 **Requalification de la promesse unilatérale en promesse synallagmatique.** Le point de savoir si une promesse unilatérale de vente doit être considérée comme acceptée et, par suite, comme assujettie à l'enregistrement, est une question de fait qui ne peut être résolue qu'en fonction des circonstances de chaque affaire. Sous réserve de l'appréciation souveraine des tribunaux, le simple fait, pour le bénéficiaire, de détenir la promesse ne semble pas pouvoir être considéré comme emportant à lui seul acceptation de cette promesse. Il en est de même du fait, pour le bénéficiaire de la promesse, de se borner à en accuser réception ou d'en faire état auprès de tiers. Mais il en irait autrement si le bénéficiaire faisait un acte impliquant son acceptation, par exemple en demandant à un notaire de verser la promesse au rang de ses minutes (Rép. min. n° 5232 à M. Le Bellegou : *JO* Sénat, 3 oct. 1965, p. 993 ; *BOED* 1965, 9604).

Il a été jugé que l'accord des parties sur la chose et sur le prix ne saurait résulter de correspondances échangées entre le promettant et le bénéficiaire faisant référence à une promesse unilatérale non enregistrée, laquelle doit être considérée comme nulle (Cass. 3e civ., 3 févr. 1993, n° 91-10274 : *Dr. fisc.* 3/1994, comm. 64).

6638 **Promesse de vente d'un terrain. Circonstances entraînant l'acceptation tacite de la promesse. Exigibilité des droits de mutation.** Une société d'économie mixte d'équipement avait accordé à une société de travaux publics une promesse unilatérale de vente d'un terrain sous la condition suspensive de la délivrance d'un permis de construire. Une date limite d'acceptation avait également été fixée. Nonobstant le report de cette date, par avenants successifs, c'est à bon droit qu'un tribunal a décidé que la levée de l'option était intervenue entre-temps, dès lors que la délivrance du permis de construire, l'engagement de travaux et le versement de diverses sommes à la société d'économie mixte avaient réalisé la prise de possession du terrain et le paiement du prix.
Par suite, l'administration fiscale était fondée à exiger le paiement des droits de mutation à titre onéreux (Cass. com., 14 févr. 1984 : *Dr. fisc.* janv. 1984, comm. 1234, p. 862).

6639 **Convention complexe comportant accord de l'acquéreur sur la chose et le prix. Requalification en promesse synallagmatique.** N'est pas une promesse unilatérale de vente le contrat qui a été conclu entre un vendeur et un acquéreur déterminé, pour un prix déterminé constitué pour partie essentielle par la contrevaleur du prix de travaux de réfection à exécuter par l'acquéreur sur un autre immeuble du vendeur dans un délai déterminé dont le terme a constitué l'expiration du délai convenu pour la signature de l'acte authentique, alors que :
– la faculté d'option théoriquement laissée au « bénéficiaire » n'a pas été appliquée ;
– le vendeur qui a payé à l'acquéreur la fraction de prix de vente supérieure au prix des travaux exécutés en contrepartie, a autorisé l'acquéreur, sans attendre la signature de l'acte authentique, ni même la fin des travaux, à occuper l'immeuble vendu reconnaissant ainsi l'accord sur la chose et le prix, et, partant, la valeur synallagmatique du contrat (CA Bordeaux, 1re ch. A, 26 août 1997, n° 97-578, *Cts Loubère : Dr. fisc.* juin 1998, en bref, p. 182).

6640 **Promesse de vente contenue dans un accord comportant un ensemble d'obligations contractuelles réciproques.** Ne peut être qualifiée de promesse unilatérale de vente, et n'est dès lors pas soumise à la formalité de l'article 1840 A du Code général des impôts (devenu C. civ., art. 1589-2), la promesse de vente figurant dans un accord comportant un ensemble d'obligations contractuelles réciproques (Cass. 3e civ., 5 juill. 1995, *Sté Bois d'Escary* c/ *Cts Favin de Colomb : JCP* N 1996, II, p. 1774 et note crit. Y. Dagorne-Labbé).

B Publicité foncière

BIBLIOGRAPHIE : Sur la promesse unilatérale de vente et les formalités de publicité foncière, V. *JCl. Civil Code*, Art. 1589 à 1589-2, fasc. 20 par M. Mignot.

6641 **Publicité facultative.** L'article 37-1 du décret du 4 janvier 1955 prévoit la publication des promesses unilatérales de vente portant sur des droits immobiliers. Mais cette publicité n'est que facultative et est uniquement destinée à l'information des usagers. Il est admis que la publicité de la promesse ne rend pas celle-ci opposable aux tiers. Concrètement, la seule publicité de l'avant-contrat ne suffit pas à démontrer la faute du tiers, à savoir sa connaissance de l'existence de la promesse lors de la conclusion du contrat avec le promettant (Cass. 3e civ., 22 févr. 1976 : *D.* 1976, p. 165, note Ph. Malaurie ; *JCP* G 1979, II, 13233, note M. Dagot ; *Defrénois* 1977, art. 31522, n° 91, note J.-L. Aubert. – V. n° 6644).
Le fait de demander en justice l'exécution forcée d'une promesse unilatérale de vente et de publier l'assignation est abusif dès lors que l'objectif de cette publication est d'empêcher le propriétaire de vendre le bien à un tiers (Cass. 3e civ., 28 janv. 2021, n° 19-24.962 : *JCP* N 2021, n° 18, 1182, note S. Piédelièvre ; *Defrénois* 2021, n° 19-20, p. 30, note M. Luchel).

6642 **Modalités de la publication.** Lors de la publication, il n'y a pas à annoter la fiche du bénéficiaire de la promesse : la publication est opérée sous la seule identification du disposant.
Il est à noter que la publication d'une promesse unilatérale de vente n'empêche pas de publier par la suite une mutation de l'immeuble au profit d'une personne autre que le bénéficiaire de la promesse (M. Suquet-Cozic, *Un pacte de préférence publié sur l'immeuble empêche-t-il de publier une vente à tiers ? : Sol. not.* avr. 2024, p. 14).

6643 **Intérêts de la publication.** Lorsque le promettant a vendu le bien promis à un tiers de bonne foi qui a publié son titre, le bénéficiaire est évincé. Il ne peut pas obtenir la nullité de cette vente, régulièrement publiée, et, ce, même si la promesse de vente avait, elle-même, fait l'objet d'une publicité (en ce sens, V. Cass. req., 15 déc. 1891 : *DP* 1892, 1, p. 576. – Cass. req., 12 juin 1929 : *DH* 1929,

p. 445. – Cass. 1re civ., 8 févr. 1966 : *JCP* G 1967, II, 15116, note Voirin. – CA Paris, 22 févr. 1966 : *Gaz. Pal.* 1966, 1, p. 421, concl. Ricaleus). En effet, la publicité de la promesse, qui n'est que facultative, ne rend pas l'avant-contrat opposable aux tiers (V. n° 6641. – Sur la critique du régime actuel, V. J. et S. Piédelièvre, *La publicité foncière*, Defrénois, Lextenso, 2014, nos 277 et s.).

Attention ! Le problème de la publication se pose dans des termes totalement différents après la levée de l'option. La vente est alors parfaite et la publication doit obligatoirement être opérée si l'on veut qu'elle soit opposable aux tiers (V. n° 6667).

6644 Mais la situation est différente lorsque le tiers acquéreur est de mauvaise foi. S'il apporte la preuve de la mauvaise foi du tiers, c'est-à-dire sa connaissance de l'existence du contrat de promesse, le bénéficiaire de la promesse peut demander l'annulation de la vente (en ce sens, V. par ex. Cass. civ., 10 avr. 1948 : *JCP* G 1948, 11, 4403, note Becqué. – Pour des applications, V. Cass. 3e civ., 8 juill. 1975 : *Gaz. Pal.* 1975, 2, p. 781. – Cass. 3e civ., 15 févr. 1978 : *RTD civ.* 1979, p. 160, obs. Cl. Giverdon. – Cass. 3e civ., 20 févr. 1979 : *JCP* G 1980, II, 19376, note Dagot. – Cass. 3e civ., 10 nov. 1982 : *Bull. civ.* 1982, III, n° 221. – Cass. 3e civ., 10 mai 1972 : *Bull. civ.* 1972, III, n° 300, p. 216. – Cass. 3e civ., 30 janv. 1974 : *Defrénois* 1974, art. 30631, p. 637, obs. G. Goubeaux ; *JCP* G 1975, II, 1800, note Dagot ; *RTD civ.* 1975, p. 569, obs. Cl. Giverdon. – Cass. 3e civ., 8 juin. 1975 : *Gaz. Pal.* 1975, 2, p. 781, note A. Plancqueel. – Cass. 3e civ., 10 nov. 1982 : *Bull. civ.* 1982, III, n° 221).

Or, si la publication de la promesse ne constitue pas définitivement le tiers de mauvaise foi ; elle allège néanmoins la charge de la preuve qui pèse sur le bénéficiaire (en ce sens, V. Cass. 3e civ., 20 févr. 1979 : *JCP* G 1980, II, 19376, note M. Dagot. – CA Nancy, 8 juin 1977 : *JCP* G 1978, 11, 18 847 ; *Defrénois*, art. 1978, art. 31 764, p. 854, note J.-L. Aubert. – V. J.-F. Lusseau, *Des problèmes actuels posés par la promesse unilatérale de vente immobilière* : *RTD civ.* 1977, p. 483 et s.). En effet, la publication de la promesse emporte une présomption simple de la faute du tiers, et dans cette mesure elle présente donc un intérêt (S. Piédelièvre, *La publicité foncière*, n° 397. – Ph. Simler et Ph. Delebecque, *Les sûretés. La publicité foncière*, n° 900. – Y. Picod, *Sûretés. Publicité foncière*, n° 664).

6645 **Incidence de la réforme du droit des contrats et des obligations.** À la suite de la réforme du droit des contrats et des obligations opérée par l'ordonnance du 10 février 2016 précitée (V. n° 6634), il a été soutenu que le nouvel article 1124 du Code civil modifiait le régime de la promesse unilatérale du point de vue de la publicité foncière. En effet, selon l'alinéa 2 de ce texte, « la révocation de la promesse pendant le temps laissé au bénéficiaire pour opter n'empêche pas la formation du contrat promis ». Il en résulterait que dans la mesure où toute rétractation devient inefficace pendant la durée réservée au bénéficiaire pour lever l'option, la promesse s'analyserait en une restriction au droit de disposer au sens de l'article 28, 2° du décret du 4 janvier 1955, soumise à publication obligatoire, à peine d'inopposabilité (V. les rapports des travaux du 112e Congrès des notaires, *La propriété immobilière entre liberté et contraintes*, Nantes 2016, n° 1228, 1re commission, *Établir et protéger la propriété immobilière*, et V. Streiff et C. Pommier, *Gestion des conflits entre acquéreurs successifs et publicité, la réforme du droit des contrats* : *JCP* N 2016, n° 21, 1170. – V. aussi, dans le présent ouvrage « Interdiction d'aliéner »).

Il faut ajouter qu'aux termes de l'article 1124, alinéa 3 du Code civil, « le contrat conclu en violation de la promesse unilatérale avec un tiers qui en connaissait l'existence est nul ». Ce texte constitue à notre avis une incitation à procéder à la publication de la promesse unilatérale, car la preuve de la mauvaise foi du tiers peut s'en trouver facilitée, au vu de la jurisprudence antérieure (V. n° 6644).

6646 **Prénotation de la promesse unilatérale.** Il a été soutenu que le mécanisme de la prénotation (V. nos 6674 à 6678), prévu par l'article 37, 2 du décret n° 55-22 du 4 janvier 1955, était applicable à la promesse unilatérale de vente, qu'elle soit sous seing privé ou authentique (M. Suquet-Cozic, *Peut-on utiliser la prénotation lorsque la promesse de vente est authentique ? : Sol. not.* juin 2014, n° 6, art. 142, p. 39-40).

6647 **Publication de la levée de l'option.** Selon un arrêt de la Cour de cassation, « la levée de l'option d'une promesse unilatérale de vente ne constitue pas un acte soumis à publicité par application de l'article 28, 1 du décret du 4 janvier 1955 ». Si cette publication intervient, elle ne permet pas au bénéficiaire de prendre rang : en l'espèce l'auteur de la publication avait été primé par un autre acquéreur qui avait publié postérieurement une assignation en réalisation forcée de la vente de l'immeuble à son profit (Cass. 3e civ., 16 janv. 2020, n° 19-11.497 : *Sol. not.* 2020, n° 10, p. 6, obs. M. Suquet-Cozic ; *Defrénois* 2020, n° 14, p. 29, note P. Vignalou).

Mme Suquet-Cozic alerte dans sa note sur la conduite à tenir : ou bien on entend publier une vente d'immeuble et l'acte doit alors être présenté sous forme normalisée, en deux parties. Ou bien on entend publier une demande de réitération forcée en vertu de l'article 37, 2 du décret du 4 janvier 1955 : la demande doit alors reproduire littéralement l'acte dont la réitération est demandée et cet acte doit figurer en annexe. En l'espèce l'acte notarié de levée d'option ne répondait à aucun de ces deux critères

C Formalités

1 Promesse constatée par acte authentique

6648 **Délais.** Les promesses de vente en la forme authentique sont assujetties à l'enregistrement en raison de la forme notariée de l'acte et en application de l'article 635, I, 1° du Code général des impôts. Cependant, en vertu d'un arrêté du 4 mai 2016 (V. **Paiement des droits**), les promesses unilatérales de vente ont été ajoutées à la liste des actes notariés dispensés de la formalité, figurant à l'article 60 de l'annexe IV au Code général des impôts. Ces actes sont assujettis au droit fixe des actes innommés (CGI, art. 681), soit actuellement 125 €, et ce droit est payé sur états (N. Gonzalez-Gharbi, *De l'obligation d'enregistrer les promesses de vente d'immeuble : Nota Bene Cridon Sud-Ouest* juin 2016, art. 862) (V. n° 6641).

6649 **Promesse constatée par acte d'huissier. Caractère authentique (non).** En vertu de l'article 1er de l'ordonnance n° 45-2590 du 2 novembre 1945, les notaires disposent d'un monopole pour recevoir tous les actes et contrats auxquels les parties doivent ou veulent faire donner le caractère d'authenticité attaché aux actes de l'autorité publique. L'huissier, officier ministériel, ne saurait, sans empiéter sur le monopole des notaires et sans sortir de ses attributions, constater l'existence d'une convention. C'est donc à bon droit qu'une cour d'appel, après avoir relevé qu'une promesse de vente avait été recueillie sous la forme d'un procès-verbal de constat, a décidé que ce procès-verbal ne constituait pas un acte authentique et qu'il ne pouvait, par application de l'article 1er de l'ordonnance n° 45-2592 du 2 novembre 1945 relative au statut des huissiers, valoir qu'à titre de simples renseignements (Cass. 1re civ., 19 févr. 1991, n° 89-16486 : *JCP* N 1991, II, p. 177 ; *Dr. fisc.* sept. 1993, comm. 439).

2 Promesse constatée par acte sous seing privé

6650 **Délais.** Ces actes doivent être enregistrés à la recette des impôts du domicile de l'une des parties (CGI, art. 652), à la diligence soit du bénéficiaire de la promesse, soit du promettant. Elle doit s'accompagner en principe du dépôt d'un double (CGI, art. 849). Cependant, si la promesse a été rédigée en un seul exemplaire, il est admis que ce double soit remplacé par une copie certifiée. L'acceptation de la promesse par le bénéficiaire doit faire l'objet d'une mention, datée et signée, apposée sur l'acte et reproduite sur le double, ou la copie, déposé au bureau des impôts (enregistrement).

D Fiscalité

1 Droits d'enregistrement

6651 **Régime fiscal applicable.** Qu'elles soient constatées par acte authentique ou par acte sous seing privé et, dans le premier cas, qu'il y ait eu ou non formalité fusionnée, les promesses unilatérales de vente donnent lieu, en général, à la perception du droit fixe applicable aux actes innommés (CGI, art. 680. – V. **Droits fixes**).

6652 Toutefois, les promesses consenties en vue de la réalisation d'acquisitions dispensées des droits d'enregistrement sont enregistrées gratis à la condition de se référer expressément aux textes qui ont édicté l'exonération des droits de mutation. Tel est le cas, notamment, pour les promesses faites en vue de la réalisation d'acquisitions prévues aux articles 1040 (acquisitions faites par l'État et certains établissements publics), 1042 (acquisitions des collectivités locales, et des établissements publics locaux), 1045 (acquisitions dans le cadre d'une procédure d'expropriation pour cause d'utilité publique) du Code général des impôts (Rép. min. Begault, n° 31874 : *JOAN* 9 déc. 1976, p. 9112).

2 Cas où la promesse porte sur des biens ou droits entrant dans le champ d'application de la TVA

6653 **Promesse ferme.** Si l'acte n'emporte d'engagement qu'à la charge du promettant, on se trouve en présence d'une simple promesse unilatérale de vente. Lorsque cette promesse porte sur un bien dont la mutation serait passible de la TVA immobilière, elle ne constitue pas une « livraison » pour l'application de cette taxe. En effet, il n'y a pas « transfert du pouvoir de disposer de l'immeuble comme un propriétaire » au profit du bénéficiaire de la promesse (sur les conditions d'application de la TVA immobilière, V. **TVA immobilière**).

6654 Promesse assortie d'une condition. Lorsqu'une promesse unilatérale de vente est assortie d'une condition suspensive, l'existence de cette condition est sans influence sur le régime fiscal d'une telle promesse ou de sa cession. Mais elle s'oppose à ce que la TVA soit réclamée au moment où la promesse unilatérale est transformée en promesse synallagmatique par adhésion du bénéficiaire ; la taxe ne devient exigible qu'à la date de réalisation de la condition (V. **Condition suspensive** et antérieurement, Doc. adm. DGI, 8 A-1131, n° 4, 15 nov. 2001).

3 Perceptions opérées lors de la publication de la promesse unilatérale

6655 Distinction à opérer. La publication de la promesse unilatérale de vente établie en la forme authentique donne ouverture à la taxe de publicité foncière au taux fixe des actes innommés (V. **Droits fixes**) si la publicité en est requise en même temps que l'enregistrement (*BODGI* 7 C-13-70).
Si la promesse unilatérale établie en la forme sous seing privé est d'abord présentée à la recette des impôts, sa publication ultérieure, si elle est authentifiée, sera dispensée de taxe de publicité foncière. Seule la contribution de sécurité immobilière au tarif proportionnel sera perçue sur le prix prévu pour la vente (*BODGI*, préc. ; Lacroix, V° Promesse de vente, n° 618).

4 Actes postérieurs

a) Renonciation au bénéfice d'une promesse de vente unilatérale

6656 Perceptions. La publication de cet acte de renonciation donne lieu à perception :
– de la taxe de publicité foncière au taux fixe prévu pour les actes innommés (CGI, art. 680. – V. **Acte innommé**) ;
– de la contribution de sécurité immobilière au taux fixe (V. **Contribution de sécurité immobilière**).

N.B. : La contribution de sécurité immobilière a remplacé le salaire du conservateur à compter du 1er janvier 2013. Elle obéit aux mêmes conditions d'assiette, de tarifs, de contrôle et de recouvrement que ce salaire (V. **Contribution de sécurité immobilière**). Les solutions données ci-dessous à propos du salaire du conservateur peuvent donc être transposées pour la perception de la contribution de sécurité immobilière.

b) Cessions de promesses unilatérales de vente

6657 Régime fiscal. Comme les promesses unilatérales de vente, les cessions de ces promesses, définies ci-dessus, doivent faire l'objet, soit d'un acte authentique, soit d'un acte sous seing privé enregistré dans les dix jours de sa date.
La cession d'une promesse unilatérale non acceptée s'analyse en la cession d'un droit mobilier passible du droit fixe des actes innommés (sur le taux actuel, V. **Acte innommé**).

c) Résiliation

6658 Taxation. La résiliation d'une promesse unilatérale avec ou sans indemnité, n'est passible que du droit fixe prévu à l'article 680 du Code général des impôts (sur le taux actuel, V. **Acte innommé**).

d) Prorogation

6659 La prorogation du terme d'une promesse unilatérale de vente, qu'elle soit consentie avant ou après l'expiration du délai initialement prévu, n'est pas soumise aux prescriptions de l'article 1589-2 du Code civil (CGI, anc. art. 1840 A). Ainsi, rédigée sous seing privé, elle n'est pas nulle, même si elle n'a pas été enregistrée (Cass. com., 29 janv. 1979, n° 77-11.302 : *Bull. civ.* 1979, IV, n° 35, p. 28). La Cour de cassation fait reposer la solution sur une interprétation stricte du texte.

5 Réalisation de la promesse unilatérale de vente

a) Cas général

6660 Principe. La réalisation de la promesse résulte de la décision du bénéficiaire d'acheter le bien qui lui a été promis ou, selon la terminologie en usage, de la levée de l'option.
Mais, bien entendu, il n'en est ainsi que si l'offre est encore valable. La réalisation de la promesse rend alors la vente parfaite et motive l'exigibilité des droits de mutation.

6661 Preuve de la réalisation de la promesse. Pour réclamer le droit et les pénalités, il suffit à l'administration de prouver la réalisation de la vente par tous les moyens de preuve dont elle dispose (Cass. civ., 22 août 1865 : *Journ. enr.*, 18087 ; Instr. 2326, § 7. – T. civ. Seine, 16 juill. 1913 : *Journ. enr.*, 29054).
La preuve de la réalisation peut résulter d'un acte d'huissier portant acceptation. Un nouveau

consentement du vendeur n'est pas nécessaire (T. civ. Seine, 19 avr. 1910 : *Journ. enr.*, 28412. – Sol. 22 févr. 1934 et Circ. 13 sept. 1934 : Instr. 4244, § 17).

Une simple lettre adressée au vendeur peut également suffire pour constater l'acceptation et la mutation et doit être soumise à la formalité dans le délai d'un mois (Cass. civ., 17 mai 1922 : *Journ. enr.*, 31705).

Il en est autrement si le promettant démontre que la promesse était périmée lors de l'acceptation (Rappr. TGI Lisieux, 24 mai 1960 : *Ind. enr.*, 10224).

La preuve de la réalisation de la promesse unilatérale peut également résulter de circonstances extrinsèques. Ainsi, une société d'économie mixte d'équipement avait accordé à une société de travaux publics une promesse unilatérale de vente d'un terrain sous la condition suspensive de la délivrance d'un permis de construire. Une date limite d'acceptation avait également été fixée. Nonobstant le report de cette date, par avenants successifs, c'est à bon droit qu'un tribunal a décidé que la levée de l'option était intervenue entre-temps, dès lors que la délivrance du permis de construire, l'engagement de travaux et le versement de diverses sommes à la société d'économie mixte avaient réalisé la prise de possession du terrain et le paiement du prix, et que par suite, l'administration fiscale était fondée à exiger le paiement des droits de mutation à titre onéreux (Cass. com., 14 févr. 1984, *SGE* : *Dr. fisc.* 25/1984, comm. 1234).

6662 Régime fiscal. L'acte ou les actes qui, par leur rapprochement, constatent l'accord des parties doivent être enregistrés et publiés dans les conditions et délais prévus pour les ventes. À défaut d'acte, une déclaration doit être souscrite. Les droits exigibles sont également les mêmes qu'en cas de vente. La mutation ne se réalisant que par le consentement de la partie qui profite de la promesse, c'est le tarif du jour où cette mutation devient parfaite qui est applicable, même en cas de modification ultérieure du prix (V. T. civ. Évreux, 6 févr. 1934 : *Journ. enr.*, 34300. – V. aussi Cass. civ., 1er juill. 1947 : *Ind. enr.*, 6172).

6663 Liquidation des droits. Tarif applicable et valeur vénale à prendre en considération. Dans le cas d'acceptation d'une promesse de vente par le bénéficiaire, les parties ont la faculté de subordonner le transfert de propriété du bien faisant l'objet de ladite promesse à telles modalités dont elles conviennent. Par suite, lorsque, dans le cas d'un bail d'immeubles assorti d'une promesse de vente, les parties étaient déjà en litige sur l'exécution du bail lors de l'acceptation par le preneur de la promesse dont celui-ci n'a pas exigé la réalisation et que, de leur commun accord, cette acceptation est demeurée sans effet jusqu'à la date de l'acte notarié dont la rédaction était expressément prévue dans le bail pour la perfection du contrat de vente, c'est à cette date seulement que s'est opéré au profit du preneur le transfert de propriété. C'est donc le tarif en vigueur à la date de cet acte notarié qui est applicable (Cass. civ., 1er juill. 1947 : *Rev. enr. et imp.*, 12289).

De même, la valeur vénale qui sert d'assiette à l'impôt lorsque le prix est jugé insuffisant, est la valeur à la date de la réalisation.

6664 Caractère définitif de la « levée de l'option ». L'acceptation, dès lors qu'elle intervient, est définitive et le droit est exigible quels que soient les faits postérieurs qui sont, de leur côté, imposables. Il en est ainsi, bien que le vendeur ait, après l'acceptation, revendu lui-même l'immeuble à un tiers, l'acquéreur primitif renonçant au bénéfice d'un jugement qui lui attribuait cet immeuble (T. civ. Seine, 22 avr. 1864 : *Journ. enr.*, 17897 ; Instr. 2326, § 7).

b) Cas particulier. Promesse de vente portant sur des terrains lotis ou à lotir

6665 Règles applicables. Selon l'article 1589 du Code civil, si la promesse s'applique à des terrains déjà lotis ou à lotir, son acceptation et la convention qui en résultera s'établiront par le paiement d'un acompte sur le prix, quel que soit le nom donné à cet acompte et par la prise de possession du terrain.

La date de la convention, même régularisée ultérieurement, sera celle du versement du premier acompte.

L'accomplissement des deux conditions prévues par ce texte (paiement d'un acompte et prise de possession) est indispensable pour que les droits de mutation soient exigibles.

Si le bénéficiaire paie une partie du prix avant d'entrer en possession, la prise de possession agit à la manière de la réalisation d'une véritable condition suspensive et la mutation est considérée comme rétroactivement accomplie à la date du premier paiement.

Dans ce cas, il faut, semble-t-il, appliquer le tarif en vigueur lors de la prise de possession à la valeur du bien à la même date (CGI, art. 676).

Lorsque le paiement du premier acompte sur le prix est postérieur à la prise de possession du terrain, c'est la date du paiement de l'acompte qui doit être retenue tant pour la liquidation des droits que pour le contrôle du prix ou de la valeur déclarée (Instr. n° 4098).

À défaut d'acte, la mutation doit être déclarée dans le mois du fait générateur des droits de mutation (Instr. n° 4098).

On notera que les ventes de terrains lotis ou à lotir sont susceptibles d'entrer dans le champ d'application de la TVA (V. **Lotissement**).

II Promesse synallagmatique (« compromis »)

BIBLIOGRAPHIE : G. Durand-Pasquier et O. Hernnberger, *À la recherche d'un avant-contrat synallagmatique et authentique ne nécessitant pas de publication* : *JCP* N 2014, n° 11, 1121. – M. Suquet-Cozic, *Quelles formalités pour le compromis de vente authentique ?* : *Sol. not.* nov. 2013, n° 11, art. 275, p. 25. – *JCl. Civil Code*, Art. 1589 à 1589-2, fasc. 10, par M. Mignot.

A Définition

6666 La promesse unilatérale devient synallagmatique lorsqu'intervient la levée de l'option, qui rend la vente parfaite entre les parties.

B Publicité foncière

6667 **Rappel de la jurisprudence.** Il était traditionnellement admis en jurisprudence que le second acquéreur, qui avait publié son titre, ne pouvait invoquer à son profit les règles de la publicité foncière dès lors qu'il avait procédé à l'achat de l'immeuble en connaissance de sa précédente cession à un tiers et donc de mauvaise foi.

Un arrêt de la Cour de cassation, dont la portée a été diversement appréciée a remis en question cette jurisprudence (Cass. 3e civ., 10 févr. 2010, n° 08-21 656 : *JurisData* n° 2010-051625 ; *Bull. civ.* 2010, III, n° 41 ; *Defrénois* 2010, art. 39 123, p. 1169, obs. S. Piédelièvre ; *RDC* 2010, p. 895, obs. S. Pimont. – V. sur cette décision, S. Lamiaux, *Conflit entre acquéreurs successifs d'un même immeuble : retour au purisme de la publicité foncière ?* : *JCP* N 2010, 13-1146).

En l'espèce, l'acquéreur d'un immeuble avait fait publier son titre alors que l'immeuble avait été précédemment vendu aux termes d'une promesse synallagmatique sous signatures privées non publiée. Les juges du fond avaient estimé que puisque le second acquéreur avait eu connaissance de la première vente, celle-ci lui était opposable. L'arrêt a été cassé pour violation de l'article 30-1 du décret du 4 janvier 1955.

La Cour de cassation devait confirmer sa position dans plusieurs décisions postérieures (Cass. 3e civ., 15 déc. 2010, n° 09-15 891 ; *Gaz. Pal.* 8-9 févr. 2012, p. 18, et la note ; *Defrénois* 2011, n° 19, 40 177, p. 1525, note S. Piédelièvre. – Cass. 3e civ., 12 janv. 2011, n° 10-10 667 : *Defrénois* 2011, art. 39 211, p. 479, note C. Grimaldi ; *Defrénois* 2011, art. 40 177, p. 1525, note S. Piédelièvre ; *RTD civ.* 2011, p. 158, obs. P. Crocq et p. 369, obs. Th. Revet ; *D.* 2011, p. 851, note L. Aynès. – V., plus récemment, Cass. 3e civ. 19 juin 2012, n° 11-17.105 : *AJDI* 2013, p. 302, note F. Cohey-Cordet. – Cass. 1re civ., 20 déc. 2012, n° 11-19.682 : *Bull. civ.* 2012, I, n° 273. – Cass. 3e civ., 12 févr. 2013, n° 12-13.835. – Cass. 3e civ., 11 sept. 2013, n° 12-23357 : *Bull. civ.* 2013, I, n° 169 ; *JCP* N 2014, p. 28, obs. J.-M. Delperier ; *Gaz. Pal.* 10-14 nov. 2013, obs. M. Mekki ; *RTD civ.* 2014, p. 125, obs. P. Jourdain ; *Defrénois* 2015, n° 4, p. 195, obs. M. Latina. – V., sur le sujet, M. Suquet-Cozic, *Acquéreurs successifs d'un même immeuble : pas de faute du notaire qui reçoit la seconde vente* : *BPIM* févr. 2013, p. 7, n° 91 ; *Defrénois* 2014, n° 1, p. 8, note S. Piédelièvre).

Il en résultait que les droits concurrents des acquéreurs successifs d'un même bien immobilier devaient se déterminer uniquement par référence aux règles de la publicité foncière. Devait être considéré comme propriétaire celui qui publiait en premier lieu son titre, même s'il était de mauvaise foi.

6668 **Conséquences pratiques.** Cette jurisprudence constituait pour les praticiens une incitation à procéder systématiquement à la publication des « compromis » de vente. Cette publication est en principe obligatoire en vertu de l'article 28 du décret du 4 janvier 1955 : mais dans la quasi-totalité des cas, elle n'était pas effectuée. Rappelons que le 99e Congrès des notaires l'avait jugée « absolument nécessaire » afin de « préserver l'acquéreur contre le changement d'attitude du vendeur » et de pouvoir « rendre inopposables à son égard toutes les mutations ou inscriptions » postérieures à cette publication (*La vente d'immeuble : sécurité* *et transparence*, rapport de la 2e commission, n° 2137, p. 433).

6669 Incidence de la réforme du droit des contrats et des obligations. L'ordonnance n° 2016-131 du 10 février 2016, applicable à compter du 1er octobre 2016 (V. n° 6634) a modifié les données du problème. En effet, l'article 1198, alinéa 2 nouveau du Code civil dispose :

> « Lorsque deux acquéreurs successifs de droits portant sur un même immeuble tiennent leur droit d'une même personne, celui qui a, le premier, publié son titre d'acquisition passé en la forme authentique au fichier immobilier est préféré, même si son droit est postérieur, à condition qu'il soit de bonne foi ».

Comme l'ont mis en évidence les commentateurs, on revient ainsi à la situation antérieure à la jurisprudence citée plus haut. L'acquéreur en second ne pourra opposer la publication de son acte au fichier immobilier à l'acquéreur premier en date qu'à la condition qu'il soit de bonne foi (V. L.-A. Poletti, *Négocier promettre et vendre l'immeuble après l'ordonnance du 10 février 2016 : Bull. Cridon Paris* 15 sept. 2016, n° spécial, nos 4 et 5, p. 5. – F. Cohet, *Incidence de l'ordonnance du 10 février 2016 en matière de transactions immobilières : AJDI* 2016, p. 334. – B. Nuytten, *Réforme des contrats : remarques et formules à l'attention des rédacteurs d'avant-contrats : BPIM* févr. 2016, n° 79). Cela étant, ce nouvel état de la législation ne nous paraît pas entraîner la caducité des recommandations pratiques formulées dans l'état antérieur de la jurisprudence. La publication des « compromis de vente », qui est, rappelons-le, obligatoire (V. n° 6668), conserve l'intérêt de rendre immédiatement opposable à un acquéreur second en date la mutation intervenue, et à éviter toute discussion sur le point de savoir s'il est ou non de bonne ou de mauvaise foi, dans le cas où il ferait publier son titre en premier.

N.B. : Le projet de réforme de la publicité foncière propose de supprimer les termes « à condition qu'il soit de bonne foi » figurant à l'article 1198, alinéa 2 actuel du Code civil. Le seul cas dans lequel le jeu des règles de publicité foncière serait alors évincé serait celui de la fraude caractérisée (V. Rapport de la commission de réforme de la publicité foncière : *Pour une modernisation de la publicité foncière [« Rapport Aynès »]*, p. 80 à 84. Sur la critique de ce projet de réforme, V. Ph. Simler, *Pour le maintien de la condition de bonne foi : à propos du projet de réforme de la publicité foncière : JCP* G 2019, n° 51, 1348).

1 Publication du « compromis » lorsque les deux parties sont d'accord

6670 Authenticité. Depuis la réforme opérée par la loi n° 2011-331 du 28 mars 2011, qui a créé l'article 710-1 nouveau du Code civil, il n'est plus possible de conférer l'authenticité à une promesse de vente synallagmatique en la déposant au rang des minutes d'un notaire avec reconnaissance d'écriture et de signature.

Pour pouvoir être publiée, la promesse de vente doit être établie dès l'origine par acte authentique reçu par un notaire exerçant en France ou émanant d'une autorité administrative. Si elle a été établie en la forme sous seing privé, elle doit être réitérée dans cette forme, sa substance étant reprise dans un acte notarié ou un acte administratif (V. **Authenticité**).

Comme on l'a souligné, la réitération de la convention suppose que toutes les parties y consentent et se trouvent dans les conditions requises pour que leur consentement puisse être donné valablement. Ce consentement peut être donné par procuration, qui n'a pas besoin de revêtir la forme authentique (P.-F. Cuif, *Réforme de la publicité foncière [art. 710-1 C. civ.] : Nouvelles règles et nouvelles pratiques pour le notaire : Bull. Cridon Paris* 1er-15 août 2011, p. 2 et s., nos 7 et 8).

6671 Formalité applicable et perception. Le compromis de vente authentique est soumis à la formalité fusionnée auprès du service de la publicité foncière du lieu de situation de l'immeuble, par application combinée des dispositions des articles 635, 1, 1° et 647, I du Code général des impôts et article 28, 1°, *a)* du décret n° 55-22 du 4 janvier 1955. L'exécution de la formalité engendre la perception de la taxe fixe de publicité foncière de 125 € (CGI, art. 680. – BOI-ENR-DMTOI-10-10-30-10, 12 sept. 2012, § 30) et de la contribution de sécurité immobilière de 0,10 % sur le prix de vente (CGI, art. 881 K). Le compromis authentique, relevant obligatoirement de la formalité fusionnée, ne peut pas être soumis à la formalité de l'enregistrement et l'agent du pôle d'enregistrement auquel est présenté un tel compromis doit opposer un refus d'enregistrement (CGI, ann. III, art. 260). Pour la même raison, le procédé du paiement sur états est également interdit (CGI, ann. III, art. 248) (V., sur ce sujet, M. Suquet-Cozic, *Quelles formalités pour le compromis de vente authentique ? : Sol. not.* nov. 2013, n° 11, art. 275, p. 25).

6672 Subordination de la réalisation de la vente à une manifestation de volonté de l'une

des parties. Taxation. Deux questions posées au ministre délégué chargé du budget évoquent l'hypothèse où « la réalisation de la promesse de vente est subordonnée à une intervention de la volonté, celle-ci pouvant toutefois émaner d'une seule des parties sans qu'il soit besoin d'une nouvelle rencontre des volontés ».
Dans cette hypothèse, chacune des parties peut soit prendre acte de la défaillance du partenaire et renoncer à la réalisation de la vente, soit en poursuivre l'exécution en faisant constater la défaillance par un procès-verbal de carence et obtenir une décision jurisprudentielle tenant lieu d'acte authentique de vente. Cette subordination de la réalisation de la vente à une manifestation de volonté affecte la promesse d'une fragilité bien plus radicale que la condition : elle en fait une simple étape dans la formation du contrat de vente (V. *JCP* N 1981, p. 337 à 340).
Il a été demandé si une telle promesse pourrait être présentée à l'enregistrement et donner lieu à la simple perception du droit fixe des actes innommés.
Réponse. – Sous réserve de l'appréciation souveraine des tribunaux, le droit de mutation serait, dans la situation exposée, exigible au titre de la promesse synallagmatique de vente dès lors que, si aucune condition suspensive ne fait obstacle par ailleurs à la formation du contrat, chaque partie peut obtenir en justice du cocontractant la signature de l'acte authentique matérialisant la vente qui, de l'avis même de l'auteur auquel il est fait référence dans la question posée, « en tant qu'opération juridique est parfaite dès la promesse ». Par ailleurs, l'article 660 du Code général des impôts fait défense aux comptables des impôts d'accomplir la formalité de l'enregistrement à l'égard des actes sujets à publicité dans un bureau des hypothèques en exécution du décret n° 55-22 du 4 janvier 1955 et qui ne seraient pas dressés en la forme authentique conformément aux prescriptions de l'article 4 de ce texte. Ces règles sont directement applicables à la situation visée. Il est précisé que le refus de formalité donne date certaine à l'acte et entraîne en principe l'exigibilité immédiate des droits (Rép. min. Noe : *JO* Sénat CR, 22 juill. 1982, p. 3865 et Rép. min. Hage : *JOAN* CR, 26 juill. 1982, n° 7972 ; *JCP* N 1982, prat. 8415).

6673 **Appréciation de la valeur vénale du bien à la date de la promesse en l'absence de clause différant le transfert de propriété.** Dès lors que la promesse synallagmatique vaut vente (C. civ., art. 1589), le transfert de propriété s'effectue dès le moment de la double promesse de vendre et d'acheter, à moins d'une disposition contraire. Il en est ainsi même si la réalisation par acte authentique est reportée à une date ultérieure (Cass. 3e ch. civ., 11 juin 1992 : *Dr. fisc.* 1993, nos 32-37, comm. 1694). Par suite, la valeur vénale du bien transmis s'apprécie à la date de la promesse et non à celle de l'acte notarié passé postérieurement.
Cette solution de principe est applicable en l'absence, dans la promesse synallagmatique de vente, de clause différant le transfert de propriété (Cass. com., 4 mai 1993 : *Dr. fisc.* 1994, comm. 409).

2 Publication du « compromis » en cas de refus par l'une des parties de passer l'acte authentique

6674 **Article 37 du décret du 4 janvier 1955.** L'article 37 du décret n° 55-22 du 4 janvier 1955 précise, dans son paragraphe 2, premier alinéa, que peuvent être publiés, pour l'information des usagers, les documents suivants auxquels sont annexés ou dans lesquels sont reproduits des actes soumis à publicité, quoique ces actes n'aient pas été dressés en la forme authentique :
1°) demande en justice tendant à obtenir la réitération ou la réalisation en la forme authentique desdits actes ;
2°) procès-verbal notarié constatant le défaut ou le refus du cocontractant ou promettant de procéder aux dites réitération ou réalisation ;
3°) déclaration, par acte notarié, de la volonté du bénéficiaire de l'acte d'exiger lesdites réitération ou réalisation.
Ce texte offre donc deux voies pour obtenir la publication du compromis établi en la forme sous seing privé :
– la voie judiciaire : une assignation est lancée, et c'est cette assignation qui sera publiée (D. 4 janv. 1955, art. 37 et 1°) ;
– la voie notariale : établissement d'un procès-verbal constatant le refus de la partie récalcitrante de procéder à la réalisation ou à la réitération de la vente en la forme authentique, ou déclaration par acte notarié par l'une des parties, d'exiger cette réitération ou réalisation.
Cette procédure n'a pas été affectée par la réforme opérée par la loi n° 2011-331 du 28 mars 2011, qui a introduit dans le Code civil l'article 710-1 nouveau (V. **Authenticité**).

6675 **Conditions d'efficacité de la « prénotation ».** Il résulte du deuxième alinéa du paragraphe 2 de l'article 37 susvisé que la publication de ces documents rend l'acte sous seing privé opposable aux tiers, conformément aux dispositions de l'article 30 du décret du 4 janvier 1955, à compter du jour où est effectuée la formalité, mais à la condition que cette formalité soit suivie, dans un délai de trois ans, de la publication d'un acte authentique ou d'une décision judiciaire constatant la réitération ou la réalisation de la convention. C'est une publicité assortie d'une condition résolutoire (Cass. com., 22 févr. 1977 : *JCP* N 1977, prat. 6728. – Cass. com., 28 mai 1979 : *JCP* G 1980, II, p. 1). À l'expiration du délai de trois ans, la publication est frappée de caducité. L'instance judiciaire ne suspendant pas ce délai, cette publication doit être réitérée à l'expiration des trois années pour conserver ses effets. C'est au jour où intervient une nouvelle formalité avec un tiers que la validité de la publicité doit être appréciée. Si une seconde vente se produit dans le délai initial de trois ans, peu importe que la publication devienne ultérieurement caduque : la première vente est opposable au second acquéreur qui a acquis en pleine connaissance de celle-ci (note ss Cass. 3e civ., 24 mars 2009, n° 07-21 824 : *RJDA* août-sept. 2009, n° 792).

Selon un jugement du tribunal de grande instance de Nantes du 6 octobre 1983, la publicité de l'acte sous seing privé n'aurait pas pour effet de rendre cet acte immédiatement opposable aux tiers mais seulement de rendre rétroactivement opposable aux tiers le jugement qui se substitue à l'acte authentique pour opérer le transfert de propriété. Mais cette décision a été à juste titre critiquée (*JCP* N 1986, 11, p. 10, note crit. M. Dagot).

6676 **Intérêts de la prénotation.** Un arrêt de la Cour de cassation énonce que l'inscription d'hypothèque prise du chef du vendeur de l'immeuble grevé est inopposable aux acquéreurs dont le titre est publié le même jour, dès lors que la décision de justice constatant la mutation à leur profit est publiée moins de trois ans suivant la publication de l'assignation délivrée au vendeur (Cass. 1re civ., 7 avr. 2016, n° 15-12.307, publié au bulletin : *JurisData* n° 2016-006478 ; S. Piédelièvre : *Defrénois* 2017, n° 2, p. 111 ; Ph. Delebecque : *JCP* N 2016, n° 47, p. 52, n° 18 ; M. Bourassin : *Gaz. Pal.* 27 sept. 2016, p. 70 ; *BPIM* mars 2016, n° 192 et la note. – J.-L. Puygauthier, *Arrêter le cours des inscriptions lorsque le vendeur refuse la réitération par acte authentique ? : JCP* N 2016, n° 42, 1299).

La publication de la demande en réitération ou en réalisation de la vente par acte authentique prévue à titre facultatif par l'article 37-2 du décret du 4 janvier 1955 n'est qu'une inscription provisoire, informant les tiers d'une menace pesant sur le droit de propriété. Elle permettra à son bénéficiaire de prendre rang à la date de cette publication si un acte authentique de vente ou une décision judiciaire en tenant lieu est publié dans les trois ans. Mais cette publication n'emporte pas mutation de propriété. Elle n'a qu'une valeur informative et ne peut être assimilée à la publication d'un acte authentique de vente. Elle ne confère donc pas de droits sur l'immeuble (Cass. 3e civ., 1er oct. 2020, n° 19-17. 549, FS-PBI : *JurisData* n° 2020-015342 : *JCP* G 2020, n° 50, 1379, note C. Laporte ; *Constr.-Urb.* déc. 2020, comm. 144, note C. Sizaire ; *Gaz. Pal.* 1er déc. 2020, p. 22, note S. Piédelièvre ; *RJDA* janv. 2021, n° 58, et la note ; *AJDI* 2021, p. 623, note F. Cohet ; *Defrénois* 2021, n° 9, p. 34, note D. Savouré).

6677 **Condition suspensive.** Les dispositions de l'article 37-2 s'appliquent, semble-t-il, également au cas d'un compromis de vente assorti de conditions suspensives, puisque tous les actes, même assortis d'une condition suspensive, portant mutation de droits réels immobiliers, doivent être obligatoirement publiés en vertu de l'article 28-1°-a du décret du 4 janvier 1955 (V. Bulté, chron. hyp. : *JCP* N 1967, IV, 4209).

6678 **Perceptions.** La taxe de publicité foncière, applicable lors de la publication de l'un des actes visés à l'article 37 du décret du 4 janvier 1955 (V. n° 6674) est la taxe fixe prévue par l'article 679 du Code général des impôts, soit actuellement 125 €.

Il est dû la contribution de sécurité immobilière au taux fixe (CGI, ann. III, art. 287-12°).

N.B. : La contribution de sécurité immobilière a remplacé le salaire du conservateur à compter du 1er janvier 2013. Elle obéit aux mêmes conditions d'assiette, de tarifs, de contrôle et de recouvrement que ce salaire (V. **Contribution de sécurité immobilière**). Les solutions données ci-dessous à propos du salaire du conservateur peuvent donc être transposées pour la perception de la contribution de sécurité immobilière.

a) La voie judiciaire

6679 **Publication d'une demande en justice.** L'article 37-2-1° du décret du 4 janvier 1955 permet de publier une demande en justice tendant à obtenir « la réitération ou la réalisation en la forme authentique » de promesses de vente « définitives ». L'assignation comportera en annexe, ou reproduira littéralement la promesse, comme le prévoit ce texte, qui autorise donc la publication de ces documents à titre de prénotation, bien qu'ils ne soient pas établis en la forme authentique (sur la publication des demandes en justice en général, V. **Demande en justice**. – Sur la publication du jugement à intervenir, V. n° 6696).

6680 Demande en résolution de la vente. Il a été jugé que les publications facultatives prévues par l'article 37 du décret du 4 janvier 1955 en matière de promesse de vente sous seing privé n'emportant pas mutation de propriété ne peuvent pas être assimilées à la publication d'un acte authentique de vente rendant obligatoire, selon l'article 28 du même décret, la publication d'une demande judiciaire en résolution de la vente (Cass. 3e civ., 16 janv. 2013, n° 11-25.262 : *RJDA* juill. 2013, n° 675, et la note. – Cass. 3e civ., 28 mai 1979, n° 77-15.857 : *Bull. civ.* 1979, III, 115).

b) La voie notariale

6681 Modalités pratiques de constatation du refus et d'exécution de la formalité facultative de publicité foncière. L'article 37 du décret du 4 janvier 1955 précité (V. n° 6674) offre deux possibilités pour obtenir la publication du compromis de vente sous seing privé en recourant au notaire :
– la partie demanderesse peut tout d'abord faire constater son intention d'exiger la réitération ou la réalisation de la vente dans un acte notarié, qui sera alors établi à sa seule requête ;
– elle peut aussi sommer la partie récalcitrante de comparaître chez le notaire, procédure qui amènera en cas d'échec l'établissement d'un procès-verbal de carence. C'est la technique la plus fréquemment utilisée en pratique.

1) Sommation de comparaître

6682 Sommation à la partie défaillante ou présumée telle. Une sommation est adressée à la requête de la partie la plus diligente pour mettre le défaillant ou présumé défaillant en demeure de tenir son engagement. Cette sommation équivaudrait alors, selon un auteur, à une offre de délivrance et à une demande de paiement du prix si elle émane du vendeur, ou à une offre de paiement et à une demande de délivrance si elle a lieu à la requête de l'acquéreur (Javon, *De la vente sous seing privé à titre provisoire : Journ. not.*, 33885, n° 11. – V. cependant en sens contraire : T. civ. Seine, 15 févr. 1923 : *Gaz. Pal.* 1923, 1, p. 626).
Cette sommation met en demeure la partie sommée d'avoir à se trouver tel jour, à telle heure, chez tel notaire pour signer l'acte convenu, avec déclaration que faute par elle d'obtempérer à ladite sommation, il est de l'intention du requérant de demander en justice la réalisation en la forme authentique de l'acte sous seing privé. On peut y préciser que, dans la même éventualité, il est de l'intention du requérant de procéder aux formalités de publicité foncière prévues par l'article 37 modifié, paragraphe 2, premier alinéa (V. n° 6674) du décret du 4 janvier 1955.
Il n'y a pas de formes particulières à respecter : la sommation peut être effectuée indifféremment par lettre recommandée ou par acte d'huissier. L'important est de pouvoir attester qu'elle a bien été délivrée et qu'elle est parvenue à son destinataire.

6683 Éventualités à envisager. Au jour dit, trois éventualités peuvent se présenter :
– ou bien la partie jusque-là récalcitrante, ou présumée telle, se présente et manifeste son accord. Dans ce cas, l'acte authentique préparé est immédiatement régularisé. Si, toutefois, pour une raison quelconque, il ne pouvait en être ainsi, il y aurait lieu de dresser un procès-verbal constatant cet accord et renvoyant, pour la signature, à une date ultérieure, la plus proche possible, amiablement arrêtée ;
– ou bien la partie sommée se présente et manifeste son désaccord pour telle ou telle raison. Il est, dans ce cas, dressé un procès-verbal donnant acte des comparutions et interventions et des dires respectifs des parties, rédigé de la même manière que le procès-verbal dont il va être question et contenant les mêmes réquisition et avertissement que celui-ci ;
– ou bien enfin, et c'est le cas le plus fréquent, la partie sommée ne comparaît pas.

2) Établissement du procès-verbal de carence

6684 Contenu. Lorsque la partie sommée ne comparaît pas, il est dressé un procès-verbal exposant les dires du requérant (relation de la convention sous seing privé et des stipulations principales, relation de la sommation et des déclarations qui y sont contenues, réquisition de prononcer défaut), prononçant défaut contre la partie défaillante, et contenant réquisition adressée au notaire de procéder aux formalités de publicité foncière. Il n'est pas indispensable, mais il est utile que ce procès-verbal contienne avertissement par le notaire au requérant que l'opposabilité aux tiers qui résultera de la publication restera subordonnée à l'accomplissement des conditions fixées par l'article 37, paragraphe 2, deuxième alinéa du décret du 4 janvier 1955.

6685 Identification des personnes et des biens. En application des dispositions de l'article 37 susvisé, paragraphe 2, premier alinéa, et paragraphe 1, deuxième alinéa, combinées, le procès-verbal est soumis aux règles générales édictées notamment par les articles 5 à 7 du décret du 4 janvier 1955, concernant l'identification des personnes et des biens.
Toutefois, il faut remarquer que lorsque l'immeuble sur lequel doit porter la publicité est situé

Promesse de vente

dans une commune à cadastre rénové et ne forme qu'une partie d'un immeuble plus important dont le vendeur a opéré le fractionnement, il est évidemment impossible, au cas de refus du vendeur, de réitérer la convention par acte authentique, d'obtenir la confection d'un document d'arpentage, celui-ci devant obligatoirement être revêtu de la signature des parties ou de leur mandataire ; mais cette difficulté ne semble pas de nature à mettre obstacle à la publicité, et celle-ci peut être assurée grâce à la production d'un extrait cadastral modèle 1 concernant la parcelle entière, dès lors que, d'autre part, la déclaration notariée soumise à publicité avec les actes sous seing privé annexés (V. n° **6688**) est suffisamment explicite sur les raisons qui s'opposent actuellement à la délimitation cadastrale et au bornage des fractions vendues et que d'autre part, l'état d'indivision de fait ressort fidèlement des indications portées par le notaire sur l'extrait cadastral (V. Bulté : chron. hyp. : *JCP* N 1962, IV, 3455).

6686 **Effet relatif.** En application des dispositions de l'article 36, paragraphe 1, premier alinéa, du décret n° 55-1350 du 14 octobre 1955, il n'est pas exigé que le procès-verbal contienne, lorsqu'il n'est pas dressé à la requête du vendeur, les mentions ou déclarations prévues, sous peine de refus du dépôt, aux articles 32-2 et 35-1 de ce décret (mentions et déclarations concernant l'application de l'effet relatif de la publicité).

6687 **Attestation notariée.** Si le vendeur décède quelques jours après la date de l'acte sous seing privé, il n'est pas nécessaire de dresser l'attestation prévue par l'article 29 du décret du 4 janvier 1955 (V. **Attestation notariée**) préalablement à l'acte authentique de réitération de la vente (Rép. min. : *JOAN* 4 oct. 1961, p. 2363 ; *JCP* N 1961, IV, 3225. – V. Bulté, chron. hyp. : *JCP* N 1971, prat. 5119). En revanche, une attestation est nécessaire si le vendeur est propriétaire de l'immeuble vendu pour l'avoir recueilli dans une succession. Si cette transmission par décès n'a pas été constatée par la publication d'une attestation, il peut être envisagé de recourir à la procédure prévue par l'article 36-3 et b), alinéa 3 du décret du 14 octobre 1955 et de suppléer à l'absence d'attestation par la production d'un acte de notoriété ou d'un certificat délivré par un notaire ou un greffier (*Bull. AMC* 1981, art. 1201).

6688 **Annexes.** L'acte sous seing privé doit être annexé au procès-verbal ou y être littéralement reproduit (D. n° 55-22, 4 janv. 1955, art. 37, § 2, al. 1er, ajouté, D. n° 59-89, 7 janv. 1959). Il est également annexé au procès-verbal l'original de l'exploit de sommation. Les pièces annexées doivent, bien entendu, être revêtues d'une mention constatant cette annexe et signée du notaire (D. n° 71-961, 26 nov. 1971, art. 8, al. 1er). L'exigence de l'annexe ou de la reproduction de la convention ne s'étend pas aux documents étrangers à l'acte lui-même (Cass. 1re civ., 14 mars 1967 : *Bull. civ.* 1967, I, n° 100).
Le défaut d'annexe ou de reproduction de l'acte litigieux ne permet cependant pas au conservateur (et aujourd'hui, au service de la publicité foncière) de refuser le dépôt ou de rejeter la formalité. Le conservateur des hypothèques (et aujourd'hui, le service de la publicité foncière) ne peut, en effet, refuser le dépôt d'un acte dont la publicité est requise ou rejeter la formalité que dans les cas limitativement énumérés par la loi (C. civ., art. 2452. – V. D. n° 55-1350, 14 oct. 1955, art. 34 et 74) et la formalité prévue par l'article 37, paragraphe 2, premier alinéa, du décret du 4 janvier 1955 n'est pas au nombre de celles énumérées par le législateur et dont l'inobservation permet au conservateur (aujourd'hui, au service de la publicité foncière) de refuser le dépôt ou de rejeter la formalité (V. Cass. 3e civ., 14 mars 1968 : *JCP* N 1968, II, 15536 ; *Defrénois*, art. 29146 ; *D.* 1968, p. 425).
Mais la publication ainsi opérée perd son principal intérêt. Elle est en effet inopposable aux tiers (Cass. 3e civ., 1er mars 1983 : *JCP* N 1984, II, p. 41, obs. B. Stemmer. – Cass. 3e civ., 16 mai 1990 : *JCP* N 1990, II, p. 309, obs. B. Stemmer). Il en est ainsi même dans le cas où il apparaît que le tiers a eu connaissance de la teneur de l'acte qui aurait dû être annexé au document publié (Cass. 3e civ., 1er mars 1983, préc.) et même si l'assignation comporte les détails explicites sur le contenu de cet acte (Cass. 3e civ., 16 mai 1990, préc.).

6689 **Conséquences fiscales.** On rappellera que le procès-verbal de carence rend le notaire personnellement responsable des droits dus et des pénalités auxquelles l'acte pourrait se trouver assujetti (CGI, art. 862).
(Sur ces questions, V. J. Picard, *Technique de la vente d'immeuble*, Litec, 1984, p. 215 et s.).

6690 **Publicité foncière. Exécution de la formalité.** Les modalités de la publicité sont fixées par l'article 34 du décret du 4 janvier 1955 (D. 4 janv. 1955, art. 37, § 1, al. 2, et § 2, al. 1er, combinés) et la formalité de publicité est exécutée ainsi qu'il est prévu aux articles 67-3 et suivants du décret n° 55-1350 du 14 octobre 1955 modifié. Le service de la publicité foncière procède, notamment, comme il est prévu à l'article 36 du décret du 14 octobre 1955, en ce qui concerne le contrôle des modalités spéciales d'application de l'effet relatif sous réserve de ce qui a été dit plus haut (V. n° 6687).

6691 Absence de délai. La Cour de cassation a reconnu que la publication des demandes en justice qui peuvent faire l'objet d'une publicité facultative, conformément aux dispositions de l'article 37-2 du décret du 4 janvier 1955, n'est soumise à aucune condition de recevabilité ou de délai. Spécialement, à défaut, en raison d'un empêchement y mettant obstacle, de publication d'une décision définitive ordonnant la réitération par acte authentique du sous seing privé constatant l'acquisition d'une propriété, celle ultérieure de la demande tendant à cette fin, qui n'est interdite par aucun texte, produit à elle seule, en vertu de l'article 37 susvisé, dernier alinéa, et sous les réserves qu'il prévoit, à compter du jour de la formalité, un effet conservatoire indépendant, emportant opposabilité aux tiers (Cass. 3e civ., 5 mars 1970 : *JCP* N 1970, prat. 4831 ; *D.* 1970, p. 477).
Cette décision s'applique évidemment non seulement à la demande en justice, mais aussi à la déclaration par acte notarié de la volonté du bénéficiaire de l'acte de vente et au procès-verbal notarié constatant le défaut du promettant de procéder à la réitération ou réalisation de la vente (V. Bulté, chron. hyp. : *JCP* N 1971, prat. 5119).

c) Suites procédurales

6692 Nécessité d'un jugement. Quelle que soit la voie choisie pour permettre la publication du compromis (V. n° 6674), il est indispensable, pour que la publicité, soit de l'assignation, soit de l'acte notarié, puisse remplir son rôle (rendre le compromis opposable aux tiers dès la date de cette « prénotation »), qu'un acte authentique ou un jugement se substituant à l'acte authentique intervienne dans un délai de trois ans (D. 4 janv. 1955, art. 37, dernier al.). En cas d'instance judiciaire, ce délai peut être prorogé par la publication d'une ou plusieurs ordonnances successives rendues à cet effet par le président du tribunal saisi. Si ces conditions ne sont pas respectées, la publication de l'acte sous seing privé devient caduque (CA Limoges, 27 nov. 1972 : *JCP* N 1973, II, 17538 ; *Defrénois* 1974, art. 30553, obs. J.-L. Aubert, *Journ. not.* 1974, p. 734 ; *Bull. AMC* 1974, art. 986).
Selon la demande qui lui est présentée, le juge peut soit condamner la partie récalcitrante à passer acte (1) soit dire que sa décision tiendra lieu d'acte de vente (2).

1) Condamnation à passer acte

6693 Condamnation sous astreinte. Il peut être demandé au tribunal de condamner la partie récalcitrante à signer l'acte authentique dans un délai imparti par le juge, à peine d'une astreinte par jour de retard.
Cette éventualité n'appelle pas de remarques particulières du point de vue de la publicité foncière. Si l'acte authentique est signé sous la pression de l'astreinte, il sera publié dans les conditions de droit commun.

2) Jugement tenant lieu d'acte de vente

6694 Constatation judiciaire de la vente. Plutôt que de contraindre la partie récalcitrante à s'exécuter (ce qu'elle ne fera pas nécessairement malgré l'astreinte…), un procédé de substitution peut être utilisé : la constatation judiciaire de la vente. Le juge a le pouvoir d'y procéder, dès lors que sa décision n'ajoute rien à la convention des parties. Elle constate simplement l'existence du contrat (*JCl. Notarial Répertoire*, V° Contrats et obligations, Fasc. 13 à 18. – R.-N. Schutz, *L'exécution des promesses de vente : Defrénois* 1999, art. 37021-33. – *JCl. Notarial Répertoire*, V° Ventes, Fasc. 70).
La jurisprudence admet que le créancier qui entend faire consacrer la vente peut obtenir un jugement de condamnation destiné à être publié, afin d'assurer l'opposabilité aux tiers (Cass. 3e civ., 23 janv. 1991 : *Bull. civ.* 1991, III, n° 39 ; *D.* 1992, p. 457, note Najjar ; *Contrats, conc. consom.* avr. 1991, n° 74, note Leveneur. – Cass. 3e civ., 17 juill. 1991 : *Bull. civ.* 1991, III, n° 218. – Cass. 3e civ., 20 déc. 1994 : *Bull. civ.* 1994, III, n° 229 ; *D.* 1996, somm. p. 9, obs. Tournafond ; *JCP* G 1995, 11, 22491, note Larroumet). Le transfert de propriété intervient alors en principe à la date de l'assignation si elle a été publiée (Cass. 3e civ., 22 nov. 1968 : *Bull. civ.* 1968, III, n° 494).

6695 Formulation du jugement. En pratique, les jugements rendus en la matière adoptent deux types de formulation :
– parfois, le jugement indique simplement « qu'il tiendra lieu d'acte de vente ». En ce cas, il n'y a pas à revenir devant le notaire. C'est le jugement lui-même qui sera publié. En pratique, on voit parfois la « grosse » du jugement déposée au rang des minutes du notaire aux fins de publication. Cette façon de procéder est utilisée en particulier lorsque le jugement ne comporte pas toutes les mentions requises pour en permettre la publication, mais la voie normale pour assurer la publication du compromis est d'utiliser la procédure prévue par l'article 34-5 du décret du 4 janvier 1955. Selon ce texte, les « erreurs ou omissions » figurant dans une décision judiciaire peuvent être « rectifiées ou réparées en vertu d'une ordonnance rendue sur requête par le président de la juridiction qui aura statué ou par son délégué, à la demande de la partie intéressée qui doit, à cet effet, communiquer les documents justificatifs. Le président peut, s'il

l'estime nécessaire, renvoyer les parties à se pourvoir devant la juridiction ». Le jugement (ou l'arrêt) constitue un acte authentique qui peut être publié par lui-même. Il n'y a donc pas à le déposer au rang des minutes pour en assurer la publication, comme on le ferait pour un acte sous seing privé. Et il ne paraît pas souhaitable que le notaire assume les soucis et les difficultés éventuelles de la publication, alors que cette tâche incombe à l'avocat ;
– dans d'autres cas, le tribunal utilisera une formule intermédiaire, en prévoyant que l'acte authentique de vente devra être signé dans un délai de ..., faute de quoi « le jugement tiendra lieu d'acte de vente ».
En ce cas, de deux choses l'une :
– ou bien les deux parties signent l'acte authentique de vente dans le délai de vente imparti et c'est cet acte authentique qui sera publié ;
– ou bien la signature de l'acte authentique n'intervient pas dans les délais fixés, et c'est alors le jugement qui doit être publié, sans qu'il y ait lieu de revenir devant le notaire.

6696 Publication du jugement. Il est rappelé que la publication du jugement, ou de l'acte authentique de vente doit intervenir dans les trois ans de la publication effectuée sur le fondement de l'article 37 du décret du 4 janvier 1955 (D. 4 janv. 1955, art. 37-2, al. 5).
Si tel est le cas, la mutation sera opposable à compter de la date de cette première publication (Cass. 3e civ., 22 févr. 1977 : *JCP* N 1977, prat. 6728. – Cass. 3e civ., 28 mai 1979 : *Journ. not.*, 1980, p. 593, note J. V.).
Dans la négative, la mutation ne sera opposable aux tiers qu'à compter de la publication du jugement valant acte de vente ou de l'acte authentique dressé en conséquence de ce jugement (V. CA Limoges, 27 nov. 1972 : *JCP* N 1973, II, 17538, note M. Dagot. – Cass. 3e civ., 13 oct. 1981 : *RD imm.* 1982, p. 126, obs. M. Dagot).

C Taxation

1 Droits d'enregistrement

6697 Perceptions des droits prévus en matière de vente. Les promesses de vente synallagmatiques s'analysent en des ventes dès lors qu'elles emportent consentement réciproque des deux parties sur la chose et sur le prix (C. civ., art. 1589). Elles doivent être taxées en conséquence (*BODGI* 7 C-13-70). La taxe de publicité foncière et le salaire du conservateur sont donc prévus comme pour la vente elle-même (V. **Vente d'immeuble**).
Les droits de mutation seront dus :
– soit lorsqu'intervient la publication simultanée de la promesse et de la levée de l'option... ;
– soit sur la publication de l'acte d'acceptation postérieurement à celle de la promesse de vente...
Les promesses de cette nature doivent être enregistrées (ou soumises à la formalité fusionnée) dans le délai imparti pour les mutations immobilières et l'administration a le droit de prouver l'accord complet des parties par tous les moyens dont elle dispose, et notamment par les motifs d'un jugement rendu entre les parties (V. Sol. 13 juill. 1898 : *Journ. enr.*, 25686. – T. civ. Lille, 10 nov. 1910 : *Journ. enr.*, 28415. – T. civ. Cahors, 2 juill. 1931 : *Journ. enr.*, 34325).

6698 Promesse affectée d'une condition ou d'un terme. Une promesse synallagmatique peut être affectée d'une condition ou d'un terme. Les conséquences qui en résultent, tant au point de vue civil que fiscal, sont les mêmes qu'en cas de vente (V. **Vente d'immeuble**).
On peut retenir cependant un arrêt de la Cour de cassation disposant que l'indication dans un acte de promesse de vente que le règlement des modalités de paiement devra avoir lieu lors de la réalisation de cette promesse ne peut constituer une condition à laquelle aurait été subordonnée la perfection de la vente que s'il résulte de l'acte ou des circonstances de la cause que telle a été la volonté des parties (Cass. req., 20 janv. 1941 : *DH* 1941, 179 ; Instr. 4570, § 23).

6699 Transfert de propriété. Dès lors que la promesse synallagmatique vaut vente (C. civ., art. 1589), le transfert de propriété s'effectue dès le moment de la double promesse de vente et d'acheter, à moins d'une stipulation contraire. Il en est ainsi même si la réalisation par acte authentique est reportée à une date ultérieure (Cass. 3e civ., 11 juin 1992 : *Dr. fisc.* 32-37/1993, comm. 1694). Par suite, la valeur vénale du bien transmis s'apprécie à la date de la promesse et non à celle de l'acte notarié passé postérieurement, en l'absence de clause différant le transfert de propriété (Cass. com., 4 mai 1993, n° 90-20972 : *Dr. fisc.* 1994, n° 9, comm. 409).

6700 Stipulation d'un dédit. La stipulation d'un dédit dans une promesse synallagmatique de vente l'affecte soit d'une condition résolutoire, soit d'une condition suspensive, suivant les clauses de la convention et l'intention des parties.
Lorsque le dédit est ajouté à un contrat parfait, notamment à une promesse synallagmatique, il constitue la sanction de la réalisation d'une condition résolutoire et ne s'oppose pas à la perception

du droit proportionnel (T. civ. Brive, 23 mai 1874 : *Journ. enr.*, 19675).
Est affectée d'une condition résolutoire, et non suspensive, et donne lieu, par suite, à la perception immédiate du droit proportionnel de mutation, la vente faite avec stipulation que la partie qui n'exécutera pas la convention devra verser à l'autre une somme déterminée (T. civ. Millau, 25 mai 1934 : *Rev. enr. et imp.*, 10267).

6701 **Substitution de bénéficiaire.** La substitution ultérieure au bénéficiaire primitif d'une personne quelconque constitue, lorsque la promesse est devenue synallagmatique, une nouvelle mutation taxable (*BODGI* 7 C-13-70).

6702 **Jugement d'annulation d'une promesse de vente.** La publication du jugement interviendra en franchise de taxe (V. **Décision de justice**).
Seule sera perçue la contribution de sécurité immobilière au taux fixe (Lacroix, V° Promesse de vente, n° 491).

N.B. : La contribution de sécurité immobilière a remplacé le salaire du conservateur à compter du 1er janvier 2013. Elle obéit aux mêmes conditions d'assiette, de tarifs, de contrôle et de recouvrement que ce salaire (V. **Contribution de sécurité immobilière**). Les solutions données ci-dessous à propos du salaire du conservateur peuvent donc être transposées pour la perception de la contribution de sécurité immobilière.

6703 **Résiliation.** La résiliation d'une promesse synallagmatique s'analyse en une mutation de sens inverse, donnant lieu selon le cas à la perception des droits de mutation à titre gratuit (si l'opération est inspirée par une intention libérale) ou à la perception des droits de mutation à titre onéreux (V. **Résolution de contrats** ou **Rétrocession** ou **Vente d'immeuble**).

2 Cas d'application de la TVA

6704 **Promesse synallagmatique pure et simple.** Les « compromis » de vente doivent être considérés, en vertu de l'article 1589 du Code civil, comme valant vente lorsqu'ils emportent consentement réciproque des deux parties sur la chose et sur le prix. Dans ce cas, ils sont soumis au même régime fiscal que les ventes proprement dites. Par ailleurs, la substitution ultérieure, au bénéficiaire primitif de la promesse, d'une personne physique ou morale quelconque constitue une nouvelle mutation du bien visé à ladite promesse. Cette mutation doit, le cas échéant, être assujettie à la TVA (V. avant la réforme de la TVA : Doc. adm. DGI, 8 A-1131, n° 3, 15 nov. 2001).
Il a été précisé que la cession des droits conférés par une promesse de vente d'un immeuble suit le régime applicable à l'immeuble et se trouve par conséquent soumise à la TVA, de plein droit, si elle porte sur un terrain à bâtir ou un immeuble bâti achevé depuis cinq ans au plus, ou sur option, si elle porte sur un terrain non à bâtir ou un immeuble achevé depuis plus de cinq ans, et dès lors qu'elle est réalisée par un assujetti agissant en tant que tel (Instr. 29 déc. 2010, n° 47 : *BOI* 3 A-9-10. – BOI-TVA-IMM-10-20-20-20120912, n° 110).
Cette solution résultant du 2° du 1 du I de l'article 257 du Code général des impôts concerne particulièrement la cession des droits du preneur d'un crédit-bail immobilier à raison du transfert au cessionnaire du bénéfice de la promesse de vente au terme du contrat. La cession emporte également transfert du droit de jouissance de l'immeuble objet du contrat pour la durée restant à courir, lequel est normalement imposable à la TVA sur le fondement du 1° du IV de l'article 256 du Code général des impôts : il demeure néanmoins admis que la taxe due à ce titre ne soit pas effectivement exigée à raison de ce qu'elle viendrait en concurrence avec l'application des droits proportionnels d'enregistrement prévue par l'article 725 du Code général des impôts (cf. BOI-TVA-IMM-10-10-20-20120912, n° 120).

6705 **Promesse assortie d'une condition.** Si la promesse synallagmatique est assortie d'une condition suspensive, la TVA ne peut être immédiatement perçue ; celle-ci doit être acquittée sur la promesse comme sur les cessions auxquelles elle a donné lieu seulement lors de la réalisation de la condition (V. **Condition suspensive** et antérieurement, Doc. adm. DGI, 8 A-1131, n° 3, 15 nov. 2001).

D Renonciation au bénéfice de la promesse de vente

6706 **Renonciation antérieure à la réalisation de la condition.** La renonciation moyennant indemnité au profit du propriétaire de l'immeuble, au bénéfice d'une promesse de vente est enregistrée au droit fixe des actes innommés (*Dict. enr.*, 3275-a). La contribution de sécurité immobilière est due au taux fixe (Lacroix, n° 623).

N.B. : Le salaire du conservateur est transformé en « contribution de sécurité immobilière » à compter du 1er janvier 2013. Cette taxe est perçue aux mêmes conditions d'assiette, de tarif, de contrôle et de recouvrement que ce salaire (V. **Contribution de sécurité immobilière**).

6707 Renonciation à la vente postérieure à la réalisation de la condition. Les droits d'enregistrement sont acquis au Trésor tels qu'ils résultent des stipulations de l'acte sans pouvoir être subordonnés à des faits extérieurs ou à des dispositions étrangères au contrat.

Un terrain à lotir ayant été vendu sous la double condition suspensive de l'intervention de l'arrêté préfectoral et de la non-exigence d'équipements supplémentaires, la réalisation de cette double condition (intervention – trois ans plus tard – de l'arrêté de lotissement, sans exigence d'équipements supplémentaires) opère transfert de propriété et fait naître l'obligation de payer les droits. Il en est ainsi bien que le vendeur ait, deux ans après la vente, engagé une procédure en vue de faire déclarer l'acte caduc, et bien que les parties aient, peu après l'intervention de l'arrêté de lotissement, passé un accord par lequel elles renonçaient à la vente. Jugé que si l'annulation judiciaire peut avoir un effet rétroactif, celle-ci n'a pas été prononcée en l'espèce ; l'accord entre les parties ne pouvant avoir d'effet rétroactif à l'égard des tiers et devant s'analyser en une rétrocession, la vente est devenue définitive dès la réalisation de la condition suspensive.

Par ailleurs, la vente étant parfaite dès l'accord des parties sur la chose vendue et sur le prix, il n'était pas nécessaire de rechercher si, à la date de la réalisation de la condition suspensive, l'acquéreur était entré en possession du terrain et en avait payé le prix (Cass. com., 10 janv. 1989, *Sté Socabat* c/ *DGI* : *BIM Lefebvre* mars 1989, inf. 59. – V. **Promesse de vente**).

III
Décès du promettant

6708 Nécessité d'une attestation notariée ? En cas de décès du promettant avant la « réalisation » de la promesse, la question se pose de savoir s'il est nécessaire d'établir ou non une attestation notariée (V. sur le problème, J. Piédelièvre, *Avant-contrat, décès et publicité foncière : JCP* N 2018, n° 38, 1281). Cette question est examinée au mot **Attestation notariée**.

Promesse d'hypothèque

Jacques LAFOND

BIBLIOGRAPHIE : E. Simon-Michel, *Jeux d'ombre et de lumière sur les mandats et promesses d'hypothèque : JCP* G 2021, n° 46, 1323. – M. Suquet-Cozic, *Tour d'horizon de quelques alternatives à l'hypothèque : BPIM* 6/2013, 363, p. 6. – O. Herrnberger, *Les potentialités de l'article 1124 du Code civil en matière de sûretés prévoyant la constitution de la sûreté sans le concours du constituant un second acte : JCP* N 2024, n° 6, 1025.

6709 **Mécanisme de la garantie.** La promesse d'hypothéquer un bien déterminé n'est qu'une simple obligation de faire.

Son exécution suppose que le consentement du promettant soit réitéré devant notaire, sur demande du créancier, et dans les conditions prévues par la promesse (Cass. 3e civ., 10 juill. 2002 : *Bull. civ.* 2002, III, n° 167 ; *Defrénois* 2003, art. 37 752, p. 784, note S. Piédelièvre). L'inscription qui pourra alors être prise ne prendra rang qu'à sa date, sans rétroactivité.

6710 **Distinction entre promesse d'hypothèque et affectation hypothécaire avec dispense d'inscription.** L'affectation hypothécaire avec dispense d'inscription constitue un véritable contrat hypothécaire : l'hypothèque est constituée mais n'est pas formalisée. Son inscription n'est plus possible si survient un événement arrêtant le cours des inscriptions (sur ces événements, V. **Inscription-formalités**). Par la suite l'hypothèque, peut être inscrite à tout moment sans qu'il y ait à requérir un nouveau consentement du débiteur.

Par contre, la promesse d'hypothèque ne fait naître qu'une simple obligation personnelle et l'inscription ne peut être prise que si le consentement du promettant est réitéré devant notaire (V. *supra*, n° 6709. – Sur cette distinction, V. Cass. 3e civ., 11 juin 2013, n° 12-19.770).

6711 **Engagement d'hypothéquer des biens futurs.** L'engagement d'hypothéquer des biens futurs, créateur d'une simple obligation de faire, n'est pas soumis aux conditions de validité de l'hypothèque exigées par l'article 2414, alinéa 2 (ancien art. 2418) du Code civil et relatives à l'énonciation de la nature et de la situation de chacun des immeubles sur lesquels la sûreté est consentie (Cass. 3e civ., 7 janv. 1987 : *Bull. civ.* 1987, III, n° 4 ; *JCP* N 1987, prat. 248 ; *Journ. not.* 1987, art. 58924, obs. E.-S. de la Marnierre ; *Defrénois* 1987, art. 34049-70, p. 1134, obs. J.-L. Aubert ; art. 34120-112, p. 1490, obs. L. Aynès).

Ce procédé perd de son intérêt depuis que, à la suite de la réforme des sûretés opérées par l'ordonnance n° 2021-1192 du 15 septembre 2021, il est désormais possible d'hypothéquer un bien futur (V. **Hypothèque conventionnelle**).

6712 En cas de refus d'exécuter la promesse, le créancier n'a pas la possibilité d'obtenir, comme en matière de promesse synallagmatique de vente, une décision de justice « valant inscription », qui suppléerait à l'absence de consentement du promettant (Cass. 3e civ., 7 avr. 1993 : *RD imm.* 1993, p. 402, obs. Ph. Simler et Ph. Delebecque).

Si la promesse n'est pas exécutée, elle se traduira seulement par une condamnation à des dommages-intérêts conformément à l'article 1142 du Code civil (Cass. 1re civ., 3 nov. 2004, n° 01-15.614. – Cass. 3e civ., 7 avr. 1993, n° 91-10.032).

Ces solutions doivent être revues à la suite de l'ordonnance n° 2016-131 du 10 février 2016 portant réforme du droit des contrats.

L'article 1217 du Code civil prévoit (notamment) que la partie envers laquelle l'engagement n'a pas été exécuté peut « poursuivre l'exécution forcée en nature de l'obligation » (V. également C. civ., art. 1221 qui pose le principe de l'exécution en nature) et « demander réparation des conséquences de l'inexécution ».

En pratique le créancier a la possibilité :
– soit d'inscrire une hypothèque judiciaire en vertu du jugement de condamnation à dommages-intérêts ;
– soit d'obtenir l'autorisation d'inscrire une hypothèque judiciaire conservatoire, sur le vu de la promesse.

6713 **Caractère imparfait de la garantie.** Comme on l'a souligné, « d'un semblable engagement ne saurait naître un quelconque droit hypothécaire » (A. Fournier, *Rép. prat. Dalloz*, V° Hypothèque conventionnelle, n° 13), ce qui explique que la promesse reste valable même si elle est établie sous signatures privées.

La fragilité de la garantie ainsi constituée a été mise en évidence (M. Dagot, *Promesse d'hypothèque, ou le paradis des illusions : JCP* N 2007, n° 7, 1065. – V. Brémond, *Hypothèque et promesse d'hypothèque : les liaisons dangereuses : JCP* N 2003, 1369 et 1374).

Il faut ajouter que cette promesse n'est assujettie à publicité foncière par aucun texte, et que d'ailleurs sa publication ne peut être opérée au fichier immobilier (V. ci-dessous, n° 6714). Les tiers n'en sont donc **pas informés.**

6714 **Publicité foncière.** Dans un premier temps, l'association des conservateurs, après avoir rappelé que lorsqu'un document relatif à la situation juridique d'un immeuble est remis afin d'être publié, le fait que sa publicité ne soit ni prescrite ni autorisée par un texte ne saurait suffire à justifier le refus du dépôt, avait pris une position libérale et admis la publicité d'une promesse d'hypothèque (*Bull. AMC* 1966, art. 648). Mais elle a postérieurement modifié sa position : encore faut-il, déclarait-elle, avant d'inscrire un document dont la publication n'est pas prévue sur le registre des dépôts, s'assurer qu'il est susceptible d'être incorporé dans l'un des registres publics, eu égard aux dispositions législatives et réglementaires qui en régissent la constitution. Si l'acte ou le jugement en cause en est exclu, le conservateur ne peut que s'abstenir de prêter son concours et il doit en conséquence refuser le dépôt. Tel est le cas à propos des promesses d'hypothèque, le registre immobilier ne recevant exclusivement que des bordereaux d'inscription comme l'indique l'article 77 du décret du 14 octobre 1955 (*Bull. AMC* 1996, art. 1721).

Prorogation de société

Neyla GONZALEZ-GHARBI

Sommaire analytique

I Généralités

C. civ., art. 1844-3. – La transformation régulière d'une société en une société d'une autre forme n'entraîne pas la création d'une personne morale nouvelle. Il en est de même de la prorogation ou de toute autre modification statutaire.

C. civ., art. 1844-6 *(Mod. L. n° 2019-744, 19 juill. 2019, art. 4).* – La prorogation de la société est décidée à l'unanimité des associés, ou, si les statuts le prévoient, à la majorité prévue pour la modification de ceux-ci.

Un an au moins avant la date d'expiration de la société, les associés doivent être consultés à l'effet de décider si la société doit être prorogée.

À défaut, tout associé peut demander au président du tribunal, statuant sur requête, la désignation d'un mandataire de justice chargé de provoquer la consultation prévue au deuxième alinéa.

Lorsque la consultation n'a pas eu lieu, le président du tribunal, statuant sur requête à la demande de tout associé dans l'année suivant la date d'expiration de la société, peut constater l'intention des associés de proroger la société et autoriser la consultation à titre de régularisation dans un délai de trois mois, le cas échéant en désignant un mandataire de justice chargé de la provoquer. Si la société est prorogée, les actes conformes à la loi et aux statuts antérieurs à la prorogation sont réputés réguliers et avoir été accomplis par la société ainsi prorogée.

6715 **Aspects juridiques.** Avant l'arrivée du terme fixé dans les statuts, les associés peuvent décider la prorogation de la société. Cette

opération équivaut à une modification des statuts et doit en conséquence être décidée dans les conditions prévues à cet effet par les statuts (C. civ., art. 1844-6, al. 1).
À l'origine, la prorogation doit être décidée avant que la dissolution ne soit intervenue par l'arrivée du terme, car il n'est pas possible de faire revivre une société dissoute (Mercadal et Janin, *La société civile, nouveau régime*, éd. F. Lefebvre, n° 481).
L'article 1844-7, 1° dispose que « la société prend fin par l'expiration du temps pour lequel elle a été constituée, sauf prorogation effectuée conformément à l'article 1844 6 ». La jurisprudence fait une application rigoureuse de ce texte (Cass. com., 13 sept. 2017, n° 16-12.479, FS-P+B : *JurisData* n° 2017-017682 ; *JCP* E 2017, act. 689 ; *Dr. sociétés* 2017, comm. 184, note H. Hovasse ; *JCP* G 2017, 1259, note B. Dondero ; *Rev. sociétés* 2018, p. 185, note M. Zolomian).

6716 **Évolution de la règle.** L'article 4 de la loi n° 2019-744 du 19 juillet 2019 de simplification, de clarification et d'actualisation du droit des sociétés a modifié l'article 1844-6 du Code civil afin d'instituer une procédure de régularisation de la prorogation de la société (V. texte consolidé ci-dessus). Ce texte, entré en vigueur le 21 juillet 2019, permettra de proroger la société dont les associés ont omis de le faire avant sa date d'expiration et expriment l'intention de la continuer. (R. Mortier, *Institution d'une procédure de régularisation de la prorogation d'une société [C. civ., art. 1844-6, al. 4 mod. et al. 5 nouveau] : Dr. sociétés* 10 oct. 2019, comm. 165).
Les modalités selon lesquelles cette prorogation peut être décidée sont fixées par l'article 1844-6 dont le texte est donné ci-dessus.
S'ils décident la prorogation, les associés doivent fixer la nouvelle durée de la société sans pouvoir toutefois retenir une durée supérieure à quatre-vingt-dix-neuf ans (C. civ., art. 1838).

A Principe de l'absence de création d'une personne morale nouvelle

6717 Il résulte des termes exprès de l'article 1844-3 du Code civil que la prorogation de société n'entraîne pas la création d'une personne morale nouvelle.
Cette solution, retenue aussi par l'article 5 de la loi du 24 juillet 1966, était déjà consacrée par la jurisprudence dominante antérieure (Cass. req., 24 janv. 1893 : *S.* 1893, 1, 266, note Wahl. – Cass. req., 9 janv. 1900 : *S.* 1902, 1, 233). Mais la plupart des décisions exigeaient, pour qu'il en soit ainsi, qu'aucune modification importante n'accompagne la prorogation (V. ainsi Cass. civ., 25 nov. 1901 : *S.* 1903, 1, 241, note Wahl).
Cette condition ne paraît plus à l'heure actuelle s'imposer (V. Bézard, *Sociétés civiles*, Litec, n° 296).

B Publicité foncière

6718 **Distinction selon que la prorogation entraîne ou non-création d'une personne morale nouvelle.** Le problème a été évoqué dans une chronique ancienne (*JCP* N 1961, IV, 3250), dont la solution reste toujours valable, étant observé toutefois que la prorogation de société ne donne plus en principe lieu à la création d'un être moral nouveau, en l'état actuel des textes.
Dès lors que l'acte de prorogation de société est pur et simple, c'est-à-dire qu'il ne contient aucune modification de l'objet social, ni des personnes associées, ni du pacte social, il n'entraîne pas la création d'un être moral nouveau et ne paraît pas devoir être soumis par suite obligatoirement à la publicité foncière, pas plus qu'il n'était, avant la mise en vigueur du décret n° 55-22 du 4 janvier 1955, de nature à être transcrit (cpr. Rép. secr. d'Ét. au Budget, 1er févr. 1954 : *BA* 1954, 1, 6600 ; *Rev. enr. et imp.*, art. 13103-107).
Au contraire, si l'acte de prorogation pouvait être considéré comme entraînant la formation d'un être moral nouveau, il devrait être publié en vertu de l'article 28-I°-a du décret du 4 janvier 1955.

C Taxation

N.B. : L'administration fiscale devra actualiser ses commentaires du régime fiscal des prorogations de sociétés modifié successivement par les lois de finances pour 2019 et 2020 et préciser le régime applicable à la prorogation effectuée conformément aux dispositions du nouvel alinéa 4 de l'article 1844-6 du Code civil après expiration du terme de la société.

CGI, art. 811. – (*Mod. L. n° 2018-1317, 28 déc. 2018, art. 26*). – Sont enregistrés gratuitement :

1° Les actes constatant des prorogations pures et simples de sociétés ;

6719 **Absence de création d'un être moral nouveau.** Lorsque la prorogation d'une société propriétaire d'immeuble n'entraîne pas la création d'un être moral nouveau (ce qui est à l'heure actuelle le droit commun), la publication de l'acte constatant l'opération est, à compter du

1er janvier 2019 enregistrée gratuitement (V. CGI, art. 811, *supra*).
La contribution de sécurité immobilière est perçue au taux fixe (V. CGI, ann. III, art. 287).

6720 **Création d'un être moral nouveau.** Si la prorogation de la société se traduit par la création d'un être moral nouveau, il y aura d'une part dissolution de la société ancienne et constitution d'une société nouvelle. Les droits normalement exigibles pour le cas de constitutions de société seront alors perçus (V. **Constitution de société**).
La taxe de publicité foncière sera assise sur la valeur réelle des immeubles à la date de l'acte (V. Rép. min., 30 avr. 1965 : *Bull. AMC* 1965, art. 609 ; *JCP* N 1965, IV, 3888).
Dans tous les cas, la contribution de sécurité immobilière au tarif proportionnel serait exigible, sur la valeur des immeubles ou droits immobiliers apportés.

II Prorogation antérieure à l'expiration de la société

6721 Avant l'arrivée du terme de la société, les associés peuvent décider la prorogation de la société. Par ailleurs, aux termes de l'article 1844-6 du Code civil issu de la loi n° 78-9 du 4 janvier 1978, « un an au moins avant la date d'expiration de la société, les associés doivent être consultés à l'effet de décider si la société doit être prorogée. À défaut, tout associé peut demander au président du tribunal statuant sur requête, la désignation d'un mandataire de justice chargé de provoquer la consultation prévue ci-dessus ».
La prorogation régulière d'une société (commerciale ou civile) n'entraîne pas la création d'une personne morale nouvelle (C. civ., art. 1844-3).

A Prorogation pure et simple

6722 La prorogation pure et simple de sociétés donnait ouverture à un droit fixe (CGI, art. 811-1° et 638-A. – BOI-ENR-AVS-20-50-20120912, n° 20). L'acte qui la constate ou la déclare est, depuis le 1er janvier 2019, enregistré gratuitement (CGI, art. 811).

6723 **Régime applicable à compter du 1er janvier 2020 – Suppression de l'obligation d'enregistrer les actes constatant la prorogation – Portée.** L'article 21 de la loi 2019-1479 du 28 décembre 2019 de finances pour 2020 a modifié les dispositions du 5° du I de l'article 635 du Code général des impôts afin de supprimer l'obligation d'enregistrer les actes constatant la prorogation des sociétés. Par coordination, les dispositions de l'article 638 A du même code ont été également modifiées afin que cette opération cesse de devoir être déclarée. Il importe toutefois de rappeler que cette « dispense » d'enregistrement n'est pas d'application générale. Comme les actes constatant la formation d'une société, ceux constatant la prorogation d'une société demeureront, en application de l'article 635 du Code général des impôts, obligatoirement soumis à l'enregistrement en raison de la qualité de leur rédacteur (notaire, huissier, etc.) ou de leur objet (mutations immobilières, de fonds de commerce, etc.). D'autre part, la réforme ne s'étend pas à la publicité foncière. Or, on sait que l'acte comportant des dispositions dont la publication au service de la publicité foncière est obligatoire, requiert, sauf exception, l'établissement d'un acte notarié (C. civ., art. 710-1). Ce qui rendra son enregistrement obligatoire.

B Prorogation de société s'accompagnant de dispositions indépendantes (augmentation, réduction de capital)

6724 Les actes de prorogation de sociétés ne sont pas toujours purs et simples. Ils comportent fréquemment des augmentations de capital réalisées soit au moyen d'apports nouveaux, soit par incorporation de réserves, bénéfices ou provisions. Ces deux sortes d'opérations, juridiquement distinctes et indépendantes alors même qu'elles sont constatées dans le même acte, donnent chacune ouverture, en principe, à un droit particulier (CGI, art. 671 ; V. BOI-ENR-AVS-20-50-20120912, nos 30 et 40). Toutefois, lorsque les dispositions indépendantes d'un même acte donnent toutes ouverture à des droits fixes, un seul droit fixe est perçu : le plus élevé, en cas de pluralité de droits fixes de quotité différente (BOI-ENR-AVS-20-50-20120912, n° 50).

6725 En revanche, dans le cas où l'acte de prorogation comporte d'autres dispositions indépendantes soumises à un droit proportionnel (cession de droits sociaux...), seul est perçu le droit proportionnel, s'il est supérieur au droit fixe. Dans le cas contraire, le droit fixe constitue le minimum de perception (CGI, art. 672 ; BOI-ENR-AVS-20-50-20120912, n° 60).

6726 **Précisions. Renvoi.** Ces commentaires administratifs sont antérieurs à la loi de finances pour 2019 qui a modifié le régime applicable aux actes de sociétés. Ainsi depuis le 1er janvier 2019, les actes constatant l'augmentation ou la réduction de capital sont, sauf exception, enregistrés gratuitement (V.° **Augmentation de capital**, et **Réduction de capital**).

6727 **Société créée de fait et société en participation.**

➤ V. **Société créée de fait** et **Société en participation**.

III

Prorogation postérieure à l'expiration de la société. Solutions antérieures au 21 juillet 2019

6728 **Principe.** L'arrivée du terme d'une société entraîne sa dissolution de plein droit. Lorsque les associés décident néanmoins de poursuivre le pacte social, il y a donc naissance d'une société nouvelle et les droits sont, en principe, exigibles dans les conditions de droit commun (rappr., V. n° 6717 ; V. BOI-ENR-AVS-20-50-20120912, n° 70).

6729 **Exception.** Cependant, il a été décidé de traiter comme n'ayant pas été dissoutes et comme ayant conservé vis-à-vis des tiers et notamment de l'administration leur personnalité juridique originaire, les sociétés dont le terme statutaire est échu et qui n'ont pas expressément procédé à leur prorogation préalable, à la double condition :

– qu'elles aient, depuis l'échéance du terme, poursuivi sans modification significative leur activité antérieure entrant dans les prévisions de leur objet statutaire et continué de fonctionner d'après les règles applicables aux sociétés non dissoutes ;

– qu'aucune modification révélatrice d'une dissolution ne soit apportée aux comptes du bilan, ni à la suite de l'échéance du terme statutaire, ni, le cas échéant, à l'occasion d'une prorogation tardive (V. BOI-ENR-AVS-20-50-20120912, n° 80).

6730 Ces conditions étant supposées satisfaites, le service n'a à se prévaloir d'une dissolution – et éventuellement d'une constitution de société nouvelle – que dans l'hypothèse et à compter du moment où il a connaissance (ou est réputé avoir eu connaissance) d'une délibération, d'un contrat ou d'un acte quelconque, judiciaire, extrajudiciaire ou amiable, impliquant une telle dissolution, la constatant ou la prononçant (BOI-ENR-AVS-20-50-20120912, n° 90).

6731 Sont notamment considérées comme révélatrices d'une dissolution opposable aux tiers et dont l'administration a à tenir compte :

– la désignation d'un ou plusieurs liquidateurs ;

– la mention d'une dissolution contenue dans un acte présenté à la formalité de l'enregistrement, dans un document déposé en vertu des articles 222 ou 223 du Code général des impôts ou dans une déclaration fiscale ;

– la radiation du registre du commerce et des sociétés (V. BOI-ENR-AVS-20-50-20120912, n° 90).

6732 **Cas particulier : continuation d'une société dissoute avant terme.** L'acte constatant qu'une société, dissoute avant le terme fixé par les statuts mais dont les opérations de liquidation ne sont pas terminées, se continuera jusqu'à l'arrivée de ce terme, n'est passible que du droit fixe des actes innommés prévu à l'article 680 du Code général des impôts (V. **Droits fixes**).

En pareil cas, il n'y a, en effet, ni prorogation, ni constitution de société nouvelle, car l'être moral ayant subsisté pour les besoins de la liquidation n'a, en réalité, jamais disparu (Sol. 7 avr. 1892. – V. BOI-ENR-AVS-20-50-20120912, n° 100).

IV

Formalités

6733 **Rappel – Régime applicable à compter du 1er janvier 2020**. L'article 21 de la loi de finances n° 2019-1479 du 28 décembre 2019 pour 2020 a modifié les dispositions du 5° du I de l'article 635 du Code général des impôts afin de supprimer l'obligation d'enregistrer les actes constatant la prorogation des sociétés. Par coordination, les dispositions de l'article 638 A du même code ont été également modifiées afin que cette opération cesse de devoir être déclarée.

L'acte constatant la prorogation d'une société est, en application de l'article 635 du Code général des impôts, obligatoirement soumis à l'enregistrement en raison de la qualité de son rédacteur (notaire, huissier, etc.) ou de son objet (mutations immobilières, de fonds de commerce, etc.). D'autre part, la réforme ne s'étend pas à la publicité foncière. De même, l'acte comportant des dispositions dont la publication au service de la publicité foncière est obligatoire, requiert, sauf exception, l'établissement d'un acte notarié (C. civ., art. 710-1). Ce qui rendra obligatoire son enregistrement dans le mois de sa date (CGI, art. 635).

A Délai

6734 Les actes de prorogation établis avant le 1er janvier 2020 devaient être enregistrés dans le délai d'un mois à compter de leur date (CGI, art. 635-1-5° dans sa rédaction en vigueur jusqu'au 31 déc. 2019).

6735 Depuis le 1er juillet 1999, l'acte de prorogation est soumis à la formalité fusionnée si l'actif de la société est purement immobilier mais également si l'actif de la société contient à la fois des biens immobiliers et des biens mobiliers (BOI-ENR-AVS-20-50-20120912, n° 110).

➤ Sur le délai de présentation à la formalité, V. **Formalité unique**.

B Compétence

6736 Le service des impôts compétent est celui dans le ressort duquel est situé soit le siège statutaire, soit celui de la direction effective, soit le principal établissement (CGI, ann. III, art. 250 A. – BOI-ENR-AVS-20-50-20120912, n° 120).

Pour les actes établis à compter du 1er janvier 2020, le service compétent dépendra du statut du rédacteur de l'acte dont l'intervention rend l'enregistrement obligatoire.

6737 En cas de formalité fusionnée, lorsqu'un acte concerne des immeubles ou droits immobiliers situés dans le ressort de plusieurs services de la publicité foncière, la formalité fusionnée est exécutée au service où la publicité est requise en premier lieu. Ce service est l'un quelconque des bureaux intéressés, au choix du requérant ; il est indiqué dans chacune des expéditions présentées à la formalité (CGI, ann. III, art. 251. – BOI-ENR-AVS-20-50-20120912, n° 130. – V. **Formalités requises dans plusieurs services**).

Prorogation de société

Quittances

Serge LAMIAUX

I Quittance de loyers non échus

A Principe

6738 Publicité obligatoire. L'article 28-1°-b du décret du 4 janvier 1955 soumet à la publicité obligatoire, les actes, même sous condition suspensive, et les décisions judiciaires portant ou constatant « bail pour une durée de plus de douze années, et, même pour un bail de moindre durée, *quittance ou cession d'une somme équivalant à trois années de loyer ou fermage non échu* ».

6739 Taxation. Par ailleurs, l'article 846 du Code général des impôts dispose :

> « Sont soumises à la taxe proportionnelle de publicité foncière au taux de 0,60 %, les quittances ou cessions d'une somme équivalant à trois années de loyer ou fermage non échu ».

La taxe de publicité foncière est donc due au taux de 0,60 % sur le montant de la somme cédée ou quittancée (évaluée au besoin par une déclaration estimative). À ce taux s'ajoute le prélèvement supplémentaire au profit de l'État au taux de 2,37 %, soit une perception totale de 0,61422 %.
La contribution de sécurité immobilière au tarif proportionnel est due sur les mêmes bases.

B Applications

6740 Quittance ou cession représentant exactement trois années de loyer ou fermage. Elles sont sujettes à publicité et supportent la taxe réduite sur le montant des sommes payées (rappr. Cass. civ., 11 févr. 1902 : *Rev. enr. et imp.*, 3051 ; *Rép. alph. enreg.*, V° Hypothèques, L. V, n° 45).

6741 Bail de plus de douze ans contenant quittance. Un bail de plus de douze ans qui contient quittance des sommes payées d'avance, même si celles-ci représentent trois années de loyer, n'est soumis qu'à une seule taxe liquidée sur les loyers cumulés pour la durée du bail (*Rép. alph. enreg.*, V° Hypothèques, L. V, n° 45).

6742 Bail de dix ans moyennant un loyer devant se compenser avec des travaux à effectuer dans l'immeuble. Un bail prévoit un prix en numéraire, mais stipule que ce prix se compensera avec le coût des travaux à effectuer dans l'immeuble loué par le locataire, et qui resteront la propriété du bailleur.
Cette stipulation constitue, selon H. Bulté (chron. hyp. : *JCP* N 1963, IV, 3606), un mode de règlement du loyer de l'immeuble qui ne peut s'assimiler à une quittance ou cession de loyer non échu. En conséquence, M. Bulté estime, avec prudence toutefois, qu'un tel bail, s'il n'a pas une durée supérieure à douze années, ne devrait pas être soumis à publication.

II
Quittance de prix

6743 Acte notarié dressé pour constater la quittance d'un prix de vente ou d'adjudication. Un tel acte est taxé comme suit :
– taxe de publicité foncière au taux fixe (CGI, art. 680) ;
– contribution de sécurité immobilière :
• si l'acte de quittance est publié dans le même document que la vente ou l'adjudication, il n'y a pas de taxation particulière de ce chef,
• si l'acte de créance est publié séparément, il est dû une contribution de sécurité immobilière au taux fixe (V., pour le salaire du conservateur, *Bull. AMC* 1952, art. 106. – CGI, art. 881 M).

N.B. : La contribution de sécurité immobilière a remplacé le salaire du conservateur à compter du 1er janvier 2013. Elle obéit aux mêmes conditions d'assiette, de tarifs, de contrôle et de recouvrement que ce salaire (V. **Contribution de sécurité immobilière**). Les solutions données ci-dessous à propos du salaire du conservateur peuvent donc être transposées pour la perception de la contribution de sécurité immobilière.

6744 Quittance destinée à éviter une mainlevée. Une pratique s'est instaurée selon laquelle, pour éviter des mainlevées après paiement, les créanciers donnaient quittance à leur débiteur et le notaire rédacteur certifiait que « le privilège (ou l'hypothèque) est éteint de plein droit par application de l'article 2180 (devenu art. 2488) du Code civil et que sa publication a cessé de produire effet à compter du présent acte ».
Cette manœuvre a été mise en échec par la jurisprudence qui a décidé que ces quittances caractérisaient un renoncement à la garantie et que, partant, la radiation était obligatoire (Douai, 22 oct. 1992 : *Bull. AMC* 1992, art. 1540. – Cass. 3e civ., 13 juill. 1994 : *ibid.*, art. 1639. – V. également sur ce problème, *Bull. AMC* 1993, art. 1568).
On remarquera toutefois que cette jurisprudence ne saurait faire obstacle à la publication d'une quittance constatant un remboursement qui n'était garanti par aucune inscription (*Bull. AMC* 1998, art. 1778).

6745 Acte portant quittance du prix d'une licitation immobilière et constatant à la fois la non-publication et l'extinction du privilège du copartageant. Acte n'entrant pas dans le champ d'application de la publicité foncière. Dans un acte reçu par Me X…, notaire, il est tout d'abord rappelé qu'aux termes d'un acte établi par le même office notarial et qui a été publié, Mme Renée D… a vendu, à titre de licitation faisant cesser l'indivision, à sa sœur Lucienne la moitié indivise en toute propriété d'un appartement moyennant un prix payable par mensualités et productif d'intérêts.
Puis le vendeur « reconnaît que le prix de la vente précitée lui a été entièrement réglé en principal, intérêts et accessoires et en donne quittance à Mlle Lucienne D… sans réserve ».
Enfin, il est observé que « par suite de ce paiement, le privilège de copartageant est éteint et ne peut plus être valablement publié ».
La deuxième chambre de la cour d'appel de Paris (sect. B), par un arrêt du 18 septembre 1997 (*Bull. AMC* 1998, art. 1778), confirmant une décision de la première chambre du tribunal de grande instance de Paris (1re sect.) du 15 novembre 1995 (*Bull. AMC* 1996, art. 1717), a estimé que cet acte n'entrait pas dans le champ d'application de la publicité foncière.
L'impossibilité de publier qui, de la sorte, a été reconnue, est fondée sur le pouvoir de contrôle dévolu au conservateur et qui « s'étend à la validité au fond de la mainlevée totale d'une inscription hypothécaire » (Cass. 3e civ., 9 févr. 1994 : *Bull. AMC* 1993, art. 1604. – V. sur ce même problème, *Bull. AMC* 1994, art. 1652).

III
Duplicata de quittance

➤ V. **Formalités requises dans plusieurs services.**

Radiation simplifiée (inscriptions)

Jacques LAFOND

BIBLIOGRAPHIE : W. Nonnenmacher, *Un nouvel habit pour les mainlevées : JCP* N 2009, n° 6, 1056 (l'auteur examine l'impact de la réforme en droit local alsacien mosellan). – S. Ledan Cabarroque, *La radiation simplifiée des inscriptions depuis l'ordonnance du 23 mars 2006 : Bull. Cridon Bordeaux* mai 2008, n° 134, 540.

C. civ., art. 2436 *(Ancien art. 2441).* – Dans l'un et l'autre cas [Que l'inscription soit rayée du consentement des parties intéressées, ou en vertu d'un jugement (V. C. civ., art. 2440)], ceux qui requièrent la radiation déposent au service chargé de la publicité foncière l'expédition de l'acte authentique portant consentement, ou celle du jugement.

Aucune pièce justificative n'est exigée à l'appui de l'expédition de l'acte authentique en ce qui concerne les énonciations établissant l'état, la capacité et la qualité des parties, lorsque ces énonciations sont certifiées exactes dans l'acte par le notaire ou l'autorité administrative.

La radiation de l'inscription peut être requise par le dépôt au service chargé de la publicité foncière d'une copie authentique de l'acte notarié certifiant que le créancier a, à la demande du débiteur, donné son accord à cette radiation ; le contrôle opéré par ce service se limite à la régularité formelle de l'acte à l'exclusion de sa validité au fond.

6746 **Historique de la réglementation.** Ces dispositions ont été introduites par l'article 28 de l'ordonnance n° 2006-346 du 23 mars 2006 relative aux sûretés. Le texte ne visait à l'origine que les hypothèques conventionnelles, mais postérieurement la loi n° 2007-212 du 20 février 2007 est venue étendre le dispositif de radiation simplifiée à **tous types de sûretés.**

Ces mesures ont été commentées par une instruction du 28 décembre 2006 (*BOI* 10-D-3-06), reprise dans les développements qui suivent.

Postérieurement, l'ordonnance n° 2021-1192 du 15 septembre 2021 portant réforme de des sûretés, applicable à compter du 1er janvier 2022, a transféré l'article 2441 du Code civil sous le nouvel article 2436, qui a un contenu absolument identique.

6747 **Allègement du formalisme applicable à la procédure de radiation.** Aux termes de l'article 2436, alinéa 3, du Code civil (V. ce texte *supra*), la radiation d'une inscription d'hypothèque peut être requise :

– soit par le dépôt, au service de la publicité foncière, de l'expédition de l'acte authentique portant consentement des parties intéressées ou du jugement en dernier ressort ou passé en force de chose jugée (combinaison des articles 2435 et 2436, alinéa 1er, du Code civil), ce qui était le procédé classique ;

– soit par le dépôt d'un acte notarié certifiant que le créancier a, à la demande du débiteur, donné son accord à la radiation (C. civ., art. 2436, 3e al.).

Dans ce dernier procédé, les formalités sont allégées et le contrôle du service de la publicité foncière est limité.

I Établissement de l'acte

A Contenu et modalités de présentation de l'acte

6748 Rôle du notaire. Si l'acte de radiation simplifiée ne peut être assimilé à une « mainlevée », il n'en reste pas moins qu'il implique un accord préalable du créancier. Mais comme on l'a souligné « cet accord ne pourra être donné valablement que par une personne ayant la capacité de consentir à la radiation. Dès lors, il appartiendra au notaire de faire les mêmes vérifications que pour une mainlevée classique » (W. Nonnenmacher, *op. cit.*, n° 12).

On s'est également demandé s'il ne fallait pas dans certains cas faire consentir le créancier à la radiation dans un acte préalable et spécifique. S'il peut être admis, sur le vu de l'article 1844-2 du Code civil, que l'accord d'une société créancière pourrait être donné par simple lettre, qu'il y ait ou non paiement préalable de la créance, sauf à vérifier que la personne signataire du document a reçu pouvoir de donner son consentement, il a été suggéré que dans le cas de consentement donné par une personne physique ou par une personne morale autre qu'une société, le notaire devrait dresser deux actes notariés successifs, l'un constatant le consentement du créancier à la mainlevée de son inscription hypothécaire (impliquant une procuration authentique dans le cas où la mainlevée serait consentie sans paiement) et l'autre constatant la « radiation simplifiée » (S. Ledan-Cabarroque, *op. cit.*).

Dans un esprit de prudence, il a été préconisé d'annexer à l'acte de radiation simplifiée « tout document justifiant l'accord valable du créancier et, le cas échéant, la justification des pouvoirs de son représentant », ce qui n'entraînera pas pour autant un droit de contrôle du service de la publicité foncière sur la réalité de l'accord du créancier (W. Nonnenmacher, *op. cit.*, n° 13).

6749 Modalités d'établissement de l'acte. L'acte par lequel le notaire certifie que le créancier a, à la demande du débiteur, donné son accord à la radiation, est dressé sans que les parties ne comparaissent ; le notaire en est le seul signataire. Dans les autres actes et conventions publiés au fichier immobilier, les parties comparaissent, et lorsque l'acte est notarié, le notaire en est le rédacteur mais il n'est pas partie à ces actes.

Aussi, on ne saurait considérer l'acte par lequel le notaire certifie que le créancier a, à la demande du débiteur, donné son accord à la radiation de l'inscription, comme une disposition d'un autre acte publié au fichier immobilier.

L'acte par lequel le notaire certifie que le créancier a, à la demande du débiteur, donné son accord à la radiation de l'inscription doit donc être dressé, et ses copies authentiques déposées, indépendamment de tout autre acte présenté à la formalité par le notaire (Instr. 28 déc. 2006, préc., n° 8).

6750 Mentions que doit contenir l'acte. Pour permettre la radiation de l'inscription, l'acte notarié comporte les mentions suivantes(Instr. 28 déc. 2006, préc., n°s 6 et 7) :

– la nature, la date et le rédacteur de l'acte. À ce titre, l'acte doit être sans équivoque quant à sa nature d'acte régi par les dispositions de l'article 2436 du Code civil ;

– l'indication des références de l'inscription de l'hypothèque dont la radiation est requise (date, volume et numéro), de ses renouvellements et de son avenant éventuels ainsi que les références de la mention en marge de chaque convention de rechargement (date et numéro au registre des dépôts) ;

– la certification par le notaire :

• qu'il a vérifié l'état, la capacité et la qualité du (des) créancier(s) ayant donné son (leur) accord à la radiation,

• qu'il a recueilli l'accord de ce (ces) dernier(s) à la radiation, à la demande du débiteur. En tout état de cause, ni le créancier ni le débiteur ne sont identifiés ;

– la réquisition faite au service de la publicité foncière de procéder à la radiation totale ou partielle de l'inscription, avec dans ce dernier cas indication des limites dans lesquelles la radiation doit être effectuée (immeubles concernés en cas de réduction de gage, montant diminué en cas de diminution de créance).

6751 Radiation concernant une créance transmissible par endos. Un notaire dépose en vue de faire radier une inscription l'acte prévu par l'article 2436, alinéa 3 du Code civil par lequel il certifie que le créancier a, à la demande du débiteur, donné son accord à la radiation. Cette inscription concerne une créance avec création

d'une copie exécutoire à ordres transmissible par endos, ainsi qu'il a été mentionné sur le bordereau d'inscription.
Le dépôt ne peut faire l'objet d'un refus au motif que l'acte ne fait pas mention, comme dans une mainlevée traditionnelle, de la présence ou non d'endos sur la copie exécutoire. En l'espèce, dès lors que l'acte déposé répond aux conditions fixées par l'article 2436, alinéa 3 du Code civil, il appartient au seul notaire d'exercer le contrôle de fond prévu par les dispositions de l'article 60, 2, 3 et 4 du décret du 14 octobre 1955 et le service de la publicité foncière n'est pas en droit d'exiger la mention de l'absence ou de la présence d'endos sur la copie exécutoire(*Bull. AMC* 2007-2008, art. 1916). Il faut comprendre que du point de vue de la publicité foncière, le notaire n'a pas à préciser dans son acte que la copie exécutoire à ordre a été ou non endossée comme le prévoit l'article 10 de la loi n° 76-519 du 15 juin 1976. En revanche, il est évident qu'il devra, préalablement à la rédaction de son acte, établir ce contrôle pour déterminer quel est le créancier apte à donner son accord à la radiation (V. en ce sens : Instr. 28 déc. 2006 : *BOI* 10 D-3-06, n° 15, note 1 ; *Bull. Cridon Paris* 2008, n° 10, *in fine*).

6752 **Insertion de mentions non prévues par les textes ou le modèle d'acte.** L'association des conservateurs avait constaté que figuraient parfois dans les actes établis par les notaires des mentions non prévues par le modèle d'acte (V. n° 6754) telles que, notamment, la désignation du créancier ou la présence ou l'absence d'endos. L'association des conservateurs estimait que cette manière de procéder n'avait pas pour effet de transférer aux conservateurs (et donc aujourd'hui au service de la publicité foncière) le contrôle de fond que celui-ci n'est tenu d'effectuer que lorsque le titulaire de l'inscription comparait ou est représenté à l'acte entrant dans le cadre des dispositions de l'article 2435 et du premier alinéa de l'article 2436 du Code civil. Cependant, la mention de ces éléments ne constitue pas à elle seul un motif de refus de radiée.
En revanche, l'association des conservateurs recommandait de s'assurer que l'acte de certification déposé était bien régi par l'article 2436 (ancien art. 2441), alinéa 3 du Code civil. Il avait été signalé, en effet, que certains actes notariés se présentant comme des « actes de certification » se référaient expressément à l'article 2436 (ancien art. 2441) du Code civil sans autre précision, ou bien aux alinéas 1er, 2 et 3 de l'article 2436. Dans cette hypothèse, un refus de radiation devait être opposé selon l'association. En effet « aucune équivoque ne doit subsister sur la nature de l'acte déposé, qui doit répondre aux conditions fixées par l'article 2436 (ancien art. 2441), alinéa 3. Le moindre doute sur ce point doit entraîner le refus de radier » (*Bull. AMC* 2007-2008, art. 1916).

6753 **Pièces à produire au service de la publicité foncière.** Pour requérir la publication de la radiation de l'inscription, le requérant dépose au service de la publicité foncière du lieu de situation de l'immeuble, en double exemplaire pour permettre le renvoi d'un exemplaire complété des mentions de la formalité au notaire, la copie authentique de l'acte notarié certifiant que le créancier a, à la demande du débiteur, donné son accord à la radiation. Les deux exemplaires sont certifiés conformes à la minute par le notaire (Instr. 28 déc. 2006, préc., n° 6).

6754 **Modèle d'acte.** Un modèle d'acte de radiation simplifiée répondant aux exigences de l'article 2436 (ancien art. 2441), troisième alinéa, du Code civil, a été établi en collaboration avec le Conseil supérieur du notariat (CSN) et l'Association des conservateurs des hypothèques (V. ce modèle en annexe).
Ce modèle est toujours valable dès lors que l'article 2436 nouveau reproduit intégralement l'ancien article 2441.

B Rôle du service de la publicité foncière

6755 **Objet du contrôle.** La simplification des modalités et du formalisme de la procédure de radiation opérée par l'article 2436, dernier alinéa, du Code civil s'accompagne, pour le service de la publicité foncière qui y procède, d'un allègement de son contrôle.
En effet, dès lors que la radiation est requise par le dépôt d'un acte notarié certifiant l'accord du créancier à la radiation, le service de la publicité foncière opère un seul contrôle formel de l'acte à l'exclusion de sa validité au fond. Ainsi, il ne vérifie ni l'état, ni la capacité, ni la qualité du débiteur, ni ceux du créancier ayant donné au notaire son accord à la radiation.
En revanche, le service de la publicité foncière s'assure que l'accord des créanciers recueilli par le notaire concerne toutes les créances garanties par l'inscription. À cet effet, il refuse la radiation s'il constate qu'une convention de rechargement a été publiée sous forme de mention en marge de l'inscription, mais n'est pas citée dans l'acte notarié certifiant que le (ou les) créancier(s) a (ont), à la demande du (des) débiteur(s), donné son (leur)

accord à la radiation (C. civ., art. 2436 [ancien art. 2441], al. 3. – Instr. 28 déc. 2006, préc., n° 10).

6756 Eu égard à la limitation du contrôle du service de la publicité foncière, en présence d'un acte notarié établi conformément aux prescriptions du troisième alinéa de l'article 2436 (ancien art. 2441) du Code civil, aucun justificatif de l'état et de la capacité du créancier n'a à être déposé avec l'acte (Instr. 28 déc. 2006 préc.).

II Les perceptions

A Taxe de publicité foncière

6757 L'acte notarié certifiant que le créancier a, à la demande du débiteur, donné son accord à la radiation d'une inscription, est publié en marge de cette inscription (hypothèque conventionnelle simple ou rechargeable, avenant, etc.).
Ainsi, comme toute mention en marge, la publication de cet acte notarié ne donne pas lieu à la perception d'une taxe de publicité foncière (Instr. 28 déc. 2006 préc., n° 11).

B Contribution de sécurité immobilière

6758 La publication, au service de la publicité foncière, de l'acte notarié certifiant que le créancier a, à la demande du débiteur, donné son accord à la radiation, donne lieu à la perception de la contribution de sécurité immobilière liquidée au taux de 0,05 % sur les sommes faisant l'objet de la radiation, conformément aux dispositions de l'article 881 J du Code général des impôts, avec application du minimum de perception prévu par l'article 881 M du même code (actuellement 15 €).
Il est précisé que les radiations des inscriptions effectuées conformément aux dispositions de l'article 2436, troisième alinéa, du Code civil, par une personne éligible au bénéfice des dispositions de l'article 882 du Code général des impôts (organismes HLM, sociétés de crédit immobilier...) donnent lieu à l'application d'un taux réduit de moitié, soit 0,025 % (V., à propos du salaire du conservateur, Instr. 28 déc. 2006, préc.).

Annexe

FORMULE

ACTE CERTIFIANT L'ACCORD DU CRÉANCIER À LA RADIATION D'UNE HYPOTHÈQUE CONVENTIONNELLE – ART. 2436 (ancien art. 2441), AL. 3 DU CODE CIVIL

Date.....

En l'office notarial (ou un autre lieu).....

Me..... (1) a dressé en la forme authentique le présent acte certifiant l'accord donné par le(s) créancier(s) titulaires de la (des) créance(s) garantie(s) par l'inscription d'hypothèque conventionnelle au bureau des hypothèques (ou : « au service de la publicité foncière ») de..... sous les références indiquées ci-dessous, à sa radiation en application du troisième alinéa de l'article 2436 du Code civil.

INDICATION DES RÉFÉRENCES DE L'HYPOTHÈQUE ET DES MENTIONS EN MARGE DE SES CONVENTIONS DE RECHARGEMENT :

– Inscription de l'hypothèque prise à la conservation des hypothèques (ou : au service de la publicité foncière) de.....

Le.....

Volume..... N°.....

Ainsi qu'il résulte du bordereau ci-après..... (2)

– Inscription en renouvellement (selon les mêmes modalités)

Le.....

Volume..... N°.....

Ainsi qu'il résulte du bordereau ci-après... (3)

– inscription d'avenant (selon les mêmes modalités)

Le.....

Volume..... N°.....

Ainsi qu'il résulte du bordereau ci-après... (4)

– Mention en marge de convention de rechargement

Le.....

N°.....

Montant de la créance garantie : ..... (5)

CERTIFICATION

Par le présent acte, le notaire, après avoir vérifié l'état, la capacité et qualité du (des) créancier(s) pour donner mainlevée pure et simple de l'hypothèque, certifie que le(s)dit(s) créancier(s) a (ont), à la demande du débiteur, donné son (leur) accord à la radiation de l'inscription en totalité / dans les limites ci-après indiquées (6).

PUBLICATION

EN FOI DE QUOI, en application des dispositions du troisième alinéa de l'article 2436 du Code civil, le notaire soussigné a dressé le présent acte certifiant à la demande du débiteur, l'accord du (des) créancier(s) à la radiation de l'hypothèque et requiert en conséquence le service de la publicité foncière de porter en marge de l'inscription, mention de sa radiation.

À cet effet, et pour le calcul de la contribution de sécurité immobilière, il est rappelé que l'inscription garantit une (des) créance(s) d'un montant en principal et accessoires de..... euros.

DONT ACTE sur X pages.

Fait et passé aux lieu, jour, mois et an ci-dessus indiqués.

Suit la signature du notaire soussigné.

NOTA Les annotations figurant en bas de page du présent modèle n'ont pas à figurer dans l'acte déposé au service de la publicité foncière :

(1) Pour l'établissement de l'acte de radiation simplifiée, le notaire doit avoir procédé, dans le cadre des dispositions légales (et notamment de la loi n° 76-519 du 15 juin 1976 modifiée relative à certaines formes de transmissions de créances), aux vérifications de fond nécessaires afin d'en assurer l'efficacité.

(2) Le bordereau sert à contrôler l'assiette de la contribution de sécurité immobilière.

(3) Les bordereaux servent à contrôler l'assiette de la contribution de sécurité immobilière.

(4) Le bordereau sert à contrôler l'assiette de la contribution de sécurité immobilière.

(5) Information nécessaire pour l'assiette de la contribution de sécurité immobilière.

(6) Rayer la mention inutile.

Rapport

Jacques LAFOND

6759 Du point de vue de la publicité foncière, il faut distinguer selon que le rapport s'effectue en valeur ou en nature.

I Rapport en valeur

6760 **Pas d'obligation de publier.** Le rapport en valeur est une simple opération comptable : il n'affecte en rien les droits de propriété du donataire. Dès lors, on ne voit pas à quel titre l'acte le constatant serait, en tant que tel, soumis à publication.

6761 Le contraire a cependant été soutenu (*Rép. alph. enreg.*, V° Hypothèques, L. 111, n° 750 ; Bulté chron. hyp. : *JCP* N 1960, prat. 3070) en vertu d'une interprétation large de la notion « d'acte déclaratif » figurant à l'article 28-6° du décret du 4 janvier 1955. Sont soumis à publicité, rappelle le *Répertoire alphabétique*, « non seulement les actes et décisions qui constatent en fait, sinon en droit, un déplacement de la propriété ou de tout autre droit réel, mais encore ceux qui modifient la situation apparente (rappr. rapport qui a précédé le décret du 30 octobre 1935) ou la consolident, tels que les actes confirmatifs, complémentaires ou constatant l'accomplissement d'une condition suspensive – qui sont, d'ailleurs, expressément visés par l'article 28-4°, a et b du décret du 4 janvier 1955.

6762 Peut-on dire que le rapport en valeur consolide la donation antérieure (étant entendu qu'il ne constate aucun « déplacement de la propriété immobilière ») ? Ce n'est pas le rapport en lui-même, mais le partage qui a cet effet (et ce partage est pour sa part incontestablement soumis à publication s'il concerne des immeubles). Il n'y aurait « confirmation » ou « consolidation » de la donation que si, cette donation étant réductible, un acte venait constater soit le paiement de l'indemnité de réduction due par le donataire, soit la renonciation par les cohéritiers à exiger la réduction.
Il en résulte à notre avis que la constatation du rapport dans le cadre d'un partage ou isolément n'est pas soumise à publicité foncière.

6763 **Incidence fiscale.** Ce type d'opération n'a d'incidence que fiscale. Le rapport donne lieu à la perception des droits d'enregistrement au tarif actuel de 2,50 % (CGI, art. 746) assis sur la valeur « rapportée », conformément à des solutions bien admises (Cass., 15 mars 1875. – V. Naquet, *Traité des droits d'enregistrement,* 2e éd., t. III, n° 1078 ; Doc. adm. DGI, 7 F-123, n° 7, 1er juin 1989. Sur les critiques de cette solution, V. Maguéro, V° Partage, n° 172), et en aucun cas à la perception de la taxe de publicité foncière ou de la contribution de sécurité immobilière.

II

Rapport en nature

6764 **Publication obligatoire.** Le rapport en nature peut être imposé par le donateur, ou être effectué volontairement par le donataire (C. civ., art. 858 et 859). Dans tous les cas, il est bien admis qu'il entraîne résolution de la donation. Le bien donné va de ce fait être inclus dans la masse des biens à partager et se trouver dans l'indivision entre tous les ayants droit à la succession. Il peut être dans le cadre du partage réattribué à une autre personne que le donataire originaire.
En toute hypothèse (rapport imposé ou rapport volontaire), le rapport s'analyse en un « acte constatant la résolution d'une convention » au sens de l'article 28-4° *c)* du décret du 4 janvier 1955 et il est soumis en conséquence à publication obligatoire.
Il donnera lieu à annotation au cadre A de la fiche de propriétaire et de la fiche d'immeuble (*Rép. alph. enreg.*, préc., n°s 22 et 77).

A Taxe de publicité foncière

6765 En ce qui concerne la taxe de publicité foncière, il faut distinguer entre le rapport imposé par le donateur (1), et celui effectué volontairement par le donataire (2).

1 Rapport imposé par le donateur

6766 Si le rapport en nature a été *imposé par le donateur,* le décès joue comme condition résolutoire. On se trouve dans une situation analogue à celle où la donation est grevée d'un droit de retour conventionnel. Et les solutions admises en cette matière paraissent pouvoir être transposées.
L'acte constatant ce rapport est un « acte déclaratif » donnant lieu à la perception de la taxe de publicité foncière au taux de 0,70 % – 0,71498 % arrondi à 0,715 %, avec les perceptions additionnelles (V. en matière de droit de retour, Bulté : *JCP* N 1966, prat. 4150. – Lacroix, *Mémento fiscal de publicité foncière*, n° 700).

6767 **Premier cas.** Il se peut tout d'abord qu'un acte isolé soit établi pour constater la résolution de la donation résultant de la clause de rapport en nature (hypothèse qui sera probablement assez rare en pratique). En ce cas, de deux choses l'une :
– ou bien cet acte ne constate rien d'autre que le rapport en nature, l'immeuble qui en est l'objet restant dans l'indivision entre les parties intéressées. Il y aura alors lieu à la perception effective de la taxe de publicité foncière à 0,70 % (0,71498 % arrondi à 0,715 %, avec les perceptions additionnelles) ;
– ou bien après que le rapport en nature a été effectué, il est procédé au partage, qui ne concerne que les biens « rapportés » : en ce cas, il n'y a lieu à notre avis qu'à la seule perception du droit de partage (taxe de publicité foncière au taux de 2,50 %) prévu par l'article 746 du Code général des impôts, le rapport en nature apparaissant comme une « disposition dépendante » au sens de l'article 671 du Code général des impôts (V. **Acte contenant plusieurs dispositions**).

6768 **Deuxième cas.** Si le rapport en nature est constaté dans un acte de partage, le droit de partage sera perçu selon le droit commun sur la valeur nette des biens partagés, comprenant celle des biens rapportés (V. **Partage**).
Il n'y aura pas, à notre avis, de perception particulière sur la constatation du rapport en nature, disposition dépendante du partage (V. n° 6767).

2 Rapport effectué volontairement par le donataire

6769 Si le rapport en nature est effectué volontairement par le donataire, la résolution de la donation présente un caractère légal puisqu'elle intervient en raison d'une autorisation de la loi (C. civ., art. 859). Aucun droit de mutation n'est alors exigible (V. **Résolution de contrats**).
Si un acte isolé est dressé pour constater le rapport en nature sans qu'il soit procédé au partage, la taxe de publicité foncière à 0,70 % (0,71498 % arrondi à 0,715 %, avec les perceptions additionnelles) nous paraît devoir être perçue par application combinée des articles 678 et 677-4° du Code général des impôts.
Si le rapport en nature est constaté dans l'acte de partage, les solutions données plus haut (V. n°s 6766 et s.) valent-elles également ? Si on l'admet, il y aura lieu à une double perception de la taxe de publicité foncière et du droit de partage, qui sera liquidé au tarif prévu par l'article 746 du Code général des impôts soit actuellement 2,50 % sur la valeur nette de l'actif partagé (incluant l'immeuble rapporté) à la date du partage, sans déduction des soultes (Rép. min. Économie et Finances 11 mars 1972 : *Bull. AMC* 1972, art. 902).

6770 Cependant, il ne serait pas impossible de soutenir que le rapport effectué volontairement, et qui est donc dans ce cas purement facultatif, est une disposition indépendante du partage (V. **Acte contenant plusieurs dispositions**). Si on l'admet, on en déduira alors qu'il y a lieu de percevoir à la fois la taxe de publicité foncière à 0,70 % (0,71498 % arrondi à 0,715 %, avec les perceptions additionnelles) sur la constatation du rapport en nature, qui a un caractère déclaratif, et le droit de partage (taxe de publicité foncière) au tarif prévu par l'article 746 du Code général des impôts soit actuellement 2,50 % sur le partage lui-même, comprenant ce rapport.

6771 **Rapport en nature d'un immeuble acquis à l'aide d'un don manuel.** Si une somme d'argent donnée a servi à acquérir un bien, le rapport est dû de la valeur de ce bien, et non pas du bien lui-même (C. civ., art. 860-1) Si un acte notarié portant « confirmation de donation déguisée et rétablissement de terrain à la masse partageable » est soumis à la publication, le conservateur sortirait de ses attributions légales en appréciant la régularité du rapport et en décidant qu'il n'y a pas lieu à publicité foncière, le donataire ayant inexactement apprécié son obligation à rapport (*Bull. AMC* 1994, art. 1621). La publication de cet acte doit donc être acceptée.

B Contribution de sécurité immobilière

6772 La contribution de sécurité immobilière, qui a remplacé le salaire du conservateur des hypothèques à compter du 1er janvier 2013, sera due au tarif proportionnel sur la valeur actuelle de l'immeuble rapporté.
Il sera, le cas échéant, tenu compte des règles particulières prévues pour le cas des actes contenant plusieurs dispositions (V. **Acte contenant plusieurs dispositions**).

III
Renonciation au rapport

6773 **Renonciation à dispense de rapport.** Si, dans un partage, un héritier rapporte une somme qui lui avait été donnée par préciput dans les limites de la quotité disponible, ou s'il consent à rapporter à la succession une somme qui lui avait été donnée par sa mère et dont le rapport ne devait être fait qu'à la succession de cette dernière, il fait à ses cohéritiers une donation passible du droit proportionnel, à la condition qu'il y ait intention libérale et en l'absence de toute contrepartie (Maguéro, V° Donation, n° 346. – Seine, 2 févr. 1867 : *Journ. enr.*, 18354. – Évreux, 13 mai 1890 : *Journ. enr.*, 23435. – Angoulême, 18 mars 1912 : *Rev. enr. et imp.*, 5609).

6774 **Renonciation au rapport.** De même, la dispense accordée, à un héritier par ses cohéritiers de rapporter à la masse les biens soumis à rapport qu'il a reçus du défunt en avancement d'hoirie peut constituer une donation (Seine, 21 juill. 1866 : *Journ. enr.*, 18226).

IV
Modification du rapport

6775 **Publicité foncière.** Quelles sont les incidences, du point de vue de la publicité foncière, d'une modification ultérieure des modalités du rapport ?
Plusieurs hypothèses doivent être distinguées :
• la donation a été consentie en avance de part successorale et elle est transformée par acte postérieur en donation hors part (C. civ., art. 919). Même si le risque de réduction peut dans certains cas, en fonction de la composition du patrimoine du donateur, s'en trouver augmenté, l'hypothèse d'une réduction en nature n'est que très éventuelle. Il ne semble pas que la nécessité d'une publication s'impose, sur le fondement de l'article 28-2° du décret du 4 janvier 1955 (V. la position nuancée de M. Mathieu : *JCl. Notarial Formulaire*,

V° Rapport à succession, Fasc. 110, n° 19) étant précisé que si la publication est envisagée :
– le service de la publicité foncière ne peut pas opposer de refus, en l'absence de cause légale,
– et que cette publication ne peut s'opérer par voie de mention ;
• un rapport en nature est stipulé postérieurement à la donation (V. M. Mathieu : *JCl. Notarial Formulaire*, V° Rapport à succession, Fasc. 140). En ce cas, la publication paraît nécessaire, par application de l'article 28, 2° du décret du 4 janvier 1955 précité (M. Mathieu, *op. cit.*, n° 44) ;
• une dispense de rapport en nature est consentie postérieurement à l'acte de donation (V. *JCl. Notarial Formulaire*, V° Rapport à succession, Fasc. 22). La publication peut paraître nécessaire, sinon opportune par interprétation large de l'article 28, 4°, *a)* du décret du 4 janvier 1955.

Ratification

Jacques LAFOND

I Publication. Modalités

6776 Nécessité de publier. La ratification qui constitue la confirmation par le ratifiant de l'acte passé par un incapable, soit le vendeur lui-même, soit son mandataire ou un représentant, ou encore son porte-fort, doit être publiée (D. 4 janv. 1955, art. 28-4°-a), du moins lorsqu'elle porte sur des droits eux-mêmes soumis à publicité.

6777 Modalités de la publication. Des difficultés sont nées au sujet des énonciations que l'acte de ratification, le plus souvent unilatéral, devait contenir, notamment en ce qui concerne l'identification des parties et des immeubles prévue aux articles 5, 6 et 7 du décret du 4 janvier 1955. Une circulaire de l'enregistrement est intervenue pour les régler (Bulté, chron. hyp. : *JCP* N 1958, IV, prat. 2643).

6778 La circulaire donne les indications suivantes :

« L'acte de ratification étant généralement unilatéral, seul le ratifiant y figure comme partie : la désignation du ratifiant, conformément au premier alinéa des articles 5 et 6 du décret du 4 janvier 1955, doit seule être énoncée dans l'acte de ratification et la mention de certification de l'identité du seul ratifiant doit être apposée au pied de l'expédition déposée pour être conservée au bureau des hypothèques. Cette règle est applicable même si l'acte ratifié n'a pas été publié au fichier immobilier.

Il s'ensuit que la formalité, qui doit être annotée uniquement au nom du ratifiant, doit contenir tous les éléments permettant au conservateur de procéder à cette annotation.

L'acte de ratification doit contenir la désignation des immeubles d'après les prescriptions de l'article 7 du décret du 4 janvier 1955 (rappr. D. 14 oct. 1955, art. 12).

Toutefois, dans le cas où l'acte de ratification se bornerait à indiquer les références à la formalité donnée à l'acte ratifié, le conservateur pourrait ne pas insister pour obtenir la désignation des immeubles si, nonobstant cette omission, il lui paraissait possible de procéder à l'annotation.

L'annotation de l'acte de ratification au nom du seul ratifiant ne permet pas, toutefois, de renseigner sur la ratification intervenue, en cas de réquisition formulée du chef d'une des personnes autres que le ratifiant, intéressée par le nouvel acte : comparant à l'acte ratifié, sous-acquéreurs, etc.

En vue de remédier à cet inconvénient, la seule solution consisterait à fournir, dans l'acte de ratification, les éléments permettant d'annoter la formalité au nom de toutes les personnes intéressées ; leur identité devrait, bien entendu, être certifiée. Dans cette hypothèse, l'acte de ratification devrait, en outre, préciser les droits actuels desdites personnes sur chacun des immeubles intéressés par la formalité (cette précision devant permettre au conservateur de déterminer si les annotations à effectuer doivent, ou non, être soulignées en rouge) ».

Selon M. Bulté, il n'y a pas lieu de déposer un nouvel extrait cadastral (*JCP* N 1959, prat. 2830).

6779 Effet relatif. Si aucun acte de ratification n'est postérieurement déposé à la publication, le conservateur (aujourd'hui, le service de la publicité foncière) est-il fondé à opposer un rejet et à exiger la publication préalable d'un acte de ratification lorsqu'une formalité est effectuée du chef de l'acquéreur ? L'Association mutuelle des conservateurs a répondu par l'affirmative (*Bull. AMC* 1993, art. 1572).

Cette position a été critiquée. M. Chardonnal a fait valoir (*JCP* N 1986, prat. 9982) qu'en pareil cas, le conservateur (aujourd'hui, le service de publicité foncière) qui n'est pas juge de la validité de l'acte devait publier la vente sans se préoccuper du point de savoir s'il y avait eu ou non ratification.

II

Perceptions

A Taxe de publicité foncière

CGI, art. 673. – Lorsque la TPF ne tient pas lieu des droits d'enregistrement, il n'est dû, en toute hypothèse, qu'une seule taxe proportionnelle sur l'acte portant (...) ratification (...)

Les actes dispensés de la taxe proportionnelle en vertu des dispositions de l'alinéa précédent supportent la taxe fixe si la publicité n'en est pas requise en même temps que celle de l'acte passible de la taxe proportionnelle, à moins qu'ils ne contiennent augmentation des prix, valeurs, sommes ou créances exprimés, énoncés, évalués ou garantis, auquel cas la taxe proportionnelle est perçue seulement sur le montant de cette augmentation.

6780 Au vu de ce texte, il faut distinguer selon que l'acte de ratification est ou non publié en même temps que l'acte principal.

1 Acte de ratification publié en même temps que l'acte principal

6781 **Distinctions à opérer.** Si l'acte est soumis à la formalité fusionnée, il est perçu une taxe fixe au taux prévu pour les actes innommés (V. **Droits fixes**).
Si l'acte n'est pas soumis à la formalité fusionnée, il est publié en franchise de taxe.

6782 **Publication d'un acte assujetti à la taxe proportionnelle de publicité et contenant, en outre, la ratification d'un partage.** Si, dans le corps d'une adjudication, un partage rappelant l'origine de propriété est ratifié par l'un des copartageants qui était mineur à l'époque, la taxe fixe de publicité foncière n'est pas exigible lors de la publication de l'adjudication, dès lors qu'une taxe proportionnelle supérieure est perçue à l'occasion de cette formalité. Elle deviendrait exigible si la disposition soumise à la perception d'une taxe fixe faisait l'objet d'une publicité requise séparément et non sur la même formule que l'acte assujetti à la taxe proportionnelle (Bulté : *JCP* N 1962, IV, 3292).

2 Acte publié postérieurement à l'acte principal

6783 **Distinctions à opérer.** Si cet acte est soumis à la formalité fusionnée, il est perçu comme ci-dessus une taxe fixe (sur le taux de cette taxe, V. **Droits fixes**).
Si l'acte n'est pas soumis à la formalité fusionnée, la taxe est perçue au taux de 25 € prévu par l'article 674 du Code général des impôts (V. Lacroix, *Mémento fiscal de publicité foncière*, n° 200).

3 Acte principal exempté de taxe

6784 L'acte de ratification est alors lui-même exempté (Lacroix, *ibid.*).

B Contribution de sécurité immobilière

N.B. : La contribution de sécurité immobilière a remplacé le salaire du conservateur à compter du 1er janvier 2013. Elle obéit aux mêmes conditions d'assiette, de tarifs, de contrôle et de recouvrement que ce salaire (V. **Contribution de sécurité immobilière**). Les solutions données ci-dessous à propos du salaire du conservateur peuvent donc être transposées pour la perception de la contribution de sécurité immobilière.

6785 Salaire proportionnel du conservateur. Il est dû un salaire proportionnel, calculé sur la part du ratifiant dans le prix ou la valeur des immeubles concernés (Rép. min., 14 avr. 1966 : *JOAN*, p. 661 ; *Bull. AMC* 1966, art. 658).

6786 Société civile immobilière. Publication d'un acte de ratification par deux associés des actes passés par un troisième associé. Salaire du conservateur. Deux associés ratifient des actes passes par un troisième associé pour le compte d'une société civile immobilière. Le salaire doit-il être calculé pour la part globale des deux premiers ou distinctement sur la part de chacun d'eux ?

À défaut de solidarité entre les associés, le salaire paraît devoir être liquidé séparément sur la part de chacun des ratifiants dans le droit immobilier objet des actes ratifiés (*JCP* N 1959, IV, 2703).

6787 Ratification par un donataire-copartagé d'une donation-partage intervenue durant sa minorité. Les règles d'assiette et de liquidation des salaires dus aux conservateurs des hypothèques sont indépendantes de celles suivies en matière de taxe de publicité foncière, dans la mesure où elles doivent tenir compte de la nécessité de garantir la responsabilité pécuniaire qu'assument ces fonctionnaires à raison des formalités qu'ils accomplissent ou des renseignements qu'ils sont amenés à délivrer. Cette exigence peut parfois conduire à la perception de plusieurs salaires distincts, notamment lorsqu'une seule et même convention donne lieu à la publication successive de plusieurs actes dont chacun est susceptible d'engager la responsabilité personnelle du conservateur.

Ainsi, sous réserve de l'appréciation souveraine des tribunaux judiciaires, le conservateur des hypothèques paraît fondé à percevoir, pour la publication séparée de l'acte de ratification par un donataire d'une donation-partage intervenue durant sa minorité, le salaire proportionnel prévu à l'article 296 de l'annexe III au Code général des impôts, dès lors que cet acte est distinct du partage d'ascendant antérieur et possède son effet juridique propre. L'assiette de ce salaire est cependant limitée à la valeur des biens attribués au copartageant devenu majeur, déterminée à la date de publication de l'acte de ratification (Rép. min. Manger : *JOAN* 3 sept. 1984, p. 3906, n° 52442).

Rectification des erreurs

Serge LAMIAUX

Sommaire analytique

Index alphabétique

Index alphabétique *(suite)*

6788 Présentation. Après avoir exposé les principes généraux applicables en matière de documents rectificatifs (I), nous distinguerons selon que l'acte rectificatif a pour objet de réparer des erreurs découvertes après établissement de l'acte et avant son dépôt à la conservation (II) ou des erreurs découvertes par le conservateur à l'occasion de la publication de l'acte (III) ou qu'il s'agit de rétablir une erreur relative à la convention des parties, que l'acte a traduite de manière erronée (IV). Nous traiterons ensuite du cas où l'erreur est imputable à un service administratif (V). Nous terminerons en examinant le cas des erreurs imputables à un service administratif (VI) ou aux services de la publicité foncière (VII) et la rectification d'erreurs entachant le plan cadastral (VIII).

I Principes généraux concernant les documents rectificatifs

6789 Distinction entre les divers documents rectificatifs. Ainsi que l'indique M. Masounabe-Puyanne dans une étude de référence (*La rectification des erreurs et omissions en matière de publicité foncière : JCP* N 1959, I, 1496), pour présenter les divers documents rectificatifs, il y a lieu de distinguer l'acte rectificatif (A), l'attestation rectificative (B) et la mention rectificative (C) et les cas où l'acte rectificatif peut être remplacé par d'autres documents (D).

A L'acte rectificatif

6790 Fonction. L'acte rectificatif est celui qui est nécessaire pour assurer la concordance du fichier immobilier et du cadastre avec les énonciations du document déposé (D. 14 oct. 1955, art. 34-3. – Michenet : *JCP* N 1956, IV, 1272, n° 10), ou encore de mettre l'acte à publier, lorsqu'il contient une erreur, en conformité avec la convention des parties (V. n°s 6845 à 6850).

6791 Cas où il doit être établi. L'acte rectificatif doit être établi quand il s'agit seulement de préciser :

– l'identité des parties ou l'identification des immeubles. C'est le cas par exemple lorsque les noms ou prénoms sont mal orthographiés (Rép. min. Justice, 19 sept. 1958 : *JCP* N 1958, IV, 2625), ou s'ils sont incomplets ou intervertis ; quand la date de naissance est erronée : lorsqu'il y a discordance entre certaines énonciations de l'extrait de naissance délivré par la mairie et de celui délivré par le greffe du tribunal (Rép. min., 19 sept. 1958, préc.) ;

– s'il y a discordance dans la désignation de parcelles entre celle de l'acte et celles des extraits cadastraux modèles 1 et 3 (Sol. adm., 19 juill. 1957 : *JCP* N 1957, IV, 2413) ;
– quand les parcelles issues d'une division sont désignées sous l'ancien numéro cadastral (Rép. min. Finances, 24 juill. 1956 : *JCP* N 1956, IV, 2276 ; *Bull. AMC* 1958, art. 331 ; chron. *in* *JCP* N 1956, IV, 1275) ;
– lorsqu'on a omis l'indication de la rue et du numéro et qu'il est constaté qu'il s'agit d'un immeuble urbain et non rural ;
– lorsqu'on a omis la référence (date, volume et numéro) de la formalité donnée au titre du disposant ou dernier titulaire du droit ou à l'attestation notariée de transmission par décès à son profit (Masounabe-Puyanne, étude préc., n° 20).

En résumé, rappelle M. Masounabe-Puyanne, « l'acte rectificatif (...) est nécessaire toutes les fois que l'erreur ou l'omission commise dans un acte est susceptible d'empêcher le contrat d'être valable en ce qui concerne la rectification ou l'addition que l'on veut ou que l'on doit publier, ou qu'elle vicie l'acte en tant que fondement de la publicité foncière ».

6792 Erreur ou omission résultant de l'acte ou document original. Si l'erreur ou l'omission résulte d'un acte ou document original pouvant servir de base à la justification de l'identité des parties, il appartient à la partie intéressée d'en provoquer la rectification par la voie administrative ou judiciaire avant que soit établi le document rectificatif (Circ. adm. XXXVI-II-3 : *JCP* N 1958, IV, 2647. – Rép. min. Justice, 29 nov. 1957 : *JCP* N 1957, IV, 2475. – Rép. min. Justice, 19 sept. 1958 : *JCP* N 1958, IV, 2625).

6793 Établissement de l'acte rectificatif. L'acte doit être dressé conformément aux principes généraux du droit civil, c'est-à-dire dans les mêmes conditions de forme que l'acte principal (Sol. adm., 19 juill. 1957, préc. – Masounabe-Puyanne, *op. cit.*, n° 21). L'article 34-3 du décret du 14 octobre 1955 dispose d'ailleurs qu'il doit être établi dans les formes légales.

Il faut par conséquent qu'il soit rédigé en minute, et signé par toutes les parties qui ont comparu à l'acte principal (V. sur tous ces points Rép. min. Finances, 24 juill. 1956, préc. – Bulté, chron. hyp. : *JCP* N 1956, IV, 2224).

Afin d'éviter tout refus de signature, ou prévenir une impossibilité (résultant par exemple d'un décès), il est assez courant d'insérer dans les actes sujets à publicité foncière une clause conférant à une personne désignée le pouvoir de fournir au service de la publicité foncière les justifications qu'il réclamerait et également de signer les actes complémentaires ou rectificatifs qui seraient utiles (V. Page : *Journ. not.*, art. 45208, p. 140).

B L'attestation rectificative

6794 Utilisation. Modes d'établissement. De même que l'acte rectificatif, l'attestation rectificative a pour but d'assurer la concordance du fichier et du cadastre avec les énonciations des documents déjà déposés.

Elle en diffère cependant en ce qu'elle est rédigée en minute à la suite de l'acte principal. En outre, elle est signée uniquement par l'officier public ou ministériel ayant reçu cet acte (H. Bulté : *JCP* N 1956, IV, 2275. – Page : *Journ. not.*, art. 45347).

Elle est admise pour la rectification des erreurs ou inexactitudes affectant la désignation des parties ou des immeubles, découvertes avant le dépôt du document à publier (Circ. adm. 6 juin 1956. – Circ. adm. XXXII-III).

Tel est le cas lorsque, à la suite d'une adjudication, on constate que la désignation d'une ou de plusieurs personnes dénommées dans le certificat d'identité ne correspond pas exactement à celle du procès-verbal (V. sur tous ces points, Masounabe-Puyanne, *op. cit.*, n° 23).

C La mention rectificative

6795 Utilisation. La rectification peut aussi consister en une simple mention ajoutée par le signataire du certificat d'identité sur le document déposé.

L'article 72 du décret du 14 octobre 1955 l'admet lorsque, dans un acte authentique intervenu, une décision judiciaire devenue définitive, une attestation de décès, un acte sous seing privé ayant acquis date certaine avant le 1er janvier 1956, ou dans l'acte dressé spécialement pour constater son dépôt en l'étude d'un notaire, la désignation des parties et des immeubles n'est pas faite conformément aux prescriptions des décrets sur la publicité foncière. En ce cas l'expédition, l'extrait littéral ou la copie destinée au service de la publicité foncière doit, si la publication est requise depuis le 1er janvier 1956, être complété par cette désignation à la suite du certificat de collationnement, et être établi par le signataire dudit certificat ou du certificat d'identité.

On peut procéder de même (Masounabe-Puyanne, *op. cit.*, n° 24) :
– pour indiquer les nouvelles parcelles résultant d'une division de lots intervenue à la suite d'une adjudication ou d'une déclaration de command (Circ. adm. XXXII-III-B. – Rép. min. Finances, 24 juill. 1956, préc.) ;

– dans le cas d'acquisition sans titre, pour préciser le mode et les conditions d'acquisition ou de consolidation du droit (Instr. gén. n° 622, notes 1 et 624).

D Autres modes de rectification

6796 Cas d'urgence. L'article 34 du décret du 14 octobre 1955 prévoit à ce propos une procédure simplifiée de rectification (V. n° 6799).

6797 Représentation de pièces. L'acte rectificatif peut être remplacé par la représentation d'un titre antérieur, d'un extrait cadastra] ou d'un acte de naissance, justifiant l'exactitude des références à une formalité antérieure ou les énonciations relatives a la désignation des parties ou des immeubles (D. 14 oct. 1955, art. 34-3).

Ce mode de rectification est propre à la procédure de rejet (V. **Rejet**) et peut être utilisé en particulier dans le cas où la discordance provient d'une erreur d'identité figurant dans les documents déjà publiés (*Bull. AMC* 2001, art. 1845).

6798 Acte de notoriété. L'acte rectificatif peut être substitué :

– par un acte de notoriété rectifiant ou complétant l'identité des parties figurant, notamment dans un acte administratif ou dans un procès-verbal de remembrement rural (D. 14 oct. 1955, art. 34-3) ;

– un acte de notoriété suffit également, ou même un certificat délivré par un notaire ou un greffier, pour établir que le droit du dernier titulaire résulte d'un acte ou d'une décision judiciaire non encore publiée ou d'une transmission par décès n'ayant pas encore fait l'objet d'une attestation (D. 14 oct. 1955, art. 36-3).

Rectification des erreurs

II Erreurs découvertes après établissement de l'acte et avant son dépôt à la conservation

A Actes établis d'urgence

6799 Mention complémentaire on attestation. Selon l'article 34-5 du décret du 4 janvier 1955, lorsqu'il est mentionné, dans un acte soumis à publicité, que celui-ci a dû être établi d'urgence avant réception des documents sur la base desquels il doit être procédé à la désignation des personnes et des immeubles, les erreurs ou omissions relatives a cette désignation peuvent être réparées, préalablement à la réquisition de formalité, au moyen :

– soit d'une mention complémentaire apposée par le rédacteur de l'acte à la suite de la minute ou de l'original ;

– soit d'une attestation établie par acte distinct lorsque l'acte a déjà été enregistré.

En ce qui concerne les actes d'huissier de justice, la mention peut être portée, par l'huissier ou par l'avoué (avocat) intéressé, sur les documents déposés au bureau des hypothèques.

Comme on le voit à la lecture de ce texte, le processus mis en place ne peut s'appliquer que dans les cas où les erreurs ou inexactitudes sont découvertes par le rédacteur de l'acte avant le dépôt de celui-ci à la conservation des hypothèques (H. Bulté, chron. : *JCP* N 1971, IV, 4954).

B Erreurs affectant la désignation des immeubles

6800 Mesures de tempérament. Dans le cas où des erreurs ou des inexactitudes affectant la désignation des immeubles ont été découvertes par les rédacteurs des actes avant le dépôt à la conservation du document à publier, il a été admis par une note circulaire de juin 1956 que ces erreurs ou inexactitudes pourraient être redressées au moyen d'une attestation rectificative, rédigée en minute à la suite des actes principaux, et signée des seuls rédacteurs de ceux-ci.

Ces attestations, reproduites sur les documents déposés, aussitôt après le texte des actes principaux, doivent faire avec ceux-ci l'objet d'un certificat de conformité unique (Note-circ. DGI, Enregistrement, 2e division, 6 juin 1956 : chron. *in JCP* N 1956, IV, 2275, p. 211. – H. Bulté, chron. hyp. : *JCP* N 1971, IV, 4954).

6801 **Limites.** Postérieurement, il a été précisé que celle mesure « ne saurait être étendue au cas où le document à publier comporterait la désignation ancienne d'une parcelle, alors que s'agissant d'un changement de limites de propriété, le numérotage aurait dû être modifié préalablement à la passation de l'acte, en application de l'article 7, alinéa 1 du décret du 4 janvier 1955 ».

Dans ce cas, la substitution des nouveaux numéros, issus de la division, à l'ancien numéro figurant dans l'acte, ne peut être obtenue qu'au moyen d'un document rectificatif (expédition, copies ou extraits de l'acte rectificatif).

Dès l'instant, en effet, où la désignation des parcelles n'était pas conforme aux exigences légales, l'acte n'a pu constater ni les numéros des nouvelles parcelles, ni l'accord des parties sur les immeubles identifiés par ces numéros. L'irrégularité ne peut donc être couverte que par un acte rectificatif passé entre les mêmes parties et constatant l'accord de celles-ci sur les nouvelles parcelles, telles qu'elles sont désignées par les numéros attribués au vu du document d'arpentage (Rép. min., 13 mars 1956 : *JOAN*, 24 juill. 1956, p. 3540 ; chron. hyp. *in JCP* N 1956, IV, 2275, p. 211).

Cette solution va s'appliquer par exemple en cas de discordance entre les énonciations de l'extrait cadastral numéro 1 et celles correspondantes figurant dans le document déposé (Bulté, chron. hyp. : *JCP* N 1959, IV, 2676).

III
Erreurs découvertes par le service de la publicité foncière à l'occasion de la publication

> **AVERTISSEMENT L'ordonnance n° 2010-638 du 10 juin 2010 (*JO* 11 juin) a supprimé le conservateur des hypothèques à compter du 1er janvier 2013.**
> **Depuis cette date, on ne parle plus de « conservateur » ou de « conservation » des hypothèques, mais du « service chargé de la publicité foncière ». Ce service a repris les anciennes attributions du conservateur des hypothèques** (V. **Service de la publicité foncière**).

6802 Le service de la publicité foncière peut tout d'abord relever des discordances entre les expéditions déposées et la minute de l'acte (A) ou entre les expéditions déposées (B), ou entre l'acte (ou le jugement) à publier et les documents joints (C) et enfin une discordance de l'acte présenté à la publication avec les documents déjà publiés (D).

A Discordances entre les expéditions déposées et la minute de l'acte

6803 **Rectification de l'erreur.** Si les deux expéditions déposées en vue de la publication de l'acte ne sont pas conformes à la minute, il ne peut être remédié à cette discordance par la substitution de deux nouvelles expéditions à celles qui ont été originairement publiées, étant donné que des renseignements conformes aux documents originaires ont pu déjà être délivrés.

Le seul moyen de régulariser la situation consiste dans l'établissement d'un nouvel acte rappelant l'acte originaire, constatant que les expéditions déposées en vue de la publication de cet acte n'étaient pas conformes à la minute et précisant les modifications apportées à ces expéditions pour rétablir la conformité.

Après la publication de ce nouvel acte, des états requis sur l'immeuble pourront alors révéler, en même temps que l'acte originaire, les modifications apportées à cette publication par celle du second acte (*Bull. AMC* 1982, art. 1252).

6804 État descriptif de division. Omission du tableau récapitulatif dans les expéditions déposées.

➤ V. **État descriptif de division.**

B Discordances entre les expéditions déposées

6805 **Attitude du service de la publicité foncière.** Si une discordance apparaît entre l'exemplaire de l'expédition, de l'extrait ou de la copie destiné à recevoir la mention de publication et celui qui doit être conservé au bureau, aucun texte ne permet au service de la publicité foncière de refuser le dépôt ou de rejeter la formalité. Il peut seulement demander amiablement au déposant de régulariser le dépôt, et si cette tentative se révèle infructueuse, préciser dans la mention de publication les limites dans lesquelles la formalité a été effectivement accomplie (*Bull. AMC* 1981, art. 1223).

6806 Expédition conservée au service de la publicité foncière non conforme à l'expédition restituée aux parties ni à la minute. Une erreur matérielle a fait indiquer dans la copie pour publier un chiffre d'évaluation de l'immeuble différent de celui porté dans l'expédition et dans la minute. Le conservateur des hypothèques n'a pas relevé l'erreur et a effectué la formalité.
Pour M. Bulté (chron. hyp. : *JCP* N 1963, IV, 3489), ce type de difficulté doit se résoudre de la façon suivante :
– si l'erreur avait été reconnue avant le dépôt, elle aurait pu être réparée par un renvoi ajouté par le rédacteur de l'acte à la suite du certificat de collationnement et approuvé spécialement ;
– lorsque l'erreur n'est découverte qu'après la publication de l'acte, la rectification doit être effectuée sur le dépôt d'une nouvelle expédition ou extrait littéral sur formule spéciale reproduisant toutes les énonciations de l'acte nécessaires pour le service du fichier immobilier et mentionnant que la publication est requise en vue de rectifier l'erreur commise dans la première expédition déjà publiée. La date, le volume et le numéro de cette publication doivent être rappelés. Cette nouvelle expédition devrait être accompagnée de l'expédition déjà représentée lors du premier dépôt et revêtue de la mention de la première publication. Une mention de la seconde publication y serait apposée.
Toutefois, si l'erreur a été reconnue peu de temps après la publication et pouvait être rectifiée dans le délai d'un mois à partir de la date de celle-ci, comme il est prévu en cas de rejet de la formalité, M. Bulté (s'inspirant de l'opinion de M. Masounabe-Puyanne : étude préc., n°s 41 et 42) pense que cette erreur pourrait être rectifiée en complétant l'expédition sur la formule primitivement déposée par un renvoi daté spécialement approuvé et signé, inscrit par le notaire rédacteur de l'acte à la suite du certificat de collationnement. Ce renvoi étant enregistré à sa date au registre des dépôts et annoté alors au fichier ne prendrait effet qu'à cette date et il ne pourrait être reproché au conservateur des hypothèques (aujourd'hui, au service de la publicité foncière) de ne pas en avoir tenu compte dans les états délivrés avant ladite date.

C Discordance entre l'acte (ou le jugement) à publier et les documents joints

6807 Modalités de la régularisation. Lorsqu'il y a discordance entre les énonciations d'un acte (ou d'un jugement) déposé au vu de sa publication et celle des documents joints (extrait d'acte, extrait cadastral, document d'arpentage, etc.) une distinction doit être opérée :
– si l'erreur se trouve dans l'acte (ou le jugement) il y a lieu de déposer un document rectificatif ;
– si l'erreur figure dans le document joint, un nouveau document, régulier cette fois, doit être déposé.

D Discordances avec les pièces déjà publiées

N.B. : Le conservateur des hypothèques est remplacé par le « service de la publicité foncière » à compter du 1er janvier 2013 : V. **Service de la publicité foncière**.

6808 Nous évoquerons successivement les sources possibles de discordances (1), la manière dont elles peuvent être réparées et les annotations à effectuer au fichier (2), ainsi que les incidences fiscales (3).

1 Sources des discordances

6809 Nature. Les discordances concernent généralement l'identité des parties (*a*) ou l'identification des immeubles (*b*). Mais elles peuvent avoir d'autres origines (*c*).

a) Discordances concernant l'identité des parties

1) Principes

6810 Relevé de la discordance par le service de la publicité foncière. En application de l'article 34-1 du décret du 14 octobre 1955, le service de la publicité foncière doit s'assurer de la concordance du document déposé et de ceux précédemment publiés, en ce qui concerne, notamment, la désignation des parties. En cas de discordance, il adresse au signataire du certificat d'identité une notification préalable au rejet. Aux termes de ce même article 34-3, celui-ci doit, dans le délai d'un mois, représenter un extrait d'acte de naissance (ou la pièce au vu de laquelle l'identité est certifiée) justifiant l'exactitude des énonciations du document déposé (V. **Rejet**).

On est ensuite amené à distinguer selon que l'erreur figure dans le document à publier, ou dans les documents déjà publiés.

6811 **Erreur figurant dans le document à publier.** Si l'extrait de naissance (ou la pièce justificative) contient une désignation des parties différente de celle indiquée dans le document à publier mais conforme à celles figurant déjà au fichier immobilier, il apparaît alors que le document déposé est entaché d'erreur. Un acte rectificatif doit être publié dans le mois de la notification, faute de quoi le service de la publicité foncière ne pourrait que prononcer le rejet définitif (Masounabe-Puyanne, *op. cit.* : *JCP* N 1959, I, 1496).

6812 **Erreur figurant dans les documents déjà publiés.** Si l'extrait de naissance ou la pièce au vu de laquelle l'identité est certifiée confirme les indications figurant dans le document déposé, il apparaît alors que la discordance provient d'une erreur entachant les documents précédemment publiés. Quelle peut être alors l'attitude du service de la publicité foncière ? :

– il ne lui appartient pas de procéder d'office à la rectification des annotations portées au fichier pour les mettre en concordance avec le second document. Le fichier immobilier présente en effet la situation des immeubles « telle qu'elle résulte des documents publiés » et les annotations ne peuvent être modifiées qu'au vu d'un acte rectificatif (D. 4 janv. 1955, art. 1er. – D. 14 oct. 1955, art. 34-3, al. 4) ;

– le service de la publicité foncière ne peut davantage subordonner l'exécution de la nouvelle formalité requise à la régularisation par le déposant de l'erreur entachant le premier document, et qui ne lui est pas imputable.

Il ne peut alors qu'exécuter la formalité sans pouvoir exiger au préalable la rectification clé l'erreur relevée ;

– selon l'article 34-3 précité, cette rectification est opérée à la seule diligence des parties au moyen d'un acte rectificatif. L'expression « parties » désigne les parties au premier acte, c'est-à-dire aux documents contenant l'erreur à redresser (*JCP* N 1959, IV, 2712). Le service de la publicité foncière ne peut, pour sa part, que s'efforcer d'obtenir aimablement du notaire ou du déposant le dépôt de cet acte rectificatif de l'acte précédemment publié, en attirant leur intention sur les conséquences de l'erreur commise, en particulier en cas de réquisition d'état (V. pour le rappel de ces principes chron. hyp. : *JCP* N 1959, IV, 2754 ; *JCP* N 1958, IV, 2647. – Chron. Chardonnal : *JCP* N l984, prat. 9085. – *Bull. AMC* 2001, art. 1845).

2) Applications

6813 **Personne née à l'étranger et mariée deux fois en France. Discordances concernant son lieu de naissance.** Une personne née à l'étranger a été mariée deux fois en France. Le lieu de naissance indiqué dans le premier acte de mariage et dans le second est différent. Quelles sont les incidences du point de vue de la publicité foncière ?

Lorsque, dans un document, l'identité d'une personne née à l'étranger et mariée en France a été certifiée conformément à un extrait de son acte de mariage ayant moins de six mois de date, le dépôt de ce document ne peut être refusé ni la formalité rejetée, même en cas de discordances avec l'identité de cette personne certifiée dans un autre document précédemment publié au vu de l'extrait d'un premier acte de mariage, dès lors qu'il est justifié au service de la publicité foncière que cette identité est bien conforme aux énonciations de l'extrait de l'acte de mariage au vu duquel le certificat d'identité a été établi.

Toutefois, si le rédacteur du nouvel acte est pratiquement certain qu'il s'agit bien de la même personne dans les deux actes de mariage, notamment si elle a déjà passé des actes en son étude, il convient que dans le nouvel acte et dans le certificat d'identité, il mentionne que le lieu de naissance indiqué dans l'extrait de l'acte du second mariage est différent de celui qui est mentionné dans l'extrait de l'acte du précédent mariage. Cette mention devrait permettre au service de la publicité foncière d'annoter, le cas échéant, la fiche personnelle précédemment établie et de ne pas créer deux fiches personnelles pour la même personne. Il convient toutefois de se renseigner auprès des parties pour savoir si la localité indiquée n'est pas la même, citée dans une langue différente, ou s'il s'agit d'une erreur que les parties ont intérêt en ce cas à faire rectifier (V. H. Bulté, chron. hyp. : *JCP* N 1975, IV 6030 ; *ibid.* 1972, IV, 5154 ; *ibid.* 1959, IV, 2798, prat. p. 148).

6814 **Nom patronymique orthographié de façon différente dans des documents successivement déposés.** À l'occasion d'une acquisition par M. Lefranc publiée le 12 janvier 2001, une fiche personnelle est créée à ce nom. Il est postérieurement pris inscription d'hypothèque judiciaire contre la même personne, publiée le 14 août 2001, mais son nom est orthographié en deux mots (Le Franc).

En pareil cas, si à l'occasion de la deuxième formalité, l'orthographe du nom est justifiée, un rejet ne peut être opposé. Le service de la publicité foncière peut seulement inciter à déposer

un document rectificatif pour éviter le maintien de deux fiches personnelles différentes, qui sont obligatoirement créées.
L'acte rectificatif, en supposant qu'il soit établi, ne prendra effet qu'à la date de son dépôt (D. 4 janv. 1955, art. 34-3 a. – D. 14 oct. 1955, art. 34-3, al. 5).
Si cet acte rectificatif est déposé par exemple le 30 novembre 2001, la situation sera la suivante en ce qui concerne « Le Franc » :
– publication de l'acquisition par Le Franc du 12 janvier 2001 ;
– inscription contre Le Franc du 30 novembre 2001 ;
– inscription contre Le Franc du 14 août 2001.
En conséquence, dans les états délivrés du chef de « Le Franc », l'inscription du 14 août 2001 sera délivrée avant l'inscription du 30 novembre 2001 et la primera donc. Il en serait de même si la discordance portait sur la date de naissance, puisque cette discordance aurait amené la création de deux fiches personnelles distinctes et que la régularisation de l'acte présentant la date de naissance erronée entraînerait le dépôt d'un nouveau document rectificatif prenant effet à la date de ce dépôt (H. Bulté, chron. hyp. : *JCP* N 1963, IV, 3496, p. 68).

6815 **Prénom ou date de naissance indiquée de manière différente dans deux actes successivement déposés.** M. X... se rend acquéreur d'un appartement. L'acte est publié au bureau des hypothèques, ses prénoms étant certifiés comme étant Pierre Jacques Jean. Il acquiert postérieurement un autre immeuble. Dans l'acte publié au même bureau, ses prénoms sont certifiés comme étant Pierre Jacques Marie Jean.
La situation est la même que ci-dessus (V. n° 6814).
Le service de la publicité foncière ne peut que constater l'identité des parties, sans avoir aucun moyen de la contrôler. À supposer que l'identité d'un acquéreur soit très semblable, sauf sur un point de détail (omission d'un prénom, par exemple) à celle d'une autre personne inscrite au fichier, rien ne prouve, de façon certaine, qu'il s'agit de la même personne. En conséquence, une deuxième fiche personnelle sera créée au nom de M. X. avec les prénoms indiqués dans la nouvelle publication. Le service de la publicité foncière ne peut pas opposer un rejet, mais seulement inviter les parties à déposer un acte rectificatif (chron. Chardonnal : *JCP* N 1982, prat. 8324).

6816 Il en est de même :
– dans le cas où la date de naissance de l'acquéreur lors de deux acquisitions d'immeubles est différente dans deux actes successivement déposés (chron. Bulté : *JCP* N 1971, IV, 5031 et *JCP* N 1972, IV, 5163) ;
– ou encore dans un cas où l'orthographe du nom du conjoint du vendeur est différente dans deux actes successivement déposés (chron. P.J.C. : *JCP* N 1992, prat. 2424).

b) Discordances concernant l'identification des immeubles

6817 **Erreurs concernant un immeuble appartenant à un tiers compris à tort dans une attestation de propriété antérieure.** En vue de l'établissement d'une attestation de propriété après le décès de M. Dupont, le service du cadastre délivre le 4 juin 1985 un extrait de la matrice cadastrale faisant apparaître à la cote de M. et Mme Dupont une parcelle ZL 86. Il est indiqué dans l'attestation que cette parcelle dépend de la communauté existante entre les époux pour avoir été acquise antérieurement au 1er janvier 1956.
À l'occasion de la vente ultérieure de cette parcelle, il apparaît qu'elle appartient en fait à M. et Mme Durand pour leur avoir été attribuée lors des opérations de remembrement.
Comment rectifier cette erreur ?
Il convient d'établir un acte rectificatif qui devra comporter les éléments suivants :
– comparution des héritiers de M. Dupont, et de M. et Mme Durand pour lesquels l'identité complète sera établie et certifiée ;
– exposé relatant d'une part l'attestation de propriété après le décès de M. Dupont (référence de publication à indiquer) et d'autre part les opérations de remembrement (référence à la publication du procès-verbal à indiquer également) et précisant qu'aux termes de celles-ci, la parcelle cadastrée section ZL n° 86 (qu'il conviendra de désigner conformément aux dispositions de l'article 7 du décret du 4 janvier 1955) a été attribuée aux époux Durand ;
– attestation des héritiers de M. Dupont selon laquelle c'est à tort et par erreur que cette parcelle a été comprise dans l'attestation de propriété après le décès de M. Dupont (relaté dans l'exposé qui précède) alors que cet immeuble appartient aux époux Durand, en vertu du procès-verbal de clôture du remembrement (évoqué également dans l'exposé qui précède) ce qui est confirmé par eux et qu'ils acceptent.
Cet acte rectificatif constituera une confirmation de la propriété des époux Durand de la parcelle ZL 86, puisqu'ils comparaissent et confirment une situation existante, et il établira la situation patrimoniale des héritiers de M. Dupont, ce qui aura pour conséquence d'éviter une double chaîne de propriété au fichier immobilier (chron. P.J.C. : *JCP* N 1988, IV, 705).

6818 Rétablissement de la désignation cadastrale d'un immeuble dans une vente publiée au fichier immobilier. Exigence d'un extrait cadastral ? Supposons qu'un acte de vente vise une parcelle cadastrée section AH, n° 332, alors que la vente aurait dû porter sur la parcelle cadastrée section AH, n° 333.

Si un acte rectificatif est établi pour redresser l'erreur commise, le service de la publicité foncière n'est pas fondé à refuser le dépôt de l'acte au motif que n'est pas produit l'extrait cadastral correspondant à la parcelle n° 332 (désignée par erreur) puisque cette parcelle ne fait pas l'objet d'une mutation. Il ne pourrait, de même, opposer un refus de dépôt ou un rejet au motif que l'indication des énonciations relatives à l'identité des personnes propriétaires de cette parcelle ne correspond pas aux exigences des textes sur la publicité foncière (chron. P.J.C. : *JCP* N 1989, prat. 1027). Cette chronique souligne que la partie « Extrait d'acte » du nouvel extrait cadastral (partie gauche qui doit être remplie par le notaire) doit relater d'une manière explicite la rectification à opérer, afin qu'il ne subsiste aucun doute au niveau de l'exploitation à effectuer par le service du cadastre auquel cet extrait sera adressé. Dans la pratique, les usagers déposent avec l'extrait cadastral une copie sur papier libre de l'acte rectificatif destinée au service du cadastre. Toute équivoque est ainsi évitée dans l'exploitation ultérieure qui sera effectuée par ce service, qui détient ainsi tous les éléments permettant la rectification.

c) Discordances ayant d'autres origines

6819 Erreur concernant la qualification d'un bien acquis par un époux. Le service de la publicité foncière doit se conformer aux énonciations de l'acte qui lui est déposé en ce qui concerne notamment la désignation de l'acquéreur des immeubles vendus. Ces immeubles, lorsqu'ils sont « énoncés, dans les documents déposés, comme acquis par un seul des époux, sont mentionnés exclusivement sur la fiche de l'époux intéressé » (D. 14 oct. 1955, art. 5, § 2, al. 2). Les formalités ultérieures portant sur ces immeubles sont annotées sur la fiche où figurent les annotations relatives à l'acquisition.

C'est le cas lorsqu'il est indiqué, par erreur, que l'immeuble acquis par une femme mariée lui est propre, alors qu'il est en réalité commun. Si, postérieurement, un acte de donation du même immeuble, consenti par les deux époux est présenté à la publication, faisant état du caractère commun du bien, un rejet doit être opposé par le service de la publicité foncière en fonction du principe de « l'effet relatif » (D. 14 oct. 1955, art. 34).

Il en est autrement toutefois si le nouvel acte redresse les exactitudes entachant l'acte d'acquisition. On peut alors considérer que la nouvelle expédition déposée comporte, en un même contexte, le document à publier et un document rectificatif, en application de l'instruction sur le fichier immobilier (V. H. Bulté et Béchade, chron. hyp. : *JCP* N 1959, IV, 27/8).

6820 Changement de numérotage d'un immeuble depuis une précédente publication. Lorsqu'intervient un changement de numéro de rue, et que le notaire constate une discordance entre la désignation de l'immeuble figurant dans l'acte et l'extrait cadastral, il devra alors inclure dans le document à publier une déclaration justificative constatant que « l'immeuble, actuellement affecté du numéro..... dans la rue..... ainsi qu'il résulte de l'extrait cadastral produit à l'appui de ce document, portait précédemment le numéro..... de la même rue, dans l'acte relaté en l'origine de propriété, et publié le..... volume..... n° ..... ».

Cette formule devrait éviter un rejet. Mais il faudra également que le notaire produise un certificat de numérotage à titre de pièce justificative, en application de l'article 34-3 du décret du 14 octobre 1955. Une autre solution consisterait à ce que le notaire adresse lui-même ce certificat de numérotage au service du cadastre afin qu'il effectue sans délai les formalités ou encore qu'il le remette au service de la publicité foncière aux fins de transmission au service du cadastre (H. Bulté et A. Poirier, chron. hyp. : *JCP* N 1968, IV. 4415).

2 Réparation des erreurs et discordances

> **N.B.** : Le conservateur des hypothèques est remplacé par le « service de la publicité foncière » à compter du 1er janvier 2013 : V. **Service de la publicité foncière**.

a) Principes généraux

1) Valeur et efficacité de la régularisation

6821 Rôle du service de la publicité foncière. D'une manière générale, le service de la publicité foncière n'est pas juge de la validité ou de l'efficacité des actes qui lui sont présentés. Ainsi, il doit publier des documents mêmes entachés de cause de nullité flagrante.

De la même façon, le service de la publicité foncière doit accepter un procédé de régularisation civilement non valable ou inefficace, à moins qu'il ne soit exclu par un texte formel.

La publicité étant impuissante à rendre valable ou efficace un acte qui ne le serait pas, c'est aux parties (et à leurs conseils) et à elles seules, à apprécier si le procédé de régularisation utilisé sauvegarde suffisamment leurs droits, sous le contrôle éventuel du juge (Instr. 12 juill. 1984, n°s 5 et 6 : *BODGI* 10 E-4-S4 ; *JCP* N 1984, IV, 9124).

2) Date d'effet de la régularisation

6822 **Rôle du service de la publicité foncière.** Bien que l'article 34-3 du décret du 14 octobre 1955 semble permettre au service de la publicité foncière de distinguer des autres rectifications les régularisations qui opèrent rétroactivement, le point de savoir à quelle date une régularisation prend effet relève de la compétence exclusive des tribunaux judiciaires.

Pour permettre au juge de se prononcer, le service de la publicité foncière doit essentiellement s'attacher à ce que le dépôt des documents rectificatifs soit toujours mentionné à sa date au registre prévu à l'article 2200 du Code civil (devenu art. 2453), conformément aux prescriptions de l'article 34-3 du décret précité (Instr. 12 juill. 1984, n° 7).

6823 **Substitution d'un document rectificatif au document erroné.** La substitution d'un document rectificatif au document erroné doit être fermement prohibée. Certes, l'article 55-3 du décret du 14 octobre 1955 prévoit que si aucun des deux bordereaux d'inscription déposés n'est du modèle fourni par l'administration, un bordereau réglementaire peut être substitué au document irrégulier pour être conservé au bureau. Mais cette possibilité, justifiée par le fait que le texte du nouveau bordereau ne devrait pas différer de celui du document irrégulier, a un caractère exceptionnel que souligne sa mention dans un article particulier qui ne se réfère pas à l'article 34 du décret précité (Instr. 12 juill. 1995, préc., n° 8).

3) Choix du procédé de régularisation

6824 **Position du service de la publicité foncière.** Dans les premiers temps de la réforme de la publicité foncière, il était admis que, la publicité étant requise par le dépôt d'expédition ou de copies, les erreurs ou omissions affectant ces documents leur étaient propres. L'acte notarié correspondant était réputé complet et exact. Les moyens modernes de reproduction ou de traitement de texte s'étant considérablement développés, cette affirmation doit être fortement nuancée. En effet, les documents déposés se révèlent être la plupart du temps la reproduction exacte de la minute établie par le notaire.

En tout état de cause, hormis le cas où le titre original est présenté au service de la publicité foncière à l'appui d'un bordereau d'inscription, le service est privé des moyens de constater si l'acte notarié est erroné ou entaché d'omission, dès lors qu'il n'a pas le pouvoir de se faire représenter la minute (Instr. 12 juill. 1984, préc., n° 9).

6825 **Responsabilité du déposant.** De plus, l'administration n'est pas qualifiée pour indiquer de quelle manière les notaires doivent régulariser les documents incomplets ou erronés pour que les stipulations des parties demeurent ou deviennent valablement et efficacement constatées.

C'est donc le signataire du certificat d'identité qui est seul en mesure de déterminer, sous sa responsabilité exclusive, le procédé de régularisation qu'il convient d'adopter pour sauvegarder les droits des parties et ce, sous l'appréciation souveraine des tribunaux.

Dans le choix du procédé de régularisation, le service de la publicité foncière doit donc avoir un rôle totalement passif (Instr. 12 juill. 1984, préc., n° 10).

b) Procédés de régularisation

6826 **Observations préliminaires.** L'article 34-3, alinéa 4, du décret du 14 octobre 1955, réglemente la procédure de régularisation des actes en instance de rejet. Il précise à cet égard qu'il appartient au signataire du certificat d'identité (auquel le rejet est obligatoirement notifié) :

– soit de représenter les pièces justifiant l'exactitude des documents déposés ;

– soit de déposer un document rectificatif.

Si le rejet est motivé par le défaut de publication du titre du disposant ou de l'attestation de transmission par décès à son profit, la régularisation de la formalité rejetée ne peut résulter que de la publication du titre.

En dehors de ces deux cas particuliers, le signataire du certificat d'identité peut soit justifier de l'exactitude des documents déposés et rejetés (*Rép. alph. enreg.*, V° Hypothèques, L III, § 787), soit être amené à régulariser les documents irréguliers. Cette régularisation s'opère par le moyen d'un acte rectificatif ou d'une attestation rectificative.

6827 **Acte rectificatif ou attestation rectificative.** Les irrégularités entachant les expéditions, extraits ou copies déposés à la conservation ne peuvent être redressées que par le dépôt d'un « document rectificatif ». Cette obligation ne peut être remplie que par la publication d'un acte rectificatif ou d'une attestation rectificative répondant à certaines conditions de forme.

Comme il a été précisé ci-dessus (V. n° 6825), le choix de la formule de régularisation relève uniquement du signataire du certificat d'identité, et ceci sous son entière responsabilité. Pour le service de la publicité foncière, aucune différence n'est à faire entre l'acte rectificatif et l'attestation rectificative. Il n'est pas juge de la validité du procédé utilisé (Instr. 12 juill. 1984, préc., n°s 12 et 13).

6828 **Utilisation de l'attestation rectificative limitée à la procédure de rejet.** L'attestation rectificative ne peut être utilisée que dans le cadre de la procédure de rejet. Son extension à la rectification d'erreurs autres que celles notifiées par le conservateur est impossible (Instr. 12 juill. 1984, préc., n° 14).

1) L'acte rectificatif

6829 **Comparants.** L'acte rectificatif est le moyen normal de rectifier un acte postérieurement à sa signature, et donc également de régulariser un acte en instance de rejet. Par ce procédé, l'accord des intéressés sur la rectification est constaté en la même forme que la convention en cause. Il nécessite la comparution et la signature de toutes les parties (Instr. 12 juill. 1984, n° 15).

6830 **Comparution d'un clerc ou d'un mandataire des parties.** L'acte rectificatif peut aussi être établi avec la comparution d'un mandataire des parties ayant reçu dans l'acte initial, pouvoir de rectifier les erreurs s'opposant à l'accomplissement de la formalité de publicité foncière (Instr. 12 juill. 1984, préc., n° 15).
Dans un cas où l'acte rectificatif d'une vente, indiquant que la parcelle cédée était numérotée 146S et non 1467 avait été établi sur la seule comparution d'un clerc de notaire ne faisant état d'aucun mandat mais déclarant agir en qualité de porteur d'une expédition de l'acte de vente, l'Association mutuelle des conservateurs a estimé que la formalité ne pouvait faire l'objet d'un refus de dépôt, le conservateur n'étant pas juge de la validité et de l'efficacité des actes qui lui sont remis aux fins de publication (*Bull. AMC* 1993, art. 1570).

6831 **Acte rectificatif établi par un autre notaire que l'acte rectifié.** Le fait que l'acte rectificatif soit établi par un notaire autre que celui qui avait reçu l'acte rectifié n'est en aucune manière une cause de refus ou de rejet (*Bull. AMC* 1989, art. 1414 ; *ibid.* 1980, art. 1174. – H. Bulté, chron. hyp. : *JCP* N 1975, IV, 6138).

6832 **Contenu de l'acte rectificatif.** Au gré des parties, l'acte rectificatif peut consister soit en une nouvelle expédition complète ne reproduisant pas les erreurs primitives, soit être simplement limité à la rectification nécessaire, à condition que dans les deux cas, sa nature de document rectificatif soit clairement mentionnée et qu'il comporte les indications indispensables à son rapprochement du document erroné (Instr. 12 juill. 1984, préc., n° 15).

6833 **Acte rectificatif inséré dans un autre acte.** Pour rectifier une erreur d'état civil dans un acte précédemment publié, peut-on, par exemple, mentionner immédiatement après les comparutions que « par suite d'une erreur purement matérielle le nom de Dupont a été orthographié Dupond au lieu de Dupont ainsi que cette orthographe figure sur un extrait d'acte de naissance de l'intéressé ci-annexé » ?
La réponse affirmative a été admise. La publication peut-être ainsi opérée, sans qu'il soit nécessaire d'indiquer la désignation de tous les biens immeubles compris dans l'acte entaché d'erreurs. L'essentiel est que :
– le paragraphe relatant le rectificatif fasse référence à l'acte précédent et à la désignation des immeubles inclus dans le nouvel acte ;
– la publication du rectificatif soit expressément requise simultanément.
Cette façon de procéder peut cependant présenter un inconvénient si les immeubles figurant dans l'acte nouvellement publié et dans l'acte rectifié ne sont pas identiques. En effet, la rectification opérée concerne l'identité erronée figurant dans un acte précis, mais en tant seulement qu'elle intéresse le ou les immeubles figurant dans l'acte principal, nouvellement publié, dans lequel est inclus le rectificatif. Dès lors, la rectification de l'acte erroné quant à l'état civil se limitera aux seuls immeubles compris dans l'acte à publier (chron. P.J.C. : *JCP* N 1994, prat. 3132).

2) L'attestation rectificative

6834 **Utilisation.** L'attestation rectificative est un procédé de régularisation plus souple et plus simple d'utilisation que celui de l'acte rectificatif. Il permet aux notaires de rectifier les documents déposés sans le concours des parties. Le choix de cette formule relève de l'entière responsabilité du notaire quant à son efficacité pour rectifier les erreurs entachant les documents déposés (Instr. 12 juill. 1984, préc., n° 16).
Elle ne peut être utilisée que pour répondre à une notification de rejet (V. n° 6828).
D'autre part, elle constitue un mode de régularisation d'un document « en attente » qui doit être limité à la modification ou à la suppression d'une erreur figurant dans ce document, ou à son complément. Elle ne saurait être utilisée s'il s'agit de rectifier un acte antérieur : il faut alors établir

un acte rectificatif avec le concours des parties (*Bull. AMC* 1989, art. 1414).

6835 Établissement. L'attestation, dont un modèle est proposé en annexe, devra faire le lien avec le document à régulariser en mentionnant les références de ce dernier, ainsi que celles de la notification de cause de rejet.
Elle ne peut être signée que par l'auteur de la certification d'identité du document à régulariser. N'ont donc pas qualité pour signer les attestations les clercs habilités en application de l'article 10 de la loi du 25 ventôse XI (C. civ., art. 1369).
L'attestation rectificative sera déposée en deux exemplaires dont un au moins doit être rédigé sur une formule réglementaire (feuille de tête de publication. – Instr. 12 juill. 1984, préc., n° 17).

6836 Publication. L'ancienne dichotomie entre les deux procédés de régularisation étant supprimée, l'attestation rectificative devra être publiée au fichier immobilier. Elle sera dorénavant considérée comme une nouvelle formalité qui recevra un numéro de dépôt et sera enliassée a sa date (Instr. 12 juill. 1984, préc., n° 17).

3 Incidences fiscales

6837 Les taxations à opérer lors de la publication des actes rectificatifs ou des attestations rectificatives ont été précisées par l'instruction précitée du 12 juillet 1984 (n°s 30 à 35).

6838 Taxe de publicité foncière. Les actes rectificatifs sont taxés au droit fixe des actes innommés (CGI, art. 680. – V. **Droits fixes**).
Toutefois, en application de l'article 846 bis-I du Code général des impôts, l'acte rectificatif d'une attestation notariée après décès est soumis au droit fixe de 15 € (complément à l'instruction du 12 juillet 1995 : *BODGI* 10 E-5-84 : *JCP* N 1985, IV, 9289).
En revanche, l'attestation rectificative n'entrant dans aucune catégorie d'actes soumis à la publicité foncière ne supporte aucun droit (Instr. 12 juill. 1984, n°s 30 et 31).

6839 Contribution de sécurité immobilière. En application de l'article 881 C, 14° du Code général des impôts, il sera perçu au titre de la contribution de sécurité immobilière une somme de 15 € pour les actes et attestations rectificatifs (Instr. 12 juill. 1984, préc., n° 35).

> **N.B.** : Le salaire du conservateur est transformé en « contribution de sécurité immobilière » à compter du 1er janvier 2013. Cette taxe est perçue aux mêmes conditions d'assiette, de tarif, de contrôle et de recouvrement que ce salaire (V. **Contribution de sécurité immobilière**).

IV Erreurs concernant la convention des parties

> **AVERTISSEMENT** **L'ordonnance n° 2010-638 du 10 juin 2010 (*JO* 11 juin) a supprimé le conservateur des hypothèques à compter du 1er janvier 2013.**
> **Depuis cette date, on ne parle plus de « conservateur » ou de « conservation » des hypothèques, mais du « service chargé de la publicité foncière ». Ce service a repris les anciennes attributions du conservateur des hypothèques** (V. **Service de la publicité foncière**).

6840 Hypothèses visées. Le cas que nous allons maintenant examiner est celui où l'acte publié n'est pas conforme à la convention des parties : ainsi lorsqu'il y a eu par exemple erreur sur l'immeuble vendu, ou encore sur la personne de l'acquéreur, ou erreur matérielle concernant l'indication du prix. Dans tous ces cas, l'erreur commise ne peut être réparée que par l'établissement d'un véritable acte rectificatif (V. n°s 6790 à 6793), conclu entre les parties ayant figuré à l'acte originaire, et non pas par un quelconque « document rectificatif ».

6841 Problèmes examinés. Un acte n'est susceptible d'être traité comme « acte de complément » (passible uniquement d'un droit fixe) que lorsqu'il rectifie de simples erreurs matérielles. Le premier problème qui se pose est de savoir quelle doit être l'attitude du service de la publicité foncière lorsque les parties présentent un tel acte à la publication (A). Nous appliquerons ensuite les principes que nous aurons dégagés aux divers cas d'erreurs que l'on peut *a priori* imaginer (B) et nous en déduirons les taxations à opérer (C).

A Pouvoirs du service de la publicité foncière

6842 **Position du problème.** Un acte qualifié d'acte rectificatif est présenté au service de la publicité foncière. Ce service doit-il taxer cet acte comme acte rectificatif, en acceptant donc la qualification adoptée par les parties, sauf à mettre en œuvre ultérieurement la procédure de rectification contradictoire ? A-t-il le pouvoir de requalifier lui-même l'acte qui lui est présenté et de percevoir les droits en conséquence ?

– Il a été soutenu que le service de la publicité foncière n'avait pas le pouvoir de remettre en cause la qualification donnée par les parties à l'acte, une requalification supposant la mise en œuvre de la procédure de rectification contradictoire (V. en ce sens Bulté, chron. hyp. : *JCP* N 1971, 5706 et 5798).

– Mais tel n'est pas l'avis de l'administration fiscale qui objecte que la procédure de rectification contradictoire suppose l'exercice *a posteriori* par l'administration de son pouvoir de contrôle à la suite d'investigations donnant lieu à des recherches extrinsèques. Or, dans la généralité des cas, le seul examen de l'acte rectificatif permet de déterminer les effets réels des stipulations des parties. Et le service de la publicité foncière qui, depuis la fusion des formalités de l'enregistrement et de publicité foncière, détient tous les pouvoirs des anciens receveurs des impôts, a également celui de rétablir l'exacte qualification de l'acte. La thèse de l'administration a été consacrée par un jugement de la septième chambre du tribunal de grande instance de Bordeaux en date du 15 novembre 1977 (*JCP* N 1978, II, 149, note H.T. ; *Ind. enr.* 1978, 13176).

6843 **Incidences.** Dans cette analyse, le service de la publicité foncière va asseoir la perception en fonction de l'analyse qu'il fait de l'acte.

C'est dans le cadre d'une demande en restitution que les parties ont la possibilité d'apporter la preuve que l'acte que le service de la publicité foncière considère comme consacrant une mutation est en réalité simplement destiné à rectifier une erreur matérielle (sur la position habituellement prise par les conservateurs, V. un exemple pratique dans la chronique de H. Bulté : *JCP* N 1974, 5706 ; sur la possibilité de preuve contraire : *JCP* N 1974, chron. hyp., IV, 6161 : sur la possibilité de restitution en cas d'erreur de fait. V. réf. citées par H. Bulté : *JCP* N 1976, 6230).

B Conséquences en fonction de l'objet de l'acte rectificatif

6844 Nous distinguerons selon la nature de l'erreur à laquelle l'acte rectificatif est destiné à porter remède : erreur concernant la personne de l'acquéreur (1), la désignation du bien (2), ou encore erreur portant sur le prix (3).

1 Erreur sur la personne de l'acquéreur

6845 **Application de la théorie de la propriété apparente.** Si après s'être portée acquéreur dans un acte ne comportant pas la faculté d'élection de command, une personne déclare plusieurs mois après la vente que c'est par suite d'une erreur matérielle qu'elle a figuré comme acquéreur alors que l'acquisition était pour le compte de la société dont elle est membre, les droits de mutation à titre onéreux sont exigibles par application de la théorie de la propriété apparente (chron. Poirier : *JCP* N 1962, IV, 3324. – V. également Bulté : *JCP* N 1972, 5315).

En pareil cas, l'administration applique la théorie de la propriété apparente.

Et elle a été suivie par la jurisprudence :

> « Tout acte, quelle que soit la qualification que les parties lui ont donnée, qui au vu d'éléments d'appréciation extrinsèques a pour résultat de dessaisir le propriétaire apparent au profit d'un tiers reconnu comme étant le propriétaire réel, constitue au regard de l'administration une mutation passible du droit proportionnel » (TGI Bordeaux, 14 nov. 1977, préc. – V. également TGI Libourne, 12 juin 1986 : *Ind. enr.* 1987, 14689 dans le cas où l'erreur avait été faite pour une société X au lieu de la société Y).

2 Erreur dans la désignation du bien

6846 **Application du principe de la théorie de la propriété apparente.** La position de l'administration fiscale n'a pas toujours été identique et il semble que la souplesse ait été de règle pendant une certaine époque, chaque acte devant être examiné selon les circonstances propres à l'espèce. Mais l'administration peut choisir de se retrancher en pareille hypothèse derrière la théorie de la propriété apparente, ce qu'elle fait le plus souvent. Il appartiendra alors aux parties, dans le cadre d'une demande de restitution de prouver

que l'erreur est simplement matérielle ou encore qu'elle est imputable à un service administratif...
Une question au ministre de l'Économie, des Finances et du Budget a évoqué le cas où, lors de la rédaction des actes de mutation, comme suite à la division d'une propriété en deux lots vendus à deux personnes différentes, une erreur s'était produite dans les actes à la suite d'une inversion du numéro par rapport au document d'arpentage définitif. La réponse suivante a été faite, en ce qui concerne le régime fiscal d'un tel acte (*JO* Sénat CR, 13 oct. 1983, p. 1435, n° 12333 : *JCP* N 1983, prat. 8876-1. – V. égal. : *JO* Sénat CR, 8 déc. 1983, p. 1660, n° 13510) :

« Les droits de mutation à titre onéreux d'immeubles et le droit d'échange doivent être perçus sur tout acte emportant mutation dans la propriété apparente des immeubles, l'administration étant tenue de percevoir les droits d'après les opérations juridiques constatées dans les actes et non d'après la qualification donnée par les parties. Ce principe, qui ne relève pas de l'interprétation de l'article 1881 du Code général des impôts dont l'objet est de déterminer les modes de preuve susceptibles de démontrer une mutation secrète de propriété, trouve à s'appliquer aux actes qualifiés de rectificatifs par les parties, mais qui ont pour effet de transférer la propriété d'un immeuble d'une personne à une autre. Cependant, il a toujours été admis, par mesure d'équité, d'accorder la dispense de ces droits s'il est établi de façon certaine que l'acte de complément n'a d'autre objet que de réparer une erreur matérielle dans l'acte de vente primitif ».

6847 Le plus souvent, l'administration appliquera donc la théorie de la propriété apparente et percevra les droits de mutation à titre onéreux (pour des exemples pratiques pour le cas d'omission d'une parcelle dans un acte de vente publié : *JCP* N 1974, IV, 5706. – Chron. Bulté : pour le cas d'erreur dans la désignation cadastrale : *JCP* N 1975, IV, 6046 ; *JCP* N 1977, IV, 6667. – Dans le cas d'un acte d'échange attribuant par erreur certains immeubles à un des co-échangistes et l'établissement d'un acte rectificatif constatant la désignation véritable desdits immeubles : *JCP* N 1976, 6230).

6848 **Preuve de l'erreur matérielle.** Dans quel cas la preuve de l'erreur matérielle pourra-t-elle être considérée comme rapportée ?
Il faudra que l'erreur soit manifeste et puisse être mise en évidence à partir d'une analyse soit de l'acte lui-même, soit de sa confrontation avec des actes antérieurs.
– Ainsi, par exemple, si une délibération du conseil d'administration d'une société autorise la vente pour un prix donné de parcelle déterminée et qu'une parcelle est omise dans la vente ou comprise par erreur dans cette dernière (*JCP* N 1974, IV, 5798).
– Ou encore dans le cas où un bien ayant été vendu a deux frères et les parcelles réparties dans l'acte entre les deux acquéreurs, la revente consentie par l'un d'entre eux concerne par erreur des parcelles attribuées à son frère (*JCP* N 1965, IV, 3860).
En pareille hypothèse, un élément d'appréciation décisif paraît être, au vu d'une lettre du président de l'Association mutuelle des conservateurs (*Bull. AMC* 1969, art. 753), le fait que l'acte rectificatif ne comporte aucune augmentation de prix.

3 Rectification du prix

a) Position de l'administration

6849 **Rehaussement du prix.** Selon l'administration :

« Le dépôt, après l'expiration du délai légal, de toute déclaration complémentaire ou rectificative doit être considéré comme relevant une insuffisance, une omission ou une inexactitude et donne lieu à l'application de l'intérêt de retard et le cas échéant à l'application des majorations prévues par l'article 1729 du Code général des impôts. Il n'y a pas alors lieu de distinguer suivant que la déclaration complémentaire ou rectificative a été déposée spontanément par le contribuable ou après une intervention du service (BOI-CF-INF-10-20-30-20120912, n° 1).

L'administration a rappelé que le Conseil d'État a jugé que les pénalités devaient être mises à la charge d'un contribuable même lorsque celui-ci avait spontanément réparé, avant l'intervention du vérificateur, les insuffisances, inexactitudes ou omissions que comportaient ses déclarations, dans la mesure où sa réparation a été effectuée après l'expiration du délai de déclaration ou de versement (CE, ass., 27 avr. 1979, req. n° 7309 : *RJ* IV, p. 24. – Doc. adm. DGI, 13 N-1224, n° 2, 14 juin 1996).
En conséquence si, par un acte postérieur, les parties rectifient le prix figurant dans l'acte initial, pour déclarer un prix supérieur, tout se passera comme s'il y avait eu. dès le départ, insuffisance du prix.

6850 **Rectification de la ventilation du prix.** Lorsque, en l'absence de toute insuffisance, la ventilation du prix entre les fractions d'un immeuble (ou entre eux les différents éléments d'un fonds de commerce) cédé relevant de régimes fiscaux distincts est modifiée par les parties ou par une décision de justice et que cette modification entraîne

un supplément de droit, il y a lieu d'appliquer au supplément de droits rappelé par le service ou acquitté spontanément par les parties les intérêts de retard et, le cas échéant, les majorations prévues par le Code général des impôts (BOI-CF-INF-10-20-30-20120912, n° 60).
Les mêmes pénalités s'appliquent quand la ventilation du prix est remise en cause par le service.
En conséquence si, par un acte postérieur, les parties rectifient le prix figurant dans l'acte initial, pour déclarer un prix supérieur, tout se passera comme s'il y avait eu. dès le départ, insuffisance du prix.

b) Conséquences

6851 **Pénalités applicables.** Puisque l'administration entend appliquer en pareille hypothèse les sanctions prévues pour le cas d'insuffisance, les incidences d'un rehaussement amiable du prix résultant d'un acte rectificatif seront les suivantes :
– intérêt de retard ;
– majorations des droits (de 40 % en cas de mauvaise foi ou de 80 % en cas de manœuvres frauduleuses : CGI, art. 1729.).

6852 **Exceptions ?** Il est des cas exceptionnels où l'on peut penser que l'administration admettra néanmoins la bonne foi :
– celui où il y a eu une erreur matérielle manifeste dont les parties se sont aperçues postérieurement (V. en ce sens, BOI-CF-IOR-10-10-20120912, n° 180) ;
– le cas encore où le versement d'un supplément de prix pourrait se fonder sur les dispositions du Code civil et aurait pour effet d'éviter le jeu d'une action en rescision pour lésion... ou de parer à une action en supplément de prix intentée par le vendeur (C. civ., art. 1622).
Il faut évidemment réserver le cas où les circonstances et présomptions de fait démontreraient que le prix complémentaire avait en réalité été stipulé à l'origine. Il s'agirait alors d'une véritable dissimulation (Maguéro, V° Vente d'immeubles, n° 216) qui pourrait alors être sanctionnée en tant que telle.

C Taxations

CGI, art. 673. – Lorsque la taxe de publicité foncière ne tient pas lieu des droits d'enregistrement, il n'est dû, en toute hypothèse, qu'une seule taxe proportionnelle sur l'acte principal et sur l'acte portant complément, interprétation, rectification d'erreurs matérielles, acceptation ou renonciation pure et simple, confirmation, approbation, homologation, ratification ou réalisation de condition suspensive.

Les actes dispensés de la taxe proportionnelle en vertu des dispositions de l'alinéa précédent supportent la taxe fixe si la publicité n'en est pas requise en même temps que celle de l'acte passible de la taxe proportionnelle, à moins qu'ils ne contiennent augmentation des prix, valeurs, sommes ou créances exprimées, énoncées, évaluées ou garanties, auquel cas la taxe proportionnelle est perçue seulement sur le montant de cette augmentation.

1 Taxe de publicité foncière

6853 **Acte rectificatif réparant une simple erreur matérielle.** Lorsque l'acte rectificatif répare une simple erreur matérielle, il faut distinguer selon que la publication a été effectuée ou non en même temps que celle de l'acte complété ou rectifié.
– Publication effectuée en même temps que celle de l'acte complété ou rectifié :
• acte soumis à la formalité fusionnée : taxe fixe prévue par l'article 680 du Code général des impôts, soit actuellement 125 €.
Si l'acte initial était exonéré de taxe, la même exonération s'appliquerait à l'acte complémentaire ou rectificatif (Lacroix, 2013, n° 40) ;
• acte non soumis à la formalité fusionnée : aucune taxe n'est due (CGI, art. 673).
– Publication effectuée postérieurement à celle de l'acte complété ou rectifié :
• acte soumis à la formalité fusionnée : taxe fixe prévue par l'article 680 du Code général des impôts, soit actuellement 125 € ;
• acte non soumis à la formalité fusionnée : taxe fixe prévue par l'article 680 du Code général des impôts, soit actuellement 125 €.
Si l'acte initial était exonéré de taxe, la même exonération s'appliquerait à l'acte complémentaire ou rectificatif.

6854 **Acte rectificatif auquel s'applique la théorie de la propriété apparente.** S'il y a lieu d'appliquer la théorie de la propriété apparente (V. nos 6845 à 6847), l'acte complémentaire sera considéré comme une nouvelle mutation, donc comme un acte distinct de l'acte rectifié et il sera taxé en conséquence (droit de mutation à titre onéreux perçu dans les conditions du droit commun).

6855 **Acte destiné à rectifier une erreur portant sur le prix.** Si l'acte est destiné à rectifier une erreur portant sur le prix, il sera considéré comme révélant une insuffisance (V. n° 6849 pour les taxations en résultant).

2 Contribution de sécurité immobilière

N.B. : La contribution de sécurité immobilière a remplacé le salaire du conservateur à compter du 1er janvier 2013. Elle obéit aux mêmes conditions d'assiette, de tarifs, de contrôle et de recouvrement que ce salaire (V. **Contribution de sécurité immobilière**). Les solutions données ci-dessous à propos du salaire du conservateur peuvent donc être transposées pour la perception de la contribution de sécurité immobilière.

6856 **Distinction.** Une distinction doit être opérée :
– si l'acte peut être considéré comme portant rectification d'une erreur matérielle commise dans l'acte principal, le conservateur ne doit percevoir que le salaire fixe prévu par l'article 287 de l'annexe III du Code général des impôts – et donc la contribution de sécurité immobilière au taux fixe prévue par l'article 881 M du Code général des impôts, soit actuellement 15 € (Rép. min. Finances, 22 avr. 1961 : *JCP* N 1961, IV, 3142 ; *Bull. AMC* 1961, art. 484 ; *ibid.* 1993, art. 1579. – Chron. hyp. : *JCP* N 1965, IV, prat. p. 60 ; *JCP* N 1967, IV, 4297) ;
– si l'acte modifie la substance juridique de l'acte initial (transmission de droits nouveaux susceptibles d'évaluation, ou déplacement des attributions opérées par l'acte primitif : V. chron. préc. : *JCP* N 1967, IV, 4297), il donnera lieu à la perception du salaire proportionnel.
Ce même salaire sera perçu sur le supplément de prix déclaré à la suite de l'établissement d'un acte rectificatif.
Toutefois, il n'y a pas de perception de salaire particulière lorsque la déclaration rectificative figure dans un acte soumis au droit proportionnel (chron. Chardonnal : *JCP* N 1982, prat. 8500).

6857 **Acte unique comportant rectification de plusieurs actes antérieurs.** Si un acte unique est établi contenant rectification de trois actes précédemment publiés dans lesquels l'identité d'une partie était erronée, sa publication donne lieu à la perception de trois salaires fixes correspondant à la rectification. Mais il n'y a pas lieu de percevoir un troisième salaire sur l'acte rectificatif lui-même (chron. P.J.C. : *JCP* N 1994, prat. 2860).
Le taux fixe de la contribution de sécurité immobilière est actuellement de 15 € (CGI, art. 881 M).

V
Inscriptions ou bordereaux rectificatifs

6858 **Renvoi.** Sur les erreurs commises lors de l'établissement d'un bordereau d'inscription ou à l'occasion de l'inscription elle-même, V. **Inscription-Formalités**.

VI
Erreurs imputables à un service administratif

A Règles générales

6859 **Mesure de tempérament.** Lorsqu'une erreur a été commise dans la désignation cadastrale d'un immeuble et que cette erreur a été reproduite dans un document publié, il est indispensable d'établir un document rectificatif accompagné d'un nouvel extrait cadastral pour redresser l'erreur : ce document rectificatif prend effet à la date de son dépôt (*Rép. alph. enreg.* V° Hypothèque, L. III, n° 447, note 1).
Par mesure de tempérament, l'administration a décidé de dispenser de la taxe fixe de publicité foncière (CGI, art. 673) les actes ayant pour objet

la rectification d'erreurs commises dans l'état civil des parties ou dans la désignation des immeubles « lorsqu'il est établi que les erreurs dont il s'agit sont imputables à un service administratif tel que celui du cadastre ou de l'état civil » (*BA* 1956, 1, 7277 : *JCP* N 1956, IV, 2258 ; *Bull. AMC* 1957, art. 289 : Rép. min. Finances : *JOAN*, 4 janv. 1964, p. 12 ; *JCP* N 1964, IV, 3642 ; *Bull. AMC* 1959, art. 376 ; *ibid.* 1964, art. 571).
Cette mesure de tempérament, toujours susceptible de s'appliquer lorsque l'erreur est imputable au service du cadastre, a fait d'ailleurs l'objet d'une procédure simplifiée dont la mise à l'étude avait été prévue dans une réponse du ministre des Finances du 27 mai 1958 (*JOAN*, p. 2503 et 2504 ; *JCP* N 1958, IV, 2576) dans le but de permettre aux notaires de dresser sans comparution des parties les actes rectificatifs des erreurs commises dans les actes publiés et imputables au service du cadastre (sur cette procédure simplifiée qui a fait l'objet de la circulaire LXXXII du service des enquêtes et études adoptée en accord avec le service central du cadastre et le Conseil supérieur du notariat. V. Bulté, chron. hyp. : *JCP* N 1975, IV, 5965).

B Exception

6860 Erreurs consécutives aux opérations de rénovation du cadastre. La procédure simplifiée ne peut être utilisée si l'erreur est consécutive aux opérations de rénovation du cadastre, les documents cadastraux étant alors réputés conformes à la situation actuelle des propriétés.
En effet, étant donné la large publicité dont ces opérations sont assorties, le service du cadastre ne saurait assumer la responsabilité des erreurs ou inexactitudes commises, car il appartient aux propriétaires de résoudre eux-mêmes les questions d'ordre privé que pose l'attribution ou la délimitation de leurs immeubles.
Par la suite, la rectification du plan cadastral exige alors en règle générale l'établissement d'un document d'arpentage établi au frais des propriétaires intéressés (Rép. min. Finances : *JOAN*, 31 déc. 1964, p. 6311 ; *JCP* N 1965, IV, 3829 ; *Bull. CSN* 1965, p. 62).

6861 L'acte rectificatif, dans cette hypothèse, devrait être assujetti à la taxe de publicité foncière. Selon M. Bulté (chron. hyp. : *JCP* N 1975, IV, 5965, préc.), cette taxe devrait être perçue de la façon suivante :
– taxe fixe si l'acte rectificatif est simplement confirmatif d'une situation déjà déterminée ou d'un droit préexistant ;
– taxe proportionnelle (0,70 % plus les perceptions additionnelles, soit 0,71498 %) si l'acte fixe une propriété jusqu'alors indécise ou conditionnelle, l'acte pouvant alors être assimilé à un procès-verbal de bornage. Mais, ainsi qu'il résulte de la décision du tribunal de grande instance de Bordeaux en date du 14 novembre 1977 (préc., n° 58), il semble qu'en pareil cas l'administration entende appliquer purement et simplement la théorie de la propriété apparente.
La contribution de sécurité immobilière devrait être également, selon le cas, soit perçue au taux fixe, soit perçue au tarif proportionnel.

> **N.B.** : La contribution de sécurité immobilière a remplacé le salaire du conservateur à compter du 1er janvier 2013. Elle obéit aux mêmes conditions d'assiette, de tarifs, de contrôle et de recouvrement que ce salaire (V. **Contribution de sécurité immobilière**). Les solutions données ci-dessous à propos du salaire du conservateur peuvent donc être transposées pour la perception de la contribution de sécurité immobilière.

VII
Erreurs imputables aux services de la publicité foncière

6862 Rectification. Deux textes prévoient la possibilité pour le service de la publicité foncière de rectifier les erreurs commises par ce service :
– tout d'abord, l'article 13, alinéa 7 du décret du 14 octobre 1955 et qui énonce :

> « Les annotations entachées d'erreurs imputables aux agents des services de la publicité foncière sont annulées, par rature à l'encre noire, dès la découverte des erreurs, et rétablies à la suite. L'annulation est émargée de la date de rectification et de la signature ou du paraphe de l'agent du service de la publicité foncière dûment habilité à procéder à la régularisation des annotations erronées » ;

– ensuite, l'article 53-1, § 3 de ce même décret, concernant les services de la publicité foncière dotés d'un fichier immobilier informatisé, selon lequel :

« Les erreurs détectées au fichier immobilier imputables aux agents des services de la publicité foncière sont rectifiées dès leur découverte. La décision de rectification ainsi que sa date sont portées au fichier immobilier par l'agent du service de la publicité foncière dûment habilité à procéder à la régularisation des annotations erronées ».

VIII
Rectification d'erreurs entachant le plan cadastral

6863 Les services du cadastre sont parfois confrontés aux problèmes que pose une erreur manifeste de représentation des limites au plan cadastral. Cette situation peut notamment être révélée à l'occasion de l'établissement d'un croquis de conservation ou d'un document d'arpentage. Dans ce dernier cas, la personne agréée est dans l'impossibilité d'assurer une représentation correcte des limites nouvelles sans qu'il soit procédé préalablement à la rectification du fond de plan (BOI-CAD-MAJ-20-10-20131014, n° 530).

6864 **Principes.** Hormis les erreurs minimes résultant d'une imprécision technique ou d'un report incorrect au plan, toute modification de limites figurant au plan ne peut être opérée qu'à la suite de la rédaction d'un acte accompagné d'un document d'arpentage préalablement publié au service de la publicité foncière (BOI-CAD-MAJ-20-10-20131014, n° 540).

6865 **Conditions d'intervention des services du cadastre.** Pour justifier ces formalités imposées aux propriétaires, l'administration s'appuie sur deux arguments : la réputation de conformité du plan cadastral suite à la publicité des opérations de rénovation ou de remaniement, d'une part, les règles de concordance entre la documentation cadastrale et le fichier immobilier, d'autre part. Cette doctrine est fondée mais ne doit pas conduire les services du cadastre à une position excessive par rapport à la portée des textes en vigueur. Ainsi, le service du cadastre doit lui-même rectifier le plan cadastral sur simple demande des propriétaires lorsque les conditions suivantes sont réunies :

– il s'agit d'une erreur commise au moment de la rénovation ou d'un remaniement (les limites contestées sont bien issues de la rénovation du remaniement et non d'un document d'arpentage postérieur, lequel porte la signature et donc l'approbation des propriétaires). L'enquête doit alors établir que le plan est faux par rapport à la situation qui existait au moment de la rénovation et qui demeure inchangée ;

– les propriétaires peuvent prétendre qu'eux-mêmes ou leurs prédécesseurs n'ont pas eu connaissance des résultats de la rénovation ou du remaniement dont est issu le plan. Cette condition est remplie dès lors que l'administration n'est pas en mesure, à l'aide des documents qu'elle détient (relevé n° 6210 renvoyé par les propriétaires et registre n° 6213 notamment), de prouver le contraire. À cet égard, l'accord recueilli, en cette circonstance, du seul propriétaire à qui profite l'erreur ne sera pas considéré comme suffisamment probant ;

– l'erreur dénoncée est d'une importance telle qu'elle obère sensiblement la configuration des parcelles au plan, eu égard à son mode d'établissement et compte tenu de la précision des limites sur le terrain. Cette condition doit être strictement respectée. En effet, la mesure ne doit pas conduire le service à répéter inconsidérément des interventions partielles dans une zone où le plan est réputé de médiocre valeur, donc justiciable d'un remaniement, lequel est à programmer et à entreprendre en situation de maîtrise des moyens du service. Dans la pratique, la recommandation ainsi faite doit généralement conduire à limiter les interventions aux zones où le plan est issu d'un levé régulier et aux fautes de caractère purement accidentel (BOI-CAD-MAJ-20-10-20131014, n° 550).

Annexe

ATTESTATION RECTIFICATIVE

Comme suite à la notification de rejet n° ..... en date du..... concernant la vente par Jacques Dupont à Pierre Durant, déposée aux fins de publication le 27 octobre 2001, volume..... n° ..... (dépôt n° .....).

En vue de réparer les irrégularités affectant cet acte, M....., notaire à..... atteste qu'il y a lieu de lui apporter les modifications suivantes,

1) Identité de M. Dupont

Au lieu de : Dupont Jacques né le 5 octobre 1945 à Paris (10e).

Lire : Dupont Jacques Antoine Lionel, né le 6 octobre 1945 à Paris (10e).

2) Origine de propriété

Après les références de publication, volume..... n° ....., ajouter :

« L'acquisition ci-dessus a été faite en nue-propriété. L'usufruit appartenant à Madame Dumoulin Jeanne est éteint à la suite de son décès survenu à Pontoise le 9 juillet 2000 (acte de décès délivré par la mairie de Pontoise le 8 février 2002).

Établi en..... exemplaires certifiés exactement conformes entre eux

À..... le.....

Réduction de capital

Neyla GONZALEZ-GHARBI

I

Formalités

6866 **Définition.** La réduction du capital social est la diminution, opposable aux créanciers sociaux postérieurs, du capital de la société. Cette opération peut s'accompagner ou non du remboursement ou de la restitution de leurs apports en société.
La réduction de capital n'entraîne pas la création d'une personne morale nouvelle si cette opération n'est pas accompagnée d'autres circonstances modifiant l'essence même du pacte social primitif (BOI-ENR-AVS-20-20-20150805, n° 10).

6867 **Enregistrement ou publicité foncière.** Antérieurement au 1er janvier 2021, l'acte de réduction de capital devait, en application des dispositions du 5° du 1 de l'article 635 du Code général des impôts, être enregistré dans le mois de sa date au service de l'enregistrement du service des impôts des entreprises (SIE) de la résidence du notaire s'il s'agit d'un acte notarié (CGI, art. 650) ou du domicile de l'un des associés si l'acte est sous seing privé (CGI, art. 652).
La loi de finances pour 2021 (L. n° 2021-1721, 29 déc. 2020) a réécrit les dispositions du 5° du 1 de l'article 635 du CGI, supprimant ainsi l'obligation d'enregistrer l'acte constatant la réduction de capital. Mais, cette « réforme » laisse en vigueur les dispositions de l'article 814 C du CGI de sorte que la dispense de formalité ne s'applique pas lorsque la réduction de capital de la société est susceptible, par le jeu de la théorie de la mutation conditionnelle des apports, de rendre exigibles des droits de mutation proportionnels. Ainsi, lorsque la réduction de capital s'opère par attribution aux actionnaires de biens ou de droits immobiliers, l'acte est soumis à la formalité fusionnée au service de la publicité foncière du lieu de situation des biens concernés dans le mois de sa date (CGI, art. 647 et 657 et D. n° 55-22, 4 janv. 1955, art. 28-1°).
Pour ce faire, l'acte doit revêtir la forme authentique (D. n° 55-22, 4 janv. 1955, art. 4 et D. n° 55-1350, 14 oct. 1955, art. 68-2).
Antérieurement au 1er janvier 2021, l'article 638 A du Code général des impôts prévoyait que la réduction de capital devait faire l'objet d'une déclaration dans le mois de sa réalisation au service enregistrement du SIE dans le ressort duquel est situé soit le siège statutaire, soit la direction effective, soit le principal établissement de la société (CGI, ann. III, art. 250 A. – V. sur tous ces points, BOI-ENR-AVS-20-20-20150805, nos 260 à 280). Cette obligation a été supprimée par la loi de finances pour 2021 qui a modifié en ce sens les dispositions de l'article 638 A du CGI.

6868 **Objet de l'étude.** Nous limiterons notre étude aux opérations entraînant des formalités à effectuer au service de la publicité foncière, et donc aux seules réductions de capital s'accompagnant d'attributions de biens sociaux immobiliers (sur le régime d'ensemble des opérations de réductions de capital, V. BOI-ENR-AVS-20-20-20150805).
Ne seront pas ici envisagées les conséquences de la réduction de capital au regard, notamment, de l'imposition des bénéfices et plus-values de la société et des associés concernées.

II

Fiscalité

CGI, art. 814 C (*Mod. par L. n° 2018-1317, 28 déc. 2018, art. 26*). – Sous réserve des dispositions du dernier alinéa du III de l'article 810, sont enregistrées gratuitement :

1° Les réductions de capital de sociétés contre annulation ou réduction du nominal ou du nombre de titres ;

2° Les réductions de capital consécutives au rachat par les sociétés de leurs propres titres, avec attribution de biens sociaux aux associés, y compris du numéraire, lorsqu'un seul acte est établi pour constater les deux opérations ;

CGI, art. 810 (*Mod. par L. n° 2018-1317, 28 déc. 2018, art. 26*). – (...)

III. – Le tarif normal du droit d'enregistrement ou de la taxe de publicité foncière perçus sur les apports mentionnés au 3° du I, au I bis et au II de l'article 809 est fixé à 2,20 % pour les apports qui ont pour objet un immeuble ou des droits immobiliers et, selon le tarif prévu à l'article 719, pour ceux qui ont pour objet un fonds de commerce, une clientèle, un droit à un bail ou à une promesse de bail.

Toutefois, sauf pour les immeubles ou droits immobiliers n'étant pas compris dans l'apport de l'ensemble des éléments d'actif immobilisés affectés à l'exercice d'une activité professionnelle, ces apports sont enregistrés gratuitement si l'apporteur, ou les associés en cas de changement de régime fiscal, s'engagent à conserver pendant trois ans les titres remis en contrepartie de l'apport ou détenus à la date de changement de régime fiscal.

En cas de non-respect de l'engagement de conservation des titres, ou, pour les apports mentionnés au I bis de l'article 809, si la société cesse de remplir les conditions qui lui ont permis de bénéficier de cet avantage, le droit prévu au premier alinéa du présent III majoré des taxes additionnelles est exigible immédiatement.

Toutefois, la reprise n'est pas effectuée en cas de donation, si le donataire prend, dans l'acte, et respecte l'engagement de conserver les titres jusqu'au terme de la troisième année suivant l'apport ou le changement du régime fiscal.
Les biens qui n'ont pas été soumis au droit proportionnel mentionné au premier alinéa du présent III sont soumis au droit de mutation à titre onéreux s'ils sont attribués, lors du partage social, à un associé autre que l'apporteur et au régime prévu au 3° du I de l'article 809 s'ils sont apportés à une autre société passible de l'impôt sur les sociétés.

6869 L'article 39 de la loi de finances rectificative pour 2008 (L. fin. 2008, n° 2008-1443, 30 déc. 2008) a précisé le régime fiscal des réductions de capital, en insérant dans le Code général des impôts un nouvel article 814 C (V. *Dr. fisc.* 2009, n° 6, comm. 159). Cette réforme est intervenue à la suite d'un arrêt de la Cour de cassation qui a refusé de considérer comme un partage le remboursement des droits sociaux aux associés consécutif à une réduction de capital (Cass. com., 23 sept. 2008 : *JurisData* n° 2008-045083. – E. Meler et R. Torlet, *Réduction de capital : pas de partage en l'absence de liquidation : JCP* N 2008, n° 41, act. 665. – R. Mortier, *Mort du droit de partage en cours de vie sociale : à propos de l'arrêt de la Cour de cassation du 23 septembre 2008 : RFN* 2008, étude 19 ; *JCP* N 20-1170, note J.-P. Garçon).
L'article 26 de la loi de finances pour 2019 a supprimé ce droit fixe au bénéfice d'un enregistrement gratuit. Cette modification s'applique à compter du 1er janvier 2019.
L'administration n'a pas commenté cette réforme. Compte tenu de la substitution pure et simple de la gratuité à l'exigibilité du droit fixe prévu par l'article 814 C du Code général des impôts dans sa rédaction antérieure, ni celle résultant de l'article 67 de la loi de finances pour 2021 qui a dispensé de formalité les actes constatant la réduction de capital des sociétés.
Nous nous référerons à la dernière version du *BOI* qui commente ce dispositif (BOI-ENR-AVS-20-20-20150805), étant précisé que la loi de finances pour 2021 n'a pas modifié l'article 814 C du CGI.

A Opérations enregistrées gratuitement

6870 **Énumération.** L'article 814 C du Code général des impôts (CGI) prévoit l'enregistrement

gratuit des actes antérieurement soumis au droit fixe. Il s'agit des opérations suivantes :
– les réductions de capital de sociétés contre annulation ou réduction du nominal ou du nombre de titres ;
– les réductions de capital consécutives au rachat par les sociétés de leurs propres titres, avec attribution de biens sociaux aux associés, y compris du numéraire, lorsqu'un seul acte est établi pour constater les deux opérations ;
– les réductions de capital consécutives au rachat par les sociétés de leurs propres titres lorsque deux actes distincts sont dressés pour constater les deux opérations (BOI-ENR-AVS-20-20-20150805, n° 20).
Il est précisé au n° 165 du BOI-ENR-AVS-20-20-20150805 que :

> « Lorsque le rachat de ses titres par une société est consécutif au décès d'un associé (BOI-ENR-AVS-20-30-20 au I-C § 70), il y a lieu de prendre en compte les situations dans lesquelles les statuts de la société interdisent aux héritiers ou légataires du défunt de prendre la qualité d'associé ou soumettent l'acquisition de cette qualité à un agrément, refusé par la suite. Dans ce cas, les héritiers ou légataires ne peuvent pas devenir propriétaires des parts sociales. La Cour de cassation a ainsi jugé que les légataires d'un associé décédé qui n'avaient pas la qualité d'associés en application des statuts de la société, n'étaient titulaires que d'un droit de créance représentant la valeur des parts du défunt. En conséquence il n'y avait pas cession de parts sociales, mais remboursement d'un droit de créance représentatif de la valeur des parts aux héritiers ou légataires, qui n'entre pas dans les dispositions de l'article 726 du CGI (Cass com. arrêt du 22 octobre 2013, n° de pourvoi 12-23737, ECLI : FR : CCASS : 2013 : CO01022, Bull. 2013, IV, n° 157) ».

6871 Cas particulier de la réduction de capital avec attribution de fonds sociaux. L'opération de réduction de capital qui constate le remboursement corrélatif aux associés et s'opère par l'annulation, la réduction du nominal ou du nombre de titres est désormais enregistrée gratuitement (1° de l'article 814 C du Code général des impôts).
En revanche, le droit fixe des actes innommés prévu à l'article 680 du Code général des impôts est perçu :
– lorsque les parties prenantes ne sont pas désignées (par exemple, il est simplement décidé qu'il sera remboursé un titre sur quatre), l'opération étant alors considérée comme seulement préparatoire au partage ;
– lorsque l'acte se borne à constater la simple diminution du capital et l'abandon par la société d'un immeuble à ses associés, auxquels il appartiendra désormais indivisément, au prorata de leurs droits respectifs ;
– lorsqu'un immeuble présentant le caractère d'acquêt social (BOI-ENR-AVS-30-10-II-B-1-b-2°-a et s. – BOI-ENR-AVS-30-20-10 et BOI-ENR-AVS-30-20-20) est attribué à la masse des associés, à charge pour celle-ci de procéder à sa vente et d'en répartir le prix. Il y a alors application du droit de partage prévu par l'article 746 du Code général des impôts (BOI-ENR-AVS-20-20-20150805, n°s 120 et 130).

6872 Conditions d'application du régime. Les motifs poursuivis par les opérations de réduction de capital : pertes subies par l'entreprise, dépréciation de l'actif, ou autres sont sans incidence sur le régime prévu à l'article 814 C du Code général des impôts (BOI-ENR-AVS-20-20-20150805, n° 40).

6873 Sociétés concernées. Est concerné par les dispositions de l'article 814 C du Code général des impôts l'ensemble des sociétés pluripersonnelles, qu'il s'agisse notamment de sociétés de capitaux, et non pas uniquement les seules sociétés par actions (société anonyme, société par actions simplifiée, société en commandite par actions), ou de sociétés de personnes (y compris les sociétés à responsabilité limitée) (BOI-ENR-AVS-20-20-20150805, n° 50).
En sont en revanche exclues les sociétés unipersonnelles ou uninominales.
En effet, une opération affectant le capital d'une structure de type unipersonnel ne peut s'analyser comme un partage en l'absence d'un état d'indivision préexistant. Par suite, la réduction de capital d'une entreprise ou d'une société unipersonnelle ou uninominale est soumise au droit fixe des actes innommés prévu à l'article 680 du Code général des impôts (BOI-ENR-AVS-20-20-20150805, n° 60).

6874 Droit applicable. Depuis le 1er janvier 2019, l'enregistrement est effectué gratuitement. Antérieurement, le droit dû était celui de :
– 375 € pour les sociétés dont le capital est inférieur à 225 000 Regular ;
– 500 € pour les sociétés dont le capital est supérieur ou égal à 225 000 €.
Il est précisé que pour l'application de ce tarif, la valeur du capital s'apprécie à l'issue de l'opération de réduction en capital (BOI-ENR-AVS-20-20-20150805, n° 30).

B Cas particulier : application de la théorie de la mutation conditionnelle des apports

6875 Selon les termes mêmes de l'article 814 C du Code général des impôts, l'enregistrement gratuit ne s'applique que sous réserve des dispositions du dernier alinéa du III de l'article 810 du Code général des impôts. Cette réserve vise à soumettre aux droits de mutation à titre onéreux les attributions aux associés retrayants des biens en nature dont l'apport à la société, bien qu'assimilé à une mutation à titre onéreux, n'a pas donné lieu à exigibilité des droits de mutation à titre onéreux (V. **Apports en société – Apports à titre onéreux** – V. **Apports en société – Apports purs et simples** et V. **Constitution de société**).

6876 La règle vaut pour les biens en nature suivants : immeubles, droits immobiliers.
Il en résulte qu'en cas de réduction de capital avec attribution en nature de biens sociaux aux associés, l'attribution d'un bien qui a bénéficié du régime de faveur prévu à l'article 810, III du Code général des impôts :
– à un associé autre que l'apporteur, entraîne l'application sur cette opération des droits de mutation à titre onéreux ;
– à l'associé apporteur, est enregistrée gratuitement. Cependant, la reprise par l'apporteur initial d'un immeuble va entraîner la perception de la taxe de publicité foncière à 0,71498 % (en ce sens, BOI-ENR-AVS-20-20-20150805, n° 70 – Remarque).

Refus de dépôt

Serge LAMIAUX

Sommaire analytique

Index alphabétique

BIBLIOGRAPHIE : A. Massoc Mandre, *Le contrôle juridictionnel de la validité des décisions des conservateurs des hypothèques affecte-t-il la sécurité des transactions immobilières et du crédit hypothécaire ?* : *JCP* N 2001, n° 26, p. 1103.

6877 **Définition.** M. A. Fournier définit ainsi le refus de dépôt (*Publicité foncière : organisation et principales caractéristiques*, éd. Cridon Nord-Est, 2007, p. 100) :

> « Le refus de dépôt sanctionne les irrégularités graves susceptibles d'être décelées lors du premier examen des documents déposés sans rapprochement avec la documentation hypothécaire.
> Le refus intervient à la fin de la phase dite de "*dépouillement-taxation*" en cas d'irrégularités formelles du dépôt (présentation défectueuse, absence de déclarations annexes…) ou d'irrégularités dans le contenu du document à publier (absence d'énonciations essentielles) ou encore d'une insuffisance de provision consécutive à une liquidation erronée des droits et salaires dus.
> Le refus de dépôt produit un effet immédiat : la restitution des documents au déposant sans aucun commencement d'exécution de la formalité (pas d'enregistrement au registre des dépôts ni *a fortiori* d'annotation du fichier immobilier). Le refus est également total, il s'applique à l'ensemble de la formalité requise. Au regard de la publicité foncière, tout se passe finalement comme si le dépôt n'avait pas été effectué, un nouveau dépôt sera nécessaire et la formalité ne prendra rang qu'à la date de celle-ci ».

6878 **Observation préliminaire.** Les causes de refus de dépôt sont indiquées de manière générale à la présente fiche. Les applications particulières se retrouvent dans chaque rubrique du présent ouvrage (par ex. : sur les incidents relatifs à des refus de dépôt concernant la certification d'identité V. **Certification d'identité**).

6879 **Plan.** Nous examinerons successivement les causes de refus du dépôt (I), la procédure de refus (II), les recours contre le refus de dépôt (III), les mesures de manutention (IV), les incidences du refus de dépôt (V) et les perceptions en découlant (VI).

I

Causes de refus de dépôt

A Principe de légalité des causes de refus

6880 **Énoncé.** De l'article 257 de l'annexe III au Code général des impôts précité, il résulte qu'un refus de dépôt n'est possible que dans le cas où cette sanction est expressément prévue par la réglementation en vigueur.

Il résulte par ailleurs des dispositions de l'article 2452 du Code civil (ancien art. 2199), et pour autant que le document à publier soit relatif à la définition de la situation juridique d'un immeuble (si cette condition n'est pas remplie, le dépôt apparaît étranger au champ de la publicité foncière et doit pour ce motif être refusé), que les formalités concourant à la constitution des registres publics tenus dans les bureaux des hypothèques ne peuvent être refusées ou rejetées que dans le cas où un texte autorise expressément ce rejet ou ce refus (Cass. 3e civ., 14 mars 1968 : *Bull. AMC* 1968, art. 734 ; V. aussi *Bull. AMC* 2006 et 2007-1, art. 1904) ou, ce qui est équivalent, si l'exécution de la formalité requise méconnaîtrait une disposition législative ou réglementaire impérative (Cass. 3e civ., 2 déc. 1992 et 9 févr. 1994 : *Bull. AMC* 1993, art. 1571 et 1604 ; *ibid.* 1994, art. 1639).

6881 **Actes et autres documents dont la publication n'est ni expressément prescrite ni expressément autorisée par un texte. Absence de cause de refus de dépôt.** Il faut ici rappeler que les conservateurs (aujourd'hui les services de la publicité foncière) ne sont pas fondés à refuser de publier un acte qui fait que la convention qu'il constate ou l'opération qu'il a pour objet de formaliser n'entre pas, par sa nature, dans la catégorie de celles dont la publication a été autorisée. Ils ne peuvent opposer un refus que dans les cas exceptionnels où celui-ci est expressément prévu, ou si la formalité requise concerne un droit dont la nature mobilière est indiscutable.

Ce principe a été appliqué par la troisième chambre civile de la Cour de cassation dans un arrêt du 14 mars 1968 et se trouve expressément énoncé au *Bulletin de l'association mutuelle des conservateurs* (*Bull. AMC* 1968, art. 734) qui commente cet arrêt (V. aussi *Bull. AMC* 1994, art. 1621).

6882 Principe selon lequel le service de la publicité foncière n'a pas à apprécier la validité juridique d'un acte. L'article 2452 du Code civil (ancien art. 2199) fait défense aux conservateurs des hypothèques (devenus service de la publicité foncière) de refuser le dépôt ou de rejeter une formalité en dehors des cas prévus par les dispositions législatives ou réglementaires sur la publicité foncière. Le contrôle exercé par le service de la publicité foncière consiste à s'assurer que les actes et décisions à publier sont effectivement soumis ou admis à la formalité et qu'ils ne présentent pas des irrégularités graves de nature à compromettre la fiabilité du fichier immobilier. En revanche, le conservateur n'a pas à apprécier la validité juridique ou l'opportunité des actes qui lui sont déposés aux fins de publication.
Ainsi, le service de la publicité foncière sortirait de ses attributions légales en appréciant la régularité du rapport à la succession de droits immobiliers acquis au moyen de dons d'une somme d'argent et en décidant, en conséquence, que la situation juridique de l'immeuble désigné dans l'acte à publier n'a pas subi le changement voulu par les comparants. Ce mandataire légal chargé d'exécuter les formalités civiles prescrites n'a pas à s'ériger en juge de la validité et de l'efficacité des actes qui lui sont remis ; il doit s'en tenir à l'apparence juridique créée par les parties, à tort ou à raison (*Bull. AMC* 1994, art. 1621).
De même, lors d'une mutation d'immeubles ruraux, l'absence d'autorisation de la commission communale ou intercommunale d'aménagement foncier prévue à l'article 7-1 du Code rural et de la pêche maritime n'est sanctionnée par aucune disposition prescrivant d'opposer le refus du dépôt pour ce motif. En conséquence, et dès lors que le document présenté ne renferme pas, par ailleurs, une irrégularité de forme susceptible de mettre en cause la fiabilité du fichier hypothécaire, le conservateur (actuellement le service de la publicité foncière) ne peut refuser de publier une mutation réalisée en infraction des dispositions précitées (Rép. min. Économie, Finances et Privatisation n° 28044 à M. Jean-Claude Lamant : *JOAN*, 31 août 1987, p. 4867 ; *JCP* N 1987, prat. 321).

6883 Cas particulier des actes contenant des stipulations contradictoires. Il résulte indirectement des alinéas 1 et 2 de l'article 1er du décret du 4 janvier 1955 et de l'article 13, alinéa 2, du décret du 14 octobre 1955 qu'en raison de l'impossibilité d'annoter le fichier lorsqu'un acte contient des stipulations antinomiques, le dépôt ne peut qu'être refusé (*Bull. AMC* 1991, art. 1484).

B Inventaire des causes de refus de dépôt

6884 Observation. On est amené à distinguer dans l'énoncé (sommaire) des causes de refus, celles particulières à la publicité foncière (1°), puis les causes de refus propres à la matière de l'enregistrement (2°), les causes de refus en matière d'imposition des plus-values immobilières (3°), enfin les causes de refus propres à la formalité fusionnée (4°). Diverses autres causes de refus seront examinées à part (5°).

1 Causes de refus particulières à la publicité foncière

a) Causes de refus en matière de publication

6885 Nous les énumérerons succinctement.

1) Irrégularités de forme dans les documents déposés

6886 Présentation à la formalité d'un document se rapportant à des immeubles situés hors du ressort du bureau (D. 14 oct. 1955, art. 68-1).

6887 Forme irrégulière du document déposé (D. 4 janv. 1955, art. 34, § 1er et 2. – D. 14 oct. 1955, art. 67-3 et 76-1). On peut citer notamment : l'utilisation d'une formule non réglementaire ou d'un papier ou d'un procédé de reproduction non agréé ; une formule illisible ; le nom patronymique ou la dénomination écrit en lettres minuscules, ou les prénoms en lettres majuscules ; des surcharges ou grattages ; le nombre des lignes non observé ; les feuilles non numérotées ou numérotées irrégulièrement ; les renvois non numérotés ou non inscrits à la suite du texte.

6888 Défaut d'authenticité de l'acte (D. 4 janv. 1955, art. 4. – D. 14 oct. 1955, art. 68, § 2). Toutefois, des exceptions sont prévues, en faveur de divers actes et documents, par l'article 4 (al. 2) du décret du 4 janvier 1955 et par les articles 84 et 85 du décret du 14 octobre 1955 (V. **Authenticité**).

6889 Absence de certificat de conformité ou certificat de conformité incomplet (D. 4 janv. 1955, art. 34, § 1, dernier al., et § 2 et D. 14 oct. 1955, art. 67-3, al. 2 et 76-1, § 4, dernier al.).

6890 Irrégularités dans l'établissement des actes « normalisés ». Le refus de dépôt est prononcé (note 14 août 1998 : *BOI* 10 D-2-98, n° 103) :
– à défaut de production de la partie normalisée de l'acte (*cf.* D. 4 janv. 1955 modifié, art. 34, § 2) ;

– si la partie normalisée ne figure pas au début des expéditions, extraits littéraux ou copies des actes de vente déposés ou n'est pas terminée par une mention de clôture (*cf.* D. préc., art. 34-1, § 2) ;
– si le certificat de conformité ne mentionne pas le nombre de pages de la partie normalisée (D. 14 oct. 1955 modifié, art. 67-3 et 76-1).

2) Irrégularités dans l'identification des parties

6891 **Omission de la mention de certification de l'identité des parties** prévue par les articles 5 et 6 du décret du 4 janvier 1955 (D. 4 janv. 1955, art. 34, § 2. – D. 14 oct. 1955, art. 38, § 1er, al. 4, et 72, al. 1er et 2).

3) Irrégularités dans l'identification des immeubles

6892 **Omission de l'un des éléments essentiels de la désignation des immeubles** (D. 4 janv. 1955, art. 7, 9, al. 4 et 34, § 2. – D. 14 oct. 1955, art. 64, § 1er, 3°, 71-12, 76, § 2).

6893 **Défaut de remise d'un extrait modèle 1 ou 2** ayant moins de six mois de date et, en cas de changement de limite, des documents d'arpentage établis en vue de la conservation du cadastre (D. 4 janv. 1955, art. 7, 34, § 2. – D. 14 oct. 1955, art. 22 et 31).

6894 **Défaut de remise d'un nouvel extrait modèle 1 ou de l'avis du service du cadastre**, pour les actes rectificatifs prévus aux articles 23 et 24 du décret du 14 octobre 1955.

4) Effet relatif

6895 **Omission des références** (date, volume et numéro) à la formalité donnée au titre du disposant ou dernier titulaire du droit, lorsque ce titre est postérieur au 1er janvier 1956, ou absence de la précision que la publication du titre est requise simultanément (D. 14 oct. 1955, art. 33 et 51).
Un refus de dépôt n'est pas fondé s'il y a seulement erreur sur le numéro de la publication (Cass. 3e civ., 4 nov. 2004 : *Bull. civ.* 2004, III, n° 192 ; *Defrénois* 2005, art. 38133, p. 531, note S. Piedelièvre).

6896 **Absence de déclaration,** lorsque le droit du disposant a été acquis sans titre (accession, prescription) ou s'est trouvé consolidé par le décès de l'usufruitier, du mode ou des conditions d'acquisition ou de consolidation (V. D. 14 oct. 1955, art. 35, § 1er, 1° et § 2, et art. 51).

6897 **Absence d'indication,** lorsque le titre du disposant est antérieur au 1er janvier 1956, de la nature du titre et de la mention que ce titre n'est pas postérieur à cette date (D. 14 oct. 1955, art. 35, § 1er, 2° et § 2 et art. 51).

5) Copropriété

6898 **Absence de références** (date, volume, numéro) **à la formalité donnée à l'acte contenant l'état descriptif de division** (et, éventuellement aux actes modificatifs – V. D. 14 oct. 1955, art. 71-12 [V. **État descriptif de division**]).

6899 **Contraventions aux prescriptions** de l'article 71 A à D, § 1, du décret du 14 octobre 1955 relatives à l'établissement de l'état descriptif de division. (V. D. 14 oct. 1955, art. 71 E, § 1er, al. 1er [V. **État descriptif de division**]).

b) Causes de refus concernant les inscriptions

6900 **Défaut de représentation du titre** pour l'inscription des hypothèques et sûretés judiciaires (C. civ., art. 2428, al. 2).

6901 **Réquisition d'inscrire** plusieurs sûretés ou même une seule sûreté au profit de plusieurs créanciers ou à l'encontre de plusieurs propriétaires (D. 14 oct. 1955, art. 54-1, al. 2). Toutefois, des exceptions sont prévues, notamment, en faveur des inscriptions requises au profit de plusieurs créanciers solidaires ou à l'encontre de plusieurs propriétaires débiteurs solidaires dès lors que l'inscription ne comporte qu'une seule date extrême d'effet (*ibid.*, al. 3 et s. – V. **Inscription-Formalités**).

6902 **Omission de l'un des éléments essentiels** de la désignation des immeubles grevés (V. C. civ., art. 2428, al. 5. – D. 14 oct. 1955, art. 64, § 1, 3° ; art. 71-12).

6903 **Omission de la mention de certification de l'identité du propriétaire grevé** prévue par les articles 5 et 6 du décret du 4 janvier 1955 ou mention irrégulière (C. civ., art. 2428, al. 8. – D. 14 oct. 1955, art. 38, § 1, al. 1 et 4 ; art. 64, § 1, 4°).

6904 **Absence de mention de référence (ou référence incomplète)** à la dernière inscription à renouveler (D. 14 oct. 1955, art. 64, § 1er, l°).

6905 **Péremption de l'inscription** dont le renouvellement est requis (D. 14 oct. 1955, art. 64, § 1er, 2°).

6906 **Défaut d'indication,** dans le bordereau de renouvellement, du nom et du domicile de la personne à laquelle le rejet doit être éventuellement notifié lorsque le certificat d'identité est inutile (D. 14 oct. 1955, art. 64, § 3).

6907 **Absence,** dans le bordereau de renouvellement, de la désignation individuelle des immeubles lorsque cette désignation est obligatoire (D. 14 oct. 1955, art. 64, § 1er, 3°).

6908 **Renouvellement d'inscription** requis postérieurement à sa radiation (D. 14 oct. 1955, art. 64. § 1, 2°).

6909 **Hypothèque judiciaire conservatoire :** non-respect du délai de trois mois accordé au créancier pour inscrire l'hypothèque judiciaire conservatoire provisoire ; non-présentation des documents visés au dernier alinéa de l'article R. 533-4 du Code des procédures civiles d'exécution lors de l'inscription définitive de l'hypothèque judiciaire conservatoire (D. 14 oct. 1955, art. 57-2, al. 4).

6910 **Hypothèque rechargeable :** certification de l'identité des personnes et désignation des immeubles non conforme aux dispositions de l'article 57-3-2° du décret du 14 octobre 1955 ; absence de mentions de référence à la dernière inscription à renouveler et à l'inscription initiales ; inscription de l'avenant requise après péremption ou radiation de l'inscription de l'hypothèque objet de l'avenant (D. 14 oct. 1955, art. 57-3-3°).

6911 **Constitution d'une hypothèque rechargeable** par renonciation au privilège de prêteur de deniers : (disposition caduque) : V. D. 14 oct. 1955, art. 57-4-III.

c) Causes de refus en matière de saisie

➤ V. **Saisie immobilière.**

2 Causes de refus en matière d'enregistrement

6912 **Absence du bordereau récapitulatif des actes déposés.** V. CGI, art. 853.

6913 **Absence d'affirmation de sincérité dans les actes visés à l'article 850 du Code général des impôts.**

➤ V. **Affirmation de sincérité.**

3 Mutations soumises à l'imposition au titre des plus-values

6914 **Absence des mentions relatives à l'imposition des plus-values immobilières.**

➤ V. **Plus-values immobilières.**

4 Causes de refus propres à la formalité unique

CGI, ann. III, art. 257. – La formalité est refusée :

– dans les cas où une telle sanction est prévue par la réglementation en vigueur en matière de publicité foncière ou d'enregistrement ;

– en cas d'inobservation des dispositions des articles 253, 254 et 255.

6915 **Absence de l'extrait d'acte, en double exemplaire,** prévu par l'article 4 du décret du 22 juin 1970 (*JO* 27 juin 1970 ; *JCP* N 1970, III, 36733) ou existence, entre cet extrait et le document à publier, d'une discordance faisant obstacle à la détermination de l'assiette ou au contrôle. V. CGI, art. 860 et ann. III, art. 253 et 257.

La discordance étant une cause de refus, il va de soi que le rapprochement de l'acte et de l'extrait doit être fait avant l'acceptation du dépôt, sauf à faire preuve d'une certaine largeur de vue à cette occasion. En particulier, s'il s'agit de discordances sans incidence au regard de la publicité foncière et de peu d'importance, les rectifications nécessaires peuvent être effectuées directement à la conservation au moment du rapprochement (BOI-ENR-DG-40-20-20-20-20120912, n° 120).

6916 **Absence de la liquidation détaillée des droits** prévue, également, par l'article 4 dudit décret (CGI, ann. III, art. 255 et 257).

Si l'absence de liquidation détaillée constitue également une cause de refus, il n'en est pas de même en cas d'erreur dans la liquidation, à moins que cette erreur ne se traduise par une insuffisance de provision : il convient donc de vérifier aussi la liquidation avant d'accepter le dépôt. Par ailleurs, sous le terme « liquidation détaillée », il faut comprendre une liquidation faisant ressortir distinctement chacun des droits et taxes exigibles, l'indication des salaires n'étant pas nécessaire : une liquidation dans laquelle il serait fait seulement état du taux cumulé de l'impôt ne pourrait être considérée comme régulière et suffirait à justifier un refus. L'indication séparée de chacune de ces taxes est suffisante et il ne pourrait être exigé, en cas de pluralité d'immeubles, une ventilation des taxes additionnelles entre les différents fonds ou collectivités bénéficiaires (BOI-ENR-DG-40-20-20-20-20120912, n° 130).

6917 **Défaut de remise de l'ensemble des documents** dont le dépôt était prescrit en matière d'enregistrement et de publicité foncière au moment de l'entrée en vigueur du décret n° 70-548 du 22 juin 1970 (*ibid.*, art. 254 et 257). Cette disposition s'applique, notamment, à la déclaration prévue par l'article 250 de l'annexe II au Code général des impôts pour la liquidation de la TVA.

5 Autres causes de refus

6918 **Absence de déclaration estimative pour la perception des droits (V. CGI, art. 851).**

➤ V. **Déclaration estimative**.

6919 **Défaut d'avance de la taxe de publicité foncière** (CGI, art. 1701), **et de la contribution de sécurité immobilière** (CGI, art. 881 A, al. 2). Dans les hypothèses envisagées dans l'alinéa précédent, la décision est prononcée dans les formes prévues par l'article 74 du décret du 14 octobre 1955 (CGI, ann. III, art. 285). En particulier, lorsque le service de la publicité foncière a omis de prononcer le refus, il lui est loisible d'engager la procédure de régularisation préalable à un éventuel rejet (V. D. 14 oct. 1955. art. 74, § 3. – Instr. adm. 28 avr. 1975 : *BODGI* 10 G-5-75, n°s 10 et 14).

6920 **Non-respect de la procédure Télé@ctes.** Il résulte de l'article 73-1 du décret du 14 octobre 1955 qu'à compter du 1er janvier 2018, les notaires ne pourront plus procéder à la publication d'un acte ou à l'inscription d'une sûreté que de manière dématérialisée « par voie électronique ». Autrement dit l'utilisation de la procédure de traitement automatisé de données dénommée Télé@ctes est obligatoire, à peine de refus de dépôt (V. **Télé@ctes**).

II Procédure de refus

6921 Elle est régie par l'article 74 du décret du 14 octobre 1955 dont le texte suit, dans sa dernière rédaction, issue du décret n° 2019-1419 du 20 décembre 2019 :

> 1. Lorsqu'il refuse le dépôt de documents, par application, notamment, des articles 2428 et 2430 du Code civil, du 2 de l'article 34, du 2 de l'article 34-1 et de l'article 39 du décret n° 55-22 du 4 janvier 1955 modifié, du 1 de l'article 21, des articles 22, 31 et 33, du 2 de l'article 35, du 1 de l'article 38, des articles 54-1,57-2,57-3 et 57-4, du 1 de l'article 64, de l'article 67-3, de l'article 71-12, de l'article 73-1 et du 2 de l'article 76 du présent décret, le service de la publicité foncière notifie au déposant, dans le délai maximum de 15 jours à compter de la remise des documents, sa décision datée et signée indiquant les causes de refus relevées. Ce délai est fixé à 8 jours pour les commandements valant saisie et à 1 mois pour les formalités requises en vertu de l'article 2430 du Code civil.
>
> La décision de refus est notifiée par lettre recommandée avec demande d'avis de réception ou remise contre récépissé.
>
> La notification de la décision de refus du service de la publicité foncière donne lieu à la restitution des documents déposés.
>
> 2. Le rejet d'une formalité, prévu notamment aux articles 2428 du Code civil, au 3 de l'article 34 et aux articles 39 et 40 du décret n° 55-22 du 4 janvier 1955 modifié, à l'article 16-1, au 4 de l'article 30, aux articles 31 et 33, au 2 de l'article 35, au 1 de l'article 38, aux 2 et 3 de l'article 55, au 2 de l'article 56, à l'article 57-2, au 1 de l'article 61, au 2 de l'article 64, au 1 de l'article 67, de l'article 71-13 et au 2 de l'article 76 du présent décret, est prononcé, et la régularisation intervient, selon les modalités fixées par le 3 de l'article 34 du présent décret.
>
> 3. En dehors des cas prévus au 2, les règles du rejet peuvent être appliquées par le service de la publicité foncière lorsqu'après l'acceptation du dépôt, il apparaît, au moment de l'annotation de la formalité, que le dépôt aurait dû être refusé.
>
> 4. Dans tous les cas où la loi prescrit le refus du dépôt ou le rejet de la formalité ceux-ci concernent l'ensemble de la formalité dont la publicité est requise, même si les omissions, inexactitudes ou discordances relevées intéressent seulement certaines des mentions ou des parties ou certains des immeubles énoncés dans le document à publier.
>
> […]
>
> 5. La procédure édictée par l'article 26 du décret du 4 janvier 1955 est celle prévue à l'article 481-1 du Code de procédure civile.

NOTA Conformément à l'article 24 du décret n° 2019-1419 du 20 décembre 2019, les dispositions qui résultent du décret précité s'appliquent aux demandes introduites à compter du 1er janvier 2020.

6922 La procédure de refus de dépôt a été réaménagée par le décret n° 98-553 du 3 juillet 1998 dont les dispositions ont été commentées dans une note du 14 août 1998 (*BOI* 10 D-2-98), puis par le décret n° 2019-1419 du 20 décembre 2019.

A Conditions et effets du refus de dépôt

6923 **Principes.** Le dépôt sera refusé lorsqu'après un examen sommaire du document (excluant en principe la consultation des documents antérieurement publiés tels qu'ils sont relatés au fichier immobilier), il est constaté des manquements graves et facilement détectables.
Le refus de dépôt ne donne lieu à aucune annotation des documents du bureau (registre des dépôts et fichier immobilier) dans la mesure où il n'y pas commencement d'exécution de la formalité.
Il incombe au requérant, après régularisation de l'irrégularité sanctionnée par le refus, de procéder à un nouveau dépôt dont la publication ne prendra rang qu'à sa date (note 14 août 1998, préc., n° 147-148).

6924 **Motivation des refus de dépôt.** L'article 74 du décret du 14 octobre 1955 dispose que le service de la publicité foncière), lorsqu'il refuse le dépôt, doit indiquer dans « sa décision datée et signée » les « causes de refus relevées ». En publiant à ce propos une réponse ministérielle (Rép. min., n° 73748 à M. Pierre Lagorce, député : *JOAN*, 18 nov. 1985, p. 5322), au *BODGI* (10 E-2-86), l'administration l'a fait suivre du commentaire suivant :

« L'attention des conservateurs des hypothèques est appelée sur la nécessité de motiver clairement des refus de dépôt et les rejets de formalité, en indiquant non seulement la nature de l'irrégularité et la référence exacte aux textes, mais encore l'analyse sommaire de cette irrégularité (un exemple de notification est reproduit en annexe). »

B Réglementation de la procédure de refus : notification de la décision de refus de dépôt

6925 Chaque formalité refusée (publication, inscription, saisie, mention en marge) doit faire l'objet d'une décision de refus notifiée au déposant. Cette notification s'accompagne de la restitution des documents déposés et doit satisfaire à certaines conditions de forme et de délai (note 14 août 1998. préc., nos 149 et 150).

1 Délai

6926 La notification de la décision de refus doit être faite dans le délai maximum de quinze jours à compter de la remise des documents.
Toutefois, ce délai est fixé :
– à huit jours pour les commandements valant saisie ;
– à un mois pour les formalités requises en application de l'article 2430 du Code civil (D. 14 oct. 1955, art. 74, 1, al. 1er).

2 Forme

6927 La notification de la décision de refus est effectuée par lettre recommandée avec demande d'avis de réception ou remise contre récépissé.
La notification de la décision de refus donne lieu à la restitution du document déposé.

III Recours contre le refus de dépôt

D. 4 janv. 1955, art. 26 (*Mod., D. n° 2019-1419, 20 déc. 2019, art. 12*). – Lorsqu'un document sujet à publicité dans un service chargé de la publicité foncière a fait l'objet d'un refus du dépôt ou d'un rejet de la formalité, le recours de la partie intéressée contre la décision du service chargé de la publicité foncière est porté, dans les huit jours de la notification de cette décision, devant le président du tribunal judiciaire dans le ressort duquel sont situés les immeubles.

Il est statué selon la procédure accélérée au fond.

Le jugement du président du tribunal judiciaire n'est pas susceptible d'exécution provisoire.

En cas d'exercice des voies de recours, il est statué par priorité et d'extrême urgence.

Dès que la décision est passée en force de chose jugée, la formalité litigieuse est, suivant le cas :

– soit définitivement refusée ou rejetée ;

– soit exécutée dans les conditions ordinaires. Dans ce cas, elle prend rang à la date d'enregistrement du dépôt.

NOTA Conformément à l'article 24 du décret n° 2019-1419 du 20 décembre 2019, les dispositions qui résultent du décret précité s'appliquent aux demandes introduites à compter du 1er janvier 2020.

D. 4 janv. 1955, art. 26-1 (*Mod., D. n° 2019-1333, 11 déc. 2019, art. 38*). – I. – Pour l'application de l'article 26 et par dérogation au premier alinéa de l'article 760 du Code de procédure civile, les parties ne sont pas tenues de recourir au ministère d'un avocat.

II. – Pour l'application de l'article 26, l'assignation prévue à l'article 485 du Code de procédure civile est délivrée au siège du service chargé de la publicité foncière ayant prononcé la décision de refus ou de rejet contestée.

NOTA Conformément au I de l'article 55 du décret n° 2019-1333 du 11 décembre 2019, ces dispositions entrent en vigueur le 1er janvier 2020. Elles sont applicables aux instances en cours à cette date.

D. 4 janv. 1955, art. 26-1 (*Mod., D. n° 2019-1333, 11 déc. 2019, art. 12*). – I. – Pour l'application de l'article 26 et par dérogation au premier alinéa de l'article 751 du Code de procédure civile, les parties ne sont pas tenues de recourir au ministère d'un avocat.

II. – Pour l'application de l'article 26, l'assignation prévue à l'article 481-1 du Code de procédure civile est délivrée au siège du service chargé de la publicité foncière ayant prononcé la décision de refus ou de rejet contestée.

NOTA Conformément à l'article 24 du décret n° 2019-1419 du 20 décembre 2019, les dispositions qui résultent du décret précité s'appliquent aux demandes introduites à compter du 1er janvier 2020.

6928 **Réforme introduite par le décret du 3 juillet 1998.** La procédure contentieuse prévue à l'article 26 du décret du 4 janvier 1955 en matière de rejet de la formalité a été étendue par le décret n° 98-553 du 3 juillet 1998 aux décisions de refus de dépôt avec toutefois une différence au regard de ses effets.
Cette voie de recours permet à l'usager de contester la décision de refus de dépôt.
Encadrée par des délais très brefs, elle facilite l'accomplissement rapide de la formalité de publicité en cas d'infirmation de la décision de refus par le juge.
Il est rappelé qu'indépendamment de la voie de recours prévue à l'article 26 précité, l'usager conserve, en cas de préjudice, la possibilité de mettre en cause, en application des dispositions de l'article 1240 du Code civil (action de droit commun en dommages-intérêts), la responsabilité civile du service de la publicité foncière (note 14 août 1998, préc., n° 157).

A Modalités de mise en œuvre

6929 Les règles de procédure sont identiques à celles existant pour le rejet de la formalité.

1 Compétence

6930 L'article 26, alinéa 1er du décret du 4 janvier 1955 prévoit que le recours de la partie intéressée contre la décision de refus de dépôt est porté devant le président du tribunal judiciaire (ancien tribunal de grande instance) dans le ressort duquel sont situés les immeubles.
On s'est interrogé sur le point de savoir si le notaire qui n'est qu'un intermédiaire, est en mesure de justifier d'un « intérêt » au sens de l'article 31 du Code de procédure civile, lui donnant qualité pour agir (*Bull. AMC* 1992, art. 1543).

2 Délai

6931 **Saisine du juge.** Le président du tribunal doit être saisi dans les huit jours à compter de la notification de la décision de refus.
Le délai court :
– si la notification est faite directement au déposant, du lendemain du jour de la reconnaissance écrite de la notification ;

– si la notification a été faite par lettre recommandée avec avis de réception, du lendemain de la réception ou du refus constaté par La Poste sur l'avis.
Cette notification n'a pas à être renouvelée en cas de refus de la lettre recommandée.

B Procédure

1 Assignation et représentation

6932 **Précisions apportées par le décret du 26 décembre 2012.** Le décret n° 2012-1462 du 26 décembre 2012 a ajouté au décret du 14 octobre 1955 un article 26-1 (V. ce texte ci-dessus).
Selon ce texte, modifié par le décret n° 2019-1419 du 20 décembre 1219, l'assignation prévue par l'article 481-1 du Code de procédure civile doit être délivrée au siège du service chargé de la publicité foncière qui a prononcé la décision de refus (art. 26-1, II).
Pour l'application de l'article 26, et par dérogation au premier alinéa de l'article 751 du Code de procédure civile, les parties ne sont pas tenues de recourir au ministère d'un avocat.

2 Décision du président

6933 **Particularités.** Il est statué selon la procédure accélérée au fond (art. 26, al. 2), régie par les articles 481-1 et 839 du Code de procédure civile. Le jugement du président du tribunal judiciaire n'est pas susceptible d'exécution provisoire Mais l'ordonnance du président du tribunal de grande instance statue au fond (sur le bien-fondé du refus) et cette décision n'est pas susceptible d'exécution provisoire (D. 4 janv. 1955, art. 26, al. 3. – D. 14 oct. 1955, art. 74, § 5). Elle ne devient donc exécutoire qu'après l'expiration du délai d'appel.

6934 **Le juge ne peut qu'approuver ou infirmer la décision du service de la publicité foncière.** Excède ses pouvoirs la cour d'appel qui, après avoir déclaré infondé le refus par le conservateur (actuellement le service de la publicité foncière) du dépôt d'un acte, lui impose de notifier en lieu et place de cette décision de refus une décision de rejet, ouvrant droit à régularisation en vertu de l'article 34-3° du décret du 14 octobre 1955 (Cass. 3e civ., 1er mars 2006 : *Bull. civ.* 2006, III, n° 53 ; *Defrénois* 2007, art. 38530, p. 233, obs. S. Piedelièvre ; *RJDA* 10/2006, n° 1087 ; *Bull. AMC* 2007-2008, art. 1912).

6935 **Contestation sur le montant des droits réclamés.** Le président du tribunal saisi sur le fondement de l'article 26 du décret du 4 janvier 1955 n'a pas compétence pour se prononcer sur le bien-fondé des droits réclamés par le conservateur (aujourd'hui le service de la publicité foncière) préalablement à l'exécution d'une inscription hypothécaire (Cass. com., 12 mai 2004 : *Bull. civ.* 2004, IV, n° 89 ; *Dr. fisc.* 2004, n° 37, comm. 675).
Observations : en l'espèce, le litige relevait de la compétence du tribunal de grande instance (LPF, art. L. 199, al. 2). La personne qui requérait l'inscription aurait dû faire l'avance de la taxe de publicité foncière réclamée par le conservateur en vertu de l'article 1701 du Code général des impôts pour procéder à la formalité, puis adresser une réclamation à l'administration et, en cas de rejet de cette réclamation, saisir le tribunal de grande instance pour statuer sur le bien-fondé des droits perçus.
L'affaire ayant donné lieu à l'arrêt de la Cour de cassation du 12 mai 2004 précité, est revenue devant la cour de Versailles sur renvoi. La cour s'est conformée à la jurisprudence de la Cour de cassation en affirmant que le président du tribunal de grande instance n'avait pas compétence pour se prononcer sur le bien-fondé des droits réclamés par le conservateur.
Elle a tiré de ce principe la conséquence que, dans l'hypothèse d'un refus opposé par le conservateur pour ce motif, qui relève non pas du droit de la publicité foncière mais du droit fiscal, la compétence du président du tribunal de grande instance était limitée au seul constat formel du paiement ou de l'absence de paiement des droits liquidés par le conservateur dans sa mission d'assiette de l'impôt.
En commentant cette décision, l'association des conservateurs a précisé que cette jurisprudence trouverait également à s'appliquer dans les cas où la contestation porterait sur le salaire du conservateur – aujourd'hui remplacé par la contribution de sécurité immobilière (CA Versailles, ch. civ. réunies, 26 janv. 2006 : *Bull. AMC* 2006-2005, art. 1900).

3 Voies de recours

6936 **Appel et pourvoi en cassation.** Il peut être interjeté appel.
Le délai d'appel est de quinze jours à compter de la signification du jugement.
Le pourvoi en cassation est recevable dans le délai de droit commun qui est de deux mois. En cas d'exercice des voies de recours, il est « statué par priorité et extrême urgence » (D. 4 janv. 1955, art. 26, al. 4).

6937 **Excès de pouvoir du juge.** À la suite d'un jugement irrévocable signifié le 14 janvier 2013, une banque a adressé le 27 mars 2013 au service de la publicité foncière de Créteil deux bordereaux d'inscription d'hypothèque judiciaire définitive concernant des immeubles situés à Thiais et à Choisy-le-Roi sur lesquels elle avait fait inscrire des hypothèques judiciaires provisoires. Seule l'hypothèque concernant l'immeuble de Thiais ayant été inscrite, la banque a mis en demeure, le 30 juillet 2013, le service de la publicité foncière de régulariser l'inscription relative à l'immeuble de Choisy-le-Roi. Le 1er août 2013, le service de la publicité foncière a opposé un refus de dépôt en raison de la tardiveté de la demande. La banque a contesté ce refus devant le président du tribunal de grande instance. Pour accueillir le recours et ordonner la publication du bordereau de l'inscription d'hypothèque judiciaire définitive, l'arrêt retient qu'il appartient au juge d'examiner si la requérante avait formé une première demande dans les délais requis alors même que l'absence de réponse du service de la publicité foncière à la demande initiale avait empêché toute régularisation de cette requête en temps utile et généré une nouvelle demande effectivement tardive.
En statuant ainsi, alors qu'elle devait examiner le bien-fondé de la décision déférée en l'état de la demande dont avait été saisi le service de la publicité foncière et non d'une demande formulée antérieurement à laquelle il n'avait pas été répondu, la cour d'appel, qui a excédé ses pouvoirs, a violé l'article 26 du décret n° 55-22 du 4 janvier 1955 (Cass. 3e civ., 10 déc. 2015, n° 14-26.895, publié au bulletin : *JurisData* n° 2015-027475 ; *Defrénois* 2017, n° 2, p. 115, note S. Piedelièvre).

C Effets

6938 La voie de recours accélérée contre la décision de refus de dépôt diffère de la procédure contentieuse prévue en matière de rejet dans la mesure où, après décision du juge, les effets de la formalité ne rétroagissent pas à la date de dépôt.

6939 Lorsque la décision du juge est passée en force de chose jugée, deux cas peuvent être envisagés :
– en cas de confirmation de la décision de refus, il appartient à l'usager, le cas échéant, de régulariser les documents déposés et de procéder à un nouveau dépôt ;
– en cas d'annulation de la décision de refus, il appartient au requérant de redéposer les documents initialement refusés et au service de la publicité foncière de procéder à l'exécution de la formalité pour se conformer à la décision du juge.
Dans les deux hypothèses, la formalité ne prendra rang qu'à compter du nouveau dépôt (note 14 août 1998, préc., nos 164 et 165).
Doit en conséquence être cassée la décision qui fixe la date d'effet de la publicité exécutée à la date de la présentation qui avait été faite au service de la publicité foncière (Cass. 3e civ., 10 juill. 2013, n° 12-16.193 : *JurisData* n° 2013-015447 ; *Defrénois* 2014, n° 1, p. 12, obs. S. Piedelièvre. – Cass. 3e civ., 4 nov. 2004 : *Bull. civ.* 2004, III, n° 192 ; *Defrénois* 2005, art. 38133, p. 531, note S. Piedelièvre).

IV Mesures de manutention

N.B. : Ces règles ont été fixées par la note du 14 août 1998 précité antérieurement à l'informatisation de la publicité foncière.

6940 **Registre de surveillance des refus.** Il est rappelé que le refus de dépôt ne donne lieu à aucune annotation du registre des dépôts et du fichier immobilier.
Toutefois, le respect des conditions de délai auxquelles sont désormais soumises les notifications de refus de dépôt ainsi que la création d'une voie de recours en la matière suppose la mise en place d'une surveillance des refus.
La surveillance des refus opposés par le service de la publicité foncière est effectuée à l'aide d'un registre spécialement créé à cet effet (n° 3260, cf. ann. 3).
Les règles à respecter pour l'établissement de ce « registre » figurent dans la note précitée du 14 août 1998 (nos 167 et 168).

6941 **Conservation du second exemplaire de l'imprimé n° 3272 (notification de refus).**

Le second exemplaire de la notification de refus (imprimé n° 3272) auquel est annexé soit la reconnaissance de l'intéressé en cas de notification directe, soit l'accusé de réception de l'envoi en recommandé, est conservé par le bureau jusqu'à expiration du délai de prescription de l'action en responsabilité contre le service de la publicité foncière.

– Il est complété par les références au registre de surveillance des refus : volume..... (du registre) n° ..... (d'ordre au registre). Ces mentions sont portées dans le cadre prévu à cet effet.

– Il fait l'objet d'un classement uniquement séquentiel dans l'ordre numérique des références au registre de surveillance (note 14 août 1998, préc., n° 169).

6942 **Création d'une chemise « Refus de dépôt » en cas de recours exercé par un usager.** Pour chaque décision de refus faisant l'objet d'un recours contentieux, il est créé une chemise « Refus de dépôt ».

À cet effet, la chemise rejet n° 3277 sera aménagée afin de recevoir les différents actes de procédure (le second exemplaire de l'imprimé n° 3272 complété de la reconnaissance ou de l'accusé de réception, visés comme il est précisé ci-avant ainsi que les pièces concernant l'affaire).

Elle sera annotée des références au registre de surveillance des refus et classée dans l'ordre numérique de ces références (note 14 août 1998, préc., n° 170).

V Incidences du refus de dépôt

A Règles générales

6943 L'acte qui fait l'objet d'un refus de dépôt ne peut être considéré comme enregistré (CGI, art. 647-II). En conséquence, toutes les pièces présentées doivent être rendues au déposant, ainsi que la provision versée. Bien entendu, si le dépôt comprend plusieurs actes portés sur un même bordereau, cette restitution est limitée aux pièces et aux sommes correspondant au document refusé.

Les modalités de refus du dépôt en vigueur en matière de publicité foncière sont applicables à la formalité unique, étant précisé que :

– le refus doit être daté du jour où il est effectivement opposé et non du jour de la réception du dépôt ;

– les pièces refusées doivent être immédiatement renvoyées au déposant, cette expédition pouvant, en raison des incidences fiscales de la formalité unique, être effectuée en franchise (V. Doc. adm. DGI, 7 A-4222, n° 7, 10 sept. 1996).

B Cas des actes concernant des immeubles non situés dans le ressort d'un même service de la publicité foncière

6944 Lorsque les immeubles ne sont pas tous situés dans le ressort d'un même service de la publicité foncière, la fusion des formalités n'est pas intégrale. Si elle existe bien au service où la formalité unique est exécutée, les règles propres à la publicité foncière demeurent en vigueur dans les autres services compétents.

Il en résulte qu'aucune corrélation n'existe entre les formalités exécutées dans les divers services intéressés et que le refus opposé dans l'un d'entre eux, même s'il s'agit de celui où les droits doivent être perçus, est sans incidence sur la régularité des formalités opérées dans les autres (V. BOI-ENR-DG-40-20-20-20-20120912, n°s 160 et 170).

VI Perceptions

N.B. : Le salaire du conservateur est transformé en « contribution de sécurité immobilière » à compter du 1er janvier 2013. Cette taxe est perçue aux mêmes conditions d'assiette, de tarif, de contrôle et de recouvrement que ce salaire (V. **Contribution de sécurité immobilière**).

6945 **Taxe de publicité foncière et contribution de sécurité immobilière.** En cas de refus de dépôt, aucune perception de taxe ou au titre de la contribution de sécurité immobilière n'est effectuée.

6946 **Pénalités encourues.** En cas de rejet de la formalité de publicité foncière, les actes soumis à la formalité fusionnée sont néanmoins réputés enregistrés à la date de leur dépôt (CGI, art. 647, IV).

En revanche, les actes de même nature qui font l'objet d'un refus de dépôt ne peuvent être considérés comme enregistrés et toutes les pièces présentées doivent être rendues au déposant ainsi que la provision versée (CGI, art. 647, II).

Le retard résultant de ce refus devrait en principe être sanctionné dans les conditions de droit commun.

Toutefois, le 3 de l'article 1728 du Code général des impôts dispose qu'en cas de retard dans l'exécution de la formalité fusionnée prévue à l'article 647, il n'est pas tenu compte de la période comprise entre le dépôt de l'acte refusé et la nouvelle présentation à la formalité si celle-ci intervient dans le mois de la notification du refus.

Lorsque le dépôt d'un acte a été refusé pour une cause non susceptible de régularisation dans un délai normal, cet acte sort du champ d'application de la formalité fusionnée pour se retrouver dans le champ d'application de la formalité d'enregistrement, étant observé que le vice qui l'entache peut, dans certains cas, entraîner également le refus de cette formalité (CGI, ann. III, art. 249-2°). Il incombe alors au service des impôts de liquider et de recouvrer les pénalités éventuellement exigibles, et cela même si la présentation à la formalité fusionnée était déjà tardive (BOI-ENR-DG-40-20-40-20120912, n° 70).

Par ailleurs, aucune pénalité sanctionnant le retard de l'inexécution de la formalité de l'enregistrement n'est exigible si celle-ci est requise dans le délai prévu pour la formalité fusionnée. Pour le calcul de ce délai, il est fait abstraction de la période comprise entre le dépôt de l'acte refusé au bureau des hypothèques et sa présentation à l'enregistrement lorsque celle-ci intervient dans le mois de la notification du refus (CGI, ann. III, art. 406 A 27. – BOI-ENR-DG-40-20-40-20120912, n° 80).

Les conséquences de ces dispositions sont résumées dans le tableau ci-après (BOI-ENR-DG-40-20-40-20120912, n° 90) :

Le dépôt de l'acte est intervenu	Délai écoulé entre la date du refus et la présentation d'une formalité fusionnée de l'acte régularisé	
	Un mois au plus	**Plus d'un mois**
Dans le délai légal.	Pas de pénalité.	Dans la mesure où le délai légal serait alors dépassé : – intérêt de retard décompté du premier jour du mois suivant celui au cours duquel l'imposition aurait dû être acquittée jusqu'au dernier jour du mois de la nouvelle présentation de l'acte ; – majoration au taux de 10 %.
Après l'expiration du délai légal.	– Intérêt de retard arrêté au dernier jour du mois du premier dépôt de l'acte refusé. – Majoration de 10 %.	– Intérêt de retard décompté du premier jour du mois suivant celui au cours duquel l'imposition aurait dû être acquittée jusqu'au dernier jour du mois de la nouvelle présentation de l'acte. – Majoration au taux de 10 %.

Règle *non bis in idem*

Serge LAMIAUX

BIBLIOGRAPHIE : Pilon, *Principes et techniques des droits d'enregistrement*, nos 633 et s.

I
Principe

6947 Il est de principe que la même opération juridique ne peut être frappée deux fois du droit proportionnel ou progressif prévu d'après sa nature, quel que soit le nombre des actes qui la constatent (actes sous seing privé en plusieurs exemplaires).

6948 Cette règle n'empêche cependant pas de soumettre une même somme ou valeur visée dans un acte à plusieurs droits proportionnels ou progressifs, si elle fait l'objet dans cet acte de plusieurs opérations juridiques. Un acte constatant la vente d'un bien et la donation du prix est assujetti au droit de vente et au droit de donation.

6949 Au surplus, si, lorsque plusieurs actes sont successivement rédigés pour constater la même opération juridique, un seul d'entre eux peut être assujetti au droit proportionnel ou progressif, les autres n'échappent point à tout droit : ils sont soumis à un droit fixe (V. BOI-ENR-DG-20-20-40-20120912, nos 20 à 40).

II
Applications

6950 En application de la règle *non bis in idem*, les actes suivants donnent notamment ouverture au droit fixe des actes innommés.

6951 **Actes d'exécution et de complément.** L'acte d'exécution est celui qui constate une conséquence nécessaire d'un acte précédent déjà imposé (acte constatant la livraison d'un objet vendu par un acte antérieur), l'acte de complément celui, qui, tout en apportant un élément nouveau à un acte antérieur, se rattache à ce premier acte comme l'accessoire au principal (acte interprétant une disposition antérieure ou rectifiant une erreur).
Toutefois, lorsque ces actes contiennent des dispositions donnant ouverture par elles-mêmes au droit proportionnel ou progressif, ce droit est exigible. Ainsi, l'acte de partage entre les donataires des biens ayant fait antérieurement l'objet d'une donation-partage donne ouverture au droit de partage (V. BOI-ENR-DG-20-20-40-20120912, nos 60 à 80).

6952 **Actes refaits.** Il s'agit des actes refaits pour cause de nullité ou autres motifs, sans aucun changement qui ajoute aux objets des conventions ou à leur valeur.

Pour que l'acte refait ne soit pas assujetti à un nouveau droit proportionnel ou progressif, il faut qu'il existe un premier titre enregistré. Si l'acte primitif, soumis obligatoirement à formalité, n'a pas été enregistré, il appartient à l'administration de réclamer les droits et les pénalités encourues, mais l'acte nouveau sera soumis au seul droit fixe.

L'exonération du droit proportionnel ou progressif n'est évidemment pas applicable au cas où l'existence de l'acte primitif ne peut pas être prouvée (V. BOI-ENR-DG-20-20-40-20120912, n°s 90 et 100).

Rejet

Serge LAMIAUX

Sommaire analytique

Index alphabétique

Index alphabétique *(suite)*

BIBLIOGRAPHIE : Sur la réforme de la procédure de rejet par le décret du 29 mai 2000, V. A. Bernard, *Nouveaux aménagements en matière de publicité foncière : AJDI* 2001, p. 13.

6953 Nous examinerons successivement les causes de rejet de la formalité (I), la procédure de rejet (II), les suites du rejet (III), et les recours contre le rejet (IV).

I
Causes de rejet

6954 **Plan.** Après avoir rappelé le principe de légalité des causes de rejet (A), nous en ferons l'inventaire (B).

A Principe de légalité des causes de rejet

6955 **Caractère limitatif des causes de rejet.** Comme le refus de dépôt, le rejet ne peut être opposé que s'il est expressément prévu par un texte. Il en découle en particulier :

– que le service de la publicité foncière n'a pas à opposer un rejet en invoquant des raisons de fond même parfaitement valables (par exemple la nullité d'un acte) car aucun texte ne le fait juge de la validité ou de l'opportunité des actes qui lui sont présentés ;

– qu'il ne peut rejeter un acte au motif que la publication n'en est pas expressément prévue par les textes (sur tous ces points, V. **Refus de dépôt** et les références citées).

En matière de publications, le texte de référence est l'article 34-3 du décret du 4 janvier 1955 qui dispose :

> « 3. La formalité est rejetée si, après avoir accepté le dépôt, le service de la publicité foncière constate :
> a. Soit l'omission d'une des énonciations prescrites par les articles 5, 6 et 7, sous réserve du droit pour les intéressés de redresser les erreurs matérielles de l'expédition, extrait, ou copie, par un document rectificatif prenant effet à la date de son dépôt ;
> b. Soit une discordance entre, d'une part, les énonciations relatives à l'identification des parties ou à la désignation des immeubles contenues dans le document à publier, et, d'autre part, les énonciations correspondantes contenues dans les titres déjà publiés depuis le 1er janvier 1956, sauf justification de l'exactitude du document à publier ».

Pour les autres textes applicables, notamment en matière d'inscriptions hypothécaires, voir ci-dessous l'inventaire des diverses causes de rejet.

B Inventaire des diverses causes de rejet

6956 **Idée générale.** Le rejet de la formalité intervient après l'acceptation du dépôt. Il est opposé après un examen plus approfondi des documents déposés et après avoir rapproché les énonciations de ces documents avec celles figurant au fichier immobilier (A. Fournier, *Publicité foncière*, éd. Cridon Nord-Est, 2007, p. 101). Cela laisse supposer un commencement de la formalité dont il sera parlé ci-après.

Le rejet sanctionne une faute moins grave que le refus de dépôt puisque non décelée à l'occasion de l'examen sommaire et préalable à l'acceptation du dépôt (P.J.C., *Refus du dépôt et rejet de la formalité : JCP* N 1984, prat. 9045).

1 Renvoi aux causes de refus du dépôt

6957 Selon l'article 74-3 du décret du 14 octobre 1955, « les règles du rejet peuvent être appliquées par le service de la publicité foncière lorsque, après acceptation du dépôt il apparaît, au moment de l'annotation de la formalité, que le dépôt aurait dû être refusé ».

Ce texte, qui permet au service de la publicité foncière qui a omis de refuser le dépôt de rejeter la formalité, fait donc de toutes les causes de refus du dépôt des causes de rejet de la formalité (M. Dagot et P. Frémont, *JCl. Notarial Répertoire*, V° Publicité foncière, Fasc. 45, *op. cit.*, n° 80).

2 Causes propres de rejet de la formalité

6958 Nous les énumérerons succinctement.

a) Publications

6959 **Cause de refus non opposée en temps voulu.** V. D. 14 oct. 1955, art. 38, § 1er, dernier al., et 74, § 3.

6960 **Omission de l'un des éléments non essentiels d'identification des parties ou des immeubles prévus par les articles 5, 6 et 7 du décret du 4 janvier 1955.** V. D. 4 janv. 1955, art. 34, § 3, a.

6961 **Inexactitudes, imprécision ou omission d'éléments d'identification non essentiels dans la mention de certification de l'identité des parties.** V. D. 14 oct. 1955, art. 38, § 1, dernier al.
Ainsi en cas d'omission de la date et du lieu de déclaration ou de dépôt des statuts pour les associations ou syndicats (note 14 août 1998 : *BOI* 10 D-2-98, n° 48).

6962 **Défaut de remise d'un extrait cadastral modèle 3 ou irrégularités assimilées (omission de parcelle ou extrait périmé) à l'occasion des premières formalités requises, en cadastre rénové, depuis le 1er janvier 1956.** V. D. 4 janv. 1955, art. 40, et D. 14 oct. 1955, art. 30, § 4, 31.

6963 **Discordances, en ce qui concerne la désignation des parties et des immeubles,** entre les énonciations du document déposé et les énonciations correspondantes des documents déjà publiés au fichier, sauf justification de l'exactitude du document à publier. V. D. 4 janv. 1955, art. 34, § 3, b. – D. 14 oct. 1955, art. 34, § 3, 36, § 2 et 3, 37, 51, 52, 71 E, § 2, al. 1er.

6964 **Inexactitude de la référence de la formalité** donnée au titre du disposant postérieurement au 1er janvier 1956. V. D. 14 oct. 1955, art. 34, § 1er et 3, 51, 52, § 2 et 3, 36, § 3.

6965 **État descriptif de division ou acte modificatif** faisant abstraction de la division ou d'une modification antérieure des lots ou utilisant des numéros précédemment attribués. V. D. 14 oct. 1955, art. 71 E, § 2, dernier al.

6966 **Omission de la quote-part dans la propriété du sol** lorsque cette indication est obligatoire. V. D. 14 oct. 1955, art. 71 E, § 2, al. 1er.

6967 **Actes normalisés.** Le rejet est prononcé lorsque la partie normalisée n'est pas conforme aux prescriptions figurant au deuxième alinéa du 1 de l'article 34 du décret du 4 janvier 1955 (art. 34, § 3, c. – Pour plus de détails, V. **Acte normalisé**).

b) Inscriptions

C. civ., art. 2423 *(Anc. art. 2148 mod.)*
(...) Au cas où l'inscrivant ne se serait pas servi d'une formule réglementaire, le service de la publicité foncière accepterait cependant le dépôt, sous réserve des dispositions de l'avant-dernier alinéa du présent article.

Toutefois, pour l'inscription des hypothèques et sûretés judiciaires, le créancier présente en outre, soit par lui-même, soit par un tiers, audit service :

1° L'original, une expédition authentique ou un extrait littéral de la décision judiciaire donnant naissance à l'hypothèque, lorsque celle-ci résulte des dispositions de l'article 2401 ;

2° L'autorisation du juge, la décision judiciaire ou le titre pour les sûretés judiciaires conservatoires.

Chacun des bordereaux contient exclusivement les indications et mentions fixées par décret en Conseil d'État.

(...)

Si le service chargé de la publicité foncière, après avoir accepté le dépôt, constate l'omission d'une des mentions prescrites, ou une discordance entre, d'une part, les énonciations relatives à l'identité des parties ou à la désignation des immeubles contenues dans le bordereau, et d'autre part, ces mêmes énonciations contenues dans les bordereaux ou titres déjà publiés depuis le 1er janvier 1956, la formalité est rejetée, à moins que le requérant ne régularise le bordereau ou qu'il ne produise les justifications établissant son exactitude, auxquels cas la formalité prend rang à la date de la remise du bordereau constatée au registre de dépôts.

La formalité est également rejetée lorsque les bordereaux comportent un montant de

Rejet

créance garantie supérieur à celui figurant dans le titre pour les hypothèques et sûretés judiciaires ainsi que, dans l'hypothèse visée au premier alinéa du présent article, si le requérant ne substitue pas un nouveau bordereau sur formule réglementaire au bordereau irrégulier en la forme.

Le décret prévu ci-dessus détermine les modalités du refus du dépôt ou du rejet de la formalité.

6968 **Cause de refus non opposée en temps voulu.** V. D. 14 oct. 1955, art. 74.

6969 **Utilisation d'une formule de bordereau d'inscription non réglementaire.** V. ci-dessus l'article 2428 du Code civil, alinéas 2 et 7, et le décret du 14 octobre 1955, articles 55, § 3, 61, § 1, alinéa 1er, 64, § 2, alinéa 2 (sur les règles applicables, V. **Bordereau d'inscription**).

6970 **Présentation matérielle défectueuse du bordereau d'inscription.** V. l'article 2428, alinéas 2 et 7 du Code civil et le décret du 14 octobre 1955, articles 76-1, § 2, 56, 61, § 1, alinéa 1er (sur les règles applicables, V. **Bordereau d'inscription**).

6971 **Omission de la date, du volume et du numéro sous lequel a été publié le titre de propriété du débiteur grevé ou inexactitude de ces références.** V. D. 14 oct. 1955, art. 33 et 51 (V. **Effet relatif**).

6972 **Inexactitudes, omission ou imprécision, dans la mention de certification de l'identité du propriétaire grevé.** V. D. 14 oct. 1955, art. 38, § 1, dernier al. (V. **Certification d'identité**).

6973 **Omission de déclaration précisant, lorsque le droit du disposant a été acquis sans titre (accession, prescription) ou s'est trouvé consolidé par le décès de l'usufruitier, le mode ou les conditions d'acquisition ou de consolidation.** V. D. 14 oct. 1955, art. 35 et 51 (V. **Effet relatif**).

6974 **Omission de l'une des mentions prescrites par l'article 55-2 du décret du 14 octobre 1955** (C. civ., art. 2423, al. 6). Il s'agit, notamment, des éléments suivants : élection de domicile du créancier, date et nature du titre, cause de l'obligation, capital de la créance et accessoires ; indication des noms et résidences du rédacteur du titre pour les actes notariés ; indication de la contre-valeur en francs français pour les créances libellées en monnaie étrangère ; ou encore certification relative au montant de la créance garantie (V. **Bordereau d'inscription**).

6975 **Omission de l'une des énonciations (non essentielles)** prévues à titre obligatoire par les articles 5, 6 et 7 du décret du 4 janvier 1955. – V. D. 4 janv. 1955, art. 34, § 3, a et C. civ., art. 2428, al. 6 (V. **Bordereau d'inscription**).

6976 **Omission de l'indication de la nature de la sûreté.** V. D. 14 oct. 1955, art. 55, § 2, al. 1er et 67, § 1, al. 2.

6977 **Omission de l'indication de la date de l'échéance (ou de la dernière échéance)** de la créance, et omission (ou irrégularité) de la date extrême d'effet de l'inscription. V. D. 14 oct. 1955, art. 55, § 2, al. 1er, 61, § 1, al. 2 et 67, § 1, al. 2 (V. **Bordereau d'inscription**).

6978 **Dépassement des délais de un an, dix ans ou cinquante ans prescrits par l'article 2434 du Code civil** (D. 14 oct. 1955, art. 67, § 1, al. 2). L'erreur est réparée dans les conditions fixées par l'article 67 précité (§ 2, al. 3. – V. **Bordereau d'inscription**).

6979 **Bordereau contenant des énonciations autres que celles prévues par la réglementation** (D. 14 oct. 1955, art. 55, § 2, al. 2 et 61, § 6, al. 3). On peut citer, par exemple : la renonciation à une convention d'antériorité, ou une convention de concurrence.

6980 **Défaut de remise d'un extrait modèle 3, lorsque cet extrait est exigé.** V. D. 4 janv. 1955, art. 40. – D. 14 oct. 1955, art. 30, § 4, 31 et 64, § 2, dernier al.

6981 **Discordance entre les énonciations du bordereau déposé et celles des documents précédemment publiés, en ce qui concerne les éléments essentiels d'identification du propriétaire grevé et de désignation des immeubles grevés.** V. C. civ., art. 2423 et D. 4 janv. 1955, art. 34, 3, b et D. 14 oct. 1955, art. 64, § 2, al. 1.

6982 **Inexactitude de la référence de l'inscription à renouveler, et omission ou inexactitude des références aux inscriptions successives en renouvellement.** V. D. 14 oct. 1955, art. 64, § 2 (V. **Renouvellement**).

6983 **Omission ou inexactitude d'une des mentions prescrites, pour le renouvellement des inscriptions, par les articles 61 et 62 du**

décret du 14 octobre 1955. V. D. 14 oct. 1955, art. 64, § 2, al. 1er (V. **Renouvellement**).

6984 **Omission ou inexactitude, dans le bordereau de l'inscription en renouvellement, de la mention de rappel** : du titre d'affectation, des nom et prénoms ou dénomination du débiteur originaire, des nom et prénoms du créancier originaire. V. D. 14 oct. 1955, art. 64, § 2, al. 1er (V. **Renouvellement**).

c) Saisies

6985 Les causes de rejet sont en principe les mêmes que pour les formalités ordinaires. Constitue, en outre, une cause de rejet, l'inexactitude de la référence à la formalité antérieure indiquée spontanément, ou sur la demande du conservateur conformément aux dispositions de l'article 36 du décret du 14 octobre 1955 (V. **Effet relatif**).

II Procédure de rejet

6986 **Déroulement de la procédure.** Le déroulement de la procédure est prévu par l'article 34, § 3 du décret du 14 octobre 1955 qui recouvre pratiquement l'ensemble des causes de rejet. Ce texte est ainsi conçu :

« En cas d'inexactitude ou de discordance, ou à défaut de publication du titre du disposant ou de l'attestation de transmission par décès à son profit, le service de la publicité foncière ne procède pas aux annotations sur le fichier immobilier ; il notifie, dans le délai maximum d'un mois à compter du dépôt, les inexactitudes, discordances ou défaut de publication relevés au signataire du certificat d'identité porté au pied de tout bordereau, extrait, expédition ou copie conformément aux prescriptions des articles 5 et 6 du décret [n° 55-22] du 4 janvier 1955.

Le fichier immobilier sur lequel la formalité aurait été immédiatement répertoriée si le dépôt avait été régulier est simplement annoté de la date et du numéro de classement du document déposé, avec la mention « formalité en attente ».

Dans le cas où la notification prescrite ci-dessus n'est pas faite directement au signataire du certificat d'identité lui-même et n'est pas dûment reconnue par lui, elle doit être effectuée selon un procédé fiable d'identification et de datation et être adressée, au plus tard, le dernier jour du délai d'un mois à compter du dépôt, au domicile indiqué par ledit signataire dans le document déposé.

Avant l'expiration d'un délai d'un mois à compter de la date de la notification selon le procédé défini au troisième alinéa, il appartient au signataire du certificat d'identité :

– soit de compléter le bordereau d'inscription ;

– soit de représenter les pièces (notamment, titres antérieurs, extraits cadastraux, extraits d'actes de naissance) justifiant l'exactitude des références à la formalité antérieure, ou des énonciations relatives à la désignation des parties et des immeubles ; dans ce cas, le service de la publicité foncière procède, dans les conditions ordinaires, à l'exécution de la formalité qui prend rang à la date du dépôt.

Les erreurs figurant au fichier immobilier sont rectifiées dans les conditions prévues au dernier alinéa de l'article 13 ou au 3 de l'article 53-1 du présent décret, si elles émanent du service de la publicité foncière. Dans le cas contraire, elles sont redressées, à la diligence des parties, par le dépôt d'un nouveau document établi dans les formes légales et tendant à rectifier le document antérieurement publié entaché d'erreur : ce document consiste soit en un nouveau bordereau établi au vu du titre lui-même, d'un acte rectificatif ou, à défaut d'un acte de notoriété, soit en une expédition, un extrait littéral ou une copie de ces titres, acte rectificatif ou acte de notoriété. Toutes mentions utiles sont portées au fichier immobilier en vue de signaler les erreurs et rectifications ;

– soit de déposer un bordereau ou document rectificatif. Dans ce cas, la publicité du bordereau ou document originaire prend effet à la date du dépôt, pour toutes les énonciations non entachées d'erreurs, celle du bordereau ou document rectificatif prenant effet à la date de son propre dépôt.

Dans tous les cas où la formalité prend rang rétroactivement à la date du dépôt, la date où elle est effectivement exécutée est constatée par un enregistrement pour ordre au registre des dépôts.

Si, dans le délai d'un mois à compter de la notification, le signataire du certificat d'identité n'a pas réparé les omissions, produit les justifications ou déposé les documents rectificatifs ou si, même avant l'expiration de ce délai, il a informé le service de la publicité foncière du refus ou de l'impossibilité de satisfaire à ces obligations, la formalité est rejetée sous les réserves prévues à l'article 74. Mention du rejet est faite par le service de la publicité foncière en regard de l'inscription du dépôt au registre de dépôts dans la colonne « Observations », ainsi qu'au fichier immobilier.

La décision de rejet est notifiée dans les huit jours de l'expiration du délai imparti au signataire du certificat d'identité. La notification est effectuée, soit directement, soit par lettre recommandée avec demande d'avis de réception, adressée au domicile indiqué dans le document déposé.

La date de notification directe, ou de celle de l'avis de réception ou de l'avis de refus de la lettre recommandée, fixe le point de départ du délai de huit jours au cours duquel peut être formé le recours prévu à l'article 26 du décret [n° 55-22] du 4 janvier 1955. »

A Notification du rejet

6987 Formes. Le service de la publicité foncière notifie au signataire du certificat d'identité la cause de rejet qu'il a relevée, par le moyen d'un imprimé spécial (n° 3273), et par lettre recommandée avec demande d'avis de réception adressée au domicile indiqué dans le document déposé et au plus tard le dernier jour du délai d'un mois à compter du dépôt (D. 14 oct. 1955, art. 34-3, al. 3. – Sur ce délai, V. n° 6989).

La notification peut être faite au signataire en personne : en ce cas l'envoi d'une lettre recommandée est inutile (V. D. 14 oct. 1955, art. 34-3, al. 3, *supra*).

Si la notification n'est pas faite directement au signataire du certificat d'identité lui-même et non pas dûment reconnue par lui, elle doit être effectuée « selon un procédé fiable d'identification et de datation » et être adressée au domicile indiqué par ce signataire dans le document déposé.

Par « procédé fiable d'identification et de datation », on entend « tout moyen permettant des transmissions certaines, tant en ce qui concerne le contenu que la date de publication ».

Commentant ce texte, une instruction du 7 juin 2000 (*BOI* 7 D-1-00) estime que la notification de cause de rejet peut être effectuée comme par le passé par remise directement par voie postale avec demande d'avis de réception mais également par télécopie, l'accusé de réception édité par le télécopieur permettant de s'assurer du contenu (nombre de pages) de la date de la notification.

6988 Dématérialisation de la notification des causes de rejet. L'envoi des notifications de cause de rejet est possible *via* le réseau Internet. Les courriels sont adressés à partir du serveur du service de la publicité foncière par le canal du site Internet *www.notaires.fr*. Le message précise les références du dossier rejet correspondant. Un fichier est joint au format PDF, constitué par la notification de causes de rejet.

Le notaire doit impérativement accuser réception du message notifiant le rejet par une réponse à l'adresse courriel du service de la publicité foncière concernée. Ceci permet de valider la procédure et de faire courir le délai de régularisation de trente jours.

En cas d'échec de la distribution, la procédure d'envoi par fax ou courrier est activée par les services dix jours après l'émission de la notification par la messagerie (Note du ministère de l'Économie, des Finances et de l'Industrie).

6989 Date de la notification. La date de notification des causes du rejet fixe le point de départ du délai imparti à l'usager pour procéder à la régularisation du document déposé. Cette date correspond selon le procédé de notification utilisé au jour :

– de la remise directe ;

– de la réception ou du refus de la lettre recommandée ;

– de la réception de la télécopie, à savoir la date qui figure sur l'accusé de réception édité par le télécopieur (Instr. 7 juin 2000 préc., n° 5).

Dans le cadre de la surveillance des dossiers en instance de rejet, l'accusé de réception doit être annexé à la notification de cause de rejet (imprimé n° 3273) et classé avec les autres pièces de dépôts dans la chemise « Rejet » n° 3277.

6990 Délai. La notification doit intervenir dans le délai maximum d'un mois à compter du dépôt (D. 14 oct. 1955, art. 34-3, al. 1er, deux mois en matière d'expropriation et de remembrement).

Selon la Cour de cassation, l'inobservation de ce délai d'un mois ne saurait s'analyser en un acquiescement à la formalité requise : en l'absence de toute sanction prévue par les textes, le conservateur peut encore notifier un rejet après expiration de ce délai (Cass. 3e civ., 13 juill. 1994 : *JCP* N 1995, p. 897, obs. P. Frémont ; *Bull. AMC* 1995, art. 1673 et la note).

La Cour de cassation entérine ainsi la position prise par la Direction générale des impôts. Celle-ci avait estimé, en effet, que « Quelle que soit la date de la notification de l'existence de l'anomalie constatée (...) les conservateurs sont habilités a notifier un rejet définitif » car, s'ils agissaient autrement, cela « conduirait à introduire dans le fichier immobilier des erreurs ou tout au moins, des éléments d'incertitude qui nuiraient à sa fiabilité et porteraient ainsi atteinte à la sécurité qui doit présider aux informations délivrées aux usagers » (Instr. 10 E-4-40, 6 juin 1980 : *JCP* N 1980,

prat. 7643. – V. également P.J.C. : *JCP* N 1993, prat. 2826, p. 642).
Toutefois, la responsabilité du conservateur (aujourd'hui, du service de la publicité foncière) pourrait être engagée dans la mesure du préjudice causé (Cass. 3e civ., 13 juill. 1994. préc., et avant pourvoi, TGI Paris, réf., 21 mai 1991 : *Bull. AMC* 1991, art. 1508, confirmé par CA Paris, 14e ch. B, 23 oct. 1992 : *Bull. AMC* 1993, art. 1573).

6991 **Motivation du rejet.** L'article 34-3 du décret du 14 octobre 1955 relatif au rejet de la formalité prescrit au service de la publicité foncière de notifier « dans le délai maximum d'un mois à compter du dépôt les inexactitudes, discordances ou défaut de publication relevés au signataire du certificat d'identité (…) ». L'obligation faite au service de la publicité foncière d'indiquer « succinctement » la cause du rejet signifie que la motivation, en dépit de sa brièveté, doit être assez précise pour éviter toute ambiguïté. Elle doit indiquer clairement sur la notification de cause de rejet, la nature et l'analyse sommaire de l'irrégularité et les références des textes applicables, pour permettre à l'usager de rectifier sans difficulté les documents à publier ou à inscrire.
Ces prescriptions avaient été rappelées par l'administration aux conservateurs des hypothèques (Rép. min. n° 73748 à M. Pierre Lagorce, député : *JOAN*, 18 nov. 1985, p. 5322).
En publiant cette réponse au *BODGI* (10 E-2-86), l'administration l'a fait suivre du commentaire suivant :

> « L'attention des conservateurs des hypothèques est appelée sur la nécessite de motiver clairement les refus de dépôt et les rejets de formalité, en indiquant non seulement la nature de l'irrégularité et la référence exacte aux textes, mais encore l'analyse sommaire de cette irrégularité (un exemple de notification est reproduit en annexe) ».

6992 **Rejet partiel.** En principe, le rejet, comme le refus « concerne l'ensemble de la formalité dont la publicité est requise » (D. 14 oct. 1955, art. 74, § 4, 1er al.).
Des cas de rejets partiels sont cependant admis en certaines matières (même texte, al. 2 à 5) :
– expropriation pour cause d'utilité publique ;
– remembrement urbain ;
– adjudication par lots ;
– ventes distinctes réalisées par un seul et même acte ;
– inscription d'hypothèque ou de privilège ;
– saisie immobilière (V. *Bull. AMC* 1979, art. 1155).

B Conséquences du rejet

6993 **Conséquences civiles. Mise en attente.** Lorsqu'il a relevé l'existence d'une cause de rejet, le service de la publicité foncière suspend l'exécution de la formalité. Le fichier immobilier est simplement annoté de la date et du numéro de classement du document déposé avec la mention « formalité en attente » (D. 14 oct. 1955, art. 34-3, al. 2. – V. le texte *supra*).
Cette mise en attente n'a pas de conséquence négative si une régularisation intervient (V. nos 6995 et s.) en raison de la rétroactivité (V. n° 7014).
Lorsqu'il est conduit à notifier un rejet : « le conservateur place les pièces déposées dans une chemise portant, à la fois, le numéro d'ordre du registre des dépôts et le numéro de classement du document en attente dans les volumes » (*Rép. alph. enreg.*, V° Hypothèques, L. III, n° 776).
➤ Sur les conséquences en ce qui concerne la délivrance des renseignements hypothécaires, V. **Renseignements hypothécaires**.

6994 **Conséquences fiscales.** Aux termes du paragraphe IV de l'article 647 du Code général des impôts, en cas de rejet de la formalité de publicité foncière, l'acte est néanmoins réputé enregistré à la date du dépôt.
Le rejet a donc pour conséquence une dissociation des deux formalités, qui sont alors données successivement au service de la publicité foncière. L'enregistrement ainsi effectué donne lieu à la perception de la totalité des droits et taxes exigibles. L'exemplaire de l'analyse établi sur imprimé n° 2651 (CERFA n° 13854*01) est conservé au bureau et traité dans les conditions habituelles. Il en résulte que si le rejet est opposé, à défaut de refus pour inexistence ou inexactitude des deux exemplaires de l'extrait d'acte, le conservateur doit rédiger ou rectifier lui-même celui de ces deux exemplaires qui est établi sur imprimé n° 2651 (V. BOI-ENR-DG-40-20-20-20-20120912, n° 340).

III
Suites du rejet

6995 Il faut distinguer selon qu'une régularisation intervient (A) ou non (B).

A Régularisation

1 Délai

6996 **Délai d'un mois.** Le déposant dispose d'un délai d'un mois pour régulariser, qui court, selon le cas, à compter de la date de la notification directe ou de celle de l'avis de réception ou de l'avis de réception de la lettre recommandée (D 14 oct. 1955, art. 34-3, al. 4).

En pratique, les conservateurs faisaient parfois preuve d'une certaine tolérance en ne prenant pas de décision de rejet lorsque la régularisation intervient peu après l'expiration du délai (Frémont, note sous Cass. 3e civ., 13 juill. 1994, préc.).

Mais cette pratique a été condamnée par la Cour de cassation (Cass. 3e civ., 29 nov. 2000 : *Bull. AMC* 2000, art. 1831, avec une note critique ; *Bull. civ.* 2000, III, n° 181 ; *RJDA* 2/2001, n° 247), qui a estimé que le conservateur avait l'obligation, à peine d'engager sa responsabilité, de prononcer le rejet dès lors que le délai d'un mois était arrivé à son terme, les dispositions de l'article 34-3 du décret du 14 octobre 1955 ne lui laissant sur ce point aucune latitude. Si le 12 juillet le conservateur décide de mettre la formalité en attente, en raison d'une discordance, et que cette décision est notifiée le 16 juillet, le délai d'un mois expire le 16 août, en application des dispositions des articles 640 à 642 du Code de procédure civile (sur cette décision, V. A. Fournier, *Procédure de rejet de la formalité et responsabilité du conservateur des hypothèques* : *JCP* N 2001, p. 654).

2 Modalités

6997 **Procédés de régularisation.** L'article 34-3, quatrième alinéa, du décret du 14 octobre 1955 réglemente la procédure de régularisation des actes en instance de rejet. Il précise à cet égard qu'il appartient au signataire du certificat d'identité (auquel le rejet est obligatoirement notifié) :

– soit de compléter le bordereau d'inscription ;

– soit de représenter les pièces justifiant l'exactitude des documents déposés ;

– soit de déposer un bordereau ou document rectificatif.

De son côté, l'article 55-3 du même décret vise le cas particulier de la régularisation d'un bordereau d'inscription non réglementaire.

Enfin, si le rejet est motivé par le défaut de publication du titre du disposant ou de l'attestation de transmission par décès à son profit, la régularisation de la formalité rejetée ne peut résulter que de la publication du titre.

En dehors des deux cas particuliers évoqués ci-dessus, le signataire du certificat d'identité peut soit justifier de l'exactitude des documents déposés et rejetés (cf. *Rép. alph. enreg.*, V° Hypothèques, L. III, 787), soit être amené à régulariser les documents irréguliers.

Les modalités de la régularisation diffèrent selon la nature de la cause de rejet.

6998 **Défaut de publication préalable du titre du disposant.** Si, à la suite d'un rejet pour défaut de publication du titre du disposant, le notaire dépose ce titre en s'abstenant de signaler au bureau des hypothèques la régularisation ainsi effectuée, il était conseillé aux conservateurs de procéder à une reprise pour ordre au registre des dépôts de l'acte en instance de rejet. Cette reprise s'opérera à la date à laquelle le service s'est aperçu de la régularisation effectuée. Cette précision paraît devoir figurer utilement dans l'enregistrement pour ordre. Les deux dates caractérisant alors la formalité régularisée sont d'une part celle du dépôt initial de l'acte ou du bordereau, et d'autre part celle de la reprise pour ordre (*Bull. AMC* 1983, art. 1294).

a) Documents irréguliers

1) Documents autres que les bordereaux

6999 **Choix du procédé.** Une instruction du 12 juillet 1984 (*BODGI* 10 E-4-S4 ; *JCP* N 1984, prat. 9124) définit les modalités suivant lesquelles devront désormais intervenir les régularisations d'actes entachés d'anomalies.

L'administration n'est pas qualifiée pour indiquer de quelle manière les notaires doivent régulariser les documents incomplets ou erronés pour que les stipulations des parties demeurent ou deviennent valablement et efficacement constatées.

C'est donc le signataire du certificat d'identité qui est seul en mesure de déterminer, sous sa responsabilité exclusive, le procédé de régularisation qu'il convient d'adopter pour sauvegarder les droits des parties et ce, sous l'appréciation souveraine des tribunaux.
Dans le choix du procédé de régularisation, le service de la publicité foncière doit donc avoir un rôle totalement passif (Instr. 12 juill. 1984, préc., n° 10. – V. cependant, n° 7003).

7000 **Acte rectificatif.** L'acte rectificatif est le moyen normal de rectifier un acte postérieurement à sa signature et donc également de régulariser un acte en instance de rejet. Par ce procédé, l'accord des intéressés sur la rectification est constaté en la même forme que la convention en cause. Il nécessite la comparution et la signature de toutes les parties.
Néanmoins, l'acte rectificatif peut aussi être établi avec la comparution d'un mandataire des parties ayant reçu, dans l'acte initial, pouvoir de rectifier les erreurs s'opposant à l'accomplissement de la formalité de publicité foncière.
Au gré des parties, cet acte rectificatif peut consister soit en une nouvelle expédition complète ne reproduisant pas l'erreur primitive, soit être simplement limité à la rectification nécessaire, à condition que dans les deux cas sa nature de document rectificatif soit clairement mentionnée et qu'il comporte les indications indispensables à son rapprochement du document erroné (Instr. 12 juill. 1984, préc., n° 15).

7001 **Attestation rectificative.** L'attestation rectificative est un procédé de régularisation plus souple et plus simple d'utilisation que celui de l'acte rectificatif. Il permet au notaire de rectifier les documents déposés sans le concours des parties. Le choix de cette formule faisant l'économie de l'acte rectificatif relève de l'entière responsabilité du notaire quant à son efficacité pour rectifier les erreurs entachant les documents déposés.
L'ancienne dichotomie entre les deux procédés de régularisation étant ainsi supprimée, l'attestation rectificative devra être publiée au fichier immobilier. Elle sera dorénavant considérée comme une nouvelle formalité qui recevra un numéro de dépôt et sera enliassée à sa date.
L'attestation devra faire le lien avec le document à régulariser en mentionnant les références de ce dernier, ainsi que celles de la notification de cause de rejet.
Elle ne peut être signée que par l'auteur de la certification d'identité du document à régulariser. N'auront donc pas qualité pour signer les attestations les clercs habilités en application de l'article 10 de la loi du 25 Ventôse an XI (C. civ., art. 1317. – Instr. 12 juill. 1984, préc., n° 16).

7002 L'instruction précitée propose un modèle d'attestation rectificative :

ATTESTATION RECTIFICATIVE
(1)......... X......... /Y......... déposé(e) le.......... vol........... n° .... comme suite à la notification préalable à un rejet de la formalité en claie du.......
(2) M.......... atteste qu'il y a lieu d'apporter aux documents déposés les rectifications suivantes :
(3)........ : au lieu de : .... lire : ....
(4)......... : au lieu de : .... lire : ....
(5)......... : supprimer les mots : ....
Dressé en......... exemplaires certifiés exactement collationnés.
A.......... le..........
Signature,

7003 **Erreur d'état civil.** Si une discordance est relevée en ce qui concerne l'état civil du disposant figurant dans un acte de vente, elle ne peut être réparée par la simple production d'une attestation rectificative. Le service de la publicité foncière, qui a la charge de constituer une documentation foncière exacte et complète, tire de l'objet même de cette mission le pouvoir[2] d'exiger l'établissement d'un acte rectificatif. L'usage des attestations rectificatives doit être limité à la modification ou à la suppression d'une stipulation erronée du document en attente ou à son complètement. Elle ne saurait être étendue à la rectification d'un acte antérieur (*Bull. AMC* 1989, art. 1414).

2) Bordereaux irréguliers

7004 **Principes.** D'après l'article 34-3, alinéa 4, du décret du 14 octobre 1955, la régularisation des bordereaux d'inscription s'opère différemment selon qu'il s'agit de réparer une omission ou une autre irrégularité. « Compléter le bordereau » suppose en effet qu'il y ait eu une omission alors qu'une erreur en sens strict devra être réparée à l'aide d'un bordereau rectificatif.
En outre, il faut tenir compte du fait que l'irrégularité peut toucher le bordereau lui-même, le titre générateur de la sûreté ou les deux à la fois.

α) Premier cas : l'omission ou l'erreur n'entache que le bordereau d'inscription

7005 **Complètement du bordereau en cas d'omission.** En cas d'omission dans le bordereau d'inscription, le signataire du certificat d'identité a la possibilité de le compléter. Ce complètement, dûment daté, sera porté à la fin du bordereau, à la suite de la certification d'identité, et devra indiquer les références de la notification de cause de rejet.

Seul le signataire du certificat d'identité, à l'exclusion de tout mandataire, est habilité à effectuer ce « complètement », et ceci uniquement dans les locaux de la conservation. Si le notaire ne peut se déplacer personnellement ou s'il ne réside pas dans la circonscription du service de la publicité foncière, la régularisation devra alors être effectuée par le dépôt d'un bordereau rectificatif (Instr.12 juill. 1984, préc., n° 19).

7006 **Bordereau rectificatif.** Le bordereau rectificatif est nécessaire pour rectifier une erreur contenue dans un bordereau ou pour réparer une omission que le signataire du certificat d'identité n'est pas en mesure de compléter dans les locaux du service de la publicité foncière.
En principe, ce document énonce la seule modification à apporter au bordereau initial pour réparer l'erreur ou l'omission entachant ce dernier. Son caractère de « bordereau rectificatif » doit être nettement précisé. Il est donc indispensable que ce nouveau document mentionne les références du bordereau initial et celles de la notification de cause de rejet.
Le bordereau rectificatif, déposé en double exemplaire, dont un rédigé sur formule réglementaire, sera publié au fichier immobilier, recevra un numéro de dépôt et sera enliassé à sa date (Instr. 12 juill. 1984, préc., n° 20).

β) Deuxième cas : l'omission ou l'erreur entache le bordereau et l'expédition du titre générateur de la sûreté représentée ou seulement cette expédition

7007 Lorsque l'erreur ou l'omission ayant motivé le rejet existe à la fois sur le bordereau déposé et sur l'expédition du titre générateur de la sûreté représentée, la régularisation du bordereau s'effectuera dans les conditions indiquées ci-dessus et devra s'accompagner de la représentation au conservateur d'une expédition exacte.
Lorsque l'erreur ou l'omission ayant motivé le rejet ne figure que dans l'expédition du titre générateur de la sûreté, la régularisation consistera dans la représentation au service de la publicité foncière d'une expédition exacte (Instr. 12 juill. 1984, préc., n°s 21 et 22).
Il faut rappeler ici que depuis la loi du 6 avril 1998 portant adaptation du régime de la publicité foncière, l'obligation de représentation du titre a été supprimée, à l'exception des inscriptions d'hypothèques et sûretés judiciaires (V. **Inscription-Formalités**). Dès lors, la régularisation du bordereau, hormis cette exception, n'a plus à être accompagnée de la représentation au conservateur d'une expédition exacte, ce dernier n'opérant plus de contrôle formel entre le titre et le bordereau.

b) Autres causes

7008 **Défaut de publication du titre du disposant ou du dernier titulaire.** Il faut alors distinguer :
– si le titre est postérieur au 1er janvier 1956, la régularisation ne peut s'effectuer que par le dépôt, aux fins de publication, du titre du disposant ou de l'attestation de transmission par décès à son profit (*Rép. alph. enreg.*, V° Hypothèques, L. III, n°s 786 et 787. – Instr. adm. 12 juill. 1984, n° 11 : *BODGI* 10 E-4-84 ; *JCP* N 1984, prat. 9124) ;
– si le titre du disposant ou du dernier titulaire est antérieur au 1er janvier 1956, un document rectificatif doit être déposé, mentionnant cette antériorité (V. **Effet relatif**).

7009 **Bordereaux d'inscription non réglementaires.** Si aucun des bordereaux déposés n'est du modèle réglementaire, l'article 55-3 du décret du 14 octobre 1955 prévoit qu'un bordereau réglementaire peut être substitué au document irrégulier pour être conservé avec ce dernier document au bureau des hypothèques.

3 Taxations

a) Taxe de publicité foncière

7010 **Acte rectificatif et attestation rectificative.** En application de l'article 680 du Code général des impôts, les actes rectificatifs seront taxés, au droit fixe des actes innommés.
En revanche, l'attestation rectificative, n'entrant dans aucune catégorie d'actes soumis à la taxe de publicité foncière, ne supportera aucun droit.

7011 **Bordereau rectificatif.** Le bordereau rectificatif supportera la taxe de publicité foncière prévue à l'article 844 du Code général des impôts.

7012 **Complètement du bordereau.** S'agissant d'un simple complètement, la mention apposée au pied des bordereaux est exemptée de tout droit.

b) Contribution de sécurité immobilière

N.B. : Le salaire du conservateur est transformé en « contribution de sécurité immobilière » à compter du 1er janvier 2013. Cette taxe est perçue aux mêmes conditions d'assiette, de tarif, de contrôle et de recouvrement que ce salaire (V. **Contribution de sécurité immobilière**).

7013 En application des articles 287 et 298, annexe III, du Code général des impôts, il sera

perçu au titre de la contribution de sécurité immobilière une somme de :
– 15 € pour les actes et attestations rectificatifs ;
– 8 € pour les bordereaux rectificatifs et les complètements de bordereaux.

7014 **Tableau récapitulatif du régime fiscal et de la contribution de sécurité immobilière.**

	TPF	Contribution de sécurité immobilière
Présentation de pièces justificatives	Néant	Néant
Acte rectificatif	125 € (CGI, art. 680)	15 €
Attestation rectificative	Néant	15 €
Bordereau rectificatif	25 €	8 €
Compléments du bordereau	Néant	8 €

4 Effets de la régularisation

7015 **Exécution de la formalité.** Si la régularisation intervient dans le mois, le service de la publicité foncière annote le registre du dépôt d'une mention de « reprise pour ordre » qui constitue l'exécution définitive de la formalité. Le fichier immobilier est annoté en conséquence.

7016 **Date de publication à retenir.** Les dispositions de l'article 34-3 du décret n° 55-1350 du 14 octobre 1955 pris pour l'application du décret du 4 janvier 1955 portant réforme de la publicité foncière, précisent la date de publication qu'il convient de retenir lorsqu'une formalité fait l'objet d'un rejet.
Cette date est fonction de la nature de la régularisation opérée dans le délai imparti : production de pièces justificatives ou dépôt d'un document rectificatif. Le texte précité prévoit notamment que le service de la publicité foncière publie et révèle les formalités régularisées sous leurs deux dates : celle du dépôt initial et celle de la régularisation. En cas de litige sur la date de prise en charge de la formalité, l'appréciation incombe aux tribunaux de l'ordre judiciaire seuls compétents pour déterminer le caractère substantiel ou non de l'irrégularité originaire et ses conséquences sur la date d'effet de la formalité. Au regard de la publicité foncière, lorsque l'engagement de la procédure de rejet a une incidence sur la durée de validité de la formalité régularisée (par ex., dans le cas d'inscription d'hypothèque judiciaire provisoire ou de publication d'un commandement de saisie immobilière), il est précisé que la date de départ retenue pour calculer ce délai est celle de la régularisation (Rép. min. Budget à M. Authié : *JO* Sénat Q, 12 août 1993, p. 1394).

7017 **Taxe de publicité foncière.** S'il y a régularisation, l'exécution de la formalité de publicité foncière ne donne pas lieu au versement d'une nouvelle taxe. Elle est constatée par l'apposition d'une nouvelle mention sur l'expédition, dans les conditions ordinaires suivies en matière de publicité foncière (Doc. adm. DGI, 7 A-4222, n° 18, 10 sept. 1996).

7018 **Contribution de sécurité immobilière.** Lorsque le document rejeté est soumis de nouveau à publicité, après régularisation dans les délais légaux, il n'y a pas alors deux formalités de publicité mais une seule, accomplie en deux temps.
La contribution de sécurité immobilière au tarif proportionnel, déjà perçue lors du dépôt primitif, ne saurait l'être une seconde fois (V., à propos du salaire du conservateur, Bulté, *in JCP* N 1960, IV, 2912).

B Absence de régularisation

1 Aspects civils

7019 **Rejet définitif.** Lorsque la régularisation n'intervient pas dans le délai imparti, il appartient au service de la publicité foncière de notifier à l'usager le rejet définitif de la formalité. Pour ce faire, il doit signifier, au signataire du certificat d'identité, cette situation au moyen de l'imprimé n° 3274. Cette lettre rappelle la notification de cause de rejet et le montant de la taxe perçue. C'est la décision de rejet. De plus, la mention apposée sur l'expédition (ou le double du bordereau) attestant de l'exécution de la formalité et de l'acquit des sommes perçues est annulée. Elle est remplacée par une mention analogue à celle-ci ci-après :

« Service de la publicité foncière de..........
Rejet définitif
Décision du..........
Motif :..........
Reçu :..........
Le service de la publicité foncière, »

À la suite de quoi, le service de la publicité foncière renvoie au requérant (en recommandé avec demande d'avis de réception) :
– l'expédition annotée de la mention ci-dessus ;
– les extraits d'acte et de cadastre dont les références de publication ont été annulées ;
– éventuellement la réquisition d'état qui, bien entendu, n'a pas été délivrée.

Il conserve la copie hypothécaire (ou le bordereau) qui sera archivée dans le dossier « rejets » du service (P.J.C., chron. préc., p. 279).

7020 **Nécessité et délai d'une notification de rejet définitif.** À défaut de régularisation dans le délai imparti, le service de la publicité foncière est tenu de prononcer le rejet de la formalité. La décision est notifiée dans les huit jours de l'expiration dudit délai (D. 14 oct. 1955, art. 34, § 3, al. 7).

Le rejet doit prendre la forme d'une décision expresse du service de la publicité foncière.

Il ne saurait, par suite, résulter *de piano* du silence gardé par le signataire déjà cité pendant plus d'un mois compté à partir du jour où il a eu connaissance de la cause du rejet. Au surplus, tant que le service de la publicité foncière n'a pas matérialisé, publié et notifié sa décision, le rejet implicite ainsi que la fin de non-recevoir qui en résulterait ajouteraient aux dispositions de l'article 34 une sanction qui n'y est pas édictée ; ils aboutiraient, en réalité, sans support légal, à déchoir du droit de réparer les omissions, produire les justifications ou déposer les documents rectificatifs (*Bull. AMC* 1995, art. 1611).

7021 Le rejet peut également être prononcé avant l'expiration du délai, si le requérant informe le service de la publicité foncière de son refus, ou de l'impossibilité où il se trouve, de réparer les omissions, de produire les justifications, de déposer les documents rectificatifs nécessaires, ou de faire publier le titre du disposant ou dernier titulaire. Cette disposition a été prévue pour permettre éventuellement au requérant de provoquer, sans attendre, une décision de rejet en vue de la déférer au juge des référés, par application de l'article 26 du décret du 4 janvier 1955 (*Rép. alph. enreg.*, V° Hypothèques, L. III, n° 790).

2 Aspects fiscaux

7022 **Nouvelle présentation à la publication. Taxation.** La publication, lorsqu'elle sera possible, donnera lieu à une nouvelle inscription au registre des dépôts. Elle devra être traitée comme une nouvelle formalité.

Les droits exigibles ayant été précédemment perçus ne seront pas exigés une nouvelle fois (V. pour la taxe de publicité foncière, CGI, art. 258, ann. III). Par ailleurs, ces droits ne sont pas restituables. Ainsi que l'indique expressément l'article 416 E de l'annexe III du Code général des impôts : « Le rejet définitif de la formalité de publicité foncière ne constitue pas une cause de restitution des droits d'enregistrement régulièrement perçus » (V. pour une application en matière de taxe hypothécaire : TGI Nice, 21 mars 1995 : *Ind. enr.*, n° 16519).

Toutefois, selon l'article 1961 bis, alinéa 2 du Code général des impôts, la taxe de publicité foncière acquittée initialement doit être imputée à la demande des parties sur celle qui est due à l'occasion de la même formalité requise ultérieurement dans des conditions régulières (V. **Imputation des droits**).

7023 **Contribution de sécurité immobilière.** On s'était demandé, à défaut de texte, si la solution admise en matière de taxe de publicité foncière (V. n° 7021) concernant l'imputation de la taxe déjà perçue devait être transposée pour la perception du salaire du conservateur (V. **Imputation des droits**).

L'administration a donné une réponse affirmative (*Rép. alph. enreg.*, V° Hypothèques, n° 799, al. 2). Cette solution a été approuvée par M. Bulté (*JCP* N 1960, IV, 2912) et par l'Association mutuelle des conservateurs (*Bull. AMC* 1972, art. 858).

Cette solution devait s'appliquer également s'il y a eu changement de conservateur depuis la précédente formalité (*Bull. AMC*, art. 858, préc. ; *ibid.* 1995, art. 1708).

Dans le cas où le service de la publicité foncière rejette définitivement la formalité pour cause de refus non opposé (V. n° 6957), le déposant n'est pas en droit de demander le remboursement du salaire (*Bull. AMC* 1995, art. 1707).

> **N.B.** : La contribution de sécurité immobilière a remplacé le salaire du conservateur à compter du 1er janvier 2013. Elle obéit aux mêmes conditions d'assiette, de tarifs, de contrôle et de recouvrement que ce salaire (V. **Contribution de sécurité immobilière**).
> Les solutions données ci-dessous à propos du salaire du conservateur peuvent donc être transposées pour la perception de la contribution de sécurité immobilière

IV
Recours contre le rejet

7024 Les conditions dans lesquelles un recours peut être formé à l'encontre d'une décision de rejet sont fixées par les articles 26 et 26-1 du décret du 4 janvier 1955, modifié, dont le texte suit :

D. 4 janv. 1955, art. 26 (*Mod., D. n° 2019-1419, 20 déc. 2019, art. 12*). – Lorsqu'un document sujet à publicité dans un service chargé de la publicité foncière a fait l'objet d'un refus du dépôt ou d'un rejet de la formalité, le recours de la partie intéressée contre la décision du service chargé de la publicité foncière est porté, dans les huit jours de la notification de cette décision, devant le président du tribunal judiciaire dans le ressort duquel sont situés les immeubles.

Il est statué selon la procédure accélérée au fond.

Le jugement du président du tribunal judiciaire n'est pas susceptible d'exécution provisoire.

En cas d'exercice des voies de recours, il est statué par priorité et d'extrême urgence.

Dès que la décision est passée en force de chose jugée, la formalité litigieuse est, suivant le cas :

– soit définitivement refusée ou rejetée ;

– soit exécutée dans les conditions ordinaires. Dans ce cas, elle prend rang à la date d'enregistrement du dépôt.

NOTA Conformément à l'article 24 du décret n° 2019-1419 du 20 décembre 2019, les dispositions qui résultent du décret précité s'appliquent aux demandes introduites à compter du 1er janvier 2020.

D. 4 janv. 1955, art. 26-1 (*Mod., D. n° 2019-1333, 11 déc. 2019, art. 38*). – I. – Pour l'application de l'article 26 et par dérogation au premier alinéa de l'article 760 du Code de procédure civile, les parties ne sont pas tenues de recourir au ministère d'un avocat.

II. – Pour l'application de l'article 26, l'assignation prévue à l'article 485 du Code de procédure civile est délivrée au siège du service chargé de la publicité foncière ayant prononcé la décision de refus ou de rejet contestée.

NOTA Conformément au I de l'article 55 du décret n° 2019-1333 du 11 décembre 2019, ces dispositions entrent en vigueur le 1er janvier 2020. Elles sont applicables aux instances en cours à cette date.

D. 4 janv. 1955, art. 26-1 (*Mod., D. n° 2019-1419, 20 déc. 2019, art. 12*). – I. – Pour l'application de l'article 26 et par dérogation au premier alinéa de l'article 751 du Code de procédure civile, les parties ne sont pas tenues de recourir au ministère d'un avocat.

II. – Pour l'application de l'article 26, l'assignation prévue à l'article 481-1 du Code de procédure civile est délivrée au siège du service chargé de la publicité foncière ayant prononcé la décision de refus ou de rejet contestée.

NOTA Conformément à l'article 24 du décret n° 2019-1419 du 20 décembre 2019, les dispositions qui résultent du décret précité s'appliquent aux demandes introduites à compter du 1er janvier 2020.

7025 **Motifs du recours.** Une cour d'appel, saisie sur le fondement de l'article 26 du décret du 4 janvier 1955, dans sa rédaction issue de la loi n° 98-621 du 6 avril 1998, n'a pas compétence pour se prononcer sur le bien-fondé des droits réclamés par le conservateur des hypothèques (devenu « service de la publicité foncière ») préalablement à l'exécution de l'inscription hypothécaire (Cass. com., 12 mai 2004 : *Bull. civ.* 2004, IV, n° 89 ; *Defrénois* 2005, art. 38133, p. 518, note S. Piedelièvre).

7026 **Non-indication dans une décision de rejet des recours ouverts à l'encontre de cette décision.** L'absence d'indication du délai de recours ne tire pas à conséquence en l'absence de grief (TGI Paris, ord., 21 mai 1991 : *Bull. AMC* 1991, art. 1508). Dans une instruction du 26 avril 1988 (*BOI* 10 K-1-1-88), l'administration a conseillé de compléter à la main ou à l'aide d'un cachet le texte de l'imprimé n° 3274 en indiquant qu'un recours contre la décision de rejet pouvait être formé dans les huit jours de la notification devant le président du tribunal de grande instance. Mais il s'agit là, pour le conservateur (et aujourd'hui, au service de la publicité foncière), d'une simple faculté. S'il n'en use pas, aucun reproche ne peut lui être fait puisque cette mention n'est prescrite par aucun texte législatif ou réglementaire (*Bull. AMC*, art. 1508, préc.).

7027 **Qualité pour agir.** La notification étant faite au signataire du certificat d'identité, celui-ci a qualité pour agir à l'encontre de la décision de rejet sans avoir besoin d'un mandat exprès (TGI Quimper, ord. réf., 21 févr. 1983 : *Bull. AMC* 1983, art. 1295).

A Compétence du président du tribunal judiciaire

7028 **Saisine.** L'article 26 du décret du 4 janvier 1955 prévoit que le recours de la partie intéressée contre la décision de refus de dépôt est porté devant le président du tribunal judiciaire (ancien tribunal de grande instance) dans le ressort duquel sont situés les immeubles.
Il doit être saisi par assignation : une saisine par lettre recommandée avec demande d'avis de réception ne serait pas valable (TGI Bergerac, 5 oct. 1988 : *Bull. AMC* 1989, art. 1411).

7029 **Assignation et représentation.** Selon l'article 26-1 du décret du 14 octobre 1955 modifié :
– par dérogation à l'article 751, alinéa 1er du Code de procédure civile, les parties ne sont pas tenues de recourir au ministère d'un avocat, et peuvent donc se présenter en personne devant le président du tribunal judiciaire (art. 26-1, I) ;
– l'assignation doit être délivrée au siège du service chargé de la publicité foncière qui a prononcé la décision de refus (art. 26-1, II).

7030 **Absence de désignation nominative du conservateur dans l'assignation.** Le recours exercé contre la décision de rejet d'un conservateur des hypothèques (aujourd'hui du chef de service de la publicité foncière) est recevable même si celui-ci n'est pas nommément désigné dans l'assignation, des lors qu'il ne s'agit pas de mettre en cause sa responsabilité personnelle, et que ce recours respecte par ailleurs les dispositions de l'article 26 du décret du 4 janvier 1955 (Cass. 3e civ., 21 janv. 2016, n° 14-24.795, publié au bulletin : *RJDA* mai 2016, n° 404 et la note ; *Sol. not.* avr. 2016, p. 13, obs. M. Suquet-Cozic).

7031 **Décision.** Le président statue selon la procédure accélérée au fond (D. 14 oct. 1955, art. 26, al. 1er) régie par les articles 481-1 et 839 du Code de procédure civile.

7032 **Règles de procédure. Renvoi.** Les règles concernant les recours a l'encontre des décisions de rejet et de refus de dépôt sont actuellement identiques.
➤ V. **Refus de dépôt**, où elles sont examinées.

B Recours contre la décision du président

7033 **Conservateur à la retraite.** Le conservateur dont la décision a été infirmée et qui entretemps a pris sa retraite, est recevable à interjeter appel de la décision (CA Aix-en-Provence, 15e ch., 24 sept. 1993 : *Bull. AMC* 1994, art. 1620).

7034 **Délai d'appel de la décision du président du tribunal judiciaire.** L'article 26 du décret du 4 janvier 1955 dispose dans son alinéa 2 que le président du tribunal judiciaire statue « selon la procédure accélérée au fond ». En la matière le délai de recours est de 15 jours (CPC, art. 481-1, dernier al.)
Le *Bulletin de l'association mutuelle des conservateurs* a recommandé de mentionner ce délai de quinze jours dans l'exploit portant notification de la décision ayant confirmé entièrement ou partiellement la décision attaquée (*Bull. AMC* 1991, art. 1502).
Un arrêt de la cour de Chambéry du 17 juin 1991 a précisé que le recours prévu par l'article 26 du décret du 4 janvier 1955 n'était recevable qu'à l'encontre de la décision de rejet elle-même et non pas à l'encontre de la notification de la cause de rejet (*Bull. AMC* 1992, art. 1544).
L'article 26 précité précise dans son alinéa 3 que le jugement du président du tribunal judiciaire n'est pas susceptible d'exécution provisoire. L'alinéa 4 indique que en cas d'exercice des voies de recours il est statué « par priorité et d'extrême urgence ».

Remembrement urbain

Neyla GONZALEZ-GHARBI

Sommaire analytique

7035 **Évolution de la réglementation.** La matière a connu des réglementations successives.

Il y eut tout d'abord le **remembrement urbain nécessité par les besoins de la reconstruction**, applicable exclusivement aux immeubles sinistrés par faits de guerre. Il est effectué soit par voie d'autorité par la création d'associations syndicales (L. 11 oct. 1940 et 12 juill. 1941), soit par le mode de remembrement dit amiable fondé sur l'accord unanime des intéressés et l'homologation de l'autorité administrative (L. 14 avr. 1947).

L'**article 1058 du Code général des impôts**, toujours en vigueur, prévoit que les actes, pièces, écrits qui concernent l'exécution du remembrement prévu par la loi du 14 avril 1947, sont, à la condition de s'y référer expressément, exonérés des droits d'enregistrement ainsi que de la taxe de publicité foncière. La contribution de sécurité immobilière est réduite de moitié (CGI, art. 883-4°).

7036 S'inspirant du premier de ces mécanismes, le législateur a institué par la suite les associations syndicales de propriétaires qui pouvaient avoir pour objet le remembrement des parcelles, notamment en vue de la rénovation d'îlots urbains.

À ce système prévu par les articles 73 et suivants du Code de l'urbanisme et de l'habitation, fut ensuite substitué celui des **associations foncières urbaines** par les articles 23 à 33 de la loi d'orientation foncière n° 67-1253 du 30 décembre 1967. C'est actuellement par le biais d'associations foncières urbaines qu'est généralement opéré le remembrement, dans les conditions fixées par les articles L. 322-1 et suivants du Code de l'urbanisme.

Nous reprendrons successivement l'étude des diverses formes de remembrement urbain.

I

Remembrements fonciers opérés par les associations syndicales de remembrement et les associations foncières urbaines

A Publicité foncière

7037 Procédure originale. L'article L. 322-6 du Code de l'urbanisme institue pour les associations foncières urbaines ayant pour objet les travaux spécifiés au 1° de l'article L. 322-2 dudit code, c'est-à-dire le remembrement de parcelles, une procédure originale en définissant le rôle des diverses autorités qui y participent et en conférant à l'association syndicale d'importants pouvoirs de décision sans pour autant négliger de garantir les intérêts légitimes des associés.
Mais cette procédure particulière n'est applicable qu'aux associations foncières urbaines autorisées ou constituées d'office (C. urb., art. L. 322-6, al. 1er).

7038 Réquisition de délivrance de documents hypothécaires. Le président de l'association foncière urbaine requiert, en vue de l'établissement du projet de remembrement, le service de la publicité foncière de lui délivrer, dans les trois mois, pour chacun des immeubles compris dans le périmètre du remembrement, les extraits en tableau (C. urb., art. R. 322-7, al. 1er) :
- des actes et décisions judiciaires portant ou constatant la mutation de ces immeubles ou constatant l'existence de saisies, résolutions, restrictions au droit de disposer et en général, de tous droits réels ou personnels ;
- des inscriptions d'hypothèques ou de privilèges grevant lesdits immeubles.

Le tout du chef tant des propriétaires désignés dans la réquisition que de toute autre personne devenue propriétaire et révélée par les actes et décisions judiciaires visés au 1° (mutations).
Le président de l'association foncière urbaine requiert, en outre, le service de la publicité foncière de lui délivrer des extraits complémentaires, au fur et à mesure qu'interviennent jusqu'à la date de clôture des opérations de remembrement de nouvelles formalités de publicité qui concernent les mêmes immeubles (C. urb., art. R. 322-7, al. 2).
Les derniers extraits doivent être délivrés au plus tard dans les quinze jours qui suivent la date de clôture des opérations de remembrement (C. urb., art. R. 322-7, al. 3).
➤ Sur la perception de la contribution de sécurité immobilière, pour la délivrance des états complémentaires, V. **Renseignements hypothécaires**.

7039 Incorporation dans les documents cadastraux. Le président de l'association foncière urbaine doit, avant l'intervention de l'arrêté du préfet d'approbation du plan de remembrement (V. n° 7040), se conformer aux dispositions prises en application de l'article 29 du décret n° 55-1350 du 14 octobre 1955 modifié portant réforme de la publicité foncière pour assurer la concordance du cadastre et du fichier immobilier (C. urb., art. R. 322-16).
À cet effet, préalablement à la date de clôture des opérations, le président de l'association foncière urbaine doit remettre au service chargé du cadastre qui en délivre récépissé, les documents nécessaires à l'incorporation des résultats des opérations dans les documents cadastraux (A. 16 mars 1978, art. 1er : *JONC* 1er avr. 1978).

7040 Arrêté préfectoral. Le préfet, par arrêté (C. urb., art. R. 322-17, al. 3) :
- approuve le plan de remembrement de l'association foncière urbaine, qui demeure annexé à l'arrêté ;
- prononce les transferts et attributions de propriétés ainsi que les reports et attributions de droits réels qui résultent de ce plan ;
- prononce la clôture des opérations de remembrement.

7041 Effets de l'arrêté préfectoral. L'arrêté du préfet qui prononce les transferts et attributions de propriété éteint par lui-même et à sa date, pour les immeubles qu'il concerne, les servitudes ainsi que les droits réels conférés aux preneurs par les baux à construction et les baux emphytéotiques, moyennant indemnité due par l'association foncière urbaine et fixée, à défaut d'accord amiable, comme en matière d'expropriation. Cet arrêté produit les mêmes effets à l'égard des autres droits réels ; toutefois ces droits peuvent être reportés sur les immeubles ou droit indivis de propriété après remembrement et conservent l'ordre qu'ils avaient sur les immeubles qu'ils grevaient antérieurement, à condition que leur publicité soit renouvelée dans les formes et délais fixés *infra* n°s 7048 et 7050 ; ils s'exercent éventuellement sur les soultes (C. urb., art. L. 322-6, al. 3).

1 Publication de l'arrêté préfectoral

7042 **Modalités.** La formalité de publicité foncière est régie comme suit par les quatre premiers aliénas de l'article R. 322-20 du Code de l'urbanisme (outre les formalités prévues par les articles R. 322-21 et R. 322-22) :

– à la date de clôture des opérations de remembrement, et nonobstant tout recours juridictionnel, le président de l'association foncière urbaine requiert le service de la publicité foncière de publier l'arrêté préfectoral qui prononce les transferts et attributions de propriété et les reports et attributions de droits réels ainsi que, le cas échéant, les prescriptions propres à l'opération en complément de la réglementation d'urbanisme applicable visés par l'article R. 322-15-6° ;

– à cet effet, il doit déposer, outre une copie, trois expéditions certifiées exactement collationnées, dont l'une est établie sur une formule du modèle arrêté par le directeur général des impôts et le directeur chargé de l'urbanisme, de l'arrêté préfectoral ainsi que du tableau et des états prévus aux 2° à 5° de l'article R. 322-15 du Code de l'urbanisme, annexés audit arrêté ;

– la désignation des immeubles doit être faite conformément à l'article 7 du décret susvisé n° 55-22 du 4 janvier 1955 modifié ;

– la désignation des propriétaires et des autres titulaires de droits réels est faite conformément aux articles 5 et 6 du même décret et certifiée dans les conditions prévues aux articles 38, 81 et 82 du décret n° 55-1350 du 14 octobre 1955 modifié, sous peine de refus de dépôt.

7043 **Certification de l'identité des parties.** L'article 81 du décret du 14 octobre 1955 indique à ce propos que la certification de l'identité des personnes physiques, exigée par l'article 5 du décret [n° 55-22] du 4 janvier 1955 (V. **Certification d'identité**), est faite au vu d'un extrait d'acte de naissance délivré postérieurement à l'arrêté constituant l'association syndicale, en matière de remembrement préalable à la reconstruction et à l'acte qui constitue, autorise ou institue l'association foncière, en matière de remembrement urbain.

Les cessions, échanges et remembrements amiables demeurent soumis, en ce qui concerne la certification de l'identité des parties, aux prescriptions de l'article 5 du décret précité.

Sont habilités à certifier l'identité des propriétaires, en dehors des officiers publics ou ministériels ou des auxiliaires de justice énumérés au deuxième alinéa de l'article 5 du décret [n° 55-22] du 4 janvier 1955 :

– les commissaires au remembrement ;

– les présidents des associations foncières urbaines de remembrement.

7044 **Difficultés d'identification des parties.** L'article 82 du décret du 14 octobre 1955 indique à ce propos que lorsque l'autorité administrative n'a pu identifier certaines des parties conformément aux articles 5 et 6 du décret [n° 55-22] du 4 janvier 1955, il est fait mention, au pied du document à publier, des parties dont l'identification au sens de ces dispositions n'a pu être établie.

Dans ce cas, par dérogation au 2 et au 3 de l'article 34 du décret précité, le service de la publicité foncière ne peut refuser le dépôt ni rejeter la formalité pour défaut de la mention de certification de l'identité des parties ou pour omission des énonciations prescrites par les articles 5 et 6 dudit décret.

Il n'est pas effectué d'annotation au fichier au nom des parties lorsque celles-ci sont imparfaitement désignées et que le document déposé ne comporte pas le certificat d'identification en ce qui les concerne.

En matière de réorganisation foncière ou de remembrement, lorsque le procès-verbal mentionne en regard des nouvelles parcelles attribuées : « attributaire non identifié », aucune formalité de publicité intéressant une de ces parcelles ne peut être ultérieurement requise avant le dépôt d'un nouveau document établi, dans les formes légales, au vu d'un acte de notoriété destiné à rectifier les annotations du fichier immobilier ; une copie sur papier libre de l'acte de notoriété est remise au service de la publicité foncière pour être transmise au service du cadastre.

7045 **Concordance du fichier immobilier et du cadastre.** De son côté, l'arrêté du 16 mars 1978 fixant les règles propres à assurer la concordance du fichier immobilier et du cadastre à la suite d'opérations de remembrement urbain prévoit :

– le récépissé de la remise préalable à la date de clôture des opérations au service chargé du cadastre des documents nécessaires à l'incorporation des

résultats des opérations de remembrement dans les documents cadastraux (V. n° 7039), doit être joint par le président de l'association foncière à l'une des trois expéditions, déposées à la conservation des hypothèques à la date de clôture des opérations, de l'arrêté préfectoral qui prononce les transferts et attributions de propriété et les reports et attributions de droits réels ;
– le tableau compris dans cette expédition et indiquant, pour chaque propriétaire, la désignation des parcelles avant et après remembrement, tient lieu de l'extrait d'acte modèle n° 1 ou modèle n° 2 destiné au service chargé du cadastre (art. 2) ;
– dès l'exécution de la formalité, le service de la publicité foncière adresse au service chargé du cadastre l'expédition à laquelle est joint le récépissé délivré par ce service et renvoie l'une des autres expéditions au président de l'association foncière (art. 3) ;
– à compter de la publication de l'arrêté préfectoral qui prononce les transferts et attributions de propriété et les reports et attributions de droits réels, les désignations portées sur les extraits cadastraux modèles n°s 1 et 3 sont conformes à celles qui résultent de la seconde partie du tableau visé ci-dessus (art. 4).

2 Transfert des droits réels autres que les inscriptions d'hypothèque ou de privilège

7046 Notification aux titulaires de droits réels autres que les créanciers hypothécaires ou privilégiés. L'extrait du plan de remembrement approuvé par le préfet, concernant les titulaires de droits réels autres que les créanciers hypothécaires ou privilégiés, doit être notifié à ces titulaires, par les soins du président de l'association foncière urbaine, par lettre recommandée avec demande d'avis de réception (C. urb., art. R. 322-18, al. 3).

7047 Report des droits réels. Les modalités du report sont explicitées comme suit par l'article R. 322-9 du Code de l'urbanisme :
– lorsque les droits réels dont sont grevés séparément plusieurs immeubles appartenant à un même propriétaire sont reportés sur l'immeuble ou les immeubles transférés ou attribués à ce propriétaire après remembrement, ces droits s'exercent, selon les besoins, sur la totalité, une quote-part ou une fraction matérielle de l'immeuble ou des immeubles expressément désignés. Les quotes-parts et les fractions matérielles sont déterminées compte tenu de la valeur relative de chacun des immeubles qui étaient grevés des droits réels reportés (al. 1er) ;
– lorsque le droit d'un créancier est reporté, il s'exerce, le cas échéant, sur la soulte due au propriétaire, laquelle, en cas de pluralité d'immeubles remembrés, est rattachée à chacun des immeubles anciens grevés de privilèges ou d'hypothèques en proportion de sa valeur relative (al. 2).

7048 Renouvellement de la publicité. Pour assurer le renouvellement de la publicité prévu au troisième aliéna de l'article L. 322-6 du Code de l'urbanisme, l'énumération des droits réels reportés est complétée, lors de la publicité de l'arrêté préfectoral au bureau des hypothèques (V. n° 7042), sous peine de refus de dépôt, par l'indication des actes ou décisions judiciaires qui ont donné naissance à ces droits réels (date, volume, numéro) des formalités exécutées au même bureau des hypothèques (C. urb., art. R. 322-20, dernier al.).
L'article R. 322-22 du Code de l'urbanisme dispose que les communes à cadastre non encore rénové ayant fait l'objet d'opérations de remembrement urbain sont assimilées, pour les parties remembrées, aux communes à cadastre rénové, dès la publication de l'arrêté de remembrement au fichier immobilier.

3 Situation des créanciers hypothécaires ou privilégiés

7049 Notification. Aux termes du paragraphe I de l'article R. 322-21 du Code de l'urbanisme :
Dès la clôture des opérations de remembrement et au plus tard quinze jours après la délivrance des derniers extraits prévus à l'article R. 322-7, dernier alinéa, du Code de l'urbanisme, le président de l'association foncière doit notifier, par lettre recommandée avec demande d'avis de réception, à tous les titulaires de créances hypothécaires ou privilégiées inscrites que, par application de l'article L. 322-6 du Code de l'urbanisme (V. n° 7041), les inscriptions prises sur les immeubles compris dans le périmètre de remembrement avant la clôture des opérations se trouvent périmées du jour de cette clôture, en tant qu'elles grèvent lesdits immeubles, et qu'il leur appartient de procéder au renouvellement de ces inscriptions dans les conditions fixées au II du présent article (V. n° 7050).
Les biens antérieurement grevés et ceux qui sont transférés ou attribués à l'ancien propriétaire par l'arrêté préfectoral de remembrement doivent être désignés de façon détaillée dans la notification.
Cette dernière est faite au domicile élu par le créancier dans les documents déposés au bureau ou, à défaut de domicile élu, au domicile indiqué dans ces documents.

7050 **Renouvellement des inscriptions.** Suivant le paragraphe II du même article R. 322-21 du Code de l'urbanisme, les inscriptions d'hypothèques ou de privilèges prises avant la clôture des opérations de remembrement, sur les immeubles remembrés, ne conservent leur rang antérieur sur les immeubles transférés ou attribués que si elles sont renouvelées, à la diligence de leur bénéficiaire, dans le délai de six mois à dater du jour de cette clôture.

En cas d'exercice d'un privilège ou d'une hypothèque sur une soulte, le renouvellement n'a lieu que pour les sommes au paiement desquelles l'immeuble transféré ou attribué continue d'être affecté.

Le renouvellement des inscriptions d'hypothèques ou de privilèges qui conserve le privilège ou l'hypothèque jusqu'à la date fixée par le créancier conformément aux dispositions de l'article 2154-1 du Code civil, s'opère par le dépôt au bureau des hypothèques de deux bordereaux, dont un exemplaire établi, sous peine de rejet, sur formule réglementaire, signés et certifiés exactement collationnés, contenant exclusivement, sous peine de refus de dépôt :

– les réquisition et indication liminaire prévues à l'article 61, paragraphe I, du décret n° 55-1350 du 14 octobre 1955 ;

– une copie, certifiée collationnée par le président de l'association foncière urbaine, de la notification faite en exécution de l'article R. 322-21, I, premier alinéa, du Code de l'urbanisme (V. n° 7049) ;

– la désignation des immeubles grevés ;

– le nom et le domicile de la personne à laquelle le rejet doit éventuellement être notifié ;

– le cas échéant, le capital et les accessoires de la créance garantie, s'ils sont inférieurs à ceux qui ont fait l'objet de l'inscription antérieure.

La radiation des inscriptions antérieures, en tant qu'elles grèvent les immeubles remembrés, est effectuée par le service de la publicité foncière au vu de ces bordereaux (V. chron. hyp. *in JCP* N 1981, prat. 7795), qui rappelle la procédure à suivre en précisant qu'elle est applicable quelle que soit la forme adoptée par les associations foncières urbaines de remembrement (libres, autorisées ou constituées d'office).

B Régime fiscal

CGI, art. 1055. – Les actes, pièces et écrits relatifs à la réalisation de remembrements fonciers opérés à l'amiable et portant sur des terrains destinés à la construction d'immeubles à usage d'habitation sont exonérés, sous réserve des dispositions de l'article 1020, des droits d'enregistrement à condition que ces remembrements aient fait l'objet d'une autorisation préfectorale donnée dans les formes prévues par la réglementation applicable en matière de lotissements.

La même exonération est applicable aux actes, pièces et écrits relatifs à la réalisation de remembrements opérés par les associations foncières urbaines en vertu du 1° de l'article L. 322-2 du Code de l'urbanisme ou par les associations syndicales constituées en application de l'ordonnance n° 58-1145 du 31 décembre 1958, à condition de se référer expressément à ces textes.

Les procès-verbaux de réorganisation foncière ou de remembrement et les arrêtés en vue du remembrement préalable à la reconstruction ne donnent pas lieu à la perception de la taxe de publicité foncière.

7051 L'alinéa 2 de l'article 1055 renvoyant à l'exonération prévue à l'alinéa 1, et ce même alinéa renvoyant lui-même à l'article 1020 du Code général des impôts, il résulte de la confrontation de ces textes que la taxe de publicité foncière est due au taux de 0,70 % (0,71498 % avec les perceptions additionnelles) pour tous les actes visés à l'article 1055, alinéa 2 et sujets à publicité foncière.

En l'absence d'exonération expresse, la contribution de sécurité immobilière est due au tarif proportionnel.

7052 **Solution particulière.** L'exonération totale de taxe de publicité foncière prévue par l'article 1055, alinéa 3 du Code général des impôts n'est pas applicable à un acte notarié intitulé « procès-verbal de remembrement », par lequel les membres d'une AFUL lui ont délaissé leurs droit de propriété sur les terrains leur appartenant, avant de les reprendre ou de récupérer des droits équivalents (Cass. com., 29 janv. 2013, n° 12-12.276 : *JurisData* n° 2013-001591 ; *Constr.-Urb.* mars 2013, n° 48, note N. Gonzalez-Gharbi).

7053 **TVA.** L'ancien article 261 du Code général des impôts, qui exonérait de TVA les opérations de remembrement réalisées par les associations foncières urbaines ou par les associations syndicales, a été abrogé par la réforme de la TVA et en conséquence depuis le 11 mars 2010 les remembrements urbains entrent donc en principe dans le champ d'application de cette taxe, selon le droit commun.

Les terrains concernés étant, par hypothèse, des terrains à bâtir au sens de l'article 257, I du Code général des impôts, la TVA trouvera à s'appliquer lorsque les échanges seront réalisés par des assujettis à la TVA agissant en tant que tels (N. Gonzalez-Gharbi, note ss Cass. com., 29 janv. 2013, n° 12-12.276 : *JurisData* n° 2013-001591 ; *Constr.-Urb.* mars 2013, n° 48).

II

Remembrement amiable de terrains destinés à la construction d'immeubles à usage d'habitation

➤ **V. l'article 1055 du Code général des impôts dont le texte est donné *supra*.**

A Conditions d'application du régime de faveur

7054 **Conditions relatives au terrain à remembrer.** Le remembrement doit avoir pour objet des terrains destinés à la construction et pour résultat la création de parcelles nouvelles sur lesquelles il doit être possible d'édifier des constructions à usage d'habitation.

Les terrains doivent, en conséquence, être situés, au regard de la réglementation sur l'urbanisme, dans une zone ou un secteur où est autorisée la construction à usage d'habitation…

La redistribution opérée par l'opération de remembrement amiable doit être réalisée de telle sorte que les nouvelles parcelles puissent servir d'assiette à des constructions à usage d'habitation…

Mais les propriétaires qui ont procédé au remembrement amiable de leur terrain ne sauraient pour autant être considérés comme tenus de construire un immeuble à usage d'habitation sur la parcelle remembrée qui leur revient, le seul but de l'opération étant de rendre possible une telle construction… Peu importe la nature des constructions à usage d'habitation à édifier : maison individuelle ou immeuble collectif (pour plus de détails, V. *JCl. Construction*, Fasc. 19-10, par Jean Hugot).

7055 **Conditions particulières.** La franchise de droit est subordonnée à la condition de référence à l'autorisation préfectorale qui est de rigueur pour l'application de l'article 1055 du Code général des impôts (Rép. min. Finances, 27 févr. 1960 : *Ind. enr.*, 10018. – BOI-ENR-DMTOI-20-30-20120912, n° 190).

De même, les actes relatifs à des remembrements opérés par les associations foncières urbaines en vertu de l'article L. 322-2-1° du Code de l'urbanisme ou par les associations syndicales constituées en application de l'ordonnance n° 58-1145 du 31 décembre 1958 bénéficient des exonérations à condition de se référer expressément à ces textes (CGI, art. 1055, al. 2. – V. *BOI* préc.).

B Étendue du régime de faveur

7056 **Procès-verbaux de réorganisation foncière ou de remembrement et arrêtés en vue du remembrement préalables à la reconstruction.** En raison des termes exprès de l'article 1055, alinéa 3, du Code général des impôts (V. ce texte *supra*) ils sont exonérés de taxe de publicité foncière.

En l'absence de texte particulier prévoyant une exonération ou une réduction du tarif, la contribution de sécurité immobilière sera perçue au tarif proportionnel, selon le droit commun (CGI, art. 879, II).

7057 **Autres actes.** Ils sont assujettis à la taxe de publicité foncière au taux de 0,70 % (0,71498 %, avec les perceptions additionnelles) en raison du renvoi fait par l'article 1055 du Code général des impôts aux dispositions de l'article 1020.

7058 **Opérations concernées.** Le régime de faveur profite notamment :

– aux actes d'échange pur et simple ou avec soulte… ;

– et aux actes de vente portant sur les parcelles remembrées (*BOI* 5649).

7059 **Remembrement amiable ne remplissant pas les conditions précitées.** Si les propriétaires procédaient à un remembrement foncier amiable de leur terrain sans que l'une ou l'autre des conditions précitées soit remplie, le droit de mutation serait perçu dans les conditions de droit commun.

L'opération s'analyserait en un échange collectif et mutuel (V. J. Hugot, *op. cit.*).

Réméré

Serge LAMIAUX

Sommaire analytique

BIBLIOGRAPHIE : Sur l'utilisation de la vente à réméré avec faculté de rachat comme instrument de crédit, V. P.-F. Cuif, *Réméré immobilier aux particuliers surendettés : attention danger ! : Bull. Cridon Paris* 1er févr. 2011, p. 6. – B. Lagarde, *Vente avec faculté de rachat : les dangers de certaines dérives : Cah. Cridon Lyon* 2011, n° 60, p. 12 et s. – V. également, La *vente avec faculté de rachat : outil de financement moderne ou archaïque ? : JCP* N 2011, n° 13-1114. – N. Levray, *La vente avec faculté de rachat : Opérations immobilières* janv. 2013, p. 28. – M. Mignot, *La vente à réméré utilisée à des fins de sûreté : Defrénois* 2014, n° 20, p. 1079 ; *La consécration de la vente à réméré à titre de garantie : Gaz. Pal.* 2-3 juill. 2014, p. 11. – L. Grosclaude, *La vente à réméré, un mécanisme séculaire d'actualité : 25 millions de copropriétaires* oct. 2013, p. 31.

7060 **Définition.** Lorsque, dans un contrat de vente, le cédant s'est réservé la faculté de reprendre la chose vendue moyennant restitution du prix et des accessoires dans un délai n'excédant pas cinq ans (C. civ., art. 1659, 1660 et 1673), le retrait que lui-même ou son ayant cause exerce dans le délai stipulé constitue seulement une condition résolutoire replaçant les parties dans le même état où elles se trouvaient avant la vente (V. BOI-ENR-DMTOI-10-10-30-40-20120912, n° 60). L'article 10 de la loi n° 2009-526 du 12 mai 2009 a substitué au terme « réméré » celui de « rachat ». L'expression retenue par le législateur n'apparaissant pas la plus appropriée (C. Witz et L. Gérardin : *JCl. Civil Code*, Art. 1659 à 1673, fasc. unique, *Vente. – Vente avec faculté de rachat. – Vente à réméré*, n° 2), il a été choisi de maintenir l'emploi du terme « réméré » dans les développements subséquents.

7061 **Champ d'application.** La clause de réméré peut se rencontrer aussi bien dans un acte de vente de meubles que dans un acte de vente d'immeubles (Seine, 16 juill. 1930 : *Ind. enr.*, 1536).

7062 Cependant, elle ne peut pas être insérée dans un contrat de donation. Si le donateur d'un immeuble se réserve de le reprendre moyennant le versement d'une somme d'argent, les droits de mutation à titre onéreux doivent être perçus lorsque s'exerce cette faculté (Villeneuve, 29 mars 1848 : *Journ. enr.*, 14463).

7063 La clause de réméré ne peut pas non plus être insérée dans un échange car elle ne pourrait alors valoir que comme promesse de vente ou comme stipulation d'une condition résolutoire dont l'effet serait de transformer l'échange en un contrat de vente (Maguéro, V° Réméré, n° 11).

I

Publicité foncière

7064 **Publication de la vente contenant la faculté de réméré.** La publication de la vente contenant une faculté de réméré ne pose pas de problème particulier. On appliquera ici les règles concernant les actes contenant une condition résolutoire (V. **Condition résolutoire**).

7065 **Nature du droit du vendeur à réméré avant l'exercice du réméré.** La nature du droit que le vendeur à réméré possède sur l'immeuble vendu avant l'exercice de ce réméré fait l'objet de controverses (H. Bulté, chron. hyp. : *JCP* N 1963, IV, 3641). Ce droit est généralement considéré comme immobilier.

Aussi était-il admis avant la mise en application du décret du 4 janvier 1955, que la cession par le vendeur de la faculté de rachat par lui stipulée dans un acte de vente immobilière, était translative de propriété et devait être transcrit à la conservation (De France et Olive, n° 841. – *Précis CML*, 1re éd., n° 808).

Selon M. Bulté, il n'existe aucune raison de décider autrement à l'heure actuelle et la publication du « transfert, par le vendeur à réméré d'un immeuble, du droit d'exercer le rachat, ainsi que le rachat exercé par un cessionnaire » est d'ailleurs expressément prévue par l'administration comme « tombant sous le coup des dispositions de l'article 28-1° a) du décret du 4 janvier 1955 (*Rép. alph. enreg.*, V° Hypothèques, L. III, n° 750, § 10). Selon M. Bulté, il devrait en être de même de la vente aux enchères du droit d'exercer le rachat, ordonné à la requête d'un créancier du vendeur.

En toute hypothèse, et même s'il y a controverses sur la nature du droit, le service de la publicité foncière doit opérer la publication, dès lors que celle-ci est possible, l'acte contenant toutes les mentions requises par les textes sur la publicité foncière (V. **Refus de dépôt**).

II

Sûretés

7066 **Ancien privilège de vendeur. Actuelle hypothèque spéciale du vendeur. Impossibilité.** L'acheteur à réméré, contre lequel le rachat est exercé, dans les délais prévus, et qui, pour la garantie du paiement des restitutions et remboursements que motive le rachat, peut user du droit de rétention (C. civ., art. 1673, al. 1er) n'a pas le privilège du vendeur pour cette garantie. La vente à réméré s'analyse, en effet, en une vente conclue sous la condition résolutoire de l'exercice du réméré et, par suite, lorsque le réméré est exercé, la vente est rétroactivement résolue. Mais le privilège pourrait être invoqué si le réméré n'était exercé qu'après l'expiration des délais stipulés, ou encore si la convention de réméré n'avait pas été stipulée dans le contrat de vente mais postérieurement (Ph. Delebecque, F.-J. Pansier et V. Brémond : *JCl. Civil Code*, Art. 2374, fasc. unique, *Privilèges – Privilèges spéciaux immobiliers*, n° 50). La même analyse paraît devoir être tenue pour l'actuelle hypothèque spéciale du vendeur (C. civ., art. 2402).

III Régime fiscal du contrat contenant la faculté de réméré

7067 Mutation passible des droits d'enregistrement (ou de la taxe de publicité foncière). La vente à réméré est une vente soumise à condition résolutoire. Elle donne ouverture aux droits de mutation dans les conditions ordinaires (V. **Condition résolutoire**).

La clause de réméré insérée dans un acte de vente est une disposition dépendante ne donnant ouverture à aucun droit particulier.

IV Incidences fiscales de l'exercice de la faculté de réméré

A TVA immobilière

7068 Mutation passible de la TVA immobilière. Droit antérieur à la réforme. Sous le droit antérieur à la réforme de la TVA immobilière (entrée en vigueur le 11 mars 2010), l'administration fiscale avait indiqué que, dans le cas de ventes d'immeubles entrant dans le champ d'application de la TVA immobilière (cette taxe se substituant aux droits d'enregistrement), et sous réserve que la faculté de rachat ait été prévue dans le contrat de vente lui-même et que le rachat soit effectué dans le délai stipulé audit contrat, l'exercice du réméré devait être considéré comme l'accomplissement d'une condition résolutoire. De ce fait, l'acte constatant le retrait n'entrait pas dans les prévisions de l'article 257-I° du Code général des impôts (dans sa version alors applicable) et ne donnait pas ouverture à la TVA. Il est simplement enregistré au droit fixe prévu à l'article 680 du Code général des impôts (Doc. adm. DGI, 8 A-1131, n° 6, 15 nov. 2001. – Sur le taux actuel, V. **Droits fixes**). Cette analyse administrative est aujourd'hui révolue, comme étant frappée de caducité ; elle a tout d'abord été expressément rapportée (Instr. 15 mars 2010 : *BOI* 3 A-3-10) ; en outre, elle a n'a pas été reprise dans les développements du *Bulletin officiel des Finances publiques* (*BOFiP*), ce qui vaut caducité (Instr. 7 sept. 2012 : *BOI* 13 A-2-12. – CE, 8e et 3e ss-sect., 27 févr. 2013, n° 357537. – CE, 8e-3e ch., 10 juill. 2019, n° 425148).

7069 Livraison passible de la TVA immobilière (non). Droit positif. Selon la jurisprudence du Conseil d'État (CE, 9e-10e ch., 7 oct. 2021, n° 430136, *Min. c/ Sté Victoria ACR : Dr. fisc.* 14 oct. 2021, n° 41, act. 501), il convient de retenir trois enseignements :

1) il résulte des dispositions des articles 1659 et suivants du Code civil que la vente avec faculté de rachat entraîne le transfert de propriété du bien, en ce que tous les droits attachés à la propriété du vendeur sont transférés à l'acheteur qui peut ainsi disposer de l'immeuble vendu, notamment pour le revendre, et qu'elle constitue par suite une livraison de biens au sens de l'article 256 du CGI ;

2) toutefois, cette qualification ne saurait être retenue lors de l'exercice, par le vendeur initial, de la faculté de rachat, laquelle s'analyse comme une condition résolutoire replaçant les parties en l'état où elles se trouvaient avant la vente. L'exercice de la faculté de rachat n'est donc pas constitutif d'une livraison de biens au sens et pour l'application des dispositions applicables en matière de TVA ;

3) cependant, la somme correspondant à la différence entre le prix de rachat et le prix de vente doit être regardée comme rémunérant une prestation de services assujettie en application de l'article 256 du CGI dès lors qu'elle a pour contrepartie de réserver au vendeur la possibilité, dans le délai fixé par le contrat, d'obtenir la résolution de la cession immobilière et ainsi de récupérer effectivement son bien.

Pour résumer : l'exercice de la faculté de rachat par le vendeur ne constitue pas une livraison taxable à la TVA ; cependant, la différence entre le prix de rachat et le prix de vente est taxable à la TVA en tant que prestation de services ; il s'agit de la rémunération du service rendu par l'acquéreur au vendeur à réméré, à savoir la réservation du bien avec faculté de rachat (A. Moraine, *Taxe sur la valeur ajoutée : chronique de l'année 2021 : Dr. fisc.* 25 mars 2022, n° 12, 157, comm. ss CE, 14 oct. 2021, § 6) – l'exigibilité de la TVA suppose en outre que l'acquéreur ait la qualité d'assujetti à TVA.

B Droits d'enregistrement et taxe de publicité foncière

7070 Principe. Le retrait de réméré constitue une exception à la règle selon laquelle l'annulation ou la résolution volontaire d'un contrat emportant mutation à titre onéreux de propriété ou d'usufruit doivent être considérées comme translatives et soumises à l'impôt de mutation (V. BOI-ENR-DMTOI-10-10-30-40-20120912, n° 70).

L'acte constatant le réméré est passible de la taxe de publicité foncière au taux fixe prévu par l'article 680 du Code général des impôts (V. BOI-ENR-DMTOI-10-10-30-40-20120912, n° 80. – Sur le taux actuel, V. **Droits fixes**).

7071 Conditions d'application. Mais la perception de cette taxe fixe à l'exclusion de la taxe proportionnelle est subordonnée à l'accomplissement des conditions suivantes :

– la faculté de réméré doit avoir été stipulée dans le contrat même de vente ;

– le retrait doit être exercé dans le délai stipulé ;

– l'acte constatant le retrait doit revêtir la forme authentique ou avoir date certaine avant l'expiration du délai, même autrement que par l'enregistrement ;

– le retrait doit être exercé par le vendeur lui-même ou son ayant cause à titre universel et non par un tiers cessionnaire de la faculté de rachat (V. BOI-ENR-DMTOI-10-10-30-40-20120912, n° 80).

7072 Mode d'exercice du retrait. Le mode suivant lequel doit être exercée la faculté de réméré n'est pas réglementé par la loi.

Le retrait de réméré peut donc valablement s'opérer par le moyen d'une notification faite par le vendeur dans le délai légal par exploit d'huissier, de son intention de reprendre l'immeuble en se soumettant aux obligations légales que lui impose le réméré (Cass., 5 févr. 1856 : *RP* 733).

7073 Retrait verbal. Le retrait opéré verbalement n'est passible d'aucun impôt. Mais l'administration peut, lorsqu'elle constate que le vendeur est en possession des biens, soutenir que le retrait a eu lieu après l'expiration du délai et réclamer les droits de mutation (Cass., 2 août 1808 : *S.* 1810, 1, 150 ; Maguéro, V° Réméré, n° 20).

7074 Absence de restitution des droits. Au cas de retrait avant l'expiration des délais, les droits de mutation perçus sur le contrat de vente ne sont pas restitués (CGI, art. 1961).

7075 Distinctions à opérer. En fonction des indications générales données plus haut (V. n° 7074), des distinctions sont à opérer :

– selon que la faculté de réméré a été stipulée ou non dès l'origine... ;

– selon qu'elle est ou non exercée dans le délai légal... ;

– selon qu'elle est exercée par le vendeur ou son ayant cause universel ou par un tiers.

Nous reprendrons successivement l'étude de ces divers cas.

C Distinction selon que la faculté de réméré a été stipulée ou non dès l'origine

7076 La faculté de réméré doit avoir été stipulée à l'origine dans le contrat de vente. Si le réméré avait été convenu entre les parties par acte séparé, même authentique, et même si cet acte était intervenu le jour même de la vente, l'exercice ultérieur de la faculté de réméré entraînerait, en tant que rétrocession, exigibilité du droit de mutation (Instr. 245, § 1, Maguéro, V° Réméré, n° 13).

7077 Incidence d'une clause de réévaluation du prix. Il est parfois stipulé que la faculté de réméré s'exercera moyennant restitution du prix réévalué (clause d'indexation). Une telle clause paraît parfaitement licite (V. Aubry et Rau, t. V, 6e éd. par Esmein, § 357, p. 114, note 3). En pareil cas, l'exercice de la faculté de réméré ne doit pas être considéré comme une seconde mutation même si elle amène le remboursement d'une somme supérieure au prix. Si toutes les conditions exigées sont par ailleurs remplies, il ne paraît y avoir lieu qu'à la perception du simple droit fixe, selon le droit commun (V. Maguéro, V° Réméré, n° 53).

D Distinction selon la date à laquelle est exercée la faculté de réméré

1 Délai de réméré

7078 Délai de cinq ans. Selon les termes mêmes de l'article 1660 du Code civil, « la faculté de rachat ne peut être stipulée pour un terme excédant cinq années. Si elle a été stipulée pour un terme plus long, elle est réduite à ce terme ». Le délai court contre toute personne, même contre le mineur, sauf s'il y a lieu, le recours contre qui de droit (C. civ., art. 1663).
Le délai stipulé pour la vie du vendeur prend fin à son décès si celui-ci se produit avant l'expiration du délai de cinq ans, sinon à l'expiration du délai de cinq années à compter de la date de l'acte.

2 Calcul du délai

7079 Mode de calcul. L'exercice du réméré est réglé quant au délai par l'article 1661 du Code civil et non par l'article 640 nouveau du Code de procédure civile relatif seulement aux actes de procédure (Cass. req., 7 mars 1834 : *Rép. dr. civ. Dalloz*, V° Vente, n° 1485). Dès lors, le *dies a quo* (jour de la vente) n'est pas compté dans le délai. Au contraire, le *dies ad quem* (ou jour de l'échéance) est compris dans le délai (V. Malaurie : *Rép. dr. civ. Dalloz*, V° Vente [éléments constitutifs], n° 791), et ceci même si ce dernier jour est férié (Cass. req., 7 mars 1834, préc.).

7080 Condition suspensive. Si la vente était, en outre, soumise à une condition suspensive, les cinq ans ne courraient que du jour de la réalisation de la condition (Malaurie, *ibid.*, n° 790).
Il y a lieu, en la matière, d'appliquer purement et simplement les règles du droit civil. On se reportera donc aux ouvrages de référence : *JCl. Notarial Formulaire* et *JCl. Notarial Répertoire*.

3 Prorogation du délai

7081 Conséquences. Selon l'article 1661 du Code civil, le terme fixé dans le contrat est de rigueur et ne peut être prolongé par le juge. Mais il peut être prolongé par les contractants (Délib. 13 janv. 1830 ; Instr. 1320, p. 11), sans pouvoir dépasser cinq ans à compter du contrat de vente.
Lorsque les parties ont ainsi prorogé le délai d'exercice de la faculté de réméré, avant l'expiration du délai initialement convenu, et que la faculté de réméré s'exerce dans le délai nouvellement stipulé et en toute hypothèse avant l'expiration de cinq années, le retrait n'opère pas mutation (Instr. 1320, § 8 ; Maguéro, V° Réméré, n° 27).
L'acte de prorogation est un acte de complément : il ne donne lieu qu'à la perception du simple droit fixe des actes innommés (ou à la perception de la taxe de publicité foncière au même taux, V. Maguéro, V° Réméré, n° 35).

4 Retrait avant l'expiration du délai

7082 Incidences. L'exercice du réméré dans le délai stipulé est l'accomplissement d'une condition résolutoire. Il n'y a donc pas seconde mutation de l'acheteur au vendeur.
Il y alors perception du simple droit fixe des actes innommés (ou taxe de publicité foncière au taux prévu par l'article 680 du Code général des impôts) à l'exclusion de tous droits proportionnels d'enregistrement ou éventuellement de la TVA.

5 Retrait après l'expiration du délai

CGI, art. 688. – Les retraits exercés après l'expiration des délais convenus par les contrats de vente de biens immeubles sous faculté de réméré sont assujettis à l'impôt aux taux prévus par le présent code.

7083 Incidences fiscales. Il résulte du texte susvisé que le retrait exercé après expiration du délai stipulé dans le contrat, ou ce qui revient au même après l'expiration du délai légal de cinq ans (même si le délai convenu par les parties excédait cinq ans), entraîne l'exigibilité des droits proportionnels afférents aux mutations à titre onéreux (taxe de publicité foncière ou droit d'enregistrement s'il n'y a pas formalité fusionnée).
Par exemple, si un immeuble est vendu le 1er janvier 2004 avec faculté de rachat pendant deux ans, le vendeur devrait exercer le retrait avant le 2 janvier 2006, c'est-à-dire au plus tard le 1er janvier 2006, pour éviter le droit de rétrocession.
En effet, l'acte n'est plus un retrait véritable exercé contre l'acquéreur : c'est une pure rétrocession consentie par ce dernier (Demante, n° 168. – Cass., 9 juill. 1839. – Instr. 1601, p. 24).

6 Délai non stipulé

7084 Application du délai de cinq ans. À défaut de stipulation d'un délai pour l'exercice de la faculté de rachat, le vendeur pourra reprendre son immeuble pendant cinq ans (délai légal), mais cette reprise ne donnera ouverture qu'à un simple droit fixe si, par ailleurs, les conditions prescrites pour l'application de ce tarif sont remplies (Maguéro, V° Réméré, n° 30).

7 Date du retrait de réméré : opposabilité à l'administration

7085 **Date certaine.** Les actes authentiques ont date certaine par la signature de l'officier public compétent. Quant aux actes sous seing privé, ils doivent être enregistrés ou avoir acquis date certaine avant l'expiration du délai par la mort de l'un de ceux qui les ont souscrits ou la relation de leur substance dans un acte public (C. civ., art. 1377). Le retrait effectué par un acte sous seing privé intervenu le dernier jour du délai qui était un dimanche, et enregistré le lendemain, donne ouverture aux droits de mutation (Versailles, 7 juin 1889 : *Journ. enr.*, 23352).

E Distinction selon la personne du bénéficiaire de la faculté de réméré

1 Retrait par le vendeur ou son ayant cause général

7086 **Principe.** Le retrait doit être effectué par le vendeur lui-même ou son ayant cause général : héritier ou donataire universel ou à titre universel (V. Instr. 245, § 1 ; Maguéro, V° Réméré, n° 36).

7087 **Cas particulier du porte-fort.** Les retraits exercés par le porte-fort du vendeur donnent lieu au droit fixe si le vendeur ratifie le retrait, au droit de vente dans le cas contraire.

7088 **Exercice par un créancier.** Le retrait effectué par le créancier du vendeur au nom de son débiteur en vertu de l'article 1166 du Code civil est soumis au droit fixe. Mais si le créancier du vendeur agit pour son propre compte, le droit de mutation est exigible (Blois, 23 janv. 1868 : *RP* 2664).

2 Retrait donnant ouverture aux droits de mutation

7089 **Créancier du vendeur.** Les droits de mutation sont dus s'il agit pour son propre compte (V. n° 7088).

7090 **Donataire à titre particulier du vendeur.** Les droits de mutation sont dus (Sol. 13 janv. 1891 : *RP* 7806).

7091 **Femme du vendeur.** Le retrait exercé par la femme du vendeur lorsqu'il s'agit d'un immeuble propre au vendeur donne ouverture aux droits de mutation à titre onéreux (Cass., 4 août 1835 : *Journ. enr.*, 11303).

7092 **Héritier présomptif.** Le retrait est considéré comme exercé par un tiers, sauf si l'héritier agit au nom du vendeur. Les droits de mutation à titre onéreux sont donc en principe dus.

7093 **Covendeur ou cohéritier.** Le retrait effectué par un covendeur ou un des héritiers du vendeur donne ouverture aux droits de vente sur ce qui excède la part de celui qui exerce le retrait, c'est-à-dire sur les parts acquises (Instr. 245, § 1).

F Impôt de plus-value immobilière

7094 **Exercice du rachat. Fait générateur d'imposition.** L'administration fiscale avait pu considérer que l'anéantissement rétroactif du contrat résultant de la résolution d'une vente immobilière a pour effet de replacer les parties dans la situation antérieure à la vente de sorte que, en cas de revente ultérieure du même immeuble, la plus-value imposable soit calculée sur la base du prix d'acquisition initial et que la date d'acquisition de l'immeuble à retenir correspond à la date d'entrée d'origine du bien dans le patrimoine du cédant (Rép. min. Ph. Houillon à QE n° 15716 : *JOAN* 22 août 1994, p. 4272). Autrement dit, l'administration fiscale prenait en compte le caractère rétroactif de la résolution, laquelle constituait alors une opération intercalaire du point de vue de l'imposition des plus-values. La faculté de réméré consistant en une condition résolutoire, cette solution pouvait lui être appliquée. Néanmoins, n'ayant pas été reprise au *Bulletin officiel des Finances publiques* (*BOFIP*), cette solution doit aujourd'hui être considérée comme caduque (Instr. 7 sept. 2012 : *BOI* 13 A-2-12. – CE, 8ᵉ et 3ᵉ ss-sect., 27 févr. 2013, n° 357537. – CE, 8ᵉ-3ᵉ ch., 10 juill. 2019, n° 425148). Toutefois, en raison de sa pertinence, l'analyse mérite encore d'être défendue.

7095 **Exercice du rachat. Restitution de l'impôt de plus-value.** L'administration fiscale considère que dans l'hypothèse où le contrat de vente serait annulé, résolu ou rescindé, le contribuable peut obtenir, sur réclamation, une restitution partielle ou totale des droits indûment perçus (BOI-RFPI-PVI-10-30, 11 févr. 2013, n° 30).

V
Cession de la faculté de réméré

7096 Régime fiscal de la cession à un tiers. L'administration a finalement admis que la cession à titre onéreux de la faculté de rachat devait être assimilée à la cession d'une promesse unilatérale de vente (Sol. 13 janv. 1892 : *Journ. enr.*, 24669). En conséquence, elle ne donne lieu qu'à la perception du simple droit fixe.
Il semble que si la cession était présentée à la publication, la taxe de publicité foncière serait due au taux de 0,70 %, (0,71498 % avec les perceptions additionnelles) assise sur le prix de cession (Maguéro, V° Réméré, n° 57 ; *Rép. alph. enreg.*, V° Hypothèques, L. V, n° 39).

7097 Régime fiscal de la cession à l'acquéreur. La cession de la faculté de rachat à l'acquéreur des biens moyennant un prix donne ouverture à la même taxation proportionnelle que le contrat de vente (Sol. 3 oct. 1828 ; Instr. 1272, § 19).

7098 Exercice de la faculté de réméré par le cessionnaire. Il a toujours été reconnu que le droit proportionnel de revente est dû quand le retrait est opéré par le cessionnaire à titre onéreux du vendeur (V. Maguéro, V° Réméré, n° 39, réf. citées). Les droits sont perçus sur la somme payée à l'acquéreur originaire au moment du retrait (Maguéro, *ibid.*, n° 41).

7099 Cessionnaire chargé de régler les créanciers inscrits du vendeur. La stipulation de l'acte de rachat aux termes de laquelle le tiers cessionnaire se charge de payer aux lieu et place de l'acquéreur primitif une somme déterminée aux créanciers inscrits du vendeur ne peut être considérée comme une condition suspensive du retrait et elle ne met pas obstacle à la perception du droit de mutation (Cass. civ., 16 avr. 1845 : Instr. 1743, § 11 ; Maguéro, *op. cit.*, n° 39).

VI
Renonciation

7100 Publicité foncière. Taxation. La renonciation par le vendeur à user de la faculté de réméré est soumise à publication (*Rép. alph. enreg.*, V° Hypothèque, L. III, n° 750-5°).
La renonciation *pure et simple* par le vendeur à la faculté de réméré est enregistrée au droit fixe des actes innommés (*Dict. enr.*, 3221. – CGI, art. 680, sur le taux actuel, V. **Droits fixes**).

7101 Lorsqu'elle intervient *moyennant un prix*, l'administration a tout d'abord considéré (Instr. 1272, § 19) que ce prix n'était qu'un complément du prix de vente primitif et qu'il devait dès lors être soumis au même titre à la perception du droit de vente d'immeuble. Cependant, à la suite d'un arrêt rendu par la Cour de cassation le 5 février 1889 (Instr. 2390, § 1), il est apparu que cette faculté de réméré ne conférait au vendeur qu'un droit personnel (l'administration a admis cette analyse dans une solution du 13 janvier 1892. – V. Maguéro, V° Réméré, n° 57).
En conséquence, la cession ne devrait donner lieu qu'à la perception d'un simple droit fixe, à moins que les parties n'aient expressément stipulé que la somme versée par l'acquéreur forme le complément du prix. Cependant, la règle tracée par l'instruction n° 1272, § 19, a été maintenue par l'administration par une solution du 22 mai 1897 (Maguéro, V° Réméré, n° 59).
La renonciation à la faculté de réméré faite moyennant un prix donnerait lieu dans cette doctrine (critiquable) à la même taxation proportionnelle que le contrat de vente.

7102 Renonciation pure et simple. Lorsqu'elle est pure et simple, la renonciation par le vendeur à la faculté de réméré est enregistrée au droit fixe des actes innommés (taxe de publicité foncière au taux fixe), à moins que l'intention du renonçant ait été de consentir au profit de l'acquéreur une véritable libéralité, auquel cas le droit de donation serait exigible (*Journ. enr.*, 3782).

7103 Renonciation moyennant un prix. Lorsque la renonciation au droit d'exercer le retrait est faite à prix d'argent, ce prix n'est qu'un complément du prix de vente primitif et dès lors il doit être soumis, au même titre, à la perception du droit de vente d'immeuble, du moins dans l'analyse de l'administration (Instr. 1272, § 19 ; Sol. 22 mai 1897. – V. Maguéro, V° Réméré, n° 59).

VII

Contribution de sécurité immobilière

7104 Contribution au tarif proportionnel. Lorsque l'exercice de la faculté de réméré donne lieu à la perception de la taxe fixe de publicité foncière, la contribution de sécurité immobilière au tarif proportionnel est néanmoins perçue dans les conditions de droit commun.

La contribution au tarif proportionnel est également due selon le droit commun dans tous les cas où l'exercice de la faculté de réméré donne lieu à la perception des droits de mutation à titre onéreux ; elle est assise sur les mêmes bases que la taxe de publicité foncière.

Remploi

Serge LAMIAUX

I

Déclaration d'emploi ou de remploi

7105 **Publicité foncière.** La déclaration d'emploi ou de remploi fait que les biens acquis forment des propres par l'effet de la subrogation réelle (C. civ., art. 1406). Elle figure normalement dans l'acte d'acquisition (sinon il s'agit d'un remploi par anticipation ou *a posteriori*, V. n°s 7107 et 7111).

7106 **Perceptions.** La déclaration d'emploi ou de remploi contenue dans l'acte même d'acquisition dont elle est une disposition dépendante ne donne normalement ouverture à aucun droit (Sol., 10 sept. 1873. – V. Maguéro, V° Contrat de mariage, n° 1393).

Elle ne pourrait être taxée que si le droit fixe ou le droit proportionnel dû sur l'acte d'acquisition se trouvait être inférieur au montant du droit fixe des actes innommés dont pourrait être passible la déclaration d'emploi ou de remploi (CGI, art. 680. – Sur le tarif actuel, V. **Droits fixes**).

II

Remploi *a posteriori*

7107 **Publicité foncière.** Il arrive que des époux achètent un bien sans rien préciser au jour de l'acte et que, par la suite, ils affectent expressément dans un nouvel écrit le bien ainsi acquis à l'emploi ou au remploi d'une somme d'argent propre à l'un d'eux.

La validité de ce remploi a été consacrée par l'article 1434 du Code civil. Selon ce texte, il ne produit ses effets que dans les rapports entre époux.

7108 **Caractère déclaratif.** La convention des époux a un effet simplement déclaratif et n'opère pas mutation. Le bien est considéré comme propre dès le jour de son acquisition (J. Flour et G. Champenois, *Les régimes matrimoniaux*, éd. A. Colin 2001, 2e éd., n° 302. – M. Mathieu, *JCl. Notarial Formulaire*, V° Remploi, Fasc. 10, n° 166).

Mais ce remploi est inopposable aux tiers, qui sont fondés, pendant toute la durée du régime, à considérer que le bien considéré reste commun (M. Mathieu, *JCl. Notarial Formulaire*, V° Remploi, Fasc. 10, n° 171).

7109 **Taxe de publicité foncière.** La publication de la déclaration d'emploi ou de remploi *a posteriori* s'opérera moyennant paiement de la taxe de publicité foncière au taux fixe prévu pour les actes innommés (CGI, art. 680. – Sur le tarif actuel, V. **Droits fixes**).

7110 **Contribution de sécurité immobilière.** Selon une chronique du *Bulletin de l'association mutuelle des conservateurs* (*Bull. AMC* 1991, art. 1491), l'acte portant déclaration de remploi modifie la situation juridique de l'immeuble en transmuant en propre de la femme un bien qui, jusqu'à la publication dudit acte, apparaissait au fichier immobilier comme appartenant aux deux époux. De la sorte, un nouvel élément d'information essentiel a été rendu accessible aux tiers ; il doit obligatoirement être répertorié par le conservateur et sa non-révélation dans les états de renseignements hypothécaires sera de nature à engager la responsabilité civile de ce mandataire légal. Dans cette mesure, le salaire proportionnel du conservateur est dû sur la valeur de l'immeuble concerné.

N.B. : La contribution de sécurité immobilière a remplacé le salaire du conservateur à compter du 1er janvier 2013. Elle obéit aux mêmes conditions d'assiette, de tarifs, de contrôle et de recouvrement que ce salaire (V. **Contribution de sécurité immobilière**). Les solutions données ci-dessous à propos du salaire du conservateur peuvent donc être transposées pour la perception de la contribution de sécurité immobilière.

III

Remploi par anticipation

7111 **Publicité foncière.** Aux termes de l'article 1434, alinéa 2, du Code civil :

> « Si l'emploi ou le remploi est fait par anticipation, le bien acquis est propre, sous la condition que les sommes attendues du patrimoine propre soient versées dans la communauté avant quelle ne soit liquidée ».

Le remploi par anticipation est donc un remploi conditionnel. La subrogation ne se produit que si l'achat est effectivement suivi de la vente d'un propre. Dans l'intervalle, le bien acheté est un acquêt de communauté (Cass. civ., 14 mai 1879 : *DP* 1879, jurispr. p. 420. – Cass. req., 12 avr. 1910 : *DP* 1910, 1, p. 478).

L'acte qui constate le versement des sommes attendues et provenant du patrimoine propre de l'époux qui remploie doit donc être traité comme un acte constatant la réalisation d'une condition suspensive (V. **Condition suspensive**).

7112 **Vente d'un bien devenu commun après échec du remploi par anticipation.** Un époux, marié sous le régime légal de la communauté réduite aux acquêts, a acquis seul un bien immobilier. L'acte d'acquisition comportait une clause de remploi par anticipation. Toutefois, l'opération de remploi n'a pas eu lieu faute de remboursement par l'époux des fonds avancés par la communauté. Aujourd'hui, l'époux et son conjoint revendent le bien immobilier. Comment publier cette vente au fichier immobilier ? Tout dépend des annotations faites au fichier immobilier. En l'espèce, l'acte d'acquisition faisait comparaître l'époux comme seul acquéreur, sans que l'identité de son conjoint soit énoncée et certifiée, de sorte que l'acquisition a été portée au fichier immobilier au seul nom de l'époux acquéreur. Autrement dit, du point de vue de la publicité foncière, il s'agit de publier un acte de vente du chef de deux époux portant sur un bien commun acquis par un seul d'entre eux. En pareille hypothèse, l'ancienne association des conservateurs des hypothèques avait admis que l'acte de la revente vaille acte rectificatif de l'acte d'acquisition (*Bull. AMC*, 969, art. 768-I). En conséquence, il conviendra, pour éviter le refus de dépôt, d'exposer dans l'acte de revente la situation amenant à considérer que l'immeuble dont le remploi par anticipation a échoué est devenu commun. De la sorte, les deux époux pourront se prévaloir d'un titre publié : celui de l'époux acquéreur consistant dans l'acte d'acquisition, celui de son conjoint résidant dans l'acte de revente lui-même (M. Suquet-Cozic, *Comment publier la vente d'un bien devenu commun après échec du remploi par anticipation ? : Sol. not.* avr. 2016, n° 4, art. 91, p. 36-37).

IV

Remploi fait par l'époux pour le compte de l'autre

7113 **Analyse.** C'est le remploi fait par le mari pour le compte de la femme qui est le plus fréquent. Il se trouve réglementé par l'article 1435 du Code civil.

Quelle que soit la nature de l'opération, au sujet de laquelle il y a discussion (stipulation pour autrui ? Gestion d'affaires ? : V. à ce propos Aubry et Rau, *Traité de droit civil*, Librairies Techniques, 1973, 7e éd., t. 8 par Ponsard. – Cornu, *Les régimes matrimoniaux*, éd. Thémis 1995, p. 408), il est hors de doute que cette déclaration n'est efficace qu'à la condition que l'autre époux accepte le remploi. Cette acceptation peut intervenir tant que la communauté n'a pas été liquidée (C. civ., art. 434, al. 2) et donc même après sa dissolution (Ponsard, *op. cit.* – Cornu, *op. cit.*).

7114 L'acceptation rétroagit au jour même de l'acquisition, de sorte que l'époux pour le compte duquel a été fait le remploi est censé avoir immédiatement succédé au vendeur de l'immeuble. Il en résulte que l'acceptation ne donne pas lieu à un nouveau droit de mutation (Cass. civ., 14 janv. 1868 : *S.* 1868, 1, p. 36).

L'acte d'acceptation est une simple ratification qui donne lieu au droit ou à la taxe fixe prévus pour les actes innommés (CGI, art. 680. – Sur le tarif actuel, V. **Droits fixes** et également V. **Ratification**).

Renonciation

Jacques LAFOND

Sommaire analytique

Index alphabétique

Index alphabétique (suite)

7115 **Plan.** Nous recenserons tout d'abord les règles générales concernant la publicité foncière des actes ou jugements contenant des renonciations (I), puis les règles générales concernant leur régime fiscal (II). Nous présenterons ensuite divers exemples pratiques, faisant application, à l'occasion de cas concrets, des règles générales précédemment dégagées (III).

I
Publicité foncière

7116 **Silence des textes.** Contrairement à ce qu'avait fait la loi du 23 mars 1855, le décret du 4 janvier 1955 n'a pas énuméré les actes emportant renonciation et soumis à la publicité.
Mais il est admis que toutes les renonciations à des droits réels immobiliers (propriété, usufruit, superficie, usage, habitation, servitude, etc.) ou à un bail de plus de douze années, doivent être publiées, que ces renonciations soient translatives, déclaratives ou purement extinctives (V. en ce sens, Becqué, *La réforme de la publicité foncière : JCP* N 1955, I, 1226, n° 58. – Bulté : *JCP* N 1957, IV, 2399).

« La publicité, estime l'administration (*Rép. alph. enreg.*, V° Hypothèque, L. III, n° 750-5°) s'étend non seulement à tous actes faisant sortir un droit immobilier du patrimoine du renonçant, mais aussi aux renonciations – telles que les renonciations pures et simples à succession – qui, s'analysant en un refus d'acquérir ou en une répudiation de la qualité qui lui permet d'acquérir, n'opère pas une diminution de patrimoine ».

7117 **Renonciations devant être publiées.** Selon l'administration (*Rép. alph. enreg.*, V° Hypothèque, L. III, n° 750-5°), sont soumis à publicité :
– la renonciation à une succession ou à une communauté ;
– la renonciation à une servitude (V. **Servitudes**) ;
– la renonciation à la mitoyenneté d'un mur pour se dispenser de contribuer aux réparations ou reconstructions (C. civ., art. 656) ;
– la renonciation à un droit d'usufruit, d'usage ou d'habitation faite au cours de la jouissance ;
– l'abandon du fonds assujetti au propriétaire du fonds auquel une servitude est due, pour permettre au propriétaire du fonds assujetti de s'affranchir de la charge des ouvrages nécessaires (C. civ., art. 699) ;
– l'abandon anticipé de la jouissance par le grevé de substitution au profit des appelés (C. civ., art. 1053 ancien) ;
– la renonciation, quoique intervenue avant l'acceptation formelle de la succession faite, non au profit de tous, mais au profit d'un ou de plusieurs des cohéritiers du renonçant seulement, ou même fait au profit de tous, mais moyennant un prix ;
– la renonciation par le vendeur à user de la faculté de réméré ;
– la renonciation à l'action en réduction de dispositions testamentaires excessives ;
– la renonciation à l'action révocatoire résultant d'une donation partage ;
– la renonciation à la prescription acquise (visée d'ailleurs expressément par l'article 28-8° du décret du 4 janvier 1955), qu'elle intervienne avant ou après la reconnaissance en justice de la prescription ;
– la renonciation à une clause de réversion ;
– la renonciation aux moyens de nullité ou de rescision susceptibles d'être opposés à un acte ;
– la renonciation à une action en revendication, à une action réelle ou mixte, à une action en résolution.

7118 **Distinctions à opérer.** Les auteurs qui ont examiné ce point particulier estiment qu'il faut distinguer entre les renonciations à caractère translatif, les renonciations à caractère abdicatif mais qui produisent un effet acquisitif, et les renonciations purement abdicatives (V. G. Marty, P. Raynaud et Ph. Jestaz, *Les sûretés. La publicité foncière*, n° 750 *bis*. – S. Piédelièvre, *La publicité foncière*, n° 170). Cette distinction a un intérêt pour définir les effets de l'absence de publicité (opposabilité ou inopposabilité aux tiers).

7119 **Renonciations translatives.** Lorsque la renonciation est faite en faveur d'une personne déterminée, ou qu'elle intervient moyennant une contrepartie, elle n'est pas autre chose qu'un acte translatif. Sa publication est donc obligatoire, à peine d'inopposabilité aux tiers, lorsqu'elle concerne un immeuble ou des droits immobiliers, ceci en application des articles 28-1° a) et 30-1 du décret du 4 janvier 1955 (H., L., J. Mazeaud et F. Chabas, *Sûretés-Publicité foncière*, 7e éd. par Y. Picod, n° 674, p. 559. – Ph. Simler et Ph. Delebecque, *Les sûretés. La publicité foncière*, n° 728, p. 729).

7120 **Renonciation abdicative produisant un effet acquisitif.** Certaines renonciations produisent, outre leur effet extinctif, un effet acquisitif. Ainsi, l'abandon d'un usufruit fait acquérir la pleine propriété au nu-propriétaire ; l'abandon d'une servitude augmente les droits du propriétaire du fonds servant.
En pareil cas, il est logique de subordonner l'opposabilité de ces actes aux tiers à leur publication, surtout s'ils portent sur des droits déjà publiés. Cette solution a été admise par la jurisprudence pour une renonciation à une servitude, qu'elle soit conventionnelle ou légale, au motif qu'elle emportait « mutation d'un droit réel immobilier » (Cass. 3e civ., 5 févr. 1970 : *Bull. civ.* 1970, III, n° 92 ; *D.* 1970, p. 262, note E.-E. Frank ; *RTD civ.* 1970, p. 593, obs. J.-D. Bredin). Ainsi l'acquéreur du fonds dominant sera en droit d'ignorer la renonciation à la servitude établie au profit de ce fonds si cette renonciation n'a pas été publiée (G. Marty, P. Raynaud et Ph. Jestaz, *op. cit.* – S. Piédelièvre, *op. cit.*).

7121 **Renonciation purement abdicative.** Certaines renonciations doivent plutôt être assimilées aux actes déclaratifs, à raison de la rétroactivité de leurs effets, qui interdit de les considérer comme des mutations. Ainsi par exemple pour la renonciation à une prescription acquise, soumise à publicité par l'article 28-8° du décret du 4 janvier 1955. Le défaut de publication d'une telle renonciation ne peut être sanctionné par l'inopposabilité, car le renonçant ne perd pas un droit pour permettre à un autre de l'acquérir.

> « Il renonce à invoquer le bénéfice de la prescription : la situation est exactement la même que si celle-ci n'avait pas eu lieu. Il n'y a pas eu mutation et les actes passés par le propriétaire contre qui la prescription avait couru sont à l'abri de toute contestation » (G. Marty, P. Raynaud et Ph. Jestaz, *op. cit.* – S. Piédelièvre, *op. cit.*, Ph. Simler et Ph. Delebecque, *op. cit.*, note 5).

II Régime fiscal des renonciations

7122 **Distinctions à opérer.** Pour le droit fiscal, il existe deux catégories de renonciations : les renonciations translatives et les renonciations abdicatives, chacune d'elles étant soumise à un régime distinct. Après avoir présenté les critères de distinction (A), nous nous pencherons plus particulièrement sur les renonciations à caractère translatif (B).

A Principes généraux

1 Distinction entre les renonciations extinctives et translatives

7123 **Critères de distinction.** La renonciation, abdication ou abandon d'un droit, d'une faculté, d'un privilège, peut avoir lieu de *deux manières*. On peut renoncer avec la *volonté de gratifier* ceux qui doivent profiter du droit qu'on abandonne, ou bien en exigeant des bénéficiaires de la renonciation un équivalent du droit qui leur échoit.
En ce cas, le droit abandonné passe au nouveau bénéficiaire en vertu d'un véritable contrat commutatif : on dit que la renonciation est *translative*.
On peut au contraire *renoncer purement et simplement*, c'est-à-dire avec la seule volonté de se démettre d'un droit, sans avoir égard à ce que ce droit deviendra ni à qui il profitera. En ce cas, le droit auquel il est renoncé advient aux appelés en vertu de la loi, en raison de leur vocation propre, sans aucune mutation du chef du renonçant à leur profit. La renonciation est alors *extinctive* (Maguéro, V° Renonciation, n° 9).

2 Illustrations de la distinction

➤ On trouvera sous la rubrique Exemples de renonciations (III) diverses applications de cette distinction.

B Renonciations translatives

7124 **Taxation des renonciations translatives.** « Il ne faut pas confondre la renonciation qui est un acte de volonté unilatéral, avec la cession du droit qui se fait à titre onéreux ou gratuit. La cession peut se faire sous le nom de renonciation ; mais le nom que les parties donnent à un fait juridique n'en détermine pas la nature et les effets : il faut voir ce qui s'est passé entre elles » (Laurent, t. 7, p. 91, n° 72 cité par Maguéro, V° Renonciation, n° 32).
Certaines renonciations translatives peuvent ainsi constituer soit de véritables contrats à titre onéreux, soit des donations entre vifs. Elles seront taxées dans chaque cas en fonction de leur nature.

7125 **Conditions d'exigibilité des droits de mutation : acceptation de la renonciation.** Pour que le droit de mutation à titre onéreux ou à titre gratuit puisse être perçu, il est nécessaire que le contrat soit parfait. Cette condition n'est remplie que lorsque la renonciation a été acceptée par celui ou ceux à qui elle doit profiter. Le droit ou la taxe proportionnelle ne deviennent donc exigibles que lors de cette acceptation (Sol. 8 févr. 1879, *Loire-inférieure : Rev. enr. et imp.*, Quest. prat. 6155-II ; Maguéro, *op. cit.*, n° 35).

7126 **Distinctions.** Nous distinguerons dans cette étude des renonciations translatives entre les renonciations profitant à une ou plusieurs personnes déterminées (1) et celles consenties moyennant une contrepartie (2).

1 Renonciation profitant à une ou plusieurs personnes déterminées

a) Renonciation en faveur d'une ou plusieurs personnes déterminées (renonciation in favorem)

7127 **Intention des parties.** La renonciation ne peut constituer une donation et être taxée comme telle que si elle est inspirée par une intention libérale (Doc. adm. DGI, 7 G-311, n° 1, 20 déc. 1996).
La preuve de cette intention libérale incombe à l'administration et ne peut résulter du seul fait de l'absence de contrepartie.

La renonciation au droit de retour conventionnel après le décès du donataire en faveur d'une personne désignée a été considérée comme une donation (Seine, 30 mai 1868 : *RP* 2720 ; V. **Retour**).
Si elle a lieu moyennant contrepartie, elle entraînera des droits de mutation à titre onéreux (V. n° 7129).

b) Renonciation profitant à une personne par l'effet de la loi

7128 **Absence de mutation.** Il peut arriver qu'une renonciation sans être faite au profit d'une personne déterminée lui profite cependant par la simple application des règles du droit civil. L'administration ne peut alors se prévaloir de cette circonstance et des motifs qui édictaient la renonciation même si elle est exprimée, pour réclamer un droit de donation (Seine, 27 août 1874 : *Journ. enr.*, 19549).

2 Renonciation moyennant une contrepartie

7129 **Renonciation moyennant un prix.** Elle sera considérée comme une mutation et taxée en fonction de la nature particulière de l'opération.
Ainsi, la renonciation à un usufruit moyennant un prix ou une contrepartie sera taxée comme une cession d'usufruit à titre onéreux (V. Maguéro, V° Renonciation, n° 37).
La renonciation à titre onéreux au bénéfice d'une succession, tout en rendant exigibles les droits de mutation par décès (car elle présuppose l'acceptation du renonçant), sera taxée comme une vente si elle intervient au profit d'un tiers ne figurant pas dans l'énumération de l'article 750-1 du Code général des impôts ou, dans le cas contraire, comme une cession de droits successifs (Doc. adm. DGI, 7 F-31, n° 2, 15 juin 2000).
➤ On retrouvera des exemples de renonciation translative de ce type à propos de l'étude des renonciations à succession (V. n°s 7153 à 7162).

7130 **Renonciation moyennant l'exécution de diverses charges ou conditions.** La renonciation moyennant l'exécution de charges, de conditions, ou l'octroi de contreparties diverses est translative.
Elle sera taxée dans chaque cas en fonction de la nature particulière de l'opération : vente… échange…
On trouve de nombreux exemples d'application de cette idée en matière de renonciation à succession (V. n°s 7153 à 7162).

III
Exemples de renonciations

N.B. : La contribution de sécurité immobilière a remplacé le salaire du conservateur à compter du 1er janvier 2013. Elle obéit aux mêmes conditions d'assiette, de tarifs, de contrôle et de recouvrement que ce salaire (V. **Contribution de sécurité immobilière**). Les solutions données ci-dessous à propos du salaire du conservateur peuvent donc être transposées pour la perception de la contribution de sécurité immobilière.

7131 Les renonciations sont présentées par ordre alphabétique dans les développements qui suivent.

A Accession

7132 **Obligation de publier.** La renonciation à l'accession s'analyse en la constitution d'un droit de superficie (*Bull. AMC* 1989, art. 1430) et à ce titre doit être publiée (V. **Construction sur sol d'autrui** et **Superficie**). À défaut une mutation ultérieure (ou une inscription) ne portant que sur les seuls « superfices » (les constructions édifiées) ou sur le seul tréfonds, ne pourrait pas être publiée, en application du principe de l'effet relatif (*Bull. AMC* 1987, art. 1351 ; *ibid.* 1991, art. 1482).
Si cette renonciation intervient après que l'accession a joué (et donc après l'édification des constructions), elle a alors un caractère translatif. Elle s'analyse en une mutation des constructions consentie au constructeur par le propriétaire du terrain.
La renonciation à l'accession non publiée n'est pas opposable aux tiers ayant acquis sur l'immeuble des droits concurrents (D. 4 janv. 1955, art. 30). Mais dans le cas de procédure collective, le liquidateur n'est pas un « tiers » susceptible de se prévaloir de ce défaut de publication (Cass. 3e civ., 29 mars 2006 : *Bull. civ.* 2006, III, n° 90 ; *Defrénois* 2007, art. 38 530, p. 227, obs. S. Piédelièvre ; *RTD civ.* 2006, p. 351, obs. Th. Revet).

B Renonciation à l'exercice d'une action

7133 **Action en nullité.**
➤ V. **Transaction.**

7134 **Action en réduction.** La renonciation à agir en réduction n'est pas translative. L'acte constatant cette renonciation, s'il est publié, ne donnera lieu qu'à la perception d'un simple droit fixe (ou taxe fixe de publicité foncière) (Bulté *in JCP* N 1962, IV, 3427).
Les droits faisant l'objet de la publication requise ont pour but et pour résultat de garantir les donataires contre toute perte qu'ils auraient subie si les réservataires ou leurs ayants cause avaient exercé leur droit à réduction au lieu de souscrire à la renonciation. On en déduisait antérieurement qu'il fallait en conséquence « procéder à l'estimation de la perte ainsi évitée », pour la perception du salaire proportionnel du conservateur, à peine de refus de dépôt (*Bull. AMC* 1987, art. 1366).
➤ Pour plus de détails, et sur le cas de renonciation anticipée à l'action en réduction, V. **Consentement à exécution**).

7135 **Action en répétition.** Selon l'article 1705 du Code civil, le coéchangiste qui est évincé de la chose qu'il a reçue en échange a le choix entre obtenir des dommages et intérêts ou obtenir la restitution de sa chose.
Si un acte est dressé pour constater la renonciation à cette action en répétition et qu'il est publié, il ne donnera lieu qu'à la perception de la simple taxe fixe de publicité foncière au tarif prévu pour les actes innommés (CGI, art. 680. – Sur le taux actuel de ce droit, V. **Droits fixes**).
Selon Lacroix, la contribution de sécurité immobilière au tarif proportionnel serait due sur la valeur du bien échangé concerné (n° 24).

7136 **Action en rescision.**
➤ V. **Transaction.**
Les règles données ci-dessous pour la renonciation à agir en résolution sont également valables.

7137 **Action en résolution.** *Si un acte* a été *spécialement dressé* pour constater la renonciation du vendeur à son action résolutoire et qu'il soit publié, les perceptions suivantes sont encourues :
– taxe de publicité foncière au taux fixe prévu pour les actes innommés (CGI, art. 680. – Sur le taux actuel de ce droit, V. **Droits fixes**) ;
– selon Lacroix, la contribution de sécurité immobilière au tarif proportionnel est due sur le prix de la vente (n° 25).

7138 *Si la renonciation est incluse dans un acte contenant d'autres dispositions* soumises à publication et donnant ouverture à une taxe fixe ou proportionnelle, les perceptions suivantes seront opérées :
– taxe de publicité foncière : la constatation de la renonciation ne serait en principe pas taxable (CGI, art. 672. – V. **Acte contenant plusieurs dispositions**) ;
– contribution de sécurité immobilière :
• si la renonciation constitue une disposition dépendante, la contribution ne sera pas perçue,
• si la renonciation constitue une disposition indépendante, la contribution de sécurité immobilière au tarif proportionnel serait due, selon Lacroix, sur le prix de la vente (la valeur de l'immeuble vendu ; *op. cit.*, n° 26).

7139 **Action en revendication.**
➤ Se reporter aux n°s 7137 et 7138 (Action en résolution), les règles étant les mêmes.

7140 **Action résolutoire.**
➤ V. plus haut Action en résolution, n°s 7137 et 7138.

7141 **Action révocatoire.** La renonciation à l'action révocatoire doit être publiée (*Rép. alph. enreg.*, V° Hypothèques, t. III, n°s 750 et 5. – Chambaz, Masounabe-Puyanne et Leblond, n° 761 A. – Bulté, *Renonciation à l'action révocatoire résultant d'une donation-partage* : *JCP* N 1957, doctr. 1353 et chron. hyp. *in JCP* N 1973, prat. 5481).
Un acte spécial doit être établi pour la constater. Si la donatrice comparaît à un acte de prêt pour renoncer aux droits qu'elle s'était réservés dans l'acte de donation, et que cette renonciation est rappelée dans le bordereau d'inscription, elle ne peut pas être publiée au fichier immobilier à la faveur de cette inscription (*Bull. AMC* 1983, art. 1291. – Sur la forme de la procuration, V. **Donation**).
La publication donnera lieu à la perception de la taxe de publicité foncière au taux fixe (CGI, art. 680. – Sur le taux actuel, V. **Droits fixes**) et de la contribution de sécurité immobilière au tarif proportionnel sur la valeur du droit auquel il est renoncé, fixée par une déclaration estimative des parties.

7142 Si la renonciation est incluse dans un acte comportant d'autres dispositions soumises à publication (par ex., un acte de vente), aucune taxe ne sera perçue si l'acte principal donne lieu à une taxe fixe (CGI, art. 680 ; sur le taux actuel, V. **Droits fixes**) au moins ou à la taxe proportionnelle (CGI, art. 672).

C Bail

7143 **Assimilation à une résiliation.** Pour être efficace, la renonciation à un bail suppose l'accord du cocontractant (le bailleur) et elle s'analyse finalement en la résiliation amiable du bail.
➤ Pour la taxation, V. **Bail ordinaire à durée limitée** ou les études consacrées à divers types particuliers de baux (bail emphytéotique, bail à construction, etc.).

D Bénéfice d'émolument

7144 **Taxation.** La renonciation est enregistrée au droit fixe des actes innommés si elle n'est pas inspirée par l'intention de faire une libéralité (Maguéro, V° Renonciation, n° 30).

E Clause d'accroissement

➤ V. **Clause d'accroissement**.

F Convention de mariage

7145 **Distinctions à opérer.** Dans la mesure où elle est inspirée par une intention libérale, la renonciation au bénéfice de la convention de mariage pourra être taxée comme une donation (*Dict. enr.*, 3267-a), à partir du moment cependant où cette renonciation aura été acceptée (Maguéro, V° Renonciation, n° 40).
Si elle est consentie moyennant une contrepartie, elle entraînera mutation. Dans certains cas, lorsqu'il y aura indivision entre le bénéficiaire de la convention de mariage et le bénéficiaire de la renonciation, ou lorsque la propriété sera démembrée entre eux deux (l'un étant usufruitier, l'autre nu-propriétaire), la mutation pourra, le cas échéant, bénéficier du régime de faveur prévu par les articles 748 ou 750-II du Code général des impôts (V. **Licitation** et **Partage**).

G Donation entre époux

7146 **Renonciation avant acceptation.** Comme le souligne Maguéro (V° Donation, n° 175), après la dissolution du mariage par le décès de l'un des époux, l'époux survivant est sans aucun doute en droit de renoncer à la donation de biens à venir ou de biens présents et à venir que le conjoint lui a faite. L'acceptation de cette libéralité ne le lie pas au sujet de la décision à prendre au moment où s'ouvre la succession qui lui a été donnée.
La renonciation ne donnera lieu, comme l'option successorale, qu'à la perception d'un simple droit fixe.

7147 **Renonciation après acceptation.** Si postérieurement au décès du conjoint donateur, l'époux donataire a accepté la donation, la renonciation qu'il consentirait après acceptation serait translative (Cass., 11 et 12 janv. 1853 : *DP* 1853, I, 17 et 21) et, indépendamment des droits de mutation par décès, elle donnerait ouverture soit aux droits de donation (si elle est faite avec une intention libérale), soit aux taxations prévues pour les cessions de droits successifs (si elle est faite à titre onéreux).

H Dons et legs consentis à l'État et aux établissements publics nationaux. Restitution

➤ V. **Donation** et **État** (sur la question, *Bull. AMC* 1970, art. 802).

I Droit d'usage ou d'habitation

➤ V. **Usufruit**, les règles applicables étant les mêmes.

J Hypothèque légale

7148 **Droit fixe.** La renonciation par la femme à son hypothèque légale faite en un acte spécial sans expression de valeur ne donne lieu qu'à la perception d'un simple droit fixe (Maguéro, V° Renonciation, n° 24).
De même, lorsqu'un immeuble de communauté est vendu par le mari seul et que, dans la quittance du prix, la femme s'oblige solidairement avec son mari à la garantie et, par suite, se désiste de son hypothèque légale sur l'immeuble vendu, mais en faveur de l'acquéreur, cette renonciation ne donne pas ouverture à un droit fixe particulier (Maguéro, V° Renonciation, n° 24-1).

K Interdiction d'aliéner et d'hypothéquer

➤ V. **Interdiction d'aliéner et d'hypothéquer**.

L Intervention du donateur pour renoncer à des droits antérieurs

➤ V. **Donation**.

M Mitoyenneté

➤ V. **Abandon** et **Mitoyenneté des murs**.

N Préciput

7149 **Caractère de libéralité.** Le droit de donation est dû sur l'acte par lequel un héritier renonce sans contrepartie à la libéralité préciputaire que lui avait faite l'auteur commun, lorsque l'intention libérale est établie (Seine, 2 févr. 1867 : *Journ. enr.*, 18354. – Maguéro, V° Donation, n° 300).

O Prescription

7150 **Publicité foncière. Taxation.** La renonciation à se prévaloir de la prescription acquise doit être obligatoirement publiée (*Rép. alph. enreg.*, V° Hypothèque, L. III, n° 750-5°). Elle ne donne ouverture qu'au droit fixe (taxe fixe) des actes innommés (Sol. 5 juin 1816 : *Journ. enr.*, 5451. – CGI, art. 680, sur le taux actuel, V. **Droits fixes**).
La contribution de sécurité immobilière au tarif proportionnel est due sur la valeur, à déclarer, des biens concernés (Lacroix, n° 591).

P Promesse de vente

➤ V. **Promesse de vente**.

Q Rapport

➤ V. **Rapport**.

R Réduction

➤ V. n° 7134, Action en réduction et V. **Consentement à exécution**.

S Réméré

➤ V. **Réméré**.

T Renonciation mutuelle

7151 **Taxation.** L'acte aux termes duquel l'époux survivant donataire de l'usufruit des biens de sa femme décédée renonce à cet usufruit tandis que ses enfants renoncent aux reprises de leur mère contient un véritable contrat commutatif passible des droits de mutation à titre onéreux (Cass. req., 9 mars 1852 : Instr. 1929, § 5).
Les renonciations réciproques peuvent donc être taxées comme des échanges, si elles se traduisent par l'abandon des droits de propriété sur des immeubles.

U Reprises

7152 Taxation. La renonciation par la femme au paiement de ses reprises en argent alors qu'elle ne procède pas d'une intention de libéralité n'est passible que d'un simple droit fixe (Sol. 13 janv. 1894 : *Rev. enr. et imp.*, 635 ; Maguéro, V° Renonciation, n° 29. – CGI, art. 680, sur le taux actuel, V. **Droits fixes**).
Si la femme renonce au droit d'exercer ses reprises au préjudice des créanciers de son mari tombé en déconfiture, et que l'acte est passé sans le concours des créanciers, il ne peut être considéré comme une simple renonciation soumise au droit fixe (Sol. 28 sept. 1875. – Maguéro, V° Renonciation, n° 28).

V Retour

➤ V. **Retour (droit de)**.

W Réversion d'usufruit

➤ V. **Réversion d'usufruit**.

X Servitude

➤ V. **Servitudes**.

Y Succession et legs

7153 Observations préliminaires. Nous nous bornerons à un examen succinct des seuls problèmes concernant la publicité foncière et des cas où les droits de mutation à titre onéreux peuvent être dus. L'objet du présent ouvrage est en effet l'étude des taxations encourues pour les seules mutations sujettes à publication à la conservation des hypothèques.
Nous ferons en particulier abstraction de l'incidence de ces renonciations sur la perception des droits de mutation par décès.

1 Publicité foncière

7154 Publication dans le cadre d'une attestation notariée. Il est admis que « la renonciation pure et simple à une succession doit faire l'objet d'une publication sous forme d'attestation notariée » (*Rép. alph. enreg.*, V° Hypothèque, L. III, n° 750-5°, p. 501, note 2).
Lorsque la renonciation intervient avant toute acceptation et avant l'établissement de l'attestation notariée, elle doit être rappelée dans cette attestation (H. Bulté, chron. hyp. : *JCP* N 1977, IV, 6533).
Si la renonciation est postérieure à l'établissement de l'attestation, elle doit être publiée sous forme d'attestation rectificative (Bulté et Béchade, chron. hyp. : *JCP* N 1963, IV, 3496). Les mêmes règles sont applicables en cas de renonciation à un legs, ou en cas de renonciation à son usufruit légal pas un époux survivant (Bulté, chron. hyp. : *JCP* N 1970, IV, 4690).
Rien n'empêcherait cependant qu'un acte spécial soit établi pour constater et publier la renonciation (V. dans le cas d'une renonciation postérieure au 1er janvier 1956 à une succession ouverte antérieurement à cette date : Bulté et Béchade : *JCP* N 1961, IV, 3092).
La contribution de sécurité immobilière au tarif proportionnel doit être perçue sur la valeur totale des immeubles et droits immobiliers compris dans l'attestation et non pas à la fois sur la valeur de ces immeubles et sur la part revenant à chacun des héritiers renonçant (V. à propos du salaire du conservateur, Bulté, chron. hyp., préc. : *JCP* N 1977, IV, 6533).

7155 Certification de l'identité du renonçant. Même si, du fait de sa renonciation, le renonçant est « censé n'avoir jamais été héritier » (C. civ., art. 805), il n'en reste pas moins qu'il a la qualité de successible (ce qui vise les personnes qui peuvent légitimement succéder, cette notion étant distincte de celle de « successeur »), ce qui lui confère la qualité de « partie » au sens des articles 5 et 6 du décret du 4 janvier 1955. Dès lors, puisque l'attestation de propriété, comme tout acte sujet à publicité, doit contenir l'identité des « parties », l'identité complète du renonçant doit y être mentionnée et faire l'objet d'une certification (Bulté et Poirier, chron. hyp. : *JCP* N 1967, IV, 4168. – Bulté : *JCP* N 1972, IV, 5368. – Chron. P.J.C : *JCP* N 1987, IV, 320).
La question de savoir si l'identification complète du renonçant est requise lorsque la renonciation est antérieure à toute attestation de propriété a donné lieu à discussion (*JCP* N 1987, prat. 320. V. en faveur de l'affirmative, M. Suquet-Cozic, *Faut-il indiquer l'état civil complet du renonçant dans l'attestation de propriété immobilière : Sol. not.* 2020, n° 36, p. 10).

2 Taxations

a) Renonciations purement extinctives

7156 Rappel. Comme nous l'avons vu (V. n° 7154), la renonciation est normalement constatée dans l'attestation notariée après décès. Seront alors opérées les perceptions habituelles engendrées par la publication de cette attestation.

b) Renonciations considérées comme translatives

7157 **Inventaire.** Ont un caractère translatif les renonciations partielles (1), les renonciations intervenues après acceptation (2), les renonciations *in favorem* (3), les renonciations après acceptation sous bénéfice d'inventaire (4).

1) Renonciation partielle

7158 **Principe.** Un héritier naturel, un légataire universel ayant la saisine par suite de l'absence d'héritier à réserve, ne peuvent renoncer partiellement à la succession ou au legs. Toute renonciation partielle de leur part équivaut à une acceptation et est translative.

Mais le légataire universel en concours avec des héritiers réservataires peut renoncer partiellement : ceci a été admis par l'administration à la suite d'un arrêt de la Cour suprême (Cass. civ., 12 mai 1897 : Instr. 3004, § 1). Le légataire particulier peut également renoncer partiellement. Mais le testateur peut avoir manifesté sa volonté de voir le legs accepté ou répudié pour le tout, et il faut de toute manière que la chose léguée soit divisible (V. pour plus de détails Maguéro, V° Renonciation, n°s 193 et s.).

7159 **Règles de perception.** Lorsqu'une renonciation partielle est valable, elle affranchit le renonçant du paiement des droits de mutation par décès sur les biens qu'il a répudiés et dont il est réputé n'avoir jamais été saisi. Toutes les fois, au contraire, que la renonciation partielle est ou doit être considérée comme emportant acceptation du tout, elle produit sur le plan fiscal les conséquences suivantes :

– le renonçant reste tenu, malgré sa renonciation partielle du droit de mutation par décès sur la totalité de la succession, de la part héréditaire ou du legs qu'il a répudié pour partie ;

– d'autre part, si les biens auxquels il a renoncé sont appréhendés par d'autres héritiers ou légataires, le droit de donation entre vifs est exigible sur ces biens, au taux fixé pour le degré de parenté existant entre le prétendu renonçant et ceux qui profitent de sa renonciation partielle. Mais l'acceptation expresse ou tacite de ces derniers est nécessaire pour l'exigibilité du droit de donation entre vifs (Sol. 24 avr. 1895 ; Maguéro, V° Renonciation, n° 199).

2) Renonciation à une succession antérieurement acceptée

7160 **Caractère translatif.** Une telle renonciation est translative (Mortagne, 9 nov. 1893 : *Journ. enr.*, 25160). La renonciation faite par un mineur devenu majeur à la succession acceptée pour son compte par son tuteur est également translative (Montpellier, 17 avr. 1899 : *Rev. enr. et imp.*, 2136. – Maguéro, V° Renonciation, n° 113).

3) Renonciation in favorem

7161 **Caractère de libéralité.** L'héritier ou le légataire qui renonce au profit de quelques-uns seulement des cohéritiers reste tenu du droit de mutation par décès.

En outre, dès qu'il y a acceptation ou prise de possession par ceux en faveur desquels la renonciation été faite, le droit de donation entre vifs est exigible pour la transmission opérée de la tête du renonçant sur la leur (Maguéro, V° Renonciation, n° 152).

Si la renonciation était faite moyennant un prix, il y aurait alors cession de droits successifs taxable selon les principes résultant de l'article 750-11 du Code général des impôts.

4) Renonciation après acceptation à concurrence de l'actif net

7162 **Taxation.** L'acceptation à concurrence de l'actif net confère irrévocablement la qualité d'héritier comme l'acceptation pure et simple. Elle empêche toute renonciation à succession (C. civ., art. 801). Par suite, la renonciation faite ultérieurement a un caractère translatif et donne ouverture au droit de mutation entre vifs (Sol. mai 1890. – Maguéro, V° Renonciation, n° 112).

Les droits de mutation perçus seront fonction de la nature de la renonciation : selon qu'elle intervient à titre de libéralité, ou moyennant une contrepartie...

En outre, cette renonciation est impuissante à affranchir le renonçant du paiement du droit de mutation par décès, qui reste exigible (Maguéro, *ibid.*, réf. citées).

Z Usufruit

➤ V. **Usufruit**.

Renouvellement (inscriptions)

Jacques LAFOND

Sommaire analytique

BIBLIOGRAPHIE : *JCl. Notarial Répertoire*, V° Inscription hypothécaire, Fasc. 40, par S. Piédelièvre. – *JCl. Notarial Formulaire*, V° Bordereau d'inscription, Fasc. 200, par J. Lafond.

7163 Texte. La matière est actuellement régie par l'article 2430 du Code civil, issu de l'ordonnance n° 2021-1192 du 15 septembre 2021, entrée en vigueur le 1er janvier 2022, qui n'a modifié que très légèrement, pour des raisons de mise en concordance, l'ancien article 2435 du Code civil dont elle a repris les termes.

C. civ., art. 2430 (*Mod. Ord. n° 2021-1192, 15 sept. 2021, art. 15 et 21*). – L'inscription cesse de produire effet si elle n'a pas été renouvelée au plus tard à la date visée au premier alinéa de l'article 2429.

Chaque renouvellement est requis jusqu'à une date déterminée. Cette date est fixée comme il est dit à l'article 2429 en distinguant suivant que l'échéance ou la dernière échéance, même si elle résulte d'une prorogation de délai, est ou non déterminée et qu'elle est ou non postérieure au jour du renouvellement.

Le renouvellement est obligatoire, dans le cas où l'inscription a produit son effet légal, notamment en cas de réalisation du gage, jusqu'au paiement ou à la consignation du prix.

Nous examinerons successivement l'utilité du renouvellement (I), puis qui doit requérir le renouvellement (II), les modalités d'établissement des bordereaux (III) et l'exécution de la formalité (IV), avant d'évoquer quelques cas particuliers (V).

I

Utilité du renouvellement

A Éviter la péremption de l'inscription

1 Rappel

7164 **Principe.** Selon l'article 2430 du Code civil, « l'inscription cesse de produire effet si elle n'a pas été renouvelée au plus tard à la date visée au premier alinéa de l'article 2429 ».
Ce renvoi à l'article 2429, alinéa 1er, se réfère à la date d'effet de l'inscription qui a été fixée dans le bordereau (V. **Bordereau d'inscription**).
Si cette date est dépassée, l'inscription se périme (V. **Inscription-Formalités**) et la seule solution offerte au créancier est de prendre une nouvelle inscription, qui ne prendra rang qu'à sa date.
Ce principe concerne toutes les inscriptions : hypothèques conventionnelles, judiciaires, légales ; inscriptions de privilège ; inscriptions originaires ou inscriptions prises en renouvellement…

7165 **Renouvellements fractionnés.** Rien n'interdit de renouveler l'inscription par le dépôt successif de plusieurs bordereaux concernant chacun une partie de la somme originairement garantie ou certains seulement des immeubles initialement grevés. Bien entendu, l'inscription originaire sera périmée dans tous ses éléments non « revivifiés » en temps voulu. Par ailleurs, l'administration a appelé l'attention des notaires sur le fait que cette péremption, combinée avec des renouvellements limités, ne semble pas produire les mêmes effets que la division de la sûreté suivie de radiation partielle et des mêmes renouvellements (Lettre DGI 26 mars 1969 : *Bull. AMC* 1969, art. 765).

2 Date ultime pour procéder au renouvellement

D. 14 oct. 1955, art. 64. – 1. Le dépôt est refusé :

(…)

2° Si le renouvellement est requis après « péremption ou radiation » de l'inscription à renouveler. Dans ce cas, le créancier peut requérir une nouvelle inscription prenant rang à sa date en se conformant aux prescriptions de l'article 2428 du Code civil. La réglementation édictée par ce texte, concernant la rédaction des bordereaux d'inscription, a été reporté.

N.B. : L'article 64 du décret du 14 octobre 1955 renvoie à l'article 2428 du Code civil : mais ce renvoi n'est plus d'actualité car la réglementation édictée par ce texte, qui concerne la rédaction des bordereaux d'inscription, a été transférée dans l'article 55 du décret du 14 octobre 1955, à la suite du décret n° 2021-1888 du 29 décembre 2021, applicable à compter du 1er janvier 2022.

7166 **Computation du délai de péremption.** Le délai de péremption est un délai préfix, non susceptible de suspension. Il expire le jour fixé comme date extrême d'effet sur le bordereau d'inscription. Il résulte de l'article 642-1 du Code de procédure civile que le délai se calcule selon les modalités fixées par l'article 642 du même code. Or ce texte énonce que :
– « tout délai expire le dernier jour à 24 heures » ;
– et que « le délai qui expirera normalement un samedi, un dimanche, un jour férié ou chômé est prorogé jusqu'au premier jour ouvrable suivant » (pour plus de détails, V. **Délais**).

7167 **Application.** Supposons que la date extrême d'effet de l'inscription soit le 30 juin. Théoriquement, le renouvellement peut être opéré jusqu'au 30 juin à 24 heures. En pratique, la formalité devra être effectuée avant la fermeture du bureau.
Toutefois, la fermeture au public avant minuit de la conservation des hypothèques (devenu service de la publicité foncière) ne peut avoir pour effet

de priver le créancier de la faculté de renouveler son inscription le dernier jour jusqu'à 24 heures. Mais il appartient alors à celui qui effectue la formalité de prouver que celle-ci a été accomplie par son dépôt le dernier jour du délai avant minuit dans la boîte aux lettres de la conservation des hypothèques (TGI Chambéry, 29 juin 1989 : *JCP* N 1992, II, p. 273, note P. Frémont ; *Gaz. Pal.* 1990, 1, 329, note Renard).
Si par ailleurs le 30 juin tombe un samedi, le délai sera prolongé jusqu'au premier jour ouvrable suivant, soit en principe le lundi (il en sera de même si le 30 juin est un dimanche, ou un jour férié ou chômé).

7168 **Envoi effectué par lettre recommandée avec demande d'avis de réception.** Un bordereau de renouvellement d'inscription est adressé à un bureau des hypothèques (devenu service de la publicité foncière) le mercredi 29 septembre 1993 sous pli recommandé alors que la date extrême d'effet de l'inscription concernée a été fixée au 30 septembre. Mais la lettre recommandée n'est délivrée au conservateur (actuellement : au chef du SPF) que le 1er octobre.
C'est la date de réception des pièces qui doit être prise en considération par le conservateur (actuellement du SPF) et non pas la date d'envoi. En effet, le registre des dépôts est servi jour par jour (C. civ., art. 2447). Et en l'espèce, le bordereau ne pouvait être mentionné sur ce registre qu'avec les pièces remises au cours de la journée du 1er octobre. Mais à cette date, l'inscription à proroger avait cessé de produire effet, faute précisément, d'avoir été renouvelée la veille au plus tard. Le dépôt, dès lors, ne pouvait qu'être refusé (*Bull. AMC* 1994, art. 1613).

7169 **Renouvellement demandé après péremption de l'inscription.** Si le renouvellement est demandé après péremption de l'inscription, le service de la publicité foncière doit refuser le dépôt (D. 14 oct. 1955, art. 64-1-2°).
Cependant, en pareil cas, le créancier a la possibilité de prendre une nouvelle inscription prenant rang à sa date, mais à la condition que l'immeuble grevé n'ait pas fait l'objet d'une aliénation publiée (*Bull. AMC* 1991, art. 1497). En effet, la péremption de l'inscription ne doit pas être confondue avec la prescription de la créance ni avec la prescription de l'hypothèque (Cass. 3e civ., 8 janv. 1974, n° 72-11.176 ; *Bull. civ.* 1974, III, n° 4). Le créancier peut inscrire de nouveau l'hypothèque, sans l'accord du débiteur. Mais l'inscription nouvelle ne prendra rang qu'à sa date et ne fera pas revivre la précédente inscription qui se trouvera définitivement périmée (Cass. 3e civ., 25 avr. 2007, n° 06-11.524 : *Bull. civ.* 2007, III, n° 60).

➤ V. sur le cas où les parties ont voulu que la date limite d'effet de l'inscription s'étende à l'inscription elle-même, *infra*, n° 7173.

7170 **Renouvellement accepté par le service de la publicité foncière alors que l'inscription est périmée ou radiée.** Si le service de la publicité foncière a, par erreur, accepté le renouvellement d'une inscription qui était en fait périmée, il doit relater tant l'inscription initiale que celle renouvelée, lorsqu'une demande de renseignements hypothécaires est formulée. Cette situation est de nature à engager la responsabilité du service, dans la mesure du préjudice causé (V., antérieurement, *Bull. AMC* 1991, art. 1496).
Cette situation ne devrait plus se rencontrer, l'article 64, 1, 2° du décret du 14 octobre 1955 prévoyant que le dépôt est refusé si le renouvellement est requis après péremption ou radiation de l'inscription à renouveler. Ce texte ajoute que dans ce cas, le créancier peut requérir une nouvelle inscription prenant rang à sa date, en se conformant aux règles habituelles.

7171 **Calcul du délai en cas de dépôt d'un bordereau rectificatif.** Lorsque l'inscription à renouveler a fait l'objet d'un rejet, qui a été régularisé par le dépôt d'un bordereau rectificatif, la question se pose de savoir si le délai de péremption court à compter de la date du dépôt ou du bordereau originaire ou du bordereau rectifié. La question étant litigieuse, il a été conseillé au conservateur d'accepter un renouvellement, intervenant plus de dix ans après l'inscription originaire, mais moins de dix ans après le dépôt du bordereau rectificatif (*Bull. AMC* 1967, art. 705).

B Jusqu'à quand le renouvellement est-il nécessaire ?

7172 **Principe.** Selon l'article 2430, alinéa 3 du Code civil, « le renouvellement est obligatoire, dans le cas où l'inscription a produit son effet légal, notamment en cas de réalisation du gage, jusqu'au paiement ou à la consignation du prix ». Il résulte de ce texte qu'alors même que le droit du créancier a été reporté de l'immeuble sur le prix, le renouvellement de l'inscription reste obligatoire pour conserver son bénéfice, jusqu'au paiement effectif ou à la consignation de ce prix (V. M. Vion, *Jusqu'à quel moment les inscriptions doivent-elles être renouvelées ? : Defrénois* 1980, p. 929).
En cas d'adjudication de l'immeuble grevé par une hypothèque, la Cour de cassation a décidé que l'effet légal se produisait lors de la publication

du jugement d'adjudication (Cass. 3e civ., 13 sept. 2006 : *Bull. civ.* 2006, III, n° 199 ; *Defrénois* 2007, art. 38530, p. 225, obs. S. Piédelièvre.)
En matière de procédure collective, l'article L. 642-12, alinéa 1er du Code de commerce énonce que « lorsque la cession porte sur des biens grevés d'un privilège spécial ou d'une hypothèque, une quote-part du prix est affectée par le tribunal à chacun de ces biens pour la répartition du prix et l'exercice du droit de préférence ». Il a été jugé que cette affectation spéciale étant légale, le dépôt des fonds à la Caisse des dépôts et consignations équivaut à une consignation (au sens de l'article 2430, alinéa 3 du Code civil) ce qui dispense les créanciers, à partir de cette date, de procéder au renouvellement des inscriptions (Cass. com., 1er févr. 2000 : *JCP* N 2000, n° 41, p. 1484, note J.-P. Rémery). Si aucune quote-part du prix de vente de l'immeuble n'a été affectée aux créanciers inscrits sur ce bien, qui n'était pas compris dans le plan de cession, le versement à la Caisse des dépôts et consignations du prix de la vente n'équivaut pas à la consignation prévue par l'article 2430, alinéa 3 du Code civil, et le solde de la créance de la banque qui n'a pas renouvelé l'inscription de son hypothèque, dont la péremption est encourue ne peut être admis à titre privilégié (Cass. 3e civ., 28 janv. 2015, n° 13-24.040 : *JurisData* n° 2015-001115 ; *Bull. civ.* 2015, III, n° 14).

C Exclusion du renouvellement

7173 Limitation conventionnelle des effets de l'inscription. Si la durée de l'inscription hypothécaire prise sur l'immeuble a été conventionnellement déterminée, et limitée à une certaine date, le créancier ne peut procéder au renouvellement de l'hypothèque consentie par le débiteur postérieurement à cette date (Cass. 3e civ., 27 mai 2010, n° 09-15 064 : *RJDA* oct. 2010, n° 1005. – V. précédemment Cass. 3e civ., 17 janv. 2007, n° 05-21.871).

II Qui doit requérir le renouvellement ?

7174 En principe le créancier. Le renouvellement doit être sollicité. En aucun cas il ne peut être opéré d'office par le conservateur. L'article 61 du décret du 14 octobre 1955 énonce que la réquisition peut être faite soit par le créancier lui-même, « soit par un tiers », agissant dans le cadre d'un mandat exprès ou tacite (V. n° 7175). Mais le titre constitutif de la garantie peut interdire le renouvellement de l'inscription sans l'accord du débiteur (V. Cass. com., 7 juin 2005 : *Bull. civ.* 2005, IV, n° 125 ; *Defrénois* 2006, art. 38356, p. 519, obs. S. Piédelièvre).

A Mandataire

7175 Notaire ou avocats. Il est bien établi que le notaire n'a pas à prendre l'initiative du renouvellement de l'inscription s'il n'a reçu de son client aucun mandat spécial en ce sens. Toutefois, il existe une tendance de la jurisprudence à reconnaître, dans certaines circonstances, l'existence d'un mandat tacite (sur la responsabilité du notaire en la matière, V. *JCl. Notarial Formulaire*, V° Responsabilité notariale, Fasc. 30 par Th. Sanséau et J.-F. Sagaut. – Sur les moyens de limiter cette responsabilité, V. M. Dagot, *Que peut faire le notaire pour échapper à une éventuelle responsabilité en cas de défaut de renouvellement d'une inscription hypothécaire ? : JCP* N 1980, prat. 7474).
La solution est la même en ce qui concerne les avocats, pour les inscriptions d'hypothèque judiciaire prise par leur intermédiaire.
Il reste cependant qu'en vertu de leur devoir de conseil, ces professionnels sont tenus d'alerter leurs clients créanciers sur la nécessité de procéder à renouvellement avant la date de péremption de l'inscription.
La responsabilité du notaire n'est pas engagée s'il est manifeste qu'il était pratiquement impossible dans le très court délai d'un mois imparti par le conservateur des hypothèques (aujourd'hui par le service de la publicité foncière) pour régulariser le rejet de la formalité, de procéder à une nouvelle demande de renouvellement sans se heurter à un nouveau refus du conservateur (CA Lyon, 6 oct. 2015 : *JurisData* n° 2015-022176 : *Sol. not.* janv. 2016, p. 31 et la note).

B Cession de créance

7176 Mentions concernant le créancier. L'article 61, § 2 du décret du 14 octobre 1955 précise que « en cas de changement dans la personne

(...) du créancier (...) les bordereaux mentionnent (...) le créancier actuel ».
Dans le cas de cession de créance, l'inscription sera donc renouvelée à la requête du cessionnaire (V. pour un cas de responsabilité notariale, le bordereau mentionnant le nom du créancier d'origine : CA Paris, 1re ch. A, 11 mars 2008 : *JurisData* n° 2008-358368 ; *JCP* G 2008, IV, 1746).
L'article 61, 2 du décret du 14 octobre 1955 précité n'a pas prévu de sanctions particulières en cas de violation de ses dispositions. On notera que la Cour de cassation a décidé que l'omission dans le bordereau de renouvellement des modifications concernant l'identité du créancier n'emportait pas nullité du renouvellement dès lors qu'il, n'en résultait aucune aggravation de la situation du débiteur (Cass. 3e civ., 11 oct. 2006 : *Bull. civ.* 2006, III, n° 199 ; *Defrénois* 2007, art. 38530, p. 231, note crit. S. Piédelièvre. – V. précédemment une décision plus sévère : Cass. 3e civ., 30 mars 2005, n° 04-11300 : *Bull. Cridon Paris* 15 juin 2005, obs. D. Lepeltier). Ce faisant, la Cour de cassation introduit une distinction entre les erreurs substantielles, qui affectent la situation hypothécaire en changeant la situation du débiteur ou du tiers détenteur, et les erreurs non substantielles qui ne modifient en rien cette situation. Seules les erreurs substantielles doivent être sanctionnées par la nullité (note S. Piédelièvre, préc.). Un nouvel arrêt reprend cette distinction, en décidant que l'omission dans le bordereau de renouvellement de la mention en marge relative à la modification intervenue dans la personne du créancier n'emporte pas la nullité de ce renouvellement dès lors qu'elle n'a pas pour effet d'aggraver la situation du débiteur principal ou du tiers détenteur (Cass. 3e civ., 27 janv. 2010, n° 08-21324 : *Bull. civ.* 2010, III, n° 25 ; *Defrénois* 2010, art. 39 123, p. 1177, note S. Piédelièvre ; chron. Ph. Simler et Ph. Delebecque *in JCP* N 2010, n° 29-1251, n° 14. – V., dans le même sens, Cass. 3e civ., 8 févr. 2012, n° 10-25.292 : *Bull. civ.* 2012, III, n° 26 ; *Defrénois* 2012, p. 954, obs. S. Piédelièvre ; *AJDI* 2012, p. 694, note N. Le Rudulier).

7177 Cessionnaire de la créance garantie. L'article 61, 2, a) du décret du 14 octobre 1955 indique que le bordereau doit « énoncer sommairement les causes et titres en vertu desquels il [le créancier actuel] est devenu titulaire de la créance ». Mais le conservateur (aujourd'hui, le service de la publicité foncière) ne peut pas exiger la production de l'acte de cession, non plus que la mention, sur le bordereau, de la signification de la cession au débiteur (Bulté, chron. *in JCP* N 1976, prat. 6363 ; *Bull. AMC* 2003, art. 1853).

C Subrogation partielle

7178 Renouvellement au nom du subrogeant et du subrogé. La subrogation peut-être partielle. Ainsi dans le cas où une compagnie d'assurances est, à la suite du paiement de l'indemnité, subrogée à due concurrence dans les droits et actions de l'assuré contre les tiers (C. assur., art. L. 121-12). La créance d'origine se trouve alors divisée en deux parties distinctes présentant les mêmes garanties pour leurs montants respectifs. Chaque créancier peut obtenir le renouvellement de l'inscription à hauteur de ses droits en se référant à cette inscription.
En l'espèce, le bordereau déposé pour le compte de la compagnie d'assurances énoncera en outre le contrat l'autorisant à agir et fera référence à l'article L. 121-12 du Code des assurances (*Bull. AMC* 2005, art. 1873).

D Décès du créancier

7179 Modalités du renouvellement. En cas de décès du créancier d'origine, le renouvellement peut être effectué soit au profit du défunt, soit au profit de ses héritiers (P. Frémont et J. Lafond : *JCl. Notarial Formulaire*, V° Bordereau d'inscription hypothécaire, Fasc. 200, n° 42).

E Bordereaux collectifs

7180 Modalités du renouvellement. Dans le cas où le dépôt de bordereaux collectifs est admis (V. **Bordereau d'inscription**), lorsqu'une première inscription a été prise collectivement en vertu d'un même titre au profit de plusieurs créanciers, chacun d'eux peut en opérer seul le renouvellement. S'il renouvelle au bénéfice de tous, tant en son nom personnel que comme mandataire ou gérant d'affaires de ses co-créanciers, le renouvellement profitera à tous. S'il renouvelle en son propre nom seulement et pour le montant de sa créance personnelle, le renouvellement ne profite qu'à lui (P. Frémont et J. Lafond : *JCl. Notarial Formulaire*, V° Bordereau d'inscription hypothécaire, Fasc. 200).

III

Établissement des bordereaux

D. 14 oct. 1955, art. 61 *(Mod. par D. n° 2021-1888, 29 déc. 2021, art. 5).* – 1. Pour opérer le renouvellement prévu à l'article 2435 du Code civil, d'une inscription d'hypothèque, le créancier, qui n'a pas à représenter le titre, dépose, au service de la publicité foncière, soit par lui-même, soit par un tiers, deux bordereaux signés et certifiés conformes entre eux. Celui des deux bordereaux qui doit être conservé dans les registres de ce service est établi conformément aux prescriptions du 1 de l'article 56 du présent décret, sous la sanction prévue au 2 du même article ; il est seul obligatoirement rédigé sur une formule spéciale fournie par l'administration ou reproduite selon des normes fixées par instruction publiée au Bulletin officiel des impôts.

Chacun des bordereaux commence obligatoirement par la réquisition suivante, portée en lettres majuscules d'imprimerie : « INSCRIPTION AYANT EFFET JUSQU'AU... EST REQUISE EN RENOUVELLEMENT DE... ». Il indique, en outre, dans un cadre spécialement ménagé, si le principal de l'obligation garantie doit ou non être acquitté à une ou plusieurs dates déterminées postérieures à celle de la formalité, notamment par suite d'une prorogation du délai fixé pour l'acquittement de cette obligation.

Indépendamment de ces réquisitions et indication et du certificat de conformité, chaque bordereau ne peut contenir, sous peine de rejet de la formalité, que la mention de la date, du volume et du numéro sous lequel a été opérée l'inscription à renouveler – et, s'il y a lieu, les mêmes mentions pour les inscriptions successives en renouvellement – avec l'indication de la date extrême d'effet portée, selon le cas, sur le bordereau originaire ou sur le dernier bordereau de renouvellement et le simple rappel du titre et des nom de famille et prénoms ou dénomination des propriétaire grevé et créancier originaires.

2. Toutefois, en cas de changement dans la personne ou dans l'état civil du créancier, en cas de réduction de la créance ou de ses accessoires, de modification dans l'époque d'exigibilité, les bordereaux mentionnent, en outre :

a) Le créancier actuel, en énonçant sommairement les causes et titres en vertu desquels il est devenu titulaire de la créance ;

b) Le capital de la créance et ses accessoires conservés par l'inscription en renouvellement, ainsi que l'époque d'exigibilité sauf dans l'hypothèse où ces changements ou modifications ont été publiés sous forme de mentions en marge, conformément à l'article 2430 du Code civil.

3. De plus, si l'étendue du gage se trouve diminué par l'inscription en renouvellement, les bordereaux contiennent la désignation actuelle de chacun des immeubles restant grevés.

Conformément au premier alinéa du I de l'article 7 du décret n° 2021-1888 du 29 décembre 2021, ces dispositions sont entrées en vigueur le 1er janvier 2022.

7181 **Formule réglementaire.** Le bordereau qui doit être conservé au service de la publicité foncière est obligatoirement établi sur les formules spéciales fournies par l'administration ou reproduites selon les normes fixées par instruction publiée au *Bulletin officiel des impôts* (D. 14 oct. 1955, art. 61, § 1, al. 1er), et ceci à peine de rejet (D. 14 oct. 1955, art. 64, § 1, 4, al. 2).
La formule actuellement en vigueur est l'imprimé 3267-R.
Nous reprendrons dans la suite de ces développements l'ordre des rubriques tel qu'il figure dans ce formulaire.

A Date d'effet de l'inscription en renouvellement

7182 Les règles applicables sont les mêmes que celles concernant les inscriptions originaires (V. **Bordereau d'inscription**).
Les indications concernant la date d'effet de l'inscription (hypothèque conventionnelle, judiciaire, légale...) doivent être données en lettres.
Lorsqu'un renouvellement est requis, le service de la publicité foncière vérifie immédiatement que la date extrême d'effet de l'inscription renouvelée, portée dans les bordereaux présentés, est en concordance avec celle figurant au fichier immobilier (D. 14 oct. 1955, art. 67-1).

B Mentions concernant l'inscription à renouveler

7183 Le cadre suivant indique que l'inscription est requise en renouvellement de celle prise le… volume… n° … Il y a lieu également de fournir ces mêmes renseignements pour les inscriptions successives qui auraient été précédemment prises en renouvellement (D. 14 oct. 1955, art. 61, § 1, al. 3).
Il est demandé d'indiquer la date extrême d'effet de l'inscription originaire, ou, si elle a été renouvelée, de l'inscription (ou de la dernière inscription) en renouvellement.
Cette indication est donnée en chiffres dans un cadre spécial.
L'article 61, § 1, alinéa 2 du décret du 14 octobre 1955 précise qu'il y a lieu d'indiquer si le principal de l'obligation garantie doit ou non être acquitté à une ou plusieurs dates déterminées postérieures à celle de la formalité, notamment par suite d'une prorogation du délai fixé pour l'acquittement de cette obligation.

C Rappel de l'inscription originaire

7184 Le cadre suivant concerne le « Rappel » de l'inscription originaire : « titre, propriétaire grevé, créancier… ».
L'article 61, § 2 du décret du 14 octobre 1955 précise qu'il y a lieu de rappeler :
a) le créancier actuel, en énonçant sommairement les causes et titres en vertu desquels il est devenu titulaire de la créance ;
b) le capital de la créance et ses accessoires conservés par l'inscription en renouvellement, ainsi que l'époque d'exigibilité sauf dans l'hypothèse où ces changements ou modifications ont été publiés sous forme de mentions en marge, conformément à l'article 2430 du Code civil.

D Modifications survenues depuis l'inscription précédente

7185 **Modifications concernées.** Sous cette rubrique, le formulaire vise, dans une énumération qui n'est pas limitative : les modifications concernant le créancier, le titre, le capital, les accessoires, l'exigibilité de la créance, etc.

1 Modifications concernant le créancier

7186 **Changement de créancier.** En ce cas, les bordereaux doivent mentionner le créancier actuel, en annonçant sommairement les causes et titres en vertu desquels il est devenu titulaire de la créance (D. 14 oct. 1955, art. 61, § 2, a) :
➤ Sur les modalités du renouvellement en cas de cession de la créance garantie, V. n°s 7176 et 7177.
➤ Sur les modalités du renouvellement en cas de décès du créancier, V. n° 7179.

7187 **Rente viagère réversible.** Une inscription de privilège de vendeur est prise en profit du seul mari, en garantie de paiement d'une rente viagère créée sur la tête de Monsieur et Madame et « au profit du survivant des époux sans réduction au décès du prémourant ».
Le bordereau de renouvellement ne peut alors mentionner en qualité de créancier actuel « Mme, épouse survivante » en se bornant à indiquer : « décès de M. et réversion de la rente ». La relation de la réversion effectuée pour la première fois à l'occasion du renouvellement a pour effet d'aggraver la situation des créanciers hypothécaires moins bien placés et s'analyse en une augmentation de la créance garantie. Or il ne s'agit pas là d'une des énonciations définies par l'article 61 du décret du 14 octobre 1955 qui peuvent figurer dans un bordereau de renouvellement. Le rejet de la formalité doit être prononcé (*Bull. AMC* 1992, art. 1520).

7188 **Omission de la mention relative au changement de créancier.** L'omission dans le bordereau de renouvellement de la mention en marge relative à la modification intervenue dans la personne du créancier n'emporte pas la nullité de ce renouvellement, dès lors qu'elle n'a pas pour effet d'aggraver la situation du débiteur principal ou du tiers détenteur, cette modification portant sur le titulaire de la créance et non sur la créance elle-même (Cass. 3e civ., 11 juin 2014, n° 13-14.579).

2 Modifications concernant la créance garantie

7189 **Réduction de la créance.** En cas de réduction de la créance et de ses accessoires, les bordereaux doivent mentionner le capital de la créance et des accessoires conservés par l'inscription en renouvellement, ainsi que l'époque d'exigibilité, sauf dans l'hypothèse où ces modifications ont déjà été publiées sous forme de mention en marge (D. 14 oct. 1955, art. 61, § 2, b).

7190 **Limitation de l'inscription en renouvellement à la garantie des frais et accessoires.** Lorsque le capital a été remboursé, il est possible de renouveler l'inscription pour la garantie des seuls intérêts et accessoires.

L'indication « néant » sera alors portée en ce qui concerne le montant de la créance en capital, et les intérêts et accessoires seront chiffrés. Dans la mesure où les intérêts sont déjà échus, les bordereaux de renouvellement devront indiquer leur montant exact. Sinon il suffit de les mentionner « pour mémoire ».

Bien entendu, puisqu'il s'agit d'un simple renouvellement, aucune modification ne doit intervenir, notamment en ce qui concerne le taux des intérêts, par rapport aux mentions figurant dans les bordereaux originaires (V. sur tous ces points, chron. Frémont : *JCP* N 1982, prat. 8469).

7191 **Renouvellement pour une somme identique en capital mais supérieure pour les accessoires.** Conformément à l'article 61, 1 du décret du 14 octobre 1955, les bordereaux de renouvellement n'ont pas à rappeler les sommes garanties, sous peine de rejet de la formalité. Il en est toutefois autrement lorsque l'auteur du renouvellement décide de limiter l'étendue du garage ou de réduire le montant de la créance garantie. Dans cette dernière situation, selon l'article 61, 2 du décret précité, il y a lieu de mentionner « le capital de la créance et ses accessoires conservé par l'inscription en renouvellement », mais seulement « en cas de réduction de la créance ou de ses accessoires ». Ces deux éléments constitutifs de la créance garantie doivent donc être envisagés isolément. Si l'un d'eux est égal ou supérieur à celui porté dans le bordereau primitif ou dans un renouvellement antérieurement publié, la formalité doit être rejetée (*Bull. AMC* 1991, art. 1478).

3 Modifications concernant l'immeuble grevé

7192 **Modification de l'étendue du gage.** Si l'assiette de l'inscription se trouve diminuée par l'inscription en renouvellement, les bordereaux doivent contenir la désignation actuelle de chacun des immeubles restant grevés (D. 14 oct. 1955, art. 61, § 3).

7193 **Radiation partielle antérieure au renouvellement. Immeubles non dégrevés non désignés lors du renouvellement.** Une inscription est radiée, mais en tant seulement qu'elle grève certaines des parcelles hypothéquées. Cette radiation a été mentionnée en marge de l'inscription d'origine. Un renouvellement de l'inscription ainsi modifiée est opéré mais le tableau destiné à la désignation des immeubles n'est pas servi.

Le conservateur (aujourd'hui, le service de la publicité foncière) n'est pas en droit de refuser le dépôt. En effet, lorsque la réduction du gage est due à la radiation partielle de l'inscription originaire et donc à une formalité antérieure à celle consistant à opérer son renouvellement, il n'y a pas à procéder à la désignation actuelle de chacun des immeubles restant grevés, cette éventualité ne concernant que le cas où « l'étendue du gage se trouve diminuée *par l'inscription en renouvellement* ». En l'espèce, l'inscription s'est renouvelée avec les caractères qui étaient les siens après la radiation partielle intervenue (*Bull. AMC* 1996, art. 1711).

7194 **Établissement d'un état descriptif de division depuis la date de l'inscription à renouveler.** Une inscription est prise en 2008 sur cinq parcelles acquises par une société pour y édifier un immeuble. Le 26 mars 2009, un règlement de copropriété est établi pour l'immeuble construit sur ces terrains et un état descriptif de division est déposé. En 2010, l'inscription d'origine est renouvelée, le bordereau de renouvellement ne rappelant au cadre « immeuble » que les seules références cadastrales des parcelles telles qu'elles étaient désignées dans le bordereau de l'inscription initiale. Le renouvellement ainsi opéré est-il régulier ?

L'article 61, 3 du décret du 14 octobre 1955 n'exige la « désignation actuelle de chacun des immeubles restants grevés » que dans le cas où l'étendue du gage se trouve diminuée par l'inscription en renouvellement. Or en l'espèce il n'y a eu aucune réduction du gage. Dès lors, le fait que la désignation des immeubles figurant dans le bordereau ne prenne pas en compte l'état descriptif de division publié est sans conséquence.

Il est rappelé que l'inscription prise sur une parcelle d'assiette grève les constructions qui y sont édifiées et qui, s'y incorporant (C. civ., art. 552 et s.), forment un tout. L'hypothèque conventionnelle renouvelée dans les conditions ci-dessus décrites grève donc la totalité de l'immeuble en ce compris les constructions édifiées sur le terrain, l'ensemble étant maintenant désigné au fichier immobilier sous les références indiquées dans l'état descriptif publié en 2009 (*Bull. AMC* 2010-2011, art. 1953).

E Personne à laquelle le rejet doit être notifié

7195 Lorsque le bordereau de renouvellement n'a pas à comporter de certification d'identité, il contient obligatoirement, sous peine de refus du dépôt, l'indication du nom et du domicile de la personne à laquelle le rejet doit éventuellement être notifié (D. 14 oct. 1955, art. 64-3). Comme la dispense de certification de l'identité du propriétaire ne concerne que quelques cas très particuliers (rénovation du cadastre pour les immeubles ruraux, aliénation des immeubles grevés… V. **Certification d'identité**), l'obligation de mentionner la personne à qui le rejet doit être notifié concerne pratiquement presque tous les bordereaux de renouvellement.

F Désignation du ou des propriétaires grevés actuels

7196 **Changement de propriétaire.** Si l'immeuble grevé a été aliéné, l'inscription doit être renouvelée, que cette aliénation ait été ou non publiée. Le renouvellement doit être opéré contre le propriétaire primitif (P. Frémontet et J. Lafond, *JCl. Notarial Formulaire*, V° Bordereau d'inscription hypothécaire, Fasc. 200 F, n° 63).
Lorsque la mutation a été publiée, rien n'oblige à indiquer dans le bordereau de renouvellement la date, le volume et le numéro sous lesquels cette publication a eu lieu (*Bull. AMC* 1956, art. 248).

7197 **Vente d'un immeuble grevé d'inscriptions. Substitution de l'acquéreur dans les obligations du vendeur acceptée par le créancier. Inutilité d'un renouvellement des inscriptions.** Un propriétaire A achète un immeuble au moyen d'un prêt garanti par l'inscription d'un privilège de prêteur de deniers et l'inscription d'une hypothèque conventionnelle prises pour une durée de trente ans. Dans l'année qui suit, celui-ci vend le bien à B et, le créancier ayant accepté la novation dans les formes prévues par les articles 1271 et suivants du Code civil, B prend la suite de A dans le remboursement du prêt, avec les mêmes garanties.
Un notaire dépose simultanément un renouvellement des inscriptions en les requérant contre le nouveau débiteur. Ce renouvellement ne peut être accepté.
En effet, la novation qui s'opère notamment, comme dans le cas évoqué, « lorsqu'un nouveau débiteur est substitué à l'ancien qui est déchargé par le créancier » (C. civ., art. 1329) ne peut avoir lieu, aux termes de l'article 1275 du même code, qu'au moyen d'une manifestation expresse de volonté du créancier déclarant décharger de sa dette le débiteur initial.
S'agissant du sort des inscriptions prises à l'encontre du propriétaire initial, il résulte des dispositions de l'article 1334 du Code civil que « Les privilèges et hypothèques de l'ancienne créance ne passent point à celle qui lui est substituée, à moins que le créancier ne les ait expressément réservés ». Par ailleurs, l'article 1279 ancien du Code civil prévoit que « Lorsque la novation s'opère par la substitution d'un nouveau débiteur, les privilèges et hypothèques primitifs de la créance ne peuvent point passer sur les biens du nouveau débiteur. Les privilèges et hypothèques primitifs de la créance peuvent être réservés, avec le consentement des propriétaires des biens grevés, pour la garantie de l'exécution de l'engagement du nouveau débiteur ».
Il résulte de ces dispositions que la délégation parfaite, opérant novation par changement de débiteur, ne modifie que les liens de nature personnelle entre prêteur et emprunteur. Elle n'affecte que le droit personnel de créance. Mais si le créancier a expressément réservé sa sûreté, c'est l'hypothèque primitive qui garantit successivement les créances du prêteur délégataire contre le débiteur initial déléguant puis contre le nouveau débiteur, délégué. Cette hypothèque se perpétue avec son rang, malgré la novation intervenue et l'inscription originaire demeure. La situation hypothécaire ne subit donc aucune modification.

> **N.B.** : La novation est dorénavant réglementée par les articles 1329 à 1335 du Code civil, depuis la réforme du droit des contrats et obligations opérée par l'ordonnance n° 2016-131 du 10 février 2016 applicable à compter du 1er octobre 2016.

Interrogée à plusieurs reprises sur la possibilité de publier par voie de mention en marge des inscriptions originaires les **changements intervenus dans la personne des débiteurs**, l'association des conservateurs a régulièrement répondu par la négative en rappelant que « l'hypothèque initiale se perpétue avec son rang, malgré la novation intervenue, et l'inscription originaire demeure. La situation hypothécaire ne subit aucune modification. La publication de l'acte de vente, constatant en outre la délégation, ne donne lieu, dès lors, de la part du conservateur, à aucune annotation particulière tendant à modifier l'inscription initiale. Il n'a pas à mentionner les substitutions de débiteurs, aussi bien en marge du bordereau d'inscription que, le cas échéant, sur la fiche de l'immeuble urbain concerné » (*Bull. AMC*, art. 865, 933, 1210).
A fortiori, et pour les mêmes raisons, il n'y a pas lieu de faire publier par voie d'inscription le changement

de débiteur, le créancier restant garanti par l'inscription initiale qui conserve son rang.
Au demeurant, cette opération ne pourrait s'effectuer par la voie du dépôt d'un bordereau de renouvellement constatant le changement de débiteur. En effet, l'indication d'un nouveau débiteur dans le bordereau de renouvellement ne figure pas au rang des mentions limitativement admises par l'article 61-1 du décret du 14 octobre 1955, et elle ne pourrait donc qu'entraîner le rejet dudit bordereau. En réalité, l'immeuble vendu ne pourrait être grevé d'hypothèques du chef du nouveau débiteur que dans la mesure où celui-ci consentirait une nouvelle affectation. L'hypothèque devrait alors être publiée par voie d'inscription nouvelle qui ne prendrait rang qu'à sa date (*Bull. AMC* 2009, art. 1921).

G Désignation des immeubles grevés

7198 Cas où elle est nécessaire. Il résulte des dispositions combinées des articles 61 et 62 du décret du 14 octobre 1955 que les bordereaux de renouvellement n'ont à contenir la désignation actuelle des immeubles grevés que dans le cas où l'étendue du gage se trouve diminuée par l'inscription en renouvellement, ou si l'inscription primitive a été prise sur des immeubles ruraux situés dans une commune à ancien cadastre et qu'il s'agit du premier renouvellement de cette inscription depuis la rénovation du cadastre (Rép. min. Économie et Finances n° 1719 : *JOAN* CR, 4 août 1973, p. 3222 ; *JCP* N 1973, prat. 5565 ; *Bull. AMC* 1973, art. 948).
Lorsqu'elle est nécessaire, la désignation actuelle des immeubles est faite conformément à l'article 7 du décret du 4 janvier 1955 (V. **Identification des immeubles**). S'il y a lieu, elle est complétée par un tableau indiquant les anciennes et les nouvelles désignations cadastrales après rénovation, établi au vu d'une table de correspondance délivrée par le service du cadastre (D. 14 oct. 1955, art. 63-1).

IV Exécution de la formalité

A Bureau compétent

7199 Règles applicables. Le service de la publicité foncière compétent est celui de la situation des immeubles (D. 14 oct. 1955, art. 61, § 1, al. 1er). Si depuis l'inscription d'origine le ressort du service a été modifié, l'inscription en renouvellement doit être prise au service dans le ressort duquel se trouvent, lors du renouvellement, les immeubles grevés (Cass. civ., 4 févr. 1918 : *D.* 1921, 1, 214. – P. Frémont et J. Lafond, *JCl. Notarial Formulaire*, V° Bordereau d'inscription hypothécaire, Fasc. 200).

B Rôle du service de la publicité foncière

7200 Rejet et refus de dépôt. Indépendamment des causes de rejet ou de refus de dépôt fondées sur le non-respect des règles générales de la publicité foncière, l'article 64 du décret du 14 octobre 1955 prévoit des causes spécifiques applicables au renouvellement des inscriptions.

7201 Refus de dépôt. Un refus de dépôt peut intervenir dans les cas suivants :
– si le bordereau ne contient pas la mention de référence à la dernière inscription à renouveler (D. 14 oct. 1955, art. 64 § 1, 1°),
– si le renouvellement est requis après péremption ou radiation de l'inscription à renouveler. Dans ce cas, le créancier peut requérir une nouvelle inscription prenant rang à sa date en se conformant aux prescriptions de l'article 2428 du Code civil (D. 14 oct. 1955, art. 64, § 1, 2°) ;

> **N.B.** : Le renvoi à l'article 2428 du Code civil n'est plus pertinent, les dispositions de ce texte ayant été transférées sous l'article 55 du décret du 14 octobre 1955.

– si les immeubles ne sont pas individuellement désignés, avec indication de la commune où ils sont situés, dans les cas où la désignation détaillée est obligatoire (D. 14 oct. 1955, art. 64, § 1, 3°) ;
– si le bordereau ne contient pas l'identité complète du propriétaire actuel et la mention de certification de cette identité, dans les cas prévus à l'article 62 (D. 14 oct. 1955, art. 64, § 1, 4°) ;

– lorsque le bordereau de renouvellement n'a pas à comporter de certificat d'identité et qu'il ne contient pas l'indication du nom et du domicile de la personne à laquelle le rejet doit éventuellement être notifié (D. 14 oct. 1955, art. 64,§ 3).

7202 **Rejet.** Lorsqu'après avoir accepté le dépôt, le service de la publicité foncière constate l'omission ou l'inexactitude d'une des mentions prescrites, à titre obligatoire, par les articles 61 et 62, ou une discordance entre, d'une part, les énonciations relatives à la désignation des parties ou des immeubles contenues dans le bordereau de renouvellement et d'autre part, ces mêmes énonciations contenues dans les bordereaux ou titres déjà publiés depuis le 1er janvier 1956 – tels qu'ils sont répertoriés au fichier immobilier –, la formalité est rejetée, à moins que le requérant ne régularise le bordereau de renouvellement ou qu'il ne produise les justifications établissant son exactitude, auxquels cas la formalité prend rang à la date de la remise du bordereau constatée au registre des dépôts (D. 14 oct. 1955, art. 64, § 2, al. 1).
La formalité est également rejetée en cas d'inobservation des dispositions du 1 ou du 2 de l'article 63 ou si le bordereau n'est pas établi sur formule réglementaire (D. 14 oct. 1955, art. 64, § 2, al. 2).

C Perceptions à opérer

1 Taxe de publicité foncière

7203 **Exonération.** Le renouvellement d'inscription est exonéré de taxe de publicité foncière, y compris s'il s'agit d'hypothèque conventionnelle ou judiciaire, et au cas d'inscription provisoire comme d'inscription définitive (CGI, art. 663-1° : *Bull. AMC* 1967, art. 699).

2 Contribution de sécurité immobilière

N.B. : La contribution de sécurité immobilière a remplacé le salaire du conservateur à compter du 1er janvier 2013. Elle obéit aux mêmes conditions d'assiette, de tarifs, de contrôle et de recouvrement que ce salaire (V. **Contribution de sécurité immobilière**). Les solutions données ci-dessous à propos du salaire du conservateur peuvent donc être transposées pour la perception de la contribution de sécurité immobilière.

7204 **Principe.** Le salaire du conservateur des hypothèques était en principe assis sur le montant des sommes conservées par l'inscription en renouvellement (V., pour un exemple, Bulté, chron. : *JCP* N 1977, prat. 6675).
Par suite, en cas de radiation d'une inscription renouvelée et de l'inscription en renouvellement, le salaire était assis sur le montant de la somme conservée par l'inscription en renouvellement. La radiation de l'inscription renouvelée ne donnait lieu qu'au salaire minimum (*Bull. AMC* 1970, art. 825. – Dans le même sens, Rép. min., 29 nov. 1978, p. 8463 : *JCP* N 1979, prat. 7058 ; *Bull. AMC* 1979, art. 1136).
Il en était ainsi même s'il y avait eu plusieurs renouvellements successifs (Bulté : *JCP* N 1963, IV, 3591. – Dans le même sens, Rép. min., 29 nov. 1978, p. 8463 : *JCP* N 1979, prat. 7058).

7205 **Renouvellement fractionné.** En cas d'inscription d'hypothèque non divisée (Crédit foncier) et de renouvellements fractionnés portant seulement sur une ou plusieurs fractions de l'immeuble grevé, et limités à une partie de la somme conservée, l'association des conservateurs estimait que la perception du salaire de radiation n'était pas justifiée, mais seulement la perception du salaire de renouvellement (*Bull. AMC* 1969, art. 765).

V Cas particuliers

A Remembrement rural

➤ V. **Aménagement foncier rural**.

B Échanges d'immeubles ruraux

➤ V. **Échange d'immeubles ruraux**.

C Expropriation

➤ V. **Expropriation**.

D Hypothèque judiciaire conservatoire

➤ V. **Hypothèque judiciaire conservatoire**.

E Renouvellement de l'inscription et terme de l'engagement de la caution hypothécaire

7206 Un prêt est consenti par acte notarié le 12 février 1992 à M. Bernard X. Ce prêt est garanti par une hypothèque constituée par Gérard X. L'acte prévoit que l'inscription d'hypothèque sera prise pour une durée expirant le 31 janvier 2009. Après avoir renouvelé cette inscription, le prêteur fait délivrer à M. Gérard X le 2 mars 2009 un commandement de saisie immobilière. L'emprunteur demande alors la nullité de ce commandement, et du renouvellement de l'inscription au motif que postérieurement au terme du 31 janvier 2009, il n'était plus engagé. Les juges du fond lui donnent raison. L'arrêt est cassé. La Cour de cassation reproche aux juges du fond de n'avoir pas recherché si la date du 31 janvier 2009 n'était pas seulement celle de l'expiration de la durée de validité de l'inscription d'hypothèque telle que fixée conformément aux articles 2434 et 2435 du Code civil et non le terme de l'engagement de M. Gérard X, de sorte que dans cette hypothèse, le créancier avait pu régulièrement procéder au renouvellement de l'inscription conformément aux dispositions de l'article 2435 du Code civil (Cass. 1re civ., 12 janv. 2012, n° 10-18.669 : *Bull. civ.* 2012, I, n° 2 ; *Defrénois* 2012, p. 955, art. 40613, obs. S. Piédelièvre. – V., dans le même sens, Cass. 2e civ., 10 janv. 2013, n° 11-25.800).

F Décès du débiteur

7207 **Nature du problème.** La situation suivante a été évoquée : le débiteur d'un bien grevé d'une sûreté immobilière décède alors que la créance garantie n'est pas encore remboursée. L'inscription va bientôt se périmer : le créancier peut-il la renouveler ? (M. Suquet-Cozic : *Sol. not.* 2021, n° 24, p. 10).

Il est rappelé que le décès ne constitue pas une cause d'arrêt du cours des inscriptions, sauf si la succession est acceptée à concurrence de l'actif net ou qu'elle est déclarée vacante (C. civ., art. 2427, al. 2). Ce cas mis à part, et donc en cas d'acceptation pure et simple de la succession, le renouvellement de l'inscription peut être effectué.

Rénovation d'immeuble ancien

Neyla GONZALEZ-GHARBI

Sommaire analytique

AVERTISSEMENT

Il sera fait, sauf, exception, référence au *BOFiP-impôts*, dans sa dernière version publiée. Lorsque plusieurs versions d'un même BOI ont été publiées, les contribuables doivent impérativement vérifier la teneur de la législation et de la version en vigueur à la date du fait générateur des impôts applicables à leurs opérations (LPF, art. 80 A) et, le cas échéant, les réponses ministérielles publiées postérieurement au *Journal officiel*.

BIBLIOGRAPHIE : C. Guibé, rapp. publ., concl. ss CE, 27 nov. 2020, n° 426091 : *JurisData* n° 2020-019218 ; *Rec. CE* 2020, tables, consultables sur le site du Conseil d'État. – N. Gonzalez-Gharbi, *Le régime fiscal des achats/reventes d'immeubles à l'épreuve de la rénovation : Constr.-Urb.* 2022, étude 3 – N. Gonzalez-Gharbi, *Engagement de construire : un temps pour le souscrire et un autre pour justifier de son respect : Constr.-Urb.* 2020, comm. 73 – N. Gonzalez-Gharbi, *Revente de terrains à bâtir : au nom du principe de neutralité de la TVA, la CJUE limite drastiquement le champ d'application de la taxation sur la marge : Constr.-Urb.* 2021, comm. 135 – N. Gonzalez Gharbi, *Immeubles anciens acquis en vue de la revente : pour détaxer, il faudra déstocker, louer ne suffit pas : Constr.-Urb.* 2019, comm. 18. – E. Kornprobst, *TVA sur marge : arrêt de la CJUE en réponse à deux questions préjudicielles : Dr. fisc.* 2021, comm. 405. – N. Gonzalez-Gharbi, *Vente d'immeuble à rénover et TVA : comme la VEFA… ou presque : Constr.-Urb.* 2022, n° 11, comm. 126 ; *Les travaux modificatifs acquéreurs (TMA) sont soumis au taux applicable à la VEFA ou à la VIR qui les prévoit : Constr.-Urb.* 2023, n° 3, comm. 41. – A.-S. Marcelli, A. Zubalski, *Extension du champ du taux de 5,5 % applicable aux opérations d'acquisition-amélioration de logements sociaux : Dr. fisc.* 2022, comm. 73 ; *FR Lefebvre* 2/22, inf. 44 – D. Sizaire, *Ventes d'immeubles à rénover : Constr.-Urb.* 2006, étude 11 – C. Sizaire, *Entrée en vigueur de la vente d'immeuble à rénover : régime applicable et premières interrogations : Constr.-Urb.* 2009, étude 2.

7208 **Introduction** : La rénovation d'immeubles existants n'est pas dotée d'un régime spécifique au regard de la TVA et des droits de mutation à titre onéreux. Depuis l'entrée en vigueur de l'article 16 de la loi n° 2010-237, 9 mars 2010 de finances rectificative pour 2010 : *JO* 10 mars) qui a réformé la TVA immobilière (V. **TVA immobilière**) et les régimes de faveur applicables en matière de droits de mutation à titre onéreux aux acquisitions d'immeubles concourant à la production d'immeubles neufs (V. **Engagement de construire**), d'une part, et aux achats en vue de la revente, d'autre part, (V. **Engagement de construire**) le régime fiscal des acquisitions d'immeubles destinés à être rénovés par l'acquéreur et celui de leurs reventes après rénovation est, prioritairement, déterminé par le statut des parties au regard de la TVA, tant au regard de la TVA que des droits de mutation à titre onéreux.

Deux configurations doivent dès lors être distinguées :

1er cas : L'une au moins des parties est un assujetti à la TVA agissant en tant que tel :

La vente de l'immeuble à rénover ne sera soumise à la TVA que si le vendeur est un assujetti à la TVA agissant en tant que tel.

Seul l'acquéreur de l'immeuble à rénover assujetti à la TVA peut utilement prétendre à placer son acquisitions sous le régime des achats/reventes ou des acquisitions concourant à la production d'un immeuble neuf.

Symétriquement, la vente d'un immeuble rénové ne sera soumise à la TVA qu'à la condition préalable d'être effectuée par un vendeur assujetti à la TVA agissant en tant que tel.

Dans tous les cas, l'application de la TVA à la mutation immobilière aura une incidence sur l'assiette et le taux de la taxe de publicité foncière.

2e cas : Aucune des deux parties n'est un assujetti à la TVA agissant en tant que tel :

Lorsque l'achat de l'immeuble à rénover et sa revente après rénovation s'effectuent **exclusivement** entre des personnes agissant dans le cadre de la gestion de leur patrimoine privé, l'effet des travaux de rénovation sur l'immeuble existant est sans incidence sur le régime fiscal des mutations effectuées, par hypothèse, hors champ d'application de la TVA. Il importe peu dans cette hypothèse que l'immeuble soit ou non remis à l'état neuf au sens de la TVA. Pour l'application des droits de mutation à titre onéreux, dès lors que ces acquisitions immobilières ne bénéficient pas **en tant que telles** d'un régime spécifique et que, par hypothèse, l'acquéreur n'est pas un assujetti à la TVA, l'acquisition ne peut pas être placée ni sous le régime des achats reventes (CGI, art. 1115) ni sous le régime des acquisitions concourant à la production d'immeubles neufs (CGI, art. 1594-0 G, A).

7209 **Objet de l'étude** : L'étude expose le régime des mutations immobilières au regard de la TVA et des droits de mutation à titre onéreux dans lesquelles une partie à l'acte, au moins, est un assujetti à la TVA agissant en tant que tel (professionnel de l'immobilier ou de la rénovation, mais également assujetti effectuant une opération de rénovation pour les besoins de son activité économique). C'est en effet à l'égard des seuls assujettis à la TVA que l'incidence des travaux de rénovation sur l'immeuble existant est de nature à déterminer le régime fiscal applicable à l'acquisition et/ou à la revente. En l'état actuel du droit positif, deux régimes sont susceptibles de s'appliquer selon que la rénovation est ou non assimilée à la production d'une construction nouvelle.

Nous exposerons le régime fiscal des mutations lorsque les travaux de rénovation sont assimilés aux opérations concourant à la production d'immeuble neuf (I), puis celui applicable lorsque la rénovation n'équivaut pas à la remise à l'état neuf de l'immeuble au sens de la TVA (II). Le III, consacré à la CSI, se limite à un renvoi.

Il est systématiquement renvoyé aux divers fascicules du présent Guide traitant en détail des différents régimes fiscaux exposés.

I

Rénovation immobilière assimilée à une opération de construction neuve : la remise à l'état neuf d'un immeuble existant

7210 **Notion de remise à l'état neuf d'un immeuble bâti existant.** Au terme d'une évolution historique assez tumultueuse, les critères que doivent remplir les travaux sur existant pour suivre le régime des opérations concourant à la production d'immeubles neufs ont été définis par la loi et insérés à l'article 257 du CGI (L. 2005-1720, 30 déc. 2005, de finances rectificative pour 2005, art. 88), complété par un décret qui a créé l'article 245 A de l'annexe II au CGI (D. n° 2006-1002, 10 aout 2006). Ces critères ont été explicités et illustrés d'exemples pratiques dans une instruction du 8 décembre 2006 publiée au BOI (8A-1-06) ; une seconde instruction commentant le régime du taux réduit de la TVA applicable aux travaux de rénovation de logements (CGI, art. 279 0bis) a été publiée le même jour (BOI 3C-7-06).

La réforme des règles de la TVA et des droits de mutation à titre onéreux, issue de la loi finances rectificative du 9 mars 2010 portant réforme des règles de la TVA applicables aux opérations immobilières, n'a pas modifié ces critères qui ont été repris à l'identique au 2° du 2 de l'article 257 du CGI et à l'article 245 A de l'annexe II au CGI.

CGI, art. 257

I. – Les opérations concourant à la production ou à la livraison d'immeubles sont soumises à la taxe sur la valeur ajoutée dans les conditions qui suivent.

(...)

2. Sont considérés :

(...)

2° Comme immeubles neufs, les immeubles qui ne sont pas achevés depuis plus de cinq années, qu'ils résultent d'une construction nouvelle ou de travaux portant sur des immeubles existants qui ont consisté en une surélévation ou qui ont rendu à l'état neuf :

a) Soit la majorité des fondations ;

b) Soit la majorité des éléments hors fondations déterminant la résistance et la rigidité de l'ouvrage ;

c) Soit la majorité de la consistance des façades hors ravalement ;

d) Soit l'ensemble des éléments de second œuvre tels qu'énumérés par décret en Conseil d'État, dans une proportion fixée par ce décret qui ne peut être inférieure à la moitié pour chacun d'entre eux ».

CGI, ann. II, art. 245 A. – I. – Pour l'application du d du 2° du 2 du I de l'article 257 du Code général des impôts, les éléments de second œuvre à prendre en compte sont les suivants :

a. les planchers ne déterminant pas la résistance ou la rigidité de l'ouvrage ;

b. les huisseries extérieures ;

c. les cloisons intérieures ;

d. les installations sanitaires et de plomberie ;

e. les installations électriques ;

f. et, pour les opérations réalisées en métropole, le système de chauffage.

II. – La proportion prévue au d du 2° du 2 du I de l'article 257 du Code général des impôts est fixée à deux tiers pour chacun des éléments mentionnés au I.

Les dispositions précitées de l'article 257 du CGI reprennent le texte de l'article 88-I de la loi n° 2005-1720 du 30 décembre 2005 (*JO* 31 déc.) qui avait ajouté cinq alinéas ayant une rédaction quasi identique au premier alinéa du c du 1 du 7° de l'ancien article 257 du Code général des impôts. De même, les deux instructions **du 8 décembre 2006** précitées et les divers rescrits y rattachés ont été largement repris au BOFiP (BOI-TVA-IMM-10-10-10-20, n°s 140 et s. ; BOI-TVA-LiQ-30-20-90-30, n°s 360 et s.).

7211 On examinera, successivement, l'acquisition de l'immeuble destiné à être remis en état neuf (A), puis la vente de l'immeuble après rénovation (B) enfin, le cas où la vente intervient en cours de rénovation (C).

➤ Concernant les opérations de surélévation, V. **Surélévation**.

A Achat de l'immeuble destiné à être rénové

1 Conditions d'application de la TVA

7212 À la différence des solutions admises sous le régime de la TVA antérieur à la réforme issue de l'article 16 de la loi de finances rectificative du 9 mars 2010 (L. n° 2010-237, 9 mars 2010 : *JO* 10 mars), le régime fiscal de la vente de l'immeuble à rénover dépendra, en premier lieu, de la situation du vendeur au regard de la TVA.

a) Le vendeur est un assujetti à la TVA, agissant en tant que tel

7213 Quelle que soit l'ampleur des travaux de rénovation projetés par l'acquéreur, l'immeuble bâti existant n'est pas assimilé à un terrain à bâtir (V. **Terrains**). La vente obéit en conséquence au régime applicable à la vente par un assujetti agissant en tant que tel d'un immeuble bâti. Le régime sera différent selon qu'il s'agit d'un immeuble neuf ou d'un immeuble « ancien ». Dans le premier cas, la TVA s'applique de plein droit et elle est liquidée sur le prix total de vente ; lorsque l'immeuble bâti est achevé depuis plus de cinq ans, la vente est exonérée de TVA, sauf option expresse du vendeur. La TVA sera, selon le cas, liquidée sur le prix total de vente ou sur la marge brute du cédant. (V. **Immeuble neuf** – V. **Immeuble ancien**).

7214 **Cas de la vente par un assujetti à la TVA agissant en tant que tel d'un immeuble en cours de rénovation.** L'administration a envisagé le cas où un immeuble bâti achevé depuis plus de cinq ans sur lequel un assujetti a seulement engagé des travaux de rénovation lourde tendant à le rendre à l'état neuf au sens du 2° du 2 du I de l'article 257 du CGI pour indique que cet immeuble demeure un immeuble achevé depuis plus de cinq ans, sous réserve que l'avancement des travaux n'ait pas eu pour effet de le rendre inutilisable. Sauf option du cédant, la cession sera donc exonérée de TVA (BOI-TVA-IMM-10-10-10-30, n° 10).

Attention : Selon l'administration fiscale, l'immeuble bâti existant peut être assimilé à un terrain à bâtir, lorsqu'il n'est plus, compte tenu de son état, susceptible d'être utilisé un usage quelconque (BOI-TVA-IMM-10-10-10-20, n° 120), dans ce cas la TVA s'appliquera de plein droit à la vente (V. **Terrains**).

Remarques : Le régime ci-dessus décrit s'applique aux ventes d'immeubles et de droits réels immobiliers.

Sur le cas particulier de la surélévation (V. **Surélévation**).

Sur les droits à déduction de l'acquéreur / rénovateur, Voir notre étude citée en bibliographie, « Le régime fiscal des achats reventes d'immeubles à l'épreuve de la rénovation ».

b) Le vendeur n'est pas un assujetti à la TVA, agissant en tant que tel

7215 **Rappel** – La vente d'un immeuble effectuée par une personne n'agissant pas en qualité d'assujetti à la TVA est hors champ d'application de la TVA. La règle s'applique quelle que soit la qualification fiscale de l'immeuble et quelle que soit la nature des travaux de rénovation envisagés par l'acquéreur.

2 Taxe de publicité foncière

7216 Il faudra distinguer selon la situation fiscale de l'acquéreur au regard de la TVA.

a) L'acquéreur est un assujetti à la TVA – Engagement de construire

7217 **Engagement de construire.** Moyennant la souscription dans l'acte d'acquisition de l'engagement de construire prévu au A de l'article 1594-0 G du Code général des impôts, l'acquisition sera exonérée de droits de mutation à titre onéreux ; seule la taxe fixe de publicité foncière de 125 € prévue à l'article 691 bis du CGI est perçue (et, bien entendu, la contribution de sécurité immobilière) (V. **Engagement de construire**).

L'administration fiscale a précisé, à ce propos que « la remise à l'état neuf d'un immeuble existant au sens du 2° du 2 du I de l'article 257 ouvre droit à l'exonération de l'acquisition de l'ensemble du bâtiment qui fait l'objet de cette rénovation » (BOI-ENR-DMTOI-10-40, n° 230).

7218 **Justification de l'achèvement des travaux.** Depuis la modification du régime des livraison – à soi-même, l'administration fiscale indique « La justification des travaux prévus dans l'engagement est assurée dans les conditions prévues par l'article 266 bis de l'annexe III au CGI au moyen d'une déclaration spéciale n° 940-SD prévue à l'article 244 de l'annexe II au CGI ou au moyen du dépôt en mairie de la déclaration attestant de l'achèvement des travaux et de la conformité des travaux de construction ou d'aménagement au permis délivré ou de la déclaration préalable, mentionnée à l'article L. 462-1 du code de l'urbanisme (BOI-ENR-DMTOI-10-40, n° 230).

b) Acquéreur non assujetti à la TVA

7219 Lorsque l'acquéreur n'est pas un assujetti à la TVA, l'acquisition est soumise à la taxe de publicité foncière et à la contribution de sécurité immobilière dans les conditions de droit commun, à moins que l'acquéreur ne soit en mesure de se prévaloir d'un régime de faveur de portée générale (par exemple : CGI, art. 1040, 1042).

Attention : Lorsque la vente soumise à la TVA du chef du vendeur assujetti porte sur un immeuble neuf, la taxe de publicité foncière est exigible au taux réduit de 0,70 % augmenté des taxes additionnelles (V. **Immeuble neuf**).

En cas d'option du vendeur assujetti pour soumettre la vente d'un immeuble ancien à la TVA, les droits de mutation à titre onéreux sont dus, sous réserve de l'application d'un régime de faveur de portée générale, au tarif de droit commun (V. **Immeuble ancien**).

B Vente de l'immeuble remis à l'état neuf au sens de la TVA

a) Le vendeur est un assujetti à la TVA agissant en tant que tel

7220 La vente est soumise à la TVA quand les trois conditions suivantes sont réunies :

– le vendeur est un assujetti à la TVA, agissant en tant que tel et ;

– l'immeuble a fait l'objet de travaux de remise à l'état neuf répondant aux critères exposés ci-dessus ;

– la vente est réalisée dans les cinq ans de l'achèvement des travaux.

La vente est alors considérée comme portant sur un immeuble neuf du point de vue de la TVA et de la TPF : la TVA est exigible de plein droit sur le prix total de vente, quel que soit le régime fiscal qui s'est appliqué à l'achat de l'immeuble destiné à être rénové. (V. la critique de cette règle, E. Kornprobst, *TVA sur marge : arrêt de la CJUE en réponse à deux questions préjudicielles : Dr. fisc.* 2021, comm. 405). La taxe de publicité foncière (à la charge de l'acquéreur) est perçue au taux réduit de 0,71498 % (V. **Immeuble neuf**).

b) Le vendeur n'est pas un assujetti à la TVA agissant en tant que tel

7221 Quelle que soit l'ampleur des travaux réalisés sur l'immeuble existant, la vente réalisée hors de l'activité économique du cédant, demeurera hors champ d'application de la TVA.

II

Rénovation immobilière conservant à l'immeuble rénové son caractère ancien au sens de la TVA : La rénovation « légère »

A Acquisition de l'immeuble destiné à être rénové

1 Conditions d'application de la TVA

7222 À la différence des solutions admises sous le régime de la TVA antérieur à la réforme issue de l'article 16 de la loi de finances rectificative du 9 mars 2010, le régime fiscal de la vente de l'immeuble à rénover dépendra, en premier lieu, de la situation du vendeur au regard de la TVA. Il en résulte que le régime applicable sera le même que celui applicable à la vente de l'immeuble destiné par l'acquéreur à être remis à l'état neuf (V. *supra* I).

a) Le vendeur est un assujetti à la TVA, agissant en tant que tel

7223 La vente obéit en conséquence au régime applicable à la vente par un assujetti agissant en tant que tel d'un immeuble bâti. Le régime sera différent selon qu'il s'agit d'un immeuble neuf ou d'un immeuble « ancien ». Dans le premier cas, la TVA s'applique de plein droit et elle est liquidée sur le prix total de vente ; lorsque l'immeuble bâti est achevé depuis plus de cinq ans, la vente est exonérée de TVA, sauf option expresse du vendeur. La TVA sera liquidée sur le prix total de vente ou sur la marge brute du cédant. (V. **Immeuble neuf**. – V. **Immeuble ancien**).

b) Le vendeur n'est pas un assujetti à la TVA, agissant en tant que tel

7224 **Rappel.** La vente d'un immeuble effectuée par une personne n'agissant pas en qualité d'assujetti à la TVA est hors champ d'application de la TVA. La règle s'applique quelle que soit la qualification fiscale de l'immeuble et quelle que soit la nature des travaux de rénovation envisagés par l'acquéreur.

2 Taxe de publicité foncière

7225 Il faudra distinguer selon la situation fiscale de l'acquéreur au regard de la TVA.

a) L'acquéreur est un assujetti à la TVA – Engagement de revendre ou engagement de construire

7226 **Principe - Engagement de revendre.** Dès lors que la rénovation projetée ne répond pas aux critères de la remise à l'état neuf de l'immeuble existant au regard de la TVA, l'acquéreur assujetti à la TVA agissant en tant que tel peut placer son acquisition sous le régime d'exonération des achats /reventes d'immeubles prévu l'article 1115 du CGI. L'acquisition ne rendra alors exigible que la taxe de publicité foncière au taux de 0,70 de l'article 1020 du CGI (V. **Engagement de revendre**).

7227 **Exception- Engagement de construire.** Lorsque le rénovateur, assujetti à la TVA, acquiert un immeuble bâti existant à rénover sans que cette rénovation ne débouche sur la remise à l'état neuf de cet immeuble, l'administration fiscale a précisé les conditions dans lesquelles cet acquéreur peut, néanmoins, bénéficier du régime de faveur (taxe fixe de 125 € prévue à l'article 691 bis du Code général des impôts) subordonné à la souscription dans l'acte de l'engagement de construire prévu au A de l'article 1594-0 G du Code général des impôts en indiquant : « Lorsque les travaux auxquels s'est engagé l'acquéreur ne donnent pas lieu à l'application du taux réduit de TVA prévu à l'article 279-0 bis, il demeure admis que dans la situation où tous les planchers de l'immeuble contribuent à la résistance ou à la solidité de l'ouvrage, on considère pour l'application du II de l'article 1594-0 G que l'ensemble des éléments de second œuvre ont été rendus à l'état neuf si chacun des cinq autres éléments mentionnés à l'article 245 A de l'annexe II au CGI a été rendu à l'état neuf dans une proportion au moins égale aux deux tiers » (BOI-ENR-DMTOI-10-40-20160406, § 230).

Cette solution figurait en note 23 dans l'instruction du 18 avril 2011 (*BOI* 7 C-2-11) qui a commenté les conséquences en matière de droits de mutation à titre onéreux de la réforme de la TVA issue de l'article 16 la loi du 9 mars 2010 (L. fin. rect. 2010, n° 2010-237 : *JO* 10 mars 2010).

En clair, pour bénéficier de l'exonération des droits de mutation, l'assujetti acquéreur devra, le cas échéant, renoncer à l'application du taux réduit de la TVA aux dépenses de travaux entrepris sur l'immeuble (V. J.-C. Bouchard, *La TVA appliquée aux immeubles*, EFE, n°s 337 et s. ; *Dossiers pratiques F. Lefebvre, La TVA immobilière après la réforme*, 2e éd., n°s 370 et s.).

7228 **Justification de l'achèvement des travaux. Renvoi** – voir.

b) Acquéreur non assujetti à la TVA

7229 Lorsque l'acquéreur n'est pas un assujetti à la TVA, l'acquisition est soumise à la taxe de publicité foncière dans les conditions de droit commun, sauf s'il peut se prévaloir d'un régime de faveur de portée générale (V. **Immeuble ancien**).
Rappel : Dans tous les cas, la contribution de sécurité immobilière est due dans les conditions de droit commun (V. **Vente d'immeuble**).

B Vente de l'immeuble rénové demeuré « ancien » – Vente après rénovation – Vente d'immeuble à rénover

1 Conditions d'application de la TVA

a) Le vendeur est un assujetti à la TVA agissant en tant que tel

7230 **Principe : Exonération de TVA et droits de mutation à titre onéreux au taux plein.** Que la vente prenne la forme d'une vente d'immeuble à rénover (VIR) ou qu'elle intervienne après complet achèvement des travaux, elle est exonérée de TVA. En effet, à défaut de remplir les critères de l'immeuble neuf au sens de la TVA, la vente sera réputée porter sur un immeuble ancien et exonérée de TVA (CGI, art. 261, 5, 2°). Dans ce cas, la TVA ne pourra s'appliquer que sur option du vendeur (CGI, art. 260, 5° bis). L'acquéreur doit, en principe, les droits de mutation à titre onéreux au tarif ordinaire (à moins qu'il puisse revendiquer un régime de faveur quelconque (V. **Immeuble ancien**).

Remarque : Sous réserve des règles d'exigibilité, les mêmes règles s'appliquent que la vente intervienne après complet achèvement des travaux de rénovation ou sous la forme de vente d'immeuble à rénover (VIR-CCH, art. L. 262-1 et s).
Renvoi. Sur l'application du taux réduit de la TVA de 5,5 % à la VIR intervenant dans le cadre d'une opération d'acquisition-amélioration dans le secteur du logement social prévu par l'article 32 de la loi de finances pour 2022, (A.-S. Marcelli et A. Zubalski, *Extension du champ du taux de 5,5 % applicable aux opérations d'acquisition-amélioration de logements sociaux : Dr. fisc.* 2022, comm. 73 – V. **Logement social**).

7231 **Exception – Option du vendeur pour soumettre la vente à la TVA – TVA sur prix total ou TVA sur marge ?** L'option pour la TVA ne signifie pas que le vendeur va limiter l'assiette de la TVA due sur la vente de l'immeuble demeuré ancien au sens de la TVA, à la marge, telle que définie à l'article 268 du Code général des impôts. Il conviendra de s'interroger sur les conditions d'acquisition de cet immeuble, aujourd'hui rénové : si cette acquisition est réputée avoir ouvert droit à déduction au rénovateur ou que l'immeuble rénové destiné à la vente avait été à l'origine construit par le vendeur en vue de l'affecter à son activité économique sur des terrains acquis à cet effet, le rénovateur ne revendra pas des immeubles bâtis acquis en tant qu'immeubles bâtis. Dans ce cas, l'assiette de la TVA due sur la vente des locaux issus du bâtiment rénové ne peut pas être limitée à la marge brute visée à l'article 268 du Code général des impôts (V. sur cette exigence d'identité de qualification entre bien acquis et bien cédé, BOI-TVA-IMM-10-20-10-20140915, § 20). Si le rénovateur opte pour soumettre la vente de ces locaux non remis à l'état neuf, la TVA sera liquidée sur le prix total de vente, conformément à l'article 266 du Code général des impôts.
En réalité, depuis que la CJUE a livré son interprétation des dispositions de l'article 392 de la directive 2006/112/CE du Conseil du 28 novembre 2006 relative au système commun de taxe à la valeur ajoutée dont l'article 268 du CGI est censé constituer la transposition en droit français (CJUE, 30 sept. 2021, aff. C299/20, *Icade Promotion SAS ; « Revente de terrains à bâtir : au nom du principe de neutralité de la TVA, la CJUE limite drastiquement le champ d'application de la taxation sur la marge » : Constr.-Urb.* 2021, comm. 135 par N. Gonzalez Gharbi. – E. Kornprobst : *Dr. fisc.* 2021, comm. 405) et que le Conseil d'État a décidé d'adopter les critères d'application du régime de la TVA sur marge dégagés par cette jurisprudence (CE, 3e-8e ch. réunies, 12 mai 2022,

n° 416727 : *Rec. CE* 2022, tables ; *Le Conseil d'État se rallie à la CJUE, "sauve" l'ancienne TVA sur marge et réduit le champ d'application de l'actuel article 268 du CGI : Constr.-Urb.* juill. 2022, comm. par N. Gonzalez Gharbi ; *JCP* N 2022, act. 628 ; *TVA sur marge : le Conseil d'État tire les conséquences de la décision Icade Promotion de la CJUE*), l'administration devra, comme elle s'y est engagée, mettre à jour ses commentaires de ce régime.
L'occasion devra être saisie pour préciser les conditions d'application de la TVA sur option aux livraisons d'immeubles bâtis anciens vendus en l'état ou sous la forme de vente d'immeubles à rénover.

2 Modalités d'application de la TVA à la vente d'immeuble à rénover (VIR)

AVERTISSEMENT

Comparaison n'est pas raison. Si le contrat de VIR constitue la déclinaison du contrat de VEFA, et que cette matrice commune appelle et justifie l'adoption des mêmes règles pour déterminer la date du fait générateur et celle de l'exigibilité de la TVA, une différence fondamentale oppose les deux opérations : effectuée par un assujetti à la TVA agissant en tant que tel, la VEFA est soumise de plein droit à la TVA en ce qu'elle concourt à la production d'un immeuble neuf (CGI, art. 257), alors que dans la VIR, à défaut de remplir les critères de l'immeuble neuf au sens de la TVA, la vente sera réputée porter sur un immeuble ancien et exonérée de TVA (CGI, art. 261, 5, 2°). Dans ce cas, la TVA ne pourra s'appliquer que sur option expresse du vendeur, formulée dans l'acte de VIR (CGI, art. 260, 5° bis), et l'acquéreur doit s'acquitter, en principe, des droits de mutation à titre onéreux au tarif ordinaire, à moins qu'il ne puisse revendiquer un régime de faveur quelconque.

7232 Le contrat de vente d'immeuble à rénover (VIR), créé par l'article 80 de la loi ENL du 13 juillet 2006 et codifié dans le Code de la construction et de l'habitation sous les articles L. 262-1 à L. 262-11, est entré en vigueur après publication du décret n° 2008-1338 du 16 décembre 2008 (*JO* 18 déc. 2008, p. 19388). Alors que la réforme des règles de la TVA applicables aux opérations immobilières est entrée en vigueur depuis le 11 mars 2010, il a fallu attende la publication d'une réponse ministérielle pour que son régime au regard de la TVA soit enfin clairement établi (Rép. min. Mme V. Louwagie, n° 96 : *JOAN* 13 sept. 2022, p. 4038. – N. Gonzalez-Gharbi, *Vente d'immeuble à rénover et TVA : comme la VEFA... ou presque : Constr.-Urb.* 2022, n° 11, comm. 126).

a) Fait générateur de la TVA

7233 La date du fait générateur de la TVA se situe à la date de la livraison de l'immeuble rénové, soit donc à la date de l'achèvement des travaux que le vendeur/rénovateur s'est engagé contractuellement à exécuter, date qui coïncide avec celle de la réception des travaux.

b) Taux de la TVA

7234 Un taux unique de TVA (normal ou réduit) s'applique au prix de vente stipulé dans la VIR sans possibilité d'appliquer des taux distincts à la livraison de l'immeuble, d'une part, et aux prestations de travaux de rénovation, d'autre part.
Il a été ensuite précisé que ce même taux s'applique aux **travaux modificatifs acquéreurs (TMA)** compte tenu de leur caractère accessoire par rapport à la vente qui les prévoit. La solution est fondée sur les dispositions du II de l'article 257 ter du CGI (Rép. min. Économie, Finances, Souveraineté industrielle et numérique, n° 3215 : *JO* 7 févr. 2023, p. 1139, Mme Louwagie. – N. Gonzalez Gharbi, *Les travaux modificatifs acquéreurs (TMA) sont soumis au taux applicable à la VEFA ou à la VIR qui les prévoit : Constr.-Urb.* 2023, n° 3, comm. 41).

c) Exigibilité de la TVA

7235 En principe, la date d'exigibilité de la TVA coïncide avec celle de son fait générateur laquelle en matière de livraisons de biens se situe à la date de la livraison (CGI, art. 269). L'application de ce principe conduirait à fixer la date de l'exigibilité de la TVA, en matière de vente d'immeuble à construire ou à rénover, à la date de l'achèvement de l'immeuble.
Or, ces contrats sont conçus pour organiser le paiement du prix au fur et à mesure de l'avancement des travaux de sorte que retarder l'exigibilité de la TVA à la date de la livraison rompt le lien entre l'encaissement des recettes taxables et le paiement de la TVA d'une part, et retarde, d'autre part, l'exercice des droits à déduction de l'acquéreur (CGI, art. 271).
Depuis le 1er janvier 2023, date d'entrée en vigueur des dispositions du a du 2 de l'article 269

du CGI issues de l'article 30 de la loi de finances pour 2022 qui ont transposé en droit interne les dispositions de l'article 65 de la directive 2006/112/CE du 28 novembre 2006 relative au système commun de taxe sur la valeur ajoutée, la TVA sera exigible au fur et à mesure de l'encaissement des fractions de prix de vente intervenant avant la livraison, la date de cette dernière constituant, comme il est de règle, la date d'exigibilité de la TVA afférente au prix stipulé sous déduction des acomptes déjà encaissés.

Remarque : La réponse ministérielle Louwagie, n° 96, du 13 septembre 2022, ici commentée, rappelle toutefois que : « Jusqu'à cette date, conformément au principe de l'effet direct vertical des dispositions claires, précises et inconditionnelles d'une directive, les contribuables qui le souhaitent peuvent se prévaloir des dispositions de l'article 65 de la directive 2006/112/CE du Conseil du 28 novembre 2006 relative au système commun de TVA pour collecter ou déduire la TVA grevant les acomptes versés ».

3 Taxe de publicité foncière

a) Le vendeur est un assujetti à la TVA agissant en tant que tel

7236 La vente est exonérée de TVA. L'acquéreur doit, en principe, les droits de mutation à titre onéreux au tarif ordinaire (à moins qu'il puisse revendiquer un régime de faveur quelconque

7237 Quels droits de mutation à titre onéreux exigibles sur la vente de l'immeuble rénové soumis sur option à la TVA ?

Principe : Il ne suffit pas que le vendeur assujetti opte pour la TVA pour que l'acquéreur puisse prétendre à l'application du taux réduit de la taxe de publicité foncière. Que la TVA soit liquidée sur le prix total de vente ou sur la marge, le principe est que les droits de mutation à titre onéreux sont dus par l'acquéreur au tarif ordinaire (5,80665 %), sauf s'il bénéficie d'une exonération en vertu d'un texte spécial. Ces droits peuvent être liquidés sur le prix HT s'il en est fait mention dans l'acte.

7238 Cas d'application de la taxe de publicité foncière au taux réduit. Au principe de cumul de la TVA et des droits de vente au tarif ordinaire, l'administration a apporté un tempérament de taille mais d'une portée assez limitée quant aux reventes concernées. Il a été ainsi précisé : « Lorsque l'immeuble a fait l'objet de travaux de second œuvre qui n'ont pas donné lieu à l'application du taux réduit de TVA prévu à l'article 279-0 bis du CGI et que tous les planchers de l'immeuble contribuent à la résistance ou à la solidité de l'ouvrage, il demeure admis que le I du A de l'article 1594 F quinquies du CGI trouve à s'appliquer, nonobstant l'application éventuelle de l'article 268 du CGI, en ne prenant en compte que les cinq autres éléments mentionnés à l'article 245 A de l'annexe II au CGI pour déterminer si l'immeuble a été rendu à l'état neuf au regard du *d)* du 2° du 2 du I de l'article 257 du CGI » (BOI-ENR-DMTOI-1040-20130123, n° 120).

Cette solution figurait en note de bas de page n° 16 de l'instruction du 18 avril 2011 précitée. Il est important de rappeler que cette doctrine administrative est réservée au seul cas où la TVA due sur les travaux de rénovation a été appliquée au taux normal (20 % à compter du 1er janvier 2014) et non au taux réduit de l'article 279-0 bis du Code général des impôts.

À défaut d'entrer dans les prévisions de la doctrine précitée, l'acquéreur sera tenu de payer les droits de mutation au taux de droit commun (de 5,09006 % à 5,80665 %), à moins qu'il ne prenne l'engagement de revendre dans les cinq ans, ou l'engagement de bâtir un immeuble neuf dans les quatre ans (sur tous ces points, V. **Immeuble ancien**).

De même, si la vente intervient plus de cinq ans après l'achèvement des travaux de rénovation ayant abouti à la remise à l'état neuf, la cession sera exonérée de la TVA (CGI, art. 261, 5-2°). Toutefois, le vendeur aura la faculté d'opter pour l'application de cette taxe en vertu des dispositions de l'article 260, 5° bis du Code général des impôts (V. **Immeuble ancien**).

Dans ce dernier cas, l'acquéreur sera pour sa part tenu dans tous les cas – que la mutation soit taxable sur option ou exonérée de la TVA – de payer les droits de mutation au taux de droit commun, à moins qu'il prenne l'engagement de revendre dans les cinq ans, ou l'engagement de bâtir un immeuble neuf dans les quatre ans (sur tous ces points, V. **Immeuble ancien**).

b) Le vendeur n'est pas un assujetti à la TVA agissant en tant que tel

7239 Quelle que soit l'ampleur des travaux réalisés sur l'immeuble existant, la vente réalisée hors de l'activité économique du cédant, demeurera hors champ d'application de la TVA. Elle rendra exigible les droits de mutation à titre onéreux dans les conditions de droits commun, sauf si l'acquéreur peut se prévaloir d'un régime de faveur de portée générale ou s'il est assujetti à la TVA et qu'il place son achat sous le régime des achats/reventes (Engagement de revendre).

III

Contribution de sécurité immobilière

7240 **Renvoi.** La CSI est exigible selon les règles de droit commun applicables aux mutations immobilières (V. **Immeuble ancien**. – V° **Immeuble neuf – Terrains**).

Rénovation urbaine

Neyla GONZALEZ-GHARBI

I

Généralités

7241 La « rénovation urbaine » est l'objet d'une politique publique de la ville qui vise à en transformer les quartiers présentant des fragilités et des difficultés socio-économiques, notamment les quartiers prioritaires de la politique de la ville (QPV).

Régie par la loi n° 2003-710 du 1er août 2003 d'orientation et de programmation pour la ville et la rénovation urbaine, modifiée notamment par la loi n° 2014-173 du 21 février 2014 de programmation pour la ville et la cohésion urbaine et la loi n° 2018-1021 du 23 novembre 2018 portant évolution du logement, de l'aménagement et du numérique (dite « loi ELAN »), cette politique est menée par l'Agence nationale pour la rénovation urbaine (ANRU), établissement public dont l'article 89 de la loi ELAN précitée a modifié la gouvernance (V. D. n° 2019-438, 13 mai 2019, relatif à l'Agence nationale pour la rénovation urbaine).

Aux termes de l'article 1er de n° 2014-173 du 21 février 2014 (modifié en dernier lieu par la loi n° 2022-296 du 2 mars 2022, art. 25) :

> « I. – La politique de la ville est une politique de cohésion urbaine et de solidarité, nationale et locale, envers les quartiers défavorisés et leurs habitants.
>
> Elle est conduite par l'État, les collectivités territoriales et leurs groupements dans l'objectif commun d'assurer l'égalité entre les territoires, de réduire les écarts de développement entre les quartiers défavorisés et leurs unités urbaines et d'améliorer les conditions de vie de leurs habitants.
>
> Elle est mise en œuvre au moyen des contrats de ville prévus à l'article 6, qui intègrent les actions relevant des fonds européens structurels et d'investissement et s'articulent avec les contrats de plan conclus entre l'État et la région. (…) ».

La déclinaison « immobilière » de la politique de rénovation urbaine conduit les collectivités et organismes chargés de sa mise en œuvre opérationnelle à acquérir, à l'amiable ou par voie d'expropriation, des bâtiments et terrains compris dans le périmètre défini par une opération donnée, à procéder le cas échéant à la démolition de tout ou partie des bâtiments concernés et à céder les terrains aux constructeurs publics ou privés, etc.

7242 Ces mutations de propriétés immobilières ont été dotées d'un régime de faveur pour l'application de la taxe de publicité foncière (II) ; l'évolution des règles de la TVA immobilière a, en revanche, abouti à les soumettre au régime de droit commun des livraisons d'immeubles, sous réserve, toutefois, de l'application du taux réduit de la TVA aux livraisons et livraisons à soi-même des logements relevant du secteur du logement social ou intermédiaire (III).

II

Taxe de publicité foncière (taux réduit de 0,70 %)

CGI, art. 1594 F quinquies. – Sont soumises à la taxe de publicité foncière ou au droit d'enregistrement au taux de 0,70 % :

(...)

B. Les mutations de propriété faites entre les propriétaires participant aux opérations de rénovation urbaine et l'organisme de rénovation. Toutefois, en ce qui concerne la taxe ou le droit afférents aux biens remis aux anciens propriétaires en contrepartie de leur créance sur un organisme de rénovation, le bénéfice de la réduction de taux ne peut être invoqué qu'à concurrence du montant de la créance sur l'organisme de rénovation.

Remarque : Ce régime est commenté par l'administration au BOI-ENR-DMTOI-10-80-20 dont la dernière version publiée le 21 mai 2015 ne prend pas en compte les dernières évolutions législatives du régime juridique et institutionnel de la rénovation urbaine. Nous nous y référerons, dès lors que les solutions y exposées paraissent conserver leur pertinence.

7243 Taux réduit de la taxe de publicité foncière. Contenu et portée du régime de faveur. Les opérations de rénovation urbaine sont soumises à la taxe de publicité foncière au taux de 0,70 % (0,71498 % avec les perceptions additionnelles) non susceptible d'être modifié par les conseils généraux. La taxe additionnelle communale n'est pas exigible (V. CGI, art. 1584 – V. **Taxes additionnelles**).

En revanche, l'État perçoit au titre de frais d'assiette, de recouvrement, de dégrèvements et de non-valeurs 2,37 % du montant de la taxe ou du droit perçu au profit du département (CGI, art. 1647).

Ce régime de faveur s'applique aux mutations immobilières effectuées dans le cadre d'une opération de rénovation urbaine à défaut d'un régime plus favorable.

Ainsi, ces mutations sont susceptibles d'être éligibles à l'exonération de taxe de publicité foncière prévue par l'article 1045 du CGI (expropriations et opérations assimilées – BOI-ENR-DMTOI-10-80-20, n°s 10 et s.), sans préjudice des exonérations de taxe de publicité foncière et de CSI prévues par les articles 1040 du CGI, en cas d'acquisition par l'État (V. **État**), et par l'article 1042 du CGI en cas d'acquisition par une commune (V. **Commune**).

De même, l'acquisition effectuée par un assujetti à la TVA peut être exonérée de taxe proportionnelle de publicité foncière, sous réserve de l'exigibilité de la taxe fixe de 125 € (CGI, art. 691 bis), lorsqu'elle est placée sous le régime des opérations concourant à la production d'immeuble neuf moyennant l'engagement de construire dans les conditions du A de l'article 1594-0 G du CGI (BOI-ENR-DMTOI-10-80-20, n° 230 – V. **Engagement de construire**).

7244 Conditions d'application du régime de faveur. L'application de la taxe de publicité foncière au taux de 0,70 % (0,71498 % avec les perceptions additionnelles) est subordonnée à une double condition :

– existence d'une opération de rénovation urbaine ;
– intervention d'une mutation de propriété entre les propriétaires participant ou non à l'opération et l'organisme de rénovation (BOI-ENR-DMTOI-10-80-20, n° 180).

A Existence d'une opération de rénovation urbaine

7245 Définition. Les opérations de rénovation urbaine comprennent :

– l'acquisition soit à l'amiable, soit par voie d'expropriation, de l'ensemble des bâtiments et des terrains compris dans le périmètre à rénover ;
– les démolitions et la mise en état du sol. Toutefois, un ou deux bâtiments peuvent subsister après avoir fait l'objet de travaux de remise en état ou de modernisation ayant pour conséquence la transformation de leurs conditions d'habitabilité ;
– la cession des terrains aux constructeurs et à la commune ;
– la réinstallation temporaire ou définitive des occupants, éventuellement en dehors du périmètre considéré (BOI-ENR-DMTOI-10-80-20, n° 190).

7246 Exécution des tâches. Aucune restriction n'est apportée par les textes à la forme des organismes chargés des opérations de rénovation ; Ainsi, si l'exécution de ces opérations entre dans la mission normale des sociétés d'économie mixte, il peut aussi être fait appel soit à des sociétés privées, à condition qu'elles présentent les garanties précisées par l'article 1er du décret n° 59-730 du 15 juin 1959, soit, dans certains cas, à des offices publics d'aménagement et de construction ou à des offices publics d'habitations à loyer modéré (BOI-ENR-DMTOI-10-80-20, n° 190).

7247 **Offre de participation.** L'organisme de rénovation urbaine doit obligatoirement offrir aux propriétaires, locataires et occupants de participer à l'opération.

L'offre de participation, faite par l'organisme au propriétaire intéressé, lui est notifiée par lettre recommandée avec demande d'avis de réception. Faute de réponse dans un délai de trois mois à dater de cette notification, il est réputé l'avoir refusée ; dans cette hypothèse, comme dans celle où il a manifesté expressément son refus, l'expropriation est poursuivie contre lui, après la déclaration d'utilité publique prononcée par arrêté préfectoral. En cas d'acceptation de l'offre, le propriétaire bénéficie, en contrepartie de la cession de son bien, d'une créance représentée par un titre nominatif. Le montant de la créance, initialement fixé comme en matière d'expropriation, est réévalué au terme de l'opération pour tenir compte des fluctuations du coût de la construction (BOI-ENR-DMTOI-10-80-20, n° 190).

7248 **Extinction de la créance des propriétaires.** La créance est éteinte par la remise au propriétaire et à son choix, à concurrence du montant de ladite créance :

– soit d'un droit de propriété sur des immeubles de même nature construits dans le périmètre de l'opération par l'organisme de rénovation ou par tout constructeur agissant dans le cadre d'une convention passée avec l'organisme ;

– soit d'actions ou de parts d'une société de construction existante ou à constituer à la demande des propriétaires intéressés ;

– soit, si l'opération le permet, d'un terrain sur lequel le propriétaire intéressé, seul ou groupé avec d'autres propriétaires de l'îlot, construira, dans les délais et conditions qui lui seront impartis, un ou des immeubles prévus au programme de construction (BOI-ENR-DMTOI-10-80-20, n° 190).

7249 **Titulaires d'un bail commercial.** Par ailleurs, les titulaires d'un droit au bail commercial peuvent, lorsque l'organisme de rénovation ne leur fait pas l'offre d'un local de remplacement dans l'agglomération, demander l'attribution d'une créance ; ils ont alors les mêmes droits que les propriétaires d'immeubles et cette créance est éteinte dans des conditions identiques.

Le commerçant, propriétaire des murs dans lesquels il exploite, dispose à la fois des droits des propriétaires et des droits des titulaires d'un bail commercial. Il peut demander l'attribution d'une créance correspondant aux uns et aux autres de ces droits ou à leur ensemble (BOI-ENR-DMTOI-10-80-20, n° 190).

B Mutation de propriété entre les propriétaires participant ou non à l'opération et l'organisme de rénovation

7250 **Principe.** Il a été admis que le régime de faveur s'applique aux mutations intervenant entre les propriétaires qui ne participent pas à l'opération et l'organisme de rénovation. En outre, cet organisme peut ne pas avoir la qualité de société concessionnaire (BOI-ENR-DMTOI-10-80-20, n° 200).

7251 **Application du taux réduit.** Aux termes de l'article 1594 F quinquies-B du Code général des impôts (V. ce texte ci-dessus), les mutations de propriété faites entre les propriétaires participant aux opérations de rénovation urbaine et l'organisme de rénovation bénéficient du taux réduit. Toutefois en ce qui concerne la taxe ou le droit afférent aux biens remis aux anciens propriétaires en contrepartie de leur créance sur un organisme de rénovation, le bénéfice de la réduction de taux ne peut être invoqué qu'à concurrence du montant de la créance sur l'organisme de rénovation (BOI-ENR-DMTOI-10-80-20, n° 210).

7252 **Cas où la taxe de publicité foncière à 0,70 % est exigible.** Il a été précisé qu'à défaut de toute autre exonération, le régime de faveur s'applique dans les situations ci-après, sans qu'il y ait à rechercher si la convention entre ou non dans le champ d'application de la TVA :

– acquisition par la collectivité locale ou l'organisme de rénovation de bâtiments qui feront l'objet d'une simple remise en état ou de travaux de modernisation ;

– attribution de logements nouvellement construits aux propriétaires participant à l'opération de rénovation ;

– cessions de logements compris dans les immeubles en copropriété nouvellement construits, consenties aux anciens occupants de logements démolis, lorsque les intéressés exercent leur droit de priorité ;

– rétrocession, par l'organisme de rénovation, de l'immeuble acquis, à son ancien propriétaire dans l'hypothèse où l'opération doit être abandonnée en tout ou partie (BOI-ENR-DMTOI-10-80, n° 220).

III TVA immobilière

7253 Cessions de créances sur l'organisme de rénovation. Attribution de terrains à bâtir. Il avait été admis, par mesure de tempérament, que les acquisitions de terrains à bâtir ou de biens assimilés à ces terrains par l'article 1594-0 G-A du Code général des impôts, réalisées par les organismes de rénovation, qu'ils soient ou non concessionnaires, soit à l'amiable, soit par voie d'expropriation, n'étaient pas soumises à la TVA, même si les mutations interviennent avec des propriétaires ne participant pas aux opérations (Doc. adm. DGI, 8 A-173, n° 1, 15 nov. 2001).
Depuis la réforme de la TVA opérée par la loi de finances rectificative pour 2010 (L. n° 2010-237, 9 mars 2010 : *JO* 10 mars), la TVA s'applique à ces opérations dans les conditions de droit commun qui exige, en particulier, qu'elles soient effectuées à titre onéreux par des assujettis à la TVA agissant en tant que tel.

A Attribution d'un terrain à bâtir à une personne participant à l'opération de rénovation

7254 Cette attribution doit être considérée comme une vente du terrain dont le prix est représenté par la créance sur la société. Elle est passible de la TVA, dans les conditions applicables aux mutations de terrains à bâtir (V. **Terrains**). Selon l'administration fiscale, il n'y a pas lieu d'appliquer en l'occurrence le régime des échanges car la cession de la créance au débiteur entraîne l'extinction de cette créance par voie de confusion et elle ne peut donner ouverture à l'impôt (Doc. adm. DGI, 8 A-173, n° 2, 15 nov. 2001).

B Cession de sa créance par le propriétaire participant et attribution d'un terrain à bâtir au cessionnaire

7255 À supposer même que la créance d'un propriétaire participant sur l'organisme de rénovation ait le même caractère immobilier que les biens dont elle tient lieu, la TVA ne s'applique à la cession de créance que si cette cession de créance est effectuée par un assujetti à la TVA agissant en tant que tel.
En revanche, l'attribution du terrain au cessionnaire de la créance est passible de la TVA dans les conditions de droit commun (V. antérieurement, Doc. adm. DGI, 8 A-173, 15 nov. 2001, n° 3).

C Changement d'affectation du terrain précédemment attribué au titulaire d'une créance sur l'organisme de rénovation

7256 Le changement d'affectation du terrain primitivement attribué au titulaire de la créance est susceptible d'entraîner la remise de ce terrain à la disposition de l'organisme de rénovation qui attribue un autre terrain au constructeur, soit immédiatement, soit ultérieurement. Dans cette dernière hypothèse, un nouveau titre de créance est délivré à l'intéressé. Cette délivrance ne comporte aucune conséquence au regard de la TVA. En revanche, l'attribution du nouveau terrain motive la perception de cette taxe. Mais il est admis que dans la limite du délai de réclamation prévu à l'article R.* 196-1 du Livre des procédures fiscales, la taxe qui a grevé l'attribution précédente peut faire l'objet soit d'une demande d'imputation sur l'impôt exigible à raison de l'attribution subséquente, soit d'une demande de restitution (V. antérieurement, Doc. adm. DGI, 8 A-173, 15 nov. 2001, n° 4 – Solution non reprise au *BOFiP*).

D Taux réduit de la TVA

7257 Renvoi. Lorsqu'elles sont soumises à la TVA, les mutations à titre onéreux de terrains à bâtir, de logements ainsi que des droits réels y afférents bénéficient des taux réduits de 10 % et 5,5 % prévus par l'article 278 sexies-0 A du CGI applicables dans le secteur du logement social ou de celui de 10 % prévu en matière de logement intermédiaire par l'article 279-0 bis A du CGI.

➤ Sur ces régimes, V. **Logement social**.

IV
Contribution de sécurité immobilière

7258 **Perception au taux normal.** Quel que soit l'organisme de rénovation qui les poursuit, les formalités concernant les opérations de rénovation urbaine sont assujetties au salaire liquidé au tarif normal, le cas échéant sur la même base que la taxe de publicité foncière (Bulté : *JCP* N 1962, IV, 3271).

La solution est transposable pour la perception de la CSI, sous réserve, le cas échéant, de l'exonération applicable à ces formalités en vertu des articles 1040 ou 1042 du CGI.

Renseignements hypothécaires

Serge LAMIAUX

Sommaire analytique

BIBLIOGRAPHIE : S. Bérard : *JCl. Notarial formulaire*, V° Bordereaux d'inscription hypothécaire, Fasc. 230 (Fiche pratique relative aux demandes de renseignements hypothécaires). – F. Vauvillé, *Responsabilité du notaire et hypothèque intercalaire : JCP* N 2014, n° 30, 1256. – A. Gillet, *Publicité foncière : Comment obtenir des renseignements immobiliers ? : LPA* 28 août 2015, p. 3. – N. Pierre : *JCl. Civil Code*, Art. 2449 à 2457, Fasc. 10. – *JCl. Notarial Répertoire*, V° Inscription hypothécaire, Fasc. 25.

7259 **Principe.** Le principe est que les informations contenues dans la documentation sont à la disposition de toute personne qui peut en obtenir des copies ou des extraits sans avoir à justifier d'un intérêt quelconque (*Précis de fiscalité* DGI 2018, n° 9687).

Tous les bureaux des hypothèques étant informatisés depuis le 1er juillet 2003, nous ne ferons pas mention des règles antérieures figurant dans les décrets des 4 janvier et 14 octobre 1955, applicables avant l'informatisation des conservations.

I
Les réquisitions de renseignements

A Règles générales de recevabilité des réquisitions

7260 **La réquisition de renseignements**, qui peut être formulée à l'occasion d'une formalité (« réquisition sur formalité ») ou en dehors de toute formalité (« réquisition hors formalité ») doit satisfaire à des règles très précises concernant tant sa forme que son contenu. L'inobservation de ces règles entraîne le refus de la demande.

1 Forme des réquisitions

7261 **Utilisation de formulaires.** La délivrance des renseignements s'effectue dans le cadre d'une réquisition écrite. Les réquisitions de renseignements sont obligatoirement établies en deux exemplaires par procédé bureautique sur un formulaire fourni par l'administration ou reproduit selon des normes fixées par des instructions de l'administration, le second exemplaire étant obtenu par duplication (D. 14 oct. 1955, art. 39, al. 1. – V. les instructions publiées au *BOI* 10 E-1-95, 10 E-2-99, 10 E-1-00 et 10 E-1-03).

7262 **Formulaires disponibles.** Les différents modèles d'imprimés mis à la disposition des usagers sont les suivants :
Numéro des imprimés :
1° Renseignements concernant la documentation hypothécaire constituée avant le 1er janvier 1956 :
– 3230-SD : Demande de relevé des formalités antérieures au 1er janvier 1956 ;
– 3231-SD : Demande de copies de documents pour la période antérieure au 1er janvier 1956.
2° Renseignements concernant la documentation hypothécaire constituée depuis le 1er janvier 1956 :
– 3233-SD : Demande de renseignements (période postérieure au 31 décembre 1955) ;
– 3234-SD : Demande de renseignements. Feuille intercalaire à l'imprimé 3233 SD ;
– 3236-SD : Demande de copies de documents pour la période postérieure au 31 décembre 1955 ;
– 3240-SD : Demande complémentaire de renseignements.

N.B. : Les imprimés 3230 SD (Cerfa n° 11272), 3231-SD (Cerfa n° 11273), 3233-SD (Cerfa n° 11194), 3234-SD (Cerfa n° 11194), 3236-SD (Cerfa n° 11187), 3240-SD (Cerfa n° 11195), sont disponibles sur le site www.impots.gouv.fr.

7263 **Prohibition des renseignements verbaux.** Comme le rappelle le *Précis de fiscalité* de la Direction générale des impôts (2018, n° 9687) :

> « Sauf les rares hypothèses où un droit de communication directe est accordé à certains représentants de la puissance publique, il est formellement interdit au service de la publicité foncière de déférer à des demandes verbales et de donner connaissance "visuellement" des documents. La nécessité d'une réquisition écrite se justifie aisément puisque c'est en fonction de ses énonciations que les tribunaux pourront éventuellement apprécier la responsabilité du conservateur s'il lui est reproché d'avoir ou de n'avoir pas délivré telle formalité ».

Le service de la publicité foncière qui accepterait exceptionnellement de répondre à une demande non effectuée par écrit, par exemple en raison de l'urgence, le ferait sous sa pleine et entière responsabilité.

7264 **Conservation des réquisitions.** Les réquisitions sont conservées dans les archives du service de la publicité foncière en prévision de contestations.
Annotées du numéro d'enregistrement au journal des états et des frais, de la date du dépôt, elles sont enliassées dans un ordre qui est, en principe, celui de l'inscription au journal précité (*Précis de fiscalité*, préc., n° 9710).

2 Contenu des réquisitions

a) Période de certification

7265 **Demande non limitée dans le temps.** Les renseignements que le service de la publicité foncière est tenu de délivrer concernent les copies et/ou extraits de documents dans la limite des cinquante années précédant celles de la réquisition (C. civ., art. 2449).
Les saisies sont également délivrées dans la limite des cinquante années précédant celle de la réquisition, mais uniquement si elles sont encore en cours ou si elles sont émargées de la mention de publication de l'adjudication (D. 14 oct. 1955,

art. 38-1 et 41, combinés) ; étant précisé que sont considérées comme étant en cours, les saisies qui ne sont ni périmées, ni radiées, ni annulées, ni caduques, ni émargées de la mention de publication de l'adjudication ou de la mention du jugement constatant la conformité de la vente amiable (D. 14 oct. 1955, art. 44, al. 4).

7266 **Demande limitée dans le temps.** L'article 40-3 du décret du 14 octobre 1955 modifié permet à l'usager de limiter sa demande « aux formalités accomplies pendant une période déterminée », en portant, dans l'espace prévu à cet effet sur les imprimés de réquisition, la date exacte à partir de laquelle il désire obtenir les renseignements.

b) Identification des personnes

7267 **Mentions requises.** Toute réquisition de copie, extrait ou certificat doit comporter l'identification des personnes du chef desquelles les renseignements sont requis, savoir :

– pour les personnes physiques, les nom et prénoms dans l'ordre de l'état civil, et les date et lieu de naissance ;

– pour les personnes morales, leur dénomination, ainsi que les autres éléments d'identification prévus à l'article 6-1 du décret du 4 janvier 1955 (D. 4 janv. 1955, art. 9, al. 1 à 3), savoir :

• la dénomination, la forme juridique et le siège social de la société (civile ou commerciale) et en outre, pour les syndicats et les associations, la date et le lieu de dépôt des statuts ou de la déclaration,

• le numéro « SIREN »,

• lorsque la personne morale est immatriculée au registre du commerce et des sociétés, l'identification est complétée par la mention RCS suivie du nom de la ville où se trouve le greffe qui a procédé à l'immatriculation.

Enfin, si la personne morale n'est pas inscrite au répertoire des entreprises et de leurs établissements ou est en cours d'inscription, il appartient au demandeur de compléter la désignation de la personne morale interrogée par la mention « SIREN : néant » ou bien « SIREN : en cours d'identification ».

Ces mentions n'ont pas à être portées sur les demandes purement réelles mais elles peuvent l'être sur les demandes concernant la période antérieure au 1er janvier 1956 et doivent figurer sur les demandes de relevé des formalités.

Sur les difficultés auxquelles peut donner lieu l'identification des personnes : V. Instr. 1er juin 1981 : *BODGI* 10 F-3-81 ; *JCP* N 1981, prat. 7996. – V. **Identification des personnes**.

7268 **Utilisation des majuscules.** Les noms de famille (ou les dénominations de personnes morales) qui y sont portés doivent figurer en lettres majuscules d'imprimerie. Les prénoms sont mentionnés en lettres minuscules (D. 14 oct. 1955, art. 39, al. 6).

7269 **Sanction.** Si les règles rappelées ci-dessus (nos 6555 et 6556) ne sont pas respectées, le dépôt de la demande est refusé par le service de la publicité foncière (D. 14 oct. 1955, art. 39, 4°).

c) Identification des immeubles

7270 **Mentions requises.** La réquisition se rapportant à un immeuble déterminé doit comporter la désignation individuelle de cet immeuble, savoir :

– l'indication de la commune de situation et les références cadastrales (section et numéro du plan) ;

– et pour les fractions d'immeubles, le numéro du lot, ainsi que pour les fractions issues d'un état descriptif de division en volumes, le numéro du volume (V. Instr. adm. 14 août 1998, préc., n° 181).

Toutefois, les services de la publicité foncière sont fondés à accepter les réquisitions dans lesquelles certains des éléments de cette désignation feraient défaut ; dans ce cas, ils ne sont pas responsables des erreurs résultant de l'insuffisance de la désignation D. 4 janv. 1955, art. 9, al. 4).

7271 **Changement de désignation.** Lorsque l'immeuble visé dans la demande a changé de désignation au cours de la période de certification (V. nos 7265 et 7266), il est nécessaire de désigner cet immeuble à la fois sous son ancienne et sous sa nouvelle désignation pour être certain que toutes les formalités effectuées sur ledit immeuble pendant cette période seront révélées (Instr. adm., 1er juin 1981, préc., n° 29).

À défaut, il ne peut être reproché au service de la publicité foncière de n'avoir révélé que les formalités intervenues après la publication de la modification de désignation de l'immeuble (V., pour des applications *Bull. AMC* 1991, art. 147 ; *Bull. AMC* 1991, art. 1495).

d) Date et signature

7272 Les deux exemplaires de la demande de renseignements doivent être datés et signés par ceux qui les formulent (D. 14 oct. 1955, art. 39, 1°).

3 Cas particulier des formalités antérieures au 1er janvier 1956

7273 **Archivage.** Les documents déposés dans les conservations depuis plus de cinquante ans ainsi que ceux produits pour leur exploitation

sont versés dans des services départementaux d'archives, habilités à en délivrer des copies ou extraits suivant les modalités déterminées par arrêté (D. n° 55-22, 4 janv. 1955, art. 10, dans sa rédaction issue du décret n° 2008-1055 du 10 octobre 2008). L'ensemble de la documentation déposée avant 1956, conservée par la DGFIP (Direction générale des finances publiques) devait être versé aux services départementaux d'archives avant le 31 décembre 2012.
Dans l'attente de ce versement, un arrêté du 10 octobre 2008 (*JO* 12 oct.) avait prévu les modalités de délivrance par le conservateur des renseignements portant sur cette documentation (art. 2-2).
Les copies de documents reçus avant l'entrée en vigueur de l'arrêté du 10 octobre 2008 dans un centre spécial d'archives dépendant de la Direction générale des impôts sont demandées au service de la publicité foncière dans le ressort duquel sont situés les immeubles ou au bureau ayant le centre spécial d'archives précité situé dans son ressort territorial ; elles sont délivrées par ce dernier bureau. La même règle s'applique aux relevés de formalité lorsque le répertoire des formalités hypothécaires a été reçu dans ledit centre.
Les copies de documents conservés par les bureaux des hypothèques, ainsi que les relevés de formalité les concernant, sont demandés dans ces bureaux et sont délivrés par ces derniers.
Les renseignements délivrés n'engagent pas la responsabilité de l'État (A. 10 oct. 2008, art. 4).
L'article 44-1, modifié par le décret n° 2012-1462 du 26 décembre 2012 (art. 14) énonce que :

> « En attendant que soient versés aux centres départementaux d'archives en application de l'article 10 du décret du 4 janvier 1955 susvisé les documents remontant à plus de 50 ans, le service de la publicité foncière délivre à titre de simple renseignement n'engageant pas la responsabilité de l'État la copie ou les informations extraites de ces documents s'il en est spécialement requis.
> Les renseignements et copies portant sur la documentation antérieure au 1er janvier 1956 sont délivrés dans les conditions fixées par un arrêté conjoint des ministres chargés du budget et de la culture ».

7274 **Mode d'accès à la documentation.** En ce qui concerne la réquisition de renseignements sur la période antérieure au 1er janvier 1956, la désignation des personnes et des immeubles n'est pas obligatoire, la seule désignation des références à la formalité est suffisante pour que la réquisition soit satisfaite.
Le demandeur doit indiquer, sur l'imprimé n° 3231 (V. n° 7262) les volume et numéros de la formalité, sa date, la nature du document et dans le cas où le bureau compétent pour délivrer le renseignement n'est pas le bureau dans lequel la formalité a été exécutée, le bureau des hypothèques compétent à la date d'exécution de la formalité en cause (Instr. adm. 1er juin 1981, préc., n° 58).
Lorsque le demandeur n'a pas connaissance des références à la formalité donnée au document dont il entend obtenir copie ou extrait, il peut les obtenir en déposant au service de la publicité foncière une demande de relevé des formalités antérieures à cette date (imprimé n° 3230). Les éléments de l'identité des personnes du chef desquelles les formalités concernées sont intervenues doivent être indiqués sur les demandes de relevé des formalités antérieures (Instr. adm. 1er juin 1981, préc., n° 67).
Comme pour les requêtes se rapportant aux formalités postérieures au 1er janvier 1956, les usagers ont la possibilité de limiter dans le temps le point de départ de la période de certification (V. n° 7266).

4 Contrôle de la régularité des réquisitions

7275 **Refus des réquisitions irrégulières.** Les demandes ne respectant pas les règles indiquées ci-dessus concernant leur forme et leur contenu sont refusées par le service de la publicité foncière (D. 14 oct. 1955, art. 39, 4°). En outre, un refus est opposé lorsque la demande de renseignement n'est pas accompagnée d'un moyen de paiement ou déposée avec un moyen de paiement dont le montant ne couvre pas le coût exact du renseignement (CGI, art. 880, al. 1er).
Les réquisitions irrégulières sont restituées à leur auteur après indication de la cause du refus par l'inscription d'une croix dans la case correspondante du cadre *ad hoc* aménagé sur l'imprimé.

7276 **Conséquence des irrégularités entachant des réquisitions acceptées.** La responsabilité du service chargé de la publicité foncière ne saurait être engagée si l'erreur ou l'omission entachant l'état ou le certificat délivré résulte d'une insuffisance ou d'une inexactitude de désignation commise dans la réquisition (C. civ., art. 2450-2° ; D. 4 janv. 1955, art. 8-1, § 2 et 9, al. 4).

B Différents types de réquisitions

7277 Les requérants, seuls à même d'apprécier leurs intérêts, sont libres de demander les renseignements qu'ils jugent nécessaires à leur information. Il leur appartient donc, lors de l'établissement des réquisitions, de bien en définir la portée, c'est-à-dire de fixer, dans les limites permises, la forme et l'étendue des informations qu'ils désirent se procurer (*Précis de fiscalité* DGFP 2018, n° 9693).

1 Renseignements sur formalité ou hors formalité

7278 **Principe.** Les demandes de renseignements peuvent être formulées à l'occasion de la publication d'une formalité (demande sur formalité) ou en dehors de toute formalité (demande hors formalité. – D. 14 oct. 1955, art. 40, § 1).
Dans les services dont le fichier est informatisé, seul un état complémentaire est délivré lorsqu'une réquisition déposée à l'appui d'un document soumis à publicité a été précédée dans les douze mois qui précèdent (D. 14 oct. 1955, art. 53-7) d'une demande émanant du même requérant et portant sur les mêmes immeubles (D. 4 janv. 1955, art. 9-1).

7279 **Processus applicable dans le cas de Télé@ctes.** M. Badrone donne l'exemple suivant (*La dématérialisation des échanges entre les études notariales et les conservations des hypothèques : le projet Télé@ctes : Administrer* janv. 2008, p. 32) :

« *a)* La demande initiale de renseignements "hors formalité" qui concerne la situation d'un ou plusieurs immeubles du 1er janvier 1956 jusqu'à la date de la demande, est faite par le notaire lors de la préparation de l'acte. Elle peut être transmise à la conservation et son coût payé par un virement dématérialisé. La conservation confirme le caractère exploitable de la demande dans un délai de 15 à 20 minutes.
La réponse se fait toujours par le renvoi de documents papiers. Elle est adressée au notaire dans un délai inférieur à 10 jours (en pratique 4 à 7 jours).
b) Quelques jours avant la signature de l'acte, le notaire peut, toujours par Télé@ctes, soit proroger sa demande initiale, soit faire une nouvelle demande dite "demande d'état complémentaire" (actuellement, seule une demande d'état complémentaire est possible, V. *infra*, n° 7280) :
– La demande d'état complémentaire concerne les informations relatives à l'immeuble depuis la date de la demande initiale "hors formalité" jusqu'à la date de la demande complémentaire. Le délai moyen de la réponse dématérialisée sera, là aussi, de deux jours.
c) La demande de renseignements "sur formalité" qui accompagne le dépôt de l'acte à la conservation a pour objet de vérifier la situation juridique de l'immeuble à la date de la publication de l'acte.
Dans le système Télé@ctes, la demande sur formalité s'opère sous la forme dématérialisée d'une demande complémentaire ».
La réponse, dématérialisée, est donnée dans un délai moyen de quelques jours.

7280 **Modification opérée par le décret du 26 décembre 2012.** Le décret n° 2012-1462 du 26 décembre 2012 a modifié l'état de choses antérieur (V., S. Bérard, *Aperçu rapide : petite révolution dans les services de la publicité foncière : JCP* N 2013).
Avant le 1er janvier 2013, comme suite à une demande initiale de renseignements, il était possible de demander soit une « prorogation » (correspondant à un renouvellement sur support papier de la demande initiale), soit une « complémentaire » (renouvellement dématérialisé de la demande initiale). Comme l'observe S. Bérard (étude préc.), la demande de renseignements hypothécaires faisant suite à une vente constituant également une « prorogation », il en résultait une confusion terminologique.
À compter du 1er janvier 2013, lorsqu'il s'agira de formuler une nouvelle demande faisant suite à une demande initiale, on ne parlera plus que de demande complémentaire. Le nouveau formulaire 3240-SD qui remplace l'ancien formulaire « renseignement sommaire urgent-demande de prorogation » se nomme désormais « demande complémentaire de renseignements ».
Le contenu des renseignements délivrés dans la « complémentaire » a été également revu. Ainsi la période de délivrance de la « complémentaire » aura pour point de départ le lendemain de la date du fichier immobilier au jour de la demande initiale et pour point d'arrivée la date du fichier mobilier au jour de la demande « complémentaire » (V. D. 14 oct. 1955, art. 53-7 nouveau).

7281 **Exemple pratique.** Dans son étude précitée, S. Bérard donne l'exemple suivant :
Exemple :
1. 1re étape = demande initiale faite le 20 décembre. À cette date, le fichier immobilier est à jour au 10 décembre. Les renseignements délivrés seront les formalités existant au fichier immobilier à la date du 10 décembre. Le certificat de dépôt révélera les formalités en attente pour la période du 11 décembre (lendemain du fichier) au 20 décembre (jour de la demande).
2. 2e étape = une demande de complémentaire est formulée à la date du 10 février suivant. À cette date, le fichier immobilier est à jour au 1er février. La réponse portera sur le contenu du fichier immobilier à compter du 11 décembre précédent (lendemain de la date du fichier lors de la demande initiale) jusqu'au 1er février (date du fichier lors de la demande de « complémentaire »). Le certificat de dépôt révélera les formalités en instance du

2 février (lendemain de la date du fichier lors de la complémentaire) au 10 février (date de demande de la complémentaire).

En résumé, la « complémentaire » ne délivrera pas, ainsi que précédemment pour les prorogations, l'ensemble des formalités sous FIDJI, mais sera considérablement allégée, puisqu'elle se bornera à faire le lien avec la demande initiale à la date du fichier.

2 Réquisition concernant des personnes ou des immeubles

7282 Modalités autorisées. Les demandes de renseignements peuvent être formulées (D. 14 oct. 1955, art. 40, § 2) :

– du chef d'une ou plusieurs personnes individuellement désignées, sur tous immeubles dans le ressort du service chargé de la publicité foncière (demande purement personnelle).

Les demandes formulées du chef d'une personne désignée, sans indication d'immeubles, donnent lieu à la délivrance de toutes les formalités intervenues du chef de ladite personne sur tous les immeubles dans le ressort du service chargé de la publicité foncière (D. 14 oct. 1955, art. 41, § 1, a) ;

– sur un ou plusieurs immeubles déterminés, sans indication de personnes (demande purement réelle).

Les demandes formulées sur un ou plusieurs immeubles déterminés sans indication de personnes donnent lieu à la délivrance de toutes les formalités se rapportant à ces immeubles, quelles que soient la ou les personnes du chef desquelles ces formalités sont intervenues (D. 14 oct. 1955, art. 41, § 1, b) ;

– du chef d'une ou plusieurs personnes sur un ou plusieurs immeubles déterminés dans le ressort du service chargé de la publicité foncière (demande réelle personnalisée).

Les demandes formulées sur un ou plusieurs immeubles déterminés, du chef d'une personne désignée, donnent lieu à la délivrance des formalités concernant ces immeubles, intervenues du chef de la personne désignée (D. 14 oct. 1955, art. 41, § 1, c).

Le traitement des demandes « réelles personnalisées » s'effectue selon le mode « réel » (*BOI 10 D-1-00*).

7283 Identification des personnes ou des immeubles. Les personnes du chef desquelles ou les immeubles sur lesquels les renseignements sont requis sont identifiés par les principaux éléments de leur désignation (V. n°s 7267 à 7271).

L'indication des personnes ou des immeubles a pour effet de limiter la demande à ces personnes ou à ces immeubles (ou aux deux à la fois dans le cas où des personnes et des immeubles sont désignés sur la même réquisition).

7284 Importance de l'identification. Les services de la publicité foncière ne sont tenus de délivrer les copies, extraits ou certificats que du chef des personnes physiques ou morales expressément dénommées dans la réquisition et quand une réquisition se rapporte à un immeuble déterminé, seulement sur cet immeuble. Toute erreur dans l'orthographe des noms et prénoms ou l'énonciation des prénoms dans l'ordre de l'état civil et des dates et lieu de naissance des personnes physiques, dans la désignation des personnes morales, ou dans la désignation des immeubles, dégage la responsabilité des services de la publicité foncière à raison des renseignements inexacts qu'ils peuvent être amenés à fournir au vu des documents publiés. Il en serait de même en cas de non-concordance entre les indications de ces documents et celles de la réquisition, bien que ces dernières fussent exactes (D. 4 janv. 1955, art. 9, al. 5).

C États pouvant être requis

7285 Principe. Sauf dans le cas de demande de copie d'un document publié ou de réquisition de renseignements pour la période antérieure au 1er janvier 1956, tous les renseignements sont, en droit ou en fait, révélés à l'aide du fichier immobilier et du registre des dépôts informatisés (D. n° 55-22, 4 janv. 1955, art. 8-1).

7286 Copies des documents publiés. Les usagers peuvent obtenir la copie intégrale des documents publiés, y compris le texte complet des mentions en marge. Celles-ci ne sont pas révélées distinctement : cette faculté n'existe, pour les saisies et inscriptions, que s'il s'agit de saisie en cours ou d'inscriptions subsistantes (non périmées, ni radiées) ou encore de saisies émargées de la mention de transcription ou de publication de l'adjudication (*Précis de fiscalité* 2018, n° 9694).

7287 Renseignements délivrés à partir du fichier immobilier informatisé. Les formalités intervenues depuis la mise en service du fichier informatisé sont délivrées sous la forme prévue à l'article 42-1 du décret n° 55-1350 du 14 octobre 1955.

Les demandes de renseignements donnent lieu à la délivrance d'un état-réponse qui comporte :

– un relevé informatisé des formalités publiées depuis la date de mise en service du fichier informatisé jusqu'à la date de dépôt de la demande, sauf limitation fixée par le requérant ;

– des copies de fiches (personnes et/ou immeuble) pour les informations antérieures à l'informatisation (formalités du stock) présentant, à la date de mise en service du fichier immobilier informatisé, la situation juridique des immeubles tels qu'elle résultait des documents publiés.
Toutes les annotations de formalités visées par la réquisition, même soulignées en rouge, sont délivrées, à l'exception toutefois des annotations relatives à des inscriptions ou à des saisies périmées ou radiées. Cette exception n'est pas applicable dans le cadre des photocopies de fiches délivrées en réponse à des réquisitions formulées par un notaire ou un avocat (*Précis de fiscalité* 2018, n° 9694).

7288 **Renseignements délivrés à partir du registre des dépôts.** L'article 1457 du Code civil permet l'utilisation des renseignements contenus dans le registre des dépôts informatisés à des fins de délivrance automatisée sous la forme d'un certificat des formalités acceptées au dépôt et en instance d'enregistrement au fichier immobilier sur les immeubles individuellement désignés dans la demande de renseignements.
La délivrance du certificat de dépôt est effectuée dans le cadre des réponses aux demandes de renseignements visées aux articles 42-1, § II et 53-6, alinéa 1er, 2° du décret du 14 octobre 1955 précité (*Précis de fiscalité* 2018, n° 9694).

II Rôle du service de la publicité foncière

A Principes directeurs des recherches

1 Respect de la volonté exprimée par le demandeur

7289 **Principe.** La demande présentée par l'usager constitue la loi du service de la publicité foncière, qui doit, dès l'instant où il l'accepte, délivrer toutes les copies, extraits ou relevés demandés et adresser l'ensemble des renseignements requis, sans en délivrer d'autres mais également sans restreindre la demande (V. Chambaz, Masounabe-Puyanne et Leblond, *Précis du droit et de la pratique hypothécaires*, 2e éd., nos 1596 et 1634. – *Bull. AMC* 1982, art. 1258). Autrement dit, « la réquisition pose les bases et fixe les limites des recherches ». Sous aucun prétexte, le service de la publicité foncière ne peut « étendre », « restreindre » ou « interpréter » une réquisition (*Précis de fiscalité* 2018, n° 9698).

7290 **Conséquences : recherches extrinsèques.** Compte tenu de la règle énoncée (V. n° 7289), les investigations nécessaires pour retrouver les formalités à révéler ou s'assurer qu'il n'en existe pas ne doivent jamais conduire le service de la publicité foncière à mener des recherches extrinsèques, c'est-à-dire extérieures aux indications des demandes ou à celles de la documentation détenue par lui (V. Instr. adm. 1er juin 1981, n° 81 : *BODGI* 10 F-3-81 ; *JCP* N 1981, prat. 7996).

2 Principe de conformité absolue

7291 **Énoncé du principe.** On considère traditionnellement que le service de la publicité foncière ne doit relever, au cours des recherches, que les formalités dont les indications sont entièrement concordantes avec celles de la réquisition : c'est la règle dite de « conformité » ou « d'identité absolue » (*Précis de fiscalité* 2018, n° 9700. – V. pour une application, Cass. 3e civ., 27 sept. 2005 : *RJDA* 2005, p. 424, n° 476).
Il en résulte que rien ne permet au service de la publicité foncière d'interpréter la demande de renseignements telle qu'elle a été rédigée par l'usager, même s'il lui apparaît que ce dernier, en formulant sa requête d'une façon différente ou sur un imprimé mieux approprié, aurait pu obtenir la délivrance de copies ou d'extraits de formalités susceptibles de lui être utiles. L'appréciation de cette utilité n'appartient qu'au demandeur (V. *Bull. AMC* 1970, art. 799 ; *ibid.* 1991, art. 1474 et 1495).

7292 **Dérogations traditionnelles.** Des atténuations ont toujours été apportées à la rigueur du principe que l'on vient d'énoncer. Actuellement, cette règle est rigoureusement applicable pour les recherches qui sont effectuées dans la nouvelle documentation, tant au regard de l'identification des personnes qu'à celui de la désignation des immeubles. Mais elle peut difficilement être maintenue lorsque les recherches sont effectuées dans l'ancienne documentation car l'identification des personnes et des immeubles y était trop souvent incertaine (*Précis de fiscalité* 2018, n° 9700).

3 Non-appréciation de la validité des formalités

7293 Principe et conséquences. Il est admis que le service de la publicité foncière (comme antérieurement les conservateurs des hypothèques) a un rôle purement passif dans la délivrance des renseignements et n'a donc pas à rechercher si les formalités délivrées ont produit des effets ou en produisent encore à l'époque de la demande (*Précis de fiscalité DGI* 2018, n° 9701). Ainsi doivent être délivrées par le service de la publicité foncière :

– les formalités relatives aux opérations entachées de nullité, même si la nullité était manifeste (aliénation réalisée par un mineur sans autorisation, par exemple : formalisation d'une inscription en renouvellement, après péremption de l'inscription initiale : *Bull. AMC* 1991, art. 1496) ;

– les opérations inopérantes par suite de la publication antérieure d'un acte de date plus ancienne (par ex., vente consentie par une personne ayant cédé l'immeuble par un acte déjà publié. – V. aussi, à propos d'une inscription inopérante, chron. Bulté : *JCP* N 1964, IV, 3712) ;

– les opérations ayant perdu leur efficacité rétroactivement, en raison de la publication d'une formalité postérieure (opération annulée par un jugement postérieur, par exemple) ;

– les opérations ayant cessé de produire leurs effets lors de la demande soit à la suite de la publication d'un autre document, soit en vertu de la loi ou des stipulations de l'acte en cause (acquisition suivie d'une aliénation, bail consenti pour une durée arrivée à son terme, constitution d'usufruit éteinte par le décès de l'usufruitier, par exemple).

B Établissement des états et certificats

7294 États-réponses. Après avoir procédé aux recherches nécessaires et à leur vérification, le service chargé de la publicité foncière délivre les renseignements sous forme d'un état-réponse, dûment daté et signé.

7295 Copies de documents. Les reproductions intégrales de documents sont délivrées sous forme de photocopies.

7296 Renseignements délivrés à partir du fichier immobilier informatisé. L'état-réponse consiste en un relevé informatisé des formalités publiées depuis la mise en service du fichier informatisé, et des photocopies de fiches en ce qui concerne la période antérieure à l'informatisation.

7297 Renseignements délivrés à partir du registre des dépôts informatisés. L'état réponse comporte un relevé informatisé des formalités enregistrées au dépôt mais non encore traitées au fichier.

7298 Certificats négatifs. Si les recherches ont été négatives, le service chargé de la publicité foncière le certifie dans l'état-réponse.

C Délai de délivrance des renseignements

7299 Absence de délai général. Aucun délai général n'a été fixé pour la remise des états et certificats. L'article 2452 du Code civil se borne à préciser que « les services chargés de la publicité foncière ne peuvent retarder (...) la délivrance des documents régulièrement requis ». Ce silence de la loi s'explique par le fait que le temps nécessaire à cette délivrance dépend, en effet, de facteurs divers et variables (importance des tâches à accomplir, difficulté de la recherche...).

L'article 2449, alinéa 2, du Code civil indique cependant que les services de la publicité foncière sont « tenus de délivrer sur réquisition, dans un délai de dix jours, des copies ou extraits du fichier immobilier ou certificat qu'il n'existe aucune fiche entrant dans le cadre de la réquisition » (sur la responsabilité du service en cas de retard fautif, V. C. civ., art. 2452).

Des délais particuliers ont été fixés en matière de remembrement rural (V. **Aménagement foncier rural**) ou de remembrement urbain.

7300 Respect de l'ordre des réquisitions. Les états ou certificats doivent être fournis dans l'ordre du dépôt des réquisitions.

Il est toutefois recommandé de délivrer exceptionnellement par priorité les renseignements demandés dans le cadre d'une procédure comportant des délais impératifs : saisies immobilières, expropriations... (*Précis de fiscalité* 2018, n° 9709. – V. antérieurement, sur le pouvoir d'appréciation du conservateur, Rép. min., 23 oct. 1976 : *Bull. AMC* 1976, art. 1062).

D Délivrance des renseignements et copies d'actes aux notaires par voie dématérialisée

7301 Décret du 26 décembre 2018. Le décret n° 2018-1266 du 26 décembre 2018 (*JO* 28 déc.) permet aux notaires d'obtenir de la DGFiP les renseignements et les copies de documents

dématérialisés. Les dispositions de ce décret ont été codifiées sous les articles 54 ter à 54 septies du décret n° 55-1350 du 14 octobre 1955.
Un arrêté du ministre du chargé du budget doit préciser les modalités de fonctionnement de l'application informatique dédiée mentionnée à l'article 54 ter le décret du 14 octobre 1955 ainsi que les conditions de son déploiement sur le territoire.

7302 Demande de renseignements et de copies concernées. Selon l'article 54 ter du décret du 14 octobre 1955, pour l'application de l'article 1449 du Code civil, et sans préjudice des dispositions des articles 38-1 à 44-1 de ce même décret, les renseignements ou copies que les notaires peuvent obtenir par le biais de la procédure mise en place par le décret du 26 décembre 2018 concernent :

« 1° Les documents publiés en application des articles 28, 35 à 37 et 39 du décret du 4 janvier 1955 susvisé autres que les saisies non émargées de la mention de publication de l'adjudication ou de la mention du jugement constatant la conformité de la vente amiable ;
2° Les saisies en cours ;
3° Les inscriptions subsistantes ;
4° Les mesures de gel des avoirs immobiliers en cours ».

7303 Formulation des demandes. Aux termes de l'article 54 quater du décret du 14 octobre 1955, les demandes de renseignements peuvent être formulées :

« 1° Du chef d'une ou de plusieurs personnes individuellement désignées, sur tous immeubles dans le ressort d'un service chargé de la publicité foncière ;
2° Sur un ou plusieurs immeubles déterminés, sans indication de personnes ;
3° Du chef d'une ou de plusieurs personnes individuellement désignées et sur un ou plusieurs immeubles déterminés dans le ressort d'un service chargé de la publicité foncière ;
4° En vue d'obtenir la copie d'un document numérisé publié en application des articles 28, 35 à 37 et 39 du décret du 4 janvier 1955 susvisé, à l'exclusion :
a) Des commandements valant saisie et des différents actes de procédure qui s'y rattachent ;
b) Des procès-verbaux de réorganisation foncière ou de remembrement ».

7304 Indications devant figurer dans les demandes de renseignements et de copies. Selon l'article 54 quinquies du décret du 14 octobre 1955, les demandes de renseignements et de copies indiquent, selon le cas :

« 1° Tous les éléments, prévus à l'article 9 du décret du 4 janvier 1955 susvisé et au *b* du 2° de l'article 39 du présent décret, d'identification des personnes physiques ou morales ou des immeubles et fractions d'immeubles du chef desquels les informations sont demandées ;
2° Le service chargé de la publicité foncière, l'année, le volume et le numéro d'ordre correspondant au classement du document dans le volume lorsque la demande se rapporte à un document publié ».

7305 Délivrance des renseignements. L'article 54 sexies du décret du 14 octobre 1955 précise que les renseignements obtenus comportent les mêmes précisions que celles prévues aux 1° et 2° de l'article 42-1 de ce même décret. Ils ne donnent pas lieu à certification.

III Tarif des renseignements

7306 Le tarif des renseignements est fixé par les articles 881 D, 881 E, 881 F, 881 G, du Code général des impôts.

A Demande de renseignements

7307 Tarif. Le tarif des demandes de renseignements est fixé par l'article 881 D du Code général des impôts, dont le texte est ainsi conçu :

CGI, art. 881 D (*Mod., L. n° 2018-1317, 28 déc. 2018*)
« I. – Le tarif de la contribution de sécurité immobilière exigible pour les demandes de renseignements hypothécaires, quelles que soient leurs modalités de traitement est fixé comme suit :
1° Réquisitions ne comportant pas la désignation des immeubles ou demandes complémentaires afférentes à ce type de réquisitions : 12 € par personne individuellement désignée dans la demande ;
2° Réquisitions formulées sans indication de personne ou demandes complémentaires afférentes à ce type de réquisitions : 12 € par immeuble indiqué. Est considéré comme immeuble chaque îlot de propriété ou parcelle cadastrale ou chaque lot de copropriété pour les biens faisant l'objet d'un état descriptif de division ou d'un document analogue ;

3° Réquisitions comportant à la fois la désignation individuelle des immeubles et des personnes ou demandes complémentaires afférentes à ce type de réquisitions : 12 € pour celles formulées du chef de trois personnes au maximum et portant sur cinq immeubles au maximum.

Il est perçu en sus de ce tarif :

a) 5 € par personne indiquée au-delà de la troisième ;

b) 2 € par immeuble au-delà du cinquième.

II. – Pour les réquisitions déposées en vue de la délivrance de renseignements sous forme de copies de fiches visées à l'article 43 du décret n° 55-1350 du 14 octobre 1955 modifié, il est fait application des tarifs définis aux 1° et 2° du I ».

N.B. : Ces tarifs sont applicables à la délivrance des copies et renseignements prévus par les articles 2 et 3 de l'arrêté du 10 octobre 2008 pris pour l'application des articles 10 du décret n° 55-22 du 4 janvier 1955 et 9 du décret n° 79-1037 du 3 décembre 1979 (CGI, art. 881 G).

B Demande de délivrance de copie de documents

7308 **Tarif.** Le tarif est fixé par l'article 881 E du Code général des impôts, ainsi conçu :

« Le tarif de la contribution de sécurité immobilière exigible lors de la demande de délivrance des copies des documents publiés est fixé à :

1° Copies de documents :

a) 6 € par bordereau d'inscription demandé ;

b) 30 € par états descriptifs de division ou de règlements de copropriété ;

c) 15 € pour la copie d'un document autre que ceux mentionnés aux *a)* et *b)* ;

2° Lorsque le requérant n'indique pas les références aux documents, il est perçu un acompte provisionnel de 15 € non remboursable. Si la contribution recalculée sur la base du tarif prévu au 1° est supérieure à 15 €, le complément est réclamé au requérant lors de la délivrance des copies ».

N.B. : Ces tarifs sont applicables à la délivrance des copies et renseignements prévus par les articles 2 et 3 de l'arrêté du 10 octobre 2008 pris pour l'application des articles 10 du décret n° 55-22 du 4 janvier 1955 et 9 du décret n° 79-1037 du 3 décembre 1979 (CGI, art. 881 G).

Ces dispositions ne sont pas applicables au tarif prévu par l'article 881 F (CGI, art. 881 G).

C Centres spéciaux d'archives hypothécaires : délivrance des relevés de formalités

7309 **Tarif.** Le tarif de la contribution exigible pour la délivrance des relevés de formalités prévus à l'article 8 de l'arrêté du 9 avril 1956 portant création et fonctionnement des centres spéciaux d'archives hypothécaires est fixé à 5 € par personne du chef de laquelle les renseignements sont demandés (CGI, art. 881 F).

IV Solutions diverses

A Renseignements requis par l'État

7310 **Exonération.** L'exonération de la contribution de sécurité immobilière prévue au II de l'article 879 du Code général des impôts est applicable de plein droit aux demandes de renseignements et de copies requises par l'État et les services de l'État, et les établissements publics nationaux (sur les bénéficiaires de cette exonération, V. **État**).

Cette exonération s'applique à :

– une demande de renseignements, que cette demande concerne le régime de publicité foncière en vigueur depuis le 1er janvier 1956, ou le régime précédent éteint depuis le 31 décembre 1955 ;

– une demande de copie de document transcrit avant le 1er janvier 1956 ou publié au fichier immobilier à compter de cette date ;

– une demande complémentaire de renseignements hypothécaires ;

– une demande de relevé des formalités conservées dans les registres hypothécaires tenus avant le 1er janvier 1956 ;

– une demande de copie de fiche extraite du fichier immobilier tenu dans la collectivité territoriale d'outre-mer de Saint-Pierre-et-Miquelon.

Ces demandes sont présumées faites au profit de l'État, puisque les motifs qui ont conduit le requérant à formuler une demande de renseignements ou de copie n'ont pas à être précisés.

B Remembrement

7311 Délivrance d'états complémentaires. Une chronique du *Bulletin de l'association des conservateurs* s'est prononcée sur le mode de calcul des salaires dus pour la délivrance d'états complémentaires en matière de remembrement. Nous reprenons ci-dessous la substance de cette chronique (*Bull. AMC* 2007-2008, art. 1919), qui reste d'actualité pour la perception de la contribution de sécurité immobilière :

« Lors de la mise en œuvre d'opérations de remembrement, le conservateur est requis de délivrer les inscriptions et formalités de publications concernant chaque compte de propriétaires dénommés dans le procès-verbal des opérations (PV préalable) jusqu'à la date de dépôt de la réquisition.

Puis, des états complémentaires prorogeant soit les réquisitions initiales soit des réquisitions complémentaires, sont délivrés à l'initiative du conservateur (actuellement du service de la publicité foncière) concernant, du chef des mêmes ou des propriétaires postérieurs, les formalités publiées depuis la date de mise à jour du fichier lors de la première réquisition.

Qu'il s'agisse des renseignements préalables au remembrement ou des états complémentaires, le montant forfaitaire requis au titre du salaire du conservateur (aujourd'hui, de la contribution de sécurité immobilière) est de 12 €.

L'application du tarif de 12 € conduit à analyser ces demandes comme des renseignements sommaires urgents (RSU) justifiant dès lors l'application des majorations prévues par les articles 288 et 299 de l'annexe III au CGI (aujourd'hui par l'article 881 D), soit 5 € par personne au-delà de la 3e et 2 € par immeuble au-delà du 5e.

S'agissant ensuite du mode de liquidation du salaire pour les états complémentaires, les solutions suivantes sont à retenir :

– en l'absence de formalités nouvelles, il est admis qu'aucun salaire ne soit perçu ;

– l'état complémentaire révèle de nouvelles formalités, le salaire minimum de 12 € sera exigé par formalité, avec supplément de tarif lié au nombre de personnes ou d'immeubles, comme il est dit précédemment.

Il est souligné que toute formalité révélée de division de parcelle(s) nécessite la relance de la recherche sur les parcelles filles, justifiant le cas échéant la perception d'un nouveau salaire calculé comme indiqué ci-dessus. Dans une telle situation, il n'y a pas lieu de s'interroger sur l'exclusion éventuelle de parcelles du périmètre de remembrement ».

Ces solutions paraissent devoir être reconduites pour la perception de la contribution de sécurité immobilière.

V

Le dispositif « ANF » (l'accès des notaires au fichier immobilier)

Bibliographie : M. Bourassin et C. Dauchez, *Accès des notaires au fichier immobilier : JCP* N 2019, n° 13, 1151. – S. Lamiaux, *Traitement automatisé « Accès des notaires au fichier immobilier » : JCP* N 2017, n° 29, act. 728. – A. Maisonnier, *Pratiques numériques notariales : questions-réponses sur l'ANF : JCP* N 10 mars 2023, n° 10, 1049. – C. Parizot, *Politiques numériques notariales : le point de vue de la DGFiP*, 3 mars 2023, n° 09, 1043.

7312 L'ANF est une modalité d'accès dématérialisée au fichier immobilier spécifique au notariat, mise en place par le décret n° 2018-1266 du 26 décembre 2018, relatif aux modalités de délivrance aux notaires de renseignements et de copies d'actes figurant au fichier immobilier géré par la Direction générale des finances publiques, et codifiée aux articles 54 ter à 54 septies du décret n° 55-1350 du 14 octobre 1955.

L'article 54 ter précité dispose que :

« Pour l'application de l'article 2449 du code civil et sans préjudice des dispositions des articles 38-1 à 44-1 du présent décret, les notaires peuvent obtenir, en présentant à cet effet une demande à la direction générale des finances publiques au moyen d'une application informatique dédiée mise en place par celle-ci, la délivrance de renseignements ou de copies concernant :

1° Les documents publiés en application des articles 28, 35 à 37 et 39 du décret du 4 janvier 1955 susvisé autres que les saisies non émargées de la mention de publication de l'adjudication ou de

la mention du jugement constatant la conformité de la vente amiable ;
2° Les saisies en cours ;
3° Les inscriptions subsistantes ;
4° Les mesures de gel des avoirs immobiliers en cours ».

Le dispositif « ANF » permet ainsi aux notaires d'interroger directement et de manière dématérialisée une copie du fichier immobilier, en lieu et place des réquisitions dématérialisées précédemment traitées par les agents publics des services de la publicité foncière (SPF). Désormais les notaires ont directement et immédiatement accès à la réponse automatique dont disposaient antérieurement les seuls agents publics.

Du point de vue technique, les notaires saisissent dans leur logiciel de rédaction d'actes (LRA) leurs critères de recherche (par personne et/ou par immeuble) pour effectuer leurs demandes de renseignements. Ces demandes sont adressées à l'ANF (« base-miroir ») qui traite automatiquement la requête et renseigne les données du fichier immobilier issues de l'application FIDJI, tout ceci sans intervention des agents des SPF. Ces données sont transmises au système d'information (SI) du notariat – c'est donc le SI du notariat qui constitue un état-réponse, lequel est intégré directement dans le LRA du notaire (C. Parizot, *Politiques numériques notariales : le point de vue de la DGFiP*, 3 mars 2023, n° 09, 1043).

Conformément aux dispositions de l'article 54 sexies du décret n° 55-1350 du 14 octobre 1955, les renseignements obtenus comportent les mêmes précisions que celles prévues aux 1° et 2° de l'article 42-1 du même décret. Autrement dit, les demandes formulées *via* la procédure ANF sont équipollentes à celles antérieures (P. Frémont : *JCl. Enregistrement Traité*, V° Ventes d'immeubles, Fasc. 5, *Ventes d'immeubles. – Publicité foncière. – Généralités. Documents à publier*, mai 2022, n° 23).

Cet accès immédiat au fichier immobilier permet aux notaires un gain de temps considérable, en évitant le renouvellement des états hypothécaires hors formalité : il est désormais possible d'actualiser une situation hypothécaire quelques heures avant la signature d'un acte. Par ailleurs, le risque d'une publication ou d'une inscription intercalaire est considérablement diminué. Cependant, ce même accès direct au fichier immobilier accroît très fortement la responsabilité des notaires : la situation hypothécaire est désormais déterminée par le notaire seul ; cette responsabilité se matérialise d'ailleurs par l'absence, dans les états-réponses ANF, de certification du SPF (A. Maisonnier, *Pratiques numériques notariales : questions-réponses sur l'ANF : JCP* N 10 mars 2023, n° 10, 1049).

Cette absence de certification est expressément prévue par l'article 54 sexies du décret n° 55-1350 du 14 octobre 1955. L'État n'engage donc aucunement sa responsabilité à l'égard des états-réponses ANF (M. Bourassin et C. Dauchez, *Accès des notaires au fichier immobilier : JCP* N 2019, n° 13, 1151, n° 10).

S'agissant du coût des états-réponses ANF, leur délivrance occasionne une contribution fixe de sécurité immobilière de 12 € (CGI, art. 881 D, I, al. 1er mod. ; L. n° 2018-1317, 28 déc. 2018 [L. fin. 2019], art. 121).

Réserves naturelles et sites classés

Franck ROUSSEL

I Publicité foncière

7313 Publicité du classement. La loi du 2 mai 1930 qui régissait la matière a été codifiée au Code de l'environnement (C. env., art. L. 341-1 et s.). Selon l'article L. 341-8 de ce code :

« Tout arrêté ou décret prononçant un classement est publié, par les soins de l'administration chargée des sites, au fichier immobilier.
Cette publication, qui ne donne lieu à aucune perception au profit du Trésor, est faite dans les formes et de la manière prescrites par les lois et règlements concernant la publicité foncière ».

Avant la réforme de la publicité foncière, la transcription était applicable. Pour les sites classés en vertu de la loi du 21 avril 1906 (applicable avant la loi du 2 mai 1930 et qui a été abrogée par celle-ci), il est indiqué à l'article 26 de la loi du 2 mai 1930 :

« Les dispositions de la présente loi sont applicables aux monuments naturels et aux sites régulièrement classés avant sa promulgation conformément aux dispositions de la loi du 21 avril 1906. Il sera dressé pour chacun de ces monuments naturels et de ces sites, un extrait de l'arrêté de classement reproduisant tout ce qui le concerne. Cet extrait sera transcrit au bureau des hypothèques de la situation de l'immeuble par les soins de l'administration des Beaux-arts ».

7314 Modalités de la publication. Une instruction du 12 octobre 1995 (*BOI* 9 B-1-95 ; *Dr. fisc.* 1995, n° 49, 11498) a rappelé les principes généraux applicables en la matière. Elle a précisé également les conditions dans lesquelles une publication simplifiée peut, dans certains cas, être assurée.

La publication au service de la publicité foncière des actes de classement doit être effectuée en application de l'article 35, alinéa 1er, 7°, du décret modifié n° 55-22 du 4 janvier 1955 portant réforme de la publicité foncière.

La formalité de publicité foncière, accomplie par les soins du ministre chargé de l'environnement s'agissant des réserves naturelles et du ministre chargé de l'équipement en ce qui concerne les classements de sites, est opérée par le dépôt au service de la publicité foncière de deux ampliations de la décision administrative de classement, certifiées exactement collationnées et conformes à la minute. Ces deux ampliations doivent contenir les mentions relatives :

– à l'identification des propriétaires concernés et à la certification de leur identité, dans les conditions prévues aux articles 5 et 6 du décret n° 55-22 du 4 janvier 1955 et 38 du décret d'application n° 55-1350 du 14 octobre 1955 ;
– à la désignation des immeubles concernés, suivant les dispositions de l'article 7 du décret du 4 janvier 1955 précité ;
– et aux références de la formalité de publicité donnée au titre de propriété du dernier titulaire du droit, conformément aux articles 32, 33 et 35 du décret du 14 octobre 1955. L'un des deux exemplaires, destiné à être conservé par le service de la publicité foncière doit être établi sur une formule spéciale fournie par l'administration (D. préc., art. 67-3).

7315 Mesures permettant la publication simplifiée des actes de classement. L'instruction précitée du 12 octobre 1995 (V. n° 7314) a apporté sur ce point les précisions suivantes :

« L'accomplissement des formalités de publicité foncière précitées est parfois rendu difficile lorsque notamment certains propriétaires concernés ne peuvent être identifiés avec certitude.

Dans cette hypothèse, la publication des actes de classement peut néanmoins être assurée. Cette possibilité est en effet ouverte par l'alinéa 2 de l'article 35 du décret du 4 janvier 1955 précité, lequel renvoie, à titre transitoire, à des modalités d'application fixées par le décret du 14 octobre 1955. Ces mesures transitoires n'ayant, à ce jour, jamais été rapportées, elles sont dès lors susceptibles de s'appliquer.

Ainsi, les dispositions du décret du 14 octobre 1955 précité (art. 78 et 82) permettent l'accomplissement de la formalité, alors que l'identification de certaines des parties s'avère impossible, à condition toutefois qu'il soit fait mention, au pied du document à publier, des parties dont l'identité n'a pu être établie.

En ce dernier lieu, dans l'hypothèse improbable où, en dépit des adaptations permises par l'article 82 précité, il ne serait pas possible de se conformer aux prescriptions de cet article, le défaut de publication ne priverait pas pour autant le titre de classement de ses effets. En effet, il résulte de la jurisprudence du Conseil d'État que l'obligation faite à l'Administration de publier l'acte de classement n'est pas une condition de son opposabilité (CE, 22 nov. 1978, *Secr. d'Ét. à la culture c/ Épx Moreau : Dr. adm.* 1978, comm. 385) ».

7316 Déclassement. Selon l'article L. 341-13, alinéa 1er, du Code de l'environnement, le déclassement total ou partiel d'un monument ou d'un site est prononcé après avis de la Commission départementale ou de la Commission supérieure des sites, par décret en Conseil d'État. Le déclassement est notifié aux intéressés et publié au service de la publicité foncière de la situation des biens, dans les mêmes conditions que le classement.

7317 Inscription à l'inventaire des sites. La publicité de la décision au service de la publicité foncière est réalisée dans les conditions semblables à celles des monuments historiques (Circ. min. Finances, 30 mai 1961).

II

Perceptions

7318 Taxe de publicité foncière. La publication s'opère en franchise de taxe.

7319 Contribution de sécurité immobilière. En application de l'article 879, II, du Code général des impôts (V. **État**), la publication au fichier immobilier des décisions de classement ou de déclassement ou de radiation d'inscription au titre des réserves naturelles ou sites classés, prévue à l'article L. 341-8 du Code de l'environnement, est exonérée de contribution de sécurité immobilière dès lors que ces décisions émanent d'un représentant ou d'un service de l'État.

Résolution de contrats

Jacques LAFOND

Sommaire analytique

Index alphabétique

Index alphabétique (suite)

I Généralités

A Définitions

7320 **Caractéristiques de la résolution.** La résolution, c'est l'anéantissement d'un contrat réalisé de telle sorte que les choses soient remises exactement au même point où elles étaient avant la passation de ce contrat (Pilon, *Principes et technique des droits d'enregistrement*, n° 342). Elle se distingue en cela de la résiliation qui ne produit effet que pour l'avenir (V. B. Starck, H. Roland, L. Boyer, *Les obligations, le contrat*, Litec, 6e éd. 1998, n° 1941).

7321 En droit civil, la résolution a toujours été considérée, qu'elle fût légale, judiciaire ou volontaire, comme produisant un effet déclaratif et rétroactif.
En droit fiscal, cela n'est admis que pour les résolutions ayant lieu en vertu de la loi et, depuis 1912, pour les résolutions judiciaires. Les résolutions volontaires sont considérées, quant à elles, comme ayant un effet translatif et génératrices du droit de mutation à titre onéreux (Pilon, n° 348).

7322 **Distinction entre résolution et annulation.** La résolution d'un contrat ayant pour effet de l'anéantir produit donc le même effet que l'annulation.
Ce qui différencie cependant cette dernière de la résolution, c'est qu'elle procède d'un fait concomitant au contrat, alors que la résolution trouve sa cause dans un fait postérieur (*Dict. enr.*, 3343).

7323 **Distinction entre résolution et rétrocession.** La rétrocession est un acte par lequel on cède volontairement une chose à celui de qui on la tenait (Pilon, n° 342). Alors que la résolution opère l'anéantissement complet de la convention qui doit être considérée comme n'ayant jamais existé, la rétrocession n'agit, au contraire, que dans l'avenir et forme un contrat nouveau qui n'efface nullement, à l'égard des tiers, le contrat primitif.
La résolution se distingue, d'autre part, de la rétrocession en ce qu'elle n'a pas besoin, pour être réalisée, de l'accord des deux parties, tandis que la rétrocession ne peut exister sans ce consentement mutuel, puisqu'elle constitue un contrat nouveau (Maguéro, V° Résolution, n° 3. – V. **Rétrocession**).

B Publicité foncière

7324 **Principe général.** Le principe est que les actes ou décisions judiciaires constatant ou prononçant la résolution d'un contrat sont soumis à publicité foncière, dans la mesure où le contrat lui-même était assujetti à la publication.
Nous retrouvons plusieurs applications de cette idée dans les développements qui suivent.

7325 **Effet relatif.** En application du principe de « l'effet relatif », la publication d'un acte ou d'une décision emportant résolution d'un acte déterminé ne peut être effectuée que si cet acte a lui-même fait l'objet d'une publication (V. **Effet relatif**).

II
Résolution pour cause légale

A Publicité foncière

7326 **Assujettissement à publicité.** Lorsque la résolution est prévue par la loi, elle opère automatiquement. Théoriquement, rien n'oblige à établir un acte ou à prendre un jugement pour la constater. Toutefois, une publication est en pratique nécessaire pour que les tiers soient informés de la résolution survenue et un acte sera donc le plus souvent dressé à cette fin. L'établissement d'un tel acte sera d'ailleurs impérativement nécessaire si celui qui est redevenu propriétaire à la suite de la résolution intervenue veut revendre l'immeuble ou plus généralement effectuer une formalité assujettie à publication au fichier immobilier. Il lui faudra, pour satisfaire au principe de l'effet relatif, justifier de son titre de propriété par la publication d'un acte ou d'un jugement constatant la résolution. S'il n'est pas possible d'établir à l'amiable un tel acte (par ex., parce que la partie appelée à subir la résolution conteste que les conditions prévues par la loi soient réunies), il faudra alors saisir le tribunal et c'est la décision rendue qui sera publiée. Mais la résolution est opposable aux tiers indépendamment de toute publication (*Rép. civ Dalloz*, 1re éd., V° Transcription immobilière par J. Foyer, n° 360. – S. Piédelièvre, *La publicité foncière*, n° 456), y compris dans ses effets rétroactifs (V. D. 4 janv. 1955, art. 30-1, al. 4. – V. Cass. 3e civ., 11 mars 1987 : *Bull. civ.* 1987, III, n° 50).

B Perceptions

7327 **Droits de mutation.** Lorsque la résolution a lieu par l'effet de la loi, aucun droit de mutation n'est exigible (Maguéro, V° Résolution, n° 8).

Il en est ainsi notamment :
– de la résolution des aliénations consenties par l'acquéreur évincé... ;
– des réductions ou résolutions des donations excédant la quotité disponible (V. **Consentement à exécution**) ;
– des rapports effectués par les héritiers, soit dans l'acte de partage de la succession du donateur, soit dans un partage anticipé par lui consenti à ses enfants ;
– dans le cas de résolution d'une donation pour cause de survenance d'enfant (Délib. 27 déc. 1827. – V. sur tous ces points : Maguéro, *op. cit.*, *ibid.*, n° 8) ;
– dans le cas de résolution d'une vente à la suite de l'exercice par le fermier de son droit de préemption (CGI, art. 707 bis).
Cette énumération est simplement indicative...

7328 **Taxe de publicité foncière. Contribution de sécurité immobilière.** Si un acte est dressé et publié pour constater le jeu de la résolution légale, il revêt en principe le caractère d'un acte déclaratif (V. **Acte déclaratif**. – Rép. civ. Dalloz, 1re éd., V° Transcription immobilière, par J. Foyer, n° 211), et la taxe de publicité foncière au taux de 0,60 % est alors due sur la valeur de l'immeuble ou des droits immobiliers concernés.
La contribution de sécurité immobilière est perçue sur les mêmes bases.

C Restitution des droits

➤ V. **Restitution**.

III
Résolution volontaire

7329 Après avoir évoqué la question de la résolution volontaire sous l'angle de la publicité foncière (A), nous traiterons ensuite des perceptions auxquelles elle donne lieu (B).

A Publicité foncière

7330 **Assujettissement à publication.** Selon l'article 28-4° c) du décret du 4 janvier 1955, sont soumis à publicité « les actes (...) qui constatent la résolution, la révocation, l'annulation ou la rescision d'une convention ou d'une disposition à cause de mort, concernant des droits immobiliers soumis à publicité en vertu de l'article 28-1° du même décret » (ce qui vise les « actes ou décisions judiciaires portant ou constatant entre vifs mutation ou constitution de droits réels immobiliers autres que les privilèges ou hypothèques », et les baux pour une durée de plus de douze années ou les quittances ou cessions de loyers équivalentes à trois années de loyers).

Les « actes » visés par ce texte peuvent être par exemple une convention de résiliation amiable d'un contrat antérieurement publié, ou encore un acte constatant le jeu d'une clause résolutoire. Mais encore faut-il qu'il constate l'anéantissement de ce contrat. Ce n'est pas le cas pour un commandement d'avoir à exécuter, rappelant seulement l'existence d'une clause résolutoire (Cass. 3e civ., 25 janv. 1968 : *DS* 1968, somm. 71. – V. sur tous ces points : G. Marty, P. Raynaud et Ph. Jestaz, *Les sûretés. La publicité foncière*, n° 797. – S. Piédelièvre, *La publicité foncière*, n° 249. – Ph. Simler, Ph. Delebecque, *Les sûretés. La publicité foncière*, n° 764 b).

7331 **Sanction.** Selon l'article 30-1 alinéa 4 du décret du 4 janvier 1955 :

> « La résolution où la révocation, l'annulation ou la rescision d'un droit visé au 1° de l'article 28, *lorsqu'elle produit un effet rétroactif*, n'est opposable aux ayants cause à titre particulier du titulaire du droit anéanti que si la clause en vertu de laquelle elle est intervenue a été antérieurement publiée ou si la cause réside dans la loi ».

Il résulte de ce texte que les tiers qui ont traité avec le propriétaire de l'immeuble avant l'acte constatant la résolution, la révocation, ou l'anéantissement de son droit, l'effet rétroactif de cet acte ne leur est pas opposable si la clause qui entraîne cet anéantissement (par ex. une clause résolutoire de plein droit) n'a pas été publiée (H., L. Mazeaud, et F. Chabas, t. III, vol. 1, *Sûretés-publicité foncière*, par Y. Picod, n° 666).

B Perceptions

7332 **Observations préliminaires.** En principe, la résolution volontaire donne lieu à la perception des droits de mutation à titre onéreux (sauf s'il y a intention libérale). Elle est donc traitée comme une rétrocession (1). Il existe, cependant, quelques exceptions à cette règle (2). Après les avoir énoncées, nous passerons à l'étude de cas divers (3). Puis nous évoquerons le problème de la restitution des droits perçus sur l'acte résolu (4).

1 Principe : perception des droits de mutation

a) Énoncé

7333 **Perception des droits de mutation. Contribution de sécurité immobilière.** L'annulation ou la résolution volontaire d'une vente d'immeuble donne, en principe, ouverture à l'impôt de mutation liquidé sur le prix exprimé dans l'acte de résolution ou d'annulation ou, à défaut d'indication, sur le prix stipulé au contrat primitif. Bien entendu, si la valeur vénale réelle de l'immeuble est supérieure à ce prix, c'est cette valeur vénale qu'il y a lieu de retenir pour le calcul de la taxe (V. Doc. adm. DGI, 7 C-134, n° 2, 1er oct. 2001).

La contribution de sécurité immobilière est perçue sur les mêmes bases (Lacroix, n° 60).

b) Applications

7334 **Résolution d'actes translatifs.** Par application du principe susvisé (V. n° 7333), la résolution des actes translatifs donne ouverture aux droits de mutation (Toulouse, 9 mai 1960 : *Ind. enr.*, 10112). S'il s'agit de la résolution d'une vente d'immeuble, la taxe de publicité foncière sera perçue lors de la formalité unique.

7335 **Résolution d'actes non translatifs.** Aucun texte ne vise les résolutions de conventions non translatives, si bien que les droits qui leur sont applicables doivent être déterminés d'après leurs effets juridiques.

Leur résolution peut être génératrice d'une convention nouvelle susceptible d'être tarifée au droit proportionnel, suivant sa nature. Si aucun droit proportionnel n'est dû, le droit fixe des actes innommés est applicable (ou la taxe de publicité foncière au taux prévu par l'article 680 du Code général des impôts. – Sur le taux actuel du droit fixe, V. **Droits fixes**).

7336 **Résolution amiable avant enregistrement.** Lorsqu'un acte est résolu amiablement avant d'avoir été enregistré, les droits auxquels il donne ouverture demeurent exigibles (Cass. civ., 28 janv. 1890 : instr. 2790, § 6. – Paris, 28 nov. 1970 : *Ind. enr.*, 12011).

Il en est ainsi même dans le cas où les parties ont fait constater en justice la rétractation volontaire de leurs accords (Nice, 29 févr. 1956 : *Ind. enr.*, 9084. – Cass. civ., 6 avr. 1960 : *Ind. enr.*,10177 ; *BOI* 8173 ; *Dict. enr.*, 3348 ; V. Résolution judiciaire).

7337 **Résolution judiciaire prononcée après la résolution volontaire.** Le droit proportionnel dû sur la résolution volontaire est exigible même si un jugement postérieur à cette résolution a prononcé la résolution judiciaire du contrat (Sol. 28 sept. 1830 : *Journ. enr.*, 9923).

7338 **Résolution après enregistrement.** En principe, elle ne permet pas d'obtenir la restitution des droits (V. **Restitution**).

2 Exceptions

a) Clause de « dédit »

7339 **Perception d'un droit ou d'une taxe fixe.** Échappe à l'impôt de mutation, la résolution opérée amiablement en vertu d'une clause résolutoire de dédit insérée dans un acte de vente. La taxe de publicité foncière (ou éventuellement le droit d'enregistrement) n'est alors perçue qu'au taux fixe (CGI, art. 680. – V. Doc. adm. DGI, 7 C-134, n° 2, 1er juin 1972. – Sur le taux actuel du droit fixe, V. **Droits fixes**).

La contribution de sécurité immobilière au tarif proportionnel est due sur la valeur des biens à la date de la résolution (Lacroix, n° 60).

b) Vente du bien d'autrui

7340 **Publicité foncière.** L'acte constatant l'annulation ou la résolution de la convention portant vente d'un immeuble n'appartenant pas au vendeur *doit être publié* par application du § 4-c de l'article 28 du décret du 4 janvier 1955 qui vise notamment « les actes et décisions constatant la résolution, la révocation, l'annulation ou la rescision d'une convention ».

7341 **Régime fiscal de l'acte.** Si la question a pu faire l'objet de controverses (V. Maguéro, V° Résolution, n° 36), il paraît, à l'heure actuelle, admis que la publication de l'acte ne peut donner lieu qu'à la perception d'une simple taxe fixe de publicité foncière, au tarif prévu pour les actes innommés (CGI, art. 680. – V., en ce sens : *Rép. alph. enreg.*, Livre V, n° 49. – Bulté : *JCP* N 1968, IV, 4419. – Sur le tarif actuel du droit fixe, V. **Droits fixes**).

L'administration l'a d'ailleurs admis expressément dans diverses hypothèses :

– vente par le mari des biens de sa femme (Sol. 14 nov. 1868 : *Journ. not.*, 19427) ;

– vente par le tuteur des biens de son pupille (T. civ. Douai, 31 août 1854 ; Délib. 17 nov. 1854 : *Journ. not.*, 15509) ;

– vente d'un immeuble déjà exproprié (Riom, 20 nov. 1865 : *S* 1867, II, p. 13. – Instr. 2618, n° 57. – Sol. 8 sept. 1888, Seine-et-Oise, citée par Maguéro, V° Résolution, n° 39) ;

– vente faite sans mandat (Sol. 7 juin 1872 : V. Maguéro, *ibid.*, n° 40) ;

– ventes successives du même immeuble : mais la propriété appartenant définitivement et *erga omnes* à celui des deux acquéreurs qui le premier a fait publier son acte à la conservation des hypothèques (sauf le cas de fraude), c'est seulement à la résolution de la vente non publiée ou de celle qui a été publiée la dernière que peut s'appliquer le droit fixe. Le droit proportionnel serait exigible si la résolution avait pour objet l'autre vente (Maguéro, V° Résolution, n° 41).

La contribution de sécurité immobilière au tarif proportionnel est due sur la valeur des biens à la date de la résolution (Lacroix, n° 60).

c) Actes inexistants

7342 **Application du droit ou de la taxe fixe.** Échappe au droit proportionnel, l'acte volontaire par lequel la non-existence de l'acte est constatée. Il n'en est ainsi toutefois qu'autant que la cause qui vicie le contrat se manifeste d'une manière évidente dans cet acte. Tel serait le cas d'une vente faite sans prix, d'une donation sous seing privé, d'une cession de droits dans une succession non ouverte (Sol. 24 nov. 1885), de dispositions tendant à modifier des conventions matrimoniales (Sol. 27 juin 1881 : V. Maguéro, V° Résolution, n° 34).

La contribution de sécurité immobilière au tarif proportionnel est due sur la valeur des biens à la date de la résolution (Lacroix, n° 60).

3 Cas divers

a) Bail emphytéotique

➤ V. **Bail emphytéotique**.

b) Bail à construction

➤ V. **Bail à construction**.

c) Clauses résolutoires

7343 **Résolution d'une vente en vertu d'une clause résolutoire de plein droit.** Il a été soutenu que le commandement de payer tendant à faire jouer la clause résolutoire devait être publié, opinion qui paraît discutable car ce commandement n'est pas une demande en justice au sens de l'article 28-4° c° du décret du 4 janvier 1955 (*JCP* N 1961, prat. 3149, note Bulté. – V. aussi, n° 7330). Une chronique postérieure préconise en pareil cas de faire constater le jeu de la clause résolutoire de plein droit et de faire publier le jugement, ce qui paraît mieux fondé (*JCP* N 1961, IV, 3180, chron. Bulté).

7344 **Publication de la clause résolutoire.**
➤ V. **Condition résolutoire**.

d) Contrat de mariage

➤ Sur la restitution possible des droits et de la taxe de publicité foncière lorsque le mariage n'est pas célébré, V. **Restitution** et **Contrat de mariage**.

e) Conventions soumises à condition suspensive

7345 La résolution d'une convention soumise à condition suspensive non accomplie donne lieu à la perception d'un simple droit fixe ou de la taxe de publicité foncière au taux fixe prévu pour les actes innommés.
Ainsi en est-il pour le résiliement d'une promesse avant accomplissement de la condition suspensive à laquelle cette promesse était subordonnée. L'avènement ultérieur de la condition ne motive pas la perception du droit proportionnel sur la promesse ni sur sa résiliation (Rép. min. Finances, 30 janv. 1962 : *BOI* 8503 ; *Ind. enr.*, 10422. – V. **Condition suspensive**).

f) Donation

➤ V. **Révocation de donation**.

g) Donations entre époux

7346 **Perception du droit fixe.** Les donations entre époux consenties pendant le mariage sont révocables à *tout* moment (C. civ., art. 1096). Cette révocation est assimilée à l'accomplissement d'une condition résolutoire légale. Seul le droit fixe est donc exigible (Sol. 27 oct. 1877 : *Journ. enr.*, 20578). Si l'acte constatant la révocation est publié, la taxe de publicité foncière sera perçue au taux prévu pour les actes innommés (CGI, art. 680. – Sur le taux actuel du droit fixe, V. **Droits fixes**).
La contribution de sécurité immobilière au tarif proportionnel est due sur la valeur des biens à la date de la résolution (Lacroix, n° 60).

h) Échange

7347 Si la résolution volontaire rétablit les parties dans leurs biens respectivement échangés, elle opère un nouvel échange et doit être taxée en tant que tel.
Si l'un des échangistes, tout en entrant en possession des biens par lui cédés, conserve la propriété des biens qui lui ont été attribués, la résolution de l'échange opère vente. Le droit de vente est dû sur la valeur de l'objet rétrocédé, y compris le montant des frais, loyaux coûts, réparations et améliorations à rembourser (Maguéro, V° Résolution, n° 77).
Si la résolution intervenait parce que l'un des immeubles objet de l'échange appartenait à autrui, il semble qu'elle ne doive donner lieu qu'à la perception d'un simple droit fixe (Maguéro, V° Résolution, n° 42), en application des règles données plus haut (V. n°s 7346 et s.).
La contribution de sécurité immobilière au tarif proportionnel est due sur la valeur des biens à la date de la résolution (Lacroix, n° 60).

i) Habitations à loyer modéré (HLM)

➤ V. **HLM**.

j) Mutations soumises à TVA

7348 **Principe.** Selon l'article 272-1 du Code général des impôts, « la taxe sur la valeur ajoutée qui a été perçue à l'occasion de ventes (...) est imputée ou remboursée dans les conditions prévues à l'article 271 lorsque ces ventes (...) sont par la suite résiliées ou annulés »
Selon ce texte, en cas de résolution ou d'annulation d'une vente, la TVA perçue est soit imputée sur la taxe due pour les opérations faites ultérieurement, soit restituée si la personne a cessé d'être assujettie à la TVA.
Dès lors que les dispositions très générales de l'article 272-1 susvisé ne subordonnent pas l'imputation ou la restitution de la TVA à l'existence d'une condition, expresse ou tacite, l'administration avait admis que rien ne s'opposait à ce que la solution exposée ci-dessus soit étendue aux résolutions résultant d'un nouvel accord des parties et en avait tiré un certain nombre de conséquences (Doc. adm. DGI, 8 A-113, n° 35, 15 nov. 2001 et s.).
La documentation administrative de base série 8 A ayant été abrogée à compter du 15 mars 2010 (*BOI* 3 A-3-10), ces solutions sont devenues caduques et la taxation relève des principes de droit commun, en particulier pour la perception des droits de mutation à titre onéreux (TPF).
Selon un avis du Service de législation fiscale (Bureau gf3b) du 19 mars 2012, il en résulte que la résolution amiable d'un contrat de vente en l'état futur d'achèvement d'un immeuble non achevé, qui a été soumis à la TVA et à la taxe de publicité foncière au taux réduit de 0,715 % rend exigible sur le nouveau transfert de propriété de l'immeuble inachevé hors champ d'application de la TVA, la taxe de publicité foncière ou les droits d'enregistrement au taux normal global de 5,09 %.

7349 **Acte constatant la résolution de la vente d'un terrain.** L'acte constatant la résolution d'une vente de terrain ne peut être soumis à un droit fixe que s'il donne lieu à la seule restitution du terrain cédé. Tel n'est pas le cas de la restitution d'un terrain sur lequel l'acquéreur a édifié une construction achevée depuis moins de cinq ans, dont le transfert est imposable à la TVA, en vertu de l'article 257, 7° du Code général des impôts, dans sa rédaction antérieure à la loi de finances rectificatives pour 2010 (Cass. com., 20 janv. 2015, n° 13-27.454. – V., sur cette décision, J.-P. Garçon, *Résolution de la vente d'un terrain et transfert des constructions neuves édifiées par l'acquéreur* : *Defrénois* 2015, n° 18, p. 934. – V. **Terrain à bâtir**).

k) Partage

7350 **Annulation pure et simple.** Lorsque les copartageants déclarent annuler un partage d'immeuble fait sans soulte ni retour, il n'est dû qu'un simple droit fixe (taxe de publicité foncière au taux prévu pour les actes innommés).
L'acte n'établit en effet qu'une simple indivision (Maguéro, V° Résolution, n° 107).

7351 **Partage refait.** Mis à part ces cas, si après résolution amiable du partage il *est* procédé à un nouveau partage avec réattribution de lots, sont alors applicables les solutions prévues pour les *actes refaits* (V. **Acte refait**).
Or, toutes les fois qu'un premier partage qui n'a pas été annulé judiciairement est refait par les intéressés, il y a mutation, dans la mesure où les attributions primitives ont été modifiées (Sol. sept. 1871, févr. 1830, 30 sept. 1893, citées par Maguéro, V° Partage, n° 234) puisqu'il y a changement dans la propriété apparente. Il en est ainsi même si le partage primitif a été refait pour cause certaine de nullité (Délib. 1er mai 1827 : *Journ. enr.*, 8805).
Il en est ainsi de même lorsque l'annulation du partage avait pour but d'éviter l'exercice de l'action en garantie de la part de l'un des copartageants (Tarbes, 5 août 1895 : *Rev. enr. et imp.*, 1910. – Meaux, 9 mai 1902 : *Rev. enr. et imp.*, 3012. – Maguéro, V° Partage, n° 234).
Toutefois, l'échange entre cohéritiers des lots que le partage leur avait attribués ne serait également passible que d'un simple droit fixe – comme complément du partage – s'il avait été prévu dans ce dernier acte dont il formerait une des conditions (Cass., 20 avr. 1869 : *S.* 1869, I, 431 ; *D.* 1870,1, 65. – Maguéro, V° Résolution, n° 61).

7352 **Rectification d'une erreur.** Le partage rectificatif est assujetti au droit fixe (ou à la taxe de publicité foncière au taux fixe des actes innommés), comme acte de complément, lorsqu'il a pour but de redresser une erreur *certaine* commise dans l'acte primitif : ainsi le droit fixe est seul dû sur l'acte par lequel les cohéritiers se partagent le lot attribué dans l'acte primitif à un copartageant qui a été ultérieurement reconnu n'avoir aucun droit à l'hérédité (Sol. 25 août 1871 : Maguéro, V° Partage, n° 238. – Sur le montant actuel du droit fixe, V. **Droits fixes**).

7353 **Rectification d'une omission.** De même, il a été reconnu qu'aucun droit de mutation n'était exigible sur l'acte par lequel un cohéritier, à qui on avait omis lors du partage de faire rapporter une somme en avancement d'hoirie, abandonne à ses cohéritiers pour les remplir de leurs parts dans ce rapport une portion des immeubles compris dans son lot (Délib. 23 févr. 1825 : *Journ. enr.*, 8142 ; Maguéro, *op. cit.*, n° 239). Un tel acte serait cependant soumis au droit proportionnel de partage sur le montant du rapport non compris dans le premier acte.

l) Promesse de vente

7354 **Distinctions.** Il y a lieu de distinguer selon le caractère de la promesse :
– la résolution d'une promesse unilatérale de vente donne simplement ouverture au droit fixe des actes innommés ;
– s'il s'agissait d'une promesse synallagmatique valant vente (en l'absence de condition ou alors que les conditions stipulées se trouvent réalisées...), la situation est assimilable à la résolution d'une vente.

m) Vente

1) Droits exigibles

7355 **Taxe de publicité foncière et contribution de sécurité immobilière.** La résolution amiable d'une vente qui a supporté le droit proportionnel de mutation est une rétrocession elle-même soumise au droit de mutation (Cass. req., 16 mars 1925 ; Instr. 3872, § 3. – V. **Rétrocession**).
La contribution de sécurité immobilière au tarif proportionnel est due sur la valeur des biens à la date de la résolution (Lacroix, n° 60).

7356 **Vente du bien d'autrui.**
➤ V. nos 7340 et 7341.

7357 **Vente moyennant rente viagère. Décès du crédirentier dans les vingt jours.** La nullité (d'ordre public) est alors tellement manifeste que l'administration a estimé qu'il serait trop rigoureux d'obliger les parties à la faire constater judiciairement. Aussi admet-elle que la résolution volontaire d'un pareil contrat n'est passible que d'un simple droit fixe (taxe de publicité foncière au taux prévu pour les actes innommés ; V. Sol. 27 mai 1828 : *Journ. enr.*, 9046. – Sol. 28 oct. 1871. – Sol. 11 juill. 1884. – Angers, 29 août 1851 : *Journ. enr.*, 15352. – Garnier, *Traité de l'enregistrement*, 1914, V° Résolution, n° 88. – Maguéro, V° Résolution, n° 43).

Si une publication est opérée, la contribution de sécurité immobilière au tarif proportionnel est due sur la valeur des biens à la date de la résolution (Lacroix, n° 60)

Cette résolution, bien qu'amiable, permet exceptionnellement d'obtenir la restitution des droits perçus sur le contrat de vente (V. **Restitution**).

L'incidence de cette résolution amiable est la suivante : les héritiers du vendeur qui, par suite de l'annulation de la vente *ab initio,* retrouvent dans la succession les biens vendus, deviennent du même coup redevables des droits de mutation par décès sur la valeur des biens ainsi réintégrés dans l'actif successoral. Telle est du moins la solution admise par l'administration (V. Garnier, *op. cit.*, n° 91).

2) Liquidation des droits

7358 **Principe.** Lorsque la résolution d'un contrat de vente est passible d'un droit proportionnel, la raison en est qu'elle engendre une véritable mutation à titre onéreux. Il faut donc appliquer à cette mutation les règles de perception gouvernant les ventes d'immeubles (V. **Vente d'immeuble**).

Rappelons que la taxe de publicité foncière ou les droits d'enregistrement sont liquidés *sur le prix exprimé* en y ajoutant toutes les charges en capital ainsi que toutes les indemnités stipulées au profit du cédant à quelque titre et pour quelque cause que ce soit, ou à défaut de prix sur la valeur estimée des biens faisant l'objet de la transmission (CGI, art. 683-1, al. 2).

7359 **Résolution pour défaut de paiement du prix ou inexécution des conditions.** Si l'acquéreur, qui n'avait encore rien payé au vendeur, se trouve par suite de la résolution libéré de toute obligation, l'impôt de mutation est dû sur les prix et charges exprimés dans le contrat originaire (Lavaur, 17 févr. 1860 : *Journ. enr.*, 17225. – Clermont-Ferrand, 14 déc. 1874 : *Journ. enr.*, 19712. – Nice, 12 mai 1887 cité par Maguéro, V° Résolution, n° 68).

Mais pour qu'il en soit ainsi, encore faut-il que les choses soient restées en l'état et que le vendeur reprenne possession à titre de cessionnaire de l'intégralité des biens primitivement aliénés. Dans le cas contraire, les droits seraient liquidés sur la valeur des seuls biens effectivement transmis.

Si des acomptes ont été perçus par le vendeur et qu'aux termes de l'accord amiable, ils lui restent acquis, il a été soutenu que c'était la fraction annulée de la dette qui constituait alors le prix de la résolution (obs. sous Toulouse, 9 mai 1960 : *Ind. enr.*, 10112).

7360 **Absence de prix exprimé dans l'acte de résolution.** Lorsqu'au moyen de la résolution l'acquéreur se trouve intégralement libéré de toutes les obligations qu'il avait contractées envers le vendeur dans le contrat originaire, c'est la somme de ces obligations qui constitue le prix de la nouvelle mutation et, dès lors, on doit poser en principe que le droit proportionnel est dû sur le prix et les charges énoncés au contrat primitif.

Quant aux intérêts arriérés dont l'acquéreur peut se trouver libéré, on néglige dans la pratique cet élément du prix pour éviter toutes difficultés relativement à la compensation entre les fruits et les intérêts (Maguéro, *op. cit.*, n° 67).

Cette règle jouera lorsque l'acte de résolution ne porte aucun prix, se bornant à déclarer l'acquéreur entièrement libéré entre le vendeur des causes de la vente. Il en serait de même dans l'hypothèse où l'acquéreur se trouvant entièrement libéré, l'acte de résolution mentionnerait cependant un prix inférieur au prix primitif, mais « pour la perception des droits de mutation seulement ». Cette déclaration ne saurait en effet servir de base à la liquidation de l'impôt (Sol. 1er mars 1895 : Maguéro, *op. cit.*, n° 69).

7361 **Prix exprimé inférieur au prix primitif.** Il devra alors servir de base au droit de mutation, sauf la faculté pour l'administration d'établir le cas échéant l'insuffisance du prix convenu.

Ce prix sera bien entendu augmenté des charges, selon le droit commun (V. **Charges augmentatives**).

7362 **Prix exprimé supérieur au prix primitif.** C'est ce prix supérieur qui servira de base à la perception.

C'est ce qui se produit notamment lorsque le bien a pris de la valeur par suite d'améliorations ou de constructions faites par l'acquéreur et que cette augmentation de valeur devient la propriété du vendeur moyennant un équivalent, soit en argent, soit en prestations quelconques (Cass. req., 13 févr. 1900 : *Rev. enr. et imp.*,2318 ; Maguéro, V° Résolution, n° 71 A, réf. citées). De même, si le vendeur s'engage comme condition de la résolution à rembourser les frais et loyaux coûts de la vente originaire, il y a là un élément du prix également passible du droit proportionnel (Cass., 14 brumaire an X : Maguéro, *ibid.*).

7363 **Résolution pour cause de dol ou de lésion.** En pareil cas, il est manifeste que le prix énoncé dans le premier contrat est ou exagéré, ou trop faible. On ne saurait donc le prendre pour base de la liquidation des droits auxquels la résolution donne ouverture. Ces droits sont dès lors liquidés à partir d'une déclaration estimative des parties (Lille, 17 août 1878 : *Journ. enr.*, 21481).

7364 **Vente de meubles et immeubles.** La résolution étant considérée au point de vue fiscal comme opérant une véritable mutation de propriété, est soumise en principe aux règles de la vente. Les dispositions de l'article 735 seront donc éventuellement applicables (V. **Vente simultanée de meubles et d'immeubles**).

4 Restitution des droits

➤ V. **Restitution**.

IV Résolution judiciaire

7365 Nous étudierons successivement les problèmes de publicité foncière (A), puis les perceptions qu'engendre la résolution judiciaire (B).

A Publicité foncière

1 Publication de la demande

7366 Sur les problèmes posés par la publication de la demande en justice, V. **Demande en justice**.

2 Décision de justice

7367 **Assujettissement à publication.** Selon l'article 28-4° c) du décret du 4 janvier 1955, sont soumis à publicité « les décisions qui constatent la résolution, la révocation, l'annulation ou la rescision d'une convention ou d'une disposition à cause de mort, concernant des droits immobiliers soumis à publicité en vertu de l'article 28-1° du même décret » (ce qui vise les « actes ou décisions judiciaires portant ou constatant entre vifs mutation ou constitution de droits réels immobiliers autres que les privilèges ou hypothèques », et les baux pour une durée de plus de douze années ou les quittances ou cessions de loyers équivalentes à trois années de loyers).

L'article 28-4° d) du même texte énonce que doivent également être publiées les décisions qui rejettent la demande.

Les jugements ainsi visés sont ceux qui, statuant sur une demande soumise à publicité (V. **Demande en justice**) prononcent effectivement l'annulation, la résolution, la rescision ou la révocation d'un acte publié, ainsi que ceux qui rejettent la demande (V. sur tous ces points : G. Marty, P. Raynaud et Ph. Jestaz, *Les sûretés. La publicité foncière*, n° 797. – S. Piédelièvre, *La publicité foncière*, n° 249. – Ph. Simler, Ph. Delebecque, *Les sûretés. La publicité foncière*, n° 764 b).

7368 **Sanction.** Les décisions rendues ne sont pas soumises à publication à peine d'inopposabilité aux tiers (Ph. Simler et Ph. Delebecque, *op. cit.*, n° 767). Mais il faut s'entendre sur la portée de cette affirmation, qui doit être précisée à la lumière de l'article 30-1, alinéa 4 du décret du 4 janvier 1955.

Il résulte de ce texte qu'en ce qui concerne les tiers qui ont traité avec le propriétaire de l'immeuble avant l'acte constatant la résolution, la révocation, ou l'anéantissement de son droit, l'effet rétroactif de cet acte ne leur est pas opposable si la clause qui entraîne cet anéantissement (par ex. une clause résolutoire de plein droit) n'a pas été publiée.

Quant aux tiers qui ont traité après la résolution où la révocation, l'anéantissement du droit ne leur est pas opposable si la clause qui a entraîné cet anéantissement n'a pas été publiée. Mais ils ne peuvent refuser de reconnaître l'existence du jugement prononçant la résolution ou constatant la nullité sous prétexte que ce jugement n'a pas été publié. La sanction du défaut de publication d'un tel jugement ne peut être que l'allocation de dommages et intérêts (H., L. Mazeaud, et F. Chabas, t. III, vol. 1, *Sûretés-publicité foncière*, par Y. Picod, n° 666).

B Perceptions

CGI, art. 1961 (al. 3). – (...) L'annulation, la révocation, la résolution ou la rescision prononcée, pour quelque cause que ce soit, par jugement ou arrêt, ne donne pas lieu à la perception du droit proportionnel d'enregistrement et de la contribution prévue à l'article 879.

7369 Le principe est que la résolution judiciaire n'entraîne aucune perception de droits de mutation (1). Mais ce principe connaît un certain nombre d'exceptions (2).

1 Principe : exemption de droits de mutation en cas d'intervention du juge

7370 **Domaine d'application.** L'article 1961 du Code général des impôts a une portée très générale. Il s'applique à tous les contrats translatifs judiciairement annulés ou résolus quels que soient les caractères de la nullité, et la cause de la résolution (Instr. 3337, p. 9).

Il n'y a pas non plus à distinguer la juridiction qui a prononcé la résolution (tribunal judiciaire, de commerce, etc.).

7371 **Limites de l'exemption.** L'exemption prévue par l'article 1961 du Code général des impôts était dans un premier temps limitée au droit proportionnel de mutation.

Il était admis qu'elle ne saurait par conséquent exclure la perception du droit fixe auquel la décision de résolution donnait ouverture avant la loi du 30 décembre 1977.

Cette loi ayant supprimé tous droits d'enregistrement sur les décisions judiciaires (sauf lorsqu'elle donne ouverture à un droit proportionnel ou progressif), l'exemption est aujourd'hui totale.

On sait que pour les décisions judiciaires, si la double formalité est la règle, la fusion des droits et de la taxe de publicité foncière est néanmoins effective : c'est une perception unique qui est opérée à l'occasion de l'enregistrement.

Avant le 1er janvier 2013, lors de la présentation de l'acte à la conservation des hypothèques, seuls les salaires du conservateur étaient perçus (V. Doc. adm. DGI, 7 B-22, 15 mars 1999). La publication de la décision prononçant l'annulation, la révocation, la résolution ou la rescision n'entraînait la perception d'aucun droit proportionnel et il n'y avait pas lieu à la perception d'un droit ou d'une taxe fixe. Dorénavant, la présentation de l'acte au service de la publicité foncière n'entraînera aucune perception, compte tenu de l'exonération édictée par l'article 1961, alinéa 3 du Code général des impôts.

7372 **Incidences quant à la restitution des droits perçus sur l'acte résolu.**

➤ À ce propos, V. **Restitution.**

2 Exceptions

a) Jugements d'accord

7373 **Décisions considérées comme des jugements d'accord.** Le bénéfice de l'article 1961 du Code général des impôts n'est applicable qu'aux jugements qui sont l'œuvre exclusive de l'autorité judiciaire.

Tel n'est pas le cas lorsque le jugement se borne à constater l'annulation du contrat réciproquement reconnu par les parties, car alors il n'y a pas décision judiciaire proprement dite, mais simple rédaction d'un titre authentique de la convention des parties. La résolution procède en réalité de la seule volonté des parties et doit par conséquent être traitée au point de vue de l'impôt comme les résolutions volontaires (jurisprudence constante. – V. Maguéro, V° Résolution, n° 24-11). Il en est ainsi plus généralement dans tous les cas où intervient un jugement d'expédient (Cass., 2 août 1859 : Instr. 2163, § 5 ; Instr. 3337, p. 10. – Cass. req., 29 avr. 1931 : *Ind. enr.*, 1726). Ne sont pas assimilables à des jugements d'expédient les jugements rendus *par défaut* ou sur la déclaration du défendeur de s'en rapporter à la justice (Maguéro, *op. cit.* ; *Dict. enr.*, 3353).

Sont assimilés à des résolutions volontaires :

– les procès-verbaux de conciliation (Cass. 1er frimaire an IX et 19 germinal an XIII ; Maguéro, V° Résolution, n° 24-I-A) ;

– le jugement homologuant une transaction entre parties, qui ne fait que sanctionner une résolution volontaire (Cass., 16 prairial an XIII ; Maguéro, *ibid.*).

7374 **Décisions non considérées comme des jugements d'accord.** Par contre, l'article 1961 devrait recevoir application :

– lorsque la résolution est prononcée sur l'acquiescement du défendeur si d'ailleurs il n'est pas établi que la décision est la simple constatation d'un rapprochement antérieur des parties (Charleroi, 25 mars 1875 : Maguéro, *op. cit.*, n° 24-II-B) ;

– lorsque le juge vérifie les causes de nullité invoquées alors même que les parties s'accorderaient à demander la résolution (Sol. 2 mai 1884 et 22 sept. 1884 cité par Maguéro, *ibid.*).

7375 **Critères à appliquer.** Dès lors, il y a lieu de s'assurer dans chaque cas :

– si les juges se sont bornés à constater, dans leur décision, l'accord des parties après en avoir reconnu le bien-fondé (contrat judiciaire), ce qui exclut l'application de l'article 1961 du Code général des impôts et rend exigibles les droits proportionnels de mutation comme en cas de résolution volontaire ;

– ou si, au contraire, s'appropriant les motifs qui ont déterminé le consentement implicite des intéressés, mais donnant à ce consentement la sanction de leur autorité, ils ont en définitive rendu un véritable jugement. Dans ce dernier cas, l'article 1961 du Code général des impôts peut jouer.

b) Résolution de vente au profit d'un autre que le vendeur

7376 Lorsque la résolution d'une vente est prononcée non pas au profit du vendeur mais à la demande d'un créancier subrogé dans ses droits, ou d'un cessionnaire, elle donne ouverture au droit de mutation. En effet, cette décision fait passer dans le patrimoine du bénéficiaire de la résolution un bien dont il n'était pas propriétaire antérieurement (Cass. civ., 30 nov. 1925 : Instr. 2896, § 5. – Uzès, 26 mars 1935 : *Ind. enr.*, 3578. – Châlons-sur-Marne, 2 févr. 1939 : *Ind. enr.*, 4398).
Il a été jugé que lorsqu'un jugement prononce, pour défaut de paiement de sommes dues par les acquéreurs, la résolution d'une vente immobilière au profit des créanciers subrogés aux droits du vendeur primitif, le droit de dation en paiement était dû sur le prix de la vente augmenté des intérêts non réglés (Cass. req., 5 juill. 1937 : Instr. 4342, § 17 ; *Ind. enr.*, 3668), ou encore sur le prix principal de l'acte résolu augmenté des charges et des intérêts non payés (Saint-Étienne, 31 janv. 1910 : *Rev. enr. et imp.*, 5457). Si ce prix n'est pas stipulé dans l'acte de résolution intervenu entre les parties, la perception doit être effectuée sur déclaration estimative (Saint-Étienne, préc.).
Mais la règle devrait être que le droit de mutation est liquidé sur la valeur des biens au jour de la résolution (Uzès, déc. préc. – Lyon, 25 janv.1950 : *Ind. enr.*, 7059 ; *Dict. enr.*, 3354).

c) Sentences arbitrales

7377 Les sentences arbitrales ne peuvent être assimilées aux jugements pour l'application de l'article 1961 du Code général des impôts que si elles sont revêtues de l'ordonnance d'exequatur et ne constituent pas des décisions d'expédient (Rép. min. Budget, 10 janv. 1952 : *BOI* 5976).

3 Cas particuliers

7378 **Observation.** Nous distinguerons trois cas : celui des actes résolus avant enregistrement (*a*), celui où l'acte a été enregistré et où la résolution survient à un moment où les droits ne sont pas encore perçus (*b*), celui où l'acte est résolu après enregistrement (*c*).

a) Actes résolus avant enregistrement

7379 **Principe.** Il résulte d'un arrêt rendu par la chambre civile de la Cour de cassation le 28 janvier 1890 (Instr. 2790, § 6) en matière d'annulation – mais dont la doctrine doit être étendue aux résolutions depuis l'intervention de la loi du 18 janvier 1912. – que les droits afférents à un contrat ne peuvent plus être exigés lorsque ce contrat a été annulé ou résolu judiciairement avant leur perception (Maguéro, V° Résolution, n° 119).

7380 **Portée du principe.** Les droits non perçus cessent d'être exigibles quelle que soit par ailleurs la cause de la résolution et alors même qu'elle serait prononcée par application des textes visés à l'article 1961, alinéa 1, du Code général des impôts (C. civ., art. 954 à 958, 1183, 1184, 1654 et 1659). Ce texte interdit en pareille hypothèse la restitution des droits perçus sur l'acte ou contrat ainsi révoqué ou résolu (V. **Restitution**). Mais comme on l'a souligné à juste titre, en raison de son caractère restrictif, cette disposition doit être limitée à son objet précis qui est d'interdire la restitution des droits perçus. Elle ne saurait donc être étendue par analogie au cas, qui nous occupe, de droits *non encore perçus* (Maguéro, V° Résolution, n° 119. – Pilon, n° 537 *bis*).
Il faut noter d'autre part que la résolution judiciaire d'une vente n'exerce aucune influence sur l'application des *peines correctionnelles* prévues par l'article 1837 du Code général des impôts en cas d'affirmation de sincérité frauduleuse (Bourges, 30 nov. 1960 : *Ind. enr.*, n° 10373).

7381 **Exceptions.** La règle donnée ci-dessus ne joue pas :
– si, avant la résolution, l'administration a obtenu contre les redevables de l'impôt afférent à la mutation résolue, un jugement de condamnation au paiement passé en force de chose jugée. Elle sera alors fondée à poursuivre l'exécution de ce jugement malgré la résolution ultérieurement intervenue (Cass. civ., 28 janv. 1890 : Instr. 2790, § 6) ;
– lorsqu'il y a eu non pas une véritable annulation ou résolution judiciaire mais la simple constatation d'une résolution volontaire par un jugement d'expédient (Nice, 29 févr. 1956, confirmé par Cass. civ., 6 avr. 1960 : *Ind. enr.*, 10177).

b) Acte enregistré, droits non encore perçus

7382 **Effet de la résolution.** La résolution ou l'annulation judiciaire d'un acte enregistré et donnant lieu à des droits non perçus ou non entièrement perçus lors de la formalité, par exemple en raison d'une faculté de paiement fractionné, s'oppose dans les mêmes conditions que ci-dessus à ce que soient réclamées les sommes non recouvrées. L'annulation fait disparaître leur exigibilité (V. n° 7379).

c) Actes résolus après enregistrement

7383 Restitution des droits perçus sur l'acte résolu.

V. **Restitution.**

Restitution

Serge LAMIAUX

Sommaire analytique

Index alphabétique

7384 Distinctions à opérer. Les règles gouvernant la restitution des droits d'enregistrement sont applicables à la taxe de publicité foncière dès lors que pour les actes soumis à la formalité unique (V. **Formalité unique**), les droits d'enregistrement sont incorporés à cette taxe.

Par contre, quand la taxe de publicité foncière est perçue distinctement (pour tous les actes ne relevant pas de la formalité unique et pour la taxe afférente aux inscriptions d'hypothèques...), la restitution de la taxe de publicité foncière obéit à des règles particulières : elle n'est possible qu'en cas d'erreur du service de la publicité foncière.

Il convient donc de distinguer le cas où la taxe de publicité foncière tient lieu des droits d'enregistrement (I) et celui où la taxe de publicité foncière ne tient pas lieu des droits d'enregistrement (II).

7385 Contribution de sécurité immobilière.
➤ V. **Contribution de sécurité immobilière**.

7386 Taxes additionnelles. Les taxes additionnelles sont soumises aux règles qui gouvernent la restitution des droits auxquels elles s'ajoutent.

7387 Plan. Nous distinguerons selon que la taxe de publicité foncière tient lieu (I) ou non des droits d'enregistrement (II). Puis nous examinerons les cas de restitution d'office (III), celui des mutations soumises à TVA (IV) et le régime de la contribution de sécurité immobilière (V).

Restitution

I

Cas où la taxe de publicité foncière tient lieu de droits d'enregistrement (actes soumis à la formalité unique)

CGI, art. 1961. - Les droits d'enregistrement ou la taxe de publicité foncière lorsqu'elle tient lieu de ces droits, ne sont pas sujets à restitution dès l'instant qu'ils ont été régulièrement perçus sur les actes ou contrats ultérieurement révoqués ou résolus par application des articles 954 à 958, 1183, 1184, 1654 et 1659 du Code civil.

En cas de rescision d'un contrat pour cause de lésion, ou d'annulation d'une vente pour cause de vices cachés et, au surplus, dans tous les cas où il y a lieu à annulation, les impositions visées au premier alinéa perçues sur l'acte annulé, résolu ou rescindé ne sont restituables que si l'annulation, la résolution ou la rescision a été prononcée par un jugement ou un arrêt passé en force de chose jugée.

L'annulation, la révocation, la résolution ou la rescision prononcée, pour quelque cause que ce soit, par jugement ou arrêt, ne donne pas lieu à la perception du droit proportionnel d'enregistrement.

7388 **Plan.** Après avoir indiqué dans quel cas et à quelles conditions la restitution est possible (A), nous préciserons la procédure à suivre pour l'obtenir (B).

A Cas où la restitution est possible

7389 **Inventaire.** Les divers cas où la restitution est possible sont ceux où les droits ont été irrégulièrement ou indûment perçus (1), ceux ou un contrat est ultérieurement annulé, résolu ou rescindé (2) ou encore lorsque la loi le prévoit expressément (3).

1 Cas où les droits ont été irrégulièrement ou indûment perçus

7390 **Définition de la perception régulière.** Il est utile d'indiquer, à propos des cas de restitution évoqués par l'article 1961, et que nous allons être amenés à étudier, ce que l'on doit entendre par « perception régulière ».

D'après la jurisprudence qui s'était développée pour l'interprétation de l'article 60 de la loi du 22 frimaire an VII (aujourd'hui abrogé), la perception devait être considérée comme régulière toutes les fois que le receveur avait fait une exacte application du tarif et une juste application de la loi aux actes ou jugements qui lui étaient présentés, ou aux déclarations qui lui étaient faites (Cass., 7 avr. 1842 : Instr. 1630, § 7. – Cass., 10 nov. 1923 : Instr. 3157 § 1).

La Documentation administrative de base indiquait à ce propos (Doc. adm. DGI, 13 O-223, n° 4, note 1, 30 avr. 1996), que le droit régulièrement perçu est celui qui, au moment où la formalité a été donnée, était exactement déterminé par la véritable nature de l'acte ou de la mutation, dont la quotité est celle que le tarif a fixée, et qui a été liquidé sur les valeurs réelles établies selon la loi (V. aussi, BOI-ENR-DG-70-20-20120912, n° 40 – Remarque).

a) Droits (ou taxe de publicité foncière) irrégulièrement perçus

7391 **Erreur du comptable ou du service de la publicité foncière.** Il y a perception irrégulière lorsque le comptable des impôts ou le service de la publicité foncière a inexactement appliqué la loi, soit qu'il ait commis une erreur de tarif ou de liquidation, soit qu'il ait perçu un droit qui n'était pas exigible d'après les stipulations de l'acte présenté à la formalité.

Les droits sont alors restituables pourvu que la demande soit formée dans le délai général de réclamation prévu par l'article R. 196-1 du Livre des procédures fiscales (V. n° 7458).

Il en sera ainsi dans le cas où les droits ont été perçus sur une convention affectée d'une condition suspensive. Ces droits sont alors restituables tant que la condition ne s'est pas réalisée.

b) Droits (ou taxe de publicité foncière) régulièrement mais indûment perçus

7392 **Cas d'erreur des parties.** Sont ici concernés les cas où les droits ont été régulièrement

perçus sur la foi d'indications erronées fournies par les parties. Quelle que soit la nature de l'erreur, les droits sont alors restituables pourvu que la preuve de cette erreur soit rapportée (Instr. 3337, p. 4).
On peut ainsi imaginer une erreur dans l'indication de l'âge d'un usufruitier, ou encore le cas où les droits auraient été payés par une personne qui n'y était pas tenue (Sol. 30 avr. 1901 : Instr. 3080, § 16), celui où les droits auraient été payés à un bureau incompétent, etc.
Divers exemples sont donnés ci-dessous.

7393 **Acte présentant une condition comme définitive, mais dressé par erreur avant la réalisation de cette condition.** L'erreur qui a fait présenter la convention comme définitive alors que la condition n'était pas encore réalisée peut être invoquée par les parties à l'appui d'une demande de restitution. Elles devront justifier de la date d'accomplissement postérieur de la condition et elles peuvent obtenir l'application du régime fiscal en vigueur à cette date, et la restitution des droits perçus en trop sur l'acte dressé prématurément si le régime fiscal est, par hypothèse, moins favorable (Paris, 20 nov. 1970 : *Ind. enr.*, 11936).

7394 **Acte présenté à la formalité par erreur.** Lorsqu'un acte non assujetti à l'enregistrement dans un délai est présenté volontairement à la formalité, les droits perçus sont restituables si cette présentation résulte d'une erreur qu'il appartient aux parties de prouver. Ainsi par exemple, dans le cas où le testament d'une personne vivante est présenté à la formalité (Sol. 20 sept. 1892 : *Journ. enr.*, 24 730).

7395 **Droits payés par erreur par un autre que le redevable.** Si les droits sont payés par erreur par un autre que le redevable, l'administration est tenue à restitution, à la condition toutefois que la preuve de l'erreur soit rapportée.
Toutefois, l'action en répétition de l'indu ne serait pas recevable si le Trésor créancier avait accepté le paiement de bonne foi et laissé la prescription s'accomplir au profit du véritable débiteur (application de l'article 1377 alinéa 2 du Code civil qui exclut alors la répétition de l'indu : La Roche-sur-Yon, 26 juin 1956 : *Ind. enr.*, 9078).

7396 **Droits prescrits payés par les parties sur la réclamation expresse de l'administration.** En principe, le paiement spontané de droits prescrits exclut la possibilité de remboursement, parce qu'en se libérant les parties ont exécuté une obligation naturelle que la prescription laissait subsister. Il en serait toutefois autrement si, au moment du versement, les parties s'étaient réservé le droit de demander la restitution (Avesnes, 19 févr. 1946 : *Ind. enr.*, 6060).
De même, la restitution serait possible si le paiement des droits prescrits était intervenu sur la demande expresse de l'administration, parce qu'il n'y aurait pas eu alors exécution volontaire d'une obligation naturelle (*Ind. enr.*, 9449).
Toutefois, si la réclamation avait été faite par voie d'avis de mise en recouvrement et que le débiteur se soit exécuté, la demande en restitution ne pourrait être admise que si elle était présentée dans le délai général de réclamation (V. n° 7458).

7397 **Évaluation exagérée.** Lorsque des biens meubles ou immeubles ont été déclarés par suite d'une erreur pour une valeur supérieure à leur valeur réelle, les droits perçus en trop sont restituables, à la condition que l'erreur commise soit dûment prouvée (sur le cas de donation ou d'échange suivi d'une adjudication, V. n°s 7448 à 7449).
Bien entendu, cette preuve devra être rapportée par tout mode compatible avec la procédure écrite. Elle ne saurait résulter de l'établissement d'un simple acte rectificatif (Vitry-le-François, 25 août 1860 : *Journ. enr.*, 17 370).

7398 **Exonération subordonnée à une condition de référence au texte qui la prononce.** Si le bénéfice d'une exonération est subordonné à l'indication du texte qui l'édicte et que cette indication a été omise, cette omission peut être réparée ultérieurement et une demande de restitution des droits peut être présentée dans le délai général de réclamation (V. n° 7427).
Il en serait toutefois autrement si la disposition prévoyant l'exonération exigeait une référence dans l'acte même soumis à la formalité…

7399 **Revente de la chose d'autrui.** L'annulation de la vente de la chose d'autrui doit être judiciairement prononcée pour que la restitution soit possible (Maguéro, V° Restitution, n° 183).

7400 **Ventes d'un même bien par le propriétaire ou son mandataire à des personnes différentes.** Lorsque le même bien est vendu à des personnes différentes, il paraît fondé, comme le propose le *Dictionnaire de l'enregistrement*, d'assimiler une des deux ventes à la vente de la chose d'autrui. Dès lors, comme en ce dernier cas, les droits ne seront restituables que dans la mesure où l'une des ventes aura été résolue judiciairement (en ce sens Bayonne, 7 déc. 1931 : *Rev. enr. et imp.*, 9850. – Maguéro, *op. cit.*, V° Restitution, suppl. à la 3e éd., n° 37).

7401 **Ventes de terrain à bâtir et d'immeubles assimilés. Omission ou absence de production des pièces justificatives.** Dans le cas de vente de terrain à bâtir ou d'immeubles assimilés lorsque les mentions exigées par les textes ne figurent pas dans l'acte ou que les pièces justificatives ne sont pas produites lors de la formalité, une régularisation ultérieure est possible par mesure de bienveillance. Si elle intervient, la restitution peut être demandée dans le délai général de réclamation (*BOI* 6605 ; *Ind. enr.*, 8421).

2 Restitution pour cause d'annulation de résolution ou de rescision d'un acte ou d'un contrat

7402 **Présentation.** Après avoir posé en principe que les droits en pareil cas sont *a priori* restituables (*a*), nous verrons que ce principe comporte des exceptions (*b*).

a) Principes

7403 **Énoncé des règles.** La restitution des droits régulièrement perçus est possible lorsque la cause de la perception disparaît par la suite pour un motif quelconque avec rétroactivité. Ceci se produit quand l'opération juridique qui a donné ouverture aux droits est anéantie rétroactivement par suite de sa résolution ou de son annulation.
La résolution prend sa source dans un fait postérieur au contrat qui reste valable au fond et régulier en la forme (par ex., la réalisation d'une condition résolutoire conventionnelle ou légale). L'annulation suppose quant à elle l'existence d'un vice inhérent ou concomitant à l'acte et qui en détruit la validité. La rescision est une annulation pour cause de lésion.
Les unes et les autres mettant fin rétroactivement aux effets de l'acte autorisent, en principe, la restitution des droits perçus sur celui-ci. Il faut toutefois qu'elles soient prononcées judiciairement (2) : la résolution ou l'annulation où la rescision amiable d'un contrat ne permettent pas la restitution (1).

1) Première règle : l'annulation où la résolution amiable ne permettent pas la restitution

7404 **Commentaires.** Les annulations amiables par lesquelles les parties reconnaissent elles-mêmes l'existence du vice qui a entraîné dès le début la nullité de la convention n'ouvrent pas droit à restitution, même dans le cas où il s'agit d'une nullité absolue (V. pour le rappel du principe : Rép. min. Budget à M. Longuet : *JOAN* Q, 8 mars 1981, p. 974).
En effet, suivant les dispositions de l'alinéa 2 de l'article 1961 du Code général des impôts, l'annulation n'est un motif de restitution qu'à la condition expresse d'être constatée en justice (Instr. gén. cont. imp. DIR, § 465. – BOI-ENR-DG-70-20-20120912, n° 40).

7405 **Résolution de vente d'immeubles soumis à la TVA.**
➤ V. **Résolution de contrats.**

2) Deuxième règle : pour permettre la restitution, l'annulation ou la résolution doivent être prononcées judiciairement

7406 **Énoncé du principe.** Le deuxième alinéa de l'article 1961 dispose qu'en cas de rescision d'un contrat pour cause de lésion (C. civ., art. 887 et 1674) ou d'annulation d'une vente pour cause de vices cachés (C. civ., art. 1641, 1643 et 1644) et, au surplus, dans tous les cas où il y a lieu à annulation, les droits perçus sur l'acte annulé, résolu ou rescindé ne sont restituables que si l'annulation, la résolution ou la rescision a été prononcée par un jugement ou un arrêt passé en force de chose jugée. Le terme « acte » employé dans cette disposition doit être pris dans un sens général et ne concerne pas seulement les conventions ou les contrats intervenus entre parties. C'est ainsi qu'il vise notamment tout jugement rétracté sur opposition ou réformé sur appel et toute décision judiciaire annulée par la Cour de cassation (Instr. gén. cont. imp. DIR, § 467).
Le remboursement de l'impôt est donc subordonné à deux conditions :
– l'annulation, la résolution ou la rescision doit être judiciaire (et ne pas entrer dans une des exceptions indiquées plus bas : V. n°s 7415 et s. et n°s 7420 et s.) ;
– le jugement ou l'arrêt qui l'a prononcée doit avoir force de chose jugée (BOI-ENR-DG-70-20-20120912, n° 80).
Dans tous les cas où ces conditions sont remplies, la décision judiciaire qui prononce l'annulation de l'acte (en l'espèce une adjudication) n'est pas fondée à condamner la partie qui subit cette annulation à rembourser au demandeur qui a obtenu satisfaction le montant des droits d'enregistrement ou de la taxe de publicité foncière qu'il a versé. Il lui appartient de présenter une demande de restitution auprès de l'administration fiscale pour obtenir le remboursement de ces droits (Cass. 2e civ., n° 10-10.929 : *JurisData* n° 2014-019801).

7407 Première condition : annulation judiciaire contentieuse. La décision judiciaire justifiant la restitution des droits perçus sur l'acte annulé doit être contentieuse, quelle que soit la juridiction dont elle émane.
Or, il n'est possible d'attribuer les effets de jugement contentieux qu'aux décisions judiciaires dont le dispositif implique l'exercice du pouvoir d'appréciation des juges à l'exclusion de celles dont le dispositif n'est que la constatation d'un accord des parties ou l'expression des conséquences qui dérivent d'un tel accord (BOI-ENR-DG-70-20-20120912, n° 90. – V., à ce propos, n°s 7415 à 7417).

7408 Deuxième condition : jugement ou arrêt passé en force de chose jugée. Pour motiver le remboursement des droits perçus sur l'acte annulé, la décision judiciaire contentieuse doit avoir force de chose jugée, c'est-à-dire qu'elle ne doit plus être attaquable par les voies de recours ordinaires (appel ou opposition).
La circonstance que les voies de recours extraordinaires (tierce opposition, recours en révision, pourvoi en cassation, prise à partie) seraient encore ouvertes contre la décision portant annulation, résolution ou rescision, ne met pas obstacle à la restitution des droits perçus sur l'acte annulé, et n'a pas non plus pour effet de reculer le point de départ du délai de réclamation.
Mais, bien entendu, si cette décision vient à être rétractée, annulée ou cassée, les droits restitués redeviennent exigibles et le reversement doit en être réclamé dans un délai expirant le 31 décembre de la troisième année suivant celle au cours de laquelle a été enregistré le jugement de rétractation, l'arrêt d'annulation ou de cassation (BOI-ENR-DG-70-20-20120912, n° 100).

7409 Justifications à apporter. C'est aux parties qu'il incombe de justifier que la décision d'annulation motivant leur demande de restitution a acquis force de chose jugée.
Cette justification résulte de la production :
– soit de la copie de l'exploit de signification du jugement accompagnée d'un certificat de non-opposition ou de non-appel délivré par le greffier à une date postérieure à l'expiration des délais, le certificat de non-appel devant d'ailleurs émaner non du greffier du tribunal judiciaire, mais du greffier de la juridiction d'appel ;
– soit d'un acte régulier d'acquiescement de la partie condamnée (BOI-ENR-DG-70-20-20120912, n° 110. – Doc. adm. DGI, 13 O-223, 30 avr. 1996, n° 11).

7410 Contrat à la fois résolu et annulé. Si un acte est à la fois résolu en vertu des articles du Code civil énumérés au premier alinéa de l'article 1961 du Code général des impôts (restitution prohibée, V. ce texte *supra*) et annulé en vertu de textes non compris dans cette énumération, la restitution n'est possible que dans les conditions fixées par le deuxième alinéa dudit article, c'est-à-dire à la condition que l'acte ait fait l'objet d'une annulation judiciaire passée en force de chose jugée (BOI-ENR-DG-70-20-20120912, n° 120. – V. n°s 7390 et s.).

b) Exceptions au principe

7411 Énumération. Les principes énoncés plus haut (*a*) connaissent certaines exceptions. Il est des cas ou l'annulation ou la résolution permet d'obtenir la restitution des droits bien qu'elle ne soit pas judiciaire (1).
Il est par ailleurs des cas où la résolution, bien que judiciaire, ne permet pas d'obtenir cette restitution parce qu'elle est assimilée à une résolution amiable (2). Et il est enfin des cas où la résolution, bien que judiciaire, ne permet pas la restitution car la loi l'interdit (3).

1) Cas exceptionnels où la restitution est possible bien que l'annulation ou la résolution ne soit pas judiciaire

7412 Résolution légale ou pour cas fortuit ou de force majeure. La mention de l'article 1183 du Code civil (qui donne une définition très extensive de la condition résolutoire) au nombre des articles de ce code énumérés au premier alinéa de l'article 1961 du Code général des impôts pourrait permettre de soutenir que toutes les conditions résolutoires – conventionnelles ou légales – ont pour effet d'interdire le remboursement des droits perçus sur le contrat résolu.
Il est admis cependant que les résolutions légales et celles qui sont fondées sur un cas fortuit ou de force majeure intervenu en dehors de toute initiative des parties, autorisent la restitution, sans qu'il soit nécessaire que ces résolutions fassent l'objet d'une décision judiciaire (BOI-ENR-DG-70-20-20120912, n° 70).

7413 Cas de résolution légale. C'est ainsi notamment que sont sujets à restitution les droits perçus sur :
– une donation ultérieurement résolue pour cause de survenance d'enfants (C. civ., art. 953) ;
– la partie d'une libéralité réduite pour atteinte à la réserve en vertu de l'article 920 du Code civil ;
– une adjudication frappée de surenchère, dans le cas où la mutation surenchérie est prononcée au profit d'une personne autre que l'acquéreur primitif (BOI-ENR-DG-70-20-20120912, n° 70).

7414 **Situations assimilées aux résolutions légales ou aux cas fortuits ou de force majeure.** En outre, et bien qu'il ne s'agisse pas de droits devenus restituables par suite de la résolution d'un contrat, les mêmes règles sont applicables en ce qui concerne les droits perçus sur :

– une déclaration de succession, lorsque l'usufruit légal du conjoint survivant est converti en rente viagère par application de l'article 767 du Code civil ;

– une déclaration de succession dont la dévolution a été modifiée par un partage postérieur, pur et simple et devenu définitif ;

– une licitation, dans la mesure où le prix en est attribué au cohéritier adjudicataire par un partage postérieur ;

– un acte de constitution d'une société de personnes dissoute par le décès d'un des deux associés avant d'avoir fonctionné ;

– une vente d'immeubles, de droits immobiliers ou de fonds de commerce ayant donné lieu à préemption au profit du Trésor ;

– une vente consentie moyennant une rente viagère, lorsque la vente est annulée par suite du décès du crédirentier, dans les vingt jours de la cession, provoqué par la maladie dont il était atteint lors de la conclusion du contrat (C. civ., art. 1975) ;

– en cas de réduction de loyer par décision judiciaire (BOI-ENR-DG-70-20-20120912, n° 70).

Dans tous ces cas, la restitution est possible sans qu'il soit nécessaire que la résolution fasse l'objet d'une décision judiciaire (Instr. gén. cont. DIR préc., § 466).

Il en est de même pour les droits perçus sur un contrat de mariage non suivi de la célébration (V. *infra*).

2) Cas où la résolution judiciaire est assimilée à une résolution amiable

7415 **Nécessité d'une véritable décision contentieuse.** Il a été dit plus haut que l'annulation ou la restitution n'était possible qu'en cas de décision judiciaire.

Mais un arrêt de la chambre des requêtes en date du 29 avril 1931 (*DP* 1931, 1, 123 : *Rev. enr. et imp.*, 9586) avait fait la distinction entre les décisions judiciaires se bornant à consacrer par un « donné acte » l'accord intervenu entre les contractants pour résoudre ou annuler un contrat (qui ne permettaient pas la restitution des droits...) et celles qui « en outre prononcent dans leur dispositif et en se référant aux éléments de la cause la décision sur le litige ». Ces dernières décisions, « jugements d'expédient » étaient, d'après cet arrêt, susceptibles d'acquérir force de chose jugée et pouvaient donc, en principe, donner ouverture à l'action en restitution des droits perçus sur l'acte dont elles prononçaient l'annulation (V. sur ce point Maguéro, suppl. à la 3e éd. 1937, V° Restitution, n° 24).

Cette distinction entre les jugements d'expédient – qui constituent de véritables jugements – et les jugements de « donné acte » qui sont de simples contrats judiciaires, a été reprise par les processualistes contemporains (*JCl. Procédure civile*, Fasc. 116) et se trouve consacrée par l'administration elle-même dans l'instruction générale sur le contentieux des impôts (§ 468) et par la Documentation administrative (BOI-ENR-DG-70-20-20120912, n° 90).

7416 **Jugements de « donné acte ».** Il n'est possible d'attribuer les effets d'un jugement contentieux qu'aux décisions judiciaires dont le dispositif implique l'exercice du pouvoir d'appréciation des juges à l'exclusion de celles dont le dispositif n'est que la constatation d'un accord des parties ou l'expression des conséquences qui dérivent d'un tel accord.

Aussi, dans l'hypothèse où l'annulation ou la résolution trouve son fondement dans un accord amiable des parties, antérieur à l'instance ou conclu au cours de la procédure, et où les juges, sans vérifier les causes qui l'ont motivé, se bornent à donner acte de cet accord ou à constater l'annulation ou la résolution qui en découle, celle-ci n'est pas l'œuvre du tribunal : elle procède exclusivement de la volonté des parties. Par conséquent, elle n'ouvre pas droit à la restitution des droits régulièrement perçus sur l'acte résolu ou annulé (BOI-ENR-DG-70-20-20120912, n° 90).

7417 **Jugements d'expédient.** Si, au contraire, à la constatation de l'accord des parties, le juge ajoute, touchant l'objet de cet accord, une décision impliquant l'examen ou la vérification des causes de l'annulation ou de la résolution, cette décision imprime à l'annulation ou à la résolution convenue le caractère judiciaire et peut motiver la restitution (BOI-ENR-DG-70-20-20120912, n° 90).

7418 **Transactions.** Par contre, une transaction intervenue sur la médiation d'un arbitre n'est pas assimilable à un jugement, alors même que le tribunal aurait homologué un état liquidatif dressé par cet arbitre ou qu'un jugement serait ultérieurement intervenu pour appliquer la transaction.

On ne peut non plus attribuer le caractère d'annulation judiciaire à une décision d'un tribunal de commerce qui homologue, uniquement en raison de l'état de règlement judiciaire de l'acquéreur, et à la seule requête de l'administration, une transaction atténuant le prix antérieurement convenu pour une cession d'actions (Paris, 13 févr. 1970 : *Ind. enr.*, 11913. – BOI-ENR-DG-70-20-20120912, n° 90).

7419 **Sentences arbitrales.** Quant aux sentences arbitrales, elles ne peuvent être assimilées aux jugements que si elles sont revêtues de l'ordonnance d'*exequatur* et ne constituent pas des décisions d'expédient (BOI-ENR-DG-70-20-20120912, n° 90).

3) Cas où la résolution ou l'annulation, bien que judiciaire, ne permet pas la restitution des droits

7420 **Principes.** Selon les termes du premier alinéa de l'article 1961 du Code général des impôts, ne sont pas sujets à restitution les droits régulièrement perçus sur les actes ou contrats révoqués ou résolus par application des articles 954 à 958, 1183, 1184, 1654 et 1659 du Code civil.

Le deuxième alinéa du même article dispose qu'en cas de rescision d'un contrat pour cause de lésion, ou d'annulation d'une vente pour cause de vices cachés et, au surplus, dans tous les cas où il y a lieu à annulation, les droits perçus sur l'acte annulé, résolu ou rescindé ne sont restituables que si l'annulation, la résolution ou la rescision a été prononcée par un jugement ou un arrêt passé en force de chose jugée.

Il résulte tout d'abord de ces textes que la règle tracée par l'article 1235 du Code civil, suivant laquelle ce qui a été payé sans être dû est sujet à répétition, comporte des restrictions en ce qui concerne les droits d'enregistrement (ou la taxe de publicité foncière) régulièrement perçus (sur la notion de perception régulière ou irrégulière, V. n° 7390) lorsque la restitution de ces droits est motivée par des événements postérieurs à leur perception.

En effet, les résolutions visées au premier alinéa de l'article 1961 du Code général des impôts et les annulations amiables n'ouvrent pas droit à restitution.

Seules sont autorisées les restitutions motivées soit par des résolutions légales ou pour cas fortuit ou force majeure, soit, en vertu du deuxième alinéa de l'article 1961 susvisé, les annulations, résolutions ou rescisions judiciaires sauf, bien entendu, les résolutions judiciaires visées au premier alinéa du même article (V. le texte *supra*. – BOI-ENR-DG-70-20-20120912, n° 40).

La résolution concerne des actes valables au fond et réguliers en la forme, mais soumis à une condition résolutoire légale ou conventionnelle, tandis que l'annulation est provoquée par la constatation d'un vice (nullité absolue ou relative) entachant l'acte dès sa passation et l'empêchant de produire ses effets. Quant à la rescision, elle est une annulation pour cause de lésion (*BOI* préc.).

7421 **Résolutions concernées par l'article 1961 du Code général des impôts.** Compte tenu de ce que la résolution d'un contrat, procédant d'un événement postérieur à l'acte ou dépendant de la volonté d'un contractant, peut se prêter aux combinaisons frauduleuses les plus variées, le premier alinéa de l'article 1961 du Code général des impôts exclut expressément du bénéfice de la restitution les droits régulièrement perçus sur les actes ou contrats ultérieurement révoqués ou résolus par application de l'un quelconque des articles du Code civil énumérés ci-après :

– articles 954 à 958 relatifs à la révocation des donations entre vifs pour cause d'inexécution des conditions ou pour cause d'ingratitude ;
– article 1183 touchant la révocation d'une convention par suite de l'accomplissement d'une condition résolutoire expresse ;
– article 1184 concernant la résolution d'un contrat synallagmatique pour le cas où l'une des deux parties ne satisfait point à son engagement ;
– article 1654 relatif à la résolution d'une vente pour défaut de paiement de prix ;
– article 1659 réglant l'exercice de la faculté de rachat ou de réméré réservée au profit du vendeur.

Dans les différents cas ainsi énumérés, la restitution est prohibée, même si la résolution est prononcée par un jugement ou un arrêt passé en force de chose jugée (BOI-ENR-DG-70-20-20120912, n° 50).

7422 **Exemples de restitutions prohibées en application de l'article 1961, alinéa 1 du Code général des impôts.** Ne sont pas restituables :

– les droits perçus sur une vente ou promesse de vente valant vente avec faculté de dédit alors que la résolution a été prononcée sur la base de la clause de dédit, analysée en condition résolutoire (Seine, 10 mars 1967 : *Ind. enr.*, 11 322. – Paris, 7 mars 1969 : *Ind. enr.*, 11 688. – Paris, 14 mars 1969 : *Ind. enr.*, 11 814. – Paris, 29 janv. 1972 : *Ind. enr.*, 12 261) ;
– les droits perçus sur une vente résolue pour défaut de paiement du prix (Cass. civ., 30 janv. 1928 : *Rev. enr. et imp.*, 8709. – Quimper, 28 nov. 1969 : *Ind. enr.*, 12 128) ;
– les droits perçus sur une vente résolue pour inexécution des engagements pris par le vendeur sans qu'il y ait à distinguer si le jugement prononçant la résolution fait ou non référence expresse à l'article 1184 du Code civil (Corbeil, 14 janv. 1942 : *Ind. enr.*, 5127. – Paris, 18 nov. 1968 : *Ind. enr.*, 11 666. – Moulins, 5 janv. 1971 : *Ind. enr.*, 12 129. – Toulouse, 10 janv. 1979 : *Ind. enr.*, 13 575).

Restitution

Il a été jugé par ailleurs que ne pouvaient donner lieu à restitution les droits perçus sur une donation entre époux révoquée même par jugement en application de l'article 1096 du Code civil (Nice, 25 janv. 1943 : *Ind. enr.*, 5304). Pour juger ainsi, le tribunal a estimé que la révocation procédait directement de la condition résolutoire définie par l'article 1183 du Code civil, visé par l'article 1961 du Code général des impôts précité. En réalité, la révocation trouve sa source dans l'article 1096 et il est possible de soutenir que, puisque ce texte ne figure pas expressément dans l'énumération de l'article 1961, la révocation judiciaire d'une donation entre époux permet d'obtenir la restitution des droits perçus sur la donation révoquée.
Dans tous les cas, lorsque cette révocation survient par l'effet de la loi, en cas de divorce, il semble que la restitution des droits puisse être obtenue sans même que la révocation ait à être constatée judiciairement (C. civ., art. 267).

7423 **Application stricte de la prohibition de l'article 1961.** La prohibition édictée par l'article 1961 du Code général des impôts interdit seulement la restitution des droits perçus sur les actes résolus en application de l'un des textes susvisés du Code civil. Elle n'interdit pas la restitution des droits perçus sur des actes dont l'annulation judiciaire serait une conséquence indirecte de la résolution des précédents, mais ne procéderait pas des articles 954 à 958, 1983, 1184, 1654, 1659 du Code civil.
L'administration a déjà admis que pouvait être ainsi restitués les droits perçus sur des contrats annulés ou résolus en vertu notamment des articles 1110 et 1117 du Code civil (vice du consentement), de l'article 918 (présomption de gratuité de certaine vente), de l'article 1636 (éviction de l'acquéreur), de l'article 1167 (action paulienne), de l'article 1599 (vente de la chose d'autrui. – V. sur tous ces points Maguéro : *Traité alphabétique des droits d'enregistrement*, suppl. à la 3e éd. 1937, V° Restitution, n° 16).

7424 **Déchéance du bénéficiaire d'un droit de préemption.** Si une adjudication a été prononcée au profit du fermier ayant usé de son droit de préemption et substitué au dernier enchérisseur et si celui-ci est judiciairement déchu pour non-paiement du prix, la vente étant rétablie au profit du premier adjudicataire, la victime de la déchéance peut obtenir la restitution des droits qu'elle a payés. En effet, en ce cas, la déchéance ne s'analyse pas en une véritable résolution de la vente qui subsiste, et la prohibition de restitution édictée par l'article 1961 du Code général des impôts ne s'applique pas. L'adjudicataire rétabli dans sa qualité devient, par contre, redevable des droits afférents à l'acquisition (Rép. min. Finances, 1er mai 1963 : *Ind. enr.*, 10 647).

7425 **Réduction partielle d'un prix de vente.** L'administration admet la restitution des droits afférents à la fraction du prix objet d'une réduction partielle, sauf si cette réduction ne procède que d'une condition résolutoire. Mais il importe que la réduction soit judiciaire : la réduction amiable ne permettrait pas la restitution (Rouen, 20 déc. 1971 : *Ind. enr.*, 12 260).

7426 **Jugement par défaut réputé inexistant.** Les droits perçus sur un jugement par défaut réputé inexistant par l'effet de la péremption (CPC, art. 156 ancien) peuvent être remboursés lorsque celle-ci a été judiciairement prononcée ou légalement constatée dans des conditions exclusives de toute idée de fraude, avait décidé une réponse ministérielle en date du 4 avril 1942 (*BOI* avr. 1942, p. 26).
La solution doit apparemment être étendue aux cas prévus par l'article 478 du Code de procédure civile, qui précise que les jugements par défaut et les jugements réputés contradictoires sont non avenus s'ils n'ont pas été notifiés dans les six mois de leur date.

c) Délai de présentation et forme de la demande en restitution

1) Délai de présentation

7427 **Délai ordinaire de réclamation.** Les demandes en restitution doivent être présentées dans le délai ordinaire prévu à l'article R.* 196-1 du Livre des procédures fiscales, c'est-à-dire à partir de la date à laquelle le jugement ou l'arrêt intervenu est devenu définitif et jusqu'au 31 décembre de la deuxième année suivante (BOI-ENR-DG-70-20-20120912, n° 130).
Les jugements ou arrêts sont définitifs à compter du jour qui suit la date d'expiration du délai d'appel ou d'opposition.
Jugé en ce sens qu'il y a décision judiciaire passée en force de chose jugée – rendant restituable le droit d'enregistrement et marquant le point de départ du délai de restitution – du jour où elle n'est plus attaquable par les voies de recours ordinaires (appel ou opposition), et non du jour où, ne pouvant être attaquée par les voies de recours extraordinaires (tierce opposition, requête civile [actuellement, recours en révision], pourvoi en cassation, prise à partie), elle est devenue irrévocable (Cass., 7 mai 1935. – *BOI* préc.).

2) Forme des demandes

7428 Les demandes en restitution doivent satisfaire aux conditions générales de forme imposées pour la présentation des réclamations (cf. BOI-CTX-PREA-10-50).

Elles doivent, en outre, être accompagnées de toutes justifications utiles telles que :

– copie des actes sur lesquels les droits à restituer ont été perçus et, le cas échéant, copie des autres titres que les parties jugent utile de produire à l'appui de leur demande (les parties peuvent aussi communiquer des expéditions des actes authentiques ou des originaux des actes sous seing privé, pièces qui sont rendues après décision) ;

– copie du jugement portant annulation de cet acte ;

– documents établissant que le jugement est passé en force de chose jugée (V. n° 7392. – BOI-ENR-DG-70-20-20120912, n° 140).

3 Cas légaux de restitution

a) Actes produits en justice

7429 **Principe.** Suivant les dispositions de l'article 857 du Code général des impôts, toutes les fois qu'une condamnation est rendue sur un acte enregistré, le jugement ou la sentence arbitrale doit en faire mention et énoncer le montant du droit payé, la date du paiement et le nom de la recette où il a été acquitté. À défaut de ces indications, et s'il s'agit d'un acte soumis à la formalité dans un délai déterminé, le comptable des impôts compétent exige le droit si l'acte n'a pas été enregistré dans sa recette, sauf restitution, dans le délai prescrit, s'il est ensuite justifié de l'enregistrement de l'acte sur lequel le jugement a été prononcé.

7430 **Conséquences.** Il résulte notamment de ces dispositions que si une condamnation a été rendue sur un acte obligatoirement assujetti à la formalité dans un délai déterminé sans que le jugement ou la sentence arbitrale reproduise les indications figurant dans la quittance des droits, l'agent qui enregistre le jugement ou la sentence doit, lorsque l'acte dont il s'agit n'a pas été enregistré à son bureau, percevoir, indépendamment du droit exigible sur la décision, les droits auxquels donne ouverture l'acte en question.

Les droits ainsi perçus à raison de cet acte doivent être restitués à la demande des intéressés, s'ils justifient de l'enregistrement antérieur dudit acte (BOI-ENR-DG-70-20-20120912, n° 1).

7431 **Délai de présentation de la demande.** Les demandes de restitution doivent être présentées dans le délai ordinaire prévu à l'article R.* 196-1 du Livre des procédures fiscales, c'est-à-dire à partir :

– de la date à laquelle le jugement est soumis à l'enregistrement, si les droits perçus en double emploi ont été acquittés au moment de cette formalité ;

– de la date du paiement des droits dont il s'agit, s'ils sont acquittés après l'enregistrement du jugement et avant la notification d'un avis de mise en recouvrement.

Le délai de présentation des demandes en restitution vient à expiration le 31 décembre de la deuxième année suivant celle du point de départ défini ci-dessus.

Lorsque le recouvrement des droits doit être poursuivi contre les parties (CGI, art. 1840 D), celles-ci peuvent contester le bien-fondé des sommes dont le paiement leur est réclamé ; les demandes de l'espèce doivent être présentées dans le délai prévu à l'article R.*196-1 du Livre des procédures fiscales, c'est-à-dire à partir de la date de notification de l'avis de mise en recouvrement comprenant les sommes dont il s'agit et jusqu'au 31 décembre de la deuxième année suivante (BOI-ENR-DG-70-20-20120912, n° 10).

7432 **Forme des demandes.** Les demandes tendant à obtenir la restitution ou la décharge des droits perçus sur un acte produit en justice doivent être introduites dans les formes prévues pour les réclamations ordinaires (BOI-ENR-DG-70-20-20120912, n° 20. Sur les formes à respecter, V. BOI-CTX-PREA-10-10 et BOI-CTX-PREA-10-50).

Il est précisé qu'elles peuvent être présentées par les personnes qui ont acquitté le montant des droits en cause ou qui sont tenues au paiement de ces droits, c'est-à-dire selon le cas :

– soit par les greffiers (CGI, art. 1705-3°) qui peuvent d'ailleurs dans certains cas et sous certaines conditions prévues à l'article 1840 D du Code général des impôts s'affranchir de l'obligation du versement ;

– soit par les parties à l'instance, même si elles ne sont pas parties à l'acte ;

– soit par les parties à l'acte qui, si elles ne sont pas les mêmes que les parties à l'instance en cas de défaillance de ces dernières, peuvent être mises en cause en vertu de l'article 1705-5° du Code général des impôts (BOI-ENR-DG-70-20-20120912, n° 303).

b) Restitution des droits perçus sur des cessions amiables en matière d'expropriation

7433 **Rappel du principe.** L'article 1962 du Code général des impôts dispose qu'en matière d'expropriation pour cause d'utilité publique, les droits d'enregistrement ou la taxe de publicité foncière, perçus sur les acquisitions amiables faites antérieurement à la déclaration d'utilité publique sont restitués lorsque, dans les délais fixés par l'article R.* 196-1 du Livre des procédures fiscales, il est justifié que les immeubles acquis sont visés par cette déclaration d'utilité publique ou par l'arrêté de cessibilité. La restitution des droits ne peut s'appliquer qu'à la portion des immeubles qui a été reconnue nécessaire à l'exécution des travaux (BOI-ENR-DG-70-50-20120912, n° 1. – V. **Expropriation**).

L'expropriation ne peut être prononcée qu'autant qu'elle aura été précédée d'une déclaration d'utilité publique résultant, après enquête et selon le cas, d'un décret en Conseil d'État, d'un arrêté ministériel ou d'un arrêté préfectoral.

D'autre part, le préfet détermine, par arrêté de cessibilité, la liste des parcelles ou des droits réels immobiliers à exproprier, si cette liste ne figure pas dans la déclaration d'utilité publique.

Le transfert de propriété se réalise par voie de cession amiable si l'expropriant et l'exproprié se sont mis d'accord ou, dans la négative, par ordonnance du juge.

Il est possible que la cession amiable intervienne antérieurement à la déclaration d'utilité ou à l'arrêté de cessibilité.

Par application des dispositions de l'article 1962 du Code général des impôts, les droits d'enregistrement ou la taxe de publicité foncière, ainsi que les droits de timbre, perçus lors de l'enregistrement de l'acte constatant une telle cession, sont restituables.

Remarque : Bien entendu, lorsque les conditions auxquelles était subordonnée l'exonération d'impôts se trouvaient remplies au moment de l'enregistrement de l'acte et que néanmoins les droits ont été perçus, soit que les intéressés aient négligé de justifier de l'accomplissement de ces conditions, soit par suite d'une erreur de l'agent de l'Administration, la restitution doit également être accordée.

Mais ce texte vise exclusivement les acquisitions amiables réalisées par la collectivité à laquelle appartient le droit d'exproprier.

Aussi, il n'est pas susceptible de profiter aux acquisitions faites par un organisme privé qui, sans être concessionnaire des travaux, procéderait à l'opération au lieu et place de la collectivité désignée par la déclaration d'utilité publique.

D'ailleurs, la circonstance que cet organisme serait, ultérieurement à l'achat, déclaré concessionnaire des travaux, ne saurait davantage motiver la restitution (BOI-ENR-DG-70-50-20120912, n° 20).

7434 Justifications à fournir à l'appui des demandes en restitution des droits perçus pour cause d'utilité publique. Pour obtenir la restitution des droits perçus lors de l'enregistrement de l'acte de cession, il est nécessaire que l'expropriant justifie, par la production de tous documents utiles, que l'immeuble acquis est bien compris soit dans la déclaration d'utilité publique, soit dans l'arrêté de cessibilité, qui lui-même, pour être régulier, doit se référer à une déclaration d'utilité publique encore valable.

L'effet d'une déclaration d'utilité publique est d'ailleurs épuisé par l'achèvement des travaux qu'elle vise, si l'expropriation d'autres immeubles devenait nécessaire par la suite, une nouvelle déclaration devrait intervenir (BOI-ENR-DG-70-50-20120912, n° 30).

7435 Limites de la restitution pour cause d'utilité publique. L'article 1962 du Code général des impôts dispose *in fine* que la restitution ne peut s'appliquer qu'à la portion des immeubles – visés par la déclaration d'utilité publique ou l'arrêté de cessibilité – qui a été reconnue nécessaire à l'exécution des travaux.

Sont donc exclus de la restitution les droits perçus :

– sur l'acquisition des excédents de parcelles non employés aux travaux ;

– sur l'acquisition dans les formes de droit commun de portions d'immeubles bâtis ou de fractions de parcelles inférieures à 10 ares ou au quart de la contenance totale et dont l'exproprié eût pu requérir l'expropriation dans les conditions fixées par l'article 19 de l'ordonnance n° 58-997 du 23 octobre 1958 ;

– sur l'acquisition de terrains qui, bien qu'employés à l'exécution des travaux, n'ont pas été visés par la déclaration d'utilité publique ou l'arrêté de cessibilité.

Dans tous ces cas, il convient de ventiler la partie du prix d'acquisition afférente à la fraction de parcelle affectée aux travaux et visée par l'un ou l'autre de ces documents.

Mais l'Administration admet que sont restituables les droits perçus sur l'acquisition amiable d'une maison démolie avant l'arrêté de cessibilité qui, par suite, ne vise que le terrain.

D'autre part, lorsqu'une acquisition réalisée par voie d'adjudication est ultérieurement déclarée d'utilité publique, les droits perçus sur les actes antérieurs à l'adjudication ne sont pas susceptibles d'être restitués, alors même qu'en vertu d'une clause spéciale du cahier des charges, ils auraient été supportés par l'expropriant.

Sauf lorsqu'elle tient lieu des droits d'enregistrement en vertu de l'article 664 du Code général des impôts (formalité fusionnée) la taxe de publicité foncière n'est pas restituable, excepté en cas d'erreur du conservateur (CGI, art. 1961 bis. – BOI-ENR-DG-70-50-20120912, n° 40).

7436 **Délai de présentation des réclamations.** Les demandes tendant à obtenir la restitution des droits perçus sur des cessions amiables en matière d'expropriation doivent être présentées dans le délai ordinaire prévu à l'article R.* 196-1 du Livre des procédures fiscales, c'est-à-dire, suivant le cas, à partir de la date de publication du décret ou de l'arrêté portant déclaration d'utilité publique ou de l'arrêté de cessibilité, soit de la date de publication ou de notification des arrêtés ou décisions établissant le droit à restitution.

Ce délai expire le 31 décembre de la deuxième année suivant celle de son point de départ.

Il est précisé toutefois que, dans le cas où les conditions requises pour l'exemption étaient déjà remplies lors de l'enregistrement de l'acte, le délai de réclamation court de la date de cet enregistrement (BOI-ENR-DG-70-50-20120912, n° 80).

7437 **Forme des demandes de restitution.** Les restitutions doivent être demandées par voie de réclamations présentées dans les formes ordinaires (sur ces formes, cf. BOI-CTX-PREA-10-10 et BOI-CTX-PREA-10-50).

7438 **Portée des restitutions.** Les droits à restituer sont les droits d'enregistrement ou la taxe de publicité foncière, afférents non seulement à l'acte d'acquisition, mais à tous ceux, antérieurs et postérieurs, qui auraient bénéficié de la gratuité si les formalités légales avaient précédé l'opération (BOI-ENR-DG-70-50-20120912, n° 100).

c) Alignement

CGI, art. 1963-1°. – Les dispositions de l'article 1962 sont applicables :

1° À tous les actes ou contrats relatifs à l'acquisition de terrains, même clos ou bâtis, poursuivie en exécution d'un plan d'alignement régulièrement approuvé pour l'ouverture, le redressement, l'élargissement des rues ou places publiques, des voies communales et des chemins ruraux, ainsi qu'à tous les actes ou contrats relatifs aux terrains acquis pour la voie publique par simple mesure de voirie dans les conditions prévues par le décret-loi du 26 mars 1852 relatif aux rues de Paris ;

(...).

7439 **Principe.** En application de l'article 1963-1° du Code général des impôts, et de même qu'en matière d'expropriation pour cause d'utilité publique, les droits perçus sur les actes d'acquisition amiable d'immeuble concernant la voirie urbaine, départementale ou communale deviennent restituables, s'il est justifié que la condition à laquelle était subordonnée l'immunité d'impôt édictée par l'article 1045 du même code s'est réalisée depuis l'acquisition.

À cet égard, l'article 1963-1° susvisé précise que l'acquisition doit avoir été poursuivie en vertu d'un plan d'alignement régulièrement approuvé.

Cette condition impose l'obligation de rechercher, dans chaque cas particulier, si l'autorité administrative (préfet, conseil général ou commission départementale) qui a revêtu le plan de son approbation était compétente pour le faire (BOI-ENR-DG-70-50-20120912, n° 50).

En ce qui concerne notamment la voirie urbaine, c'est au préfet qu'il appartient d'approuver les plans d'alignement des rues des villes. Toutefois, les rues de Paris faisant partie de la grande voirie, les plans généraux d'alignement de ces rues doivent être arrêtés en principe par décret rendu en Conseil d'État, conformément à l'article 52 de la loi du 16 septembre 1807 ; ils peuvent cependant être approuvés par arrêté préfectoral motivé, lorsqu'aucune déclaration contraire au projet n'a été produite et que l'avis du commissaire enquêteur est favorable (L. 19 juill. 1927 : *DP* 1927-4-388. – Doc. adm. DGI, 13 O-223, 30 avr. 1996, n° 20).

➤ Sur les formes et délai de présentation de la réclamation, V. nos 7467 et s.

d) Utilisation de l'énergie hydraulique.

CGI, art. 1963-2°. – Les dispositions de l'article 1962 sont applicables :

(...)

2° Aux plans, procès-verbaux, certificats, jugements, contrats, quittances et autres actes faits en vertu de l'article 4 de la loi du 16 octobre 1919, relative à l'utilisation de l'énergie hydraulique ;

7440 **Rappel des textes.** L'article 4 de la loi du 16 octobre 1919 relative à l'utilisation de l'énergie hydraulique autorise le concessionnaire, tant pour l'exécution des travaux que pour l'exploitation de la concession, à occuper certaines propriétés privées désignées par arrêté préfectoral et à y pratiquer des extractions de matériaux ; le concessionnaire peut même être tenu d'acquérir les immeubles dont l'occupation se prolonge au-delà du délai fixé par le cahier des charges ou qui sont rendus impropres à la culture en tout ou en partie.

Tous les actes faits en vertu de l'article 4 de la loi précitée du 16 octobre 1919 sont enregistrés gratis (BOI-ENR-DG-70-50-20120912, n° 60).

7441 **Conditions de la restitution.** En application de l'article 1963-2° du Code général des impôts, et comme en matière d'expropriation pour cause d'utilité publique, les droits perçus sur les actes d'acquisition amiable d'immeubles effectuée par un concessionnaire deviennent restituables s'il est justifié, postérieurement à l'acquisition, que celle-ci était nécessaire, soit pour l'exécution des travaux définis au cahier des charges et approuvés par l'administration, soit pour l'exploitation de la concession.

À cet égard, il est nécessaire de s'assurer, d'une part, que le terrain acquis était compris dans un arrêté préfectoral autorisant l'occupation dudit terrain par le concessionnaire et, d'autre part, que le propriétaire de ce terrain rendu impropre à la culture aurait été fondé à en exiger l'acquisition (Rappr. L. 16 oct. 1919, art. 4-3°. – BOI-ENR-DG-70-50-20120912, n° 70).

➤ Sur les délais de présentation et la forme de la demande, et sur la portée des restitutions, V. Doc. adm. DGI, 13 O-223, n°s 22 et s.

e) Restitutions en matière d'usufruit

1) Demande en restitution des droits perçus sur la mutation d'une nue-propriété en cas d'usufruits successifs

CGI, art. 1965 B. – Dans le cas d'usufruits successifs, l'usufruit éventuel venant à s'ouvrir, le nu-propriétaire a droit à la restitution d'une somme égale à ce qu'il aurait payé en moins si le droit acquitté par lui avait été calculé d'après l'âge de l'usufruitier éventuel.

7442 **Principe.** Le cas de restitution prévu par l'article 1965 B du Code général des impôts susvisé trouve à s'appliquer dans le cas d'usufruits successifs, ou encore d'usufruit conjoint avec clause d'accroissement.

Sur les conditions de fond de forme et de délais de la demande de restitution, V. Doc. adm. DGI, 13 O-223, n°s 51 et s.

2) Demandes en restitution de droits perçus sur la valeur la plus élevée de l'usufruit ou de la nue-propriété à défaut d'indication ou de justification de la date et du lieu de naissance de l'usufruitier

CGI, art. 1965 C. – À défaut des indications ou justifications prescrites par l'article 763, les droits les plus élevés sont perçus, conformément au même article, sauf restitution du trop-perçu, sur demande présentée dans le délai prévu à l'article R.* 196-1 du Livre des procédures fiscales et sur la représentation de l'acte de naissance, dans le cas où la naissance aurait eu lieu hors de France.

7443 **Principe.** Il résulte de l'application combinée des articles 1965 C et 763 du Code général des impôts que les actes et déclarations relatifs à des transmissions à titre gratuit portant sur une nue-propriété ou un usufruit doivent obligatoirement contenir l'indication de la date et du lieu de naissance de l'usufruitier ; dans le cas où la naissance a eu lieu en France, aucune justification n'est exigée à l'appui de ces indications ; dans le cas contraire, les parties sont tenues de justifier de la date de naissance de l'usufruitier, avant l'enregistrement de l'acte ou de la déclaration. Le mode de justification n'est pas spécifié, mais en général, il conviendra d'exiger la représentation de l'acte de naissance qui devra, à moins de convention contraire passée entre la France et le pays intéressé, être légalisé par le consul français du lieu où il a été dressé.

À défaut des indications ou justifications nécessaires, les actes ou déclarations de mutation sont enregistrés aux droits les plus élevés qui pourraient être dus au Trésor, compte tenu des règles tracées par l'article 762 pour la détermination de la valeur imposable de la nue-propriété ou de l'usufruit des biens meubles ou immeubles transmis.

La liquidation des droits les plus élevés obéit, toutefois, à des règles différentes selon que le nu-propriétaire et l'usufruitier sont, ou non, solidaires pour le paiement (BOI-ENR-DG-70-40-20120912, n° 70).

➤ Pour plus de détails, V. BOI-ENR-DG-70-50-20120912.

f) Contrat de mariage non suivi de célébration

7444 **Principe.** La perception des droits exigibles sur les contrats de mariage (V. **Contrat de mariage**) est une perception provisoire, les effets de ces actes étant soumis à la condition suspensive de la célébration du mariage.

Aussi le droit fixe et, le cas échéant, le droit de donation doivent être restitués, sur le fondement de l'article 1961 du Code général des impôts, lorsqu'il est reconnu que le mariage n'a pas eu lieu et n'aura pas lieu.

La restitution est ordonnée sur la production de toutes pièces établissant que le mariage ne peut avoir lieu : acte de résiliement même s'il est passé entre les futurs époux seuls ; extrait de l'acte de mariage de l'un des futurs époux avec une autre personne que celle qui figure au contrat ; acte de décès de l'un des futurs époux appuyé des certificats de non-célébration délivrés par les maires des communes où les futurs époux étaient domiciliés ; exploit d'huissier portant notification par un futur époux à l'autre qu'il renonce à l'union projetée (Sol. 8 mai 1867 : *Journ. enr.*, 18 712-1).

7445 **Formes et délais de la demande**. La demande de restitution doit être présentée dans les formes et délais de droit commun (en ce qui concerne les délais, V. *infra*).

g) Partages testamentaires et testaments

7446 **Perception des droits et restitution au cas de renonciation.** Testament et testament partage sont soumis à la formalité dans les délais prévus par l'article 636 du Code général des impôts (trois mois à compter du décès du testateur).
Le délai prévu pour l'enregistrement est plus court que celui donné aux héritiers pour prendre parti (quatre mois : C. civ., art. 771).
Néanmoins, l'administration est fondée à percevoir les droits sans avoir à prouver l'existence d'un acte des successibles emportant acceptation. Il suffit que les successibles n'aient pas répudié l'hérédité par un acte de renonciation au greffe ou devant notaire.
Mais la restitution de ces droits sera obligatoire en cas de renonciation des successibles au bénéfice des dispositions testamentaires ou de la succession, ou par suite d'annulation en justice, sous réserve de la régularité de la renonciation, qui ne doit pas avoir été précédée d'actes emportant acceptation définitive du partage (Sol. 20 sept. 1892 : *Journ. enr.*, 24 730).

7447 **Testament caduc, révoqué ou annulé.** Sont restituables en vertu des mêmes principes les droits perçus sur les testaments reconnus caducs, révoqués ou annulés, ou auxquels le bénéficiaire a renoncé. De même, les droits perçus sur le testament d'une personne vivante, présenté par erreur à la formalité ont toujours été reconnus restituables (Sol. 20 sept. 1892, préc.).

h) Donation suivie d'une adjudication

CGI, art. 761, al. 3. – (...) Néanmoins, si, dans les deux années qui ont précédé ou suivi, soit l'acte de donation, soit le point de départ des délais pour souscrire la déclaration de succession, les immeubles transmis ont fait l'objet d'une adjudication, soit par autorité de justice, soit volontaire, avec admission des étrangers, les droits exigibles ne peuvent être calculés sur une somme inférieure au prix de l'adjudication, en y ajoutant toutes les charges en capital, à moins qu'il ne soit justifié que la consistance des immeubles a subi, dans l'intervalle, des transformations susceptibles d'en modifier la valeur.

7448 **Immeuble ayant fait l'objet d'une donation, et adjugé pour un prix inférieur à son évaluation.** Si le prix d'adjudication est inférieur à la valeur qui a servi de base à la liquidation des droits de mutation à titre gratuit, une demande de restitution peut être formée dans le délai général de réclamations.
Mais la taxe de publicité foncière perçue sur l'acte de donation n'est pas restituable (V. n° 7461).

i) Échange suivi d'une adjudication

CGI, art. 684. – (...) Les immeubles, quelle que soit leur nature, sont estimés d'après leur valeur vénale réelle à la date de la transmission, d'après la déclaration estimative des parties.

Néanmoins, si, dans les deux années qui ont précédé ou suivi l'acte d'échange, les immeubles transmis ont fait l'objet d'une adjudication, soit par autorité de justice, soit volontaire, avec admission des étrangers, les impositions exigibles ne peuvent être calculées sur une somme inférieure au prix de l'adjudication, en y ajoutant toutes les charges en capital, à moins qu'il ne soit justifié que la consistance des immeubles a subi, dans l'intervalle, des transformations susceptibles d'en modifier la valeur.

7449 **Immeubles ayant fait l'objet d'un échange et adjugés pour un prix inférieur à leur évaluation.** L'article 684 du Code général des impôts comporte des dispositions identiques à celles de l'article 761, alinéa 2 (V. ce texte *supra*) pour les immeubles ayant fait l'objet d'un échange suivi d'une adjudication.

B Présentation de la demande en restitution

1 Qui peut présenter la demande de restitution ?

➤ Les règles applicables en matière de demande de restitution sont celles régissant les réclamations en général.

Nous rappellerons ici quelques règles applicables pour les cas les plus courants de demande en restitution.

7450 Acte notarié. Les notaires peuvent demander la restitution des droits perçus sur les actes reçus par eux (Cass. civ., 1er mars 1825 : *Journ. enr.*, 8017). Les parties peuvent également présenter une demande.
Mais l'administration doit informer simultanément les parties et les notaires des restitutions autorisées (Instr. 1328), que la demande en restitution émane d'un notaire ou d'un particulier.

7451 Acte sous seing privé. Chacune des parties contractantes peut demander la restitution (Le Havre, 3 mai 1849 : *Journ. enr.*, 14839). La demande en restitution peut également être formée par un créancier ou un ayant droit (Cass., 23 janv. 1849 : Instr. 1837, § 2). Le mandat de restitution est établi au nom de toutes les parties contractantes (Grasse, 5 déc. 1898 : *Rev. enr.*, 1960). Si l'acte a expressément chargé une partie de réclamer le remboursement des droits, elle a seule qualité pour demander la restitution (*Dict. enr.*, 3377). La partie qui, n'étant pas partie à l'acte sous seing privé, l'a fait enregistrer et en a payé les droits, n'a pas qualité pour demander la restitution (T. civ. Seine, 31 mai 1838 : *Journ. enr.*, 12 184. – *Contra*, Nîmes, 5 mars 1914 : *Rev. enr.*, 6108).

7452 Avocats. Les avocats ne peuvent demander la restitution des droits perçus sur un arrêt ou un jugement qu'en vertu d'un mandat spécial.

7453 Huissiers. Les huissiers ont qualité pour demander la restitution des droits perçus sur les actes de leur ministère.

2 Formes de la demande

7454 Droits irrégulièrement perçus. Ils sont restitués soit d'office (V. nos 7469 et s.), soit sur la demande des intéressés.

7455 Droits régulièrement perçus. La restitution ne peut, en principe, être ordonnée d'office par l'administration. Elle doit faire l'objet d'une demande expresse des parties intéressées, appuyée des justifications nécessaires (Instr. 3337, p. 7. – Rép. min. Budget, 18 févr. 1953 : *Ind. enr.*, 8154).

7456 Demande en restitution judiciaire. La demande en restitution est soumise aux règles générales de procédure concernant les réclamations contentieuses (LPF, art. R. 190-1).
Elle ne peut donc être portée directement devant les tribunaux judiciaires. Il est nécessaire d'adresser préalablement une réclamation accompagnée des justificatifs nécessaires, à l'agent des impôts compétent.
Si la décision du directeur ne lui donne pas satisfaction, ou lorsqu'il ne statue pas dans le délai qui lui est imparti, le contribuable peut porter sa demande en restitution devant le tribunal judiciaire.

3 Délais de présentation de la demande

7457 Délai général de réclamation. Les demandes de restitution doivent, comme toute réclamation en matière fiscale, être présentées en principe jusqu'au 31 décembre de la deuxième année suivant, selon le cas, celle :
– de la notification d'un avis de mise en recouvrement ;
– du versement des droits contestés si ces droits n'ont pas donné lieu à la notification d'un avis de mise en recouvrement ;
– de la réalisation de l'événement qui motive la réclamation (LPF, art. R. 196-1).
En principe, en matière de demande en restitution, c'est ce dernier point de départ qui est retenu pour le calcul du délai de présentation de la demande.

7458 Cas où le délai de réclamation est expiré. Possibilité d'une imputation des droits.
➤ Sur ce point, V. **Imputation des droits**.

4 Effets de la demande

7459 Frais et accessoires. Lorsqu'une réclamation contentieuse est admise en totalité ou en partie, les frais de signification, ainsi que, le cas échéant, les frais d'enregistrement du mandat sont remboursés.
Les frais d'expertise sont supportés par la partie qui n'obtient pas satisfaction. Le contribuable qui obtient partiellement gain de cause participe aux frais en proportion de la part de sa demande qui a été rejetée et compte tenu de l'état du litige au début de l'expertise (LPF, art. R. 207-1).
Le contribuable ne peut prétendre à des dommages-intérêts ou à des indemnités quelconques, à l'exception des intérêts moratoires prévus par l'article L. 208 du Livre des procédures fiscales (LPF, art. L. 207).

7460 Intérêts moratoires. Quand l'État est condamné à un dégrèvement d'impôts par un tribunal, ou quand un dégrèvement est prononcé par l'administration à la suite d'une réclamation tendant à la réparation d'une erreur commise dans l'assiette ou le calcul des impositions, les sommes déjà perçues sont remboursées aux contribuables et donnent lieu au paiement d'intérêts moratoires dont le taux est celui de l'intérêt légal. Les intérêts courent du jour du paiement. Ils ne sont pas capitalisés (LPF, art. L. 208. – V. aussi LPF, art. R. 208-1 et 208-2).

II

Cas où la taxe de publicité foncière ne tient pas lieu des droits d'enregistrement (double formalité)

AVERTISSEMENT **L'ordonnance n° 2010-638 du 10 juin 2010 (*JO* 11 juin) supprime le conservateur des hypothèques à compter du 1er janvier 2013. À partir de cette date, on ne parlera plus de « conservateur » ou de « conservation » des hypothèques mais du « service chargé de la publicité foncière ». Ce service reprend les anciennes attributions du conservateur des hypothèques** (V. **Service de la publicité foncière**). **L'ordonnance n° 2010-638 du 10 juin 2010 (*JO* 11 juin) a supprimé le conservateur des hypothèques à compter du 1er janvier 2013. Depuis cette date, on ne parle plus de « conservateur » ou de « conservation » des hypothèques, mais du « service chargé de la publicité foncière ». Ce service a repris les anciennes attributions du conservateur des hypothèques** (V. **Service de la publicité foncière**).

CGI, art. 1961 bis. – Sauf lorsqu'elle tient lieu des droits d'enregistrement en vertu de l'article 664, la taxe de publicité foncière n'est restituable qu'en cas d'erreur du service chargé de la publicité foncière.

Sous cette même réserve, en cas de rejet de la formalité de publicité foncière prononcé, notamment, en vertu de l'article 2428 du Code civil ou de l'article 34 du décret n° 55-22 du 4 janvier 1955 modifié, la taxe acquittée lors du dépôt est, à la demande des parties, imputée sur celle qui est due à l'occasion de la même formalité requise ultérieurement dans des conditions régulières ; la quittance de la taxe est donnée sous forme d'extrait de la recette au registre des dépôts, sur l'avis par lequel le rejet est notifié au requérant.

A Conditions d'application du texte

7461 Acte soumis à la double formalité. L'article 1961 bis pose en principe que la taxe de publicité foncière n'est pas restituable, sauf en cas d'erreur du service de la publicité foncière. Ce texte ne s'applique que dans le cas où il n'y a pas lieu à formalité unique.

C'est le cas par exemple lorsqu'une acquisition immobilière a été faite sous le régime de l'article 1115 du Code général des impôts (marchand de biens) et qu'elle n'a donné lieu qu'à la perception de la taxe de publicité foncière à 0,71498 %, en application de l'article 1020 du Code général des impôts (Cass. com., 23 avr. 2003, n° 99-20517 : *Dr. fisc.* 2003, n° 37, comm. 628).

7462 Erreur du service de la publicité foncière. Pour que les dispositions de l'article 1961 bis entrent en jeu, il faut qu'il y ait eu « erreur du conservateur » (aujourd'hui, du service de la publicité foncière). M. Cozian propose la définition suivante :

> « Il y a erreur du conservateur si, à la seule lecture de l'acte, il était à même de calculer les droits exigibles ou de rectifier les calculs erronés du notaire » (note au *JCP* N 1975, II, 17997, sous TGI Châteauroux, 20 juin 1974).

B Applications

7463 Cas où une exonération n'a pas été appliquée par erreur. Si le service de la publicité foncière fait une interprétation erronée d'un texte, et perçoit la taxe de publicité foncière alors qu'elle n'est pas exigible, la restitution peut en être demandée dans le délai de réclamation prévu à l'article R. 196-1 du Livre des procédures fiscales (V., à propos de l'exonération bénéficiant aux prêts d'installation aux jeunes agriculteurs, actuellement prévue par l'article 1036 du Code général des impôts, Rép. min. Économie et Finances, 8 févr. 1969 : *Bull. AMC* 1969, art. 763).

7464 Inscription requise dans deux bureaux pour sûreté de la même créance. En pareil cas, la taxe de publicité foncière est perçue par le bureau où l'inscription est requise en premier lieu (CGI, art. 1702 bis).

Il n'est payé dans chacun des autres bureaux que la seule contribution de sécurité immobilière à condition :

– que le bureau où la publicité a été requise en premier lieu soit explicitement désigné dans la réquisition déposée aux autres bureaux... ;

– et qu'un duplicata de la quittance constatant le paiement entier de la taxe dans le bureau ainsi désigné soit représenté (CGI, art. 1702 bis).

Si les conditions mises par ce texte ne sont pas remplies, la taxe payée par erreur une deuxième fois n'est pas restituable (CGI, art. 1961 ter. – TGI Le Havre, 10 déc. 1969 : *Bull. AMC* 1970, art. 806).

7465 Inscriptions requises par plusieurs bordereaux au profit de plusieurs créanciers pour une même créance. Si plusieurs inscriptions hypothécaires sont requises par plusieurs bordereaux au profit de plusieurs créanciers, pour une même créance, et que les bordereaux ne fassent pas ressortir l'unicité de la créance, la restitution de la taxe de publicité foncière serait impossible, en l'absence *d'erreur du conservateur...* (Bulté, chron. : *JCP* N 1977, prat. 6587).

7466 Restitution de la taxe de publicité foncière perçue dans l'ignorance d'une instruction. Une instruction de la Direction générale des impôts en date du 1er avril 1978 (*BODGI* 10 G-3-78 ; *JCP* N 1978, prat. 6846) a prévu que les inscriptions hypothécaires prises en vertu des contrats de prêt consentis dans le cadre de la loi n° 77-1 du 3 janvier 1977 portant réforme de l'aide au logement, ainsi que les prêts complémentaires à chaque catégorie de ces prêts sont exonérées de la taxe de publicité foncière.

Mais l'instruction n'est parvenue dans les conservations des hypothèques qu'au cours de la première semaine de mai. Entre le décret du 22 novembre 1977 relatif aux prêts conventionnés et le 10 mai, date approximative où les conservateurs des hypothèques ont eu connaissance de l'instruction du 1er avril 1978, un certain nombre de prêts conventionnés ont été formalisés avec paiement de la taxe à 0,60 %.

Une réponse du ministre du Budget en date du 4 mai 1979 a admis que la taxe de publicité foncière avait été perçue par *erreur* et qu'elle était, en conséquence, restituable dans les délais de droit commun (Rép. min. Garrouste : *JOAN* CR, p. 3438 ; *JCP* N 1979, prat. 7203).

7467 Bordereau d'inscription. Cas où le texte édictant une exonération est omis sur le bordereau mais résulte du titre présenté. Lorsque la mention d'une exonération est omise sur le bordereau, mais résulte du titre présenté, l'administration fiscale a, dans un premier temps, fait valoir que la taxe devait être liquidée d'après les seules énonciations du bordereau. Il n'y a pas à opérer de rapprochement, disait-elle, avec les énonciations de l'acte (V. Rép. min., 10 oct. 1974 : *JOAN* CR, p. 4929, n° 8483). Dans le cas où le bordereau ne fait pas mention d'une exonération, il n'y a donc pas, estimait l'administration, d'erreur du conservateur lorsqu'il perçoit néanmoins la taxe, sans faire le rapprochement avec le titre présenté.

Quelques décisions ont consacré l'analyse de l'administration (TGI Châlons-sur-Marne, 24 déc. 1975 : *RJF* juin 1976, n° 298 ; *Gaz. Pal.* 12-13 mai 1976, p. 12. – TGI Le Mans, 22 juin 1977 : *JCP* G 1977, 18573, note Dagot) ; mais d'autres l'ont condamnée (Aix, 11 déc. 1969 : *Ind. enr.* 1971, 12031. – TGI Châteauroux, 20 juin 1974 : *JCP* G 1975, 17997, note Cozian. – TGI Orléans, 23 janv. 1979 : *Dr. fisc.* 1979, n° 1914, p. 1062).

7468 Retour sur les mesures de bienveillance antérieures. Pour tenir compte de la jurisprudence dominante en la matière, l'administration avait alors pris la décision de réviser sa position, ce qu'elle a fait dans l'instruction du 26 décembre 1979 (*BODGI* 10 G-4-79 ; *JCP* N 1980, prat. 7425)... Il convient désormais, indique cette instruction, d'accorder l'exonération dès lors qu'il résulte du titre présenté que le prêt garanti entre dans le champ d'application d'une exonération. Toutefois, compte tenu de l'intérêt que présente aussi bien pour les usagers que pour le service la mention sur le bordereau lui-même de la référence à l'exonération, les conservateurs étaient invités à conseiller aux rédacteurs d'actes de continuer à porter ces mentions sur les bordereaux d'inscription.

Cette interprétation conduisait également à admettre la restitution de la taxe perçue au vu des bordereaux ne mentionnant pas la cause de l'exonération, lorsqu'il résultait manifestement de l'acte produit que l'inscription bénéficie d'une exonération de taxe. La restitution était ordonnée sur

demande des parties formulée dans le délai de réclamation prévu à l'article R. 196-1 du Livre des procédures fiscales.
Les raisons qui ont conduit l'administration à prendre ce qu'elle considérait comme une mesure de bienveillance ont aujourd'hui disparu : en effet, il n'est plus obligatoire de présenter le titre au service de la publicité foncière, sauf pour les inscriptions d'hypothèque judiciaire. Dès lors que le service de la publicité foncière n'a plus la possibilité de se rendre compte, par la consultation du titre, de l'existence d'une exonération de TPF, on ne peut plus considérer, dans un esprit de bienveillance, qu'il y a eu une erreur de sa part. On se trouve donc reporté à la situation existant antérieurement à l'instruction précitée.

III
Restitution d'office

AVERTISSEMENT L'ordonnance n° 2010-638 du 10 juin 2010 (*JO* 11 juin) a supprimé le conservateur des hypothèques à compter du 1er janvier 2013. Depuis cette date, on ne parle plus de « conservateur » ou de « conservation » des hypothèques, mais du « service chargé de la publicité foncière ». Ce service a repris les anciennes attributions du conservateur des hypothèques (V. **Service de la publicité foncière).**

LPF, art. R. 211-1. – La Direction générale des finances publiques (...) peut prononcer d'office le dégrèvement ou la restitution d'impositions qui n'étaient pas dues, jusqu'au 31 décembre de la quatrième année suivant celle au cours de laquelle le délai de réclamation a pris fin, ou, en cas d'instance devant les tribunaux, celle au cours de laquelle la décision intervenue a été notifiée. (...)

LPF, art. R. 211-2. – Les propositions de dégrèvements d'office et de restitutions prévues à l'article R.* 211-1 peuvent être faites par les agents de la direction générale des finances publiques ou de la direction générale des douanes et droits indirects. Ces propositions sont portées sur des états adressés selon le cas au directeur départemental, ou, le cas échéant, régional des finances publiques ou au directeur régional des douanes et droits indirects pour la suite à donner (...)

7469 Principe. Lorsqu'une erreur d'imposition au préjudice d'un contribuable est constatée, le dégrèvement ou la restitution des impositions ou fractions d'imposition formant surtaxe peut être prononcé d'office, c'est-à-dire sans que l'intéressé soit astreint à la présentation d'une réclamation régulière.
Dès l'instant qu'il ne subsiste aucun doute sur l'existence d'une surtaxe et qu'il n'y a pas matière à compensation (cf. BOI-CTX-DRO-10-20120912, nos 140 et 150), le dégrèvement ou la restitution d'office peut intervenir :
– soit, en l'absence de toute démarche du contribuable, sur l'initiative du service des impôts ;
– soit lorsque le contribuable a présenté une réclamation (verbale ou écrite) qui ne remplit pas toutes les conditions de forme et de délai prévues aux articles R.* 190-1 et suivants du Livre des procédures fiscales.
Sous réserve que la prescription indiquée ci-après (V. n° 7473) ne soit pas acquise, les dégrèvements ou restitutions peuvent donc être prononcés d'office sans distinguer selon que les délais de réclamation visés aux articles R.* 196-1 à R.* 196-6 du Livre des procédures fiscales sont expirés ou non (BOI-CTX-DRO-10-20120912, nos 10 et 20).

7470 Droits d'enregistrement et de taxe de publicité foncière. Il ne peut être fait usage de la procédure de restitution d'office, en ce qui concerne les droits d'enregistrement et la taxe de publicité foncière, pour prononcer certains dégrèvements ou restitutions spéciaux à l'égard desquels la loi a prévu une interdiction formelle ou pour prononcer des dégrèvements dont l'octroi est subordonné par les textes légaux ou réglementaires à la production d'une réclamation régulière ou qui doivent être accordés dans des conditions de forme et de délai particulières (Doc. adm. DGI, 13 Q-222, n° 1, 15 juin 1999). Rappelons ici :
– que selon les termes du premier alinéa de l'article 1961 du Code général des impôts, ne sont pas sujets à restitution les droits régulièrement perçus sur les actes ou contrats ultérieurement révoqués ou résolus par application des articles 954 à 958,

1183, 1184, 1654 et 1659 du Code civil (V. n°s 7420 et s.) ;
– que la taxe de publicité foncière n'est pas restituable lorsqu'elle a été perçue par plusieurs conservateurs (CGI, art. 1961 ter) ou lorsqu'une erreur a été commise par le contribuable (CGI, art. 1961 bis), à moins, dans ce dernier cas, qu'elle tienne lieu des droits d'enregistrement en vertu de l'article 664 du Code général des impôts (BOI-CTX-DRO-10-20120912, n°s 200 et 210).

7471 **TVA.** La faculté de dégrèvement d'office s'applique en matière de taxes sur le chiffre d'affaires.
Toutefois, en ce qui concerne les remboursements de crédits de taxe, la faculté de remboursement d'office est limitée, en principe, aux demandes présentées par des redevables qui n'ont plus la possibilité d'utiliser leur crédit par voie d'imputation ou d'en obtenir le remboursement ultérieurement ; tel est le cas des contribuables qui ont cessé leur activité.
Quant aux redevables qui demeurent titulaires de leur crédit, ils peuvent à titre exceptionnel obtenir d'office le remboursement s'ils justifient que leur retard est indépendant de leur volonté.
Les remboursements accordés d'office sont, bien entendu, limités à la différence entre le crédit existant à la fin de la période concernée et la fraction de ce crédit qui a pu être imputée depuis lors (BOI-CTX-DRO-10-20120912, n°s 170 et 180).

7472 **Prescription.** Le premier alinéa de l'article R.* 211-1 du Livre des procédures fiscales dispose que la faculté de dégrèvement d'office peut être exercée jusqu'au 31 décembre de la quatrième année suivant celle de l'expiration du délai de réclamation ou, en cas d'instance, celle de la notification de la décision intervenue (par ex. : si le délai de réclamation expire le 31 décembre 2002, l'administration peut dégrever d'office jusqu'au 31 décembre 2006).
Ce texte institue un véritable délai de prescription, à l'expiration duquel le service n'est plus autorisé à réparer par voie de dégrèvement ou de restitution d'office les erreurs d'imposition constatées.
Cette prescription peut toutefois être interrompue par une demande ou une démarche du contribuable ou d'un tiers agissant pour son compte (BOI-CTX-DRO-10-20120912, n°s 250 et 260).

7473 **Procédure.** On trouvera l'exposé des règles procédurales concernant la restitution d'office au *JurisClasseur Procédures fiscales* (Fasc. 470) ou au *JurisClasseur Notarial Formulaire* (V° Enregistrement, Fasc. 470), ou encore dans la Documentation de base (BOI-CTX-DRO-10-20120912).

IV Mutations soumises à TVA

➤ V. **Condition résolutoire** et **Résolution de contrats.**

V Contribution de sécurité immobilière

➤ V. **Contribution de sécurité immobilière.**

Retour

Jacques LAFOND

BIBLIOGRAPHIE : F. Fruleux, *Donations faisant l'objet d'un droit de retour légal ou conventionnel : restitution ou imputation des droits : JCP* N 2008, n° 41-1307. – A. Chappert, *Aspects fiscaux du droit de retour conventionnel : Defrénois* 2001, art. 37343, p. 467. – G. Ruffieux, *Le non-exercice par le donateur de son droit de retour conventionnel : Defrénois* 2015, n° 22, p. 1186. – A. Karm et A. Kroell, *Droit de retour conventionnel : actualité et perspective : JCP* N 2016, n° 48, 1333.

7474 Il convient de distinguer entre le retour légal et le retour conventionnel.

I

Retour légal

7475 **Observation.** Il existe actuellement plusieurs cas de retour légal :
- au profit de l'adoptant ou de ses descendants dans le cas d'adoption simple (C. civ., art. 368-1) ;
- au profit des ascendants donateurs (C. civ., art. 738-2) ;
- au profit des frères et sœurs du défunt (C. civ., art. 757-3).

7476 **Taxation.** L'article 763 bis du Code général des impôts (CGI) prévoit que le droit de retour légal institué en faveur des père et mère ne donne pas lieu à la perception des droits de mutation à titre gratuit. Il est indiqué que cette absence de taxation est acquise, que le retour s'exerce en nature ou en valeur. En revanche, il est précisé que le droit de retour légal des familles adoptives et par le sang au décès de l'adopté simple, prévu par l'article 368-1 du Code civil et modifié par la loi n° 2006-728 du 23 juin 2006, reste soumis aux droits de mutation à titre gratuit.
De même, il est rappelé que le droit de retour légal prévu en faveur des frères et sœurs du défunt ou de leurs descendants par l'article 757-3 du Code civil reste soumis aux droits de mutation à titre gratuit au tarif applicable entre frères et sœurs (cf. BOI-ENR-DMTG-10-10-10-10-20120912, n° 20).

7477 **Constatation du jeu du droit de retour.** Cette constatation s'opérera normalement par l'établissement d'une attestation notariée (V. **Attestation notariée**).

7478 **Coexistence avec le retour conventionnel.** Dans le cas où le retour légal et le retour conventionnel coexistent, la question s'est posée de savoir lequel des deux s'exerce puisqu'en droit fiscal le retour conventionnel ne donne ouverture à aucun droit, tandis que le retour légal rend le droit de mutation par décès exigible.
Il a été décidé que dans cette situation, le droit de mutation par décès n'était pas exigible (V. Doc. adm. DGI, 7 G-2112, n° 46, 20 déc. 1996).

7479 **Renonciation au droit de retour légal.** Le retour légal s'exerce à titre héréditaire ; c'est un droit successoral. Par conséquent, il est interdit d'y renoncer avant qu'il soit ouvert, c'est-à-dire avant le décès du donataire : une renonciation faite avant ce décès serait nulle comme pacte sur succession future (C. civ., art. 722).

Mais rien ne s'oppose à ce que l'ascendant donateur renonce au droit de retour lorsque le donataire est décédé : il s'agit alors d'une simple renonciation à une succession ouverte, taxable en tant que telle (V. **Renonciation** ; Maguéro, V° Retour, n° 20).

7480 Restitution des droits de donation en cas de retour des biens au donateur pour prédécès du donataire : loi de finances pour 2010. Les droits de mutation acquittés lors d'une donation peuvent être restitués en cas de retour des biens donnés dans le patrimoine du donateur en raison du prédécès du donataire. La restitution n'est possible que si le retour des biens résulte de l'exercice du droit de retour légal des père et mère.

La restitution doit être demandée dans le délai légal de réclamation, soit au plus tard le 31 décembre de la seconde année suivant celle du décès du donataire (V. CGI, art. 791 ter).

Ces dispositions s'appliquent aux donations consenties à compter du 1er janvier 2010 (L. n° 2009-1673, 30 déc. 2009, art. 36 : *JO* 31 déc. 2009, p. 22856).

L'article 791 ter du Code général des impôts prévoit également dans son alinéa premier la possibilité d'imputer le droit sujet à restitution sur une donation ultérieure (V. *Dr fisc.* 2010, n° 1, comm. 44).

La restitution ne concerne pas la taxe de publicité foncière perçue sur la donation qui fait l'objet du droit de retour (V. **Restitution**).

II Retour conventionnel

A Publication de la donation contenant stipulation d'un droit de retour

7481 Modalités. En vertu de l'article 28-2° du décret précité du 4 janvier 1955, les clauses d'inaliénabilité temporaire et toutes autres restrictions au droit de disposer, ainsi que les clauses susceptibles d'entraîner la résolution ou la révocation d'actes soumis à publicité, doivent être elles-mêmes obligatoirement publiées.

Lorsque de telles clauses sont contenues dans les actes soumis à la publicité, elles doivent être annotées au fichier immobilier.

> « C'est ainsi, prescrit l'instruction de l'administration relative audit fichier (n° 160-8 quater) que la stipulation d'un droit de retour conventionnel ou d'une condition résolutoire motive, – en plus de l'annotation portée au cadre A du tableau III de la fiche de l'acquéreur ou nouveau propriétaire –, l'indication, au cadre B, de l'existence de la clause restrictive, de la même façon qu'y serait indiquée la constitution d'une servitude passive ».

Il semble bien, comme l'administration le prescrit d'ailleurs par la même instruction en ce qui concerne la réserve d'un droit d'habitation par le vendeur, qu'il y ait lieu également de faire état sur la fiche du donateur de la stipulation du droit de retour conventionnel contenue dans la donation et de ne pas souligner en rouge la formalité (chron. Bulté : *JCP* N 1957, prat. 2418).

7482 Taxe de publicité foncière et contribution de sécurité immobilière. À l'occasion de la publication de la donation, aucune perception ne sera opérée sur la stipulation contenant droit de retour (dès lors que la taxe de publicité foncière à 0,715 % est perçue sur la disposition principale). En effet, on s'accorde généralement pour considérer le droit de retour comme une disposition dépendante de l'acte de donation (*Rev. enr.*, 4259-II. – V. **Acte contenant plusieurs dispositions**). En conséquence, il n'est pas dû de salaire fixe particulier (aujourd'hui de contribution de sécurité immobilière) sur la clause stipulant un droit de retour (*JCP* N 1979, IV, 7349, obs. Ch. R.).

B Extinction du droit de retour

1 Renonciation

7483 Autorisation donnée par le donateur d'hypothéquer l'immeuble grevé du droit de retour. Le donateur peut intervenir à l'acte constitutif d'hypothèque pour renoncer simplement à invoquer son droit de retour à l'encontre du créancier hypothécaire, sans pour autant renoncer à l'exercice de ce droit. Il résultera alors simplement de cette renonciation que si le droit de retour vient à jouer, l'immeuble rentrera dans le patrimoine du donateur grevé de l'hypothèque inscrite, alors qu'il aurait dû s'en trouver libéré, en raison de l'effet résolutoire du droit de retour.

Quelles sont les conséquences de cette renonciation du point de vue de la publicité foncière ?
Il a été suggéré que pour préserver les droits du créancier, la publication s'opère par une prise d'inscription contre le donateur, grevant les droits éventuels de ce dernier sur l'immeuble (*Bull. AMC* 1962, art. 496, obs. § II ; *Bull. AMC* 1976, art. 1064. – Chron. Bulté : *JCP* N 1959, IV, 2850. – Chron. Bulté et Béchade : *JCP* N 1961, IV, 3188).
Quant à la publication de la renonciation du donateur, elle se justifie dans la mesure où cette renonciation a pour effet de faire disparaître la condition résolutoire résultant du droit de retour (mais uniquement dans les rapports entre le donateur et le créancier). MM. Bulté et Béchade y voient pour leur part une donation complémentaire et justifient la publication pour ce motif (chron. préc. : *JCP* N 1961, IV, 3188).
Si la publication de cette renonciation intervient avant la prise d'inscription, les bordereaux devront indiquer non seulement les références à la publication de la donation, mais également les références à la publication de la renonciation, la réunion de ces actes formant le titre de propriété des immeubles affectés hypothécairement par le débiteur. À défaut, l'inscription devrait être rejetée (Bulté et Béchade, chron. préc.).
Si la renonciation n'était pas publiée, comme d'ailleurs dans le cas où il n'y aurait pas de prise d'inscription à l'encontre du donateur comme dit ci-dessus, l'inscription prise en l'état sur l'immeuble donné devrait être néanmoins acceptée par le conservateur (*Bull. AMC* 1976, art. 1064 ; V. également *Bull. AMC* 1983, art. 1291), et aujourd'hui par le service de la publicité foncière.

7484 **Renonciation au droit de retour du vivant du donataire.** Si la renonciation intervient du vivant du donataire, l'acte qui la constate ne donne ouverture qu'à un simple droit ou taxe fixe, puisque la renonciation ne porte que sur un droit conditionnel. Aucun droit proportionnel ne devient exigible alors même que le prédécès du donataire – survenu après la renonciation – démontre que le retour se serait effectué si la renonciation n'avait pas eu lieu (Maguéro, V° Retour, n° 49).
Il était admis antérieurement que le salaire proportionnel du conservateur était dû sur la valeur à estimer, du droit de retour auquel il est renoncé. La renonciation figurant dans l'acte de vente du bien donné ne donnait pas lieu à la perception d'une taxe ou d'un salaire particulier s'agissant d'une « disposition dépendante » de la vente (Chardonnal : *JCP* N 1983, prat. 8694).
Ces solutions paraissent rester d'actualité et peuvent être transposées pour la perception de la contribution de sécurité immobilière.
La procuration permettant de renoncer à l'exercice du droit de retour peut être sous seing privé (chron. Bulté : *JCP* N 1972, IV, 5252).

7485 **Renonciation après le décès du donataire.** Il faut distinguer selon que cette renonciation intervient avec ou sans prix.

• Si la renonciation intervient sans prix au profit d'un seul ou de tous les héritiers du donataire, elle donne ouverture au droit de donation, au tarif fixé d'après la parenté existant entre le renonçant et les bénéficiaires de la renonciation car, à ce moment, le retour ayant eu lieu de plein droit, la renonciation porte sur un droit acquis et non sur un droit éventuel (Maguéro, V° Renonciation, n° 154 et V° Retour, n° 49).
En ce cas, lorsque le droit de retour a été stipulé dans une donation consentie à compter du 29 décembre 2007, et à la condition que cette donation ait été effectuée en ligne directe et que la seconde donation intervienne en ligne directe et dans les cinq ans après le décès du donataire, il est possible de demander l'imputation des droits de mutation à titre gratuit précédemment acquittés (CGI, art. 791 ter, al. 1. – V. G. Ruffieux, *Le non-exercice par le donateur de son droit de retour conventionnel : Defrénois* 2015, n° 22, p. 1186. – F. Douet, *Précis de droit fiscal de la famille*, LexisNexis, 2015, n°s 2271 et s.). Si la donation a lieu avant le 31 décembre de la deuxième année qui suit le décès du donataire, l'imputation peut même se combiner avec la restitution des droits de mutation à titre gratuit acquittés lors de l'acte initial de donation (CGI, art. 791 ter, al. 2. – G. Ruffieux, étude préc). La mise en œuvre de ces principes est relativement complexe, et peut s'avérer fiscalement désavantageuse, d'où l'intérêt d'insérer dans la donation une « clause de retour optionnel » (G. Ruffieux, étude préc.).
• Si la renonciation a lieu moyennant un prix ou une contrepartie, elle consacre alors une mutation à titre onéreux entre le donateur, redevenu propriétaire de l'immeuble donné, et le bénéficiaire de la renonciation. Les droits de mutation à titre onéreux seront perçus selon le droit commun, en fonction de la nature de l'immeuble (Maguéro, V° Retour, n° 49).

2 Décès du titulaire du droit

7486 Si le droit de retour disparaît par suite du décès de son titulaire il n'y a pas lieu de le constater dans le cadre d'une attestation notariée (Rép. min. Deliaune : *JOAN*, 8 avr. 1959, p. 269 ; *JCP* N 1959, IV, 2733).

C Exercice du droit de retour

7487 Acte à établir pour constater le jeu du droit de retour. Les biens rentrant dans le patrimoine du donateur non par l'effet d'une transmission par décès, mais en raison de la résolution de la donation résultant de l'accomplissement de la condition résolutoire stipulée, la publication d'une attestation notariée n'est pas obligatoire pour constater le jeu du droit de retour (Rép. min., 8 avr. 1959 : *Bull. AMC* 1960, art. 417. – Rép. min., 18 juin 1959 : *Bull. AMC* 1960, art. 431 et Bulté et Béchade : *JCP* N 1958, IV, 2571).

Cependant, la constatation du jeu du droit de retour paraît devoir être publiée puisqu'il y a résolution de la donation (D. 4 janv. 1955, art. 29). Cette publication peut s'opérer dans l'attestation notariée ou donner lieu à l'établissement d'un acte spécial, ayant le caractère d'un acte déclaratif (Rép. min., 19 juin 1959, préc.).

7488 Taxation de l'acte constatant le jeu du droit de retour. Le retour conventionnel s'opérant en vertu d'une stipulation du contrat primitif de donation ne donne ouverture à aucun droit de mutation (Instr. 366, n° 18. – Délib. 25 juin 1822 : *Journ. not.*, 6160 ; Maguéro, V° Retour, n° 46).

Une réponse du ministre délégué chargé du budget à M. Dejoie fixe comme suit le régime fiscal de l'acte constatant le jeu d'un droit de retour conventionnel : l'acte qui constate le retour conventionnel anéantit la donation antérieure. Il ne peut dès lors s'analyser en un acte confirmatif entrant dans le champ d'application de l'article 673 du Code général des impôts. Il s'agit d'un acte déclaratif sujet à publicité foncière et qui, par application combinée des articles 677-4 et 678 du code déjà cité, est soumis à une imposition proportionnelle (*JO* Sénat Q, 1er oct. 1987, p. 1543, n° 6079 ; *Rép. alph. enreg.*, V° Hypothèque, L. III, n° 750-6° et L. V, n° 37. – Rép. min. Finances : *JOAN*, 19 juin 1959 ; *JCP* N 1959, IV, 2792, V. Bulté : *JCP* N 1966, IV, 4150 ; Lacroix, n° 556).

La taxe de publicité foncière sera donc perçue au taux actuel de 0,70 % (0,715 % avec les perceptions additionnelles) sur la valeur de l'immeuble concerné, ainsi que la contribution de sécurité immobilière au tarif proportionnel.

7489 Absence d'acte publié pour constater le jeu du droit de retour. Vente de l'immeuble recueilli par le donateur. Si le donateur qui est redevenu propriétaire de l'immeuble donné par le jeu du droit de retour le vend, le service chargé de la publicité foncière n'a pas à exiger préalablement à la publication de la vente la publication d'un acte constatant le jeu que le droit de retour a joué. Le principe de l'effet relatif ne s'applique pas en l'espèce dès lors que la transmission s'est opérée à la suite d'un événement naturel, d'un simple fait juridique (le prédécès du donataire).

L'origine de propriété de l'immeuble, objet de cette formalité, devrait toutefois rappeler, outre la formalité donnée à l'acquisition initiale par le requérant, celle donnée à la donation et l'exercice du droit de retour conventionnel par la réalisation des conditions stipulées dans cette donation (chron. Bulté : *JCP* N 1966, IV, 4005. – V. aussi Bulté : *JCP* N 1957, IV, 2418).

7490 Donation d'un terrain par un père à son fils, avec clause de retour conventionnel. Construction par le fils. Décès du fils, jeu du retour conventionnel. Si une personne fait donation d'un terrain à son fils avec stipulation d'un droit de retour et que le donataire meurt après avoir édifié une maison sur ce terrain depuis moins de cinq ans, le donateur est considéré comme propriétaire *ab initio* du terrain, et de la maison par accession :

– s'il vend l'immeuble, il est redevable de la TVA ;

– s'il le vend à l'épouse du donataire prédécédé, il peut déduire la taxe ayant grevé les travaux exécutés par le donataire, qui est censé l'avoir versée d'ordre et pour le compte du donateur en raison du droit de retour stipulé et de l'existence au profit de sa succession future du droit au versement d'une indemnité compensatrice égale au montant réel des travaux effectués (Rép. min. Brocard : *JOAN* 9 juill. 1984, p. 3197 ; *JCP* N 1985, prat. 9344, p. 171).

7491 Restitution des droits. Infirmant la doctrine de l'administration fiscale, un arrêt de la chambre commerciale de la Cour de cassation du 4 décembre 2007 (*Bull. civ.* 2007, IV, n° 256 ; *Ind. enr.*, 2008, n° 19095) a admis que les droits perçus sur la donation résolue par l'effet d'un droit de retour conventionnel pouvaient être restitués, dès lors que l'article 1961, alinéa 1er du Code général des impôts, qui énumère les cas dans lesquels toute restitution est exclue, ne vise pas les articles 951 et 952 du Code civil (V. sur cette décision, F. Fruleux, *Donations faisant l'objet d'un droit de retour légal ou conventionnel : restitution ou imputation des droits : JCP* N 2008, n° 41-1307. – F. Douet, *Retour conventionnel et restitution des droits d'enregistrement : Defrénois* 2008, art. 38803).

➤ Cette possibilité de restitution des droits de donation en cas de retour conventionnel est aujourd'hui consacrée par l'article 791 ter du Code général des impôts, issu de la loi de finances pour 2010, pour les donations consenties à compter du

1er janvier 2010, V. n° 7480. Elle ne s'applique pas à la taxe de publicité foncière perçue lors de la publication de la donation (V. **Restitution**).

La demande de restitution doit être effectuée dans le délai légal de réclamation à compter du décès du donataire (et donc avant le 31 décembre de la deuxième année qui suit ce décès), au service des finances publiques compétent.

Lorsque les droits ont été acquittés par le donataire, cette demande de restitution pourra être faite par les héritiers ou légataires et ceux-ci devront faire figurer à l'actif brut de la succession du donataire une créance égale au montant de la demande en restitution

Lorsque les droits de mutation ont été acquittés par le donateur, seul celui-ci pourra en demander la restitution.

Toutefois, lorsque les droits ont été acquittés par le donateur mais qu'il décède avant toute demande de restitution des droits et sans avoir renoncé à son droit de retour, ses héritiers ou légataires pourront effectuer la demande de restitution, sous réserve qu'elle soit formulée dans le délai légal de réclamation, qui court à compter du décès du donataire (V. ci-dessus et BOI-ENR-DMTG-20-30-20-60, n° 40).

7492 **Hypothèque sur un bien donné devenu indivis par l'effet d'un droit de retour conventionnel.** Un bien est donné par deux parents à un enfant. Au décès du gratifié, un seul des parents est encore en vie : son droit de retour joue et le bien se retrouve en indivision entre la succession du gratifié et le parent survivant. La Cour de cassation, constatant que le droit de retour entraîne la résolution rétroactive de la donation et que le bien donné se trouve donc en indivision depuis la date de la donation, en déduit que la validité de l'hypothèque est subordonnée au résultat du partage (C. civ., art. 2014. – V. **Indivision**). Dans l'attente de ce partage, elle refuse donc au créancier du donataire la possibilité de saisir le bien (Cass. 1re civ., 10 juill. 2013, n° 12-20.885 : *JurisData* n° 2013-014431 ; *Bull. civ.* 2013, I, n° 150 ; *JCP* N 2013, 1244, note S. Piédelièvre ; *JCP* G 2013, 1256, n° 11, obs. Ph. Delebecque ; *JCP* G 2014, 288, n° 2, obs. R. Le Guidec).

Rétrocession

Jacques LAFOND

7493 Contrat commutatif à titre gratuit ou à titre onéreux. La rétrocession est un contrat commutatif qui peut revêtir les caractères soit d'un contrat à titre onéreux, soit d'un contrat à titre gratuit au gré des parties (Maguéro, V° Rétrocession, n° 2).

En principe, la rétrocession emporte une nouvelle mutation s'opérant en sens inverse de la première et qui est également passible du droit proportionnel (ou progressif).

7494 Distinction entre la rétrocession et la revente. La rétrocession se distingue de la revente en ce que celle-ci est une nouvelle vente consentie par l'acquéreur, non au vendeur originaire mais à un tiers (Maguéro, V° Rétrocession, n° 3).

D'autre part, la revente est complètement soumise au régime fiscal de la vente, alors que la rétrocession peut, le cas échéant, donner lieu au paiement des droits de mutation à titre gratuit (V. n° 7504).

7495 Distinction entre rétrocession et résolution. À la différence de la résolution qui, anéantit le contrat originaire, la rétrocession le laisse entièrement subsister au regard des tiers : elle forme un contrat nouveau n'ayant d'effet que pour l'avenir.

I

Rétrocessions à titre onéreux

A Rétrocession consécutive à une vente

1 Liquidation des droits

7496 Règles de taxation. La rétrocession à titre onéreux s'analyse en une revente faite par l'acheteur au vendeur. Les rétrocessions sont expressément visées par l'article 683 du Code général des impôts. Elles sont donc assujetties à l'impôt de mutation (taxe de publicité foncière ou droits d'enregistrement) au tarif proportionnel appliqué sur le prix de la nouvelle aliénation augmenté des charges ou, à défaut de prix, sur la valeur déclarée par les parties. Bien entendu, ce prix ou cette valeur restent soumis au contrôle de l'administration (V. BOI-ENR-DMTOI-10-10-30-40-20120912, n°s 1 et 10).

7497 Exemple : renonciation à la vente après réalisation de la condition suspensive stipulée. La Cour de cassation a jugé que la vente étant parfaite par accord sur la chose et sur le prix et définitive en raison de la réalisation de la condition suspensive, l'acte par lequel, après la réalisation de la condition, les parties ont entendu renoncer à la vente ne peut avoir d'effet rétroactif à l'égard des tiers et s'analyse en une rétrocession (Cass. com., 12 déc. 1989, n° 1548 D, *de Cambourg*).

En l'espèce, un terrain à bâtir avait été vendu sous la double condition suspensive de l'intervention d'un arrêté préfectoral et de la non-exigence d'équipements supplémentaires. Deux ans après la vente, le vendeur avait engagé une procédure tendant à obtenir la caducité de la vente et, peu après l'intervention de l'arrêté de lotissement (qui n'imposait pas la réalisation d'équipements supplémentaires), les parties avaient passé un accord aux termes duquel elles renonçaient à la vente. La Haute juridiction a entériné la position de l'administration qui avait soumis aux droits de mutation d'une part, la cession du terrain (condition suspensive réalisée) et d'autre part, l'accord de renonciation à la vente (BOI-ENR-DMTOI-10-10-30-40-20120912, n° 20).

2 Assiette des droits

7498 Principe. La rétrocession n'emportant mutation que pour l'avenir, il en résulte qu'à l'inverse de la résolution, le droit de mutation doit être liquidé non sur le prix originaire mais sur celui qui est stipulé dans le contrat de rétrocession, ou à défaut de prix exprimé, sur une déclaration estimative des parties faisant connaître la valeur vénale réelle des biens transmis au moment de la rétrocession (Maguéro, V° Rétrocession, n° 8).

7499 Cas particuliers. Des règles particulières sont applicables en ce qui concerne l'assiette des droits dans les divers cas suivants :

– si le contrat de rétrocession indiquait nettement qu'au moyen de l'abandon de l'objet transmis le rétrocédant se trouve intégralement libéré des prix et charges de son acquisition encore dus en totalité, c'est ce même prix, augmenté des charges stipulées dans le contrat primitif, qui devrait servir de base à la perception du droit de rétrocession (Maguéro, V° Rétrocession, n° 8, réf. citées) ;

– si le rétrocessionnaire s'oblige à acquitter en sus de son prix certaines *charges* de nature à ajouter au prix, elles constituent un élément du prix sur lequel doit également porter la perception du droit de mutation.

Ainsi, dans le cas où l'acquéreur ayant fait des améliorations dont le vendeur s'engage en reprenant possession de son immeuble par une convention de rétrocession à rembourser la valeur, il y a une charge ou un élément de prix qui doit entrer en ligne de compte pour la perception du droit proportionnel (Maguéro, *ibid.*, n° 9) ;

– si la rétrocession est convenue lorsque l'acquéreur, après avoir payé une partie de son prix, se trouve dans l'impossibilité d'acquitter le surplus, et abandonne le bien au vendeur pour se libérer envers celui-ci, la rétrocession a alors lieu sans autre prix ou charges stipulés en dehors de la libération de l'acquéreur originaire : c'est alors le montant du *prix originaire encore dû* qui forme le prix de la nouvelle vente, et qui, par suite, doit servir de base à la perception (Maguéro, *op. cit.*, n° 10). En d'autres termes, aucun droit n'est dû sur l'acompte payé conservé par le vendeur (Sol. 13 août 1874) ;

– s'il est stipulé pour la rétrocession *un prix inférieur à la somme restant due* par l'acquéreur, la remise consentie par le vendeur originaire de la différence entre ces deux sommes pourrait éventuellement avoir le caractère d'une libéralité. Il n'en serait pas ainsi dans le cas où cette remise de dette serait justifiée par l'insolvabilité de l'acquéreur (Sol. 18 août 1884, 19 juill. 1888, 6 avr. 1897, 10 mai 1899 : V. Maguéro, V° Rétrocession, n° 10) ;

– si *le vendeur prend à sa charge les frais* de l'acte de rétrocession, ces frais doivent être déduits du prix. Mais si aucun prix n'étant exprimé, les droits sont perçus sur une évaluation, il n'y a pas lieu d'effectuer cette déduction.

7500 Tarif applicable. Le tarif applicable est celui déterminé par la nature des biens rétrocédés à l'époque de la rétrocession.

B Rétrocession consécutive à un échange

7501 Taxation comme un nouvel échange. L'acte de rétrocession, qui constate l'annulation volontaire de l'échange, et la réintégration de chaque partie dans l'immeuble par elle abandonné, constituent un nouvel échange passible du droit proportionnel, et taxé selon le droit commun (Maguéro, V° Rétrocession, n° 17).

C Rétrocession consécutive à un partage

7502 Taxation comme une vente ou comme un échange. Dès qu'un partage a été régulièrement opéré, chacun des copropriétaires se trouve définitivement investi de la propriété des objets qui lui sont abandonnés. Toute opération ultérieure qui a pour effet de modifier ou même de rectifier les attributions originaires s'analyse en une vente ou un échange passible du droit de transmission. Il en est ainsi alors même que d'après les allégations des parties, le second acte ne serait intervenu que pour corriger les erreurs du premier ou pour éviter l'exercice de l'action en garantie qui en serait la conséquence (*Dict. des Rédacteurs*, V° Partage-licitation, n° 503, jurispr. citée). Ce n'est qu'exceptionnellement que l'administration admet, lorsque les rectifications apportées ultérieurement à un partage ont pour cause une erreur ou une omission et qu'elle s'opère au moyen des valeurs héréditaires, que le second acte n'est qu'un acte de complément du premier (*ibid.*, n° 512).

7503 Il a même été décidé que la remise dans l'indivision par les copartageants des biens précédemment partagés entre eux donnait ouverture *de piano* au droit d'échange, sans attendre une nouvelle division des biens (Sol. 16 nov. 1864). Mais cette solution a été critiquée comme trop absolue : il semble que le droit d'échange ne soit dû qu'à partir du moment où un nouveau partage viendra modifier les attributions primitives (*Dict. des Rédacteurs*, V° Partage-licitation, n° 504).

II Rétrocession à titre gratuit

7504 **Principe.** La rétrocession d'une donation est en principe une véritable rétrodonation, c'est-à-dire une nouvelle donation s'effectuant en sens inverse de la première et donnant par suite ouverture au droit de mutation entre vifs à titre gratuit si elle s'opère avec une intention libérale (Sol. 9 janv. 1875). Sinon les droits de mutation à titre onéreux peuvent être dus.

➤ V. **Révocation de donation**.

7505 **Donation à charge de servir une rente viagère.** Les droits de mutation à titre gratuit ont été appliqués dans une hypothèse où la rétrocession a été réalisée par un acte portant que le donataire d'un immeuble à charge de servir une rente viagère au donateur, déclarait vendre et rétrocéder cet immeuble au donateur moyennant l'extinction de la rente viagère (Sol. 29 sept. 1832 : *Journ. enr.*, 10448). Il a paru que la dispense du service de la rente viagère ne pouvait être considérée comme un prix susceptible d'imprimer à la convention le caractère d'un contrat à titre onéreux (V. Sol. 22 sept. 1893 : Maguéro, V° Rétrocession, n° 29-1).

7506 Cependant, le droit de vente serait dû :
– si la convention primitive, bien que qualifiée donation, avait constitué dès l'origine, en raison de l'importance des charges stipulées, un véritable contrat à titre onéreux ;
– ou encore si, la donation ayant été faite à l'origine avec des charges inférieures à la valeur des biens donnés, ces biens avaient ensuite diminué de valeur, ou les charges augmenté de telle sorte que leur importance respective au jour de la rétrocession se balancerait exactement (Mayenne, 17 déc. 1896 : *Rev. enr. et imp.*,1400 ; Maguéro, V° Rétrocession, n° 29-11).

III Rétrocession ordonnée par jugement

7507 **Frais de publication**. Les frais de publication au bureau des hypothèques d'un jugement valant rétrocession d'un immeuble à défaut de régularisation de cette rétrocession devant notaire sont à la charge de la personne à laquelle l'immeuble est rétrocédé (Cass. 2e civ., 17 déc. 1998, n° 97-10457 : *Bull. civ.* 1998, II, n° 304 ; *BIM Lefebvre* 7/1999, n° 111.

Revendication d'immeuble

Jacques LAFOND

BIBLIOGRAPHIE : C. Atias, *JCl. Civil Code*, Art. 711 et 712, Fasc. 20. – *JCl. Notarial Répertoire*, V° Modes divers d'acquérir la propriété, Fasc. 12.

I Demande et jugement

7508 **Publication de la demande.** Ne sont pas assujetties à publication à peine d'irrecevabilité les demandes en revendication d'immeubles. Elles ne font pas partie, en effet, des demandes visées par l'article 28-4° *c)* du décret du 4 janvier 1955 (V. **Demande en justice**. Jurisprudence constante ; V., en dernier lieu : Cass 3e civ., 20 janv. 2015, n° 13-26.132. – Cass. 3e civ., 2 oct. 2013, n° 11-21.833 : *AJDI* 2014, p. 305, note N. Le Rudulier. – Cass. 3e civ., 18 juin 2013, n° 11-27.422. – Cass. 3e civ., 7 nov. 2006, n° 05-19.659. – Cass. 3e civ., 26 mai 2004 : *Bull. civ.* 2004, III, n° 110 ; *Gaz. Pal.* 2 et 3 mars 2005, p. 18, note S. Vissé-Causse. – Cass. 3e civ., 13 oct. 1993 : *JurisData* n° 1993-001862).

Il en est ainsi par exemple dans le cas de demande en revendication de la part d'usufruit d'un conjoint survivant sur un immeuble acquis par son époux lors d'une adjudication dont le procès-verbal avait été falsifié pour faire croire que l'adjudicataire était le fils et non le père (Cass. 2e civ., 7 déc. 1961 : *Bull. civ.* 1961, II, n° 846).

Si la demande est néanmoins publiée, il ne sera dû aucune taxe de publicité foncière (V. **Demande en justice**).

Le salaire proportionnel du conservateur (aujourd'hui la contribution de sécurité immobilière) sera exigible sur la valeur déclarée des biens concernés (*Bull. AMC* 1972, art. 897 : *JCP* N 1971, IV, 5976).

7509 **Publication du jugement.** Selon l'arrêt de la Cour de cassation du 21 décembre 1987 précité (V. n° 7508), le jugement faisant suite à la demande en revendication serait quant à lui soumis à publication en application de l'article 28-4° *e)* du décret du 4 janvier 1955, et donc en tant que décision déclarative.

Wahl (t. I, n° 580, p. 520) enseignait que le jugement qui accueille une demande en revendication de la propriété ou d'un droit réel n'annule ni ne résout un acte. Comme il constate un droit et ne contient par suite aucune mutation, il n'est soumis qu'à un droit fixe. Cela est plus certain encore, dit cet auteur, pour le jugement qui repousse une demande en revendication. Cette analyse nous paraît devoir être adoptée (V. en ce sens, Chron. H. Bulté et J. Béchade, *JCP* N 1957, IV, 2444), en considération des taxations applicables aux actes déclaratifs qui n'entraînent aucune mutation (V. **Acte déclaratif**).

Si l'on admet cette conclusion, la publication du jugement accueillant l'action en revendication, ou la rejetant, n'aurait dû donner lieu qu'à la perception du seul salaire proportionnel du conservateur, assis sur la valeur de l'immeuble concerné (*contra* : H. Bulté et J. Béchade, pour qui le salaire dû serait un salaire fixe. – Comp. *Précis CML*, 2e éd. 1990), et aujourd'hui à la perception de la contribution de sécurité immobilière au taux proportionnel, liquidée sur la même assiette.

II

« Désistement d'héritage »

7510 **Définition.** Le « désistement d'héritage » vise l'acte par lequel le possesseur d'un immeuble renonce à la possession de cet immeuble et au droit de propriété dont il se prétend titulaire, et ce au profit de celui qui en revendique la propriété.

7511 **Publicité foncière.** L'acte de désistement d'héritage est soumis obligatoirement à publication au service de la publicité foncière de la situation de l'immeuble, en application de l'article 28-4°, e, du décret du 4 janvier 1995 précité, qui soumet à la publicité « les actes et décisions déclaratifs » lorsqu'ils portent sur des droits soumis à publicité en vertu du paragraphe 1° dudit article 28. Au cas où il constaterait la renonciation à l'usucapion accomplie, cet acte serait également soumis à publication par application de l'article 28-8° du même décret qui vise « les actes qui interrompent la prescription acquisitive conformément aux articles 2244 et 2248 du Code civil, et les actes de renonciation à la prescription acquise ».
Il en va de même dans l'hypothèse où, bien que l'usucapion ne soit pas accomplie, l'auteur du désistement apparaîtrait comme propriétaire au regard de la publicité foncière.

7512 **Forme de l'acte et mentions obligatoires.** Bien que le désistement d'héritage constitue, en principe, un acte unilatéral, le concours de deux parties est en pratique nécessaire, le propriétaire reconnu intervenant alors pour prendre et donner acte du désistement, reconnaître qu'il est remis en possession, et convenir avec l'auteur du désistement des modalités pratiques de l'exécution des restitutions et indemnisations diverses de part et d'autre.
En effet, à défaut d'intervention du bénéficiaire du désistement, exception faite de toute idée de transaction, l'acte laisserait entier le problème des restitutions et indemnisations (V. *JCl. Notarial Formulaire*, V° Désistement, Fasc. 10, par F. Bouttier).
Cet acte doit obligatoirement être dressé en la forme authentique, par application de l'article 4 du décret n° 55-22 du 4 janvier 1955 portant réforme de la publicité foncière, et, en conséquence, il doit satisfaire aux prescriptions des articles 5, 6 et 7 de ce décret concernant l'identification des parties et la désignation de l'immeuble.

7513 **Délai pour publier.** Le délai d'accomplissement de la formalité est de trois mois à compter de l'acte, par application de l'article 33-C du décret précité du 4 janvier 1955.

7514 **Sanctions du défaut de publication.** La sanction du défaut de publicité n'est pas l'inopposabilité car celle-ci ne sanctionne que le défaut de publicité des actes visés par le paragraphe 1° de l'article 28. Cependant, toute personne intéressée qui, ayant publié son droit, prouve qu'elle a subi un préjudice à raison soit du défaut de publication avant l'expiration du délai légal, soit de la publicité incomplète ou irrégulière d'un des actes visés aux 3° et 9° de l'article 28 (ce qui est le cas en l'espèce) peut demander des dommages et intérêts (D. préc., art. 30-4).

7515 **Perceptions.** La publication du désistement ayant pour effet la résolution d'une mutation antérieure entraîne l'exigibilité des droits de mutation à titre onéreux, en l'absence d'intention libérale exprimée, ou prouvée (cette preuve incombant alors à l'administration).
Ces droits sont liquidés sur le prix exprimé dans l'acte ou, à défaut d'indication, sur le prix stipulé au contrat primitif ou sur la valeur vénale des biens et droits objets de la mutation si elle est supérieure. La contribution de sécurité immobilière sera exigible sur la valeur déclarée des biens concernés.
Quant à celui dont le titre est résolu, il ne peut prétendre à une restitution de droits, seule une annulation prononcée par décision judiciaire passée en force de chose jugée pourrait y donner ouverture (V. **Restitution**).

Réversion d'usufruit

Jacques LAFOND

7516 Après avoir procédé à une analyse de la clause sur le plan civil et fiscal (I), nous traiterons des problèmes relatifs à la publicité foncière (II) et de la renonciation à la réversion d'usufruit (III).

I Analyse de la clause

A Évolution de la jurisprudence civile

7517 Arrêt de la chambre mixte de la Cour de cassation du 8 juin 2007. Les flottements jurisprudentiels, et en particulier les prises de position contradictoires de la troisième chambre civile et de la chambre commerciale de la Cour de cassation, avaient rendu incertaines les perceptions à opérer et les formalités à accomplir à l'occasion des actes comportant une réversion d'usufruit (V. chron. *Bull. AMC* 1999, art. 1799. – V. sur le problème S. Durand, *La constitution de la réversion d'usufruit* : *JCP* N 2000, n° 11, p. 592 et n° 12, p. 620. – A. Fournier, *La réversion d'usufruit, une jurisprudence incertaine* : *JCP* N 1999, n° 38, p. 1348).

La chambre mixte de la Cour de cassation a mis fin à ces incertitudes par un arrêt du 8 juin 2007 (*JCP* N 2008, n° 6, 1073, note J.-P. Garçon ; *JCP* N 2007, n° 25, act. 285, note F. Julienne. – Cl. Guillot, *Les usufruits successifs à la lumière de l'arrêt de la Cour de cassation du 8 juin 2007 : BIM Lefebvre* 10/2007, p. 315 ; *RTD civ.* 2007, p. 605, obs. M. Grimaldi). Selon cette décision : « la clause stipulant une réserve d'usufruit au profit du survivant du donateur avec donation éventuelle réciproque s'analyse en une *donation à terme de biens présents*, le droit d'usufruit du bénéficiaire lui étant définitivement acquis dès le jour de l'acte » (V. postérieurement dans le même sens, Cass. 1re civ., 31 oct. 2007 : *JCP* N 2007, n° 46, act. 735 ; *BIM Lefebvre* 2/2008, p. 40, note S. Lerond).

BIBLIOGRAPHIE : Pour un bilan de l'évolution de la jurisprudence civile, V. F. Sauvage, *Libres propos sur les récentes tribulations de la réversion d'usufruit entre époux : Defrénois* 2007, art. 38 656. – Ph. Delmas Saint-Hilaire, *Variations autour de la gestion civile de l'usufruit en droit familial : Defrénois* 30 juill. 2017, n° 126, p. 807 et s. ; *Du bon usage de la réversion d'usufruit : Defrénois* 19 avr. 2018, n° 6, p. 13.

B Évolution de la législation fiscale

7518 En dernier lieu, l'article 21 de la loi de finances pour 2008 (L. fin. 2008, n° 2007-1822, 24 déc. 2007 : *JO* 27 déc.) énonce :

– que le régime des droits de mutation par décès s'applique à l'ensemble des réversions d'usufruit (et non plus seulement aux réversions d'usufruit au profit du conjoint survivant, comme l'avait énoncé l'article 8 de la loi n° 2007-1223 du 21 août 2007 : *Dr fisc.* 2007, n° 36, comm. 809) ;

– que la réversion étant soumise aux droits de succession lors du décès du donateur, la rédaction d'une clause de réversion d'usufruit n'entraîne pas

la perception de droits de donation au moment de l'enregistrement de l'acte mais seulement le paiement d'un droit fixe.
Ce droit fixe, de 125 €, est exigible lors de la présentation à la formalité de l'acte comportant une clause de réversion d'usufruit (Instr. 3 déc. 2007 : *BOI* 7 G-7-07, n° 37).
Sur les conséquences de ces dispositions du point de vue des droits d'enregistrement (V. *Dr fisc.* 2008, n° 1-2, comm. 47).

II

Publicité foncière

7519 **Alignement de l'administration sur la Cour de cassation.** Avant même l'arrêt précité du 8 juin 2007, l'administration s'était rangée à l'analyse faite par la Cour de cassation dans un arrêt du 6 novembre 2002, qui avait qualifié, comme la chambre mixte, la clause de réversibilité de donation à terme de biens présents (*Bull. civ.* 2002, III, n° 220 ; *Defrénois* 2003, art. 37752, p. 792, note S. Piédelièvre ; *AJF* 2003, p. 32, note S. D. B ; *D.* 2002, inf. rap. p. 3308 et la note. – V. sur cette décision, M. Dagot, *La réversion d'usufruit n'a pas à être publiée : JCP* N 2003, n° 29, 1448).
L'administration en avait tiré les conséquences dans une instruction du 17 novembre 2005 (*BOI* 10-D-3-05 ; *Dr fisc.* 2005, n° 48, Instr. 13431), dont on trouvera ci-dessous la relation.

A Nature juridique de la clause de réversibilité

7520 La Cour de cassation considère que la clause de réversion d'usufruit contenue dans un acte de donation s'analyse en une donation à terme de biens présents. Le droit d'usufruit du bénéficiaire lui est définitivement acquis dès le jour de l'acte, seul l'exercice de ce droit d'usufruit étant différé au décès du donateur.
La clause est considérée comme une mutation entre vifs. Le donataire a un droit actuel sur le bien dès le jour de l'acte bien que son exercice soit différé au décès du donateur. En effet, l'usufruit, par son caractère viager, est intransmissible à cause de mort et s'éteint automatiquement au décès de son titulaire. Le droit figure dans le patrimoine du bénéficiaire dès le jour de la donation mais ne pourra être exercé qu'au décès du donateur.
Ainsi, le donateur consent, dans le même acte, deux donations entre vifs, l'une de la nue-propriété du bien ayant un effet immédiat et l'autre de l'usufruit de ce bien dont l'exercice est reporté au décès du donateur. En ce qui concerne l'usufruit, l'acte de disposition à titre gratuit contient deux clauses : la clause de réserve d'usufruit du donateur à son profit et la clause de constitution d'un usufruit successif (réversion d'usufruit au profit d'un membre de la famille, généralement l'époux, ou d'un tiers).

B Incidences en matière de publicité foncière

1 La publication de la clause de réversibilité de l'usufruit

7521 **Fondement de l'obligation de publier.** La clause de réversibilité au profit du conjoint survivant de l'usufruit réservé dans un acte de donation est publiée au fichier immobilier en vertu des dispositions du 1° de l'article 28 du décret du 4 janvier 1955 précité, qui prévoit la publication des actes qui constatent entre vifs la constitution de droits réels immobiliers autres que les privilèges ou hypothèques.
Le droit est définitivement acquis dès le jour de la constitution de la réversion d'usufruit. À ce titre, il constitue un droit actuel au sens du 1° de l'article 4 du décret n° 55-1350 du 14 octobre 1955 pris pour l'application du décret du 4 janvier 1955 précité. Il en résulte que le fichier doit être annoté en conséquence lors de la publication de l'acte de donation contenant la clause de réversibilité. Il n'est donc plus nécessaire d'exiger la publication d'une attestation notariée au moment du décès du donateur pour constater l'effectivité de la clause de réversibilité (Instr. 17 nov. 2005, préc.).

7522 **Modalités de la publication.** La clause de réversibilité contenue dans l'acte de donation doit répondre aux exigences des règles de publicité foncière notamment en matière d'identification des personnes, telles qu'elles sont prévues à l'article 5 du décret du 4 janvier 1955 précité. La publication au fichier immobilier est effectuée en identifiant le bénéficiaire de l'usufruit en second, et les autres bénéficiaires successifs éventuels, et en annotant la formalité de l'exercice différé du droit d'usufruit (Instr. 17 nov. 2005, préc.). L'identité du bénéficiaire de l'usufruit en second et, le cas échéant des autres bénéficiaires successifs, doit être certifiée par le rédacteur de l'acte (V. *Bull. AMC* 2003, art. 1857).

7523 Application à toutes les clauses de réversion. La qualification juridique désormais retenue par la Cour de cassation est applicable quel que soit l'acte contenant la clause de réversibilité (par ex. : acte de vente de la nue-propriété d'un immeuble contenant une clause de réversion de l'usufruit. – Instr. 17 nov. 2005, préc.).

2 Les perceptions

a) Taxe de publicité foncière

7524 Absence de perception immédiate. Il résulte de la jurisprudence de la Cour de cassation que la clause par laquelle il est stipulé une réversion d'usufruit à titre gratuit à un bénéficiaire au décès du disposant est une donation à terme de bien présent. Ce bien présent consiste dans le droit d'usufruit ; il est définitivement acquis au bénéficiaire dès la donation, seul son exercice étant différé au décès du donateur.
Il n'en demeure pas moins que, en tant que droit d'usufruit, et bien qu'il soit définitivement acquis à son bénéficiaire dès le jour de l'acte de donation, le droit à la réversion d'usufruit est par essence viager.
Dès lors que son exercice est différé jusqu'au décès du disposant, le droit d'usufruit est, en tant que tel, un droit soumis à l'éventualité de la survie du bénéficiaire de la réversion au disposant.
Dans ces conditions, la stipulation de la réversion d'usufruit au décès du disposant est exclusive de toute perception de taxe proportionnelle de publicité foncière lors de la publication au fichier immobilier de l'acte qui la constate ; elle est suspensive de l'exigibilité des droits d'enregistrement jusqu'au décès du disposant en application du premier alinéa de l'article 676 du Code général des impôts (Instr. 17 nov. 2005, préc.).

b) Contribution de sécurité immobilière

N.B. : La contribution de sécurité immobilière a remplacé le salaire du conservateur à compter du 1er janvier 2013. Cette taxe est perçue aux mêmes conditions d'assiette, de tarif, de contrôle et de recouvrement que ce salaire (V. **Contribution de sécurité immobilière**).

7525 Principe. La clause de réversibilité de l'usufruit réservé constitue une disposition qui fait l'objet d'une publication propre au fichier immobilier. Aussi, il était admis que l'exécution de cette formalité par le conservateur des hypothèques supportait la perception d'un salaire.
Les modalités de détermination du salaire proportionnel applicable lors du dépôt d'un acte de donation ou de cession de nue-propriété contenant une clause de réversion d'usufruit étaient sont différentes selon que le bien objet de la clause est un bien propre ou un bien commun à deux époux (Instr. 17 nov. 2005, préc.). Ces solutions peuvent être transposées pour la perception de la contribution de sécurité immobilière.

7526 Bien propre. Lorsque le bien est propre, le salaire est perçu à la fois sur la valeur de la nue-propriété et sur l'évaluation de l'usufruit successif en second au jour de l'acte en fonction de l'âge du donataire (Instr. 17 nov. 2005, préc.).

7527 Bien commun. Lorsque le bien est commun à deux époux, la clause de réversibilité est une donation à terme réciproque. Ainsi, le salaire du conservateur doit être perçu sur chaque part d'usufruit susceptible d'être reversé au conjoint survivant, parts évaluées en fonction de l'âge de chacun des époux au jour de la donation. Toutefois, dès lors que le même événement, le décès d'un des deux époux, est à l'origine de la réversion de l'usufruit pour l'un et de la non-réalisation de la clause pour l'autre, il est admis que l'acte ne donne ouverture lors de sa publication qu'à un seul salaire. Dans ces conditions, le salaire est liquidé sur la valeur de la nue-propriété et sur la plus élevée des valeurs afférentes aux usufruits (Instr. 17 nov. 2005, préc.).

III
Renonciation à la réversion d'usufruit

7528 Publicité foncière. Taxation. La réversion d'usufruit consentie entre époux s'analyse selon la jurisprudence actuelle de la Cour de cassation en une donation à terme de biens présents (V. n° 7517). Le droit de l'usufruitier bénéficiaire de la réversion naît immédiatement et seul

son exercice est différé, ce qui justifie une publication immédiate. Dès lors, la renonciation au bénéfice de cette réversion doit également être publiée.
Cette renonciation intervenant avant l'entrée en possession, et alors qu'il n'est nullement certain que la donation bénéficiera au renonçant, n'a apparemment qu'un caractère purement extinctif ou abdicatif. Elle paraît devoir donner lieu à la perception d'un simple droit fixe (CGI, art. 680. – Sur le taux actuel, V. **Droits fixes**). La contribution de sécurité immobilière paraît due, sur la valeur du droit d'usufruit auquel il est renoncé, à déterminer par une déclaration estimative.

Révocation de donation

Jacques LAFOND

7529 Nous distinguerons la révocation judiciaire (I) et la révocation amiable (II). Nous examinerons pour terminer la taxation au titre de la contribution de sécurité immobilière (III).

I Révocation judiciaire

A Perception

7530 **Publication du jugement.** Le jugement prononçant la révocation judiciaire de la donation ou la constatant (lorsqu'une condition résolutoire a été prévue pour le cas d'inexécution des charges) doit être publié.

➤ Cette publication s'opère selon les indications données au mot **Décision de justice**.

La contribution de sécurité immobilière, qui remplace le salaire du conservateur depuis le 1er janvier 2013 (V. **Contribution de sécurité immobilière**) est seule due, selon le droit commun (assise sur la valeur de l'immeuble concerné, V. n° 7544).

La révocation ne donne pas lieu par ailleurs à la perception du droit proportionnel d'enregistrement (CGI, art. 1961, al. 3).

B Restitution des droits

7531 **Distinction selon la cause de la révocation.** Il faut distinguer en ce qui concerne la restitution des droits de mutation à titre gratuit, selon la cause de la révocation :

– pour cause d'inexécution des charges ou pour cause d'ingratitude (C. civ., art. 954 à 958) : les droits perçus ne sont pas restituables (CGI, art. 1961, al. 1er) ;

– pour survenance d'enfant (C. civ., art. 960). L'anéantissement de la donation étant rétroactif (C. civ., art. 963) et l'article 960 ne figurant pas dans les cas de restitution prohibée visés par l'article 1961 du Code général des impôts, la restitution des droits paraît pouvoir être obtenue, sur le fondement de l'arrêt rendu par la Cour de cassation le 4 décembre 2007 (V. **Retour**. – V. en ce sens, F. Fruleux, *Donations faisant l'objet d'un droit de retour légal ou conventionnel : restitution ou imputation des droits* : *JCP* N 2008, n° 41-1307, n° 18-19).

➤ Sur les conditions de présentation de la demande en restitution (forme, délai, conditions de recevabilité...), V. **Restitution**.

7532 **Donation entre époux.** Il a été jugé que ne pouvaient donner lieu à restitution les droits perçus sur une donation entre époux révoquée même par jugement sur le fondement de l'article 1096 du Code civil (Nice, 25 janv. 1943 : *Ind. enr.*, 5304). Cette décision a été fondée sur le fait que l'article 1096 du Code civil n'étant pas visé expressément par l'article 1961 du Code général des impôts, la révocation procède directement de la condition résolutoire définie par l'article 1183 du Code civil et entre donc dans les cas de restitution prohibée par l'article 1961, alinéa 1, du Code général des impôts. Mais cette doctrine ne paraît plus d'actualité (V. *Dict. enr.*, 3365, p. 788-b), compte tenu de l'arrêt rendu par la Cour de cassation le 4 décembre 2007 (V. n° 7531).

7533 **Taxe de publicité foncière.** Elle n'est pas restituable (CGI, art. 1961 bis, al. 1).

II Révocation amiable

A Révocation pour inexécution des charges (C. civ., art. 954)

7534 **Perception des droits de mutation à titre onéreux.** On enseigne généralement, en se fondant sur un arrêt de la Cour de cassation du 22 mai 1844 (*S.* 1844, I, 571 ; Instr. 1723, § 3) que le contrat constatant la révocation d'une donation pour inexécution des charges donne ouverture au droit de mutation à titre onéreux.

Mais il ne semble pas que cette décision soit probante :

> « Attendu, porte l'arrêt du 22 mai 1844, que, de quelque manière qu'ait lieu la révocation d'une donation pour cause d'inexécution des clauses, soit par acte amiable, soit par jugement, elle produit cet effet que le donataire qui était investi a été dépouillé ; que le donateur qui s'était dessaisi est saisi de nouveau ; que la propriété est déplacée en ce sens qu'elle revient des mains du donataire dans celles du donateur ; d'où il suit que toute révocation opère mutation ; attendu que l'article 4 de la loi du 22 frimaire an VII pose comme règle générale que toute transmission de biens est soumise aux droits proportionnels d'enregistrement, à moins qu'elle n'en soit dispensée par une exception formelle (…) ».

Cette décision se fonde, comme on le voit, sur un texte qui permettait à l'époque de taxer toute mutation de propriété sans avoir à en rechercher la cause.

7535 En réalité, il semble, comme le montre l'analyse de la jurisprudence postérieure, et les opinions doctrinales, que les distinctions suivantes puissent être faites :

– lorsque la résolution est entièrement spontanée et qu'elle procède d'une intention de libéralité, elle donne ouverture au droit de mutation à titre gratuit ;

– mais s'il résulte de l'ensemble des clauses de l'acte qui constate la résolution qu'elle est intervenue dans l'intérêt et pour l'utilité réciproque des parties, elle constitue un contrat intéressé ou commutatif passible du droit de vente (V. Cass., 24 août 1869 : *S.* 1870, I, 89 ; Instr. 2394, § 4 ; *Journ. not.*, 19706 ; *Dict. des Rédacteurs*, V° Résolutions, n°s 232 et 236. – Dublineau, *Traité de l'enregistrement*, n° 296-IV).

C'est apparemment cette distinction que met en œuvre une réponse ministérielle du 12 octobre 1981 (*JOAN* Q, p. 2896 ; *JCP* N 1981, prat. 8106).

Ce sont là des questions de fait à résoudre d'après les circonstances de chaque affaire (Dublineau, *ibid.*).

7536 **Clause résolutoire.** N'y a-t-il pas lieu de mettre à part le cas où une clause résolutoire expresse avait été insérée dans la donation pour garantir l'exécution des charges ?

On a soutenu en pareille hypothèse que la constatation amiable de la résolution ne donnait lieu qu'à la perception d'un simple droit fixe (V. Maguéro, V° Donation, n° 544 ; Demante, I, n°s 184 et s.).

Mais dans la doctrine de l'administration, la constatation volontaire de l'accomplissement d'une condition résolutoire motive en principe la perception du droit proportionnel (V. sur le débat *Dict. des Rédacteurs*, V° Résolution, n°s 241 et s. – Dublineau, *Traité de l'enregistrement*, n° 298), sauf les cas exceptionnels où toute fraude apparaît impossible : ainsi pour l'exercice du retour conventionnel, pour la révocation d'une donation entre époux, etc.

L'administration n'a pas eu l'occasion de prendre position à une époque plus récente : quoi qu'il en soit et si l'on veut éviter la perception des droits (à titre onéreux ou à titre gratuit comme dit plus haut…), il paraît prudent de faire constater judiciairement le jeu de la clause résolutoire.

B Révocation pour ingratitude

7537 **Perception des droits de mutation à titre onéreux.** Au motif que la révocation pour cause d'ingratitude n'opère pas de plein droit, l'administration a également estimé que le contrat volontaire qui en constate l'existence était passible du droit de mutation à titre onéreux (Sol. 15 juill. 1876 : *Journ. enr.*, 20142. – Maguéro, V° Donation, n° 544-3°).

Sauf à envisager de contester judiciairement le bien-fondé de la position de l'administration, il sera donc préférable, si l'on veut éviter la perception des droits de mutation, de faire constater judiciairement la révocation de la donation pour cause d'ingratitude.

C Révocation pour survenance d'enfant (C. civ., art. 960)

7538 **Taxation.** Antérieurement à la loi du 23 juin 2006, portant réforme des successions, et au motif que cette cause de révocation opère de plein droit avec les effets d'une clause résolutoire, il n'avait jamais été contesté que le droit fixe était seul dû sur l'acte qui constatait la réintégration du donateur dans la propriété des biens donnés (V. Maguéro, V° Donation, n° 544-3°).

Il semble que cette solution doive être reconduite : en effet même si la faculté de demander la révocation est, depuis le 1er janvier 2007, subordonnée au fait que l'acte de donation le prévoie, il n'en reste pas moins que cette révocation est automatique, en vertu de la loi. À partir du moment où le donateur la réclame, le donataire ne peut s'y soustraire. La publication de l'acte constatant cette révocation ne devrait donner lieu qu'à la perception de la simple taxe fixe de publicité foncière, au taux prévu pour les actes innommés (CGI, art. 680). La contribution de sécurité immobilière (qui a remplacé le salaire du conservateur) est due, au tarif proportionnel (V. **Contribution de sécurité immobilière**) sur la valeur de l'immeuble ou des droits immobiliers concernés.

D Donations entre époux

7539 **Taxation.** Les donations entre époux faites pendant le mariage sont révocables à tout moment (C. civ., art. 1096).

Cette révocation, permise par la loi, constitue non une nouvelle transmission, mais une simple résolution de même nature que celle qui résulte de l'exercice du droit de retour conventionnel ou du retrait de réméré. Seul le droit fixe est donc exigible (Sol. 27 oct. 1877 : *Journ. enr.*, 20578).

7540 **Révocation d'une donation d'immeuble entre époux.** Une chronique parue au *Bulletin de l'association mutuelle des conservateurs* (*Bull. AMC* 1989, art. 1435) apporte les précisions suivantes quant aux incidences d'une révocation de donation d'immeuble consentie par un époux à son conjoint :

– les donations étant (à l'époque) exclues de la formalité unique par l'article 647-1 du Code général des impôts, il devait en être de même de leur révocation qui constituait l'acte contraire (N. B : depuis le 1er juillet 2014 les donations sont soumises à la formalité fusionnée : V. **Donation**) ;

– le salaire proportionnel du conservateur (aujourd'hui : la contribution de sécurité immobilière) est dû sur la valeur de l'immeuble dont la donation est révoquée ;

– enfin, la taxe de publicité foncière « paraît due aux taux de 0,60 % (aujourd'hui, au taux de 0,70 %) par application des dispositions des articles 677-4, 678 et 1647-V du CGI ».

Le Bulletin considérait donc que la révocation constituait un « acte déclaratif portant sur des droits soumis à la publicité foncière en application de l'article 28-1 du décret du 4 janvier 1955 », ce qui justifiait la perception de la taxe proportionnelle de publicité foncière (au taux actuel de 0,70 % : 0,715 % avec les perceptions additionnelles).

E Problèmes divers

7541 **Assiette des droits.** Lorsque des droits proportionnels ou progressifs sont dus à la suite de la révocation de la donation, ils sont liquidés sur la valeur des biens au jour de cette révocation, évaluée par les parties. Toutefois, si les charges imposées au donataire étaient supérieures à cette évaluation, le droit serait liquidé sur la valeur des charges (Cass., 24 août 1869 : Instr. 2394, § 4).

7542 **Rétrocession.** La rétrocession peut être consentie par le donataire au donateur.

Dans ce cas, comme nous l'indiquions plus haut, le contrat peut avoir le caractère soit d'une donation, soit d'une cession à titre onéreux, suivant les termes de l'acte et les circonstances de l'affaire (Sol. 30 mai 1893 : *Journ. enr.*, 25043).

Il n'y a rétrocession que si la première donation a été acceptée (*Dict. enr.*, 3398).

➤ Sur le taux actuel, V. **Acte innommé**.

Il n'est pas impossible, cependant, que le service de la publicité foncière entende percevoir la taxe de publicité foncière au tarif proportionnel (V. n° 7539) – 0,71498 % avec les perceptions additionnelles.

7543 **Restitution des droits.** La résolution (comme l'annulation) amiable d'un acte ne peut en aucun cas donner ouverture à la restitution des droits. Pour motiver le remboursement de l'impôt, l'annulation doit être en principe judiciaire (CGI, art. 1961, al. 2. – V. **Restitution**).

Il est cependant admis que les résolutions légales autorisent la restitution sans qu'il soit nécessaire qu'elle soit judiciairement constatée : il en était ainsi traditionnellement pour la révocation de donation pour survenance d'enfant, et il semble que la solution doive être reconduite.

III

Contribution de sécurité immobilière

7544 **Exigibilité. Assiette.** La contribution de sécurité immobilière (qui s'est substituée au salaire du conservateur depuis le 1er janvier 2013, V. **Contribution de sécurité immobilière**) est due au tarif proportionnel) sur les sommes énoncées ou sur la valeur estimée des immeubles ou des droits faisant l'objet de la publication (Bulté : *JCP* N 1959, prat. 2747).

SAFER

Franck ROUSSEL

Sommaire analytique

Index alphabétique

I

Publicité foncière et droit hypothécaire

7545 Mutations. L'article R. 143-23 du Code rural et de la pêche maritime dispose :

« (Ancien art. R.* 143-18 dénuméroté, D. n° 2006-821, 7 juill. 2006, art. 3, VII) Tous actes ou décisions de justice emportant mutation au profit de la société d'aménagement foncier et d'établissement rural, notamment dans les conditions prévues à l'alinéa 2 de l'article L. 412-11, sont assujettis à la publicité foncière ».

7546 Exercice du droit de préemption. L'ancien décret n° 62-1235 du 20 octobre 1962 (*JCP* N 1962,

III, 28482) comportait un article 14 qui détaillait les formalités soumises à publication en application de l'article 28 du décret du 4 janvier 1955. Selon ce texte, dont les indications restent d'actualité, doivent être publiés au bureau des hypothèques :
– l'acte authentique constatant l'exercice du droit de préemption par la SAFER aux prix et conditions demandés par le propriétaire ;
– l'acte authentique constatant, dans le cas visé à l'article R. 143-12 du Code rural et de la pêche maritime, la mutation intervenue au profit de la SAFER du fait de l'acceptation du jugement du tribunal judiciaire ou de l'arrêt de la cour d'appel ;
– le jugement du tribunal judiciaire ou l'arrêt de la cour d'appel rendus en application de l'article R. 143-15 (actuel art. L. 141-1-1, II), lorsqu'une aliénation a été consentie en violation du droit de préemption de la SAFER ;
– le procès-verbal ou jugement d'adjudication ainsi que l'exploit d'huissier alors prévus par l'article 799, alinéa 2, du Code rural (*Bull. AMC* 1963, art. 531. – V. aussi *JCl. Notarial Formulaire*, V° Préemption, Fasc. 370, par A. Jallais et F. Roussel).

7547 Annulation d'une décision de préemption de la SAFER. Publication à opérer. À la suite de l'exercice par une SAFER de son droit de préemption, deux adjudicataires de biens ruraux ont été dépossédés des parcelles qui leur avaient été adjugées et cette éviction a été rendue opposable aux tiers par la publication du jugement d'adjudication accompagné de la déclaration de préemption. Puis certaines des parcelles préemptées par la SAFER ont été cédées par elle à des exploitants agricoles. Un recours ayant été formé par les adjudicataires évincés, le tribunal de grande instance, puis la cour ont déclaré nul l'exercice par la SAFER de son droit de préemption. De la sorte, les mutations intervenues postérieurement à l'adjudication, se sont trouvées remises en cause mais de façon implicite car il n'a été statué sur aucune d'elles, ni en première instance, ni en appel. C'est pourquoi, en remettant ces décisions de justice au bureau des hypothèques en vue de les publier, l'avocat des demandeurs a joint une attestation qu'il a rédigée et dans laquelle les parcelles préemptées, après avoir été récapitulées et identifiées de la manière fixée à l'article 7 du décret du 4 janvier 1955, ont d'abord été réparties entre leurs propriétaires apparents actuels, puis réattribuées aux adjudicataires afin, a-t-il été précisé verbalement au conservateur, que les fiches de ses clients soient annotées en conséquence.
Selon le *Bulletin de l'association mutuelle des conservateurs* (*Bull. AMC* 1991, art. 1503), cette attestation ne peut être admise à la publication, alors même qu'elle aurait, par son dépôt au rang de minutes notariales, acquis l'authenticité exigée à l'article 4 du décret du 4 janvier 1955 et que le document à conserver au bureau serait constitué par le jugement, l'arrêt et l'attestation avec, ainsi qu'il est prévu pour les actes ou décisions formant le complément les uns des autres, un seul certificat de collationnement (D. 14 oct. 1955, art. 67-3, 2e al.) et une mention unique certifiant l'identité des parties (*ibid.*, art. 38, 1°). En effet, la recherche et l'exposé par le conseil de l'une des parties des conséquences à tirer de l'annulation judiciaire d'une décision de préemption ne peuvent aboutir qu'à l'expression d'une simple opinion. Par suite, le fait de relater cette opinion par écrit ne saurait créer un titre constitutif, modificatif ou déclaratif de la situation juridique des immeubles préemptés. L'attestation, dès lors, n'est pas sujette à publicité et le refus qui doit être opposé entraîne celui du document tout entier (D. 14 oct. 1955, art. 74-4).
Toujours selon le *Bulletin*, si, au lieu d'établir l'attestation qui n'a pu qu'être refusée, l'avocat avait publié de nouveau le jugement d'adjudication en reproduisant sur le même document la décision de préemption ainsi que le jugement et l'arrêt en ayant déclaré la nullité, il aurait abouti au résultat recherché qui est de rétablir au cadre A des fiches des consorts L... les parcelles qui leur ont été adjugées. Certes, il en serait résulté, pour les parcelles cédées par la SAFER à des tiers, la constitution d'une double chaîne mais il n'y aurait eu dans cette conséquence aucune cause de refus ou de rejet (*Bull. AMC* 1991, art. 1503).
En fait, l'erreur a consisté, sur le plan procédural, à ne pas mettre en cause les sous-acquéreurs dans la procédure introduite contre la SAFER, en demandant aux juridictions saisies à la fois de déclarer nul l'exercice de son droit de préemption de la SAFER, mais également d'annuler en conséquences les mutations consenties par elle.

7548 Vente par une SAFER. Privilège du vendeur d'immeuble. Créances garanties. À l'occasion de ventes consenties par la SAFER, l'acquéreur peut se voir imposer diverses obligations comme le prévoit actuellement l'article R. 142-1, alinéa 4 du Code rural et de la pêche maritime.
Il a été demandé si la SAFER pouvait alors faire réserve expresse à son profit de l'action résolutoire en cas d'inexécution de l'une ou l'autre des obligations imposées et comment l'action résolutoire était alors conservée.
Selon une chronique de M. Bulté (*JCP* N 1968, IV, 1378), la conservation de l'action résolutoire est en pareil cas soumise au droit commun. Or, les charges et prestations garanties par le privilège

du vendeur sont celles, même éventuelles, imposées à l'acquéreur par le vendeur qui font naître au profit de celui-ci une créance susceptible, le cas échéant, d'entrée en compte pour le calcul de l'offre du créancier qui veut surenchérir. Selon M. Bulté, les clauses et conditions particulières énoncées en pareille hypothèse dans l'acte de vente ne paraissent pas pouvoir constituer une charge augmentative du prix susceptible d'être l'objet d'une évaluation en capital dans l'inscription de privilège et s'ajoutant en tant que telle au prix de vente. Il s'agit d'une simple obligation personnelle à l'acquéreur.

7549 **Vente par la SAFER assortie d'une interdiction de revendre.** Lorsqu'elles rétrocèdent des terres leur appartenant, les sociétés d'Aménagement Foncier et d'Établissement Rural (SAFER) assortissent la vente d'une clause d'interdiction de revente des terres rétrocédées pendant une longue période, en étendant souvent cette interdiction, dans l'acte de rétrocession à des parcelles autres que celles rétrocédées, frappant ainsi la totalité de l'unité agricole.
L'interdiction de revente qui grève l'immeuble doit-elle être publiée ? Dans l'affirmative, le rédacteur de l'acte doit-il détailler toutes les parcelles grevées en précisant leurs origines de propriété ? Sur quelles bases les contributions doivent-elles être assises ?
Réponse. – D'après l'article 28-2° du décret du 4 janvier 1955, les actes aux termes desquels le propriétaire d'un immeuble s'engage temporairement à ne pas l'aliéner ne sont sujets à publicité que lorsqu'ils sont dressés distinctement pour constater cet engagement.
Par suite, lorsqu'un acte comporte, en dehors d'une disposition principale, une disposition accessoire contenant ou rappelant une clause d'inaliénabilité temporaire, la réquisition implicite de publier résultant de la présentation de l'acte à la formalité, qui ne peut viser que les dispositions sujettes à publicité, ne s'applique qu'à la disposition principale qui a seule à être mentionnée au fichier.
En conséquence, dans le cas visé ci-dessus, dès lors que l'engagement de ne pas vendre, pris par l'acquéreur envers la SAFER venderesse, n'est pas l'objet exclusif de l'acte, il n'est pas sujet à publicité, le service de la publicité foncière est fondé à considérer que la publication n'en est pas requise.
Néanmoins, pour éviter toute difficulté ultérieure, il serait préférable de faire souscrire par le requérant au pied de l'acte une déclaration précisant si la publication de l'engagement de ne pas vendre est requise ou non.
Dans le cas où elle serait requise et où l'engagement de ne pas vendre porterait sur des immeubles autres que ceux acquis aux termes de l'acte publié, ces immeubles devraient être désignés conformément aux prescriptions de l'article 7 du décret du 4 janvier 1955, à peine du refus ou de rejet de la formalité, selon la distinction faite à l'article 34, § 2 et 3, du même décret.
Dans la même hypothèse, l'acte devrait comporter pour les mêmes immeubles les énonciations prescrites par l'article 32 du décret du 14 octobre 1955, concernant l'effet relatif des formalités.
Au plan des salaires, il était conseillé, dans un souci de modération, de considérer le « droit de vendre » auquel il est renoncé comme ayant une valeur propre et d'asseoir la perception du salaire sur la valeur de ce droit déterminée par une déclaration estimative (*Bull. AMC* 1982, art. 1234).
Remarque : Cette solution de tempérament paraît pouvoir être transposée pour la perception de la contribution de sécurité immobilière.

II

Régime fiscal : opérations soumises aux droits de mutation

7550 Il convient de distinguer les acquisitions réalisées par les SAFER (A), qui relèvent de l'article 1028 bis du Code général des impôts et les cessions d'immeubles acquis à compter du 26 janvier 1990, relevant de l'article 1028 ter du code précité (B).

A Acquisitions par les SAFER (CGI, art. 1028 *bis*)

CGI, art. 1028 bis *(Modifié, L. n° 98-1267, 30 déc. 1998, art. 34, II).* – Toutes les acquisitions effectuées par les sociétés d'aménagement foncier et d'établissement rural ne donnent lieu à aucune perception au profit du Trésor.

7551 **Exonération de toute perception au profit du Trésor.** Il résulte des dispositions de l'article 1028 bis du Code général des impôts que sont exonérées de toute perception au profit du Trésor toutes les acquisitions réalisées par les SAFER.

Compte tenu des modifications apportées à l'article L. 141-1 du Code rural et de la pêche maritime, sont ainsi exonérées toutes les acquisitions que les SAFER effectuent conformément à leur mission et à leurs moyens d'actions définis à l'article L. 141-1 du code précité. Tel est le cas des acquisitions :

– de biens ruraux, des terres, d'exploitations agricoles ou forestières. Il est précisé que le contrôle de la qualification des biens (rural, agricole, forestier) n'appartient pas aux services fiscaux, dès lors que cette qualification résulte de l'application des dispositions de l'article L. 141-1 du Code rural et de la pêche maritime ;

– de parts de sociétés donnant vocation à l'attribution en propriété ou en jouissance de biens agricoles ou forestiers ;

– de la totalité des parts ou actions de sociétés ayant pour objet principal l'exploitation ou la propriété agricole, et notamment des parts de groupements fonciers agricoles (BOI-ENR-DMTOI-10-70-40-12/09/2012, n° 40).

7552 **Contribution de sécurité immobilière.** La contribution de sécurité immobilière a été créee en application de l'article 30 de la loi n° 2009-1674 du 30 décembre 2009. Cette contribution a été prévue aux mêmes conditions d'assiette, de tarif, de contrôle et de recouvrement que le salaire du conservateur qu'elle remplace.

L'article 879-II du Code général des impôts précise que seules sont exonérés de contribution de sécurité immobilière les formalités requises au profit de l'État, ainsi que celles pour lesquelles la loi prévoit expressément et formellement qu'elles sont exonérées de cette contribution (cf. par ex., CGI, art. 1085).

Aussi l'expression « ne donnent lieu à aucune perception au profit du Trésor » ne comprend pas la contribution de sécurité immobilière.

Il en résulte que les cessions visées par l'article 1028 ter-I du Code général des impôts ne sont pas exonérées de la contribution de sécurité immobilière lors de leur dépôt au service de la publicité foncière pour publication au fichier immobilier.

7553 **Vente à une SAFER sous condition que le fermier n'exercera pas son droit de préemption. Exercice partiel de ce droit. Publication simultanée des actes constatant respectivement la vente et l'exercice du droit de préemption. Contribution de sécurité immobilière.** Dès lors que sont publiés simultanément, d'une part, l'acte de vente conditionnelle de diverses parcelles de terre à la SAFER et, d'autre part, l'acte constatant l'exercice par le fermier de son droit de préemption sur une partie des immeubles vendus, ce qui fait l'objet de la publication, ce sont les mutations qui résultent de la combinaison des deux actes publiés, c'est-à-dire dans le cas exposé :

1° le transfert au locataire des immeubles sur lesquels il a exercé son droit de préemption, évalué 411 700 F ;

2° le transfert à la SAFER du surplus des immeubles compris dans la vente conditionnelle, d'une valeur de 28 300 F (440 000 F – 411 700 F).

Il est dû, par suite, deux salaires (contributions de sécurité immobilière) : l'un sur 411 700 F, pour ce qui concerne les immeubles transmis au fermier ; l'autre sur 28 300 F pour ce qui est des immeubles acquis par la SAFER (rappr. *Bull. AMC* 1959, art. 399 ; *ibid.* 1963, art. 565 ; *ibid.* 1964, art. 572).

En outre, si les deux actes font l'objet de deux expéditions séparées, l'apposition sur l'une d'elles du duplicata de la mention de publication donne lieu à la perception de la contribution de sécurité immobilière fixe de formalité (rappr. *Bull. AMC* 1952, art. 106, § 13-1, et *Bull. AMC*, préc., art. 399, 565 et 572 ; *Bull. AMC* 1975, art. 1001, § I-B ; *Bull. AMC* 1977, art. 1097).

B Cessions d'immeubles acquis à compter du 26 janvier 1990 (CGI, art. 1028 ter)

CGI, art. 1028 ter. – I. – *(Mention I créée, L. n° 98-1267, 30 déc. 1998, art. 34-III, B ; I remplacé, L. n° 99-1172, 30 déc. 1999, art. 119).* Toutes les cessions effectuées par les sociétés d'aménagement foncier et d'établissement rural au titre de l'article L. 141-1 du Code rural et de la pêche maritime, dont la destination répond aux dispositions dudit article et qui sont assorties d'un engagement de l'acquéreur pris pour lui et ses ayants cause de conserver cette destination pendant un délai de dix ans à compter du transfert de propriété, ne donnent lieu à aucune perception au profit du Trésor.

Le présent article ne s'applique qu'aux cessions de biens acquis postérieurement à la date de publication de la loi n° 90-85 du 23 janvier 1990 complémentaire à la loi n° 88-1202 du 30 décembre 1988 relative à l'adaptation de l'exploitation agricole à son environnement économique et social.

II. – *(II créé, L. n° 98-1267, 30 déc. 1998, art. 34-III, B)* Les dispositions du I s'appliquent aux acquisitions réalisées par une personne substituée dans les droits à l'achat conférés à une société d'aménagement foncier et d'établissement rural par une promesse de vente ayant acquis date certaine, dans les six mois de la conclusion de ladite promesse.

7554 **Dispense de perception au profit du Trésor.** L'article 1028 ter du Code général des impôts dispense de perception au profit du Trésor « toutes les cessions effectuées par les SAFER au titre de l'article L. 141-1 du Code rural et de la pêche maritime, dont la destination répond aux dispositions dudit article et qui sont assorties d'un engagement de l'acquéreur pris pour lui et ses ayants cause de conserver cette destination pendant un délai de dix ans à compter du transfert de propriété », ainsi que, sous les mêmes conditions, les « acquisitions réalisées par une personne substituée dans les droits à l'achat conférés à une SAFER par une promesse de vente ayant acquis date certaine, dans les six mois de la conclusion de ladite promesse » (BOI-ENR-DMTOI-10-70-40-12/09/2012, n° 50).

7555 **Contribution de sécurité immobilière.** La contribution de sécurité immobilière est due selon le droit commun.

7556 **Conditions d'application de l'exonération.** Pour l'application de cet article, les conditions suivantes doivent être réunies : il faut que la cession soit effectuée en application de l'article L. 141-1 du Code rural et de la pêche maritime (1), et que les biens sur lesquels elle porte conservent une destination conforme aux dispositions de l'article L. 141-1 du Code rural et de la pêche maritime pendant un délai de dix ans à compter du transfert de propriété (2). À défaut, la déchéance du régime de faveur est encourue (3).

1 Première condition : cession réalisée en application de l'article L. 141-1 du Code rural et de la pêche maritime

a) Mutations concernées

7557 Conformément à l'article L. 141-1 du Code rural et de la pêche maritime, la cession peut être réalisée soit directement par la SAFER, soit par son intermédiaire (BOI-ENR-DMTOI-10-70-40-12/09/2012, n° 90).

1) Cession par la SAFER

7558 Le I de l'article 1028 ter du Code général des impôts vise les cessions. Il ne s'applique donc pas aux apports, ni aux baux sauf s'il s'agit de baux emphytéotiques (BOI-ENR-DMTOI-10-70-40-12/09/2012, n° 100).
A contrario il est donc applicable dans le cas de concession d'un bail emphytéotique.

2) Cessions réalisées par substitution aux droits de la SAFER

7559 L'exonération prévue au II de l'article 1028 ter du Code général des impôts concerne les cessions pour lesquelles le cessionnaire intervient :
– par substitution dans les droits de la SAFER à l'achat des biens en cause et,
– lorsque la substitution est intervenue dans les six mois de la conclusion au profit de la SAFER de la promesse de vente (BOI-ENR-DMTOI-10-70-40-12/09/2012, n° 110).

7560 **Acquéreur substitué dans les droits de la SAFER à l'achat du bien en cause.** Sont donc concernées les mutations pour lesquelles l'acquéreur apporte la preuve qu'il s'est substitué dans les droits à l'achat que détient la SAFER en vertu d'une promesse de vente (Instr. 21 mai 2002, n° 22).
Cette preuve est réputée apportée lorsque l'acquéreur produit, à l'appui de l'acte d'acquisition :
– la promesse de vente du bien en cause par le cédant à la SAFER, promesse ayant acquis date certaine, et,
– l'acte par lequel l'acquéreur se substitue à la SAFER dans ses droits à l'achat de l'immeuble résultant de la promesse de vente (BOI-ENR-DMTOI-10-70-40-12/09/2012, n° 120).

7561 **Substitution intervenue dans le délai de six mois à compter de la date de la promesse de vente.** Il résulte de l'intention du législateur exprimée au travers de l'article L. 141-1-II-2° nouveau du Code rural et de la pêche maritime qu'il y a lieu de retenir, comme date de conclusion de la promesse au sens du II de l'article 1028 ter du Code général des impôts, la date à laquelle la promesse a acquis date certaine.
Dans ces conditions, la preuve que la substitution intervient dans le délai de six mois à compter du jour où la promesse a acquis date certaine est apportée :
– lorsque la mutation par acte authentique intervient dans ce délai, ou, à défaut ;

– lorsque l'acte de substitution a lui-même acquis date certaine dans ce délai (BOI-ENR-DMTOI-10-70-40-12/09/2012, n° 130).

7562 **Date certaine.** S'agissant de la date certaine, les précisions suivantes ont été apportées par l'administration. En cas de présentation à la formalité de l'enregistrement d'un acte sous seing privé portant conclusion d'une promesse synallagmatique de vente à la SAFER, la date certaine est obtenue dans les conditions prévues au deuxième alinéa de l'article 660 du Code général des impôts. Par ailleurs, il n'y a aucun obstacle à ce que la conclusion de la promesse de vente, la cession de la promesse et la vente aient la même date certaine (BOI-ENR-DMTOI-10-70-40-12/09/2012, n° 140).

b) Biens visés

7563 **Biens visés par l'article L. 141-1 du Code rural et de la pêche maritime.** Pour identifier les biens susceptibles de transmission, il y a lieu de se référer aux dispositions de l'article L. 141-1 du Code rural et de la pêche maritime.
Ainsi, sont éligibles au bénéfice des dispositions des I et II de l'article 1028 ter du Code général des impôts les biens pouvant faire l'objet d'une cession par la SAFER en application de l'article L. 141-1 du Code rural et de la pêche maritime. Tel est le cas des biens ruraux, des terres, des exploitations agricoles et forestières, sans qu'il soit besoin de contrôler la qualification des biens. En outre, il résulte de l'intention du législateur que sont également visées les parts de sociétés donnant vocation à l'attribution en propriété ou en jouissance de biens agricoles ou forestiers (BOI-ENR-DMTOI-10-70-40-12/09/2012, n° 150).

7564 **Biens acquis à compter du 26 janvier 1990.** Selon les termes du deuxième alinéa du I de l'article 1028 ter du Code général des impôts, sont seuls visés les biens acquis par les SAFER à compter du 26 janvier 1990, date de publication de la loi du 23 janvier 1990. Les immeubles acquis avant cette date sont en principe éligibles aux dispositions de l'article 1028 du Code général des impôts. Les cessions de tels immeubles sont soumises à la seule taxe de publicité foncière perçue au profit du département au taux réduit augmentée des frais d'assiette et de recouvrement, sans condition particulière (BOI-ENR-DMTOI-10-70-40-12/09/2012, n° 160).

7565 **Cessions de promesses de vente.** L'exonération de toute perception au profit du Trésor s'applique également aux cessions de promesses de vente effectuées par les SAFER, qu'il s'agisse de promesses synallagmatiques ou unilatérales, qu'elles soient ou non contractées sous condition suspensive. De telles cessions permettent en effet à la SAFER de se substituer un ou plusieurs attributaires dans les conditions prévues à l'article L. 141-1, II-2° du Code rural et de la pêche maritime (BOI-ENR-DMTOI-10-70-40-12/09/2012, n° 70).

2 Deuxième condition : maintien pendant dix ans de la conformité des biens à la destination prévue à l'article L. 141-1 du Code rural et de la pêche maritime

7566 **Engagement à prendre par l'acquéreur.** La condition posée est satisfaite lorsque l'acquéreur s'engage, pour lui et ses ayants cause, à conserver au bien acquis une destination conforme aux dispositions de l'article L. 141-1 du Code rural et de la pêche maritime pendant dix ans à compter du transfert de propriété.
Cette dernière condition n'est remplie que lorsque l'acquéreur des biens a pris l'engagement de conserver la destination des biens pendant dix ans dans un cahier des charges établi par la SAFER. L'article 1028 ter-I du Code général des impôts exonère de toute perception au profit du Trésor les cessions d'immeubles par les SAFER, sous réserve notamment que l'acquéreur s'engage, pour lui et ses ayants cause, à conserver, pendant une durée de dix ans à compter du transfert de propriété, une destination agricole aux immeubles acquis jusqu'au 31 décembre 1999, ou une destination conforme aux dispositions de l'article L. 141-1 du Code rural et de la pêche maritime aux immeubles acquis depuis le 1er janvier 2000.
Pour l'application de cette disposition, l'échange de l'immeuble opéré dans les conditions prévues à l'article L. 124-1 du Code rural et de la pêche maritime ne constitue pas en tant que tel, à l'instar des autres mutations à titre onéreux, une cause de déchéance du régime de faveur, dès l'instant où l'affectation de l'immeuble, soit à destination agricole, soit à une destination conforme aux dispositions de l'article L. 141-1 du même code, est maintenue par le coéchangiste ou par tout autre propriétaire successif jusqu'à l'expiration du délai de dix ans à compter de la date d'acquisition initiale auprès de la SAFER (Rép. min. n° 63312 : *JOAN* Q 17 sept. 2004, p. 5344).
La constatation de cette condition résulte de la référence, dans l'acte d'acquisition auquel participe la SAFER, à la souscription d'un tel engagement prévu par le cahier des charges. À défaut,

les droits sont dus dans les conditions de droit commun (BOI-ENR-DMTOI-10-70-40-12/09/2012, nos 170 et 180).

7567 Mutations antérieures. Pour les mutations constatées antérieurement au 21 mai 2002, la preuve de la réalité de cet engagement est apportée, sur demande de l'administration fiscale, par la production du cahier des charges comprenant l'engagement de conservation de la destination du bien conformément à ses stipulations pour une durée de dix ans à compter de la date de l'acte d'acquisition. À défaut, l'acquéreur dispose d'un délai de six mois à compter de la demande de l'administration pour conclure avec la SAFER un tel cahier des charges comprenant un engagement décennal de maintien de la destination du bien conformément à ses stipulations, avec effet rétroactif à la date d'acquisition (BOI-ENR-DMTOI-10-70-40-12/09/2012, n° 190).

7568 Cessions de parts de société. Il est précisé que, s'agissant des cessions par les SAFER de parts de sociétés donnant vocation à l'attribution en propriété ou en jouissance de biens agricoles ou forestiers, l'engagement porte alors sur les biens auxquels les parts donnent droit et non sur les parts elles-mêmes (BOI-ENR-DMTOI-10-70-40-12/09/2012, n° 200).

3 Déchéance du régime de faveur

7569 Cas de déchéance. La mutation à titre gratuit ou à titre onéreux du bien ne constitue pas, en tant que telle, une cause de déchéance du régime de faveur (BOI-ENR-DMTOI-10-70-40-12/09/2012, n° 210).
La déchéance du régime de faveur est encourue lorsque l'acquéreur ou ses ayants cause ne se conforment pas aux obligations de maintien de la destination des biens prévue par le cahier des charges pendant la période de dix ans courant à compter du transfert de propriété.
Il n'appartient pas à l'administration fiscale de contrôler la conformité de la destination du bien prévue par le cahier des charges, mais à la SAFER. Dès lors, l'action de l'administration se borne à tirer les conséquences de la constatation par la SAFER du non-respect par l'attributaire de la destination du bien prévue par le cahier des charges dans le délai de dix ans (BOI-ENR-DMTOI-10-70-40-12/09/2012, n° 220).

7570 Portée de la déchéance. Lorsque l'engagement relatif à la destination des biens n'est pas respecté, l'acquéreur ou ses ayants cause sont tenus d'acquitter :
– la taxe de publicité foncière ou le droit d'enregistrement perçu au profit des départements, prévus par les articles 683 et 1594 D du Code général des impôts et le prélèvement pour frais d'assiette, de recouvrement, de dégrèvements et de non-valeurs ;
– la taxe additionnelle communale ;
– le droit de timbre de dimension afférent à l'acte d'acquisition (si l'acquisition est antérieure au 1er janvier 2006) ;
– l'intérêt de retard prévu à l'article 1727 du Code général des impôts (BOI-ENR-DMTOI-10-70-40-12/09/2012, n° 230).
À titre de règle pratique, il est admis que la rupture partielle de l'engagement ne faisait pas encourir la déchéance totale du régime de faveur. Par suite, lorsque l'engagement n'a été rompu que pour une partie des biens en cause, la déchéance du régime de faveur n'atteint que la partie du prix afférente aux immeubles affectés par le changement de destination à usage autre qu'agricole (BOI-ENR-DMTOI-10-70-40-12/09/2012, n° 240).

7571 Redevables des droits. Les compléments de droits et pénalités doivent être supportés par l'acquéreur ou ses ayants cause. Dès lors, en cas de mutation du bien pendant le délai de dix ans, les ayants cause de l'acquéreur qui a pris l'engagement sont personnellement redevables des compléments de droits et pénalités en cas de déchéance du régime de faveur.
Les droits rappelés et l'intérêt de retard légalement exigibles doivent être acquittés dans le mois qui suit la rupture de l'engagement (CGI, art. 1840 G ter), au-delà duquel l'administration peut mettre en œuvre la procédure de rectification contradictoire. L'intérêt de retard est calculé à compter du premier jour du mois suivant celui au cours duquel les droits auraient dû être acquittés en l'absence du régime de faveur (BOI-ENR-DMTOI-10-70-40-12/09/2012, n° 250).

III

TVA immobilière

7572 Opérations réalisées dans les départements d'outre-mer.

➤ Sur l'exonération de TVA applicable, V. **Départements d'outre-mer**.

C. rur. pêche marit., art. L. 141-1 *(Mod., L. n° 2014-1170, 13 oct. 2014)*. – I. – Des sociétés d'aménagement foncier et d'établissement rural peuvent être constituées pour remplir les missions suivantes :

1° Elles œuvrent prioritairement à la protection des espaces agricoles, naturels et forestiers. Leurs interventions visent à favoriser l'installation, le maintien et la consolidation d'exploitations agricoles ou forestières afin que celles-ci atteignent une dimension économique viable au regard des critères du schéma directeur régional des exploitations agricoles ainsi que l'amélioration de la répartition parcellaire des exploitations. Ces interventions concourent à la diversité des systèmes de production, notamment ceux permettant de combiner les performances économique, sociale et environnementale et ceux relevant de l'agriculture biologique au sens de l'article L. 641-13 ;

2° Elles concourent à la diversité des paysages, à la protection des ressources naturelles et au maintien de la diversité biologique ;

3° Elles contribuent au développement durable des territoires ruraux, dans le cadre des objectifs définis à l'article L. 111-2 ;

4° Elles assurent la transparence du marché foncier rural.

II. – Pour la réalisation des missions définies au I, les sociétés d'aménagement foncier et d'établissement rural peuvent :

1° Acquérir, dans le but de les rétrocéder, des biens ruraux, des terres, des exploitations agricoles ou forestières ;

2° Se substituer un ou plusieurs attributaires pour réaliser la cession de tout ou partie des droits conférés, soit par une promesse unilatérale de vente, soit par une promesse synallagmatique de vente, portant sur les biens visés au 1°, dès lors que la substitution intervient dans un délai maximal de six mois à compter du jour où ladite promesse a acquis date certaine et, au plus tard, au jour de l'acte authentique réalisant ou constatant la vente ;

3° Acquérir des actions ou parts de sociétés ayant pour objet principal l'exploitation ou la propriété agricole notamment, par dérogation à l'article L. 322-1, la totalité ou une partie des parts de groupements fonciers agricoles ou de groupements fonciers ruraux ;

4° Se livrer ou prêter leur concours, en vertu d'un mandat écrit, à des opérations immobilières portant sur les biens d'autrui et relatives au louage régi par le livre IV (nouveau).

III. – 1° Le choix de l'attributaire se fait au regard des missions mentionnées au I. L'attributaire peut être tenu au respect d'un cahier des charges.

En cas de substitution, le cahier des charges mentionné à l'alinéa précédent comporte l'engagement du maintien pendant un délai minimal de dix ans de l'usage agricole ou forestier des biens attribués et soumet, pendant ce même délai, toute opération de cession à titre onéreux en propriété ou en jouissance du bien attribué à l'accord préalable de la société d'aménagement foncier et d'établissement rural. En cas de non-respect de ces engagements pris dans le cadre d'un cahier des charges, l'attributaire est tenu de délaisser le bien, si la société d'aménagement foncier et d'établissement rural le demande, au prix fixé par le cahier des charges ou, à défaut, par le juge de l'expropriation ;

(...)

Saisie immobilière

Jacques LAFOND

Sommaire analytique

Index alphabétique

Index alphabétique *(suite)*

BIBLIOGRAPHIE : Sur la nouvelle procédure de saisie immobilière, V. *JCl. Formulaire Procédure*, V° Saisie immobilière, par H. Croze et C. Laporte. – F. Delattre, *Incidences sur la pratique notariale de la réforme de la saisie immobilière : Cah. Cridon Lyon* 2009, n° 54, p. 3 et s. – H. Croze, *Dans quelles conditions une vente amiable peut-elle être passée pendant une procédure de saisie immobilière ? : Gaz. Pal.* 8 10 juin 2008, p. 2. – J. Lafond, *La vente amiable d'un immeuble saisi : JCP* N 2007, n° 35, 1228. – M. Cazajus, *Comment réagir face à un état hors formalités révélant un commandement de payer valant saisie : Defrénois* 2020, n° 9, p. 15 et s. – X. Martin, *Saisie immobilière : de la bonne pratique de la vente amiable sur autorisation judiciaire : Defrénois* 2020, n° 39, p. 15 et s. – V. Lafargue et J. Lafond : *JCl. Notarial Formulaire*, V° Vente d'immeuble, Fasc. 430, *Vente d'immeuble saisi*.

7573 **Codification.** L'ensemble des dispositions concernant la saisie immobilière se trouve actuellement codifié au Code des procédures civiles d'exécution :
– pour la partie législative sous les articles L. 311-1 à L. 334-1 dudit code ;
– pour la partie réglementaire sous les articles R. 311-1 à R. 322-72 de ce même code.

7574 Nous traiterons successivement du commandement et de sa publication (I), de la procédure postérieure à la signification du commandement (II), des incidents de saisie (III) et de la radiation de la saisie (IV). Nous terminerons par l'examen des questions relatives à la perception de la taxe de publicité foncière et de la contribution de sécurité immobilière (V).

AVERTISSEMENT **L'ordonnance n° 2010-638 du 10 juin 2010 (*JO* 11 juin) a supprimé le conservateur des hypothèques à compter du 1er janvier 2013. Depuis cette date, on ne parle plus de « conservateur » ou de « conservation » des hypothèques, mais du « service chargé de la publicité foncière »** (V. **Service de la publicité foncière).**
À partir de cette même date est instituée une taxe au profit de l'État, dite « contribution de sécurité immobilière », prévue par l'article 879 du Code général des impôts.
Cette taxe, qui remplace le salaire du conservateur des hypothèques, est perçue aux mêmes conditions d'assiette, de tarif, de contrôle et de recouvrement que ce salaire (sur les règles de perception de cette contribution, V. **Contribution de sécurité immobilière).**

I
Le commandement

7575 Après avoir évoqué les règles générales concernant la publication du commandement (A), nous traiterons du cas où plusieurs commandements sont présentés à la publication (B). Puis nous traiterons des mentions en marge (C) et de la péremption du commandement (D).

A Publication du commandement : règles générales

Les solutions énoncées ci-dessous à propos du salaire du conservateur restent valables, jusqu'à nouvel ordre, pour la perception de la contribution de sécurité immobilière.

1 Forme

a) Règles générales à respecter

7576 **Mentions requises.** L'article R. 321-7 du Code des procédures civiles d'exécution précise que les formalités de publicité sont régies par les décrets du 4 janvier 1955 et du 14 octobre 1955. Le commandement présenté à la publication doit donc respecter toutes les exigences des textes relatifs à la publicité foncière, notamment en ce qui concerne l'identification des parties et l'identification des immeubles.
L'article R. 321-3, 5° du Code des procédures civiles d'exécution indique d'ailleurs qu'il doit comporter « la désignation de chacun des biens ou droits sur lesquels porte la saisie immobilière, telle qu'exigée par les règles de la publicité foncière » et ceci à peine de nullité.

7577 **Lot de copropriété.** La seule énonciation qui soit obligatoire dans la désignation des fractions des immeubles en copropriété faisant l'objet d'un commandement de saisie est (en dehors des éléments d'identification de l'immeuble) le numéro du lot résultant d'un état descriptif de division préalablement publié (*Bull. AMC* 1974, art. 983).

7578 **Saisie portant sur la totalité d'un ensemble immobilier.** Si un commandement valant saisie porte sur la totalité d'un ensemble immobilier et que la publication d'un état descriptif de division est intervenue depuis la prise de l'inscription bénéficiant au créancier saisissant, il n'est pas possible d'identifier l'immeuble en se référant à son identification telle qu'elle figurait dans cette inscription, c'est-à-dire par les seules références cadastrales de la parcelle d'assise de la copropriété. La désignation des immeubles sur lesquels porte le commandement doit correspondre à celle figurant au fichier immobilier à cette date et l'acte doit donc faire référence à l'état descriptif de division publié (*Bull. AMC* 2010-2011, art. 1953).

b) Règles particulières concernant l'effet relatif

7579 **Saisie d'un immeuble de communauté pratiquée contre le mari seul.** Il n'est pas possible, sans faire du service de la publicité foncière le juge du fond du droit, d'appliquer rigoureusement la règle de l'effet relatif des formalités, lorsque se trouve mise en cause l'étendue des pouvoirs du mari à l'égard des biens de la communauté (V. *Bull. AMC* 1969, art. 768). Dès lors, la publication du commandement de saisie visant des immeubles de communauté ne peut être rejetée pour le motif que ce commandement a été signifié au mari seulement. Le service de la publicité foncière ne saurait décider de son propre chef que la procédure aurait dû être dirigée contre les deux époux et prétendre par suite que la saisie ne satisfait pas aux règles concernant l'effet relatif des formalités (*Bull. AMC* 1969, art. 791. – *Bull. AMC* 2007-2008, art. 1918).

7580 **Commandement de saisie visant à la fois les biens propres de l'un des époux et les biens communs.** Un commandement de saisie signifié à deux époux communs en biens peut viser à la fois les biens propres de l'un comme les biens communs sans encourir de rejet de la formalité au regard de la règle de l'effet relatif, à la condition de bien préciser les droits de chacun des époux sur les biens (CA Riom, 1re ch. civ., 26 mars 2018, n° 17 528 : *JCP* N 2019, n° 8-9, 1119, obs. S. Lamiaux).

7581 **Saisie d'un immeuble dépendant d'une succession pratiquée à l'encontre d'un successible.** Lorsqu'il est requis de publier un acte qui n'a pas été dressé avec le concours ou à la requête du titulaire du droit, le service de la publicité foncière doit rechercher si le titre du disposant ou dernier titulaire a été publié (D. 14 oct. 1955, art. 36, § I, al. 2).
Dans la négative, il invite le requérant, soit à provoquer cette publication en agissant contre le titulaire du droit ou ses ayants cause, soit à produire un acte de notoriété ou un certificat établi par un notaire ou un greffier établissant que le droit du dernier titulaire résulte d'un acte ou d'une décision judiciaire non encore publiée ou d'une transmission par décès n'ayant pas encore fait l'objet d'une attestation (même art., § 3 *b)*, al. 2 et 3).
Toutefois, dans le cas de publication d'un commandement pour valoir saisie d'un immeuble dépendant d'une succession à l'encontre des successibles de la personne décédée, le requérant est dispensé de produire l'acte de notoriété ou le certificat visé à l'alinéa précédent lorsque le commandement à publier comporte seulement la mention de certification de l'identité du défunt (même art., § 5, 1er al.). Dans ce cas, la formalité est considérée, pour les annotations au fichier et la délivrance des copies, extraits ou certificats, comme requise contre le défunt seul (même art., § 5, 2e al.).
Pour que le créancier personnel d'un ayant droit du défunt puisse poursuivre la saisie des biens qu'il a recueillis dans la succession, les conditions suivantes doivent être remplies (*Bull. AMC* 2006, art.1896) :
– l'attestation après décès ou le partage constatant la dévolution des immeubles ne doit pas avoir été publié au moment de la réquisition de publier le commandement ou le procès-verbal d'adjudication ;

– le document déposé doit obligatoirement comporter l'énonciation de l'identité complète du défunt et la certification de cette identité (V. **Certification d'identité**).

Moyennant quoi, la publication pourra intervenir : tout se passe comme si la formalité intéressait le défunt lui-même (V. sur ces problèmes, S. Lamiaux, *Succession et publicité foncière : situations pratiques autour de l'attestation immobilière : JCP* N 2022, n° 9, 1100).

Exemple : la publication du commandement peut être opérée s'il est indiqué que l'immeuble appartient au saisi, d'une part pour avoir été acquis par lui conjointement avec son épouse avec laquelle il était marié sous le régime de la communauté aux termes d'un acte régulièrement publié, et d'autre part en qualité de légataire universel de son épouse prédécédée si l'identité de cette dernière est, en dehors de l'identité du saisi, régulièrement certifiée, nonobstant le fait qu'aucune attestation de propriété n'a été publiée après le décès de l'épouse (*Bull. AMC* 1980, art. 1185).

L'annotation de la formalité sera faite au nom du défunt. Pour l'application de l'effet relatif, il est indispensable que le titre de propriété du défunt ait été préalablement publié.

7582 Saisie d'un ensemble immobilier dont partie a été cédée à des tiers. Commandement visant uniquement la société débitrice et signifié à elle seule. Une société acquiert en 2008 cinq parcelles afin d'y édifier un immeuble, qu'elle hypothèque en garantie du prêt qui lui est consenti. Quatre des lots créés par l'état descriptif de division sont ensuite vendus. Comment procéder à la saisie de l'ensemble immobilier ?

a) pour les lots restant la propriété de la société débitrice, il y a lieu de faire signifier à celle-ci un commandement valant saisie établi conformément aux prescriptions de l'article R. 321-3 du Code des procédures civiles d'exécution ;

b) pour les lots vendus :

L'article R. 321-4 du Code des procédures civiles d'exécution précité énonce que « la saisie immobilière diligentée par le créancier titulaire d'un droit de suite est poursuivie contre le tiers détenteur du bien » et que l'acte de signification au débiteur principal « doit comporter la mention que le commandement de payer valant saisie a été délivré au tiers détenteur ».

En conséquence :

– il y a lieu de faire délivrer au débiteur, conformément à l'article R. 321-5, alinéa 1 du code précité, « un commandement de payer simple comportant la mention que le commandement de payer valant saisie prévu au second alinéa est délivré au tiers détenteur » ;

– simultanément chacun des tiers détenteurs se verra signifier le commandement valant saisie prévu à l'article R. 321-1 du même code, comportant les mentions prévues à l'article R. 321-3.

Dès lors que les actes se réfèrent à des fractions de l'immeuble hypothéqué sur lequel la saisie est poursuivie, ces fractions doivent être nécessairement identifiées en tant que telles par leur référence donnée dans l'état descriptif de division publié au fichier immobilier.

En conséquence doit être rejeté un commandement de saisie établi à l'encontre de la société débitrice seule et portant comme désignation de l'immeuble les références cadastrales des parcelles d'assise (*Bull. AMC* 2010-2011, art. 1953).

7583 Donation en nue-propriété par le débiteur de l'immeuble grevé. Action paulienne intentée par le créancier. Un créancier hypothécaire intente à l'encontre de son débiteur qui a fait donation en nue-propriété de l'immeuble hypothéqué à ses enfants, une action paulienne à la suite de laquelle un jugement déclare cette donation inopposable au créancier. Présenté à la publication, le jugement fait l'objet d'une notification de rejet. Quelques jours plus tard, un commandement de saisie signifié au débiteur et portant sur la pleine propriété du bien est déposé aux fins de publication. Ce commandement doit faire l'objet d'un rejet d'une part au titre de l'effet relatif (car le débiteur reste usufruitier du bien), et d'autre part parce qu'il ne tient pas compte du fait que l'inopposabilité de la donation frauduleuse n'avait pas eu pour effet de réintégrer l'immeuble litigieux dans le patrimoine du débiteur (Cass. 1re civ., 30 mai 2006, n° 02-13.495). En l'état, la procédure aurait donc dû se poursuivre contre le tiers détenteur du bien – le donataire –, seul destinataire du commandement de payer valant saisie prévu à l'article R. 321-1 du Code des procédures civiles d'exécution (CPC ex., art. R. 321-5, al. 2). Le débiteur aurait dû recevoir simultanément la signification d'un commandement de payer mentionnant la signification du commandement de saisie au tiers détenteur (CPC ex., art. R. 321-5, al. 1er. – V. *Bull. AMC* 2010-2011, art. 1952).

2 Lieu de la publication

7584 Service de la publicité foncière du lieu de situation de l'immeuble. Le commandement de payer valant saisie est publié au service de la publicité foncière du lieu de situation de l'immeuble (CPC ex., art. R. 321-6).

7585 Immeuble situé dans le ressort de plusieurs services. Lorsque la saisie porte sur des immeubles situés dans le ressort de plusieurs services de la publicité foncière, il doit être établi un commandement de payer par ressort (CPC ex., art. R. 321-2).

3 Délai de publication

7586 Délai de deux mois. La publication du commandement doit intervenir dans les deux mois à compter de sa signification (CPC ex., art. R. 321-6). Lorsque la procédure est poursuivie à l'encontre d'un tiers détenteur, ce délai court à compter de la signification du commandement au tiers détenteur et non à compter de la signification au débiteur (Instr. 12 oct. 2007 : *BOI* 10 D-5-07, n° 12).

7587 Cas où le commandement est rejeté. Lorsque l'exécution de la formalité de publication a été retardée en raison d'un rejet soulevé par le service de la publicité foncière, le délai de deux mois prévu à l'article R. 321-6 du Code des procédures civiles d'exécution est augmenté du nombre de jours écoulés entre le dépôt du commandement au bureau des hypothèques et l'exécution de la formalité (CPC ex., art. R. 321-7). D'où l'importance de la date de dépôt (V. n° 7591).

7588 Sanction du délai de deux mois. Le délai de deux mois est prescrit à peine de caducité du commandement (CPC ex., art. R. 311-11).
Le service de la publicité foncière n'est pas juge de la validité du commandement. Il doit donc le publier même si le délai de deux mois est expiré (Instr. 12 oct. 2007 : *BOI* 10 D-5-07, n° 20).

7589 Déclaration de caducité : mention en marge. Toute partie peut demander au juge de l'exécution de déclarer la caducité du commandement et d'ordonner, en tant que de besoin, qu'il en soit fait mention en marge de la copie du commandement publié au bureau des hypothèques (CPC ex., art. R. 311-11, al. 2).
Cette demande de caducité n'est pas systématique : la caducité ne sera pas prononcée si le créancier poursuivant justifie d'un motif légitime (CPC ex., art. R. 311-11, al. 3).
La déclaration de caducité peut également être rapportée si le créancier poursuivant fait connaître au juge de l'exécution, dans un délai de quinze jours à compter du prononcé de celle-ci, le motif légitime qu'il n'aurait pas été en mesure d'invoquer en temps utile (CPC ex., art. R. 311-11, al. 4).

4 Réquisition de publier

7590 Forme. La publication du commandement de payer valant saisie s'opère par le dépôt, au service de la publicité foncière, de l'original du commandement et d'une copie établie sur formule réglementaire et certifiée conforme par l'huissier (D. 14 oct. 1955, art. 79).

7591 Mention de la date de dépôt par le service de la publicité foncière. Si le service de la publicité foncière ne peut procéder à la publication à l'instant de la réquisition, il fait mention sur le document qu'il est déposé de la date du dépôt. Cette date est constatée sur le registre prévu à l'article 2453 du Code civil (CPC ex., art. R. 321-7, al. 2 et 3).

B Pluralité de commandements

1 Commandements déposés simultanément

7592 Règles applicables. Si la publication de plusieurs commandements valant saisie du même immeuble est requise simultanément, seul est publié le commandement qui mentionne le titre exécutoire portant la date la plus ancienne.
Lorsque des titres portent la même date, seul le commandement le plus ancien est publié ; si les commandements sont de la même date, seul est publié celui dont la créance en principal est la plus élevée (CPC ex., art. R. 321-8).
Le dépôt « simultané » s'entend d'un dépôt survenu le même jour (Instr. 12 oct. 2007 préc., n° 42).

2 Commandements successifs

7593 Nouveau commandement concernant le même immeuble. Lorsqu'un commandement de payer valant saisie a déjà été publié, il n'y a pas lieu de publier un nouveau commandement relatif au même bien (CPC ex., art. R. 321-9, al. 1er).
Le nouveau commandement fera l'objet d'un refus de publier (V. n° 7595). Le service de la publicité foncière est en effet tenu de refuser de publier tout nouveau commandement relatif au même bien jusqu'à sa péremption, sa radiation ou sa caducité constatée par le juge (Instr. 12 oct. 2007 préc., n° 30).
Peu importe que le second commandement émane du même créancier et concerne le même débiteur, les mêmes immeubles et la même créance (*Bull. AMC* 1993, art. 1576).

7594 Nouvelle saisie plus ample. Si le nouveau commandement présenté au service de la publicité foncière comprend plus d'immeubles que le précédent, il est publié pour les biens non compris dans celui-ci.
Le nouveau créancier poursuivant est tenu de dénoncer le commandement publié au précédent

Saisie immobilière

créancier qui poursuivra les deux procédures si elles sont au même état ; dans le cas contraire, ce dernier suspend sa propre poursuite et suit la nouvelle procédure jusqu'à ce qu'elle soit au même état. Faute pour le précédent créancier de poursuivre la nouvelle saisie à lui dénoncée, le nouveau créancier pourra demander la subrogation dans les conditions fixées à l'article R. 311-9 du Code des procédures civiles d'exécution (CPC ex., art. R. 321-9, al. 2 et 3).

7595 **Mentions à opérer par le service de la publicité foncière.** Dans les deux cas que nous venons d'évoquer (V. n°s 7593 et n° 7594), le service de la publicité foncière mentionne le ou les actes qui ne sont pas publiés en marge de la copie du précédent commandement publié dans l'ordre de leur présentation, avec les nom, prénom et domicile du ou des nouveaux poursuivants ou, s'il s'agit d'une personne morale, sa dénomination et son siège social, ainsi que l'indication de l'avocat qui le ou les représentent.

Il indique également, en marge ou à la suite de la copie du commandement présenté, son refus de le publier.

Il y mentionne, en outre, chacun des commandements antérieurement publiés ou mentionnés, avec les indications énoncées à l'alinéa précédent et celle du juge de l'exécution compétent pour connaître de la saisie.

La radiation de la saisie ne peut être opérée sans le consentement des créanciers poursuivants postérieurs (CPC ex., art. R. 321-10).

7596 **Cas particulier : procédure collective.** Il résulte de l'article R. 642-33 du Code de commerce que l'ordonnance du juge-commissaire qui ordonne la vente des immeubles produit les effets du commandement de saisie prévu à l'article R. 321-1 du Code des procédures civiles d'exécution. Cette ordonnance est publiée à la diligence du liquidateur ou du créancier poursuivant au bureau des hypothèques de la situation des biens, dans les conditions prévues pour ce commandement.

Toutefois, l'alinéa 3 de ce texte indique que « le service de la publicité foncière procède à la formalité de publicité de l'ordonnance même si des commandements ont été antérieurement publiés. Ces commandements cessent de produire effet à compter de la publication de l'ordonnance ».

Dès lors, il n'y a pas lieu d'opposer un refus à la réquisition de publier une ordonnance d'un juge-commissaire intervenant dans ce cadre juridique même si un ou plusieurs commandements non périmés ni radiés ont déjà été publiés (V. sous l'empire de l'article 125 de l'ancien décret n° 85-1388 du 27 décembre 1985 : *Bull. AMC* 2005, art. 1885).

C Mentions en marge

7597 **Inventaire des actes concernés.** Selon l'article 35-1° du décret du 4 janvier 1955 :

> « Sont publiés au bureau des hypothèques de la situation des immeubles et produisent, vis-à-vis des parties et des tiers, les effets prévus par les dispositions spéciales qui les régissent :
>
> 1° Le commandement valant saisie et les différents actes de procédure qui s'y rattachent ».

La publication de ces divers actes de procédure s'opère par voie de mention en marge de la publication du commandement.

La liste des formalités publiées sous cette forme est énoncée par l'article 80 du décret du 14 octobre 1955, qui vise :

1° le refus du service de la publicité foncière de publier un autre commandement en application de l'article R. 321-10 du Code des procédures civiles d'exécution ;

2° l'assignation à comparaître à l'audience d'orientation et sa dénonciation aux créanciers ;

3° le jugement d'orientation ;

4° le jugement prorogeant le délai d'adjudication ;

5° la formalité de publicité de l'acte de vente amiable ou du titre de vente ;

6° la publication du jugement ou de l'ordonnance prescrivant la radiation des inscriptions ;

7° la radiation ;

8° d'une manière générale, les divers actes de la procédure se rattachant au commandement, tels que la subrogation dans les poursuites, le jugement prononçant la distraction de tout ou partie des immeubles saisis, etc.

Doit faire l'objet d'une mention en marge le jugement annulant une adjudication précédemment publiée (*Bull. AMC* 1993, art. 1587).

7598 **Pouvoirs du service de la publicité foncière.** Les mentions à apposer en marge des publications de saisie (autres que les radiations) entrent, comme les publications elles-mêmes, dans la catégorie des formalités à l'égard desquelles le conservateur ne possède pas un pouvoir général de contrôle et qui ne peuvent être refusées que dans les cas où ce refus est expressément prévu par un texte législatif ou réglementaire (*Bull. AMC* 1981, art. 1232).

7599 **Refus de mentionner un jugement de prorogation du délai d'adjudication.** Un jugement de prorogation du délai d'adjudication étant entaché d'une erreur matérielle affectant les références du commandement (erreur dans le numéro du volume sous lequel était publié le commandement de saisie), le conservateur avait opposé un refus de dépôt au motif que « les références de la saisie étaient erronées ». La Cour de cassation a estimé que cette cause de refus était infondée dès lors que les autres indications de l'acte étaient suffisantes pour permettre d'identifier avec certitude la formalité devant faire l'objet de la mention. Elle rappelle que le refus de dépôt ne doit s'appliquer qu'en cas d'absence des mentions relatives à la date, au volume et au numéro correspondant à la formalité donnée au titre du disposant et souligne qu'en l'espèce il n'y a pas eu omission mais erreur portant sur le numéro de la publication (Cass. 3e civ., 4 nov. 2004, n° 03-12.755 : *Bull. civ.* 2004, III, n° 192 ; *Bull. AMC* 2005, art. 1883).

7600 Jugement déclarant la saisie « nulle et de nul effet ». En raison du caractère énonciatif de l'article 35, 1° du décret du 4 janvier 1955 précité, le conservateur n'est pas en droit de refuser de mentionner en marge de la publication du commandement un jugement du tribunal judiciaire déclarant nulle et de nul effet la saisie pratiquée. Ce jugement n'ayant pas ordonné la radiation ou prononcé la mainlevée de la saisie, le commandement ainsi émargé devra être regardé comme une saisie en cours au sens de l'article 38-1 du décret du 14 octobre 1955 et être délivré en copie ou extrait à ceux qu'ils requièrent. Par ailleurs, le commandement émargé subsistera également comme commandement précédemment publié pour l'application de l'article relatif au concours de plusieurs saisies (V. n° 7593), ce qui conduira à refuser de publier un second commandement de saisie sur le même immeuble (*Bull. AMC* 1989, art. 1429).

7601 Surendettement : ordonnance de suspension provisoire de la procédure. L'énumération faite par l'article 80 du décret du 14 octobre 1955 n'ayant pas de caractère limitatif, la décision du juge suspendant la procédure de saisie immobilière en vertu de l'article L. 331-5 du Code de la consommation (actuellement : art. L. 721-4 de ce même code) se rattache au commandement et entre dans le champ d'application de ce texte. Par suite, la publication de l'ordonnance de suspension peut être effectuée par voie de mention en marge, avec la reproduction de la limitation dans le temps qu'elle contient. Le commandement ainsi émargé, dont les effets sont simplement suspendus, restera considéré comme une saisie en cours (*Bull. AMC* 2009-2010, art. 1945).

7602 Contribution de sécurité immobilière. À cette occasion, le service de la publicité foncière perçoit une contribution au taux fixe de 15 € (CGI, art. 881 C, 7°).

D Péremption du commandement

a) *Commandement signifiés à compter du 1er janvier 2021 (délai de cinq ans)*

7603 Modification du délai de péremption. Le décret n° 2020-1452 du 27 novembre 2020 (*JOAN* 28 nov.) a porté de deux à cinq ans le délai de péremption du commandement-saisie édicté par l'article R. 321-20 du Code des procédures civiles d'exécution (V. C. Laporte, *Du nouveau en matière de procédures civiles d'exécution ! : JCP* G 2020, n° 50, act. 1371).
Le nouveau délai est applicable au commandement signifié à compter du 1er janvier 2011 (D. n° 2020-1452, art. 12, al. 2).

b) *Commandements signifiés avant le 1er janvier 2021*

N.B. : Les solutions concernant les commandements signifiés avant le 1er janvier 2021 peuvent être transposées pour l'application du nouveau délai de cinq ans.

7604 Délai de deux ans. Le commandement de payer valant saisie cesse de plein droit de produire effet si, dans les deux ans de sa publication, il n'a pas été mentionné en marge de cette publication un jugement constatant la vente du bien saisi.
En cas de refus du dépôt du commandement ou de rejet de la formalité de publication, le délai de deux ans ne commence à courir qu'à compter de la régularisation de la demande ou de la décision prise par le président du tribunal judiciaire, si un recours a été formé contre le refus de dépôt ou le rejet, en application de l'article 26 du décret du 4 janvier 1955 susvisé (CPC ex., art. R. 321-20).
La Cour de cassation a jugé qu'il ne suffisait pas que le jugement d'adjudication ait été prononcé avant l'expiration du délai de deux ans, mais qu'il fallait aussi qu'il ait été mentionné en marge de la publication de ce commandement dans ce même délai, faute de quoi ce commandement cessait de produire effet (Cass. 2e civ., 3 oct. 1973, n° 72-10.608 : *Bull. civ.* 1973, II, n° 240).
Commentant cette décision, l'association mutuelle des conservateurs a estimé qu'elle était sans effet à l'égard de l'accomplissement des formalités hypothécaires. En conséquence le service de la publicité foncière, qui n'est pas juge de l'utilité de l'efficacité des formalités, doit mentionner le jugement d'adjudication en marge de la publication du commandement sans avoir à rechercher si le délai de deux ans est ou non expiré. D'autre part, une fois émargée de la mention de l'adjudication,

la publication du commandement remplit apparemment les conditions prévues pour échapper à la péremption et doit par suite être révélée dans les états, même lorsqu'elle remonte à plus de deux ans (*Bull. AMC* 1974, art. 985).

Il appartient au juge saisi d'une demande de prorogation des effets du commandement de vérifier si, au jour où il statue, le délai de deux ans prévu à l'article R. 321-20 n'est pas expiré. S'il apparaît que la seule décision de justice publiée ne l'a été que postérieurement à l'expiration de ce délai, il s'en déduit que le commandement a cessé de produire effet (Cass. 2e civ., 19 oct. 2017, n° 16-15.236, publié au bulletin : *JurisData* n° 2017-020430).

7605 Suspension ou prorogation du délai. Le délai de deux ans est suspendu ou prorogé, selon le cas, par la mention en marge de la copie du commandement publié d'une décision de justice ordonnant la suspension des procédures d'exécution, le report de la vente, la prorogation des effets du commandement ou la décision ordonnant la réitération des enchères (CPC ex., art. R. 321-22).

La mention d'un jugement de report en marge de la publication du commandement fait courir à nouveau délai de deux ans pendant lequel cette publication continue à produire ses effets (*Bull. AMC* 1981, art. 1232 ; *ibid.* 1968, art. 728). Il en est de même si un jugement ordonne la prorogation des effets du commandement pour une durée déterminée. Il en est de même également si un jugement subroge un tiers dans les poursuites et décide que le subrogé fixera la date de l'adjudication ce qui équivaut à une prorogation du délai d'adjudication (*Bull. AMC*, préc., art. 1232).

7606 Constatation de la péremption. À l'expiration du délai de péremption (V. n° 7604) et jusqu'à la publication du titre de vente, toute partie intéressée peut demander au juge de l'exécution de constater la péremption du commandement et d'ordonner la mention de celle-ci en marge de la copie du commandement publié au fichier immobilier (CPC ex., art. R. 321-21).

Si un jugement d'adjudication survenu est mentionné en marge de la publication du commandement mais qu'il ne porte que sur quelques-uns des immeubles saisis, il y a lieu de considérer que le délai de péremption du commandement publié n'est interrompu qu'à l'égard de ces immeubles. Pour les immeubles non adjugés, la péremption est éventuellement encourue (*Bull. AMC* 1982, art. 1241).

7607 Rôle du service de la publicité foncière. Il résulte de l'article R. 321-21 du Code des procédures civiles d'exécution (V. n° 7605) que le commandement valant saisie n'est pas périmé si, postérieurement à l'expiration du délai de deux ans, un titre de vente (qui résulte soit d'une vente amiable, soit d'une adjudication) est publié en marge de la copie du commandement valant saisie.

Le service de la publicité foncière n'a pas à relever lui-même la péremption du commandement, qui demeure nécessairement subordonnée à une démarche expresse, par toute personne y ayant intérêt (débiteur saisi, créancier souhaitant entreprendre une nouvelle procédure de saisie sans se voir opposer la règle « saisie sur saisie ne vaut »...). Le juge de l'exécution doit être saisi, afin qu'il constate la péremption et en ordonne la mention en marge de la copie du commandement (Instr. 12 oct. 2007 préc., n° 86).

La certitude de la péremption résulte uniquement de la mention du jugement la constatant en marge de la copie publiée du commandement qui le concerne (Instr. 12 oct. 2007 préc., n° 87).

Du jour de cette mention en marge, le commandement n'a plus cours au sens de l'article 44 du décret du 14 octobre 1955, et le conservateur ne peut plus opposer de refus de publier un nouveau commandement (Instr. 12 oct. 2007 préc., n° 88).

II
Procédure postérieure au commandement

A Assignation à l'audience d'orientation

7608 Rappel de la procédure. La procédure de saisie immobilière prévoit que dans les deux mois suivant la publication du commandement valant saisie, l'assignation à comparaître devant le juge de l'exécution à une audience d'orientation est signifiée au débiteur (CPC ex., art R. 322-4).

Le commandement de payer valant saisie est dénoncé aux créanciers inscrits dans les cinq jours ouvrables qui suit la délivrance de l'assignation au débiteur (CPC ex., art. R. 322-6).

7609 **Mention en marge de la publication du commandement.** La mention de la délivrance de l'assignation et des dénonciations (V. n° **7597**) est portée en marge de la copie du commandement de payer publié au fichier immobilier, dans les huit jours de la dernière signification en date (CPC ex., art. R. 322-9). Une seule mention en marge de toutes les assignations et dénonciations peut être requise (Instr. 12 oct. 2007 préc., n° 53).
Du jour de cette mention, le commandement de saisie ne peut être radié que du consentement de tous les créanciers inscrits, et en vertu d'un jugement qui leur soit opposable (CPC ex., art. R. 322-9).
La publication au fichier immobilier des assignations et dénonciations est indépendante de la date de dépôt au greffe du cahier des conditions de vente qui se substitue à l'ancien cahier des charges (CPC ex., art. R. 322-10).

7610 **Acte signifié à un débiteur domicilié à l'étranger : authenticité.** Le conservateur des hypothèques (aujourd'hui le service de la publicité foncière) n'est pas juge de la validité et de l'efficacité des actes dont la publicité est sollicitée, mais il doit en contrôler le caractère authentique, au sens de l'article 4 du décret du 4 janvier 1955. Si l'assignation à comparaître à l'audience d'orientation destinée au débiteur saisi domicilié en Suisse comprend un acte de transmission daté et signé par un huissier et le nom de ce dernier, et que le procès-verbal de transmission au procureur général du canton de Genève fait corps avec l'assignation, il y a lieu d'en déduire que l'acte a un caractère authentique. C'est donc à tort que le conservateur des hypothèques, qui se prévaut en particulier de l'absence de la date de signification de l'acte, refuse de publier la mention de l'assignation en marge de la publication du commandement (Cass. 3e civ., 10 juill. 2013, n° 13-16.193 : *Gaz. Pal.* 14-15 mars 2014, p. 21 et la note).

B Jugement d'orientation

7611 **Rappel du déroulement de la procédure.** Le jugement d'orientation se substitue à l'ancienne procédure de conversion de saisie.
La nouvelle procédure se caractérise en effet par une intervention systématique du juge de l'exécution avant toute procédure de mise en vente lors de l'audience d'orientation. À l'issue de l'audience, le juge se prononce sur l'orientation de l'affaire. Il ordonne la vente du bien à l'amiable ou par adjudication forcée. Il peut également mettre fin à la procédure, la suspendre ou l'interrompre (CPC ex., art. R. 322-15 à R. 322-18).

7612 **Mention en marge.** Le jugement d'orientation est publié sous forme de mention en marge de la copie du commandement (D. 14 oct. 1955, art. 80-3°).

C Publication de l'acte de vente amiable ou du titre de vente

7613 Après l'audience d'orientation, la vente est faite soit à l'amiable, soit aux enchères publiques.

1 Vente amiable sur autorisation judiciaire

7614 **Publication de la vente.** La vente amiable autorisée dans les conditions prévues aux articles R. 322-20 à R. 322-25 du Code des procédures civiles d'exécution est publiée dans les conditions de droit commun (V. **Vente d'immeuble**). Elle fait également l'objet d'une mention en marge (D. 14 oct. 1955, art. 80-5° : V. n^os **7597** et **7598**).
Le notaire doit requérir formellement la mention de la publication de l'acte de vente en marge du commandement valant saisie, celle-ci n'étant pas faite d'office par le service de la publicité foncière. À cet effet, il indique les références de publication du commandement (date, volume, numéro) en marge duquel les références de publication de l'acte de vente doivent être mentionnées (Instr. 12 oct. 2007 préc., n° 62).

7615 **Rôle du service de la publicité foncière.** Le service de la publicité foncière n'est pas tenu de s'assurer que l'acte de vente, dont le notaire requiert la mention des références de publication en marge de la copie du commandement, est publié conformément aux prescriptions du jugement d'orientation ou du cahier des conditions de la vente. De même, il n'a pas à veiller à ce que le jugement d'orientation ait lui-même été publié (Instr. 12 oct. 2007 préc., n° 63).

7616 **Publication du jugement.** La publication du jugement aux termes duquel le juge de l'exécution s'assure que l'acte de vente est conforme aux conditions qu'il a fixées, que le prix a été consigné, et que l'état ordonné des créances a été dressé, et par lequel il constate la vente, est prévue par l'article R. 322-25 du Code des procédures civiles d'exécution. Cette décision n'est pas susceptible d'appel (CPC ex., art. R. 322-25, al. 2). Le service de la publicité foncière qui procède à la publication du jugement en fait mention en marge de la publication de la copie du commandement (CPC ex., art. R. 322-25, al. 3).

7617 **Radiation des inscriptions.** En procédant à la publication du jugement, le service de la publicité foncière doit également effectuer la « radiation des inscriptions correspondantes » (CPC ex., art. R. 322-25, al. 3). Les deux opérations sont concomitantes. Il y a lieu de prévoir la consignation de provisions suffisantes pour publier ses deux formalités : à défaut le dépôt sera refusé (*Bull. AMC* 2009-2010, art. 1942).

2 Vente forcée

7618 **Délivrance du titre à l'adjudicataire.** Après la vente aux enchères, le titre de vente est délivré par le greffier à l'adjudicataire, ou, à défaut de diligence de ce dernier pour accomplir les formalités de publicité foncière, aux créanciers poursuivants (CPC ex., art. R. 322-62), sur justification du paiement des frais taxés (CPC ex., art. L. 322-11). Ce titre consiste en l'expédition du cahier des conditions de vente revêtue de la formule exécutoire, à la suite de laquelle est transcrit le jugement d'adjudication (CPC ex., art. R 322-61) et la quittance du paiement des frais (CPC ex., art. R. 322-62).
Il est rappelé que jusqu'à la consignation des fonds, l'adjudicataire ne pourra consentir d'autre acte de disposition qu'une hypothèque en garantie du prêt contracté pour acquérir l'immeuble (C. civ., art. 2383).

7619 **Publication du titre.** Le titre de vente est publié selon les règles prévues pour les ventes judiciaires, à la requête de l'acquéreur ou, à son défaut du créancier poursuivant la distribution (CPC ex., art. R. 322-63).
Le titre doit donc satisfaire aux règles régissant les formes et délais de droit commun des décisions judiciaires emportant transfert de propriété (Instr. 12 oct. 2007 préc., n° 65).
La mention des références de publication de l'acte de vente en marge de la copie du commandement valant saisie doit être requise expressément (Instr. 12 oct. 2007 préc., n° 67).

D Radiation des inscriptions

1 Radiation judiciaire

7620 **Purge de plein droit.** Il résulte de l'article L. 322-14 du Code des procédures civiles d'exécution que la consignation du prix et le paiement des frais de la vente purgent de plein droit l'immeuble de toute hypothèque et de tout privilège du chef du débiteur saisi. Cette disposition s'applique que la vente se fasse par adjudication ou à l'amiable sur autorisation judiciaire (dans ce cas, l'acte notarié ne peut être dressé que sur consignation du prix : CPC ex., art. L. 322-4).
Mais la purge n'est pas la radiation. Cette radiation ne peut intervenir que si elle est expressément constatée par un jugement en dernier ressort ou passé en force de chose jugée (C. civ., art. 2440. – Instr. 12 oct. 2007 préc., n° 69).

7621 **Processus de la radiation.** Il y a lieu de distinguer (Instr. 12 oct. 2007 préc., n° 70) :
– en ce qui concerne les ventes amiables, la radiation des inscriptions est ordonnée par le juge de l'exécution conformément à l'article R. 322-25 du Code des procédures civiles d'exécution. L'ordonnance n'est prononcée qu'après constatation de la consignation du prix de vente et après que l'état des créances ait été dressé. Elle n'est pas susceptible d'appel ;
– en ce qui concerne les ventes par adjudication, la radiation des inscriptions est ordonnée par ordonnance du juge de l'exécution, non susceptible d'appel conformément à l'article R. 322-65 du Code des procédures civiles d'exécution.
Le service de la publicité foncière publie la décision du juge en marge du commandement valant saisie et procède à la radiation des inscriptions correspondantes (D. 14 oct. 1955, art. 80), dans les conditions de droit commun (Instr. 12 oct. 2007 préc., n° 71).

7622 **Contribution de sécurité immobilière.** Le service de la publicité foncière perçoit la contribution de sécurité immobilière au taux fixe de 15 € pour toute mention en marge du commandement de saisie (V. n° 7602).
Il perçoit par ailleurs la contribution due pour les radiations d'inscription dans les conditions habituelles (Instr. 12 oct. 2007 préc., n° 72).

2 Mainlevée amiable

7623 **Possibilité.** Bien entendu, rien n'empêche que les inscriptions grevant les immeubles saisis fassent l'objet d'une radiation non judiciaire, dès lors qu'elle satisfait aux prescriptions de l'article 2441 du Code civil (Instr. 12 oct. 2007 préc., n° 73).

III Incidents de saisie

A Cantonnement de la saisie

7624 **Définition.** Il résulte de l'article L. 321-6 du Code des procédures civiles d'exécution qu'en cas de saisie simultanée par un même créancier de plusieurs immeubles de son débiteur, le juge peut autoriser le cantonnement de la saisie.
Le jugement de cantonnement de la saisie à certains immeubles entraîne la suspension provisoire des poursuites sur les autres immeubles. Le jugement désigne les immeubles sur lesquels les poursuites sont suspendues. Les poursuites peuvent reprendre après la vente définitive si le prix des biens adjugés n'a pas suffi à désintéresser le créancier saisissant (CPC ex., art. R. 321-12).

7625 **Conséquences du point de vue de la publicité foncière.** Au fichier immobilier, le jugement de cantonnement est publié sous forme de mention en marge du commandement valant saisie (D. 14 oct. 1955, art. 80-8°. – V. n°s 7597 et 7598).
Le service de la publicité foncière mentionne en marge du commandement les immeubles sur lesquels les poursuites sont provisoirement suspendues jusqu'à la vente définitive (Instr. 12 oct. 2007 préc., n° 91).
Il est précisé qu'à compter de la publication du cantonnement, les effets du commandement de saisie sont suspendus pour les immeubles sur lesquels la saisie n'a pas été cantonnée. Pour autant, aucun commandement ne peut être publié sur ces immeubles. Les effets du commandement reprennent en ce qui les concerne après la vente du bien sur lequel la saisie avait été cantonnée (Instr. 12 oct. 2007 préc., n° 92).

B Conversion de la saisie en hypothèque prenant rang en cours au jour de la publication du commandement

7626 **Principe.** Le juge peut décider de convertir partiellement des saisies en hypothèques sur certains des immeubles qui en sont l'objet. Cette hypothèque prendra rang au jour de la publication de la saisie, sous réserve de son inscription dans le mois de la notification de la décision (CPC ex., art. L. 321-6).
Le juge ordonne dans sa décision la radiation du commandement et l'inscription d'une hypothèque judiciaire sur les immeubles initialement saisis qu'il désigne.

7627 **Publicité foncière.** Le créancier qui entend voir l'inscription prendre rang à la date de publication du commandement de saisie fait procéder à la publication du jugement en marge du commandement et à l'inscription de l'hypothèque dans les conditions de droit commun (CPC ex., art. R. 321-12, al. 2).

7628 **Inscription de l'hypothèque.** S'agissant d'une hypothèque judiciaire, le créancier présente, outre le bordereau d'inscription, la décision du juge. Le bordereau d'inscription mentionne (dans la rubrique « dispositions particulières ») les références de publication du commandement valant saisie, pour permettre au conservateur des hypothèques de délivrer la date du commandement à l'appui d'une demande de renseignements (Instr. 12 oct. 2007 préc., n° 95).
Pour autant, et à moins que l'inscription ne soit requise dans le mois de la date de la décision, le fichier immobilier ne permet pas d'informer les tiers de la prise de rang de l'inscription à la date de publication du commandement. La preuve de la prise de rang de l'inscription à cette date ne peut être apportée ultérieurement qu'en établissant la date de notification aux créanciers de la décision de conversion (CPC ex., art. L. 321-6. – Instr. 12 oct. 2007 préc., n° 69).

C Prorogation de la saisie

7629 **Mention en marge.** Les décisions de prorogation de l'adjudication doivent être mentionnées en marge de la publication du commandement (CPC ex., art. R. 321-22).
Si un jugement proroge indûment l'adjudication, et qu'il intervient dans des conditions irrégulières au regard de la jurisprudence, le conservateur n'est pas fondé en refuser le dépôt.
Si elle est requise, la mention en marge de ce jugement doit être opérée. Elle crée dans la documentation une apparence prêtant au commandement les traits d'une saisie en cours. Il y a lieu pour le conservateur de tenir compte de cette apparence. Il devra donc continuer à révéler le commandement publié, et refuser de publier tout nouveau commandement

portant sur le même immeuble concernant le même débiteur. C'est aux parties intéressées, si elles l'estiment fondé, qu'il appartient de demander à la justice de constater la péremption du commandement, le conservateur n'ayant pas à se faire juge de la difficulté (*Bull. AMC* 1994, art. 1637 ; V. aussi *Bull. AMC* 1991, art. 1515).

➤ Sur le refus de mentionner un jugement de prorogation du délai d'adjudication au motif que les références du commandement de saisie étaient inexactes, V. n° 7599.

D Conversion de la vente amiable en vente forcée

7630 Lorsque le jugement d'orientation a décidé d'une vente amiable et que, à l'audience à laquelle l'affaire est appelée, le juge ne peut pas constater cette vente, il ordonne la vente forcée (CPC ex., art. R. 322-25 et R. 322-22). Ce jugement n'emporte pas en tant que tel prorogation de la procédure, même s'il peut être assorti d'une telle prorogation (Instr. 12 oct. 2007 préc., n° 99).

E Jonction de saisie

7631 **Procédure.** La jonction de saisie est organisée par l'article R. 321-11 du Code des procédures civiles d'exécution. En cas de jonction d'instances, la procédure est continuée par le créancier dont le commandement a été publié en premier.

Si les commandements ont été publiés le même jour, la procédure est poursuivie par le créancier dont le commandement est le premier en date et si les commandements sont du même jour, par celui dont la créance en principal est la plus élevée.

F Subrogation

7632 La subrogation dans l'exercice des poursuites de saisie est régie par l'article R. 311-9 du Code des procédures civiles d'exécution. Elle est accordée par le juge de l'exécution.

La décision de subrogation doit être mentionnée en marge de la publication du commandement (D. 14 oct. 1955, art. 80-8°. – V. nos 7597 et 7598).

G Distraction de saisie

7633 La demande de distraction est une action formée par un tiers en revendication d'immeubles saisis dont il se prétend propriétaire et qui selon lui ont été compris à tort dans la saisie.

Cette demande peut être formée en tout état de cause (CPC ex., art. R. 311-8).

La décision faisant droit à cette demande doit être mentionnée en marge de la publication du commandement (D. 14 oct. 1955, art. 80-8°. – V. nos 7597 et 7598).

IV Radiation de la saisie

7634 **Observations préliminaires.** La radiation de la saisie se différencie de la radiation des inscriptions, qui ponctue la procédure de saisie au fichier immobilier (V. nos 7620 et 7621). Rien n'empêche qu'une radiation de la saisie soit demandée postérieurement à la publication de la vente (Instr. 12 oct. 2007 préc., n° 74).

Le service de la publicité foncière veille au respect des conditions de validité de la radiation (Instr. 12 oct. 2007 préc., n° 76).(gElle est opérée sous forme de mention en marge du commandement. La radiation est régie par les articles R. 321-10 (pour les créanciers auxquelles la règle « saisie sur saisie ne vaut » est applicable) et R. 322-9 (créanciers inscrits auxquels le commandement de payer été dénoncé) du Code des procédures civiles d'exécution.

7635 **L'ordre de radier doit être exprès.** Même lorsque la radiation est prononcée par décision de justice, l'ordre de radier doit être exprès et formel. Il ne saurait résulter implicitement de la disposition principale d'un jugement tendant à prononcer la distraction ou la nullité de la saisie (Instr. 12 oct. 2007 préc., n° 77).

La règle selon laquelle la radiation doit être expressément ordonnée s'applique en toute hypothèse et notamment lorsque le jugement :

– prononce la nullité d'un acte de la procédure (CPC ex., art. R. 311-10) ;

– prononce sur l'immeuble en cause la conversion de la saisie en hypothèque (CPC ex., art. R. 321-12. – Instr. 12 oct. 2007 préc., n° 79).

À défaut d'une réquisition expresse de radier, les jugements sont publiés en marge de la copie du commandement, mais le service de la publicité foncière n'est pas fondé à le considérer comme n'ayant plus cours. C'est donc à bon droit que dans cette hypothèse, il refuse de publier tout nouveau commandement (Instr. 12 oct. 2007 préc., n° 80).

7636 **Péremption du commandement.** Il est fait exception à la règle précitée (V. n° 7635) lorsque le service de la publicité foncière publie en marge de la copie du commandement une décision du juge constatant sa péremption, en vertu de l'article R. 321-21 du Code des procédures civiles d'exécution (Instr. 12 oct. 2007 préc., n° 81).

7637 **Décision constatant la nullité ou déclarant la caducité du commandement.** La décision constatant la nullité ou déclarant la caducité du commandement vaut réquisition expresse de radiation, dès lors qu'elle porte expressément mainlevée dudit commandement. Dans ce cas en effet, la décision emporte suppression de tout effet d'indisponibilité, qui résultait à l'égard des tiers de la publication du commandement (CPC ex., art. L. 321-5. – Instr. 12 oct. 2007 préc., n° 82).

7638 **Déclaration de caducité.** La déclaration de caducité du commandement étant susceptible d'être rapportée (CPC ex., art. R. 311-11), le service de la publicité foncière effectuera la radiation du commandement sur la foi d'une décision déclarant sa caducité et sa mainlevée, à la seule condition qu'il lui soit prouvé que cette déclaration n'est plus susceptible d'être rapportée. Un certificat du greffe établissant que le créancier n'a pas fait connaître de motifs légitimes dans les quinze jours du prononcer de la déclaration devra être produit à cette fin (Instr. 12 oct. 2007 préc., n° 83).

V
Taxe de publicité foncière et contribution de sécurité immobilière

A Taxe de publicité foncière

7639 **Application d'une taxe fixe.** Sont soumises à une taxe fixe (actuellement 25 €), les mentions en marge de la publication du commandement de saisie :
- du jugement prorogeant le délai d'adjudication ;
- du jugement de conversion de la saisie en vente volontaire ;
- de l'acte de vente amiable ou de l'adjudication ;
- du jugement ou de l'ordonnance prescrivant la radiation des inscriptions ;
- de la radiation de la saisie.

7640 **Exonération de taxe.** Sont exonérées de taxe de publicité foncière les mentions :
- du refus de publier un autre commandement ;
- de la jonction de saisie ;
- de la distraction de saisie ;
- de l'assignation à comparaître à l'audience d'orientation et de sa dénonciation au créancier ;
- du jugement d'orientation ;
- du cantonnement de la saisie d'un immeuble déterminé (V. Lacroix, n°s 520 à 526-5).

B Contribution de sécurité immobilière

7641 **Contribution au taux fixe.** La contribution de sécurité immobilière est perçue au taux fixe (actuellement 15 €) pour les publications suivantes (CGI, art. 881 C) :
- pour la publication de chaque commandement valant saisie immobilière ;
- pour la mention de l'assignation et des dénonciations prévues à l'article 43 du décret n° 2006-936 du 27 juillet 2006 relatif aux procédures de saisie immobilière et de distribution du prix d'un immeuble ;
- pour l'acte constatant le refus de publier un commandement valant saisie en cas de commandement publié ;
- pour la mention prévue à l'article 22 du décret n° 2006-936 du 27 juillet 2006 précité ;
- pour la radiation de la saisie ;
- pour la mention de tout jugement ou ordonnance en marge de la publication d'une saisie.

N.B. : La contribution de sécurité immobilière a remplacé le salaire du conservateur à compter du 1er janvier 2013. Cette taxe est perçue aux mêmes conditions d'assiette, de tarif, de contrôle et de recouvrement que ce salaire (V. **Contribution de sécurité immobilière**).

Saisie pénale des immeubles

Jacques LAFOND

BIBLIOGRAPHIE : H. Robert, *Une importante réforme de la procédure pénale inachevée. À propos de la loi du 9 juillet 2010 : JCP* G 2010, 1067. – *Le notaire et la loi n° 2010-768 du 9 juillet 2010 visant à faciliter la saisie et la confiscation en matière pénale : Bull. Cridon Paris* sept. 2010, n° 18, note pratique. – A. Fournier, *La saisie pénale des immeubles : spécificités et incertitudes pour le conservateur : JCP* N 2010, n° 51 52, 913, Libres propos. – A. Fournier, *La nouvelle Agence de gestion et de recouvrement des avoirs saisis et confisqués (AGRASC), à propos du décret n° 2011-134 du 1er février 2011 : JCP* N 2011, p. 5, 334, Aperçu rapide. – A. Fournier et A. Fournier-Renault, *La confiscation des immeubles et leur aliénation : Agence de gestion et de recouvrement des avoirs saisis (AGRASC) et confisqués et notariat : un partenariat exemplaire : JCP* N 2012, n° 36-800. – E. Lemaire, *La vente des biens de l'État à la suite de leur confiscation pénale : pratique notariale : Defrénois* 2020, n° 3, p. 17.

I

Domaine, origine et étendue de la saisie pénale

7642 **Réglementation.** Parmi les dispositions nouvelles introduites par la loi n° 2010-768 du 9 juillet 2010 dans le Code de procédure pénale (*JO* 10 juill. 2010) a été créée une saisie spécifique pour garantir sur les biens immobiliers l'exécution de la peine complémentaire de confiscation. En outre, ce texte facilite grandement la mise en œuvre de cette saisie en la confiant, si les juridictions pénales le souhaitent, à une agence de gestion et de recouvrement des avoirs saisis et confisqués organisée par le décret n° 2011-134 du 1er février 2011 (*JO* 2 févr. 2011).

Autorisée par ordonnance motivée du juge des libertés et de la détention ou le juge d'instruction, notifiée au ministère public, au propriétaire saisi et aux tiers ayant des droits sur le bien (CPP, art. 706-150, al. 1), la saisie pénale porte sur la valeur totale de l'immeuble sans préjudice des privilèges et hypothèques préalablement inscrits ou des privilèges visés à l'article 2378 du Code civil, dispensés d'inscriptions (CPP, art. 706-151, al. 2).

II
Effets de la saisie pénale

7643 **Effets généraux.** La saisie pénale produit des effets généraux proches de ceux prévus par l'article L. 321-2 du Code des procédures civiles d'exécution. Sans entrer dans les détails, on citera :
– l'indisponibilité des biens saisis (CPP, art. 706-145, al. 1) ;
– la responsabilité du propriétaire ou du détenteur du bien pour son entretien et sa conservation (CPP, art. 706-143) ;
– l'opposabilité aux tiers de la saisie à compter **de la publication de la décision** l'ordonnant au bureau des hypothèques ou au livre foncier (CPP, art. 706-151, al. 1) mais **sans instauration d'un délai de publication** ;
– des effets jusqu'à la mainlevée ou la confiscation sans délai de péremption.

7644 **Effets spécifiques.** La saisie pénale produit en revanche des effets spécifiques au regard des autres procédures civiles d'exécution :
– la publication préalable d'un commandement de saisie sur l'immeuble **ne fait pas obstacle à la publication de la décision de saisie pénale immobilière** (CPP, art. 706-151, al. 3). Est ainsi exclue l'application aux saisies pénales de la règle classique « saisie sur saisie ne vaut » prévue par l'article R. 321-9 du Code des procédures civiles d'exécution concernant les saisies immobilières de droit commun ;
– à compter de la date à laquelle elle devient opposable et jusqu'à sa mainlevée ou la confiscation du bien saisi, la saisie pénale **suspend ou interdit toute procédure civile d'exécution** sur le bien objet de la saisie pénale (CPP, art. 706-145, al. 2) ;
– mais sur autorisation du magistrat compétent pour statuer sur toutes les requêtes relatives à la saisie (CPP, art. 706-144, al. 1) une procédure civile d'exécution peut être reprise ou engagée, les formalités régulièrement accomplies n'ayant pas à être réitérées (CPP, art. 706-146, al. 4). Il ne peut alors être procédé à la vente amiable et la saisie pénale peut être reportée sur le solde du prix de cession après désintéressement des créanciers bénéficiant d'une inscription en rang utile (même article).

III
Publicité foncière

7645 D'une manière générale, malgré certaines particularités de la procédure, la publicité foncière joue son rôle traditionnel de résolution des conflits de droits réels dans la mesure où se trouve respecté l'ordre de publication des formalités : désintéressement des créanciers d'un rang préférable, inopposabilité à l'État de la cession de l'immeuble antérieure à la saisie pénale mais **publiée postérieurement** à cette saisie (CPP, art. 706-152) par exemple.
S'agissant de la personne susceptible de requérir la publicité de l'ordonnance, aux termes de l'article 706-151, alinéa 1 du Code de procédure pénale, « les formalités de cette publication sont réalisées, au nom du procureur de la République ou du juge d'instruction, par l'Agence de gestion et de recouvrement des avoirs saisis et confisqués ».

7646 Doivent être soulignées les conséquences de la publication au fichier immobilier de la saisie pénale à l'égard **des autres procédures civiles d'exécution**.
Il en est ainsi en particulier des conséquences à tirer de la règle posée par l'article 706-145, alinéa 2 du Code de procédure pénale selon laquelle « À compter de la date à laquelle elle devient opposable et jusqu'à sa mainlevée ou la confiscation du bien saisi, la saisie pénale suspend ou interdit toute procédure civile d'exécution sur le bien objet de la saisie pénale ».
En effet, il n'existe pas dans la loi du 9 juillet 2010 un texte prohibant la publication d'un commandement valant saisie « civile » en présence d'une saisie pénale déjà publiée. Dès lors, le conservateur ne disposant d'aucune cause de refus ou de rejet, l'article L. 321-5 du Code des procédures civiles d'exécution lui fait obligation de publier ce commandement que le Code de procédure pénale interdit.

7647 **Réquisition de publier une seconde saisie pénale.** Le Code de procédure pénale qui réglemente seul les modalités de la saisie pénale ne prévoit explicitement aucune interdiction de publier une ou plusieurs autres saisies pénales sur le même immeuble à l'initiative du procureur de la République ou du juge d'instruction. En outre, les dispositions propres à la publicité foncière ne prévoient pas non plus de cause de refus ou de rejet dans l'hypothèse de réquisition de publication d'une nouvelle saisie pénale. En conséquence, la publication de cette nouvelle saisie doit être acceptée (*Bull. AMC* 2010-2011, art. 1955).

7648 **Gestion du fichier immobilier.** Au plan pratique de la gestion du fichier immobilier, en l'absence de dispositions législatives ou réglementaires spécifiques, les saisies pénales sont traitées dans l'application informatique *FIDJI* comme les saisies « civiles », notamment enliassement dans un volume « S » permettant le report en tant que charge. De même, divers actes postérieurs sont publiés sous forme de mention en marge de l'ordonnance de saisie pénale (décision de confiscation, mainlevée de la saisie pénale...) pour la meilleure information des tiers.

7649 **Radiation de la saisie.** La radiation de saisie pénale est exonérée de contribution de sécurité immobilière en application du II de l'article 879 du Code général des impôts, dès lors que, et en toute hypothèse, elle est considérée comme requise au profit de l'État (V. **État**).

IV
L'Agence de gestion et de recouvrement des avoirs saisis et confisqués (AGRASC)

A Généralités

7650 **Objet.** Dans la perspective de l'augmentation des mesures coercitives de saisie pénale et de confiscation, les services judiciaires auraient été confrontés à de très grandes difficultés sans une structure spécialisée prenant en charge tous les actes qui, de la saisie à la confiscation, sont indispensables pour aboutir finalement à la vente des biens en cause.
Tel est l'objet du décret n° 2011-134 du 1er février 2011 qui, dans un titre XXX du Code de procédure pénale (CPP) « De l'agence de gestion et de recouvrement des avoirs saisis et confisqués » précise sous les articles R. 54-1 à R. 54-10 l'organisation et le fonctionnement de l'Agence.

7651 **Missions.** Établissement public à caractère administratif sous la tutelle conjointe du ministre de la Justice et du ministre chargé du budget, ses missions sont définies par l'article 706-160 du Code de procédure pénale. Sans entrer dans le détail, on citera notamment comme principales missions :
– sur l'ensemble du territoire et sur mandat de justice « la gestion de tous les biens, quelle que soit leur nature, saisis, confisqués ou faisant l'objet d'une mesure conservatoire au cours d'une procédure pénale » ;
– l'aliénation des biens ordonnée ou autorisée, dans les conditions prévues aux articles 41-5 et 99-2 du Code de procédure pénale ;
– des attributions très importantes en matière financière : abondement d'un fonds de concours, indemnisation des victimes, aide au recouvrement des créances fiscales, douanières, sociales ou de dédommagement (CPP, art. 706-161 et 706-164) et en matière de coopération internationale (CPP, art. 706-160).

7652 **Publicité foncière.** Outre sa mission générale d'assistance juridique et pratique des juridictions pénales pour la réalisation des saisies et confiscations, l'AGRASC joue un rôle essentiel et **obligatoire en matière de publicité foncière :**
– en application de l'article 706-151 du Code de procédure pénale, les formalités de publication des décisions ordonnant la saisie pénale d'un immeuble au fichier immobilier ou au livre foncier (Alsace-Moselle) sont, on l'a vu précédemment (V. n° 7645), réalisées par l'Agence ;
– elle assure la publication du jugement ou de l'arrêt prononçant la peine complémentaire de la confiscation pour rendre opposable aux tiers le transfert de propriété de l'immeuble confisqué à l'État, préalable indispensable à sa vente ;
– par l'intermédiaire de l'Agence, la mainlevée ainsi que différents actes de procédure concernant la

saisie pénale sont publiés, sur réquisition expresse, sous forme de mention en marge au fichier immobilier (exemple : autorisation par le juge de la reprise ou de l'engagement d'une procédure civile d'exécution – CPP, art. 706-144).

7653 **L'Agence et le notaire.** Interface institutionnelle à compétence nationale entre les juridictions et les services de la publicité foncière, l'activité de l'AGRASC est occasionnellement susceptible d'intéresser les notaires :
– d'une part, en vertu de l'article 706-160 du Code de procédure pénale, l'Agence peut, sauf disposition exceptionnelle, obtenir le concours ainsi que toutes informations utiles, notamment des notaires, sans que le secret professionnel lui soit opposable ;
– d'autre part, des questions peuvent se poser dans les cas où un notaire est sollicité pour instrumenter sur un immeuble faisant l'objet d'une saisie pénale, qui conduiront à des relations incontournables avec l'Agence ;
– enfin, dans le cadre d'un partenariat sous l'égide du Conseil supérieur du Notariat, les notaires peuvent se voir confier une mission d'assistance et la vente d'un immeuble confisqué.

B Missions particulières à la suite de confiscations

BIBLIOGRAPHIE : A. Fournier et A. Fournier-Renault, *La confiscation des immeubles et leur aliénation : Agence de gestion et de recouvrement des avoirs saisis (AGRASC) et confisqués et notariat : un partenariat exemplaire : JCP* N 2012, n° 36-800.

7654 L'AGRASC est chargée, dans les conditions prévues à l'article 707-1 du Code de procédure pénale, de l'exécution des confiscations au nom du procureur de la République, en procédant notamment aux formalités de publicité foncière.

1 Publicité foncière de la décision de confiscation

a) Document à publier

7655 Emportant transfert de propriété au profit de l'État français, la décision judiciaire de confiscation est un acte obligatoirement publié en vertu de l'article 28, 1°, a) du décret du 4 janvier 1955 qui vise la mutation ou la constitution de droits réels immobiliers.
Sera ainsi publié au fichier immobilier à fin d'opposabilité aux tiers, conformément à l'article 30 du même décret, le jugement passé en force de chose jugée ou s'il a été frappé d'appel l'arrêt de la cour d'appel.
Toutefois, dans le cadre de l'exécution transfrontalière des décisions de confiscation, prévue par la loi du 9 juillet 2010, l'État bénéficiaire de la confiscation pourra être un État étranger qui devient alors, au fichier immobilier, titulaire de l'immeuble en cause (tel a été le cas d'une confiscation au profit de la ville de Genève).
La confiscation peut porter sur les droits indivis du condamné ou dans certains cas sur tout le bien immobilier indivis (immeuble produit direct ou indirect de l'infraction).
Dans ce dernier cas, pour l'application du principe de l'effet relatif, prévu par l'article 32 du décret du 14 octobre 1955, la décision judiciaire présentée devra comporter les références de la formalité donnée au titre de tous les indivisaires.

b) Formalités de publication

7656 C'est au magistrat du Parquet assurant l'exécution de la peine de confiscation qu'il appartient de reproduire le contenu de la décision en intégralité ou par extrait sur le formulaire administratif adéquat, de procéder dans ce document à la certification de sa conformité à la décision originale, ainsi qu'à la certification de l'identité des parties, conformément aux dispositions des articles 67-3 et 38 du décret du 14 octobre 1955.
En revanche, à l'instar des saisies pénales, c'est l'Agence qui est chargée de procéder concrètement à la formalité de publication de la décision de confiscation auprès du bureau des hypothèques compétent.
Pour ce faire, elle accomplit toutes les diligences habituelles (D. n° 55-22, 4 janv. 1955, art. 34 et D. n° 55-1350, 14 oct. 1955, art. 67-3), dont la présentation d'un extrait cadastral de moins de six mois au jour du dépôt.
Dans la mesure où la décision judiciaire ne comporterait pas toutes les mentions exigées en matière de publicité foncière, l'AGRASC pourra être conduite à établir en accompagnement du dépôt une attestation complémentaire fournissant les renseignements nécessaires (identification des parties, désignation des immeubles, effet relatif).
En outre, si la confiscation a été précédée d'une saisie pénale, il lui appartiendra de requérir en marge de celle-ci la mention de la confiscation, pour l'information des tiers.
Enfin, sont également applicables à la publication de la décision judiciaire de confiscation les modalités de notification par voie dématérialisée des causes de rejet de la formalité, l'Agence ayant pris soin de préciser dans le bordereau de dépôt sa qualité de déposant et son adresse e-mail.

2 Concours des notaires en cas d'aliénation

7657 Il appartient également à l'AGRASC de gérer la phase finale de la procédure, c'est-à-dire de régler le devenir des biens ou droits immobiliers dévolus à l'État.

Dans l'hypothèse où la consultation de l'administration chargée des domaines ne conduit pas à l'affectation de l'immeuble entré dans le domaine privé de l'État à l'un de ses services, dans l'optique d'une optimisation de la gestion des biens domaniaux, l'Agence s'orientera vers l'aliénation de cet immeuble.

En effet, l'article R. 54-9 du Code de procédure pénale lui confère compétence pour procéder à l'aliénation des biens immobiliers confisqués au cours d'une procédure pénale, sans obligation de la confier à France Domaine (devenu Direction de l'immobilier de l'État).

Dans la mesure où l'agence ne prend pas en charge elle-même l'opération, on peut comprendre qu'elle sollicite le concours des notaires pour l'organisation et la réalisation de la vente d'immeubles se situant dans un contexte pénal. Cette circonstance semble de nature à la distinguer quelque peu des transactions immobilières traditionnelles.

C'est ainsi que l'AGRASC et le Conseil supérieur du notariat (CSN) ont convenu de mettre en place un partenariat dont les caractéristiques sont définies par un contrat du 4 janvier 2012 qui porte à titre principal sur les aliénations de biens immobiliers confisqués par décision de justice immédiatement exécutoire ou devenue définitive. L'objectif est d'organiser et de réaliser lesdites aliénations dans le délai de six mois (vente par adjudication) ou de quatre mois (vente de gré à gré par Internet selon la procédure immo-interactif) et aux meilleures conditions (pour plus de détails, V. l'étude de A. Fournier et de A. Fournier-Renault, préc. V. également, E. Lemaire, *La vente des biens de l'État à la suite de leur confiscation pénale et la pratique notariale : Defrénois* 2020, n° 3, p. 17).

Scission de copropriété

Jacques LAFOND

I Scission proprement dite

A Publicité foncière

7658 Modifications de l'état descriptif de division. La scission entraîne modification de l'état descriptif de division. La documentation administrative de base donne les indications suivantes quant à ses modalités d'établissement (Doc. adm. DGI, 10 E-4343, n° 18, 1er août 1986) :

Exemple : une copropriété unique comportant 100 lots avec 10 millièmes de parties communes se divise en deux copropriétés distinctes de 50 lots chacune.

Sous le nouveau régime, issu de la loi n° 79-2 du 2 janvier 1979, la présentation de l'acte modificatif de l'état descriptif de division est considérablement simplifiée. Par hypothèse, l'immeuble en copropriété avait pour assiette la parcelle cadastrée section A, n° 6, rue des Prés ; à l'issue de la division, les parcelles d'assiette des nouvelles copropriétés, à la suite de l'attribution par le cadastre des nouveaux numéros, sont identifiées : section A, n° 200 et n° 201. Un certificat de numérotage à même été fourni, les adresses des nouveaux immeubles étant respectivement 6 et 6 *bis*, rue des Prés. Le tableau récapitulatif pourra se présenter sous la forme suivante :

Numéro du lot	Bâtiment	Escalier	Étage	Nature	Quote-part	Observations
Immeuble cadastré A 100, sis, 6, rue des Prés.						
1…	A	Unique	RC	App.	10	Supprimé. Devenu lot 101, copropriété sur immeuble cadastré A 200.
2…	A	–	RC	App.	10	Supprimé… Lot 102…
3…	A	–	RC	App.	10	Supprimé… Lot 103…
4…	A	–	1	App.	10	Supprimé… Lot 104…
…	…	…	…	….	…..	…..
51…..	B	Unique	RC	App.	10	Supprimé. Devenu lot 201 copropriété sur immeuble cadastré A 201.
52…	B	–	RC	App.	10	Supprimé… Lot 202…
53…	B	–	RC	App.	10	Supprimé… Lot 203…
…	…	…	….	….	….	…..
100	B	–	3	App.	10	Supprimé… Lot 250…

Numéro du lot	Bâtiment	Escalier	Étage	Nature	Quote-part	Observations
Immeuble cadastré A 200, sis 6, rue des Prés.						
101...	Unique	Unique	RC	App.	20	Ancien lot 1 de la copropriété sur immeuble A 100.
102...	–	–	RC	App.	20	... Lot 2...
103...	–	–	RC	App.	20	... Lot 3...
104...	–	–	1	App.	20	... Lot 4...
...	...	...	...	...	....	.....
Immeuble cadastré A 201, 6 bis, rue des Prés.						
201...	Unique	Unique	RC	App.	20	Ancien lot 51 de la copropriété sur immeuble A 100.
202...	–	–	RC	App.	20	Ancien lot 52 de la copropriété sur immeuble A 100.
203...	–	–	1	App.	20	... Lot 53...
...	...	...	...	....	.....	.....
250.....	–	–	3	App.	20	... Lot 100...

NOTA L'article 71-4 du décret du 4 octobre 1955 énonce que « dans tout état descriptif de division établi après la suppression d'un état descriptif antérieur, dans tout acte modificatif d'un état descriptif de division préalablement inscrit *(sic)*, en cas de division ou de réunion de copropriétés existantes, le numérotage des lots ne doit reprendre aucun des numéros précédemment attribués ».

➤ Sur les modalités de la mise à jour du fichier voir l'instruction du 1er août 1979 (BODGI 10 E-1-79), nos 118 à 121.

7659 **Inscriptions grevant les lots.** Dans le cas où certains lots étaient grevés d'inscriptions, la question s'est posée de savoir s'il ne fallait pas procéder à la mainlevée de ces inscriptions et à leur réinscription sur les nouveaux lots (procédure suivie antérieurement à la loi du 2 janvier 1979). Cette procédure n'est plus d'actualité (chron. P.J.C. : *JCP* N 1988, prat. 592). Il convient de procéder de la façon suivante (chron. A. Fournier : *JCP* N 1999, p. 1676) :

– l'opération ne laisse subsister que des immeubles sur lesquels s'exercent des droits privatifs. Chacun des anciens lots reçoit une désignation cadastrale correspondant à une unité foncière indépendante sur laquelle s'exerce exclusivement un droit de propriété privatif. Un tableau de concordance entre les anciens lots de copropriété et les nouvelles parcelles cadastrées doit être établi pour permettre d'annoter en toute sécurité le fichier immobilier du changement intervenu dans la désignation des biens immobiliers concernés.

S'agissant d'un changement n'affectant que la désignation des biens et non l'étendue des droits réels, le conservateur – si la concordance est parfaitement établie – est en mesure de tirer toutes les conséquences du changement publié et notamment de reporter sur les parcelles cadastrées les charges grevant les anciens lots correspondants, en particulier les inscriptions ;

– l'opération laisse subsister des parties à usage commun. Ce cas sera vraisemblablement le plus fréquent du fait de l'existence de voirie de desserte.

En sus du schéma précédent, pour les immeubles comportant des droits privatifs exclusifs, il paraît nécessaire d'identifier spécifiquement ces parties à usage commun par une désignation cadastrale propre sur lesquelles s'exerceront des droits indivis (et non plus une quote-part de parties communes).

Dans ce second schéma, les charges grevant éventuellement les anciens lots devraient être reportées à la fois sur la nouvelle parcelle cadastrale correspondante et sur la ou les parcelles cadastrales créées pour identifier les parties à usage commun, objet des droits indivis.

Bien entendu, la ou les parcelles à usage commun doivent être intégrées dans le tableau de correspondance pour identifier pleinement les biens sur lesquels portent désormais les droits de propriété privatifs et indivis affectant chacun des lots annulés.

Exemple : Lot n° 1 devient AB 10 et droits indivis dans AB 100.

Lot n° 2 devient AB 20 et droits indivis dans AB 100.

B Taxation

1 Taxe de publicité foncière

7660 **Exonération de principe.** L'article 85 de la loi n° 2000-1208 du 13 décembre 2000 (*JO* 14 déc.

2000), a créé un nouvel article 749 A du Code général des impôts, ainsi rédigé :

« Sont exonérés du droit d'enregistrement ou de la taxe de publicité foncière prévue à l'article 746 les partages d'immeubles bâtis, de groupes d'immeubles bâtis ou d'ensembles immobiliers soumis à la loi du 10 juillet 1965 fixant le statut de la copropriété des immeubles bâtis, et la redistribution des parties communes qui leur est consécutive ».

Ce texte exonère donc de toute perception du droit d'enregistrement ou de la taxe de publicité foncière prévus à l'article 746 les partages d'immeubles en copropriété et la redistribution des parties communes qui en est la conséquence. Or la scission (ou retrait) de copropriété est une opération de partage (*Bull. AMC* 1976, art. 1040 ; Bulté, chron. hyp. : *JCP* N 1978, IV, 6876 ; *ibid.* 1979, IV, 7118).

Elle est donc appelée à bénéficier de l'exonération instituée par l'article 749 A du Code général des impôts. Toutefois, ce texte appelle plusieurs remarques :

– étant d'interprétation stricte comme tous les textes fiscaux, il ne s'applique qu'aux seuls partages d'immeubles *bâtis*, de groupes d'immeubles *bâtis* et d'ensembles immobiliers soumis à la loi du 10 juillet 1965 ;

– l'article 749 A ne vise que les droits « prévus à l'article 746 », c'est-à-dire le droit de partage (sur son taux actuel, V. **Partage**). Il n'y pas d'exonération du droit de mutation à titre onéreux éventuellement dû s'il y a soulte ou plus-value de lot (perception prévue par l'article 747 du Code général des impôts).

7661 **Perception exceptionnelle des droits de mutation à titre onéreux.** La taxe proportionnelle de publicité foncière peut être due, à titre exceptionnel, si les conditions posées par l'article 749 A du Code général des impôts ne sont pas strictement respectées (V. n° 7659). Ainsi par exemple si le partage donne lieu au paiement d'une soulte, ou fait apparaître une plus-value de lot. Ce sera le cas par exemple si un lot qui détient 100 millièmes des parties communes générales se voit attribuer 2 000 mètres carrés dans le terrain d'assiette de la copropriété qui comprend 10 000 mètres carrés, attribution qui excède ses droits, qui se limitent à 1 000 mètres carrés. Il y aura alors perception des droits de mutation à titre onéreux (TVA ou taxe de publicité foncière selon le cas) à due concurrence du montant de la soulte ou de la plus-value de lot (sur les modalités de perception des droits de mutation lorsqu'ils sont exigibles, V. **Partage**).

7662 **Assiette de la taxe de publicité foncière au taux proportionnel lorsqu'elle est exigible.** À l'époque où le droit de partage était exigible, diverses réponses ministérielles étaient venues indiquer ses modalités d'assiette. Elles restent toujours d'actualité, tant pour ce qui concerne la perception des droits de mutation lorsqu'ils sont dus que pour la perception de la contribution de sécurité immobilière.

Une réponse ministérielle du 29 mars 1975 (Rép. min. Économie et Finances à M. Krieg : *JOAN*, p. 1130, n° 163113 ; *JCP* N 1975, prat. 6044-6) avait indiqué que le droit de partage était exigible « sur le montant de l'actif net partagé, c'est-à-dire sur la valeur de la totalité des biens indivis ».

En pratique, certains conservateurs entendaient néanmoins asseoir les droits sur la valeur de la totalité des ensembles immobiliers concernés (partie divise et indivise. – Sur la question. J. Lafond, *Les incidences fiscales de la scission de copropriété : Administrer* nov. 1979, p. 15).

Une réponse ministérielle postérieure (Rép. min. Budget à M. de Préaumont : *JOAN* Q, 29 sept. 1981, p. 4117 ; *JCP* N 1980, prat. 7731) est venue préciser que l'assiette du droit était constituée « par le montant de l'actif net partagé. c'est-à-dire au cas particulier par la valeur à déterminer par une déclaration estimative des parties, de l'ensemble du sol et des parties communes qui font l'objet du partage » (V. égal. Rép. min. Budget à M. Longuet, 6 avr. 1981 : *JOAN* Q, p. 1499, n° 38970 ; *JCP* N 1981, prat. 8142-2 et la réponse Ciccolini, 18 oct. 1980 : *JO* Sénat, p. 3948, V. **Copropriété**).

7663 **En pratique.** Comme l'a souligné M. Morand (*Application fiscale du droit de partage suivant des modalités impropres au regard de la copropriété divise : Gaz. Pal.* 11-12 avr. 1979, p. 7), les parties communes dont la valeur servira d'assiette au droit de partage se limiteront au sol, qui a seul valeur marchande : et encore faudra-t-il tenir compte de ce que ce dernier est pour partie encombré ou a une affectation bien précise.

Dans l'évaluation à faire pour la perception du droit de partage, on prendra soin de ventiler éventuellement :

– ce qui s'applique à la valeur du terrain « encombré » ;

– et ce qui est imputable au terrain libre destiné le cas échéant à être bâti, ceci pour l'imposition future au titre des plus-values immobilières.

2 Contribution de sécurité immobilière

7664 **Contribution de sécurité immobilière.** Il y aura également perception de la contribution de sécurité immobilière qui, lorsque la scission s'accompagne d'une « attribution de propriété » sera perçue au tarif proportionnel fixé par l'article 881 K du Code général des impôts, calculé globalement pour chaque nouvelle copropriété sur la valeur du sol et des parties communes partagées, ventilée entre chaque copropriété (V. antérieurement, pour la perception du salaire du conservateur, Lacroix, n° 292. – Bulté, chron. hyp. : *JCP* N 1979, IV, 7118).

N.B. : Le salaire du conservateur est transformé en « contribution de sécurité immobilière » à compter du 1er janvier 2013. Cette taxe est perçue aux mêmes conditions d'assiette, de tarif, de contrôle et de recouvrement que ce salaire (V. **Contribution de sécurité immobilière**).

II Transfert des ouvrages d'intérêt commun à un organisme de gestion

7665 Pour procéder au transfert des ouvrages d'intérêt commun à un organisme de gestion, diverses techniques peuvent être utilisées, soit que l'on crée une association syndicale libre de propriétaires, soit que l'on constitue une union de syndicats. Une fois le choix opéré, il reste à décider si l'on transfère à l'organisme nouvellement constitué la propriété des équipements et installations d'intérêt commun, ou si on lui en confie seulement la gestion.

A Transfert de la propriété des « équipements généraux » à l'association syndicale de propriétaires ou à l'union de syndicats

7666 La taxation en résultant a été précisée par l'instruction du 29 décembre 2010 (*BOI* 3 A-9-10, n° 86) qui reprenait les termes d'une précédente instruction en date du 10 octobre 1972 (*BODGI* 7-C-9-72). Ces dispositions ont été intégrées au BOFiP dont on trouvera ci-dessous le texte littéral (BOI-TVA-IMM-10-20-10-20120912, n° 210) :

« En cas de construction d'ensembles immobiliers, la propriété des équipements collectifs est le plus souvent transférée par les promoteurs, soit à des associations syndicales de propriétaires régies par l'ordonnance du 1er juillet 2004, soit à des unions de syndicats de copropriétaires constituées conformément aux dispositions de l'article 29 de la loi du 10 juillet 1965.

Les équipements dont ces organismes deviennent ainsi propriétaires en vue d'assurer leur gestion comprennent d'une manière générale les immeubles ou parties d'immeubles destinés à la satisfaction de tous les copropriétaires et plus spécialement les canalisations et branchements généraux, les installations de chaufferie communes, la voirie ainsi que, le cas échéant, les voies de circulation, les loges de gardiens, les locaux sociaux, culturels, les cabines téléphoniques. Le transfert peut également porter sur le terrain servant d'emprise aux immeubles et aux parties communes.

La cession de ces équipements est généralement réalisée moyennant un prix symbolique, étant donné que le coût de ces biens est inclus par les promoteurs dans le prix de vente des locaux à usage privatif.

Aussi, afin d'éviter une double imposition, il a été décidé de faire abstraction de la valeur vénale réelle des biens communs transférés, pour la liquidation de la taxe sur la valeur ajoutée et de la taxe de publicité foncière. Mais les deux conditions suivantes doivent être remplies :

- le transfert doit être effectué sans contrepartie ou moyennant un prix symbolique ;
- il doit être établi que le coût des biens considérés est intégré au prix de cession des immeubles ou parties d'immeubles en application d'obligations légales ou contractuelles (V. notamment l'article L. 332-15 du Code de l'urbanisme) ».

B Absence de transfert de propriété des éléments d'intérêt commun

7667 Il n'y a pas alors, en principe, de taxation particulière, mis à part le cas où les copropriétaires passeraient une « convention d'indivision », la gestion des biens indivis étant confiée aux termes de cette convention à l'association syndicale libre ou à l'union de syndicats (pour la taxation de la convention d'indivision, V. **Convention d'indivision**).

Scission de sociétés

Neyla GONZALEZ-GHARBI

Sommaire analytique

I Généralités

7668 L'ordonnance du 24 mai 2023 (Ord. n° 2023-393, 24 mai 2023, portant réforme du régime des fusions, scissions, apports partiels d'actifs et opérations transfrontalières des sociétés commerciales : *JO* 25 mai 2023, texte n° 20) a modifié le régime juridique des fusions, scissions, apports partiels d'actifs et opérations transfrontalières des sociétés commerciales en application de l'article 13 de la loi n° 2023-171 du 9 mars 2023 dite « DDADUE 3 » (L. n° 2023-171, 9 mars 2023 : *JO* 10 mars 2023, texte n° 1 ; *JCP* E 2023, 428) à l'effet de transposer la directive (UE) 2019/2121 du 27 novembre 2019. L'ordonnance du 24 mai 2023 a été ratifiée par l'article 4 de la loi n° 2024-364 du 22 avril 2024 portant diverses dispositions d'adaptation au droit de l'Union européenne en matière d'économie, de finances, de transition écologique, de droit pénal, de droit social et en matière agricole, dite « DDAUE » (*JO* 23 avr. 2024, texte n° 1).
L'ordonnance n° 2023-393 du 24 mai 2023, complétée par le décret n° 2023-430 du 2 juin 2023 (D. n° 2023-430, 2 juin 2023 : *JO* 3 juin 2023, texte n° 17, a modifié le plan du chapitre VI du titre III du livre II du Code de commerce de façon que chaque section regroupe les dispositions relatives non plus à une forme sociale, mais à une nature d'opération.
Ainsi, la scission est régie par les articles L. 236-18 à L. 236-26 et R. 236-17 à R. 236-18 du Code du commerce. Conformément à l'article 13 de l'ordonnance n° 2023-393 du 24 mai 2023, ces dispositions s'appliquent aux opérations dont le projet est déposé au greffe du tribunal de commerce à compter du 1er juillet 2023.

Remarque : Cette réforme n'a pas été assortie de modification du régime fiscal applicable aux opérations concernées, au regard des droits d'enregistrement et de la taxe de publicité foncière. L'administration fiscale n'a pas, à ce jour actualisé ses commentaires publiés au BOFiP-impôts.

7669 **Définition. – Modalités.** Aux termes de l'article L. 236-18 du Code du commerce, une société peut, par voie de scission, transmettre son patrimoine à plusieurs sociétés existantes ou à plusieurs sociétés nouvelles. Cette faculté est ouverte aux sociétés en liquidation à condition que la répartition de leurs actifs entre les associés n'ait pas fait l'objet d'un début d'exécution. Les associés des sociétés qui transmettent leur patrimoine dans ce cadre reçoivent des parts ou des actions des sociétés bénéficiaires et, éventuellement, une soulte en espèces dont le montant ne peut dépasser 10 % de la valeur nominale des parts ou des actions attribuées.

7670 **Plan.** Dans l'attente des nouveaux commentaires administratifs, le présent fascicule expose successivement :
- le régime de droit commun, d'application pratique assez restreinte (II) ;
- le régime spécial (III) ;
- les règles d'accomplissement de la formalité d'enregistrement ou de publicité foncière (IV) ;
- les problèmes concernant la perception de la TVA (V).

II Régime de droit commun

A Champ d'application

7671 Le régime de droit commun s'applique chaque fois que les conditions énoncées par les articles 816-1 et 816 A du Code général des impôts ne sont pas réunies et que, par suite, le régime spécial ne peut être accordé à l'opération de scission (CGI, art. 817).

7672 Il en est ainsi :
- lorsque la société à laquelle sont transférés les éléments actifs et passifs ne relève pas du statut fiscal des sociétés de capitaux ;
- lorsque la société apporteuse n'est pas dissoute ;
- lorsque les apports ne sont pas rémunérés dans les conditions prévues à l'article 301 F de l'annexe II au Code général des impôts (BOI-ENR-AVS-20-70-20120912, n° 70).

B Nature et assiette des droits à percevoir

7673 Qu'il s'agisse de scissions aboutissant à la création du capital de sociétés nouvelles ou à l'augmentation du capital de sociétés existantes, il convient, dans tous les cas, de transposer les règles exposées en ce qui concerne les fusions (V. **Fusion de sociétés**. – BOI-ENR-AVS-20-70-20120912, n° 80).

7674 Si l'une des sociétés nouvelles issues de la scission est une société immobilière de copropriété, l'application du principe de la transparence fiscale peut aboutir à faire taxer l'opération comme une cessation d'entreprise (cf. Rép. min., 11 déc. 1963 : *BOE* 1964, 9054. – BOI-ENR-AVS-20-70-20120912, n° 80 – Remarque).

III Régime spécial

A Champ d'application du régime spécial

1 Opérations concernées

a) Définition

7675 Il résulte des dispositions combinées des articles 301 D et 301 F de l'annexe II au Code général des impôts que constitue une scission l'opération par laquelle une société transfère à compter de la même date l'ensemble de son actif et de son passif à plusieurs sociétés relevant du statut fiscal des sociétés de capitaux, en voie de formation ou préexistantes, lorsque :

– la société apporteuse est dissoute ;

– et les apports sont rémunérés par l'attribution de droits représentatifs du capital de la société bénéficiaire. Toutefois, ils peuvent faire l'objet de règlements sous une autre forme dans la limite de 10 % de la valeur nominale des droits attribués (BOI-ENR-AVS-20-70-20120912, n° 90).

Remarque : Le régime des fusions prévu à l'article 816 du Code général des impôts s'applique également aux scissions agréées dans les conditions prévues au 3 de l'article 210 B du même code (CGI, art. 817 B. – V. *BOI* préc.).

b) Caractéristiques

7676 L'application du régime spécial aux scissions de sociétés implique :

– des apports simultanés consentis par la société scindée aux sociétés issues de la scission ou préexistantes, englobant l'intégralité de son actif ;

– la remise aux membres de la société scindée de titres soumis aux aléas sociaux, sous réserve de la tolérance prévue par l'article 301 F de l'annexe II au Code général des impôts ;

– la disparition de la société scindée du fait de la réalisation des apports susvisés, lesquels prennent effet le même jour (BOI-ENR-AVS-20-70-20120912, n° 110).

7677 L'opération de scission de sociétés est fondamentalement différente de l'opération de fusion en ce sens que même si elle a toujours pour objet l'apport de la totalité d'un actif social, celui-ci n'est pas transféré pour son intégralité à une seule société mais, par voie d'apports simultanés, à plusieurs sociétés nouvelles créées à cet effet ou préexistantes.

Il ne peut y avoir scission de sociétés que s'il y a pluralité de sociétés bénéficiaires d'apports (BOI-ENR-AVS-20-70-20120912, n° 120).

2 Objet de l'apport

7678 La scission doit porter sur l'intégralité de l'actif de la société scindée.

Elle opère généralement le transfert des éléments passifs sous réserve des aménagements qui pourraient intervenir quant au règlement du passif (V. **Fusion de sociétés**. – BOI-ENR-AVS-20-70-20120912, n° 130).

3 Rémunération des apports

7679 Les règles édictées en faveur du régime spécial des fusions sont applicables *mutatis mutandis* aux scissions (V. **Fusion de sociétés**).

7680 **Remarque importante.** Pour la détermination de la soulte prévue à l'article 301 F de l'annexe II au Code général des impôts, il convient de calculer la limite de 10 % distinctement pour chacune des sociétés bénéficiaires en fonction de la valeur nominale des droits attribués par ces dernières.

Elle ne peut être appréciée globalement. Ainsi, une soulte supérieure à 10 % au regard de l'une des deux sociétés issues d'une scission compensée par une soulte d'un pourcentage moindre au regard de l'autre aurait pour effet de faire perdre à l'opération le bénéfice du régime spécial (BOI-ENR-AVS-20-70-20120912, n° 150).

4 Effet de l'apport

7681 L'apport-scission entraîne la dissolution immédiate et automatique de la société apporteuse.

Dès lors, ne saurait être reconnu le caractère de scission à une opération par laquelle une société apporte tout son actif à plusieurs sociétés puis disparaît, lorsque ces apports sont échelonnés dans le temps. Dans cette situation, on se trouverait en fait en présence d'apports partiels d'actif successifs qui, le cas échéant, seraient susceptibles de bénéficier du régime spécial qui leur est propre (V. **Apports partiels d'actif**).

Par ailleurs, il ne peut être admis que la société scindée retarde sa dissolution jusqu'à une date postérieure à la réalisation des apports. À cet égard, l'administration est fondée à s'assurer que la clause prévoyant l'effet immédiat de la dissolution est bien sincère et effective et que les opérations accomplies par le liquidateur ne recouvrent pas une continuation déguisée de l'activité sociale (BOI-ENR-AVS-20-70-20120912, n° 160).

5 Sociétés concernées

7682 L'article 817-I du Code général des impôts renvoie en ce qui concerne les scissions et les apports partiels d'actif aux dispositions prévues aux articles 816 et 816 A du même code, relatives aux fusions de sociétés.

Dès lors, le régime spécial s'applique lorsque toutes les sociétés participantes sont exclusivement des personnes morales passibles de l'impôt sur les sociétés.

Toutefois, dans les limites prévues à l'article 816 A-II du Code général des impôts, le régime spécial est susceptible de s'appliquer aux opérations de scission dans lesquelles la société apporteuse relève du régime des sociétés de personnes (BOI-ENR-AVS-20-70-20120912, n° 170).

a) Personnes morales relevant du statut fiscal des sociétés de capitaux

7683 Sous réserve des observations ci-après, il convient de faire application des règles exposées (V. **Fusion de sociétés**).

7684 **Apports-scissions reçus pour partie par une ou plusieurs sociétés immobilières de copropriété dotées de la transparence fiscale, pour le surplus par des sociétés non transparentes relevant de l'impôt sur les sociétés.** Dans l'hypothèse où une fraction de l'actif d'une société scindée passible de l'impôt sur les sociétés est apportée à une ou plusieurs sociétés transparentes, les règles fiscales des fusions-scissions peuvent rester applicables, pour la perception des droits d'enregistrement, à la part d'actif apportée par la société scindée à des sociétés ne jouissant pas du régime fiscal de transparence et passibles de l'impôt sur les sociétés si, en droit privé, l'opération conserve bien son caractère de scission, comportant disparition immédiate de la société scindée et répartition entre les membres de celle-ci des droits sociaux rémunérant les apports-scissions.

Mais, en ce qui concerne la fraction de l'actif apportée à la ou aux sociétés placées sous le régime de la transparence fiscale et réputées inexistantes, le régime des fusions ne s'applique pas.

Enfin, dans l'hypothèse où l'apport consenti aux sociétés transparentes entre dans le champ d'application de la TVA en vertu de l'article 257-7° du même code, aucun droit d'enregistrement ne frappe cet apport (BOI-ENR-AVS-20-70-20120912, n° 210).

b) Société apporteuse relevant du statut fiscal des sociétés de personnes

7685 **Le régime spécial est en principe écarté.** En principe, le régime spécial doit être écarté lorsque l'une des sociétés issues de la scission relève du régime fiscal des sociétés de personnes. Tel est le cas notamment lorsqu'une société fait apport de son actif, d'une part, à une société commerciale (fonds de commerce par exemple) et, d'autre part, à une société civile immobilière (patrimoine immobilier).

Il n'en serait autrement que si cette dernière société, à objet civil, relevait de l'impôt sur les sociétés soit de plein droit, en raison de sa forme, soit par suite d'une option immédiate (BOI-ENR-AVS-20-70-20120912, n° 190).

7686 **Tempérament.** En fait, le régime spécial n'est pas totalement écarté mais sa portée est limitée dans les conditions prévues à l'article 816 A-II du Code général des impôts. Il peut s'appliquer, mais à concurrence seulement des apports autres que ceux assimilés à des mutations à titre onéreux par l'article 809-I-3° du Code général des impôts (sur ces apports, V. **Apports en société-Apports purs et simples**).

➤ Sur ce point, V. **Fusion de sociétés**.

7687 **Apports-scissions à plusieurs sociétés immobilières de copropriété dites transparentes (CGI, art. 1655 ter).** Une telle opération ne peut être admise au régime spécial des scissions. En conséquence, lors de la formalité de l'enregistrement, il doit être procédé à la perception :

– d'une part, des droits prévus en cas de dissolution ;

– d'autre part, de ceux exigibles au titre de la constitution de sociétés (BOI-ENR-AVS-20-70-20120912, n° 200).

c) Nationalité

7688 Actuellement le régime spécial peut recevoir application quelle que soit la nationalité des sociétés participant à l'opération (BOI-ENR-AVS-20-70-20120912, n° 170 et BOI-ENR-AVS-20-

60-30-10-20120912, n° 280 et antérieurement Doc. adm. DGI, 7 H-3741 n° 15, 1er sept. 1999).

B Contenu du régime spécial des scissions

7689 **Renvoi.** Lorsque les conditions d'application sont réunies (V. nos 7675 à 7688), le régime fiscal spécial des fusions de sociétés s'applique aux scissions de sociétés. V. **Fusion de sociétés.**

7690 **Remarque.** L'article 301 F de l'annexe II au Code général des impôts fixant les conditions de rémunération des apports-fusions admet le versement d'une soulte dans la limite de 10 % de la valeur nominale des droits attribués. Cette modalité de règlement présente sur le plan fiscal le caractère d'un apport à titre onéreux.
S'agissant d'une opération indépendante de la prise en charge du passif, les droits de mutation doivent être perçus selon la nature des biens sur lesquels la soulte est imputée (BOI-ENR-AVS-20-70-20120912, n° 260).

IV Accomplissement de la formalité

7691 **Remarque importante.** Lorsque l'acte, notarié ou sous seing privé, contient projet de fusion ou d'opération assimilée, il a été précisé que cet acte préparatoire qui présente le caractère d'un acte imparfait relève exclusivement de la seule formalité de l'enregistrement et rend exigible le seul droit fixe des actes innommés de l'article 680 du Code général des impôts (Instr. 3 nov. 2003 : *BOI* 10 D-I-03. – V. **Fusion de sociétés**).

7692 **Délais de présentation à la formalité.** Les règles applicables en matière de fusions de sociétés valent également pour les scissions de sociétés (V. **Fusion de sociétés**).

7693 **Exécution de la formalité.** La formalité est accomplie au service de la publicité foncière du lieu de situation des biens (V. **Fusion de sociétés**).

V TVA immobilière

7694 **Exonération possible.** Dans la mesure où la scission de société est susceptible de s'analyser en une « transmission à titre onéreux ou à titre gratuit ou sous forme d'apport à une société d'une université totale ou partielle de biens » cette opération peut bénéficier de l'exonération de TVA prévue par l'article 257 bis du Code général des impôts.

En effet, ce dispositif n'a pas été modifié à l'occasion de la réforme de la TVA immobilière opérée par la loi n° 2010-1237 du 9 mars 2010 (sur ses conditions d'application, V. **TVA immobilière – Transmission d'universalité**).

Sécurité sociale

Jacques LAFOND

Sommaire analytique

Index alphabétique

7695 Observation préliminaire. Ne sont examinées dans la présente rubrique que les dispositions générales concernant les organismes de « sécurité sociale ». On trouvera par ailleurs diverses études spécifiques consacrées à tel ou tel organisme de prévoyance sociale (par ex., V. **Caisses d'assurances mutuelles agricoles,** etc.).

Le cas échéant, on se reportera à l'index alphabétique pour vérifier si la matière fait l'objet d'une étude particulière.

7696 **Plan.** Nous examinerons successivement (par ordre alphabétique) les diverses opérations suivantes : les acquisitions d'immeubles (I), les donations (II), les inscriptions (III), les mainlevées et radiations (IV), les partages (V), le régime fiscal des pièces relatives à l'application de la législation sur la sécurité sociale (VI), les prêts (VII), les règles relatives à la perception de la contribution de sécurité immobilière (VIII), le cas de transferts de biens (IX) et les règles concernant la TVA (X).

I

Acquisitions d'immeubles

A Exonérations

CGI, art. 1084. – Tous les actes relatifs aux acquisitions d'immeubles (...) que les caisses de sécurité sociale sont autorisées à effectuer sont exonérés des droits d'enregistrement ainsi que de la taxe de publicité foncière.

7697 **Exonération de taxe de publicité foncière.** Sont exonérées de taxe de publicité foncière et, par voie de conséquence du prélèvement pour frais d'assiette, de recouvrement, de dégrèvements et de non-valeurs, des taxes additionnelles, les acquisitions immobilières effectuées par les organismes de sécurité sociale (CGI, art. 1084) locaux, nationaux ou régionaux, de droit privé ou de droit public dotés de la personnalité civile et de l'autonomie financière, tels que :

– les organismes du régime général prévus aux titres I et II du livre deuxième du Code de la sécurité sociale (CSS, art. L. 211-1 et s.) ;

– les organismes des régimes des travailleurs non salariés prévus aux titres I à IV du livre sixième du Code de la sécurité sociale (CSS, art. L. 611-1 et s.) ;

– les organismes prévus aux titres I, II et V du livre septième du Code de la sécurité sociale (CSS, art. L. 711-1 et s.) ;

– les organismes prévus au chapitre III du titre II du livre septième du Code rural et de la pêche maritime (C. rur. pêche marit., art. L. 723-1. – BOI-ENR-DMTOI-10-90-10-02/03/2016, n° 180).

7698 **Caisse d'allocations familiales.** Le régime des acquisitions d'immeubles par les caisses de sécurité sociale (V. **Sécurité sociale**) est applicable aux caisses d'allocations familiales (Sol., 23 juin 1948 : *Dict. enr.*, 528-b).

7699 **Contribution de sécurité immobilière.** En l'absence d'exonération particulière, la contribution est due, dans les conditions de droit commun (V. **Contribution de sécurité immobilière**).

B Acquisitions non exonérées

7700 **Organismes divers.** Le bénéfice de l'exonération ne s'étend pas aux acquisitions immobilières réalisées par les mutuelles, même lorsqu'elles fonctionnent comme sections de caisses primaires de sécurité sociale (BOI-ENR-DMTOI-10-90-10-02/03/2016, n° 200).

C Organismes de retraite et de prévoyance

7701 **Mesure de tempérament.** L'exonération de taxe de publicité foncière n'est applicable, en principe, ni aux institutions de prévoyance ou de sécurité sociale dont le fonctionnement est réglementé par les articles R. 731-1 et suivants du Code de la sécurité sociale, ni aux caisses de prévoyance visées à l'article L. 727-2 du Code rural et de la pêche maritime.

Néanmoins, s'agissant d'organismes prévus par la législation relative à la sécurité sociale et bénéficiant, dès lors, de l'exonération de droits de mutation à titre gratuit édictée par l'article 794-II du Code général des impôts, il a été décidé, dans un souci d'uniformité, de leur accorder, par mesure de tempérament, le bénéfice de l'exonération de taxe de publicité foncière à raison de leurs acquisitions d'immeubles (BOI-ENR-DMTOI-10-90-10-02/03/2016, nos 210 et 220).

Toutefois, l'application de cette mesure est réservée aux institutions de prévoyance régulièrement autorisées à fonctionner par arrêté du ministre chargé de la sécurité sociale ou du ministre de l'Agriculture conformément aux dispositions de l'article R. 731-3 du Code de la sécurité sociale et de l'article 2 du décret n° 53-503 du 21 mai 1953 (BOI-ENR-DMTOI-10-90-10-02/03/2016, n° 230).

Cette exonération de taxe de publicité foncière peut bénéficier aux acquisitions immobilières effectuées notamment :
– par la caisse autonome de retraite des médecins français ;
– par la caisse nationale de prévoyance du bâtiment, des travaux publics et des industries connexes ;
– par la caisse autonome de prévoyance artisanale du Rhône ;
– par la caisse de retraite du personnel au sol de la compagnie nationale Air France (BOI-ENR-DMTOI-10-90-10-02/03/2016, n° 240).

II Donations

CGI, art. 794-II *(Version en vigueur depuis le 1er janvier 2022. - Mod. L. n° 2021-1900, 30 déc. 2021, art. 89)* – I. – Les régions, les départements, les communes, leurs établissements publics et les établissements publics hospitaliers sont exonérés des droits de mutation à titre gratuit sur les biens affectés à des activités non lucratives qui leur adviennent par donation ou succession.

II. – Les dispositions du I sont applicables aux libéralités faites aux organismes d'administration et de gestion de la sécurité sociale ainsi qu'à la caisse générale de prévoyance des marins et de leurs familles en cas d'accident, de maladie, d'invalidité et de maternité.

7702 Portée de l'exonération. Pour les donations d'immeubles, en l'absence d'exonération particulière, la taxe de publicité foncière au taux de 0,60 % est due lors de la publication de l'acte (0,61422 % arrondis à 0,615 %, avec les prélèvements supplémentaires, V. **Donation**). Il en est de même pour la contribution de sécurité immobilière (V. **Contribution de sécurité immobilière**).

III Inscriptions

7703 Nous examinerons successivement les règles civiles concernant les inscriptions prises par des organismes de sécurité sociale (A), puis les perceptions auxquelles ces inscriptions donnent lieu (B).

A Prise d'inscription

7704 Après avoir exposé les règles d'application générale (1), nous traiterons des hypothèques légales (2), puis des hypothèques judiciaires (3).

1 Dispositions d'application générale

7705 Représentation du titre. Depuis le 1er juillet 1998, la présentation du titre n'est plus exigée, mais le bordereau doit contenir, notamment « l'indication de la date et de la nature du titre générateur de la sûreté » (Bull. AMC 1999, art. 1794).

7706 Certification de l'identité. Certification opérée par le directeur d'une caisse primaire d'assurance maladie sans avoir été précédée de la notification de l'habilitation, accompagnée d'un spécimen de signature. Refus du dépôt justifié. Une caisse primaire d'assurance maladie a déposé à la conservation des hypothèques compétente deux bordereaux en vue d'obtenir l'inscription de l'hypothèque légale instituée par l'article L. 815-12 du Code de la sécurité sociale. Ils ont été exactement collationnés et celui destiné à être conservé au bureau comprend la mention de certification de l'identité des parties. Toutes ces certifications ont été signées par le directeur de la caisse ; son habilitation n'avait cependant pas été notifiée au conservateur qui n'avait pas davantage reçu en dépôt un spécimen de la signature de l'intéressé.
Considérant que par suite de ces omissions, la certification de l'identité des parties était irrégulière,

le conservateur a opposé un refus et selon l'Association mutuelle des conservateurs, sa position est fondée (*Bull. AMC* 1994, art. 1640).
En effet, par application des articles 5, 2e alinéa du décret du 4 janvier 1955 et 38, § 3, 2e alinéa du décret du 14 octobre 1955, les représentants des organismes de sécurité sociale peuvent signer eux-mêmes les mentions de certification de l'identité des parties si lesdits organismes notifient au conservateur les noms de leurs représentants habilités à cet effet et déposent un spécimen de leur signature.
Faute de cette notification et de ce dépôt, il doit être procédé à la certification dans les conditions ordinaires, c'est-à-dire en recourant à un notaire, un huissier ou un avocat.
Si aucune de ces possibilités n'est utilisée, la certification d'identité, même signée par le directeur de la caisse primaire, est irrégulière. Elle ne peut tenir lieu de celle exigée au 8e alinéa de l'article 2423 du Code civil de sorte que, comme il est prescrit au 9e alinéa du même article, le dépôt doit être refusé.
Il suffira, pour que l'inscription refusée puisse être acceptée, qu'après que le président du conseil d'administration de ladite caisse aura accrédité le directeur et légalisé un spécimen de sa signature, la notification et le dépôt susvisés soient effectués (rappr. : *Bull. AMC* 1986, art. 1341 ; *ibid.* 1992, art. 1537).

2 Hypothèque légale

7707 **Source.** Les créances de caisses de sécurité sociale bénéficient d'une hypothèque légale générale en vertu des dispositions combinées de l'article 2393 du Code civil et de l'article L. 243-4, alinéa 2 du Code de la sécurité sociale.
Cette hypothèque légale obéit aux règles générales énoncées au fascicule **Hypothèque légale**.

C. civ., art. 2393. – Outre celles prévues par des lois spéciales, les créances auxquelles une hypothèque légale générale est attachée sont :

(...) 8° Celle des caisses de sécurité sociale, dans les conditions fixées par le Code de la sécurité sociale.

CSS, art. L. 243-4 *(Version en vigueur depuis le 1er janvier 2022. – Mod. par Ord. n° 2021-1192, 15 sept. 2021, art. 34).* – Le paiement des cotisations et des majorations et pénalités de retard est garanti pendant un an à compter de leur date d'exigibilité, par un privilège sur les biens meubles du débiteur, lequel privilège prend rang concurremment avec et celui des salariés établis par l'article 2331 du code civil et les articles L. 625-7 et L. 625-8 du code de commerce.

Le paiement des cotisations et des majorations et pénalités de retard est également garanti, à compter du 1er janvier 1956, par une hypothèque légale en exécution des prescriptions applicables en matière de publicité foncière.

Conformément au I de l'article 37 de l'ordonnance n° 2021-1192 du 15 septembre 2021, ces dispositions entreront en vigueur le 1er janvier 2022.

7708 **Points controversés.** En raison de l'ajout par la loi du 17 janvier 2002 d'un deuxième alinéa à l'article L. 243-4 du Code de la sécurité sociale, prévoyant expressément le bénéfice d'une hypothèque légale, une discussion s'est ouverte, au vu du texte antérieur, sur le point de savoir si la prise d'inscription d'hypothèque légale était subordonnée à l'inscription du privilège (V. *Bull. AMC* 1967, art. 667). Cette controverse paraît devenue sans intérêt.
L'URSSAF avait d'ailleurs toujours considéré qu'elle n'était tenue par aucun délai particulier pour prendre son inscription d'hypothèque légale, ce qu'avait confirmé la Cour de cassation (Cass. com., 16 juill. 1979 : *Bull. civ.* 1979, IV, n° 238 ; *JCP* G 1979, IV, 325).
De même, il est aujourd'hui hors de discussion, puisque cela résulte du texte même, que l'hypothèque légale garantit, outre le paiement des cotisations, celui des majorations et pénalités de retard (sur les débats antérieurs, V. *Bull. AMC* 1966, art. 662).

7709 **Bordereau d'inscription d'hypothèque légale déposé par une URSSAF sans le concours d'un notaire.** Les URSSAF (réglementées par les articles L. 213-1 à L. 213-3 et R. 213-1 à R. 213-5 du Code de la sécurité sociale) sont des organismes de droit privé, sans qualité, dès lors, pour établir un acte authentique. Ces organismes peuvent-ils déposer un bordereau d'inscription d'hypothèque légale sans le concours d'un notaire ?
Réponse. – L'obligation d'authenticité imposée par le 1er alinéa de l'article 4 du décret n° 55-22 du 4 janvier 1955 vise le titre lui-même, mais ne concerne pas les documents d'accompagnement que sont les bordereaux d'inscription.
Ces derniers peuvent donc être acceptés, lorsqu'ils émanent d'une URSSAF, en vertu des dispositions de l'article 38-3 du décret n° 55-1350 du 14 octobre 1955, à la condition, prévue à l'avant-dernier alinéa de ce texte, que cette URSSAF ait

notifié au conservateur intéressé les noms de ses représentants habilités à signer la mention de certification et ait déposé un spécimen de leur signature (*Bull. AMC* 1986, art. 1341).

3 Hypothèque judiciaire

CSS, art. L. 244-9 *(Mod., Ord. n° 2019-964, 18 sept. 2019, art. 35, VD, en vigueur à compter du 1er janvier 2020).* – La contrainte décernée par le directeur d'un organisme de sécurité sociale pour le recouvrement des cotisations et majorations de retard comporte, à défaut d'opposition du débiteur devant le tribunal judiciaire spécialement désigné en application de l'article L. 211-16 du code de l'organisation judiciaire, dans les délais et selon des conditions fixés par décret, tous les effets d'un jugement et confère, notamment, le bénéfice de l'hypothèque judiciaire.

7710 Les organismes de sécurité sociale disposent donc actuellement de l'hypothèque judiciaire pour recouvrer les cotisations et majorations de retard figurant sur les contraintes qu'ils délivrent (*Bull. AMC* 1958, art. 369. – Cf. *Bull. AMC* 1952, art. 99. – V. cependant *Bull. AMC* 1958, art. 338).

7711 **Non-application de la loi du 9 juillet 1991.** La contrainte décernée par le directeur d'un organisme de sécurité sociale pour le recouvrement des cotisations et majorations de retard comporte, à défaut d'opposition du débiteur, tous les effets d'un jugement et confère notamment le bénéfice de l'hypothèque judiciaire. L'hypothèque dont bénéficie l'URSSAF en application des articles 2123 du Code civil et de l'article L. 244-9 du Code de la sécurité sociale est l'hypothèque légale attachée de plein droit à tout jugement de condamnation. Cette hypothèque n'est pas soumise aux dispositions de la loi n° 91-650 du 9 juillet 1991 et de son décret d'application, relative aux mesures conservatoires provisoires (Cass. 3e civ., 13 déc. 2000, n° 99-11 822 : *Bull. civ.* 2000, III, n° 190 ; *JCP* G 2001, IV, 1266 ; *RTD civ.* 2001, p. 403, obs. P. Crocq. – Dans le même sens Cass. 3e civ., 17 juin 2009, nos 08-10 641 et 08-17 065 : *JurisData* n° 2009-048646 et n° 2009-048 647 ; *Bull. civ.* 2009, III, n° 151 et n° 152 ; *JCP* N 2010, n° 2, obs. Ph. Simler et Ph. Delebecque ; *Procédures* nov. 2009, comm. 366, note A. Bugada).

B Perceptions

7712 **Inscription d'une hypothèque judiciaire.** Il y a lieu de distinguer selon que l'inscription garantit le recouvrement :

– de cotisations : par application de l'article 1083 du Code général des impôts (V. **Prêts**), aucune taxe n'est due ;

– de majorations de retard : la taxe est perçue à 0,70 % (0,71498 %, arrondi à 0,715 %, avec les perceptions additionnelles) sur les sommes dues à ce titre (V. *Bull. AMC* 1966, art. 662 ; *ibid.* 1967, art. 667. – Lacroix, n° 729).

7713 **Inscription prise en garantie d'un prêt accordé par une caisse de sécurité sociale.** Cette inscription est exonérée de taxe de publicité foncière (CGI, art. 1084 ; V. Doc. adm. DGI, 10 G-1-126).

IV Mainlevées et radiations

CSS, art. R. 122-3 *(Version en vigueur depuis le 1er janvier 2022. – Mod. par D. n° 2021-1888, 29 déc. 2021, art. 5).* – Le directeur assure le fonctionnement de l'organisme sous le contrôle du conseil d'administration.

(...)

Il a pouvoir pour donner mainlevée des inscriptions d'hypothèques sur des immeubles, requises au profit de l'organisme. Toutefois, à défaut de constatation de l'extinction ou de l'annulation de créance garantie, la mainlevée ne peut être consentie qu'en exécution d'une décision du conseil d'administration.

A Organes compétents

7714 **Directeur avec ou sans autorisation du Conseil d'administration.** L'article R. 122-3 du Code de la sécurité sociale, précité donne pouvoir aux directeurs des organismes de sécurité sociale de donner mainlevée des inscriptions garantissant le paiement des sommes dues à ces organismes (caisses primaires d'assurance maladie, caisses d'allocations familiales, unions de recouvrement).

Mais cet article précise qu'à défaut de constatation de l'extinction ou de l'annulation de la créance garantie, la mainlevée ne peut être consentie qu'en exécution d'une décision du conseil d'administration de l'organisme concerné.

D'après l'article R. 142-4 du même code, ce conseil d'administration peut toutefois déléguer tout ou partie de ses pouvoirs à la commission de recours amiable prévue à l'article R. 142-1.

7715 **Distinction selon que la mainlevée intervient avec ou sans paiement.** Il résulte de l'article R. 122-3 du Code de la sécurité sociale précité que le directeur peut consentir mainlevée des inscriptions dont il s'agit sans l'autorisation du conseil d'administration de l'organisme dont il assure le fonctionnement dès lors qu'il est justifié que la créance garantie est éteinte, soit du fait de son paiement, constaté ou certifié par l'agent comptable de cet organisme, soit pour tout autre motif (*Bull. AMC* 1991, art. 1489).

Il ne peut, en revanche, accorder mainlevée, à défaut de constatation de l'extinction ou de l'annulation de la créance garantie que si cette mainlevée a été consentie par une décision spéciale du conseil d'administration de l'organisme qu'il dirige ou, par délégation, par décision de la commission de recours amiable ou, encore, que si ce conseil lui a délégué le pouvoir de donner mainlevée de toutes inscriptions, même sans paiement préalable (même réf. – V. en outre *Bull. AMC* 1977, art. 1094 ; *ibid.* 1980, art. 1173 ; *ibid.* 1991, art. 1488).

L'article 19 de l'ordonnance n° 96-344 du 24 avril 1996 a modifié l'article L. 122-1 du Code de la sécurité sociale pour accroître les pouvoirs du directeur en matière de représentation de l'organisme devant la justice et dans les actes de la vie civile. Mais cette modification législative est sans incidence sur les pouvoirs du directeur en matière de mainlevée d'inscription (*Bull. AMC* 1998, art. 1793).

7716 **Procédure collective.** Aux termes de l'article R. 243-20-3 du Code de la sécurité sociale, les cessions de rang, de privilège ou d'hypothèque ou l'abandon de sûretés prévus aux articles L. 611-7, L. 626-6 et L. 631-19, I du Code de commerce peuvent sans extinction préalable de la créance, être accordés par le directeur de l'organisme chargé du recouvrement après consultation de la commission des chefs des services financiers prévue par le décret n° 78-486 du 31 mars 1978. Les frais afférents à ces opérations sont à la charge du débiteur (V. précédemment, *Bull. AMC* 1991, art. 1489).

B Modalités de la mainlevée

7717 **Authenticité.** Ainsi qu'il résulte des dispositions de l'article 1317 du Code Civil, l'authenticité des actes ressort des critères extérieurs à leur contenu. Aussi ceux établis par les représentants ou les préposés des personnes morales privées ne constituent en aucun cas des actes authentiques, même si ces personnes prennent ces actes afin d'assurer l'exécution du service public dont elles ont la charge.

Ces principes sont directement applicables aux caisses primaires d'assurance maladie, aux caisses d'allocations familiales ainsi qu'à leurs unions de recouvrement, qui bien qu'accomplissant des missions d'intérêt général et jouissant de prérogatives de puissance publique, sont constituées et fonctionnent conformément aux prescriptions du Code de la sécurité sociale et ont, dès lors, le caractère d'organismes de droit privé.

Le directeur d'une URSSAF ne peut se dispenser de recourir à un acte de mainlevée notarié. L'Agence centrale des organismes de sécurité sociale consultée sur ce point a, au cours de sa réunion du 8 octobre 1981, émis un avis conforme à cette conclusion (*Bull. AMC* 1985, art. 1335).

C Justifications

7718 Nous distinguerons selon que la créance est ou non éteinte ou annulée.

1 Créance non éteinte ou non annulée

7719 **Nécessité d'une habilitation du conseil d'administration.** Il résulte de l'article R. 122-3 du Code de la sécurité sociale (V. ce texte *supra*) que le conseil d'administration peut désormais habiliter valablement le directeur à consentir la mainlevée, lorsque la créance n'est pas éteinte ou annulée.

Pour que la radiation ainsi consentie puisse être effectuée, il suffit que le directeur se réfère dans l'acte de mainlevée à la décision du conseil d'administration et que l'énonciation de cette décision dans l'acte soit certifiée exacte par le notaire (*Bull. AMC* 1977, art. 1093).

7720 **Décision du conseil d'administration formulée en termes généraux.** L'association des conservateurs a estimé que lorsque le directeur a reçu le pouvoir « de consentir la mainlevée de toutes inscriptions avec ou sans payement », il peut valablement « donner mainlevée sans constatation de payement », sans qu'il soit nécessaire que la décision qui l'habilite vise spécialement la mainlevée en cause (*Bull. AMC* 1980, art. 1173).

7721 **Délégation des pouvoirs du conseil d'administration à la commission de recours amiable.** Le conseil d'administration peut déléguer à la commission de recours amiable les pouvoirs qu'il tient de l'article R. 122-3 Code de la sécurité sociale (V. n° 7714).

En ce cas, il doit être justifié au conservateur (actuellement au service de la publicité foncière) qu'antérieurement à l'acte de mainlevée ou, à défaut, avant l'établissement de l'acte notarié qui le rectifierait, cette commission appelée à délibérer sur la mainlevée des inscriptions en cause dans le cadre de la délégation reçue du conseil d'administration, y a expressément consenti et, en même temps, a chargé le directeur d'assurer l'application de sa délibération en lui ouvrant le choix, soit de comparaître lui-même devant le notaire, soit de se faire représenter. Cette délibération, si elle n'est pas relatée dans l'acte et couverte par la certification prévue au deuxième alinéa de l'article 2158 du Code civil, doit être produite au conservateur (*Bull. AMC* 1991, art. 1488).

2 Créance éteinte ou annulée

7722 **Pouvoirs des directeurs.** Bien entendu, les directeurs des organismes de sécurité sociale peuvent, comme par le passé, consentir la mainlevée des inscriptions sans l'autorisation du conseil d'administration, lorsque la créance garantie est éteinte, soit du fait de son payement, constaté par une quittance de l'agent comptable, soit pour tout autre motif (*Bull. AMC* 1977, art. 1093).

7723 **Justification de l'extinction ou de l'annulation de la créance.** En ce cas, la radiation est subordonnée aux justifications suivantes (*Bull. AMC* 1968, art. 750) :

– la constatation du payement, qui doit être contenue dans l'acte de mainlevée, ne peut être que l'œuvre de l'agent comptable qui, dans les organismes de sécurité sociale, est chargé du recouvrement des recettes. Cet agent doit donc comparaître à l'acte de mainlevée, conjointement avec le président du conseil d'administration ou son délégué ;

– s'il y a eu annulation de la créance, l'agent comptable n'a pas à intervenir à l'acte de mainlevée. Il suffit que cet acte se réfère à la décision d'annulation en indiquant sommairement le motif.

7724 **Justification des pouvoirs.** Pour établir que la mainlevée a été régulièrement consentie par des personnes ayant qualité à cet effet, l'acte qui la constate doit enfin (*Bull. AMC* 1968, art. 750) :

– se référer à la délibération du conseil d'administration qui a nommé le directeur (CSS, art. R. 121-1-5°) en précisant que lorsqu'il a pris cette délibération, le conseil était régulièrement constitué et a valablement délibéré ;

– si la mainlevée est signée par un subdélégué du directeur, préciser que la délégation donnée au directeur contenait le pouvoir de subdéléguer ;

– se référer à la délibération du conseil d'administration qui a nommé l'agent comptable (CSS, art. R. 121-1-5°), en précisant que, lorsqu'il a pris cette délibération, le conseil était régulièrement constitué et a valablement délibéré,

« Les énonciations qui précèdent doivent, en outre, être certifiées par le notaire, conformément aux prescriptions de l'article 2158, 2° alinéa, du Code civil ».

V Partages

7725 **Régime fiscal.** L'exemption prévue par l'article 1084 du Code général des impôts (V. n° 7727) n'est pas applicable aux partages de terrains acquis indivisément par une caisse de mutualité sociale agricole et une union immobilière des organismes de sécurité sociale en vue de l'édification de leurs bureaux. Il n'est pas possible d'exonérer du droit de partage (sur son taux actuel, V. **Partage**) les actes de partage réalisés par les organismes de la sécurité sociale. Bien entendu, l'acquisition indivise ne donne lieu en elle-même à aucun droit d'enregistrement (ou taxe de publicité foncière, V. Rép. min. Vertadier : *JOAN* CR, 1er avr. 1973, p. 704, n° 27268).

VI

Pièces relatives à l'application de la législation sur la sécurité sociale

CGI, art. 1083. – Les pièces relatives à l'application de la législation de sécurité sociale sont exonérées des droits d'enregistrement à la condition de s'y référer expressément.

7726 Il a été tout d'abord admis que cette exemption ne profitait qu'aux opérations intéressant directement les affiliés eux-mêmes, c'est-à-dire aux opérations accomplies par les organismes de sécurité sociale dans leurs rapports avec ceux-ci (Sol. 14 févr. 1947).

Mais cette interprétation a été ensuite écartée : actuellement, on considère que l'exonération profite, sous la condition de référence au texte, à tous les actes ou documents qui, à raison de leur contenu ou de l'objet du litige, concernent l'application des textes législatifs et réglementaires intervenus en matière de sécurité sociale, sans considération de l'identité des parties (*BOI* 8250).

VII

Prêts

CGI, art. 1084. – Tous les actes relatifs aux (…) prêts que les caisses de sécurité sociale sont autorisées à effectuer sont exonérés des droits d'enregistrement ainsi que de la taxe de publicité foncière.

7727 Les prêts sont exonérés des droits d'enregistrement et de la taxe de publicité foncière, ainsi que les garanties prises pour sûreté de ces prêts, en vertu de l'article 1084 du Code général des impôts. Par contre, la contribution de sécurité immobilière reste due dans les conditions de droit commun.

VIII

Contribution de sécurité immobilière

7728 La contribution de sécurité immobilière qui a remplacé le salaire du conservateur à compter du 1er janvier 2013 est due dans tous les cas dans les conditions de droit commun, à défaut d'exonération spéciale (Lacroix, n° 733).

IX

Transferts de biens

CGI, art. 1085 *(Mod. D. n° 2020-897, 22 juill. 2020, art. 1).* – Les transferts de biens entre organismes de sécurité sociale mentionnés dans le code de la sécurité sociale sont exonérés de toute perception de droits fiscaux et ne donnent pas lieu à application de l'article 879. Il en est de même pour les transferts de biens de leurs comités sociaux et économiques consécutifs à la fusion d'organismes.

7729 **Portée.** Le texte vise les dévolutions et transferts de biens entre organismes de sécurité sociale. L'exonération est très générale et exclut donc la perception des droits d'enregistrement, de la taxe de publicité foncière et de la TVA.

Par contre, la contribution de sécurité immobilière est due (V. n° 7728).

X
TVA

7730 **Opérations de construction réalisées par les organismes de sécurité sociale.** Ces opérations sont imposables dans les conditions ordinaires. Les organismes susvisés ne peuvent, en effet se prévaloir au regard de la TVA d'une exonération analogue à celles dont ils bénéficient en matière de taxe de publicité foncière et de droits d'enregistrement par application de l'article 1084 du Code général des impôts. Cette indication, donnée par la documentation administrative (Doc. adm. DGI, 8 A-1151, n° 15, 15 nov. 2001) dans la série 8 A, aujourd'hui rapportée, reste cependant d'actualité.

7731 **Acquisition de terrain à bâtir. Défaut de construction. Régularisation.** L'acquisition d'un terrain à bâtir par un organisme entrant dans les prévisions de l'article 1084 du Code général des impôts est soumise à la TVA immobilière dans les conditions ordinaires.
En cas de remise en cause de ce régime pour non-respect de l'engagement de construire, l'exonération de taxe de publicité foncière résultant de l'article 1084 du Code général des impôts peut alors être invoquée. La TVA acquittée par l'organisme acquéreur à l'occasion de l'acquisition peut également lui être remboursée, à condition bien entendu qu'elle n'ait pas fait l'objet d'une déduction (Rép. min. Finances à M. Charles : *JOAN* CR, 18 juin 1990, p. 2888 ; *Ind. enr.*, 15 379).

7732 **Transferts d'immeubles.** Les transferts de biens entre organismes de sécurité sociale auxquels donne lieu l'application de l'ordonnance n° 67-706 du 21 août 1967 relative à l'organisation administrative et financière de la sécurité sociale doivent être effectués en franchise de la TVA car ils sont exemptés de toute perception de droits fiscaux en vertu de l'article 1085 du Code général des impôts. Cette indication, donnée par la documentation administrative (Doc. adm. DGI, 8 A-1151, n° 15, 15 nov. 2001) dans la série 8 A, aujourd'hui rapportée, reste cependant d'actualité.

Séparation de biens

Serge LAMIAUX

I

Publicité foncière et droit hypothécaire

7733 **Mainlevées.** D'après l'article 1536 du Code civil, chacun des époux conserve l'administration et la libre disposition de ses biens personnels sans qu'une distinction ait à être faite entre ceux qu'il possédait déjà lors du mariage et ceux qu'il a acquis postérieurement à titre gratuit ou onéreux.
Chaque époux peut donc consentir seul à la mainlevée, avec ou sans constatation du paiement, des inscriptions prises à son profit pour garantir des créances qui lui sont propres (*Bull. AMC* 1967, art. 664). Les dispositions de l'article 59-1 du décret du 14 octobre 1955 doivent, d'ailleurs, trouver normalement à s'appliquer (V. n° 7734).
La solution vaut également :
– pour les époux mariés avant le 1er février 1956. L'ancien article 1536 du Code civil permettait en effet à la femme séparée de biens de conserver l'administration et la libre disposition de ses biens personnels.
Chacun des époux mariés avant le 1er février 1966 sous le régime de la séparation de biens a, par conséquent, le droit d'accorder mainlevée, avec ou sans constatation de paiement, des inscriptions concernant ses biens personnels (Chambaz, Masounabe-Puyanne et Leblond, *op. cit.*, n° 1085) ;
– dans le cas de séparation de biens judiciaire, qui place les époux sous le régime prévu par les articles 1536 et suivants pour la séparation de biens contractuelle. Chaque époux séparé de biens judiciairement peut donc donner mainlevée, avec ou sans constatation de paiement, des inscriptions garantissant ses créances.

7734 **Inscription d'hypothèque prise au profit d'une femme mariée sous le régime de la séparation de biens en vertu d'une obligation consentie par elle seule. Paiement et radiation.** L'article 59-1, ajouté au décret du 14 octobre 1955 par l'article 9 du décret n° 67-1252 du 22 décembre 1967 (*JCP* N et G 1968, 111, 33730), dispose que :

> « La mainlevée d'une inscription prise au profit d'un époux est donnée par cet époux seul, même en l'absence de constatation de paiement, toutes les fois que la créance pour la sûreté de laquelle l'hypothèque ou le privilège a été inscrit résulte d'un contrat auquel il avait consenti sans le concours de son conjoint. Pour la radiation de l'inscription, aucune pièce justificative du pouvoir qu'a l'époux de donner mainlevée seul n'est exigée quand il est certifié dans l'acte de mainlevée que la créance résulte d'un tel contrat ».

7735 Cette disposition s'applique notamment lorsque la femme est mariée sous le régime de la séparation de biens (Rép. min. Économie et Finances, 29 mai 1970 : *JCP* N 1970, prat. 4775 ; *Bull. AMC* 1970, art. 823). Ainsi qu'on l'a observé (Bulté : *JCP* N 1972, prat. 1986), elle a un caractère formel. Lorsque les conditions qu'elle prévoit sont remplies, aucune justification du consentement de l'autre époux, ni du régime matrimonial des époux, ne doit être réclamée.
Dans un premier temps, l'article 59-1 avait été interprété en ce sens qu'il ne dispensait pas le rédacteur de la mainlevée de justifier notamment de l'absence d'une clause de remploi (*Bull. AMC* 1967, art. 702).

Mais cette opinion a été abandonnée par la suite et il a été reconnu que « les intéressés n'ont pas à justifier que l'époux qui a consenti la mainlevée n'était pas soumis par son régime matrimonial à une obligation d'emploi ou de remploi opposable aux tiers ». C'est à tort que le conservateur (aujourd'hui, le service de la publicité foncière) exigerait en conséquence la justification de l'absence de clause de remploi dans le contrat de mariage de la femme qui a pris l'inscription dont elle consent la mainlevée, dès lors qu'il est certifié dans l'acte de cette mainlevée que la créance pour sûreté de laquelle l'hypothèque a été inscrite, résulte d'un contrat d'obligation auquel cette femme a consenti sans le concours de son conjoint (H. Bulté, chron. : *JCP* N 1974, prat. 5895).

7736 Mainlevée d'une inscription d'hypothèque judiciaire. Dispense applicable. Une femme mariée sous le régime de la séparation de biens a pris inscription d'hypothèque judiciaire en vertu d'un jugement qui a condamné son débiteur à lui payer le montant d'une créance résultant d'un contrat qu'elle avait passé seule avec lui. Dans l'acte par lequel la créancière donne mainlevée de cette inscription, il est indiqué qu'elle est mariée sous le régime de la séparation de biens. Cette énonciation est-elle suffisante ?
En ce cas visé, la certification par le notaire, dans l'acte de mainlevée, que la créance, mentionnée dans le jugement en vertu duquel l'inscription d'hypothèque judiciaire a été prise résulte d'un contrat (ou de contrats) auquel l'épouse comparante avait consenti sans le concours de son conjoint (D. 14 oct. 1955 modifié, art. 59-1) dispense le conservateur d'exiger toute justification du régime matrimonial des époux (*Bull. AMC* 1978, art. 1110).
C'est seulement dans le cas où le notaire n'userait pas de cette possibilité que l'acte de mainlevée devrait contenir les énonciations habituelles (V. *Bull. AMC* 1967, art. 664), lesdites énonciations étant, bien entendu, certifiées conformément à l'article 2158, 2e alinéa, du Code civil.

II Changement de régime matrimonial

➤ V. **Changement de régime matrimonial**.

III Fiscalité

A Partage ou licitation des biens indivis entre époux mariés sous le régime de la séparation de biens pure et simple

7737 Application du régime de faveur de l'article 748 du Code général des impôts. La loi de finances pour 2008 (L. fin. 2008, n° 2007-1822, 24 déc. 2007, art. 18 : *JO* 27 déc. p. 21 211) a donné une nouvelle rédaction à l'article 748 du Code général des impôts dont le texte est actuellement le suivant :

> « Les partages qui portent sur des biens meubles ou immeubles dépendant d'une succession ou d'une communauté conjugale et qui interviennent uniquement entre les membres originaires de l'indivision, leur conjoint, des ascendants, des descendants ou des ayants droit à titre universel de l'un ou de plusieurs d'entre eux, ne sont pas considérés comme translatifs de propriété dans la mesure des soultes ou plus-values. Il en est de même des partages portant sur des biens indivis issus d'une donation-partage et des partages portant sur des biens indivis acquis par des partenaires ayant conclu un pacte civil de solidarité ou par des époux, avant ou pendant le pacte ou le mariage. En ce qui les concerne, l'imposition est liquidée sur la valeur nette de l'actif partagé déterminée sans déduction de ces soultes ou plus-values ».

Ainsi, le droit de partage (sur son taux actuel, V. **Partage**) s'applique désormais aux partages de biens indivis acquis indivisément par des époux avant ou pendant le mariage et ce, quel que soit leur régime matrimonial (sur le régime de faveur de l'article 748 du Code général des impôts, V. **Partage**).

Il a été précisé que pour l'application du régime de faveur, il n'était pas nécessaire que le partage soit lié à un divorce (Rép. min. Urvoas : *JOAN* Q, 27 mai 20085, p. 4447, n° 4363).
On rappelle que le droit est liquidé sur la valeur nette de l'actif partagé déterminée sans déduction de ces soultes ou plus-values (CGI, art. 748, al. 1 *in fine* et CGI, art. 750, al. 2).
Corrélativement, l'article 16 de la loi précitée aménage dans le même sens le régime applicable à ces partages en matière de plus-values immobilières (CGI, art. 150 U, IV. – V. *Dr. fisc.* 2008, n° 1-2, comm. 18) et mobilières (CGI, art. 150-0 A, IV. – V. *Dr. fisc.* 2008, n° 1-2, comm. 22).
À défaut de disposition particulière et en application de l'article 1, II, 3° de la loi, cette mesure s'applique à compter du 1er janvier 2008, soit aux partages intervenant à compter de cette date.

> NOTA L'article 750 du Code général des impôts concernant les licitations a été modifié dans le même sens (V. **Licitation**).

7738 **Portée de la réforme.** En étendant le régime de faveur au partage ou à la licitation portant sur des biens indivis acquis par les époux avant ou pendant le mariage, la loi de finances pour 2008 a mis fin aux controverses et aux contentieux antérieurs.
Comme on l'a observé, le cercle des personnes éligibles au régime de faveur va s'en trouver considérablement élargi. Ainsi si des époux, propriétaires indivis d'un bien acquis avant ou pendant le mariage, ont chacun des descendants issus d'une autre union, la cession, après le décès de l'un d'eux par ses descendants des droits indivis dépendant de sa succession au profit des descendants de l'époux survivant pourra bénéficier du régime de faveur. Après décès des deux époux, leurs héritiers ou ayant droits respectifs pourront procéder entre eux au partage ou à la licitation des biens dépendant des successions confondues et bénéficier du régime de faveur. Si aucun d'entre eux ne veut devenir propriétaire du bien indivis, le descendant de l'un ou l'autre d'entre eux pourra se porter acquéreur de la totalité du bien indivis et bénéficier du régime de faveur (exemple cité par : C. Delory, *Fiscalité des partages familiaux, un régime plus cohérent* : *JCP* N 2008, 1139, n° 9).

7739 **Partage après séparation de biens judiciaire.** Le partage (ou la licitation) de biens dépendant de la communauté ayant existé entre les époux, après prononcé d'une séparation de biens judiciaire, bénéficie du régime de faveur des articles 748 et 750-II du Code général des impôts (V. Rép. min. Économie et Finances : *JOAN* Q, 17 févr. 2004, n° 10302, p. 1211). Il avait été admis que la solution était identique lorsque le partage faisait suite à une séparation de corps judiciaire entre des époux initialement mariés sous le régime de la séparation de biens (Décision de rescrit 24 oct. 2006, n° 2006/48 ENR).

B Partage de biens dépendant d'une société d'acquêts

7740 **Partage d'une société d'acquêts accessoire à un régime de séparation de biens.** En vertu des dispositions des articles 748 et 750 du Code général des impôts (V. **Partage**), les partages et licitations de biens dépendant d'une communauté conjugale intervenant entre indivisaires originaires ou personnes assimilées sont soumis à la taxe de publicité foncière ou au droit d'enregistrement au tarif correspondant au droit de partage (sur son taux actuel, V. **Partage**).
Il a paru possible d'admettre l'application de ce régime fiscal au partage ou à la licitation des biens dépendant d'une société d'acquêts accessoire à un régime de séparation de biens ou dotal, lorsque, bien entendu, ces conventions interviennent entre les personnes visées par la loi (Rép. min. n° 19512, M. Collette, député : *JOAN* CR, 4 sept. 1971, p. 4060, n° 73 ; *BODGI* 7 F-5-71).
➤ À propos des sociétés d'acquêts, V. n° 7744.

C Solutions diverses

7741 **Biens ruraux. Cession par un époux séparé de biens à son conjoint de droits indivis dans des immeubles ruraux exploités par l'acquéreur.** Une telle cession peut éventuellement bénéficier du régime fiscal de l'article 705 du Code général des impôts sous réserve que l'acquéreur justifie par tous moyens de preuve compatibles avec la procédure écrite, qu'à la date de l'acte, il exploite effectivement depuis deux ans au moins le bien en cause et qu'il prenne l'engagement prévu au 1-2° du texte précité (Rép. min. à M. Serusclat : *JO* Sénat CR, 2 juin 1982, p. 2423, n° 3589 ; *JCP* N 1982, prat. 8360).

7742 **Acte rectificatif déclarant qu'un immeuble acquis en indivision est la propriété d'un seul époux.** Dans le cadre d'une convention de divorce passée en vertu de l'article 1450 du Code civil, deux époux mariés sous le régime de la séparation de biens pure et simple avaient déclaré qu'un immeuble acquis par eux antérieurement, par moitié indivise, appartenait en réalité au mari seul et qu'il convenait en conséquence de « rectifier » l'acte d'acquisition.

L'administration a estimé que cette convention, qualifiée de rectificative par les parties, entraînait en fait mutation de la moitié de l'immeuble du patrimoine de l'épouse dans celui de son mari. Elle a, en conséquence, perçu les droits de mutation à titre onéreux (vente) sur la valeur des droits indivis objet de cette mutation. Cette perception a été approuvée par le tribunal de grande instance de Paris (13 mars 1984 : *Ind. enr.*, 14249).

7743 Versement d'une prestation compensatoire. Remise de parts d'un immeuble indivis ou compensation avec une soulte de partage de biens indivis.
➤ Sur le régime des versements en capital au titre de la prestation compensatoire, dans le cas de divorce d'époux séparés de biens, V. **Divorce.**

7744 Société d'acquêts et stipulation de propre. Renonciation à cette stipulation. La stipulation, dans une société d'acquêts accessoire à une séparation de biens, qu'en cas d'acquisition d'une pharmacie par le mari celle-ci resterait propre, a pour effet de rendre le mari propriétaire de l'officine dès son acquisition ; cette officine s'est trouvée définitivement exclue du partage. Dès lors, la renonciation du mari à cette stipulation ne peut s'analyser que comme une mutation et non comme une opération de partage (Cass. 1re civ., 23 juill. 1979 : *RJF* 1980, p. 38).

IV Constructions

7745 Règles applicables. L'article 552 du Code civil selon lequel la propriété du sol emporte la propriété du dessus et du dessous est applicable aux époux séparés de biens (Cass. 1re civ., 17 déc. 2002 : *Defrénois* 2003, p. 103, obs. G. Champenois. – Cass. 1re civ., 25 févr. 1986 : *JCP* G 1986, II, 20702, note P. Simler).
En conséquence, une construction élevée sur le terrain d'un époux est sa propriété alors même que ce terrain a été acquis à l'aide de deniers provenant de son conjoint, qui rembourse les emprunts contractés pour financer la construction (Cass. 1re civ., 9 oct. 1991 : *JurisData* n° 1991-002887 ; *JCP* N 1992, II, 129 et 214, note C. Courtine ou *JCP* G 1991, IV, 429).
Cependant, l'indemnisation de l'époux constructeur s'opère non pas selon les règles édictées par l'article 555 du Code civil, mais par application de la théorie des récompenses (C. civ., art. 1543 et 1479, al. 2).
Les époux séparés de biens étant dans la position de tiers, il est concevable que l'un d'eux consente à l'autre à titre gratuit ou onéreux, un droit de superficie sur un terrain lui appartenant, pour lui permettre de construire pour son compte personnel.

Service de la publicité foncière

Serge LAMIAUX

Sommaire analytique

I Suppression des conservateurs des hypothèques

BIBLIOGRAPHIE : V. sur cette réforme : A. Massoc-Mandre, *Réflexion sur la prochaine suppression du conservateur des hypothèques* : *JCP* N 2009, n° 35, act. 564 ; et du même auteur, *Suppression des conservateurs des hypothèques* : *JCP* N 2010, n° 4, act. 173. – S. Piédelièvre, *Était-il nécessaire de supprimer le statut des conservateurs des hypothèques ?* : *Defrénois* 2010, p. 1862. – A. Massoc-Mandre, *Suppression du régime des conservateurs des hypothèques : doute sur la valeur de l'ordonnance du 10 juin 2010* : *JCP* N 2010, act. 577. – J.-P. Maublanc, *Suppression du statut des conservateurs des hypothèques* : *AJDI* 2010, p. 786.

7746 **Sources.** Tirant les conséquences du rapport de la Cour des comptes publié en février 2008, l'article 34 de la loi de finances rectificative pour 2009 (n° 2009-1674, 30 déc. 2009), énonce :

« I. – Dans les conditions prévues par l'article 38 de la Constitution, le Gouvernement est autorisé à prendre par voie d'ordonnance, dans un délai de six mois à compter de la publication de la présente loi, des mesures qui relèvent du domaine de la loi, pour :
1° Instituer à compter du 1er janvier 2013 une taxe au profit de l'État due par les usagers du service de la publicité foncière, aux mêmes conditions d'assiette, de tarif, de contrôle et de recouvrement que le salaire du conservateur prévu par l'article 879 du Code général des impôts qu'elle remplace ;
2° Substituer, à compter de cette même date et sans remettre en cause le service rendu à l'usager, la responsabilité de l'État à celle des conservateurs des hypothèques tant dans l'exécution du service public de la publicité foncière que dans les obligations en résultant et des droits et biens qui les garantissent ».

7747 **Ordonnance du 10 juin 2010.** C'est en vertu de ce texte (V. n° 7746) qu'est intervenue l'ordonnance n° 2010-638 du 10 juin 2010 (*JO* 11 juin) « portant suppression du régime des conservateurs des hypothèques ».
Cette ordonnance modifie en particulier les articles 2449 à 2457 du Code civil, qui déterminent les conditions dans lesquelles les services chargés de la publicité foncière se substitueront aux conservations des hypothèques.
Cette réforme prend effet à compter du 1er janvier 2013. À compter de cette date, on ne parlera plus de « conservateur » ou de « conservation » des hypothèques mais du « service chargé de la publicité foncière ». Ce service recueille les anciennes attributions du conservateur des hypothèques. En outre, la responsabilité de l'État est substituée à celle des conservateurs des hypothèques tant dans l'exécution du service public de la publicité foncière que dans les obligations en résultant et des droits et biens qui les garantissent.

7748 **Appréciation.** La réforme a été accueillie avec un certain scepticisme par un auteur averti qui a souligné que la disparition de la responsabilité personnelle des conservateurs, qui était un gage de sérieux et de bon fonctionnement des conservations, risque de ne pas conduire à une amélioration du service rendu à l'usager (S. Piédelièvre, *Était-il nécessaire de supprimer le statut des conservateurs des hypothèques ? : Defrénois* 2010, p. 1862). Un autre auteur a mis en cause la validité de l'ordonnance du 10 juin 2010 (A. Massoc-Mandre, *Suppression du régime des conservateurs des hypothèques : doute sur la valeur de l'ordonnance du 10 juin 2010 : JCP* N 2010, act. 577).

II Conséquences de la réforme

A Attributions du service de la publicité foncière

7749 **Reprise des diverses attributions du conservateur des hypothèques.** Le service de la publicité foncière a recueilli à partir du 1er janvier 2013 les anciennes attributions du conservateur des hypothèques (V. **Service de la publicité foncière**).
Ceci résulte de à la fois de la refonte des articles 2449 à 2457 du Code civil pour ce qui concerne la publicité des registres, et du « toilettage » de très nombreux textes, énumérés dans l'ordonnance du 10 juin 2010 précitée, dans lesquels les mots « conservateur des hypothèques » sont remplacés et par « le service chargé de la publicité foncière ».
Les diverses attributions du conservateur en matière de publicité foncière et en matière fiscale, telles qu'elles sont actuellement exposées au mot V. **Service de la publicité foncière** et qui résultent de diverses instructions ou de la documentation administrative de base sont donc, jusqu'à nouvel ordre, purement et simplement reprises par les services de la publicité foncière, sans modification.

B Rémunération du service de la publicité foncière

7750 **Création de la « contribution de sécurité immobilière ».** À partir du 1er janvier 2013 et conformément aux dispositions de l'article 34-I-1° de la loi de finances rectificative pour 2009 (V. n° 7746) est instituée une taxe au profit de l'État, dite « contribution de sécurité immobilière » due par les usagers du service de la publicité foncière aux mêmes conditions d'assiette, de tarif, de contrôle et de recouvrement que le salaire du conservateur des hypothèques. Cette contribution est prévue par l'article 879 nouveau du Code général des impôts (sur cette taxe, V. **Contribution de sécurité immobilière**).

C Responsabilité du service de la publicité foncière

7751 **Textes.** L'article 2450 du Code civil qui régit la matière, applicable à compter du 1er janvier 2013, prévoit que L'État est responsable du préjudice résultant des fautes commises par chaque service chargé de la publicité foncière dans l'exécution de ses attributions, notamment :

– du défaut de publication des actes et décisions judiciaires déposés dans les services chargés de la publicité foncière et des inscriptions requises, toutes les fois que ce défaut de publication ne résulte pas d'une décision de refus ou de rejet ;

– de l'omission, dans les certificats délivrés par les services chargés de la publicité foncière, d'une ou plusieurs des inscriptions existantes, à moins dans ce dernier cas que l'erreur ne provienne de désignations insuffisantes ou inexactes qui ne pourraient leur être imputées.

L'action en responsabilité de l'État pour les fautes commises par chaque service chargé de la publicité foncière est exercée devant le juge judiciaire et, sous peine de forclusion, dans le délai de dix ans suivant le jour où la faute a été commise (C. civ., art. 2450, II). Le tribunal judiciaire de Paris est seul compétent pour connaître de cette action (COJ, art. R. 211-7-1).

7752 **Principe.** En ce qui concerne le principe et les modalités de mise en œuvre de la responsabilité du service, ce texte ne change rien à la situation antérieure. Cette responsabilité sera appréciée selon les règles de droit civil, la référence aux articles 1382 et 1383 du Code civil. Et cette appréciation relèvera comme par le passé des tribunaux judiciaires et non pas du tribunal administratif (sur les règles antérieures, V. *JCl. Notarial Répertoire*, V° Inscription hypothécaire, Fasc. 100, par P. Frémont). L'action doit être exercée sous peine de forclusion dans un délai de dix ans suivant le jour où la faute a été commise.

7753 **Corrections et annotations du SPF ayant pour effet de modifier la nature des droits antérieurement publiés.** Le service de la publicité foncière, afin de simplifier la gestion du fichier immobilier, traite comme une copropriété un ensemble immobilier complexe composé de parcelles bâties en propriété privative de chaque parcelle bâtie, le surplus étant maintenu en indivision forcée. À la suite de cette initiative, le service du cadastre procède à la publication d'un regroupement de parcelles modifiant la désignation des terrains d'assiette de l'ensemble.

La responsabilité du service est recherchée, au motif que ces errements ont dénaturé les actes précédemment publiés, en modifiant la nature des droits de chacun des propriétaires dans l'ensemble immobilier concerné.

La Cour de cassation refuse de faire droit à la demande en énonçant que la publicité foncière n'est pas constitutive de droits et que les corrections et annotations apportées à une formalité par le service de la publicité foncière ne peuvent avoir pour effet de modifier la nature des droits résultant d'actes antérieurement publiés (Cass. 3e civ., 18 oct. 2018, n° 17-26.734 : *Bull. civ.* 2018, III ; *JurisData* n° 2018-018009 ; *JCP* N 2018, nos 43-44, act. 830, note S. Bérard ; *Defrénois* 15 nov. 2018, n° 45, p. 5).

7754 **Entrée en vigueur.** La responsabilité de l'État est substituée à celle des conservateurs des hypothèques à raison des missions exercées par eux jusqu'au 31 décembre 2012. Les conservateurs cessent leurs fonctions à cette date. La responsabilité de l'État pourra alors être mise en cause à raison des fautes commises par les conservateurs avant le 1er janvier 2013, jusqu'au 31 décembre 2022. L'État se substituera également au conservateur pour les contentieux en cours au 1er janvier 2013. Corrélativement l'État est substitué aux conservateurs des hypothèques dans les biens et droits qui forment le cautionnement qu'il s'était tenu de constituer pour garantir leur responsabilité civile en application de la loi du 21 ventôse an VII (Rapport au Président de la République relatif à l'ordonnance du 10 juin 2010 : *JO* 11 juin).

7755 **Compétence.** L'article R. 211-7-1 du Code de l'organisation judiciaire, issu du décret n° 2012-1462 du 26 décembre 2012, confère au tribunal judiciaire de Paris compétence exclusive pour connaître des actions en responsabilité de l'État pour les fautes commises par les services chargés de la publicité foncière.

7756 **Statut particulier de Mayotte.** En application des dispositions de l'ordonnance n° 2005-870 du 28 juillet 2005 portant adaptation de diverses dispositions relatives à la propriété immobilière à Mayotte et du décret n° 2008-1086 du 23 octobre

2008 pris pour son application, le conservateur de la propriété immobilière de Mayotte est chargé :
- des suites à donner aux requêtes en immatriculation des immeubles et de la formalité au livre foncier ;
- de l'inscription des droits réels immobiliers sur le livre foncier ;
- de la conservation des actes et plans relatifs aux immeubles immatriculés et de la communication au public des renseignements s'y rapportant ;
- de l'élaboration des documents relatifs au régime de la propriété immobilière.

La responsabilité du conservateur de la propriété immobilière dans l'accomplissement des formalités de publicité foncière est assimilée à celle du conservateur des hypothèques en application de l'article 2490, 8° du Code civil. À ce titre, il est civilement responsable sur ses deniers propres envers les usagers de l'exécution de cette mission suivant le même régime que les conservateurs des hypothèques.

L'État assure le pilotage de la mission de publicité foncière à Mayotte, la collectivité départementale n'ayant pas de compétence législative propre en ce domaine.

L'article 12 de l'ordonnance précitée du 10 juin 2010 substitue dans le Code civil l'État au conservateur de la propriété immobilière en assimilant celui-ci au service chargé de la publicité foncière pour la lecture dudit code.

D Organisation des services de la publicité foncière

7757 Du point de vue du droit administratif, les services de la publicité foncière représentent des services déconcentrés de l'État. Ils sont donc une émanation, à l'échelon départemental, de la Direction générale des finances publiques (DGFiP). À cet égard, les services centraux chargés des questions de publicité foncière étaient initialement les bureaux JF-1B et GF-3B. Le bureau JF-1B était chargé du contentieux administratif et juridictionnel ainsi que du traitement des recours gracieux des droits d'enregistrement et des taxes assimilées. Il était chargé, en matière de publicité foncière, du soutien et de l'assistance juridique au réseau ainsi que des recours amiables et du contentieux juridictionnel. Le bureau GF-3B organisait et animait les services chargés de la publicité foncière et de l'enregistrement. Il pilotait les grands projets de réorganisation et de dématérialisation en ces domaines en partenariat notamment avec la profession notariale. Il était responsable des techniques et bonnes pratiques relatives à la publicité foncière et à la gestion de l'enregistrement. Il pilotait l'informatisation des services de la publicité foncière et de l'enregistrement et était chargé de la maîtrise d'ouvrage des applications informatiques employées dans ces domaines. Pour schématiser, les aspects contentieux et juridiques étaient confiés au bureau JF-1B, les aspects métier et doctrine relevaient du bureau GF-3B.

Le bureau JF-1B a disparu à la fin de l'année 2020, ses missions étant alors dévolues au bureau GF-3B, qui continue d'assumer ses fonctions initiales.

Par ailleurs, depuis quelques années, les services de publicité foncière étaient ponctuellement appuyés dans leur activité par la brigade nationale d'intervention de publicité foncière (BNIPF). La mission d'appui a été reprise par plusieurs services d'appui de la publicité foncière (SAPF) et un pôle national de soutien au réseau (PNSR) de la publicité foncière.

Le PNSR assure un soutien juridique aux services locaux et reprend l'essentiel des missions précédemment exercées par le bureau GF-3B. Le PNSR PF fait aussi remonter au bureau GF-3B les questions récurrentes qui pourraient faire l'objet d'une mutualisation.

Les SAPF exercent trois missions qui sont :
- mise à jour du fichier immobilier de SPF (tâches de publication ou de vérifications) ;
- soutien et expertise sur les formalités complexes ;
- accompagnement, conseil sur le pilotage et mise en œuvre de méthodes de travail (au besoin sur place).

Les SAPF n'ont pas de périmètres géographiques définis et interviennent sur tout le territoire.

7758 Nous traiterons successivement de la compétence des services (III), du rôle du service de la publicité foncière en matière de publicité foncière (IV), puis de son rôle en matière fiscale (V).

III

Service compétent

A Principes généraux

7759 **Règle générale.** Les articles 28, 35, 36 et 37 du décret du 4 janvier 1955 précisent que les actes, décisions et documents qu'ils visent doivent être publiés au service chargé de la publicité foncière de la situation des immeubles.

7760 **Cas où la formalité concerne soit un immeuble unique, soit plusieurs immeubles situés dans le ressort de plusieurs services.**
➤ Sur cette difficulté particulière, V. **Formalités requises dans plusieurs services.**

7761 **Siège et ressort des services chargés de la publicité foncière.** Le siège et le ressort des bureaux des hypothèques étaient fixés par un arrêté du 12 juin 1970, périodiquement modifié. Pour chacun des bureaux existant dans l'ensemble des départements, cet arrêté indiquait les communes dépendant du ressort. Il en sera de même pour les services chargés de la publicité foncière (V. le texte des arrêtés au CD-Rom LexisNexis *Codes et Lois*).

7762 **Recherche du service compétent : processus pratique.** Pour savoir, en fonction de la commune concernée, quel est le service de la publicité foncière compétent, se rendre sur le site « impots.gouv.fr » et cliquer sur l'onglet « Professionnels ».
Sur la page correspondante, il est fait mention de l'**Annuaire des services de la publicité foncière**. En cliquant sur ce mot, on peut télécharger cet annuaire qui indique pour chaque département la compétence territoriale des services existants.

B Problèmes particuliers

7763 **Rédaction des états et certificats en cas de modification de la circonscription d'un service de publicité foncière.** On a toujours considéré que la certification concernant tous les immeubles du ressort d'un bureau visait tous les immeubles qui ont, à un moment donné, été compris dans ce ressort, et ceux-là seulement, sans qu'il soit nécessaire de préciser dans l'état ou le certificat les modifications que la circonscription a pu subir dans le passé. C'est aux requérants qu'il appartient de se préoccuper des mouvements survenus dans les circonscriptions administratives (Maguéro, *Dictionnaire de manutention*, V° Hypothèques, n° 9, note 2. – Rappr. Cass. civ., 4 févr. 1918 : *DP* 1921, 1, 14 ; *Journ. conserv. hyp.* 1876 ; *Rev. hyp.*, 4434, qui fait la même obligation aux requérants en cas de renouvellement d'une inscription).
Par conséquent, pour ce qui concerne le bureau des hypothèques (et aujourd'hui le service de la publicité foncière) auquel une commune a été rattachée, la certification visant tous les immeubles compris dans son ressort se trouve implicitement limitée, pour la commune rattachée à la période courue depuis le rattachement (*Bull. AMC* 1962, art. 511).

7764 **Dédoublement ou division d'un bureau des hypothèques.** Antérieurement à la suppression des conservations des hypothèques, qui a pris effet à compter du 1er janvier 2013, on enseignait qu'en cas de dédoublement ou de division d'un bureau des hypothèques, chaque conservateur était maître et civilement responsable de ce qui se passait dans son ressort. D'où l'obligation de déposer des dossiers doubles (dans l'une et l'autre conservation), en vue des opérations intéressant le fichier (radiations, par exemple...).
En pareil cas, le salaire était dû à chaque conservateur, pour ce qu'il avait accompli, dans les conditions ordinaires. Ce salaire était assis sur la valeur totale figurant au bordereau, sauf si le notaire avait évalué, dans l'acte ou en pied d'acte, la valeur des immeubles sis dans le ressort de chacune des conservations intéressées (*Bull. AMC* 1970, art. 821).
Cette solution peut-être transposée pour la perception de la contribution de sécurité immobilière.

7765 **Immeuble dont l'assiette foncière est située sur deux communes dépendant chacune d'un bureau différent.** Il a été demandé si, dans le cas d'un immeuble en copropriété dont l'assiette foncière est située sur deux communes contiguës dépendant chacune de deux bureaux d'hypothèque différents, il y a lieu de déposer un état descriptif de division différent pour chaque commune et dans chacun des bureaux.
L'association des conservateurs a rappelé que, compte tenu en particulier de la propriété indivise

des parties communes, notamment du sol, il était impossible d'opérer une partition calquée sur les ressorts respectifs des bureaux. Il y a donc lieu de considérer l'immeuble en cause comme formant une unité indivisible.
Ce principe paraît avoir les conséquences suivantes sur l'exécution des publications et des inscriptions (*Bull. AMC* 1989, art. 1433).

1 Publications

CGI, ann. IIII, art. 251. - *(Mod. par D. n° 2012-1463, 26 déc. 2012, art. 1)* Lorsqu'un acte concerne des immeubles ou droits immobiliers situés dans le ressort de plusieurs services de la publicité foncière la formalité fusionnée est exécutée au service où la publicité est requise en premier lieu. Ce service est l'un quelconque des services intéressés au choix du requérant ; il est indiqué dans chacune des expéditions présentées à la formalité.

7766 Modalités. L'exacte application des dispositions de l'article 7 du décret du 4 janvier 1955 conduit, dans tout acte concernant soit l'ensemble de la copropriété, soit seulement un ou plusieurs lots, à inclure **la désignation des deux communes** sur lesquelles l'immeuble est situé.
Il s'ensuit que chacun de ces actes – à commencer par l'état descriptif de division – doit être publié dans les deux bureaux concernés, quelle que soit la situation d'une fraction donnée dans l'ensemble de la copropriété (bâtiments ou locaux sur une seule commune ou à cheval sur les deux).
Le rédacteur de l'acte a le choix du bureau où la formalité sera requise en premier lieu (CGI, ann. III, art. 251) ; ce bureau sera seul compétent pour percevoir la totalité des droits et taxes exigibles sur les actes relevant de la formalité unique (CGI, ann. III, art. 253). L'autre bureau n'est pas, pour autant, en droit d'exiger la production d'un duplicata de quittance, l'exigence d'un tel document ne figurant pas dans les dispositions de l'article 1702 bis du Code général des impôts.
Par suite, la publication peut être effectuée le même jour dans les deux bureaux à condition d'établir un double jeu d'expéditions, soumises l'une et l'autre au droit de timbre, et de joindre à chacune d'elles une seconde expédition destinée aux archives de chaque conservation ; du fait de l'indivisibilité de l'immeuble qui rend les deux conservations également compétentes, cette expédition remplacera l'extrait réglementaire limité aux immeubles situés dans le ressort de chaque bureau.
L'information des deux conservateurs sera assurée par l'indication dans ces expéditions du bureau choisi pour l'exécution de la formalité unique (BOI-ENR-DG-40-20-20-10-201209 12, 12 sept. 2012, n° 60).
Il a, cependant, été remarqué fréquemment que lorsqu'un acte concerne des immeubles ou des droits immobiliers situés dans le ressort de plusieurs bureaux, c'est la même expédition timbrée qui est successivement revêtue de la mention de publication dans les différents bureaux concernés ; mais cette pratique n'est pour les usagers qu'une simple faculté qui présente, cependant, des avantages certains dans la mesure, bien évidemment, où les transmissions ne sont pas exagérément différées.

7767 Contribution de sécurité immobilière. Évoquant le problème de la perception du salaire, la chronique précitée (*Bull. AMC* 1989, art. 1433) indique que le salaire proportionnel sera perçu par chaque conservateur sur la valeur des biens (terrain, bâtiment, local...) situés sur la commune dépendant de sa circonscription ; cette valeur devra faire l'objet d'une déclaration estimative qui, si elle n'est pas contenue dans l'acte lui-même, devra être souscrite et certifiée par le requérant au pied de l'expédition déposée (CGI, art. 296). La ventilation à opérer ne revient qu'en apparence sur le principe de l'exclusion du morcellement d'un immeuble en copropriété par des diviseurs autres que ceux figurant dans l'état descriptif de division. Il s'agit seulement, en effet, de parvenir à une approximation dont le mode de calcul est laissé à l'appréciation des parties ou du requérant et qui, sauf abus manifeste, ne paraît pas susceptible d'être utilement contestée par celui des conservateurs qui s'estimerait éventuellement lésé.
Quant au salaire fixe, exigible en particulier sur l'état descriptif de division, il sera perçu dans chacun des deux bureaux. Cette double perception est justifiée par l'addition des travaux et le cumul des responsabilités.

2 Inscriptions

7768 Modalités de publication. Dans les bordereaux déposés en vue de l'inscription d'une hypothèque ou d'un privilège sur un ou plusieurs lots, la description du terrain d'assiette de l'immeuble en copropriété comportera obligatoirement la désignation des **deux communes** et l'inscription, pour être totalement opérante, devra être prise dans l'un et l'autre des deux bureaux.

7769 Perceptions. La taxe hypothécaire – si elle est due – sera perçue par le service où l'inscription sera requise en premier lieu ; il sera délivré

au requérant un duplicata de quittance qui sera produit à l'autre bureau pour éviter une nouvelle taxation (CGI, art. 1702 bis).
Enfin, la contribution de sécurité immobilière sera perçue par chacun des deux services de la publicité foncière sur le montant de la sûreté inscrite à son bureau ; si le créancier répartissait entre les deux bordereaux la totalité des sommes garanties, les bases de calcul de la contribution de sécurité immobilière au tarif proportionnel ne dépasseraient pas au total le montant de la créance en principal et accessoires.

IV Rôle du service de la publicité foncière en matière de publicité foncière

7770 Nous distinguerons le pouvoir de contrôle du service de la publicité foncière sur la généralité des actes (A) en mettant à part le cas des mainlevées (B).

> **N.B.** : Nous avons repris, dans les développements qui suivent, les principes anciennement admis pour la définition des pouvoirs du conservateur des hypothèques en la matière.

A Publicité foncière en général

1 Étendue du droit de contrôle

7771 Observation préalable. Le service de publicité foncière auquel des documents sont présentés, en vue d'une formalité de publicité, a le droit et l'obligation d'en refuser le dépôt ou, après l'avoir accepté, de rejeter la formalité, si ces documents ne remplissent pas les conditions exigées par les textes sur la publicité foncière.

➤ Sur le pouvoir de contrôle en matière de refus de dépôt et de rejet, V. **Refus de dépôt** et **Rejet**.

Le droit de contrôle ainsi accordé au service de la publicité foncière sur les pièces déposées en vue d'une formalité de publicité ne lui donne pas pour autant un rôle actif dans l'opération concernée, car il n'exerce aucun contrôle sur le fond du droit et en particulier sur la validité des actes (V. sur le principe de « neutralité » du service de publicité foncière, Cass. 3e civ., 6 sept. 2018, n° 17-19.241).
Nous aurons l'occasion de rencontrer des applications de ce principe dans les diverses rubriques du présent ouvrage.

7772 Domaine du contrôle. Le contrôle du service de la publicité foncière va porter sur tous les points susceptibles d'entraîner un refus ou un rejet. Il lui faut rechercher principalement :
- si la pièce déposée est sujette à publicité foncière et si elle a le caractère authentique (Cass. 3e civ., 10 juill. 2013, n° 12-16 193 : *JurisData* n° 2013-015447) ;
- si elle renferme tous les éléments prévus en matière de publicité foncière (identité des parties, certification de cette identité, désignation des immeubles et droits immobiliers, certificat de conformité, références de la publicité donnée à l'acte du disposant ou dernier titulaire, par exemple) ;
- si elle est accompagnée de tous les documents exigibles (extrait cadastral, extrait d'acte, déclarations fiscales, notamment) ;
- s'il y a concordance entre cette pièce et ces documents ;
- si aucune discordance n'existe entre les énonciations portées dans la pièce déposée et celles qui figurent déjà au ficher immobilier.

7773 Actes extérieurs au champ d'application de la publicité foncière. Le service de la publicité foncière est en droit d'examiner l'acte qui lui est soumis, pour déterminer s'il relève ou non des actes entrant ou non dans le champ d'application de la publicité foncière. Ainsi peut-il refuser de publier un acte qui ne comporte que des stipulations de nature purement mobilière (V. antérieurement, pour la quittance du paiement d'une soulte : CA Paris, 18 sept. 1997 : *JurisData* n° 1997-150020 ; *Defrénois* 1998, art. 36742, p. 228, note G. Paire ; *Bull. AMC* 1998, art. 1778).
Il en va de même d'un document qui ne serait pas relatif à la définition juridique d'un immeuble (réquisition de publier les modifications apportées à une construction) ou dans le cas où l'exécution de la formalité méconnaîtrait une disposition législative ou réglementaire impérative (*Bull. AMC* 1994, art. 1621).

2 Limites du droit de contrôle

7774 Validité des actes. Le service de la publicité foncière n'était pas juge de la validité, au fond, des documents déposés. Tel était le principe antérieurement applicable au conservateur des hypothèques (V. chron. hyp. : *JCP* N 1962, IV, 3455 *in fine*). Une réponse ministérielle du 31 août 1987 énonçait ainsi que « le contrôle exercé par le conservateur consiste à s'assurer que les actes et décisions à publier sont effectivement soumis ou admis à la formalité et qu'ils ne présentent pas des irrégularités graves de nature à compromettre la fiabilité du fichier immobilier. En revanche, le conservateur n'a pas à apprécier la validité juridique ou l'opportunité des actes qui lui sont déposés aux fins de publication (*JCP* N 1987, IV, 321. – V., dans le cas de non-respect de la réglementation des lotissements : *JCP* N 1983, prat. 8865).
Ainsi, il n'avait pas à faire valoir qu'un acte de vente d'immeuble aurait dû être conclu sous la condition suspensive de l'obtention de ce prêt. Lorsqu'une telle condition n'était pas expressément prévue dans l'acte, on devait considérer, pour la publication, que celui-ci n'était pas affecté d'une condition (V. *Bull. AMC* 1981, art. 1205).
Le principe selon lequel « le conservateur des hypothèques n'est pas juge de la validité et de l'efficacité des actes dont la publicité est sollicitée » a été rappelé par la Cour de cassation (Cass. 3e civ., 10 juill. 2013, n° 12-16.193 : *JurisData* n° 2013-015447). Ce principe s'applique également au service de la publicité foncière.

7775 Contrôle de l'effet relatif : particularité. Il faut rappeler qu'à la suite de l'arrêt *Hédreul*, le conservateur s'est vu investi d'un pouvoir de contrôle supplémentaire puisqu'il devait rejeter la formalité pour défaut de concordance d'une publication requise à l'encontre d'une personne sur un immeuble dont elle n'est plus propriétaire (Cass. 3e civ., 12 juin 1996 : *JurisData* n° 1996-002353, cité aussi par P. Frémont, *Vers la fin de la publicité des actes et inscriptions concernant un ancien propriétaire* : *JCP* N 1997, I, p. 53 et s. – V. **Effet relatif**). La même règle est applicable au service de publicité foncière, jusqu'à nouvel ordre.

7776 Réglementation de l'urbanisme. Le conservateur n'avait pas, entre autres, à vérifier si les documents qui lui sont soumis étaient conformes ou non à la réglementation de l'urbanisme (chron. hyp. : *JCP* N 1979, prat. 7202). Spécialement :
– aucun texte ne lui conférait le pouvoir de vérifier l'application des règles édictées par le Code de l'urbanisme en matière de lotissement. Par suite, quand la désignation des parcelles loties était faite en conformité avec les dispositions de l'article 7 du décret précité du 4 janvier 1955, la formalité ne pouvait qu'être exécutée ;
– par ailleurs, il n'avait pas à se préoccuper du point de savoir si l'arrêté portant autorisation du lotissement (ou tout autre arrêté en tenant lieu) avait été ou non publié (V. *Bull. AMC* 1974, art. 995 ; *ibid.* 1975, art. 1014 ; *ibid.* 1979, art. 1141 ; *JCP* N 1971, prat. 4967 ; *ibid.* 1979, prat. 7202. – V. aussi, *Bull. AMC* 1981, art. 1217. – P.J.C., chron. hyp. : *JCP* N 1990, prat. 1545) ;
– il n'avait pas non plus à rechercher si la division d'une parcelle était ou non régulière au regard des règles de l'urbanisme (V. à propos du détachement d'une partie d'un terrain dont la totalité des droits de construire a déjà été utilisée, Chardonnal, chron. hyp. : *JCP* N 1983, prat. 8747).
Ces principes continueront de s'appliquer, jusqu'à nouvel ordre, au service de la publicité foncière.

7777 Servitudes. Le conservateur des hypothèques n'avait aucune vérification à effectuer en ce qui concerne les servitudes figurant dans les procès-verbaux de réorganisation foncière ou de remembrement et en matière d'échanges d'immeubles ruraux (Instr. adm. 3 sept. 1981 : *BODGI* 10 E-2-81 ; *JCP* N 1981, prat. 8076. – Note adm., 8 déc. 1982 : *BODGI* 10 F-3-82 ; *JCP* N 1982, prat. 8501. – V. **Aménagement foncier rural**). Il en sera de même, jusqu'à nouvel ordre, pour le service de la publicité foncière.

B Mainlevées

7778 Renvoi.
➤ Sur le pouvoir de contrôle du service de la publicité foncière en matière de mainlevées, V. JCl. Notarial formulaire, V° Mainlevée, Fasc. 10.

V

Rôle du service de la publicité foncière en matière fiscale

7779 **Généralités.** Aux termes de l'article 647-1, II et IV du Code général des impôts, les formalités de l'enregistrement et de la publicité foncière sont fusionnées pour les actes publiés au fichier immobilier.

7780 Les services de la publicité foncière sont chargés, en plus de leurs attributions en matière de publicité des privilèges et des hypothèques et des autres droits sur les immeubles :
- de l'exécution de la formalité unique ;
- de la perception des taxes applicables à l'occasion de ces formalités civiles et fiscales (V. CGI, art. 878).

7781 Nous examinerons successivement : les travaux à effectuer par le service de la publicité foncière en relation avec son rôle fiscal (A), ses attributions en matière de perception des droits d'enregistrement, de la taxe de publicité foncière et de la contribution de sécurité immobilière (B), ses attributions en matière de mutations soumises à la TVA (C), ses attributions en matière de plus-values immobilières (D).

A Limites du rôle fiscal du service de la publicité foncière quant aux travaux à exécuter

7782 D'une manière générale, seuls les travaux en relation directe avec la formalité unique ou avec la perception à effectuer au moment où cette formalité est exécutée relèvent de la compétence des services de la publicité foncière.

Par suite, le service de la publicité foncière a la responsabilité de la perception résultant des seules dispositions incluses dans l'acte présenté à la formalité unique, et il est chargé des travaux matériels annexes à cette formalité. Les services des impôts ont par ailleurs compétence pour assurer l'ensemble des tâches de surveillance et de contrôle et pour recouvrer les droits dont l'exigibilité a été décelée à cette occasion (BOI-ENR-DG-40-20-10-20130123, n° 30).

7783 En définitive, les tâches dévolues aux services de la publicité foncière sont les suivantes :
- assiette et recouvrement de l'impôt (y compris les tâches comptables et statistiques) : des précisions sur cette fonction sont données aux B et C ci-après en ce qui concerne la fiscalité immobilière et l'octroi des crédits d'impôt, et à la rubrique relative à l'exécution de la formalité unique, en ce qui concerne la nature exacte des travaux à effectuer ;
- exercice de la juridiction gracieuse pour les pénalités de retard et les amendes fixes exigibles sur l'acte lui-même ;
- instruction des affaires contentieuses nées à l'occasion de la perception effectuée dans le service (V. BOI-ENR-DG-40-20-10-20130123, n° 40).

B Attributions du service de la publicité foncière liées à la perception des droits d'enregistrement, de la taxe de publicité foncière, et de la contribution de sécurité immobilière

7784 Nous avons regroupé les diverses attributions du service de la publicité foncière en ce domaine en plusieurs rubriques, en fonction des vérifications qu'il est chargé d'opérer : vérification de la compétence du bureau (1°), vérification de la régularité formelle des actes qui lui sont présentés (2°), vérification de la remise des documents fiscaux prévus par la loi (3°), vérification de la liquidation et du montant des droits dus (4°).

1 Vérification de la compétence du service

7785 **Principe.** En application des principes généraux régissant l'enregistrement, la formalité doit être refusée à l'égard des actes ou déclarations qui doivent être enregistrés dans un autre service, ou des actes ou déclarations présentés après l'heure de clôture du service (V. antérieurement, Doc. adm. DGI, 7 A-4123, n° 17, 10 sept. 1996).

2 Vérification de la régularité formelle de l'acte

7786 Observation générale. Le service de la publicité foncière devra vérifier que figurent dans l'acte certaines mentions prescrites par la législation fiscale et énumérées ci-dessous.

7787 Affirmation de sincérité. Le défaut d'affirmation de sincérité dans les actes visés à l'article 850 du Code général des impôts autorise le service de la publicité foncière à refuser la formalité « à moins qu'il n'y ait impossibilité absolue de satisfaire aux prescriptions de la loi » (V. antérieurement, Doc. adm. DGI, 7 A-4123, n° 17, 10 sept. 1996. – V. **Affirmation de sincérité**).

7788 Absence, dans les actes d'aliénation, des mentions prévues en matière d'imposition des plus-values immobilières.
➤ V. **Plus-values immobilières.**

7789 Déclaration estimative pour la perception des droits et de la contribution de sécurité immobilière. L'article 851 du Code général des impôts, qui régit la matière, prévoit qu'à défaut de déclaration estimative, la formalité est refusée (V. **Déclaration estimative**).

7790 Mention de la quittance des droits d'enregistrement. L'article 855 du Code général des impôts comporte les dispositions suivantes :

> « Il est fait mention dans toutes les expéditions des actes publics, civils ou judiciaires, qui doivent être enregistrés sur les minutes, de la quittance des droits, par une transcription littérale et entière de cette quittance.
> Pareille mention est faite dans les minutes des actes publics, civils, judiciaires ou extrajudiciaires, qui se font en vertu d'actes sous signatures privées ou passés en pays étrangers et qui sont soumis à l'enregistrement ».

Une mention d'enregistrement incomplètement reproduite ne saurait cependant, à défaut de sanctions particulières prévues dans le texte, être une cause de rejet de la formalité (Bulté et Béchade : *JCP* N 1963, IV, 3634).

3 Vérification de la remise des documents fiscaux prévus par la loi

7791 Bordereau récapitulatif. L'absence du bordereau récapitulatif prévu par l'article 853 du Code général des impôts est une cause de refus de la formalité de l'enregistrement (CGI, art. 853, al. 2).

7792 Extrait d'acte. L'absence de l'extrait d'acte en double exemplaire ou l'existence entre cet extrait et le document à publier d'une discordance faisant obstacle à la détermination de l'assiette de l'impôt ou au contrôle est une cause de refus de la formalité (V. **Extrait d'acte**).

7793 Remise de l'ensemble des documents dont le dépôt était prescrit en matière d'enregistrement et de publicité foncière au moment de l'entrée en vigueur du décret n° 70-548 du 22 juin 1970. Pour l'exécution de la formalité fusionnée, les requérants doivent remettre au service de la publicité foncière, en même temps que les pièces visées à l'article 253 de l'annexe III du Code général des impôts, « l'ensemble des documents dont le dépôt était prescrit en matière d'enregistrement et de publicité foncière au moment de l'entrée en vigueur du décret n° 70-548 du 22 juin 1970 ». Ces documents sont aménagés s'il y a lieu suivant des modalités fixées par le directeur général des finances publiques.
L'article 254 de l'annexe III au Code général des impôts, qui édicte cette prescription, est complété par l'article 257 qui prévoit à défaut un refus de formalité.
Cette disposition s'applique notamment à la déclaration prévue par l'article 250 de l'annexe II au Code général des impôts pour la liquidation de la TVA.

4 Vérification du montant des droits dus et demande de règlement préalable

7794 Observation générale. Le service de la publicité foncière a le pouvoir de contrôler la liquidation des droits effectuée par les parties. Il déterminera ensuite le montant des droits dus, l'accomplissement de la formalité étant subordonné au paiement desdits droits.

a) Contrôle de la liquidation des droits effectuée par les parties

7795 Nécessité d'une liquidation détaillée. L'extrait d'acte prévu à l'article 860 du Code général des impôts est complété par un projet de liquidation détaillé des droits exigibles (CGI, ann. III, art. 255).
La formalité est refusée en cas d'inobservation des dispositions de ce texte (CGI, ann. III, art. 257).

Sous le terme « liquidation détaillée », il faut comprendre une liquidation faisant ressortir distinctement chacun des droits et taxes exigibles (taxe de publicité foncière, taxe départementale, taxe communale…). Une liquidation dans laquelle il serait fait seulement état du taux cumulé de l'impôt ne pourrait être considérée comme régulière et suffirait à justifier un refus. L'indication séparée de chacune de ces taxes est suffisante et il ne pourrait être exigé, en cas de pluralité d'immeubles, une ventilation des taxes locales entre les différents fonds ou collectivités bénéficiaires (V. antérieurement, Doc. adm. DGI, 7 A-4222, n° 6, 10 sept. 1996). Antérieurement, on considérait que le salaire du conservateur ne faisait pas partie des « droits exigibles » au sens de l'article 255 de l'annexe III du Code général des impôts. Il semble que cette solution ne doive pas être étendue à la contribution de sécurité immobilière qui revêt aujourd'hui les caractères d'une perception à caractère fiscal (il appartiendra à l'administration de faire connaître sa position à ce propos).
– Si l'absence de liquidation détaillée constitue une cause de refus, il n'en est pas de même en cas d'erreur dans la liquidation, à moins que cette erreur ne se traduise par une insuffisance de provision ; il convient donc de vérifier aussi la liquidation avant d'accepter le dépôt.

7796 **Vérification du projet de liquidation par le service de la publicité foncière.** L'instruction du 20 août 1970 (*BODGI* 7 A-11-70), dont les termes ont été repris depuis lors dans la Documentation administrative de base (V. Doc. adm. DGI, 7 A-4222, n° 9, 10 sept. 1996), puis au BOFiP précise à ce propos (BOI-ENR-DG-40-20-20-20-20120912, n° 180) :

> « La liquidation préparée par le déposant ne constitue qu'un projet et doit être vérifiée par le conservateur au moment où la formalité est exécutée. En ce qui concerne les droits et taxes autres que la TVA, cette vérification porte sur les points ci-après :
> – concordance des bases d'imposition avec les prix et valeurs indiqués dans l'acte ;
> – exactitude des taux appliqués, étant observé que les services de la publicité foncière sont fondés à rectifier la qualification des actes sans avoir à engager une procédure quelconque ;
> – vérification matérielle de la liquidation elle-même ».

7797 Indépendamment de la vérification du projet de liquidation, les services de la publicité foncière demeurent seuls compétents pour :
– calculer la taxe exigible sur les formalités autres que la formalité unique (inscriptions, etc.) ;
– liquider le montant de la contribution de sécurité immobilière exigible sur l'ensemble des formalités requises ;
– asseoir les pénalités de retard et les amendes fixes exigibles sur l'acte lui-même (BOI-ENR-DG-40-20-20-20-20120912, n° 190).

b) Limites au pouvoir de contrôle du service de la publicité foncière

7798 **Rectifications nécessitant la mise en œuvre de la procédure de rectification contradictoire.** Il n'appartient pas au service de la publicité foncière de procéder aux rectifications qui nécessitent la mise en œuvre de la procédure de rectification contradictoire et notamment de rectifier ou de rehausser les prix ou valeurs déclarés, ce rôle étant réservé aux agents chargés du contrôle (BOI-ENR-DG-40-20-20-20-20120912, n° 180).

7799 **Commentaire de cette règle.** Si l'on se reporte aux dispositions qui définissent le champ d'application de la procédure de rectification contradictoire, on constate qu'elle est d'une application générale et qu'elle n'est écartée que dans certains cas expressément prévus par la loi.
Elle doit être suivie en principe toutes les fois que l'administration constate une insuffisance, une inexactitude, une omission ou dissimulation dans les éléments servant de base au calcul des impôts, droits, redevances ou sommes quelconques dues en vertu du Code général des impôts (LPF, art. L. 55).

7800 C'est ainsi que la procédure s'applique :
– aussi bien aux rehaussements qui découlent de l'application directe d'un texte légal ou réglementaire qu'à ceux procédant d'une appréciation des faits ;
– lorsqu'un élément servant de base au calcul de l'impôt n'a pas été correctement apprécié ou lorsqu'il fait totalement défaut… ;
– à la fois aux insuffisances en quantité ou en valeur, aux qualifications erronées des éléments déclarés ou retenus… (V. sur tous ces points, BOI-CF-IOR-10-10-20120912, n°s 40 et 140) ;
– en cas de dissimulation du véritable caractère d'un contrat ou lorsqu'en raison de l'inexactitude de sa déclaration, le redevable a bénéficié d'un tarif, d'abattements ou de réductions auxquels il n'avait pas droit (BOI-CF-IOR-10-10-20120912, n° 170).

7801 Par contre, la procédure de « rectification contradictoire » ne s'applique :
– ni aux erreurs commises dans les opérations de liquidation (BOI-CF-IOR-10-10-20120912, n° 210) ;
– ni aux retraits d'agrément ou déchéance du bénéfice de certains avantages fiscaux (BOI-CF-IOR-10-10-20120912, n° 220).

7802 **Cas d'insuffisance du prix ou de la valeur estimative.** En principe, l'insuffisance présumée du prix ou de la valeur estimative énoncée dans un acte n'autorise pas le service de la publicité foncière à refuser la publication de cet acte (V. antérieurement, à propos du conservateur des hypothèques, Rép. min. : *JOAN* CR, 19 juill. 1960, p. 1991 ; *Recueil des solutions en matière de publicité foncière*, § 48-IV-b, p. 315. – Rép. min. Collette : *JOAN* CR, 18 nov. 1965, p. 4734, n° 15926).
Le rehaussement éventuel de l'évaluation ne peut être effectué que suivant la procédure de redressement (Rép. min., préc.) et donc actuellement dans le cadre de la procédure de rectification contradictoire.

7803 La règle donnée ci-dessus paraît cependant comporter deux exceptions :
– elle ne peut jouer que si la base de calcul de la taxe et de la contribution de sécurité immobilière est apparemment régulière.
À défaut, l'irrégularité équivaudrait à l'absence de déclaration, ce qui autoriserait alors le service de la publicité foncière à refuser la formalité sur le fondement de l'article 851 du Code général des impôts (*Bull. AMC* 1966, art. 651) ;
– la règle suppose aussi que l'évaluation figurant dans l'acte n'est pas manifestement insuffisante. Ce sera le cas par exemple lorsqu'un prix symbolique aura été stipulé (Rép. min. 16 mars 1966 : *JCP* N 1966, IV, 4032 ; *Bull. AMC* 1966, art. 656 ; *ibid.* 1972, art. 921).
Dans ces deux cas, il ne serait pas nécessaire de mettre en œuvre la procédure de rectification contradictoire. Le service de la publicité foncière serait fondé :
– à opposer un refus de dépôt… ;
– ou, à défaut, après acceptation du dépôt, à notifier un rejet (*Bull. AMC*, art. 656, préc.).

7804 **Le service de la publicité foncière peut-il rectifier la qualification d'un acte ?** Le *BOFiP* indique à ce propos (BOI-CF-IOR-10-10-20120912, n° 210) qu'il n'y a pas lieu de mettre en œuvre la procédure de rectification contradictoire :

> « … lorsque des insuffisances de perception proviennent d'erreurs commises tant par le contribuable que par le service, en l'absence de toute dissimulation ou de tout différend, dans l'appréciation de la nature juridique ou l'interprétation des clauses d'un acte à formaliser, ou dans l'application des taux ou encore dans le calcul des abattements et réductions.
> Il est rappelé que, conformément aux principes généraux, les droits sont, en effet, liquidés, lors de la présentation à la formalité, non d'après la qualification donnée par les parties à leurs conventions, mais d'après la nature juridique de ces dernières telle qu'elle ressort des stipulations de l'acte.
> En revanche, lorsqu'il remet en cause, après accomplissement de la formalité de l'enregistrement, le régime fiscal applicable à un acte (au cas particulier, un acte de partage transactionnel en le qualifiant pour partie de mutation à titre onéreux), le service ne peut se dispenser d'observer les règles de la procédure de rectification contradictoire prévue à l'article L. 55 du LPF (Cass. com., 5 janv. 1988, n° 86-15979) ».

L'administration réserve expressément le cas de « différends dans l'appréciation de la nature juridique ou l'interprétation des clauses d'un acte à formaliser ou dans l'application des taux ou encore dans le calcul des abattements et réductions ».
Il nous semble en conséquence que le service de la publicité foncière pourra rétablir la tarification exacte. Ainsi, si le déposant a appliqué le droit de vente alors qu'il s'agit d'une donation ou le droit de partage alors qu'il s'agit d'un échange…
Mais, ce service ne pourrait pas, par contre, rétablir la véritable nature du contrat, car dès lors qu'il y a « qualification erronée des éléments déclarés », on tombe dans le champ d'application de la procédure de rectification contradictoire en vertu des termes mêmes du BOFiP, rapportés plus haut.

c) Détermination du montant des droits dus

7805 **Pouvoir du service de la publicité foncière s'appliquant à l'ensemble des perceptions à opérer y compris les pénalités.** Indépendamment de la vérification du projet de liquidation, les services de la publicité foncière demeurent seuls compétents pour :
– calculer la taxe exigible sur les formalités autres que la formalité unique (inscription, etc.) ;
– liquider le montant de la contribution de sécurité immobilière exigible sur l'ensemble des formalités requises ;
– asseoir les pénalités de retard et les amendes fixes exigibles sur l'acte lui-même (BOI-ENR-DG-40-20-20-20-20120912, n° 190).

7806 **Le service de la publicité foncière est maître de sa perception.** Un principe traditionnel est que « le receveur est maître de sa perception (*JCl. Formulaire Notarial*, V° Enregistrement, Fasc. 5, n° 39). En cas de désaccord sur la liquidation, les parties sont tenues d'acquitter la somme réclamée sauf à demander ensuite la restitution par voie de réclamation adressée au directeur des impôts compétent » (CGI, art. 1931 et 1932).
Il faut combiner cette règle de principe avec les mécanismes propres à la publicité foncière.

7807 **Possibilité de refuser le dépôt.** Pour les actes soumis à la formalité fusionnée, le conservateur doit alors notifier un refus de dépôt (Instr. 20 août 1970, série X P.F., n° 10-B-8-70). En effet, l'article 257 de l'annexe III du Code général des impôts indique :

« La formalité est refusée dans le cas où une telle sanction est prévue par la réglementation en vigueur en matière de publicité foncière ou d'enregistrement… »

Or, l'article 1701 du Code général des impôts subordonne la formalité de l'enregistrement au paiement préalable des droits dus (dont il appartient au service de la publicité foncière d'apprécier le montant en raison de ses pouvoirs).
S'il y a une contestation, elle sera ensuite tranchée dans le cadre d'un recours contre le refus de dépôt qui aura été notifié (V. **Refus de dépôt**).
Si l'on préfère, on peut, après avoir acquitté le montant des droits réclamés, former une demande de restitution (V. **Restitution**).

d) Rôle du service de la publicité foncière en matière de paiement fractionné et de constitution de garanties

7808 Dans le cadre de ses attributions fiscales, le service de la publicité foncière peut être amené, dans certains cas, à autoriser le paiement fractionné des droits, moyennant éventuellement constitution de garanties. Il peut également avoir à inscrire d'office l'hypothèque légale du Trésor en dehors de tout fractionnement. Dans ces deux cas, il est investi de la totalité des pouvoirs dévolus aux comptables de la DGFIP (BOI-ENR-DG-40-20-10-20130123, n° 90).

1) Cas dans lesquels il y a lieu à fractionnement des droits

➤ V. **Paiement des droits**.

2) Attributions des services de la publicité foncière

7809 Lorsqu'il s'agit d'actes soumis à la formalité unique, il appartient aux services de la publicité foncière :
– de recevoir la demande de paiement fractionné ou différé, d'examiner si elle est régulière en la forme et si la mutation peut faire l'objet d'une telle demande ;
– de transmettre cette demande au service des impôts du lieu de situation des biens (BOI-ENR-DG-50-20-10) ;
– dans tous les cas, d'encaisser les droits immédiatement exigibles et d'exécuter la formalité.
C'est au service des impôts du lieu de situation des biens en charge de l'enregistrement qu'il appartient, d'une manière générale, de recouvrer les échéances ultérieures en cas de paiement différé et de donner mainlevée, le moment venu, des garanties prises (BOI-ENR-DG-40-20-10-20130123, n° 100).

C Attributions des services de la publicité foncière en matière de TVA

7810 Compétence des services de la publicité foncière. Pour les immeubles dont la mutation entre dans le champ d'application de la TVA, l'exonération de la taxe de publicité foncière, ou sa réduction au taux de 0,60 % (0,715 % avec les perceptions additionnelles), lors de l'exécution de la formalité unique au service de la publicité foncière (ou encore le paiement du droit fixe lors de l'exécution de la formalité fusionnée au service de la publicité foncière), est subordonnée au paiement de la TVA ou à la justification de sa prise en charge par le bureau compétent (CGI, ann. II, art. 250 et 251).
En raison de la corrélation ainsi établie entre les deux taxes, il n'aurait pas été rationnel d'obliger les parties à payer la TVA à la recette unique avant de requérir la formalité unique au service de la publicité foncière.
Pareille anomalie a pu être évitée en édictant des modalités de paiement de la TVA compatibles avec le rôle du service de la publicité foncière.

7811 Conditions. Il a été décidé que les services de la publicité foncière ont compétence pour recevoir les déclarations afférentes à la TVA et pour encaisser l'impôt correspondant chaque fois que les trois conditions ci-après sont réunies :
– la taxe doit être due sur une mutation (vente, échange, apport…), à l'exclusion d'une livraison à soi-même ;
– cette mutation doit être constatée par un acte soumis à la formalité fusionnée ;
– le redevable ne doit pas acquitter la taxe sur relevés mensuels ou trimestriels.
Désormais, ces conditions ne sont réunies que pour les seules livraisons d'immeubles bénéficiant de la mesure transitoire prévue au BOI-TVAIMM-10-10-20 au II-A, pour lesquelles une déclaration n° 942-SD (CERFA n° 11115) accompagnée éventuellement de l'annexe n° 943-SD (CERFA n° 11116) doit être déposée. Ces déclarations sont téléchargeables sur le site www.impots.gouv.fr (BOI-ENR-DG-40-20-10-20130123, n° 60).

7812 Attributions du service de la publicité foncière. En dehors de la réception des déclarations, le rôle des services de la publicité foncière est limité à leur vérification en la forme et à l'encaissement de la taxe.

Ils n'ont pas à intervenir dans le contrôle proprement dit, ni, le cas échéant, dans la surveillance des déclarations définitives et le recouvrement de l'impôt qui peut être dû à cette occasion. Ces tâches de contrôle et de surveillance sont assurées par les services des impôts. Le recouvrement des compléments de droits et, éventuellement, la réception des déclarations définitives, sont confiés au service des impôts de la situation des biens (BOI-ENR-DG-40-20-10-20130123, n° 70).

7813 **Attributions du service de la publicité foncière : analyse.** Les principes posés ci-dessus sont applicables en ce qui concerne la liquidation de la taxe de publicité foncière, la contribution de sécurité immobilière et des taxes additionnelles qui peuvent être exigibles concurremment avec la TVA, étant observé que le service de la publicité foncière n'intervient pas dans le contrôle des ventilations faites par les parties.

La réduction de la taxe de publicité foncière au taux prévu à l'article 1594 F quinquies du Code général des impôts étant subordonnée au paiement préalable ou à la prise en charge de la TVA, le service de la publicité foncière doit vérifier :

– ou bien que la taxe a été prise en charge dans un service des impôts, la justification de la prise en charge étant constituée par la désignation du service des impôts compétent et par l'indication du numéro d'identification attribué au redevable, dans l'acte (ou au pied de l'acte) et dans l'extrait d'acte prévu à l'article 860 du Code général des impôts. D'autre part, le numéro d'identification est remplacé :

– par la date de la déclaration d'existence, quand le numéro d'identification n'a pas encore été attribué,

– par la date de l'autorisation de paiement sur les encaissements, quand il s'agit d'un redevable occasionnel non soumis à déclaration d'existence ;

– ou bien que la ou les déclarations exigibles ont été déposées au service de la publicité foncière lui-même avec une provision suffisante pour couvrir la taxe (BOI-ENR-DG-40-20-20-20-20120912, n° 210).

Remarque : si l'acte est exclu du champ d'application de la formalité fusionnée, l'intervention du service est limitée à la publication, moyennant le seul paiement de la contribution de sécurité immobilière.

7814 **Points à vérifier.** Lorsque le recouvrement de l'impôt est confié au service de la publicité foncière, les seuls points à vérifier par ce service sont les suivants :

– vérification formelle de la déclaration, concurremment à celle de l'extrait proprement dit ;

– concordance, avec l'acte, des indications fournies et du prix, vérification de l'habilitation du signataire (s'il s'agit d'un mandataire, etc.) ;

– vérification de la concordance du ou des taux appliqués avec les énonciations de la déclaration ou de l'acte ;

– vérification arithmétique de la liquidation et du relevé des droits à déduction, étant observé que cette vérification ne doit porter sur aucun des points pour lesquels le recours à la procédure de rectification contradictoire est nécessaire (rectification des ventilations, rejet des droits à déduction, etc. – BOI-ENR-DG-40-20-20-20-20120912, n° 220).

D Attributions du service de la publicité foncière en matière de plus-values immobilières

7815 **Renvoi.**

➤ V. **Plus-values immobilières**.

Servitude de cour commune

Jacques LAFOND

7816 Les servitudes de cour commune sont actuellement régies par les articles L. 471-1 à L. 471-3 et R. 471-1 à R. 471-5 du Code de l'urbanisme.

I Publicité foncière

7817 **Publication obligatoire.** La convention amiable créant une servitude de cour commune, de même que le jugement du tribunal judiciaire instituant cette servitude de cour commune (C. urb., art. R. 471-4) doivent être publiés au service de la publicité foncière de la situation des immeubles puisqu'ils s'analysent, d'après le législateur lui-même, en la constitution d'un droit réel immobilier.

Pour l'accomplissement de cette formalité obligatoire de publicité foncière, rappelons que l'acte constitutif de la servitude de cour commune (convention amiable ou ordonnance) devra nécessairement contenir toutes les indications exigées par les décrets des 4 janvier et 14 octobre 1955 portant réforme de la publicité foncière : identification des parties, identification des immeubles, indications permettant le contrôle de l'effet relatif, etc.

7818 **Sanctions.** L'article R. 471-4 du Code de l'urbanisme précise à ce sujet que l'article 30 du décret n° 55-22 du 4 janvier 1955 portant réforme de la publicité foncière est applicable au jugement du tribunal judiciaire instituant une servitude de cour commune.

Ainsi les sanctions attachées au défaut de publicité des actes qui doivent obligatoirement être publiés (inopposabilité aux tiers) sont applicables aux décisions instituant des servitudes de cour commune.

La même solution vaut en cas de défaut de publication d'une convention de servitude de cour commune (*Bull. AMC* 1959, art. 372).

II Perceptions

➤ Les perceptions sont celles prévues en matière de constitution de servitudes (V. **Servitudes**).

Servitudes

Jacques LAFOND

Sommaire analytique

Index alphabétique

Index alphabétique *(suite)*

BIBLIOGRAPHIE : N.-N. Jobard-Bachellier, *Servitudes et grandeur de la publicité foncière en droit français : D.* 1988, chron. p. 247. – M. Dagot, *Servitude et publicité foncière : JCP* N 1991, doctr. p. 76. – E. Sander, *Extinction des services fonctionnels établis en Alsace Moselle avant le 1er janvier 1900 : JCP* N 2012, n° 30-34-1306. – S. Le Gac Pech, *L'outil contractuel au secours du droit des biens ou les limites apportées au caractère réel des servitudes : LPA* 19 juill. 2010, p. 5. – M. Suquet-Cozic, *Servitudes et responsabilité professionnelle du notaire : BPIM* 2/2012, p. 19. – F. Collard et B. Travely, *Servitude interdisant d'affecter un fonds un usage déterminé : une figure juridique encore trop méconnue : JCP* N 2014, n° 13, 1145. – F. Letellier, *Notion de servitude : le va-et-vient jurisprudentiel : JCP* N 2014, n° 51-52, 1384. – B. Travely, E. Meiller et F. Collard, *Le droit des servitudes, de la jurisprudence récente à la pratique notariale : JCP* N 2015, n° 39, 1169. – B. Travely, E. Meiller et F. Collard, *Quelles possibilités offre la notion de servitude ? : JCP* N 2018, n° 45, 1332.

I
Publicité foncière

7819 Nous examinerons dans un premier temps les cas où les servitudes doivent être publiées (A), puis les modalités de cette publication (B).

A Obligation de publier

7820 Nous distinguerons les servitudes résultant d'une convention (1), les servitudes ne résultant pas d'une convention (2) et les servitudes de cour commune (3).

1 Servitudes résultant d'une convention

7821 **Points étudiés.** Acte constitutif d'une servitude (*a*) ; rappel de servitude (*b*) ; règlement conventionnel de l'assiette ou des modes d'exercice des servitudes (*c*) ; renonciation à servitude (*d*).

a) Acte constitutif d'une servitude

7822 **Obligation de publier l'acte constitutif.** Parce qu'il donne naissance à un droit réel immobilier, l'acte constitutif d'une servitude est obligatoirement assujetti à la publicité foncière, qu'il s'agisse d'un acte entre vifs y compris d'une donation (D. 4 janv. 1955, art. 28-1°) ou d'un testament (D. 4 janv. 1955, art. 28-1° et 29. – *JCl. Notarial Formulaire*, V° Servitude, Fasc. 20 par J. Hugot. – J. et S. Piédelièvre, *La publicité foncière*, Defrénois-Lextenso, 2014, n° 189. – Ph. Simler et Ph. Delebecque, *Les sûretés, la publicité foncière*, 3e éd., n° 728).

La servitude peut résulter d'une décision d'assemblée de copropriété. En ce cas cette décision doit être publiée (Cass. 3e civ., 24 sept. 2020, n° 19-19.179, FS-P+B+I : *JurisData* n° 2020-014762 ; *Constr.-Urb.* déc. 2020, comm. 130, note C. Sizaire ; *JCP* G 2020, n° 51, 1410, rapp. av.-gén. B. Sturlèse ; *JCP* G 2020, n° 51, 1411, note Y. Strickler).

7823 **Notion de servitude.** Encore faut-il pour qu'il y ait obligation de publier que l'acte soit constitutif d'une véritable servitude, et non pas d'un simple droit personnel. Est constitutif d'une servitude l'engagement pris par l'acquéreur de n'établir sur le terrain vendu aucune construction qui puisse nuire à la vue sur le port de la maison d'habitation conservée par le vendeur (Cass. 3e civ., 14 janv. 2016, n° 14-23.685).

On peut observer à ce sujet que l'interdiction d'affecter un fonds à un usage déterminé (servitude de non-concurrence) remplit cette condition et qu'il est donc possible d'en opérer la publication (V. F. Collard et B. Travely, *Servitude interdisant d'affecter un fonds à un usage déterminé : une figure juridique encore trop méconnue : JCP* N 2014, n° 13, 1145 et les

Servitudes

formules proposées : *ibid.*, 1146. – M. Suquet-Cozic, *Faut-il publier les clauses de non-concurrence ? : Sol. not.* 30 nov. 2017, p. 11). Mais, pour qu'il y ait véritablement servitude et non pas simple clause de non-concurrence, il doit y avoir réellement une charge imposée à un fonds (immobilier) pour le service ou l'utilité d'un autre fonds. Il peut être conseillé en pareil cas de n'instituer qu'une servitude temporaire pour éviter de « geler » l'usage économique de l'immeuble pour une durée non limitée dans le temps (M. Suquet-Cozic, *op. cit.*).

➤ Sur la possibilité de créer une « servitude conventionnelle environnementale » V. J.-J. Sarlat et A. Olivier, *La servitude conventionnelle environnementale : JCP* N 2011, n° 7-8, 1089 et les formules proposées.

7824 Sanction en l'absence de publication. La servitude non publiée est inopposable aux tiers (au sens de l'article 30-1 du décret du 4 janvier 1955. – V. pour une servitude *non aedificandi* : Cass. 3e civ., 4 févr. 1971 : *Bull. civ.* 1971, III, n° 81. – Pour une servitude de lotissement : Cass. 3e civ., 23 mai 1991 : *Bull. civ.* 1991, III, n° 15 ; *Defrénois* 1991, art. 31 511, p. 3318, note L. Aynès. – Pour une servitude de passage : Cass. 3e civ., 27 oct. 1993 : *D.* 1994, somm. p. 165 ; *RD imm.* 1994, p. 218, obs. Bergel. – Cass. 3e civ., 12 oct. 1994 : *Dr et patrimoine* janv. 1995, p. 88, note C. Saint-Alary-Houin. – Cass. 3e civ., 12 mai 1998 : *JurisData* n° 1998-002243).

➤ Sur la notion de « tiers » au sens de la publicité foncière et la sanction d'inopposabilité, V. *JCl. Répertoire Notarial*, V° Publicité foncière, Fasc. 7 et 8 par F. Magnin. – *JCl. Notarial Formulaire*, V° Publicité foncière, Fasc. 20 et 30 par P. Frémont et D. Montoux).

Ainsi, une servitude constituée par un légataire particulier qui a ensuite renoncé à son legs est inopposable aux légataires universels successifs qui ont reçu le fonds grevé, tiers à l'égard de l'acte constitutif de la servitude et de son auteur (Cass. 3e civ., 4 nov. 2004 : *Bull. civ.* 2004, III, n° 194 ; *Defrénois* 2005, art. 38133, p. 528, note S. Piédelièvre).

Il en résulte que l'acquéreur du fonds servant pourra s'opposer à l'exercice de la servitude par le fonds dominant (Rép. min. Justice, 30 déc. 1967 : *JOAN*, p. 6160 ; *JCP* N 1968, prat. 4334).

Cependant, la servitude devient opposable, bien qu'elle n'ait pas été publiée :

– lorsqu'il en est fait mention dans l'acte qui constitue le titre de propriété du fonds servant (Cass. 3e civ., 24 sept. 2020, n° 19-19.179, FS-P+B+I : *JurisData* n° 2020-014762 ; *Constr.-Urb.* déc. 2020, comm. 130, note C. Sizaire ; *JCP* G 2020, n° 51, 1410, rapp. av.-gén. B. Sturlèse ; *JCP* G 2020, n° 51, 1411, note Y. Strickler ; *RDC* déc. 2020, p. 103, note F. Danos ; *Gaz. Pal.* 24 nov. 2020, p. 82, note B. de Bertier-Lestrade. – Cass. 3e civ., 16 sept. 2009, n° 08-16.499 : *JurisData* n° 2009-049441 ; *Bull. civ.* 2009, III, n° 195 ; *Constr.-Urb.* 2009, comm. 141, obs. C. Sizaire ; *Defrénois* 2010, art. 39109, p. 979, note C. Atias. – Cass. 3e civ., 14 déc. 2005, n° 04-14.245 : *Bull. civ.* 2005, III, n° 249. – Cass. 3e civ., 27 oct. 1993 préc. – Cass. civ., 17 juill. 1918 : *DP* 1918, I, 71. – M. Dagot, *Servitudes et publicité foncière : JCP* N 1991, I, p. 76 et s., nos 19 à 21. – Chardonnal, chron. hyp. : *JCP* N 1982, prat. 8461) ;

– lorsque le tiers qui invoque l'inopposabilité de la servitude est de mauvaise foi (V. *JCl. Notarial Formulaire* préc.) ;

– lorsque l'acquéreur de l'immeuble en connaissait l'existence au moment de son acquisition (Cass. 3e civ., 16 mars 2011, n° 10-13.771 : *JurisData* n° 2011-003772 ; *Bull. civ.* 2011, III, n° 41 ; *Constr.-Urb.* 2011, comm. 71, obs. C. Sizaire. – Cass. 3e civ., 16 sept. 2009, préc.). Les juges du fond apprécient souverainement si l'acquéreur avait connaissance de l'existence de la servitude au moment de la vente (Cass. 3e civ., 16 sept. 2009, préc.).

Ce principe d'inopposabilité de la servitude à l'acquéreur du fonds à défaut de publication s'applique également aux servitudes constituées avant l'entrée en vigueur du décret du 4 janvier 1955 puisque l'article 2 de la loi du 23 mars 1855 prévoyait déjà la transcription au bureau des hypothèques de tout acte constitutif de servitude (Cass. 3e civ., 14 déc. 2005, n° 04-14 245 : *Bull. civ.* 2005, III, n° 249). Mais il n'y a pas de constitution de servitude si l'acte d'acquisition précise qu'il n'existait aucune servitude sur le bien vendu et que la preuve de l'intention des parties à cet acte de prévoir une servitude n'est pas rapportée (V., pour une prétendue « servitude de canalisation » conventionnelle, Cass. 3e civ., 15 déc. 2016, n° 15-24.832).

On a montré en outre que malgré une rédaction prêtant à confusion de l'article R. 213-7 du Code de l'urbanisme, créé par la loi n° 366-2014 du 24 mars 2014 (dite « loi ALUR »), une servitude publiée au fichier immobilier est opposable à la commune titulaire du droit de préemption urbain (DPU) même si elle n'a pas été mentionnée dans la déclaration d'intention d'aliéner (M. Suquet-Cozic, *La loi Alur a-t-elle modifié l'opposabilité des servitudes au titulaire du DPU ? : BPIM* juin 2015, n° 361).

7825 Servitude temporaire de passage. Publication non obligatoire. Une servitude temporaire de passage réservée dans un acte de vente par la venderesse sa vie durant et celle de son mari qui accepte, n'est pas soumise à publication obligatoire. C'est aux parties intéressées qu'il appartient d'apprécier s'il doit être ou non procédé à cette publication. S'il y a publication dans le cas considéré, la convention accessoire sera publiée en même temps que la convention principale (l'acte de vente) et devra être mentionnée au fichier. Si les intéressés désirent que la disposition instituant la servitude de passage ne soit pas publiée, ils ont la possibilité de ne présenter à la formalité que des extraits excluant cette disposition ou, si la forme de l'acte ne permet pas matériellement cette exclusion, de revêtir les expéditions d'une mention requérant expressément le conservateur (aujourd'hui le service de la publicité foncière) de ne pas publier la servitude (*Bull. AMC* 1981, art. 1215).

b) Rappel de servitude

7826 **Incidence du point de vue de la publicité foncière.** Le simple rappel, dans un acte soumis à publication, d'une servitude par ailleurs non publiée, ne peut équivaloir à sa publication (Cass. civ., 9 juin 1939 : *JCP* 1939, II, 1243. – Chambaz, Masounabe-Puyanne et Leblond, *Précis du droit et de la pratique hypothécaire*, 2e éd., n° 748).

D'après les directives de l'administration :

> « il ne saurait être question [pour les conservateurs] d'annoter [au fichier immobilier] des servitudes simplement rappelées dans un acte, autrement que par les mots "rappel de servitude" ajoutés à la suite de l'annotation de la convention principale, cette annotation complémentaire étant laissée à l'appréciation des conservateurs » (*Rép. alph. enreg.*, V° Hypothèques, L. III, n° 24, note 1).

La rédaction de la clause de rappel importe donc peu du point de vue de la publicité foncière et ne devrait être la source d'aucune difficulté (chron. hyp. Bulté : *JCP* N 1966, IV, p. 35 ; *JCP* N 1970, IV, 7800. – Chron. R. Chardonnal : *JCP* N 1985, prat. 9355 et 9436).

Il n'y a pas lieu à une quelconque mention au fichier immobilier lorsque l'acte se contente de faire allusion à une situation de fait, dont on ne sait si elle s'analyse ou non en une servitude (chron. E.C. : *JCP* N 1979, prat. 7115).

c) Règlement conventionnel de l'assiette ou du mode d'exercice des servitudes

7827 **Publicité facultative.** Lorsque l'accord intervenu entre les parties ne présente pas véritablement le caractère d'un acte constitutif, c'est-à-dire d'un acte entraînant création et concession d'une servitude, mais s'analyse plutôt en un règlement conventionnel ayant pour but de fixer l'assiette et les conditions d'exercice de la servitude, sa publication reste facultative et n'a lieu qu'à titre documentaire et pour l'information des tiers (D. 4 janv. 1955, art. 37).

d) Renonciation à une servitude

7828 **Publication obligatoire.** La renonciation à une servitude conventionnelle est soumise à publication obligatoire, y compris lorsqu'il s'agit d'une servitude par destination du père de famille (Cass. 3e civ., 5 févr. 1970 : *Bull. civ.* 1970, III, n° 92 ; *JCP* N 1970, II, 16 404). À défaut, elle est inopposable aux tiers (Cass. 3e civ., 23 mai 1991 : *Defrénois* 1991, art. 35 151, p. 1318, note L. Aynès. – CA Angers, 1re ch. A, 22 janv. 2008 : *JurisData* n° 2008-368191. – CA Amiens, 27 avr. 1967 : *Gaz. Pal.* 1967, 2, p. 111). Ce principe vaut également pour les servitudes légales.

Selon une auteure, la renonciation devrait être également publiée au fichier immobilier même si la servitude, elle, ne l'a pas été (M. Suquet-Cozic, *Faut-il publier la renonciation à une servitude non publiée ? : Sol. not.* oct. 2015, n° 10, art. 196, p. 29-30) car elle présenterait l'avantage pour le propriétaire du fonds servant de supprimer les effets de la servitude à son encontre et à celle de ses ayants cause de la manière la plus large possible. La publication de cette renonciation pourra toutefois poser une difficulté au regard de la règle de l'effet relatif puisque la servitude n'a pas été préalablement publiée. Pour y pallier, il y aura lieu de publier simultanément la constitution de la servitude. Le cas échéant, l'acte de renonciation pourrait comporter deux parties, la première faisant office de titre recognitif de servitude antérieurement constituée (C. civ., art. 695) (*ibid.*).

Il a été précisé que la renonciation peut porter sur une servitude légale de passage. Cette renonciation ne peut être opposée à l'acquéreur d'une parcelle enclavée (Cass. 3e civ., 24 oct. 2019, n° 18-20.119, F-P+B+I : *AJDI* 2020, p. 526, note N. Le Rudulier).

2 Servitudes ne résultant pas d'une convention

a) Servitude acquise par prescription

7829 **Notoriété acquisitive.** Si un acte est établi pour constater l'acquisition d'une servitude par prescription (lorsqu'elle est possible), il est soumis à publication obligatoire en tant qu'acte déclaratif (D. 4 janv. 1955, art. 28-4°, e. – *Rép. alph. enr.*, V° Hypothèques, L. III, n° 750-6°. – Sur les modalités de la publication, V. **Acte de notoriété**).

b) Servitude par destination du père de famille

7830 Dispense de publication. Les servitudes par destination du père de famille ne sont pas soumises à publication obligatoire et sont néanmoins opposables aux tiers, bien que non publiées, en raison de l'état de fait apparent (Cass. req., 10 nov. 1897 : *DP* 1898, 1, p. 177. – CA Lyon, 15 oct. 1974 : *D.* 1975, somm. p. 36. – V. *JCl. Notarial Formulaire*, V° Servitude, Fasc. 20, n°s 133 et 134).

c) Servitudes légales

7831 Principe et exceptions. Faute d'actes juridiques translatifs ou constitutifs, il n'y a pas lieu de procéder à la publicité foncière lorsque l'acquisition d'un droit immobilier puise sa source directement dans la loi. Tel est le cas des servitudes légales (Ph. Simler et Ph. Delebecque, *Les sûretés, la publicité foncière*, n° 731. – A. Fournier, *in Rép. dr. civ.* Dalloz, V° Publicité foncière, n° 70). Toutefois, l'article 36 du décret du 4 janvier 1955 et l'article 73 du décret du 14 octobre 1955 pris pour son application imposent la publication au fichier immobilier, pour l'information des usagers « des décisions administratives concernant des immeubles déterminés étendant à limiter l'exercice du droit de propriété comportant dérogation à des servitudes d'utilité publique ».
Ce texte donne une liste, d'ailleurs succincte, des limitations au droit de propriété où ne figurent pas de servitudes d'utilité publique.
Il faut donc un texte spécifique pour qu'il y ait obligation de publier une servitude publique : ainsi par exemple, l'article 40 du décret n° 81-542 du 13 mai 1981 énonce que les servitudes de passage de canalisations de transport et de distribution de chaleur doivent être publiées au fichier immobilier du lieu de la situation des immeubles ou, pour ceux situés dans les départements du Bas-Rhin du Haut-Rhin ou de la Moselle, au livre foncier, et qu'il en est de même pour les actes mettant fin aux servitudes ou les modifiant.

7832 Convention relative à l'exercice de servitudes légales. Aux termes de l'article 37-1-2° du décret du 4 janvier 1955, les conventions relatives à l'exercice de servitudes légales « peuvent être publiées au service de la publicité foncière de la situation des immeubles qu'elles concernent, pour l'information des usagers ». Cette publication ne donne lieu qu'à la perception de la taxe de publicité foncière au taux fixe prévu pour les actes innomés (V. **Actes innomés**). La contribution de sécurité immobilière est elle-même perçue au taux fixe soit 15 € (M. Suquet-Cozic, *Quel est le régime fiscal des servitudes ? : Sol. not.* 2018, n° 21, inf. 8).

7833 Servitudes concernant EDF. EDF use systématiquement de la faculté offerte par l'article 37-1-2° du décret du 4 janvier 1955 (V. n° 7832) qui lui procure une sécurité juridique, notamment en cas de transfert de propriété du fonds grevé. Les conventions que passe EDF prévoient qu'elle peut installer, modifier ou remplacer les appareils et dispositifs annexes dont elle demeure propriétaire, y compris au terme de la durée d'exploitation de l'ouvrage (V. pour le passage des lignes souterraines : *Bull. AMC* 1993, art. 1566). La mention dans l'acte constitutif de servitude du maintien de la propriété des installations à EDF ne s'analyse pas en l'établissement d'un droit de superficie et il n'y a donc pas lieu de solliciter l'établissement préalable d'un document d'arpentage (*Bull. AMC* 1998, art. 1779).
C'est seulement lorsque EDF, aux termes d'une stipulation expresse, entend conserver la propriété des installations à l'issue de la concession, ce qui entraîne renonciation du propriétaire à son droit d'accession, qu'il convient d'exiger la production d'un document d'arpentage (*Bull. AMC* 1998, art. 1779).

c) Droit de surplomb

7834 Textes. Le « droit de surplomb » a été institué par la loi « Climat et résilience » n° 2021-1104 du 22 août 2021, qui a créé l'article L. 113-5-1 du Code de la construction et de l'habitation, ainsi rédigé :

Art. L. 113-5-1. – I. – Le propriétaire d'un bâtiment existant qui procède à son isolation thermique par l'extérieur bénéficie d'un droit de surplomb du fonds voisin de trente-cinq centimètres au plus lorsqu'aucune autre solution technique ne permet d'atteindre un niveau d'efficacité énergétique équivalent ou que cette autre solution présente un coût ou une complexité excessifs. L'ouvrage d'isolation par l'extérieur ne peut être réalisé qu'à deux mètres au moins au-dessus du pied du mur, du pied de l'héberge ou du sol, sauf accord des propriétaires des deux fonds sur une hauteur inférieure.

Une indemnité préalable est due au propriétaire du fonds surplombé.

Ce droit s'éteint par la destruction du bâtiment faisant l'objet de l'ouvrage d'isolation.

Les modalités de mise en œuvre de ce droit sont constatées par acte authentique ou par décision de justice, publié pour l'information des tiers au fichier immobilier.

II. – Le droit de surplomb emporte le droit d'accéder temporairement à l'immeuble voisin et d'y mettre en place les installations provisoires strictement nécessaires à la réalisation des travaux.

Une indemnité est due au propriétaire de l'immeuble voisin.

Une convention définit les modalités de mise en œuvre de ce droit. (...)

Ce texte a été complété par le décret n° 2022-926 du 23 juin 2022 qui a introduit dans le Code de la construction et de l'habitation les articles R. 113-19 à R. 113-24 (V. V. Zalewski-Sicard, *Droit de surplomb : le décret est paru ! : JCP* N 2022, n° 28, act. 741.

Bibliographie : V. H. Périnet-Marquet, *Le droit de surplomb, nouvel instrument au service de la politique énergétique : Constr.-Urb.* nov. 2021, repère 10. – B. Wertenschlag, *Exploitation durable de l'immeuble : surplomb à des fins d'économie d'énergie : AJDI* 2022, p. 582. – A. Muzard, *Le droit de surplomb pour l'isolation thermique par l'extérieur d'un bâtiment : Sol. not.* 2022, n° 39, p. 19. – C Greff, *Loi climat et droit de surplomb : JCP* N 2021, n° 42-43, 1307. – L.-A. Poletti, *Droit de surplomb et isolation thermique : aspect de droit privé : Bull. Cridon Paris* 1er févr. 2023, n° 3, p. 6. – C. Greff, *Comment rédiger une servitude de droits de surplomb ? (Formule) : JCP* N 2022, n° 39, 1232. – V. Zalewski-Sicard, *Projet de convention relative au droit d'accès temporaire à fin de mise en œuvre du droit de surplomb : Constr.-Urb.* nov. 2022, form. 10.

7835 **Nature juridique du droit de surplomb.** La nature juridique du droit de surplomb a été discutée, mais la majorité des auteurs considère qu'il s'analyse en une servitude légale, à l'image de la servitude de tour d'échelle (V. sur ce débat, A. Poletti, étude préc.).

7836 **Publicité foncière.** Comme on l'a observé (M. Suquet-Cozic, *Comment publier le droit de surplomb au fichier immobilier ? : Sol. not.* 2022, n° 30, p. 11), la servitude de surplomb n'est pas par elle-même soumise à publication, ce qui est la règle en matière de servitude légale.

En revanche lorsque les « modalités de mise en œuvre » du droit (de surplomb) sont constatées par acte authentique ou par décision de justice, l'acte ou la décision de justice correspondants doivent être publiés au fichier immobilier. L'article L. 113-5-1, I, alinéa 4 susvisé qui prescrit cette publication précise qu'elle est effectuée, « pour l'information des tiers ».

On retrouve ici le régime des « conventions relatives à l'exercice des servitudes légales », catégorie dont la publicité est prévue à titre facultatif par l'article 37, I, 2° du décret n° 55-22 du 4 janvier 1955 (V. n° 7832).

Mais par ailleurs le droit de surplomb emporte le droit d'accéder temporairement à l'immeuble voisin et d'y mettre en place les installations provisoires strictement nécessaires à la réalisation des travaux. L'article L. 113-5, II, alinéa 3 du Code de la construction et de l'habitation qui l'énonce indique qu'« une convention définit les modalités de mise en œuvre de ce droit ». Cette fois, la publication de cette seconde convention n'est pas prévue par le texte.

7837 **Perceptions.** La publication de la convention relative à l'exercice d'une servitude légale ne donne lieu qu'à la perception de la taxe de publicité foncière au taux fixe prévu pour les actes innomés (CGI, art. 680, V. **Acte innomé**). La contribution de sécurité immobilière est également perçue au taux fixe de 15 € (V. en ce sens, M. Suquet-Cozic, étude préc.).

d) Servitudes constatées judiciairement

7838 **Publication obligatoire.** Le juge peut être amené à officialiser l'existence d'une servitude (par ex., une servitude légale de passage en cas d'enclave) ou à imposer la constitution d'une servitude à celui qui l'a promise mais n'exécute pas sa promesse (M. Dagot, *op. cit.*, n° 8). Dès lors que la décision porte ou constate la constitution d'un droit réel, elle est soumis à publication obligatoire en vertu de l'article 28-1° du décret du 4 janvier 1955.

3 Servitude de cour commune

7839 **Publication obligatoire.**
➤ V. **Servitude de cour commune.**

B Modalités de la publication

1 Identification des parties

7840 **Obligation. Portée.** L'identification des propriétaires du fonds servant et du fonds dominant est indispensable (chron. Bulté : *JCP* N 1957, IV, 2375).

2 Identification des immeubles

7841 **Application du droit commun.** Il importe que chacun des immeubles (fonds servant et fonds dominant) soit désigné conformément aux dispositions de l'article 7 du décret du 4 janvier 1955

(H. Bulté et J. Béchade, chron. hyp. : *JCP* N 1962, IV, 3336).

Si la servitude concerne un immeuble en copropriété, c'est le sol d'assiette de l'immeuble qui fera l'objet de la désignation, et non pas les lots de copropriété pris individuellement.

Il n'existe pas de formule sacramentelle pour indiquer, dans un acte portant constitution de servitudes, les immeubles qui en bénéficient et ceux qui en sont grevés. Il suffit que les énonciations de l'acte ne prêtent à aucune confusion. La formule : « tel immeuble est grevé d'une servitude de... au profit de tel immeuble... » paraît convenir sans qu'il y ait nécessairement à se référer aux expressions de « fonds servant » et de « fonds dominant » (chron. Chardonnal : *JCP* N 1985, IV, 9436).

7842 Extrait cadastral. Il résulte des dispositions combinées des articles 40 du décret du 4 janvier 1955 et 30 du décret du 14 octobre 1955 qu'un extrait cadastral modèle 3 doit être remis au conservateur des hypothèques lorsque la constitution de servitude ou la formalité est la première à compter du 1er janvier 1956. En ce qui concerne les actes ou décisions relatives à des servitudes, l'article 30-2 du décret du 14 octobre 1955 précise que l'extrait est produit « tant pour le fonds servant que pour le fonds dominant » (V. chron. H. Bulté : *JCP* N 1970, IV, 4774. – *Rép. alph. enreg.*, Hypothèques, L. III, n° 409).

7843 État descriptif de division. Document d'arpentage. Il n'est pas exigé de document d'arpentage à l'occasion de la publicité de droits réels tels qu'une servitude (*Rép. alph. enreg.*, Hypothèques, L. III, n° 437-1). Les commentaires administratifs figurent dorénavant au *BOFiP* (BOI-CAD-MAJ-10-10, 2 sept. 2015, § 30), qui précise : « Il n'y a pas obligation de produire un document d'arpentage à l'occasion de la publicité de droits n'affectant pas la formation de parcelles, notamment la publicité des droits réels tels que les privilèges, les hypothèques ou les servitudes, autres que le droit de propriété, d'usufruit, d'emphytéose ou de superficie. Ainsi (...) les parties de parcelles grevées d'une servitude ne font pas l'objet d'une identification particulière, la référence aux parcelles elles-mêmes suffit pour l'inscription au fichier immobilier ».

En outre, aux termes mêmes de l'article 7, alinéa 3 du décret du 4 janvier 1955, il n'y a pas lieu de se référer à un état descriptif de division « lorsque l'acte ou la décision concerne (...) une servitude ». La documentation administrative de base donne à ce propos les indications suivantes :

> « Un état descriptif de division n'est pas nécessaire lorsqu'à la suite de la division du sol l'un des immeubles se trouve grevé d'une servitude au profit d'un autre pour en permettre ou faciliter l'usage (par exemple lorsqu'une servitude de passage est consentie par l'acquéreur sur la parcelle acquise). Il en serait de même si, au lieu d'établir une servitude, les parties convenaient en plus du morcellement, de laisser une bande de terrain dans l'indivision pour servir de passage commun. Il y aurait, dans cette hypothèse, trois immeubles distincts qui seraient individualisés par trois numéros cadastraux différents » (Doc. adm. 10 E-4311, n° 1, 1er août 1986).

7844 Origine de propriété (effet relatif). Selon l'article 3, alinéa 1 du décret du 4 janvier 1955 « aucun acte ou décision judiciaire (...) ne peut être publié au fichier immobilier si le titre du disposant ou dernier titulaire n'a pas été préalablement publié ». Par « disposant », il faut entendre celui qui cède ses droits, c'est-à-dire en matière de constitution de servitude, le constituant, propriétaire du fonds servant et non le propriétaire du fonds dominant au profit duquel la servitude est créée (V. également les termes de l'article 32-1 du décret du 14 octobre 1955).

Il en a été déduit que l'acte portant constitution de servitude devait seulement mentionner l'origine de propriété du fonds servant (H. Bulté et J. Béchade, chron. : *JCP* N 1962, IV, 3336). Cependant, la question reste mal résolue et l'on observait des réticences de certains conservateurs en pratique (H. Bulté : *JCP* N 1957, IV, 2375).

7845 Décès du propriétaire du fonds dominant. Propriétaire du fonds servant lui même décédé. Mme X est décédée. Il dépend de l'actif de sa succession une parcelle de terre bénéficiant d'une servitude de passage sur le terrain voisin. Le propriétaire du fonds servant est lui-même décédé. Il n'a pas été établi d'attestation de propriété après son décès, et son identité complète n'est pas connue. Comment établir l'attestation de propriété concernant la succession de Mme X. ?

L'acte ayant pour objet la transmission d'une servitude n'intéresse pas le propriétaire du fonds servant. Celui-ci y demeure étranger et son identité n'a pas à être admise, indiquée et certifiée. Seules doivent être mentionnées dans l'attestation de propriété l'identité du défunt propriétaire du fonds dominant et celle de ces héritiers. Quant au titre de propriété auquel l'acte doit se référer, il consiste dans l'acte aux termes duquel le défunt a acquis à la fois le fonds dominant et la servitude y attachée (*Bull. AMC* 1970, art. 809).

II Taxation

A Définitions

7846 Distinction des servitudes réelles et des charges personnelles. Le droit de vente immobilière est en principe exigible sur les actes constitutifs de servitudes réelles, tel que droit de passage écoulement d'eau, etc., ou la transmission de servitudes antérieurement concédées.

La seule condition nécessaire pour que joue cette taxation, c'est que le droit cédé constitue bien, suivant la définition de l'article 637 du Code civil « une charge imposée sur un héritage pour l'utilité et l'usage d'un héritage appartenant à un autre propriétaire », c'est-à-dire un droit réel établi sur un fonds en faveur d'un autre fonds.

Le droit de vente immobilière ne saurait par contre atteindre la constitution sur un fonds de services qui doivent profiter à une personne en qualité de propriétaire d'un fonds voisin sans profiter à ce fonds lui-même : tel que le droit de cueillir des fleurs, le droit de promenade, le droit de chasse ou de pêche. Ce sont là des avantages personnels conférés au propriétaire du fonds, et qui ont un caractère purement mobilier du moment où ils n'ont pas été établis pour l'usage et l'utilité du fonds lui-même. Le droit afférent aux mutations de jouissance immobilière est alors seul exigible, sauf toutefois lorsqu'il s'agit de la constitution d'un usufruit, d'un droit d'usage ou d'habitation.

Il en est ainsi *a fortiori* quand les services sur un fonds sont concédés à une personne qui n'est pas propriétaire d'un autre fonds.

On doit considérer comme une servitude réelle le service qui, tout en conférant un avantage personnel au propriétaire du fonds, a été effectivement établi en faveur de ce fonds. Ainsi la concession, au profit du propriétaire d'un fonds sur lequel est une tuilerie, du droit d'extraire l'argile d'un fonds voisin, constitue une servitude réelle. En effet, la valeur du fonds considéré comme tuilerie se trouvant ainsi augmentée, la servitude profite au fonds (V. à ce propos Dublineau, *Traité de l'enregistrement*, n°s 828 et 829, réf. citées).

B Applications

1 Droits d'enregistrement. Taxe de publicité foncière

Les solutions sont données par ordre alphabétique.

7847 Abandon du fonds servant.
➤ V. **Abandon.**

7848 Acte de vente contenant constitution de servitude. Disposition dépendante ou indépendante. V. n°s 7867 et 7871.

7849 Acte ou jugement constatant l'existence d'une servitude ne résultant pas d'un titre. En dehors des servitudes établies par un titre conventionnel, il existe d'autres servitudes qui n'ont pas à être publiées parce qu'elles ne résultent pas d'un titre : ce sont les servitudes légales, les servitudes acquises par prescription, les servitudes établies par la destination du père de famille.

L'acte qui est établi, ou le jugement qui est rendu pour en constater l'existence ne fait que « constater une situation juridique préexistante ». Il s'agit donc d'acte ou de décision déclaratif (V. **Acte déclaratif**).

Sa publication, si elle intervient, donne lieu à la perception de la taxe de publicité foncière au taux de 0,70 %.

Ainsi, la simple indication dans un acte de vente ou de partage créant la division d'un immeuble de la volonté des parties de maintenir les lieux dans l'état où ils se trouvent avec toutes les conséquences qui en découlent au point de vue des servitudes, n'a fait que constater l'existence légale de celles-ci mais ne peut être considérée comme constitutive de servitudes (V. sur ces points Bulté, chron. hyp. *in JCP* 1964, 3768. – Bulté et Béchade : *JCP* 1964, 3688).

7850 Apports en société. Il sera traité comme un apport immobilier.

Ainsi l'apport à titre onéreux en société de la concession d'un droit de passage et d'adduction d'eau, concomitant à l'apport pur et simple d'une usine, a le caractère d'une mutation non de jouissance, mais de servitude immobilière (Jonzac, 6 févr. 1924 : *Rev. enr. et imp.*, 8179).

7851 Constitution d'une servitude moyennant un prix. La constitution de servitudes faite moyennant un prix donne lieu à la perception des droits de mutation immobiliers : ainsi pour la constitution d'une servitude de passage, les droits seront dus sur le prix moyennant lequel elle est constituée (Sol. 30 mai 1884 : Maguéro, n° 4, V° Servitudes).

L'indemnité qui serait payée pour l'établissement d'une servitude est à cet égard un véritable prix de vente sur lequel les droits de mutation immobiliers seront également perçus (*Dict. des Rédacteurs*, V° Servitudes, n° 81).

7852 On peut s'interroger quant à l'assiette des droits de mutation.

L'estimation de la valeur de la servitude constituée paraît assez délicate (V. Bulté : *JCP* N 1965, prat. 3905. – V. pour l'évaluation d'une servitude de passage : Ph. Favre-Réguilon et V. Morati, *De la juste valorisation d'une servitude de passage : AJDI* 2018, p. 187). À propos de la renonciation à une servitude de passage, cet auteur indique :

> « Cette valeur ne dépend pas obligatoirement de la longueur du passage sur lequel porte le droit, mais plutôt de l'utilité que le propriétaire du fonds dominant retire de la servitude et qu'il pense pouvoir en retirer dans l'avenir. Il est évident en effet que si, pour quelque motif que ce soit, l'usage du droit de passage était devenu sans utilité pour le fonds dominant, la valeur de ce droit serait par là même devenue très minime. ».

La plus-value conférée au fonds dominant par la servitude paraît donc être l'élément d'appréciation à retenir au premier chef pour l'assiette des droits de mutation.

7853 On peut s'interroger également quant au tarif applicable. Bien que cette indication ne soit pas donnée par les ouvrages fiscaux, nous pensons que c'est le tarif applicable à la mutation de l'immeuble grevé qui doit être retenu.

7854 **Constitution de servitude sans stipulation de prix.** Le *Mémento* de M. Lacroix (n° 583) précise qu'en pareil cas, la taxe de publicité foncière est perçue au taux de 0,70 % sur l'évaluation du droit constitué, se fondant pour cela sur l'article 678 du Code général des impôts.

Nous ne partageons pas cette opinion : même s'il n'y pas stipulation de prix, l'administration est fondée à appliquer la théorie de la propriété apparente et à taxer en fonction de la valeur vénale du droit cédé.

Elle peut également démontrer que la constitution de servitudes procède d'une intention libérale, et percevoir les droits de mutation à titre gratuit.

La contribution de sécurité immobilière au tarif proportionnel est due sur l'acte portant constitution de servitudes, puisqu'il s'analyse en une mutation de propriété immobilière.

7855 **Constitution de servitudes accessoires à un contrat de vente.** Il n'y a pas lieu de considérer comme charges à ajouter au prix les diverses obligations qui grèvent directement et exclusivement l'immeuble vendu : il en est ainsi notamment des servitudes ou services fonciers (V. **Charges augmentatives**).

7856 **Constitution de servitudes : applications diverses.** L'indemnité au paiement de laquelle un particulier s'engage pour démolir une maison qui ne devra pas être reconstruite représente le prix d'une servitude *non altius tollendi* et donne ouverture au droit de vente d'immeuble (Sol. 17 mai 1878, Maguéro, V° Servitudes, n° 3).

De même, dans le cas d'un engagement pris par un propriétaire de recevoir à titre de servitudes et à perpétuité sur son fonds les eaux pluviales et ménagères du fonds voisin moyennant un prix fixé par le contrat (*BO* min. Finances, 18 sept. 1811, Maguéro, *op. cit.*, n° 5).

7857 **Échange de servitudes.** Le droit fixe a été reconnu seul exigible sur l'acte par lequel plusieurs propriétaires s'accordent mutuellement le passage sur le fonds, par ce motif que ce n'est pas un échange proprement dit, les servitudes étant établies et créées à la fois et formant le résultat d'une concession mutuelle qui ne peut être assimilée ni aux échanges ni aux ventes (Sol. 13 sept. 1830 et 17 oct. 1843 : Maguéro, V° Servitudes, n° 7).

Ces décisions peuvent s'expliquer par les circonstances particulières de chacun des actes envisagés.

Mais, en général, un échange de servitudes doit être traité comme un échange immobilier : il peut, le cas échéant, bénéficier du tarif réduit applicable aux échanges de biens ruraux (V *Dict. des Rédacteurs*, V° Servitudes, n° 88). Dans le cas d'échange de servitudes grevant des terrains acquis pour la construction d'immeubles, la TVA est alors applicable (sur l'exigibilité et l'assiette de la TVA en pareil cas. V. Rép. min. Finances, 9 févr. 1965 : *Ind. enr.*, 10967).

7858 **EDF-GDF : constitution de servitudes.** Il n'y a pas de perception de taxe de publicité foncière (CGI., art. 1045).

La contribution de sécurité immobilière au tarif proportionnel est due.

Les conventions aux termes desquelles seraient constituées des servitudes plus étendues que celles prévues par la loi seraient taxées selon le droit commun, du moins pour tout ce qui concerne la constitution de servitudes qui ne prend pas sa source dans la loi (Lacroix, *op. cit.*, n° 584).

7859 **Évaluation de servitude.** V. n° 7852.

7860 Fixation de l'assiette et du mode d'exercice d'une servitude légale. Il n'y a pas constitution ou mutation de servitude, puisque celle-ci préexiste et prend sa source dans la loi.
L'acte ne donne lieu en conséquence qu'à la perception de la taxe au droit fixe des actes innommés (CGI, art. 680).
➤ Sur le tarif actuel, V. **Acte innommé**.

7861 Modification de servitudes. L'acte n'ayant pour objet que de régler ou de changer le mode d'exercice d'une servitude préexistante n'aurait aucun caractère translatif et ne donnerait ouverture qu'à la taxe fixe au tarif prévu pour les actes innommés (CGI, art. 680. – Maguéro, V° Servitudes, n° 8).

7862 Rachat d'une servitude d'affectation intégrale d'un immeuble à l'habitation bourgeoise. L'interdiction faite à l'acquéreur d'un fonds de l'affecter à un usage autre que l'habitation bourgeoise peut revêtir le caractère d'une servitude réelle au sens de l'article 637 du Code civil (Cass., 30 juin 1936 : *DP* 1938, I, 165). En pareil cas, le rachat de la servitude sera passible du régime des ventes d'immeubles (Seine, 20 juin 1958 : *Ind. enr.*, 9728).

7863 Renonciation à servitude moyennant un prix ou une contrepartie onéreuse. La renonciation à une servitude moyennant un prix ou une contrepartie onéreuse donne ouverture au droit de mutation à titre onéreux, au même titre qu'une constitution de servitude (Maguéro, V° Servitudes, n° 12. – Instr. 1205, § 13).
Ainsi, lorsque le propriétaire d'un immeuble renonce moyennant le paiement des indemnités à exiger la démolition d'une construction édifiée par le propriétaire voisin au mépris des dispositions de l'article 674 du Code civil, le contrat contient une mutation passible du régime des ventes d'immeubles (Cass. req., 4 févr. 1885 : Instr. 2718, § 2 ; *Dict. des Rédacteurs*, V° Servitudes, n° 94).
Une déclaration estimative de la valeur de la servitude à laquelle il est renoncé doit figurer dans l'acte à peine de refus ou de rejet de la formalité (V. **Déclaration estimative**). Mais la formalité ne peut être refusée ou rejetée si l'estimation est insuffisante (H. Bulté, chron. hyp. : *JCP* N 1965, IV, 3901). La valeur de la servitude dépend de l'utilité que le propriétaire dominant en retire ou qu'il pense pouvoir en retirer dans l'avenir (Bulté, chron. préc.). Elle peut aussi être appréciée d'après la plus-value que le fonds servant va retirer de cette renonciation.
La contribution de sécurité immobilière au tarif proportionnel est due. Elle sera assise sur la valeur de la servitude à laquelle il est renoncé.

7864 Renonciation à servitude légale (usoir communal). Publicité obligatoire. Interrogé sur les conséquences d'une renonciation contractuelle, par le riverain immédiat d'un usoir communal, aux droits que lui confère l'article 59 de la codification des usages locaux à caractère agricole du département de la Moselle, le ministre a fait une réponse ainsi conçue :
L'usoir constitue une servitude au profit des fonds riverains conformément aux articles 58 et 60 de la codification des usages locaux à caractère agricole du département de la Moselle.
Cette servitude, non conventionnelle, semble s'apparenter à une servitude d'origine légale.
Comme toute servitude de ce type, ceux qui peuvent l'invoquer peuvent y renoncer soit par une convention, soit par non-usage. Le non-usage pendant trente ans d'une servitude entraîne sa prescription, conformément aux dispositions de l'article 706 du Code civil. La renonciation à une servitude légale est soumise à publicité car elle porte mutation d'un droit réel immobilier (Cass. 3e civ., 5 févr. 1970 : *JCP* N 1970, II, 16404, note G. Goubeaux. – Rép. min. n° 16-661 à M. Jean-Marie Demange : *JOAN* CR, 30 oct. 1989, p. 4817).

7865 Renonciation sans contrepartie. Si elle est inspirée par une intention libérale (ce qu'il appartient à l'administration d'établir), la renonciation faite sans prix ou contrepartie sera taxée comme une donation (V. **Donation**).
Lorsque la renonciation est faite sans intention de libéralité, elle n'est passible que de la taxe de publicité foncière au droit fixe prévu pour les actes innommés (CGI, art. 680 ; Maguéro, V° Servitudes, n° 12). Ainsi dans le cas où, par suite de l'ouverture d'une nouvelle voie de communication, il est renoncé à une servitude de passage qui n'est plus utile au fonds dominant. Mais l'administration pourrait également appliquer la théorie de la « propriété apparente » et percevoir alors les droits de mutation à titre onéreux, qui seraient assis sur la plus-value procurée au fonds servant par l'extinction résultant de la renonciation (*Dict. des Rédacteurs*, V° Servitudes, n° 95).

7866 Suppression de servitude. Elle constitue une rétrocession (V. Renonciation à servitude au n° 7863).

7867 Vente d'un terrain. Servitudes concédées par le vendeur sur des immeubles dont il reste propriétaire. En même temps qu'il vend une parcelle de terrain, le vendeur concède à l'acquéreur une servitude de passage à pied et en voiture, et pour le passage des réseaux et des fluides, sur des parcelles dont il reste propriétaire. Selon l'Association des conservateurs, la constitution de ces servitudes, purement facultative, doit être considérée comme une disposition indépendante de la vente, et taxée en conséquence, avec perception de la taxe de publicité foncière et du salaire du conservateur – aujourd'hui de la contribution de sécurité immobilière (*Bull. AMC* 1995, art. 1709).

2 TVA immobilière

7868 Acquisition d'une servitude destinée à permettre une opération de construction. Supposons que le propriétaire d'un immeuble agrandisse ses locaux et que pour la délivrance du permis de construire, il lui soit demandé d'obtenir du voisin une servitude *non aedificandi* sur une bande de terre le long de la limite commune aux deux propriétés. Les parties se mettent d'accord sur le paiement d'une indemnité de 100 000 €. Cette opération relève-t-elle ou non de la TVA immobilière ?

La règle avait été posée par la Documentation administrative de base (Doc. adm. DGI, 8 A-1131, n° 53, 15 nov. 2001).

« La constitution d'une servitude *au profit* d'un immeuble situé dans le champ d'application de la TVA immobilière donne ouverture à la TVA dans les mêmes conditions que les acquisitions de terrain à bâtir ».

Une réponse ministérielle du 27 mai 1971 (Rép. min. Massot : *JOAN*, p. 2119, n° 17550 : *BODGI* 8 A-8-71) donnait un exemple concret d'application de cette doctrine. En l'espèce, une personne avait cédé moyennant un prix global une parcelle de terrain à bâtir, tout en concédant au profit de cette parcelle un droit de passage sur un terrain dont elle demeurait propriétaire. La réponse précise que l'opération ne relève pas de la taxe de publicité foncière ou des droits d'enregistrement. En effet, la cession du terrain à bâtir et la constitution de la servitude sont passibles de la TVA dès lors qu'une construction doit être édifiée sur ce terrain dans un délai de quatre ans éventuellement prorogé. En contrepartie, ces opérations sont exonérées de la taxe de publicité foncière et de droits d'enregistrement, à la condition bien entendu que l'acquéreur prenne l'engagement de construire prévu à l'article 1594 OG-A-II du Code général des impôts (actuellement l'application du régime fiscal propre aux terrains à bâtir n'est plus subordonnée à un engagement de bâtir : V. **Terrains**).

En l'espèce, la servitude est bien constituée *au profit* d'un terrain sur lequel une construction va être édifiée, et donc dans le cadre d'une opération de construction.

N.B. : Ces solutions ont été données avant la réforme de la TVA immobilière. Pour les opérations réalisées à compter de l'entrée en vigueur de la réforme (11 mars 2010), les servitudes constituant des droits réels immobiliers au sens de l'article 257, I du Code général des impôts, on se reportera aux mots **Terrains** et **TVA immobilière**.

7869 Échange de servitude. Deux sociétés acquièrent deux terrains contigus sous le régime de la TVA immobilière (terrain à bâtir). Elles bénéficient de servitudes de passage réciproques : elles se proposent d'abandonner les servitudes qui profitent à leur terrain et d'en constituer réciproquement de nouvelles par voie d'échange, consistant en des droits de passage, d'utilisation de canalisations d'eau, de gaz et d'égout.

Une réponse ministérielle avait précisé le régime fiscal qui serait alors applicable (Rép. min. Estève : *JO* Sénat CR, 9 févr. 1965, p. 22, n° 4632 : *BOE* 1965, 9483, § I-I) :

> « Dès l'instant où les deux terrains ont été acquis en vue de la construction d'immeubles, toutes les opérations réalisées sur ces terrains et concourant à la production ou à la livraison desdits immeubles sont assujetties à la TVA en vertu des dispositions de l'article 257-7° (devenu art. 257-I) du Code général des impôts. L'opération envisagée entre donc dans le champ d'application de ce texte. Il s'ensuit que l'échange s'analysant, en matière de taxes sur le chiffre d'affaires, en une double vente dont le prix est payé en nature, l'assiette de la TVA est constituée par la valeur des servitudes acquises en contrepartie de celles cédées, majorée, éventuellement, du montant de la soulte reçue, ou, conformément à l'article *266-2-b* du Code général des impôts, par la valeur vénale réelle des droits immobiliers cédés, si elle est supérieure à celle des droits immobiliers reçus augmentée de la soulte. Corrélativement, l'échange est dispensé de droits d'enregistrement ».

Pour la liquidation de la taxe, on appliquera les règles régissant les échanges de terrains à bâtir.

N.B. : Ces solutions ont été données avant la réforme de la TVA immobilière. Pour les opérations réalisées à compter de l'entrée en vigueur de la réforme (11 mars 2010), les servitudes constituant des droits réels immobiliers au sens de l'article 257, I du Code général des impôts, on se reportera aux mots **Terrains** et **TVA immobilière**.

3 Contribution de sécurité immobilière

7870 La perception de la contribution de sécurité immobilière est évoquée dans les développements qui précèdent à plusieurs occasions. Les développements qui suivent sont donc de simples compléments.

7871 **Vente après division d'un immeuble en trois lots. Constitution d'une servitude de passage au profit d'un lot enclavé.** Une personne divise un terrain en trois lots et crée une servitude de passage sur le lot n° 2, au profit du lot n° 3, enclavé. Le service de la publicité foncière est-il en droit de demander l'évaluation de la servitude pour percevoir la taxe de publicité foncière et la contribution de sécurité immobilière ?

Tout dépend de savoir si la constitution de la servitude peut être considérée ou non en l'espèce comme une disposition dépendante de la vente (V. **Acte contenant plusieurs dispositions**). Les deux thèses ont été présentées et soutenues (chron. hyp. : *JCP* N 1983, IV, 8559). Pour notre part, il nous semble que la constitution de la servitude étant indispensable à la réalisation de la vente (impossible sans cela, le lot n° 3 étant enclavé), elle s'analyse en une disposition dépendante, si bien que la taxe de publicité foncière, comme la contribution de sécurité immobilière, ne devraient être perçues que sur le prix de vente.

III Sûretés

7872 **Hypothèques.** Les servitudes ne pouvant être détachées du fonds dominant ne peuvent être hypothéquées isolément. Cette impossibilité de cession séparée fait que la servitude ne constitue pas un bien « situé dans le commerce » au sens de l'article 2397 du Code civil. En outre, dépendant de la propriété du fonds dominant dont elle ne peut être détachée, elle ne peut non plus être considérée comme un « accessoire réputé immeuble » à retenir isolément au sens de ce même texte. En conséquence, s'il n'y a pas d'obstacle à ce qu'une inscription soit prise sur les droits résultants du bail emphytéotique bénéficiant à une société exploitant un parc d'éoliennes, la formalité doit être rejetée si cette inscription prétend grever en même temps la servitude de surplomb consentie par les propriétaires des terrains limitrophes pour le passage des pales des matériels installés (*Bull. AMC* 2009-2010, art. 1932).

En raison de l'attachement de la servitude au fonds dominant, toute garantie prise sur ce fonds inclut nécessairement et automatiquement la servitude dont il bénéficie sans qu'il soit besoin ni juridiquement possible de la constituer en garantie spécifique (Doc. adm. DGI, 10 C-1236). Lorsqu'un immeuble grevé de servitudes est hypothéqué, l'hypothèque s'étend également de plein droit aux immeubles par destination. Cette extension n'a pas à être mentionnée dans le bordereau d'inscription (V. **Immeuble par destination**).

7873 **Privilège de vendeur.** La question de savoir si le propriétaire qui, moyennant une somme d'argent, consent une servitude sur son immeuble au profit d'un immeuble voisin jouit du privilège du vendeur, est controversée. Selon une opinion, la servitude échappant à l'hypothèque parce qu'étant attachée au fonds dominant, elle n'est pas susceptible d'être vendue séparément, la constitution d'une servitude ne donne pas lieu au privilège du vendeur (Mazeaud, *op. cit.*, t. III, 1er vol., par Chabas, n° 330. – CA Paris, 10 mai 1898 : *DP* 1898, 2, 497, note Planiol). Selon une autre opinion, si une servitude n'est pas susceptible d'hypothèque à titre principal, elle l'est accessoirement au fonds dominant, et par suite, on conçoit parfaitement l'attribution du privilège du vendeur à celui qui a créé ce droit réel et le vendeur de la servitude pourrait réaliser sa sûreté en faisant vendre l'ensemble de l'immeuble et en se payant par préférence sur la partie du prix représentant la valeur de la servitude (V. notamment Planiol et Ripert, *op. cit.*, t. XII, par Becqué, n° 633. – Colin et Capitant, *Traité de droit civil français*, t. II, n° 1593. – T. civ. Seine, 28 juill. 1896 : *Gaz. Pal.* 1897, 1, 742. – Sur ce débat, V. *JCl. Notarial Répertoire*, V° Privilèges, Fasc. 50 par Ph. Delebecque et F.-J. Pansier).

Société civile

Neyla GONZALEZ-GHARBI

Après avoir examiné le régime applicable à l'ensemble des sociétés civiles (I) nous traiterons du régime spécial bénéficiant aux sociétés civiles immobilières d'accession progressive à la propriété (II).

I

Régime général

A Régime fiscal de la société au regard de l'impôt sur les sociétés

7874 **Observations.** Ce qui importe, pour la plupart des opérations intéressant la société civile, c'est en premier lieu de déterminer son régime fiscal et de savoir si elle est ou non soumise à l'impôt sur les sociétés.

En effet, comme pour l'ensemble des sociétés, le régime des apports, des fusions... du partage de la société civile variera selon qu'elle est ou non soumise à l'IS.

Nous donnerons ici quelques précisions relatives à l'imposition des sociétés civiles.

Une fois que le régime d'imposition sera connu, il suffira de se reporter aux études générales pour déterminer la taxation afférente à l'opération considérée (apport..., fusion... transformation de société civile, prorogation, dissolution, partage, etc.).

7875 **Régime d'imposition des bénéfices et revenus.** En principe, la société civile ne relève pas de l'impôt sur les sociétés (CGI, art. 8 et 8 ter). Mais elle peut y être soumise soit en raison de sa forme (par exemple si la société présente les mêmes traits qu'une société de capitaux : ainsi, lorsque le capital est divisé en parts négociables), soit en raison de son activité (combinaison des articles 206, 2° et 34 et 35 du Code général des impôts), soit parce qu'elle a opté pour cet impôt (CGI, art. 206 et 239). L'article 50 de la loi n° 2018-1317 du 28 décembre 2018 de finances pour 2019 a aménagé le régime de cette option, en la rendant, sous certaines conditions, révocable (N. Gonzalez-Gharbi, *Réversibilité de l'option pour l'impôt sur les sociétés : attention aux conséquences du changement de régime fiscal : Constr.-Urb.* 2019, comm. 34). On rappelle que certaines sociétés civiles ne sont pas autorisées à formuler cette option (société civile de moyens, société civile de construction-vente). Ces quelques exceptions sont signalées à l'occasion des études particulières contenues dans le présent ouvrage.

B Constitution de la société

7876 **Publicité foncière.** Les règles applicables en ce qui concerne la publicité foncière (identification des parties et des immeubles, effet relatif, authenticité, etc.) sont celles énoncées au mot **Constitution de société**, auquel on voudra bien se reporter.

7877 **Précision.** Il est rappelé que les sociétés civiles ne bénéficient pas des mesures permettant un enregistrement provisoire au droit fixe prévues en faveur des seules sociétés commerciales par l'article 1717 bis du Code général des impôts (V. **Constitution de société**).

➤ La taxation des apports aux sociétés civiles ne présente pas de particularités. On se reportera donc aux indications (V. **Constitution de société**) et aux diverses rubriques concernant les apports en société (V. **Apports en société-Apports purs et simples** ; **Apports en société-Apports à titre onéreux** ; **Apports en société soumis à la TVA**).

C Augmentation ou réduction de capital

➤ V. **Augmentation de capital** et **Réduction de capital.**

D Dissolution

➤ V. **Dissolution de société.**

E Liquidation-partage

➤ V. **Partage de société.**

Le régime fiscal variera selon que la société était ou non soumise à l'impôt sur les sociétés.

F Transformation

1 Principes généraux

➤ Les règles applicables sont celles de droit commun (V. **Transformation de société**).

2 Solutions particulières

7878 **Transformation d'une société civile en société anonyme.** En principe, cette opération donne ouverture à un droit fixe des actes innommés (CGI, art. 680. – Sur le taux actuel du droit fixe, V. **Droits fixes**) mais, même en l'absence de création d'un être moral nouveau, elle est de nature à emporter changement de statut fiscal, lorsque la société civile n'était pas soumise à l'impôt sur les sociétés. Le changement de son régime fiscal rend les droits de mutation à titre onéreux exigibles sur les apports d'immeubles, les droits immobiliers, de fonds de commerce, de clientèle, de droit à un bail ou à une promesse de bail qui lui ont été faits depuis le 1er août 1965 par des personnes non soumises à l'impôt sur les sociétés (CGI, art. 809, II et 810, III).

7879 **Transformation d'une société civile en SARL.** Le problème est de savoir quel est le régime fiscal de la SARL.

Si elle relève de l'IS, la solution donnée pour la transformation en société anonyme est alors également valable (V. n° 7878).

Si elle relève du régime des sociétés de personnes, la transformation ne donne ouverture qu'au droit fixe des actes innommés (sur le taux actuel, V. **Droits fixes**), sauf s'il y avait création d'un être moral nouveau.

7880 **Transformation d'une société civile de construction en société coopérative.** Une société civile de construction de pavillons, à défaut d'obtention de crédits, se transforme en société coopérative avec attribution à chaque membre de parts, au prorata de la surface habitable. Le régime fiscal de l'opération varie selon qu'il y a ou non création d'un être moral nouveau :

– dans l'affirmative, du fait de la dissolution de la société, les apports immobiliers entrant dans le champ d'application de la TVA devraient être soumis à cette taxe ;

– dans la négative, seul un droit fixe d'enregistrement (ou une taxe fixe) est exigible (CGI, art. 680. – Rép. min. n° 38382 à M. Boscher : *JOAN* CR, 4 févr. 1978, p. 393. – Sur le taux actuel du droit fixe, V. **Droits fixes**).

7881 **Transformation d'une société civile immobilière en société transparente.** Une société civile immobilière est propriétaire d'un immeuble qui lui a été apporté et qu'elle donne en location. Les parts sont réparties entre une fille de l'apporteur, ses petits-enfants ou arrière-petits-enfants qui les ont recueillies par succession ou donation-partage ou, pour une faible partie, par un achat à une autre branche de la famille.

Les associés envisagent de modifier l'objet de la société pour lui donner un objet conforme à celui prévu à l'article 1655 ter du Code général des impôts.

Il a été demandé quelles seraient les conséquences de cette modification statutaire vis-à-vis de la société et de ses associés, tant au regard des droits d'enregistrement ou de la taxe de publicité foncière que de l'impôt sur le revenu.

La réponse suivante a été faite :

Si comme il semble, la société visée dans la question a pour objet de donner en location un immeuble bâti non encore divisé en fractions destinées à être attribuées en propriété ou en jouissance aux associés et qu'elle décide de modifier ses statuts pour se placer sous le régime défini à l'article 1655 ter du Code général des impôts, elle sera réputée ne plus avoir de personnalité distincte de celle de ses membres pour l'application des impôts directs, des droits d'enregistrement et de la taxe de publicité foncière.

Par suite, l'opération en cause a, du point de vue des droits d'enregistrement et de la taxe de publicité foncière, les mêmes effets qu'une dissolution de société.

Il s'ensuit qu'en matière de droits d'enregistrement et de taxe de publicité foncière, cette modification d'objet statutaire, qui donne lieu à l'établissement d'un état de division de l'immeuble, est de nature à entraîner l'exigibilité des droits proportionnels en cas de partage de l'actif social. En conséquence, dans la situation exposée et qui concerne par hypothèse une société civile immobilière n'ayant pas opté pour le régime fiscal des sociétés de capitaux, il y aurait lieu normalement de distinguer entre, d'une part, l'attribution faite aux descendants de l'apporteur des fractions de l'immeuble correspondant aux parts acquises à titre gratuit par les intéressés qui serait ouverte par la perception du droit fixe prévu à l'article 680 du Code général des impôts (sur le taux actuel de ce droit, V. **Droits fixes**) et, d'autre part, l'attribution du surplus de l'immeuble correspondant à des parts sociales achetées qui devrait en principe être soumise, comme dans tout partage de société, aux droits de mutation.

Toutefois, si les liens de parenté existant ou ayant existé entre l'apporteur de l'immeuble et les attributaires actuels correspondent à ceux définis à l'article 748 du Code général des impôts (membres originaires de l'indivision, conjoint, ascendants, descendants ou ayants droit à titre universel de l'un ou plusieurs d'entre eux), il serait admis (cf. Rép. min. à question n° 1364 posée par M. Cousté, député : *JOAN* CR, 21 juin 1979, p. 5385), de ne pas percevoir le droit de mutation normalement exigible. En contrepartie, le droit de partage ou la taxe correspondante (sur le taux actuel, V. **Partage**) prévu à l'article 746 du code précité serait perçu sur la valeur totale de l'actif social attribué aux associés (Rép. min. à M. Tibéri, député : *JOAN* CR, 29 sept. 1980, p. 4116, n° 18950).

7882 Transformation d'une société civile en société de placement immobilier.

CGI, art. 828 bis *(Mod. L. n° 2016-1691, 9 déc. 2016, art. 121).* – 1. Sont exonérés des droits d'enregistrement, de la taxe de publicité foncière et de la contribution prévue à l'article 879 les transferts de biens, droits et obligations résultant de la transformation :

a) Des sociétés civiles de placement immobilier en organismes de placement collectif immobilier ;

b) Des sociétés civiles à objet strictement immobilier, dont les parts sont détenues par une entreprise d'assurance en représentation de provisions mathématiques relatives aux engagements exprimés en unités de compte de contrats d'assurance sur la vie ou de capitalisation, en sociétés de placement à prépondérance immobilière à capital variable.

2. *(Abrogé).*

Il a été précisé que les transferts de biens résultant de la transformation d'une société civile immobilière en société de placement à prépondérance immobilière à capital variable (SPPICAV) étaient exonérés des droits d'enregistrement, de la taxe de publicité foncière et du salaire du conservateur des hypothèques (aujourd'hui de la contribution de sécurité immobilière) quand bien même le capital de la société serait détenu par deux entreprises d'assurances, et que ses parts ne représentent pas en totalité des unités de compte (RES n° 2010/54-ENR, 14 sept. 2010).

G Fusion, scission, apport partiel d'actif

➤ V. **Apports partiels d'actif** ; **Fusion de sociétés** ; **Scission de sociétés**.

H Sociétés non immatriculées au 1er novembre 2002

BIBLIOGRAPHIE : J.-R. André, *Sociétés civiles non immatriculées : la perte de la personnalité juridique n'est pas automatique ! : JCP* N 2018, n° 15, 1160.

1 Publicité foncière

7883 Conséquences de l'absence d'immatriculation du point de vue de la publicité foncière. Il convient de préciser ici les conséquences au regard de la publicité foncière de la non-immatriculation au registre du commerce et des sociétés, des sociétés civiles constituées avant le 1er juillet 1978.

En effet, l'article 44 de la loi n° 2001-420 du 15 mai 2001 (NRE) leur imposait cette immatriculation

avant le 1er novembre 2002 pour conserver leur personnalité morale.
Jusqu'à un arrêt de la Cour de cassation du 1er juillet 2009, la question avait donné lieu à des controverses juridiques et à des commentaires, notamment de l'administration fiscale qui, au strict point de vue de la publicité foncière, ne présentent maintenant qu'un intérêt plus limité (Instr. 10 mai 2004 : *BOI* 10-D-2-04 et 6 juin 2005 : *BOI* 10-D-2-05).
Les modalités de contrôle par le conservateur des hypothèques (aujourd'hui par le service de la publicité foncière) de l'identité de ces sociétés non immatriculées sont désormais précisées par l'arrêt précité de la Haute juridiction (Cass. 3e civ., 1er juill. 2009) et une nouvelle instruction de l'administration du 16 juillet 2010 qui en expose la portée (*BOI* 10-D-1-10). Ces documents sont reproduits en annexe.
Statuant sur un rejet par le conservateur des hypothèques de la formalité de l'inscription d'une hypothèque judiciaire prise par un syndicat de copropriétaires à l'encontre d'une SCI créée avant le 1er juillet 1978 et non immatriculée au RCS, la Cour de cassation, sans se prononcer sur les éléments d'identification d'une personne morale, « réaffirme le principe selon lequel le conservateur n'est pas juge du fond du droit et n'a pas à remettre en cause l'apparence des droits d'une société sur un immeuble tels qu'ils résultent notamment d'actes précédemment publiés » (Instr. 16 juill. 2010 : *BOI* 10 D-1-10).
Ainsi, dès lors qu'en application de l'article 34 du décret du 4 janvier 1955 le conservateur a pu contrôler que l'immeuble objet de la formalité était bien inscrit au nom de la société au fichier immobilier, aucun rejet de la formalité ne peut être prononcé en l'absence de mention d'immatriculation au RCS de la personne morale(V. M. Suquet-Cozic, *Peut-on prendre une inscription contre une société civile non immatriculée ? : Sol. not.* oct. 2013, n° 10, art. 250, p. 31-32).
L'association des conservateurs (AMC) a estimé qu'il convenait de faire une application stricte de cette jurisprudence s'attachant au seul contrôle de l'effet relatif, même en l'absence de numéro SIREN de la SCI non immatriculée au RCS, à la condition que le certificat d'identité comporte la mention prévue au 2 de l'article 6 du décret du 4 janvier 1955.
Sont concernés en pratique l'inscription des sûretés, la publication des commandements valant saisie, les actes de disposition clôturant les procédures de saisie (formalités requises sans le consentement de la personne morale non immatriculée). En revanche, l'acquisition par cette personne morale d'un bien immobilier fera l'objet d'un refus de dépôt de la formalité, le contrôle du service de la publicité foncière portant dans ce cas sur son identification, laquelle est irrégulière en l'absence de mention d'immatriculation au RCS et de numéro SIREN, et non sur l'effet relatif.

7884 Régime juridique des sociétés non immatriculées. Selon un arrêt de la Cour de cassation, faute d'avoir été immatriculée au registre du commerce et des sociétés dans le délai prévu par l'article 44 de la loi du 15 mai 2001, une SCI, dépourvue de personnalité morale, est soumise aux règles applicables aux sociétés en participation (Cass. 3e civ., 4 mai 2016, n° 14-28.243, publié au bulletin : *Gaz. Pal.* sept. 2016, p. 71, note A.-F. Zattara-Gros). Dans le cas considéré, il en a été déduit que l'immeuble figurant à l'actif de la société se trouvait dans le patrimoine des associés, le patrimoine social ayant cédé la place à une indivision. En outre, l'arrêt a précisé que la société n'ayant pas été organisée par un pacte conforme à celui d'une société en participation à durée déterminée est nécessairement à durée indéterminée, de sorte que tout associé peut provoquer la dissolution de la société « transformée » en société en participation. L'immatriculation tardive de la société civile n'a pas d'effet rétroactif. « La perte de la personnalité morale entraîne le transfert des biens qui composaient l'actif social aux associés et l'immatriculation de la société postérieure au 1er novembre 2002, qui ne fait pas disparaître rétroactivement la période pendant laquelle la société a été dépourvue de la personnalité morale, implique un nouveau transfert des biens sociaux des associés vers la société, laquelle constitue une nouvelle personne morale » (Cass. 3e civ., 21 déc. 2023, n° 20-23.658, F-B : *JurisData* n° 2023-023399 ; *JCP* E 2024, act. 41. – N. Jullian, *Conséquences de la perte de la personnalité morale des sociétés civiles non immatriculées : Dr. sociétés* 2024, n° 2. – R. Mortier, *Société civile ancienne : effets d'une immatriculation tardive : JCP* E avr. 2024, n° 14, 1092. – Ch. Sizaire, *Société civile : perte de la personnalité morale du fait du défaut d'immatriculation et transfert de propriété des biens : Constr.-Urb.* 2024, n° 2, comm. 19).

2 Perceptions à opérer

7885 Les perceptions à opérer lors des opérations concernant les sociétés civiles non immatriculées sont indiquées dans les instructions précitées des 10 mai 2004 (*BOI* 10-D-2-04) et 6 juin 2005 (*BOI* 10-D-2 05), que l'on trouvera en annexe à la présente rubrique.
Les conséquences de la non-immatriculation au 1er novembre 2002 des sociétés civiles constituées

avant le 1er juillet 1978 ont été précisées par le *BOFiP* (BOI-ENR-AVS-40-40-20171206, nos 450 et 460).

7886 **Perte de la personnalité morale.** La décision des associés de ne pas immatriculer les sociétés civiles au registre du commerce et des sociétés avant le 1er novembre 2002 a eu pour conséquence de leur faire perdre leur personnalité morale.

– Si la société ne demande pas son immatriculation, elle continue d'exister puisque le contrat social n'est pas rompu, mais sans capacité juridique distincte de celle de ses associés. Il en résulte un transfert de patrimoine de la société vers les associés à la date du 1er novembre 2002. La société devient à cette date une société en participation dépourvue de personnalité morale, relevant des dispositions de l'article 1871 du Code civil.

– Si la société demande son immatriculation postérieurement au 1er novembre 2002, la circulaire du ministre de la Justice n° CIV 2002-12 D1 du 26 décembre 2001 précise que l'effet conjugué de l'article 44 de la loi du 15 mai 2001 précité, et d'une immatriculation postérieure au 1er novembre 2002 conduit à un double transfert de propriété des biens inscrits à l'actif de la société civile : le premier transfert de propriété s'effectue au bénéfice des associés à la date du 1er novembre 2002, le second au bénéfice de la société transformée à la date de son immatriculation, si les associés décident d'inscrire à nouveau le bien immobilier à l'actif de la nouvelle société créée (BOI-ENR-AVS-40-40-20171206, n° 450).

7887 **Conséquences d'une immatriculation intervenant après le 1er novembre 2002.** Sur le caractère non rétroactif de cette immatriculation (Cass. 3e civ., 21 déc. 2023, n° 20-23.658, F-B : *JurisData* n° 2023-023399 ; *JCP* E 2024, act. 41. – N. Jullian, *Conséquences de la perte de la personnalité morale des sociétés civiles non immatriculées : Dr. sociétés* 2024, n° 2. – R. Mortier, *Société civile ancienne : effets d'une immatriculation tardive : JCP* E avr. 2024, n° 14, 1092. – Ch. Sizaire, *Société civile : perte de la personnalité morale du fait du défaut d'immatriculation et transfert de propriété des biens : Constr.-Urb.* 2024, n° 2, comm. 19). En ce qui concerne les conséquences fiscales d'une immatriculation intervenant après le 1er novembre 2002, il y a lieu d'appliquer, au regard des droits d'enregistrement, la réglementation relative aux transformations de sociétés en participation en une société d'une autre forme (V. **Sociétés en participation**).

Compte tenu de la nature particulière du transfert de propriété au profit des associés intervenus le 1er novembre 2002 en raison du défaut d'immatriculation, il est admis que la publication de ce transfert soit soumise à l'imposition fixe prévue par l'article 680 du Code général des impôts (BOI-ENR-AVS-40-40, 6 déc. 2017, n° 460).

II
Sociétés civiles immobilières d'accession progressive à la propriété

7888 **Objet.** L'article L. 443-6-2 du Code de la construction et de l'habitation institué par l'article 34 de la loi du 13 avril 2006 régit les sociétés civiles immobilières d'accession progressive à la propriété, qui ont pour objet la détention, la gestion et l'entretien des immeubles ayant fait l'objet d'un apport par un organisme d'HLM, en vue de leur division en fractions destinées à être louées à des personnes physiques dont les ressources ne dépassent pas certains plafonds et à être éventuellement attribuées en propriété aux associés.

Les statuts de ces sociétés répartissent les droits composant le capital social en lots divisibles de parts. Chaque lot divisible de parts représente un logement et ses locaux accessoires s'il y a lieu, correspondant à un ou plusieurs lots définis à l'état descriptif de division.

Le régime juridique de ces sociétés est prévu aux articles L. 443-6-3 à L. 443-6-13 du Code de la construction et de l'habitation.

Ces sociétés bénéficient d'un régime fiscal particulier en matière de droits d'enregistrement et de taxe de publicité foncière et en matière de TVA.

A Droits d'enregistrement et taxe de publicité foncière

7889 Dissolution et partage des sociétés. Les actes de dissolution et de partage des sociétés civiles immobilières régies par les articles L. 443-6-2 et suivants du Code de la construction et de l'habitation sont, depuis le 1er janvier 2019, enregistrés gratuitement (CGI, art. 828, I, 4 modifiés par l'article 26 de la loi de finances pour 2019). L'article 21 de la loi n° 2019-1479 du 28 décembre 2019 de finances pour 2020 (*JO* 29 déc. 2019) a supprimé, pour les actes établis à compter du 1er janvier 2020, l'obligation d'enregistrer les actes constatant la dissolution ou la prorogation des sociétés, ou à défaut d'acte, les déclarations relatant ces opérations. Les dispositions du 5° du 1 de l'article 635 du Code général des impôts et, par coordination, celles l'article 638 A du même code sont modifiées en ce sens. On rappellera que cette « dispense » d'enregistrement n'est pas d'application générale. Les actes constatant la prorogation ou la dissolution d'une société demeureront, en application de l'article 635 du Code général des impôts, obligatoirement soumis à l'enregistrement en raison de la qualité de leur rédacteur (notaire, huissier, etc.) ou de leur objet (mutations immobilières, de fonds de commerce, etc.).
Cette réforme ne s'étend pas à la publicité foncière et l'on sait que l'acte comportant des dispositions dont la publication au service de la publicité foncière est obligatoire requiert, sauf exception, l'établissement d'un acte notarié (C. civ., art. 710-1. – V. *Constr.-Urb.* 2019, comm. 153, N. Gonzalez Gharbi).

B TVA

7890 Application d'un taux réduit. L'article 30 de la loi n° 2019-1479 du 28 décembre 2019 de finances pour 2020 (*JO* 29 déc. 2019) a, de nouveau, modifié le régime des taux réduit de la TVA applicables dans le secteur du logement social, procédant à la réécriture des articles 278 sexies et 278 sexies A du Code général des impôts (V. **Logement social**).

Société civile

INSTRUCTION DU 10 MAI 2004 (*BOI* 10 D-2-04) CONSÉQUENCES DE LA NON-IMMATRICULATION AU 1ER NOVEMBRE 2002 DES SOCIÉTÉS CIVILES CONSTITUÉES AVANT LE 1ER JUILLET 1978. TRANSFERT DE PROPRIÉTÉ. ENREGISTREMENT ET PUBLICITÉ FONCIÈRE. SALAIRE DU CONSERVATEUR

PRÉSENTATION

Les sociétés civiles constituées avant le 1er juillet 1978 doivent s'être immatriculées au registre du commerce et des sociétés avant le 1er novembre 2002 pour conserver leur personnalité morale.

La circulaire du 26 décembre 2002 du ministère de la Justice (bureau du droit commercial) a apporté des précisions sur les conséquences qui résultent de la perte de la personnalité morale au regard de la propriété des biens inscrits à l'actif des sociétés concernées.

Le défaut d'immatriculation des sociétés civiles au 1er novembre 2002 n'a pas pour effet de rompre le contrat social existant entre les associés. La société n'est pas dissoute et continue d'exister mais sans capacité juridique distincte de celle de ses associés. Il en résulte un transfert de patrimoine de la société vers les associés à la date du 1er novembre 2002. Cette société devient à cette date une société en participation dépourvue de personnalité morale, relevant des dispositions de l'article 1871 du Code civil.

La présente instruction a pour objet de préciser les conséquences qu'emporte la perte de personnalité morale des sociétés civiles en matière de droits d'enregistrement, de taxe de publicité foncière et de salaire du conservateur lors des transferts des biens immobiliers inscrits à l'actif de ces sociétés.

Certaines situations particulières concernant les transferts de biens immobiliers (cas des sociétés civiles d'attribution, des sociétés en cours de dissolution à la date du 1er novembre 2002) ou les inscriptions et actes de procédure portant sur des biens immobiliers inscrits à l'actif de sociétés civiles ayant perdu leur personnalité morale à la date du 1er novembre 2002 (inscriptions d'hypothèques judiciaires ou légales, commandements de saisie, notamment) feront l'objet d'une instruction ultérieure.

INTRODUCTION

1. L'article 44 de la loi n° 2001-420 du 15 mai 2001 relative aux nouvelles régulations économiques a institué l'obligation pour les sociétés civiles anciennes, créées avant le 1er juillet 1978, de s'immatriculer au registre du commerce et des sociétés. Cette procédure supprime le régime dérogatoire dont ces sociétés civiles bénéficiaient jusque là par application de l'article 4 de la loi n° 78-9 du 4 janvier 1978. L'immatriculation doit être effectuée avant le 1er novembre 2002 sous peine de perte de la personnalité morale de ces sociétés.

Le décret n° 2002-1085 du 7 août 2002 a précisé les formalités à accomplir en vue de leur immatriculation.

La présente instruction a pour objet de préciser les incidences de cette loi en matière d'enregistrement et de publicité foncière lorsque l'immatriculation n'a pas été effectuée avant le 1er novembre 2002.

SECTION 1. – LES DISPOSITIONS CIVILES APPLICABLES AUX SOCIÉTÉS CIVILES CONSTITUÉES AVANT LE 1er JUILLET 1978

A. Le régime antérieur à la loi relative aux nouvelles régulations économiques

2. La loi n° 78-9 du 4 janvier 1978 a généralisé à l'ensemble des sociétés le principe d'immatriculation applicable aux sociétés commerciales. Toutes les sociétés autres que les sociétés en participation jouissent de la personnalité morale à compter de leur immatriculation en vertu des dispositions de l'article 1842 du Code civil.

Toutefois, l'article 4 de la même loi a prévu un régime dérogatoire concernant les sociétés civiles non immatriculées et constituées avant le 1er juillet 1978. Ces sociétés conservent la personnalité morale antérieurement acquise alors même qu'elles ne sont pas inscrites au registre du commerce et des sociétés.

B. Les conséquences de loi relative aux nouvelles régulations économiques

3. L'article 44 de la loi n° 2001-420 du 15 mai 2001 relative aux nouvelles régulations économiques a supprimé le régime dérogatoire évoqué ci-dessus, en soumettant désormais ces sociétés à la règle commune de l'immatriculation. Le législateur a en effet estimé que la clandestinité de ces sociétés civiles (statuts confidentiels, associés connus d'eux-mêmes seulement, cessions de parts non publiées…) pouvait constituer un instrument de blanchiment d'argent. La loi a fixé un délai de 18 mois suivant sa publication, et donc l'échéance du 1er novembre 2002, pour procéder à l'immatriculation de ces sociétés. Le décret n° 2002-1085 du 7 août 2002 a précisé les formalités à accomplir en vue de cette immatriculation.

4. La décision des associés de ne pas immatriculer ces sociétés civiles au registre du commerce et des sociétés avant le 1er novembre 2002 a pour conséquence de leur faire perdre leur personnalité morale.

5. Les conséquences de la non-immatriculation des sociétés civiles au 1er novembre 2002 ont été commentées dans la circulaire CIV 2002-12 D1/26-12-02 du ministère de la Justice du 26 décembre 2002 (cf. annexe). Sous réserve de l'interprétation souveraine qui pourra être faite par les juridictions, cette circulaire autorise toutefois les sociétés qui n'auraient pas effectué les démarches pour leur immatriculation à la date du 1er novembre 2002, mais qui souhaiteraient retrouver leur personnalité morale, à s'immatriculer selon la procédure applicable aux sociétés nouvelles.

La circulaire envisage plusieurs situations.

1. La société a effectué les démarches nécessaires à son immatriculation avant le 1er novembre 2002, mais n'est pas encore immatriculée à cette date.

6. Cette société doit pouvoir être immatriculée sans rupture dans le temps de sa capacité juridique. Cette situation conduit à une continuité de la personne morale qui n'entraîne aucune conséquence au regard des biens inscrits à l'actif de ces sociétés.

2. La société n'a pas engagé de démarches pour son immatriculation à la date du 1er novembre 2002.

7. Deux hypothèses doivent être envisagées.

a. La société ne demande pas son immatriculation.

8. Dans ce cas, la société continue d'exister puisque le contrat social n'est pas rompu, mais sans capacité juridique distincte de celle de ses associés. Il en résulte un transfert de patrimoine de la société vers les associés à la date du 1er novembre 2002. Cette société devient à cette date une société en participation dépourvue de personnalité morale, relevant des dispositions de l'article 1871 du Code civil.

b. La société demande son immatriculation postérieurement au 1er novembre 2002.

9. La circulaire précitée du ministère de la Justice précise que l'effet conjugué de l'article 44 de la loi déjà citée et d'une immatriculation postérieure au 1er novembre 2002 conduit à un double transfert de propriété des biens inscrits à l'actif de la société civile : le premier transfert de propriété s'effectue au bénéfice des associés à la date du 1er novembre 2002, le second au bénéfice de la société transformée à la date de son immatriculation si les associés décident d'inscrire à nouveau le bien immobilier à l'actif de la nouvelle société créée.

SECTION 2. – INCIDENCES EN MATIÈRE D'ENREGISTREMENT ET DE PUBLICITÉ FONCIÈRE

10. À titre liminaire, il est précisé que l'immatriculation d'une société intervenue postérieurement au 1er novembre 2002, alors que les démarches nécessaires à celle-ci ont été effectuées avant cette date, n'induit aucune incidence en matière d'enregistrement et de publicité foncière. La date à laquelle ces démarches ont été effectuées peut être justifiée par le récépissé de dépôt du dossier d'immatriculation ou, à défaut, par une attestation du service compétent.

A. Incidences au regard des règles d'enregistrement et de publicité foncière

1. La publication du transfert de propriété au profit des associés est obligatoire.

11. La circulaire précitée du ministère de la Justice précise que la perte de la personnalité morale pour les sociétés civiles non immatriculées au 1er novembre 2002 emporte transfert de propriété des biens immobiliers inscrits à l'actif de la société au profit des associés.

12. Cette substitution d'une propriété indivise des associés à la propriété sociale antérieure, qui résulte de la volonté des associés de ne pas avoir immatriculé la société civile au registre du commerce et des sociétés durant la période de 18 mois prévue par la loi n° 2001-420 du 15 mai 2001 déjà citée, correspond à une mutation de droits réels immobiliers entre vifs ayant effet au 1er novembre 2002. Elle fait l'objet d'une publicité obligatoire conformément aux dispositions du a) du 1° de l'article 28 du décret n° 55-22 du 4 janvier 1955.

13. La publication de ce transfert doit être effectuée au vu d'un acte authentique, conformément aux dispositions de l'article 4 du décret n° 55-22 déjà cité. Ainsi, ce transfert peut être réalisé par un acte qui constate le dépôt au rang des minutes d'un notaire d'une copie certifiée conforme des statuts de la société civile à la date du 1er novembre 2002 devant comprendre en annexe, comme prévu à l'article 31 du décret n° 78-704 du 3 juillet 1978 relatif à l'application de la loi n° 78-9 du 4 janvier 1978, la liste mise à jour des associés de la société civile à cette date. Ces associés sont réputés indivisaires des biens immobiliers antérieurement inscrits à l'actif de la société civile. Le fichier immobilier est annoté au nom de chacun des associés indivisaires.

2. Dispositions particulières d'identification de la société civile pour la formalité de publicité foncière (...)

N.B. – Ces dispositions ne sont plus d'actualité : V. l'instruction du 16 juillet 2010 en annexe.

B. Conséquences du transfert de propriété au profit des associés en matière de droits

d'enregistrement, de taxe de publicité foncière et de salaire du conservateur

1. En matière de droits d'enregistrement et de taxe de publicité foncière

23. Compte tenu de la nature particulière du transfert de propriété au profit des associés intervenu le 1er novembre 2002 en raison du défaut d'immatriculation, il est admis que la publication de ce transfert soit soumise à l'imposition fixe de 75 € prévue par l'article 680 du Code général des impôts.

24. S'agissant des conséquences fiscales de l'immatriculation intervenant ultérieurement, il y a lieu d'appliquer, au regard des droits d'enregistrement, la réglementation relative aux transformations de sociétés en participation en une société d'une autre forme (cf. Documentation de base 7 H 54, nos 20 et s.).

2. En matière de salaire du conservateur

25. L'accomplissement de la formalité de la publicité foncière donne lieu à la perception du salaire du conservateur liquidé au tarif prévu à l'article 296 de l'annexe III au Code général des impôts, soit 0,10 % sur la valeur déclarée des biens faisant l'objet de la publication avec application, le cas échéant, du minimum de perception de 15 €.

26. Dans l'hypothèse où l'acte contient plusieurs dispositions indépendantes, notamment pour assurer la règle de l'effet relatif en cas de revente ou d'apport en société du bien par les associés par exemple, il est dû autant de salaires proportionnels que de dispositions indépendantes avec application pour chaque salaire proportionnel du minimum de perception de 15 €.

C. Entrée en vigueur

27. Les dispositions des A et B ci-dessus s'appliquent aux actes rédigés à compter du 1er novembre 2002.

INSTRUCTION DU 6 JUIN 2005 (*BOI* 10 D-2-05) CONSÉQUENCES DE LA NON-IMMATRICULATION AU 1ER NOVEMBRE 2002 DES SOCIÉTÉS CIVILES CONSTITUÉES AVANT LE 1ER JUILLET 1978. TRANSFERT DE PROPRIÉTÉ. ENREGISTREMENT ET PUBLICITÉ FONCIÈRE. SALAIRE DU CONSERVATEUR

PRÉSENTATION

Les sociétés civiles constituées avant le 1er juillet 1978 doivent s'être immatriculées au registre du commerce et des sociétés avant le 1er novembre 2002 pour conserver leur personnalité morale.

La circulaire du 26 décembre 2002 du bureau du droit commercial du ministère de la Justice a apporté des précisions sur les conséquences qui résultent de la perte de la personnalité morale au regard de la propriété des biens inscrits à l'actif des sociétés concernées.

Le défaut d'immatriculation d'une société civile au 1er novembre 2002 n'a pas pour effet de rompre le contrat social existant entre les associés. La société n'est pas dissoute et continue d'exister, mais sans capacité juridique distincte de celle de ses associés. Il en résulte un transfert de patrimoine de la société vers les associés à la date du 1er novembre 2002. Cette société devient à cette date une société en participation dépourvue de personnalité morale et relevant des dispositions de l'article 1871 du Code civil.

Une instruction du 10 mai 2004 (*BOI* 10 D-2-04) a précisé les conséquences qu'emporte la perte de la personnalité morale des sociétés civiles en matière de droits d'enregistrement, de taxe de publicité foncière et de salaire du conservateur lors des transferts des biens immobiliers inscrits à l'actif de ces sociétés, réservant le règlement de certaines situations particulières.

Concernant la situation des sociétés civiles d'attribution, une circulaire du 31 mars 2005 du bureau du droit commercial du ministère de la Justice précise que les dispositions particulières du Code de la construction et de l'habitation qui régissent ces sociétés doivent permettre à leurs associés d'obtenir une attribution divise des droits de propriété à la suite de la perte de la personnalité morale, sans qu'il y ait lieu préalablement de transférer l'actif social à l'indivision des associés.

La présente instruction a pour objet :

– de préciser les conséquences de cette circulaire au regard des règles de publicité foncière et de taxation en matière de droits d'enregistrement, taxe de publicité foncière et salaire du conservateur ;

– d'apporter des précisions sur les sociétés en cours de liquidation à la date du 1er novembre 2002 ainsi que sur le traitement des dépôts d'inscriptions et actes de procédure portant sur des biens immobiliers inscrits à l'actif de sociétés civiles ayant perdu leur personnalité morale à la date du 1er novembre 2002 (inscriptions d'hypothèques judiciaires ou légales notamment).

INTRODUCTION

1. L'article 44 de la loi n° 2001-420 du 15 mai 2001 relative aux nouvelles régulations économiques a institué l'obligation pour les sociétés civiles anciennes, créées avant le 1er juillet 1978, de s'immatriculer au registre du commerce et des sociétés avant le 1er novembre 2002 sous peine de perte de la personnalité morale. Le décret n° 2002-1085 du 7 août 2002 a précisé les formalités à accomplir en vue de leur immatriculation.

2. Les sociétés qui ne sont pas immatriculées à la date du 1er novembre 2002 continuent d'exister puisque le contrat social n'est pas rompu, mais sans capacité distincte de celle de leurs associés. Ces sociétés deviennent des sociétés en participation, dépourvues de personnalité morale et relevant des dispositions de l'article 1871 du Code civil, à la date du 1er novembre 2002. Il en résulte un transfert de leur patrimoine vers les associés à compter de cette même date.

3. Les conséquences qu'emporte la perte de la personnalité morale pour les sociétés civiles en matière de droits d'enregistrement, de taxe de publicité foncière et de salaire du conservateur lors des transferts des biens immobiliers inscrits à l'actif de ces sociétés qui ne se sont pas immatriculées ont été commentées dans l'instruction du 10 mai 2004 (*BOI* 10 D-2-04).

Toutefois, ces règles ne permettaient pas de dégager des solutions pour régler le sort particulier des transferts de biens immobiliers dans les sociétés civiles d'attribution, compte tenu de la spécificité juridique de ces sociétés.

4. La circulaire CIV/05/05 D/2005/151 du 31 mars 2005 du ministère de la Justice précise que les dispositions particulières du Code de la construction et de l'habitation qui régissent les sociétés civiles d'attribution doivent permettre à leurs associés d'obtenir une attribution divise des droits de propriété à la suite de la perte de la personnalité morale de la société, sans transfert préalable de l'actif social à l'indivision des associés.

Société civile

5. La présente instruction a pour objet de préciser les incidences, au regard des règles de publicité foncière et en matière de taxation, des commentaires apportés par le ministère de la Justice pour cette situation particulière. Elle précise en outre les conséquences de la perte de la personnalité morale d'une part pour les sociétés en cours de liquidation à la date du 1er novembre 2002, et d'autre part au regard des inscriptions et actes de procédure portant sur des biens immobiliers inscrits à l'actif de sociétés civiles non immatriculées au 1er novembre 2002.

SECTION 1. – LES RÈGLES APPLICABLES AUX SOCIÉTÉS CIVILES D'ATTRIBUTION

Sous-section 1. – Incidences au regard des règles d'enregistrement et de publicité foncière

6. Ces sociétés sont régies par les articles L. 212-1 et suivants du Code de la construction et de l'habitation. Ces dispositions établissent un lien direct entre les parts sociales de chaque associé et le lot qui lui est attribué. Les associés disposent du droit de jouissance exclusive des lots qui leur sont attribués et ont vocation à l'attribution de ceux-ci en propriété à la fin de la société ou lors de leur retrait ou de la liquidation de la société. Cette spécificité est contraire au régime des biens en indivision.

7. Il en résulte que les associés de sociétés civiles d'attribution peuvent obtenir une attribution divise des droits de propriété à la suite de la perte de la personnalité morale de la société pour défaut d'immatriculation, sans qu'il y ait lieu de transférer l'actif social à l'indivision des associés. L'immeuble reste inscrit au fichier immobilier au nom de la société, tout en permettant aux associés de disposer librement de leurs droits divis par un acte de retrait.

8. Pour la formalité de publicité foncière, compte tenu de la spécificité de ces sociétés, il est admis qu'en cas de retrait d'un associé d'une société de ce type constituée avant le 1er juillet 1978 et non immatriculée au 1er novembre 2002, l'absence de la mention d'immatriculation au registre du commerce et des sociétés dans l'acte qui constate le retrait de l'associé ne constitue pas une cause de rejet. Il en est de même pour les actes d'attribution de lots faisant suite à la dissolution de la société ou des actes de partage résultant de la liquidation de la société.

9. En pratique, ces sociétés sont celles qui bénéficient du régime de transparence fiscale, visées à l'article 1655 ter du Code général des impôts. Sont concernées (cf. Doc. adm. DGI, 7 H 5211, n° 2) :

– les sociétés visées aux articles L. 212-1 à L. 212-9 du Code de la construction et de l'habitation, constituées en vue de l'attribution d'immeubles aux associés par fractions divises lorsqu'elles limitent leur activité à la construction ou à l'acquisition des immeubles destinés à être attribués aux associés en propriété ;

– les sociétés coopératives de construction visées aux articles L. 213-1 et suivants du code précité, lorsqu'elles ont pour objet la construction d'un ou plusieurs immeubles à usage principal d'habitation en vue de leur division par lots destinés à être attribués aux associés ;

– les sociétés visées soit à l'article 1er de la loi du 28 juin 1938 réglant le statut de la copropriété des immeubles divisés par appartements, soit à l'article 80 de la loi n° 53-80 du 7 février 1953 modifié par le III de l'article 97 de la loi n° 59-1454 du 26 décembre 1959 ;

– les sociétés qui ont, en fait, un objet identique à celui des sociétés ci-avant énumérées, même si leurs statuts ne se réfèrent pas expressément aux textes précités.

10. Pour éviter tout risque de litige lors du dépôt d'acte de retrait de ces sociétés, ces actes doivent comporter une mention spécifique du notaire précisant que la société entre dans le champ d'application du présent dispositif. Ainsi, il doit être précisé dans l'acte que la société n'est pas immatriculée et qu'elle entre dans le champ d'application des dispositions de l'article 1655 ter du code général des impôts.

11. Sous réserve des mentions particulières visées ci-dessus, ces actes sont acceptés au dépôt et publiés selon les règles habituelles.

Sous-section 2. – Incidences en matière de taxation (droits d'enregistrement, taxe de publicité foncière et salaire du conservateur)

12. À l'occasion du retrait d'un, de plusieurs ou de tous les associés d'une société civile d'attribution admise au régime de transparence fiscale prévue par l'article 1655 ter du Code général des impôts (cf. nos 6 à 11 ci-dessus), la publication de l'acte de partage partiel ou total comportant l'attribution exclusive en propriété des fractions d'immeubles auxquelles chaque associé a vocation demeure soumise à l'imposition fixe de 230 € prévue par le 2° du I de l'article 827 et par le 2° du I de l'article 828 du Code général des impôts.

13. L'accomplissement de la formalité de la publicité foncière donne lieu à la perception du salaire du conservateur liquidé au tarif prévu à l'article 296 de l'annexe III au Code général des impôts, soit 0,10 % sur la valeur déclarée des biens faisant l'objet de la publication avec application, le cas échéant, du minimum de perception de 15 €.

SECTION 2. – LES RÈGLES APPLICABLES AUX SOCIÉTÉS CIVILES CONSTITUÉES AVANT LE 1er JUILLET 1978 ET EN COURS DE LIQUIDATION À LA DATE DU 1er NOVEMBRE 2002

Sous-section 1. – Incidences au regard des règles d'enregistrement et de publicité foncière

14. En application des dispositions de l'article 1844-8 du Code civil, la dissolution de la société entraîne sa liquidation. La personnalité morale de la société subsiste pour les besoins de la liquidation jusqu'à la publication de la clôture de celle-ci. La société dissoute ne peut plus être rétablie par la volonté des associés ou être transformée en société d'une autre forme.

15. Par suite, une société civile constituée avant le 1er juillet 1978 et dont la dissolution a été prononcée avant le 1er novembre 2002 ne peut plus demander son immatriculation au registre du commerce et des sociétés et ne peut pas être identifiée après cette date avec l'ensemble des éléments énoncés à l'article 6 du décret n° 55-22 du 4 janvier 1955.

16. Il est admis que l'absence de mention d'immatriculation au registre du commerce et des sociétés dans les actes de ces sociétés civiles dissoutes avant le 1er novembre 2002, constatant les opérations de liquidation et, éventuellement, de partage après clôture de la liquidation, et déposés postérieurement à cette même date ne constitue pas une cause de rejet de la formalité.

17. Ces actes sont acceptés au dépôt et publiés selon les règles habituellement appliquées en matière de liquidation de ces sociétés.

Sous-section 2. – Incidences en matière de taxation (droits d'enregistrement, taxe de publicité foncière et salaire du conservateur)

18. Les opérations de liquidation d'une société en cours de dissolution à la date du 1er novembre 2002 sont soumises aux règles de taxation de droit commun qui sont applicables selon leur nature (cf. Doc. adm. DGI, 7 H 410 et s.).

19. L'accomplissement de la formalité de la publicité foncière donne lieu à la perception du salaire du conservateur liquidé au tarif prévu à l'article 296 de l'annexe III au Code général des impôts, soit 0,10 % sur la valeur déclarée des biens faisant l'objet de la publication avec application, le cas échéant, du minimum de perception de 15 €.

SECTION 3. – LES INSCRIPTIONS ET ACTES DE PROCÉDURE PORTANT SUR DES BIENS IMMOBILIERS INSCRITS À L'ACTIF DES SOCIÉTÉS CIVILES AYANT PERDU LEUR PERSONNALITÉ MORALE À LA DATE DU 1er NOVEMBRE 2002

(…)

(V. l'instruction du 16 juillet 2010 précitée).

SECTION 4. – ENTRÉE EN VIGUEUR

23. Les dispositions des sections 1 et 2 s'appliquent aux actes de retrait partiel ou total et aux actes constatant les opérations de liquidation de sociétés en cours de dissolution établis à compter du 1er novembre 2002.

24. Les taxations opérées lors de la publication de formalités conformément aux règles énoncées à la section 1 depuis le 1er novembre 2002 jusqu'à la date de la présente instruction sont validées.

INSTRUCTION DU 16 JUILLET 2010

PRÉSENTATION

Les sociétés civiles constituées avant le 1er juillet 1978 doivent s'être immatriculées au registre du commerce et des sociétés avant le 1er novembre 2002 pour conserver leur personnalité morale.

Deux instructions en date des 10 mai 2004 (*BOI* 10 D-2-04) et 6 juin 2005 (*BOI* 10 D-2-05) ont précisé les conséquences de la perte de la personnalité morale de ces sociétés en matière de publicité foncière.

Par un arrêt rendu le 1er juillet 2009, n° 08-14762 (cf. annexe), la troisième chambre civile de la Cour de cassation remet en cause les modalités de contrôle par le conservateur des hypothèques de l'identité de ces sociétés.

La présente instruction analyse la portée de cette jurisprudence.

I. SITUATION ANTÉRIEURE

L'article 44 de la loi n° 2001-420 du 15 mai 2001 relative aux nouvelles régulations économiques a institué l'obligation pour les sociétés civiles, créées avant le 1er juillet 1978, de s'immatriculer au registre du commerce et des sociétés (RCS). Cette procédure supprime le régime dérogatoire dont ces sociétés civiles bénéficiaient jusque là par application de l'article 4 de la loi n° 78-9 du 4 janvier 1978. L'immatriculation doit avoir été effectuée avant le 1er novembre 2002 sous peine de perte de la personnalité morale de ces sociétés.

L'instruction en date du 10 mai 2004 (*BOI* 10 D-2-04) a précisé dans ses numéros 14 à 20 les modalités de contrôle de l'immatriculation des sociétés civiles au RCS.

De la même manière que pour les autres sociétés soumises à immatriculation au registre du commerce et des sociétés, la mention RCS suivie du nom de la ville où se trouve le greffe où la société est immatriculée est exclue du contrôle de l'identité des sociétés civiles constituées après le 1er juillet 1978 dès lors que le document déposé fait apparaître le numéro SIREN (nos 16, 17 et 18).

Par contre, s'agissant de la première formalité postérieure au 1er novembre 2002 intéressant une société civile créée avant le 1er juillet 1978, l'instruction prescrit de notifier une cause de rejet lorsque l'identification d'une société civile créée avant le 1er juillet 1978 ne comporte pas la mention RCS.

Lors des formalités ultérieures intéressant cette société civile, le contrôle est limité à la dénomination et au numéro d'identité (n° 19 du *BOI* 10 D-2-04).

L'instruction 10 D-2-05 indique (n° 20) l'attitude qu'adopte le conservateur à l'occasion d'inscriptions et d'actes de procédure portant sur des biens immobiliers inscrits à l'actif des sociétés civiles ayant perdu leur personnalité morale. Elle précise que, lorsque la formalité est requise sur l'immeuble inscrit au fichier immobilier au nom de la société civile non immatriculée, l'absence dans le document (bordereau d'inscription, commandement valant saisie) de la mention obligatoire d'immatriculation au RCS justifie la notification d'une cause de rejet (articles 2428 du Code civil, 6 et 34 du décret n° 55-22 du 4 janvier 1955).

II. L'ARRÊT RENDU PAR LA 3e CHAMBRE CIVILE DE LA COUR DE CASSATION LE 1er JUILLET 2009

Sur le fondement des dispositions combinées des articles 6 et 34 du décret n° 55-22 du 4 janvier 1955, et conformément aux dispositions précitées du *BOI* 10 D-2-05, le conservateur des hypothèques avait rejeté la formalité d'inscription d'un bordereau d'hypothèque judiciaire prise par un syndicat de copropriétaires à l'encontre d'une SCI créée avant le 1er juillet 1978 et non immatriculée au RCS.

Cette décision fut annulée par une ordonnance du tribunal de grande instance (TGI) de Paris, confirmée par la cour d'appel de Paris sur le fondement du 2 de l'article 6 précité, non modifié par la loi du 15 mai 2001, qui prévoit que le certificat d'identité d'une personne morale non inscrite au répertoire SIREN est complété d'une mention attestant de cette situation. Par ailleurs, elle ajoute que le conservateur avait pu effectuer les contrôles prévus à l'article 34 du décret n° 55-1350 du 14 octobre 1955.

La Cour de cassation a confirmé l'arrêt de la cour d'appel de Paris mais sans se prononcer sur les éléments d'identification d'une personne morale. Elle a en effet considéré « qu'ayant retenu, par motifs propres et adoptés, qu'il n'était pas contesté que la SCI était propriétaire de l'immeuble concerné, qu'elle était bien débitrice du syndicat des copropriétaires qui disposait d'un titre exécutoire contre elle et que le conservateur avait pu effectuer les contrôles prévus à l'article 34 du décret du 14 octobre 1955, la cour d'appel a exactement déduit de ces seuls motifs, que la décision du conservateur devait être annulée ».

La Cour de cassation réaffirme le principe selon lequel le conservateur des hypothèques n'est pas juge du fond du droit et n'a pas à remettre en cause l'apparence des droits d'une société sur un immeuble tels qu'ils résultent notamment d'actes précédemment publiés.

(...)

III. LES CONSÉQUENCES DE L'ARRÊT SUR LES RÈGLES DE CONTRÔLE DE L'IDENTIFICATION DES SOCIÉTÉS CIVILES ANCIENNES NON IMMATRICULÉES AU RCS DANS LES FORMALITÉS SOUMISES À PUBLICITÉ FONCIÈRE

Ainsi, il n'y a pas d'échec à la publication ou à l'inscription des formalités requises sans le consentement d'une société civile créée avant le 1er juillet 1978 et non immatriculée avant le 1er novembre 2002, sur un immeuble inscrit au fichier immobilier à son nom, au motif qu'elle est désignée dans l'acte ou le bordereau sans la mention d'immatriculation au RCS.

La règle s'applique également aux actes de disposition clôturant les procédures de saisie.

Dans les cas évoqués ci-dessus, dès lors que la société civile est identifiée au fichier immobilier comme étant propriétaire du bien désigné dans l'acte, le conservateur ne saurait exiger la mention de l'immatriculation de la société au RCS et le contrôle de l'identité s'effectuera de la manière définie aux nos 46 et suivants du *BOI* 10 D-2-98.

La circonstance que la société civile dispose ou non d'un numéro SIREN est à cet égard sans incidence dès lors que les prescriptions en la matière, énoncées à l'article 6 du décret du 4 janvier 1955, sont respectées (présence dans l'acte du numéro SIREN ou à défaut mention dans le certificat d'identité de la justification de cette absence).

La solution mentionnée au 2e paragraphe (1er tiret) du n° 20 du *BOI* 10 D-2-05 est donc rapportée.

Instructions liées : *BOI* 10 D-2-04 et *BOI* 10 D-2-05.

Le Sous-Directeur
Thierry DUFANT

COUR DE CASSATION, 3^{E} CIV., 1ER JUILLET 2009. REJET. N° 08-14.762

RÉPUBLIQUE FRANÇAISE
AU NOM DU PEUPLE FRANÇAIS
LA COUR DE CASSATION, TROISIÈME CHAMBRE CIVILE, a rendu l'arrêt suivant :
Sur le moyen unique :
Attendu, selon l'arrêt attaqué (Paris, 27 février 2008) que le 13 février 2007, M. X..., conservateur des hypothèques du huitième bureau de Paris, au visa des articles 6 et 34 du décret n° 55-22 du 4 janvier 1955, a rejeté une demande d'inscription d'hypothèque judiciaire formée par le syndicat des copropriétaires du 118 avenue Victor Hugo à Paris 16e, à l'encontre de la société civile immobilière Foncière D. Boussac, en l'absence de la mention d'immatriculation de cette société au registre du commerce et des sociétés ;
Attendu que M. X... fait grief à l'arrêt d'annuler la décision de rejet de la formalité, alors, selon le moyen :
1°/ que tout acte ou décision judiciaire soumis à publicité dans un bureau des hypothèques doit contenir, sous peine de rejet de la formalité, la mention RCS des personnes morales assujetties à l'obligation d'immatriculation ; qu'en décidant que la loi avait prévu le cas où la société n'était pas immatriculée, alors que la loi vise exclusivement le défaut d'inscription au répertoire des entreprises, distinct du défaut d'immatriculation au registre du commerce et des sociétés, la cour d'appel a violé les articles 6.1, 6.2 et 34.3 a) du décret du 4 janvier 1955, ainsi que l'article 34.1 du décret du 14 octobre 1955 ;
2°/ que les sociétés non immatriculées au registre du commerce et des sociétés avant le 1er novembre 2002 ont perdu, à cette date, la personnalité juridique ; qu'en décidant que la SCI Foncière D. Boussac était bien propriétaire du bien immobilier objet de l'inscription d'hypothèque judiciaire, alors qu'il ressortait de ses propres constatations que l'absence d'immatriculation avait eu pour conséquence de lui faire perdre la personnalité juridique, de telle sorte qu'elle ne pouvait être propriétaire du bien immobilier sur lequel l'inscription hypothécaire était requise, et que le conservateur était tenu de rejeter la formalité requise, compte tenu de la discordance existant avec le fichier, la cour d'appel a violé les articles 1842 du Code civil, 4 de la loi 78-9 du 4 janvier 1978 et 44 de la loi n° 2001-420 du 15 mai 2001 ainsi que les articles 34.3 b) du décret du 4 janvier 1955 et 34.1 du décret du 14 octobre 1955 ;
3°/ que le conservateur des hypothèques doit rejeter la formalité requise lorsqu'il constate l'omission d'une des énonciations prescrites par les articles 5, 6 et 7 ou lorsqu'il constate une discordance entre, d'une part, les énonciations relatives à l'identification des parties et, d'autre part, les énonciations correspondantes contenues dans les titres déjà publiés ; qu'en ordonnant la formalité requise au motif que le créancier était dans l'impossibilité de publier un acte déclaratif constatant l'indivision entre associés ensuite du défaut d'immatriculation au RCS de la SCI Foncière D. Boussac, alors que la discordance entre le document déposé et les documents publiés antérieurement entraîne le rejet de la formalité requise, rejet qui s'impose au conservateur des hypothèques comme au juge, la cour d'appel a violé les articles 34.3 du décret du 4 janvier 1955 et 34.1 du décret du 14 octobre 1955 ;
Mais attendu qu'ayant retenu, par motifs propres et adoptés, qu'il n'était pas contesté que la SCI était propriétaire de l'immeuble concerné, qu'elle était bien débitrice du syndicat des copropriétaires qui disposait d'un titre exécutoire contre elle et que le conservateur avait pu effectuer les contrôles prévus à l'article 34 du décret du 14 octobre 1955, la cour d'appel a exactement déduit de ces seuls motifs, que la décision du conservateur devait être annulée ;
D'où il suit que le moyen n'est pas fondé ;
PAR CES MOTIFS :
REJETTE le pourvoi ;
Condamne M. X... aux dépens ;
Vu l'article 700 du Code de procédure civile, rejette les demandes ;

Société créée de fait

Neyla GONZALEZ-GHARBI

Sommaire analytique

I Publicité foncière

7891 **Régime applicable.** Quelques observations doivent être faites en ce qui concerne le statut des sociétés de fait et la publicité foncière. Même si l'administration fiscale accepte, sous certaines conditions, de traiter les sociétés de fait comme des sociétés ordinaires, il n'en reste pas moins que sur le plan juridique, de telles sociétés (comme les sociétés en participation) n'ont pas la personnalité morale (C. civ., art. 1871).
L'article 1872 du Code civil en tire les conséquences lorsqu'il dispose :

« À l'égard des tiers, chaque associé reste propriétaire des biens qu'il met à la disposition de la société.

Sont réputés indivis entre les associés, les biens acquis par emploi ou remploi de deniers indivis pendant la durée de la société et ceux qui se trouvaient indivis avant d'être mis à la disposition de la société. Il en est de même de ceux que les associés auraient convenu de mettre en indivision.

Il peut en outre être convenu que l'un des associés est, à l'égard des tiers, propriétaire de tout ou partie des biens qu'il acquiert en vue de la réalisation de l'objet social ».

C'est donc de cette idée que l'on doit partir pour en déduire les conséquences sur le terrain de la publicité foncière :

Société créée de fait

II

Régime fiscal

7892 Nous n'examinerons ici que quelques opérations particulières concernant les immeubles et droits immobiliers, et susceptibles d'être admises à ce titre à la publicité foncière.

A Apports

7893 **Régime juridique et fiscal.** Le régime des droits d'enregistrement applicables aux sociétés créées de fait et aux sociétés en participation tel qu'exposé au BOI-ENR-AVS-40-40 dont la dernière version mise en ligne en date du 6 décembre 2017 constitue, pour l'essentiel, la doctrine administrative consolidée lors de la création du *BOFiP* le 12 septembre 2012, n'intègre pas, par hypothèse, les réformes apportées au régimes des actes de sociétés issues de l'article 26 de la loi de finances pour 2019 et de l'article 21 de la loi de finances pour 2020 étudiées dans ce guide aux fiches correspondants aux divers actes concernant les sociétés et auxquels il convient de se reporter (V. **Apports en société, Augmentation de capital, Constitution de société, Dissolution de société, Prorogation de société, Transformation de société,** etc.).
La société de fait n'ayant pas la personnalité morale, il ne peut pas y avoir d'apport publié en ce qui concerne ce type de société (ou les sociétés en participation).
➤ Sur le régime fiscal des apports, passibles seulement des droits d'enregistrement, V. BOI-ENR-AVS-40-40-20171206, n°s 10 à 100.

B Cession de droits

7894 **Régime juridique et fiscal.** Les cessions de droits que les associés se consentent ne peuvent pas être des cessions de droits sociaux (même si fiscalement l'administration accepte sous certaines conditions de les considérer comme telles : V. BOI-ENR-AVS-40-40-20130902, n°s 60 à 100). Il s'agit de cessions de droits indivis, soumises à publication lorsqu'ils portent sur des immeubles, dans les conditions de droit commun.

C Transformation de société

7895 **Transformation d'une société de fait en une société d'une autre forme.** Les solutions données ci-dessous sont applicables uniquement si les sociétés qui en demandent le bénéfice ont régularisé leur situation au regard des droits d'apport (sur les modalités de régularisation, V. BOI-ENR-AVS-40-40-20171206, n°s 60 à 100).
Cette transformation entraîne nécessairement sur le plan du droit civil l'acquisition par la société de fait ou la société en participation de la personnalité morale. À l'inverse, la transformation d'une véritable société en une société en participation équivaut à une dissolution pure et simple de la société ancienne mais n'est pas considérée comme emportant création d'une personne morale nouvelle (Cass. civ., 11 avr. 1905 : BOI-ENR-AVS-40-40-20171206, n° 190).
Mais cette opération n'est pas considérée, au regard des droits d'enregistrement, comme entraînant la création d'une nouvelle société si elle ne s'accompagne pas d'autres modifications importantes de ses éléments fondamentaux non nécessitées par le changement de type juridique (changement d'associés, d'objet, de lieu d'exploitation, cession ou retrait d'éléments d'actifs importants, etc.).
À cet égard, la transformation d'une société de fait qui exerce une activité professionnelle en une société civile de moyens doit être considérée comme entraînant la création d'une personne morale nouvelle. En effet, une telle transformation s'accompagne d'un changement de nature de l'activité transformée qui rend impossible le maintien du pacte social initial et entraîne la cessation de l'entreprise (BOI-ENR-AVS-40-40-20171206, n° 190).
Sous réserve des précisions ci-dessous, le changement de type juridique des sociétés de fait et des sociétés en participation obéit aux mêmes règles fiscales que les transformations des autres types de sociétés.
Toutefois, les actes de transformation doivent être présentés à la formalité de publicité foncière lorsque l'actif des sociétés transformées comprend des immeubles que les associés souhaitent voir entrer dans le patrimoine civil que la société acquiert au moment de sa transformation (BOI-ENR-AVS-40-40-20171206, n° 200).

1 Transformation en une société non passible de l'impôt sur les sociétés

a) Règle générale

7896 Ce changement de type juridique donne lieu à l'application du seul droit fixe prévu à

l'article 680 du Code général des impôts quel que soit le régime fiscal sous lequel était placée la société de fait ou la société en participation au moment de sa transformation. Toutefois, lorsque les immeubles figurent à l'actif des sociétés transformées il y a lieu de faire application des règles particulières fixées aux n°s 7897 à 7899 (BOI-ENR-AVS-40-40-20171206, n° 210).
Les apports nouveaux effectués à l'occasion de la transformation obéissent au régime de droit commun (V. **Apports en société**).

b) Sort particulier des immeubles

7897 Si les associés souhaitent que les immeubles qu'ils ont apportés à la société de fait pour une durée déterminée ou indéterminée restent affectés à la société après sa transformation en une société non passible de l'impôt sur les sociétés, les droits ci-après doivent être acquittés (BOI-ENR-AVS-40-40-20171206, n° 230).

7898 **Premier cas : les associés souhaitent que l'immeuble entre dans le patrimoine de la société.** L'acte de transformation constatant l'apport à la société de la propriété de l'immeuble doit obligatoirement faire l'objet d'une publication au service de la publicité foncière.
Si l'immeuble a été apporté à la société de fait pour une durée indéterminée et si le droit d'apport a été acquitté sur la valeur en pleine propriété, il convient de percevoir, en principe, la taxe de publicité foncière au taux prévu à l'article 678 du Code général des impôts.
Si l'immeuble a été apporté à la société de fait pour une durée déterminée, seul le droit fixe prévu au I de l'article 810 du Code général des impôts est exigible (BOI-ENR-AVS-40-40-20171206, n° 240). Sur le régime applicable depuis le 1er janvier 2019, V. **Apport en société**.

7899 **Deuxième cas : les associés ne font pas entrer l'immeuble dans le patrimoine de la société.** Le *BOFiP* donne à ce propos les indications suivantes (BOI-ENR-AVS-40-40-20171206, n° 250) :

« L'immeuble demeure apporté seulement en jouissance au sens de l'article 1843-3 du Code civil.
Aucun droit n'est dû sauf si l'acte de transformation prévoit une prorogation de l'apport en jouissance qui avait été fait initialement à la société créée de fait et dont la valeur a servi de base de calcul aux droits d'apport.
Si une telle prorogation est prévue, le droit fixe prévu au I de l'article 811 du CGI est exigible.
En tout état de cause, si la durée de jouissance restant à courir au moment de la transformation ou si l'apport en jouissance de l'immeuble à compter de cette transformation est supérieur à douze ans, l'acte doit faire l'objet d'une publication à la conservation des hypothèques. »

Depuis le 1er janvier 2019, l'acte de prorogation pure et simple est enregistré gratuitement (CGI, art. 811, 1° – V. **Prorogation de société**).

2 Transformation en une société passible de l'impôt sur les sociétés

a) La société de fait ou en participation est, au moment de sa transformation, soumise au régime des sociétés de personnes

7900 **Règle générale.** Cette opération entraîne pour la société un changement de régime fiscal. Le droit de mutation spécial prévu aux articles 809-II du et 810-III du Code général des impôts devient exigible sur la valeur vénale des fonds de commerce, clientèle, droit au bail ou à une promesse de bail qui ont été apportés depuis le 1er août 1965 et qui sont compris dans l'actif de la société de fait ou de la société en participation au moment de sa transformation. Le régime particulier des immeubles est traité ci-dessous (n°s 7901 à 7903).
En cas de perception du droit spécial de mutation, ces biens sont libérés pour l'avenir de tout droit de mutation en cas d'attribution à un autre associé que l'apporteur initial (BOI-ENR-AVS-40-40-20171206, n° 260).
Le droit de mutation n'est pas exigible sur la valeur des biens apportés en jouissance avant la transformation, qui n'entrent pas dans le patrimoine de la société au moment de cette transformation (BOI-ENR-AVS-40-40-20171206, n° 270).

7901 **Cas particulier des immeubles.** Le sort des immeubles figurant à l'actif des sociétés de fait ou des sociétés en participation qui se transforment en sociétés passibles de l'impôt sur les sociétés, doit être réglé en distinguant les deux situations suivantes (BOI-ENR-AVS-40-40-20171206, n° 280).

1) L'immeuble entre dans le patrimoine de la société à l'occasion de la transformation

7902 Le droit de mutation spécial prévu aux articles 809-II et 810-III du Code général des impôts est exigible sur la valeur vénale de l'immeuble appréciée au moment de la transformation.
En outre, l'acte de transformation doit être présenté au service de la publicité foncière qui assure la publication du transfert du bien du patrimoine de l'associé dans celui acquis par la société au moment de la transformation.

En cas de perception de ce droit spécial de mutation, ces biens sont libérés pour l'avenir de tout droit de mutation en cas d'attribution à un autre associé que l'apporteur initial (sous réserve de la perception de la taxe de publicité foncière au taux prévu à l'article 678 du Code général des impôts, BOI-ENR-AVS-40-40-20171206, n° 290).

2) L'immeuble n'entre pas dans le patrimoine de la société

7903 **L'immeuble demeure apporté alors en jouissance.** Aucun droit n'est dû sauf si l'acte de transformation prévoit une prorogation de la durée de jouissance telle qu'elle avait été fixée lors de l'apport initial.
Dans cette hypothèse, le droit fixe prévu à l'article 811-1° du Code général des impôts est exigible. Il n'y a pas lieu, éventuellement, à publication au service de la publicité foncière dans les conditions exposées au n° 7899 (BOI-ENR-AVS-40-40-20171206, n° 300).
Rappel : Depuis le 1er janvier 2019, l'acte de prorogation pure et simple est enregistré gratuitement (CGI, art. 811, 1°. – V. **Prorogation de société**).

b) La société est, au moment de sa transformation, soumise à l'impôt sur les sociétés en vertu d'une option

7904 Le droit fixe prévu à l'article 680 du Code général des impôts est seul exigible en raison de l'entrée des fonds de commerce, clientèle, droit au bail ou à une promesse de bail dans le patrimoine civil acquis par la société au moment de sa transformation, si ces biens ont déjà supporté le droit spécial de mutation prévu aux articles 809-II du et 810-III du Code général des impôts au moment où la société de fait a opté pour l'impôt sur les sociétés (cf. BOI-ENR-AVS-40-40-20171206, n°s 120 à 170 I).
Dans le cas où, à l'occasion de la transformation, les immeubles affectés à l'exploitation entrent également dans le patrimoine de la société, le droit exigible est celui prévu au n° 7902.
En effet, les immeubles n'ayant pas supporté le droit spécial de mutation au moment de l'option pour l'impôt sur les sociétés, ce droit devient, en principe, exigible en raison de leur entrée dans le patrimoine de la société (BOI-ENR-AVS-40-40-20171206, n° 310).

3 Remarque commune à tous les cas de transformation

7905 Dans tous les cas où, à l'occasion de la transformation d'une société de fait ou d'une société en participation en une société dotée de la personnalité morale, intervient l'entrée d'immeubles dans le patrimoine de cette dernière, l'acte de transformation constatant l'apport de la propriété des immeubles doit être publié au service de la publicité foncière.
Tous les apports nouveaux faits à l'occasion des transformations sont taxables dans les conditions de droit commun (BOI-ENR-AVS-40-40-20171206, n° 320).

D Dissolution et partage

7906 **Observation préliminaire.** Les solutions arrêtées ci-dessous sont applicables uniquement si les sociétés qui en demandent le bénéfice ont régularisé leur situation au regard des droits d'apport dans les conditions exposées au BOI-ENR-AVS-40-40-2012, n°s 60 à 100 (BOI-ENR-AVS-40-40-20171206, n° 360).

7907 **Dissolution. Solutions antérieures au 1er janvier 2020**, La dissolution doit faire l'objet dans le délai d'un mois, d'une déclaration auprès du service des impôts compétent pour la recevoir (CGI, art. 638 A).
Si la déclaration est présentée séparément de l'acte de partage de l'actif social, elle donne lieu à la perception du droit fixe prévu au 2° de l'article 811 du Code général des impôts (BOI-ENR-AVS-40-40-20171206, n° 370).
Le partage des biens figurant à l'actif de la société donne lieu, dans les diverses situations envisagées ci-après, aux taxations suivantes (BOI-ENR-AVS-40-40-20171206, n° 380).
Régime applicable depuis le 1er janvier 2020 – V. **Dissolution de société**.

1 La société est, au moment de sa dissolution, soumise au régime des sociétés de personnes

7908 **Cas particulier des immeubles.** Si un immeuble figurant à l'actif de la société est repris par l'associé qui l'a apporté initialement, aucune taxation n'est exigible. La taxe de publicité foncière elle-même n'est pas due dès lors que l'immeuble est resté civilement dans le patrimoine de l'apporteur.
En revanche, l'attribution d'un immeuble figurant à l'actif de la société de fait ou de la société en participation à un autre associé que l'apporteur initial, constitue une mutation à titre onéreux et donne lieu, par suite, à l'application du droit prévu à l'article 683 ou 683 bis du Code

général des impôts (droit auquel s'ajoutent les taxes additionnelles).
Bien entendu, si cette attribution est faite à titre gratuit, elle est taxable selon le tarif applicable aux donations (BOI-ENR-AVS-40-40-20171206, n° 410).
Sous réserve des précisions apportées ci-avant, il convient de se reporter aux règles applicables aux partages des sociétés non soumises à l'impôt sur les sociétés (cf. BOI-ENR-AVS-30-20-20).
Sur le sort du fonds de commerce, des biens fongibles, et des acquêts indivis autres que les immeubles (V. BOI-ENR-AVS-40-40-20171206, n°s 390 et 400).

2 La société est, au moment de sa dissolution, soumise à l'impôt sur les sociétés

a) Règle générale

7909 Ce sont les règles communes aux partages des sociétés soumises à l'IS qui s'appliquent (sous réserve du sort particulier des immeubles ; V. n° 7910. – BOI-ENR-AVS-40-40-20171206, n° 420).
Le droit de partage prévu à l'article 746 du Code général des impôts est appliqué à la valeur de l'actif net partagé, sans qu'il y ait lieu de tenir compte de l'origine des biens, autres que ceux qui n'ont supporté que le droit fixe, ou le droit de mutation réduit à 1 % en 1991 prévu à l'article 810-III du Code général des impôts ou de l'exonération prévue à l'article 810 bis du Code général des impôts.
La valeur des immeubles est exclue de la masse partageable dans tous les cas (V. n° 7911).
Les droits de mutation à titre onéreux sont dus, le cas échéant, sur le montant des soultes (cf. BOI-ENR-AVS-30-20-10).

b) Cas particuliers

7910 Le sort des immeubles doit être réglé comme indiqué au n° 7908. En effet, les immeubles apportés aux sociétés de fait ou aux sociétés en participation ne supportent jamais, quel que soit le régime fiscal de ces sociétés au moment de l'apport, le droit de mutation prévu à l'article 809-I-3° du Code général des impôts.
Les fonds de commerce ou biens assimilés qui ont bénéficié de l'application du droit fixe ou du taux réduit de 1 % pour les apports ou changements de régime fiscal effectués en 1991 (prévu à l'article 810-III du Code général des impôts) ou de l'exonération prévue à l'article 810 bis du Code général des impôts, ne sont pas considérés comme des acquêts sociaux. Le principe de la mutation conditionnelle leur est applicable. Sur le régime applicable, V. BOI-ENR-AVS-40-40-20171206, n° 430.

3 Remarque commune à tous les cas de dissolution

7911 La valeur des immeubles figurant à l'actif des sociétés de fait ou des sociétés en participation n'entre jamais dans le calcul de l'actif net à partager.
Si ces immeubles ont été acquis en indivision et s'ils doivent être partagés à l'occasion de la liquidation de la société, leur partage doit faire l'objet d'un acte distinct et les soultes relatives à ce partage sont calculées distinctement de celles attachées au partage du reste de l'actif social (BOI-ENR-AVS-40-40-20171206).

Société d'économie mixte

Neyla GONZALEZ-GHARBI

Sommaire analytique

I

Constitution

7912 Application du droit commun. Depuis le 1er janvier 1992, il n'y a plus de dispositions fiscales spécifiques concernant les sociétés d'économie mixte, qui en conséquence obéissent au droit commun (Doc. adm. DGI, 7 H-5222, n° 5, 1er sept. 1999).

➤ Sur le régime applicable, V. **Constitution de société**.

7913 Assujettissement à l'impôt sur les sociétés. La société d'économie mixte locale (variante de la société anonyme) est soumise à l'IS. Il en est de même le plus souvent pour les sociétés d'économie mixte en général (V. *JCl. Notarial Formulaire*, V° Sociétés, Fasc. 1400).

Cette particularité a bien évidemment une incidence sur le régime fiscal des apports (V. **Constitution de société**).

II

Transferts de propriété effectués à titre gratuit par les départements et les communes au nom de sociétés d'économie mixte de construction

CGI, art. 1050. – Les dispositions sujettes à publicité foncière des actes portant transferts de propriété à titre gratuit effectués par les départements ou les communes au nom des organismes d'habitations à loyer modéré ou au nom des sociétés d'économie mixte de construction dont les statuts sont conformes aux clauses types annexées au décret n° 69-295 du 24 mars 1969 et dont la majeure partie du capital est détenue par des collectivités publiques sont soumises à une TPF ou à un droit d'enregistrement de 0,60 %.

Toutefois, ces actes sont soumis à une imposition fixe de 125 € :

1° lorsqu'ils ne contiennent pas de dispositions sujettes à publicité foncière ;

2° lorsqu'ils contiennent des dispositions sujettes à publicité foncière et d'autres qui ne le sont pas et que le produit de l'imposition est inférieur à 125 €.

A Régime fiscal

7914 Les dispositions sujettes à publicité foncière des actes constatant de tels transferts, bénéficiant à des sociétés d'économie mixte de construction dont les statuts sont conformes aux clauses types annexées au décret n° 69-295 du 24 mars 1969 et dont la majeure partie du capital est détenue par des collectivités publiques, sont soumises à une taxe de publicité foncière ou à un droit d'enregistrement de 0,60 %.
Ce taux ne peut être modifié par les conseils généraux.
La taxe additionnelle communale n'est pas exigible.
La documentation de base de l'administration indique qu'en revanche, le prélèvement pour frais d'assiette, de recouvrement, de dégrèvements et de non-valeurs était dû (BOI-ENR-DMTOI-10-90-20, 05 avril 2017, n° 390). Mais cette solution ne paraît plus d'actualité. En effet, aux termes de l'article 1647, V, a et b du Code général des impôts, le prélèvement supplémentaire au profit de l'État n'est dû que sur les droits d'enregistrement ou la taxe de publicité foncière perçue au profit des départements en application de l'article 1594 A, qui ne vise que les mutations à titre onéreux et d'autre part dans le cas où la taxe de publicité foncière ou les droits d'enregistrement sont perçus au profit des départements au taux de 0,70 %. La mutation visée par l'article 1050 du Code général des impôts n'entre dans aucune de ces hypothèses.

7915 Toutefois, ces actes sont soumis à une imposition fixe de 125 € lorsqu'ils contiennent des dispositions sujettes à publicité foncière et d'autres qui ne le sont pas et que le produit de l'imposition est inférieur a 125 € (CGI, art. 1050-2°).

B Conditions d'application du bénéfice de la taxation réduite

7916 Le bénéfice de la taxation réduite est subordonné aux conditions suivantes :
1° Les statuts des sociétés doivent être conformes aux clauses types annexées au décret n° 69-295 du 24 mars 1969.
Ces sociétés constituées sous la forme anonyme avec la participation des collectivités locales (départements communes, syndicats de communes ou districts urbains) ont pour objet de réaliser, soit pour leur compte, soit pour le compte d'autrui, dans le cadre des conventions conclues avec lesdites collectivités :
– la construction ou l'aménagement sur tous terrains d'immeubles collectifs ou individuels à usage principal d'habitation n'excédant pas les normes des habitations à loyer modéré, ou celles exigées pour l'octroi des primes à la construction et, éventuellement, la construction ou l'aménagement des

services communs afférents à ces ensembles immobiliers ainsi que le financement total ou partiel de ces opérations ;
– la location ou la vente de ces immeubles ;
– la gestion, l'entretien et la mise en valeur par tous moyens des immeubles construits ;
– l'obtention de tous emprunts, ouverture de crédits ou avances, avec ou sans garantie ou hypothèque, pouvant réaliser la réalisation de l'objet social. Enfin, et plus généralement, toutes opérations quelconques se rapportant à l'objet social et susceptibles d'en favoriser la réalisation.

2° La majorité du capital doit être détenue par les collectivités publiques (départements, communes syndicats de communes ou districts urbains).

3° Il est nécessaire que les transferts soient réalisés à titre gratuit, donc sans contrepartie (BOI-ENR-DMTOI-10-90-20, 05 avril 2017, n° 400).

III
Achats et ventes d'immeubles

7917 **Distinction.** Nous distinguerons selon que la mutation est soumise à la taxe de publicité foncière (ou aux droits d'enregistrement) ou à la TVA.

A Mutations soumises à la taxe de publicité foncière (ou aux droits d'enregistrement)

7918 **Principe.** Actuellement, les acquisitions et ventes de terrains ou d'immeubles par les SEM ne bénéficient pas d'un régime fiscal particulier, à l'exception des quelques dispositions signalées ci-dessous.

7919 **Achat en usufruit temporaire par une société d'économie mixte à caractère social.** Une opération d'acquisition d'usufruit n'est pas une acquisition immobilière définitive, dans la mesure où elle n'entraîne pas de transfert de propriété entre le promoteur privé et le bailleur social. Elle n'est donc pas éligible à l'exonération prévue par l'article 1042 du Code général des impôts. Elle donne donc lieu à perception des droits d'enregistrement ou à la taxe de publicité foncière dans les conditions de droit commun (Rép. min. n° 1438 : *JOAN* Q 15 janv. 2013, p. 417).

1 Cession de logements à leurs locataires (CGI, art. 1594 G)

7920 L'article 58 de la loi n° 98-546 du 2 juillet 1998 portant diverses dispositions d'ordre économique et financier a étendu aux cessions réalisées par les sociétés d'économie mixte le bénéfice du régime de faveur prévu à l'article 1594 G du Code général des impôts en faveur des cessions de logements réalisées par les organismes d'habitations à loyer modéré (V. **HLM**).

Cette mesure a été commentée dans une instruction du 8 novembre 1999 (*BOI* 7 C-4-99 ; *JCP* N 1999, n° 50-51, p. 1830), reprise à la Documentation de base (Doc. adm. DGI, 7 C-1482, n°s 18 et s. – V. actuellement BOI-ENR-DMTOI-10-90-20, 05 avril 2017, n°s 40 et s.).

L'exonération est subordonnée à une décision du conseil général.

➤ Pour savoir si une délibération a été prise dans le département considéré, V. La note « Taux, abattements et exonérations applicables du 1er juin 2024 au 31 mai 2024 », publiée par la DGFiP sur le site impots.gouv.fr

a) Champ d'application de l'extension aux sociétés d'économie mixte de l'article 1594 G du Code général des impôts

7921 L'exonération prévue à l'article 1594 G du Code général des impôts concerne les mutations à titre onéreux de logements réalisées par les sociétés d'économie mixte dans les conditions prévues aux articles L. 443-7 à L. 443-15 du Code de la construction et de l'habitation.

1) Biens concernés

7922 Ainsi, et conformément aux dispositions de l'article L. 443-15-2 du Code de la construction et de l'habitation, sont concernées les cessions par les sociétés d'économie mixte par actes passés à compter du 1er juin 1999 :

1° de logements acquis en application du quatrième alinéa de l'article L. 443-11 du Code de la construction et de l'habitation, c'est-à-dire acquis auprès d'organismes d'habitations à loyer modéré ;

2° de logements locatifs faisant l'objet de conventions conclues en application de l'article L. 351-2 du Code de la construction et de l'habitation et autres que ceux mentionnés au 1° ci-avant ;

3° dans les départements d'outre-mer, de logements locatifs sociaux construits, acquis ou améliorés à l'aide de prêts aidés par l'État (BOI-ENR-DMTOI-10-90-20, 5 avril 2017, n° 70).

2) Qualité de l'acquéreur

7923 L'acquéreur doit être l'une des personnes visées à l'article L. 443-11 du Code de la construction et de l'habitation (BOI-ENR-DMTOI-10-90-20-20121001, n° 80).

Par ailleurs, conformément aux deuxième et troisième alinéas de l'article L. 443-15-2 du Code de la construction et de l'habitation, l'exonération de droits de mutation s'applique également aux ventes de logements locatifs conventionnés ou de logements locatifs sociaux visés aux 2° et 3° du n° 7922 ci-dessus qui, en cas de vacance du logement, sont effectuées par la SEM au bénéfice, respectivement, d'un locataire de son patrimoine conventionné dans le département ou d'un locataire de son patrimoine social dans le département d'outre-mer concerné (BOI-ENR-DMTOI-10-90, 5 avril 2017, n° 90).

3) Prix

7924 Le prix doit être fixé dans les conditions prévues par l'article L. 443-12 du Code de la construction et de l'habitation.

b) Conditions d'application

7925 L'exonération prévue par l'article 1594 G du Code général des impôts constitue une simple faculté offerte aux conseils généraux. L'application de l'exonération résulte donc d'une décision du conseil général.

L'exonération prévue à l'article 1594 G du Code général des impôts est globale. Dès lors, la délibération du conseil général en vue de l'application de l'article 1594 G du code précité concerne indifféremment les cessions réalisées par les organismes d'habitations à loyer modéré et les sociétés d'économie mixte.

➤ Pour savoir si une délibération a été prise dans le département considéré, V. La note « Taux, abattements et exonérations applicables du 1er juin 2024 au 31 mai 2024 », publiée par la DGFiP sur le site impots.gouv.fr

Par ailleurs, l'acte doit préciser que la mutation bénéficie de l'exonération en cause (BOI-ENR-DMTOI-10-90-20, 5 avril 2017, nos 110 à 130).

c) Portée de l'exonération

7926 Les décisions d'exonération prises ont pour effet d'exonérer les mutations en cause de la taxe de publicité foncière ou du droit d'enregistrement, mais également de la taxe additionnelle communale ainsi que du prélèvement pour frais d'assiette, de recouvrement, de dégrèvements et de non-valeurs (BOI-ENR-DMTOI-10-90-20, 5 avril 2017, n° 140).

2 Rachat par les SEM de logements d'accédants à la propriété en difficultés (CGI, art. 1594 H)

7927 **Principe.** L'article 1594 H du Code général des impôts permet aux conseils généraux d'exonérer de taxe départementale de publicité foncière ou de droits départementaux d'enregistrement les acquisitions par les organismes HLM d'immeubles d'habitation, construits ou acquis par des accédants à la propriété qui ont contracté des prêts aidés par l'État (PAP) entre le 1er juillet 1981 et le 31 décembre 1984 et qui ne peuvent honorer leurs échéances, à la condition que les accédants à la propriété qui cèdent ces logements soient maintenus dans les lieux par l'organisme acheteur aux termes d'une clause insérée dans l'acte de vente (V. **HLM**).

Le bénéfice de l'exonération de droits de mutation a été étendu par la loi de finances pour 1991 aux sociétés d'économie mixte qui réalisent les mêmes opérations que les sociétés d'HLM et sous les mêmes conditions.

L'exonération est ainsi applicable aux rachats d'immeubles d'habitation construits ou acquis par des accédants à la propriété qui ont contracté des prêts aidés par l'État (PAP) entre le 1er juillet 1981 et le 31 décembre 1984 et qui ne peuvent honorer leurs échéances. De plus, l'acte de vente doit contenir une clause prévoyant le maintien dans les lieux des cédants (Instr., 6 févr. 1991 : *BOI* 7 C-2-91).

7928 **Conditions d'application.** L'application de l'exonération est subordonnée à une décision prise par délibération du conseil général.

➤ Pour savoir si une délibération a été prise dans le département considéré, V. La note « Taux, abattements et exonérations applicables du 1er juin 2024 au 31 mai 2024 », publiée par la DGFiP sur le site impots.gouv.fr

➤ Pour le surplus, les conditions d'application sont celles indiquées au mot HLM ou les dispositions de l'article 1594 H du Code général des impôts sont commentées (V. **HLM**).

3 Acquisitions par les SEM à participation publique majoritaire

7929 **Acquisitions immobilières soumises à la taxe de publicité foncière.** Sous réserve des

dispositions de l'article 257 du Code général des impôts (application de la TVA immobilière), les acquisitions faites à l'amiable et à titre onéreux par les régions, départements, communes ou syndicats de communes, par les établissements publics fonciers créés en application des articles L. 324-1 et suivants du Code de l'urbanisme et par les établissements publics régionaux, départementaux ou communaux, ne donnent lieu à aucune perception du Trésor (CGI, art. 1042-I).
De même, les sociétés d'économie mixte à participation publique majoritaire, qui agissent en tant que concessionnaires d'opérations d'aménagement ou de service public, peuvent bénéficier de l'exonération, même si l'autorité concédante ne détient pas directement de participation dans la société concessionnaire (BOI-ENR-DMTOI-10-80-10, 26 août 2020, n° 130).
L'exonération bénéficie à toutes les acquisitions immobilières réalisées par les collectivités en cause, quelle que soit la destination des biens acquis. En outre, son obtention n'est pas subordonnée à la production d'un arrêté préfectoral déclarant l'utilité publique de l'opération. Cette exonération s'applique également aux adjudications (*BOI* préc., n° 100).

4 Sociétés d'économie mixte exerçant une activité de construction ou de gestion de logements sociaux

7930 L'article 114, XIV de la loi n° 2014-366 du 24 mars 2014 (dite « loi ALUR ») a rendu applicable l'article 1051 du Code général des impôts (droit fixe de 125 €) aux sociétés d'économie mixte exerçant une activité de construction ou de gestion de logements sociaux.
➤ Sur l'article 1051 du Code général des impôts, V. **HLM**.

B Mutations soumises à la TVA immobilière

1 Opérations de lotissement et de vente de terrains leur appartenant effectuées sans but lucratif par les sociétés d'économie mixte de construction immobilière

7931 **Application du droit commun.** Il avait été admis, par mesure de tempérament, que les acquisitions faites par les sociétés d'économie mixte de construction immobilière dont les statuts sont conformes aux clauses types annexées au décret n° 69-295 du 24 mars 1969 par les groupements dits de « Castors » dont les membres effectuent des apports de travail, ainsi que par les sociétés et organismes à but désintéressé habilités à recevoir la contribution des employeurs à l'effort de construction visée à l'article 235 bis du Code général des impôts conformément aux dispositions des articles 1045 (expropriation pour cause d'utilité publique), 693 (acquisitions par les organismes de rénovation) et 696 (acquisitions effectuées en vue de l'aménagement de zones à urbaniser en priorité) du code précité sont susceptibles d'être dispensées de cette taxe.
Mais les opérations consécutives auxdites acquisitions étaient assujetties à la TVA dans les conditions ordinaires (Rép. min. Mondon : *JOAN*, 4 janv. 1969, p. 19, n° 1182).
Cette mesure de tempérament, qui ne reposait sur aucun texte, est devenue caduque à compter du 11 mars 2010, depuis la réforme de la TVA opérée par la loi de finances rectificative pour 2010 (L. n° 2010-237, 9 mars 2010 : *JO* 10 mars). Les opérations dont s'agit sont donc, du point de vue de la TVA immobilière, soumises au droit commun.
V. **TVA immobilière**.
Par ailleurs, certains contrats de location-vente consentis par les sociétés d'économie mixte bénéficient d'exonérations particulières (V. n° 7934).

2 SEM à participation publique majoritaire

7932 **Retour au droit commun.** Les sociétés d'économie mixte à participation publique majoritaire, qui agissent en tant que concessionnaires d'opérations d'aménagement ou de service public, pouvaient bénéficier de l'exonération prévue à l'article 1042 du Code général des impôts même si l'autorité concédante ne détenait pas directement de participation dans la société concessionnaire. Dès lors, les acquisitions de terrains à bâtir par ces sociétés pouvaient, si les parties en convenaient, être exonérées de TVA (Rép. min. Économie et Finances, n° 17604 à M. Dubosq : *JO* Sénat Q, 16 janv. 1992, p. 127 ; *BOI* 8 A-2-90 ; *Dr. fisc.* 1992, n° 16, 10585. – Doc. adm. DGI, 8 A-1151, n° 4, 15 nov. 2001).
Cette mesure de tempérament, qui ne reposait sur aucun texte, est devenue caduque à compter du 11 mars 2010, depuis la réforme de la TVA opérée par la loi de finances rectificative pour 2010 (L. n° 2010-237, 9 mars 2010 : *JO* 10 mars). Les opérations dont s'agit sont donc, du point de vue

de la TVA immobilière, soumises au droit commun. V. **TVA immobilière**.

3 Acquisition d'immeuble neuf soumise à la TVA

7933 **Exonération de taxe de publicité foncière**. L'article 1049 du Code général des impôts dispose que, sauf lorsqu'elle tient lieu des droits d'enregistrement, la taxe de publicité foncière n'est pas perçue sur les actes publiés en vue de l'application de la législation sur les habitations à loyer modéré.

Cette exonération s'applique aux acquisitions d'immeubles neufs en état futur d'achèvement réalisées par les sociétés d'économie mixte (SEM), dès lors que les immeubles concernés sont à usage de logement social au sens des dispositions de l'article L. 411-1 du Code de la construction et de l'habitation (Décision de rescrit, 14 avr. 2009, n° 2009/26 ENR. – *JCP* N 2009, n° 18, act. 348).

IV Opérations d'aménagement de zones

➤ V. **Zones à aménager**.

V Location-vente

7934 L'article 1378 quinquies II du Code général des impôts étend le régime fiscal des contrats de location-attribution consentis par les sociétés anonymes coopératives d'HLM aux contrats de location-vente consentis par les sociétés d'économie mixte, même si la majorité du capital n'est pas détenue par une collectivité publique (Instr. 10 mars 1971, 8 A-3-71 et 7 C-3-71. – Instr. 16 mars 1978, 8 K-3-78).

➤ Pour consulter le texte intégral de l'article 1378 quinquies du Code général des impôts et les conditions d'application, V. **HLM**.

VI Contribution de sécurité immobilière

7935 **Application du droit commun.** La contribution de sécurité immobilière est perçue selon les règles de droit commun (V. **Contribution de sécurité immobilière**).

N.B. : La contribution de sécurité immobilière a remplacé le salaire du conservateur à compter du 1er janvier 2013. Cette taxe est perçue aux mêmes conditions d'assiette, de tarif, de contrôle et de recouvrement que ce salaire (V. **Contribution de sécurité immobilière**).

Société en formation

Neyla GONZALEZ-GHARBI

Sommaire analytique

BIBLIOGRAPHIE : A.-S. Lucas-Puget, *La reprise des actes de la société en formation : précautions à prendre et devoir de conseil du rédacteur d'un acte : Defrénois* 2012, n° 20, art. 40629, p. 1009. – A. Fournier, *L'acte portant reprise par une société de l'engagement souscrit en son nom lors de l'acquisition de droits réels immobiliers doit être obligatoirement publié pour l'information des usagers : JCP* N 2004, n° 36 1395. – P. Frémont, *Les acquisitions immobilières des sociétés non encore immatriculées vues sous l'angle de la publicité foncière : JCP* N 1980, 1, p. 393 et s. – M. Dagot, *La reprise par une société commerciale des engagements souscrits pour son compte avant son immatriculation au registre du commerce et des sociétés : JCP* G 1969, I, 2277.

7936 **Généralités.** Par application de l'article 1842, alinéa 1er, du Code civil, les sociétés ne jouissent de la personnalité morale qu'à compter de leur immatriculation. Jusqu'à cette date, elles ne peuvent avoir aucun droit ni être tenues d'aucune obligation.

Cependant, divers actes peuvent être passés pendant le cours de la période constitutive, que la société aura ensuite à reprendre à son compte. Se pose alors le problème du régime fiscal de cette reprise.

Le législateur qui l'a réglé a également prévu le cas d'apport en société avant son immatriculation (C. civ., art. 1843-1).

I

Apports en société avant immatriculation : possibilité et taxation

7937 Cette possibilité est offerte par l'article 1843-1 du Code civil ainsi conçu :

« L'apport d'un bien ou d'un droit soumis à publicité pour son opposabilité aux tiers peut être publié dès avant l'immatriculation et sous la condition que celle-ci intervienne. À compter de celle-ci, les effets de la formalité rétroagissent à la date de son accomplissement ».

L'apport soumis à publicité foncière en raison de sa nature, et qui sera effectué dans ces conditions, donnera lieu :

– à la perception de la taxe fixe de publicité foncière au taux prévu pour les actes innommés… ;

– à la perception de la contribution de sécurité immobilière au tarif proportionnel sur la valeur du bien apporté.

II

Reprise par les sociétés des engagements souscrits en leur nom avant leur immatriculation au registre du commerce

7938 **Observations.** Divers textes légaux prévoient ces mécanismes de reprise (A), dont il faut définir les incidences fiscales (B).

A Mécanisme de la reprise des engagements

C. civ., art. 1843. – Les personnes qui ont agi au nom d'une société en formation avant l'immatriculation sont tenues des obligations nées des actes ainsi accomplis, avec solidarité si la société est commerciale, sans solidarité dans les autres cas. La société régulièrement immatriculée peut reprendre les engagements souscrits, qui sont alors réputés avoir été dès l'origine contractés par celle-ci.

D. n° 78-704, 3 juill. 1978, art. 6. – L'état des actes accomplis pour le compte de la société en formation avec l'indication, pour chacun d'eux, de l'engagement qui en résulterait pour la société est présenté aux associés avant la signature des statuts.

Cet état est annexé aux statuts, dont la signature emportera reprise des engagements par la société, lorsque celle-ci aura été immatriculée.

En outre, les associés peuvent, dans les statuts ou par acte séparé, donner mandat à l'un ou plusieurs d'entre eux, ou au gérant non associé qui a été désigné, de prendre des engagements pour le compte de la société. Sous réserve qu'ils soient déterminés et que les modalités en soient précisées par le mandat, l'immatriculation de la société emportera reprise de ces engagements par ladite société.

La reprise des engagements souscrits pour le compte de la société en formation ne peut résulter, après l'immatriculation de la société, que d'une décision prise, sauf clause contraire des statuts, à la majorité des associés.

7939 **Distinctions à opérer.** Trois hypothèses sont donc à envisager :
– acte passé avant la signature des statuts : lorsque l'état des actes accomplis pour le compte de la société en formation avec l'indication, pour chacun d'eux, de l'engagement qui en résulterait pour la société, a été présenté aux associés avant la signature des statuts, la signature de cet état, annexé aux statuts, emportera reprise des engagements par la société lorsque celle-ci aura été immatriculée ;
– acte passé après la signature des statuts : lorsque les associés, dans les statuts ou par acte séparé, ont donné mandat à l'un ou plusieurs d'entre eux ou au gérant non associé qui a été désigné, de prendre des engagements pour le compte de la société, l'immatriculation de la société emportera reprise de ces engagements, sous réserve qu'ils soient déterminés et que les modalités en soient précisées par le mandat (D. préc., art. 6, al. 3) ;
– actes repris après immatriculation par décision des associés : l'article 6 du décret (dernier al.) confirme la possibilité de faire ratifier les engagements pris pour le compte de la société en formation, après immatriculation de cette dernière, moyennant décision prise, sauf clause contraire des statuts, à la majorité des associés.

B Publicité foncière

> **AVERTISSEMENT** **L'ordonnance n° 2010-638 du 10 juin 2010 (*JO* 11 juin) a supprimé le conservateur des hypothèques à compter du 1er janvier 2013.**
> **Depuis cette date, on ne parle plus de « conservateur » ou de « conservation » des hypothèques, mais du « service chargé de la publicité foncière ». Ce service a repris les anciennes attributions du conservateur des hypothèques** (V. **Service de la publicité foncière**).

7940 **Problématique.** Un conservateur ayant consulté son association à propos des difficultés que posaient les acquisitions réalisées pour le compte de sociétés en formation, il lui a été répondu que ces difficultés ne comportaient « pas de solution uniforme » et qu'elles devaient être résolues dans chaque cas particulier au vu des actes et bordereaux déposés » (*Bull. AMC* 1979, art. 1150. – V. également chron. : *JCP* N 1994, prat. 2994 par P.J.C.).
Plusieurs types de formules sont en fait utilisés dans la pratique (sur ces formules, V. *JCl. Notarial Formulaire*, V° Sociétés, Fasc. C-50 et C-55, et G. Daublon, étude *in Defrénois* 1979, 3e partie, p. 3 et s.).

7941 **Silence de l'acte.** Lorsque l'acte d'acquisition effectué pour le compte d'une société en formation n'exprime pas clairement le caractère résolutoire de l'acte constatant la reprise des engagements vis-à-vis des associés et représentants, ou son caractère suspensif vis-à-vis de la société, l'association des conservateurs a conseillé de traiter cet acte comme s'il était affecté expressément de ces conditions dès lors que l'analyse des clauses qu'il comporte ne fait apparaître aucune ambiguïté à ce sujet (*Bull. AMC* 2009-2010, art. 1935).

1 Acquisition alternative

7942 **Publication de la mutation.** Certains présentent l'acquisition comme alternative, c'est-à-dire sous condition résolutoire pour les fondateurs (ou, plus généralement, pour toute personne agissant au nom de la société en formation) et sous condition suspensive pour la société en formation. Dans cette hypothèse, la publication ne souffre pas de difficulté et les annotations au fichier doivent être faites conformément aux clauses de l'acte.

7943 **Publication des sûretés.** Lorsque pour une propriété donnée le fichier immobilier fait état de personnes ayant acquis un bien sous condition résolutoire, et corrélativement d'une société l'ayant acquis sous condition suspensive, l'association des conservateurs a toujours considéré qu'à défaut de publication d'acte constatant la réalisation de la condition au fichier, on devait accepter aussi bien les inscriptions prises contre les associés que celles requises contre la société (*Bull. AMC* 1997, art. 1746 ; *ibid.* 1984-1985, art. 1328), étant observé qu'en vertu de l'article 2414 du Code civil, les inscriptions se trouvent alors soumises aux mêmes conditions que celles affectant le droit de propriété possédé (*Bull. AMC* 2009-2010, art. 1935).
Si une inscription de privilège est requise au profit du vendeur, elle doit être prise à la fois contre les fondateurs sous condition résolutoire et contre la société en formation sous condition suspensive, le bordereau devant être rédigé en conséquence. Cette inscription sera ainsi délivrée dans les états requis tant du chef des fondateurs que du chef de la société (*Bull. AMC* 1979, art. 1150 ; *JCP* N 1987, prat. 99, par Chardonnal. – Sur les modalités d'annotation du fichier en pareil cas, V. *Bull. AMC* 1990, art. 1462).
Mais si cette double inscription constitue une sage précaution, le conservateur (actuellement le service de la publicité foncière) n'est pas en droit de l'exiger. Il ne peut valablement opposer un refus au dépôt d'un bordereau d'inscription

contre les seuls fondateurs, ou contre la seule société (*Bull. AMC* 1997, art. 1747).

2 Acquisition au nom de la société

7944 Publication de la mutation. Lorsque la formule de l'acquisition alternative n'est pas utilisée par le notaire, le conservateur (actuellement le service de la publicité foncière) ne peut que s'en tenir aux termes des actes et des bordereaux déposés, sans rien y ajouter, comme l'indique l'étude faite par M. Bulté au *JCP* N 1974, IV, 5724.

Si, notamment, l'acte mentionne comme seul acquéreur la société en formation, c'est au nom de celle-ci que doit être créée la fiche personnelle, bien qu'elle n'ait pas encore acquis la personnalité morale du fait qu'elle ne se trouve pas encore immatriculée. Le conservateur (actuellement le service de la publicité foncière) n'est pas juge sur ce point et il doit annoter la fiche comme si elle avait cette personnalité, en mentionnant au fichier que la société est en cours d'immatriculation (V. *Bull. AMC* 1979, art. 1150 ; *ibid.* 1993, art. 1584).

S'il est mentionné par exemple que pour fixer un terme à la période d'incertitude quant à la personne de l'acquéreur définitif, les biens acquis appartiendront de façon définitive à tous les associés de la SCI, dans les mêmes proportions que leur droit dans le capital si la SCI ne justifie pas dans un délai déterminé de son immatriculation au registre du commerce, il y a lieu de répertorier l'acquisition comme étant faite par la société sous condition suspensive et par chacun des fondateurs sous condition résolutoire. Mais il ne sera pas fait mention dans l'annotation des fiches de « condition suspensive ou résolutoire », dès lors que ces expressions ne sont pas employées dans l'acte.

Il en sera de même pour la publication de l'acte notarié à intervenir, que celui-ci porte reprise des engagements et dépôt d'un extrait K-*bis* au rang des minutes ou, au contraire, qu'il constate le défaut d'immatriculation. Il y aura lieu alors de souligner par un trait à l'encre rouge celle des annotations précédemment faites auquel ce document aura fait perdre leur caractère d'actualité (D. 14 oct. 1955, art. 14, 1. – V. *Bull. AMC* 1990, art. 1462).

7945 Publication des sûretés. Si une inscription de privilège de vendeur est prise contre la seule société non encore immatriculée, le bordereau ne peut être refusé dès lors qu'il concorde avec les énonciations de l'acte d'acquisition.

Strictement, on pourrait sans doute utiliser la procédure de rejet pour absence de référence au numéro d'immatriculation de la société. Mais il est admis, en fait, que le recours à cette procédure est inopportun dès lors que l'élément omis n'est pas absolument indispensable pour identifier la société (*Rép. alph. enreg.*, V° Hypothèques, L. III, n° 214. Sur les modalités des annotations du fichier en pareil cas, V. *Bull. AMC* 1984-1985, art. 1328 ; *ibid.* 1990, art. 1462).

Il appartient ensuite au notaire de déposer ultérieurement le document constatant la reprise des engagements par la société, ainsi que l'extrait K-*bis*, ou un acte constatant le défaut d'immatriculation.

3 Acquisition au nom des associés

7946 Publication de la mutation. Au cas où, au contraire, l'acquisition est faite au profit des fondateurs, la publication de l'acte, de même que celle de l'acte ultérieur constatant la reprise des engagements par la société, et l'annotation de ces deux actes au fichier, ne soulèvent pas de difficulté, étant précisé que la circonstance que l'acquisition est effectuée pour le compte d'une société en formation doit être mentionnée au cadre B du tableau III de la fiche du ou des acquéreurs, pour le cas où cette disposition de l'acte serait considérée comme une restriction au droit de disposer.

7947 Publication des sûretés. Lorsque, lors de la publication du premier de ces actes, une inscription de privilège a été requise contre les fondateurs, une nouvelle inscription semblerait devoir être prise au moment de la publication du second. Mais, à ce sujet, le conservateur (actuellement le service de la publicité foncière) n'a pas d'initiative à prendre et c'est aux tribunaux qu'il appartiendra de déterminer les effets de ces inscriptions. Il n'apparaît pas que, de ce chef, la responsabilité du conservateur (actuellement, la responsabilité du service de la publicité foncière) puisse être engagée (*Bull. AMC* 1979, art. 1150).

7948 Inscriptions prises par bordereaux distincts, l'un contre la société, l'autre contre les associés. Si, pour garantir un prêt accordé à une société en formation, deux bordereaux d'inscription de privilège de prêteurs de deniers ont été déposés, l'un contre la société en cours d'immatriculation et l'autre contre les associés, le bordereau établi à l'encontre des seuls associés doit être accepté puisque ces derniers sont les propriétaires conditionnels de l'immeuble grevé. De même, l'inscription prise contre la seule société non encore immatriculée ne peut être refusée, dès lors qu'elle concorde avec les énonciations de l'acte d'acquisition de l'immeuble grevé du privilège. En effet, le conservateur (*comme aujourd'hui,* *le service de la publicité foncière*) n'a pas à se faire juge de la validité des documents dont la publication est requise. Spécialement, il n'a pas à se préoccuper de la question de savoir si une société n'a pas encore d'existence juridique.

Il se peut qu'un bordereau mentionne que la garantie est prise non seulement contre les associés, mais également contre la société. En ce cas, le conservateur (*aujourd'hui, le service de la publicité foncière*) ne devrait pas opposer un refus de dépôt. En effet, il doit accepter le bordereau établi à la fois contre un propriétaire actuel (les associés) et un propriétaire éventuel (la société), car une inscription ne peut être refusée à l'égard d'un créancier n'ayant qu'une expectative de droit fondé sur l'anéantissement rétroactif du droit du propriétaire actuel, V. *JCP* N 1980, n° 45, p. 393 et s., n° 13).

Il ne saurait pour autant exiger le dépôt d'un bordereau unique portant réquisition d'inscrire à la fois contre les associés et contre la société en voie de formation, sans méconnaître les dispositions de l'article 54-1 du décret du 14 octobre 1955 concernant les bordereaux collectifs (V. **Bordereau d'inscription**).

Après l'immatriculation de la société, les inscriptions prises contre les associés ne pourront être radiées qu'en vertu d'une mainlevée consentie par le créancier dans les conditions prévues aux articles 2441 du Code civil (*Bull. AMC* 1984-1985, art. 1328).

4 Reprise des engagements

7949 Publicité foncière. Lorsqu'une société régulièrement immatriculée reprend les engagements souscrits pour son compte, qui sont alors réputés avoir été dès l'origine contractés par celle-ci, l'acte de reprise a, selon la Cour de cassation, un caractère déclaratif et son opposabilité aux tiers n'est pas subordonnée à sa publication (Cass. 3e civ., 9 juill. 2003 : *Bull. civ.* 2003, III, n° 159 ; *Defrénois* 2004, art. 37 882, n° 17, obs. S. Piédelièvre ; *JCP* N 2004, n° 7, p. 339, note J.-P. Garçon). Il reste que cet acte doit être obligatoirement publié en vertu de l'article 28-4° *e)* du décret du 4 janvier 1955, et que l'absence de publication est de nature à engager la responsabilité du professionnel, ou plus exceptionnellement des parties à l'acte en vertu de l'article 30-4 de décret de 4 janvier 1955 (V. A. Fournier, *L'acte portant reprise par une société de l'engagement souscrit en son nom lors de l'acquisition de droits réels immobiliers doit être obligatoirement publié pour l'information des usagers* : *JCP* N 2004, n° 36-1395).

En outre, l'absence de publication de la reprise des engagements est de nature à entraîner le rejet par le service de la publicité foncière de toute formalité requise sur l'immeuble en cause du chef de la société, dès lors que du fait de cette non-publication, les associés fondateurs sont toujours considérés au fichier immobilier comme étant « les disposants » ou « les derniers titulaires » définis par l'article 32 du décret du 14 octobre 1955 (V. **Effet relatif**). Toutefois, le rejet ne pourra être opposé lorsque l'acquisition d'origine aura été effectuée par les associés fondateurs directement au nom de la société en formation non immatriculée, sauf toutefois dans l'hypothèse où l'immatriculation n'interviendrait pas (V. A. Fournier, étude préc., p. 1290).

7950 Modalités de la publication. L'immatriculation et la production du K-*bis* à l'appui de l'inscription requise à l'encontre de la société ne sont pas suffisantes pour attester de la réalisation de la condition suspensive. La réalisation d'une telle condition relative à un transfert de propriété ne peut être constatée au fichier immobilier au vu d'une mention portée sur un bordereau d'inscription. Une telle opération, qui relève de l'article 28, 4°, b du décret du 4 janvier 1955 ne peut s'opérer que par voie de publication (*Bull. AMC* 2009-2010, art. 1935).

5 Renseignements hypothécaires

7951 Si un acte d'acquisition passé par une personne ayant agi pour nom d'une société en formation et publié est assorti d'une inscription d'hypothèque, et qu'après publication de la ratification un état est requis du seul chef de la personne ayant agi au nom de la société, demandant sa situation pour tous immeubles, l'acte d'acquisition et l'inscription doivent-il être révélés ? L'état doit en pareil cas, s'il porte à la fois sur les inscriptions et les publications passives et actives, relater la publication de l'acte d'acquisition et de l'inscription hypothécaire, ainsi que la publication de l'acte par lequel la société a repris les engagements de l'acquéreur. Puisqu'elle n'a pas été radiée, il donnera également connaissance de l'inscription, bien que celle-ci frappe un immeuble qui n'est plus désormais la propriété de l'acquéreur (*Bull. AMC* 1981, art. 1218).

C Incidences fiscales de la reprise

7952 Observations. La reprise des engagements effectués dans les termes de la loi n'entraîne pas de taxation particulière. Tel est le principe (1°) qui ne s'applique toutefois qu'à certaines conditions (2°).

1 Principe de non-taxation

7953 **Applications aux sociétés commerciales.** Ce principe a été posé en premier lieu, en ce qui concerne les sociétés commerciales en formation, par une instruction en date du 10 juin 1969 (*BOED* 1969, 10602 ; *JCP* N 1969, IV, 4605), complétée par une réponse ministérielle en date du 8 octobre 1970 (*JOAN* CR, p. 4169 ; *JCP* N 1970, prat. 4834. – V. à ce sujet Bulté, chron. hyp. : *JCP* N 1974, IV, 5724).
Cette instruction avait été précédemment reprise dans la Documentation administrative (V. Doc. adm. DGI, 7 H-25, n°s 7 à 13, 1er sept. 1999).

7954 Les textes ne comportent aucune distinction quant à la nature des engagements souscrits au nom de sociétés en formation. Les actes translatifs de propriété ou de jouissance de biens de toute nature passés dans les conditions prévues par ces dispositions doivent donc être considérés comme entrant dans leurs prévisions (V. BOI-ENR-AVS-10-40-20120912, n° 70).

7955 Par ailleurs, il résulte des termes mêmes de l'article 1943 du Code civil que la reprise par la personne morale des engagements souscrits pour le compte de la société en formation est purement facultative et opère rétroactivement la substitution de la société à la personne qui a agi en son nom. Il s'ensuit que les conventions translatives de propriété ou de jouissance conclues dans les conditions définies par ce texte doivent être regardées comme parfaites dès l'origine et réalisées par la personne qui les a passées au nom de la société en formation.
Il en est bien entendu de même dans le cas prévu à l'article 6 du décret du 3 juillet 1978, où les engagements sont souscrits par un mandataire. En pareille hypothèse, ce sont les mandants, et non la société, qui doivent, selon le cas, être réputés acquéreurs ou preneurs.
Les textes en cause n'ont donc pas pour effet de soustraire les actes de l'espèce à l'assujettissement immédiat à l'impôt de mutation, mais ont pour conséquence de supprimer l'exigibilité de toute imposition au titre du transfert ultérieur des droits acquis résultant de la reprise par la société des engagements souscrits en son nom au cours de la période de formation (V. BOI-ENR-AVS-10-40-20120912, n° 80).

7956 Dès lors, deux situations sont susceptibles d'être rencontrées, selon que la société reprend ou non les actes accomplis en son nom.
– Dans le premier cas, les actes passés pour le compte de la société sont immédiatement assujettis à l'impôt de mutation (droit d'enregistrement ou taxe de publicité foncière selon les cas). Mais la reprise par la société des engagements souscrits en son nom au cours de la période de formation et le transfert ultérieur des droits par la substitution rétroactive de la personne morale à l'acquéreur initial ne donnent ouverture à aucun droit ou taxe de mutation si la ratification est pure et simple (V. BOI-ENR-AVS-10-40-20120912, n° 90). Il en va autrement, bien entendu, si la convention est affectée d'une condition suspensive et, notamment, si sa réalisation est subordonnée à la ratification ultérieure de la société au nom de laquelle le contrat a été passé. En pareil cas, les droits ou taxes éventuellement exigibles ne sont perçus que lors de la réalisation de la condition, l'acquisition initiale affectée d'une condition suspensive étant soumise à l'impôt à taux fixe. Il en est de même en cas de promesse unilatérale de vente simplement acceptée en tant que telle par la personne agissant au nom de la société en formation dès lors que la levée de l'option est faite par la personne morale postérieurement à son immatriculation au registre du commerce et des sociétés (V. BOI-ENR-AVS-10-40-20120912, n° 90).
– Dans le second cas, la personne qui a contracté au nom de la société en formation (ou les mandants, dans l'hypothèse où il a été donné mandat de contracter dans les conditions prévues à l'article 6 du décret n° 78-704 du 3 juillet 1978) est considérée, tant au point de vue fiscal que civil, comme acquéreur ou preneur définitif du bien concerné, à moins, bien entendu, que la réalisation de la convention n'ait été expressément subordonnée à la ratification ultérieure de la société au nom de laquelle le contrat a été passé (V. BOI-ENR-AVS-10-40-20120912, n° 100).

2 Condition de la non-taxation du transfert à la personne morale des droits acquis au cours de la période de formation

7957 **Observation.** Le principe de non-taxation ci-dessus énoncé ne s'appliquera que si certaines conditions se trouvent réunies : que l'acquisition soit faite pendant le cours de la période de formation, que certaines conditions de forme soient respectées en ce qui concerne la reprise des engagements, et en outre que cette reprise n'opère aucune novation.

7958 **Conventions conclues au cours de la période de formation de la société. Sociétés de capitaux.** En ce qui concerne les sociétés de capitaux, l'administration a donné les précisions suivantes sur les conditions de la non-taxation du transfert à la personne morale des droits acquis au cours de la période de formation :

La reprise, par une société commerciale, postérieurement à son immatriculation au registre du commerce, d'un acte translatif de propriété ou de jouissance passé en son nom, n'échappe à l'impôt de mutation qu'autant que la convention a été conclue au cours de la période de formation de la société considérée.

Or une société est en état de formation, non seulement au cours de la période comprise entre la date de sa constitution et celle de son immatriculation, mais encore antérieurement à la signature du pacte social.

Bien que la notion de société en formation ne soit pas susceptible de définition rigoureuse, il apparaît néanmoins que la simple intention de constituer une société et même l'engagement à cet effet de pourparlers entre les futurs associés ne suffisent pas à établir qu'un tel processus soit entamé. Il faut encore qu'ait été accompli un acte opposable aux tiers et, partant, inhérent à la procédure de constitution établie par les dispositions législatives et réglementaires.

C'est ainsi qu'une société par actions dont la constitution est faite avec appel public à l'épargne n'est susceptible d'être considérée comme étant en formation qu'à compter du jour du dépôt au greffe du tribunal de commerce, prévu à l'article L. 225-2 du Code de commerce, du projet de statuts signé des fondateurs.

De même, en ce qui concerne les sociétés anonymes sans offre au public et les sociétés à responsabilité limitée, le point de départ de la période de formation est la date du dépôt des fonds provenant des souscriptions ou, en cas d'apports en nature, la date de la désignation de commissaires aux apports par les futurs associés ou le président du tribunal de commerce (C. com., art. L. 223-7, L. 225-5, L. 225-8, L. 225-12. – V. BOI-ENR-AVS-10-40-20120912, n° 120).

7959 **Sociétés de personnes.** En ce qui concerne les sociétés de personnes, la Documentation administrative précise que : « La dispense de toute formalité préliminaire à la signature du pacte social a pour conséquence de reporter à l'établissement de cet acte le début de la période de formation » (*BOI* préc., n° 120).

7960 **Conditions de forme.** En toute hypothèse, et sous réserve au surplus du droit de contrôle de l'administration, le bénéfice de la non-taxation du transfert à la personne morale des droits acquis au cours de la période de formation ne saurait être admis qu'à la condition que l'acte repris contienne tous les éléments nécessaires à l'identification de la société intéressée (V. BOI-ENR-AVS-10-40-20120912, n° 130).

7961 **Absence de novation.** Il est nécessaire, en outre, que l'acte repris n'opère aucune novation par rapport aux dispositions essentielles de la convention intervenue au cours de la période de formation (V. BOI-ENR-AVS-10-40-20120912, n° 130).

3 Cas où la reprise donne lieu à taxation

7962 **Hypothèse envisagée.** C'est celle où les conditions ci-dessus évoquées ne se trouvent pas réunies.

7963 **Taxation en résultant.** On se trouve alors sous l'empire du régime de droit commun, tel qu'il était défini par l'instruction du 10 juin 1969 précité : la remise ultérieure du bien à la société qui prend à sa charge le prix de l'acquisition constitue une nouvelle mutation soumise à l'impôt indépendamment de la première.

La première mutation au profit de l'apporteur est également frappée des droits de mutation, à moins que les parties n'apportent la preuve que l'apporteur n'avait pas l'intention de conserver l'acquisition pour son compte à défaut de ratification et qu'un court délai sépare les deux opérations successives (Sol. 26 nov. 1887 ter E 1078. – T. civ. Rouen, 27 févr. 1902 : *Rev. enr. et imp.*, 3150. – T. civ. Lesparre, 28 mars 1935 : *Rev. enr. et imp.*, 10650).

Le premier acte d'acquisition ne donne alors ouverture qu'au droit ou à la taxe fixe s'il est nettement stipulé que l'acquéreur n'agit que sous réserve soit de la constitution ultérieure de la société, soit de la ratification du contrat par celle-ci (Sol. 26 nov. 1887 : *Rev. enr. et imp.*, 1708).

III

Contribution de sécurité immobilière

AVERTISSEMENT La contribution de sécurité immobilière a remplacé le salaire du conservateur à compter du 1er janvier 2013. Cette taxe est perçue aux mêmes conditions d'assiette, de tarif, de contrôle et de recouvrement que ce salaire (V. **Contribution de sécurité immobilière**)**. Les solutions données ci-dessous à propos du salaire du conservateur restent donc d'actualité jusqu'à nouvel ordre et peuvent être transposées pour la perception de la contribution de sécurité immobilière.**

7964 **Dépôt d'un acte constatant la reprise des engagements.** La publication d'un acte constatant la reprise des engagements donne lieu aux perceptions suivantes :

– acte d'acquisition et de reprise des engagements présentés séparément à la formalité : chaque acte donne lieu à la perception du salaire proportionnel ;

– acte d'acquisition et de reprise des engagements présentés simultanément : il n'est dû qu'un seul salaire proportionnel (Rép. min., 8 oct. 1970, préc. : *Bull. AMC* 1970, art. 834).

Un salaire fixe est dû sur la publication de l'acte constatant la reprise des engagements.

7965 **Dépôt d'un acte constatant l'immatriculation de la société.** Une distinction doit être opérée :

– si l'acte constate seulement l'immatriculation de la société (dépôt d'un extrait K-*bis*), il ne donne lieu qu'à la perception d'un salaire fixe ;

– si l'acte précise en outre qu'il vaut reprise des engagements par la société, le salaire proportionnel est dû (Rép. min., 9 mars 1992 : *JCP* N 1992, prat. 2250 ; *JCP* N 1989, prat. 854, et *JCP* N 1994, prat. 2994, chron. P.J.C.).

Ce salaire proportionnel ne sera pas perçu si ce second acte est présenté à la publication en même temps que l'acte d'acquisition (V. n° 7964).

IV

Cas particulier : reprise des engagements pris pour le compte d'un groupement d'intérêt économique

7966 L'article L. 251-4 du Code de commerce prévoit que les personnes qui ont agi au nom d'un groupement d'intérêt économique en formation avant qu'il ait acquis la jouissance de la personnalité morale sont tenues, solidairement et indéfiniment, des actes ainsi accomplis à moins que le groupement, après avoir été régulièrement constitué et immatriculé, ne reprenne les engagements souscrits. Ces engagements sont alors réputés avoir été souscrits dès l'origine par le groupement. En conséquence, au regard des droits d'enregistrement, les précisions exposées supra (V. nos 7954 à 7956), sont transposables *mutatis mutandis* aux groupements d'intérêt économique (BOI-ENR-AVS-10-40-20120912, n° 140).

7967 **Tableau résumé.**

I. – TAXE DE PUBLICITÉ FONCIÈRE
• Premier cas : établissement d'un acte constatant la reprise des engagements par la société.
A. – Cas où les deux actes (acquisition et reprise) sont publiés séparément : **1° Acquisition pure et simple :** *a)* Acte d'acquisition : taxe proportionnelle ; *b)* Acte de reprise : taxe fixe (1). **2° Acquisition sous la condition suspensive de la ratification de la société après sa constitution ou promesse unilatérale de vente au profit de la société :** *a)* Acte d'acquisition ou promesse de vente : taxe fixe (1) ; *b)* Acte constatant la réalisation de la condition suspensive ou la levée de l'option : taxe proportionnelle. **B. – Cas où les deux actes sont publiés simultanément :** Dans tous les cas : une seule taxe proportionnelle.
• Deuxième cas : établissement d'un acte constatant seulement l'immatriculation de la société
– Publication en même temps que l'acte d'acquisition : taxe fixe non perçue (CGI, art. 672) ; – Publication séparée : simple taxe fixe (1).
II. – CONTRIBUTION DE SÉCURITÉ IMMOBILIÈRE
• Premier cas : établissement d'un acte constatant la reprise des engagements par la société
A. – Cas où les deux actes sont publiés séparément : Dans tous les cas : contribution de sécurité immobilière au tarif proportionnel. **B. – Cas où les deux actes sont publiés simultanément :** Dans tous les cas (*Bull. AMC*, art. 106, § 13-I) : une seule perception de la contribution de sécurité immobilière au tarif proportionnel. Contribution de sécurité immobilière au taux fixe sur l'acte de reprise des engagements.
• Deuxième cas : établissement d'un acte constatant seulement l'immatriculation de la société
Dans tous les cas de figure (publication séparée ou non) : contribution de sécurité immobilière au tarif fixe.
(1) Au tarif prévu pour les actes innommés par l'article 680 du Code général des impôts (V. **Acte innommé**).

Société en participation

Neyla GONZALEZ-GHARBI

7968 **Généralités.** Depuis la date d'entrée en vigueur de la loi n° 78-9 du 4 janvier 1978, les sociétés en participation peuvent avoir soit un caractère civil, soit un caractère commercial et elles sont régies par les articles 1871, 1871-1, 1872, 1872-1, 1872-2, et 1873 du Code civil.

La caractéristique essentielle des sociétés en participation, qu'elles soient civiles ou commerciales, est l'absence de personnalité morale, dès lors que les associés sont convenus de ne pas procéder à leur immatriculation. L'article 1871, alinéa 1er du Code civil l'indique expressément en précisant qu'elles ne sont pas soumises à publicité.

D'autre part, si jusqu'à la réforme du 4 janvier 1978, les sociétés en participation devaient être obligatoirement occultes, elles peuvent depuis, être occultes ou ostensibles.

7969 **Publicité foncière.** Le régime juridique des sociétés en participation du point de vue de la publicité foncière est le même que celui des sociétés créées de fait, puisque ni les unes et les autres n'ont la personnalité morale (V. **Société créée de fait**).

7970 **Régime fiscal. Renvoi** – V. **Société créée de fait.**

Société immobilière de copropriété transparente

Neyla GONZALEZ-GHARBI

Sommaire analytique

I

Généralités

7971 L'article 1655 ter du Code général des impôts institue un régime de « transparence fiscale » applicable à certaines sociétés immobilières.

Il est seulement rappelé ici que ces sociétés doivent avoir pour objet exclusif :

– soit la construction d'immeubles ou de groupes d'immeubles en vue de leur division par fractions destinées à être attribuées aux associés en propriété ou en jouissance ;

– soit l'acquisition des mêmes biens ;

– soit la gestion des biens correspondants après division ;

– soit la location, pour le compte d'un ou plusieurs de leurs membres, de tout ou partie des biens susvisés appartenant à chacun de ces membres (BOI-ENR-AVS-40-20-20150902, n° 1).

7972 **Principaux types de sociétés concernées.** En pratique, le régime de transparence fiscale concerne des sociétés civiles de personnes ou des sociétés de capitaux :

– sociétés constituées en vue de l'attribution d'immeubles aux associés par fractions divises, visées aux articles L. 212-1 à L. 212-13 du Code de la

construction et de l'habitation lorsqu'elles limitent leur activité à la construction ou à l'acquisition des immeubles destinés à être attribués aux associés en propriété ou en jouissance.
En revanche, en sont exclues celles qui, dans le cadre de ce nouveau statut, gèrent directement les immeubles sociaux ou donnent caution hypothécaire pour garantir les emprunts contractés par les cessionnaires de parts sociales ;
– sociétés coopératives de construction visées aux articles L. 213-1 à L. 213-5 du Code de la construction et de l'habitation lorsqu'elles ont pour objet la construction d'un ou plusieurs immeubles à usage principal d'habitation en vue de leur division par lots destinés à être attribués aux associés ;
– sociétés qui, constituées antérieurement à l'entrée en vigueur de la loi précitée du 16 juillet 1971, étaient visées soit à l'article 1er de la loi du 28 juin 1938 réglant le statut de la copropriété des immeubles divisés par appartements, soit à l'article 80 de la loi n° 53-80 du 7 février 1953 modifié par l'article 97-III de la loi n° 59-1454 du 26 décembre 1959 ;
– sociétés qui ont, en fait, un objet identique à celui des sociétés ci-avant énumérées, même si leurs statuts ne se réfèrent pas expressément aux textes précités BOI-ENR-AVS-40-20-20150902, n° 10).

NOTA Le régime de la transparence fiscale s'applique, en principe, quel que soit le nombre des associés (BOI-ENR-AVS-40-20-20150902, n° 20).

II Publicité foncière

A Formalités

7973 Les actes concernant la vie sociale des sociétés transparentes et qui contiennent exclusivement des dispositions soumises à publicité foncière sont soumis à la seule formalité accomplie au service de la publicité foncière.
Ces actes donnent lieu, lors de la formalité unique, au seul paiement de la taxe fixe de publicité foncière lorsque les conditions requises sont remplies.
La taxe fixe de publicité foncière est payable lors du dépôt au service de la publicité foncière des documents à publier, dépôt qui doit être effectué dans le mois de la date de l'acte (BOI-ENR-AVS-40-20-20150902, n° 130).

B État descriptif de division et règlement de copropriété

7974 Publication de l'état descriptif de division. Dans les sociétés constituées en vue de l'attribution d'un immeuble aux associés par fractions divises, un état descriptif de division doit être établi pour préparer l'entrée en vigueur de la future copropriété (CCH, art. L. 212-2, al. 1er).
Cet état descriptif doit être publié (CCH, art. R. 2122, al. 1).
Lorsque cette publication intervient, elle ne donne lieu qu'à la seule perception de la taxe de publicité foncière au taux fixe et à la contribution de sécurité immobilière au taux fixe.
Cette perception sera opérée si la publication de l'état descriptif intervient isolément.
Si elle est opérée en même temps que la publication d'un acte bénéficiant de l'exonération instituée par l'article 828 du Code général des impôts pour les « sociétés transparentes », c'est la seule taxe de publicité foncière prévue par ce texte qui sera perçue, par application de la théorie des dispositions dépendantes (CGI, art. 670. – V. **Acte contenant plusieurs dispositions**).

7975 Publication du règlement de copropriété. Tant qu'il n'a pas été procédé au partage et à l'attribution des lots auxquels donnent vocation les parts de société, le règlement de copropriété préétabli en exécution de l'article L. 212-2 du Code de la construction et de l'habitation ne constitue qu'un simple « règlement de cojouissance », préparatoire à la division future de l'immeuble, qui continue d'appartenir à la société. Il n'y a donc pas lieu de publier ce document, sinon à la date d'entrée en vigueur de la copropriété.

III Régime fiscal

7976 **Réforme des droits d'enregistrement applicables aux actes de sociétés.** L'article 26 de la loi n° 2018-1317 du 28 décembre 2018 de finances pour 2019 a supprimé les droits fixes exigibles sur les actes de sociétés. Cette réforme entrée en vigueur le 1er janvier 2019 n'a pas été encore commentée par l'administration fiscale. La substitution pure et simple de la gratuité à l'exigibilité du droit fixe est opérée à périmètre constant. Dans l'attente de la publication des commentaires administratifs, nous renvoyons en tant que de besoin aux extraits du *BOFiP* relatifs aux textes applicables dans leur rédaction antérieure à la loi de finances pour 2019.

CGI, art. 827. – I. – *(Mod. L. n° 2018-1317, 28 déc. 2018, art. 26)*. – I. – Sont enregistrés gratuitement :

(...)

2° Les attributions de logements faites par les sociétés coopératives en application du deuxième alinéa de l'article 80 de la loi n° 53-80 du 7 février 1953.

CGI, art. 828 – (*Mod. L. n° 2018-1317, 28 déc. 2018, art. 26*). – I. – Sont enregistrés gratuitement :

(...)

2° Les actes par lesquels les sociétés ayant fonctionné conformément à l'objet défini à l'article 1655 ter augmentent leur capital, prorogent leur durée ou font à leurs membres, par voie de partage en nature à titre pur et simple, attribution exclusive en propriété des fractions, auxquelles ils ont vocation, d'immeubles ou groupes d'immeubles construits, acquis ou gérés par elles ; les sociétés susvisées qui ont bénéficié de prêts pour la réalisation de leur objet social peuvent se prévaloir de ces dispositions même si la répartition de ces prêts a pour effet d'enlever au partage son caractère pur et simple, pourvu que cette répartition ait été effectuée suivant les règles prévues par les organismes prêteurs.

Toutefois, pour les sociétés assujetties à la TVA, en application du 7° de l'article 257, le bénéfice de cette disposition est subordonné à la condition qu'elles justifient du règlement, de la taxe due sur les opérations de construction ;

CGI, art. 1655 ter. – Sous réserve des dispositions de l'article 60, du 2° du 1 de l'article 827 et du 2° du 1 de l'article 828, les sociétés qui ont en fait, pour unique objet soit la construction ou l'acquisition d'immeubles ou de groupes d'immeubles en vue de leur division par fractions destinées à être attribuées aux associés en priorité ou en jouissance, soit la gestion de ces immeubles ou groupes d'immeubles ainsi divisés, soit la location pour le compte d'un ou plusieurs des membres de la société de tout ou partie des immeubles ou fractions d'immeubles appartenant à chacun de ces membres, sont réputées, quelle que soit leur forme juridique, ne pas avoir de personnalité distincte de celle de leurs membres pour l'application des impôts directs, des droits d'enregistrement de la taxe de publicité foncière exigible sur les actes qui donnent lieu à la formalité fusionnée en application de l'article 647, ainsi que des taxes assimilées » (V. les articles 372 à 375 de l'annexe II).

(...).

A Actes de constitution des sociétés transparentes

7977 **Application du droit commun.** Depuis le 1er janvier 2019, et en application de l'article 810, I du Code général des impôts, les apports purs et simples effectués lors de la constitution de ces sociétés sont, en règle générale, enregistrés gratuitement (V. **Constitution de société**. – BOI-ENR-AVS-40-20-20150902, n° 50).

7978 Les apports à titre onéreux supportent les droits de mutation au tarif applicable en fonction de la nature des biens apportés. Les apports soumis à la TVA relèvent du régime exposé *supra* (V. **Apports en société soumis à la TVA**. – BOI-ENR-AVS-40-20-20150902, n° 60).

7979 **Apport par des sociétés de construction de tout ou partie de leur actif à des sociétés nouvelles constituées à cette fin. Prise en charge du passif.** Les sociétés visées aux articles L. 212-1 à L. 212-13 du Code de la construction et de l'habitation et aux articles L. 213-1 à L. 213-5 du même code peuvent apporter la totalité ou une partie seulement de leur actif à une ou plusieurs sociétés nouvelles constituées conformément aux dispositions des mêmes textes.

Dans la plupart des cas, les actes qui constatent la formation de ces dernières sociétés ne remplissent pas, en droit strict, les conditions requises pour bénéficier de l'exonération prévue à l'article 810 bis du Code général des impôts. En effet, les apports sont le plus souvent grevés d'un passif dont la prise en charge par les sociétés nouvelles doit normalement donner ouverture à des droits proportionnels et taxes de mutation à titre onéreux. Néanmoins, étant donné que les sociétés nouvelles assurent la continuation de la société ancienne et qu'elles sont réputées, chacune en ce qui la concerne, avoir le même objet que cette dernière, il est admis que les actes constatant la formation de telles sociétés puissent bénéficier de l'exonération de droit fixe précitée et ne soient pas soumis aux droits proportionnels et taxes de mutation à titre onéreux.

L'application de cette mesure est subordonnée à la condition que la ou les sociétés nouvelles bénéficiaires des apports aient uniquement pour objet les activités visées à l'article 1655 ter du Code général des impôts :

– capital souscrit intégralement au moyen d'apports soumis à la TVA.

Les apports de meubles et d'immeubles, y compris les terrains à bâtir et biens assimilés mentionnés au I du A de l'article 1594-0 G du Code général des impôts, entrant dans le champ d'application de la TVA, bénéficient de l'exonération de droit d'enregistrement (combinaison des IV des articles 810 et 810 bis, premier alinéa du Code général des impôts) ;

– société transparente constituée par voie de scission d'une société de capitaux qui lui fait apport d'un terrain.

L'opération relève du droit commun, l'acte étant en principe exonéré du droit fixe prévu au 1 de l'article 810 du Code général des impôts, outre l'application de la TVA dans la mesure où le terrain constitue un terrain à bâtir.

Ces solutions énoncées au BOI-ENR-AVS-40-20-20150902, n° 70, devront être confirmées.

B Actes passés en cours ou en fin de société

CGI, art. 828-I-2°. – (V. *supra*).

7980 Les actes par lesquels les sociétés ayant fonctionné conformément à l'objet défini à l'article 1655 ter du Code général des impôts, augmentent leur capital, prorogent leur durée ou font à leurs membres, par voie de partage en nature à titre pur et simple, attribution exclusive en propriété des fractions, auxquelles ils ont vocation, d'immeubles ou groupes d'immeubles construits, acquis ou gérés par elles, bénéficiaient de l'enregistrement au droit fixe prévu au I de l'article 828 du Code général des impôts.

Ils sont depuis le 1er janvier 2019, enregistrés gratuitement.

L'application de ce régime est subordonnée à un certain nombre de conditions qui sont les unes communes à l'ensemble des actes visés ci-dessus, les autres, particulières à certains d'entre eux (BOI-ENR-AVS-40-20-20150902, n° 80). L'administration devrait maintenir cette doctrine pour l'application du nouveau régime.

1 Conditions communes à l'ensemble des actes

7981 Ces conditions sont les suivantes :

– les actes doivent être passés par des sociétés qui ont fonctionné conformément à l'objet défini à l'article 1655 ter susvisé.

Cette condition est considérée comme remplie par les sociétés qui ont été admises au bénéfice de la « transparence fiscale » prévue par cet article et qui n'ont pas cessé, depuis lors, de remplir les conditions auxquelles est subordonnée l'application de ce régime.

Cette condition écarte donc du bénéfice de l'application du droit fixe l'acte par lequel une société civile particulière ayant pour objet la propriété, l'exploitation et l'administration d'immeubles, procède d'abord à une augmentation de capital, puis se transforme en société civile de construction dite transparente (Cass. com., 4 mai 1973, *SCI Résidence de la Marne : RJ*, II, p. 75) ;

– lorsque les actes concernent des sociétés assujetties à la TVA en application de l'article 257 du Code général des impôts, ces sociétés doivent justifier du règlement de ladite taxe due sur les opérations de construction (BOI-ENR-AVS-40-20-20150902, n° 80).

(Sur la qualité d'assujetti à la TVA des sociétés de constructions – attribution, V. Rép. min. n° 13638 : *JOAN* 25 déc. 2018. – N. Gonzalez Gharbi, *Bercy reconnaît la qualité d'assujetti aux sociétés de construction-attribution ayant une activité de promotion : Constr.-Urb.* 2019, comm. 18).

2 Conditions particulières à certains actes

a) Augmentation de capital

7982 **Taxation. Renvoi.** V. **Augmentation de capital.**

7983 **Remarque.** Lorsque les dispositions indépendantes d'un même acte donnent toutes, considérées isolément, ouverture à des droits fixes, seul est perçu le droit fixe le plus élevé.

7984 **Cas particulier. Augmentation de capital faisant entrer des tiers dans la société et réduisant ainsi les droits des associés anciens sur les immeubles sociaux.** Cette opération a, en fait, pour résultat de transférer des associés à des tiers, une fraction du droit de propriété qu'ils étaient censés détenir directement sur les biens de l'actif social. Elle est, dès lors, taxée comme une vente (cf. BOI-ENR-AVS-40-20-20150902, n° 90).

b) Partage de société

7985 **Régime fiscal.** L'administration avait précisé que seuls les actes de partage qui répondent aux conditions exigées par l'article 828-1, 2° sont susceptibles d'être enregistrés au droit fixe.
Il doit donc s'agir d'un partage en nature intervenant entre les associés et comportant l'attribution exclusive en propriété des fractions d'immeubles ou groupes d'immeubles construits, acquis ou gérés par la société et auxquels ils avaient vocation. En outre, le partage doit être effectué à titre pur et simple, c'est-à-dire sans soulte ni retour. Cette condition exclut du bénéfice du droit fixe la remise à l'architecte, en règlement de ses honoraires, d'appartements construits par la société.
S'il existe un passif social au moment du partage, le régime de faveur reste applicable, dès lors que le passif est réparti entre tous les associés proportionnellement à leurs droits dans l'actif brut (BOI-ENR-AVS-40-20-20150902, n° 100).
Rappel. Depuis le 1er janvier 2019, les partages qui rendaient exigible le seul droit fixe sont enregistrés gratuitement.

7986 **Cas particulier des sociétés ayant bénéficié de prêts à la construction.** Les sociétés qui ont bénéficié de prêts pour la réalisation de leur objet social peuvent revendiquer le bénéfice du régime fiscal prévu à l'article 828-1-2° du Code général des impôts, même si la répartition de ces prêts a pour effet d'enlever au partage son caractère pur et simple, pourvu que cette répartition ait été effectuée suivant les règles prévues par les organismes prêteurs.
Le cas échéant, l'acte de partage doit contenir tous renseignements utiles à cet égard et notamment de référer à la décision prise par l'organisme prêteur.
S'il existe concurremment un autre passif, la société peut, sans perdre les avantages accordés au partage pur et simple :
– soit répartir ce passif entre les associés proportionnellement à leurs droits dans l'actif brut ;
– soit faire masse de ce passif et de la dette contractée envers l'organisme prêteur et répartir cette masse de manière à supprimer, ou du moins à réduire la soulte résultant de l'inégale répartition du prêt social.
En revanche, si la répartition inégale du passif excédant celui contracté envers l'organisme prêteur a pour conséquence d'accroître la soulte résultant de la répartition de ce dernier passif, le partage perd son caractère pur et simple au sens de l'article 828-1-2° du Code général des impôts (BOI-ENR-AVS-40-20-20150902, n° 100).

7987 **Remarques.** Les actes de partage partiel intervenant en cours de société peuvent bénéficier du régime prévu à l'article 828-1-2° du Code général des impôts au même titre que les actes de partage en fin de société.
Enfin, il n'y a pas lieu pour l'octroi de ce régime, de distinguer :
– suivant la date à laquelle intervient le partage (la condition d'un délai maximal de dix ans à compter de la constitution de la société a été abandonnée depuis le 1er septembre 1963) ;
– suivant la personne à laquelle sont attribués les lots composant l'immeuble ;
– suivant l'origine de la société transparente dont l'actif est partagé (cf. exemple d'une société issue de la scission d'une société anonyme ordinaire, BOI-ENR-AVS-40-20-20150902, n° 100).

c) Taxe de publicité foncière

7988 La publication au fichier immobilier des actes d'apport et actes de partage concernant les sociétés visées à l'article 1655 ter du Code général des impôts est opérée en franchise de taxe de publicité foncière.
La même exonération est applicable aux actes qui constatent les attributions de logements faites par les sociétés coopératives dans les conditions prévues à l'article 80 de la loi n° 53-80 du 7 février 1953 (V. n° 7989. – BOI-ENR-AVS-40-20-20150902, n° 120).

C Attributions de logements faites par les sociétés coopératives de construction en application du deuxième alinéa de l'article 80 de la loi n° 53-80 du 7 février 1953 : régime de faveur

7989 Le deuxième alinéa de l'article 80 de la loi n° 53-80 du 7 février 1953 autorise les sociétés coopératives qui ont pour objet la construction, l'acquisition ou la gestion d'ensembles immobiliers à usage principal d'habitation composés d'immeubles collectifs, de maisons individuelles et, éventuellement, des services communs y afférents et destinés à être attribués aux associés en propriété ou en jouissance et qui fonctionnent sous le régime institué par la loi n° 47-1775 du 10 septembre 1947, à attribuer à leurs associés les immeubles ou fractions d'immeubles sociaux, soit à titre de reprise ou de remboursement en nature d'apports, soit par voie de cession pour la partie qui excède la valeur de ces apports.

Cet alinéa a été abrogé par la loi du 16 juillet 1971 précitée, mais reste applicable aux programmes ayant reçu un commencement d'exécution avant le 17 juillet 1971.

En vertu de l'article 827-1-2° du Code général des impôts, les attributions de logements qui sont faites par ces sociétés dans les conditions visées ci-dessus sont enregistrées au droit fixe.

Dans la mesure où il reste applicable, ce texte a une portée très générale. Il concerne toutes les attributions entrant dans les prévisions de l'article 80, alinéa 2 précité, même si ces attributions sont réalisées pour partie à titre de cession. Le droit fixe susvisé couvre tous les droits et taxes qui seraient normalement exigibles à raison de cette attribution (BOI-ENR-AVS-40-20-20150902, n° 110).

Rappel. Depuis le 1er janvier 2019, cet acte est enregistré gratuitement.

D Cessions de droits dans les sociétés transparentes

7990 À l'exception de celles qui entrent dans le champ d'application de la TVA en vertu du I de l'article 257 du Code général des impôts (qui, en application de l'article 730 du Code général des impôts, sont soumises à un droit d'enregistrement de 125 €, lorsqu'elles donnent lieu au paiement de la taxe sur la valeur ajoutée), les cessions d'actions ou de parts sociales émises par les sociétés visées à l'article 1655, alinéa 1er dudit code sont régies par le principe de la transparence fiscale. Dès lors que les sociétés transparentes n'ont pas de personnalité distincte de celle de leurs membres, les cessions de droits sociaux n'ont plus pour objet des droits immobiliers incorporels, mais les biens eux-mêmes représentés par les actions ou parts cédées. En règle générale, la cession est censée constituer une vente du local à la jouissance ou à la propriété duquel lesdites actions ou parts donnent vocation. La vente doit être soumise, en tous points, au régime fiscal des ventes d'immeubles (BOI-ENR-AVS-40-20-20150902, n° 140).

Mais ces cessions sont exclues de la formalité fusionnée.

7991 Ce régime est étendu aux cessions de parts ou actions de sociétés qui n'ont pas pour objet celui défini à l'article 1655 ter du Code général des impôts, lorsque ces actions ou parts confèrent à leurs possesseurs le droit à la jouissance d'immeubles ou de fractions d'immeubles ou sont destinées à leur conférer ce droit (CGI, art. 728. – Cf. BOI-ENR-AVS-40-20-20150902, n° 150).

IV

Accès d'une société au régime de transparence fiscale et sortie de ce régime

A Mise en harmonie de l'objet statutaire d'une société avec les dispositions de l'article 1655 ter du Code général des impôts

7992 D'une manière générale, l'enregistrement de l'acte constatant une simple modification de l'objet statutaire d'une société pour le rendre conforme aux prévisions de l'article 1655 ter du Code général des impôts, ne donne ouverture qu'au droit fixe prévu à l'article 680 du même code.

Il n'en serait autrement que si cette modification était accompagnée de changements profonds, intéressant des clauses essentielles du pacte social, et qui seraient de nature à faire considérer qu'il y a création d'une personne morale nouvelle. En ce cas, il y aurait lieu de faire application des règles concernant les actes de constitution de sociétés transparentes (V. n°s 7977 à 7979. – BOI-ENR-AVS-40-20-20150902, n° 160).

7993 **Accession au régime de la transparence fiscale d'une société civile de gestion immobilière continuée entre les descendants de l'apporteur d'un immeuble bâti titulaires de droits sociaux acquis à titre gratuit et d'autres acquis à titre onéreux.** Lorsqu'une société qui a pour objet de donner en location un immeuble bâti, non encore divisé en fractions destinées à être attribuées en propriété ou en jouissance aux associés, décide de modifier ses statuts pour se placer sous le régime de l'article 1655 ter du Code général des impôts, elle est réputée ne plus avoir de personnalité distincte de celle de ses membres pour l'application notamment des droits d'enregistrement et de la taxe de publicité foncière. Par suite, l'opération en cause, par laquelle les membres de la société sont censés, du point de vue fiscal, se dessaisir de la propriété de leurs droits sociaux pour acquérir la propriété divise d'une fraction de l'immeuble, produit les mêmes effets qu'une dissolution de société.

Il s'ensuit que cette modification d'objet statutaire qui donne lieu à l'établissement d'un état de division de l'immeuble est de nature à entraîner l'exigibilité des droits proportionnels en cas de partage de l'actif social.

En conséquence, s'agissant par hypothèse d'une SCI n'ayant pas opté pour le régime fiscal des sociétés de capitaux, il y a lieu normalement de distinguer entre :

– d'une part, l'attribution faite aux descendants de rapporteur des fractions de l'immeuble correspondant aux parts acquises à titre gratuit par les intéressés qui donne ouverture au droit fixe prévu à l'article 680 du Code général des impôts ;

– et, d'autre part, l'attribution du surplus de l'immeuble correspondant à des parts sociales achetées qui devrait, en principe, être soumise aux droits de mutation. Toutefois, si les liens de parenté existant ou ayant existé entre rapporteur de l'immeuble et les attributaires actuels correspondent à ceux définis à l'article 748 du Code général des impôts (membres originaires de l'indivision, conjoint, ascendants, descendants ou ayants droit à titre universel de l'union de l'un ou de plusieurs d'entre eux), il est admis de ne pas percevoir le droit de mutation normalement exigible. En contrepartie, le droit ou la taxe de 2,50 % prévu à l'article 746 du même code est perçu sur la valeur totale de l'actif social attribué aux associés (BOI-ENR-AVS-40-20-20150902, n° 170).

B Retour au régime fiscal de droit commun d'une société qui bénéficiait de la transparence fiscale

7994 En matière de droits d'enregistrement, les conséquences du retour au régime de droit commun varient selon que la société relèvera à l'avenir du régime fiscal des sociétés de capitaux ou du régime des sociétés de personne.

1 Société passible à l'avenir de l'impôt sur les sociétés

7995 En ce cas, les droits et taxes de mutation à titre onéreux ne sont applicables dans les conditions prévues à l'article 809-II du Code général des impôts que sur les apports purs et simples faits à la société depuis le 1er août 1965 par des personnes non soumises à l'impôt sur les sociétés (BOI-ENR-AVS-40-20-20150902, n° 190).

2 Société non passible de l'impôt sur les sociétés

7996 Dans l'hypothèse où le retour au droit commun est le résultat d'une modification statutaire ou d'un changement d'activité de fait, il équivaut à la constitution d'une société nouvelle (V.° **Constitution de société**).

En ce qui concerne les biens entrant dans le champ d'application de la TVA, la transformation d'une société transparente en société non transparente ne justifie l'exigibilité de cette taxe que si elle emporte création d'une personne morale nouvelle, compte tenu de la novation de l'objet social et de l'importance des modifications statutaires (BOI-ENR-AVS-40-20-20150902, n° 200).

3 Sort des actes ultérieurs

7997 Bien entendu, les actes de la vie sociale postérieurs au retour sous le régime de droit commun ne peuvent plus bénéficier du régime prévu à l'article 828-1-2° du Code général des impôts (BOI-ENR-AVS-40-20-20150902, n° 220).

C Transformation d'une société transparente en une société civile immobilière de construction-vente

7998 La constitution des sociétés visées à l'article 239 ter du Code général des impôts étant susceptible d'être enregistrée au droit fixe, il est admis que l'acte de transformation ne donne ouverture qu'à ce même droit fixe.

Par ailleurs, il n'y a pas lieu de remettre en cause le droit ou la taxe fixe perçu lors de la création de la société transparente, si au jour de la transformation, la société en cause n'avait procédé à aucune opération de nature à lui faire perdre le bénéfice du régime de la transparence (BOI-ENR-AVS-40-20-20150902, n° 230).

Précision. Ces commentaires administratifs sont antérieurs au 1er janvier 2019 et ne prennent donc pas en compte l'évolution du régime des actes de sociétés opérée par l'article 26 de la loi de finances pour 2019.

V Conséquence de la non-immatriculation au 1er novembre 2002 des sociétés civiles constituées avant le 1er juillet 1978

7999 **Transfert de propriété. Enregistrement et publicité foncière.** Les sociétés civiles constituées avant le 1er juillet 1978 doivent s'être immatriculées au registre du commerce et des sociétés avant le 1er novembre 2002 pour conserver leur personnalité morale.

➤ Les conséquences de l'absence d'immatriculation notamment du point de vue de la publicité foncière sont examinées au mot **Société civile**.

VI

Contribution de sécurité immobilière

AVERTISSEMENT La contribution de sécurité immobilière a remplacé le salaire du conservateur à compter du 1er janvier 2013. Cette taxe est perçue aux mêmes conditions d'assiette, de tarif, de contrôle et de recouvrement que ce salaire (V. Contribution de sécurité immobilière). Il en résulte que les solutions antérieures concernant la perception du salaire du conservateur peuvent être transposées, jusqu'à nouveaux ordres, pour la perception de la contribution de sécurité immobilière.

8000 Constitution de la société. La contribution de sécurité immobilière est due selon le droit commun (V. **Constitution de société**) sur la valeur des immeubles apportés.

8001 Dissolution. Partage en nature et attribution aux associés. Comme tout acte de partage, les actes par lesquels les sociétés de l'espèce font à leurs membres par voie de partage en nature à titre pur et simple attribution en propriété des fractions auxquelles ils ont vocation, doivent être assujettis, en vertu de l'article 296 de l'annexe III au Code général des impôts, au salaire proportionnel calculé séparément pour chaque lot sur l'ensemble des biens immobiliers compris dans ce lot (Bulté : *JCP* N 1975, prat. 6179. – V., à propos de la perception du salaire sur le partage des SCI, Rép. min. Finances, 10 mars 1962 : *JCP* N 1962, IV, 3915 ; *Bull. AMC* 1962, art. 523).

8002 Partage de société d'attribution. En cas de partage d'une société d'attribution, la contribution de sécurité immobilière doit être calculée sur la valeur réelle des droits attribués, sans qu'il y ait à déduire les charges pouvant grever l'attribution (V., pour la perception du salaire du conservateur, *Bull. AMC* 1958, art. 326). C'est la valeur au jour du partage qui doit être retenue, même si ce partage a lieu longtemps après l'achèvement de l'immeuble (*JCP* N 1972, prat. 5368). L'association des conservateurs estimait que, dès lors que le partage concernait aussi bien les parties communes que les parties privatives, le salaire devait être assis sur la valeur globale des parties communes privatives de chaque lot (*Bull. AMC* 1966, art. 639).

Lorsqu'il est établi un projet de partage de société d'attribution et un procès-verbal d'approbation de ce projet par les copartageants et lorsque les deux actes sont présentés simultanément à la formalité, l'association des conservateurs avait préconisé que le salaire soit liquidé comme s'il n'y avait qu'un seul acte, un seul salaire étant perçu sur chacune des attributions de lots (*Bull. AMC* 1963, art. 565).

Si un terrain avait été omis dans un lot et qu'un acte est établi pour constater cette omission, sans modifier les évaluations des lots (y compris celle du lot comportant l'omission), l'association des conservateurs estimait que seul devait être perçu un salaire fixe. Un complément de salaire aurait cependant été dû si la constatation de l'omission s'accompagnait de l'augmentation de l'évaluation du lot (*Bull. AMC* 1961, art. 485).

Société mutualiste

Neyla GONZALEZ-GHARBI

I

Principe général

CGI, art. 1087. – Tous les actes intéressant les mutuelles définies par l'article L. 111-1 du Code de la mutualité sont exonérés, sous réserve de l'article 1020, des droits d'enregistrement.

Cette disposition n'est pas applicable aux transmissions de propriété, d'usufruit ou de jouissance de biens meubles et immeubles, soit entre vifs, soit par décès.

CGI, art. 1089. – Les dispositions prévues en ce qui concerne les mutuelles définies par l'article L. 111-1 du Code de la mutualité sont applicables aux associations d'étudiants reconnues d'utilité publique.

AVERTISSEMENT L'article 1087 du Code général des impôts a été abrogé par l'article 29, III, 19° de la loi de finances pour 2020 (L. n° 2019-1479, 28 déc. 2019).
La suppression de l'exonération de droits d'enregistrement est entrée en vigueur à compter du 1er janvier 2020. Les développements qui suivent ne s'appliquent qu'aux opérations conclues au plus tard le 31 décembre 2019.

8003 **Exonération. Portée.** Tous les actes intéressant les mutuelles définies par l'article L. 111-1 du Code de la mutualité sont exonérés des droits d'enregistrement, sous réserve de l'article 1020 du Code général des impôts (CGI, art. 1087, al. 1er).
Cette disposition n'est pas applicable aux transmissions de propriété, d'usufruit ou de jouissance de biens meubles et immeubles, soit entre vifs, soit par décès (CGI, art. 1087, al. 2).
Ces actes demeurent soumis à la taxe de publicité foncière (ou au droit d'enregistrement) au taux de 0,70 %, lorsqu'ils comportent des dispositions soumises à publicité foncière (CGI, art. 1020. – BOI-ENR-AVS-40-80-20-20120912, n° 1). À cette taxe s'ajoute le prélèvement supplémentaire au profit de l'État (2,14 % en l'espèce) soit au total 0,71498 %.
La contribution de sécurité immobilière est due selon le droit commun. Les dispositions bénéficient également aux unions de mutuelles, et aux fédérations d'union de mutuelle (BOI-ENR-AVS-40-80-20-20120912, n° 20).

8004 **Associations d'étudiants.** Les dispositions prévues en ce qui concerne les mutuelles sont applicables aux associations d'étudiants reconnues d'utilité publique (CGI, art. 1089).

II

Acquisitions à titre onéreux

8005 **Application du droit commun.** La loi de finances pour 1999 (V. **Vente d'immeuble**) a supprimé le régime de faveur bénéficiant aux sociétés mutualistes et prévu par l'article 713 du Code général des impôts.

Le régime fiscal de l'ensemble des mutations à titre onéreux d'immeubles ou de droits immobiliers applicables aux sociétés mutualistes est actuellement celui de droit commun, prévu par l'article 1594 D du Code général des impôts (V. **Vente d'immeuble**) : taxe départementale au taux de 3,80 % ou 4,50 %, à laquelle s'ajoute la taxe additionnelle de 1,20 % perçue au profit de la commune de la situation de l'immeuble, ainsi que le prélèvement pour frais d'assiette, de recouvrement, de dégrèvements et de non-valeurs égal à 2,37 % de la taxe de publicité foncière ou du droit d'enregistrement perçu au profit du département.

Conformément au deuxième alinéa de l'article 1594 D du Code général des impôts, les conseils généraux ont la faculté de modifier le taux de droit commun sans que ces modifications puissent avoir pour effet de le réduire à moins de 1,20 % ou de le relever au-delà de 4,5 %.

Par ailleurs, il faut rappeler que l'article 1043 A du Code général des impôts, qui prévoit la réduction de moitié des droits de mutation exigibles en Guyane, ne s'applique pas aux mutations passibles du droit prévu à l'article 1594 D du Code général des impôts (Instr. 26 mars 2000 : *BOI* 7 C-2-00. – Pour plus de détails, V. **Vente d'immeuble**).

8006 Acquisition faite par une société mutualiste pour le compte d'une association poursuivant un objectif d'aide sociale (CGI, art. 1066).

➤ Pour l'étude de ce régime particulier, V. **Aide sociale**.

8007 Acquisition par une mutuelle de retraite des anciens combattants et des victimes de guerre. Selon l'article 1594-I du Code général des impôts :

> « Le conseil général peut, sur délibération, exonérer de taxe de publicité foncière ou de droits d'enregistrement les acquisitions par les mutuelles de retraite des anciens combattants et victimes de guerre qui bénéficient de la majoration de l'État prévue à l'article L. 321-9 du Code de la mutualité.
> La délibération prend effet dans les délais prévus à l'article 1594 E ».

➤ Sur ce texte, V. **Caisses de retraite et de prévoyance**.

➤ Pour vérifier s'il existe une exonération dans le département considéré, V. **Vente d'immeuble** et La note « Droits d'enregistrement et taxe de publicité foncière sur les mutations à titre onéreux d'immeubles et de droits immobiliers. Taux, abattements et exonérations applicables du 1er juin 2024 au 31 mai 2025 » publiée par la DGFiP sur le site impots.gouv.fr

L'exonération de droits d'enregistrement ou de taxe de publicité foncière n'emporte pas exonération de la contribution de sécurité immobilière au tarif proportionnel.

III

Dons et legs à des sociétés mutualistes

CGI, art. 795. – Sont exonérés des droits de mutation à titre gratuit :

(...)

4° Les dons et legs faits aux établissements publics charitables autres que ceux visés au I de l'article 794, aux mutuelles et à toutes autres sociétés reconnues d'utilité publique dont les ressources sont affectées à des œuvres d'assistance, à la défense de l'environnement naturel ou à la protection des animaux.

Il est statué sur le caractère de bienfaisance de la disposition par le décret rendu en conseil d'État ou l'arrêté préfectoral qui en autorise, le cas échéant, l'acceptation ;

8008 **Principe.** Les dons et legs faits aux mutuelles et à toutes autres sociétés reconnues d'utilité

publique dont les ressources sont affectées à des œuvres d'assistance sont exonérés des droits de mutation à titre gratuit.
Il est statué sur le caractère de bienfaisance de la libéralité par le décret rendu en Conseil d'État ou l'arrêté préfectoral qui en autorise l'acceptation (CGI, art. 795-4°. – BOI-ENR-DMTG-10-20-20, 14 juin 2022, n° 40).

8009 **Conditions d'application.** L'exonération prévue par l'article 795-4° du Code général des impôts s'applique à toutes les sociétés de secours mutuels, même si elles ne sont ni approuvées ni reconnues d'utilité publique.
Par ailleurs, il n'est pas nécessaire, pour l'application de l'exonération, que l'assistance soit donnée d'une façon absolument gratuite par les organismes qui recueillent la libéralité (BOI-ENR-DMTG-10-20-20-20120912, n°s 60 et 70).

8010 **Suppression du régime d'autorisation : conséquences de la loi du 17 mai 2011.** Il est précisé que, antérieurement à la loi n° 2011-525 du 17 mai 2011, dans tous les cas où l'acceptation du don ou du legs était autorisée par le gouvernement ou le préfet, le rôle de l'administration se bornait à appliquer l'exonération ou le tarif ordinaire, suivant que le décret ou l'arrêté d'autorisation avait reconnu que la libéralité entrait ou non dans les prévisions du 4° de l'article 795 du Code général des impôts. En pareil cas, c'était en effet à l'autorité chargée d'autoriser l'acceptation qu'il appartenait de statuer sur le caractère de bienfaisance du don ou du legs.
Il appartenait, au contraire, à l'administration, sous le contrôle des tribunaux de l'ordre judiciaire, d'apprécier, si la libéralité avait ou non une affectation de bienfaisance toutes les fois qu'il n'y avait pas lieu à autorisation.
La loi n° 2011-525 du 17 mai 2011 a supprimé le régime d'autorisation auquel restaient encore soumises les libéralités accordées à des États ou des établissements étrangers. L'acceptation est libre, sauf opposition de l'administration. Le décret n° 2012-377 du 19 mars 2012 précise la procédure applicable. En ce sens, l'article 4 dudit décret dispose que l'absence de décision d'opposition à l'acceptation d'une libéralité par un établissement étranger est sans effet sur son éligibilité éventuelle au bénéfice des exonérations de droits de mutation à titre gratuit prévues par l'article 795 du Code général des impôts en faveur de certains organismes ou établissements (BOI-ENR-DMTG-10-20-20, 14 juin 2022, n°s 80 et 90).

8011 **Champ d'application.** Les sociétés de sauvetage, les crèches, les orphelinats et autres œuvres similaires, sont appelés à bénéficier de l'exonération si, bien entendu, ils remplissent les conditions prescrites par la loi.
Peuvent notamment bénéficier du régime de faveur :
– la Caisse nationale et les caisses mutuelles régionales d'assurance maladie-maternité des travailleurs non salariés des professions non agricoles.
Nous ne citons ici que les organismes à forme mutualiste. Pour les autres organismes susceptibles de bénéficier de l'exonération de droits de mutation à titre gratuit (V. BOI-ENR-DMTG-10-20-20, 14 juin 2022, n°s 40 et s.).

8012 **Taxe de publicité foncière.** Les exonérations ci-dessus ne concernent pas la taxe de publicité foncière, à défaut de précisions particulières dans le texte.
En conséquence, cette taxe sera due au taux de 0,60 % sur la publication des dons et legs portant sur des immeubles. À cette taxe s'ajoute le prélèvement supplémentaire au profit de l'État (2,37 % en l'espèce) soit au total 0,61422 % (V. **Donation**).

8013 **Contribution de sécurité immobilière.** En l'absence d'exonération expresse, la contribution de sécurité immobilière est due selon le droit commun.

IV

Opérations concernant la constitution ou la vie de la société

A Apports

8014 Les apports à une société mutualiste ou à un organisme assimilé d'un immeuble ou d'un droit immobilier sont soumis au droit commun (V. **Constitution de société**).

B Dissolution. Fusion. Transformation

8015 Les dispositions de l'article 1087 précité profitent aux transferts auxquels donnent lieu :

– la fusion des mutuelles ;
– la scission d'une mutuelle en plusieurs organismes ;
– la dissolution volontaire d'une mutuelle ;
– la transformation en mutuelle des institutions, associations ou groupements existants (BOI-ENR-AVS-40-80-20-20120912, n° 10).

V Transfert de biens : mise en conformité avec le Code de la mutualité

8016 **Exonération.** L'ordonnance n° 2001-350 du 19 avril 2001 porte en son annexe les dispositions de nature législative relatives au Code de la mutualité, entièrement refondu et transpose les directives n° 92/49/CEE et n° 92/96/CEE du Conseil des 18 juin et 10 novembre 1992.

Le nouveau Code de la mutualité a imposé aux mutuelles, unions et fédérations créées avant le 22 avril 2001 de séparer, en des entités juridiques distinctes, leurs activités d'assurances de celles de protection ou d'action sociale et, à l'intérieur de leurs activités d'assurances, de séparer en des entités distinctes certaines activités vie et non vie.

La date butoir de mise en conformité avec la loi, tout d'abord fixée au 22 avril 2002, a été prorogée au 31 décembre 2002 par l'article 97 de la loi n° 2002-303 du 4 mars 2002 (*JO* 5 mars 2002, p. 4147).

Afin de tenir compte du fait que de telles opérations sont dictées par la nécessité d'une mise en conformité requise par la loi, ont été exonérées de toute perception au profit du Trésor les opérations de transfert de biens et droits nécessaires à la mise en conformité des mutuelles et des unions et fédérations de mutuelles au nouveau Code de la mutualité décidées par les assemblées générales des mutuelles avant le 1er janvier 2003 (Instr. 20 mars 2002 : *BOI* 7 H-1-02).

Société unipersonnelle

Neyla GONZALEZ-GHARBI

BIBLIOGRAPHIE : B. Rolland, *Dissolution des sociétés unipersonnelles et transmission universelle du patrimoine* : *JCP* E 2000, n° 10, p. 406. – B. Rolland, *Dissolution des sociétés unipersonnelles : une intervention législative opportune ?* : *JCP* E 2001, n° 45, p. 1761. – S. Plantin, *La dissolution par confusion des patrimoines : une nouvelle étape* : *JCP* E 2002, n° 11, p. 457.

8017 La réunion de tous les droits sociaux en une seule main résulte de la cession, simultanée ou successive, de tous les droits sociaux à une même personne, qu'il s'agisse d'un des associés ou d'un tiers.

Nous n'examinerons ici que les incidences des cessions simultanées ou successives des droits sociaux à *l'un des associés.*

➤ Sur le problème de la cession de l'ensemble des droits sociaux à un tiers, V. **Cession de droits sociaux**.

I

Conséquences de la cession de droits sociaux ne laissant subsister qu'un associé unique

8018 Le principe, applicable à l'ensemble des sociétés, est que la réunion de tous les droits sociaux en une seule main n'entraîne plus dissolution de plein droit (A). Il faut toutefois définir la portée de ce principe (B).

A Principe : absence de dissolution de plein droit

8019 **Énoncé du principe.** Le principe résulte de l'article 1844-5, alinéa 1er du Code civil dont le texte est le suivant :

> **C. civ., art. 1844-5. –** *(L. n° 78-9, 4 janv. 1978, art. 1er ; L. n° 81-1162, 30 déc. 1981, art. 1er)* La réunion de toutes les parts sociales en une seule main n'entraîne pas la dissolution de plein droit de la société. Tout intéressé peut demander cette dissolution si la situation n'a pas été régularisée dans le délai d'un an. Le tribunal peut accorder à la société un délai maximal de six mois pour régulariser la situation. Il ne peut prononcer la dissolution si, au jour où il statue sur le fond, cette régularisation a eu lieu.
>
> L'appartenance de l'usufruit, de toutes les parts sociales à la même personne est sans conséquence sur l'existence de la société. (...).

Il résulte de ce texte que la réunion de toutes les parts sociales en une seule main n'entraîne pas la dissolution de plein droit de la société, qu'il s'agisse d'une société civile ou d'une société commerciale (Doc. adm. DGI, 7 H-411, n° 5, 1er sept. 1999).

8020 Régime fiscal de la cession de droits sociaux. En définitive, tant que la dissolution effective de la société n'est pas intervenue, la personne morale survit, même en cas de réunion de toutes les parts sociales en une seule main (BOI-ENR-AVS-30-10-20120912, n° 80).
Lorsque la cession ne met pas fin à l'être moral (ce qui est donc le cas en l'espèce), elle a pour objet un simple droit social, de caractère exclusivement mobilier, et elle n'est pas dès lors sujette à la publicité foncière (*Bull. AMC* 1958, art. 330).
La cession n'est donc assujettie qu'à l'enregistrement, et donnera lieu à cette occasion à la perception du droit prévu par l'article 726 du Code général des impôts, sauf application éventuelle de la présomption établie par l'article 727-I-1 du Code général des impôts ou des dispositions de l'article 728 de ce même code (V. **Cession de droits sociaux**).

B Portée du principe

8021 Cas exceptionnels de dissolution. La dissolution peut cependant survenir dans deux cas : à la demande de l'associé unique, ou sur décision de justice lorsque la situation n'a pas été régularisée.

8022 Dissolution sur demande de l'associé unique. L'associé entre les mains duquel sont réunies l'ensemble des parts peut déclarer dissoudre la société. Cette déclaration, faite au greffe du tribunal où la société est immatriculée, constitue l'acte de dissolution.

8023 Dissolution judiciaire. Dans l'hypothèse où la situation n'a pas été régularisée dans le délai d'un an, la dissolution peut être demandée, par toute personne intéressée.
Le tribunal peut accorder à la société un délai maximal de six mois pour régulariser sa situation. Il ne peut prononcer la dissolution si, au jour où il statue sur le fond, cette régularisation a eu lieu.
La dissolution judiciaire n'est pas applicable en cas de réunion en une seule main de toutes les parts d'une SARL : s'il y a réunion de toutes les parts en une seule main, l'associé unique est immédiatement soumis au régime de l'EURL (BOI-ENR-AVS-30-10-20120912, nos 70 et 80).

8024 Cas des sociétés en participation et des sociétés de fait. En cas de réunion de toutes les parts sociales en une seule main, le contrat constitutif d'une société en participation ou de fait, tel qu'il est défini à l'article 1832 du Code civil, cesse de produire ses effets. Cet événement entraîne la disparition immédiate de cette société avec les conséquences fiscales qui s'y rattachent. Le délai de régularisation prévu à l'article 1844-5 (V. n° **8023**) ne trouve pas à s'appliquer dans ce cas (BOI-ENR-AVS-30-10-20120912, n° 90).

II Appropriation de l'actif par l'associé unique après dissolution de la société

8025 Absence de liquidation lorsque l'associé unique est une personne morale. L'article 1844-5, alinéas 3 et 4 du Code civil indique :

> En cas de dissolution, celle-ci entraîne la transmission universelle du patrimoine de la société à l'associé unique, sans qu'il y ait lieu à liquidation. Les créanciers peuvent faire opposition à la dissolution dans le délai de trente jours à compter de la publication de celle-ci. Une décision de justice rejette l'opposition ou ordonne soit le remboursement des créances, soit la constitution de garanties si la société en offre et si elles sont jugées suffisantes. La transmission du patrimoine n'est réalisée et il n'y a disparition de la personne morale qu'à l'issue du délai d'opposition ou, le cas échéant, lorsque l'opposition a été rejetée en première instance ou que le remboursement des créances a été effectué ou les garanties constituées.
>
> *(Al. créé, L. n° 2001-420, 15 mai 2001, art. 103)* Les dispositions du troisième alinéa ne sont pas applicables aux sociétés dont l'associé unique est une personne physique.

En cas de dissolution d'une société décidée à la suite de la réunion de toutes les parts ou actions en une seule main, et à condition que l'associé unique ne soit pas une personne physique, il n'est plus nécessaire de procéder à la liquidation de la société.
Cette disposition s'applique à toutes les sociétés civiles ou commerciales, quelle que soit leur forme (à l'exception toutefois des sociétés dont l'associé unique est une personne physique). Il en résulte que la décision de dissolution d'une société unipersonnelle entraîne automatiquement transmission de l'ensemble du patrimoine social actif et passif à l'associé unique.
Toutefois, les créanciers de la société peuvent faire opposition à la dissolution dans les trente jours de la publication de celle-ci. La transmission du patrimoine n'intervient alors qu'après règlement du sort de ces oppositions (rejet par le tribunal ou remboursement du créancier opposant, ou encore octroi de garanties. – V. Doc. adm. DGI, 7 H-411, n° 7, 1er sept. 1999).

8026 **Régime fiscal.** Après avoir énoncé le principe (A), nous signalerons les exceptions qu'il comporte (B).

A Principe

8027 **Pas d'assujettissement à la formalité.** La transmission universelle de patrimoine n'est en principe, et sous les réserves ci-après, soumise à aucune formalité. La présentation volontaire à la formalité d'un acte constatant cette transmission est passible du droit fixe des actes innommés prévu à l'article 680 du Code général des impôts (Instr. préc., n° 46. – BOI-ENR-AVS-30-10-20120912, n° 150).

B Exceptions

8028 En fait le principe ci-dessus posé (V. n° 8027) reste assez théorique : lorsqu'il y a transmission d'immeuble, la formalité est nécessaire. Par ailleurs, la transmission universelle du patrimoine de la société dissoute est un événement de nature à provoquer l'attribution effective à l'associé unique de biens qui avaient été apportés par un autre associé. Un tel événement réalise la condition qui suspendait l'exigibilité des droits de mutation en application de la théorie de la mutation conditionnelle des apports, lesquels doivent en conséquence être liquidés.
Dans ces conditions, les transmissions universelles de patrimoine effectuées en application de l'article 1844-5 du Code civil sont soumises au régime suivant (Instr. 7 juill. 2003 : *BOI* 4-I-1-03 ; *Dr. fisc.* 2003, n° 30-35, 13038, n° 48-49).

1 Formalité

8029 Les transmissions universelles de patrimoine effectuées en application de l'article 1844-5 du Code civil qui emportent transmission d'immeuble sont obligatoirement soumises à la formalité fusionnée au service de la publicité foncière dans le mois de leur réalisation (CGI, art. 647. – Instr. préc., n° 50. – BOI-ENR-AVS-30-10-20120912, n° 180).
À défaut de transmission d'immeubles, lorsque la transmission universelle du patrimoine réalise la condition qui suspendait, en application de la théorie de la mutation conditionnelle des apports, la mutation de biens meubles dont l'enregistrement est obligatoire (fonds de commerce, clientèle…), celle-ci doit être enregistrée ou déclarée dans le mois de sa date (Instr. préc., n° 51. – BOI-ENR-AVS-30-10-20120912, n° 190).

2 Droits exigibles

8030 **Distinction à opérer.** Il y a lieu de distinguer selon que la théorie de la mutation conditionnelle des apports est ou non applicable (BOI-ENR-AVS-30-10-20120912, n° 200).

8031 **Cas où la théorie de la mutation conditionnelle des apports n'est pas applicable.** La transmission des immeubles qui ne rentrent pas dans le champ d'application de la théorie de la mutation conditionnelle des apports (lorsque la société était passible de l'impôt sur les sociétés) donne lieu aux perceptions suivantes :
– tous les biens sociaux étant réputés être des acquêts, l'appropriation de l'actif social par l'associé unique ne peut alors donner ouverture à aucun droit de mutation ni, bien entendu, au droit de partage (puisqu'il n'y a pas lieu à partage).
Seul le droit fixe des actes innommés (CGI, art. 680) peut être exigé si un acte est établi et présenté à l'enregistrement ;
– la publication de l'acte constatant l'appropriation de l'actif par l'associé unique donne lieu à la perception de la **taxe de publicité foncière** assise sur la valeur vénale du bien au moment de la transmission au taux de 0,70 % (Instr. préc., n° 52), soit 0,71498 %, avec les perceptions additionnelles. Cet acte a le caractère d'un acte déclaratif (*Bull. AMC* 1957, art. 299. – V. **Acte déclaratif**).
La contribution de sécurité immobilière est perçue sur les mêmes bases (V. antérieurement, pour la perception du salaire du conservateur, *Bull. AMC* 1957 préc. ; *ibid.* 1958, art. 330).

N.B. : La contribution de sécurité immobilière a remplacé le salaire du conservateur à compter du 1er janvier 2013. Cette taxe est perçue aux mêmes conditions d'assiette, de tarif, de contrôle et de recouvrement que ce salaire (V. **Contribution de sécurité immobilière**).

8032 **Cas où la théorie de la mutation conditionnelle des apports est applicable.** Si la théorie de la mutation conditionnelle des apports s'applique (cas des sociétés non soumises à l'IS), la transmission, qui emporte réalisation de la mutation des biens qui était suspendue en application de la théorie de la mutation conditionnelle des apports, est passible de la taxe de publicité foncière ou des droits d'enregistrement dus à raison de la vente des biens selon leur nature. Le droit ou la taxe est assis sur la valeur vénale de chaque bien au moment du transfert (Instr. préc., n° 53).

Les indications données par cette instruction demandent à être précisées, au vu des solutions traditionnellement admises en matière de « mutation conditionnelle des apports » :

– s'il y a reprise par l'associé unique d'un de ses apports ou d'un acquêt social, cette opération n'entraîne la perception d'aucun droit proportionnel. La publication de l'acte constatant l'appropriation d'immeubles ou de droits immobiliers par l'associé unique ne donne lieu qu'à la perception de la taxe de publicité foncière au taux de 0,70 % prévue pour les actes déclaratifs (soit 0,71498 %, avec les perceptions additionnelles) ;

– s'il y a reprise des biens apportés par un associé autre que l'associé unique, il y a perception des droits de mutation à titre onéreux, payés, suivant que l'acte est ou non soumis à la formalité unique, au service des impôts ou au service de la publicité foncière.

8033 **Opérations réalisées par les collectivités publiques.** Les dispositions des articles 1042 et 1042 A du Code général des impôts sont dérogatoires au droit commun et doivent être interprétées strictement. En conséquence, elles ne peuvent s'appliquer à la transmission universelle du patrimoine d'une société, opérée en raison de sa dissolution dans les conditions prévues à l'article 1844-5 du Code civil au profit de son associé unique, alors même que ce dernier serait une collectivité territoriale ou un établissement mentionné aux articles 1042 et 1042 A précités (Rép. min. du Luart : *JO* Sénat CR, 13 déc. 2001, p. 3930, n° 35 330 ; *BIM Lefebvre* 2/2002, n° 35).

C TVA

8034 **Régime applicable.** La transmission universelle du patrimoine réalisée dans le cadre d'une opération de dissolution sans liquidation par confusion de patrimoine (C. civ., art. 1844-5) est susceptible de bénéficier de la dispense de TVA édictée par l'article 257 bis du Code général des impôts, si les conditions d'application de ce texte sont réunies (V. **Transmission d'universalité-TVA**).

Subrogation

Serge LAMIAUX

Sommaire analytique

Index alphabétique

8035 **Définition.** La subrogation est une fiction légale en vertu de laquelle une créance payée par un tiers ou de ses deniers, donc éteinte pour le créancier, subsiste au profit du tiers payant, avec tous ses droits et avantages contre le débiteur. Il y a ainsi, malgré une extinction de créance, une transmission de cette créance au profit du payeur, du tiers subrogé, une substitution juridique d'une personne à une autre, la seconde bénéficiant de tous les droits de la première (Cass. req., 25 juin 1895 : *DP* 1895, 1, 486. – V. H., L. et J. Mazeaud, *op. cit.*, t. II, 7e éd. par Chabas, nos 841 et s., et t. III, 1er vol. par Chabas, n° 618).

La subrogation est conventionnelle ou légale (V. *JCl. Notarial Formulaire*, V° Quittance subrogative et *JCl. Notarial Répertoire*, V° Contrats et obligations, Fasc. 76, 77 et 78).

Les textes concernant la subrogation ont été modifiés par l'ordonnance n° 2016-131 du 10 février 2016 portant réforme du droit des contrats et du régime général de la preuve des obligations, applicable à compter du 1er octobre 2016. La subrogation est actuellement réglementée par les articles 1346-1 à 1346-5 du Code civil (V. Ph. Malinvaud, D. Fenouillet et M. Mekki, *Droit des obligations*, LexisNexis, 14e éd. 2017, nos 883 et s.)

8036 **Subrogation légale.** L'article 1346 du Code civil définit ainsi la subrogation légale :

> « La subrogation a lieu par le seul effet de la loi au profit de celui qui, y ayant un intérêt légitime, paie dès lors que son paiement libère envers le créancier celui sur qui doit peser la charge définitive de tout ou partie de la dette ».

➤ Sur la subrogation légale, V. *JCl. Notarial Répertoire*, V° Contrats et obligations, Fasc. 78, et *JCl. Civil Code*, Art. 1249 à 1252, fasc. 30, par L. Lorvellec, actualisé par F. Jacob.

8037 **Subrogation conventionnelle par le créancier.** Selon l'article 1346-1 du Code civil, « la subrogation conventionnelle s'opère à l'initiative du créancier lorsque celui-ci, recevant son paiement d'une tierce personne, la subrogé dans ses droits contre le débiteur ».
Dans son alinéa 2 ce texte précise que « cette subrogation doit être expresse ».
Par ailleurs aux termes de l'alinéa 3 du même texte, « elle doit être consentie en même temps que le paiement à moins que, dans un acte antérieur, le subrogé n'ait manifesté la volonté que son cocontractant lui soit subrogé lors du paiement. La concomitance de la subrogation et du paiement peut être prouvée par tous moyens ».

8038 **Subrogation conventionnelle par le débiteur.** Selon l'article 1346-2 du Code civil, la subrogation conventionnelle peut avoir lieu également lorsque le débiteur emprunte une somme à l'effet de payer sa dette et subroge le prêteur dans les droits du créancier avec le concours de celui-ci. En ce cas, précise l'alinéa premier de ce texte, « la subrogation doit être expresse et la quittance donnée par le créancier doit indiquer l'origine des fonds ».
D'autre part, selon l'alinéa 2 du même texte, la subrogation peut-être consentie sans le concours du créancier, mais à la condition que la dette soit échue ou que le terme soit en faveur du débiteur. Il faut alors que l'acte d'emprunt et la quittance soient passés devant notaire, que dans l'acte d'emprunt il soit déclaré que la somme a été empruntée pour faire le paiement, et que dans la quittance, il soit déclaré que le paiement a été fait des sommes versées à cet effet par le nouveau créancier.
La subrogation conventionnelle peut, notamment, être accordée par le débiteur non seulement quand l'acquéreur d'un immeuble emprunte des fonds pour verser le prix au vendeur, mais également lorsque l'acquéreur verse son prix aux créanciers du vendeur inscrits sur l'immeuble (*Bull. AMC* 1973, art. 930).

8039 **Subrogation partielle.** Aux termes de l'article 1346-3 du Code civil, qui reproduit l'ancien article 1252 du même code, la subrogation légale ou conventionnelle « ne peut nuire au créancier lorsqu'il n'a été payé qu'en partie ». En ce cas, « il peut exercer ses droits, pour ce qui lui reste dû, par préférence à celui dont il n'a reçu qu'un paiement partiel ». Autrement dit, le paiement avec subrogation ne transmet la créance que jusqu'à concurrence de la somme payée par le subrogé (Cass. com., 12 nov. 1985 : *Bull. civ.* 1985, IV, n° 269 ; *RTD civ.* 1986, 351, note J. Mestre).
La créance originaire se trouve à la suite de cette subrogation partielle divisée en deux parties distinctes présentant les mêmes garanties pour leur montant respectif. Chaque créancier pourra alors obtenir le renouvellement de l'inscription à hauteur de ses droits en se référant à cette inscription. Dans le cas où la subrogation s'exerce au profit de l'assureur qui a payé l'indemnité d'assurance, le bordereau déposé fera en outre énonciation du contrat l'autorisant à agir et référence à l'article L. 121-12 du Code des assurances, dont le bénéfice peut être invoqué du seul fait de l'existence du contrat (*Bull. AMC* 2005, art. 1873).

8040 **Distinction du paiement avec subrogation et de la cession de rang.** Le paiement avec subrogation effectué par une personne titulaire d'une autre inscription de rang inférieur sur le même immeuble doit être distingué de la cession de rang en ce sens qu'il subroge cette personne dans la totalité de l'inscription garantissant le paiement de la créance réglée par elle et non pas simplement dans l'antériorité de rang de cette inscription (*Bull. AMC* 1973, art. 959).

I Capacité et pouvoir

A Subrogeant

8041 Capacité et pouvoir. Dans le cas de l'article 1346-1 (anc. art. 1250, 1er) du Code civil (subrogation consentie par le créancier), le créancier subrogeant doit avoir la capacité et le pouvoir de recevoir un paiement (Jacquet et Vétillard, *Traité de la mainlevée d'hypothèque*, V° Subrogation, n° 3, p. 727. – *Bull. AMC* 1969, art. 755, § II). Selon certains, le créancier doit avoir la capacité et le pouvoir de céder sa créance lorsque cette dernière n'est pas échue (même réf.).
Dans le cas de l'article 1346-2, correspondant à l'ancien article 1250, 2° du Code civil (subrogation consentie par le débiteur), le créancier doit avoir la capacité et le pouvoir de recevoir un paiement et le débiteur, auteur de la subrogation, doit être capable de contracter un emprunt (Jacquet et Vétillard, *op.* et *loc. cit.* – *Bull. AMC* 1969, art. 755, § III).
Dans le cas de l'article 1346 (subrogation légale), il suffit que le créancier remboursé soit capable de recevoir un paiement.

8042 Procuration. Ce sont les règles des radiations qui doivent être retenues à l'égard du subrogeant. En effet celui-ci, par la mention, est effacé de l'inscription comme il peut l'être par une radiation consécutive à une mainlevée et sa capacité, au fond et en la forme, doit être appréciée, dans les deux cas, de la même manière. Si le consentement se trouve dans une procuration, l'authenticité de celle-ci doit, par suite, être exigée pour en assurer la sincérité (H. Bulté : *JCP* N 1964, IV, 3720. – Bulté et Poirier : *JCP* N 1968, IV, 4439. – H. Bulté : *JCP* N 1977, prat. 6708. – Cf. Chambaz, Masounabe-Puyanne et Leblond, *op. cit.*, 2e éd., n° 852).
Cette opinion est toutefois discutée, tout au moins lorsque l'on ne se trouve pas en présence d'une subrogation conventionnelle de l'article 1346-2 (anc. art. 2150, 2°) du Code civil, texte qui impose que l'acte d'emprunt et la quittance soient obligatoirement passés devant notaire (Chassaing, *Mandat et prise de garantie hypothécaire : procuration authentique ou sous seing privé ?* : *JCP* N 1986, prat. 9663).

B Cas des époux

8043 Rappel de principes. On admet que l'article 59-1 du décret n° 55-1350 du 14 octobre 1955 permet à un époux d'accorder seul une subrogation lorsque la sûreté qui a été inscrite résulte d'un contrat auquel il avait consenti sans le concours de son conjoint (*JCl. Notarial Formulaire*, V° Bordereau d'inscription, Fasc. 220).
On rappelle, par ailleurs, que le créancier subrogeant un tiers (C. civ., art. 1346-1, anc. art. 1250, 1°) doit avoir la capacité de recevoir paiement et si la créance n'est pas échue, celle de céder sa créance. Et le débiteur qui subroge un tiers (C. civ., art. 1346-2, anc. art. 1250, 2°) doit avoir la capacité de contracter un emprunt (V. n° 8041).
L'application de ces principes entraîne les conséquences suivantes :

1 Subrogation consentie par le créancier

8044 Régimes de communauté. Dans les régimes de communauté, chacun des époux peut consentir seul une subrogation dans la sûreté garantissant le paiement d'une créance commune puisqu'en vertu de l'article 1421 du Code civil, il a le pouvoir d'administrer seul les biens communs et d'en disposer. Toutefois, si la créance garantie consiste dans le prix de vente d'un immeuble, d'un fonds de commerce ou d'une exploitation dépendant de la communauté ou encore dans celui de droits sociaux non négociables ou de biens meubles corporels dont l'aliénation est soumise à publicité, un époux ne peut accorder seul une telle subrogation que si les conditions exigées par l'article 59-1 du décret du 14 octobre 1955 sont remplies, c'est-à-dire si l'inscription a été prise à son seul profit et si la créance garantie résulte d'un contrat auquel il a consenti sans le concours de son conjoint. En effet, l'article 1424 du Code civil ne lui permet pas de recevoir, sans son conjoint, les capitaux provenant de telles opérations. Autrement dit, ce n'est que dans le cas d'une créance visée à l'article 1424 et si les conditions de l'article 59-1 ne sont pas remplies que la subrogation dans une hypothèque garantissant une créance commune doit obligatoirement être accordée par les deux époux (cf. *Bull. AMC* 1969, art. 755, § II).
Bien entendu, si la créance garantie constitue un bien propre à l'un des époux, cet époux a toujours la possibilité de consentir seul une subrogation étant donné qu'en vertu de l'article 1428 du

Code civil, chaque époux a l'administration et la disposition de ses biens propres.

8045 **Régime de séparation de biens.** Cette dernière règle doit être également suivie dans le régime de séparation de biens puisque l'article 1536 du même code accorde à chaque époux marié sous ce régime l'administration et la libre disposition de ses biens propres.

2 Subrogation consentie par le débiteur

8046 **Régimes de communauté.** D'après l'article 1424 du Code civil, les époux mariés sous un régime de communauté ne peuvent, l'un sans l'autre, grever de droits réels les immeubles dépendant de la communauté. Certes, en cas de subrogation portant sur une créance hypothécaire, il s'agit d'immeubles déjà grevés ; mais la subrogation aurait pour effet de maintenir au profit d'un tiers une hypothèque qui aurait été éteinte si le débiteur s'était purement et simplement libéré. La subrogation par le débiteur équivaut donc à une nouvelle constitution d'hypothèque. D'autre part, l'article 59-1 du décret du 14 octobre 1955, qui vise le créancier et non le débiteur ne saurait trouver à s'appliquer dans une telle subrogation. Il en résulte que le consentement des deux époux est nécessaire pour qu'une subrogation de l'espèce dans l'hypothèque grevant des immeubles communs soit accordée (cf. *Bull. AMC* 1969, art. 755, § III). Par contre, si l'hypothèque porte sur des biens propres à un époux marié sous un régime de communauté, celui-ci peut consentir seul une subrogation dès lors que l'article 1428 du Code civil lui permet de disposer librement de ses biens propres.

8047 **Régime de séparation de biens.** Il en est de même pour un époux marié sous un régime de séparation de biens puisque l'article 1536 du même code lui accorde la libre disposition de ses biens personnels.

C Créanciers solidaires

8048 **Inscription collective.** Par application des règles des radiations, lorsqu'une inscription collective a été prise, par un bordereau unique, au profit de plusieurs créanciers solidaires, chacun de ces créanciers peut, lorsqu'il reçoit d'un tiers une somme égale au montant de sa propre créance, subroger ce tiers dans le bénéfice de l'inscription à concurrence de la somme reçue, sans le concours des autres créanciers (*Bull. AMC* 1970, art. 838. – Cf. pour une radiation partielle Jacquet et Vétillard, *Traité de la mainlevée d'hypothèque*, V° Solidarité, n° 2. – Chambaz, Masounabe-Puyanne et Leblond, *op. cit.*, 2e éd., n° 1303).

II Mention en marge

A Rôle du service de la publicité foncière

8049 **Contrôle de l'authenticité.** Il paraît admis par la plupart des auteurs que, même si l'article 2149 ancien du Code civil (comme d'ailleurs l'actuel article 2430) ne visait pas l'article 4 du décret n° 55-22 du 4 janvier 1955, relatif à l'authenticité obligatoire des actes soumis à la publicité foncière, il était certain que cette authenticité demeurait exigée en vertu de la règle générale posée par ce texte, qui ne comporte aucune dérogation (V. notamment Chambaz, Masounabe-Puyanne et Leblond, *op. cit.*, 2e éd., add., n° 858. – Masounabe-Puyanne, *De l'authenticité des pièces déposées à l'appui des mentions hypothécaires : JCP* N 1963, I, 1740. – H. Bulté : chron. *JCP* N 1976, prat. 6437).

Pour cette raison, il n'est pas possible de mentionner une subrogation en marge d'une inscription à partir du simple dépôt d'une ordonnance du président du tribunal judiciaire rendant exécutoire une transaction sous-seing privé, cette ordonnance ne constituant pas une « décision juridictionnelle » publiable au sens de l'article 710-1 du Code civil (V. **Authenticité**. – *Bull. AMC* 2010-2011, art. 1949).

8050 **Mesures de contrôle.** Avant de mentionner une subrogation en marge d'une inscription, le service de la publicité foncière doit examiner si l'opération est régulière, notamment en ce qui concerne la capacité du subrogeant et l'authenticité des procurations que celui-ci a pu donner (sur le contrôle de l'authenticité de l'acte de subrogation, V. n° 8049). Il doit également s'assurer que l'inscription n'est émargée d'aucune mention inconnue du subrogé et susceptible de limiter les effets de la subrogation (Chambaz, Masounabe-Puyanne et Leblond, *op. cit.*, n° 911).

Dans le cas de l'article 1346-2 (anc. art. 1250, 2°), du Code civil, il se fait, en outre, remettre l'expédition de l'acte d'emprunt contenant promesse d'emploi et de l'acte de quittance contenant la déclaration d'origine des deniers, la subrogation ne s'opérant que par la réalisation de ces deux actes.

Certains pensent, toutefois, que la subrogation doit être considérée non comme une radiation, mais comme une inscription et que le service de la publicité foncière qui effectue la mention n'a qu'un rôle passif (pour plus de détails, V. *JCl. Notarial Formulaire*, V° Mainlevées, Fasc. 5).

B Effets de la mention

8051 Les effets de la mention de subrogation en marge d'une inscription sont les mêmes que la mention soit légale ou conventionnelle et quelle que soit sa source.

1 Mesure d'information

8052 **Mention en marge et opposabilité aux tiers.** La Cour de cassation, revenant sur ses positions antérieures, a finalement admis que la subrogation dans une hypothèque (ou un privilège immobilier) était opposable aux tiers même en l'absence de la mention en marge de l'inscription primitive prévue par l'article 2430 du Code civil. Cette mention n'est prévue qu'à titre de mesure d'information (V. Cass. 3e civ., 16 juill. 1987 : *JurisData* n° 1987-701448 ; *Bull. civ.* 1987, III, n° 145 ; *JCP* N 1988, prat. 530, p. 220 ; *RD imm.* 1988, p. 331, obs. Ph. Simler. – Cass. 3e civ., 20 déc. 1989 : *JurisData* n° 1989-704635 ; *Bull. civ.* 1989, III, n° 246 ; *Defrénois* 1990, art. 34761-25, p. 447, obs. L. Aynès. – Cass. 3e civ., 19 déc. 1990 : *JurisData* n° 1990-003749 ; *Bull. civ.* 1990, III, 269. – Cass. com., 12 mai 1992, n° 91-12395. – *Bull. AMC* 1996, art. 1714. – Cass. 3e civ., 17 nov. 2010, n° 09-70 452 : *JurisData* n° 2010-021355 ; *Bull. civ.* 2010, III, n° 204).

Cette mention en marge de la subrogation a notamment pour effet de permettre au subrogé d'être informé des événements qui sont susceptibles d'influer sur ses droits : procédure de saisie, de purge, d'ordre, etc. (Chambaz, Masounabe-Puyanne et Leblond, *op. cit.*, 2e éd., n° 907).

8053 **Moyen d'informer les tiers.** Lorsqu'il souhaite assurer la publicité de sa qualité pour l'information des tiers, le créancier subrogé peut :

– soit faire publier l'acte de subrogation en marge de l'inscription concernait ;

– soit indiquer au cadre *ad hoc* d'un bordereau de renouvellement son état civil et l'acte par lequel il est devenu propriétaire de la créance (D. 14 oct. 1955, art. 61-2) ;

– soit faire valoir sa qualité au moyen de tout acte soumis à publicité foncière se rapportant à l'inscription hypothécaire concernée (*Bull. AMC* 2010-2011, art. 1949), par exemple un commandement de saisie immobilière (*Bull. AMC* 1972, art. 919).

2 Conséquences de la subrogation sur la mainlevée

8054 **Subrogation totale.** La mention en marge de la subrogation prémunit le subrogé, dorénavant maître de la créance et de l'inscription à l'égard de tous, contre toute mainlevée ou radiation de la part du subrogeant (Cass. civ., 5 févr. 1941 : *DA* 1941, 1, 177 ; *JCP* G 1941, II, 1637, note Becqué).

Cette mention permet, par contre, au subrogé d'accorder mainlevée de l'inscription et d'en obtenir la radiation sur son seul consentement (Aubry et Rau, *Droit civil français*, t. III par Esmein, § 281, p. 382, texte et note 10).

Le créancier subrogé dont les droits n'auraient pas été mentionnés en marge pourrait également donner mainlevée, mais il lui faudrait alors justifier, en plus de sa capacité, de l'existence et de la régularité de la transmission de l'hypothèque.

8055 **Subrogation partielle.** La subrogation partielle (V. n° 8039) ne pouvant donner lieu à une mention en marge que pour le montant effectivement payé par le subrogé, il appartient au subrogeant et à lui seul de donner mainlevée du surplus (chron. *JCP* N 1987, prat. 364). En pareil cas, le principe est que la mainlevée totale ne peut intervenir qu'avec le consentement exprès de l'un et de l'autre des créanciers successifs. Mais chacun d'eux agissant isolément peut donner valablement mainlevée partielle par réduction de la créance (*Bull. AMC* 1994, art. 1633).

C Cas particuliers

8056 Parmi les solutions relatées dans les développements suivants, figurent en bon nombre celles adoptées par les anciens conservateurs des hypothèques, soit individuellement (M. Bulté, dont l'opinion faisait généralement autorité), soit collectivement (l'ancienne association des conservateurs des hypothèques). Néanmoins, dans la mesure où, à notre connaissance, elles n'ont pas été formellement reprises par l'administration « centrale » (l'actuel section GF-3B de la DGFiP), elles ne s'imposent pas aux services de la publicité foncière.

8057 Subrogation avec prorogation de délai. Dans le cas d'un prix de vente, garanti par une inscription de privilège de vendeur prise pour deux ans et trois mois, remboursé par un tiers qui accorde un délai de dix ans, il convient de mentionner la subrogation en marge de l'inscription existante et de renouveler celle-ci, en raison du délai supplémentaire accordé par le bailleur de fonds (H. Bulté : *JCP* N 1969, IV, 4547).

8058 Subrogation pour le capital de la créance et trois années d'intérêts échus. Il n'est pas possible de mentionner, en marge d'une inscription prise pour un capital et pour les intérêts conservés par la loi, la subrogation consentie par le créancier inscrit à un tiers, payant en l'acquit du débiteur, d'intérêts indiqués comme étant les trois années d'intérêts que l'article 2432 du Code civil déclare devoir être colloqués en même temps que le principal.

En effet, les trois années d'intérêts garantis par l'inscription originaire sont, pour l'opinion dominante et la jurisprudence, celles qui précèdent immédiatement l'événement faisant produire à l'hypothèque son effet légal (Cass. 2e civ., 5 déc. 1984 : *Bull. civ.* 1984, II, n° 186 ; *JCP* N 1985, prat. 9568, p. 588. – Pour plus de détails, V. **Bordereau d'inscription**).

L'inscription se trouverait, par suite de la mention consécutive à la subrogation, prise en apparence pour la garantie et du principal et toujours des intérêts conservés par l'article 2432 (puisqu'aucune radiation ne pourrait être faite en ce qui concerne ces derniers) et en plus pour les trois années d'intérêts échus payés par le créancier subrogé. Or, la subrogation ne peut nuire aux tiers et le subrogé ne peut obtenir par le moyen de l'hypothèque plus de droits que n'en avait le cédant.

Par ailleurs, ainsi qu'il était admis sous l'ancien régime, et ce qu'a légalisé l'article 2430 du Code civil, les mentions ne doivent pas avoir pour effet d'aggraver la situation du débiteur (V. **Mentions en marge**), ce qui serait le cas si la mention publiait qu'en outre du capital inscrit et des intérêts conservés de plein droit, l'inscription garantit en apparence des intérêts payés par un créancier subrogé.

Ainsi que l'exige expressément l'article 2432 du Code civil, une inscription particulière portant hypothèque à compter de sa date doit dès lors être prise pour les intérêts autres que ceux conservés par l'inscription primitive. Comme cette inscription crée un droit particulier au créancier subrogé, qui la prend pour sûreté d'intérêts échus payés par lui, il convient de la requérir à son nom et non pas (ainsi qu'il est admis pour l'inscription primitive) au nom du créancier subrogeant (Masounabe-Puyanne : *JCP* N 1962, IV, 3411).

8059 Garantie hypothécaire des intérêts dus au créancier subrogé. Il a été longtemps admis que le créancier subrogé pouvait réclamer les intérêts conventionnels originairement stipulés et que l'hypothèque qui lui était transférée avec la créance garantissait donc le paiement de celle-ci en capital comme en intérêts.

Mais selon la jurisprudence actuelle de la Cour de cassation, le créancier subrogé (qu'il s'agisse de subrogation légale ou conventionnelle) ne peut plus prétendre qu'aux seuls intérêts légaux, au motif que la subrogation ne transfère la créance que dans la mesure du paiement et qu'il ne peut donc prétendre à des intérêts qu'il n'a pas payés (Cass. 1re civ., 29 oct. 2002 : *Bull. civ.* 2002, I, n° 257 ; *JCP* G 2003, II, 124, n° 9, obs. Ph. Simler. – Cass. 1re civ., 15 févr. 2005 : *Bull. civ.* 2005, I, n° 87 ; *Defrénois* 2005, art. 38 207, p. 1236, obs. R. Libchaber. – V. aussi Cass. ass. plén., 4 mars 2005 : *JCP* G 2005, IV, 1812). Il en découle que, sauf dans le cas où ces intérêts courent de plein droit en vertu de la loi, ils ne sont dus qu'à compter du jour de la mise en demeure du débiteur (C. civ., art. 1344-1) et au taux légal et non pas au taux originairement convenu (sur ce problème, F. Terré, Ph. Simler et Y. Lequette, *Les obligations*, Précis Dalloz, 10e éd., n° 1386. – E. Savaux, *Rép. civ.* Dalloz, V° Subrogation personnelle, n°s 158 à 162).

Ces solutions ne remettent pas en cause le droit pour le subrogé de réclamer au débiteur les intérêts payés au créancier. Seuls sont affectés les intérêts à échoir. Pour ces derniers, si le créancier subrogé veut être garanti au-delà de l'intérêt légal, il doit convenir avec le débiteur des intérêts par lesquels il entend être rémunéré. Or les intérêts ainsi convenus ne seraient, selon certains, pas couverts par l'hypothèque antérieurement constituée et le créancier subrogé serait donc tenu de stipuler et d'inscrire une nouvelle affectation hypothécaire pour que la sûreté originairement constituée continue de garantir les intérêts de la créance (V. sur ce problème et sur les solutions de contournement suggérées, M. Grimaldi et E. Frémeaux, *La garantie hypothécaire des intérêts dus au créancier subrogé : Defrénois* 2011, art. 40 000, p. 959).

8060 Constatation de la subrogation dans une ordonnance prise hors la présence du créancier originaire. L'ordonnance d'un juge constatant qu'un tiers est subrogé dans les droits du créancier par application de l'article 1436 (ancien article 1251, 1°) du Code civil ne peut être mentionnée en marge de l'inscription lorsque

cette ordonnance a été rendue à la requête de ce tiers hors la présence du créancier originaire.
En effet, si la subrogation légale de l'article 1436 (ancien article 1251, 1°) s'opère, hors la volonté du créancier, du seul fait du paiement, encore faut-il que la preuve de ce paiement résulte d'un acte de quittance qui émane du créancier désintéressé ou qui lui soit opposable (*JCP* N 1964, I, 1843 et 1854). Or, une ordonnance rendue par le juge sans la participation du créancier ne remplit pas cette condition. Telle était la solution rendue par l'ancienne association des conservateurs des hypothèques (*Bull. AMC* 1973, art. 959).

8061 **Subrogation dans l'hypothèque légale des époux.** Cette question est étudiée spécialement plus haut au mot **Époux (hypothèque légale)**, auquel nous invitons nos lecteurs à se reporter.

8062 **Subrogation partielle et renouvellement de l'inscription.** Dans le cas de subrogation partielle, la créance originaire se trouve divisée en deux parties distinctes présentant les mêmes garanties pour leur montant respectif. Chaque créancier pourra alors obtenir le renouvellement de l'inscription à hauteur de ses droits en se référant à cette inscription. Ainsi par exemple lorsqu'un assureur se prévaut de la subrogation prévue par l'article L. 121-12 du Code des assurances à concurrence de l'indemnité payée par lui. Le bordereau déposé pour le compte de l'assureur énoncera le contrat l'autorisant à agir et fera référence à l'article L. 121-12 du Code des assurances dont le bénéfice peut être invoqué du seul fait de l'existence du contrat. Telle était la solution rendu par l'ancienne association des conservateurs des hypothèques (*Bull. AMC* 2005, art. 1873).

8063 **Ordonnance rendant exécutoire une transaction assortie d'une subrogation. Mention de la subrogation en marge d'une inscription.** Si une ordonnance a rendu exécutoire une transaction assortie d'une subrogation, il n'est pas possible de mentionner cette subrogation en marge d'une inscription à partir du simple dépôt de l'ordonnance. En effet, dès lors qu'elle ne tranche aucun litige, cette ordonnance ne constitue pas une décision juridictionnelle publiable au sens de l'article 710-1 du Code civil. Elle ne saurait donc servir de support de publication sous la forme visée à l'article 2430 du Code civil. Telle était la solution rendu par l'ancienne association des conservateurs des hypothèques (*Bull. AMC* 2010-2011, art. 1949).

Superficie (droit de)

Jacques LAFOND

BIBLIOGRAPHIE : J.-M. Roux, *Les droits de superficie : principes et évolution : Inf. rap. copr.* juin 2010, p. 9.

I Nature du droit de superficie

8064 **Droit réel.** Le droit de superficie est un droit réel détaché de la propriété du sol (Cass. civ., 18 déc. 1963 : *D.* 1964, p. 168). Il est aujourd'hui admis unanimement que le droit de superficie est un droit de propriété immobilière (V. F. Terré et Ph. Simler, *Les biens*, Précis Dalloz, 7e éd. 2006, n° 946).

Le droit de superficie confère à son titulaire la propriété des édifices et des plantations reposant sur le terrain d'autrui (V. de Besombes-Singla, *Droit de superficie et construction en volume*, rapport au 73e Congrès des notaires, p. 563 et réf. citées à la note 49).

Il a été admis que le droit réel par lequel une personne se voyait attribuer les bois crus et à croître d'une parcelle appartenant à autrui était constitutives d'un droit de superficie à caractère perpétuel (Cass. 3e civ., 23 mai 2012, n° 11-13.302 : *JurisData* n° 2012-010886 ; *Bull. civ.* 2012, III, n° 84 ; *LPA* 13-14 août 2012, p. 17, note F.-X. Agostini).

8065 **Absence d'indivision.** L'existence d'un droit de superficie constitue un barrage à l'exercice de l'accession (rapport préc., *ibid.*). La conséquence est que deux individus vont se trouver titulaires l'un, le tréfoncier, de la propriété du tréfonds, l'autre, le superficiaire, de la propriété des édifices en superficie. Le droit de superficie se présente comme la propriété d'une part divise de l'immeuble qui limite dans l'espace ce droit du propriétaire du tréfonds (Duquesne, *Droit de superficie*, cité par de Besombes-Singla, note 50). La division matérielle entre ces deux droits « s'opère à l'aide d'un plan horizontal qui passe à l'extrémité des fondations de la maison ou de la racine des plantes ; le propriétaire du tréfonds possède la partie de l'immeuble située au-dessous de ce plan, et le superficiaire ce qui est au-dessus » (Baudry-Lacantinerie et Wahl, t. 6, n° 343).

Le concours d'un droit de superficie avec la propriété du tréfonds ne crée pas un état d'indivision ni quant à la propriété du sol ni quant à la jouissance (Cass. civ., 16 déc. 1873 : *S.* 1874, 1, 457).

Cette solution, donnée par la jurisprudence civile, est admise en droit fiscal (V. Maguéro, V° Superficie, n° 1 ; BOI-ENR-PTG-10-10-20150903, n° 120).

II

Publicité foncière

A Assujettissement à la publicité foncière

8066 **Principe.** Parce qu'ils portent sur un droit réel immobilier, les actes constitutifs d'un droit de superficie doivent être publiés (Rép. min., 23 mars 1974 : *JOAN* CR, p. 1287 : *JCP* N 1974, prat. 5720), de même que les actes emportant cession de ce droit. En conséquence, la renonciation à l'accession immobilière, qui est constitutive d'un droit de superficie, est soumise à publication obligatoire, faute de quoi cette renonciation n'est pas opposable aux tiers au sens de l'article 30 du décret du 4 janvier 1955 (Cass. 3e civ., 29 mars 2006, n° 04-18.088 : *Bull. civ.* 2006, III, n° 90 ; *RJDA* nov. 2006, n° 1185 et la note).

8067 **Difficultés d'application.** Dans certains cas, la distinction entre droit de superficie et servitude s'est avérée délicate. C'est ainsi que l'association des conservateurs des hypothèques avait d'abord estimé que l'acte par lequel EDF est autorisée à implanter des supports de lignes ainsi que des postes de transformation ou de distribution sur un terrain ne lui appartenant pas constitue un droit de superficie (*Bull. AMC* 1995, art. 1696). Mais elle a précisé par la suite que cette manière de voir doit être limitée aux actes selon lesquels EDF conserve la propriété de ces ouvrages après la durée de l'exploitation car, dans le cas contraire, l'acte ne constitue qu'une simple convention sur la servitude légale de la loi du 15 juin 1906 modifiée relative au transport et à la distribution de l'électricité (*Bull. AMC* 1998, art. 1779).

B Identification du droit de superficie

1 Droit de superficie portant sur la totalité d'une parcelle

8068 **Désignation par rapport à la désignation de la parcelle concernée.** Lorsque la propriété d'une parcelle a été démembrée et que le sol et le sous-sol appartiennent à des propriétaires différents, les deux parties de la parcelle doivent, en principe, être identifiées par référence à un état descriptif de division (D. n° 55-22, 4 janv. 1955, art. 7).

Toutefois, l'état descriptif n'est pas exigé en cas de cession séparée de la superficie d'un terrain et de son tréfonds, quand le sous-sol peut être suffisamment identifié par la désignation cadastrale des parcelles de surface, ce qui est apprécié par le conservateur (aujourd'hui par le service de la publicité foncière), sous sa responsabilité (Rép. min. Finances et Affaires économiques : *JOAN*, 19 sept. 1959, p. 1653 ; *JCP* N 1959, IV, 2831 ; *Bull. AMC* 1960, art. 430 ; *JO* Sénat, 11 sept. 1962, préc. – R. Chardonnal, chron. hyp. : *JCP* N 1982, prat. 8351 et 8363 ; *Bull. AMC* 1968, art. 747. – *Rép. alph. enreg.*, V° Hypothèques, 2, L. III, n° 381, 1°).

8069 **Applications.** Ainsi par exemple, la publication de la donation d'une cave champignonnière située dans le tréfonds de plusieurs parcelles, dont le sol appartient à différentes personnes, n'a pas à être précédée de celle d'un état descriptif, si le conservateur des hypothèques (aujourd'hui, le service de la publicité foncière) estime que cette cave est suffisamment identifiée par la désignation cadastrale contenue dans la donation elle-même (V. R. Chardonnal, chron. hyp. préc. : *JCP* N 1982, prat. 8363 ; *JCP* N 1986, prat. 9794).

En revanche, un état descriptif est indispensable si le tréfonds d'un terrain dont la superficie appartient à une seule personne est divisé en plusieurs propriétés distinctes (V., pour les emplacements de parkings en sous-sol, H. Bulté, chron. hyp. : *JCP* N 1975, prat. 6125).

Enfin, il a été fait remarquer que la tolérance existant pour la superficie et le tréfonds peut également s'appliquer à la cession isolée de plantations (arbres, vignes, par exemple) existant sur la totalité d'une parcelle (V. *Bull. AMC* 1979, art. 1162).

2 Droit de superficie portant sur partie d'une parcelle

8070 **Nécessité d'un document d'arpentage.** Lorsque le droit de superficie n'affecte qu'une partie d'une parcelle cadastrale, les règles libérales exposées ci-dessus (V. n°s 8068 et 8069) ne jouent plus. Un document d'arpentage est nécessaire (D. 4 janv. 1955, art. 7, al. 2. – V. **Document d'arpentage**) lorsque le cadastre a été rénové (V. *Bull. AMC* 1979, art. 1162. – Bulté, chron. hyp. : *JCP* N 1971, IV, 4957).

III Taxations

A Établissement du droit de superficie

8071 **Principes de taxation.** Le droit de superficie résulte normalement d'un titre, c'est-à-dire d'une convention particulière par laquelle le propriétaire immobilier cède ses droits sur le sol (et sur les constructions et plantations existantes) tout en conservant la propriété du sous-sol. La conséquence immédiate de la cession d'un droit de superficie comporte une renonciation par le propriétaire du sol au bénéfice de l'accession. Lorsque le propriétaire d'un terrain cède son droit de superficie sur des constructions à élever, il renonce par là même à les acquérir par accession (V. Besombes-Singla, *op. cit.*, p. 578).

Si le droit de superficie est établi à titre onéreux la mutation donnera lieu à la perception des droits de mutation à titre onéreux ou de la TVA immobilière selon le cas (si l'acquisition est destinée à une opération de construction).

S'il est créé avec une intention libérale, les droits de mutation à titre gratuit seront exigibles sur la valeur du droit cédé, comme en matière de donation (V. **Donation**).

Dans tous les cas, la contribution de sécurité immobilière au tarif proportionnel est due sur la valeur du droit de superficie.

8072 **Établissement direct ou indirect.** Le droit de superficie peut être établi à titre principal. Ainsi par exemple lorsque le propriétaire d'un terrain cède le droit de construire sur ce terrain, ce qui rend le cessionnaire titulaire d'un droit de superficie. Cette cession serait alors passible de la TVA.

Il peut également être établi à titre subsidiaire : par exemple, dans le cas de vente d'un immeuble bâti, le vendeur se réservant le sol. En ce cas, c'est la vente de l'immeuble bâti qui est taxée (perception des droits de mutation à titre onéreux prévue pour le cas de vente d'immeuble), la constitution du droit de superficie n'apparaissant que comme une disposition dépendante (V. **Acte contenant plusieurs dispositions**).

B Cession des superfices

8073 **Perception des droits de mutation.** Si le propriétaire de constructions cède uniquement ces constructions, cette cession est taxée comme un transfert d'immeuble, soit à titre gratuit, soit à titre onéreux, selon le droit commun.

Cette acquisition crée par contrecoup un droit de superficie. Si la mutation n'est pas soumise à la TVA immobilière (V. n° 8074), elle entraînera la perception des droits de mutation à titre onéreux, au tarif correspondant à la nature et à l'affectation de l'immeuble.

8074 **TVA immobilière.** L'instruction du 29 décembre 2010 (*BOI* 3 A-9-10, n° 40) fixe le régime des opérations portant sur les droits réels principaux (nue-propriété, usufruit, droits indivis, droit de superficie, servitude...), dès lors qu'elles sont réalisées par des assujettis agissant en tant que tels.

> « Il s'ensuit, indique-t-elle, que tant la constitution de tels droits au profit d'un tiers par le propriétaire d'un immeuble que leur cession par celui qui se trouve en être titulaire pour les avoir acquis est susceptible d'être soumise à la TVA suivant le régime du bien immeuble auquel ils se rapportent. Quant à l'extinction de tels droits, elle ne constitue pas une opération imposable à la TVA en tant que telle dès lors qu'elle s'effectue sans contrepartie. »

8075 **Constitution d'un droit de superficie en contrepartie de travaux de construction.** Lorsqu'en échange de la constitution d'un droit de superficie des personnes physiques reçoivent d'une société des constructions nouvelles, le fait générateur de la TVA due à raison de la remise de ces constructions se situe à la date de la constitution du droit réel, nonobstant le fait que cette opération soit exonérée de TVA, à condition que ces prestations soient désignées avec précision. L'assiette de la TVA due sur la remise des travaux de construction est constituée, en principe, par la contrepartie réellement reçue, dès lors que celle-ci peut être exprimée en argent (CJUE, 7 mars 2013, aff. C-19/12, *Efir OOD : Constr.-Urb.* mai 2013, comm. 79, note N. Gonzalez-Gharbi).

C Acquisition du sol d'un immeuble déjà édifié

➤ V. **Construction sur sol d'autrui**.

Surenchère

Jacques LAFOND

I
Généralités

8076 **Définition.** La surenchère est une déclaration par laquelle une personne requiert la mise en vente aux enchères d'un immeuble qui vient d'être aliéné et offre de se porter adjudicataire de cet immeuble, moyennant le prix de la première aliénation augmenté d'une certaine quotité de ce prix (BOI-ENR-DMTOI-10-10-30-20-20120912, n° 80).

8077 **Diverses sortes de surenchère.** En matière immobilière, il existe trois sortes de surenchère (BOI-ENR-DMTOI-10-10-30-20-20120912, n° 90).

– la surenchère sur aliénation volontaire, ouverte aux seuls créanciers inscrits et qui doit avoir lieu par exploit d'huissier, en principe dans les quarante jours de la notification faite aux fins de purge à ces créanciers (C. civ., art. 2480 et 2482) ;

– la surenchère sur aliénation forcée qui s'applique en principe à toutes les ventes d'immeubles faites par autorité de justice et qui doit être effectuée dans les dix jours de l'adjudication judiciaire par déclaration au greffe (CPC ex., art. R. 322-50 à 322-55) ;

– la surenchère après liquidation judiciaire qui obéit aux mêmes règles que la surenchère sur aliénation forcée (en cas de liquidation judiciaire, le juge-commissaire peut, si la consistance des biens, leur emplacement ou les offres reçues sont de nature à permettre une cession amiable dans de meilleures conditions, ordonner la vente par adjudication amiable sur la mise à prix qu'il fixe ou autoriser la vente de gré à gré aux prix et conditions qu'il détermine. En cas d'adjudication amiable, les articles L. 322-7, L. 322-8 à L. 322-11 et L. 322-12 du Code des procédures civiles d'exécution sont applicables, sous la réserve prévue au premier alinéa, et il peut toujours être fait surenchère [C. com., art. L. 642-18, al. 3]).

Les ventes judiciaires volontaires (ventes de biens de mineurs, sur licitation pour sortir de l'indivision…) peuvent donner lieu soit à la première, soit à la deuxième de ces surenchères.

8078 **Effets.** D'après la jurisprudence :

– la surenchère sur aliénation forcée et la surenchère après liquidation des biens résolvent immédiatement l'acquisition surenchérie… ;

– tandis que la surenchère sur aliénation volontaire ne la résout que si l'acquéreur primitif ne reste pas adjudicataire sur surenchère (V. BOI-ENR-DMTOI-10-10-30-20-20120912, n° 100).

II

Publicité foncière

➤ Les adjudications sur surenchère sont soumises à publication au même titre et dans les mêmes conditions que les adjudications ordinaires (V. **Adjudication**).

8079 **Annulation, par un arrêt de cassation sans renvoi, d'une déclaration de surenchère. Modalités de l'annotation.** Un arrêt de cassation sans renvoi, rendu dans une instance opposant le premier adjudicataire d'un immeuble à celui qui l'a évincé, a annulé une déclaration de surenchère ainsi que l'arrêt de cour d'appel ayant reconnu la validité de cette déclaration. Or, il est généralement admis que la déclaration de surenchère entraîne la résolution rétroactive de la propriété du premier adjudicataire si bien que la réciproque conduirait à considérer que l'annulation de la déclaration de surenchère rétablit l'adjudicataire dans son droit. Le conservateur auquel la décision judiciaire a été présentée a demandé à l'association mutuelle si, pour la mise à jour du fichier, il convenait ou non de tirer les conséquences de l'annulation de la déclaration et, corrélativement, s'il y avait lieu ou non de s'en tenir à la perception d'un salaire fixe. La réponse suivante lui a été faite (*Bull. AMC* 1990, art. 1443).
Réponse. – Les conservateurs doivent, pour annoter le fichier immobilier, s'en tenir strictement au sens littéral des dispositions des actes et décisions judiciaires présentés à la formalité sans rechercher leurs éventuels effets seconds. Il convient donc, dans la situation décrite dans la question, de se contenter d'analyser le dispositif de l'arrêt au cadre III A, soit de la fiche de l'immeuble concerné si celui-ci est urbain, soit dans le cas contraire, des fiches personnelles des parties à l'instance. Or, des termes d'une telle analyse, il ne ressort aucune création, mutation ou modification d'un droit immobilier susceptible d'être évalué. Seul, par suite, le salaire fixe (aujourd'hui, la contribution de sécurité immobilière au taux fixe) paraît dû.

> **N.B.** : La contribution de sécurité immobilière a remplacé le salaire du conservateur à compter du 1er janvier 2013. Cette taxe est perçue aux mêmes conditions d'assiette, de tarif, de contrôle et de recouvrement que ce salaire (V. **Contribution de sécurité immobilière**).

8080 **Demande de nullité d'un acte de surenchère.** La demande en nullité de l'acte unilatéral par lequel est formée une surenchère à la suite d'une adjudication n'entre pas dans les prévisions de l'article 28-4° c du décret du 4 janvier 1955 et n'est donc pas soumise à publicité foncière (CA Paris, 8e ch. A, 2 oct. 2008 : *JurisData* n° 2008-373804).

III

Régime fiscal

A Taxation de la première adjudication

8081 **Surenchère sur aliénation volontaire.** Dès lors qu'en ce cas, l'adjudication ou la vente n'est pas résolue par la surenchère (V. n° 8078), l'adjudication présentée à l'enregistrement (ou, s'il ne s'agit pas d'une adjudication par jugement, à la formalité unique) avant l'acte de surenchère donne lieu à la perception des droits de mutation (ou de la taxe de publicité foncière) dans les conditions ordinaires (V. *supra*).
La contribution de sécurité immobilière au tarif proportionnel est perçue dans les conditions de droit commun (Lacroix, V° Adjudication, n° 30).

8082 **Surenchère sur aliénation forcée et après redressement judiciaire ou liquidation judiciaire.** À la différence du cas précédent, la surenchère sur aliénation forcée ou après redressement judiciaire et sur liquidation judiciaire a pour effet de résoudre immédiatement la vente.
Il s'ensuit que si la déclaration de surenchère intervient avant l'enregistrement du procès-verbal de la première adjudication, l'impôt proportionnel

n'est pas exigible. Ce procès-verbal est enregistré au droit fixe pour les adjudications devant notaire commis ; si l'adjudication a eu lieu à la barre du tribunal, elle présente le caractère d'un jugement préparatoire et aucun droit n'est dû. Enfin, lorsqu'une adjudication frappée de surenchère a été enregistrée au droit fixe, le désistement de la surenchère rend le droit proportionnel exigible sur l'adjudication, sans pénalité (BOI-ENR-DMTOI-10-10-30-20-20120912, n° 130).

8083 Cas où certains lots seulement sont frappés de surenchère. Si certains lots seulement sont frappés de surenchère, d'autres étant définitivement adjugés, le droit ou la taxe fixe ne peut être exigé lorsque le total des droits proportionnels perçus sur l'acte est égal ou supérieur au montant du droit fixe (*Dict. enr.*, 4575).

8084 Désistement de surenchère. Lorsqu'une adjudication frappée de surenchère a été enregistrée au droit fixe, le désistement de la surenchère rend le droit proportionnel exigible sur l'adjudication sans pénalité (Doc. adm. DGI, 7 C-132, n° 13, 15 nov. 2001).

8085 Restitution des droits perçus sur la première adjudication. V. n° 8087.

B Enregistrement du procès-verbal d'adjudication sur surenchère

8086 L'adjudication sur surenchère a lieu à la barre du tribunal et la sentence d'adjudication revêt la forme d'un jugement.

1 Surenchère sur aliénation volontaire

8087 Adjudication au profit d'une autre personne que l'acquéreur primitif. Quand elle est prononcée *au profit d'une personne autre que l'acquéreur primitif*, l'adjudication sur surenchère est assujettie au droit proportionnel sur l'intégralité du prix et d'après le tarif en vigueur à sa date. Il n'y a pas lieu d'imputer l'impôt perçu sur l'adjudication surenchérie, mais cet impôt est restituable si la demande en est faite dans le délai de réclamation (BOI-ENR-DMTOI-10-10-30-20-20120912, n° 120. – V. **Restitution**), c'est-à-dire avant le 31 décembre de la deuxième année qui suit celle de l'adjudication sur surenchère.

8088 Adjudication au profit de l'acquéreur primitif. Au contraire, lorsqu'elle est tranchée *au profit de l'acquéreur primitif*, l'adjudication sur surenchère ne donne ouverture qu'à un supplément de droits liquidé sur le prix supplémentaire et au tarif en vigueur à la date du premier acte. C'est en effet ce premier acte qui forme le titre de l'acquéreur, puisque l'aliénation n'est pas résolue (V. BOI-ENR-DMTOI-10-10-30-20-20120912, n° 120).

2 Surenchère sur aliénation forcée et après règlement judiciaire ou liquidation des biens

8089 Perceptions. L'adjudication sur surenchère donne lieu à la perception de l'impôt de mutation au tarif en vigueur à sa date, même si elle est prononcée au profit de l'adjudicataire primitif. Lorsque, exceptionnellement, la première adjudication a été soumise à l'impôt proportionnel – dans le cas où elle a été présentée à la formalité avant la déclaration de surenchère –, les droits qui ont été acquittés sont restituables ; ils font l'objet d'une imputation si la seconde adjudication a été tranchée au profit de l'acquéreur primitif.
Lorsque l'acquéreur primitif est évincé, il peut obtenir la restitution des droits qu'il a acquittés à condition qu'il en fasse la demande avant le 31 décembre de la deuxième année suivant celle au cours de laquelle a eu lieu la déclaration de surenchère (V. BOI-ENR-DMTOI-10-10-30-20-20120912, n° 140).

Taxe de publicité foncière

Serge LAMIAUX

Sommaire analytique

Index alphabétique

Index alphabétique *(suite)*

8090 **Rappel de la réforme opérée par la loi du 26 décembre 1969.** Jusqu'à la réforme réalisée par la loi n° 69-1168 du 26 décembre 1969, il existait deux formalités distinctes :
– la formalité de l'enregistrement exécutée à la recette des impôts et à l'occasion de laquelle étaient perçus les droits d'enregistrement ;
– la formalité de la publicité foncière effectuée à la conservation des hypothèques et donnant lieu au paiement de la taxe de publicité foncière.
Les actes soumis à publicité foncière en application du décret n° 55-22 du 4 janvier 1955 modifié étaient généralement assujettis à cette double formalité.

8091 La recherche de simplifications fiscales et la mise en place des nouvelles structures des services de la Direction générale des impôts ont conduit à fusionner les deux formalités pour la majeure partie de ces actes (V. **Formalité unique**). Une seule démarche administrative est désormais accomplie au service de la publicité foncière : l'enregistrement résulte de la publication ; il n'est perçu qu'un seul impôt se substituant aux droits d'enregistrement et à l'ancienne taxe de publicité foncière, et auquel il a été donné le nom de taxe de publicité foncière (Doc. adm. DGI, 7 A-1, n° 2, 10 sept. 1996).
L'article 5 de la loi du 26 décembre 1969 précitée énonçait que :

> « Sous réserve des dispositions de la présente loi, les dispositions concernant l'exigibilité, l'assiette, la liquidation et le recouvrement de droits d'enregistrement ainsi que celles relatives à leur contrôle, aux pénalités, procédures, garanties, restitutions et prescriptions sont applicables à la taxe de publicité foncière ».

8092 Mais certains autres cas et opérations juridiques demeurent distinctement soumis aux deux formalités et aux deux anciens impôts.
Il existe donc actuellement trois formalités – la formalité de l'enregistrement, la formalité de la publicité foncière et la formalité fusionnée – auxquelles correspondent trois impôts : les droits d'enregistrement, l'ancienne taxe de publicité foncière et la nouvelle taxe de publicité foncière (Doc. adm. DGI, 7 A-1, n° 3, 10 sept. 1996).

8093 **Contentieux relatif à la taxe de publicité foncière.** Toutes les contestations concernant cette taxe (qu'elle tienne ou non lieu des droits d'enregistrement) doivent être portées devant le tribunal judiciaire et non devant le tribunal administratif (CE, 6 juill. 1983, req. n° 33 695 : *NF* 1er oct. 1983, p. 6).

8094 **Distinction à opérer.** Compte tenu de l'objet du présent ouvrage qui ne traite que des perceptions opérées au service de la publicité foncière, nous examinerons successivement le cas où la taxe de publicité foncière tient lieu des droits d'enregistrement qui sont donc par définition des actes soumis à la formalité unique (V. **Formalité unique**) et le cas où la taxe de publicité foncière est perçue indépendamment des droits d'enregistrement (actes soumis à la double formalité).

I

Cas où la taxe de publicité foncière tient lieu des droits d'enregistrement (formalité unique)

8095 **Plan.** Nous étudierons successivement les conditions d'exigibilité de la taxe de publicité foncière (A), le fait générateur de la taxe de publicité foncière (B), les règles de perception (C), d'assiette (D) et de liquidation des droits (E), les tarifs de la taxe de publicité foncière (F), et les règles concernant le paiement de la taxe de publicité foncière (G).

NOTA De nombreux points ont été étudiés dans des rubriques particulières, auxquelles il sera éventuellement renvoyé.

A Conditions d'exigibilité de la taxe de publicité foncière

1 Titres taxables

a) Titre complet

8096 En dehors des mutations imposables par elles-mêmes, les faits juridiques ne sont taxables qu'à condition d'être constatés par un écrit.
Mais le droit édicté pour une opération juridique déterminée n'est exigible sur l'acte qui la constate que si cet acte en forme le titre complet, c'est-à-dire est susceptible d'en faire la preuve. L'acte qui ne constitue pas, même en apparence, le titre d'une opération juridique, est un acte imparfait, soumis seulement au droit fixe des actes innommés.
Si la convention contenue dans l'acte imparfait est une mutation soumise à l'impôt en l'absence de tout écrit destiné à la constater, cet impôt est bien entendu exigible ; toutefois, il ne peut être perçu que sur déclaration des parties et non sur l'acte lui-même, qui servira seulement de base à la réclamation du dépôt de cette déclaration.
Mais, lorsque l'écrit constitue un titre complet, sa forme n'exerce en principe aucune influence sur l'exigibilité de l'impôt qui peut-être perçu même sur de simples lettres missives. Il n'en est autrement que s'il s'agit d'un écrit soumis à la formalité en raison de la qualité et de la personne qui le rédige (acte notarié) (V. BOI-ENR-DG-20-20-10-20120912, n°s 10 à 30).

b) Convention verbale constatée ultérieurement par écrit

8097 Pour l'application du droit afférent à une opération juridique, il n'est pas nécessaire que celle-ci ait fait l'objet, au moment où elle est intervenue, d'un acte dressé spécialement pour la constater.
Un écrit postérieur, même quand il a un objet différent, peut en effet former le titre d'une convention réalisée antérieurement, s'il est susceptible de fournir aux parties les éléments nécessaires pour la poursuite de leurs droits respectifs (identification des parties, analyse suffisante de la convention antérieure…).
Le droit applicable à cette opération est, en conséquence, exigible s'il n'a pas été déjà perçu.
La perception du « droit de titre » trouve son fondement dans le fait que l'acte postérieur procure les mêmes avantages qu'un acte dressé immédiatement. Le droit n'est donc pas exigible si la mention, dans un acte, d'une opération antérieure n'a pas la portée juridique d'un titre, ce qui est notamment le cas lorsque cet acte n'est pas passé entre les mêmes parties qui ont concouru à la formation de la convention primitive. Par ailleurs, l'administration estime que ces principes, dont la portée pratique est, en l'état actuel de la législation, assez réduite, ne sont plus applicables aux conventions reconnues dans les décisions judiciaires. Mais les droits afférents à de telles conventions peuvent être perçus par application de l'article 857 du Code général des impôts (V. BOI-ENR-DG-20-20-10-20120912, n°s 40 à 70).

c) Actes nuls. Actes imparfaits

8098 **Acte nul.**
➤ V. **Acte nul**.

8099 **Acte imparfait.** L'acte imparfait est celui qui n'est pas encore formé à défaut du consentement

de toutes les parties ou auquel manquent quelques-unes des formalités exigées par la loi pour sa perfection.
Un tel acte ne fournit, même en apparence, aucun titre de l'opération juridique et ne peut en conséquence, être assujetti au droit prévu pour celle-ci. Il donne, en cas de présentation à la formalité, ouverture au droit fixe des actes innommés (BOI-ENR-DG-20-20-20-20120912, n° 30).

2 Limites à l'exigibilité des droits

a) Faits juridiques dérivant de la loi

8100 L'acte qui intervient uniquement pour constater un fait juridique dérivant directement de la loi est affranchi du droit proportionnel ou progressif. Tel est le cas en matière d'acquisition par voie d'accession ou de prescription, par exemple (V. BOI-ENR-DG-20-20-40-10-20120912, n° 1).

b) Règle non bis in idem

8101 **Principe (renvoi).**
➤ V. **Règle non bis in idem.**

8102 **Applications.** Ce principe reçoit application :
➤ Dans le cas des actes d'exécution et de complément : V. **Acte de complément** ;
➤ Dans le cas des actes refaits : V. **Acte refait.**

3 Enregistrement ou publication gratis

8103 **Généralités.** Certains actes sont soumis à la formalité, mais ne donnent ouverture à aucun droit ou taxe ; ils sont enregistrés ou publiés gratis. Comme l'exemption, la gratuité a été admise dans des cas et pour des motifs extrêmement divers. Mais la formalité n'en reste pas moins obligatoire en raison notamment de l'intérêt qu'elle peut présenter pour le contrôle (V. BOI-ENR-DG-20-20-10-20120912, n° 1).

8104 **Cas des actes soumis au tarif fusionné.** La loi n° 69-1168 du 26 décembre 1969, en fusionnant les droits d'enregistrement et la taxe de publicité foncière, a réduit le nombre des cas de gratuité de la formalité pour les actes donnant lieu à une perception fiscale unique, sans qu'il y ait lieu, d'ailleurs, de distinguer entre ceux qui relèvent de la formalité unique et ceux qui demeurent assujettis à la double formalité de l'enregistrement et de la publicité foncière.
En effet, les actes qui, avant l'entrée en vigueur des tarifs fusionnés, étaient exonérés de droits d'enregistrement et assujettis à la taxe de publicité foncière, donnent ouverture à l'impôt au tarif proportionnel de 0,70 % ou au tarif fixe de 25 €. Symétriquement, les actes qui, dans les mêmes conditions étaient exonérés de taxe de publicité foncière et assujettis à un droit fixe d'enregistrement, donnent ouverture à un impôt égal à ce dernier droit (CGI, art. 679-4°).
Seuls, en définitive, demeurent exonérés les actes et conventions antérieurement exonérés de droit d'enregistrement et de taxe de publicité foncière, notamment ceux relevant des dispositions de l'article 1594-0 G du Code général des impôts (V. BOI-ENR-DG-20-20-10-20120912, n° 10).

B Fait générateur des droits

8105 Nous distinguerons le cas des actes et mutations dont l'enregistrement ou la publication est obligatoire (1) et le cas des actes présentés volontairement à l'enregistrement ou à la publication (2).

1 Actes et mutations dont l'enregistrement ou la publication est obligatoire

8106 La créance du Trésor résulte de la rédaction de l'acte ou de la mutation ; elle prend naissance à cette époque et emporte à son profit un droit acquis dont l'existence est désormais certaine.
Par suite, l'impôt, dans ce cas, constitue un droit immédiatement acquis, échappant aux modifications de tarifs survenues entre l'époque de son ouverture et celle de son paiement.
La date des actes fait foi à l'égard de l'administration, même s'ils sont sous seing privé ; pour les mutations verbales, la date déclarée par les parties est également admise, sauf preuve de son inexactitude à établir par l'administration (BOI-ENR-DG-30-20120912, n° 1).
Le fait générateur des droits de mutation est le transfert de propriété (V. antérieurement, Doc. adm. DGI, 7 A-31, n° 2, 10 sept. 1996).

2 Actes présentés volontairement à l'enregistrement ou à la publication

8107 Pour les actes non soumis obligatoirement à la formalité, le fait générateur se place à la date de leur présentation volontaire. Il y a lieu d'appliquer le taux en vigueur à cette époque (BOI-ENR-DG-30-20120912, n° 10).

C Règles de perception

1 Conventions affectées de modalités

➤ V. **Condition suspensive, Condition résolutoire** et **Conventions affectées d'une modalité.**

2 Actes contenant plusieurs dispositions

➤ V. **Acte contenant plusieurs dispositions.**

3 Perception en fonction des stipulations du contrat

a) Principe

8108 **Énoncé du principe.** Les droits d'enregistrement sont acquis au Trésor tels qu'ils résultent des stipulations des actes, sans pouvoir être subordonnés à des faits extérieurs ou à des dispositions étrangères au contrat, et sans égard aux circonstances extérieures qui peuvent les modifier (BOI-ENR-DG-20-20-50-20120912, n° 1).

8109 **Applications.** Ce principe a été confirmé par une jurisprudence constante, dont notamment :
– dans une espèce où un groupement forestier avait acquis un bien immobilier désigné dans l'acte authentique comme une forêt.
Alors que le service, à l'occasion d'un redressement portant sur l'insuffisance du prix déclaré, prenait en compte la valeur de l'immeuble en fonction de l'objet de la mutation constitué par le sol et les arbres plantés, le redevable soutenait que seul le sol avait été vendu. À l'appui de ses prétentions, le groupement indiquait que les produits forestiers avaient été cédés antérieurement à une tierce personne par acte sous seing privé et arguait de l'existence d'une clause de l'acte authentique relative aux traités qui avaient été conclus avec des tiers.
La Haute juridiction a estimé qu'a légalement justifié sa décision le tribunal qui a retenu :
• que le mot « forêt » implique l'existence d'un terrain planté d'arbres,
• qu'aucune restriction n'a été faite dans l'acte authentique sur la nature et l'importance de la cession,
• et que la clause obligeant l'acquéreur à faire son affaire personnelle de l'exécution ou de la résiliation de tous traités qui ont pu être contractés relativement à l'immeuble vendu n'est pas suffisamment explicite pour être appliquée à l'acte sous seing privé invoqué (Cass. com., 5 janv. 1988 : *Bull. civ.* 1988, IV, n° 2) ;
– dans une espèce où une contribuable contestait les droits complémentaires et supplémentaires mis à sa charge pour non-respect de l'engagement visé à l'article 1115 du Code général des impôts en faisant valoir qu'elle avait pris par erreur dans l'acte d'acquisition cet engagement ainsi que la qualité de marchand de biens. Elle demandait à ce qu'il soit procédé, sur ce point, à une interprétation de l'acte par référence à la promesse de vente.
La cour, en précisant que la portée des stipulations des actes doit être appréciée sans avoir à rechercher l'intention des parties, a décidé qu'était justifié le jugement qui a constaté que la contribuable, après avoir, dans l'acte présenté à la formalité, pris la qualité de marchand de biens et sollicité le régime de l'article 1115 précité n'avait pas respecté l'engagement souscrit (Cass. com., 12 janv. 1988 : *Bull. civ.* 1988, IV, n° 21. – Cf. également : Cass. com., 4 mai 1973 : *Bull. civ.* 1973, IV, n° 163) ;
– dans une espèce où une commune invoquait un jugement rendu par un tribunal de grande instance qui avait constaté l'inexistence juridique d'une association ne répondant pas aux critères d'existence d'une personne morale de droit privé et qui avait acquis un immeuble et payé les droits de mutation correspondants, pour demander la restitution de ces droits.
Pour la Cour de cassation, le jugement du tribunal ne justifie pas la restitution de ces droits de mutation à la ville dont elle était l'« émanation » et qui se prévalait de l'exonération prévue à l'article 1042 du Code général des impôts alors que l'acte soumis à la formalité mentionnait que l'acquéreur était l'association.
La Cour de cassation confirme le principe constant selon lequel les droits d'enregistrement sont acquis au Trésor tels qu'ils résultent des stipulations des actes, sans pouvoir être subordonnés à des faits extérieurs ou à des dispositions étrangères au contrat, et sans égard aux circonstances extérieures qui peuvent les modifier telles que les décisions de justice invoquées.
De sorte que l'administration est fondée à tenir pour propriétaire véritable d'un bien celui qui apparaît comme tel aux yeux des tiers, en vertu des clauses formelles de titres, de la loi ou de ses agissements. L'association demeurait ainsi, au regard des termes de l'acte, le propriétaire apparent du bien vendu. Les conditions d'application de l'article 1961 du Code général des impôts, qui ne trouvent à s'appliquer que dans un certain nombre de cas limitativement énumérés par ce texte, n'étaient donc pas réunies en l'espèce (Cass. com., 15 oct. 1996, n° 94-21.187. – BOI-ENR-DG-20-20-50-20120912, n°s 10 à 30).

b) Application : propriété apparente

8110 **Principe.** L'administration est fondée à tenir pour propriétaire véritable d'un bien celui qui apparaît comme tel aux yeux des tiers, en vertu de clauses formelles de titres, de la loi ou de ses agissements.
Il en résulte que toute modification ultérieure de cette situation opère une mutation taxable, même s'il est établi que ce changement ne correspond pas, au regard des parties, à une véritable transmission (BOI-ENR-DG-20-20-50-20120912, n°s 80 et 90).

8111 **Preuve des mutations taxables en l'absence d'acte.** On peut rattacher à la règle de la propriété apparente, dont il facilite l'application, l'établissement par le législateur d'un certain nombre de présomptions fondées sur des faits de possession et destinées à assurer la perception de l'impôt sur certaines mutations assujetties à la formalité en l'absence d'acte (BOI-ENR-DG-20-20-50-20120912, n° 250).
Ces présomptions, qui permettent de taxer les « mutations secrètes », sont des présomptions simples, admettant la preuve contraire de la part des parties (BOI-ENR-DG-20-20-50-20120912, n° 260).
Elles concernent notamment les mutations de propriété ou d'usufruit d'immeubles qui sont suffisamment établies pour la poursuite des droits contre le nouveau possesseur, soit par l'inscription de son nom au rôle de la taxe foncière et des paiements (au nombre de deux au moins) par lui faits d'après ce rôle, soit par des baux par lui passés ou enfin par des transactions ou autres actes constatant sa propriété ou son usufruit (CGI, art. 1881. – V. également, pour les mutations de propriété de fonds de commerce ou de clientèle : CGI, art. 1882, et les mutations de jouissance : CGI, art. 1883).

4 Perception en fonction de la véritable nature des actes

8112 **Pouvoirs de l'administration.** Le principe selon lequel les droits sont acquis à l'administration en fonction des stipulations des actes (V. n° **8108**) connaît diverses limites (BOI-ENR-DG-20-20-50-20120912, n° 40).
En effet, l'administration n'est pas liée par les termes du contrat.
– Elle peut tout d'abord, si l'acte est obscur et incomplet et sous le contrôle de l'autorité judiciaire, en fixer le sens, en préciser les effets juridiques et déterminer la portée des dispositions qu'il contient en vue d'établir la perception.
– Elle a également le droit de rechercher, au-delà des dispositions apparentes, quel est le véritable contenu de la convention.
– En effet, selon la jurisprudence, l'administration est un tiers vis-à-vis des redevables : or si l'acte secret n'est pas opposable aux tiers, ceux-ci sont fondés à établir la simulation et ont le droit de choisir entre l'acte ostensible et la convention secrète (C. civ., art. 1201).

8113 **Application en cas de convention simulée.** Lorsqu'elle estime que la portée véritable d'un contrat ou d'une convention a été dissimulée à l'aide de clauses qui donnent ouverture à des droits d'enregistrement ou à une taxe de publicité foncière moins élevés, l'administration est fondée à leur restituer leur véritable caractère (LPF, art. L. 64).
Le rétablissement de la véritable portée des actes en cause et les rehaussements d'imposition qui en résultent sont notifiés dans le cadre de la procédure de répression des abus de droit. Il s'agit de la procédure de rectification contradictoire (LPF, art. L. 55) comportant toutefois certaines spécificités quant aux garanties du contribuable, à sa mise en œuvre, son déroulement et l'application des pénalités.
Ce droit de rectification reconnu à l'administration n'interdit pas aux parties de rechercher, entre plusieurs procédés juridiques aboutissant au même résultat, celui qui s'avère fiscalement le moins onéreux, sous réserve que ce procédé soit réellement employé et non simulé (BOI-ENR-DG-20-20-50-20120912, n°s 50 à 70).

D Assiette des droits

8114 **Principe.** La règle est fixée par l'article 666 du Code général des impôts :

> « Les droits proportionnels ou progressifs d'enregistrement et la taxe proportionnelle de publicité foncière sont assis sur les valeurs ».

Les droits sont en conséquence liquidés en appliquant le tarif prévu par la loi à la valeur imposable qui résulte, en général, des énonciations de l'acte ou des déclarations de mutation souscrites par les parties. Ces déclarations sont tenues pour exactes au moment où est donnée la formalité, sauf contrôle ultérieur de l'administration.

8115 **Déclaration estimative.** Lorsque la valeur imposable ne peut être déduite de la convention, il appartient aux parties de souscrire une déclaration estimative (V. **Déclaration estimative**).

8116 **Transmission de la nue-propriété ou de l'usufruit.**

➤ Sur les règles qui gouvernent l'assiette des droits en pareille hypothèse sont données, V. **Usufruit**.

8117 **Évaluation des immeubles.** Les règles régissant la matière résultent des articles 683 et 719 du Code général des impôts.
Le droit de mutation exigible sur les ventes et autres actes translatifs d'immeubles ou de fonds de commerce est donc liquidé selon ces textes sur le prix exprimé en y ajoutant toutes les charges en capital, ainsi que toutes les indemnités stipulées au profit du cédant à quelque titre ou pour quelque cause que ce soit, ou sur une estimation d'expert dans les cas autorisés.
L'impôt de mutation immobilière est dû en principe sur le prix, sauf le droit pour l'administration de requérir l'expertise (LPF, art. R. 202-3) ou d'établir par d'autres modes de preuve autorisés que la valeur vénale est supérieure au prix (LPF, art. R. 195-1).
Pour ce qui concerne les droits de mutation à titre gratuit, les immeubles et les fonds de commerce sont estimés d'après leur valeur vénale réelle à la date de la transmission, d'après la déclaration détaillée et estimative des parties.

8118 **Acte publié longtemps après sa signature. Déclaration estimative.**
➤ V. **Vente d'immeuble**.

E Liquidation des droits

1 Arrondissement des sommes imposables à l'euro le plus proche

8119 **Principes.** Les bases des impositions de toute nature sont arrondies à l'euro le plus proche. La fraction d'euro égale à 0,50 est comptée pour 1 (CGI, art. 1649 undecies).
La liquidation de toute somme à verser à quelque titre et pour quelque cause que ce soit est arrondie à l'euro le plus proche. La fraction d'euro égale à 0,50 est comptée pour 1 (CGI, art. 1724).
Les impositions proportionnelles ou progressives sont arrondies à l'euro le plus proche. La fraction d'euro égale à 0,50 est comptée pour 1 (CGI, art. 675).

2 Minimum de perception

8120 L'ensemble des droits proportionnels ou progressifs exigibles sur un acte ou une mutation – mais non obligatoirement le droit applicable à chaque disposition particulière – ne peut être inférieur à un minimum (CGI, art. 1201).
➤ V. **Minimum de perception**.

3 Loi applicable

8121 **Application dans le temps.** Sauf disposition spéciale, les lois et règlements relatifs aux droits d'enregistrement et à la taxe de publicité foncière sont exécutoires dans les délais du droit commun, soit le lendemain de leur publication au *Journal officiel* (C. civ., art. 1er).

8122 En cas d'urgence, entrent en vigueur dès leur publication les lois dont le décret de promulgation le prescrit et les actes administratifs pour lesquels le Gouvernement l'ordonne par une disposition spéciale (C. civ., art. 1er, al. 2).

8123 **Rétroactivité.** Sauf disposition législative spéciale, les lois et règlements relatifs aux droits d'enregistrement et à la taxe de publicité foncière ne peuvent, conformément à la règle générale définie par l'article 2 du Code civil, avoir d'effet rétroactif.
Une loi nouvelle qui modifie le tarif des droits est donc sans influence sur les droits dont le fait générateur se situe antérieurement à son entrée en vigueur (V. BOI-ENR-DG-20-10-20120912, n° 40).
➤ Pour plus de détails, V. **Changement de tarif**.

8124 **Loi applicable dans l'espace.** Nous rappellerons sommairement les principes (pour plus de détails, V. **Acte passé à l'étranger**).
Les lois fiscales sont territoriales : les droits d'enregistrement ne sont donc exigibles, en principe, que pour les actes passés en France et les biens qui y sont situés.
La situation des biens est matérielle ou fictive.
Sont considérés comme ayant une assiette matérielle en France lorsqu'ils y sont situés ou exploités : les immeubles, les meubles meublants, les meubles corporels, les fonds de commerce, les offices et les clientèles ainsi que le numéraire et les billets de banque déposés en France, les droits de propriété littéraire et artistique, les brevets d'invention et marques de fabrique qui y sont protégés ou enregistrés, les navires ou bateaux de nationalité française.
Ont une situation fictive en France : les créances dont le débiteur est domicilié en France, notamment les fonds déposés dans une banque de France, les comptes de chèques postaux en France, les dépôts irréguliers, comptes courants, lettres de change, chèques et effets. Toutefois, le lieu de paiement déterminera la situation de la créance lorsqu'il est stipulé que le juge de ce lieu est compétent, à l'exclusion de celui du domicile du débiteur.
Les valeurs mobilières, actions, parts d'intérêts, obligations, dont l'établissement émetteur ou débiteur a son siège en France, sont réputées situées en France ; il en est de même des rentes

et valeurs émises par l'État et autres collectivités publiques françaises.
L'application de ce principe conduit à exclure du champ d'application de l'impôt en France, d'une part, les actes passés en France et relatifs à des biens étrangers et, d'autre part, les actes passés à l'étranger et concernant des biens situés en France (V. BOI-ENR-DG-20-10-20120912, n°s 60 à 100).

8125 Cette règle toutefois souffre d'importantes exceptions :
– ces exceptions sont parfois introduites par des conventions internationales ;
– d'autre part, certains actes passés à l'étranger sont néanmoins taxables, lorsqu'ils sont translatifs de biens français (V. **Acte passé à l'étranger**).

F Tarifs de la taxe de publicité foncière

8126 Le tarif applicable est fonction de la nature de l'opération (vente, échange apport en société, etc.).

AVERTISSEMENT **Compte tenu de la date de publication du présent ouvrage, qui se situe régulièrement au mois de juin de chaque année, il apparaît qu'il n'est pas possible de rendre compte utilement du tarif des mutations immobilières à titre onéreux en vigueur.**
En effet, la DGFiP publie dans le cours du mois de juin une note annuelle rendant compte de l'évolution des droits, de leur taux et des abattements et exonérations applicables pour chaque période du 1er juin au 31 mai de l'année suivante.
À la date de publication de l'ouvrage, les renseignements, issus de la note annuelle précédente de la DGFiP, sont de ce fait périmés et il n'est pas possible de rendre compte des nouveaux tarifs.
Compte tenu de cette situation, nos lecteurs sont invités à se reporter directement à la note de la DGFiP, dont ils peuvent se procurer la teneur sur le site impots.gouv.fr, sur Internet ou par l'intermédiaire du site LexisNexis.

➤ Pour connaître le tarif applicable dans tel ou tel cas on se reportera à la rubrique correspondante (V. également **Changement de tarif**).

8127 **Taxe de publicité foncière au taux réduit (0,60 %, puis 0,70 %).** Dans un certain nombre de cas (indépendamment de ceux où il y a double formalité, V. n°s 8138 et s.), la taxe de publicité foncière est perçue au taux de 0,60 %.
L'article 95-III de la loi de finances rectificative pour 2004 (L. n° 2004-1485, 30 déc. 2004 : *JO* 31 déc. ; *Dr. fisc.* 2005, comm. 218) a institué au profit de l'État une taxe de 0,10 % qui est venue s'ajouter à la taxe de 0,60 %.
L'article 77, 1.2.1 de la loi de finances pour 2010 (L. n° 2009-1673, 30 déc. 2009 : *JO* 31 déc., p. 22856) a supprimé la taxe bénéficiant à l'État (CGI, art. 678 bis abrogé), et augmenté celle affectée aux départements, qui est passée à 0,70 %
Ces dispositions s'appliquent aux actes passés et aux conventions conclues à compter du 1er janvier 2011.
La charge fiscale est donc de 0,71498 % soit :

Droit départemental	0,70 %
Frais d'assiette et de recouvrement (0,70 % × 2,14 % : CGI, art. 1647-V)	0,01498 %
Taxation totale	0,71498 %

Ce tarif est notamment applicable dans les cas visés par l'article 1020 du Code général des impôts (V. n° 8143), pour les inscriptions d'hypothèques, pour les mutations d'immeubles soumis à la TVA immobilière, etc.
Cependant, en ce qui concerne les mutations à titre gratuit le tarif de la taxe de publicité foncière est resté fixé à 0,60 % (CGI, art. 791. – V. n° 8140).

G Paiement de la taxe de publicité foncière

8128 Nous examinerons successivement le principe du paiement préalable (1), les modes de paiement (2), et le point de savoir qui est débiteur de la taxe de publicité foncière (3).

1 Principe du paiement préalable

8129 **Énoncé du principe.** En vertu des dispositions de l'article 1701 du Code général des impôts, les droits des actes et ceux des mutations par décès sont payés avant l'exécution de l'enregistrement, de la publicité foncière ou de la formalité unique aux taux et quotités réglés par la loi.
Nul ne peut en atténuer ni différer le paiement, sous le prétexte de contestation sur la quotité, ni pour quelque autre motif que ce soit, sauf à se pourvoir en restitution s'il y a lieu.
Le paiement de l'impôt est donc préalable à l'accomplissement de la formalité et indivisible comme cette dernière.
Les assujettis doivent, sous peine de refus de la formalité, acquitter la totalité des droits réclamés par

le receveur ou le service de la publicité foncière qui tient de la loi un pouvoir discrétionnaire en premier ressort (V. BOI-ENR-DG-50-10-10-20120912, n° 10).

8130 **Dérogations.** La règle du paiement immédiat de l'impôt admet toutefois des dérogations, notamment dans les cas suivants : paiement fractionné ou différé (CGI, art. 1717 et s.) ; enregistrement en débet (V. **Débet**) ; exigibilité des pénalités. Dans ce dernier cas, si un acte ou une déclaration donnant ouverture à une pénalité est déposé, accompagné du versement des droits simples et d'une demande en remise de pénalités, cet acte ou cette déclaration peut être enregistré immédiatement, sauf à donner lieu à régularisation ultérieure en ce qui concerne les pénalités (V. BOI-ENR-DG-50-10-10-20120912, n° 20).

8131 **Taxe non perçue d'avance. Rejet de la formalité.** La taxe qu'un conservateur (aujourd'hui le service de la publicité foncière) aurait omis de percevoir pourrait-elle être réclamée après le rejet de la formalité ?
En cas de rejet, la taxe acquittée lors du dépôt est seulement imputable si les parties le demandent sur la taxe qui sera exigible à l'occasion de la même formalité ultérieurement et régulièrement requise (V. **Rejet**).
La taxe reste donc bien due en principe même après le rejet de la formalité (Bulté et Béchade : *JCP* N 1962, IV, 3438).

8132 **Paiement d'avance insuffisant de la taxe et des salaires. Sanctions applicables.** Le conservateur qui, sans opposer le refus du dépôt, a accepté de formaliser une publication ou une inscription sans paiement d'avance ou sans provision suffisante de la taxe et des salaires est autorisé par le paragraphe 3 de l'article 74 du décret du 14 octobre 1955 à opposer par la suite le rejet de cette formalité (V. **Rejet**). Cette mesure pourrait cependant, dans certains cas, s'avérer extrêmement rigoureuse si le rejet devenait définitif.
Aussi, soulignant que le conservateur n'était jamais tenu d'opposer le refus ou le rejet mais qu'il était « seulement fondé à y recourir lorsqu'il l'estime nécessaire pour assurer la tenue correcte du fichier immobilier » (*Rép. alph. enreg.*, V° Hypothèque, L. III, n° 214-2), MM. Bulté et Béchade conseillent, dans le cas d'insuffisance de provisions, de se borner à réclamer à l'officier public requérant les sommes restant exigibles. En attendant le règlement de ces sommes, le conservateur serait en droit de retenir les pièces formalisées (V. Rép. min. Budget : *Journ. conserv. hyp.*, art. 11194 et 11342-II ; V. chron. Bulté et Béchade : *JCP* N 1962, IV, 3438).
Remarque : Il n'est pas certain que cette solution reste d'actualité pour la perception de la taxe de publicité foncière et de la contribution de sécurité immobilière. Il appartiendra à l'administration de prendre position sur ce type de difficultés.

2 Modes de paiement de la taxe de publicité foncière

➤ V. **Paiement des droits.**

3 Débiteurs de la taxe de publicité foncière

➤ V. **Paiement des droits.**

II Cas où la taxe de publicité foncière ne tient pas lieu des droits d'enregistrement (double formalité)

8133 **Observation.** Apparemment, compte tenu de la rédaction de l'article 5 de la loi du 26 décembre 1969 (V. n° 8090), les règles applicables seraient en principe les mêmes que celles appelées à jouer lorsque la taxe de publicité foncière tient lieu des droits d'enregistrement (A). Cependant, il existe certaines règles particulières (B).

A Règle de principe

8134 **Renvoi aux dispositions concernant les droits d'enregistrement.** La solution est la même que lorsque la taxe de publicité foncière tient lieu des droits d'enregistrement. Les règles d'exigibilité, d'assiette, de perception, de liquidation et de recouvrement sont, en principe, les mêmes que celles applicables aux droits d'enregistrement. On se reportera donc au I où ces règles sont évoquées dans le détail. Il existe cependant des dispositions particulières.

B Dispositions particulières

1 Fait générateur

8135 La taxe de publicité foncière ne tenant pas lieu de droit d'enregistrement, étant exigible à raison de la présentation des actes à la formalité de publication, la taxe de publicité foncière, dans cette hypothèse, est perçue quelle que soit la date de l'acte (Doc. adm. DGI, 7 A-31, 10 sept. 1996, § 2 à 4 – non reprise au BOFiP).
Autrement dit, lorsque la taxe de publicité foncière ne tient pas lieu de droits d'enregistrement, le fait générateur est constitué par la publication de l'acte, et non par la mutation que constate cet acte. C'est là une différence fondamentale avec la taxe de publicité foncière tenant lieu de droits d'enregistrement.
Ce principe trouve deux illustrations, la seconde étant toutefois devenue historique :
– pour les donations et donations-partages immobilières, le fait générateur de la taxe est constitué par la réquisition de la formalité, c'est-à-dire par le dépôt des documents au service de publicité foncière. La taxe est donc exigible au tarif en vigueur au jour où les documents à publier sont présentés à la formalité (BOI-ENR-DMTG-20-40, 30 sept. 2014, § 40) ;
– pour les baux immobiliers d'une durée limitée mais supérieure à douze ans, la taxe était perçue lors de la publication de l'acte au fichier immobilier (BOI-ENR-JOMI-10, 2 août 2017, § 50 ; la Cour de cassation a toutefois retenu une solution contraire en matière de crédit-bail – V. **Crédit-bail**) ; l'entrée de ces baux dans le champ d'application de la formalité fusionnée à compter du 1er janvier 2023 vient modifier le fait générateur de la taxe, laquelle est désormais exigible en raison de la conclusion du bail (la mutation de jouissance) et non plus de sa publication au fichier immobilier– V. **Formalité fusionnée**.

2 Actes conditionnels

8136 Lorsqu'elle ne tient pas lieu des droits d'enregistrement, la taxe de publicité foncière est perçue sur l'acte conditionnel d'après le régime applicable à la date à laquelle la formalité de publicité foncière est requise. Les valeurs imposables sont déterminées en se plaçant à la date de l'acte (CGI, art. 676, al. 2).
Cette disposition est dérogatoire à la règle de droit commun selon laquelle le régime fiscal applicable et les valeurs imposables sont déterminés en se plaçant à la date de la réalisation de la condition (CGI, art. 676. – V. **Condition suspensive**).

3 Actes de complément

8137 L'article 673 du Code général des impôts édicte les dispositions particulières applicables aux actes de complément pour le cas où la taxe de publicité foncière ne tient pas lieu des droits d'enregistrement (V. **Acte de complément**).

4 Pénalités

8138 Pour les actes échappant à la formalité unique, le retard d'exécution de la publicité foncière n'est pas sanctionné par l'indemnité de retard prévue à l'article 1727 du Code général des impôts.

5 Tarif

8139 L'article 681 du Code général des impôts dispose que les taux de la taxe de publicité foncière sont applicables pour la liquidation des droits d'enregistrement dus à raison des dispositions sujettes à publicité foncière des décisions judiciaires et des actes exclus du champ d'application de la formalité fusionnée. Ce texte a pour objet d'aligner sur les tarifs de la taxe de publicité foncière le taux des droits à percevoir à l'occasion de l'enregistrement des actes ou décisions exclus de la formalité unique en vertu de l'article 647-1, alinéa 2, du Code général des impôts (V. **Formalité unique**), pour les dispositions de ces actes ou décisions qui se rapportent aux immeubles.

8140 Il est fait cependant une exception pour les mutations à titre gratuit. En ce qui les concerne, les droits de mutation à titre gratuit s'appliquent selon le droit commun et la taxe de publicité foncière au taux est perçue au taux de 0,60 % (0,61422 %) (V. **Donation**).
Une semblable exception était également prévue par le texte pour les baux de plus de douze ans. Cette exception a disparu depuis le 1er janvier 2023, en suite de la modification de l'article 683 par la loi de finances pour 2023 (L. fin. 2023, n° 2022-1726, 30 déc. 2022, art. 22 : *JO* 31 déc.). La modification de ce texte paraît emporter un changement de la nature de la taxe de publicité foncière : elle doit être considérée comme tenant lieu de droits d'enregistrement (V. **Formalité unique**).
Mises à part ces deux exceptions, les dispositions de l'article 681 du Code général des impôts font

que lors de l'enregistrement il est appliqué une taxation équivalente à celle que représente la taxe de publicité foncière due pour les conventions de même nature contenues dans les actes soumis à formalité fusionnée. Il y a ensuite, au stade de la publication au fichier immobilier, dispense de tout paiement de taxe (CGI, art. 665).

8141 Ce texte est appelé à jouer pour les décisions judiciaires, mais seulement dans la mesure où elles contiennent des dispositions donnant ouverture à un droit proportionnel ou progressif (V. **Décision de justice**).

6 Exonérations

8142 **Exonération corrélative à une exonération des droits d'enregistrement.** Lorsqu'une exonération de taxe de publicité foncière est corrélative à une exonération des droits d'enregistrement, son application est subordonnée soit à la production d'un certificat délivré par le comptable des impôts attestant que les justifications régulières de cet exonération lui ont été fournies, soit, si la publicité foncière est requise avant enregistrement, à la remise d'une copie, certifiée par l'officier public ou ministériel ou par l'autorité administrative, desdites pièces justificatives (CGI, art. 877). Si une inscription est prise en vertu d'un acte non présenté à la recette des impôts, les pièces justificatives de l'exonération sont jointes au bordereau (Doc. adm. DGI 10 G-112, 1er oct. 1971).

7 Les taxes de publicité foncière « pures »

8143 **Actes visés à l'article 1020 du Code général des impôts.** L'article 1020 du Code général des impôts est ainsi conçu :

« Les dispositions sujettes à publicité foncière des actes visés aux articles 1025, 1030, 1031, 1053, 1054, 1055, 1066, 1067, 1087 et 1088 ainsi que de ceux relatifs aux opérations visées aux articles 1028, 1029, 1037 et 1065, au II de l'article 1069 et aux articles 1070, 1071, 1115, 1131, 1133, 1133 ter et 1133 quater sont assujetties à une taxe de publicité foncière ou à un droit d'enregistrement de 0,60 % lorsqu'elles entrent dans les prévisions des 1° à 4° de l'article 677. Dans le cas contraire, et sauf exonération, ces dispositions sont soumises à une imposition fixe de 25 €. Celle-ci s'applique, dans tous les cas, aux dispositions sujettes à publicité foncière des actes relatifs aux transmissions de biens visés à l'article 1039 ».

L'article 1020 du Code général des impôts fait une application de ces principes à un certain nombre d'actes visés au chapitre IV « Régimes spéciaux et exonérations de portée générale » du titre IV de la première partie du livre I du Code général des impôts, qui antérieurement au 1er octobre 1970, date de l'entrée en vigueur des tarifs fusionnés, étaient exonérés de droit d'enregistrement, mais passibles d'une taxe de publicité foncière lorsqu'ils contenaient des dispositions sujettes à publication au fichier immobilier.

Ce texte précise, en effet, que les dispositions sujettes à publicité foncière des actes susvisés sont assujetties à une taxe de publicité foncière ou à un droit d'enregistrement de 0,70 % lorsqu'elles sont relatives à des transmissions de propriété, d'usufruit ou de jouissance des biens immeubles, à des constitutions de droits réels immobiliers, à des apports immobiliers à des personnes morales, à des partages de biens immeubles.

Dans le cas contraire, ajoute l'article 1020 du Code général des impôts et sauf exonération, ces dispositions sont soumises à une imposition fixe de 25 € (V. BOI-ENR-DG-20-20-10-20120912, n° 20).

Comme a pu le faire remarquer un auteur (C. Guillot, *L'usufruit successif et la publicité foncière vus par l'administration : BIM* 4/2006, § 7), l'article 1020 du CGI constitue le fondement des taxes de publicité foncière non confondues avec les droits d'enregistrement.

III Restitution

8144 **Renvoi.**

➤ V. *supra* la rubrique **Restitution**.

IV

Taxe de publicité foncière et mutations soumises à TVA

8145 Renvoi.

➤ V. *infra*, la rubrique **TVA immobilière**.

Taxes additionnelles

Serge LAMIAUX

Sommaire analytique

8146 **Plan.** Seront examinées les taxes **perçues** au profit des communes et départements (I) et la taxe perçue au profit de la région Île-de-France (II).

REMARQUES Une taxe additionnelle était perçue au profit des régions sur les mutations d'immeubles ou droits immobiliers situés sur leur territoire (CGI, anc. art. 1599 sexies, 1599 septies et 1599 septies A) ; cette taxe a été supprimée par la loi de finances pour 1999 à compter du 1er janvier 1999 (abr. L. n° 98-1266, 30 déc. 1998, art. 39, I, 4).

Une taxe additionnelle était perçue au profit de l'État sur les opérations qui rendaient également exigible la taxe de publicité foncière ou le droit d'enregistrement au profit des départements en application des articles 1594 A et 1594 B du CGI ; elle s'est appliquée du 1er janvier 2006 au 31 décembre 2010 ; elle a été supprimée par la loi de finances pour 2010 (CGI, anc. art. 678 bis. – Abr. L. n° 2009-1673, 30 déc. 2009, art. 77, 1-2-1).

I Taxes au profit des communes ou des fonds de péréquation et au profit des départements

8147 Les articles 1584 et 1595 bis du Code général des impôts prévoient la perception d'une taxe additionnelle aux droits d'enregistrement et à la taxe de publicité foncière exigibles sur les mutations à titre onéreux au profit :
– des communes de plus de 5 000 habitants, ainsi que de celles d'une population inférieure, classées comme stations de tourisme au sens de la sous-section 2 de la section 2 du chapitre III du titre III du livre Ier du Code du tourisme ;
– d'un fonds de péréquation départemental, dans toutes les communes d'une population inférieure à 5 000 habitants, autres que les communes classées comme stations de tourisme au sens de la sous-section 2 de la section 2 du chapitre III du titre III du livre Ier du Code du tourisme.

8148 **Application territoriale.** Les communes concernées sont, non seulement les collectivités du territoire métropolitain, mais aussi celles des départements d'outre-mer (Guadeloupe, Guyane, Martinique et La Réunion).
De même, l'article 1595 du Code général des impôts prévoit qu'une taxe additionnelle exigible sur les mutations à titre onéreux est perçue au profit des départements métropolitains, mais aussi d'outre-mer (Guadeloupe, Guyane, Martinique et La Réunion. – BOI-ENR-DG-60-10-10, 2 mai 2018, nos 1 et 10).

A Champ d'application

8149 **Principe.** Les taxes instituées par les articles 1584 et 1595 bis du Code général des impôts, au profit des communes ou des fonds de péréquation et par l'article 1595 au profit des départements sont des taxes additionnelles aux droits d'enregistrement ou à la taxe de publicité foncière (qui sont, pour leur part, perçus pour le compte de l'État ou des départements) et exigibles sur les mutations à titre onéreux (BOI-ENR-DG-60-10-20, 2 mai 2018, n° 1).

8150 **Mutations non concernées.** Les taxes additionnelles ne trouvent pas à s'appliquer :
– aux mutations soumises à la taxe sur la valeur ajoutée (opérations concourant à la production ou à la livraison d'immeubles visés à l'article 257 du Code général des impôts) ;
– aux mutations exonérées de droits d'enregistrement ou de taxe de publicité foncière ;
– aux mutations passibles de la taxe de publicité foncière au taux de 0,70 % ou au taux de 0,60 % prévu par l'article 791 du Code général des impôts ;
– aux mutations d'immeubles sis à l'étranger, y compris lorsque les actes translatifs de ces propriétés sont assujettis à la formalité de l'enregistrement en raison de leur forme, lorsqu'ils sont passés en France ;
– aux opérations qui ne constituent pas une vente ou une opération assimilée. Les taxes additionnelles ne s'appliquent donc pas aux échanges d'immeubles faits à titre pur et simple, aux partages purs et simples et aux partages de successions ou de communautés ou indivisions conjugales passibles du droit de 2,50 %, aux apports purs et simples en sociétés passibles du droit fixe (sur les apports purs et simples assimilés à des mutations à titre onéreux, V. *infra*, n° 8152).
En outre, la taxe additionnelle départementale prévue à l'article 1595 du Code général des impôts n'est pas due lorsque les droits d'enregistrement ou la taxe de publicité foncière est perçue au profit des conseils généraux en application de l'article 1594 A du Code général des impôts (BOI-ENR-DG-60-10-20, 6 avr. 2016, n° 10).

8151 **Mutations à titre onéreux concernées.** Sous ces réserves et compte tenu des exonérations commentées ci-après, ces taxes additionnelles sont dues à raison des mutations à titre onéreux :
– d'immeubles et de droits immobiliers situés sur le territoire de la commune au profit de laquelle la taxe est perçue ou sur le territoire du département, pour la taxe départementale ; toutefois, aucune taxe additionnelle n'est perçue lorsque la mutation est soumise aux droits proportionnels de 0,60 % (CGI, art. 791) ou de 0,70 %. En outre, la taxe additionnelle prévue à l'article 1595 du Code général des impôts au profit du conseil général n'est pas due lorsque la mutation donne elle-même lieu au versement de la TPF ou des

droits d'enregistrement au profit du conseil général. Ainsi, la taxe additionnelle départementale prévue à l'article 1595 du Code général des impôts n'est due en ce qui concerne les mutations immobilières qu'à raison des apports d'immeubles passibles de droit d'enregistrement ou de taxe de publicité foncière proportionnels (CGI, art. 810 III et 683 bis) ;

– de meubles corporels mentionnés à l'article 733-2° du Code général des impôts faisant l'objet de ventes aux enchères publiques effectuées dans la commune ou sur le territoire du département, pour la taxe départementale ; les ventes publiques de meubles corporels autres que ceux mentionnés à l'article 733-2° du Code général des impôts, ainsi que les ventes publiques de meubles incorporels (créances, rentes, droits sociaux, obligations négociables), échappent aux perceptions additionnelles ;

– d'offices ministériels ayant leur siège dans la commune ou dans le département, pour la taxe départementale ;

– de fonds de commerce ou de clientèle établis sur le territoire des communes intéressées ou du département, pour la taxe départementale ;

– de droit à un bail ou de bénéfice d'une promesse de bail portant sur tout ou partie d'un immeuble situé sur le territoire de la commune ou du département, pour la taxe départementale, quelle qu'en soit la forme donnée par les parties, qu'elle soit qualifiée de cession de pas-de-porte, d'indemnité de départ ou autrement (BOI-ENR-DG-60-10-20, 6 avr. 2016, n° 20).

8152 **Apports en société.** Les apports purs et simples faits à une personne morale passible de l'impôt sur les sociétés par une personne non soumise à cet impôt sont assimilés à des mutations à titre onéreux dans la mesure où ils ont pour objet un immeuble ou des droits immobiliers, un fonds de commerce, une clientèle, un droit à un bail ou à une promesse de bail (CGI, art. 809-I-3°). Il en est de même des apports visant les mêmes biens lorsqu'une personne morale devient passible de l'IS (CGI, art. 809-II). Ces apports supportent donc, outre le droit prévu à l'article 810-III du Code général des impôts, les taxes communale et départementale additionnelles.

Toutefois, de tels apports ne donnent lieu qu'au paiement du droit fixe si l'apporteur (ou les associés en cas de changement de régime fiscal) s'engage à conserver pendant trois ans les titres remis en contrepartie de l'apport (ou détenus à la date du changement de régime fiscal. – CGI, art. 809-I bis). Corrélativement, ces apports échappent donc aux taxes additionnelles (BOI-ENR-DG-60-10-20, 6 avr. 2016, n° 30).

8153 **Exonérations.** Diverses exonérations de taxe additionnelle sont prévues soit par les articles 1584-2, 1595 ter et 1584 bis du Code général des impôts, soit par d'autres dispositions. Elles concernent les ventes publiques de meubles et les acquisitions d'éléments du patrimoine artistique national. Nous les mentionnons pour mémoire, car elles sortent du champ d'étude du présent ouvrage (V. BOI-ENR-DG-60-10-20, 6 avr. 2016, n°s 40 à 60).

B Taux

8154 **Principe.** Le taux de la taxe départementale est de 1,60 % (en ce qui concerne les mutations à titre onéreux d'immeubles et de droits immobiliers).

Le taux de la taxe communale et de la taxe perçue au profit du fonds de péréquation départemental est fixé à 1,20 % en ce qui concerne les mutations d'immeubles de droits immobiliers (à l'exclusion des mutations soumises au droit proportionnel à 0,70 %. – CGI, art. 1584 et 1595, 10 et 0,60 % ; CGI, art. 791).

8155 **Exercice par le locataire de son droit de préemption.** Conformément aux dispositions de l'article 1584 bis du Code général des impôts, le conseil municipal peut, sur délibération, réduire le taux de la taxe additionnelle aux droits d'enregistrement ou à la taxe de publicité foncière jusqu'à 0,5 % pour les mutations immobilières visées au 1° du 1 de l'article 1584 du Code général des impôts, moyennant la réunion des conditions suivantes :

– la mutation s'inscrit dans le cadre d'une opération consistant :

• soit en des ventes par lots déclenchant le droit de préemption prévu à l'article 10 de la loi n° 75-1351 du 31 décembre 1975 relative à la protection des occupants de locaux à usage d'habitation ou le droit de préemption prévu à l'article 15 de la loi n° 89-462 du 6 juillet 1989 tendant à améliorer les rapports locatifs,

• soit en la vente d'un ou plusieurs lots, consécutive à la mise en copropriété d'un immeuble en raison de l'exercice, par l'un des locataires ou occupants de bonne foi, du droit de préemption prévu à l'article 10-1 de la loi n° 75-1351 du 31 décembre 1975 précitée ;

– la mutation porte sur un logement occupé ;

– l'acquéreur s'engage dans l'acte d'acquisition à affecter le logement à la location pendant une période minimale de six ans à compter de la date d'acquisition.

Les délibérations des conseils municipaux relatives à l'exonération de taxe communale additionnelle prennent effet dans les délais prévus à l'article 1594 E du Code général des impôts.

Elles doivent donc être notifiées aux services fiscaux, en principe, avant le 31 mars de chaque année (CGI, art. 1639 A) pour pouvoir prendre effet le 1er juin suivant (BOI-ENR-DG-60-10-20, 6 avr. 2016, n° 70).

La liste des communes dans lesquelles les exonérations sont applicables peut être consultée sur le site « www.impots.gouv.fr » \ professionnels \ accès spécialisé \ notaires et géomètres-experts \ droit d'enregistrement : les taux applicables au 1er janvier 2015…

Remarque : Sur l'exonération possible des cessions autres que la première de chacune des parts de sociétés civiles immobilières de capitalisation mentionnées à l'article L. 443-6-2 du Code de la construction et de l'habitation représentatives de fractions d'immeubles (V. BOI-ENR-DG-60-10-20, 6 avr. 2016, n° 80).

C Formalités

8156 Vente d'immeuble situé sur le territoire de plusieurs communes. Quand un acte constate la vente, moyennant un prix unique d'immeubles qui, par suite de leur situation, donnent ouverture les uns à la taxe additionnelle communale (V. CGI, art. 1584 dans la présente rubrique) et les autres à la taxe prévue au profit du fonds de péréquation départemental (V. CGI, art. 1595 bis à la présente rubrique), ces deux taxes doivent obligatoirement figurer de façon distincte dans le projet de liquidation des droits exigibles. Ceci implique nécessairement la détermination de l'assiette de chacune d'elles et, par voie de conséquence, la ventilation du prix exprimée pour l'ensemble des immeubles vendus. À défaut, la formalité peut être refusée.

Si toutes les communes entrent dans les prévisions de l'article 1584 du Code général des impôts, le projet de liquidation des droits exigibles doit également faire ressortir distinctement le produit de la taxe additionnelle revenant à chacune des communes intéressées, ce qui suppose nécessairement la ventilation du prix (chron. Chardonnal : *JCP* N 1986, prat. 9640).

D Liquidation des taxes additionnelles

8157 Les taxes additionnelles sont liquidées dans les mêmes conditions que les droits et taxes auxquels elles s'ajoutent (BOI-ENR-DG-60-20, 6 avr. 2016, n° 10).

E Recouvrement

8158 Principe. Conformément aux dispositions des articles 1584, 1595, 1595 bis F et 1635 bis F du Code général des impôts, les taxes additionnelles sont assises et recouvrées suivant les mêmes règles, avec les mêmes garanties et sous les mêmes sanctions que la taxe de publicité foncière ou le droit d'enregistrement auxquels elles s'ajoutent.

En particulier, il leur est fait application des règles de prescription, ainsi que des dispositions de l'article 735 du Code général des impôts relatives aux ventes simultanées de meubles et d'immeubles (V. **Vente simultanée de meubles et d'immeubles**).

Toutefois, lorsque le conseil général a voté l'application de l'abattement prévu par l'article 1594 F ter du Code général des impôts pour la liquidation des droits d'enregistrement ou de la taxe de publicité foncière à profit, la taxe additionnelle communale est assise sur la valeur de l'immeuble avant abattement (BOI-ENR-DG-60-20, 6 avr. 2016, n° 20).

8159 Minimum de perception. Le minimum de perception prévu par l'article 674 du Code général des impôts couvre l'ensemble des droits d'enregistrement et des taxes additionnelles. Dans cette hypothèse, les taxes locales sont portées en recette pour leur montant propre (V. BOI-ENR-DG-6020, 6 avr. 2016, n° 30. – V. **Minimum de perception**).

8160 Pénalités. Lorsqu'un acte donnant ouverture aux taxes locales additionnelles est présenté hors délai à la formalité, la pénalité est calculée sur le montant de ces taxes. Si l'acte est entaché d'insuffisance, la pénalité qui sanctionne l'insuffisance est également liquidée sur les taxes (BOI-ENR-DG-6020, 6 avr. 2016, n° 40).

II

Taxe additionnelle aux droits de mutation sur les cessions de locaux à usage de bureaux en Île-de-France

8161 L'article 50 de la loi de finances rectificative pour 2015 (L. n° 2015-1786, 29 déc. 2015, art. 50, I) institue au profit de la **région Île-de-France** une **taxe additionnelle aux droits d'enregistrement ou à la taxe de publicité foncière** sur les **mutations à titre onéreux de locaux à usage de bureaux, de locaux commerciaux et de locaux de stockage achevés depuis plus de cinq ans** (CGI, art. 1599 sexies rétabli).

8162 **Entrée en vigueur.** La taxe s'applique aux actes passés et mutations conclues à compter du 1er janvier 2016 (L. fin. rect. 2015, art. 50, IV).

A Locaux imposables

8163 **Nature des locaux.** La taxe additionnelle s'applique aux mutations à titre onéreux portant sur les locaux à usage de bureaux, de locaux commerciaux et de locaux de stockage mentionnés à l'article L. 520-1 nouveau du Code de l'urbanisme, relatif à la nouvelle taxe pour création de bureaux en **Île-de-France**. Les locaux concernés sont définis à l'article 231 ter, III du Code général des impôts.
Comme la taxe pour création de bureaux, la nouvelle taxe additionnelle frappe (BOI-ENR-DG-60-10-20, 6 avr. 2016, n° 100) :
– les **locaux à usage de bureaux**, qui s'entendent, d'une part, des bureaux proprement dits et de leurs dépendances immédiates et indispensables destinés à l'exercice d'une activité, de quelque nature que ce soit, par des personnes physiques ou morales privées, ou utilisés par l'État, les collectivités territoriales, les établissements ou organismes publics et les organismes professionnels, et, d'autre part, des locaux professionnels destinés à l'exercice d'activités libérales ou utilisés par des associations ou organismes privés poursuivant ou non un but lucratif ;
– les **locaux commerciaux**, qui s'entendent des locaux destinés à l'exercice d'une activité de commerce de détail ou de gros et de prestations de services à caractère commercial ou artisanal ainsi que de leurs réserves attenantes couvertes ou non et des emplacements attenants affectés en permanence à la vente ;
– les **locaux de stockage**, qui s'entendent des locaux ou aires couvertes destinés à l'entreposage de produits, de marchandises ou de biens et qui ne sont pas intégrés topographiquement à un établissement de production.
Les surfaces de stationnement annexées à ces locaux et non intégrées à un établissement de production ne sont pas soumises à la nouvelle surtaxe.
L'usage des locaux s'apprécie au jour de la vente, fait générateur de la taxe additionnelle (BOI-ENR-DG-60-10-20, 6 avr. 2016, n° 100).

8164 **Date d'achèvement des locaux.** Les locaux doivent être **achevés depuis plus de cinq ans**. La **date d'achèvement** devrait s'entendre, comme en matière de TVA, de la date du dépôt à la mairie de la déclaration d'achèvement et de conformité des travaux. Dans l'hypothèse où cette déclaration ne serait pas déposée dans les temps, il s'agirait de la date à laquelle les circonstances de fait rendent exigible cette déclaration.

B Opérations imposables

8165 La taxe additionnelle s'applique aux **mutations à titre onéreux d'immeubles imposables, autres que les ventes soumises à la TVA**. Il s'agit des ventes et des autres contrats qui emportent un transfert à titre onéreux de propriété ou d'usufruit (adjudications, dations en paiement, certaines conversions d'usufruit en rente viagère, échanges d'immeubles, etc.).
Lorsqu'elles sont soumises à la TVA, les mutations à titre onéreux d'immeubles qui ne sont pas achevés depuis plus de cinq ans ne sont pas soumises à la nouvelle taxe additionnelle.
En résumé la taxe ne s'applique pas :
– aux mutations à titre onéreux mentionné à l'article 1594 F quinquies, A du Code général des impôts, c'est-à-dire aux mutations soumises à la taxe sur la valeur ajoutée (CGI art. 257, I, 2, 2°) ;
– aux mutations exonérées de droits d'enregistrement ou de taxe de publicité foncière ;

– aux mutations d'immeubles situés hors de la région d'Île-de-France, y compris lorsque les actes translatifs de propriété sont soumis à la formalité de l'enregistrement en Île-de-France ;
– aux opérations qui ne constituent pas une vente ou une opération assimilée. Tout comme les taxes additionnelles communales ou départementales, la taxe instituée au profit de la région d'Île-de-France ne s'applique donc pas aux échanges d'immeubles faits à titre pur et simple, aux partages purs et simples et aux partages de succession ou de communauté ou d'indivision conjugale passibles du droit de 2,50 %, et aux apports purs et simples en société passible du droit fixe (BOI-ENR-DG-60-10-20, 6 avr. 2016, n° 110) ;
– aux acquisitions d'immeubles assorties d'un engagement de revendre, effectuées dans le cadre de l'article 1115 du Code général des impôts (Rép. min. Fasquelle, QE n° 95 848 : *JOAN* Q, 6 déc. 2016, p. 10 116 ; *JCP* N 2016, n° 50, act. 1334).

C Montant de la taxe additionnelle

8166 **Assiette.** Le droit d'enregistrement ou la taxe de publicité foncière et les taxes qui s'y ajoutent sont liquidés au taux global d'imposition sur le **prix exprimé augmenté des charges en capital et des indemnités stipulées au profit de cédant** (CGI, art. 683, I).

8167 **Taux.** Le taux de la taxe additionnelle est fixé à **0,6 %**.

Cette taxe régionale s'ajoute :
– aux droits d'enregistrement ou à la taxe de publicité foncière dus au taux de 4,50 % dans tous les départements d'Île-de-France, y compris Paris (le taux de 4,50 % s'applique à compter du 1er janvier 2016, il était fixé à 3,80 % auparavant) ;
– à la taxe additionnelle de 1,20 % acquittée au profit de la commune ou d'un fonds départemental de péréquation ;
– au prélèvement pour frais d'assiette et de recouvrement du droit départemental (égal à 2,37 % de ce droit).

Le **taux global passera ainsi de 5,80665 % (5,09006 % à Paris) à 6,40665 % dans tous les départements d'Île-de-France**.

La taxe additionnelle régionale est également due lorsque la mutation à titre onéreux bénéficie du taux réduit de 0,70 % (0,71498 % avec le prélèvement pour frais), sauf dans le cas des immeubles neufs soumis à la TVA. Le taux global passe dans cette hypothèse à 1,31498 %.

D Paiement et contrôle

8168 La taxe régionale est assise, recouvrée et contrôlée selon les mêmes procédures et sous les mêmes sanctions, garanties, sûretés et privilèges que les droits et taxes auxquels elle s'ajoute (CGI, art. 1599 sexies, dernier al.).

Dans le cas général, ces droits et taxes sont payés par l'acquéreur entre les mains du notaire, qui les reverse au Trésor avant l'accomplissement de la formalité fusionnée, qui doit intervenir dans le mois de la date de l'acte de vente.

Taxes sur les cessions à titre onéreux de terrains devenus constructibles

Neyla GONZALEZ-GHARBI

Sommaire analytique

AVERTISSEMENT Il sera fait, sauf exception, référence au BOFiP, dans sa dernière version publiée, en signalant, le cas échéant le caractère obsolète de certains commentaires. Lorsque plusieurs versions d'un même *BOI* ont été publiées, les contribuables doivent impérativement vérifier la teneur de la législation et de la version en vigueur à la date du fait générateur des impôts applicables à leurs opérations (LPF, art. 80 A) et, le cas échéant, les réponses ministérielles publiées postérieurement au *Journal officiel*.

BIBLIOGRAPHIE : N. Gonzalez-Gharbi, *Fiscalité et loi ENL : Constr.-Urb.* 2006, n° 10, étude 18 ; *Constr.-Urb.* 2010, comm. 137 ; *Première cession à titre onéreux d'un terrain devenu constructible : deux taxes, sinon rien ? : Nota Bene (Cridon Bordeaux-Toulouse)* avr. 2012, fiche 695 ; *Le contentieux de la taxe de l'article 1529 du CGI relève du juge administratif : Constr.-Urb.* 2014, comm. 19 ; *Première cession d'un terrain devenu constructible : qui taxe mal, taxe deux fois ! : Constr.-Urb.* 2018, études 5 et 8 ; *La taxe sur la première cession d'un terrain devenu constructible de l'article 1605 nonies du CGI obtient son brevet de constitutionnalité : Constr.-Urb.* 2023, étude 4. – Ph. Billet, *La nouvelle taxe sur les cessions de terrains nus devenus constructibles : JCP* A 2012, étude 2013. – M. Revert, *Aspects contentieux des cessions de terrains devenus constructibles*, éd. Législatives, Newsletter, oct. 2015. – C. Guibé, concl. ss CE, 10 févr. 2023, n° 469715 : Arianeweb (site du Conseil d'État). – Ph. Donneaud, *Fallait-il sauver la taxe sur la cession à titre onéreux de terrains nus rendus constructibles ? : Dr. fisc.* 2023, n° 14.

8169 Le présent fascicule est consacré aux deux taxes prévues, respectivement, par l'article 1529 du CGI (taxe communale facultative) et par l'article 1605 nonies du CGI (taxe nationale) qui ont vocation à s'appliquer à la première cession à titre onéreux d'un terrain nu devenu constructible au sens de ces dispositions.
Dans l'ordre chronologique, a été créée par l'article 26 de la loi n° 2006-872 du 13 juillet 2006,

dite « loi ENL », la taxe facultative communale sur la première cession d'un terrain rendu constructible par l'effet de son classement dans un document d'urbanisme prévue à l'article 1529 du CGI (N. Gonzalez-Gharbi, *Fiscalité et loi ENL : Constr.-Urb.* 2006, n° 10, étude 18). Puis, a été instaurée par l'article 55 de la loi n° 2010-874 du 27 juillet 2010 de modernisation de l'agriculture dite « loi LMA », la taxe nationale sur les terrains rendus constructibles depuis le 13 janvier 2010, prévue par l'article 1605 nonies du CGI (N. Gonzalez-Gharbi : *Constr.-Urb.* 2010, comm. 137. – Ph. Billet, *La nouvelle taxe sur les cessions de terrains nus devenus constructibles : JCP* A 2012, étude 2013).

8170 Conformément aux dispositions du II de l'article 1529 du CGI, la taxe communale s'applique aux cessions réalisées par les personnes entrant dans le champ d'application des plus-values immobilières des particuliers. En revanche, la taxe nationale s'applique à tous les cédants quels que soient leur statut juridique et le régime fiscal applicable à l'imposition de leur profit de cession.
Toutefois, en application, respectivement des dispositions du V de l'article 1529 du CGI et de celles du VI de l'article 1605 nonies du CGI, les deux taxes sur les cessions à titre onéreux d'un terrain devenu constructible sont déclarées et recouvrées selon les règles prévues en matière de plus-values immobilières par les articles 150 VF, 150 VH et 244 bis A du CGI. Elles sont, par conséquent, sauf exception, déclarées et acquittées auprès du service de publicité foncière lorsque la cession est constatée par un acte notarié.
En pratique, et depuis le 1er septembre 2014, les plus-values sont déclarées au moyen du formulaire n° 2048-TAB-SD qui sert, le cas échéant, pour la déclaration des plus-values sur terrains à bâtir et droits réels y afférents et à la déclaration des deux taxes sur les terrains devenus constructibles (V.°**Plus-values immobilières**).

8171 **Plan.** Nous envisagerons d'abord la taxe communale facultative (I), puis la taxe nationale (II). L'étude, après un bref rappel du régime juridique de chacune de ces deux taxes, a pour objet principal de rappeler le régime des obligations déclaratives effectuées au service de la publicité foncière et leurs incidences en matière de publicité foncière.

I
Taxe communale facultative sur la première cession à titre onéreux des terrains devenus constructibles

AVERTISSEMENT **Les commentaires administratifs relatifs à la taxe de l'article 1529 du CGI ont conservé son intitulé d'origine de taxe forfaitaire, par référence à son assiette initialement fixée aux 2/3 du prix de vente. Compte tenu de l'évolution législative qui a rendu quasiment inapplicable cette assiette, et pour rendre compte de sa nature juridique, nous désignons la taxe comme une taxe communale facultative.**

CGI, art. 1529. – I. – Les communes peuvent, sur délibération du conseil municipal, instituer une taxe forfaitaire sur la cession à titre onéreux de terrains nus qui ont été rendus constructibles du fait de leur classement par un plan local d'urbanisme ou par un document d'urbanisme en tenant lieu dans une zone urbaine ou dans une zone à urbaniser ouverte à l'urbanisation ou par une carte communale dans une zone constructible.

Lorsqu'un établissement public de coopération intercommunale est compétent pour l'élaboration des documents locaux d'urbanisme mentionnés au premier alinéa, il peut instituer et percevoir cette taxe forfaitaire, en lieu et place et avec l'accord de l'ensemble des communes qu'il regroupe. L'établissement public de coopération intercommunale peut décider de reverser aux communes membres une partie du montant de la taxe.

II. – La taxe s'applique aux cessions réalisées par les personnes physiques et les sociétés et groupements, soumis à l'impôt sur le revenu afférent à la plus-value dans les conditions prévues à l'article 150 U, et par les contribuables qui ne sont pas fiscalement domiciliés en France assujettis à l'impôt sur le revenu, soumis au prélèvement, dans les conditions prévues à l'article 244 bis A.

Elle ne s'applique pas :

a) aux cessions mentionnées aux 3° à 8° du II de l'article 150 U ;

b) aux cessions portant sur des terrains qui sont classés en terrains constructibles depuis plus de dix-huit ans ;

c) lorsque le prix de cession du terrain, défini à l'article 150 VA, est inférieur au prix d'acquisition, effectivement acquitté par le cédant et tel qu'il a été stipulé dans l'acte de cession, majoré d'un montant égal à 200 % de ce prix.

III. – La taxe est assise sur un montant égal au prix de cession du terrain défini à l'article 150 VA diminué du prix d'acquisition stipulé dans les actes, actualisé en fonction du dernier indice des prix à la consommation hors tabac publié par l'Institut national de la statistique et des études économiques. En l'absence d'éléments de référence, la taxe est assise sur les deux tiers du prix de cession défini au même article.

La taxe est égale à 10 % de ce montant. Elle est exigible lors de la première cession à titre onéreux du terrain intervenue après son classement en terrain constructible. Elle est due par le cédant.

IV. – Une déclaration, conforme à un modèle établi par l'Administration, retrace les éléments servant à la liquidation de la taxe. Elle est déposée dans les conditions prévues aux 1° et 4° du I et au II de l'article 150 VG.

Lorsque la cession est exonérée en application du a ou du b du II, aucune déclaration ne doit être déposée. L'acte de cession soumis à la formalité fusionnée ou présenté à l'enregistrement précise, sous peine de refus de dépôt ou de la formalité d'enregistrement, la nature et le fondement de cette exonération ou de cette absence de taxation. Les dispositions des deuxième et troisième alinéas du III de l'article 150 VG sont applicables.

V. – La taxe est versée lors du dépôt de la déclaration prévue au IV. Les dispositions des I et II de l'article 150 VF, du second alinéa du I et des II et III de l'article 150 VH et de l'avant-dernier alinéa du I de l'article 244 bis A sont applicables.

VI. – La délibération prévue au I s'applique aux cessions réalisées à compter du premier jour du troisième mois qui suit la date à laquelle cette délibération est intervenue. Elle est notifiée aux services fiscaux au plus tard le premier jour du deuxième mois qui suit la date à laquelle elle est intervenue. À défaut, la taxe n'est pas due.

NOTA V. CGI, ann. II, art. 317 A à 317 C.

A Régime de la taxe communale facultative

1 Origine et évolution de la taxe communale facultative

8172 L'article 26 de la loi du 13 juillet 2006 portant engagement national pour le logement dite « Loi ENL », complété par l'article 19 de la loi de finances rectificative pour 2006, a autorisé les communes, pour les cessions intervenues à compter du 1er janvier 2007, à instituer une taxe sur les cessions de terrains nus rendus constructibles du fait de leur classement par un plan local d'urbanisme ou par un document d'urbanisme en tenant lieu dans une zone urbaine ou dans une zone à urbaniser ouverte à l'urbanisation ou par une carte communale dans une zone constructible. En cela, la taxe communale est facultative. Elle doit être instaurée par la commune. À ce jour moins de 7 000 communes l'ont adoptée (la liste de ces communes est disponible sur le site impots.gouv).
La taxe, destinée à rembourser aux communes (et aux EPCI compétents) partie des dépenses nécessitées par l'ouverture à l'urbanisation des zones concernées, a été codifiée à l'article 1529 du Code général des impôts. Elle a été qualifiée de forfaitaire eu égard à son assiette fixée, à l'origine, forfaitairement aux 2/3 du prix de cession.
Le III de l'article 26 de la loi de 2006 renvoie à un décret en Conseil d'État qui a été publié en septembre 2007. Le décret n° 2007-1394 du 27 septembre 2007 a créé les articles 317 A à 317 C de l'annexe II au Code général des impôts.
L'article 66 de la loi de finances pour 2007 a permis aux établissements publics de coopération intercommunale (EPCI), compétents pour l'élaboration de ces documents locaux d'urbanisme, d'instituer cette taxe à leur profit en lieu et place et avec l'accord des communes qu'ils regroupent.

➤ Sur les modalités de l'institution de la taxe par les communes et les EPCI, V. BOI-TDC-10-10.

L'article 38 de la loi n° 2009-323 du 25 mars 2009 (*JO* 27 mars) a modifié les dispositions du III de l'article 1529 du Code général des impôts relatives aux modalités de détermination de l'assiette de la taxe, afin de substituer à l'assiette forfaitaire fixée aux 2/3 du prix de cession, une nouvelle assiette réelle. Ce mode de détermination de l'assiette imposable s'est appliqué aux cessions réalisées à compter du 28 septembre 2009.

8173 **Une taxe en sursis ?** Le principe même de cette taxe communale facultative a été critiqué et son abrogation souhaitée depuis qu'a été créée en 2010 la taxe nationale pour lutter contre l'artificialisation des terres agricoles (C. comptes, réf., 13 août 2013, « les terres agricoles et les conflits d'usage » et, plus récemment, Conseil des prélèvements obligatoires [CPO], *La fiscalité locale dans la perspective du ZAN*, 27 oct. 2022, spéc. Recomm. n° 5 qui relevait que la taxe « s'est révélée dans certains cas une incitation à l'artificialisation, les communes ayant un intérêt budgétaire à transformer les terres en terrains constructibles »).

8174 **Cumul avec la taxe nationale de l'article 1605 nonies du CGI.** La taxe communale est susceptible de se cumuler avec la taxe « nationale » sur les terrains rendus constructibles prévue à l'article 1605 nonies du CGI et avec l'imposition de la plus-value immobilière des particuliers à l'impôt sur le revenu et aux contributions sociales.

(Sur les incidences de ce cumul en matière de contrôle et de contentieux de ces impositions, N. Gonzalez Gharbi, *Première cession d'un terrain devenu constructible depuis moins de 18 ans : qui taxe mal, taxe deux fois ! : Constr.-Urb.* 2018, études 5 et 8 ; Sur la conformité de ce cumul avec le principe d'égalité devant la loi, V. CE, 10 févr. 2023, n° 469715 et les commentaires cités en bibliographie).

2 Commentaires administratifs

8175 Les premiers commentaires administratifs de la taxe de l'article 1529 du CGI ont été publiés au *BOI* (Instr. 28 nov. 2007 : *BOI* 8 M3 07 et Instr. 15 févr. 2012 : *BOI* 8 M1 12). Ils ont été repris et actualisés au BOFiP auquel on voudra bien se reporter, sous les références suivantes :

– pour ce qui concerne le champ d'application de la taxe (personnes et biens concernés ; opérations imposables et opérations exonérées) : V. BOI-RFPI-TDC-10-10, 7 juin 2018 ;

– pour ce qui concerne les modalités de détermination de la taxe (fait générateur, calcul) et les obligations déclaratives : V. BOI-RFPI-TDC-10-20, 2 sept. 2016.

Remarque : Le n° 190 du BOI-RFPI-TDC-10-20 mentionne par erreur le délai de deux mois visé au III de l'article 647 dans sa rédaction antérieure à celle résultant de l'article 1er de la loi n° 2011-1117 du 19 sept. 2011 (V. *infra*, n° 8190).

3 Nature juridique – Contrôle et contentieux

8176 La taxe prévue par l'article 1529 du Code général des impôts a le caractère d'un impôt direct local dont le contentieux relève de la juridiction administrative (T. confl., 18 nov. 2013, aff. C-3917 et concl. A.-M. Batut : *Rec. CE* 2013, tables). Son caractère de taxe locale exclut le double degré de juridiction (CJA, art. R. 811-1, 4° ; V. CE, 8e et 3e ss-sect., 27 mai 2015, n° 371675, *Cne de Saint-Leu*, concl. B. Bohnert : *JurisData* n° 2015-012884 ; *Rec. CE* 2015, tables ; *Dr. fisc.* 2015, comm. 545 ; *RJF* 2015, n° 698).

Nonobstant les règles qui gouvernent sa déclaration et son recouvrement, son contrôle est soumis aux règles applicables au contrôle des impôts directs locaux (V. notre étude : *Constr.-Urb.* 2018, citée en bibliographie – *CE*, 9e – 10e ch. réunies, 11 juin 2024, N° 469216, *Rec. T.* ; Concl. C. Guibé, Rapp. publique consultables sur Arianeweb – N. Gonzalez-Gharbi, *Le délai de reprise applicable pour le contrôle de la taxe communale de l'article 1529 du CGI est celui prévu à l'article L. 173 du Livre des procédures fiscales : Constr.-urb.* 2024, n° 7/8).

4 Champ d'application de la taxe communale

8177 **Rappel** : La taxe communale n'est applicable qu'aux personnes relevant du régime des plus-values immobilières des particuliers y compris les personnes domiciliées fiscalement hors de France (CGI, art. 150 U et s. ; art. 244 bis A). Ne sont donc pas concernées les cessions réalisées par les personnes visées au III de l'article 150 U du CGI (Titulaires de pensions de vieillesse ou d'une carte d'invalidité).

La taxe communale n'est pas applicable aux cessions de terrains inscrits à l'actif d'une activité professionnelle imposable à l'impôt sur le revenu au titre des BIC, des BA ou des BNC, ni aux sociétés et organismes soumis à l'impôt sur les sociétés (V. Rép. min. n° 01459, Ambroise Dupont : *JO* Sénat, 7 févr. 2013 ; *Constr.-Urb.* 2013, n° 3, comm. 49 par N. Gonzalez-Gharbi).

Elle ne s'applique pas aux profits réalisés par les marchands de biens, les aménageurs et lotisseurs professionnels et occasionnels imposés à l'impôt sur le revenu dans la catégorie des BIC (CGI, art. 34, 35) ou à l'impôt sur les sociétés (V.°**Lotissement**).

8178 **Opérations imposables.** La taxe est exigible lors de la première cession à titre onéreux d'un terrain nu intervenue après son classement en terrain constructible.

8179 **Cessions exonérées.** Outre les cessions qui n'entrent pas dans le champ d'application des plus-values immobilières des particuliers (CGI, art. 150 U, III et IV) ou exonérées en vertu des 3° à 8° du II de l'article 150 U du Code général des impôts, la taxe ne s'applique pas aux cessions de terrains classés en terrains constructibles depuis plus de dix-huit ans ni aux cessions de terrains dont le prix de cession est inférieur au triple du prix d'acquisition.
Attention : Les plus-values non soumises à l'impôt par l'effet de l'abattement pour durée de détention prévu à l'article 150 VC du CGI ne sont pas exonérées de la taxe communale.

8180 **Biens imposables.** La taxe s'applique exclusivement aux cessions de terrains nus rendus constructibles du fait de leur classement visé à l'article 1529 du CGI (V. CE, 3e et 8e ch. Réunies, 11 oct. 2017, n° 400766, mentionné aux tables du *Recueil Lebon* ; *Dr. fisc.* 2017. – N. Gonzalez-Gharbi, *Notion de classement en zone constructible : Constr.-Urb.* 2018, comm. 79).
Sur l'application de la taxe aux terrains à bâtir tels que définis pour l'application de la TVA au 1° du 2 du I de l'article 257 du CGI (BOI-TVA-IMM-20-10-10-10) et, spécialement, aux terrains qui comportent des bâtiments dont l'état les rend impropres à un quelconque usage (ruine résultant d'une démolition plus ou moins avancée, bâtiment rendu inutilisable par suite de son état durable d'abandon, immeuble frappé d'un arrêté de péril, chantier inabouti, etc.), V. Rép. min. Voisin, n° 101544 : *JOAN* 5 juill. 2011, p. 731 citée au BOI-TDC-10-10, n° 90.
Sur le cas des terrains partiellement situés dans une zone constructible, V. RES n° 2009/06 (FI), 3 févr. 2009, BOI-TDC-10-10, n° 180.
Rappel : Faute pour l'article 1529 de les désigner comme biens imposables, la taxe ne s'applique pas aux cessions portant sur des droits réels relatifs à ces terrains (usufruit-nue-propriété, etc.). La solution est commandée par le principe de légalité de l'impôt (Const., art. 34).

8181 **Personnes imposables.** Seules sont concernées les personnes physiques et les sociétés et groupements, soumis à l'impôt sur le revenu selon le régime d'imposition des plus-values immobilières des particuliers dans les conditions prévues à l'article 150 U du Code général des impôts, et les contribuables domiciliés hors de France, dans les conditions prévues à l'article 244 bis A du même code, y compris s'agissant de ces derniers, les personnes morales ou organismes, quelle qu'en soit la forme, dont le siège est situé hors de France. Il est précisé au n° 70 du BOI-TDC-20-10 que la taxe s'applique que ces personnes soient soumises au prélèvement ou qu'elles en soient exonérées. Sur la situation depuis le 1er janvier 2005 des associés domiciliés hors de France des sociétés de personnes, V. BOI-TDC-10-10, n° 70.
➤ Pour plus de détails, V.°**Plus-values immobilières**

5 Assiette et taux de la taxe communale

a) Assiette(s)

8182 Définie au III de l'article 1529 du CGI (V. texte *supra*), cette assiette diffère de celle retenue pour le calcul de la plus-value immobilière des particuliers, en ce qu'elle ne prévoit pas que le prix d'acquisition stipulé dans l'acte soit majoré de quelque frais que ce soit (spécialement, le cas échéant des frais de viabilisation et d'équipement du terrain). Ces frais ne peuvent pas non plus venir en diminution du prix de cession, dès lors que le renvoi à l'article 150 VA limite les frais déductibles à ceux énumérés à l'article 41 duovicies de l'annexe III au CGI (sur la fragilité constitutionnelle des dispositions définissant, dans les mêmes termes, l'assiette de la taxe de l'article 1605 nonies du CGI, V. *supra*, Bibliographie).
L'assiette forfaitaire égale aux 2/3 du prix de cession est devenue d'application marginale, depuis que le cédant a été autorisé à retenir la valeur vénale réelle à la date de l'entrée du bien dans son patrimoine, règle applicable, également, en cas d'acquisition du terrain à titre gratuit.
La seconde particularité affectant la définition de l'assiette taxable consiste dans l'actualisation du prix d'acquisition en fonction de l'indice des prix visé à l'article 1529 du CGI. À titre pratique, l'administration fiscale publie chaque année un tableau actualisé des coefficients d'érosion monétaire (BOI-ANNX-000097, 15 févr. 2023).

b) Taux

8183 Le taux de la taxe est de 10 %.

B Formalités au service de la publicité foncière

8184 La taxe communale est, en principe, déclarée sur l'imprimé n° 2048-TAB-SD (CERFA n° 14968*10) et payée au service de la publicité foncière (1°). Des obligations déclaratives et de paiement spécifiques sont toutefois prévues lorsque le transfert de propriété est constaté par un acte autre que notarié (2°).

1 Transfert de propriété constaté par un acte notarié

a) Principe : déclaration et paiement au service de la publicité foncière

8185 Lorsque la cession du terrain donne lieu à l'application de la taxe communale, la déclaration doit être déposée au service de la publicité foncière du lieu de situation du terrain, accompagnée du paiement de la taxe, sous peine de refus du dépôt ou de la formalité (V. *infra*, n° 8186). Lorsque cette cession ne donne pas lieu à l'application de la taxe communale, le cédant est dispensé du dépôt de la déclaration et l'acte doit alors comporter certaines mentions obligatoires permettant de justifier de l'exonération ou de l'absence de taxation de cette opération (V. *infra*, n°s 8187 et 8188. – Instr. 28 nov. 2007, n° 65. – BOI-RFPI-TDC-10-20, 2 sept. 2016, n° 150).

1) Obligations déclaratives

8186 Déclaration. Conformément aux dispositions du IV de l'article 1529, qui renvoient aux conditions prévues à l'article 150 VG du Code général des impôts applicable en matière de plus-values immobilières des particuliers, lorsque la cession du terrain est constatée par un acte notarié, la déclaration établie sur le formulaire n° 2048-TAB-SD (CERFA n° 14968*10) doit, en principe, être déposée au service de la publicité foncière, à l'appui de la réquisition de publier l'acte. Pour les cessions de biens situés en Alsace-Moselle, la déclaration est remise lors de la présentation à l'enregistrement (CGI, art. 150 VG, I, 1°).
Par exception, la déclaration doit être déposée au service des impôts dont relève le domicile du vendeur dans un délai d'un mois à compter de la cession (CGI, art. 150 VG, II, 3°).
➤ Pour plus de détails, V.° **Plus-values immobilières.**
Sanction. L'absence de déclaration entraîne le refus du dépôt ou de la formalité de l'enregistrement lorsque l'acte ne contient pas l'une des mentions indiquées, V. *infra*, n° 8188 (BOI-RFPI-TDC-10-20, 2 sept. 2016, n° 160).

8187 Dispense de déclaration. Le deuxième alinéa du IV de l'article 1529 du Code général des impôts prévoit que lorsque la cession est exonérée de taxe communale en application du troisième ou du quatrième alinéa du II du même article, aucune déclaration ne doit être déposée.
Il s'agit :
– des cessions de terrains exonérées en matière de plus-values immobilières des particuliers en vertu des 3° à 8° du II de l'article 150 U du Code général des impôts (CGI, art. 1529-II, a) ;
– des cessions portant sur des terrains qui sont classés en terrains constructibles depuis plus de dix-huit ans (CGI, art. 1529-II, b. – Instr. 28 nov. 2007, n° 67. – BOI-RFPI-TDC-10-20, 2 sept. 2016, n° 170).
Rappel : Les cessions qui n'entrent pas dans le champ d'application des plus-values immobilières (réalisées par les titulaires de pensions de vieillesse visée au III de l'article 150 U du CGI, et certains partages visés au IV de ce même article) sont hors champ d'application de la taxe communale.

2) Mentions dans l'acte

8188 Mentions obligatoires. Aux termes du deuxième alinéa du IV de l'article 1529 du Code général des impôts, l'acte de cession soumis à la formalité fusionnée ou présenté à l'enregistrement doit préciser, sous peine de refus de dépôt ou de la formalité d'enregistrement, la nature et le fondement de l'exonération de la taxe communale ou de l'absence de taxation.
Pour l'application de ces dispositions, l'article 317 B de l'annexe II au Code général des impôts prévoit les mentions qui, dans une telle situation, doivent obligatoirement figurer dans l'acte (Instr. 28 nov. 2007, n° 68).
Ainsi, pour tout acte constatant la cession à titre onéreux d'un terrain nu situé sur le territoire d'une commune ou d'un EPCI dans lequel la taxe est exigible qui n'est pas accompagné de la déclaration 2048-TAB, l'accomplissement de la formalité de l'enregistrement ou de la formalité fusionnée est subordonné à la mention dans l'acte :
– soit que le cédant n'est pas soumis à l'impôt sur le revenu afférent à la plus-value dans les conditions prévues au I de l'article 150 U du Code général des impôts ou au prélèvement prévu à l'article 244 bis A du même code ;
– soit que la plus-value réalisée par le cédant est exonérée d'impôt sur le revenu en application du II de l'article 150 U du Code général des impôts en précisant les références aux dispositions de l'article précité en vertu desquelles elle est exonérée ;
– soit que le terrain n'est pas situé dans une des zones mentionnées au premier alinéa du I de l'article 1529 du Code général des impôts ;
– soit que le terrain n'est pas constructible, alors même qu'il est situé dans une des zones mentionnées au premier alinéa du I de l'article 1529 du Code général des impôts. Ces éléments sont justifiés par le cédant, à la demande de l'administration, au moyen du certificat d'urbanisme mentionné à l'article L. 410-1 du Code de l'urbanisme précisant

que le terrain ne peut faire l'objet, du fait de sa localisation, de sa desserte ou de ses caractéristiques, d'aucune autorisation de construction. Ce justificatif n'a pas à être produit lors de l'accomplissement de la formalité de publicité foncière ;
– soit que le terrain est constructible depuis plus de dix-huit ans. Ces éléments sont justifiés par le cédant, à la demande de l'administration, au moyen d'un certificat d'urbanisme ou d'une attestation, établi par la commune ou, le cas échéant, par l'établissement public de coopération intercommunale, et précisant la date à laquelle le terrain est devenu constructible ou, à défaut, que cet événement est intervenu depuis plus de dix-huit ans. Le justificatif correspondant n'a pas à être produit lors de l'accomplissement de la formalité de publicité foncière ;
– soit que le terrain a fait l'objet, depuis la date à laquelle il a été rendu constructible, d'une cession à titre onéreux antérieure à la mutation constatée dans l'acte.

8189 **Sanction.** Lorsque l'acte ne contient pas l'une des mentions prévues par l'article 317 B de l'annexe II précité, l'absence de déclaration entraîne le refus du dépôt ou de la formalité de l'enregistrement (CGI, art. 150 VG-I, 1°. – BOI-RFPI-TDC-10-20, n° 180. – V. *supra*, n° 8188).

3) Obligations de paiement

8190 La taxe communale – dont le débiteur légal est le cédant – doit être versée lors du dépôt de la déclaration, avant l'exécution de la formalité de l'enregistrement ou de la formalité fusionnée. Le dépôt ou la formalité est refusé :
– à défaut de paiement préalable (sauf pour les exceptions prévues, V. *supra*, n° 8187) ;
– ou s'il existe une discordance entre le montant de la taxe figurant sur la déclaration et le montant effectivement versé lors de la réquisition ou de la présentation à l'enregistrement.
Sauf dispositions contraires, il est fait application des règles d'exigibilité et de recouvrement prévues aux articles 1701 à 1704, aux 1° à 4° de l'article 1705 et aux articles 1706 et 1711 du Code général des impôts (CGI, art. 150 VH-II). Le dépôt tardif de la déclaration donne lieu à l'application de l'intérêt de retard à compter du premier jour du mois qui suit celui au cours duquel cette déclaration aurait dû être déposée, soit dans un délai d'un mois à compter de la date de l'acte (CGI, art. 647-III. – Instr. 28 nov. 2007, n° 69.
Remarque : Le n° 190 du BOI-RFPI-TDC-10-20, publié le 2 sept. 2016, mentionne par erreur le délai de deux mois visé au III de l'article 647 dans sa rédaction antérieure à celle résultant de l'article 1er de la loi n° 2011-1117 du 19 sept. 2011).

b) Exceptions : service des impôts du domicile du vendeur

1) Obligations déclaratives et mentions dans l'acte

8191 Par dérogation au principe exposé *supra* n° 8185, lorsque le transfert de propriété est constaté par un acte notarié, la déclaration doit être déposée au service des impôts dont relève le domicile du vendeur dans un délai d'un mois à compter de la date de l'acte :
– lorsque la taxe communale ne peut être intégralement acquittée en raison de créances primant le privilège du Trésor ;
– lorsque la cession est constatée au profit de l'État, des établissements publics nationaux, des groupements d'intérêt public, ou d'une collectivité territoriale ou d'un établissement public local désigné à l'article L. 1311-5 du Code général des collectivités territoriales.

8192 Dans ces situations, l'absence de déclaration à l'appui de la réquisition de publier ou de la présentation à l'enregistrement n'entraîne pas le refus du dépôt ou de la formalité (CGI, art. 150 VG-II, 3°), sous réserve que l'acte notarié précise que la taxe communale ne peut être intégralement acquittée ou que la cession est constatée au profit d'une collectivité mentionnée au 1° du II de l'article 150 VG du Code général des impôts, et mentionne le lieu où le notaire rédacteur de l'acte dépose la déclaration (Instr. 28 nov. 2007, n° 70. – BOI-RFPI-TDC-10-20, 2 sept. 2016, n° 200).
➤ Pour plus de précisions, V. BOI-RFPI-PVI-30-40.

2) Obligations de paiement

8193 La taxe communale doit être payée au service des impôts où la déclaration a été déposée par :
– le vendeur lorsque la taxe forfaitaire n'a pu être acquittée au service de la publicité foncière en raison de créances primant le privilège du Trésor ;
– le notaire lorsque la cession est constatée au profit d'une collectivité publique (CGI, art. 150 VH-III 2°. – Instr. 28 nov. 2007, n° 71. – BOI-RFPI-TDC-10-20, 2 juin 2016, n° 210).

2 Transfert de propriété constaté par un acte autre qu'un acte notarié

8194 La deuxième phrase du premier alinéa du IV de l'article 1529 du Code général des impôts renvoie aux dérogations applicables en matière de plus-values immobilières des particuliers (V.° **Plus-values immobilières**).

8195 Transfert de propriété constaté par un acte passé en la forme administrative. Pour les actes passés en la forme administrative qui constatent une mutation immobilière amiable ou forcée de biens au profit de l'État, des établissements publics nationaux, des groupements d'intérêt public, ou d'une collectivité territoriale ou d'un établissement public local désigné à l'article L. 1311-5 du Code général des collectivités territoriales, la déclaration 2048-TAB SD est remise à la collectivité publique cessionnaire préalablement à la réquisition de publier ou à la présentation à l'enregistrement.
Dans ces situations, l'absence de déclaration à l'appui de la réquisition de publier ou de la présentation à l'enregistrement n'entraîne pas le refus du dépôt ou de la formalité (CGI, art. 150 VG-II, 1°. – Instr. 28 nov. 2007, n° 74. – BOI-RFPI-TDC-10-20, n° 240).

8196 Transfert de propriété constaté par une ordonnance judiciaire. Pour les cessions constatées par une ordonnance judiciaire, la déclaration doit être déposée au service des impôts dont relève le domicile du vendeur dans un délai d'un mois à compter de la date du versement du prix de cession. Dans cette situation, l'absence de déclaration à l'appui de la réquisition de publier ou de la présentation à l'enregistrement n'entraîne pas le refus du dépôt ou de la formalité (CGI, art. 150 VG-II, 2°. – Instr. 28 nov. 2007, n° 75. – BOI-RFPI-TDC-10-20, n° 250).

II
Taxe « nationale » sur la première cession à titre onéreux des terrains devenus constructibles

AVERTISSEMENT Les commentaires administratifs relatifs à la taxe de l'article 1605 nonies du CGI la désignent, compte tenu de son affectation spécifique, sous l'appellation « Taxe sur la cession à titre onéreux de terrains devenus constructibles perçue au profit de l'Agence de services et de paiement » (BOI-RFPI-TDC-20).
Nous avons opté pour l'appellation de taxe nationale, utilisée également par l'administration fiscale, cette taxe s'appliquant, de plein droit, sur l'intégralité du territoire national en ce compris les communes non dotées de PLU ou de document équivalent ni de carte communale. De plus, depuis 2012, son affectation au fonds inscrit au budget de l'Agence de service est devenue partielle.

CGI, art. 1605 nonies. – I. – Il est perçu une taxe sur la cession à titre onéreux des terrains nus ou des droits relatifs à des terrains nus rendus constructibles du fait de leur classement, postérieurement au 13 janvier 2010, par un plan local d'urbanisme ou par un autre document d'urbanisme en tenant lieu, en zone urbaine ou à urbaniser ouverte à l'urbanisation ou par une carte communale dans une zone où les constructions sont autorisées ou par application de l'article L. 111-3 du code de l'urbanisme.

Le produit de cette taxe est affecté, dans la limite du plafond prévu au I de l'article 46 de la loi n° 2011-1977 du 28 décembre 2011 de finances pour 2012, à un fonds inscrit au budget de l'Agence de services et de paiement. Ce fonds finance des mesures en faveur de l'installation et de la transmission en agriculture. Il permet de soutenir notamment des actions facilitant la transmission et l'accès au foncier, des actions d'animation, de communication et d'accompagnement, des projets innovants et des investissements collectifs ou individuels.

Celles de ces mesures qui sont dans le champ de compétences de l'Établissement national des produits de l'agriculture et de la mer mentionné à l'article L. 621-1 du code rural et de la pêche maritime sont mises en œuvre par cet établissement dans le cadre d'une convention avec l'Agence de services et de paiement.

II. – La taxe est assise sur un montant égal au prix de cession défini à l'article 150 VA, diminué du prix d'acquisition stipulé dans les actes ou, à défaut, de la valeur vénale réelle à la date d'entrée dans le patrimoine du cédant d'après une déclaration détaillée et estimative des parties, actualisé en fonction du dernier indice des prix à la consommation hors tabac publié par l'Institut national de la statistique et des études économiques.

L'assiette de la taxe est réduite d'un dixième par année écoulée à compter de la date à laquelle le terrain a été rendu constructible au-delà de la huitième année.

III. – La taxe ne s'applique pas :

1° Aux cessions de terrains pour lesquels une déclaration d'utilité publique a été prononcée en vue d'une expropriation, ni aux terrains dont le prix de cession défini à l'article 150 VA est inférieur à 15 000 € ;

2° Lorsque le rapport entre le prix de cession et le prix d'acquisition ou la valeur vénale, définis au II, est inférieur à 10.

IV. – Le taux de la taxe est de 5 % lorsque le rapport entre le prix de cession du terrain et le prix d'acquisition ou la valeur vénale définis au II est supérieur à 10 et inférieur à 30. Au-delà de cette limite, la part de la plus-value restant à taxer est soumise à un taux de 10 %.

La taxe est exigible lors de la première cession à titre onéreux intervenue après que le terrain a été rendu constructible. Elle est due par le cédant.

V. – Une déclaration, conforme à un modèle établi par l'administration, retrace les éléments servant à la liquidation de la taxe. Elle est déposée dans les conditions prévues aux 1° et 4° du I et au II de l'article 150 VG.

Lorsque la cession est exonérée en application du III ou par l'effet de l'abattement prévu au second alinéa du II du présent article, aucune déclaration n'est déposée. L'acte de cession soumis à la formalité fusionnée ou présenté à l'enregistrement précise, sous peine de refus de dépôt ou de la formalité d'enregistrement, la nature et le fondement de cette exonération ou de cette absence de taxation. Les deux derniers alinéas du III de l'article 150 VG sont applicables.

VI. – La taxe est versée lors du dépôt de la déclaration prévue au V. Les I et II de l'article 150 VF, le second alinéa du I et les II et III de l'article 150 VH et le IV de l'article 244 bis A sont applicables.

NOTA V. également, CGI, ann. III, art. 331 K bis et 331 K ter.

A Régime de la taxe nationale sur la première cession à titre onéreux de terrains devenus constructibles

1 Création de la taxe nationale par la loi LMA

8197 L'article 55 de la loi n° 2010-874 du 27 juillet 2010 de modernisation de l'agriculture et de la pêche, dite « loi LMA » (*Dr. fisc.* 2010, n° 36, comm. 459), a institué une taxe, codifiée sous l'article 1605 nonies du Code général des impôts, sur la première cession à titre onéreux de terrains nus ou de droits relatifs à des terrains nus rendus constructibles du fait de leur classement, postérieurement au 13 janvier 2010, par un plan local d'urbanisme ou par un autre document d'urbanisme en tenant lieu, en zone urbaine ou à urbaniser ouverte à l'urbanisation ou, par une carte communale, dans une zone où les constructions sont autorisées, ou par application de l'article L. 111-3 du Code de l'urbanisme.
L'instauration de cette taxe visait à lutter contre l'artificialisation des terres agricoles. Les dispositions de l'article 1605 nonies du Code général des impôts figuraient, quasiment dans les mêmes termes, à l'article 13 du projet de loi LMA précitée dans un titre III intitulé « Inscrire l'agriculture et la forêt dans un développement durable des territoires » dont l'exposé des motifs énonçait en particulier ceci : « L'objectif national est de réduire de moitié à l'échelle nationale d'ici 2020 le rythme d'artificialisation des terres agricoles ».
Le produit de cette taxe, perçue partiellement depuis 2012, au profit de l'Agence de services et de paiement mentionnée au chapitre III du titre Ier du livre III du Code rural et de la pêche maritime, est affecté à un fonds pour l'installation des jeunes agriculteurs.
Le décret n° 2011-2066 du 30 décembre 2011 a été codifié aux articles 331 K bis et 331 K ter de l'annexe III au CGI.

8198 **Entrée en vigueur.** La loi n° 2010-874 du 27 juillet 2010 de modernisation de l'agriculture et de la pêche, publiée au *Journal officiel* du 28 juillet 2010, est entrée en vigueur le lendemain de sa publication, soit le 29 juillet 2010. Toutefois, la taxe ne trouve en pratique à s'appliquer qu'aux cessions de terrains nus ou de droits relatifs à des terrains nus, réalisées à compter du 29 juillet

2010, pour lesquels la décision de classement des terrains concernés est intervenue à compter du 14 janvier 2010 (Instr. 5 mars 2012, nos 78 et 79 ; BOI-RFPI-TDC-20-10-20121008, n° 80).

8199 **Conformité de l'article 1605 nonies du CGI aux principes constitutionnels d'égalité et de garantie de recours effectif.** V. CE, 10 févr. 2023, n° 469715 qui a refusé de transmettre au Conseil constitutionnel une question prioritaire de constitutionnalité (QPC) fondée sur la violation de ces deux principes et les commentaires de cette décision cités en bibliographie.

8200 **Devenir de la taxe sur les cessions de terrains devenus constructibles.** Contrairement à la taxe communale de l'article 1529 du CGI, la taxe nationale, vue comme un outil de lutte contre l'artificialisation, n'est pas menacée d'abrogation. Dès 2013, la Cour des comptes (réf., 13 août 2013, « les terres agricoles et les conflits d'usage ») avait préconisé que « l'effet dissuasif de la taxe devrait être renforcé par l'augmentation des taux et la suppression de l'exonération de 15 000 euros qui favorise la cession des parts sociales (*sic*)... Une telle mesure devrait être inscrite dans la feuille de route pour la transition écologique au titre d'une fiscalité plus écologique ».
Plus récemment, le Conseil des prélèvements obligatoires (CPO) (*La fiscalité locale dans la perspective du ZAN*, 27 oct. 2022, spéc. Recomm. n° 5), dans une étude consacrée à la fiscalité locale dans la perspective du ZAN, réalisée à la demande de la commission des finances du Sénat, proposait de fusionner les deux taxes sur la constructibilité au profit de la taxe nationale qui deviendrait une taxe locale tout en préservant le financement alloué à l'installation des jeunes agriculteurs. Un récent avis du Conseil économique, social et environnemental (CESE), en date du 25 janvier 2023, préconisait l'aggravation du taux d'imposition de la taxe (CESE, avis, *Du sol au foncier, des fonctions aux usages, quelle politique foncière ?*, Rapporteure C. Claveirole, janv. 2023). La préconisation n° 12 de cet avis appelait à relever le taux d'imposition à 70 % « pour favoriser l'atteinte du ZAN ». Toutefois, le montant fixé à ce taux a justifié l'expression d'un dissensus des groupes Agriculture, Artisanat et Professions libérales, Coopération et Entreprises qui ont émis des doutes quant à sa constitutionnalité, non expertisée. On citera également, l'amendement I CF-1157, après l'article 9 adopté en Commission, 6 oct. 2022, sur le PLF 2023, n° 273, AN, 1re lecture qui prévoyait d'instaurer un nouveau taux supplémentaire de 50 %. Enfin, la taxe de l'article 1605 nonies du CGI sort renforcée par le « brevet » de constitutionnalité que lui a récemment octroyé le Conseil d'État par sa décision du 10 février 2023 précitée, laquelle ne manque pas de tracer les limites constitutionnelles à son éventuelle réforme (V. notre étude citée *supra*, Bibliographie).

2 Commentaires administratifs

8201 Les modalités d'application de cette taxe ont été précisées par une instruction du 5 mars 2012 (*BOI* 8 M-2-12, 14 mars 2012) reprise au BOFiP-BOI-RFPI-TDC-20, BOI-RFPI-TDC-20-10, 8 oct. 2012 et BOI-RFPI-TDC-20-20, 27 déc. 2012.
Remarque : Le n° 180 du BOI-RFPI-TDC-20-20 mentionne par erreur le délai de deux mois visé au III de l'article 647 dans sa rédaction antérieure à celle résultant de l'article 1er de la loi n° 2011-1117 du 19 sept. 2011 (V. *infra*, n° 8219).

3 Nature juridique – Contrôle et contentieux

8202 La taxe prévue par l'article 1605 nonies du Code général des impôts a le caractère d'un impôt direct dont le contentieux relève de la juridiction administrative (CE, 3e et 8e ch. réunies, 11 oct. 2017, n° 400766 : *Rec. CE* 2017, tables ; *Dr. fisc.* 2017, n° 42, act. 471. – N. Gonzalez-Gharbi, *Notion de classement en zone constructible : Constr.-Urb.* 2018, comm. 79. – CE, 10 févr. 2023, n° 469715, cités en bibliographie).

8203 Nonobstant les règles qui gouvernent sa déclaration et son recouvrement, le contrôle de la taxe prévue à l'article 1605 nonies du CGI est soumis aux règles applicables au contrôle des impôts directs (V. notre étude : *Constr.-Urb.* 2018, étude 8 et CE, 10 févr. 2023, n° 469715, cités en bibliographie).

4 Champ d'application de la taxe

8204 **Opérations imposables.** La taxe est exigible lors de la première cession à titre onéreux intervenue après que le terrain a été rendu constructible postérieurement au 13 janvier 2010. Sur le cumul de la taxe avec la taxe communale et les autres impôts et prélèvements sociaux exigibles sur la cession du terrain, V. *supra*, n° 8174.

8205 **Cessions exonérées.** La taxe ne s'applique pas aux cessions de terrains pour lesquels une déclaration d'utilité publique a été prononcée en vue d'une expropriation, de terrains dont le prix de cession défini à l'article 150 VA du Code général des impôts est inférieur à 15 000 € ou lorsque le rapport entre le prix de cession et le prix d'acquisition ou la valeur vénale, actualisé, est inférieur à 10.

8206 **Biens et droits imposables.** Contrairement à la taxe communale, la taxe nationale s'applique dès lors que le terrain nu cédé a été classé comme terrain constructible dans les conditions prévues à l'article 1605 nonies, à compter du 14 janvier 2010, et que la cession à titre onéreux est la première réalisée depuis l'intervention de ce classement.
Tous les cédants sont concernés, quels que soient leur statut juridique et le régime fiscal applicable pour l'imposition de leur profit de cession. Il importe peu que le terrain cédé dépende du patrimoine privé ou figure à l'actif d'une entreprise soumise aux BIC, BA ou BNC. Il importe peu que le terrain appartienne à une personne physique ou à une personne morale de droit privé ou de droit public. Conformément au texte légal, outre les terrains nus (V. *supra*, n° 8180), la taxe s'applique aux cessions de droits réels relatifs à pareils terrains.

8207 **Personnes imposables.** Tous les cédants sont concernés : personnes physiques comme personnes morales de droit privé ou de droit public (sur l'application de la taxe de l'article 1605 nonies du CGI aux communes et sur l'impossibilité constitutionnelle de les exonérer, V. Rép. min. n° 20435 : *JO* Sénat, 23 sept. 2021, p. 5505). La taxe s'applique également aux cédants domiciliés fiscalement hors de France.
Rappel : Contrairement au régime des plus-values immobilières des particuliers (CGI, art. 150 U, III), il n'est pas prévu d'exonération en faveur des titulaires de pensions de vieillesse ou d'une carte d'invalidité.

5 Assiette et taux de la taxe nationale

a) Assiette

8208 Conformément au II de l'article 1605 nonies du CGI, la taxe est assise sur un montant égal au prix de cession défini à l'article 150 VA du Code général des impôts, diminué du prix d'acquisition stipulé dans les actes ou, à défaut, de la valeur vénale réelle à la date d'entrée dans le patrimoine du cédant d'après une déclaration détaillée et estimative des parties.
Érosion monétaire. Le prix d'acquisition est actualisé en fonction du dernier indice des prix à la consommation hors tabac publié par l'Institut national de la statistique et des études économiques (INSEE). À titre pratique, l'administration fiscale publie chaque année, un tableau actualisé des coefficients d'érosion monétaire (BOI-ANNX-000097, 15/02).
Abattement. L'assiette est réduite d'un dixième par année écoulée à compter de la date à laquelle le terrain a été rendu constructible au-delà de la huitième année.

8209 **Principe d'égalité devant les charges publiques.** Les modalités de détermination de l'assiette de la taxe diffèrent de celle retenue pour le calcul de la plus-value immobilière des particuliers, en ce que les dispositions du II de l'article 1605 nonies du CGI ne prévoient pas que le prix d'acquisition stipulé dans l'acte ou, à défaut, la valeur vénale réelle à la date d'entrée dans le patrimoine du cédant soient majorés de quelque frais que ce soit (spécialement, le cas échéant des frais de viabilisation et d'équipement du terrain). Ces frais ne peuvent pas non plus venir en diminution du prix de cession, dès lors que le renvoi à l'article 150 VA limite les frais déductibles à ceux énumérés à l'article 41 duovicies de l'annexe III au CGI.
Ces modalités ont été critiquées au regard du principe d'égalité devant l'impôt. Cette critique a été réfutée par le Conseil d'État (V. CE, 10 févr. 2023 et les commentaires cités en bibliographie).

b) Taux de la taxe

8210 Le taux de la taxe est de 5 % lorsque le rapport entre le prix de cession du terrain et le prix d'acquisition ou la valeur vénale, actualisé, est supérieur à 10 et inférieur à 30. Au-delà de cette limite, la part de la plus-value restant à taxer est soumise à un taux de 10 %.

EXEMPLE D'APPLICATION TIRÉ DU BOI-RFPI-TDC-20-20

Prix de cession du terrain nu rendu constructible : 287 000 €.
Prix d'acquisition actualisé : 7 000 €.
Assiette de la taxe : 280 000 € (287 000 – 7 000).
Le rapport entre le prix de cession et le prix d'acquisition actualisé est de 41 (287 000 / 7 000).
Par conséquent, le taux de la taxe sera de :
– 5 % pour la fraction de la plus-value inférieure ou égale à 30 fois le prix d'acquisition ;
– 10 % pour la fraction de la plus-value restant à taxer.

	Assiette de la taxe	Taux applicable	Montant de la taxe
Part de la plus-value inférieure ou égale à 30 fois le prix d'acquisition soit 210 000 € (7 000 x 30)	210 000 €	5 %	10 500 €
Part de la plus-value restant à taxer (280 000 – 210 000)	70 000 €	10 %	7 000 €
Total	280 000 €		17 500 €

B Formalités au service de la publicité foncière

8211 Le V de l'article 1605 nonies du Code général des impôts renvoie aux modalités de déclaration et de paiement prévues aux 1° et 4° du I et au II de l'article 150 VG du Code général des impôts, en matière de plus-values immobilières (V. **Plus-values immobilières**). Ces règles s'appliquent à tous les cédants y compris ceux dont les cessions n'entrent pas dans le champ d'application de l'article 150 U et suivants du CGI.

8212 La taxe nationale – dont le débiteur légal est le cédant – est, en principe, déclarée sur l'imprimé n° 2048-TAB-SD (CERFA n° 14968*10) et payée au service de la publicité foncière (1°). Des obligations déclaratives et de paiement spécifiques sont toutefois prévues lorsque le transfert de propriété est constaté par un acte autre que notarié (2°).

1 Transfert de propriété constaté par un acte notarié

a) Principe : déclaration et paiement au service de la publicité foncière

8213 Lorsque la cession du terrain donne lieu à l'application de la taxe nationale, la déclaration doit être déposée au service de la publicité foncière du lieu de situation du terrain, accompagnée du paiement de la taxe, sous peine de refus du dépôt ou de la formalité (V. *infra*, n° 8214). Lorsque cette cession ne donne pas lieu à l'application de la taxe, le cédant est dispensé du dépôt de la déclaration et l'acte doit alors comporter certaines mentions obligatoires permettant de justifier de l'exonération ou de l'absence de taxation de cette opération (V. *infra*, n°s 8216 et 8217. – Instr. BOI-RFPI-TDC-20-20, n° 130).

1) Obligations déclaratives

8214 **Déclaration.** Conformément aux dispositions du V de l'article 1605 nonies du CGI qui renvoie aux conditions prévues à l'article 150 VG du Code général des impôts applicable en matière de plus-values immobilières des particuliers, lorsque la cession du terrain est constatée par un acte notarié, la déclaration établie sur le formulaire n° 2048-TAB-SD (CERFA n° 14968*10) doit, en principe, être déposée au service de la publicité foncière, à l'appui de la réquisition de publier l'acte. Pour les cessions de biens situés en Alsace-Moselle, la déclaration est remise lors de la présentation à l'enregistrement (CGI, art. 150 VG, I, 1°).

Par exception, la déclaration doit être déposée au service des impôts dont relève le domicile du vendeur dans un délai d'un mois à compter de la cession (CGI, art. 150 VG, II, 3°).

En application de l'article 331 K bis de l'annexe III au Code général des impôts, issu du décret n° 2011-2066 du 30 décembre 2011, la déclaration mentionnée au premier alinéa du V de l'article 1605 nonies du même code doit être signée par le cédant ou par son mandataire.

➤ Pour plus de détails V.° **Plus-values immobilières**.

Sanction. L'absence de déclaration entraîne le refus du dépôt ou de la formalité de l'enregistrement lorsque l'acte ne contient pas l'une des mentions indiquées au n° 8217 (BOI-RFPI-TDC-20-20, n° 140).

8215 **Dispense de déclaration.** Le deuxième alinéa du V de l'article 1605 nonies du CGI prévoit que lorsque la cession est exonérée de taxe en application du III du même article ou par l'effet de l'abattement prévu au II du même article, aucune déclaration ne doit être déposée.

Il s'agit :

– des cessions de terrains pour lesquels une déclaration d'utilité publique a été prononcée en vue d'une expropriation (CGI, art. 1605 nonies, III, 1°) ;

– des cessions de terrains dont le prix de cession défini à l'article 150 VA est inférieur à 15 000 € (CGI, art. 1605 nonies, III, 1°) ;

– des cessions de terrains dont le rapport entre le prix de cession et le prix d'acquisition ou la valeur vénale actualisé est inférieur à 10 (CGI, art. 1605 nonies, III, 2°) ;

– des cessions de terrains réalisées plus de dix-huit ans après la date à laquelle le terrain a été rendu constructible (CGI, art. 1605 nonies, II, al. 2).

2) Mentions dans l'acte – Justificatifs

8216 **Mentions obligatoires.** Aux termes du deuxième alinéa du V de l'article 1605 nonies du Code général des impôts, l'acte de cession soumis à la formalité fusionnée ou présenté à l'enregistrement doit préciser, sous peine de refus de dépôt ou de la formalité d'enregistrement, la nature et le fondement de l'exonération de la taxe ou de l'absence de taxation (Instr. 5 mars 2012, n° 68 ; BOI-RFPI-TDC-20-20, n° 160).

8217 Pour l'application de ces dispositions, certaines mentions doivent obligatoirement figurer dans l'acte pour les cas d'exonération de la taxe ou de l'absence de taxation.

Ainsi, conformément aux dispositions de l'article 331 K ter de l'annexe III au Code général des impôts, pour tout acte constatant la cession à titre onéreux d'un terrain nu ou de droits relatifs à un tel terrain qui n'est pas accompagné de la déclaration n° 2048-TAB-SD, l'accomplissement de la formalité de l'enregistrement ou de la formalité fusionnée est subordonné à la mention dans l'acte :

– soit que le terrain nu n'est pas situé dans une zone constructible. Ces éléments sont justifiés par le cédant, à la demande de l'administration, au moyen du certificat d'urbanisme mentionné à l'article L. 410-1 du Code de l'urbanisme précisant que le terrain ne peut faire l'objet, du fait de sa localisation, de sa desserte ou de ses caractéristiques, d'aucune autorisation de construction. Ce justificatif n'a pas à être produit lors de l'accomplissement de la formalité de publicité foncière ;

– soit que le terrain n'est pas constructible, alors même qu'il est situé dans une des zones mentionnées au premier alinéa du I de l'article 1605 nonies du Code général des impôts. Ces éléments sont justifiés par le cédant, à la demande de l'administration, au moyen du certificat d'urbanisme mentionné à l'article L. 410-1 du Code de l'urbanisme précisant que le terrain ne peut faire l'objet, du fait de sa localisation, de sa desserte ou de ses caractéristiques, d'aucune autorisation de construction. Ce justificatif n'a pas à être produit lors de l'accomplissement de la formalité de publicité foncière ;

– soit que le terrain a été rendu constructible du fait de son classement antérieurement au 14 janvier 2010, par un document d'urbanisme ou par application de l'article L. 111-1-2 du Code de l'urbanisme. Ces éléments sont justifiés par le cédant, à la demande de l'administration, au moyen du certificat d'urbanisme mentionné à l'article L. 410-1 du Code de l'urbanisme ou d'une attestation, établie par la commune ou, le cas échéant, par l'établissement public de coopération intercommunale compétent pour l'élaboration des documents locaux d'urbanisme, et précisant la date à laquelle le terrain est devenu constructible ou, à défaut, que cet événement est intervenu antérieurement au 14 janvier 2010. Ce justificatif n'a pas à être produit lors de l'accomplissement de la formalité de publicité foncière ;

– soit que le terrain se situe dans la partie actuellement urbanisée de la commune au sens de l'article L. 111-1-2 du Code de l'urbanisme. Ces éléments sont justifiés par le cédant, à la demande de l'administration, au moyen du certificat d'urbanisme mentionné à l'article L. 410-1 du Code de l'urbanisme précisant que le terrain se situe dans la partie actuellement urbanisée de la commune. Ce justificatif n'a pas à être produit lors de l'accomplissement de la formalité de publicité foncière ;

– soit que la plus-value réalisée par le cédant est exonérée de la taxe en application du 1° ou du 2° du III de l'article 1605 nonies du Code général des impôts en précisant les références aux dispositions de l'article précité en vertu desquelles la taxe ne s'applique pas ;

– soit que la plus-value réalisée par le cédant est exonérée de la taxe en application du second alinéa du II de l'article 1605 nonies du Code général des impôts, c'est-à-dire que la cession est réalisée plus de dix-huit ans après la date à laquelle le terrain a été rendu constructible, du fait de son classement postérieurement au 13 janvier 2010. Ces éléments sont justifiés par le cédant, à la demande de l'administration, au moyen d'un certificat d'urbanisme ou d'une attestation, établie par la commune ou, le cas échéant, par l'établissement public de coopération intercommunale compétent pour l'élaboration des documents locaux d'urbanisme, et précisant la date à laquelle le terrain est devenu constructible ou, à défaut, que cet événement est intervenu depuis plus de dix-huit ans. Le justificatif correspondant n'a pas à être produit lors de l'accomplissement de la formalité de publicité foncière ;

– soit que le terrain a fait l'objet, depuis la date à laquelle il a été rendu constructible postérieurement au 13 janvier 2010, d'une cession à titre onéreux antérieure à la mutation constatée dans l'acte (Instr. 5 mars 2012, n° 69 ; BOI-RFPI-TDC-20-20, n° 170).

8218 **Sanction.** Lorsque l'acte ne contient pas l'une de ces mentions, l'absence de déclaration entraîne le refus du dépôt ou de la formalité de l'enregistrement (CGI, art. 150 VG, I, 1°).

Remarque : Ces commentaires publiés avant le 1er janvier 2016 renvoient aux articles du Code de l'urbanisme dans sa version antérieure à celle résultant de l'ordonnance n° 2015-1174 du 23 septembre 2015, relative à la partie législative du livre Ier du Code de l'urbanisme (*JO* 24 sept. 2015) et du décret n° 2015-1783 du 28 décembre 2015, relatif à la partie réglementaire du livre Ier du Code de l'urbanisme et à la modernisation du contenu du plan local d'urbanisme (*JO* 29 déc. 2015).

3) Obligations de paiement

8219 La taxe doit être versée lors du dépôt de la déclaration, avant l'exécution de la formalité de l'enregistrement ou de la formalité fusionnée. Le dépôt ou la formalité est refusé :

– à défaut de paiement préalable (sauf pour les exceptions prévues, V. *infra*, n° 8220) ;

– ou s'il existe une discordance entre le montant de la taxe figurant sur la déclaration et le montant effectivement versé lors de la réquisition ou de la présentation à l'enregistrement.

Sauf dispositions contraires, il est fait application des règles d'exigibilité et de recouvrement prévues aux articles 1701 à 1704, aux 1° à 4° de l'article 1705 et aux articles 1706 et 1711 du Code général des impôts (CGI, art. 150 VH-II).

Le dépôt tardif de la déclaration donne lieu à l'application de l'intérêt de retard à compter du premier jour du mois qui suit celui au cours duquel cette déclaration aurait dû être déposée, soit dans un délai de d'un mois à compter de la date de l'acte (CGI, art. 647-III.

Remarque : Le n° 180 du BOI-RFPI-TDC-20-20, publié le 12 déc. 2012, mentionne par erreur le délai de deux mois visé au III de l'article 647 dans sa rédaction antérieure à celle résultant de l'article 1er de la loi n° 2011-1117 du 19 sept. 2011).

b) Exceptions : service des impôts du domicile du vendeur

1) Obligations déclaratives et mentions dans l'acte

8220 Par dérogation au principe exposé *supra*, lorsque le transfert de propriété est constaté par un acte notarié, la déclaration doit être déposée au service des impôts dont relève le domicile du vendeur dans un délai d'un mois à compter de la date de l'acte :

– lorsque la taxe nationale ne peut être intégralement acquittée en raison de créances primant le privilège du Trésor ;

– lorsque la cession est constatée au profit de l'État, des établissements publics nationaux, des groupements d'intérêt public, ou d'une collectivité territoriale ou d'un établissement public local désigné à l'article L. 1311-5 du Code général des collectivités territoriales.

8221 Dans ces situations, l'absence de déclaration à l'appui de la réquisition de publier ou de la présentation à l'enregistrement n'entraîne pas le refus du dépôt ou de la formalité (CGI, art. 150 VG-II, 3°), sous réserve que l'acte notarié précise que la taxe communale ne peut être intégralement acquittée ou que la cession est constatée au profit d'une collectivité mentionnée au 1° du II de l'article 150 VG du Code général des impôts, et mentionne le lieu où le notaire rédacteur de l'acte dépose la déclaration (BOI-RFPI-TDC-20-20-27/12/2012, n° 200).

➤ Pour plus de précisions, V. BOI-RFPI-PVI-30-40.

2) Obligations de paiement

8222 La taxe nationale doit être payée au service des impôts où la déclaration a été déposée par :

– le vendeur lorsque la taxe n'a pu être acquittée au service de la publicité foncière en raison de créances primant le privilège du Trésor ;

– le notaire lorsque la cession est constatée au profit d'une collectivité publique (CGI, art. 150 VH-III, 2°. – BOI-RFPI-TDC-20-20-27/12/2012, n° 220).

2 Transfert de propriété constaté par un acte autre qu'un acte notarié

8223 La deuxième phrase du premier alinéa du V de l'article 1605 nonies du Code général des impôts renvoie aux dérogations applicables en matière de plus-values immobilières des particuliers (V.°**Plus-values immobilières**).

8224 **Transfert de propriété constaté par un acte passé en la forme administrative.** Pour les actes passés en la forme administrative qui constatent une mutation immobilière amiable ou forcée de biens au profit de l'État, des établissements publics nationaux, des groupements d'intérêt public, ou d'une collectivité territoriale ou d'un établissement public local désigné à l'article L. 1311-5 du Code général des collectivités territoriales, la déclaration 2048-TAB SD est remise à la collectivité publique cessionnaire préalablement à la réquisition de publier ou à la présentation à l'enregistrement.

Dans ces situations, l'absence de déclaration à l'appui de la réquisition de publier ou de la présentation à l'enregistrement n'entraîne pas le refus du dépôt ou de la formalité (CGI, art. 150 VG-II, 1°. – BOI-RFPI-TDC-20-20, n° 240).

8225 **Transfert de propriété constaté par une ordonnance judiciaire.** Pour les cessions constatées par une ordonnance judiciaire, la déclaration 2048-TAB SD doit être déposée au service des impôts dont relève le domicile du vendeur dans un délai d'un mois à compter de la date du versement du prix de cession.

Dans cette situation, l'absence de déclaration à l'appui de la réquisition de publier ou de la présentation à l'enregistrement n'entraîne pas le refus du dépôt ou de la formalité (CGI, art. 150 VG-II, 2°. – BOI-RFPI-TDC-20-20, n° 250).

➤ Pour plus de précisions, se reporter au BOFiP-BOI-RFPI-PVI-30-40 et V.°**Plus-values immobilières**.

Télé@ctes

Serge LAMIAUX

BIBLIOGRAPHIE : D. Froger, *Télé@ctes : une révolution ? : JCP* N 2006, n° 12, 1133. – Cl. Badrone, *La dématérialisation des échanges entre les études notariales et les conservations des hypothèques : le projet Télé@ctes : Administrer* 2008, p. 32. – A. Fournier et S. Lamiaux, *Publicité foncière : organisation et principales caractéristiques*, éd. Cridon Nord-est, 2014, LexisNexis, p. 52 et s. – M. Suquet-Cozic, *Publicité foncière*, Francis Lefebvre, 2014, n°s 1810 et s. et 11 110 et s. – X. Leclerc et S. Marcot, *Améliorer le système de télépublication*, p. 372 et s., *in Publicité foncière et Notariat : quel avenir ?*, 43e Congrès du Mouvement Jeune Notariat, 2012.

D. n° 55-1350, 14 oct.1955, art. 73-1 *(Créé, D. n° 2017-770, 4 mai 2017, art. 1er).* – Sous peine du refus du dépôt, les documents établis par acte notarié ou qui requièrent l'intervention d'un notaire dont la liste est fixée par arrêté du ministre chargé du budget sont déposés par les notaires, auprès des services chargés de la publicité foncière dotés d'un fichier immobilier informatisé, par voie électronique au moyen d'une application informatique dédiée.

Le refus de dépôt n'est pas opposé en cas d'indisponibilité du service de télétransmission ne permettant pas de respecter le délai prévu au III de l'article 647 du Code général des impôts.

8226 **Rappel.** Par un arrêté du 22 mai 2006 (*JO* 8 juin 2006, texte n° 22) la Direction générale des impôts a mis en œuvre dans les conservations des hypothèques un traitement automatisé de données dénommées « Télé@ctes ».

Le traitement avait pour objet, selon les termes de l'article 2 de ce texte :

– la dématérialisation des actes de vente et des demandes de renseignements ;

– la transmission des formalités susvisées entre le serveur notarial Planète et le serveur Télé@ctes *via* une ligne dédiée ;

– l'élaboration automatique de l'extrait d'acte visé à l'article 860 du Code général des impôts.

Cet arrêté a été depuis lors mis à jour, et en dernier lieu par un arrêté du 10 octobre 2017 (*JO* 9 nov. 2017 ; *JCP* N 2017, n° 46, act. 954. – M. Suquet-Cozic, *Mise à jour de l'arrêté fondateur de Télé@ctes : Sol. not.* 23 nov. 2017, inf. 7).

Sans qu'il soit nécessaire de rappeler les diverses étapes de l'évolution du système (V. en tête Bibliographie), nous nous en tiendrons à ses tout récents développements, qui ont débouché sur l'obligation du dépôt électronique au fichier immobilier, à compter du 1er janvier 2018. Les notaires ne pourront plus procéder à la publication d'un acte ou à l'inscription d'une sûreté que de manière dématérialisée « par voie électronique » pour reprendre les termes du nouvel article 73-1 du décret du 14 octobre 1955 précité. Autrement dit, la procédure de traitement automatisé de données dénommée Télé@ctes se trouve institutionnalisée (V. S. Lamiaux, *Publication au fichier immobilier de l'acte notarié : dématérialisée sinon rien : JCP* N 2017, n° 20, act. 547).

8227 **Champ d'application.** Un arrêté du 2 juin 2017 définit le champ d'application de l'obligation faite aux notaires d'effectuer par voie électronique leur dépôt de documents auprès des services chargés de la publicité foncière.

Selon ce texte, les dispositions de l'article 73-1 du décret n° 55-1350 du 14 octobre 1955 s'appliquent aux documents suivants :

1° les actes de vente, y compris ceux accompagnés d'une déclaration de plus-value immobilière et/ou des taxes prévues aux articles 1529 et 1605 nonies du Code général des impôts et/ou d'un ou plusieurs documents d'arpentage, à l'exception des actes de vente donnant lieu au dépôt d'une déclaration de taxe sur la valeur ajoutée ;

2° les actes portant constitution d'une servitude ;

3° les attestations immobilières après décès ;

4° les actes rectificatifs et les attestations rectificatives, faisant suite à la notification d'une ou plusieurs causes de rejet ;
5° les actes portant convention de rechargement d'une hypothèque conventionnelle ;
6° les actes portant mainlevée d'une inscription et les actes par lesquels le notaire certifie que le créancier a, à la demande du débiteur, donné son accord à la radiation d'une ou plusieurs inscriptions.
Cet arrêté s'applique aux documents signés à compter du 1er janvier 2018 (sur les conséquences de ces dispositions pour les offices notariaux et plus particulièrement pour les formalistes, V. M.-L. Enault, *Obligation de télépublication : quels points de vigilance ? : Sol. not.* 7 déc. 2017, p. 17).

8228 **Arrêté du 30 avril 2018.** Dans sa rédaction initiale, l'article 1er, dernier alinéa de l'arrêté du 2 juin 2017 précité indiquait que ses dispositions ne s'appliquaient pas aux documents visés aux 1° à 6° qui faisaient état d'une ou plusieurs dispositions légales d'exonération de droits et de contribution de sécurité immobilière conduisant à une absence totale de perception par le service chargé de la publicité foncière.
Mais cette disposition a été abrogée par un arrêté du 30 avril 2018 (*JO* 20 mai 2018, texte n° 21). Il en résulte que l'obligation pour les notaires d'effectuer par voie électronique leur dépôt de documents auprès des services chargés de la publicité foncière s'étend désormais aux dépôts de documents faisant état d'une ou plusieurs dispositions légales d'exonération de droits ou de contributions de sécurité immobilière conduisant à une absence totale de perception par le service chargé de la publicité foncière. L'arrêté du 30 avril 2018 est applicable à compter du 1er juin 2018.

8229 **Refus de dépôt.** La sanction du non-respect de ces nouvelles exigences réglementaires est lourde : il s'agit d'un refus de dépôt. Or, comme on le sait, le refus de dépôt a des incidences fiscales (V. **Refus de dépôt**) : application de l'intérêt de retard de l'article 1727 du Code général des impôts et majoration de droits de l'article 1728 du même code, étant rappelé que le notaire demeure le seul redevable de l'impôt et des pénalités tant que la formalité n'est pas exécutée (CGI, art. 1705, 1° et 1840 C. – V., sur ce point, S. Lamiaux, étude préc. – M. Suquet-Cozic, *Obligation de télé publication : sanctions et conséquences : Sol. not.* 7 déc. 2017, p. 19).
Une seule exception est prévue par l'article 73-1 du décret du 14 octobre 1955. Le notaire est admis à présenter l'acte ou le bordereau d'inscription sous la forme du papier sans encourir la sanction du refus de dépôt si le service de télétransmission est indisponible de manière prolongée et ne permet donc pas de respecter le délai de formalité fusionnée (actuellement d'un mois, et de deux mois en cas d'adjudication).

Terrains

Neyla GONZALEZ-GHARBI

Sommaire analytique

Index alphabétique

AVERTISSEMENT **Le 7 septembre 2012, la Direction générale des finances publiques a publié une instruction annonçant la mise à la disposition des usagers d'une base documentaire dénommée « Bulletin officiel des finances publiques – Impôts » (*BOFiP*). L'instruction précitée a rapporté à compter de cette date l'ensemble des commentaires administratifs publiés antérieurement. Il sera fait, sauf, exception, référence au *BOFiP*.**

BIBLIOGRAPHIE : D. Roche, *L'impact de la réforme de la TVA immobilière sur la vente de terrains : Nota Bene (Cridon Bordeaux-Toulouse)* avr. 2010, 618. – N. Gonzalez-Gharbi, *Vente de terrains à bâtir issus de la division d'un ensemble immobilier acquis auprès d'un non assujetti et TVA sur marge : vaines querelles ou vrai sujet ? : Constr.-Urb.* 2016, étude 2. – N. Gonzalez-Gharbi, *Le glas de la TVA sur marge a-t-il déjà sonné ? : Constr.-Urb.* 2016, comm. 152 ; *Vente de terrains à bâtir issus de la division d'un ensemble immobilier : le juge applique la loi et infirme la doctrine administrative : Constr.-Urb.* 2017, comm. 45. – N. Gonzalez-Gharbi, *Vente de terrain à bâtir après division : Bercy campe sur ses positions : Constr.-Urb.* 2017, comm. 141. – R. Vogel, *TVA sur marge, une première décision favorable aux marchands de biens : Navis Fiscal* 10 févr. 2017, tribune. – N. Gonzalez-Gharbi, *Cession de terrain à bâtir et TVA sur marge : Bercy plie mais ne rompt pas : Constr.-Urb.* 2018, repère 6. – O. Pecqueur, *TVA sur la marge et cessions de terrains à bâtir : les juges confirment leur position : JCP* N 2019, act. 252. – N. Gonzalez-Gharbi, *Être ou ne pas être…un terrain à bâtir : pour le Conseil d'État la cession par un acheteur/revendeur d'un terrain à bâtir issu de la démolition d'un immeuble bâti n'est pas taxable sur la marge* (CE, 27 mars 2020, n° 428234 : *JurisData* n° 2020-004303) : *Constr.-Urb.* 2020, comm. 65. – N. Gonzalez-Gharbi, *TVA sur marge et revente de terrains à bâtir : Le Conseil d'État préfère la question préjudicielle, à la question prioritaire de constitutionnalité : Constr.-Urb.* 2020, comm. 1000. – N. Gonzalez-Gharbi, *Revente de terrains à bâtir : au nom du principe de neutralité de la TVA, la CJUE limite drastiquement le champ d'application de la taxation sur la marge : Constr.-Urb.* 2021, comm. 135. – N. Gonzalez-Gharbi, *Le Conseil d'État se rallie à la CJUE, "sauve" l'ancienne TVA sur marge et réduit le champ d'application de l'actuel article 268 du CGI : Constr.-Urb.* juill. 2022, comm. ; *TVA sur marge : le Conseil d'État tire les conséquences de la décision Icade Promotion de la CJUE : JCP* N 2022, act. 628. – E. Kornprobst : *Dr. fisc.* 2021, comm. 405, note sur CJUE, 30 sept. 2021, aff. C299/20, *Icade Promotion SAS.*

8230 Seules les livraisons à titre onéreux réalisées par un assujetti à la TVA agissant en tant que tel peuvent se situer dans le champ d'application de la TVA (V. **TVA immobilière**). Le 1° du 2 du I de l'article 257 du Code général des impôts fait figurer dans cette catégorie les livraisons de terrains à bâtir définis comme des terrains « sur lesquels des constructions peuvent être autorisées » lesquelles sont imposables de plein droit à la TVA (BOI-TVA-IMM-10-10-10-20-20140929, § 1). Pour déterminer le champ d'application de la TVA aux livraisons de terrains en général, on est donc amené à distinguer selon que le terrain considéré est susceptible d'accueillir des constructions et donc de concourir à « la production ou à la livraison d'immeuble » (il s'agit alors d'un terrain à bâtir, au sens fiscal), ou qu'il n'est pas constructible (il s'agit alors selon l'expression utilisée par l'administration d'un terrain « non à bâtir »).

8231 Nous examinerons successivement le cas des terrains à bâtir (I) et le cas des terrains que nous avons qualifiés de « non constructibles » (II) avant d'évoquer le problème des lotissements (III) des zones d'aménagement (IV), de la taxe sur les terrains devenus constructibles (V) et de la plus-value sur les terrains à bâtir (VI).

Remarque : Conformément aux dispositions du I de l'article 257 du Code général des impôts, les mêmes règles s'appliquent aux livraisons ayant pour objet des droits réels relatifs aux terrains.

Rappel : La publication des actes constatant des mutations à titre onéreux d'immeubles et droits immobiliers soumises à la TVA rend exigible la contribution de sécurité immobilière (CGI, art. 878 et s.) dans les conditions de droit commun (V. **Vente d'immeuble** ; **Contribution de sécurité immobilière**).

I

Terrains à bâtir

CGI, art. 257 (*Mod. L. n° 2020-1721 du 29 décembre 2020, art. 52*). – I. (…)

2. Sont considérés :

1° Comme terrains à bâtir, les terrains sur lesquels des constructions peuvent être autorisées en application d'un plan local d'urbanisme, d'un autre document d'urbanisme en tenant lieu, d'une carte communale ou de l'article L. 111-3 du Code de l'urbanisme ; (…)

8232 Après avoir défini la notion de « terrain à bâtir » (A), telle qu'elle résulte de la réforme de la

TVA par la loi de finances rectificative pour 2010 (L. n° 2010-237, 9 mars 2010, art. 16 : *JO* 10 mars), nous traiterons successivement du régime fiscal des mutations de terrains à bâtir du point de vue de la TVA immobilière (B), et du point de vue des droits d'enregistrement ou de la taxe de publicité foncière (C).

A Notion de « terrain à bâtir »

1 Définition du « terrain à bâtir »

8233 **Notion objective.** Le 1° du 2 du I de l'article 257 du Code général des impôts retient une définition objective du terrain à bâtir (TAB). Sont considérés comme tels tous les terrains sur lesquels des constructions peuvent être autorisées en application des documents qui caractérisent leur situation au regard des règles d'urbanisme. Sont donc sans incidence sur cette qualification tant les intentions de l'acquéreur du terrain que l'emploi qui en est effectivement fait, quand bien même ils déterminent le régime des droits de mutation quand l'acquéreur est un assujetti à la TVA (cf. CGI, art. 1594 0-G ; BOI-TVA-IMM-10-10-10-20-20140929, § 10). L'application de la TVA n'est donc pas, comme dans le régime antérieur à la loi de 2010 précitée, en lien avec un engagement de bâtir pris par l'acquéreur.

8234 Le législateur de 2010 a retenu une définition de nature administrative, autonome des définitions fiscales connues par ailleurs qui reposent sur un critère de constructibilité effective. En l'espèce, aux termes mêmes du texte légal, la qualification de terrain à bâtir sera acquise dès lors que « des constructions peuvent être autorisées en application des documents (d'urbanisme) », indépendamment de la question de savoir si la réalisation concrète d'une construction se trouve en outre subordonnée à la réalisation d'autres conditions tenant, par exemple, à des exigences de surface, de densité ou de consistance, ou encore au respect de servitudes du fait de tiers.

Les terrains à bâtir sont donc des terrains pour lesquels, au moment de la livraison du terrain, la documentation publique opposable ne fait pas obstacle à construire, quelle que soit la densité de construction autorisée et sans qu'il soit nécessaire d'apporter préalablement une modification aux documents en cause (BOI-TVA-IMM-10-10-10-20-20140929, § 20).

Remarque : La Commission européenne a rendu publique une proposition de directive du Conseil modifiant la directive 2006/112/CE en ce qui concerne l'attribution de compétences d'exécution à la Commission pour déterminer le sens des termes utilisés dans certaines dispositions de cette directive (COM 2020, 749, 18 déc. 2020), visant notamment « à définir la notion de "terrain à bâtir", étant donné que ma directive fait expressément référence à la définition de celle-ci par le droit national (Dir., art. 12, paragraphe 3) », V. E. Ashworth, *Comitologie et TVA*, éd. F. Lefebvre, La quotidienne, 5 mars 2021).

Sur la marge de manœuvre des États membres, V. CJUE, 30 sept. 2021, aff. C299/20, *SAS Icade Promotion*. – CJUE, ord., 10 févr. 2022, aff. C-191/21.

8235 **Documents d'urbanisme de référence.** Les documents d'urbanisme pertinents pour apprécier si un terrain peut être qualifié ou non de terrain à bâtir sont le plan local d'urbanisme (PLU) ou tout autre document d'urbanisme en tenant lieu et, pour les petites communes qui n'en sont pas dotées, la carte communale. Pour les terrains qui n'entrent dans les prévisions d'aucun de ces documents d'urbanisme, des constructions peuvent être autorisées conformément aux prescriptions de l'article L. 111-4 du Code de l'urbanisme (anciennement, art. L. 111-1-2).

Il a été précisé que le terme « construction » tel que visé au 1° du 2 du I de l'article 257 du Code général des impôts doit être entendu au sens large de « construction incorporée au sol », c'est-à-dire de « bâtiment » tel que défini par le 2 de l'article 12 de la directive TVA, ce qui inclut notamment les routes, voies ferrées, ponts, tunnels, digues, barrages, pylônes, lignes électriques, conduites d'eau ou de gaz, parcs de stationnement, murs de clôture, constructions industrielles diverses, etc. (BOI-TVA-IMM-10-10-10-20-20140929, § 30).

8236 **Inventaire.** Sur cette base, doivent être considérés comme terrains à bâtir au moment de la livraison, sous réserve que le règlement du document d'urbanisme ou le règlement national d'urbanisme (RNU) et les dispositions particulières aux zones de montagne et au littoral le permettent, les terrains situés dans :

– les zones urbaines (V. n° 8237) ;
– les zones à urbaniser (V. n° 8238) ;
– les zones constructibles des cartes communales (V. n° 8239) ;
– les parties constructibles des communes en application de l'article L. 111-4 du Code de l'urbanisme (V. n° 8240) ;
– les périmètres constructibles en zones naturelles et forestières (V. n° 8241).

8237 **Terrains situés dans des zones urbaines.** Aux termes de l'article R. 151-18 du Code de l'urbanisme, créé par le décret n° 2015-1783 du

28 décembre 2015 (qui reprend les termes de l'ancien article R. 123-5), « Les zones urbaines sont dites "zones U". Peuvent être classés en zone urbaine, les secteurs déjà urbanisés et les secteurs où les équipements publics existants ou en cours de réalisation ont une capacité suffisante pour desservir les constructions à implanter ».

La version du BOI publiée le 29 septembre 2014 fait référence à l'ancien article R. 123-5 du Code de l'urbanisme (BOI-TVA-IMM-10-10-10-20-20140929, § 50).

8238 **Terrains situés dans des zones à urbaniser (ou zones « AU »).** Ces zones sont désormais définies à l'article R. 151-20 du Code de l'urbanisme (D. n° 2015-1783, 28 déc. 2015) qui s'est substitué à l'ancien article R. 123-6 du code précité auquel renvoie le *Bulletin officiel des impôts*.

> « Les zones à urbaniser sont dites "zones AU". Peuvent être classés en zone à urbaniser les secteurs destinés à être ouverts à l'urbanisation.
> Lorsque les voies ouvertes au public et les réseaux d'eau, d'électricité et, le cas échéant, d'assainissement existant à la périphérie immédiate d'une zone AU ont une capacité suffisante pour desservir les constructions à implanter dans l'ensemble de cette zone et que des orientations d'aménagement et de programmation et, le cas échéant, le règlement en ont défini les conditions d'aménagement et d'équipement, les constructions y sont autorisées soit lors de la réalisation d'une opération d'aménagement d'ensemble, soit au fur et à mesure de la réalisation des équipements internes à la zone prévus par les orientations d'aménagement et de programmation et, le cas échéant, le règlement.
> Lorsque les voies ouvertes au public et les réseaux d'eau, d'électricité et, le cas échéant, d'assainissement existant à la périphérie immédiate d'une zone AU n'ont pas une capacité suffisante pour desservir les constructions à implanter dans l'ensemble de cette zone, son ouverture à l'urbanisation est subordonnée à une modification ou à une révision du plan local d'urbanisme comportant notamment les orientations d'aménagement et de programmation de la zone ».

Le *Bulletin officiel des impôts* précise :

> « Lorsque les voies et réseaux installés à proximité de la zone ne sont pas suffisants pour desservir les constructions édifiées dans la zone, l'ouverture à l'urbanisation peut être subordonnée à une modification ou une révision du PLU. Auquel cas, le terrain demeurera qualifié comme n'étant pas à bâtir tant que la modification ne sera pas intervenue » (BOI-TVA-IMM-10-10-10-20-20140929, § 60).

8239 **Terrains situés dans les zones constructibles des cartes communales.** Il n'y a pas d'appellation particulière pour ces zones en carte communale. La carte communale délimite les secteurs où les constructions sont autorisées et ceux où elles ne sont pas admises (C. urb., art. L. 161-4, ancien art. L. 124-2 ; BOI-TVA-IMM-10-10-10-20-20140929, § 70).

8240 Terrains situés dans les parties constructibles des communes en application de l'article L. 111-3 du Code de l'urbanisme. Il s'agit des terrains situés dans la partie actuellement urbanisée de la commune et des terrains rendus constructibles par délibération du conseil municipal en vertu du 4° de l'article L. 111-4 du Code de l'urbanisme (BOI-TVA-IMM-10-10-10-20-20140929, § 80).

8241 **Terrains situés dans les périmètres constructibles en zones naturelles et forestières.** Ces zones sont actuellement définies aux articles L. 151-11 à L. 151-15 du Code de l'urbanisme. Sous cette réserve, les commentaires du *Bulletin officiel des impôts* ci-après reproduits conservent leur valeur.

L'article R. 123-8 du Code de l'urbanisme conduit à classer en zones naturelles et forestières, dites « zones N », les secteurs de la commune à protéger en raison soit de la qualité des sites, des milieux naturels, des paysages et de leur intérêt, soit de l'existence d'une exploitation forestière, soit de leur caractère d'espaces naturels. Outre des périmètres à l'intérieur desquels s'effectuent des transferts de possibilités de construire prévus à l'article L. 123-4 du même code, des constructions peuvent être autorisées dans des secteurs de taille et de capacité d'accueil limitées à la condition qu'elles ne portent pas atteinte ni à la préservation des sols agricoles et forestiers ni à la sauvegarde des sites, milieux naturels et paysages (zones correspondant aux zones NB ou aux périmètres constructibles situés dans les zones NC et ND des POS ; BOI-TVA-IMM-10-10-10-20-20140929, § 90).

Ainsi, constituent des terrains à bâtir des terrains nus situés dans un parc résidentiel de loisirs, cédés en vue de l'implantation d'habitations légères de loisir (V. CAA, Nantes, 18 fév. 2019, n° 17NT02403 ; CE (na), 21 oct. 2019, *Sté loisirs Plein air 50* ; dans le même sens, CAA Nantes, 28 janv. 2021, n° 19NT01800, *SNC Loisirs 14*).

8242 **Terrain classé en zone agricole.** En revanche, doivent être présumés comme n'étant pas à bâtir au sens de l'article 257 du Code général des impôts les terrains classés en zones agricoles dites « zones A » en application de l'article R. 123-7 du Code de l'urbanisme (ces zones étant constituées des secteurs de la commune à protéger en raison du potentiel agronomique, biologique ou économique des terres agricoles), alors même que les constructions et installations nécessaires aux services publics ou d'intérêt collectif et à l'exploitation agricole peuvent y être autorisées. Pour autant, la cession d'un terrain qui serait assortie dans l'acte des indications faisant apparaître que le terrain bénéficie d'une autorisation de construire à ce titre devrait être qualifiée de terrain à bâtir au sens du 1° du 2 du I de l'article 257 du Code général des impôts (BOI-TVA-IMM-10-10-10-20-20140929, § 100).

2 Difficultés particulières

8243 **Terrain comportant déjà des bâtiments.** Il ressort tant de la directive n° 2006/112/CE du 28 novembre 2006 (dite « directive TVA ») que de la législation nationale que les notions de terrain à bâtir et d'immeuble bâti sont exclusives l'une de l'autre. Ainsi peut seul constituer un terrain à bâtir un terrain qui ne comporte pas d'ores et déjà des « bâtiments » (au sens de « construction incorporée au sol » indiqué au n° 8235 ci-dessus), qu'il s'agisse d'immeubles neufs ou d'immeubles achevés depuis plus de cinq ans (BOI-TVA-IMM-10-10-10-20-20140929, § 110).
On ne doit entendre par « immeuble bâti » qu'une construction qui se trouve en état d'être utilisée en tant que telle pour un usage quelconque sans qu'il soit nécessaire à cette fin d'y réaliser un immeuble neuf au sens de la définition exposée au 2° du 2 du I de l'article 257, dans les trois hypothèses qui y sont évoquées : constructions nouvelles, surélévation, remise à l'état neuf.
En sens inverse, dès lors qu'il est situé dans une zone où les constructions peuvent être autorisées, un immeuble dont l'état le rend impropre à un quelconque usage devra être assimilé à un terrain à bâtir : ruine résultant d'une démolition plus ou moins avancée, bâtiment rendu inutilisable par suite de son état durable d'abandon, immeuble frappé d'un arrêté de péril, chantier inabouti, etc. (BOI-TVA-IMM-10-10-10-20-20140929, § 120).

8244 **Terrain comportant des bâtiments destinés à être démolis.** Dès lors que le vendeur ne s'engage pas à démolir le bâtiment lequel est en état d'être utilisé à un usage quelconque, à la date de la vente, celle-ci ne doit pas être traitée, au regard de la TVA, comme ayant pour objet un terrain à bâtir. Le projet de l'acquéreur de démolir les bâtiments existants n'a pas pour effet de conférer à l'immeuble acquis dans ces conditions la qualification fiscale de terrain à bâtir (en ce sens, CJUE, 4e ch., 12 juill. 2012, aff. 326/11, *J.-J. Komen en ZonenBeheerHeerhugowaard BV : RJF* 11/2012, n° 1091 « L'article 13, B, sous g), de la 6e directive n° 77/388/CEE du Conseil, du 17 mai 1977, lu en combinaison avec l'article 4, paragraphe 3, sous a), de cette directive, doit être interprété en ce sens que l'exonération de TVA prévue à cette première disposition couvre une opération de livraison d'un bien immeuble composé d'un terrain et d'un bâtiment ancien en cours de transformation en un bâtiment nouveau, dès lors que, au moment de cette livraison, le bâtiment ancien n'avait subi que des travaux de démolition partielle et était, à tout le moins en partie, encore utilisé en tant que tel »).
Remarque : L'acquéreur, s'il est assujetti à la TVA, peut souscrire l'engagement de construire prévu à l'article 1594 0 G A du Code général des impôts et bénéficier de l'exonération des DMTO prévue par cet article (V° **Engagement de construire**).

8245 **Terrain à bâtir et immeuble bâti réunis dans une même mutation.** La distinction entre terrain à bâtir et immeuble bâti trouve toute sa portée lorsque l'un et l'autre sont réunis dans une même mutation réalisée par un assujetti agissant en tant que tel, alors que diffère le régime fiscal qu'il a lieu d'appliquer : taxation de plein droit (sur le prix total ou sur la marge) pour le premier, taxation de plein droit sur le prix total ou exonération avec faculté de taxation sur option (sur le prix total ou sur la marge) pour le second, selon son ancienneté d'achèvement.
Dans une telle situation, il convient que l'acte reflète clairement la qualification respective de chaque élément, en sorte que le régime approprié soit distinctement et régulièrement appliqué, d'une part, au terrain à bâtir et, d'autre part, à l'immeuble bâti. En règle générale, une division parcellaire devra intervenir préalablement à la mutation, permettant de distinguer la part de l'emprise libre de constructions utilisables comme telles dont la cession sera taxée comme terrain à bâtir, et la part déjà bâtie utilisable comme telle dont la qualification fiscale dépendra des caractéristiques propres. Une hésitation peut, toutefois, survenir au cas où dans une telle cession conjointe l'emprise susceptible d'être qualifiée comme terrain à bâtir à raison de ce qu'elle est libre de construction (voire occupée par une construction devenue impropre à tout usage) et ne constitue que le prolongement direct et accessoire d'un bâtiment lui-même en état d'être utilisé. À titre de règle pratique, il sera alors admis de considérer l'ensemble en tant qu'immeuble bâti s'il est identifié de la sorte comme une seule parcelle pour l'établissement du plan cadastral, ou comme un seul lot dans un règlement de copropriété ou un état descriptif de division. Le BOFiP ajoute en remarque :

« Le BOI-CAD-REM-10-40-30-20 au III-B-2-o précise notamment : “On considère comme formant une seule parcelle, qui reçoit uniformément la désignation de “sol”, toutes les parties contiguës ou non, d'une même propriété bâtie couverte de constructions ou formant dépendances indispensables et immédiates des bâtiments (cours, passages, jardins de moins de cinq ares, etc.)”. S'agissant des lots identifiés dans un règlement de copropriété ou un état descriptif de division, “Chaque partie non indivise des constructions en copropriété est identifiée dans la documentation littérale par le numéro de la parcelle de référence complété de la lettre “C” et l'indication du numéro du lot extrait du règlement de copropriété, s'il en existe, ou d'un état descriptif de division...”. (BOI-TVA-IMM-10-10-10-40-20130107, § 1 à 30) ».

L'exigence administrative d'avoir à diviser l'ensemble immobilier en lots distincts, préalablement à la vente est à l'origine des différends relatifs à l'assiette de la TVA applicable aux reventes des terrains à bâtir qui opposent l'administration aux professionnels de l'immobilier (V. N. Gonzalez-Gharbi, *Vente de terrains à bâtir issus de la division d'un ensemble immobilier...*, étude citée en bibliographie). La position de l'administration fiscale a été réitérée et durcie à l'occasion de plusieurs réponses ministérielles publiées le 20 septembre 2016 (Rép. min., n° 94538 : *JOAN* Q, 20 sept. 2016, p. 8514, et celle rédigée en termes identiques : Rép. min, n° 96679 : *JOAN* Q, 20 sept. 2016, p. 8522 ; *Ind. Enreg.*, n° 20580).

Considérant que « la mise en œuvre de ce régime dérogatoire prévu à l'article 268 du CGI suppose nécessairement que le bien revendu soit identique au bien acquis quant à ses caractéristiques physiques et sa qualification juridique », le ministre a exclu l'application de la TVA sur marge « en cas de division parcellaire intervenue entre l'acquisition initiale et la cession ayant entraîné un changement de qualification ou un changement physique, telle une modification des superficies vendues par rapport à celles mentionnées dans l'acte d'acquisition ».

Dans le cas de l'acquisition d'une parcelle d'un seul tenant et parcellisation à l'occasion du lotissement pour la revente des lots, l'administration fiscale estime donc que la taxation doit alors se faire sur le prix de vente total en application des articles 266 et 267 du Code général des impôts.

Après avoir établi cette règle, le ministre y apporte des exceptions dans trois cas dans lesquels la TVA sur marge trouve à s'appliquer :

– la division parcellaire est antérieure à l'acte d'acquisition initiale ;

– un document d'arpentage a été établi pour les besoins de la cession permettant d'identifier les différentes parcelles dans l'acte ;

– un permis d'aménager faisant apparaître de manière précise les divisions envisagées a été obtenu préalablement à la cession.

(V. pour un commentaire de ces réponses, *Nota Bene Cridon* oct. 2016, n° 214, 4e de couverture. – N. Gonzalez-Gharbi, *Le glas de la TVA sur marge a-t-il déjà sonné ? : Constr.-Urb.* nov. 2016, comm. 152.)

Cette interprétation a été jugée illégale par le jugement du tribunal administratif de Grenoble (TA Grenoble, 7e ch., 14 nov. 2016, n° 140-3397, *Sarl G : Constr.-Urb.* 2017, comm. 45, N. Gonzalez-Gharbi ; *RJF* 4/2017. – R. Vogel, *TVA sur marge, une première décision favorable aux marchands de biens : Navis Fiscal* 10 févr. 2017, tribune et *Dr. fisc.* 2017, comm. 216).

La position de l'administration fiscale a néanmoins été réitérée par le ministre qui a exclu un réexamen de la question (Rép. min. n° 00904 : *JO* Sénat, 7 sept. 2017, p. 2809 ; *Vente de terrain à bâtir après division : Bercy campe sur ses positions : Constr.-Urb.* 2017, comm. 141). Sur les conséquences de cette doctrine sur la rédaction des clauses de prix de vente et de déclarations fiscales, V. *JCl. Construction-Urbanisme*, Fasc. *Vente d'un lot de lotissement*, form. par C. Becqué-Deverre, C. Farenc et N. Gonzalez-Gharbi.

L'administration a ensuite infléchi sa position, en renonçant à la condition tenant à l'identité des caractéristiques physiques des biens (Rép. min. n° 04171 : *JO* Sénat, 17 mai 2018, p. 2361. – N. Gonzalez-Gharbi, *Cession de terrain à bâtir et TVA sur marge : Bercy plie mais ne rompt pas : Constr.-Urb.* 2018, repère 6). Cette interprétation des dispositions de l'article 268 du CGI a été censurée par la cour administrative d'appel de Lyon. La cour, confirmant le jugement n° 1504042 du 29 juin 2017 rendu dans cette affaire par le tribunal administratif de Grenoble, a jugé que, contrairement à ce que soutient le ministre, l'application de la TVA sur marge n'est subordonnée ni par la directive TVA ni par l'article 268 du CGI à une condition d'identité de qualification juridique entre le bien acquis et celui cédé (CAA Lyon, 20 déc. 2018, n° 17LY03359 : *JurisData* n° 2018-025087. – O. Pecqueur, *TVA sur la marge et cessions de terrains à bâtir : les juges confirment leur position : JCP* N 2019, act. 252.

Cette décision a été annulée par le Conseil d'État : CE, 27 mars 2020, n° 428234, *« Promialp » : JurisData* n° 2020-004303 ; *Constr.-Urb.* 2020, comm. 65, cité en bibliographie. – CAA Lyon, 25 juin 2019, n° 18LY00671. – N. Gonzalez-Gharbi, *Commercialisation des lots de lotissement en TVA sur marge : l'Administration priée de revoir sa copie : Constr.-Urb.* 2019, comm. 115).

Saisi d'un litige relatif à l'application de l'ancien régime de la TVA sur la marge (CGI, anciennes dispositions du 6° de l'article 257 et art. 268), le Conseil d'État, à la demande d'un aménageur lotisseur, a accepté de surseoir à statuer et de transmettre à la Cour de justice de l'Union européenne deux questions préjudicielles (CE, 3e et 8e ch., 25 juin 2020, n° 416727, *Sté Icade Promotion Logement*, concl. M.-G. Merloz : *JurisData* n° 2020-009034 ; *Dr. fisc.* 23 juill. 2020, n° 30-35, comm. 325 ; *Constr.-Urb.* 2020, comm. 84, préc.).

La CJUE a ainsi, pour la première fois, donné son interprétation des dispositions de l'article 392 de la Directive 2006/112/CE du Conseil du 28 novembre 2006 relative au système commun de taxe à la valeur ajoutée dont l'article 268 du CGI est censé constituer la transposition en droit français (CJUE, 30 sept. 2021, aff. C299/20, *Icade Promotion SAS* ; *Revente de terrains à bâtir : au nom du principe de neutralité de la TVA, la CJUE limite drastiquement le champ d'application de la taxation sur la marge : Constr.-Urb.* 2021, comm. 135 par N. Gonzalez-Gharbi. – E. Kornprobst : *Dr. fisc.* 2021, comm. 405).

Les deux questions préjudicielles étaient formulées en ces termes :

1° L'article 392 de la directive TVA doit-il être interprété comme réservant l'application du régime de taxation sur la marge à des opérations de livraisons d'immeubles dont l'acquisition a été soumise à la TVA sans que l'assujetti qui les revend ait eu le droit d'opérer la déduction de cette taxe ? Ou permet-il d'appliquer ce régime à des opérations de livraisons d'immeubles dont l'acquisition n'a pas été soumise à cette taxe, soit parce que cette acquisition ne relève pas du champ d'application de celle-ci, soit parce que, tout en relevant de son champ, elle s'en trouve exonérée ?

2° L'article 392 doit-il être interprété comme excluant l'application du régime de taxation sur la marge à des opérations de livraisons de terrains à bâtir dans les deux hypothèses suivantes :

– lorsque ces terrains, acquis non bâtis, sont devenus, entre le moment de leur acquisition et celui de leur revente par l'assujetti, des terrains à bâtir ;

– lorsque ces terrains ont fait l'objet, entre le moment de leur acquisition et celui de leur revente par l'assujetti, de modifications de leurs caractéristiques telles que leur division en lots ou la réalisation de travaux permettant leur desserte par divers réseaux (voirie, eau potable, électricité, gaz, assainissement, télécommunications) ?

Au nom du principe de neutralité de la TVA, la Cour de justice de l'Union européenne (CJUE) a limité drastiquement le champ d'application de la TVA sur marge :

• Le terrain à bâtir revendu doit avoir été acquis en nature de terrain nu à bâtir au sens de la législation nationale. Elle précise que la division en lots ou l'équipement en réseaux divers du terrain acquis nu effectués par l'assujetti revendeur après son acquisition sont sans incidence sur sa qualification. Les travaux d'équipement en réseaux divers ne transforment pas le terrain à bâtir en bâtiment, au sens de la TVA.

• S'agissant de la condition tenant à l'absence d'exercice par l'assujetti revendeur de droit à déduction de la TVA lors de son acquisition du terrain à bâtir, la CJUE n'envisage que deux seules hypothèses possibles :

Soit, l'acquisition du terrain à bâtir a été soumise à la TVA (ce qui suppose qu'elle a eu pour objet un terrain à bâtir et que le vendeur de ce terrain à bâtir était lui-même un assujetti agissant en tant que tel), mais l'assujetti revendeur était dans l'impossibilité juridique de déduire cette TVA ; soit, l'acquisition du terrain à bâtir n'a pas été soumise à la TVA, mais le prix d'acquisition a incorporé une TVA supportée en amont par le vendeur initial.

Hors ces deux hypothèses, la TVA sur marge ne s'applique pas, selon la CJUE, « *à des opérations de livraisons de terrains à bâtir dont l'acquisition initiale n'a pas été soumise à la TVA, soit qu'elle se trouve en dehors de son champ d'application, soit qu'elle se trouve exonérée* » (arrêt, pt 63, 1).

Cette décision ayant infirmé en grande partie la doctrine administrative exposée au BOI-TVA-IMM-10-20-10, les professionnels ont relayé leurs inquiétudes quant à la mise en péril de l'équilibre financier des opérations en cours qui, conformes à cette doctrine, ne répondent pas aux critères dégagés par la CJUE dans l'affaire SAS Icade Promotion précitée.

Alors que dans un premier temps, l'administration avait refusé de réviser sa doctrine, dans l'attente de la réponse de la Cour de justice de l'Union européenne aux questions préjudicielles dont elle a été saisie (V. Rép. min. Grau n° 35554 : *JOAN* 27 avr. 2021), elle s'est engagée, par la suite et à titre transitoire, à maintenir sa doctrine précitée jusqu'à sa future mise à jour reportée à la date d'intervention des décisions du juge national sur cette affaire (V. Rép. min. Grau n° 42486 : *JOAN* 1er févr. 2022 ; *Constr.-Urb.* 2022, comm. 39 par N. Gonzalez-Gharbi. – H. Paerels-Albot, *Cession de terrain à bâtir et TVA sur marge : les règles applicables pour les mois à venir : JCP* N 2022, act. 329).

La décision du Conseil d'État dans l'affaire Icade a été rendue le 12 mai 2022 (CE, 3e-8e ch. réunies, 12 mai 2022, n° 416727 : *Rec. CE* 2022, tables ; *Le Conseil d'État se rallie à la CJUE, « sauve » l'ancienne TVA sur marge et réduit le champ d'application de l'actuel article 268 du CGI : Constr.-Urb.* juill. 2022, comm. par N. Gonzalez-Gharbi ; *JCP* N 2022, act. 628 ; *TVA sur marge : le Conseil d'État tire les conséquences de la décision Icade Promotion de la CJUE*).

La portée de cette importante décision est double. D'une part, elle valide définitivement le régime de l'ancienne TVA sur marge due, par application combinée des 6° et 7° de l'article 257 et de l'article 268 du CGI, par les aménageurs et lotisseurs à raison de la vente de terrains à bâtir à des personnes physiques pour la construction de logements. D'autre part, en se ralliant sans réserve à la décision de la CJUE dans l'affaire SAS Icade Promotion, elle réitère la condamnation de l'interprétation littéraliste des dispositions de l'article 268 du CGI dans leur rédaction issue de loi n° 2010-237, 9 mars 2010 : *JO* 10 mars et l'infirmation au moins partielle de la doctrine administrative.

L'administration n'a pas encore publié la mise à jour annoncée de ses commentaires. Elle devrait également préciser les conditions d'application de la TVA dans le cas particulier de la revente par un assujetti d'un terrain nu provenant de la division d'une parcelle plus importante acquise encombrée de bâtiments destinés à être conservés à la lumière, notamment, de l'Ordonnance du 10 février 2022 par laquelle la CJUE a répondu aux questions préjudicielles posées par la CAA Lyon (V. CJUE, ord., 7e ch., 10 févr. 2022, aff. C-191/21. – N. Gonzalez-Gharbi, *Terrain détaché d'une parcelle comportant un bâtiment et TVA sur marge : la CJUE livre une ordonnance nuancée : Constr.-Urb.* 2022, comm. 48). En effet, la CJUE a dit pour droit qu'il incombe aux juridictions nationales de vérifier si les biens acquis en nature de parcelles partiellement encombrées de bâtiments relevaient, lors de leur acquisition, de la notion de terrain à bâtir au sens de l'article 12, § 3 de la directive 2006/112/CE du Conseil du 28 nov. 2006 relative au système commun de taxe à la valeur ajoutée.

Mettant en œuvre le critère d'identité juridique entre le bien acquis et le bien revendu exigé par la CJUE, le Conseil d'État a toutefois écarté l'application de la TVA sur marge en cas de revente de lots issus de la division parcellaire d'une parcelle plus importante comportant un bâtiment au motif que, nonobstant la déclaration préalable obtenue à cet effet, l'acte notarié ne désignait pas les biens acquis comme des terrains à bâtir (CE, 11 oct. 2022, n° 464561, *Min. c/ SARL BH Concept : Dr. fisc.* 2022, n° 42, act. 386 ; également, *TVA, Chronique de l'année 2022 : Dr. fisc.* 2023, n° 13, 3, *Nouvel épisode dans le feuilleton de la TVA sur marge : qu'est-ce qu'un terrain à bâtir*, par A. Abadie). Dans cette affaire, les cessions litigieuses sont intervenues antérieurement à la publication des réponses ministérielles du 20 septembre 2016, nos 94538 et 96679 : *JOAN* Q, 20 sept. 2016, p. 8514 et 8522 qui avaient permis au cédant de se prévaloir, sous certaines conditions, de la division parcellaire du terrain pour limiter l'assiette de la TVA à la marge (pour un commentaire de ces réponses ministérielles, N. Gonzalez-Gharbi, *Le glas de la TVA sur marge a-t-il déjà sonné ? : Constr.-Urb.* nov. 2016, comm. 152).

Sur les conséquences de l'absence d'indication dans l'acte d'acquisition de la nature de terrains à bâtir du bien acquis désigné comme « une maison individuelle avec terrain autour », nonobstant la décision de non-opposition à déclaration préalable obtenue par l'acquéreur antérieurement, V. CE, 10e ch., 17 juin 2022, n° 443893, *SARL de Cambracq*. – E. Demorieux, *TVA sur marge : êtes-vous mieux loti ? Retour sur la jurisprudence du Conseil d'État de 2022 : Dr. fisc.* 2023, n° 19, comm. 184). Le refus d'appliquer la TVA sur marge à la vente de terrains à bâtir issus de la division de parcelles nues adjacentes à une parcelle encombrée d'un bâtiment, mais que l'acte d'acquisition ne désignait pas comme des terrains à bâtir, a été confirmé par le Conseil d'État pour ce seul motif. Dans cette affaire, l'acte d'acquisition en 2011 par la société marchand de biens « ne visait qu'une "propriété bâtie" sans faire explicitement état de la vente de terrains à bâtir portant sur des parcelles nues existantes ». Contrairement à la cour administrative d'appel de Lyon, dont il a annulé l'arrêt n° 19LY00541 du 16 juin 2022, le Conseil d'État a jugé sans effet sur la qualification des parcelles acquises la circonstance qu'elles aient déjà fait l'objet d'une autorisation de division ou d'une division effective, lors de l'acquisition, ni leurs caractère de terrains constructibles au regard du PLU (CE, 2 avr. 2024, n° 466644, concl. E. de Moustier. – G. Berger-Picq, *Vente de terrains et TVA sur marge : la clause fiscale de l'acte est-elle vraiment toute puissante ? : FR Lefebvre* 24/24, info 5. – N. Gonzalez-Gharbi, *Terrain à bâtir et TVA : la marge est par terre, c'est la faute au notaire ? : Constr.-Urb.* 2024, n° 6, comm.76). Présentée comme devant mettre fin aux divergences d'interprétation entre les juges du fond quant à la qualification de terrains à bâtir des biens acquis en vue de la revente (*NF* 15 mai 2024, p. 4), cette décision confère aux mentions relatives à la nature fiscale des biens cédés une portée en matière de TVA que la définition objective du terrain à bâtir résultant de l'article 257 du CGI était loin de laisser présager.

Sur la mise en œuvre du critère d'absence d'ouverture de droit à déduction, V. CE, 9e ch., 18 avr. 2023, n° 468094, inédit. – N. Gonzalez-Gharbi, *Achat sans TVA et revente en TVA sur marge : l'administration veut-elle réécrire l'histoire ? : Constr.-Urb.* 2023, n° 6, comm. 78. Dans cette affaire, le Conseil d'État a annulé l'arrêt de la cour administrative d'appel de Lyon (CAA Lyon, n° 19LY017045, 8 août 2022) pour avoir méconnu le champ d'application de l'article 268 du CGI. La Cour a effet jugé que les cessions pouvaient être soumises à la TVA sur marge alors qu'elle avait relevé que l'acquisition du terrain a été effectuée auprès de vendeurs particuliers n'ayant pas la qualité d'assujetti, sans qu'il soit justifié que le prix d'acquisition aurait incorporé un montant de taxe acquittée en amont par les vendeurs initiaux. Or cette dernière circonstance suffit à elle seule à exclure l'application de la TVA sur marge. L'affaire a été renvoyée à la cour administrative d'appel de Lyon. V. **Lotissement** et **TVA immobilière**.

8246 **Terrain à bâtir et terrain non considéré comme un terrain à bâtir réunis dans une même mutation.**
➤ V. *infra*, n° 8261.

B Régime fiscal du point de vue de la TVA immobilière

8247 **Notion d'assujetti.** L'une des conditions requises pour qu'une « livraison » d'immeuble soit soumise à la TVA est qu'elle soit effectuée par un assujetti agissant « en tant que tel » (V. **TVA immobilière**).
L'application de cette notion en matière de ventes de terrain est susceptible de donner lieu à des difficultés, que ces ventes soient consenties par un assujetti ou par un non-assujetti, notamment par un simple particulier.

8248 **Vente par un particulier.** Ainsi un particulier qui cède des terrains qu'il a recueillis par succession ou donation, ou encore qu'il a acquis pour son usage privé est présumé ne pas réaliser une activité économique. Le fait que, préalablement à la cession, l'intéressé procède au lotissement parcellaire du terrain pour en tirer un meilleur prix global n'est pas, à soi seul, de nature à remettre en cause cette présomption, non plus que le nombre de parcelles vendues, la durée sur laquelle s'étaleront les opérations ou l'importance des recettes qu'il en tire au regard de ses autres ressources. Il en va ainsi quand le cédant vend par lui-même des lots viabilisés tirés de son patrimoine dont l'aménagement a été réalisé par un professionnel, sous forme « d'obligation de faire », en rémunération du reste du terrain qu'il lui a cédé non aménagé (BOI-TVA-IMM-10-10-10-10-20140929, § 60).
Signalons que le Conseil d'État a validé la doctrine administrative relative aux conditions d'assujettissement à la TVA des opérations de lotissements réalisées par des personnes qui n'ont pas par ailleurs la qualité d'assujetti lorsqu'elles mobilisent des moyens similaires aux professionnels pour parvenir à la commercialisation de leur lotissement (V. CE, 8e-3e ch. réunies, n° 432596, 9 juin 2020 : *JurisData* n° 2020-007854. – N. Gonzalez-Gharbi, *Les démarches actives de commercialisation soumettent le lotisseur occasionnel à la TVA : Constr.-Urb.* 2020, comm. 84. – CE, 9e-10e ch. réunies, 9 déc. 2022, n° 459206 : *Rec. CE* 2022, tables, concl. C. Guibé ; N. Gonzalez-Gharbi, *Lotisseur occasionnel : leçon du Conseil d'État sur la notion de démarches actives de commercialisation foncière : Constr.-Urb.* 2023, n° 3, comm. 40. – F. Pezet, *Pas de taxe sur la valeur ajoutée sans activité économique – Retour sur le concept de « démarches actives de commercialisation foncière » : Dr. fisc.* 14 avr. 2023, n° 15, 165).

8249 **Vente par un assujetti.** Lorsque la cession est réalisée par une personne assujettie à la TVA au titre de son activité courante, il y a lieu de rechercher si l'opération est réalisée dans le cadre de son activité économique ou dans un cadre patrimonial, en dehors d'un objectif d'entreprise ou d'un but commercial (pour des exemples, et spécialement les collectivités territoriales V. **TVA immobilière**).

1 Cas où la TVA est applicable

8250 Il y a lieu de distinguer selon que la vente est consentie ou non par un « assujetti » (sur cette notion, V. **TVA immobilière**).

a) Vente par un assujetti agissant en tant que tel

8251 Dans tous les cas, que le transfert de propriété s'opère au profit d'un assujetti ou d'un non-assujetti, la mutation est soumise à la TVA immobilière.
La TVA est liquidée :
– soit sur le prix total de vente, lorsque l'acquisition a ouvert au cédant un droit à déduction ;
– soit sur la marge brute. – Sur les cas d'imposition sur le prix total ou sur la marge et sur le mode de calcul de la TVA, V. n° 8245, (V. **TVA immobilière**).

b) Vente réalisée en dehors de toute activité économique du cédant

8252 Dans tous les cas, que la mutation soit consentie à un assujetti ou à un non-assujetti, elle n'est pas soumise à la TVA, et il n'est pas permis au vendeur (*a fortiori* à l'acquéreur) d'opter pour l'application de la TVA.

2 Règles applicables

8253 **Renvoi.** La TVA, dont le vendeur est en principe toujours le redevable (V. **TVA immobilière**), est appliquée selon les règles de droit commun (taux applicable, déductions assiette et liquidation, etc.) rappelées au mot **TVA immobilière**.

C Régime fiscal du point de vue des droits d'enregistrement (TPF)

8254 Nous distinguerons là encore selon que la vente est consentie ou non par un « assujetti » (sur cette notion, V. **TVA immobilière**).

Rappel. Assiette des droits (TPF) : Reprenant les termes du rescrit (RES n° 2010/20 [ENR], 6 avr. 20010), le BOI-ENR-DMTOI-10-10-20-20-20120912, § 210 précise, concernant les mutations assujetties à la taxe sur la valeur ajoutée :

> « La taxe de publicité foncière ou le droit d'enregistrement sont liquidés sur le prix exprimé, en y ajoutant toutes les charges augmentatives de prix, les réserves ainsi que toutes les indemnités stipulées au profit du cédant, à quelque titre et pour quelque cause que ce soit, ou sur une estimation d'experts, dans les cas autorisés par l'article 683 du CGI. Sont à déduire, en revanche, les obligations contractées par le cédant au lieu et place de l'acquéreur.
> Pour l'application de ces dispositions, la notion de prix exprimé s'entend du prix hors TVA lorsque le montant de la TVA due par le cédant est mentionné distinctement dans l'acte translatif de propriété, que la mutation soit soumise à la TVA sur le prix total ou sur la marge. Si la TVA n'a pas été mentionnée distinctement, la liquidation des droits doit être effectuée sur le prix payé par l'acquéreur incluant la TVA ».

1 Vente par un assujetti

a) Vente à un assujetti

8255 Quatre cas peuvent se rencontrer lorsque la mutation s'opère au profit d'un assujetti :

1) l'acquéreur est exonéré de droits d'enregistrement (TPF) en vertu d'un texte particulier (ex. CGI, art. 1042) ;

2) l'acquéreur (assujetti) ne prend aucun engagement :

– si la TVA est assise sur le prix total de vente, les droits (TPF) sont dus au taux réduit de 0,71498 % (CGI, art. 1594 F quinquies),

– si la TVA est liquidée sur la marge, les droits (TPF) sont dus au taux de droit commun (5,80665 %) ;

3) l'acquéreur prend l'engagement de revendre (V. **Engagement de revendre**).

Le fait de prendre cet engagement de revendre dans les cinq ans rend exigible la taxe de publicité foncière de 0,71498 % (CGI, art. 1115) ;

4) l'acquéreur prend l'engagement de construire (V. **Engagement de construire**).

Le fait de prendre l'engagement de construire dans les quatre ans (CGI, art. 1594-O G A-I) emporte exonération de taxe de publicité foncière. Seule une taxe fixe 125 € (CGI, art. 691 bis) est perçue (sur les cas où cette exonération n'est que partiellement applicable, V. **Engagement de construire**).

b) Vente à un non-assujetti

8256 Trois cas sont à distinguer :

1) l'acquéreur est exonéré de droits d'enregistrement (TPF) en vertu d'un texte particulier ;

2) la mutation est soumise à la TVA sur le prix total : les droits d'enregistrement sont dus au taux réduit de 0,71498 % ;

3) la mutation est soumise à la TVA sur la marge : les droits sont dus au taux de droit commun (5,80665 %).

2 Vente par un non-assujetti

a) Vente à un assujetti

8257 Plusieurs cas sont à distinguer :

1) l'acquéreur est exonéré de droits d'enregistrement (TPF) en vertu d'un texte particulier ;

2) l'acquéreur (assujetti) ne prend aucun engagement :

– les droits d'enregistrement (TPF) sont exigibles au taux de droit commun (5,80665 %) ;

3) l'acquéreur prend l'engagement de revendre (V. **Engagement de revendre**).

Le fait de prendre cet engagement de revendre dans les cinq ans rend exigible la taxe de publicité foncière au taux réduit de 0,71498 % (CGI, art. 1115 et 1020) ;

4) l'acquéreur prend l'engagement de construire (V. **Engagement de construire**).

Le fait de prendre l'engagement de construire dans les quatre ans (CGI, art. 1594-O G A) emporte exonération de taxe de publicité foncière. Seule une taxe fixe de 125 € de l'article 691 bis du Code général des impôts est perçue.

b) Vente à un non-assujetti

8258 Les droits d'enregistrement (TPF) sont exigibles au taux de droit commun (5,8066 %), sauf si l'acquéreur est exonéré de droits d'enregistrement (TPF) en vertu d'un texte particulier (CGI, ex-art. 1042).

II

Terrains autres que des terrains à bâtir

8259 **Définition.** Les terrains autres que les terrains à bâtir (qualifiés par l'administration de « terrains non à bâtir ») se définissent *a contrario*. Il s'agit de tous les terrains qui, au regard de la définition retenue pour l'application de la TVA (V. n°s 8233 à 8242), ne peuvent être considérés comme des « terrains à bâtir ».

A Régime fiscal au regard de la TVA

CGI, art. 260. – Peuvent sur leur demande acquitter la taxe sur la valeur ajoutée :

(...)

5° bis Les personnes qui réalisent une opération visée au 5 de l'article 261 ;

CGI, art. 261. – Sont exonérés de la taxe sur la valeur ajoutée :

(...)

5. (Opérations immobilières) :

1° Les livraisons de terrains qui ne sont pas des terrains à bâtir au sens du 1° du 2 du I de l'article 257.

CGI, ann. II, art. 201 quater. L'option prévue au 5° bis de l'article 260 du Code général des impôts s'exerce distinctement par immeuble, fraction d'immeuble ou droit immobilier mentionné au 1 du I de l'article 257 de ce code, relevant d'un même régime au regard des articles 266 et 268 du même code. Il doit être fait mention de cette option dans l'acte constatant la mutation.

8260 **Possibilité d'option offerte aux assujettis.** L'article 261, 5, 1° du Code général des impôts exonère de TVA les livraisons de terrains qui ne sont pas des terrains à bâtir au sens des dispositions de l'article 257-I-2-1° du Code général des impôts (ainsi que les livraisons d'immeubles achevés depuis plus de cinq ans). Toutefois, la livraison de ces immeubles par un assujetti peut faire l'objet d'une option pour la taxation conformément à l'article 260-5 bis du Code général des impôts, auquel cas il y a toujours lieu de considérer qu'il agit dans le cadre de son activité économique (cf. BOI-TVA-IMM-10-10-10-10 IV ; BOI-TVA-IMM-10-10-10-30-20120912, § 1).

8261 **Option distincte.** L'article 201 quater de l'annexe II au Code général des impôts prévoit que l'option doit être formulée de manière distincte lorsque des immeubles, fractions d'immeuble ou droits immobiliers relèvent de règles différentes pour la détermination de la base d'imposition, fixées respectivement aux articles 266 (taxation sur le prix total) et 268 du Code général des impôts (taxation sur la marge), en sorte que ces règles puissent s'appliquer dans toute leur portée (BOI-TVA-IMM-10-10-10-30-20120912, § 20).

Ainsi, lorsqu'un assujetti est amené à céder un terrain comportant une partie qui ne répond pas à la qualification de terrain à bâtir et une autre partie qui y répond et qu'il a acquise dans des conditions conduisant à placer la cession sous le régime de la marge, l'acte devra comporter une claire distinction entre l'une et l'autre partie quand bien même l'ensemble sera soumis à la TVA s'il exerce l'option pour la partie non à bâtir, dès lors que celle-ci sera taxée sur le prix total alors que la partie à bâtir sera taxée sur la seule marge (BOI-TVA-IMM-10-10-10-30-20120912, § 30).

1 Vente par un assujetti

a) Vente à un assujetti

8262 Le principe est que les ventes de terrains qui ne sont pas des terrains à bâtir sont exonérées de TVA (CGI, art. 261, 5, 1°).

Par exception, le vendeur assujetti peut opter pour soumettre la vente à la TVA (CGI, art. 260, 5° bis) qui sera obligatoirement liquidée sur le prix total de vente).

b) Vente à un non-assujetti

8263 La situation est la même que dans le cas de vente à un assujetti (V. ci-dessus, à savoir : exonération de TVA, avec possibilité, pour le vendeur assujetti, d'opter pour l'application de cette taxe, qui sera obligatoirement liquidée sur le prix total de vente.

2 Vente par un non-assujetti

a) Vente à un assujetti

8264 La vente n'entre pas dans le champ d'application de la TVA, et il n'y a pas de possibilité d'option.

b) Vente à un non-assujetti

8265 La situation est la même que dans le cas de vente à un assujetti.

B Régime fiscal au regard des droits d'enregistrement (TPF)

1 Vente par un assujetti

a) Vente à un assujetti

8266 Plusieurs cas sont à distinguer :
1) l'acquéreur est exonéré de droits d'enregistrement (TPF) en vertu d'un texte particulier ;
2) l'acquéreur (assujetti) ne prend aucun engagement :
– les droits d'enregistrement (TPF) sont exigibles au taux de droit commun (5,80665 %) ;
3) l'acquéreur prend l'engagement de revendre (V. **Engagement de revendre**).
Le fait de prendre cet engagement de revendre dans les cinq ans rend exigible la taxe de publicité foncière de 0,71498 % (CGI, art. 1115 et 1020) ;
4) l'acquéreur prend l'engagement de construire (V. **Engagement de construire**).
Le fait de prendre l'engagement de construire dans les quatre ans (CGI, art. 1594-O G A) emporte exonération de taxe de publicité foncière. Seule une taxe fixe de 125 € de l'article 691 bis du Code général des impôts est perçue (sur les cas où cette exonération n'est que partiellement applicable, V. **Engagement de construire**. Sur les cas où l'assujetti est exonéré de cette taxe fixe en vertu des dispositions des articles 1040, 1042 et 1049, V. respectivement V. **Commune** ; **État** ; **HLM**).

b) Vente à un non-assujetti

8267 Les droits d'enregistrement (TPF) sont exigibles au taux de droit commun (5,80665 %) et ceci même en cas d'option pour une taxation à la TVA sur le prix total (CGI, art. 1594 F quinquies A, *a contrario*), sauf si l'acquéreur est exonéré de droits d'enregistrement (TPF) en vertu d'un texte particulier (CGI, ex-art. 1042).

2 Vente par un non-assujetti

a) Vente à un assujetti

8268 Plusieurs cas sont à distinguer :
1) l'acquéreur est exonéré de droits d'enregistrement (TPF) en vertu d'un texte particulier ;
2) l'acquéreur (assujetti) ne prend aucun engagement :
– les droits d'enregistrement (TPF) sont exigibles au taux de droit commun (5,80665 %) ;
3) l'acquéreur prend l'engagement de revendre (V. **Engagement de revendre**).
Le fait de prendre cet engagement de revendre dans les cinq ans rend exigible la taxe de publicité foncière de 0,71498 % (CGI, art. 1115 ; V. **Engagement de revendre**) ;
4) l'acquéreur prend l'engagement de construire (V. **Engagement de construire**).
Le fait de prendre l'engagement de construire dans les quatre ans (CGI, art. 1594-O G A) emporte exonération de taxe de publicité foncière. Seule une taxe fixe de 125 € est perçue.
Cet engagement peut être pris même s'il s'agit d'un terrain qui au moment de la vente n'est pas un terrain à bâtir (V. BOI-ENR-DMTOI-10-40-20140430, § 280).

b) Vente à un non-assujetti

8269 Les droits d'enregistrement (TPF) sont exigibles au taux de droit commun (5,80665 %) sauf si l'acquéreur est exonéré de droits d'enregistrement (TPF) en vertu d'un texte particulier (CGI, ex-art. 1042).

III Lotissements

8270 **Renvoi.**
➤ L'étude des ventes de terrains compris dans un lotissement est faite au mot **Lotissement**.

Terrains

IV

Zones d'aménagement

8271 Renvoi.

➤ Les opérations effectuées dans les zones d'aménagement sont examinées à la rubrique **Zones à aménager.**

V

Taxes sur la première cession à titre onéreux d'un terrain devenu constructible

BIBLIOGRAPHIE : N. Gonzalez-Gharbi, *Première cession à titre onéreux d'un terrain devenu constructible : deux taxes, sinon rien ?* : *Nota Bene (Cridon Bordeaux-Toulouse)* avr. 2012, Fiche 695 ; *Le contentieux de la taxe de l'article 1529 du CGI relève du juge administratif* : *Constr.-Urb.* 2014, comm. 19 ; *Première cession d'un terrain devenu constructible : qui taxe mal, taxe deux fois !* : *Constr.-Urb.* 2018, études 5 et 8. – M. Revert, *Aspects contentieux des cessions de terrains devenus constructibles*, éd. Législatives, Newsletter, oct. 2015. – C. Guibé, concl. ss CE, 10 févr. 2023, n° 469715 : *Arianeweb* (site du conseil d'État). – N. Gonzalez-Gharbi, *La taxe sur la première cession d'un terrain devenu constructible de l'article 1605 nonies du CGI obtient son brevet de constitutionnalité* : *Constr.-Urb.* 2023, étude 4. – Ph. Donneaud, *Fallait-il sauver la taxe sur la cession à titre onéreux de terrains nus rendus constructibles ?* : *Dr. fisc.* 2023, n° 14.

A Taxe facultative communale de l'article 1529 du CGI

8272 Renvoi.

➤ La taxe facultative communale prévue à l'article 1529 du Code général des impôts applicable à la première cession à titre onéreux d'un terrain nu devenu constructible est étudiée au mot **Taxes sur la première cession à titre onéreux de terrains devenus constructibles.**

Rappel : La taxe communale n'est applicable qu'aux personnes relevant du régime des plus-values immobilières des particuliers (CGI, art. 150 U et s. ; art. 244 bis A). Elle n'est pas applicable aux cessions de terrains inscrits à l'actif d'une activité professionnelle imposable à l'impôt sur le revenu au titre des BIC (par ex., lotisseurs professionnels), des BA ou des BNC, ni aux sociétés et organismes soumis à l'impôt sur les sociétés (V. Rép. min. n° 01459, Ambroise Dupont : *JO* Sénat, 7 févr. 2013 ; *Constr.-Urb.* mars 2013, n° 3, comm. 49, N. Gonzalez-Gharbi).

B Taxe « nationale » de l'article 1605 nonies du CGI

8273 Renvoi.

➤ La taxe prévue à l'article 1605 nonies du Code général des impôts applicable à la première cession à titre onéreux d'un terrain nu devenu constructible ou d'un droit réel y relatif est étudiée au mot **Taxes sur la première cession à titre onéreux de terrains devenus constructibles.**

Rappel : Contrairement à la taxe communale régie par l'article 1529 du CGI, tout cédant, personne physique ou personne morale y compris les communes et autres personnes morales de droit public, d'un terrain nu ou de droits réels relatifs à un terrain nu devenu constructible postérieurement au 13 janvier 2010, est susceptible de devoir la taxe prévue à l'article 1605 nonies du CGI.

VI

Plus-values immobilières des particuliers sur terrains à bâtir (CGI, art. 150 U à 150 VE ; 244 bis A)

8274 **Renvoi.** V. **Plus-values immobilières.**

8275 Depuis le 1er septembre 2014, le régime des plus-values de cessions des terrains à bâtir a été aligné sur celui des cession des autres immeubles. En effet, entre le 1er septembre 2013 et le 31 août 2014, les modalités de détermination de la plus-value nette imposable étaient différentes selon la nature fiscale du bien ou droit cédé. Ainsi, l'abattement pour durée de détention tel que prévu par l'article 150 VC du Code général des impôts dans sa rédaction antérieure à celle qui a résulté de l'article 27 de la loi de finances pour 2014 (L. n° 2013-1278) était réservé aux seuls terrains à bâtir, tels que définis par l'article 257 I, 2, 1° du Code général des impôts (V. *supra*, nos 8233 et s.) et aux droits réels s'y rapportant. Les cessions de terrains à bâtir et des droits réels s'y rapportant avaient été exclues du champ d'application de l'article 150 VC du Code général des impôts dans sa rédaction issue de l'article 27 de la loi de finances pour 2014. En conséquence, les cédants ne pouvaient pas prétendre à « l'exonération » de plus-value pour délai de détention de plus de vingt-deux ans. De même, l'abattement prévu par l'article L. 136-7 du Code de la sécurité sociale pour le calcul de l'assiette des contributions sociales ne s'appliquait pas aux cessions de terrains à bâtir et droits réels s'y rapportant (Sur ce régime révolu, V. RES 9 janv. 2014 : BOI-RFPI-PVI-20-20-20140109. – N. Gonzalez-Gharbi, *Plus-values immobilières des particuliers : régime applicable depuis le 1er janvier 2014 : Nota Bene* 2014, n° 189, fiche 757 ; *La censure du Conseil constitutionnel du projet de suppression de l'abattement pour durée de détention consacre la création d'un régime d'imposition spécifique aux terrains à bâtir : Constr.-Urb.* 2014, comm. 38).

Abattement exceptionnel de 30 %. Pour les cessions précédées d'une promesse de vente ayant acquis date certaine à compter du 1er septembre 2014, un abattement exceptionnel de 30 % a été instauré par le gouvernement dans le cadre d'un Plan logement annoncé par le Premier ministre le 29 août 2014 (V. BOI-RFPI-PVI-20-20-20140910, nos 157 et 158. – N. Gonzalez-Gharbi : *Constr.-Urb.* 2014, comm. 139, 153 ; *ibid.* 2015, comm. 32). Ce dispositif a été légalisé par la loi de finances pour 2015 (L. n° 2014-1654, 29 déc. 2014 de finances pour 2015, art 4). En conséquence, pour les plus-values réalisées au titre de la cession de terrains à bâtir ou de droits s'y rapportant, précédée d'une promesse de vente ayant acquis date certaine entre le 1er septembre 2014 et le 31 décembre 2015, un abattement exceptionnel de 30 % est applicable, pour la détermination de l'assiette nette imposable, après prise en compte de l'abattement pour durée de détention, à la condition que la cession intervienne au plus tard le 31 décembre de la deuxième année suivant celle au cours de laquelle la promesse de vente a acquis date certaine (V. BOI-RFPI-PVI-20-20-20150410, § 390 et s.).

Abattements exceptionnels de 75 % et 80 %. L'article 28 de la loi n° 2017-1775 de finances rectificative pour 2017 a instauré un dispositif d'abattement exceptionnel sur les plus-values réalisées en cas de cessions de terrains à bâtir, d'immeubles bâtis et de droits réels relatifs à ces mêmes biens destinés à la construction de logements. L'abattement s'applique à condition que la cession soit précédée d'une promesse unilatérale de vente ou d'une promesse synallagmatique de vente signée et ayant acquis date certaine à compter du 1er janvier 2018 et au plus tard le 31 décembre 2020 et qu'elle soit réalisée au plus tard le 31 décembre de la deuxième année suivant celle au cours de laquelle la promesse unilatérale de vente ou la promesse synallagmatique de vente a acquis date certaine (V. N. Gonzalez-Gharbi, *Un avant-goût du choc de l'offre : Constr.-Urb.* 2017, comm. 158 ; *Du choc de l'offre et de l'effet d'aubaine : Constr.-Urb.* 2018, comm. 12). Ces abattements exceptionnels de 75 ou 80 % sont réservés aux terrains à bâtir situés en zones A bis et A définies à l'article R. 304-1 du code de la construction et de l'habitation (A. 29 déc. 2017 : *JO* 30 déc. 2017 ; A. 1er août 2014, pris en application de l'article R. 304-1 du Code de la construction et de l'habitation : *JO* 6 août 2014 ; V. *Constr.-Urb.* 2014, comm. 26). L'administration a commenté ce dispositif en y apportant plusieurs précisions dans une mise à jour du *BOFiP* du 24 août

2018 (BOI-RFPI-PVI-20-20, 24 août 2018, nos 190 à 450 ; V. *Constr.-Urb.* 2018, comm. 165 par N. Gonzalez-Gharbi).

Ce dispositif temporaire devait prendre fin au 31 décembre 2022.

Mais un nouveau dispositif spécifique, exceptionnel et temporaire, a été instauré par le I de l'article 38 de la loi de finances pour 2021 (L. fin. 2021, n° 2020-1721, 29 déc. 2020 : *JO* 30 déc. 2020, texte n° 1) qui a créé, à cet effet, un nouvel article 150 VE du CGI. Le II de ce même article 38 de la loi de finances pour 2021 précise que l'abattement mentionné à l'article 150 VE du CGI est également applicable aux plus-values prises en compte pour la détermination de l'assiette des contributions sociales prévues à l'article L. 136-7 du Code de la sécurité sociale et à l'article 16 de l'ordonnance n° 96-50 du 24 janvier 1996 relative au remboursement de la dette sociale, du prélèvement prévu au 2° du I de l'article 235 ter du CGI et, le cas échéant, de la taxe sur les plus-values élevées de l'article 1609 nonies G du même code.

Calqué sur le modèle de l'abattement exceptionnel instauré par l'article 28 de la loi n° 2017-1775 du 28 décembre 2017 de finances rectificative pour 2017 en faveur des plus-values immobilières des particuliers, se réclamant alors du fameux « choc de l'offre » et demeuré non codifié, ce nouvel abattement a été réservé aux immeubles bâtis situés dans les périmètres d'une opération de revitalisation du territoire (ORT) ou d'une grande opération d'urbanisme (GOU), destinés à être démolis en vue de la construction d'immeubles d'habitation collectifs dont le gabarit est au moins égal à 75 % du gabarit maximal autorisé par le PLU ou un document d'urbanisme en tenant lieu (V. N. Gonzalez-Gharbi, *Cession d'immeubles bâtis situés dans le périmètre d'une opération de revitalisation du territoire [ORT] ou d'une grande opération d'urbanisme [GOU]. Du choc de l'offre et de l'effet d'aubaine [Bis] : Constr.-Urb.* 2021, comm. 47).

Afin d'en limiter l'effet d'aubaine, le dispositif ne s'applique pas aux ventes intervenues à compter du 1er janvier 2021 qui auront été précédées d'une promesse de vente signée et ayant acquis date certaine avant le 1er janvier 2021. Seules peuvent y prétendre les ventes précédées d'une promesse de vente conclue à compter du 1er janvier 2021 et, au plus tard, le 31 décembre 2023 et à la condition d'intervenir au plus tard dans les deux ans suivant la date à laquelle ladite promesse aura acquis date certaine.

Le régime peut donc concerner des ventes conclues au plus tard le 31 décembre 2025.

Ce dispositif a été commenté par l'administration fiscale dans une mise à jour du *BOFiP* du 18 juillet 2023 (BOI-RFPI-PVI-20-20. – BOI-RFPI-PVINR-20-10. – BOI-RFPI-TPVIE-20, 18 juill. 2023). Ces commentaires étaient d'autant plus attendus que le texte légal a été introduit au moyen d'un amendement gouvernemental adopté en cours de discussion budgétaire (Projet de loi de finances n° 3642, modifié par le Sénat, pour 2021). L'administration, qui considère que ce régime s'applique aux non-résidents visés à l'article 244 bis A du CGI, apporte d'utiles précisions sur la définition de l'immeuble bâti concerné par ce régime. Ainsi, contrairement à la doctrine énoncée pour l'application de la TVA, l'immeuble bâti en état de ruine n'est pas considéré comme un terrain à bâtir et, toutes conditions remplies par ailleurs, sa vente ouvre droit à l'abattement spécifique de l'article 150 VE du CGI (V. N. Gonzalez-Gharbi, *Précisions administratives sur le dispositif temporaire sur les plus-values de cessions d'immeubles bâtis destinés à être reconstruits dans les périmètres d'une ORT ou d'une GOU : Constr.-Urb.* 2023, comm. 104).

Abattements exceptionnels et temporaire. Nouvel article 150 VE du CGI. L'article 9 de la loi de finances pour 2024 (L. fin. 2024, n° 2023-1322, 29 déc. 2023, art. 9 : *JO* 30 déc. 2023, texte n° 1) a réécrit l'article 150 VE du CGI afin, d'une part, d'instaurer un nouvel abattement exceptionnel et temporaire pour le calcul des plus-values de cessions de tous immeubles, **y compris des terrains à bâtir**, situés en zones tendues et, d'autre part, de proroger en l'aménageant le dispositif de l'abattement temporaire sur les plus-values de cessions d'immeubles bâtis destinés à être reconstruits après démolition, situés dans les périmètres d'une opération d'un intérêt national (ORT) ou d'une grande opération d'urbanisme (GOU). Ces régimes temporaires, prévus pour prendre fin au plus tard le 31 décembre 2027, s'appliquent aux cessions précédées d'une promesse de vente signée et ayant acquis date certaine à compter du 1er janvier 2024.

NB : Les nouveaux abattements s'appliquent pour la détermination de l'assiette du prélèvement des non-résidents (CGI, art. 244 bis A) et de celle de la taxe sur les plus-values élevées (CGI, art. 1609 nonies G).

Application pour la détermination des prélèvements sociaux. Contrairement à l'article 38 de la loi de finances pour 2021 qui avait créé l'ancien article 150 VE du CGI, l'article 9 de la loi de finances pour 2024 qui a réécrit entièrement ce même article 150 VE du CGI, ne prévoit pas l'application de l'abattement qu'il instaure pour la détermination de l'assiette des prélèvements sociaux

(CSG, CRDS, prélèvement de solidarité). Toutefois, l'administration fiscale, en diffusant les nouveaux formulaires 2048-IMM-SD et 2048-TAB-SD, millésimés (mars 2024), et les notices y afférentes, a confirmé l'application de ces abattements pour la détermination de l'assiette des prélèvements sociaux. La solution est fondée en droit sur l'article L. 136-7 du Code de la sécurité sociale dont les dispositions du I-2° et VI-I précisent que la contribution sociale généralisée (CSG) est assise et liquidée selon les mêmes règles que l'impôt sur le revenu. En conséquence, elle pourra être revendiquée pour toutes les cessions intervenues à compter du 1er janvier 2024, date d'entrée en vigueur du nouvel article 150 VE, éligibles à ces nouveaux abattements. (N. Gonzalez-Gharbi, *Les abattements exceptionnels en faveur du logement collectif dans les zones tendues et les périmètres des ORT et des GOU s'appliquent pour le calcul de l'assiette des prélèvements sociaux : Constr.-Urb.* 2024, n° 4, comm. 51).

8276 **Prorogation de l'exonération temporaire des cessions d'immeubles destinés à la construction de logements sociaux.** Les exonérations temporaires prévues respectivement par les dispositions du 7° et 8° du II de l'article 150 U du Code général des impôts devaient prendre fin au 31 décembre 2016 ; une mesure transitoire était prévue en faveur des ventes précédées d'une promesse de vente ayant acquis date certaine au plus tard le 31 décembre 2016. L'article 35 de la loi de finances rectificative pour 2016 (L. n° 2016-1978, 29 déc. 2016) les a prorogées jusqu'au 31 décembre 2018. Il n'était donc plus nécessaire, pour que l'exonération s'applique aux cessions effectuées en 2017 et en 2018, qu'elles aient été précédées d'une promesse de vente ayant acquis date certaine au plus tard le 31 décembre 2016 (V. *Constr.-Urb.* 2017, comm. 32 par N. Gonzalez-Gharbi).

Nouvelle prorogation de l'exonération jusqu'au 31 décembre 2020. Elle résulte de l'article 28, I, de la loi n° 2017-1775 de finances rectificative pour 2017 (V. *Constr.-Urb.* 2018, comm. 13, N. Gonzalez Gharbi).

Encore une prorogation de l'exonération temporaire jusqu'au 31 décembre 2022. Cette nouvelle exonération résulte de l'article 107 de la loi n° 2019-1479 du 28 décembre 2019 de finances pour 2020 qui a modifié en ce sens les 7° et 8° du II de l'article 150 du Code général des impôts (V. *Constr.-Urb.* 2020, comm. 31, N. Gonzalez-Gharbi).

Aménagement du régime de l'exonération temporaire en vigueur jusqu'au 31 décembre 2022. La loi de finances pour 2021 a réécrit les dispositions des 7° et 8° du II de l'article 150 U du CGI qui régissent les exonérations de plus-value en faveur du logement social (L. fin. 2021, n° 2020-1721, art. 14). D'une part, de nouvelles conditions sont imposées aux organismes HLM et assimilés qui devront s'engager formellement à construire et achever des logements sociaux dans un délai de dix ans à compter de la date de l'acquisition. D'autre part, la catégorie de logements sociaux est étendue : seront désormais concernés les logements faisant l'objet de location-accession (CCH, art. L. 831-1, 6°) et ceux faisant l'objet d'un bail réel solidaire (CCH, art. L. 255-1). Mais la portée de ces nouvelles règles est relativement incertaine. En effet, ces exonérations temporaires n'ont pas été prorogées et devraient en principe prendre fin au 31 décembre 2022. Or, les nouvelles règles ne s'appliquent pas aux opérations déjà engagées par la signature d'une promesse de vente signée au plus tard le 31 décembre 2020 (L. fin. 2021, n° 2020-1721, art. 14, II) (V. *Quelles exonérations en faveur du logement social après la loi de finances pour 2021 ? : Constr.-Urb.* 2021, comm. 45 par N. Gonzalez-Gharbi).

Encore une prorogation de l'exonération temporaire jusqu'au 31 décembre 2023. Elle résulte de l'article 7 de la loi n° 2022-1726 du 30 décembre 2022, de finances pour 2023 (*JO* 31 déc., texte n° 1). Le II de ce même article 7 prévoit que le gouvernement remettra au Parlement un rapport d'évaluation de ces dépenses fiscales avant le 30 septembre 2023. (V. *Constr.-Urb.* 2023, comm. 22 par N. Gonzalez-Gharbi).

L'administration a enfin publié, le 8 août 2023, ses commentaires de ces deux régimes d'exonération pour prendre en compte les modifications y apportées par les lois de finances pour 2021, 2022 et 2023, et rappeler que, depuis le 1er janvier 2022, l'article 107 de la loi n° 2022-217 du 21 février 2022 relative à la différenciation, la décentralisation, la déconcentration et portant diverses mesures de simplification de l'action publique locale (loi dite « 3DS ») assimile les organismes de foncier solidaire (OFS) aux organismes en charge du logement social pour l'application du a) du 7° du II de l'article 150 U du CGI (BOI-RFPI-PVI-10-40-110, 8 août 2023).

La dernière prorogation de l'exonération temporaire jusqu'au 31 décembre 2025 résulte de l'article 9 de la loi de finances pour 2024 (L. n° 2023-1322, 29 déc. 2023 : *JO* 30 déc. 2023, texte n° 1. – N. Gonzalez-Gharbi, *Exonérations en faveur du logement social [CGI, art. 150 U, II, 7° et 8°] – Prorogation et aménagements des exonérations de plus-values en faveur du logement social jusqu'en 2025 – : Constr.-Urb.* 2024, n° 1, comm. 12). Les aménagements apportés au dispositif existant consistent, principalement, dans son extension aux opérations de reconstruction assimilables à la construction d'immeubles neufs au sens de la TVA, aux opérations de réhabilitations lourdes dont la définition est renvoyée à un décret à paraître, et à la création de logements intermédiaires dans les zones tendues.

On signalera également que, à l'instar de ce qui est prévu par le nouvel article 150 VE du CGI, les cessionnaires d'immeubles situés dans les communes n'ayant pas atteint le seuil requis en matière de logements sociaux et assimilés (CCH, art. L. 302-5) doivent s'engager, également, à ce que la part de surface habitable des logements sociaux représente un seuil minimal de 25 % de la surface totale des constructions du programme immobilier.

Attention : Introduit par l'amendement n° 748 précité, le IV de l'article 9 de la loi de finances pour 2024 prévoit que le 1° du A du I de ce même article qui modifie les dispositions du 7° du II de l'article 150 U du CGI ne s'applique pas aux cessions de biens ou de droits situés en Corse. Selon l'exposé des motifs, cette exclusion se situe « dans le prolongement de l'article 28 de la loi n° 2022-1726 du 30 décembre 2022 de finances pour 2023 prévoyant un régime dérogatoire de taxation des plus-values immobilières en Corse ».

Terres incultes

Neyla GONZALEZ-GHARBI

CGI, art. 1025. – Les contrats de concession, certificats, procès-verbaux et, d'une façon générale, tous actes se rapportant au classement ou à la concession des terres incultes ou manifestement sous-exploitées visés aux articles L. 125-1 à L. 125-13 du Code rural et de la pêche maritime sont exonérés sous réserve des dispositions de l'article 1020, des droits d'enregistrement.

Ces dispositions seront étendues par décret en Guadeloupe, en Guyane, en Martinique, à La Réunion et à Mayotte.

CGI, art. 1594-0 F sexies (*Mod. L. n° 2023-1322, 29 déc. 2023, art. 21*). – Les ventes résultant de l'application des articles L. 181-14 à L. 181-28 du code rural et de la pêche maritime relatifs à la mise en valeur agricole des terres incultes, des terres laissées à l'abandon et des terres insuffisamment exploitées de la Guadeloupe, de la Guyane, de la Martinique, de La Réunion et de Mayotte sont soumises à la taxe de publicité foncière ou au droit d'enregistrement au taux de 0,70 %.

I

Application générale du régime de faveur de mise en valeur des terres incultes

8277 **Acquisitions concernées.** Une procédure particulière de mise en valeur des terres incultes ou manifestement sous-exploitées est organisée au chapitre V du titre II du livre Ier du Code rural et de la pêche maritime (art. L. 125-1 et s.).

Dans le cadre de cette procédure, les dispositions de l'article 1025 du Code général des impôts prévoient que les contrats de concession, certificats, procès-verbaux et, d'une façon générale, tous actes se rapportant au classement ou à la concession des terres incultes ou manifestement sous-exploitées sont exonérés des droits d'enregistrement, sous réserve des dispositions de l'article 1020 du Code général des impôts.

Aussi, les acquisitions de terres incultes réalisées dans le cadre des dispositions prévues au chapitre V du titre II du livre Ier du Code rural et de la pêche maritime (art. L. 125-1 et s.), sont soumises à la taxe de publicité foncière au taux réduit, ainsi qu'aux frais d'assiette, de recouvrement, de dégrèvements et de non-valeurs.

8278 **Contribution de sécurité immobilière.** La contribution de sécurité immobilière au tarif proportionnel est due selon le droit commun.

8279 **Expropriation.** Lorsqu'ils sont effectués dans le cadre d'une procédure d'expropriation, les transferts de propriété ne donnent lieu à aucune perception (BOI-ENR-DMTOI-10-70-70, 2 mars 2022, n° 20).

II

Application du régime de faveur de mise en valeur des terres incultes dans les départements d'outre-mer

8280 Les ventes résultant de l'application des articles L. 181-18 à L. 181-24 du Code rural et de la pêche maritime relatifs à la mise en valeur agricole des terres incultes, des terres laissées à l'abandon et des terres insuffisamment exploitées de la Guadeloupe, de la Martinique, de La Réunion et de la Guyane étaient soumises à la taxe de publicité foncière ou au droit d'enregistrement au taux de 0,70 % en application des dispositions du F de l'article 1594 F quinquies du CGI. Le même régime de faveur était prévu par l'article 1594-0 F sexies du CGI concernant les terres situées à Mayotte.

8281 L'article 21 de la loi de finances pour 2024 (L. n° 2023-1322, 29 déc. 2023 : *JO* 30 déc. 2023) a réécrit les dispositions de l'article 1594-0 F sexies du CGI (V. texte *supra*) afin de viser l'ensemble des départements d'outre-mer.
Sous cette réserve, les commentaires publiés le 2 mars 2022 au BOI-ENR-DMTOI-10-70-70, conservent leur portée.

8282 **Procédures prévues.** Les textes prévoient la possibilité pour le préfet, soit de vendre après mise en demeure d'exploiter faite au propriétaire (C. rur. pêche marit., art. L. 181-17), soit d'exproprier, pour mise en valeur par l'État ou rétrocession pour l'exploitation, les terres incultes, laissées à l'abandon ou insuffisamment exploitées (C. rur. pêche marit., art. L. 181-23).

8283 **Conditions d'application.** Les conditions d'application de cette procédure particulière sont déterminées à la section 3 du chapitre Ier du titre VIII du livre Ier du Code rural et de la pêche maritime (art. R. 181-13 et s.).

8284 **Classement ou concession de terres incultes.** Les exemptions de droits d'enregistrement mentionnées à l'article 1025 du Code général des impôts sont applicables aux actes se rapportant au classement ou à la concession des terres incultes ou manifestement sous-exploitées situées dans les DOM (Rép. min. Chaulet n° 2603 : *JOAN* Q 13 déc. 1993, p. 4477. – BOI-ENR-DMTOI-10-70-70, n° 50).

8285 **Guyane.** Enfin, l'article 1043 A du Code général des impôts prévoit que dans le département de la Guyane, les droits d'enregistrement et la taxe de publicité foncière sont réduits de moitié, sauf lorsque ces droits et taxes sont perçus au taux prévu à l'article 1594 D du même code (BOI-ENR-DMTOI-10-70-70, n° 60).

Territoires d'outre-mer

Neyla GONZALEZ-GHARBI

8286 **Énumération.** Les territoires d'outre-mer comprennent :
– les Terres australes et antarctiques françaises (TAAF) ;
– les îles éparses de l'océan Indien.
L'INSEE précise que le territoire des Terres australes et antarctiques françaises est composé de Saint-Paul, Amsterdam, archipel Crozet, archipel Kerguelen, terre Adélie. Ces terres disposent d'une administration propre basée dans la commune de Saint-Pierre, département de La Réunion. Juridiquement il s'agit d'un territoire d'outre-mer à statut particulier depuis le 6 août 1995.

Depuis février 2007, les îles éparses de l'océan Indien (Îles Tromelin, Glorieuses, Juan de Nova, Bassas da India et Europa) forment le cinquième district des TAAF. Demeurées française après l'accès à l'indépendance de l'ancien territoire d'outre-mer de Madagascar, les îles éparses sont administrées par le préfet, administrateur supérieur des Terres australes et antarctiques françaises.

Observation.
La Polynésie française, ancien territoire d'outre-mer est désormais une collectivité d'outre-mer (COM). La Nouvelle-Calédonie est également un ancien territoire d'outre-mer.

I

Distinction entre les TOM, selon que l'enregistrement y avait été ou non établi

8287 Dans la plupart de ces territoires, l'enregistrement avait été établi au temps du statut colonial. La distinction entre ceux où l'enregistrement avait été établi et ceux où il ne l'avait pas été conserve encore actuellement de l'intérêt en ce qui concerne le régime fiscal de certains actes translatifs compte tenu des termes de l'article 714 du Code général des impôts (V. ce texte, *infra*).

8288 **Territoires où l'enregistrement avait été établi** : Côte française des Somalies, Nouvelle-Calédonie, Polynésie française-Saint-Pierre-et-Miquelon.

8289 **Territoires où l'enregistrement n'avait pas été établi** : Comores, îles Wallis et Futuna, Terres australes et antarctiques françaises.

II

Actes translatifs de biens situés dans les TOM. Enregistrement en France

A Fonds de commerce

8290 **Enregistrement au droit fixe.** Les actes translatifs de fonds de commerce situés dans un TOM sont soumis en cas d'enregistrement en France aux droits fixes des actes innommés, qu'ils aient été ou non enregistrés dans ce territoire (*BOI* 4904, § 6).

B Immeubles

CGI, art. 714. – Les actes translatifs de propriété ou d'usufruit de biens immeubles situés en pays étrangers ou à Saint-Pierre et Miquelon, à Mayotte, en Nouvelle-Calédonie, en Polynésie française, dans les îles Wallis et Futuna et les Terres australes et antarctiques françaises dans les territoires d'outre-mer dans lesquels le droit d'enregistrement n'est pas établi, sont assujettis à un droit de 5 %.

Ce droit est liquidé sur le prix exprimé, en y ajoutant toutes les charges en capital.

8291 **TOM où l'enregistrement est établi.** Les actes translatifs d'immeubles situés dans des TOM où l'enregistrement est établi (V. n° 8288) sont soumis en cas d'enregistrement en France au droit fixe des actes innommés, qu'ils aient ou non été passés en France et qu'ils aient été ou non enregistrés d'outre-mer (Cass. civ., 21 janv. 1901 : Instr. 3070, § 1. – Instr. 1703 : *BOI* 4904, § 6 ; *BOI* 8220, § 160).

8292 Si un acte contient à la fois vente d'immeuble situé dans un TOM où l'enregistrement a été établi et d'immeuble situé en France, il y a lieu de demander une ventilation du prix, les immeubles français étant soumis au droit de vente applicable dans la métropole.

8293 **TOM où l'enregistrement n'est pas établi.** Les actes translatifs de propriété ou d'usufruit d'immeubles situés dans des TOM où l'enregistrement n'est pas établi (V. n° 8290) sont enregistrés en France moyennant la perception du droit proportionnel de 5 % prévu par l'article 714 du Code général des impôts (*BOI* 8220, n° 161).

C Meubles

8294 Les actes translatifs de meubles autres que les fonds de commerce ayant leur assiette dans un TOM sont enregistrés le cas échéant en France moyennant la perception des droits exigibles d'après la législation métropolitaine, qu'ils aient été passés en France ou dans le territoire susvisé (*Dict. enr.*, 1135).

III

Actes translatifs de biens situés en France passés dans les TOM

8295 **Tarif applicable. Délai d'accomplissement de la formalité.** Le tarif applicable est celui en vigueur en France.
Il n'existe plus aujourd'hui de délai pour l'enregistrement en France des actes passés dans un TOM et translatifs de biens situés en France. Mais si ces biens sont de la nature de ceux dont la mutation est assujettie à déclaration dans un délai (immeubles, fonds de commerce, droit à un bail d'immeuble) ou s'il s'agit d'une mutation de

jouissance d'immeuble ou de fonds de commerce, la mutation doit être déclarée en France dans le délai légal (V. Délai).

IV
Actes non translatifs passés dans les TOM

8296 **Tarification.** À défaut de toute disposition en la matière, l'acte non translatif passé dans un TOM doit, si l'enregistrement en est formellement requis en France et sauf, le cas échéant, disposition spéciale d'une convention bilatérale, supporter le même droit que s'il avait été passé en France même s'il a déjà reçu la formalité dans le pays où il a été passé.

Le tarif applicable en France est celui en vigueur au jour de la formalité (*Dict. enr.*, 1137).

V
TVA

8297 Du point de vue de la TVA, les territoires d'outre-mer sont considérés comme des pays étrangers.

VI
Solutions particulières

8298 **Transfert de siège social.** En principe, le transfert du siège social n'entraîne pas création d'une société nouvelle. Il ne donne dès lors ouverture qu'au droit fixe des actes innommés (CGI, art. 680), en cas de présentation volontaire à la formalité de l'acte qui le constate.

Il en est ainsi lorsqu'une société ayant son siège social en France métropolitaine, dans les départements d'outre-mer ou dans les territoires français d'outre-mer, transporte son siège à l'intérieur de ces territoires ou de l'un de ces territoires dans un autre (BOI-ENR-AVS-20-30-20-20120912, n° 290).

Testament-partage

Jacques LAFOND

BIBLIOGRAPHIE : M. Nicod, *Les perspectives actuelles du testament-partage : JCP* N 2014, n° 18, 1186.

I
Définition

8299 **Texte.** Selon l'article 1079 du Code civil, « Le testament-partage produit les effets d'un partage. Ses bénéficiaires ne peuvent renoncer à se prévaloir du testament pour réclamer un nouveau partage de la succession ».

8300 **Double caractère.** Le partage testamentaire est l'acte par lequel un testateur partage ses biens entre ses héritiers présomptifs (C. civ., art. 1075, al. 1er). Mais il peut concerner également des descendants de degrés différents, qu'ils soient ou non des héritiers présomptifs du testateur (C. civ., art. 1075-1). Il constitue une variété de partage d'ascendant : mais à la différence de la donation-partage, il ne nécessite pas le concours des successibles et il ne produit ses effets qu'au décès du testateur.
L'administration fiscale considère que, par cet acte, le testateur procède à la répartition entre ses héritiers des biens que ces derniers ont reçus dans sa succession : il met ainsi fin à une indivision (Rép. min. n° 15814 à M. Sanglier : *JOAN*, 23 déc. 1965, p. 5091).
Le testament-partage a donc fiscalement une double nature : il est à la fois testament et partage et l'administration en tire les conséquences du point de vue de la taxation (V. nos 8309 et s.).

8301 **Distinction entre le testament-partage et le testament ordinaire avec pluralité de legs.** Le partage testamentaire est l'acte par lequel le testateur procède à la répartition de ses biens entre les personnes visées aux articles 1075 et 1075-1 du Code civil. Il met fin à une indivision. En revanche, le testament pur et simple se borne à investir les légataires de la propriété des biens légués (Rép. min. Sanglier, préc.).

8302 **Critères tirés de la qualité des personnes avantagées.** Un testament-partage ne peut être fait qu'au profit des personnes visées aux articles 1075 et 1075-1 du Code civil. Sous le régime antérieur à la loi n° 2006-728 du 23 juin 2006 portant réforme des successions, il avait été décidé que l'acte par lequel un oncle répartissait ses biens entre ses neveux s'analysait donc en une série de libéralités (Rép. min. nos 8106, 8031, 7888, 7882 et 7879 à Ménard, Chavanac, Giraud, Minot, Fosset : *JO* Sénat, 3 avr. 1969, p. 117 et 118).
Mais le fait qu'un partage-testamentaire comportant répartition des biens du testateur entre les personnes visées aux articles 1075 et 1075-1 du Code civil contienne, en outre, un legs au profit d'une personne autre, n'a pas pour effet de retirer à l'acte son caractère et de rendre exigible le droit fixe de testament aux lieu et place du droit de partage. En pareil cas, il y a deux dispositions indépendantes : un testament-partage taxable comme tel et un testament ordinaire qui

donnerait ouverture, en principe, au droit fixe de testament si les dispositions de l'article 672 du Code général des impôts (V. **Acte contenant plusieurs dispositions**) ne s'opposaient pas à la perception de ce dernier (Rép. min. Finances, 29 mai 1971 : *Ind. enr.*, 12014).

8303 Il en était ainsi par exemple, antérieurement à la loi n° 2006-728 du 23 juin 2006 portant réforme des successions, de l'acte par lequel le testateur diviserait ses biens entre ses descendants et un ascendant, de l'acte par lequel le testateur diviserait ses biens entre sa femme et ses enfants, ou entre ses enfants et un héritier collatéral, ou encore entre ses enfants et un légataire quelconque (Rép. min. n° 3379 à Faure : *JOAN*, 26 avr. 1969, p. 1071. – Rép. min. n° 3496 à Dominait : *JOAN*, 26 avr. 1969, p. 1072. – Rép. min. n° 3744 à Hamont : *JOAN*, 26 avr. 1969, p. 1073. – Rép. min. n° 3759 à Delarue : *JOAN*, 26 avr. 1969, p. 1073).

II Publicité foncière

A Principes généraux

8304 **Assujettissement à la publicité foncière.** Le partage d'ascendants fait dans la forme testamentaire est soumis à la publicité foncière en tant qu'acte déclaratif (Chambaz, Massounabe-Puyanne et Leblond, *Précis de droit hypothécaire*, 2e éd., n° 773).

La sanction du défaut de publicité est, comme en matière de partage en général, en vertu de l'article 30-4 du décret susvisé du 4 janvier 1955, non l'inopposabilité du testament-partage mais une condamnation à des dommages et intérêts au profit des intéressés qui, ayant publié leur propre droit, prouveraient qu'ils ont subi un préjudice à raison du défaut de publication (V. **Partage**).

8305 **Mode de publication.** On admet que, puisqu'il réalise à la fois une transmission par décès et un partage, le testament partage puisse être publié par voie d'attestation notariée (V. **Attestation notariée**).

Mais il peut aussi faire l'objet d'une publication indépendante. On sait que le testament-partage n'est un testament que par la forme. Au fond il est, et n'est rien d'autre qu'un partage, par lequel les héritiers, dès lors qu'ils acceptent la succession, se trouvent directement allotis (V. *JCl. Notarial Formulaire*, V° Partage testamentaire). Dès lors, si la publication d'un tel testament-partage ou de l'acte par lequel les héritiers consentent à son exécution est requise directement dans les dix mois du décès, l'absence d'établissement préalable d'une attestation notariée ne devrait pas constituer un obstacle à cette publication.

En pratique, il est rare que le testament-partage contienne tous les éléments d'identification et d'origine de propriété nécessaires à la publicité foncière. Par suite, la publication du testament-partage est généralement assurée par le biais d'une attestation immobilière faisant état du testament-partage et contenant elle-même, outre les différents éléments d'identification et d'origine de propriété, le consentement à exécution des héritiers (*Bull. AMC* 1963, art. 535). Si l'attestation est rédigée par les successibles et non par le notaire seul, elle tient alors lieu de partage (Bulté, chron. hyp. : *JCP* N 1964, prat. 3740 ; *JCP* N 1962, IV, 3309).

B Formalités

8306 **Modalités de formalisation et délais.** Les partages testamentaires ne sont soumis obligatoirement à la formalité qu'après le décès du testateur et le délai imparti est celui prévu par l'article 636 du CGI.

En application des dispositions de l'article 636 du CGI, les testaments-partages déposés chez les notaires ou reçus par eux doivent être enregistrés au plus tard lors de l'enregistrement de l'acte constatant le partage de la succession.

Par conséquent, les testaments-partages doivent être enregistrés pendant la période qui court du jour du décès jusqu'à celui de l'enregistrement de l'acte de partage.

S'agissant des partages testamentaires olographes non déposés par les testateurs chez le notaire, ils ne doivent être soumis à la formalité de l'enregistrement qu'à compter de la date de leur dépôt, au rang des minutes des notaires, effectué par les héritiers. Cet enregistrement doit être effectué au plus tard lors de celui de l'acte de partage.

Il est précisé que les formalités de l'enregistrement et de la publicité foncière sont fusionnées pour les actes publiés au fichier immobilier

(CGI, art. 647, I), tels que les testaments-partages comprenant un ou plusieurs immeubles BOI-ENR-PTG-10-30, n° 20, 30 juin 2020).

8307 **Privilège de copartageant.**
➤ V. **Hypothèque légale spéciale du copartageant (privilège).**

III
Taxation

8308 **Perception des droits de mutation à titre gratuit.** Après le décès du testateur, les biens échus au bénéficiaire d'un partage testamentaire sont assujettis aux droits de mutation par décès dans les conditions ordinaires.
Mais aucune réduction de droits, analogue à celle prévue par l'article 790 du Code général des impôts en faveur des donations-partages, ne peut être appliquée (BOI-ENR-PTG-10-30, n° 10, 30 juin 2020).

8309 **Perception du droit de partage.** Dans la doctrine fiscale, le partage testamentaire donne lieu à la perception du droit proportionnel de partage (sur son taux actuel, V. **Partage**), et non à celle du droit fixe de testament (BOI-ENR-PTG, n° 10, 30 juin 2020).
Les règles applicables pour la liquidation de l'imposition sont celles prévues en matière de partages de succession.
Les biens doivent être évalués au jour du décès du testateur et lorsqu'un partage testamentaire a fait l'objet d'un dépôt au rang des minutes d'un notaire, rien ne s'oppose à ce que la déclaration estimative soit souscrite au pied de l'acte de dépôt, soit par les héritiers ou par l'un d'eux, soit même par le notaire s'il se porte fort pour les héritiers.
Les partages testamentaires obéissent au régime spécial des partages de succession et de ce fait, les soultes ne sont ni soumises au droit de mutation à titre onéreux, ni déductibles, pour la perception du droit de partage (BOI-ENR-PTG-10-30, n° 10, 30 juin 2020).
La position de l'administration a fait l'objet de nombreuses critiques et les ministres, tant de la Justice que du Budget, ont été fréquemment interpellés à ce propos. Mais l'administration a maintenu invariablement sa position, d'ailleurs confirmée par deux arrêts de la Cour de cassation (Cass. com., 15 févr. 1971 : *Ind. enr.*, 12013. – Cass. com., 14 avr. 1975 : *Ind. enr.*, 12854. – Sur les motifs mis en avant pour justifier cette taxation, V. Rép. min. Justice à M. Jargot : *JO* Sénat, 14 mars 1978, p. 244. – Rép. min. n° 8009 à Delong : *JO* Sénat Q, 10 déc. 1987, p. 1936).

8310 **Partage testamentaire suivi d'un partage définitif.** Il y a lieu de percevoir les droits d'après les dispositions réunies des deux actes et d'imputer sur les droits exigibles d'après le partage définitif ceux perçus sur le partage testamentaire (*Dict. enr.*, 2934).

8311 **Paiement des droits.** Les droits d'enregistrement exigibles sur le testament-partage sont dus solidairement par les héritiers.
Pour réclamer ces droits, l'administration n'a pas besoin de prouver l'acceptation des héritiers ; il suffit qu'ils n'aient pas renoncé à la succession (Montbrison, 27 déc. 1873 : *Journ. enr.*, 19604 ; *Dict. enr.*, 2938).

8312 **Contribution de sécurité immobilière.** La contribution de sécurité immobilière est perçue comme en matière de partage de successions (V. **Partage**).

8313 **Exemples.** Le *BOI* propose les exemples suivants ((BOI-ENR-PTG-10-30, n° 20, 30 juin 2020) dans le cas de testament partage enregistré au moment du partage.
Mme A a un neveu Paul et une nièce Marie. Le 3 janvier de l'année N, elle rédige chez son notaire un testament-partage qui prévoit d'attribuer sa résidence principale à Paul et sa résidence secondaire à Marie. Mme A décède le 18 juin de l'année N+7 et laisse pour seuls héritiers Paul et Marie. La succession comprend une résidence principale de 200 000 €, une résidence secondaire de 200 000 € et un terrain d'une valeur de 150 000 €.
Pour la liquidation de la succession : l'actif net successoral s'élève à 550 000 €, soit 275 000 € pour chacun des héritiers.
Hypothèse 1 : Paul et Marie ont connaissance du testament-partage et demandent au notaire de le soumettre à la formalité fusionnée lors du dépôt de la déclaration de succession.
La taxe due sur le testament-partage (CGI, art. 748) est de 400 000 € (valeurs de la résidence principale et de la résidence secondaire) × 2,5 % = 10 000 €.

La taxe due sur l'acte de partage (CGI, art. 748) est de 170 000 € (valeur actualisée du terrain) × 2,5 % = 4 250 €.

Hypothèse 2 : Paul et Marie ont connaissance du testament-partage, mais ils demandent au notaire d'attendre le partage définitif pour le soumettre à la formalité fusionnée.

Le notaire dépose donc la déclaration de succession le 18 décembre N+7, sans avoir publié le testament partage.

Le 29 février de l'année N+12, les héritiers publient le testament-partage avec l'acte de partage.

La taxe due sur l'acte de partage (CGI, art. 748) est de : 170 000 € (valeur actualisée du terrain) × 2,5 % = 4 250 €.

La taxe due sur le testament-partage (CGI, art. 748) est de : 450 000 € (valeurs actualisées de la résidence principale et de la résidence secondaire) × 2,5 % = 11 250 €.

Lorsque le testament-partage contient des biens qui n'ont pas été inscrits à l'actif de la déclaration de succession, il est nécessaire que les héritiers déposent une déclaration de succession rectificative.

Transaction

Jacques LAFOND

Sommaire analytique

Index alphabétique

Index alphabétique (suite)

I Publicité foncière

BIBLIOGRAPHIE : M. Julienne : *JCl. Notarial Répertoire*, V° Transaction, fasc. 10 et *JCl. Civil Code*, Art. 2044 à 2058, fasc. 10. – M. Julienne, *Transaction et authenticité : JCP* N 2015, n° 46, 1200. – L. Mayer, *La transaction un contrat spécial ? : RTD civ.* 2014, p. 523.

A Principes généraux

8314 La publication des transactions n'est pas expressément prévue par les textes sur la publicité foncière.

Les transactions, visées par les articles 2044 et suivants du Code civil, règlent les droits de chacune des parties de telle sorte que celles-ci sont censées avoir détenu les biens litigieux dès le début du litige. Elles constituent donc, dans la plupart des cas, des actes déclaratifs (V. **Acte déclaratif**) soumis à publication sous peine de dommages et intérêts quand elles portent sur des biens immobiliers (Ph. Simler et Ph. Delebecque, *Les sûretés. La publicité foncière*, n° 761. – H., L., J. Mazeaud, et F. Chabas, *Leçons de droit civil*, t. III, par Y. Picod, n° 676. – S. Piédelièvre, *La publicité foncière*, n° 230).

Il se peut aussi que, d'après les termes mêmes de la transaction, celle-ci opère transfert de droits réels immobiliers, auquel cas, elle doit être obligatoirement publiée, puisqu'elle constate une mutation (D. 4 janv. 1955, art. 28-1°), sous peine d'inopposabilité de l'acte.

8315 **Authenticité.** Pour pouvoir être publiée, la transaction devra être constatée dans un acte authentique. Si elle est établie par acte sous signatures privées, la substance de la transaction doit être reprise dans un acte authentique reçu par un notaire exerçant en France ou dans un acte authentique émanant d'une autorité administrative (V. **Authenticité**).

B Transactions homologuées

8316 **Homologation de la transaction.** L'article 1565 du Code de procédure civile énonce, dans sa version issue du décret n° 2022-245 du 25 février 2022 :

> « L'accord auquel sont parvenues les parties à une médiation, une conciliation ou une procédure participative peut être soumis, aux fins de le rendre exécutoire, à l'homologation du juge compétent pour connaître du contentieux dans la matière considérée.
> (…)
> Le juge à qui est soumis l'accord ne peut en modifier les termes ».

L'article 1568 du même code, également modifié par le décret précité du 25 février 2022, précise d'autre part que :

> « Lorsque l'accord auquel sont parvenues les parties à une médiation, une conciliation ou une procédure participative prend la forme d'un acte contresigné par les avocats de chacune des parties, cet acte peut être revêtu, à la demande d'une partie, de la formule exécutoire.
> La demande est formée par écrit, en double exemplaire, auprès du greffe de la juridiction du domicile du demandeur matériellement compétente pour connaître du contentieux de la matière dont relève l'accord
> Le greffier n'appose la formule exécutoire qu'après avoir vérifié sa compétence et la nature de l'acte ».

Ces textes confèrent donc au juge le pouvoir d'homologuer un accord amiable intervenu entre les parties, afin de lui donner force exécutoire. Cette possibilité était antérieurement offerte par l'ancien article 1441-4 du Code de procédure civile, abrogé par le décret n° 2012-66 du 20 janvier 2012.

8317 **Authentification de la transaction.** Il avait été jugé, sous l'empire de l'article 1441-4 précité, que la compétence reconnue aux notaires ne s'opposait pas à ce que le juge saisi sur requête donne force exécutoire à une transaction opérant transfert de droits immobiliers, lui conférant ainsi un caractère authentique, et permettant son enregistrement et sa publication (Cass. 1re civ., 16 mai 2006, n° 04-13 467 : *Bull. civ.* 2006, I, n° 243 ; *Defrénois* 2007, art. 38 530, p. 235, obs. S. Piédelièvre ; *Defrénois* 2007, art. 38 567-37, obs. crit. Ph. Théry ; *RTD civ.* 2006, p. 823, obs. crit. R. Perrot).

Cette jurisprudence paraît condamnée par l'article 710-1 du Code civil, issu de la loi n° 2011-331 du 28 mars 2011 (V. **Authenticité**). En effet, pour pouvoir donner lieu à publication, tout acte ou droit doit « résulter d'un acte reçu en la forme authentique par un notaire exerçant en France, d'une décision juridictionnelle, ou d'un acte authentique émanant d'une autorité administrative » (V. sur ce point, N. Cayrol, *Droit de l'exécution*, LGDJ, 2013, n° 98, p. 62).

Il n'y aura pas de difficulté si la transaction est reçue en la forme authentique par un notaire français ou si elle résulte d'un acte authentique émanant d'une autorité administrative.

Mais sa seule homologation n'en permet pas la publication dès lors que la décision d'homologation n'a pas le caractère d'un « acte juridictionnel » (*Bull. AMC* 2010-2011, art. 1956, II, p. 25. – P.-F. Cuif, *Réforme de la publicité foncière [art. 710-1 C. civ.] : Nouvelles règles et nouvelles pratiques pour le notaire : Bull. Cridon Paris* 1er-15 août 2011, p. 2 et s., n° 22). Cette solution est conforme à la volonté du législateur, comme en témoignent les travaux préparatoires de la loi du 28 mars 2011 précitée (V. J.-M. Darrois, *Libres propos autour d'une « modernisation » des professions juridiques : JCP* N 2011, n° 14-1119, n° 40. – M. Suquet-Cozic, *La condition d'authenticité entre au Code civil : BIM Lefebvre* 6/2011, p. 7, n° 3). Il faudra donc, nonobstant cette homologation judiciaire, que la transaction soit réitérée en la forme authentique par acte émanant d'un notaire exerçant en France ou par un acte émanant d'une autorité administrative, pour pouvoir être publiée.

II Taxation

8318 **Plan.** Nous rappellerons tout d'abord les problèmes de qualification concernant la notion de transaction (A), et les principes généraux régissant la matière (B). Puis nous examinerons ensuite diverses applications pratiques de ces principes (C).

A Problèmes de qualification

1 Définition

8319 La transaction est un contrat par lequel les parties terminent une contestation née, ou préviennent une contestation à naître. Ce contrat doit être rédigé par écrit (C. civ., art. 2044).

La transaction suppose :

– l'existence ou la possibilité d'une contestation sérieuse entre les parties ;

– une réciprocité de concession ou de sacrifice de la part de chacune des parties.

La Documentation de base indiquait antérieurement que « à défaut de concessions réciproques (concessions émanant d'une seule partie), il n'y a pas transaction, mais donation » (Doc. adm. DGI, 7 A-231, n° 18, 10 sept.1996). Mais cette affirmation paraissait trop rapide ou trop sommaire. En effet, il n'y a donation que s'il existe une intention libérale, ce qu'il appartient à l'administration d'établir si elle entend percevoir les droits correspondants. On constate que cette indication a été néanmoins reprise au BOFiP (BOI-ENR-DG-20-20-50-20120912, n° 240).

2 Contrôle de l'administration

a) Principe

8320 Suivant une jurisprudence constante, l'administration a le droit de restituer aux actes leur véritable caractère.

Par conséquent, si les parties ont dissimulé sous le nom de transaction un autre contrat, le tarif applicable sera celui du véritable contrat.

Il en sera ainsi lorsque fera défaut l'une ou l'autre des conditions énoncées plus haut pour qu'il y ait une véritable transaction.

Par application de cette règle, la jurisprudence a été ainsi amenée à juger qu'il n'y avait pas transaction dans les divers cas que nous évoquerons ci-dessous.

b) Exemples de qualifications inexactes

8321 Réduction volontaire d'une donation n'excédant pas la quotité disponible. Si le bénéficiaire d'une libéralité abandonne de son plein gré et sans compensation une partie des immeubles à lui donnés, il n'y a pas transaction (en l'absence de concession réciproque de la part des Contractants) mais donation, dès lors qu'il n'est pas établi que la libéralité excédait la quotité disponible (Carpentras, 29 juin 1842 : *Journ. enr.*, 13052).

8322 Renonciation moyennant un prix à un testament supposé. La renonciation moyennant une somme à se prévaloir d'un testament, dans le cas où il en existerait un, n'est pas une transaction mais une véritable donation (Versailles, 20 avr. 1843 : *Journ. enr.*, 13258).

8323 Transaction sur une clause inefficace d'un testament. Si un testateur exprime le désir que, dans le cas où les circonstances, sa fortune et celle de sa femme le permettraient, son fils aîné soit avantagé d'un quart, cette disposition ne crée aucun lien de droit entre les parties et par conséquent l'acte par lequel le fils aîné renonce à se prévaloir de cette clause moyennant une somme constitue une donation, bien que qualifiée de transaction (Saint-Brieuc, 2 juin 1857 : *Journ. enr.*, 16558).

8324 Cession d'usufruit. L'acte par lequel le mari usufruitier des biens de sa femme sans contestation possible en cède la moitié à l'héritier à la condition que celui-ci reconnaisse de son côté le droit du mari à la moitié d'une nue-propriété sur laquelle ses prétentions auraient pu être combattues, opère une cession passible du droit de mutation (Cass., 11 avr. 1808 : *Journ. enr.*, 10000).

8325 Renonciation à une reddition de compte. L'acte par lequel un successible dont les droits ne sont incertains que quant à la quotité dispense le légataire universel détenteur de la succession de lui rendre compte et se déclare rempli de ses droits moyennant une somme déterminée que lui verse le légataire « constitue une véritable cession et vente de droits successifs pour un prix convenu et avec transmission des biens qui en sont l'objet » (Cass., 7 juin 1820 : *Journ. enr.*, 6744). Le droit de mutation est dû sur le prix.

8326 Préciput. Somme payée pour en tenir lieu. La transaction par laquelle les héritiers conviennent de payer à leurs cohéritiers une somme déterminée pour lui tenir lieu du préciput légué est une cession de droits successifs. La somme stipulée est payée en effet par les cohéritiers du préciputaire, de leurs propres deniers et non pas prélevée sur l'hérédité (Lyon, 18 août 1847 : *Journ. enr.*, 14345).

8327 Préciput. Renonciation par le préciputaire à la condition d'être libéré d'une dette envers le défunt. Lorsqu'une personne est à la fois héritière pour partie et légataire préciputaire, sa situation en ce qui concerne le legs est identique à celle d'un étranger et il doit en demander la délivrance à ses cohéritiers. Par suite si, en vue d'obtenir cette délivrance, il renonce pour éviter un procès au bénéfice de son legs à la condition d'être libéré d'une somme qu'il devait au défunt, il ne s'opère pas de transmission (Sol. 23 mai 1873, Vaucluse, Maguéro, V° Transaction, n° 147).

8328 Délivrance d'une somme pour tenir lieu d'un legs d'immeuble. L'acte par lequel le légataire d'un immeuble dont le titre n'est pas contesté reçoit des héritiers pour tenir lieu de l'objet légué une somme d'argent à prendre sur la masse de la succession constitue, quoique qualifié de transaction, une dation en paiement passible du droit de vente immobilière. Il n'y a en pareil cas ni contestation née ou à naître, ni concession réciproque (Nantes, 3 janv. 1862 : *Journ. enr.*, 17565).

8329 Délivrance anticipée d'un legs conditionnel.

➤ V. n° 8375.

8330 Partage sous forme de transaction. Tout acte qui a pour but de faire cesser l'indivision et qui la fait cesser est un partage même s'il a été qualifié de transaction (C. civ., art. 888). Un acte de cette nature doit être enregistré comme partage (sur le taux actuel du droit de partage, V. **Partage**) avec, s'il y a lieu, perception des droits de mutation à titre onéreux sur la soulte.

C'est ce qui a été reconnu au sujet d'un acte par lequel un mari donataire d'un quart en propriété et d'un quart en usufruit des biens de sa femme partage la succession avec les héritiers de celle-ci et convertit à titre de transaction son usufruit en nue-propriété (Cass., 4 janv. 1865 : Instr. 2366, § 2). Il en est ainsi dans le cas même où l'acte contiendrait, au sujet du paiement du passif, une convention accessoire qualifiée de transaction (Lisieux, 18 janv. 1867 : *RP* 2678).

Si toutefois l'acte intervenait sur des contestations sérieuses et touchant au fond même du droit, l'article 888 du Code civil cesserait d'être applicable et les principes de la transaction pourraient utilement entrer en jeu (Maguéro, V° Transaction, n° 151).

8331 **Vente.** Un bureau de bienfaisance reconnaît comme incommutable la propriété d'immeubles possédés par les hospices qui s'obligent à payer audit bureau de bienfaisance une rente de 5 000 F par an. Cet acte, quoique qualifié de transaction, constitue en réalité une vente immobilière passible du droit propre à cette nature de contrat (Cass., 10 févr. 1857 : Instr. 2096, § 14).
De même, constitue une vente passible du droit de mutation à titre onéreux l'acte qualifié de transaction par lequel les héritiers de l'exploitant de marques de fabriques et d'un laboratoire pharmaceutique dont le défunt s'était rendu acquéreur par un acte en forme renonce à tout droit sur cette exploitation (Pas-de-Calais, 7 févr. 1928 : *Rev. enr. et imp.*, 9024).

B Principes généraux

8332 Nous distinguerons successivement le cas où la transaction est passible d'un simple droit ou taxe fixe (1) et celui où la transaction est passible d'un droit ou d'une taxe proportionnelle, ou d'un droit progressif (2).

1 Transactions passibles d'un simple droit ou d'une taxe fixe

a) Conditions à remplir

8333 Sont assujetties au droit ou à la taxe fixe de publicité foncière toutes les transactions qui ne comportent ni mutation de la propriété apparente ni mouvement de valeur. Bien que la transmission ait par elle-même un caractère commutatif et suppose un abandon réciproque, il peut arriver en effet exceptionnellement que les parties transigent sans que leurs conventions comportent transmission de bien.

b) Applications

8334 **Réduction de reprises au regard des créanciers du mari.** Est soumise par exemple au droit fixe la transaction par laquelle la femme judiciairement séparée de biens d'un failli consent à réduire ses reprises à une somme de... au regard des créanciers de son mari. Cette convention, en effet, ne donne ouverture ni au droit de cession à titre onéreux ni à celui de donation (Sol. janv. 1876, Somme ; Maguéro, V° Transaction, n° 165).

8335 **Simple abandon de prétention. Règles de perception.** L'administration prétendait à l'origine que, dans le cas où l'une des parties renonçait à des prétentions qui n'étaient fondées ni sur un titre ni sur un jugement, la transaction était translative. Elle voyait dans cette renonciation la cession d'une action mobilière ou immobilière (Délib. 12 juin 1829 : *Journ. enr.*, 9367).
Mais elle a reconnu ultérieurement qu'un abandon de cette nature n'opérait aucune transmission. Pour que celui qui renonce à une action la transmette, il faut nécessairement que cette action soit fondée. Or, l'agent de perception n'a pas à se faire juge de la valeur de cette action (Championnière et Rigaud., t. 1, n° 664, p. 513).
Aussi est-il admis aujourd'hui que le droit de mutation ne saurait être perçu sur l'abandon de prétention qui n'emporte pas de changement dans l'état apparent de la propriété telle qu'elle résulte des titres ou des jugements (Maguéro, V° Transaction, n° 129).
Si le prix de l'abandon est payé comptant ou à terme, il s'agit simplement d'une quittance ou d'une obligation et seul le droit fixe des actes innommés peut être perçu.
C'est ce qui a été reconnu dans les espèces suivantes.

8336 **Abandon de prétention : consentement à exécution de testament.** Lorsqu'un héritier a attaqué un testament et qu'avant jugement il consent à soit exécution moyennant une somme payée par le légataire, la transaction est purement déclarative puisqu'elle ne fait que confirmer la situation respective des parties (Seine, 3 janv. 1850 : *Journ. not.*, 13955. – Sol. août 1878, Nord ; Maguéro, V° Transaction, n° 130).
Sont ainsi purement déclaratives et ne donnent lieu qu'à la perception d'un simple droit fixe :
– la transaction par laquelle le légataire universel envoyé en possession s'oblige à payer une somme d'argent aux héritiers naturels contre l'abandon d'une action en nullité du testament (Sol. nov. 1884, Seine-et-Marne) ;
– la confirmation par les héritiers naturels d'un testament raturé contenant, outre une institution de légataire universel, des legs particuliers (Sol. juill. 1888, Rhône) ;
– la transaction par laquelle un légataire universel, pour prévenir une action en nullité du testament qui l'institue, paie une somme d'argent et s'oblige à en payer une autre à des légataires institués par un testament antérieur (Aix, 21 juin 1866 : *Journ. enr.*, 18343).

8337 **Abandon de prétention. Réduction de donation.** Le réservataire qui consent à l'exécution

d'une libéralité excessive ne transmet pas sa propre chose : il se borne à renoncer à l'exercice de son action. Si donc les héritiers renoncent à demander la réduction moyennant une somme, cette renonciation est extinctive et non translative. L'acte constatant cette renonciation n'est assujetti qu'au simple droit fixe (Délib. 21 oct. 1828. – Sol. 5 mars 1828. – Sol. 10 mai 1889, Seine inférieure ; Maguéro, V° Transaction, n° 131).
Le droit de donation n'est d'ailleurs pas plus exigible que le droit de vente. Par sa nature, la transaction implique des concessions réciproques qui excluent toute idée de libéralité. D'autre part, l'héritier, en renonçant à son action en réduction, ne transmet rien au donataire qui a déjà la propriété entière (Tours, 4 juin 1864 : RP 1974 ; Maguéro, *ibid.*).

8338 **Réduction consentie volontairement par le légataire ou le donataire.** Le donataire ou le légataire qui consent à réduire son don ou son legs dans les limites de la quotité disponible ne fait qu'exécuter la loi purement et simplement. La transaction opérant cette réduction n'a donc aucun effet translatif et ne peut être assujettie qu'au droit fixe (Maguéro, V° Transaction, n° 132). Sur le cas où le consentement à réduction a un caractère translatif, V. n° 8349.

2 Transactions passibles d'un droit proportionnel ou progressif (ou de la taxe proportionnelle de publicité foncière)

8339 **Transaction à caractère translatif.** Les transactions qui contiennent transmission de biens dont la mutation est passible d'un droit proportionnel ou progressif d'enregistrement, ou de la taxe proportionnelle de publicité foncière supportent ce droit ou cette taxe d'après la nature des biens transmis.

8340 **Système de la propriété apparente.** Dans une instruction n° 1229, § 11, l'administration avait posé les principes suivants :

> « Les transactions entre les parties sur les points litigieux ne sont dénommées, dans les lois sur l'enregistrement, qu'autant qu'elles ne donnent ouverture qu'au droit fixe, comme ne contenant ni stipulation de sommes et valeurs, ni dispositions soumises à un droit plus élevé. Pour régler la perception, lorsque les transactions ne se trouvent pas dans ce seul cas nommément prévu, il faut apprécier les conventions que ces actes renferment, afin d'appliquer le tarif à chacune d'elles, selon sa nature.
>
> « Cette appréciation consiste à s'assurer si la convention a opéré quelque changement ou novation dans la situation respective, dans l'état de possession, dans les droits apparents des parties. Il ne s'agit que des droits apparents, car les tribunaux seuls auraient été juges des droits réels, d'après la validité des titres et la force des preuves que les parties auraient pu invoquer, et il n'appartient point aux préposés de suppléer au jugement ou à l'arrêt qui n'a pas été rendu. C'est l'état des choses au moment où les parties se rapprochent pour transiger, qui doit être pris comme terme de comparaison avec les arrangements dont elles conviennent entre elles afin de régler la perception d'après les effets nouveaux qui résultent de cette convention. »

Ce système bien, que combattu par la doctrine (sur ce débat, V. Maguéro, V° Transaction, n°s 76 et s.), a été consacré par la Cour de cassation dans un arrêt des chambres réunies en date du 12 décembre 1865 (Instr. n° 2347, § 4-1).

8341 **Règle.** Par application de cette doctrine, consacrée donc par la Cour de cassation, on doit considérer comme déterminant l'exigibilité du droit proportionnel les changements apportés dans les droits apparents des parties :

> « Il y a lieu de considérer comme translative au point de vue de l'impôt et passible à ce titre du droit proportionnel, toute transaction par l'effet de laquelle la propriété ou partie de la propriété en litige est attribuée à celui qui, d'après la loi ou les litres ostensibles, n'était pas le possesseur ou le propriétaire apparent » (Maguéro, V° Transaction, n° 79).

Ce principe a été adopté par l'administration fiscale (Doc. adm. DGI, 7 A-231, n° 15, 10 sept. 1996 et BOI-ENR-DMTOI-10-10-30-50-20120912, n° 10).
La difficulté consiste à constater l'état de la propriété apparente au moment de la transaction, comme le montrent les divers exemples que nous citerons par la suite.

> « La propriété apparente, dit M. Wahl (t. 1, n° 510), ne s'entend pas ici comme en matière de preuve ; elle ne signifie pas que la régie peut établir la mutation par les actes où les parties se comportent comme propriétaires ; (...) on admet qu'en matière de transaction, le droit proportionnel est dû dès que la situation de fait ou la situation provisoire des parties est modifiée. L'expression de propriété apparente est donc détournée de sa signification naturelle. »

8342 **Nature des droits exigibles.** Lorsque les concessions réciproques, qui sont de l'essence même de la transaction, entraînent un déplacement de la propriété apparente, le droit exigible est celui afférent aux mutations à titre onéreux.
À défaut de concessions réciproques, c'est-à-dire si les concessions émanent d'une seule partie,

l'autre ne cédant rien en échange, il n'y a pas transaction mais donation.

La mutation peut également s'analyser en un échange : ainsi si un legs d'immeuble ayant été résolu pour inexécution des conditions par jugement rendu à la requête des héritiers, ceux-ci renoncent à leur droit de propriété sur l'immeuble objet du legs, moyennant l'abandon par le légataire d'un autre immeuble (Sol. juin 1888, Manche ; Maguéro, V° Transaction, n° 159).

8343 **Liquidation des droits.** Si la transaction constitue une libéralité, le droit devra être liquidé conformément aux règles édictées pour les donations.

Si l'acte consacre une vente et qu'il n'exprime aucun prix, les parties devront souscrire une déclaration estimative, le droit de mutation devant être alors liquidé selon le droit commun sur la valeur vénale des biens (V. **Vente d'immeuble**).

8344 **Délai de présentation à la formalité.** Les transactions ne sont assujetties à l'enregistrement dans un délai que si elles renferment une convention soumise obligatoirement à la formalité ou si elles font l'objet d'un acte notarié.

Les délais sont ceux du droit commun, adaptés à la nature de la convention (V. **Délais**).

C Transactions sur divers actes

8345 **Principe.** Lorsque le propriétaire apparent en vertu d'un don manuel, d'une donation, d'une vente, d'un partage, etc., de biens meubles ou immeubles abandonne tout ou partie de ses biens dont la propriété apparente passe sur la tête d'une autre personne, les droit ou taxe de mutation auxquels la loi fiscale a assujetti le cas échéant la transmission des biens de la nature considérée sont exigibles, quels que soient les vices dont se trouve entaché l'acte qui établit la propriété apparente, du moment où la nullité de cet acte n'a pas été prononcée par un jugement (Cass. civ., 11 avr. 1866 : Instr. 2347, § 3. – Cass. civ., 24 juin 1868 : Instr. 2372, § 3 ; *Dict. enr.*, 4325).

1 Donation

8346 **Renonciation au bénéfice de la libéralité.** Dès que la donation est acceptée, elle constitue un titre apparent de la propriété. Par suite, si le donataire renonce au bénéfice de la libéralité, cette renonciation réalise une mutation assujettie au droit proportionnel. Ainsi, le droit de rétrocession doit être perçu sur la transaction par laquelle un donataire reconnaît la nullité de la donation qui lui a été faite et qu'il a acceptée alors même que l'annulation de cette donation pour cause de nullité radicale serait prononcée par un jugement postérieur (Sol. 28 sept. 1830 : *Journ. enr.*, 9923).

8347 **Donation et réserve de disposer.** Lorsque le donateur se réserve la liberté de disposer d'un effet compris dans la donation ou d'une somme fixe sur les biens donnés (C. civ., art. 946) et qu'il meurt sans en avoir disposé, les biens qui font l'objet de cette réserve appartiennent à la succession du donateur. Si les héritiers les abandonnent en totalité ou en partie au donataire pour prévenir un procès, cet abandon opère un dessaisissement passible, selon l'administration, du droit de donation (Délib. 18 juin 1833).

En fait, il paraît plus fondé de percevoir le droit de mutation à titre onéreux (Maguéro, V° Transaction, n° 99), à moins que l'intention des héritiers de consentir une libéralité ne soit manifeste.

8348 **Donation. Action en résolution. Paiement d'une somme d'argent.** Si, pour éteindre une action en résolution de son titre intentée contre lui, le donataire verse une somme d'argent au demandeur et conserve les immeubles donnés, aucun droit de mutation immobilière ne peut être dû sur l'acte constatant ce paiement transactionnel puisque la propriété apparente n'est pas déplacée (Sol. 4 juin 1892, Tarn-et-Garonne).

8349 **Réduction translative.** Si le legs ou la donation n'excède pas la quotité disponible et si néanmoins le légataire ou le donataire consent à réduire la libéralité qui lui a été faite moyennant une somme, cette réduction, qui est purement facultative, est par cela même translative et doit être assujettie au droit proportionnel de vente (ou droit fixe s'il y a simple quittance), suivant que le legs ou le don avait pour objet un corps certain ou une somme d'argent (Moissac, 11 août 1863 : *RP* 1879. – Maguéro, V° Transaction, n° 133).

8350 **Rapport. Renonciation des héritiers qui ont le droit de l'exiger.** Lorsque les héritiers renoncent au droit d'exiger le rapport dû par un des cohéritiers, leur renonciation opère mutation car c'est par la volonté de ses cohéritiers et non par celle du défunt que le donataire ou le légataire débiteur du rapport conserve l'objet donné ou légué (Versailles, 1er avr. 1852 : *Journ. enr.*, 15627. – Rethel, 28 nov. 1861 : *Journ. enr.*, 17423. – Seine, 21 juill. 1966 : *Journ. enr.*, 18226).

En principe, c'est le droit de donation qui est exigible, mais si la renonciation avait lieu moyennant un prix ou un autre équivalent, tel qu'un désistement co-respectif, le droit exigible serait celui d'échange ou celui des ventes mobilières ou immobilières, suivant la nature du bien non rapporté (créance, meuble incorporel ou immeuble. – V. Maguéro, V° Transaction, n° 134).

2 Partage

8351 **Principe.** Le partage constitue un titre apparent qui fixe les droits des parties. La division qu'il opère entre les copartageants doit être considérée comme définitive tant qu'une annulation judiciaire n'est pas intervenue. Toute modification apportée ultérieurement dans les droits des parties déplace la propriété apparente et entraîne une mutation donnant ouverture au droit proportionnel (Maguéro, V° Transaction, n° 104).

C'est ce qu'indiquait la Documentation administrative de base (Doc. adm. DGI, 7 A-231, n° 17, 10 sept. 1996) et que reprend le BOFiP (BOI-ENR-DG-20-20-50-20120912, n° 230) :

> « Le droit de mutation à titre onéreux est dû quand après un partage (que la jurisprudence considère comme un titre apparent de propriété), l'un des copartageants abandonne à un autre, pour éviter une contestation, une partie des biens qui lui avaient été attribués ».

Le BOFiP indique en outre (BOI-ENR-DG-20-20-50-20120912, n° 150) :

> « Le bénéfice du droit de partage, dont le taux est inférieur, en règle générale, aux droits de mutation, n'est acquis aux partages que dans la mesure où, étant conformes aux droits des parties, ils n'entraînent pas déplacement de la propriété apparente :
> si un bien acheté indivisément par plusieurs personnes, sans expression de parts, est, dans un acte ultérieur, partagé entre elles dans des proportions inégales, il s'opère au profit des copartageants lotis au-delà de leur part virile une mutation imposable pour ce qui excède cette part.
> Les soultes résultant des partages de succession, de communauté ou d'indivision conjugale (en application de l'article 1542 du Code civil) sont toutefois exonérées (CGI, art. 748).
> Il en est de même des partages portant sur des biens indivis issus d'une donation-partage ou sur des biens indivis acquis par des partenaires ayant conclu un pacte civil de solidarité ou par des époux, avant ou pendant le pacte ou le mariage ».

8352 **Modification dans l'évaluation des biens. Nouvelle répartition.** Si, après un partage, diverses circonstances font présumer qu'une des créances attribuées est irrécouvrable et, d'autre part, que certains immeubles compris dans les attributions ont une valeur inférieure à celles dont il a été fait état, la convention qui intervient ultérieurement d'un commun accord pour opérer une nouvelle division des biens, afin d'éviter l'action en garantie, donne ouverture au droit d'échange ou de vente sur les déplacements qu'elle réalise dans la propriété fixée par le partage originaire (Tarbes, 5 août 1895 : *Rev. enr. et imp.*, 1210).

8353 **Partage refait.** Si les indivisaires procèdent à un nouveau partage sous le prétexte que le premier n'était pas sérieux, et si l'on modifie les lots primitifs, en attribuant à l'un tous les meubles, à l'autre tous les immeubles, il est dû le droit de vente immobilière, car l'acte n'a pas pour but de faire cesser l'indivision (Villefranche, 30 déc. 1847 : *Journ. enr.*, 14403).

8354 **Partage attaqué pour cause de nullité. Acte complémentaire.** La circonstance que la transaction aurait pour objet de remédier à la nullité d'un partage ne mettrait pas obstacle à la perception du droit proportionnel. Tant que la nullité d'un acte n'a pas été judiciairement prononcée, les parties ne peuvent en modifier les dispositions sous le prétexte qu'il est nul, sans tomber sous l'application des règles générales de la loi fiscale : peu importe, dans la doctrine traditionnelle, la cause de la nullité. Par suite, si dans une transaction intervenue après un partage on attribue à l'une des parties le lot de l'autre et réciproquement, le droit proportionnel de mutation est exigible (Toulouse, 21 août 1862 : *Journ. enr.*, 17617. – Tulle, 11 févr. 1865 : S. 1865, 11, p. 244 et la jurisprudence citée par Maguéro, V° Transaction, n° 108).

8355 **Partage de communauté. Règlement des reprises à titre de transaction.** Lorsque le mari reconnaît volontairement les reprises de sa femme, cette reconnaissance est faite en exécution du contrat de mariage et n'est assujettie qu'au droit fixe.

Mais si en dehors des reprises résultant du contrat de mariage ou d'actes réguliers, la veuve prétend en exercer d'autres, incertaines, résultant par exemple de diverses successions recueillies par elle au cours du mariage et non liquidées et dont la détermination nécessiterait l'aide de la commune renommée, l'acte qui fixe à titre de transaction le montant de ces reprises contient une obligation de somme passible du droit d'obligation lorsque les héritiers du mari s'obligent à les payer (Rouen, 16 août 1866 : *Journ. enr.*, 18254).

8356 **Résolution transactionnelle d'une licitation par un partage ultérieur.** Si un époux divorcé a acquis sur licitation un fonds de commerce dépendant de la communauté ayant existé entre lui et son conjoint ainsi que le droit au bail des immeubles où s'exerce ce fonds et qu'ensuite un partage résout d'un commun accord la licitation et attribue le fonds de commerce à titre de transaction exclusivement à l'autre époux, cet acte donne ouverture au droit de cession de fonds de commerce sur la valeur totale du fonds (Rennes, 10 mars 1903 : *RP* 10506. – Maguéro, V° Transaction, n° 111).

Mais cette solution ne semble valable que pour le cas où l'adjudication n'aurait pas été prononcée sous le bénéfice d'une clause d'attribution.

3 Ventes

8357 Vente résolue par voie de transaction. L'annulation amiable d'une vente à titre de transaction constitue une rétrocession passible du droit de mutation au tarif mobilier ou immobilier suivant la nature des biens sur lesquels porte la vente. Il importe peu que la résolution soit présentée sous une forme transactionnelle ; dès lors qu'elle opère, en dehors de toute annulation judiciaire, un déplacement de la propriété apparente, le droit proportionnel est exigible (Maguéro, V° Transaction, n° 112), ce qu'indiquait la documentation administrative (Doc. adm. DGI, 7 C-135, n° 3, 15 déc. 1991) et qu'a repris le BOFiP (BOI-ENR-DMTOI-10-10-30-50-20120912, n° 20).

Cette règle de principe paraît cependant devoir subir des dérogations dans certains cas (V. **Acte nul**).

8358 Vente de la chose d'autrui. Résolution. En principe, la résolution amiable de la vente de la chose d'autrui ne donne lieu qu'à un simple droit fixe car cette vente n'a pas transmis la propriété à l'acquéreur (V. **Résolution de contrats**).

Ainsi, lorsqu'une vente comprend certains immeubles n'appartenant pas au cédant et qu'une transaction intervient, aux termes de laquelle le prix est réduit dans la proportion des immeubles d'autrui compris dans la vente, l'acte n'opère pas rétrocession et n'est pas passible des droits de vente immobiliers (Sol. août 1875, Ariège).

8359 Il en serait cependant autrement :

– s'il y avait doute sur le fond même du droit et que l'acquéreur prétendait avoir acquis à juste titre. Le droit proportionnel de vente pourrait alors être exigible, notamment si le vendeur payait une somme au véritable propriétaire (Sol. 3 mars 1835 : *Journ. not.*, 8821). L'acte constatant le paiement constituerait en effet un titre d'acquisition au profit du vendeur, régularisant ainsi l'aliénation consentie par lui au tiers (Sol. 25 janv. 1841 : *Journ. not.*, 12676) ;

– si l'acquéreur était maintenu en possession d'une partie de la chose vendue et si le contrat n'était annulé que pour le surplus : cette transaction impliquerait de la part du propriétaire ratification de la vente opérée sans son consentement et la résolution aurait le caractère d'une véritable rétrocession (Maguéro, V° Transaction, n° 113) ;

– si le vendeur cédait à l'acquéreur un immeuble pour tenir lieu de celui revendiqué par le propriétaire, ce serait alors une dation en paiement passible du droit de mutation (Délib. 18 et 30 nov. 1836 : *Journ. enr.*, 11166).

8360 Double vente du même bien. Si une personne qui a vendu deux fois le même bien transige avec un acquéreur et s'oblige à lui payer une indemnité, il n'y a pas rétrocession puisque le vendeur ne redevient pas propriétaire et qu'un tiers continue à posséder. La résolution qui s'opère en fait ne peut donner ouverture au droit de mutation (Délib. 2 févr. 1836 : *Journ. enr.*, 11412-1. – V. Doc. adm. DGI, 7 C-135, n° 3, 15 déc. 1991).

Cependant, dans une espèce où le même immeuble avait été vendu à deux acquéreurs distincts et où par transaction le second acquéreur avait renoncé à ses droits en faveur du premier, il a été décidé que cette renonciation était translative et donnait ouverture aux droits de vente immobiliers (Délib. 20 oct. 1824, 4925. – Sol. juill. 1884, Oise).

8361 Supplément de prix payé par l'acquéreur au vendeur. Lorsque, pour mettre un terme aux contestations qui se sont élevées au sujet de la validité de son titre, l'acquéreur paie au vendeur une somme en sus du prix exprimé dans le contrat, cette transaction n'emporte aucune modification dans la propriété apparente des biens puisque l'acquéreur en reste en possession.

8362 Mais quelque qualification qu'elle porte, la convention impliquera la perception d'un supplément de droit si la contestation portait, non pas sur le fond du droit, mais sur la valeur de la chose ou sur une portion de la chose que revendiquait d'abord celui qui reçoit ce supplément et qu'il abandonne ensuite moyennant ce supplément (Maguéro, V° Transaction, n° 115).

En ce dernier cas, la *transaction* rendrait exigible sur le supplément le même droit de mutation qui a dû être perçu sur le prix dont ce supplément constate l'insuffisance.

Ainsi la transaction par laquelle le vendeur se désiste d'une action en rescision de la vente pour cause de vileté du prix moyennant le paiement d'un supplément de prix donne ouverture au droit ou taxe de mutation sur ce supplément (Cass. civ., 11 juill. 1853 : Instr. 1986, § 14).

De même, si la rescision ayant été prononcée en justice, l'acquéreur, usant de la faculté réservée par l'article 1681 du Code civil, paie un supplément de prix pour conserver l'immeuble (Saint-Sever, 24 févr. 1956 : *Ind. enr.*, 9434) ou si un acquéreur verse un supplément de prix pour éviter une action en nullité d'une vente considérée comme une donation déguisée (Hautes-Pyrénées, 31 juill. 1929 : *Rev. enr. et imp.*, 9158).

8363 Vente à un successible. Vileté de prix. Rapport à succession d'un supplément de prix. Si un successible reconnaît dans un acte de partage que le prix d'une vente à lui consentie par le défunt n'était pas sérieux et qu'il rapporte à la succession une somme formant la différence entre le prix exprimé et la valeur réelle de l'immeuble, moyennant quoi ses cohéritiers renoncent à toute action en nullité de la vente, ce rapport constitue un supplément de prix assujetti aux droits de vente immobilière (Maguéro, V° Transaction, n° 115-111).

8364 Supplément de rente viagère. L'acte par lequel des enfants consentent comme prix de la renonciation faite par leur mère à une action engagée à leur encontre à augmenter la rente viagère qui lui avait été constituée dans son contrat de mariage, doit supporter sur ce supplément de rente le même droit que l'acte constitutif dont il est la suite (Seine, 28 déc. 1842 : *Journ. enr.*, 13167).

8365 Action en nullité d'une vente pour cause de dol, de fraude ou d'incapacité du vendeur. Lorsque pour éteindre une action en nullité d'une vente pour cause de dol, d'erreur, de vice de forme ou d'incapacité du vendeur, l'acquéreur verse ou s'engage à verser au vendeur une somme d'argent, le droit de mutation n'est pas exigible.

En effet, la somme payée à titre de transaction est le prix, non d'un supplément de valeur immobilière (comme en matière de lésion ; V. n° 8362), mais de l'abandon d'une prétention (Délib. 19 févr. 1828 : *Journ. enr.*, 8946).

8366 Ratification moyennant une somme déterminée. Le droit de mutation n'est pas exigible lorsque la somme versée par l'acquéreur a pour but d'obtenir transactionnellement la ratification par le vendeur des ventes faites pour son compte sans son autorisation :

– par exemple, dans le cas de vente par le mari d'immeubles propres à la femme (Délib. 17 janv. 1824 : *Journ. enr.*, 7604. – Maguéro, V° Transaction, n° 120-1) ;

– ou encore, lorsque le nu-propriétaire ratifie la vente consentie par l'usufruitier moyennant une somme payée par l'acquéreur (Délib. 8 févr. 1928 : *Journ. enr.*, 9102).

Dans ce cas en effet, la somme payée ne peut être regardée ni comme un supplément de prix, puisque les ventes n'étaient pas nulles pour cause de vileté de prix, ni comme de nouvelles ventes puisque les premières ayant été ratifiées, il n'y a pas de nouvelles mutations (*Dict. enr.*, 4325).

8367 Matrice cadastrale. Inscription au nom d'une commune qui renonce à son droit de propriété. Si par un acte de transaction, une commune déclare maintenir un particulier en possession d'un immeuble inscrit à la matrice cadastrale au nom de la commune et renonçant à en contester la propriété, et qu'elle reçoit, en échange, une somme de 2 000 F, le droit de vente immobilière est dû sur cette somme, en application de la jurisprudence de la Cour de cassation sus-énoncée (Instr. 2096, § 14. – Sol. avr. 1876, Haute-Vienne).

4 Transactions en matière de succession

8368 L'héritier ou le légataire investi de la saisine a la propriété apparente de l'hérédité. Il est tenu par là même d'acquitter le droit de mutation par décès sur les biens qui en dépendent.

En conséquence, s'il abandonne par voie de transaction tout ou partie de cette propriété apparente, cet abandon engendre une nouvelle mutation donnant ouverture à un nouveau droit. En vertu de ces principes, le droit devant elle était reconnu exigible sur l'acte par lequel le légataire universel saisi abandonne une partie de son legs aux héritiers du sang qui contestaient la validité du testament. De son côté, malgré la transaction, le légataire universel saisi de l'intégralité des biens est tenu d'acquitter le droit de mutation par décès sur la valeur de ces biens.

Mais quand le légataire universel n'a pas la saisine, l'abandon qu'il consent aux héritiers du *de cujus* ne donne pas ouverture aux droits de mutation, car il n'est pas propriétaire apparent des biens à lui légués, dès l'instant où il n'a pas obtenu la délivrance de son legs (BOI-ENR-DG-20-20-50-20120912, n° 220).

À l'inverse, le légataire ou l'héritier non saisi qui reçoit, par voie de transaction, du légataire ou de l'héritier investi de la saisine une portion des biens héréditaires, est redevable du droit exigible à raison de la mutation entre vifs qui s'effectue à son profit (Doc. adm. DGI, 7 A-231, n° 16, 10 sept. 1996). Mais il n'est pas tenu des droits de mutation par décès auxquels a donné ouverture la dévolution de la succession au légataire ou à l'héritier saisi (Instr. 2986, p. 65 : *Dict. enr.*, 4323).

8369 Perception du droit de mutation par décès indépendamment de celui dû pour la

Transaction

transaction. La perception du droit proportionnel sur la transaction n'exclut pas celle du droit de mutation par décès. Ce droit doit être liquidé sur l'intégralité du legs, d'après le degré de parenté du légataire avec le défunt (Cass., 5 juin 1861, deux arrêts : Instr. 2201, § 6 et 8. – Cass. ch. réunies, 12 déc. 1865, citée au n° 8367. – Maguéro, V° Transaction, n° 94).

Le droit de mutation par décès se règle, en effet, d'après la dévolution légale des biens et non d'après les changements que la transaction translative a dû y apporter. La transmission résultant de cette transaction est complètement distincte de celle qui a conféré la propriété apparente de la succession au légataire.

La transaction déclarative doit être prise, en principe, pour base des droits de mutation par décès ; si ces droits ont été indûment acquittés avant que la transaction soit intervenue, ils peuvent être restitués si la prescription n'est pas acquise au Trésor (Maguéro, V° Transaction, n° 94-1).

8370 Conjoint survivant. Donation entre époux. Lorsque l'époux appelé, à la survivance de son conjoint, à recueillir les libéralités stipulées dans son contrat de mariage, y renonce purement et simplement avant son entrée en jouissance, le droit de mutation par décès n'est pas exigible.

Si, au contraire, la renonciation a lieu moyennant un prix quelconque, elle emporte, de la part du donataire, acceptation de l'avantage qui lui était assuré. Il sera tenu d'en faire déclaration et d'acquitter les droits sur la valeur entière sans égard au prix moyennant lequel l'abandon a été consenti (Délib. 19 nov. 1833 ; Maguéro, V° Transaction, n° 94-1).

8371 Consentement à exécution.

➤ V. **Consentement à exécution.**

8372 Légataires particuliers ou à titre universel. Ils n'ont pas le bénéfice de la saisine. Simples successeurs aux biens, ils doivent demander la délivrance de leurs legs aux représentants du défunt (C. civ., art. 1011 et 1014). Jusqu'à cette délivrance, la propriété apparente des biens à eux légués ne repose pas sur leur tête.

Si donc ils renoncent en cette situation à une partie de leurs legs, cette propriété ne se trouve pas déplacée et continue à résider, comme avant, sur la tête de l'héritier ou du légataire universel saisi. Puisqu'aucune mutation ne s'opère, il n'est dû, en conséquence, aucun droit.

Ainsi, la transaction entre un légataire universel et un légataire particulier fixant l'importance du legs à recevoir par celui-ci ne donne ouverture qu'au droit de délivrance de legs (Sol. 17 nov. 1891, Loiret. – Sol., 10 août 1895, Finistère).

La même règle est applicable au légataire à titre universel, même s'il est en même temps un des héritiers réservataires (Sol. mai 1873. – Sol. mai 1875. – Sol. mai 1886. – Sol. juin 1889).

8373 Légataire universel en concours avec des héritiers réservataires. Il n'a pas la saisine qui appartient aux héritiers (C. civ., art. 1004 et 1006). L'abandon consenti par le légataire universel n'a donc pas de caractère translatif et ne saurait donner ouverture au droit proportionnel (Sol. 20 mai 1873, Loir-et-Cher. – Sol. 20 déc. 1894, Seine. – Sol. 20 févr. 1895, Indre-et-Loire. – Maguéro, V° Transaction, n° 82).

8374 Légataire universel saisi de son legs à défaut d'héritier réservataire. En l'absence d'héritier réservataire, le légataire universel est saisi de plein droit de l'hérédité. Par suite, s'il renonce à la totalité de la succession moyennant un prix ou à une partie de cette hérédité en abandonnant le surplus aux héritiers du sang, la transaction contient une transmission assujettie au droit proportionnel car il s'opère un changement dans l'état de la propriété apparente.

Il importe peu :

– que la transaction intervienne avant ou après que l'héritier a intenté une action en nullité du testament... ;

– que la transaction intervienne avant ou après que le légataire universel institué par testament olographe ait été envoyé en possession (Cass., 9 janv. 1899 : *Rev. enr. et imp.* 1944 ; V. en la matière l'abondante jurisprudence citée par Maguéro, V° Transaction, n° 83).

8375 Legs universel sous condition suspensive. Jusqu'à la réalisation de la condition, le légataire dont le titre est soumis à une condition suspensive n'est pas saisi de la succession. C'est l'héritier légitime réservataire ou non réservataire qui en a provisoirement la possession et la propriété tant que la condition reste en suspens.

En conséquence, la transaction par laquelle le légataire renoncerait à son legs conditionnel n'opérerait aucun changement dans la propriété apparente et ne donnerait pas ouverture au droit proportionnel de transmission.

Si les héritiers délivrent le legs au légataire sans attendre que la condition soit réalisée, cette délivrance constitue-t-elle une mutation ?

Selon Maguéro, l'acte s'analyserait en une donation sous condition suspensive ; mais tant qu'il ne serait pas établi que la condition ne se réalisera pas, l'acte constatant le désistement de l'héritier à ses droits ne donnerait ouverture qu'à un simple droit fixe. De plus, le droit de donation ne serait pas exigible même s'il était établi que la condition imposée au legs ne s'est pas réalisée, si l'on veut bien considérer que le traité entre l'héritier et le légataire universel a eu le caractère d'un pacte aléatoire (Maguéro, V° Transaction, n° 84).

8376 **Legs universel sous condition résolutoire.** Ce legs n'empêche pas le légataire d'avoir un droit actuel et immédiat au legs. La renonciation que consentirait ce légataire moyennant un prix au profit des héritiers constituerait donc une mutation et rendrait exigible le droit proportionnel (Maguéro, V° Transaction, n° 85).

8377 **Legs en nue-propriété ou en usufruit. Échange.** Si le légataire de l'usufruit total d'une hérédité transige avec le légataire de la nue-propriété totale en vue de partager avec celui-ci par moitié la pleine propriété de la succession, cette transaction implique de sa part l'acceptation totale du legs d'usufruit qui lui a été consenti. Il en résulte un échange qui doit être assujetti au droit de transmission entre vifs et les droits de mutation par décès sont dus sur la valeur intégrale de l'usufruit (Niort, 11 août 1905 : *Rev. enr. et imp.*, 4072. – Rappr. Cass., 9 janv. 1899 : Instr. 2986, § 6).

8378 **Legs aux établissements publics.** Si le légataire qui transige est un établissement public, deux cas doivent être distingués :

– si l'établissement public ayant été autorisé à accepter la totalité du legs en abandonne ensuite une partie, il y a mutation à titre onéreux passible d'une taxation proportionnelle, comme s'il s'agissait d'un particulier ;

– il en est autrement si l'établissement public n'est autorisé à accepter que la fraction du legs qu'il conserve en vertu de la transaction ; en effet, faute d'avoir été autorisé à l'accepter, l'établissement public ne peut être réputé avoir la propriété apparente de la totalité du legs, de sorte qu'il ne se produit aucune mutation de propriété apparente de lui aux héritiers qui recueillent le surplus du legs en vertu, non d'une cession à eux consentie, mais de l'application de la loi (Instr. 2986, § 6. – Cass., 13 juill. 1908 : *Rev. enr. et imp.*, 4649 ; *Dict. enr.*, 4324, p. 1030) ;

– si l'établissement public légataire paie aux héritiers naturels, sur leur réclamation, une certaine somme présentant un caractère transactionnel, les héritiers doivent acquitter les droits de mutation sur cette somme, d'après leur degré de parenté avec le défunt (Seine, 16 avr. 1886 : *Journ. enr.*, 22700).

8379 **Paiement d'une somme aux héritiers.** Si, au lieu d'abandonner les valeurs de la succession, le légataire universel s'oblige à verser une somme déterminée aux héritiers qui, de leur côté, consentent à l'exécution du testament, il n'est dû qu'un simple droit fixe (Seine, 2 déc. 1899 : *RP*, 9877. – Maguéro, V° Transaction, n° 83-IV).

8380 **Séquestre. Légataire universel.** Si les héritiers obtiennent la mise de la succession sous séquestre, cette circonstance n'empêche pas la saisine de produire son effet légal. Dès lors, l'abandon aux héritiers du sang par le légataire universel investi de la saisine d'une partie de l'actif héréditaire est translatif et doit être soumis au droit proportionnel (Cass., 19 août 1868 ; Instr. 2375, § 5. – Maguéro, V° Transaction, n° 90).

8381 **Testaments successifs.** La propriété apparente est celle qui résulte du dernier testament qui a institué un légataire universel (C. civ., art. 1036). Par suite, si le légataire universel, saisi en l'absence d'héritier à réserve, cède ses droits au légataire universel institué par un testament antérieur moyennant une somme d'argent, il y a mutation (Alger, 14 févr. 1920 : *Rev. enr. et imp.*, 7295).

Si, dans la même hypothèse, le second légataire universel paie une somme au légataire universel précédemment institué pour éviter un procès en nullité, il n'est rien dû d'autre qu'un simple droit fixe pour quittance ou obligation de sommes (Aix, 21 juin 1866 : *Journ. enr.*, 18343 ; *Dict. enr.*, 4323, p. 1031).

5 Transactions après jugement

a) Principe

8382 Lorsque la transaction intervient avant que le procès ait été engagé ou que le jugement ait été rendu, c'est d'après les règles exposées plus haut, en tenant compte de la propriété apparente, telle qu'elle est déterminée par les titres originaires, que doit être réglée la perception de l'impôt (V. n°s 8339 à 8344).

8383 Si la transaction intervient après qu'un jugement ait été rendu sur le litige, c'est ce jugement qui forme le titre des droits des parties, abstraction faite de l'état de possession antérieur, et qui fixe la propriété apparente. Par suite, toute modification apportée par la transaction à la situation établie dans le jugement constitue une mutation au regard de la loi fiscale et doit être assujettie au droit proportionnel (Maguéro, V° Transaction, n° 123).

Pour l'application de ces principes, il faut distinguer selon que le jugement est ou non frappé d'appel, en réservant le cas des jugements soumis à opposition et celui des arrêts frappés de pourvoi.

b) Jugements non frappés d'appel

8384 Ils forment alors le titre des droits des parties, et ils fixent la propriété apparente. La règle donnée ci-dessus s'applique alors. La jurisprudence et la doctrine administrative en fournissent de multiples exemples :

– ainsi, lorsque le legs fait à une commune a été résolu judiciairement sur la poursuite des héritiers du testateur, la transaction par laquelle ceux-ci ratifient l'aliénation, faite par le légataire, de l'immeuble compris dans le legs résolu et reçoivent, en retour, un autre immeuble, constitue un échange taxable en tant que tel (Sol. 23 juin 1888 : *RP*, 7283. – Maguéro, V° Transaction, n° 124-5) ;

– lorsqu'une vente d'immeuble, tenue secrète, a été déguisée sous la forme d'un échange soumis à la formalité et qu'ensuite cet échange est judiciairement annulé, les acquéreurs ont perdu, par cette annulation, leur seul titre de propriété opposable aux tiers. Par suite, la transaction ultérieure, par laquelle les parties reconnaissent et maintiennent l'existence de la mutation que l'échange servait à masquer, modifie l'état de la propriété apparente établi par le jugement et doit être soumise au droit de vente (Angers, 10 mai 1902 : *Rev. enr. et imp.*, 3149).

c) Jugements frappés d'appel

8385 Il est aujourd'hui de jurisprudence constante que lorsqu'une transaction intervient à la suite de l'appel d'un jugement, ce jugement n'en doit pas moins être considéré comme déterminant, malgré l'appel dont il est frappé, des droits apparents des parties. Malgré l'effet dévolutif de l'appel, la décision des premiers juges conserve en effet toute son autorité tant qu'elle n'est pas infirmée par la juridiction supérieure.

8386 Puisque le jugement frappé d'appel conserve toute sa valeur et ses conséquences légales et qu'il constitue le titre apparent de la propriété des biens litigieux, on doit en conclure que si la transaction consentie modifie cet état apparent de la propriété, le droit de mutation est exigible (Cass. civ., 19 août 1868 : Instr. 2375, § 5. – Cass. req., 13 févr. 1878 : Instr. 2597, § 4).

Ainsi, lorsqu'un jugement a prononcé l'annulation d'un legs universel et que sur l'appel interjeté par le légataire dépossédé, intervient une transaction par laquelle l'héritier se désiste du bénéfice du jugement moyennant une somme d'argent, la propriété apparente résultant de la décision frappée d'appel est déplacée et le droit de mutation est dû au tarif fixé d'après la nature des biens héréditaires, sur la somme payée à l'héritier (Toulouse, 15 févr. 1856 : *RP*, 611. – Sol. 12 août 1888, Loire inférieure).

De même, lorsqu'un jugement frappé d'appel a prononcé la nullité d'une vente et que, par une transaction intervenue avant la décision de la cour, les parties déclarent que les acquéreurs primitifs resteront propriétaires, cette transaction est translative car, la vente ayant été annulée, l'acquéreur était sans titre tandis que, par l'effet du jugement, le vendeur avait repris la propriété des biens vendus (Maguéro, V° Transaction, n° 125-XIII).

Ainsi encore, quand sur appel d'un jugement qui la reconnaît propriétaire d'un cours d'eau, une partie renonce au bénéfice de ce jugement moyennant le versement d'une certaine somme par son adversaire, la transaction constatant cet accord donne ouverture au droit de vente immobilière sur la somme convenue (Sens, 27 mars 1896).

De même, lorsqu'une donation a été annulée par un jugement et que, sur l'appel de ce jugement, il intervient une transaction par laquelle les donateurs renoncent au bénéfice de la décision rendue en leur faveur et maintiennent la donation, il s'opère, de la tête des donateurs redevenus propriétaires sur celle des donataires dépossédés, une mutation nouvelle qui donne ouverture au droit de mutation à titre gratuit sur la valeur des biens transmis (Sol. 14 sept. 1874). Si la renonciation s'opérait moyennant un prix, elle serait passible du droit de vente immobilière (Sol. 21 mai 1892, Saône-et-Loire ; Maguéro, V° Transaction, n° 125-VI).

d) Jugements par défaut

8387 De même que l'appel, l'opposition à un jugement par défaut a pour effet d'en suspendre l'exécution (CPC, art. 539. – V. *JCl. Procédure civile*, Fasc. 540). La décision subsiste et l'exécution seule en est arrêtée. La situation apparente des parties se trouve donc réglée par le jugement tant qu'il n'a pas été réformé. Dès lors, si avant qu'il ait été statué, une transaction annule les effets du jugement, le droit proportionnel est exigible (Maguéro V° Transaction, n° 126).

e) Pourvoi en cassation

8388 Le pourvoi étant, en principe, non suspensif, il en résulte que le jugement ou l'arrêt déféré à la Cour suprême conserve tout son effet tant que la cassation n'en a pas été prononcée. Par suite, la transaction qui, avant la décision de la Cour de cassation, modifie la situation des parties telle qu'elle résulte de la décision attaquée, donne ouverture au droit proportionnel (rappr. Cass., 29 avr. 1850 : Instr. 1875, § 12).

Transferts d'immeubles

Neyla GONZALEZ-GHARBI

Sommaire analytique

Index alphabétique

Index alphabétique (suite)

8389 Notion de « transfert d'immeubles ». Les « transferts de biens » prévus par la loi présentent par rapport aux mutations ordinaires « un caractère spécial » (Rép. min., 22 juin 1961 : *JOAN* CR, p. 1212, 1213 ; *JCP* N 1961, IV, 3174).

Comme l'observe le *Bulletin de l'Association mutuelle des conservateurs* (*Bull. AMC* 1974, art. 989), « de ce que, à défaut d'accord amiable, le transfert peut être imposé par la puissance publique, il ressort que ce transfert a bien son titre dans la loi et que l'accord amiable, ou à défaut le décret, n'a pour objet que de déterminer les biens qui sont affectés de plein droit... » (à la collectivité ou à la personne morale considérée).

Il en résulte que ces « transferts » sont soumis à un régime en général dérogatoire au droit commun. Nous présenterons ci-dessous les divers cas prévus par la loi, dans un ordre alphabétique.

Bien entendu, dans la mesure où ils portent sur des immeubles ou droits immobiliers, ces « transferts » sont soumis à la publicité foncière dans les conditions de droit commun.

Dans la pratique, il arrive fréquemment que la décision de transfert ne comporte pas les mentions permettant d'en effectuer la publicité (absence d'identification régulière des parties, des immeubles, absence d'indication permettant de satisfaire au principe de « l'effet relatif », etc.).

Elles peuvent alors être déposées aux minutes d'un notaire, qui en effectuera la publicité, après avoir mentionné dans l'acte de dépôt l'ensemble des indications exigées par les textes sur la publicité foncière.

Sous le régime institué par la loi du 26 décembre 1969, ces opérations donnent en principe ouverture à la perception de la taxe de publicité foncière au taux actuel de 0,70 % (0,71498 % avec les perceptions additionnelles). Mais des exonérations complètes de tous droits ou taxes sont parfois prévues par des textes spéciaux.

8390 Publication du transfert du chef de l'une seulement des personnes morales concernées. L'article 7 de la loi n° 2009-1503 du 8 décembre 2009 a prévu que la propriété de certains biens immobiliers appartenant précédemment au syndicat des transports d'Île-de-France serait transférée à la RATP à compter du 1er janvier 2010. Considérant que le transfert de propriété prononcé par la loi avait pris effet à cette date, nonobstant l'absence de décrets d'application, un notaire a déposé à la demande de la seule partie bénéficiaire du transfert, un acte le constatant.

L'association des conservateurs a estimé que la publication d'un tel acte était possible alors même que les représentants de la partie dépossédée, par ailleurs régulièrement identifiée, ne souhaitaient pas comparaître pour y acquiescer. Le transfert s'est en effet opéré par application de la loi, c'est-à-dire sans le concours du dernier titulaire du droit, ce qui rend applicables les dispositions de l'article 36-1 du décret n° 55-1350 du 14 octobre 1955 (*Bull. AMC* 2009-2010, art. 1944).

8391 Observation préliminaire. Des mesures conjoncturelles et d'application provisoire sont

périodiquement prises en la matière pour exonérer de droits et taxes certains transferts d'immeubles. Nous ne citons dans les développements qui suivent que celles qui peuvent être considérées comme restant d'actualité.
Les commentaires administratifs figurent, d'une part, au BOI-ENR-DMTOI-10-130, mis en ligne le 9 septembre 2012 qui reprend quasiment à l'identique les solutions précédemment énoncées à Doc. adm. DGI, 7 C-1483, 1er oct. 2001 et, d'autre part, au BOI-ENR-DMTOI-10-80, publié le 26 août 2020 qui commente les régimes de faveur prévus par les articles 1040 et 1042 dans leur version applicable depuis le 1er janvier 2020 (V. **État** et V. **Établissements publics**).
Nous distinguerons le régime des « transferts » d'immeubles du point de vue des droits de mutation (I) et du point de vue de la TVA (II).

I Droits de mutation

1 Agence de l'innovation industrielle

8392 **Apport de biens, droits et obligations de l'Agence de l'innovation industrielle à l'établissement public industriel et commercial OSEO et à la société anonyme OSEO Innovation (L. fin. 2008, art. 56).** L'apport des biens, droits et obligations de l'Agence de l'innovation industrielle à l'établissement public industriel et commercial OSEO et à la société anonyme OSEO Innovation ne donnent lieu à la perception d'aucun droit, impôt ou taxe de quelque nature que ce soit.

2 Agriculture. Viticulture

8393 **Transfert de biens, droits et obligations de l'Agence de développement agricole et rural à l'État.** Le transfert des biens, droits et obligations de l'agence de développement agricole et rural à l'État ne donne lieu à aucune perception d'impôts, droits ou taxes (L. fin. 2006, art. 52).

8394 **Transfert de biens, droits et obligations des établissements publics qui exerçaient antérieurement les missions confiées à l'Office national interprofessionnel des grandes cultures.** Le transfert des biens, droits et obligations des établissements publics qui exerçaient antérieurement les missions confiées à l'Office national interprofessionnel des grandes cultures est réalisé à titre gratuit et ne donne lieu au paiement d'aucun impôt, rémunération, salaire ou honoraire au profit de l'État, de ses agents ou de toute autre personne publique (L. d'orientation agricole n° 2006-11, 5 janv. 2006, art. 95).

8395 **Transfert de biens d'organismes interprofessionnels agricoles au profit d'organisations interprofessionnelles.** La loi n° 90-557 du 2 juillet 1990 relative aux appellations d'origine contrôlées des produits agricoles (*JO* 6 juill. 1990, p. 7612) a prévu dans son article 9 que les transferts sans contrepartie de l'ensemble de l'actif et du passif opérés lors de la dissolution d'organismes interprofessionnels agricoles au profit d'une organisation interprofessionnelle exerçant la même activité et reconnue au sens de la loi n° 75-600 du 10 juillet 1975 (relative à l'organisation interprofessionnelle agricole) étaient exonérés de droits de timbre, de droits d'enregistrement, de taxe de publicité foncière et ne donnaient pas lieu au versement de salaires à la conservation des hypothèques. Cette exonération s'applique aujourd'hui à la contribution de sécurité immobilière.
Ces dispositions s'appliquent aux transferts réalisés à compter du 2 juillet 1990.
L'article 8 de la loi a prévu également le bénéfice des mêmes mesures pour les transferts de biens de certains comités interprofessionnels vinicoles réalisés par la loi elle-même au profit d'autres organismes interprofessionnels du même secteur (*BIM Lefebvre* août-sept. 1990, inf. 200).

3 Aide sociale

8396 **Transferts de biens entre un bureau d'aide sociale et un établissement public.**
➤ V. **Aide sociale.**

4 ANVAR

8397 **Transformation de l'établissement public industriel et commercial Agence nationale de valorisation de la recherche en société anonyme dénommée OSEO ANVAR.** Les opérations entraînées par la transformation de l'établissement public industriel et commercial Agence nationale de valorisation de la recherche en société anonyme dénommée OSEO ANVAR ne donnent pas lieu à la perception de droits, impôts ou taxes de quelque nature que ce soit (Ord. n° 2005-722, 29 juin 2005 relative à la création de l'établissement public OSEO et à la transformation de l'établissement public Agence nationale de valorisation de la recherche en société anonyme, art. 8).

5 Assurances

8398 Entreprises d'assurances et de capitalisation (CGI, art. 1065, 2e al.). Les transferts par les entreprises d'assurances et de capitalisation de réserves immobilières, corrélatifs aux transferts de portefeuilles de contrats faits en vertu des dispositions de l'article L. 310-18 du Code des assurances sont exonérés de tous droits d'enregistrement et de la taxe de publicité foncière.

Il s'agit de transferts d'office prononcés par un arrêté du ministre de l'Économie et des Finances (Doc. adm. DGI, 7 C-1483, n° 2, 1er oct. 2001 – BOI-ENR-DMTOI-10-130, 12 sept. 2012).

8399 Entreprises d'assurances et de capitalisation (CGI, art. 1065, 1er al.). Les transferts par les entreprises d'assurances et de capitalisation de réserves immobilières corrélatifs aux transferts de portefeuilles de contrats faits en vertu des articles L. 324-1 et L. 326-13 du Code des assurances sont soumis à la taxe de publicité foncière au taux de 0,60 % (0,71498 % avec les perceptions additionnelles).

Pour obtenir le bénéfice du régime de faveur, les intéressés doivent produire une ampliation de l'arrêté du ministre chargé de l'économie et des finances autorisant le transfert (Doc. adm. DGI, 7 C-1483, n° 4, 1er oct. 2001 – BOI-ENR-DMTOI-10-130, 12 sept. 2012).

8400 Apport des biens de la Caisse centrale de réassurance à une société anonyme destinée à la remplacer.

➤ V. **Assurances.**

6 Caisses d'allocations familiales

➤ Sur les transferts de biens entre caisses d'allocations familiales, V. **Caisse d'allocations familiales.**

7 Caisse nationale de prévoyance

8401 Apport des biens de la Caisse nationale de prévoyance à une société anonyme destinée à la remplacer.

➤ V. **Caisses de retraite et de prévoyance.**

8 Centre national de la propriété forestière

8402 Transferts de biens au Centre national professionnel de la propriété forestière. La loi n° 2001-602 du 9 juillet 2001 d'orientation sur la forêt a créé un établissement public à caractère administratif dénommé Centre national professionnel de la propriété forestière.

Cet établissement est substitué de plein droit aux droits et obligations de l'Association nationale des centres régionaux de la propriété forestière.

Le V de l'article 58 de la loi précitée prévoit que le transfert de biens immobiliers et mobiliers de l'Association nationale des centres régionaux de la propriété forestière qui pouvaient être faits en faveur du Centre national professionnel de la propriété forestière seront effectués à titre gratuit et ne donneront lieu à aucun versement de salaires ou d'honoraires au profit des agents de l'État ni à aucune indemnité ou perception de droits ou taxes (Doc. adm. DGI, 7 C-1483, n° 18, 1er oct. 2001). Il en est de même pour le transfert des biens, droits et obligations du Centre national professionnel de la propriété forestière et des centres régionaux au Centre national de la propriété forestière (Ord. n° 2009-1369, 6 nov. 2009, art. 2-I : *JO* 10 nov.).

9 Centres techniques industriels

8403 Bénéficie d'une exonération la transmission universelle de patrimoine réalisée entre des centres techniques industriels dont les statuts sont fixés par la loi n° 48-1228 du 22 juillet 1948 (cf. L. fin. rect. 1999, n° 99-1173, 30 déc. 1999, art. 33).

10 Chambres de commerce ou des métiers

8404 Bénéficient d'une exonération :

– les transferts de biens immobiliers ou des droits et obligations se rattachant aux opérations de fusion entre établissements du réseau des chambres de commerce et d'industrie (L. n° 2010-853, 23 juill. 2010 relative aux réseaux consulaires, au commerce, à l'artisanat et aux services, art. 10) ;

– les transferts de biens immobiliers ou des droits et obligations se rattachant aux opérations de fusion entre établissements du réseau des chambres de métiers et de l'artisanat (L. n° 2010-853, 23 juill. 2010 relative aux réseaux consulaires, au commerce, à l'artisanat et aux services, art. 17).

11 Charbonnages de France

8405 **Transfert, au profit de l'État, des biens immobiliers et des droits et obligations qui s'y rattachent, résultant de la dissolution de l'établissement public Charbonnages de France (L. fin. 2008, art. 55).** Le transfert, au profit de l'État, des biens immobiliers et des droits et obligations qui s'y rattachent, résultant de la dissolution de l'établissement public Charbonnages de France prévue par l'article 146 du Code minier, ne donne lieu à aucune indemnité ou perception de droits, impôts ou taxes de quelque nature que ce soit, ni à aucun versement, au profit de l'État, d'honoraires ou des salaires prévus à l'article 879 du Code général des impôts.

12 Collectivités territoriales

8406 Les transferts de biens, droits et obligations effectués entre établissements publics de coopération intercommunale sont exonérés du droit d'enregistrement, de la taxe de publicité foncière ainsi que de la contribution prévue à l'article 879 du CGI (CGI, art. 1042 A).
Les précisions suivantes ont pour source le BOI-ENR-DMTOI-10-80-10, publié le 26 août 2020.
Il s'agit, notamment, des transferts résultant des substitutions :
– de communautés urbaines aux communes ou syndicats préexistants constitués en tout ou partie des communes qui les composent (CGCT, art. L. 5215-22) ;
– de communautés de communes à des syndicats de communes recouvrant les mêmes communes (CGCT, art. L. 5214-21) ;
– de communautés d'agglomération aux communes ou syndicats de communes préexistant constitués en tout ou partie des communes qui les composent (CGCT, art. L. 5216-7).

8407 **Les groupements concernés sont :**
– les syndicats de communes (à vocation simple ou à vocation multiple) ;
– les communautés de communes ;
– les communautés urbaines ;
– les communautés d'agglomération ;
– les métropoles ;
– les syndicats mixtes, lorsqu'ils comprennent exclusivement des structures communales ou intercommunales, mentionnés à l'article L. 5711-1 du CGCT.

8408 **Transferts d'immeubles au profit des communautés urbaines.** La communauté urbaine est un établissement public de coopération intercommunale regroupant plusieurs communes d'un seul tenant et sans enclave qui forment, à la date de sa création, un ensemble de plus de 250 000 habitants et qui s'associent au sein d'un espace de solidarité, pour élaborer et conduire ensemble un projet commun de développement urbain et d'aménagement de leur territoire (CGCT, art. L. 5215-1).
L'article L. 5215-28 du CGCT prévoit que les immeubles et meubles faisant partie du domaine public des communes appartenant à l'agglomération sont affectés de plein droit à la communauté urbaine dès son institution, dans la mesure où ils sont nécessaires à l'exercice des compétences de la communauté. Le transfert définitif de propriété ainsi que les droits et obligations attachés aux biens transférés est opéré par accord amiable. À défaut d'accord amiable, un décret en Conseil d'État, pris après avis d'une commission dont la composition est fixée par arrêté du ministre de l'Intérieur et qui comprend notamment des maires et des conseillers départementaux, procède au transfert définitif de propriété au plus tard un an après les transferts de compétence à la communauté urbaine.
Ces transferts ne donnent pas lieu à indemnité, droit, taxe, contribution prévue à l'article 879 du CGI ou honoraires (CGI, art. 1043).

8409 **Transferts d'immeubles entre établissements publics de coopération intercommunale à fiscalité propre.** L'article L. 5211-41 du CGCT prévoit que lorsqu'un établissement public de coopération intercommunale à fiscalité propre exerce déjà, au lieu et place des communes qui le composent, les compétences fixées par le CGCT pour une autre catégorie d'établissements publics de coopération intercommunale à fiscalité propre, cet établissement peut se transformer, sous réserve qu'il remplisse les conditions de création, en établissement public de cette catégorie par délibérations concordantes de l'organe délibérant et des conseils municipaux des communes membres se prononçant dans les conditions requises pour la création de l'établissement public de coopération intercommunale.
L'ensemble des biens, droits et obligations de l'établissement public de coopération intercommunale transformé sont transférés au nouvel établissement public qui est substitué de plein droit à l'ancien établissement dans toutes les délibérations et tous les actes de ce dernier à la date de l'arrêté de transformation.
Ces transferts ne donnent lieu à aucune indemnité, droit, taxe, contribution prévue à l'article 879 du CGI ou honoraires (CGI, art. 1043).

8410 **Transferts de biens au profit des métropoles.** La métropole est un établissement public de coopération intercommunale à fiscalité propre regroupant plusieurs communes d'un seul tenant et sans enclave au sein d'un espace de solidarité pour élaborer et conduire ensemble un projet d'aménagement et de développement économique, écologique, éducatif, culturel et social de leur territoire afin d'en améliorer la cohésion et la compétitivité et de concourir à un développement durable et solidaire du territoire régional. Elle valorise les fonctions économiques métropolitaines, ses réseaux de transport et ses ressources universitaires, de recherche et d'innovation, dans un esprit de coopération régionale et interrégionale et avec le souci d'un développement territorial équilibré (CGCT, art. L. 5217-1).

L'article L. 5217-2 du CGCT prévoit que l'État peut transférer à la métropole qui en fait la demande la propriété, l'aménagement, l'entretien et la gestion de grands équipements et infrastructures.

Les transferts sont autorisés par décret. Une convention conclue entre l'État et la métropole en précise les modalités.

Ces transferts sont effectués à titre gratuit et ne donnent lieu à aucune indemnité, droit, taxe, contribution prévue à l'article 879 du CGI ou honoraires (CGI, art. 1043).

L'article L. 5217-5 du CGCT prévoit que les biens et droits à caractère mobilier ou immobilier situés sur le territoire de la métropole et utilisés pour l'exercice des compétences transférées sont mis de plein droit à disposition de la métropole par les communes membres. Un procès-verbal établi contradictoirement précise la consistance et la situation juridique de ces biens et droits.

Les biens et droits en cause sont transférés dans le patrimoine de la métropole au plus tard un an après la date de la première réunion du conseil de la métropole.

Les biens et droits appartenant au patrimoine de l'établissement public de coopération intercommunale à fiscalité propre transformé sont transférés à la métropole en pleine propriété. Lorsque les biens étaient mis, par les communes, à disposition de cet établissement public, le transfert de propriété est opéré entre la ou les communes concernées et la métropole.

À défaut d'accord amiable, un décret en Conseil d'État procède au transfert définitif de propriété. Il est pris après avis d'une commission dont la composition est fixée par arrêté du ministre chargé des collectivités territoriales et qui comprend des maires des communes concernées par un tel transfert, le président du conseil de la métropole et des présidents d'organe délibérant d'établissements publics de coopération intercommunale à fiscalité propre.

Ces transferts sont réalisés à titre gratuit et ne donnent lieu à aucune indemnité, droit, taxe, contribution prévue à l'article 879 du CGI.

8411 **Fusions et créations de communes nouvelles.** Les transferts de biens, droits et obligations résultant de fusions ou de créations de communes nouvelles sont exonérés du droit d'enregistrement, de la taxe de publicité foncière ainsi que de la contribution prévue à l'article 879 du CGI (CGI, art. 1042 A).

8412 **Cession aux communes d'immeubles domaniaux du ministère de la Défense.** La cession à l'euro symbolique aux communes qui en font la demande, des immeubles domaniaux reconnus inutiles par le ministre de la Défense dans le cadre des opérations de restructuration de la défense réalisées entre le 1er janvier 2009 et le 31 décembre 2014 et dans les conditions prévues à l'article 67 de la loi de finances pour 2009 ne donne lieu à aucune perception de droits ou taxes, ni à versement de salaires au profit du conservateur des hypothèques (L. n° 2008-1425, 27 déc. 2008 : *JO* 28 déc., art. 67). La même solution vaut aujourd'hui pour la perception de la contribution de sécurité immobilière.

8413 **Terrains communaux.** Tous les actes établis en vertu des dispositions du chapitre unique du titre II du livre IV de la deuxième partie du Code général des collectivités territoriales relatif au régime de certains biens immobiliers soumis à un droit de jouissance exclusif, qu'ils soient notariés ou passés en la forme administrative, sont exonérés des droits d'enregistrement ainsi que de la taxe de publicité foncière (CGI, art. 1046. – BOI-ENR-DMTOI-10-80-20, n° 140).

13 Comités professionnels de développement économique (CGI, art. 1039 A)

8414 La loi n° 78-654 du 22 juin 1978 (*JO* 23 juin 1978 ; *JCP* N 1978, III, 47418 *bis*) a créé des établissements d'utilité publique, dotés de la personnalité civile dits « comités professionnels de développement économique », dont l'objet, défini par l'article 2, est essentiellement d'organiser l'évolution des structures productives pour assurer la compétitivité.

8415 **Transformation en comité professionnel de développement économique.** L'article 6 de la loi prévoit que tout organisme constitué en vue de l'un des objets énoncés à l'article 2 peut être autorisé par décret en Conseil d'État à se transformer en comité professionnel de développement économique.

Cette opération est exonérée de tous droits, impôts ou taxes.

8416 Transferts de biens appartenant à un organisme ayant un but similaire. L'article 1039 A du Code général des impôts (qui reprend les dispositions de l'article 6 de la loi) dispose, en outre, que les transferts effectués, au profit d'un comité professionnel de développement économique, de biens de toute nature appartenant à un organisme ayant un but similaire, sont exonérés de tous droits de mutation ou d'apport.

La contribution de sécurité immobilière au tarif proportionnel est due selon le droit commun.

En raison du renvoi fait par l'article 1039 A aux dispositions de l'article 1020, la taxe de publicité foncière reste due, au taux de 0,70 % (0,71498 % avec les perceptions additionnelles).

Remarque : sur la situation de ces comités au regard de la TVA, BOI-TVA-CHAMP-30-10-30-30, 23 mars 2022, n°s 390 à 420.

14 Commissariat à l'énergie atomique

8417 Bénéficient d'une exonération les transferts des biens, droits et obligations du Commissariat à l'énergie atomique et aux énergies alternatives et de l'Office de protection contre les rayonnements ionisants à l'établissement public qui sera chargé de la radioprotection et de la sûreté nucléaire opérés dans des conditions qui seront prévues par décret en Conseil d'État (L. fin. rect. n° 2000-1353, 30 déc. 2000, art. 26).

15 Congrégations

➤ V. **Congrégation.**

16 Corse

➤ V. **Corse.**

17 Crédit différé

8418 Entreprises de crédit différé (CGI, art. 1064). La loi n° 52-332 du 24 mars 1952 modifiée a réglementé l'activité et le fonctionnement des entreprises de crédit différé qui, sous quelque forme et dénomination que ce soit, consentent des prêts en subordonnant la remise des fonds prêtés à un ou plusieurs versements préalables de la part des intéressés et en imposant à ceux-ci un délai d'attente.

Les entreprises dont il s'agit peuvent transférer à d'autres sociétés fonctionnant conformément aux dispositions du texte précité et avec l'accord de celles-ci, leurs engagements et les actifs correspondants.

Ces transferts, qui sont subordonnés à l'approbation du ministre de l'Économie et des Finances, sont exonérés de taxe de publicité foncière (Doc. adm. DGI, 7 C-1483, n° 3, 1er oct. 2001).

18 EDF-GDF

8419 Transfert des biens propres, autorisations, droits et obligations suite à séparation juridique entre la gestion d'un réseau de distribution d'électricité ou de gaz naturel et l'exercice des activités de production ou de fourniture d'électricité ou de gaz naturel (L. n° 2004-803, 9 août 2004 relative au service public de l'électricité et du gaz et aux entreprises électriques et gazières, art. 14 modifié par l'article 23 de la loi n° 2006-1537 du 7 décembre 2006 relative au secteur de l'énergie). Les transferts des biens propres, autorisations, droits et obligations mentionnés à l'article 14-1 modifié de la loi n° 2004-803 du 9 août 2004 relative au service public de l'électricité et du gaz et aux entreprises électriques et gazières ne donnent pas lieu à la perception de droits, impôts ou taxes de quelque nature que ce soit, et notamment des droits de publicité foncière et des salaires des conservateurs des hypothèques (et donc aujourd'hui de la contribution de sécurité immobilière). La formalité de publicité foncière des transferts de biens réalisés en application de ces dispositions peut être reportée à la première cession ultérieure des biens considérés.

19 Établissements publics et d'utilité publique

8420 Transferts de biens entre un établissement public et la collectivité dont il dépend. Les transferts de biens qui interviennent entre un établissement public et la collectivité dont il dépend présentent un caractère spécial. De tels transferts, et notamment ceux qui résultent de l'application de l'article L. 678 du Code de la santé publique modifié par l'article 1er de l'ordonnance n° 58-1198 du 11 décembre 1958 et qui résultent de l'érection en établissements publics d'hôpitaux, maternités ou hospices, ou de leur rattachement à un établissement public existant ne peuvent, dès lors, motiver l'exigibilité des droits de mutation.

En tant qu'ils portent sur des droits réels immobiliers, les mêmes transferts sont soumis à publicité au bureau des hypothèques de la situation des immeubles. Cette formalité, qui ne peut d'ailleurs être opérée qu'au vu d'un acte administratif contenant notamment la désignation des immeubles transférés, donne lieu aux perceptions prévues par la loi dans les conditions habituelles (Rép. min. Deschizeaux : *JOAN* CR, 22 juin 1961, p. 1213, n° 8916). Cette réponse, qui n'est pas reprise au *BOFiP*, ne préjuge pas de l'application éventuelle d'une exonération bénéficiant aux parties.

8421 Transferts de biens par une œuvre d'intérêt public à un établissement d'utilité publique.

➤ V. **Établissements reconnus d'utilité publique.**

8422 Transfert des biens au profit de l'établissement public d'insertion de la défense (L. fin. rect. 2005, art. 124). Le transfert des biens déclassés du domaine public au profit de l'établissement public d'insertion de la défense s'opère à titre gratuit et ne donne lieu à aucune indemnité ou perception de droits ou de taxes ni à aucun versement de salaires ou honoraires au profit des agents de l'État.

8423 Transfert des biens, droits et obligations à l'établissement public dénommé « La Monnaie de Paris » (L. fin., art. 36). Les biens, droits, obligations, contrats, conventions et autorisations de toute nature, définis à l'article 36 de la loi de finances pour 2007, sont transférés à titre gratuit à l'établissement public dénommé « La Monnaie de Paris » et ne donnent lieu au paiement d'aucun impôt, droit, taxe, indemnité, rémunération, salaire ou honoraires au profit de l'État, de ses agents ou de toute autre personne publique.

8424 ERAP. Béneficie d'une exonération le transfert des droits et obligations afférents aux contrats d'emprunts figurant au passif du bilan de l'établissement public dénommé « ERAP » à l'État en contrepartie d'une livraison à ce dernier de titres de participations détenus par cet établissement, pour une valeur identique à ces droits et obligations (L. fin. 2009, n° 2008-1425, 27 déc. 2008, art. 62).

8425 Établissements publics d'aménagement. Bénéficient d'une exonération les transferts, au profit des communes et de leurs établissements publics, de biens, droits et obligations résultant de la dissolution des établissements publics d'aménagement des villes nouvelles de Cergy-Pontoise, de Saint-Quentin en Yvelines, de L'Isle-d'Abeau et des Rives de l'Étang de Berre. Il en est de même pour le transfert, au profit de l'agence foncière et technique de la région parisienne, des biens, droits et obligations résultant de la dissolution de l'établissement public d'aménagement de la ville nouvelle d'Évry.

C. urb., art. L. 321-41 (*Créé, L. n° 2017-257, 28 févr. 2017, art. 43, Loi relative au statut de Paris et à l'aménagement métropolitain : JO n° 0051, 1er mars 2017*). – Les statuts d'un établissement public mentionné au présent chapitre peuvent prévoir qu'il recourt, pour l'exercice de tout ou partie de ses compétences, aux moyens d'un autre établissement public mentionné au présent chapitre. Une convention, approuvée par les conseils d'administration respectifs des établissements concernés, détermine les modalités et les conditions financières du recours à ces moyens. L'établissement qui fournit ces moyens les facture aux coûts complets.

Les statuts de ces établissements peuvent également prévoir que les établissements concernés ont le même directeur général ou que le directeur général adjoint ou délégué de l'établissement qui fournit les moyens mentionnés dans la convention est également directeur général de l'établissement qui a recours à ces moyens.

Lorsque la mise en œuvre de ces dispositions par des établissements publics déjà existants implique un transfert préalable obligatoire de moyens, les conditions du transfert de tout ou partie du personnel, des biens immobiliers et mobiliers, des contrats, des créances et des droits et obligations d'un établissement au profit d'un autre qui lui fournit ensuite ces moyens selon les modalités prévues au premier alinéa sont déterminés par décret en Conseil d'État pris après avis des conseils d'administration des établissements concernés. Ce transfert s'effectue à titre gratuit et ne donne lieu ni au versement de la contribution prévue au I de l'article 879 du code général des impôts ni à la perception d'impôts, de droits ou de taxes de quelque nature que ce soit.

20 État

8426 Transferts à titre gratuit de biens mobiliers et immobiliers effectués par l'État au profit d'établissements publics à caractère scientifique, culturel et professionnel. Conformément à l'article L. 719-14 du Code de l'éducation, les transferts à titre gratuit de biens mobiliers et immobiliers effectués dans les conditions prévues à cet article par l'État au profit d'établissements publics à caractère scientifique, culturel et professionnel ne donnent lieu ni à un versement de salaires ou honoraires au profit de l'État, ni à aucune indemnité ou perception de droits ou de taxes au profit de l'État (C. éduc., art. L. 719-14).

Art. L. 719-14 *(Mod., L. n° 2019-1479, 28 déc. 2019, art. 17).* – L'État et l'Établissement public d'aménagement de Paris-Saclay peuvent transférer aux établissements publics à caractère scientifique, culturel et professionnel qui en font la demande la pleine propriété des biens mobiliers et immobiliers appartenant à l'État ou à l'Établissement public d'aménagement de Paris-Saclay qui leur sont affectés ou sont mis à leur disposition. Ce transfert s'effectue à titre gratuit. Il s'accompagne, le cas échéant, d'une convention visant à la mise en sécurité du patrimoine, après expertise contradictoire.

8427 **Transferts au Haut Conseil du commissariat aux comptes.** Bénéficie également d'une exonération le transfert des biens mobiliers du domaine public ou privé de l'État au Haut Conseil du commissariat aux comptes (L. fin. 2008, n° 2007-1822, 24 déc. 2007, art. 86-III).

8428 **Commissariat à l'énergie atomique.** Bénéficie d'une exonération le transfert des biens, droits et obligations de l'État attachés aux activités du centre d'études de Gramat au Commissariat à l'énergie atomique (L. fin. 2010, n° 2009-1673, 30 déc. 2009, art. 63).

8429 **Voies navigables de France.** L'article 27 de la loi n° 2013-431 du 28 mai 2013 (*JO* 29 mai) prévoit que ne donnent lieu ni au versement de la contribution de sécurité immobilière ni à aucune indemnité ou perception d'impôts, de droits ou de taxes de quelque nature que ce soit le transfert de biens opéré à titre gratuit intervenant entre l'État et l'établissement Voies navigables de France, et concernant certains biens immeubles situés sur les communes de Valenciennes (59), de Lille (59), Rouen (76), Saint-Dizier (51), Toulouse (31) et Agde (34). Les immeubles concernés sont listés à l'article 27 de la loi du 28 mai 2013 précitée.

21 Fonds de réserve pour les retraites

8430 **Transferts de biens au Fonds de réserve pour les retraites.** L'article 6 de la loi n° 2001-624 du 17 juillet 2001 portant diverses dispositions d'ordre social, éducatif et culturel, a créé un établissement public de l'État à caractère administratif dénommé « Fonds de réserve pour les retraites ». Cet établissement est appelé à se substituer au fonds de solidarité vieillesse visé à l'article L. 135-1 du Code de la sécurité sociale en ce qui concerne la gestion des sommes qui lui sont affectées afin de constituer des réserves destinées à contribuer à la pérennité des régimes de retraite.

Le VI de l'article 6 de la loi précitée prévoit que le transfert des biens, droits et obligations du fonds de solidarité vieillesse au fonds de réserve pour les retraites est effectué à titre gratuit et ne donne lieu à aucune indemnité ou perception de droits ou de taxes ni à aucun versement de salaires ou d'honoraires au profit des agents de l'État (Doc. adm. DGI, 7 C-1483, n° 19, 1er oct. 2001).

22 France Télévision

8431 **Transferts de biens à la société France Télévision.** Les transferts de biens, droits et obligations visés à l'article 18 de la loi n° 2000-719 du 1er août 2000 modifiant la loi n° 86-1067 du 30 septembre 1986 relative à la liberté de communication ou pouvant intervenir en application de ladite loi, ne donnent lieu à aucune perception de droits impôts ou de taxes de quelque nature que ce soit (Doc. adm. DGI, 7-1483, n° 17, 1er oct. 2001).

23 Groupements syndicaux forestiers

8432 **Transferts de bois et forêts aux groupements syndicaux forestiers.**
➤ V. **Groupements forestiers.**

24 HLM

8433 **Transferts de biens aux organismes d'HLM et à certaines sociétés d'économie mixte. Renvoi.** V. **HLM.**

8434 **Transferts de biens entre organismes d'HLM et sociétés anonymes de crédit immobilier. Renvoi** – V. **HLM.**

25 Hôpitaux

8435 **Transfert d'immeubles des collectivités publiques aux hôpitaux psychiatriques, sanatoriums et préventoriums.** En tant qu'ils portent sur des droits réels immobiliers, les transferts aux hôpitaux psychiatriques, ainsi qu'aux sanatoriums et préventoriums, des immeubles appartenant aux collectivités publiques dont ils dépendent sont soumis à publicité dans le bureau des hypothèques de la situation des biens.
S'agissant du régime fiscal applicable à ce type d'opération, il est admis, à l'instar de la mesure de tempérament déjà prise pour les hôpitaux, maternités et hospices, que ce transfert ne donne lieu à la perception de la taxe de publicité foncière qu'au droit fixe.
Le salaire du conservateur était perçu dans les conditions de droit commun (Rép. min. Delong :

JO Sénat CR, 16 avr. 1992, p. 943, n° 18912). Il en est de même aujourd'hui pour la contribution de sécurité immobilière.

8436 **Établissements de santé.** L'article 23 de la loi de finances pour 2002 a exonéré du paiement des salaires du conservateur des hypothèques les établissements de santé qui participent au secteur public hospitalier pour leur opérations internes de restructuration. Cette mesure s'est appliquée à compter du 1er janvier 2002. L'exonération vaut aujourd'hui pour la contribution de sécurité immobilière.

8437 **Agence régionale de santé.** Bénéficie d'une exonération le transfert des droits et obligations ainsi que des biens de toute nature de l'État, de l'agence régionale de l'hospitalisation, du groupement régional de santé publique, de l'union régionale des caisses d'assurance maladie, de la mission régionale de santé ainsi que, pour la partie des compétences transférées, de la caisse régionale d'assurance maladie à l'agence régionale de santé (L. n° 2009-879, 21 juill. 2009 portant réforme de l'hôpital et relative aux patients, à la santé et aux territoires, art. 129).

26 Institut français du pétrole

8438 **Transformation de l'établissement professionnel dénommé « Institut français du pétrole » en établissement public industriel et commercial.** La transformation de l'Institut français du pétrole en établissement public n'emporte ni création de personne morale nouvelle, ni cessation d'activité. Les biens, droits, obligations, contrats et autorisations de toute nature de l'établissement professionnel sont transférés à l'établissement public. Cette transformation n'entraîne aucune remise en cause de ces droits, obligations, contrats et autorisations et n'a aucune incidence sur les contrats conclus avec des tiers par l'Institut français du pétrole et les sociétés qui lui sont liées au sens des articles L. 233-1 à L. 233-4 du Code de commerce. Les opérations entraînées par cette transformation ne donnent pas lieu à la perception de droits, impôts ou taxes de quelque nature que ce soit (L. n° 2005-781, 13 juill. 2005 de programme fixant les orientations de la politique énergétique, art. 95).

27 Justice

8439 **Réforme de la représentation devant les cours d'appel.** Bénéficient d'une exonération les transferts de biens mobiliers et immobiliers, droits et obligations résultant de l'application de la réforme de la représentation devant les cours d'appel (L. fin. rect. 2009, n° 2009-1674, 30 déc. 2009, art. 54).

28 Office national des forêts

8440 Bénéficie d'une exonération le transfert en jouissance du parc immobilier bâti appartenant à l'État actuellement remis en dotation à l'Office national des forêts, des immeubles inscrits au tableau général des propriétés de l'État et utilisés par l'office sans avoir fait l'objet d'une remise en dotation, ainsi que des immeubles utilisés par l'office et qui n'étaient pas inscrits au tableau, au moyen d'un bail emphytéotique global dont les conditions sont définies par la convention-cadre entre cet établissement et l'État signée le 27 juillet 2009 (L. fin. 2010, n° 2009-1673, 30 déc. 2009, art. 64).

29 Office national des migrations

8441 **Transfert de biens, droits et obligations de l'Office des migrations internationales à l'Agence nationale de l'accueil des étrangers et des migrations.** Le transfert des biens, droits et obligations de l'Office des migrations internationales à l'Agence nationale de l'accueil des étrangers et des migrations ne donne lieu à la perception d'aucune taxe ou redevance (L. n° 2005-32, 18 janv. 2005 de programmation pour la cohésion sociale, art. 152).

30 Pêche

8442 **Transfert des biens, droits et obligations à la Fédération nationale de la pêche et de la protection du milieu aquatique (L. n° 2006-1772, 30 déc. 2006 sur l'eau et les milieux aquatiques, art. 91).** Le transfert des biens, droits et obligations de l'Union nationale pour la pêche en France à la Fédération nationale de la pêche et de la protection du milieu aquatique ne donne pas lieu à la perception de droits, impôts ou taxes de quelque nature que ce soit.

8443 **Transfert des biens, droits et obligations du Conseil supérieur de la pêche à l'Office national de l'eau et des milieux aquatiques (L. n° 2006-1772, 30 déc. 2006 sur l'eau et les milieux aquatiques, art. 88).** Les biens, droits et obligations du Conseil supérieur de la pêche sont transférés à l'Office national de l'eau et des milieux aquatiques dans les conditions définies par ce même décret. Ces opérations ne donnent pas lieu à la perception de droits, impôts ou taxes de quelque nature que ce soit.

31 Postes

8444 Transfert de biens, droits et obligations de La Poste à une filiale agréée en qualité d'établissement de crédit. Le transfert, au plus tard le 1er janvier 2006, des biens, droits et obligations de La Poste à une filiale agréée en qualité d'établissement de crédit ne donne pas lieu à la perception de droits, impôts ou taxes de quelque nature que ce soit (L. n° 2005-516, 20 mai 2005 relative à la régulation des activités postales, art. 16).

8445 Transformation de La Poste en société. L'ensemble des opérations résultant de la transformation de La Poste en société et réalisées à titre gratuit ne donne lieu au paiement d'aucun impôt, rémunération, salaire ou honoraire au profit de l'État, de ses agents ou de toute autre personne publique (L. n° 2010-123, 9 févr. 2010 relative à l'entreprise publique La Poste et aux activités postales, art. 1er).

32 Réseau Ferré de France

8446 Transfert de certains biens immobiliers de Réseau Ferré de France à une société détenue par l'État chargée d'en assurer leur valorisation. Les biens immobiliers déclassés du domaine public et propriétés de Réseau Ferré de France sont transférés en pleine propriété à une société détenue par l'État chargée d'en assurer la valorisation. Ces transferts ne donnent lieu à aucun versement de salaire ou honoraire au profit d'agents de l'État, ni à aucune perception d'impôts, de droits ou taxes de quelque nature que ce soit (L. fin. 2006, art. 63).

33 SCPI

8447 Transfert des biens, droits et obligations résultant de la transformation des SCPI en OPCI (L. fin. rect. 2005, art. 28). Les transferts de droits, biens, obligations résultant de la transformation des sociétés civiles de placement immobilier (SCPI) en organismes de placement collectif immobilier (OPCI), intervenant dans le délai visé à l'article L. 214-84-2 du Code monétaire et financier, sont exonérés des droits d'enregistrement, de la taxe de publicité foncière et du salaire des conservateurs des hypothèques.

34 Sécurité sociale

8448 Transferts d'immeubles entre organismes de sécurité sociale.
➤ V. **Sécurité sociale**.

8449 Transfert des biens, droits et obligations aux caisses nationales et de base du régime social des indépendants (Ord. n° 2005-1528, 8 déc. 2005 relative à la création du régime social des indépendants). Les droits, biens et obligations, y compris les contrats de travail, les créances, les dettes et la trésorerie de la Caisse nationale d'assurance maladie et maternité des travailleurs non salariés des professions non agricoles, la Caisse nationale de l'organisation autonome de l'assurance vieillesse des travailleurs non salariés des professions artisanales et de la Caisse nationale de l'organisation autonome de l'assurance vieillesse des professions industrielles et commerciales sont transférés de plein droit à la Caisse nationale du régime social des indépendants qui se substitue à elles, à la date de création du régime. Les droits, biens, obligations, y compris les contrats de travail, les créances, les dettes et la trésorerie des caisses mutuelles régionales, des caisses de base des régimes d'assurance vieillesse des professions artisanales et des professions industrielles et commerciales sont transférés à la Caisse de base du régime social des indépendants qui se substitue à elles, à la date de création du régime et, à défaut, à la caisse nationale. Ces transferts ne donnent pas lieu à la perception de droits, impôts ou taxe de quelque nature que ce soit.

8450 Transferts à la Caisse centrale de mutualité sociale agricole. Le transfert des droits et obligations du fonds de financement des prestations sociales des non-salariés agricoles et de l'établissement de gestion du fonds de financement des prestations sociales des non-salariés agricoles, à compter du 1er janvier 2009, à la Caisse centrale de mutualité sociale agricole ne donne lieu « ni à imposition ni à rémunération » (LFSS 2009, n° 2008-1330, 17 déc. 2008 : *JO* 18 déc., art. 17).

8451 Caisses de retraite et de prévoyance. Sont également exonérés les transferts de biens (mobiliers et immobiliers) et droits résultant de la transformation des institutions de retraite supplémentaire (IRS) en institutions de prévoyance (IP) ou en institutions de gestion de retraite supplémentaire (IGRS) effectués dans le cadre de l'article 116 de la loi n° 2003-775 du 21 août 2003 (BOI-ENR-DMTOI-10-130-20120912, n° 130).

35 Société du Grand Paris

8452 Bénéficient d'une exonération les transferts de biens de toute nature, immobiliers et mobiliers, et les droits et obligations de toute nature se rattachant à ces biens nécessaires à l'exercice des missions de l'établissement public « Société du Grand Paris » (L. n° 2010-597, 3 juin 2010 relative au Grand Paris, art. 12).

36 Sociétés mutualistes

8453 Transferts d'immeubles par les sociétés mutualistes.
➤ V. **Société mutualiste.**

37 SOVAFIM

8454 Transfert des actifs immobiliers inutiles aux missions de l'État et de ses établissements publics à la société SOVAFIM (L. fin. rect. 2006, art. 141). Les transferts en pleine propriété à la société SOVAFIM des ensembles d'actifs immobiliers appartenant à l'État et ses établissements publics qui sont devenus inutiles à leurs missions en vue de leur valorisation ne donnent lieu à aucun versement de salaire ou honoraires au profit d'agents de l'État, ni à aucune indemnité ou perception d'impôts, de droits ou de taxes de quelque nature que ce soit.

38 Syndicats de défense des appellations d'origine ou de syndicats de producteurs agricoles

8455 Restructuration des syndicats. La restructuration des syndicats de défense des appellations d'origine donne lieu à la perception du droit fixe de 375 € visés à l'article 810-I du Code général des impôts, lorsqu'elle est réalisée dans les conditions prévues à l'article 208 septies-I du Code général des impôts, pour les opérations réalisées depuis le 1er janvier 2007 (CGI, art. 810-VI). Il en est de même pour la restructuration des syndicats agricoles reconnus comme organisations de producteurs, ou pour les comités économiques agricoles, lorsque le transfert est réalisé dans les conditions prévues à l'article 208 septies-II du Code général des impôts, pour les opérations intervenues depuis le 7 janvier 2006 (même texte).

39 Transports

8456 RATP. Bénéficient d'une exonération les actes de transfert et de reprise de biens entre le Syndicat des transports d'Île-de-France et la Régie autonome des transports parisiens (L. n° 2009-1503, 8 déc. 2009 relative à l'organisation et à la régulation des transports ferroviaires et portant diverses dispositions relatives aux transports).

40 Union d'économie sociale du logement

8457 Bénéficie d'une exonération le transfert, au profit de l'Union d'économie sociale du logement, des biens, droits et obligations de l'Union nationale interprofessionnelle du logement opéré suite à sa dissolution (L. n° 96-1237, 30 déc. 1996, relative à l'Union d'économie sociale du logement, art. 3).

41 Union de syndicats

8458 Transferts de biens à une union de syndicats. Le régime fiscal de ces transferts, qui peuvent intervenir au profit d'une union de syndicats ou d'une association syndicale de propriétaires, à l'occasion de scission de copropriétés, est fixé par l'instruction du 5 octobre 1972 (*BOI* 8 A-8-72 et 7 C-9-72). V. **Scission de copropriété.**

42 Voirie

8459 Transferts des voies d'un lotissement à une association syndicale ou à la commune. Renvoi.
➤ V. **Associations syndicales, Lotissement** et **Voies de circulation.**

8460 Autoroutes de France. Le transfert à l'État des éléments de passif et d'actif de l'établissement public « Autoroutes de France » ainsi que les droits et obligations nés de son activité ne donnent lieu à aucune perception de droits ou taxes ni à versement de salaires au profit du conservateur des hypothèques (L. fin. 2009 n° 2008-1425, 27 déc. 2008 : *JO* 28 déc., art. 62).

II
TVA

8461 En ce qui concerne à la TVA, en supposant que ses conditions d'exigibilité soient réunies (V. **TVA immobilière**), cette taxe ne sera généralement pas due, soit que la transmission ait lieu à titre gratuit, soit qu'elle constitue une « transmission d'universalité » au sens de l'article 257 bis du Code général des impôts (V. **Transmission d'universalité-TVA**).

III
Contribution de sécurité immobilière

8462 **Règles de perception.** La contribution de sécurité immobilière est normalement due, à moins qu'elle soit l'objet d'une exonération expresse. Ce sera le cas lorsque l'opération entre dans le champ d'application de l'article 1040 ou 1042 du CGI. V. **Commune** ; V. **Établissement public** ; V. **État.**

Transformation de société

Neyla GONZALEZ-GHARBI

Sommaire analytique

8463 Notion de transformation de société. La transformation d'une société est l'opération par laquelle celle-ci adopte un type juridique différent de celui sous lequel elle avait été constituée ou existait.

8464 La transformation implique donc une modification de la forme même de la société. L'application de cette règle ne va pas sans difficulté car le législateur n'a pas expressément défini ce qu'il fallait entendre par « forme » d'une société, ni énuméré limitativement les diverses formes que peuvent revêtir les sociétés.

8465 Transformation entraînant changement de régime fiscal. On devra toujours vérifier si la transformation ne s'accompagne pas d'un changement de régime fiscal de la société au regard de l'IS, ce qui entraîne des conséquences fiscales particulières. Nous ne nous étendrons pas sur cette éventualité qui n'a pas de conséquences du point de vue de la publicité foncière.

> **REMARQUE** La version du *BOFiP* qui expose le régime applicable aux transformations de société en matière de droits d'enregistrement, publiée le 12 septembre 2012 a repris la documentation en vigueur à cette date (BOI-ENR-AVS-20-30-10-20120912).
> Non actualisée à ce jour, cette documentation ne rend pas toujours compte de l'état du droit positif en matière de droit civil, de droit commercial et de droit fiscal au 1er mars 2020. Il n'y sera fait référence que sous réserve de la pertinence des commentaires y figurant.

I
Distinction entre les transformations entraînant ou non la création d'un être moral nouveau

8466 Le changement de forme juridique des sociétés comporte des conséquences différentes au regard des droits d'enregistrement (et de la taxe de publicité foncière) selon que la transformation s'accompagne ou non de la création d'un être moral nouveau.
En effet, dans le premier cas, l'opération entraîne une rupture du pacte social primitif qui se traduit par la dissolution de la société ancienne et la constitution d'une société nouvelle.
Au contraire, lorsque la transformation s'effectue sans création d'un être moral nouveau, elle donne ouverture à un simple droit fixe (ou à une taxe fixe).
Nous examinerons successivement : le changement de type juridique des sociétés (A) et le cas des modifications statutaires (B).

A Changement de type juridique

8467 **Observations.** Dans l'analyse traditionnelle, il était de règle que le changement du type juridique d'une société n'emportait pas création d'un être moral nouveau s'il était autorisé par la loi ou par le pacte social, à la condition qu'il ne s'accompagne pas de modifications statutaires importantes non nécessitées par le changement de forme lui-même (V. Doc. adm. DGI, 7 H-341, n° 1, 1er sept. 1999).

8468 Mais la loi du 4 janvier 1978 est venue poser en principe (C. civ., art. 1844-3) que les transformations de société n'entraînaient pas création d'un être moral nouveau (1).
Ce principe ne s'applique toutefois que sous certaines conditions : et si ces conditions ne sont pas remplies, il y a encore des transformations de société qui peuvent entraîner création d'un être moral nouveau, même si cela demeure l'exception (2).

1 Principe : la transformation de société n'emporte pas création d'un être moral nouveau

C. civ., art. 1844-3. – La transformation régulière d'une société en une société d'une autre forme n'entraîne pas la création d'une personne morale nouvelle. Il en est de même de la prorogation ou de toute autre modification statutaire.

8469 **Règle générale.** L'article 1844-3 du Code civil généralise la règle posée par l'article 5 de la loi du 24 juillet 1966, qui n'était applicable qu'aux sociétés commerciales, pour l'étendre à l'ensemble des sociétés.
Quelle que soit la forme de société, il n'est donc pas nécessaire, pour que la transformation n'entraîne pas création d'un être moral nouveau, que les statuts aient prévu une clause autorisant cette transformation.
Mais, en toute hypothèse, la transformation doit être « régulière », et il faut pour que la transformation ne soit pas abusive, qu'elle ne soit pas interdite par les statuts de la société et que la société demeure une société après transformation.
Le point de savoir si la transformation peut ou non s'accompagner de modifications statutaires importantes est discuté (V. nos 8474 à 8479).

8470 **Transformation de sociétés commerciales.** Le Code de commerce prévoit également sur un plan général que la transformation régulière d'une société n'entraîne pas la création d'une personne morale nouvelle (C. com., art. L. 210-6). Cette disposition permet d'effectuer sans création d'une personne morale nouvelle sous réserve qu'elle ait été décidée et réalisée conformément aux prescriptions légales et réglementaires. Il convient, pour chaque type de société, de respecter les dispositions gouvernant la transformation telles que prévues au Code du commerce en vigueur à la date de l'opération (V. pour les SA, art. L. 225-243 ; pour les SARL, art. L. 223-43 ; etc.).

2 Conditions à respecter

8471 **Énumération.** Plusieurs conditions doivent être remplies pour que le changement de type juridique n'entraîne pas la création d'un être moral nouveau.

– La transformation doit être régulière.

Cette exigence signifie que les règles légales et statutaires doivent être observées et que les conditions requises pour la validité de la société sous sa nouvelle forme doivent être réunies (capital minimal, nombre d'associés, etc.).

Certains cas de transformation sont prévus expressément par la loi.

– La transformation ne doit pas être abusive.

C'est ainsi qu'on ne peut transformer des sociétés déjà dissoutes.

– La transformation ne doit pas être interdite par la loi ou les statuts de la société.

La transformation ne doit pas être interdite par la loi ou par les statuts. Mais dans ce dernier cas, les statuts peuvent alors être modifiés pour autoriser la transformation.

– La société doit demeurer une société après transformation.

Une société ne peut pas en principe être transformée en d'autres types de groupements sans perdre sa personnalité morale (ainsi dans le cas de transformation d'une société en association régie par la loi du 1er juillet 1901).

Toutefois, des dispositions spéciales prévoient de telles transformations sans que celles-ci entraînent la création d'une personne morale nouvelle (V. n° 8470).

– Le groupement qui se transforme doit être une société.

8472 **Transformation de sociétés en un autre type de groupement.** Les dispositions de l'article 1844-3 susvisé ne concernent que la transformation d'une société en une société d'une autre forme et non pas la transformation d'un autre type de groupement en une société. En ce dernier cas, il y aura donc en principe création d'un être moral nouveau.

Toutefois, des dispositions spéciales prévoient de telles transformations sans que celles-ci entraînent la création d'une personne morale nouvelle. Il en est ainsi pour :

– la transformation d'un groupement d'intérêt économique en société en nom collectif (C. com., art. L. 251-18) ;

– la transformation d'une société, d'une association ou d'un groupement d'intérêt économique en un groupement européen d'intérêt économique (C. com., art. L. 252-8) ;

– la transformation d'un groupement européen d'intérêt économique en un groupement d'intérêt économique de droit français ou une société en nom collectif (C. com., art. L. 252-8).

8473 **Modifications statutaires concomitantes.** La transformation peut-elle s'accompagner de modifications statutaires importantes ?

➤ Cette question est abordée aux n°s 8493 et s.

B Modifications statutaires

8474 **Position de l'administration.** La position de l'administration quant à l'incidence de modifications statutaires se trouve résumée dans la documentation de base dans les termes suivants (BOI-ENR-AVS-20-30-10-20120912, n° 50) :

« Indépendamment du caractère régulier de la transformation, l'absence de création d'une personne morale nouvelle est subordonnée à la condition que la transformation ne s'accompagne pas de modifications statutaires importantes non nécessitées par le changement de forme lui-même et dont l'ensemble serait incompatible avec le maintien du pacte social primitif. Le point de savoir si les modifications concomitantes à la transformation sont ou non de nature à entraîner la création d'une personne morale nouvelle est une question de fait qui doit être résolue dans chaque cas particulier. À cet égard, il est précisé que même depuis l'insertion de l'article 1843-3 du Code civil, la novation de la personne morale peut résulter de modifications statutaires importantes ou de modifications de fait apportées notamment à l'activité ou au fonctionnement de la société lorsque celles-ci accompagnent le changement de type juridique ».

Comme on le voit, l'administration n'entend donc pas tirer de conséquences de principe de la réforme de 1978.

8475 **Applications.** L'administration rappelle ainsi les critères à mettre en œuvre :

« D'une manière générale, la question de savoir s'il y a ou non création d'une personne morale nouvelle est une question de fait qui ne peut être résolue qu'après examen de chaque cas d'espèce au vu des circonstances et des modalités de l'opération. » (*cf.* C. civ., art. 1844-3 et BOI-ENR-AVS-20-30-10, au sujet d'une modification statutaire isolée).

« À cet égard, la création d'une personne morale nouvelle est appréciée abstraction faite de la régularité de l'acte qui constate la modification apportée au pacte social. L'administration, qui n'est pas juge de la validité des actes soumis à l'enregistrement, doit les imposer d'après les conventions qu'ils contiennent. » (BOI-ENR-AVS-20-30-20-20120912, n° 20).

8476 Elle indique à titre d'exemple que la création d'un être moral nouveau ne saurait résulter d'une simple augmentation de capital (T. civ. Rennes, 14 mars 1906), d'un changement de personnel lui-même prévu par les statuts (T. civ. Hanoi, 31 déc. 1905).

Selon l'administration, constituent par contre des modifications entraînant création d'un être moral nouveau (BOI-ENR-AVS-20-30-10-20120912, n° 60) :

– des modifications concomitantes dans l'objet, le capital et la durée de la société transformée (Rép. min. n° 5931, à M. Legaret : *JOAN*, 15 août 1960, p. 2278) ;

– une transformation accompagnée d'une longue prorogation de la durée de la société, d'une augmentation considérable de son capital et de l'admission d'un nouvel associé (T. civ. Seine, 11 mai 1944) ;

– la transformation d'une société civile en une société anonyme, accompagnée d'un changement d'objet statutaire ;

– la transformation d'une société à responsabilité limitée en société anonyme accompagnée d'un transfert du siège social, d'une augmentation du nombre des associés, d'une modification de l'objet social ainsi que d'une extension de l'activité (Cass. com., 2 juill. 1979, n° 77-16.035) ;

– en raison des importantes modifications statutaires qu'elle implique, la transformation d'une société par actions ou à responsabilité limitée en une société civile de personnes ayant la qualité de société coopérative agricole.

De même, emporte création d'une personne morale nouvelle sauf dispositions expresses (V. n°s 8470 et 8472), l'adoption, par un groupement n'ayant pas le caractère de société, de la forme juridique de société ou *vice versa*. Il en est ainsi notamment :

– pour la transformation d'un groupement d'intérêt économique en une société civile qui se traduit par une modification substantielle de la situation de droit et de fait ;

– pour la transformation d'une société en association régie par la loi du 1er juillet 1901 (BOI-ENR-AVS-20-30-10-20120912, n° 70).

8477 **Absence de création d'une personne morale nouvelle.** En revanche, n'entraînent pas, en principe, la création d'une personne morale nouvelle :

– la transformation d'une société d'intérêt collectif agricole constituée sous la forme d'une société par actions ou à responsabilité limitée en société coopérative agricole (*cf.* D. n° 61-868, 5 août 1961, art. 9) ;

– la transformation d'une société civile agricole en société coopérative agricole ;

– l'adoption, sans changement de forme, par une société anonyme du statut de société d'intérêt collectif agricole (BOI-ENR-AVS-20-30-10-20120912, n° 60).

8478 On trouvera dans la Documentation de base (BOI-ENR-AVS-20-30-10-20120912) l'énoncé de la position de l'administration en ce qui concerne les modifications apportées aux statuts dans les cas les plus fréquents : modifications affectant les détenteurs du capital social ; modifications de l'objet social ; réduction de la durée de la société ; transfert du siège social.

8479 **Incidences de la loi du 4 janvier 1978.** Étant donné les termes très généraux de l'article 1844-3 du Code civil qui parle de « toute autre modification statutaire (...) », les auteurs en ont généralement déduit qu'il ne paraissait plus possible de soutenir du point de vue juridique que la transformation ne doit pas être accompagnée de modifications importantes, telles que changement d'objet ou entrée de nombreux nouveaux associés.

La persistance de la personnalité morale n'est assujettie en effet, selon les nouvelles dispositions, qu'au seul respect des conditions imposées par le législateur pour que la société soit considérée comme valide sous la forme nouvelle et à la régularité de la transformation proprement dite (Bézard, *La société civile*, Librairies techniques, 1979, n° 400. – Chartier, *Commentaire de la loi du 4 janvier 1978 : JCP* CI 1979, art. 12919, n° 164. – Mercadal et Janin, *La société civile*, éd. F Lefebvre, n° 429).

On devrait donc considérer que la société subsiste avec sa personnalité morale ancienne, même si la transformation s'accompagne de modifications statutaires qui ne sont pas nécessitées par la forme nouvelle adoptée (Mercadal et Janin, *op. cit.*, n° 429), dès lors que la transformation est « régulière ».

Mais l'administration n'a pas modifié sa position, bien que l'on puisse trouver dans deux arrêts de la Cour de cassation la confirmation de cette analyse (Cass. com., 7 mars 1984 [2 arrêts] : *JCP* E 1984, 14353, 14354, C. David ; *Rev. sociétés* 1984, p. 804, M. Jeantin ; *Defrénois* 1984, art. 33406, p. 1243, n° 13, B. Jadaud ; *BIM Lefebvre* 6/1984, inf. 121. – Cass. com., 4 mars 1986, DGI c/ SA « Centre des assurances réunies » : *Dr. fisc.* 1986, p. 744, comm. 1151).

À la suite de cette jurisprudence, l'administration est revenue sur ses précédentes prises de position mais uniquement en matière de cessions massives de droits sociaux (Instr. 7 avr. 1987 : *BOI* 7 H-1-87 ; *JCP* N 1987, prat. 137), en admettant que le changement total des membres d'une société de personnes ne soit plus considéré à lui seul comme de nature à remettre en cause l'existence de la société.

II

Publicité foncière

AVERTISSEMENT L'ordonnance n° 2010-638 du 10 juin 2010 (*JO* 11 juin) a supprimé le conservateur des hypothèques à compter du 1er janvier 2013.
Depuis cette date, on ne parle plus de « conservateur » ou de « conservation » des hypothèques, mais du « service chargé de la publicité foncière ». Ce service a repris les anciennes attributions du conservateur des hypothèques (V. **Service de la publicité foncière**).

8480 **Principe.** Lorsque la transformation emporte création d'une personne morale nouvelle et que l'actif comprend des immeubles ou droits immobiliers, il y a lieu de procéder à la publicité foncière.
Lorsque la transformation n'emporte pas création d'une personne morale nouvelle, l'acte constatant l'opération n'est pas obligatoirement publié au fichier immobilier, sauf dans le cas où l'actif social comporte des biens ou des droits immobiliers et où la transformation s'accompagne d'un changement de dénomination ou de siège de la société (Doc. adm. DGI, 7 H-3433, nos 2 et 3, 1er sept. 1999).

8481 Nous étudierons successivement les cas où la publication est nécessaire (A) et les délais (B) de la publication.

A Cas où la publicité foncière est nécessaire

8482 **Jusqu'au 31 décembre 2012**, il convenait de distinguer selon que la transformation de la société entraîne ou non création d'une personne morale nouvelle. L'article 42 du décret du 4 janvier 1955, qui fondait cette distinction, a été abrogé par le décret n° 2012-1462 du 26 décembre 2012 (V. sur ce régime, ce Guide éditions antérieures à 2020).

8483 **Transformation survenue après la première formalité publiée à partir du 1er janvier 1956 – Texte.** Lorsque la transformation survient après la publication d'au moins une formalité au fichier immobilier depuis le 1er janvier 1956, le seul texte de référence est alors l'article 28-9° du décret du 4 janvier 1955, qui prévoit la publication : « des documents (...) destinés à constater les (...) changements de dénomination, de forme juridique ou de siège des sociétés, associations, syndicats et autres personnes morales... ».
En exécution de cette disposition, l'article 70 du décret n° 55-1350 du 14 octobre 1955 prévoit la publication au fichier immobilier de la situation des immeubles des changements notamment « dans les dénominations ou siège des sociétés, associations, syndicats et autres personnes morales survenus postérieurement à la première formalité exécutée à partir du 1er janvier 1956 et intéressant celles de ces personnes titulaires d'un droit réel susceptible d'hypothèque, d'un droit d'usage ou d'habitation, ou d'un bail de plus de douze ans ».

8484 **Formes de la publication.**
➤ Pour les règles applicables, V. **Changement de dénomination, de forme ou de siège**.

B Délais

8485 **Distinctions à opérer.** Si la transformation entraîne création d'une personne morale nouvelle, elle s'apparente à une constitution de sociétés et les délais sont ceux applicables en la matière (V. **Constitution de société**).
S'il n'y a pas de création d'un être moral nouveau, selon les dispositions générales de l'article 33-c du décret du 4 janvier 1955, la formalité devra être requise dans les trois mois du changement de forme, de dénomination ou de siège.

III

Régime fiscal des transformations et modifications statutaires assimilées selon qu'elles donnent ou non naissance à un être moral nouveau

8486 Nous distinguerons :
– le régime fiscal des transformations n'entraînant pas la création d'un être moral nouveau ;
– le régime fiscal des transformations entraînant la création d'un être moral nouveau.

A Transformation (ou autre modification) n'entraînant pas la création d'un être moral nouveau

1 Règles générales

a) Droits d'enregistrement ou taxe de publicité foncière

8487 L'acte qui constate la transformation d'une société doit être obligatoirement enregistré (CGI, art. 635, 1, 5°). Il présente le caractère d'un simple acte de complément et donne ouverture, en principe, au droit fixe prévu à l'article 680 du Code général des impôts (sur le montant actuel de ce droit, V. **Acte innommé**).
Tel est le cas notamment, en l'absence de création d'un être moral nouveau :
– lorsque le changement de forme juridique s'opère sans que soit modifié le statut fiscal de la société ;
– lorsque la société cesse, à la suite de la transformation, d'être soumise à l'impôt sur les sociétés (V. BOI-ENR-AVS-20-30-30-20120912, n° 10).

8488 La transformation d'une société préexistante en EARL ne donne lieu qu'au paiement du droit fixe prévu à l'article 680 du Code général des impôts.
Toutefois, si la transformation s'accompagne de l'assujettissement à l'impôt sur les sociétés de l'EARL, ce changement de régime fiscal rend exigibles les droits et taxes de mutation à titre onéreux sur les apports purs et simples qui lui ont été faits depuis le 1er août 1965 par des personnes non soumises à cet impôt (V. n° 8490. – BOI-ENR-AVS-20-30-30-20120912, n° 30).

b) Contribution de sécurité immobilière

8489 Il avait été soutenu antérieurement que le salaire du conservateur était dû au taux fixe prévu par l'article 287 de l'annexe III du Code général des impôts. Cette solution avait été critiquée (V. en faveur de la perception du salaire proportionnel, *Bull. AMC* 1960, art. 415. – Sur la question, V. Bulté, chron. hyp. : *JCP* N 1973, 5476).

N.B. : La contribution de sécurité immobilière a remplacé le salaire du conservateur à compter du 1er janvier 2013. Cette taxe est perçue aux mêmes conditions d'assiette, de tarif, de contrôle et de recouvrement que ce salaire (V. **Contribution de sécurité immobilière**).

2 Transformations de sociétés de personnes en sociétés de capitaux

8490 Aux termes du II de l'article 809 du Code général des impôts dans sa rédaction issue de l'article de la loi de finances pour 2019, lorsqu'une personne morale dont les résultats ne sont pas soumis à l'impôt sur les sociétés devient passible de cet impôt, le changement de son régime fiscal rend les droits et taxes de mutation à titre onéreux exigibles sur les apports purs et simples qui lui ont été faits depuis le 1er août 1965 par des personnes non soumises audit impôt. Les droits sont perçus sur la valeur vénale des biens à la date du changement.
Sur la portée de ce texte, V. **Apports en société.**
Selon l'administration, les transformations de sociétés sont susceptibles d'entrer dans le champ d'application de ce texte (BOI-ENR-AVS-20-30-30-20120912, n° 40).

Ce régime particulier n'est pas étudié dans le présent ouvrage car il n'a pas de répercussion sur le terrain de la publicité foncière (V. *JCl. Enregistrement* ou *JCl. Notarial Formulaire*, V° Sociétés, Fasc. 50).

B Transformation (ou autre modification) entraînant la création d'un être moral nouveau

8491 Lorsqu'elle entraîne la création d'un être moral nouveau, la transformation d'une société est considérée comme emportant dissolution de la société ancienne et constitution d'une société entièrement nouvelle. Dès lors, le changement de forme juridique entraînant la création d'un être moral nouveau motive l'exigibilité des droits et taxes prévus en cas de dissolution et de constitution de sociétés (V. BOI-ENR-AVS-20-30-30-20120912, n° 60).

1 Constitution de la société nouvelle

a) Droits d'enregistrement ou taxe de publicité foncière

8492 V **Constitution de société.**

8493 On se reportera au BOI-ENR-AVS-20-30-30-20120912, afin de vérifier la pérennité des solutions présentées comme plus favorables que celles prévues par les dispositions légales qui régissent les apports en société (V **Apports en société-Apports en société soumis à la TVA**).

b) Contribution de sécurité immobilière

8494 La contribution de sécurité immobilière est due, comme en matière de constitution de sociétés sur la valeur des immeubles ou droits immobiliers faisant l'objet de la publication, estimée par les parties (V. antérieurement, pour le salaire du conservateur, chron. hyp. : *JCP* N 1972, p. 354).

2 Dissolution de la société ancienne

8495 Selon l'administration, indépendamment des droits auxquels donne ouverture la constitution de la société nouvelle, l'opération peut motiver la perception du droit de mutation ou de la taxe de publicité foncière du chef de la dissolution de la société ancienne si cette société n'est pas soumise à l'impôt sur les sociétés.
En effet, si parmi les associés ne figurent plus un ou plusieurs de ceux qui ont fait originairement l'apport des biens en nature à la société ancienne, la mutation conditionnelle de ces apports se trouve réalisée dès lors que les biens se trouvent appropriés par d'autres que rapporteur (Cass. req., 25 nov. 1901. – *Cf.* BOI-ENR-AVS-20-30-30-20120912, n° 120).

8496 Il en est de même lorsque, parmi les associés, figurent des cessionnaires de droits sociaux de rapporteur (BOI-ENR-AVS-20-30-30-20120912, n° 130).

8497 Les mêmes conséquences sont applicables s'agissant d'une société soumise à l'impôt sur les sociétés si les biens, appropriés par une personne autre que rapporteur, ont supporté soit le droit fixe (apports réalisés à compter du 1er janvier 1992), soit le droit de 1 % (apports réalisés en 1991) prévu à l'article 810-III du Code général des impôts (BOI-ENR-AVS-20-30-30-20120912, n° 140).

8498 Il convient de noter que la transformation d'une société s'accompagnant de la création d'une personne morale nouvelle, qui entraîne en matière d'impôts directs également des conséquences fiscales rigoureuses, est en fait assez peu courante (BOI-ENR-AVS-20-30-30-20120912, n° 150).

IV Cas particuliers

➤ Le statut des opérations de transformation de telle ou telle société ou groupement est traité sous la rubrique correspondante (V. **Association ; Société créée de fait, Société en participation ; Groupement d'intérêt économique ; Société civile ; Groupements agricoles ; Groupements forestiers ; Coopératives ; Coopératives agricoles ; Transferts d'immeubles**, etc.).

Transmission d'universalité (TVA)

Neyla GONZALEZ-GHARBI

Sommaire analytique

AVERTISSEMENT Il sera fait, sauf exception, référence au *BOFiP*, dans sa dernière version publiée. Lorsque plusieurs versions d'un même BOI ont été publiées, les contribuables doivent impérativement vérifier la teneur de la législation et de la version en vigueur à la date du fait générateur des impôts applicables à leurs opérations (LPF, art. 80 A) et, le cas échéant, les réponses ministérielles publiées postérieurement au journal officiel.

CGI, art. 257 bis. – *(Mod., L. n° 2022-1726, 30 déc. 2022, art. 58).* Lors de la transmission à titre onéreux, à titre gratuit ou sous forme d'apport à une société d'une universalité totale ou partielle de biens effectuée entre redevables de la taxe sur la valeur ajoutée, aucune livraison de biens ou prestation de services n'est réputée intervenir.

L'adhésion ou la sortie d'un assujetti en tant que membre d'un assujetti unique constitué en application de l'article 256 C constitue le transfert d'une universalité totale bénéficiant des dispositions du présent article.

Le bénéficiaire est réputé continuer la personne du cédant, notamment à raison des régularisations de la taxe déduite par ce dernier, ainsi que, s'il y a lieu, pour l'application des dispositions du e du 1 de l'article 266, de l'article 268 ou de l'article 297 A.

8499 L'article 5, paragraphe 8, et l'article 6, paragraphe 5, de la sixième directive TVA permettent aux États membres de ne pas exiger l'imposition à la TVA des cessions de biens et des prestations de services réalisées dans le cadre de la transmission à titre onéreux ou à titre gratuit ou sous forme d'apport à une société d'une universalité totale ou partielle de biens dès lors que le bénéficiaire continue la personne du cédant, tout en les autorisant à prendre, le cas échéant, les dispositions nécessaires pour éviter des distorsions de concurrence dans le cas où le bénéficiaire n'est pas un assujetti total.

L'article 89 de la loi de finances rectificative pour 2005 (L. n° 2005-1720, 30 déc. 2005) a transposé cette faculté, notamment par la création au Code général des impôts, d'un article 257 bis dispensant de TVA les livraisons de biens et les prestations de services lorsqu'elles sont réalisées entre redevables de la taxe à l'occasion de la transmission à titre onéreux ou à titre gratuit ou sous forme d'apport à une société, d'une universalité totale ou partielle de biens.

8500 Les modalités d'application de ce texte ont été précisées par une instruction du 20 mars 2006 (*BOI* 3 A-6-06).
L'instruction du 29 décembre 2010 (*BOI* 3 A-9-10) a précisé (n° 35) que cette instruction ainsi que les rescrits publiés à la suite conservaient toute leur portée (V. RES 6 juin 2006 : 2006/28 [TCA]. – RES 12 sept. 2006 : 2006/34 [TCA]. – RES 26 déc. 2006 : 2006/58 [TCA]. – RES 4 mars 2008 : 2008/4 [TCA]). Cette doctrine est reprise au *BOFiP* qui cite les rescrits 2008/4, 2006/34 et 2006/28 au BOI-TVA-CHAMP-10-10-50-10, n° 30 et dont la dernière version en date du 3 janvier 2018 a publié deux rescrits, relatifs aux conditions d'application de la dispense de TVA aux immeubles locatifs financés au moyen d'un crédit-bail immobilier.
En matière immobilière, on se reportera également au BOI-TVA-IMM-10-10-10-40, n°s 40 et 50.

8501 **L'article 58 de la loi de finances pour 2023** (L. n° 2022-1726, 30 déc. 2022 : *JO* 31 déc. 2022) a réécrit l'article 257 bis du CGI (V. texte ci-dessus). Cette transposition littérale de la règle inscrite à l'article 19 de la directive 2006/112/CE du Conseil du 28 novembre 2006 relative au système commun de taxe à la valeur ajoutée, vise à « réparer » le défaut de mise en conformité formelle de l'article 257 bis du CGI sur laquelle s'est fondé le Conseil d'État pour limiter l'application de la dispense de TVA aux seules opérations soumises à la TVA (CE, 8e et 3e ch., 31 mai 2022, n° 451379, *SA Anciens Éts Georges Schiever et fils*, concl. R. Victor, rapp. publ. ; G. Berger-Picq et A. l'Hermin, *À propos de CE, 8e-3e ch., 31 mai 2022, n° 451379, et de Rép. Grau : AN 5-4-2022, n° 35808, Transmission d'universalité : nouveaux coups de théâtre pour les livraisons d'immeubles : FR Lefebvre* 31/22, inf. 4. – N. Gonzalez Gharbi, *Quand l'immeuble ancien sème la discorde : Constr.-Urb.* 2022, comm. 100).
La doctrine administrative relative à l'application de l'article 257 bis du CGI dans sa rédaction antérieure étant conforme à la règle communautaire (BOI-TVA-DED-60-20-10, 3 janv. 2018, n°s 280 et s.), la portée de la nouvelle rédaction de l'article 257 bis du CGI se limite, en pratique, à éviter aux assujettis éligibles à la dispense de TVA d'avoir à en revendiquer l'application sur le fondement de l'article L. 80 A du LPF. Ils continueront, comme par le passé, toutes conditions remplies par ailleurs, d'être dispensés, selon le cas, soit de soumettre leurs opérations imposables à la TVA, soit de régulariser les déductions de TVA antérieurement pratiquées à raison des biens transmis (V. N. Gonzalez-Gharbi, *Le nouvel article 257 bis du CGI : une mise en conformité du régime de la dispense de TVA à doctrine constante : Constr.-Urb.* 2023, n° 2, comm. 24).
Sur l'application de la dispense de TVA à l'adhésion à un assujetti unique constitué en application de l'article 256 C du CGI ou à la sortie d'un assujetti en tant que membre d'un assujetti unique, V. BOI-TVA-AU-10-20, 25 oct. 2022 qui font l'objet d'une consultation publique du 25 octobre 2022 au 31 mars 2023.
Rappel. Contribution de sécurité immobilière – CGI, art. 879 et s. Le régime particulier de la dispense de TVA prévue en matière de TVA par l'article 257 bis du CGI n'a pas d'incidence sur l'application de la CSI à l'acte constatant la mutation immobilière concernée qui sera donc exigible dans les condition de droit commun (V. **Contribution de sécurité immobilière**).

I
Opérations concernées

8502 L'opération visée par l'article 257 bis concerne aux termes de ce texte :
– la transmission d'une universalité totale ou partielle de biens ;
– réalisée à titre onéreux ou à titre gratuit ou sous la forme d'apport à une société ;
– entre deux redevables de la TVA.

A Champ d'application de l'article 257 bis du Code général des impôts

8503 Pour que l'article 257 bis du Code général des impôts soit applicable, il faut que la transmission porte sur une « universalité » (1). D'autres conditions tiennent aux personnes en cause (2) et aux biens concernés (3).

1 Notion de « transmission d'universalité »

8504 Définition. La notion de « transmission à titre onéreux ou à titre gratuit ou sous forme d'apport à une société, d'une universalité totale ou partielle de biens » doit être interprétée à la lumière de la jurisprudence de la Cour de justice des Communautés européennes (CJCE) et en particulier de l'arrêt rendu le 27 novembre 2003 dans l'affaire C-497/01, *Zita Modes*. Elle concerne « le transfert d'un fonds de commerce ou d'une partie autonome d'une entreprise, comprenant des éléments corporels et, le cas échéant, incorporels qui, ensemble, constituent une entreprise ou une partie d'une entreprise susceptible de poursuivre une activité économique autonome. Cette notion ne couvre pas les transferts de biens et de services réalisés au profit d'une personne qui n'entend pas exploiter l'universalité ainsi transmise mais simplement liquider immédiatement l'activité concernée. Il en est ainsi de la simple cession de biens, telle que la vente d'un stock de produits ou de la vente isolée d'un bien immobilisé en dehors de toute opération de transmission d'entreprise ou de restructuration » (BOI-TVA-CHAMP-10-10-50-10-20180103, n° 10).

8505 Illustration. Conformément à ces principes, sont notamment regardés comme la transmission d'une universalité totale ou partielle de biens (BOI-TVA-CHAMP-10-10-50-10-20180103, n° 30) :

– les apports globaux, effectués dans le cadre d'une opération de fusion, d'absorption ou de scissions et les apports partiels d'actifs constatés à l'occasion, par exemple, de la restructuration d'un groupe (apport d'une branche complète d'activité) ;

– les mutations à titre onéreux et apports de fonds de commerce ou d'exploitations agricoles, commerciales ou professionnelles. Il en est ainsi notamment des apports de fonds de commerce donnés en location-gérance qui permettent la poursuite d'une activité économique autonome, la location-gérance ne constituant qu'un simple mode d'exploitation du fonds ;

– la transmission d'une exploitation agricole même en cas de conservation par l'exploitant agricole qui cède ou apporte son exploitation de la parcelle de subsistance prévue à l'article L. 353-1 du Code rural et de la pêche maritime ou de stocks et les mutations partielles d'exploitation agricoles réalisées dans le cadre de plans de transmission si elles portent sur des branches complètes d'activité ;

– la transmission d'une exploitation agricole à la suite de la dissolution de la communauté conjugale par divorce ou par le décès d'un conjoint commun en biens, à l'un des membres de ladite communauté qui vient immédiatement continuer l'activité de celle-ci ;

– la transmission d'une entreprise à la suite d'une procédure d'apurement collectif du passif ;

– la transmission universelle du patrimoine réalisée dans le cadre d'une opération de dissolution sans liquidation par confusion de patrimoine (C. civ., art. 1844-5) ;

– les transferts de compétence réalisés entre collectivités locales et établissements publics de coopération intercommunale en application des articles L. 1321-1 et suivants du Code général des collectivités territoriales ;

– les transferts de biens opérés lors de changements de mode d'exploitation des services publics.

8506 Cession isolée d'un immeuble donné en location. La cession d'un immeuble immobilisé et donné en location, à un acquéreur qui poursuit l'exploitation en reprenant les baux en cours (après négociation ou non) doit être regardée comme intervenant dans le cadre d'une transmission d'universalité de biens, éligible comme telle à la dispense de taxation, qu'elle intervienne dans les cinq ans de l'achèvement de la construction ou plus tard (BOI-TVA-IMM-10-10-10-40-20130107, § 40).

On relèvera que la précision selon laquelle il est indifférent qu'à la suite de cette transmission le cédant continue par ailleurs à affecter d'autres immeubles de son patrimoine à une activité de location soumise à la TVA énoncée dans le rescrit 2006/58 (RES 12 sept. 2006, n° 2006/58 TCA) a été reprise au *BOFiP* (BOI-TVA-DED-60-20-10-20180103, § 280 qui reproduit le texte de ce rescrit *in extenso*).

Il a été recommandé que le bénéficiaire de la transmission s'engage dans l'acte à perpétuer l'activité locative et à opter pour l'assujettissement du loyer à la TVA (*La TVA immobilière après la réforme*, éd. F. Lefebvre, n° 8025).

En vertu de l'article 257 bis du Code général des impôts, le vendeur sera soit dispensé de verser la TVA immobilière, soit dispensé de procéder au reversement de TVA qu'il avait antérieurement déduite. Des formules d'application concernant précisément le cas où la vente d'un immeuble loué moyennant des loyers soumis à TVA est consentie à un acquéreur qui entend continuer à donner l'immeuble en location dans les mêmes conditions ont été proposées (H. Paerels et E. Courchelle, *Vente d'immeuble loué, TVA et transmission d'universalité : JCP* N 2012, n° 41, 1348).

L'administration fiscale a rappelé que la cession isolée d'un immeuble loué en TVA mais inscrit en stock ne bénéficie pas de la dispense (V. BOI-TVA-DED-60-20-10-20180103, n° 280).

8507 **Immeuble locatif vacant à la date de la cession.** Il a été indiqué par le ministre des Finances et des Comptes publics dans une réponse écrite au député Gérard (n° 90962 : *JOAN* Q, 8 mars 2016) que : « L'article 257 bis du Code général des impôts (CGI) dispense de taxe sur la valeur ajoutée (TVA) les livraisons et les prestations de services réalisées entre redevables de la taxe à l'occasion d'une transmission d'une universalité totale ou partielle de biens à titre onéreux ou à titre gratuit ou sous forme d'apport à une société. Le bénéficiaire est alors réputé continuer la personne du cédant, notamment à raison des régularisations de la taxe déduite par ce dernier. Une cession intervenant entre deux assujettis à la TVA d'un immeuble provisoirement vacant au moment de la cession bénéficie de la dispense posée à l'article 257 bis du CGI dès lors que le cédant est en mesure de démontrer qu'il recherche activement un locataire. La vacance des locaux cédés peut se justifier notamment par la conjoncture du marché immobilier, un changement de locataire, par des travaux ou à l'issue d'un sinistre, sans que l'intention de louer le bien en TVA n'ait été remise en cause. En conséquence, la durée de la période de vacance ne constitue pas un critère d'appréciation au sens de l'article 257 bis du CGI, seule l'intention démontrée de louer le bien étant retenue en cas de vacance. De même, les circonstances ayant motivé le départ du locataire ne sont pas, à elles seules, de nature à remettre en cause l'application du dispositif ».

8508 **Condition de continuité de l'activité du cédant.** Il a été jugé que la poursuite de l'activité locative dont faisait l'objet l'immeuble cédé justifie l'application de la dispense à la revente par l'ex-crédit-preneur de l'immeuble acquis à l'issue du crédit-bail immobilier, nonobstant le fait que cette revente soit intervenue très peu de temps après la levée d'option (CE, 23 nov. 2015, n°s 375054 et 3755055. – C. Deleu, *Dispense de TVA et cession d'un immeuble locatif : quelle grille de lecture de l'article 257 bis suite à la jurisprudence du Conseil d'État appliquée au crédit-bail ? : Dr. fisc.* 2016, comm. 292). L'administration fiscale a révisé sa position : à l'occasion d'une actualisation du *BOFiP* (BOI-TVA-DED-60-20-10) en date du 3 janvier 2018, elle a publié deux rescrits (RES n° 2018/01 [TCA] : modalités d'application des dispositions de l'article 257 bis du Code général des impôts à une levée d'option d'achat dans le cadre d'un contrat de crédit-bail immobilier et RES n° 2018/02 [TCA] : modalités d'application des dispositions de l'article 257 bis du Code général des impôts à une cession d'immeuble, opérée par l'intermédiaire de la levée d'option exercée par le crédit preneur, entre crédit-bailleurs. – V. le texte de ces rescrits : BOI-TVA-DED-60-20-10-20180103, n° 286 et V. **Crédit-bail immobilier**, n° 2500).

Selon la cour administrative d'appel de Nantes (CAA Nantes, 1re ch., 21 avr. 2016, n° 14NT02617), la dispense de TVA n'est pas applicable lorsque l'immeuble affecté par le cédant à son activité d'exploitant d'hôtel-restaurant est vendu à une SCI, car la seule acquisition de l'immeuble ne permet pas à la SCI cessionnaire de poursuivre, de manière autonome, l'activité économique d'exploitation d'un fonds d'hôtel-restaurant, « l'activité économique de la SCI était seulement de donner à bail commercial l'immeuble acquis » (V. note critique *in FR Lefebvre* 2016/2, « La cour de Nantes exige une condition de continuité d'activité »).

Selon l'administration fiscale, la vente par le crédit-bailleur au crédit preneur de l'immeuble affecté à son activité hôtelière, objet du crédit-bail immobilier, permet à l'exploitant d'acquérir une immobilisation affectée à son activité. Elle ne constitue pas une transmission d'universalité au sens de l'article 257 bis du CGI entre le crédit-bailleur et l'exploitant hôtelier et, par conséquent, elle ne bénéficie pas de la dispense de TVA (Rép. min. n° 35808 : *JOAN* 5 avr. 2022, p. 2249, Grau ; *Dr. fisc.* 28 avr. 2022, n° 17-18, act. 160 ; *JCP* N 2022, act. 486 ; *Constr.-Urb.* juin 2022, comm. N. Gonzalez-Gharbi).

La solution fondée sur le défaut d'assimilation de l'activité hôtelière à une activité locative est dans la droite ligne de l'arrêt rendu par la cour administrative d'appel Nantes qui avait exclu l'application de la dispense de TVA dans le cas de la vente par l'exploitant hôtelier des immeubles précédemment affectés à son activité hôtelière au profit d'une société de location immobilière (CAA Nantes, 1re ch, 21 avr. 2016, n° 14NT02617, inédit au recueil). À l'occasion d'une nouvelle réponse à une question écrite de Mme Louwagie (Rép. Min. n° 5782 : *JOAN*, 4 juillet 2023, p. 6155), l'administration admet l'application de la dispense de TVA au cas où un exploitant hôtelier cède à un crédit-bailleur les murs de l'hôtel dont il est propriétaire soit dans le cadre d'un « lease-back », soit de la mise en place d'un crédit-bail avec un autre crédit-preneur. Le ministre confirme également que la solution du rescrit n° 2018/02 précité s'applique lorsque le crédit-preneur est un exploitant hôtelier.

➤ Sur la responsabilité professionnelle du notaire à qui il a été reproché de ne pas avoir prémuni les parties des suites de la remise en cause par les services fiscaux de l'application jugée, *a posteriori*, irrégulière de la dispense, V. Cass. 1re civ., 12 mai 2016, n° 15-19.779.

➤ Sur l'obligation d'information qui pèse sur le notaire, V. CA Paris, 22 févr. 2019, n° 1710059, obs.

C. Barde : *La Quotidienne*, éd. Francis Lefebvre, 15 mars 2019.

➤ Sur les conséquences de la stipulation d'un prix de vente TTC dans l'acte notarié, V. Cass. 3e civ., 13 juin 2019, n° 18-16.140.

2 Personnes concernées

8509 Transmission entre assujettis redevables. L'application de la dispense de taxation aux transmissions d'une universalité totale ou partielle de biens est subordonnée à ce qu'elles interviennent entre deux assujettis redevables de la TVA au titre de l'universalité transmise. La dispense de taxation ne s'applique donc pas lorsque la transmission est réalisée par un assujetti redevable de la taxe au bénéfice d'un assujetti non redevable (BOI-TVA-CHAMP-10-10-50-10-20180103, n° 40).

En revanche, la dispense est autorisée lorsque la transmission est réalisée entre deux personnes ayant toutes deux ou pour l'une seulement d'entre elles la qualité de redevable partiel au titre de l'universalité transmise. Dans ces hypothèses, le bénéficiaire de la transmission, qui est réputé continuer la personne du cédant, est, le cas échéant, tenu d'opérer, au titre des biens d'investissements transmis dans le délai de régularisation, les régularisations du droit à déduction exigibles en vertu de l'article 207 de l'annexe II au Code général des impôts (BOI-TVA-CHAMP-10-10-50-10-20180103, n° 50).

8510 Continuation de l'activité du cédant. La notion de transmission d'universalité ne couvre pas les transferts de biens et de services réalisés au profit d'une personne qui n'entend pas exploiter l'universalité ainsi transmise mais simplement liquider immédiatement l'activité concernée. Il en est ainsi de la simple cession de biens, telle que la vente d'un stock de produits ou de la vente isolée d'un bien immobilisé en dehors de toute opération de transmission d'entreprise ou de restructuration (BOI-TVA-CHAMP-10-10-50-10-20180103, n° 10).

Le bénéficiaire de la transmission est réputé continuer la personne du cédant en poursuivant l'exploitation de l'universalité transmise sous une forme ou une autre. Il n'est toutefois pas exigé qu'il ait préalablement exercé la même activité que le cédant ou qu'il poursuive strictement la même activité que celle précédemment exercée par le cédant (BOI-TVA-CHAMP-10-10-50-10-20180103, n° 20).

3 Biens et services concernés

8511 La dispense de taxation s'applique à l'ensemble des biens et des services qui appartiennent à l'universalité transmise, et ce, quelle que soit leur nature, et en particulier aux transferts d'immeubles et de terrains à bâtir (BOI-TVA-CHAMP-10-10-50-10-20180103, n° 60).

B Régime fiscal de la transmission

8512 Il a été recommandé que l'acte notarié contienne toutes les informations nécessaires pour vérifier que les conditions d'application de l'article 257 bis sont réunies, ce qu'il y aura lieu de rappeler au paragraphe « Déclarations pour l'administration ».

Par ailleurs pour s'affranchir de son devoir d'information et de conseil, le notaire devra avertir les parties des conséquences de la dispense de TVA sur leurs opérations ultérieures et l'acte devra indiquer que ces informations ont été portées à la connaissance des parties (M. Suquet-Cozic, *Cession d'immeubles locatif et dispense de TVA : de la théorie à la pratique : BIM Lefebvre* 6/2008, p. 4).

➤ Sur les conséquences de la stipulation d'un prix de vente TTC dans l'acte notarié, V. Cass. 3e civ., 13 juin 2019, n° 18-16.140.

1 TVA

8513 Dispense de TVA due sur la livraison de l'immeuble. Il résulte de l'article 257 bis que la transmission qui s'opère est réputée ne pas constituer une « livraison » au regard de la TVA. Bien qu'entrant dans le champ d'application de cette taxe, elle ne donnera pas lieu au paiement de la TVA. Ce dispositif qui ne constitue pas une option s'applique de plein droit lorsque les conditions de fait et de droit en sont réunies.

Lorsque l'immeuble cédé est un terrain à bâtir ou un immeuble neuf, le prix doit donc obligatoirement être stipulé HT.

D'autre part, l'option pour l'assujettissement à la TVA de la livraison d'immeubles anciens et de terrains autres que des terrains à bâtir, prévue au 5° bis de l'article 260 (V. **Immeuble ancien-TVA** et **Terrains**) ne peut donc pas trouver à s'appliquer quand la cession est éligible au bénéfice des dispositions de l'article 257 bis (BOI-TVA-IMM-10-10-40-20130107, § 50). Lorsque l'immeuble cédé est un terrain autre qu'un terrain à bâtir ou un immeuble ancien, le prix sera donc stipulé sans indication de TVA.

Rappel : sur la notion d'immeuble, V. **TVA immobilière.**

8514 Incidence de la dispense de la TVA sur l'assiette de la TVA due en cas de revente des biens par leurs cessionnaires. Recherche

des conditions d'acquisition d'un immeuble ayant fait l'objet d'une transmission dans le cadre de l'article 257 bis. En principe, suivant les dispositions des articles 266 et 267, la base d'imposition des livraisons d'immeubles est constituée par toutes les sommes, valeurs, biens ou services reçus ou à recevoir par le vendeur en contrepartie de ces opérations de la part de l'acheteur, à l'exclusion de la TVA elle-même. Par dérogation, conformément aux dispositions de l'article 268, s'agissant de la livraison d'un terrain à bâtir ou d'une livraison d'immeuble bâti achevé depuis plus de cinq ans lorsqu'elle a fait l'objet de l'option prévue au 5° bis de l'article 260, la base d'imposition est constituée de la marge s'il est établi que l'acquisition par le cédant n'a pas ouvert droit à déduction.

Lorsque l'acquisition de l'immeuble s'est faite dans le cadre d'une transmission d'universalité totale ou partielle de biens et a bénéficié de la dispense prévue à l'article 257 bis, il y a lieu en cas de revente de se référer au régime de l'acquisition antérieure à celle réalisée par le bénéficiaire de la transmission pour déterminer les règles applicables à la base d'imposition (BOI-TVA-IMM-10-20-10-20200122, n° 90). La même solution s'applique lorsque cette dispense d'imposition est intervenue sur une base doctrinale, avant 2006 et l'adoption de l'article 257 bis du Code général des impôts (*BOI* préc.).

EXEMPLE Un immeuble de bureaux est affecté à une activité locative par son propriétaire X. Celui-ci le cède dans les conditions de l'article 257 bis à un investisseur Y, lequel poursuit la location jusqu'à ce qu'il décide, à son tour, de vendre à un acquéreur revendeur Z qui entend mettre fin à la location en vue de procéder à une rénovation du bâtiment. Les règles applicables à la cession entre le bénéficiaire de la transmission d'activité Y et l'acheteur revendeur Z seront déterminées en considération des conditions dans lesquelles le propriétaire initial X a lui-même acquis le bien : taxation sur le prix total s'il avait construit l'immeuble ou avait été en droit de déduire la TVA comprise, par hypothèse, dans le prix de son acquisition ; taxation sur la marge s'il avait reçu l'immeuble sans que l'acquisition lui ouvre droit à déduction (BOI-TVA-IMM-10-20-10-20200122, n° 90).

8515 **Dispense de TVA due au titre des régularisations.** Les transferts de biens d'investissement réalisés dans le cadre de la transmission d'une universalité totale ou partielle de biens, dans le délai de régularisation prévu à l'article 207 de l'annexe II au Code général des impôts, ne donnent pas lieu, chez le cédant, aux régularisations des déductions prévues au III de ce même article.

Le bénéficiaire de la transmission est réputé continuer la personne du cédant. Il est donc tenu, s'il y a lieu, d'opérer les régularisations et les taxations de cessions ou de livraisons à soi-même qui deviendraient exigibles postérieurement à la transmission d'universalité et qui auraient en principe incombé au cédant si ce dernier avait continué à exploiter lui-même l'universalité. La transmission n'a pas pour effet de faire courir un nouveau délai de régularisation chez le bénéficiaire. Relativement à chaque bien immobilisé transmis, ce dernier continue donc le délai de régularisation initié chez le précédent exploitant ou chez les précédents exploitants en cas de transmissions successives de l'universalité (BOI-TVA-DED-60-20-10-20180103, § 280).

Exemple (*BOI*) : Un immeuble achevé en N est utilisé par un assujetti A dans le cadre de l'exploitation d'une activité industrielle et commerciale ouvrant droit à déduction. Celui-ci a exercé une déduction de l'intégralité de la TVA afférente à la livraison à soi-même constatée sur le fondement du I de l'article 257 du Code général des impôts (coefficient de déduction égal à 1). En N+7, A cède son exploitation à un assujetti B avec les biens immobiliers y affectés. Cette cession bénéficie de la dispense de régularisation prévue par l'article 257 bis du Code général des impôts. B continue la personne du cédant en exploitant l'universalité ainsi transmise. Après quelques années, il cesse définitivement toute activité économique en N+12 sans repreneur. Pour le calcul de la régularisation exigible au titre de cet immeuble sur le fondement du III de l'article 207 de l'annexe II au Code général des impôts, le nombre d'années restant à courir jusqu'au terme de la période de régularisation est de sept ans [(N+19) – (N+12)].

Sur la remise en cause de cette doctrine administrative par le Conseil d'État puis sa légalisation par l'article 58 de la loi n° 2022-1726 de finances pour 2023, V. *supra*, n° 8501.

8516 **Modalités déclaratives.** Le cédant et le bénéficiaire de la transmission d'universalité doivent mentionner le montant total hors taxe de la transmission sur la déclaration de TVA souscrite au titre de la période au cours de laquelle elle est réalisée. Ce montant sera mentionné sur la ligne « Autres opérations non imposables ». Cette règle trouve à s'appliquer lorsque l'immeuble concerné est un terrain à bâtir ou un immeuble neuf.

8517 **Facturation.** La livraison des biens sous le régime de la dispense n'ouvre pas de droit à déduction à l'acquéreur. Aucune TVA ne doit être facturée au cessionnaire, aucune attestation ne doit lui être transmise. L'attention des cédants doit être attirée sur les dispositions de l'article 283-3 du Code général des impôts aux termes desquelles « Toute personne qui mentionne la taxe sur la valeur ajoutée sur une facture est redevable de la taxe du seul fait de sa facturation ».

2 Taxe de publicité foncière

8518 L'acquéreur étant par hypothèse un assujetti agissant dans le cadre de son activité économique, mais ne destinant l'immeuble à être revendu, le régime des achats reventes ne devrait pas, en principe, trouver à s'appliquer (CGI, art. 1115 – V. **Engagement de revendre**), Voir toutefois, pour les dénouements d'opération de crédit-bail immobilier V. **Crédit-bail immobilier**.

➤ Sur l'incidence de la revente de l'immeuble acquis dans le cadre d'un crédit-bail immobilier, V. BOI-TVA-DED-60-20-10-20180103, n° 286 et V. **Crédit-bail immobilier**.

a) Cas dans lequel la taxe de publicité foncière est due au tarif de droit commun

8519 Lorsque la vente porte sur un immeuble achevé depuis plus de cinq ans, la dispense de régularisations de TVA qui bénéficie au cédant évitera aux parties de stipuler un prix qui tienne compte de cette charge, ou de prévoir qu'en sus du prix principal de vente, l'acquéreur remboursera au cédant le montant des régularisations qui incombent à ce dernier.

b) Cas où la taxe de publicité foncière est due au taux réduit

8520 L'article 1594 F quinquies du Code général des impôts (TPF à 0,70 % soit 0,71498 % avec les perceptions additionnelles) va-t-il s'appliquer en l'espèce, et dans l'affirmative, selon quelles modalités ? Après avoir rappelé le régime antérieur à la réforme de la TVA, nous tenterons de tirer les conséquences de cette réforme.

8521 **Régime antérieur à la réforme de la TVA.** Dans sa rédaction antérieure, l'article 1594 F quinquies A du Code général des impôts s'appliquait aux mutations à titre onéreux d'immeubles, autres que les terrains à bâtir et biens assimilés, « lorsqu'elles entrent dans le champ d'application de la TVA en vertu de l'article 257, 7° ».

L'administration fiscale a ainsi indiqué que la mutation opérée dans le cadre de la cadre de la dispense de TVA, bénéficie de l'application de la seule taxe de publicité foncière au taux de 0,70 %, soit 0,71498 % avec les perceptions additionnelles (CGI, art. 1594 F quinquies A. – RES n° 2006/58 [TCA], 26 déc. 2006).

8522 **Régime issu de la loi de finances rectificative du 9 mars 2010 (réforme de la TVA).** L'article 1594 F quinquies A du Code général des impôts s'applique aux mutations à titre onéreux de terrains à bâtir et d'immeubles neufs, « lorsqu'elles sont soumises à la TVA », sauf si la TVA est liquidée sur la marge.

Toutefois, et comme il avait été indiqué par certains commentateurs, le bénéfice de la taxe de publicité foncière au taux réduit prévu par l'article 1594 F quinquies du Code général des impôts (TPF à 0,70 % soit 0,71498 % avec les perceptions additionnelles) s'applique aux transferts effectués dans le cadre de l'article 257 bis portant sur un terrain à bâtir dans l'acquisition avait ouvert droit à déduction, ou sur un immeuble « neuf », c'est-à-dire achevé depuis moins de cinq ans (*La TVA immobilière après la réforme*, éd. F. Lefebvre, n° 8030).

Dans son instruction du 18 avril 2011 qui a commenté la réforme des DMTO issues de l'article 16 de la loi de finances rectificative du 9 mars 2010, l'administration fiscale a « admis que l'application de la dispense de TVA prévue à l'article 257 bis ne fasse pas obstacle à l'application des dispositions du A de l'article 1594 F quinquies lorsque la transmission porte sur un immeuble achevé depuis cinq ans au plus, voire sur des terrains à bâtir attachés à l'universalité transmise ». Cette solution a été reprise au *BOFiP* (V. BOI-ENR-DMTOI-10-50-20140429, n° 10. – Remarque).

II Opérations non concernées

A Cas de non-application de l'article 257 bis du Code général des impôts

8523 **Rappel.** L'article 257 bis ne recevra pas application dans tous les cas où l'une ou l'autre des conditions énoncées ci-dessus (V. n°s 8503 à 8511) ne sont pas réunies : par exemple lorsque l'auteur du transfert ou le bénéficiaire de ce transfert n'ont pas la qualité de redevable de la TVA ou lorsque la cession « ne s'inscrit pas dans une logique de transmission d'entreprise ou de restructuration réalisée au profit d'une personne qui entend exploiter l'universalité transmise ».

B Régime fiscal

8524 **Taxation selon le droit commun.** Si les conditions d'application de l'article 257 bis du Code général des impôts ne sont pas réunies, l'opération sera taxée selon le droit commun.

Il y aura lieu de distinguer selon qu'elle est effectuée à titre gratuit (en ce cas la TVA n'est pas due) ou à titre onéreux. Dans cette dernière hypothèse, la taxation dépendra de la qualité d'assujetti ou de non-assujetti de la personne qui opère le transfert et de la nature de l'immeuble ou des droits immobiliers transmis (terrains à bâtir, immeuble inachevé, immeuble neuf, immeuble ancien…). On connaîtra le régime fiscal applicable en se reportant à la rubrique correspondante du présent ouvrage.

Trust

Serge LAMIAUX

Bibliographie : ***Sur le trust en général.*** G. A.-L. Droz et M. Revillard : *JCl. Civil Code*, App. Art. 893 à 1100, fasc. 20, *Libéralités. – Donations. – Trusts*. – V. Bonnet : *JCl. International*, Fasc. 550, *Biens*, nov. 2019. – J.-C. Rega et O. Lecomte, Rapport du 115e Congrès des notaires de France, 2019. ***Sur le trust et la publicité foncière.*** A. Gobin et L. Maerten, *Nouvelles perspectives du trust en France : JCP* N 6 déc. 1985, n° 49, 101295. – A. Desnuelle et C. Sainte-Cluque-Godest, Rapport du 115e Congrès des notaires de France, 2019, § 4282. – M. Ghisolfi et M. Nadaud : *Nota Bene Cridon Sud-Ouest* mai 2021, n° 258, fiche 1067. – S. Lamiaux, *Trust testamentaire et publicité foncière : JCP* N 19 févr. 2021, n° 7-08, 1123. – C. Deneuville et A.-S. Galand, *Les difficultés d'intégration du trust dans l'ordre juridique français : Defrénois* 6 mai 2021, n° 19-20, p. 20. – H. Peisse, *Publicité foncière du trust : Actes prat. strat. patrimoniale* juill.-août-sept. 2022, n° 3, dossier 22.

8525 Le trust est une institution juridique, inconnue du droit français, mais extrêmement répandue dans la sphère juridique anglo-américaine, qui l'emploie pour les buts les plus divers. Cependant, l'une des utilités les plus recherchées du trust est l'organisation par les particuliers de leurs successions (G. A.-L. Droz et M. Revillard : *JCl. Civil Code*, App. Art. 893 à 1100, fasc. 20, *Libéralités. – Donations. – Trusts*, juill. 2018, § 74).

C'est dans cette dimension purement successorale que le trust sera appréhendé afin d'examiner sa réception par la publicité foncière française (II). Préalablement, seront rappelées la notion de trust et la transposition de son régime en France (I).

I Observations générales

A La notion de trust

8526 Le trust est une institution reposant sur la notion de confiance (*trust* dans la langue de Shakespeare) car il tire son origine de la confiance que la personne qui constitue le trust place dans celle au profit de laquelle elle transfère la propriété d'un certain bien à charge d'en remettre le revenu ou le capital, sous certaines conditions, à un bénéficiaire désigné (qui peut être le constituant lui-même ou d'autres personnes). Le trust est donc une opération juridique impliquant en principe trois personnes : le constituant du trust, le *settlor*, qui transmet la propriété de certains biens à un *trustee* afin qu'il accomplisse une certaine mission au profit d'une tierce personne, le *cestui que trust* ou bénéficiaire (*beneficiary*), qui recevra ultérieurement la propriété de ces mêmes biens ou leurs revenus (V. Bonnet : *JCl. International*, Fasc. 550, *Biens*, nov. 2019, § 39.).

Le trust testamentaire (le *will trust*) n'en représente que l'une des variétés. Il est celui qui est prévu dans le testament du constituant (le *settlor*). C'est cette variété qui sera principalement étudiée dans la suite des développements.

Du point de vue du droit des biens, le trust provoque un dédoublement du droit de propriété étranger aux conceptions françaises (G. Droz et M. Revillard, *op. cit.*, § 76. – V. Bonnet, *op. cit.*, § 40). Le trust organise en effet la concurrence sur les mêmes biens de deux droits de propriété rivaux, mais qui n'ont rien de commun avec les droits indivis ou les droits démembrés classiques que sont l'usufruit et la nue-propriété :

– le *trustee* devient légalement propriétaire des biens livrés par le *settlor*, car il détient la *legal ownership* : il peut les administrer et en disposer librement en droit. Le *trustee* est bel et bien propriétaire des biens qui constituent le trust (il en est le propriétaire légal), mais il doit se conformer strictement aux conditions et aux charges stipulées dans l'acte constitutif. D'ailleurs, les biens n'entrent pas dans le patrimoine du *trustee*, le trust se présentant comme une sorte de patrimoine d'affectation. Les biens objets du trust sont en effet distincts du patrimoine personnel du *trustee* et sont donc soustraits à l'action de ses créanciers personnels ;

– le bénéficiaire du trust quant à lui ne se réduit pas à un simple créancier. Ses droits sont protégés « en équité » contre les actions du *trustee* ; il a donc une *equitable ownership* et il peut faire valoir certains droits de distraction ou de suite, assimilables à un droit réel (*interest*), voire un droit de propriété (il serait alors le propriétaire économique). Par ailleurs, les biens mis en trust sont également soustraits à ses propres créanciers car ils n'entrent pas dans son patrimoine.

B Les pouvoirs respectifs des *trustees* et des *beneficiaries*

8527 L'efficacité en France d'un trust testamentaire doit s'apprécier au regard de la loi successorale applicable.

Dès lors qu'il s'agit d'immeubles français ou d'une succession ouverte en France, c'est la loi française qui devient automatiquement applicable – toutefois, si la succession s'ouvre à partir du 17 août 2015, le règlement Successions (n° 650/2012, 4 juill. 2012) s'appliquera et la loi étrangère sera applicable si la résidence habituelle du défunt est à l'étranger ou dans le cas de *professio juris* en faveur d'une loi nationale étrangère (G. Droz et M. Revillard, *op. cit.*, § 80).

Dans l'hypothèse où la loi successorale est la loi française, les effets du trust testamentaire ne laissent pas de susciter des difficultés.

1 Les pouvoirs de disposition du trustee

8528 S'il existe des héritiers à réserve selon la loi française applicable à la succession, et bien que le testateur ait donné à son *trustee* le pouvoir de vendre les biens successoraux immobiliers, les héritiers réservataires pourront exiger, sans attendre et en nature, l'intégralité de leur réserve. À cet égard, la loi successorale française étant applicable à la transmission des biens, les réservataires doivent être considérés comme saisis de plein droit de tous les biens de la succession en vertu de l'article 1004 du Code civil. Par conséquent, c'est aux héritiers réservataires que le *trustee* serait tenu de s'adresser, dès lors qu'il serait assimilé à un légataire universel (G. Droz et M. Revillard, *op. cit.*, § 90).

En l'absence d'héritiers réservataires, et dès lors qu'il veut donner effet au trust pour liquider la succession conformément aux règles françaises, il convient de faire entrer les personnes intéressées dans les catégories françaises. Or un *trustee* avec les droits et pouvoirs qui lui sont attachés par la loi d'inspiration anglo-saxonne à laquelle s'était expressément ou implicitement référé le testateur, ne peut entrer dans les catégories du droit successoral français. En effet, le *trustee* est plus qu'un exécuteur testamentaire et certainement moins qu'un légataire universel (G. Droz et M. Revillard, *op. cit.*, § 92).

Le *trustee* est plus qu'un exécuteur testamentaire car il est propriétaire des biens alors que l'exécuteur testamentaire n'a pas la saisine des immeubles

Le *trustee* est cependant moins qu'un légataire universel. Parce qu'il exerce ses pouvoirs sur les biens de la succession, le *trustee* devrait être considéré comme acceptant pur et simple et, par conséquent, comme tenu des dettes de la succession *ultra vires* ; or, les biens que le *trustee* reçoit en trust ne se confondent pas avec son patrimoine personnel (il n'est donc tenu du passif héréditaire qu'*intra vires*).

Concrètement, lorsque tous les intéressés, *trustee*, bénéficiaires du trust et héritiers sont d'accord, la pratique notariale française parvient à faire fonctionner le trust sans trop déformer sa nature : les ayants droit peuvent charger le *trustee* d'administrer la succession selon les volontés exprimées par le défunt (G. Droz et M. Revillard, *op. cit.*, § 100).

2 Les pouvoirs de disposition des beneficiaries

8529 Afin de ne pas dénier toute efficacité au trust testamentaire sur le sol français, une partie de la doctrine propose de qualifier les *beneficiaries* de légataires universels lorsque l'ensemble du bénéfice du trust doit être attribué à certaines personnes une fois accomplie la mission du *trustee* (certaines dispositions du trust pourront être également considérées comme des legs à titre particulier ou à titre universel) (G. Droz et M. Revillard, *op. cit.*, § 101). Les règles françaises sur la transmission de l'actif comme du passif trouveront alors à s'appliquer. À cet égard, ce n'est pas au *trustee* mais au réservataire, s'il en existe, que la délivrance des legs devrait être demandée (*ibid.*). La jurisprudence existante montre toutefois que la situation en France des *beneficiaries* continue de poser question (*ibid.*).

Cependant, selon la pratique notariale, les bénéficiaires, agissant sous les qualifications du droit français, mandateront le *trustee* pour administrer la succession en leur nom (*ibid.*).

II Publicité foncière

8530 La réception du trust par la publicité foncière française pose deux difficultés distinctes mais reliées :

1) l'annotation au fichier immobilier de la formalité de publicité foncière donnée au trust ;
2) la publication d'un acte de disposition sur l'un des biens relevant du trust (vérification de la règle de l'effet relatif des formalités).

La première difficulté a directement trait au dédoublement de droits opérés par le trust. Selon les dispositions, de l'article 1er, second alinéa du décret n° 55-22 du 4 janvier 1995, le fichier immobilier présente, telle qu'elle résulte des documents publiés, la situation juridique actuelle des immeubles. L'article 53-1, 1 du décret n° 55-1350 du 14 octobre 1955, pris pour l'application de ce texte, dispose que le fichier est annoté d'un droit sur un immeuble lorsque ce droit est actuel. L'enjeu est alors de traduire au fichier immobilier les droits issus du trust sans trahir l'institution, mais tout en respectant les règles d'annotation.

La seconde est liée à la première. Le contrôle de la règle de l'effet relatif lors de la vente s'opère en effet par une comparaison effectuée par le service entre les indications portées dans l'acte à publier et les annotations figurant au fichier immobilier. Si le trustee ou le *beneficiary* n'apparaît pas au fichier immobilier alors qu'il vient à disposer d'un immeuble successoral, le risque est que l'acte encourt un refus de dépôt (pour absence de publication de son titre) ou un rejet de formalité (pour discordance entre le disposant dans l'acte et le titulaire des droits au fichier).

Selon nos sources, l'ancien bureau JF-1B de la DGFiP, sans développer de doctrine officielle à ce sujet, avait néanmoins adopté une approche pragmatique permettant de répondre aux deux difficultés soulevées. Toutefois, il semble que cette approche n'ait pas été communiquée à l'ensemble des services de la publicité foncière. Par ailleurs, l'actuel bureau GF-3B de la DGFiP a indiqué mener un audit interne sur le sujet (H. Peisse, *Publicité foncière du trust : Actes prat. strat. patrimoniale* juill.-août-sept. 2022, n° 3, dossier 22, n° 1). L'analyse de l'ancien bureau JF-1B sera donc exposée à titre d'exemple.

A L'annotation au fichier de la formalité donnée au trust

8531 Solution de l'attestation de propriété immobilière. Selon l'approche retenue par l'administration, afin de faire constater le trust testamentaire au fichier immobilier, le notaire doit dresser une attestation de propriété immobilière, conformément aux dispositions de l'article 29 du décret n° 55-22 du 4 janvier 1955, dans laquelle il indiquera l'identité des *trustees* et des *beneficiaries* et qu'il certifiera conformément aux dispositions combinées des articles 5 du décret n° 55-22 du 4 janvier 1955 et 38 du décret n° 55-1350 du 14 octobre 1955 (V. **Certification d'identité**) (pour des formules, V. H. Peisse, *Publicité foncière du trust : Actes prat. strat. patrimoniale* juill.-août-sept. 2022, n° 3, dossier 22. – S. Lamiaux, *Trust testamentaire et publicité foncière : JCP* N 19 févr. 2021, n° 7-08, 1123).

À cet égard, l'administration nous a indiqué ne pas agréer la solution consistant à adopter la présentation d'une fiducie-gestion, qui avait pu être préconisée par une partie de la doctrine (P.-Léon Lotthé et J. Godin, *Succession d'un Anglais : les conséquences de la professio juris : JCP* N 9 oct. 2015, n° 41, 1181, § 23).

Lors de sa présentation à la formalité, le service de la publicité foncière compétent publiera l'attestation telle quelle ; il ne notifiera aucun refus de dépôt ou rejet de formalité pour une cause tirée de la présentation du trust retenue par le notaire dans l'attestation.

8532 Annotation du chef tant des *trustees* que des *beneficiaries*. Par la suite, dans sa mission de mise à jour, donc d'annotation, du fichier immobilier, le service de la publicité foncière annotera le fichier immobilier, *via* le descriptif de la formalité de l'application FIDJI, en sélectionnant le « masque de saisie libre ». Il y fera alors apparaître les *trustees* et *beneficiaries* au fichier, chacun d'entre eux avec sa qualité respective – mais seulement cette qualité. Ainsi le service de la publicité foncière ne prend pas partie sur la nature et l'étendue des droits des *trustees* et des *beneficiaries* – ce qui est tout à fait conforme à sa mission purement administrative (à noter que certains auteurs ont estimé que l'annotation de la formalité au nom du *trustee* constituait une erreur : P.-L. Lotthé et Juliette Godin, *op. cit.*).

Exemple :

« La défunte née à … le … et décédée le … a constitué un trust testamentaire le … au profit :

– D'une part, en qualité de *trustee* : M.

– D'autre part, en qualité de bénéficiaires du trust : M. et Mme chacun pour 1/2

La succession de la défunte se compose des biens immobiliers…

L'évaluation des biens transmis est de … euros. »

Un tel descriptif sera de nature à permettre, lors de la levée d'un état hypothécaire, de connaître directement et immédiatement les titulaires de droits sur l'immeuble en cause. Il permet à la fois de satisfaire les règles d'annotations posées par l'article 53-1, 1 précité et de respecter le dédoublement des droits de propriété au sein du trust (« Le fichier est annoté d'un droit sur un immeuble lorsque ce droit est actuel »).

Cependant, ainsi qu'a pu le relever la doctrine, ce type d'annotation n'est pas satisfaisant (elle dénature le trust) et suscite des problématiques fiscales (redevable de la taxe foncière, risque d'imposition à la taxe prévue par l'article 990 du CGI) (sur ces critiques : C. Deneuville et A.-S. Galand, *Les difficultés d'intégration du trust dans l'ordre juridique français : Defrénois* 6 mai 2021, n° 19-20, p. 20. – H. Peisse, *Publicité foncière du trust : Actes prat. strat. patrimoniale* juill.-août-sept. 2022, n° 3, dossier 22).

Il a alors été proposé, par analogie avec la publicité du contrat de fiducie, de préciser dans la publication le nom et la qualité des *trustees* et des bénéficiaires. Les masques de saisie libre seraient alors utilisés pour préciser les pouvoirs respectifs de chacun, *trustee(s)* et bénéficiaire(s) (H. Peisse, *op. cit.*, n° 13).

B La publication au fichier de l'acte de disposition ultérieur

8533 La publication d'un acte de disposition (vente notamment) par les *trustees* ou les *beneficiaries* impliquera la mise en œuvre d'une règle spécifique et fondamentale de la publicité foncière française : la règle de l'effet relatif des formalités, posée par l'article 3 du décret n° 55-22 du 4 janvier 1955 et explicitée par les articles 32 à 37 du décret n° 55-1350 du 14 octobre 1955.

Cette règle est totalement étrangère à la vérification des règles de pouvoir du disposant, telle qu'elle est effectuée par le notaire en présence par exemple d'un mineur, d'un gérant de société, etc. Elle n'est en somme qu'un point de contrôle administratif parmi d'autres, comme le sont la vérification de l'identification des parties ou celle de la désignation cadastrale des biens.

Les règles de pouvoir n'intéressent en aucune manière la publicité foncière française. S'il incombe effectivement au notaire de vérifier le respect des règles de pouvoir afin de garantir la sécurité de l'acte qu'il instrumente, il n'appartient pas au service de la publicité foncière d'entreprendre un tel contrôle, sous peine d'apprécier le fond du droit et de s'arroger la compétence du juge.

À cet égard, la jurisprudence *Hédreul* ne bouleverse pas ce principe (sur cette jurisprudence, V. **Effet relatif**) : la Cour de cassation demande simplement aux services de la publicité foncière de vérifier que la personne qui dispose du bien puisse justifier d'une propriété « utile », « active » c'est-à-dire d'une propriété qui soit encore efficace. Plus concrètement, dans le cas où celui qui dispose du bien est effectivement « titré », le service de la publicité foncière doit seulement vérifier que la titularité des droits n'est pas compromise par un autre titre publié entre-temps. Il ne s'agit donc pas de vérifier les pouvoirs du disposant sur le bien, mais seulement de s'assurer que la titularité de ses droits existe encore. La vérification demandée se traduit donc toujours par une simple confrontation de titre à titre.

8534 **Les difficultés liées à la reconnaissance et à l'exercice sur le sol français des pouvoirs des *trustees* et des *beneficiaries* ne seront d'aucune incidence sur l'application de la règle de l'effet relatif des formalités.** Les conséquences concrètes sont alors fort simples : en cas de vente d'un bien immobilier par le *trustee* (par ex., afin d'apurer une partie du passif successoral), la qualité de *trustee* figurant au fichier immobilier suffira par elle-même à satisfaire la règle de l'effet relatif ; le *trustee*, qui se présente comme disposant à l'acte, est en mesure de justifier d'un titre publié : l'attestation de propriété immobilière.

Il en ira de même en cas de vente par le *beneficiary*. Si seul l'un des *beneficiaries* devenait propriétaire du bien dont il entend disposer, alors qu'au fichier immobilier figurent plusieurs *beneficiaries*, il conviendrait alors, préalablement à la publication de l'acte de disposition, de publier une attestation notariée rectificative expressément prévue par l'article 29 du décret n° 55-22 du 4 janvier 1955.

TVA immobilière

Neyla GONZALEZ-GHARBI

Sommaire analytique

Index alphabétique

Index alphabétique *(suite)*

BIBLIOGRAPHIE : ***Ouvrages.*** J.-C. Bouchard, *La TVA appliquée aux immeubles*, EFE, 2012. – Dossiers pratiques F. Lefebvre, *La TVA immobilière après la réforme*, 2e éd. 2011. – J.-P. Garçon, *La TVA appliquée à l'immobilier*, Defrénois, Lextenso éd., 2e éd. 2013.
Études (ne sont citées ici que les études d'ordre général. Les études plus spécifiques sont citées en bibliographie des rubriques concernées). N. Bousseau, *Réforme de la TVA immobilière : les nouvelles notions à maîtriser : Nota Bene (Cridon Bordeaux-Toulouse)* avr. 2010, 617. – J.-C. Bouchard et W. Stemmer, *Réforme de la TVA immobilière : JCP* N 2010, n° 12, comm. 1134 à 1143, n° spécial). – A. Chappert, *Variation fiscale à propos de deux décisions de rescrit : Defrénois* 2010, art. 39 126, p. 1237. – A. Chappert, *La réforme de la fiscalité immobilière : Defrénois* 2010, art. 39 097, p. 828. – J. Molinier, *Réforme de la TVA immobilière, nouvelle approche : JCP* N 2010, n° 19-1197. – J.-P. Garçon, *Loi de finances rectificative pour 2010 et réforme de la TVA immobilière : texte de simplification ? : Defrénois* 2010, art. 39 119. – N. Gonzalez-Gharbi, *TVA et TPF : nouveaux réflexes, nouvelle pratique : Nota bene (Cridon Bordeaux-Toulouse)* nov. 2010, n° 636. – N. Gonzalez-Gharbi, *Charge définitive de la TVA et responsabilité de l'agent immobilier, Note ss CA Metz, 2 août 2011, nos 11/00622 et 09/03582 : JurisData* n° 2011-017242 ; *Constr.-Urb.* 2011, comm. 167. – Cl. Guillot, *La réforme de la TVA immobilière : BIM Lefebvre* mai 2010, étude p. 149. – E. Kornprobst, *La réforme du champ d'application de la TVA en matière de mutation d'immeuble : grille de lecture : RD imm.* 2011, p. 132 à 155. – B. Toulemont et H. Zapf, *TVA immobilière : la fin de l'exception française : Gaz. Pal.* 1er-3 août 2010, p. 14. – B. Toulemont et H. Zapf, *Le nouveau régime de la TVA NPR : Gaz. Pal.* 1er-3 août 2010, p. 21.

8535 **La réforme du 9 mars 2010.** L'article 16 de la loi n° 2010-237 du 9 mars 2010 de finances rectificative pour 2010 (*JO* 10 mars 2010) a procédé à une refonte des textes applicables aux opérations immobilières en matière de TVA et de droits de mutation à titre onéreux.
Ces nouvelles règles, entrées en vigueur le 11 mars 2010, visent à assurer la pleine conformité du dispositif national avec la directive 2006/112/CE du 28 novembre 2006 relative au système commun de taxe sur la valeur ajoutée (dite « directive TVA »).

8536 **L'article 64, I, F, 1 de la loi de finances rectificative pour 2012** (L. n° 2012-1510, 29 déc. 2012 : *JO* 29 déc. 2012) a abrogé les dispositions de l'article 257, I, 3, 2, a du Code général des impôts qui soumettaient systématiquement à la TVA la revente d'un immeuble neuf acquis en l'état futur d'achèvement (V. **Immeuble à construire** et **Immeuble neuf**).

8537 **L'article 32 de la loi n° 2014-1545 du 20 décembre 2014 relative à la simplification de la vie des entreprises** (*JO* 21 déc. 2014) a supprimé l'obligation de constater une livraison à soi-même au titre de biens affectés aux besoins de l'entreprise pour les assujettis à la TVA qui ne réalisent que des opérations ouvrant droit à déduction de la TVA. A été supprimé, pour les immeubles achevés à compter du 22 décembre 2014, le cas spécifique de livraison à soi-même des immeubles non vendus dans les deux ans de leur achèvement. L'article 257 du Code général des impôts a été modifié en ce sens (V. égal. D. n° 2015-965, 31 juill. 2015, relatif à la fiscalité des opérations concourant à la livraison d'immeubles à soi-même).

8538 **Instructions.** Une instruction du 15 mars 2010 (*BOI* 3 A-3-10) a prévu diverses mesures transitoires dont les opérateurs peuvent se prévaloir pour les affaires en cours au moment de l'entrée en vigueur de ces nouvelles règles.
En outre, une instruction du 22 septembre 2010 (*BOI* 3 A-5-10) a présenté le régime général applicable aux opérations locatives sociales et certaines règles relatives aux dispositifs d'accession à la propriété.
Une instruction du 29 décembre 2010 (*BOI* 3 A-9-10) présente l'ensemble du dispositif en matière de TVA, sous réserve des précisions et garanties déjà apportées dans les deux instructions rappelées ci-dessus.
Enfin, une instruction du 18 avril 2011 (*BOI* 7 C-2-11 : *JCP* N 2011, n° 18, act. 424. – V. cette instruction dans le CD rom annexé) a commenté les dispositions applicables aux opérations immobilières en matière de droits de mutation à titre onéreux.

8539 **BOFiP.** Le 7 septembre 2012, la Direction générale des finances publiques a publié une instruction annonçant la mise à la disposition des usagers d'une base documentaire dénommée « Bulletin officiel des finances publiques – Impôts » (BOFiP). Cette base documentaire se substitue au « Bulletin officiel des impôts ». Elle est accessible en ligne sur Internet, et regroupe la totalité des commentaires administratifs des dispositions fiscales en vigueur, à compter du 12 septembre 2012 (*BOI* 13 A-2-12, n° 64). L'instruction précitée a rapporté à compter de cette date l'ensemble des commentaires administratifs publiés antérieurement. Il sera fait, sauf, exception, référence au BOFiP.

8540 **Plan d'exposé.** Nous étudierons successivement le champ d'application de la TVA immobilière (I), les règles de territorialité (II), les bases d'imposition (III) le fait générateur et l'exigibilité de la TVA (IV), la liquidation de la taxe (V) le redevable de la taxe (VI), le lieu d'imposition (VII), les déductions à opérer (VIII), les règles concernant la combinaison de la TVA et des droits d'enregistrement (IX), le lieu d'imposition (X) et les règles concernant la combinaison de la TVA et de la taxe de publicité foncière (XI).

I Champ d'application de la TVA immobilière

8541 Il y a lieu de distinguer les opérations concernant des « assujettis » (A), et les opérations effectuées par des non-assujettis (B).

A Opérations concernant des « assujettis »

BIBLIOGRAPHIE : M. Michel, *TVA immobilière : des précisions sur la notion d'assujetti 2011 : RFN* janv. 2011, étude 3. – W. Stemmer et M. Coraboeuf, *TVA immobilière : Resdelicates, notions d'assujetti occasionnel et d'opérations patrimoniales : Dr. fisc.* 2014, 521.

8542 Pour être soumise à la TVA, l'opération doit être effectuée par un assujetti (1) dans le cadre de l'exercice d'une activité économique (2). Elle doit enfin constituer une « livraison d'immeuble » soumise à la TVA (3).

1 Notion d'assujetti

CGI, art. 256 A. – Sont assujetties à la taxe sur la valeur ajoutée les personnes qui effectuent de manière indépendante une des activités économiques mentionnées au cinquième alinéa, quels que soient le statut juridique de ces personnes, leur situation au regard des autres impôts et la forme ou la nature de leur intervention.

Ne sont pas considérés comme agissant de manière indépendante :

Les salariés et les autres personnes qui sont liés par un contrat de travail ou par tout autre rapport juridique créant des liens de subordination en ce qui concerne les conditions de travail, les modalités de rémunération et la responsabilité de l'employeur ;

Les travailleurs à domicile dont les gains sont considérés comme des salaires, lorsqu'ils exercent leur activité dans les conditions prévues aux articles L. 7412-1, L. 7412-2 et L. 7413-2 du Code du travail.

Les activités économiques visées au premier alinéa se définissent comme toutes les activités de producteur, de commerçant ou de prestataire de services, y compris les activités extractives, agricoles et celles des professions libérales ou assimilées. Est notamment considérée comme activité économique une opération comportant l'exploitation d'un bien meuble corporel ou incorporel en vue d'en retirer des recettes ayant un caractère de permanence.

8543 **Précisions préalables sur la notion d'assujetti.** Pour déterminer si une personne qui réalise une livraison d'immeuble a la qualité d'assujetti, il convient de faire application du droit commun de la TVA qui vise les opérations réalisées par « un assujetti agissant en tant que tel ». Conformément à l'article 256 A du Code général des impôts, sont considérées comme assujetties les personnes qui effectuent de manière indépendante une des activités économiques mentionnées au cinquième alinéa de cet article, quels que soient leur statut juridique, leur situation au regard des autres impôts et la forme ou la nature de leur intervention (cf. BOI-TVA-CHAMP-10-10-20).

Ainsi, la détermination de la qualité de la personne qui réalise la livraison de biens ou la prestation de services est déterminante dès lors qu'outre l'application de la TVA aux opérations portant sur les terrains à bâtir ou les immeubles bâtis, elle est susceptible de rendre exigible une livraison à soi-même lors de la construction d'un immeuble neuf.

Remarque : Subsidiairement, elle conditionne l'éligibilité aux régimes de faveur en matière de droits de mutation (BOI-TVA-IMM-10-10-10-10-20120912, n° 1).

Sur la qualité d'assujetti aux sociétés de construction-attribution, V. Rép. min., n° 13638, *Kamowski : JOAN* 25 déc. 2018. – N. Gonzalez-Gharbi, *Bercy reconnaît la qualité d'assujetti aux sociétés de construction-attribution ayant une activité de promotion : Constr.-Urb.* 2019, comm. 18).

8544 L'article 12 de la directive n° 2006/112/CE du 28 novembre 2006 relative au système commun de la TVA laisse aux États membres la liberté de considérer comme assujetti quiconque effectue à titre occasionnel la livraison d'un terrain à bâtir ou, selon les modalités d'application déterminées par l'État, la livraison d'un bâtiment achevé dans le délai de cinq ans (BOI-TVA-IMM-10-10-10-10-20120912, § 10).

8545 **Observation.** Il n'est pas indifférent de relever à ce propos qu'à la différence de la modification de principe apportée au II de l'article 256, le législateur n'a pas éprouvé la nécessité d'élargir aux biens immeubles la référence à la seule « exploitation d'un bien meuble… » qui figure en illustration des activités économiques *in fine* à l'article 256 A (BOI-TVA-IMM-10-10-10-10-20120912, § 50).

➤ Pour les conséquences à en tirer au regard de l'obligation de livraison à soi-même, V. BOI-TVA-IMM-10-10-20-20170802, § 190.

8546 **Application erronée de la TVA à une mutation qui n'en relève pas.** Si par erreur il est indiqué dans un acte de vente d'immeubles que la mutation relève de la TVA et qu'en conséquence cette TVA est facturée et payée, le vendeur ne peut se faire restituer la taxe acquittée par le notaire sur son compte (CE, 24 nov. 1986, 7e et 8e ss-sect., n° 50200 : *Dr. fisc.* 1987, n° 16, comm. 529).

En effet, toute personne qui facture la TVA en devient redevable par ce seul fait (CGI, art. 283-3). Or, la fixation dans l'acte de cession d'un prix TVA comprise équivaut à facturation et a donc pour effet de rendre les cédants redevables de cette taxe (CAA Marseille, 3e ch., 14 juin 1999, n° 97-MA-00584 : *Constr.-Urb.* 2000, comm. 24 ; *JurisData* n° 1999-124995).

La Cour de cassation juge que l'acquéreur à qui l'administration peut utilement réclamer les droits de mutation ne peut pas opposer au Trésor public la compensation avec la TVA immobilière qu'il aurait payée dans son prix (Cass. com., 4 oct. 1988 : *RJF* 2/1989, n° 251).

Une décision en date du 12 novembre 2015 (Cass. 3e civ., n° 13-23360, non publié au bulletin) retient l'attention : se retranchant derrière l'interprétation souveraine des termes du contrat telle que retenue par la cour d'appel (Dijon, 23 mai 2013), la cour a validé la condamnation du vendeur d'avoir à restituer à l'acquéreur le montant de la TVA appliquée à tort à la vente. Cette décision – critiquable en ce qu'elle néglige de prendre en compte la règle posée à l'article 283, 3 du Code général des impôts qui rend exigible la TVA du seul fait d'avoir été facturée (ce qui était le cas en l'espèce) appelle les notaires à la plus grande vigilance quant à la détermination du régime fiscal applicable à la vente et à la rédaction du paragraphe prix (V. égal. les observations critiques de M. Hérail, *Newsletter*, Éditions Législatives, 15 janv. 2016).

2 L'opération doit être effectuée par l'assujetti dans le cadre de l'exercice d'une activité économique

8547 Certaines opérations sont considérées comme l'exercice d'une activité économique et sont en conséquence soumises à la TVA (*a*). Mais, il est également des opérations dont la réalisation confère la qualité d'assujetti, ce qui entraîne l'application de la TVA (*b*).

8548 **Portée des clauses figurant dans le contrat.** À l'occasion d'une réponse à la question écrite du député P. Morel-A-L'Huissier, le ministre de l'Économie et des Finances a indiqué : « quel que soit le régime de TVA applicable à une opération, une clause ou une mention qui spécifierait le régime de TVA de l'opération par les parties elles-mêmes, sans prise de position préalable de l'administration fiscale, n'est pas opposable à cette dernière » (Rép. min. Éco. Fin. à P. Morel-A-L'Huissier, n° 25884 : *JOAN* 17 déc. 2014, p. 13251).

a) Distinctions à opérer

8549 L'assujetti doit agir « en tant que tel ». Personnes assujetties par ailleurs réalisant des opérations immobilières dans un cadre patrimonial. S'agissant des personnes déjà assujetties au titre de leur activité courante, il ressort de la jurisprudence qu'elles « n'agissent pas en tant que telles » lorsqu'elles réalisent la cession d'un élément de leur patrimoine en dehors d'un objectif d'entreprise ou d'un but commercial. On distinguera donc entre celles des opérations de l'assujetti qui sont réalisées dans le cadre de son activité économique et celles qui sont réalisées dans un cadre patrimonial.

En ce sens, la cession d'un actif inscrit au bilan présente normalement le caractère d'une opération économique réalisée en tant que telle. Il en va *a fortiori* ainsi si elle s'accompagne de dépenses de valorisation du bien cédé, si elle s'inscrit dans l'exploitation d'une activité d'achat en vue de la revente susceptible de produire des recettes récurrentes, ou plus généralement si elle constitue le prolongement direct de l'activité de l'entreprise. En revanche, la cession d'un immeuble (ou d'une fraction d'immeuble) réalisée par une entreprise qui, à cette occasion, vise seulement à mieux tirer parti d'un bien devenu étranger à son activité économique peut être considérée comme extérieure au champ de la TVA.

De même, un agriculteur qui vend des terrains de son patrimoine foncier, non inscrits au bilan de son exploitation (*a fortiori* en l'absence de bilan) n'agit ordinairement pas en tant qu'assujetti. Il en ira à l'inverse, notamment, s'il réalise sur ces mêmes terrains des travaux, par exemple de viabilisation, et met en œuvre des moyens de commercialisation avérés : publicité, démarchage (BOI-TVA-IMM-10-10-10-10-2-0120912, § 90).

On signalera que selon la Cour de justice, un État membre de l'Union européenne ne peut pas choisir de soumettre à la TVA les livraisons de terrains à bâtir ou d'immeubles neufs réalisées à titre occasionnel lorsqu'elles ne constituent que le simple exercice du droit de propriété (CJUE, 15 sept. 2011, aff. C-180/10 et C-181/10). Cet arrêt rendu à titre préjudiciel pour l'application de la TVA en Pologne a amené les commentateurs à s'interroger sur la portée en France de l'article 257, I, 3, 2° *b* du Code général des impôts (*Doc. prat. Lefebvre* 13 oct. 2011. – W. Stemmer, *La France peut-elle encore soumettre la revente, par un non-assujetti, d'un immeuble acquis en VEFA ? : JCP* N 2011, 1293). C'est pour se mettre en conformité avec cette jurisprudence que l'article 64, I, F, 1 de la troisième loi de finances rectificative pour 2012 (L. n° 2012-1510, 29 déc. 2012 : *JO* 29 déc. 2012) a abrogé les dispositions de l'article 257, I, 3, 2, *a* du Code général des impôts qui soumettaient à la TVA la vente, réalisée en dehors de toute activité économique, d'un immeuble neuf que le cédant avait acquis au moyen d'un contrat de vente d'immeuble à construire (V. **Immeuble à construire** et **Immeuble neuf**).

Mais, le Conseil d'État a récemment validé la doctrine administrative relative aux conditions d'assujettissement à la TVA des opérations de lotissements réalisées par des personnes qui n'ont pas par ailleurs la qualité d'assujetti lorsqu'elles mobilisent des moyens similaires aux professionnels pour parvenir à la commercialisation de leur lotissement (V. CE, 8e-3e ch. réunies, 9 juin 2020, n° 432596 : *JurisData* n° 2020-007854 ; *Les démarches actives de commercialisation soumettent le lotisseur occasionnel à la TVA : Constr.-Urb.* 2020, comm. 84, N. Gonzalez-Gharbi) V. **Terrains** et **Lotissement**).

b) Opérations à régime particulier

8550 **Procédure d'expropriation.** Si la directive n° 2006/112/CE du 28 novembre 2006 relative au système commun de la TVA considère comme une livraison de biens la transmission réalisée à l'occasion d'une procédure d'expropriation, il y a lieu de supposer qu'elle ne constitue pas en principe une opération économique pour l'exproprié dès lors que la contrepartie reçue a le caractère d'une indemnité. Il en va autrement, toutefois, dès lors que l'exproprié établit que cette livraison répond par ailleurs aux besoins de son

TVA immobilière

entreprise (BOI-TVA-IMM-10-10-10-10-20120912, § 100. – V. **Expropriation**).

8551 Personnes morales de droit public.
➤ Sur le régime fiscal particulier des personnes morales de droit public, V. Rép. min. Éco. Fin. à P. Morel-A-L'Huissier, n° 25884 : *JOAN* 17 déc. 2014, p. 13251 ; V. **Collectivités et personnes publiques**.

3 L'opération doit constituer une « livraison d'immeuble » soumise à TVA

8552 Opérations à titre onéreux. Seules sont passibles de la TVA les « livraisons » réalisées à titre onéreux.
Une opération est considérée comme réalisée à titre onéreux, en matière de TVA, lorsqu'il existe un lien direct entre le service rendu ou le bien livré et la contre-valeur reçue. Pour cela, le bénéficiaire de la prestation ou de la livraison doit en retirer un avantage individuel et le niveau de cet avantage doit être en relation avec le prix payé. Tel n'est pas le cas lorsque le prix payé est très inférieur au niveau de l'avantage procuré au bénéficiaire de la livraison, cet avantage reçu en contrepartie pouvant aussi prendre la forme d'engagements, de reprise d'engagements ou de prestations services (BOI-TVA-IMM-10-10-10-10-20120912, § 40).
Dès lors, la cession d'un bien immobilier pour un prix symbolique constitue une opération située hors du champ d'application de la TVA (V. **Cession à titre gratuit**).

8553 Plan d'exposé. Si les livraisons d'immeubles réalisées à titre onéreux par un assujetti agissant en tant que tel entrent dans le champ d'application de la TVA, certaines de ces livraisons sont taxables de plein droit (*a*) alors que d'autres sont exonérées mais peuvent être soumises à la taxe sur option (*b*). Certaines situations particulières peuvent résulter de la juxtaposition, dans une même mutation, d'immeubles ou de droits immobiliers relevant de qualifications fiscales différentes (*c*). Enfin, certaines opérations sont assimilées à des livraisons d'immeubles lorsqu'elles sont effectuées par des assujettis (*d*).

a) Livraisons d'immeubles imposables de plein droit

8554 « Livraisons » concernées. Les livraisons d'immeubles réalisées par un assujetti agissant en tant que tel sont soumises à la TVA à l'exception de celles qui sont exonérées en application du 5 de l'article 261 du Code général des impôts.
Sont par conséquent imposables de plein droit les livraisons d'immeubles autres que de terrains qui ne sont pas à bâtir et d'immeubles bâtis achevés depuis plus de cinq ans, à savoir les livraisons de terrains à bâtir au sens du 1° du 2 du I de l'article 257 du Code général des impôts ainsi que les livraisons d'immeubles bâtis dans les cinq ans qui suivent leur achèvement (BOI-TVA-IMM-10-10-10-20, 29/09/2014, § 1).

8555 Livraisons de terrains à bâtir. Le 1° du 2 du I de l'article 257 retient une définition objective du terrain à bâtir (TAB) qui prescrit de considérer comme tels tous les terrains sur lesquels des constructions peuvent être autorisées en application des documents qui caractérisent leur situation au regard des règles d'urbanisme (V. **Terrains**).
Les « livraisons » des terrains à bâtir ainsi définis sont imposables à la TVA de plein droit (BOI-TVA-IMM-10-10-10-20, 29/09/2014, § 10).
Remarque : La Commission européenne a rendu publique une proposition de directive du Conseil modifiant la directive 2006/112/CE en ce qui concerne l'attribution de compétences d'exécution à la Commission pour déterminer le sens des termes utilisés dans certaines dispositions de cette directive (COM 2020, 749, 18 déc. 2020), visant notamment « à définir la notion de "terrain à bâtir", étant donné que ma directive fait expressément référence à la définition de celle-ci par le droit national (Directive, art. 12, paragraphe 3) », V. E. Ashworth, *Comitologie et TVA*, éd. Lefebvre, La Quotidienne, 5 mars 2021).

8556 Livraisons d'immeubles neufs. Sont considérés comme immeubles neufs, au sens du 2° du 2 du I de l'article 257, les immeubles bâtis qui sont achevés depuis cinq ans au plus.
Toutes les livraisons d'immeubles bâtis intervenant dans les cinq ans de leur achèvement sont soumises à la TVA de plein droit, dès lors qu'elles sont effectuées par un assujetti agissant en tant que tel et sous réserve de l'application des dispositions de l'article 257 bis (pour plus de détails, V. **Immeuble neuf**).

8557 Immeubles inachevés.
➤ Sur le régime particulier des immeubles inachevés, V. **Immeuble inachevé**.

8558 Addition de construction ou surélévation.
➤ Sur l'incidence d'une addition de construction ou d'une surélévation, V. **Terrains ; Immeuble neuf** et **Droit de surélévation**.

8559 Immeuble rénové.
➤ V. **Rénovation d'immeuble ancien**.

b) Livraisons d'immeubles exonérées mais imposables sur option

BIBLIOGRAPHIE : N. Gonzalez-Gharbi, *Opter pour soumettre la vente d'un immeuble ancien à la TVA, c'est aussi, l'affaire de l'acquéreur : Revue Nota bene* 2015, Fiche 808.

8560 **Immeubles concernés.** Le 5° de l'article 261 du Code général des impôts exonère de TVA :
– les livraisons de terrains qui ne sont pas des terrains à bâtir au sens des dispositions du 1° du 2 du I de l'article 257 du Code général des impôts (V. **Terrains**) ;
– ainsi que les livraisons d'immeubles achevés depuis plus de cinq ans.

Toutefois, la livraison de ces immeubles par un assujetti peut faire l'objet d'une option pour la taxation conformément au 5° bis de l'article 260 du Code général des impôts, auquel cas il y a toujours lieu de considérer qu'il agit dans le cadre de son activité économique (V. **Immeuble ancien [TVA]**).

➤ Sur le cas où un assujetti a engagé des travaux de rénovation lourde sur un immeuble achevé depuis plus de cinq ans, V. **Rénovation d'immeubles anciens.**

➤ Sur les conditions d'exercice des droits à déduction par l'acquéreur de l'immeuble ancien lorsque cet achat est fait en vue de la revente, V. **Immeuble ancien [TVA].**

Selon l'administration fiscale, cette option ne peut pas être exercée par l'assujetti qui cède l'immeuble dans le cadre d'une transmission d'universalité au sens de l'article 257 bis du Code général des impôts (BOI-TVA-IMM-10-10-40, 07/01/2013, n° 50).

8561 **Modalités de l'option.** L'article 201 quater de l'annexe II au Code général des impôts prévoit que l'option doit être exprimée dans l'acte constatant la mutation, et de manière distincte lorsque des immeubles, fractions d'immeuble ou droits immobiliers relèvent de règles différentes pour la détermination de la base d'imposition (fixées respectivement aux articles 266 et 268), en sorte que ces règles puissent s'appliquer dans toute leur portée (BOI-TVA-IMM-10-10-10-30, 12/09/2012, § 20).

8562 **Livraison d'immeubles relevant de régimes fiscaux différents.** Lorsqu'un assujetti est amené à céder un terrain comportant une partie qui ne répond pas à la qualification de terrain à bâtir et une autre partie qui y répond et qu'il a acquise dans des conditions conduisant à placer la cession sous le régime de la marge, l'acte devra comporter une claire distinction entre l'une et l'autre partie quand bien même l'ensemble sera soumis à la TVA s'il exerce l'option pour la partie non à bâtir, dès lors que celle-ci sera taxée sur le prix total alors que la partie à bâtir sera taxée sur la seule marge.

De même, lorsqu'un immeuble achevé depuis plus de cinq ans est vendu par lots, l'option peut n'être formulée que pour une partie des lots cédés. Mais aux termes du décret, l'option ne peut être exercée comme telle lorsqu'un lot est présenté sous un prix global alors que son origine de propriété fait apparaître qu'il résulte de la réunion d'une fraction d'immeuble éligible aux dispositions de l'article 268 et d'une autre fraction relevant de l'application de l'article 266. À défaut que la division appropriée ne soit possible ou souhaitée, il sera néanmoins admis si les parties en ont convenance que la cession soit soumise à la TVA sous réserve que la taxe soit appliquée sur le prix total et que son montant soit mentionné dans l'acte (BOI-TVA-IMM-10-10-10-30, 12/09/2012, § 30 et 40).

EXEMPLE FIGURANT AU BOI-TVA-IMM-10-10-10-30, 12/09/2012, § 50

Un assujetti a acquis en deux temps un ensemble immobilier à usage mixte d'habitation et de bureaux, une première partie auprès du promoteur d'origine soumise à la TVA, et le reste ultérieurement auprès d'un non-assujetti qui avait réalisé un investissement privé.

En vue de le revendre plus de cinq années audelà de l'achèvement de la construction, il procède à des travaux d'aménagement qui n'ont pas le caractère de production d'un immeuble neuf et divise l'immeuble en six lots. Il cède le lot A à usage de bureaux à un architecte qui entend utiliser les locaux pour son activité professionnelle ouvrant droit à déduction, le lot B à un médecin dont l'activité est exonérée et les lots C à F à usage d'habitation.

Les parties trouveront avantage à ce que le cédant formule une option de taxation pour la cession du lot A dont l'acquéreur est en mesure de déduire la TVA qui aura grevé la mutation et d'effacer ainsi tout ou partie des rémanences sur la taxe d'amont. Toutefois, si ces locaux résultent du regroupement de fractions d'immeuble qui avaient été acquises par le cédant pour une part TTC avec droit à déduction, et pour l'autre part sans TVA auprès de l'investisseur privé, l'exercice de l'option devra, en principe, être assorti d'une décomposition du prix de vente entre les deux origines, la première part étant soumise à la taxe sur le prix total, tandis que la seconde ne sera taxée que sur la marge. La taxation sur le prix total permettra d'éviter une régularisation de la taxe

déduite lors de l'acquisition initiale et de neutraliser la rémanence de taxe sur les travaux d'aménagement. La taxation sur la marge n'aura que le second effet.
S'agissant des lots B à F, en revanche, les parties n'auraient aucun intérêt à ce que le cédant exerce l'option dès lors que les acquéreurs n'étant pas déducteurs, la taxation aurait pour effet d'enchérir le prix final Par ailleurs, s'agissant de la cession d'un immeuble achevé depuis plus de cinq ans, la soumission à la TVA est sans incidence sur le taux de droits de mutation applicable.
Remarque : S'agissant de la cession d'un immeuble achevé depuis plus de cinq ans, la soumission à la TVA est sans incidence sur le taux de droits de mutation applicable.

c) Situations particulières

8563 Terrain à bâtir et immeuble bâti réunis dans une même mutation. La distinction entre terrain à bâtir et immeuble bâti trouve toute sa portée lorsque l'un et l'autre sont réunis dans une même mutation réalisée par un assujetti agissant en tant que tel, alors que diffère le régime fiscal qu'il a lieu d'appliquer : taxation de plein droit (sur le prix total ou sur la marge) pour le premier, taxation de plein droit sur le prix total ou exonération avec faculté de taxation sur option (sur le prix total ou sur la marge) pour le second selon son ancienneté d'achèvement.
Dans une telle situation, il convient que l'acte reflète clairement la qualification respective de chaque élément, en sorte que le régime approprié soit distinctement et régulièrement appliqué, d'une part, au terrain à bâtir et, d'autre part, à l'immeuble bâti. En règle générale, une division parcellaire devra intervenir préalablement à la mutation, permettant de distinguer la part de l'emprise libre de constructions utilisables comme telles dont la cession sera taxée comme terrain à bâtir, et la part déjà bâtie utilisable comme telle dont la qualification fiscale dépendra des caractéristiques propres (BOI-TVA-IMM-10-10-10-40-20130107, § 1 et 10).

8564 Difficultés. Une hésitation peut, toutefois, survenir au cas où dans une telle cession conjointe l'emprise susceptible d'être qualifiée comme terrain à bâtir à raison de ce qu'elle est libre de construction (voire occupée par une construction devenue impropre à tout usage) ne constitue que le prolongement direct et accessoire d'un bâtiment lui-même en état d'être utilisé. À titre de règle pratique, il sera alors admis de considérer l'ensemble en tant qu'immeuble bâti s'il est identifié de la sorte comme une seule parcelle pour l'établissement du plan cadastral. Le BOFiP ajoute en remarque :

> « Le BOI-CAD-REM-10-40-30-20 au III-B-2-o précise notamment : "On considère comme formant une seule parcelle, qui reçoit uniformément la désignation de "sol", toutes les parties contiguës ou non, d'une même propriété bâtie couverte de constructions ou formant dépendances indispensables et immédiates des bâtiments (cours, passages, jardins de moins de cinq ares, etc.)" (BOI-TVA-IMM-10-10-10-40-20130107, § 1 à 30). »

S'agissant des lots identifiés dans un règlement de copropriété ou un état descriptif de division, « chaque partie non indivise des constructions en copropriété est identifiée dans la documentation littérale par le numéro de la parcelle de référence complété de la lettre "C" et l'indication du numéro du lot extrait du règlement de copropriété, s'il en existe, ou d'un état descriptif de division... ». Sera considéré comme immeuble bâti l'ensemble identifié comme un seul lot dans un règlement de copropriété ou un état descriptif de division (BOI-TVA-IMM-10-10-10-40-20130107, § 1 à 20, préc.).
Remarque : En réponse à deux questions préjudicielles transmises par la CAA de Lyon, la CJUE a précisé qu'il incombe aux juridictions nationales de vérifier si les biens acquis en nature de parcelles partiellement encombrées de bâtiments relevaient, lors de leur acquisition de la notion de terrain à bâtir au sens de l'article 12, § 3 de la directive 2006/112/CE du Conseil du 28 novembre 2006 relative au système commun de taxe à la valeur ajoutée (V. CJUE, ord., 7e ch., 10 févr. 2022, aff. C-191/21. – N. Gonzalez-Gharbi, *Terrain détaché d'une parcelle comportant un bâtiment et TVA sur marge : la CJUE livre une ordonnance nuancée : Constr.-Urb.* 2022, comm. 48. – CE, 8e ch., 10 mars 2023, n° 466849, Rejet PAPC contre CAA Lyon, 21 juin 2022, n° 20LY01230). Le refus d'appliquer la TVA sur marge à la vente de terrains à bâtir issus de la division de parcelles nues adjacentes à une parcelle encombrée d'un bâtiment, mais que l'acte d'acquisition ne désignait pas comme des terrains à bâtir a été confirmé par le Conseil d'État pour ce seul motif. Dans cette affaire, l'acte d'acquisition en 2011 par la société marchand de biens « ne visait qu'une "propriété bâtie" sans faire explicitement état de la vente de terrains à bâtir portant sur des parcelles nues existantes ». Contrairement à la cour administrative d'appel de Lyon dont il a annulé l'arrêt n° 19LY00541 du 16 juin 2022, le Conseil d'État a jugé sans effet sur la qualification des parcelles acquises la circonstance qu'elles aient déjà fait l'objet d'une autorisation de division ou d'une division effective, lors de l'acquisition, ni leur caractère de terrains

constructibles au regard du PLU (CE, 2 avr. 2024, n° 466644, concl. E. de Moustier. – G. Berger-Picq, *Vente de terrains et TVA sur marge : la clause fiscale de l'acte est-elle vraiment toute puissante ? : FR Lefebvre 24/24*, info 5. – N. Gonzalez-Gharbi, *Terrain à bâtir et TVA : la marge est par terre, c'est la faute au notaire ? : Constr.-Urb.* 2024, n° 6, comm. 76). Présentée comme devant mettre fin aux divergences d'interprétation entre les juges du fond quant à la qualification de terrains à bâtir des biens acquis en vue de la revente (*NF* 15 mai 2024, p. 4), cette décision confère aux mentions relatives à la nature fiscale des biens cédés une portée en matière de TVA que la définition objective du terrain à bâtir résultant de l'article 257 du CGI était loin de laisser présager.

8565 **Droits de construire.** Par ailleurs, quand bien même des droits à construire résiduels (notamment par surélévation) sont attachés à un immeuble bâti, la cession de celui-ci verra son régime déterminé non comme celui d'un terrain à bâtir, mais comme immeuble neuf ou comme immeuble achevé depuis plus de cinq ans en fonction de la date d'achèvement du bâti existant. Tel est le régime ainsi applicable à la cession d'un lot de volume d'immeuble bâti.

Il en ira de même de la cession séparée des seuls droits à construire, laquelle s'agissant de droits réels immobiliers suivra le régime de l'immeuble auquel ils se rattachent conformément au 1° du 1 du I de l'article 257 (BOI-TVA-IMM-10-10-10-40-20130107, § 30).

8566 **Universalités totales ou partielles de biens.** La refonte des textes applicables aux opérations immobilières a repris à l'identique le dispositif de l'article 257 bis relatif à la transmission, à titre onéreux ou à titre gratuit ou sous la forme d'apport à une société, d'une universalité totale ou partielle de biens. Ce dispositif qui ne constitue pas une option s'applique de plein droit lorsque les conditions de fait et de droit en sont réunies, les commentaires publiés au *BOI* 3 A-6-06 ainsi que les rescrits publiés à la suite conservant toute leur portée. Cette doctrine est reprise au BOFiP qui cite les rescrits 2008/4, 2006/34 et 2006/28 au BOI-TVA-CHAMP-BOI-TVA-CHAMP-10-10-50-10-20180103, § 30 ; en matière immobilière, on se reportera également au BOI-TVA-IMM-10-10-10-40-20130107, § 40 et 50.

Ainsi, s'agissant d'un immeuble immobilisé et donné en location, la cession à un acquéreur qui poursuit l'exploitation en reprenant les baux en cours (après négociation ou non) doit être regardée comme intervenant dans le cadre d'une transmission d'universalité de biens, éligible comme telle à la dispense de taxation, qu'elle intervienne dans les cinq ans de l'achèvement de la construction ou plus tard (BOI-TVA-IMM-10-10-10-40-20130107, § 40).

L'option pour la taxation prévue au 5° bis de l'article 260 ne peut donc pas trouver à s'appliquer quand la cession est éligible au bénéfice des dispositions de l'article 257 bis (BOI-TVA-IMM-10-10-10-40-20130107, § 50).

À l'occasion d'une actualisation du *BOFiP* (BOI-TVA-DED-60-20-10) en date du 3 janvier 2018, l'administration fiscale a publié deux rescrits :

– RES n° 2018/01 (TCA) : modalités d'application des dispositions de l'article 257 bis du Code général des impôts à une levée d'option d'achat dans le cadre d'un contrat de crédit-bail immobilier et ;

– RES n° 2018/02 (TCA) : modalités d'application des dispositions de l'article 257 bis du Code général des impôts à une cession d'immeuble, opérée par l'intermédiaire de la levée d'option exercée par le crédit preneur, entre crédit-bailleurs.

La portée de ces deux rescrits a été précisée par une réponse ministérielle (Grau, n° 7359 : *JOAN* 10 juill. 2018, p. 6063 ; *Constr.-Urb.* 2018, comm. 134, N. Gonzalez-Gharbi). Il a été ainsi confirmé que la dispense de TVA s'applique à la levée d'option (première vente) et à la revente de l'immeuble objet du crédit-bail immobilier, dès lors que l'immeuble demeure affecté à une activité locative en TVA et que le sous-acquéreur ne l'inscrit pas en stock. Le ministre confirme également qu'il importe peu, pour l'application de cette solution en matière de TVA, que l'acquéreur place son achat sous le régime de faveur prévu à l'article 1115 du Code général des impôts (achat-revente, V. **Engagement de revente**) ou celui prévu à l'article 1594 0G A du Code général des impôts (V. **Engagement de construire**).

En revanche, la vente par le crédit-bailleur au crédit preneur de l'immeuble affecté à sa propre activité hôtelière, objet du crédit-bail immobilier, permet à l'exploitant d'acquérir une immobilisation affectée à son activité. Elle ne constitue pas une transmission d'universalité au sens de l'article 257 bis du CGI entre le crédit-bailleur et l'exploitant hôtelier et, par conséquent, elle ne bénéficie pas de la dispense de TVA (Rép. min. n° 35808 : *JOAN* 5 avr. 2022, p. 2249, Grau ; *Dr. fisc.* 28 avr. 2022, n° 17-18, act. 160 ; *JCP* N 2022, act. 486 ; *Constr.-Urb.* juin 2022, comm. N. Gonzalez-Gharbi). La solution fondée sur le défaut d'assimilation de l'activité hôtelière à une activité locative est dans la droite ligne d'un arrêt rendu par la CAA Nantes qui avait exclu l'application de la dispense de TVA dans le cas de la vente par l'exploitant hôtelier des immeubles précédemment affectés à son activité hôtelière au profit d'une société de location immobilière (CAA Nantes, 1re ch., 21 avr. 2016, 14NT02617, inédit au recueil Lebon). À l'occasion d'une nouvelle réponse à une question écrite de Mme Louwagie (Rép. min. n° 5782 : *JOAN* 4 juill. 2023, p. 6155), l'administration admet l'application de la dispense de TVA au cas où un exploitant hôtelier cède à un crédit-bailleur les murs de l'hôtel dont il est propriétaire soit dans le cadre d'un *lease-back*, soit de la mise en place d'un crédit-bail avec un autre crédit-preneur. Le ministre confirme également que la solution du rescrit n° 2018/02 précité s'applique lorsque le crédit-preneur est un exploitant hôtelier.

(V. le texte des rescrits précités : BOI-TVA-DED-60-20-1, 3 janv. 2018, n° 286 et V. **Crédit-bail immobilier**, n° 2500 et V. **Transmission d'universalité**).

d) Opérations des assujettis assimilées à des livraisons d'immeubles

8567 Au-delà des livraisons d'immeubles entrant dans le champ d'application de droit commun de la TVA, le législateur a soumis au même régime d'imposition certaines opérations qui ne consistent pas à proprement parler en des livraisons d'immeubles réalisées par des assujettis agissant en tant que tels.

Deux catégories d'opérations sont visées ici, la cession de certains droits portant sur des immeubles qui du fait de leur assimilation à des biens corporels suivent le même régime que celui qui serait applicable à la cession de l'immeuble sur lequel ils portent, et les livraisons à soi-même (BOI-TVA-IMM-10-10-20-20160302, § 1 et 10).

Nous ne traiterons pas des livraisons à soi-même qui ne constituent pas des opérations concernant le service de la publicité foncière.

1) Opérations concernant certains droits portant sur des immeubles

8568 Conformément aux dispositions du 1° du IV de l'article 256, les droits portant sur des immeubles constituent des biens meubles incorporels dont la cession est assimilée à une prestation de services et, comme telle, taxable de plein droit. Néanmoins, la directive TVA accorde aux États membres une faculté de considérer certains droits sur les immeubles comme des biens corporels (BOI-TVA-IMM-10-10-20-20170802, § 30). Cette faculté n'avait jusqu'alors été mise en œuvre que pour les seules cessions de parts et actions dont la possession assure, en droit ou en fait, l'attribution en propriété ou en jouissance d'un terrain à bâtir ou d'un immeuble ou d'une fraction d'immeuble neuf, ainsi que pour les cessions de droits représentatifs d'un terrain à bâtir ou d'un immeuble neuf par le constituant dans le cadre d'un contrat de fiducie. Pour ces deux catégories d'opérations, les 3° et 4° du 1 du I de l'article 257 ont étendu la même solution aux cessions de droits portant sur l'ensemble des immeubles (BOI-TVA-IMM-10-10-20-20170802, § 40).

Par ailleurs, les 1° et 2° du 1 du I de l'article 257 du CGI ont mis en œuvre cette faculté pour l'ensemble des opérations portant sur des droits réels immobiliers à l'exception des locations résultant des baux qui confèrent un droit de jouissance, ainsi que pour les droits relatifs aux promesses de vente (BOI-TVA-IMM-10-10-20-20170802, § 50).

8569 Désormais, sous réserve qu'elles soient réalisées par des assujettis agissant en tant que tels, c'est donc l'ensemble des opérations en cause qui suivent le régime qui serait applicable à la cession de l'immeuble sous-jacent, c'est-à-dire une taxation de plein droit si les droits cédés portent sur un terrain à bâtir ou un immeuble achevé depuis cinq ans au plus, et une exonération avec possibilité d'option si les droits portent sur des immeubles achevés depuis plus de cinq ans ou des terrains qui ne sont pas à bâtir.

Ces dispositions valent tant pour la qualification fiscale de l'opération au regard de la TVA, que pour la détermination des modalités de taxation et l'exercice du droit à déduction (BOI-TVA-IMM-10-10-20-20170802, § 60).

En revanche, l'assimilation au régime du sous-jacent exposée ci-dessus n'a pas été étendue aux droits immobiliers de caractère personnel, tels les contrats de location portant sur des immeubles. Exception faite des droits relatifs aux promesses de vente spécialement visées au 2° du 1 du I du même article, les opérations portant sur ces droits personnels relèvent donc du droit commun applicable aux biens meubles incorporels fixé au 1° du IV de l'article 256 (BOI-TVA-IMM-10-10-20-20170802, § 70).

2) Droits réels immobiliers

8570 **Droits réels principaux.** Sont concernées les opérations portant sur les droits réels principaux (nue-propriété, usufruit, droits indivis, droit de superficie, servitude…), dès lors qu'elles sont réalisées par des assujettis agissant en tant que tels.

Il s'ensuit que tant la constitution de tels droits au profit d'un tiers par le propriétaire d'un immeuble que leur cession par celui qui se trouve en être titulaire pour les avoir acquis est susceptible d'être soumise à la TVA suivant le régime du bien immeuble auquel ils se rapportent. Quant à l'extinction de tels droits, elle ne constitue pas une opération imposable à la TVA en tant que telle dès lors qu'elle s'effectue sans contrepartie (BOI-TVA-IMM-10-10-20-20170802, § 80).

8571 Bail à construction, bail emphytéotique, bail réel solidaire.
➤ Le régime de ces baux au regard de la TVA sera examiné aux mots **Bail à construction, Bail emphytéotique** et **Bail réel solidaire.**

8572 Droits relatifs aux promesses de vente. La cession des droits conférés par une promesse de vente d'un immeuble suit le régime applicable à l'immeuble et se trouve par conséquent soumise à la TVA, de plein droit, si elle porte sur un terrain à bâtir ou un immeuble bâti achevé depuis cinq ans au plus, ou sur option, si elle porte sur un terrain non à bâtir ou un immeuble achevé depuis plus de cinq ans, et dès lors qu'elle est réalisée par un assujetti agissant en tant que tel (V. **Promesse de vente**).

8573 Crédit-bail immobilier.
➤ Sur l'application de la TVA contrat de crédit-bail immobilier, V. **Crédit-bail immobilier.**

8574 Parts ou actions dont la possession assure en droit ou en fait la propriété ou la jouissance de l'immeuble. Ces opérations n'étant pas susceptibles de concerner le service de la publicité foncière, il n'en sera pas traité (BOI-TVA-IMM-10-10-20-20170802, § 130 à 160).

B Opérations effectuées par un non-assujetti

1 Opérations considérées comme l'exercice d'une activité économique

8575 Personnes non assujetties par ailleurs réalisant des placements immobiliers ou des cessions d'immeubles. Au regard de l'éclairage qu'il est permis de tirer des décisions communautaire et nationale, l'instruction du 29 décembre 2010 précitée a apporté les précisions suivantes concernant les placements immobiliers que sont amenées à réaliser des personnes qui ne sont pas assujetties par ailleurs, qu'il s'agisse de la qualification des revenus qu'elles en tirent ou de celle des investissements et des cessions qu'elles effectuent. À cet égard, la Cour de justice ne manque jamais de rappeler que, bien que l'article 9 de la directive assigne un champ d'application très large à la TVA, visant à cet effet toute activité ayant un caractère économique définie en ce qu'elle comporte « l'exploitation d'un bien en vue d'en tirer des recettes ayant un caractère de permanence », il ressort d'une jurisprudence constante que les paiements « qui résultent de la simple propriété du bien » ne constituent pas la contrepartie d'une opération ou d'une activité économique et n'entrent dès lors pas dans le champ de la taxe (cf. en ce sens, les points 47 à 49 de l'arrêt CJCE, 29 avr. 2004, aff. C-77/01, *EDM*, qui renvoie, lui-même, à diverses citations tirées d'arrêts antérieurs : CJCE, 22 juin 1993, aff. C-333/91, *Sofitam*. – CJCE, 11 juill. 1996, aff. C-306/94, *Régie dauphinoise*, ou CJCE, 14 nov. 2000, aff. C-142/99, *Floridienne et Berginvest*). Une distinction majeure est ainsi opérée entre l'activité d'un investisseur privé tenant au simple exercice du droit de propriété (qui demeure en dehors du champ de la directive), et celle d'un investisseur dont les opérations constituent une activité économique en ce qu'elles sont effectuées « dans le cadre d'un objectif d'entreprise ou dans un but commercial » (BOI-TVA-IMM-10-10-10-10-20120912, § 40).

8576 La Cour de justice n'a jusqu'ici que peu été amenée à appliquer ces principes aux investisseurs immobiliers (cf. néanmoins l'arrêt du 4 décembre 1990, aff. C-186/89, *Van Tiem*). Toutefois, la même analyse transposée aux opérations immobilières conduit à admettre :
– d'une part, que l'administration ne saurait faire obstacle à ce qu'un investisseur immobilier qui entend placer ses opérations dans une logique économique ne puisse en tirer les conséquences au regard de la TVA, et notamment se voir enregistrer comme assujetti et exercer le droit à déduction de la taxe d'amont, ainsi que se prévaloir de sa qualité pour l'application des régimes de faveur en matière de droits d'enregistrement ;
– mais que, d'autre part, pas plus que la perception d'intérêts ou de dividendes, l'encaissement de loyers ne suffit à caractériser une opération économique par nature imposable à la TVA. Ainsi, la refonte du cadre applicable aux opérations immobilières ne remet aucunement en cause la présomption acquise jusqu'alors selon laquelle un particulier qui loue un immeuble dont il est propriétaire n'agit qu'à ce titre, si bien qu'il n'y a pas lieu de l'assujettir d'office à raison de ces opérations alors même qu'il en tire des revenus à caractère permanent (BOI-TVA-IMM-10-10-10-10-20120912, § 50).

8577 Cession d'immeubles par une personne non assujettie. Une approche identique (V. n° 8578) vaut pour les cessions d'immeubles, notamment de terrains à bâtir, qu'est susceptible d'effectuer un propriétaire qui ne se trouve pas assujetti par ailleurs, qu'ils proviennent de son patrimoine ancien, voire d'acquisitions récentes. Ainsi un particulier qui cède des terrains qu'il a recueillis par succession ou donation, ou encore qu'il a acquis pour son usage privé est présumé ne pas réaliser une activité économique. Le fait que, préalablement à la cession, l'intéressé procède au lotissement parcellaire du terrain pour en tirer un meilleur prix global n'est pas, à soi seul, de nature à remettre en cause cette présomption, non plus que le nombre de parcelles vendues, la durée sur laquelle s'étaleront les opérations ou l'importance des recettes qu'il en tire au regard de ses autres ressources. Il en va ainsi quand le cédant vend par lui-même des lots viabilisés tirés de son patrimoine, dont l'aménagement a été réalisé par un professionnel, sous forme « d'obligation de faire », en rémunération du reste du terrain qu'il lui a cédé non aménagé.

En revanche, cette présomption pourra être renversée lorsque le cédant entre dans une démarche active de commercialisation foncière, acquérant les biens en dehors d'une pure démarche patrimoniale ou mobilisant des moyens qui le placent en concurrence avec les professionnels. Ainsi le fait de confier la vente d'un terrain à un notaire ou à une agence rémunérée uniquement par une commission payable par l'acquéreur ne constitue pas une démarche active de commercialisation, alors que le fait d'engager des moyens propres (tels que l'ouverture d'un bureau de vente ou des commissions garanties versées à un agent mandaté) tend à révéler une approche professionnelle concurrentielle.

On suivra donc la méthode du faisceau d'indices déjà classiquement utilisée pour la requalification de cessions réputées privées en opérations de marchands de biens : là où les critères d'importance et d'habitude ne suffisent pas à caractériser une activité économique, on pourra considérer celle-ci comme bien établie lorsqu'en outre le cédant se trouve engager des dépenses d'aménagement significatives, et *a fortiori* lorsque ces dernières sont prépondérantes dans la valeur des cessions réalisées. Sans remettre en cause la spécificité d'analyse propre à chaque impôt, la qualification de l'opération au regard du régime des plus-values pourra aussi être utilement prise en considération (BOI-TVA-IMM-10-10-10-10-20120912, § 60 ; V. **Terrains** ; **Lotissement**).

2 Opération dont la réalisation confère la qualité d'assujetti

8578 Livraison d'un immeuble neuf lorsque le cédant avait au préalable acquis l'immeuble cédé comme immeuble à construire. Régime applicable jusqu'au 31 décembre 2012. Avant d'être abrogé par l'article 64 de la troisième loi de finances rectificative pour 2012 en vue de mettre le droit français en conformité avec le droit communautaire, l'administration fiscale avait présenté ce régime aux n°s 60 à 62 de l'instruction du 29 décembre 2010 (*BOI* 3 A-9-10).

8579 Mesures transitoires. Ventes engagées avant le 31 décembre 2012. Dans le silence de la loi, l'administration a prévu des mesures transitoires en faveur des ventes engagées avant le 31 décembre 2012 (BOI-TVA-IMM-10-10-20-20130123, § 260 et 270).

➤ Pour une proposition de formule : *Constr.-Urb.* mars 2013, formule ; V. **Immeuble neuf** ; **Immeuble à construire**.

II Territorialité

8580 Principe. Le II de l'article 258 du Code général des impôts précise que le lieu des opérations visées au I de l'article 257 et au 5° bis de l'article 260 se situe en France lorsqu'elles portent sur des immeubles situés en France (TVA-IMM-10-10-30-20120912, n°s 1 à 20).

8581 Application. Par conséquent, l'ensemble des opérations relevant de la TVA portant sur des immeubles situés en France sont soumises à la TVA en France quel que soit par ailleurs le lieu d'établissement de l'assujetti qui les réalise.

Est visé l'ensemble des territoires où s'applique la législation française relative à la TVA, soit :

– la France continentale (y compris les zones franches du pays de Gex et de Savoie) ainsi que les îles du littoral ;

– la Corse (V. **Corse**) ;

– la Principauté de Monaco où la législation française est introduite par ordonnances princières, sous réserve des adaptations nécessaires ;

– les départements de la Guadeloupe, de la Martinique et de La Réunion. La TVA n'est pas actuellement applicable dans les départements de la Guyane et de Mayotte (V. **Départements d'outre-mer**) ;

Remarque : Les règles applicables aux relations entre la métropole et les départements d'outre-mer et aux relations entre les départements d'outre-mer sont décrites au BOI-TVA-GEO-20-40 (V. **Départements d'outre-mer**).

– les eaux territoriales qui s'étendent jusqu'à une limite fixée à 12 milles marins à partir des lignes de base ; les lignes de base sont la laisse de basse-mer ainsi que les lignes de base droites et les lignes de fermeture des baies qui sont déterminées par décret. La souveraineté de l'État français s'étend à l'espace aérien ainsi qu'au lit et au sous-sol de la mer dans la limite des eaux territoriales ;

– le plateau continental sur lequel la République française exerce un droit de souveraineté conformément à la Convention de Genève du 29 avril 1958 (BOI-TVA-CHAMP-20-10, § 10).

III Base d'imposition

BIBLIOGRAPHIE : N. Gonzalez-Gharbi, *Assiette de la TVA : Constr.-Urb.* mai 2010, comm. 78. – A. Chappert, *Variations fiscales à propos de deux décisions de rescrit : Defrénois* 2010, art. 39126. – S. Durteste, S. Gonzalez-Moulin, N. Nicolaïdes et W. Stemmer, *TVA sur le prix total ou sur la marge, formules : RFN* 2010, n° 11.
V. Bibliographie relative à la TVA sur marge *infra*, n° 8596.

8582 **Principe. Taxation sur le prix total.** Suivant les dispositions des articles 266 et 267 du Code général des impôts, la base d'imposition des livraisons d'immeubles est constituée par toutes les sommes, valeurs, biens ou services reçus ou à recevoir par le vendeur en contrepartie de ces opérations de la part de l'acheteur, à l'exclusion de la TVA elle-même (BOI-TVA-IMM-10-20-10-20200122, § 1).

8583 **Dérogation : taxation sur la marge.** Par dérogation, conformément aux dispositions de l'article 268, s'agissant de la livraison d'un terrain à bâtir ou d'une livraison d'immeuble bâti achevé depuis plus de cinq ans lorsqu'elle a fait l'objet de l'option prévue au 5° bis de l'article 260, la base d'imposition est constituée de la marge s'il est établi que l'acquisition par le cédant ne lui a pas ouvert droit à déduction (BOI-TVA-IMM-10-20-10-20200122, § 10).

A Livraisons d'immeubles taxées sur le prix total

8584 **Opérations concernées.** Sont taxées sur le prix total, lorsqu'elles sont réalisées par un assujetti agissant en tant que tel :

– toutes les livraisons d'immeubles achevés depuis cinq ans au plus ;

– les livraisons de terrains à bâtir dont l'acquisition a ouvert droit à déduction au sens des n°s 8600 à 8607 ci-dessus, que la taxe déductible ait été liquidée sur la marge ou sur le prix total ;

– les livraisons d'immeubles achevés depuis plus de cinq ans pour lesquels le cédant a exercé l'option du 5° bis de l'article 260 et dont l'acquisition a ouvert droit à déduction comme indiqué ci-dessus ;

– et les livraisons de terrains qui n'ont pas la qualification de terrain à bâtir et pour lesquels le cédant a exercé l'option du 5° bis de l'article 260 (BOI-TVA-IMM-10-20-10-20160302, § 100).

1 Taxation sur le prix

8585 **Détermination du prix.** Conformément au *b)* du 2 de l'article 266, la base d'imposition est constituée par le prix de la cession, le montant de l'indemnité ou la valeur des droits sociaux rémunérant l'apport, augmenté des charges qui s'y ajoutent (BOI-TVA-IMM-10-20-10-20200122, § 110).

8586 **Notion de « prix ».** Pour l'assiette de la TVA, le prix s'entend de la somme totale que l'acheteur doit verser au vendeur en vertu des conventions passées entre les parties pour obtenir la livraison du bien, sans qu'il y ait lieu de distinguer les divers éléments de cette somme. Ainsi, les frais accessoires que le vendeur réclame à l'acquéreur doivent être considérés comme un des éléments de ce prix et sont donc normalement passibles de la TVA (BOI-TVA-IMM-10-20-10-202001222, § 120).

8587 **Formulation de la clause concernant le prix.** Lorsque le prix ou la valeur des biens est mentionné sans précision particulière dans un acte ou une déclaration, il y a lieu de considérer que les parties ont entendu énoncer un prix ou une valeur « taxe comprise ». Lorsque les parties ont expressément convenu d'ajouter au prix mentionné, en cas d'assujettissement à la TVA de l'opération, un supplément de prix égal au montant de la TVA, la base d'imposition est égale au montant total du prix mentionné qui doit donc être considéré comme hors taxe.

Lorsque les parties sont convenues d'un prix taxe comprise, la base d'imposition est obtenue en multipliant ce prix par le rapport 100/(100 + taux), où taux représente le taux de TVA légalement applicable (BOI-TVA-IMM-10-20-10-20200122, § 130).

Sur l'incidence de la stipulation d'un prix TTC sur la situation du vendeur au regard de la TVA, V. N. Gonzalez-Gharbi, *Charge définitive de la TVA et responsabilité de l'agent immobilier*, note ss CA Metz, 2 août 2011, n°s 11/00622 et 09/03582 : *JurisData* n° 2011-017242 ; *Constr.-Urb.* 2011, comm. 167.

Selon la Cour de justice de l'Union européenne, la directive n° 2006/112/CE du Conseil du 28 novembre 2006, notamment ses articles 73 et 78, doit être interprétée en ce sens que, lorsque le prix d'un bien a été établi par les parties sans aucune mention de la TVA et que le fournisseur dudit bien est la personne qui est redevable de la TVA due sur l'opération imposée, le prix convenu doit être considéré, dans le cas où le fournisseur n'a pas la possibilité de récupérer auprès de l'acquéreur la TVA réclamée par l'administration fiscale, comme incluant déjà la TVA (CJUE, 3e ch., 7 nov. 2013, aff. 249/12 et 250/12, *Corina-HrisiTulica et Calin Ion Plavosin : RJF* 2014, n° 109).

8588 **Charges augmentatives du prix. Commission de l'intermédiaire.** La commission de l'intermédiaire présente le caractère d'un supplément de prix soumis à la TVA lorsqu'elle est payée par l'acquéreur pour le compte du vendeur. En revanche, dans l'hypothèse où l'acheteur lui-même a eu recours au service d'un intermédiaire, la commission qui lui est versée ne constitue pas un élément du prix d'acquisition soumis à la taxe. La question de savoir si la commission payée par l'acquéreur est normalement à la charge du vendeur doit être résolue dans chaque cas particulier, au vu des termes des différents actes ou documents établis à l'occasion de la vente (BOI-TVA-IMM-10-20-10-20200122, § 140).

8589 **Prestations supplémentaires mises à la charge de l'acquéreur.** Le prix de cession, le montant de l'indemnité ou la valeur des droits sociaux rémunérant l'apport doit être, pour l'assiette de la TVA, augmenté des charges qui s'y ajoutent.

Toutes les prestations supplémentaires que le contrat de vente impose à l'acquéreur constituent des charges au sens du *b* du 2 de l'article 266. Il en est de même de tous les avantages indirects que l'acquéreur procure au vendeur en prenant à son compte des obligations qui incombent personnellement à ce dernier. Ainsi, constitue une charge l'obligation prise par l'acquéreur de payer les dettes du vendeur (BOI-TVA-IMM-10-20-10-20200122, § 150 qui intègre le rescrit 2009/01 [TCA]. Sur ce rescrit, V. N. Gonzalez-Gharbi, *Constr.-Urb.* 2009, comm. 67. – Sur la notion de charges augmentatives du prix, V. **Charges augmentatives**).

8590 **Frais de notaire.** En vertu de l'article 1593 du Code civil, les frais de contrat dont notamment les frais de notaire sont à la charge de l'acquéreur. Ils ne constituent donc pas un élément de la base imposable à la TVA (BOI-TVA-IMM-10-20-10-20200122, § 160).

8591 **Travaux de voirie.** Lorsque l'acquéreur décharge le vendeur de l'obligation prise contractuellement, envers la collectivité locale, par lui ou un précédent propriétaire, d'acquitter des frais de premier établissement, de nivellement, d'écoulement des eaux, de pavage et d'établissement de trottoirs, qui ne sont imposés aux propriétaires riverains par aucun règlement ou usage ancien, la TVA exigible à l'occasion de la cession est liquidée sur toutes les sommes remboursées au vendeur par l'acquéreur ainsi que sur celles qui seront versées par ce dernier postérieurement à l'acquisition. En revanche, si ces frais sont récupérés par la collectivité locale sur les propriétaires riverains en vertu de dispositions légales ou réglementaires, seules les sommes dues personnellement par le vendeur et remboursées par l'acquéreur doivent être considérées comme des charges augmentatives du prix de cession (BOI-TVA-IMM-10-20-10-20200122, § 170).

8592 **Taxe pour la création de bureaux et autres locaux.** Lorsque l'acquéreur d'un immeuble à usage de bureaux ou de locaux de recherche s'engage à rembourser au vendeur le montant de la redevance dont ce dernier était redevable en vertu des articles L. 520-1 à L. 520-11 du Code de l'urbanisme à raison de la construction de locaux à usage de bureaux ou de locaux de recherche dans la région parisienne, cette obligation constitue une charge augmentative du prix, normalement passible de la TVA (BOI-TVA-IMM-10-20-10-20200122, § 180).

8593 **Cas particulier. Transfert de la propriété des équipements collectifs à des associations syndicales ou à des unions de syndicats.** En cas de construction d'ensembles immobiliers, la propriété des équipements collectifs est le plus souvent transférée par les promoteurs, soit à des associations syndicales de propriétaires régies par la loi du 21 juin 1865, soit à des unions de syndicats de copropriétaires constituées conformément aux dispositions de l'article 29 de la loi du 10 juillet 1965 fixant le statut de la copropriété des immeubles bâtis.

Les équipements dont ces organismes deviennent ainsi propriétaires en vue d'assurer leur gestion comprennent d'une manière générale les immeubles ou parties d'immeubles destinés à la satisfaction de tous les copropriétaires et plus spécialement les canalisations et branchements généraux, les installations de chaufferie communes, la voirie ainsi que, le cas échéant, les voies de circulation, les loges de gardien, les locaux sociaux, culturels, les cabines téléphoniques. Le transfert peut également porter sur le terrain servant d'emprise aux immeubles et aux parties communes.

La cession de ces équipements est généralement réalisée moyennant un prix symbolique, étant donné que le coût de ces biens est inclus par les promoteurs dans le prix de vente des locaux à usage privatif.

Aussi, afin d'éviter une double imposition, il est admis de faire abstraction de la valeur vénale réelle des biens communs transférés, pour la liquidation de la TVA et de la taxe de publicité foncière. Mais les deux conditions suivantes doivent être remplies :

– le transfert doit être effectué sans contrepartie ou moyennant un prix symbolique ;

– il doit être établi que le coût des biens considérés est intégré au prix de cession des immeubles ou parties d'immeubles en application d'obligations légales ou contractuelles (V. notamment C. urb., art. L. 332-15. – BOI-TVA-IMM-10-20-10-20160302, § 210).

(Sur l'application de ces règles aux surfaces non vendables d'un lotissement, V. CAA Lyon, 25 juin 2019, n° 18LY00671. – N. Gonzalez-Gharbi, *Commercialisation des lots de lotissement en TVA sur marge : l'Administration priée de revoir sa copie : Constr.-Urb.* 2019, comm. 115).

2 Taxation sur la valeur vénale

8594 **Cas d'application.** En application du deuxième alinéa du b du 2 de l'article 266 du Code général des impôts, la base d'imposition est constituée par la valeur vénale réelle des biens, établie dans les conditions prévues à l'article L. 17 du Livre des procédures fiscales, si cette valeur vénale est supérieure au prix, au montant de l'indemnité ou à la valeur des droits sociaux, augmenté des charges. L'administration est alors tenue d'établir que la différence entre cette évaluation et le prix stipulé dans l'acte résulte de la fraude ou de l'évasion fiscales (aux termes de la demande française notifiée à la Commission européenne le 23 décembre 1977, sur la base des dispositions de l'article 27 de la sixième directive TVA/77/388/CEE).

En matière de TVA, l'évasion fiscale n'est pas avérée lorsque la TVA collectée par le vendeur peut être déduite dans sa totalité par l'acquéreur assujetti à la taxe.

En tout état de cause, en cas de levée d'option d'achat au cours ou au terme d'un crédit-bail, le prix contractuel d'exercice de l'option doit être considéré comme une réelle contrepartie de la cession quand bien même il est négligeable, l'essentiel du coût ayant de fait été supporté dans les loyers (BOI-TVA-IMM-10-20-10-20200122, § 190).

Pour une application de ces règles dans un cas où une SARL de construction vente a cédé des immeubles à ses associés, V. CAA Marseille, 15 déc. 2016, n° 15MA01418, inédit.

8595 **Modalités de rectification du prix.** Lorsque l'administration entend rectifier le prix de vente d'immeubles passibles de la TVA au motif que ce prix ne correspondrait pas à la valeur vénale réelle de l'immeuble en cause, il lui appartient, en principe, de suivre la procédure de redressement contradictoire dans les conditions prévues aux articles L. 17 et L. 55 du Livre des procédures fiscales (LPF).

Toutefois, si le redevable se trouve en situation de taxation d'office pour n'avoir pas déposé dans les délais légaux les déclarations qu'il est tenu de souscrire, l'administration est en droit d'asseoir l'imposition sur la valeur vénale réelle des biens, sans que la procédure prévue à l'article L. 17 du Livre des procédures fiscales trouve à s'appliquer. Néanmoins, si le redevable conteste la valeur fixée d'office en établissant que la mutation a eu pour contrepartie effective le paiement d'une somme inférieure à celle retenue par l'administration, celle-ci ne peut l'écarter qu'en établissant la valeur vénale réelle des biens en cause (CE, avis, 30 juill. 2003, n° 254.824, *SCI Villa Amaya*. – BOI-TVA-IMM-10-20-10-20200122, § 200).

B Livraisons d'immeubles taxées sur la marge

CGI, art. 268. – S'agissant de la livraison d'un terrain à bâtir, ou d'une opération mentionnée au 2° du 5 de l'article 261 pour laquelle a été formulée l'option prévue au 5° bis de l'article 260, si l'acquisition par le cédant n'a pas ouvert droit à déduction de la taxe sur la valeur ajoutée, la base d'imposition est constituée par la différence entre :

1° D'une part, le prix exprimé et les charges qui s'y ajoutent ;

2° D'autre part, selon le cas :

– soit les sommes que le cédant a versées, à quelque titre que ce soit, pour l'acquisition du terrain ou de l'immeuble ;

– soit la valeur nominale des actions ou parts reçues en contrepartie des apports en nature qu'il a effectués.

Lorsque l'opération est réalisée par un fiduciaire, les sommes mentionnées aux deux précédents alinéas s'apprécient, le cas échéant, chez le constituant.

BIBLIOGRAPHIE : J.-P. Garçon, *Facturation de la TVA sur la marge : Defrénois* 2010, art. 39159, p. 1991. – E. Desmorieux, *Précision apportée par l'administration pour le calcul de la TVA sur la marge : RFN* 2010, n° 6, alerte 39. – N. Gonzalez-Gharbi, *Assiette de la TVA : Constr.-Urb.* mai 2010, comm. 78 ; *Vente de terrains à bâtir issus de la division d'un ensemble immobilier acquis auprès d'un non assujetti et TVA sur marge : vaines querelles ou vrai sujet ? : Constr.-Urb.* févr. 2016, étude 2 ; *Le glas de la TVA sur marge a-t-il déjà sonné ? : Constr.-Urb.* nov. 2016, comm. 152 et *Vente de terrains à bâtir issus de la division d'un ensemble immobilier : le juge applique la loi et infirme la doctrine administrative : Constr.-Urb.* 2017, comm. 45 ; *Vente de terrain à bâtir après division : Bercy campe sur ses positions : Constr.-Urb.* 2017, comm. 141 ; *Cession de terrain à bâtir et TVA sur marge : Bercy plie mais ne rompt pas : Constr.-Urb.* 2018, repère 6 ; *Commercialisation des lots de lotissement en TVA sur marge : l'Administration priée de revoir sa copie : Constr.-Urb.* 2019, comm. 115 ; *Être ou ne pas être... un terrain à bâtir : pour le Conseil d'État la cession par un acheteur/revendeur d'un terrain à bâtir issu de la démolition d'un immeuble bâti n'est pas taxable sur la marge : Constr.-Urb.* 2020, comm. 65. – R. Vogel, *TVA sur marge, une première décision favorable aux marchands de biens : Dr. fisc.* 2017, comm. 216. – O. Pecqueur, *TVA sur la marge et cessions de terrains à bâtir : les juges confirment leur position : JCP* N 2019, act. 252. – N. Gonzalez-Gharbi, *TVA sur marge et revente de terrains à bâtir : Le Conseil d'État préfère la question préjudicielle, à la question prioritaire de constitutionnalité : Constr.-Urb.* 2020, comm. 100 (CE, 3e et 8e ch., 25 juin 2020, n° 416727, *Sté Icade Promotion Logement : JurisData* n° 2020-009034 et CE, 8e et 3e ch. réunies, 16 juill. 2020, n° 435464 : *JurisData* n° 2020-010769). – N. Gonzalez-Gharbi, *Revente de terrains à bâtir : au nom du principe de neutralité de la TVA, la CJUE limite drastiquement le champ d'application de la taxation sur la marge : Constr.-Urb.* 2021, comm. 135. – N. Gonzalez-Gharbi, *Le Conseil d'État se rallie à la CJUE, « sauve » l'ancienne TVA sur marge et réduit le champ d'application de l'actuel article 268 du CGI : Constr.-Urb.* juill. 2022, comm. 88 ; *TVA sur marge : le Conseil d'État tire les conséquences de la décision Icade Promotion de la CJUE : JCP* N 2022, act. 628. – E. Kornprobst : *Dr. fisc.* 2021, comm. 405, note sur CJUE, 30 sept. 2021, aff. C299/20, *Icade Promotion SAS*. – N. Gonzalez-Gharbi, *Achat sans TVA et revente en TVA sur marge : l'administration veut-elle réécrire l'histoire ? : Constr.-Urb.* 2023, n° 6, comm. 78. – E. Demorieux, *TVA sur marge : êtes-vous mieux loti ? retour sur la jurisprudence du Conseil d'État de 2022 : Dr. fisc.* 2023, n° 19, comm. 184.

8596 Opérations concernées. Sont taxées sur la marge lorsque leur acquisition n'a pas ouvert droit à déduction :
– les livraisons de terrains à bâtir ;
– les livraisons d'immeubles bâtis achevés depuis plus de cinq ans en cas d'exercice de l'option pour la taxation.
Le régime de la marge ne s'applique donc pas à la livraison d'un immeuble achevé depuis cinq ans au plus, quand bien même le cédant l'aurait lui-même acquis sans que cette acquisition ne lui ait ouvert droit à déduction, notamment auprès d'un non-assujetti (BOI-TVA-IMM-10-20-10-20200122, § 220).

8597 Cas où il est nécessaire de recherche le régime de l'acquisition. Il n'y a lieu de rechercher le régime de l'acquisition aux fins de déterminer la base d'imposition que pour les seules livraisons d'immeubles acquis et revendus en gardant la même qualification, c'est-à-dire respectivement :
– de terrains à bâtir qui ont été acquis précédemment comme terrains n'ayant pas le caractère d'immeubles bâtis ;
– ou d'immeubles achevés depuis plus de cinq ans qui ont été acquis précédemment en l'état d'immeuble déjà bâti.

8598 Terrains à bâtir. L'application du régime de la TVA sur la marge prévue à l'article 268 du CGI dans sa rédaction issue de l'article 16 de loi n° 2010--237, 9 mars 2010 : *JO* 10 mars a donné lieu à un contentieux nourri opposant les tenants d'une lecture littéraliste de ces dispositions à l'administration fiscale qui, au motif du caractère dérogatoire de ce régime a entendu en subordonné l'application à des conditions d'identité de qualification juridique et de permanence des caractéristiques physiques de l'immeuble – notamment du terrain à bâtir, ente le moment de son acquisition par l'assujetti revendeur et sa revente. (Rép. min. n° 00904 : *JO* Sénat, 7 sept. 2017, p. 2809. – N. Gonzalez-Gharbi, *Vente de terrain à bâtir après division : Bercy campe sur ses positions : Constr.-Urb.* 2017, comm. 141.
L'administration a ensuite infléchi sa position, en renonçant à la condition tenant à l'identité des caractéristiques physique des biens (Rép. min. n° 04171 : *JO* Sénat, 17 mai 2018, p. 2361. – N. Gonzalez-Gharbi, *Cession de terrain à bâtir et TVA sur marge : Bercy plie mais ne rompt pas : Constr.-Urb.* 2018, repère 6).

Cette interprétation des dispositions de l'article 268 du CGI a été censurée par la cour administrative d'appel de Lyon. La cour, confirmant le jugement n° 1504042 du 29 juin 2017 rendu dans cette affaire par le tribunal administratif de Grenoble, a jugé que, contrairement à ce que soutient le ministre, l'application de la TVA sur marge n'est subordonnée ni par la directive TVA ni par l'article 268 du CGI à une condition d'identité de qualification juridique entre le bien acquis et celui cédé (CAA Lyon, 20 déc. 2018, n° 17LY03359 : *JurisData* n° 2018-025087. – O. Pecqueur, *TVA sur la marge et cessions de terrains à bâtir : les juges confirment leur position : JCP* N 2019, act. 252 ; *Constr.-Urb.* 2019, comm. 53, N. Gonzalez-Gharbi. Cette décision a été annulée par le Conseil d'État : CE, 27 mars 2020, n° 428234 : *JurisData* n° 2020-004303 ; *Constr.-Urb.* 2020, comm. 65 cité en bibliographie. V. pour l'épilogue de cette affaire, CE, 8e ch., 10 mars 2023, n° 466849, rejet PAPC c/ CAA Lyon, 21 juin 2022, n° 20LY01230. – CAA Lyon, 25 juin 2019, n° 18LY00671. – N. Gonzalez-Gharbi, *Commercialisation d'un lot de lotissement en TVA sur marge : l'administration est priée de revoir sa copie : Constr.-Urb.* 2019, comm. 115.

Saisi d'un litige relatif à l'application de l'ancien régime de la TVA sur la marge (CGI, anciennes dispositions du 6° de l'article 257 et art. 268), le Conseil d'État, à la demande d'un aménageur lotisseur, a accepté de surseoir à statuer et de transmettre à la Cour de justice de l'Union européenne deux questions préjudicielles (CE, 3e et 8e ch., 25 juin 2020, n° 416727, *Sté Icade Promotion Logement*, concl. M.-G. Merloz : *JurisData* n° 2020-009034 ; *Dr. fisc.* 23 juill. 2020, n° 30-35, comm. 325 ; *Constr.-Urb.* 2020, comm. 84, préc.).

La CJUE a ainsi, pour la première fois, donné son interprétation des dispositions de l'article 392 de la Directive 2006/112/CE du Conseil du 28 nov. 2006 relative au système commun de taxe à la valeur ajoutée dont l'article 268 du CGI est censé constituer la transposition en droit français (CJUE, 30 sept. 2021, aff. C299/20, *Icade Promotion SAS*. – N. Gonzalez-Gharbi, *Revente de terrains à bâtir : au nom du principe de neutralité de la TVA, la CJUE limite drastiquement le champ d'application de la taxation sur la marge : Constr.-Urb.* 2021, comm. 135. – E. Kornprobst : *Dr. fisc.* 2021, comm. 405).

Les deux questions préjudicielles étaient formulées en ces termes :

1° L'article 392 de la directive TVA doit-il être interprété comme réservant l'application du régime de taxation sur la marge à des opérations de livraisons d'immeubles dont l'acquisition a été soumise à la TVA sans que l'assujetti qui les revend ait eu le droit d'opérer la déduction de cette taxe ? Ou permet-il d'appliquer ce régime à des opérations de livraisons d'immeubles dont l'acquisition n'a pas été soumise à cette taxe, soit parce que cette acquisition ne relève pas du champ d'application de celle-ci, soit parce que, tout en relevant de son champ, elle s'en trouve exonérée ?

2° L'article 392 doit-il être interprété comme excluant l'application du régime de taxation sur la marge à des opérations de livraisons de terrains à bâtir dans les deux hypothèses suivantes :

– lorsque ces terrains, acquis non bâtis, sont devenus, entre le moment de leur acquisition et celui de leur revente par l'assujetti, des terrains à bâtir ;

– lorsque ces terrains ont fait l'objet, entre le moment de leur acquisition et celui de leur revente par l'assujetti, de modifications de leurs caractéristiques telles que leur division en lots ou la réalisation de travaux permettant leur desserte par divers réseaux (voirie, eau potable, électricité, gaz, assainissement, télécommunications) ?

Au nom du principe de neutralité de la TVA, la Cour de justice de l'Union européenne (CJUE) a limité drastiquement le champ d'application de la TVA sur marge :

• Le terrain à bâtir revendu doit avoir été acquis en nature de terrain nu à bâtir au sens de la législation nationale. Elle précise que la division en lots ou l'équipement en réseaux divers du terrain acquis nu effectués par l'assujetti revendeur après son acquisition sont sans incidence sur sa qualification. Les travaux d'équipement en réseaux divers ne transforment pas le terrain à bâtir en bâtiment, au sens de la TVA.

• S'agissant de la condition tenant à l'absence d'exercice par l'assujetti revendeur de droit à déduction de la TVA lors de son acquisition du terrain à bâtir, la CJUE n'envisage que deux seules hypothèses possibles :

Soit, l'acquisition du terrain à bâtir a été soumise à la TVA (ce qui suppose qu'elle a eu pour objet un terrain à bâtir et que le vendeur de ce terrain à bâtir était lui-même un assujetti agissant en tant que tel), mais l'assujetti revendeur était dans l'impossibilité juridique de déduire cette TVA ; soit, l'acquisition du terrain à bâtir n'a pas été soumise à la TVA, mais le prix d'acquisition a incorporé une TVA supportée en amont par le vendeur initial.

Hors ces deux hypothèses, la TVA sur marge ne s'applique pas, selon la CJUE, « à des opérations de livraisons de terrains à bâtir dont l'acquisition initiale n'a pas été soumise à la TVA, soit qu'elle se trouve en dehors de son champ d'application, soit qu'elle se trouve exonérée » (arrêt, pt 63, 1).

Cette décision ayant infirmé en grande partie la doctrine administrative exposée au BOI-TVA-IMM-10-20-10, les professionnels ont relayé leurs inquiétudes quant à la mise en péril de l'équilibre financier des opérations en cours qui, conformes à cette doctrine, ne répondent pas aux critères dégagés par la CJUE dans l'affaire *SAS Icade Promotion* précitée.

Alors que dans un premier temps, l'administration avait refusé de réviser sa doctrine, dans l'attente de la réponse de la Cour de justice de l'Union européenne aux questions préjudicielles dont elle a été saisie (V. Rép. min. Grau n° 35554 : *JOAN* 27 avr. 2021), elle s'est engagée, titre transitoire, à maintenir sa doctrine précitée jusqu'à sa future mise à jour reportée à la date d'intervention des décisions du juge national sur cette affaire (V. Rép. min. Grau n° 42486 : *JOAN* 1er févr. 2022 ; *Constr.-Urb.* 2022, comm. 39 par N. Gonzalez-Gharbi. – H. Paerels-Albot, *Cession de terrain à bâtir et TVA sur marge : les règles applicables pour les mois à venir : JCP* N 2022, act. 329).

La décision du Conseil d'État dans l'affaire *Icade* a été rendue le 12 mai 2022 (CE, 3e-8e ch. réunies, 12 mai 2022, n° 416727 : *Rec. CE* 2022, tables. – N. Gonzalez-Gharbi, *Le Conseil d'État se rallie à la CJUE, « sauve » l'ancienne TVA sur marge et réduit le champ d'application de l'actuel article 268 du CGI : Constr.-Urb.* juill. 2022 ; *TVA sur marge : le Conseil d'État tire les conséquences de la décision Icade Promotion de la CJUE : JCP* N 2022, act. 628).

La portée de cette importante décision est double. D'une part, elle valide définitivement le régime de l'ancienne TVA sur marge due, par application combinée des 6° et 7° de l'article 257 et de l'article 268 du CGI, par les aménageurs et lotisseurs à raison de la vente de terrains à bâtir à des personnes physiques pour la construction de logements. D'autre part, en se ralliant sans réserve à la décision de la CJUE dans l'affaire SAS Icade Promotion, elle réitère la condamnation de l'interprétation littéraliste des dispositions de l'article 268 du CGI dans leur rédaction issue de loi n° 2010-237, 9 mars 2010 : *JO* 10 mars et l'infirmation au moins partielle de la doctrine administrative.

Comme elle l'avait annoncé, l'administration ne devrait pas tarder à en tirer les conséquences.

L'administration devrait également préciser les conditions de détermination de la base de la TVA dans le cas particulier de la revente par un assujetti d'un terrain nu provenant de la division d'une parcelle plus importante acquise encombrée de bâtiments destinés à être conservés à la lumière, notamment, de l'ordonnance du 10 février 2022 par laquelle la CJUE a répondu aux questions préjudicielles posées par la cour administrative d'appel Lyon (V. CJUE, ord., 7e ch. 10 févr. 2022, aff. C-191/21. – N. Gonzalez-Gharbi, *Terrain détaché d'une parcelle comportant un bâtiment et TVA sur marge : la CJUE livre une ordonnance nuancée : Constr.-Urb.* 2022, comm. 48) En effet, la CJUE a dit pour droit qu'il incombe aux juridictions nationales de vérifier si les biens acquis en nature de parcelles partiellement encombrées de bâtiments relevaient, lors de leur acquisition de la notion de terrain à bâtir au sens de l'article 12, § 3 de la directive 2006/112/CE du Conseil du 28 novembre 2006, relative au système commun de taxe à la valeur ajoutée.

Mais, mettant en œuvre **le critère d'identité juridique** entre le bien acquis et le bien revendu exigé par la CJUE, le Conseil d'État a écarté l'application de la TVA sur marge en cas de revente de lots issus de la division parcellaire d'une parcelle plus importante comportant un bâtiment au motif que, nonobstant la déclaration préalable obtenue à cet effet, l'acte notarié ne désignait pas les biens acquis comme des terrains à bâtir (CE, 11 oct. 2022, n° 464561, *Min.* c/ *SARL BH Concept : Dr. fisc.* 2022, n° 42, act. 386 ; également, *TVA, Chronique de l'année 2022 : Dr. fisc.* 2023, n° 13, 3, *Nouvel épisode dans le feuilleton de la TVA sur marge : qu'est-ce qu'un terrain à bâtir*, par A. Abadie). Dans cette affaire, les cessions litigieuses sont intervenues antérieurement à la publication des réponses ministérielles du 20 septembre 2016 (nos 94538 et 96679 : *JOAN* Q, 20 sept. 2016, p. 8514 et 8522) qui avaient permis au cédant de se prévaloir, sous certaines conditions, de la division parcellaire du terrain pour limiter l'assiette de la TVA à la marge (pour un commentaire de ces réponse ministérielles, N. Gonzalez-Gharbi, *Le glas de la TVA sur marge a-t-il déjà sonné ? : Constr.-Urb.* nov. 2016, comm. 152).

Sur les conséquences de l'absence d'indication dans l'acte d'acquisition de la nature de terrains à bâtir du bien désigné comme « une maison individuelle avec terrain autour », nonobstant la décision de non-opposition à déclaration préalable obtenue par l'acquéreur antérieurement, V. CE, 10e ch., 17 juin 2022, n° 443893, *SARL de Cambracq*. – E. Demorieux, *TVA sur marge : êtes-vous mieux loti ? Retour dur la jurisprudence du Conseil d'État de 2022 : Dr. fisc.* 2023, n° 19, comm. 184). Le refus d'appliquer la TVA sur marge à la vente de terrains à bâtir issus de la division de parcelles nues adjacentes à une parcelle encombrée d'un bâtiment, mais que l'acte d'acquisition ne désignait pas comme des terrains à bâtir, a été confirmé par le Conseil d'État pour ce seul motif. Dans cette affaire, l'acte d'acquisition en 2011 par la société marchand de biens « ne visait qu'une "propriété bâtie" sans faire explicitement état de la vente de terrains à bâtir portant sur des parcelles nues existantes ». Contrairement à la cour administrative d'appel de Lyon, dont il a annulé l'arrêt n° 19LY00541 du 16 juin 2022, le

Conseil d'État a jugé sans effet sur la qualification des parcelles acquises la circonstance qu'elles aient déjà fait l'objet d'une autorisation de division ou d'une division effective, lors de l'acquisition, ni leur caractère de terrains constructibles au regard du PLU (CE, 2 avr. 2024, n° 466644, concl. E. de Moustier. – G. Berger-Picq, *Vente de terrains et TVA sur marge : la clause fiscale de l'acte est-elle vraiment toute puissante ? : FR Lefebvre* 24/24, info 5. – N. Gonzalez-Gharbi : *Constr.-Urb.* 2024, n° 6, comm. 76). Présentée comme devant mettre fin aux divergences d'interprétation entre les juges du fond quant à la qualification de terrains à bâtir des biens acquis en vue de la revente (*NF* 15 mai 2024, p. 4), cette décision confère aux mentions relatives à la nature fiscale des biens cédés une portée en matière de TVA que la définition objective du terrain à bâtir résultant de l'article 257 du CGI était loin de laisser présager.

Sur la mise en œuvre du critère d'absence d'ouverture de droit à déduction (V. CE, 9e ch., 18 avr. 2023, n° 468094, inédit). Dans cette affaire, le Conseil d'État a annulé l'arrêt de la cour administrative d'appel de Lyon (CAA Lyon, 8 août 2022, n° 19LY017045) pour avoir méconnu le champ d'application de l'article 268 du CGI. La Cour avait jugé que les cessions pouvaient être soumises à la TVA sur marge alors qu'elle avait relevé que l'acquisition du terrain avait été effectuée auprès de vendeurs particuliers n'ayant pas la qualité d'assujetti, sans qu'il soit justifié que le prix d'acquisition aurait incorporé un montant de taxe acquittée en amont par les vendeurs initiaux. Or cette dernière circonstance suffit à elle seule à exclure l'application de la TVA sur marge. L'affaire a été renvoyée à la cour administrative de Lyon (pour une appréciation critique de cette décision qui infirme la doctrine constante de l'administration fiscale, N. Gonzalez-Gharbi, *Achat sans TVA et revente en TVA sur marge : l'administration veut-elle réécrire l'histoire ? : Constr.-Urb.* 2023, n° 6, comm. 78

V. **Terrains** et **Lotissement**.

Sur l'application de ces règles aux surfaces non vendables d'un lotissement. Le Conseil d'État s'est prononcé, pour la première fois, sur l'application des dispositions de l'article 268 du CGI dans sa rédaction issue de loi n° 2010-237, 9 mars 2010 : JO 10 mars, en faveur de la prise en compte du prix d'acquisition des surfaces non vendables, e l'espèce, des surfaces qui devaient être remises gratuitement à la commun pour l'obtention de l'autorisation de lotir. Il a ainsi jugé, comme le préconisait son rapporteur public, que les modalités de calcul de la marge taxable à la TVA en application de l'article 268 du CGI ne s'opposent pas à ce que le contribuable impute sur le prix de revient de chacun des lots vendus une fraction du prix d'acquisition des terrains cédés gratuitement ou pour l'euro symbolique à une commune en vue de la réalisation d'aménagements de voirie, lorsque cette cession conditionne la réalisation de l'opération immobilière (CE, 9e et 10e ch. réunies, 13 oct. 2021, n° 433745, *Min. Action et Comptes publics c/ Sté Le Rochefort : Rec. CE* 2021, tables, concl. Mme C. Guibé, rapp. publ. – N. Gonzalez-Gharbi, *Commercialisation des lots de lotissements : quand le prix d'acquisition des terrains remis gratuitement à la commune concourt au calcul de la marge taxable : Constr.-Urb.* 2021, comm. 163).

Les juges du fond avaient déjà adopté cette solution, V. par ex., CAA Lyon, 25 juin 2019, n° 18LY00671. – N. Gonzalez-Gharbi, *Commercialisation des lots de lotissement en TVA sur marge : l'Administration priée de revoir sa copie : Constr.-Urb.* 2019, comm. 115).

8599 Immeubles bâtis achevés depuis plus de cinq ans. L'administration fiscale donne l'exemple suivant : « Cession d'un immeuble, plus de cinq ans après son achèvement, par un investisseur qui en a assuré la maîtrise d'ouvrage. Si l'investisseur décide de soumettre la cession à la taxe, l'article 268 ne peut trouver à s'appliquer dès lors que le bien n'a pas été acquis en son état d'immeuble bâti, que le terrain d'emprise ait été acquis par le cédant lui-même antérieurement à la construction, voire que celle-ci ait fait suite à une acquisition en l'état d'immeuble ancien elle-même suivie d'une démolition » (BOI-TVA-IMM-10-20-10-20200122, § 20).

1 Recherche concernant le régime de l'acquisition (ouverture ou non d'un droit à déduction)

Remarque : Sur l'application dans le temps de la doctrine administrative citée dans ce développement, V. *supra*, n° 8598.

8600 Acquisition auprès d'un non-assujetti. Par hypothèse, n'a pas ouvert droit à déduction au sens de l'article 268, une acquisition d'immeuble réalisée auprès de personnes non assujetties (hors le cas où celles-ci cèdent dans les cinq ans de la livraison un immeuble précédemment acquis comme immeuble à construire), ou auprès de personnes assujetties qui n'ont pas agi en tant que telles, ou encore dont la livraison était exonérée de TVA sur le fondement du 5 de l'article 261 et qui n'ont pas formulé l'option prévue au 5° bis de l'article 260.

Toutefois, les acquisitions auprès de personnes non assujetties d'un immeuble précédemment acquis comme immeuble à construire et cédé dans les cinq ans de son achèvement sont considérées comme ayant ouvert droit à déduction lorsqu'elles sont intervenues avant le 31 décembre 2012. En effet, sur le fondement du a du 2° du 3 du I de l'article 257 du Code général des impôts (dans sa version en vigueur jusqu'à cette date), la livraison était alors soumise à la TVA. Il en va de même des acquisitions d'immeubles postérieures au 31 décembre 2012 auprès d'une personne non assujettie qui a bénéficié de la mesure transitoire prévue au BOI-TVA-IMM-10-10-10-20 au II-A (sur ce régime transitoire, V. **Immeuble neuf** et **Immeuble à construire**).

Faisant sienne, pour interpréter la notion « d'absence d'ouverture de droit à déduction » inscrite à l'article 268 du CGI, l'interprétation de l'article 392 de la directive 2006/112/CE du Conseil du 28 novembre 2006 relative au système commun de taxe sur la valeur ajoutée délivrée par la CJUE dans la désormais célèbre affaire *SAS Icade Promotion* (CJUE, 30 sept. 2021, aff. C-299/20), le Conseil d'État a annulé un arrêt de la cour administrative d'appel de Lyon (CAA Lyon, 8 août 2022, n° 19LY017045) pour avoir méconnu le champ d'application de l'article 268 du CGI. La Cour avait en effet jugé que les cessions pouvaient être soumises à la TVA sur marge alors qu'elle avait relevé que l'acquisition du terrain avait été effectuée auprès de vendeurs particuliers n'ayant pas la qualité d'assujetti, sans qu'il soit justifié que le prix d'acquisition aurait incorporé un montant de taxe acquittée en amont par les vendeurs initiaux. Rendue sur pourvoi du ministre, cette décision qui infirme la doctrine administrative sus exposée est inédite. L'affaire a été renvoyée à la cour administrative d'appel de Lyon (CE, 9e ch., 18 avr. 2023, n° 468094, inédit et pour une appréciation critique, N. Gonzalez-Gharbi, *Achat sans TVA et revente en TVA sur marge : l'administration veut-elle réécrire l'histoire ? : Constr.-Urb.* 2023, n° 6, comm. 78).

Remarque : Il est admis (BOI-TVA-IMM-10-10-10-20 au I-C-2) que l'acquisition d'un immeuble avant le 11 mars 2010 qui aurait fait l'objet d'un engagement de construire et d'une autoliquidation sur le fondement de l'ancien article 285-3 du Code général des impôts soit réputée ne pas avoir ouvert droit à déduction. Le cédant peut dès lors faire application des dispositions de l'article 268 du Code général des impôts lorsqu'il vend les mêmes surfaces comme terrain à bâtir, que l'acquéreur soit un particulier ou un assujetti. Il en va de même lorsque l'acquisition a été réalisée en exonération de TVA sous couvert de la tolérance qui prévalait avant le 11 mars 2010 au titre de l'article 1042, 1045 et 1049 du Code général des impôts (BOI-TVA-IMM-10-20-10-202001222, § 30).

8601 Terrains acquis sous le régime révolu de la TVA immobilière. Les acquisitions de terrains à bâtir réalisées avant le 11 mars 2010 et à l'occasion desquelles un acquéreur avait pris un engagement de construire, ont été soumises à la TVA, l'acquéreur ayant autoliquidé la taxe toutes les fois que le terrain entrait dans le champ de la TVA immobilière pour la première fois et que son vendeur n'avait pas pris la position de redevable. Les terrains à bâtir acquis selon ces modalités et revendus à des particuliers étaient soumis à la TVA sur la marge.

Les cessions de terrains à bâtir effectuées par des assujettis dans le cadre de leur activité économique entrent dans le champ d'application de la TVA (CGI, art. 257, I-2-1°) quelle que soit la qualité de l'acquéreur.

La taxe est assise soit sur le prix de vente total lorsque le terrain avait ouvert droit à déduction lors de son acquisition antérieure pour le cédant, soit sur la marge lorsque cette acquisition n'avait pas ouvert droit à déduction (CGI, art. 268).

La revente après le 10 mars 2010 d'un terrain à bâtir par un assujetti (lotisseur, aménageur notamment) qui avait fait l'objet d'une autoliquidation de la TVA par le cédant au moment de son acquisition réalisée dans les conditions décrites ci-dessus est réputée ne pas avoir ouvert droit à déduction. La revente de ce terrain à un particulier, dès lors qu'il répond aux caractéristiques de constructibilité conduisant à le qualifier de terrain à bâtir, est par conséquent taxée de plein droit sur la marge réalisée par le cédant selon les modalités résultant du dispositif désormais applicable (BOI-TVA-IMM-10-20-10-20200122, § 230).

8602 Acquisition d'un immeuble affecté à des opérations non imposables. Est également considérée comme n'ayant pas ouvert droit à déduction l'acquisition réalisée par une personne qui aurait acquis l'immeuble pour la réalisation exclusive d'opérations non imposables au sens du II de l'article 206 de l'annexe II au Code général des impôts. Sont ici visées les acquisitions pour lesquelles, en la circonstance, le coefficient d'assujettissement était nul si bien que l'acquéreur n'a pu déduire la taxe mentionnée dans l'acte. À cet égard, seule compte l'affectation initiale du bien, le fait que l'immeuble ait par la suite été affecté à la réalisation d'opérations taxables demeurant sans incidence (cf. CJCE, 11 juill. 1991, aff. C-97/90, *Lennartz*).

Dans la situation où l'immeuble a été acquis par le cédant concurremment pour la réalisation d'opérations imposables et d'opérations non imposables, le régime d'imposition sur la marge ne trouve pas à s'appliquer dès lors que l'acquisition a ouvert droit à déduction, ne serait-ce que partielle à raison d'un coefficient d'assujettissement non nul, déterminé en proportion de l'utilisation de l'immeuble pour les opérations imposables (BOI-TVA-IMM-10-20-10-20200122, § 40).

8603 **Absence de mention dans l'acte d'une taxe déductible.** Enfin, il y a lieu de considérer que le cédant n'a pu disposer d'un droit à déduction lors de l'acquisition lorsque aucun montant de taxe déductible ne figurait dans l'acte d'acquisition ou dans tout autre document valant facture au sens du *a* du 1 du II de l'article 271, alors même que son vendeur aurait néanmoins acquitté de la TVA sur la marge.

Demeure sans incidence en l'espèce le fait que le montant de la taxe aurait du être mentionné en application de l'article 289, et par suite en application de l'article 242 nonies A de l'annexe II au Code général des impôts (BOI-TVA-IMM-10-20-10-20200122, § 50).

8604 **Coefficient de taxation nul.** En revanche, la seule circonstance qu'à l'occasion de l'acquisition le coefficient de taxation applicable à la TVA mentionné dans l'acte ait été nul au regard du 2 ou du 3 du III de l'article 206 de l'annexe II au Code général des impôts (si l'immeuble était initialement utilisé pour des opérations n'ouvrant pas droit à déduction) ne saurait conduire à considérer que le cédant n'a pas disposé d'un droit à déduction (BOI-TVA-IMM-10-20-10-20200122, § 60).

8605 **Bénéfice d'un transfert de droit à déduction.** Si le cédant a bénéficié au moment de son acquisition de la procédure de transfert des droits à déduction prévue au 3 du III de l'article 207 de l'annexe II au Code général des impôts, il y a lieu de considérer que cette acquisition a ouvert droit à déduction si bien que la revente du bien sur lequel porte l'attestation sera taxable sur le prix total si elle est soumise à la TVA. Est indifférente à cet égard l'origine du droit à déduction transféré, qu'il s'agisse de taxe régularisée par le cédant précédent à raison de sa propre acquisition du bien, d'une LASM suite à la construction ou encore suite à des travaux de transformation.

De même, le dispositif de taxation sur la marge ne saurait trouver à s'appliquer lorsqu'un immeuble avait été mis à disposition d'un assujetti utilisateur par une personne morale de droit public dans les conditions décrites aux 1 et 2 de l'article 210 de l'annexe II au Code général des impôts, puisque la procédure de transfert des droits à déduction prévue en l'espèce était par nature susceptible d'ouvrir droit à déduction (BOI-TVA-IMM-10-20-10-20200122, § 70).

Remarque : L'article 210 de l'annexe II au Code général des impôts a été abrogé par le décret n° 2015-1763 du 24 décembre 2015 relatif au transfert du droit à déduction en matière de taxe sur la valeur ajoutée (*JO* 27 déc.). Ce décret s'applique aux délégations de service public conclues à compter du 1er janvier 2016 et aux immeubles édifiés ou acquis par les SCA pour lesquels un état descriptif de division a été établi à compter de cette même date.

La notice du décret expose ceci :

« Afin de se conformer au droit de l'Union européenne qui ne prévoit pas de procédure de transfert du droit à déduction de la TVA, le présent décret abroge l'article 210 de l'annexe II au CGI qui prévoit la possibilité pour l'État, les collectivités territoriales, leurs groupements, les établissements publics mettant gratuitement à la disposition de leur délégataire, dans le cadre d'une délégation de service public, les investissements qu'ils ont réalisés et les SCA [société de construction attribution] non assujetties à la TVA de transférer leur droit à déduction de la TVA grevant les dépenses supportées en amont. Par ailleurs, la modification du 1 du V de l'article 207 de l'annexe II vise à supprimer la référence à l'article 210 de l'annexe II au CGI ».

8606 **Impossibilité d'établir les conditions dans lesquelles l'immeuble a été acquis.** Lorsque pour un même immeuble ou fraction d'immeuble, qu'il s'agisse d'une parcelle de terrain à bâtir ou d'un immeuble bâti, le cédant n'est pas en mesure d'établir dans quelles conditions de qualification fiscale au regard de l'article 268 il est entré en possession de tout ou partie du bien en cause, il y a lieu si l'opération est imposée de soumettre l'ensemble de la cession à la taxe sur le prix total. Il peut en aller ainsi notamment de la cession d'une entité cadastrale qui résulte de diverses opérations de remembrement ou de remaniement parcellaire, ou encore de celle d'un lot immobilier issu de travaux de rénovation d'un bâtiment qui ont conduit à une reconfiguration de l'état descriptif de division (BOI-TVA-IMM-10-20-10-20200122, § 80).

8607 **Transmission d'universalité.** Lorsque l'acquisition de l'immeuble s'est faite dans le cadre d'une transmission d'universalité totale ou partielle de biens et a bénéficié de la dispense prévue à l'article 257 bis, il y a lieu en cas de revente de se référer au régime de l'acquisition antérieure à celle réalisée par le bénéficiaire de la transmission pour déterminer les règles applicables à la base d'imposition. La même solution s'applique lorsque cette dispense d'imposition est intervenue sur une base doctrinale, avant 2006 et l'adoption de l'article 257 bis.

EXEMPLE (BOI-TVA-IMM-10-20-10-20200122, § 90)
Un immeuble de bureaux est affecté à une activité locative par son propriétaire X. Celui-ci le cède dans les conditions de l'article 257 bis à un investisseur Y, lequel poursuit la location jusqu'à ce qu'il décide, à son tour, de vendre à un acquéreur revendeur Z qui entend mettre fin à la location en vue de procéder à une rénovation du bâtiment. Les règles applicables à la cession entre le bénéficiaire de la transmission d'activité Y et l'acheteur revendeur Z seront déterminées en considération des conditions dans lesquelles le propriétaire initial X a lui-même acquis le bien : taxation sur le prix total s'il avait construit l'immeuble ou avait été en droit de déduire la TVA comprise, par hypothèse, dans le prix de son acquisition ; taxation sur la marge s'il avait reçu l'immeuble sans que l'acquisition lui ouvre droit à déduction.

2 Détermination de la marge

8608 **Principe.** La marge est déterminée par la différence entre, d'une part, toutes les sommes et charges dues auprès du cédant par le cessionnaire, diminuées de la TVA afférente à la marge elle-même et, d'autre part, le prix d'achat supporté par l'assujetti revendeur (BOI-TVA-IMM-10-20-10-20200122, § 240).

8609 **Application.** Pour déterminer la base d'imposition, il y a donc lieu de procéder à un calcul « en dedans » selon la formule suivante (BOI-TVA-IMM-10-20-10-20200122, § 250) :
Marge taxable = montant payé par le cessionnaire + charges augmentatives – prix d'achat / ((100 + taux applicable à l'opération) / 100)

a) Prix payé au cédant

8610 **Notion de « prix exprimé ».** À l'occasion d'une actualité du *BOI* publiée le 22 janvier 2020, l'administration a modifié la notion de « prix exprimé » au sens de l'article 268 du Code général des impôts. Alors que dans les versions publiées jusqu'ici, elle indiquait que ce prix s'entend de la différence entre le montant payé au cédant par le cessionnaire et le montant de la TVA afférente à la marge résultant de ce prix, il est désormais précisé au même § 250 du BOI-TVA-IMM-10-20-10- publié le 22 janvier 2020 que « le "prix exprimé" au sens de l'article 268 du CGI s'entend de la différence entre le montant payé au cédant par le cessionnaire ou, pour tout ou partie, par un tiers et le montant de la TVA afférente à la marge résultant de ce prix ». Cette précision viserait à confirmer le principe d'inclusion d'une subvention complément de prix dans le prix de cession d'un bien immobilier (voir intitulé de l'actualité publiée).

8611 **Charges augmentatives.** Les charges augmentatives du prix qui sont prises en compte pour la détermination du premier terme de calcul de la marge, sont toutes les charges qui reviendraient de droit au cédant et qui sont contractuellement reportées sur le cessionnaire (V. **Charges augmentatives.** – BOI-TVA-IMM-10-20-10-20200122, § 260).

b) Prix d'achat

8612 **Éléments constitutifs du prix d'achat.** Le prix d'achat qui constitue le second terme du calcul comporte toutes les dépenses qui ont été supportées par l'acquéreur à ce titre (notamment les droits de mutation). Par construction, il s'agit de dépenses sur lesquelles aucun droit à déduction n'a pu être exercé, quand bien même elles seraient grevées de taxe rémanente.
La TVA rémanente peut résulter, notamment, d'une taxe sur la marge collectée en amont par le cédant et que celui-ci n'aurait pas mentionnée dans l'acte de cession. Ou encore d'une taxe sur le prix total qu'aurait de fait supportée l'acquéreur sans pouvoir la déduire à raison de ce que le terrain n'aurait alors pas été affecté à une activité placée dans le champ de la TVA (V. n° 8603). Les autres frais et honoraires exposés à l'occasion de l'acquisition ne sont pas à inclure dans le prix d'achat dès lors qu'ils sont grevés de TVA et que cette taxe est déductible dans les conditions de droit commun (BOI-TVA-IMM-10-20-10-20200122, § 270).

8613 **Revente d'un immeuble acquis dans le cadre d'une transmission d'universalité.** Lorsque l'assujetti revendeur a acquis l'immeuble cédé au terme d'une transmission d'universalité dans les conditions de l'article 257 bis (y compris à l'occasion d'une opération de fusion ou d'absorption), le second terme du calcul de la marge s'apprécie, s'il y a lieu, par renvoi au prix d'achat constaté chez le cédant de la transmission (V. n° 8608). En revanche, lorsqu'il l'a acquis par apport en dehors d'une telle transmission, le second terme est égal à la valeur telle qu'elle est déterminée pour l'enregistrement de l'acte d'apport (BOI-TVA-IMM-10-20-10-20200122, § 280).

8614 **Revente d'un immeuble acquis au terme d'un contrat de crédit-bail.** En cas d'acquisition d'un immeuble au terme d'un contrat de crédit-bail, les dispositions de l'article 268 trouvent à s'appliquer en cas de livraison subséquente dès lors que le prix de levée de l'option d'achat n'a pas ouvert droit à déduction pour l'acquéreur.

S'agissant de la base, lorsque les loyers n'ont eux-mêmes pas ouvert droit à déduction, il sera admis pour la détermination du deuxième terme de détermination de la marge que soient pris en compte, au lieu du prix de levée de l'option, le prix d'achat du terrain et le prix de revient des constructions pour le bailleur sous réserve qu'ils aient été mentionnés dans le contrat. De même, lorsque le locataire qui exerce une option d'achat a acquis les droits attachés auprès d'un précédent locataire il sera admis que soit pris en compte le prix d'achat du terrain et le prix de revient des constructions pour le bailleur tel que mentionné dans le contrat, au lieu des sommes versées pour l'acquisition des droits (BOI-TVA-IMM-10-20-10-20200122, § 290).

8615 **Actions ou parts reçues en contrepartie d'apports en nature.** Les dispositions de l'article 268 du Code général des impôts prévoient que, s'il y a lieu, le deuxième terme pris en compte pour le calcul de la base d'imposition soit constitué par la valeur nominale des actions ou parts reçues en contrepartie des apports en nature effectués par le cédant pour l'acquisition du terrain à bâtir ou de l'immeuble dont la cession est soumise au régime de la marge.

Par hypothèse, la cession en cause porte sur les actions ou parts reçues en contrepartie de ces apports en nature, sans que l'acquisition du bien immeuble apporté ait ouvert droit à déduction pour l'apporteur. Le régime de la marge relatif à la livraison d'un terrain à bâtir ou d'un immeuble bâti trouve ainsi à s'appliquer lorsque la cession en cause, réalisée par un assujetti, suit le régime du sous-jacent, s'agissant des parts d'intérêts ou actions visées au 3° du 1 du I de l'article 257 :

– si le sous-jacent est un terrain à bâtir, la cession des titres dont la possession assure l'attribution du terrain est imposable de plein droit et la base d'imposition est constituée par la différence entre le prix de cession et la valeur nominale des titres, réputée égale au prix d'achat du même terrain à proportion du quantum de titres ;

– si le sous-jacent est un immeuble achevé depuis plus de cinq ans, le régime de la marge ne trouve à s'appliquer que sur exercice de l'option pour la taxation, la base d'imposition étant constituée par la différence à due proportion entre le prix de cession des parts ou actions et leur valeur nominale, réputée égale au prix de l'immeuble bâti remis en apport par le cédant (BOI-TVA-IMM-10-20-10-20160302, § 310).

Plus simplement, dès lors que conformément au 1 du I de l'article 257 le régime applicable aux titres visés au 3° suit celui du sous-jacent, l'imposition sur la marge peut aussi trouver à s'appliquer lorsqu'un assujetti est amené à céder des parts d'intérêts ou actions dont la possession assure l'attribution d'un bien immeuble ou d'une fraction d'un tel bien et qu'il a acquis ces mêmes titres portant respectivement sur un terrain à bâtir ou un immeuble bâti sans que leur acquisition lui ait ouvert droit à déduction (BOI-TVA-IMM-10-20-10-20200122, § 320).

8616 **Situation de marge nulle ou négative.** La circonstance que la marge calculée dans les conditions exposées ci-dessus se révèle nulle ou négative ne fait pas obstacle à l'application des dispositions de l'article 268, la base d'imposition étant alors prise pour 0.

Cette situation peut notamment se présenter à l'occasion de la commercialisation des opérations de lotissement, qu'elles soient réalisées par un opérateur public ou privé. Dans ce cas :

– le lotisseur dispose d'une grande liberté pour fixer le prix de cession propre à chaque lot. En outre, la remise à la collectivité locale ou à l'association syndicale de propriétaires (V. n° 8593) de certaines fractions du lotissement, en particulier du terrain d'emprise des équipements généraux ou collectifs, intervient souvent pour un prix symbolique, ce qui en fait une opération située hors du champ d'application de la TVA ;

– en règle générale, le prix d'achat retenu pour le calcul de la base d'imposition propre à chaque lot devra être exactement déterminé à partir du prix d'acquisition des parcelles d'origine en proportion des surfaces incluses dans le lot cédé (en ce compris la fraction des parties communes éventuellement attachée à chaque lot par tantième, ainsi qu'une part proportionnelle des emprises mentionnées au BOI-TVA-IMM-10-20-10-20200122, § 210, V. n° 8593). Il ne pourra en aller autrement que lorsque les particularités tenant à la consistance et aux caractéristiques du terrain d'origine sont de nature à justifier que soit retenu un prix différencié entre diverses fractions de celui-ci, sans que cette différenciation puisse finalement conduire à ce que la somme des montants pris en considération à cet effet excède le montant effectif de l'acquisition.

La même situation de marge négative peut également se présenter dans le cadre d'une opération de crédit-bail portant sur un immeuble achevé depuis plus de cinq ans et acquis sans TVA par le crédit-bailleur (cession bail notamment) lorsque les parties trouvent avantage à l'exercice de l'option pour la taxation lors de la levée d'option d'achat par le crédit-preneur pour préserver un droit à déduction sur des travaux de rénovation (BOI-TVA-IMM-10-20-10-20200122, § 300).

Sur la prise en compte du prix d'acquisition des surfaces non vendables d'un lotissement. Il a été jugé que les modalités de calcul de la marge taxable à la TVA en application de l'article 268 du CGI ne s'opposent pas à ce que le contribuable impute sur le prix de revient de chacun des lots vendus une fraction du prix d'acquisition des terrains cédés gratuitement ou pour l'euro symbolique à une commune en vue de la réalisation d'aménagements de voirie, lorsque cette cession conditionne la réalisation de l'opération immobilière (CE, 9e et 10e ch. réunies, 13 oct. 2021, n° 433745, *Min. Action et Comptes publics c/ Sté Le Rochefort : Rec. CE* 2021, tables, concl. Mme C. Guibé, rapp. publ. – N. Gonzalez-Gharbi, *Commercialisation des lots de lotissements : quand le prix d'acquisition des terrains remis gratuitement à la commune concourt au calcul de la marge taxable : Constr.-Urb.* 2021, comm. 163). Cette décision, conforme aux conclusions de Mme Guibé, a été rendue pour l'application des dispositions de l'article 268 du CGI dans sa rédaction issue de loi n° 2010-237, 9 mars 2010 : *JO* 10 mars. Les juges du fond avaient déjà adopté cette solution (V. CAA Lyon, 25 juin 2019, n° 18LY00671. – N. Gonzalez-Gharbi, *Commercialisation des lots de lotissement en TVA sur marge : l'Administration priée de revoir sa copie : Constr.-Urb.* 2019, comm. 115).

IV

Fait générateur et exigibilité

A Fait générateur

8617 Livraison d'immeubles et cession de droits. Le fait générateur de la TVA se produit au moment de la livraison du bien, c'est-à-dire au transfert du pouvoir de disposer d'un bien comme un propriétaire (CGI, art. 269, 1 a), indépendamment du fait qu'un acte ait été ou non établi et présenté à la formalité.

La détermination du fait générateur peut ainsi être une question de fait, notamment dans le cas de vente d'immeuble à rénover où le fait de savoir si la livraison porte sur l'immeuble achevé après travaux ou s'il y a lieu de distinguer une livraison d'immeuble suivie d'une prestation de travaux immobiliers dépendra des contingences du contrat (BOI-TVA-IMM-10-20-20-20120912, § 1).

8618 Le paiement du prix est sans incidence sur le fait générateur de la taxe. Il importe donc peu que le redevable ait été autorisé à acquitter la taxe au fur et à mesure des encaissements (BOI-TVA-IMM-10-20-20-20120912, § 10).

B Exigibilité

8619 Principe. En règle générale, la taxe est exigible lors de la réalisation du fait générateur (BOI-TVA-IMM-10-20-20-20120912, § 20).

8620 Règles particulières. Toutefois, conformément au a bis du 2 de l'article 269 du Code général des impôts, pour les livraisons d'immeubles à construire, la taxe est exigible lors de chaque versement des sommes correspondant aux différentes échéances prévues par le contrat en fonction de l'avancement des travaux.

En cas de dation en paiement, dès lors que la livraison des locaux remis en dation relève d'un contrat portant sur un immeuble à construire, l'exigibilité de la taxe due à ce titre intervient à la livraison du terrain qui en constitue la contrepartie (BOI-TVA-IMM-10-20-20-20120912, § 30).

Acomptes. Depuis le 1er janvier 2023, date d'entrée en vigueur des dispositions du a du 2 de l'article 269 du CGI issues de l'article 30 de la loi de finances pour 2022 qui ont transposé en droit interne les dispositions de l'article 65 de la directive 2006/112/CE du 28 novembre 2006 relative au système commun de taxe sur la valeur ajoutée, la TVA sera exigible au fur et à mesure de l'encaissement des acomptes intervenant avant la livraison du bien, date d'exigibilité de la TVA.

Sur l'application de cette règle dans le temps, V. Rép. min. Louwagie, n° 96 : *JOAN* 13 sept. 2022, qui a rappelé que « Jusqu'à cette date, conformément au principe de l'effet direct vertical des dispositions claires, précises et inconditionnelles d'une directive, les contribuables qui le souhaitent peuvent se prévaloir des dispositions de l'article 65 de la directive 2006/112/CE du Conseil du 28 novembre 2006 relative au système commun de TVA pour collecter ou déduire la TVA grevant les acomptes versés ».

Cette nouvelle règle a laissé subsister le régime particulier des livraisons d'immeubles à construire.

V Exonérations

8621 Inventaire. Certaines mutations sont exonérées de TVA :
– les livraisons de terrains aux autres que des terrains à bâtir (CGI, art. 261, 5 V. **Terrains**) ;
– les livraisons d'immeubles achevés depuis plus de cinq ans (CGI, art. 261, 5 : V. **Immeuble ancien-TVA**).
Nous avons vu cependant que ces mutations réalisées par des assujettis à la TVA agissant en tant que tels pouvaient devenir imposables sur option (V. n°s 8522 à 8563) ;
– les baux conférant un droit réel (CGI, art. 261, D 1 bis) : baux à construction (V. **Bail à construction**) et baux emphytéotiques (V. **Bail emphytéotique**).
Par ailleurs, sont dispensées de TVA les opérations réalisées entre assujettis dans le cadre de la transmission d'une universalité de biens (CGI, art. 257 bis. – V. n° 8567).
La liste des mutations exonérées s'est considérablement réduite par rapport au régime antérieur à la loi du 9 mars 2010. De nombreuses exonérations (qu'elles résultent de la loi ou de mesures de tempérament) ont en effet été supprimées, comme on le constate en comparant le texte actuel de l'article 261, 5 du Code général des impôts avec le texte antérieur. Nous signalerons dans la rubrique concernée (V. **HLM ; Collectivités et personnes publiques**, etc.) les exonérations qui ont ainsi disparu.
Signalons enfin que la TVA n'est pas actuellement applicable dans les départements de la Guyane et de Mayotte (CGI, art. 294, 1).

VI Taux de la TVA – Évolution législative

8622 Lois de finances rectificatives pour 2012. L'augmentation des taux est annulée avant son entrée en vigueur. 1) L'article 2, V et IX de la première loi n° 2012-354 du 14 mars 2012 de finances rectificative pour 2012 (*Dr. fisc.* 2012, n° 13, comm. 217) a augmenté de 1,6 point le taux normal de la TVA, portant celui-ci de 19,6 à 21,2 %. Il a augmenté dans la même proportion les taux particuliers applicables en Corse à certaines opérations qui relèvent du taux normal en France continentale : les opérations actuellement soumises au taux intermédiaire de 8 % devaient être imposées au taux de 8,7 % à compter du 1er octobre 2012 et les ventes de produits pétroliers énumérés au tableau B de l'article 265 du Code des douanes, soumises au taux de 13 %, devaient être imposées au taux de 14,1 % à compter de la même date.
L'entrée en vigueur du dispositif était fixée en principe au 1er octobre 2012.
2) L'article 1er de la deuxième loi de finances rectificative pour 2012 (L. n° 2012-958, 16 août 2012 : *JO* 17 août 2012 ; *Dr. fisc.* 2012, n° 36, comm. 414) supprime les deux principaux volets du dispositif de la TVA dite « sociale ».
La hausse du taux normal de TVA de 1,6 point prévue par la première loi de finances rectificative pour 2012 est ainsi abrogée avant son entrée en vigueur programmée au 1er octobre 2012.
L'augmentation de 1,6 % prévue pour les taux intermédiaires applicables en Corse est également annulée.

8623 Troisième loi de finances rectificative pour 2012. Modification des taux de TVA à compter du 1er janvier 2014. L'article 68 de la troisième loi de finances rectificative pour 2012 (L. n° 2012-1510, 29 déc. 2012, art. 68 : *JO* 30 déc. 2012) avait modifié les taux de TVA de droit commun à compter du 1er janvier 2014 :
– le taux normal, de 19,6 %, est porté à 20 % ;
– le taux intermédiaire de 7 % est porté à 10 % ;
– le taux réduit de 5,5 % est ramené à 5 % ;
– le taux de 8 % applicable en Corse à certaines opérations est porté à 10 %.
La diminution du taux réduit à 5 % devait s'appliquer aux opérations pour lesquelles la TVA est exigible à compter du 1er janvier 2014, c'est-à-dire aux biens livrés à compter du 1er janvier 2014.
Les augmentations de taux à 10 et 20 % devaient s'appliquer en principe aux opérations dont le

fait générateur intervient à compter du 1er janvier 2014, c'est-à-dire aux biens livrés à compter du 1er janvier 2014.

Par exception, les taux rehaussés ne devaient pas s'appliquer aux encaissements pour lesquels la TVA est exigible avant le 1er janvier 2014.

Des dispositions transitoires étaient prévues pour certaines opérations immobilières dont les prix ont été fixés antérieurement à l'augmentation des taux (V. *Dr. fisc.* 31 janv. 2013, n° 5, 114).

8624 **Taux de TVA applicables à compter du 1er janvier 2014.** La loi de finances pour 2014 (L. fin. n° 2013-1278, art. 6, 9, 29) et la loi de finances rectificative pour 2013 (art. 21, II) ont à nouveau modifié les taux de la TVA. Seul subsiste le rehaussement du taux normal à 20 %. Le taux réduit de 5,5 % est rétabli dans le secteur du logement social, qui voit cependant restreinte la portée géographique des opérations ANRU. À titre transitoire, certaines opérations du secteur du logement social restent soumises au taux réduit de 7 %, tandis que des opérations portant sur du logement intermédiaire se verront appliquer un taux « réduit » de 10 % (V. BOI-TVA-LIQ-50-20-20140204. – N. Gonzalez-Gharbi, *Taux de TVA applicables aux principales opérations immobilières à compter du 1er janvier 2014 : Nota Bene, Cridon Sud-Ouest*, n° 189, fiche 759. – N. Gonzalez-Gharbi, *Taux applicables aux opérations immobilières dans le secteur du logement social : Constr.-Urb.* 2014, comm. 54. – W. Stemmer, *Loi de finances 2014 : incidences TVA sur les ventes d'immeubles : JCP* N 2014, 1055).

8625 **Loi de finances pour 2018. Le taux réduit sur certaines opérations relevant du logement social est porté de 5,5 % à 10 % à compter du 1er janvier 2018.** L'article 12 de la loi de finances pour 2018 (L. n° 2017-1837, 30 déc. 2017 : *JO* 31 déc. 2017) a porté le taux de 5,5 % à 10 % pour certaines de ces opérations effectuées au profit ou par les organismes HLM. Depuis le 1er janvier 2018, les taux réduits applicables aux opérations effectuées dans le secteur du logement social visées à l'article 278 sexies du Code général des impôts sont prévus par le nouvel article 278 sexies-0 A du même code (V. ce Guide, éd. 2019, V° Logement social).

8626 **Loi de finances pour 2020. Annulation partielle des règles issues de la loi de finances pour 2018. Nouvelles règles. Le taux de 5,5 % est réservé aux opérations très sociales. Renvoi.** L'article 30 de la loi n° 2019-1479 du 28 décembre 2019 de finances pour 2020 (*JO* 29 déc. 2019) modifie le régime des taux réduits (5,5 % et 10 %) de la TVA applicables dans le secteur du logement social. Les articles 278 sexies et 278 sexies-0 A du Code général des impôts sont réécrits. Les nouvelles règles s'appliquent à compter du 1erdécembre 2019.

Loi de finances pour 2021. L'article 48 de la loi de finances pour 2021 (L. n° 2020-1721, 29 déc. 2020) a étendu l'application du taux réduit de 5,5 % à l'ensemble des livraisons et livraison à soi-même d'immeubles liées au bail réel solidaire (V. **Bail réel solidaire**) et créé un nouveau cas d'application du taux réduit en faveur des structures de l'aide sociale à l'enfance (V. **Logement social** auquel il convient de se reporter).

8627 Le taux normal de la TVA est de 20 % (A), mais il existe des taux réduits (B), et des tarifs spéciaux (C).

A Taux normal

8628 Le taux normal a été porté à 20 % à compter du 1er janvier 2014. Le coefficient de conversion correspondant au taux de 20 % est de 0,833. Antérieurement, et depuis le 1er avril 2000, le taux normal était fixé à 19,60 % (CGI, art. 278). Il était auparavant de 20,6 %. Ce taux de 19,60 % s'est appliqué à toutes les ventes d'immeubles constatées par un acte conclu à compter du 1er avril 2000 (L. fin. rect. 2000, n° 2000-656, 13 juill. 2000, art. 4 : *Dr. fisc.*2000, n° 30-35, somm. 613). Le coefficient de conversion correspondant au taux de 19,60 % est de 0,836 %.

Mesure transitoire. L'article 68 de la loi de finances rectificative pour 2012 précité a prévu une mesure transitoire en matière de ventes d'immeubles à construire. Ces ventes restent soumises à la TVA au taux de 19,60 % lorsque le contrat préliminaire a été enregistré chez un notaire ou auprès d'un service des impôts avant le 29 décembre 2012 (date de promulgation de la loi de finances rectificative précitée), y compris pour les paiements qui interviendront après le 1er janvier 2014. En revanche, lorsque le contrat préliminaire a été enregistré à compter du 29 décembre 2012, ces ventes d'immeubles à construire restent soumises à la TVA au taux de 19,6 % pour les seuls paiements encaissés jusqu'au 31 décembre 2013.

B Taux réduits de 5,5 % et 10 %

8629 Les taux réduits de 5,5 % et de 10 % s'appliquent à certaines opérations immobilières réalisées dans le secteur du logement très social et social, en application des articles 278 sexies et 278 sexies 0 A du Code général des impôts et, en application de l'article 279-0 bis A en matière de logements dits intermédiaires.

Le coefficient de conversion correspondant au taux de 5,5 % est de 0,947.
(V. **HLM** et **Logement social** et **Bail réel solidaire**).

8630 **Application du taux de 10 % au secteur du logement social.** Le taux réduit de 10 % s'est appliqué aux immeubles et logements du secteur social à partir de l'entrée en vigueur de la réforme opérée par la loi de finances pour 2018 (L. n° 2017-1837, 30 déc. 2017 : *JO* 31 déc. 2017). Le coefficient de conversion correspondant au taux de 10 % est de 0,909.
(V. **HLM** et **Logement social**).

8631 **Application du taux réduit de 10 % au secteur du logement dit intermédiaire.** L'article 279-0 bis A du Code général des impôts, issu de l'article 73 de la loi de finances rectificative pour 2013 (L. n° 2013-1279) soumet au taux réduit de 10 % les livraisons de logements neufs à des investisseurs institutionnels intervenant dans le cadre du logement intermédiaire. Ce taux s'applique aux opérations de construction, à l'exclusion des opérations de rénovation. Ce régime a été étendu aux caisses de retraite et de prévoyance (L. n° 2019-1479, 28 déc. 2019 de finances pour 2020, art. 32) et a été de nouveau aménagé par la loi de finances pour 2021. Ce dispositif est commenté au BOI-TVA-IMM-30-20200129 (V. **Logement social**).

C Tarifs spéciaux

1 Corse

8632 Le taux applicable est en principe de 10 % (V. **Corse**), le coefficient de conversion étant de 0,909.

Mais le taux réduit de 5,50 % (V. n° 8632) est susceptible de s'appliquer aux ventes de logements neufs destinés à un usage locatif social situés dans les départements de Corse. (Rappel : le taux de 8 % a été porté à 10 % à compter du 1er janvier 2014 [BOI-TVA-GEO-10-10-20140110]).

2 Départements d'outre-mer

8633 **Principe.** Le taux de principe est de 8,50 %. Le coefficient de conversion est de 0,921.

8634 **Cas particuliers.** Sans parler ici des taux applicables aux ventes et apports en société de terrains à bâtir ou de biens assimilés et aux livraisons à soi-même, signalons que les ventes de logements évolutifs sociaux sont soumises à un taux réduit de 2,10 % (coefficient de conversion : 0,979 %) dans les départements de la Guadeloupe (y compris dans la partie française de l'île de Saint-Martin et à Saint-Barthélemy), de la Martinique et de la Réunion, lorsque l'acquéreur bénéficie pour cette acquisition des aides de l'État dans les conditions prévues par l'arrêté du 29 avril 1997 (V. **Départements d'outre-mer**).

N.B. : La TVA n'est pas applicable dans les départements de la Guyane et de Mayotte (CGI, art. 294).

VII Liquidation et paiement de la taxe

CGI, art. 1692. – Les redevables sont tenus d'acquitter le montant des taxes exigibles au moment même où ils déposent la déclaration de leurs opérations.

8635 **Liquidation.** Conformément aux dispositions de l'article 204 quater de l'annexe II au Code général des impôts, les opérations visées à l'article 257 du même code sont exclues des modalités simplifiées de liquidation de la TVA (BOI-TVA-IMM-10-20-30-20160302, § 250).

8636 **Délais de paiement.** Le paiement de la TVA doit intervenir dans les délais impartis aux redevables pour le dépôt de leurs relevés n° 3310 CA 3, ainsi que de leur déclaration de livraison à soi-même. Antérieurement à l'entrée en vigueur de l'article 32 de la loi n° 2014-1545 du 20 décembre 2014 relative à la simplification de la vie des entreprises qui a modifié les obligations des assujettis en matière de LSM, le *Bulletin officiel des impôts* a précisé qu'il s'agit de la déclaration n° 941 (livraison à soi-même en application du *b* du 2° du 3 du 1 du I de l'article 257) ou n° 942 (livraison réalisée en application du *b* du 2° du 3 du 1 du I du même article 257 (BOI-TVA-IMM-10-20-30-20160302, § 240).

8637 **Absence de solidarité.** En matière de droits d'enregistrement et de taxe de publicité foncière en tenant lieu, l'obligation de payer les droits est imposée d'une manière générale aux parties aux actes de convention, et toutes les parties sont solidaires envers l'administration, non seulement pour le paiement des droits simples, mais encore pour celui des amendes et pénalités. En matière de TVA, à défaut de texte particulier, il n'y a pas de solidarité entre les parties à l'acte. En principe, c'est le redevable légal de la taxe, et lui seul, qui peut être poursuivi en paiement par l'administration.

VIII
Déductions

8638 **Assujettis occasionnels. Régime révolu.** Nous limiterons nos observations concernant l'exercice des droits à déduction au cas des assujettis occasionnels qui concerne seul le service de la publicité foncière. En pratique, cette hypothèse se résume à celle de la cession d'un immeuble neuf lorsque le cédant, non assujetti, a acquis l'immeuble cédé comme immeuble à construire. Cette hypothèse, très résiduelle, ne se rencontre plus depuis la suppression par la loi de finances rectificative pour 2012 de ce cas d'assujettissement à la TVA (V. *supra*, n° 8536 et V. **Immeuble neuf (Vente)** et **Immeuble à construire**).

Pour les assujettis occasionnels, le droit à déduction doit être mentionné sur la déclaration spéciale (943) sur laquelle est porté le montant des opérations imposables. La déduction ne peut donc s'opérer qu'au moment de la livraison du bien cédé (CGI, art. 271, I, 2).

➤ Sur les règles de déduction concernant les assujettis, V. BOI-TVA-IMM-10-30-20160302.

8639 **Mention de la TVA.** La déduction de la taxe qui a grevé le prix d'acquisition ou le prix de revient d'un immeuble ne peut être opérée que si elle figure sur une facture d'achat, une attestation ou si elle a été acquittée par le propriétaire de l'immeuble lors de l'acquisition ou de la livraison à soi-même.

Afin de permettre à l'acquéreur de déduire, le cas échéant, la TVA acquittée par le cédant au titre de la mutation, il appartient à ce dernier de délivrer audit acquéreur une facture faisant apparaître le taux et le montant de la taxe ainsi que le prix net du bien acquis (CGI, art. 289 et CGI, ann. II, art. 242 nonies). Sur ces mentions obligatoires depuis la réforme opérée par l'article 62 de la loi n° 2012-1510 du 29 décembre 2012 qui a modifié l'article 289 du Code général des impôts, V. CGI, ann. II, art. 242 nonies A dans sa rédaction issue du décret n° 2013-346 du 24 avril 2013.

S'il comporte les mentions indiquées ci-dessus, l'acte notarié de cession vaut facturation.

➤ Pour les conditions à remplir par l'acte notarié pour valoir facture, V. CAA Lyon, 5e ch., 5 avr. 2012, n° 11LY01863, *Caron : JCP* N 2012, I, 1309, comm. P. Monnier.

Ce caractère n'a pas été reconnu à un acte qui se bornait à faire état des déclarations du vendeur selon lesquelles la TVA avait été acquittée sans mentionner le montant de celle-ci (CE, 7e et 8e ss-sect., 2 juill. 1986, n° 49492, *Sté immobilière Joxel : Dr. fisc.* 1986, n° 43, comm. 1826).

8640 **Immeuble ayant fait l'objet d'une livraison non soumise à la TVA : « transfert » des droits à déduction.** Si un immeuble immobilisé dans le patrimoine du vendeur et qui a fait l'objet d'une cession à titre onéreux non soumise à TVA, constitue également une immobilisation pour le cessionnaire, le cédant ou l'apporteur est autorisé à « transférer » une partie de la TVA ayant grevé initialement l'immeuble, proportionnelle à la durée de régularisation non encore courue (CGI, ann. II, art. 207, III-3).

En pareil cas, le cédant doit délivrer au cessionnaire une attestation mentionnant le montant de la taxe qu'il est en droit de déduire, ceci afin qu'il puisse exercer son droit à déduction.

8641 Suppression de la procédure de transfert des droits à déduction anciennement prévue par l'article 210 de l'annexe II au Code général des impôts. Le décret n° 2015-1763 du 24 décembre 2015 (*JO* 27 déc. 2015) a abrogé l'article 210 de l'annexe II au Code général des impôts relatif à la procédure du transfert du droit à déduction en matière de TVA (pour un commentaire,

V. N. Gonzalez-Gharbi, *Les personnes non assujetties à la TVA ne sont plus autorisées à transférer les droits à déduction de la TVA qui a grevé leurs dépenses d'investissement : Constr.-Urb.* 2016, comm. 63). La notice dudit décret indique : « Afin de se conformer au droit de l'Union européenne qui ne prévoit pas de procédure de transfert du droit à déduction de la TVA, le présent décret abroge l'article 210 de l'annexe II au CGI qui prévoit la possibilité pour l'État, les collectivités territoriales, leurs groupements, les établissements publics mettant gratuitement à la disposition de leur délégataire, dans le cadre d'une délégation de service public, les investissements qu'ils ont réalisés et les SCA non assujetties à la TVA de transférer leur droit à déduction de la TVA grevant les dépenses supportées en amont. Par ailleurs, la modification du 1 du V de l'article 207 de l'annexe II vise à supprimer la référence à l'article 210 de l'annexe II au CGI ». L'administration fiscale s'est contentée de signaler l'abrogation de l'article 210 de l'annexe II au Code général des impôts dans une actualité au *BOFiP* en date du 2 mars 2016. Elle a, en conséquence, supprimé – purement et simplement – ses commentaires de l'ancien article 210 de l'annexe II au Code général des impôts (comp. BOI-TVA-DED-40-30-20160302, publié le 2 mars 2016 avec la version antérieure publiée le 4 avril 2014), sans se prononcer sur les effets de cette abrogation.

Toutefois, l'administration a finalement admis que les sociétés de construction-attribution ayant une activité de promotion immobilière ont la qualité d'assujetti à la TVA et a précisé les conditions d'exercice des droits à déduction par ces sociétés et par leurs associés (Rép. min. n° 13638, *Kamowski : JOAN* 25 déc. 2018. – N. Gonzalez-Gharbi, *Bercy reconnaît la qualité d'assujetti aux sociétés de construction-attribution ayant une activité de promotion : Constr.-Urb.* 2019, comm. 18).

8642 **Sur les conditions de déduction de la TVA en cas de cession portant sur l'usufruit ou la nue-propriété d'un immeuble**, V. BOI-TVA-IMM-10-30-20160302, § 190 à 230. Il a été jugé qu'en cas d'acquisition simultanée effectuée auprès d'un assujetti, par deux personnes distinctes, l'une de l'usufruit d'un immeuble, la seconde de la nue-propriété, l'usufruitier ne peut pas prétendre à la déduction de la TVA qui a grevé le prix de vente de la nue-propriété. En effet, la doctrine administrative réserve au seul assujetti qui a acquis (ou construit) l'immeuble, devenu nu-propriétaire par suite de la cession de l'usufruit, la possibilité de transférer ses droits à déduction à l'acquéreur de l'usufruit (CAA Nantes, 1re ch., 10 déc. 2015, n° 14NT01017. – N. Gonzalez-Gharbi, *Pour transmettre des droits à déduction à l'usufruitier, le nu-propriétaire, assujetti, doit avoir acquis (ou construit) l'immeuble : Constr.-Urb.* 2016, comm. 46).

Sur la possibilité d'un transfert du droit à déduction en cas de cession simultanée par un promoteur de l'usufruit et de la nue-propriété, sous réserve que la nue-propriété constitue une immobilisation chez son acquéreur (V. Rép. min. Pauget, n° 17425 : *JOAN* 2 avr. 2019, p. 3022). Cette réponse n'est pas sans soulever des difficultés de compréhension dès lors que selon la doctrine à laquelle elle se réfère la nue-propriété ne peut pas être immobilisée au sens de la TVA.

IX
Redevable

A Qui est le redevable ?

8643 **Principe.** Aux termes du 1 de l'article 283 du Code général des impôts, la taxe est due par le vendeur. Cette règle s'applique à toutes les opérations, qu'elles portent sur des immeubles, des fractions d'immeubles ou des droits sociaux (BOI-TVA-IMM-10-20-30-20160302, § 1).

8644 **Exception.** Par exception, toutefois, le deuxième alinéa du 1 de l'article 283 du Code général des impôts prévoit que la taxe est due par l'acquéreur qui agit en tant qu'assujetti et dispose d'un numéro d'identification à la TVA en France lorsque le cédant, lui-même assujetti, n'est pas établi en France (BOI-TVA-IMM-10-20-30-20160302, § 10).

B Obligations des redevables

8645 **Deux catégories.** Les redevables sont répartis en deux catégories :

– d'une part, les assujettis qui doivent se faire prendre en charge par le service des impôts (SIE) ;

– d'autre part, les non-assujettis qui sont redevables de la TVA à raison de la livraison à soi-même des logements mentionnés aux 9 ou 11 du I

de l'article 278 sexies du Code général des impôts qui sont dispensés de cette prise en charge (BOI-TVA-IMM-10-20-30, 02/03/2016, § 30).
Précision : L'article 278 sexies visé par l'administration est celui qui était en vigueur en 2016.

8646 **Assujettis.** Les assujettis acquittent le montant de la taxe exigible sur leurs opérations imposables sur leurs déclarations n° 3310-CA 3 établies en un seul exemplaire dans les conditions habituelles en matière de TVA. De manière générale, les précisions ci-après s'entendent de même des déclarations n° 3517-S-SD pour les redevables relevant d'un régime simplifié.
Les déclarations n° 3310-CA 3 sont déposées mensuellement, ou trimestriellement, conformément au 2 de l'article 287 du CGI. Elles mentionnent l'ensemble des opérations effectuées au cours de la période considérée et font état, globalement, des droits à déduction ouverts pendant la même période.
Pour les livraisons à soi-même d'immeubles neufs en application du 2° du 1 du II de l'article 257 du CGI, le redevable est tenu de déposer une déclaration spéciale n° 940-SD au service des impôts dont il dépend dans le mois qui suit l'achèvement. Au moment de la liquidation de la taxe, il insère une mention particulière se référant à cette déclaration spéciale sur la déclaration n° 3310-CA 3 (CGI, ann. II, art. 244) (V. BOI-TVA-IMM-10-20-30-20160302, § 40).

8647 **Non-assujettis.** Les opérations réalisées par les non-assujettis et qui entrent dans le champ d'application de la TVA donnent lieu au dépôt d'une déclaration n° 942-SD (CERFA n° 11115) : déclaration de mutation d'immeuble et d'une déclaration n° 943 : relevé des taxes déductibles et décompte du prix de revient (CGI, ann. II, art. 250 dans sa version en vigueur avant le 31 décembre 2012).
Les déclarations n° 942 et, le cas échéant, l'annexe n° 943-SD (CERFA n° 11116) doivent être déposées, en simple exemplaire, lors de la présentation à la formalité des actes constatant les opérations taxables.
Remarque : Cette hypothèse – supprimée depuis le 30 décembre 2012 – est celle de la cession d'un immeuble neuf lorsque le cédant, non assujetti, a acquis l'immeuble cédé comme immeuble à construire.
Pour les livraisons à soi-même mentionnées au *b* du 2° du 3 du I de l'article 257, le redevable est tenu de déposer au service des impôts du lieu de situation de l'immeuble une déclaration particulière conforme au modèle fixé par l'administration (n° 941 et n° 943) dès qu'il dispose de tous les éléments d'information nécessaires à la liquidation de la taxe à la suite de l'achèvement (CGI, ann. II, art. 244. – BOI-TVA-IMM-10-20-30-20160302, § 50).

X

Lieu d'imposition

8648 **Distinctions à opérer.** Le lieu d'imposition des opérations visées à l'article 257 du Code général des impôts diffère selon les modalités de déclaration, et, le cas échéant, selon leur nature (BOI-TVA-IMM-10-20-30-20160302, § 60).
Il convient donc d'examiner successivement la situation des redevables acquittant l'impôt sur déclarations n° 3310-CA3 (n° CERFA 10963) et celle des personnes non assujetties déposant des déclarations n° 941-SD (n° CERFA 11114) et n° 943-SD (n° CERFA 11116) pour les livraisons à soi-même mentionnées au 2° du 3 du I de l'article 257 du CGI (V. BOI-TVA-IMM-10-20-30-20160302, § 70).

A Lieu d'imposition des redevables acquittant la TVA sur relevé n° 3310 CA 3

8649 Les redevables acquittant la TVA sur relevés n° 3310 CA 3 doivent déposer leur déclaration au service des impôts des entreprises dont relève le lieu où ces personnes déposent leur déclaration de résultats (BOI-TVA-IMM-10-20-30-201600302, § 80 à 160).
Nous ne développerons pas ce point particulier qui ne concerne pas le service de la publicité foncière.

B Lieu d'imposition des redevables n'acquittant pas la TVA sur relevé n° 3310 CA 3

8650 **Principe.** Conformément à l'article 250 de l'annexe II au Code général des impôts (dans sa version en vigueur jusqu'au 30 décembre 2012), les déclarations sont déposées et les droits versés au bureau compétent pour enregistrer l'acte de mutation. Ce bureau est le service de la publicité foncière si l'acte est soumis à la formalité fusionnée ou le service des impôts dans le cas contraire. Ainsi, sous réserve de ce qui suit, le lieu d'imposition à la TVA des mutations d'immeubles correspond au lieu de situation de ces immeubles. Cette situation ne concerne, de fait, que les redevables visés par les mesures transitoires prévues au BOI-TVA-IMM-10-10-20 au II-A, c'est-à-dire les particuliers qui cèdent dans les cinq ans de son achèvement un immeuble bâti qu'ils ont acquis comme immeuble à construire lorsqu'une promesse de vente a été signée avant le 31 décembre 2012.

8651 **Formalités concernant plusieurs services de la publicité foncière.** Par exception, lorsqu'un acte concernant des immeubles ou droits immobiliers situés dans le ressort de plusieurs services de la publicité foncière est soumis à la formalité fusionnée, celle-ci est exécutée au bureau où la publicité est requise en premier lieu. Ce bureau est l'un quelconque des bureaux intéressés, au choix du requérant. Il appartient alors à ce bureau de percevoir la totalité des droits et taxes exigibles sur l'acte de quelque nature qu'il soit : lorsqu'il s'agit de mutations soumises à la TVA, ce bureau est donc seul compétent pour recevoir les déclarations spéciales à cet impôt et pour encaisser les droits correspondants. Le bureau choisi pour la perception de la taxe est désigné dans l'acte déposé en vue de l'accomplissement de la formalité de publicité foncière. L'information des autres bureaux étant ainsi assurée, il n'y a pas lieu de délivrer de duplicata de quittance tel que prévu à l'article 1702 bis.
En revanche, le contrôle desdites déclarations reste confié à l'inspecteur du lieu de situation des immeubles (BOI-TVA-IMM-10-20-30-20160302, § 180).

C Détermination du service compétent

8652 Le service compétent pour recevoir les déclarations relatives aux opérations réalisées et pour encaisser les droits est soit le service des impôts des entreprises dont dépend le redevable assujetti, soit le bureau des hypothèques [le service de la publicité foncière], soit le pôle enregistrement du SIE de la situation des biens (BOI-TVA-IMM-10-20-30-20160302, § 203).

1 Compétence du service de la publicité foncière

8653 Le service de la publicité foncière du lieu de la situation de l'immeuble est compétent lorsque le redevable n'est pas un assujetti et qu'il dépose une déclaration n°s 942 et 943 à l'appui de la réquisition à publier l'acte constatant l'opération taxable.
Le rôle du service est limité à la vérification en la forme des déclarations et à l'encaissement de la taxe. Il n'a pas à intervenir dans le contrôle proprement dit ni, le cas échéant, dans la surveillance des déclarations définitives et le recouvrement de l'impôt qui peut être du à cette occasion. Ces tâches de contrôle et de surveillance sont assurées par les centres des finances publiques. Le recouvrement des compléments de droits et, le cas échéant, la réception des déclarations définitives sont confiées au service des impôts des entreprises du lieu de situation des biens (BOI-TVA-IMM-10-20-30-20160302, § 230).

2 Attributions des services des impôts

8654 Les services des impôts des entreprises sont compétents pour recevoir les relevés n° 3310 CA 3 et les déclarations de livraison à soi-même (BOI-TVA-IMM-10-20-30-20160302, § 200).

3 Attributions du pôle enregistrement

8655 Le pôle enregistrement du SIE est compétent pour toutes les opérations exclues de la formalité fusionnée (cessions de droits sociaux, mutations verbales ou sous-seing privé, décisions judiciaires). En Alsace Moselle, il reçoit les déclarations n° 942, sauf cas particulier (cf. CGI, ann. II, art. 250, I. – BOI-TVA-IMM-10-20-30-20160302, § 220).

D Contrôle des déclarations

8656 Le contrôle des valeurs vénales appartient au service du lieu de situation des biens. Les services compétents pour assurer les autres contrôles sont :
– s'agissant des opérations déclarées sur relevés n° 3310 CA 3, le service chargé de la fiscalité

professionnelle du lieu de déclaration et, éventuellement, les vérificateurs spécialisés ;
– s'agissant des opérations non déclarées sur relevé n° 3310 CA 3, le service chargé de la fiscalité immobilière du lieu de situation de l'immeuble (BOI-TVA-IMM-10-20-30-20160302, § 230).

XI
Taxe de publicité foncière

BIBLIOGRAPHIE : N. Gonzalez-Gharbi, *TVA et TPF : nouveaux réflexes, nouvelles pratiques : Nota Bene (Cridon Bordeaux Toulouse)* nov. 2010, 636 et sa mise à jour. – M. Marteau Lamarche, *Réforme de la TVA immobilière : l'adaptation des droits d'enregistrement : Defrénois* 2011, art. 40 065, p. 1233 (avec tableaux pratiques). – N. Gonzalez-Gharbi, *Lotisseurs, immeubles à aménager et droits de mutation à titre onéreux : le choix du régime spécial des acquisitions concourant à la production d'immeubles neufs (CGI, art. 1594-0 G, A) : Constr.-Urb.* 2020, étude 3.

8657 Depuis l'entrée en vigueur de la réforme des règles de la TVA applicable aux opérations immobilières (L. n° 2010-237, 9 mars 2010 : *JO* 10 mars, art. 16), et le choix de ne pas exonérer de droits de mutation à titre onéreux les acquisitions immobilières entrant dans le champ d'application de la TVA (hors le cas des apports soumis à la TVA, V. CGI, art. 810 et V. **Apports en société – Apports soumis à la TVA**), les règles de liquidation de la taxe de publicité foncière sont devenues tributaires du régime de la livraison au regard de la TVA et du statut de l'acquéreur au regard de la TVA.

N.B. : Il y aura lieu en conséquence de prévoir, dans les actes, deux déclarations fiscales distinctes relatives l'une à la TVA, l'autre aux droits d'enregistrement et à la taxe de publicité foncière.

Il en résulte, selon le cas, soit un cumul d'impositions, soit un cumul d'exonérations que nous résumons dans le tableau ci-après (extrait de notre étude *Lotisseurs, immeubles à aménager et droits de mutation à titre onéreux : le choix du régime spécial des acquisitions concourant à la production d'immeubles neufs (CGI, art. 1594-0 G, A) : Constr.-Urb.* 2020, étude 3).

8658 **Assiette des droits d'enregistrement (TPF) applicables aux mutations soumises à la TVA.** L'article 683 du Code général des impôts indique que : « La taxe de publicité foncière (TPF) et les droits d'enregistrement sont liquidés sur le prix exprimé, en y ajoutant les charges en capital ainsi que toutes les indemnités stipulées au profit du cédant à quelque titre et pour quelque cause que ce soit ».
Reprenant les termes du rescrit (RES n° 2010/20 [ENR], 6 avr. 20010), le BOI-ENR-DMTOI-10-10-20-20-20120912, § 210 précise, concernant les mutations assujetties à la taxe sur la valeur ajoutée :

« La taxe de publicité foncière ou le droit d'enregistrement sont liquidés sur le prix exprimé, en y ajoutant toutes les charges augmentatives de prix, les réserves ainsi que toutes les indemnités stipulées au profit du cédant, à quelque titre et pour quelque cause que ce soit, ou sur une estimation d'experts, dans les cas autorisés par l'article 683 du CGI. Sont à déduire, en revanche, les obligations contractées par le cédant au lieu et place de l'acquéreur.
Pour l'application de ces dispositions, la notion de prix exprimé s'entend du prix hors TVA lorsque le montant de la TVA due par le cédant est mentionné distinctement dans l'acte translatif de propriété, que la mutation soit soumise à la TVA sur le prix total ou sur la marge. Si la TVA n'a pas été mentionnée distinctement, la liquidation des droits doit être effectuée sur le prix payé par l'acquéreur incluant la TVA ».

8659 **Taux de la TPF. Principe.** Les livraisons d'immeubles passibles de la TVA entrant par nature dans le champ d'application des droits de mutation, le principe des droits dus par l'acquéreur d'un bien immobilier au taux de droit commun a été maintenu (au taux de 5,09006 % ou plus si le département a voté l'augmentation de la taxe départementale (CGI, art. 683, 1594 D).
Exceptions : La taxe de publicité foncière est, toutefois, exigible au taux réduit, sur l'acquisition des terrains à bâtir et des immeubles neufs dont la vente est soumise à la TVA sur le prix total de vente (CGI, art. 1594 F quinquies), ou en cas d'acquisition placée sous le régime des achats/reventes (CGI, art. 115 et 1020). Elle peut être réduite à la taxe fixe de 125 € (CGI, art. 691 bis) lorsque l'acquéreur, assujetti à la TVA, prend l'engagement de construire (CGI, art. 1594 0 G, A).
Les développements qui suivent font l'inventaire des cas où la TPF est perçue au taux de droit

commun (A) et des cas où elle est perçue à un taux réduit (B) ou réduite à une taxe fixe (C).
Remarque : Nous n'envisagerons pas les cas, étudiés par ailleurs, où la loi prévoit une exonération totale de droits et taxes en faveur des acquisitions immobilières accordées à l'acquéreur *es qualité* (V. **Commune** ; **Département** ; **État** ; **HLM**).
Sur les conditions d'application de la taxe de publicité foncière en cas de transmission d'universalité relevant de la dispense de TVA prévue à l'article 257 bis du CGI, V. **Transmission d'universalité – TVA**).

A TPF perçue au taux de droit commun

8660 **Terrains à bâtir.** La taxe de publicité foncière est due au taux plein (5,09006 % ou 5,8066 %) dans les cas suivants :
– **vente par un assujetti** lorsque la TVA exigible est liquidée sur la marge (CGI, art. 268) :
• l'acquéreur, assujetti à la TVA, ne prend pas l'engagement de construire, ni celui de revendre,
• l'acquéreur n'est pas assujetti ;
– **vente par un non-assujetti** :
• l'acquéreur est un assujetti à la TVA qui ne prend pas l'engagement de construire, ni celui de revendre,
• l'acquéreur est un non-assujetti à la TVA (V. **Engagement de construire – Engagement de revendre – Lotissement – Terrains**).

8661 **Terrain autre qu'un terrain à bâtir.** La taxe de publicité foncière est due au taux plein (5,09006 % ou 5,8066 %) dans tous les cas où l'acquéreur n'est pas en mesure de souscrire l'engagement de revendre ou d'engagement de construire (V. **Engagement de construire – Engagement de revendre – Lotissement – Terrains**).

8662 **Immeuble ancien.** La taxe de publicité foncière est due au taux plein (5,09006 % ou 5,8066 %) que la vente soit ou non soumise à la TVA sur option éventuelle du vendeur assujetti, dès lors que l'acquéreur est un non-assujetti à la TVA ou un assujetti qui n'a pas pris l'engagement de revendre ou de construire. (V. **Immeuble ancien-TVA**).

B Taxe de publicité foncière à un taux réduit

8663 La perception de la taxe de publicité foncière à un taux réduit est de droit ou subordonnée à un engagement particulier souscrit.

1 Taxe de publicité foncière au taux réduit sans engagement particulier – CGI, art. 1594 F quinquies, A

8664 **Terrains à bâtir et immeubles neufs.**
1er cas. La vente est consentie par un assujetti agissant en tant que tel et elle a pour objet :
– **un terrain à bâtir lorsque la TVA est due sur le prix total de vente** (et non pas sur la marge) :
• l'acquéreur est un non-assujetti,
• l'acquéreur est un assujetti qui ne prend pas l'engagement de construire (V. **Terrains**) ;
– **immeuble neuf** : dans ce cas, la TVA est obligatoirement **due sur le prix total de vente** :
• l'acquéreur est un non-assujetti,
• l'acquéreur est un assujetti qui ne prend pas l'engagement de construire (V. **Immeuble neuf**).
2e cas. La vente n'est pas consentie par un assujetti agissant en tant que tel. En principe, la taxe de publicité foncière est due au tarif ordinaire, sauf si l'acquisition est effectuée par un assujetti qui revendique un régime de faveur (V. *supra*, A).

2 Taxe de publicité foncière de 0,70 % moyennant engagement de revendre – CGI, art. 1115 et 1020

8665 **Renvoi.** V. **Engagement de revendre.** Les acquisitions d'immeubles, de fonds de commerce ainsi que d'actions ou parts de sociétés immobilières réalisées par des personnes assujetties au sens de l'article 256 A du Code général des impôts sont exonérées des droits et taxes de mutation quand l'acquéreur prend l'engagement de revendre dans un certain délai (CGI, art. 1115, al. 1er).
En application de l'article 1115 du CGI, les acquisitions immobilières ne rendent exigibles (outre la CSI), que la taxe de publicité foncière au taux de 0,7 % prévue à l'article 1020 du CGI augmenté des taxes additionnelles.

C Taxe fixe de publicité foncière – Engagement de construire, CGI, art. 1594-0 G et 691 bis

8666 **Renvoi.** V. **Engagement de construire.** Sont exonérées de droits de mutation les acquisitions d'immeubles réalisées par une personne assujettie au sens de l'article 256 A du Code général des impôts, lorsque l'acte d'acquisition contient l'engagement, pris par l'acquéreur, d'effectuer dans un délai de quatre ans les travaux conduisant à la production d'un immeuble neuf au sens de l'article 257, I, 2, 2° du CGI, ou nécessaires pour terminer un immeuble inachevé (CGI, art. 1594-0 G, A, I et II).

Ces acquisitions faites par des assujettis à la TVA rendent exigible la taxe fixe de 125 € (CGI, art. 691 bis).

Rappel : Le régime de la vente au regard de la TVA est indifférent.

Index

CE QUE VOUS RECHERCHEZ	FICHES CORRESPONDANTES
Échelle mobile	Indexation
Écoles libres	Association
EDF	Électricité et gaz
Éducation populaire	Association
Effet relatif	Effet relatif
Élection de domicile	Bordereau d'inscription
Emphytéose	Bail emphytéotique
Énergie hydraulique	Eaux
Enfance	Aide sociale
Enfant handicapé	Aide sociale
Engagement de construire	Engagement de construire
Engagement de ne pas hypothéquer	Inscription (formalités) Interdiction d'aliéner et d'hypothéquer
Engagement de revendre	Engagement de revendre
Engagements fiscaux	Pour les engagements à souscrire pour bénéficier d'un régime de faveur, V. au mot consacré aux acquisitions d'immeubles concernés. Exemples : Immeuble à usage d'habitation, Bois et forêts, etc.
Enregistrement sur état	Paiement des droits
Entreprise individuelle à responsabilité limitée (EIRL)	Entreprise individuelle à responsabilité limitée (EIRL)
Entreprises individuelles : – apport en société	Apports en société – Apports à titre onéreux
Épargne	Caisses d'épargne Prêts
Épargne logement	V. *supra* le mot « Épargne » (mêmes références)
Époux	Changement de régime matrimonial Contrat de mariage Communauté entre époux Époux (hypothèque légale)
Erreur	Service de la publicité foncière Rectification des erreurs Rejet Restitution
Établissement d'utilité publique	Établissements reconnus d'utilité publique
Établissement national des invalides de la marine	Sécurité sociale
Établissement public	Établissement public Collectivités et personnes publiques
Établissement public de coopération intercommunale (EPCI)	Commune
Établissement reconnu d'utilité publique	Collectivités et personnes publiques
Établissements :	
– agréés au titre de l'aide sociale	Aide sociale
– d'assistance et de bienfaisance	Établissement public
– départementaux et communaux	Établissement public

CE QUE VOUS RECHERCHEZ	FICHES CORRESPONDANTES
Règlement de copropriété	Copropriété
Regroupement de communes	Commune
Rejet	Rectification des erreurs Rejet
Remembrement :	
– amiable en vue de la reconstruction	Remembrement urbain
– de mines concédées	Mines
– rural	Aménagement foncier rural
– urbain	Remembrement urbain
Réméré	Réméré
Remploi :	
– de l'indemnité d'expropriation	Expropriation
– en régime de communauté	Remploi
– partage de biens acquis en remploi de biens de succession ou de communauté	Partage
Renonciation :	
– à clause d'accroissement	Clause d'accroissement
– à élire command	Command
– à la faculté de réméré	Réméré
– à succession	Renonciation
– à usufruit	Renonciation Usufruit
– en général	Acte abdicatif
Renonciation (V. aussi le mot correspondant à l'objet de la renonciation)	
Renouvellement :	
– bail	V. au mot correspondant à la nature du bail : Bail à durée illimitée et bail à vie – Bail emphytéotique, etc.
– hypothèques ou privilèges	Renouvellement (inscriptions)
Rénovation :	
– d'immeubles anciens	Rénovation d'immeuble ancien
– du cadastre	Rectification des erreurs
– urbaine	Rénovation urbaine
Renseignements hypothécaires	Renseignements hypothécaires
Rente viagère	Conversion d'usufruit Hypothèque légale spéciale du vendeur d'immeuble (ancien privilège) Résolution de contrats
Reprises :	
– d'apport	Partage
Partage de société	
– de propres	Communauté entre époux
Réquisition d'état	Renseignements hypothécaires
Réserve :	
– de droit d'usage ou d'habitation	Droit d'usage ou d'habitation
– de jouissance	Vente d'immeuble
– d'usufruit	Usufruit

CE QUE VOUS RECHERCHEZ	FICHES CORRESPONDANTES
Saisie pénale	Saisie pénale des immeubles
Salaire (conservateur)	Contribution de sécurité immobilière
Sanatorium	Association
Scission :	
– de copropriété	Scission de copropriété
– de société	Scission de sociétés
Secrétaire greffier (rôle)	Décision de justice
Sécurité sociale	Sécurité sociale
Séparation de biens	Séparation de biens
Séparation des patrimoines	Privilèges spéciaux immobiliers
Sépultures	Concessions funéraires
Séquestre	Formalité unique
Service chargé de la publicité foncière	Service de la publicité foncière
Servitudes :	
– abandon du fonds servant	Abandon
– de cour commune	Servitude de cour commune
– en général	Servitudes
Sites classés	Réserves naturelles et sites classés
SIVOM	Commune
Société :	
– apport partiel d'actif	Apports partiels d'actif
– apports	V. *supra* le mot « Apports en société »
– civile	Société civile
– civile agricole	Groupements agricoles
– civile immobilière	V. *infra* « Société civile immobilière »
– coopérative	V. *supra* le mot « Coopératives »
– coopérative agricole	Coopératives agricoles
– coopérative artisanale	Artisans
– créée de fait	Société créee de fait
– d'acquêts	Séparation de biens
	Partage
– d'aménagement foncier et d'établissement rural	SAFER
– de construction	Société immobilière de copropriété transparente
– d'économie mixte	Société d'économie mixte Crédit-bail immobilier
– de crédit immobilier	Société créee de fait
	Société en participation
– de fait	Mines
– de secours des employés des mines	Dissolution de société
– d'HLM	Société en formation
– dissolution	HLM
– en formation	Constitution de société
– en général	Liquidation des sociétés
– en liquidation	Société en participation
– en participation	Apports en société
– étrangère	Départements d'outre-mer
– exerçant leur activité dans les DOM	Fusion de sociétés
– fusion	Identification des personnes
– identification	Société immobilière de copropriété transparente
– immobilière de copropriété	Liquidation des sociétés

Table des matières

Photocomposition Nord Compo Multimédia
59650 Villeneuve-d'Ascq

Certifié PEFC

Ce produit est issu de forêts gérées durablement et de sources contrôlées

PEFC

PEFC/04-31-0658

www.pefc.de

Achevé d´imprimer en août 2024
dans les ateliers de Druckerei C.H.Beck à Nördlingen
Dépôt légal : septembre 2024
Imprimé en Allemagne